Werner/Pastor
Der Bauprozess
12. Auflage

# DER BAUPROZESS

Prozessuale und materielle
Probleme des zivilen Bauprozesses

von

**PROF. DR. ULRICH WERNER**
Rechtsanwalt, Köln, Leipzig, Berlin

und

**DR. WALTER PASTOR**
Vorsitzender Richter am Oberlandesgericht a. D., Köln

12., neu bearbeitete und erweiterte Auflage 2008

1. Auflage 1976
2. Auflage 1977
3. Auflage 1978
4. Auflage 1983
5. Auflage 1986
6. Auflage 1990
7. Auflage 1993
8. Auflage 1996
9. Auflage 1999
10. Auflage 2002
11. Auflage 2005
12. Auflage 2008

**Bibliografische Information Der Deutschen Bibliothek**

Die Deutsche Bibliothek verzeichnet diese Publikation in der Deutschen Nationalbibliografie; detaillierte bibliografische Daten sind im Internet über http://dnb.ddb.de abrufbar.
ISBN 978-3-8041-5019-5

Zitiervorschlag:
Bearbeiter, in: Werner/Pastor, Rdn. 1

www.wolterskluwer.de
www.werner-verlag.de

Alle Rechte vorbehalten
© 2008 Wolters Kluwer Deutschland GmbH, Köln.
Werner – eine Marke von Wolters Kluwer Deutschland.

Das Werk einschließlich aller seiner Teile ist urheberrechtlich geschützt.
Jede Verwertung außerhalb der engen Grenzen des Urheberrechtsgesetzes ist ohne Zustimmung des Verlages unzulässig und strafbar. Das gilt insbesondere für Vervielfältigungen, Übersetzungen, Mikroverfilmungen und die Einspeicherung und Verarbeitung in elektronischen Systemen.

Umschlag: Typo Schlick, Neuwied
Satz: Satz-Offizin Hümmer GmbH, Waldbüttelbrunn
Druck und Verarbeitung: LegoPrint s.p.a., Lavis (I)

∞ Gedruckt auf säurefreiem, alterungsbeständigem und chlorfreiem Papier.

# Vorwort zur 12. Auflage

Bauprozesse zeichneten sich in Vorbereitung, Ablauf, aber auch von der Rechtsmaterie her stets durch spezifische Eigenarten aus. Daran hat sich seit der 1. Auflage 1976 trotz der bisherigen Gesetzesreformen (u. a. Schuldrechtsmodernisierungsgesetz, ZPO-Novellen und WEG-Reform 2007) sowie der zahlreichen VOB-Anpassungen nichts geändert. Wohl ist über die Jahrzehnte das zivile Baurecht zu einer der umfangreichsten Spezialmaterien geworden, in deren Bereich immer wieder neue Tendenzen und Entwicklungen auszumachen sind. Derzeit lässt sich allenfalls nur spekulieren, wie das zivile Baurecht in einigen Jahren aussehen wird. Ob der Entwurf des Forderungssicherungsgesetzes die parlamentarischen Hürden überwinden kann oder ob die HOAI ihr Ende findet, ist offen und eher zu bezweifeln. Und ob die für den Bauträgerbereich beklagte „Lückenhaftigkeit des geltenden Rechts" wirklich gesetzgeberische Maßnahmen erfordert, ist noch lange nicht ausdiskutiert. Nichts anderes gilt für das Lieblingsthema mancher Autoren, ob und warum die VOB nicht zu halten ist. So ist es beruhigend, dass der BGH zumindest für einige (umstrittene) Teilbereiche des Bauprozesses (so zum selbstständigen Beweisverfahren, zum Wohnungseigentumsrecht oder auch zur insolvenzrechtlichen Behandlung werkvertraglicher Ansprüche sowie zum Architektenhonorar bei Bauzeitverzögerungen) zukunftssichere Aussagen gemacht hat, die Vieles vereinfachen.

Die Verfasser danken Herrn Rechtsanwalt Ulrich Dölle, der das Kapitel „Verjährung" in dieser 12. Auflage bearbeitet hat. Auch zu dieser für die Baupraxis wichtigen Thematik hat die Rechtsprechung zahlreiche, richtungweisende Entscheidungen zu Zweifelsfragen, die durch das Schuldrechtsmodernisierungsgesetz aufgeworfen wurden, getroffen. Im Hinblick auf die Vielzahl baurechtlicher Auseinandersetzungen, auf die noch altes Recht anzuwenden ist, wurde dieses für die praxisrelevanten Bereiche weiterhin kommentiert.

Und deshalb können wir auch für die 12. Auflage sagen: Wir mussten unser bisheriges erfolgreiches Konzept nicht ändern; und wir haben auch im Interesse der Leser die Randnummern nur in wenigen Fällen ändern müssen.

Wir hoffen, mit dieser umfänglichen Neubearbeitung weiterhin eine Hilfe bei der Bewältigung der umfangreichen Materie „Baurecht" geben zu können.

Köln, im Oktober 2007                                            Die Verfasser

# Inhaltsübersicht

|  | Seite | Rdn. |
|---|---|---|
| **Kapitel 1: Die Sicherung bauvertraglicher Ansprüche** | 1 | 1–395 |
| **I. Das selbstständige Beweisverfahren (Beweissicherung)** | 1 | 1–147 |
|   1. Bedeutung und Gegenstand des selbstständigen Beweisverfahrens | 3 | 1– 5 |
|   2. Allgemeine Verfahrensgrundsätze | 4 | 6 |
|   3. Besondere Zulässigkeitsvoraussetzungen | 6 | 7 |
|     a) § 485 Abs. 1, 1. Alternative: Zustimmung des Gegners | 7 | 11– 14 |
|     b) § 485 Abs. 1, 2. Alternative: Veränderungsgefahr | 8 | 15– 26 |
|     c) § 485 Abs. 2: Der selbstständige Sachverständigenbeweis | 12 | 27– 35 |
|       aa) Zur Feststellung des Zustandes einer Sache | 13 | 28– 33 |
|       bb) Der Begriff des rechtlichen Interesses | 15 | 34– 35 |
|   4. Der Antrag | 18 | 36– 70 |
|     a) Die Parteien | 18 | 39– 53 |
|       aa) Der Antragsteller | 19 | 40– 42 |
|       bb) Der Antragsgegner | 19 | 43– 45 |
|       cc) Die Einbeziehung Dritter (Streitverkündung) | 20 | 46– 53 |
|     b) Die Bezeichnung der Tatsachen | 24 | 54– 57 |
|     c) Die Bezeichnung der Beweismittel | 26 | 58– 67 |
|       aa) Die Auswahl des Sachverständigen | 26 | 59 |
|       bb) Die Ablehnung des Sachverständigen | 27 | 60– 67 |
|     d) Die Glaubhaftmachung | 30 | 68– 69 |
|     e) Muster | 31 | 70 |
|   5. Die Zuständigkeit | 32 | 71– 75 |
|   6. Die Beweisaufnahme | 35 | 76– 97 |
|     a) Der Beschluss | 35 | 76– 82 |
|     b) Die Durchführung der Beweisaufnahme | 38 | 83– 91 |
|     c) Die Rechte des Antragsgegners und des Streithelfers | 41 | 92– 94 |
|     d) Rechtsbehelfe | 44 | 95– 97 |
|   7. Die rechtlichen Wirkungen | 46 | 98–122 |
|   8. Die Kosten | 57 | 123–143 |
|     a) Grundsätze | 58 | 123–127 |
|     b) Zum Anwendungsbereich des § 494 a ZPO | 61 | 128–133 |
|     c) Die „isolierte" Kostenentscheidung | 64 | 134–135 |
|     d) Der materiell-rechtliche Kostenerstattungsanspruch | 66 | 136–137 |
|     e) Kosten des Streithelfers | 66 | 138–139 |
|     f) Gerichts- und Anwaltskosten | 67 | 140–143 |
|   9. Der Streitwert | 68 | 144–147 |

# Inhaltsübersicht

| | Seite | Rdn. |
|---|---|---|
| **II. Das Privatgutachten** | 71 | 148–181 |
|    1. Die Stellung des Sachverständigen | 74 | 152–153 |
|    2. Die Vergütung | 76 | 154–157 |
|    3. Die Kostenerstattung | 77 | 158–181 |
|       a) Der materiell-rechtliche Anspruch auf Kostenerstattung | 77 | 159–165 |
|       b) Kostenerstattung im Kostenfestsetzungsverfahren | 80 | 166–181 |
| **III. Die Bauhandwerkersicherungshypothek** | 88 | 182–313 |
|    1. Die Bedeutung der Sicherungshypothek | 89 | 182–191 |
|    2. Der Ausschluss der Rechte des § 648 BGB | 92 | 192–193 |
|    3. Die Voraussetzungen für die Einräumung einer Sicherungshypothek | 93 | 194–260 |
|       a) Der anspruchsberechtigte Bauwerkunternehmer | 93 | 195–221 |
|          aa) Der Bauunternehmer | 94 | 196–210 |
|          bb) Der Architekt | 102 | 211–215 |
|          cc) Der Sonderfachmann | 105 | 216–218 |
|          dd) Baubetreuer und Bauträger | 106 | 219–221 |
|       b) Die Forderung aus Bauvertrag | 107 | 222–242 |
|          aa) Die werkvertragliche Forderung | 107 | 222–242 |
|          bb) Verjährte Forderung | 111 | 233 |
|          cc) Mangelhafte Werkleistung | 111 | 234–236 |
|          dd) Beginn der Sicherbarkeit | 114 | 237–242 |
|       c) Der Sicherungsgegenstand | 117 | 243–260 |
|          aa) Das Baugrundstück | 117 | 243–248 |
|          bb) Der Eigentümer | 120 | 249–252 |
|          cc) Identität von Besteller und Grundstückseigentümer | 121 | 253–260 |
|    4. Verfahrensfragen | 126 | 261–296 |
|       a) Einstweilige Verfügung auf Eintragung einer Vormerkung | 128 | 268–290 |
|          aa) Voraussetzungen | 130 | 271–280 |
|          bb) Verfahren | 136 | 281–285 |
|          cc) Aufhebung und Rücknahme | 139 | 286–290 |
|       b) Die Klage auf Eintragung einer Bauhandwerkersicherungshypothek | 140 | 291–296 |
|    5. Rechtsbehelfe | 143 | 297–301 |
|    6. Kostenentscheidung | 144 | 302–311 |
|    7. Der Streitwert | 149 | 312–313 |
| **IV. Die Bauhandwerkersicherung (§ 648 a BGB)** | 151 | 314–338 |
|    1. Die Regelung | 153 | 314–316 |
|    2. Das Verhältnis zu § 648 BGB | 154 | 317–319 |
|    3. Der Berechtigte | 155 | 320–323 |
|    4. Der Verpflichtete | 157 | 324–325 |

## Inhaltsübersicht

|  | Seite | Rdn. |
|---|---|---|
| 5. Zum Begriff der „Vorleistung" | 158 | 326–331 |
| 6. Der Streit um die Sicherheit und die Rechtsfolgen | 162 | 332–338 |
| **V. Die Schutzschrift** | 166 | 339–348 |
|    1. Die Bedeutung der Schutzschrift | 166 | 339–340 |
|    2. Form und Inhalt der Schutzschrift | 167 | 341–343 |
|    3. Verfahren | 169 | 344–345 |
|    4. Kostenerstattung | 169 | 346–348 |
| **VI. Die einstweilige Verfügung in Bausachen** | 172 | 349–387 |
|    1. Fallgestaltungen | 174 | 350–376 |
|       a) Einstweilige Verfügung eines Baubeteiligten | 174 | 351–354 |
|       b) Einstweilige Verfügung eines Dritten | 176 | 355–358 |
|       c) Zum Regelbedürfnis in Bausachen | 179 | 359–366 |
|       d) Einstweiliger Rechtsschutz bei Bankgarantie und Bürgschaft auf erstes Anfordern | 182 | 367–376 |
|    2. Zuständigkeit | 188 | 377 |
|    3. Antrag | 188 | 378–382 |
|    4. Beweiswürdigung und Beweislast | 190 | 383 |
|    5. Das Urteil | 190 | 384–387 |
| **VII. Der Arrest in Bausachen** | 192 | 388–395 |

### Kapitel 2: Zulässigkeitsfragen im Bauprozess

|  | Seite | Rdn. |
|---|---|---|
| **Kapitel 2: Zulässigkeitsfragen im Bauprozess** | 197 | 396–567 |
| **I. Die Zuständigkeit des Gerichts in Bausachen** | 197 | 396–424 |
|    1. Abgrenzung von bürgerlich-rechtlichen und öffentlich-rechtlichen Baustreitigkeiten | 198 | 396–403 |
|    2. Funktionelle Zuständigkeit | 202 | 404 |
|    3. Baukammern | 203 | 405–411 |
|    4. Kammer für Handelssachen | 207 | 412–413 |
|    5. Örtliche Zuständigkeit | 209 | 414–424 |
|       a) Gerichtsstandsvereinbarungen | 210 | 414–416 |
|       b) Die gesetzliche Regelung | 211 | 417 |
|       c) Der Gerichtsstand des Erfüllungsortes (§ 29 ZPO) | 212 | 418–423 |
|       d) Internationale Zuständigkeit | 215 | 424 |
| **II. Die Feststellungsklage in Bausachen** | 218 | 425–463 |
|    1. Die Feststellungsklage in Bausachen | 218 | 426–432 |
|    2. Das Feststellungsinteresse in Bausachen | 222 | 433–448 |
|    3. Die unbezifferte Leistungsklage | 227 | 449–450 |
|    4. Verjährung und Feststellungsklage | 229 | 451–456 |
|    5. Negative Feststellungsklage | 230 | 457–459 |
|    6. Rechtskraft von Feststellungsurteilen | 231 | 460–463 |

## Inhaltsübersicht

|  | Seite | Rdn. |
|---|---|---|
| III. Aktivlegitimation und Prozessführungsbefugnis bei Mängeln am Gemeinschaftseigentum | 233 | 464–518 |
|    1. Allgemeines | 235 | 464–465 |
|    2. Begriff des Wohnungseigentums | 238 | 466–470 |
|    3. Aktivlegitimation | 242 | 471–472 |
|    4. Prozessführungsbefugnis | 243 | 473–502 |
|      a) Erfüllungs- und Nacherfüllungsansprüche | 244 | 476–485 |
|      b) Rücktritt (§§ 634 Nr. 3, 636, 323, 326 Abs. 5 BGB) | 249 | 486 |
|      c) Minderung (§§ 634 Nr. 3, 638 BGB) und „kleiner" Schadensersatz (§ 281 BGB) | 250 | 487–490 |
|      d) „großer" Schadensersatz | 252 | 491 |
|      e) Gesamtgläubigerschaft? | 253 | 492 |
|      f) Die zeitliche Grenze für das gemeinschaftliche Vorgehen | 253 | 493–494 |
|      g) Der Mehrheitsbeschluss | 254 | 495 |
|      h) Die Auswirkung des Mehrheitsbeschlusses auf die Sachbefugnis der Wohnungseigentümer | 255 | 496–502 |
|    5. Rechtslage bei Dritthaftungs(Subsidiaritäts)klauseln | 257 | 503 |
|    6. Die Abnahme | 257 | 504–509 |
|    7. Die gerichtliche Geltendmachung | 261 | 510–518 |
| IV. Der Einfluss des Schiedsvertrages und des Schiedsgutachtenvertrages auf den Bauprozess | 265 | 519–546 |
|    1. Allgemeines | 265 | 519–524 |
|    2. Rechtsfolgen für den Bauprozess | 267 | 525–546 |
|      a) Bauschlichtung und Mediation | 267 | 526–528 |
|      b) Schiedsgericht | 270 | 529–537 |
|      c) Schiedsgutachtenvertrag | 276 | 538–546 |
| V. Die Streitverkündung im Bauprozess | 282 | 547–567 |
|    1. Die Zulässigkeit der Streitverkündung | 283 | 551–559 |
|    2. Die Form der Streitverkündung | 286 | 560 |
|    3. Die Wirkungen der Streitverkündung | 286 | 561–567 |
| **Kapitel 3: Der Bauprozess in erster und zweiter Instanz** | **291** | **568–599** |
|   I. Die Vorbereitung des Bauprozesses durch die Parteien | 293 | 571–576 |
|   II. Die richterlichen Maßnahmen | 297 | 577–587 |
|   III. Verspätetes Vorbringen | 302 | 588–592 |
|   IV. Zur Berufung in Bausachen | 305 | 593–599 |

## Inhaltsübersicht

| | Seite | Rdn. |
|---|---|---|
| **Kapitel 4: Die Honorarklage des Architekten** | 309 | 600–987 |
| I. Grundlagen der Vergütung | 309 | 600–699 |
|   1. Anwendungsbereich der HOAI | 312 | 601–610 |
|   2. Vertragliche Bindung und honorarfreie Akquisitionstätigkeit | 319 | 611–644 |
|     a) Vorarbeiten | 330 | 629–631 |
|     b) Vorvertrag | 331 | 632–637 |
|     c) Ansprüche aus Architektenwettbewerb | 333 | 638–644 |
|   3. Rechtsnatur des Architektenvertrages | 339 | 645–653 |
|   4. Wirksamkeit des Architektenvertrages | 341 | 654–699 |
|     a) Die Architektenbindung | 347 | 668–696 |
|     b) Verstoß gegen Höchst- und Mindestsätze | 357 | 697–699 |
| II. Die vereinbarte Vergütung | 359 | 700–761 |
|   1. Grundsätze der Honorarvereinbarung nach der HOAI | 359 | 701–760 |
|     a) Honorarvereinbarung innerhalb der Mindest- und Höchstsätze | 362 | 707–715 |
|     b) Unterschreitung der Mindestsätze | 365 | 716–722 |
|     c) Überschreitung der Höchstsätze | 376 | 723–733 |
|     d) Schriftformerfordernis | 379 | 734–739 |
|     e) Honorarvereinbarung bei Auftragserteilung | 382 | 740–760 |
|   2. Zeithonorar | 390 | 761 |
| III. Die „übliche" Vergütung | 391 | 762–770 |
|   1. Im Anwendungsbereich der HOAI | 391 | 763–768 |
|   2. Außerhalb der HOAI | 393 | 769–770 |
| IV. Der Umfang des Honoraranspruchs | 395 | 771–959 |
|   1. Allgemeine Grundsätze | 395 | 772–811 |
|     a) Auftragsumfang | 397 | 773–785 |
|     b) Unvollständig erbrachte Teilleistungen | 408 | 786–789 |
|     c) Zeitliche Abstimmung der Leistungsphasen | 419 | 790–793 |
|     d) Die Bindung an die Schlussrechnung | 421 | 794–811 |
|   2. Abrechnungssystem der HOAI | 428 | 812–912 |
|     a) Honorarzone | 429 | 813–818 |
|     b) Anrechenbare Kosten | 432 | 819–857 |
|       aa) Stationen der verschiedenen Kostenermittlungen (System des § 10 Abs. 2 HOAI) | 433 | 819–833 |
|       bb) Nicht geregelte Fallgestaltungen | 442 | 834–839 |
|       cc) Von § 10 Abs. 2 HOAI abweichende Honorarermittlung (§ 4 a HOAI) | 445 | 840 |
|       dd) Fallgestaltungen des § 10 Abs. 3 HOAI | 447 | 841–842 |
|       ee) Berücksichtigung der vorhandenen Bausubstanz (§ 10 Abs. 3 a HOAI) | 448 | 843–847 |

## Inhaltsübersicht

| | Seite | Rdn. |
|---|---|---|
| ff) Sonstige Grundsätze der Ermittlung der anrechenbaren Kosten | 452 | 848– 853 |
| gg) Darlegungs- und Beweislast | 453 | 854– 857 |
| c) Architektenleistungen | 456 | 858– 905 |
| aa) Grundsätzliches | 456 | 859– 864 |
| bb) Änderungsleistungen | 460 | 865– 873 |
| cc) Mehrleistungen durch verlängerte Bauzeit | 465 | 874– 878 |
| dd) Teilleistungen | 472 | 879– 886 |
| ee) Besondere Leistungen | 475 | 887– 905 |
| d) Zeithonorar | 484 | 906– 912 |
| 3. Pauschalhonorar | 486 | 913– 929 |
| 4. Nebenansprüche des Architekten | 491 | 930– 937 |
| a) Nebenkosten | 491 | 930– 932 |
| b) Umsatzsteuer | 493 | 933 |
| c) Zinsen | 494 | 934– 937 |
| 5. Honorar bei Kündigung und vorzeitiger Vertragsbeendigung | 498 | 937a– 959 |
| a) Das Kündigungsrecht des Auftraggebers gemäß § 649 BGB | 499 | 938– 944 |
| b) Kündigung des Architektenvertrages aus wichtigem Grund | 506 | 945– 956 |
| c) Einvernehmliche Beendigung des Architektenvertrages | 512 | 957 |
| d) Fälligkeit des Honorars | 512 | 958– 959 |
| **V. Fälligkeit** | 513 | 960– 987 |
| 1. Fälligkeit des Honorars | 514 | 961– 979 |
| a) Vertragsgemäße Leistungserbringung | 514 | 962– 966 |
| b) Prüffähige Honorarschlussrechnung | 517 | 967– 978 |
| c) Überreichung der Rechnung | 533 | 979 |
| 2. Abschlagszahlung | 533 | 980– 986 |
| 3. Nebenkosten | 537 | 987 |
| **Kapitel 5: Die Werklohnklage des Bauunternehmers** | 539 | 988–1401 |
| **I. Grundlage der Vergütung** | 539 | 988– 993 |
| **II. Der Bauvertrag** | 542 | 994–1101 |
| 1. Vereinbarung der VOB | 547 | 1001–1025 |
| a) VOB Teil A (VOB/A) | 547 | 1001–1002 |
| b) VOB Teil B (VOB/B) | 548 | 1003–1025 |
| c) VOB Teil C (VOB/C) | 562 | 1026 |
| 2. Widersprüche im Bauvertrag | 563 | 1027–1033 |
| 3. Aktiv- und Passivlegitimation | 566 | 1034–1039 |
| 4. Wirksamkeit des Bauvertrages | 571 | 1040–1046 |
| 5. Insolvenzeintritt | 576 | 1047–1048 |

## Inhaltsübersicht

|  | Seite | Rdn. |
|---|---|---|
| 6. Unternehmereinsatzformen | 580 | 1049–1063 |
| 7. Die Auftragsvergabe durch den Architekten | 588 | 1064–1088 |
|    a) Originäre Vollmacht des Architekten | 591 | 1072–1078 |
|    b) Ausdrückliche Vollmacht des Architekten | 596 | 1079–1083 |
|    c) Duldungsvollmacht des Architekten | 598 | 1084 |
|    d) Anscheinsvollmacht des Architekten | 599 | 1085–1088 |
| 8. Die Auftragsvergabe durch Bauträger-/Baubetreuungsgesellschaft | 601 | 1089–1100 |
| 9. Public Private Partnerships (PPP) | 607 | 1101 |
| **III. Der vertraglich vereinbarte Werklohn** | 609 | 1102–1140 |
|   1. Vorarbeiten | 610 | 1105–1112 |
|   2. Vereinbarte Vergütung | 614 | 1113–1133 |
|     a) Grundsätzliches | 615 | 1113–1119 |
|     b) Preisklauseln | 617 | 1120–1126 |
|     c) Kalkulationsgrundsätze | 621 | 1127–1133 |
|   3. „Übliche" Vergütung | 629 | 1134–1140 |
| **IV. Umfang des Werklohnanspruchs** | 633 | 1141–1288 |
|   1. Allgemeine Grundsätze | 633 | 1141–1161 |
|     a) Nebenleistungen | 636 | 1144–1147 |
|     b) Mehrleistungen/Minderleistungen | 639 | 1148 |
|     c) Leistungsänderungen | 641 | 1149–1155 |
|     d) Zusätzliche Leistungen | 649 | 1156–1160 |
|     e) Leistungen ohne Auftrag | 657 | 1161 |
|   2. Der Einheitspreisvertrag | 658 | 1162–1178 |
|   3. Der Pauschalpreisvertrag | 667 | 1179–1206 |
|     a) Allgemeine Grundsätze | 668 | 1179–1188 |
|     b) Formen des Pauschalvertrages | 672 | 1189–1195 |
|     c) Komplettheitsklauseln | 678 | 1196–1197 |
|     d) Anpassung des Pauschalpreises | 680 | 1198–1205 |
|     e) Abrechnung bei Kündigung | 686 | 1206 |
|   4. Der GMP-Vertrag | 690 | 1207–1209 |
|   5. Stundenlohnvertrag | 693 | 1210–1216 |
|   6. Der Selbstkostenerstattungsvertrag | 698 | 1217 |
|   7. Abschlagszahlungen | 699 | 1218–1239 |
|     a) Abschlagszahlungen beim BGB-Bauvertrag | 700 | 1218 |
|     b) Abschlagszahlungen beim VOB-Bauvertrag | 707 | 1219 |
|     c) Allgemeine Grundsätze | 707 | 1220–1229 |
|     d) Abschlagszahlungen bei Bauträgerverträgen | 712 | 1230–1235 |
|     e) AGB-Regelungen | 717 | 1236–1239 |
|   8. Sicherheitsleistungen | 719 | 1240–1269 |
|     a) Zweck der Sicherheitsleistung | 725 | 1248 |
|     b) Art und Umfang der Sicherheitsleistung | 726 | 1249–1256 |
|     c) Bürgschaft auf erstes Anfordern | 733 | 1257–1260 |
|     d) Höhe der Sicherheitsleistung | 739 | 1261–1262 |
|     e) Zeitraum der Sicherheitsleistung | 741 | 1263–1269 |

# Inhaltsübersicht

|  | Seite | Rdn. |
|---|---|---|
| 9. Umsatzsteuer | 743 | 1270–1276 |
| 10. Skontoabzug | 746 | 1277–1282 |
| 11. Zinsen | 751 | 1283–1288 |

### V. Werklohnanspruch bei Kündigung und einvernehmlicher Vertragsaufhebung — 757, 1289–1335

| | Seite | Rdn. |
|---|---|---|
| 1. Kündigung des Auftraggebers/Bauherrn | 760 | 1292 |
| a) Freies Kündigungsrecht | 760 | 1292–1304 |
| b) Besonderes Kündigungsrecht aus § 650 BGB | 771 | 1305–1313 |
| c) Außerordentliches Kündigungsrecht | 774 | 1314 |
| aa) Grundsätzliches | 775 | 1314–1318 |
| bb) Die 3 Kündigungstatbestände beim VOB-Bauvertrag | 780 | 1319–1326 |
| 2. Kündigung des Auftragnehmers/Unternehmers | 784 | 1327–1333 |
| 3. Einvernehmliche Vertragsauflösung | 789 | 1334–1335 |

### VI. Fälligkeit des Werklohns — 790, 1336–1401

| | Seite | Rdn. |
|---|---|---|
| 1. BGB-Bauvertrag | 791 | 1337–1375 |
| a) Abnahme | 796 | 1339–1367 |
| aa) Grundsätzliches | 796 | 1339–1342 |
| bb) Die Wirkungen der Abnahme | 802 | 1343–1346 |
| cc) Die Arten der Abnahme | 804 | 1347–1365 |
| (1) Die ausdrücklich erklärte Abnahme | 804 | 1348–1349 |
| (2) Die förmliche Abnahme | 805 | 1350–1352 |
| (3) Die schlüssige Abnahme | 807 | 1353–1356 |
| (4) Abnahme durch Erteilung der Fertigstellungsbescheinigung | 810 | 1357–1363 |
| (5) Abnahme durch Fristablauf | 815 | 1364 |
| (6) Teilabnahme | 816 | 1365 |
| dd) Die verweigerte Abnahme | 816 | 1366–1367 |
| b) Erteilung der Rechnung | 819 | 1368–1375 |
| 2. VOB-Bauvertrag | 823 | 1376 |
| a) Abnahme | 824 | 1377–1391 |
| b) Prüfbare Abrechnung | 830 | 1392–1401 |

## Kapitel 6: Die Honorarklage des Sonderfachmannes — 843, 1402–1426

### I. Grundlagen — 844, 1403–1414

### II. Umfang des Honorars — 848, 1415–1425

| | Seite | Rdn. |
|---|---|---|
| 1. Städtebauliche Leistungen und landschaftsplanerische Leistungen | 848 | 1416 |
| 2. Leistungen bei Ingenieurbauwerken und Verkehrsanlagen | 849 | 1417 |
| 3. Verkehrsplanerische Leistungen | 849 | 1418 |
| 4. Tragwerksplanung | 850 | 1419–1420 |

## Inhaltsübersicht

| | Seite | Rdn. |
|---|---|---|
| 5. Leistungen bei der Technischen Ausrüstung | 852 | 1421 |
| 6. Thermische Bauphysik | 854 | 1422 |
| 7. Schallschutz und Raumakustik | 854 | 1423 |
| 8. Bodenmechanik, Erd- und Grundbau | 855 | 1424 |
| 9. Vermessungstechnik | 855 | 1425 |
| III. Fälligkeit | 855 | 1426 |

### Kapitel 7: Die Honorarklage des Projektsteuerers — 857, 1427–1430

| | Seite | Rdn. |
|---|---|---|
| 1. Die Leistungen des Projektsteuerers | 858 | 1428 |
| 2. Rechtsnatur des Projektsteuerungsvertrages | 861 | 1429 |
| 3. Das Honorar des Projektsteuerers | 864 | 1430 |

### Kapitel 8: Die Klage auf Mängelbeseitigung (Nachbesserung/Nacherfüllung) — 869, 1431

| | Seite | Rdn. |
|---|---|---|
| I. Einleitung | 869 | 1431–1452 |
| II. Der Baumangel | 884 | 1453–1541 |
|     1. Zum Sachmangelbegriff nach altem und neuem Recht | 884 | 1453–1458 |
|     2. Der Begriff der allgemein anerkannten Regeln der Baukunst/Technik | 891 | 1459–1470 |
|     3. Zur Substantiierung des Mangels | 900 | 1471–1474 |
|     4. Mängel des Architektenwerkes | 902 | 1475–1512 |
|         a) Planungsfehler | 906 | 1477–1492 |
|         b) Koordinierungsmängel | 921 | 1493–1495 |
|         c) Mangelhafte Objektüberwachung/Bauüberwachung | 922 | 1496–1512 |
|     5. Mängel des Unternehmerwerkes | 935 | 1513–1532 |
|         a) Mangelbegriff | 937 | 1513–1517 |
|         b) Prüfungs- und Anzeigepflicht des Auftragnehmers | 947 | 1518–1532 |
|     6. Mängel der Werkleistung von Sonderfachleuten | 960 | 1533–1537 |
|     7. Mängel des Treuhänderwerkes | 963 | 1538–1539 |
|     8. Mängel des Projektsteuerers | 965 | 1540–1541 |
| III. Die Mängelbeseitigungsklage | 967 | 1542–1648 |
|     1. Begriffsbestimmungen | 969 | 1543–1549 |
|     2. Die Klage des Auftraggebers auf Nacherfüllung nach dem BGB | 975 | 1550–1561 |
|         a) Die Klage gegen den Unternehmer vor Abnahme | 975 | 1550–1558 |
|         b) Die Klage gegen den Unternehmer nach Abnahme; der typische Nacherfüllungsfall | 978 | 1559–1561 |
|     3. Mitverschulden des Auftraggebers und seine Zuschusspflicht (Sowiesokosten) | 980 | 1562–1564 |
|     4. Umfang der Nacherfüllung | 981 | 1565–1568 |

## Inhaltsübersicht

|  | Seite | Rdn. |
|---|---|---|
| 5. Die Kosten der Nacherfüllung | 983 | 1569–1573 |
| 6. Die verweigerte Nacherfüllung („unverhältnismäßige Kosten") | 985 | 1574–1578 |
| 7. Die Selbstvornahme (§ 637 Abs. 1 BGB) | 988 | 1579–1586 |
| 8. Der Kostenvorschussanspruch (§ 637 Abs. 3 BGB) | 993 | 1587–1609 |
|    a) Voraussetzung und Umfang | 994 | 1587–1597 |
|    b) Vorschuss und Verjährung | 998 | 1598–1604 |
|    c) Die Abrechnung des Vorschusses | 1002 | 1605–1609 |
| 9. Die Klage des Auftraggebers auf Nacherfüllung nach der VOB | 1003 | 1610–1633 |
|    a) Die Klage gegen den Unternehmer vor Abnahme der Bauleistung | 1004 | 1610–1621 |
|    b) Die Klage des Auftraggebers nach Abnahme | 1008 | 1622–1633 |
| 10. Die Klage auf Nacherfüllung gegen den Architekten | 1012 | 1634–1648 |
|    a) Der Neuherstellungsanspruch des Auftraggebers gegen den Architekten | 1013 | 1637 |
|    b) Der Anspruch auf Nacherfüllung (§ 635 BGB) | 1013 | 1638–1641 |
|    c) Zum Nacherfüllungsrecht des Architekten | 1015 | 1642–1644 |
|    d) Fristsetzung | 1017 | 1645 |
|    e) Die Mitwirkungspflicht des Architekten bei der Nacherfüllung durch den Unternehmer | 1017 | 1646–1648 |
| **Kapitel 9: Die Gewährleistungsklage (Mängelrechte) des Bauherrn** | **1019** | **1649–1739** |
| I. Die Mängelrechte des Bauherrn nach BGB | 1019 | 1649–1700 |
|    1. Das Verhältnis der Mängelrechte zueinander | 1021 | 1652–1655 |
|    2. Notwendiger Vortrag bei allen Gewährleistungsklagen | 1022 | 1656–1659 |
|    3. Die Klage auf Wandelung (§ 634 BGB a. F.) und der Rücktritt (§§ 634 Nr. 3, 323 BGB) | 1026 | 1660–1664 |
|    4. Die Minderung | 1031 | 1665–1673 |
|    5. Die Klage auf Schadensersatz wegen Nichterfüllung (§ 635 BGB a. F.) und statt der Leistung (§§ 634 Nr. 4, 636, 280, 281 BGB) | 1036 | 1674–1700 |
|      a) Der Schadensersatzanspruch nach altem Recht (§ 635 BGB a.F.) | 1037 | 1674–1696 |
|      b) Schadensersatz nach neuem Recht (§ 634 Nr. 4, 636, 280, 281 BGB) | 1049 | 1697–1700 |
| II. Die Mängelrechte des Bauherrn nach der VOB | 1053 | 1701–1739 |
|    1. Das Verhältnis der Mängelrechte zueinander | 1055 | 1703–1709 |
|    2. Die Minderung (§ 13 Nr. 6 VOB/B) | 1056 | 1710–1718 |

## Inhaltsübersicht

|  | Seite | Rdn. |
|---|---|---|

3. Der Schadensersatzanspruch aus § 13 Nr. 7 bzw. § 4 Nr. 7 Satz 2 VOB/B — 1062 — 1719–1739
   a) Der Anspruch aus § 13 Nr. 7 VOB/B — 1062 — 1719–1737
      aa) Der kleine Schadensersatzanspruch nach § 13 Nr. 7 Abs. 3 Satz 1 VOB — 1064 — 1724–1733
      bb) Der große Schadensersatzanspruch nach § 13 Nr. 7 Abs. 3 Satz 2 VOB — 1067 — 1733–1737
   b) Der Schadensersatzanspruch aus § 4 Nr. 7 Satz 2 VOB/B — 1068 — 1738–1739

### Kapitel 10: Besondere Fallgestaltungen außerhalb der Gewährleistung — 1071 — 1740–1936

I. Die Einbeziehung Dritter (§ 328 BGB) — 1071 — 1740–1750
   1. Vertrag zu Gunsten Dritter — 1072 — 1740
   2. Vertrag mit Schutzwirkung zu Gunsten Dritter — 1072 — 1741–1750

II. Positive Vertragsverletzung/Pflichtverletzungen im Sinne von §§ 280 Abs. 1, 241 Abs. 2 BGB — 1079 — 1751–1773
   1. Positive Vertragsverletzung nach altem Recht — 1079 — 1751–1760
   2. Die Verletzung von „Nebenpflichten" nach neuem Recht — 1083 — 1761–1773
      a) Altrechtliche Nebenpflichten des Architekten — 1085 — 1764–1769
      b) Altrechtliche Nebenpflichten des Bauunternehmers — 1088 — 1770–1772
      c) Altrechtliche Nebenpflichten des Bauherrn — 1090 — 1773

III. Die Baukostenüberschreitung durch den Architekten — 1091 — 1774–1806
   1. Baukostengarantie — 1093 — 1777–1779
   2. Baukostenüberschreitung — 1094 — 1780–1806
      a) Vorgabe eines bestimmten Baukostenbetrages — 1095 — 1781–1782
      b) Pflichtverletzung des Architekten — 1098 — 1783–1790
      c) Das Recht des Architekten auf Nachbesserung/Nacherfüllung — 1106 — 1791–1792
      d) Verschulden des Architekten — 1106 — 1793–1794
      e) Der Schaden des Bauherrn/Auftraggebers — 1107 — 1795–1806

IV. Verzögerte Bauausführung/Behinderungen — 1112 — 1807–1838
   1. Ansprüche des Bauherrn/Auftraggebers — 1112 — 1808–1818
      a) BGB-Bauvertrag — 1114 — 1809–1814
      b) VOB-Bauvertrag — 1117 — 1815–1818
   2. Ansprüche des Unternehmers/Auftragnehmers — 1120 — 1819–1838
      a) Bauzeitverlängerung — 1124 — 1820
      b) Schadensersatz — 1125 — 1821–1837
      c) Vergütungsanpassung — 1139 — 1838

## Inhaltsübersicht

|  | Seite | Rdn. |
|---|---|---|
| V. Zum Anwendungsbereich deliktsrechtlicher Vorschriften (§§ 823 ff. BGB) | 1141 | 1839–1877 |
| 1. Mangelhafte Werkleistung als Eigentumsverletzung | 1141 | 1839–1843 |
| 2. Verletzung der Verkehrssicherungspflicht | 1147 | 1844–1864 |
| a) Die Verkehrssicherungspflicht des Bauunternehmers | 1149 | 1846–1851 |
| b) Die Verkehrssicherungspflicht des Bauherrn | 1157 | 1852–1857 |
| c) Die Verkehrssicherungspflicht des Architekten | 1161 | 1858–1864 |
| 3. Gesetz zur Sicherung von Bauforderungen (GSB) | 1165 | 1865–1871 |
| 4. Produkthaftung | 1172 | 1872–1877 |
| VI. Verschulden bei Vertragsschluss (§ 311 Abs. 2 BGB) und Dritthaftung (§ 311 Abs. 3 BGB) | 1175 | 1878–1894 |
| 1. Verschulden bei Vertragsschluss (§§ 311 Abs. 2, 241 Abs. 2, 280 BGB) | 1175 | 1878–1881 |
| 2. Fallgestaltungen | 1178 | 1882–1892 |
| 3. Dritthaftung (§ 311 Abs. 3 BGB) | 1187 | 1893 |
| 4. Die Rechtsfolgen | 1187 | 1894 |
| VII. Geschäftsführung ohne Auftrag | 1189 | 1895–1903 |
| VIII. Ungerechtfertigte Bereicherung | 1195 | 1904–1936 |
| 1. Fallgestaltungen/Übersicht | 1196 | 1904–1905 |
| 2. Zu den bereicherungsrechtlichen Voraussetzungen | 1200 | 1906–1922 |
| a) Bereicherungsausgleich bei unwirksamem Architektenvertrag | 1202 | 1910–1917 |
| b) Ausgleich von Überzahlungen | 1206 | 1918–1919 |
| c) Rückzahlungsanspruch des öffentlichen Auftraggebers | 1207 | 1920 |
| d) Bereicherungsausgleich bei „Schwarzarbeit" | 1208 | 1921 |
| 3. Der Bau auf fremdem Grund und Boden | 1209 | 1923–1932 |
| 4. Schaffung eines Familienwohnheimes und Vermögensausgleich nach der Scheidung | 1212 | 1933–1936 |
| **Kapitel 11: Besondere Klagearten** | 1215 | 1937–2137 |
| I. Die Klage aus Urheberrecht des Architekten | 1215 | 1937–1963 |
| 1. Urheberrechtsschutz des Architekten | 1218 | 1938–1945 |
| 2. Verwertungsrecht des Bauherrn | 1224 | 1946–1955 |
| 3. Änderung der Planung und des Bauwerkes | 1228 | 1956–1960 |
| 4. Umfang des Anspruchs bei Urheberrechtsverletzungen | 1236 | 1961–1963 |
| II. Die Ausgleichsklage der Baubeteiligten nach § 426 BGB | 1238 | 1964–2013 |
| 1. Gleichrangige Haftung der verantwortlichen Baubeteiligten | 1238 | 1964–1967 |

## Inhaltsübersicht

| | Seite | Rdn. |
|---|---|---|
| 2. Das Gesamtschuldverhältnis als Voraussetzung für den Ausgleichsanspruch | 1240 | 1968–1997 |
|    a) Gesamtschuld mehrerer Unternehmen | 1241 | 1969–1971 |
|    b) Gesamtschuld von Architekt und Unternehmer | 1242 | 1972–1987 |
|    c) Gesamtschuld von Architekt, Sonderfachmann und Unternehmer | 1249 | 1988 |
|    d) Gesamtschuld von planendem und bauleitendem Architekten | 1249 | 1989–1990 |
|    e) Gesamtschuld von Architekt und Sonderfachmann | 1252 | 1991–1995 |
|    f) Gesamtschuld mehrerer Sonderfachleute | 1254 | 1996 |
|    g) Weitere Gesamtschuldverhältnisse | 1254 | 1997 |
| 3. Der Ausgleichsanspruch | 1255 | 1998–2003 |
| 4. Haftungsbegünstigung eines gesamtschuldnerisch haftenden Baubeteiligten und Gesamtschuldnerausgleich | 1260 | 2004–2013 |
| **III. Anerkenntnisse im Baurecht** | **1265** | **2014–2044** |
| 1. Allgemeines | 1265 | 2014 |
| 2. Rechtliche Formen des Anerkenntnisses | 1265 | 2015–2020 |
| 3. Einzelfälle | 1267 | 2021–2042 |
|    a) Das Anerkenntnis zur Mängelbeseitigung | 1267 | 2022 |
|    b) Die Anerkennung von Stundenlohnarbeiten | 1268 | 2023–2027 |
|    c) Der Anerkenntnisvermerk des Bauherrn unter der Honorarrechnung des Architekten | 1270 | 2028–2029 |
|    d) Der Prüfvermerk unter der Schlussrechnung des Bauunternehmers | 1271 | 2030–2032 |
|    e) Das gemeinsame Aufmaß als Anerkenntnis | 1272 | 2033–2039 |
|    f) Sonstige Fälle | 1275 | 2040–2042 |
| 4. Rechtsprechungsübersicht | 1276 | 2043–2044 |
| **IV. Die Klage auf Vertragsstrafe** | **1278** | **2045–2085** |
| 1. Vertragsstrafe für nicht erfüllte Bauleistung | 1283 | 2056–2057 |
| 2. Vertragsstrafe für nicht ordnungsgemäße Bauleistung | 1284 | 2058–2059 |
| 3. Der Vorbehalt der Vertragsstrafe | 1285 | 2060–2067 |
| 4. Die Höhe der Vertragsstrafe | 1289 | 2068–2084 |
| 5. Prozessuales | 1299 | 2085 |
| 6. Weitere Rechtsprechung | 1299 | 2086 |
| **V. Die Nachbarklage** | **1300** | **2086–2128** |
| 1. Zum zivilrechtlichen Nachbarschutz | 1300 | 2086–2090 |
| 2. § 906 BGB – Bau- und immissionsschutzrechtliche Probleme | 1305 | 2091–2100 |
| 3. § 909 BGB – Vertiefung und Baugrundrisiko | 1311 | 2101–2118 |
| 4. §§ 912 ff. BGB – Überbau | 1322 | 2119–2128 |
| **VI. Die Duldungsklage des Bauherrn gegen den Mieter** | **1326** | **2129–2137** |

# Inhaltsübersicht

|  | Seite | Rdn. |
|---|---|---|
| **Kapitel 12: Die Einwendungen der Baubeteiligten im Bauprozess** | 1329 | 2138–2588 |
| I. Vertragliche Haftungsfreizeichnungen | 1329 | 2138–2270 |
| 1. Einleitung | 1331 | 2138–2140 |
| 2. Haftungsfreizeichnungen in AGB/Formularverträgen | 1332 | 2141–2181 |
| a) Abgrenzung der Individualverträge von AGB/Formularverträgen in der Baupraxis | 1332 | 2142–2172 |
| b) Beweislast | 1344 | 2173–2176 |
| c) Kollision von AGB | 1345 | 2177 |
| d) Anwendung der §§ 305 ff. BGB auf Unternehmer/öffentlich-rechtliche Kunden in der Baupraxis | 1345 | 2178–2181 |
| 3. Einzelfälle | 1347 | 2182–2270 |
| a) Vollständiger Haftungsausschluss | 1348 | 2184–2195 |
| b) Haftungsausschluss bei gleichzeitiger Abtretung der Mängelansprüche | 1352 | 2196–2206 |
| c) Beschränkung auf Nacherfüllung | 1356 | 2207–2222 |
| d) Haftungsbegrenzungen bei zugesicherten Eigenschaften | 1360 | 2223–2225 |
| e) Beschränkung der Höhe nach | 1361 | 2226–2238 |
| f) Zeitliche Begrenzung | 1365 | 2239–2247 |
| g) Haftung nur bei Verschulden | 1366 | 2248–2251 |
| h) Abänderung der Beweislast | 1367 | 2252–2256 |
| i) Beschränkung auf unmittelbaren Schaden | 1368 | 2257–2261 |
| k) Subsidiaritätsklausel | 1370 | 2262–2270 |
| II. Der unterlassene Vorbehalt | 1372 | 2271–2319 |
| 1. Der unterlassene Vorbehalt bei der Abnahme trotz Mängelkenntnis | 1372 | 2272–2277 |
| 2. Der unterlassene Vorbehalt einer Vertragsstrafe bei der Abnahme | 1374 | 2278–2284 |
| 3. Der unterlassene Vorbehalt bei der Schlusszahlung | 1376 | 2285–2219 |
| a) Bedeutung der Schlusszahlungseinrede | 1377 | 2286–2293 |
| b) Voraussetzungen der Ausschlusswirkung | 1380 | 2294–2324 |
| aa) Schlussrechnung | 1380 | 2295–2297 |
| bb) Schlusszahlung | 1381 | 2298–2304 |
| cc) Schriftlicher Hinweis | 1384 | 2305–2306 |
| dd) Vorbehalt | 1385 | 2307–2311 |
| ee) Frist | 1387 | 2312–2314 |
| ff) Adressat | 1388 | 2315–2319 |
| III. Die Verwirkung | 1390 | 2320–2324 |
| 1. Grundsätze | 1390 | 2321–2323 |
| 2. Beweislast | 1393 | 2324 |

## Inhaltsübersicht

| | Seite | Rdn. |
|---|---|---|
| **IV. Anfechtung und Organisationsverschulden** | 1394 | 2325–2342 |
|   1. Arglistige Täuschung/widerrechtliche Drohung eines Baubeteiligten | 1394 | 2325–2332 |
|   2. Das Organisationsverschulden | 1398 | 2333–2337 |
|   3. Anfechtung nach § 119 BGB | 1404 | 2338–2342 |
| **V. Die Verjährung** | 1407 | 2343–2443 |
|   1. Neuregelung des Verjährungsrechts | 1408 | 2343–2344 |
|   2. Allgemeine Grundsätze im Verjährungsrecht | 1411 | 2345–2358 |
|     a) Einrede der Verjährung | 1411 | 2345–2346 |
|     b) Vereinbarungen über die Verjährung | 1413 | 2347–2354 |
|       aa) Verzicht auf die Einrede der Verjährung | 1413 | 2348 |
|       bb) Abkürzung der Verjährungsfristen | 1414 | 2349–2353 |
|       cc) Verlängerung der Verjährungsfristen | 1417 | 2354–2358 |
|   3. Die Verjährung von Vergütungsansprüchen | 1419 | 2359–2376 |
|     a) Werklohnansprüche des Bauunternehmers | 1419 | 2359–2369 |
|       aa) Beim BGB-Bauvertrag | 1421 | 2362–2364 |
|       (1) Nach altem Recht (bis 31.12.2001) | 1421 | 2362 |
|       (2) Nach neuem Recht (ab 1.1.2002) | 1422 | 2363–2364 |
|       bb) Beim VOB-Bauvertrag | 1424 | 2365–2369 |
|     b) Honoraransprüche des Architekten und Sonderfachmannes | 1427 | 2370–2375 |
|       aa) Nach altem Recht (bis 31.12.2001) | 1430 | 2374 |
|       bb) Nach neuem Recht (ab 1.1.2002) | 1431 | 2375 |
|     c) Vergütungsanspruch des Bauträgers | 1432 | 2376 |
|       aa) Nach altem Recht (bis 31.12.2001) | 1432 | 2377 |
|       bb) Nach neuem Recht (ab 1.1.2002) | 1432 | 2377 |
|   4. Die Verjährung von Gewährleistungsansprüchen des Bauherrn (Auftraggeber) | 1433 | 2377–2411 |
|     a) Grundsätze | 1434 | 2377 |
|     b) Ansprüche des Bauherrn (Auftraggeber) gegen den Bauunternehmer beim BGB-Bauvertrag | 1435 | 2378–2387 |
|       aa) Nach altem Recht (bis 31.12.2001) | 1435 | 2378–2382 |
|       bb) Nach neuem Recht (ab 1.1.2002) | 1440 | 2383–2387 |
|     c) Ansprüche des Bauherrn (Auftraggeber) gegen den Bauunternehmer beim VOB-Bauvertrag | 1445 | 2386–2394 |
|     d) Ansprüche des Bauherrn (Auftraggeber) gegen den Architekten und Sonderfachmann | 1449 | 2395–2406 |
|     e) Ansprüche des Bauherrn (Auftraggeber) gegen den Bauträger | 1455 | 2405–2408 |
|   5. Die Verjährung sonstiger Ansprüche | 1457 | 2409–2412 |
|   6. Hemmung und Unterbrechung/Neubeginn der Verjährung | 1466 | 2411–2443 |
|     a) Hemmung der Verjährung | 1467 | 2412–2418c |
|       aa) Rechtslage nach altem Recht (bis 31.12.2001) | 1467 | 2412–2115 |
|       bb) Rechtslage nach neuem Recht (ab 1.1.2002) | 1470 | 2416–2418c |

## Inhaltsübersicht

| | Seite | Rdn. |
|---|---|---|
| b) Unterbrechung/Neubeginn der Verjährung | 1475 | 2419–2435 |
| aa) Rechtslage nach altem Recht (bis 31.12.2001) | 1475 | 2419–2433 |
| bb) Rechtslage nach neuem Recht (ab 1.1.2002) | 1481 | 2434–2435 |
| c) Mängelanzeige nach § 13 Nr. 5 VOB/B | 1482 | 2436–2443 |
| **VI. Einwand des mitwirkenden Verschuldens (§ 254 BGB)** | 1485 | 2444–2467 |
| 1. Maß der Mitverantwortung | 1487 | 2453–2454 |
| 2. Mitverschulden Dritter | 1488 | 2455–2466 |
| 3. Einzelfälle aus der Rechtsprechung | 1492 | 2467 |
| **VII. Die Vorteilsausgleichung** | 1496 | 2468–2477 |
| **VIII. Störung (Wegfall) der Geschäftsgrundlage (§ 313 BGB)** | 1502 | 2478–2502 |
| 1. Rechtliche Grundlagen | 1503 | 2479–2486 |
| 2. Anwendungsfälle | 1506 | 2487–2502 |
| a) Mengenabweichungen und Mehraufwand bei einem Pauschalpreis- (Festpreis-)Vertrag | 1506 | 2487–2498 |
| b) Preis- und Lohnsteigerungen bei einem Pauschalpreis-(Festpreis-) Vertrag | 1510 | 2499 |
| c) Mengenabweichung beim Einheitspreisvertrag | 1511 | 2500–2501 |
| d) Einzelfälle (Fallübersicht) | 1511 | 2502 |
| **IX. Das Zurückbehaltungs- und Leistungsverweigerungsrecht** | 1513 | 2503–2544 |
| 1. Zurückbehaltungsrecht (§ 273 BGB) | 1514 | 2503–2523 |
| 2. Leistungsverweigerungsrecht (§ 320 BGB) | 1520 | 2524–2540 |
| 3. Das Leistungsverweigerungsrecht bei abgetretenen Mängelrechten | 1528 | 2541–2543 |
| 4. Die Unsicherheitseinrede (§ 321 BGB) | 1529 | 2544 |
| **X. Die Aufrechnung** | 1531 | 2545–2579 |
| 1. Die Prozesssituation | 1532 | 2545–2558 |
| 2. Die Eventualaufrechnung | 1536 | 2559–2560 |
| 3. Die materiellen Voraussetzungen (§§ 387 ff. BGB) | 1537 | 2561–2570 |
| 4. Aufrechnungsverbote | 1540 | 2571–2579 |
| **XI. Der Einwand der aufgedrängten Bereicherung** | 1544 | 2580–2588 |
| **Kapitel 13: Der Beweis** | 1547 | 2589–2692 |
| I. Beweisaufnahme in Bausachen | 1547 | 2589–2594 |
| II. Beweiserleichterungen in Bausachen | 1550 | 2595–2619 |
| 1. Der Anscheinsbeweis | 1550 | 2595–2605 |
| 2. Die Umkehr der Beweislast | 1555 | 2606–2619 |
| a) § 363 BGB | 1556 | 2607 |
| b) § 280 Abs. 1 Satz 2 BGB | 1556 | 2608–2609 |

## Inhaltsübersicht

|  | Seite | Rdn. |
|---|---|---|
| c) Die Verletzung von Aufklärungs- und Beratungspflichten | 1557 | 2610 |
| d) Beweiserleichterung durch sekundäre Darlegungslast | 1558 | 2611 |
| e) § 830 Abs. 1 Satz 2 BGB | 1559 | 2612–2617 |
| f) Beweisvereitelung | 1560 | 2618–2619 |
| III. Der Beweisantrag | 1562 | 2620–2621 |
| IV. Die Beweismittel des Bauprozesses | 1564 | 2622–2662 |
| 1. Der sachverständige Zeuge | 1564 | 2623–2625 |
| 2. Der Augenscheinsbeweis | 1566 | 2626–2629 |
| 3. Der Urkundenbeweis | 1567 | 2630–2633 |
| 4. Der Sachverständige | 1568 | 2634–2662 |
| a) Begriff | 1570 | 2634–2636 |
| b) Die Auswahl des Sachverständigen | 1572 | 2637–2640 |
| c) Aufgabe des Sachverständigen | 1573 | 2641–2644 |
| d) Das Gutachten | 1576 | 2645–2646 |
| e) Die Ablehnung des Sachverständigen | 1578 | 2647–2651 |
| f) Die Verwertung des Gutachtens | 1583 | 2652–2662 |
| V. Der Beweisbeschluss | 1587 | 2663–2672 |
| VI. Die Durchführung der Beweisaufnahme | 1591 | 2673–2674 |
| VII. Die Beweiswürdigung | 1593 | 2675–2686 |
| VIII. Die Beweislast | 1598 | 2687–2692 |

| **Kapitel 14: Kosten und Streitwerte** | 1607 | 2693–2707 |
|---|---|---|
| I. Zeugen- und Sachverständigenentschädigung | 1607 | 2693–2704 |
| II. Streitwerte (Fallübersicht) | 1613 | 2705–2707 |

| **Kapitel 15: Die Zwangsvollstreckung in Bausachen** | 1617 | 2708–2786 |
|---|---|---|
| I. Einleitung/Fallgruppen | 1617 | 2708–2713 |
| II. Die Zwangsvollstreckung wegen einer Geldforderung aus einem Werkvertrag | 1621 | 2714–2748 |
| 1. „Einfache" Bauforderungen | 1621 | 2714 |
| 2. Die Vollstreckung aus Zug-um-Zug-Urteilen | 1621 | 2715–2741 |
| a) Gesetzliche Regelung | 1622 | 2715–2719 |
| b) Tenorierungsprobleme | 1623 | 2720–2729 |
| aa) Die Klauselerteilung (§ 726 ZPO) | 1623 | 2721–2723 |
| bb) Die Bezeichnung der Gegenleistung | 1625 | 2724–2729 |

# Inhaltsübersicht

|  | Seite | Rdn. |
|---|---|---|
| c) Die Vollstreckung durch den Gerichtsvollzieher | 1626 | 2730–2737 |
| d) Die Überprüfung der Gegenleistung durch den Gerichtsvollzieher | 1629 | 2738–2741 |
| 3. Die doppelte Zug-um-Zug-Verurteilung | 1631 | 2742–2747 |
| 4. Die Vollstreckung auf Leistung nach Empfang der Gegenleistung | 1633 | 2748 |
| **III. Die Vollstreckung zur Erwirkung von Baumaßnahmen** | **1634** | **2749–2786** |
| 1. Tenorierungsprobleme | 1634 | 2750–2754 |
| 2. Das Verfahren nach § 887 Abs. 1 ZPO | 1636 | 2755–2779 |
| a) Vertretbare Handlungen | 1636 | 2756–2758 |
| b) Die Verweigerung der Handlung | 1638 | 2759–2762 |
| c) Die Mitwirkungspflicht des Bauherrn nach § 887 Abs. 1 ZPO | 1639 | 2763–2771 |
| d) Der Erfüllungseinwand des Unternehmers | 1641 | 2772–2779 |
| 3. Der Ermächtigungsbeschluss | 1644 | 2780 |
| 4. Der Kostenvorschussanspruch (§ 887 Abs. 2 ZPO) | 1645 | 2781–2785 |
| 5. Kosten der Zwangsvollstreckung (§ 788 ZPO) | 1647 | 2786 |

# Abkürzungsverzeichnis

| | |
|---|---|
| a. A. | anderer Ansicht |
| a. a. O. | am angegebenen Ort |
| Abs. | Absatz |
| AcP | Archiv für civilistische Praxis |
| a. F. | alte Fassung |
| AfP | Archiv für Presserecht |
| AG | Amtsgericht |
| AGB | Allgemeine Geschäftsbedingungen |
| AGBE | *Bunte*, Hermann-Josef, Entscheidungssammlung zum AGB-Gesetz |
| AGB-Gesetz | Gesetz zur Regelung des Rechts der Allgemeinen Geschäftsbedingungen |
| AnwBl. | Anwaltsblatt |
| Arge | Arbeitsgemeinschaft |
| AuA | Arbeit und Arbeitsrecht |
| AVA | Allgemeine Vertragsbedingungen zum Einheits-Architektenvertrag |
| BAG | Bundesarbeitsgericht |
| BAnz. | Bundesanzeiger |
| BauR | Baurecht, Zeitschrift für das gesamte öffentliche und zivile Baurecht |
| BauRB | Der Bau-Rechts-Berater |
| BayObLG | Bayerisches Oberstes Landesgericht |
| BayVBL. | Bayerische Verwaltungsblätter |
| BB | Der Betriebsberater |
| bestr. | bestritten |
| BGH | Bundesgerichtshof |
| BGHZ | Entscheidungen des Bundesgerichtshofs in Zivilsachen |
| BLAH | *Baumbach/Lauterbach/Albers/Hartmann*, Zivilprozessordnung, Kommentar |
| BlGBW | Blätter für Grundstücks-, Bau- und Wohnungsrecht |
| BrBp | Baurecht und Baupraxis, Zeitschrift |
| BT-Drucksache | Bundestags-Drucksache |
| BTR | Der Bauträger, Zeitschrift für Recht und Praxis im Bauträgerwesen |
| BVerfG | Bundesverfassungsgericht |
| BVerwG | Bundesverwaltungsgericht |
| DAB | Deutsches Architektenblatt |
| DB | Der Betrieb |
| d. h. | das heißt |
| DIN | Deutsches Institut für Normung e. V. |
| DNotZ | Deutsche Notarzeitung |
| DÖV | Die Öffentliche Verwaltung |
| DR | Deutsches Recht |
| DRiZ | Deutsche Richterzeitung |
| DS | Der Sachverständige |
| DtZ | Deutsch-Deutsche Rechts-Zeitschrift |
| DVBl. | Deutsches Verwaltungsblatt |
| DWE | Der Wohnungseigentümer |
| DWW | Deutsche Wohnungswirtschaft |
| EAV | Einheits-Architektenvertrag |
| ErbVO | Erbbauverordnung |
| e. V. | einstweilige Verfügung |

## Abkürzungsverzeichnis

| | |
|---|---|
| ff. | folgende |
| GBO | Grundbuchordnung |
| GIA | Gesetz zur Regelung von Ingenieur- und Architektenleistungen |
| GoA | Geschäftsführung ohne Auftrag |
| GOA | Gebührenordnung für Architekten |
| GOI | Gebührenordnung für Ingenieure |
| GRUR | Gewerblicher Rechtsschutz und Urheberrecht |
| GSB | Gesetz zur Sicherung von Bauforderungen |
| GVG | Gerichtsverfassungsgesetz |
| h. A. | herrschende Ansicht |
| Halbs. | Halbsatz |
| HGB | Handelsgesetzbuch |
| h. M. | herrschende Meinung |
| HOAI | Honorarordnung für Architekten und Ingenieure |
| HRR | Höchstrichterliche Rechtsprechung |
| HWiG | Gesetz über den Widerruf von Haustürgeschäften und ähnlichen Geschäften |
| IBR | Immobilien & Baurecht, Zeitschrift |
| i. R. | im Rahmen |
| i. S. | im Sinne |
| JA | Juristische Arbeitsblätter |
| JFG | Jahrbuch für Rechtsprechung in der freiwilligen Gerichtsbarkeit |
| JMBl. NW | Justizministerialblatt für Nordrhein-Westfalen |
| JR | Juristische Rundschau |
| JurA | Juristische Analysen |
| JurBüro | Das juristische Büro |
| JuS | Juristische Schulung |
| Justiz | Die Justiz |
| JVEG | Justizvergütungs- und -entschädigungsgesetz |
| JW | Juristische Wochenschrift |
| JZ | Juristenzeitung |
| KG | Kammergericht |
| KGJ | Jahrbuch für Entscheidungen des Kammergerichts |
| KGR | Kammergericht-Report |
| KO | Konkursordnung |
| LAG | Landesarbeitsgericht |
| LG | Landgericht |
| LHO | Leistungs- und Honorarordnung der Ingenieure |
| Lit. | Literatur |
| LM | *Lindenmaier/Möhring*, Nachschlagewerk des Bundesgerichtshofs |
| LS | Leitsatz |
| LZ | Leipziger Zeitschrift |
| MaBV | Makler- und Bauträgerverordnung |
| MDR | Monatsschrift für Deutsches Recht |
| MittRhNotK | Mitteilungen der Rheinischen Notarkammer |
| MRVG | Gesetz zur Verbesserung des Mietrechts und zur Begrenzung des Mietanstiegs sowie zur Regelung von Ingenieur- und Architektenleistungen |
| MünchKomm | Münchener Kommentar zum BGB |
| MünchKommZPO | Münchener Kommentar zur ZPO |
| m. w. Nachw. | mit weiteren Nachweisen |

# Abkürzungsverzeichnis

| | |
|---|---|
| NdsRpfleger | Niedersächsischer Rechtspfleger |
| n. F. | neue Fassung |
| NJW | Neue Juristische Wochenschrift |
| NJW-RR | NJW-Rechtsprechungs-Report, Zivilrecht |
| Nr. | Nummer |
| NVwZ | Neue Zeitschrift für Verwaltungsrecht |
| NZBau | Neu Zeitschrift für Baurecht und Vergaberecht |
| NZM | Neue Zeitschrift für Mietrecht |
| OLG | Oberlandesgericht |
| OLG-NL | OLG-Rechtsprechung Neue Länder |
| OLGR | OLG-Report |
| OLGZ | Rechtsprechung der Oberlandesgerichte |
| OVG | Oberverwaltungsgericht |
| RBerG | Rechtsberatungsmissbrauchgesetz |
| Rdn. | Randnummer |
| Recht | Das Recht |
| RGRK | Kommentar zum BGB, herausgegeben von Reichsgerichtsräten und Bundesrichtern |
| RGZ | Entscheidungen des Reichsgerichts in Zivilsachen |
| Rpfleger | Der Deutsche Rechtspfleger |
| Rspr. | Rechtsprechung |
| RVO | Reichsversicherungsordnung |
| Sächs. Arch. | Sächsisches Archiv |
| SchlHA | Schleswig-Holsteinische Anzeigen |
| SchRModG | Schuldrechtsmodernisierungsgesetz |
| SeuffArch. | Seufferts Archiv für Entscheidungen oberster Gerichte |
| SF | Sonderfachmann |
| str. | streitig |
| st. Rspr. | ständige Rechtsprechung |
| SV | Sachverständiger |
| u. | und |
| UrhG | Urheberrechtsgesetz |
| UStG | Umsatzsteuergesetz |
| u. U. | unter Umständen |
| VersR | Versicherungsrecht |
| VerwGO | Verwaltungsgerichtsordnung |
| VO | Verordnung |
| VOB | Vergabe- und Vertragsordnung für Bauleistungen |
| VRS | Verkehrsrechtssammlung |
| WEG | Wohnungseigentumsgesetz |
| WERS | Wohnungseigentumsrechtssammlung |
| WM | Wertpapiermitteilungen |
| WRP | Wettbewerb in Recht und Praxis |
| WuM | Wohnungswirtschaft und Mietrecht |
| WuV | Wirtschaft und Verwaltung |
| WuW | Wirtschaft und Wettbewerb |
| ZBB | Zeitschrift für Bankrecht und Bankwirtschaft |
| ZfBR | Zeitschrift für deutsches und internationales Baurecht |
| ZfIR | Zeitschrift für Immobilienrecht |

## Abkürzungsverzeichnis

| | |
|---|---|
| ZGS | Zeitschrift für das gesamte Schuldrecht |
| ZIP | Zeitschrift für Wirtschaftsrecht |
| ZMR | Zeitschrift für Miet- und Raumrecht |
| ZPO | Zivilprozessordnung |
| ZPR | Zivilprozessrecht |
| ZRP | Zeitschrift für Rechtspolitik |
| ZS | Zivilsenat |
| ZSW | Zeitschrift für das Sachverständigenwesen |
| ZUM | Zeitschrift für Urheber- und Medienrecht |
| ZuSEG | Gesetz über die Entschädigung von Zeugen und Sachverständigen |
| zust. | zustimmend |
| ZZP | Zeitschrift für Zivilprozess |

# Literaturverzeichnis

| | |
|---|---|
| *Achilles-Baumgärtel* | Der Anspruch auf Kostenvorschuss im Gewährleistungsrecht, Baurechtl. Schriften, Band 40, 1998 |
| *Ahlers* | Die Auswirkungen der Schuldrechtsmodernisierung auf die Freistellung der VOB/B von der Inhaltskontrolle unter Mitberücksichtigung der Richtlinie 93/13 EWG, Baurechtl. Schriften, Band 62, 2006 |
| *Bamberger/Roth* (Hrsg.) | Kommentar zum Bürgerlichen Gesetzbuch, 2003 |
| *Basty* | Der Bauträgervertrag, 5. Auflage 2005 |
| *Baumbach/Lauterbach/Albers/Hartmann* | Zivilprozessordnung, Kommentar, 65. Auflage 2007 |
| *Baumgärtel* | Handbuch der Beweislast im Privatrecht, Band 1, 2. Auflage 1991 |
| *Baumgärtel* | Beweislastpraxis im Privatrecht, 1996 |
| *Beck'scher VOB-Kommentar* | Teil B, 1997 |
| *Beigel* | Urheberrecht des Architekten, 1984 |
| *Berchem, Freifrau von* | Die neue Baustellenverordnung, 2000 |
| *Berg/Vogelheim/Wittler* (Hrsg.) | Bau- und Architektenrecht, 2006 |
| *Berger* (Hrsg.) | Einstweiliger Rechtsschutz im Zivilrecht, Handbuch 2006 |
| *Binder/Kosterhon* | Urheberrecht für Architekten und Ingenieure, 2003 |
| *Bindhardt/Jagenberg* | Die Haftung des Architekten, 8. Auflage 1981 |
| *Bohl/Döbereiner/Keyserlingk* | Die Haftung der Ingenieure im Bauwesen, 1980 |
| *Boisseree* | Die Haftung der Baubeteiligten für Schäden an Nachbargebäuden, Baurechtl. Schriften, Band 56, 2002 |
| *Boisserée/Fuchs* (Hrsg.) | Handbuch Baunachbarrecht, 2006 |
| *Boldt* | Der neue Bauvertrag, 2. Auflage 2004 |
| *Boysen/Plett* | Bauschlichtung in der Praxis, 2000 |
| *Brügmann*, Prozessleitung | Die Prozessleitung im Bauprozess, 1969 |
| *Bschorr/Zanner* | Die Vertragsstrafe im Bauwesen, 2003 |
| *Budnick* | Architektenhaftung für Vergabe-, Koordinierungs- und Baukostenplanungsfehler, Baurechtl. Schriften, Band 45, 1998 |
| *Bull* | Prozesshilfen, 4. Auflage 1981 |
| *Bunte* | Handbuch der Allgemeinen Geschäftsbedingungen, 1982 |
| *Burchardt/Pfülb* | ARGE-Kommentar, 4. Auflage 2006 |
| *Clemm/Borgmann* | Bauvertragsrecht, 1998 |
| *Cuypers* | Instandhaltung und Änderung baulicher Anlagen, Baurechtl. Schriften, Band 23, 1993 |
| *Cuypers* | Das neue Bauvertragsrecht, 2. Auflage 2002 |
| *Cuypers* | Der Werklohn des Bauunternehmers, 2000 |
| *Daub/Piel/Soergel/Steffani* | Kommentar zur VOB, Teil B, 1976 |
| *Dauner-Lieb/Heidel/Lepa/Ring* (Hrsg.) | Anwaltkommentar Schuldrecht, 2002 |
| *Dauner-Lieb/Heidel/Lepa/Ring* (Hrsg.) | Das Neue Schuldrecht, Ein Lehrbuch, 2002 |
| *Dauner-Lieb/Heidel/Lepa/Ring* (Hrsg.) | Das neue Schuldrecht in der anwaltlichen Praxis, 2002 |
| *Deckert* | Baumangel am Gemeinschaftseigentum der Eigentumswohnung, 2. Auflage 1980 |
| *Donus* | Der Fertighausvertrag, Baurechtl. Schriften, Band 13, 1988 |
| *Dreiher/Schulze* | Kommentar zum Urhebergesetz, 2. Auflage 2006 |
| *Duve* | Streitregulierung im Bauwesen, 2007 |

# Literaturverzeichnis

| | |
|---|---|
| *Englert/Bauer* | Rechtsfragen zum Baugrund, Baurechtl. Schriften, Band 5, 2. Auflage 1991 |
| *Englert/Grauvogl/Maurer* | Handbuch des Baugrund- und Tiefbaurechts, 3. Auflage 2004 |
| *Englert/Katzenbach/Motzke* (Hrsg.) | Beck'scher VOB-Kommentar, Teil C, 2003 |
| *Englert/Motzke/Wirth* (Hrsg.) | Kommentar zum BGB-Bauvertragsrecht, 2007 |
| *Enseleit/Osenbrück* | HOAI-Praxis, Anrechenbare Kosten, 2. Auflage 1991 |
| *Erman* | Handkommentar zum Bürgerlichen Gesetzbuch, 11. Auflage 2004 |
| *Eschenbruch* | Recht der Projektsteuerung, 2. Auflage 2003 |
| *Fabricius/v. Nordenflycht/Bindhardt* | Gebührenordnung für Architekten, 8. Auflage 1973 |
| *Fahrenschon/Burchardt* | ARGE-Kommentar, Ergänzungsband, 1990 |
| *Fischer* | Die Regeln der Technik im Bauvertragsrecht, 1985 |
| *Flach* | Die VOB/B und das Leitbild des gesetzlichen Werkvertragsrechts, 1984 |
| *Franke/Kemper/Zanner/Grünhagen* | VOB-Kommentar, 3. Auflage 2007 |
| *Frieling* | Klauseln im Bauvertrag, 1993 |
| *Fritz* | Haftungsfreizeichnung im Bauträger- und Architektenvertrag nach dem AGB, 1979 |
| *Fromm/Nordemann* | Urheberrecht, 9. Auflage 1998 |
| *Früh* | Die „Sowieso-Kosten", Baurechtl. Schriften, Band 20, 1991 |
| *Fuchs* | Kooperationspflichten der Bauvertragsparteien, Baurechtl. Schriften, Band 58, 2004 |
| *Ganten,* Pflichtverletzung | Pflichtverletzung und Schadensrisiko im privaten Baurecht, 1974 |
| *Ganten/Jagenburg/Motzke* | Beck'scher VOB-Kommentar, Teil B, 1997 |
| *Genschow/Stelter* | Störungen im Bauablauf, 2004 |
| *Glatzel/Hofmann/Frikell* | Unwirksame Bauvertragsklauseln, 10. Auflage 2003 |
| *Glöckner* | Gesamtschuldvorschriften und Schuldnermehrheiten bei unterschiedlichen Leistungsinhalten, 1997 |
| *Greeve/Leipold* | Handbuch des Baustrafrechts, 2004 |
| *Grziwotz/Koeble* (Hrsg.) | Handbuch Bauträgerrecht, 2004 |
| *Grziwotz/Lüke/Saller* | Praxishandbuch Nachbarrecht, 2005 |
| *Groß* | Die Bauhandwerkersicherungshypothek, 1978 |
| *Groß* | Die Rechtsbeziehungen zwischen Wohnungsunternehmen und Erwerbern bei der Erstveräußerung von Eigenwohnraum, 1971 |
| *Gruchot* | Beiträge zur Erläuterung des Deutschen Rechts, begründet von Gruchot |
| *Hänsel* | Die Vergabe von Architekten- und Ingenieurleistungen, 2005 |
| *Haerendel* | Sowieso-Kosten und weitere zusätzliche Kosten infolge Fehlplanung, Baurechtl. Schriften, Band 47, 1999 |
| *Hagenloch* | Handbuch zum Gesetz über die Sicherung der Bauforderungen (GSB), 1991 |
| *Hartmann* | HOAI, Aktueller Praxiskommentar, Loseblattausgabe |
| *Heidland* | Der Bauvertrag in der Insolvenz, 2. Auflage 2003 |
| *Heiermann/Franke/Knipp* | Baubegleitende Rechtsberatung, 2002 |
| *Heiermann/Linke* | AGB im Bauwesen, 1978 |
| *Heiermann/Riedl/Rusam* | Handkommentar zur VOB, Teil A und B, 10. Auflage 2003 |

# Literaturverzeichnis

| | |
|---|---|
| *Heinrich,* Martin | Der Baucontrollingvertrag, Baurechtl. Schriften, Band 10, 2. Auflage 1998 |
| *Heinrich,* Susanne | Abschied von der 2-jährigen Gewährleistung gem. § 13 Nr. 4 Abs. 1 VOB/B?, Baurechtl. Schriften, Band 39, 1998 |
| *Henssler/Graf von Westphalen* (Hrsg.) | Praxis der Schuldrechtsreform, 2001 |
| *Herding/Schmalzl,* Haftung | Vertragsgestaltung und Haftung im Bauwesen, 2. Auflage 1967 |
| *Herig* | Praxiskommentar VOB Teile A, B, C, 3. Auflage 2007 |
| *Hess,* Haftung | Die Haftung des Architekten für Mängel des errichteten Bauwerks, 1966 |
| *Hilgers/Buscher* | Der Anlagenbauvertrag, 2005 |
| *Hochstein/Jagenburg* | Der Arbeitsgemeinschaftsvertrag, 1974 |
| *Hofmann/Koppmann* | Die neue Bauhandwerkersicherung, 3. Auflage 2000 |
| *Hök* | Internationales Baurecht, 2001 |
| *Huber/Faust* | Schuldrechtsmodernisierung, 2002 |
| *Huhn* | Der Bauvertrag, in Vahlens Rechtsbücher, Reihe Zivilrecht, Band 3, 1974 |
| *Ingenstau/Korbion* | hrsgg. von Locher/Vygen, Kommentar zur VOB, Teile A und B, 16. Auflage 2007 |
| *Inhuber* | Das Skonto im Endverbrauchergeschäft, Baurechtl. Schriften, Band 25, 1993 |
| *Jaeger/Luckey* | Das neue Schadensersatzrecht, 2002 |
| *Jagenburg/Sieber/Mantscheff* | Das private Baurecht im Spiegel der Rechtsprechung, 3. Auflage 2000 |
| *Jakob/Ring/Wolf* (Hrsg.) | Freiberger Handbuch zum Baurecht, 2001 |
| *Jasper* | Die Kardinalpflichten im Bauwerkvertrag, Baurechtl. Schriften, Band 48, 1999 |
| *Jebe/Vygen* | Der Bauingenieur in seiner rechtlichen Verantwortung, 1981 |
| *Jessnitzer/Frieling* | Der gerichtliche Sachverständige, 10. Auflage 1992 |
| *Jochem* | HOAI, Gesamtkommentar, 4. Auflage 1998 |
| *Kaiser,* Mängelhaftungsrecht | Das Mängelhaftungsrecht in Baupraxis und Bauprozess, 7. Auflage 1992 |
| *Kapellmann* | Juristisches Projektmanagement, 2. Auflage 2007 |
| *Kapellmann* | Schlüsselfertiges Bauen, 2. Auflage 2004 |
| *Kapellmann/Messerschmidt* (Hrsg.) | VOB Teile A und B, Kommentar, 2. Auflage 2007 |
| *Kapellmann/Schiffers* | Vergütung, Nachträge und Behinderungsfolgen beim Bauvertrag, Band 1: Einheitspreisvertrag, 5. Auflage 2006; Band 2: Pauschalvertrag einschließlich Schlüsselfertigbau, 4. Auflage 2006 |
| *Kemper/Nitschke/Haas* | Fehlervermeidung bei der Abwicklung von Bauvorhaben, 2005 |
| *Kenter* | Der Vergütungsanspruch des Werkunternehmers gemäß § 649 S. 2 BGB, Baurechtl. Schriften, Band 54, 2000 |
| *Kesselring* | Verkehrssicherungspflichten am Bau, 2002 |
| *Klaft* | Die Bauhandwerkersicherung nach § 648 a BGB, Baurechtl. Schriften, Band 41, 1998 |
| *Kleine-Möller/Merl* | Handbuch des privaten Baurechts, 3. Auflage 2005 |
| *Kling* | Rationelle Mandatsbearbeitung im privaten Baurecht, 2000 |
| *Kniffka/Koeble* | Kompendium des Baurechts, 2. Auflage 2004 |
| *Knychalla* | Inhaltskontrolle von Architektenformularverträgen, Baurechtl. Schriften, Band 8, 1987 |

# Literaturverzeichnis

| | |
|---|---|
| *Koeble* | Gewährleistung und selbstständiges Beweisverfahren bei Bausachen, 2. Auflage 1994 |
| *Kohte/Micklitz/Rott/Tonner/ Willingmann* | Das neue Schuldrecht, Kompaktkommentar, 2003 |
| *Kollmer* | Baustellenverordnung, 2000 |
| *Koppmann/Hölzlwimmer* | VOB/B; Formularhandbuch für den Auftragnehmer, 2003 |
| *Korbion* (Hrsg.) | Baurecht, 2005 |
| *Korbion/Hochstein/Keldungs* | Der VOB-Vertrag, 8. Auflage 2002 |
| *Korbion/Locher/Sienz* | AGB und Bauerrichtungsverträge, 4. Auflage 2006 |
| *Korbion/Mantscheff/Vygen* | HOAI, 6. Auflage 2004 |
| *Kraus* | Planungsverantwortung bei partnerschaftlichen Bauvertragsmodellen, Baurechtl. Schriften, Band 63, 2007 |
| *Krause-Allenstein* | Die Haftung des Architekten für Bausummenüberschreitung und sein Versicherungsschutz, Baurechtl. Schriften, Band 55, 2001 |
| *Kreißl* | Die Honorarvereinbarung zwischen Auftraggeber und Auftragnehmer nach § 4 HOAI, Baurechtl. Schriften, Band 50, 1999 |
| *Kretschmann* | Der Vergütungsanspruch des Unternehmers für im Vertrag nicht vorgesehene Werkleistung und dessen Ankündigung gegenüber dem Besteller, Baurechtl. Schriften, Band 60, 2005 |
| *Kromik/Schwager/Noss* | Das Recht der Bauunternehmung, 1987 |
| *Kroppen/Heyers/Schmitz* | Beweissicherung im Bauwesen, 1982 |
| *Kuffer/Wirth* (Hrsg.) | Handbuch des Fachanwalts Bau- und Architektenrecht, 2006 |
| *Kutschker* | Die Gesamtabwägung der VOB/B nach AGB-Gesetz und EG-Verbraucherschutzrichtlinie, Baurechtl. Schriften, Band 42, 1998 |
| *Lachmann/Nieberding* | Insolvenz am Bau, 2006 |
| *Lange* | Baugrundhaftung und Baugrundrisiko, Baurechtl. Schriften, Band 34, 1997 |
| *Langen/Schiffers* | Bauplanung und Bauausführung, 2005 |
| *Langenecker/Maurer* | Handbuch des Bauarbeitsrechts, 2004 |
| *Lauer* | Die Haftung des Architekten bei Bausummenüberschreitung, Baurechtl. Schriften, Band 28, 1993 |
| *Lauer/Klein/Frik* | Die Auswirkungen des neuen Schuldrechts auf das private Baurecht, 2003 |
| *Leinemann* (Hrsg.) | VOB/B, Kommentar, 2. Auflage 2005 |
| *Leinemann/Jacob/Franz* | Die Bezahlung der Bauleistung, 3. Auflage 2006 |
| *Leineweber* | Handbuch des Bauvertragsrechts, 2000 |
| *Lewenton/Schnitzer* | Verträge im Ingenieurbüro, 1974 |
| *Littbarski* | Haftungs- und Versicherungsrecht im Bauwesen, 1986 |
| *Locher* | Das private Baurecht, Kurzlehrbuch, 7. Auflage 2005 |
| *Locher* | Das Recht der Allgemeinen Geschäftsbedingungen, JuS-Schriftenreihe, 2. Auflage 1990 |
| *Locher, U.* | Die Rechnung im Werkvertragsrecht, Baurechtl. Schriften, Band 19, 1990 |
| *Locher/Koeble* | Baubetreuungs- und Bauträgerrecht, 4. Auflage 1985 |
| *Locher/Koeble* | Bauherrenmodelle in zivil- und steuerrechtlicher Sicht, Baurechtl. Schriften, Band 1, 1982 |
| *Locher/Koeble/Frik* | Kommentar zur HOAI, 9. Auflage 2005 |
| *Locher-Weiß* | Rechtliche Probleme des Schallschutzes, Baurechtl. Schriften, Band 3, 4. Auflage 2004 |

# Literaturverzeichnis

| | |
|---|---|
| *Loewenheim* | Handbuch des Urheberrechts, 2003 |
| *Lorenz/Riehm* | Lehrbuch zum neuen Schuldrecht, 2002 |
| *Löffelmann/Fleischmann* | Architektenrecht, 5. Auflage 2007 |
| *Löwe/Graf von Westphalen/ Trinkner* | Kommentar zum AGB-Gesetz, 1977, Bd. II, 2. Auflage 1983 |
| *Mandelkow* | Chancen und Probleme des Schiedsgerichtsverfahrens in Bausachen, Baurechtl. Schriften, Band 30, 1995 |
| *Mansel/Budzikiewicz* | Das neue Verjährungsrecht, 2002 |
| *Marcks* | Makler- und Bauträgerverordnung, Erläuterte Ausgabe, 6. Auflage 1998 |
| *Markus/Kaiser/Kapellmann* | AGB-Handbuch Bauvertragsklauseln, 2004 |
| *Miegel* | Die Haftung des Architekten für höhere Baukosten sowie für fehlerhafte und unterlassene Kostenermittlungen, Baurechtl. Schriften, Band 29, 1995 |
| *Mitschein* | Die baubetriebliche Bewertung gestörter Bauabläufe aus Sicht des Auftragnehmers, 1999 |
| *Morlock/Meurer* | Die HOAI in der Praxis, 5. Auflage 2005 |
| *Motzke* | Die Bauhandwerkersicherungshypothek, 1982 |
| *Motzke* | Neue Rechte und Pflichten für Architekten nach HOAI, AGB-Gesetz, Energieeinsparungsgesetz, 1979 |
| *Motzke/Pietzcker/Prieß* | Beck'scher VOB-Kommentar, Teil A, 2001 |
| *Motzke/Wolff* | Praxis der HOAI, 3. Auflage 2004 |
| *Musielak* (Hrsg.) | Kommentar zur Zivilprozessordnung, 5. Auflage 2006 |
| *Neuenfeld/Baden/Dohna/ Groscurth/Schmitz* | Honorarordnung für Architekten und Ingenieure, 3. Auflage 2001 |
| *Neuenfeld* | Architekt und Bauherr – Ein neuer Architektenvertrag, 1999 |
| *Niebuhr* | Vertragsstrafe, Schadensersatz und Entschädigung bei Bauverzögerungen, 2006 |
| *Niemöller* | Die Beschleunigung fälliger Zahlungen, 2000 |
| *Niestrate* | Die Architektenhaftung, 3. Auflage 2006 |
| *Nicklisch/Weick* | Kommentar zur VOB, Teil B, 3. Auflage 2001 |
| *Oberhauser* | Bauvertragsrecht im Umbruch, Baurechtl. Schriften, Band 52, 1999 |
| *Oechsler* | Schuldrecht Besonderer Teil – Vertragsrecht, 2003 |
| *Osenbrück* | Die RBBau, Baurechtl. Schriften, Band 12, 4. Auflage 2004 |
| *Palandt* | Bürgerliches Gesetzbuch, Kommentar, 66. Auflage 2007 |
| *Pause* | Bauträgerkauf und Baumodelle, 4. Auflage 2004 |
| *Plum* | Sachgerechter und prozessorientierter Nachweis von Behinderungen und Behinderungsfolgen beim VOB-Vertrag, Baurechtl. Schriften, Band 37, 1997 |
| *Pöhner* | Die Bedeutung der Baugenehmigung für den Bauvertrag, Baurechtl. Schriften, Band 35, 1997 |
| *Pott/Dahlhoff/Kniffka/Rath* | Honorarordnung für Architekten und Ingenieure, 8. Auflage 2006 |
| *Pott/Frieling* | Vertragsrecht für Architekten und Bauingenieure, 1979 |
| *Preussner* | Der fachkundige Bauherr, Baurechtl. Schriften, Band 46, 1998 |
| *Prinz* | Urheberrecht für Ingenieure und Architekten, 2001 |
| *Putzier* | Der unvermutete Mehraufwand für die Herstellung des Bauwerks, Baurechtl. Schriften, Band 33, 1997 |
| *Putzier* | Der Pauschalpreisvertrag, 2. Auflage 2005 |
| *Rehbein* | Auftraggeberanordnung und Risikoverteilung beim Bauwerkvertrag von VOB-Vertrag, Baurechtl. Schriften, Band 64, 2007 |

## Literaturverzeichnis

| | |
|---|---|
| *Reithmann/Meichssner/ von Heymann* | Kauf vom Bauträger, 7. Auflage 1995 |
| *Roth/Gaber* | Kommentar zur GOA, 10. Auflage 1970 |
| *Roquette/Otto* | Vertragsbuch Privates Baurecht, 2005 |
| *Samson-Himmelstjerna* | Gewährleistungsprobleme bei der Sanierung und Renovierung von Altbauten, Baurechtl. Schriften, Band 44, 1998 |
| *Sangenstedt* (Hrsg.) | Rechtshandbuch für Ingenieure und Architekten, 1999 |
| *Schäfer/Finnern* | Rechtsprechung der Bauausführung, Loseblattsammlung, ab 1.1.1978 *Schäfer/Finnern/Hochstein* |
| *Schaub* | Haftung und Konkurrenzfragen bei mangelhaften Produkten und Bauwerken im deutschen und englischen Recht, Baurechtl. Schriften, Band 53, 1999 |
| *Schill* | Der Projektsteuerungsvertrag, 2000 |
| *Schimmel/Buhlmann* | Frankfurter Handbuch zum neuen Schuldrecht, 2002 |
| *Schliemann* | Mängelansprüche im Bauvertrag, 2003 |
| *Schliemann* (Hrsg.) | Die Abrechnung der Architekten- und Ingenieurleistungen, 2004 |
| *Schliemann* (Hrsg.) | Architekten- und Ingenieurrecht, 2005 |
| *Schlosser/Coester-Waltjen/Graba* | Kommentar zum AGB-Gesetz, 1977 |
| *Schmalzl/Krause-Allenstein* | Berufshaftpflichtversicherung des Architekten und des Bauunternehmers, 2. Auflage 2006 |
| *Schmalzl/Lauer/Wurm* | Haftung des Architekten und des Bauunternehmers, 5. Auflage 2006 |
| *Schmidt/Winzen* | Handbuch der Sicherheiten am Bau, 2000 |
| *Schmidt-Räntsch* | Das neue Schuldrecht, 2002 |
| *Schmitz* | Sicherheiten für die Bauvertragsparteien, 2005 |
| *Schneider/Herget* | Streitwertkommentar, 11. Auflage 1996 |
| *Schoofs/Hafkesbrink* | Bauvertrag und Bauprozess, 2007 |
| *Schricker* | Urheberrecht, Kommentar, 2. Auflage 1999 |
| *Schuschke/Walker*, Zwangsvollstreckung | Vollstreckung und Vorläufiger Rechtsschutz, Band I, 3. Auflage 2002 |
| *Schütze* | Schiedsgericht und Schiedsverfahren, 4. Auflage 2007 |
| *Schwärzel-Peters* | Die Bürgschaft im Bauvertrag, Baurechtl. Schriften, Band 22, 1992 |
| *Seifert/Preussner* | Praxis des Baukostenmanagements, 2. Auflage 2003 |
| *Siegburg* | Handbuch der Gewährleistung beim Bauvertrag, 4. Auflage 2000 |
| *Siegburg* | Dreißigjährige Haftung des Bauunternehmers aufgrund Organisationsverschuldens, Baurechtl. Schriften, Band 32, 1995 |
| *Siegburg* | Verjährung im Baurecht, Baurechtl. Schriften, Band 24, 1993 |
| *Siegburg* | Haftung von Architekt und Bauherr für Bauunfälle, 1997 |
| *Soergel/Siebert* | Kommentar zum Bürgerlichen Gesetzbuch, 13. Auflage 2000 |
| *Stammbach* | Verstoß gegen die anerkannten Regeln der Technik, Baurechtl. Schriften, Band 36, 1997 |
| *Staudinger* | Kommentar zum Bürgerlichen Gesetzbuch, §§ 631–651 BGB, 15. Auflage 1994 (bearbeitet von *Frank Peters*) |
| *Stein/Jonas* | Kommentar zur Zivilprozessordnung, Band 5, 2006 |
| *Stickler/Fehrenbach* | Die Kündigung von Bauverträgen, 2001 |
| *Sturmberg* | Die Beweissicherung, 2004 |
| *Sturmberg/Steinbrecher* | Der gestörte Bauablauf und seine Folgen, 2001 |
| *Tempel* | Der Architektenvertrag, in Vahlens Rechtsbücher, Reihe Zivilrecht, Band 3, 1974 |

# Literaturverzeichnis

| | |
|---|---|
| *Tepasse* (Hrsg.) | Handbuch Sicherheits- und Gesundheitsschutz-Koordination auf Baustellen, 2. Auflage 1999 |
| *Thode/Wenner* | Internationales Architekten- und Bauvertragsrecht, 1998 |
| *Thode/Wirth/Kuffer* (Hrsg.) | Praxishandbuch Architektenrecht, 2004 |
| *Thomas/Putzo* (Hrsg.) | Kommentar zur Zivilprozessordnung, 27. Auflage 2005 |
| *Ulmer/Brandner/Hensen* | AGB-Gesetz, 8. Auflage 1997 |
| *Ulrich* | Selbstständiges Beweisverfahren mit Sachverständigen, 2004 |
| *Ulrich* | Der gerichtliche Sachverständige, 12. Auflage 2007 |
| *Vogel* | Arglistiges Verschweigen des Bauunternehmers aufgrund Organisationsverschuldens, Baurechtl. Schriften, Band 43, 1998 |
| *Völkel* | Die Bedeutung der VOB/C bei der Bestimmung bauvertraglicher Leistungspflichten, Baurechtl. Schriften, Band 61, 2005 |
| *Vygen* | Bauvertragsrecht nach VOB und BGB, 3. Auflage 1997 |
| *Vygen/Schubert/Lang* | Bauverzögerung und Leistungsänderung, 4. Auflage 2002 |
| *Warneyer* | Die Rechtsprechung des Reichsgerichts |
| *Weinbrenner/Jochem/Neusüß* | Der Architektenwettbewerb, 2. Auflage 1998 |
| *Weise* | Praxis des selbstständigen Beweisverfahrens, 1994 |
| *Weiß* | Rechtliche Probleme des Schallschutzes, Baurechtl. Schriften, Band 3, 2. Auflage 1993 |
| *Weitnauer/Wirths* | Kommentar zum Wohnungseigentumsgesetz, 6. Auflage 1982 |
| *Wellmann/Schneider/Hüttemann/ Weidhaas* | Der Sachverständige in der Praxis, 6. Auflage 1997 |
| *Werner/Pastor/Müller* | Baurecht von A–Z, 7. Auflage 2000 |
| *Westermann* (Hrsg.) | Das Schuldrecht 2002 |
| *Westphalen, F. Graf von* | Vertragsrecht und AGB-Klauselwerke |
| *Wieczorek* | Großkommentar zur Zivilprozessordnung |
| *Wingsch* | Leistungsbeschreibungen und Leistungsbewertungen zur HOAI, 2. Auflage 2007 |
| *Wirth* (Hrsg.) | Darmstädter Baurechtshandbuch, Band 1: Privates Baurecht, 2. Auflage 2005 |
| *Wirth* | Controlling in der Baupraxis, 2. Auflage 2006 |
| *Wirth/Sienz/Englert* (Hrsg.) | Verträge am Bau nach der Schuldrechtsreform, 2001 |
| *Wirth/Theis* | Architekt und Bauherr, 1997 |
| *Wittchen* | Der Baubetreuungsvertrag, 1969 |
| *Wittig* | Wettbewerbs- und verfassungsrechtliche Probleme des Vergaberechts, Baurechtl. Schriften, Band 51, 1999 |
| *Wolff/Horn/Lindacher* | AGB-Gesetz, 4. Auflage 1999 |
| *Wussow* | Das gerichtliche Beweissicherungsverfahren in Bausachen, 2. Auflage 1981 |
| *Wussow*, Haftung | Haftung und Versicherung bei der Bauausführung, 3. Auflage 1971 |
| *Würfele/Gralla* | Nachtragsmanagement, 2006 |
| *Zielemann* | Vergütung, Zahlung und Sicherheitsleistung nach VOB, 2. Auflage 1995 |
| *Zöller* | Kommentar zur Zivilprozessordnung, 26. Auflage 2007 |

# KAPITEL 1
## Die Sicherung bauvertraglicher Ansprüche

*Übersicht*

| | Rdn. | | Rdn. |
|---|---|---|---|
| I. Das selbstständige Beweisverfahren (Beweissicherung) | 1 | IV. Die Bauhandwerkersicherung (§ 648 a BGB) | 314 |
| II. Das Privatgutachten | 148 | V. Die Schutzschrift | 339 |
| III. Die Bauhandwerkersicherungshypothek | 182 | VI. Die einstweilige Verfügung in Bausachen | 349 |
| | | VII. Der Arrest in Bausachen | 388 |

## I. Das selbstständige Beweisverfahren (Beweissicherung)

*Übersicht*

| | Rdn. | | Rdn. |
|---|---|---|---|
| 1. Bedeutung und Gegenstand des selbstständigen Beweisverfahrens | 1 | bb) Die Ablehnung des Sachverständigen | 60 |
| 2. Allgemeine Verfahrensgrundsätze | 6 | d) Die Glaubhaftmachung | 68 |
| 3. Besondere Zulässigkeitsvoraussetzungen | 7 | e) Muster | 70 |
| | | 5. Die Zuständigkeit | 71 |
| a) § 485 Abs. 1, 1. Alternative: Zustimmung des Gegners | 11 | 6. Die Beweisaufnahme | 76 |
| | | a) Der Beschluss | 76 |
| b) § 485 Abs. 1, 2. Alternative: Veränderungsgefahr | 15 | b) Die Durchführung der Beweisaufnahme | 83 |
| c) § 485 Abs. 2: Der selbstständige Sachverständigenbeweis | 27 | c) Die Rechte des Antragsgegners und des Streithelfers | 92 |
| aa) Zur Feststellung des Zustandes einer Sache | 28 | d) Rechtsbehelfe | 95 |
| | | 7. Die rechtlichen Wirkungen | 98 |
| bb) Der Begriff des rechtlichen Interesses | 34 | 8. Die Kosten | 123 |
| 4. Der Antrag | 36 | a) Grundsätze | 123 |
| a) Die Parteien | 39 | b) Zum Anwendungsbereich des § 494 a ZPO | 128 |
| aa) Der Antragsteller | 40 | c) Die „isolierte" Kostenentscheidung | 134 |
| bb) Der Antragsgegner | 43 | | |
| cc) Die Einbeziehung Dritter (Streitverkündung) | 46 | d) Der materiell-rechtliche Kostenerstattungsanspruch | 136 |
| b) Die Bezeichnung der Tatsachen | 54 | e) Kosten des Streithelfers | 138 |
| c) Die Bezeichnung der Beweismittel | 58 | f) Gerichts- und Anwaltskosten | 140 |
| aa) Die Auswahl des Sachverständigen | 59 | 9. Der Streitwert | 144 |

*Literatur*

*Schmidt/Hickel/Kamphausen/Thomas*, Das Beweissicherungsverfahren in Bausachen und dessen Neugestaltung, 1990; *Röthner*, Beweissicherung bei der Bauschadensfeststellung, 2. Aufl. 1992; *Koeble*, Gewährleistung und selbstständiges Beweisverfahren bei Bausachen, 2. Aufl. 1993; *Greim*, Probleme des neuen selbstständigen Beweisverfahrens (§§ 485 ff. ZPO) am Beispiel von Bausachen, Diss. Potsdam, 1995; *Weise*, Selbstständiges Beweisverfahren im Baurecht, 2. Aufl. 2002; *Sturmberg*,

## Selbstständiges Beweisverfahren

Die Beweissicherung, 2004; *Ulrich,* Selbstständiges Beweisverfahren mit Sachverständigen, 2004; *Keldungs/Tilly,* Beweissicherung im Bauwesen, 2005; *Fink,* Das selbstständige Beweisverfahren in Bausachen, 2005; *Duve,* Streitregulierung im Bauwesen, 2007.

*Wussow,* Problem der gerichtlichen Beweissicherung in Baumängelsachen, NJW 1969, 1401; *Soergel,* Beweissicherungen, BlGBW 1970, 14; *Locher,* Die Problematik des Beweissicherungsverfahrens im Baurecht, BauR 1979, 23; *Schilken,* Grundlagen des Beweissicherungsverfahrens, ZZP 92, 238; *Postelt,* Die Beteiligung des Nachunternehmers am vorprozessualen Beweissicherungsverfahren des Bauherrn gegen den Generalunternehmer, BauR 1980, 33; *Werner,* Der Privatgutachter – der Sachverständige im Beweissicherungsverfahren, DAB 1980, 1328; *Schneider,* Beweissicherungsanträge während des laufenden Rechtsstreits, JurBüro 1980, 1293; *Schmitz,* Einzelne Probleme des gerichtlichen Beweissicherungsverfahrens in Bausachen, BauR 1981, 40; *Heyers,* Gedanken zum Verständnis des gerichtlichen Beweissicherungsverfahrens, BauR 1985, 613; *Heyers,* Entwicklung des Meinungsstandes zu einigen aktuellen Fragen des Beweissicherungsrechtes, BauR 1986, 268; *Hickl,* Die Verjährungsunterbrechungswirkung beim gerichtlichen Beweissicherungsverfahren, BauR 1986, 282; *Jagenburg,* Juristische Probleme im Beweissicherungsverfahren, Aachener Bausachverständigentage 1986, 18; *Schulz,* Beweissicherungsverfahren: Mehrere am Verfahren Beteiligte; Berücksichtigung des Datenschutzes, BauR 1987, 278; *Lindemann,* Für ein selbstständiges Beweisverfahren, ZRP 1988, 248; *Koeble,* Beweissicherung im Umbruch, BauR 1988, 302; *Booz,* Beweissicherungsverfahren in der Gesetzesänderung, BauR 1989, 30; *Kamphausen,* Bausachverständige im Beweissicherungsverfahren, BauR 1989, 676; *Rudolph,* Schiedsgutachten und Beweissicherungsgutachten als Wege zur Beilegung von Baustreitigkeiten, Festschrift für Locher (1990), 215; *Quack,* Neuerungen für den Bauprozess, vor allem beim Beweisverfahren. Zur Bedeutung der Änderungen der ZPO durch das Rechtspflege-Vereinfachungsgesetz, BauR 1991, 278; *Schreiber,* Das selbstständige Beweisverfahren, NJW 1991, 2600; *Thieme,* Das „neue" selbstständige Beweisverfahren, MDR 1991, 938; *Weyer,* Erste praktische Erfahrungen mit dem neuen selbstständigen Beweisverfahren, BauR 1992, 313; *Vygen,* Das neue selbstständige Beweisverfahren soll Bauprozesse vermeiden, DS 1992, 268; *Mugler,* Das selbstständige Beweisverfahren nach dem Rechtspflege-Vereinfachungsgesetz, BB 1992, 797; *Knacke,* Das neue selbstständige Beweisverfahren – Verbesserung gegenüber dem alten Rechtszustand?, Festschrift für Soergel, 1993, 115; *Cuypers,* Das selbstständige Beweisverfahren in der juristischen Praxis, NJW 1994, 1985; *Geffert,* Der Einzelrichter im selbstständigen Beweisverfahren, NJW 1995, 506; *Pauly,* Das selbstständige Beweisverfahren in Bausachen, JR 1996, 269; *Müller,* Das selbstständige Beweisverfahren, Festschrift für Schneider, 1997, 405; *Pauly,* Das selbstständige Beweisverfahren in der Baurechts-Praxis, MDR 1997, 1087; *Zanner,* Selbstständiges Beweisverfahren trotz Schiedsgutachterabrede, BauR 1998, 1154; *Enaux,* Das selbstständige Beweisverfahren als Instrument der Schlichtung von Baustreitigkeiten: Möglichkeiten und Hemmnisse aus anwaltlicher Sicht, Jahrbuch Baurecht 1999, 162; *Hök,* Zum Anspruch auf Beweissicherung auf fremdem Grund und Boden insbesondere in Baustreitigkeiten, BauR 1999, 221; *Weyer,* Selbstständiges Beweisverfahren und Verjährung von Baumängelansprüchen nach künftigem Recht, BauR 2001, 1807; *Pfeiffer,* Der Übergang von der Unterbrechung zur Hemmung der Verjährung, ZGS 2002, 275; *Ulrich,* Grundzüge des selbstständigen Beweisverfahrens, AnwBl. 2003, 26, 78, 144; *Huber,* Aus der Praxis: Selbstständiges Beweisverfahren, JuS 2004, 214; *Schneider,* Die Gebühren des in Bausachen tätigen Anwalts nach dem Rechtsanwaltsvergütungsgesetz (RVG), BrBp 2004, 10; *Enders,* Das selbstständige Beweisverfahren – Anwaltsgebühren nach BRAGO und nach RVG, JurBüro 2004, 113; *Cuypers,* Feststellungen in selbstständigen Beweisverfahren in Bausachen – eine Bilanz nach 10 Jahren, MDR 2004, 244 u. 314; *Voit,* Die Auswirkungen der Eröffnung eines Insolvenzverfahrens auf das selbstständige Beweisverfahren, Festschrift für Thode (2005), 337; *Weyer,* Probleme der Anwendung des intertemporalen und des neuen Verjährungsrechts nach selbstständigem Beweisverfahren in der Übergangszeit, BauR 2006, 1347; *Schmitz,* Verjährungsrechtliche Auswirkungen eines am 1.1.2002 noch andauernden selbstständigen Beweisverfahrens, ZfBR 2007, 314; *Ulrich,* Anwaltsstrategien im selbstständigen Beweisverfahren, BauR 2007, 1682.

## 1. Bedeutung und Gegenstand des selbstständigen Beweisverfahrens

Mit jedem Baufortschritt verändern sich die tatsächlichen Gegebenheiten auf einer Baustelle, auch durch Witterungseinflüsse oder Mängelbeseitigungsmaßnahmen kann dies geschehen. Dadurch werden die späteren Feststellungen und der Nachweis eines Baumangels erschwert oder gar unmöglich gemacht. Mit dem **selbstständigen Beweisverfahren** (§ 485 ff. ZPO) wird den Baubeteiligten ein sinnvolles und schlagkräftiges Sicherungsmittel an die Hand gegeben, um vor allem **Baumängel** frühzeitig festzustellen und dadurch einen „Hauptsacheprozess" **vorzubereiten.**[1] Gerade in Bauprozessen hängt der Ausgang des Rechtsstreits oftmals wesentlich davon ab, welche Beweise im Einzelfall erbracht werden können.[2] Beweissicherungen haben für einen Bauprozess **entscheidende Bedeutung;** das selbstständige Beweisverfahren dient daher in der Regel der **Feststellung von Baumängeln** und ist deshalb auch eine **vorweggenommene** („vorsorgliche") **Tatsachenfeststellung** durch **gerichtliche** Beweiserhebung.[3] Das selbstständige Beweisverfahren dient in seiner gegenwärtigen Ausgestaltung der **Entlastung** der Gerichte von vermeidbaren Prozessen und einer **Erleichterung** bzw. **Beschleunigung** der Prozessführung. Insgesamt hat es sich dem Hauptsacheprozess angenähert und die Zweiseitigkeit des Verfahrens fortgebildet.[4]

„Beweise" können bei einem Bauvorhaben natürlich auch ohne ein selbstständiges Beweisverfahren gesammelt werden; so ist neben der **Fertigung von Fotografien** oder der **Führung eines Bautagebuches** vor allem an die private Beauftragung eines Bausachverständigen („**Privatgutachters**", vgl. Rdn. 148 ff.) und die Einschaltung eines **Schiedsgutachters** (vgl. Rdn. 538 ff.) zu denken.

Die VOB sieht in § 3 Nr. 4 VOB/B eine Art von vertraglich vereinbarter Beweissicherung vor.[5] Danach sind die Parteien bei entsprechender Vereinbarung verpflichtet, vor Beginn der Arbeiten, soweit notwendig, den **„Zustand"** der Straßen und der Geländeoberfläche, der Vorfluter und Vorflutleitungen, ferner der baulichen Anlagen im Baubereich in einer Niederschrift festzuhalten, die von ihnen anzuerkennen ist.[6] Die Niederschrift selbst ist daher auch ein **Beweismittel.**[7] § 3 Nr. 4 VOB/B schließt nicht das Recht aus, statt einer Sicherung nach dieser Bestimmung ein selbstständiges Beweisverfahren einzuleiten.[8] Das bietet sich vor allem an, wenn eine Partei behar-

---

1) **Literatur** zum (alten) Beweissicherungsverfahren: *Wussow,* Das gerichtliche Beweissicherungsverfahren in Bausachen, 2. Aufl. 1981; *Motzke,* Die Vorteile des Beweissicherungsverfahrens in Baustreitigkeiten, 1981; *Kroppen/Heyers/Schmitz,* Beweissicherung im Bauwesen, 1982.
2) Zur Verwertung der Ergebnisse eines **ausländischen** Beweissicherungsverfahrens und zur Kostenerstattung: HansOLG Hamburg, OLGR 2000, 39. Zur Bedeutung des selbstständigen Beweisverfahrens für die Fälligkeit des **Architektenhaftpflichtanspruchs:** BGH, NZBau 2004, 558. Zur Anwendung von Art. 31 EuGVVO: EuGH, 28.4.2006, Rs. C-104/03; *Ulrich,* IBR 2006, 1056.
3) BGH, BauR 2004, 531 = NZBau 2004, 156.
4) OLG München, NJW-RR 1997, 318, 319; OLG Düsseldorf, NJW-RR 1997, 1086.
5) *Daub/Piel/Soergel/Steffani,* ErlZ 3.26; *Ingenstau/Korbion/Döring,* § 3 Nr. 4/B, Rdn. 3.
6) Vgl. im Einzelnen *Heiermann/Riedl/Rusam,* § 3/B, Rdn. 17 ff.; *Weick,* in: Nicklisch/Weick, § 3/B, Rdn. 18.
7) *Ingenstau/Korbion/Döring,* § 3 Nr. 4/B, Rdn. 3.
8) **Herrschende Meinung;** vgl. *Daub/Piel/Soergel/Steffani,* ErlZ 3.26; *Ingenstau/Korbion/Döring,* § 3 Nr. 4/B, Rdn. 5; *Weise,* Rdn. 58; *Ulrich,* Rdn. 8.

lich die Mitwirkung an der vertraglichen Feststellungspflicht nach § 3 Nr. 4 VOB/B verweigert.[9]

4 Eine **rechtliche Verbindung** zu einem **bestimmten** Rechtsstreit ist für ein selbstständiges Beweisverfahren nicht notwendig; allerdings muss das Gericht prüfen, ob aus den Tatsachen, die durch die Beweiserhebung festgestellt werden sollen, überhaupt ein bürgerlicher Rechtsstreit entstehen kann (vgl. § 485 Abs. 2 Satz 2 ZPO). Ein Rechtsstreit muss auch nicht anhängig gemacht werden; das Beweisverfahren dient erklärendermaßen gerade dazu, **Bauprozesse** schon im **Vorfeld zu vermeiden**.[10] Mit dem Antrag auf Beweissicherung wird der Anspruch, um dessentwillen die Beweissicherung vorgenommen wird, noch **nicht rechtshängig**.

5 Das **Ziel** eines selbstständigen Beweisverfahrens kann vielfältiger Natur sein; im Vordergrund stehen in aller Regel: die **Feststellung** von **Baumängeln**, deren **Ursachen**, die **Sanierungsmaßnahmen** und **Mängelbeseitigungskosten**, die Feststellung der **Verantwortlichkeit** für Mängel, die **Richtigkeit von Massen ("Mengen")** sowie die Feststellung des **Bautenstandes** im Hinblick auf **Akontozahlungen**. Große Bedeutung kommt dem selbstständigen Beweisverfahren zu, wenn es darum geht, nach der **Kündigung** durch einen Baubeteiligten den **Umfang** der **erbrachten** Werkleistungen sowie deren **Mangelfreiheit** festzustellen. Der zulässige Rahmen des selbstständigen Beweisverfahrens richtet sich immer nach der jeweiligen Alternative des § 485 ZPO, nach der der Antragsteller vorgeht.

## 2. Allgemeine Verfahrensgrundsätze

*Literatur*

*Wussow*, Zur Sachverständigentätigkeit im Ausland bei anhängigen (deutschen) Beweissicherungsverfahren, Festschrift für Korbion (1986), 493; *Lenzen*, Unterbrechung von Beweisverfahren und/oder Schiedsverfahren durch Insolvenzeröffnung, NZBau 2003, 428; *Hildebrandt*, Zur Eröffnung des Insolvenzverfahrens während eines anhängigen selbstständigen Beweisverfahrens, ZfIR 2004, 92.

6 Aus der Natur des selbstständigen Beweisverfahrens als vorweggenommene (vorsorgliche) Beweisaufnahme folgt zugleich, dass es weitgehend den **allgemeinen Vorschriften** der ZPO unterliegt; dies gilt vor allem für diejenigen über die Termine, Ladungen sowie die Beweisaufnahme, sofern diese nicht im Einzelfall dem besonderen Zweck des selbstständigen Beweisverfahrens widersprechen.[11] So ist z. B. die Beweisaufnahme auf die in den §§ 485 ff. ZPO genannten Beweismittel beschränkt.[12]

Umstritten ist, ob die Vorschriften über die **Aussetzung** (§ 148 ZPO) oder **Unterbrechung** (§ 240 ZPO) auf das selbstständige Beweisverfahren anwendbar sind. Eine **Aussetzung** des **Hauptsacheprozesses** kam nach bisher überwiegender Ansicht

---

9) Zu den Rechtsfolgen einer vertragswidrigen Weigerung s. *Ingenstau/Korbion/Döring*, a. a. O., Rdn. 5 m. w. Nachw.
10) Deshalb sieht § 492 Abs. 3 ZPO einen **Erörterungs-/Vergleichstermin** vor; *Enaux*, Jahrbuch Baurecht 1999, 162, 169 ff.; *Rudolph*, Festschrift für Locher, S. 215, 219 ff.; *Thieme*, MDR 1991, 938; *Booz*, BauR 1989, 30, 31; *Weise*, Rdn. 5 ff.
11) Vgl. *Weise*, Rdn. 10, 11.
12) OLG Hamm, MDR 1994, 307.

nicht in Betracht.[13] Nach dem Beschluss des BGH vom 26.10.2006[14] ist die Streitfrage entschieden; danach ist vor allem aus prozessökonomischen Gründen eine Aussetzung grundsätzlich **zulässig**. Sie setzt allerdings eine sorgfältige **Ermessensentscheidung** des Hauptsachegerichts voraus. Eine Aussetzung dürfte untunlich sein, wenn Parteien des Hauptsacheverfahrens nicht an dem selbstständigen Beweisverfahren beteiligt sind. Im Übrigen können aber alle Beteiligte erklären, dass die Ergebnisse des noch nicht abgeschlossenen Beweisverfahrens im Hauptverfahren abgewartet werden sollen; dann sind sie daran gebunden.[15] Demgegenüber hat der **BGH** durch den Beschluss vom 11.12.2003[16] **klargestellt,** dass das selbstständige Beweisverfahren **nicht durch die Eröffnung des Insolvenzverfahrens** über das Vermögen einer der Parteien **unterbrochen** wird; § 240 ZPO ist also nicht anwendbar.[17] Demgegenüber sind die Vorschriften über die Aussetzung des Verfahrens bei Tod eines Beteiligten (§ 246 ZPO) anwendbar;[18] die Aussetzung kann sich jedoch bei mehreren Beteiligten nur auf den verstorbenen Verfahrensbeteiligten bzw. auf dessen Erben beziehen.

Schließlich sind auch die Vorschriften über die **Prozesskostenhilfe** anwendbar, wobei hinsichtlich der Erfolgsaussicht darauf abzustellen ist, ob dem Antrag auf Durchführung des Verfahrens stattzugeben ist.[19] Die **Ablehnung** des Sachverständigen wegen der Besorgnis der Befangenheit unterliegt **besonderen Grundsätzen** (vgl. näher Rdn. 60 ff.). Dagegen wird ein **Ruhen** entsprechend § 251 Abs. 1 Satz 1 ZPO in Betracht kommen können, weil dies dem Verfahrenszweck nicht unbedingt widersprechen muss.[20] Beantragt der Antragsteller das „Ruhen" des Verfahrens oder erklärt er, über den Beweisermittlungsantrag brauche „nicht mehr entschieden zu werden", wird allerdings immer zu prüfen sein, ob hierin nicht eine (verdeckte) **Antragsrücknahme** zu sehen ist.[21]

---

13) OLG Düsseldorf, BauR 2004, 1033 = MDR 2004, 292 = NJW-RR 2004, 527; OLG Dresden, BauR 1998, 595, 596 = NJW-RR 1998, 1101; *Weise*, Rdn. 523; *Zöller/Herget*, Vor § 485 ZPO, Rdn. 6.
14) NZBau 2007, 98 = ZfBR 2007, 144 = IBR 2007, 107 – *Ulrich*; BGH, NZBau 2007, 172 **(Teilaussetzung)**; s. auch BGH, BauR 2003, 1607 = NJW 2003, 3057 = ZfBR 2003, 765; KG, OLGR 2000, 266 = BauR 2000, 1232.
15) BGH, BauR 2004, 1484, 1485 = NJW 2004, 2597 = ZfBR 2004, 677 = IBR 2004, 473 – *Boldt*; BGH, BauR 2005, 133, 134.
16) BauR 2004, 531 = NZBau 2004, 156 = ZfBR 2004, 268 = MDR 2004, 404 = NJW 2004, 1388 = IBR 2004, 111 – *Vogel*; s. hierzu auch *Hildebrandt*, ZfIR 2004, 92 ff.; *Voit*, Festschrift für Thode, S. 337 ff.
17) **Anderer Ansicht:** OLG Hamm, BauR 2004, 532 für ein Insolvenzverfahren über das Vermögen der **antragstellenden** Partei.
18) Zutreffend: OLG München, BauR 2004, 533.
19) OLG Hamm, BauR 2005, 1360; OLG Koblenz, OLGR 2001, 214; LG Dortmund, NJW-RR 2000, 516; anders LG Hamburg, BauR 2003, 1080, für Antrag des Streitverkündeten; s. ferner Rdn. **140**.
20) Zutreffend: KG, NJW-RR 1996, 1086.
21) Diese Frage wird spätestens aktuell, wenn der Antragsgegner einen **Kostenantrag** stellt; vgl. dazu: Thüringer OLG, BauR 2002, 667; OLG Düsseldorf, BauR 2002, 350; OLG Köln, BauR 2000, 1777; KG, BauR 2000, 1903 m. Anm. *Knütel*; LG Frankfurt, BauR 1995, 585, 586; OLG Frankfurt, OLGR 1995, 95 u. BauR 1996, 587, 588; LG Schwerin, BauR 1996, 756 sowie Rdn. **135**.

## 3. Besondere Zulässigkeitsvoraussetzungen

*Literatur*

*Scholtissek*, Sind im selbstständigen Beweisverfahren Fragen bezüglich erforderlicher Maßnahmen zur Beseitigung der festgestellten Mängel und hierfür aufzuwendende Kosten zulässig?, BauR 2000, 1118; *Leineweber*, Zur Feststellung einer „technischen Verursachungsquote" durch den Sachverständigen, Festschrift für Mantscheff (2000), 249; *Moufang/Kupjetz*, Der Ausforschungsbeweis im selbstständigen Beweisverfahren bei vermuteten Mängeln, NZBau 2003, 646; *Berger*, Die besonderen Zulässigkeitsvoraussetzungen des selbstständigen Beweisverfahrens, BauRB 2004, 281.

**7** Nach § 485 Abs. 1 ZPO ist **während** oder **außerhalb** eines Streitverfahrens („Hauptsacheprozesses") das selbstständige Beweisverfahren zulässig, wenn

* der **Gegner zustimmt (1. Alternative)** oder
* zu besorgen ist, dass das **Beweismaterial verloren** oder seine **Benutzung erschwert** wird **(2. Alternative)**

Ist ein **Rechtsstreit noch nicht anhängig**, kann die schriftliche **Begutachtung durch einen Sachverständigen** beantragt werden, wenn ein rechtliches Interesse daran besteht, dass

* der **Zustand** einer Person oder der Zustand oder Wert einer Sache,
* die **Ursachen** eines Personenschadens, Sachschadens oder Sachmangels,
* der **Aufwand** für die Beseitigung eines Personenschadens, Sachschadens oder Sachmangels

festgestellt wird (**§ 485 Abs. 2 ZPO**). Ein rechtliches Interesse ist anzunehmen, wenn die Feststellung der Vermeidung eines Rechtsstreits dienen kann (§ 485 Abs. 2 Satz 2 ZPO).

Für alle drei Arten des selbstständigen Beweisverfahrens gilt: Das Gericht hat kein Ermessen; es ist an den Tatsachenvortrag des Antragstellers gebunden und muss einem Antrag stattgeben, wenn das selbstständige Beweisverfahren nach einer der vorgenannten Alternativen des § 485 ZPO zulässig ist.

**8** Die **Erheblichkeit der Beweistatsachen** oder etwaige Erfolgsaussichten einer Klage sind **nicht zu prüfen.**[22] **Das sind keine Zulässigkeitsvoraussetzungen.**[23] Es kommt auch nicht darauf an, ob die begehrte Beweissicherung überhaupt durchführbar ist;[24] das ist vielmehr eine Frage, die sich erst bei der Durchsetzung des Beweisbeschlusses stellt und hier gegebenenfalls einer weiteren Klärung bedarf. Ist z.B. die Beteiligung eines Dritten bei der Durchführung der Beweisaufnahme – etwa Zustimmung zum Betreten eines Grundstücks oder zum Öffnen von Bauteilen – erforderlich, macht die fehlende Zustimmung des Dritten den Beweissicherungsantrag noch nicht unzulässig; die Beteiligung des Dritten muss vielmehr einvernehmlich herbeigeführt oder gegebenenfalls durch eine einstweilige Verfügung erzwungen werden (vgl. Rdn. 353).

---

[22] BGH (III. ZS), BauR 2005, 364, 365 = ZfBR 2005, 54, 55 = NJW-RR 2004, 3488; BGH, BauR 2000, 599 = NJW 2000, 960 = NZBau 2000, 246 = ZfBR 2000, 171; OLG Celle, BauR 2003, 1076 = OLGR 2003, 241 u. OLGR 2004, 281; OLG Frankfurt, BauR 1999, 434; OLG Hamm, NJW-RR 1998, 68; OLG Köln, NJW-RR 1996, 573. Eine **Ausnahme** ist nur denkbar, wenn die Entscheidungserheblichkeit oder Beweisbedürftigkeit durch ein Gericht der letzten Tatsacheninstanz (bereits) **verneint** worden ist (OLG München, OLGZ 1975, 52).

[23] OLG Düsseldorf, BauR 2001, 128 = MDR 2001, 50.

[24] Wie hier: *Koeble*, S. 104.

**Besondere Zulässigkeitsvoraussetzungen** **Rdn. 9–11**

Ein Beweissicherungsantrag ist (im Rahmen des § 485 Abs. 1 ZPO) jedoch **unzulässig**, wenn über dasselbe Thema bereits im **Hauptsacheprozess** Beweis angeordnet worden ist (§ 485 Abs. 3 ZPO) oder wenn das Verfahren, auf das sich der Antrag beziehen könnte, rechtskräftig abgeschlossen ist.[25] Wird von dem Hauptsachegericht eine Beweisaufnahme wegen fehlender Beweisbedürftigkeit abgelehnt, so macht dies einen Beweisermittlungsantrag nur dann unzulässig, wenn es sich bei dem Hauptsacheprozess um ein letztinstanzliches Verfahren handelt.[26] Ein Rechtsschutzinteresse fehlt im Übrigen, wenn der Antragsteller in einem Hauptsacheprozess eine wirksame Streitverkündung gegenüber dem Antragsgegner vorgenommen und das Gericht bereits eine Beweisanordnung getroffen hat.[27]

9

Ist die Einleitung eines selbstständigen Beweisverfahrens möglich, kommt eine **einstweilige Verfügung** gemäß § 935 ff. ZPO nicht in Betracht.[28] Es ist jedoch zulässig, durch eine einstweilige Verfügung die **Durchsetzung** des ergangenen (Beweis-)Beschlusses im Rahmen des selbstständigen Beweisverfahrens zu ermöglichen (s. auch Rdn. 353). Ebenso ist eine **Feststellungsklage** unzulässig, wenn dasselbe Ziel mit einem selbstständigen Beweisverfahren verfolgt werden kann.[29]

10

### a) § 485 Abs. 1, 1. Alternative: Zustimmung des Gegners

Die **Zustimmung** des Gegners war in Bausachen immer schon **selten** zu **erreichen**; diese Alternative hat für Baumängelsachen daher trotz der Neuregelung des § 493 ZPO auch weiterhin nur **geringe Bedeutung**; denn das für die **Anwaltschaft** bestehende Risiko, mit der Zustimmung etwas „aus der Hand zu geben", mag unterschwellig ein wesentlicher Grund für die mangelnde Bereitschaft für eine „Zustimmung" zum selbstständigen Beweisverfahren sein.

11

Kann ausnahmsweise die Zustimmung des Gegners doch erreicht werden, bedarf sie keiner besonderen Form, muss aber gegenüber dem Gericht erklärt werden. Sie ist als Prozesshandlung **unwiderruflich** und **nicht anfechtbar**.[30]

Behauptet der Antragsteller die Zustimmung des Gegners in seinem Antrag, ohne sie vorzulegen, hat das Gericht den Beweisantrag dem Gegner mit Fristsetzung zuzuleiten, damit dieser gegebenenfalls seine Zustimmung gegenüber dem Gericht erklären kann. Der Antragsteller kann seinem Antrag aber auch unmittelbar die Zustimmungserklärung seines Gegners beifügen; dann muss sich aus der Zustimmungserklärung eindeutig ergeben, dass der Antragsgegner gerade mit diesem Beweisermittlungsantrag und seinem Inhalt einverstanden ist. Der Antragsgegner

---

25) Vgl. OLG Düsseldorf, MDR 1981, 324; *Motzke*, Beweissicherungsverfahren, Rdn. 137.
26) So *Motzke*, Beweissicherungsverfahren, Rdn. 137.
27) Vgl. insoweit OLG Bremen, OLGR 1996, 348, 349.
28) Vgl. OLG Köln, OLGR 1995, 229; OLG Nürnberg, NJW 1972, 2138; *Habscheid*, NJW 1973, 375; *Schilken*, ZZP 92, 238, 243.
29) BGHZ 34, 159, 167; LG Arnsberg, NJW 1961, 1822; OLG Stuttgart, VersR 1958, 475; *Wussow*, Beweissicherungsverfahren, S. 23.
30) **Herrschende Meinung**; *Cuypers*, NJW 1994, 1985; *Fink*, Rdn. 74; *Keldungs/Tilly*, S. 13; *Stein/Jonas/Leipold*, § 485 ZPO, Rdn. 9; *Schilken*, ZZP 92, 238, 260; *Th. Schmitz*, BauR 1981, 40; **a. A.**: *Wieczorek*, § 485 ZPO, B III b, der die Widerruflichkeit unter den Voraussetzungen des § 290 ZPO bejaht; siehe ferner: *Weise*, Rdn. 171; *Pauly*, JR 1996, 269, 271.

kann allerdings auch **später** noch seine Zustimmung erteilen und somit ein zunächst unzulässiges Beweisverfahren heilen.

12 Kann der Antragsteller einen **Gegner nicht benennen** („bezeichnen"; § 494 Abs. 1 ZPO), kann der Antrag auch nicht auf die 1. Alternative des § 485 Abs. 1 ZPO gestützt werden: § 494 Abs. 2 ZPO sieht die Bestellung eines Vertreters für den unbekannten Antragsgegner nur für die Wahrnehmung der Rechte des Gegners bei der **Beweisaufnahme** vor, nicht jedoch für den Fall der **Einleitung** des Verfahrens;[31] für eine extensive Anwendung des § 494 Abs. 2 besteht kein Anlass, weil dem Antragsteller ein Vorgehen nach den übrigen Alternativen des § 485 Abs. 1 ZPO möglich bleibt.

13 Wird das selbstständige Beweisverfahren im **Einvernehmen** mit dem Gegner beantragt, sind dem Verfahren **keine Schranken** bezüglich des **Rahmens** gesetzt;[32] auch Fragen nach den Sanierungsmaßnahmen und Mängelbeseitigungskosten können in das selbstständige Beweisverfahren einbezogen werden. Die Zustimmung des Gegners und der Grundsatz der Parteiherrschaft über den Streitgegenstand decken diese Feststellungen.

14 Für Nachweis der Zustimmung des Gegners reicht nach herrschender Ansicht eine **Glaubhaftmachung** (§ 294 ZPO) aus.[33]

### b) § 485 Abs. 1, 2. Alternative: Veränderungsgefahr

15 Ohne Zustimmung des Gegners ist ein selbstständiges Beweisverfahren während oder außerhalb eines Streitverfahrens zulässig, wenn die **Besorgnis des Verlustes** oder der **erschwerten Benutzung des Beweismittels** besteht. Grund persönlicher Natur hierfür ist z. B. die schwere Erkrankung oder längerer Auslandsaufenthalt eines Zeugen.[34] Als sachlicher Grund kommt vor allem bei **Baumängeln** die Gefahr in Betracht, dass eine **Veränderung des gegenwärtigen Zustandes** des Bauwerks kurz bevorsteht. Bei einem zügig durchgeführten Bauvorhaben kann es leicht zu Veränderungen kommen, die die Besorgnis begründen, dass später eine Augenscheinseinnahme oder eine Begutachtung des Baumangels durch einen Sachverständigen unmöglich ist oder zumindest erschwert wird, wenn nicht unverzüglich die Beweise gesichert werden. Das kommt insbesondere in Betracht, wenn **Mängel an Vorgewerken** durch die Ausführung von Nachfolgearbeiten nicht oder nur noch schwer feststellbar sind (**Veränderung durch Baufortschritt**; z. B.: Putzarbeiten auf mangelhaft ausgeführten Elektroarbeiten, Verlegung des Oberbodens auf mangelhaftem Estrich, Verfüllung der Baugrube nach mangelhaft verlegter Dränage).

16 Keine Veränderungsgefahr besteht auch bei einer **Bauruine**. Hier ruht der Bau, sodass Mängel auch in einem anhängigen Prozess noch festgestellt werden können.

---

31) **Bestr.;** wie hier: *Weise*, Rdn. 173; *MünchKommZPO-Schreiber*, § 485 ZPO, Rdn. 6; **a. A.:** *Schmitz*, BauR 1981, 40; *Wussow*, Beweissicherungsverfahren, S. 26, der eine extensive Anwendung des § 494 Abs. 2 vorschlägt.

32) *Schmitz*, BauR 1981, 40, 41; *Bohl/Döbereiner/v. Keyserlingk*, Rdn. 241; *Locher*, Rdn. 508; *Berger*, BauRB 2004, 281, 282.

33) Vgl. *Wussow*, Beweissicherungsverfahren, S. 25; *Th. Schmitz*, BauR 1981, 40; *Zöller/Herget*, § 485 ZPO, Rdn. 2; BLAH, § 485, ZPO, Rdn. 3; *Stein/Jonas/Schumann/Leipold*, § 485 ZPO, III 2; **a. A.:** *Schilken*, ZZP 92, 238, 266; *Kroppen/Heyers/Schmitz*, Rdn. 107, 108.

34) OLG Nürnberg, NJW-RR 1998, 575 (hohes Alter des Zeugen).

Etwas anderes muss aber dann gelten, wenn durch Witterungseinflüsse Veränderungen zu erwarten sind, die eine zukünftige Beweisführung erschweren können; auch hier ist eine Beweissicherung zulässig.

Ist das Bauwerk oder ein Teil fertiggestellt – wenn auch **mangelhaft** – und soll zumindest für eine gewisse Zeit keine Veränderung vorgenommen werden, besteht kein Anlass für ein selbstständiges Beweisverfahren nach § 485 Abs. 1 ZPO. Hier können die Mängel noch in einem Hauptprozess durch Augenscheinseinnahme oder Sachverständigengutachten überprüft und der Unternehmer kann zur Nachbesserung herangezogen werden. **17**

Hat der Unternehmer die Mängelbeseitigung bereits abgelehnt, und beabsichtigt der Bauherr nunmehr, die Mängel von einem **Drittunternehmer** beheben zu lassen, ist fraglich, ob mit diesem Vorbringen allein eine Veränderungsgefahr glaubhaft gemacht werden kann; denn in diesen Fällen liegt es ja in der freien Entscheidung des Bauherrn, ob eine Veränderung des gegenwärtigen Zustandes eintritt oder nicht. **18**

Die Tatsache, dass der Antragsteller das Beweismittel durch geeignete Maßnahmen oder durch ein Unterlassen von Veränderungen erhalten **kann,** macht einen Antrag auf gerichtliche Beweissicherung noch nicht unzulässig. Vielmehr kommt es insoweit allein auf die Frage der **Zumutbarkeit der Beweismittelerhaltung** an.[35] Allerdings müssen hier die Grenzen weit gezogen werden,[36] weil das Gesetz vom Antragsteller nicht mehr verlangt, für die Erhaltung der Beweismittel im Hinblick auf den Hauptprozess zu sorgen, um ein selbstständiges Beweisverfahren unnötig zu machen. **19**

Wussow[37] hielt einen Beweissicherungsantrag für unzulässig, wenn „die Belassung des gegenwärtigen Zustandes auf eine gewisse Zeit dem Antragsteller weder Kosten noch weitere Schäden, noch erhebliche Behinderungen verursacht". In solchen Fällen sei dem Antragsteller die Erhaltung des Beweismittels vielmehr zuzumuten. **20**

Diese Auslegung ist nach der Neugestaltung des Beweissicherungsverfahrens nicht mehr möglich: Fällt Putz von den Außenwänden eines Bauwerks, ohne dass weitere Folgeschäden drohen, liegt zwar noch keine „Behinderung" vor; das Haus kann auch ohne Mängelbeseitigung voll genutzt werden. Dasselbe gilt z. B. bei Rissen im Holzwerk von Fenster und Türen, die trotz ihrer Mangelhaftigkeit ihre Funktionstüchtigkeit behalten. Dennoch wird man dem Bauherrn in diesen Fällen einen Anspruch auf schnelle Mängelbeseitigung geben müssen. Dies kann aber nur nach einer Sicherung der erforderlichen Beweise geschehen.

Wäre der Bauherr gezwungen, einen Bauprozess abzuwarten, ohne zuvor schon die Beweise sichern zu können und alsdann die Mängel beheben zu lassen, müsste er für einen längeren Zeitraum, mindestens aber bis zur Beendigung einer Beweisaufnahme im Mängelprozess, einen vertragswidrigen Zustand in Kauf nehmen. Das ist nicht zumutbar und widerspräche auch den Zielvorstellungen des Gesetzes (§§ 492 Abs. 3, 493 Abs. 1 ZPO).

---

35) **Herrschende Meinung;** OLG Köln, MDR 1994, 94 = JMBl. NW 1994, 53 = JurBüro 1994, 629; LG Heilbronn, BauR 1980, 93; *Locher,* Rdn. 811; s. auch *Ulrich,* Rdn. 37; *Heyers,* BauR 1986, 268 ff.; *Stein/Jonas/Leipold,* § 485 ZPO, Rdn. 13.

36) OLG Düsseldorf, BauR 1978, 506; *Pauly,* JR 1996, 269, 272; *Hesse,* BauR 1984, 23, 27; *Th. Schmitz,* BauR 1981, 40, 41; *Kroppen/Heyers/Schmitz,* Rdn. 155; *Heyers,* ZfBR 1979, 46, 48; *MünchKommZPO-Schreiber,* § 485 ZPO, Rdn. 10.

37) NJW 1969, 1401, 1402; s. auch *Schilken,* ZZP 92, 238, 262 ff.

**21** Ein Antrag nach § 485 Abs. 1 ZPO ist deshalb nur **unzulässig,** wenn ein deutlicher **Rechtsmissbrauch** vorliegt.[38]

**22** Stimmt der Antragsgegner zu oder droht der Verlust eines Beweismittels bzw. die Erschwernis seiner Benutzung (§ 485 Abs. 1 BGB), so beschränkt sich das selbstständige Beweisverfahren nach § 485 Abs. 1 ZPO nicht auf die reine **Mängelfeststellung** der Bausache, vielmehr können auch

* die Mängelursachen
* die (technische) Verantwortlichkeit eines Baubeteiligten[39]
* die notwendigen Mängelbeseitigungsmaßnahmen und die Feststellung der Restarbeiten sowie
* die Mängelbeseitigungskosten

durch Sachverständigengutachten ermittelt werden.

**23** Das war allerdings für das **(alte) Beweissicherungsverfahren** schon **heftig umstritten.**[40]

War man sich noch weitgehend einig, dass die „Beweissicherung" die Ermittlung der Mängelursachen sowie die Verantwortlichkeit der Baubeteiligten umfassen konnte,[41] lehnte eine Mindermeinung[42] die Erstreckung des Verfahrens auf die notwendigen **Mängelbeseitigungsmaßnahmen** und deren **Kosten** grundsätzlich ab. Das OLG Düsseldorf[43] und ein Teil der Literatur[44] bejahte die Zulässigkeit der Ermittlung der Sanierungsmaßnahmen, nicht jedoch der sich dabei ergebenden Kosten, da diese in einem Hauptprozess „zeitnäher" und damit günstiger ermittelt werden könnten. Dem ist z. B. das OLG Karlsruhe[45] nicht gefolgt.

**24** Es wird nunmehr die Auffassung vertreten,[46] aus der Neufassung des § 485 Abs. 2 ZPO ergebe sich, dass die notwendigen Schadensbeseitigungsmaßnahmen und die dabei anfallenden Kosten nur Gegenstand eines selbstständigen Beweisverfahrens nach § 485 Abs. 2 ZPO sein könnten.

Dem kann jedoch **nicht gefolgt** werden:

Der Gesetzgeber hat das alte „Sicherungsverfahren herkömmlicher Art", nämlich Beweis durch Augenschein, Zeugen und Sachverständige, in § 485 Abs. 1 ZPO unverändert „erhalten".[47] **Daneben** hat er für den prozessualen Bereich den selbstständigen Sachverständigenbeweis (§ 485 **Abs. 2** ZPO) geschaffen und hierfür die Streitfrage gesetzlich entschieden. Es ist weder nach der Begründung noch nach der Zielsetzung des Gesetzgebers gerechtfertigt anzunehmen, dass der (bisherige)

---

[38] OLG Köln, MDR 1994, 94; *Hesse,* BauR 1984, 23, 28; *Weise,* Rdn. 190, 191; *Ulrich,* Rdn. 41; *Schilken,* ZZP 92, 238, 262, der mehr auf den Gesichtspunkt der **Zumutbarkeit** abstellt.
[39] Vgl. OLG Bamberg, JurBüro 1992, 629.
[40] Vgl. *Locher,* BauR 1979, 23, 25; *Wussow,* Beweissicherungsverfahren, S. 27, 28; *Böhl/Döbereiner/v. Keyserlingk,* Rdn. 241; s. auch *Kamphausen,* BlGBW 1981, 184.
[41] *Hesse,* BauR 1984, 23; *Heyers,* BauR 1986, 268, 270 ff.; ablehnend: LG Tübingen, BauR 1985, 359, für die Frage der Verantwortlichkeit mehrerer Baubeteiligter.
[42] LG Stuttgart, BauR 1988, 250; LG Hamburg, BauR 1986, 491; *P. Schmitz,* BauR 1980, 96.
[43] BauR 1978, 506.
[44] *Th. Schmitz,* BauR 1981, 40, 41; *Heyers,* ZfBR 1979, 46, 48.
[45] MDR 1989, 1110 = NJW-RR 1989, 1465.
[46] *Schreiber,* NJW 1991, 2601 (unter Hinweis auf die Begründung des RegE, BT-Drucks. 11/3621, S. 23); vgl. auch *MünchKommZPO-Schreiber,* § 485 ZPO, Rdn. 12; *Weise,* Rdn. 195.
[47] Begr. RegE, BT-Drucks. 11/3621, S. 23; *Quack,* BauR 1991, 278, 281; *Weyer,* BauR 1992, 313, 317.

Rahmen des § 485 ZPO, soweit er in § 485 Abs. 1 ZPO „erhalten" geblieben ist, eingeschränkt werden sollte.

Es ist unbestreitbar, dass in der Praxis ein sehr **großes Bedürfnis** besteht, auch Fragen nach den (notwendigen) Mängelbeseitigungsmaßnahmen und/oder den Kosten durch Gutachten zu klären.[48]

Zeigen sich während eines Hauptsacheprozesses wesentliche Veränderungen in dem baulichen Zustand eines Gebäudes, wird einem Gesuchsteller das berechtigte Interesse an einer „vorzeitigen Beweissicherung auch zur Kosten-, Umfang- und Ursachenermittlung"[49] nicht abzusprechen sein; denn in der Tat zwingen schon Gründe der Verfahrensökonomie (§ 493 Abs. 1 ZPO) zu diesem Ergebnis:

Stellt ein Sachverständiger Baumängel fest, überprüft er deren Ursachen und damit die Verantwortlichkeit sowie die Sanierungsmaßnahmen, so ist der Schritt zur Ermittlung der voraussichtlichen Mängelbeseitigungskosten nicht weit. Würde sich erst ein weiterer Gutachter (im Hauptprozess) mit den Kosten beschäftigen, müsste er sich in aller Regel wieder in die Gesamtmaterie einarbeiten. Das wäre nicht nur mit erheblichen Kosten verbunden, sondern führte u. U. zu erheblichen Verzögerungen in der Prozesserledigung.

Bei einer „Veränderungsgefahr" auf der Baustelle beabsichtigt der Antragsteller in der Regel **kurzfristige** Sanierungsmaßnahmen. Wäre dem Antragsteller die Möglichkeit verbaut, die erforderlichen Kosten ermitteln zu lassen, sähe er sich u. U. im Hauptprozess der Gefahr ausgesetzt, dass die Notwendigkeit der **aufgebrachten** Sanierungskosten von seinem Prozessgegner angezweifelt wird, wie dies auch in der Regel geschieht. Dann kann der Antragsteller aber in erhebliche Beweisschwierigkeiten geraten, wenn die Sanierungsmaßnahmen bereits abgeschlossen, die Kosten von dem Gutachter aber nicht abgeschätzt wurden. Das gilt insbesondere für die nicht seltenen Fälle, in denen die Sanierungsmaßnahmen schnellstens durchgeführt werden müssen, dadurch aber erhöhte oder sogar überhöhte Kosten entstehen: zum Beispiel, weil nicht die günstigsten Anbieter aufgrund des Zeitdrucks die Arbeiten ausführen konnten oder besonderer Personalaufwand – Nachtarbeit – erforderlich wurde. Hier kann nur der Sachverständige des Beweisverfahrens die Notwendigkeit der Kosten angemessen feststellen; der Gutachter im Hauptprozess wird vielfach auf Mutmaßungen angewiesen sein.[50]

Schließlich ist das Argument, der Antragsgegner habe keine ausreichenden Mitwirkungsmöglichkeiten bei der Kostenermittlung, nicht überzeugend: Der Antragsgegner kann durch Einholung eigener Kostenvoranschläge bei der Feststellung der erforderlichen Sanierungskosten „mitwirken" und das Gutachten beeinflussen.

**Unzulässig** ist ein selbstständiger Beweisantrag nach § 485 Abs. 1 ZPO, wenn er auf eine **reine Ausforschung** hinausläuft;[51] hiervon kann noch nicht gesprochen

---

48) Ebenso: *Scholtissek*, BauR 2000, 1118 ff.; *Booz*, BauR 1989, 30, 33 Anm. 14; *Stein/Jonas/Leipold*, § 485 ZPO, Rdn. 8.
49) *Booz*, a. a. O. Zum Umfang der **Darlegungslast:** KG, BauR 1992, 407 = NJW-RR 1992, 575.
50) So auch *Bohl/Döbereiner/v. Keyserlingk*, Rdn. 241.
51) OLG Köln, BauR 2002, 1120 u. OLGR 2000, 264, 265; KG, NJW-RR 1992, 575 = BauR 1992, 407; LG Frankenthal, MDR 1984, 854; LG Heilbronn, BauR 1980, 93; OLG Frankfurt, BauR 1995, 275 = NJW-RR 1995, 831; *Wussow*, Beweissicherungsverfahren, S. 32; *Moufang/Kupjetz*, NZBau 2003, 646; *P. Schmitz*, BauR 1980, 95; *Siegburg*, BauR 2001, 875, 884; siehe auch Rdn. **54** ff.

werden, wenn in dem Beweissicherungsantrag konkret nach dem bautechnischen „Zustand" eines Bauwerks, den „Ursachen" eines Mangels und/oder den „Mängelbeseitigungsmaßnahmen" sowie den hierfür erforderlichen „Kosten" gefragt wird.[52]

**26** Eine Feststellung hinsichtlich des **verbliebenen Wertminderungsbetrages** kommt ebenfalls in Betracht, wenn nicht ausgeschlossen werden kann, dass eine Mängelbeseitigung unmöglich ist oder wegen unverhältnismäßig hoher Kosten unterbleibt;[53] kann die Wertminderung allerdings erst nach einer **durchgeführten Mängelbeseitigung** abschließend beurteilt werden, wird einem entsprechenden Beweisantrag im Ergebnis keine praktische Bedeutung zukommen.

### c) § 485 Abs. 2: Der selbstständige Sachverständigenbeweis

*Literatur*

*Weyer*, Die Feststellung des gegenwärtigen Zustandes einer Sache i. S. des § 485 Satz 2 ZPO, NJW 1969, 2233.

**27** In der Praxis basieren die meisten Beweissicherungsanträge auf der Vorschrift des § 485 **Abs. 2** ZPO: Danach kann **im Falle eines noch nicht anhängigen Rechtsstreits**[54] eine Partei die schriftliche Begutachtung durch einen Sachverständigen beantragen, sofern sie hierfür ein rechtliches Interesse hat. Die schriftliche Begutachtung kann sich nach § 485 Abs. 2 u. a. auf

* den **„Zustand"** oder den **„Wert"** einer Sache (Nr. 1)
* die **„Ursachen"** eines Sachschadens oder Sachmangels (Nr. 2)[55]
* den **„Aufwand für die Beseitigung"** eines Sachschadens oder Sachmangels (Nr. 3)

erstrecken; sie ist nicht von einem „drohenden Beweismittelverlust" abhängig.[56] Die Beweisermittlung kann sich auch auf die Feststellung eines **früheren Zustandes** beschränken.[57] Im Rahmen des „isolierten" selbstständigen Beweisverfahrens ist eine über den allein vorgesehenen Sachverständigenbeweis hinausgehende Beweiserhebung, etwa durch Einnahme eines gerichtlichen Augenscheins oder Vernehmung von Zeugen, nicht zulässig.[58]

---

52) Zutreffend: OLG Hamburg, BauR 2006, 1788 (Schallschutzmängel); *Scholtissek*, BauR 2000, 1118.

53) OLG Hamm, NZBau 2003, 37 **(Minderwert)**; SchlHOLG, OLGR 2000, 61 **(merkantiler Minderwert)**; *Soergel*, arch + ing 3/1970, B 2; zitiert nach *Kamphausen*, BlGBW 1981, 184, 185 Anm. 9; *Ulrich*, Rdn. 52.

54) Ist eine „Hauptsache" **anhängig**, scheidet ein selbstständiges Beweisverfahren nach § **485 Abs. 2 ZPO** aus (vgl. OLG Düsseldorf, NJW-RR 1996, 510 für [nicht bezifferten] Minderungsanspruch bezüglich eines Hausgrundstücks). Dies gilt jedoch nur, wenn der **„Streitgegenstand"** von selbstständigem Beweisverfahren und Hauptverfahren „gleich" ist (OLG Düsseldorf, BauR 1995, 878; SchlHOLG, OLGR 2003, 351, 352).

55) Hierzu zählt nach OLG Frankfurt (BauR 2000, 1370) auch die Frage, ob und inwieweit es sich bei den festgestellten Mängeln um **Planungs-** oder **Überwachungsfehler** handelt. Gegenstand kann auch sein, ob eine fehlerhafte **Ausschreibung** den Mangel verursacht haben kann (Thüringer OLG, BauR 2001, 1945).

56) OLG Frankfurt, BauR 1993, 637, 638.

57) OLG Oldenburg, BauR 1995, 132 (für Voraussetzungen einer arglistigen Täuschung); anders: LG Cottbus, BauR 1995, 284 (LS).

58) OLG München, OLGR 2000, 346 = BauR 2001, 447.

## aa) Zur Feststellung des Zustandes einer Sache

**28** Was unter Feststellung des **Zustandes** einer Sache (§ 485 Abs. 2 Nr. 1 ZPO) zu verstehen ist, war schon zu Zeiten des alten Beweissicherungsverfahrens **umstritten.**

Nach richtiger Ansicht ist der „Zustand" einer Sache **nicht nur** auf das dem Sachverständigen **äußerlich Erkennbare beschränkt;** der „Zustand" einer werkvertraglichen Leistung kann vielmehr notfalls auch durch eine **eingehende Untersuchung** des Sachverständigen ermittelt werden, selbst wenn das Beweisthema nicht ausdrücklich auf die „Ursache" des Werkmangels erstreckt worden ist. Deshalb gehört z. B. die Demontage von Installationsrohren, wenn diese Defekte aufweisen, oder das Entfernen von Estrich, wenn eine Fußbodenheizung Mängel aufweist, oder das Freilegen der Kellerisolierung, wenn Feuchtigkeitsschäden in den Kellerwänden erkennbar werden, hierzu. Ein Riss in einer Wand kann in seinen tatsächlichen Auswirkungen erst dann begutachtet werden, wenn die Wand teilweise aufgestemmt wird, um die Länge und Tiefe des Risses zu verfolgen.

Dem Sachverständigen kann deshalb ein **Eingriff in das Bauwerk** gestattet sein, wenn nur dadurch der Zustand einer Sache umfassend festgestellt werden kann.[59] Die Ermittlung der bauchemischen oder bauphysikalischen Zusammenhänge gehört ebenso zu der „Zustands"feststellung wie die **fachtechnische Bewertung** des Sachverständigen, ob ein bestimmter „Zustand bestimmten technischen Anforderungen genügt oder dahinter zurückbleibt".[60] Allerdings hat sich der Sachverständige auf die **Beschreibung** des Zustandes der Sache zu beschränken; er hat sich jeglicher Schlussfolgerungen, die über eine Zustandsfeststellung hinausgehen, zu enthalten.

**29** *Wussow*[61] hat die Auffassung vertreten, dass die Feststellung des gegenwärtigen Zustandes „alles das ist, was sich bei einer Ortsbesichtigung dem Richter oder Sachverständigen erkennbar darbietet". Damit wird die Feststellung auf den äußerlich erkennbaren Zustand der Sache beschränkt. Diese Auffassung ist auch für das selbstständige Beweisverfahren abzulehnen:

Mit Recht weist *Weyer*[62] darauf hin, dass der Zustand einer Sache nicht nur durch die Merkmale, die sich äußerlich erkennbar darbieten, bestimmt wird, sondern auch durch die Einzelheiten, die erst bei einer **Untersuchung** der Sache durch einen Sachverständigen ermittelt werden können. Ohne eine umfassende Untersuchung des Zustandes einer Sache (und eines evtl. notwendigen Eingriffs) ist gerade bei Baumängeln in aller Regel den Beteiligten nicht geholfen. Ist aber der Zustand einer Sache im Rahmen einer intensiven Untersuchung eingehend und abschließend festgestellt, kann hierauf später aufgebaut und im eigentlichen Streitverfahren notfalls durch ein weiteres Sachverständigengutachten auf die Mängelursachen, die Möglichkeiten der Mängelbeseitigung usw. geschlossen werden, sofern dies nicht bereits im Rahmen einer Beweisanordnung nach § 485 Abs. 2 Nr. 2 ZPO geschehen ist.

---

59) Ebenso: OLG Düsseldorf, NJW-RR 1997, 1360 (Entnahme einer Probe aus Parkettboden); *Schreiber*, NJW 1991, 2600, 2601; vgl. auch *Pauly*, JR 1996, 269, 273; *Bohl/Döbereiner/v. Keyserlingk*, Rdn. 240; *Kroppen/Heyers/Schmitz*, Rdn. 616; *Locher*, Rdn. 813.
60) Zutreffend: OLG München, BauR 1994, 275, 276.
61) NJW 1969, 1401, 1403; Beweissicherungsverfahren, S. 28, allerdings mit Differenzierung; *Th. Schmitz*, BauR 1981, 40, 42.
62) NJW 1969, 2233; *Bohl/Döbereiner/v. Keyserlingk*, Rdn. 240; *Schilken*, ZZP 92, 238, 263; *Motzke*, Beweissicherungsverfahren, Rdn. 218; OLG Düsseldorf, MDR 1981, 324 = JurBüro 1981, 616; *Kroppen/Schmitz*, Rdn. 160 ff.; 616 ff.

Nimmt der Sachverständige im Rahmen des selbstständigen Beweisverfahrens **Eingriffe** in den Baukörper vor, soll das **Gericht** nach Auffassung des OLG Düsseldorf[63] dem **Sachverständigen** nach § 404 a Abs. 1 ZPO gegebenenfalls **Anweisung** erteilen, „**für die Beseitigung** der anlässlich seiner Untersuchungen **angerichteten Schäden**" – notfalls unter Hinzuziehung geeigneter Hilfskräfte – **Sorge zu tragen** (s. Rdn. 91, 2672).

**30** Zum „**Wert**" einer Sache i. S. des § 485 Abs. 2 Nr. 1 ZPO gehört auch die Ermittlung der eingetretenen **Wertminderung**; die Frage, welche Wertminderung für einen nur mit unverhältnismäßigem Aufwand zu beseitigenden Baumangel anzusetzen ist, kann deshalb ein zulässiges Beweisthema sein.[64]

**31** Die Ermittlung der „**Ursachen**" eines Sachschadens oder Sachmangels bezieht sich **nicht** auf die **(rechtliche)** Verantwortlichkeit eines Baubeteiligten, **sondern** immer nur auf den **technisch-wissenschaftlichen Kausalzusammenhang i. S.** der Conditio sine qua non (Äquivalenztheorie).[65] Das schließt von der Sache her die – aus sachverständiger Sicht – notwendige **Zuordnung** des Schadens/Mangels auf die am selbstständigen Beweisverfahren beteiligten Personen ein,[66] wobei nach richtiger Ansicht der Sachverständige jeweils auch den Umfang der **(technischen)** Verantwortlichkeit im Rahmen einer „**Verursachungsquote**" festhalten kann. Es obliegt dem **Richter,** diese (technische) Zuordnung des Schadens/Mangels **rechtlich** zu bewerten.[67]

**32** Die Feststellung des „**Aufwandes** für die Beseitigung des Sachschadens oder Sachmangels" ist nicht auf die Ermittlung der reinen Schadens- bzw. Mängelbeseitigungskosten beschränkt, sondern **umfasst,** soweit dies zur Erläuterung der Zusammenhänge erforderlich ist, auch stets **die Darstellung der erforderlichen (bautechnischen) Maßnahmen;** Fragen nach der **Dauer** der Sanierungsarbeiten sind ebenso zulässig wie solche nach den Kosten anfallender Nebenarbeiten (wie z. B. Entsorgung).[68] Das ist unabhängig davon, ob die Schadens- oder Mängelbeseitigung bereits eingeleitet oder abgeschlossen worden ist.[69] Die Feststellung eines **merkantilen Minderwertes** wird ebenfalls durch § 485 Abs. 2 Nr. 3 ZPO erfasst.[70]

**33** Der Antragsteller hat im Rahmen des § 485 Abs. 2 ZPO ein **Auswahlrecht;** er kann frei wählen, auf welche Alternativen er sein Gesuch erstreckt. Es wird für die **Verjäh-**

---

63) NJW-RR 1997, 1360 = BauR 1997, 697; OLG Celle, OLGR 1998, 71; siehe ferner: *Soergel,* Festschrift für Geiß, S. 179 ff.
64) OLG Hamm, NZBau 2003, 37; OLG Frankfurt, OLGR 1993, 106; *Weise,* Rdn. 218.
65) So zutreffend: OLG München, BauR 1998, 363 = OLGR 1997, 281; *Weise,* Rdn. 219; Thüringisches OLG, BauR 2001, 1945; *Leineweber,* Festschrift für Mantscheff, S. 251.
66) Vgl. Brandenburgisches OLG, BauR 2004, 698 m. Anm. *Welte* (Beweisverfahren gegen mehrere denkbare Verursacher); OLG Hamburg, BauR 2006, 1788, 1789; OLG Köln, BauR 2005, 752.
67) OLG Frankfurt, BauR 2000, 1370; OLG München, OLGZ 1992, 470 für die Frage der „Vorhersehbarkeit" oder „Erkennbarkeit"; OLG Düsseldorf, NJW-RR 1997, 1312 für die (Mit-)Verantwortlichkeit eines Statikers (Risse im Mauerwerk); OLG Düsseldorf, BauR 1996, 896, 897; OLG München, BauR 1998, 363; *Ulrich,* AnwBl. 2003, 26, 29; **a. A.:** *Leineweber,* Festschrift für Mantscheff, S. 249.
68) OLG Koblenz, OLGR 2004, 77 = BauRB 2004, 136 – *Moehren.*
69) **Herrschende Ansicht;** vgl. OLG Koblenz, OLGR 2004, 77; OLG München, BauR 1998, 363 = OLGR 1997, 281; *Scholtissek,* BauR 2000, 1118, 1122; *Koeble,* S. 110; *Knacke,* Festschrift für Soergel, S. 115, 120; **a. A.:** *Weise,* Rdn. 223.
70) SchlHOLG, OLGR 2000, 61.

rungsunterbrechung oder -hemmung auch nicht erforderlich sein, alle Alternativen des § 485 Abs. 2 (gleichzeitig) zu wählen.[71] In der Praxis wird es jedoch darauf hinauslaufen. In jedem Falle sollte die Frage nach dem „Zustand des Bauwerks" in eine Beweiserhebung eingebunden sein, weil sie am besten geeignet ist, eine umfassende Unterbrechung bzw. Hemmung der Verjährung zu gewährleisten (vgl. Rdn. 99 ff.).

#### bb) Der Begriff des rechtlichen Interesses

Probleme gab es nach der **Neugestaltung** des selbstständigen Beweisverfahrens zunächst mit der Auslegung des Begriffs des „**rechtlichen Interesses**" i. S. des § 485 Abs. 2 Satz 2 ZPO. Die von Schreiber[72] geforderte **Zurückhaltung** entspricht **nicht** der nunmehr gängigen Gerichtspraxis, die den Begriff weit auslegt.[73] Bei dem geforderten „rechtlichen Interesse" handelt es sich – dem Feststellungsinteresse vergleichbar – um eine **Zulässigkeitsvoraussetzung** (§ 487 Nr. 4 ZPO), die (bereits) gegeben ist, wenn die – ggf. glaubhaft zu machenden – Behauptungen des Antragstellers erkennen lassen, dass aufgrund der begehrten Feststellung Ansprüche gegen den Antragsgegner in Betracht kommen oder aber auch Ansprüche des Antragsgegners gegen den Antragsteller abgewehrt werden können. An die **Darlegung** des rechtlichen Interesses i. S. des § 485 Abs. 2 Satz 2 ZPO sind auch **keine besonderen Anforderungen** zu stellen.[74]

Nach § 485 Abs. 2 Satz 2 ZPO ist ein „rechtliches Interesse" (bereits) gegeben, „wenn die Feststellung der Vermeidung eines Rechtsstreits dienen kann". Mit dieser Formulierung wird nicht nur die notwendige Brücke zu § 493 Abs. 3 ZPO geschlagen, der dem Gericht die „Pflicht" zum Vergleichsgespräch auferlegt, sondern es wird vor allem die bisherige Rechtslage bestätigt. Das rechtliche Feststellungsinteresse war für das bisherige Beweissicherungsverfahren zu bejahen, wenn der **Zustand** der Sache für die Rechtsbeziehung der Parteien maßgeblich war oder werden konnte.

Nichts anderes gilt für das selbstständige Beweisverfahren.[75] Kommen **Gewährleistungsansprüche** oder überhaupt **materiell-rechtliche Ansprüche** des Gesuchstellers in Betracht, ist das Feststellungsinteresse auch dann zu **bejahen,** wenn der Antragsgegner vorprozessual schon **jede Vergleichsbereitschaft hat vermissen lassen** und sich sogar auf Verjährung beruft. Die vage Hoffnung, dass dies im Rahmen eines **gerichtlichen** Vergleichsgesprächs – vor allem nach einem eindeutigen Beweisergebnis – anders sein könnte, reicht aus, um ein berechtigtes Interesse an der Beweis-

---

71) So wohl auch *Quack*, BauR 1991, 278, 281.
72) NJW 1991, 2600, 2601.
73) BGH, BauR 2007, 82 = NZBau 2006, 711; BauR 2005, 364, 365 = ZfBR 2005, 54, 55 = NJW 2004, 3488; BauR 2004, 1975 = ZfBR 2005, 54, 55 = IBR 2004, 733; OLG Stuttgart, OLGR 2000, 57 = BauR 2000, 923; KG, KGR 1999, 33 u. 219; OLG Koblenz, OLGR 1998, 431; *Ulrich*, Rdn. 57.
74) OLG Düsseldorf, BauR 2001, 1290.
75) Zutreffend daher: OLG Schleswig, OLGR 2007, 158, 159; OLG Köln, NJW-RR 1996, 573 = OLGR 1996, 23; OLG Hamm, OLGR 1993, 2; KG, MDR 1992, 179, 180; BauR 1992, 403 = NJW-RR 1992, 574; OLG Celle, BauR 1992, 405, 406; OLG München, BauR 1993, 117, 119; OLG Frankfurt, MDR 1991, 989; *Koeble*, S. 107; *Enaux*, Jahrbuch Baurecht 1999, 162, 168; *Weise*, Rdn. 206; *Cuypers*, NJW 1994, 1985, 1986; *Thiele*, MDR 1991, 938.

sicherung anzunehmen. Jede andere Betrachtungsweise würde der Zielvorstellung des Gesetzgebers widersprechen.[76)]

Das rechtliche Interesse im Sinne des § 485 Abs. 2 ZPO setzt nicht voraus, dass das „Beweisthema", also der Beweisermittlungsantrag, in einem späteren Prozess „erheblich" sein muss;[77)] die „Erfolgsaussichten" des (späteren) Hauptprozesses sind auch hier nicht zu prüfen.[78)] Ein rechtliches Interesse kann daher allenfalls zu **verneinen** sein, wenn **es an jeglichem rechtlichen Bezug (zum Antragsgegner) fehlt**; es muss mit anderen Worten ganz offensichtlich sein, dass Ansprüche, insbesondere Gewährleistungsrechte, aus der begehrten Feststellung nicht hergeleitet werden können. In diesen Fällen ist ein Beweissicherungsantrag mutwillig. Es ist deshalb zutreffend, dass das Rechtsschutzbedürfnis nur in „völlig eindeutigen" Fällen verneint werden kann. Es muss **evident** sein, dass die nachgesuchte Beweiserhebung unter keinem denkbaren (rechtlichen) Gesichtspunkt einem (möglichen) Rechtsstreit zugeordnet werden kann.[79)] Auf der anderen Seite kann aber die Erklärung des Antragsgegners, nicht er, sondern ein Dritter sei Schadensverursacher oder habe die behaupteten Mängel zu vertreten, allein das rechtliche Interesse an einer Beweissicherung nicht ausschließen.[80)] Ebenso ist es bedenklich, wenn das LG Deggendorf[81)] das rechtliche Interesse i. S. des § 485 Abs. 2 ZPO verneint, weil sich der Antragsgegner auf einen **Vergleich** beruft, der den Streit über die behaupteten Mängel beilegt; da sich ein Streit über die Auslegung oder sogar Wirksamkeit des Vergleichs nie vermeiden lässt, wird ein rechtliches Interesse an einer Beweissicherung bereits dann zu bejahen sein, wenn sich Anhaltspunkte aufdrängen, dass es zu Meinungsverschiedenheiten über Auslegung und/oder Wirksamkeit (§ 779 BGB) kommt.[82)]

---

76) Ebenso: OLG Celle, BauR 2004, 1659, 1660 u. BauR 2003, 1076, 1077; OLG Hamm, MDR 1999, 184 u. OLGR 1993, 2, 3; OLG Oldenburg, BauR 1995, 132, 133 = OLGR 1995, 155; OLG Zweibrücken, OLGZ 1993, 218; LG Passau, NJW-RR 1992, 767; KG, BauR 1992, 403, 404 = NJW-RR 1992, 574; **a. A.:** LG Hannover, JurBüro 1992, 496 u. OLG Celle, JurBüro 1992, 496 m. Anm. *Mümmler.*
77) BGH, ZfBR 2005, 54, 55 = IBR 2004, 733; BauR 2000, 599 = NJW 2000, 960; OLG Celle, BauR 2003, 1076, 1077 u. BauR 2000, 601; OLG Köln, OLGR 2000, 264, 265. So ist z. B. nicht zu prüfen, ob ein wirksamer **Verzicht** auf Gewährleistungsansprüche vorliegt (OLG Düsseldorf, JurBüro 1992, 26; OLG Hamm, OLGR 1993, 203 [LS]) oder **Verjährung** eingetreten ist (vgl. OLG Köln, OLGR 2000, 264, 265).
78) BGH, a. a. O.; OLG Celle, BauR 2004, 1659, 1660; OLG Köln, NJW-RR 1996, 573 = JurBüro 1996, 371 = OLGR 1996, 23; OLG Hamm, NJW-RR 1998, 68 u. NJW-RR 1998, 933 = BauR 1998, 828.
79) BGH, BauR 2005, 364, 365 = ZfBR 2005, 54, 55; BauR 2004, 1975 = ZfBR 2005, 54, 55 = IBR 2004, 733 (Abänderung von SchlHOLG, OLGR 2004, 435 = BauRB 2004, 270 = IBR 2004, 478); OLG Düsseldorf, BauR 2001, 1290, 1291 = NJW-RR 2001, 1725; OLG Bamberg, NJW-RR 1995, 893, 894; KG, MDR 1992, 179, 180; OLG Köln (16. Senat), OLGR 2000, 264, 265; (13. Senat) OLGR 1995, 110, 111 u. (22. Senat), NJW-RR 1996, 573; OLG Celle, BauR 2000, 601 (Bauträgervertrag); OLG Oldenburg, OLGR 2006, 337; VGH Mannheim, NVwZ-RR 1996, 125, 126.
80) Im Ergebnis ebenso: OLG Celle, OLGR 1996, 130.
81) NJW-RR 2000, 514.
82) Die Frage, ob **nach** Einholung eines vertraglich vorgesehenen **Schiedsgutachtens** ein rechtliches Interesse für ein selbstständiges Beweisverfahren gegeben ist, mit dem die **Unrichtigkeit** des Schiedsgutachtens nachgewiesen werden soll, ist streitig; **bejahend:** OLG Köln, MittBl. ARGE Baurecht, 1999, S. 8 m. Anm. *Werner;* LG Hanau, MDR 1991, 989; LG München I,

Das Rechtsschutzinteresse ist deshalb zu **bejahen,** wenn  35
* nach einer **Neuherstellung** der Auftraggeber **neue** Mängel rügt[83]
* es gerade auf die Begutachtung durch einen Sachverständigen (**„Spezialisten"**) entscheidend ankommt[84]
* ein Haftpflichtversicherer nach § 823 Abs. 2 BGB, § 27 Abs. 1 NachbG NW in Anspruch genommen werden kann[85]
* ein **Bürge** in Anspruch genommen werden soll[86]
* die **Rückgriffshaftung** (gegenüber einem Dritten) droht[87]
* ein Streitverkündeter, der in einem selbstständigen Beweisverfahren dem Streitverkündenden (dort: Antragsgegner) beigetreten ist, gegen diesen ein neues Beweisverfahren anstrengt, selbst dann, wenn noch keine konkreten Rückgriffsansprüche angedroht sind[88]
* **Verjährung** droht[89] oder möglicherweise bereits eingetreten ist.[90]

Es ist zu **verneinen,** wenn
* der Antragsteller (unstreitig) auf seine Gewährleistungsansprüche **verzichtet** hat.[91] Das Einverständnis in eine **bestimmte** Nachbesserung/Nacherfüllung bedeutet jedoch noch nicht einen „Verzicht" auf (sonstige) bestehende Gewährleistungsansprüche.[92]
* bereits ein selbstständiges Beweisverfahren stattgefunden hat, an dem der (nunmehrige) Antragsteller als Antragsgegner **beteiligt** war. Das Rechtsschutzinteresse für ein **neues** selbstständiges Beweisverfahren (mit umgekehrtem Rubrum) kann nur unter Beachtung der **Sperre** der §§ 485 Abs. 3, 412 Abs. 1 ZPO (analog) bejaht werden.[93]
* es lediglich um die Klärung von **Rechtsfragen** geht.[94] Ein Sachverständiger soll grundsätzlich nicht mit Vertrags- und Rechtsfragen befasst werden; in Zweifelsfällen muss das Gericht daher dem Sachverständigen eine Anweisung (z. B. in Form einer Vertragsauslegung) an die Hand geben.

---

NJW-RR 1994, 355; *Bernuth,* ZIP 1998, 2081, 2084; *Kniffka/Koeble,* 13. Teil, Rdn. 39; **verneinend**: OLG Düsseldorf, BauR 1998, 1111; *Zanner,* BauR 1998, 1154; *Ingenstau/Korbion/Joussen,* Anhang 4, Rdn. 44; *Stein/Jonas/Leipold,* § 486 ZPO, Rdn. 37; s. ferner Rdn. 71.
83) LG Stuttgart, BauR 2000, 924.
84) Zutreffend: *Cuypers,* NJW 1994, 1985, 1987.
85) OLG Düsseldorf, BauR 2001, 1290.
86) OLG Frankfurt, MDR 1991, 989.
87) BLAH, § 485 ZPO, Rdn. 8.
88) OLG Stuttgart, BauR 2000, 923 = OLGR 2000, 57.
89) *Enaux,* Jahrbuch Baurecht 1999, 162, 169; *Berger,* BauRB 2004, 281, 282; *Schreiber,* NJW 1991, 2600, 2601; *Weise,* Rdn. 207; *Koeble,* S. 107; **a. A.:** LG Amberg, BauR 1984, 93.
90) Vgl. auch OLG Celle, BauR 2003, 1076, 1077; OLG Düsseldorf, BauR 2001, 128 = MDR 2001, 50.
91) Vgl. OLG Karlsruhe NJW-RR 1996, 1343 = BauR 1997, 356 (LS) = JurBüro 1996, 375. Zum „Verzicht" des Bauherrn siehe im Übrigen: OLG Köln, BauR 1997, 314.
92) BGH, BauR 1997, 131.
93) Zutreffend: OLG Düsseldorf, BauR 1997, 515, 517 = NJW-RR 1997, 1086 = OLGR 1997, 168.
94) OLG München, BauR 1993, 117 = OLGR 1993, 14 („Sind von den vertraglich vereinbarten und zugesagten 12 Stellplätzen nur 7 vorhanden?"); LG Gera, BauR 1996, 752; *Ulrich,* AnwBl. 2003, 26, 30.

* die streitigen Tatsachen („Beweisthemen") ausschließlich zwischen dem Antragsteller und seinem Streitverkündeten oder Streithelfer relevant werden.[95]
* ein Leistungsverzeichnis für die Mängelbeseitigung erstellt werden soll.[96]

### 4. Der Antrag

**36** Um ein selbstständiges Beweisverfahren in Gang zu bringen, ist ein schriftlicher Antrag bei dem zuständigen Gericht erforderlich, der auch zu Protokoll der Geschäftsstelle erklärt werden kann (§ 486 Abs. 4 ZPO). Die einzelnen Voraussetzungen des Antrages nennt § 487 ZPO. Es besteht grundsätzlich kein Anwaltszwang (§§ 78 Abs. 3, 486 Abs. 4 ZPO); etwas anderes gilt nur, wenn eine mündliche Verhandlung über den Antrag stattfindet und hier eine Vertretung durch Anwälte geboten ist (Landgericht). Soweit eine Glaubhaftmachung erforderlich ist, sind die Unterlagen dem Antrag beizufügen.

**37** Der selbstständige Beweisantrag kann **jederzeit zurückgenommen** oder – aus Kostengründen – **eingeschränkt**[97] werden; jedoch liegt z. B. in dem Wunsch nach „Kostenabrechnung und Rückerstattung nichtverbrauchter Kostenvorschüsse" allein noch keine (konkludente) Antragsrücknahme;[98] während in der Änderung des **Aktivrubrums** (stets) eine solche zu sehen ist.[99] Eine Rücknahme kann schließlich auch nicht in einer bloßen **Erledigungserklärung** des Antragstellers gesehen werden.[100] Hat die Einvernahme des Augenscheins, die Vernehmung des Zeugen oder Sachverständigen (bzw. dessen schriftliche Begutachtung) bereits begonnen, kann die Rücknahme des Antrages ebenfalls ohne Einverständnis des Gegners erfolgen.[101]

**38** Nach § 487 ZPO **muss** der Beweisantrag Folgendes enthalten:
* die Bezeichnung des **Gegners**
* die Bezeichnung der **Tatsachen,** über die Beweis erhoben werden soll
* die Bezeichnung der Zeugen oder die Bezeichnung der übrigen nach § 485 zulässigen **Beweismittel**
* die **Glaubhaftmachung** der Tatsachen, die die Zulässigkeit des selbstständigen Beweisverfahrens und die Zuständigkeit des Gerichts begründen sollen.

### a) Die Parteien

**39** Die **Verwertbarkeit** der Beweisergebnisse im Hauptprozess (§ 493 ZPO) setzt voraus, dass das selbstständige Beweisverfahren zwischen den **Parteien** des Hauptprozesses durchgeführt worden ist; deshalb muss den Parteistellungen jeweils besonderes Augenmerk gewidmet werden.

---

95) KG, KGR 1999, 396.
96) OLG Düsseldorf, Beschl. v. 22.11.1991 – 22 W 60/91; zitiert bei *Weyer*, BauR 1992, 313, 315/316.
97) OLG Köln, *SFH*, Nr. 16 zu § 485 ZPO.
98) OLG Frankfurt, OLGR 1995, 95 gegen LG Frankfurt, BauR 1995, 585, 586.
99) OLG Frankfurt, BauR 1995, 426, 427.
100) OLG Frankfurt, BauR 1996, 587 = OLGR 1996, 83.
101) *Wussow*, Beweissicherungsverfahren, S. 40.

## aa) Der Antragsteller

Antragsteller kann jeder sein, der die gesetzlichen Voraussetzungen zur Einleitung eines selbstständigen Beweisverfahrens erfüllt. **40**

Zur Einleitung und Durchführung eines die **gemeinschaftliche Wohnanlage** betreffenden selbstständigen Beweisverfahrens ist auch der **Verwalter** ohne besondere Ermächtigung der Wohnungseigentümer befugt. Eine solche Maßnahme ist durch die zentrale Vorschrift des § 27 Abs. 2 Nr. 3, Abs. 3 Nr. 3 WEG n. F. gedeckt. Für das bis zum 1.7.2007 geltende Recht folgt dies aus § 27 Abs. 2 Nr. 2, Nr. 4 WEG.[102]

Ohne besondere Ermächtigung durch die Gemeinschaft der Wohnungseigentümer ist der **einzelne Wohnungseigentümer** berechtigt, zur Feststellung am gemeinschaftlichen Eigentum aufgetretener Mängel ein selbstständiges Beweisverfahren zu beantragen und dadurch die Verjährung von Gewährleistungsansprüchen zu hemmen. Da die einzelnen Wohnungseigentümer ohne einen besonders hierzu ermächtigenden Beschluss der Gemeinschaft befugt sind, Nacherfüllung zu verlangen, sind sie auch berechtigt, ein diesen Anspruch vorbereitendes Beweisverfahren einzuleiten; dies gilt auch, wenn die Mängelansprüche von dem Bauträger an sämtliche Miteigentümer gemeinschaftlich abgetreten worden sind (vgl. auch Rdn. 106).[103] **41**

Einem Beweissicherungsantrag kommt verjährungshemmende Wirkung jedoch **nur** zu, wenn der **Antragsteller** auch **anspruchsberechtigt** ist. Das wird oftmals bei der Geltendmachung von Mängelansprüchen durch Wohnungseigentümer übersehen. Es reicht allerdings aus, wenn der Antragsteller im Laufe des selbstständigen Beweisverfahrens „Berechtigter" – etwa aufgrund einer Abtretung – geworden ist.[104] **42**

## bb) Der Antragsgegner

**Antragsgegner** ist grundsätzlich die Partei, die vom Antragsteller als solche **bezeichnet** wird.[105] Der Gegner muss auch grundsätzlich im Antrag bezeichnet werden; das ist in Baumängelsachen nicht immer leicht. Häufig kommen **mehrere Schadensverursacher** in Betracht, wie z. B. der Architekt, der Sonderfachmann, der Rohbauunternehmer oder andere Handwerker. Dann muss sich der Antragsteller entweder für einen Antragsgegner entscheiden oder – was für einen anschließenden Bauprozess sinnvoller ist – **alle** denkbaren Schadensverursacher als Antragsgegner benennen, um die rechtlichen Wirkungen des selbstständigen Beweisverfahrens – insbesondere eine Verjährungshemmung – gegenüber allen möglichen Schadensverursachern eintreten zu lassen.[106] Zu beachten ist, dass das selbstständige Beweisver- **43**

---

102) **Herrschende Meinung;** vgl. Rdn. 480. Zur Erteilung einer Prozessvollmacht durch Mehrheitsbeschluss der Eigentümer s. LG Köln, BauR 1976, 443 mit Anm. *Rosenberger*.
103) Vgl. BGH, BauR 1991, 606 = NJW 1991, 2480; BauR 1980, 69 = ZfBR 1980, 36. Zur Hemmung nach neuem Recht: OLG Oldenburg, BauR 2007, 1428, 1429.
104) BGH, BauR 1993, 473, 474.
105) Zur ordnungsgemäßen Ladung (§ 493 Abs. 2 ZPO): *Wita*, MDR 2000, 1363.
106) Zutreffend: Brandenburgisches OLG, BauR 2004, 698; OLG München, BauR 1998, 363; OLG Düsseldorf, NJW-RR 1997, 1312; OLG Frankfurt, BauR 1995, 275 = NJW-RR 1995, 831 = MDR 1994, 1244; BGH, BauR 1980, 364, 365; *Daub/Piel/Soergel/Steffani*, VOB, ErlZ B 13.339; *Wussow*, NJW 1969, 1401, 1407. Zum **Streitwert:** OLG Düsseldorf, BauR 1995, 586.

fahren bis zur seiner Beendigung auf weitere Antragsgegner ausgedehnt werden kann.[107)]

**44**   Ohne Bezeichnung des Gegners ist ein Antrag nach §§ 485 Abs. 1 und 2, 494 ZPO[108)] nur zulässig (vgl. auch Rdn. 12), wenn der Antragsteller glaubhaft macht, dass er ohne sein Verschulden außerstande ist, den Gegner zu bezeichnen, was in einer Bausache aber kaum denkbar ist. **Unbekannt** ist ein **Antragsgegner** nicht schon dann, wenn der Antragsteller Zweifel hat, wer unter mehreren möglichen der richtige Antragsgegner ist. § 494 ZPO geht davon aus, dass dem Antragsteller überhaupt kein denkbarer Verursacher bekannt ist. Ein gutes Beispiel nennt Wussow.[109)] Ein Bauträger, der seine Gewährleistungsansprüche gegenüber seinen Subunternehmern an den Bauherrn abgetreten hat, wird insolvent: die Bauhandwerker selbst, an die sich der Bauherr wegen Baumängel wenden müsste, sind aber dem Bauherrn nicht bekannt.

**45**   Bei einem selbstständigen Beweisantrag nach § 485 Abs. 1 ZPO gegen **Unbekannt** ist zu berücksichtigen, dass ein solcher Antrag die Verjährung von Gewährleistungsansprüchen nicht hemmt,[110)] weil alle hierfür nach dem Gesetz geeigneten Handlungen voraussetzen, dass der Berechtigte gegen einen bestimmten Verpflichteten einen bestimmten Anspruch erhebt und dadurch die Feststellung oder Durchsetzung dieses Anspruches aktiv betreibt.[111)]

### cc) Die Einbeziehung Dritter (Streitverkündung)

*Literatur*
*Weller*, Selbstständiges Beweisverfahren und Drittbeteiligung. Materiell-rechtliche und prozessuale Möglichkeiten einer Erstreckung der Wirkungen des selbstständigen Beweisverfahrens auf Dritte, dargestellt an einer typischen Fallgestaltung des privaten Baurechts, Diss. Bonn, 1994.
*Mickel*, Beweissicherung und Streitverkündung, BB 1984, 438; *Thomas*, Streitverkündung und Nebenintervention im selbstständigen Beweisverfahren, BauR 1992, 299; *Wirth*, Streitverkündung im selbstständigen Beweisverfahren, BauR 1992, 300; *Quack*, Streitverkündung im selbstständigen Beweisverfahren und kein Ende?, BauR 1994, 153; *Ulbrich*, Streitverkündung und Streitwert im selbstständigen Beweisverfahren, BauR 1994, 691; *Bohnen*, Drittbeteiligung am selbstständigen Beweisverfahren, BB 1995, 2333; *Hoeren*, Streitverkündung im selbstständigen Beweisverfahren, ZZP 95, Bd. 108, 343; *Kunze*, Streitverkündung im selbstständigen Beweisverfahren, NJW 1996, 102; *Kunze*, Praktische Justizentlastung durch den BGH: Bestätigung der Zulässigkeit der Streitverkündung im selbstständigen Beweisverfahren, NJW 1997, 1290; *Eibner*, Das Ende des Streits um die Streitverkündung im selbstständigen Beweisverfahren?, BauR 1998, 497; *Cuypers*, Die Streitverkündung im Bauprozess und selbstständigen Beweisverfahren, ZfBR 1998, 163; *Schilling*, Die beschränkte Streitverkündung, ein Mittel zur effizienteren und kostengünstigeren Führung von Bauprozessen?, BauR 2001, 147; *Schulz*, Förmliche Zustellung der Streitverkündungsschrift, BauR 2001, 327; *Parmentier*, Förmliche Zustellung der Streitverkündungsschrift – Anmerkung zu dem Beitrag von Schulz, BauR 2001, 327 ff., BauR 2001, 888; *Knacke*, Der Streithelfer im selbstständigen Beweisverfahren, Jahrbuch Baurecht 2002, 329; *Enaux*, Rechtliche Probleme bei der Streitverkündung im selbstständigen Beweisverfahren in Bausachen, Festschrift für Jagenburg (2002), 147; *Cuypers*, Die Beteiligung Mehrerer in selbstständigen Beweisverfahren in Bausachen – eine Bilanz nach 10 Jahren, MDR 2004, 314; *Göbel*, Streitverkündung und Aussetzung in Baumängelprozessen, BauR 2004, 1533;

---

107) OLG Hamm, OLGR 1999, 401, 402.
108) Vgl. *Zöller/Herget*, § 494 ZPO, Rdn. 1; BLAH, § 494 ZPO, Rdn. 1.
109) Beweissicherungsverfahren, S. 31.
110) BGH, NJW 1980, 1458 = BauR 1980, 364 = BB 1980, 703 (für Verjährungsunterbrechung).
111) BGHZ 72, 23 = NJW 1978, 1975 = BauR 1978, 488; *Palandt/Heinrichs*, § 204 BGB, Rdn. 22.

## Streitverkündung

*Zerhusen*, Der „Dritte" im baurechtlichen Schiedsverfahren, Festschrift für Thode (2005), 355; *Kaiser*, Das Ende der Streitverkündung gegenüber dem gerichtlichen Sachverständigen, NJW 2007, 123.

Problematisch, aber für die Vorbereitung des Bauprozesses sehr wichtig, ist die Frage, in welcher Weise **Dritte** von dem Antragsteller und/oder Antragsgegner in das Verfahren **einbezogen** werden können.[112] Dies gilt vor allem bei mehreren Gesamtschuldnern und für den häufigen Fall des Dreiecksverhältnisses **Bauherr – Generalunternehmer** (Bauträger) – **Nachunternehmer**. In allen Fällen ist auf ein kostengünstiges Agieren zu achten.[113]

* Beantragt der Auftraggeber/Bauherr wegen Baumängel ein selbstständiges Beweisverfahren gegen seinen Vertragspartner, den Generalunternehmer, ist dieser wiederum daran interessiert, seinerseits seinen Nachunternehmer wegen **Rückgriffsansprüche** an dem Beweisverfahren zu beteiligen, um die rechtlichen Wirkungen nicht nur in seinem Verhältnis zum Bauherrn, sondern auch zu seinem bauausführenden Vertragspartner (Nachunternehmer) eintreten zu lassen.
* Kommen mehrere **Gesamtschuldner** (z. B. Architekt, Statiker oder mehrere Bauhandwerker) als Schadensverursacher in Betracht, entscheidet sich der Auftraggeber/Bauherr aber nur für einen von ihnen als Gegner des selbstständigen Beweisverfahrens, wird dieser ebenfalls aus den genannten Gründen interessiert sein, die übrigen möglichen Haftpflichtigen in das Verfahren einzubeziehen.

Für die Einbeziehung Dritter in das Verfahren bietet sich vor allem die **Streitverkündung** mit Nebeninterventionswirkung (§§ 72, 74, 68 ZPO) an. Wird ein selbstständiges Beweisverfahren innerhalb eines Hauptsacheprozesses beantragt, ist die Streitverkündung unproblematisch;[114] ob diese aber auch im Rahmen des selbstständigen Beweisverfahrens **außerhalb** eines Hauptprozesses zulässig ist, war schon für das alte Beweissicherungsverfahren heftig **umstritten**.[115] Zu Recht wies Schilken[116] aber schon zutreffend darauf hin, dass auch das (alte) Beweissicherungsverfahren bereits **kontradiktorisch** angelegt war, sodass sich die Streitverkündigung anbot.

Für das selbstständige Beweisverfahren, das ohne Zweifel kontradiktorischen Charakter hat, ist der **Meinungsstreit** durch die Entscheidung des BGH vom 5. Dezember 1996[117] **erledigt:**

---

112) „Dritter" ist nicht der gerichtlich bestellte Sachverständige (§ 72 Abs. 2 ZPO); s. auch BGH, BauR 2006, 1780 = NZBau 2006, 711 = IBR 2006, 654 – *Ulrich*.
113) *Schilling*, BauR 2001, 147 ff.
114) **Anderer Ansicht:** *Kroppen/Heyers/Schmitz*, Rdn. 404 ff.
115) **Für Zulässigkeit:** KG, MDR 1988, 680 = BauR 1989, 241; *Mickel*, BB 1984, 438; *Baden*, BauR 1984, 306; *Wussow*, Beweissicherungsverfahren, S. 96, 97; NJW 1969, 1401, 1407; *Bohl/Döbereiner/v. Keyserlingk*, Rdn. 248. **Gegen** Zulässigkeit: LG Köln, BauR 1980, 97; LG Bremen, MDR 1984, 237.
116) ZZP 92, 238, 240, 241 m. w. Nachw.; *Mickel*, BB 1984, 438, 439.
117) BGHZ 134, 190 = NJW 1997, 859 = BauR 1997, 347 = ZfBR 1997, 148 = MDR 1997, 390 = ZIP 1997, 296 = *SFH*, Nr. 19 zu § 209 BGB; BGH, BauR 1998, 172 = ZfBR 1998, 26. **Für Zulässigkeit ebenso:** OLG Düsseldorf, BauR 2004, 1657 = OLGR 2004, 378; KG, NJW-RR 2000, 513; LG Karlsruhe, BauR 2000, 441 u. MDR 1998, 238; OLG Hamm, OLGR 1997, 62; Thüringer OLG, OLGR 1996, 69; *Knacke*, Jahrbuch Baurecht 2002, 329; *Kunze*, NJW 1996, 102; *Hoeren*, ZZP 95, Bd. 108, 343; *Thomas*, BauR 1992, 299; *Wirth*, BauR 1992, 300; *Vygen*, DS 1992, 268, 270; *Quack*, BauR 1994, 153. **Gegen** Zulässigkeit: OLG Hamm, OLGR 1992, 113, 114 u. OLGR 1993, 204; LG Stuttgart, BauR 1992, 267 m. abl. Anm. *Vygen*; *Cuypers*, NJW 1994, 1985, 1991; (kritisch) *Bohnen*, BB 1995, 2333.

„Die Streitverkündung im selbstständigen Beweisverfahren ist zulässig. Das seit 1991 geltende Recht will Prozesse vermeiden, mindestens aber den Gang des Verfahrens erleichtern und beschleunigen. Insbesondere sollen nicht mehrfache Beweisaufnahmen wegen des gleichen Gegenstandes mit möglicherweise unterschiedlichen Ergebnissen durchgeführt werden. Diese Grundgedanken der neuen gesetzlichen Regelung legen es nahe, die Streitverkündung im selbstständigen Beweisverfahren zuzulassen, obwohl eine ausdrückliche gesetzliche Regelung fehlt.

Die Gegenmeinung stützt sich vor allem darauf, dass das selbstständige Beweisverfahren kein Rechtsstreit im Sinne von § 72 Abs. 1 ZPO sei. Eine Interventionswirkung könne zudem gar nicht eintreten, da sich das selbstständige Beweisverfahren in der bloßen Feststellung von Tatsachen durch Beweisaufnahme erschöpfe. Das steht einer analogen Anwendung der Vorschriften über die Streitverkündung indessen nicht entgegen. Zweck der Streitverkündung ist es, einem Dritten die Einflussnahme auf einen zwischen anderen Parteien anhängigen Prozess durch Unterstützung einer Partei zu ermöglichen, wenn sich die Entscheidung des Verfahrens auf seine Rechtsstellung auswirken kann. Die Regelungen der §§ 66 ff. ZPO gewährleisten zunächst das rechtliche Gehör, dienen aber auch wie die Neuregelungen der §§ 485 ff. ZPO der Vermeidung widersprüchlicher Prozessergebnisse und der Verringerung der Zahl der Prozesse. Außerdem kann die Beteiligung des Dritten die Aufklärung des Sachverhalts wesentlich fördern. Diese Gesichtspunkte sind für das selbstständige Beweisverfahren genauso von Bedeutung wie für den Hauptprozess. Dass § 72 Abs. 1 ZPO von einem Rechtsstreit spricht, steht der entsprechenden Anwendung der Vorschrift auf das selbstständige Beweisverfahren nicht entgegen. Abgesehen davon, dass das selbstständige Beweisverfahren in der Regel ein kontradiktorisches Verfahren zwischen Antragsteller und Antragsgegner ist, entspricht die analoge Anwendung der Vorschriften über die Streitverkündung auch dem Willen des Gesetzgebers. Im Bericht des Rechtsausschusses des Deutschen Bundestages zum Entwurf des Rechtspflege-Vereinfachungsgesetzes [BT-Drucks. 11/8283, IV zu Art. I, zu Nr. 31 a – neu = S. 48] ist ausgeführt, der Ausschuss habe die Ergänzung der Vorschriften über das selbstständige Beweisverfahren mit Rücksicht auf die wünschenswerte Möglichkeit der Streitverkündung nicht für erforderlich gehalten, weil zu erwarten sei, dass die Rechtsprechung in diesen Fällen die §§ 66 ff. ZPO entsprechend anwende."

**49** Mit dieser Entscheidung des BGH ist die **Rechtsunsicherheit beendet** und das selbstständige Beweisverfahren im Ergebnis auch für den **Hauptsacheprozess** deutlich aufgewertet worden; denn nunmehr können, wenn sorgfältig gearbeitet wird, bereits in einem **einzigen** selbstständigen Beweisverfahren z. B. die von dem Auftraggeber geltend gemachten Mängel unter Einbeziehung aller denkbaren (Mit-)Verursacher festgestellt und damit letztlich bereits die **Haftungsquoten** der Beteiligten abschließend ermittelt werden. **Verjährungsprobleme** werden sich darüber hinaus in Zukunft weniger stellen.

**50** Nach der herrschenden Auffassung ist deshalb auch eine Streitverkündungsschrift – ohne Prüfung ihrer Zulässigkeit – dem Streitverkündeten zuzustellen.[118] Nach Zustellung der Streitverkündungsschrift ist über die Zulässigkeit erst im Hauptsacheprozess zu befinden; dies gilt auch für den Streitverkündungsempfänger.[119] Verweigert das Gericht die Zustellung der Streitverkündungsschrift, ist dies mit der (sofortigen) Beschwerde anfechtbar.[120]

---

[118] OLG München, NJW 1993, 2756, 2757; OLG Hamm, OLGR 1994, 71; OLG Celle, OLGR 1994, 44; *Parmentier*, BauR 2001, 888; unzutreffend: *Schulz*, BauR 2001, 327 ff. § 204 Abs. 1 Nr. 7 BGB n. F. setzt die Zustellung der Streitverkündung voraus.

[119] OLG Hamburg, OLGR 1998, 130.

[120] Vgl. auch OLG Frankfurt, BauR 2001, 677 gegen LG Frankfurt, BauR 2001, 677.

**51** Die Zulassung der **Streitverkündung** im selbstständigen Beweisverfahren bewirkt, dass diese nicht nur nach § 204 Abs. 1 Nr. 6 BGB die **Verjährung hemmt,**[121] sondern dem Streitverkündeten gemäß §§ 68, 493 Abs. 1 ZPO das Ergebnis der Beweiserhebung in einem nachfolgenden (Regress-)Prozess entgegengehalten werden kann.[122] Der Streitverkündete kann u. U. in dem späteren Hauptprozess wegen Rückgriffsansprüchen nicht mehr mit seiner Ansicht gehört werden, die Parteien des selbstständigen Beweisverfahrens hätten die Beweiserhebung unzureichend durchgeführt (vgl. dazu auch Rdn. 561 ff.).[123]

**52** Stellt das Gericht dem **Dritten** eine Streitverkündungsschrift zu, so ist es diesem **unbenommen,** dem selbstständigen Beweisverfahren auf Seiten des Antragstellers **oder** Antragsgegners beizutreten; dies kann auch – nach anfänglichem Zuwarten – im Verlauf des selbstständigen Beweisverfahrens (etwa nach Eingang des Gutachtens) erst geschehen.[124] Ein Beitritt des Streitverkündeten ist aber immer nur bis zur **Verfahrensbeendigung** möglich.[125]

Der Streithelfer einer Partei kann die Beistandschaft aufgeben und der Gegenpartei als Streithelfer beitreten; hierzu bedarf er nicht der Einwilligung der bisher unterstützten Partei. Er muss jedoch seinen ursprünglichen Beitritt zurücknehmen, was konkludent durch einen neuen Beitritt geschieht.[126]

In der Praxis erfolgen mit dem Beitritt in der Regel **ergänzende Beweisantritte** durch den Streitgehilfen. Geschieht der Beitritt auf Seiten des Antragsgegners, so handelt es sich rechtlich um einen **Gegenantrag** des Streithelfers (vgl. Rdn. 94).[127] Das Thüringer Oberlandesgericht[128] hält es für „zweifelhaft", ob der Streithelfer einen solchen Gegenantrag stellen darf, weil er „im Hauptsacheverfahren jedenfalls mangels Parteistellung keine Widerklage erheben" könne. Dem ist nicht zu folgen, wenn sich der Streithelfer analog §§ 68, 74 ZPO **an den Rahmen des ursprünglichen Beweisthemas hält** und dies noch in einem ausreichenden zeitlichen Zusammenhang geschieht, die weitere Beweiserhebung also nicht unangemessen verzögert oder behindert wird.[129] Zu beachten ist, dass der (beitretende) Streitverkündete **keinen**

---

121) Zur früheren **Unterbrechung:** BGHZ 134, 190 = NJW 1997, 859 = BauR 1997, 347 = ZfBR 1997, 148; BGH, BauR 1998, 172 = ZfBR 1998, 26; OLG München, NJW-RR 1998, 576; OLG Hamm, OLGR 1997, 62, 64.
122) BGH, ZfBR 1998, 26 = BauR 1998, 172; OLG Köln, NJW 1993, 2757 = OLGR 1993, 78 = BauR 1993, 249; *Knacke*, Jahrbuch Baurecht 2002, 329, 334 ff.; *Thomas*, BauR 1992, 299, 300; *Weise*, Rdn. 335.
123) Zu den Grenzen einer Einbeziehung: KG, KGR 1999, 396, 397.
124) Allerdings soll eine nachträgliche **Einbeziehung** weiterer Antragsgegner **unzulässig** sein, wenn das Beweisverfahren bereits **mehrere Jahre** andauert und durch eine Zulassung eine erhebliche weitere **Verzögerung** eintreten würde (OLG Celle, BauR 2005, 1670 = OLGR 2005, 496, 497).
125) OLG Düsseldorf, BauR 2001, 675.
126) Zum (unzulässigen) **Wechsel** des Streithelfers im Berufungsverfahren s. OLG Köln, BauR 2000, 774.
127) Zur Zulässigkeit eines Gegenantrages durch den **Antragsgegner** siehe Rdn. 94; zur **Kostenverteilung** bei **Rücknahme** von Beweissicherungsantrag und Gegenantrag des Streithelfers: Thüringer OLG, OLGR 1996, 69.
128) OLGR 1996, 69, 70.
129) Im Ergebnis ebenso: OLG Düsseldorf, OLGR 1996, 244, 245.

Einfluss mehr auf das selbstständige Beweisverfahren **nehmen** kann, wenn dieses bereits **beendet** ist; ein Antrag auf Ergänzung des Gutachtens oder Anhörung des Sachverständigen scheidet dann aus.[130)]

Tritt der Streitverkündete auf Seiten des Antragstellers bei, sind seine ergänzenden Beweisantritte als eigener Beweisermittlungsantrag zu werten, der folglich den allgemeinen Regeln des selbstständigen Beweisverfahrens (§ 485 ff. ZPO) unterliegt. Zu beachten ist, dass sich der Beitritt auch ohne eine ausdrückliche Erklärung über den Beitrittsumfang stets nur auf die vermeintlichen **Rückgriffsansprüche** bezieht, denen sich der Streithelfer nach dem Inhalt der Streitverkündungsschrift und dem ihr zugrundeliegenden Prozessstoff – im Falle des Unterliegens des Streitverkünders – ausgesetzt sieht.[131)] Der **Dritte** (Streitverkündungsempfänger/Streitgehilfe) kann **seinerseits** wegen möglicher Ersatzansprüche – z. B. gegen **seinen Nachunternehmer** – eine weitere **Streitverkündung** veranlassen; „Praktikabilitätsüberlegungen" stehen dem nicht entgegen.[132)]

**53** **Anwaltliche Vorsicht** ist geboten, wenn die Streitverkündung im selbstständigen Beweisverfahren (auch) aus verjährungshemmenden Gesichtspunkten erfolgt (vgl. Rdn. 99). Zum einen wird bei einem **VOB-Vertrag** zu bedenken sein, dass die Rechtsfolge des § 13 Nr. 5 Satz 2 VOB/B[133)] zwar auch im Rahmen einer Streitverkündung im selbstständigen Beweisverfahren erreicht werden kann, dazu reicht aber die bloße Mitteilung der von dem Antragsteller gerügten Mängel durch Übersendung der Antragsschrift und die Aufforderung, dem selbstständigen Beweisverfahren aufgrund der erfolgten Streitverkündung beizutreten, nicht aus. Vielmehr ist mit der Streitverkündung **zugleich das schriftliche Mängelbeseitigungsverlangen** im Sinne des § 13 Nr. 5 Abs. 1 VOB/B **zu verbinden,** um die Regelfrist des § 13 Nr. 4 VOB/B zu verlängern.[134)]

### b) Die Bezeichnung der Tatsachen

*Literatur*

*Siegburg,* Zum Beweisthema des Beweisbeschlusses beim Sachverständigenbeweis über Baumängel, BauR 2001, 875; *Moufang/Kupjetz,* Der Ausforschungsbeweis im selbstständigen Beweisverfahren bei vermuteten Mängeln, NZBau 2003, 646.

**54** Der Antrag muss die Bezeichnung der Tatsachen[135)] enthalten, über die eine Beweiserhebung erfolgen soll. Dieser Antragsvoraussetzung kommt in Bausachen besonderes Gewicht zu.

---

130) Zutreffend: OLG Karlsruhe, BauR 1998, 589 = MDR 1998, 238; OLG Köln, BauR 1998, 591; s. ferner: OLG Hamm, OLGR 1999, 401, 402.
131) OLG Düsseldorf, OLGR 1997, 35 (LS).
132) Zutreffend: LG Karlsruhe, BauR 2000, 441; a. A.: LG Berlin, BauR 1996, 435.
133) Zur Bedeutung der Vorschrift s. grundlegend: *Weyer,* Jahrbuch Baurecht 2007, 177, 195 ff. m. Nachw.
134) Zutreffend: OLG Hamm, OLGR 1997, 62, 63; *Ingenstau/Korbion/Joussen,* Anhang 4, Rdn. 41.
135) Zum Begriff der „Tatsache" siehe *Weise,* Rdn. 119 ff.; *Kleine-Möller/Merl,* § 16, Rdn. 84 ff.

## Beweistatsachen

Grundsätzlich genügt die **Angabe der Beweistatsachen in groben Zügen;**[136] es ist für den Antragsteller nicht zumutbar, sich zur Substantiierung der Mängel erst eines Fachmannes bedienen zu müssen. Der notwendige Tatsachenvortrag kann sich auch aus dem Zusammenhang des Antrages und seiner Begründung ergeben.[137] Es wird im Interesse des Antragstellers selbst liegen, die zu beweisenden Tatsachen so **genau wie möglich** zu bezeichnen. Nur dann ist auch eine intensive Beweisaufnahme und insbesondere eine umfassende Begutachtung durch einen Sachverständigen gewährleistet. Soweit es um die Feststellung von Baumängeln geht, sollten daher im Antrag neben der Lage des Bauwerks die **Baumängel** zumindest **ihrem äußeren Erscheinungsbild** („Symptome") nach oder der festzustellende Zustand des Bauvorhabens genauestens angegeben werden;[138] dazu gehört auch die Bezeichnung des Bauwerkteils, an dem die Mängel festgestellt werden sollen.[139] Die (vermutete) **Ursache** des Baumangels braucht dagegen **nicht vorgetragen** zu werden.[140]

Ferner sollte aufgeführt werden, worin der Antragsteller den Mangel sieht. Dies ist insbesondere sinnvoll, damit das Gericht bei der Beauftragung eines Sachverständigen erkennen kann, zu welchem Fachbereich die Überprüfung der Baumängel gehört. Viele Bauhandwerksbereiche überschneiden sich oder sind schwer abgrenzbar. Aus einer Mängelbeschreibung wird jedoch für den Richter erkennbar, welcher Sachverständigenkreis in Betracht kommt. Ein ordnungsgemäßer Antrag soll zudem enthalten, dass nicht nur der Mangel als solcher festgestellt werden soll, sondern auch Art und Umfang desselben. **55**

Die **reine Ausforschung** ist dagegen unzulässig.[141] Um eine **typische Ausforschung** handelt es sich beispielsweise, wenn keine konkreten Tatsachen vorgetragen werden, sondern lediglich Fragen an einen Gutachter in der Hoffnung gestellt werden sollen, dadurch **anspruchsbegründende Tatsachen zu erfahren**. Beweisanträge, die ausschließlich dem Zweck dienen, das (äußere) Erscheinungsbild eines Baumangels und damit die notwendigen anspruchsbegründenden Tatsachen ausfindig zu machen, stellen unzulässige Ausforschung dar, wie zum Beispiel: **56**
* Weist die Außenfassade erhebliche Mängel auf?

---

136) Ebenso: KG, BauR 1992, 407 = NJW-RR 1992, 575 = MDR 1992, 410; OLG München, *SFH*, Nr. 4 zu § 487 ZPO mit zust. Anm. *Hochstein;* OLG Köln (12. ZS), *SFH*, Nr. 13 zu § 640 BGB; OLG Köln (22. ZS), BauR 1988, 241; OLG Düsseldorf, MDR 1981, 324 = JurBüro 1981, 616; *Hesse*, BauR 1984, 23, 28; *Wussow*, NJW 1969, 1401, 1407; *Ulrich*, BauR 2007, 1634, 1635; zu weitgehend allerdings OLG Hamburg, MDR 1978, 845, wonach ein Antrag, der lediglich „schwere Mängel" einer Architektenleistung rügt, zulässig sein soll. Differenzierend: *Kroppen/Heyers/Schmitz*, Rdn. 549 ff.; *Heyers*, BauR 1986, 268, 270 ff.; *Kleine-Möller/Merl*, § 16, Rdn. 94 ff.
137) OLG Köln, BauR 2002, 1120 = OLGR 2002, 264; OLG Celle, BauR 1994, 800; OLG Karlsruhe, BauR 1983, 188 = *SFH*, Nr. 1 zu § 490 ZPO; LG Heilbronn, BauR 1980, 93; deshalb zu eng: *P. Schmitz*, BauR 1980, 95.
138) Ebenso: Brandenburgisches OLG, BauR 2004, 698, 699 m. Anm. *Welte*.
139) LG Köln, BauR 1992, 118; *Moufang/Kupjetz*, NZBau 2003, 646, 647.
140) Siehe BGH, ZfBR 1998, 25 = BauR 1997, 1065; BGH, BauR 1997, 1029; BGH, ZfBR 1992, 206 = BauR 1992, 503.
141) Vgl. KG, NJW-RR 1999, 1369 = KGR 1999, 72; OLG Köln, BauR 2002, 1120 u. OLGR 2000, 264, 265; HansOLG Hamburg, OLGR 1999, 144; OLG Düsseldorf, JurBüro 1992, 426 u. MDR 1981, 324; *Siegburg*, BauR 2001, 875, 884; *Weise*, Rdn. 134 ff.; *Kroppen/Heyers/Schmitz*, Rdn. 576 ff.; *MünchKommZPO-Schreiber*, § 487 ZPO, Rdn. 2.

* Sind die Arbeiten entgegen den Regeln der Technik ausgeführt, und hat dies zu Mängeln geführt?
* Ist der Bau abweichend von der Planung ausgeführt worden, und hat dies zu schwerwiegenden Mängeln geführt?

In diesen Fällen wird nicht ein bestimmter Mangel im Rahmen eines konkreten Tatsachenvortrages behauptet oder ein festzustellender Zustand bezeichnet, sondern durch den Beweisermittlungsantrag sollen erst die Grundlagen für einen beweiserheblichen Tatsachenvortrag gewonnen werden.

Dasselbe gilt für eine Beweisfrage wie: „Sind die vom Antragsgegner am Hause des Antragstellers ... ausgeführten Arbeiten entsprechend dem Angebot des Antraggegners durchgeführt worden?" Demgegenüber hält das OLG Frankfurt[142] die Frage, ob es sich bei den festgestellten Mängeln um einen **Planungs-** oder **Überwachungsfehler** handelt, für zulässig, da es sich um eine technische Wertung handele.

**57** Stellt der Antragsteller nach einem substantiierten Mängelvortrag am Schluss seines Antrages die Frage: „Welche Mängel weist das Bauvorhaben im Übrigen auf?", so ist auch dieser Antragsteil unzulässig, weil die zu untersuchenden Tatsachen oder Zustände nicht angegeben sind und der Antrag daher ebenfalls nur auf eine Ausforschung abzielt.[143]

### c) Die Bezeichnung der Beweismittel

**58** Zu einem ordnungsgemäßen Antrag gehört jeweils die genaue Bezeichnung des **Beweismittels** (§ 487 Nr. 3 ZPO). Als Beweismittel kommen die Einnahme des Augenscheins, (ausnahmsweise) die Vernehmung von Zeugen[144] sowie die Einholung eines Sachverständigengutachtens in Betracht, nicht dagegen die Parteivernehmung und der Urkundenbeweis.

### aa) Die Auswahl des Sachverständigen

**59** Nach altem Recht hatte der Antragsteller auch den Sachverständigen zu „bezeichnen"; § 487 Nr. 3 ZPO erwähnt die Person des Sachverständigen aber nicht mehr. Ein **Auswahlrecht** steht dem Antragsteller deshalb auch nicht mehr zu; denn nach dem Willen des Gesetzgebers soll „die Auswahl des Sachverständigen dem **Gericht** vorbehalten sein".[145] **Auswahl** und **Ernennung** erfolgen nur noch durch das Gericht,

---

142) BauR 2000, 1370; **a. A.:** LG Gera, BauR 1996, 752.
143) AG Köln, unveröffentlichter Beschluss vom 16.2.1981 – Az. 117 H 37/80; ebenso: LG Köln, BauR 1992, 118.
144) Im Rahmen des § 485 Abs. 1 2. Alt. ZPO muss sich die Glaubhaftmachung auch auf die Tatsachen für die Verlust- bzw. Erschwerungsgefahr (§ 485 Abs. 1) erstrecken; es bedarf deshalb in diesen Fällen der Darlegung der Besorgnis, warum die **Zeugenaussagen** demnächst nicht mehr eingeholt werden können. Gründe hierfür sind sehr hohes Alter oder längerer Auslandsaufenthalt (OLG Nürnberg, NJW-RR 1998, 575; *Fink*, Rdn. 82, 83).
145) Vgl. Begr. RegE, BT-Drucksache 11/3621, S. 24. Ebenso: LG Schwerin, BauR 2001, 849 (LS); OLG Celle, BauR 1996, 144, 145 u. OLGR 1994, 288; OLG Düsseldorf, OLGZ 1994, 95; OLG Köln, BauR 1992, 408 = *SFH*, Nr. 6 zu § 406 ZPO; OLG Frankfurt, OLGR 1992, 51; *Schreiber*, NJW 1991, 2600, 2602; *Weyer*, BauR 1992, 313, 319; *Booz*, BauR 1989, 30, 37; *Enaux*, Jahrbuch Baurecht 1999, 162, 177.

es sei denn, die Parteien **einigen** sich auf einen bestimmten Sachverständigen.[146] Die in der Praxis auch weiterhin festzustellende Übung, den Sachverständigen in der Antragsschrift zu „benennen", kann nur **als Anregung** aufgefasst werden. Wird ein Gericht den von dem Antragsteller „benannten" Sachverständigen einfach bestellen, ist abzusehen, dass die Zahl der Ablehnungsversuche gegenüber Gericht und bestelltem Sachverständigen steigen wird. Das Gericht sollte daher einen vom Gesuchsteller vorgeschlagenen Sachverständigen nur dann berufen, wenn der Antragsteller ausdrücklich zustimmt. Bestellt das Gericht einen anderen als den vom Antragsteller benannten Sachverständigen zum Gerichtsgutachter, ist dieser Beschluss **unanfechtbar**.[147]

### bb) Die Ablehnung des Sachverständigen

*Literatur*

*Heinrich*, Die Ablehnung des Sachverständigen wegen Befangenheit im Beweisverfahren; BrBp 2004, 268; *Böckermann*, Pflichten der Partei bei Verdacht der Befangenheit eines Sachverständigen, BauRB 2005, 177.

Für das (alte) Beweissicherungsverfahren wurde ganz überwiegend die Ansicht vertreten, dass der Sachverständige im Beweis(sicherungs)verfahren wegen Besorgnis der Befangenheit **abgelehnt** werden konnte.[148] Zum Teil wurde allerdings das Ablehnungsrecht insoweit **eingeschränkt**, als es nur gelten sollte, wenn eine Vereitelung des Zwecks der Beweissicherung nicht zu befürchten war oder es sich um einen offenkundig ungeeigneten Sachverständigen handelte.[149]

**60**

Für das selbstständige Beweisverfahren ist der Meinungsstreit erledigt; es ist heute unbestritten,[150] dass der Gesetzgeber bei der **Neufassung** des Beweissicherungsverfahrens ersichtlich **von der Zulässigkeit der Ablehnung des Sachverständigen in diesem Verfahren ausgegangen** ist.

Eine Ablehnung des Sachverständigen kommt in Betracht, wenn ein **Grund** vorliegt, der geeignet ist, **Misstrauen** gegen seine Unparteilichkeit zu rechtfertigen (§§ 406 Abs. 1, 42 Abs. 2 ZPO), so etwa, wenn er sich in seinem Gutachten gegenüber einer Partei zu einer „sprachlichen Entgleisung" hinreißen lässt[151] oder wenn er in gleicher Sache für eine Partei bereits als Privatgutachter entgeltlich tätig

**61**

---

146) Brandenburgisches OLG, OLGR 1995, 34.
147) OLG München, MDR 1992, 520; OLG Frankfurt, NJW-RR 1993, 1341.
148) OLG Bamberg, BauR 1991, 656; OLG Karlsruhe, NJW-RR 1989, 1465; NJW 1958, 188 = *Schäfer/Finnern*, Z 8.01 Bl. 8; KG, BauR 1985, 722; OLG Düsseldorf, NJW-RR 1986, 63 = BauR 1985, 725 = *SFH*, Nr. 4 zu § 406 ZPO; OLG München, BauR 1985, 241; OLG Frankfurt, BB 1987, 26; LG Bonn, BauR 1988, 632; OLG Köln, OLGZ 1972, 474; *Fricke*, BauR 1977, 231, 232/233; *Schneider*, MDR 1975, 353; *Motzke*, BauR 1983, 500; *Schulze*, NJW 1984, 1019; *Müller*, NJW 1982, 1961.
149) Vgl. vor allem OLG Frankfurt, BauR 1978, 416; LG Köln, MDR 1977, 57; *Bohl/Döbereiner/v. Keyserlingk*, Rdn. 247; *Th. Schmitz*, BauR 1981, 40, 43; ähnlich OLG Köln, OLGZ 1972, 474 (bei Offenkundigkeit des Ablehnungsgrundes).
150) BGH, BauR 2006, 1500, 1501; OLG Frankfurt, BauR 2001, 991 u. OLGR 1999, 11; KG, BauR 1998, 364; OLG Düsseldorf, NJW-RR 1997, 1428; OLG München, BauR 1993, 636; OLG Köln, BauR 1992, 408; *Heinrich*, BrBp 2004, 268 ff.; *Booz*, BauR 1989, 30, 38; *Weise*, Rdn. 438.
151) OLG Hamm, BauR 2006, 1934.

war,[152)] er bei seinen Ermittlungen (Ortstermin) nur eine Partei zugezogen[153)] oder wenn er ohne Verständigung der anderen Partei bei einer Partei Bauteile besichtigt hat (vgl. im Einzelnen Rdn. 2648 ff.)[154)] **Kennt** eine Partei den Ablehnungsgrund und erklärt sie, sie habe (gleichwohl) keine Einwände gegen die Beauftragung des Sachverständigen, so liegt in der Regel ein **Verzicht** auf eine Ablehnung vor.[155)] Eine Ablehnung wegen der Besorgnis der Vergangenheit scheidet auch aus, wenn sich die Parteien auf einen Sachverständigen geeinigt haben (§ 404 Abs. 4 ZPO); sie verzichten damit jedenfalls auf die bis zur Einigung bekannten Ablehnungsgründe.[156)]

**62** Für die Rechtzeitigkeit des Ablehnungsgesuchs kommt es immer auf den Zeitpunkt des **Bekanntwerdens** des Ablehnungsgrundes an; allerdings sind die Verfahrensbeteiligten nicht gehalten, **konkrete Nachforschungen** über die Person des Sachverständigen anzustellen.[157)] Dies mag anders sein, wenn sie einen **begründeten Verdacht** hegen, der Gutachter könne aus einem bestimmten Grund „befangen" sein. Werden demgegenüber einem Verfahrensbeteiligten **Ablehnungsgründe bekannt**, hat er sie sogleich in dem selbstständigen Beweisverfahren **vorzutragen**; andernfalls wird er sein **Rügerecht verlieren.**[158)] Es reicht also nicht aus, dass der Antragsgegner die Ablehnungsgründe im selbstständigen Beweisverfahren lediglich „bekannt gibt". Er hat die Bekanntgabe vielmehr mit einem **Ablehnungsantrag** zu verbinden. Der Antragsteller hat nämlich nicht nur ein berechtigtes Interesse daran, frühzeitig zu erfahren, welche Ablehnungsgründe vorhanden sind, sondern auch, ob der Antrags-

---

152) OLG Frankfurt, BauR 2006, 147 = IBR 2005, 435 – *Parbs-Neumann* u. BauR 2001, 991, 992; OLG Düsseldorf, BauR 1998, 365; OLG Oldenburg, OLGR 1996, 273; OLG Celle, BauR 1996, 144; vgl. auch OLG Celle, ZMR 1996, 211 (Ausführung eines umfangreichen Bauauftrags für die Gegenpartei); OLG Celle, NJWRR 1996, 1086 (Architektenleistungen); OLG Hamm, BauR 1989, 366 (für den Fall der **Beratung** des Bauherrn bei der Ausgestaltung der Ausschreibungsunterlagen); LG Bonn, BauR 1988, 632 (für Schiedsgutachten); bedenklich: OLG Düsseldorf, OLGR 1996, 53 (LS) – kein Ablehnungsgrund, wenn der Sachverständige ein Bauvorhaben des Prozessbevollmächtigten „mit seiner Sachkunde begleitend betreut". Kein Ablehnungsgrund, wenn der Sachverständige die Sanierungsmaßnahmen überprüft (OLG Düsseldorf, BauR 2001, 835); keine Ablehnung bei einem Verstoß gegen die Pflicht aus § 407 a Abs. 2 ZPO (OLG Jena, OLGR 2006, 190 = BauR 2006, 1177 m. kritischer Anm. *Luz*).
153) OLG Saarbrücken, IBR 2007, 586 – *Bleutge*; OLG München, AnwBl. 1999, 356; KG, KGR 1996, 191; OLG Hamburg, MDR 1969, 489; OLG Frankfurt, FamRZ 1986, 1021; BGH, NJW 1975, 1363; OLG Koblenz, MDR 1978, 148 (einseitige Materialbeschaffung); LG Mainz, BauR 1991, 510 mit Anm. *Wirth* u. OLG Frankfurt, OLGR 1992, 51 (einseitige Informationsbeschaffung); LG Darmstadt, BauR 1997, 703 (LS).
154) BGH, *Schäfer/Finnern*, Z 8.1 Bl. 26; LG Konstanz, BauR 1995, 887 (Ortstermin ohne Hinzuziehung der Parteien).
155) OLG Köln, VersR 1993, 1502 (für Privatgutachter).
156) BGH, BauR 2006, 1500, 1501 = NZBau 2006, 648 m. Nachw.
157) OLG Frankfurt, IBR 2003, 3 – *Hickl*.
158) OLG Düsseldorf, OLGR 1995, 203, 204; KG, OLGR 2005, 880 (Ablehnungsgrund ergibt sich aus dem Gutachten); siehe für das **Beweissicherungsverfahren:** OLG München (9. ZS), NJW 1984, 1048; BauR 1985, 241 (24. ZS); OLG Düsseldorf, BauR 1985, 725; 1982, 306, 307 = MDR 1982, 313; OLG Köln, OLGR Köln 1992, 247 u. MDR 1983, 412; *Kamphausen*, BauR 1984, 31; *Schulze*, NJW 1984, 1019, 1020; *Schneider*, JurBüro 1979, 491; **a. A.:** OLG München (25. ZS), BauR 1982, 299, 301 m. Anm. *Kamphausen* = ZSW 1982, 19 m. Anm. *Müller*, S. 21.

gegner rechtliche Konsequenzen hieraus ziehen will. Über das Ablehnungsgesuch ist dann im selbstständigen Beweisverfahren zu entscheiden.

Nach § 406 Abs. 2 ZPO ist der Ablehnungsantrag bei dem Gericht oder Richter, von dem der Sachverständige ernannt worden ist, „**vor** seiner Vernehmung", **spätestens** jedoch „binnen zwei Wochen nach Verkündung oder Zustellung des Beschlusses über die Ernennung" zu stellen.[159)] Zu einem späteren Zeitpunkt soll die Ablehnung nur noch zulässig sein, wenn der Antragsteller glaubhaft macht, dass er ohne sein Verschulden verhindert war, den Ablehnungsgrund früher geltend zu machen.[160)] 63

Daraus ergibt sich für die Praxis: Ablehnungsgründe sind so **frühzeitig wie möglich glaubhaft** zu machen. 64

Erfährt der Antragsgegner Ablehnungsgründe **vor** der Beauftragung des Gutachters oder vor der Erstattung des Gutachtens, muss er sofort handeln. Er darf nicht etwa aus taktischen Gründen zuwarten, ob das Gutachten vielleicht günstig für ihn ausfällt, um davon seine Entscheidung abhängig zu machen.[161)]

Werden die Ablehnungsgründe erst **nach der Erstattung des Gutachtens,** aber noch **vor der Beendigung** des selbstständigen Beweisverfahrens bekannt, muss der Antragsgegner sie auch **vor dem Abschluss** des Verfahrens anbringen;[162)] denn hält der Antragsteller die Ablehnungsgründe für stichhaltig, wird er noch ein weiteres Gutachten durch einen anderen Sachverständigen verlangen, was ihm sonst aus tatsächlichen Gründen versagt oder nur noch erschwert möglich wäre, z. B., wenn er im Vertrauen auf die bedenkenfreie Verwertbarkeit des Gutachtens bereits Nachbesserungsarbeiten hat vornehmen lassen.[163)] 65

Das bedeutet, dass Gründe für die Ablehnung eines Sachverständigen, die sich aus dessen schriftlichen Gutachten ergeben sollen, ohne schuldhaftes Zögern, d. h. innerhalb einer den Umständen des Einzelfalls angepassten **Prüfungs- und Überlegungsfrist,** anzubringen sind.[164)] Die Rechtsprechung bemisst diesen Zeitraum auf gut **einen Monat**.[165)] Es ist auch nicht möglich, diese Frist dadurch zu unterlaufen, indem beantragt wird, die Stellungnahmefrist zum Gutachten zu verlängern; denn Ablehnungsgründe sind nach zutreffender Ansicht unabhängig von der Prozesslage und dem Erfolg anderer Anträge geltend zu machen.[166)]

Im **Hauptprozess** ist für einen Ablehnungsantrag deshalb in der Regel nur dann noch Raum, wenn der Antragsteller erst **nach** der **Beendigung** des selbstständigen Beweisverfahrens (vgl. Rdn. 110 ff.) von dem Ablehnungsgrund Kenntnis erlangt 66

---

159) Siehe hierzu OLG München, BauR 2004, 534; OLG Karlsruhe, IBR 2002, 292 – *Schill.*
160) Vgl. hierzu OLG Koblenz, NJW-RR 1992, 1471.
161) OLG München, NJW 1984, 1048.
162) OLG Koblenz, NJW-RR 1999, 72, 73; OLG Köln, MDR 1983, 412.
163) Ebenso: *Hesse,* ZfBR 1983, 247, 252; siehe ferner: OLG München, BauR 1993, 636, 637; OLG Bamberg, BauR 1991, 656 ff.
164) OLG München, OLGR 2000, 211 = IBR 2000, 572 – *Taphorn;* Thüringer OLG, OLGR 2000, 113, 114; BayObLG, MDR 1995, 412, 413; LG München I, MDR 1998, 1434, 1435.
165) OLG Düsseldorf, BauR 1998, 366 = NJW-RR 1998, 933; OLG Koblenz, NJW-RR 1999, 72, 73; OLG Schleswig, SchlHA 1997, 91; OLG Nürnberg, IBR 2000, 47 – *Taphorn;* OLG München, OLGR 2000, 211 (**sieben** Wochen zu **spät**).
166) OLG München, BauR 2004, 534, 535; Thüringer OLG, OLGR 2000, 113, 115; OLG Koblenz, NJW-RR 1999, 72, 73; OLG Nürnberg, MDR 1970, 150; **a. A.:** OLG Düsseldorf, OLGR 2001, 469, 470.

hat oder die Gründe der Ablehnung überhaupt erst später entstanden sind.[167] Weiterhin sind alle diejenigen Ablehnungsgründe im Hauptprozess zu bescheiden, an deren rechtzeitiger Geltendmachung der Ablehnungsberechtigte ohne sein Verschulden verhindert war (§ 406 Abs. 2 Satz 2 ZPO).[168] Dem steht es gleich, wenn über das Ablehnungsgesuch in dem selbstständigen Beweisverfahren noch nicht entschieden wurde, der **Hauptprozess** jedoch **zwischenzeitlich anhängig gemacht** ist. Das besondere Rechtsschutzinteresse des Ablehnungsberechtigten an der Entscheidung im Hauptprozess ergibt sich insoweit aus dem Anspruch auf rechtliches Gehör sowie der präkludierenden Wirkung einer Beweiserhebung im selbstständigen Beweisverfahren (§§ 493 Abs. 1, 412 ZPO). Zu beachten ist, dass das Ablehnungsgesuch in der **Klage** bzw. **Klageerwiderung** angebracht werden muss.[169] Ist ein Ablehnungsgesuch im selbstständigen Beweisverfahren als unbegründet zurückgewiesen worden, ist diese Entscheidung für das Prozessgericht bindend.[170]

67 Ist in dem selbstständigen Beweisverfahren deshalb über ein Ablehnungsgesuch entschieden worden, kann in dem Hauptsacheprozess bei **Identität** der Parteien ein weiteres Ablehnungsgesuch nur auf **neue** Tatsachen gestützt werden, für die die Sperre des § 406 Abs. 2 ZPO nicht gilt.[171] Dem **Streithelfer** steht kein weitergehendes Recht zu.[172] Im Übrigen besteht aber die Möglichkeit, den (erfolgreich abgelehnten) Sachverständigen in dem Hauptprozess als **sachverständigen Zeugen** zu benennen.[173]

#### d) Die Glaubhaftmachung

*Literatur*

*Breyer*, Eine heute „weit verbreitete Sitte"? Zum notwendigen Inhalt einer eidesstattlichen Versicherung im Rahmen des selbstständigen Beweisverfahrens, BauR 1999, 320.

68 Nach § 487 Nr. 4 ZPO sind die Tatsachen, die die Zulässigkeit des selbstständigen Beweisverfahrens und die Zuständigkeit des Gerichts begründen sollen, **glaubhaft** zu machen, insbesondere also die Zustimmung des Gegners, das rechtliche Interesse, die Anhängigkeit der Hauptsache im Falle des § 485 Abs. 1 ZPO, die örtliche und sachliche Zuständigkeit des Gerichts sowie die dringende Gefahr im Falle des § 486 Abs. 3 ZPO.

Zur Glaubhaftmachung kann sich der Antragsteller **aller Beweismittel,** vor allem der Versicherung an Eides Statt bedienen (§ 294 ZPO); sie müssen jedoch von ihm bis zum Zeitpunkt der Entscheidung beigebracht werden.[174]

69 Ob die zu beweisenden Tatsachen für den späteren Rechtsstreit von Bedeutung sind oder nicht, ist unerheblich. Ein Vortrag über die Erheblichkeit einer Beweistat-

---

167) *Schulze*, NJW 1984, 1019, 1020; *Müller*, NJW 1982, 1966; vgl. auch OLG Bamberg, BauR 1991, 656; OLG Karlsruhe, OLGZ 1983, 326; OLG Nürnberg, NJW 1989, 235; *Jagenburg*, NJW 1989, 2859, 2868.
168) BGH, BauR 2006, 1500 = NZBau 2006, 648 (für das Ablehnungsrecht eines **Streithelfers**).
169) OLG München, ZIP 1983, 1515 (für Klageerwiderung).
170) OLG Frankfurt, MDR 1991, 1422.
171) OLG Frankfurt, MDR 1985, 853 u. NJW-RR 1990, 768.
172) BGH, BauR 2006, 1500; OLG Koblenz, MDR 1990, 161 m. Nachw.
173) OLG Celle, BauR 1996, 144, 145.
174) *Kroppen/Heyers/Schmitz*, Rdn. 205; *Kleine-Möller/Merl*, § 16, Rdn. 113.

sache erübrigt sich also. Über diese Frage und die Frage der Verwertbarkeit des Sachverständigengutachtens zu entscheiden bleibt dem Gericht der Hauptsache vorbehalten. Reicht dem **Gericht** der Tatsachenvortrag für eine Glaubhaftmachung nicht aus, so muss es den Antragsteller nach **§ 139 ZPO** darauf **hinweisen,** bevor es den Antrag nach § 485 ZPO zurückweist.[175]

### e) Muster

Soweit es um die Beweissicherung von **Baumängeln** geht, empfiehlt es sich, im Antrag nach der Bezeichnung des Mangels alle weiteren zu überprüfenden Komplexe in eine **Frageform** zu fassen, um dem Richter und dem Sachverständigen die Bearbeitung zu erleichtern, aber auch, um gleichzeitig sicherzustellen, dass die Beweisermittlung mit der gewünschten Zielrichtung erfolgt.

Der umfassende Beweisantrag nach § 485 Abs. 2 ZPO kann wie folgt aussehen, wobei unterstellt wird, dass im Keller eines Hauses **Feuchtigkeitserscheinungen** festgestellt worden sind und das Verfahren sowohl gegen den Planer wie auch gegen den entsprechenden Handwerker eingeleitet wird:

Antrag auf Einleitung eines
selbstständigen Beweisverfahrens
des Herrn A
– Antragstellers –
Verfahrensbevollmächtigter: Rechtsanwalt ...
gegen
1. die Firma B
2. den Architekten C
– Antragsgegner –

Namens und im Auftrage unserer Mandantschaft beantragen wir, zur Sicherung des Beweises gem. § 485 Abs. 2 ZPO anzuordnen, dass Beweis über die **Feuchtigkeitsmängel** im Keller des Gebäudes Lindenallee ..., 50676 Köln, durch Einholung eines schriftlichen Sachverständigengutachtens erhoben werden soll.

Die Beweiserhebung soll sich vor allem auf folgende Fragen erstrecken:
1. Welcher Art sind die Feuchtigkeitseinwirkungen? Welchen Umfang haben sie?
2. Worauf sind die Feuchtigkeitsschäden zurückzuführen?
   Liegt ein Verstoß gegen die anerkannten Regeln der Baukunst vor? Inwiefern?
3. Handelt es sich um einen planerischen oder einen handwerklichen Fehler?
   Gegebenenfalls: Welcher handwerkliche Mangel liegt vor?
4. Welche Maßnahmen sind erforderlich, um die Mängel zu beheben?
   Wieviel Zeit werden die erforderlichen Sanierungsmaßnahmen in Anspruch nehmen?
   Ist während deren Durchführung eine Nutzung der Räumlichkeiten möglich?
5. Welche Kosten sind für eine fachgerechte Mängelbeseitigung erforderlich?
6. Welche Kosten fallen bei einer für erforderlich gehaltenen Räumung an?
7. Verbleibt nach vollständiger Beseitigung der Mängel ein Minderwert?
   Gegebenenfalls: Welcher Minderwert ist anzusetzen, sofern die Mängel nicht mit einem wirtschaftlich vertretbaren Aufwand beseitigt werden können?

---

175) Zutreffend: *Zöller/Herget*, § 487 ZPO, Rdn. 6.

Wir regen an,

Herrn Architekten Walter Schmitz, öffentlich bestellter und vereidigter Sachverständiger, Hohenzollernring, 50676 Köln, als Sachverständigen zu beauftragen.

Begründung

1. Der Antragsgegner zu 1 errichtet für den Antragsteller auftragsgemäß den Rohbau des o. g. Gebäudes. Der Antragsgegner zu 2 war der planende und bauaufsichtsführende Architekt des Antragstellers.
Nach Bezug des Gebäudes zeigen sich wiederholt erhebliche Feuchtigkeitsschäden im Keller des Gebäudes. Der Antragsgegner zu 1 hat die Beseitigung der Feuchtigkeitsmängel bisher abgelehnt. Der Antragsgegner zu 2 verneint seine Verantwortlichkeit ebenfalls. Der Baumangel wird jedoch sowohl im Verantwortungsbereich des Antragsgegners zu 1 als ausführende Firma wie auch in dem des Antragsgegners zu 2 wegen Planungs- und Bauaufsichtsfehlern liegen, sodass das selbstständige Beweisverfahren gegen beide Antragsgegner eingeleitet werden muss. Ein Rechtsstreit ist nicht anhängig.

2. Um das Gebäude vor weiteren Feuchtigkeitsschäden zu bewahren, müssen unverzüglich Mängelbeseitigungsmaßnahmen durchgeführt werden. Der Antragsteller beabsichtigt deshalb auch, in Kürze mit der Schadensbeseitigung zu beginnen. Es steht zu befürchten, dass das Haus während der Sanierungsphase nicht bewohnt werden kann, vielmehr sogar erhebliche Teile geräumt werden müssen (Keller). Trotz der bisher ablehnenden Haltung der Antragsgegner steht zu erwarten, dass sie sich den gutachterlichen Feststellungen eines kompetenten Sachverständigen nicht verschließen werden. Das Beweissicherungsgutachten wird daher in hohem Maße geeignet sein, zu einer einvernehmlichen Lösung der Meinungsverschiedenheiten beizutragen.

Zur Glaubhaftmachung des Grundes, der die vorerwähnte Besorgnis rechtfertigt, überreichen wir:

1. Bauvertrag mit dem Antragsgegner zu 1 vom Tage X
2. Architektenvertrag mit dem Antragsgegner zu 2 vom Tage X
3. Eidesstattliche Versicherung des Antragstellers vom Tage X

Das Landgericht Köln ist gemäß § 486 Abs. 2 ZPO als Gericht der Hauptsache zuständig.

Rechtsanwalt

## 5. Die Zuständigkeit

*Literatur*

*Schütze*, Einstweiliger Rechtsschutz im Schiedsverfahren, BB 1998, 1650; *Zanner*, Selbstständiges Beweisverfahren trotz Schiedsgutachterabrede?, BauR 1998, 1154; *Maier/Falk*, Selbstständiges Beweisverfahren und Gerichtsstandswahl, BauR 2000, 1123; *Fischer*, Selbstständiges Beweisverfahren – Zuständigkeits- und Verweisungsfragen, MDR 2001, 608; *Bietz*, Baustreitigkeiten vor dem Schiedsgericht, NZBau 2003, 177.

**71**  Die Zuständigkeit für ein selbstständiges Beweisverfahren richtet sich nach § 486 ZPO.[176] Ist ein Rechtsstreit **schon anhängig**,[177] ist das Gesuch nach § 485 Abs. 1 ZPO bei dem Prozessgericht zu stellen. Gleichzeitige Einreichung von Klage und Antrag auf Einleitung eines selbstständigen Beweisverfahrens reicht aus; eine Hauptsache ist „anhängig", wenn mit einem Prozesskostenhilfegesuch zugleich die Klage bei Gericht eingereicht wird.[178] Die Einleitung eines Arrest- oder einstweiligen Ver-

---

[176] Maßgebender Zeitpunkt ist der des **Antragseingangs** bei Gericht; OLG München, BauR 1993, 502; *Jagenburg*, NJW 1995, 1710, 1713.
[177] Rechtshängigkeit ist also nicht erforderlich; OLG Braunschweig, NdsRpfl. 1983, 141.
[178] *Weise*, Rdn. 43 m. Nachw. in Anm. 2.

## Zuständigkeit

fügungsverfahrens genügt demgegenüber nicht.[179] Eine Gerichtsstandsvereinbarung i. S. von § 38 ZPO ist unwirksam, sofern sie nur isoliert für ein selbstständiges Beweisverfahren getroffen worden ist.[180] Schwebt der Prozess vor dem Landgericht oder dem Oberlandesgericht, kann auch der **Einzelrichter,** der mit der Bausache befasst ist, über das Gesuch entscheiden (§§ 348a, 526, 527 ZPO).[181] In der **Revisionsinstanz** ist das Berufungsgericht für einen selbstständigen Beweisantrag zuständig.[182]

Besteht zwischen den Parteien eine **Schiedsgerichts-** oder **Schiedsgutachterabrede,** ist zweifelhaft, ob das selbstständige Beweisverfahren in der Zuständigkeit der ordentlichen Gerichte verbleibt. Nach § 1033 ZPO schließt eine **Schiedsvereinbarung** nicht aus, dass ein **Gericht vor** oder **nach** Beginn des schiedsrichterlichen Verfahrens auf Antrag einer Partei eine vorläufige oder sichernde Maßnahme in Bezug auf den Streitgegenstand des schiedsrichterlichen Verfahrens anordnet. Als **„sichernde Maßnahme"** ist das selbstständige Beweisverfahren anzusehen.[183] Durch die **Neuregelung** in § 1041 Abs. 1 ZPO kann aber auch ein **Schiedsgericht** auf Antrag einer Partei „sichernde Maßnahmen" anordnen, womit ebenfalls das selbstständige Beweisverfahren gemeint ist. Es besteht, wenn nichts anderes ausdrücklich vereinbart worden ist, für die Parteien somit ein **Wahlrecht,** ob sie das Schiedsgericht oder das staatliche Gericht anrufen wollen.[184] Solange sich ein **Schiedsgericht** nicht konstituiert, bleibt daher in jedem Fall die Anrufung des staatlichen Gerichts zur Durchführung des selbstständigen Beweisverfahrens zulässig.[185]

Haben die Parteien die Einholung eines **Schiedsgutachtens** vereinbart, das die Feststellung von Tatsachen umfasst, die auch den Gegenstand eines selbstständigen Beweisverfahrens bilden können, ist die Durchführung eines selbstständigen Beweisverfahrens **unzulässig.**[186] Hierfür spricht vor allem, dass dem Schiedsgutachtenverfahren nunmehr eine die Verjährung hemmende Wirkung zukommt (§ 204 Nr. 8 BGB). Liegt eine **Schlichtungsvereinbarung** vor, bestehen vor Einleitung dieses Verfahrens keine durchgreifenden Bedenken gegen ein selbstständiges Beweisverfahren.[187]

---

179) OLG Frankfurt, NJW 1985, 811; *Kleine-Möller/Merl,* § 16, Rdn. 120; *Weise,* Rdn. 43.
180) Thüringer OLG, OLGR 2000, 59.
181) SchlHOLG, OLGR 2003, 351.
182) *Schilken,* ZZP 92, 238, 251; *Zöller/Herget,* § 486 ZPO, Rdn. 3.
183) *Zöller/Geimer,* § 1033 ZPO, Rdn. 3; BLAH, § 1033, Rdn. 4; *Ingenstau/Korbion/Joussen,* Anhang 4, Rdn. 45; *Bietz,* NZBau 2003, 177, 181.
184) *Bietz,* NZBau 2003, 177, 181.
185) OLG Koblenz, BauR 1999, 1055 = OLGR 1999, 163 = MDR 1999, 502; OLG Frankfurt, BauR 1993, 504; *Zöller/Herget,* § 486 ZPO, Rdn. 3; *Ulrich,* Rdn. 30; *Sturmberg,* Rdn. 110.
186) Zutreffend: OLG Düsseldorf, BauR 1998, 1111; *Zanner,* BauR 1998, 1154, 1159; *Weise,* Rdn. 249; *Ingenstau/Korbion/Joussen,* Anhang 4, Rdn. 44; a. A.: OLG Koblenz, BauR 1999, 1055; OLG München, IBR 1999, 289; LG Hanau, MDR 1991, 989; *Fink,* Rdn. 198 ff.; *Altschwager,* BauR 1991, 157, 161, 162. Differenzierend: Brandenburgisches OLG, NZBau 2003, 383 = NJW-RR 2002, 1537 = BauR 2002, 1737 = OLGR 2002, 467 (selbstständiges Beweisverfahren möglich, wenn die Parteien über die Wirksamkeit oder den Umfang der Schiedsgutachterabrede streiten). Siehe im Übrigen Rdn. **522, 523.**
187) OLG Köln, BauR 2002, 1120, 1121 = OLGR 2002, 264; *Stein/Jonas/Leipold,* § 486 ZPO, Rdn. 38; *Ingenstau/Korbion/Joussen,* Anhang 4, Rdn. 46; a. A.: LG Bielefeld, BauR 2005, 910/1221 (LS) = IBR 2005, 355 – *Wiesel.*

Wird eine Hauptsache durch **Klagerücknahme** erledigt, bleibt die Zuständigkeit des Hauptsachegerichts für das selbstständige Beweisverfahren bestehen.[188]

**72** Ist ein Rechtsstreit noch **nicht** anhängig, ist das Gericht zuständig, das nach der **Behauptung** des Antragstellers **für die Entscheidung in der Hauptsache zuständig wäre** (§ 486 Abs. 2 Satz 1 ZPO);[189] in dem nachfolgenden Rechtsstreit könnte sich der Antragsteller als Beklagter deshalb auch nicht mehr auf die Unzuständigkeit des von ihm benannten Gerichts berufen (§ 486 Abs. 2 Satz 2 ZPO).[190] Standen **mehrere** Gerichtsstände zur Verfügung, ist der Antragsteller deshalb auch an seine **Wahl gebunden**.[191] Dies muss das vom Antragsteller angerufene Amts- oder Landgericht beachten; es darf deshalb den Beweisermittlungsantrag nicht ohne weiteres (auf Antrag) an ein anderes Gericht verweisen (§ 281 ZPO). Eine **Bindungswirkung** analog § 281 Abs. 2 Satz 5 ZPO tritt **nicht** ein, sodass eine Korrektur der Verweisung durch § 36 Nr. 6 ZPO analog durch das übergeordnete Gericht erfolgen kann.[192]

Die Vorschrift des § 486 Abs. 2 ZPO dient dazu, die Unmittelbarkeit der Beweisaufnahme (§ 355 ZPO) zu gewährleisten;[193] sie führt in der Praxis (wegen des Streitwerts der Hauptsache) zu einer deutlichen Verlagerung der selbstständigen Beweisverfahren vom Amtsgericht auf das Landgericht.[194] Richtet sich der Beweissicherungsantrag gegen **mehrere** Personen, für die ein **gemeinschaftlicher** besonderer Gerichtsstand **nicht begründet** ist, so kann das zuständige Gericht (für einen möglichen Hauptsacheprozess) entsprechend § 36 Nr. 3 ZPO auf Antrag bestimmt werden;[195] zu beachten ist, dass in der Regel jedoch der besondere Gerichtsstand des **Erfüllungsortes** (§ 29 ZPO) zur Verfügung steht (vgl. Rdn. 418). Dann scheidet die Bestimmung des zuständigen Gerichts nach § 36 Nr. 3 ZPO analog aus.[196] Bei der Zuständigkeitsbestimmung nach § 36 Abs. 1 Nr. 3 ZPO ist die Zulässigkeit des Beweissicherungsantrages nach § 485 ZPO selbst nicht zu prüfen.[197]

**73** **In Fällen dringender Gefahr** kann ein Beweissicherungsgesuch nach § 485 Abs. 1 Nr. 2 ZPO – wie bisher – bei dem **Amtsgericht** eingereicht werden, in dessen Bezirk das Bauwerk liegt. Das Bestehen einer **dringenden Gefahr** („Eilzuständigkeit") wird allerdings in der Baupraxis kaum glaubhaft zu machen sein. Die Besorgnis eines Beweismittelverlustes allein reicht jedenfalls nicht; vielmehr ist zu verlangen, dass die sofortige Beweisermittlung (durch das Amtsgericht) notwendig ist, weil sie von dem an sich zuständigen Gericht nicht mehr rechtzeitig durchgeführt werden kann.

---

188) *Zöller/Herget*, a.a.O., die jedoch zutreffend darauf hinweisen, dass das **Rechtsschutzinteresse** im Einzelfall **entfallen** kann; siehe ferner *Weise*, Rdn. 51.
189) *Thomas/Putzo/Reichold*, § 486 ZPO, Rdn. 5.
190) Vgl. OLG Celle, NJW-RR 2000, 1737; LG Köln, BauR 2000, 143, 144.
191) OLG Zweibrücken, BauR 1997, 885.
192) OLG Zweibrücken, a.a.O.; s. ferner: OLG Dresden, BauR 2004, 1338 (bei „willkürlicher" Verweisung); *Zöller/Herget*, § 486 ZPO, Rdn. 4.
193) *Schreiber*, NJW 1991, 2600, 2602.
194) So zutreffend: *Hansens*, NJW 1991, 953.
195) Vgl. KG, BauR 2000, 1092; BayObLG, NJW-RR 1999, 1010 = BauR 1999, 1332 (LS) u. NJW-RR 1998, 814; OLG Celle, OLGR 2001, 97.
196) Vgl. OLG Nürnberg, OLGR 2007, 147, 148; OLG Frankfurt, MDR 1993, 683 = OLGR 1993, 225; s. auch BayObLG, NJW-RR 1998, 814. Wählt der Antragsteller einen möglichen Gerichtsstand aus (§ 35 ZPO), ist er hieran gebunden (OLG Schleswig, OLGR 2007, 158, 159).
197) BayObLG, NJW-RR 1999, 1010.

Zu beachten ist, dass sich die Eilzuständigkeit des Amtsgerichts zukünftig nicht mehr wie bisher, nach dem Aufenthaltsort des Sachverständigen richten kann, weil die Auswahl des Sachverständigen (vgl. Rdn. 59) nicht mehr dem Antragsteller obliegt.[198]

Im Übrigen ist zu beachten: Aus dem Gesetz kann nicht entnommen werden, ob und wann gegebenenfalls ein selbstständiges Beweisverfahren der Beteiligten auf ein später angerufenes Prozessgericht übergeht; die umstrittene Frage hat der BGH durch Beschluss vom 22. Juli 2004[199] entschieden: Maßgebend ist der **Zeitpunkt** der Beiziehung der Akten zu Beweiszwecken durch das Prozessgericht; dann „geht die Zuständigkeit jedenfalls im Umfang der vom Gericht der Hauptsache für erforderlich gehaltenen Beweisaufnahme auf dieses über" (BGH).

**74** Mit dem Beweisermittlungsantrag wird der **Hauptanspruch** selbst **nicht rechtshängig**; entsprechend § 261 Abs. 3 Nr. 1 ZPO kann er auch nicht mehr anderweitig anhängig gemacht werden.[200]

**75** Da ein deutsches Gericht im **Ausland** nur mit Genehmigung der deutschen und der ausländischen Regierung tätig werden darf, ist zweifelhaft, ob ein Sachverständiger im Rahmen eines deutschen Beweissicherungsverfahrens auch ohne eine solche Genehmigung mit der Erstattung eines Sachverständigengutachtens, das ein Tätigwerden des Sachverständigen im Ausland voraussetzt, beauftragt werden darf. Wussow[201] bejaht dies.

## 6. Die Beweisaufnahme

### a) Der Beschluss

*Literatur*

Siegburg, Zum Beweisthema des Beweisbeschlusses beim Sachverständigenbeweis über Baumängel, BauR 2001, 875; *Moll*, Formulierung bauakustischer Sachverhalte in Beweisbeschlüssen, BauR 2005, 470.

**76** Geht ein Antrag auf Beweissicherung bei Gericht ein, ist wegen der grundsätzlichen Eilbedürftigkeit eine **schnelle Entscheidung** des Gerichts erforderlich. Das Gericht kann nach § 490 Abs. 1 ZPO ohne mündliche Verhandlung über den Antrag entscheiden. Das geschieht in aller Regel. Die Entscheidung des Gerichts erfolgt durch **Beschluss.** Es steht im Ermessen des Gerichts, ob es **vor** Erlass des Beschlusses dem Antragsgegner **rechtliches Gehör** gewährt. Dies ist in der Praxis im Allgemeinen wegen der Eilbedürftigkeit nicht üblich. Durch die **nachträgliche** Gewährung des rechtlichen Gehörs sind die Interessen des Antragsgegners ausreichend gewahrt,[202] da er dann noch genügend Möglichkeiten hat, Einfluss auf das Verfahren zu nehmen (vgl. Rdn. 92 ff.).

---

198) *Schreiber*, NJW 1991, 2600, 2602.
199) ZfBR 2005, 52 = BauRB 2004, 364 = BauR 2004, 1656 = NZBau 2004, 550; s. ferner SchlHOLG, BauRB 2005, 17 (das selbstständige Beweisverfahren wird unzulässig, wenn der Antragsteller vor seiner Beendigung Klage zur Hauptsache erhebt).
200) BGHZ 17, 117.
201) Festschrift für Korbion, S. 493 ff.
202) OLG Karlsruhe, BauR 1983, 188 = MDR 1982, 1026. Zum Erfordernis des rechtlichen Gehörs bei Bestimmung des zuständigen Gerichts analog § 36 Nr. 6 ZPO: OLG München, NJW-RR 1986, 1189.

Das Gesuch ist abzulehnen, wenn es an einer Zuständigkeitsvoraussetzung fehlt oder der Beweisantrag unzulässig ist.

**77** Der stattgebende Beschluss stellt inhaltlich einen **Beweisbeschluss** dar;[203] in ihm sind **entsprechend dem Antrag** (§ 308 ZPO) alle Tatsachen, über die Beweis erhoben werden soll, und die Beweismittel unter Benennung der Zeugen und Sachverständigen zu bezeichnen (§ 490 Abs. 2 Satz 1 ZPO).[204] Ferner muss der Beschluss die Bestimmung eines etwaigen Termins enthalten; er ist beiden Parteien mitzuteilen. Im Falle einer Terminbestimmung muss er förmlich zugestellt werden.[205]

**78** Bei Feuchtigkeitsschäden durch möglicherweise mangelhafte Klinkersteine kann der Beschluss gem. § 485 Abs. 2 ZPO z. B. wie folgt aussehen:

Muster

Landgericht Köln

BESCHLUSS

In dem selbstständigen Beweisverfahren

der Eheleute Margot und Heinrich Möller, Lindenallee ..., 50676 Köln

– Antragsteller –

*Verfahrensbevollmächtigter:* Rechtsanwalt ...

gegen

die Bauunternehmung Paul Richter, Heinestr. 7, 50676 Köln

– Antragsgegnerin –

wird zur Sicherung des Beweises gem. § 485 ff. ZPO angeordnet:

I. Es soll Beweis erhoben werden über folgende Fragen:
  1. Sind die bereits verarbeiteten bzw. auf dem Bau liegenden Klinkersteine mangelhaft? Weisen die Steine Risse auf? Sind die Stirn- bzw. die Läuferseiten mangelhaft?
  2. Besteht aufgrund der Mangelhaftigkeit der Klinkersteine (insbesondere Risse) die Gefahr, dass Feuchtigkeitsschäden später auftreten?
  3. Müssen die bereits verarbeiteten Klinker aufgrund ihrer Mangelhaftigkeit und aufgrund ihrer Beschädigungen wieder entfernt und durch einwandfreie Klinker ersetzt werden?
  4. Gegebenenfalls: Welche Kosten sind mit einer Auswechslung der mangelhaften Klinker verbunden?
  durch ein schriftliches Gutachten des Sachverständigen
  Herrn Walter Schmitz, Hohenzollernring 38, 50676 Köln.
  Der Sachverständige wird durch ein besonderes Schreiben beauftragt.
II. Dem Sachverständigen wird aufgegeben:
  a) sich die Kenntnis der für die Erstattung des Gutachtens erforderlichen Tatsachen durch Augenschein zu verschaffen,
  b) die Parteien – Antragsteller und Antragsgegner, ggf. ihre Prozessbevollmächtigten – zu dem von ihm festgesetzten Termin zur Augenscheinseinnahme (Ortsbesichtigung) rechtzeitig und nachweisbar unter Einschreiben gegen Rückschein einzuladen.
III. Die Parteien können innerhalb von 4 Wochen nach Erstattung des Gutachtens einen gerichtlichen Termin beantragen, zu dem der Sachverständige zur Erläuterung seines Gutachtens geladen wird. Die dem Sachverständigen vorzulegenden Fragen müssen gleichzeitig mit dem Terminsantrag schriftlich dem Gericht mitgeteilt werden.

---

203) BLAH, § 490 ZPO, Rdn. 2; *Thomas/Putzo/Reichold*, § 490 ZPO, Rdn. 2.
204) Siehe hierzu: *Siegburg*, BauR 2001, 875, 883 ff.
205) BGH, NJW 1970, 1919.

**Beweisaufnahme** Rdn. 79–82

IV. Der Auftrag zur Erstattung des Gutachtens wird dem Sachverständigen nur erteilt, wenn der Antragsteller vorher einen Auslagenvorschuss in Höhe von ... M bei der Gerichtskasse ... einzahlt.

..., den ...
Landgericht Köln

Der Beschluss, der einem Beweissicherungsantrag **stattgibt**, ist nach § 490 Abs. 2 Satz 2 ZPO **unanfechtbar**, selbst dann, wenn das Gesuch unzulässig war[206] (vgl. Rdn. 95 ff.); wird ein (bereits vorliegender) Beschluss auf Antrag **erweitert** und/oder **ergänzt** (z. B. Einholung eines Ergänzungsgutachtens), ist dies nicht anfechtbar.[207] Dies gilt auch, wenn der Antrag (des Antragsgegners), den Beschluss ganz oder teilweise **aufzuheben,** zurückgewiesen wird.[208] **79**

Geht der Beschluss über den Antrag des Gesuchstellers hinaus (§ 308 ZPO), ist der Beschluss **anfechtbar** und muss auch insoweit aufgehoben werden.[209] Ein Beschluss ist zu begründen, wenn er vom gestellten Antrag abweicht oder das Gesuch insgesamt abgelehnt wird.[210] **80**

Der Beweisbeschluss ist nur unter den Voraussetzungen des § 360 ZPO abänderbar.[211] Er kann aufgehoben werden, wenn das Gericht später die Beweiserhebung doch noch für unzulässig hält, allerdings nur, wenn die Beweise noch nicht erhoben sind.[212] Gegen eine **Aufhebung** ist die (sofortige) Beschwerde gegeben (siehe im Übrigen Rdn. 95 ff.). **81**

Die Beweisaufnahme selbst wird vom Gericht in der Regel erst nach Einzahlung eines kostendeckenden **Auslagenvorschusses** (§ 17 Abs. 1 Satz 1 GKG) angeordnet. Der Auslagenvorschuss, der vom Gericht anzufordern ist, muss ausreichen, um die volle Entschädigung von Zeugen bzw. Sachverständigen zu gewährleisten. Reicht der angeforderte und gezahlte Vorschuss nicht aus, ist eine Nachforderung zulässig, aber auch erforderlich. Die im selbstständigen Beweisverfahren entstehenden Gerichtsgebühren (vgl. Rdn. 141) brauchen dagegen nicht vorschussweise eingezahlt zu werden. Wird dem Antragsteller für das selbstständige Beweisverfahren **Prozesskostenhilfe** bewilligt (vgl. Rdn. 140), so ist er von der Zahlung eines Vorschusses für die Entschädigung von Zeugen und Sachverständigen einstweilen befreit. Hat es eine Partei in dem selbstständigen Beweisverfahren versäumt, den ihr auferlegten Auslagenvorschuss für ein **Ergänzungsgutachten** einzuzahlen, dessen Einholung wegen der von ihr erhobenen Einwände angeordnet war, kann sie im Hauptverfahren nach § 296 Abs. 2 ZPO mit diesem Vorbringen wegen **Verspätung** ausgeschlossen sein.[213] **82**

---

206) KG, BauR 2007, 149, 150 (nur Gegenvorstellung zulässig).
207) *Weise*, Rdn. 279. Dies gilt auch für eine **Vorschussanforderung** nach § 379 Satz 2 ZPO: OLG Hamm, BauR 2007, 1452.
208) § 490 Abs. 2 Satz 2 ZPO darf nämlich nicht „unterlaufen" werden; BLAH, § 490 ZPO, Rdn. 3 m. Nachw.
209) Vgl. OLG Frankfurt, NJW-RR 1990, 1023.
210) *Zöller/Herget*, § 490 ZPO, Rdn. 2; LG Frankfurt, JR 1966, 182.
211) *Zöller/Herget*, § 490 ZPO, Rdn. 4; **a. A.:** BLAH, § 490 ZPO, Rdn. 2 (jederzeit abänderbar) sowie *Koeble*, S. 110.
212) *Wieczorek*, § 490 ZPO, A I; *Kroppen/Heyers/Schmitz*, Rdn. 238.
213) LG Berlin, BauR 2007, 920, 921.

## b) Die Durchführung der Beweisaufnahme

*Literatur*

*Hök*, Zum Anspruch auf Beweissicherung auf fremdem Grund und Boden insbesondere in Baustreitigkeiten, BauR 1999, 221; *Soergel*, Die Grenzen gerichtlicher Weisungsbefugnis dem Sachverständigen gegenüber, Festschrift für Karlmann Geiß (2000), 179; *Wita*, Ordnungsgemäße Ladung im selbstständigen Beweisverfahren – Wer ist Gegner im Sinne des § 493 Abs. 2 ZPO?, MDR 2000, 1363; *Schikora*, Einsichtnahme in die Handakten von Sachverständigen durch Gericht und Parteien, MDR 2002, 1033; *E. Schneider*, Die Zumutbarkeit der Urkundenvorlage durch Dritte, MDR 2004, 1; *Böckermann*, Die Öffnung von Bauteilen im Beweisverfahren, BauRB 2005, 373; *Dageförde/ Fastabend*, Sachverständige und Eingriffe in die Bausubstanz, BauR 2006, 1202; *Kamphausen*, Zur mündlichen Gutachtenerläuterung in Bausachen, BauR 2007, 807.

**83** Für die Durchführung der Beweisaufnahme gelten keine besonderen Vorschriften. Die Beweisaufnahme erfolgt gemäß § 492 ZPO nach den für die Aufnahme des betreffenden Beweismittels geltenden zivilprozessualen Vorschriften der §§ 355 ff. ZPO.[214]

Der Antragsgegner ist grundsätzlich bei der Anberaumung eines Termins zur Beweisaufnahme so **rechtzeitig** (unter Zustellung des Beschlusses und einer Abschrift des Gesuchs) zu **laden,** dass er in diesem Termin seine Rechte wahrnehmen kann, § 491 Abs. 1 ZPO; dies gilt insbesondere für eine **Ortsbesichtigung** durch den Bausachverständigen.[215] Geschieht dies nicht, steht das einer Beweisaufnahme nicht entgegen, kann aber für den Antragsteller zu nachteiligen Folgen führen (vgl. Rdn. 119).

**84** In Bausachen ist es regelmäßig sinnvoll, den Sachverständigen nicht nur mündlich anzuhören, sondern ihm Gelegenheit zu geben, die Beantwortung der Beweisfragen **schriftlich** in einem Gutachten **vorzunehmen;** nur auf diesem Weg ist in Bausachen gewährleistet, dass die Begutachtung mit der notwendigen Genauigkeit erfolgt. Deshalb sollte bei einem Beweisantrag nach **§ 485 Abs. 1 ZPO** stets auf eine **schriftliche** Begutachtung gedrungen werden; nach § 485 Abs. 2 ZPO ist nur noch die Einholung eines schriftlichen Sachverständigengutachtens möglich.

**85** Hat der Sachverständige in seinem schriftlichen Gutachten Beweisfragen nur lückenhaft oder unklar beantwortet, haben Antragsteller und Antragsgegner das Recht, die **mündliche Vernehmung** des Sachverständigen durch das Gericht **zu beantragen** (vgl. Rdn. 112). Von dieser Möglichkeit wurde in der Baupraxis bisher allerdings nur selten Gebrauch gemacht. In Baumängelsachen empfiehlt sich jedoch oftmals eine Rückfrage bei dem Sachverständigen, um für das Hauptverfahren ein in jeder Hinsicht **abschließendes Gutachten** zu erlangen. Ergänzungsfragen können selbstverständlich auch schriftlich gestellt werden. Beantragt eine Partei zur Klärung offener Fragen eine mündliche Vernehmung, **verstirbt** der Sachverständige jedoch vor seiner Befragung, muss ein **neues** Gutachten eingeholt werden.[216]

**Gegenstand** der mündlichen Vernehmung des Sachverständigen können nur **seine Ausführungen** im Gutachten sein; dagegen kann es nicht Aufgabe des Sachverstän-

---

[214] Die Verwertung eines Parteigutachtens stellt deshalb einen Verstoß gegen den Grundsatz der Unmittelbarkeit der Beweisaufnahme dar (OLG Hamm, OLGR 1993, 127 [LS]).

[215] *E. Schneider*, MDR 1975, 538, 540; LG Düsseldorf, ZSW 1981, 22 (**keine Entschädigung** für den Sachverständigen, wenn er dem Antragsgegner keine Gelegenheit zur Teilnahme an der Ortsbesichtigung gibt).

[216] BGH, MDR 1978, 829 = NJW 1978, 1633.

## Beweisaufnahme

digen und Zweck des selbstständigen Beweisverfahrens sein, dass sich der Sachverständige mit einem **anderen** Gutachten auseinander setzen soll.[217]

In Bausachen ist eine Überprüfung der beanstandeten Mängel in der Regel nur durch das **Betreten des Baugrundstücks** oder durch Eingriffe in den Baukörper (z. B. Aufstemmen von Wänden, Demontage von Installationen, Aufgrabungen pp.) möglich. Es stellt sich deshalb häufig die Frage, ob ein **Antragsgegner** (z. B. der Bauherr und Grundstückseigentümer) gewissen **Duldungspflichten** (Betreten des Grundstücks) oder gar **Mitwirkungspflichten** (Stellung von Material, Herausgabe von Plänen pp.) unterliegt. Wussow[218] hat sich mit diesem Problem eingehend beschäftigt. Seinen Ausführungen kann zugestimmt werden: Es besteht grundsätzlich keine prozessuale Möglichkeit, den Antragsgegner zur Duldung oder Mitwirkung bei der Beweiserhebung zu zwingen.[219] Eine grundlose Verweigerung der Duldung oder Mitwirkung kann aber für den Antragsgegner im Hauptprozess unter dem **Gesichtspunkt der Beweisvereitelung** nachteilige Folgen haben (§ 371 Abs. 3 ZPO; s. auch Rdn. 2618). So kann das Gericht u. U. im **Hauptsacheprozess** den Beweis bereits als geführt ansehen. Dasselbe gilt, wenn der Antragsgegner z. B. dem Gericht und dem Sachverständigen, nicht aber dem Antragsteller das Betreten des Baugrundstücks gestatten will.[220] Zu beachten ist, dass das Betreten einer Wohnung oder eines Hauses durch einen Sachverständigen, der vom Gericht im Rahmen eines zwischen dritten Personen schwebenden Zivilprozesses bestellt worden ist, grundsätzlich nur nach vorheriger Anhörung des Wohnungsinhabers oder Eigentümers angeordnet werden darf.[221]

Von einer **Beweisvereitelung** kann schließlich auch gesprochen werden, wenn der Antragsgegner trotz Kenntnis der Einleitung eines selbstständigen Beweisverfahrens **Mängel** vor einer Begutachtung **beseitigen** lässt.[222]

Der Antragsgegner kann stets verlangen, dass eine Sicherstellung hinsichtlich der bei der Beweiserhebung entstehenden Kosten und Schäden durch den Antragsteller erfolgt; andererseits kann er aber auch **Aufwendungen** (z. B. Aufbau eines Gerüstes), die der Erstellung des Sachverständigengutachtens dienten, zur Kostenausgleichung bringen.[223]

Kann ein Antragsgegner prozessrechtlich nicht zur Mitwirkung gezwungen werden, ist dies nach **materiellem Recht** durchaus möglich. Unabhängig von der jeweiligen Rechtsnatur des Vertrages ist ein Baubeteiligter bei dem Verdacht von Baumängeln vertraglich verpflichtet, die Durchführung einer Beweisaufnahme zu dulden und daran mitzuwirken, sofern ihm dies zumutbar ist. So besteht gem. § 809 BGB in Verbindung mit § 811 Abs. 2 BGB die Möglichkeit, einen Antragsgegner zu zwingen, das Grundstück zum Zwecke der Besichtigung von Baumängeln zur Verfügung zu

---

217) So LG Bonn, BauR 1987, 240.
218) NJW 1969, 1401, 1406; dazu auch *Kroppen/Heyers/Schmitz*, Rdn. 447 ff.; *Hök*, BauR 1999, 221 ff.
219) OLG Karlsruhe, BauR 2002, 1437; OLG Stuttgart, NJW-RR 1986, 1448; OLG Düsseldorf, GRUR 1983, 741, 743; *Kroppen/Heyers/Schmitz*, Rdn. 452, 680 ff.
220) *Wussow*, NJW 1969, 1401, 1407.
221) Vgl. BVerfG, NJW 1987, 2500.
222) Vgl. OLG Düsseldorf, BauR 1980, 289.
223) Vgl. SchlHOLG, SchlHA 1980, 221; KG, JurBüro 1981, 1388.

stellen und zumutbare Eingriffe zuzulassen.[224] Diese Ansprüche müssen ggf. im **Klagewege** erzwungen werden; bei entsprechender Eilbedürftigkeit kann eine **einstweilige Verfügung** angebracht sein[225] (vgl. Rdn. 353).

89 Die vorstehenden Grundsätze gelten entsprechend, wenn der Sachverständige für eine Begutachtung – was häufig der Fall ist – **Unterlagen** (Pläne, Aufmaße usw.) **benötigt,** diese sich aber beim Antragsgegner befinden. Auch hier gab es bisher keine prozessuale Möglichkeit zur Erzwingung der Vorlage durch den Antragsgegner oder durch einen Dritten innerhalb des selbstständigen Beweisverfahrens. Nunmehr sehen die §§ 142, 144 ZPO Vorlagepflichten auch für einen **Dritten** vor.[226] Darüber hinaus lässt sich eine **materielle Anspruchsgrundlage** zur Vorlage durch den Antragsgegner auch aus § 810 BGB oder einer vertraglichen Nebenverpflichtung herleiten.[227]

90 Ist bei der Beweisaufnahme die **Mitwirkung Dritter** notwendig, z. B., weil das Grundstück oder die zu besichtigende Sache sich im Besitz oder Eigentum weder des Antragstellers noch des Antragsgegners befindet, ist die entsprechende Zustimmung dieses Dritten vom Antragsteller einzuholen. Gelingt ihm dies nicht, besteht auch insoweit über § 144 ZPO die Möglichkeit, einem Dritten die Duldung einer **Ortsbesichtigung** durch das Gericht oder durch den Sachverständigen zum Zweck der Begutachtung aufzugeben. Bedenklich ist es jedoch, wenn das KG[228] dem Dritten zugleich aus § 144 ZPO für verpflichtet hält, **Bauteileöffnungen** zu dulden.

91 Sind **Arbeiten** im Rahmen der Begutachtung **durch den Sachverständigen erforderlich** (z. B. Ausgrabungen, Durchbrüche, Aufbau eines Gerüstes, Entnahme von Materialproben[229] usw.), ist es allein Sache des **Antragstellers,** die Durchführung dieser Arbeiten zu gewährleisten. Er hat – falls notwendig – die entsprechenden Arbeiten entweder selbst durchzuführen oder Dritten bzw. dem Antragsgegner in Auftrag zu geben.[230] Der **Sachverständige** wird in aller Regel auch **nicht bereit** sein, insoweit als Auftraggeber aufzutreten und damit auch die Verantwortung (z. B. für Schäden bei Durchführung der Arbeiten) zu übernehmen. Dazu ist er auch nicht ver-

---

224) Vgl. OLG Karlsruhe, BauR 2002, 1437; *Wussow*, Beweissicherungsverfahren, S. 76; einschränkend: OLG Stuttgart, NJW-RR 1986, 1448; s. auch *Hök*, BauR 1999, 221, 224.
225) *Kroppen/Heyers/Schmitz*, Rdn. 686 ff.; AG Köln, Beschluss vom 22.10.1979 – Az.: 113 C 3518/79; *Stein/Jonas*, Vorb. V 2 vor § 371 ZPO; Bedenken äußert *Wussow*, Beweissicherungsverfahren, S. 76, der eine einstweilige Verfügung nur dahin gehend zulassen will, dass der Antragsgegner am Bauwerk so lange nichts verändern darf, bis über den Duldungsanspruch gerichtlich entschieden ist; vgl. auch OLG Stuttgart, a. a. O.
226) Siehe hierzu grundlegend: BGH (III. ZS), BauR 2007, 749, der ausdrücklich betont, dass die Vorlagepflicht vor allem der **Bereitstellung** von **Beweismitteln** dienen kann.
227) *Wussow*, Beweissicherungsverfahren, S. 80.
228) KG, IBR 2006, 63 – *Hunger*.
229) Vgl. z. B. OLG Rostock, BauR 2003, 757 mit Anm. *Kamphausen* (Freilegung des Kelleraußenmauerwerks); OLG Frankfurt, OLGR 2004, 145 = IBR 2004, 442 – *Vogel* (Kernbohrungen im Bereich der Wände); OLG Düsseldorf, BauR 1997, 697 = NJW-RR 1997, 1360 (Parkettboden).
230) Zur **Erstattungsfähigkeit** im Rahmen des Kostenfestsetzungsverfahrens s. SchlHOLG, SchlHA 1980, 221 **(Gerüstkosten);** KG, JurBüro 1981, 1388 (Kosten der **Freilegung eines Kellermauerwerks);** OLG Koblenz, BauR 2002, 828 (Beauftragung eines Klempners durch den Sachverständigen); ferner: *Wussow*, Beweissicherungsverfahren, S. 83, 84.

## Beweisaufnahme

pflichtet,[231] selbst wenn das Gericht eine entsprechende Anordnung auf § 404 a Abs. 1 ZPO stützen sollte.[232] Anordnungen dieser Art sind vielmehr an den **Antragsteller** zu richten. Weigert sich der Antragsgegner (z. B. Bauherr), einen Eingriff zuzulassen, ist dies im Rahmen des Hauptprozesses gemäß § 286 ZPO zu würdigen.[233]

Beauftragt der **Sachverständige** allerdings einen Dritten, so kann er den gezahlten Werklohn hierfür gemäß § 12 Abs. 1 Nr. 1 JVEG als Aufwendungen für Hilfskräfte in Ansatz bringen. Beseitigt eine **Partei** des selbstständigen Beweisverfahrens die Folgen eines gutachterlichen „Eingriffs" im Wege der Ersatzvornahme selbst, sind diese Kosten bei der **Kostenausgleichung** im **Hauptprozess** (§§ 91 ff. ZPO) oder – wenn eine Kostenentscheidung im selbstständigen Beweisverfahren ergeht (vgl. Rdn. 134 ff.) – dort anzumelden.

### c) Die Rechte des Antragsgegners und des Streithelfers

*Literatur*
*Weinkamm*, Die Zulässigkeit des Gegenantrages im Beweissicherungsverfahren, BauR 1984, 29; *Enaux*, Umfang und Grenzen von Gegenanträgen im selbstständigen Beweisverfahren, Festschrift für v. Craushaar (1997), 375; *Lenzen*, Der Anspruchsgegner als Antragsteller des Beweisverfahrens und § 494 a ZPO, BauR 2005, 303.

Gegen die **Zulässigkeit** des selbstständigen Beweisverfahrens können der Antragsgegner und sein Streitgehilfe jederzeit **Einwendungen** erheben. Da die Anhörung vor Erlass des Beweisbeschlusses nicht vorgeschrieben und wegen der Eilbedürftigkeit auch nicht geboten ist, werden sie von dem selbstständigen Beweisverfahren in aller Regel erst mit der Zustellung des Beweisbeschlusses (Streitverkündungsschrift) erfahren. Dann werden sie jedoch z. B. das Fehlen der Voraussetzungen des § 487 ZPO zur Einleitung des Verfahrens, die Zuständigkeit des Gerichts, eine fehlende Glaubhaftmachung oder die angebotenen Beweismittel rügen können. Mögliche und zumutbare Einwendungen sollten immer schon in dem selbstständigen Beweisverfahren vorgetragen werden, um dem Vorwurf zu begegnen, diese zurückgehalten zu haben. Wer mögliche Einwendungen unterlässt, trägt im Hauptprozess die volle Beweislast dafür, dass das im selbstständigen Beweisverfahren erzielte Beweisergebnis unzutreffend ist.[234]

---

231) Wie hier: OLG Hamm, IBR 2007, 160 – *Ulrich*; OLG Frankfurt, OLGR 2004, 145; LG Limburg, BauR 2007, 1779; OLG Rostock, BauR 2003, 757 m. Anm. *Kamphausen;* OLG Frankfurt, OLGR 2004, 145, 147; OLG Bamberg, BauR 2002, 829; OLG Brandenburg, ZfBR 1996, 98, 100 = BauR 1996, 432; *Soergel*, Festschrift für Geiß, S. 179, 184; **a. A.:** OLG Jena, IBR 2007, 159 – *Kamphausen*; OLG Celle, BauR 2005, 1338; OLG Frankfurt, NJW 1998, 2834 = BauR 1998, 1052 mit Anm. *Nittner* = OLGR 1998, 231; s. ferner: *Ulrich*, BauR 2007, 1634, 1638 u. unten Rdn. 2672.
232) Zur Übertragung von Beweiserhebungen auf den Sachverständigen s. OLG München, BauR 2001, 447 = OLGR 2000, 346 (Auswertung eines Videos).
233) Zur Verpflichtung des **Sachverständigen** zur Beseitigung von **Schadensfolgen** siehe: OLG Düsseldorf, BauR 1997, 697 = NJW-RR 1997, 1360; OLG Celle, OLGR 1998, 71 = BauR 1998, 1281 m. abl. Anm. *Kamphausen*, BauR 1999, 436 ff.; OLG Frankfurt, NJW 1998, 2834 = BauR 1998, 1052 mit Anm. *Nittner* sowie Rdn. 2672.
234) Vgl. OLG Düsseldorf, BB 1988, 721 = ZMR 1988, 174 (Anwendung von § 444 ZPO).

**93** Antragsgegner und Streitgehilfe haben darüber hinaus eigene Rechte,[235] sie sind dann aber auch Kostenschuldner.[236] So haben sie das Recht auf Anwesenheit während der Beweisaufnahme. Sie müssen deshalb zu allen Terminen, insbesondere zu einem Ortstermin, ordnungsgemäß geladen werden;[237] sie können dem Sachverständigen in einer mündlichen Verhandlung Fragen stellen. Auf ihren Antrag hin ist Termin zur mündlichen Verhandlung anzuberaumen, um ihnen Gelegenheit zu geben, entsprechende Fragen an den Sachverständigen zu stellen (§ 411 Abs. 3 ZPO).[238] Dem rechtzeitig gestellten Anhörungsantrag muss das Gericht auch dann stattgeben, wenn es die (bisherige) schriftliche Begutachtung aus seiner Sicht für ausreichend und überzeugend hält. Dieser für das Hauptsacheverfahren entwickelte Grundsatz[239] gilt erst recht für das selbstständige Beweisverfahren, weil hier grundsätzlich eine „Beweiswürdigung" unterbleibt.[240] Der Antrag, den Sachverständigen mündlich anzuhören, kann deshalb nur bei offensichtlichem Rechtsmissbrauch oder wegen Verspätung zurückgewiesen werden.[241] Setzt das Gericht den am Verfahren Beteiligten eine Frist gemäß § 411 Abs. 4 Satz 2 ZPO, so ist der Antrag auf Anhörung des Sachverständigen innerhalb dieser Frist zu stellen.[242] Unterbleibt eine Fristsetzung zur Stellungnahme, steht den Beteiligten eine angemessene Zeit zur Prüfung zu. Hierbei kommt es entscheidend auf den Einzelfall an; in der Regel ist eine Frist bis zu 4 Monaten ausreichend, um eine Anhörung vorzubereiten und dementsprechend zu beantragen.[243]

**94** Antragsgegner und Streithelfer können das selbstständige Beweisverfahren darüber hinaus durch eigene Sachanträge ergänzen oder ausweiten.[244] Das Rechts-

---

235) Siehe für den **Streithelfer:** OLG Frankfurt, BauR 2004, 536 u. BauR 1999, 434 **(Beschwerdebefugnis);** OLG Hamburg, MDR 2001, 1012 **(Gegenanträge);** OLG Celle, BauR 2004, 537 u. LG Rottweil, BauR 2003, 135 **(Kostenantrag;** § 494 a ZPO).
236) Siehe OLG Koblenz, NJW-RR 1997, 1024. Zum Umfang der Antragstellerhaftung gemäß § 49 GKG: SchlHOLG, OLGR 2001, 236.
237) Vgl. hierzu: *Wita* (MDR 2000, 1363), der zutreffend annimmt, dass auch der **Prozessbevollmächtigte** jeweils geladen werden muss.
238) BGHZ 6, 398, 401; OLG Köln, BauR 1996, 754; OLG Düsseldorf, NZBau 2000, 385 = NJW 2000, 3364; BauR 1993, 637; OLG Saarbrücken, NJW-RR 1994, 787; OLG München, BauR 1994, 663.
239) Vgl. BGH, NJW 1997, 802 = MDR 1997, 286; BGH, NJW 1998, 162 = MDR 1998, 58; OLG Köln (11. Senat), OLGR 1996, 111.
240) OLG Hamm, BauR 2003, 1763, 1764; OLG Karlsruhe, OLGR 1999, 330; OLG Köln, BauR 1996, 754 = OLGR 1997, 69.
241) OLG Stuttgart, OLGR 2002, 418, 419; OLG Düsseldorf, NZBau 2000, 385 = NJW 2000, 3364 u. BauR 2000, 1775; OLG Karlsruhe, OLGR 1999, 330; OLG Köln, OLGR 1997, 69, 70; vgl. dazu auch Rdn. **2658.**
242) OLG Düsseldorf, NZBau 2000, 385, 386; OLG Stuttgart, OLGR 1998, 384, 385. Zu den Anforderungen an eine ordnungsgemäße Fristsetzung: OLG Celle, BauR 2005, 1961.
243) Vgl. OLG Köln, BauR 1997, 886; OLG Düsseldorf, NZBau 2000, 385 (3 Monate bei Hinzuziehung eines Privatgutachters); BauR 2000, 1775 (5 1/2 Monate bei Vergleichsverhandlungen); OLG München, BauR 2001, 837 (4 Monate bei umfangreichem Gutachten); OLG Düsseldorf, NJW-RR 1996, 1527 **(10 Wochen);** OLG Köln, NJW-RR 1997, 1220 **(6 Wochen).**
244) **Herrschende Meinung;** vgl. OLG Köln, BauR 2005, 752; OLG Hamm, BauR 2003, 1763, 1764; OLG Rostock, BauR 2001, 1141; OLG Nürnberg, NJW-RR 2001, 859 = BauR 2001, 1303 (LS); OLG Hamburg, OLGR 2001, 256; OLG Düsseldorf, BauR 2004, 1567 = OLGR

**Antragsgegner** **Rdn. 94**

schutzinteresse hierfür ist grundsätzlich zu bejahen.[245] Ein Gegenantrag ist – wie die Anhörung – **unzulässig**, sobald die Beweissicherung „**beendet**" ist.[246]

Im Übrigen gilt die **Sperre** der §§ 485 Abs. 3, 412 ZPO: Ein Gegenantrag ist **unzulässig**, wenn – **bei Identität der Beweisthemen** – die Begutachtung bereits erfolgt ist.[247] Es kann sich dann nur **nach** einer Begutachtung die Frage stellen, ob durch einen **erneuten** Gegenantrag ein anderes Gutachten eingeholt werden kann, was nach § 412 ZPO zu beurteilen ist. Diese Prüfung unterliegt regelmäßig strengen Maßstäben; denn die „Wiederholung" der Beweisaufnahme ist die **Ausnahme**.[248] **Weicht** der Gegenantrag von dem Beweisermittlungsantrag des Antragstellers ab, so ist er zulässig, sofern die Erweiterung der Beweisfragen **in einem unmittelbaren sachlichen Zusammenhang** mit dem **Beweisthema** des Antragstellers steht und hierdurch allein keine weiteren Beteiligten in das Verfahren einbezogen werden.[249] Außerdem wird zutreffend vorausgesetzt, dass das zusätzliche Beweisthema (Gegenantrag) von dem gleichen Sachverständigen beurteilt werden kann[250] und zu keiner wesentlichen Verzögerung führt. Nichts anderes gilt, wenn der **Streithelfer** einen Gegenantrag stellt.[251] Der notwendige sachliche Zusammenhang ist schon gegeben, wenn der Gegenantrag – bezogen auf die Beweisfragen – allein darauf abzielt, die (Allein-)Verantwortlichkeit des **Streitverkündenden** abzuklären.[252]

Stellt der Antragsgegner in dem anhängigen (selbstständigen) Beweisverfahren eigene Anträge, ist er insoweit auch als **Antragsteller** anzusehen; er hat dann alle

---

2004, 378; BauR 1997, 515, 516 = NJW-RR 1997, 1086; BauR 1996, 896 u. BauR 1995, 430; OLG Frankfurt, ZfBR 1996, 160 = BauR 1996, 585 u. OLGR 1998, 34, 45; OLG München, NJW-RR 1996, 1277; LG Köln, BauR 1994, 407, 408; LG Bonn, BauR 1984, 306; OLG Oldenburg, MDR 1977, 499; *Enaux*, Festschrift für v. Craushaar, 375, 382 ff.; *Kroppen/Heyers/Schmitz*, Rdn. 351 ff.; *Weinkamm*, BauR 1984, 29, 30; **a. A.**: *Motzke*, BauR 1983, 500; *Hesse*, ZfBR 1983, 247; OLG Köln, BauR 1996, 754, 755; OLG München, BauR 1993, 365; OLG Hamm, ZfBR 1987, 202 = BauR 1988, 762.

245) OLG Hamm, BauR 2003, 1763, 1764; s. aber SchlHOLG, IBR 2004, 174 – *Ulrich* u. OLG Stuttgart, IBR 2004, 475 – *Miernik;* ferner: *Weinkamm*, BauR 1984, 29; *Wussow*, Beweissicherungsverfahren, S. 53; *Th. Schmitz*, BauR 1981, 40, 44; **a. A.**: *Hesse*, ZfBR 1983, 247, 251; *Motzke*, BauR 1983, 500, 513.

246) OLG Hamm, BauR 2005, 752; SchlHOLG, OLGR 2003, 470; OLG Koblenz, OLGR 2003, 162; OLG Düsseldorf, BauR 2000, 1775, 1776 u. BauR 2001, 675; LG Köln, MDR 1994, 902 = *SFH*, Nr. 15 zu § 485 ZPO. Zur Zurückweisung eines Ergänzungsantrages nach § 296 Abs. 2 ZPO wegen **verspäteter Vorschusszahlung:** OLG Koblenz, BauRB 2004, 135 = IBR 2004, 231 – *Ulrich;* ferner: LG Essen, IBR 2004, 476 – *Wiesel*.

247) OLG Hamm, BauR 2003, 1763, 1764; s. auch OLG Dresden, BauR 2003, 1617 (LS): zulässig **vor** Durchführung des **Ortstermins**.

248) OLG Düsseldorf, BauR 1997, 515, 517 = NJW-RR 1997, 1086 u. OLGR 1998, 160; OLG München, NJW-RR 1997, 318 (unzulässig, wenn der Antrag nur auf die **Erschütterung** des Beweisergebnisses gerichtet ist; OLG Rostock, BauR 2001, 1141, 1142; s. auch *Knacke*, Jahrbuch Baurecht 2002, 329, 336 und Rdn. **2660**.

249) OLG Hamm, BauR 2003, 1763, 1764; LG Konstanz, NZBau 2003, 617, 618 = NJW-RR 2003, 1379; OLG Frankfurt, OLGR 1998, 34; OLG Düsseldorf, OLGR 2004, 378, 379 = BauRB 2004, 365; BauR 1996, 896, 897; *Enaux*, Festschrift für v. Craushaar, S. 384.

250) OLG Nürnberg, MDR 2001, 51, 52; s. aber: OLG Düsseldorf, OLGR 2004, 378, 379.

251) Vgl. OLG München, BauR 1996, 589, 590 = NJW-RR 1996, 1277.

252) Einschränkend: OLG Düsseldorf, OLGR 2004, 378, 379.

Rechte und Pflichten eines Antragstellers, wie z. B. das Beschwerderecht und die Kostenvorschusspflicht. Ihm können auch **Kosten** des selbstständigen Beweisverfahrens auferlegt werden.[253]

### d) Rechtsbehelfe

**95** Der einem selbstständigen Beweisantrag **stattgebende** Beschluss ist grundsätzlich **unanfechtbar** (§ 490 Abs. 2 Satz 2 ZPO; vgl. Rdn. 79 ff.);[254] dasselbe gilt für die gerichtliche Ablehnung der **Aufhebung** eines angeordneten Beschlusses[255] sowie für eine Beschwerdeentscheidung, durch die die Aufhebung eines Beweisanordnungsbeschlusses **rückgängig** gemacht und damit die Anordnung der Beweiserhebung wieder in Kraft gesetzt wird. Gegen eine solche Entscheidung kann der Antragsgegner ebenso wenig im Wege der sofortigen Beschwerde einwenden, die Beweiserhebung sei unzulässig, wie gegen den Beschluss, durch den die Beweiserhebung angeordnet wird.[256]

Der **Antragsteller** kann (sofortige) Beschwerde einlegen, wenn sein Antrag teilweise oder vollständig zurückgewiesen wird.[257] Dasselbe gilt bei der Zurückweisung eines **Gegenantrages**[258] oder der Nichtzustellung einer **Streitverkündungsschrift** des Antragsgegners oder dessen Streithelfers.[259] Wird das Ruhen des Verfahrens angeordnet, können beide Parteien (sofortige) Beschwerde einlegen.[260]

**96** Im Übrigen ist die sofortige Beschwerde **zulässig**, wenn der Antrag auf mündliche Erläuterung des Gutachtens (**§ 411 Abs. 3 ZPO**) zurückgewiesen wird.[261] Die sofortige Beschwerde kann allerdings nur begründet sein, sofern das selbstständige Beweisverfahren noch **nicht** beendet ist.[262] Der Beschwerdeweg ist ausgeschlossen, wenn es um die **Zurückweisung** des **Gesuchs**, um eine **erneute** Begutachtung (§ 412 ZPO) oder eine **wiederholte Anhörung** des Sachverständigen geht und in dem

---

253) Vgl. OLG Koblenz, JurBüro 1998, 547; Thüringer OLG, OLGR 1996, 69; *Enaux*, a. a. O., S. 385.
254) KG, BauR 2007, 149, 150; Brandenburgisches OLG, BauR 2001, 1143; OLG Frankfurt, BauR 1999, 1206; zur Beschwerde bei Antragsüberschreitung (§ 308 ZPO): OLG Frankfurt, NJW-RR 1990, 1023, 1024.
255) OLG Frankfurt, OLGR 1996, 83; LG Mannheim, MDR 1978, 323; BLAH, § 490 ZPO, Rdn. 3; **a. A.:** OLG Frankfurt, NJW-RR 1993, 1342.
256) OLG Köln, Beschluss vom 18.12.1981 – 15 W 65/81; Brandenburgisches OLG, BauR 2001, 1143 (auch zur außerordentlichen Beschwerde wegen einer „greifbaren Gesetzwidrigkeit").
257) Vgl. die Beispiele bei *Wussow*, Beweissicherungsverfahren, S. 37; OLG Frankfurt, OLGR 2000, 18, 19; LG Mannheim, MDR 1969, 931; *Zöller/Herget*, § 490 ZPO, Rdn. 4.
258) OLG Hamm, BauR 2003, 1763, 1764; OLG Düsseldorf, BauR 1996, 896; OLG München, NJW-RR 1996, 1277 (für Streithelfer); LG Köln, BauR 1994, 407.
259) Vgl. für das alte Recht: OLG München, BauR 1993, 769.
260) *Wieczorek*, § 490 ZPO, B; *Zöller/Herget*, § 490 ZPO, Rdn. 4.
261) Vgl. OLG Stuttgart, OLGR 2002, 418; OLG Köln, BauR 1998, 591; OLG Saarbrücken, NJW-RR 1994, 787; OLG München, BauR 1994, 663; OLG Düsseldorf (23. Senat), BauR 1993, 637; **a. A.:** OLG Düsseldorf (21. Senat), OLGR 1992, 344; OLG Frankfurt, OLGR 1996, 82 (Antrag auf erneute mündliche Anhörung des Sachverständigen).
262) OLG Hamm, BauR 2005, 752; Brandenburgisches OLG, BauR 2002, 1734; OLG Köln, OLGR 1998, 54, 55 = BauR 1998, 591.

## Rechtsbehelfe

Antrag **keine Erweiterung** des (bisherigen) Beweisthemas liegt.²⁶³⁾ In diesen Fällen handelt es sich nämlich vornehmlich um **im Ermessen** des Gerichts stehende Entscheidungen, die einen Antrag nicht erfordern. Gegen solche Entscheidungen ist, sofern im Gesetz nichts anderes ausdrücklich vorgesehen ist, eine sofortige Beschwerde nicht gegeben. Anders sind die Dinge zu beurteilen, wenn die beantragte Ergänzung zu einer über das ursprüngliche Beweisthema hinausgehende Frage verweigert wird, weil das selbstständige Beweisverfahren „beendet" sei. Dann ist die sofortige Beschwerde gegeben, weil sich das Rechtsmittel nicht gegen die Ausübung des Ermessens, sondern gegen dessen Nichtausübung richtet.²⁶⁴⁾

Lehnt das Gericht es ab, den von dem Antragsteller **benannten** Sachverständigen zu bestellen, steht dem **Antragsteller** ein Beschwerderecht nicht zu.²⁶⁵⁾ Wird der Anregung des Antragstellers gefolgt, so ist diese Entscheidung für den **Antragsgegner** (wegen § 490 Abs. 2 Satz 2 ZPO) nicht anfechtbar. Lehnt der Antragsgegner den vom Gericht bestellten Sachverständigen **erfolgreich** wegen der Besorgnis der Befangenheit ab, ist dieser Beschluss für den Antragsteller unanfechtbar;²⁶⁶⁾ demgegenüber ist die sofortige Beschwerde gegeben, wenn die Ablehnung des Sachverständigen wegen Besorgnis der Befangenheit zurückgewiesen wird.²⁶⁷⁾

Der Beschluss, durch den dem Antragsteller eine **Frist** zur **Klageerhebung** gesetzt wird (§ 494 a Abs. 1 ZPO), ist nicht anfechtbar.²⁶⁸⁾

Der **Antragsgegner kann schließlich jederzeit die** Zulässigkeit des selbstständigen Beweisverfahrens und des Beweisbeschlusses rügen.²⁶⁹⁾ Wird eine mündliche Verhandlung anberaumt, kann er seine Bedenken dort vortragen. In aller Regel wird aber über den Antrag ohne mündliche Verhandlung entschieden, sodass dem Antragsgegner nach Erlass des Beweisbeschlusses, der nicht anfechtbar ist, nur noch die Möglichkeit bleibt, ebenfalls **auf schriftlichem Wege Einwendungen** gegen die Zulässigkeit des selbstständigen Beweisantrages vorzubringen. Sein Vortrag stellt dann eine Anregung („**Gegenvorstellung**") zur Änderung oder Aufhebung des Beschlusses dar; ein solches Vorgehen ist jederzeit möglich. Das Gericht kann nach erneuter Prüfung die Bedenken zurückweisen, ohne dass dem Antragsgegner weitere Angriffsmittel zur Seite stehen, oder aber den Beweisbeschluss entsprechend abändern oder aufheben, was dem Antragsteller wiederum ein Beschwerderecht gibt.

Zu beachten ist, dass eine **weitere Beschwerde** schon nach altem Recht nicht gegeben war (§§ 567 Abs. 3 Satz 1, 568 Abs. 2 ZPO a. F.); nur in **Ausnahmefällen** bestand deshalb die Möglichkeit einer außerordentlichen (sofortigen) Beschwerde, sofern eine „**greifbare Gesetzeswidrigkeit**" dargetan wurde. Die angefochtene Entschei-

---

263) Streitig; wie hier: SchlHOLG, OLGR 2003, 308; OLG Frankfurt, OLGR 1996, 82, 83; OLG Köln, OLGR 2002, 128, 129 u. NJW-RR 2000, 729; OLG Hamm, OLGR 2001, 251; OLG Düsseldorf, NJW-RR 1998, 933 = BauR 1998, 366; OLG Hamm, OLGR 1996, 203; s. auch OLG Jena, OLGR 2006, 147; a. A.: OLG Köln, BauR 1988, 591 = OLGR 1998, 54 (für **Ergänzung** des Gutachtens).
264) OLG Köln, OLGR 2004, 303.
265) OLG Frankfurt, NJW-RR 1993, 1341; OLG München, MDR 1992, 520 = JurBüro 1992, 261; Zöller/Herget, § 490 ZPO, Rdn. 4.
266) LG Göttingen, NJW-RR 1988, 694.
267) OLG Frankfurt, NJW-RR 1993, 1341.
268) OLG Köln, BauR 1998, 591.
269) Vgl. OLG Frankfurt, NJW-RR 1990, 1023 („ne ultra petita").

dung des Landgerichts (Beschwerdekammer) musste danach mit der Rechtsordnung schlechthin unvereinbar sein oder jeder gesetzlichen Grundlage entbehren und inhaltlich dem Gesetz fremd sein.[270] Eine nur rechtliche **Fehlbeurteilung** allein reichte **nicht** aus, um eine außerordentliche Beschwerde zu eröffnen.[271] Nach der ZPO-Reform 2001 ist eine außerordentliche Beschwerde wegen greifbarer Gesetzwidrigkeit nicht mehr möglich.[272]

Hat eine Beschwerde Erfolg, weil ein Antrag zu Unrecht als unzulässig verworfen worden ist, kann das Beschwerdegericht den angefochtenen Beschluss aufheben und die Sache zur anderweitigen Entscheidung an die Vorinstanz zurückverweisen (§§ 572 Abs. 3, 538 Abs. 2 Nr. 3 ZPO analog).[273]

Wird ein selbstständiger Beweisantrag von dem Antragsteller zurückgenommen und ergeht daraufhin Kostenentscheidung nach Maßgabe des § 269 Abs. 3 ZPO, so ist das hierfür maßgebende Rechtsmittel gegeben, also die **sofortige Beschwerde**.

## 7. Die rechtlichen Wirkungen

*Literatur*

*Müller*, Wechselseitige Verwertung der Beweissicherung, NJW 1966, 721; *Meilicke*, Beweissicherungsverfahren bei Auslandssachen, NJW 1984, 2017; *Wussow*, Zur Sachverständigentätigkeit im Ausland bei anhängigen (deutschen) Beweissicherungsverfahren, Festschrift für Korbion (1986), 493; *Hickl*, Die Verjährungsunterbrechungswirkung beim gerichtlichen Beweissicherungsverfahren, BauR 1986, 282; *Weise*, Die Bedeutung der Mangelerscheinung im Gewährleistungsrecht, BauR 1991, 19; *Koppmann*, Verjährungsunterbrechung durch selbstständiges Beweisverfahren trotz mangelfreier Leistung, BauR 2001, 1342; *Zimmermann/Leenen/Mansel/Ernst*, Finis Litium? Zum Verjährungsrecht nach dem Regierungsentwurf eines Schuldrechtsmodernisierungsgesetzes, JZ 2001, 684; *Heinrichs*, Entwurf eines Schuldrechtsmodernisierungsgesetzes: Neuregelung des Verjährungsrechts, BB 2001, 1417; *Weyer*, Selbstständiges Beweisverfahren und Verjährung von Baumängelansprüchen nach künftigem Recht, BauR 2001, 1807; *Lenkeit*, Das modernisierte Verjährungsrecht, BauR 2002, 196; *Böckermann*, Beendigung des Selbstständigen Beweisverfahrens und Gutachtenergänzung, BauRB 2004, 337; *Weyer*, Intertemporales Verjährungsrecht – Haftungsrisiko für Rechtsanwälte, BauR 2005, 1361; *Weyer*, Probleme der Anwendung des intertemporalen und des neuen Verjährungsrechts nach selbstständigen Beweisverfahren in der Übergangszeit, BauR 2006, 1347; *Schmitz*, Verjährungsrechtliche Auswirkungen eines am 1.1.2002 noch andauernden selbstständigen Beweisverfahrens, ZfBR 2007, 314.

**98** Mit der Einleitung des selbstständigen Beweisverfahrens wird der Anspruch, der den Grund für das Verfahren darstellt, nicht rechtshängig. Grundsätzlich treten daher auch nicht die materiell-rechtlichen Wirkungen der Rechtshängigkeit ein (§ 267 ZPO).

**99** Neben dem eigentlichen Effekt – der „Beweissicherung" – hatte das selbstständige Beweisverfahren bis zum 31.12.2001 vor allem eine die Verjährung unterbrechende

---

270) Vgl. BGHZ 109, 41, 43; BGH, NJW 2000, 960; s. ferner: Brandenburgisches OLG, BauR 2001, 1143; KG, NJW-RR 2000, 468, 469.
271) OLG Hamm, OLGR 1996, 203, 204; Brandenburgisches OLG, BauR 2001, 1143 (unzulässiger Beweisantrag); KG, JurBüro 2000, 107 (rechtliches Interesse).
272) BGH, NJW 2002, 1577; KG, BauR 2007, 149, 150; OLG Celle, BauR 2003, 138; *Lipp*, NJW 2002, 1700 ff.
273) OLG München, BauR 1996, 589, 590 = NJW-RR 1996, 1277.

**Rechtliche Wirkungen**            **Rdn. 100**

Wirkung.[274] Dies galt aber nur für die im Gesetz ausdrücklich genannten Fälle der Gewährleistung gemäß §§ 477, 478, 480, 490, 493, 524 und 639 BGB. Das **SchRModG** hat eine, allgemein begrüßte, wesentliche **Änderung** gebracht, die zukünftig besondere anwaltliche Vorsicht erfordert: Nach § 204 Abs. 1 Nr. 7 BGB tritt mit der **Zustellung** des Antrags auf Durchführung eines selbstständigen Beweisverfahrens eine **Verjährungshemmung** ein, wobei jedoch die Vorschrift des **§ 167 ZPO** besonders zu beachten ist;[275] danach tritt die Hemmung bereits mit der Einreichung des Antrages ein, sofern die Zustellung „demnächst" erfolgt.[276] Die Hemmung endet nach § 204 Abs. 2 Satz 1 BGB „sechs Monate nach der rechtskräftigen Entscheidung oder anderweitigen Beendigung des eingeleiteten Verfahrens". Da ein Beweisverfahren in der Praxis (nur) durch einen den Antrag zurückweisenden Beschluss „rechtskräftig" abgeschlossen werden kann, kommt es in der Regel entscheidend auf dessen **„Beendigung"** an (Rdn. 110 ff.). Diese bestimmt im Weiteren dann den Hemmungszeitraum von sechs Monaten. **Eingang** und **Zustellung** des Beweissicherungsantrags bzw. das **Ende** des Verfahrens sollte von dem Anwalt des Antragstellers daher tunlichst kontrolliert werden.[277]

Die **Hemmungswirkung** des selbstständigen Beweisverfahrens erstreckt sich in der Regel auf Mängelansprüche einschließlich Schadensersatzansprüche; sie erfasst jedoch jeweils nur diejenigen Baumängel, die **Gegenstand** des selbstständigen Beweisverfahrens waren,[278] auf die sich das Beweisverfahren also **„bezogen"** hat.[279] Der Gegenstand des selbstständigen Beweisverfahrens muss daher in Zweifelsfällen aus dem Gesamtinhalt der „Beweissicherungsakte", also aus dem Antrag, seiner Begründung, dem Beweisbeschluss und dem Sachverständigengutachten, herausgelesen werden.[280] Zu beachten ist, dass ein von dem Bauherrn eingeleitetes Beweisverfahren zur Feststellung von Baumängeln keine Auswirkungen auf die Verjährung der Vergütungsansprüche des Unternehmers bzw. der Honoraransprüche des Archi-     **100**

---

274) BGHZ 134, 190 = NJW 1997, 859 = ZfBR 1997, 148 = BauR 1997, 347 u. BauR 1998, 172 = ZfBR 1998, 26 (für **Streitverkündung**).
275) Eine Zustellung ist Voraussetzung der Hemmung (LG Darmstadt, IBR 2005, 689 – *Engellandt*; s. auch LG Marburg, IBR 2006, 372 – *Turner*; OLG München, IBR 2005, 11 – *Muffler*).
276) *Ingenstau/Korbion/Joussen*, Anhang 4, Rdn. 37; *Palandt/Heinrichs*, § 204 BGB, Rdn. 22. Die **Auslegung** der **Überleitungsvorschrift** des Art. 229 § 6 Abs. 1 Satz 3 und Abs. 2 EGBGB ist schwierig und **umstritten**. Unklar ist, welche Frist ab 1.1.2002 läuft, wenn eine bis dahin unterbrochene Verjährungsfrist noch nicht beendet ist. Nach (bisher) **überwiegender Auffassung beginnt** die Verjährung ab dem 1.1.2002 **erneut** (*Weyer*, BauR 2006, 1347, 1349 u. BauR 2005, 1361; OLG Düsseldorf, IBR 2006, 130 – *Sienz* u. BauR 2006, 996 m. kritischer Anm. *Koch*); OLG Oldenburg, BauR 2007, 1428, 1429 = ZfBR 2007, 343; hierzu *Schmitz*, ZfBR 2007, 314; s. ferner: *Pfeiffer*, ZGS 2002, 275; *Gsell*, NJW 2002, 1297; *Heinrichs*, BB 2001, 1417, 1422; *Weyer*, BauR 2001, 1807; *Bräuer*, AnwBl. 2004, 720 sowie Rdn. **2418 a**.
277) Zutreffend: *Ulrich*, BauR 2007, 1634, 1636; *Weyer*, BauR 2001, 1807, 1810; *Kniffka/Koeble*, 13. Teil, Rdn. 78; s. auch *Schmitz*, ZfBR 2007, 314, 315.
278) Für die **Unterbrechung**: BGHZ 66, 138 = BauR 1976, 205 = NJW 1976, 956 = *Schäfer/Finnern*, Z 2.415.2 Bl. 11; BGH, *Schäfer/Finnern*, Z 2.331 Bl. 45; OLG Köln, VersR 1971, 378. Für die **Hemmung**: OLG München, NZBau 2007, 375.
279) BGHZ 66, 138 = BauR 1976, 205; OLG Frankfurt, BauR 1984, 67; LG Marburg, BauR 1991, 738; *Nicklisch/Weick*, § 13/B, Rdn. 102; *Kaiser*, Mängelhaftungsrecht, Rdn. 185, Anm. 53.
280) BGHZ 66, 138 = BauR 1976, 205 = MDR 1976, 655; OLG Frankfurt, BauR 1984, 67; LG Marburg, BauR 1990, 738; ebenso: *Sienz* in Wirth/Sienz/Englert, S. 12, Rdn. 22.

tekten hat.[281] **Hemmende** Wirkung hat ein selbstständiges Beweisverfahren allerdings nur, wenn der **Berechtigte** es **beantragt** hat.[282] Die „Berechtigung" muss nicht, wie der BGH formuliert, „durch eine besondere Prozesshandlung in das (laufende) Verfahren" eingeführt werden. Die **Streitverkündung** durch einen Antragsgegner hat daher auch hinsichtlich derjenigen Ansprüche hemmende Wirkung, die diesem (zusätzlich) **abgetreten** waren, aber in der Streitverkündungsschrift nicht (besonders) erwähnt werden.[283] Werden Mängelansprüche **abgetreten** und hat der **Zedent** vor der Abtretung ein selbstständiges Beweisverfahren eingeleitet, so wirkt die dadurch eingetretene **Hemmung** auch **zugunsten des Zessionars**.[284]

**101** Der BGH hatte durch Urteil vom 6.10.1988[285] für das (alte) Beweissicherungsverfahren klargestellt, welche Anforderungen an einen **Beweissicherungsantrag** zu stellen sind, wenn er die Verjährung unterbrechen soll; dabei hat er sich der Auffassung angeschlossen, dass „die Mängelrüge nach § 13 Nr. 5 VOB/B und die Unterbrechung der Verjährung durch ein Beweissicherungsverfahren nach gleichen Grundsätzen" zu behandeln sind.[286] Nach dem Zweck der Regelungen, den Vertragspartner ausreichend zu warnen, und nach der Interessenlage beider Parteien, hinsichtlich des Umfangs der Verjährung klare Verhältnisse zu schaffen, müssten bei der Auslegung dieser Vorschriften, was die **Anforderungen an die Bezeichnung des Mangels** angeht (vgl. dazu Rdn. 1471 ff.), **gleiche Maßstäbe angelegt** werden. Für das **selbstständige Beweisverfahren** gilt nichts anderes;[287] hieran ändert sich auch nichts durch das **SchRModG**.

Die Frage der „**Mangelidentität**" ist deshalb **großzügig** zu betrachten: Sind die Mängel ausreichend beschrieben und halten sich die sachverständigen Feststellungen eines Gutachters im Rahmen des selbstständigen Beweisantrages und des Beweisbeschlusses (§ 490 Abs. 2 ZPO), wird die Verjährung in eben diesem Ausmaß gehemmt (§ 204 Abs. 1 Nr. 7 BGB). Eine **Beschränkung** auf die vom Antragsteller angegebenen **Mängelstellen** oder die von ihm bezeichneten oder vermuteten **Ursachen** ist damit also nicht verbunden (**Symptomtheorie**):[288]

---

281) OLG Saarbrücken, IBR 2005, 677 – *Miernik*; OLG Karlsruhe, IBR 2003, 123 – *Schulze-Hagen*.
282) BGH, BauR 1993, 473 = *SFH*, Nr. 22 zu § 639 BGB = ZfBR 1993, 182 = NJW 1993, 1916; BGH, NJW-RR 2001, 385; OLG Schleswig, BauR 1995, 101, 103 m. Anm. *Haß*; OLG Düsseldorf, BauR 1994, 769, 771; OLG Köln, BauR 1995, 702; OLG Hamm, BauR 1992, 107, 108; *Weyer*, BauR 2001, 1807, 1810; *Palandt/Heinrichs*, § 204 BGB, Rdn. 22; *Ingenstau/Korbion/Joussen*, Anhang 4, Rdn. 38.
283) Dies ist bei einer Streitverkündung **außerhalb** eines selbstständigen Beweisverfahrens **anders** (OLG Düsseldorf, BauR 1996, 869, 870).
284) OLG Köln, BauR 1999, 259 m. zust. Anm. *Haß*.
285) ZfBR 1989, 27 = BauR 1989, 79 = *SFH*, Nr. 12 zu § 639 BGB = NJW-RR 1989, 148; s. auch BGH, BauR 1998, 632; NJW-RR 1989, 667 = ZfBR 1989, 161 = BauR 1989, 470; BGH, NJW-RR 1989, 579 = BauR 1989, 603 = ZfBR 1989, 202 sowie BGH, BauR 1992, 503 = ZfBR 1992, 206 = NJW-RR 1992, 913 = MDR 1992, 780 = *SFH*, Nr. 5 zu § 487 ZPO.
286) Vgl. *Jagenburg*, NJW 1983, 558; *Hickl*, BauR 1986, 286; siehe ferner: OLG Köln, *SFH*, Nr. 13 zu § 640 BGB.
287) Vgl. OLG Köln, NJW-RR 1993, 533; *Quack*, BauR 1991, 278, 281, der empfiehlt, nach Möglichkeit auch den Zustand des Bauwerkes zum Gegenstand des selbstständigen Beweisverfahrens zu machen.
288) Vgl. BGH, BauR 1997, 1065 = ZfBR 1998, 25; BGH, BauR 1997, 1029 = ZfBR 1997, 297; OLG Düsseldorf, NJW-RR 1997, 976 u. NJW-RR 1996, 1527, 1528; OLG Köln, NJW-RR 1993, 553; *Weise*, BauR 1991, 19 ff.; *Quack*, BauR 1991, 278, 280/281; zur Reichweite **eines** Beweisverfahrens bei einem **Systemfehler**: OLG München, IBR 2001, 478 – *Kamphausen*; zur **Begrenzung** s. vor allem LG Marburg, BauR 1990, 738 ff.

Der BGH (BauR 1989, 79, 80/81) umschreibt dies z. B. so:
„Diese Ursachen sind vielmehr vollständig erfasst, mögen sie in der Ausführung der Arbeiten an einzelnen Stellen, in der Wahl und Überwachung von Material und handwerklicher Verarbeitung allgemein, in der Konstruktion oder den bautechnischen Verfahren sowie bei Planung, Statik, Grundstückseigenschaften usw. liegen.

Die Angabe etwa einer Stelle, an der Wasser in einer Wohnung auftritt, oder die Bezeichnung von Rissen im Außenputz ist deshalb nur als Hinweis auf festgestellte Schäden, nicht als Begrenzung des Mängelbeseitigungsverlangens zu verstehen (BGH, NJW 1987, 381, 382 = BauR 1987, 84; BauR 1987, 207, 208 u. BauR 1987, 443, 444). Sie kann z. B. konstruktive Mängel bei der Dachdeckung und Belüftung (BGH, BauR 1987, 443, 444), bei der Dach- und Terrassenabdeckung (BGH, NJW 1987, 381 = BauR 1987, 84), bei dem gewählten Putzuntergrund (BGH, BauR 1987, 207, 208) betreffen, die auch an anderen Stellen als den bezeichneten vorhanden, aber noch nicht zutage getreten sind. Festgestellte Schäden an Fensterrahmen genügen als Hinweise auf Montagefehler bei Jalousien (BGHZ 62, 293, 295 sowie NJW 1974, 1188, 1189 = BauR 1974, 280). Das Verkalken einer Heizungsanlage ist ein zureichender Hinweis auf fehlende konstruktive Vorsorge gegen Verkalkung (BGH, BauR 1982, 66). Mit der Beschreibung einer Mangelerscheinung können somit Mängel des Bauwerks sehr unterschiedlicher Art und unterschiedlichen Ausmaßes angesprochen sein. Ist die Ursache ein Ausführungsfehler, so wird sich häufig der Mangel nur an der beschriebenen Stelle finden; andere Mängel können dagegen je nach der Ursache der Mangelhaftigkeit bestimmten Bauteilen anhaften oder auch das ganze Gebäude betreffen, ohne dass dem eine Verteilung der beanstandeten Erscheinungen auf die betreffenden Bauteile oder das Gebäude insgesamt entsprechen müsste. Ob und in welcher Weise eine Werkleistung mangelhaft ist, hängt nämlich nicht davon ab, dass der Mangel sich – schon – in bestimmten Erscheinungen bemerkbar gemacht hat. Die Mangelhaftigkeit muss auch nicht auf die Stellen beschränkt sein, an denen Mangelerscheinungen aufgetreten sind. Mit der Bezeichnung der Erscheinungen macht der Besteller (Auftraggeber) vielmehr nicht nur diese, sondern **den Mangel selbst** in vollem Umfang zum Gegenstand seiner Erklärungen."

Treten Baumängel dagegen **erstmals** durch das im selbstständigen Beweisverfahren eingeholte Sachverständigengutachten zutage, tritt eine verjährungshemmende Wirkung **bei fehlender Identität** mit den **im selbstständigen Beweisantrag genannten Mängeln nicht** ein.[289] Insoweit müsste der Auftraggeber, wenn dies noch möglich ist, neue verjährungshemmende Maßnahmen einleiten.

**102**

Die Hemmungswirkung des selbstständigen Beweisantrages tritt auch dann ein, wenn der Sachverständige in dem Beweisverfahren den Mangel **nicht** feststellt;[290] dem Anspruchsteller obliegt im Hauptsacheprozess die Darlegungs- und Beweislast, dass sich der Gutachter zu seinen Lasten „geirrt" hat. Nichts anderes gilt für „**Anlageschäden**", die erst weit nach Abschluss eines selbstständigen Beweisverfahrens zutage treten.

**103**

Ein **unzulässiger** Beweisermittlungsantrag, dem von dem zuständigen Gericht entsprochen wird, unterbrach nach altem Recht ebenfalls die Verjährung; erachtete z. B. ein Amtsgericht einen Beweisermittlungsantrag für ausreichend und ordnete es die Beweiserhebung an, konnte im Hauptprozess nicht mehr nachgeprüft werden, ob der Beweisantrag richtigerweise hätte abgelehnt werden müssen. Das ergab sich für das alte Recht aus der in §§ 639 Abs. 1, 477 Abs. 2 Satz 3 BGB angeordneten ent-

**104**

---

289) OLG Köln, *SFH*, Nr. 13 zu § 640 BGB.
290) BGH, BauR 1998, 826 = ZfBR 1998, 246; *Weyer*, BauR 2001, 1807, 1812; *Weise*, Rdn. 597; *Palandt/Heinrichs*, § 204 BGB, Rdn. 22; **a. A.:** *Jagenburg*, NJW 1983, 558.

sprechenden Anwendung des § 212 BGB.²⁹¹⁾ Dagegen entfiel die Unterbrechungswirkung, wenn der selbstständige Beweisantrag aus prozessualen Gründen **zurückgewiesen** wurde.²⁹²⁾ Das SchRModG verzichtet demgegenüber bewusst auf eine dem § 212 BGB a. F. entsprechende Regelung. Ab 1.1.2002 tritt die Beendigung des selbstständigen Beweisverfahrens i. S. des § 204 Abs. 2 Satz 1 BGB deshalb mit der Zurückweisung oder Rücknahme des Beweissicherungsantrages ein, sodass die Hemmung sechs Monate später endet. Die **Wirkungen** der **Hemmung** bleiben nach dem SchRModG demnach im Gegensatz zur Unterbrechung **erhalten**.²⁹³⁾

Die Einleitung eines gegen einen Unternehmer gerichteten Beweisverfahrens des **Bauherrn**, der **nicht** zugleich **Auftraggeber** ist, hemmt zukünftig die Verjährung von Gewährleistungsansprüchen nicht; erwirbt er allerdings die Gewährleistungsrechte **während** des Beweisverfahrens, so muss er eine dem Beweissicherungsantrag vergleichbare Prozesshandlung nicht vornehmen, um die Hemmung zu erreichen.²⁹⁴⁾ Im Übrigen kommt eine Hemmung nur dann in Betracht, wenn – bei der Verfolgung von Mängelansprüchen – der Auftraggeber das Verfahren selbst **aktiv betreibt** oder **mitbetreibt** (z. B. bei einem selbstständigen Beweisverfahren des Auftragnehmers mit dem Ziel, sich den mangelfreien Zustand seiner Leistung bestätigen zu lassen).²⁹⁵⁾ Auch daran hat sich durch das SchRModG nichts geändert. Allerdings soll ein selbstständiges Beweisverfahren, mit dem der Unternehmer die Feststellung der Mangelfreiheit seiner (abgenommenen) Werkleistung feststellen will, noch keine Hemmung der Verjährung seines Werklohnanspruchs bewirken.²⁹⁶⁾

**105** Die **Unterbrechung** der Verjährung bedeutete nach **altem** Recht, dass mit dem Abschluss des selbstständigen Beweisverfahrens die Verjährungsfrist neu in Gang gesetzt wurde (§§ 639 Abs. 2, 477 Abs. 2, 217 BGB a. F.). Eine **Hemmungswirkung** kommt jedoch nur in Betracht, wenn sich der Beweisermittlungsantrag gegen den auf Gewährleistung in Anspruch genommenen **Schuldner** richtet;²⁹⁷⁾ die nur aus der Begründung des Beweisermittlungsantrages erkennbar werdende **Mithaftung** eines **Dritten** reicht für eine Verjährungsunterbrechung bzw. Hemmung nicht aus.²⁹⁸⁾

**106** Das ist für die Fälle von besonderer Bedeutung, in denen bei der Abwicklung eines Bauvorhabens **Ansprüche** eines Vertragspartners, insbesondere Mängelsansprüche, **vor** Einleitung eines selbstständigen Beweisverfahrens an **Dritte abgetreten** wurden. Beantragt z. B. ein **Bauträger** wegen Baumängel ein selbstständiges Beweisverfahren gegen die bauausführenden Unternehmer, hat der Bauträger als Veräußerer aber

---

291) BGH, NJW 1983, 1901 = BauR 1983, 255 = ZfBR 1983, 121 = *SFH*, Nr. 6 zu § 639 BGB; BGH, BauR 1998, 390 = ZfBR 1998, 153; OLG Köln, BauR 1988, 241, 242; OLG Hamburg, MDR 1978, 845 = VersR 1978, 1146; *Wussow*, Beweissicherungsverfahren, S. 103.
292) BGHZ 53, 43, 46; BGH, NJW 1983, 1901; BGH, BauR 1998, 390 = MDR 1998, 530.
293) Zutreffend: *Weyer*, BauR 2001, 1807, 1812; *Ingenstau/Korbion/Joussen*, Anhang 4, Rdn. 39; *Enaux*, Festschrift für Jagenburg, S. 147, 153.
294) BGH, BauR 1993, 473 = ZfBR 1993, 182; unzutreffend: OLG Düsseldorf, BauR 1992, 678 (LS).
295) BGHZ 72, 23, 28 = NJW 1978, 1975; BGH, NJW 1980, 1458; OLG Düsseldorf, BauR 1992, 767.
296) OLG Saarbrücken, BauR 2006, 561, 562 = NZBau 2006, 714 = OLGR 2005, 849 = IBR 2005, 677 – *Miernik*; **a. A.:** *Erman/Schmidt-Ränsch*, § 204 BGB, Rdn. 20; *Ingenstau/Korbion/Joussen*, Anhang 4, Rdn. 38; *Heinrichs*, BB 2001, 1417, 1421.
297) BGH, NJW 1980, 1458 = BB 1980, 703 = BauR 1980, 364; LG Marburg, BauR 1990, 738, 739; *Pauly*, MDR 1997, 1087.
298) Zutreffend: *Pauly*, MDR 1997, 1087, 1088.

**Rechtliche Wirkungen**     **Rdn. 107–108**

bereits seine Mängelansprüche an den Erwerber des Bauvorhabens oder eines Teils davon (z. B. Eigentumswohnung) wirksam **abgetreten,** bewirkt das selbstständige Beweisverfahren keine Verjährungshemmung im Verhältnis Erwerber – Bauunternehmer. Diese Wirkung kann auch nicht durch eine spätere Genehmigung des Erwerbers bezüglich der Durchführung des selbstständigen Beweisverfahrens erreicht werden.[299] Wussow[300] hat deshalb schon mit Recht darauf hingewiesen, dass bei dem Auftreten von Baumängeln jeweils sorgfältig in einem solchen Fall geprüft werden muss, „wer zweckmäßigerweise im Hinblick auf die spätere prozessuale Geltendmachung von Gewährleistungsansprüchen ein Beweissicherungsverfahren als Antragsteller durchführt und ob ggf. der Antragsteller im Zeitpunkt der Einleitung des Beweissicherungsverfahrens noch oder schon Inhaber der Forderung ist".

**107** Zu beachten bleibt, dass die rechtlichen Wirkungen des selbstständigen Beweisverfahrens, insbesondere also die Hemmung der Verjährung, in vollem Umfang eintreten, wenn **Wohnungseigentümer** einer Wohnanlage **nach** Abtretung der Gewährleistungsansprüche durch den Bauträger ein selbstständiges Beweisverfahren gegen die Unternehmer oder den Architekten einleiten und nach Abschluss des Verfahrens dann den **Verwalter** mit der Geltendmachung der Gewährleistungsansprüche im eigenen Namen ermächtigen.[301] Die hemmende Wirkung des selbstständigen Beweisverfahrens scheitert also nicht deshalb, weil sich Kläger (= Verwalter) und Unternehmer/Architekt nicht als „Gegner" im selbstständigen Beweisverfahren gegenüberstehen. Nichts anderes gilt, wenn nur **ein** Eigentümer ein selbstständiges Beweisverfahren hinsichtlich des Gemeinschaftseigentums einleitet.[302] Ein besonderer Ermächtigungsbeschluss der Eigentümer ist dafür nicht einmal erforderlich. Empfehlenswert dürfte es jedoch sein, in dem Beweisermittlungsantrag vorsorglich auch immer die nähere Sachbefugnis des Antragstellers darzutun,[303] damit der in Anspruch genommene Bauschuldner weiß, dass z. B. aus **abgetretenem** Recht gegen ihn vorgegangen wird. Dadurch wird der Gefahr vorgebeugt, dass das Gericht den Antrag etwa als „unzulässig" zurückweist, weil es an einer Darlegung der Sachbefugnis mangelt. In gleicher Weise wirkt das von dem **Verwalter** für die Eigentümergemeinschaft eingeleitete selbstständige Beweisverfahren:[304] Das in Prozessstandschaft von dem Verwalter gegen den Veräußerer eingeleitete selbstständige Beweisverfahren hemmt die Verjährung der Mängelansprüche der Erwerber, sofern diese **den Verwalter dazu ermächtigt** haben. Wenn deshalb nach Abschluss des Verfahrens nicht der Verwalter, sondern die Eigentümer selbst klagen, kann eine solche Klage somit im Zweifel nicht an der Verjährung scheitern. Dies gilt erst recht nach der WEG-Reform 2007 und dem erweiterten Befugnisbereich des Verwalters.

**108** Eine Hemmung findet nicht statt, wenn ein **„gegnerloses"** Beweisverfahren stattgefunden hat und für den unbekannten Antragsgegner ein Vertreter gemäß § 494 ZPO bestellt worden war.[305]

---

299) BGH, NJW 1958, 338 = MDR 1958, 231.
300) Beweissicherungsverfahren, S. 103.
301) Vgl. dazu BGH, BauR 1991, 606 = ZfBR 1991, 212 = NJW 1991, 2480; BGH, NJW 1983, 1901 = BauR 1983, 255.
302) Vgl. BGH, BauR 1980, 69 = ZfBR 1980, 36; *Deckert,* ZfBR 1984, 161, 162.
303) Vgl. hierzu auch BGH, NJW 1983, 1901.
304) BGH, BauR 2003, 1759 = NZBau 2003, 613 = NJW 2003, 3196 = ZfBR 2003, 768.
305) BGH, BauR 1980, 364 = NJW 1980, 1458 = ZfBR 1980, 189; s. auch OLG Karlsruhe, OLGR 1999, 158.

**109** Da die VOB/B keine besonderen Bestimmungen über die Verjährungshemmung durch ein selbstständiges Beweisverfahren vorsieht, gelten die vorerwähnten Ausführungen nicht nur für den BGB-Werkvertrag, sondern auch für den **VOB-Bauvertrag**.[306]

**110** Nach § 204 Abs. 2 Satz 1 BGB **endet** die Hemmung sechs Monate nach der rechtskräftigen Entscheidung oder anderweitigen Beendigung des eingeleiteten Verfahrens. Es kommt deshalb im Einzelfall sehr darauf an, wann die sachliche Erledigung („anderweitige Beendigung") des selbstständigen Beweisverfahrens eintritt. Diese Frage war umstritten und sie bleibt auch für die Auslegung des § 204 Abs. 1 Nr. 7 BGB weiterhin aktuell.[307]

**111** Als Regel kann gelten, dass die **Beendigung** des selbstständigen Beweisverfahrens mit dem Zugang der Feststellung der Beweiserhebung eintritt.[308] Bei der **Vernehmung** von Zeugen oder **Sachverständigen** ist das selbstständige Beweisverfahren daher mit dem Verlesen des Protokolls oder dessen Vorlage zur Durchsicht in diesem Termin beendet.[309] Die Übermittlung der Protokollabschrift an die Parteien gehört nicht mehr zur Beweisaufnahme und liegt daher außerhalb des selbstständigen Beweisverfahrens.[310]

Für die Einnahme des **Augenscheins** gilt sinngemäß dasselbe. Bei einer **schriftlichen Begutachtung** durch einen Sachverständigen hat der Sachverständige gemäß §§ 492, 411 Abs. 1 ZPO sein Gutachten auf der Geschäftsstelle niederzulegen. In diesem Fall endet das selbstständige Beweisverfahren erst mit der Mitteilung („Zugang") des schriftlichen Sachverständigengutachtens an die **Parteien**.[311] Werden **mehrere Gutachten** wegen **desselben** Mangels eingeholt, kommt es auf den Zugang und gegebenenfalls auf die Erläuterung des letzten Gutachtens an.[312] Wird das von dem Auftraggeber eingeleitete selbstständige Beweisverfahren auf den **Gegenantrag** des Auftragnehmers unter demselben Aktenzeichen **fortgeführt,** dauert die Hemmung der Verjährung bis zur **endgültigen Verfahrensbeendigung** fort.[313]

Werden verschiedene Gutachten wegen **mehrerer voneinander unabhängiger Mängel** desselben Bauvorhabens eingeholt, so **endet** die Beweissicherung hinsichtlich **eines jeden** dieser Mängel mit der Übermittlung oder Erläuterung des auf ihn **bezogenen** Gutachtens. Die Unterbrechung/Hemmung endet auch dann jeweils

---

306) Vgl. BGH, BauR 1991, 460.
307) Missverständlich: *Lenkeit* in: Wirth/Sienz/Englert, § 204 BGB, Rdn. 20 u. BauR 2002, 196, 216; siehe für das **alte Recht:** OLG Köln, NJW-RR 1997, 1220; OLG Düsseldorf, NJW-RR 1996, 1527; SchlHOLG, OLGR 1996, 113; OLG Nürnberg, NJW-RR 1989, 235; zum **neuen** Recht siehe: OLG Hamm, NZBau 2007, 376; OLG Karlsruhe, IBR 2005, 354 – *Wellensiek*; *Ingenstau/Korbion/Joussen*, Anhang 4, Rdn. 83 ff.
308) BGH, BauR 2002, 1115; OLG Hamm, OLGR 1999, 401, 402; *Pauly*, MDR 1997, 1087, 1089.
309) Vgl. BGH, NJW 1973, 698 = DB 1973, 719; *Weise*, Rdn. 615.
310) BGHZ 60, 212 = NJW 1973, 698; BGH, BauR 1993, 221 = NJW 1993, 851.
311) BGHZ 53, 43, 47 (offen gelassen von BGH, NJW 1973, 698, 699); vgl. ferner: Saarländisches OLG, OLGR 2000, 26, 27; OLG Köln, BauR 1998, 591; LG Mönchengladbach, MDR 1984, 843 (Mitteilung an den **Antragsteller**); LG Köln, BauR 1985, 481 (mit der Vernehmung des Sachverständigen); OLG Nürnberg, NJW 1989, 235 („sobald der angeordnete Beweis erhoben und keine weitere Beweisaufnahme beantragt ist") sowie *Weise*, Rdn. 616; *Fricke*, BauR 1977, 231, 233; *Kroppen/Heyers/Schmitz*, Rdn. 813 ff.; *Hickl*, BauR 1986, 282, 283.
312) BGHZ 53, 43 = BauR 1970, 45, 46.
313) BGH, NJW-RR 2001, 385 = NZBau 2001, 201 = BauR 2001, 674.

## Rechtliche Wirkungen  Rdn. 112

mit dem Abschluss der **einzelnen** Beweissicherung; dadurch kann sich ein „unterschiedlicher Lauf der Verjährung hinsichtlich verschiedener Mängel eines Bauvorhabens ergeben".[314]

Nach **Mitteilung** des schriftlichen **Sachverständigengutachtens** haben **beide Parteien** allerdings **das Recht,** dem Sachverständigen in einer mündlichen Verhandlung **Fragen zu stellen ("Anhörungsrecht")**[315] oder eine **Ergänzung** des Gutachtens zu beantragen (§ 411 Abs. 4 Satz 1 ZPO).[316] Der Antrag auf Ergänzung des Gutachtens kann im Ausnahmefall als **rechtsmissbräuchlich** zurückgewiesen werden, wenn die Beweisfrage bereits umfassend und eindeutig beantwortet ist.[317] Im Übrigen ist auch die Einholung eines **weiteren Gutachtens** in dem selbstständigen Beweisverfahren nur in den engen Grenzen der §§ 485 Abs. 3, 412 ZPO möglich. Da eine Beweiswürdigung im Beweisverfahren nicht stattfindet, können nur grobe Mängel ein weiteres Gutachten rechtfertigen.[318] Setzt das Gericht gemäß § 411 Abs. 4 Satz 2 ZPO den Parteien eine **Frist,**[319] sind Einwendungen gegen das Gutachten, Anträge auf Anhörung oder Ergänzungsfragen **innerhalb** der vom Gericht gesetzten Frist anzubringen; andernfalls ist das selbstständige Beweisverfahren **beendet.**[320] Es muss deshalb auch darauf geachtet werden, dass rechtzeitig **vor** Ablauf der den Parteien gesetzten Frist gegebenenfalls eine **Fristverlängerung** beantragt wird; und das muss hinreichend klar und mit ausreichenden Gründen geschehen.[321] Wird die Fristverlängerung **abgelehnt,** ist hiergegen eine sofortige Beschwerde unstatthaft (§ 225 Abs. 3 ZPO).[322]

**Unterbleibt** eine Fristsetzung nach § 411 Abs. 4 Satz 2 ZPO, sind Einwendungen und/oder Anhörungsanträge innerhalb eines **angemessenen Zeitraums** („Prüfungsfrist") nach Erledigung der Beweisaufnahme mitzuteilen. Dies gilt auch für den **Streithelfer** (Rdn. 93). Bei der Bestimmung des „angemessenen Zeitraumes" (§§ 411 Abs. 4, 492 Abs. 1 ZPO) ist nicht auf den Zeitpunkt der Zustellung des ersten Gut-

112

---

314) BGH, BauR 1993, 221 = NJW 1993, 851; OLG München, NZBau 2007, 375; OLG Düsseldorf, BauR 1985, 326, 327; a. A.: OLG Hamm, BauR 1990, 104, 108.
315) BGH, NZBau 2005, 688 = IBR 2005, 718 – *Wolff*; BGH, NZBau 2000, 249; OLG Düsseldorf, NZBau 2000, 385 = NJW-RR 2001, 141; OLG Köln, BauR 1996, 754 u. NJW-RR 1997, 1220; OLG Hamm, OLGR 1999, 401, 402; OLG Saarbrücken, NJW-RR 1994, 787; LG Hanau, *SFH*, Nr. 2 zu § 411 ZPO = BauR 1985, 482; LG Frankfurt, BauR 1985, 603 = MDR 1985, 149, 150; LG Köln, BauR 1985, 481. Den **Antragsteller** trifft weiterhin die **Kostenvorschusspflicht,** wenn der Antragsgegner (nur) Ergänzungsfragen stellt oder die Anhörung des Sachverständigen beantragt; LG Hamburg, IBR 2006, 240 – *Grosse* (enge Auslegung von § 17 GKG).
316) Zu den Folgen einer verspäteten Zahlung des **Auslagenvorschusses** (§§ 402, 379): OLG Koblenz, IBR 2004, 231 – *Ulrich*.
317) SchlHOLG, OLGR 2004, 41 = BauRB 2004, 71.
318) Siehe OLG Frankfurt, NZBau 2007, 250 = IBR 2006, 478 – *Ulrich*; OLG Jena, OLGR 2006, 147, 148 (nur bei unvollständigem oder unverständlich erscheinendem Gutachten).
319) Die Beendigung des selbstständigen Beweisverfahrens setzt eine **formgerechte** Fristsetzung und deren **Zustellung** voraus (§ 329 Abs. 2 Satz 2 ZPO; SchlHOLG, OLGR 2003, 47); s. ferner: OLG Koblenz, OLGR 2000, 178 zur Unterzeichnung der Fristverlängerung.
320) OLG Koblenz, OLGR 2003, 162, 163 u. 2000, 178; OLG Düsseldorf, OLGR 2003, 303 u. 2000, 26; SchlHOLG, OLGR 2003, 470; OLG Düsseldorf, BauR 2000, 1775; OLG Celle, NZBau 2001, 331; OLG Koblenz, OLGR 2000, 178; Saarländisches OLG, OLGR 2000, 26; OLG Karlsruhe, BauR 1998, 589, 590.
321) Siehe OLG Koblenz, OLGR 2003, 162, 163; OLG München, MDR 2001, 531.
322) SchlHOLG, OLGR 2003, 308.

achtens abzustellen, sondern stets nach der Zustellung des letzten (Ergänzungs-) gutachtens.[323)] Anträge auf mündliche Anhörung sind zurückzuweisen, sofern zwischenzeitlich **die Hauptklage** anhängig geworden ist;[324)] nichts anderes gilt für einen Antrag auf Ergänzung des bereits vorliegenden Gutachtens.[325)]

**113** Die Auffassung von Wussow,[326)] wonach ein Beweisverfahren so lange noch nicht als beendet angesehen werden kann, wie die Möglichkeit eines Antrags auf Befragung des Sachverständigen besteht, hat sich nicht durchgesetzt; dies würde nämlich im Ergebnis bedeuten, dass ein selbstständiges Beweisverfahren u. U. über Jahre hinweg als nicht beendet anzusehen wäre. Dass dies nicht richtig sein kann, liegt auf der Hand.

Vielmehr ist nach der Zustellung eines schriftlichen Sachverständigengutachtens an die Parteien das selbstständige Beweisverfahren beendet, wenn der Antrag auf Anhörung des Sachverständigen nicht in einem **engen zeitlichen Zusammenhang mit der Zustellung des Gutachtens** erfolgt; dabei sind bei der Bemessung der Frist immer der Umfang und Gehalt des Sachverständigengutachtens angemessen zu berücksichtigen.[327)]

**114** Wann die Grenze der Angemessenheit überschritten ist, muss jeweils im **Einzelfall** entschieden werden. Nach ständiger Rechtsprechung ist jedoch ein Zeitraum von vielen Monaten regelmäßig nicht als angemessen anzusehen; dies gilt vor allem, wenn es sich um einen einfach gelagerten Fall handelt.[328)] Bei **umfangreichen** und/oder **schwierigen** Gutachten wird in der Regel eine Frist von **4 Monaten** ausreichend und angemessen sein.[329)] Es ist nämlich auch zu berücksichtigen, dass (eventuelle)

---

323) OLG Köln, OLGR 2004, 303, 304; OLG Bamberg, BauR 2006, 560.
324) Zutreffend: LG Hanau, NZBau 2000, 341 = NJW-RR 2000, 688.
325) OLG Braunschweig, BauR 2001, 990, 991.
326) Beweissicherungsverfahren, S. 104.
327) Thüringer OLG, BauR 2003, 581; OLG Koblenz, OLGR 2003, 162, 163 u. 2000, 178, 179; Brandenburgisches OLG, BauR 2002, 1734; OLG Celle, OLGR 2000, 258; OLG Koblenz, OLGR 2000, 178, 179; KG, OLGR 2000, 1371; SchlHOLG, OLGR 1999, 141; OLG Karlsruhe, BauR 1998, 589, 590; OLG Köln (11. ZS), OLGR 2002, 128; OLG Köln (2. ZS), NJW-RR 1997, 1220; OLG Köln (1. ZS), NJW-RR 1998, 210 u. BauR 1997, 886; OLG Düsseldorf, NJW-RR 1996, 1527, 1528; SchlHOLG, OLGR 1996, 113; OLG München, OLGR 1995, 140, 141; OLG Frankfurt, BauR 1994, 139, 140; OLG Braunschweig, BauR 1993, 251; LG Frankfurt, BauR 1985, 603 = MDR 1985, 149, 150; *Hickl*, BauR 1986, 282, 284; siehe ferner: LG Köln, BauR 1985, 481; LG Hanau, BauR 1985, 482; LG Kaiserslautern, *SFH*, Nr. 1 zu § 411 ZPO (einschränkend); vgl. auch BGH, BauR 1993, 221 = BB 1993, 391 = NJW 1993, 851 u. OLG Köln, BauR 1998, 591 („in angemessener Zeit").
328) OLG Köln, OLGR 1998, 54; SchlHOLG, OLGR 1999, 141 (6–8 Wochen).
329) Vgl. aus der **Rechtsprechung:** OLG Bamberg, BauR 2006, 560, 561 (**2 Monate** nach Zusendung des **Ergänzungsgutachtens**); OLG Hamm, BauR 2005, 752 (**1 Monat** für Ergänzungsfragen nach mündlicher Anhörung des Gutachters); OLG Köln, OLGR 2002, 128 (8 Monate); OLG München, MDR 2001, 531; BauR 2000, 1775 (5 1/2 Monate bei ernsthaften Vergleichsverhandlungen nach Anhörung des Gutachters); OLG Düsseldorf, NZBau 2004, 555 = BauR 2004, 1978 (nur in Ausnahmefällen mehr als 3 Monate); OLG Hamburg, OLGR 2003, 583 (3 1/2 Monate); OLG Celle, OLGR 1999, 141 u. OLGR 2000, 288 (3 Monate angemessen; Gutachten von 31 Seiten nebst Anlagen); KG, BauR 2000, 1370 (**10 Wochen**); OLG Köln, NJW-RR 1997, 1200 (**6 Wochen** angemessen); OLG Düsseldorf, NJW-RR 1996, 1527, 1528 (**10 Wochen** angemessen); LG Dortmund, NJW-RR 2001, 714 = NZBau 2000, 342; OLG Köln, BauR 1997, 886 (nach **4 Monaten** verspätet); Thüringer OLG, BauR 2003, 581 u. OLG Köln, OLGR 1998, 54, 55 (**mehr** als **6** Monate: verspätet).

Einwendungen gegen das Gutachten nicht ausgeschlossen werden, sondern diese gegebenenfalls im Hauptsacheprozess nachgeholt werden können.[330]

Der BGH[331] hat klargestellt, dass das selbstständige Beweisverfahren mit dem Zugang des Sachverständigengutachtens **beendet** ist, sofern die Parteien nicht innerhalb der ihnen einzuräumenden **Prüfungsfrist** einen Antrag auf Anhörung stellen oder Einwendungen vortragen; ob die Beendigung eines selbstständigen Beweisverfahrens durch derartige Schrittte hinausgeschoben worden ist, lässt sich dadurch „naturgemäß erst **bei rückschauender Betrachtung** beurteilen" (BGH). Es ist deshalb immer Sache des Anspruchstellers, den Ablauf der Verjährungsfrist sorgfältig im Auge zu behalten. **115**

Eine Streitverkündung im Hauptsachverfahren beendet ein selbstständiges Beweisverfahren nicht.[332] Auch die **Festsetzung des Streitwertes** markiert nicht das Ende eines selbstständigen Beweisverfahrens;[333] sie liegt außerhalb der Beweisaufnahme und damit auch außerhalb des selbstständigen Beweisverfahrens. **116**

Von erheblicher Bedeutung ist die Wirkung des selbstständigen Beweisverfahrens auf den **späteren Bauprozess.** Nach § 493 Abs. 1 ZPO ist das **Ergebnis** eines selbstständigen Beweisverfahrens bei bestrittenem Tatsachenvortrag **wie eine vor dem Prozessgericht durchgeführte Beweisaufnahme zu behandeln.**[334] Konnten die Parteien nach früherem Recht den Hauptprozess durch weitere **(neue)** Beweismittel verzögern, besteht diese Möglichkeit für das selbstständige Beweisverfahren nur noch in den engen **Grenzen** der § 412 ZPO.[335] Die Verwertung des Beweisergebnisses setzt immer voraus, dass zwischen den Parteien des selbstständigen Beweisverfahrens und des Hauptsacheprozesses **Identität** besteht (vgl. auch Rdn. 123).[336] Die Beweisverwertung setzt eine **Verhandlung** der Parteien über das „Ergebnis" des selbstständigen Beweisergebnisses voraus (§ 285 Abs. 1 ZPO).[337] **117**

Das Ergebnis eines im **Ausland abgewickelten** Beweisverfahrens kann im späteren (deutschen) Hauptprozess nicht gemäß § 493 Abs. 1 ZPO verwertet werden.[338]

Allerdings bleibt den Parteien im Prozess vorbehalten, **Einwendungen** gegen die Art und Weise, insbesondere die **Ordnungsmäßigkeit** der Beweisaufnahme und die Zulässigkeit der Beweismittel, zu erheben. Dabei ist jedoch zu beachten, dass die **Zulässigkeit des Beweisverfahrens selbst** nicht Voraussetzung der späteren Verwendung der Beweise ist, weil die Unzulässigkeit der Beweiserhebung die Richtigkeit, Objektivität und Verwendbarkeit des Beweisergebnisses nicht zu berühren braucht.[339] Überhaupt führen Verstöße nur dann zu einem Verwertungsverbot im **118**

---

330) OLG Celle, OLGR 2000, 258, 259; LG Hanau, NZBau 2000, 341, 342.
331) BGH, BauR 2002, 1115, 1117 = NJW 2002, 1640 = NZBau 2002, 445 (LS).
332) OLG Karlsruhe, IBR 2005, 354 – *Wellensiek*.
333) OLG Hamburg, IBR 2003, 583 – *Ulrich;* OLG Breslau, OLG 43, 47; BGH, NJW 1973, 598, 699.
334) Begr. RegE, BT-Drucksache 11/3621, S. 24.
335) *Schreiber*, 1991, 2600, 2602; *Zöller/Herget*, § 493 ZPO, Rdn. 2.
336) OLG Düsseldorf, NVwZ-RR 1993, 339.
337) *Zöller/Herget*, § 493 ZPO, Rdn. 1.
338) OLG Köln, NJW 1983, 2779 = IPRax. 1984, 315, 299 (m. Anm. *Stürner*); dazu auch *Meilicke*, NJW 1984, 2017.
339) *Thomas/Putzo/Reichold*, § 493 ZPO, Rdn. 1; *Zöller/Herget*, Rdn. 3; *Wussow*, NJW 1969, 1401, 1403.

Hauptverfahren, wenn es sich um **gravierende** handelt. Gegen die Verwertung der Beweisverhandlung aus dem Beweisverfahren muss im Übrigen immer **rechtzeitig** vor der mündlichen Verhandlung oder in der mündlichen Verhandlung widersprochen werden.[340] Im anderen Falle droht Rügeverlust gemäß § 295 ZPO.

Mit Recht schränkt *Wussow*[341] die Möglichkeit des Antragsgegners ein, im späteren Hauptprozess prozessuale Einwendungen oder Bedenken materieller Art vorzubringen. Hat es der Antragsgegner arglistig oder zumindest schuldhaft unterlassen, seine Einwände rechtzeitig vorzubringen, und ist eine Klärung wegen des Verlustes des Beweismittels später nicht mehr möglich, muss dem Antragsgegner aus dem Gesichtspunkt der Beweisvereitelung verwehrt sein, die unterlassenen Einwendungen noch im Hauptprozess nachzuholen.

**119** In dem Hauptverfahren können sich die Parteien nicht auf eine **Unzuständigkeit** des Gerichts (des selbstständigen Beweisverfahrens) berufen (§ 486 Abs. 2 Satz 2 ZPO). Dies muss auch für den Fall eines (an sich gegebenen) **besonderen** oder **ausschließlichen** Gerichtsstands gelten.[342] Der Antragsgegner eines selbstständigen Beweisverfahrens kann in dem Hauptprozess auch nicht mehr einwenden, der Beweisantrag sei „unzulässig" gewesen, wenn ihm entsprochen worden ist.[343]

Zu beachten ist die Einschränkung des § 493 Abs. 2 ZPO: War der Gegner in einem Termin im selbstständigen Beweisverfahren nicht erschienen, kann das Ergebnis nur benutzt werden, wenn der Gegner **rechtzeitig** geladen war.[344] Ermittelt der Sachverständige die erforderlichen Tatsachen allerdings **nicht** aufgrund einer Ortsbesichtigung, sondern durch die **Heranziehung** von Feststellungen aus einem **früheren** selbstständigen Beweisverfahren, steht dies der Verwertung des Gutachtens nicht entgegen, wenn die ermittelten Tatsachen unstreitig sind.[345] § 493 Abs. 2 enthält darüber hinaus **kein absolutes Beweisverwertungsverbot;** dem Antragsteller bleibt es unbenommen, das Ergebnis des selbstständigen Beweisverfahrens im Wege des **Urkundenbeweises** in den Hauptprozess einzuführen.[346]

**120** „Termin" im Sinne des § 493 Abs. 2 ZPO ist jeder Termin im selbstständigen Beweisverfahren, also vor allem auch der von dem Sachverständigen anberaumte **Ortstermin**.[347] Deshalb scheidet eine Verwertung nach § 493 Abs. 1 ZPO aus, wenn nicht nachweisbar ist, dass die beklagte Partei von einem zuvor durchgeführten Ortstermin des Sachverständigen benachrichtigt worden ist.

**121** Die **Beweisverhandlungen aus dem Beweisverfahren** haben für das **Prozessgericht keine Bindungswirkung** im Hinblick auf **weitere** oder **ergänzende** Beweiserhebungen. Ergänzungen oder Wiederholungen der Zeugen- oder Sachverständigenvernehmungen sind zulässig (§§ 398, 412 ZPO). Bei Sachverständigengutachten, die in Bausachen meist umfangreich und kostspielig sind, sollte aus

---

340) *Stein/Jonas/Schumann/Leipold*, § 493 ZPO, 1.
341) NJW 1969, 1401, 1406; ebenso: OLG Düsseldorf, ZMR 1988, 174.
342) Vgl. *Weise*, Rdn. 572 (für § 32 ZPO); BLAH, § 486 ZPO, Rdn. 6 („weitere Auslegung"); a. A.: *Zöller/Herget*, § 486 ZPO, Rdn. 4.
343) *Weise*, Rdn. 573.
344) Vgl. hierzu: OLG Hamm, BauR 2003, 930; *Wita*, MDR 2000, 1363.
345) OLG Düsseldorf, NJW-RR 1994, 283.
346) Vgl. *Zöller/Herget*, § 493 ZPO, Rdn. 6 mit Hinw. auf OLG Frankfurt, MDR 1985, 853; siehe auch BGH, BauR 1990, 773 für den Antrag auf Vernehmung des Sachverständigen als sachverständiger Zeuge.
347) OLG Hamm, BauR 2003, 930, 931; OLG Köln, JMBl. NRW 1974, 137 = MDR 1974, 589.

prozessökonomischen Überlegungen ein weiteres Sachverständigengutachten jedoch nur eingeholt werden, wenn hierzu **berechtigter Anlass** besteht. Das ist der Fall, wenn die Parteien gegen das Gutachten erhebliche sachliche Einwendungen vortragen, die ohne eine sachverständige Beratung durch das Gericht nicht beschieden werden könnten. Raum für ergänzende Beweiserhebungen ist immer, wenn die **„entscheidungserheblichen"** Fragen von dem Beweissicherungsgutachten nicht ausreichend beantwortet werden; in diesem Falle ist ein Gericht gehalten, erheblichen Beweisangeboten durch Einholung eines **(weiteren)** Sachverständigengutachtens nachzugehen.[348]

Es ist demnach nicht erforderlich, dass alle Einwendungen bereits im selbstständigen Beweisverfahren vorgetragen sein müssen, um im Hauptsacheprozess berücksichtigt zu werden.[349] Im Übrigen gilt, was auch schon für das selbstständige Beweisverfahren selbst zu beachten ist: Eine Begutachtung ist als **ungenügend** anzusehen, wenn sie **grobe Mängel** aufweist, von **unzutreffenden Tatsachenfeststellungen** ausgeht oder **unlösbare Widersprüche** enthält. Ebenso können (nachträgliche) **Zweifel an der Sachkunde** des Sachverständigen Anlass bieten, ein weiteres Gutachten eines anderen Sachverständigen einzuholen.[350]

## 8. Die Kosten

*Literatur*

*Altenmüller*, Die Entscheidung über die Kosten des Beweissicherungsverfahrens, NJW 1976, 92; *Schneider*, Der materielle Kostenerstattungsanspruch, MDR 1981, 353; *Bank*, Ersatz der Kosten eines Beweissicherungsverfahrens ohne Hauptprozess, JurBüro 1982, 978; *Herget*, Kostenentscheidung im „Selbstständigen Beweisverfahren", MDR 1991, 314; *Bandemer*, Die Grundlagen der materiell-rechtlichen Kostenerstattung im Beweissicherungsverfahren nach neuem Recht, JurBüro 1991, 1017; *Brosette/Mertes*, Die Zuordnung der Gerichtskosten des selbstständigen Beweisverfahrens im Hauptverfahren, AnwBl. 1992, 418; *Ulbrich*, Selbstständiges Beweisverfahren – Gebührenreduzierung durch die Hintertür, BauR 1993, 671; *Notthoff/Buchholz*, Kostenlastenentscheidungen im selbstständigen Beweisverfahren, JurBüro 1996, 5; *Ende*, Kostentragungspflicht im selbstständigen Beweisverfahren bei nachträglicher Erfüllung des Hauptsacheanspruchs, MDR 1997, 123; *Siegburg*, Zur Kostengrundentscheidung im selbstständigen Beweisverfahren, Festschrift für Mantscheff (2000), 405; *Kießling*, Die Kosten der Nebenintervention im selbstständigen Beweisverfahren der §§ 485 ff. ZPO außerhalb des Hauptsacheverfahrens, NJW 2001, 3668; *Luz*, Kosten im selbstständigen Beweisverfahren – Eine Übersicht über die Rechtsprechung seit 1991, Jahrbuch Baurecht 2003, 251; *Schneider*, Die Gebühren des in Bausachen tätigen Anwalts nach dem Rechtsanwaltsvergütungsgesetz (RVG), BrBp 2004, 10; *Cuypers*, Feststellungen in selbstständigen Beweisverfahren in Bausachen – eine Bilanz nach 10 Jahren, MDR 2004, 244; *Cuypers*, Die Beteiligung Mehrerer in selbstständigen Beweisverfahren in Bausachen – eine Bilanz nach 10 Jahren, MDR 2004, 314; *Moehren/Frommhold*, Kostenentscheidungen im selbstständigen Beweisverfahren abseits des § 494a Abs. 2 ZPO, BauRB 2005, 250; *Lenzen*, Der Anspruchsgegner als Antragsteller des Beweisverfahrens und § 494a ZPO, BauR 2005, 303.

---

348) Zutreffend: OLG Hamm, BauR 2000, 1372; OLG Köln, OLGR 1994, 169, 171.
349) OLG Hamm, a. a. O., S. 1373.
350) Vgl. insoweit auch OLG Düsseldorf, BauR 1997, 515, 517.

## a) Grundsätze

**123** Die **kostenrechtliche** Behandlung des selbstständigen Beweisverfahrens war schon wegen der nur lückenhaften Regelung des § 494 a ZPO von Anbeginn schwierig und in den Einzelheiten umstritten. Inzwischen hat der **BGH** durch mehrere Grundsatzentscheidungen in vielen Teilbereichen für Klarheit gesorgt.

Ausgangspunkt jeder kostenrechtlichen Überlegung ist der **Grundsatz**, dass die Kosten des selbstständigen Beweisverfahrens „zu den **Kosten des Hauptverfahrens**" gehören und von der dort getroffenen Kostenentscheidung mitumfasst werden.[351] Kommt es demnach während oder im Anschluss an ein Beweisverfahren nach §§ 485 ff. BGB zu einem **Hauptsacheprozess**, ist dort über die Kosten des Beweisverfahrens zu befinden. Bei diesem Grundsatz bleibt es auch, wenn die Hauptsache durch **Klagerücknahme** erledigt wird.[352] Über die Erstattungsfähigkeit der im Beweisverfahren angefallenen Kosten ist deshalb im **Kostenfestsetzungsverfahren** zu entscheiden (§ 104 ZPO). Dies gilt auch für Fälle, in denen im Einzelfall **zweifelhaft** ist, ob sich die Parteien in dem Beweisverfahren als „**Gegner**" gegenübergestanden haben oder der Streitgegenstand von selbstständigem Beweisverfahren und Hauptverfahren „**identisch**" ist; denn auch insoweit hat der BGH[353] klargestellt:

> „Ob die Kosten notwendig waren (§ 91 ZPO), die Parteien des Beweisverfahrens und des Hauptsacheprozesses identisch sind und sich im Beweisverfahren als Gegner gegenübergestanden haben und ob der Streitgegenstand der Verfahren identisch war, ist nicht Bestandteil der der Kostengrundentscheidung zugrundeliegenden Prüfung im Erkenntnisverfahren, sondern der Prüfung der Erstattungsfähigkeit der Kosten im Kostenfestsetzungsverfahren nach § 104 ZPO. Dort ist auch zu prüfen, ob und unter welchen Voraussetzungen die Kosten dann nicht erstattungsfähig sind, wenn das Ergebnis der Beweiserhebung für die Entscheidung in der Hauptsache ganz oder teilweise nicht verwertet wurde."

**124** In dem **Kostenfestsetzungsverfahren** des Hauptprozesses ist deshalb Folgendes zu beachten:

Die Kosten des selbstständigen Beweisverfahrens sind bei der Kostenerstattung zu berücksichtigen („festzusetzen"), wenn die **Parteien** des Beweisverfahrens mit denen der Hauptsache **identisch** sind[354] und sich im selbstständigen Beweisverfahren als

---

351) BGH, BauR 2006, 865 = NZBau 2006, 374 = ZfBR 2006, 348 = IBR 2006, 237 – *Ulrich*; BGH, BauR 1989, 601, 603 = NJW-RR 1989, 980; OLG Celle, NZBau 2003, 618 = OLGR 2003, 354 = BauRB 2004, 43 (Kosten des **Streithelfers**); KG, IBR 2006, 533 – *Beuermann* (für Kosten des Beschwerdeverfahrens); OLG Jena, OLGR 2006, 775, 776; OLG Stuttgart, BauR 1994, 141; LG Berlin, JurBüro 1985, 922 für Kosten eines Gutachtens im Beweissicherungsverfahren, das erst **nach Erlass** der Entscheidung im Hauptprozess erstattet wird. Nach OLG München, NJW-RR 1999, 655, ist dagegen die Kostenentscheidung in einem einstw. Verfügungsverfahren keine Grundlage für eine Kostenerstattung.
352) BGH, BauR 2007, 1094, 1095 = IBR 2007, 288 – *Hildebrandt*; BauR 2007, 587 = NJW 2007, 246 = IBR 2007, 166; BGH, BauR 2005, 133 = NZBau 2005, 42 = ZfBR 2005, 174 = IBR 2005, 64; BauR 2005, 1056 = NZBau 2005, 396 = IBR 2005, 353.
353) BGH, NJW 1996, 1749 = BauR 1996, 386.
354) BGH, BauR 2007, 587 = NZBau 2007, 246; BGH, ZfBR 2005, 53, 54 = BauR 2004, 1809; BauR 1989, 601, 603; OLG Düsseldorf, BauR 2006, 1179; OLG München, NJW-RR 2001, 719; OLG Koblenz, BauRB 2004, 301 – *Böckermann*; OLG Köln, OLGR 1993, 265; OLG Karlsruhe, JurBüro 1986, 1087; OLG Hamm, JurBüro 1983, 1101; OLG Hamburg, MDR 1983, 409; KG, Rpfleger 1985, 251 (für Beweisantrag durch den Architekten und Klage durch den **Bauherrn**); LG Frankenthal, *SFH*, Nr. 6 zu § 91 ZPO (**Verwalter** einer Eigentümergemeinschaft).

Gegner gegenübergestanden haben; es reicht nicht aus, wenn sie nur gemeinsame Antragsteller oder Antragsgegner waren.[355] Die Parteien eines Beweisverfahrens und einer nachfolgenden Hauptsache sind als miteinander identisch anzusehen, wenn z. B. an die Stelle der Partei des selbstständigen Beweisverfahrens im Hauptprozess der **Konkurs(Insolvenz)verwalter** über das Vermögen dieser Partei getreten ist.[356] Wird eine Forderung **nach** Durchführung des selbstständigen Beweisverfahrens **abgetreten,** so können die Kosten des Beweisverfahrens im Rechtsstreit des Zessionars gegen den Schuldner festgesetzt werden.[357] Schließlich ist Parteiidentität gegeben, wenn eine Partei in gewillkürter Prozessstandschaft kraft Ermächtigung des am Beweisverfahren beteiligten Rechtsinhabers den Rechtsstreit führt oder der Antragsteller des Beweisverfahrens Streithelfer im Rechtsstreit ist.[358]

Darüber hinaus muss der **Streitgegenstand**[359] von beiden Verfahren **identisch** sein. Nach der neueren Rechtsprechung des BGH[360] ist von einer „**Identität in diesem Sinne**" auch auszugehen, wenn **nur Teile des Gegenstandes** eines selbstständigen Beweisverfahrens zum Gegenstand der (anschließenden) Hauptsacheklage werden. In diesen Fällen darf deshalb ebenfalls **keine Teilkostenentscheidung** nach § 494 a Abs. 2 Satz 1 ZPO ergehen, sondern in den anhängigen Klageverfahren müssen im Einzelfall die **nicht** weiterverfolgten Teile des vorangegangenen Beweisverfahrens herausgerechnet und **analog § 96 ZPO** quotenmäßig bei der Verteilung der Kosten des selbstständigen Beweisverfahrens berücksichtigt werden.[361] Die Vorschrift des § 96 ZPO wird zukünftig in der Praxis erheblich an Bedeutung gewinnen; ihr **Übersehen** kann jedenfalls in dem Kostenfestsetzungsverfahren nicht mehr korrigiert werden (reformatio in peius).[362] Die Parteien müssen daher im Einzelfall darauf achten, dass das Gericht gegebenfalls in entsprechender Anwendung des § 96 ZPO **gesondert** über die Kosten des Beweisverfahrens befindet; andernfalls gehen diese in die Kostenquotelung des Hauptverfahrens ein.

Nach der Rechtsprechung des BGH[363] ist **nicht** entscheidend, ob das Beweisergebnis des selbstständigen Beweisverfahrens im Hauptsacheprozess **verwertet** worden ist. Es kommt nur darauf an, ob das Beweisverfahren „inhaltlich" dem Klage-

---

355) OLG Düsseldorf, BauR 1997, 349, 350; OLG Köln, JurBüro 1978, 1820; SchlHOLG, SchlHA 1980, 202; s. auch OLG Koblenz, BauRB 2004, 301 (für Beitritt des Antragsgegners im Hauptsacheprozess).
356) OLG Köln, JurBüro 1987, 433.
357) OLG Düsseldorf, MDR 1985, 1032 = JurBüro 1985, 1863; OLG Köln, OLGR 1993, 265, 266.
358) *Keldungs/Tilly*, S. 83 m. Nachw.
359) Der **Streitgegenstand** eines selbstständigen Beweisverfahrens umfasst alle denkbaren Ansprüche, die sich nach dem Vortrag des Antragstellers mit Hilfe des zu sichernden Beweises durchsetzen lassen können (zutr. LG Kiel, NJW-RR 1986, 357). Identisch ist auch der Streitstoff, der sich auf die **Rechtsverteidigung** bezieht (Thüringer OLG, OLGR 2001, 252).
360) BauR 2007, 1094, 1095; BauR 2006, 865, 866 = NZBau 2006, 374 = ZfBR 2006, 348 = IBR 2006, 237 – *Ulrich*; BauR 2004, 1485, 1486 = NZBau 2004, 507; BauR 2005, 429, 430 = NZBau 2005, 43, 44.
361) BGH, BauR 2005, 429, 430 = NZBau 2005, 43, 44 = NJW-Spezial 2005, 121.
362) Siehe dazu: BGH, BauR 2006, 865, 867 = NZBau 2006, 374 = ZfBR 2006, 348 = NJW-Spezial 2006, 312; *Bormann/Flury/Graßnack*, BauR 2007, 463, 467.
363) BGH, BauR 2004, 1487, 1488 = NZBau 2005, 44; BauR 2003, 1255 = NZBau 2003, 566; *Ingenstau/Korbion/Joussen*, Anhang 4, Rdn. 88.

verfahren zugeordnet werden kann.[364] Das Gericht im Hauptsacheverfahren muss sich mit **derselben** Angelegenheit befasst und hierüber entschieden haben, die zuvor Gegenstand des selbstständigen Beweisverfahrens war.[365] In diesem Sinne besteht aber eine (volle) Identität, wenn in dem Hauptprozess ein **geringerer Kostenvorschuss** verlangt wird, als er im Beweisverfahren von dem Antragsteller veranschlagt und als Wert des Gegenstandes dort festgesetzt worden ist.[366] Darüber hinaus sind die Kosten des Beweisverfahrens auch dann in vollem Umfang nach der Kostenentscheidung des Hauptsacheprozesses zu erstatten, wenn zwar beide Verfahren dieselben Mängel betreffen, der Streitwert der Hauptsache aber niedriger ist, weil der Kläger mit dem auf die Mängel bezogenen Schadensersatzanspruch gegen eine unbestrittene Forderung des Beklagten aufgerechnet hat.[367] Bei voller „Identität" des in beiden Verfahren verfolgten „Anspruchs" sind deshalb die gesamten im selbstständigen Beweisverfahren angefallenen Kosten im Kostenfestsetzungsverfahren zu berücksichtigen, auch wenn der Streitwert des Beweisverfahrens **höher** bewertet wurde. Nichts anderes gilt, wenn von zwei Antragsgegnern nur einer Partei des Hauptprozesses wird.[368] Demgegenüber ist der Streitgegenstand nicht mehr „identisch", wenn das das Verfahren abschließende Urteil wegen einer zulässigen Klageänderung nicht mehr über den Gegenstand des selbstständigen Beweisverfahrens entscheidet, der ursprünglich Gegenstand des Rechtsstreits war.[369] Wird das selbstständige Beweisverfahren Gegenstand **mehrerer** „Hauptsache"-Prozesse, gehören die Kosten des Beweisverfahrens zu den einzelnen Hauptsachen im Verhältnis ihrer Streitwerte.[370]

**126** Im **Ergebnis** ist somit festzustellen, dass das selbstständige Beweisverfahren – im Grundsatz – **keine Kostenentscheidung** kennt,[371] was seinen Grund darin findet, dass im selbstständigen Beweisverfahren nicht festgestellt werden kann und darf, wer letztlich obsiegt oder unterliegt.[372] In der Praxis wird ein Antragsteller bei günstigem Ausgang des selbstständigen Beweisverfahrens immer den Hauptprozess anstrengen und bei **obsiegendem** Urteil über § 91 ZPO zu einem Kostenerstattungsanspruch bezüglich der Beweissicherungskosten kommen; **unterliegt** er allerdings, so trägt er die Kosten des selbstständigen Beweisverfahrens auch dann, wenn dieses Beweisverfahren in der Sache für ihn „positiv" ausgegangen war.

---

364) Zutreffend: OLG Frankfurt, BauR 2000, 296 (Streitwert nicht maßgebend); OLG Hamm, BauR 2000, 1090, 1091; OLG München, OLGR 1996, 60.
365) OLG Koblenz, BauR 2002, 1889, 1890; OLG Hamm, OLGR 2003, 59.
366) BGH, BauR 2006, 865, 867 (Anwendung von § 96 ZPO); KG, JurBüro 1997, 319 = NJW-RR 1997, 960; SchlHOLG, JurBüro 1995, 216; OLG Köln, JurBüro 1996, 1265.
367) OLG München, NJW-RR 2000, 1237 = JurBüro 2000, 39; *Ingenstau/Korbion/Joussen*, Anhang 4, Rdn. 88.
368) BGH, BauR 2004, 1809, 1810 = NZBau 2004, 674 = ZfBR 2004, 53, 54; OLG München, OLGR 2005, 444, 445; *Ingenstau/Korbion/Joussen*, Anhang 4, Rdn. 92.
369) OLG Köln, BauR 2005, 900, 901; OLG München, NJW-RR 2001, 719; siehe auch KG, OLGR 2006, 148, 149 (keine Identität, wenn der Antragsteller seine Forderung vor Anhängigkeit des Beweisverfahrens an einen Dritten abgetreten hat).
370) OLG München, MDR 1989, 548 = JurBüro 1989, 1121; OLG Köln, NJW 1972, 953; OLG Düsseldorf, NJW 1976, 115.
371) BGH, NJW 1996, 1749 = BauR 1996, 386; BGHZ 20, 4, 15; LG Potsdam, BauR 1998, 883 (für teilweise Antragsrücknahme).
372) Vgl. OLG Hamm, OLGR 1993, 2, 3.

# Kosten

Wurde ein selbstständiges Beweisverfahren durchgeführt, dessen Ergebnisse für die Entscheidung der Hauptsache **völlig nutzlos** waren, so muss das Prozessgericht die Kosten des selbstständigen Beweisverfahrens gemäß **§ 96 ZPO (analog)** in jedem Falle dem Antragsteller auferlegen.[373] Die Vorschrift des § 96 ZPO ist das **Korrektiv** in allen Fällen, in denen nach einem selbstständigen Beweisverfahren – gemessen an dem Verfahrensgegenstand – nur eine **eingeschränkte** Hauptsacheklage von dem Antragsteller erhoben wird.[374]

Der BGH hat darüber hinaus entschieden, dass die im selbstständigen Beweisverfahren entstandenen gerichtlichen Kosten, also die Gebühren, aber auch die Auslagen (wie z. B. diejenigen für einen gerichtlich bestellten Sachverständigen) **gerichtliche Kosten** des (nachfolgenden) **Hauptsacheverfahrens** darstellen.[375] Wird das Hauptsacheverfahren übereinstimmend für **erledigt** erklärt oder schließen die Parteien einen **Vergleich**, ist den Parteien im Hinblick auf §§ 91 a, 98 ZPO anzuraten, sich zu angefallenen Kosten eines Beweisverfahrens zu äußern und gegebenenfalls eine **einvernehmliche Kostenregelung** zu treffen. Wird nach einem selbstständigen Beweisverfahren ein **außergerichtlicher Vergleich** geschlossen, der auch den Gegenstand des Beweisverfahrens erledigt, kommt eine Kostenbelastung des Antragstellers auf dem Weg des § 494 a ZPO nicht in Betracht; vielmehr sind die Kosten des Beweisverfahrens bei unterbliebener Kostenregelung im Vergleich als gegeneinander aufgehoben anzusehen.[376]

127

## b) Zum Anwendungsbereich des § 494 a ZPO

Kommt es im Anschluss an ein Beweisverfahren **nicht** zu einem Hauptprozess, besteht für den Antragsgegner die Möglichkeit, über **§ 494 a ZPO** zu einem vollstreckbaren Kostentitel zu gelangen.[377] Die gesetzliche Regelung ist jedoch unvollkommen und durch die neuere Rechtsprechung in ihrer Bedeutung auch deutlich gemindert worden.

128

Voraussetzung einer Anwendung des § 494 a ZPO ist zunächst, dass das selbstständige Beweisverfahren **beendet** wurde; erst die Beendigung eröffnet überhaupt den Weg zu § 494 a ZPO. Ist dies nicht der Fall, weil der Antrag auf Durchführung des Beweisverfahrens **zurückgenommen** oder für **erledigt erklärt** worden ist, besteht für den Antragsgegner nur der Weg, über eine **isolierte** Kostenentscheidung zu einem Kostenerstattungsanspruch zu gelangen (Rdn. 134). Nichts anderes gilt, wenn der Antrag auf Durchführung des Beweisverfahrens als **unzulässig** abgewiesen oder in dem Beweisverfahren ein **Vergleich** geschlossen wird (§ 492 Abs. 3 ZPO).[378]

---

373) In diesem Sinne bereits: OLG Köln, *SFH*, Nr. 2 zu § 91 ZPO; OLG Nürnberg, BauR 1995, 275; OLG Düsseldorf, OLGR 1997, 324 = NJW-RR 1998, 358 = BauR 1998, 367; OLG Köln, BauR 2000, 1777, 1779.

374) BGH, NZBau 2005, 43, 44 = BauR 2005, 429; BauR 2004, 1485, 1486 = NZBau 2004, 507 = NJW 2004, 3121.

375) BGH, BauR 2007, 747, 748; BauR 2006, 865 = NZBau 2006, 374 = ZfBR 2006, 348; BauR 2005, 429 = NZBau 2005, 43 = NJW 2005, 294; BauR 2004, 1487 = NZBau 2005, 44.

376) OLG Koblenz, Beschluss vom 17.8.2004 – 5 W 517/04.

377) Zum Antragsrecht des **Streithelfers:** OLG Frankfurt, BauR 2004, 536; LG Regensburg, NZBau 2004, 392, 393; OLG Karlsruhe, NJW-RR 2001, 214 u. BauR 1999, 1210.

378) Vgl. OLG Frankfurt, BauR 2004, 536 u. KG, MDR 1998, 70 für einen außergerichtlichen Vergleich; LG Stuttgart, NJW-RR 2001, 720 für einen gerichtlichen Vergleich.

**129** Eine Kostenentscheidung nach § 494a Abs. 2 ZPO unterbleibt (zugunsten des Antragsgegners) auch dann, wenn dieser die „Hauptsacheforderung" (z. B. die Mängelansprüche) **vor Klageerhebung erfüllt** oder vorbehaltlos **erklärt,** seinen vertraglichen Verpflichtungen (nunmehr) nachkommen zu wollen.[379] **Beseitigt** also z. B. der Unternehmer die im selbstständigen Beweisverfahren durch Sachverständigengutachten festgestellten Mängel **vor** Erhebung der Hauptsacheklage, ist für eine Kostenentscheidung nach § 494a Abs. 2 ZPO kein Raum.[380] Nichts anderes gilt, wenn und solange im Werklohnprozess des Antragsgegners ein Mängelanspruch des Antragstellers zur **Aufrechnung** gestellt ist, der sich auf Mängel bezieht, die Gegenstand des Beweisverfahrens waren.[381] Folgerichtig muss dies auch für ein von dem Antragsteller in einem anhängigen Hauptprozess einredeweise geltend gemachte Leistungsverweigerungsrecht gelten, das Mängel aus dem Beweisverfahren betrifft.[382] Ist der Antragsgegner – nach für ihn ungünstigem Ausgang des Beweisverfahrens – **vermögenslos** geworden und verzichtet deshalb der Antragsteller auf ein Klageverfahren, soll nach OLG Rostock[383] ein Kostenbeschluss zugunsten des Antragsgegners nach § 494a ZPO ebenfalls nicht in Betracht kommen.

**130** Voraussetzung für die Anwendung des § 494a ZPO ist, dass eine **Hauptsacheklage** trotz entsprechender Anordnung **unterbleibt.** Die Klageerhebungsfrist muss stets angemessen sein.[384] Das OLG Köln[385] verlangt für eine wirksame Fristsetzung[386] nach § 494a Abs. 1 ZPO, dass in dem Beschluss über die Anordnung auch auf die Folgen der Säumnis hingewiesen wird. Wird die **Frist** zur Klageerhebung von dem Antragsteller **versäumt,** dann aber gleichwohl Klage erhoben, bevor der Kostenantrag nach § 494a Abs. 2 ZPO beschieden wird, kommt eine Entscheidung nach § 494a ZPO nicht mehr in Betracht;[387] denn die isolierte Kostenentscheidung knüpft an das Unterlassen der Klageerhebung, nicht an die Einhaltung der für diese bestimmten Frist an. Dies gilt auch, wenn der Schuldner des dem Beweisverfahren zugrundeliegenden Hauptanspruchs das streitbefangene Grundstück veräußert.[388]

---

379) Vgl. OLG Celle, BauR 2002, 1888; LG Osnabrück, BauR 1995, 281, 282; siehe ferner: OLG Düsseldorf, BauR 1995, 279, 280 u. BauR 1994, 278; OLG München, BauR 1997, 167; OLG Frankfurt, BauR 1999, 435 (**Erfüllung**; s. auch *Ende*, MDR 1997, 123 ff.); OLG Hamm, BauR 2000, 1090 (Fortsetzung der Beweisaufnahme im anhängigen Hauptsacheprozess); OLG München, OLGR 1999, 67 (Beseitigung des Mangels durch einen Mithaftenden); OLG München, IBR 2001, 466 (Beseitigung vermeintlich „anderer" Mängel).
380) BGH, NZBau 2003, 216 = ZfBR 2003, 257 = NJW-RR 2003, 454 = BauR 2003, 575.
381) BGH, BauR 2005, 1799 = NZBau 2005, 687.
382) OLG Stuttgart, BauR 2007, 1098, 1099.
383) BauR 1997, 169; s. ferner: OLG Karlsruhe, BauR 2003, 1931 = OLGR 2004, 170 = IBR 2004, 112 (keine Anordnung nach § 494a Abs. 1 ZPO) u. KG, BauR 2004, 1037 = NZBau 2004, 157 = KGR 2003, 324 (Insolvenz des Antraggegners).
384) OLG Schleswig, OLGR 2001, 400.
385) OLGR 1997, 116 = JMBl. NW 1997, 79.
386) Nach OLG Köln (OLGR 1998, 54) ist die **Fristsetzung** selbst für den Antragsteller des selbstständigen Beweisverfahrens nicht **anfechtbar.**
387) BGH, BauR 2007, 1606, 1607 = NZBau 2007, 642 = IBR 2007, 532 – *Ulrich*; OLG Düsseldorf, BauR 2001, 1292; NJW-RR 1998, 359; **a. A.:** OLG Frankfurt, NJW-RR 2001, 842.
388) OLG Hamm, OLGR 1996, 166 (LS).

**131** Die Hauptsacheklage muss **erhoben** werden. Dabei steht einer Klageerhebung i. S. von § 494 a Abs. 1 ZPO die Erhebung einer **Widerklage** gleich;[389] streitig war, ob es ausreicht, wenn der Antragsteller im Rahmen eines anhängigen Rechtsstreits (mit umgekehrtem Rubrum) eine **Aufrechnung** erklärt oder ein **Zurückbehaltungsrecht** geltend macht.[390] Für die **Aufrechnung** ist dies durch den Beschluss vom 25.8.2005[391] höchstrichterlich entschieden.

**132** Im Übrigen muss sich die Klageerhebung immer auf den im Beweisverfahren „geprüften" Sachverhalt beziehen;[392] es reicht nicht aus, wenn z. B. der Antragsteller in dem Hauptsacheprozess einen ganz anderen Mangel behauptet als im Beweisverfahren. Identität i. S. des § 494 a ZPO ist allerdings gegeben, wenn er den vom Sachverständigen **tatsächlich festgestellten** Mangel zum Gegenstand der Hauptsacheklage macht. Schließlich ist die rechtzeitige Erhebung **Teilklage**[393] oder **Widerklage** in einem anhängigen Rechtsstreit umgekehrten Rubrums als ausreichend anzusehen.

**133** **Umstritten** war, ob eine Kostenentscheidung nach § 494 a ZPO erfolgen kann, sofern der Antragsteller nach einer Fristsetzung (§ 494 a Abs. 1 ZPO) nur wegen eines **Teiles des Streitgegenstandes** des selbstständigen Beweisverfahrens **Klage erhebt.** Auch dies ist zwischenzeitlich höchstrichterlich geklärt. Der BGH[394] geht von der alleinigen Zuständigkeit des Hauptsacheverfahrens aus; eine **Teil**kostenentscheidung nach § 494 a ZPO ist deshalb ausgeschlossen; gegen diese sprechen der Grundsatz der Einheitlichkeit der Kostenentscheidung (im Hauptsacheverfahren) sowie Sinn und Zweck des § 494 a Abs. 2 ZPO. Demnach ist über die Kosten des Beweisverfahrens ausschließlich im **Hauptsacheverfahren** zu entscheiden. Bleibt die Hauptsacheklage hinter dem Verfahrensgegenstand des selbstständigen Beweisverfahrens zurück, ist eine entsprechende Anwendung von § 96 ZPO zu Lasten des Anstellers geboten.[395]

Im Ergebnis kann deshalb nur der Antragsgegner, der in dem Hauptprozess nicht verklagt wird, über § 494 a ZPO zu einem Kostentitel gelangen; wird z. B. nicht der Antragsgegner, sondern nur gegen den **Streitverkündeten** des Beweisverfahrens Klage erhoben, sind dem Antragsteller nach § 494 a Abs. 2 Satz 1 ZPO die dem Antragsgegner entstandenen Kosten aufzuerlegen.[396] Im Übrigen wird es nicht zu beanstanden sein, wenn in dem **Kostenfestsetzungsverfahren** bei **Teilidentität** der

---

389) BGH, BauR 2003, 1255 = NZBau 2003, 500 = NJW-RR 2003, 1240 = BauRB 2003, 140 = ZfBR 2003, 566; OLG Frankfurt, OLGR 2002, 295.
390) Auf Grund der neueren Rechtsprechung des BGH zutreffend: OLG Stuttgart, BauR 2007, 1098, 1099; OLG Köln, OLGR 1999, 323, 324; OLG Nürnberg, BauR 2000, 442; a. A.: OLG Zweibrücken, BauR 2004, 1490 = OLGR 2004, 384; OLG Köln, BauR 1997, 517; LG Aachen, BauR 2002, 351, 352.
391) BauR 2005, 1799 = NZBau 2005, 687 = IBR 2005, 649 – *Wolff*.
392) OLG Zweibrücken, OLGR 2002, 17; OLG Köln, BauR 1997, 517 (885); OLG Hamm, JurBüro 1996, 376; OLG Zweibrücken, MDR 2002, 476.
393) OLG Düsseldorf, OLGR 1997, 324 (Anwendung von § 96 ZPO); **a. A.:** OLG Düsseldorf, OLGR 1997, 279 (Teilkostenentscheidung nach § 494 a Abs. 2 ZPO möglich und geboten).
394) BauR 2005, 429; BauR 2004, 1485 = NZBau 2004, 507 = BauRB 2004, 299; OLG Frankfurt, OLGR 2004, 14; OLG Schleswig, OLGR 2001, 338; OLG Düsseldorf, BauR 2001, 1950.
395) BGH, BauR 2005, 429, 430; BGH, NZBau 2003, 276, 278.
396) OLG Köln, OLGR 2002, 158.

Streitgegenstände eine entsprechende **Kostenquote** ausgeworfen wird.[397] Zu beachten ist, dass der Antrag auf Klageerhebung auch noch nach Jahren von dem Antragsgegner erhoben werden kann.[398]

### c) Die „isolierte" Kostenentscheidung

**134** Da die **Sonderregelung** des § 494 a ZPO keine abschließende Regelung der Frage, ob und wann eine Kostenentscheidung im selbstständigen Beweisverfahren zu ergehen hat, enthält, entspricht es zwingendem Gebot, dass für bestimmte Fallgruppen eine **„isolierte"** Kostenentscheidung zu treffen ist.[399] Allerdings ist auch insoweit vieles umstritten, wenngleich der BGH einige Streitfragen geklärt hat. Im Grundsatz kann angenommen werden, dass eine **isolierte** Kostenentscheidung in entsprechender Anwendung der allgemeinen Kostenvorschriften begrenzt möglich ist, sofern ein Beweisverfahren tatsächlich nicht durchgeführt wird und ein Hauptsacheprozess nicht folgt oder eine vergleichsweise Regelung über die Kosten nicht zu erzielen ist. Unter Berücksichtigung der neueren BGH-Rechtsprechung sind die nachfolgenden Fallgestaltungen wie folgt zu beurteilen:

**135** * Wird ein selbstständiger Beweisantrag wegen Fehlens der Voraussetzungen des § 485 Satz 2 ZPO als **unzulässig** zurückgewiesen, so hat eine Kostenentscheidung in entsprechender Anwendung des **§ 91 ZPO** zu erfolgen.[400]
* Nimmt der Antragsteller den selbstständigen Beweisantrag **zurück,** muss er sich so behandeln lassen[401] oder wird das Verfahren nicht weiter betrieben,[402] sind ihm die Kosten **entsprechend § 269 Abs. 3 Satz 2 ZPO** aufzuerlegen.[403] Mit der Antrags-

---

397) Vgl. dazu überzeugend: OLG Karlsruhe, JurBüro 1996, 36 mit Nachw.; SchlHOLG, AnwBl. 1995, 269.
398) OLG Köln, BauR 2003, 598 (LS).
399) OLG München, BauR 2001, 1947 u. 2001, 993; Brandenburgisches OLG, OLGR 1996, 115 = BauR 1996, 584 = JurBüro 1996, 372; *Notthoff/Buchholz*, JurBüro 1996, 5, 6; OLG Stuttgart, BauR 1995, 278.
400) OLG München, OLGR 2005, 735; OLG Karlsruhe, BauR 2000, 1529; Brandenburgisches OLG, JurBüro 1996, 372 = OLGR 1996, 115; OLG Stuttgart, BauR 1995, 278, 279; OLG Braunschweig, BauR 1993, 122; OLG München, NJW-RR 1986, 1442; OLG Frankfurt, MDR 1998, 128.
401) Vgl. dazu: BGH, BauR 2005, 133, 134 = NZBau 2005, 42 = ZfBR 2005, 174; OLG Frankfurt, NJW-RR 1995, 1150 = MDR 1995, 751 u. OLG Celle, NJW-RR 1998, 1079 (**Nichtzahlung** des Auslagenvorschusses durch Antragsteller) u. BauR 1995, 426, 427 (die Antragsänderung im Bereich des Aktivrubrums steht einer Antragsrücknahme gleich); LG Schwerin, BauR 1996, 756 (für Erklärung, eine Entscheidung über den Beweissicherungsantrag sei „nicht mehr erforderlich"); s. ferner: *Ingenstau/Korbion/Joussen*, Anhang 4, Rdn. 106.
402) OLG Dresden, IBR 2004, 173 (**unvollständige** Zahlung des Auslagenvorschusses; s. ferner: OLG Frankfurt, IBR 2005, 66 für nicht fristgerechte Zahlung); KG, OLGR 2004, 70; OLG München, NJW-RR 2001, 1439; OLG Hamm, BauR 2000, 1090; OLG Celle, NJW-RR 1998, 1079; OLG Stuttgart, OLGR 1999, 419; **a. A.:** OLG Köln, BauR 2000, 1777; NJW-RR 2001, 1650; OLG München, BauR 1999, 784.
403) BGH, BauR 2005, 133, 134 = NZBau 2005, 42 = ZfBR 2005, 174; OLG Hamm, NZBau 2005, 696; OLG Zweibrücken, BauR 2004, 541; OLG Saarbrücken, OLGR 2003, 181; KG, OLGR 2004, 70; OLG Braunschweig, BauR 2001, 994. Nach OLG Koblenz (IBR 2006, 534) ist § 269 Abs. 3 Satz 2 ZPO bei einer **Teilrücknahme** nicht entsprechend anwendbar; bei einem **Partei-**

rücknahme hat sich der Antragsteller freiwillig in die Rolle des Unterlegenen begeben. Hat der Antragsgegner einen Kostenerstattungsanspruch nach § 269 Abs. 3, so kann auch sein Streithelfer einen solchen gegen den Antragsteller geltend machen (§ 101 ZPO analog).[404)]

* Erklärt der Antragsteller den Antrag auf Durchführung des Beweisverfahrens **einseitig** für **erledigt**, ist dies als Antragsrücknahme mit der Kostenfolge des § 269 Abs. 3 Satz 2 ZPO zu werten.[405)]
* Erklären Antragsteller und Antragsgegner das selbstständige Beweisverfahren in der Hauptsache **übereinstimmend für erledigt,** kann über die Kosten des Verfahrens **nicht** gemäß **§ 91 a ZPO analog** entschieden werden.[406)] Die am selbstständigen Beweisverfahren Beteiligten (Antragsteller, Antragsgegner, Streithelfer) werden deshalb insoweit auf die Geltendmachung eines materiell-rechtlichen Kostenerstattungsanspruchs angewiesen sein.
* Demgegenüber ermöglicht die **einseitige Erklärung** des Antragstellers, das selbstständige Beweisverfahren sei in der Hauptsache erledigt, **keine** Kostenentscheidung gegen den **Antragsgegner**.[407)] Der Ansteller muss vielmehr auf **Feststellung** klagen, „dass der Antragsgegner zu der vorgenommenen Handlung verpflichtet war" (BGH). Ein obsiegendes Urteil würde dann die Kostengrundlage für die Erstattung der Kosten des selbstständigen Beweisverfahrens bilden.
* Schließen die Parteien einen **außergerichtlichen Vergleich,** ohne dabei eine Kostenregelung hinsichtlich eines anhängigen selbstständigen Beweisverfahrens zu treffen, ist **zunächst** im Wege einer **Auslegung** (§§ 133, 157, 242 BGB) festzustellen, ob sich die Kostenregelung des Vergleichs **auch** auf das Beweisverfahren bezieht.[408)] Ist dies zu **verneinen,** kommt eine analoge Anwendung von § 98 ZPO nicht in Betracht.[409)] Nichts anderes gilt, wenn der Antragsteller aufgrund des außergerichtlichen Vergleichs den Beweissicherungsantrag **zurücknimmt;**[410)] hat sich der Antragsteller allerdings in dem außergerichtlichen Vergleich zu einer **Rücknahme** des Beweissicherungsantrages **verpflichtet,** sind ihm im Zweifel die Kosten nach **§ 269 Abs. 3 ZPO analog** aufzuerlegen, weil in diesem Falle die entsprechende Anwendung des § 98 ZPO nicht geboten ist.[411)]
* Ruft der Antragsteller ein **unzuständiges** Gericht an, und wird der Antrag deshalb zurückgewiesen, sind die Kosten des selbstständigen Beweisverfahrens nach **§ 281 Abs. 3 Satz 2 ZPO analog** dem Antragsteller aufzuerlegen.[412)]

---

wechsel kann nach OLG Dresden (BauR 2006, 1513, 1514) der **ausgeschiedene** Antragsgegner einen Kostenbeschluss nach § 269 Abs. 3 Satz 2 ZPO erwirken.
404) BGH, BauR 2005, 133; *Weise,* Rdn. 346.
405) BGH, BauR 2005, 133.
406) BGH, BauR 2007, 1446 = ZfBR 2007, 562 = NZBau 2007, 516 m. w. Nachw.
407) BGH, BauR 2004, 1181 = MDR 2004, 715 = BauRB 2004, 230 – *Schwenker;* BGH, BauR 2005, 133, 134 = NZBau 2005, 42, 43 = IBR 2005, 64 – *Schmitz.*
408) Vgl. OLG Nürnberg, MDR 1998, 861 für den **gerichtlichen** Vergleich.
409) Vgl. OLG Koblenz, BauRB 2005, 16 – *Quadbeck;* OLG Dresden, BauR 2000, 605.
410) Vgl. dazu auch OLG Köln, JurBüro 1992, 632 Nr. 484.
411) Vgl. OLG Köln, MDR 1986, 503; BGH, MDR 1988, 1053 = WM 1988, 1460 = NJW 1989, 39.
412) Zutreffend: OLG Hamm, NJW-RR 1997, 959.

### d) Der materiell-rechtliche Kostenerstattungsanspruch

**136** Der BGH[413)] hat bereits für das Beweissicherungsverfahren anerkannt, dass dessen Kosten unter Umständen „im Wege der Leistungsklage" geltend gemacht werden können. Für das selbstständige Beweisverfahren kann dies jedoch nur noch mit erheblichen Einschränkungen der Fall sein: Besteht für den Antragsgegner eines Beweisverfahrens z. B. die Möglichkeit, über § 494 a Abs. 2 ZPO (Rdn. 129 ff.) oder die Grundsätze der „isolierten" Kostenentscheidung (Rdn. 134 ff.) zu einem Kostentitel zu gelangen, fehlt einer **Feststellungs-** oder **Leistungsklage** auf Ersatz von Beweissicherungskosten das notwendige **Rechtsschutzinteresse**.[414)] Kommt es im Anschluss an das Beweisverfahren zu einem **Hauptsacheprozess,** gehören die Kosten des selbstständigen Beweisverfahrens zu den Kosten des Hauptverfahrens und werden von der dort getroffenen Kostenentscheidung „mitumfasst". Ein (isolierter) materiell-rechtlicher Kostenerstattungsanspruch kann deshalb auch nur dann geltend gemacht werden, wenn es nicht zu einem Hauptprozess kommt.[415)]

**137** Anders ist es jedoch, wenn ein Kostentitel auf diesem Wege – gleich aus welchem Grund – nicht erlangt wird;[416)] dann mag zwar ein materiell-rechtlicher Erstattungsanspruch in Erwägung gezogen werden (z. B. **Schadensersatzanspruch** aus **Gewährleistung, Verzug, Verschulden bei Vertragsschluss, positive Vertragsverletzung** oder wegen **Nichterfüllung**).[417)] In vielen Fällen liegen jedoch die Voraussetzungen für einen solchen Kostenerstattungsanspruch aufgrund materiell-rechtlicher Vorschriften nicht vor.[418)]

### e) Kosten des Streithelfers

*Literatur*

*Kießling*, Die Kosten der Nebenintervention im selbstständigen Beweisverfahren der §§ 485 ff. ZPO außerhalb des Hauptsacheverfahrens, NJW 2001, 3668; *Otto/Hollands*, Kostenrisiken des Streithelfers im Bauprozess bei Vergleich durch die Hauptparteien, BauR 2004, 1528.

**138** Es fragt sich, ob auch der Streithelfer im selbstständigen Beweisverfahren einen **eigenen Kostentitel** gegen den **Antragsteller** über § 494 a ZPO erlangen kann.[419)] Das ist zu **bejahen:**

---

413) NJW 1983, 284, 285.
414) Im Ergebnis ebenso: KG, NJW-RR 1996, 846, 847; OLG Düsseldorf, BauR 1995, 854 = NJW-RR 1995, 1108, 1109; *Kleine-Möller/Merl*, § 16, Rdn. 326; **a. A.:** OLG Düsseldorf, NZBau 2006, 521; OLG Dresden, BauR 2003, 1268 (LS) für Aufrechnung.
415) OLG Celle, OLGR 2004, 167, 170 (für Aufrechnung).
416) Vgl. z. B. BGH, BauR 1991, 745; AG Saarbrücken, BauR 2003, 1930; OLG Dresden, BauR 2003, 761 = NJW-RR 2003, 305; OLG Koblenz, BauR 2002, 1767.
417) Vgl. BGH, NJW 1983, 284 = ZfBR 1983, 28; OLG Düsseldorf, NZBau 2006, 521, 522; OLG Karlsruhe, BauR 2000, 775 (auch zur Höhe eines Ersatzanspruchs); OLG Köln, BauR 2000, 1777, 1778; AG Mönchengladbach, NJW 1972, 1055; OLG Düsseldorf, BauR 1996, 129 u. JurBüro 1983, 137; OLG Köln, VersR 1971, 425; LG Hannover, JurBüro 1987, 1250; *Wussow*, NJW 1969, 1401, 1408; *Schneider*, MDR 1981, 353, 361.
418) Vgl. z. B. OLG Hamm, NJW-RR 1997, 959; LG Essen, NJW-RR 1986, 487 u. OLG Düsseldorf, MDR 1991, 259; siehe aber AG Saarbrücken, BauR 2003, 1930; OLG Dresden, BauR 2003, 761 (§ 13 Nr. 5 Abs. 2 VOB/B); OLG Köln, BauR 1998, 585.
419) Zum Anspruch des Streithelfers auf eine Kostengrundentscheidung im **Hauptsacheverfahren** s. OLG Celle, NZBau 2003, 618 = NJW-RR 2003, 1509.

Da die Streitverkündung im selbstständigen Beweisverfahren zulässig ist, der Streitgehilfe sogar eigene Sachanträge stellen kann, ist es folgerichtig, die Grundsätze, die zwischen Antragsteller und Antragsgegner gelten, entsprechend auf den Streithelfer anzuwenden.[420] Das bedeutet: Der Streithelfer kann den **Antragsteller** gemäß § 494 a Abs. 1 ZPO analog zwingen, Hauptklage gegen den **Antragsgegner**[421] zu erheben, weil auch er ein berechtigtes Interesse daran hat, dass das Rechtsverhältnis zwischen Antragsteller und Antragsgegner in einem Hauptprozess geklärt wird. Kommt der Antragsteller dem nicht nach, besteht für ihn gemäß §§ **494 a Abs. 2, 101 Abs. 1 ZPO** analog die Möglichkeit, zu einem eigenen Kostentitel gegen den Antragsteller zu kommen.[422]

Nimmt der Antragsteller den Beweisermittlungsantrag **zurück**, hat der Streithelfer entsprechend § **269 Abs. 3 ZPO** einen eigenen Kostenerstattungsanspruch gegen den Antragsteller;[423] insoweit sind also die Grundsätze der „isolierten" Kostenentscheidung auf den Streitgehilfen in vollem Umfang entsprechend anzuwenden. Schließen die Hauptparteien einen **Vergleich** und erklären sie das selbstständige Beweisverfahren für beendet, ist für eine Anwendung des § 494 a Abs. 2 ZPO zugunsten des Streithelfers kein Raum.[424] **139**

### f) Gerichts- und Anwaltskosten

*Literatur*

*Enders*, Das selbstständige Beweisverfahren – Anwaltsgebühren nach BRAGO und nach RVG, JurBüro 2004, 113; *Schneider*, Die Gebühren des in Bausachen tätigen Anwalts nach dem Rechtsanwaltsvergütungsgesetz (RVG), BrBp 2004, 10.

Nach überwiegender Ansicht[425] kann auch für ein selbstständiges Beweisverfahren außerhalb eines anhängigen Rechtsstreits **Prozesskostenhilfe** bewilligt werden. Die Erfolgsaussicht der beabsichtigten Rechtsverfolgung soll sich dabei allein danach richten, ob ausreichend Aussicht besteht, dass dem Antrag stattgegeben wird;[426] **140**

---

420) BGH, NZBau 2005, 42, 43; OLG Frankfurt, BauR 2004, 536; OLG Düsseldorf, BauR 1998, 592; LG Regensburg, BauR 2004, 1039 = NZBau 2004, 392; LG Rottweil, BauR 2003, 135, 136.
421) **Nicht** gegen den **Streithelfer** selbst: OLG Koblenz, NZBau 2003, 385 = NJW-RR 2003, 880 = OLGR 2003, 178 = IBR 2003, 230.
422) Zutreffend: KG, NZBau 2004, 157, 158; OLG Celle, NZBau 2003, 618, 619; OLG Oldenburg, NJW-RR 1995, 829, 830; BayObLG, NJW-RR 1996, 528; LG Göttingen, BauR 1998, 590.
423) Im Ergebnis ebenso: OLG Thüringen, OLGR 1996, 69 (im konkreten Fall kam es deshalb nicht zu einem Kostenbeschluss, weil der Streithelfer seinen eigenen Beweisantrag zurückgenommen hatte); OLG München, BauR 1998, 592.
424) OLG Frankfurt, BauR 2004, 536, 537.
425) OLG Celle, BauR 2004, 1659; OLG Saarbrücken, OLGR 2003, 309; OLG Oldenburg, BauR 2002, 825; OLG Koblenz, OLGR 2001, 214; OLG Köln, OLGR 1995, 110; LG Dortmund, NJW-RR 2000, 516; LG Bielefeld, BauR 1999, 1209; LG Freiburg, BauR 1998, 400; LG Bayreuth, JurBüro 1991, 398; LG Köln, NJW-RR 1987, 319; LG Köln, MDR 1985, 1033; LG Aurich, MDR 1986, 504; LG Düsseldorf, MDR 1986, 857; *Sturmberg*, Rdn. 114 ff.; *Kroppen/Heyers/Schmitz*, Rdn. 210 ff.; **a. A.**: LG Bonn, MDR 1985, 415; LG Hannover, JurBüro 1986, 765; LG Karlsruhe, MDR 1993, 914, wenn das Gericht bereits über den Beweissicherungsantrag entschieden hat.
426) OLG Hamm, BauR 2005, 1360 = IBR 2005, 182 – *Ulrich*; zur Prozesskostenhilfe für den **Antragsgegner**: OLG Saarbrücken, MDR 2003, 1436; OLG Celle, OLGR 2001, 248; LG Bielefeld, BauR 1999, 1209; LG Freiburg, BauR 1998, 400; LG Augsburg, WuM 1996, 233.

auf die Erfolgsaussicht der beabsichtigten Hauptsacheklage kann es nicht ankommen. Prozesskostenhilfe kann verweigert werden, wenn der Antrag „mutwillig" ist.[427]

**141** Hinsichtlich der Prozesskostenhilfe für einen **Streitverkündeten** bedarf es nach Auffassung des LG Hamburg[428] allerdings einer Darlegung von Umständen, die gegenüber einer etwaigen nachfolgenden Hauptsacheklage als **Einwände geeignet** sind und die in dem selbstständigen Beweisverfahren auch **geklärt** werden sollen. Im konkreten Fall bestritt der Streitverkündete nicht die behaupteten Mängel, sondern behauptete, er habe den Architekten „auf die Möglichkeit von Winddichtigkeitsmängeln ebenso wie auf Abhilfemöglichkeiten hingewiesen".

**142** Auf der Grundlage der Wertgebühren des § 34 GKG fällt für ein selbstständiges Beweisverfahren eine **1,0-Gerichtsgebühr** an (KV Anlage 1 zu § 3 Abs. 2 GKG; Nr. 1610). Diese Gebühr wird in jedem Fall gesondert berechnet.[429] Sie wird nicht vorschussweise erhoben. Im Gegensatz hierzu sind die Auslagen (insbesondere Vorschüsse für Sachverständige und Zeugen) im Rahmen von Vorschüssen zu zahlen.

**143** Nach **neuem** Gebührenrecht ist das Beweisverfahren eine selbstständige Angelegenheit; es gehört gebührenrechtlich nicht zu einem bereits anhängigen oder nach Beendigung des selbstständigen Beweisverfahrens anhängig werdenden Hauptsacheverfahren. Der **Anwalt** erhält deshalb zunächst einmal die **1,3-Verfahrensgebühr**;[430] zusätzlich kommt eine **Terminsgebühr** (Nr. 3104) in Betracht, wenn er an den örtlichen Erhebungen des Sachverständigen oder an einem richterlichen Termin zur Anhörung oder zum Zwecke einer gütlichen Einigung (§ 492 Abs. 3 ZPO) teilnimmt. Kommt es im Anschluss an das Beweisverfahren zu einem **Hauptprozess**, wird die Verfahrensgebühr (bei gleichem Anwalt) auf die Verfahrensgebühr des Hauptverfahrens angerechnet.[431] Dies kann ein Anwalt allerdings durch eine schriftliche Gebührenvereinbarung gegenüber seiner eigenen Partei ausschließen.[432] Schließlich sieht das neue Gebührenrecht auch das Entstehen einer **Einigungsgebühr** in Höhe von 1,5 vor.

## 9. Der Streitwert

*Literatur*

*Heintzmann*, Der Streitwert des Beweissicherungsverfahrens, NJW 1970, 2097; *Knacke*, Der Streitwert im Beweissicherungsverfahren, NJW 1986, 36; *Wirth*, Entspricht der Gegenstandswert im selbstständigen Beweisverfahren endgültig dem Wert der Hauptsache?, BauR 1993, 281; *Kumme*, Streitwertfestsetzung im selbstständigen Beweissicherungsverfahren, JurBüro 1993, 583; *E. Schneider*, Die Streitwert-Änderungsfrist im selbstständigen Beweisverfahren, MDR 2000, 1230; *Cuypers*, Feststellungen in selbstständigen Beweisverfahren in Bausachen – eine Bilanz nach 10 Jahren, MDR 2004, 244.

---

427) Zutreffend: LG Stade, MDR 2004, 470.
428) BauR 2003, 1080, 1081.
429) *Keldungs/Tilly*, S. 74; *Fink*, Rdn. 500 ff.
430) *Bischof*, in: Bischoff u. a., Kompaktkommentar zum RVG, 2. Aufl., § 19, Rdn. 4; *Ulrich*, Rdn. 383; *Schneider*, BrBp 2004, 10, 14.
431) Siehe hierzu: OLG Stuttgart, OLGR 2007, 150, 151; s. auch OLG Hamm, IBR 2006, 106 – *Schneider* (mit Berechnungsbeispiel). Zur Anrechnung der Prozessgebühr s. auch BGH, NZBau 2007, 511 (Geltung der **BRAGO** bei Einleitung des selbstständigen Beweisverfahrens; Geltung des **RVG** im Hauptverfahren).
432) *Bischof*, a. a. O., Rdn. 7.

**144** Die Bemessung des **Streitwerts** eines **selbstständigen Beweisverfahrens** ist – neben dem „Kostenproblem" (Rdn. 123 ff.) – nach wie vor **umstritten**; zwar ist festzustellen, dass die Auffassung,[433] wonach der Streitwert (ausschließlich) nach dem Interesse des Antragstellers an der Sicherung der Beweismittel zu bewerten sei, angesichts der durch die gesetzliche Neuregelung bewirkten Aufwertung des Beweisverfahrens überholt ist; gleichwohl gibt es auch für das Beweisverfahren eine starke Gegenmeinung, die jeweils nur einen Bruchteil des Wertes der Hauptsache ansetzt.[434]

**145** **Zutreffend** ist jedoch, den Streitwert nur noch **nach dem materiellen Interesse** des Antragstellers, das gemäß § 3 ZPO zu schätzen ist, zu bestimmen; demnach kommt es entscheidend auf die Bewertung des zu sichernden Anspruchs (in der Regel also der Mängelansprüche) an. Dies führt in der Praxis dazu, dass in aller Regel **der Hauptsachewert** im Zeitpunkt der Einreichung des Beweisermittlungsantrages (§ 4 Abs. 1 ZPO) für die Streitwertbemessung maßgebend ist. Ist ein Hauptsacheprozess noch nicht anhängig, ist das Interesse des Antragstellers somit nach dem Umfang der **von ihm behaupteten Mängelansprüche** zu bewerten.[435] Bei der Einschätzung des Wertes wird deshalb grundsätzlich auch von den **Angaben** des Antragstellers auszugehen sein, es sei denn, es ergeben sich in dem Beweisverfahren neue greifbare und nachvollziehbare Mängelbeseitigungskosten.[436] Dem folgt auch der **BGH**.[437] Zulässige **Gegenanträge** des Antragsgegners werden den Streitwert des selbstständigen Beweisverfahrens nur dann erhöhen, wenn sie über den Antrag des Antragstellers sachlich hinausgehen und eigene Ansprüche vorbereiten.[438] Ist das Hauptsacheverfahren bereits anhängig, entspricht der Verfahrenswert dem des Hauptsacheverfahrens.[439] Wie im Hauptsacheverfahren ist der Streitwert im selbstständigen Beweisverfahren gegenüber (unechten) **Streitgenossen** (z. B. Architekten, Sonderfachleuten und Bauunternehmen) entsprechend den jeweils gegen sie geltend gemachten Ansprüche (unterschiedlich) festzusetzen;[440] dabei kann auch gegen einen Antragsgegner die niedrigste Gebührenstufe festgesetzt werden, wenn gegen

---

433) Vgl. *Knacke*, NJW 1986, 36; LG Aachen, JurBüro 1990, 1038; LG Heilbronn, MDR 1989, 999; LG Düsseldorf, JurBüro 1987, 749; LG Darmstadt, JurBüro 1985, 1702; LG Braunschweig, JurBüro 1986, 560; *Kroppen/Heyers/Schmitz*, Rdn. 927.

434) SchlHOLG, BauR 2003, 1078 m. abl. Anm. *Frank* u. abgeändert durch BGH, BauR 2005, 364, 366; BezG Frankfurt (Oder), JurBüro 1994, 240; OLG Frankfurt, OLGR 1992, 228; OLG Celle, NdsRpfleger 1993, 325; LG Bonn, BauR 1995, 427, 429 (50%); OLG Hamm, BauR 1995, 430; LG Krefeld, JurBüro 1992, 418 (2/3 der voraussichtlichen Mängelbeseitigungskosten); OLG Karlsruhe, JurBüro 1992, 559 (Abschlag von 20%); OLG Köln, OLGR 1992, 283 (50%); OLG Köln (5. Senat), VersR 1995, 360 (75%).

435) Vgl. hierzu aus der umfänglichen Rechtsprechung: OLG Stuttgart, IBR 2006, 309 – *Ulrich* (Kosten der Totalsanierung); OLG Celle, BauR 2004, 705 u. OLGR 2003, 136; OLG Düsseldorf, NZBau 2003, 385; OLG Nürnberg, IBR 2003, 709; OLG Braunschweig, OLGR 2003, 115; OLG Bamberg, BauR 2002, 1593; OLG München, BauR 2004, 707 u. BauR 2002, 1595; OLG Schleswig, OLGR 2002, 355; KG, BauR 2000, 1905 m. Anm. *Welte;* OLG Brandenburgisches OLG, BauR 2001, 292, 293 = NJW-RR 2001, 311, 312 (Berücksichtigung eines Druckzuschlags).

436) OLG Frankfurt, BauR 2007, 921, 922. Zur Berücksichtigung von **Sowiesokosten** s. OLG Köln, BauR 2005, 1806.

437) ZfBR 2005, 54, 56 = BauR 2004, 1975, 1976 = NJW 2004, 3488, 3489.

438) Vgl. auch LG Osnabrück, JurBüro 1998, 548.

439) OLG Düsseldorf, BauR 2001, 1785.

440) OLG Koblenz, IBR 2005, 409 – *Baur*.

**Rdn. 146–147**

diesen eine Insolvenzfeststellungsklage in Betracht kommt und mit einer Insolvenzquote nicht zu rechnen ist.[441)]

**146** Im Einzelfall treten jedoch **Probleme** auf: Behauptet z. B. der Antragsteller einen ganz anderen Mangel in seinem Antrag, als der Sachverständige dann später feststellt,[442)] so fragt sich, ob sich der Streitwert nach dem Interesse des Antragstellers an der Beweiserhebung wegen des von ihm **behaupteten** Mangels bemisst oder nach den Kosten, die der Sachverständige für die Beseitigung des tatsächlich festgestellten Mangels im Gutachten ausweist.[443)] Des Weiteren ist zweifelhaft, ob ein auf der Grundlage der Angaben des Antragstellers vom Gericht festgesetzter Streitwert **nach** der Beweiserhebung (Gutachtenerstattung) von Amts wegen oder auf Antrag einer Partei **herauf-** oder **herabgesetzt** werden kann, etwa mit dem Argument, der Antragsteller habe sich erkennbar „verschätzt". Eine **Korrektur** des Streitwertes wird zunehmend zugelassen, weil es – trotz der Einschätzung des Antragstellers – immer nur auf den **„objektiven"** Wert ankomme und die Wertangabe des Antragstellers nicht bindend sei.[444)] Dem folgt auch der BGH.[445)]

**147** Der Streitwert ist von dem Gericht festzusetzen, das im Einzelfall für das Beweisverfahren zuständig ist (Rdn. 71 ff.). Hinsichtlich der **Streitwert-Änderungsfrist** (§ 68 Abs. 1 Satz 3 GKG) ist Folgendes zu beachten: Die Streitwertänderung kann nur innerhalb von sechs Monaten erfolgen, nachdem die Entscheidung in der Hauptsache Rechtskraft erlangt oder das Verfahren sich anderweitig erledigt hat.[446)]

---

441) KG, NJW-RR 2000, 1622; OLG Koblenz, OLGR 1998, 374; s. aber OLG Nürnberg, OLGR 2000, 58 (einheitlicher Streitwert, wenn alle Antragsgegner als möglicher Verursacher der Mängel genannt werden; ebenso: OLG Köln, Beschl. v. 29.5.2002 – 17 W 69/02).
442) Siehe z. B. LG Freiburg, MDR 1980, 852; auch OLG Oldenburg, OLGR 1995, 64.
443) Letzteres verneinend: OLG Oldenburg, OLGR 1995, 64; OLG Düsseldorf, BauR 1995, 879; OLG München, BauR 1994, 408, 409 u. OLGR 1996, 266; anders: OLG Köln, MDR 1992, 192 u. OLGR 1994, 27 **(Mittelwert)**; OLG Hamm, BauR 2005, 142 (Schätzung nach § 3 ZPO).
444) Vgl. OLG Düsseldorf, BauR 2005, 142 u. NJW-RR 2003, 1530; Naumburg, IBR 2003, 646; OLG Stuttgart, IBR 2006, 310 u. OLG Hamm, BauR 2005, 142 (nicht bestätigte Mängel sind nach § 3 ZPO zu schätzen; ebenso: LG Deggendorf, BauR 2005, 901, 902; OLG Karlsruhe, OLGR 2005, 216); OLG Köln, BauR 2005, 756; OLG Celle, BauR 2005, 430, 431 (Korrektur nach oben); OLG München, IBR 2003, 518; Thüringer OLG, BauR 2000, 1529; KG, BauR 2000, 1905 m. abl. Anm. *Welte;* OLG Köln (16. ZS), NJW 1997, 1292 = OLGR 1997, 135 (Herabsetzung von 70.000 DM auf 28.353,82 DM); OLG Frankfurt, OLGR 1997, 88 = BauR 1997, 518 (von 25.000 DM auf 5000 DM, weil nur der **objektive** Anspruchswert maßgebend sei, nicht die subjektive Einschätzung des Antragstellers); OLG Frankfurt, OLGR 1997, 104 (Herabsetzung wegen besserer fachkundiger Erkenntnismöglichkeit durch Gutachter); OLG Düsseldorf, OLGR 1996, 227; **a. A.:** OLG Braunschweig, BauR 2000, 1907; OLG Hamm, OLGR 1997, 154 (Korrektur **nur** bei „erkennbar willkürlich gegriffenen Zahlenangaben") u. AnwBl. 1996, 411; OLG Celle, OLGR 1996, 142 (keine Herabsetzung, wenn Gutachter Mängel nicht bestätigt); siehe auch OLG Koblenz, BauR 1998, 593.
445) ZfBR 2005, 54, 56 = BauR 2005, 364, 366 m. Nachw.
446) Siehe hierzu: OLG Brandenburg, BauR 2005, 1513, 1514; OLG Düsseldorf, BauR 2006, 1179, 1181.

## II. Das Privatgutachten

*Übersicht*

| | Rdn. | | Rdn. |
|---|---|---|---|
| 1. Die Stellung des Sachverständigen... | 152 | a) Der materiell-rechtliche Anspruch auf Kostenerstattung........... | 159 |
| 2. Die Vergütung................... | 152 | | |
| 3. Die Kostenerstattung............. | 158 | b) Kostenerstattung im Kostenfestsetzungsverfahren............. | 166 |

*Literatur*

*Klocke*, Erstattung von Gutachten, BauR 1986, 294; *Keilholz*, Zur Haftung des Sachverständigen in (schieds-)gerichtlichen Bausachen, insbesondere bei von ihm veranlassten Sanierungsmaßnahmen gelegentlich einer (schieds-)gerichtlichen Begutachtung, BauR 1986, 377; *Bayerlein*, Der Sachverständige im Bauprozess, BauR 1989, 397; *Krüger*, Das Privatgutachten im Verfahren der einstweiligen Verfügung, WRP 1991, 68; *Kamphausen*, Auswirkungen der neueren Rechtsprechung auf die Tätigkeit des Bausachverständigen, Festschrift für Soergel (1993), 327; *Grün*, Die Abnahme von Wohn- und Gewerbeimmobilien unter Mitwirkung von Sachverständigen, Festschrift für Vygen (1999), 303; *Schaub*, Gutachterhaftung in Zwei- und Mehrpersonenverhältnissen, Jura 2001, 8; *Brückner/Neumann*, Die Haftung des Sachverständigen nach neuem Delikts- und Werkvertragsrecht, MDR 2003, 906; *Vogel/Turner*, Zur Haftung des Sachverständigen bei einer Grundstückswertermittlung, BTR 2003, 150; *Schlapka*, Die Tätigkeitsbereiche des Sachverständigen – Baubegleitende Qualitätskontrolle, BTR 2003, 158; *Motzke*, Die Haftung des Bodengutachters, BTR 2004, 50; *Pause*, Baucontrolling – Baubegleitende Qualitätsüberwachung, BTR 2004, 72; *Röhrich*, Die Honorierung der baubegleitenden Qualitätskontrolle aus der Sicht des Sachverständigen, BauR 2004, 413; *Finn*, Zur Haftung des Sachverständigen für fehlerhafte Wertgutachten gegenüber Dritten, NJW 2004, 3752; *Jankowski*, Das Rechtsverhältnis zwischen den Prozessbevollmächtigten, dem Gericht und dem gerichtlich bestellten Sachverständigen, NZBau 2006, 96; *Weise*, Typische Architektenleistungen stellen keine Rechtsberatung dar, NJW-Spezial 2007, 165.

**148** Der Bauprozess kommt ohne das Privat-(**Partei-**)Gutachten nicht aus. Die technischen Geschehensabläufe werden immer komplizierter, und dem einzelnen – auch technisch vorgebildeten – Baubeteiligten wird das Erkennen der Zusammenhänge zunehmend schwerer. Es ist deshalb eine natürliche Folge, dass zu der **ordnungsgemäßen Vorbereitung** eines Bauprozesses – neben der Einleitung eines selbstständigen Beweisverfahrens (vgl. Rdn. 1 ff.) – häufig die private Beauftragung sachverständiger Personen (Gutachter) gehört. Die Einschaltung eines **Privatgutachters** kann im Vorfeld besonders deshalb effektiv sein, weil der Auftraggeber Zweck und Umfang der Begutachtung bestimmen kann.

Zwar ist ein **Architekt** als bausachverständiger Betreuer in der Lage und auch **verpflichtet**, die für den Bauherrn wesentlichen und aufklärungsbedürftigen Fragen zu beantworten, vorhandene Baumängel zu erkennen und bei deren Beseitigung zu helfen;[1]

---

1) Zu den **Leistungspflichten** des Architekten aus § 15 Abs. 2 Nr. 8 u. 9 HOAI siehe BGH, BauR 2007, 423 = ZfBR 2007, 250 = NZBau 2007, 108 und Rdn. **1507** ff.; zur Schadensersatzpflicht des Architekten wegen einer (falschen) Mangelbehauptung: OLG Celle, BauR 2004, 1350 = IBR 2004, 260 – *Schwenker* u. *Knacke*, BauR 2004, 1852 ff. Zu den Grenzen der **Rechtsberatung** durch einen Architekten s. *Wohlfarth*, IBR 2005, Heft 11. **Keine** unzulässige Rechtsberatung stellt die Hilfe eines Sachverständigen bei der Geltendmachung von Gewährleistungsrechten dar (OLG Düsseldorf, NZBau 2006, 517 = IBR 2006, 357 – *Schwenker*). Nichts anderes gilt für die fachtechnische Überprüfung von Architektenleistungen durch einen hierfür beauftragten Architekten (BGH, NZBau 2007, 182 = BauR 2007, 576 = ZfBR 2007, 256 = IBR 2007, 140 = NJW 2007, 842; dazu *Weise*, NJW-Spezial 2007, 165).

Architekten sind jedoch keine Juristen, sodass von ihnen nicht die Kenntnis schwieriger oder zweifelhafter Rechtsfragen erwartet werden kann.[2] Darüber hinaus berühren Baumängel vielfach gerade das vom Architekten zu vertretende Architektenwerk. Der Architekt wird dann als möglicher Schadensverursacher und als Ersatzpflichtiger in Betracht kommen; damit besteht aber oftmals eine Art **Interessenkollision:** Der am Bau beteiligte Architekt oder Sonderfachmann wird deshalb kaum bereit oder objektiv genug sein, dem Auftraggeber (Bauherrn) die erforderlichen Kenntnisse zu vermitteln, die dieser benötigt, um seine Ansprüche sachgerecht durchsetzen zu können. **Begleitet** ein Architekt allerdings als bauleitender Architekt die Beseitigung von Mängeln, für die er (mit)verantwortlich ist, steht ihm natürlich kein Anspruch auf eine Mehrvergütung zu.[3] Nur ein unbeteiligter **Dritter** – eben ein Gutachter –, der über ausreichendes Fachwissen verfügt, wird daher in den meisten Fällen die bessere Lösung sein;[4] allerdings muss auch er dem Auftraggeber des Gutachtens eine bestehende **Interessenkollision offenlegen.** Andernfalls können Erstattungsansprüche (u.a. Erstattung des Sachverständigenhonorars) bestehen.[5]

**149** **Privatgutachter** sind Personen, die nicht im Auftrag des Gerichts, sondern aufgrund eines mit einer Partei abgeschlossenen **Werkvertrages** tätig werden.[6] Sinnvoll und notwendig kann die Hinzuziehung im vorprozessualen Bereich – insbesondere **während der Bauausführung** (vgl. § 7 Nr. 1 c VOB/A, § 641 a BGB) – vor allem für folgende Tatbestände sein:

* **Abnahme** von Bauleistungen; insbesondere Aufnahme von Übergabeprotokollen
* **Abrechnung** von Bauleistungen aller Art[7]
* Baubegleitende **Qualitätskontrolle,**[8] insbesondere frühzeitige Ermittlung und Dokumentation von **Baumängeln**[9]

Wird ein Gutachter herangezogen, um dem Unternehmer eine **Fertigstellungsbescheinigung** i. S. des § 641 a BGB zu erteilen,[10] so ist diese **kein** „Privatgutachten"[11] oder Schiedsgutachten,[12] sondern bloße **Privaturkunde** i. S. des § 416 ZPO;[13] wegen der Gleichstellung mit der Abnahme (vgl. Rdn. 1357 ff.) geht die Fer-

---

2) OLG Stuttgart, IBR 2006, 682 – *Throm.*
3) OLG Hamburg, IBR 2007, 33 – *Hufer.*
4) Siehe OLG Karlsruhe, IBR 2005, 315 – *Englert.*
5) OLG Stuttgart, OLGR 2000, 283.
6) BGHZ 67, 1, 4 = BauR 1976, 354; BGH, NJW 1967, 719; BGH, NJW 1972, 625; BGH, NJW 1979, 214 = BauR 1979, 76; *Vogel/Turner,* BTR 2003, 150; *Döbereiner,* BauR 1979, 282, 284; *Vogel,* in: Thode/Wirth/Kuffer, § 18, Rdn. 38 ff.
7) Brandenburgisches OLG, BauR 2002, 1128 = IBR 2002, 290 (Überprüfung einer Architektenrechnung).
8) *Schlapka,* BTR 2003, 158 ff.; *Pause,* BTR 2004, 72 ff.
9) Es besteht allerdings keine Verpflichtung, etwa die **Sanierungskosten** eines Bauwerks vorprozessual durch ein Privatgutachten zu ermitteln (BGH, NZBau 2003, 152 = ZfBR 2003, 249 = NJW 2003, 1038).
10) Da sich das Institut der Fertigstellungsbescheinigung in der Praxis nicht bewährt, soll § 641 a BGB durch das Forderungssicherungsgesetz (FoSiG) aufgehoben werden.
11) So *Motzke,* NZBau 2000, 489, 495; *Volmer,* ZfIR 1999, 729, 736.
12) Zutreffend: *Seewald,* ZfBR 2000, 219; *Palandt/Sprau,* § 641 a BGB, Rdn. 3.
13) Sie kann daher auch nicht als Parteiauslage im Kostenfestsetzungsverfahren geltend gemacht werden (LG Frankfurt, BauR 2005, 909 = NZBau 2005, 157 = IBR 2005, 356).

tigstellungsbescheinigung über die „Wirkung" eines Privatgutachtens hinaus,[14] was auch in der verjährungshemmenden Wirkung nach **neuem Recht** zum Ausdruck kommt (§ 204 Abs. 1 Nr. 8 BGB). Bei der Beauftragung eines **Architekten** muss im Einzelfall immer beachtet werden, ob es sich bei den beauftragten Leistungen tatsächlich um solche eines „Bausachverständigen" oder vielmehr um reine Architektenleistungen handelt, die nach der HOAI abzurechnen sind.[15]

Die Einholung eines Privatgutachtens kann aber auch noch **während eines streitigen Verfahrens** notwendig werden, so, wenn es um die **Ergänzung** des eigenen (vor allem erstinstanzlichen) Sachvortrags,[16] um die **Widerlegung** eines vom Prozessgegner beigebrachten Gutachtens oder eines gerichtlichen Sachverständigengutachtens geht.[17] Der BGH[18] hat gerade für ein solches Gutachten hervorgehoben, dass sich das Gericht hiermit „ebenso sorgfältig auseinander zu setzen hat, als wenn es sich um die abweichende Stellungnahme eines von ihm bestellten weiteren Gutachters handeln würde. Je nach den Umständen des Einzelfalles hat das Gericht daher – wenn die vorgetragenen Einwendungen gegen das von ihm eingeholte Gutachten von vornherein nicht unbeachtlich erscheinen – die Pflicht, den Sachverhalt weiter aufzuklären; andernfalls verletzt es die Vorschriften der §§ 412, 286 ZPO." Hält das Gericht ein im Prozess von einer Partei vorgelegtes Privatgutachten gemäß § 286 ZPO bereits für „ausreichend",[19] muss es die Gegenpartei hierauf hinweisen.[20] Ein Privatgutachten wird in aller Regel jedoch nicht ausreichen, um dem Gericht die erforderliche Überzeugung i. S. des § 286 ZPO von der Richtigkeit der behaupteten Tatsachen zu vermitteln. Nichts anderes gilt für eine Schadensschätzung (§ 287 ZPO).[21]

**150**

Das von einer Partei **vorgelegte** Privatgutachten ist als (substantiierter) **Sachvortrag** zu behandeln und deshalb vom Gericht in jedem Falle zu beachten;[22] zudem

**151**

---

14) *Seewald*, ZfBR 2000, 219, 222; *Ingenstau/Korbion/Schranner*, § 7/A, Rdn. 2. Nach LG Schwerin (NZBau 2005, 518) soll die **Fertigstellungsbescheinigung** geeignet sein, die nach § 726 Abs. 1 ZPO erforderlichen öffentlichen oder öffentlich beglaubigten Urkunden zu ersetzen (**str.**).
15) Vgl. BGH, BauR 2005, 139 = NZBau 2005, 465 = IBR 2005, 429 – *Knipp*; OLG Celle, BauR 2007, 728 (Bauingenieur).
16) BGH, BauR 2007, 585 = NZBau 2007, 245 = ZfBR 2007, 331.
17) Vgl. OLG Hamburg, OLGR 2002, 481. Eine Partei ist **nicht** verpflichtet, bereits in **erster** Instanz Einwendungen gegen ein Gerichtsgutachten unter Beifügung eines Privatgutachtens vorzubringen (BGHZ 164, 330, 335 = NJW 2006, 152 = IBR 2006, 60 – *Schwenker*; BGH, NZBau 2007, 245).
18) BGH, BauR 1993, 500 = NJW-RR 1993, 1022; BGH, NJW 1992, 2291; BGH, NJW 1993, 269; BGH, NJW 1990, 759; BGH, NJW-RR 1988, 763; OLG Hamm, BauR 2000, 1372; OLG Zweibrücken, NJW-RR 1999, 1156 = OLGR 1998, 471; OLG München, NJW-RR 1988, 1534.
19) Vgl. dazu OLG Hamburg, OLGR 2003, 235; OLG Hamm, NJW-RR 1993, 1441 für ärztliches Gutachten.
20) OLG Karlsruhe, NJW 1990, 192 = MDR 1989, 1109.
21) Vgl. aber OLG Hamburg, BauRB 2004, 10 – *Deckers*.
22) BGH, BauR 2005, 735, 737 = ZfBR 2005, 355, 357; BauR 2005, 861 = NZBau 2005, 335 = ZfBR 2005, 454; BGH, NJW-RR 2003, 69; BauR 1998, 123, 124 = NJW-RR 1998, 233; ZSW 1980, 164; BGH, NZBau 2007, 245 = BauR 2007, 585 = NJW 2007, 1531 (**Berufungsverfahren**); OLG Oldenburg, OLGR 2003, 443 = BauRB 2004, 11; OLG Naumburg, OLGR 1999, 249; OLG Oldenburg, OLGR 1997, 134.

besteht für eine Partei immer die Möglichkeit, den Privatgutachter als **„sachverständigen Zeugen"** in den Prozess einzuführen.[23] Mit seinem Zeugnis ist dem Bauherrn oftmals schon ausreichend gedient, zumal der sachverständige Zeuge nicht abgelehnt werden kann. Vernimmt das Gericht den Privatgutachter (nicht nur als „sachverständigen Zeugen", sondern) als **„Sachverständigen"**, ist dieser auch **zum „gerichtlichen Sachverständigen bestellt"**,[24] über seine Aussagen darf sich das Gericht „daher nicht einfach hinwegsetzen"; er kann aber von der Gegenpartei mit Erfolg wegen Besorgnis der Befangenheit abgelehnt werden.[25] Daneben kann das Privatgutachten nach richtiger Ansicht im Wege des **Urkundenbeweises** eingebracht werden, sodass das Gericht veranlasst und gezwungen ist, sich mit dem Privatgutachten eingehend auseinander zu setzen;[26] die Verwertung **als „Sachverständigengutachten"** ist allerdings nur mit der **Zustimmung beider Parteien** möglich.[27]

## 1. Die Stellung des Sachverständigen

**152** Während den **Architekten** keine Pflicht zur Erstattung eines Privatgutachtens trifft,[28] sind die **öffentlich bestellten** und vereidigten **Sachverständigen** zur Übernahme von Privatgutachten verpflichtet; in der Ableistung des Sachverständigeneides ist im Großen und Ganzen auch ihre Bereitschaft zu sehen, sich allgemein als Gutachter, also auch für Privatgutachten, zur Verfügung zu stellen.

Rechtsbeziehungen entstehen bei der Beauftragung eines Privatgutachters zwischen diesem und seinem Auftraggeber. Das ist in der Regel der Bauherr, auch wenn der Auftrag von einem Architekten oder Rechtsanwalt erteilt wird, weil dies stets im Namen des Bauherrn geschieht. Nach gefestigter Rechtsprechung sind Aufträge zur Erstellung eines Privatgutachtens grundsätzlich als **Werkverträge** einzuordnen, sodass dem Auftraggeber bei einer schuldhaft unrichtigen Beurteilung Schadensersatzansprüche aus § 635 BGB a. F./§§ 634 Nr. 4, 280, 281 BGB n. F. zustehen können.[29]

**153** Das Privatgutachten sollte daher allen Anforderungen genügen, die an ein gerichtliches Gutachten zu stellen sind, damit es im Prozess verwertbar ist. Privatgutachten

---

23) Vgl. BGH, BauR 1993, 500, 501 u. WM 1974, 239; OLG Oldenburg, OLGR 2003, 443 = BauRB 2004, 11; *Soergel*, BlGBW 1970, 14, 15. **Zum Vergütungs(Entschädigungs)anspruch:** OLG Düsseldorf, IBR 2005, 126 – *Ulrich*; OLGR 2001, 374 = BauR 2001, 1631 (LS); OLG München, JurBüro 1988, 1242; OLG Bamberg, JurBüro 1984, 260; 1980, 1221; OLG Stuttgart, JurBüro 1983, 1355; OLG Hamm, ZfS 1980, 271 sowie Rdn. **2704**.
24) BGH, BauR 1994, 524, 525; OLG Düsseldorf, OLGR 2000, 271 (LS); s. ferner: OLG Hamm, BauR 2002, 1736 (zur Anwendung von § 8 Abs. 1 GKG).
25) OLG Düsseldorf, OLGR 2000, 271 (LS).
26) Vgl. OLG Köln, VersR 1990, 311 für Arzthaftungsprozess; OLG Düsseldorf, OLGR 1992, 186, 187; *Jessnitzer/Frieling*, Rdn. 36; BGH, ZfBR 1993, 188.
27) BGH, NJW-RR 1994, 255; BGH, BauR 1994, 524, 525; siehe auch OLG Naumburg, OLGR 1999, 249, 250; OLG Rostock, OLGR 1998, 218, 219.
28) Vgl. OLG Düsseldorf, BauR 1972, 385; OLG Nürnberg, BauR 1974, 69 sowie *Bindhardt*, BauR 1972, 202. Zur **Erstattungsfähigkeit** der prozessunterstützenden Tätigkeit eines **Architekten**: KG, IBR 2004, 114 = BauRB 2004, 11 = BauR 2004, 1943.
29) BGHZ 127, 378 = NJW 1995, 392; BGH, NJW 1979, 214 = BauR 1979, 76; OLG Celle, BauR 2000, 1898; OLG Stuttgart, OLGR 2000, 283, 284; *Döbereiner*, BauR 1979, 282, 284 Anm. 21 m. Nachw.

haben „je nach dem Ansehen des Gutachters und dem ihnen innewohnenden sachlichen Gehalt einen mehr oder minder großen Einfluss auf die gerichtliche Entscheidung".[30] Ein Privatgutachten muss daher dem gerichtlichen Gutachten vergleichbar, **objektiv** und **fachlich richtig** sein[31] und darf nicht einseitig die Interessen des Auftraggebers wiedergeben. Dies ist indes nur gewährleistet, wenn sich **der Gutachter selbst ein objektives Bild** vom **Sachverhalt macht,** indem er **Vertragsunterlagen, Zeichnungen, Korrespondenz** und **Lichtbilder sorgfältig verwertet.** Gutachten, die nur „Ergebnisse" mitteilen, ohne es zu ermöglichen, Gedankengänge nachzuvollziehen und zu überprüfen, helfen dem Auftraggeber des Privatgutachters wenig. Dass ein Gutachten allerdings häufig nur die dem Unternehmer oder Architekten nachteiligen Momente aufführt, spricht nicht von vornherein gegen die Qualität eines Privatgutachtens. Es ist Aufgabe des Privatgutachters – und dies gilt eigentlich noch mehr als für den gerichtlichen Sachverständigen –, die für den Bauherrn oder einen anderen Baubeteiligten wichtigen Fragen herauszustellen. Das wird bei der Verwertung von Privatgutachten zuweilen übersehen (vgl. Rdn. 158 ff.). Reine **„Gefälligkeitsgutachten"** dagegen, die sich als solche auch schnell herausstellen, schaden nicht nur dem Ansehen eines Gutachters, sie können den Gutachter im Einzelfall auch zum **Schadensersatz** verpflichten.[32] Dem Privatgutachter muss daher anempfohlen werden, sich stets eine **klare Aufgabenstellung** von seinem Auftraggeber **übertragen** zu lassen und diese auch in dem Gutachten mitzuteilen. **Befundtatsachen,** die Teilaspekte und/oder das Ergebnis des Gutachtens belegen können, müssen von dem Gutachter eindeutig **hinterfragt** und **dokumentiert** werden; dies gilt vor allem, wenn die zum Zeitpunkt der Begutachtung vorhandenen Möglichkeiten eines (späteren) **Nachweises** sich erkennbar mit der Zeit erheblich **verschlechtern** können.[33] Legt eine Partei **zur Stützung** ihres Sachvortrages ein Privatgutachten vor, so wird ihr der Vorwurf, sie habe „ins Blaue hinein" oder „aus der Luft gegriffen" vorgetragen, nur in Ausnahmefällen zu machen sein; denn auf die Überzeugungskraft des Privatgutachtens kommt es nicht an, weil „für die Erfüllung der Darlegungslast die Wahrscheinlichkeit der Sachverhaltschilderung einer Partei ohne Belang ist".[34]

---

30) So *Jessnitzer,* 9. Aufl. 1989, S. 106.
31) Das gilt insbesondere, wenn der Gutachter **für die Prozessführung** eingeschaltet wird (OLG Karlsruhe, OLGR 2005, 657).
32) Zur **Haftung** siehe u. a.: BGH, NJW 2004, 3035 (hierzu: *Finn,* NJW 2004, 3752 ff.); BGH, ZIP 2001, 574; BGH, ZfBR 1995, 75; BGHZ 67, 1; OLG Karlsruhe, OLGR 2005, 657; OLG Stuttgart, BauR 2006, 712 m. Anm. *Klöters*; OLG Rostock, IBR 2006, 406 – *Schmidt*; OLG Hamm, BauR 2007, 732 (Haftung des TÜV); OLG Köln, NZBau 2003, 101 (Gutachter-GmbH); OLGR 2002, 403 (Subgutachter) u. BauR 1994, 390 ff.; OLG Celle, BauR 1995, 715 m. Anm. *Meyer-Reim* u. BauR 2007, 568 (zur Haftung des Gutachters und verantwortlichen Unternehmers; Innenausgleich). Zur Haftung nach § 839 a BGB: BGH, BauR 2007, 1608; BauR 2006, 987 = IBR 2006, 285 – *Ulrich*; OLG Celle, IBR 2004, 333 – *Schwenker;* SchlHOLG, BauRB 2004, 270 – *Böckermann; Brückner/Neumann,* MDR 2003, 906 ff.; *Vogel/Turner,* BTR 2003, 150, 151; *Vogel,* in: Thode/Wirth/Kuffer, § 18, Rdn. 38 ff.
33) Vgl. OLG Celle, BauR 2000, 1898.
34) BGH, NJW-RR 2003, 69, 71.

## 2. Die Vergütung

*Literatur*

Weglage/Pawliczek, Die Vergütung des Sachverständigen, 2005.
Schmidt, Abrechnung von Sachverständigenleistungen der Architekten und Ingenieure, BauR 1999, 462; Röhrich, Die Honorierung der baubegleitenden Qualitätskontrolle aus der Sicht des Sachverständigen, BauR 2004, 413.

**154** Die **Vergütung** des Privatgutachters richtet sich zunächst nach den **vertraglichen Vereinbarungen.** Wird eine besondere Vereinbarung nicht getroffen, bestimmt sich die Vergütung gemäß § 632 Abs. 2 BGB im Zweifel nach der **„üblichen Vergütung".** Dabei gilt die Vergütung als üblich, die im Allgemeinen an dem betreffenden Ort für die gutachterlichen Leistungen der vom Sachverständigen erbrachten Art als Entgelt bezahlt zu werden pflegt.[35]

**155** **Öffentlich bestellte und vereidigte Sachverständige** können und sollten bei der Erstattung von **Privatgutachten** die Gebührensätze des **JVEG**[36] heranziehen (vgl. im Einzelnen Rdn. 2693 ff.); eine entsprechende **Vereinbarung** mit dem Auftraggeber ist zulässig und wirksam. Fehlt es an einer solchen Vergütungsabrede[37], sind Privatgutachter hinsichtlich ihrer Gebühren jedoch grundsätzlich nicht an die Sätze des JVEG gebunden, weil dieses Gesetz bei der Erstattung von Privatgutachten auch dann nicht gilt, wenn es zur Vorlage bei Gericht bestimmt ist.[38] Berechnet der Privatgutachter seine Gebühren allerdings selbst entsprechend den Richtlinien des JVEG, so muss in der Regel davon ausgegangen werden, dass die gezahlte Entschädigung angemessen („üblich") i. S. des § 632 Abs. 2 BGB ist.[39] Im anderen Fall ist in Ermangelung einer Taxe die übliche Vergütung i. S. des § 632 Abs. 2 BGB zu bestimmen. Gibt es für die betroffene Werkleistung keine „übliche" Vergütung, so muss zunächst versucht werden, über eine ergänzende Vertragsauslegung zu einer angemessenen Honorierung zu gelangen.[40] Gelingt auch dies nicht, wird der Gutachter sein Honorar gemäß §§ 315, 316 BGB nach billigem Ermessen bestimmen können.[41]

**156** Verlangt der Gutachter dagegen eine **höhere Entschädigung,** als nach dem JVEG bei entsprechenden Gerichtsgutachten möglich ist, muss der Auftraggeber des Gutachters damit rechnen, dass ihm im Rahmen der Kostenerstattung die Unangemessenheit der Sachverständigengebühren entgegengehalten wird. Weichen die Stundensätze „ganz erheblich" von denjenigen des JVEG ab, wird es immer einer „besonderen Darlegung ihrer Notwendigkeit" bedürfen.[42]

**157** Wird ein **Architekt** oder **Ingenieur** mit der Erstattung eines **Privatgutachtens** beauftragt, richtet sich sein Honorar nach **§ 33 HOAI.** § 33 bezieht sich jedoch nur

---

35) Vgl. *Bremer,* Der Sachverständige, 1963, S. 187. Zur Angemessenheit einer zeitabhängigen Vergütung eines Bausachverständigen: OLG Düsseldorf, BauR 2003, 1418 = NJW-RR 2003, 1241.
36) Justizvergütungs- und -entschädigungsgesetz vom 5. Mai 2004 (BGBl. I S. 718); Inkrafttreten am 1.7.2004.
37) Zur **Angemessenheit** einer zeitabhängigen Vergütung: OLG Düsseldorf, BauRB 2003, 148 – *Böckermann.*
38) Vgl. OLG Köln, BauR 1989, 372; Brandenburgisches OLG, OLGR 2002, 62 für das ZuSEG; s. hierzu auch BGH, BauR 2007, 744, 746 = ZfBR 2007, 342, 343 = NZBau 2007, 308, 309.
39) Siehe dazu auch OLG Koblenz, JurBüro 1996, 90, 91.
40) BGH, BauR 2006, 1341 = IBR 2006, 459/460 – *Schwenker.*
41) BGH, NJW 1966, 539, 540.
42) BGH, BauR 2007, 744, 746 = ZfBR 2007, 342, 343 = NZBaur 2007, 308, 309.

**Kostenerstattung**

auf Gutachten für Leistungen, die in dieser Verordnung erfasst sind.[43] Gutachten, die ein Architekt über **Bauleistungen** von **Werkunternehmen** erstattet, bei denen eine Architekten- oder Tragwerksingenieurhaftung nicht in Frage steht, fallen demnach nicht unter § 33 HOAI. Gutachten über solche Fragen müssen entsprechend § 632 Abs. 2 BGB nach der „üblichen Vergütung" bezahlt werden, die über den Mindest- oder auch Höchstsätzen liegen kann.[44]

### 3. Die Kostenerstattung

*Literatur*

*Becker-Eberhardt*, Grundlagen der Kostenerstattung bei der Verfolgung zivilrechtlicher Ansprüche, 1985.
*Schneider*, Zur Behandlung eingeklagter Gutachterkosten, ZZP 76 (1963), 445; *Schneider*, Die Erstattungsfähigkeit der Kosten für Privatgutachten, MDR 1965, 963; *Mümmler*, Zur Erstattungsfähigkeit der Kosten von Privatgutachten, JurBüro 1974, 15; *Hansens*, Privatgutachtenkosten in Eilverfahren, JurBüro 1983, 64; *Schneider*, Die Kostenerstattung für Privatgutachter in Bausachen, OLGReport Kommentar, 2/2000 K 1; *Pauly*, Zur Frage der Erstattungsfähigkeit von Privatgutachten im Bauprozess, BauR 2001, 559; *Mankowski*, Privatgutachten über ausländisches Recht – Erstattungsfähigkeit der Kosten, MDR 2001, 194; *Frank*, Die Erstattung von Privatgutachterkosten, BauRB 2004, 55.

Privatgutachten verursachen in der Regel **erhebliche Kosten,** insbesondere wenn sie für Bauprozesse eine Vielzahl schwieriger und verwickelter technischer Fragen behandeln. Diese Kosten werden von dem Auftraggeber meist nach Eingang des Gutachtens bezahlt; dieser wird darum versuchen, diese Kosten auf den **Verantwortlichen** abzuwälzen. Hierbei ergeben sich in der Praxis erhebliche Unsicherheiten, ob und in welchem Umfang der Auftraggeber berechtigt ist, vorprozessuale Privatgutachterkosten erstattet zu verlangen. Umstritten ist auch, auf welchem Wege er seine Kosten geltend machen muss. **158**

#### a) Der materiell-rechtliche Anspruch auf Kostenerstattung

Gutachterkosten, die von dem **Bauherrn** aufgewandt worden sind, um evtl. Schäden **festzustellen** oder um **abzuklären**, welche Maßnahmen zur Schadensbeseitigung erforderlich sind, sind **Mangelfolgeschäden**. Das ist in der Rspr. wiederholt ausgesprochen worden.[45] Hiervon sind indes die Fälle zu unterscheiden, bei denen nur **vorbeugend** die Vollständigkeit und Mangelfreiheit der Bauleistungen **überwacht** werden soll.[46] Dies sind in aller Regel Leistungen, die den **Architekten** und/ oder **Fachingenieuren** im Rahmen ihrer Leistungspflichten obliegen und von ihnen demnach unabhängig von möglichen Mängeln **vertraglich** erbracht werden müssen. Ein materiell-rechtlicher Kostenerstattungsanspruch ist für diesen Tätigkeitsbereich **159**

---

43) AG St. Blasien, BauR 1979, 73; *Locher/Koeble/Frik*, § 33 HOAI, Rdn. 10; *Korbion/Mantscheff/Vygen*, § 33 HOAI, Rdn. 2.
44) Vgl. hierzu vor allem *Schmidt*, BauR 1999, 462 ff.
45) Vgl. BGH, BauR 2002, 86, 87; BGH, NJW-RR 1998, 1027; BGH, NJW 1985, 381 = BauR 1985, 83; BGH, BauR 1970, 244, 245; BGH, BauR 1971, 131 = NJW 1971, 1130 m. Hinw. auf BGH, BauR 1971, 51, 52 = NJW 1971, 99, 100; OLG Nürnberg, BauR 2006, 148; OLG Düsseldorf, BauR 1989, 329, 331; OLG Hamm, NJW-RR 1992, 1049; OLG Koblenz, NJW-RR 1990, 30; LG Hamburg, BauR 1999, 684.
46) *Schneider*, OLGReport Kommentar, 2/2000, K 1.

daher von vornherein ausgeschlossen.[47] Nichts anderes gilt, wenn ein Gutachter einzig zu dem Zweck tätig wird, den Auftraggeber/Bauherrn ganz allgemein über die Qualität der Bauleistungen in Kenntnis zu setzen und/oder ihm die notwendigen Erkenntnisgrundlagen für seine Entscheidung zu einem gerichtlichen Vorgehen zu liefern.[48]

Im Übrigen ist der materiell-rechtliche Erstattungsanspruch bei Bestehen eines Bauvertrages eindeutig ein **Schadensersatzanspruch.** Nach **altem** Recht ergab sich die Erstattungspflicht aus § 635 BGB a. F. bzw. § 13 Nr. 7 Abs. 3 Satz 1, 2 VOB/B; denn nach der Rechtsprechung des BGH[49] sind die Kosten für ein Gutachten über Ursache und Ausmaß der eingetretenen oder vielleicht noch zu erwartenden Mängel **Mangelfolgeschäden.** Dieser Schaden entsteht von vornherein **neben** dem Nachbesserungsanspruch, sodass es auch **keiner** Fristsetzung mit Ablehnungsandrohung bedarf.[50] Damit sind nach altem Recht die Privatgutachterkosten zu ersetzen, wenn die Beauftragung im Einzelfall erforderlich war. Nichts anderes gilt nach dem **SchRModG:** Der Ersatz sonstiger durch einen Mangel verursachter Schäden – und hierunter fallen die Gutachterkosten – ergibt sich aus §§ 634 Nr. 4, 280 Abs. 1 BGB. Eine Fristsetzung ist nicht erforderlich.[51]

Daneben kann aber der materiell-rechtliche Kostenerstattungsanspruch durchaus auch aus § 633 Abs. 2 Satz 1 BGB a. F., § 4 Nr. 7 VOB/B oder § 13 Nr. 5 Abs. 1, 2 VOB/B sowie aus **Verzug** (§ 286 BGB a. F.; §§ 634 Nr. 4, 280 Abs. 2, 286 BGB n. F.) oder aus **unerlaubter Handlung** (§§ 823 ff. BGB)[52] begründet werden.

**160** Die von dem Baubeteiligten aufgewandten Kosten für ein Privatgutachten können demnach, wenn es nicht zu einem Bauprozess wegen Baumängel kommt, im Rahmen einer normalen **Leistungsklage** oder durch eine (Hilfs-)**Aufrechnung** in einem Prozess geltend gemacht werden. Dies gilt auch für **Erstattungsansprüche** eines **Werkunternehmers,** der aufgrund einer **unzutreffenden** Mängelrüge Kosten aufwendet, um seine Verantwortlichkeit zu überprüfen.[53] Soweit bei den Landgerichten geschäftsplanmäßig Baukammern eingerichtet sind, besteht eine Sonderzuständigkeit der Baukammern allerdings nicht. Insoweit handelt es sich bei der Klage auf Zahlung des Honorars für ein Privatgutachten nicht um eine Bausache (vgl. Rdn. 405 ff.).

**161** In der Regel kommt es zu einem **Hauptprozess,** in dem auf Beseitigung von Mängeln bzw. Schadensersatz geklagt wird; die Erstattung von Kosten für ein eingeholtes Privatgutachten ist dann in der Regel nur eine **Nebenforderung.** Die Einwendungen des Prozessgegners können hier mehrere Zielrichtungen haben: So wird meist der Baumangel und damit die Ersatzpflicht selbst bestritten, oder es wird gerügt, eine Partei habe aus Schadensminderungsgründen auf die Einholung eines Privatgutachtens

---

47) *Schneider*, a. a. O.
48) OLG Köln, OLGR 1998, 119; *Schneider*, a. a. O., K 2.
49) BGH, BauR 2002, 86, 87 = NZBau 2002, 31 = NJW 2002, 141; BGHZ 54, 352 = BauR 1971, 51; OLG Frankfurt, BauR 1991, 777; OLG Naumburg, OLGR 1998, 144 (LS); *Kapellmann/Messerschmidt/Wirth*, § 13 VOB/B, Rdn. 359; *Ingenstau/Korbion/Wirth*, § 13 Nr. 7 VOB/B, Rdn. 107.
50) Vgl. BGH, BauR 2003, 693, 695; BauR 2002, 86, 87; BGH, BauR 1985, 83 = NJW 1985, 381, 382; **a. A.:** OLG Koblenz, NJW-RR 1990, 30.
51) *Kannowski*, BauR 2003, 170, 180; *Palandt/Sprau*, § 634 BGB, Rdn. 8.
52) OLG Hamm, BB 1994, 1524 = BauR 1994, 668 (LS).
53) Vgl. LG Hamburg, NJW-RR 1992, 1301.

## Kostenerstattung

vollständig verzichten müssen, weil voraussehbar gewesen sei, dass es zu einem Bauprozess und damit zur Einholung eines gerichtlichen Sachverständigengutachtens kommen werde.

Schließlich wird oftmals der Einwand erhoben, anstelle des Privatgutachtens habe ein **selbstständiges Beweisverfahren** eingeleitet werden müssen. **162**

Die Schadensminderungspflicht aus § 254 BGB gebietet hier sicherlich zu prüfen, ob für die Fälle eines voraussehbaren Bauprozesses nicht ein selbstständiges Beweisverfahren nach §§ 485 ff. ZPO durchgeführt werden muss, weil dessen Ergebnisse im späteren Hauptprozess verwertet werden können oder müssen (§ 493 Abs. 1 ZPO).[54] Wenn auch dem selbstständigen Beweisverfahren in Bausachen eine besondere Bedeutung zukommt (vgl. Rdn. 1 ff.), so vermag ein solcher Einwand dennoch nicht durchzugreifen: Der Unterschied zwischen den beiden Sicherungsmaßnahmen ist beweismäßig nicht so erheblich, dass eine Partei verpflichtet sein kann, anstelle eines Privatgutachtens ein Beweissicherungsverfahren in Gang zu setzen,[55] das Gericht der Hauptsache muss sich immer mit dem Ergebnis eines Privatgutachtens sorgfältig auseinander setzen (vgl. Rdn. 150). Im Übrigen differieren die Kosten der beiden Sicherungsmaßnahmen in der Regel nicht entscheidend.

Gegen die **Höhe** der Privatgutachterkosten kann allerdings geltend gemacht werden, dass mit dem Privatgutachter nicht die hierfür als üblich anzusehenden Kosten vereinbart worden sind. Dies folgt aus § 254 BGB.[56] Dagegen ist der materiell-rechtliche Kostenerstattungsanspruch nicht durch § 91 Abs. 1 Satz 1 ZPO begrenzt.[57] Im Übrigen sind immer nur diejenigen Gutachterkosten zu ersetzen, die **erforderlich** sind, um dem Auftraggeber (Bauherrn) „**über Ursache und Ausmaß der eingetretenen und noch zu erwartenden Mängel ein zuverlässiges Bild zu verschaffen**".[58] **163**

Zuweilen wird auch heute noch bestritten, dass die Privatgutachterkosten überhaupt im Bauprozess als selbstständiger Schadensposten geltend gemacht werden können; einer solchen Klage solle, soweit es um die Kosten für die Privatgutachten geht, **das Rechtsschutzbedürfnis** fehlen, weil der Kläger sein Ziel auf einem einfacheren und billigeren Weg erreichen könne, nämlich über das Kostenfestsetzungsverfahren (§§ 103 ff. ZPO), insbesondere, wenn der geltend gemachte Anspruch sich mit dem prozessualen Kostenerstattungsanspruch decke.[59] Da nach richtiger Ansicht die Privatgutachterkosten aber zu den sog. Vorbereitungskosten gehören, müsste dies dazu führen, dass ein Bauherr grundsätzlich hinsichtlich der Kostenerstattung auf das Kostenfestsetzungsverfahren zu verweisen wäre. Hier will das OLG Celle[60] allerdings eine Ausnahme für den Fall machen, dass das Gutachten nicht nur der reinen Prozessvorbereitung dient.[61] **164**

---

54) Vgl. BGH, NJW 1970, 1919 ff.; vgl. Rdn. **117**.
55) OLG Karlsruhe, BauR 2007, 1450, 1452; OLG Düsseldorf, NJW-RR 1996, 572 = BauR 1995, 883; OLG Stuttgart, Justiz 1980, 328; siehe ferner: *Frank*, BauRB 2004, 55, 56; *Schneider*, OLGReport Kommentar, 2/2000, K 3; *Pauly*, BauR 2001, 559, 560.
56) Siehe auch OLG Köln, OLGR 2001, 309 für „unnötige Kosten".
57) **Bestr.**; so *Thomas/Putzo/Hüßtege*, vor § 91 ZPO, Rdn. 14; **a. A.:** *Mümmler*, JurBüro 1974, 15, 24.
58) BGH, NJW 1971, 99, 100 = BauR 1971, 51; OLG Düsseldorf, NJW-RR 1996, 572 = BauR 1995, 883; OLG Frankfurt, BauR 1991, 777, 778.
59) Vgl. RGZ 130, 217; LG Karlsruhe, AnwBl. 1994, 94; OLG München, NJW 1971, 518; vgl. auch BGH, *Schäfer/Finnern*, Z 2.311 Bl. 17.
60) NJW 1962, 1778, 1779.
61) Vgl. auch BGH, *Schäfer/Finnern*, Z 2.331 Bl. 56.

**165** Mit Schneider[62] ist von der grundsätzlichen Zulässigkeit einer Leistungsklage (auf Kostenerstattung von Privatgutachten) auszugehen. Eine Verweisung des Klägers auf das Kostenfestsetzungsverfahren unter dem Gesichtspunkt eines fehlenden Rechtsschutzbedürfnisses ist nicht möglich. Eine solche Verweisung geschieht in der Praxis auch nicht mehr.[63] Ein Bauherr kann daher in einem Hauptprozess („**Mängelprozess**") zugleich die aufgewandten Privatgutachterkosten als **selbstständigen Schadensposten** in Ansatz bringen. Tut er dies, sind rein materiell-rechtliche Gesichtspunkte dafür maßgebend, ob er die Gutachterkosten verlangen kann oder nicht. Gutachterkosten sind zu ersetzen, wenn sie erforderlich waren, dem Bauherrn (Auftraggeber) ein zuverlässiges Bild über Ursache und Ausmaß der eingetretenen und/oder noch zu erwartenden Mängel zu verschaffen.[64]

Wird seine Klage auf Kostenerstattung abgewiesen, ist er nicht gehindert, gleichwohl die Festsetzung der Privatgutachterkosten im **Kostenfestsetzungsverfahren** zu beantragen.[65]

### b) Kostenerstattung im Kostenfestsetzungsverfahren

**166** Wählt eine Partei im Mängelprozess dagegen das **Kostenfestsetzungsverfahren** (§§ 103 ff. ZPO), so sind materiell-rechtliche Gesichtspunkte für die Kostenerstattung nicht maßgebend.[66] Vielmehr kommt es hier nur darauf an, ob die aufgewandten Kosten für Privatgutachten als „**notwendige Kosten**" i. S. des § 91 ZPO anzusehen sind.[67]

Befriedigende und einheitliche Beurteilungsmaßstäbe sind insoweit gerade für den bauprozessualen Bereich bisher noch nicht gefunden worden. Die Rechtsprechung ist heute noch z. T. sehr **engherzig** und erkennt Sachverständigenkosten nur ausnahmsweise als notwendige Kosten i. S. von § 91 ZPO an. Im Einzelfall gilt Folgendes:

**167** **Vor Prozessbeginn** eingeholte Gutachten sind zunächst nur erstattungsfähig, soweit die angefallenen Kosten mit einem **konkreten**, bevorstehenden **Rechtsstreit** in einer unmittelbaren Beziehung stehen, also **prozessbezogen** waren;[68] das einge-

---

62) ZZP 76, 445 ff.; MDR 1965, 963; ebenso: OLG München, OLGR 1997, 132; OLG Nürnberg, JurBüro 1978, 118; LG Hechingen, VersR 1986, 350; *Pauly*, BauR 2001, 559, 560.
63) Vgl. z. B. BGH, BauR 1971, 51; BauR 1971, 131, 134; OLG Koblenz, OLGZ 1991, 127; KG, BauR 2004, 140 (LS).
64) So BGH, NJW 1971, 99, 100 = BauR 1971, 51; OLG Frankfurt, BauR 1991, 777, 778. Zum Erfordernis der Fristsetzung nach § 634 Abs. 1 BGB a. F.: OLG Koblenz, NJW-RR 1990, 30, 31 m. Nachw.
65) OLG Koblenz, AnwBl. 1986, 251; VersR 1975, 932; OLG Bamberg, JurBüro 1971, 88 m. zust. Anm. von *Mümmler*; OLG München, MDR 1976, 846 = JurBüro 1976, 1105; OLG Nürnberg, MDR 1977, 936; OLG Köln, JurBüro 1977, 1773; *Schneider*, MDR 1981, 353, 358; anders wohl OLG Frankfurt, JurBüro 1983, 283 m. abl. Anm. *Mümmler*.
66) Vgl. OLG Koblenz, MDR 1974, 1028.
67) S. hierzu: BGH, BauR 2007, 744, 745 = ZfBR 2007, 342, 343 (Aufhebungsbeschluss zu OLG Jena, IBR 2006, 528 – *Irl*); OLG Karlsruhe, BauR 2007, 1450.
68) BGH, BauR 2006, 1505 = NZBau 2006, 647 = NJW 2006, 2415 = IBR 2006, 527 – *Moufang*; BGHZ 153, 235 = NJW 2003, 1398; OLG Celle, IBR 2007, 169 – *Wagner*; OLG Koblenz, BauR 2002, 1131, 1132 u. BauR 1996, 583; OLG Düsseldorf, NJW-RR 1997, 1431 = OLGR 1997 246; OLG Bamberg, OLGR 2001, 204; NJW-RR 1996, 572 = BauR 1995, 883; OLG Zweibrücken, BauR 2004, 1491 = BauRB 2004, 269 = IBR 2004, 416 = OLGR 2004, 390 (für Gut-

## Kostenerstattung

holte Privatgutachten muss damit den Streitgegenstand des Bauprozesses betreffen.[69] Es reicht noch nicht aus, wenn das Gutachten zur Verwertung in einem **anderen** Prozess eingeholt worden war[70] oder dazu diente, den Versuch einer außergerichtlichen Einigung der Parteien vorzubereiten.[71] Die Frage, ob ein Privatgutachten in diesem Sinne mit dem eigentlichen Prozess in Zusammenhang steht, ist auf den tatsächlichen und nicht auf einen hypothetischen Verfahrensverlauf abzustellen,[72] und zwar immer aus der Sicht des Auftraggebers.[73]

Im Übrigen sind die Kosten eines vorprozessualen Privatgutachtens nach § 91 ZPO erstattungsfähig, soweit das Gutachten für den Rechtsstreit „**erforderlich**" war. Das ist stets der Fall, wenn eine Partei ohne Mitwirkung des Privatgutachters zu einer entsprechenden **Rechtsverfolgung** – oder im Vorgriff: für eine **Rechtsverteidigung**[74] – nicht hinreichend in der Lage oder eine nachweisliche Förderung des Bauprozesses erfolgt ist.

**168** Es ist nicht zu verkennen, dass die Rechtsprechung jetzt **zunehmend die Erstattungsfähigkeit** eines **vor** einem Bauprozess eingeholten Gutachtens **bejaht**, weil die Erkenntnis gewachsen ist, dass ein Bauprozess mit seinen vielfältigen technischen und juristischen Problemen ohne Privatgutachter nicht mehr zu meistern ist. Das gilt vornehmlich für die Streitfälle, in denen eine **fachunkundige Prozesspartei** einen Prozess führen muss, der **Gegner** aber **sachverständig** oder doch **fachkundig** ist.[75]

**169** Verklagt z. B. ein Bauherr seinen Architekten, Bauunternehmer oder Sonderfachmann (Statiker, Vermessungsingenieur), so wird er als Laie selten oder überhaupt nicht aus eigenem Wissen in der Lage sein, einen **technisch schwierigen Prozessstoff** mit seinem Anwalt so ausreichend aufzubereiten, dass die durch einen unzuläng-

---

achten über Baumängel); OLG Frankfurt, OLGR 2000, 11; OLG Karlsruhe, OLGR 2007, 732 (verneinend für Gutachten des **Haftpflichtversicherers**).
69) OLG München, JurBüro 1980, 609.
70) OLG Koblenz, JurBüro 1981, 1070; *Mümmler*, JurBüro 1980, 133. Hat z. B. eine Haftpflichtversicherung eines Baubeteiligten das Privatgutachten eingeholt, um die Frage ihrer Deckungspflicht und die der Prozessvorbereitung zu klären, wird der Zusammenhang mit dem bevorstehenden Prozess als nicht gegeben angesehen (LG Tübingen, JurBüro 1986, 439; a. A.: LG München, ZfS 1986, 14).
71) OLG Celle, IBR 2007, 169 – *Wagner*.
72) OLG Köln, JurBüro 1980, 943; OLG Hamm, JurBüro 1976, 94.
73) OLG Karlsruhe, BauR 2007, 1450, 1451; OLG Koblenz, JurBüro 1976, 95.
74) Vgl. OLG Düsseldorf, NJW-RR 1996, 572 = BauR 1995, 883 (**Baumängel**); OLG Bamberg, JurBüro 1987, 602; OLG München, Rpfleger 1972, 415; OLG Frankfurt, BB 1980, 602; **keine** Erstattung, wenn der Bauherr die **Abrechnungen** des Unternehmers statt von seinem Architekten durch einen Privatgutachter überprüfen lässt, weil es zwischen ihm und dem Architekten zu einem Zerwürfnis gekommen ist (zur Erstattungsfähigkeit von Gutachterkosten zur Überprüfung von **Abrechnungen** s. auch Brandenburgisches OLG, BauR 2002, 1128 = IBR 2002, 290; KG, IBR 2004, 114 = BauRB 2004, 11; OLG Köln, JurBüro 1991, 384; OLG Bamberg, BauR 1994, 138). Zur **Erstattungsfähigkeit** der Leistungen des **Architekten** bei der Prozessführung s. OLG Koblenz, JurBüro 1980, 448 u. OLG Schleswig, BauR 1992, 118 (Teilnahme des Architekten am **Ortstermin** eines gerichtlichen Sachverständigen); zur Kostenerstattung einer **prozessbegleitenden Fachbetreuung** durch ein Ingenieurbüro: OLG Nürnberg, MDR 2001, 1439.
75) OLG Düsseldorf, NJW-RR 1996, 572 = BauR 1995, 883; OLG Bamberg, JurBüro 1987, 602; OLG Hamm, JurBüro 1964, 895; OLG München, Rpfleger 1972, 415; OLG Koblenz, JurBüro 1996, 90 u. JurBüro 1976, 95; *Schneider*, MDR 1965, 963 Anm. 10; *Zöller/Herget*, § 91 ZPO, Rdn. 13 „Privatgutachten" m. w. Nachw.

lichen Prozessvortrag bedingten Risikofaktoren für den Prozess ausgeschaltet werden können.[76] Bei einer **fachunkundigen Partei** – in der Regel also dem Bauherrn – wird man daher die Erstattungsfähigkeit **vorprozessualer** Gutachten immer schon dann bejahen können, wenn der Bauherr gehalten ist, **erhebliche Baumängel oder Abrechnungsfehler** darzustellen. Ist der Prozessstoff ungewöhnlich umfangreich, betrifft er z. B. zahlreiche Baumängel, deren Umfang und Auswirkung von einem Laien nicht eindeutig oder nur unzulänglich abgeschätzt werden können, sind die Kosten erstattungsfähig.[77] Die Dinge sind anders zu beurteilen, wenn es z. B. nur darum geht, die **Schlussrechnung** eines Unternehmers zu überprüfen; hat der Bauherr einen **Architekten** mit der Bauüberwachung **beauftragt** (§ 15 Abs. 2 Nr. 8 HOAI), so wird dieser in der Regel im Rahmen seiner Grundleistung („Rechnungsprüfung") die Schlussrechnung überprüfen können. Die Einholung eines (zusätzlichen) Privatgutachtens wird nicht erforderlich sein.[78]

**170** Im Ergebnis ist deshalb denjenigen Entscheidungen beizutreten, die die Erstattbarkeit eines **vor** Prozessbeginn eingeholten Gutachtens bereits bejahen, wenn das Gutachten in Erwartung eines zukünftigen Rechtsstreits eingeholt und zur Beeinflussung des Rechtsstreits zugunsten des Erstattungsberechtigten **erforderlich** und **geeignet** war.[79]

Es ist nicht erforderlich, dass das Gutachten für den Prozess einen bestimmenden Einfluss gehabt, sich als „prozessfördernd" ausgewirkt hat.[80] Es kommt allein auf die objektive Erforderlichkeit und Geeignetheit aus der **Sicht** der **Partei** an.[81] Im Übrigen ist die Notwendigkeit einer Maßnahme stets nach dem Zeitpunkt ihrer Vornahme zu beurteilen;[82] es muss also stets die Frage gestellt werden, ob es eine Partei für geboten erachten durfte, ein Privatgutachten einzuholen. Das kann beispielsweise zu bejahen sein, wenn sich eine beklagte Partei gegen den Werklohnanspruch eines Unternehmers in erster Linie mit dem Schlusszahlungseinwand gemäß § 16 Nr. 3 VOB/B wehrt und hilfsweise Baumängel vorträgt, die nur mit Hilfe eines Privatgutachtens ausreichend dargelegt und unter Beweis gestellt werden können. In aller Regel ist für die Partei hier nicht vorhersehbar, ob das Gericht den Schlusszahlungseinwand als rechtserheblich ansehen wird oder nicht, sodass der Hilfsvortrag, der

---

76) Darauf weist zutreffend *Soergel*, DAB 1981, 909, hin; zur Erstattungsfähigkeit von **juristischen** Privatgutachten: OLG Frankfurt, NJW-RR 1987, 380 = WRP 1987, 40; OLG Koblenz, Rpfleger 1986, 107; *Mankowski*, MDR 2001, 194 ff. (Privatgutachten über **ausländisches Recht**).
77) Brandenburgisches OLG, BauR 2002, 1128 = IBR 2002, 290 für Privatgutachten eines **Honorarsachverständigen**.
78) Vgl. KG, IBR 2004, 114 = BauRB 2004, 11 für prozessunterstützende Tätigkeit eines Architekten bei fachkundiger Partei; OLG Bamberg, BauR 1994, 138.
79) OLG Koblenz, JurBüro 1996, 90; OLG Köln, BauR 1995, 881; OLG Saarbrücken, JurBüro 1990, 623; OLG Düsseldorf, JurBüro 1977, 1452; OLG Hamm, JurBüro 1972, 1102; OLG Düsseldorf, VersR 1973, 863 für Kfz-Fall; vgl. auch *MünchKommZPO-Belz*, § 91 ZPO, Rdn. 54.
80) **Bestr.**; wie hier: OLG Düsseldorf, NJW-RR 1996, 572, 573; OLG Bamberg, OLGR 2001, 204, 205 u. JurBüro 1987, 602; OLG Frankfurt, JurBüro 1987, 896 u. Rpfleger 1977, 327; OLG Köln, JurBüro 1978, 1075; JurBüro 1980, 943; OLG München, JurBüro 1980, 609; OLG Bremen, JurBüro 1979, 1711; **a. A.:** LG Mannheim, MDR 1973, 236; OLG Bamberg, AnwBl. 1985, 387 u. JurBüro 1977, 1003; OLG Düsseldorf, NJW-RR 1995, 1470 = JurBüro 1995, 372 (keine Erstattung, wenn das Gutachten im Rechtsstreit nicht vorgelegt wird).
81) *Zöller/Herget*, § 91 ZPO, Rdn. 13 „Privatgutachten".
82) OLG Düsseldorf, NJW-RR 1996, 572, 573; OLG Bamberg, JurBüro 1987, 602.

durch ein Privatgutachten gestützt wird, geboten erscheint. Vorprozessuale Gutachterkosten sind demgegenüber nicht erstattungsfähig, wenn die Partei den Sachverständigen nur beauftragt hat, um ihre **Prozessaussichten** besser beurteilen zu können.[83]

Im Übrigen ist eine Partei nicht daran gehindert, die Kosten eines Privatgutachtens als Prozessvorbereitungskosten im **Kostenfestsetzungsverfahren** anzumelden, wenn das Prozessgericht zuvor den auf eine materielle Anspruchsgrundlage gestützten Kostenerstattungsanspruch hinsichtlich eines Privatgutachtens abweist.[84] Die Kosten für ein privates Beweissicherungsgutachten über Werkmängel sind in einem Rechtsstreit über die Werklohnforderung des Unternehmers nicht erstattungsfähig, wenn über die **hilfsweise zur Aufrechnung gestellten Kosten der Mängelbeseitigung** in der Sache nicht entschieden wurde.[85] Werden die Privatgutachterkosten als materiell-rechtliche Schadensersatzansprüche im Prozess geltend gemacht und in einem **Prozessvergleich** (z. B. durch die Abgeltungsklausel) **einbezogen,** können diese Kosten nicht mehr im Kostenfestsetzungsverfahren berücksichtigt werden.[86]

171

Zusammenfassend kann die Erstattungsfähigkeit **prozessualer** Gutachten bejaht werden, wenn

172

* **schwierige technische Fragen zu erläutern sind** (OLG Frankfurt, JurBüro 1990, 1010; OLG Koblenz, JurBüro 1976, 1686; OLG Stuttgart, Justiz 1971, 103);
* nur durch die Einholung eines Privatgutachtens eine Partei in der Lage ist, ihrer **Darlegungslast** zu genügen („**Substantiierungsgutachten**") und/oder die **erforderlichen Beweise anzutreten** (OLG Koblenz, BauR 2002, 1131; OLG Düsseldorf, NJW-RR 1996, 572; Hans OLG Hamburg, OLGR 1997, 235; OLG Hamm, OLGR 1996, 105; OLG Frankfurt, JurBüro 1977, 1445; OLG Bamberg, JurBüro 1987, 602 u. 1979, 909, 911; OLG München, JurBüro 1980, 609; KG, JurBüro 1981, 1382; OLG Stuttgart, JurBüro 1985, 122);
* das Privatgutachten mit einem konkreten, bevorstehenden Rechtsstreit in einem **engen sachlichen Zusammenhang** steht, also **prozessbezogen** ist;[87]
* eine **fachunkundige Partei** einer **sachverständigen** gegenübersteht und sie keine hinreichende Erkenntnisquellen hat, um die relevanten bautechnischen Fragen beantworten zu können – „**Waffengleichheit**" – (OLG München, NJW 1972, 2273; OLG Koblenz, JurBüro 1991, 247; OLG München, Rpfleger 1972, 415, 416; OLG Hamm, JurBüro 1964, 895; OLG Bamberg, JurBüro 1991, 838; OLG Hamburg, JurBüro 1982, 287; OLG Koblenz, ZSW 1982, 177 m. Anm. Müller).

Sind diese Voraussetzungen gegeben, hängt die Erstattungsfähigkeit nicht davon ab, ob das – in den Prozess **eingeführte**[88] – Privatgutachten Einfluss auf die Entschei-

173

---

83) OLG Koblenz, BauR 1996, 583 (Gutachten zur Beurteilung eines Nachbesserungsanspruchs); OLG Hamburg, JurBüro 1988, 1021; anders: OLG Koblenz, JurBüro 1988, 878 für die Hinzuziehung des Gutachters zur Berufungsbegründung.
84) OLG Koblenz, AnwBl. 1986, 251.
85) SchlHOLG, OLGR 1996, 64.
86) KG, BauR 2004, 140 (LS); OLG München, NJW-RR 1997, 1294.
87) OLG Hamburg, JurBüro 1991, 1516; MDR 1992, 194 (Gutachten durch späteren Beklagten); OLG Köln, Rpfleger 1990, 526; OLG Koblenz, JurBüro 1990, 365 (einstw. Verfügungsverfahren).
88) **Str.;** für die Notwendigkeit der Einführung: OLG Hamm, OLGR 1996, 105, 106; OLG Düsseldorf, OLGR 1997, 246 u. OLGR 1994, 251; dagegen: OLG Saarbrücken, OLGR 1990, 623.

dung des Gerichts hatte, also „**verwertet**" wurde; wird das Gutachten nicht verwertet, weil das Gericht den im Gutachten angeschnittenen Punkt **für nicht entscheidungserheblich** hält, so kann die Erstattungsfähigkeit aus dem Gesichtspunkt der Vorbereitungskosten in Betracht kommen, wenn die Parteien nur mit Hilfe dieses Gutachtens ihre Rechtsverfolgung oder Rechtsverteidigung sachgerecht und ausreichend begründen konnten.[89] Hierfür genügt es allerdings nicht, wenn sich die Partei bei einem relativ leichten technischen Problem selbst durch Auskünfte die Kenntnisse verschaffen kann, die zur Substantiierung ihres Vorbringens ausreichen und als Grundlage für die Einholung eines gerichtlichen Sachverständigengutachtens genügen. In aller Regel ist auch eine **komplette beratende Tätigkeit** des Privatgutachters **nicht erforderlich,** zumal jede Partei gehalten ist, „sich bei der Rechtsverfolgung oder Rechtsverteidigung im Interesse der Geringhaltung von Kosten auf die insoweit unabweisbar notwendigen Maßnahmen zu beschränken".[90]

**174** Die Kosten eines **während des Rechtsstreits** eingeholten („innerprozessualen") Gutachtens sollen nach ganz herrschender Ansicht **nur selten** i. R. des § 91 ZPO **erstattungsfähig** sein,[91] „weil es Sache des Gerichts ist, streitige Sachverhalte durch Beweisaufnahme, ggf. auch durch einen gerichtlichen Sachverständigen zu klären und weil den Parteien zuzumuten ist, das Ergebnis der Beweisaufnahme abzuwarten".[92] Aus diesem Grunde kann es für eine Prozesspartei nur **ausnahmsweise** notwendig sein, **während** des Prozessverfahrens ein Privatgutachten einzuholen. Dabei spielt der Gesichtspunkt der prozessualen „**Waffengleichheit**" wieder eine wichtige Rolle: Die **fachunkundige** Partei kann gehalten sein, einen Privatgutachter zu bestellen, um die bei der Gegenseite bestehende Sachkenntnis in etwa ausgleichen zu können. Das ist z. B. wichtig, wenn ein vom Gegner benannter Privatgutachter als „sachverständiger Zeuge" (s. Rdn. 2623 ff.) gehört wird. Das OLG Stuttgart[93] hat deshalb zu Recht die Aufwendungen für die Zuziehung eines Sachverständigen (Privatgutachters) zum Beweistermin als erstattungsfähig angesehen, weil nicht abgesehen werden konnte, ob das Gericht aufgrund dieser Beweisaufnahme den Rechtsstreit als entscheidungsreif betrachten würde. Der Gegner durfte deshalb seinen „Gutachter mitbringen, um alsbald sachgemäße Fragen und Einwände vorbringen zu können" (OLG Stuttgart).

---

89) Ebenso: OLG Bamberg, NZBau 2000, 29; OLG Naumburg, OLGR 1998, 144 (LS); *Schneider*, OLGReport Kommentar, 2/2000, K 4. Bedenklich daher OLG Schleswig, OLGR 1996, 64 = BauR 1996, 296 m. abl. Anm. *E. Groß*, das bei einer Werklohnklage die hilfsweise zur Aufrechnung gestellten Privatgutachterkosten i. R. des § 91 ZPO nicht berücksichtigen will, wenn die Klage mangels prüffähiger Schlussrechnung als zur Zeit unbegründet abgewiesen wird.

90) OLG Hamm, NJW-RR 1996, 830 = OLGR 1996, 105.

91) Vgl. dazu grundlegend: OLG Brandenburg, OLGR 2006, 327; OLG Stuttgart, BauR 2002, 665; OLG Düsseldorf, BauR 1998, 1282 = OLGR 1999, 38; NJW-RR 1997, 1431 = OLGR 1997, 245; HansOLG Hamburg, OLGR 1997, 235, 236; OLG Hamm, JurBüro 1976, 1370; OLG Koblenz, JurBüro 1994, 627; OLG Bamberg, JurBüro 1987, 755; 1977, 1003; SchlHOLG, JurBüro 1978, 920; OLG Frankfurt, OLGR 1992, 148 u. JurBüro 1984, 1083 m. Anm. *Mümmler; Münch-KommZPO-Belz*, § 91 ZPO, Rdn. 55.

92) So richtig OLG Bamberg, JurBüro 1987, 1554 m. w. Nachw.

93) JurBüro 1980, 1417; ebenso: OLG Hamm, NJW-RR 1996, 830 = OLGR 1996, 105; OLG Köln, JurBüro 1979, 900 u. OLG Düsseldorf, OLGR 1994, 155 (LS). Siehe aber OLG Celle, BauR 2003, 588, für die Teilnahme eines Privatgutachters an einem Ortstermin im selbstständigen Beweisverfahren.

## Kostenerstattung                                                     Rdn. 175–176

Die Kosten für ein **während** des laufenden Rechtsstreits eingeholtes Privatgutachten sind deshalb erstattungsfähig, wenn die darlegungspflichtige Partei ohne eine sachverständige Hilfe ihrer **prozessualen Darlegungslast** nicht (mehr) genügen kann.[94)] Dabei ist vor allem an diejenigen Fälle zu denken, in denen einer Prozesspartei durch **prozessleitende Verfügung** oder durch einen vergleichbaren **Hinweis- oder Auflagenbeschluss** aufgegeben wird, „die Mängel genau zu bezeichnen und substantiiert darzulegen"[95)] oder im Betragsverfahren das Gericht „eine detaillierte Schilderung und Substantiierung" des eingetretenen Schadens verlangt, was nur mit Hilfe eines Sachverständigen gelingen kann.[96)] Ferner kommt eine Erstattung in Betracht, wenn eine Partei auf andere Weise die Auffassung des gerichtlich bestellten Sachverständigen nicht zu erschüttern vermag[97)] oder wenn auch die Gegenpartei ein entsprechendes Privatgutachten vorlegt und das Gericht beide Gutachten in seiner Entscheidung beweismäßig verwertet hat. Schließlich werden die Kosten eines privat zugezogenen Gutachters erstattungsfähig sein, wenn in einem Baumängelprozess der Bauherr in erster Instanz unterlegen ist und er sich nicht darauf verlassen kann, dass es für eine erfolgreiche Berufung genügen wird, den erstinstanzlichen Sachvortrag zu wiederholen.[98)]

175

Soweit für die Erstattungsfähigkeit allerdings weiter verlangt wird, dass das Gutachten jeweils die gerichtliche Entscheidung beeinflusst („entscheidend gefördert") hat,[99)] was verneint wird, wenn die Einholung eines Gerichtsgutachtens nicht erspart wurde, kann dem nicht gefolgt werden.[100)] Insoweit wird man vielmehr als ausreichend ansehen müssen, dass eine Partei nur mit Hilfe eines Privatgutachters den **Versuch unternehmen kann,** etwa die Auffassung eines gerichtlich bestellten Sachverständigen oder eines Sachverständigen im Beweissicherungsverfahren zu erschüttern oder zu widerlegen.[101)] Ausreichend ist z. B., wenn die Arbeit des gerichtlichen Sachverständigen schon „erleichtert" wird und dadurch Kosten gespart werden. Das Gutachten muss aber stets in das Erkenntnisverfahren eingeführt worden sein.[102)]

176

---

94) Vgl. OLG Bamberg, IBR 2006, 529 – *Irl*; OLG Koblenz, OLGR 2006, 224 u. BauR 2003, 539 = OLGR 2003, 367 (Erfordernis einer fundierten fachlichen **Gegendarstellung**); OLG Frankfurt, IBR 2003, 177 – *Roskosny;* OLG Düsseldorf, NJW-RR 1997, 1431 = OLGR 1997, 245 (**Bezifferung** einer Schadensersatzklage); OLG Koblenz, JurBüro 1994, 627 (Substantiierung des **Klageabweisungsvorbringens**; anders: OLG Frankfurt, OLGR 1993, 154 für den Fall, dass der Beklagte in der Klageerwiderung bereits die behaupteten Mängel dargelegt hat); OLG Hamm, OLGR 1996, 105 (Auseinandersetzung mit einem im **Beweissicherungsverfahren** erstatteten **Gutachten**); LG Mannheim, MDR 1973, 236; OLG Bamberg, JurBüro 1980, 132; OLG Düsseldorf, DB 1981, 785 (für einstw. Verfügungsverfahren); OLG Frankfurt, OLGR 1992, 148.
95) Vgl. OLG Koblenz, BauR 2002, 1131; JurBüro 1981, 1394 u. NZBau 2000, 29.
96) OLG Stuttgart, NJW-RR 1996, 255; OLG Bamberg, OLGR 2000, 268.
97) OLG Koblenz, OLGR 2006, 224; OLG Hamm, NJW-RR 1996, 830 = OLGR 1996, 105; OLG Oldenburg, VersR 1959, 1012; OLG Bamberg, JurBüro 1987, 755; 1554; JurBüro 1983, 1097 sowie OVG Nordrhein-Westfalen, JurBüro 1988, 1558.
98) Siehe auch OLG Koblenz, JurBüro 1988, 878.
99) OLG Hamm, NJW-RR 1996, 830; OLG Bamberg, JurBüro 1984, 445 u. 1987, 1554; OLG Frankfurt, JurBüro 1984, 1083.
100) BLAH, § 91 ZPO, Rdn. 101 ff. – Stichwort „Gutachten"; vgl. auch OLG Nürnberg, MDR 1975, 936; KG, JurBüro 1981, 1382; OLG Saarbrücken, JurBüro 1988, 1360.
101) OLG Stuttgart, BauR 2002, 665, 666; OLG Oldenburg, VersR 1959, 1012.
102) OLG Bamberg, JurBüro 1987, 755; OLG München, OLGR 1995, 192.

**177** Zusammenfassend ist die Erstattungsmöglichkeit von Privatgutachten **während eines Prozesses** zu bejahen, wenn

* die **Chancengleichheit** der Prozessparteien zu sichern ist – „**Waffengleichheit**" – (OLG Karlsruhe, BauR 2007, 1450, 1451; HansOLG Hamburg, JurBüro 1981, 439; anders OLG Stuttgart [JurBüro 1980, 1417, 1418] mit der Begründung, einem solchen Gutachten komme „in aller Regel nur ein untergeordneter Beweis" zu);
* das Verfahren entscheidend **gefördert** oder **verbilligt** wird (OLG Bamberg, JurBüro 1980, 1583; OLG Hamm, JurBüro 1972, 1102; OLG Düsseldorf, JurBüro 1966, 428);
* es erforderlich wird, weil eine Partei ihrer **Darlegungslast** anders nicht nachkommen oder die erforderlichen **Beweise** nicht antreten kann (OLG Köln, BauR 1995, 881; OLG Bamberg, OLGR 2000, 268 u. JurBüro 1980, 132; OLG Koblenz, JurBüro 1994, 627);
* nur mit Hilfe des Privatgutachtens die **Bedenken gegen ein gerichtliches Gutachten** vorgebracht werden können (OLG Düsseldorf, BauR 1998, 1282; OLG Bamberg, JurBüro 1987, 1554; anders OLG Bamberg, OLGR 2000, 268, wenn es nur dazu dient, Angriffe gegen ein Sachverständigengutachten abzuwehren);
* das Gutachten **beweismäßig verwertet wird** (vgl. dazu OLG Bamberg, JurBüro 1973, 61; JurBüro 1976, 1688; OLG Frankfurt, JurBüro 1987, 896; OLG Hamm, JurBüro 1976, 1370); eine Verwertung soll nach OLG Bamberg (JurBüro 1980, 132 m. zust. Anm. von Mümmler) noch nicht vorliegen, wenn lediglich die Bekundungen, die der Privatgutachter als sachverständiger Zeuge im Prozess gemacht hat, von dem Gericht verwertet werden.

**178** Im Verfahren der **einstweiligen Verfügung** werden von der Rechtsprechung hinsichtlich der Notwendigkeit der Einholung von Privatgutachten **weniger strenge Anforderungen** gestellt als im ordentlichen Klageverfahren.[103]

**179** Schließen die Parteien einen **Prozessvergleich** und werden dabei „die Kosten gegeneinander aufgehoben", so stellt sich die Frage, ob eine Partei die Kosten für ein Privatgutachten im Kostenfestsetzungsverfahren zur Ausgleichung bringen kann. Das wird von dem LG Braunschweig[104] bejaht, von dem OLG München[105] jedoch zutreffend verneint. Den Anwälten muss daher der mahnende Hinweis gegeben werden, bei dem Abschluss eines Vergleiches die Kosten des Privatgutachtens vorsorglich in die Vergleichsklausel miteinzubeziehen.

**180** Ob **Aufwendungen** einer Partei für die Entschädigung eines (sachverständigen) **Zeugen,** der gegenüber der Staatskasse auf Entschädigung verzichtet hat, unter den Voraussetzungen des § 91 ZPO gegen die erstattungspflichtige Partei festsetzbar sind, ist umstritten; die überwiegende Meinung verneint dies.[106]

**181** Demgegenüber sind notwendige **Aufwendungen** einer Partei, die sie zur **Vorbereitung** eines **Gutachtens** hatte, erstattungsfähig. Dazu zählen vor allem Arbeiten

---

103) Vgl. Thüringer OLG, OLGR 1998, 167; OLG Hamm, MDR 1979, 234 – Kosten einer Meinungsumfrage; OLG Düsseldorf, JurBüro 1981, 1071 = DB 1981, 785; s. auch *Schneider*, OLGReport Kommentar, 2/2000, K 5; *Pauly*, BauR 2001, 559, 563; *Hansens*, JurBüro 1983, 641 ff.
104) MDR 1979, 320; vgl. auch HansOLG Hamburg, JurBüro 1981, 439.
105) OLGR 1997, 132; ebenso: OLG Koblenz, ZSW 1981, 100 mit zust. Anm. *Müller*.
106) OLG Frankfurt, JurBüro 1983, 1253; OLG Hamburg, MDR 1972, 247; **a. A.:** OLG Hamm, MDR 1972, 959.

einer Partei zur Vorbereitung der Begutachtung durch einen gerichtlichen Sachverständigen; beauftragt der Gutachter, was er könnte, einen Dritten nicht mit notwendigen Vorbereitungsarbeiten (z. B. Freilegung eines Kellermauerwerks),[107] so sind die insoweit von dem Anspruchsteller (Kläger) selbst aufgewandten Kosten jedenfalls notwendige i. S. des § 91 ZPO. Der Umstand, dass eine Partei prozessual nicht gehalten ist, solche Vorbereitungsarbeiten selbst ausführen zu lassen, ändert an der objektiven Notwendigkeit des Kostenaufwands nichts.[108]

---

107) Vgl. KG, Rpfleger 1981, 202.
108) Zum erstattungsfähigen Aufwand für die im eigenen Betrieb ausgeführten Arbeiten: OLG Köln, JurBüro 1983, 1088.

## III. Die Bauhandwerkersicherungshypothek

*Übersicht*

| | Rdn. | | Rdn. |
|---|---|---|---|
| 1. Die Bedeutung der Sicherungshypothek | 182 | c) Der Sicherungsgegenstand | 243 |
| 2. Der Ausschluss der Rechte des § 648 BGB | 192 | aa) Das Baugrundstück | 243 |
| | | bb) Der Eigentümer | 249 |
| 3. Die Voraussetzungen für die Einräumung einer Sicherungshypothek | 194 | cc) Identität von Besteller und Grundstückseigentümer | 253 |
| | | 4. Verfahrensfragen | 261 |
| a) Der anspruchsberechtigte Bauwerkunternehmer | 195 | a) Einstweilige Verfügung auf Eintragung einer Vormerkung | 268 |
| aa) Der Bauunternehmer | 196 | aa) Voraussetzungen | 271 |
| bb) Der Architekt | 211 | bb) Verfahren | 281 |
| cc) Der Sonderfachmann | 216 | cc) Aufhebung und Rücknahme | 286 |
| dd) Baubetreuer und Bauträger | 219 | b) Die Klage auf Eintragung einer Bauhandwerkersicherungshypothek | 291 |
| b) Die Forderung aus Bauvertrag | 222 | | |
| aa) Die werkvertragliche Forderung | 222 | 5. Rechtsbehelfe | 297 |
| bb) Verjährte Forderung | 233 | 6. Kostenentscheidung | 302 |
| cc) Mangelhafte Werkleistung | 234 | 7. Der Streitwert | 312 |
| dd) Beginn der Sicherbarkeit | 237 | | |

*Literatur*

*Groß*, Die Bauhandwerkersicherungshypothek, 1978; *Motzke*, Die Bauhandwerkersicherungshypothek, 1981; *Schumacher*, Das Bauhandwerkerpfandrecht, 2. Auflage 1982; *Mergel*, Die Sicherung der Bauforderungen in Recht und Praxis, 1989; *Siegburg*, Bauwerksicherungshypothek, 1989.

*Groß*, Die Ablösung eines Garantierückbehaltes durch Bankbürgschaft, BlGBW 1970, 191; *Lüdtke-Handjery*, Die Sicherung von Geldforderungen des Bauunternehmers, DB 1972, 2193; *Weimar*, Ansprüche der Handwerker bei Insolvenz des Bauträgers, BauR 1975, 308; *Kapellmann*, Einzelprobleme der Handwerkersicherungshypothek, BauR 1976, 323; *Hahn*, Neue Rechtsprechung zur Sicherung von Bauforderungen, BauR 1980, 310; *Leineweber*, Die Rechte des Bauunternehmers im Konkurs des Auftraggebers, BauR 1980, 510; *Noetzel*, Die mangelhafte Bauhandwerkersicherung und die schweizerische Regelung, BauR 1980, 521; *Rixecker*, Die Sicherungshypothek des zur Sicherheitsleistung verpflichteten Bauunternehmers, MDR 1982, 718; *Ernst*, Ein neuer Vorstoß in Sachen Bauhandwerkersicherungshypothek, ZRP 1985, 276; *Mickel*, Die Sicherung der Bauhandwerkersicherungshypothek, JuS 1985, 531; *Schlechtriem*, Die Sicherung des Subunternehmers nach Schweizer Recht, ZfBR 1986, 108; *Siegburg*, Ausgewählte Fragen zur Bauwerksicherungshypothek, BauR 1990, 32; *Siegburg*, Einstweilige Verfügung auf Eintragung einer Vormerkung zur Sicherung des Anspruchs aus § 648 Abs. 1 BGB, BauR 1990, 290; *Kartzke*, Unternehmerpfandrecht des Bauunternehmers nach § 647 BGB an beweglichen Sachen des Bestellers, ZfBR 1993, 205; *Nettesheim*, Bauhandwerkerhypothek: Schadensersatzpflicht wegen Eintragung einer Vormerkung trotz vorrangiger Auflassungsvormerkung eines Dritten, BB 1994, 301; *Linnemann*, Bauhandwerkersicherungshypothek – im Gesamtvollstreckungsverfahren ein stumpfes Schwert?, BauR 1996, 664; *Hogenschutz*, Besteht ein Anspruch des Werkunternehmers auf Einräumung einer Bauhandwerkersicherungshypothek (§ 648 BGB) gegen juristische Personen des öffentlichen Rechts?, NJW 1999, 2576; *Rath*, Sicherungsmöglichkeiten für das Architektenhonorar, Festschrift für Jagenburg (2002), 763; *Brauns*, Zur Anfechtbarkeit der Werklohnzahlung oder der Besicherung von Vergütungsansprüchen des Auftragnehmers durch den Insolvenzverwalter über das Vermögen des Auftraggebers – unter besonderer Berücksichtigung der Direktzahlung nach § 16 Nr. 6 VOB/B durch den Hauptauftraggeber, BauR 2003, 301; *Munz*, Der verlängerte Eigentumsvorbehalt – ein geeignetes Sicherungsmittel in der Insolvenz des Bauunternehmers?, BauR 2003, 621; *Scheef*, Risiken bei der zwangsweisen Durchsetzung der Eintragung einer Bauhandwerkersicherungshypothek, BauRB 2004, 186; *Birkenkämper*, Die Absicherbarkeit von Vergütungsansprüchen im Falle einer auftraggeberseitigen Kündigung gemäß § 648 BGB, Jahrbuch Baurecht 2006, 1.

## 1. Die Bedeutung der Sicherungshypothek

Der „Unternehmer eines Bauwerks" oder eines einzelnen Teiles eines Bauwerks kann nach § 648 BGB für seine Forderungen aus dem Vertrag die Einräumung einer **Sicherungshypothek** an dem Baugrundstück des „Bestellers" (Bauherrn) verlangen. Ist das Werk noch nicht vollendet, ist er berechtigt, die Einräumung der Sicherungshypothek für einen der geleisteten Arbeit entsprechenden Teil der Vergütung und für die in der Vergütung nicht inbegriffenen Auslagen zu verlangen. § 648 BGB gilt sowohl für den BGB- wie für den VOB-Bauvertrag.[1] **182**

Die **Vorschrift** des § 648 BGB wird allgemein **als wenig gelungen** angesehen. Gleichwohl hat die Sicherungshypothek in Zeiten wirtschaftlicher Engpässe durchaus **eine gewisse Bedeutung** als Sicherungsmittel,[2] mag auch der durch § 648 BGB gewährte Schutz für den Unternehmer sonst gering sein. Die Sicherungshypothek ist in vielen Fällen ein geeignetes **Druckmittel**, um schleppenden Zahlungsweisen des Bestellers beizukommen; indes kann ein Unternehmer aber auch mit seinem Anspruch auf die Hypothek letztlich die Quellen verstopfen, aus denen noch am ehesten Geld fließen könnte: aus einer Nachfinanzierung über das Grundstück. Mit der Sicherungshypothek (Vormerkung) wird praktisch in den meisten Fällen eine **Grundbuchsperre** errichtet, die es dem Besteller unmöglich macht, Nachfinanzierungen durch weitere **Belastung des Grundstücks** vorzunehmen.[3] Ein **Anwalt** muss deshalb immer bei Vergütungs- oder Honoraransprüchen seinen Mandanten auf die Möglichkeit einer Sicherung nach § 648 BGB **hinweisen** und gegebenenfalls auf eine rechtzeitige Antragstellung im Rahmen eines einzuleitenden einstweiligen Verfügungsverfahrens sorgen.[4] **183**

Die Bedeutung der Sicherungshypothek darf auch bei einer **Insolvenz** des Auftraggebers nicht überbewertet werden, vor allem, wenn hohe Vorleistungen erbracht worden sind.[5] Kommt es zur Insolvenz, und hatte der Auftragnehmer eine **Sicherungshypothek** eintragen lassen, so hat er gemäß §§ 49, 50, 51 Nr. 1 InsO ein Recht auf abgesonderte Befriedigung, es sei denn, es greift die sog. **Rückschlagsperre** des § 88 InsO oder die Sicherheit wird von dem Insolvenzverwalter wirksam **angefochten**. Eine innerhalb des letzten Monats vor Eröffnung des Insolvenzverfahrens im Grundbuch eingetragene Vormerkung wird mit der Verfahrenseröffnung absolut **unwirksam**.[6] War dagegen bei Insolvenzeröffnung eine Sicherungshypothek nicht eingetragen, sondern nur eine **Vormerkung** zur Sicherung des Anspruchs auf Eintragung einer solchen Hypothek, richtet sich die Durchsetzbarkeit der Unterneh- **184**

---

1) OLG Brandenburg, BauR 2003, 578, 579.
2) *Motzke*, in: Englert/Motzke/Wirth, § 648 BGB, Rdn. 7.
3) So zutr. auch *Peters*, NJW 1981, 2550; *Staudinger/Peters*, § 648 BGB, Rdn. 5 ff.; *Bügler*, Schriftenreihe der Dt. Gesellschaft für Baurecht, Bd. 6, S. 14 ff.
4) OLG Düsseldorf, BauR 2004, 1646.
5) Vgl. dazu *Leineweber*, BauR 1980, 510, 514 ff.; *Siegburg*, S. 299.
6) LG Meiningen, ZfIR 2000, 373 = ZIP 2000, 416 = IBR 2000, 323 – *Schmitz;* zur Rückschlagsperre bei einem **fehlerhaften Antrag** s. BayObLG, NZI 2000, 427 = BauR 2000, 1788 (LS).

meransprüche nach § 106: Der Insolvenzverwalter ist gemäß § 106 InsO zur Bewilligung der Eintragung der Sicherungshypothek verpflichtet, sofern die Vormerkung bereits vor Insolvenzeröffnung im Grundbuch **eingetragen** war.[7] Nach überwiegender Ansicht reicht der Eingang des Antrages auf Eintragung der Vormerkung bei dem Grundbuchamt aus.[8] Der Erlass eines allgemeinen Veräußerungsverbots steht im Übrigen der Insolvenzeröffnung gleich. Die Forderung (gegen den Bauherrn) aus einem noch nicht erfüllten Werkvertrag wird mit der Eröffnung des Insolvenzverfahrens Insolvenzforderung; eine nach Stellung des Vergleichsantrages erfolgte Eintragung einer Sicherungshypothek für diese Forderung unterliegt der **Insolvenzanfechtung**.[9]

**185** **Verweigert** der Insolvenzverwalter die Eintragungsbewilligung für die Sicherungshypothek, so kann ihn der Unternehmer im Wege der Klage hierzu zwingen und die Hypothek über die Zwangsvollstreckung (§ 894 ZPO) eintragen lassen.[10] Ein Recht, die Bewilligung zu verweigern, ist dem Insolvenzverwalter nur eingeräumt, wenn die zu sichernde Unternehmerforderung nicht oder nicht in dieser Höhe besteht.[11] Das ist z. B. der Fall, wenn das Bauwerk **Mängel** aufweist. Ist die Werklohnforderung noch nicht beglichen, und weist das Werk Mängel auf, ist der Bauvertrag beiderseits noch nicht vollständig erfüllt.[12]

**186** Zu beachten bleibt, dass die Sicherungshypothek in der Insolvenz des **Bauträgers** versagen kann; da nach der Änderung des § 24 KO (jetzt § 106 InsO) die Auflassungsvormerkung eines Erwerbers auch für den Fall „konkursfest" geworden ist, dass der Bauträger noch weitere Verpflichtungen übernommen und nicht erfüllt hat,[13] ist das Sicherungsmittel für den Unternehmer dann wertlos, wenn die Auflassungsvormerkung im Rang vorgeht.

**187** Einen echten **Sicherungswert** hat die Sicherungshypothek nach § 648 BGB folglich nur dann, wenn sie an **erster** oder zumindest günstiger **Rangstelle** eingetragen wird. Nur in diesem Fall hat auch der Berechtigte ein **Druckmittel** zur schnelleren Durchsetzung seiner Werklohnforderung.[14] Bei ranggünstiger Eintragung der Sicherungshypothek hat der Bauherr in aller Regel ein vordringliches Interesse an der alsbaldigen Löschung der Hypothek, um sein Grundstück zur Absicherung weiterer notwendiger Baukredite belasten zu können. Daher wird nach Eintragung der Hypothek häufig **eine gütliche Einigung** mit dem Bauherrn über die Löschung der Hypothek und Zahlung des abgesicherten Werklohns (oder eines Teilbetrages) erzielt werden können.

---

7) In einer **Gesamtvollstreckung** verlieren allerdings **Vormerkungen**, die in Vollziehung einer einstweiligen Verfügung eingetragen worden sind, ihre Wirksamkeit: BGH, BauR 1999, 1326; siehe ferner: *Linnemann*, BauR 1996, 664 ff.
8) Analoge Anwendung des § 140 Abs. 2 Satz 2 InsO; siehe *Heidland*, Rdn. 281, 287 m. w. Nachw.
9) Vgl. BGH, WM 1984, 265; zur Anfechtbarkeit der Besicherung nach §§ 648, 648 a BGB s. ferner: *Brauns*, BauR 2003, 301 ff.
10) *Leineweber*, a. a. O.
11) BGH, WM 1979, 839; *Leineweber*, BauR 1980, 510, 516.
12) BGH, WM 1979, 839.
13) BGH, WM 1981, 242 = DNotZ 1981, 556 = MDR 1981, 395; *Leineweber*, BauR 1980, 510, 520.
14) Das betont besonders OLG Köln, *SFH*, Nr. 1 zu § 93 ZPO.

## Bedeutung

**188** **Andere Sicherungsmittel**[15] spielen im Bauwesen dagegen kaum eine Rolle[16] oder scheiden sogar vollkommen aus.[17] Gerade deshalb werden oder sollten jedenfalls zusätzliche vertragliche Absicherungen, wie z. B. **Erfüllungs-** oder **Insolvenzbürgschaften,** zwischen den Parteien vereinbart werden (vgl. Rdn. 1252); eine solche Insolvenzbürgschaft – gegebenenfalls im Zusammenhang mit Sicherheiten gemäß § 2 Abs. 2 und 3 der MaBV – kann in der Insolvenz das einzig brauchbare Sicherungsmittel sein, wenn es wegen der Auflassungsvormerkung des Erwerbers zu einem Ausfall kommt.[18]

**189** Mit dem am 1. Mai 1993 in Kraft getretenen **Bauhandwerkersicherungsgesetz (§ 648 a BGB)** ist dem Unternehmer eines Bauwerks – und dazu zählen auch Architekten und Sonderfachleute – ein **zusätzliches Sicherungsmittel** an die Hand gegeben worden (vgl. Rdn. 314 ff.). Zu beachten ist, dass der Anspruch auf Einräumung einer **Sicherungshypothek** nach § 648 BGB **ausscheidet,** soweit der Unternehmer für seinen Vergütungsanspruch bereits eine Sicherheit nach § 648 a Abs. 1 oder 2 BGB „erlangt" hat (§ 648 a Abs. 4).[19] Die **Finanzierungszusage** einer Bank ist insoweit noch keine anderweitige Sicherheit.[20]

**190** Kommt es nicht zu einer Einigung zwischen den Vertragspartnern, muss der „Bauwerkunternehmer" versuchen, seine Werklohnforderung gemäß § 648 BGB absichern zu lassen, um auf diesem Wege wenigstens zu einer rascheren Zahlung zu kommen. Die Sicherungshypothek stellt – dem Unternehmerpfandrecht vergleichbar – für den Bauwerkunternehmer einen Ausgleich dafür dar, dass er zur Vorleistung verpflichtet ist und durch seine Leistung eine **Wertsteigerung** des Grundstücks bewirkt hat.[21] Der von dem Unternehmer in das Bauwerk gelieferte „**Mehrwert**" soll ihm als Sicherheit für seinen Vergütungsanspruch erhalten bleiben.[22]

**191** § 648 BGB gibt dem Unternehmer nur einen **persönlichen schuldrechtlichen Anspruch** auf Bestellung einer Sicherungshypothek; die Vorschrift hat keinen ding-

---

15) Zum Beispiel: **Eigentumsvorbehalte, Abtretungsverbote;** s. dazu KG Berlin, BauR 2005, 388; OLG Stuttgart, BauR 1980, 580 ff. u. *Munz,* BauR 2003, 621 ff. (verlängerter Eigentumsvorbehalt).
16) Siehe *Hahn,* BauR 1980, 310; *Leineweber,* BauR 1980, 510, 514 ff. **Dinglicher Arrest** (Rdn. 363 ff.) wird als Konfliktfall zwischen Auftraggeber und Auftragnehmer gemieden; für die Vereinbarung von **Vorauszahlungen** fehlt es meistens an Finanzierungsmitteln, für Auftraggeberbürgschaften mangelt es in der Regel an einer entsprechenden Bereitschaft und ausreichendem Avalkredit.
17) Vgl. OLG Frankfurt, ZIP 1980, 274 mit abl. Anm. *Graf Lambsdorff;* OLG Köln, KTS 1979, 114; *Leineweber,* BauR 1980, 510, 514.
18) Siehe *Daub/Piel/Soergel/Steffani,* ErlZ B 17.4–8; *Leineweber,* BauR 1980, 510, 514; zu einer Bürgschaft auf Zeit: BGH, ZfBR 1984, 272.
19) Zum Verhältnis der beiden Sicherheiten zueinander siehe auch: OLG Düsseldorf, NJW-RR 2004, 18; OLG Celle, NJW-RR 2000, 387, 388 sowie Rdn. **317.**
20) OLG Naumburg, NZBau 2004, 447 = NJW-RR 2004, 743.
21) BGHZ 91, 139 = NJW 1984, 2100 = BauR 1984, 413; NJW 1977, 947 = BauR 1977, 208 = WM 1977, 481; BGH, NJW 1973, 1792.
22) Vgl. BGH, NJW 1969, 418 u. BGHZ 144, 138 = BauR 2000, 1083 = NJW 2000, 1861 = ZfBR 2000, 329; *Tempel,* JuS 1973, 416; LG Nürnberg-Fürth, NJW 1972, 453 = BlGBW 1972, 139. Entgegen *Lotz* (BauR 2000, 1806, 1811) bedeutet BGHZ 144, 138 noch kein Ende der Mehrwerttheorie, sondern deren Weiterentwicklung (so *Motzke,* in: Englert/Motzke/Wirth, § 648 BGB, Rdn. 1).

lichen Charakter.²³⁾ Die Eintragung muss im Klagewege oder durch Eintragungsbewilligung (§§ 17, 19, 29 GBO) des Schuldners erreicht werden; der Anspruch kann durch eine Vormerkung gesichert werden (vgl. Rdn. 261 ff.). Der Anspruch aus § 648 BGB geht nicht auf Einräumung einer Verkehrshypothek, sondern einer reinen Sicherungshypothek i. S. der §§ 1184 ff. BGB; diese ist keine Zwangshypothek im Sinne des § 867 ZPO.²⁴⁾ Ihr Umfang richtet sich damit stets nach der tatsächlichen Höhe der bestehenden Forderung.

## 2. Der Ausschluss der Rechte des § 648 BGB

**192** Da es sich bei § 648 BGB um **dispositives** Recht handelt, kann auf den Anspruch auf eine Sicherungshypothek durch **individualvertragliche Absprache verzichtet** oder der Anspruch sonst vertraglich **ausgeschlossen** werden.²⁵⁾ Das ist im Einzelfall gegebenenfalls durch Auslegung (§§ 133, 157, 242 BGB) des Parteiwillens festzustellen.²⁶⁾ Allerdings ist der vereinbarte Ausschluss des § 648 BGB bei **arglistigem Verhalten** oder einer **wesentlichen Vermögensverschlechterung** des Bauherrn (Bestellers) unwirksam.²⁷⁾ Arglist soll dabei nach OLG Köln²⁸⁾ schon gegeben sein, „wenn an der Fälligkeit und dem Bestand der zu sichernden Werklohnforderung kein Zweifel bestände". Zweifelhaft erscheint es allerdings, das Verhalten des Bauherrn (Bestellers) schon dann als treuwidrig zu bezeichnen, wenn er sich auf den vereinbarten Ausschluss beruft, gleichzeitig aber ohne stichhaltige Einwendungen fällige Zahlungen nicht leistet.²⁹⁾

**193** Seit **Inkrafttreten des AGB-Gesetzes** wird allgemein angenommen, dass der **Ausschluss** des Anspruchs auf Einräumung einer Sicherungshypothek in **Allgemeinen Geschäftsbedingungen** oder Formular-Bauverträgen gegen § 9 AGB-Gesetz (**§ 307 BGB**) verstößt und damit unwirksam ist.³⁰⁾ Zur Begründung wird darauf verwiesen, dass der Ausschluss vom gesetzlichen Leitbild des Werkvertragsrechts und insbesondere von dem § 648 BGB innewohnenden Gerechtigkeitsprinzip abweicht: Der Bauunternehmer verliert mit dem Ausschluss ein im Einzelfall durchaus angemessenes **Druckmittel** für seinen Werklohnanspruch, das ihm der Gesetzgeber als Ausgleich für seine Vorleistungspflicht und für den Mehrwert, den das Grundstück durch seine Leistung erfahren hat, gewährt. Er

---

23) *Palandt/Sprau*, § 648 BGB, Rdn. 1.
24) OLG Frankfurt, NJW-RR 1995, 1359 m. Nachw.
25) OLG Schleswig, NJW-RR 1998, 532; OLG Köln, BauR 1974, 282; LG Köln, *Schäfer/Finnern*, Z 2.321 Bl. 25, 26; OLG München, BB 1976, 1001; OLG Karlsruhe, IBR 1996, 368 – *Weinhardt*.
26) Ein wirksamer **Ausschluss** liegt z. B. in der Vereinbarung, eine Bauhandwerkersicherungshypothek könne nur verlangt werden, „wenn der Auftraggeber mit vom Architekten anerkannten Zahlungen in Rückstand" gerate; OLG Köln, Beschl. vom 12.5.1981 – 15 U 244/80. Die Vereinbarung einer **Sicherheitsleistung (§ 17 VOB/B)** bedeutet noch keinen Verzicht auf die Rechte aus § 648 BGB; *Rixecker*, MDR 1982, 718.
27) OLG Köln, BauR 1974, 282; *Groß*, S. 10, 11; offen gelassen von BGH, BauR 1984, 413 = NJW 1984, 2100; zum Meinungsstand: *MünchKomm-Busche*, § 648 BGB, Rdn. 6.
28) BauR 1974, 282.
29) So aber LG Köln, *Schäfer/Finnern*, Z 2.321 Bl. 25 u. 26; *Kapellmann*, BauR 1976, 323, 329.
30) BGHZ 91, 139 = BauR 1984, 413 = NJW 1984, 2100 = ZfBR 1984, 188 = *SFH*, Nr. 12 zu § 9 AGB-Gesetz = BB 1984, 1257; OLG Celle, BauR 2001, 834; Saarländisches OLG, OLGR 2001, 251; OLG Schleswig, NJW-RR 1998, 532; OLG Karlsruhe, BauR 1997, 486 (für Vergabeprotokoll); LG Frankfurt, AGBE III, § 9 Nr. 17 a; *Jagenburg*, BauR-Sonderheft 1/1977, S. 10, 11; a. A.: *Kapellmann*, BauR 1976, 323, 328.

# Bauwerkunternehmer

wäre daher entgegen dem wesentlichen Grundgedanken des § 648 BGB durch den Ausschluss **unangemessen** benachteiligt (§ 307 Abs. 2 Nr. 2 BGB). Dies gilt nach herrschender Ansicht[31] nicht, wenn dem Unternehmer eine **anderweitige angemessene Sicherheit** (z. B. Bankbürgschaft) in ausreichender Höhe zur Verfügung gestellt wird. Hierzu zählt sicherlich auch eine Bauhandwerkersicherung gemäß § 648 a BGB (vgl. Rdn. 314 ff.); doch bedeutet die Neuregelung des § 648 a BGB nicht, dass damit der vertragliche Ausschluss des § 648 BGB in Allgemeinen Geschäftsbedingungen von vornherein möglich ist. Äußerungen, die in diese Richtung gehen,[32] überzeugen nicht;[33] denn dem Unternehmer steht ein gesetzliches **Wahlrecht** zwischen den beiden Sicherungsmitteln zu, das ihm durch einen (formularmäßigen) Ausschluss des § 648 BGB genommen wird, was unangemessen ist.

## 3. Die Voraussetzungen für die Einräumung einer Sicherungshypothek

Die Einräumung einer Sicherungshypothek ist nach § 648 BGB an folgende **194** **Voraussetzungen** geknüpft:

* Anspruchsberechtigt ist nur der **Unternehmer eines Bauwerks**.
* Es muss eine Forderung aus einem **wirksamen**[34] **Bauwerksvertrag** bestehen.
* Pfandgegenstand ist nur das im **Eigentum des Bauherrn stehende Baugrundstück**.
* Mit den Bauarbeiten muss **begonnen** worden sein.

Außerdem darf der Unternehmer nicht bereits eine ausreichende (anderweitige) Sicherheit in Händen haben.[35]

### a) Der anspruchsberechtigte Bauwerkunternehmer

*Literatur*

*Johlen*, Gehört die Ausschachtung zu den Arbeiten am Bauwerk i. S. der §§ 648, 648 BGB?, NJW 1974, 732; *Locher*, Der Gerüstvertrag, Festschrift für Konrad Gelzer (1991), 347; *Medicus*, Kaufvertrag und Werkvertrag, JuS 1992, 273; *Lotz*, Der Gerüstbauvertrag und die gesetzlichen Sicherheiten, BauR 2000, 1806; *Hammacher*, Schuldrechtsmodernisierung: Warum keine Absicherung für Baulieferanten?, BauR 2001, 1625; *Vorwerk*, Kaufrecht und Werklieferungsvertrag, BauR 2002, 165; *Teichmann*, Kauf- und Werkvertrag in der Schuldrechtsreform, ZfBR 2002, 13; *Lenzen*, „Bauvertrag verkehrt" – Besonderheiten des Abbruchvertrages, Festschrift für Jagenburg (2002), 491;

---

31) BGH, BauR 1984, 413 = NJW 1984, 2100; OLG Celle, BauR 2001, 834, 835; *Groß*, S. 11, 12.
32) OLG Köln, OLGR 1996, 13 = JMBl. NW 1995, 282 = BauR 1996, 272.
33) Zutreffend: OLG Karlsruhe, NJW-RR 1997, 658 = BauR 1997, 486.
34) Für Ansprüche aus **ungerechtfertigter Bereicherung** (§ 812 ff. BGB) kann eine Sicherungshypothek nicht verlangt werden (OLG Hamburg, Recht 1914, Nr. 477; *Siegburg*, BauR 1990, 32, 43). Verneint man deshalb bei sog. **Schwarzarbeit** die zivilrechtliche Wirksamkeit des Vertrages (vgl. BGH, ZfBR 1982, 246 = NJW 1983, 109 = MDR 1983, 222), kann der Schwarzarbeiter keine Sicherungshypothek gemäß § 648 BGB beanspruchen. Dem nur **einseitig verstoßenden Unternehmer** (vgl. dazu BGH, BauR 2001, 632 u. BauR 1985, 197 = ZfBR 1985, 116 = *SFH*, Nr. 7 zu § 134 BGB; BGHZ 89, 369 = ZfBR 1984, 70 = NJW 1984, 1175 = *SFH*, Nr. 6 zu § 134 BGB; OLG Nürnberg, BauR 2000, 1494) wird allenfalls über § 242 BGB der Anspruch aus § 648 BGB zu versagen sein. Zum Begriff der Schwarzarbeit s. auch OLG Köln, GewArch 1984, 342.
35) Vgl. § 648 a BGB sowie Rdn. **318 ff.**; siehe ferner OLG Hamburg, NJW-RR 1986, 1467 für den Fall der **Zahlung** des Werklohns **unter Vorbehalt** („zur Abwendung der Zwangsvollstreckung").

*Mankowski*, Werkvertragsrecht – Die Neuerungen durch § 651 BGB und der Abschied vom Werklieferungsvertrag, MDR 2003, 854; *Konopka/Acker*, Schuldrechtsmodernisierung: Anwendungsbereich des § 651 BGB im Bau- und Anlagenbauvertrag, BauR 2004, 251; *Fischer*, Verjährung der werkvertraglichen Mängelansprüche bei Gebäudearbeiten, BauR 2005, 1073; *Locher*, Rechtsfragen des Gerüstvertrags, Festschrift für Werner (2005), 321; *Birkenkämper*, Die Absicherbarkeit von Vergütungsansprüchen im Falle einer auftraggeberseitigen Kündigung gemäß § 648 BGB, Jahrbuch Baurecht 2006, 1; *Leupertz*, Baustofflieferung und Baustoffhandel: Im juristischen Niemandsland, BauR 2006, 1648; *Fuchs*, Die Mängelhaftung des Bauträgers bei der Altbausanierung, BauR 2007, 264.

**195** Einen Anspruch auf Einräumung einer Sicherungshypothek hat nur der **Bauwerkunternehmer**. Damit schränkt das Gesetz den Kreis derjenigen, die einen Anspruch auf eine dingliche Sicherung ihrer Forderung haben, erheblich ein. Als Berechtigte i. S. des § 648 BGB kommen alle Bauunternehmer, Architekten, Sonderfachleute, aber auch möglicherweise Baubetreuer in Betracht.

### aa) Der Bauunternehmer

**196** Rechtsprechung und Literatur haben sich in der Vergangenheit wiederholt bemüht, den Kreis der nach § 648 BGB anspruchsberechtigten Personen rechtlich klar abzugrenzen. Dies ist nicht befriedigend gelungen; vielmehr ist der Kreis der Berechtigten im Einzelfall nur durch immer wieder neue Abgrenzungskriterien eingeengt oder ausgeweitet worden.

**197** Nur eine **werkvertragliche Bindung** zwischen Unternehmer und Bauherr i. S. des § 631 BGB kann zu einem Anspruch führen.[36] Die technische oder wirtschaftliche Beteiligung am Bauwerk ist unbeachtlich.[37] Der Leistung des Unternehmers darf also **kein Dienst-, Kauf- oder Werklieferungsvertrag** zugrunde liegen.

Danach scheiden **reine Lieferanten** von fertigen oder erst herzustellenden Baumaterialien, Geräten oder sonstigen Teilen eines Hauses als Anspruchsberechtigte aus.[38] Werden dagegen bewegliche Sachen **für den Bau hergestellt, geliefert und vom Unternehmer eingebaut und zu wesentlichen Bestandteilen des Gebäudes** gemacht, so kann die Eintragung einer Hypothek verlangt werden.[39] Allerdings gilt insoweit eine Einschränkung: Das reine Einfügen (Einstellen) von **fabrikmäßig hergestellten Gerätschaften** (z. B. Waschkessel, Küchenabsauger, Kochherd usw.) fällt nicht unter § 648 BGB. In diesen Fällen liegt ein reiner **Kaufvertrag** nach

---

[36] Zur Abgrenzung des Kauf- vom Werkvertrag: OLG Oldenburg, BauR 2004, 1324; zum Anspruch aus § 648 BGB gegen einen **öffentlichen Auftraggeber**: LG Ravensburg, IBR 2005, 17 – *Steiger*.

[37] BGH, LM Nr. 1 zu § 648 BGB = MDR 1951, 728; OLG Düsseldorf, *Schäfer/Finnern*, Z 3.01 Bl. 211; *Siegburg*, S. 68.

[38] *Soergel/Teichmann*, § 648 BGB Rdn. 9; *MünchKomm-Busche*, § 648 BGB, Rdn. 11.

[39] Für **Fenster:** OLG Köln, OLGE 1, 433; für **Dachdeckerarbeiten:** BGHZ 19, 319; für Jalousien: OLG Dresden, Sächs. Arch. 1910, 47; vgl. aber OLG Köln, JMBl. NRW 1990, 57; für Warenaufzug: RG, Recht 1915, 1064; für Kühlanlage: RG, HRR 1927, Nr. 1518. Als weitere Beispiele sind zu nennen: Einbau einer **Alarmanlage** (BGH, BauR 1991, 741 = ZfBR 1991, 259 = MDR 1992, 54); Einbau von **Isolierglasfenstern** (LG Düsseldorf, BauR 1991, 732); Einbau eines **Kachelofens** (OLG Koblenz, NJW-RR 1995, 655 = BauR 1995, 395 u. OLG Düsseldorf, NJW-RR 1999, 814); Erneuerung eines Terrassenbelags (OLG Hamburg, BauR 1995, 242). Zum Vertrag über die Lieferung von Fließestrich: OLG Celle, BauR 2002, 97 (Werkvertrag).

**Bauwerkunternehmer** Rdn. 198–199

§ 433 BGB oder ein **Werklieferungsvertrag** gemäß § 651 BGB (a. und n. F.) vor.⁴⁰⁾ Baustofflieferanten können deshalb auch nach **neuem Recht** keine Zahlungssicherheit nach §§ 648, 648 a BGB verlangen, obwohl sie fünf Jahre haften. Zu beachten ist, dass die Einrichtung einer **technischen Anlage,** die selbst kein Bauwerk ist, zu den Arbeiten bei Bauwerken i. S. des § 638 Abs. 1 BGB a. F./§ 634 a Abs. 1 Nr. 2 BGB n. F. gehört, wenn die Anlage in ein Bauwerk **integriert** ist und **dessen Herstellung dient.**⁴¹⁾

Nicht selten werden für das Bauvorhaben **Verträge** abgeschlossen, die sich aus **verschiedenen rechtlichen Elementen** zusammensetzen. Ein Beispiel:⁴²⁾ Der Bauunternehmer hatte es übernommen, für ein Wohnhaus **Zwischendecken** als Fertigbauteile zu liefern. Diese hatte er nach dem ihm vorgelegten **Bauplan** und aufgrund einer von ihm anzufertigenden **statischen Berechnung herzustellen;** ferner hatte er für den Einbau der Decken, der nicht von ihm selbst vorgenommen wurde, den Verlegungsplan zu liefern. Hier handelte es sich nach **altem Recht** einerseits um einen **Werklieferungsvertrag** über nicht vertretbare Sachen (Zwischendecken als Fertigbauteile), andererseits um **rein werkvertragliche Leistungen** (Statik und Verlegungsplan). Nach der bisherigen Rechtsprechung des BGH kommt es entscheidend darauf an, wie der **Vertrag in seiner Gesamtheit** im Hinblick auf die Bedeutung der einzelnen Leistungen **zu sehen** ist. Da im Beispielsfall die rein werkvertraglichen Leistungen (Statik und Verlegungsplan) dem Bauvertrag **das eigentliche Gepräge** gaben, hat der BGH hier auch die Tätigkeit des Unternehmers als **eine Bauwerksleistung** bewertet. 198

Nicht anders wird man diejenigen Fälle behandeln können, bei denen das **Einfügen** der beweglichen Gegenstände selbst **einen wesentlichen Beitrag zur Herstellung (Fertigstellung) des Bauwerks** darstellt.⁴³⁾ Hierbei ist vor allem an die Lieferanten von **Einbauküchen** zu denken: Einbauküchen können dem Gebäude „eine beson- 199

---

40) Zum Werklieferungsvertrag nach **§ 651 BGB n. F.:** OLG Nürnberg, BauR 2007, 122; *Leupertz*, BauR 2006, 1648 ff.; *Mankowski*, MDR 2003, 854 ff.; *Voit*, BauR 2002, 145 ff.; *Thode*, NZBau 2002, 360 ff.; *Teichmann*, ZfBR 2002, 13 ff.; *Vorwerk*, BauR 2002, 165, 180 ff. Zur Abgrenzung nach **altem** Recht: BGH, NZBau 2004, 326.
**Beispiele** für einen **Werklieferungsvertrag** nach **altem** Recht: OLG Hamm, BauR 1986, 578 = NJW-RR 1986, 477 (Wärmepumpe); OLG Frankfurt, NZBau 2000, 330 = NJW-RR 2001, 55 = BauR 2001, 682 [LS] (Einbau einer „hochpreisigen" Küche); AG Ludwigsburg, DGVZ 1991, 95 (in Rasterbauweise errichtete Saunaanlage); OLG Köln, BauR 1991, 759 (Einbau von Schrankwänden); OLG Hamm, NJW-RR 1990, 789 (Neonleuchtreklame); LG Arnsberg, NJW-RR 1993, 341 (Entwurf und Lieferung von Leuchten für eine Ladenpassage); OLG Düsseldorf, BauR 2000, 1876 (elektronische Steuerungsanlage für einen Aufzug).
41) BGH, BauR 2001, 621 (Schutzrohr für Feuerlöschringleitung); BGH, NJW-RR 1998, 89 = BauR 1997, 1018 (Abwasser-Aufbereitungsanlage); BGH, BauR 1987, 205 = NJW 1987, 837 (Ballenpresse); BGH, BauR 1974, 57 = NJW 1974, 136 (Klimaanlage); ferner: BGH, BauR 2002, 1260, 1261; BauR 1999, 670 = ZfBR 1999, 187 (Förderanlage für eine Automobilproduktion); OLG Düsseldorf, NJW-RR 2001, 1531 (Spritzkabinen als Bauwerksarbeiten).
42) BGH, NJW 1968, 1087 = *Schäfer/Finnern*, Z 3.331 Bl. 56.
43) Vgl. BGH, NJW-RR 2003, 1320, 1321, nach dem „aus der Rechtsprechung des BGH zu entnehmen (ist), dass die geschuldeten Arbeiten sich derart auf ein bestimmtes Bauwerk (Gebäude) beziehen müssen, dass bei wertender Betrachtung die Feststellung gerechtfertigt ist, der Unternehmer habe bei dessen Errichtung (oder grundlegenden Erneuerung) jedenfalls mitgewirkt".

dere Eigenart, ein bestimmtes Gepräge" geben.[44] Dies trifft natürlich nur für (teure) „maßgeschneiderte" Einbauküchen zu, die wesentlicher Bestandteil des Gebäudes werden.[45] Bei ihnen werden in der Regel die bauspezifischen Handwerksleistungen (Küchenplanung; Herstellen und Einpassen der Küchenmöbel) im Vordergrund stehen und den Preis der Küche bestimmen. Sieht man sie daher als Arbeiten „bei einem Bauwerk" an,[46] so sind es auch „Bauleistungen", die einen Sicherungsanspruch nach § 648 BGB rechtfertigen. Sieht man allerdings in dem Vertrag über die Lieferung und Montage der Einbauküche (nur) einen **Werklieferungsvertrag** über eine „nicht vertretbare" Sache,[47] scheidet eine Sicherungshypothek aus (§ 651 Abs. 1 Satz 2, 2. Halbsatz BGB a. F.). Erst recht gilt dies nach **neuem Recht** (§ 651 BGB n. F.).

**200** **Bauleistungen** in diesem Sinne sind nach altem und neuem Recht ferner der Einbau einer Beschallungsanlage in einem Hotelballsaal,[48] die Aufstellung einer Förderanlage für eine Automobilproduktion,[49] der Einbau einer elf Tonnen schweren Müllpresse in eine Müllumschlagstation,[50] das Anfertigen und Einbauen einer Hoftoranlage,[51] das in die Erde eingebrachte Schutzrohr (Länge 80 m, Durchmesser 1 m), durch das eine Feuerlöschringleitung geführt wird,[52] der Einbau einer Klimaanlage,[53] der Einbau einer Alarmanlage durch den Eigentümer eines Hauses,[54] die Anbringung einer Leuchtreklame,[55] der Einbau eines Tiroler Warmluftofens,[56] die Erneuerung des Belages einer Terrasse,[57] die Herstellung eines Maschendrahtzaunes,

---

44) Vgl. BGH (IX. ZS), BauR 1990, 369 = *SFH*, Nr. 2 zu § 97 ZPO; BGH (VI. ZS), BauR 1990, 241, 243; BGH, NJW-RR 2003, 1320, 1321; KG, NJW-RR 1996, 1010 = KGR 1996, 1.

45) Vgl. zu dieser Streitfrage vor allem: BGH, BauR 1990, 241, 243; BGH, BauR 1990, 369 = NJW-RR 1990, 586; BGH, NJW 1990, 914; OLG Köln, NJW-RR 1995, 818; KG, BauR 1991, 484; OLG Düsseldorf, OLGR 1992, 54 u. NJW-RR 1994, 1039 (hierzu: *Jaeger*, NJW 1995, 432) sowie OLG Frankfurt, OLGR 1992, 117 (eine Küche aus standardisierten Einzelteilen, die **„millimetergenau eingepasst"** wird, stellt keinen wesentlichen Bestandteil des Grundstücks dar; siehe auch AG Göttingen, NJW-RR 2000, 1722).

46) So BGH (VII. ZS), BauR 1990, 351 = BauR 1990, 182 = NJW-RR 1990, 787 = MDR 1990, 1101; KG, IBR 2006, 391 – *Kimmich*; OLG Braunschweig, OLGR 1996, 133, 134. Das LG Kassel (NJW-RR 1991, 790), OLG Düsseldorf (NJW-RR 2001, 1346); KG Berlin (BauR 2006, 1029 LS) u. OLG Köln (OLGR 2002, 135) gehen von einem **Werkvertrag** i. S. des § 631 BGB aus (ablehnend: *Siegburg*, Rdn. 21).

47) Vgl. KG, NJW-RR 1996, 1010 = KGR 1996, 1; OLG Braunschweig, OLGR 1996, 133; OLG Hamm, NJW-RR 1992, 889; OLG Köln, Urt. vom 20.9.1994 – 9 U 82/93.

48) OLG Hamburg, NJW-RR 1988, 1106.

49) BGH, NJW 1999, 2434.

50) BGH, NZBau 2002, 387 = NJW-RR 2002, 664; s. ferner: BGH, NZBau 2003, 559 = NJW-RR 2003, 1320 (Einbau einer softwaregestützten Steuerungsanlage in eine Futtermühle).

51) OLG Koblenz, NJW-RR 1989, 336.

52) BGH, BauR 2001, 621.

53) OLG Hamm, OLGR 1995, 148.

54) Siehe OLG Hamm, NJW 1976, 1269. Erfolgt der Einbau **nachträglich,** handelt es sich im Zweifel nur um Arbeiten an einem Grundstück; vgl. OLG Düsseldorf, BauR 2000, 732; BGH, *SFH*, Nr. 48 zu § 638 BGB = BauR 1971, 741; OLG Düsseldorf, OLGR 1994, 32 (LS) für den Einbau einer Funkalarmanlage mit Sirenen, Infrarotsendern und Magnetkontakten.

55) OLG Hamm, NJW-RR 1995, 213 = OLGR 1994, 217.

56) OLG Frankfurt, NJW-RR 1994, 530.

57) OLG Hamburg, BauR 1995, 242.

dessen Metallpfosten in den Erdboden einbetoniert werden,[58)] Hofpflasterungen,[59)] die Errichtung eines objektbezogenen Löschwasserteichs,[60)] die Pflasterung der Terrasse, der Garagenzufahrt und des Weges zwischen Haus und Garage, die Herstellung einer Hofentwässerung und die aufgrund eines **einheitlichen** Vertrages übernommene Anlage des Gartens.[61)] **Keine** „Bauleistung" ist: der Einbau einer Einbauküche aus **serienmäßig** hergestellten Einzelteilen, die im Bauwerk „zusammengesetzt" werden, oder das Anlegen eines Dachgartens, weil insoweit kein erheblicher Eingriff in das Gebäude notwendig ist.[62)]

**201** Wie der Unternehmer seine werkvertragliche Leistung erfüllt, ist unerheblich; die **werkvertraglichen Beziehungen** müssen nur **zwischen ihm** und dem **Besteller (Bauherrn)** bestehen. Er kann sie aber durch eigene Arbeitskräfte oder durch Dritte **(Subunternehmer)** erbringen lassen;[63)] deshalb hat der **Generalunternehmer** den Anspruch aus § 648 BGB. Unter den Schutz des § 648 BGB fallen jedoch nicht **Sub- oder Zwischenunternehmer:** Sie stehen in keinem Vertragsverhältnis zum Bauherrn. Ansprüche aus Geschäftsführung ohne Auftrag reichen nicht.[64)] Etwaige Ansprüche können sie nur gegenüber ihrem Haupt- oder Generalunternehmer geltend machen.

**202** Nicht entscheidend ist, ob der Unternehmer das ganze Bauwerk errichtet oder nur **einzelne Teilleistungen** erbracht hat.[65)] Als Unternehmer i. S. des § 648 BGB gelten danach auch der Verputzer, Schreiner, Maler, Fliesenleger, Installateur, Schlosser, Glaser, Landschaftsbauer nach altem Recht[66)] usw.[67)] Die einzelne Handwerksarbeit braucht nicht notwendig ein in sich abgeschlossener, selbstständiger Teil[68)] oder eine äußerlich hervortretende, körperlich abgesetzte Bauleistung zu sein.[69)]

**203** Stets muss es sich um ein **Bauwerk** handeln, das errichtet wird oder an dem Teilleistungen ausgeführt werden. Unter dem Begriff „**Bauwerk**" wird eine unbewegliche, durch Verwendung von Arbeit und Material in Verbindung mit dem Erdboden hergestellte Sache verstanden.[70)] Der in § 648 BGB enthaltene Bauwerksbegriff ist **identisch** mit demjenigen des § 634 a Abs. 1 Nr. 2 BGB[71)] bzw. dem der baulichen Anlage

---

58) LG Weiden, NJW-RR 1997, 1108.
59) Vgl. BGH, ZfBR 1992, 161 = BauR 1992, 502; BGH, BauR 1993, 217; OLG Köln (11. Senat), BauR 1993, 218.
60) OLG Oldenburg, BauR 2000, 731 = NZBau 2000, 337.
61) OLG Düsseldorf, BauR 2001, 648.
62) Vgl. OLG München, MDR 1990, 629; **a. A.:** OLG Hamm, OLGR 1992, 43.
63) BGH, MDR 1951, 728; *Groß*, S. 15; *MünchKomm-Busche*, § 648 BGB, Rdn. 10; *Ingenstau/Korbion/Joussen*, Anhang 2, Rdn. 11; *Siegburg*, S. 74, 197 ff.
64) *Groß*, S. 14.
65) BGHZ 19, 319 = NJW 1956, 1195; BGH, NJW 1977, 1146 = BauR 1977, 203.
66) Vgl. OLG Düsseldorf, BauR 2001, 648.
67) BGH, NJW 1970, 419 = BauR 1970, 45 (Verlegung und Versiegelung eines Bodens).
68) RGZ 57, 377, 380.
69) BGH, NJW 1977, 1146 = BauR 1977, 203 = *Schäfer/Finnern*, Z 1.1 Bl. 4 = MDR 1977, 658.
70) BGHZ 57, 60 = NJW 1971, 2219; BGH, NJW-RR 2003, 1320; BGH, NJW 1977, 2361; OLG Köln, OLGR 2000, 288; *Hahn*, BauR 1980, 310 ff. Zum **Bauwerksbegriff** s. auch *Fischer*, BauR 2005, 1073, 1074; *Kemper*, in: Franke/Kemper/Zanner/Grünhagen, Anhang zu § 17 VOB/B, Rdn. 99 m. Nachw.
71) BGHZ 19, 319, 321; KG, NJW 1963, 813, 814; *Motzke*, in: Englert/Motzke/Wirth, § 648 BGB, Rdn. 23.

i. S. der VOB/B[72]) und er ist damit auch weiter als der in §§ 93 ff. BGB verwendete Begriff des „Gebäudes".[73]) Die **Auslegung** des Begriffes „Bauwerk" muss sich auch i. R. des § 648 BGB stets am Sprachgebrauch des Lebens sowie am Gesetzeszweck orientieren.[74]) Die Werkleistung muss in eine so enge Beziehung zu dem Grundstück gelangt sein, dass sich sein Wert hierdurch vergrößert hat (**Mehrwerttheorie**). Der Begriff „Bauwerk" beschränkt sich damit nicht nur auf Gebäude oder einzelne Teile eines Gebäudes (Neu-, Um- und Anbauten), sondern auf alle Hoch- und Tiefbauten.[75]) Bei **Neubauten** fallen sämtliche Einzelgewerke unter den Bauwerksbegriff.[76])

**204** Mit Recht weist das OLG Celle[77]) darauf hin, dass eine kleinliche Abgrenzung insoweit nicht am Platze ist. Daher hat es auch einen Anspruch auf Einräumung einer Sicherungshypothek für **Baureinigungsarbeiten** bejaht, weil „die Befreiung des Bauvorhabens von Bauschutt und anderen Rückständen der auf die Herstellung des Bauwerks gerichteten Arbeit ebenso wie diese Arbeiten selbst auf die Herstellung des Bauwerks gerichtet sind"; damit dienen sie auch der Errichtung und Schaffung eines mangelfreien Bauwerks, zumal das Beseitigen aller Verunreinigungen (Abfälle, Bauschutt usw.) zu den Nebenleistungen eines jeden Auftragnehmers gehört, der bei der Herstellung des Bauwerks beteiligt ist. Entsprechendes gilt für die **Bauaustrocknung**.[78]) Zweifelhaft ist dagegen, ob auch das Aufstellen von **Baugerüsten**[79]) als eine Leistung anzusehen ist, die auf die Herstellung des Bauwerks gerichtet ist und deshalb einen Anspruch aus § 648 BGB rechtfertigen kann.[80]) Sieht man in dem Aufstellen des Baugerüsts nur eine **vorbereitende Maßnahme**, scheidet ein Anspruch aus.[81]) Zudem wird bei einem **„selbstständigen"** Gerüstvertrag[82]) das **mietvertragliche Element überwiegen** und dem Vertrag das Gepräge geben.[83])

---

72) Vgl. auch *Staudinger/Peters*, § 648 BGB, Rdn. 11; **a. A.:** *Motzke*, S. 95, 96.
73) Siehe BGH, BauR 1999, 670 = ZfBR 1999, 187; BGH, NJW-RR 2003, 1320.
74) OLG Düsseldorf, BauR 2001, 648, 649.
75) BGHZ 32, 206; *Siegburg*, S. 70.
76) *Fischer*, BauR 2005, 1073, 1074; *Motzke*, a. a. O., Rdn. 23; OLG Oldenburg, NJW-RR 2000, 545 für Löschwasserteich.
77) OLG Celle, BauR 1976, 365; *Hahn*, BauR 1980, 310, 314.
78) Zutreffend: *Siegburg*, S. 114.
79) Zur Qualifikation als „Neben"- oder „Zusatz"leistung beim Detail-Pauschalvertrag: OLG Düsseldorf, BauR 1997, 1051.
80) Grundlegend: *Locher*, Festschrift für Gelzer, S. 347 ff.; *Lotz*, BauR 2000, 1806 ff.
81) Zutreffend: OLG Zweibrücken, BauR 1981, 294; KG, *Schäfer/Finnern*, Z 3.01 Bl. 282; Beck'scher VOB-Komm/*Jagenburg*, B Vor § 2, Rdn. 378; *Korbion/Hochstein/Keldungs*, Rdn. 970; *Zielemann*, Rdn. 664; **a. A.:** OLG Köln, BauR 2000, 1874 u. LG Duisburg, BauR 2001, 1265 (Anwendung des Werkvertragsrechts). Siehe ferner: OLG Hamburg, BauR 1994, 123, 124 u. *Ingenstau/Korbion/Joussen*, Anhang 2, Rdn. 6, die einen Anspruch bejahen, sofern die Leistungen **Gegenstand eines Einheits-** oder **Pauschalpreisvertrages** sind; **für** einen Anspruch: *Locher*, Festschrift für Werner, S. 321, 325; *Siegburg*, S. 126–128; *Jagenburg*, NJW 1995, 91, 103; *Staudinger/Peters*, § 648 BGB Rdn. 13 u. *Lotz*, BauR 2000, 1806, 1808, der ebenfalls die Erfolgsbezogenheit des Gerüstvertrages betont.
82) Bei diesem schuldet der Gerüstbauer nur das Aufstellen und den Abbau seines Gerüstes.
83) So auch OLG Hamm, NJW-RR 1994, 1297; LG Frankenthal, BauR 1975, 739 (LS); s. auch OLG Celle, BauR 2007, 1583; **a. A.:** *Locher*, Festschrift für Gelzer, S. 349; *Lotz*, a. a. O.

## Bauwerkunternehmer  Rdn. 205–206

**205** Transportable Holzhäuser, Baracken, Buden oder mobile Baustellencontainer[84] stellen keine Bauwerke dar, da sie nicht mit dem Erdboden verbunden sind. Etwas anderes gilt für **Fertighäuser,** da diese fast ausnahmslos durch eine enge Verzahnung mit dem errichteten Keller als wesentliche Bestandteile des Grundstücks anzusehen sind.

Bei der Aufstellung von **Fertighäusern** auf einem Grundstück fehlt es oftmals an der werkvertraglichen Verbindung zwischen dem Fertighauslieferanten einerseits sowie dem Besteller und Eigentümer des Grundstücks andererseits. Die Rechtsnatur des Fertighausvertrages richtet sich wesentlich danach, welche vertraglichen Verpflichtungen die Parteien übernehmen. Liefert der Fertighaushersteller nur die einzelnen Bauteile an die Baustelle, **ohne** auch die **Montage** des Hauses selbst vorzunehmen, was allerdings selten der Fall sein wird, liegt ein reiner **Kaufvertrag** i. S. des § 433 BGB vor. Übernimmt er daneben auch die **Errichtungsverpflichtung,** handelt es sich regelmäßig um einen **reinen Werkvertrag,** auf den schon nach altem Recht das AbzG und das VerbrKrG nicht anzuwenden waren.[85] Da der Unternehmer dann auch das abnahmefähige **Gesamtwerk** (Fertighaus) nach Maßgabe des vereinbarten Bauvolumens und unter Verwendung der von ihm vorgefertigten Bauteile schuldet, kann er für den **gesamten Erwerbspreis** die Einräumung einer Sicherungshypothek beanspruchen.[86] Das LG Fulda[87] gewährt dem Fertighaushersteller die Sicherungshypothek jedoch erst, „wenn die Fertighausteile mit dem Grundstück verbunden werden".

**206** Den Arbeiten an einem „Bauwerk" oder eines Teils davon stehen die „**Arbeiten an einem Grundstück**" gegenüber, die zu **keinem Anspruch** auf Einräumung einer Sicherungshypothek führen (vgl. hierzu auch Rdn. 2377 ff.). Darunter fallen beispielsweise **reine Erdarbeiten** (Ausschachtung, Aufschüttung)[88] oder **reine Dränagearbeiten, die in keinem Zusammenhang mit einer Bauwerkserrichtung** durch einen Unternehmer stehen.[89] Gleiches gilt für die isoliert in Auftrag gegebenen **Abbrucharbeiten**[90] sowie Abbrucharbeiten durch einen Dritten.[91] Nichts anderes

---

[84] Vgl. hierzu auch BFH, DB 1986, 2417 sowie BGH, BauR 1992, 369 = NJW 1992, 1445 = ZfBR 1992, 159 = MDR 1992, 486; s. ferner: BGH, BauR 2004, 1152 = ZfBR 2004, 555 (Die Verpflichtung, ein standardisiertes und serienmäßig ausgestattetes **Mobilheim** zu liefern und auf vom **Erwerber** errichtete Fundamente zu stellen, unterliegt **Kaufvertragsrecht**).

[85] BGHZ 87, 112 = BauR 1983, 266 = ZfBR 1983, 128; BGH, NZBau 2006, 435 = BauR 2006, 1131 m. Anm. *Wellensiek*; OLG Frankfurt, OLGR 2006, 49, 50; OLG Düsseldorf, BauR 2005, 1636, 1640; BGH, NZBau 2006, 237 = ZfBR 2006, 240 = BauR 2006, 510 (**Ausbauhaus**); BGH, BauR 1983, 261 = ZfBR 1983, 125; OLG Düsseldorf, NJOZ 2005, 2658 = BauRB 2005, 253; ferner: *Graba*, MDR 1974, 975, 977. Zur Lieferung und Montage einer Fertigteilgarage s. OLG Düsseldorf, BauR 1982, 164 (Werkvertrag).

[86] Ebenso: *Groß*, S. 17.

[87] NJW-RR 1991, 790, 791 = BauR 1992, 110.

[88] Vgl. auch OLG Köln, OLGR 2000, 288 = ZfBR 2000, 554 für Schotterung von Waldwegen.

[89] RG JW 1908, 657; BGH, ZfBR 2004, 549; OLG Düsseldorf, *Schäfer/Finnern*, Z 2.321 Bl. 54; **a. A.:** *Siegburg*, S. 116 ff.

[90] OLG Bremen, BauR 1995, 862 = *SFH*, Nr. 14 zu § 648 BGB; LG Köln, BauR 1997, 672; *Groß*, S. 16; *Motzke*, in: Englert/Motzke/Wirth, § 648 BGB, Rdn. 26; *Ingenstau/Korbion/Joussen*, Anhang 2, Rdn. 6; **a. A.:** *Siegburg*, S. 116–121; weitergehender: *Lenzen*, Festschrift für Jagenburg, S. 491, 502 ff.

[91] BGH, BauR 2004, 1798 = NZBau 2004, 434 = IBR 2004, 562 (Abbrucharbeiten durch Vermieter; Neubau durch Mieter).

kann für isoliert in Auftrag gegebene **Rodungsarbeiten** gelten, die lediglich dazu dienen, ein Grundstück zur Bebauung frei zu machen.[92]

**207** Dagegen gehört die **Ausschachtung der Baugrube** zu den Arbeiten an einem „Bauwerk" im Sinne des § 648 BGB.[93] Die mangelfreie Leistung des Ausschachtungsunternehmers verkörpert sich nämlich später in dem fertigen Bauwerk, während sich Fehler in der Ausschachtung jedenfalls dann, wenn sie zu spät entdeckt werden, am ganzen Bauwerk auswirken können. Der Ausschachtungsunternehmer hat daher auch einen Anspruch auf Einräumung einer Sicherungshypothek.[94] In gleicher Weise sind **Dränagearbeiten im Rahmen der Errichtung eines Bauwerks** als Arbeiten an einem „Bauwerk" anzusehen.[95] Dasselbe gilt für **Erd- und Entwässerungsarbeiten im Rahmen eines Bauvorhabens**.[96]

**208** Die Bauwerksarbeiten müssen nicht an einem Neubau ausgeführt worden sein. Auch Arbeiten im Rahmen einer **Altbaumodernisierung** können zu einem Anspruch aus § 648 BGB führen. Die Rechtsprechung war aber bisher nicht immer einheitlich; im **Einzelfall** konnte zweifelhaft sein, inwieweit **Ausbesserungs-, Erneuerungs-** und **Umbauarbeiten** einen Anspruch aus § 648 BGB begründen:

Das RG[97] hat **für Umbauarbeiten** an vorhandenen Gebäuden einen Anspruch insoweit bejaht, wenn diese aufgrund ihres bestimmungsgemäßen Inhalts und Umfangs für die Konstruktion des Gebäudes oder eines Teils von **wesentlicher Bedeutung** sind. Dies gilt auch, wenn die Umbauarbeiten dem bisherigen Bau einen neuen Bestimmungszweck verleihen (gewerbliche Räume werden zu Wohnräumen umgebaut). Bei Umbauarbeiten größeren Umfangs, bei dem das Bauwerk seinen bisherigen Zwecken weiterhin dienen soll, wird es unter den vorgenannten Gesichtspunkten **stets Tatfrage im Einzelfall sein,** ob man hier von Arbeiten an einem Bauwerk i. S. des § 648 BGB sprechen kann.

**209** Der BGH macht die Anwendbarkeit des § 648 BGB davon abhängig, dass es sich bei den **Werkleistungen** an dem Bauwerk um **wesentliche Veränderungen** des bestehenden Bauwerks oder seiner Erneuerung einzelner, nicht unerheblicher Bauwerksteile handelt.[98] Dasselbe gilt, wenn die Arbeiten von wesentlicher Bedeutung sind und dem **Bestand, der Benutzbarkeit oder Erhaltung des Gebäudes** dienen.[99] Kleinere **Reparaturen**, die den Wert des Bauwerks nicht erhöhen, fallen danach nicht

---

92) Vgl. BGH, NZBau 2005, 281, 282 = BauR 2005, 1019, 1020 = ZfBR 2005, 453.
93) BGH, NJW 1984, 168 = *SFH*, Nr. 28 zu § 638 BGB; *Johlen*, NJW 1974, 732; vgl. hierzu auch die Nachweise bei *Siegburg*, BauR 1990, 32, 40.
94) BGH, NJW 1984, 168; BGHZ 68, 208 = NJW 1977, 1146 = BauR 1977, 203; *Motzke*, S. 97, 98.
95) BGH, a. a. O.; *Groß*, S. 18.
96) OLG Düsseldorf, *Schäfer/Finnern*, Z 2.321 Bl. 54.
97) JW 1913, 133 Nr. 10.
98) BGHZ 164, 225 = BauR 2006, 99, 100 = NZBau 2006, 113, 114 = ZfIR 2006, 50 m. Anm. *Thode*; BGH, NZBau 2005, 216 = ZfBR 2005, 263 = BauR 2005, 542, 544; BauR 1994, 101 = ZfBR 1994, 14 = NJW 1993, 3195; BGHZ 19, 319 = NJW 1956, 1195; OLG Düsseldorf, NJW-RR 2001, 1530; OLG Hamm, NJW-RR 1999, 462; *Fischer*, BauR 1973, 1075; *Ingenstau/Korbion/Joussen*, Anhang 2, Rdn. 4; *Groß*, S. 20 ff., nennt weitere Beispiele.
99) BGH, BauR 1990, 351 = ZfBR 1990, 182; BGH, NJW 1984, 168; NJW 1970, 419 = BauR 1970, 45; OLG Düsseldorf, BauR 1976, 283; OLG Hamm, BauR 1992, 630 (verneinend für Überholung einer **Markisenanlage;** ebenso: OLG München, BauR 1992, 631 für **Reklameschilder**); LG Düsseldorf, NJW-RR 1999, 383 (verneinend für die Verlegung von Teppichböden); OLG Hamm, NJW-RR 1995, 213 (bejahend für Anbringung einer Leuchtreklame).

## Bauwerkunternehmer

unter § 648 BGB. Entscheidend werden stets der Umfang und die Bedeutung der Reparatur- oder Instandsetzungsarbeiten sein.[100]

So wurde die Frage, ob **umfängliche Malerarbeiten** (Innen- und Außenanstrich) „Arbeiten bei einem Bauwerk" sein können, unterschiedlich beantwortet.[101] Der BGH[102] hat sich der herrschenden Auffassung angeschlossen; er wendet die fünfjährige Verjährungsfrist an. Wird auf dem **Außenputz** eines fertigen Hauses eine **Beschichtung** aufgetragen, die Risse im Putz schließen und das Eindringen von Feuchtigkeit verhindern soll, so handelt es sich ebenfalls um eine Bauwerksleistung im Sinne des § 648 BGB;[103] dasselbe gilt für die teilweise erneuerte Schieferlage eines Daches,[104] den Einbau von Spannbeton-Fertigdecken[105] oder einer Steuerungsanlage in einer Fabrikhalle,[106] die Verlegung und Versiegelung von Fußbodenbelag,[107] die Neuverlegung eines Steinholzfußbodens,[108] den Einbau einer Klimaanlage[109] sowie einer Alarmanlage.[110] Der reine Umbau einer vorhandenen Beleuchtungsanlage,[111] der Umbau bzw. die Fertigstellung einer bereits teilweise vorhandenen Elektroanlage[112] und ein im Rahmen gärtnerischer Arbeiten zur Umgestaltung eines Hausgartens für dessen Bewässerung angelegter (einfacher) Gartenbrunnen[113] stellen dagegen **keine** Bauwerke dar.

**Weitere Beispiele** zur Abgrenzung finden sich unter Rdn. 198–200.

Festzuhalten ist somit, dass der Anspruch auf eine Sicherungshypothek nicht auf Neubauten beschränkt ist, sondern vor allem bei **Umbau-, Erweiterungs-** und **Instandsetzungsarbeiten** in Betracht kommen kann. Für Umbau- und Erneuerungsarbeiten ist das am wenigsten problematisch;[114] fraglich kann aber im Einzelfall sein, ob **Instandsetzungs-**(„Ausbesserungs"-)**Arbeiten** bei **Altbauten** einen Anspruch aus § 648 BGB zu begründen vermögen. Hier gab es schon nach dem alten Recht noch wenig gesicherte Abgrenzungsmerkmale. Allein auf Umfang und Wert der Arbeiten abzustellen kann zu Ungerechtigkeiten führen. Jeder Bauhandwerker wird seine Leistungen, insbesondere wenn sie einen höheren Material- und Arbeitswert darstellen, als für das Bauwerk „bedeutend" ansehen; es wird deshalb für ihn

---

100) BGH, BauR 1970, 47 = *Schäfer/Finnern*, Z 2.414 Bl. 306 = MDR 1970, 407.
101) **Fünf Jahre:** OLG Hamburg, OLG 43, 76; OLG Stuttgart, NJW 1957, 1679 = *Schäfer/Finnern*, Z 2.231 Bl. 16; ebenso: LG Bielefeld, MDR 1954, 99 = *Schäfer/Finnern*, Z 2.414 Bl. 1; **ein Jahr:** OLG Celle, NJW 1954, 1607; OLG Düsseldorf, *Schäfer/Finnern*, Z 2.414 Bl. 3 = JMBl. NW 1953, 224; OLG Naumburg, JW 1933, 2017.
102) BGH, BauR 1994, 101, 102 = ZfBR 1994, 14 = NJW 1993, 3195 (§ 638 Abs. 1 BGB a. F.).
103) BGH, BauR 1970, 47 = *Schäfer/Finnern*, Z 2.414 Bl. 306 = MDR 1970, 407.
104) BGH, NJW 1956, 1195 = *Schäfer/Finnern*, Z 2.414 Bl. 16.
105) BGH, *Schäfer/Finnern*, Z 2.331 Bl. 56.
106) OLG Köln, OLGR 1998, 127.
107) BGH, BauR 1970, 45.
108) BGH, *Schäfer/Finnern*, Z 2.42 Bl. 1.
109) BGH, BauR 1974, 57.
110) Vgl. hierzu BGH, BauR 1991, 741 = NJW-RR 1991, 1367 = OLG Hamm, MDR 1976, 578; **a. A.:** OLG Frankfurt, NJW 1988, 2546 für Alarmanlage eines Wohnhauses.
111) BGH, BauR 1971, 128.
112) OLG Düsseldorf, BauR 1976, 283; anders: BGH, NJW 1978, 1522 = BB 1978, 683 für die Erneuerung der Elektroinstallation „in wesentlichen Teilen".
113) OLG Düsseldorf, NJW-RR 1999, 1182 = BauR 2000, 734.
114) Vgl. BGH, NJW 1993, 3195 = BauR 1994, 101; *Staudinger/Peters*, § 648 BGB, Rdn. 12.

wenig einsichtig sein, dass er seine Arbeiten mittels einer Sicherungshypothek absichern kann, wenn es sich um einen Neubau handelt, dagegen nicht, wenn es sich nur um „unbedeutende" Instandsetzungsarbeiten bei einem Altbau handeln soll. Maßgebend wird deshalb auch für das neue Recht im Einzelfall sein, ob die entsprechenden Leistungen bei einer Neuerrichtung zu den Arbeiten bei Bauwerken zählen würden und ob sie nach Art, Umfang und Bedeutung solchen Neubauarbeiten vergleichbar sind.[115] Ist das zu bejahen, besteht auch bei reinen Instandsetzungsarbeiten ein Anspruch aus § 648 BGB.

### bb) Der Architekt

*Literatur*

*Barnikel*, Architektenhonorar und Bauhandwerkersicherungshypothek, DRiZ 1965, 191; *Schmalzl*, Bauwerkshypothek für den Architekten, MDR 1968, 14; *Locher*, Rechtsfragen des Innenarchitektenvertrages, BauR 1971, 69; *Tempel*, Bauhandwerker-Sicherungshypothek für den Architekten, JuS 1973, 414; *Maser*, Bauwerksicherungshypothek des Architekten, BauR 1975, 91; *Barnikel*, Sicherungshypothek für den Architekten bei Nichterrichtung des Bauwerks, DB 1977, 1084; *Durchlaub*, Bauwerksicherungshypothek für Architektenleistungen, BB 1982, 1392; *Rath*, Sicherungsmöglichkeiten für das Architektenhonorar, Festschrift für Jagenburg (2002), 763; *Jochem*, Architektenhaftung für Planungs- und Überwachungsfehler beim Bauen im Bestand, BauR 2007, 281.

**211** Um dem Architekten eine Sicherungshypothek für seine Honorarforderungen gegen den Bauherrn zusprechen zu können, müssen zwei Voraussetzungen gegeben sein: Einmal muss es sich bei dem Architektenvertrag um einen **Werkvertrag** handeln (vgl. Rdn. 645 ff.), zum anderen muss der Architekt als **„Unternehmer eines Bauwerks"** i. S. des § 648 BGB angesehen werden. Bei **dienstvertraglichen** Leistungen[116] steht dem Architekten ein Sicherungsanspruch aus § 648 BGB nicht zu. Da der Architektenvertrag heute ausnahmslos nur noch nach **werkvertraglichen** Vorschriften beurteilt wird, bejahen Rechtsprechung und Schrifttum fast einmütig die Sicherheit des Honoraranspruchs des Architekten. Die nachstehend aufgeführten Grundsätze, insbesondere zur **Höhe** (Rdn. 222 ff.), zum **Sicherungsgegenstand** (Rdn. 243 ff.) und zum **Verfahren** (Rdn. 261 ff.) gelten daher auch für den Architekten, der die Voraussetzungen erfüllt.

**212** Im Einzelnen gilt:

* **planender Architekt**
Dem nur **planenden** Architekten wird nach herrschender Ansicht das Recht auf eine Sicherungshypothek eingeräumt, weil bereits die in dem Entwurf enthaltene geistige Arbeit für sich allein ein nicht wegzudenkender Teil der Gesamtleistung ist und sich unmittelbar auf die Herstellung des Bauwerks bezieht.[117] Der auf die Planung beschränkte Architektenvertrag (§ 15 Nr. 1–4 HOAI) ist **Werkver-**

---

115) BGH, NJW 1984, 168 = *SFH*, Nr. 28 zu § 638 BGB, auch BauR 1978, 303 = BB 1978, 683; OLG Düsseldorf, OLGR 1993, 17 (für Malerarbeiten); OLG Köln, NJW-RR 1995, 337 (Reparaturarbeiten an der Wärmepumpe); s. ferner *Fuchs*, BauR 2007, 264 ff.; *Hahn*, BauR 1980, 310, 313; ablehnend: *Siegburg*, S. 115.

116) Vgl. z. B.: OLG Hamm, BauR 1999, 1323 (Hinzuziehung eines Architekten bei Hausbesichtigung durch Kaufinteressenten).

117) OLG Koblenz, NZBau 2006, 188 = IBR, 2005, 264 – *Schill*; OLG Düsseldorf, NJW-RR 2000, 166; OLG Hamm, NJW 1962, 1399; OLG Düsseldorf, NJW 1963, 1459; LG Traunstein, NJW 1971, 1460; **a. A.:** *Tempel*, JuS 1973, 414 u. LG Hamburg, MDR 1963, 411.

trag.[118] Allerdings wird bisher nach richtiger Ansicht eine **Einschränkung** gemacht: Wird das (geplante) Bauwerk **nicht,** auch nicht teilweise, **errichtet,** so hat der Architekt auch dann keinen Anspruch auf Einräumung einer Sicherungshypothek, wenn seine Planung zur Erteilung einer Baugenehmigung führte, der Auftraggeber dann aber von der Bauausführung Abstand nimmt.[119] Hat der (planende) Architekt **vor** diesem Entschluss des Bauherrn bereits eine **Vormerkung** im Grundbuch erlangt, so ist er zu deren **Löschung** verpflichtet.[120] Zur Frage, was als Beginn der Errichtung des Bauwerks anzusehen ist, siehe Rdn. 237 ff.

* **Planung mit Objektüberwachung** (§ 15 Abs. 1 Nr. 1–4, 8 HOAI)
  Es liegt **Werkvertrag** vor, sodass dem Architekten bei einer Bauwerkserrichtung der Sicherungsanspruch aus § 648 BGB erwachsen kann.
* **Objektüberwachung** (§ 15 Abs. 1 Nr. 8 HOAI)
  Es ist von einer werkvertraglichen Bindung des Architekten auszugehen, sodass ein Sicherungsanspruch aus § 648 BGB in Betracht kommt.[121]
* **Vollarchitektur**
  Der Architekt, der sämtliche Leistungen von der Planung bis zur örtlichen Bauaufsicht übernommen hat, wird von Rechtsprechung[122] und Literatur[123] ausnahmslos als Bauwerkunternehmer i. S. des § 648 BGB angesehen, sodass ihm auch der Anspruch auf Einräumung einer Sicherungshypothek zugestanden werden wird.
* **kein Anspruch bei Dienstvertrag**
  Dem Architekten erwächst kein Anspruch aus § 648 BGB, wenn er lediglich **Dienstleistungen** erbringt. Von solchen dienstvertraglichen Tätigkeiten kann heute nur noch in **Ausnahmefällen** gesprochen werden, so, wenn der Architekt z. B. ein **bloßes Tätigwerden** schuldet:[124] Übernimmt ein Architekt z. B. **nur** die Finanzberatung und/oder Hypothekenbeschaffung, ohne dass dies mit einer Architektentätigkeit im (notwendigen) Zusammenhang steht, scheidet eine Sicherungshypothek nach § 648 BGB aus.[125]

---

118) BGHZ 31, 224 = NJW 1960, 431; BGHZ 37, 341 = NJW 1962, 1764; NJW 1964, 1022; *Bindhardt/Jagenburg*, § 2, Rdn. 68.
119) OLG Hamm, BauR 2000, 900 = ZfBR 2000, 338 = OLGR 2000, 198; OLG Düsseldorf, NJWRR 2000, 166 = BauR 1999, 1482; OLG Dresden, NJW-RR 1996, 920 = OLGR 1996, 245; OLG Celle, NJW-RR 1996, 854 = OLGR 1996, 42; KG, BauR 1996, 892; OLG Frankfurt, OLGR 1995, 97; OLG Düsseldorf, BauR 1972, 254 = NJW 1972, 1863; LG Fulda, NJW-RR 1991, 790 = BauR 1992, 110; LG Bielefeld, MDR 1971, 393; LG Nürnberg-Fürth, NJW 1972, 453; LG Frankfurt, MDR 1974, 578; *Schmalzl*, MDR 1968, 14; *Jagenburg*, NJW 1972, 1299; *MünchKomm-Busche*, § 648 BGB, Rdn. 17; *Erman/Schwenker*, § 648 BGB, Rdn. 10; *Motzke*, in: Englert/Motzke/Wirth, § 648 BGB, Rdn. 18; **a. A.:** LG Traunstein, NJW 1971, 1460, das auch in diesem Fall eine Sicherungshypothek gewähren will.
120) Siehe OLG Celle, NJW-RR 1996, 854 für eine entsprechende Löschungsklage des Konkursverwalters.
121) BGH, ZfBR 1982, 15 = BauR 1982, 79 = MDR 1982, 313 = *SFH*, Nr. 3 zu § 19 GOA; OLG Naumburg, OLGR 2006, 937 (LS).
122) BGHZ 51, 190 = NJW 1969, 419 = MDR 1969, 212 = WM 1969, 122; LG Köln, BauR 1995, 421, 422; s. auch Rdn. 652.
123) Für viele: *Schmalzl*, MDR 1968, 14; *Bindhardt/Jagenburg*, § 2, Rdn. 70 ff.
124) *Bindhardt/Jagenburg*, § 2, Rdn. 79; OLG Hamm, BauR 1995, 579, 580.
125) OLG München, NJW 1973, 289.

Für die gemäß § 15 Abs. 1 Nr. 9 HOAI **isoliert übernommene Objektbetreuung** und **Dokumentation** wird man demgegenüber ebenso wie bei der Fertigung von Ausführungszeichnungen (§ 15 Abs. 1 Nr. 5 HOAI) **Werkvertragsrecht** anzuwenden haben, sodass ein Anspruch aus § 648 BGB in Betracht kommen kann.[126]

**214** * **Innenarchitektur**
**Innenarchitekten** sind an der gestaltenden, technischen und wirtschaftlichen Planung von Innenräumen beteiligt. Die Aufgabe des Innenarchitekten muss sich jedoch nicht auf die **Planung von Innenräumen** beschränken, vielmehr kann er vertraglich auch die **örtliche Bauaufsicht/Objektüberwachung** sowie die **Anschaffung** von **Einrichtungsgegenständen** im Namen des Bauherrn oder im eigenen Namen übernehmen.[127] Deshalb richtet sich der Anspruch des Innenarchitekten auf Einräumung einer Sicherungshypothek wesentlich nach dem **übernommenen** Leistungsbild.[128] Beschränkt sich die Tätigkeit auf die Planung der Innenräume, ohne dass sie in die Bausubstanz eingreift, entfällt ein Anspruch aus § 648 BGB. In gleicher Weise scheidet eine Sicherungshypothek aus, wenn der Innenarchitekt lediglich mit der Herstellung von Einrichtungsgegenständen im Sinne von § 3 Nr. 8 HOAI betraut wird.[129] Werden dem Innenarchitekten dagegen Aufgaben übertragen, die einen Eingriff in den Bestand oder die Baukonstruktion erfordern, hat er einen Anspruch auf eine Sicherungshypothek für die von ihm erbrachten Leistungen.[130]

**215** * **Freianlagen**
Werden dem Architekten die Grundleistungen **für Gebäude und Freianlagen** übertragen, steht ihm für die Gesamtvergütung auch eine entsprechende Sicherung nach § 648 BGB zu.[131] Beschränkt sich die Tätigkeit des Architekten dagegen lediglich auf die Herstellung oder Änderung von Freianlagen, so wird ihm eine Sicherungshypothek nicht zustehen können; es fehlt der unmittelbare Bezug zur „Bauwerkserrichtung".[132]

* **Baucontroller**
Ein **Baucontroller** hat ein Sicherungsrecht aus § 648 BGB, wenn ihm im Einzelfall die **Bauleitung/Objektüberwachung** übertragen worden ist.[133]

* **Projektsteuerung** (§ 31 HOAI)
Ob der Projektsteuerungsvertrag dem Dienst- oder Werkvertragsrecht zuzuordnen ist, ergibt die **Auslegung** der vertraglichen Vereinbarung (vgl. Rdn. 1429).[134]

---

126) Wie hier: *Löffelmann/Fleischmann*, Rdn. 636; a. A.: *Groß*, S. 28; *Locher*, Rdn. 368.
127) Vgl. *Siegburg*, S. 149 m. Nachw.; *Löffelmann/Fleischmann*, Rdn. 1180 ff.
128) Für eine differenzierte Betrachtung tritt vor allem *Siegburg*, S. 149 ff., ein.
129) *Siegburg*, S. 150; zustimmend: *Ingenstau/Korbion/Joussen*, Anhang 2 BGB, Rdn. 23.
130) Vgl. *Locher*, BauR 1971, 69 ff.; *Siegburg*, S. 152, dort auch für den Fall des § 25 II HOAI.
131) Zutreffend: *Siegburg*, S. 153, 154.
132) Zustimmend: *Ingenstau/Korbion/Joussen*, Anhang 2, Rdn. 17; a. A.: *Siegburg*, S. 154.
133) *Siegburg*, S. 160; siehe ferner *Böggering*, BauR 1983, 402, 411; *Eschenbruch*, Recht der Projektsteuerung, 2. Aufl., Rdn. 1114; *Heinrich*, Der Baucontrollingvertrag, 2. Aufl. 1998, S. 152 ff.
134) Zur **Rechtsnatur** des Vertrages siehe: BGH, BauR 1999, 1317 = ZfBR 1999, 336 = NJW 1999, 3118; BGH, BauR 1995, 572 = NJW-RR 1995, 855; OLG Düsseldorf (5. Senat), BauR 1999, 508; OLG Düsseldorf (22. Senat), MDR 2000, 28 = NJW 1999, 3129; OLG Nürnberg, MDR 2001, 152; ferner: *Eschenbruch*, NZBau 2000, 409 u. Recht der Projektsteuerung, Rdn. 754 ff.; *Stemmer/Wierer*, BauR 1997, 935; *Stapelfeld*, BauR 1994, 693, 696; *Locher/Koeble/Frik*, § 31 HOAI, Rdn. 13; *Korbion/Mantscheff/Vygen*, § 31 HOAI, Rdn. 5.

Da Projektsteuerungsverträge inhaltlich durchaus unterschiedlich gestaltet sind, ist im **Einzelfall** festzustellen, welche Leistungen von dem Projektsteuerer übernommen werden. Zu beachten ist, dass vielfach die Projektsteuerungsleistungen isoliert, aber auch in Verbindung mit (reinen) Architektenleistungen (z. B. § 15 Abs. 2 Nr. 6, 7 oder 8 HOAI) vereinbart werden können; nur soweit die übernommenen Vertragsleistungen **erfolgsbezogen** und damit dem **Werkvertragsrecht** zuzuordnen sind, kommt eine Bauhandwerkersicherungshypothek nach § 648 BGB in Betracht, dann aber auch nur für **diesen** Bereich.[135]

### cc) Der Sonderfachmann

**216** Der Sonderfachmann, der am Bauvorhaben beteiligt ist, kann die Einräumung einer Sicherungshypothek für sein Honorar ebenfalls nur verlangen, wenn ein werkvertragliches Verhältnis zum Bauherrn vorliegt und er aufgrund seiner Leistung als Bauwerkunternehmer i. S. des § 648 BGB anzusehen ist.

Der Vertrag des Bauherrn mit dem **Tragwerksplaner** (Statiker) ist Werkvertrag.[136] Ist der Statiker jedoch nicht vom Bauherrn oder vom Architekten im Namen des Bauherrn beauftragt worden, liegt überhaupt keine werkvertragliche Beziehung zwischen Bauherr und Statiker vor, sodass auch ein Anspruch aus § 648 BGB ausscheidet. Übernimmt der Architekt auch die Statik oder gibt er diese Leistungen im eigenen Namen an einen Statiker weiter, kann aber der Architekt für die Übernahme der Statik selbst eine Sicherungshypothek verlangen.

**217** Das OLG München[137] hat den Anspruch auf eine dingliche Sicherung mit der Begründung verneint, dass die statische Berechnung sich nicht unmittelbar auf die Herstellung des Bauwerks beziehe, sodass der Statiker nicht als Unternehmer eines Bauwerks oder eines Teils davon anzusehen sei. Dieser Auffassung kann nicht gefolgt werden. Zwischen dem Werk des Statikers und des Architekten besteht kein grundlegender Unterschied. Dies hat auch der BGH zum Ausdruck gebracht, soweit es die Anwendung der §§ 635, 638 BGB a. F. anging.[138] Dasselbe hat auch für § 648 BGB zu gelten. Wie die Leistung des Architekten, so realisiert sich auch die Tätigkeit des Statikers im Bauwerk, wenn nach seiner Statik der Bau errichtet wird. Der Sicherungsanspruch des Statikers gemäß § 648 BGB ist demnach grundsätzlich zu bejahen.[139]

**218** Dasselbe gilt auch für die werkvertragliche Leistung **anderer Sonderfachleute** nach HOAI (z. B. Schallschutz, Heizung, Lüftung, Klima, Elektrotechnik, Bodenmechanik usw.), soweit es um die Errichtung eines Bauwerks geht. Auch sie sind als Bauwerkunternehmer i. S. des § 648 BGB anzusehen. Auch dem **Vermessungsingenieur** steht insbesondere eine Sicherungshypothek zu, wenn er damit betraut ist, auf einem Baugrundstück den Standort des darauf zu errichtenden Hauses einzumessen und abzustecken. Seine Tätigkeit steht in einem engen und unmittelbaren Zusammenhang mit dem zu erstellenden Bauwerk.

---

135) **Anderer Ansicht:** *Eschenbruch*, Recht der Projektsteuerung, Rdn. 1114, der „alle aus dem Projektsteuerervertrag herrührenden Forderungen gegen den Auftraggeber" für absicherbar hält.
136) BGH, NJW 1967, 2259; BGH, NJW 1974, 95; OLG Frankfurt, OLGZ 1979, 437.
137) OLGZ 1965, 143.
138) BGH, NJW 1967, 2259.
139) **Herrschende Meinung;** OLG Frankfurt, OLGZ 1979, 437; *Bohl/Döbereiner/v. Keyserlingk*, Rdn. 19; *Palandt/Sprau*, § 648 BGB, Rdn. 2; *Ingenstau/Korbion/Joussen*, Anhang 2, Rdn. 25.

Der BGH hat für § 638 BGB entschieden, dass der Grundstücksvermesser – wie der Architekt und der Statiker – eine geistige Teilleistung zur Errichtung eines Bauwerks erbringt, wenn er ein Grundstück zum Zwecke der Bebauung vermisst; seine Tätigkeit stellt in diesem Fall keine Arbeit an einem Grundstück, sondern an einem Bauwerk dar.[140] Dann aber muss auch der Vermessungsingenieur als Bauwerkunternehmer i. S. § 648 BGB angesehen werden, sodass er Anspruch auf eine dingliche Sicherung hat. Etwas anderes gilt jedoch, wenn ein Vermessungsingenieur ohne unmittelbaren zeitlichen und sachlichen Zusammenhang mit der Errichtung eines konkreten Bauwerks Vermessungsarbeiten vornimmt.

### dd) Baubetreuer und Bauträger

**219**   Bei der **Baubetreuung im engeren Sinne („Baubetreuung")**[141] baut der Betreuer auf einem dem Betreuten gehörenden Grundstück, und er schließt die Bauverträge im Namen des Betreuten ab; nach richtiger Ansicht hat ein solcher Vertrag **werkvertragliche** Elemente (vgl. Rdn. 1443), sodass die erste Voraussetzung des § 648 BGB – werkvertragliche Verbindung zwischen Bauherr und Unternehmer – gegeben ist. Für den **technischen** Betreuungsbereich wird man daher auch den Betreuer als Bauwerkunternehmer ansehen und ihm einen Anspruch auf Einräumung einer Sicherungshypothek zubilligen müssen, da seine Tätigkeit insoweit der des Architekten entspricht.[142]

**220**   Dagegen wird man eine Sicherungshypothek für den **wirtschaftlichen** Betreuungsbereich („finanzwirtschaftliche Baubetreuung", z. B. Finanzierungsberatung, Kreditvermittlung, Wirtschaftlichkeitsberechnung, Beratung im Falle einer Weiterveräußerung usw.) ablehnen müssen, weil schon aufgrund der Rechtsnatur der Verträge[143] keine unmittelbare Beziehung zum Bauwerk besteht und die Leistung des Baubetreuers somit auch nicht wertsteigernd im Bauwerk wirksam wird.[144] Andernfalls würde sich der Baubetreuer bei einer wirtschaftlichen Betreuung besserstehen als der Architekt; hierfür besteht kein Anlass.[145]

Hiergegen wird man nicht einwenden können, dass bei einer Vollbetreuung die wirtschaftliche nicht von der technischen Betreuung getrennt werden kann.[146] Funktion und Wortlaut des § 648 BGB setzen klare Grenzen für die Einräumung einer Hypothek: Die Tätigkeit des Unternehmers muss unmittelbaren Bezug zur Errichtung des Bauwerks haben. Dies ist aber bei der wirtschaftlichen Betreuung nicht der Fall. Ähnlich wie bei dem Architekten die Betreuungsleistungen von den übri-

---

140) BGH, BauR 1972, 255 = NJW 1972, 901; *Groß*, S. 30; kritisch: *Motzke*, S. 184 ff.; vgl. auch BGH, BauR 1979, 76 = DB 1979, 983 (Geologe).
141) Zur Abgrenzung zwischen Baubetreuer und Bauträger siehe BGH, NJW 1981, 757 = *SFH*, Nr. 2 zu § 34c GewO; *Doerry*, ZfBR 1980, 166 ff.; *Reithmann/Meichssner/von Heymann*, D, Rdn. 14 ff.
142) Ebenso: OLG Frankfurt, BauR 1988, 343, 344; *Wittchen*, S. 48, 143; Beck'scher VOB-Komm/ *Jagenburg*, B Vor § 2, Rdn. 386; *Ingenstau/Korbion/Joussen*, Anhang 2, Rdn. 15; *Palandt/ Sprau*, § 648 BGB, Rdn. 2; *Locher/Koeble*, Rdn. 452; *Groß*, S. 33; *Siegburg*, S. 224 u. BauR 1990, 32, 36; weitergehender: *MünchKomm-Busche*, § 648 BGB, Rdn. 15.
143) Der BGH, BauR 2005, 1772, 1773 = NZBau 2005, 509, 510, spricht von einem **Dienstvertrag**, der eine **Geschäftsbesorgung** zum Gegenstand habe (§ 675 Abs. 1 i. V. mit § 611 BGB); s. ferner: OLG Saarbrücken, BauR 2005, 890, 892 sowie unten Rdn. **1443**.
144) Vgl. OLG München, NJW 1973, 289.
145) Wie hier: *Groß*, S. 33; *MünchKomm-Busche*, § 648 BGB, Rdn. 15; OLG Frankfurt, BauR 1988, 343, 344; **a. A.:** *Locher/Koeble*, Rdn. 454; *Motzke*, S. 187.
146) So aber *Locher/Koeble*, Rdn. 454; Beck'scher VOB-Komm/*Jagenburg*, B Vor § 2, Rdn. 387.

# Forderung

gen Leistungen getrennt werden, muss es beim Baubetreuer zulässig sein, seine Aufgabengebiete zu trennen. Dies ist im Hinblick auf eine weitere, nicht vertretbare Ausuferung des § 648 BGB geboten.

Bei der **Baubetreuung im weiteren Sinne (Bauträgerschaft)** scheidet ein Anspruch auf eine Sicherungshypothek für den Bauträger aus, solange er selbst noch Eigentümer des Grundstücks ist; im Übrigen steht aber einem Anspruch grundsätzlich nichts entgegen.[147] Eine Sicherung kann aber nur für Leistungen erfolgen, die der eigentlichen Bauwerkserrichtung dienen und auch bereits zu einer entsprechenden **Wertsteigerung** des Grundstücks beigetragen haben; dies gilt vor allem auch für **Planungsleistungen** eines Bauträgers.[148] Nicht sicherungsfähig ist z. B. eine Gebühr des Bauträgers für eine Finanzierungs- oder Hypothekenbeschaffung. **221**

## b) Die Forderung aus Bauvertrag

*Literatur*

*Groß*, Bauhandwerker-Sicherungshypothek und Mehrwertsteuer, BauR 1971, 177; *Lüdtke-Handjery*, Die Sicherung von Geldforderungen des Bauunternehmers, DB 1972, 2193; *Rixecker*, Die Sicherung der Kosten der Bauhandwerkersicherung, BlGBW 1984, 107; *Kleefisch/Herchen*, Berücksichtigung des Sicherungseinbehalts nach § 17 Nr. 6 VOB/B bei §§ 648 a, 648 BGB oder doppelte Absicherung des Unternehmers?, NZBau 2006, 201.

### aa) Die werkvertragliche Forderung

Von § 648 BGB werden **alle wertvertraglichen** Forderungen umfasst. Hierzu gehören zunächst der Vergütungsanspruch des Bauunternehmers sowie die Honoraransprüche der Architekten und Ingenieure. Die Honoraransprüche müssen jedoch bereits – zumindest teilweise – entstanden sein.[149] Das Werk braucht noch nicht vollendet, mit der eigentlichen Werkleistung muss aber schon **begonnen** sein (vgl. Rdn. 237 ff.). Vor Inangriffnahme besteht also kein Anspruch.[150] Künftige Ansprüche[151] oder eventuelle **Durchgriffsansprüche** aus unerlaubter Handlung oder Verschulden bei Vertragsschluss (§ 311 BGB)[152] werden dagegen nicht gesichert; ebenso wenig reicht ein bloßer **Schuldbeitritt** des Bauherrn/Grundstückseigentümers gegenüber dem Subunternehmer aus.[153] Ein Pfändungs- und Überweisungsbeschluss hindert den Werkunternehmer ebenfalls, in dieser Höhe eine Sicherungshypothek zu ver- **222**

---

147) Vgl. OLG Hamm, BauR 2000, 900 = ZfBR 2000, 338 = OLGR 2000, 198; OLG Naumburg, BauR 1998, 1105; *Groß*, S. 34; *Koeble*, NJW 1974, 724; *MünchKomm-Busche*, § 648 BGB, Rdn. 15; *Locher/Koeble*, Rdn. 455; *Ingenstau/Korbion/Joussen*, Anhang 2, Rdn. 13.
148) OLG Hamm, BauR 2000, 900; OLG Naumburg, BauR 1998, 1105.
149) KG, BauR 1971, 265; LG Köln, *Schäfer/Finnern*, Z 2.321 Bl. 26.
150) BGH, NJW 1977, 947 = BauR 1977, 208 = WM 1977, 481; KG, MDR 1978, 755; LG Fulda, NJW-RR 1991, 790 = BauR 1992, 110 (für den **Fertighaushersteller**); OLG Hamm, BauR 2000, 900 (u. S. 1087) = ZfBR 2000, 338 = NJW-RR 2000, 971 = OLGR 2000, 198 (für den **Bauträgervertrag**); *Ingenstau/Korbion/Joussen*, Anhang 2, Rdn. 47 für den gekündigten Werkvertrag.
151) OLG Frankfurt, OLGR 2000, 145, 146.
152) OLG Celle, NJW-RR 2000, 387.
153) OLG Dresden, BauR 2000, 1526 = NJW-RR 2000, 1412; **a. A.:** wohl OLG Hamm, NJW-RR 1999, 383, 384 = BauR 1999, 407; *Motzke*, in: Englert/Motzke/Wirth, § 648 BGB, Rdn. 44.

langen.¹⁵⁴⁾ Auch **vorbereitende** Arbeiten (z. B. das Heranschaffen von Bausand und Steinen, die Herstellung von Türen vor dem Einbau usw.) können noch nicht zu einer dinglichen Sicherung führen.¹⁵⁵⁾

**223** Stets muss es sich um Arbeiten handeln, die die Herstellung des Bauwerks oder eines Teils davon unmittelbar zum Gegenstand haben; die Werkleistung muss also schon in irgendeiner Weise auf dem Grundstück in Erscheinung getreten sein und zu einer **Werterhöhung** geführt haben.¹⁵⁶⁾ Macht der Bauwerkunternehmer von seinem ihm zustehenden **Zurückbehaltungsrecht** bezüglich bestimmter Arbeiten wegen Zahlungsverzuges des Bauherrn Gebrauch, so hat er für die diesen Arbeiten entsprechende Vergütung keinen Sicherungsanspruch.¹⁵⁷⁾

**224** Ist die Werkleistung noch **nicht vollendet,** so kann der Berechtigte nur für einen der geleisteten Arbeit entsprechenden **Teil der Vergütung** die dingliche Sicherung verlangen, § 648 Abs. 1 Satz 2 BGB. Die Höhe der vom Unternehmer für seinen Werklohn zu beanspruchenden Sicherungshypothek richtet sich daher nach dem **jeweiligen Baufortschritt.**¹⁵⁸⁾ Auch der **Architekt** kann nach dieser Vorschrift bis zur Vollendung seiner Leistung eine Sicherungshypothek nur für einen der geleisteten Arbeit entsprechenden Teil der Vergütung verlangen.¹⁵⁹⁾ Ein solcher Anspruch besteht nicht für diejenigen Teile seiner Vergütung, die dem nicht ausgeführten Teil seiner Leistung entsprechen, weil insoweit das Grundstück keine Werterhöhungen durch Leistungen des Architekten erfahren hat.

**225** Die vertragliche Forderung muss noch **nicht fällig** sein.¹⁶⁰⁾ Die Absicherung einer noch nicht fälligen Bauforderung verstößt weder gegen Treu und Glauben gemäß § 242 BGB, noch kann sie als Rechtsmissbrauch oder Schikanehandlung nach § 226 BGB bezeichnet werden.¹⁶¹⁾ Die Bauleistung braucht daher auch noch **nicht abgenommen** zu sein.¹⁶²⁾ Eine Abschlagsrechnung kann Grundlage der Absicherung sein; dem steht nicht entgegen, dass zwischenzeitlich Schlussrechnungsreife eingetreten ist.¹⁶³⁾

**226** Da die zu sichernde Forderung noch nicht fällig sein muss, ist sie auch nicht um den zwischen den Vertragspartnern vereinbarten **Sicherheitseinbehalt** zu kürzen.¹⁶⁴⁾ Die Vereinbarung über den Sicherheitseinbehalt stellt lediglich eine teilweise Stundung der Forderung des Unternehmers dar. Gerade im Falle des teilweisen Hinausschie-

---

154) BGH, BauR 2001, 1421.
155) OLG Düsseldorf, NJW 1972, 1863 = BauR 1972, 254; RGZ 58, 301.
156) OLG Düsseldorf, NJW 1972, 1863 = BauR 1972, 254.
157) RGZ 58, 301; BGH, BauR 1977, 947 = BauR 1977, 208 = WM 1977, 481.
158) BGH, a. a. O.; OLG Köln, BauR 1998, 794 = OLGR 1998, 380; OLG Hamm, NJW-RR 1999, 528, 529 = BauR 1999, 776, 778.
159) LG Fulda, NJW-RR 1991, 790, 792; LG Dortmund, BlGBW 1974, 52; zustimmend: *Neuenfeld*, § 4 HOAI, Rdn. 76.
160) OLG Hamm, BauR 1999, 407, 408 = NJW-RR 1999, 383.
161) OLG Koblenz, NJW-RR 1994, 786; OLG Stuttgart, *Schäfer/Finnern*, Z 2.321 Bl. 16.
162) BGH, NJW 1977, 947 = BauR 1977, 208 = WM 1977, 481; OLG Köln, BauR 1998, 794, 795.
163) OLG München, BauR 2005, 1960.
164) BGH, BauR 2000, 919 = NJW-RR 2000, 387 = NZBau 2000, 198; OLG Hamm, BauR 1999, 407, 408; OLG Hamm, BauR 1998, 885, 886; OLG Köln, BauR 1998, 794, 796 = OLGR 1998, 380, 381; KG, BauR 1971, 265; *Groß*, BauR 1971, 177, 178; *Ingenstau/Korbion/Joussen*, Anhang 2, Rdn. 67; **a. A.:** *Kleefisch/Herchen*, NZBau 2006, 201, 204; *Rixecker*, MDR 1982, 718.

bens der Fälligkeit ist das Bedürfnis des Unternehmers auf Sicherung anzuerkennen.[165)]

Ist das Werk vor der Abnahme untergegangen, so besteht ein Anspruch nach § 648 BGB nur dann, wenn der Bauherr als Vertragspartner den Untergang zu vertreten hat, §§ 644, 645 BGB.[166)] **227**

Nach **h. M.** können im Übrigen durch § 648 BGB unter den vorgenannten Gesichtspunkten **alle vertraglichen Forderungen** des Unternehmers gegen den Bauherrn gesichert werden. Neben dem Vergütungsanspruch aus § 631 BGB gilt dies auch für den **Entschädigungsanspruch** nach § 642 BGB, den Anspruch aus § 6 Nr. 6 VOB/B[167)], einen **Aufwendungsersatzanspruch** gemäß § 645 Abs. 1 BGB sowie den **Schadensersatzanspruch** aus § 645 Abs. 2 BGB wegen **Verzugs** und aus dem Gesichtspunkt der **positiven Vertragsverletzung**.[168)] **Umstritten** ist, ob auch Vergütungsansprüche für die **nicht** erbrachten Leistungen nach § 648 BGB absicherbar sind, wenn der Auftraggeber den Bauvertrag **kündigt** (§ 649 Satz 1 BGB, § 8 Nr. 1 Abs. 1 VOB/B).[169)] Die gleiche Problematik stellt sich für **Architekten** und **Sonderfachleute** (Rdn. 241, 242). Eine höchstrichterliche Entscheidung liegt bisher nicht vor. **228**

Eine Sicherung der nicht erbrachten Leistung i. S. des § 649 Satz 2 BGB verneinen z. B. im Ergebnis das Thüringer OLG[170)] und OLG Brandenburg[171)], während nach überwiegender Auffassung der Unternehmer eine entsprechende Sicherheit verlangen kann.[172)] Dem ist zu folgen, weil der BGH die Mehrwerttheorie nur begrenzt anwendet und bereits seine Entscheidung vom 5.12.1968[173)] dafür spricht, die Absicherung auch auf den nicht erbrachten Leistungsteil zu erstrecken.

Allerdings muss aus einer Eintragung stets hervorgehen, dass über den Werklohn hinaus (auch) **andere** Ansprüche abgesichert werden sollen;[174)] denn ist die Bauhandwerkersicherungshypothek oder die entsprechende Vormerkung (vgl. näher Rdn. 268 ff.) nur zur Sicherung der „Werklohnforderung" bestellt, so werden dadurch Verzugsansprüche, Schadensersatzansprüche usw. nicht erfasst. Für den Auftragnehmer bedeutet dies, dass er bei einem entsprechenden gerichtlichen Antrag

---

165) KG, BauR 1971, 265.
166) Vgl. *Groß*, S. 43; OLG Hamburg, OLG 22, 312.
167) Siehe aber Thüringer OLG, BauR 1999, 179 = OLGR 1999, 384.
168) Für pFV nach **altem Recht**: BGHZ 51, 190 = NJW 1969, 419; OLG Hamm, OLGR 2000, 198, 199 = BauR 2000, 900 (u. S. 1087) = NZBau 2000, 338 = ZfBR 2000, 338 = NJW-RR 2000, 971; LG Nürnberg-Fürth, BlGBW 1972, 139; für **Verzug**: BGH NJW 1974, 1761 = BauR 1974, 419; **a. A.**: Thüringer OLG, BauR 1999, 179 = NJW-RR 1999, 384 = OLGR 1999, 384 für Anspruch aus **§ 6 Nr. 6 VOB/B** u. *Siegburg*, BauR 1990, 32, 46.
169) Siehe hierzu: *Birkenkämper*, Jahrbuch Baurecht 2006, 1, 5 ff.; OLG Düsseldorf, BauR 2007, 1601 m. w. Nachw.
170) BauR 1999, 179 = NJW-RR 1999, 384 = OLGR 1999, 384, 385; s. auch *Motzke*, in: Englert/Motzke/Wirth, § 648 BGB, Rdn. 51.
171) BauR 2003, 578.
172) OLG Düsseldorf, NJW-RR 2004, 18 = NZBau 2003, 615; *Birkenkämper*, Jahrbuch Baurecht 2006, 1, 8 ff.; Beck'scher VOB-Komm/*Jagenburg*, B Vor § 2, Rdn. 392; *Bamberger/Roth/Voit*, § 648 BGB, Rdn. 19; *Palandt/Sprau*, § 648 BGB, Rdn. 4; *Staudinger/Peters*, § 648 BGB, Rdn. 25.
173) BGHZ 51, 190 = NJW 1969, 419.
174) BGH, NJW 1974, 1761 = BauR 1974, 419.

seine zu sichernden Ansprüche **genau bezeichnen** muss, wenn er nicht später durch eine falsche Formulierung Nachteile erleiden will.[175]

**229** Zu den sicherungsfähigen Ansprüchen des Unternehmers gehören auch **andere Forderungen,** sofern sie nur in dem Werkvertrag eine Rechtsgrundlage finden;[176] deshalb zählen nach h. M. zu den sicherungsfähigen Ansprüchen des Unternehmers diejenigen auf **Auszahlung eines Einbehalts** (z. B. **Garantieeinbehalts**),[177] einer **Beschleunigungsvergütung** oder einer **Vertragsstrafe.**[178] Die Kosten der Eintragung der Sicherungshypothek und des Vormerkungsverfahrens – u. U. auch im Rahmen eines Kostenpauschalquantums – sowie **Verzugszinsen** können als Nebenkosten abgesichert werden.[179]

**230** Ebenso gehört der Anspruch auf Vergütung der **Umsatzsteuer** zu den gesicherten Forderungen. Die Umsatzsteueransprüche sind mit ihrer Entstehung absicherbar.[180] Allerdings hat sich die Frage der Sicherbarkeit der Umsatzsteuer mit der Neufassung des Umsatzsteuergesetzes weitgehend erledigt. Auf **Abschlagszahlungen** ist bei einem VOB-Bauvertrag in jedem Fall die Umsatzsteuer abzuführen (§ 16 Nr. 1 Abs. 1 Satz 1 VOB/B). Darüber hinaus ist mit der Erstellung und Zuleitung der **Schlussrechnung** die Umsatzsteuer i. S. des § 648 BGB angefallen („entstanden"), sodass sie zur Grundlage des Anspruchs nach § 648 BGB gemacht werden kann.[181]

**231** **Keine Forderungen** aus einem Bauvertrag im Sinne des § 648 BGB – und damit auch nicht absicherbar – sind die Ansprüche auf **Naturalvergütung** und auf die **Kosten der Rechtsverfolgung,** soweit es den Vergütungsanspruch selbst betrifft.[182]

**232** Wird die Forderung aus dem Bauvertrag wirksam **abgetreten** oder **gepfändet,** so geht auch der Anspruch aus § 648 BGB damit über (§ 401 BGB analog).[183] Dies gilt auch für die bezüglich des Anspruchs aus § 648 BGB eingetragene Vormerkung. Wird eine Werklohnforderung **sicherungshalber** abgetreten, so kann als Vormerkungsgläubiger oder als Hypothekar nur der **Zessionar** eingetragen werden, selbst wenn die Abtretung nicht offengelegt wurde.[184]

---

175) Vgl. OLG Frankfurt, BauR 2000, 1375 = OLGR 2000, 145 u. BGH, BauR 2001, 1783 (Revisionsentscheidung): Die Vormerkung sichert nur die **zur Begründung herangezogene** (Teil-)Forderung, nicht den Gesamtanspruch.
176) *MünchKomm-Soergel*, § 648 BGB, Rdn. 16; Beck'scher VOB-Komm/*Jagenburg*, B Vor § 2, Rdn. 392; *Ingenstau/Korbion/Joussen*, Anhang 2, Rdn. 46; *Kleine-Möller/Merl*, § 18, Rdn. 182; ablehnend: *Siegburg*, S. 217, 218.
177) KG, BauR 1971, 265; *Siegburg*, BauR 1990, 32, 46.
178) *MünchKomm-Busche*, § 648 BGB, Rdn. 20; *Groß*, S. 44; *Motzke*, S. 107.
179) OLG Hamm, BauR 2000, 1527, 1528; OLG Köln, BauR 1998, 794 = OLGR 1998, 380; OLG Hamm, BauR 1990, 365, 366; LG Tübingen, BauR 1984, 309; **a. A.:** LG Lübeck, SchlHA 1982, 150 für die Kosten der einstweiligen Verfügung; *Ingenstau/Korbion/Joussen*, Anhang 2, Rdn. 115; *Rixecker*, BlGBW 1984, 107.
180) *Groß*, BauR 1971, 177; *Groß*, S. 43; *Motzke*, S. 105, 106; *Siegburg*, S. 216.
181) OLG Köln, U. v. 18.3.1980 – 15 U 210/79.
182) **Bestr.;** wie hier: *Siegburg*, S. 218 u. BauR 1990, 32, 47; *Bohl/Döbereiner/v. Keyserlingk*, Rdn. 25; *Motzke*, S. 107; *Rixecker*, BlGBW 1984, 107; **a. A.:** *MünchKomm-Busche*, § 648 BGB, Rdn. 20; *Staudinger/Peters*, § 648 BGB, Rdn. 27 (Erstattungsanspruch aus § 91 ZPO bzw. aus Verzug); BGH, BauR 1974, 419; LG Tübingen, BauR 1984, 309.
183) BGH, *Schäfer/Finnern*, Z 2.332 Bl. 25; OLG Köln, OLG 17, 426; *Groß*, S. 35; OLG Düsseldorf, BauR 1985, 334, jedoch nur für den Fall des § 835 ZPO.
184) OLG Dresden, NJW-RR 2000, 96, 97 = OLGR 2000, 168, 169 = NZBau 2000, 340 (LS).

## bb) Verjährte Forderung

**Beruft** sich der Bauherr gegenüber der vom Unternehmer geltend gemachten 233
Werklohnforderung zu Recht **auf den Eintritt der Verjährung,** besteht ein Sicherungsanspruch aus § 648 BGB nicht mehr.[185] War (vor Verjährungseintritt) eine **Vormerkung** eingetragen, jedoch noch nicht die Sicherungshypothek, kann der Bauherr (Eigentümer) nach § 886 BGB die **Beseitigung** der Vormerkung verlangen. § 223 Abs. 1 BGB/§ 216 Abs. 1 BGB n. F. gilt nämlich nicht für die Vormerkung.[186] Eine ähnliche Lage tritt ein, wenn sich der Grundstückseigentümer auf den **Schlusszahlungseinwand** (§ 16 Nr. 3 Abs. 2 VOB/B) berufen kann; auch hier kann Beseitigung der Vormerkung verlangt werden.

Anders ist dies jedoch, wenn zu Gunsten des Unternehmers bereits die **Sicherungshypothek** eingetragen ist. Dann kann die Beseitigung der Hypothek nicht verlangt werden; vielmehr kann sich der jeweilige Gläubiger aus dieser auch nach Verjährungseintritt befriedigen. Im Übrigen hat der BGH[187] klargestellt, dass sich der Unternehmer aus einer ihm eingeräumten Sicherungshypothek auch dann noch befriedigen kann, wenn der Schlusszahlungseinwand des Grundstückseigentümers/Bestellers durchgreift. § 223 Abs. 1 BGB/§ 216 Abs. 1 BGB n. F. ist in diesem Fall entsprechend anzuwenden.

## cc) Mangelhafte Werkleistung

*Literatur*
*Barnikel*, Keine Sicherungshypothek für Unternehmer bei mangelhafter Leistung?, BlGBW 1977, 195; *Peters*, Die Bauhandwerkersicherungshypothek bei Mängeln der Werkleistung, NJW 1981, 2550.

Ist die **Werkleistung mangelhaft,** so erhebt sich die Frage, welchen Einfluss die 234
Mängel auf die Einräumung einer Sicherungshypothek haben. Dies ist **umstritten**.[188]

Aus der Funktion des § 648 BGB folgt, dass der Anspruch auf dingliche Sicherung in voller Höhe des Vergütungsanspruchs nur dann besteht, wenn die Werkleistung mangelfrei ist; bei **Mängeln** der Werkleistung entsteht er nur insoweit, als ein sicherungsgeeigneter **Wertzuwachs** des Grundstücks bereits vorhanden ist.[189] Hieran

---

185) Zutreffend: OLG Dresden, BauR 2005, 1500, 1502; LG Aurich, NJW-RR 1991, 1240.
186) *Palandt/Heinrichs*, § 216 BGB, Rdn. 3; *Soergel/Augustin*, § 223 BGB a. F., Rdn. 5.
187) NJW 1981, 1784 = WM 1981, 774 = ZfBR 1981, 181 = *SFH*, Nr. 19 zu § 16 Nr. 3 VOB/B (1973) = MDR 1981, 1005.
188) Zum Meinungsstand: BGH, NJW 1977, 947 = BauR 1977, 208 = WM 1977, 481; OLG Koblenz, NJW-RR 1994, 786, 787; *Siegburg*, S. 226 ff. Zur Behandlung des Mangeleinwands bei einer **Zwangsvollstreckungsunterwerfung** durch den Bauherrn: OLG Bremen, NJW-RR 1999, 963.
189) **Herrschende Meinung;** BGH, NJW 1977, 947 = BauR 1977, 208 = WM 1977, 481; OLG Celle, BauR 2003, 133, 134; Brandenburgisches OLG, BauR 2003, 578, 579; OLG Köln, BauR 1998, 794, 796 = OLGR 1998, 380, 381; OLG Koblenz, NJW-RR 1994, 786; OLG Hamm, BauR 2000, 900 (u. S. 1087) = NJW-RR 2000, 971 = OLGR 2000, 198, 200; BauR 1999, 407, 408; BauR 1999, 776, 778 = NJW-RR 1999, 528, 529; BauR 1998, 885, 886; OLG Rostock, BauR 1995, 262; OLG Celle, BauR 2001, 1623 = IBR 2001, 665 – *Weise;* OLG Köln, BauR 1975, 213 mit abl. Anm. *Jagenburg;* a. A.: OLG Düsseldorf, BauR 1976, 211; LG Koblenz, *Schäfer/Finnern*, Z 2.321 Bl. 45; *Jagenburg*, BauR 1975, 216; NJW 1976, 2327; *Kapellmann*, BauR 1976, 323.

ändert sich nichts, wenn der Auftraggeber eine von dem Unternehmer verlangte Sicherheit nach § 648 a BGB nicht erbracht hat und deshalb der Unternehmer berechtigt ist, die Mängelbeseitigung zu verweigern.[190]

Macht der Bauherr also zu Recht **Vorschussansprüche, Minderungsansprüche** oder **Schadensersatzansprüche** gegenüber dem Vergütungsanspruch des Bauunternehmers geltend, besteht ein Anspruch auf eine Sicherungshypothek nur bezüglich des **um die Gegenansprüche des Bauherrn verminderten Vergütungsbetrages.** Dasselbe gilt für den Fall, dass der Bauherr berechtigt **Nachbesserung/Nacherfüllung** verlangt; in diesem Fall vermindert sich die Höhe der nach § 648 BGB dem Unternehmer zustehenden Sicherungshypothek um die **Kosten** der Nachbesserung/Nacherfüllung.[191] Die Eintragung der Hypothek **Zug um Zug** gegen eine ordnungsgemäße Nachbesserung durch den Werkunternehmer (aufgrund des dem Bauherrn zustehenden Zurückbehaltungsrechtes) stößt auf **erhebliche praktische Schwierigkeiten** bei der Eintragung, da dieser bei einer entsprechenden Verurteilung für die Eintragung den Nachweis durch eine öffentlich beglaubigte Urkunde erbringen müsste, dass er ordnungsgemäß nachgebessert hat;[192] eine entsprechende Verurteilung scheidet daher aus Praktikabilitätserwägungen (insbesondere für das einstweilige Verfügungsverfahren) aus.[193] Die Bewertung der Mängel und damit auch der Nachbesserungskosten wird insbesondere im Verfahren der einstweiligen Verfügung (vgl. Rdn. 281 ff.) nicht immer einfach sein. Dies ist jedoch eine Frage der Glaubhaftmachung (vgl. Rdn. 271 ff.) und der Beweiswürdigung im Einzelfall; dabei können im einstweiligen Verfügungsverfahren die Mängel jeweils nur summarisch und überschlägig bewertet werden.[194] Der Umfang der Mängel, die Kosten einer Mängelbeseitigung oder auch der mangelbedingte **Minderwert** sind notfalls gemäß **§§ 638 Abs. 3 Satz 2 BGB, 287 ZPO** zu schätzen.[195] Zu beachten ist stets, dass immer nur der **einfache Betrag** der voraussichtlichen Mängelbeseitigungskosten zu berücksichtigen ist und nicht etwa der dreifache (gemäß § 641 Abs. 3 BGB).[196]

**235** Der **BGH**[197] hat zu der Problematik der Einräumung einer Sicherungshypothek bei **Baumängeln** Folgendes ausgeführt:

„Der übergreifende Gedanke, auf dem die Regelung des § 648 BGB beruht und der ihr den ihr eigentümlichen Sinn und Zweck gibt, ist daher, dass der Unternehmer eines Bauwerks Anspruch auf hypothekarische Sicherung für seinen Werklohn nur nur in dem Umfang erhalten soll, in dem jeweils die von ihm geleistete Arbeit dem Werk nach der vereinbarten Vergütung entspricht, mag diese fällig sein oder nicht.

Unter diesem Blickwinkel ist auch die mangelhafte Leistung des Unternehmers eines Bauwerks zu betrachten. Sie ist nicht die vollwertige geschuldete Leistung und steht damit der Teilleistung vor

---
190) Zutreffend: OLG Celle, BauR 2003, 133, 134.
191) BGHZ 68, 180 = NJW 1977, 947 = BauR 1977, 208 = MDR 1977, 659 = JZ 1977, 401.
192) So zu Recht: OLG Düsseldorf, BauR 1976, 363 und *Kapellmann*, BauR 1976, 323, 326, denen sich der BGH, a. a. O., insoweit angeschlossen hat.
193) **Anderer Ansicht:** OLG Frankfurt, *Schäfer/Finnern*, Z 2.321 Bl. 20.
194) *Locher*, Rdn. 697.
195) OLG Celle, BauR 2001, 1623 (für **Minderwert**); LG Chemnitz, BauR 1994, 413 (LS); *Ingenstau/Korbion/Joussen*, Anhang 2, Rdn. 60.
196) OLG Stuttgart, BauR 2005, 1047, 1049; OLG Hamm, OLGR 2000, 198, 201; im Ergebnis ebenso: Brandenburgisches OLG, BauR 2003, 578, 580.
197) BGHZ 68, 180 = BauR 1977, 208 = WM 1977, 481; kritisch: *Groß*, S. 50 ff.; *Peters*, NJW 1981, 2550 ff.

**Forderung** **Rdn. 235**

Vollendung des Werks gleich. Dabei spielt keine entscheidende Rolle, inwieweit die Mängelbeseitigung (noch) zur Vertragserfüllung oder (bereits) zur Gewährleistung zu rechnen ist (vgl. dazu BGH, NJW 1958, 706; 1969, 653; 1971, 838; 1973, 1792; 1963, 805; 1970, 383 [386]; 1976 143; *Glanzmann*, RGRK, 12. Aufl., § 633 Rdn. 1, 39, 44). Es ist ferner **unerheblich,** ob das **Werk abgenommen ist oder nicht.** Denn auch und gerade nach der Abnahme steht dem Besteller die Einrede des nichterfüllten Vertrags (§ 320 I BGB) zu, solange er die Beseitigung eines Mangels verlangen kann (BGH, NJW 1958, 706; 1971, 838; 1973, 1792; *Glanzmann*, § 633 Rdn. 46, Anh. §§ 633 bis 635 Rdn. 45). Darauf kommt es aber nicht an. Denn das ändert nichts daran, dass der Unternehmer bis zur Mängelbeseitigung nicht die volle von ihm geschuldete, d. h. keine vollwertige Leistung erbracht hat, die deshalb auch nur zu einem entsprechend den Mängeln geringeren Wertzuwachs am Grundstück geführt hat. Allein in diesem Umfang will § 648 BGB den Unternehmer eines Bauwerks durch den Anspruch auf Eintragung der Sicherungshypothek schützen.

Wenn *Kapellmann* (BauR 1976, 324 ff.) meint, solange der Handwerker Mängel noch beseitigen darf und kann, könne das Werk noch mangelfrei und dann uneingeschränkt „wertvoll" werden, so übersieht er, dass das auch bei einer mangelfreien Teilleistung so ist. Auch dann ist es möglich, durch die spätere Erbringung der vollen Leistung einen der Gesamtvergütung entsprechenden Wertzuwachs des Grundstücks zu erreichen, und trotzdem kann die Eintragung einer Sicherungshypothek gemäß § 648 I 2 BGB nur nach dem jeweiligen Baufortschritt für einen der geleisteten Arbeiten entsprechenden Teil der Vergütung verlangt werden. Es ist kein Grund erkennbar, der es rechtfertigen könnte, die beiden Fälle verschieden zu behandeln.

Die **Eintragung einer Vormerkung Zug um Zug gegen ordnungsgemäße Nachbesserung,** die ohnehin nur nach der Abnahme in Betracht kommt (BGH, NJW 1973, 1792) ist **nicht praktikabel,** wie *Kapellmann* (BauR 1976, 326) eindrucksvoll dargelegt hat. Abgesehen von den dann bei der Vollziehung der erwirkten einstweiligen Verfügung. § 765 ZPO auftretenden Schwierigkeiten (vgl. ähnlich BGH, NJW 1973, 1792; Senat, BauR 1976, 430), welche die mit einer einstweiligen Verfügung erstrebte schnelle Sicherung verhindern und damit dieses Verfahren bei notwendiger Mängelbeseitigung in Frage stellen würden, wäre dem Bauhandwerker mit einer solchen einstweiligen Verfügung schwerlich gedient, weil dann auch die Sicherung seines Vergütungsanspruchs, soweit er von den Mängeln nicht erfasst wird, in der Schwebe bliebe.

Dieses Ergebnis ist auch interessengerecht. Der Bauherr hat ein schutzwertes Interesse daran, dass sein Grundstück nicht mit Sicherungshypotheken gem. § 648 BGB belastet wird, mit denen kein entsprechender Wertzuwachs des Grundstücks verbunden ist, wie das bei mangelhaften Bauleistungen der Fall ist. Der Unternehmer eines Bauwerks hat zwar auch insoweit ein Interesse an der Sicherung seiner Werklohnforderung, als er mangelhaft geleistet hat, wenn und solange er zur Mängelbeseitigung bereit und in der Lage ist. Dieses Interesse muss aber zurücktreten gegenüber dem schutzwürdigen Interesse des Bauherrn. Denn solange der Mangel nicht beseitigt ist, hat der Bauhandwerker nicht voll, d. h. vollwertig, geleistet, er hat wirtschaftlich betrachtet den auf den Mangel entfallenden Wertanteil des Werklohns noch nicht verdient.

Es schlägt auch nicht der im Schrifttum öfter, insbesondere von *Jagenburg* und *Kapellmann*, ins Feld geführte Gesichtspunkt durch, auf diese Weise würde böswilligen oder zahlungsschwachen Bauherren Tür und Tor geöffnet, die Mängel nur vorspiegeln, um sich ihrer Zahlungspflicht zu entziehen. Das ist im Verfahren der einstweiligen Verfügung eine Frage der Glaubhaftmachung und unterliegt damit maßgeblich der Beurteilung der jeweiligen Umstände des Einzelfalles, wobei für die Pflicht zur Glaubhaftmachung dasselbe gilt wie für die Beweislast (vgl. *Glanzmann*, § 633 Rdn. 51, 52): Vor der Abnahme muss der Unternehmer die Mängelfreiheit, nach der Abnahme muss der Besteller das Vorhandensein von Mängeln glaubhaft machen."

Das **Schrifttum**[198)] hat sich der Entscheidung des BGH überwiegend angeschlossen.

---

[198)] *MünchKomm-Busche*, § 648 BGB, Rdn. 22; *Ingenstau/Korbion/Joussen*, Anhang 2, Rdn. 58; *Heiermann/Riedl/Rusam*, § 2/B, Rdn. 46; *Motzke*, S. 12 ff.; *Peters*, NJW 1981, 2550, jedoch abweichend für das Nachbesserungsstadium.

**236** Ist eine Sicherungshypothek **eingetragen,** und zeigen sich **nach der Eintragung** erstmals **Mängel,** entsteht dem Bauherrn gemäß § 812 Abs. 1 Satz 2 ein Anspruch auf Löschung der Vormerkung (Sicherungshypothek), soweit die Nachbesserungskosten, die Minderung oder der aufgerechnete Schadensersatzanspruch des Bauherrn reichen; dies bedeutet, dass im Nachhinein die Mängelkosten von dem eingetragenen Sicherungsbetrag abgezogen werden müssen.[199]

War die Eintragung einer Vormerkung aufgrund einer einstweiligen Verfügung erfolgt, gegen die sich der Bauherr nicht gewehrt hatte, kann er eine „Reduzierung" der Sicherungshypothek auch über einen einzulegenden **Widerspruch** erreichen. Ist die Eintragung der Vormerkung aufgrund eines rechtskräftigen Urteils erfolgt, kommt eine Aufhebung gemäß §§ 936, 927 ZPO wegen veränderter Umstände in Betracht; eine Vollstreckungsklage nach § 767 ZPO scheidet dagegen aus. Ist über die Sicherungshypothek nach § 648 BGB im normalen, ordentlichen Klageverfahren entschieden worden, kommt eine Berichtigung des Grundbuchs im Zweifel nur nach einer entsprechenden Klage des Bauherrn in Betracht.

#### dd) Beginn der Sicherbarkeit

**237** Sinn und Zweck des § 648 BGB ist es, dem vorleistungspflichtigen Unternehmer einen erhöhten Schutz zu geben. Der **Mehrwert,** der durch seine Arbeit dem Grundbesitz des Bestellers zuteil geworden ist, soll dem Unternehmer vorzugsweise für seine Vergütung haften.[200] Deshalb hängt die Sicherbarkeit des Vergütungsanspruchs im Einzelfall davon ab, dass mit den **Bauarbeiten begonnen** worden ist.[201] Nach herrschender Ansicht besteht somit kein Anspruch auf eine Sicherungshypothek, wenn es nicht zu einer Bauwerkserrichtung kommt, etwa, weil der Bauherr seine Bauabsicht aufgibt[202] oder aber der Baukörper vernichtet wird.[203] Weitere Fälle: Eine Baugenehmigung wird nicht erteilt, oder der Besteller fällt vor Beginn in Konkurs.

**238** Was als „**Beginn der Bauarbeiten**" zu gelten hat, ist im Einzelfall umstritten; teilweise wird dieses Tatbestandsmerkmal sehr eng gesehen. Eine einheitliche Beurteilung ist nicht festzustellen. Einig ist man sich jedoch darin, dass **vorbereitende Maßnahmen** noch nicht ausreichen. Liefert deshalb z. B. ein Bauhandwerker seine Baumaterialien (Sand, Kies, Fertigteile) an die Baustelle, so besteht ein Anspruch aus § 648 BGB erst, wenn die Teile durch bauwerkliche Arbeiten zu einem wesentlichen Bestandteil des Grundstücks geworden sind; die bloße Anlieferung bedeutet demnach noch keinen Beginn der Bauarbeiten.

---

[199] So zutr. *Motzke,* S. 121, 122; zustimmend *Ingenstau/Korbion/Joussen,* Anhang 2, Rdn. 64.

[200] Protokoll der Kommission für die zweite Lesung des Entwurfs des BGB, Bd. II, S. 326; *Mugdan,* Materialien zum BGB, Bd. II, S. 927. Dem steht auch nicht die Entscheidung des BGHZ 144, 138 = BauR 2000, 1083 = NZBau 2000, 286 entgegen; s. insoweit auch *Motzke,* in: Englert/Motzke/Wirth, § 648 BGB, Rdn. 17 ff.

[201] OLG Koblenz, NZBau 2006, 188 = IBR 2005, 264 – *Schill* = NJW-Spezial 2006, 217; *Ingenstau/Korbion/Joussen,* Anhang 2, Rdn. 47 für den gekündigten Werkvertrag.

[202] Vgl. OLG Hamm, BauR 2000, 900 = OLGR 2000, 198; OLG Dresden, NJW-RR 1996, 920 (**Verkauf** des Grundstücks samt Planung); OLG Celle, NJW-RR 1996, 854 (**Konkursfall**).

[203] So bei Naturereignissen wie Brand und Sturm.

Im Übrigen zählen zu den **vorbereitenden** Maßnahmen:
* das Abtragen von **Mutterboden** (OLG Hamm, BauR 2000, 900 (u. S. 1087) = ZfBR 2000, 338 = OLGR 2000, 198)
* der **Abbruch** eines Gebäudes (LG Nürnberg-Fürth, NJW 1972, 453)
* das **Anlegen** einer **Baustraße** (vgl. Siegburg, S. 116)
* das **Aufstellen** eines Bauzaunes oder Baugerüstes (KG, Schäfer/Finnern, Z 3.01 Bl. 282; OLG Zweibrücken, BauR 1981, 294)
* das **Baugesuch** (OLG Düsseldorf, BauR 1972, 254 = NJW 1972, 1863)
* die **Baugenehmigung** (OLG Hamm, BauR 2000, 900 (u. S. 1087) = NJW-RR 2000, 971 = OLGR 2000, 198; OLG Düsseldorf, NJW-RR 2000, 166, 167 = NZBau 2000, 577 = BauR 1999, 1482; Bohl/Döbereiner/v. Keyserlingk, Rdn. 22; a. A. Maser, BauR 1975, 91; Groß, S. 40 bei nachhaltiger Verkehrswerterhöhung)
* das Erstellen von **Plänen** und **Zeichnungen** (h. M.; KG, Schäfer/Finnern, Z 3.01 Bl. 203; MünchKomm-Soergel, § 648 BGB, Rdn. 13, Anm. 28 m. w. Nachw.)[204]
* Planungs- und Vorbereitungsarbeiten des **Fertighausherstellers** (LG Fulda, NJW-RR 1991, 790, 791 = BauR 1992, 110)

**239** Ansonsten ist darauf abzustellen, ob der von dem **Anspruchsteller** zu erbringende Leistungsteil, der der Bauwerkserrichtung selbst dient, in Angriff genommen wird. Für den nur **planenden Architekten** bedeutet dies, dass zumindest mit den **Ausschachtungsarbeiten** begonnen sein muss.[205] Folgerichtig ist der Anspruch des planenden Architekten auf Einräumung einer Hypothek insoweit zu verneinen, als im Gesamtanspruch des Architekten ein Honorar für einen zweiten Entwurf enthalten ist, der zwar von dem Bauherrn zu vergüten ist, jedoch nicht zur Durchführung gelangt.[206] Dasselbe gilt hinsichtlich besonderer wirtschaftlicher Betreuungsleistungen des Architekten, wie Finanzierungsberatung, Hypothekenbeschaffung usw., weil auch hier die Leistung des Architekten dem Bauwerk nicht unmittelbar wertsteigernd zugute gekommen ist.[207] Beschränkt sich der Architektenvertrag auf die Leistungsbilder des § 15 Nr. 8 und 9 HOAI, muss mit den Überwachungs- bzw. Dokumentationsarbeiten ebenfalls schon begonnen worden sein.[208]

**240** Bei **Sonderfachleuten** kann von einem Beginn der Bauarbeiten in Bezug auf deren eigene Leistungen gesprochen werden, wenn mit der Ausführung des Gewerks begonnen wird, für das der betreffende Sonderfachmann seine geistigen Leistungen erbracht hat. Daraus folgt, dass dem **Statiker** jedenfalls in gleichem Umfang wie dem Architekten ein Anspruch erwächst; seine Leistungen kommen – dem Architek-

---

204) Die **Gegenmeinung** – vgl. u. a. *Maser*, BauR 1975, 92; *Groß*, S. 40 –, die eine Ausnahme zulassen will, wenn es zu einer „deutlichen Wertsteigerung des Grundstücks" gekommen ist, übersieht, dass sich der Wert der Pläne eigentlich nur bei einem Verkauf des Grundstücks zeigen kann, dann aber in aller Regel eine unzulässige **Architektenbindung** (vgl. Rdn. 668 ff.) vorliegt; im Übrigen ist die Geltungsdauer einer Baugenehmigung begrenzt, sodass eine Werterhöhung nicht angenommen werden kann (ebenso: OLG Hamm, BauR 2000, 900 (u. S. 1087) = NJW-RR 2000, 971 = OLGR 2000, 198; LG Fulda, NJW-RR 1991, 790, 791 = BauR 1992, 110; siehe auch OLG Dresden, NJW-RR 1996, 920).
205) Ebenso: OLG Koblenz, NZBau 2006, 188 = IBR 2005, 264 – *Schill*; **a. A.**: LG Nürnberg-Fürth, BlGBW 1972, 139 = NJW 1972, 453.
206) OLG München, NJW 1973, 289 (LS).
207) LG Dortmund, BlGBW 1974, 52; auch OLG Frankfurt, BauR 1986, 343, 344.
208) Zutreffend: *Neuenfeld*, § 4 HOAI, Rdn. 76.

ten vergleichbar – von vornherein dem gesamten Bauwerk zugute. Demgegenüber ist für den **Heizungs-** oder **Sanitärprojektanten** ein Anspruch aus § 648 BGB erst in dem Augenblick gegeben, in dem mit der Ausführung des Gewerks begonnen wird, für das der betreffende Sonderfachmann seine geistigen Leistungen erbracht hat.[209]

**241** Zweifelhaft ist, ob einem Architekten/Unternehmer oder Sonderfachmann ein Anspruch aus § 648 BGB zusteht, wenn das Bauwerk **noch nicht errichtet** ist, der Bauherr den Architekten- oder Bauvertrag **grundlos kündigt** und dadurch im Einzelfall eine Vertragsverletzung begeht.[210] Das KG hat hierzu ausgeführt, dem Architekten könne ein Anspruch auf Einräumung der Sicherungshypothek auch nicht aus dem Gesichtspunkt einer (positiven) Vertragsverletzung gewährt werden; denn selbst wenn der Bauherr seine Kündigung zu vertreten habe, sei dem Architekten kein Schaden entstanden, solange das Bauwerk noch nicht errichtet worden sei. Nur wenn sich der Bauherr **während** der Bauausführung von dem Vertrag löse, könne dem Unternehmer/Architekten wegen seiner Vergütung ein Anspruch aus (positiver) Vertragsverletzung auf Einräumung der Sicherungshypothek erwachsen.[211]

**242** Nach der Rechtsprechung des BGH[212] hat der Architekt für seine bis zur Kündigung erbrachten Leistungen den darauf entfallenden Teil seiner vertraglichen Vergütung zu beanspruchen. Für Leistungen, die er infolge der **unberechtigten (vertragswidrigen)** Kündigung des Bauherrn nicht erbringen kann, steht ihm **Schadensersatz** in Höhe der im Vertrag vorgesehenen Vergütung zu; die Voraussetzungen des Schadensersatzanspruchs muss der **Architekt schlüssig** darlegen und **glaubhaft** machen.[213] Der zu Unrecht kündigende Bauherr kann, wenn er aus Vertragsverletzung haftet, deshalb keinen Vorteil daraus herleiten, dass er mit der Bauausführung zuwartet oder die Bauwerkserrichtung sogar aus anderen Gründen (z. B. Baufinanzierung) überhaupt unterbleibt. Die Möglichkeit, seinen Schadensersatzanspruch bei unberechtigter Kündigung abzusichern, ist dem Architekten/Unternehmer deshalb so lange einzuräumen, wie der Vergütungs-/Schadensersatzanspruch selbst noch nicht verjährt ist. Auf die Bauwerkserrichtung bzw. den Baufortschritt im Zeitpunkt der Kündigung kann daher nach der Rechtsprechung des BGH nicht abgestellt werden.

Nach Auffassung des BGH folgt dies daraus, dass die Vertragsverletzung des Bauherrn diesen zum Schadensersatz wegen Nichterfüllung verpflichtet. Nach § 249 BGB ist der Architekt daher so zu stellen, als ob er seine Arbeiten vertragsgemäß beendet hätte. Er hat also nicht nur einen Anspruch auf die volle Vergütung, sondern

---

209) Zutreffend: *Groß*, S. 41, 42.
210) Vgl. den Fall des KG, BauR 1979, 354 = OLG 1978, 449 = NJW 1978, 1259 (LS) = MDR 1978, 755.
211) Das KG, a. a. O.: „(Der Bauherr) kann jederzeit – aus welchen persönlichen oder sachlichen Gründen auch immer – sein Bauvorhaben verschieben oder ganz aufgeben und den Architektenvertrag kündigen ... Die Aufgabe des geplanten Bauvorhabens wäre jedenfalls ein wichtiger Grund zur Kündigung. Dem Architekten verbleiben dann zwar – ganz oder teilweise – seine Honoraransprüche. Er kann aber nicht im Wege des Schadensersatzes darüber hinausgehende Ansprüche geltend machen, die ihm nur im Falle der Durchführung des Bauvorhabens erwachsen wären, wie hier die Sicherungshypothek aus § 648 BGB."
212) BGH, NJW 1969, 419 = MDR 1969, 212. Im Ergebnis ebenso: LG Nürnberg-Fürth, NJW 1972, 453.
213) OLG Hamm, BauR 2000, 900 (u. S. 1087) = NJW-RR 2000, 971.

**Der Sicherungsgegenstand** Rdn. 243

auch auf Einräumung einer Sicherungshypothek, und zwar auch für diejenigen Teile seiner Vergütung, die dem nicht ausgeführten Teil seiner Leistung entspricht.

Der Auffassung des BGH ist zuzustimmen, weil der Architekt oder Sonderfachmann in der Tat bei einer grundlosen Kündigung in Bezug auf die Sicherbarkeit seines Honorars so zu stellen ist, als hätte er den Vertrag ausgeführt.[214] Im Übrigen stellt sich aber auch bei einer **freien** Kündigung nach § 649 Satz 1 BGB die bereits unter Rdn. 228 behandelte Frage, ob sich die **Absicherung** aus § 648 BGB auch auf die **nicht** erbrachten Leistungen des Architekten/Sonderfachmannes erstreckt.[215] Das ist zu bejahen.[216]

### c) Der Sicherungsgegenstand

*Literatur*

*Mezger*, Bauhandwerkersicherungshypothek an Erbbaurechten, NJW 1953, 1009; *Brych*, Bauhandwerker-Sicherungshypothek bei der Errichtung von Eigentumswohnungen, NJW 1974, 483; *Hogenschurz*, Besteht ein Anspruch des Werkunternehmers auf Einräumung einer Bauhandwerkersicherungshypothek (§ 648 BGB) gegen juristische Personen des öffentlichen Rechts?, NJW 1999, 2576.

### aa) Das Baugrundstück

Die Sicherungshypothek kann nach § 648 nur auf dem **Baugrundstück** des Bauherrn („Bestellers") eingetragen werden, nicht dagegen auf anderen Grundstücken, die dem Bauherrn gehören und vom eigentlichen Baugrundstück grundbuchlich getrennt sind. Baugrundstück ist damit zunächst nur das Grundstück, für das die Bauleistungen erbracht werden.[217] Baugrundstück im Sinne des § 648 BGB ist allerdings das **gesamte** Baugrundstück des Auftraggebers **einschließlich der unbebauten Flächen,** soweit es sich dem Werkunternehmer als rechtliche Einheit darbietet. Letzteres beurteilt sich nach dem Inhalt des Grundbuchs im Zeitpunkt des Beginns der Auftragsarbeiten, weil damit dem Auftragnehmer das Recht auf Sicherung des jeweils der geleisteten Arbeiten entsprechenden Teils der Vergütung zusteht.[218] Der Auftraggeber kann diesen Sicherungsanspruch auch nicht zum Nachteil des Auftragnehmers dadurch schmälern, dass er nach Aufnahme der Auftragsarbeiten das Baugrundstück **teilt.** Das OLG Köln[219] hat dies zu Recht hervorgehoben: Macht der Unternehmer seinen Anspruch nach § 648 BGB erst im Rahmen einer nach Beginn der Auftragsarbeit wirksam werdenden Teilung geltend, so ist eine **Gesamt-**

243

---

214) Ingenstau/Korbion/Joussen, Anhang 2, Rdn. 20; OLG Hamm, NJW-RR 2000, 971.
215) S. hierzu: *Birkenkämper*, Jahrbuch Baurecht 2006, 1, 11 ff., die aufgrund BGHZ 144, 138 = BauR 2000, 1083 davon ausgeht, dass das Erfordernis einer „Realisierung" der Leistung nicht gerechtfertigt ist.
216) **Herrschende Auffassung**; s. OLG Düsseldorf, BauR 2007, 1601; *Motzke*, in: Englert/Motzke/Wirth, § 648 BGB, Rdn. 18; *Locher/Koeble/Frik*, Einl., Rdn. 172; *Locher*, Rdn. 700; *Schliemann/Franz*, Rdn. 203.
217) Ein **Überbau** ist nicht Baugrundstück, da der Wille des Bestellers maßgebend ist; vgl. *Groß*, S. 71.
218) OLG Hamm, BauR 2000, 1527, 1528; OLG Köln, JMBl. NW 1976, 211.
219) OLG Köln, a. a. O.

sicherungshypothek (§ 1132 BGB) oder eine entsprechende Vormerkung jeweils dann in voller Höhe auf alle aus der Teilung hervorgegangenen Grundstücke einzutragen, wenn diese im Eigentum des Bauherrn verblieben sind; aus Sinn und Zweck des § 648 BGB ist herzuleiten, dass einem Unternehmer die Durchsetzung seines Anspruchs auf Einräumung einer Sicherungshypothek nicht durch die Grundstücksteilung unzumutbar erschwert werden darf.[220] Unerheblich ist auch, ob die Teilung willkürlich[221] oder bewusst in Schädigungsabsicht gegenüber dem Werkunternehmer vorgenommen worden ist. Ist eine Sicherungshypothek (oder eine entsprechende Vormerkung eingetragen, bevor die Grundstücksteilung wirksam geworden ist, setzt sich die Hypothek nach der Teilung in voller Höhe an jedem Grundstücksteil fort.[222]

**244** Werden **mehrere Grundstücke** des Bauherrn/Auftraggebers **gleichzeitig** bebaut, so ist zu **differenzieren**:[223] Liegen den Arbeiten jeweils ein **gesonderter** Werkvertrag zu Grunde, der sich nur auf die **einzelnen** (selbstständigen) Baugrundstücke bezieht, steht dem Werkunternehmer auch nur jeweils das betreffende Baugrundstück als Sicherheit zur Verfügung. Der Unternehmer kann in diesem Fall somit zwar an allen Grundstücken jeweils eine Sicherungshypothek beanspruchen, deren Höhe richtet sich aber immer nur nach der für **dieses** Grundstück vereinbarten/entstandenen Forderung.

Wird ein auf das einzelne Baugrundstück bezogener Werkvertrag **nicht** geschlossen, vielmehr aufgrund **eines** Werkvertrages ein **einheitlicher Werkerfolg** geschuldet, der sich auf mehreren, rechtlich selbstständigen Grundstücken verwirklicht, so stehen dem Werkunternehmer auch diese Grundstücke als Sicherungsmasse zur Verfügung, soweit sie sich (noch) im Eigentum des Bestellers befinden; diese sind „Baugrundstücke" i. S. des § 648 Abs. 1 BGB. Das bedeutet: Der Unternehmer kann bei dieser Fallgestaltung grundsätzlich an allen rechtlich selbstständigen Grundstücken in Höhe seiner Forderungen **jeweils eine Sicherungshypothek in Form einer Gesamthypothek** eintragen lassen. Maßgebend ist für den BGH insoweit also auch nicht der Wert der dem einzelnen Baugrundstück zugeflossenen Werkleistung, sondern die **Höhe der Vergütung**.[224] Der BGH schließt nicht aus, dass es in der Praxis Fälle geben wird, in denen eine Gesamthypothek zur Sicherung der vollen Werklohnforderung zu einer Belastung der wirtschaftlichen Interessen des Bauherrn/Bestellers führen kann; dann wird jedoch der Unternehmer verpflichtet sein, über § 242 BGB seine Haftung auf einzelne Grundstücke zu beschränken.

Zu beachten ist, dass eine auf Eintragung einer Gesamthypothek lautende Vormerkung, die zu Unrecht erfolgt, ihre Wirksamkeit als Einzelhypothek behält. Steht das Bauwerk teilweise auf dem Grundstück des Bauherrn, teilweise auf dem Grundstück

---

220) So auch OLG Hamm, a.a.O.; OLG Frankfurt, OLGZ 1985, 193 = *SFH*, Nr. 7 zu § 648 BGB.
221) So noch KG, OLGZ 36, 82.
222) OLG Hamm, BauR 2000, 1527, 1528; OLG Köln, JMBl. NW 1976, 211; *Palandt/Sprau*, § 648 BGB, Rdn. 3; **a. A.:** *Siegburg*, S. 237, 238.
223) Siehe grundlegend: BGH, BauR 2000, 1083 = NZBau 2000, 286 = NJW 2000, 1861 = ZfBR 2000, 329 = ZfIR 2000, 366 m. zust. Anm. *Schmitz*; *Ingenstau/Korbion/Korbion*, Anhang 2, Rdn. 39.
224) BGH, a. a. O., in **Abweichung** von der bisher überwiegend vertretenen Ansicht (vgl. u. a. OLG Frankfurt, OLGZ 1985, 193, 199; OLG Köln, BauR 1995, 110 = NJW 1994, 531).

## Der Sicherungsgegenstand Rdn. 245–247

eines **Dritten** (z. B. Überbau), so kann der Unternehmer Einräumung der Hypothek auf dem Grundstück des Bauherrn für die **gesamte Forderung** verlangen.[225]

Wird das Baugrundstück nach Auftragsvergabe durch Abtretung **verkleinert**, **245** kann die Eintragung der Sicherungshypothek „auch auf dem unbebauten, nachträglich abgeteilten und zwischenzeitlich selbstständigen (ursprünglichen) Baugrundstück so lange verlangt werden, als es noch im Eigentum des Bestellers steht".[226] Bei einer **Vergrößerung** des ursprünglichen Grundstücks (etwa durch nachträglichen Zukauf von Grundstücken) erstreckt sich eine bereits eingetragene Hypothek bzw. Vormerkung nicht ohne weiteres auf den vereinigten Teil.[227]

An **Erbbaurechten** des Bauherrn kann auch eine Sicherungshypothek beansprucht **246** werden.[228] Allerdings setzt dies die Zustimmung des Grundstückseigentümers voraus, soweit mit diesem eine **Belastungsbeschränkung** nach § 5 Abs. 2 ErbbauVO vereinbart ist.[229]

Bei der Bildung von **Wohnungseigentum** nach Durchführung von Bauarbeiten **247** gilt Folgendes:[230]

Sind die Eigentumswohnungen schon ins **Eigentum Dritter übergegangen,** so entfällt ein Anspruch des Unternehmers aus § 648 BGB, da es an einer vertraglichen Verbindung zwischen dem Unternehmer und den Käufern der Eigentumswohnung fehlt. Stehen die Eigentumswohnungen, zumindest teilweise, im Eigentum des Bauherrn, so ist die Bestellung einer Sicherungshypothek möglich. Bildet der Bauherr allerdings **nach** Durchführung von Bauarbeiten **Wohnungseigentum,** so steht dem Unternehmer hinsichtlich der im Eigentum des bisherigen Eigentümers (Bauherrn) verbliebenen Wohnungen ein Anspruch auf Eintragung einer **Gesamthypothek** in Höhe seiner noch offenen Werklohnforderung zu.[231] Der Erwerber des Miteigentumsanteils kann sich also nur durch eine **sofortige** Eintragung einer **Auflassungsvormerkung** gegen mögliche Ansprüche des Werkunternehmers aufgrund einer (künftig) einzutragenden Bauhandwerkersicherungshypothek oder einer diesbezüglichen Vormerkung sichern (vgl. Rdn. 252); versäumt er dies, muss er gegebenenfalls die Eintragung der Sicherungshypothek/Vormerkung für die **gesamte** Werklohnforderung des Unternehmers und die Vollstreckung aus der Sicherheit dulden (vgl.

---

225) BGH, a. a. O.; OLG Frankfurt, BauR 1994, 253 = NJW-RR 1994, 1432 = OLGR 1993, 338 für Klima- und Belüftungsanlage; OLG Nürnberg, NJW 1951, 155.
226) So zutr. *Groß*, S. 74 mit Hinweis auf OLG Köln, JMBl. NW 1976, 211, 213; KG, OLGE 36, 82.
227) Siehe im Einzelnen *Groß*, S. 75 m. w. Nachw.
228) BGH, BauR 1984, 413 = NJW 1984, 2100; s. im Einzelnen auch *Mezger*, NJW 1953, 1009.
229) **Bestr.;** wie hier: LG Tübingen, NJW 1956, 874; OLG Karlsruhe, Rpfleger 1958, 221; *Münch-Komm-Busche,* § 648 BGB, Rdn. 33; *Ingenstau/Korbion/Korbion,* Anhang 2, Rdn. 41; **a. A.:** OLG Köln, NJW 1968, 505; OLG Nürnberg, OLGZ 1967, 22; *Groß,* S. 77.
230) Vgl. näher *Brych*, NJW 1974, 483; *Groß,* S. 78.
231) OLG Hamm, BauR 1999, 407, 408 = NJW-RR 1999, 383; OLG Frankfurt (17. ZS), OLGZ 1985, 193 = *SFH*, Nr. 7 zu § 648 BGB; NJW 1975, 785 (7. ZS); WERS I Nr. 4 (22. ZS); OLG München, NJW 1975, 220; LG Frankfurt, MDR 1974, 579 u. MDR 1975, 315; OLG Köln, OLGZ 1975, 20 = *Schäfer/Finnern,* Z 2.321 Bl. 37; s. auch OLG Düsseldorf, BauR 1983, 376 u. 1975, 62; *Brych,* NJW 1974, 483; *Ingenstau/Korbion/Korbion,* Anhang 2, Rdn. 42; **a. A.:** LG Köln, *Schäfer/Finnern,* Z 2.321 Bl. 34; OLG Frankfurt (3. ZS), NJW 1974, 62 m. Anm. *Schmalzl; Siegburg,* S. 244.

Rdn. 250).[232] Das OLG Celle[233] schränkt diesen von der h. M. getragenen Grundsatz dahin ein, dass überhaupt auf die noch im Eigentum des Auftraggebers befindlichen Wohnungs- und Teileigentumseinheiten Werkleistungen erbracht worden sind.

Wird **nach** Eintragung der Sicherungshypothek Wohnungseigentum gebildet, setzt sich auch die Sicherungshypothek, die am Gesamtobjekt eingetragen ist, in voller Höhe an den einzelnen Wohnungen fort.[234]

**248** Werden **nach Erstellung** und Aufteilung der Wohnanlage Bauarbeiten durchgeführt (z. B., ein Dach wird erneuert), so kommt es im Zweifel wesentlich darauf an, ob die Wohnungseigentümer als Gesamtschuldner verpflichtet sind oder ob diese etwa nur anteilig haften; werden die Wohnungseigentümer als Gesamtschuldner verpflichtet, kann der Unternehmer wegen seines gesamten Werklohns eine Gesamtsicherungshypothek an allen Wohnungseigentumseinheiten beanspruchen.[235]

### bb) Der Eigentümer

**249** Der Bauherr („**Besteller**") muss grundsätzlich **Eigentümer** des Baugrundstücks sein. Hat der Besteller ein dingliches Anwartschaftsrecht an dem Baugrundstück,[236] so erwächst dem Unternehmer kein Anspruch gegen den Erwerber, solange dieser noch nicht eingetragen ist; der Unternehmer erwirbt aber den Anspruch mit der Eintragung des Erwerbers als Eigentümer.[237]

**250** Steht somit das Baugrundstück im **Eigentum eines Dritten,** entfällt der dingliche Sicherungsanspruch. So kann der Unternehmer keine Hypothek verlangen, wenn Bauherr der Ehemann, Eigentümerin des Grundstücks aber die Ehefrau ist.[238] Fällt das Baugrundstück in die Gütergemeinschaft der **Eheleute,** so kann eine Sicherungshypothek nur eingeräumt werden, wenn **beide Eheleute** Vertragspartner des Unternehmers sind. Das Sicherungsbedürfnis des Unternehmers erfordert stets eine **sorgfältige Prüfung, wer** im Einzelfall tatsächlich als der **Vertragspartner** des Unternehmers anzusehen ist (vgl. Rdn. 1035);[239] als Beispiel sei insoweit auf das Urteil des BGH vom 27. März 1972 verwiesen.[240]

**251** **Veräußert** der Bauherr/Besteller **das Grundstück,** erlischt der Anspruch des Auftragnehmers auf eine dingliche Sicherung an diesem Grundstück und damit auch der Anspruch auf Eintragung einer Vormerkung zur Sicherung des vorgenannten

---

232) OLG Düsseldorf, BauR 1983, 376.
233) BauR 1976, 365, 366; ebenso: *Groß,* S. 79.
234) *Lüdtke-Handjery,* DB 1972, 2197; *Groß,* S. 78.
235) *Groß,* S. 82; siehe ferner: OLG Frankfurt, ZfBR 1995, 206 = NJW-RR 1995, 1359.
236) **Beispiel:** Der Erwerber hat eine Auflassungsvormerkung, die Baugesellschaft vergibt die Bauaufträge in seinem Namen (vgl. BGH, NJW 1980, 992 = ZfBR 1980, 73).
237) *Groß,* S. 56; *Lüdtke-Handjery,* DB 1972, 2196; dies soll nach *Groß,* a. a. O., auch gelten, sofern der Unternehmer im Zeitpunkt des Eigentumserwerbs bereits die Leistungen erbracht hatte.
238) OLG München, HRR 1941, Nr. 3; *Groß,* S. 61; *Erman/Schwenker,* § 648 BGB, Rdn. 8.
239) Siehe ferner: BGH, *SFH,* Nr. 3 zu § 164 BGB betr. minderj. **Kinder;** BGH, *SFH,* Nr. 5 zu § 164 BGB = BauR 1980, 353 = ZfBR 1980, 187 für **unternehmensbezogenes** Geschäft; BGH, BauR 1984, 413 = NJW 1984, 2100 für **Gesellschafter** einer BGB-Gesellschaft; LG Kassel, NJW 1983, 827 für **Bauherrenmodell;** KG, Urt. v. 12.12.1985 – 7 U 5280/95, IBR 1997, 10 (*Dieckert*) für Bauaufträge durch **Hausverwaltung.**
240) *Schäfer/Finnern,* Z 2.12 Bl. 5 m. abl. Anm. *Finnern* betr. **Ehefrau.**

Anspruchs selbst dann, wenn die Veräußerung erfolgte, um das Grundstück dem Zugriff der Gläubiger zu entziehen;[241] etwas anderes kann nur dann gelten, wenn der **Erwerber** des Grundstücks für die Forderung des Auftragnehmers **persönlich** haftet.[242] Ist dagegen **vor** der Veräußerung zu Gunsten des Auftragnehmers eine **Vormerkung** des Sicherungsanspruchs auf die Hypothekenbestellung **eingetragen** worden, ist die in der Eigentumsübertragung liegende Verfügung des Bauherrn dem Auftragnehmer gegenüber insoweit unwirksam, als sie der Verwirklichung des vorgemerkten Rechtes entgegensteht (§ 883 Abs. 2 BGB). Da in diesem Fall der Bauherr gegenüber dem Auftragnehmer noch als Eigentümer gilt, kann der Auftragnehmer seinen Sicherungsanspruch durchsetzen und von dem **Erwerber** des Grundstücks nach § 888 Abs. 1 BGB die zur Eintragung des Rechtes nach § 19 GBO erforderliche Bewilligung beanspruchen.[243] Dem Auftragnehmer ist es bei dieser Konstellation aber auch weiterhin möglich, seinen Schuldner und den Erwerber **gleichzeitig** oder **einzeln** in beliebiger Reihenfolge in Anspruch zu nehmen. Der Schuldner hat dabei die Erklärung abzugeben, „die die vorgemerkte Rechtsänderung herbeiführt"[244]. Der neue Eigentümer kann jedoch die persönlichen Einreden aus dem Bauvertrag dem Unternehmer entgegenhalten,[245] z. B., dass der Anspruch auf Eintragung einer Sicherungshypothek vertraglich ausgeschlossen ist oder sich nur auf den reinen Vergütungsanspruch beschränkt.[246]

Ist allerdings für den Erwerber des Grundstücks eine Vormerkung zur Sicherung des Anspruchs auf den lastenfreien Eigentumsübergang im Grundbuch eingetragen (Auflassungsvormerkung), kann zwar noch bis zum Eigentumsübergang eine Sicherungshypothek oder Vormerkung eingetragen werden. Im Hinblick auf die §§ 883, 888 BGB ist dies jedoch nicht sinnvoll, da mit dem **Eigentumsübergang** der Erwerber die Löschung der Sicherungshypothek oder einer entsprechenden Vormerkung verlangen kann.[247]

### cc) Identität von Besteller und Grundstückseigentümer

*Literatur*
*Wilhelm*, Bauunternehmersicherungshypothek und wirtschaftliche Identität von Besteller und Eigentümer, NJW 1975, 2322; *Rathjen*, Sicherungshypothek des Bauunternehmers bei enger Verflechtung zwischen Besteller und Grundstückseigentümer, DB 1977, 987; *Fehl*, Zur Identität von Besteller und Grundstückseigentümer als Voraussetzung für die Bestellung der Bauhandwerkersicherungshypothek i. S. von § 648 BGB, BB 1977, 69; *Lenzen*, Bauhandwerker-Sicherungshypothek bei „wirtschaftlicher Identität" von Besteller und Grundstückseigentümer, BauR 1981, 434; *Schlechtriem*, Der Zugriff des Unternehmers auf das bestellerfremde Grundstück – Zur Anwendung und Weiterentwicklung des § 648 BGB, JA 1984, 453; *Clemm*, Haftung des mit dem Besteller nicht identischen Grundstückseigentümers auf Einräumung einer Bauhandwerkersicherungshypothek, DB 1985,

---

241) OLG Oldenburg, OLGR 2000, 83 (nur Ansprüche aus §§ 823, 826 BGB oder Klage nach dem Anfechtungsgesetz); OLG Düsseldorf, BauR 1977, 361, 362; *Groß*, S. 57.
242) *Ingenstau/Korbion*, 13. Aufl., § 16/B, Rdn. 374 mit Hinweis auf eine nicht veröffentlichte Entscheidung des BGH.
243) OLG Düsseldorf, BauR 1977, 361.
244) OLG Hamm, NZBau 2006, 576 m. Nachw.
245) Vgl. RGZ 53, 29, 34.
246) BGH, DB 1974, 1719; zum zweckmäßigen Vorgehen: *Groß*, S. 58, 59.
247) OLG Dresden, NZM 1999, 632.

1777; *Schlechtriem*, Der rechtsgebundene Richter und die wirtschaftliche Betrachtungsweise, Festschrift für Korbion (1986), 359; *Fehl*, Identität von Besteller und Grundstückseigentümer als Voraussetzung für die Bestellung der Bauhandwerkersicherungshypothek i. S. von § 648 BGB, BB 1987, 2039; *Clemm*, Dingliche Durchgriffshaftung im Rahmen des § 648 BGB?, BauR 1988, 558; *Slapnicar*, Die unzulässige Fiktion des Grundstückseigentümers als Besteller einer Bauhandwerker-Sicherungshypothek, BB 1993, 230; *Raabe*, Bauhandwerkersicherungshypothek an schuldnerfremden Grundstücken trotz § 648 BGB?, BauR 1997, 757.

**253** § 648 BGB geht in seinem Wortlaut von dem Regelfall aus, dass **Auftraggeber („Besteller") und Grundstückseigentümer identisch** sind. Das ist aber heute oftmals nicht der Fall; aufgrund der in den letzten Jahrzehnten entwickelten Unternehmensformen[248] kommt es nicht selten vor, dass Besteller (Bauherr) und Grundstückseigentümer zwar einerseits **rechtlich verschiedene,** andererseits aber **wirtschaftlich eng miteinander verbunden** juristische (oder quasijuristische) Personen sind. Im Übrigen ist diese Situation bei **Subunternehmerverträgen** alltäglich; Generalunternehmer **(Hauptunternehmer)** sind üblicherweise nicht Eigentümer der zu bebauenden Grundstücke. Befindet sich das Baugrundstück des Hauptunternehmers im Eigentum des **Geschäftsführers** oder eines **Gesellschafters** des Hauptunternehmers, versuchen Subunternehmer zuweilen, trotz mangelnder „Identität" eine Sicherheit nach § 648 BGB zu erreichen.[249]

Es ist umstritten, welche Anforderungen an den Begriff der „**Identität**" i. S. von § 648 BGB zu stellen sind und ob im Einzelfall von dem Erfordernis der Übereinstimmung von Besteller und Grundstückseigentümer überhaupt abgesehen werden kann.

**254** Bei der Lösung dieser Frage sind zunächst die Fälle auszuscheiden, die sich nach **allgemeinen Rechtsgrundsätzen** lösen lassen: So kommen als Haftungstatbestände gegenüber dem Grundstückseigentümer vor allem **culpa in contrahendo (§ 311 Abs. 2, 3 BGB), Schuldübernahme, Bürgschaft** sowie §§ 128, 164 Abs. 2 HGB in Betracht.[250] Daneben bieten das **Vertretungs-** und **Ermächtigungsrecht** durchaus akzeptable Lösungsmöglichkeiten;[251] und auch die Grundsätze der Durchgriffshandlung werden im Einzelfall zu prüfen sein.[252]

Es kann in der Regel nicht unbeachtet bleiben, dass ein Bauunternehmer meist von der Identität des Auftraggebers und Eigentümers ausgeht und auch ausgehen kann; denn dies entspricht dem Regelfall. Er will den Bauvertrag nur mit einem Auftraggeber abschließen, der auch Grundstückseigentümer ist, um sein Sicherungsrecht nicht aufzugeben. Ist dies nicht der Fall, haben aber der Auftraggeber (Bauherr) und der Grundstückseigentümer die irrtümliche Vorstellung des Unternehmers mitverursacht – u. U. durch eine unterlassene Aufklärung –, so hat im Einzelfall

---

248) Hier sind an erster Stelle die **Bauträgermodelle** zu nennen; vgl. *Clemm*, BauR 1988, 558; *Siegburg*, S. 248.
249) Beispielsfälle: OLG Hamm, BauR 2007, 721; OLG Celle, NZBau 2000, 198 = BauR 2000, 101 = NJW-RR 2000, 387.
250) *Siegburg*, EWiR § 648 BGB 1/88, S. 43, 44 u. Bauwerksicherungshypothek, S. 248, 273; *Ingenstau/Korbion/Joussen*, Anhang 2, Rdn. 37.
251) § 185 BGB (analog); vgl. dazu vor allem *Fehl*, BB 1977, 69 ff.; BB 1987, 2039 ff. u. BB 1988, 1000, 1001; **a. A.:** z. B. OLG Braunschweig, BB 1974, 624; OLG Hamm, NJW-RR 1986, 570, 571; KG, MDR 1987, 55; *Groß*, S. 65 ff. Bedenken auch bei OLG Köln, NJW-RR 1986, 960 u. *Siegburg*, S. 248, 249.
252) Siehe OLG Hamm, BauR 2007, 721, 722.

das Interesse des Grundstückseigentümers hinter dem berechtigten Schutzbedürfnis des Unternehmers zurückzutreten.[253)]

In gleicher Weise sind auch die **Grundsätze des Rechtsscheins** zu berücksichtigen: **255** Im Einzelfall wird zu prüfen sein, **wie** sich der Grundstückseigentümer bei Vertragsabschluss dem Unternehmer gegenüber verhalten hat. Das Problem tritt in der Praxis häufig auf, wenn ein **Ehegatte** Eigentümer des Baugrundstücks ist, der andere aber als Vertragspartner auftritt.[254)] Erweckt ein Grundstückseigentümer bei dem Unternehmer z. B. die Vorstellung, er sei der „eigentliche" Auftraggeber, und der Dritte, mit dem der Bauvertrag abgeschlossen wurde, sei nur als „Betreuer" eingeschaltet oder aber sogar mit dem Grundstückseigentümer identisch, so gebietet es der von dem Grundstückseigentümer erweckte falsche Rechtsschein, dass er den Unternehmer auf die tatsächlichen Umstände hinweist, weil dieser sonst aufgrund des Verhaltens des Grundstückseigentümers davon ausgehen konnte, dass der Grundstückseigentümer für die Werkforderungen mit **seinem** Grundstück einstehen werde.[255)]

Schließlich kann bei der Abwägung der beiderseitigen Interessen von Grund- **256** stückseigentümer und Unternehmer berücksichtigt werden, dass der **Grundstückseigentümer** in aller Regel den **Dritten** auch **ermächtigt** hat, den **Bauvertrag** mit dem Unternehmer **abzuschließen** und er daher aufgrund dieser Ermächtigung Kenntnis davon hat, dass auf seinem Grundstück gebaut wird. Dann muss er aber auch das berechtigte Sicherungsbedürfnis des Unternehmers anerkennen, **es sei denn,** dieser ist **vor** der Auftragserteilung hinreichend über die fehlende Identität von Auftraggeber und Grundstückseigentümer aufgeklärt worden. Dem steht es gleich, wenn dem Unternehmer nach dem **Inhalt des Bauvertrages** bekannt ist oder es ihm nach den Umständen bekannt sein muss, dass Auftraggeber und Grundstückseigentümer nicht identisch sind.[256)] Allerdings kann von dem Unternehmer nicht verlangt werden, dass er vor einem Vertragsschluss die Eigentumsverhältnisse an dem Grundstück ermittelt, indem er das Grundbuch einsieht.[257)] Das Schutzbedürfnis des Unternehmers ist also nicht schon deshalb geringer, weil er sich bei der Auftragserteilung nicht über die Identität von Besteller und Grundstückseigentümer informiert hat;[258)] ein „Mitverschulden" des Unternehmers an dem für ihn meist überraschenden Auseinanderklaffen von Auftraggeber und Grundstückseigentümer ist daher im Hinblick auf sein Sicherungsbedürfnis unerheblich.[259)]

Es bleibt die Frage, ob auch die bloße **wirtschaftliche Identität** zwischen Bauherr **257** und Grundstückseigentümer im Einzelfall ausreicht, um dem Unternehmer den ding-

---

253) Vgl. hierzu *Rathjen*, DB 1977, 987, 990.
254) Siehe hierzu: OLG Celle, BauR 2005, 1050 = IBR 2005, 87 = NJW-RR 2005, 460 = NJW-Spezial 2005, 216; OLG Frankfurt, BauR 2001, 129; *Ingenstau/Korbion/Joussen*, Anhang 2, Rdn. 34.
255) Vgl. hierzu vor allem OLG Düsseldorf, *Schäfer/Finnern*, Z 2.321 Bl. 54; BauR 1985, 337, 338; OLG Koblenz, BauR 1993, 750, 751; *Fehl*, BB 1977, 69; ablehnend: *Clemm*, DB 1985, 1777, 1779.
256) Siehe OLG Hamm, BauR 2007, 721, 722; OLG Köln, BauR 1986, 703 = NJW-RR 1986, 960.
257) Zutr. *Siegburg*, S. 254, 255; **a. A.:** OLG Hamm, BauR 1982, 285, 287; KG, BauR 1986, 705, 706.
258) Das OLG Celle, BauR 2005, 1050, 1052, hält es für **zumutbar**, „durch Nachfrage bei den Vertragsverhandlungen eine Klarstellung der Verhältnisse herbeizuführen, wenn er den Werkvertrag nur mit einem der Ehegatten schließt".
259) So mit Recht *Rathjen*, DB 1977, 987, 988; **a. A.:** OLG Bremen, BB 1976, 624, das verlangt, der Unternehmer müsse sich durch eine entsprechende Vertragsgestaltung selbst schützen.

lichen Zugriff aus § 648 BGB zu ermöglichen. Das ist von einer verbreiteten Meinung bejaht worden.[260] Dem ist der **BGH** durch Urteil vom 22. Oktober 1987[261] jedoch entgegengetreten. Er geht von dem Erfordernis „rechtlicher Übereinstimmung von Eigentümer und Besteller" aus, fordert also eine **formaljuristische Identität.** Das OLG Celle[262] und das KG[263] meinen, dies gelte erst recht nach der Einfügung des **§ 648 a BGB,** da der Auftragnehmer nunmehr in jedem Falle die Möglichkeit habe, seine Forderung auf diesem Wege „abzusichern". Es sei daher „fraglich", ob im Hinblick auf die Neuregelung des § 648 a BGB „noch auf § 242 BGB zurückgegriffen" werden könne (KG).

**258** Gleichwohl ist mit dem BGH weiterhin davon auszugehen, dass sich der Grundstückseigentümer je nach Lage des **Einzelfalles wie ein Besteller behandeln lassen muss,** soweit der Unternehmer wegen des ihm zustehenden Werklohns Befriedigung aus dem Grundstück sucht. Die Anwendung von **§ 242 BGB** wird durch § 648 a BGB keinesfalls ausgeschlossen;[264] das ist nach zutreffender Ansicht nur der Fall, wenn der Unternehmer für seinen Vergütungsanspruch tatsächlich eine Sicherheit nach § 648 a BGB **erlangt** hat.[265] Ist das nicht der Fall, sind die Grundsätze des BGH weiterhin zu beachten, die lauten:

„Auch im Verhältnis zwischen dem Bauunternehmer und dem Grundstückseigentümer, der nicht Auftraggeber ist, gelten die allgemeinen Grundsätze von Treu und Glauben (§ 242 BGB). Die Auffassung von *Clemm* (DB 1985, S. 1778), der ihre Anwendung mit der Begründung verneint, es fehle insoweit an der ‚rechtlichen Sonderverbindung', ist abzulehnen. Dabei kann hier offenbleiben, inwieweit eine solche besondere Tatbestandsvoraussetzung überhaupt verlangt werden kann (so u. a. *Soergel/Teichmann,* BGB, 11. Aufl., § 242 Rdn. 30 ff.; *Palandt/Heinrichs,* BGB, 46. Aufl., § 242, 1 c; a. A. *Staudinger/Schmidt,* BGB, 12. Aufl., § 242 Rdn. 113 f.). Selbst wenn man als Tatbestandsmerkmal des § 242 BGB etwa mit dem Reichsgericht (RGZ 160, S. 349, 357) ‚irgendwelche Rechtsbeziehungen' fordert, können keine Zweifel darüber bestehen, dass sol-

---

260) Vgl. u. a. KG, OLGR 1996, 49 (Gesellschaft bürgerlichen Rechts; Auftrag durch **einen** der Gesellschafter) u. NJW 1978, 325; OLG München, NJW 1975, 220; LG Köln BB 1973, 1375, 1376; LG Düsseldorf, BB 1975, 901; OLG Düsseldorf, *Schäfer/Finnern,* Z 2.321 Bl. 54; *Lenzen,* DB 1987, 987 ff.; *Lenzen,* BauR 1981, 434 ff.
261) BGHZ 102, 95 = BauR 1988, 88 = ZfBR 1988, 72 = NJW 1988, 255 = BB 1988, 998 m. Anm. *Fehl;* dazu *Siegburg,* EWiR § 648 BGB 1/88, S. 43 u. *Clemm,* BauR 1988, 558 ff.; *Grunewald,* JR 1988, 462. **Wie der BGH** haben entschieden: OLG Hamm, BauR 2007, 721; OLG Celle, BauR 2006, 543 = IBR 2005, 483; OLG Naumburg, NJW-RR 2000, 311 = NZBau 2000, 79; KG, BauR 1999, 921 = NJW-RR 1999, 1247; LG Aschaffenburg, NJW 1997, 783 („Briefkastenfirma"); OLG Celle, OLGR 1997, 211, 212; OLG Dresden, BauR 1998, 136; OLG Koblenz, BauR 1993, 750; OLG Hamm (26. ZS), BauR 1990, 365 = NJW-RR 1989, 1105; KG (6. ZS), BauR 1986, 705 = *SFH,* Nr. 8 zu § 648 BGB; KG (24. ZS), NJW-RR 1987, 1230; OLG Hamm, NJW-RR 1986, 570 u. OLG Köln, BauR 1986, 703 = NJW-RR 1986, 960 = *SFH,* Nr. 9 zu § 648 BGB.
262) Urteil vom 24. 1. 1996 – 6 U 134/95, IBR 1996, 506 *(Siebert);* BauR 2000, 101 = NZBau 2000, 198 = NJW-RR 2000, 387 u. BauR 2005, 1050, 1051; *Raabe,* BauR 1997, 757 ff.
263) OLGR 1996, 157, 158.
264) OLG Bremen, OLGR 2003, 133; OLG Naumburg, NJW-RR 2000, 311; OLG Frankfurt, BauR 2001, 129; KG, BauR 1999, 921 = NJW-RR 1999, 1247 = OLGR 1999, 123; OLG Dresden, BauR 1998, 136, 137; *Schulze-Hagen,* BauR 2000, 28, 34; *Ingenstau/Korbion/Joussen,* Anhang 2, Rdn. 29, 30, die allerdings bei der Abwägung, ob im Einzelfall § 242 BGB zur Anwendung kommt, die Sicherungsmöglichkeit nach § 648 a BGB einbeziehen wollen.
265) OLG Celle, BauR 2006, 543, 546.

## Der Sicherungsgegenstand                                                    Rdn. 259

che Beziehungen zwischen dem Unternehmer und dem Eigentümer durch die Arbeiten auf dem Grundstück jedenfalls dann entstanden sind, wenn die Arbeiten – wie hier – in Ausübung einer Berechtigung gegenüber dem Eigentümer, auf keinen Fall aber ohne sein Einverständnis vorgenommen wurden.

Wenn jedoch § 242 BGB grundsätzlich anwendbar ist, so muss, wie in den Fällen gesellschaftsrechtlicher Durchgriffshaftung, das Identitätserfordernis nach Treu und Glauben jedenfalls dann zurücktreten, wenn ‚die Wirklichkeit des Lebens und die Macht der Tatsachen' es dem Richter gebieten (BGHZ 54, S. 574, 575), die personen- und vermögensrechtliche Selbstständigkeit von Besteller und Eigentümer hintanzusetzen. Die förmliche Verschiedenheit darf nicht dazu führen, dem Bauhandwerker die ihm redlicherweise zustehende Sicherheit vorzuenthalten. Alsdann muss sich der Grundstückseigentümer gemäß § 242 BGB zumindest im Bereich der dinglichen Haftung wie ein Besteller behandeln lassen (*Blaesing*, ZfBR 1983, S. 271)."

Maßgebende Umstände, nach denen sich „die Berufung auf die Personenverschiedenheit von Besteller und Grundstückseigentümer als Verstoß gegen Treu und Glauben darstellt", sind nach Ansicht des BGH[266)] z. B. die **wirtschaftliche Beherrschung** des Bestellers durch den Grundstückseigentümer **und** das **tatsächliche Ausnutzen** der von dem Unternehmer erbrachten Werkleistung. Werde der Grundstückseigentümer gerade durch die von dem Unternehmer durchgeführten Arbeiten „**erst in die Lage versetzt, das ihm gehörende Grundstück in erhöhtem Maße zu nutzen**", dann müsse er sich wie der Besteller dieser **Werkleistung behandeln lassen.**

Der BGH kommt damit im Ergebnis der von ihm abgelehnten Ansicht von einer wirtschaftlichen   259
Betrachtungsweise „sehr nahe".[267)] *Clemm*[268)] tritt dem rechtlichen Ansatzpunkt des BGH entgegen und meint, die Rechtfertigung für eine Haftung des Grundstückseigentümers sei nicht im dinglichen Bereich, sondern „vorrangig schuldrechtlich zu suchen"; der BGH habe also prüfen müssen, ob der Grundstückseigentümer nicht über § 242 BGB zur Zahlung des Werklohns verpflichtet gewesen sei. Handele er nämlich nicht rechtsmissbräuchlich, wenn er sich weigere, den Werklohn zu zahlen, so sei nicht einzusehen, „weshalb es rechtsmissbräuchlich sein soll, wenn er es ablehnt, mit seinem Grund-

---

266) Im Ergebnis ebenso: OLG Düsseldorf, BauR 2007, 1590; OLG Celle, BauR 2006, 543 = IBR 2005, 483 – *Hildebrandt* (GmbH ist Auftraggeber; alleiniger Gesellschafter u. Geschäftsführer ist Eigentümer des Baugrundstücks); OLG Bremen, OLGR 2003, 133; OLG Celle, BauR 2003, 576 = NZBau 2003, 332 u. BauR 2001, 834; OLG Naumburg, NJW-RR 2000, 311 = ZfBR 2000, 553 = NZBau 2000, 79 (bei **enger persönlicher Beziehung**); OLG Frankfurt, BauR 2001, 129 (**Eheleute**; siehe auch OLG Celle, OLGR 1997, 211, 212 für **Ehefrau**; s. aber OLG Celle, BauR 2005, 1050 = IBR 2005, 87 – *Schwenker*); LG Hamburg, NJW-RR 2003, 594 = NZBau 2003, 334 = ZMR 2003, 336 (Alleingesellschafter einer GmbH; Übertragung des Eigentums auf diesen); LG Augsburg, BauR 2002, 331; LG Hildesheim, BauR 2000, 902 (wirtschaftliche Verflechtung); LG Essen, BauR 2000, 903 („Eigentumshülle"); LG Aschaffenburg, NJW-RR 1997, 783 (**„Briefkastenfirma"**); OLG Dresden, BauR 1998, 136, 137 (**Alleingesellschafterin**); OLG Koblenz, BauR 1993, 750, 751; OLG Hamm, BauR 1990, 365, 366 = NJW-RR 1989, 1105. Zur **Abwägung** im Einzelfall siehe: OLG Hamm, BauR 2007, 721 (Generalunternehmerproblematik); OLG Celle, BauR 2003, 576 = NZBau 2003, 332 = NJW-RR 2003, 236 = OLGR 2003, 17 u. BauR 2000, 101 = NJW-RR 2000, 387 = NZBau 2000, 198; OLG Frankfurt, MDR 2001, 1405 u. OLG Schleswig, BauR 2000, 1377 = OLGR 2000, 158, wenn sich dem Unternehmer aufdrängen muss, dass die GmbH nicht Grundstückseigentümerin ist; OLG Oldenburg, OLGR 2000, 83 für Veräußerung des Grundstücks nach Ausführung der Bauarbeiten (bedenklich; s. zutreffend: OLG Bremen, OLGR 2003, 133, 134).
267) So zutreffend *Siegburg*, EWiR § 648 BGB 1/88, S. 43, 44; **a. A.:** Beck'scher VOB-Komm/ *Jagenburg*, B Vor § 2, Rdn. 391.
268) BauR 1988, 558 ff.; ablehnend auch *Slapnicar*, BB 1993, 230 ff.

stück für die Werklohnforderung zu haften" *(Clemm)*. Nach dieser Ansicht soll § 242 BGB also nur durchgreifen, wenn der Grundstückseigentümer auch für den Werklohn haften muss.[269]

**260** Dem ist entgegenzuhalten: § 648 BGB legt eine **dingliche Haftung** des Grundstückseigentümers fest, und auch für diesen Bereich gilt der Grundsatz von Treu und Glauben (§ 242 BGB). Der BGH hat in der Entscheidung vom 22. Oktober 1987 die Anwendung von § 242 BGB auf den Bereich der **(rein) dinglichen Haftung** für möglich gehalten, was im Einzelfall dazu führt, dass – insoweit in Abweichung von dem Grundprinzip des § 648 BGB – der Auftraggeber (= Vertragspartner des Unternehmers) für den Werklohn und der Grundstückseigentümer (nur) für die Einräumung einer Sicherungshypothek gemäß § 648 BGB haften kann.

**Anwaltliche Vorsicht** ist aber besonders geboten, wenn es darum geht, neben der Sicherungshypothek den **fälligen Werklohn** einzuklagen; **den Grundstückseigentümer** wird er bei fehlender Identität nur dann auf **Zahlung** des Werklohns in Anspruch nehmen, wenn er ausreichende Anhaltspunkte dafür hat, dass sich der Eigentümer **auch im schuldrechtlichen Bereich** „wie ein Besteller" behandeln lassen muss;[270] daran ist vor allem zu denken, wenn die Grundsätze der **Anscheins-** oder **Duldungsvollmacht** zum Tragen kommen.[271] Sind hierfür keine ausreichenden Anhaltspunkte vorhanden, wird er (nur) den Auftraggeber (seinen Vertragspartner) auf Zahlung in Anspruch nehmen. Die Tatsache allein, dass der Eigentümer nach Treu und Glauben (§ 242 BGB) auf Einräumung einer Sicherungshypothek nach § 648 BGB haftet, besagt nach der BGH-Entscheidung vom 22. Oktober 1987 jedenfalls noch nicht, dass auch der Werklohn (immer) von ihm beansprucht werden kann.[272] Ein **Zahlungsanspruch** wird allerdings in Betracht kommen, wenn eine **Durchgriffshaftung** über § 826 BGB oder § 242 BGB im Einzelfall begründet werden kann.[273] Ein solcher Durchgriffsanspruch kann nicht durch eine Bauhandwerkersicherungshypothek abgesichert werden, wohl aber vor Erlangen eines rechtskräftigen Zahlungstitels durch einen dinglichen Arrest.[274]

### 4. Verfahrensfragen

*Literatur*

*Siegburg*, Einstweilige Verfügung auf Eintragung einer Vormerkung zur Sicherung des Anspruchs aus § 648 Abs. 1 BGB, BauR 1990, 290; *Quambusch*, Vormerkung der Bauwerksicherungshypothek ohne Anhörung des Bauherrn?, BauR 2000, 184.

**261** Da § 648 BGB nur einen persönlichen Anspruch auf Eintragung einer Bauhandwerkersicherungshypothek gewährt, tritt die dingliche Sicherung erst mit der Bestellung und Eintragung der Sicherungshypothek im Grundbuch ein.[275] Die Hypothek

---

269) So auch *Siegburg*, EWiR § 648 BGB 1/88, S. 43, 44 u. BauR 1990, 32, 54.
270) Vgl. OLG Düsseldorf, NJW-RR 1993, 851 (ein **zahlungsunfähiger Mieter** erteilt den Auftrag zur Durchführung umfangreicher Dacharbeiten).
271) Vgl. z. B. OLG Dresden, NJW-RR 1999, 897 (Haftung der Ehefrau aus Anscheinsvollmacht).
272) **Anderer Ansicht** wohl Beck'scher VOB-Komm/*Jagenburg*, B Vor § 2, Rdn. 391.
273) Siehe hierzu instruktiv: LG Berlin, NZBau 2000, 199 (Durchgriffshaftung gegen Alleingesellschafter einer GmbH). Zur **Konzernhaftung** des Alleingesellschafters einer GmbH aus deren Bauaufträgen: LG Berlin, NZBau 2000, 201 ff.
274) OLG Celle, BauR 2000, 101 = NZBau 2000, 198 = NJW-RR 2000, 387.
275) Vgl. *Lüdtke-Handjery*, DB 1972, 2193, 2197.

## Verfahrensfragen

erfordert somit stets die **Bewilligung des Verpflichteten,** die in aller Regel durch Urteil erkämpft werden muss.

Der billigste und schnellste Weg für den Berechtigten ist die **gütliche Einigung** mit dem Bauherrn. Das geschieht häufig im Rahmen einer Stundungsabrede, die den Bauherrn veranlasst, dem Bauwerkunternehmer (Unternehmer oder Architekt) eine Sicherheit in Form einer Sicherungshypothek zu gewähren, wenn eine andere Sicherstellung nicht erfolgen soll oder kann. Willigt der Bauherr in einem solchen Fall in die Bestellung der Sicherungshypothek ein, kann aufgrund dieser Bewilligung und einem entsprechenden Antrag ohne weiteres die Eintragung im Grundbuch erfolgen. Die Eintragungsbewilligung muss allerdings dem § 29 GBO entsprechen; nach der Antragstellung wird der Berechtigte durch § 17 GBO geschützt. Materiell-rechtlich setzt die Bestellung der Sicherungshypothek die Einigung und Eintragung voraus (§ 873 BGB).

In gleicher Weise ist die Eintragung einer **Vormerkung** auf Einräumung der Sicherungshypothek unproblematisch, wenn dies aufgrund einer gütlichen Einigung zwischen den Baubeteiligten geschieht. Durch eine Vormerkung wird der für den Unternehmer noch bestehende Zustand der Ungewissheit über die endgültige Verwirklichung seines gesetzlichen Anspruchs aus § 648 BGB durch eine vorläufige Sicherung überbrückt.[276] Die Vormerkung wirkt für den Berechtigten rangsichernd. Sie verhindert, dass die erst später einzutragende Sicherungshypothek durch zwischenzeitliche weitere Eintragungen eine wertlose Rangstelle erhält, die keine Sicherheit bietet. Der Rang der Sicherungshypothek selbst richtet sich stets nach dem Rang der Vormerkung. **262**

Die Eintragung der von dem Bauherrn bewilligten Vormerkung richtet sich materiell nach § 885 Abs. 1 Satz 1 BGB. Es genügt damit auch die einseitige Erklärung des Bauherrn, die sich an den Berechtigten oder auch an das Grundbuchamt richten kann.[277] Die Eintragung im Grundbuch erfolgt wie die Eintragung des Vollrechts, setzt also im Einzelfall immer die Bewilligung in der Form des § 29 GBO voraus.[278] In der Bewilligung der Eintragung einer Sicherungshypothek liegt im Zweifel noch nicht die Bewilligung einer entsprechenden Vormerkung.[279] **263**

Wird das Grundstück **nach der Eintragung der Vormerkung veräußert,** muss der **Erwerber** der Umschreibung in eine Sicherungshypothek zustimmen, ohne dass der persönlich Verpflichtete vorher die Umschreibung bewilligt hat.[280] Der neue Eigentümer kann allerdings die persönlichen Einreden aus dem Bauvertrag dem Bauwerkunternehmer entgegenhalten,[281] z. B., dass der Anspruch auf Eintragung einer Sicherungshypothek vertraglich ausgeschlossen ist oder sich nur auf den reinen Vergütungsanspruch beschränkt.[282] Die Umschreibung erfolgt nur aufgrund der Bewilligung des Eigentümers. **264**

---

276) OLG Köln, NJW 1968, 505, 507.
277) *Erman/Lorenz,* § 885 BGB, Rdn. 4.
278) *Erman/Lorenz,* a. a. O., Rdn. 2.
279) Vgl. insoweit *Erman/Lorenz,* a. a. O., Rdn. 5; BayObLG, Rpfleger 1979, 134 für **Auflassungserklärung** des Eigentümers.
280) Vgl. RGZ 53, 28, 31.
281) Vgl. RGZ 53, 28, 34.
282) BGH, DB 1974, 1719.

**265** Hat der Bauherr sein Grundstück veräußert und ist für den **Erwerber** eine Auflassungsvormerkung **eingetragen,** scheitert ein (später geltend gemachter) Anspruch des Unternehmers auf Einräumung einer Sicherungshypothek immer an § 883 Abs. 2 Satz 1 BGB; denn der Erwerber könnte stets die Löschung der Vormerkung zur Sicherung des Anspruchs auf Eintragung einer Sicherungshypothek verlangen, selbst dann, wenn er im Zeitpunkt des Kaufs von den Bauleistungen des Unternehmers wusste und sogar dessen Verlangen nach einer Absicherung (§ 648 BGB) kannte.[283] Ein **Löschungsanspruch** steht dem Erwerber aber erst nach seiner Eintragung als Eigentümer zu; die Eintragung als Eigentümer bedarf nicht der Zustimmung des nachrangig vormerkungsberechtigten Unternehmers.[284]

**266** Kann eine **Einigung zwischen den Baubeteiligten** über die Eintragung einer Sicherungshypothek oder einer Vormerkung nicht erreicht werden, muss der Bauwerkunternehmer seinen Anspruch, soweit er aus § 648 BGB begründet ist, **im Klageweg** durchsetzen. Er muss zunächst ein vorläufig vollstreckbares Urteil erwirken.[285] In der Baupraxis bieten sich verschiedene Wege an. So könnte der Unternehmer unmittelbar eine Klage auf Eintragung einer Bauhandwerkersicherungshypothek erheben.

*Lüdtke-Handjery*[286] weist mit Recht darauf hin, dass dieser direkte Klageweg in der Baupraxis zu zeitraubend ist und die Gefahr in sich birgt, dass das Grundstück während eines längeren Prozesses zwischenzeitlich weiter belastet wird. Die Hoffnung, durch Tilgung vorrangiger Grundpfandrechte an eine günstige Rangstelle aufzurücken, wird selten erfüllt.

**267** Um eine rasche Realisierung des Sicherungsanspruches zu erreichen, ist es daher angebracht, die Bauhandwerkersicherungshypothek durch Eintragung einer **Vormerkung** im Rahmen einer **einstweiligen Verfügung** abzusichern und sodann die **Klage auf Eintragung einer Bauhandwerkersicherungshypothek,** verbunden mit der **Zahlungsklage,** zu erheben.

Die Stationen der Eintragung einer Sicherungshypothek im Klageweg sehen daher wie folgt aus:

* Antrag auf Erlass einer einstweiligen Verfügung auf Eintragung einer Vormerkung zur Sicherung des Anspruches auf eine Bauhandwerkersicherungshypothek **oder**
* Klage auf Eintragung einer Bauhandwerkersicherungshypothek (gegebenenfalls jeweils verbunden mit einer Zahlungsklage) **oder** auch nur
* Zahlungsklage mit der Möglichkeit, eine Sicherungshypothek gemäß § 720 a Abs. 1 b ZPO zu erwirken

### a) Einstweilige Verfügung auf Eintragung einer Vormerkung

**268** Im Bauwesen wird der Anspruch des Bauwerkunternehmers auf Eintragung einer Sicherungshypothek in aller Regel zunächst durch Eintragung einer **Vormerkung** abgesichert.[287] Durch die Vormerkung wird verhindert, dass die erst später einzutra-

---

[283] OLG Düsseldorf, MDR 1991, 440.
[284] OLG Dresden, NZM 1999, 632; zur Löschung einer Vormerkung nach Abschluss eines gerichtlichen **Vergleichs** siehe OLG Frankfurt, ZfBR 1996, 44.
[285] OLG Posen, Recht 1904, Nr. 897.
[286] DB 1972, 2193, 2197.
[287] Der Erlass einer einstweiligen Verfügung auf Einräumung einer **Bauhandwerker-Sicherungshypothek** (BSH) gemäß § 648 BGB ist unzulässig (anders wohl: OLG Stettin, JW 1929, 211).

**Verfahrensfragen** Rdn. 269–270

gende Sicherungshypothek infolge zwischenzeitlich erfolgter weiterer Eintragungen eine wertlose Rangstelle erhält. Die Eintragung der Vormerkung erfolgt fast immer aufgrund einer einstweiligen Verfügung (§ 885 Abs. 1 Satz 1 BGB); sie ersetzt die Bewilligung des Bauherrn. Gegenüber einer drohenden einstweiligen Verfügung kann sich der Gegner mit einer **Schutzschrift** wehren bzw. Gehör verschaffen (vgl. näher Rdn. 339 ff.).

Die Vormerkung ist nicht der Vollzug des dem Gläubiger in § 648 BGB eingeräumten Anspruchs, sondern der Vollzug einer zum Schutz dieses Anspruchs nach freiem Ermessen angeordneten prozessualen Maßregel.[288] Daher finden alle Vorschriften der ZPO Anwendung, wenn auch der Erlass einer entsprechenden einstweiligen Verfügung gegenüber sonstigen einstweiligen Verfügungen (s. Rdn. 349 ff.) besonders begünstigt ist (vgl. §§ 883, 885 BGB, § 942 Abs. 2 ZPO).

Die Sicherung des Anspruchs aus § 648 BGB durch Vormerkung aufgrund einer **269** einstweiligen Verfügung ist grundsätzlich zulässig.[289] Eine **Gefährdung** des durch die Vormerkung zu sichernden Anspruchs aus § 648 BGB wird **nicht vorausgesetzt** (§ 885 Abs. 1 Satz 2 BGB; s. Rdn. 277). Das **Rechtsschutzinteresse** für die einstweilige Verfügung besteht, solange nicht die dingliche Rechtsänderung im Grundbuch eingetragen ist.[290]

Das **Rechtsschutzinteresse** für eine Klage auf Bewilligung der Eintragung einer **270** Sicherungshypothek entfällt nicht dadurch, dass der Unternehmer zwischenzeitlich einen vollstreckungsfähigen **Titel** auf **Zahlung** des Werklohns erstritten hat. Erwirkt der Unternehmer ein vorläufig vollstreckbares Urteil gegen den Bauherrn („**Zahlungstitel**"), so hat er über § 720 a Abs. 1 b ZPO die Möglichkeit, im Wege der Zwangsvollstreckung eine Sicherungshypothek eintragen zu lassen. Ob durch eine solche Sicherungsvollstreckung nach § 720 a ZPO[291] das Rechtsschutzbedürfnis für die (weitere) Verfolgung des Rechts aus § 648 BGB fehlt oder entfällt, ist **streitig**.[292] Dem OLG Düsseldorf ist jedenfalls darin beizutreten, dass ein Rechtsschutzbedürfnis vorhanden ist, wenn der Unternehmer bereits eine rangwahrende Vormerkung erlangt hat und von dem Bauherrn in eine Hauptklage (vgl. Rdn. 292) gedrängt wird.[293] Der Anspruch auf Bewilligung einer Vormerkung soll nach OLG Hamburg[294] nicht mehr bestehen, wenn der Bauherr den Werklohn aufgrund eines

---

Die Verurteilung zur Einräumung einer BSH wäre bereits eine endgültige Regelung, die i. R. einer einstweiligen Verfügung nicht erfolgen darf, sofern dies zwingende Gründe nicht ausnahmsweise erlauben. Eine solche Ausnahme ist aber für § 648 BGB nicht denkbar, weil hier der Arrest (vgl. Rdn. 388 ff.) ein zusätzliches geeignetes Sicherungsmittel in Form der **Arresthypothek** (vgl. § 932 ZPO) gibt; die insoweit gegebenen Nachteile (§§ 932 Abs. 2, 866 Abs. 3 Satz 1 ZPO) müssen in Kauf genommen werden; ebenso: *Boehmke*, in: Berger, Kap. 5, Rdn. 85; *Ingenstau/Korbion/Joussen*, Anhang 2, Rdn. 71.

288) RGZ 55, 140, 143.
289) OLG Dresden, OLG 4, 237; OLG München, JW 1950, 845.
290) OLG Hamm, MDR 1966, 236; *Siegburg*, BauR 1990, 290, 293; zur „Eilbedürftigkeit" siehe OLG Celle, OLGR 1995, 293.
291) Zur Rechtslage vor Einführung des § 720 a ZPO: OLG Breslau, Recht 1906, Nr. 670, S. 298.
292) Verneinend: OLG Hamm, BauR 1990, 365; OLG Düsseldorf, BauR 1985, 334, 336; bejahend: *Groß*, S. 85, 86; OLG Köln, Beschl. v. 12. 5. 1981 – 15 U 244/80; *Siegburg*, S. 292; BauR 1990, 290, 293.
293) Ob die Stellung einer **Bankbürgschaft** den Anspruch aus § 648 BGB grundsätzlich ausschließen kann, ist streitig; vgl. OLG Düsseldorf, BauR 1985, 580.
294) WM 1986, 497 = NJW-RR 1986, 1467 = MDR 1986, 756.

vorläufig vollstreckbaren Urteils – **zur Abwendung der Zwangsvollstreckung** – zahlt.

Ist eine einstweilige Verfügung auf der Grundlage des § 648 BGB bereits einmal „wegen unschlüssigen Vorbringens" zurückgewiesen worden, kann einem erneuten Gesuch, das auf die gleichen Tatsachen gestützt wird, die (beschränkte) **Rechtskraftwirkung** der Erstentscheidung entgegen stehen.[295]

### aa) Voraussetzungen

**271** Die Voraussetzungen des Anspruchs aus § 648 BGB muss der Antragsteller **glaubhaft machen**, sofern nicht im Einzelfall entsprechend §§ 936, 921 Abs. 2 Satz 1 ZPO Sicherheit geleistet wird.

Der Unternehmer hat daher zunächst **glaubhaft zu machen,** dass er **Unternehmer eines Bauwerks** (vgl. Rdn. 195 ff.) ist und **werkvertragliche Beziehungen zum Bauherrn** (vgl. Rdn. 222 ff.) hat. Darüber hinaus hat er den **Umfang seines Anspruchs** glaubhaft zu machen.[296] In aller Regel geschieht dies durch Vorlage entsprechender **Unterlagen**, z. B. des Bauvertrages, der Abschlags- oder Schlussrechnung, der Stundenlohnzettel sowie entsprechender **eidesstattlicher Versicherungen.** Handelt es sich um einen **gekündigten Pauschalvertrag**, wird ein Hinweis auf einen Zahlungsplan nicht ausreichend sein; vielmehr müssen die erbrachten und die nicht erbrachten Leistungen nachvollziehbar abgerechnet/glaubhaft gemacht werden, sofern die Ansprüche auf § 649 BGB bzw. § 8 Nr. 1 VOB/B gestützt werden.[297] Das LG Fulda[298] verlangt für den **Architekten** die **Vorlage einer** den Vorschriften des § 8 HOAI genügenden **Schlussrechnung.** Für die Glaubhaftmachung reicht eine „überwiegende, nicht eine überzeugende Wahrscheinlichkeit für das Vorliegen der behaupteten Tatsachen".[299]

**272** Fraglich ist, ob der Bauherr dann seinerseits die Glaubhaftmachung einer Bauhandwerkerforderung dadurch entkräften kann, dass er eidesstattliche Versicherungen (z. B. seines Architekten oder anderer Dritter) vorlegt, aus denen hervorgeht, dass der Bauherr die Forderung des Bauwerkunternehmers zu Recht ganz oder teilweise bestreitet, weil z. B. bestimmte Leistungen nicht oder nur in geringerem Umfang als vom Unternehmer angegeben erbracht worden sind.

Das OLG Köln (15. Senat)[300] ist der Auffassung, dass der Unternehmer durch Vorlage entsprechender Urkunden und eidesstattlicher Versicherungen seiner Pflicht zur Glaubhaftmachung seiner Werklohnforderung hinreichend nachkommt; dagegen könne es „dem Bauherrn in der Regel nicht gestattet werden, die Glaubhaftmachung

---

295) OLG Frankfurt, BauR 2003, 287.
296) Brandenburgisches OLG, BauR 2003, 578, 580; OLG Köln, BauR 1998, 794, 795 = OLGR 1998, 380.
297) Siehe hierzu: OLG Stuttgart, BauR 2005, 1047 = IBR 2005, 150 – *Moufang* **(Global-Pauschalvertrag)**; LG Frankfurt, IBR 2001, 537 – *Turner*, Brandenburgisches OLG, a. a. O.
298) NJW-RR 1991, 790, 791 = BauR 1992, 110.
299) So OLG Koblenz, NJW-RR 1994, 786, 787; OLG Hamm, OLGR 1997, 11, 12; siehe auch OLG Frankfurt, NJW-RR 1993, 473 (der durch Eintragung einer Vormerkung zu sichernde Anspruch muss „nicht rechtsbeständig sein in dem Sinne, dass die Anspruchsberechtigung bereits feststeht").
300) OLG Köln, *Schäfer/Finnern*, Z 2.321 Bl. 42 m. krit. Anm. von *Hochstein*.

## Verfahrensfragen  Rdn. 273–274

einer Bauhandwerkerforderung durch Vorlage gegensätzlicher eidesstattlicher Versicherungen" zu entwerten: „Damit geschieht ihm kein Unrecht, denn die umstrittene Forderung des Bauhandwerkers wird ja nicht festgestellt, sondern zum Zwecke ihrer Sicherung lediglich als glaubhaft bezeichnet. Der Streit über ihren Bestand wird im Verfahren zur Hauptsache ausgetragen. Das Verfügungsverfahren präjudiziert ihn nicht."

In gleicher Weise hat der 9. Senat des OLG Köln[301] angenommen, dass gegenüber der eidesstattlichen Versicherung des Werkunternehmers, wonach seine Leistungen im Wesentlichen mängelfrei erbracht seien, der Auftraggeber keine Mängel gerügt und sich mit den ausgeführten Arbeiten ausdrücklich zufriedengegeben habe, „die anderslautende Sachdarstellung des Auftraggebers demgegenüber in den Hintergrund treten" (müsse), solle „dem Sicherungsbedürfnis des Bauunternehmers noch eine reale Bedeutung zukommen, nicht zuletzt deshalb, weil im summarischen einstweiligen Verfügungsverfahren mit seinen naturgemäß nur beschränkten Erkenntnismöglichkeiten die Frage des Vorhandenseins und Umfangs von Baumängeln und der Verantwortlichkeit hier ohnehin nicht abschließend geklärt werden kann".

**273** Dieser Auffassung kann nicht gefolgt werden. Selbstverständlich kann der Bauherr den Umfang der Werklohnforderung des Bauhandwerkers durch eidesstattliche Versicherung und durch Vorlage anderer Urkunden (Privatgutachten) erschüttern.[302] Entscheidend ist allein, ob der Bauhandwerker oder der Bauherr es durch eine entsprechende Glaubhaftmachung erreicht, das Gericht von dem einen oder anderen Tatbestand zu **überzeugen**. Dabei sind für die Pflicht der Glaubhaftmachung auch die **Grundsätze über die Beweislast** heranzuziehen.[303] Der Bauhandwerker hat grundsätzlich den Umfang seiner Werklohnforderung glaubhaft zu machen. Gelingt ihm dies aufgrund von eidesstattlichen Versicherungen seines Gegners, des Bauherrn, nicht, muss dies zur Abweisung des Antrages auf Erlass der einstweiligen Verfügung führen. Eine Glaubhaftmachung erster oder zweiter Klasse gibt es nicht, sondern nur die „schwierige und verantwortungsvolle Aufgabe des Richters, die tatsächlichen Angaben in den vorgelegten Versicherungen an Eides Statt zu würdigen, eine Aufgabe, der der Richter nicht dadurch entsprechen kann, dass er Darlegung und Glaubhaftmachung einer Partei im Hinblick auf das Sicherungsbedürfnis der anderen Partei hintanstellt. Gesetzliche Beweislastregeln dürfen auf diese Weise nicht unterlaufen werden."[304]

**274** Der Bauwerkunternehmer kann die Einräumung einer Sicherungshypothek an dem Baugrundstück des Bestellers und damit eine entsprechende Vormerkung durch eine einstweilige Verfügung nicht verlangen, soweit und solange sein **Werk mangelhaft ist**[305] (vgl. näher Rdn. 234 ff.). Für die Frage der Glaubhaftmachung gilt dabei: **Vor** der Abnahme muss der Unternehmer die Mängelfreiheit, **nach**

---

301) *SFH*, Nr. 1 zu § 648 BGB.
302) Ebenso: *Hochstein*, Anm. zu OLG Köln, *Schäfer/Finnern*, Z 2.321 Bl. 42; s. ferner: *Jagenburg*, NJW 1976, 2321, 2327.
303) Vgl. hierzu BGH, NJW 1977, 947 = BauR 1977, 208 = WM 1977, 481; OLG Brandenburg, IBR 2005, 372 – *Kimmich* u. BauR 2003, 578, 580; OLG Koblenz, NJW-RR 1994, 786, 787; OLG Hamm, OLGR 1997, 11, 12; *Kleine-Möller/Merl*, § 18, Rdn. 192; *Ingenstau/Korbion/Joussen*, Anhang 2, Rdn. 76.
304) So zutr. *Hochstein*, Anm. zu OLG Köln, *SFH*, Nr. 1 zu § 648 BGB.
305) BGH, NJW 1977, 947 = BauR 1977, 208 = WM 1977, 481; OLG Hamm, BauR 1998, 885; OLG Rostock, BauR 1995, 262; OLG Koblenz, NJW-RR 1994, 786, 787.

der Abnahme muss der Besteller das Vorhandensein von Mängeln glaubhaft machen.[306] Kann vor der Abnahme der Bauleistung der Unternehmer das Gericht von der Mängelfreiheit seiner Leistung nicht überzeugen, ist auf der Werklohnseite der Betrag abzuziehen, der den Kosten zur Mängelbeseitigung entsprechen würde, sodass in aller Regel die entsprechende, mit Mängeln behaftete Leistung insoweit nur wie eine teilweise nicht erbrachte Bauleistung zu behandeln ist.[307] Ein Wertzuwachs wird in diesen Fällen also nicht glaubhaft gemacht sein.[308]

**275** Wenn der Antragsteller alle anspruchsbegründenden Tatsachen seines Anspruchs aus § 648 BGB glaubhaft machen muss, bedeutet dies, dass insoweit die allgemeinen Beweislastregeln gelten. Dabei ist vor allem zu beachten, dass eine Abnahme zwar für den Anspruch auf Einräumung einer Sicherungshypothek nicht erfolgen muss, weil Fälligkeit nicht vorausgesetzt wird; eine Abnahme ist indes insoweit wichtig, als der Antragsteller bis zur Abnahme seiner Werkleistung die Mangelfreiheit seines Werkes beweisen und dementsprechend auch im einstweiligen Verfügungsverfahren glaubhaft machen muss.[309] Dies führt in der Praxis, wie Jagenburg zutreffend hervorgehoben hat, dazu, dass diejenigen Schuldner, die nicht zahlen können oder wollen, „nicht nur schnell mit Mängeln bei der Hand sind und diese auch ohne große Skrupel glaubhaft machen",[310] sondern darüber hinaus schon oftmals auch die Abnahme selbst bestreiten[311] und dadurch dem Unternehmer zusätzliche Schwierigkeiten in den Weg legen, seinen Anspruch aus § 648 BGB zu verwirklichen. Jagenburg versucht in diesen Fällen, über die materiell-rechtliche Seite zu einer angemessenen Lösung des Problems zu kommen, indem er Schuldner, die sich vor einer Abnahme auf Mängel berufen, nur dann zum Zuge kommen lassen will, „wenn ihr Anspruch auf Mängelbeseitigung in natura (nach Abnahme: Nachbesserung) in einen aufrechenbaren Anspruch auf Vorschuss, Ersatz von Ersatzvornahmekosten, Schadensersatz oder Minderung übergegangen" sei. Damit könne verhindert werden, dass der Auftraggeber erstmals im einstweiligen Verfügungsverfahren mit vorgeschobenen Mängeln komme, um mit ihrer Hilfe den Anspruch des Auftragnehmers auf Vormerkung zunichte zu machen. Für die Höhe der Mängelansprüche sei dann in jedem Falle der Auftraggeber (Bauherr) als beweispflichtig anzusehen.[312]

Entgegen Jagenburg[313] kann die Lösung nur in prozessrechtlichen Erwägungen, nämlich über die **Glaubhaftmachung**, gefunden werden: Vor einer Abnahme ist der Unternehmer infolge der Beweislastverteilung in einer schlechteren Situation; schafft er es nicht durch eine entsprechende Glaubhaftmachung, das Gericht zu

---

306) BGH, a. a. O.; OLG Brandenburg, IBR 2005, 372 – *Kimmich* u. BauR 2003, 578, 580; OLG Celle, BauR 2001, 1623; OLG Köln, BauR 1998, 794, 798; OLG Köln, *Schäfer/Finnern*, Z 2.321 Bl. 42; *Hochstein*, Anm. zu OLG Köln, SFH, Nr. 1 zu § 648 BGB; OLG Koblenz, a. a. O.; OLG Hamm, OLGR 1997, 11, 12.
307) OLG Düsseldorf, BauR 1976, 363, 365.
308) OLG Rostock, BauR 1995, 262, 263.
309) Zutreffend: *Jagenburg*, BauR 1975, 216; OLG Hamm, BauR 1998, 885, 886; OLG Koblenz, a. a. O.
310) *Jagenburg*, a. a. O., S. 217.
311) Vgl. den Fall des OLG Köln, BauR 1975, 213 = *Schäfer/Finnern*, Z 2.321 Bl. 30.
312) *Jagenburg*, a. a. O., S. 218.
313) BauR 1975, 216 (ihm zustimmend: *Siegburg*, BauR 1990, 290, 298, 299); wie hier auch BGH, NJW 1977, 947 = BauR 1977, 208; LG Köln, BauR 1995, 421, 422; *Groß*, S. 91.

### Verfahrensfragen
**Rdn. 276–277**

"überzeugen", muss dies, auch wenn es zu unbilligen Ergebnissen im Einzelfall führen mag, zur Abweisung des Antrages nach § 648 BGB führen.[314] Wenn, wie im Falle des OLG Köln,[315] durch eine detaillierte eidesstattliche Versicherung eines Architekten glaubhaft gemacht wird, dass Werkmängel vorhanden sind, obliegt es dem Unternehmer, die Mängelfreiheit (vor Abnahme) glaubhaft zu machen, und hieran sind, wie im Falle nach der Abnahme der Werkleistung, in gleicher Weise **strenge** Anforderungen zu stellen. Dem Unternehmer wird es auch nichts nützen, wenn er zur Glaubhaftmachung seines Anspruchs aus § 648 BGB **mehrere** Gutachten vorlegt. Es ist nicht Aufgabe des Gerichts, sich mit allen Einzelheiten des Sachverständigengutachtens und des Gegengutachtens auseinanderzusetzen; dies muss vielmehr dem Hauptverfahren vorbehalten sein.[316] Eine Glaubhaftmachung wird dem Unternehmer auf diesem Wege nicht gelingen können.

Im Übrigen muss der Antragsteller auch die **Eigentumsverhältnisse** glaubhaft **276** machen. Dies geschieht in der Regel durch Vorlage eines Grundbuchauszuges oder durch eine eidesstattliche Versicherung.

Eine **Gefährdung** des Anspruchs aus § 648 BGB muss nicht glaubhaft gemacht **277** werden; dies wird gesetzlich vermutet.[317] Daraus soll sich zugleich ergeben, dass es für den Erlass der einstweiligen Verfügung auch keiner besonderen Darlegung der **Dringlichkeit** (Sicherungsbedürfnis) bedarf.[318] Dem ist nicht zuzustimmen;[319] die „Dringlichkeitsvermutung" kann im Einzelfall durchaus widerlegt werden.[320] Wird die **Vergütungsklage** des Unternehmers abgewiesen, wird in aller Regel anzunehmen sein, dass der Anspruch auf die Bestellung der Sicherungshypothek nicht mehr als hinreichend glaubhaft gemacht anzusehen ist.[321]

---

314) Zutreffend: OLG Brandenburg, IBR 2005, 372 – *Kimmich*; zu weitgehend: LG Flensburg, MDR 1975, 841; OLG Düsseldorf, BauR 1976, 211, 212 u. *Siegburg*, a. a. O.
315) OLG Köln, BauR 1975, 213.
316) OLG Düsseldorf, *Schäfer/Finnern*, Z 2.510 Bl. 8; ebenso: *Ingenstau/Korbion/Joussen*, Anhang 2, Rdn. 80; **a. A.:** Motzke, in: Englert/Motzke/Wirth, § 648 BGB, Rdn. 64.
317) OLG Koblenz, IBR 2007, 554 – *Hildebrandt*; OLG Celle, BauR 2003, 1439; OLG Frankfurt, BauR 2003, 145; OLG Düsseldorf, BauR 2000, 921 = NJW-RR 2000, 825, 826; OLG Köln, BauR 1998, 794 = OLGR 1998, 380; OLG Hamm, *Schäfer/Finnern*, Z 2.321 Bl. 10.
318) So *Groß*, S. 88; *Leineweber*, BauR 1980, 510, 515 unter Hinweis auf OLG Hamm, MDR 1966, 236.
319) Vgl. LG Bayreuth (BauR 2003, 422), das zutreffend „das besondere Sicherungsbedürfnis" verneint, wenn der Unternehmer eine ihm übersandte (ordnungsgemäße) Bürgschaft gemäß § 648 a BGB wieder zurückschickt.
320) OLG Düsseldorf, BauR 2000, 921 = NZBau 2000, 293 = NJW-RR 2000, 825, 826; OLG Celle, BauR 2003, 1439 = BauRB 2003, 107 = OLGR 2003, 224 u. OLG Brandenburg, IBR 2005, 372 – *Kimmich* (**langes Zuwarten** nach Erteilung der Schlussrechnung); OLG Hamm, BauR 2004, 872 = NZBau 2004, 330 = OLGR 2004, 203 = IBR 2004, 71 – *Turner*; KG, OLGR 1994, 105 = MDR 1994, 1011 (für den Fall, dass der Prozessbevollmächtigte des Unternehmers im Verfahren erklärt, es sei „mit der einstweiligen Verfügungssache nicht so eilig", und im Berufungsverfahren moniert, das Landgericht habe „die Entscheidungsreife der Hauptsache" nicht abgewartet; ferner: OLG Köln, BB 1973, 1375; LG München I, Urt. vom 26. 1. 1982 – 31 S 395/81 – für den Fall, dass die Berufung erst nach zweimaliger Verlängerung am letzten Tag begründet wird; bedenklich, weil eine Verzögerung, etwa auch durch Säumnis, allein noch nicht ausreichend ist; OLG Celle, OLGR 1995, 293).
321) Offengelassen vom OLG Düsseldorf, BauR 1977, 361, 362.

Der Antragsteller hat somit folgende Tatbestände glaubhaft zu machen:
* dass er Unternehmer eines Bauwerks ist
* dass er eine Forderung aus einem Bauwerkvertrag hat
* dass der Antragsgegner Eigentümer des Baugrundstücks und damit des Pfandgegenstandes ist[322]
* dass mit den Arbeiten begonnen worden ist oder diese bereits durchgeführt worden sind[323]
* dass seine Werkleistungen mangelfrei erbracht sind **oder** der Besteller diese bereits abgenommen hat[324]

**278** Wird der Anspruch aus § 648 BGB in einem Bauvertrag **wirksam ausgeschlossen** (vgl. Rdn. 192 ff.), ist der Antrag auf Erlass einer einstweiligen Verfügung als unbegründet zurückzuweisen. Beruft sich der Antragsteller in diesen Fällen auf eine nachträgliche wesentliche Verschlechterung in den Vermögensverhältnissen des Bauherrn oder auf einen Arglisteinwand, muss er jedenfalls substantiiert darlegen und glaubhaft machen, dass der Ausnahmefall vorliegt. Wenn ein Bauherr insoweit versprochene Leistungen (Zahlungen) nicht erbracht hat, reicht dies noch nicht aus, entgegen dem vertraglichen Ausschluss dem Antrag auf Erlass einer einstweiligen Verfügung zu entsprechen.[325] Verschlechtert der Bauherr in unzulässiger und treuwidriger Weise seine Vermögensstellung, so ist allerdings der vertragliche Verzicht auf den Anspruch aus § 648 BGB unwirksam.

**279** Bei seinem **Antrag** auf Eintragung einer Vormerkung zur Sicherung des Anspruchs auf Einräumung einer Bauhandwerkersicherungshypothek muss der Auftragnehmer die zu sichernden vertraglichen Ansprüche angeben und begründen. Dabei hat er auch die Art der vertraglichen Ansprüche (Werklohnforderung, Verzugsanspruch, Entschädigungsanspruch usw., vgl. näher Rdn. 228) zu erläutern. Ist die Vormerkung bzw. die Hypothek nur zur Sicherung der „Werklohnforderung" bestellt, so werden dadurch andere Ansprüche, wie z. B. Schadensersatzansprüche, nicht erfasst.[326] Stützt der Antragsteller seinen Anspruch aus § 648 BGB auf eine **bestimmte** Abschlagsrechnung, sichert die Vormerkung auch nur diese zur Begründung herangezogene (Teil-)Forderung, nicht aber den Gesamtanspruch; wird diese Abschlagsforderung von dem Auftraggeber bezahlt, vermag die eingetragene Vormerkung daher nicht ohne weiteres den Schlussrechnungsbetrag abzusichern.[327] Zu beachten ist, dass die auf Eintragung einer Vormerkung gerichtete einstweilige Verfügung nicht nur Art und Umfang des zu sichernden Anspruchs und den Berechtigten ausreichend ausweisen muss, sondern sie muss auch den durch die Vormerkung betroffenen **Gegenstand** hinreichend bezeichnen. Das Grundstück, bei dem die Vormerkung zur Sicherung des Anspruchs einer Sicherungshypothek nach § 648 BGB eingetragen werden soll, muss immer genau angegeben werden; das ist wichtig, wenn mehrere

---

322) Vgl. OLG Koblenz, BauR 1993, 750.
323) RGZ 58, 301, 303; BGHZ 68, 180, 183; **a. A.:** *Siegburg*, S. 296 u. BauR 1990, 290, 296 mit w. Nachw. in Anm. 61.
324) OLG Koblenz, NJW-RR 1994, 786, 787; OLG Rostock, BauR 1995, 262.
325) Unrichtig ist es, wenn das LG Köln, *Schäfer/Finnern*, Z 2.321 Bl. 26 meint, der Bauherr müsse darlegen, warum er nicht gezahlt habe; die Nichtzahlung bewirkt noch keine Beweislastumkehr.
326) BGH, DB 1974, 1719 = NJW 1974, 1761.
327) OLG Frankfurt, BauR 2000, 1375 = OLGR 2000, 145; BGH, BauR 2001, 1783 = IBR 2001, 538 (*Schmitz*) = ZfBR 2001, 538 = NZBau 2001, 549 (Revisionsurteil).

## Verfahrensfragen                                                    Rdn. 280

Grundstücke (Miteigentumsanteile) von der beantragten Eintragung betroffen sein können.[328]

Der entsprechende Antrag des Unternehmers auf Erlass einer einstweiligen **280**
Verfügung ist daher wie folgt zu stellen:[329]

**Muster**

An das
Amtsgericht/Landgericht
Köln

*Antrag auf Erlass einer einstweiligen Verfügung*
(Vormerkung zur Sicherung des Anspruchs auf Einräumung einer
Bauhandwerkersicherungshypothek)
In Sachen
des Stukkateurmeisters Reinhold X, Meister-Johann-Str. 8, 50676 Köln,

– Antragsteller –

vertreten durch die RA X, Y, Z

gegen
Herrn Heinrich Z, Brauweilerweg 1, 50698 Köln

– Antragsgegner –

Namens und im Auftrage des Antragstellers – Vollmacht überreichend – beantragen wir, im Wege der einstweiligen Verfügung, und zwar wegen der Dringlichkeit des Falles ohne vorherige mündliche Verhandlung, gem. §§ 648, 885 BGB, 935, 941 ZPO zu erkennen:

1. Dem Antragsteller ist auf dem Grundstück, eingetragen im Grundbuch von Longerich, beim Amtsgericht Köln, Band ......, Blatt ......, Flur ......, Parzelle ......, Brauweilerweg 1, eine Vormerkung zur Sicherung des Anspruchs auf Einräumung einer Sicherungshypothek wegen einer Werklohnforderung in Höhe von ...... € nebst Verzugszinsen in Höhe von ...... € sowie eines Kostenpauschquantums in Höhe von ...... € einzutragen.
2. Die Kosten des Verfahrens trägt der Antragsgegner.

*Gründe:*
Der Antragsgegner ist Eigentümer des im Antrag genannten Grundstücks. Dies ist durch Einsicht in das Grundbuch festgestellt worden.
Der Antragsteller wurde gemäß Bauvertrag vom ...... beauftragt, auf dem genannten Grundstück des Antragsgegners Putzarbeiten durchzuführen. Als Anlage überreichen wir den entsprechenden Bauvertrag.
Über diese Putzarbeiten hat der Antragsteller zwischenzeitlich unter dem ...... Schlussrechnung (Akontorechnung) erteilt. Die Rechnung wird ebenfalls als Anlage beigefügt.
Die in der vorgenannten Rechnung enthaltenen Leistungen sind von dem Antragsteller ordnungsgemäß erbracht worden. Trotz verschiedener Mahnungen zahlt der Antragsgegner die ausstehende Rechnung nicht. Die Verzugszinsen setzen sich wie folgt zusammen: ...... Das Kostenpauschquantum ergibt sich aus folgenden Beträgen: ......
Zur Glaubhaftmachung überreichen wir als Anlage eine eidesstattliche Versicherung des Antragstellers.

(Rechtsanwalt)

---

328) BayObLG, JurBüro 1981, 427; JurBüro 1983, 1385 (zur Bestimmbarkeit einer Grundstücksteilfläche).
329) Vgl. auch die Fallbearbeitung von *Mickel*, JuS 1985, 531 ff.

*Anlagen*
Bauvertrag
Schlussrechnung (Akontorechnung)
Eidesstattliche Versicherung des Antragstellers

### bb) Verfahren

*Literatur*

*Treffer*, Zur Vollziehungsfrist gemäß § 929 II ZPO, MDR 1998, 951; *Hintzen*, Wahrung der Vollziehungsfrist bei Eintragung einer Arresthypothek – neue Rechtsprechung des BGH, OLGR-Kommentar 2001, K 29; *Heistermann*, Die Vollziehungsfrist des § 929 II ZPO – Eine Regressfalle für den Anwalt im Einstweiligen Verfügungsverfahren?, MDR 2001, 792.

**281** Aufgrund der einstweiligen Verfügung wird die Vormerkung auf **Antrag** (§ 13 GBO) oder auf **Ersuchen** des Prozessgerichts der einstweiligen Verfügung (§§ 38 GBO, 941 ZPO) eingetragen.[330]

Von der Vorschrift des § 941 ZPO sollte in der Praxis möglichst abgesehen werden; die Vollstreckung soll also dem Antragsteller überlassen bleiben.

Die Vormerkung zur Sicherung des Anspruchs aus § 648 BGB kann auf mehrere Grundstücke eines Schuldners (Bauherrn) oder mehrere Gesamtschuldner ohne Verteilung des Betrages zur Gesamthaft eingetragen und erst später eine Verteilung der Beträge vorgenommen werden.[331] Hinsichtlich der Bildung von Wohnungseigentum nach Durchführung der Bauarbeiten vgl. Rdn. 247 ff.

Die stufenweise Verwirklichung der Vormerkung in Fällen der Abtretung oder Pfändung des Anspruchs aus § 648 BGB ist zulässig; denn mit der Abtretung geht auch die Vormerkung auf den Zessionar über, sodass sie, wenn zwischen den Berechtigten keine Rechtsgemeinschaft besteht, nicht mehr in einem Recht, sondern in mehrere selbstständige Rechte (Sicherungshypotheken) umgeschrieben werden muss.

**282** Die **Umschreibung** der Vormerkung selbst in eine Sicherungshypothek (das Ziel des § 648 BGB) kann nur aufgrund einer Bewilligung des Schuldners (Bauherrn) oder wiederum nur aufgrund eines sie ersetzenden rechtskräftigen Urteils erfolgen[332] (vgl. näher Rdn. 291 ff.).

**283** Die Eintragung der Vormerkung darf nur erfolgen, wenn der Antrag oder das gerichtliche Ersuchen innerhalb der **Vollziehungsfristen** des § 929 ZPO eingegangen ist. Nach §§ 929 Abs. 2, 936 ZPO hat die Vollziehung innerhalb eines Monats zu erfolgen; die Zustellung nach § 929 Abs. 3 ZPO muss **innerhalb einer Woche** nach der Vollziehung oder doch jedenfalls binnen der Monatsfrist des § 929 Abs. 2 ZPO geschehen. **Beide Fristen** des § 929 Abs. 2, 3 ZPO **müssen gewahrt sein,** sonst ist die Vormerkung unwirksam und die Umschreibung in eine Sicherungshypothek unzulässig.[333] Die Vollziehung i. S. des § 929 Abs. 2, 3 ZPO ist mit dem **Eingang**

---

[330] Zur Vollziehung einer aufgrund einer **Anordnung** nach § 941 ZPO von Amts wegen zugestellten einstweiligen Verfügung: OLG Celle, BauR 2000, 1901 = OLGR 2000, 332 sowie OLG Frankfurt, OLGR 2000, 173. Zum **Ersatz** eines Vollziehungsschadens auf Grund einer unberechtigten einstweiligen Verfügung: OLG Stuttgart, OLGR 2003, 347.
[331] KG, JFG 5, 328.
[332] KGJ 36, A 253.
[333] RGZ 151, 156; OLG Köln, BauR 1987, 361 (LS); OLG Düsseldorf, BauR 1995, 424.

## Verfahrensfragen

des Antrages (Ersuchens) auf Eintragung beim Grundbuchamt eingetreten (§ 932 Abs. 3 ZPO).[334]) Es reicht nach der Rechtsprechung des BGH[335]) für die Fristwahrung aus, wenn der Eintragungsantrag fristgerecht (auch durch **Telefax**) beim zuständigen Amtsgericht, zu dem das für die Eintragung zuständige Grundbuchamt gehört, eingeht; entgegen einer weitverbreiteten Ansicht ist es nach der Entscheidung des BGH nicht erforderlich, dass der Antrag innerhalb der Vollziehungsfrist dem zuständigen Mitarbeiter des Grundbuchamts vorgelegt wird.

Zu beachten ist, dass die **Monatsfrist** des § 929 Abs. 2 ZPO mit der Amtszustellung der **Beschlussverfügung** an den Antragsteller (§ 929 Abs. 2 2. Alt. ZPO) – sonst mit der Aushändigung an ihn – **beginnt**.[336]) Ergeht ein **Urteil,** beginnt die Vollziehungsfrist von einem Monat mit der **Verkündung** des Urteils (§ 929 Abs. 2 1. Alt. ZPO); auf die spätere (Amts-)Zustellung des Urteils kommt es insoweit nicht an.[337])

Wird die einstweilige Verfügung ohne mündliche Verhandlung antragsgemäß erlassen, dann durch das erstinstanzliche Gericht aufgehoben, durch das **Berufungsgericht** jedoch wieder bestätigt, beginnt für den Gläubiger (Unternehmer) die Frist des § 929 Abs. 2 ZPO mit der Verkündung des Berufungsurteils neu zu laufen.[338]) Dagegen ist eine erneute Vollziehung **entbehrlich,** wenn die einstweilige Verfügung in der Fassung des angefochtenen Urteils lediglich als **Minus** gegenüber der ursprünglichen einstweiligen Verfügung anzusehen ist.[339]) Wird die zu sichernde Werklohnforderung lediglich reduziert, liegt eine wesentliche Änderung der ursprünglichen einstweiligen Verfügung nicht vor.[340])

Wird die Vollziehungsfrist der einstweiligen Verfügung **versäumt,** ist die Vormerkung von Anbeginn an unwirksam.[341]) Der Mangel ist nicht heilbar.[342]) Allerdings hat der Antragsteller bei Versäumung der Zustellungsfrist einen Anspruch auf eine **zweite** Vormerkung. Dazu muss er eine einstweilige Verfügung erwirken. Die zweite

---

334) BGH, BauR 1997, 301, 302.
335) BGH, ZfIR 2001, 241 = NJW 2001, 1134 = Rpfleger 2001, 294 m. Anm. *Alff; Hintzen*, OLGR-Kommentar 2001, K 29 ff.
336) Vgl. *Siegburg*, BauR 1990, 290, 308; LG Kassel, WuM 1993, 418.
337) LAG Bremen, Rpfleger 1982, 481; *Siegburg*, a. a. O.
338) Vgl. OLG Zweibrücken, OLGR 2003, 35, 36; OLG Hamm, OLGR 2000, 198, 199 = BauR 2000, 900 u. 1087 = ZfBR 2000, 238 = NZBau 2000, 338 sowie OLG Celle, NJW-RR 1987, 64, das eine erneute Zustellung des Berufungsurteils im Parteibetrieb zwar für empfehlenswert, aber nicht für erforderlich hält, wenn bereits der Beschluss, mit dem die einstweilige Verfügung erstmals erlassen worden war, rechtzeitig und ordnungsgemäß dem Schuldner (Bauherrn) im **Parteibetrieb** zugestellt wurde.
339) OLG Hamm, a. a. O.; OLG Frankfurt, WRP 1991, 405; s. hierzu auch *Ingenstau/Korbion/Joussen*, Anhang 2, Rdn. 95.
340) OLG Hamm, a. a. O. gegen OLG Hamm (21. Senat), Rpfleger 1995, 468: Wesentliche Änderung, wenn der Werklohnanspruch um rund **40%** ermäßigt wird.
341) Zum Recht des Grundstückseigentümers auf **Eintragung** eines **Widerspruchs** gegen die Richtigkeit des Grundbuchs: LG Köln, NJW-RR 2001, 306 = BauR 2001, 844 (LS) gegen BayObLG, NJW-RR 1987, 334.
342) BGHZ 112, 356, 359 = NJW 1991, 496, 497; LG Köln, *Schäfer/Finnern*, Z 2.321 Bl. 50; OLG Köln, NJW-RR 1987, 575; *Siegburg*, BauR 1990, 290, 307/308; *Ingenstau/Korbion/Joussen*, Anhang 2, Rdn. 98; s. auch OLG Frankfurt, Rpfleger 1982, 32: Auf die Einhaltung der Frist des § 929 Abs. 3 Satz 2 ZPO kann der Schuldner nicht wirksam verzichten.

Vormerkung kann dann aber nur an rangbereiter Stelle eingetragen werden.[343] Sie wird nicht gleichwertig mit dem Rang der ersten Vormerkung, die wegen Versäumung der Zustellungsfrist unwirksam und daher zu löschen ist, eingetragen. Eine wegen Versäumung der Zustellungsfrist des § 929 Abs. 3 ZPO für die zu Grunde liegende einstweilige Verfügung unwirksame Vormerkung kann nicht dadurch Wirksamkeit erlangen, dass aufgrund einer neuen einstweiligen Verfügung in Spalte „Veränderungen" eine Umdatierung der bisherigen Eintragung erfolgt.[344] In diesen Fällen kann der Berechtigte (Bauherr) daher die Berichtigung des Grundbuchs verlangen.[345] Der Bauherr kann aber auch auf Bewilligung zur Löschung der Vormerkung bzw. der Sicherungshypothek klagen.[346] Ist zwischenzeitlich zu Gunsten des Unternehmers/Architekten über die Bauforderung/Architektenforderung entschieden, wird dadurch die Klage auf Bewilligung der Löschung nicht unbegründet. Vielmehr kann der Antragsteller (z. B. Unternehmer oder Architekt) seinen Anspruch aus § 648 BGB in diesen Fällen nur einredeweise geltend machen (§ 273 BGB), sodass er nur Zug um Zug gegen Erfüllung seines Zahlungsanspruchs zur Abgabe einer Löschungsbewilligung verurteilt werden kann.[347]

Nicht anders ist zu entscheiden, wenn die Vormerkung eingetragen ist und der Antragsteller nunmehr Zahlung seiner Forderung begehrt. In diesem Falle muss der Eigentümer (Bauherr) nur Zug um Zug gegen Löschung der Vormerkung zahlen, sofern er die entsprechende Einrede erhebt.[348]

**285** Wird die einstweilige Verfügung durch eine vollstreckbare Entscheidung[349] beseitigt, so erlischt die Vormerkung; die Löschung hat daher auch nur einen berichtigenden Charakter.[350] Wird die Vormerkung zu Unrecht gelöscht, dauert doch die durch die Eintragung der Vormerkung begründete relative Unwirksamkeit der widersprechenden Verfügung – auch für die Zukunft – fort, wenngleich zwischenzeitlich ein gutgläubiger Erwerb der Buchposition möglich ist. Ein Widerspruch gegen die unrechtmäßige Löschung ist zulässig.[351]

Die aufgrund einer einstweiligen Verfügung eingetragene Vormerkung gibt kein direktes Klagerecht auf Einräumung der Sicherungshypothek gegen den Erwerber des Baugrundstücks. Der Erwerber kann aber bereits zu der ihm nach § 888 BGB obliegenden Zustimmung verurteilt werden, bevor der Gläubiger seinen persönlichen Schuldner in Anspruch genommen und ein dessen Einwilligung ersetzendes rechtskräftiges Urteil erstritten hat.[352]

---

343) LG Köln, *Schäfer/Finnern*, Z 2.321 Bl. 50 u. 51; zur Frage der **Zuständigkeit** des Erstgerichts: *Hegmanns*, WRP 1984, 120; OLG Frankfurt, JurBüro 1983, 784 u. NJW 1987, 764.
344) KG, HRR 1929, Nr. 1823.
345) Vgl. auch *Siegburg*, BauR 1990, 290, 310.
346) Vgl. RGZ 81, 288; **a. A.:** *Siegburg*, a. a. O.
347) Im Ergebnis wohl auch RGZ 81, 288, 291.
348) RG, JW 1904, 91.
349) **„Aufhebungsurteil",** vgl. dazu OLG Köln, NJW 1975, 454; zur Löschung einer Vormerkung aufgrund eines **Vergleichs:** OLG Frankfurt, BauR 1995, 872.
350) BGHZ 39, 21 ff. Zum Erfordernis einer erneuten Eintragung: OLG Hamm, MDR 1983, 1031 = Rpfleger 1983, 435 (gegen LG Dortmund, Rpfleger 1982, 276).
351) §§ 899 BGB, 53 GBO; vgl. RGZ 129, 184, 186; 132, 419, 423; **a. A.:** KG, JFG 5, 328 ff.
352) RGZ 53, 28, 35 gegen OLG Dresden, OLG 4, 237.

## cc) Aufhebung und Rücknahme

*Literatur*

*Bronsch*, Abwendung der Vormerkung auf Eintragung einer Bauhandwerkersicherungshypothek durch Bürgschaft?, BauR 1973, 517.

Nach § 927 ZPO kann das **Aufhebungsverfahren** betrieben werden, wenn „veränderte Umstände" vorliegen.[353] Nach LG Mainz[354] ist dieses Verfahren aber unstatthaft, wenn und soweit die dem Verfügungsanspruch zu Grunde liegende Bauforderung nach dem Erlass der einstweiligen Verfügung von dem Bauherrn bezahlt worden ist. Eine insoweit von dem Rechtspfleger in Unkenntnis der Zahlung gesetzte Frist zur Erhebung der Hauptklage soll hieran nichts ändern, weil diese Fristsetzung ebenfalls unstatthaft sei.

**286**

Veränderte Umstände im Sinne des § 927 ZPO können vielfältiger Natur sein. So ist die einstweilige Verfügung wegen Versäumung der Vollziehungsfrist (vgl. Rdn. 283) aufzuheben,[355] ferner, wenn der Unternehmer entgegen der auf Antrag des Bauherrn ergangenen Anordnung des Gerichts, Klage zur Hauptsache innerhalb einer bestimmten Frist zu erheben, diese nicht erhoben hat. Auch ist die einstweilige Verfügung aufzuheben, wenn die Voraussetzungen des § 648 BGB nicht mehr als glaubhaft anzusehen sind, weil z. B. die Klage zur Hauptsache durch Urteil abgewiesen worden ist. Der Aufhebungsantrag kann durch den Bauherrn auch noch im Berufungsverfahren gestellt werden, wenn die einstweilige Verfügung noch nicht rechtskräftig ist.[356]

Hat der Schuldner (Bauherr) **vor Erlass einer** einstweiligen Verfügung bereits die streitige Bauforderung hinterlegt, also **Sicherheit** geleistet, entfällt der Anspruch auf eine Sicherungshypothek.[357] Fraglich ist, ob die Aufhebung der Verfügung gestattet werden kann, wenn **nach deren Erlass** der Schuldner der Bauforderung zwischenzeitlich die streitige Summe hinterlegt oder hierfür eine Bürgschaft gestellt oder eine solche Sicherheitsleistung jedenfalls angeboten hat. Diese Fälle sind in der Praxis häufiger; insbesondere in Fällen, in denen ohne vorherige Abmahnung des Schuldners das einstweilige Verfügungsverfahren eingeleitet worden ist (vgl. Rdn. 303 ff.), beantragen die Schuldner (Bauherren) oftmals, die Aufhebung der einstweiligen Verfügung gegen eine Sicherheitsleistung, die auch durch Bankbürgschaft geleistet werden kann, anzuordnen.[358] Die Möglichkeit zu einer solchen Anordnung bietet § 939 ZPO.

**287**

Nach RG[359] und OLG Köln[360] kann durch die **Hinterlegung** bzw. Stellung einer (selbstschuldnerischen) **Bankbürgschaft** entsprechend § 939 ZPO die Aufhebung

**288**

---

353) Vgl. OLG Köln, NJW 1975, 454.
354) NJW 1973, 2294.
355) LG Köln, *Schäfer/Finnern*, Z 2.321 Bl. 51; s. aber OLG Celle, BauR 2000, 1901 = OLGR 2000, 332 sowie OLG Frankfurt, OLGR 2000, 173 für den Fall einer Amtszustellung aufgrund einer Anordnung nach § 941 ZPO.
356) OLG Düsseldorf, *Schäfer/Finnern*, Z 2.31 Bl. 54.
357) OLG Düsseldorf, NJW 1972, 1676, 1677 m. Nachw.; vgl. auch BauR 1985, 580.
358) Vgl. dazu OLG Köln, NJW 1975, 454; *Bronsch*, BauR 1983, 517 ff.
359) RGZ 55, 140; dazu auch OLG Düsseldorf, BauR 1985, 334, 335.
360) NJW 1975, 454; OLG Saarbrücken, BauR 1993, 348; siehe ferner: LG Koblenz, *Schäfer/Finnern*, Z 2.321 Bl. 45 u. *Kapellmann*, BauR 1976, 323, 327; *Groß*, S. 97 m. Nachw.

der einstweiligen Verfügung angeordnet werden.³⁶¹⁾ Es versteht sich von selbst, dass die angebotene Sicherheit eine **hinreichende „Werthaltigkeit"** haben muss. Wird durch eine (selbstschuldnerische) Bankbürgschaft „der Anspruch auf Erfüllung der Werklohnforderung unmittelbar gesichert",³⁶²⁾ bestehen im Zweifel keine durchgreifenden Bedenken gegen einen Austausch der Sicherheiten.

**289** Ist die gleichwertige Absicherung des Vergütungsanspruchs gewährleistet, wird es im Rahmen des Aufhebungsverfahrens nicht erforderlich sein, dass der Schuldner (Besteller) die Sicherheit bereits geleistet, also die erforderliche Schuldsumme hinterlegt oder die Bürgschaftsurkunde im Original dem Gläubiger überreicht hat. Vielmehr ist nur die Gestattung der Aufhebung einer einstweiligen Verfügung auszusprechen. Solange die Sicherheit dann nicht geleistet wird, bleibt die einstweilige Verfügung aufrechterhalten; leistet der Schuldner, tritt sie automatisch außer Kraft.³⁶³⁾

**290** Durch den Antrag auf Erlass einer einstweiligen Verfügung (Eingang bei Gericht) wird die Rechtshängigkeit des Verfügungsbegehrens begründet.³⁶⁴⁾ Der Antrag kann auch nach einer mündlichen Verhandlung ohne Einwilligung des Gegners zurückgenommen werden. Mit der Rücknahme wird eine ergangene einstweilige Verfügung nachträglich wieder wirkungslos.³⁶⁵⁾

### b) Die Klage auf Eintragung einer Bauhandwerkersicherungshypothek

*Literatur*
*Leue*, Sicherungsansprüche nach materiellem Recht und einstweiliger Rechtsschutz, JuS 1985, 176; *Ruland*, Werklohnklage – Hauptsache bei Anordnung der Klageerhebung nach Beschluss entsprechend §§ 648, 883 BGB, § 935 ZPO?, BauR 1999, 316.

**291** Mit der **Vormerkung** auf Eintragung einer Sicherungshypothek ist der Anspruch gemäß § 648 BGB noch nicht endgültig gesichert. Der Bauwerkunternehmer muss vielmehr nun **auf Einwilligung** zur Eintragung der Handwerkersicherungshypothek **klagen**.³⁶⁶⁾ Hierzu kann das Gericht, das die einstweilige Verfügung erlassen hat, dem Unternehmer auf Antrag des Bauherrn auch eine **bestimmte Frist** setzen, innerhalb der die Klage zu erheben ist (§§ 926, 936 ZPO).³⁶⁷⁾ Lässt der Unternehmer die ihm gesetzte Frist verstreichen, ohne Klage zu erheben, ist auf Antrag des Bauherrn die Aufhebung der einstweiligen Verfügung durch Endurteil auszusprechen (§ 926 Abs. 2 ZPO). Dieser Antrag kann auch im Berufungsverfahren gestellt werden,

---

361) **Anderer Ansicht:** LG München I, IBR 2002, 545 – *Maier;* LG Hamburg, MDR 1971, 851 sowie *Bronsch*, a. a. O.
362) OLG Saarbrücken, BauR 1993, 348; in diesem Sinne wohl auch OLG Hamm, BauR 1993, 115, 117, das „eine gleich sichere und vollständige Absicherung der Vergütungsforderung durch die Prozessbürgschaft" verlangt.
363) OLG Köln, NJW 1975, 454, 455.
364) Vgl. OLG Hamburg, MDR 1965, 755; LG Hamburg, MDR 1966, 931; OLG Köln, NJW 1973, 2071.
365) **Anderer Ansicht:** *Fürst*, BB 1974, 890.
366) Dieser Anspruch kann auch gegen den Rechtsnachfolger des Auftraggebers/Bestellers gerichtet werden (OLG Frankfurt, IBR 2007, 250 – *Lichtenberg*).
367) Zur Anwendung des **§ 167 ZPO n. F.** (§ 270 Abs. 3 ZPO a. F.) auf die Fristberechnung zur Klageerhebung nach § 926 ZPO: KG, BauR 2004, 122.

## Verfahrensfragen

wenn die einstweilige Verfügung noch nicht rechtskräftig ist und der Rechtsstreit im Berufungsrechtszug schwebt.[368]

**Hauptklage** im Sinne der §§ 926, 936 Abs. 1 ZPO ist nach herrschender Auffassung nur die **Hypothekenklage;** eine Zahlungsklage reicht daher für die Umschreibung der Vormerkung in die Handwerkersicherungshypothek nicht aus.[369] Anderer Auffassung ist das OLG Frankfurt,[370] das neben der Klage auf Einräumung einer Sicherungshypothek auch die Zahlungsklage als Hauptsacheklage im Sinne der §§ 919, 926 ZPO ansieht, sofern die Parteien darüber streiten, ob der geltend gemachte Anspruch (z. B. des Architekten) besteht. Die gleichwohl aufgrund eines Zahlungsurteils in eine Sicherungshypothek umgeschriebene Vormerkung ist als wirksame Zwangshypothek anzusehen, die an bereitester Stelle zur Entstehung gelangt.[371]

292

Bei der Klage auf Einwilligung in die Bauhandwerkersicherungshypothek ist im **Antrag** darauf zu achten, dass die **Rangstelle der Vormerkung** auch für die Sicherungshypothek **gewahrt** wird. Nach einer Entscheidung des LG Berlin[372] genügt dafür die Verurteilung des Eigentümers, „die Eintragung der Hypothek unter Ausnutzung der durch die Vormerkung gesicherten Rangstelle zu bewilligen". Das LG Frankfurt[373] fordert in diesem Zusammenhang, dass der **Tenor** der Verurteilung alle Angaben enthalten muss, die Inhalt einer entsprechenden **freiwilligen** Eintragungsbewilligung auf Umschreibung der Vormerkung sein müssen; es bedürfe also eines **Hinweises auf die Vormerkung,** deren Rang ausgenutzt werden soll.

293

Ziel der Klage auf Eintragung einer Sicherungshypothek ist die Ersetzung der für die Eintragung erforderlichen Eintragungsbewilligung des Verpflichteten. Mit der Rechtskraft des Urteils gilt die Eintragungsbewilligung als erteilt (§ 894 ZPO). Die Eintragung der Sicherungshypothek erfolgt dann auf Antrag des Gläubigers nach Maßgabe des Urteils.[374] Es handelt sich bei dieser Klage um eine Leistungsklage, deren Streitwert nach § 6 ZPO zu bestimmen ist. Maßgebend ist also die Höhe der Bauwerkforderung.[375] Die Klage auf Einräumung einer Sicherungshypothek kann im dinglichen Gerichtsstand des § 26 ZPO erhoben werden.[376]

294

Aus prozessökonomischen Gründen empfiehlt sich, neben Einräumung einer Sicherungshypothek auch auf Zahlung der Bauforderung selbst zu klagen, zumal die Bauforderung bei der Klage auf Einräumung einer Sicherungshypothek in der

295

---

368) OLG Düsseldorf, *Schäfer/Finnern,* Z 2.321 Bl. 54.
369) Vgl. OLG Celle, BauR 2004, 696 = MDR 2004, 111 = NJW-RR 2003, 1529 = BauRB 2003, 171 = IBR 2003, 519 – *Throm;* OLG Frankfurt, NJW 1983, 1129 = BauR 1984, 535 = *SFH,* Nr. 1 zu § 926 ZPO; OLG Düsseldorf, NJW-RR 1986, 322; *Heiermann/Riedl/Rusam,* § 17/B, Rdn. 114; *Ruland,* BauR 1999, 316 ff.
370) BauR 2002, 1435 = NZBau 2002, 456 = OLGR 2002, 221 = MDR 2003, 23 = IBR 2002, 456 – *Brandt;* LG München I, Urt. v. 25.7.1973 – 35 O 209/73; *Leue,* JuS 1985, 176 ff.; *Zöller/Vollkommer,* § 926 ZPO, Rdn. 30.
371) Vgl. KG, JW 1931, 1202.
372) BauR 1987, 358, 359; bestätigt durch KG, BauR 1987, 359.
373) Rpfleger 1977, 301.
374) *Lüdtke-Handjery,* DB 1972, 2197.
375) Vgl. OLG Stettin, JW 1929, 211; OLG Köln, BlGBW 1974, 115 = DB 1974, 429.
376) OLG Braunschweig, OLGZ 1974, 210 = BB 1974, 624; *Ingenstau/Korbion/Joussen,* Anhang 2, Rdn. 117.

Regel inzidenter geprüft werden muss; denn nur, soweit eine Bauforderung besteht, kann der Anspruch auf Einräumung der Sicherungshypothek begründet sein (vgl. Rdn. 262 ff.). Allerdings setzt eine solche Klage voraus, dass die Bauforderung bereits fällig ist, weil sie sonst der Abweisung unterliegen müsste, was für den Anspruch aus § 648 BGB nicht der Fall sein muss (vgl. Rdn. 225).

**296** Die entsprechende Klage des Unternehmers auf Eintragung einer Bauhandwerkersicherungshypothek nebst Zahlungsklage nach Erlass einer einstweiligen Verfügung und nach Eintragung der Vormerkung kann daher z. B. folgenden Wortlaut haben:

**Muster**
An das
Amtsgericht/Landgericht
Köln

*Klage*
des Stukkateurmeisters Reinhold X, Meister-Johann-Str. 8, 50676 Köln,

– Klägers –

vertreten durch die RA X, Y, Z

gegen

Herrn Heinrich Z, Brauweilerweg 1, 50698 Köln,

– Beklagten –

Namens und im Auftrag des Klägers erheben wir Klage mit dem Antrag,
1. den Beklagten zu verurteilen, die Eintragung einer Sicherungshypothek in Höhe von ...... € (Werklohn) zuzüglich ......% Zinsen seit dem ...... für den Kläger auf dem im Grundbuch von Longerich, beim Amtsgericht Köln, Bd. ......, Bl. ......, Flur......, Parzelle ......, Brauweilerweg 1, eingetragenen Grundstück zu bewilligen, und zwar unter rangwahrender Ausnutzung der aufgrund der einstweiligen Verfügung des Amtsgerichts/Landgerichts K. vom ...... (Az.: ......) eingetragenen Vormerkung;
2. den Beklagten zu verurteilen, an den Kläger ...... € zuzüglich 10% Zinsen seit dem ...... zu zahlen Zug um Zug gegen Abgabe der Löschungsbewilligung bezüglich der unter Ziffer 1 erwähnten Bauhandwerkersicherungshypothek;
3. dem Beklagten die Kosten des Rechtsstreits aufzuerlegen;
4. das Urteil für vorläufig vollstreckbar zu erklären.

*Gründe:*
Der Beklagte ist Eigentümer des im Antrag genannten Grundstücks. Der Kläger wurde gemäß Bauvertrag vom ...... von dem Beklagten beauftragt, auf dem genannten Grundstück des Beklagten Putzarbeiten durchzuführen.

*Beweis:* Vorlage des Bauvertrages vom ......

Über diese Putzarbeiten hat der Kläger zwischenzeitlich unter dem ...... Schlussrechnung erteilt.

*Beweis:* Vorlage der Schlussrechnung vom ......

Die in der vorgenannten Rechnung enthaltenen Leistungen sind von dem Kläger ordnungsgemäß erbracht und abgenommen worden. Trotz verschiedener Mahnungen zahlt der Beklagte die ausstehende Rechnung nicht.

Das Amtsgericht/Landgericht Köln hat aufgrund unseres Antrages vom ...... im Wege des einstweiligen Verfügungsverfahrens entschieden, dass zu Gunsten des Klägers eine Vormerkung zur Sicherung des Anspruchs auf Einräumung einer Sicherungshypothek auf dem oben genannten Grundstück einzutragen ist. Auf das einstweilige Verfügungsverfahren des Amtsgerichts/Landgerichts Köln (Az.: ......) wird Bezug genommen.

## Rechtsbehelfe                                                     Rdn. 297–299

Der Kläger nimmt Bankkredit in Höhe von 10% in Anspruch.

Zwischen den Parteien ist, wie aus dem Bauvertrag hervorgeht, die VOB vereinbart. Der Schlussrechnungsbetrag in Höhe von € ...... war am ...... fällig. Mit Schreiben vom ...... ist der Beklagte aufgefordert worden, Zahlung zu leisten. Dies ist bisher nicht geschehen.

(Gegebenenfalls weitere Ausführungen zur Substantiierung der Ansprüche.)

### 5. Rechtsbehelfe

Hat der Bauwerkunternehmer (Architekt/Unternehmer/Sonderfachmann usw.) **297** den Anspruch auf eine Sicherungshypothek glaubhaft gemacht, wird das Gericht (in der Regel das Landgericht) durch einstweilige Verfügung – Beschluss – dem Antragsbegehren entsprechen. Der Eigentümer/Besteller kann sich dann gegen die erlassene einstweilige Verfügung auf Eintragung einer Vormerkung durch **Widerspruch** (§§ 936, 924 Abs. 1 ZPO – „**Rechtfertigungsverfahren**") oder **Aufhebungsantrag** (§§ 936, 927 ZPO) zur Wehr setzen. Zugleich kann der Eigentümer (Besteller) den Antrag stellen, dem Unternehmer eine Frist zur Erhebung der Hauptklage zu setzen.

Der Antrag auf Erlass einer einstweiligen Verfügung kann auch durch **Beschluss** zurückgewiesen werden (§ 937 Abs. 2 ZPO).

Will der Antragsgegner (Eigentümer) gegen eine erlassene einstweilige Verfügung **298** mittels des **Widerspruchs** vorgehen, so kann er **beantragen,** den Beschluss des Gerichts aufzuheben. Er kann aber auch in Anlehnung an § 942 ZPO beantragen, eine Frist zu bestimmen, innerhalb der die Ladung des Antragsgegners (Eigentümers) zur mündlichen Verhandlung über die Rechtmäßigkeit der einstweiligen Verfügung bei dem **Gericht der Hauptsache**[377] zu beantragen ist. Der Widerspruch ist ein zeitlich unbefristeter Rechtsbehelf.[378] Ist die einstweilige Verfügung noch nicht vollzogen, also die Vormerkung noch nicht im Grundbuch eingetragen, kann der Antrag gemäß § 707 Abs. 1 ZPO gestellt werden, dass die Vollziehung des Beschlusses notfalls gegen Sicherheitsleistung ausgesetzt wird.

Über den Widerspruch ist durch **Urteil** zu befinden; dagegen kann nach den all- **299** gemeinen Vorschriften **Berufung** eingelegt werden.[379] Beschwert ist der Bauherr, der zur Bewilligung der Vormerkung verurteilt wird, beschwert ist aber auch der Bauwerkunternehmer, dessen Anspruch aus § 648 BGB teilweise (z. B. wegen Mängel der Werkleistung) aberkannt wird. Eine **Revision** gegen Urteile des Berufungsgerichts, durch die Anordnung, Abänderung oder Aufhebung einer einstweiligen Verfügung entschieden worden ist, findet die Revision nicht statt (§ 542 Abs. 2 ZPO); ebenso ist eine **Rechtsbeschwerde** gegen Entscheidungen, die durch Beschluss ergangen sind, nicht zulässig.[380]

---

377) Für den Erlass der einstweiligen Verfügung ist das Gericht der Hauptsache zuständig (§ 937 Abs. 1 ZPO), außerdem das Amtsgericht, in dessen Bezirk das Grundstück liegt (§ 942 Abs. 2 ZPO). Die örtliche Zuständigkeit richtet sich nach den §§ 12 ff. bzw. § 21 ZPO. Ob eine Klage aus § 648 BGB auch im dinglichen Gerichtsstand des § 26 ZPO erhoben werden kann, ist streitig (s. Rdn. 294). **Hauptsache** ist im Übrigen nur der Bewilligungsanspruch, nicht der Zahlungsanspruch (s. Rdn. 292).
378) KG, NJW 1962, 816; OLG Düsseldorf, 1972, 1955. Zum Rechtsmissbrauch: *Thomas/Putzo/Reichold*, § 924 ZPO, Rdn. 1 m. Nachw.
379) Zum **Vollstreckungsschutz** in der Berufungsinstanz siehe Rdn. 384 ff.
380) Siehe BGH, NJW 2003, 1531.

**300** Wird nach einem Widerspruch der Anspruch des Unternehmers aus § 648 BGB im Termin zur mündlichen Verhandlung „unter Verwahrung gegen die Kostenlast **anerkannt**", so ist ein **Anerkenntnisurteil** zu erlassen (§ 307 ZPO). Gegen das Anerkenntnisurteil kann, soweit die Kostenentscheidung angegriffen werden soll, die sofortige Beschwerde eingelegt werden.[381] Erklären die Parteien den Rechtsstreit in der Hauptsache für **erledigt**, z. B., weil der Bauherr zwischenzeitlich eine Bankbürgschaft gestellt hat, so ist gemäß § 91 a ZPO zu entscheiden;[382] gegen den Kostenbeschluss ist der Rechtsbehelf der sofortigen Beschwerde zulässig (§ 91 a Abs. 2 ZPO); dies gilt ab 1. 1. 2002 nicht, wenn der Streitwert der Hauptsache den in § 511 ZPO genannten Betrag (600 Euro) nicht übersteigt.

**301** Wird über ein Gesuch aus § 648 BGB durch Beschluss entschieden, kann der betroffene Eigentümer (Besteller) sich auch damit begnügen, nur einen **Kostenwiderspruch** einzulegen; damit wendet er sich nicht dagegen, dass dem Unternehmer der Sicherungsanspruch aus § 648 BGB im Wege der einstweiligen Verfügung zugesprochen worden ist, sondern er will nur verhindern, dass er auch mit den Kosten des einstweiligen Verfügungsverfahrens belastet wird (Argument: § 93 ZPO; s. Rdn. 303). In der Praxis sind solche Kostenwidersprüche, gegen deren Zulässigkeit keine Bedenken bestehen,[383] durchaus nicht selten. In einem solchen Falle hat das Gericht über den Kostenwiderspruch durch **Urteil** zu befinden. Gegen das Urteil findet jedoch nur wiederum die **sofortige Beschwerde** gemäß § 99 Abs. 2 ZPO n. F. (analog) statt.[384]

### 6. Kostenentscheidung

*Literatur*

*Rathjen*, Zur Kostenfrage bei einstweiligen Verfügungen auf Vormerkungen zu Bauhandwerkersicherungshypotheken, BlGBW 1976, 186; *Heyers*, Die Veranlassung zur einstweiligen Verfügung nach §§ 648, 885 BGB im Rahmen des § 93 ZPO, BauR 1980, 20.

**302** Die **Kostenentscheidung** folgt bei einer streitigen Verhandlung aus §§ 91, 92 ZPO. Wird deshalb einem Antrag auf Erlass einer einstweiligen Verfügung zur Sicherung des Anspruchs aus § 648 BGB wegen vorhandener Mängel der Werkleistung nur teilweise entsprochen, ist § 92 ZPO anzuwenden. Wird das einstweilige Verfügungsverfahren übereinstimmend für erledigt erklärt, etwa nach Stellung von ausreichenden Sicherheiten durch den Bauherrn, ist über die Kosten gemäß § 91 a ZPO zu befinden.[385] Bei **Aufhebung** der einstweiligen Verfügung auf Eintragung einer Vormerkung **wegen Versäumung der Vollziehungsfrist** hat der Antragsteller (Bauunternehmer) die Kosten nicht nur des Aufhebungsverfahrens, sondern auch die Kosten des gesamten Verfahrens auf Erlass der einstweiligen Verfügung zu tragen.

---

381) OLG Düsseldorf, BauR 1980, 92.
382) Beispielsfall: OLG Düsseldorf, BauR 1979, 358. Der Unternehmer muss stets sorgfältig prüfen, ob er einem Aufhebungsbegehren des Bestellers (§ 939 ZPO) widersprechen oder besser einen (begründeten) Anspruch anerkennen soll, um Kostennachteile auszuschließen (vgl. OLG Saarbrücken, BauR 1993, 348).
383) Vgl. OLG Düsseldorf, JurBüro 1986, 1718; *Lemke*, DRiZ 1992, 339.
384) Vgl. hierzu: Brandenburgisches OLG, NJW-RR 2000, 1668, 1669; OLG Frankfurt, OLGR 1992, 150; OLG Düsseldorf, MDR 1961, 515; NJW 1972, 1955; WRP 1976, 127; WRP 1979, 793; **a. A.:** OLG München, NJW 1972, 954.
385) Vgl. OLG Braunschweig, NdsRpfl. 1950, 172; OLG Frankfurt, NJW 1960, 251.

## Kostenentscheidung

In dem entsprechenden Aufhebungsverfahren ist daher über die Kosten des Anordnungsverfahrens mit zu entscheiden.[386]

Sehr **umstritten** ist, ob der Bauwerkunternehmer entsprechend § 93 ZPO die Verfahrenskosten tragen muss, wenn der **Bauherr** nach Erlass der einstweiligen Verfügung Widerspruch einlegt und den Anspruch aus § 648 BGB **sofort anerkennt**. Die **überwiegende** Ansicht bejahte dies für den Fall, dass der Antragsteller (Unternehmer) den Antragsgegner (Bauherrn) **nicht** vorprozessual zur freiwilligen Einräumung der Sicherungshypothek aufgefordert hatte.[387] **Inzwischen** hat sich jedoch die **Gegenansicht durchgesetzt,** wonach eine **vorherige Abmahnung** des Auftraggebers (Bauherrn) zur Bewilligung einer Vormerkung bzw. einer Sicherungshypothek **nicht erforderlich** ist, um Kostennachteile zu vermeiden.[388] **303**

Die Gegenmeinung[389] verneint zu Recht die Anwendbarkeit des § 93 ZPO in diesen Fällen vor allem aus dem Zweck des § 648 BGB als raschem Sicherungsmittel sowie wegen der Gefahr, die mit einer solchen vorprozessualen Abmahnung für den Baugläubiger verbunden sein könnte. Es kann nämlich nicht geleugnet werden, dass nach einer vorprozessualen Abmahnung durch den Baugläubiger das Grundstück des Schuldners so belastet werden kann, dass eine Hypothek als Sicherungsmittel für den Baugläubiger nunmehr sinnlos wird **(Ranginteresse!)**.[390]

Die Streitfrage hinsichtlich der Kostenlast bei unterbliebener Abmahnung kann aus dem Gesetz allerdings nicht befriedigend beantwortet werden. Es lässt sich – entgegen dem Wettbewerbsrecht – nicht sagen, dass grundsätzlich ein Abmahngebot im Rahmen des § 648 BGB besteht; Äußerungen, die in diese Richtung gehen, sind zurückzuweisen.[391] Es darauf abzustellen, ob der Gläubiger „objektive Anhaltspunkte dafür hat, dass der Schuldner die Bewilligungserklärung nicht freiwillig abgeben wird" (Joost)[392] – dann Entbehrlichkeit der Abmahnung –, dürfte wegen der Rechtsnatur des Anspruchs aus § 648 BGB und wegen § 885 Abs. 1 Satz 2 BGB kaum gerechtfertigt sein. Gerade in Fällen, in denen die Bauforderung noch nicht fällig ist, würde die in den §§ 648, 885 Abs. 1 Satz 2 BGB zum Ausdruck gekommene Risikoverteilung einseitig zu Lasten des Baugläubigers verschoben. **304**

---

386) OLG Hamburg, NJW 1964, 600; OLG Frankfurt, Rpfleger 1963, 251; LG Köln, *Schäfer/Finnern*, Z 2.321 Bl. 50 u. 51.
387) Vgl. OLG Frankfurt, OLGR 1992, 150, 151; OLG Karlsruhe, Recht 1927, 1647; LG Berlin, BauR 1999, 946, 947; LG München, MDR 1963, 418; OLG Düsseldorf, NJW 1972, 1676 u. 1955; OLG Köln, *SFH*, Nr. 1 zu § 93 ZPO; *Joost*, NJW 1975, 1172; LG Köln, *Schäfer/Finnern*, Z 2.321 Bl. 39; OLG Köln, *SFH*, Nr. 1 zu § 93 ZPO; LG Osnabrück, NdsRpfl. 1983, 145; OLG Oldenburg, NdsRpfl. 1983, 148; *Kapellmann*, BauR 1976, 323, 327; vgl. ferner: OLG Hamm, NJW 1976, 1459; *Rathjen*, BlGBW 1976, 186 ff.
388) So zutr. Beck'scher VOB-Komm/*Jagenburg*, Vor § 2 VOB/B, Rdn. 410; ebenso: OLG Dresden, BauR 2000, 1378; OLG Köln, NJW-RR 1997, 1242; *Ingenstau/Korbion/Joussen*, Anhang 2, Rdn. 113.
389) Vgl. OLG Dresden, BauR 2000, 1378; OLG Stuttgart, BauR 1995, 116; OLG Karlsruhe, IBR 2003, 29; LG Ulm, BauR 1986, 489; LG Hannover, MDR 1969, 935; OLG Köln, NJW 1975, 454, 455; OLG Köln, JMBl. NW 1975, 175; *Jagenburg*, NJW 1973, 1721, 1726; OLG Düsseldorf, BauR 1976, 285; OLG Celle, BauR 1976, 365, 367; *Heiermann/Riedl/Rusam*, § 2 VOB/B, Rdn. 51.
390) Vgl. OLG Celle, BauR 1976, 365, 367 = NJW 1977, 1731 (LS); OLG Frankfurt, BauR 1989, 644.
391) Zutreffend: *Heyers*, BauR 1980, 20 ff.
392) NJW 1975, 1172.

Man sollte daher entgegen Joost anders fragen: Hatte der **Gläubiger** konkrete Anhaltspunkte dafür, dass der Schuldner einer vorprozessualen Aufforderung zur Bewilligung einer Sicherungshypothek nachkommen werde?[393] Ist dies zu bejahen, hat auch eine vorprozessuale Abmahnung zu erfolgen; nur dann ist eine solche Aufforderung an den Schuldner nicht sinnlos, und auch der von dem LG Dortmund[394] herausgestellte Gedanke trifft zu, es müsse im Interesse des **lauteren** Schuldners verlangt werden, dass dieser wegen der anfallenden Gerichts- und Anwaltskosten zuvor zur Bewilligung der Vormerkung (Hypothek) aufgefordert wird. Solche **objektiven Anhaltspunkte** für den Gläubiger wären etwa die bisherigen **pünktlichen** Abschlagszahlungen des Bauschuldners und erkennbar **vorhandenes Vermögen** oder Sicherungsmittel, ferner der Umstand, dass der Bauherr schon früher **von sich aus** die Sicherung durch eine Handwerkerhypothek **angeboten** hatte.[395]

**305**  Mit Recht weist das OLG Celle[396] darauf hin, Grundsatz müsse es stets sein, dass der **Gläubiger Veranlassung zu einer Inanspruchnahme des Gerichts** hatte, wenn nicht besondere Umstände des konkreten Falles das Vorliegen einer Gefährdung ausschließen oder zumindest unwahrscheinlich machen; bei der Prüfung, ob der Gläubiger Veranlassung hatte, im Wege der einstweiligen Verfügung die Eintragung einer Vormerkung zu erwirken, sei auch darauf abzustellen, ob der Schuldner seiner Zahlungspflicht nachgekommen oder nur aus einen Verzug ausschließenden Gründen – etwa dem Vorliegen eines Leistungsverweigerungsrechts wegen **mangelnder Werkleistung** des Gläubigers – nicht nachgekommen sei. **Bestritten** der Bauherr den Anspruch oder gerät er mit der Erfüllung der Zahlungsverpflichtung in **Verzug**, ist nicht nur der Zahlungsanspruch des Unternehmers gefährdet, sondern auch sein Eintragungsanspruch gemäß § 648 BGB.[397] Einer Aufforderung zur Bewilligung der Eintragung einer Sicherungshypothek oder Vormerkung bedarf es hier nicht mehr.[398] Vielmehr hat der Bauherr durch sein Verhalten Anlass zum Antrag des Unternehmers auf Erlass der einstweiligen Verfügung gegeben. Dasselbe gilt, wenn es für den Unternehmer aus anderen Gründen **unzumutbar** ist, den Bauherrn abzumahnen,[399] so z. B. bei **Verkaufsabsichten** des Bauherrn oder wenn dieser sich weigert, eine bereits eingetragene Vormerkung in ein Vollrecht (Sicherungshypothek) umzuwandeln, obwohl er den Anspruch auf Einräumung der Vormerkung bereits dem Grunde nach anerkannt hat. Eine Aufforderung ist auch unzumutbar, wenn bereits klageweise **weitere Vormerkungen** zur Sicherung des Anspruchs auf Einräumung einer Sicherungshypothek durch **andere** Unternehmer (in erheblichem Umfang) **eingetra-**

---

393) So auch OLG Dresden, BauR 2000, 1378; OLG Celle, BauR 1976, 365, 367 u. OLG Stuttgart, BauR 1995, 116, 117 (für den Fall, dass der Besteller vorprozessual bereits die Bereitschaft zur Bestellung einer Sicherungshypothek erklärt); s. ferner: OLG Rostock, IBR 2002, 652 – *Knipp*; OLG Frankfurt, OLGR 1996, 255.
394) BlGBW 1974, 52.
395) OLG Köln, *SFH*, Nr. 1 zu § 93 ZPO; OLG Stuttgart, a. a. O.
396) BauR 1976, 365, 367; ihm folgend: OLG Dresden, BauR 2000, 1378; OLG Frankfurt, BauR 1989, 644 u. OLGR 1992, 150; **a. A.:** OLG Hamm, NJW 1976, 1459; *Joost*, NJW 1975, 1172 m. w. Nachw.
397) *Rathjen*, BlGBW 1976, 186, 187; **a. A.:** LG Osnabrück, NdsRpfl. 1983, 145, 147.
398) LG Ulm, BauR 1986, 489, 490.
399) *Rathjen*, a. a. O.

gen worden sind.⁴⁰⁰⁾ In diesen Fällen ist das Sicherungsmittel der Hypothek nur dann effektiv, wenn es schnell durchgesetzt und nicht gefährdet werden kann.

**306** Für die Kostenentscheidung ist grundsätzlich nur das **vorprozessuale Verhalten** des Bauherrn maßgebend; diesem obliegt auch nach der hier vertretenen Ansicht die **Darlegungs-** und **Beweislast,** wenn er sich im Rahmen der Kostenentscheidung erfolgreich darauf berufen will, er habe durch sein Verhalten jedenfalls „keinen Anlass" zur Beantragung einer einstweiligen Verfügung gegeben.⁴⁰¹⁾

Der zunächst fehlende Anlass zur Klageerhebung kann auch noch nach Klageerhebung „nachwachsen", wenn der Bauherr sich so verhält, dass der Unternehmer nunmehr – rückschauend – Anlass gehabt hat, Klage zu erheben;⁴⁰²⁾ denn nach Sinn und Zweck des § 93 ZPO sollen aus Billigkeitsgründen den Kläger nur dann die Kosten treffen, wenn dieser ohne Prozess sein Prozessziel erreicht hätte. Ergibt sich aber aus dem Verhalten des Beklagten nach Prozessbeginn, dass dieser den gegen ihn geltend gemachten Anspruch aus § 648 BGB auch ohne eine Klage nicht erfüllt hätte, so wäre es in der Tat unbillig, wenn der Kläger die Kosten des Prozesses tragen müsste.⁴⁰³⁾ Alle Voraussetzungen des § 93 ZPO müssen somit noch im Zeitpunkt der letzten mündlichen Verhandlung vorliegen.

**307** Ein früheres Bestreiten in vorbereitenden Schriftsätzen steht einem sofortigen Anerkenntnis i. S. des § 93 ZPO nicht entgegen, wenn nicht ihr Inhalt – etwa im schriftlichen Verfahren oder bei einer Entscheidung nach Lage der Akten – dem mündlich Vorgetragenen gleichsteht.⁴⁰⁴⁾

**308** Zu beachten ist schließlich, dass dem Bauherrn durch Einreichung einer **Schutzschrift** (Rdn. 339 ff.) Kostennachteile erwachsen können. Das Amtsgericht Euskirchen⁴⁰⁵⁾ hat insoweit bemerkt:

„Es kann dahingestellt bleiben, ob auch bei einem Anspruch auf Eintragung einer Vormerkung zur Sicherung des Anspruchs auf Eintragung einer Bauhandwerkersicherungshypothek eine Abmahnung oder Aufforderung zur Sicherheitsleistung vorausgehen muss oder ob eine vorherige Abmahnung verzichtbar ist. Hierauf käme es nur dann an, wenn im Verfahren auf Erlass einer einstweiligen Verfügung der Antragsgegner den Anspruch auf Eintragung einer Bauhandwerkersicherungshypothek sofort anerkannt hätte. Ein sofortiges Anerkenntnis ist im vorliegenden Falle jedoch nicht gegeben. Mit der Schutzschrift hat die Antragsgegnerin vielmehr unmissverständlich zu erkennen gegeben, dass – da die Antragstellerin gegen die Antragsgegnerin keine Forderung mehr habe – ihr ein Sicherungsanspruch nicht zustehe. Bei dieser von der Antragsgegnerin vertretenen Auffassung ist bei nachträglicher Beurteilung davon auszugehen, dass die Aufforderung zur Leistung einer Sicherheit vor Einleitung des einstweiligen Verfügungsverfahrens, selbst wenn man der erstgenannten Absicht folgt, nicht zum Erfolg geführt hätte. Vielmehr zeigt das Bestreiten des Vorliegens eines zu sichernden Anspruchs in der Schutzschrift mit aller Deutlichkeit, dass die Antragsgegnerin zunächst, selbst noch nach Anhängigkeit des Verfahrens, einen zu sichernden Anspruch nicht anerkennen wollte. Es kann daher dahingestellt bleiben, aus welchen

---

400) OLG Köln, NJW-RR 1997, 1242.
401) Zutreffend: OLG Dresden, BauR 2000, 1378.
402) Vgl. KG, NJW 1957, 796; anders: OLG München, MDR 1984, 409.
403) OLG Düsseldorf, VersR 1971, 1126; OLG Düsseldorf, BauR 1980, 92, 93; OLG Köln, MDR 1973, 593.
404) OLG Düsseldorf, BauR 1980, 92.
405) Urteil vom 3. August 1981 – 12 C 255/81; s. auch OLG Frankfurt, ZIP 1983, 1389 für die Begründung des Widerspruchs gegen Mahnbescheid.

Gründen sie dann dennoch schließlich den Hauptsacheanspruch anerkannt hat. Jedenfalls ist darin nicht mehr ein sofortiges Anerkenntnis im Sinne des § 93 ZPO zu sehen."

**309**  Dem Bauherrn (Antragsgegner) obliegt auch die **Darlegungs-** und **Beweislast** hinsichtlich der Frage, ob er Veranlassung zur Klage gemäß § 93 ZPO gegeben hat.[406] Dies gilt auch dann, wenn die Veranlassung zur Klageerhebung von materiell-rechtlichen Voraussetzungen abhing, für die bei einer Sachentscheidung der Kläger (Unternehmer) die Darlegungs- und Beweislast trägt.[407] Das wird von der herrschenden Ansicht immer wieder übersehen.[408] Der Bauherr muss daher im Einzelnen darlegen und glaubhaft machen, dass er z. B. trotz der gegen ihn sprechenden Umstände[409] gleichwohl bereit gewesen wäre, den Sicherungsanspruch aus § 648 BGB zu erfüllen und auch auf eine entsprechende Aufforderung hin die Eintragung einer Sicherungshypothek (Vormerkung) gebilligt hätte. Macht der Bauherr das nicht glaubhaft, wird dies dazu führen müssen, dass ihm die Kosten des Verfahrens aufzuerlegen sind. In der **Praxis** hat die hier vertretene Ansicht zur Folge, dass in der Regel den **Bauherrn** die Kostenlast treffen wird; demgegenüber trägt nach der **Rechtsprechung,** die eine Abmahnung verlangt, der **Bauunternehmer** in der Regel die Kosten, wenn er den Bauherrn nicht vorher zur Bewilligung der Vormerkung aufgefordert hat und der Bauherr den Anspruch aus § 648 BGB sofort anerkennt.

**310**  Das sofortige Anerkenntnis kann im vorprozessualen Raum oder im Verfahren selbst erfolgen. Für die Frage der Kostenlast ist dabei **unerheblich,** dass der Schuldner (Bauherr) gegen eine erlassene einstweilige Verfügung zur Sicherung des Anspruchs aus § 648 BGB **Widerspruch** eingelegt hat. Denn nachdem über den Antrag des Gläubigers (Unternehmers) auf Erlass der einstweiligen Verfügung ohne mündliche Verhandlung entschieden worden ist, bietet die Einlegung des Widerspruchs und das dadurch eingeleitete Verfahren für den Schuldner die einzige Möglichkeit, den Verfügungsanspruch anzuerkennen und seine Rechte in kostenmäßiger Hinsicht zu wahren.[410]

**311**  Der Bauherr, der mit einer einstweiligen Verfügung überzogen wird, kann sich schon dann einer anwaltlichen Hilfe bedienen, wenn er vor der Zustellung der einstweiligen Verfügung auf Einräumung einer Vormerkung von der einstweiligen Verfügung Kenntnis erlangt, sei es durch Zufall oder durch eigene Ermittlungen (z. B. Grundbucheinsicht). In diesen Fällen kann sich der Bauherr sofort Gehör verschaffen, indem er z. B. einen Anwalt mit einer schriftsätzlichen Stellungnahme beauftragt, um dem gegen ihn gerichteten Antrag oder der bereits getroffenen Entscheidung entgegentreten zu können. Die dadurch entstehenden Kosten sind dem Bauherrn im Rahmen der Notwendigkeit von dem Antragsteller zu erstatten, wenn es zu einer

---

[406] So zutr. *Heyers*, BauR 1980, 20, 29; OLG Stuttgart, BauR 1995, 116; LG Ulm, BauR 1986, 489, 490; OLG München, Beschl. v. 17. 12. 1984 – 27 W 290/84; **a. A.:** LG Osnabrück, NdsRpfl. 1983, 145, 146.

[407] OLG Frankfurt, NJW-RR 1996, 62 (für den Einwand, die Schlussrechnung sei nicht zugegangen, § 16 Nr. 3 Abs. 1 VOB/B).

[408] Beispiel: OLG Köln, *SFH*, Nr. 1 zu § 93 ZPO.

[409] Zum Beispiel: Bestreiten der Werklohnforderung; Zurückweisung einer Zahlungsaufforderung des Unternehmers.

[410] Vgl. OLG Hamm, NJW 1976, 1459; **a. A.:** LG Köln, BauR 1997, 672, jedoch ohne Begründung.

Antragsrücknahme durch den Antragsteller kommt. In diesen Fällen ist über die Kosten nach § 269 Abs. 3 ZPO zu entscheiden.[411]

## 7. Der Streitwert

Der **Streitwert** für das einstweilige Verfügungsverfahren auf Eintragung einer Vormerkung ist nicht nach § 6 ZPO zu bestimmen,[412] sondern nach § 3 ZPO.[413] In welcher Höhe der Streitwert regelmäßig festzusetzen ist, ist **umstritten.** Die Wertfestsetzungen schwanken zwischen $1/10$ bis zu dem vollen Wert der zu sichernden Forderung. 312

Die Wertfestsetzung hat sich an dem **Einzelfall** auszurichten. Dabei ist das besondere Interesse des Antragstellers an der erstrebten Sicherungsmaßnahme zu berücksichtigen. Fehlt es an besonderen Anhaltspunkten, ist mit dem OLG Koblenz[414] **das Interesse des Antragstellers** an der Sicherung seiner Forderung **in der Regel mit $1/3$ der Bauforderung** zu veranschlagen. Bei der Streitwertermittlung ist insoweit ein Kostenpauschquantum nicht zu berücksichtigen.

Klagt der Bauwerkunternehmer auf Einräumung einer Sicherungshypothek **und** auf Zahlung der Werklohnforderung, liegt eine Klagehäufung (§ 260 ZPO) vor.[415] In diesem Fall soll nach OLG Köln[416] der Streitwert nur nach der Höhe der **Bauforderung** zu bemessen sein. Der Anspruch auf Einräumung der Sicherungshypothek wird also wertmäßig nicht berücksichtigt. Das entspricht der h. A. Dem kann jedoch nicht gefolgt werden. Es ist stets ein **selbstständiges Interesse** an der Sicherstellung durch Einräumung der Sicherungshypothek anzuerkennen.[417] Das Sicherungsinteresse ist besonders in Zeiten von Geldverknappung und Liquiditätsengen groß; bereits **wirtschaftlich** gesehen betrifft das Klageziel daher nicht denselben Gegenstand. Erst recht trifft dies für die **rechtliche** Beurteilung beider Ansprüche zu; diese 313

---

411) **Bestr.;** so OLG Frankfurt, NJW 1955, 1194; OLG Köln, NJW 1973, 2071; OLG Hamburg, NJW 1977, 813; OLG Köln, Beschl. v. 18. 7. 1973 – 17 W 164/73; **a. A.:** *Lent* in Anm. zu OLG Frankfurt, a. a. O.; OLG München, NJW 1955, 1803, 1804.
412) So aber LG Wuppertal, *Schäfer/Finnern,* Z 2.321 Bl. 18; RGZ 35, 394; OLG Köln, JW 1928, 1833; KG, NJW 1954, 1687; OLG Bremen, NJW 1956, 1245; LG Tübingen, BauR 1984, 309.
413) Vgl. OLG Hamburg, JW 1933, 358; OLG Düsseldorf, NJW 1953, 424; KG, Recht 1931, Nr. 652; OLG Frankfurt, JurBüro 1977, 19; LG Frankfurt, AnwBl. 1983, 556.
414) AnwBl. 1974, 27; ebenso: KG, BauR 1972, 259; LG Leipzig, JurBüro 1995, 26 ($1/3$ bis $1/4$ der zu sichernden Forderung); LG Frankenthal, AnwBl. 1983, 556; *Ingenstau/Korbion/Joussen,* Anhang 2, Rdn. 116; ähnlich: OLG Frankfurt, JurBüro 1977, 719 ($1/4$ der Forderungshöhe); anders: LG Saarbrücken, AnwBl. 1981, 70 ($9/10$ des Forderungsbetrages); vgl. auch OLG Celle, JurBüro 1982, 1228 ($1/2$ des Forderungsbetrages).
415) Zum **Grundurteil** über den Restwerklohn und den Anspruch auf Bestellung der Sicherungshypothek: OLG Celle, NZBau 2004, 557 = BauR 2004, 1980.
416) BlGBW 1974, 115 = DB 1974, 429; ebenso: OLG Nürnberg, MDR 2003, 1382 = IBR 2003, 586 – *Hänsel;* OLG Stuttgart, BauR 2003, 131, 132; OLG Koblenz, OLGR 2003, 256; KG, BauR 1998, 829, 830; OLG Frankfurt, JurBüro 1977, 1136; *Siegburg,* BauR 1990, 290, 291; *Frank,* Anspruchsmehrheiten im Streitwertrecht, S. 187.
417) Wie hier: OLG Düsseldorf, NZBau 2005, 697 = NJW-Spezial 2006, 25; OLGR 1997, 136; OLG München, BauR 2000, 927 = IBR 2000, 296 = OLGR 1999, 347; s. ferner: OLG Hamburg, OLGR 2001, 217; **a. A.:** *Ingenstau/Korbion/Joussen,* Anhang 2, Rdn. 116, weil das entscheidende Interesse des Auftragnehmers nur im Erhalt der Vergütung liege.

können in einer verbundenen Klage unterschiedlichen Erfolg haben.[418] Es hat daher eine **Erhöhung** des Streitwertes zu erfolgen. Der Höhe nach bemisst sich dieses streitwerterhöhende eigenständige wirtschaftliche Interesse entsprechend § 6 ZPO ausschließlich an dem **ungekürzten Wert der zu sichernden Forderung**, allenfalls begrenzt durch den Wert des Grundstücks, zu dessen Lasten die Sicherungshypothek eingetragen wird.[419] Bei einer übereinstimmenden **Teil**erledigungserklärung ist das Kosteninteresse nicht nach dem Mehrkostenanteil, sondern verhältnismäßig zu bestimmen.[420]

---

418) OLG Düsseldorf, NZBau 2005, 697, 698; OLG München, BauR 2000, 927 = OLGR 1999, 347.
419) So OLG München, a. a. O.; **a. A.:** OLG Düsseldorf, OLGR 1997, 136, das das zusätzliche Interesse an der Sicherstellung mit ¹/₃ der Bauforderung ansetzt.
420) OLG Düsseldorf, OLGR 1997, 136.

## IV. Die Bauhandwerkersicherung (§ 648 a BGB)

*Übersicht*

|  | Rdn. |  | Rdn. |
|---|---|---|---|
| 1. Die Regelung | 314 | 5. Zum Begriff der „Vorleistung" | 326 |
| 2. Das Verhältnis zu § 648 BGB | 317 | 6. Der Streit um die Sicherheit und die Rechtsfolgen | 332 |
| 3. Der Berechtigte | 320 |  |  |
| 4. Der Verpflichtete | 324 |  |  |

*Literatur*

*Hofmann/Koppmann*, Die neue Bauhandwerkersicherung, 3. Auflage 2000; *Klaft*, Die Bauhandwerkersicherung nach § 648 a BGB, 1998; *Henkel*, Bauhandwerkersicherung, 1999; *Schmitz*, Sicherheiten für die Bauvertragsparteien, 2005.
*Sternberg*, Neuregelung der Bauhandwerkersicherung, BauR 1988, 33; *Ernst*, Wirksame Sicherung der Bauhandwerkersicherung, BB 1988, 785; *Kohler*, Die künftige Sicherung der Bauwerkunternehmer, KTS 1989, 45; *Mergel*, Zur Reform der Bauhandwerkersicherung – eine Auseinandersetzung mit den Vorschlägen der Kommission für Insolvenzrecht, BauR 1989, 559; *Quack*, Mehr Sicherheit für den „Bauhandwerker" – zur geplanten Reform des Sicherungssystems für den vorleistungspflichtigen Bauunternehmer, ZfBR 1990, 113; *Siegburg*, Das geplante „Bauhandwerkersicherungsgesetz", BauR 1990, 647; *Börstinghaus*, Die Sicherung der Bauhandwerkerforderungen auf neuen Wegen, ZRP 1990, 421; *Scholtissek*, Mehr Sicherheit für Bauhandwerker, MDR 1992, 43; *Weber*, Neugestaltung der Bauhandwerkersicherung, ZRP 1992, 292; *Gutbrod*, Bauhandwerkersicherung: Der neue § 648 a BGB – Schutz oder Hemmnis?, DB 1993, 1559; *Breier*, Die neue Bauhandwerkersicherung nach § 648 a BGB, DAB 1993, 1950; *Hütter*, § 648 a BGB – Auch anwendbar auf vor dem 1. Mai 1993 geschlossene Verträge?, BauR 1993, 670; *Slapnicar/Wiegelmann*, Neue Sicherheiten für den Bauhandwerker, NJW 1993, 2903; *Sturmberg*, § 648 a BGB – über das Ziel hinaus? Entspricht die neue Vergütungssicherung den Anforderungen der Vertragspraxis?, BauR 1994, 57; *Hofmann/Koppmann*, Erste Streitfragen bei Anwendung des neuen § 648 a BGB, BauR 1994, 305; *Weber*, Das Bauhandwerkersicherungsgesetz, WM 1994, 725; *Sturmberg*, Noch einmal: § 648 a BGB – Streitfragen, BauR 1995, 169; *Wagner/Sommer*, Zur Entschärfung des § 648 a BGB, ZfBR 1995, 168; *Quack*, Die Bauhandwerkersicherung – Ketzerisches zu einem immer noch ungelösten Problem, BauR 1995, 319; *Leinemann/Klaft*, Erfordert die Neuregelung des § 648 a BGB eine restrikte Auslegung zum Schutz des Bestellers?, NJW 1995, 2521; *Liepe*, Problemlösungen bei der Bauhandwerkersicherung § 648 a BGB aus dem Gesetz selbst, BauR 1996, 336; *Leins*, Wirksamkeit der Nr. 32 der EVM (B) ZVB/E unter Berücksichtigung der Bestimmung des § 648 a Abs. 6 BGB, BauR 1996, 662; *Leinemann*, Der Nebel lichtet sich: Erste Rechtsprechung zu § 648 a BGB, NJW 1997, 238; *Soergel*, Die neue Sicherung der Bauunternehmervergütung, Festschrift für v. Craushaar (1997), 179; *Wagner*, Notarielle Hilfestellung bei § 648 a BGB, Festschrift für v. Craushaar, 413; *Siegburg*, Erfasst § 648 a BGB auch die Vergütung für erbrachte Teilleistungen?, BauR 1997, 40; *Moeser/Kocher*, Begrenzung des Sicherungsverlangens des Werkunternehmers nach § 648 a BGB, BauR 1997, 425; *Hammacher*, § 648 a BGB: Bedarf es bei einem VOB/B-Vertrag einer besonderen schriftlichen Kündigungserklärung?, BauR 1997, 429; *Raabe*, Bauhandwerkersicherungshypothek an schuldnerfremden Grundstücken trotz § 648 a BGB?, BauR 1997, 757; *Reinelt*, Ist § 648 a BGB extensiv oder restriktiv auszulegen?, BauR 1997, 766; *Zimdars*, Bauhandwerkersicherheit gemäß § 648 a BGB: Zulässigkeit der Garantie auf erstes Anfordern und der Befristung der Garantie, DB 1997, 614; *Liepe*, Mängelbeseitigung durch Auftragnehmer erst nach Sicherheit gemäß § 648 a BGB?, BauR 1998, 860; *Stammkötter*, Die Fälligkeit des Erstattungsanspruchs gemäß § 648 a Abs. 3 BGB, ZfBR 1998, 225; *Schulze-Hagen*, § 648 a BGB: Auch nach Abnahme anwendbar?, BauR 1999, 210; *Ullrich*, Uneingeschränkter Werklohnanspruch trotz Mängeln?, MDR 1999, 1233; *Brechtelsbauer*, Leistungsverweigerungs- und Kündigungsrechte nach § 648 a BGB auch bei eigener Vertragsuntreue des Unternehmers?, BauR 1999, 1371; *Schilling*, Probleme zum Umfang und zur Höhe einer Sicherheitsleistung nach § 648 a

BGB, insbesondere auch zu den Bürgschaften eines zugleich objektfinanzierenden Kreditinstituts, Festschrift für Vygen (1999), 260.

*Literatur ab 2000*
*Thierau*, § 648 a BGB nach Abnahme – „Rückschlagsicherung" gegen Mängeleinreden?, NZBau 2000, 14; *Schulze-Hagen*, § 648 a BGB – eine Zwischenbilanz, BauR 2000, 28; *Leineweber*, § 648 a BGB – Alternative Sicherungsformen anstelle der Bürgschaft, BauR 2000, 159; *Schmitz*, Richtiger Umgang mit Sicherheitsverlangen von Bauunternehmern gemäß § 648 a BGB, ZfIR 2000, 489; *Zanner*, Zum Umfang der Sicherheit nach § 648 a BGB bei Vereinbarung der VOB/B, BauR 2000, 485; *Warner*, § 648 a BGB – Voraussetzungen der Bestellerpflicht zur Sicherheitsleistung und Folgen der Nichtleistung der Sicherheit im Werklohnprozess, BauR 2000, 1261; *Leinemann/Sterner*, § 648 a BGB: Zu Art und Höhe der Sicherheit sowie zum Zeitpunkt des Sicherungsbegehrens, BauR 2000, 1414; *Boecken*, Die Sicherheit nach § 648 a BGB, DAB 2000, 1427; *Buscher*, Möglichkeit der Befristung der Bürgschaft nach § 648 a BGB?, BauR 2001, 159; *Bschorr/Putterer*, Zur Frage der Anwendbarkeit des § 648 a BGB nach der Abnahme oder Kündigung, BauR 2001, 1497; *Jagenburg*, Fallstricke bei der Gestaltung von Bauverträgen, Jahrbuch Baurecht 2002, 1; *Frank*, Zur Anwendbarkeit des § 648 a BGB nach erfolgter Abnahme, Jahrbuch Baurecht 2002, 143; *Weber*, § 648 a BGB nach Abnahme: Anspruch und Wirklichkeit, Festschrift für Jagenburg (2002), 1001; *Rathjen*, Abnahme und Sicherheitsleistung beim Bauvertrag, BauR 2002, 242; *Jacob*, Kündigung des Werkvertrags gemäß §§ 643, 645 Abs. 1 und § 648 a Abs. 5 BGB nach Abnahme, BauR 2002, 386; *Buscher*, Recht auf Sicherheit gemäß § 648 a BGB gegenüber treuhänderischem Sanierungs- bzw. Entwicklungsträger i. S. der §§ 157, 167 BBauG?, BauR 2002, 1288; *Graupeter*, Recht auf Sicherheit gem. § 648 a BGB gegenüber treuhänderischem Sanierungs- bzw. Entwicklungsträger i.S.v. §§ 157, 167 BBauG?, ZfBR 2002, 750; *Groth/Rosendahl*, Der nach §§ 157, 167 BBauG eingesetzte treuhänderische Sanierungsträger/Entwicklungsträger als privilegierter Besteller gemäß § 648 a Abs. 6 Nr. 1 BGB, BauR 2003, 29; *Mundt*, Die Insolvenzanfechtung bei Stellung einer Bürgschaft nach § 648 a BGB, NZBau 2003, 527; *Brauns*, Zur Anfechtbarkeit der Werklohnzahlung oder der Besicherung von Vergütungsansprüchen des Auftragnehmers durch den Insolvenzverwalter über das Vermögen des Auftraggebers – unter besonderer Berücksichtigung der Direktzahlung nach § 16 Nr. 6 VOB/B durch den Hauptauftraggeber, BauR 2003, 301; *Horsch/Hänsel*, Konzernbürgschaften – taugliche Sicherungsmittel nach § 648 a BGB?, BauR 2003, 462; *Sohn/Kandel*, § 648 a BGB und Gewährleistungsansprüche des Auftraggebers im Vergütungsprozess des Werkunternehmers, BauR 2003, 1633; *Diehr*, Sicherheit gemäß § 648 a BGB zugunsten des Gesellschafters gegen seine Bau-ARGE – Die Auflösung einer Kollision von Gesellschafter- und Werkunternehmerinteressen, ZfBR 2004, 3; *Busz*, Die Ansprüche des Werkunternehmers bei nicht fristgemäßer Sicherheitsleistung des Auftraggebers, NZBau 2004, 10; *Moufang*, Das Forderungssicherungsgesetz, BauRB 2004, 147; *Schliemann/Hildebrandt*, Sicherungsverlangen nach § 648 a BGB nach Abnahme und Auflösung des entstehenden Schwebezustandes beim Gegenüberstehen von zwei Leistungsverweigerungsrechten, ZfIR 2004, 278; *Thierau*, Das Sicherungsverlangen nach Abnahme, NZBau 2004, 311; *Meurer*, Bauhandwerkersicherung – Aktuelle Entwicklungen zu Rechtsfolgen bei „nicht geleisteter Sicherheit" gemäß § 648 a BGB, MDR 2004, 853; *Steingröver*, Bauhandwerkersicherung nach Abnahme – das stumpfe Schwert, NJW 2004, 2490; *Heiland*, Neue Wege im Kampf gegen den „Justizkredit" nach den BGH-Entscheidungen zu § 648 a BGB, BauR 2004, 1209; *Litzka*, § 648 a BGB: Ein zahnloser Tiger gegenüber Lebensversicherungsunternehmen?, BauR 2004, 1214; *Frerick*, Modifizierter Entwurf eines Forderungssicherungsgesetzes – der wesentliche Inhalt, ZfBR 2004, 627; *Oberhauser*, Inwieweit kann § 648 a BGB durch vertragliche Regelungen modifiziert werden?, BauR 2004, 1864; *von Wietersheim*, Der Auftraggeber zahlt nicht: Handlungsmöglichkeiten des Auftragnehmers, BauRB 2004, 309; *Valerius*, Die Auswirkungen einer Kündigung des Werkvertrages gemäß § 648 a Abs. 5 Satz 1, § 643 Satz 1 BGB auf Rechte wegen neuer Mängel, BauR 2005, 23; *Klein/Moufang*, Die Bürgschaft als bauvertragliche Sicherheit nach der aktuellen Rechtsprechung des VII. Zivilsenats des BGH, Jahrbuch Baurecht 2005, 27; *Stickler*, Die Berechnungsgrundlage für den pauschalierten Schadensersatz nach § 648 a V 4 BGB, NZBau 2005, 322; *Nettesheim*, Nochmals: Bauhandwerkersicherung

nach Abnahme, NZBau 2005, 323; *Buscher/Theurer*, Anlagenbau: Sicherung von Zahlungsansprüchen des Unternehmers gemäß § 648 a BGB?, BauR 2005, 902; *Rothfuchs*, Bemessungsgrundlage für den pauschalierten Schadensersatzanspruch nach § 648 a Abs. 5 Satz 4 BGB, BauR 2005, 1672; *Kupka/Brei*, Verbesserte Rechtsstellung der Bauhandwerker durch das Forderungssicherungsgesetz, ZfBR 2006, 3; *Hildebrandt*, Der vom Schutzzweck des § 648 a BGB erfasste und berechtigte Unternehmerkreis, BauR 2006, 2; *Herchen/Kleefisch*, Anrechnung streitiger Gegenforderungen auf die Höhe des Sicherheitsverlangens nach § 648 a BGB, Jahrbuch Baurecht 2006, 17; *Kleefisch/Herchen*, Berücksichtigung des Sicherungseinbehalts nach § 17 Nr. 6 VOB/B bei §§ 648 a, 648 BGB oder doppelte Absicherung des Unternehmers?, NZBau 2006, 201; *Schmitz*, Abwicklungsprobleme mit § 648 a-Bürgschaften, BauR 2006, 430; *Armgardt*, Die Anwendung des § 648 a BGB bei vom Werkunternehmer zu vertretenden Leistungsstörungen, NZBau 2006, 673; *Eusani*, Selbstvornahme des Bestellers trotz Leistungsverweigerungsrechts des Unternehmers bei verweigerter Sicherheitsleistung gem. § 648 a BGB nach Abnahme, NZBau 2006, 676; *Hofmann*, Allgemeine Geschäftsbedingungen zu § 648 a BGB und Abwicklungsfragen in der Insolvenz, BauR 2006, 763; *Kniffka*, Offene Fragen zu § 648 a BGB, BauR 2007, 246.

## 1. Die Regelung

Da die **Bauhandwerkersicherungshypothek** (§ 648 BGB) nach allgemeiner Meinung nur einen unzureichenden Schutz gewährt, hat der Gesetzgeber dem (vorleistungspflichtigen) Bauwerkunternehmer mit der Regelung des **§ 648 a BGB** ein **weiteres** Sicherungsmittel an die Hand gegeben, das **wahlweise** zur Verfügung steht. Das sog. **„Bauhandwerkersicherungsgesetz"**[1] – am 1. Mai 1993 in Kraft getreten – sieht vor, dass der **Unternehmer** eines Bauwerks, einer Außenanlage oder eines Teils davon dem Besteller **„Sicherheit für die von ihm zu erbringenden Vorleistungen einschließlich dazugehöriger Nebenforderungen** verlangen" kann. Der Unternehmer muss dem Besteller hierzu **„eine angemessene Frist"** mit der Erklärung (bestimmen), **„dass er nach dem Ablauf der Frist seine Leistung verweigere"**. Die Sicherheit kann **„bis zur Höhe des voraussichtlichen Vergütungsanspruchs,** wie er sich aus dem Vertrag oder einem nachträglichen Zusatzauftrag ergibt, sowie wegen Nebenforderungen", verlangt werden; die Nebenforderungen sind mit zehn vom Hundert des zu sichernden Vergütungsanspruchs anzusetzen (§ 648 a Abs. 1 BGB). Zu beachten ist, dass die Vorschrift des § 648 a BGB nicht auf eine im Bauvertrag **vereinbarte** Sicherungsheitsleistung Anwendung findet; denn der Regelungsgehalt des § 648 a BGB unterscheidet sich in der rechtlichen Funktion deutlich von der vertraglich getroffenen Sicherungsvereinbarung.[2]

Die **Grundidee** des Gesetzgebers zielte auf eine wesentliche **Verbesserung** des Sicherungsbedürfnisses des Bauwerkunternehmers, weil „von der Sicherungsmöglichkeit nach § 648 BGB in der Praxis wenig Gebrauch gemacht" werde und die nach der VOB/B „gegebene Möglichkeit, Abschlagszahlungen zu verlangen und bei Nichtleistung durch den Auftraggeber die Arbeiten einzustellen, ebenfalls keine ausreichende Sicherheit" biete.[3] Deshalb sollte mit dem Bauhandwerkersicherungsgesetz „eine möglichst einfache und flexible Lösung" angestrebt werden, „bei der im Einzelfall nicht das Baugrundstück, sondern die zum Bauen bestimmten Finanzierungsmittel als Grundlage der Sicherung dienen können".

---

1) Gesetz vom 27.4.1993, BGBl. I S. 509.
2) BGH, BauR 2006, 1294, 1295 = NZBau 2006, 569 = ZfBR 2006, 561 = IBR 2006, 440 – *Schmitz*; OLG Frankfurt, OLGR 2004, 260 = IBR 2004, 501 – *Kemper*.
3) BT-Drucksache 12/1836, S. 5.

**316** Die Neuregelung hatte vor dem Inkrafttreten bei dem deutschen **Bauhandwerk** durchaus **Euphorie** hervorgerufen.[4] Die Erwartungen waren aber nicht berechtigt. Bereits frühzeitig wurde das Bauhandwerkersicherungsgesetz als „gesetzespolitisch und gesetzestechnisch verfehlt" bezeichnet.[5] Es ist – wie andere Sicherungsmittel auch – kaum geeignet, vor wirtschaftlichen Pleiten zu schützen.[6] Dies gilt vor allem bei der Errichtung von Großanlagen, bei denen die Unternehmer oftmals ein erhebliches Vorfinanzierungsrisiko eingehen.[7] Die schwache Baukonjunktur und auch die schlechte Zahlungsmoral haben in der Vergangenheit zudem wesentlich dazu beigetragen, das **Klima** zwischen Auftragnehmer und Auftraggeber zu **verschlechtern;** und damit einher ist die Bereitschaft der Beteiligten gestiegen, Streitfragen konsequent auszutragen. So fällt auf, dass eine Sicherheit nach § 648 a BGB zunehmend verlangt wird, wenn **Streit** über vorhandene **Mängel** oder **Nachträge** entstehen.[8] Der Ruf nach sinnvollen Alternativen ist deshalb zu keiner Zeit verstummt. Auf die Initiative des Bundesrates sollen deshalb mit einem **Forderungssicherungsgesetz** (FoSiG) (weitere) Maßnahmen zur Verbesserung der Zahlungsmoral geschaffen werden.[9] Der gesetzgeberische Maßnahmenkatalog soll auch die effektivere Ausgestaltung des bisherigen § 648 a BGB umfassen;[10] danach soll dem Unternehmer ein **Rechtsanspruch** auf Sicherheit zugebilligt werden. Auch die **Geltendmachung** und **Abwicklung** des Anspruchs auf Gewährung der Sicherheit sollen verbessert werden.[11] Ob der Gesetzentwurf des Bundesrates allerdings in der vorgelegten Form Gesetz wird, ist derzeit nach wie vor offen.

## 2. Das Verhältnis zu § 648 BGB

**317** Nach § 648 a Abs. 4 BGB ist der Anspruch auf Einräumung einer **Sicherungshypothek** nach § 648 Abs. 1 BGB „ausgeschlossen", soweit der Unternehmer für seinen Vergütungsanspruch eine Sicherheit nach den Absätzen 1 oder 2 „erlangt" hat. Dies bedeutet zunächst, dass für einen noch ungesicherten Restvergütungsanspruch jederzeit eine Sicherungshypothek nach § 648 BGB verlangt werden kann;[12] zum anderen ergibt sich, dass immer **erst** das **erfolgreiche Vorgehen** nach § 648 a BGB den Unternehmer in seinem Wahlrecht bindet. Er kann deshalb (vorsorglich) „zunächst beide Wege nebeneinander her" beschreiten.[13]

---

4) Vgl. *Prudent/Scholtissek*, Wie Baufirmen garantiert an ihr Geld kommen, *impulse* 11/1991, S. 96 ff.
5) Siehe *Gutbrod*, DB 1993, 1559, 1562; *Quack*, BauR 1995, 319; *Reinelt*, BauR 2003, 932; s. aber die abweichenden Stellungnahmen von *Müller, Heiland, Klein, Klaft, Usselmann, Staudt, Biebelheimer* u. *Steingröver* in BauR 2003, 1770–1776.
6) Zum **Bestand** der Sicherheit in der **Insolvenz** des Auftraggebers/Bestellers: BGH, BauR 2005, 1028; *Mundt*, NZBau 2003, 527 ff.; *Schmitz*, BauR 2005, 169 ff.; *Hofmann*, BauR 2006, 763, 767. Zu den **Abwicklungsproblemen** mit § 648 a-Bürgschaften: *Schmitz*, BauR 2006, 430 ff.
7) Zur Sicherung von Zahlungsansprüchen beim Anlagenbau: *Buscher/Theurer*, BauR 2005, 902 ff.
8) Vgl. BGH, BauR 2005, 375, 376; *Kniffka*, BauR 2007, 246, 248; *Armgardt*, NZBau 2006, 673; *Bormann/Graßnack/Kessen*, BauR 2006, 286, 295.
9) Zu den gesetzgeberischen Initiativen: *Grauer, Hofmann* u. *Koeble*, BauR 2006, 1557 ff.
10) Siehe hierzu BT-Drucksache 16/511 vom 2.2.2006, S. 16/17; ferner die Empfehlung des Deutschen Baugerichtstags, BauR 2006, 1557, 1574.
11) Siehe hierzu: *Peters*, NZBau 2004, 1, 8; *Kniffka*, IBR 2003, 714 (Interview); *Moufang*, BauRB 2004, 147, 149; *Frerick*, ZfBR 2004, 627, 629.
12) OLG Düsseldorf, NZBau 2004, 615 = NJW-RR 2004, 18; *Palandt/Sprau*, § 648 a BGB, Rdn. 3.
13) Zutreffend: *Staudinger/Peters*, § 648 a BGB, Rdn. 26; *Erman/Schwenker*, § 648 a BGB, Rdn. 16; **a. A.:** *Siegburg*, BauR 1997, 40, 48.

Wählt der Unternehmer (zunächst) den Weg des § 648 Abs. 1 BGB und erlangt er eine **Vormerkung**[14] bzw. (bereits) eine Sicherungshypothek, soll sein Anspruch auf eine Sicherheitsleistung nach § 648 a BGB jedoch nur entfallen, wenn die Sicherungshypothek **„mündelsicher"**[15] oder jedenfalls auch von der Rangstelle her **gleichwertig** oder „annähernd gleichwertig" ist.[16]

Wählt der Unternehmer den Weg über **§ 648 a BGB,** ist eine Sicherung nach § 648 Abs. 1 BGB ausgeschlossen, „soweit" der Unternehmer eine Sicherheit nach § 648 a Abs. 1 oder 2 BGB „erlangt".[17] Ist dem Unternehmer z. B. eine (unwiderrufliche selbstschuldnerische) Bankbürgschaft **übergeben** worden, die für die Zahlungen des Bestellers – etwa nach einem vereinbarten Zahlungsplan – bis zu einer bestimmten Höhe haftet, so ist die Sicherheit **„erlangt",** auch wenn die Fälligkeit nach dem Zahlungsplan noch nicht eingetreten ist. Überhaupt ist zu beachten, dass ein **beschränkter** Haftungsumfang (des Bürgen) dem Ausschluss nach § 648 a Abs. 4 BGB nicht entgegensteht. Nach § 648 a Abs. 1 kann der Unternehmer für die von ihm zu erbringenden Vorleistungen Sicherheit „bis zur Höhe des voraussichtlichen Vergütungsanspruchs" sowie wegen „Nebenforderungen" verlangen. Für die Ausschlussklausel des § 648 a Abs. 4 BGB ist damit in jedem Falle klargestellt, dass die Höhe der vertraglich vereinbarten Vergütung für den Anspruch nach § 648 a Abs. 1 BGB eine nicht zu überschreitende **Obergrenze** darstellt. Zu beachten ist, dass das Sicherungsbedürfnis des Unternehmers aber immer nur entfällt, wenn der Unternehmer Leistungen **erhalten** hat; dies betrifft vor allem auch **Abschlagszahlungen** aufgrund einer Ratenzahlungsvereinbarung.[18] Der Ausschluss nach § 648 a Abs. 4 BGB betrifft immer nur die nach dieser Vorschrift geforderte Sicherheit.[19]

318

Das Verlangen einer Sicherheit nach § 648 a BGB ist nur bei einem **groben Rechtsmissbrauch** ausgeschlossen (§ 242 BGB). Eine mit dem Sicherheitsverlangen einhergehende Kreditgefährdung des Auftraggebers reicht hierzu nicht aus; und auch eine eigene Vertragsuntreue des Unternehmers, wie etwa eine verzögerliche Bauweise, vermag den Vorwurf eines Rechtsmissbrauchs allein noch nicht zu begründen.[20]

319

### 3. Der Berechtigte

Nach § 648 a Abs. 1 BGB steht die Sicherheit dem „**Unternehmer**" eines **Bauwerks,** einer Außenanlage oder eines einzelnen Teils davon zu. Es entspricht dem gesetzgeberischen Willen und herrschender Auffassung, dass der „Unternehmer" be-

320

---

14) Dies reicht aus (zutreffend: *Ingenstau/Korbion/Joussen*, Anhang 2, Rdn. 173; *Slapnicar/Wiegelmann*, NJW 1993, 2903, 2908; **a. A.:** *Sturmberg*, BauR 1994, 57, 66).
15) *Palandt/Sprau*, a. a. O.; *Slapnicar/Wiegelmann*, a. a. O.; siehe auch BT-Drucksache 12/1836, S. 10.
16) *Scholtissek*, MDR 1992, 443.
17) OLG Düsseldorf, NZBau 2004, 615 = NJW-RR 2004, 18.
18) BGH, BauR 2001, 386 = NJW 2001, 822 = NZBau 2001, 129.
19) OLG Frankfurt, OLGR 2004, 260, 261 = IBR 2004, 501 – *Kemper.*
20) OLG Frankfurt, IBR 2007, 248 – *Schrammel*; s. hierzu auch *Armgardt*, NZBau 2006, 673 ff. sowie *Ingenstau/Korbion/Joussen*, Anhang 2, Rdn. 198 m. w. Nachw.

griff demjenigen der §§ 648, 634 a BGB entspricht;[21] gleichwohl wird der Begriff intensiver auszulegen sein.[22] Das bedeutet: Es kommen nur diejenigen als „Unternehmer" i. S. des § 648 a Abs. 1 BGB in Betracht, die aufgrund eines **Werkvertrages** (für das Bauwerk werterhöhend) tätig werden; **Kauf-, Dienst-** und/oder **Werklieferungsverträge** (§ 651 BGB) reichen also nicht aus, um ein Sicherungsbedürfnis aus § 648 a Abs. 1 BGB zu begründen.[23] Dies gilt auch für reine **Vorbereitungsleistungen**;[24] der Beschluss des BGH vom 24.2.2005[25] legt es nahe, den Gerüstbauer nicht dem Schutzbereich des § 648 a BGB zuzuordnen.[26] Nichts anderes gilt für den Abbruchunternehmer.[27] Auf der anderen Seite umfasst der Begriff des Bauwerks auch die Errichtung **technischer Anlagen**[28] sowie grundlegende Sanierungsarbeiten an **Altbauten**.[29]

**321** Darüber hinaus geht das Bauhandwerkersicherungsgesetz insoweit über den Anwendungsbereich des § 648 Abs. 1 BGB hinaus, als **jeder,** der eine **Bauwerksleistung** i. S. des § 648 a Abs. 1 BGB erbringt, Anspruchsberechtigter sein kann. Deshalb fallen namentlich **Subunternehmer** unter den Schutzbereich des Gesetzes, wenn sie unternehmerische Leistungen für ihren Auftraggeber, in der Regel den **Haupt-** oder **Generalunternehmer,** erbringen.[30] Schließlich ist § 648 a BGB auch im Verhältnis zwischen einer **Dach-Arge** und ihren Subunternehmern anwendbar. Voraussetzung ist nur, dass es sich insoweit um einen „normalen" Nachunternehmervertrag handelt.[31]

**322** Kraft ausdrücklicher Erwähnung werden von § 648 a BGB auch Unternehmer einer **Außenanlage** erfasst. Das stellt einerseits eine Erweiterung gegenüber § 648 BGB dar. Gleichwohl müssen nach dem Sinngehalt der Vorschrift insoweit ebenfalls **werkvertragliche** Leistungen erbracht werden, um zu einer Sicherheit zu gelangen. Das dürfte bei **Garten-** und **Landschaftsbauer** zutreffen.[32] Derjenige, der z. B.

---

21) *Ingenstau/Korbion/Joussen*, Anhang 2, Rdn. 135; *Soergel*, Festschrift für v. Craushaar, S. 179, 181; *Zielemann*, Rdn. 739; *Slapnicar/Wiegelmann*, NJW 1993, 2903, 2907; *Klaft*, S. 33 ff.; einschränkend: *Schulze-Hagen*, BauR 2000, 28, 29 u. *Schmitz*, ZfIR 2000, 489; **a. A.:** OLG Düsseldorf, BauR 2005, 416, 417 (für planenden Architekten); *Leupertz*, in: Prütting/Wegen/Weinrich, § 648 a BGB, Rdn. 7.
22) Siehe *Hildebrandt*, BauR 2006, 2, 5 ff.; *Erman/Schwenkr*, § 648 a BGB, Rdn. 5.
23) Vgl. *Leinemann*, Rdn. 300; *Staudinger/Peters*, § 648 a BGB, Rdn. 3; *Ingenstau/Korbion/Joussen*, Anhang 2, Rdn. 140; *Weber*, WM 1994, 725; *Klaft*, S. 36 ff.; **a. A.:** *Soergel*, a. a. O., S. 182.
24) *Kniffka/Koeble*, 10. Teil, Rdn. 32 a. E.; *Ingenstau/Korbion/Joussen*, Anhang 2, Rdn. 139.
25) BGH, BauR 2005, 1019 = NZBau 2005, 281 = ZfBR 2005, 453.
26) *Schmitz*, IBR 2005, 253; für Einbeziehung: *Locher*, Festschrift für Werner, S. 321, 325; OLG Köln, BauR 2000, 1874, 1875.
27) BGH, BauR 2005, 1019, 1020; *Leinemann*, VOB/B, § 648 a BGB, Rdn. 7.
28) *Buscher/Theurer*, BauR 2005, 902 ff.
29) BGHZ 164, 225 = BauR 2006, 99; s. oben Rdn. **209** m. w. Nachw.
30) *Bamberger/Roth/Voit*, § 648 a BGB, Rdn. 3; *Franke/Kemper/Zanner/Grünhagen*, § 17/B, Rdn. 165; *Weber*, WM 1994, 725; *Klaft*, S. 34.
31) Zutreffend: KG, BauR 2005, 1035, 1036 = OLGR 2005, 410, 411 = IBR 2005, 89; s. auch *Messerschmidt/Thierau*, NZBau 2007, 205, 210.
32) Siehe aber *Erman/Schwenker*, § 648 a BGB, Rdn. 5; *Palandt/Sprau*, § 648 a BGB, Rdn. 7, die auch rein grundstücksbezogene Arbeiten (wie Erd-, Pflanz-, Rasen- und Saatarbeiten) einbeziehen. Zu den Außenanlagen gehört die Anlage von Teichen, Straßen und Wegen (*Staudinger/Peters*, § 648 a BGB, Rdn. 4; *Kemper*, in: Franke/Kemper/Zanner/Grünhagen, Anh. zu § 17 VOB/B, Rdn. 164).

nur Samen und/oder Pflanzen – auch in größerem Umfang – für die Außenanlagen liefert, kann dagegen keine Sicherheit verlangen. Unternehmer einer **Außenanlage** ist nicht, wer (isoliert) beauftragt wird, Rodungsarbeiten vorzunehmen, um ein Baugrundstück für die Bebauung frei zu machen;[33] insoweit erfolgt eine Gleichstellung mit den (isoliert) beauftragten Abbrucharbeiten oder Arbeiten zur Beseitigung von Altlasten (Rdn. 206).

Unter den „Unternehmer"begriff i. S. des § 648a Abs. 1 BGB fallen auch **Architekten, Tragwerkplaner** und (sonstige) **Sonderfachleute,** die aufgrund eines Werkvertrages für den Besteller tätig werden.[34] Zweifelhaft ist allerdings, ob für **planerische Leistungen,** die sich noch nicht im Bauwerk verwirklicht haben, eine Sicherheit verlangt werden kann.[35] Zutreffend erscheint es, dem nur planenden Architekten einen Sicherungsanspruch zu gewähren, sobald die Umsetzung der Planung im Bauwerk gesichert erscheint;[36] das ist in der Regel mit Abschluss des (wirksamen) Architektenvertrages der Fall. Nichts anderes gilt für den Tragwerkplaner oder sonstige Sonderfachleute;[37] und auch der **Generalübernehmer** zählt zu den sicherungsberechtigten Unternehmern, selbst wenn er sämtliche Leistungen an Subunternehmer vergibt.[38]

## 4. Der Verpflichtete

Anspruchsgegner ist der **„Besteller",** d. i. derjenige, der den **Auftrag erteilt**[39] oder sich zivilrechtlich als Auftraggeber behandeln lassen muss (§ 242 BGB). Eine Haftung nach § 179 BGB reicht ebenso wenig aus wie das Vorliegen einer Schuldmitübernahme. Im Verhältnis zum **Subunternehmer** ist der **Haupt-** oder **Generalunternehmer** ohne Rücksicht auf das Eigentum am Baugrundstück als Besteller anzusehen.[40]

§ 648a BGB findet **keine** Anwendung, wenn der Besteller „eine juristische Person des öffentlichen Rechts oder ein öffentlich-rechtliches Sondervermögen" ist (§ 648a Abs. 6 Nr. 1 BGB). Damit werden **„öffentliche Auftraggeber"** mangels eines Insolvenzrisikos ausgenommen. Häufig bedienen sich aber z. B. Gemeinden für die von ihnen zu erbringenden (Bau-)Aufgaben **privatrechtlich** organisierter Unternehmen.[41] Für privatrechtlich organisierte (treuhänderische) **Sanierungs-** und **Entwick-**

---

33) BGH, BauR 2005, 1019, 1020 = NZBau 2005, 281, 282 = ZfBR 2005, 453 = IBR 2005, 253 – *Schmitz*; kritisch: *Hildebrandt*, BauR 2006, 2, 6.
34) *Locher/Koeble/Frik*, HOAI, Einl., Rdn. 181; *Slapnicar/Wiegelmann*, NJW 1993, 2903, 2907; *Weber*, WM 1994, 725; *Sturmberg*, BauR 1994, 57, 58; *Kniffka/Koeble*, 10. Teil, Rdn. 28.
35) Bejahend: OLG Düsseldorf, BauR 2005, 585 = NZBau 2005, 164 = OLGR 2005, 304 = NJW-Spezial 2005, 168 = IBR 2005, 28 – *Bolz; Hofmann/Koppmann*, Abschnitt B, Nr. 4.3; im Ergebnis zustimmend: *Kniffka*, BauR 2007, 246, 250; a. A.: *Ingenstau/Korbion/Joussen*, Anhang 2, Rdn. 139; *Palandt/Sprau*, § 648a BGB, Rdn. 7.
36) *Staudinger/Peters*, § 648a BGB, Rdn. 3; *Leinemann*/VOB/B, § 648a BGB, Rdn. 6; *Schulze-Hagen*, BauR 2000, 28, 29.
37) *Motzke*, in: Englert/Motzke/Wirth, § 648a BGB, Rdn. 13.
38) OLG Dresden, BauR 2006, 1318.
39) *Zielemann*, Rdn. 740; *Kemper*, in: Franke/Kemper/Zanner/Grünhagen, Anh. zu § 17 VOB/B, Rdn. 165.
40) *Palandt/Sprau*, § 648a BGB, Rdn. 8.
41) Siehe hierzu: *Buscher*, BauR 2002, 1288 ff.; *Graupeter*, ZfBR 2002, 750.

lungsträger wird § 648a BGB anwendbar sein.[42] Eine analoge Anwendung des § 648a Abs. 6 Nr. 1 BGB auf juristische Personen des Privatrechts kommt nicht in Betracht, wenn deren Anteile mehrheitlich oder sogar vollständig einer juristischen Person des öffentlichen Rechts zuzuordnen sind.[43] Eine Sicherheit nach § 648a BGB scheidet ferner aus, wenn **„eine natürliche Person"**, also ein „Privatmann, die Bauarbeiten zur Herstellung oder Instandsetzung eines[44] Einfamilienhauses mit oder ohne Einliegerwohnung ausführen" lässt.[45] Der Gesetzgeber hat insoweit das Vorleistungsrisiko des Unternehmers als gering angesehen und den Unternehmer auf die Sicherungsmöglichkeit nach § 648 Abs. 1 BGB verwiesen, weil eine Privatperson persönlich und auch lebenslänglich hafte. Allerdings gilt die Regelung bei natürlichen Personen „**nicht** bei Betreuung des Bauvorhabens durch einen zur Verfügung über die Finanzierungsmittel des Bestellers ermächtigten **Baubetreuer**". Gegen diese Regelung, die einen gesetzgeberischen Kompromiss darstellt, sind erhebliche Einwände erhoben worden.[46]

### 5. Zum Begriff der „Vorleistung"

**326**  Mit dem wirksamen Abschluss des Werkvertrages kann der Unternehmer Sicherheit „für die von ihm zu erbringenden **Vorleistungen** einschließlich dazugehöriger Nebenleistungen" verlangen, und zwar (§ 648a Abs. 1 Satz 2 BGB) „bis zur Höhe des voraussichtlichen Vergütungsanspruchs, wie er sich aus dem Vertrag oder einem nachträglichen Zusatzauftrag ergibt"[47] sowie wegen **Nebenforderungen.** Diese betreffen vor allem (Verzugs-) Zinsen, die pauschal mit 10% des zu sichernden Anspruchs pauschaliert werden. Der Begriff der „Vorleistung" ist unscharf und erschließt sich nur aus der Systematik der Vorschrift;[48] er ist nicht im rechtlichen, sondern ausschließlich im **wirtschaftlichen Sinn** zu verstehen.[49] Daher kann von einer Vorleistung auch gesprochen werden, wenn nach Abnahme der Werkleistung nur noch eine **Nacherfüllung** des Unternehmers in Rede steht.

**327**  Der Unternehmer kann nach § 648a Abs. 1 Satz 2 BGB grundsätzlich Sicherheit bis zur Höhe des voraussichtlichen Vergütungsanspruchs, wie er sich z. B. aus dem Vertrag oder einem nachträglichen Zusatzauftrag ergibt, verlangen. Eine davon abweichende Vereinbarung ist unwirksam (§ 648a Abs. 7 BGB).

---

42) *Kniffka/Koeble*, 10. Teil, Rdn. 35; *Buscher*, BauR 2002, 1288; a. A.: *Graupeter*, ZfBR 2002, 750.
43) OLG Jena, OLGR 2007, 476, 478. Die Vorschrift findet auch auf § 648 BGB keine entsprechende Anwendung (LG Ravensburg, IBR 2005, 17 – *Steiger*).
44) Vgl. LG Bonn, BauR 1997, 857 = NJW-RR 1998, 530 (nicht mehrere); OLG Düsseldorf, BauR 2000, 919, 920; a. A.: *Bamberger/Roth/Voit*, § 648a BGB, Rdn. 5.
45) Daher kein Anspruch des Bauträgers gegen den Erwerber (vgl. OLG Celle, IBR 2004, 146 – *Schmitz* sowie *Pause*, NZBau 2002, 648, 650, der zutreffend darauf verweist, dass § 648a BGB bei Verträgen über **Eigentumswohnungen** nicht anwendbar ist).
46) *Sturmberg*, BauR 1994, 57, 59; *Slapnicar/Wiegelmann*, NJW 1993, 2903, 2907; *MünchKomm-Soergel*, § 648a BGB, Rdn. 17.
47) Sinn und Zweck der Vorschrift rechtfertigen es, diese auf den Fall einer einseitigen Anordnung des Auftraggebers entsprechend anzuwenden (vgl. *Virneburg*, ZfBR 2004, 419, 421; s. auch *Kniffka*, BauR 2007, 246, 250).
48) *Kniffka*, BauR 2007, 246 ff.
49) BGH, BauR 2004, 826 = NZBau 2004, 259.

## Begriff der Vorleistung

Es war umstritten, wie die Regelung („bis zur Höhe") zu verstehen ist.[50] Die Meinung, dass sich die Sicherheit nach dem Vorleistungsrisiko des Unternehmers ausrichten müsse,[51] hat sich indes nicht durchgesetzt.[52] Daraus folgt, dass das **konkrete Sicherungsbedürfnis** des Unternehmers **im Einzelfall** ausschlaggebend sein muss, wobei der Unternehmer allerdings die Wahl hat, wann und in welchem Umfang er eine Sicherheit von dem Besteller verlangt. Er ist befugt, sofort eine **volle** Sicherheit zu verlangen; er kann sich aber auch zunächst mit einer **Teil**sicherheit begnügen und später die volle Sicherheit beanspruchen.[53] Ein vertraglicher **Verzicht** auf dieses Recht ist ebenfalls **unwirksam**.

Der Unternehmer kann deshalb im Ergebnis den **berechtigten** (aber nicht erfüllten) Vergütungsanspruch für alle zu **erbringenden Vorleistungen** zur Grundlage seines Sicherungsverlangens machen. Das gilt **vor** und **nach** einer Abnahme. In diesem Sinne sind **absicherbar**:[54] Ansprüche aus § 649 BGB bzw. § 8 Nr. 1 Abs. 2 VOB/B, wenn Leistungen bis zum Zeitpunkt der Kündigung erbracht wurden,[55] Ansprüche aus § 2 Nr. 5 und 6 VOB/B, wobei nicht auf das Erfordernis einer Nachtragsvereinbarung abgestellt werden kann,[56] eine Vergütung auf der Grundlage des § 2 Nr. 8 Abs. 2 Satz 1 und Abs. 2 Satz 2 VOB/B.[57] Demgegenüber sind einer Sicherheit **nicht** zugänglich: Ansprüche aus ungerechtfertigter Bereicherung (§§ 812 ff. BGB), aus § 642 BGB und aus § 6 Nr. 6 VOB/B.[58]

**328**

Zu beachten ist, dass eine Beschränkung für den Fall, dass die Parteien **Raten-** oder **Abschlagszahlungen** vereinbart haben, nur insoweit eintritt, als der Unternehmer Abschlagszahlungen **erhalten** hat.[59] Nichts anderes gilt, wenn – in der Regel bei größeren Bauvorhaben – von dem Auftraggeber **Vorauszahlungen** erbracht werden.[60] Auch in diesem Fall besteht – wie bei jeder anderen Erfüllung (etwa durch Aufrechnung) – ein Anspruch aus § 648 a BGB für den Unternehmer nicht. Allerdings werden solche **Vorauszahlungen** wiederum (in aller Regel durch Bankbürgschaft auf erstes Anfordern) von dem Unternehmer **abgesichert.** Kommt es dann während der Bauausführung zwischen Unternehmer und Besteller zu Meinungsverschiedenheiten (etwa über das Vorhandensein von **Mängeln**), läuft der Unternehmer **Gefahr,** seine durch die Vorauszahlung erworbene „Sicherheit" zu **verlieren**; zieht nämlich der Auftraggeber seinerseits die Bürgschaft, ist der Vorauszahlungseffekt weg. Dem Unternehmer wird es meist nämlich nicht gelingen, die Inanspruchnahme aus

---

50) Siehe hierzu die BT-Drucksache 12/1836, S. 8.
51) Siehe *Zanner*, BauR 2000, 485, 487; *Schulze-Hagen*, BauR 2000, 29, 31.
52) *Hofmann*, BauR 2006, 763; *Leinemann*, VOB/B, § 648 a BGB, Rdn. 24 m. Nachw.
53) BGH, BauR 2001, 386, 388 = NZBau 2001, 129 = NJW 2001, 822.
54) Siehe hierzu: *Kniffka*, BauR 2007, 246, 250; *Leinemann*, VOB/B, § 648 a BGB, Rdn. 25 ff.; *Ingenstau/Korbion/Joussen*, Anhang 2, Rdn. 152 ff.
55) *Ingenstau/Korbion/Joussen*, Anhang 2, Rdn. 149; *Kniffka*, a. a. O.; *Palandt/Sprau*, § 648 a BGB, Rdn. 9.
56) *Kniffka*, a. a. O.; *Kemper*, in: Franke/Kemper/Zanner/Grünhagen, Anhang zu § 17 VOB/B, Rdn. 169; *Ingenstau/Korbion/Joussen*, Anhang 2, Rdn. 152; **a. A.:** OLG Düsseldorf, BauR 2006, 531, 532.
57) *Kniffka*, a. a. O.; *Ingenstau/Korbion/Joussen*, Anhang 2, Rdn. 153 a.
58) *Kniffka/Koeble*, 10. Teil, Rdn. 38; *Klaft*, S. 85 ff.
59) BGH, a. a. O., S. 388/389.
60) Zum Einfluss von Vorauszahlungen s. auch *Klaft*, S. 103 ff.; LG Mannheim, IBR 2001, 367 – *Schulze-Hagen*.

der Bürgschaft zu verhindern (vgl. Rdn. 367 ff.). Damit stellt sich aber für den Unternehmer die Frage, ob er nunmehr nach Inanspruchnahme der Bürgschaft durch den Besteller von diesem eine Sicherheitsleistung nach § 648a BGB verlangen kann. Das wird man ihm unabhängig davon zubilligen müssen, ob die Verwertung der Bürgschaft rechtsmissbräuchlich war oder nicht; denn das Sicherungsinteresse des Unternehmers, das nach der Rechtsprechung des BGH „Vorrang" hat, bleibt **schutzwürdig;** es sind allerdings die berechtigten Mängelansprüche des Bestellers zu berücksichtigen (Rdn. 320).

**329** Hat der Unternehmer bereits Arbeiten **erbracht,** die noch **nicht vergütet** wurden, können diese in die Sicherheitsleistung eingerechnet werden.[61] In diesem Falle wird sich also die Sicherheitsleistung mit dem **vollen vertraglichen** Vergütungsanspruch, wie er sich aus den vertraglichen Vereinbarungen ergibt, decken. **Zusätzliche** oder **geänderte** Leistungen sind in die Sicherheitsleistung einzubeziehen.[62] Sind die erbrachten (Teil-) Leistungen jedoch bereits **vergütet** worden (durch **Vorschuss-** oder **Abschlagszahlungen**), besteht insoweit ein Sicherungsbedürfnis des Unternehmers **nicht** mehr; Sicherheit kann in diesem Falle nur noch in Höhe des **ausstehenden** Restvergütungsanspruchs verlangt werden.[63]

Im Übrigen ist zu **beachten:** Der Unternehmer trägt die Darlegungs- und Beweislast, soweit es um die **Höhe** seines voraussichtlichen Vergütungsanspruchs geht. Auch wenn im Einzelfall dabei auf Schätzungen zurückgegriffen werden kann, muss das Sicherheitsverlangen plausibel und nachvollziehbar dargestellt werden. Ist das nicht der Fall und fordert der Unternehmer eine im Einzelfall zu hohe Sicherheit von dem Besteller, so kann dieser „den Rechtsfolgen des § 648a Abs. 1 und Abs. 5 nicht ohne weiteres dadurch entgehen, dass er auf eine Zuvielforderung überhaupt nicht reagiert. Ist der Unternehmer bereit, die geringere Sicherheit zu akzeptieren, die er nach § 648a BGB fordern darf, so muss der Besteller diese Sicherheit jedenfalls dann leisten, wenn deren Höhe für ihn **feststellbar** ist. Der Besteller muss eine solche Sicherheit anbieten" (BGH).[64] Ein **überhöhtes** Sicherheitsverlangen des Unternehmers ist somit weder von vornherein unwirksam[65] noch eine Vertragsverletzung i. S. des § 280 Abs. 1 BGB.[66] Es ist vielmehr Sache des **Auftraggebers,** innerhalb der ihm

---

61) BGHZ 146, 24, 31 = BauR 2001, 386, 389 = NZBau 2001, 129, 131; OLG Dresden, BauR 1999, 1314; OLG Hamm, OLGR 2003, 149; OLG Karlsruhe, NJW 1997, 263 = BauR 1996, 556; **a. A.:** OLG Schleswig, NJW-RR 1998, 532; *Weber,* WM 1994, 725, 726; *Siegburg,* BauR 1997, 40; *Reinelt,* BauR 1997, 766, 770.

62) Zutreffend: *Leinemann,* NJW 1997, 238, 239; siehe ferner: OLG Karlsruhe, NJW 1997, 263, 264 = BauR 1996, 556; **a. A.:** OLG Düsseldorf, IBR 2005, 667 – *Bolz* (für Nachträge nur dann eine Sicherheit, wenn die Parteien eine **Preisvereinbarung** getroffen haben; ebenso OLG Düsseldorf, IBR 2005, 321 – *Thierau,* für eine **angeordnete** Leistungsänderung).

63) OLG Karlsruhe, NJW 1997, 263, 264 = BauR 1996, 556; *Soergel,* a. a. O., S. 188; *Klaft,* S. 105.

64) BGH, BauR 2001, 386, 391; ebenso: LG Duisburg, BauR 2001, 1924; OLG Düsseldorf, BauR 1999, 47, 48; OLG Karlsruhe, BauR 1996, 556, 557.

65) Dies ist anders, wenn die Ermittlung des Umfangs der berechtigten Sicherheit nur mit einem **unzumutbaren Aufwand** verbunden ist (OLG Hamm, NZBau 2004, 445 = OLGR 2004, 77).

66) **Bestr.;** vgl. *Bamberger/Roth/Voit,* § 648a BGB, Rdn. 24; *Staudinger/Peters,* § 648a BGB, Rdn. 28.

**Begriff der Vorleistung** Rdn. 330–331

gesetzten Fristen zu reagieren und eine Sicherheit in **angemessener**, jedenfalls in der selbst als zutreffend erkannten Höhe anzubieten.[67)]

**Mängel** der erbrachten Werkleistung berühren das Sicherungsverlangen des Unternehmers allein noch nicht, solange der Unternehmer nur tatsächlich und rechtlich **in der Lage** und vor allem **bereit** ist, die vorhandenen Mängel zu **beseitigen**.[68)] Das Sicherungsbedürfnis ist solange schutzwürdig, wie durch **Nacherfüllung** ein unverminderter Vergütungsanspruch verdient werden kann; deshalb ist es auch zunächst unerheblich, ob der Besteller wegen der Mängel ein Leistungsverweigerungsrecht gegenüber einer Raten- oder Abschlagszahlungsforderung haben kann.[69)] Nichts anderes gilt, wenn dem **Unternehmer** eine von dem Besteller erbrachte Vorauszahlungsleistung durch Verwertung der hierfür gestellten Bürgschaft auf erstes Anfordern **wirtschaftlich entzogen** wird und dieser nunmehr die Sicherheitsleistung nach § 648 a BGB beansprucht (s. Rdn. 328). 330

Dies ist anders, sofern der Auftraggeber **unstreitig** oder (z. B. aufgrund eines Beweissicherungsgutachtens) **nachweisbar einen** in Geld ausdrückbaren **Vorschuss-, Minderungs-** oder **Schadensersatzanspruch hat**.[70)] **Streitige** Ansprüche, auch solche wegen angefallener Vertragsstrafe, aus Bauverzögerung oder einer Pflichtverletzung nach §§ 280 ff. BGB, können wegen des Sicherungsbedürfnisses des Unternehmers nicht berücksichtigt werden,[71)] es sei denn, sie werden während der Bauphase **rechtskräftig** festgestellt oder vom Unternehmer anerkannt. Dann kann und muss gegebenenfalls eine **Anpassung** – etwa durch Austausch der Sicherheit – vorgenommen werden.[72)] Im Übrigen muss ein Unternehmer beachten, dass die durch eine „berechtigte **Kündigung** (des Bestellers) **entstandenen** Ansprüche auf Ersatz der **Fertigstellungsmehrkosten** und etwaiger **Mängelbeseitigungskosten** durch das Sicherungsbegehren **unberührt**" bleiben.[73)] Ein Sicherheitsverlangen des Unternehmers kann daran also nichts mehr ändern.[74)]

Ein Sicherungsverlangen ist ausgeschlossen, wenn der Unternehmer nicht bereit oder nicht mehr in der Lage ist, die von ihm geschuldete Leistung zu erbringen. Das muss im Einzelfall festgestellt werden; so reicht nicht aus, dass über das Vermögen des Unternehmers das Insolvenzverfahren eröffnet worden ist.[75)] 331

---

67) OLG Dresden, BauR 2006, 1318, 1319; OLG Düsseldorf, OLGR 1999, 47; *Leinemann/Klaft*, NJW 1995, 2523; *Herchen/Kleefisch*, Jahrbuch Baurecht 2006, 17, 20, die zutreffend darauf hinweisen, dass eine **fehlerhafte Berechnung** für den Auftraggeber riskant sein kann.
68) BGHZ 146, 24 = BauR 2001, 386, 389 = NZBau 2001, 129; BGHZ 154, 119 = BauR 2003, 693 = NZBau 2003, 267; OLG Oldenburg, OLGR 2003, 19; OLG Karlsruhe, BauR 1996, 556, 557; LG Bonn, BauR 1997, 857 = NJW-RR 1998, 530, 531; *Schmitz*, ZfIR 2000, 489, 495; *Liepe*, BauR 1998, 860; *Leinemann*, NJW 1997, 238, 239.
69) BGH, BauR 2001, 386, 389 (gegen KG, BauR 2000, 738; *Brechtelsbauer*, BauR 1999, 1371, 1374).
70) BGH, BauR 2001, 386, 389; OLG Karlsruhe, NJW 1997, 263, 264 = BauR 1996, 556, 557.
71) **Streitig**; wie hier: OLG Düsseldorf, BauR 1999, 47, 48; OLG Hamm, BauR 2003, 520, 521; *Ingenstau/Korbion/Joussen*, Anhang 2, Rdn. 158; *Leinemann*, VOB/B, § 648 a, Rdn. 33; **a. A.:** *Schmitz*, ZfIR 2000, 489, 495; *Herchen/Kleefisch*, Jahrbuch Baurecht 2006, 17, 26 ff.; *Kemper*, in: Franke/Kemper/Zanner/Grünhagen, § 17 VOB/B, Rdn. 177.
72) *Zielemann*, Rdn. 746.
73) BGH, BauR 2006, 375, 376 = NZBau 2006, 153 = ZfBR 2006, 112 = IBR 2006, 91 – *Schmitz*.
74) *Kniffka*, BauR 2007, 246, 249.
75) OLG Düsseldorf, BauR 2005, 572, 573 = IBR 2005, 255 – *Kimmich*.

## 6. Der Streit um die Sicherheit und die Rechtsfolgen

**332** Der Bauwerkunternehmer i. S. des § 648 a Abs. 1 BGB kann die Sicherheit **formlos** von dem Besteller verlangen, ihm ist jedoch stets **Schriftform** zu empfehlen.[76] Leistet der Besteller die Sicherheit nicht fristgemäß,[77] so kann der Unternehmer sie nach derzeitigem Recht nicht einklagen, weil den Besteller nur eine Gläubigerobliegenheit trifft, die als Mitwirkungshandlung i. S. des § 642 BGB angesehen werden kann.[78] Der Unternehmer kann deshalb seine Leistungen zunächst einmal **verweigern**: Er braucht demnach seine Arbeiten nicht aufzunehmen oder fortzusetzen.[79] Dieses Recht kann nicht vertraglich ausgeschlossen werden;[80] und der **Besteller** hat in dieser Situation auch keine Möglichkeit, etwa vorhandene Mängel der (bisher) erbrachten Leistung im Wege der Ersatzvornahme beseitigen zu lassen.[81] Er kann allerdings den Vertrag aufkündigen; dann stehen dem Unternehmer die Ansprüche aus § 649 BGB sowie das Recht zu, vorhandene Mängel zu beseitigen. **Klagt** der Unternehmer seinen Vergütungsanspruch oder eine fällige **Abschlagszahlung** ein, kann der Besteller allerdings sein Leistungsverweigerungsrecht wegen Mängeln geltend machen. Das hat der BGH ebenfalls klargestellt[82] und führt im Ergebnis zu einer **Pattsituation**: Der Unternehmer stellt seine Tätigkeit ein, weil er die geforderte Sicherheitsleistung nicht erhält; der Besteller zahlt einen geforderten Abschlag nicht, weil Mängel vorhanden sind. Die gegenseitige Blockade ist indes auflösbar, wie der BGH in mehreren Entscheidungen aufzeigt (Rdn. 334).

**333** Umstritten war, ob der Unternehmer **nach Abnahme** seiner Leistungen oder nach einer **Kündigung** noch eine Sicherheit gemäß § 648 a Abs. 1 BGB **verlangen** kann. Diese Streitfrage hat der **BGH**[83] entschieden; und auch der Entwurf des FoSiG hat dies aufgegriffen und im Gesetzestext klargestellt.[84] Danach ist der Auftragnehmer **berechtigt,** auch **nach Abnahme** seiner Leistungen oder **nach Kündigung** des Bauvertrages eine Sicherheit nach § 648 a BGB von dem Besteller zu verlangen, wenn die-

---

76) *Zielemann*, Rdn. 733.
77) Die **Dauer** der Frist hängt wesentlich vom Einzelfall ab (BGH, BauR 2005, 1009 = NZBau 2005, 393 = ZfBR 2005, 462 = NJW-Spezial 2005, 360; OLG Dresden, BauR 2006, 1318, 1319 = IBR 2006, 617 – *Schmitz*; *Leinemann*, VOB/B, § 648 a BGB, Rdn. 34); die in der BT-Drucksache 12/1836, S. 9 genannte Frist von **7 bis 10** Tagen kann daher nur eine **Mindestfrist** sein. Zur angemessenen Frist **vor** Baubeginn: OLG Naumburg, BauR 2003, 556 m. Anm. *Schmitz*.
78) **Herrschende Meinung:** BGH, BauR 2001, 386, 387 = NJW 2001, 822; OLG Schleswig, NJW-RR 1998, 532; *Hofmann/Koppmann*, BauR 1994, 305, 311; *Slapnicar/Wiegelmann*, NJW 1993, 2903, 2906.
79) OLG Karlsruhe, NJW 1997, 263, 264 = BauR 1996, 556, 557; *Leinemann*, VOB/B, § 648 a BGB, Rdn. 41.
80) BGH, BauR 2001, 386, 388.
81) OLG Düsseldorf, BauR 2005, 572 = IBR 2005, 255 – *Kimmich*; unzutreffend: OLG Köln, IBR 2005, 480 – *Heisiep*.
82) BGH, BauR 2005, 548 = NZBau 2005, 221 = ZfBR 2005, 261 = NJW-Spezial 2005, 215; ferner: BGH, BauR 2005, 749 = NZBau 2005, 280 = ZfBR 2005, 360 = IBR 2005, 198 – *Thierau*.
83) BGH, BauR 2005, 555 = NZBau 2005, 146 = ZfBR 2005, 257 = IBR 2005, 85 – *Hildebrandt*; BGHZ 157, 335 = BauR 2004, 826 = NZBau 2004, 259; BGH, BauR 2004, 830 = NZBau 2004, 261; BGH, BauR 2004, 1453; siehe ferner: BGH, BauR 2004, 834 (Sicherheitsleistung nach Kündigung).
84) Siehe BT-Drucksache vom 14.7.2004, 15/3594, S. 17 u. BT-Drucksache vom 2.2.2006, 16/511, S. 17.

## Der Streit um die Sicherheit und die Rechtsfolgen        Rdn. 334–335

ser noch Mängelbeseitigung fordert und der Werklohn nicht bezahlt ist. Nichts anderes gilt im Verhältnis zu Architekten oder Sonderfachleuten.

Zur Begründung verweist der BGH darauf, dass § 648 a Abs. 1 BGB nicht zwischen dem Verlangen nach Sicherheit **vor** und **nach** der Abnahme differenziert; die Regelung gelte „auch für die Zeit nach der Abnahme, wenn der Besteller noch Erfüllung verlangt. Denn auch insoweit hat der Unternehmer noch eine Vorleistung im Sinne des Gesetzes zu erbringen." Dem steht auch nicht entgegen, „dass die Vorleistungspflicht des Unternehmers mit der Abnahme endet und er dann grundsätzlich Zahlung der Vergütung Zug um Zug gegen Mängelbeseitigung verlangen kann (BGH, BauR 1973, 313). Denn § 648 a Abs. 1 BGB stellt nicht auf die Vorleistungspflicht in diesem Sinne ab, sondern auf vertraglich geschuldete Vorleistungen im wirtschaftlichen Sinne."

Damit gebietet der **Schutzzweck** des § 648 a Abs. 1 BGB es, dem Unternehmer das Leistungsverweigerungsrecht hinsichtlich der Mängelbeseitigung auch für den Fall einzuräumen, „dass der Besteller **nach** der Abnahme noch Erfüllung des Vertrages verlangt. § 648 a BGB bezweckt, dem Unternehmer eine möglichst einfache und flexible Möglichkeit zu verschaffen, sich von dem Risiko einer ungesicherten Werkleistung zu schützen" (BGH).

Entsteht ein Schwebezustand bzw. eine Pattsituation, so kann der Unternehmer dies durch Eigeninitiative beenden; der BGH[85)] räumt ihm nämlich die Möglichkeit ein, durch eine **Nachfrist**[86)] zu einer **endgültigen Abrechnung** der Vergütungsansprüche zu gelangen:

**334**

> „Dem Unternehmer steht in sinngemäßer Anwendung des § 648 a Abs. 5 BGB i. V. mit § 643 Satz 1 BGB das Recht zu, sich von seiner Mängelbeseitigungspflicht nach der Abnahme dadurch **zu befreien,** dass er eine **Nachfrist** zur Sicherheitsleistung setzt, verbunden mit der **Ankündigung,** die Vertragserfüllung (Mängelbeseitigung) danach zu **verweigern.** Mit fruchtlosem Fristablauf ist er von der **Pflicht, den Vertrag zu erfüllen, befreit.** Er kann auf diese Weise die **endgültige Abrechnung herbeiführen,** auch soweit die Leistung mangelhaft ist. In weiterer sinngemäßer Anwendung des § 645 Abs. 1 Satz 1 BGB steht ihm nach **fruchtlosem Fristablauf** nicht die volle vertraglich vereinbarte Vergütung zu. Vielmehr hat er lediglich **Anspruch** auf Vergütung, **soweit** die Leistung erfüllt, das heißt **mangelfrei erbracht** ist, und Anspruch auf Ersatz des Vertrauensschadens nach Maßgabe des § 648 a Abs. 5 Satz 2 BGB. Das bedeutet, dass der Vergütungsanspruch des Unternehmers um den infolge eines Mangels entstandenen **Minderwert** zu kürzen ist" (BGH).

Daraus folgt: Ist eine Mängelbeseitigung noch möglich und kann sie nicht wegen unverhältnismäßig hoher Kosten verweigert werden, sind die notwendigen **Mängelbeseitigungskosten rechnerisch abzuziehen**; andernfalls ist der **Minderwert** des Bauwerks maßgebend.[87)] Auf diesem Weg kommt der Unternehmer auch bei mangelhafter Werkleistung zu einer endgültigen Abrechnung seiner Vergütungsansprüche.

**335**

---

85) BGH, BauR 2005, 555 = NZBau 2005, 555, 556 = NZBau 2005, 146, 147; BGHZ 157, 335 = BauR 2004, 826 u. 1453.
86) Zu den Anforderungen an eine präzise Nachfristsetzung: OLG Naumburg, IBR 2006, 396 – *Schmitz*.
87) BGH, BauR 2007, 113, 114 = NZBau 2007, 38 = ZfBR 2007, 142 = ZfIR 2007, 492 m. Anm. *Pause* = IBR 2007, 26 – *Schulze-Hagen*; BGHZ 157, 335, 342 = BauR 2004, 826 u. 1453; BauR 2003, 533 = NZBau 2003, 214 = ZfBR 2003, 356. Zur Berücksichtigung **neuer** Mängel s. *Valerius*, BauR 2005, 23 ff.

**336** Der Unternehmer wird nach dem **fruchtlosen Ablauf** der Nachfrist von jeglicher Pflicht frei, den Vertrag zu erfüllen;[88] ihm steht jedoch, wie erwähnt, nicht die volle Vergütung zu. Anspruch hat er auf Vergütung, soweit die Leistungen mangelfrei erbracht sind. Im Übrigen kann er den Ersatz des Vertrauensschadens nach Maßgabe des § 648 a Abs. 5 Satz 2 BGB verlangen. Die dem Unternehmer nach dem fruchtlosen Ablauf der Nachfrist berechtigterweise zustehende Vergütung ist ohne Abnahme fällig.[89] Die Vorschrift des § 648 a Abs. 5 BGB schließt nicht Ansprüche aus, die der Unternehmer aus anderen Gründen hat als den, dass die Sicherheit nicht gestellt wird.[90] § 648 a Abs. 5 regelt damit nicht die Ansprüche, die dem Unternehmer zustehen, wenn der Besteller die Erfüllung des Vertrages verweigert.

**337** Kommt es über §§ 648 a Abs. 5, 643 Satz 1 und 2 BGB zur Vertragsauflösung, kann der Unternehmer neben der Vergütung für die erbrachten (mangelfreien) Leistungen auch die Erstattung seiner **Auslagen** sowie den Ersatz seines **Vertrauensschadens** beanspruchen;[91] er ist deshalb so zu stellen, wie er gestanden hätte, wenn er nicht auf die Wirksamkeit des Vertrages vertraut hätte. Deshalb ist u. U. auch ein **Gewinn** des Unternehmers zu erstatten, der ihm infolge der Absage eines anderweitigen Auftrages entgangen ist.[92] In der Praxis lässt sich dieser **Vertrauensschaden** selten überzeugend darlegen und beweisen. Allerdings wird der Schaden für die ab 1.5.2000 geschlossenen Bauverträge mit **5%** der Vergütung **vermutet** (§ 648 a Abs. 5 Satz 4 BGB). Der Ersatzanspruch ist aus dem Nettobetrag der Restvergütung zu ermitteln.[93] Dasselbe gilt, wenn der Besteller „in zeitlichem Zusammenhang mit dem Sicherheitsverlangen gemäß § 648 a Abs. 1 BGB kündigt, es sei denn, die Kündigung ist nicht erfolgt, um der Stellung der Sicherheit zu entgehen" (§ 648 a Abs. 5 Satz 3 BGB).[94] Die Regelung soll dem Unternehmer die Darlegungs- und Beweislast erleichtern.[95] Der Unternehmer kann deshalb einen höheren Gewinn nachweisen; insoweit obliegt ihm allerdings die volle Darlegungs- und Beweislast. Auf der anderen Seite ist es Sache des Bestellers, die Vermutung des § 648 a Abs. 5 Satz 4 BGB zu widerlegen. Gegenüber einem berechtigten Schadensersatzanspruch des Unternehmers kann der Besteller nicht mit einem eigenen wegen Mängel aufrechnen.[96]

Ist der Unternehmer nach derzeitigem Recht gezwungen, dem Besteller eine Frist zur Sicherheit zu stellen, so gilt der Vertrag als aufgehoben, wenn die Sicherheit nicht fristgerecht erbracht wurde. Nach § 648 a Abs. 5 im Entwurf des FoSiG soll dem Unternehmer die Möglichkeit erhalten bleiben, die Sicherheit trotz des Fristablaufs weiterhin zu fordern oder aber vom Vertrag zurückzutreten. Im Falle des Rücktritts stünde ihm dann ein dem § 649 BGB entsprechender Vergütungsanspruch zu.

---

[88] BGH, BauR 2007, 113 = NZBau 2007, 38.
[89] Zutreffend: KG, IBR 2007, 247 – *Hickl*.
[90] BGH, BauR 2005, 861, 863 = IBR 2005, 254 – *Schmitz*.
[91] OLG Dresden, BauR 2006, 1318, 1320. Zu den Ansprüchen eines **Nachunternehmers** im Falle der Vertragsauflösung: *Leinemann/Klaft*, NJW 1995, 2521, 2525.
[92] Ebenso: *MünchKomm-Soergel*, § 648 a BGB, Rdn. 29; *Palandt/Sprau*, § 648 a BGB, Rdn. 18.
[93] **Str.**; siehe hierzu: OLG Dresden, BauR 2006, 1318, 1320; LG Leipzig, BauR 2002, 973; *Kniffka/Koeble*, 10. Teil, Rdn. 70; *Busz*, NJW 2004, 10; *Stickler*, NZBau 2005, 332; *Schmitz*, IBR 2005, 488; *Rotfuchs*, BauR 2005, 1672; *Ingenstau/Korbion/Joussen*, Anhang 2, Rdn. 185.
[94] Siehe hierzu auch *Heinze*, NZBau 2001, 301, 304.
[95] BT-Drucksache 14/1246, S. 10; *Palandt/Sprau*, § 648 a BGB, Rdn. 18; *Siegburg*, Rdn. 607 ff.; *Schmitz*, ZfIR 2000, 489, 491.
[96] *Gött*, BauR 2001, 1114.

### Der Streit um die Sicherheit und die Rechtsfolgen

Diese **gesetzlichen** Regelungen können nicht durch abweichende Vereinbarungen außer Kraft gesetzt werden (§ 648 a Abs. 7 BGB).[97] Hieraus folgt, dass die Vorschrift des § 648 a Abs. 7 BGB nicht auf **vertraglich** vereinbarte Sicherungsabreden Anwendung findet.[98] Möglich bleiben aber Abreden im Bereich des § 648 a Abs. 6 BGB,[99] sodass z. B. ein privater Bauherr durchaus eine Regelung entsprechend § 648 a Abs. 1 BGB vertraglich eingehen könnte.[100]

**338**

---

[97] Siehe zum Ausschluss des § 648 a BGB durch AGB des Auftraggebers: *Hofmann*, BauR 2006, 763, 764; ferner: OLG Celle, BauR 2001, 101 m. krit. Anm. *Schmitz*, BauR 2001, 818 ff.
[98] BGH, BauR 2006, 1294, 1295 = NZBau 2006, 569 = ZfBR 2006, 561 = IBR 2006, 440 – *Schmitz*.
[99] *Staudinger/Peters*, § 648 a BGB, Rdn. 27.
[100] *Hofmann/Koppmann*, Bauhandwerkersicherung, Abschnitt B, Nr. 8.5.

## V. Die Schutzschrift

*Übersicht*

| | Rdn. | | Rdn. |
|---|---|---|---|
| 1. Die Bedeutung der Schutzschrift.... | 339 | 3. Verfahren...................... | 344 |
| 2. Form und Inhalt der Schutzschrift .. | 341 | 4. Kostenerstattung................. | 346 |

*Literatur*

*May*, Die Schutzschrift im Arrest und einstweiligen Verfügungsverfahren, 1983.

*Pastor*, Die Schutzschrift gegen wettbewerbliche einstweilige Verfügungen, WRP 1972, 229; *Teplitzky*, Die „Schutzschrift" als vorbeugendes Verteidigungsmittel gegen einstweilige Verfügungen, NJW 1980, 1667; *Teplitzky*, Schutzschrift, Glaubhaftmachung und „besondere" Dringlichkeit bei § 937 Abs. 2 ZPO – drei Beispiele für Diskrepanzen zwischen Theorie und Praxis, WRP 1980, 373; *Leipold*, Die Schutzschrift zur Abwehr einstweiliger Verfügungen gegen Streiks, RdA 1983, 164; *Deutsch*, Die Schutzschrift in Theorie und Praxis, GRUR 1990, 327; *Vogel*, Schutzschriften auch im Zwangsvollstreckungsverfahren?, NJW 1997, 554.

### 1. Die Bedeutung der Schutzschrift

**339** Die **Schutzschrift** ist ein von der Praxis entwickeltes – **vorbeugendes** – Verteidigungsmittel gegen einen **erwarteten** (einstweiligen) Verfügungsantrag; ihren Ursprung hatte sie zunächst im Wettbewerbsprozess, inzwischen hat sie jedoch auch im Bauprozess ihren Platz gefunden.

Die Schutzschrift ist der bei Gericht eingereichte Schriftsatz mit der Anregung[1], den Inhalt des Schriftsatzes bei Eingang des erwarteten Verfügungsantrags zu berücksichtigen und aus den in der Schutzschrift dargelegten und glaubhaft gemachten Gründen den Verfügungsantrag zurückzuweisen, mindestens aber dem Verfügungsantrag nicht ohne mündliche Verhandlung zu entsprechen.[2] Mit der Schutzschrift wird also bezweckt, dass der Betroffene mit dem im Eilverfahren ergangenen Erlass einer (einstweiligen) Verfügung nicht „überfallen" wird; die Schutzschrift dient damit vor allem der **Erzwingung rechtlichen Gehörs**.[3] Da auch in Bausachen bei mehreren Baubeteiligten mit **unterschiedlichen Gerichtstände** gerechnet werden kann, wird es im Einzelfall sinnvoll sein, sich an der Vorschrift des § 36 Abs. 1 Nr. 3 ZPO zu orientieren und **Exemplare** der Schutzschrift an den möglichen Gerichtsorten zu hinterlegen. Das um eine Gerichtsstandsbestimmung nach § 36 Nr. 3 ZPO angegangene Gericht wird eine bei ihm eingegangene Schutzschrift zweckmäßigerweise immer an das von ihm als **zuständig** bestimmte Gericht weiterleiten.

**340** In **Bausachen** bietet sich die Einrichtung einer Schutzschrift vor allem in Fällen an, in denen der Gegner ein **selbstständiges Beweisverfahren** oder **einstweiliges Verfügungsverfahren** (außergerichtlich) androht oder die Einleitung eines solchen Verfahrens wahrscheinlich ist.

---

1) Ein **Zurückweisungsantrag** in der Schutzschrift stellt keinen Sachantrag dar (BGH, NJW 2003, 1257 = GRUR 2003, 456 = WRP 2003, 515; kritisch hierzu: *Teplitzky*, Wettbewerbliche Ansprüche, 9. Auflage 2007, Rdn. 57 m. w. Nachw.

2) *Deutsch*, GRUR 1990, 327 ff.; *Teplitzky*, NJW 1989, 1667.

3) BGH, NJW 2003, 1257 = MDR 2003, 655 = Rpfleger 2003, 322; *Ahrens/Spätgens*, Der Wettbewerbsprozess, 5. Auflage 2005, Kap. 6, Rdn. 2; *Zöller/Vollkommer*, § 921 ZPO, Rdn. 1 m. w. Nachw.

Dabei ist besonders daran zu denken, dass ein Unternehmer oder Architekt die Absicht hat, im Wege der einstweiligen Verfügung die Eintragung einer **Vormerkung** auf Einräumung einer **Bauhandwerkersicherungshypothek** nach § 648 BGB zu erreichen. In aller Regel wird solchen Anträgen auch ohne mündliche Verhandlung und ohne vorherige schriftliche Anhörung des Bauherrn stattgegeben, wenn der Anspruch glaubhaft gemacht wird. Ist eine entsprechende Vormerkung im Grundbuch dann eingetragen, kann dies für den Bauherrn weitreichende Folgen haben; bis zur Aufhebung des Beschlusses (oder erstinstanzlichen Urteils) ist das Grundbuch für eine ranggerechte Eintragung von Grundschulden zur Absicherung der geplanten Fremdfinanzierungsmittel blockiert. Aus diesem Grunde muss der Auftraggeber möglichst verhindern, dass es überhaupt zu einer Eintragung einer Vormerkung kommt, vor allem, wenn erhebliche Mängel vorliegen, die den Wert der Werk- oder Architektenleistung beeinträchtigen. Eine Möglichkeit hierzu bietet die Schutzschrift.

Auf die damit verbundenen Kostennachteile muss jedoch hingewiesen werden: Nach der Rechtsprechung soll dem Auftraggeber durch die Einreichung der Schutzschrift die Möglichkeit verbaut sein, den Anspruch aus § 648 BGB mit der günstigen Kostenfolge des § 93 ZPO anzuerkennen (vgl. Rdn. 308).

### 2. Form und Inhalt der Schutzschrift

**341** **Form und Inhalt** einer Schutzschrift sind grundsätzlich **frei;** sie unterliegen keinen Einschränkungen und auch **keinem** Anwaltszwang. Ein nur **mündliches** Schutzgesuch ist jedoch **unbeachtlich.**[4]

Die Schutzschrift sollte jedoch bei Einreichung als solche unter Angabe der Parteien gekennzeichnet werden, um eine rasche Bearbeitung durch die Geschäftsstelle und den Richter zu ermöglichen. Dabei sollte der voraussichtliche Antragsteller an erster Stelle und der Absender der Schutzschrift an zweiter Stelle angegeben werden, um eine **Rubrumsidentität** mit einem etwaigen späteren Verfahren zu gewährleisten.

**342** Aus Sinn und Zweck der Schutzschrift folgt, dass in ihr vorzutragen ist, was das Gericht z. B. im Falle eines einstweiligen Verfügungsverfahrens veranlassen könnte, den Betroffenen vor Erlass der einstweiligen Verfügung zu hören. Hierzu sollte der jeweilige **Standpunkt** des Gesuchstellers in tatsächlicher und rechtlicher Hinsicht (umfassend) dargelegt werden. Um sein berechtigtes Interesse an einer mündlichen Verhandlung oder an einer schriftlichen Anhörung darzutun, wird der Betroffene daher vortragen, aus welchen Gründen ein **einseitiges** Beschlussverfahren ihm **besondere Nachteile** zufügen kann. Darüber hinaus wird es angezeigt sein, über den materiell-rechtlichen Streit Ausführungen zu machen, soweit hierzu bereits Erkenntnisse vorliegen. Die Beifügung **eidesstattlicher Erklärungen** zum Sachverhalt wird das Gericht im Einzelfall von der Notwendigkeit überzeugen können, nicht einseitig durch Beschluss, sondern aufgrund mündlicher Verhandlung zu entscheiden.

**343** Zu beachten bleibt, dass der Inhalt der Schutzschrift u. U. auch **zu Lasten** des Einreichers gewertet werden kann; so können z. B. von dem Unternehmer behauptete Tatsachen, die bisher nicht hinreichend glaubhaft gemacht waren, durch die

---

[4] *Ahrens/Spätgens*, a. a. O., Rdn. 6.

Ausführungen des Bauherrn in einer Schutzschrift als „zugestanden" anzusehen sein.[5)]

Es wird daher besser sein, eine einstweilige Verfügung ohne mündliche Verhandlung gegen sich ergehen zu lassen, als eine schlecht vorbereitete Schutzschrift bei Gericht einzureichen.

**Muster** für eine **Schutzschrift:**
An das
Amtsgericht/Landgericht ......

*Schutzschrift*

betreffend einen evtl. Antrag auf Erlass einer einstweiligen Verfügung auf Einräumung einer Vormerkung für eine Bauhandwerkersicherungshypothek (§ 648 BGB)
des Architekten Ferdi Schmitz, pp.,

voraussichtlichen Antragstellers,

Namens der Eheleute Leo Müller, pp.;

beantragen wir,
über ein von dem Antragsteller evtl. eingehendes Verfügungsgesuch auf Eintragung einer Vormerkung zur Sicherung des Anspruchs auf eine Bauhandwerkersicherungshypothek (§ 648 BGB) nicht ohne mündliche Verhandlung zu entscheiden.

*Gründe*

Die Parteien sind Eigentümer des im Grundbuch von ...... Bl. Nr. ...... eingetragenen Grundstücks, auf dem sie ein Haus errichtet haben. Dem Antragsteller sind durch Architektenvertrag vom ...... sämtliche Architektenleistungen übertragen worden. Als Anlage überreichen wir den Architektenvertrag.

Der Antragsteller hat mit Schreiben vom ...... seine Schlussrechnung überreicht, mit der er noch einen Restbetrag von 15 888 Euro geltend macht. Diese Schlussrechnung des Antragstellers ist unrichtig; dem Antragsteller stehen gegen die Bauherren keine Forderungen mehr zu. Vielmehr liegt sogar eine Überzahlung von seiten der Bauherren vor (wird ausgeführt).

Mit Schreiben vom ...... hat der Antragsteller gedroht, er werde eine einstweilige Verfügung auf Einräumung einer Vormerkung zur Sicherung des Anspruchs auf eine Bauhandwerkersicherungshypothek beantragen, wenn seine Schlussrechnung nicht ausgeglichen werde.

Der Antragsteller kann bei der dargelegten Sachlage nicht glaubhaft machen, dass ihm noch eine Forderung gegen den Antragsgegner zusteht. Die von mir vertretenen Bauherren können demgegenüber durch Vorlage von eidesstattlichen Versicherungen und umfangreichem Urkundenmaterial glaubhaft machen, dass die Honoraransprüche des Architekten Schmitz bezahlt sind.

Wir bitten daher, nicht ohne mündliche Verhandlung über einen eingehenden Antrag des Herrn Schmitz zu entscheiden.

gez. Rechtsanwalt*

---

* Anm.: Eine Schutzschrift unterliegt weder beim LG noch beim OLG dem Anwaltszwang (§§ 278 Abs. 2, 920 Abs. 3 ZPO analog; vgl. Zöller/Vollkommer, § 937 ZPO, Rdn. 4 m. Nachw.).

---

5) Ebenso: *Deutsch*, GRUR 1990, 327, 328; *Ahrens/Spätgens*, a. a. O., Rdn. 5.

## 3. Verfahren

Die Schutzschrift hat (zunächst) keine unmittelbaren rechtlichen Wirkungen; sie ist als ein besonderes, **vorbeugendes** Verteidigungsmittel mit dem Ziel anzusehen, nicht ohne mündliche Verhandlung zu entscheiden. Der „Antrag" in einer vorsorglich eingereichten Schutzschrift leitet daher kein Verfahren ein;[6] er ist deshalb auch kein Sachantrag. Es kann deshalb auch nicht von einem „unzulässigen" oder „zulässigen" Inhalt einer Schutzschrift gesprochen werden. Daraus folgt, dass es einem Verfasser der Schutzschrift freisteht, wie er sein rechtliches Interesse an einer Anhörung in einer mündlichen Verhandlung auf schriftlichem Wege begründet. Welche Teile der Schutzschrift schließlich das Gericht bei einer Ermessensentscheidung für beachtlich oder unbeachtlich hält, ist seiner Überprüfung vorbehalten. **344**

Zur **geschäftsmäßigen Behandlung** einer Schutzschrift ist Folgendes zu sagen:[7] **345**

Die Schutzschrift ist in das AR-Register (allgemeines Register) einzutragen, wenn die Schutzschrift bei Gericht eingeht, bevor das zugehörige Verfahren anhängig geworden ist. Eine Zustellung der Schutzschrift an den Gegner erfolgt nicht, weil seine Interessen durch die Schutzschrift nicht berührt werden. Um bei Eingang eines Verfügungsantrages feststellen zu können, ob schon eine Schutzschrift vorliegt, muss zusätzlich ein Namensverzeichnis für Schutzschriften geführt werden.

Wird nach Eingang einer Schutzschrift tatsächlich ein streitiges Verfahren anhängig, ist die Schutzschrift zu der entsprechenden Hauptakte zu nehmen. Dies gilt auch, wenn ein Verfahren bereits bei Einreichung der Schutzschrift anhängig war.

Die **Bedeutung** einer Schutzschrift erschöpft sich indes **nicht** in einer bloßen **Anregung** an das Gericht, auch die Belange des Antragsgegners bei einer Entscheidung angemessen zu berücksichtigen;[8] nach heute herrschender Ansicht hat das **Gericht** vielmehr eine **Schutzschrift** immer, sofern es von ihr Kenntnis erlangt, **inhaltlich zu beachten** und in seine Entscheidung **einzubinden**.[9] Will das Gericht einen Antrag auf Grund der Schutzschrift zurückweisen, so kann dies erst geschehen, wenn dem Antragsteller **Gelegenheit** zur **Stellungnahme** gegeben worden ist; das kann mit der Anberaumung einer mündlichen Verhandlung oder durch die Zuleitung der Schutzschrift mit Fristsetzung zur Stellungnahme geschehen.

## 4. Kostenerstattung

Durch die Einreichung einer Schutzschrift entstehen keine Gerichtskosten. Ob und in welchem Umfang die durch die Beauftragung eines **Anwalts** entstandenen Kosten erstattungsfähig sind, ist **umstritten**.[10] **346**

Wird ein gerichtliches Verfahren **nicht** eingeleitet, ist für den Schutzschriftverfasser nur ein **materiell-rechtlicher** Kostenerstattungsanspruch nach § 823 Abs. 1

---

6) BGH, NJW 2003, 1257, 1258 = MDR 2003, 655.
7) Vgl. auch *Deutsch*, GRUR 1990, 327, 328; *Ahrens/Spätgens*, a. a. O., Rdn. 12 ff.
8) Vgl. in diesem Sinne: OLG Frankfurt, NJW-RR 1987, 254 = WRP 1987, 114 m. Anm. *Zeller*, S. 477.
9) OLG Hamburg, WRP 1987, 495; OLG Düsseldorf, WRP 1981, 652; *Ahrens/Spätgens*, a. a. O., Rdn. 21; *Deutsch*, a. a. O., S. 328.
10) Vgl. vor allem *Deutsch*, a. a. O., S. 331; *Teplitzky*, Wettbewerbsrechtliche Ansprüche, 9. Auflage 2007, § 55, Rdn. 54 ff., jeweils mit w. Nachw.

BGB,[11] § 826 BGB oder § 683 BGB[12] in Erwägung zu ziehen. Ein solcher Erstattungsanspruch wird sich allerdings in aller Regel nicht begründen lassen, weil ein rechtswidriger Eingriff in den eingerichteten und ausgeübten Gewerbebetrieb (z. B. durch ein einstweiliges Verfügungsverfahren zur Durchsetzung eines Anspruchs nach § 648 BGB) nicht vorliegt. Die bloße Geltendmachung von im Gesetz vorgesehener Sicherungsrechte ist nicht ohne weiteres rechtswidrig.

Kommt es zur **Einreichung** eines Antrages auf Erlass einer einstweiligen Verfügung, entsteht mit dem Eingang dieses Antrages noch kein Prozessrechtsverhältnis;[13] nach anderer Auffassung erlangt die Schutzschrift in diesem Augenblick „die Bedeutung einer verfahrensbezogenen Prozesshandlung".[14]

**347** Wird ein Antrag auf Erlass der einstweiligen Verfügung **anschließend zurückgenommen** oder als unzulässig oder unbegründet **zurückgewiesen,** sind die mit der Einreichung der Schutzschrift entstandenen Kosten des Antragsgegners nach herrschender Auffassung erstattungsfähig.[15] Das gilt nicht, wenn die Schutzschrift erst **nach** Rücknahme des Verfügungsantrages bei Gericht eingeht[16] oder nachdem das Gericht den Verfügungsantrag bereits „beschlossen und schriftlich niedergelegt" hat.[17] Wird das einstweilige Verfügungsverfahren durch Urteil abgeschlossen, sind die durch die Schutzschrift angefallenen Kosten im Rahmen des § 91 ZPO erstattungsfähig.[18]

**348** Der Anwalt erhielt nach **altem Recht** für das Einreichen der Schutzschrift, wenn es nicht zu einem Verfügungsverfahren kam, eine $5/10$-Prozessgebühr (§ 32 Abs. 1 BRAGO).[19] Wurde der Anwalt in dem **nachfolgenden Verfahren** auf Erlass der einstweiligen Verfügung **tätig,** war die halbe Gebühr auf die dort anfallenden Gebühren anzurechnen.[20]

Seit dem 1. Juli 2004 gilt das **RVG**, das nunmehr auf Schutzschriftverfahren anzuwenden ist. Nach einer Entscheidung des OLG Nürnberg[21] löst im Geltungsbereich des neuen RVG eine bei Gericht eingereichte Schutzschrift in der Regel eine volle Ver-

---

11) Jedoch nur, wenn in der unberechtigten Abmahnung ein schuldhafter und rechtswidriger Eingriff in den eingerichteten und ausgeübten Gewerbebetrieb gesehen wird.
12) So OLG Frankfurt, GRUR 1989, 858; **a. A.:** OLG Hamm, NJW-RR 1986, 1303.
13) Vgl. BGH, NJW 2003, 1257, 1258 = MDR 2003, 655.
14) OLG Bremen, JurBüro 1991, 940; *Ahrens/Spätgens*, a. a. O., Rdn. 29 m. w. Nachw.
15) Vgl. im Einzelnen *May*, S. 109 ff.; *Deutsch*, a. a. O., S. 331; BGH, NJW 2003, 1257, 1258; KG, WRP 1999, 547; OLG Bamberg, OLGR 2000, 436; OLG Frankfurt, NJW-RR 1996, 1215 = OLGR 1996, 58 = GRUR 1996, 229; OLG Rostock, OLGR 1996, 213 (LS); OLG München, WRP 1992, 811; OLG Hamburg, JurBüro 1985, 401; OLG Düsseldorf, NJW 1981, 2824; OLG Köln, JurBüro 1981, 1827; **a. A.:** *Lent*, NJW 1955, 1194; *Pastor*, Der Wettbewerbsprozess, 3. Aufl., S. 119 ff.; OLG Düsseldorf, MDR 1989, 549.
16) OLG Karlsruhe, WRP 1981, 39.
17) OLG Karlsruhe, OLGR 2000, 436; OLG Hamburg, JurBüro 1990, 732.
18) OLG Bremen, JurBüro 1991, 940; KG, MDR 1980, 942; OLG Rostock, OLGR 1995, 213 (LS); *Teplitzky*, GRUR 1988, 405; **a. A.:** z. B. OLG Düsseldorf, MDR 1989, 549.
19) BGH, NJW 2003, 1257, 1258; OLG Karlsruhe, OLGR 2000, 436, 437; KG, OLGR 1999, 353; OLG München, JurBüro 1993, 154.
20) Siehe OLG Köln, GRUR 1988, 725; OLG München, MDR 1986, 239; **a. A.:** OLG Hamm, JurBüro 1989, 962.
21) NJW-RR 2005, 941 = OLGR 2005, 397; s. ferner: *Bischof* u. a., RVG, Nr. 3100 VV, Rdn. 41 ff.; OLG Düsseldorf, OLGR 2007, 128; OLG Hamburg, MDR 2007, 493.

## Kostenerstattung

fahrensgebühr (1,3 Gebühr gemäß VV 3100) aus, wenn der Gegner später einen Antrag auf Erlass einer einstweiligen Verfügung stellt. Dies soll nach dem OLG Nürnberg indes nicht gelten, wenn die Schutzschrift auf Grund eines Auftrages nur zu einer reinen Einzeltätigkeit und damit nicht auf Grund einer generellen Beauftragung für ein zukünftiges einstweiliges Verfügungsverfahren gefertigt und eingereicht wurde.

## VI. Die einstweilige Verfügung in Bausachen

*Übersicht*

| | Rdn. | | Rdn. |
|---|---|---|---|
| 1. Fallgestaltungen | 350 | d) Einstweiliger Rechtsschutz bei Bankgarantie und Bürgschaft auf erstes Anfordern | 367 |
| a) Einstweilige Verfügung eines Baubeteiligten | 351 | | |
| b) Einstweilige Verfügung eines Dritten | 355 | 2. Zuständigkeit | 377 |
| | | 3. Antrag | 378 |
| c) Zum Regelbedürfnis in Bausachen | 359 | 4. Beweiswürdigung und Beweislast | 383 |
| | | 5. Das Urteil | 384 |

*Literatur*

*Schuler*, Die auf Leistung lautende einstweilige Verfügung, NJW 1959, 1801; *Aderhold*, Erledigung der Hauptsache nach Erlass der einstweiligen Verfügung, NJW 1961, 1804; *Winkler*, Das Schicksal der einstweiligen Verfügung bis zur Rechtskraft des sie aufhebenden Urteils, MDR 1962, 88; *Kerst*, Welche Rechte bestehen bei Störungen und Belästigungen durch Baumaßnahmen?, NJW 1964, 181; *Jauernig*, Der zulässige Inhalt einstweiliger Verfügungen, ZZP 79, 321; *Schmidt-von Rhein*, Die Vollziehung der auf Unterlassung gerichteten einstweiligen Verfügungen, NJW 1976, 792; *Leipold*, Strukturfragen des einstweiligen Rechtsschutzes, ZZP 90, 258; *Borck*, Über die Vollziehung von Unterlassungsverfügungen, WRP 1977, 556; *Arens*, Verfügungsanspruch und Interessenabwägung beim Erlass einstweiliger Verfügungen, Festschrift von Caemmerer (1978), 75; *Teplitzky*, Arrest und einstweilige Verfügung, JuS 1980, 882; JuS 1981, 122, 352, 435; *Teplitzky*, Streitfragen beim Arrest und bei der einstweiligen Verfügung, DRiZ 1982, 41; *Krüger*, Das Privatgutachten im Verfahren der einstweiligen Verfügung, WRP 1991, 68; *Locher*, Unlauterer Wettbewerb von Architekten und Ingenieuren durch Verstöße gegen Bestimmungen der HOAI und des Standesrechts, BauR 1995, 146; *Klepsch*, Das Honorarrecht der HOAI und das Berufsrecht der Architekten – Besprechung des Urteils des Hessischen VGH vom 7. Februar 1995 (11 UE 1659/92), ZfBR 1996, 1; *Hartmann*, Zur Vergütung von Wettbewerbsleistungen im Rahmen der HOAI, BauR 1996, 623; *Schütze*, Einstweiliger Rechtsschutz im Schiedsverfahren, BB 1998, 1650; *Bruns*, Das Zurückbehaltungsrecht des Architekten an den von ihm gefertigten Plänen, BauR 1999, 529; *Lauer*, Herausgabe der für den Weiterbau erforderlichen Pläne und Zurückbehaltungsrecht des Architekten, BauR 2000, 812; *Putzier*, Vorleistungslast und Vorleistungsrisiko bei streitigen Nachträgen – die Lösung mit Hilfe der einstweiligen Verfügung, Jahrbuch Baurecht 2000, 89; *Gehrlein*, Kein präventiver Rechtsschutz durch einstweilige Verfügung in Vergabeverfahren unterhalb der Schwellenwerte, NZBau 2001, 483; *Baronikians*, Eilverfahren und Verjährung, WRP 2001, 121; *Sterner*, Rechtsschutz gegen Auftragssperren, NZBau 2001, 423; *Rester*, Kann der Unternehmer die Inbesitznahme der Werkleistung durch den die Abnahme verweigernden Besteller verhindern?, BauR 2001, 1819; *Dreher*, Vergaberechtsschutz unterhalb der Schwellenwerte, NZBau 2002, 419; *v. u. z. Franckenstein*, Die richtige Nachbarschaftsvereinbarung, BauR 2002, 1041; *Seidel/Fries*, Nachbarrecht – Untersagung der Kranaufstellung durch den Grundstücksnachbarn im Wege der einstweiligen Verfügung, BauRB 2004, 217.

**349** Von einstweiligen Verfügungen wird in der Baupraxis relativ selten Gebrauch gemacht. Das einstweilige Verfügungsverfahren sollte aber gerade in Bausachen besonders beachtet werden; wegen der bekannten Schwerfälligkeit der Bauprozesse wird das beschleunigte und verbilligte einstweilige Verfügungsverfahren oftmals die einzige Möglichkeit für einen Baubeteiligten sein, **erhebliche Vermögensinteressen** sachgerecht zu wahren.[1] Die Einrede des **Schiedsvertrages** kann ein einstweili-

---

1) **Beispiele:** OLG München, BauR 1987, 598 = ZfBR 1986, 285 = BB 1986, 2296 = DB 1986, 2595 (**vertragswidrige Bauausführung** durch Unternehmer als Verfügungsgrund); OLG Hamm, BauR 2002, 669 (einstw. Vfg. auf **Baustopp** wegen **Unterfangung** und Rückverankerung des

ges Verfügungs- oder Arrestverfahren vor den staatlichen Gerichten nicht hindern (§ 1033 ZPO).[2)] § 1041 ZPO, der gleichrangig neben § 1033 ZPO steht, ermöglicht aber auch die Anordnung von vorläufigen und sichernden Maßnahmen durch das Schiedsgericht. Da Maßnahmen des einstweiligen Rechtsschutzes durch das Schiedsgericht jedoch einer staatlichen **Vollstreckbarerklärung**[3)] nach § 1041 Abs. 2 ZPO bedürfen, wird das Wahlrecht in der Praxis keine große Rolle spielen.

Vor Einleitung des einstweiligen Verfügungsverfahrens muss sich der **Anwalt** – und im Weiteren auch das Gericht – jedoch stets über die Vor- und Nachteile des **Anspruchsbegehrens** hinreichend klar werden. Dabei ist vor allem der **Antragstellung** besondere Beachtung zu schenken, weil hiervon nämlich bereits entscheidend abhängen kann, ob die begehrte einstweilige Verfügung überhaupt zulässig ist oder ob sie, was in der Regel noch wichtiger sein wird, dem Antragsteller in der begehrten Form etwas nützt, insbesondere wenn **Zwangsvollstreckungsmaßnahmen** abzusehen sind. Die Frage nach der praktischen Nützlichkeit (**Zweckmäßigkeit**) der Maßnahmen hat deshalb hier ein großes Gewicht. Die Chance, eine schnelle gerichtliche Entscheidung zu erwirken, die jedenfalls bis zu einer gegenteiligen Entscheidung Bestand hat, sollte aber überall dort gewahrt werden, wo auf einfache und sinnvolle Weise eine sachgerechte praktische Lösung im Eilverfahren erreicht werden kann.

Nach neuem Recht kommt einem Antrag auf Erlass einer einstweiligen Verfügung oder eines Arrestes nunmehr für den zu sichernden Anspruch eine die **Verjährung hemmende** Wirkung zu (§ 204 Abs. 1 Nr. 9 BGB).[4)] In Bausachen ist vor allem an **Unterlassungsansprüche** aus Wettbewerbs- oder **Nachbarrechtsverhältnissen** (§§ 1004, 823, 909 BGB) zu denken, denen in der Regel **Schadensersatzklagen** nachfolgen.

---

Nachbargebäudes); KG, NZBau 2003, 616 (Herausgabe von **Baumaterial** nach vorzeitigem Vertragsende); OLG Köln, IBR 2004, 310 – *Metzger* (Herausgabe von Werkzeug an den Bauhandwerker); OLG Köln, ZfBR 2001, 551 (einstweiliges **Erwerbsverbot** als Sicherungsmaßnahme); LG Stuttgart, BauR 1991, 509 m. Anm. *Wirth* (einstw. Vfg. gegen **Rufschädigung** des Bauherrn durch Bauunternehmer); KG, DtZ 1991, 191 (**Unterlassung** von Baumaßnahmen auf **Restitutionsgrundstück** in einem **neuen Bundesland**); AG Hamm, NJW-RR 1997, 1104 (Grenzwandverschließung); Brandenburgisches OLG, OLGR 1997, 383 (**verbotene Eigenmacht** des Werkunternehmers; **Rückgabeanspruch** des Bestellers); OLG Celle, BauR 2001, 1465 (verbotene Eigenmacht durch Einzug des Erwerbers); OLG Köln, MDR 2000, 152 (**verbotene Eigenmacht** des Bauherrn; Wegnahme von Werkzeugen); OLG Köln, BauR 1999, 189 = ZfBR 1999, 38 = OLGR 1998, 138 = NJW-RR 1998, 1097 u. OLG Hamm, BauR 2000, 295 = NJW-RR 2000, 867 (einstw. Vfg. auf **Herausgabe von Bauunterlagen**; dazu auch *Bruns*, BauR 1999, 529; *Lauer*, BauR 2000, 812; OLG Düsseldorf, *Schäfer/Finnern*, Z 3.00 Bl. 115, betr. die Herausgabe von **Bauunterlagen** durch einen Architekten an den Rechtsanwalt eines Bauherrn zu getreuen Händen für eine gewisse Zeitspanne); OLG Oldenburg, OLGR 2001, 49 (**Baustopp**).
2) Es ist **streitig**, ob ein **Rechtsschutzbedürfnis** besteht, wenn zunächst bei dem staatlichen und dann bei dem Schiedsgericht ein einstweiliger Verfügungsantrag gestellt wird (s. *Otte*, in Berger, Einstweiliger Rechtsschutz, S. 885 m. w. Nachw. in Anm. 22; *Zöller/Geimer*, § 1041 ZPO, Rdn. 1).
3) Zur Vollziehbarkeitserklärung siehe: *Otte*, a. a. O., S. 889 ff. m. w. Nachw.
4) Siehe hierzu: *Schabenberger*, WRP 2002, 293 ff.; *Baronikians*, WRP 2001, 121 ff.; AnwKomBGB/*Mansel*, § 204 BGB, Rdn. 23 ff.; *Lenkeit*, BauR 2002, 196, 217.

## 1. Fallgestaltungen

**350** Einstweilige Verfügungen sind im gesamten privatrechtlichen Baubereich denkbar; der Anwendungsbereich des einstweiligen Verfügungsverfahrens erstreckt sich jedoch vornehmlich auf folgende **Fallgestaltungen**:

### a) Einstweilige Verfügung eines Baubeteiligten

**351** Erste Fallgruppe:

Der **Bauwerkunternehmer** (z. B. Architekt oder Bauunternehmer) beantragt eine einstweilige Verfügung zur Sicherung seines Anspruchs auf Eintragung einer **Bauhandwerkersicherungshypothek** gemäß § 648 BGB (vgl. dazu im Einzelnen Rdn. 182 ff.). Das ist zahlenmäßig **der Hauptanwendungsbereich** des einstweiligen Verfügungsverfahrens in Bausachen.

**352** Zweite Fallgruppe:

Ein **Baubeteiligter** (Architekt, Bauunternehmer, Sonderfachmann oder ein Bauträger) beantragt den Erlass einer einstweiligen Verfügung gegen den **Bauherrn/ Auftraggeber** wegen **Vornahme** oder **Unterlassung** gewisser Handlungen, die für die **Bauausführung** von unerlässlicher Wichtigkeit sind (z. B. Anlieferung von Baumaterialien; Herausgabe von Urkunden oder Werkzeugen;[5] Verbot, Änderungen des Bauwerks aus Urheberrechtsgründen vorzunehmen).[6] In diesem Zusammenhang ist u. a. auf §§ 642, 643 BGB oder § 3 Nr. 1, § 4 Nr. 1 Abs. 1 Satz 1 VOB/B hinzuweisen, die **Mitwirkungs-** und **Koordinierungspflichten** des Bauherrn vorsehen; ferner ergeben sich bei Geltung der VOB aus § 4 Nr. 1 VOB/B Bereitstellungs- und Überwachungspflichten des Bauherrn, die ebenfalls für den Ablauf der **Bauausführung** von großer Bedeutung werden können. In diesen Fällen wird bei Eintritt einer **Bauverzögerung** zu fragen sein, ob der Bauherr durch eine einstweilige Verfügung zur „Mitwirkung" angehalten werden muss. Die Mitwirkungs- und/oder Koordinierungspflichten des Bauherrn, die im weiteren Sinne Vertragspflichten sind,[7] können im Einzelfall den Erlass einer einstweiligen Verfügung rechtfertigen.

**353** Eine weitere Mitwirkungspflicht des Auftraggebers kann im Rahmen eines **selbstständigen Beweisverfahrens** begründet sein; dieser ist – wie die übrigen Baubeteiligten auch – verpflichtet, die Durchführung einer Beweissicherung seitens eines Vertragspartners zu dulden und daran mitzuwirken. Diese Pflicht des Bauherrn muss, da eine prozessrechtliche Möglichkeit zur Mitwirkung im selbstständigen Beweisverfahren selbst nicht besteht (vgl. Rdn. 86), gegebenenfalls mittels einer einstweiligen Verfügung erzwungen werden: Dem Bauherrn kann bei Weigerung aufgegeben werden, das Betreten seines Grundstücks durch den gerichtlich bestellten Sachverständigen zum Zwecke der Durchführung der gerichtlichen Beweissi-

---

[5] OLG Köln, MDR 2000, 152 (verbotene Eigenmacht des Bauherrn durch **Wegnahme** von **Werkzeugen** des Unternehmers); KG, NZBau 2003, 616 (Baumaterial).

[6] LG Leipzig, BauR 2005, 1502 (Streit um Urheberschutz; **Fußboden** in einem Saal eines Museums); OLG Hamm, BauR 1984, 298 (**Änderungsverbot**); OLG Köln, BauR 1995, 874 = ZfBR 1995, 313 (Unterlassung einer **Mängelbeseitigung** durch Auftraggeber).

[7] Zu den **Mitwirkungspflichten** des Bauherrn allgemein: *Meurer*, MDR 2001, 848; *Hofmann*, Festschrift v. Craushaar, S. 219 ff.; *Nicklisch/Weick*, § 4 VOB/B, Rdn. 8 ff.; § 9 VOB/B, Rdn. 4 ff.

## Fallgestaltungen

cherung zu dulden.[8] Der von einem Baubeteiligten (z. B. Architekten oder Unternehmer) erwirkte Titel ist dann gemäß § 890 ZPO vollstreckbar.[9]

**Dritte Fallgruppe:** 354
Der Auftraggeber/Bauherr selbst beantragt eine einstweilige Verfügung gegen einen **Baubeteiligten** oder einen **Baunachbarn**.

Solche einstweiligen Verfügungen sind vor allem für folgende Sachverhalte denkbar:

* **Verbot,** Baugeräte, Gerüste oder sonst auf der Baustelle vorhandene Einrichtungen sowie angelieferte Baustoffe zu **entfernen;**[10]
* Vornahme von **Nachbesserungsarbeiten** durch den Unternehmer oder Architekten, wenn der Eintritt eines **größeren Schadens** droht;[11]
* Zahlung von **Vorschüssen** für erforderlich werdende Mängelbeseitigungsarbeiten;[12]
* **Herausgabe** von **Bauunterlagen** für die Bauausführung oder für die Abrechnung;[13]
* Herausgabe eines **Generalschlüssels;**[14]
* Verbot **vertragswidrige Bauarbeiten** auszuführen;[15]
* **Verbot** der Inanspruchnahme einer **Bankbürgschaft** bei streitiger Hauptforderung (vgl. dazu Rdn. 367 ff.);
* Duldung einer Augenscheinseinnahme.[16]

Die einstweiligen Verfügungen können sich auch gegen einen **Dritten** richten, der mit dem Bauvorhaben nur mittelbar zu tun hat: z. B., ein Bauherr will in den vermieteten Räumen Bauarbeiten (z. B. Heizungsinstallationsarbeiten) ausführen lassen, was der Mieter nicht zulässt;[17] oder der Bauherr will auf dem **Nachbargrundstück** entlang der gemeinsamen Grundstücksgrenze einen Arbeitsraum für eine Grenzbebauung einrichten[18] oder ein Baugerüst aufstellen lassen (z. B. für Verputzarbei-

---

8) Zum Besichtigungsanspruch bei einer **Grundstücksvertiefung:** OLG Karlsruhe, BauR 2002, 1437.
9) Siehe *Wussow*, NJW 1969, 1401, 1407; *ders.*, Das gerichtliche Beweissicherungsverfahren in Bausachen, S. 212; einschränkend: OLG Stuttgart, NJW-RR 1986, 1448.
10) Vgl. LG Kleve, *Schäfer/Finnern*, Z 2.510 Bl. 1.
11) Zu den Ersatzansprüchen s. im Einzelnen *Elshorst*, NJW 2001, 3222.
12) Siehe § 13 Nr. 5 Abs. 2 VOB/B; **keine** einstweilige Verfügung möglich nach OLG Düsseldorf, BauR 1972, 323.
13) Siehe dazu u. a.: OLG Frankfurt, BauR 2007, 895 (**Herausgabeanspruch** des Bauherrn bezüglich **Planungsunterlagen** und Statik für Natursteinfassade); OLG Hamm, BauR 2000, 295 = NJW-RR 2000, 867; OLG Köln, BauR 1999, 189 = ZfBR 1999, 39 = OLGR 1998, 138; OLG Frankfurt, BauR 1980, 193 sowie *Bruns*, BauR 1999, 529; *Lauer*, BauR 2000, 812.
14) LG Mönchengladbach, BauR 2006, 1147.
15) OLG München, BauR 1987, 598 = ZfBR 1986, 285; vgl. aber OLG Köln, ZfBR 1995, 313, wenn nur eine **Beweisvereitelung** im Vordergrund steht (hier: Nachbesserungsarbeiten durch Bauherrn); dann steht nur das **selbstständige Beweisverfahren** zur Verfügung.
16) Kein materiell-rechtlicher Anspruch auf Duldung einer Augenscheinseinnahme aus dem Prozessrechtsverhältnis, der im Wege einer einstweiligen Verfügung geltend gemacht werden kann (OLG Stuttgart, NJW-RR 1986, 1448).
17) Vgl. AG Wuppertal, MDR 1973, 409 u. *Müller*, MDR 1971, 253, 258; AG Köln, Urt. v. 27.5.1975 – 152 C 3328/75 für Baumaßnahmen, die der Ersteigerer eines Hauses vornehmen lassen will.
18) OLG Düsseldorf, MDR 1992, 53 (Duldungsanspruch nach § 24 NachbG NW verneint).

ten), was der Nachbar ablehnt.[19] Dieser ergreift sogar Maßnahmen, die den Bauherrn behindern.[20] Hier kann der Bauherr nicht erst auf einen langwierigen Prozess verwiesen werden, sondern er muss versuchen, über eine einstweilige Verfügung eine schnelle Regelung zu erzielen.

### b) Einstweilige Verfügung eines Dritten

**355**  Eine **weitere Fallgruppe** betrifft einstweilige Verfügungen, die ein **Dritter** gegen einen **Baubeteiligten** (Bauherrn, Architekten, Unternehmer, Sonderfachmann) beantragt.

In der Regel wird hier ganz allgemein das **Verbot** angestrebt, irgendwelche **Baumaßnahmen durchzuführen**.[21] Solche einstweiligen Verfügungen sind vor allem von dem **Baunachbarn** zu erwarten.[22] Sie wollen häufig durch die einstweilige Verfügung den **Baubeginn** oder doch den weiteren **Baufortschritt stoppen**. Eine Parallele hierzu bildet im **öffentlichen Baurecht** der vorläufige Rechtsschutz des Nachbarn, der sich gegen ein Bauvorhaben zur Wehr setzen will.

**356**  Dass jedenfalls u. U. ein privatrechtlicher Beseitigungsanspruch des Baunachbarn gegen den Bauherrn begründet sein kann, der eine einstweilige Verfügung rechtfertigt, ist allgemein anerkannt.[23] Ein Beseitigungsanspruch ist gegeben, wenn der Bauherr unter Verstoß gegen ein **Bauverbot** und **ohne eine Baugenehmigung** ein Bauwerk errichtet hat;[24] in diesen Fällen wird der Baunachbar bemüht sein, den Bauherrn durch eine einstweilige Verfügung an weiteren Baumaßnahmen zu hindern.

**357**  Misslich sind für einen **Baunachbarn** schließlich auch die Bauvorhaben, bei denen von dem Bauherrn, seinem Architekten und vor allem von dem Unternehmer bei der Bauausführung nicht die zumutbaren **Sorgfalts- und Rücksichtpflichten** gewahrt werden, die im Rahmen des nachbarlichen Gemeinschaftsverhältnisses erwartet werden können: So werden z. B. nicht die erforderlichen Schutzmaßnahmen (z. B. **Schutzgerüste, Abdeckungen, Abstützfundamente**) vorgenommen, sodass neben unzumutbaren Belästigungen[25] vor allem **größere Beschädigungen** auf dem Nach-

---

19) Vgl. OLG Schleswig, BauR 1984, 83 ff.
20) Vgl. z. B. LG Aachen, NJW 1966, 204 u. OLG Hamm, NJW 1966, 599.
21) Vgl. z. B. OLG Hamm, BauR 2002, 669; HansOLG Hamburg, MDR 1960, 849, 850.
22) Vgl. z. B. OLG München, *Schäfer/Finnern*, Z 4.141 Bl. 2; LG Aachen, BauR 1981, 501 (Verstoß gegen nachbarrechtliche Vorschriften); OLG Düsseldorf, OLGR 2002, 90 (Unterlassung des Betriebs einer **Mobilfunksendeanlage**).
23) Zur Abgrenzung vgl. BVerwG, BauR 1974, 44; OLG München, BayVBl. 1976, 157.
24) BGH, DB 1970, 1126; LG Aachen, BauR 1981, 501; siehe auch *Uechtritz*, BauR 1992, 1, 10, Anm. 70 mit dem Hinweis auf die Möglichkeit einer Störungsbeseitigungsklage gemäß § 823 Abs. 2 BGB in Verbindung mit der verletzten nachbarschützenden Vorschrift des öffentlichen Baurechts.
25) Zweifelhaft ist, ob das Eindringen des **Schwenkarms** eines **Baukrans** in den Luftraum des Nachbargrundstücks eine Besitzstörung darstellt (**bejahend**: LG Lüneburg, BauR 1999, 425 = IBR 1999, 271 – *Marian;* OLG Zweibrücken, IBR 1998, 207 – *Horschitz;* OLG Karlsruhe, NJW-RR 1993, 91; **a. A.:** OLG Düsseldorf, IBR 2007, 251 – *Klepper;* LG Kiel, BauR 1991, 380). Zum Anspruch des Nachbarn aus § 906 BGB auf Beschränkung der **Arbeitszeiten** bei der Bauausführung: LG Konstanz, BauR 1990, 754 = IBR 1991, 77; zur Reichweite des Unterlassungsanspruchs aus § 1004 BGB bei **Geräuschemissionen:** Saarländisches OLG, MDR 2000, 152.

## Fallgestaltungen

bargrundstück drohen;[26] oder ein Unternehmer lagert angefahrene Baumaterialien sowie Baugeräte vor dem Grundstück des Baunachbarn[27] oder kippt Bauschutt auf das angrenzende Nachbargrundstück. In diesen Fällen kann der Nachbar kaum gezwungen werden, erst durch einen langwierigen Hauptprozess klären zu lassen, ob die Belästigungen hinzunehmen sind.

Schließlich sind einstweilige Verfügungen auch bei einem **wettbewerbswidrigen Verhalten** eines Baubeteiligten[28] oder bei einem **vermeintlich rechtswidrigen Vergabeverfahren**[29] denkbar. Bieten z. B. **Architekten** oder **Sonderfachleute** ihre Leistungen (für ein bestimmtes Bauvorhaben) zu einem derart niedrigen Honorar an, dass von einer angemessenen und den Bestimmungen der HOAI entsprechenden Vergütung nicht mehr gesprochen werden kann, wird ein **Mitbewerber**, die **Architektenkammer** oder **Fachverbände** auf Unterlassung klagen wollen (§ 8 Abs. 3 Nr. 2 UWG);[30] Ziel eines einstweiligen Verfügungsverfahrens wird es in diesen Fällen sein, den **Abschluss** eines Architekten- oder Ingenieurvertrags zu den wettbewerbs- und/oder „standesunwürdigen" Bedingungen zu unterbinden. Das bewusste (**„vorsätzliche"**) Hinwegsetzen über die **Mindestsatzregelung der HOAI** kann **im Einzelfall standes-** und **wettbewerbswidrig** sein.[31] So hat z. B. der Hess. VGH[32] einen Architekten mit einem **Verweis** und einer **Geldbuße** in Höhe von 3.000 DM belegt, weil er sich in einem „Gutachtenverfahren" einer Großbank **„beteiligt"** hatte. Dies ist allerdings auch Voraussetzung;[33] nur wenn bereits ein **Vertragsabschluss vorliegt** oder es zu einem solchen **„gekommen wäre"** (BGH), ist die HOAI mit ihren zwingenden Bestimmungen anwendbar und deshalb an ein „wettbewerbswidriges" bzw. standesunwürdiges Verhalten des Architekten zu denken. Zudem hat das **BVerfG**[34] klargestellt, dass die Vorschrift des § **4 Abs. 2 HOAI** in den Fällen von **Architektenwettbewerben** ihren

**358**

---

26) Vgl. auch LG Kiel, BauR 1991, 380 (**Stabilität** eines Baukrans); OLG Celle, BauR 1990, 626 (**Schweißarbeiten** bei starkem Wind); OLG Nürnberg, BauR 1991, 781 (unzureichende Absicherung eines **Fassadengerüsts**).
27) Zum Ausgleichsanspruch in diesen Fällen vgl. BGH, NJW 1974, 1869.
28) Grundlegend hierzu: *Locher*, BauR 1995, 146 ff.
29) Für das **alte Recht** verneinte das LG Saarbrücken (IBR 1996, 289 – *Kniffka* u. IBR 1996, 371 – *Schabel*) zutreffend **einen Verfügungsanspruch**, weil die sog. **haushaltsrechtliche Lösung** (nach dem HGrG) einen einklagbaren Anspruch auf Zuschlag nicht gewährte (ebenso: KG, ZfBR 1995, 304 u. OLG Düsseldorf, MDR 1998, 1220 = MittBl. ARGE Baurecht 2/99, S. 47 ff.). Für das **neue Vergaberecht**: SchlHOLG, BauR 2000, 1046 (keine einstweilige Vfg. auf Vornahme oder Unterlassen einer Handlung im Vergabeverfahren; ausschließliche Zuständigkeit der Vergabekammer; s. auch *Sterner*, NZBau 2001, 423 ff. Zum Vergabeschutz **unterhalb** der Schwellenwerte: *Köster*, NZBau 2006, 540; *Hänsel*, NJW-Spezial 2007, 69.
30) BGH, NJW 1997, 2180 = BauR 1997, 490 = DB 1997, 725 = WM 1997, 930 = GRUR 1997, 313 = WRP 1997, 325; BGH, NZBau 2003, 622 u. OLG Köln, OLGR 2005, 367 (Berufsverband der **Vermessungsingenieure**); OLG München, IBR 2006, 503 (Berufsverband der **Bauingenieure**).
31) Vgl. hierzu BGH, NJW 1997, 2180 = BauR 1997, 490; BauR 1991, 640, 641; OLG München, IBR 2006, 503 – *Moufang*; NJW-RR 1996, 881; *Locher*, BauR 1995, 146, 147; *Hartmann*, BauR 1996, 623; *Locher/Koeble/Frik*, Einl., Rdn. 207 ff. u. § 4 HOAI, Rdn. 89 ff.; *Korbion/Mantscheff/Vygen*, § 4 HOAI, Rdn. 92.
32) NJW-RR 1995, 1299; s. auch Hess. VGH, BauR 1998, 1037.
33) BGH, BauR 1997, 490 = NJW 1997, 2180.
34) NZBau 2006, 121 = NJW 2006, 495 = IBR 2005, 688 – *Schabel*.

Zweck verfehlt; das Verbot der Unterschreitung der Mindestsätze könne deshalb auch nicht für die Vergütung von Wettbewerbsbeiträgen gelten. Erst mit der **Weiterführung** und **Umsetzung** der mit dem Wettbewerb geforderten Planung greifen die Bestimmungen der HOAI. Erhält ein Architekt deshalb die **Aufforderung** (z. B. durch die Architektenkammer), sich an einem solchen „Gutachtenverfahren" **nicht** zu beteiligen oder überhaupt bestimmte (geforderte) Architektenleistungen zu einem Pauschalpreis zu erbringen, kann er deshalb nur dann erfolgreich im Wege einer einstweiligen Verfügung auf Unterlassung in Anspruch genommen werden, wenn er bereits dem Anbieter (Bauherrn) **„zugesagt"** hat oder der Architektenkammer antwortet, er wolle sich nicht nach der Kammer „richten". Reagiert er auf das Anschreiben überhaupt nicht, wird man der Architektenkammer einen **vorbeugenden Rechtsschutz**, der auf das Verhindern eines HOAI-widrigen Vertrages abzielt, nicht versagen können.[35]

Im Hinblick auf die Entscheidung des BVerfG werden Wettbewerbsverstöße durch den **Auftraggeber (Bauherrn)** oder Planungsbüros[36] kaum noch begründet werden können; vor allem **„Gutachtenverfahren",**[37] **Honoraranfragen,**[38] **Preisausschreiben,**[39] **Pauschalangebote,**[40] und **Ausschreibungen** werden unter dem Aspekt einer HOAI-widrigen Mindestsatzunterschreitung nicht mehr unter wettbewerbsrechtlichen Gesichtspunkten (§ 1004 BGB i. V. mit §§ 3, 4 Nr. 11 UWG) zu beurteilen sein.[41] Da die Beachtung des zwingenden Preisrechts der HOAI **in erster Linie** den **Architekten, Ingenieuren** und den öffentlich bestellten Vermessungsingenieuren, **nicht** aber deren **Auftraggebern** obliegt,[42] wird eine **„Störerhaftung"** des Auftraggebers nur dann in Betracht kommen, wenn er gezielt auf den Abschluss eines HOAI-widrigen Vertrages hinwirkt.[43] Darüber hinaus wird eine Störerhaftung von vornherein ausscheiden, wenn schon eine Rechtsgutverletzung der in Betracht kommenden „Täter" nicht in Rede steht.[44]

Schließlich kann die **unterbliebene Eintragung** in die **Liste** der **Architektenkammer**[45] Gegenstand von (wettbewerbsrechtlichen) Unterlassungsverfügungen sein:

---

35) Zur **Darlegungs-** und **Beweislast:** OLG München, IBR 2004, 207 – *Schabel*.
36) OLG Köln, OLGR 2005, 367.
37) Vgl. z. B. BVerwG, NZBau 2000, 30 = NJW-RR 1999, 1542; Hess. VGH, BauR 1998, 1037 u. NJW-RR 1995, 1299; dazu *Klepsch*, ZfBR 1996, 1 ff. u. *Hartmann*, BauR 1996, 623 ff.
38) BGH, BauR 1991, 639; LG Offenburg, IBR 2003, 610 – *Sangenstedt;* OLG Düsseldorf, BauR 2001, 274 = NZBau 2000, 578; OLG München, BauR 1996, 283; OLG Bremen, BauR 1997, 499; LG Marburg, BauR 1994, 271; *Korbion/Mantscheff/Vygen*, § 4 HOAI, Rdn. 57 ff.
39) OLG Koblenz, ZfBR 1994, 229 (im Ergebnis bestätigt durch die Revisionsentscheidung, BGH, BauR 1997, 490 = NJW 1997, 2180).
40) LG Nürnberg-Fürth, BauR 1993, 105; *Locher*, BauR 1995, 146, 148.
41) Grundlegend: BGH, BauR 2005, 580 = NZBau 2005, 161 = GRUR 2005, 171 (Ausschreibung von Ingenieurleistungen); BGH, NZBau 2003, 622; NJW 1997, 2180 = BauR 1997, 490; OLG Köln, OLGR 2005, 367; OLG Düsseldorf, BauR 2001, 274 = NZBau 2000, 578.
42) Vgl. BGH, BauR 2005, 580, 581 = NZBau 2005, 161, 162; NZBau 2003, 622 = NJW-RR 2003, 1685.
43) Vgl. auch BGH, NZBau 2003, 622, 623; OLG München, IBR 2004, 75 – *Sangenstedt*.
44) OLG Köln, OLGR 2005, 367, 368.
45) Zum Wettbewerbsverstoß eines nicht in die **Handwerksrolle** eingetragenen **Unternehmens** („Dachsanierung"): OLG Dresden, WRP 1995, 731 = GewA 1996, 74; OLG Hamm, IBR 2005, 211 – *Scholz* (zur Verwendung des Begriffs **„Architektur"** auf einem Briefbogen); AG Düsseldorf, IBR 2005, 427 (Berufsbezeichnung **„Beratender Ingenieur"** nur für Personen, die in die Liste der Beratenden Ingenieure eingetragen sind; s. auch OVG NRW, IBR 2005,

## Fallgestaltungen

Da sich die Führung der **Berufsbezeichnung** „Architekt" jeweils nach den Architektengesetzen der Bundesländer richtet, müssen Architekten, die nicht „eingetragen" sind, mit Unterlassungsansprüchen der Architektenkammern rechnen, sofern sie den Titel „Architekt" im Geschäftsverkehr verwenden.[46] Das BVerfG[47] hält es dementsprechend nicht für verfassungswidrig, wenn z. B. das Bayerische Architektengesetz die Eintragung in die Bayerische Architektenliste zur Voraussetzung für eine Verwendung des Titels „Architekt" im Geschäftsverkehr in Bayern macht. Ist eine **GmbH** nicht selbst in die Architektenliste eingetragen, so darf sie dennoch ihre Tätigkeit – werbend – als „Architektenleistungen" bezeichnen, sofern die Geschäftsführer sämtlich in die Architektenliste eingetragen sind.[48] Der Bestandteil „Ingenieurgesellschaft" in einer ausschließlich als Sachfirma gebildeten Firma einer GmbH ist nach OLG Hamm[49] nicht „täuschungsgeeignet".

### c) Zum Regelbedürfnis in Bausachen

Es ist jeweils eine Frage des **Einzelfalles**, ob ein Anspruchsteller den Weg des einstweiligen Verfügungsverfahrens beschreiten soll. Geht es nach dem Rechtsschutzziel lediglich um eine **Sicherung** von Beweisen, kann nur ein selbstständiges Beweisverfahren eingeleitet werden; einem Antrag auf Erlass einer einstweiligen Verfügung würde insoweit das notwendige Rechtsschutzbedürfnis fehlen.[50] Das einstweilige Verfügungsverfahren kann deshalb in Bausachen nur dort seine Berechtigung haben, wo es gilt, **Lücken im Rechtsschutz** auszufüllen, die dadurch entstehen, dass ein Hauptprozess zwar möglich und auch erfolgversprechend ist, dem Rechtsuchenden aber nicht zu einer schnellen und damit befriedigenden Lösung verhelfen kann. Einstweilige Verfügungen haben deshalb im Bauwesen stets dort ihren Platz, wo eine Entscheidung (Regelung eines Konfliktes) **unumgänglich** ist. Da aber die durch die einstweilige Verfügung getroffenen Entscheidungen in der Regel mit erheblichen wirtschaftlichen Folgen für die Betroffenen verbunden sind (ein durch einstweilige Verfügung verfügter Baustopp kann für den Bauherrn infolge steigender Baukosten eine erhebliche Verteuerung des Bauvorhabens bedeuten und sogar den Bau unmöglich machen), wird die einstweilige Verfügung in Bausachen nur in echten Konflikten zu rechtfertigen sein.

359

---

260 u. OVG Niedersachsen, IBR 2007, 562); VG Ansberg, IBR 2005, 212 – *Schwentek* („**Master of Science**", USA, berechtigt nicht die Berufsbezeichnung „Ingenieur"); OLG Köln, BauR 2001, 1004 (LS) u. BauR 2000, 288 (Straßenbauer-Handwerk) sowie **EuGH**, NJW 2004, 435 = IBR 2004, 83 u. ZfBR 2001, 30 zur Zulässigkeit der Tätigkeit von Handwerkern aus **EU-Ländern, die nicht** in die Handwerksrolle eingetragen sind. Zu irreführenden Angaben in der **Werbung** („umweltfreundliches Bauen"): BGH, NJW 1996, 1135 = ZfBR 1996, 137.

46) Zur wettbewerbswidrigen Verwendung des Begriffs „**Architektur**" OLG Karlsruhe, IBR 2004, 76 – *Meurer*; s. ferner: OLG Düsseldorf, IBR 2004, 77 – *Meurer* (zur Abkürzung „Dipl. Ing. Archt."). Zur **Darlegungs-** und **Beweislast** bei der Verfolgung von Wettbewerbsverstößen: OLG München, BauR 2004, 724 Nr. 2 (LS) = IBR 2004, 207 – *Schabel*.

47) UPR 1996, 303 = IBR 1996, 516 – *Morlock*; vgl. auch OLG Koblenz, ZfBR 1995, 204 für die Architektenliste von Rheinland-Pfalz.

48) OLG Düsseldorf, BauR 1996, 571 = NJW-RR 1996, 1322 = OLGR 1996, 81 in Abweichung von OLG Nürnberg, GRUR 1983, 453; s. ferner: LG Frankenthal, IBR 2004, 208 – *Meurer*.

49) OLGR 1997, 206.

50) Zutreffend: OLG Nürnberg, MDR 1973, 58.

Im Einzelnen ist in Bausachen Folgendes zu beachten:

**360** Die ZPO geht bei den einstweiligen Verfügungen von zwei Grundtypen aus: der **Sicherungsverfügung** (§ 935 ZPO) und der **Regelungsverfügung** (§ 940 ZPO); daneben kennt die Rechtsprechung die sog. **Leistungsverfügung**, die ihren Rechtsgrund ebenfalls in § 940 ZPO findet und auf eine vorläufige Befriedigung des Gläubigers gerichtet ist.[51]

Die Abgrenzung zwischen § 935 ZPO und § 940 ZPO ist im Baurecht als fließend anzusehen, im Grunde aber auch ohne jede Bedeutung. Während Verfügungsanspruch i. S. des § 935 ZPO ein nicht auf eine Geldleistung gerichtetes subjektives Recht ist, dient die Regelungsverfügung des § 940 ZPO der Sicherung des Rechtsfriedens durch vorläufige Regelung eines einstweiligen Zustandes in Bezug auf ein streitiges Rechtsverhältnis;[52] sie hat also vor allem die Funktion der Wahrung des Rechtsfriedens, ein Gedanke, dem im Bauwesen eine überragende Bedeutung beizumessen ist.

Damit werden aber einstweilige Verfügungen in Bausachen ihre Rechtsgrundlage in aller Regel in **§ 940 ZPO** finden, sodass vor allem der Satz Bedeutung gewinnt, dass die einstweilige Verfügung nur als **vorläufige Regelung** verstanden werden darf, die einem möglichen Hauptprozess nicht vorgreifen soll.[53] Grundsätzlich darf die einstweilige Verfügung damit noch **nicht** zu einer **endgültigen Befriedigung** des Gläubigers führen, weil das einstweilige Verfügungsverfahren als summarisches Verfahren i. d. R. ungeeignet ist, die in Widerstreit stehenden Interessen zur vollen Zufriedenheit der Beteiligten auszuloten. Von Ausnahmefällen abgesehen, wird deshalb der Gesichtspunkt der **Verhältnismäßigkeit** der Maßnahmen im Rahmen einer Regelungsverfügung bei Bausachen von entscheidender Bedeutung sein.

**361** Dies hat das OLG Hamburg[54] zutreffend betont, indem es darauf hinweist, dass die Verhältnismäßigkeit nicht gewahrt ist, wenn ein **Baustopp** ohne weiteres verfügt wird; denn durch eine solche Maßnahme würden die tatsächlichen Schwierigkeiten für den Bauherrn vergrößert, er werde nach einer Entscheidung im Hauptprozess kaum noch baubereite Handwerker finden. Zudem werde die Gefahr begründet, dass durch eine wochenlange Stilllegung des Baues eine Verteuerung eintrete und damit der ursprüngliche Finanzierungsplan von Seiten des Bauherrn nicht mehr eingehalten werden könne.

**362** Dem ist zuzustimmen, weil auch § 945 ZPO insoweit dem Bauherrn keinen ausreichenden Schutz bietet. Eine einstweilige Verfügung, die einen **Baustopp** anordnet, ist nur dann als zulässig anzusehen, wenn der Antragsteller glaubhaft machen kann, dass der Bauherr **ohne Baugenehmigung** und unter **Verstoß gegen ein Bauverbot** das Bauwerk errichtet. Der Umstand, dass einem Bauherrn bisher noch nicht die erforderliche Baugenehmigung erteilt worden ist, reicht allein für den Erlass einer einstweiligen Verfügung auf Stilllegung des Bauwerks nicht aus, weil durch die fehlende Baugenehmigung noch nicht ohne weiteres in den Rechtskreis des **Nachbarn** einge-

---

51) Vgl. im Einzelnen *Teplitzky*, JuS 1980, 882, m. Nachw.
52) Die Regelungsverfügung setzt voraus, dass ein materiell-rechtlicher Anspruch des Antragstellers nicht gänzlich ausgeschlossen ist (OLG Koblenz, NJW-RR 1986, 1039).
53) Vgl. z. B. OLG Frankfurt, OLGR 1996, 12 (für **Auskunftsanspruch**).
54) MDR 1960, 849 ff.; vgl. auch OLG Düsseldorf, OLGR 2001, 334 = BauR 2001, 1270 (**kein** Baustopp, wenn gekündigter Unternehmer seine erbrachten Leistungen **aufmessen** will).

### Fallgestaltungen
**Rdn. 363–366**

griffen wird. Vielmehr ist in diesen Fällen zusätzlich zu verlangen, dass ein Verstoß gegen das materielle öffentliche Baurecht (etwa das Abweichen von zwingenden Bauwichvorschriften) dargelegt wird.

Hat ein Bauherr dagegen eine Baugenehmigung, kann ein weiterer Baufortgang nur dann mittels einer einstweiligen Verfügung untersagt werden, wenn die durch die Errichtung der baulichen Anlagen befürchteten Auswirkungen, insbesondere Immissionen, jetzt schon nachweisbar sind. Kann eine Schädigung im Einzelfall nicht glaubhaft gemacht werden, woran strenge Anforderungen zu stellen sind, kommt ein Baustopp oder auch die Untersagung einzelner Baumaßnahmen mittels einer einstweiligen Verfügung nicht in Betracht. Der Bauherr kann dann zwar die Baumaßnahmen vornehmen; er muss jedoch damit rechnen, dass er später von dem Baunachbarn haftbar gemacht werden kann. **363**

Im Übrigen können aber an den Erlass einer einstweiligen Verfügung in anderen Bausachen nicht die gleichen strengen Anforderungen wie bei einem Baustopp gestellt werden: **364**

Geht es nur um relativ **geringfügige Baumaßnahmen** (z. B., ein Bauherr errichtet eine Grenzmauer; der Nachbar bestreitet die Ortsüblichkeit der Baumaßnahmen), wird dem Antrag auf Erlass eines Verfügungsverbotes bei entsprechender Glaubhaftmachung der Gefährdung stattzugeben sein. Deshalb sind einstweilige Verfügungen, die dem Zweck dienen, unerträglichen Immissionen, wie **Baulärm**[55] oder **Verschmutzungen** (insbesondere bei unsachgemäßem Bauabriss), entgegenzuwirken, ohne weiteres möglich.

Das Gleiche gilt, wenn der Bauherr seiner **Verkehrssicherungspflicht** nicht hinreichend nachkommt und dadurch erhebliche Schäden eintreten können.[56] **365**

In diesem Zusammenhang werden vor allem **unzulässige Bodenvertiefungen**[57] dem Baunachbarn die Möglichkeit eröffnen, einstweilige Verfügungen zu erwirken, die dem Bauherrn geeignete Absicherungsmaßnahmen aufgeben. Diese einstweiligen Verfügungen können auch gegen den Architekten und den Bauunternehmer selbst gerichtet werden, weil sie ebenfalls als Störer i. S. des § 1004 BGB anzusehen sind. Ein Schaden muss hier noch nicht eingetreten sein, denn es genügt ausnahmsweise auch ein erst **drohender Eingriff,** wenn anders den berechtigten Belangen des Bedrohten kein wirksamer Schutz zuteil würde.[58]

Dabei wird aber einer **sachgerechten Antragstellung** und Verfügungsfassung große Bedeutung zukommen, weil das Urteil (einstweilige Verfügung) andernfalls nicht vollstreckbar ist.[59] Gegebenenfalls muss das Gericht über § 938 ZPO im Ein- **366**

---

55) Vgl. LG Konstanz, BauR 1990, 754 = NJW-RR 1991, 916; BGH, LM Nr. 14 zu § 906 BGB; OLG Karlsruhe, ZMR 1966, 36; *Wiethaup*, BB 1969, 333; *Kerst*, NJW 1964, 181.
56) Vgl. z. B. OLG Düsseldorf, *Schäfer/Finnern*, Z 5.0 Bl. 34.
57) § 909 BGB; s. Rdn. **2101 ff.**; ferner: *Lange*, BauRB 2005, 92; auch BGH, MDR 1968, 651; BGH, BauR 1997, 1058 = ZfBR 1997, 299; OLG Düsseldorf, NJW-RR 1997, 146; OLG Köln, IBR 1996, 512 – *Englert* (Unterfangungsmaßnahme nach DIN 4023; über deren Art und Notwendigkeit ist der Nachbar vorher aufzuklären).
58) Vgl. BGH, NJW 1951, 843; OLG Hamburg, MDR 1975, 578; AG Hamm, NJW-RR 1997, 1104 (Grenzwandverschließung durch Nachbarn).
59) Vgl. insoweit OLG Zweibrücken, MDR 1974, 409, 410; „geeignete Maßnahmen zur Absicherung des Steilhangs zu treffen" ist in dieser allgemein gehaltenen Form nicht vollstreckbar.

## d) Einstweiliger Rechtsschutz bei Bankgarantie und Bürgschaft auf erstes Anfordern

*Literatur*

*Lieseke*, Rechtsfragen der Bankgarantie, WM 1968, 22; *Schütze*, Einstweilige Verfügungen und Arreste im internationalen Rechtsverkehr, insbesondere im Zusammenhang mit der Inanspruchnahme von Bankgarantien, WM 1980, 1438; *Horn*, Die neuere Rechtsprechung zum Missbrauch von Bankgarantien im Außenhandel, IPRax 1981, 149; *Nielsen*, Rechtsmissbrauch bei der Inanspruchnahme von Bankgarantien als typisches Problem der Liquiditätsfunktion abstrakter Zahlungsversprechen, ZIP 1982, 253; *Clemm*, Die Stellung des Gewährleistungsbürgen, insbesondere bei der Bürgschaft „auf erstes Anfordern", BauR 1987, 123; *Blau*, Blockierung der Auszahlung einer Bankgarantie auf erstes Anfordern durch Arrest und Hinterlegung?, WM 1988, 1474; *Bydlinski*, Die Bürgschaft auf erstes Anfordern: Darlegungs- und Beweislast bei Rückforderung durch den Bürgen, WM 1990, 1401; *Schmidt*, Die Bürgschaft auf erstes Anfordern im einstweiligen Verfügungsverfahren, BauR 1998, 1159; *Schnauder*, Einstweiliger Rechtsschutz bei ungerechtfertigter Inanspruchnahme einer Bankgarantie auf erstes Anfordern, OLGRKommentar 2000, K 25; *Schmidt*, Die Vertragserfüllungsbürgschaft auf erstes Anfordern in Allgemeinen Geschäftsbedingungen, BauR 2002, 21; *Thode*, Aktuelle höchstrichterliche Rechtsprechung zur Sicherungsabrede in Bauverträgen, ZfBR 2002, 4; *Brauns*, Die Bürgschaft auf erstes Anfordern als Sicherungsmittel gemäß § 17 VOB/B, BauR 2002, 704; *Kleine-Möller*, Die Sicherung bauvertraglicher Ansprüche durch Bankbürgschaft und Bankgarantie, NZBau 2002, 585; *Moufang/Kupjetz*, Zum formularvertraglichen Verzicht des Bürgen auf die Einrede aus § 768 BGB in bauvertraglichen Sicherungsabreden, BauR 2002, 1314; *Krakowsky*, Formularmäßige Bürgschaftsklauseln auf erstes Anfordern – „Freibrief" für Auftraggeber?, BauR 2002, 1620; *Joussen*, Zukunft der Vertragserfüllungsbürgschaft auf erstes Anfordern, BauR 2003, 13; *Lauer*, Wem ist die Bürgschaftsurkunde zurückzugeben? NZBau 2003, 318; *Sohn*, Die Rechtsprechung des Bundesgerichtshofes in Bausachen zum Problemkreis der Bürgschaft auf erstes Anfordern und die sich daraus ergebenden Konsequenzen für die beteiligten Verkehrskreise, ZfBR 2003, 110; *Moufang/Bischofberger*, AGB-Klauseln über Gewährleistungssicherheiten im Bauvertrag, BauRB 2005, 341; *Maxem*, Herausgabe und Verwertung von Bürgschaften nach Verjährung der Hauptschuld, NZBau 2007, 72; *Hildebrandt*, Zur Unwirksamkeit vertraglicher Sicherungsabreden und zu den Möglichkeiten einer Verwertung der Sicherheit trotz unwirksamer Sicherungsabrede, BauR 2007, 203.

Siehe auch die **Literatur** vor Rdn. 1257.

**367** Eine in der Praxis besonders **wichtige Fallgruppe** betrifft schließlich **einstweilige Verfügungsverfahren,** in denen sich **Baubeteiligte** oder eine **Bank** gegen die **Inanspruchnahme** aus einer **Bankgarantie** oder **Bürgschaft auf erstes Anfordern** zur Wehr setzen.

**368** Jeder **Auftraggeber** (Bauherr) hat ein besonderes Interesse daran, eine ordnungsgemäße Bauleistung zu erhalten, während die **Unternehmer** und **Architekten** Risiken hinsichtlich der **Bonität** ihrer Auftraggeber möglichst ausschließen wollen.[60] Um dies sicherzustellen, werden heute allgemein **Sicherheiten** vereinbart (Rdn. 1240 ff.).

---

[60] Siehe hierzu auch *Leinemann*, Rdn. 251 ff.; zur Anfechtbarkeit von Sicherheiten in der **Insolvenz:** *Heidland*, Rdn. 526 ff. Zum einstweiligen Verfügungsverfahren des Auftraggebers gegen den Unternehmer: OLG Braunschweig, OLGR 2004, 287.

### Rechtsschutz bei Bankbürgschaft                                         Rdn. 368

In der Baupraxis nehmen die **Bankgarantien**[61] und **Bürgschaften „auf erstes Anfordern"** heute deshalb eine besondere Rolle ein: Die Klausel **„auf erstes Anfordern"** stellt klar, dass dem Zahlungsgläubiger **im Bürgschafts- oder Garantiefall innerhalb kürzester Zeit liquide Mittel zur Verfügung stehen.**[62] Die Bank ist z. B. grundsätzlich berechtigt, ohne Rücksprache mit dem Unternehmer (= Schuldner) an den Auftraggeber/Bauherrn (= Bürgschaftsgläubiger) die Bürgschaft auszuzahlen; zu einer vorherigen Unterrichtung des Unternehmers ist die Bank nur verpflichtet, wenn ihr bekannt ist, dass gegenüber der Hauptforderung ein **liquider Einwand** besteht.[63] Die Bürgschaft „auf erstes Anfordern" ist **Bürgschaft,** kein Garantievertrag.[64] Wer aufgrund einer Bürgschaft auf erste Anforderung Zahlung begehrt, muss nur schlüssig erklären, „was als Voraussetzung der Zahlung auf erstes Anfordern in der Bürgschaft niedergelegt ist"; er muss nicht die Schlüssigkeit der Hauptforderung dartun.[65] Nur in Bezug auf die vertragsgemäße **Anforderung,** nicht in Bezug auf die verbürgte Hauptforderung, hat der Zahlungspflichtige die Schlüssigkeit zu prüfen.[66] Die Zahlungspflicht wird damit allein durch den **Abruf** der Zahlung nach Maßgabe der formalen Bürgschaftsbedingungen ausgelöst.[67] Die **formalen Merkmale** dienen bei der Bürgschaft auf erstes Anfordern vor allem auch der **inhaltlichen Begrenzung.**[68] Wird deshalb z. B. in einer Bürgschaft auf erstes Anfordern die **Vorlage** einer **schriftlichen Bestätigung** über die erbrachten Leistungen vorgesehen, braucht der Bürge nur zu zahlen, wenn diese Urkunde vorgelegt wird. Treffen die Parteien keine Vereinbarungen über den Sicherungsfall, tritt dieser mit der Entstehung und Fälligkeit einer Geldforderung ein.[69]

Entsprechend ist die Situation bei der **Garantie** auf erstes Anfordern: Aufgrund einer solchen Garantie muss die Garantiebank auf Verlangen des Garantiebegünstigten die Garantiesumme bezahlen, ohne geltend machen zu können, die Hauptschuld im Valutaverhältnis sei nicht entstanden oder erloschen. Auch hier besteht der Sinn und Zweck der Sicherung in einer schnellen und unproblematischen Befriedigung der Ansprüche des Begünstigten.[70]

---

61) In Form einer **Zahlungsgarantie** (z. B. „Finanzierungs- und Zahlungsbestätigung"; siehe hierzu: BGH, NJW 1999, 570; OLG Frankfurt, OLGR 2001, 119 – Garantie auf erstes Anfordern; OLG Köln, BauR 1997, 322 = *SFH*, Nr. 17 zu § 765 BGB; OLG Karlsruhe, OLGR 1998, 200; *Schnauder*, OLGR-Kommentar 2000, K 25).
62) BGH, NJW 2002, 2388 = BauR 2002, 1239 m. Anm. *Sienz*; BGH, NJW 1994, 380, 381 = ZfBR 1994, 70, 71; BGH, BauR 1997, 134 = ZfBR 1997, 38; ZfBR 1994, 70, 71; BauR 1989, 342, 343; BauR 1989, 634. Zur Bürgschaft auf erstes Anfordern siehe Rdn. **1257** ff.
63) Vgl. OLG München, NJW-RR 1988, 950; auch BGH, NJW 1989, 1480 = BauR 1989, 339.
64) BGHZ 74, 244 = BauR 1979, 442; BGH, NJW 1984, 923; NJW 1985, 1964; *Clemm*, BauR 1987, 123, 125 m. w. Nachw. in Anm. 9; zur Abgrenzung siehe auch *Heiermann*, a. a. O., S. 78 ff.
65) BGH, BauR 1997, 134 = ZfBR 1997, 38 = *SFH*, Nr. 16 zu § 765 BGB; BGH, ZfBR 1996, 139 = BauR 1996, 251 = ZIP 1996, 172; BGH, ZfBR 1994, 70, 71; OLG Frankfurt, OLGR 2001, 119, 121; OLG Köln, BauR 1998, 555 = NJW-RR 1998, 1393 (für Gewährleistungsbürgschaft); OLG Düsseldorf, NJW-RR 1998, 776, 777; OLG München, ZIP 1994, 1393 = *SFH*, Nr. 13 zu § 765 BGB = BauR 1995, 139 (LS); OLG Köln, *SFH*, Nr. 15 zu § 765 BGB.
66) OLG Düsseldorf, NJW-RR 1998, 776, 777.
67) *Schnauder*, OLGRKommentar 2000, K 25.
68) BGH, BauR 2001, 1426, 1427; BGH, BauR 1996, 251.
69) BGH, BauR 2001, 1893 = ZfBR 2002, 48; *Thode*, ZfBR 2002, 4.
70) BGHZ 140, 49, 53 = MDR 1999, 241; *Schnauder*, a. a. O.

**369** Gleichwohl unterliegt der **Einwendungsausschluss** den Maßstäben von Treu und Glauben (§ 242 BGB) und dem Verbot der sittenwidrigen Schädigung anderer (§§ 138, 826 BGB); der Zahlungsanspruch des durch die Garantie/Bürgschaft auf erstes Anfordern begünstigten Gläubigers soll daher nach ständiger Rechtsprechung des BGH[71)] am **Rechtsmissbrauch** scheitern, wenn **offensichtlich** oder **liquide beweisbar** ist, dass trotz Vorliegens der formellen Voraussetzungen („formeller Garantiefall") der Garantie- oder Bürgschaftsfall im Valutaverhältnis („materieller Garantiefall") **nicht** eingetreten ist. Wendet der Bürge (Bank) z. B. ein, der Hauptschuldner (Unternehmer) habe die Bauleistungen **erbracht,** so muss er dies darlegen und beweisen.[72)]

**370** Es ist zweifelhaft, ob und wer (in welchem Umfang) **auf dem Wege einer einstweiligen Verfügung**[73)] – bei Rechtsmissbrauch – die Auszahlung der Garantie- oder Bürgschaftssumme verhindert werden kann. Solche einstweilige Verfügungsverfahren werden vor allem die **Bauunternehmer** (**Hauptschuldner** und Auftraggeber der Bank) einleiten; sie werden nämlich nach einer Auszahlung des Garantie-/Bürgschaftsbetrages von dem Bürgen **(Bank) rückbelastet.** Kann die Auszahlung nicht durch eine einstweilige Verfügung verhindert werden, können sie nur noch in einem Prozess gegen ihren Auftraggeber **(Bauherrn)** versuchen, ihre vermeintliche Rückzahlungsansprüche durchzusetzen. Denkbar sind aber auch einstweilige Verfügungen der **Bank** gegen den **Gläubiger,** mit der sie sich selbst gegen eine Inanspruchnahme aus der Bankgarantie/Bürgschaft auf erstes Anfordern wehrt.

**371** Soweit in der Rechtsprechung und Literatur die Ansicht vertreten wird,[74)] der (garantierenden/bürgenden) **Bank** könne von dem **Hauptschuldner** (Unternehmer) **die Auszahlung** der Garantie- oder Bürgschaftssumme auch in Fällen **untersagt** werden, in denen das rechtsmissbräuchliche Ausnutzen der Garantie oder Bürgschaft auf der Hand liege oder mit „liquiden Beweismitteln" belegbar sei, ist dem

---

71) Vgl. BGHZ 90, 287 = NJW 1984, 2030; BGH, BauR 1987, 98; BauR 1997, 134 = NJW 1997, 255 = ZfBR 1997, 38; BGHZ 140, 49 = MDR 1999, 241; BGH, BauR 2000, 887 = ZfBR 2000, 260; BGH, NZBau 2002, 270 = IBR 2002, 248 – *Schmitz;* BGH, NZBau 2001, 311; OLG Köln, BauR 1998, 555 = NJW-RR 1998, 1393; KG, OLGR 1999, 203, 204; OLG Düsseldorf, MDR 2000, 328; OLG Hamburg, BauR 2000, 445; BGH, ZfBR 1994, 70, 71; BGH, BauR 1988, 594 = NJW 1988, 2610 = *SFH,* Nr. 5 zu § 765 BGB; BGH, BauR 1987, 98; BGH, BauR 1989, 339 = NJW 1989, 1480 = DB 1989, 1081; OLG Stuttgart, BauR 1994, 376.
72) BGH, NJW 1988, 906 = ZIP 1988, 224; BGH, BauR 1989, 342, 343.
73) Zu den Möglichkeiten, bei Rechtsmissbrauch mittels eines **Arrestbefehls** die Auszahlung zu blockieren, vgl. vor allem *Canaris,* Bankrecht, 3. Aufl., Rdn. 1152; *Schnauder,* OLGR-Kommentar 2000, K 28; *Blau,* WM 1988, 1474 ff. sowie OLG Stuttgart, MDR 1998, 435; LG Duisburg, WM 1988, 1483 m. Nachw. Zur einstw. Vfg. bei Inanspruchnahme einer Bürgschaft auf erstes Anfordern entgegen § 648 a **BGB** s. OLG Düsseldorf, BauR 2000, 919.
74) Vgl. zur **Problematik** vor allem: Brandenburgisches OLG, BauR 2001, 1115; OLG München, BauR 2001, 1618; OLG Frankfurt (12. Senat), BauR 1988, 732 mit Anm. *Werner;* OLG Frankfurt (5. Senat), BauR 1991, 506 = ZIP 1991, 1393; OLG Celle, *SFH,* Nr. 4 zu § 17 VOB/B; OLG Saarbrücken, WM 1981, 275; LG Frankfurt, WM 1981, 284 = NJW 1981, 58 m. Anm. *Hein;* OLG Frankfurt, WM 1983, 575; *Heiermann,* Festschrift für Soergel, S. 84 ff.; *Horn,* NJW 1980, 2152 ff.; *Graf von Westphalen,* Die Bankgarantie im internationalen Handelsverkehr, S. 269 ff.; *Heintze,* Der einstweilige Rechtsschutz im Zahlungsverkehr der Banken, S. 156 ff.

nicht zu folgen.⁷⁵⁾ Das Sicherungsmittel der Bankgarantie/Bankbürgschaft auf erstes Anfordern behält – insbesondere im internationalen Handelsverkehr – nur dann seine wesentliche Bedeutung, wenn die **Auszahlung** des garantierten Betrages **durch die Bank** nicht im Rahmen eines einstweiligen Rechtsschutzes von dem Hauptschuldner unterlaufen werden kann.⁷⁶⁾ Der **Rechtsmissbrauch** beurteilt sich zudem nach der der Bürgschaft zugrunde liegenden **Sicherungsabrede;** ließe man deshalb eine einstweilige Verfügung des Schuldners gegen die Bank (Bürge) zu, würde in unzulässiger Weise in das **Rechtsverhältnis** zwischen der Bank und dem Gläubiger **eingegriffen.** Mit Recht wird darauf verwiesen, dass sich der Hauptschuldner (Unternehmer) **gegen die Belastungsbuchung** der Garantie-/Bürgschaftsbank **widersetzen** kann.⁷⁷⁾

Im Ergebnis ist es deshalb (allein) der **Bank zu überlassen,** ob sie **ihrerseits** den Einwand des Rechtsmittelmissbrauchs gegenüber dem **Gläubiger** erheben will. Nach der Rechtsprechung des BGH⁷⁸⁾ kann die **Bank** (Bürge) geltend machen, der Gläubiger sei im Verhältnis zum Hauptschuldner (Unternehmer) verpflichtet, „von der Bürgschaft keinen Gebrauch zu machen". Von daher bestehen auch keine durchgreifenden Bedenken, dass sich die Bank (Bürge) **selbst** gegenüber dem Gläubiger im Wege einer einstweiligen Verfügung gegen die Inanspruchnahme aus der Bürgschaft/Garantie auf erstes Anfordern zur Wehr setzt. **Unterlässt** sie dies und **zahlt,** obwohl die Geltendmachung des Garantie- oder Bürgschaftsanspruchs offensichtlich rechtsmissbräuchlich ist, so hat sie gegenüber dem Hauptschuldner (ihrem Auftraggeber) keinen Rückgriffsanspruch.⁷⁹⁾

**372** Da der Rechtsmissbrauch von dem **Gläubiger** begangen wird, liegt es nahe, dass der **Hauptschuldner** (ausschließlich) ihn als **Störer** an der Einziehung durch einstweilige Verfügung hindert.⁸⁰⁾ Gegen die Zulässigkeit solcher einstweiligen Verfügungen bestehen nach herrschender Meinung keine Bedenken;⁸¹⁾ gleichwohl gilt auch hier, dass ein **Unterlassungsantrag** des Schuldners nur dann Aussicht auf Erfolg hat, wenn ein **Rechtsmissbrauch liquide beweisbar** ist.⁸²⁾

**373** Die Möglichkeit, die Inanspruchnahme einer Bankgarantie oder Bürgschaft auf erstes Anfordern durch einstweilige Verfügung zu verbieten, muss immer auf den

---

75) Vgl. OLG Düsseldorf, ZIP 1999, 1518, 1520 = EWiR § 765 BGB 9/99 m. Anm. *Wissmann; Werner,* BauR 1988, 733, 734; *Jedzig,* WM 1988, 1469, 1471; *Lieseke,* WM 1968, 22, 27; *Ingenstau/Korbion/Joussen,* § 17 Nr. 4/B, Rdn. 117 m. Nachw.; **a. A.:** *Schnauder,* a. a. O., K 26; *Koppmann,* BauR 1992, 235, 240 für **formularmäßig** eingegangene Bürgschaftserklärungen.
76) OLG Frankfurt, BauR 1988, 732; insoweit zustimmend *Werner* u. *Jedzig.*
77) OLG Köln, WM 1991, 1751, 1752; OLG Frankfurt, WM 1988, 1480, 1482; OLG Düsseldorf, ZIP 1999, 1518, 1520.
78) BGH, NZBau 2002, 270 = ZfBR 2002, 483 = NJW 2002, 1493 = IBR 2002, 248; BGH, NZBau 2002, 216 = NJW 2002, 1198; Brandenburgisches OLG, IBR 2002, 75.
79) OLG Frankfurt, WM 1988, 1480.
80) *Schnauder,* a. a. O., K 27 ff.
81) Vgl. OLG Braunschweig, OLGR 2004, 287; OLG Rostock, BauR 2003, 928 u. IBR 2002, 665; OLG Köln, OLGR 2002, 267; OLG Düsseldorf, NZBau 2002, 223; OLG Celle, BauR 2002, 1596 = OLGR 2002, 243 = IBR 2002, 310; LG Erfurt, BauR 2001, 652; OLG München, ZfIR 2001, 465 = IBR 2001, 421 – *Schmitz;* Thüringer OLG, NZBau 2001, 687 = BauR 2001, 654 (für Vertragserfüllungsbürgschaft auf erstes Anfordern); OLG Düsseldorf, BauR 2000, 919 für Bürgschaft gemäß § 648 a BGB.
82) KG, BauR 1997, 665, 666; *Ingenstau/Korbion/Joussen,* § 17 Nr. 4/B, Rdn. 79 m. Nachw.

Fall einer **offenkundig rechtsmissbräuchlichen Inanspruchnahme** beschränkt bleiben: Eine einstweilige Verfügung kann daher nur dann erlassen werden, wenn dem Gläubiger unter keinem vernünftigerweise in Betracht kommenden rechtlichen Gesichtspunkt ein Anspruch auf Zahlung aus der Bankgarantie oder Bürgschaft zusteht.[83] Für die rechtsmissbräuchliche Ausnutzung muss es zudem handfeste Anhangspunkte geben, **Zweifel** (insbesondere zur Höhe des verbürgten Hauptanspruchs) reichen niemals.

**374** Ein **offenkundiger Rechtsmissbrauch liegt** allerdings **vor**, wenn z. B. die Bürgschaft auf erstes Anfordern nicht die dem konkreten Zahlungsbegehren des Gläubigers zu Grunde liegende Hauptforderung betrifft.[84] Hierauf wird in der Praxis nicht immer ausreichend geachtet.[85] Der Gläubiger darf den Garantie/Bürgschaftsbetrag grundsätzlich nur anfordern, wenn die gesicherte Hauptforderung besteht und der von den Werkvertragsparteien **vereinbarte** oder **vorausgesetzte Sicherungsfall eingetreten** ist.[86] Wird deshalb die Bürgschaft auf erstes Anfordern aus einem **Grund geltend gemacht**, der von dem **vereinbarten Sicherungszweck** („**Sicherungsvertrag**") **nach Wortlaut und Sinngehalt** (§§ 133, 157, 252 BGB) **nicht gedeckt** ist, stellt sich die Inanspruchnahme der Bürgschaft oder der Zahlungsgarantie ohne weiteres als rechtsmissbräuchlich dar, und sie ist durch eine Unterlassungsverfügung zu unterbinden. In gleicher Weise ist zu verfahren, wenn die Inanspruchnahme der Bürgschaft auf erstes Anfordern zu einem Zeitpunkt erfolgt, zu dem dem Unternehmer **noch Nachbesserungsrechte** zustehen, der Bauherr (Auftraggeber) also noch keine Geldforderung (Vorschuss oder Schadensersatzanspruch) besitzt; denn dies würde letztlich auf ein **Unterlaufen von** (berechtigten) **Gewährleistungsrechten** des Unternehmers hinauslaufen, was nicht Sinn des Sicherungsrechts ist.[87]

**375** Abwehrmöglichkeiten gegen eine Inanspruchnahme der Bürgschaft auf erstes Anfordern bestehen auch, wenn sich aus den Vertragsunterlagen und/oder nach dem unstreitigen Sachverhalt die **Unwirksamkeit** der Sicherungsabrede ergibt; es bestehen keine grundlegenden Bedenken, insoweit den Einwand des offensichtlichen Rechtsmissbrauchs im Rahmen eines einstweiligen Verfügungsverfahrens zuzulassen.[88] Das OLG Düsseldorf[89] hat daher zu Recht den Rechtsmissbrauch bejaht,

---

83) OLG Braunschweig, OLGR 2004, 297; KG (15. Senat), BauR 1997, 665; KG (21. Senat), OLGR 1997, 78; OLG Düsseldorf, OLGR 1995, 29; OLG Oldenburg, ZfBR 1997, 90; OLG Hamm, MDR 1991, 636; *Jedzig*, a. a. O., S. 1473.
84) BGH, NJW 1996, 717 = BauR 1996, 251 = ZfBR 1996, 199 = WM 1996, 193, 194 = *SFH*, Nr. 14 zu § 765 BGB; BGH, *SFH*, Nr. 17 zu § 765 BGB; BGH, BauR 1998, 634; SchlHOLG, OLGR 1997, 275, 276; OLG Köln, OLGR 1998, 145; OLG Düsseldorf, BauR 1998, 553.
85) *Quack*, BauR 1997, 754 ff.
86) BGH, NJW 2002, 1493 = NZBau 2002, 270; BauR 2001, 109 (ständig).
87) Zutreffend: *Quack*, BauR 1997, 754, 756; s. ferner: OLG München, BauR 2001, 1618, 1622; KG, BauR 1997, 665 u. KG, OLGR 1997, 78 (für rechtsgrundlos erlangte Bürgschaft auf erstes Anfordern); OLG Köln, OLGR 1998, 145; OLG Düsseldorf, NJW-RR 1998, 776 (rechtsmissbräuchliche Inanspruchnahme durch Generalunternehmer gegenüber seinem Subunternehmer).
88) BGH, BauR 2001, 1093 = ZfIR 2001, 452 = IBR 2001, 306 – *Schmitz*; LG Frankfurt, BauR 2004, 1039; LG Magdeburg, BauR 2000, 581 m. Anm. *Völlink*; OLG Rostock, BauR 2003, 928 = IBR 2003, 359 – *Schmidt*; OLG Celle, BauR 2002, 1596 = OLGR 2002, 243; OLG Köln, OLGR 2002, 267, 268.
89) BauR 2000, 919; s. auch OLG Celle, BauR 2002, 1596 = IBR 2002, 310 – *van Dyck*.

wenn die Bürgschaft auf erstes Anfordern unter Verstoß gegen das zwingende Recht des § 648 a BGB erlangt worden war. Ist allerdings **streitig**, ob die Sicherungsabrede unwirksam ist,[90)] wird in der Praxis nicht von einem offenkundigen Missbrauch auszugehen sein; denn der Verfügungskläger wird ihn im Zweifel nicht hinreichend belegen können.[91)] Das gilt auch für andere materiell-rechtliche Einwendungen, wie z. B. **Erfüllung** oder Eintritt der **Verjährung**.[92)]

Der „offensichtliche" Missbrauch muss im Rahmen des einstweiligen Verfügungsverfahrens immer durch **„liquide Beweismittel"** belegt werden, was in der Praxis sehr oft nicht gelingt. Liquide Beweismittel sind solche, die die Rechtsmissbräuchlichkeit der Inanspruchnahme der Bank durch den Bauherrn endgültig und zweifelsfrei feststellen; Glaubhaftmachung im Sinne von § 294 ZPO – etwa durch eidesstattliche Versicherungen – reicht allein nicht aus.[93)] Liquide Beweismittel sind z. B. gemeinsame Aufmaß- und Abnahmeprotokolle, Sachverständigengutachten oder andere **Urkunden,** die z. B. das Erlöschen des Gewährleistungsanspruchs belegen.

376

Alle Streitfragen tatsächlicher, aber auch rechtlicher Art, deren Beantwortung sich nicht von selbst ergibt, sind daher – nach der Zahlung – in einem etwaigen **Rückforderungsprozess** auszutragen.[94)] Eine **Beweiserhebung** hat also zu unterbleiben.[95)] Dem Verpflichteten (Bürgen, Garanten) kommt bei Einwendungen gegen eine Bürgschaft oder Garantie auf erstes Anfordern auch kein Anscheinsbeweis zugute.[96)] Die **Darlegungs-** und **Beweislast** unterscheidet sich im Übrigen nicht von dem gewöhnlichen Bürgschaftsrechtsstreit; der Bürge muss nicht den Bereicherungsanspruch darlegen und beweisen, sondern den Gläubiger trifft „diese Last für das Entstehen und die Fälligkeit der verbürgten Hauptforderung".[97)]

---

90) Es bestehen z. B. begründete **Zweifel,** ob es sich bei den Bürgschaftsklauseln um **AGB** handelt (vgl. OLG Hamm, NZBau 2000, 472 u. BauR 2000, 1350; OLG Köln, OLGR 2002, 267, 268; OLG Rostock, BauR 2003, 582).
91) Auf die Darlegungs- und Beweislast kommt es insoweit nicht entscheidend an (BGH, NZBau 2002, 270, 271).
92) Siehe ferner: Brandenburgisches OLG, ZfBR 2002, 150 = IBR 2002, 75 (unterbliebener **Vorbehalt** der Vertragsstrafe).
93) Vgl. Thüringer OLG, BauR 2001, 654 = NZBau 2001, 687; OLG Frankfurt, OLGR 2001, 119; OLG Stuttgart, OLGR 1997, 103, 104; OLG Düsseldorf, NJW-RR 1998, 776, 777 u. OLGR 1995, 29, 30; *Jedzig*, a. a. O.
94) Vgl. BGH, BauR 2002, 796; NJW 2002, 1493 = NZBau 2002, 270 (für den Urkundsprozess); BauR 2000, 887 = ZfBR 2000, 260; BGH, NJW 1997, 1435 = ZIP 1997, 582; BGH, BauR 1996, 251 = NJW 1996, 717 = ZfBR 1996, 139 = ZIP 1996, 172; BGH, NZBau 2007, 635 = BauR 2007, 1722 u. ZfBR 1994, 70, 72 (für **Fälligkeit** der Hauptforderung); BGH, BauR 1988, 594; OLG Koblenz, OLGR 2005, 203, 204; OLG Brandenburg, BauR 2002, 127; OLG München, BauR 2001, 1618, 1619; OLG Köln, BauR 1998, 555, 558; OLG Hamm, BauR 1994, 775 = ZfBR 1994, 223 (für **Verjährung** der gesicherten Forderung); SchlHOLG, OLGR 1997, 275, 277 (**Höhe** der gesicherten Forderung). Bei einer Bürgschaft auf erstes Anfordern ist das **Urkundenverfahren** für den **Rückforderungsprozess** in der Regel unstatthaft (dazu: BGH, BauR 2002, 123 = ZIP 2001, 1921 u. *Vogel*, BauR 2002, 131 ff.).
95) BGH, NZBau 2002, 270 = ZfBR 2002, 483 = NJW 2002, 1493; Brandenburgisches OLG, BauR 2002, 127, 128; OLG Köln, BauR 1998, 555, 558. Eine rechtsfehlerhaft durchgeführte Beweisaufnahme, durch die ein Einwand bewiesen wird, kann jedoch im Berufungsverfahren berücksichtigt werden (OLG Hamburg, IBR 2006, 257 – *Schmitz*).
96) Zutreffend: OLG Düsseldorf, NZBau 2002, 223 = BauR 2001, 1940 = WM 2001, 2294.
97) BGH, NJW 1997, 1435, 1437 m. w. Nachw.

Es entspricht im Übrigen überwiegender Ansicht, dass eine einstweilige Verfügung nur erlassen werden kann, sofern ein **Verfügungsgrund glaubhaft gemacht** ist.[98] Hieran können aber keine überhöhten Anforderungen gestellt werden, weil der Bürgschaftsgläubiger bei einem offensichtlichen Rechtsmissbrauch keinen besonderen Schutz verdient. Ist die finanzielle Situation des **Gläubigers** erkennbar „angeschlagen", der Rückforderungsanspruch also gefährdet, ist ein Verfügungsgrund ohne weiteres gegeben. Darüber hinaus muss es ausreichen, wenn der Hauptschuldner **(Unternehmer)** mit eigenen **finanziellen Nachteilen rechnen** muss, die für ihn nicht tragbar sind.

## 2. Zuständigkeit

377　Für den Erlass der einstweiligen Verfügung ist nach § 937 ZPO regelmäßig das Gericht der **Hauptsache** zuständig. Ist die Hauptsache noch nicht anhängig, ist das Gericht zuständig, das in der Hauptsache endgültig zu entscheiden haben würde. Dies ist bei den Landgerichten, soweit vorhanden, die zuständige **Baukammer.** Wird das einstweilige Verfügungsverfahren im Rahmen mehrerer Gerichtsstände bei einem Gericht anhängig, ist damit zugleich noch nicht das Gericht der Hauptsache festgelegt; es kann deshalb das Hauptverfahren auch dann noch bei einem anderen Gericht anhängig gemacht werden.[99]

## 3. Antrag

378　Auf die Notwendigkeit einer sachgerechten Antragstellung ist bereits hingewiesen worden. Es ist aber zu betonen, dass nach verbreiteter Rechtsansicht[100] ein **bestimmter Antrag** i. S. des § 253 Abs. 2 Nr. 2 ZPO im Hinblick auf § 938 ZPO **nicht** gestellt zu werden braucht; es soll vielmehr genügen, dass sich das von dem Antragsteller erstrebte **Rechtsschutzziel** aus seinem Vorbringen ergibt. Verdichtet der Antragsteller dieses Rechtsschutzziel zu einem „Antrag", so soll dies lediglich die Bedeutung haben, dass das Gericht mit seinen Maßnahmen nicht über diesen Antrag hinausgehen darf. § 308 ZPO gilt also insoweit uneingeschränkt.[101] Innerhalb dieser und der durch die materielle Rechtsfolge gesetzten Grenze ist das Gericht aber in der Wahl der Maßnahmen frei, also nicht an den „Antrag" gebunden.[102] Antragsänderungen beurteilen sich nach den Grundsätzen, die im Hauptverfahren bei Klageänderungen Anwendung finden.

379　Mit dem Eingang des Verfügungsgesuchs tritt die Rechtshängigkeit ein.[103]

380　Nach § 936 ZPO hat der Antragsteller den **Verfügungsanspruch** und den **Verfügungsgrund glaubhaft** zu machen, sofern nicht die Ausnahme des § 921 Abs. 2 Satz 1 ZPO vorliegt. Glaubhaftmachung bedeutet weder Offensichtlichkeit noch

---

98) OLG Celle, BauR 2002, 1596, 1598; OLG Frankfurt, BauR 1998, 1280, 1281; OLG Rostock, BauR 2003, 582, 583; *Ingenstau/Korbion/Joussen*, § 17 Nr. 4/B, Rdn. 116; *Kniffka/Koeble*, Teil 14, Rdn. 12.
99) Vgl. OLG Karlsruhe, NJW 1973, 1509.
100) Vgl. z. B. *Ostler*, MDR 1968, 713, 715 m. Nachw.; auch OLG Stuttgart, NJW 1969, 1721.
101) Vgl. RG, *Gruchot* 48, 398, 402; *Haberscheid*, NJW 1973, 375, 376.
102) OLG Stuttgart, NJW 1969, 1721.
103) OLG Frankfurt, NJW 1954, 1195 m. Anm. *Lent*.

## Antrag

eine an Gewissheit grenzende Wahrscheinlichkeit, sondern eine überwiegende[104] oder große[105] Wahrscheinlichkeit.

Dies hindert den Antragsteller freilich nicht, vollen Beweis zu erbringen, etwa aufgrund von Urkunden, Beiakten oder Zeugenaussagen. Hat sich bei dem Gericht eine sichere Überzeugung gebildet, muss es in seinen Entscheidungsgründen von einem Beweis ausgehen und darf nicht mehr nur auf eine „Glaubhaftmachung" abstellen.

Die Glaubhaftmachung muss sofort erfolgen (§ 294 Abs. 2 ZPO). Dazu kann man sich aller Beweismittel bedienen; diese müssen aber von der Partei auf der Stelle beigebracht werden.[106] In **Bausachen** wird sich die Vorlage von **eidesstattlichen Versicherungen**,[107] von **Urkunden** (z. B. Verträge, Leistungsbeschreibungen, Baupläne, Baugenehmigungen; Grundbuchauszüge und Privatgutachten)[108] sowie die Stellung von Zeugen im Termin anempfehlen. Der Umfang der Darlegungs- und Glaubhaftmachungslast hängt dabei wesentlich auch von dem Vorbringen des Antragsgegners in einer eingereichten Erwiderungsschrift ab.

**381** Es ist darauf zu achten, dass die eidesstattlichen Versicherungen sowie die Urkunden in der mündlichen Verhandlung vorliegen, weil eine Nachreichung durch einen nachgelassenen Schriftsatz nicht möglich ist.[109] In einem Termin zur mündlichen Verhandlung (§§ 936, 922, 924 ZPO) wird der Antragsteller vorsorglich die Zeugen stellen, wenn nicht das Gericht vorher bereits die im vorbereitenden Schriftsatz benannten Zeugen gemäß § 273 ZPO zum Termin geladen hat. Das Gericht wird von dieser Möglichkeit vornehmlich Gebrauch machen müssen, wenn sich eine Partei auf das Zeugnis eines Sachverständigen (Privatgutachters) beruft.

**382** Es ist an anderer Stelle (vgl. Rdn. 148 ff.) bereits betont worden, dass den **Privatgutachten** in Bausachen nicht immer die notwendige Beachtung geschenkt wird. Bedenken gegen eine Glaubhaftmachung durch Vorlage von Privatgutachten bestehen in einem einstweiligen Verfügungsverfahren vor allem deshalb, weil die Privatgutachter, wenn sie das Gutachten speziell für ein einstweiliges Verfügungsverfahren erstatten, möglicherweise alles das weglassen, was die durch die einstweilige Verfügung erstrebte Maßnahme gefährden könnte. Das sollte aber das Gericht nicht hindern, sondern im Gegenteil sogar veranlassen, den Privatgutachter stets nach § 273 ZPO zu einer mündlichen Verhandlung zu laden, um sich über die Person des Gutachters ein eigenes, unmittelbares Bild machen zu können. Darüber hinaus besteht durch eine Vernehmung des Gutachters als Zeuge die Möglichkeit, Zweifel in der Sache auszuräumen; allerdings besteht für die gegnerische Partei die Möglichkeit, den Sachverständigen ggf. wegen Befangenheit abzulehnen.[110]

Legt ein Baubeteiligter (z. B. der Bauherr) im Rahmen eines einstweiligen Verfügungsverfahrens zur Glaubhaftmachung eines Verfügungsanspruchs mehrere Gutachten vor, so ist es allerdings nicht Aufgabe des Gerichts, sich mit allen Einzelheiten der Sachverständigengutachten auseinander zu setzen; das muss vielmehr dem Hauptverfahren vorbehalten bleiben.[111]

---

104) OLG Koblenz, NJW-RR 1994, 786, 787.
105) *Wieczorek*, § 294 ZPO, A II.
106) Vgl. BGH, NJW 1958, 712.
107) Eine eidesstattliche Versicherung ohne eine eigene Sachdarstellung reicht im Zweifel nicht aus (vgl. BGH, NJW 1988, 2045 u. OLG Stuttgart, OLGR 1997, 103).
108) Vgl. hierzu im Einzelnen *Krüger*, WRP 1991, 68 ff.
109) Vgl. OLG München, WRP 1971, 533. Durch die Vorlage entsteht noch keine Beweisgebühr; vgl. OLG Köln, JurBüro 1982, 399.
110) Vgl. dazu OLG Nürnberg, NJW 1978, 954.
111) OLG Düsseldorf, *Schäfer/Finnern*, Z 2.510 Bl. 8.

## 4. Beweiswürdigung und Beweislast

*Literatur*

*Ulrich*, Die Beweislast in Verfahren des Arrestes und der einstweiligen Verfügung, GRUR 1985, 201.

**383** § 920 Abs. 2 enthält für die Glaubhaftmachung eine abschließende Sonderregelung, wonach der Verfügungsgrund von dem Antragsteller glaubhaft zu machen ist. Daraus ist z. T. der Schluss gezogen worden, dass im einstweiligen Verfügungsverfahren die für den Hauptprozess geltende Beweislast keine Rolle spiele.[112] Dieser Auffassung kann jedoch nicht zugestimmt werden. Nach h. M.[113] gelten die allgemeinen Beweislastregeln auch für das einstweilige Verfügungsverfahren; auch die Prozessvoraussetzungen sind deshalb von dem Antragsteller glaubhaft zu machen.[114] Ferner muss er glaubhaft machen, dass seinem Begehren keine Einreden entgegenstehen.[115] Die Grundsätze des **Beweises auf erste Sicht** kommen dem Antragsteller jedoch auch hier zustatten (vgl. Rdn. 2596 ff.).[116]

Bei der **Würdigung** des glaubhaft gemachten Tatsachenstoffes sind die allgemeinen Grundsätze zu beachten (vgl. Rdn. 2675 ff.). Sieht sich das Gericht außer Stande, der einen oder anderen Partei mehr Glauben zu schenken, ist die Glaubhaftmachung misslungen; die endgültige, erst nach einer umfassenden Sachaufklärung und – falls erforderlich – Beweisaufnahme zu treffende Entscheidung ist stets dem Hauptverfahren vorzubehalten.[117]

## 5. Das Urteil

**384** Das Urteil, das eine einstweilige Verfügung bestätigt, wirft keine besonderen Probleme auf; es entspricht dem Urteil in einem Hauptverfahren. Wird die einstweilige Verfügung dagegen gemäß §§ 936, 925 Abs. 2 ZPO aufgehoben, besteht Meinungsstreit über die Frage, ob dieses vorläufig vollstreckbare Urteil (§ 708 Nr. 6 ZPO) die Wirkungen der einstweiligen Verfügung sofort beseitigt.

**385** Die überwiegende Meinung in Rechtsprechung und Literatur geht davon aus, dass die gemäß § 708 Nr. 6 ZPO für vorläufig vollstreckbar erklärten Aufhebungsurteile, soweit sie nicht einer besonderen Vollstreckung bedürfen, ohne Rücksicht auf ein mögliches Rechtsmittel bereits mit ihrer Verkündung voll wirksam werden.[118] Für den wichtigen Anwendungsbereich der **Bauhandwerkersicherungshypothek** (§ 648 BGB) würde dies z. B. bedeuten, dass die aufgrund einer einstweiligen Verfügung eingetragene Vormerkung schon dann **erlischt**, wenn die einstweilige Verfügung durch eine vollstreckbare Entscheidung aufgehoben wird.[119] Nach § 25 Satz 1 GBO bedürfte es dann zur Löschung der Vormerkung die aufgrund der einstweiligen Verfügung eingetragen worden war (§ 885 BGB), nicht der Bewilligung des Berechtigten; die Löschung der Vormerkung wäre vielmehr nur eine Grundbuchberichtigung.[120]

---

112) Vgl. LAG Tübingen, NJW 1961, 2178, 2179.
113) RG, SeuffArch. 60, 20; OLG Düsseldorf, GRUR 1959, 550; s. *Teplitzky*, JuS 1981, 122, 124, Anm. 39; auch OLG Köln, JMBl. NW 1985, 18.
114) OLG Koblenz, GRUR 1979, 387, 389 m. Nachw.
115) Vgl. *Teplitzky*, a. a. O.
116) *Baur*, BB 1964, 612; *Ostler*, MDR 1968, 713, 715.
117) Vgl. OLG Frankfurt, NJW 1960, 1064.
118) Vgl. LG Bonn, NJW 1962, 161; RGZ 32, 421; BGH, NJW 1963, 813; *Friedenthal*, JW 1926, 757; *Winkler*, MDR 1962, 88.
119) So z. B. SchlHOLG, OLGR 1996, 227.
120) BGH, NJW 1963, 813; SchlHOLG, a. a. O.

Demgegenüber geht die Gegenmeinung davon aus, dass das vorläufig vollstreckbare Urteil bis zur Rechtskraft des Aufhebungsurteils den aufgehobenen Titel entgegen seinem Wortlaut noch bestehen lässt.[121]

In jedem Falle sollte der Gläubiger (Antragsteller) versuchen, bei Einlegung einer **Berufung** gegen das Aufhebungsurteil die einstweilige **Einstellung** der Zwangsvollstreckung aus dem angefochtenen Urteil zu erwirken.[122] Ob dies allerdings dem obsiegenden Antragsteller (in der Berufung) etwas nützen wird oder ob der Rang der Vormerkung durch das landgerichtliche Aufhebungsurteil verlorengegangen ist, hängt entscheidend davon ab, welcher Auffassung das Gericht folgen wird. **386**

In gleicher Weise tritt eine einstweilige Verfügung außer Kraft, wenn die nach § 939 ZPO angeordnete **Sicherheitsleistung** erbracht wird.[123] Solange der Schuldner die Sicherheit nicht leistet, bleibt die einstweilige Verfügung aufrechterhalten. Leistet der Schuldner, tritt sie gleichsam „automatisch" außer Kraft,[124] es bedarf dann keiner erneuten Entscheidung.[125] **387**

---

121) Vgl. RGZ 56, 145; OLG Düsseldorf, NJW 1950, 113; OLG Düsseldorf, MDR 1963, 853; AG Medebach, JMBl. NW 1968, 164; OLG Hamburg, MDR 1977, 148.
122) Zum Meinungsstreit siehe vor allem KG, NJW-RR 1996, 1088 mit zahlr. Nachw.
123) OLG Köln, NJW 1975, 454; LG Koblenz, *Schäfer/Finnern*, Z 2.321 Bl. 45; vgl. oben Rdn. 288.
124) OLG Köln, a. a. O.
125) OLG München, BayJMBl. 1953, 39; OLG Köln, NJW 1975, 454.

## VII. Der Arrest in Bausachen

*Literatur*

*Baur*, Arrest und einstweilige Verfügung in ihrem heutigen Anwendungsbereich, BB 1964, 607 und 639; *Schwerdtner*, Zur Dogmatik des Arrestprozesses, NJW 1970, 222; *Schwerdtner*, Bindungswirkungen im Arrestprozess, NJW 1970, 597; *Lüdtke-Handjery*, Die Sicherung von Geldforderungen des Bauunternehmers, DB 1972, 2193; *Grunsky*, Konkurrenz anderer Gläubiger als Arrestgrund, NJW 1976, 553; *Bernaerts*, Zulässigkeit der Verweisung von Arrestverfahren, MDR 1979, 97; *Teplitzky*, Arrest und einstweilige Verfügung, JuS 1980, 882; JuS 1981, 122, 352, 435; *Ulrich*, Die Beweislast in Verfahren des Arrestes und der einstweiligen Verfügung, GRUR 1985, 201; *Buciek*, Gläubigerkonkurrenz als Arrestgrund?, NJW 1987, 1063; *Blau*, Blockierung der Auszahlung einer Bankgarantie auf erstes Anfordern durch Arrest und Hinterlegung, WM 1988, 1474; *Renaud/Bongen*, Zur materiellen Rechtskraft antragsabweisender Beschlüsse und Urteile im Arrestverfahren, NJW 1991, 2286; *Foerste*, Vollstreckungsvorsprung durch einstweiligen Rechtsschutz, ZZP 1993, 143; *Thümer*, Arrest wegen Grundstücksveräußerung durch Auftraggeber vor Eintragung einer Bauhandwerkersicherungshypothek?, MDR 1996, 334; *Thümmel*, Einstweiliger Rechtsschutz im Auslandsrechtsverkehr, NJW 1996, 1930; *Schnauder*, Einstweiliger Rechtsschutz bei ungerechtfertigter Inanspruchnahme einer Bankgarantie auf erstes Anfordern, OLGR-Kommentar 2000, K 25; *Hintzen*, Wahrung der Vollziehungsfrist bei Eintragung einer Arresthypothek – neue Rechtsprechung des BGH, OLGR-Kommentar 2001, K 29.

Neben dem Anspruch auf Einräumung einer Sicherungshypothek (vgl. Rdn. 182 ff.) ist der Arrest ein wichtiges **Sicherungsmittel** eines Baubeteiligten.

**388** Das Arrestverfahren dient der Sicherung des Baugläubigers wegen einer Geldforderung oder eines Anspruchs, der in eine solche übergehen kann; es hat nur einen **vorläufigen** Charakter. In der Baupraxis spielt nur der **dingliche Arrest** eine Rolle;[1] er bietet gegenüber § 648 BGB Vorteile: So muss es sich bei dem Baugläubiger nicht um einen Bauwerkunternehmer i. S. des § 648 BGB handeln, Sicherungsgegenstand ist auch nicht nur, wie bei § 648 BGB, das Baugrundstück (vgl. Rdn. 243 ff.). Anerkannt ist, dass der Bauwerkunternehmer anstelle des Anspruchs auf Einräumung einer Sicherungshypothek nach § 648 BGB wegen seiner werkvertraglichen Zahlungsansprüche einen Arrest gegen den Bauherrn („Schuldner") ausbringen kann.[2] Der Bauwerkunternehmer kann demnach seine Werklohnforderung durch einen Arrest absichern und aufgrund des Arrestes die Eintragung einer **Arrest(Sicherungs)hypothek** herbeiführen.[3] Der Arrest kann jedoch nur wegen einer **Geldforderung** erlassen werden; dementsprechend kommen vor allem die Werklohnforderungen des **Architekten** oder **Unternehmers**, die Kaufpreisforderungen von **Baustofflieferanten** sowie die **Vorschuss-** und **Schadensersatzansprüche** des Bauherrn für das Arrestverfahren in Betracht.

**389** Der Arrest scheitert nicht daran, dass der Baugläubiger die ihm obliegenden Verpflichtungen noch nicht vollständig erfüllt hat; ist z. B. die Werklohnforderung des

---

1) Zur Zulässigkeit eines dinglichen Arrestes gegen eine **missbräuchliche Inanspruchnahme** einer **Bankgarantie auf erstes Anfordern:** OLG Stuttgart, OLGR 1997, 103 = MDR 1998, 425; *Schnauder*, OLGR-Kommentar 2000, K 25, 28; *Blau*, WM 1988, 1474. Zum Arrest wegen Verstoßes gegen das Gesetz über die Sicherung von Bauforderungen **(GSB)**: OLG Celle, BauR 2002, 1869.
2) Vgl. *Lüdtke-Handjery*, DB 1972, 2193, 2197.
3) Vgl. § 932 ZPO; zur Wahrung der **Vollziehungsfrist:** *Hintzen*, OLGR-Kommentar 2001, K 29 ff.

Unternehmers wegen **fehlender Abnahme** noch nicht fällig, hindert dies nicht, dem Arrestgesuch des Unternehmers zu entsprechen.[4]

Da der Arrest die Sicherung der Zwangsvollstreckung wegen der Bauforderung **390** bezweckt, ist eine **Glaubhaftmachung** der Gefährdung des zu sichernden Geldanspruchs notwendig.[5] Hat der Unternehmer bereits eine einstweilige Verfügung auf Einräumung einer Vormerkung für eine Bauhandwerkersicherungshypothek erwirkt, aber die Zustellfrist versäumt, kann er anstelle einer wiederholten Erwirkung der einstweiligen Verfügung bei entsprechender Glaubhaftmachung der Verlustgefahr auch einen Arrestbefehl beantragen. Der Arrest wird sich, wie das RG[6] betont, gerade in den Fällen empfehlen, in denen der Bauherr inzwischen durch Eintragung von Hypotheken oder Grundschulden das Grundstück weiter belastet hat, sodass die Gefahr besteht, dass der Unternehmer mit seiner Bauforderung bei einer Zwangsvollstreckung ausfällt. Allerdings wird es nicht möglich sein, einen unbegründeten Antrag auf Erlass einer einstweiligen Verfügung betreffend die Eintragung einer Vormerkung zur Sicherung des Anspruchs aus § 648 BGB in einen solchen auf Erlass eines dinglichen Arrestes umzudeuten.[7]

Zweifelhaft ist in diesen wie in den meisten Fällen eines Arrestgesuchs aber, ob **391** überhaupt ein **Arrestgrund** glaubhaft vorgetragen ist.

Veräußert der Eigentümer sein von dem Unternehmen bebautes Grundstück vor der Eintragung einer Bauhandwerkersicherungshypothek oder einer entsprechenden Vormerkung, soll dies nach LG Berlin[8] allerdings schon ein ausreichender Grund für einen dinglichen Arrest in das übrige Vermögen des Grundstückseigentümers sein. Dieser Auffassung kann jedoch nicht gefolgt werden. Bereits das RG[9] hatte betont, dass die Bestellung einer Grundschuld seitens eines im Übrigen „wohlsituierten Mannes" noch kein Arrestgrund sei, selbst wenn die Bestellung gegen die Verwirklichung der Sicherungshypothek des Unternehmers gerichtet sei. Es kommt daher vielmehr stets auf die **Umstände** des Einzelfalles an, die der Antragsteller glaubhaft machen muss. Der Unternehmer oder Architekt ist grundsätzlich nur gegen die **allgemeine Gefährdung** der zukünftigen Zwangsvollstreckung geschützt;[10] es soll also (nur) die Verschlechterung der Lage im Verhältnis zwischen Gläubiger und Schuldner verhindert werden.[11] Es müssen daher im Einzelfall immer noch besondere Umstände hinzutreten, um in der **Belastung** oder **Teilveräußerung des Baugrundstückes** bereits einen hinreichenden Arrestgrund zu sehen.[12] Dies gilt namentlich dann, wenn **Bauträgergesellschaften,** die auf einen schnellen Verkauf des Eigentums ange-

---

4) Vgl. RGZ 54, 162. Zur Sicherung eines **künftigen** Anspruchs siehe *Zöller/Vollkommer*, § 916 ZPO, Rdn. 8.
5) Vgl. RG, Recht 1908, Nr. 2466 = WarnRspr. 1908, 509; OLG Celle, BauR 2002, 1869, 1870 (vorsätzlich zweckwidrige Verwendung von Baugeld; Gefahr einer **„stillen Liquidation"**).
6) RG Recht 1908, Nr. 2466.
7) OLG Frankfurt, BauR 1979, 354, 355.
8) NJW 1955, 799; ebenso: OLG Karlsruhe, NJW 1997, 1017, 1018 u. *Lüdtke-Handjery*, DB 1972, 2193, 2198.
9) RG, Recht 1908, Nr. 2466.
10) Vgl. *Schwerdtner*, NJW 1970, 222, 224.
11) Ebenso: OLG Celle, BauR 1994, 274, 275.
12) Zutreffend: *Schwerdtner*, NJW 1970, 222, 226; KG, KGR 2003, 242; OLG Celle, BauR 1994, 274; OLG Hamm, MDR 1975, 857 = BauR 1975, 436; OLG Frankfurt, BauR 1979, 354, 355; *Ingenstau/Korbion/Joussen*, Anhang 2, Rdn. 125.

wiesen sind, eine Verfügung über das Grundstück vornehmen. Die **schlechte Vermögenslage** der Gesellschaft oder der **drohende Ansturm** von anderen Baugläubigern kann für sich allein noch **keinen** Arrestgrund geben.[13]

**392** Streitig ist dagegen, ob das **bewusst vertragswidrige Verhalten** des Schuldners bereits als Arrestgrund ausreicht. Das wird zu Recht von der überwiegenden Meinung **verneint**.[14] Veräußert der Besteller allerdings das Grundstück vor der Fertigstellung der Arbeiten, und kann der Unternehmer aufgrund der Veräußerung die Bauarbeiten nicht mehr beenden, liegt darin eine wesentliche Vermögensverschlechterung, die einen Arrest rechtfertigen kann. Behauptet der Gläubiger, der Schuldner habe durch eine **Straftat** oder **unerlaubte Handlung** sein Vermögen geschädigt, stellt dies in der Regel noch keinen Arrestgrund dar.[15] Im **Ausnahmefall** kann aber aufgrund der Art und den Umständen der Straftat eine andere Beurteilung gerechtfertigt sein; gegen das **Gläubigervermögen** gerichtete kriminelle Handlungen/Straftaten können einen Arrestgrund geben, sofern die Annahme besteht, der Schuldner werde seine unredliche Verhaltensweise gegenüber dem Gläubiger **fortsetzen** und den rechtswidrig erlangten Vermögensvorteil bzw. sein Vermögen dem Zugriff des Gläubigers zu entziehen suchen.[16]

**393** Hat der Unternehmer wegen seiner Bauforderung bereits eine Bauhandwerkersicherungshypothek (§ 648 BGB) **erlangt,** kann nur bei Vorliegen **besonderer Umstände** noch zusätzlich ein Arrest beantragt werden. Ist nämlich der Baugläubiger bereits hinreichend gesichert[17] oder verfügt er schon über einen ohne Sicherheitsleistung vollstreckbaren Titel, ist in der Regel ein Arrestgrund nicht mehr gegeben. Umstritten ist in diesem Zusammenhang, ob der Erlass eines Arrestes noch zulässig ist, wenn ein gegen Sicherheitsleistung für vorläufig vollstreckbar erklärtes Urteil vorliegt und der Gläubiger zur Leistung der Sicherheit nicht in der Lage ist.[18] Der Gläubiger ist allerdings wegen der Möglichkeit der **Sicherungsvollstreckung** nach § 720 a ZPO in aller Regel nicht schutzbedürftig.[19]

**394** Eine **Sicherheitsleistung** vermag die Glaubhaftmachung des Arrestgrundes und/oder des Arrestanspruchs zu ersetzen (vgl. § 921 Abs. 2 ZPO). Ist das Gericht jedoch davon überzeugt, dass der Arrestgrund oder -anspruch nicht gegeben ist, darf es den

---

13) Vgl. BGHZ 131, 106 = NJW 1996, 324; OLG Köln, OLGR 2002, 402; OLG Celle, BauR 1994, 274, 275; vgl. auch *Schwerdtner*, NJW 1970, 222, Anm. 1 u. 2; *Buciek*, NJW 1987, 1063; *Foerste*, ZZP 106, 143 ff.
14) BGH, WM 1975, 641; OLG Saarbrücken, NJW-RR 1999, 143; *Zöller/Vollkommer*, § 917 ZPO, Rdn. 6.
15) **Streitig;** vgl. für unerlaubte Handlung: OLG Düsseldorf, NJW-RR 1999, 1592; für **Straftat**: OLG Köln, MDR 2000, 49 = NJW-RR 2000, 69; MDR 1986, 595 u. 1959, 933; OLG Schleswig, MDR 1983, 141; OLG Düsseldorf, NJW-RR 1986, 1192; OLG Saarbrücken, NJW-RR 1999, 143; „unbedenklich" bejahend: OLG München, MDR 1970, 934; LAG, NJW 1965, 989.
16) Zutreffend: OLG Köln, NJW-RR 2000, 69; OLG Dresden, NJW-RR 1998, 1769 = MDR 1998, 795; **a. A.** *Fischer*, MDR 1995, 988; *Schwerdtner*, NJW 1970, 222, 225.
17) Zum Beispiel durch eine Hypothek oder ein Pfandrecht; vgl. auch LG Augsburg, NJW 1975, 2350.
18) Vgl. dazu *Göppinger*, NJW 1967, 177; *Baur*, BB 1964, 607, 614; OLG Neustadt, MDR 1961, 62; *Zöller/Vollkommer*, § 917 ZPO, Rdn. 13 m. w. Nachw.
19) OLG Frankfurt, OLGR 1999, 74, 75; *Zöller/Vollkommer*, a. a. O.

beantragten Arrest auch nicht gegen eine Sicherheitsleistung erlassen; denn es fehlen bereits die Voraussetzungen für den Erlass des Arrestes.[20]

Wird ein Arrest nach einem **Widerspruch** rechtskräftig bestätigt, ist der Arrestgrund bindend festgestellt,[21] nicht dagegen der zu sichernde Anspruch.[22] Wird ein Arrest mit der Maßgabe bestätigt, dass der Arrestkläger **Sicherheit** zu leisten hat, so wird damit ein **neuer** Arrest erlassen, der eine neue Vollziehungsfrist in Lauf setzt, innerhalb derer die Sicherheit erbracht werden muss.[23] Wird die Sicherheit nicht geleistet, ist der Arrest nach § 927 ZPO aufzuheben, wobei das Aufhebungsbegehren des Arrestbeklagten noch im Widerspruchsverfahren nach § 925 ZPO gestellt werden kann.[24] Anwaltliche Vorsicht ist auch geboten, wenn das Berufungsgericht, nachdem das erstinstanzliche Gericht einen von ihm erlassenen Arrest durch vorläufig vollstreckbares Urteil aufgehoben hat, den Arrest durch Berufungsurteil erneut anordnet; denn dies löst eine **neue Vollziehungsfrist** aus. Zur Vollziehung des neuen Arrestes muss der Gläubiger darüber hinaus auch **neue Vollstreckungsmaßnahmen** treffen.[25]

Zu beachten ist, dass auch in der ab 1. Januar 2002 geltenden Fassung der Zivilprozessordnung eine **Rechtsbeschwerde** nach § 574 Abs. 1 ZPO an den **Bundesgerichtshof** nicht statthaft ist; dies folgt zwingend aus der Regelung des § 542 Abs. 2 ZPO.[26]

---

20) Vgl. OLG Köln, MDR 1959, 933 m. Nachw.; OLG Düsseldorf, VersR 1980, 50.
21) Vgl. OLG Hamburg, MDR 1956, 304, 305; KG, MDR 1979, 64 (zur materiellen Rechtskraft des Urteils).
22) RGZ 67, 365.
23) OLG Schleswig, NJW 1972, 1056; OLG Frankfurt, WRP 1980, 423.
24) OLG Frankfurt, WRP 1980, 423.
25) OLG Düsseldorf, NJW-RR 2000, 68.
26) BGH, BauR 2003, 130, 131.

# KAPITEL 2
## Zulässigkeitsfragen im Bauprozess

*Übersicht*

| | Rdn. | | Rdn. |
|---|---|---|---|
| I. Die Zuständigkeit des Gerichts in Bausachen .................... | 396 | IV. Der Einfluss des Schiedsvertrages und des Schiedsgutachtenvertrages auf den Bauprozess ............. | 519 |
| II. Die Feststellungsklage in Bausachen | 425 | V. Die Streitverkündung im Bauprozess ................... | 547 |
| III. Aktivlegitimation und Prozessführungsbefugnis bei Mängeln am Gemeinschaftseigentum ......... | 464 | | |

## I. Die Zuständigkeit des Gerichts in Bausachen

*Übersicht*

| | Rdn. | | Rdn. |
|---|---|---|---|
| 1. Abgrenzung von bürgerlich-rechtlichen und öffentlich-rechtlichen Baustreitigkeiten ................ | 396 | 5. Örtliche Zuständigkeit ............ | 414 |
| | | a) Gerichtsstandsvereinbarungen ... | 414 |
| | | b) Die gesetzliche Regelung ....... | 417 |
| 2. Funktionelle Zuständigkeit ........ | 404 | c) Der Gerichtsstand des Erfüllungsortes (§ 29 ZPO) ............... | 418 |
| 3. Baukammern.................... | 405 | | |
| 4. Kammer für Handelssachen........ | 412 | d) Internationale Zuständigkeit..... | 424 |

*Literatur*

*Grziwotz/Lüke/Saller*, Praxishandbuch Nachbarrecht, 2005; *Boisserée/Fuchs*, Handbuch Baunachbarrecht, 2006.

*Mühl*, Baurecht und Privatrechtsordnung, NJW 1958, 769; *Kaiser*, „Privatautonomie" der auftragvergebenden und -abwickelnden Bauverwaltung?, BauR 1980, 99; *Zuleeg*, Die Anwendungsbereiche des öffentlichen Rechts und des Privatrechts, VerwA 1982, 384; *Lange*, Die Abgrenzung des öffentlich-rechtlichen Vertrages vom privatrechtlichen Vertrag, NVwZ 1983, 313; *Gelzer*, Zivilrechtliche und öffentlich-rechtliche Probleme bei der Nutzung von Spiel- und Sportanlagen in Wohngebieten, Festschrift für Korbion (1986), 117; *Vieweg*, Sportanlagen und Nachbarrecht, JZ 1987, 1104; *Pechstein*, Der einstweilige Rechtsschutz des Nachbarn im Baurechtsstreit, JuS 1989, 194; *Grziwotz*, Zur „Doppelsicherung" baurechtlicher Genehmigungsvoraussetzungen, BauR 1990, 20; *Di Fabio*, Freiwillige Baulastübernahme und hoheitliche Durchsetzung, BauR 1990, 25; *Kluth*, Der Vergleich im Baunachbarrechtsstreit, BauR 1990, 678; *Trapp/Trapp*, Der Vergütungsanspruch des Prüfingenieurs für Baustatik im Spannungsfeld zwischen Bauherrn und Bauaufsichtsbehörde, BauR 1995, 50; *Grziwotz*, Städtebauliche Verträge vor den Zivilgerichten, NJW 1997, 237; *Prahl*, Zur Privatrechtsrelevanz der Baulast, ZfBR 1997, 12; *Dürr*, Der baurechtliche Nachbarschutz gegenüber Stellplätzen und Garagen, BauR 1997, 7; *Schulte*, Schlanker Staat: Privatisierung der Bauaufsicht durch Indienstnahme von Bauingenieuren und Architekten als staatlich anerkannte Sachverständige, BauR 1998, 249; *Uechtritz*, Vorläufiger Rechtsschutz eines Nachbarn bei genehmigungsfreigestellten Bauvorhaben – Konkurrenz zwischen Zivil- und Verwaltungsprozess?, BauR 1998, 719; *Wirth*, Das Zusammenspiel zwischen öffentlichem und privatem Baurecht, dargestellt an der Haftung des Architekten im Bereich der öffentlich-rechtlichen Baufreigabe, Jahrbuch Baurecht 1998, 87; *Ortloff*, Verwaltungsrechtsschutz zwischen Privaten?, NVwZ 1998, 932; *Hagen*, Immissionsrechtlicher Nachbarschutz vor den Zivilgerichten, ZfIR 1999, 413; *Rautenberg*, Ausschreibungspflicht von Leistungen in städtebaulichen Verträgen, ZfBR 2002, 238; Köster, Primärrechtsschutzschwellen und Rechtswegwirrwarr, NZBau 2006, 540; *Hänsel*, Rechtsschutz im Unterschwellenbereich und Tariftreue: Endlich Klarheit oder doch nicht?, NJW-Spezial 2007, 69; *Krohn*, Ende des Rechtswegwirrwarrs: Kein Verwaltungsrechtsschutz unterhalb der Schwellenwerte, NZBau 2007, 493.

## 1. Abgrenzung von bürgerlich-rechtlichen und öffentlich-rechtlichen Baustreitigkeiten

**396** Die Zuständigkeit der **Zivilgerichte** ist in Einzelfällen wegen der Abgrenzung von privatem und öffentlichem Baurecht zweifelhaft. Vor die Amts- und Landgerichte gehören nach § 13 GVG die „bürgerlich-rechtlichen Streitigkeiten", also der **zivile Bauprozess.** Ob ein Bauprozess eine bürgerlich-rechtliche Streitigkeit betrifft, der Streitgegenstand also eine unmittelbare Rechtsfolge des Zivilrechts ist, richtet sich allein nach dem Tatsachenvortrag des Klägers;[1] die Einwendungen des Beklagten sind insoweit unbeachtlich.[2]

**397** Von **privatem Baurecht** ist immer auszugehen, wenn es um rechtliche Beziehungen von Baubeteiligten geht, die sich **gleichrangig** bei einem Bauvorhaben gegenüberstehen.[3] Damit sind namentlich Streitigkeiten zwischen Bauherren, Architekten, Sonderfachleuten, Bauunternehmern und Baugesellschaften als bürgerlich-rechtliche Streitigkeiten zu qualifizieren. Hat das **erstinstanzliche Gericht** die **Zulässigkeit** des Zivilrechtswegs **bejaht**, so ist das für die Berufungsinstanz **bindend,** es sei denn, es liegt ein **Verstoß** gegen § 17 a Abs. 3 Satz 2 GVG vor.[4]

Problematisch sind in der Praxis vor allem Fälle, in denen **Rechtssubjekte des öffentlichen Rechts** als **Prozesspartei erscheinen.** Hier können sich im Einzelfall erhebliche Abgrenzungsschwierigkeiten ergeben. Die Frage, ob ein Rechtsstreit dem Zivilrecht oder dem öffentlichen Recht zuzuordnen ist, richtet sich stets nach der **Natur** des Rechtsverhältnisses, aus dem der Klageanspruch hergeleitet wird; entscheidend ist dabei aber immer die **wirkliche** Natur des Anspruchs, nicht aber der Umstand, ob sich der Kläger auf eine zivilrechtliche oder eine öffentlich-rechtliche Anspruchsgrundlage beruft.[5] Ob ein **Vertrag** zwischen einer **Körperschaft/juristische Person des öffentlichen Rechts** (z. B. Gemeinde) und einem **privaten Bauherrn,** Architekten oder einer Bauträgergesellschaft dem öffentlichen oder bürgerlichen Recht zuzuordnen ist, kann im Einzelfall durchaus problematisch sein,[6] denn eine mit dem Vertrag verfolgte öffentlich-rechtliche Zielsetzung allein bedingt nicht schlechthin, dass Mittel, die die Verwaltung zur Erreichung dieses Zieles einsetzt, auch stets öffentlich-rechtlicher Natur sind. In der Rechtsprechung wird daher bei der Beurteilung überwiegend nicht auf den geltend gemachten Anspruch, sondern auf den „Schwerpunkt der Vereinbarung" abgestellt; liegt dieser auf

---

1) BGHZ 29, 187; BGHZ 56, 365, 367; BGH, NJW 1972, 585; NJW 1978, 1860; VGH München, BayVerwBl. 1994, 600.
2) *Zöller/Gummer,* § 13 GVG, Rdn. 11 m. Nachw.
3) Siehe auch BGH, NJW 2000, 1042 (Abgrenzung zwischen privatrechtlicher und öffentlich-rechtlicher Streitigkeit, wenn ausschließlich Privatrechtssubjekte an einem streitigen Rechtsverhältnis beteiligt sind).
4) BGH, NJW 1994, 387; OLG Zweibrücken, NZM 2002, 391; *Thomas/Putzo/Hüßtege,* § 17 a GVG, Rdn. 17, 22 ff.
5) BVerwG, NZBau 2007, 389; BGHZ 97, 312 = NJW 1986, 2359; BGHZ 102, 280 = MDR 1988, 554 – Rollstühle; BGHZ 108, 284 = MDR 1990, 508 – öffentlich-rechtliche Krankenkasse; Thüringer OVG, BauR 2002, 757 – Ansprüche aus **culpa in contrahendo** (Verwaltungsrechtsweg); OLG Köln, BauR 2003, 516 m. Anm. *Kirsch* für Unterlassungsanspruch aus § 1004 BGB.
6) Vgl. die Rechtsprechung zum Rechtsweg für Klagen auf Auftragsvergütung eines **öffentlich bestellten Vermessungsingenieurs:** OLG Dresden, OLGR 2000, 64 = NZBau 2000, 88 = NJW-RR 2000, 1404 = IBR 2000, 468 – *Köppen;* KG Berlin, BauR 2001, 441; OLG Braunschweig, BauR 2000, 1891. Siehe ferner: OLG Nürnberg, BauR 2003, 732 zur Störer- und Zustandshaftung eines Hoheitsträgers bei Bau eines Mischwasserkanals sowie unten Rdn. **403**.

**Abgrenzung** Rdn. 398–399

dem Gebiet des Zivilrechts, wird die Zulässigkeit des ordentlichen Rechtswegs zu bejahen sein.[7)]

Die **Abgrenzung** der öffentlich-rechtlichen **Verträge** von den privatrechtlichen muss von der Sache, vom **Gegenstand** des Vertrages her im Einzelfall getroffen werden. Der **BGH**[8)] hat insoweit grundsätzlich festgestellt: **398**

„Wenn sonach für die Frage, ob ein Vertrag dem öffentlichen oder dem privaten Recht zuzuordnen ist, entscheidend auf den Gegenstand der vertraglichen Regelung abzustellen ist, dann muss den Ausgangspunkt der Untersuchung die Frage bilden, ob sich die Vereinbarung auf von der gesetzlichen Ordnung öffentlich-rechtlich oder privatrechtlich geregelte Sachverhalte bezieht. Zwar ist mit der Entscheidung dieser Frage in dem einen oder anderen Sinne noch nicht endgültig und in allen Fällen die Frage, ob der Vertrag selbst als öffentlich-rechtlicher oder privatrechtlicher zu beurteilen ist, beantwortet. Denn es ist möglich, dass im Rahmen eines Vertrages, der einen dem öffentlichen Recht unterfallenden Sachverhalt betrifft, einer der Vertragspartner, insbesondere auch eine private Vertragspartei, unbeschadet der öffentlich-rechtlichen Ordnung und ohne Abweichung von der durch sie geregelten Aufgaben- und Lastenverteilung zusätzlich eine Verpflichtung als privatrechtliche Pflicht übernimmt. So kann z.B. der Anlieger privatrechtlich die Reinigung des Bürgersteigs dem – nach wie vor öffentlich-rechtlich verpflichteten – Wegebaulastträger gegenüber übernehmen. Ist eine derartige Pflicht, durch deren Übernahme an der vom Gesetz vorgesehenen Aufgaben- und Lastenverteilung als solcher nichts geändert werden soll, Gegenstand eines Vertrages, dann handelt es sich um einen dem bürgerlichen Recht zuzurechnenden Vertragsgegenstand; der Vertrag ist privatrechtlich; für Streitigkeiten aus diesem Vertrag steht der Rechtsweg zu den Zivilgerichten offen."

**Beispiele** aus der Rechtsprechung: **399**

* Für Streitigkeiten über die **Vergabe** von öffentlichen Aufträgen **unterhalb der Schwellenwerte** ist nicht der Verwaltungsrechtsweg, sondern der **ordentliche Rechtsweg** gegeben (BVerwG, NZBau 2007, 389 ff. mit umfänglichem Nachweis über den Meinungsstand);
* Rückzahlungsbegehren des Insolvenzverwalters hinsichtlich nach Insolvenzeröffnung gezahlter **Bauabzugssteuer** (Zivilrechtsweg; OLG Frankfurt, NZBau 2004, 391);
* Notarieller **Grundstückskaufvertrag** mit **Bau-** bzw. Rückbauverpflichtung (privatrechtlicher Vertrag; BGH, NJW-RR 2004, 142 = NVwZ 2004, 253);
* Abkommen über **Verpflichtungen,** die sich aus der **RGarO** für den Bauherrn ergeben (öffentlich-rechtlicher Vertrag; BGHZ 32, 214 = MDR 1960, 652 = NJW 1960, 1457 m. krit. Anm. von Weis, NJW 1960, 1762; BVerfG, BauR 79, 495 u. 498; BGH, NJW 1979, 642 = WM 1979, 336; BGH, MDR 1981, 388; s. aber BGH, MDR 1961, 580 sowie VGH Kassel, NJW 1983, 2831 – öffentlich-rechtlicher Erstattungsanspruch auf Rückzahlung eines Ablösungsbetrages für einen Stellplatz; vgl. dazu auch Gloria, NVwZ 1990, 305);
* Vertrag über die Anlegung einer **Unternehmerstraße** (privatrechtlicher Vertrag; BGH, NJW 1961, 73);
* Vertrag zwischen einer juristischen Person des Zivilrechts und der Kommune über die **Errichtung** und den Betrieb eines **Krankenhauses,** Schwesternheimes und Altenheimes (privatrechtlicher Vertrag; OVG Münster, NJW 1991, 61);
* **Baudispensverträge** (in der Regel öffentlich-rechtlich; vgl. BGH, DVBl. 1967, 36);

---

7) BGH, NJW-RR 2004, 142, 143 = NVwZ 2004, 253 für Streitigkeiten über vertraglich übernommene **Bau-** bzw. **Rückbauverpflichtung**; OLG Schleswig, NJW 2004, 1052 = OLGR 2003, 540 = BauR 2004, 139 (LS).
8) BGHZ 32, 214 = NJW 1960, 1457 = MDR 1960, 652; s. ferner: BGHZ 50, 284, 287 = NJW 1968, 1925; BGH, LM Art. 14 (Bb) GG Nr. 41 = WM 1969, 635; BGH, NJW 1981, 976; BGH, NJW 1985, 1892; Gemeinsamer Senat der Obersten Gerichtshöfe des Bundes, NJW 1986, 2359 = JZ 1986, 1008; OLG Hamm, BauR 1991, 653 = NJW-RR 1991, 639 (Vertrag über die Unterhaltung einer Stützwand; BGH, ZfBR 1997, 84 (Rückzahlungsansprüche aus einer Hermes-Bürgschaft).

- Errichtung einer **Breitbandverteileranlage** (Zivilrechtsweg; OVG Saarlouis, NVwZ 1994, 1228);
- Grunderwerbsverträge mit **Bauplanungsabreden** (öffentlich-rechtlicher Vertrag: BVerfG, NJW 1980, 2538; dazu grundlegend Papier, JuS 1981, 498 ff.; privatrechtlicher Vertrag; BGHZ 76, 16 ff.; BGH, NJW 1985, 1892);
- Der Streit darüber, ob in einem öffentlichen **Ausschreibungsverfahren** einem Bewerber der Zuschlag zu erteilen ist, ist privatrechtlicher Natur (BVerwG, MDR 1962, 681; Unger, BauR 1984, 465, 467);
- Ist ein öffentlich-rechtlicher Vertrag (z. B. Anbauvertrag) unwirksam, ist für den Anspruch auf Rückgewähr einer Leistung ebenfalls der Verwaltungsrechtsweg gegeben (BGHZ 56, 365; BVerwG, NJW 1980, 2538; Papier, JuS 1981, 498); ebenso für einen Regressanspruch aus einem öffentlich-rechtlichen Vertrag (LG Hannover, MDR 1981, 942);
- **Baulast** bewirkt öffentlich-rechtliche Verpflichtungen (BGH, SFH, Nr. 3 zu § 1004 BGB; siehe auch Ziegler, BauR 1988, 18 ff.);
- Zur **Asbestsanierung** siehe Büge/Tünnesen-Harmes, BauR 1997, 373 ff.;
- **Grundstückstauschvertrag** (Zivilrechtsweg: BGH, SFH, Nr. 1 zu § 13 GVG);
- Zum Rechtsweg bei Ablehnung der Übernahme eines Baudenkmals durch die Gemeinde: BGH, BauR 1991, 67 (Zivilrechtsweg, wenn das behördliche Verfahren noch nach den Vorschriften des Preußischen Enteignungsgesetzes durchgeführt wurde).

**400** **Abgrenzungsschwierigkeiten** gibt es auch bei **anderen Klagen.**[9)] Wird z. B. auf die **Beseitigung von Bauwerken** geklagt, handelt es sich in der Regel um Klagen eines **Baunachbarn.** Klagt dieser gegen den **Bauherrn** mit der Behauptung, es sei unter Verstoß gegen ein Bauverbot und ohne Baugenehmigung ein Bauwerk errichtet worden, geht es um einen privatrechtlich ausgestalteten Beseitigungsanspruch des Nachbarn auf Abriss des Bauwerks, für den die **ordentlichen Gerichte zuständig sind.**[10)] Der Zivilrechtsweg ist auch gegeben, wenn die Unterlassung von Baumaßnahmen auf einem **Restitutionsgrundstück** in einem **neuen Bundesland** von dem Berechtigten geltend gemacht wird.[11)]

**401** Daneben gibt es aber auch den **öffentlich-rechtlichen Abwehr- oder Beseitigungsanspruch,** der von den Bauaufsichtsbehörden, einem Grundstückseigentümer[12)] oder dem Baunachbarn geltend gemacht wird. Hier spricht man von **öffentlich-rechtlicher Nachbarklage.** Diese und ihr Verhältnis zur zivilrechtlichen Nachbarklage beschäftigen seit langem Rechtsprechung und Lehre.[13)]

---

9) Zur Zuständigkeit des Arbeitsgerichts (**Arbeitnehmereigenschaft** eines Architekten): OLG Oldenburg, OLGR 2000, 263.
10) Vgl. z. B. BGH, DB 1970, 1126 = NJW 1970, 1180; BGH, DB 1974, 673; BGH, MDR 1977, 568 = *Schäfer/Finnern*, Z 5.0 Bl. 46; ferner: BGH, WM 1974, 1226 (**Beseitigung** einer Abstützung) u. OLG Hamm, DB 1975, 834 (**Beseitigung** eines Nachbarzaunes); LG Aachen, BauR 1981, 501 (**Unterlassungsanspruch** auf einen vorläufigen Baustopp).
11) Vgl. KG, DtZ 1991, 191 ff.
12) Vgl. z. B. BGH, MDR 1965, 196 für Klage auf Herstellung von **Schutzeinrichtungen** gegen Störungen aus einer Kanalisationsanlage einer Gemeinde (dazu auch BGH, MDR 1969, 737 = DVBl. 1970, 273; OLG Nürnberg, BauR 2003, 732); BGH, DÖV 1969, 434 für Klage auf Duldung eines **Notweges** über ein städtisches Grundstück, das für den Feuerwehrdienst gewidmet ist, s. auch OLG Koblenz, MDR 1981, 671; OLG München, BayVerwBl. 1976, 157 für einstweilige Verfügung gegen **Straßenbaumaßnahmen**; BGH, NJW 1976, 570 für Abwehrklage gegen **Kinderspielplatz.**
13) Vgl. dazu u. a. *Mühl*, Festschrift für Fritz Baur, 1981, S. 83 ff.; *Widhofer/Mohnen*, ZfBR 1982, 104 ff. sowie *Kluth*, BauR 1990, 678 ff. (zum Vergleich im Baunachbarrechtsstreit).

**Abgrenzung**                                Rdn. 402–403

Die öffentlich-rechtlichen Abwehr- und Beseitigungsansprüche sind von dem Baunachbarn über den **Widerspruch** und im Wege der **Klage** vor den Verwaltungsgerichten durchzusetzen. In der Regel ist dabei die **Anfechtungsklage** die richtige Klageform; **Verpflichtungsklage** ist von dem Baunachbarn zu erheben, wenn der Bauherr ohne Baugenehmigung ein Gebäude unter Verletzung nachbarschützender Normen errichtet hat. In diesem Falle richtet sich der Anspruch des Nachbarn gegen die Behörde darauf, dass diese gegen den Bauherrn des ungenehmigten Bauvorhabens einschreitet. Dies geschieht in der Praxis durch den Erlass einer **Beseitigungsverfügung**.[14]        **402**

**Rechtsprechungsübersicht**        **403**

* Zulässigkeit der **öffentlich-rechtlichen Nachbarklage** (BVerwG, MDR 1966, 174; dazu auch Gelzer, NJW 1959, 1905; Sellmann, DVBl. 1963, 273; Schlichter, ZfBR 1978, 12);
* Verwaltungsrechtsweg bei **Herausgabeklage** des Grundstückseigentümers bezüglich eines rechtswidrig gewidmeten Wegestücks (BGH, NJW 1967, 2309);
* Haftung für **Verschulden bei Vertragsschluss** anlässlich eines zur Abwendung eines Enteignungsverfahrens abgeschlossenen Kaufvertrages (BGH, NJW 1986, 1109; BGH, ZfBR 1981, 67 = NJW 1981, 976; vgl. auch BGH, NJW 1978, 1802 = ZfBR 1979, 32 betreffend einen Folgelastvertrag);
* Klage aus § 945 ZPO, wenn im Ausgangsverfahren ein Verwaltungsgericht gemäß § 123 VwGO entschieden hatte (BGH, BauR 1981, 93 = NJW 1981, 439 = DVBl. 1981, 28; Kirchberg, VBlBW 1981, 169 – ordentlicher Rechtsweg);
* Rechtsweg bei Streit über **Benutzung** eines gemeindlichen **Weges** (OLG Koblenz, MDR 1981, 671 – Verwaltungsrechtsweg);
* Schadensersatz des Versorgungsunternehmers wegen Beschädigung von **Hausanschlussleitungen** (BayVGH, BayVBl. 1981, 117 – öffentlich-rechtlicher Anspruch **gegen** den Grundstückseigentümer auf Ersatz der entstandenen Aufwendungen);
* Rechtsweg für Klagen aus Wohnungsfürsorgedarlehen des Bundes (BGH, WM 1979, 866);
* **Verwaltungsrechtsweg** gegeben für **Honoraransprüche** des **Prüfingenieurs für Baustatik** gegen die **Bauaufsichtsbehörde** (LG Mainz, BauR 1982, 89; OLG Braunschweig, BauR 2000, 1891; vgl. auch Trapp/Trapp, BauR 1995, 57 ff.); klagt der öffentlich bestellte Vermessungsingenieur gegen einen **(privaten) Auftraggeber** auf **Zahlung** seiner Auftragsvergütung, ist, wenn **nicht in dem betreffenden Bundesland eine andere Regelung gilt** (KG, IBR 1998, 227 – Dieckert; OLG Braunschweig, BauR 2000, 1891; LG Saarbrücken, BauR 2002, 343), der **ordentliche Rechtsweg** eröffnet, „weil die Aufgabenerfüllung hinsichtlich der Erlangung, Durchführung und Vergütung eines Auftrags des öffentlich bestellten Vermessungsingenieurs **privatrechtlich ausgestaltet ist**" (OLG Dresden, OLGR 2000, 64 = NZBau 2000, 88 = NJW-RR 2000, 1442 = IBR 2000, 468 – Köppen; OLG Braunschweig, BauR 2000, 1891; KG, BauR 2001, 441; **abweichend** u. a.: LG Kiel, BauR 1991, 372; OLG Hamm, BauR 1984, 670 (LS) = MDR 1984, 677; OLG Düsseldorf, OLGR 1995, 131 = NJW-RR 1996, 269). Zur **Verjährung** des Vergütungsanspruchs s. Trapp, BauR 2002, 38 ff. zu OVG NRW, BauR 2002, 76 u. OVG NRW, BauR 2000, 1322. Zum **Tätigkeitsfeld** des Prüfingenieurs und seine Haftung: Volze, BauR 2005, 1266 ff.
* **Grundstückstauschvertrag** (Zivilrechtsweg: BGH, SFH, Nr. 1 zu § 13 GVG);
* Verwaltungsrechtsweg gegeben für Antrag auf Erlass einer einstweiligen Anordnung wegen Benachteiligung durch eine unzulässige **Architektenbindung** bei der **Vergabe der Baubetreuung** im Rahmen einer **Entwicklungsmaßnahme** nach dem StBauFG (VGH Kassel, NJW 1985, 1356);
* Verwaltungsrechtsweg gegeben für **Unterlassungsanspruch gegen den Staat** bei Lärmeinwirkungen durch einen **Sportplatz** (BVerwG, BauR 1989, 1782; OVG Hamburg, BauR 1986, 73; OVG Koblenz, NVwZ 1987, 1021; VGH München, NVwZ 1987, 986 – **Bolzplatz**; dagegen pri-

---

14) Zur sog. Abbruchsanordnung s. *Rasch*, BauR 1975, 94; BVerwG, BauR 1986, 195; OVG Lüneburg, BauR 1986, 692; *Werner/Pastor/Müller*, Stichwort: Abbruchanordnung, S. 2 ff.

vatrechtlicher Unterlassungsanspruch, wenn eine Stadt einen Schulsportplatz den ortsansässigen Sportvereinen zur Verfügung stellt: LG Aachen, NVwZ 1988, 189);
* öffentlich-rechtlicher Beseitigungsanspruch wegen der von einer **Straßenlaterne** ausgehenden Einwirkungen (OVG Koblenz, NJW 1986, 953); zum (privatrechtlichen) **Unterlassungsanspruch** bei Errichtung einer gemeindlichen Kanalisation: OLG Nürnberg, BauR 2003, 732;
* Zum (öffentlich-rechtlichen) **Unterlassungsanspruch** bei Arbeiten im **Gehwegbereich** (§ 9 a StrWG NRW): OLG Köln, BauR 2003, 516 mit Anm. Kirsch.

## 2. Funktionelle Zuständigkeit

*Literatur*

*Hohenester*, Zum Rechtsweg in Wohnungseigentumsangelegenheiten, JZ 1957, 657; *Merle/Trautmann*, Zur Verfahrenszuständigkeit in Wohnungseigentumssachen, NJW 1973, 118; *Bärmann*, Zur Theorie des Wohnungseigentumsrechts, NJW 1989, 1057; *Niedenführ*, Die WEG-Novelle 2007, NJW 2007, 1841.

**404**   Zuständigkeitsprobleme können entstehen, soweit die Anwendung des **WEG** in Betracht zu ziehen ist; soweit die §§ 43 ff. WEG eingreifen, liegt bis zum 1. 7. 2007 eine **ausschließliche** Zuständigkeit vor. Die Frage, ob ein bürgerlicher Rechtsstreit innerhalb der streitigen Gerichtsbarkeit oder im Verfahren der freiwilligen Gerichtsbarkeit auszutragen ist, muss nach den Regeln über die Zulässigkeit des Rechtswegs beantwortet werden.[15] Die Zulässigkeit des Rechtswegs hat das Gericht dabei ohne Verfahrensrüge der Beteiligten zu prüfen.[16] Aus der Rechtsprechung kann für das alte WEG-Recht insoweit auf folgende Entscheidungen verwiesen werden:

**Freiwillige Gerichtsbarkeit (§ 43 WEG)**: für „werdende Eigentümergemeinschaft"? (vgl. OLG Frankfurt, WERS Bd. 1, Nr. 76; BGH, NJW 1974, 1140; BGH, WM 1976, 39; KG, MDR 1987, 675); Streit zwischen Wohnungseigentümer über **Beseitigung einer Reklameschrift** (BayObLG, NJW 1964, 47 = JZ 1964, 230); **Streit um Mitbesitz** (BayObLG, NJW 1971, 436); **Vergütungsanspruch** des Verwalters, auch wenn er abberufen ist (BGH, WM 1980, 1189 = NJW 1980, 2466 = ZfBR 1980, 292 = MDR 1981, 43); Schadensersatzanspruch gegen **Verwalter** wegen **unterbliebenen Hinweises** auf Ablauf von **Gewährleistungsfristen** (BayObLG, NZM 2001, 388; OLG Schleswig, SFH, Nr. 2 zu § 27 WEG) oder wegen Entfernung der Teileinrüstung eines Hauses (OLG Düsseldorf, ZMR 2001, 217); Streit unter Eigentümern **wegen Eigentumsstörung** – Klavier spielen – (OLG Frankfurt, MDR 1982, 151); Klage auf **Herausgabe von Bauunterlagen** gegen früheren Verwalter (OLG Hamm, NJWRR 1988, 268); Streitigkeit über den **Geltungsbereich** eines eingetragenen **Sondernutzungsrechts** (BGH, MDR 1990, 529); für Deliktansprüche, die aus der Verletzung der sich aus dem Gemeinschaftsverhältnis begründeten Pflichten erwachsen (BGH, NJW-RR 1991, 907); für Beseitigungsansprüche wegen baulicher Veränderungen durch Mieter der Eigentumswohnung (vgl. OLG Köln, BauR 2001, 138 LS);

**Ordentlicher Rechtsweg (Prozessgericht)**: Streit über Abgrenzung von Gemeinschaftseigentum und Sondereigentum (OLG Karlsruhe, OLGZ 1976, 11; anders bei Anspruch aus GOA für Verwaltungsmaßnahmen, wenn Streit über Abgrenzung von Sonder- und Gemeinschaftseigen- tum nur Vorfrage ist; OLG Frankfurt, OLGZ 1984, 148); Streit zwischen Wohnungseigentümer und Baubetreuer/Verwalter über die Verwendung von gemeinschaftlichen Geldern, bevor Gemeinschaft gebildet oder tatsächlich vollzogen war (BGH, WM 1976, 39); Klage des Eigentümers gegen den Verwalter auf Zahlung vereinnahmter Miete einer Ferienwohnung (OLG Braunschweig, MDR 1976, 669); Beseitigungsanspruch des Wohnungseigentümers aus dem Kaufvertrag (OLG Düsseldorf,

---

[15] BGHZ 40, 1, 4; BayObLG, MDR 1984, 942.
[16] Vgl. BGHZ 14, 294, 295; 21, 214, 217; BGH, WM 1972, 475, 476; BGH, NJW 1972, 1318, 1319; OLG Karlsruhe, NJW 1975, 1776.

MDR 1983, 320; s. auch BayObLG, ZMR 2002, 948 für Herstellungs- und Beseitigungsanspruch gegen den Bauträger); Schadensersatzklage gegen Haftpflichtversicherer des Verwalters (BayObLG, MDR 1987, 765); Ansprüche der Wohnungseigentümergemeinschaft gegen früheren Verwalter (AG München, NJW-RR 1987, 1425; **a. A.:** OLG Hamm, NJW-RR 1988, 168 für Klage auf Herausgabe von Bauunterlagen); Ansprüche aus dem Gemeinschaftsverhältnis von und gegen Wohnungseigentümer, die vor Rechtshängigkeit bereits aus der Wohnungseigentümergemeinschaft ausgeschieden sind (BGH, Rechtspfleger 1989, 100; BGHZ 44, 43); Inanspruchnahme eines Wohnungseigentümers als **Bauherr** (LG Frankfurt, MDR 1990 824); Zahlungsansprüche bei steckengebliebenem Bau, sofern sie ausschließlich auf einer schuld- bzw. gesellschaftsrechtlichen Sonderbeziehung der Parteien und nicht auf dem Gemeinschaftsverhältnis der Wohnungseigentümer beruhen (OLG Karlsruhe, NZM 2001, 14).

Die WEG-Novelle hat eine Neuordnung des Verfahrens gebracht. Die Zuordnung eines Rechtsstreits zum Katalog des § 43 WEG hat nunmehr nur noch für die örtliche und sachliche Zuständigkeit der Zivilprozessgerichte Bedeutung.[17] Diese entscheiden unter Beachtung der Sonderregelungen in §§ 44–50 WEG unter Anwendung der ZPO. Es kann deshalb auch durch Versäumnisurteil entschieden werden. Die Sonderregelungen der §§ 44–50 WEG betreffen die Durchführung der Anfechtungsklagen.[18]

### 3. Baukammern

*Literatur*

*Meyer*, Spezialisierung (Spezialabteilungen und -kammern) in der Justiz, DRiZ 1987, 417; *Kniffka*, Anspruch und Wirklichkeit des Bauprozesses, NZBau 2000, 2; *Krüger-Doyé*, Neue Entwicklungen im Baurecht, DRiZ 2002, 383; *Kranz*, Die Einzelrichter- und Kollegialzuständigkeit der Zivilkammer nach § 348 Abs. 1 Satz 2 Nr. 1 ZPO, DRiZ 2003, 370.

**405** Ist die funktionelle Zuständigkeit des Amts- oder Landgerichts gegeben, handelt es sich also um einen zivilen Bauprozess, so bleibt die Frage, ob im Einzelfall die „normale" Zivilkammer zuständig oder ob insoweit eine **geschäftsplanmäßige Sonderzuständigkeit** begründet ist. Den Parteien ist es zwar verwehrt, eine Prorogation auf eine bestimmte Kammer oder einen bestimmten Richter vorzunehmen,[19] den Präsidien des Landgerichts ist es jedoch möglich, im Rahmen der **Geschäftsplanverteilung** eine bestimmte Kammer geschäftsplanmäßig ausschließlich oder doch überwiegend mit Bausachen zu beschäftigen. Hiervon haben die Gerichte zunehmend Gebrauch gemacht und sog. **Baukammern/Senate** eingerichtet. Bei den meisten Landgerichten wurden die Bausachen bisher von den „normalen" Kammern (Zivilkammer, Kammer für Handelssachen) im Rahmen der allgemeinen Zuständigkeit bearbeitet.

**406** Dagegen haben z. B. die LG Köln, Koblenz, München, Nürnberg sowie das OLG Celle seit geraumer Zeit eine spezielle Zuständigkeit für Bausachen geschäftsplanmäßig vorgesehen. Andere Land- bzw. Oberlandesgerichte haben sich mit der Frage der Einrichtung von Baukammern oder Bausenaten beschäftigt. Zum Teil ist dabei die Notwendigkeit der Einrichtung von Baukammern als Spezialkammern mit der Begründung verneint worden, dass in dem betreffenden Landgerichtsbezirk keine besonders rege Bautätigkeit herrsche, die eine Spezialzuständigkeit für Bau-

---

17) Siehe hierzu: *Niedenführ*, NJW 2007, 1841, 1843.
18) *Niedenführ*, a. a. O., S. 1844 m. w. Nachw.
19) Vgl. BGHZ 6, 178, 181.

sachen erfordere. Zum anderen wurde die Schaffung von Baukammern mit der Begründung abgelehnt, es müsse dann eine so große Anzahl von Spezialkammern für Bausachen geschaffen werden, dass hierdurch der allgemeine Geschäftsbetrieb des Landgerichts negativ beeinflusst werde. Da es sich im Übrigen bei den Bausachen in der Regel um Punktesachen handele, müssten die lediglich mit Bausachen befassten Kammern/Senate zahlenmäßig geringer belastet werden als die normalen O-Kammern. Dieser zuletzt genannte Einwand ist sicherlich berechtigt; denn Bausachen sind nun mal in der Regel umfangreicher als normale O-Sachen, was zum Teil auch in der Weise berücksichtigt hat, dass Bausachen geschäftsplanmäßig höher bewertet werden.

**407** Die Bedeutung der „Bausachen" wird auch in der **Zivilprozessreform** deutlich:[20]

Nach § 348 ZPO entscheidet die Zivilkammer durch eines ihrer Mitglieder (Originärer Einzelrichter); dies gilt **nicht,** wenn die Zuständigkeit der Kammer nach dem Geschäftsverteilungsplan des Gerichtes für „Streitigkeiten aus Bau- und Architektenverträgen sowie aus Ingenieurverträgen, soweit sie im Zusammenhang mit Bauleistungen stehen", begründet ist. Es ist abzusehen, dass auch nach der Reform die Bausachen weitgehend bei den Kammern verbleiben und die nach § 348 a ZPO denkbare Zuweisung an den Einzelrichter auf Einzelfälle beschränkt bleibt. Die **Justizverwaltungen** werden – allein um das Kammer- bzw. Senatsystem auf lange Sicht zu halten – dazu übergehen, Sonderzuständigkeiten für Bausachen in den **Geschäftsverteilungsplänen** festzulegen.

**408** Soweit spezielle Baukammern und Bausenate existieren, hat die geschäftsplanmäßige Zuweisung zum Beispiel folgenden Wortlaut:

* **LG Köln**

Als Bausachen gelten:
aa) alle Werkleistungen im Zusammenhang mit der Herstellung eines Bauwerks (Hoch-/Tiefbau), der Erweiterung der Gebäudesubstanz (Auf-/Anbau) und der Instandsetzung eines bereits errichteten Gebäudes (Ein-/Umbau, Erneuerungsarbeiten), letztere jedoch nur, wenn sie für Konstruktion, Bestand, Erhaltung oder Nutzbarkeit von wesentlicher Bedeutung sind und die eingebauten Teile mit dem Gebäude fest verbunden werden;
bb) alle Werkleistungen im Zusammenhang mit einem Werk, dessen Erfolg in der Erbringung von Planungs- oder Überwachungsleistungen für ein Bauwerk besteht (§ 634 a Abs. 1 Ziff. 2 BGB);
cc) Leistungen aus Baubetreuung jeder Art.

* **LG Koblenz**

„Bausachen sind die bürgerlichen Rechtsstreitigkeiten über Ansprüche aufgrund von Verträgen, die überwiegend betreffen
– Streitigkeiten aus Leistungen und Lieferungen, auch von Fertigteilen, im Zusammenhang mit der Errichtung von Bauwerken aller Art, einschließlich Straßen- und Brückenbau,
– sonstige Bauarbeiten an einem Grundstück,
– Erstellung von Fertighäusern,
– Leistungen der Architekten, Ingenieure und Fachleute im Zusammenhang mit Bauleistung,
– Leistungen aus Baubetreuungen jeder Art."

---

[20] Siehe hierzu auch *Krüger-Doyé*, DRiZ 2003, 383, 384.

**Baukammern** Rdn. 408

* **LG München**

  „Bausachen sind

  aa) Streitigkeiten aus Bau- und Architektenverträgen und aus Ingenieurverträgen (soweit sie im Zusammenhang mit Bauleistungen stehen) sowie aus entsprechenden Bürgschaften und Ansprüche, die auf Grund des Gesetzes über die Sicherung von Bauforderungen (GSB) vom 1.6.1909 (RGBl. S. 490) geltend gemacht werden,

  bb) Klagen nach §§ 1, 2 UKlaG, soweit die Verfahren Angelegenheiten gemäß aa) betreffen."

* **LG Nürnberg**

  „Streitigkeiten aus Bau- und Architektenverträgen sowie aus Ingenieurverträgen, soweit sie im Zusammenhang mit Bauleistungen stehen:

  Erfasst werden Streitigkeiten aus Dienst-, Werk-, Werklieferungs- und entgeltlichen Geschäftsbesorgungsverträgen, wenn an ihnen zumindest auf einer Seite ein Architekt, Bauunternehmer oder eine andere berufsmäßig mit der Planung oder Ausführung von Bauarbeiten befasste Person in dieser Eigenschaft beteiligt war, sowie Streitigkeiten aus Baubetreuungsverträgen und verwandten Rechtsgeschäften unter Einschluss von Baubetreuungsverträgen und verwandten Rechtsgeschäften und Einschluss von Kaufanwärter- und Träger-Bewerber-Verträgen, soweit in diesen eine Partei die Verpflichtung zur Durchführung oder Überwachung von Bauarbeiten übernommen hat (§ 348 Abs. 1 Satz 2 Nr. 2 c ZPO). Erfasst werden auch Sachverhalte, in denen eine der o. g. Personen eine Immobilie veräußert und ein Streit über die Finanzierung entsteht, soweit die Rechtsstreitigkeit nicht dem Sachgebiet 1.2.2 zuzuordnen ist.

  Zu diesem Sachgebiet gehören ferner Streitigkeiten
  – zwischen Veräußerer und Erwerber eines Grundstücks wegen Baumängeln;
  – zwischen den in Satz 1 genannten Personen, die – ohne Rücksicht auf ihre Rechtsgrundlage – in einem der vorgenannten Verhältnisse wurzeln;
  – denen folgende Ansprüche zu Grunde liegen:
  – über Schäden an Gebäuden durch Baumaßnahmen an Nachbargrundstücken (-wohnungen) und auf dem Grundstück des Geschädigten und damit einhergehender Haftpflichtansprüche;
  – die gesellschaftsrechtliche und wirtschaftliche Auseinandersetzung einer ARGE, die zur Errichtung oder Sanierung eines Bauwerks gebildet worden war;
  – denen folgende Ansprüche zugrundeliegen
  – – Ansprüche eines Beteiligten (Satz 1) gegen seine Haftpflichtversicherung oder Regressansprüche einer Versicherung gegen einen Beteiligten (Satz 1) wegen eingetretener Bauschäden;
  – – Ansprüche eines Baubeteiligten wegen Verstoßes gegen Bestimmungen des Gesetzes über die Sicherung der Bauforderungen (§ 823 Abs. 2 BGB i. V. m. §§ 1 ff. GSB)."

* **OLG Nürnberg**

  „Bausachen sind Rechtsstreitigkeiten

  a) mit oder zwischen Bauunternehmen, Bauhandwerkern, Bauträgern, Architekten, Sonderfachleuten oder sonstigen Baubeteiligten, denen ein Vertrag über Dienst- oder Werkleistungen bei einem Bauwerk zugrunde liegt. Nicht darunter fällt die Montage von Sachen durch den Lieferanten, sofern diese von völlig untergeordneter Bedeutung ist und keinen ins Gewicht fallenden Eingriff in die Substanz des Bauwerks erfordert.

  b) zwischen Veräußerer und Erwerber eines bebauten Grundstückes wegen Baumängeln.

  c) denen Regressforderungen einer Versicherung gegen nicht bei ihr versicherte Baubeteiligte im Zusammenhang mit einem der vorbezeichneten Verhältnisse zugrunde liegen."

## * OLG Celle

Bausachen sind

„Baustreitigkeiten aus Dienst-, Werk- oder Werklieferungsverträgen in Bezug auf unbewegliche Sachen, einschließlich der Baubetreuungsverträge und der Trägerbewerber-Verträge, mit Ausnahme der Architektenbausachen sowie der Ansprüche, die auf das Gesetz zur Sicherung von Bauforderungen (GSB) gestützt werden."

## * OLG Köln

„Als Bausachen gelten
1. Werkleistungen im Zusammenhang mit
   a) der Herstellung, Änderung oder Instandsetzung von Bauwerken im Sinne von § 634 a Abs. 1 Ziff. 2 BGB und
   b) einem Werk, dessen Erfolg in der Erbringung von Planungs- oder Überwachungsleistungen für ein solches Bauwerk besteht (§ 634 a Abs. 1 Ziff. 2 BGB);
2. Ansprüche aus unerlaubter Handlung aufgrund des Gesetzes über die Sicherung von Bauforderungen vom 1. Juni 1909 (RGBl. S. 449)."

## * OLG München

„Bausachen sind Rechtsstreitigkeiten über Ansprüche aus der Planung, technischen Baubetreuung, Herstellung oder Veränderung von Bauwerken – Hoch- oder Tiefbauten –, die aus Kauf-, Dienst-, Werk-, Geschäftsbesorgungs-, Baubetreuungs-, Werklieferungsverträgen über unvertretbare Sachen oder aus entsprechenden Bürgschaften im Zusammenhang mit den genannten Geschäften geltend gemacht werden, Gewährleistungsansprüche jedoch nur, sofern sich die Sachmängelhaftung nach Werkvertragsrecht richtet. Bausachen sind auch Rechtsstreitigkeiten, bei denen der Kläger Ansprüche aus der Haftung von Rechtsanwälten im Zusammenhang mit der Bearbeitung von Bausachen nach Satz 1 geltend macht."

## * OLG Oldenburg

Als Bausachen gelten:

„1. Streitigkeiten aus Dienst-, Werk-, Werklieferungs- und entgeltlichen Geschäftsbesorgungsverträgen oder auf Abschluss solcher Verträge, wenn an den Verträgen zumindest auf einer Seite Architekten, Bauunternehmer oder andere geschäftsmäßig mit Bauarbeiten, ausgenommen Schiffsbau, befasste Personen in dieser Eigenschaft beteiligt waren oder zu beteiligen wären, und zwar ohne Rücksicht darauf, ob die Verträge Handelsgeschäfte darstellen, ausgenommen Kommissions- und Bankgeschäfte;
2. Kaufverträge, wenn an den Verträgen zumindest auf einer Seite Architekten, Baubetreuer, Bauunternehmer oder andere beruflich mit Bauarbeiten befasste Personen in dieser Eigenschaft beteiligt waren und Gegenstand des Vertrags für den Hoch-, Tief- oder Gartenbau bestimmte Materialien waren;
3. Streitigkeiten aus Baubetreuungsverträgen und verwandten Rechtsgeschäften mit Einschluss der Kaufanwärter- und Träger-Bewerber-Verträge, soweit in diesen eine Partei die Verpflichtung zur Durchführung oder Überwachung der Bauarbeiten übernommen hat."

## * Bundesgerichtshof

Die geschäftsplanmäßige Zuständigkeit des VII. Zivilsenats des **Bundesgerichtshofes** lautet wie folgt (2007)

Dem VII. Zivilsenat sind zugewiesen die Rechtsstreitigkeiten über

„1. Werkverträge im Zusammenhang mit der Errichtung oder dem Abriss von Bauwerken, sofern nicht der Schwerpunkt des Rechtsstreits in der Erstellung oder Beseitigung von Maschinen und technischen Anlagen liegt;
2. Dienstverhältnisse der Architekten und anderer bei Bauten beschäftigter Personen;
3. Schadensersatzansprüche aus unerlaubter Handlung aufgrund des Gesetzes über die Sicherung der Bauforderungen vom 1. Juni 1909 (RGBl. S. 449)."

**409** Spezielle **Verfügungsformulare,** die die Frage der geschäftsplanmäßigen Zuständigkeit betreffen, werden in aller Regel nicht benutzt. Eine Ausnahme bildet z. B. das LG Köln, das vor der Terminierung, wenn Anlass besteht, durch eine besondere Aufforderung zunächst ermittelt, ob eine Sonderzuständigkeit für Bausachen begründet ist. Dieses Verfügungsformular sieht wie folgt aus:

Verfügung (Vfg.)
1. Schreiben an Kl. persönlich/Kl. RA; im pp. werden Sie zwecks Bestimmung der geschäftsplanmäßigen Zuständigkeit um Mitteilung gebeten, ob Sie mit der Klage Ansprüche aufgrund von Verträgen geltend machen, die überwiegend betreffen:
    a) Bauleistungen einschließlich der Bauarbeiten an Grundstücken,
    b) Leistungen der Architekten, Ingenieure, Sonderfachleute im Zusammenhang mit Bauleistungen im Sinne von a oder
    c) Leistungen aus Baubetreuungen jeder Art.
2. Nach zwei Wochen
Köln, den
Landgericht                                                                                   Zivilkammer
    Der Vorsitzende

**410** Auf diese Weise wird der Kläger gezwungen, bereits vor der Terminierung ausreichende Tatsachen vorzutragen, die es ermöglichen, die Frage der Spezialzuständigkeit nach dem Geschäftsverteilungsplan zu beantworten. Die Abklärung der geschäftsplanmäßigen Sonderzuständigkeit ist besonders wichtig, wenn – wie z. B. in Köln – eine Sache an eine andere Kammer „aus Gründen der geschäftsplanmäßigen Zuständigkeit" nur so lange abgegeben werden kann, „als sie noch nicht terminiert ist".

**411** **Abgrenzungsschwierigkeiten** treten bei jeder Zuständigkeitsregelung auf. Als Maßstab für die geschäftsplanmäßige Zuordnung einer Sache als Bausache sollten zukünftig § 1 VOB/A, § 634 a Abs. 1 Nr. 2 BGB sowie § 348 Abs. 1 Nr. 2 c ZPO gelten. Nach § 1 VOB/A sind Bauleistungen „Arbeiten jeder Art, durch die eine bauliche Anlage hergestellt, instandgehalten, geändert oder beseitigt wird." Geht es im Einzelfall um Ansprüche aus Arbeiten **„bei einem Bauwerk"** (§ 634 a Abs. 1 Nr. 2 BGB), handelt es sich im Zweifel auch um eine Bausache i. S. des Geschäftsverteilungsplanes. Bei einem **Streit, ob** die Frist der einredeweise geltend gemachten Verjährung z. B. sechs Monate oder **fünf** Jahre **beträgt,** ist die **Baukammer** zuständig; dies folgt aus der Entscheidung des BGH vom 20.5.2003;[21] wonach ein früherer Ablauf der Verjährungsfrist nur angenommen werden kann, wenn (gegebenenfalls nach Beweisaufnahme) **auszuschließen** ist, dass der Werkvertrag Arbeiten bei Bauwerken betrifft. Sonderzuständigkeitsregelungen dürfen deshalb auch nicht eng ausgelegt werden. Klagt z. B. ein Baubeteiligter nach Anfechtung eines Bauvertrages aus dem Gesichtspunkt einer ungerechtfertigten Bereicherung (§§ 812 ff. BGB), so wird ebenfalls die Sonderzuständigkeit der Baukammer begründet. Eine andere Auslegung würde Sinn und Zweck der Sonderzuständigkeit verkennen.

## 4. Kammer für Handelssachen

*Literatur*

*Ebenroth/Autenrieth,* Der Kaufmann im Baugewerbe, BauR 1980, 211; *Joussen,* Das Ende der Arge als BGB-Gesellschaft?, BauR 1999, 1063; *Kellermann,* Die BGB-Gesellschaft in ihrer Ausgestaltung durch die neuere Rechtsprechung, JA 2003, 648; *Joussen,* Die Anerkennung der ARGE als offene Handelsgesellschaft, Festschrift für Kraus (2003), 73; *Scheef,* Das Außenkonsortium der Anlagenbauer als OHG – Konsequenzen aus OLG Dresden (– 2 U 1928/01 –) und KG Berlin

---
21) NJW-RR 2003, 1320 = NZBau 2003, 559.

(– 29 AR 54/01 –), BauR 2004, 1079; *Hertwig/Nelskamp*, Teilrechtsfähigkeit der GbR, BauR 2004, 183; *Hahn*, Verjährung von „Alt"-Vergütungsansprüchen gegen eine Bau-Arge, NZBau 2004, 309; *Ewers/Scheef*, Risiken bei der Abfassung von ARGE-Verträgen, BauRB 2005, 24; *Scheef*, Das Außenkonsortium der Anlagenbauer als OHG? – Konsequenzen aus OLG Dresden (2 U 1928/01) und KG Berlin (29 AR 54/01), BauR 2004, 1079; *Kunze*, Zuständigkeit der Kammer für Handelssachen bei einer nicht eingetragenen BGB-Gesellschaft aus Vollkaufleuten und der negativen Feststellungsklage?, BauR 2005, 473; *Wagner*, Bau-Gesellschaftsrecht – Rechtsfolgen nach Vollbeendigung einer ARGE, ZfBR 2006, 209; *Feldmann*, Die Bau-ARGE ist kein Kaufmann, sondern eine GbR!, Jahrbuch Baurecht 2007, 241.

**412** Viele Bauprozesse werden bei den Landgerichten von den Kammern für Handelssachen entschieden. Vor die **Kammer für Handelssachen** gehören bei entsprechendem Antrag des Klägers (§ 96 GVG) die „Handelssachen", also diejenigen bürgerlich-rechtlichen Streitigkeiten, in denen durch die Klage ein Anspruch geltend gemacht wird „gegen einen Kaufmann im Sinne des Handelsgesetzbuches, sofern er in das Handelsregister oder Genossenschaftsregister eingetragen ist oder aufgrund einer gesetzlichen Sonderregelung für juristische Personen des öffentlichen Rechts nicht eingetragen zu werden braucht, aus Geschäften, die für beide Teile Handelsgeschäfte sind" (§ 95 Abs. 1 Nr. 1 GVG).

**413** Baurechtliche Streitigkeiten können deshalb vor die **Kammer für Handelssachen** nur gebracht werden, wenn sich die Klage gegen einen **eingetragenen** Kaufmann richtet und es sich bei den Ansprüchen um solche aus einem **beiderseitigen Handelsgeschäft** handelt. Für die Zuständigkeit der Kammer für Handelssachen ist die **Eintragung** als Kaufmann entscheidend; es genügt **nicht,** dass der Beklagte materiell die Voraussetzungen des § 1 Abs. 2 HGB erfüllt.[22] Gegenstand des Rechtsstreits muss für die Vertragsschließenden ein **beiderseitiges** Handelsgeschäft sein (§§ 343, 344 HGB), wobei es ausreichend ist, wenn die Voraussetzungen des beiderseitigen Handelsgeschäfts in der Person des Rechtsvorgängers des Klägers erfüllt waren.[23] Nachdem der BGH[24] der **Bau-ARGE** als (Außen-)Gesellschaft[25] die Rechtsfähigkeit und damit die **aktive** und **passive Parteifähigkeit** im Zivilprozess zugesprochen hat, kann auch die Zuständigkeit der Kammern für Handelssachen nach § 95 Abs. 1 Nr. 1 GVG

---

22) *Zöller/Gummer*, § 95 GVG, Rdn. 3.
23) Nach LG Bonn, BauR 2005, 138, fällt eine negative Feststellungsklage nicht in die Zuständigkeit der Kammer für Handelssachen; a. A.: *Kunze*, BauR 2005, 473 ff.
24) BGHZ 146, 341 = BauR 2001, 755 = ZfBR 2001, 392 = NJW 2001, 1056 = ZIP 2001, 330; s. hierzu: *Schmidt*, NJW 2001, 993; *Wiedemann*, JZ 2001, 661; *Zöller/Vollkommer*, § 50 ZPO, Rdn. 18; ferner: BGH, NJW 2003, 1043 u. 1445; NJW 2002, 1707.
25) Zur Rechtsnatur der ARGE als **Offene Handelsgesellschaft:** OLG Frankfurt, IBR 2005, 542 – *Vogel*; OLG Dresden, BauR 2002, 1414; KG, BauR 2001, 1790; LG Bonn, BauR 2005, 158 (LS); *Ewers/Scheef*, BauRB 2005, 24 ff.; *Scheef*, BauR 2004, 1079 ff.; *Wagner*, ZfBR 2006, 209; *Joussen*, Festschrift für Kraus (2003), S. 73, 80 ff. u. *Kapellmann/Messerschmidt/Thierau*, VOB/A, Anh., Rdn. 124. **Gegen** die Beurteilung der ARGE als OHG zutreffend: *Feldmann*, Jahrbuch BauR 2007, 241, 254 ff.; *Hickl*, in: Burchardt/Pfülb, Präambel, Rdn. 4; OLG Karlsruhe, IBR 2006, 322 – *Dinale*; LG Bonn, BauR 2005, 138, 140; *Burchardt* in: Freiberger Handbuch, § 13, Rdn. 11 ff.; *Wölfing-Hamm*, BauR 2005, 228, 229; *Kapellmann/Messerschmidt/Thierau*, Anhang, Rdn. 124. Zur ARGE als **Gewerbebetrieb** i. S. des Verjährungsrechts: *Hahn*, NZBau 2004, 309 ff. Zur notwendigen **Streitgenossenschaft** der Mitglieder einer ARGE: BGH, BauR 2003, 1758 = BauRB 2003, 203; zur Bestimmung des **zuständigen Gerichts** bei einer bundesweiten ARGE: BayObLG, IBR 2005, 455 – *Binner* (Anwendung von § 36 Abs. 1 Nr. 3 ZPO).

gegeben sein. Das KG[26] bejaht die Zuständigkeit der Handelskammer für eine Klage eines Bauunternehmens (Aktiengesellschaft) gegen die (eingetragenen) Gesellschafter einer ARGE, die lediglich ein einziges Bauvorhaben abwickelt, jedenfalls dann, wenn die Abwicklung des Bauprojektes wegen dessen Größenordnung „als auf Dauer angelegte gewerbliche Tätigkeit" mit Gewinnerzielungsabsicht angesehen werden kann. *Theurer*[27] vertritt zutreffend die Ansicht, dass die Voraussetzungen des § 95 Abs. 1 Nr. 1 GVG **erfüllt** seien, wenn es sich bei sämtlichen der beteiligten Gesellschaftern um eingetragene Formkaufleute handele; *Joussen*[28] weist demgegenüber darauf hin, dass eine gegen die Bau-ARGE gerichtete Klage nur in die Zuständigkeit der Kammer für Handelssachen gehöre, wenn die ARGE selbst im Handelsregister eingetragen sei.

Ist die Zuständigkeit der Kammer für Handelssachen nur für einen (von mehreren) Beklagten gegeben, so kann die bestehende **Konkurrenz** zwischen Kammer für Handelssachen und Zivilkammer **desselben** Landgerichts durch eine entsprechende Anwendung des § 36 Abs. 1 Nr. 1 ZPO gelöst werden; in einem solchen Fall kann (nur) die Zivilkammer für die Klage gegen die Streitgenossen zum zuständigen Gericht bestimmt werden, weil eine Zuständigkeit der Kammer für Handelssachen gemäß § 94 GVG nur für Handelssachen begründet werden kann.[29]

## 5. Örtliche Zuständigkeit

*Literatur*

*Löwe*, Das neue Recht der Gerichtsstandsvereinbarungen, NJW 1974, 473; *Marburger*, Gerichtsstandsvereinbarungen im Mahnverfahren, NJW 1974, 1921; *Reinelt*, Darlegung und Nachweisung bei der Prorogation im Säumnisverfahren nach § 331 Abs. 1 Satz 2 ZPO, NJW 1974, 2310; *Kaiser*, Die vertragsrechtliche Bedeutung des § 18 Nr. 2 Satz 3 VOB/B, BB 1978, 1548; *Schiller*, Gerichtsstandsklauseln in AGB zwischen Vollkaufleuten und das AGB-Gesetz, NJW 1979, 636; *Duffek*, Gerichtsstand bei Bauverträgen, BauR 1980, 316; *Völker*, Nochmals: Gerichtsstand bei Bauverträgen, BauR 1981, 522; *Englert*, Die „Zuständigkeitsfalle" des § 18 Nr. 3 VOB/B, BauR 1995, 774; *Koeble*, Probleme des Gerichtsstands sowie der Darlegungs- und Beweislast im Architektenhonorarprozess, BauR 1997, 191; *Rutsatz*, Örtliche Zuständigkeit nach § 18 Nr. 1 VOB/B, BauR 1998, 692; *Fischer*, Gerichtsstandsvereinbarungen in AGB – Gerichtliche Zuständigkeit und Verweisungen, MDR 2000, 682; *Rosenberger*, § 18 Nr. 1 VOB/B und der besondere Gerichtsstand des Erfüllungsortes, Festschrift für Mantscheff (2000), 395; *Breyer/Zwecker*, Auswirkung der neuen BGH-Rechtsprechung zur Parteifähigkeit der Gesellschaft des bürgerlichen Rechts auf den besonderen Gerichtsstand bei Werkverträgen, BauR 2001, 705; *Einsiedler*, Der besondere Gerichtsstand des Erfüllungsorts nach § 29 ZPO: Ein Klägergerichtsstand?, NJW 2001, 1549; *Preussner*, Die Gerichtsstandsvereinbarung in Architektenverträgen mit Auslandsbezug, Jahrbuch Baurecht 2002, 205; *Rutsatz/Englert*, Gerichtsstandsregelung des § 18 Nr. 1 VOB/B auch für private Auftraggeber?, NZBau 2002, 22; *Englert*, „Wahlgerichtsstand Erfüllungsort", „Justizentlastung" und Verweisungspraxis in Bausachen: DVA und Gesetzgeber gefordert, NZBau 2004, 360; *Balthasar*, Der besondere Gerichtsstand am Erfüllungsort gem. § 29 I ZPO – BGH, NJW 2004, 54, JuS 2004, 571; *Hahn*, Der einheitliche Erfüllungsort beim Bauvertrag – ein Trugbild, NZBau 2006, 555.

---

26) BauR 2001, 1790 m. Anm. *Theurer*; ebenso: OLG Frankfurt, ZIP 2005, 1559 = BauRB 2005, 136; LG Bonn, BauR 2004, 1170; LG Berlin, BauR 2003, 136 m. Anm. *Buscher*.
27) *Theurer*, BauR 2001, 1791, 1792; zustimmend: LG Bonn, BauR 2004, 1170, 1171.
28) *Joussen*, a. a. O., S. 83/84.
29) OLG Schleswig, OLGR 2003, 216, 217 = BauR 2004, 388 (LS).

## a) Gerichtsstandsvereinbarungen

**414** In den Architektenformular- sowie in fast allen Bauverträgen waren früher Gerichtsstandsvereinbarungen üblich; seit 1974[30] sind Gerichtsstandsvereinbarungen bzw. gerichtsstandsbegründende Erfüllungsortvereinbarungen **unwirksam**, sofern nicht beide Vertragspartner **Kaufleute** sind (§§ 29 Abs. 2, 38 Abs. 1 ZPO). Durch das **Handelsrechtsreformgesetz**[31] ist der Katalog der Grundhandelsgewerbe abgeschafft worden. Nunmehr ist gemäß § 1 Abs. 1 HGB Kaufmann, wer ein Handelsgewerbe i. S. des § 1 Abs. 2 HGB betreibt. Das Betreiben eines Handelsgewerbes ist an zwei Voraussetzungen geknüpft; es muss ein Gewerbebetrieb im handelsrechtlichen Sinne vorliegen, darüber hinaus muss dieser einen in kaufmännischer Weise eingerichteten Geschäftsbetrieb erfordern.[32] Damit besteht aber auch für Unternehmer oder Handwerker durchaus eine (widerlegbare) Vermutung, dass sie Kaufleute sind.[33] Das ist indes für **Architekten** oder **Sonderfachleute** auch nach der Reform des HGB nicht anzusetzen.[34] Hat man es dagegen bei den Vertragspartnern mit Kaufleuten zu tun, so sind Gerichtsstandsvereinbarungen in Formularverträgen oder AGB zulässig; ob solche Gerichtsstandsklauseln zwischen Kaufleuten gleichwohl einer **Inhaltskontrolle** unterliegen (§§ 305 c Abs. 1, 307 BGB), ist streitig, jedoch zu bejahen.[35]

**415** Eine Gerichtsstandsvereinbarung unter **Nichtkaufleuten** ist nur noch unter den engen Voraussetzungen des § 38 Abs. 3 ZPO zulässig: Sie muss ausdrücklich und schriftlich nach dem Entstehen der Streitigkeit oder für den Fall geschlossen werden, dass entweder die im Klageweg in Anspruch zu nehmende Partei nach Vertragsschluss ihren Wohnsitz oder gewöhnlichen Aufenthaltsort aus dem Geltungsbereich der ZPO verlegt oder ihr Wohnsitz oder gewöhnlicher Aufenthaltsort im Zeitpunkt der Klageerhebung nicht bekannt ist. Eine Streitigkeit ist erst dann entstanden, wenn sich die Parteien über einen bestimmten Punkt des Vertrages nicht einigen können und damit ein gerichtliches Verfahren droht.[36] Eine Gerichtsstandsvereinbarung kann von einem Bevollmächtigten (z. B. dem **Architekten**) nur getroffen werden, wenn sich eine Vollmacht ausdrücklich darauf bezieht.[37]

Zu beachten ist, dass Gerichtsstandsvereinbarungen unwirksam sind, wenn für die Klage ein **ausschließlicher Gerichtsstand** begründet ist (**§ 40 Abs. 2 ZPO**); hier ist in Bausachen vor allem auch an **§ 29 c ZPO** zu denken. Die Vorschriften des früheren **Haustürwiderrufsgesetzes** sind nunmehr in den §§ 312 ff. BGB integriert worden. § 312 Abs. 1 BGB bezieht sich dabei auf einen Vertrag zwischen einem Verbraucher und einem Unternehmer i. S. der §§ 13, 14 BGB, der eine entgeltliche Leistung zum

---

30) Gerichtsstandsnovelle; Gesetz vom 21.3.1974, BGBl. 753.
31) Vom 22.6.1998, BGBl. I 1474, in Kraft getreten am 1.7.1998.
32) Zur rechtlichen Qualifizierung der **Arge** siehe Rdn. 413 m. Nachw. über den Meinungsstand.
33) *Heiermann/Riedl/Rusam*, § 18/B, Rdn. 5; zur Kaufmannseigenschaft eines Handwerksbetriebes mit Warenhandel nach **altem** Recht: BGH, BauR 1999, 1298.
34) *Gnad*, Schriftr. d. Dt. Gesellschaft für BauR, Bd. 11, S. 36, weist zutreffend darauf hin, dass der Architekt Kaufmann sein kann, wenn er baugewerblich tätig wird oder wenn er dem freien Beruf des Architekten im Gewand einer **GmbH** nachgeht; siehe auch Rdn. 2172 ff.
35) Siehe dazu: OLG Düsseldorf, BauR 2002, 1601 (gegen LG Wuppertal, BauR 2002, 1286); OLG Oldenburg, NJW-RR 1996, 1486 = OLGR 1996, 169 = ZfBR 1996, 324; LG Karlsruhe, NJW-RR 1997, 56; LG Karlsruhe, NJW 1996, 1417 = BB 1995, 2444; OLG Karlsruhe, NJW 1996, 2041; OLG Frankfurt, MDR 1998, 664; NJW 1979, 636; *Ingenstau/Korbion/Joussen*, § 18 Nr. 1/A, Rdn. 46 m. Nachw.
36) Vgl. *Zöller/Vollkommer*, § 38 ZPO, Rdn. 33 m. Nachw.
37) *Vollkommer*, NJW 1974, 196.

**Örtliche Zuständigkeit** **Rdn. 416–417**

Gegenstand hat. Damit sind neben Kaufverträgen vor allem **Werk-** bzw. **Werklieferungsverträge** gemeint.[38]

Bei **VOB-Bauverträgen** sind Gerichtsstandsvereinbarungen ebenfalls nur noch im **416** gesetzlich zulässigen Rahmen möglich (§ 18 Nr. 1 VOB/B); der jeweilige Kläger trägt die **Beweislast** für die Voraussetzungen des § 18 Nr. 1. Die Vorschrift des § 18 Nr. 1 Satz 1 VOB/B, die dem Auftraggeber die Prozessführung erleichtern soll,[39] gilt nur für die **örtliche, nicht** auch für die **internationale Zuständigkeit;**[40] die Vorschrift ist im Übrigen zwar auf den **öffentlichen** Auftraggeber zugeschnitten,[41] jedoch auch für **private** anwendbar.[42] Wird die VOB/B ohne ins Gewicht fallende Einschränkungen in einem Vertragswerk übernommen, ist die Regelung des § 18 Nr. 1 VOB nicht als „unangemessen" im Sinne des § 9 AGB-Gesetzes (§ 307 BGB) anzusehen; bei nur unvollständiger Übernahme der VOB/B wird die Unangemessenheit darüber hinaus zu verneinen sein, wenn es sich um einen öffentlichen Auftraggeber handelt und ihm ein vollkaufmännisches (Bau-)Unternehmen gegenübersteht.[43] Zu beachten ist, dass § 18 Nr. 1 VOB/B alle „Streitigkeiten aus dem Vertrag" betrifft; damit sind solche gemeint, die bei **wirtschaftlicher Betrachtungsweise** „ihre Grundlage oder ihren Ausgangspunkt" in dem konkreten **(streitgegenständlichen) Bauvertrag** haben. Daher fallen auch z. B. Ansprüche aus §§ 812 ff. BGB unter § 18 VOB/B:[44] In Bauverträgen, in denen auf beiden Seiten **Vollkaufleute** beteiligt sind, wird mit der Geltung der VOB/B auch deren Gerichtsstandsregelung des § 18 Nr. 1 vereinbart; durch sie wird der Gerichtsstand des Erfüllungsortes ausgeschlossen.[45]

### b) Die gesetzliche Regelung

Nach § 12 ZPO ist zunächst das Gericht, bei dem eine Person ihren **allgemeinen Gerichtsstand** **417** hat, für alle Klagen, die gegen sie gerichtet sind, zuständig, sofern nicht für eine Klage ein ausschließlicher Gerichtsstand begründet ist; grundsätzlich ist damit der Gerichtsstand des Beklagten maßgebend, wobei es regelmäßig auf den Wohnsitz des Beklagten ankommt (§ 13 ZPO). In der Praxis

---

38) Siehe hierzu u. a.: BGHZ 110, 308 = BauR 1990, 347 = ZfBR 1990, 187 (Lieferung und Einbau von **Kunststofffenstern**); OLG Bamberg, IBR 2006, 321 – *Stern* u. KG, OLGR 1996, 157 (**Werklieferungsvertrag** über einen Wintergarten); OLG Stuttgart, NJW-RR 1990, 1014 (**Fassadensanierungsarbeiten**); BGH, BauR 1994, 758 (Lieferung und Montage von **Sanitärzellen**); OLG Zweibrücken, NJW 1995, 140 = WM 1994, 1688 (Bestellung von **Baumaterialien** im Ausstellungsfahrzeug des Verkäufers); OLG Köln, NJW-RR 1994, 1538 (**Bürgschaftserklärungen**).
39) OLG Stuttgart, BauR 1999, 683, 384; BGHZ 94, 156 = BauR 1985, 475.
40) BGHZ 94, 156 = NJW 1985, 2090 = *SFH*, Nr. 1 zu § 18 VOB/B = ZfBR 1985, 180 = BauR 1985, 475.
41) LG Rostock, BauR 1997, 696; OLG Oldenburg, ZfBR 1996, 324 = NJW-RR 1996, 1486 = OLGR 1996, 169; Beck'scher VOB-Komm/*Bewersdorf*, B § 18 Nr. 1, Rdn. 3 m. w. Nachw.
42) Wie hier: OLG Stuttgart, BauR 1999, 683; LG Magdeburg, BauR 2000, 925; LG Köln, BauR 2000, 143; LG München, IBR 1999, 605 – *Sälzle*; LG Rostock, BauR 1997, 696; *Rosenberger*, Festschrift für Mantscheff, S. 395 ff. u. *Rutsatz*, BauR 1998, 692; *Ingenstau/Korbion/Joussen*, § 18 Nr. 1/A, Rdn. 17, 18; **a. A.:** z. B. Brandenburgisches OLG, ZfBR 1997, 307 = NJW-RR 1997, 1518 = BauR 1997, 1071; *Englert*, BauR 1995, 774; *Einsiedler*, NJW 2001, 1549.
43) OLG Oldenburg, a. a. O.; siehe auch LG Rostock, BauR 1997, 696.
44) OLG Stuttgart, BauR 1996, 148 m. Nachw.; zur **Konkurrenz** von **Deliktsansprüchen** mit bauvertraglichen Ansprüchen siehe Beck'scher VOB-Komm/*Bewersdorf*, B § 18 Nr. 1, Rdn. 26, 27.
45) OLG Frankfurt, NJW-RR 1999, 604 = BauR 1999, 789 (LS).

bedeutet dies, dass der **Bauherr**, der in dem von ihm errichteten Haus wohnt, schon über den allgemeinen Gerichtsstand des § 12 ZPO am Ort der Bauausführung auf Zahlung von Werklohn oder Honorar verklagt werden kann (vgl. § 35 ZPO). Den allgemeinen Gerichtsstand der juristischen Personen bestimmt § 17 ZPO.

### c) Der Gerichtsstand des Erfüllungsortes (§ 29 ZPO)

418 Es war lange **umstritten**, ob nicht grundsätzlich **Zahlungs-** oder **Gewährleistungsansprüche**, gleich welcher Art, am **Ort der Bauausführung** – im besonderen Gerichtsstand des **Erfüllungsortes** (§ 29 ZPO) – geltend gemacht werden können. Diese Frage ist von spezieller praktischer Bedeutung, wenn **mehrere** Personen auf der Beklagtenseite mit unterschiedlichem allgemeinem Gerichtsstand vorhanden sind, aber bei einem Gericht verklagt werden sollen.

Ein **Beispiel**:

Ein Bauträger aus Düsseldorf erstellt eine Wohnanlage mit zehn Eigentumswohnungen in **Köln**; die Erwerber wohnen in fünf verschiedenen Städten, während die Bauhandwerker z. T. aus Köln, z. T. aus Bonn kommen.

Es fragt sich dann: Können alle Bewerber in Köln auf Zahlung des Erwerbspreises verklagt werden?[46] Können sie wegen eines Planungsfehlers des Bauträgers nur in Düsseldorf oder auch in Köln klagen? Können schließlich die in Bonn ansässigen Unternehmer in Köln auf Nachbesserung oder aus Gewährleistung in Anspruch genommen werden? Kann der Bauträger den Schwierigkeiten durch eine **Gerichtsstandsbestimmung** nach § 36 Nr. 3 ZPO begegnen?[47]

419 Eine **Gerichtsstandsbestimmung** nach § 36 Nr. 3 ZPO **scheidet aus,** wenn ein „gemeinschaftlicher besonderer Gerichtsstand" begründet ist.[48] Damit kommt es wesentlich darauf an, ob etwa der **Ort des Bauwerks als Erfüllungsort** (§ 29 ZPO) für **alle Baubeteiligten** anzusehen ist.[49]

420 Der BGH[50] hat durch Beschluss vom 5. Dezember 1985 klargestellt, dass **Erfüllungsort** für die **beiderseitigen** Verpflichtungen aus einem Bauwerkvertrag regel-

---

46) Zu beachten ist, dass § 29 b ZPO (Besonderer Gerichtsstand bei Wohnungseigentum) seit dem 1.7.2007 in § 43 **Nr. 5 WEG 2007** übernommen worden ist.
47) Zu § **36 Nr. 3 ZPO** s. BGH, NJW 1984, 1624; NJW 1987, 439; BGH, MDR 1990, 987; BGH, NJW-RR 1991, 767; OLG Köln, OLGR 2002, 187; NJW-RR 2000, 589; OLG 2001, 388; BayObLG, MDR 1998, 736 (Bauträger- u. Maklervertrag); BayObLG, NJW-RR 1998, 814 (planender u. bauüberwachender Architekt); *Bornkamm*, NJW 1989, 2713 ff.
48) BGH, BauR 1986, 241 = NJW 1986, 935; BayObLG, BauR 1983, 390, 391 = MDR 1983, 583; OLG Stuttgart, OLGR 2000, 191 (für Verhältnis unter Wohnungseigentümern); OLG Celle, BauR 2002, 1286, 1287.
49) Siehe zum Meinungsstand umfassend: *Hahn*, NZBau 2006, 555 ff.
50) BauR 1986, 241 = ZfBR 1986, 80 = NJW 1986, 935 = BB 1986, 350; BGH, BauR 2001, 979, 981 = NZBau 2001, 333, 334 = ZfBR 2001, 309, 310 (bei vertraglicher Übernahme der Planung u. Bauaufsicht); s. ferner: LG Hamburg, IBR 2004, 735 – *Hufer* (Honorarklage/Ingenieur); OLG Dresden, IBR 2004, 606 – *Fuchs*; SchlHOLG, OLGR 2003, 216, 217 u. NZBau 2001, 331; BayObLG, MDR 2004, 273 (LS) u. BauR 1983, 390, 391; OLG u. LG Düsseldorf, BauR 1982, 297, 298; LG Heilbronn, BauR 1997, 1073; LG Konstanz (5. Kammer), BauR 1984, 87; OLG Stuttgart, BauR 1977, 72 m. Anm. *Locher;* OLG Koblenz, NJW-RR 1988, 1401; **a. A.:** LG Saarbrücken, BauR 2000, 144 = IBR 2001, 99 – *Breyer;* LG Tübingen, BauR 1983, 590; LG Konstanz (4. Kammer), BauR 1984, 86; LG Wiesbaden, BauR 1984, 88; LG Braunschweig, BauR 1985, 721; LG Karlsruhe, MDR 1990, 1010.

mäßig **der Ort des Bauwerkes** ist. Dem ist zuzustimmen, da die Baubeteiligten in der Tat die Absicht und Vorstellung haben, ihre gesamten Rechtsbeziehungen an dem Ort des Baugeschehens zu erledigen. Hier liegt der **Schwerpunkt** des Vertrages; es kommt dabei nicht darauf an, ob es sich um größere oder kleinere Bauleistungen handelt und ob Arbeiten an einem Neu- oder für einen Altbau erbracht werden.[51]

Es ist deshalb uneingeschränkt der Ansicht zu folgen, dass **alle bauvertraglichen Ansprüche** – gleich welcher Art – wechselseitig **an dem Ort des Bauwerkes gerichtlich geltend gemacht** werden können. Dies soll nach verbreiteter, aber im Hinblick auf die BGH-Rechtsprechung nicht überzeugender Instanzrechtsprechung nicht für **Vergütungsansprüche** der Bauunternehmer und vor allem auch für **Honorarforderungen** von **Architekten** und **Sonderfachleuten** (Ingenieuren) gelten;[52] dagegen können alle **Erfüllungs-, Nachbesserungs- (Nacherfüllungs-)** oder **Gewährleistungsrechte**, insbesondere also auch **Ansprüche auf Kostenerstattung** und **Schadensersatz** einschließlich des Ersatzes von **Mängelfolgekosten** nach **altem** und **neuem Recht,** im Gerichtsstand des Erfüllungsortes (§ 29 ZPO) eingeklagt werden.[53] Dies gilt auch für Ansprüche **von** einer oder **gegen** eine **ARGE**;[54] zwar ist zu erwägen, für Klagen gegen eine ARGE den allgemeinen Gerichtsstand des § 17 ZPO heranzuziehen.[55] Gleichwohl bleibt der besondere Gerichtsstand des § 29 ZPO nach der Änderung der Rechtsprechung des BGH „erhalten". Die ARGE erfüllt – wie der Einzelunternehmer – auch in der Rechtsform der Gesellschaft bürgerlichen Rechts die ihr obliegenden Leistungen aus dem Arge-Vertrag am Ort des Bauwerkes. Eine Gerichtsstandsbestimmung nach § 36 Nr. 3 ZPO erübrigt sich insoweit zukünftig.

Dies gilt nach LG Heilbronn[56] auch für Klagen über einen Innenausgleich zwischen Gesamtschuldner (§ 426 BGB).

---

51) Ebenso: OLG Schleswig, NZBau 2001, 331.
52) Siehe hierzu: *Englert*, NZBau 2004, 360 ff.; aus der Rechtsprechung: LG München II, BauR 2004, 725 (LS) = IBR 2004, 115 – *Englert;* LG Leipzig, IBR 1996, 224 – *Köppen* (Honorarklage für die Leistungsphasen des § 15 Abs. 2 Nr. 5 u. 6: Wohnsitz des Schuldners); LG Karlsruhe, BauR 1997, 519 (Planung und Leitung einer **Bodensanierung** durch Ingenieur); LG München I, NJW-RR 1993, 212 (Honorarklage für Leistungen des § 15 Abs. 2 Nr. 1, 2 HOAI: Gericht am Ort des **Büros** des Architekten); LG Ulm, BauR 2001, 441 für die Leistungsphasen 1 bis 3; s. ferner: OLG Frankfurt, MDR 1993, 684; *Koeble*, BauR 1997, 191; OLG Köln, NJW-RR 1994, 986 = OLGR 1994, 128 = MDR 1994, 729 = *SFH*, Nr. 2 zu § 269 BGB (Wohnsitz des **Schuldners,** wenn dem Architekten nur die Leistungsphase 5 in Auftrag gegeben wurde) sowie LG Kaiserslautern, NJW 1988, 652; LG Tübingen, BauR 1991, 795 u. MDR 1995, 1208 (Wohnsitz des Schuldners); a. A.: LG Kaiserslautern, IBR 2006, 369 – *Fuchs* (wenn dem Architekten die Leistungsphasen 8 u. 9 übertragen sind und er hierfür seine Vergütung verlangt).
53) Vgl. BGH, BauR 2001, 979, 981 = ZfBR 2001, 309 = NZBau 2001, 333; BGH, NJW 1986, 935 = BauR 1986, 241 = ZfBR 1986, 80; OLG Düsseldorf, DB 1969, 923; BauR 1982, 297 m. Anm. *Brandt;* LG Heilbronn, BauR 1997, 1073; LG Düsseldorf, BauR 1982, 298; *Bindhardt/Jagenburg*, Rdn. 166 m. Nachw. Für Ansprüche aus **culpa in contrahendo** (verneinend): LG Kiel, NJW 1989, 841; LG Arnsberg, NJW 1985, 1172; (bejahend): *Küpper*, DRiZ 1990, 445.
54) Zur **Rechts-** und **Parteifähigkeit** der Bau-ARGE: BGH, BauR 2001, 775 = ZfBR 2001, 392.
55) Vgl. dazu *Breyer/Zwecker*, BauR 2001, 705 ff.
56) BauR 1997, 1073; zustimmend: *Klein/Moufang*, Jahrbuch Baurecht 2006, 165, 191.

**421** Eine **Einschränkung** ist zu machen, wenn das Bauwerk **nicht errichtet** wird: Hier muss am Ort des Wohnsitzes des **Auftraggebers** geklagt werden.[57] Ist einem **Architekten** (oder Sonderfachmann) z. B. **nur** die **Planung** übertragen worden, so kann am Ort des Bauvorhabens geklagt werden, wenn sich die Planungsleistungen **im Bauwerk realisiert** haben.[58] Wird ein Architekt oder Sonderfachmann als **Subplaner** tätig, gelten die gleichen Grundsätze.[59]

Nichts anderes gilt, wenn der Architektenvertrag von dem Bauherrn **gekündigt** worden ist. Betrifft der Vergütungsanspruch **mehrere** Bauvorhaben (aus verschiedenen Gerichtsbezirken), ist nur der allgemeine Gerichtsstand des § 12 ZPO begründet.[60]

**422** Ist in Bausachen im Allgemeinen von einem gemeinschaftlichen besonderen Gerichtsstand (§ 29 ZPO) auszugehen, scheidet eine **Gerichtsstandsbestimmung** nach § 36 Nr. 3 ZPO aus.[61] An eine Bestimmung des zuständigen Gerichts nach § 36 Nr. 3 ZPO ist z. B. zu denken, wenn ein Rechtsstreit über die Hauptsache noch nicht anhängig ist und für ein **selbstständiges Beweisverfahren** mehrere Gerichte in Betracht kommen; in diesem Falle kann das „zuständige Gericht" in entsprechender Anwendung von § 36 Nr. 3 ZPO bestimmt werden.[62] Einen entsprechenden Antrag kann jedoch nur der **Antragsteller** des selbstständigen Beweisverfahrens stellen.[63]

**423** Eine Gerichtsstandsbestimmung nach § 36 Nr. 3 ZPO scheidet aus, wenn der besondere Gerichtsstand des **§ 29 b ZPO** gegeben ist. Seit dem 1. April 1991 ist für Klagen „Dritter", die sich gegen Mitglieder – auch früherer – einer **Wohnungseigentümergemeinschaft** richten und sich auf das gemeinschaftliche Eigentum, seine Verwaltung oder das Sondereigentum beziehen, das Gericht zuständig, in dessen Bezirk das Grundstück liegt. **Dritte** sind **alle Baubeteiligten**, also Unternehmer, Architekten, Sonderfachleute, Bauträgergesellschaften oder Treuhänder, soweit sie nicht im Einzelfall selbst Wohnungseigentümer sind. Der Beklagte muss Mitglied der Wohnungseigentümergemeinschaft sein oder im Zeitpunkt der Entstehung der geltend gemachten Forderung gewesen sein.[64]

Die Vorschrift ist mit Wirkung vom 1.7.2007 in **§ 43 Nr. 5 WEG** übernommen worden; danach ist das Gericht, in dessen Bezirk das Grundstück liegt ausschließlich zuständig für Klagen Dritter, „die

---

57) *Korbion/Mantscheff/Vygen*, § 8 HOAI, Rdn. 75; *Locher/Koeble/Frik*, § 1 HOAI, Rdn. 27; *Koeble*, BauR 1997, 191; LG Mainz, NJW-RR 1999, 670; LG Tübingen, MDR 1995, 1208.

58) So zutreffend: *Koeble*, BauR 1997, 191; LG München, BauR 1996, 421; *Locher/Koeble/Frik*, § 1 HOAI, Rdn. 16; *Korbion/Mantscheff/Vygen*, § 8 HOAI, Rdn. 75; LG Heilbronn, BauR 1997, 1073; **a. A.:** LG Flensburg, BauR 1998, 1047; LG Tübingen, BauR 1991, 793 mit Anm. *Bühler* (für landschaftsplanerische Leistungen) sowie BauR 1991, 795 (für **Planungsfehler** eines Architekten; ebenso: OLG Zweibrücken, BauR 1990, 513 u. BayObLG, NJW-RR 1998, 814); siehe auch OLG Nürnberg, BauR 1977, 70; *Jagenburg*, NJW 1992, 148, 151.

59) Zutreffend: *Koeble*, BauR 1997, 191.

60) LG Tübingen, BauR 1988, 630 – auch zu dem Problem, ob der Abschluss eines **Vergleichs** Auswirkungen auf den Gerichtsstand des § 29 ZPO hat (bejahend).

61) BGH, BauR 1986, 241 = NJW 1986, 935. Zur Zulässigkeit eines verspäteten Antrags: OLG Celle, BauR 2005, 1801.

62) BayObLG, MDR 1992, 183 u. 1988, 60; OLG München, NJW-RR 1986, 1189; siehe aber LG Frankfurt, MDR 1989, 828.

63) BGH, NJW-RR 1991, 767 u. 1987, 439 für das Klageverfahren.

64) Vgl. *Zöller/Vollkommer*, § 29 b ZPO, Rdn. 4

sich gegen die **Gemeinschaft** der Wohnungseigentümer oder gegen **Wohnungseigentümer** richten und sich auf das **gemeinschaftliche Eigentum**, seine Verwaltung oder das Sondereigentum beziehen". Dies gilt auch für bereits ausgeschiedene Wohnungseigentümer.[65]

### d) Internationale Zuständigkeit

*Literatur*

*Hök*, Handbuch des internationalen und ausländischen Baurechts, 2004; *Hök*, Internationales Baurecht, 2001; *Thode/Wenner*, Internationales Architekten- und Bauvertragsrecht, 1998.

*Kürschner*, Zur Bedeutung des Erfüllungsortes bei Streitigkeiten aus Bauverträgen für die internationale Zuständigkeit und das nach IPR anzuwendende materielle Recht, ZfBR 1986, 259; *Thode*, Die Bedeutung des neuen internationalen Schuldvertragsrechts für grenzüberschreitende Bauverträge, ZfBR 1989, 43; *Wenner*, Internationale Architektenverträge, insbesondere das Verhältnis Schuldstatut – HOAI, BauR 1993, 257; *Kartzke*, Internationaler Erfüllungsortsgerichtsstand bei Bau- und Architektenverträgen, ZfBR 1994, 1; *Hök*, Neues zum Internationalen Privatrecht des Bauvertrages, ZfBR 2000, 7; *Wenner*, Die objektive Anknüpfung grenzüberschreitender Verträge im deutschen Internationalen Anlagen- und Bauvertragsrecht, Festschrift für Mantscheff (2000), 205; *Hök*, Neues zum öffentlichen Auftragsrecht in Frankreich – Marktöffnung für kleine und mittelständische Unternehmen und neue Vergabekriterien, ZfBR 2001, 518; *Busse*, Aufrechnung bei internationalen Prozessen vor deutschen Gerichten, MDR 2001, 729; *Finger*, EuGVVO – Eine erste Übersicht über die neue Regelung, MDR 2001, 1394; *Ehlers*, Welches nationale Recht gilt bei binationalen Bauaufträgen?, NZBau 2002, 19; *Hök* Internationales und Europäisches Baurecht – Bericht 2000 bis 2002, ZfBR 2002, 430; *Wenner*, Grundstückseigentum im Ausland – Gerichtsstand im Inland?, Festschrift für Jagenburg (2002), 1013; *Preussner*, Die Gerichtstandsvereinbarung in Architektenverträgen mit Auslandsbezug, Jahrbuch Baurecht 2002, 205; *Höck*, Nachforderungsmanagement im französischen Werkvertragsrecht, ZfBR 2003, 3; *Quack*, Europarecht und HOAI, ZfBR 2003, 419; *Wenner*, Internationales Kollisionsrecht der HOAI und EG-rechtliche Folgen, ZfBR 2003, 421; *Hartung*, Die Geltung der HOAI für internationale Architektenverträge und die Abweichung von einem nach § 4 IV HOAI fingierten Mindestsatz, NZBau 2003, 553; *Scheidler*, Baumaßnahmen der in Deutschland stationierten NATO-Truppen, ZfBR 2005, 27; *Hök*, Zur Sprachregelung in den FIDIC Verträgen, ZfBR 2005, 332; *Fischer*, Grenzüberschreitende Architektenverträge, Festschrift für Werner (2005), 23; *Thode*, Windhunde und Torpedos (Anderweitige Rechtshängigkeit im europäischen Zivilprozess), BauR 2005, 1533; *Hauschka/Schramke*, Bauprojekte im Ausland – Durchsetzung der Ansprüche des Bauunternehmers gegen den Staat vor ICSID-Schiedsgerichten, BauR 2005, 1550; *Hök*, Zum Sitz des Rechtsverhältnisses beim internationalen Bau- und Architektenvertrag, ZfBR 2006, 741.

Infolge der wachsenden **grenzüberschreitenden Bautätigkeit**[66] wird sich zunehmend die Frage stellen, welches – gegebenenfalls: **ausländische** – Gericht zuständig ist. Grenzüberschreitende Bautätigkeit leisten nicht nur (internationale) Baufirmen;

---

65) *Bärmann/Pick*, § 43 WEG, Rdn. 15.
66) Zum **internationalen Baurecht** s. *Hök*, Internationales Baurecht, 2001; *ders.*, ZfBR 2001, 220 (zur Vergabe u. Abwicklung öffentlicher Bauaufträge in Frankreich); ZfBR 2000, 90 (zum französischen Individualbaurecht) u. ZfBR 2006, 107 (Bauzeitüberschreitung im englischen Recht).

zunehmend werden auch **Architekten und Ingenieure** grenzüberschreitend tätig.[67] Damit werden sich zunehmend schwierige Fragen stellen, z. B., ob und inwieweit eine Gesellschaft ausländischen Rechts in der Bundesrepublik Deutschland rechts- und parteifähig ist.[68] Für die gerichtliche Austragung solcher Rechtsstreitigkeiten waren bisher u.a. das nicht abdingbare „Übereinkommen über die gerichtliche Zuständigkeit und die Vollstreckung gerichtlicher Entscheidungen in Zivil- und Handelssachen" vom 27. September 1968 (**EuGVÜ**)[69] sowie das **Luganer Übereinkommen** vom 16. Oktober 1988[70] zu beachten. Seit dem 1. März 2002 ist das **EuGVÜ** durch die **Verordnung** (EG) Nr. 44/2001 vom 22.12.2000 des Rates über die gerichtliche Zuständigkeit und die Anerkennung und Vollstreckung von Entscheidungen in Zivil- und Handelssachen (**EuGVVO**)[71] **abgelöst** worden. Die internationale Zuständigkeit ist stets **von Amts wegen** zu prüfen.[72]

Die praktisch wichtigste **besondere Zuständigkeit,** die das frühere EuGVÜ und nunmehr die **EuGVVO** (jeweils) in Art. 5 Nr. 1 vorsieht, ist diejenige des **Erfüllungsortes**.[73]

Welches der Erfüllungsort im Sinne des Artikels 5 Nr. 1 EuGVÜ ist, bestimmte sich für die Vergangenheit nach dem Recht, das nach den Kollisionsnormen des angerufenen Gerichts für die streitige Verpflichtung maßgebend ist.[74] Nach deutschem internationalem Privatrecht ist als Anknüpfung für das anzuwendende Recht bei Schuldverträgen in erster Linie der **Parteiwille** maßgebend (Art. 27 Abs. 1 Satz 1 EGBGB: „gewähltes Recht"). Daneben hat die **konkludente Rechtswahl** nach Art. 27 Abs. 1 Satz 2 für das internationale Baurecht eine große Bedeutung. Indizien dafür, dass die Parteien den Bau- oder Architektenvertrag dem deutschen Recht

---

67) Vgl. u. a.: BGH, NZBau 2006, 381 = BauR 2006, 1169 (zur Wirksamkeit einer **Gerichtsstandsvereinbarung** bei grenzüberschreitender Tätigkeit des Architekten); NZBau 2001, 333 – Klage gegen eine norwegische Bauunternehmung und einen norwegischen Architekten; Brandenburgisches OLG, NZBau 2002, 35 = BauR 2001, 820 m. Anm. *Ehlers* – Werklohnklage eines österreichischen Unternehmers gegen deutschen Bauherrn sowie Brandenburgisches OLG, BauR 2002, 119 = OLGR 2002, 12 (für Honoraranspruch eines Architekten); OLG München, BauR 1986, 242 – Klage eines deutschen Architekten gegen ein italienisches Unternehmen; LG Kaiserslautern, NJW 1988, 652 – Klage eines deutschen Architekten gegen einen in den Niederlanden wohnenden Auftraggeber; OLG Koblenz, NJW-RR 1988, 1402 – Bau einer Abwasseraufbereitungsanlage durch ein österreichisches Unternehmen in Deutschland.
68) Vgl. BGH, BauR 2003, 1072 = ZfBR 2003, 455 = BauRB 2004, 51 – *Hök* (zur Partei- und Rechtsfähigkeit einer niederländischen Gesellschaft (BV) mit Verwaltungssitz in Deutschland) – Anwendung der **Gründungstheorie;** s. ferner: *Horn*, NJW 2004, 893 ff.
69) BGBl. 1972 II, 774; vgl. hierzu ausführlich *Hök*, Internationales Baurecht, S. 185 ff.; *Fischer*, in: Thode/Wirth/Kuffer, S. 311 ff.; *Wirth/Preussner*, XI, Rdn. 120 ff.; *Kürschner*, ZfBR 1986, 259; *Kartzke*, ZfBR 1994, 1.
70) Vgl. BGBl. 1994 II, S. 2660; *Hök*, a. a. O., S. 191 ff.; BGH, NZBau 2001, 333.
71) ABl. EG Nr. L 12 vom 16.1.2001, S. 1; abgedruckt bei *Thomas/Putzo/Hüßtege*, S. 1485 ff.
72) BGH, BauR 2006, 1169, 1170; BauR 1999, 677; *Kniffka/Koeble*, Teil 15, Rdn. 8.
73) Artikel 5 Nr. 1 EuGVVO lautet: „Eine Person, die ihren Wohnsitz im Hoheitsgebiet eines Mitgliedstaats hat, kann in einem anderen Vertragsstaat verklagt werden: 1. a) wenn ein Vertrag oder Ansprüche aus einem Vertrag den Gegenstand des Verfahrens bilden, vor dem Gericht des Ortes, an dem die Verpflichtung erfüllt worden ist oder zu erfüllen wäre..."
74) BGH, NJW 1982, 2733; OLG München, BauR 1986, 242; *Kartzke*, ZfBR 1994, 1, 3.

unterstellen wollen,[75] ist z. B. die Vereinbarung der deutschen technischen Regeln[76] oder die Vereinbarung der VOB/B.[77] Dagegen reicht die Vereinbarung der HOAI oder, dass die Zahlung in DM erfolgen soll, für die Annahme einer konkludenten Rechtswahl nicht aus.[78] Letzteres gilt erst recht nach Einführung des Euro.[79]

Haben die Parteien eine (ausdrückliche oder konkludente) Rechtswahl nicht getroffen, ist die Regelvermutung des Art. 28 EGBGB heranzuziehen. Nach Auffassung des BGH[80] und der herrschenden Meinung wird der **Werkvertrag** aber durch die Leistung des **Werkunternehmers „charakterisiert"**. Dies führt „regelmäßig zum Recht des Ortes der Niederlassung des Werkunternehmers". Nach herrschender Auffassung ist somit die **„Baustelle"** für sich genommen kein hinreichender Umstand, der „abweichend von der Vermutung des Art. 28 Abs. 2 EGBGB eine engere Verbindung i. S. des Art. 28 Abs. 5 EGBGB begründen" kann.[81] Daraus folgt: Liegt der Hauptsitz des Unternehmers im Ausland, ist dessen (ausländisches) Recht maßgebend. Die Regelvermutung des Art. 28 Abs. 2 EGBGB kann jedoch dann zu Gunsten des nationalen Rechts eingreifen, wenn der Unternehmer eine **Niederlassung** unterhält, die das Bauvorhaben (in Deutschland) betreut.[82] Nichts anderes gilt bei einem **Architektenvertrag** mit einem ausländischen Architekten.[83]

Demgegenüber wird mit Inkrafttreten des **EuGVVO** abweichend von der bisherigen Praxis des EuGVÜ der Erfüllungsort grundsätzlich (Ausnahme Buchstabe c) nicht mehr mit Hilfe des IPR des angerufenen Gerichts bestimmt, sondern mit Art. 5 Nr. 1 b) wird ein **selbstständiger Erfüllungsortbegriff** geschaffen.[84] Für den baurechtlichen Bereich ist damit der Begriff der „Erbringung von Dienstleistungen" bedeutsam, worunter handwerkliche und freiberufliche Tätigkeiten fallen. Für diese Tätigkeiten bestimmt Art. 5 Nr. 1 b), dass – sofern nichts anderes vereinbart ist – **Erfüllungsort** der Ort in einem Mitgliedstaat ist, **„an dem sie nach dem Vertrag erbracht worden sind oder hätten erbracht werden müssen."**

---

75) Hierfür kann bereits eine **Gerichtsstandsvereinbarung** sprechen (OLG Saarbrücken, BauR 2000, 1332). Zur schlüssigen Begründung der Zuständigkeit aus einer Gerichtsstandsvereinbarung: BGH, Urt. vom 30.10.2003 – I ZR 59/00, BauR 2004, 560 (LS).
76) BGH, NZBau 2001, 333, 334 = BauR 2001, 979 = ZfBR 2001, 309.
77) BGH, BauR 1999, 631 = ZfBR 1999, 193 = NJW-RR 1999, 813; *Ehlers*, BauR 2001, 822.
78) Brandenburgisches OLG, BauR 2001, 820, 821 = NZBau 2002, 35, 36. Zur Geltung der **HOAI** für internationale Architektenverträge s. BGH, BauR 2003, 748 = NJW 2003, 2020 = NZBau 2003, 386 u. *Hartung*, NZBau 2002, 553 ff.
79) Zutreffend: *Ehlers*, NZBau 2002, 19.
80) BGH, BauR 1999, 677 = NJW 1999, 244 = ZfBR 1999, 208.
81) BGH, a. a. O.; kritisch: *Hök*, ZfBR 2000, 7, 8.
82) Brandenburgisches OLG, a. a. O.; *Ehlers*, BauR 2001, 822, 823.
83) Brandenburgisches OLG, BauR 2002, 119.
84) *Thomas/Putzo/Hüßtege*, Art. 5 EuGVVO, Rdn. 4; s. aber zur internationalen Zuständigkeit einer **Architektenhonorarklage:** LG Saarbrücken, BauR 2004, 709.

## II. Die Feststellungsklage in Bausachen

*Übersicht*

| | Rdn. | | Rdn. |
|---|---|---|---|
| 1. Die Feststellungsklage in Bausachen . | 426 | 4. Verjährung und Feststellungsklage . . | 451 |
| 2. Das Feststellungsinteresse in Bausachen . . . . . . . . . . . . . . . . . . . . . . . | 433 | 5. Negative Feststellungsklage . . . . . . . . 6. Rechtskraft von Feststellungs- | 457 |
| 3. Die unbezifferte Leistungsklage . . . . | 449 | urteilen . . . . . . . . . . . . . . . . . . . . . . . . | 460 |

*Literatur*

*Wussow*, Feststellungs- oder Leistungsklage in Baumängelprozessen?, NJW 1969, 481; *Weiss*, Das Feststellungsinteresse als unqualifizierte Prozessvoraussetzung, NJW 1971, 1596; *Michaelis*, Der materielle Gehalt des rechtlichen Interesses bei der Feststellungsklage und bei der gewillkürten Prozessstandschaft, Festschrift für Larenz, 1983, 443; *Leineweber*, Die isolierte Klage auf Abnahme oder Feststellung des Eintritts der Abnahmewirkungen, Festschrift für Werner (2005), 177; *Zahn*, Freistellungsklage und Klage auf Feststellung der Freistellungsverpflichtung, ZfBR 2007, 627.

**425** Im Bauprozess steht die Leistungsklage im Vordergrund. Dennoch kann vor allem in nicht oder noch nicht überschaubaren Baumängelsachen vielfach die Notwendigkeit bestehen, eine **Feststellungs-** oder **Feststellungswiderklage** zu erheben, vor allem, wenn **Verjährungseintritt** droht[1] oder der Beklagte seine Gegenansprüche noch nicht beziffern kann.[2] Indes ist der wiederholt vom BGH[3] hervorgehobene Grundsatz zu beachten, dass das **Rechtsschutzinteresse** für eine Feststellungsklage **fehlt**, wenn dasselbe Ziel durch eine Leistungsklage erreicht werden kann und die Feststellungsklage weder zu einer abschließenden noch zu einer prozessökonomisch sinnvollen Entscheidung der Streitigkeiten der Parteien führt.

### 1. Die Feststellungsklage in Bausachen

**426** In Bauprozessen ist **Gegenstand** einer Feststellungsklage vorwiegend ein oder mehrere Ansprüche sowie ein Rechtsverhältnis, das entweder behauptet **(positive)** oder bestritten **(negative Feststellungsklage)** wird. Hierzu gehört in Bausachen die begehrte Feststellung:

* von Ansprüchen, wie z. B. die **Honorarforderung** des Architekten oder des Sonderfachmannes, die **Werklohnforderung** des Unternehmers,[4]

---

1) BGH, BauR 2003, 689, 691 = NZBau 2003, 265 = ZfBR 2003, 352; NJW-RR 1986, 28, 29; OLG Düsseldorf, BauR 2000, 1074 = OLGR 2000, 369 = NJW-RR 2000, 973 = NZBau 2000, 384 (Feststellungsklage wegen Baumängeln bei Verjährungsverzicht des Unternehmers); OLG Köln, BauR 2006, 719 (Verjährung einer Gewährleistungsbürgschaft).

2) Vgl. z. B. OLG Bremen, OLGR 1999, 101, 103 = IBR 1999, 210 – *Weyer* u. OLG Düsseldorf, OLGR 1999, 305 = BauR 1999, 333 (LS) für eine **Feststellungswiderklage** des Bauherrn, der seine **Gewährleistungsansprüche** der Höhe nach nicht abschließend beziffern kann. Zum **Streitwert:** OLG Saarbrücken, OLGR 2005, 603; OLG Düsseldorf, BauR 2003, 1760 (Bauträgervertrag) u. *Klaft*, BauR 2003, 1820 ff.

3) BGH, WM 1974, 905; BGH, NJW 1996, 2097 = DB 1996, 1279 = BB 1996, 1188 für **Stufenklage**; *Thomas/Putzo/Reichold*, § 256 ZPO, Rdn. 18.

4) Vgl. BGH, BauR 1979, 62 für den Fall, dass der **Unternehmer** seinen Werklohnanspruch noch nicht beziffern kann; BGH, BauR 1999, 635 = ZfBR 1999, 196 für den Fall, dass der Auftragnehmer nach Kündigung des Bauvertrages noch nicht beurteilen kann, ob und inwieweit er seinen Subunternehmern eine Vergütung zahlen muss.

* von absoluten Rechten jeder Art, wie das **Urheberrecht** des Architekten,
* des **Bestehens**[5] eines **Bau-, Architekten-** oder **Bauträgervertrages** unter dem Gesichtspunkt der Wirksamkeit[6] oder seiner Auslegung,
* über **Bestand** und **Umfang** einer **Architektenvollmacht,**
* eines **Abrechnungsverhältnisses** im Rahmen einer **Zwischenfeststellungsklage,**[7]
* über Inhalt und Umfang einer vertraglichen **Freistellungsverpflichtung,**[8]
* des **Inhalts/Umfangs** eines **Urteils,**[9] z. B., weil die Forderung für die Vollstreckung zu unbestimmt ist[10] oder der **Vollstreckungsgläubiger** bei einer Zug-um-Zug-Verurteilung Zweifel hat, ob eine bestimmte Bauleistung zu seiner Mängelbeseitigungsverpflichtung gehört oder nicht;[11] ferner die Feststellungsklage des **Vollstreckungsschuldners,** dass die von dem Vollstreckungsgläubiger zu erbringende (titulierte Zug-um-Zug-)Gegenleistung nicht ordnungsgemäß erbracht ist,[12]
* über den Umfang der Pflicht des **Bauherrn** zur **Zuschusszahlung** bei der Nachbesserung durch den Unternehmer[13] oder
* des **Unternehmers,** dass der Bauherr zu einer Zuschusszahlung grundsätzlich verpflichtet ist,[14]
* von **Gewährleistungsrechten,** sofern der Beklagte den Baumangel oder seine Verantwortlichkeit **bestreitet** und die Erhebung einer Leistungsklage nicht möglich oder untunlich/unzumutbar ist,[15]
* dass eine **Abnahme** zu einem bestimmten Zeitpunkt erfolgt ist, jedoch nur, wenn daraus auch unmittelbare Rechte abgeleitet werden,[16]

---

5) Das Rechtsschutzinteresse fehlt, wenn die Feststellungsklage letztlich nur auf eine Bestrafung des Beklagten abzielt: OLG Frankfurt, MDR 1984, 59.
6) Zum Beispiel im Hinblick auf ein gesetzliches **Koppelungsverbot** (BGH, NJW 1975, 259), eine ausgesprochene **fristlose Kündigung** (BGH, BauR 1989, 626, 629 = ZfBR 1989, 248 = NJW-RR 1989, 1248) oder **Anfechtung** des Vertrages (*MünchKommZPO-Lüke*, § 256 ZPO, Rdn. 11).
7) OLG Celle, *Schäfer/Finnern*, Z 2.510 Bl. 15 ff. Zur Zulässigkeit einer **Zwischenfeststellungswiderklage:** BGH, NZBau 2007, 39, 40 = BauR 2007, 143, 144 = ZfBR 2007, 45 (Revisionsurteil u. Abänderung von OLG Jena, OLGR 2006, 293 = NZBau 2006, 510); BGH, BauR 2005, 588 = NZBau 2005, 163 = ZfBR 2005, 260; OLG Düsseldorf, OLGR 1999, 443, 444.
8) OLG Hamm, BauR 2004, 124.
9) BGHZ 5, 189; BGH, BauR 1976, 430 = *Schäfer/Finnern*, Z 2.414.1 Bl. 14 = DB 1976, 2103; BGH, NJW 1997, 2320 (Vollstreckungstitel); OLG Düsseldorf, BauR 1981, 307 – Feststellungsurteil betr. die **Verpflichtung zur Mängelbeseitigung.**
10) BGH, NJW 1972, 2268.
11) BGH, BauR 1976, 430 = *Warneyer*, 1976, Nr. 179 = DB 1976, 2103.
12) OLG Köln, JMBl. NRW 1999, 110, 111 = BauR 1999, 1332 (LS).
13) BGH, ZfBR 1984, 173, 175 = BauR 1984, 395, 400 = *SFH*, Nr. 5 zu § 13 Nr. 5 VOB/B.
14) BGH, ZfBR 1984, 176 = BauR 1984, 401 = *SFH*, Nr. 1 zu § 274 BGB.
15) Siehe u. a.: BGH, BauR 1997, 129, 130 = NJW-RR 1997, 339 für **Planungs-** und **Ausführungsfehler;** OLG Celle, OLGR 2007, 81 (i. d. R. unzulässig, weil Leistungsklage nicht unvermeidbar werde) u. BauR 1984, 647 – für **Planungsfehler** eines Architekten; OLG Koblenz, OLGR 2004, 233 für **Nebenpflichtverletzung** des Heizungsbauers; OLG Celle, OLGR 1999, 101 = IBR 1999, 210 – *Weyer* (für Ausführungsmängel); s. ferner: OLG Düsseldorf, BauR 1981, 502 (auch zu den **Anträgen**) u. BauR 1984, 91; OLG Köln, BauR 1988, 241; OLG Hamm, ZfBR 1990, 141 = NJW-RR 1990, 158.
16) Siehe BGH, BauR 1996, 386 = NJW-RR 1996, 1749 = MDR 1996, 893; OLG Hamm, BauR 1984, 92, 93; *Leineweber*, Festschrift für Werner, S. 177, 183; *Siegburg*, ZfBR 2000, 507, 511.

* durch den Bauherrn, dass der Unternehmer verpflichtet ist, auch die einen Kostenvorschuss **übersteigenden** Mängelbeseitigungskosten zu tragen,[17]
* dass ein **Amtshaftungsanspruch** (§ 839 BGB i. V. mit Art. 34 GG) wegen einer Falschauskunft besteht.[18]

**427** Dagegen ist eine Feststellungsklage in aller Regel **unzulässig,** wenn damit geklärt werden soll, ob eine **Schiedsvereinbarung** im Rahmen eines Bauvertrages wirksam abgeschlossen worden ist, da hierüber grundsätzlich nach dem Willen der Vertragsparteien auch das Schiedsgericht entscheiden soll.[19]

**428** Der sog. **Freistellungsanspruch,** der in Bauprozessen eine besondere Bedeutung hat (z. B. zwischen Generalunternehmer und Subunternehmer gegenüber Bauherren; zwischen Unternehmer und Baustofflieferant gegenüber Bauherren; zwischen Bauträger und einem von ihm beauftragten Architekten),[20] ist nicht auf eine Feststellung gerichtet, sondern stellt ein **Leistungsbegehren** dar, da er seiner Natur nach ein Schadensersatzanspruch ist[21] (Beispielsfall: Der Unternehmer klagt gegen den Baustofflieferanten, ihn von der Verpflichtung zum Schadensersatz gegenüber dem Bauherrn freizustellen für Schäden, die dadurch entstanden sind, dass er die von dem Baustofflieferanten gelieferten mangelhaften Porenbetonblöcke verwandt hat).[22] Es kann allerdings auch auf die **Feststellung** geklagt werden, dass der Beklagte „verpflichtet ist, den Kläger von allen Ansprüchen eines (näher bezeichneten) Dritten aufgrund des zwischen diesem (Dritten) und dem Kläger geschlossenen Vertrags freizustellen"; **unzulässig** ist die Feststellungsklage, wenn nicht mehr die ernsthafte Befürchtung einer Inanspruchnahme durch den Dritten besteht.[23]

**429** Da es für die Zulässigkeit der Feststellungsklage nicht erforderlich ist, dass das betreffende Rechtsverhältnis zwischen den Parteien besteht und hieraus dem Kläger gegen den Beklagten ein Leistungsanspruch zusteht, kann auch ein **Dritter** die Feststellung verlangen, wobei allerdings das rechtliche Interesse des Klägers an der Feststellung hier besonders zu prüfen ist. Für eine solche Klage besteht ein Feststellungsinteresse nur dann, wenn die Klärung der Drittbeziehung für ein Rechtsverhältnis zwischen dem Feststellungskläger und dem Dritten von Bedeutung ist oder wenn der Feststellungskläger als Dritter von der Klärung dieser Rechtsbeziehung wenigstens mittelbar betroffen wird.[24] Unter diesen Gesichtspunkten wird man die Klage des **Bauträgers,** der seine Gewährleistungsansprüche gegen den Unternehmer an den Eigenheimerwerber (wirksam) abgetreten hat, auf **Feststellung** des Bestehens von Gewährleistungsansprüchen gegen den Unternehmer als zulässig ansehen kön-

---

17) BGH, BauR 1986, 345 = ZfBR 1986, 121 = NJW-RR 1986, 1026.
18) BGH, BauR 2001, 1404.
19) BGH, NJW 1970, 1046; vgl. auch OLG Frankfurt, BauR 1987, 595, 596; zur Zulässigkeit einer (Zwischen-)**Feststellungsklage** bei einer **Schiedsgutachtenvereinbarung:** BGH, MDR 1985, 37; BGH, WM 1982, 543 = DB 1982, 1270 = NJW 1982, 1878. Die Zwischenfeststellungsklage zur Heilung eines unzulässigen Teilurteils behandelt BGH, BauR 2003, 381, 383.
20) Siehe BGH, ZfBR 1995, 202 = BauR 1995, 542 (zur **Unterbrechungswirkung** einer solchen **Freistellungsklage**); *Zahn,* ZfBR 2007, 627 ff. m. w. Nachw.
21) OLG Hamm, BauR 2004, 124, 127.
22) OLG Düsseldorf, *Schäfer/Finnern,* Z 3.13 Bl. 57.
23) Vgl. OLG Hamm, BauR 2004, 124, 126 u. NJW-RR 1996, 1338 (**Verjährung**).
24) BGH, NJW 1969, 136; BGH, LM Nr. 59 zu § 256 ZPO; BGH, NJW 1994, 459; OLG Hamm, VersR 1972, 730, 731.

## Feststellungsklage

nen; das rechtliche Interesse des Bauträgers an dieser Feststellung ist vorhanden, da er nur dann gegenüber dem Erwerber von seiner eigenen Gewährleistung befreit ist, wenn dieser die abgetretenen Gewährleistungsansprüche gegenüber dem Unternehmer erfolgreich durchsetzen kann (vgl. Rdn. 2196 ff.).

Der Kläger kann aber auch Interesse am Bestehen oder Nichtbestehen eines Rechtsverhältnisses zwischen dem Beklagten und einem Dritten haben, wenn das für die vertraglichen Rechtsbeziehungen zwischen dem Kläger und dem Beklagten oder zwischen dem Kläger und dem Dritten von Bedeutung ist.[25]

Bloße **Tatfragen** können nicht der Feststellung in einem Bauprozess unterliegen. So kann nicht die Feststellung der Beschaffenheit eines Baumaterials, das möglicherweise zu einem Baumangel geführt hat, begehrt werden. Auch die Tatsache des Abschlusses eines Bau- oder Architektenvertrages kann nicht Ziel der Feststellungsklage sein; vielmehr ist die Feststellung auf das Bestehen oder Nichtbestehen des Vertragsverhältnisses zu richten. **430**

**Vorfragen** (z. B. der Beweislast, des Verzugs des Schuldners[26] oder Gläubigers[27], der Verjährung[28]) oder Einzelelemente eines Rechtsverhältnisses sowie gedachte Rechtsfragen oder reine Berechnungsgrundlagen können ebenfalls nicht Gegenstand der Feststellungsklage sein.[29] **431**

Als reine **Vorfrage** ist z. B. die Frage des **Verschuldens** eines Baubeteiligten im Hinblick auf einen Baumangel anzusehen; nicht zulässig ist auch die Feststellung der Rechtsfolgen, die sich ergäben, wenn der Bauherr einen Architekten- oder Bauvertrag kündigen würde, da es sich insoweit nur um gedachte Rechtsfragen handelt. Dagegen ist die Feststellungsklage zulässig, wenn es um die Frage geht, zu welchem Zeitpunkt die Kündigung des Bauvertrages oder Architektenvertrages wirksam ist. Nicht zulässig ist die begehrte Feststellung, dass der Architekt oder Sonderfachmann nach der HOAI oder GOI abrechnen kann, da es sich insoweit nur um eine Modalität der Berechnungsgrundlage handelt, die innerhalb einer Leistungsklage als Vorfrage geklärt werden kann.

Da sich die Feststellung auf das gegenwärtige Bestehen oder Nichtbestehen eines Rechtsverhältnisses bezieht, muss das festzustellende Rechtsverhältnis bereits **bestehen,** es kann jedoch bedingt oder betagt sein. **Zukünftige** Ansprüche können nur festgestellt werden, wenn sie sich als Folgen eines bereits bestehenden Rechtsverhältnisses ergeben.[30] Hierunter zählt die Feststellung der Ansprüche wegen der **künftigen Folgen** eines bereits **vorhandenen** Baumangels.[31] Die Feststellung **vergangener** **432**

---

25) Vgl. BGH, MDR 1988, 27.
26) BGH, NJW 2000, 2280.
27) BGH, NJW 2000, 2663.
28) OLG Köln, Urteil vom 13. 11. 1996 – 11 U 75/96: Der Antrag „**festzustellen**", dass der Schadensersatzanspruch „**nicht verjährt**" ist, ist unzulässig, weil es sich bei der Frage der Verjährung insoweit nur um einen einzelnen Gesichtspunkt bei der Beurteilung des Schadensersatzanspruchs des Klägers gegen den Beklagten handelt.
29) BGH, NJW 1982, 1878, 1879; NJW 1984, 1556; MDR 1985, 37; OLG Hamm, BauR 2004, 124; OLG Karlsruhe, NJW-RR 1990, 137.
30) BGH, LM Nr. 58 zu § 256 ZPO.
31) Eine Feststellungsklage ist deshalb unzulässig, wenn Mängel überhaupt (noch) **nicht in Erscheinung getreten** sind (BGH, BauR 1992, 115 = ZfBR 1992, 21 = NJW 1992, 697; BGH, ZfBR 1994, 180).

Rechtsverhältnisse kann nicht begehrt werden, es sei denn, dass sie noch Auswirkungen auf die Gegenwart oder Zukunft haben: Verjährte Gewährleistungsansprüche können daher grundsätzlich nicht festgestellt werden, es sei denn, dass Rechtsfolgen hieraus noch abgeleitet werden können.

### 2. Das Feststellungsinteresse in Bausachen

**433** Das **Feststellungsinteresse** ist Prozessvoraussetzung der Feststellungsklage; fehlt es, ist die Klage unzulässig. Das rechtliche Interesse an der alsbaldigen Feststellung von **Gewährleistungsansprüchen** ist gegeben, wenn der Schädiger – was in baurechtlichen Streitigkeiten in aller Regel der Fall ist – den Baumangel oder seine Verantwortlichkeit bestreitet **(positive Feststellungsklage)** oder der Geschädigte sich Ansprüche gegen den Schädiger zu Unrecht berühmt **(negative Feststellungsklage)**. Allerdings stellt die Streitverkündung, die in Bauprozessen vielfach üblich ist (vgl. Rdn. 551 ff.), noch keine Berühmung eines Rechts dar.[32] Da der Leistungsklage die positive Feststellungsklage gleichgesetzt werden muss, ist diese anstelle einer noch nicht möglichen Leistungsklage zu erheben, wenn etwa eine Verjährungshemmung herbeigeführt werden soll.[33]

**434** Für den Bauprozess ist von besonderer Bedeutung, dass nach h. M. das Feststellungsinteresse grundsätzlich zu **verneinen** ist, wenn die Erhebung einer **Leistungsklage** zulässig und möglich ist.[34] Dies ist jedoch stets unter besonderer Berücksichtigung der Umstände des Einzelfalles und unter dem Gesichtspunkt der Prozesswirtschaftlichkeit zu prüfen. Dabei ist für den Bauprozess – insbesondere Baumangelprozess – von folgenden **Grundsätzen** auszugehen:

**435** Die Feststellungsklage ist in Baustreitigkeiten **unzulässig,** wenn allein die **Beweissicherung** im Vordergrund des Klagebegehrens steht,[35] denn dem Kläger steht das selbstständige Beweisverfahren zur Verfügung, in dem grundsätzlich nicht nur Umfang und Ausmaß des Schadens, sondern auch die Mängelursachen, die Verantwortlichkeit der Baubeteiligten sowie die notwendigen Mängelbeseitigungsmaßnahmen und -kosten festgestellt werden können (vgl. Rdn. 15 ff.). Allerdings kann das Interesse an der Beweissicherung bei der Prüfung des Feststellungsinteresses unterstützend herangezogen werden.[36]

**436** Die Feststellungsklage ist ferner in Baumängelprozessen **unzulässig,** wenn der Schädiger seine Schadensersatzpflicht eindeutig **anerkannt** hat.[37] Dabei ist zu beachten, dass nicht jedes Anerkenntnis das Rechtsschutzinteresse entfallen lässt; kommt

---

32) *Stein/Jonas*, § 256 ZPO, III 1 a m. w. Nachw.
33) KG, NJW 1961, 33; OLG Köln, BauR 2006, 719 u. BauR 1988, 241; **a. A.:** OLG Frankfurt, BauR 1987, 595, soweit Leistungsklage in Form der Vorschussklage erhoben werden könne.
34) OLG Köln, OLGR 1993, 234, 235.
35) Vgl. OLG Frankfurt, BauR 1987, 595, 597; OLG Düsseldorf, BauR 1981, 502, 504; BLAH, § 256 ZPO, 3 E; *Stein/Jonas*, § 256 ZPO, III 4, die allerdings mit Recht darauf hinweisen, dass die Rspr. hier zunehmend die Feststellungsklage wegen späterer Beweisschwierigkeiten zulassen will; **a. A.:** *Wussow*, NJW 1969, 481, 482.
36) BGHZ 18, 22, 41 = NJW 1955, 1437; vgl. auch *MünchKommZPO-Lüke*, § 256 ZPO, Rdn. 42, Anm. 111 m. w. Nachw.
37) Vgl. BGH, *Schäfer/Finnern*, Z 3.01 Bl. 146; OLG München, NJW 1968, 2013; OLG Düsseldorf, NZBau 2000, 384 = BauR 2000, 1074 = OLGR 2000, 369.

nach einer Hemmung z. B. nur eine kurze (weitere) Verjährungsfrist in Betracht (z. B. bei einem befristeten Verzicht des Schuldners), ist die für die Zukunft bestehende Unsicherheit noch nicht hinreichend beseitigt.[38] Ein Feststellungsinteresse ist aber zu **verneinen,** wenn der **Schaden,** der sich aus dem Baumangel ergibt, **der Höhe nach feststeht** und ohne Schwierigkeiten **beziffert** werden kann. Das ist der Fall, wenn der Bauherr den Baumangel zwischenzeitlich durch ein **Drittunternehmen behoben** hat, weil der Schädiger die Nachbesserung abgelehnt hatte. Sind dann weitere Schäden nicht mehr zu befürchten, kann der Bauherr nur Leistungsklage erheben und den aufgewandten Betrag geltend machen. Auch der merkantile Minderwert eines Baues oder eines Teils davon steht nach dem Eintritt des Schadensereignisses bereits fest, sodass kein Feststellungsinteresse mehr gegeben ist.

In Baumängelstreitigkeiten wird es für den Kläger vielfach – nicht nur bei **Mängeln** größeren Umfangs oder größerer Zahl – schwierig sein, die Mängelbeseitigungskosten auch nur annähernd genau zu schätzen: die **Kostenvoranschläge** gehen häufig dem Ergebnis nach weit auseinander und decken sich nur selten mit den später tatsächlich anfallenden Mängelbeseitigungskosten. Dasselbe gilt für gutachterlich festgestellte Mängelbeseitigungskosten; auch insoweit werden dem Bauherrn meist nur ungefähre Kostenbeträge an die Hand gegeben. Eine andere Beurteilung ist möglich, wenn z. B. aufgrund eines Sachverständigengutachtens aus einem selbstständigen Beweisverfahren die Mängelbeseitigungskosten **detailliert** und überzeugend beschrieben werden können.[39]

**437**

In anderen Fällen können abschließende Kosten überhaupt nicht genannt werden, weil sich die **Mängelfolgen** noch in der **Entwicklung befinden,**[40] vom Ausgang eines anderen Prozesses (z. B. mit dem Lieferanten eines mangelhaften Materials)[41] oder vom Verhalten des Gegners abhängen. Wäre der Bauherr in diesen Fällen stets zur Leistungsklage gezwungen, so würde ihm ein unzumutbares Prozessrisiko aufgebürdet. Ein zu hoch angesetzter Klagebetrag müsste zur teilweisen Klageabweichung führen; bei einem zu niedrig eingeklagten Betrag, mit dem später die Mängel tatsächlich nicht beseitigt werden könnten, würde die Verjährung bezüglich der Mehrkosten drohen (vgl. unten Rdn. 451 ff.). In diesen Fällen wird sich deshalb vor allem eine **(Teil-)Leistungsklage und** eine **Feststellungsklage** anbieten,[42] denn „der entstandene oder noch entstehende Schaden (wird) nicht bereits in vollem Umfang durch den Antrag auf Zahlung erfasst".[43]

Die in der Materie der Bausachen liegenden Schwierigkeiten rechtfertigen deshalb, der **Feststellungsklage** in Baumängelprozessen einen **größeren Spielraum einzuräumen.** Mit Recht hat daher Wussow[44] eine Feststellungsklage überall dort als

**438**

---

38) Zutreffend: OLG Düsseldorf, NZBau 2000, 384, 385 = BauR 2000, 1074.
39) Vgl. OLG Saarbrücken, IBR 2003, 708 – *Rübartsch* = BauRB 2004, 42 – *Moehren*.
40) Vgl. OLG Koblenz, OLGR 2004, 233; OLG Köln, BauR 1988, 241; OLG Koblenz, NJW-RR 1988, 532; OLG Rostock, NJW-RR 1998, 526; OLG Frankfurt, BauR 1987, 595, 597.
41) BGHZ 17, 336, 339; 36, 38 ff.
42) Vgl. BGH, BauR 1994, 620 = NJW-RR 1994, 1173; BGH, BauR 1987, 702 = NJW 1988, 142 = ZfBR 1988, 33; BGH, BauR 1991, 460 u. 606, 611; OLG Hamm, BauR 2003, 273; OLG Köln, OLGR 1993, 234, 235.
43) So BGH, BauR 1991, 460.
44) NJW 1969, 481; ebenso: OLG Düsseldorf (23. ZS), BauR 1981, 502, 504; einschränkend: OLG Düsseldorf (21. Senat), BauR 1984, 91.

zulässig angesehen, wo es sich nicht um in ihren Ursachen und Auswirkungen offen zu Tage liegende Schäden mit einfach und schnellst zu ermittelnden Beseitigungskosten handelt, sondern eine Umgrenzung des Anspruchs tatsächlich noch nicht oder nur mit erheblichen Schwierigkeiten möglich ist. Dabei wird ein weitherziger Standpunkt einzunehmen sein, denn auch der BGH ist der Auffassung, dass bei der Auslegung des Feststellungsinteresses „eine weite und freie Auslegung geboten" ist.[45] Können die Mängelbeseitigungskosten nur durch **kostspielige Kostenvoranschläge** verschiedener Fremdfirmen oder durch **Sachverständigengutachten** ermittelt werden,[46] ist dem Kläger eine Bezifferung des Schadens nicht zumutbar und die Feststellungsklage daher zulässig. Die Meinung, dass nur eine Leistungsklage in Betracht kommt, selbst wenn die Schadenshöhe erst in schwieriger Beweisaufnahme feststellbar ist,[47] ist abzulehnen.[48] Allerdings muss **von dem Bauherrn erwartet** werden, dass er sich wenigstens **darum bemüht,** die erforderlichen Mängelbeseitigungskosten zu ermitteln, wenn die Bauarbeiten seit langem beendet sind und ein Verjährungseintritt – etwa wegen 5-jähriger Gewährleistungsfrist – noch nicht unmittelbar droht.[49]

**439** Handelt es sich bei einem Baumangelprozess – wie häufig – um einen Streit über zahlreiche einzelne Mängel (sog. **Punktesache**), kann es dem Kläger zuweilen nur möglich sein, einzelne Schadensbeträge zu beziffern, andere dagegen nicht. Eine Feststellungsklage ist in diesem Fall zulässig, weil es dem Kläger nicht zumutbar ist, gleichzeitig eine **Feststellungs- und Teilleistungsklage** zu erheben.[50]

**440** Eine Feststellungsklage ist auch zuzulassen, wenn der **Schaden** aufgrund des Baumangels **nicht abschließend feststellbar** ist, weil der Mangel noch weitere schädigende Wirkung zeigt und auch in Zukunft in noch nicht abgrenzbarem Rahmen fortwirken wird.[51] Dasselbe gilt, wenn eine künftige Schadensfolge möglich, ihr Eintritt sowie die Art und der Umfang aber noch ungewiss sind[52] Allerdings muss eine **weitere Schadensentstehung** aus dem Mangel **zumindest wahrscheinlich** sein, wobei jedoch die Wahrscheinlichkeit der Schadensentstehung zur materiellen Klagebegründung gehört.[53] Ist z. B. eine Reihe von **Planungs- und Ausführungsfehlern** unterlaufen, so legen diese bereits die Möglichkeit nahe, dass die Gebrauchstauglichkeit eingeschränkt ist; die „Wahrscheinlichkeit", dass mit einem

---

45) BGH, LM Nr. 34 zu § 256 ZPO; a. A.: *Wieczorek*, § 256 ZPO, C II b u. C II c 4.
46) Hierzu besteht vorprozessual keine Verpflichtung (BGH, NZBau 2003, 152 für die Einholung eines Privatgutachtens); unzutreffend daher auch OLG Celle, OLGR 2007, 81 ff.
47) Vgl. z. B. OLG Düsseldorf, MDR 1987, 1032; auch *Locher*, Rdn. 500; OLG Frankfurt, BauR 1987, 595 (Erhebung einer **Vorschussklage** erforderlich).
48) Vgl. auch OLG Bremen, OLGR 1999, 101, 104; a. A.: *Locher*, Rdn. 800.
49) OLG Düsseldorf, BauR 1984, 91, 92; OLG Köln, OLGR 1993, 234, 235.
50) LG Itzehoe, *Schäfer/Finnern*, Z 4.142 Bl. 28; BGH, MDR 1994, 916; BGH, *Schäfer/Finnern*, Z 2.414 Bl. 66; NJW 1984, 1552, 1554; *Wussow*, NJW 1969, 483; *Wieczorek*, § 256 ZPO, C II b 2.
51) OLG Koblenz, OLGR 2004, 233; LG Itzehoe, *Schäfer/Finnern*, Z 4.142 Bl. 28; OLG Düsseldorf, BauR 1984, 91, 92; *Wussow*, NJW 1969, 481, 483; *Wieczorek*, § 256 ZPO, C II a 1.
52) BGH, BauR 2000, 1190, 1191 = ZfBR 2000, 329 = NZBau 2000, 329 (Mietausfall); BGH, ZfBR 2003, 462 = BauR 2003, 1211 (Hotelkosten); BGH, BauR 1997, 129 = NJW-RR 1997, 339; BGH, BauR 1991, 606, 611; NJW-RR 1988, 445; VersR 1972, 459; 1967, 256.
53) BGH (VII. ZS), ZfBR 1992, 21 = BauR 1992, 115; BGH (VI. ZS), NJW-RR 1991, 917; BGH (X. ZS), NJW 1991, 2707; BGH, NJW 1978, 544; NJW 1972, 198.

(weiteren) Schadenseintritt zu rechnen ist, ist also gegeben.[54] Ist im Einzelfall allerdings noch ungewiss, ob eine Pflichtverletzung überhaupt einen Schaden auslösen wird, so muss der Anspruchsteller die Wahrscheinlichkeit für den Eintritt irgendeines Schadens „für jeden einzelnen künftigen Anspruch substantiiert dartun, ehe er eine Feststellungsklage anhängig machen kann".[55] Im Übrigen ist nach der Rspr. des BGH zu beachten: Macht der Kläger nur die Kosten einer erfolgreichen **Teilnachbesserung** geltend, kann und muss er daneben eine Feststellungsklage über die evtl. weitere Mängelbeseitigungs- oder Kostentragungspflicht des Unternehmers erheben, wenn er nicht Rechtsverluste durch Verjährungseintritt erleiden will.[56]

**441** Anders ist dies, wenn er einen **Kostenvorschuss** für die von ihm beabsichtigte, **umfassende** Mängelbeseitigung einklagt. Dann ist neben der von dem Besteller erhobenen Vorschussklage eine Feststellungsklage **zum Zwecke der Verjährungsunterbrechung** bzw. -hemmung nach neuem Recht **in der Regel entbehrlich**;[57] indes ist eine Feststellungsklage des Bestellers, dass der Unternehmer zum Ersatz auch der **weiteren** Nachbesserungskosten verpflichtet ist, zulässig. Der Besteller, der den Umfang der notwendigen Mängelbeseitigungsmaßnahmen nicht ausreichend überblicken kann, ist also nicht gehindert, **ergänzend** die den **Kostenvorschuss** übersteigende Kostentragungspflicht des Unternehmers feststellen zu lassen.[58]

**442** Bei der Prüfung der Zulässigkeit einer Baumangel-Feststellungsklage ist von dem **Klagevortrag** auszugehen. Die Feststellungsklage ist zulässig, wenn der Kläger substantiiert und schlüssig vortragen kann, dass die Mängelbeseitigungskosten jedenfalls im Zeitpunkt der Klageerhebung nicht oder nur unter großen Schwierigkeiten umgrenzt werden können.

**443** Wenn damit in Baumängelprozessen bei der Frage der Zulässigkeit einer Feststellungsklage aufgrund der Schwierigkeiten in der Baupraxis ein großzügiger Standpunkt eingenommen wird, so kann dem nicht entgegengehalten werden, dass dies die Zahl der Bauprozesse vergrößern kann, weil der Feststellungsklage eine Leistungsklage regelmäßig folgen wird, also eine **Verdoppelung** der **Prozesse** droht. Zunächst zeigt die Erfahrung, dass sich nach Feststellung der Verantwortlichkeit bezüglich eines Baumangels die Parteien über die Frage der Höhe des Schadensersatzes vielfach außergerichtlich einigen, zumal der Streit zwischen den Baubeteiligten meist nur um den Grund, nicht auch um die Höhe des Anspruchs geht. Zum anderen wird in vielen Bauprozessen nach der aufgrund der Beweisaufnahme festgestellten Verantwortlichkeit die Feststellungsklage auf eine Leistungsklage umgestellt, weil durch die gutachterliche Stellungnahme zum Baumangel nunmehr auch die Mängelbeseitigung von dem Kläger in Angriff genommen und damit die Bezifferung der Schadenshöhe möglich oder zumindest erleichtert wird. Schließlich würde – wenn

---

54) BGH, BauR 1997, 129, 131 = NJW-RR 1997, 339, 340.
55) OLG Koblenz, OLGR 2004, 233 m. Nachw.
56) BGH, *Schäfer/Finnern*, Z 2.415.2 Bl. 8; s. auch OLG München, *SFH*, Nr. 4 zu § 209 BGB m. abl. Anm. von *Hochstein*.
57) BGHZ 66, 138, 142 = BauR 1976, 205; OLG Koblenz, OLGR 2004, 174, 176.
58) BGH, BauR 2002, 471, 472 = ZfBR 2002, 253; BauR 1989, 81, 83; BauR 1986, 345 = ZfBR 1986, 120 = NJW-RR 1986, 1026 = *SFH*, Nr. 56 zu § 633 BGB; OLG Hamm, BauR 1998, 1019, 1020; OLG Stuttgart, BauR 1996, 718, 719; im Ergebnis anders: OLG Frankfurt, BauR 1987, 595, das von dem Bauherrn verlangt, im selbstständigen Beweisverfahren ggf. auf eine **schriftliche Gutachtenergänzung** zu drängen.

keine Einigung oder keine Umstellung auf eine Leistungsklage erfolgt – eine spätere Leistungsklage, die nach rechtskräftigem Feststellungsurteil anhängig gemacht wird, auf diesem und den Erkenntnissen des Vorprozesses aufbauen, sodass der Prozess nur hinsichtlich der Höhe des Schadens fortgesetzt wird. Daher kann auch hier nicht von einem unwirtschaftlichen Prozessverhalten gesprochen werden.

**444**   Klärt sich innerhalb eines Baumangelprozesses der Umfang oder die Höhe des Schadens, ist der Kläger nach ständiger Rspr.[59] **nicht verpflichtet,** von der **Feststellungsklage zur Leistungsklage** überzugehen, weil es nach h. M. lediglich darauf ankommt, dass das Feststellungsinteresse zu irgendeinem Zeitpunkt seit Klageerhebung vorgelegen hat.[60] Von diesem Grundsatz hat der BGH erkennbar nur eine Ausnahme gemacht: Ist die Schadensentwicklung während des ersten Rechtszuges voll abgeschlossen, und regt der Beklagte den Übergang daher an, so hat dieser dann zu erfolgen, wenn damit weder eine Verzögerung noch ein Instanzenverlust verbunden ist.[61] Die Frage des **notwendigen Übergangs** wird man besonders unter dem Gesichtspunkt der Prozessökonomie zu betrachten haben. Erhebt der Beklagte **Leistungswiderklage,** muss der Kläger die negative Feststellungsklage in jedem Fall für erledigt erklären.[62]

**445**   Einem Baubeteiligten ist es **unbenommen,** neben einem Feststellungsantrag einen **Hilfsantrag** auf Leistung (Zahlung eines bestimmten Betrages) zu stellen[63] oder auch von der Feststellungs- **zur Leistungsklage zu wechseln;** ein solcher Übergang bietet sich vor allem für den Bauherrn an, wenn er im Rahmen eines Baumängelprozesses – nach der Einholung von Kostenvoranschlägen – seinen Feststellungsantrag auf Zahlung eines angemessenen Kostenvorschusses umstellt. Darin liegt im Zweifel keine unzulässige Klageänderung, weil sich der Antrag auf dasselbe Rechtsverhältnis bezieht, d. h. bei gleichbleibendem Klagegrund nur weitergehende Rechtsfolgen aus diesem hergeleitet werden.[64]

**446**   Das Erfordernis eines **bestimmten Antrages** (§ 253 Abs. 2 Nr. 2 ZPO) gilt auch für die Feststellungsklage nach § 256 ZPO. Der Kläger muss deshalb in seinem Klageantrag das Rechtsverhältnis, dessen Bestehen oder Nichtbestehen festgestellt werden soll, so **genau bezeichnen,** dass über dessen Identität und damit über den Umfang der Rechtskraft[65] des begehrten Feststellungsausspruchs keinerlei Ungewissheit herrschen kann.[66] Ein **Klageantrag** ist genügend bestimmt, wenn der Kläger

---

59) BGH, NJW 1984, 1552, 1554; BGH, LM Nr. 92 zu § 256 ZPO; RGZ 108, 201, 202.
60) Vgl. BGH, NZBau 2004, 48, 49 m. Nachw.; OLG Koblenz, NJW-RR 1988, 532 für noch nicht abgeschlossenes Beweissicherungsverfahren; im Ergebnis anders: OLG Frankfurt, BauR 1987, 595.
61) BGH, LM Nr. 5 zu § 256 ZPO.
62) RG, JW 1936, 3185, 3186 m. Anm. *Roquette*; BGH, NJW 1984, 1556, 1557; BGH, NJW-RR 1990, 1532.
63) OLG Saarbrücken, NZBau 2000, 429.
64) BGH, BauR 1985, 112 = ZfBR 1985, 43 = *SFH*, Nr. 1 zu § 264 ZPO = DB 1985, 808 = NJW 1985, 1784; OLG Oldenburg, BauR 1991, 465, 466.
65) Zur **Rechtskraftwirkung** eines Feststellungsurteils: BGH, BauR 1982, 604 = VersR 1982, 877; BauR 1988, 468 = ZfBR 1988, 233 (hinsichtlich der **Sowiesokosten**).
66) BGH, BauR 2002, 471 = ZfBR 2002, 253; BGH, NJW 2001, 445; ZfBR 1992, 21 = BauR 1992, 115 = *SFH*, Nr. 3 zu § 256 ZPO; VersR 1982, 68; NJW 1983, 2247, 2250; OLG Düsseldorf, NJW-RR 1999, 1400, 1401 = IBR 1999, 603 – *Enaux;* OLG Celle, OLGR 1999, 101 = IBR 1999, 210 – *Weyer.*

z. B. **Art** und **Anzahl** der Mängel sowie deren **Lage** genau beschreibt;[67] Maßstab sind auch hier die Grundsätze der **Symptomtheorie**.[68] Für die Individualisierung reicht es aus, wenn der Unternehmer die Mängel ohne Schwierigkeit finden kann. Es ist aber darauf zu achten, dass nicht nur bestimmte Tatbestandsmerkmale verlangt werden („es wird festgestellt, dass die Werkleistungen des Beklagten mangelhaft sind und der Beklagte dies zu vertreten hat").

Mit dem Feststellungsantrag muss ferner gesagt werden, **was** von dem Beklagten **verlangt** wird. So kann ein Antrag z. B. dahin lauten, der Beklagte sei (hinsichtlich der Mängel) „nachbesserungspflichtig, hilfsweise minderungspflichtig, hilfsweise schadensersatzpflichtig".[69]

**447** Erweist sich eine erhobene **Leistungsklage** als **unbegründet**, entspricht aber der Erlass eines Feststellungsurteils dem Interesse der klagenden Partei, so kann das Gericht dem in dem Leistungsantrag enthaltenen Antrag auf Feststellung des Rechtsverhältnisses auch dann stattgeben, wenn dieser Antrag nicht ausdrücklich hilfsweise gestellt ist.[70] Dies wird vor allem für Baumängel/Schäden in Betracht kommen, die erkennbar noch in der Entwicklung oder deren weitere Auswirkungen überhaupt noch nicht absehbar sind; es muss nur die **gewisse Wahrscheinlichkeit bestehen,** dass Ansprüche deswegen in Zukunft noch entstehen können; die Besorgnis allein, es könnten bislang noch nicht entdeckte Mängel vorhanden sein, reicht nicht.[71]

**448** Beim Erlass eines Feststellungsurteils über den Grund des Anspruchs darf nicht offen bleiben, ob den Kläger ein **Mitverschulden** trifft.[72] Erhebt der Kläger Zahlungs- und Feststellungsklage und besteht zwischen ihnen ein rechtlicher Zusammenhang, so ist ein **Teilurteil** unzulässig, sofern die Gefahr einer widerstreitenden Schlussentscheidung besteht.[73] Bei Verbindung einer Zahlungs- mit einer Feststellungsklage kann eine Zurückverweisung nach § 538 Abs. 1 Nr. 3 ZPO a. F. bzw. Nr. 4 ZPO n. F. nicht auf die Feststellungsklage erstreckt werden.[74]

### 3. Die unbezifferte Leistungsklage

*Literatur*
*Dunz,* Zur Praxis des unbezifferten Leistungsantrages, NJW 1957, 1661; *Pawlowski,* Die Problematik des unbezifferten Klageantrages, NJW 1969, 481; *Röhl,* Der unbezifferte Klageantrag, ZZP 85 (1972), 52; *Zenner,* Unbezifferter Klageantrag und Beschwer, Festschrift für Fritz Baur, 1981, 741; *Dunz,* Der unbezifferte Leistungsantrag nach der heutigen Rechtsprechung des Bundesgerichtshofs, NJW 1984, 1734; *Mümmler,* Streitwert der unbezifferten Leistungsklage, JurBüro 1985, 649; *Gerstenberg,* Der unbefristete Klageantrag und der Dornröschenschlaf des § 92 II ZPO, NJW 1988, 1352;

---

67) BGH, BauR 2002, 471 = ZfBR 2002, 253; OLG Düsseldorf, BauR 1981, 502, 503 u. NJW-RR 1999, 1400 = OLGR 1999, 442 = BauR 1999, 1058 (LS) = IBR 1999, 603 – *Enaux.*
68) Vgl. BGH, BauR 1999, 391 = ZfBR 1999, 135 = IBR 1999, 115 – *Weyer.*
69) Vgl. OLG Düsseldorf, BauR 1981, 502, 503.
70) BGH, NJW 1984, 2295 m. Anm. *Dunz* = VersR 1984, 389.
71) BGH, ZfBR 1992, 21 = BauR 1992, 115; OLG Koblenz, OLGR 2004, 233.
72) BGH, WM 1978, 66.
73) BGH, NZBau 2001, 631, 632; BauR 1999, 680 = ZfBR 1999, 212; BGH, NJW 1997, 1709, 1710.
74) BGH, NZBau 2001, 631 m. w. Nachw. (gegen die Vorinstanz: OLG Köln, NJW-RR 2000, 1264 = NZBau 2000, 568).

*Husmann*, Der unbezifferte Klageantrag als Abwehrrecht gegen unbillige Kostenlast und die Kostenvorschrift des § 92 II ZPO, NJW 1989, 3126; *Fuchs*, Die Kostenentscheidung beim unbezifferten Klageantrag, JurBüro 1990, 559; *Butzer*, Prozessuale und kostenrechtliche Probleme beim unbezifferten Klageantrag, MDR 1992, 539; *Röttger*, Die Bindung des Gerichts an den unbezifferten Zahlungsantrag, NJW 1994, 368; *Elzer*, Rechtskraft von Teilklagen, JuS 2001, 224.

**449** In den vorgenannten Fallgestaltungen ist neben der Feststellungsklage – aber nicht vorrangig – im Rahmen eines Bauprozesses auch die **Leistungsklage mit unbeziffertem Klageantrag zulässig**.[75]

Zwar setzt die Leistungsklage grundsätzlich nach § 253 Abs. 2 Nr. 2 ZPO einen bestimmten Klageantrag voraus, sodass der Kläger eine Bezifferung vornehmen muss (auch dort, wo nur eine „angemessene Vergütung" nach § 632 Abs. 2 BGB verlangt wird).[76] Dieser Grundsatz gilt jedoch besonders in Bausachen nicht uneingeschränkt. In Rspr. und Lit. ist allgemein anerkannt, dass nicht stets eine ziffernmäßige Angabe des geforderten Geldbetrages notwendig ist.[77] So wird eine unbezifferte Geldforderung in den Fällen zugelassen, in denen eine **Bezifferung überhaupt nicht möglich** oder doch aus besonderen Gründen dem Kläger **nicht zumutbar** ist. Dementsprechend soll ein unbezifferter Klageantrag zulässig sein, wenn die ziffernmäßige Festlegung einer Forderung entscheidend von der Ausübung des richterlichen Ermessens abhängig ist (§ 287 ZPO).[78] Auch dort, wo die Bestimmung des Betrages von einer Ermittlung der Schadenshöhe durch Beweisaufnahme, durch gerichtliche Schätzung oder nur vom billigen Ermessen des Gerichts abhängt, wird es für ausreichend erachtet, wenn die zahlenmäßige Feststellung der Klageforderung dem Gericht überlassen wird. Auch Wussow[79] will in diesen Fällen zu Recht die unbezifferte Leistungsklage neben der Feststellungsklage zulassen.

**450** Wenn auch die neue Rspr. zunehmend dazu neigt, die dem Kläger zugebilligten Möglichkeiten, einen unbezifferten Klageantrag zu stellen, einzugrenzen,[80] so wird man die **unbezifferte Leistungsklage** in Bausachen überall dort neben der Feststellungsklage zulassen müssen, wo es etwa um die **Herabsetzung einer Vertragsstrafe** (§ 343 BGB), um die **gerichtliche Schätzung** des Schadens gem. § 287 ZPO, um eine **hypothetische Schadensberechnung** (§ 252 BGB) wie auch um die Schadensfeststellung durch einen **(gerichtlichen) Sachverständigen** geht. Allerdings bedarf der Klageantrag, wenn er in diesen Fällen nicht auf einen bestimmten Geldbetrag lautet, sondern unbeziffert bleibt, zu seiner Zulässigkeit der hinreichenden Darlegung der **Schätzungs- und Berechnungsgrundlagen**.[81] Der Kläger muss also die Tatsachen vortragen, die es dem Gericht ermöglichen, die Höhe der gerechtfertigten Klagefor-

---

75) Zum Verhältnis beider Klagearten: OLG Hamm, OLGR 1995, 201; zum Klageantrag s. auch OLG Koblenz, OLGR 2004, 233.
76) RG, JW 1937, 3184.
77) Vgl. RGZ 140, 211; BGH, LM Nr. 39 zu § 253 ZPO = VersR 1964, 850; NJW 1967, 1420; NJW 1969, 1427 für Versäumnisverfahren; VersR 1970, 127; *Thomas/Putzo/Reichold*, § 253, Rdn. 11, 12; kritisch: *Pawlowski*, NJW 1961, 341; *Bull*, JR 1958, 95 u. JR 1975, 449; *Röhl*, ZZP 85, 52; *Dunz*, NJW 1984, 1734.
78) Vgl. BGH, BauR 1988, 111, 112.
79) NJW 1969, 481.
80) Vgl. BGHZ 45, 91 = NJW 1966, 780; NJW 1967, 1420; NJW 1982, 340.
81) St. Rspr.; vgl. BGHZ 4, 138, 142 = NJW 1952, 382; BGH, VersR 1959, 694; NJW 1964, 1797 LS = VersR 1964, 850; VersR 1967, 684, 685; JZ 1975, 448.

derung festzustellen.[82] In diesen Fällen empfiehlt es sich allerdings, im Rahmen des Klageantrages oder der Klagebegründung eine **Mindestforderung** anzumelden; andernfalls kann insoweit bei einem Rechtsmittel eine Beschwer des Klägers nicht festgestellt werden, da er seine Vorstellungen zur Höhe nicht deutlich gemacht hat.[83]

## 4. Verjährung und Feststellungsklage

Erhebt der Kläger zur **Vermeidung der Verjährung** (z. B. von Gewährleistungsansprüchen) die Feststellungsklage, so ist das Feststellungsinteresse in der Regel zu bejahen.[84] Dient eine Klageerhebung ausdrücklich dem Ziel, die Verjährung des Klageanspruchs zu hemmen (§ 204 Abs. 1 Nr. 1 BGB), ist der Klageantrag möglichst so auszulegen, dass das Ziel der Verjährungshemmung erreicht wird.[85]  **451**

Zu beachten bleibt, dass nach der Entscheidung des BGH vom 18. März 1976[86] „die Klage auf **Zahlung eines Vorschusses** zur Behebung von Mängeln eine Besonderheit des Werkvertragsrechts (ist), die eine Feststellungsklage zum Zwecke der Verjährungsunterbrechung entbehrlich macht". Der BGH betont, dass sie „in ihrer Wirkung einer unbezifferten Leistungsklage (ähnelt)". Dies bedeutet jedoch nicht, dass ein Bauherr in jedem Falle gehalten wäre, eine Vorschussklage zu erheben.[87] Entscheidet er sich für diese Klage, ist eine Feststellungsklage des Bestellers, dass der Unternehmer zum Ersatz der **weiteren** Nachbesserungskosten verpflichtet ist, nicht unzulässig.[88]  **452**

Erhebt der Bauherr eine **Vorschussklage,** so wird die Verjährung von Ansprüchen aus den der Werkleistung anhaftenden Mängeln **in vollem Umfang** gehemmt, soweit sie **Ursache** der angeführten Mangelerscheinungen sind. Die Vorschussklage deckt daher, ähnlich einem unbezifferten Leistungsantrag hinsichtlich der Hemmungswirkung, auch **spätere Erhöhungen,** gleichviel worauf sie zurückzuführen sind, sofern sie nur **denselben Mangel** betreffen.[89]  **453**

Dies ist anders, wenn der Bauherr eine Klage auf Ersatz von Kosten für eine **Teilnachbesserung** erhebt; eine solche Klage hemmt nicht – über den eingeklagten Betrag hinaus – die Verjährung eines Anspruchs für weitere Maßnahmen zur Beseiti-  **454**

---

82) BGH, NJW 1970, 281, 282; JZ 1975, 448 = JR 1976, 22 mit zust. Anm. *Berg;* BGH, VersR 1982, 96: Der unbezifferte Leistungsantrag muss wenigstens die ungefähre Größenordnung des Anspruchs erkennen lassen; vgl. ferner: *Dunz,* NJW 1984, 1734, 1736 u. *Butzer,* MDR 1992, 539, 540 m. w. Nachw.
83) OLG Oldenburg, NdsRpfleger 1975, 46; BGH, WM 1979, 203.
84) Vgl. BGH, VersR 1972, 459; RGZ 100, 149; BGH, BauR 1979, 62; OLG Köln, BauR 2006, 719 (betreffend Rechte aus einer Gewährleistungsbürgschaft); *Thomas/Putzo/Reichold,* § 256 ZPO, Rdn. 15.
85) BGH, BauR 1981, 208, 209 = *SFH,* Nr. 5 zu § 209 BGB.
86) BauR 1976, 205 = NJW 1976, 956.
87) So wohl OLG Frankfurt, BauR 1987, 595.
88) BGH, BauR 2002, 471, 472 = ZfBR 2002, 253; BauR 1986, 345 = ZfBR 1986, 120 = NJW-RR 1986, 1026; BGH, BauR 1989, 81, 83 = NJW 1989, 208.
89) Vgl. BGH, BauR 1989, 603; BauR 1989, 81 = ZfBR 1989, 54; BGH, BauR 1989, 79 = ZfBR 1989, 27; BGH, BauR 1986, 576; BGHZ 66, 138, 141, 142 = BauR 1976, 205; OLG Koblenz, OLGR 2004, 174, 176; OLG München, MDR 1994, 585 = OLGR 1994, 98; *Kaiser,* Festschrift für Locher, S. 109, 112 ff. m. Nachw.

gung desselben Mangels.[90] Es wird eine Frage der richtigen Ausdeutung des Klagezieles sein, welchen Anspruch der Bauherr im Einzelfalle (zuerst) geltend gemacht hat.[91]

**455** Da **Kostenerstattungsansprüche** verjähren können, bevor die tatsächliche Höhe der erforderlichen Mängelbeseitigungskosten feststeht, ist der Bauherr gehalten, entweder durch eine unbezifferte Leistungsklage oder aber durch eine Feststellungsklage die Verjährungsfrist zu hemmen.

**456** Wird im Verlaufe eines Rechtsstreits der Feststellungsantrag in einen **Leistungsantrag umgewandelt,** konnte nach altem Recht dadurch nach § 212 Abs. 1 BGB a. F. die unterbrechende Wirkung zum Titel beseitigt werden, wenn nicht innerhalb von sechs Monaten erneut geklagt wurde (§ 212 Abs. 2 BGB a. F.). Ob die Umwandlung der Klage auf Feststellung in einen Leistungsantrag im Sinne von § 212 Abs. 1 BGB a. F. als **teilweise Klagerücknahme** zu werten war, blieb Tatfrage.[92] Von einer Teilrücknahme war z. B. auszugehen, wenn der Kläger zunächst Feststellungsklage mit der Begründung erhoben hatte, er könne seine Gewährleistungsansprüche noch nicht abschließend beziffern, später dann aber **vorbehaltlos** zu einem bezifferten Anspruch überging. § 212 BGB a. F. ist durch das **SchRModG** entfallen; die Hemmung der Verjährung ist nunmehr unabhängig von dem Ausgang des Verfahrens.

## 5. Negative Feststellungsklage

*Literatur*

*Macke,* Aufeinandertreffen von negativer und positiver Feststellungsklage im Schadensersatzprozess, NJW 1990, 1651; *Vossler,* Angriff ist die beste Verteidigung, ProzRB 2003, 307; *Kunze,* Zuständigkeit der Kammer für Handelssachen bei einer nicht eingetragenen BGB-Gesellschaft aus Vollkaufleuten und der negativen Feststellungsklage?, BauR 2005, 473.

**457** Die Einrede des Zurückbehaltungsrechts gegenüber einer Leistungsklage macht eine Feststellungsklage nicht unzulässig.[93] Die Möglichkeit, in einem anhängigen Verfahren eine **negative Feststellungs-Widerklage** zu erheben, schließt nicht das Rechtsschutzinteresse für eine selbstständige negative Feststellungsklage aus.[94] Macht der Bauherr seinen durch einen Baumangel verursachten Schaden **teilweise** geltend, und erhebt der Beklagte demgegenüber negative Feststellungsklage, so bezieht sich diese nur auf den Teil des Schadens, der **nicht Gegenstand** der Klage ist. Das rechtliche Interesse einer negativen Feststellungsklage kann auch nicht mit der Begründung verneint werden, die Entscheidung über die Leistungsklage führe zur Aufklärung des Schadensereignisses, sodass bei ihrer Abweisung nicht mit einer weiteren Klage wegen des noch nicht geltend gemachten Schadens zu rechnen sei.[95]

**458** Das **Feststellungsinteresse** bei einer leugnenden Feststellungsklage kann nur ausgeräumt sein, wenn die **Leistungsklage** in einer prozesswirtschaftlich ebenso geeig-

---

90) BGH, NJW-RR 1988, 692; BGHZ 66, 142, 147 = NJW 1976, 960; OLG Frankfurt, OLGR 2001, 85; OLG Celle, BauR 1988, 226, 227.
91) Unzutreffend z. B. OLG München, *SFH,* Nr. 4 zu § 209 BGB m. abl. Anm. *Hochstein.*
92) So vor allem OLG Düsseldorf, OLGE 28, 44, 45; RG, WarnR 1935, Nr. 53; ferner: RGZ 66, 12, 14; 75, 286, 289.
93) *Wieczorek,* § 256 ZPO, C II a 5.
94) OLG Hamm, WM 1971, 1379. Zur negativen Feststellungsklage als **Handelssache** i. S. von § 95 Abs. 1 GVG s. *Kunze,* BauR 2005, 473, 478.
95) OLG Köln, JMBl. NW 1973, 92. Zum Verhältnis von Leistungs- und anhängiger negativer Feststellungsklage: OLG Hamm, MDR 1991, 546 m. Nachw.

neten Weise wie die leugnende Feststellungsklage das streitige Rechtsverhältnis klärt, es also zur Beseitigung der Unsicherheit nicht mehr des Feststellungsurteils bedarf.[96] Das rechtliche Interesse an einer negativen Feststellungsklage entfällt daher, „sobald eine **auf die Durchsetzung desselben Anspruchs gerichtete Leistungsklage** erhoben wird und nicht mehr einseitig zurückgenommen werden kann".[97]

Eine negative Feststellungsklage darf nur abgewiesen werden, wenn der Anspruch, dessen sich der Feststellungsbeklagte berühmt, feststeht;[98] erweist sich **der geleugnete Anspruch zu einem Teil** als zu Recht bestehend, so darf die Feststellungsklage nicht ohne weiteres ganz abgewiesen werden, sondern es ist dann zu entscheiden, zu welchem **Betrag** der Anspruch besteht.[99] **459**

Zu beachten bleibt, dass die **Verteidigung** gegen eine negative Feststellungsklage nicht die Verjährung des mit dieser Klage geleugneten Anspruchs hemmt.[100]

## 6. Rechtskraft von Feststellungsurteilen

*Literatur*

*Tiedtke*, Rechtskraftwirkungen eines die negative Feststellungsklage abweisenden Urteils, JZ 1986, 1031; *Lepp*, Zwang zum Fehlurteil?, NJW 1988, 808; *Künzl*, Zur Rechtskraft von Urteilen über negative Feststellungsklagen, JR 1987, 57; *Habscheid*, Die materielle Rechtskraft des die negative Feststellungsklage aus Beweisgründen abweisenden Urteils, NJW 1988, 2641; *Kapp*, Kaninchen aus dem Zylinder? – Zum Scheinproblem der materiellen Rechtskraft des abweisenden Urteils bei der negativen Feststellungsklage, MDR 1988, 710; *Tiedtke*, Zur Rechtskraft eines die negative Feststellungsklage abweisenden Urteils, NJW 1990, 1697.

Erstreitet der Bauherr ein Feststellungsurteil, so kann im Einzelfall zweifelhaft sein, wie weit die **Rechtskraft** des Urteils reicht.[101] Wird durch das Feststellungsurteil die Ersatzpflicht hinsichtlich des Mängelbeseitigungsaufwandes festgelegt, gleichzeitig aber bestimmt, dass zu Gunsten des Bauunternehmers **Sowiesokosten** zu berücksichtigen sind, so treten Rechtskraftprobleme auf, wenn sich im Nachhinein erweist, dass sowohl die Mängelbeseitigungskosten wie auch die Sowiesokosten erheblich von der ursprünglichen Vorstellung abweichen. Bauherr und Unternehmer werden sich in diesen Fällen fragen, ob die in dem (rechtskräftigen) Feststellungsurteil ausgeworfenen Beträge für **Sowiesokosten** abschließend sind oder ob sich der Unternehmer gleichwohl noch auf „höhere Kosten" berufen kann. **460**

Der BGH hat im Urteil vom 19. Mai 1988[102] im letzteren Sinne entschieden. Da

---

96) BGH, NJW-RR 1990, 1532; BGHZ 99, 340 = NJW 1987, 2680; BGH, NJW 1973, 1500; auch *Schäfer/Finnern*, Z 1 Bl. 3; OLG Nürnberg, MDR 1985, 417; VGH Mannheim, NJW 1996, 1298.
97) BGH, NJW-RR 1991, 1532; OLG Hamm, NJW-RR 1986, 923. **Ausnahme:** Der Feststellungsrechtsstreit ist **entscheidungsreif**, die Leistungsklage noch nicht (vgl. BGH, NJW-RR 1990, 1532, 1533; *MünchKommZPO-Lüke*, § 256 ZPO, Rdn. 61).
98) BGH, NJW 1993, 1716 (auch zum **non-liquet**).
99) RG, HRR 1932, 2199; RG, HRR 1933, 340; RG, JW 1936, 511; BGHZ 31, 358, 362; BGH, MDR 1969, 749; BGH, BauR 1990, 358, 360 (negative Feststellungsklage gegenüber Vorschussklage eines Hauptunternehmers).
100) BGH, NJW 1978, 1975; *Palandt/Heinrichs*, § 204 BGB, Rdn. 3.
101) Zur **Reichweite** eines Feststellungsurteils s. BGH, ZfBR 1996, 201; BGH, BauR 1994, 621 = NJW-RR 1994, 1173 (**höhere** Kosten einer **Teil**sanierung).
102) BauR 1988, 468 = ZfBR 1988, 223 = NJW-RR 1988, 1044 = NJW 1986, 2508.

das Feststellungsinteresse des Klägers (Bauherr) darauf gerichtet gewesen sei, „sich gegen alle denkbaren Mängelerscheinungen und Schäden abzusichern, auch soweit sie noch nicht voll zu überblicken (seien), (könne) die Frage der ‚Sowiesokosten', also des Eigenbeitrages des Bestellers an den Nachbesserungs- oder Schadensbehebungskosten, schon von der Natur der Sache her erst endgültig beurteilt werden, wenn das mit der Feststellung verfolgte Ziel wirklich erreicht" sei. Ein Kläger, der mit einer Feststellungsklage umfassenden Rechtsschutz anstrebe, müsse deshalb auch die damit zwangsläufig verbundenen Unsicherheiten bei der Berechnung der Sowiesokosten im Feststellungsprozess hinnehmen.

**461** Im Feststellungsprozess sind im Übrigen grundsätzlich alle klagebegründenden Tatsachen sowie **mögliche Einwendungen** (gegen die Klageforderung) geltend zu machen; ist deshalb ein bereits entstandener oder feststellbarer Schaden Gegenstand einer Feststellungsklage, ist eine **Aufrechnung** hiergegen im Feststellungsprozess notwendig, um eine Präklusion im späteren Rechtsstreit über die bezifferte Leistungsklage zu vermeiden. Dies gilt auch dann, wenn der Vergangenheits- und Gegenwartsschaden in der Höhe noch streitig sind.[103]

**462** Erforderlich ist aber stets, dass sich die Forderungen zum Zeitpunkt der letzten mündlichen Verhandlung des Erstprozesses (Feststellungsklage) **aufrechenbar** gegenüberstanden, also eine **Aufrechnungslage gegeben** war.[104] In diesem Falle ist auch ein Vorbehalt der Aufrechnung notwendig. Ein Beklagter (z. B. Bauunternehmer oder Architekt) braucht sich im Feststellungsprozess deshalb eine Aufrechnung mit Gegenforderungen nicht vorzubehalten, wenn sie ihm mangels Aufrechnungslage auch nicht möglich ist.

**463** Zum Umfang der Rechtskraft eines Urteils, das eine **negative Feststellungsklage** aus sachlichen Gründen abweist, wenn dabei die Darlegungs- und Beweislast verkannt worden ist, siehe BGH, NJW 1986, 2508 = BauR 1986, 488 und die oben genannte (meist ablehnende) Literatur.

---

103) RGZ 158, 204, 209; BGH, ZfBR 1988, 187; siehe auch BGH, ZfBR 1996, 201 = NJW-RR 1996, 826 = WM 1996, 1101.
104) BGH, a. a. O.

## III. Aktivlegitimation und Prozessführungsbefugnis bei Mängeln am Gemeinschaftseigentum

*Übersicht*

| | Rdn. | | Rdn. |
|---|---|---|---|
| 1. Allgemeines | 464 | d) „großer" Schadensersatz | 491 |
| 2. Begriff des Wohnungseigentums | 466 | e) Gesamtgläubigerschaft? | 492 |
| 3. Aktivlegitimation | 471 | f) Die zeitliche Grenze für das gemeinschaftliche Vorgehen | 493 |
| 4. Prozessführungsbefugnis | 473 | g) Der Mehrheitsbeschluss | 495 |
| a) Erfüllungs- und Nacherfüllungsansprüche | 476 | h) Die Auswirkung des Mehrheitsbeschlusses auf die Sachbefugnis | 496 |
| b) Rücktritt (§§ 634 Nr. 3, 636, 323, 326 Abs. 5 BGB) | 486 | 5. Rechtslage bei Dritthaftungs-(Subsidiaritäts)klauseln | 503 |
| c) Minderung (§§ 634 Nr. 3, 638 BGB) und „kleiner" Schadensersatz (§ 281 BGB) | 487 | 6. Die Abnahme | 504 |
| | | 7. Die gerichtliche Geltendmachung | 510 |

*Literatur*

*Basty*, Der Bauträgervertrag, 5. Auflage 2007; *Pause*, Bauträgerkauf und Baumodelle, 4. Auflage 2004
*Deckert*, Baumangel am Gemeinschaftseigentum, NJW 1973, 1073; *Brych*, Der Erwerb von Wohnraum und Gewährleistung, NJW 1973, 1583; *Groß*, Die Gewährleistung des Baubetreuers i. w. S. bei Mängeln am gemeinschaftlichen Eigentum, BauR 1975, 12; *Deckert*, Geltendmachung von Baumängelgewährleistungsansprüchen am Gemeinschaftseigentum einer Eigentumswohnanlage, NJW 1975, 854; *Riedler*, Gewährleistungsansprüche der Wohnungseigentümer bei Mängeln am Gemeinschaftseigentum, DB 1976, 853; *Stoll*, Durchsetzung von Gewährleistungsansprüchen am gemeinsamen Eigentum durch den Verwalter, SchlHA 1977, 17; *Rosenberger*, Klagen von Wohnungseigentümergemeinschaften zur Geltendmachung von Gewährleistungsansprüchen, BauR 1978, 241; *Kellmann*, Die Durchsetzung von Ansprüchen der Wohnungseigentümer bei Mängeln am Gemeinschaftseigentum, DB 1979, 2261; *Weitnauer*, Mängelrecht im Wohnungseigentum, ZfBR 1979, 84; *Deckert*, Die Stellung des Verwalters von Wohnungseigentum bei der Verfolgung und Durchsetzung von Baumängelgewährleistungsansprüchen bezüglich des Gemeinschaftseigentums und dessen Sanierung, BauR 1981, 99; *Weitnauer*, Mängelgewährleistung und Instandhaltungspflichten am gemeinschaftlichen Eigentum, ZfBR 1981, 109; *Finger*, Wohnungseigentümer in faktischer Rechtsgemeinschaft, BauR 1984, 108; *Deckert*, Die Klagebefugnis bei Gewährleistungsansprüchen wegen anfänglicher Baumängel am Gemeinschaftseigentum der neuerstellten Eigentumswohnanlage, ZfBR 1984, 161; *Bertram*, Mängelbeseitigung am Gemeinschaftseigentum durch Miteigentümer, DWE 1988, 90; *Röll*, Die Rechtsprechung des BGH zur faktischen Gemeinschaft und ihre Auswirkungen auf die Praxis des Wohnungseigentums, NJW 1989, 1070; *Coester*, Die „werdende Eigentümergemeinschaft" im Wohnungseigentumsgesetz, NJW 1990, 3184; *Kniffka*, Die Durchsetzung der Gewährleistungsansprüche durch den einzelnen Wohnungseigentümer in der Rechtsprechung des Bundesgerichtshofs, ZfBR 1990, 159; *Seuß*, Faktische Wohnungseigentümer, Festschrift für Bärmann und Weitnauer (1990), 599; *Koeble*, Probleme der Sanierungsmodelle, BauR 1992, 569; *Weinkamm*, Gewährleistungsfrist beim Bauträgervertrag bei Zugrundelegung der VOB/B, BauR 1992, 585; *Pause*, Die Geltendmachung von Gewährleistungsansprüchen der Wohnungseigentümer gegen den Bauträger, NJW 1993, 553; *Koeble*, Gewährleistungsansprüche der Wohnungseigentümer beim Gemeinschaftseigentum, Festschrift für Soergel (1993), 125; *Schulze-Hagen*, Der Wohnungsbauvertrag und die VOB/B-Vereinbarung, Festschrift für v. Craushaar (1997), 170; *Schlünder*, Notarielle Verträge über neue Häuser nach der AGBG-Novelle, ZfBR 1997, 55; *Hauger*, Fischen 1998: Die Rechte des Wohnungseigentümers auf Wandlung, Minderung und Schadensersatz bei Baumängel, NZM 1999, 536; *Vogelheim*, Die Behandlung von Sonderwünschen beim Bauträgervertrag, BauR 1999, 117; *Baden*, Nochmals: Sonderwunschverträge, BauR 1999, 712; *Habscheid*, Die Verfügung

über Sachmängelansprüche bezüglich des Gemeinschaftseigentums der Wohnungseigentümergemeinschaft unter besonderer Berücksichtigung des Insolvenzverfahrens, NZI 2000, 568; *Greiner*, Mängel am Gemeinschaftseigentum und Aufrechnung einzelner Erwerber gegen Restforderungen des Bauträgers, ZfBR 2001, 439; *Brambring*, Schuldrechtsreform und Grundstückskaufvertrag, DNotZ 2001, 590; *Fink-Plücker*, Die „werdende Eigentümergemeinschaft", eine rechtlich zulässige Analogie?, ZfIR 2001, 862; *Pause*, Die Entwicklung des Bauträgerrechts und der Baumodelle seit 1998 – Teil 1, NZBau 2001, 603 u. 661 (Teil 2); *Pause*, Der Bauträgervertrag nach dem modernisierten BGB, BTR 2002, 7; *Brock*, Bauprozess: Richtige Vorbereitung und Führung durch den Verwalter auf Grundlage des neuen Schuldrechts, WuM 2002, 198; *Pause*, Auswirkungen der Schuldrechtsmodernisierung auf den Bauträgervertrag, NZBau 2002, 648; *Wagner*, Die europarechtliche Seite des Bauträgervertrages, ZNotP 2002, Beilage 1; *Fritsch*, Der Bauprozess für Wohnungseigentümergemeinschaften, BauRB 2003, 27; *Derleder*, Wohnungseigentum unter modernisiertem Werkvertragsrecht, NZM 2003, 81; *Rumler*, Die Geltendmachung gemeinschaftlicher Ansprüche in der Wohnungseigentümergemeinschaft, OLGR-Kommentar 2003, K 43; *Pause*, Mängelhaftung und Haftungsbeschränkung nach neuem Recht beim Bauträgervertrag, BTR 2003, 20; *Pause/Miehler*, Die Leistungsbeschreibung im Bauträger- und im Bauvertrag, BTR 2003, 162; *Ott*, Die Auswirkung der Schuldrechtsreform auf Bauträgerverträge und andere aktuelle Fragen des Bauträgerrechts, NZBau 2003, 233; *Wagner*, Bauträgervertrag und Geschosswohnungsbau – kann die Wohnungseigentümergemeinschaft Abnahme und Gewährleistungsrechte gegenüber dem Bauträger geltend machen?, ZNotP 2004, 4; *Pauly*, Der Bauträgervertrag – Aktuelle Entwicklungen durch das Schuldrechtsmodernisierungsgesetz, MDR 2004, 16; *Derleder*, Der Bauträgervertrag nach der Schuldrechtsmodernisierung, NZBau 2004, 237; *Greiner*, Mängelansprüche gegen den Bauträger, BTR 2004, 242; *Drasdo*, Rechtsfähigkeit der Wohnungseigentümergemeinschaft, NJW 2004, 1988; *Pause*, Bauträgervertrag: Teilrechtsfähigkeit der Wohnungseigentümergemeinschaft und die Geltendmachung von Mängeln am Gemeinschaftseigentum, BTR 2005, 205; *Blank*, Die rechtliche Einordnung des Veräußerungsvertrages über ein bereits hergestelltes Gebäude, Festschrift für Thode (2005), 233; *Pause*, Veräußerung sanierter Altbauten, BTR 2005, 72; *Drasdo*, Mit Bauträgern vereinbarte Sonderwünsche bei Wohnungseigentum, NJW-Spezial 2005, 241; *Vogel*, Die Rechtsfähigkeit der Wohnungseigentümergemeinschaft, BTR 2005, 226; *Hügel*, Die Teilrechtsfähigkeit der Wohnungseigentümergemeinschaft und deren Auswirkungen auf die Gestaltung von Gemeinschaftsordnung und Bauträgervertrag, BTR 2005, 229; *Jungjohann*, Teilrechtsfähigkeit der Wohnungseigentümergemeinschaft, BTR 2005, 233; *Abramenko*, Die teilrechtsfähige Wohnungseigentümergemeinschaft und ihre Vertragspartner: Eine Bilanz, BTR 2006, 106; *Baer*, Gemeinschaftsbezogenheit von Mängelrechten beim Erwerb vom Bauträger, BTR 2006, 113; *Drasdo*, Die Entstehung der Wohnungseigentümergemeinschaft, NJW-Spezial 2006, 481; *Kesseler*, Das gesetzliche Leitbild des Bauträgervertrages – eine fehlgeleitete Diskussion, ZfIR 2006, 701; *Köster/Sankol*, Die Insolvenzfähigkeit der Wohnungseigentümergemeinschaft, ZfIR 2006, 741; *Graßnack*, Die Abtretung von Gewährleistungsansprüchen gegen die am Bau beteiligten Unternehmer im Vertrag des Bauträgers mit dem Erwerber von Wohnungseigentum, BauR 2006, 1394; *Pause*, Bauträgererwerb: Minderung und Schadensersatz bei Mängeln am Gemeinschaftseigentum, Festschrift für Motzke (2006), 323; *Pause/Vogel*, Auswirkungen der Teilrechtsfähigkeit der Wohnungseigentümergemeinschaft auf die Verfolgung von Mängeln am Gemeinschaftseigentum gegenüber dem Bauträger, NJW 2006, 2670; *Bub*, Die geplante Novellierung des WEG, NZM 2006, 841; *Gottschalg*, Wesentliche Aspekte der beschlossenen WEG-Novelle, NZM 2007, 194; *Briesemeister*, Das Haftungssystem der Wohnungseigentümergemeinschaft nach der WEG-Reform, NZM 2007, 225; *Weise*, Der riskante Sonderwunsch, NJW-Spezial 2007, 21; *Basty*, Die Kündigung des Bauträgervertrages, Jahrbuch Baurecht 2007, 91; *Fuchs*, Die Mängelhaftung des Bauträgers bei der Altbausanierung, BauR 2007, 264; *Schulze-Hagen*, Die Ansprüche des Erwerbers gegen den Bauträger wegen Mängel am Gemeinschaftseigentum, ZWE 2007, 113; *Niedenführ*, Die WEG-Novelle 2007, NJW 2007, 1841; *Wenzel*, Die Zuständigkeit der Wohnungseigentümergemeinschaft bei der Durchsetzung von Mängelrechten der Ersterwerber, NJW 2007, 1095; *Elzer*, Die Novelle 2007, WuM 2007, 295; *Pause/Vogel*, Auswirkungen der WEG-Reform auf die Geltendmachung von Mängeln am Gemeinschaftseigentum, BauR 2007, 1298.

## 1. Allgemeines

Die Geltendmachung von Gewährleistungsansprüchen beim Wohnungseigentum **464** war schon immer ein problematisches Unterfangen; vieles wurde in Rechtsprechung und Literatur kontrovers behandelt. Der BGH hat jedoch zum alten Recht durch mehrere Grundsatzentscheidungen wichtige Streitfragen entschieden,[1)] sodass der Theoriestreit[2)] praktisch erledigt war. Eine Vielzahl von Einzelfragen war jedoch noch nicht abschließend geklärt; neue Streitfragen wurden durch das SchRModG vorgegeben. Nunmehr ist am 1. Juli 2007 die **WEG-Novelle 2007** in Kraft getreten, die die bisher umfangreichsten Änderungen des WEG vom 15.3.1951 bewirkt.[3)] Die materiell-rechtlichen Auswirkungen, insbesondere auf die Geltendmachung der **Mängelrechte** am Gemeinschaftseigentum, werden bereits diskutiert.[4)] Daneben steht vor allem das gesamte **Bauträgerrecht** zunehmend im Blickpunkt; es wird „die Lückenhaftigkeit des geltenden Rechts" beklagt und über neue gesetzgeberische Maßnahmen nachgedacht.[5)] Mit schnellen Lösungen ist aber nicht zu rechnen. Und so werden vorerst weiterhin praktische Fragen im Vordergrund stehen, von denen nur einige genannt werden können:

Welche **Rechtsnatur** hat der Bauträgervertrag nach neuem Recht?[6)] Kann die **VOB/B** wirksam vereinbart werden?[7)] Welche Stellung hat der „**faktische**" Woh-

---

1) MDR 1971, 739 = LM Nr. 1 zu § 21 WEG; BGHZ 68, 372 = NJW 1977, 1336 = BauR 1977, 271; BGHZ 74, 258 = BauR 1979, 420 = NJW 1979, 2207 = ZfBR 1979, 163; BGH, BauR 1980, 69 = ZfBR 1980, 36; BGH, ZfBR 1981, 230 = BauR 1981, 467; BGH, BauR 1983, 84; BGH, NJW 1984, 725 = BauR 1984, 166 = ZfBR 1984, 35; BGH, BauR 1985, 314 = ZfBR 1985, 132 = NJW 1985, 1551; BGHZ 163, 154 = BauR 2005, 1462 = NJW 2005, 2061; BGH, BauR 2007, 1221 = ZfBR 2007, 548 = NJW 2007, 1952 = ZfIR 2007, 454 m. Anm. *Baer* – IBR 2007, 318 – *Schulze-Hagen*; BGH, BauR 2007, 1227 = NZBau 2007, 441 = ZfBR 2007, 553 = NJW-Spezial 2007, 359.
2) Vgl. dazu: BGH, *SFH*, Nr. 15 zu § 635 BGB = MDR 1979, 837; *Deckert*, S. 116 ff.; *Scheuvens*, MittRhNotK 1985, 85, 86.
3) Gesetz vom 26.3.2007 (BGBl. I S. 370); s. hierzu: *Niedenführ*, NJW 2007, 1841 ff.; *Elzer*, WuM 2007, 295 ff.; *Bub*, NZM 2006, 841 ff.
4) *Wenzel*, NJW 2007, 1095 ff.; *Pause/Vogel*, BauR 2007, 1298 ff.; *Kniffka*, Festschrift für Ganten, S. 125 ff.
5) Siehe hierzu u. a. *Thode/Wagner*, BTR 2006, 2 ff. (dazu: Bundesnotarkammer, BTR 2006, 58 ff.); ferner: *Vogel*, BauR 2007, 224 ff. (zu Problemen der Sicherungen beim Bauträgervertrag). *Weise*, NJW-Spezial 2005, 453 (Ein neues Bauträgergesetz?).
6) Zum **alten Recht**: BGH BauR 1997, 488 = ZfBR 1997, 185; BGHZ 74, 258 = NJW 1979, 2207 = BauR 1981, 571; BGH, BauR 1982, 58 = ZfBR 1982, 18; BGH, BauR 1985, 314 = ZfBR 1985, 132; BGH, BauR 1988, 464 = NJW 1988, 1972 sowie BGH, BauR 2007, 1407; BauR 2007, 111, 112; BauR 2005, 542 u. OLG Frankfurt, BauR 1985, 323 = NJW 1984, 2586 bei **Altbausanierung** (hierzu siehe *Ott*, NZBau 2003, 233, 235; *v. Samson*, BauR 1996, 58 ff.; *Koeble*, BauR 1992, 569 ff.; OLG Düsseldorf, BauR 2003, 1911; OLG Hamburg, BauR 1997, 835 mit abl. Anm. *Karczewski*).
Zum **neuen Recht**: *Pause*, NZBau 2002, 648 ff.; *Pause*, Rdn. 626 ff.; *Ott*, NZBau 2003, 233 ff.; *Wagner*, BauR 2004, 570 sowie Rdn. **1445**. Zum sog. Verbraucherschutz: BGH, NZBau 2007, 437.
7) Vgl. OLG Celle, BauR 1993, 476 u. Rdn. **1017**.

nungseigentümer?[8)] Wie sind **Sonderwünsche** der Erwerber in Bezug auf das Gemeinschafts- oder Sondereigentum zu behandeln?[9)] Wann hat die **Auflassung** zu erfolgen?[10)] Welche Leistungen hat der Bauträger im **Einzelfall** zu erbringen?[11)] Sind **Änderungsvorbehalte** im Vertrag wirksam?[12)] Welche Ansprüche können von „draußen" geltend gemacht werden?[13)] Können die Wohnungseigentümer immer noch als **Gesamtschuldner** in Anspruch genommen werden?[14)] Muss der Bauträger

---

8) Dieser hat eine **Auflassungsvormerkung,** die Umschreibung des Eigentums ist aber noch nicht erfolgt; der Erwerber gehört bereits zur „**faktischen**" Wohnungseigentümergemeinschaft; vgl. dazu: BGH, NJW 1989, 1087; OLG Köln, WuM 2006, 217; OLG Stuttgart, BauR 2003, 1394, 1395; OLG Hamm, OLGR 1998, 8, 9; *Fink-Plücker,* ZfIR 2001, 862; *Habscheid,* NZI 2000, 568 u. *Röll,* NJW 1989, 1070 ff. sowie *Seuß,* Festschrift für Bärmann und Weitnauer, S. 599 ff.; BGH, NJW 1983, 1615 m. Anm. *Röll;* OLG Frankfurt, OLGR 1992, 182 = NJW-RR 1993, 339 (zum **Vorschussanspruch**); LG Nürnberg-Fürth, ZMR 1985, 347; KG, NJW-RR 1986, 1274; *Finger,* BauR 1984, 108 ff.; *Deckert,* ZfBR 1983, 163 ff.; NJW 1974, 1140; BayObLGZ 1974, 217, 275; OLG Karlsruhe, OLGZ 1978, 177; OLG Stuttgart, OLGZ 1979, 34; OLG Köln, MDR 1981, 408; BayObLG, MDR 1981, 675 (zum **Anfechtungsrecht**); OLG Hamm, NJW 1984, 2708 (zum **Zurückbehaltungsrecht** beim „steckengebliebenen" Bau); *Korff,* DWE 1980, 13; *Pause,* NJW 1993, 553, 555.
9) Zur Vereinbarung von Sonderwünschen und den Rechtsfolgen: *Virneburg,* BauR 2004, 1681; *Drasdo,* NJW-Spezial 2005, 241; *Weise,* NJW-Spezial 2007, 21. Zu den **Koordinierungspflichten** des Bauträgers: OLG Hamm, NZBau 2007, 41 = BauR 2006, 1916 = NJW-RR 2006, 1680 = OLGR 2006, 827. Zur Beweislast: OLG München, IBR 2007, 491 – *Sienz.*
10) Siehe: BGH, ZfIR 2006, 670 m. Anm. *Blank* = BauR 2006, 1464 = NZBau 2006, 645 = IBR 2006, 447 (Abänderung von OLG Frankfurt, BauR 2005, 1491 = IBR 2005, 595 – *Basty*) zum **verjährten** Zahlungsanspruch; Bauträger ist erst **nach Zahlung** zur Auflassung verpflichtet. Zum Auflassungsanspruch des Erwerbers bei **vollständiger** Zahlung (aber fehlender Abnahme des Gemeinschaftseigentums): OLG Nürnberg, BauR 2002, 106 u. LG Heilbronn, BauR 2002, 107. Zum Auflassungsanspruch bei **Insolvenz** des Bauträgers: OLG Koblenz, IBR 2007, 320 – *Schmitz;* bei **Verzug** mit der Mängelbeseitigung: LG Hagen, IBR 2007, 138 – *Hesse.* Zur **Aufrechnung** des Erwerbers mit Mängelansprüchen am Gemeinschaftseigentum: BGH, BauR 2007, 1227, 1235 = IBR 2007, 372 – *Schmitz;* s. ferner (unzutreffend): OLG München, IBR 2007, 488 – *Thode.*
11) Gutes **Beispiel** auch hier der Schallschutz; s. hierzu grundlegend: BGH, BauR 2007, 1570 = NZBau 2007, 574 u. *Boldt,* NJW 2007, 2960; s. ferner: OLG Brandenburg, BauR 2006, 1323 (fehlerhafte Dachentwässerung); OLG Koblenz, IBR 2006, 98 – *Frank;* LG Karlsruhe, BauR 2006, 1003; OLG Frankfurt, BauR 2005, 1327. Zu den Anforderungen an die **Kellerisolierung** eines Altbaus: OLG Nürnberg, BauR 2007, 413; OLG Düsseldorf, BTR 2005, 132 (LS).
12) BGH, NZBau 2005, 511 = BauR 2005, 1473 = IBR 2005, 491 (unwirksam); OLG Hamm, BauR 2007, 1422, 1423 u. 2005, 1324, 1326 (unwirksam).
13) Siehe z. B. BGH (VIII. ZS), BauR 2005, 1924 = IBR 2006, 54 – *Schmid* (**Mieter** verlangt vom Vermieter/Eigentümer die Beseitigung von Mängeln am Gemeinschaftseigentum; Anspruch bejaht, wenn nicht im Einzelfall die Aufwendungen die sog. Opfergrenze überschreiten); BGH (V. ZS), BauR 2007, 876 = NJW 2007, 432 (Anspruch **gegen** den **Mieter** des Eigentümers auf Duldung des Rückbaus eines „Wintergartens auf dem Balkon").
14) BGH, NJW 2007, 518 = NZM 2007, 164 (**Vollstreckung** aus „alten" Titeln möglich); BGH, BauR 2007, 1041 (**kein Vertrauensschutz** für Gläubiger nach Änderung der BGH-Rechtsprechung); s. ferner: OLG München, NJW 2007, 2862 (Vertrauensschutz bejaht) u. IBR 2005, 715 (nur Wohnungseigentümerschaft haftet für Verletzung der Verkehrssicherungspflicht); OLG Düsseldorf, BauR 2006, 1153 u. LG Würzburg, WuM 2006, 531 (Haftung verneint). Zum **Haftungssystem** nach der WEG-Reform: *Briesenmeister,* NZM 2007, 225 ff.

**Allgemeines** Rdn. 465

Bauunterlagen an die Wohnungseigentümer herausgeben?[15] Trifft den Bauträger eine Sekundärhaftung?[16] Welche Bedeutung haben der **Vergleich,** Verzicht oder ein Gewährleistungsausschluss eines einzelnen Erwerbers auf die Ansprüche/Klagebefugnis der übrigen?[17] Schließlich: Welche Stellung hat der Verwalter nach der WEG-Reform;[18] besteht eine Pflicht des **Verwalters,** die Eigentümergemeinschaft auf den Ablauf von Gewährleistungsfristen hinzuweisen, und muss er gegebenenfalls selbst auch Gewährleistungsansprüche verfolgen und durchsetzen?[19] In welchem Umfang haftet der Verwalter den Wohnungseigentümern aus einer Pflichtverletzung?[20]

Zu beachten ist, dass nach der Rechtsprechung des BGH[21] unter allen Wohnungseigentümern ein gesetzliches Schuldverhältnis (Gemeinschaftsverhältnis) besteht, sofern nicht eine anderweitige Vereinbarung i. S. des § 10 WEG getroffen worden ist. Aus diesem gesetzlichen Verhältnis erwächst für **jeden** Wohnungseigentümer die **Pflicht,** an einer ordnungsgemäßen **Verwaltung** und **Instandsetzung** des gemeinschaftlichen Eigentums zusammenzuwirken.[22] Das bedeutet: Treten Schäden/Mängel auf, muss für eine ordnungsgemäße Beseitigung durch Beauftragung von **Fachunternehmen** Sorge getragen werden. Lässt deshalb zum Beispiel ein Wohnungseigentümer Reparaturarbeiten – zu Recht oder zu Unrecht – durch einen von ihm (allein) beauftragten Unternehmer durchführen, haftet er für das Verschulden des Unternehmers im Verhältnis zu den geschädigten Wohnungseigentümern nach

465

---

15) Siehe LG München, BauR 2007, 1431 = IBR 2007, 323 – *Klimesch* (Herausgabe von **Bauplänen**); BayObLG, IBR 2001, 424 – *Schmidt* m. w. Nachw.
16) Verneinend: LG Siegen, IBR 2006, 96 – *Moufang*.
17) Vgl. OLG Hamm, BauR 2001, 1765 (Sondervereinbarungen Einzelner über Mängel am Gemeinschaftseigentum sind **unwirksam**); KG, IBR 2004, 511 (zur **Auskehrung** des Vergleichserlöses). Zur Wirkung eines Vergleichs durch die Eigentümergemeinschaft auf Ansprüche des einzelnen Erwerbers: Brandenburgisches OLG, IBR 2005, 20 – *Vogel*.
18) *Gottschalg,* NZM 2007, 194, 198: eine „Zwitterstellung"; zur Rechtsstellung s. auch *Bub,* NZM 2006, 841, 846 ff.
19) Vgl. dazu: *Greiner,* BTR 2004, 242, 248; *Pause,* NZBau 2006, 342, 349; OLG Saarbrücken, OLGR 2004, 210, 216; BayObLG, OLG 2004, 124; OLG Düsseldorf, ZWE 2002, 537 = BauR 2002, 1899 (LS); BGH, NJW 1998, 680 (**Hinweispflicht** des Verwalters auf **Planungs-** und **Ausführungsfehler** des errichteten Bauwerks); BayObLG, ZMR 2001, 558 = NZM 2001, 388 (zur Pflicht, auf den drohenden **Ablauf** von **Gewährleistungspflichten** hinzuweisen); OLG Hamm, MDR 1989, 456; OLG Schleswig, *SFH,* Nr. 2 zu § 27 WEG; *Deckert,* BauR 1981, 99 ff. Macht der **Verwalter** Ansprüche der Wohnungseigentümer **ohne Hinzuziehung eines Rechtsanwaltes** gerichtlich geltend, liegt darin **kein Verstoß** gegen das **RBerG** (BayObLG, NJW-RR 1992, 81; BGH, BauR 1993, 640 [LS]). Zur Anwendung des **RBerG** auf Gewerbebetriebe, die zur Aufteilung und Bildung von Wohnungseigentum herangezogen werden: OLG Dresden, BauR 2000, 743.
20) Vgl. OLG Saarbrücken, OLGR 2004, 210, 216; BayObLG, OLGR 2004, 124; NZM 2000, 501 u. IBR 2003, 81 – *Vogel* (zur Schadensersatzpflicht des Verwalters; **Verjährung** von Mängelansprüchen); BayObLG, ZMR 2002, 529 (zur Kostentragungspflicht der Wohnungseigentümer für ein vom Verwalter eingeleitetes selbständiges Beweisverfahren); ferner: *Bärmann/Pick/Merle,* § 27 WEG, Rdn. 200 ff.
21) BGH, BauR 1999, 1032 = ZfBR 1999, 317 = NJW 1999, 2108 = MDR 1999, 924; *Palandt/Bassenge,* Einl. vor § 1 WEG, Rdn. 5.
22) BGH (VIII. ZS), BauR 2005, 1924, 1926.

§ 278 Satz 1 BGB.[23] Diese müssen sich jedoch das Verschulden des Unternehmers in Höhe des jeweiligen Miteigentumsanteils als Mitverschulden anrechnen lassen.

## 2. Begriff des Wohnungseigentums

*Literatur*

*Karstadt*, Zur Abgrenzung von Sonder- und Gemeinschaftseigentum, MDR 1963, 190; *Hurst*, Das Eigentum an der Heizungsanlage, DNotZ 1984, 66, 140; *Bielefeld*, Kein Sondereigentum bei Fensterglas und Rahmen, DWE 1986, 21; *Röll*, Sondereigentum an Heizungsraum und deren Zugangsflächen, DNotZ 1986, 706; *Bielefeld*, Verbrauchszähler im Wohnungseigentum: Sonder- oder Gemeinschaftseigentum?, NZM 1998, 249; *Demharter*, Isolierter Miteigentumsanteil beim Wohnungseigentum, NZM 2000, 1196; *Riecke*, Die Abgrenzung von Gemeinschafts- und Sondereigentum im Wohnungseigentumsrecht, BTR 2003, 11.

**466** Das Wohnungseigentum ist ein Gebilde, das sich aus zwei verschiedenen Eigentumssphären zusammensetzt: dem **Sondereigentum** und dem Anteil am **gemeinschaftlichen Eigentum.** Zur Verschiedenheit der Rechtsgrundlage etwaiger Mängelansprüche tritt also der Unterschied zweier Rechtssphären, deren eine ohne weiteres **individualrechtlich** erfasst werden kann,[24] während hinsichtlich der zweiten die aus dem Miteigentum folgenden **Gemeinschaftsbindungen** berücksichtigt werden müssen.[25]

Nach der neueren Rechtsprechung des BGH[26] ist die **Gemeinschaft** der Wohnungseigentümer „ein rechtsfähiger **Verband sui generis**"; dessen Rechtsfähigkeit ist aber auf die Teilbereiche des Rechtslebens beschränkt, bei denen die Wohnungseigentümer im Rahmen der Verwaltung des gemeinschaftlichen Eigentums als

---

[23] BGHZ 62, 243, 247; BGH, BauR 1999, 1032, 1034; BayObLG, ZMR 2001, 47 u. NJW-RR 1992, 1102, 1103; OLG Düsseldorf, NJW-RR 1995, 1165, 1166; KG, NZM 2002, 869 = BauR 2002, 1899 (LS) – Haftung des Teileigentümers für Pflichtverletzungen des **Mieters**. Für Schäden am **Sondereigentum** eines Wohnungseigentümers, die ihre Ursache im Gemeinschaftseigentum haben, haften **Wohnungseigentümer** nur im Falle eines **Verschuldens** (BayObLG, NJW 1986, 3145; KG, NJW-RR 1986, 1078; siehe auch OLG Hamm, OLGR 1998, 8 u. *Jagenburg*, NJW 1995, 2196, 2203). Zur Anwendung der §§ 286, 287 ZPO: OLG Frankfurt, OLGZ 1987, 23. Zur Inanspruchnahme des **Sondereigentümers** aufgrund **bauordnungsrechtlicher** Vorschriften für Mängel, die auch das Gemeinschaftseigentum betreffen: OVG Berlin, NJW-RR 1991, 597. Zur **Klagebefugnis** des Wohnungseigentümers aus einer **Gebäudeversicherung** bei Schäden am **Sondereigentum:** OLG Hamm, VersR 1996, 1234.
[24] Das heißt, die Ansprüche stehen jeweils nur dem **einzelnen Erwerber** aus dem Erwerbsvertrag gegen seinen Vertragspartner oder bei Abtretung gegen den Unternehmer, Architekten usw. zu. Zu dem **Sonderproblem** der Beeinträchtigung des **Sondereigentums durch Mängel am Gemeinschaftseigentum** s. *Brych*, NJW 1976, 1072, 1073; *Deckert*, S. 185 ff.; BGH, BauR 1990, 353 = NJW 1990, 1663 **(Geruchsbelästigung)**; BGH, BauR 1991, 606 = ZfBR 1999, 212 **(Trittschallschutz)**; BGH, NJW 1993, 727 = BauR 1993, 253 (LS); OLG Köln, NJW-RR 1994, 470 **(Schallschutzmängel)**; LG Berlin, ZMR 2001, 567 (Dachgeschossausbau); BGH, BauR 1986, 447; BauR 1987, 439 und OLG Köln, WERS, Bd. 2, Nr. 131. Eine **Ermächtigung** der Wohnungseigentümergemeinschaft zur Geltendmachung von **Minderungsansprüchen** betreffend das **Sondereigentum** ist zulässig, wenn die Schadensursache sich sowohl auf das Gemeinschaftseigentum wie auf das Sondereigentum auswirkt.
[25] *Weitnauer*, ZfBR 1979, 84, 85.
[26] BGHZ 163, 154, 172, 177 = BauR 2005, 1462 = NJW 2005, 2061 = ZMR 2005, 547; BGH, BauR 2007, 1407, 1408.

Gemeinschaft im Rechtsverkehr teilnehmen. Zu diesem Bereich gehört systemimmanent auch die Geltendmachung der Rechte der Erwerber wegen Baumängeln an der Bausubstanz des Gemeinschaftseigentums.[27] Die **WEG 2007** bestimmt nunmehr in § 10 Abs. 6, dass die Gemeinschaft der Wohnungseigentümer im Rahmen der gesamten Verwaltung des gemeinschaftlichen Eigentums gegenüber Dritten und Wohnungseigentümern selbst Rechte erwerben und Pflichten eingehen kann und Inhaberin der als Gemeinschaft gesetzlich begründeten und rechtsgeschäftlich erworbenen Rechte und Pflichten ist. Und: Die Gemeinschaft muss die Bezeichnung **„Wohnungseigentümergemeinschaft"** führen und kann vor Gericht klagen und verklagt werden. Damit wird nahtlos an die Rechtsprechung des BGH zur (Teil)Rechtsfähigkeit angeknüpft. Des Weiteren bestimmt § 10 folgerichtig, dass die Eigentümergemeinschaft als Verband auch „die gemeinschaftsbezogenen Rechte der Wohnungseigentümer (**ausübt**) und die gemeinschaftsbezogenen Pflichten der Wohnungseigentümer (**wahrnimmt**), ebenso sonstige Rechte und Pflichten der Wohnungseigentümer, soweit diese gemeinschaftlich geltend gemacht werden können oder zu erfüllen sind". Damit wird erkennbar formuliert, was nach der Rechtsprechung des BGH bereits lange rechtens ist.[28] Treten **Baumängel** auf, so wird deshalb auch in Zukunft wie bisher **am Anfang** aller Überlegungen immer die Frage stehen müssen, ob es sich bei dem betroffenen Baukörper um **„Gemeinschaftseigentum"** oder um „reines" **Sondereigentum** handelt.[29]

Nach § 1 Abs. 5 WEG sind **gemeinschaftliches Eigentum** das Grundstück sowie die Teile, Anlagen und Einrichtungen des Gebäudes, die nicht im Sondereigentum oder im Eigentum eines Dritten stehen. Nach § 5 Abs. 1 WEG sind Gegenstand des **Sondereigentums** die gemäß § 3 Abs. 1 bestimmten Räume sowie die zu diesen Räumen gehörenden Bestandteile des Gebäudes, die verändert, beseitigt oder eingefügt werden können, ohne dass dadurch das gemeinschaftliche Eigentum oder ein auf Sondereigentum beruhendes Recht eines anderen Wohnungseigentümers über das nach § 14 zulässige Maß hinaus beeinträchtigt oder die äußere Gestaltung des Gebäudes verändert wird.

467

Teile des Gebäudes, die für dessen Bestand oder Sicherheit erforderlich sind, sowie Anlagen und Einrichtungen, die dem gemeinschaftlichen Gebrauch der Wohnungseigentümer dienen, sind nicht Gegenstand des Sondereigentums, selbst wenn sie sich im Bereich der im Sondereigentum stehenden Räume befinden (§ 5 Abs. 2 WEG). Die **Abgrenzung** nach § 5 Abs. 2 WEG kann im Einzelfall **schwierig** sein.[30] Vereinbarungen der Wohnungseigentümer können nicht alleinige Entscheidungsgrundlage sein; oftmals wird sich deshalb eine differenzierte Betrachtung nicht umgehen lassen, um ein für alle Beteiligten gerechtes Ergebnis zu erzielen.[31] Zu beachten

---

27) BGH, BauR 2007, 1407, 1408.
28) Die **Formulierung** in § 10 Abs. 6 Satz 3 WEG 2007 wird allerdings **kritisiert** (*Wenzel*, NJW 2007, 1905, 1907; *Pause/Vogel*, BauR 2007, 1298, 1301 ff.).
29) Beispielsfall: BGH, BauR 1985, 314 = ZfBR 1985, 132 = NJW 1985, 1551.
30) Vgl. BGH, NZBau 2001, 265 = BauR 2001, 798 für Wohnungseigentumsanlage, die sich aus mehreren Häusern zusammensetzt.
31) Instruktiv: KG, OLGR 2006, 418 (zur Auslegung des Begriffs „Dachgeschossräume"); OLG München, NZM 2007, 369 (Sondereigentumsfähigkeit von Balkonteilen).

ist, dass Mängel der Teilungserklärung die Entstehung gemeinschaftlichen Eigentums zur Folge hat.[32]

**468** Rechtsprechungsübersicht (Auswahl)

Gebäudeteile, die für den **Bestand** oder die **Sicherheit** des Gebäudes **notwendig** („**Gemeinschaftseigentum**") sind:

- **Abdichtungsanschluss** zwischen Dachterrasse und Gebäude (BayObLG, NJW-RR 2001, 305)
- **Außenfenster** einschließlich Innenseite (OLG Bremen, DWE 1987, 59; vgl. auch OLG Hamm, NJW-RR 1992, 148 = MDR 1992, 258)
- **Außenjalousien** (KG, WM 1985, 353 = DWE 1985, 126)
- **Außenputz** (OLG Düsseldorf, BauR 1975, 61)
- **Außenwände, Fundamente, tragende Konstruktionen, Dach, Kamin** (BGH, NJW 1985, 1551)
- **Äußere Fensterbänke** (OLG Frankfurt, NJW 1975, 2297)
- **Balkonbrüstungen** (BayObLG, NJW-RR 1990, 784; OLG Düsseldorf, NJW-RR 1993, 89, 90 für Balkondecke; OLG Hamm, ZfBR 2001, 475, 476 = BauR 2001, 1765 für Geländer)
- **Bodenplatten** der Balkone (BGH, NZBau 2001, 265 = BauR 2001, 798) und Terrassen (Abschlussgitter; BayObLG, MDR 1974, 936)
- **Brandmauer** (BayObLG 71, 279; *Palandt/Bassenge*, § 5 WEG, Rdn. 6)
- **Dachboden** (OLG Düsseldorf, Rpfleger 1975, 308)
- **Estrich** (BayObLG, NJW-RR 1994, 598)
- **Dachunterspannbahn** (OLG Hamm, ZMR 1989, 98)
- **Fensterbank** (OLG Frankfurt, NJW 1975, 2297)
- **Fensterscheiben** (LG Lübeck, Rpfleger 1985, 490 = NJW 1986, 2514; OLG Bremen, DWE 1987, 62 = WE 1987, 162)
- **Geschossdecken** und tragende Innenwände (BayObLG, NJW 1995, 649)
- **Heizungsanlage** (BGH, WM 1979, 697; BayObLG, Rpfleger 1980, 230; LG Landau, Rpfleger 1985, 360; anders: LG Frankfurt, NJW-RR 1989, 1166 für Heizungsgeräte, die nur einer einzigen Eigentumswohnung zugeordnet sind)
- **Heizkörper, Thermostatventile** und **Verbrauchsmessgeräte** (*Riecke*, BTR 2003, 11, 13 m. Nachw.)
- **Lüftungsrohr** (HansOLG Hamburg, ZMR 2003, 527)
- **Isolierschichten,** die vor Feuchtigkeit schützen (z. B. von Balkonen, Loggien/Dachterrassen; Fußböden; OLG München, NZM 2007, 369; OLG Köln, ZMR 2002, 377; BayObLG, WuM 1994, 152; NJW-RR 1989, 1293 u. NJW-RR 1987, 331 = ZfBR 1987, 98; BGH, BauR 1985, 314 = NJW 1985, 1551; BGH, BauR 1987, 235, 237; OLG Frankfurt, OLGZ 1984, 148)
- **Obere Schicht des Flachdaches** (OLG Frankfurt, OLGZ 1987, 23)
- **Rollladenkästen** (LG Memmingen, Rpfleger 1978, 101)
- **Schallschutz** (OLG München, Rpfleger 1985, 437)
- **Schwimmender Estrich** (als Trittschallschutz; OLG München, Rpfleger 1985, 437 mit Anm. Sauren; BGH, BauR 1991, 606 = ZfBR 1991, 212 = NJW 1991, 2480)

---

[32] BayObLG, NJW 1974, 152; s. auch OLG Frankfurt, IBR 2006, 263 – *Harder* (zur Pflichtverletzung des Notars).

## Wohnungseigentum  Rdn. 469–470

* **Steigleitungen** („Hauptstränge") (BGHZ 78, 225 = NJW 1981, 455; OVG Berlin, NJWRR 1991, 597)
* **Tiefgarageneinfahrt** (OLG Nürnberg, BauR 1999, 1464 – Zufahrtsradius zu klein; s. ferner: OLG Stuttgart, IBR 2000, 538 – *Kamphausen* u. OLG Frankfurt, OLGR 2000, 147)
* **Tragende Wände** (BGH, BauR 2001, 795, 798; BGH, NJW-RR 1995, 649 – Innenwand)
* **Wärmeisolierschicht** (*Palandt/Bassenge*, § 5 WEG, Rdn. 6)
* **Wohnungsabschlusstüren** (OLG Stuttgart, BauR 2005, 1490)

Anlagen oder Einrichtungen, die dem **„gemeinschaftlichen Gebrauch dienen"** **469** (§ 5 Abs. 2 WEG):

Die Frage, ob eine Anlage oder Einrichtung, die in einem der Gemeinschaft der Wohnungseigentümer gehörenden Gebäude untergebracht ist, diesen Wohnungseigentümern i. S. von § 5 Abs. 2 WEG zum **„gemeinschaftlichen Gebrauch dienen"** und deshalb nicht durch Teilungserklärung (§ 8 WEG) zum Gegenstand des Sondereigentums gemacht werden kann, beurteilt sich nach der Art der betreffenden Anlage oder Einrichtung, nach ihrer Funktion und Bedeutung für die Gemeinschaft der Wohnungseigentümer. Die Anlage oder Einrichtung muss nach ihrer Zweckbestimmung so auf die gemeinsamen Bedürfnisse der Wohnungseigentümer zugeschnitten sein, dass eine Vorenthaltung der gemeinschaftlichen Verfügungsbefugnis durch Bildung von Sondereigentum ihren schutzwürdigen Belangen zuwiderlaufen würde. Dafür genügt nicht schon, dass sich eine Anlage zur gemeinsamen Nutzung eignet oder anbietet; ihr Zweck muss vielmehr darauf gerichtet sein, der Gesamtheit der Wohnungseigentümer einen ungestörten Gebrauch ihrer Wohnungen und der Gemeinschaftsräume zu ermöglichen und zu erhalten. Das trifft vornehmlich auf Anlagen und Einrichtungen zu, die als Zugang zu den Wohnungen und Gemeinschaftsräumen bestimmt sind, wie etwa in der Regel **Fahrstühle, Treppenaufgänge** und dergleichen, oder die zur Bewirtschaftung und Versorgung der Wohnungen und des Gemeinschaftseigentums dienen, wie z. B. **Wasserleitungen, Gas- und Heizungsanlagen**.[33] § 5 Abs. 2 WEG stellt somit eine unabdingbare Grenze für die Bildung von Sondereigentum dar;[34] die Grenzen des § 5 Abs. 2 WEG für die Begründung von Sondereigentum gelten dabei auch bei Wohnungseigentumsanlagen, die sich aus **mehreren** Häusern zusammensetzen.[35]

Im Übrigen entsteht **Sondereigentum** nur, soweit sich dies aus dem Grundbuch in Verbindung **470** mit der Eintragungsbewilligung und dem Aufteilungsplan eindeutig ergibt. Fehlt es hieran, so hat dies zur Folge, dass alle Grundstücksbestandteile, die nicht oder nicht zweifelsfrei als Sondereigentum ausgewiesen sind, gemeinschaftliches Eigentum werden (vgl. BGHZ 109, 179, 184; BGH, ZfIR 2004, 108 = IBR 2004, 105 – *Vogel;* BGH, ZfBR 1995, 300, 302; OLG Stuttgart, OLGZ 1981, 180, 163; OLG Karlsruhe, NJW-RR 1993, 1294, 1295). An einer **Schwimmhalle mit Sauna** ist Sondereigentum möglich (BGH, WM 1981, 64 = NJW 1981, 455); ebenso an **getrennten Heizungsgeräten** (LG Frankfurt, NJW-RR 1989, 1166) oder einer **Abwasserhebeanlage** (OLG Düsseldorf, ZMR 2001, 216). **Treppenhaus** und **Flur** sind dagegen Gemeinschaftseigentum (BayObLG, MDR 1986, 590; OLG Oldenburg, Rpfleger 1989, 365 für Zugangsflächen), ebenso die Wohnungseingangstür (OLG Stuttgart, IBR 2005, 546 – *Schmid*) oder **Kellerraum** (BayObLG, Rpfleger 1980, 477). Noch **zu bauende Garagen** und **nicht bebaute Grundstücksflächen** sind sondereigentums-fähig („Anwartschaft" vgl. OLG Frankfurt, Rpfleger 1978, 380, 381; s. aber auch OLG Hamm, Rpfleger 1975, 27). **Kraftfahrzeugstellplätze** auf einem **nicht überdachten Oberdeck** können Gegenstand von Sondereigentum sein (LG Braunschweig, Rpfleger 1981, 298; OLG Köln, Rpfleger 1984, 464; **a. A.:** LG Aachen, Rpfleger 1984, 184; Frankfurt, MDR 1984, 147; BayObLG, Rpfleger 1986, 217).

---

[33] BGH, WM 1981, 64; LG Bonn, Rpfleger 1984, 14.
[34] BayObLGZ 1966, 20 = Rpfleger 1966, 149 = MDR 1966, 413 u. MDR 1981, 145.
[35] BGH, BauR 2001, 798, 799.

Zum Sondereigentum an **Balkonen** oder **Fenstern** und zur Instandsetzungsverpflichtung: OLG Düsseldorf, NJW-RR 1998, 515 = NZM 1998, 269.

Weitere Beispiele für **Sondereigentum:** Erker/Überbau: LG Bautzen, NZM 2001, 201; Sprechstelle einer gemeinschaftlichen Sprechanlage: OLG Köln, OLGR 2003, 457 = ZMR 2003, 378; Balkonbelag: OLG Köln, ZMR 2001, 568; OLG Düsseldorf, ZMR 2002, 613; s. auch *Riecke*, BTR 2003, 11, 12.

### 3. Aktivlegitimation

**471** Zunächst ist bei dem Fragenkomplex „Mängel am Gemeinschaftseigentum" zwischen der **Aktivlegitimation** einerseits und dem **Prozessführungsrecht** andererseits zu trennen.[36] Das wurde häufig schon nicht beachtet, vom BGH jedoch nochmals klargestellt.[37]

**Anspruchsberechtigter** (Rechtsträger) ist hinsichtlich der Nacherfüllungs- und Mängelansprüche stets der **einzelne Erwerber**; denn Grundlage der Ansprüche ist der jeweilige Erwerbsvertrag.[38] Ansprüche oder Rechte „gehören" deshalb nicht zum Verbandsvermögen der Eigentümergemeinschaft[39] und sie werden es auch nicht, wenn die Gemeinschaft sie „an sich zieht" (z. B. den Kostenvorschussanspruch).[40] Daran ändert sich auch nichts durch einen Eigentümerwechsel; ohne eine Abtretung kann er deshalb eigene Rechte nicht geltend machen.[41] Gleichwohl hat der Erwerber keine Befugnis, aus seinem Erwerbsvertrag heraus Einfluss auf die Rechte der anderen Wohnungseigentümer zu nehmen.[42] Dem steht im Einzelfall das schutzwürdige Interesse des Veräußerers entgegen, nicht mit unterschiedlichen

---

36) BGHZ 74, 258 = BauR 1979, 420 = NJW 1979, 2207; *Groß*, BauR 1975, 12, 17; OLG Köln, NJW 1968, 2063.
37) BGH, BauR 2007, 1221 = ZfBR 2007, 548 = NJW 2007, 1952; *Wenzel*, NJW 2007, 1905.
38) BGH, BauR 2007, 1221 = NJW 2007, 1952; BGH, BauR 1227 = ZfBR 2007, 553; BauR 2004, 1148 = NZBau 2004, 130; BGH, BauR 1997, 488, 489 = ZfBR 1997, 185; BauR 1991, 606 = NJW 1991, 2480; BGH, BauR 1985, 314 = ZfBR 1985, 132; BGHZ 106, 222 = NJW 1989, 1091; OLG Brandenburg, BauR 2006, 1323 = IBR 2006, 205 – *Elzer*; OLG Dresden, BauR 2001, 1276, 1277; OLG Köln, NJW 1968, 2063; OLG München, NJW 1973, 2027; *Groß*, BauR 1975, 12, 17; *Mattern*, WM 1973, 664; *Deckert*, NJW 1973, 1073 u. NJW 1975, 854, 857.
39) BGH, BauR 2007, 1221 = ZfBR 2007, 548; BGH, NJW 1994, 443 = BauR 1994, 105; *Hügel*, BTR 2005, 229, 231.
40) Zutreffend: *Greiner*, ZfBR 2001, 439, 441.
41) Zur stillschweigenden **Ermächtigung** des Zweiterwerbers: BGH, BauR 1997, 488; OLG Köln NZBau 2000, 569, 570; OLG Frankfurt, NJW-RR 1993, 339; OLG Düsseldorf, IBR 2004, 206 – *Groß* (stillschweigende Abtretung von Schadensersatzansprüchen).
42) BGH, BauR 1998, 783 = ZfBR 1998, 245; zur Klagebefugnis des Wohnungseigentümers in Bezug auf baurechtliche **Nachbarrechte**: Bay. VGH, BauR 2006, 501 = IBR 2005, 637 – *Poetzsch-Heffter*. Ein Wohnungseigentümer kann deshalb allein auch keinen **Vergleich** mit dem Bauträger schließen, der Mängel am Gemeinschaftseigentum betrifft (vgl. OLG Hamm, ZfBR 2001, 475 = MDR 2001, 1110 = IBR 2001, 547 – *Kieserling*; Balkongeländer). Zu den Auswirkungen eines **Vergleichs** der Wohnungseigentümergemeinschaft: BGH, BauR 2006, 1747 = NZBau 2006, 706 = ZfBR 2006, 770; OLG Brandenburg, BauR 2005, 561 = IBR 2005, 20 – *Vogel*. Zur **Beschlusskompetenz** der Wohnungseigentümergemeinschaft (Vergleich über Mängelbeseitigung): OLG München, NZBau 2007, 516; s. ferner; *Kniffka*, Festschrift für Ganten, S. 125, 133; *Wenzel*, ZWE 2006, 109, 119. Zur **Bindung** über eine Stundungsvereinbarung (Vorlage eines Sanierungskonzepts): BGH, BauR 2006, 979 = IBR 2006, 266 – *Thode*.

und unvereinbarten Mängelrechten verschiedener Erwerber konfrontiert zu werden.[43] Nichts anderes gilt in Bezug auf den **Verwalter**; auch dem Verwalter stehen selbst keine Nacherfüllungs- oder Mängelansprüche gegen den Veräußerer oder gegen den einzelnen Unternehmer, Architekten oder Sonderfachmann zu; denn zwischen ihm und dem Veräußerer oder Werkunternehmer bestehen keine schuldrechtlichen Beziehungen, auch später entwickeln sich solche nicht.[44]

Ist der „Erwerber" noch nicht im Grundbuch als Eigentümer eingetragen, sondern **nur Vormerkungsberechtigter,** so sollen ihm die Rechte aus dem Erwerbsvertrag, also auch ein **Vorschussanspruch** zur Beseitigung baulicher Mängel am gemeinschaftlichen Eigentum, jedenfalls dann zustehen, „wenn dieser den Eigentumserwerb weiterhin anstrebt und dessen Vorgehen nicht in Widerspruch zum Willen der Eigentümergemeinschaft steht".[45] Auf diesem Wege kann der **„faktische" Wohnungseigentümer** – über eine **Aufrechnung** mit seinem Vorschussanspruch – das Erlöschen des „Restkaufpreisanspruchs" des Veräußerers bewirken oder aber auch – mit einer Vorschussklage – die Interessen der Gemeinschaft durchsetzen.

**472**

### 4. Prozessführungsbefugnis

Während sich Rechtsprechung und Literatur bezüglich der Aktivlegitimation einig sind, gingen die Meinungen hinsichtlich der Prozessführungsbefugnis z. T. sehr weit auseinander, wobei bei der Beantwortung der Frage nach der Klagebefugnis nicht immer genügend das **Gemeinschaftsverhältnis** berücksichtigt wurde, in das die einzelnen Wohnungseigentümer mit dem Erwerb des Eigentums getreten sind. Erst durch die **BGH**-Rechtsprechung ist eine **gesicherte Rechtssituation** entstanden.

**473**

Deckert[46] hatte schon frühzeitig (zutreffend) darauf hingewiesen, dass der **Leitgedanke** eines Lösungsversuchs stets der Gedanke des bewussten Eintritts eines Wohnungskäufers in eine Gemeinschaft mit den damit notgedrungen verbundenen Beschränkungen eigener Einzelrechte sein müsse. Allerdings dürfe dies nicht dazu führen, dass die Einzelrechte dem Wohnungseigentümer völlig abgeschnitten werden. Es müsse der Grundsatz gelten, dass keiner mehr Rechte aus dem Erwerbervertrag aufgeben will und soll, als er gesetzlich muss, und dass die **Gemeinschaftsbezogenheit** für die Mitglieder der Gemeinschaft nicht stärker ausgestattet werden dürfe, als es zur Funktionsfähigkeit der gesetzlichen Einrichtung des Sondereigentums unerlässlich sei.[47] Daraus folgt: Soweit und solange die Gemeinschaft nicht berührt wird, kann und muss das **Individualrecht des einzelnen Wohnungseigentümers** im Vordergrund stehen. Damit ist aber die **„Gemeinschaftsbezogenheit"** das **Schlüsselwort** der **Kompetenzverteilung**.[48] Die WEG-Novelle nimmt den Begriff

**474**

---

43) BGH, BauR 2006, 979 = NJW 2006, 2254, 2256; OLG Hamm, BauR 2007, 1422, 1423; *Kniffka*, Festschrift für Ganten, S. 125, 126 ff.
44) OLG Köln, NJW 1968, 2063.
45) OLG Frankfurt, OLGR 1992, 182 = NJW-RR 1993, 339; OLG Stuttgart, BauR 2003, 1394, 1396; *Jagenburg*, NJW 1995, 2196, 2206.
46) NJW 1975, 854; ebenso: *Stoll*, SchlHA 1977, 17, 18.
47) OLG Stuttgart, BauR 2003, 1394, 1396; *Heyers*, ZfBR 1979, 46; *Weitnauer*, ZfBR 1981, 109, 111: soviel Individualrechte wie möglich, soviel Gemeinschaftsbindung wie nötig.
48) Zum Begriff und zur Bedeutung der „Gemeinschaftsbezogenheit": *Baer*, BTR 2006, 113 ff.; *Pause/Vogel*, BauR 2007, 1298 ff.

nunmehr erstmals in den Gesetzestext auf, ohne ihn inhaltlich näher zu bestimmen.[49] Dies ist letztlich jedoch ohne Bedeutung, weil der Gesetzgeber erklärtermaßen an den vom BGH entwickelten Grundsätzen anschließt. Die Rechte des einzelnen Erwerbers werden diesem also nicht entzogen; er bleibt Inhaber seiner Rechte und Pflichten, jedoch ist/wird ihm die Ausübungsbefugnis bei gemeinschaftsbezogenen Ansprüchen aus der Hand genommen und der Gemeinschaft als Verband sui generis übertragen.[50] Damit liegt im Ergebnis eine **gesetzlich normierte Prozessstandschaft** für gemeinschaftsbezogene Rechte der Wohnungseigentümer im Klageverfahren vor.[51]

**475** Dementsprechend kann dem **Erwerber** von Wohnungseigentum die Sachbefugnis nicht fehlen, sofern er sich von dem Vertrag mit dem Veräußerer wegen eines Mangels am Gemeinschaftseigentum **lösen**, also nach altem Recht **wandeln** bzw. nach § 634 Nr. 3 BGB den **Rücktritt** erklären oder den sog. großen Schadensersatz geltend machen will.[52] Hierdurch erfolgt kein Eingriff in das gemeinschaftsbezogene Eigentum, sodass die Gemeinschaft als „Verband" von dem einseitigen Vorgehen eines einzelnen Wohnungseigentümers nicht berührt wird: An die Stelle des Erwerbers tritt nämlich wieder der Veräußerer der Wohnung (also i. d. R. Bauträger). Indes schließt dies im Einzelfall nicht aus, dass die Geltendmachung eben dieser Möglichkeit dem Erwerber aus **§ 242 BGB** versagt sein kann. Zu beachten ist aber, dass die Rechte auf großen Schadensersatz oder Rücktritt nicht der Beschlusskompetenz der Wohnungseigentümergemeinschaft unterliegen. Diese Rechte können nicht entzogen, aber z. B. durch Erfüllung untergehen.[53]

### a) Erfüllungs- und Nacherfüllungsansprüche

**476** Nach ständiger Rechtsprechung des BGH[54] ist der einzelne Wohnungseigentümer zur selbstständigen, also auch gerichtlichen Verfolgung der aus dem Vertragsverhältnis mit dem Veräußerer (Bauträger) herrührenden, auf die mangelfreie Herstellung des Sonder- und/oder Gemeinschaftseigentums gerichteten Ansprüche befugt.[55] Er kann also – auch **ohne** Ermächtigungsbeschluss durch die Gemeinschaft – von dem Veräußerer **Nacherfüllung** – damit aber auch **Erfüllung**[56] – und unter den Voraussetzungen des § 637 Abs. 1, 3 BGB bzw. des § 13 Nr. 5 Abs. 2 VOB/B Ersatz seiner

---

49) § 10 Abs. 6 Satz 3 WEG n. F. lautet: „Sie (d. i. die Gemeinschaft) übt die gemeinschaftsbezogenen Rechte der Wohnungseigentümer aus und nimmt die gemeinschaftsbezogenen Pflichten der Wohnungseigentümer wahr, ebenso sonstige Rechte und Pflichten der Wohnungseigentümer, soweit diese gemeinschaftlich geltend gemacht werden können oder zu erfüllen sind."
50) *Gottschalg*, NZM 2007, 194, 197.
51) *Pause/Vogel*, BauR 2007, 1298, 1299, die zutreffend darauf hinweisen, dass der BGH (BauR 2007, 1221 = ZfBR 2007, 548 = NJW 2007, 1952) dies „für das bis zum 1.7. geltende Recht bewusst vorweg genommen" habe.
52) BGH, BauR 2006, 979 = NZBau 2006, 371 = NJW 2006, 2254 (für großen Schadensersatzanspruch).
53) Vgl. *Kniffka*, Festschrift für Ganten, S. 125, 130/131 m. w. Nachw.
54) BGHZ 74, 258 = BauR 1979, 420 = ZfBR 1979, 163; BGH, BauR 2007, 1221, 1223 = ZfBR 2007, 548, 549 – ständig.
55) Demgegenüber scheiden Ansprüche gegen den vom Veräußerer/Bauträger beauftragten **Unternehmer** in der Regel aus (OLG Hamm, OLGR 2004, 78).
56) BGH, NJW 1990, 1663 = BauR 1990, 353 = ZfBR 1990, 180 = DNotZ 1991, 131 mit Anm. *Reithmann*.

## Nacherfüllung

Aufwendungen für die Mängelbeseitigung[57] sowie einen **Vorschuss** auf die voraussichtlichen Mängelbeseitigungskosten in voller Höhe verlangen.[58] Die Klagebefugnis des einzelnen Eigentümers erstreckt sich dabei auch auf solche Mängel am Gemeinschaftseigentum, die außerhalb des räumlichen Bereichs seines Sondereigentums liegen;[59] es kommt nicht darauf an, ob der Einzelne durch die Mängel am Gemeinschaftseigentum wirtschaftlich tangiert wird.[60] Allerdings wird das Sondereigentum in der Regel durch den Mangel am Gemeinschaftseigentum negativ beeinflusst. Unbestritten ist, dass der einzelne Wohnungseigentümer von sich aus den Veräußerer/Unternehmer hinsichtlich der Nachbesserung **mahnen**, also in Verzug setzen kann, um Mängelansprüche geltend machen zu können.[61]

**477** Nichts anderes gilt nach neuem Recht: Der Erwerber kann nach §§ 634 Nr. 1, 635 BGB unabhängig von einem Verschulden des Veräußerers (Unternehmers) **Erfüllung** und/oder **Nacherfüllung** verlangen, wobei diesem das **Wahlrecht** zwischen Beseitigung des Mangels und einer Neuherstellung der Werkleistung zusteht (§§ 634 Nr. 1, 635 Abs. 1 BGB).[62] Der Erwerber ist auch nach neuem Recht zur **Selbstvornahme** berechtigt (§§ 634 Nr. 1, 635 BGB), wobei hierfür nur noch der fruchtlose Ablauf „einer von ihm zur Nacherfüllung bestimmten angemessenen Frist" erforderlich ist (§ 637 Abs. 1 BGB); und der Anspruch auf Zahlung eines kostendeckenden **Vorschusses** folgt aus § 637 Abs. 3 BGB. Allerdings kann dieser von dem einzelnen Erwerber nur mit der Maßgabe verlangt werden, dass die Zahlung an die Wohnungseigentümergemeinschaft erfolgt.[63] Nichts anderes gilt für eine auf § 887 Abs. 2 ZPO basierende Vorschusszahlung.[64] Haben einzelne Erwerber dagegen den Veräußerer in Verzug mit der Mängelbeseitigung in Verzug gesetzt und danach die Mängel beseitigt, können sie Ersatz und Zahlung an sich verlangen.[65]

**478** Nach der Rechtsprechung des BGH waren zunächst die Wohnungseigentümer, nach der Entscheidung zur (Teil)Rechtsfähigkeit der Wohnungseigentümergemeinschaft dann ausschließlich diese, **auch befugt**, die sog. primären Gewährleistungsansprüche aufgrund eines Gemeinschaftsbeschlusses in der Weise „einheitlich und

---

57) BGH, BauR 2005, 1623 = NZBau 2005, 585; BauR 2004, 1148; *Kniffka*, Festschrift für Ganten, S. 125, 128.
58) BGHZ 62, 388, 393; 68, 372, 377/378 = BauR 1977, 271; BGH, BauR 2007, 1221, 1223; BGH, BauR 1988, 336 = NJW 1988, 1718; BGHZ 74, 258 = BauR 1979, 420; OLG Stuttgart, BauR 2005, 1490; OLG Dresden, BauR 2001, 1276, 1277; OLG Frankfurt, NJW-RR 1991, 665 u. OLGR 1992, 182 = NJW-RR 1993, 339 (zum **Vorschussanspruch** des „faktischen" Wohnungseigentümers); OLG Köln, NZBau 2000, 569 (zum Anspruch auf Zahlung aus einer Gewährleistungsbürgschaft); *Schmalzl/Lauer/Wurm*, Rdn. 765, 766.
59) OLG Stuttgart, BauR 2005, 1490 u. BauR 2003, 1394, 1396; OLG Frankfurt, *SFH*, Nr. 38 zu § 633 BGB u. NJW-RR 1991, 665.
60) OLG Stuttgart, BauR 2003, 1394, 1397.
61) BGH, BauR 1988, 336 = NJW 1988, 1718; OLG Stuttgart, BauR 2005, 1490 m. w. Nachw.
62) Da dieses „Wahlrecht" gegenüber allen Erwerbern gleichmäßig besteht, kann von einer gemeinschaftsbezogenen Angelegenheit nicht ausgegangen werden.
63) BGH, BauR 2007, 1221, 1223 m. w. Nachw.; unzutreffend daher OLG München, IBR 2007, 488 – *Thode* (zur Aufrechnung des Erwerbers mit Vorschussanspruch und zur Verpflichtung zur Auskehrung des Aufrechnungsbetrages) u. KG, IBR 2006, 267 – *Karczewski*.
64) BGH, a. a. O. (in Abweichung von BGHZ 68, 372, 374 = BauR 1977, 271).
65) BGH, BauR 2005, 1623, 1624 = NZBau 2005, 585 = ZfIR 2005, 734 m. Anm. *Schwenker* = IBR 2005, 543 – *Thode*

gemeinschaftlich zu verfolgen", dass z. B. der **Verwalter** die Ansprüche in gewillkürter Prozessstandschaft im eigenen Namen geltend macht[66)] oder ein oder mehrere (ausgewählte) Erwerber mit Billigung der Gemeinschaft die Zahlung eines Kostenvorschusses an sich bzw. an den Verwalter verlangen.[67)] Der Anspruch geht auch in diesem Fall auf den Ersatz des gesamten Kostenaufwandes (z. B. einer Mängelbeseitigung), selbst dann, wenn die Ansprüche anderer Erwerber zwischenzeitlich verjährt sind (vgl. Rdn. 515).[68)] Zu beachten ist allerdings, dass das **einzelne** Mitglied der Wohnungseigentümergemeinschaft nur dann befugt ist, Erfüllung an alle Mitglieder der Gemeinschaft zu verlangen, „wenn es **Inhaber** des geltend gemachten Gewährleistungsanspruchs ist **oder** wenn es von dem Anspruchsinhaber **ermächtigt** worden ist, den Anspruch geltend zu machen".[69)] Der BGH vermutet für den „Regelfall", dass ein **Zweiterwerber** vom Ersterwerber „dazu **stillschweigend ermächtigt** worden ist".[70)]

**479** Darüber hinaus besteht aber auch die Möglichkeit, die Wohnungseigentümergemeinschaft als Verband mit der Geltendmachung von Ansprüchen der **einzelnen Erwerber** zu betrauen. Der BGH[71)] hat insoweit klargestellt, dass die Wohnungseigentümergemeinschaft „durch die einzelnen Wohnungseigentümer rechtsgeschäftlich ermächtigt werden (können), die Ansprüche wegen Mängeln des Sondereigentums geltend zu machen und unter den Voraussetzungen einer **gewillkürten Prozessstandschaft** gerichtlich durchzusetzen." Dies gilt jedenfalls für solche Ansprüche, „die in einem engen rechtlichen und wirtschaftlichen Zusammenhang mit der Verwaltung des gemeinschaftlichen Eigentums stehen und für die ein eigenes schutzwürdiges Interesse besteht, sie durchzusetzen" (BGH). Gegen die Ermächtigung, neben den Ansprüchen aus Mängeln des Gemeinschaftseigentums auch solche wegen Mängeln des Sondereigentums zu verfolgen, können aber grundsätzlich keine Bedenken bestehen. Ebenso können Ansprüche der Erwerber aus Bürgschaften nach § 7 MaBV durch die Wohnungseigentümergemeinschaft in gewillkürter Prozessstandschaft geltend gemacht werden.[72)]

**480** Der einzelne Wohnungseigentümer ist schließlich ohne besondere Ermächtigung durch die Gemeinschaft befugt, zur Feststellung von Mängeln am Gemeinschaftseigentum ein **selbstständiges Beweisverfahren** einzuleiten (s. Rdn. 107);[73)] das gilt auch, wenn von vornherein nur ein Mängelrecht in Betracht kommt, das gemein-

---

66) BGH, BauR 1997, 488, 489 = ZfBR 1997, 185; BGH, BauR 1981, 467; OLG Celle, BauR 2001, 1753.
67) BGH, BauR 1992, 88 = ZfBR 1992, 30; OLG Dresden, IBR 2005, 157 – *Vogel*.
68) Vgl. BGH, BauR 1991, 606, 609 = NJW 1991, 2480 = ZfBR 1991, 212; **a. A.:** BGHZ 108, 156, 160 = BauR 1990, 221; *Weitnauer*, JZ 1991, 145, 146; ZfBR 1979, 84 u. OLG Frankfurt, NJWRR 1991, 665, 666. Gegen die Argumentation des BGHZ 108, 156 ff. vor allem *Ehmann*, Festschrift für Bärmann und Weitnauer, S. 145, 181, 182.
69) BGH, BauR 1997, 488, 489 = ZfBR 1997, 185 = NJW 1997, 2173; OLG Düsseldorf, ZfIR 2004, 293.
70) Ebenso: OLG Köln, NZBau 2000, 569, 579; OLG Frankfurt, NJW-RR 1993, 339.
71) BGH, BauR 2007, 1221, 1224 = IBR 2007, 373 – *Schulze-Hagen*; BGHZ 100, 391, 393 = BauR 1987, 439 u. BauR 1986, 447; OLG Oldenburg, BauR 2007, 1428.
72) BGH, BauR 2007, 1227 = ZfBR 2007, 553 = NZBau 2007, 441 = NJW-Spezial 2007, 359.
73) BGH, BauR 1980, 69 = ZfBR 1980, 36 = *SFH*, Nr. 20 zu § 633 BGB; BauR 1991, 606 = ZfBR 1991, 212. Zur **Reichweite** eines selbstständigen Beweisverfahrens für **eine** Wohnung bei Vorliegen eines **Systemfehlers:** OLG München, IBR 2001, 478 – *Kamphausen*.

schaftlich durchgesetzt werden muss.[74] In gleicher Weise ist dazu auch der Verwalter der Wohnungseigentümer berechtigt und verpflichtet.[75] Durch eine hinreichend genaue Beschreibung der beanstandeten Mangelerscheinungen im Beweisermittlungsantrag werden **alle** Mängel des Bauwerks, auf die die Mangelerscheinungen zurückzuführen sind und ohne Beschränkung auf die Stellen, wo sie sich gezeigt haben, zum Gegenstand des Verfahrens und damit von der Hemmung umfasst.

Der Wohnungseigentümer kann ferner von einem **Leistungsverweigerungsrecht** nach § 320 BGB gegenüber dem Veräußerer Gebrauch machen.[76] Allerdings ist dabei zu **differenzieren**: **481**

Wie jeder Bauherr darf der Erwerber der Eigentumswohnung die Zahlung des Erwerbspreises – auch wenn dieser nach Baufortschritt zu zahlen ist – wegen der am **Sondereigentum** aufgetretenen Baumängel in angemessenem Verhältnis zum voraussichtlichen Mängelbeseitigungsaufwand verweigern.[77]

Ein Leistungsverweigerungsrecht steht dem Erwerber darüber hinaus zu, wenn **Mängel am Gemeinschaftseigentum** vorhanden sind, die beseitigt werden müssen.[78] Fraglich ist allerdings, ob und inwieweit dieses Leistungsverweigerungsrecht **Einschränkungen** unterliegen muss; in der Tat besteht, worauf der BGH[79] und Groß[80] zutreffend hinweisen, bei **unbeschränkter** Leistungsverweigerung durch den einzelnen Erwerber die Gefahr, dass wegen nur geringfügiger Mängel am gemeinschaftlichen Eigentum möglicherweise **insgesamt** ungerechtfertigt hohe Beträge zurückbehalten werden. **482**

*Beispiel:*

Der Veräußerer verlangt von 10 Wohnungseigentümern die ausstehende letzte Rate in Höhe von jeweils 5000 €. Jeder Eigentümer beruft sich auf ein unbeschränktes Leistungsverweigerungsrecht, weil die Beseitigung eines Mangels am Gemeinschaftseigentum 3000 € erfordere. Könnte nun jeder Wohnungseigentümer tatsächlich die letzte Rate von 5000 € zurückbehalten mit der Begründung, das Leistungsverweigerungsrecht rechtfertige ja eine Zurückbehaltung des dreifachen Betrages, so sähe sich der Veräußerer trotz des verhältnismäßig geringfügigen Mangels wertmäßig einem Leistungsverweigerungsrecht von mindestens 50.000 € ausgesetzt.

Der Meinung,[81] jeder Wohnungseigentümer könne wegen Mängel am Gemeinschaftseigentum ein unbeschränktes Leistungsverweigerungsrecht geltend machen, kann angesichts der BGH-Rechtsprechung[82] nicht gefolgt werden; so kommt denn auch Deckert[83] zu dem Ergebnis, dass sich das Leistungsverweigerungsrecht des **einzelnen** Erwerbers wegen Mängel am Gemeinschaftseigentum nach dem Grund-

---

74) BGH, BauR 2003, 1759; BGH, BauR 1991, 606, 610 = NJW 1991, 2480.
75) BGH, ZfBR 1983, 121 = NJW 1983, 1901 = BauR 1983, 255; BGHZ 81, 35 = BauR 1981, 467; ZfBR 1980, 36, 37 = BauR 1980, 69, 71; *Deckert*, ZfBR 1984, 161, 162.
76) BGH, BauR 1998, 783 = NJW 1998, 2967. Zum Leistungsverweigerungsrecht bei **Dritthaftungsklauseln** s. Rdn. **2541 ff.**
77) BGH, BauR 1996, 401, 402 = ZfBR 1996, 144, 145 = NJW 1996, 1056; BGH, ZfBR 1984, 35 = BauR 1984, 166 = NJW 1984, 725 = *SFH*, Nr. 9 zu § 320 BGB.
78) BGH, BauR 1984, 166; BGH, BauR 1998, 783, 784; *Pause*, NJW 1993, 553, 559.
79) A. a. O.
80) BauR 1975, 12, 22.
81) Vgl. vor allem *Groß*, BauR 1975, 12, 22.
82) Vgl. BGH, BauR 1996, 401 = ZfBR 1996, 144; BGH, 1984, 166 = NJW 1984, 725; BGH, NJW 1983, 453.
83) ZfBR 1984, 161, 166.

satz der Verhältnismäßigkeit und Angemessenheit (§ 242 BGB) zu richten habe. Deshalb sei „rechnerisch im Regelfall von der jeweiligen **Mithaftungsquote**" auszugehen.

Dem ist zuzustimmen;[84] auch das die **Miteigentumsquote** berücksichtigende, nur **anteilige Leistungsverweigerungsrecht** des **einzelnen** Erwerbers kann jedenfalls dann seinen Zweck ausreichend erfüllen, wenn **mehrere** Eigentümer von dem Veräußerer in Anspruch genommen werden, diese aber wegen Mängel nicht zu zahlen brauchen. In der Praxis wird dies eine **Übersicherung** der Wohnungseigentümergemeinschaft verhindern.

**483** Wird nur **ein** Erwerber von dem Veräußerer in Anspruch genommen, so ist dieser allerdings berechtigt, seine Leistung entsprechend § 641 Abs. 3 BGB („mindestens in Höhe des Dreifachen" der notwendigen Beseitigungskosten) zu verweigern;[85] er darf nicht schlechter stehen als ein Bauherr gegenüber einem Bauunternehmer.[86]

**484** Macht ein Erwerber Nacherfüllungsansprüche geltend, so erlischt er, wenn der Mangel beseitigt wird;[87] die **Erfüllung** gegenüber einem Berechtigten führt zur Befriedigung aller Gläubiger.[88] Anhängige Mängelbeseitigungsklagen anderer Erwerber müssen also in der Hauptsache für erledigt erklärt oder im anderen Fall als unbegründet abgewiesen werden.

**485** Der BGH hat aber frühzeitig ausgesprochen, dass die Durchsetzung der auf eine ordnungsgemäße Herstellung des Gemeinschaftseigentums gerichteten Rechte von der Wohnungseigentümergemeinschaft an sich gezogen werden kann;[89] denn wenn schon der einzelne Wohnungseigentümer aufgrund seines mit dem Bauträger geschlossenen Vertrages befugt ist, eine vertragsgemäße Erfüllung zu verlangen und die damit zusammenhängenden Ansprüche auf Vorschuss und Erstattung zu stellen, so muss dies erst recht für die Gemeinschaft der Wohnungseigentümer gelten, die ihre Interessen wahren will. Schreitet demnach die Wohnungseigentümergemeinschaft ein, indem sie erklärt, die Rechte selbst geltend machen zu wollen, verliert der einzelne Erwerber die Befugnis, seine Rechte noch selbstständig durchzusetzen;[90] denn ein solches Vorgehen der Wohnungseigentümergemeinschaft wird in aller Regel einer ordnungsgemäßen Verwaltung (§ 21 Abs. 1 WEG) entsprechen. Durch Mehrheitsbeschluss kann auch bestimmt werden, dass der **Verwalter** oder die amtierenden Mitglieder des **Verwaltungsbeirats**[91] die Ansprüche **im eigenen Namen** klageweise als **gewillkürter Prozessstandschafter** geltend machen.[92] Das gilt auch, wenn Män-

---

84) So auch: BGH, BauR 1998, 783, 785 = ZfBR 1998, 245 = NJW 1998, 2967; *Kleine-Möller/Merl*, § 12, Rdn. 1000; *Koeble*, Festschrift für Soergel, S. 125, 126; *Heiermann/Riedl/Rusam*, § 13/B, Rdn. 8; *Pause*, Rdn. 909.
85) Siehe auch: BGH, BauR 1998, 783, 785 = ZfBR 1998, 245 = NJW 1998, 2967.
86) Wie hier: *Heiermann/Riedl/Rusam*, § 13/B, Rdn. 8.
87) BGHZ 68, 372 = NJW 1977, 1336.
88) *Weitnauer*, ZfBR 1979, 84, 87.
89) BGH, NJW 1981, 1841 = ZfBR 1981, 230 = BauR 1981, 467.
90) Siehe BGH, BauR 2007, 1221, 1224; *Kniffka*, Festschrift für Ganten, S. 125, 129 m. w. Nachw. in Anm. 18.
91) BGH, BauR 2004, 1148 = NZBau 2004, 435 = IBR 2004, 371 – *Groß*.
92) Vgl. *Deckert*, ZfBR 1984, 161, 163 sowie BGH, BauR 1986, 447 = NJW-RR 1986, 755 = *SFH*, Nr. 9 zu § 21 WEG. Zur (fristwahrenden) Inanspruchnahme eines **Gewährleistungsbürgen** durch den Verwalter siehe OLG Düsseldorf, BauR 1992, 812 (LS).

gel am Gemeinschafts- und am Sondereigentum ineinander greifen oder es **nur** um Mängel am **Sondereigentum** geht.[93] Verlangt die Gemeinschaft oder mehrere Wohnungseigentümer (zu Händen des Verwalters) die Zahlung eines Vorschusses, kann der beklagte Bauträger nicht mit restlichen Vergütungsansprüchen aufrechnen, die ihm gegen einzelne Eigentümer zustehen.[94] Umgekehrt kann aber auch ein Erwerber nicht mit einem auf Leistung an die Wohnungseigentümergemeinschaft gerichteten Anspruch wegen Mängeln am Gemeinschaftseigentum gegen eine von ihm geschuldete Restvergütung aufrechnen, weil es an der Gegenseitigkeit fehlt.[95]

### b) Rücktritt (§§ 634 Nr. 3, 636, 323, 326 Abs. 5 BGB)

*Literatur*

*Kohler*, Das Rücktrittsrecht in der Reform, JZ 2001, 2519; *Arnold*, Das neue Recht der Rücktrittsfolgen, Jura 2002, 154; *Gieseler*, Die Strukturen des Leistungsstörungsrechts beim Schadensersatz und Rücktritt, JR 2004, 133; *Basty*, Die Kündigung des Bauträgervertrags, Jahrbuch Baurecht 2007, 91.

**486** Es entsprach einhelliger Ansicht, dass dem einzelnen Erwerber/Eigentümer nach altem Recht die **Wandelung** des Erwerbervertrages ohne einen Ermächtigungsbeschluss der Gemeinschaft gestattet war.[96] Und dieses Recht konnte auch nicht durch einen formularmäßigen Ausschluss im Erwerbervertrag verhindert werden.[97] Nichts anderes gilt für das **Rücktrittsrecht** nach neuem Recht.[98] Demnach kann der Erwerber gemäß §§ 634 Nr. 3, 636, 323, 326 Abs. 5 BGB nach fruchtlosem Ablauf einer dem Unternehmer zur Nacherfüllung gesetzten Frist von dem Vertrag **zurücktreten**. Die Entscheidung über die Geltendmachung und die prozessuale Durchsetzung des Rechts auf Rücktritt verbleibt also stets bei dem **einzelnen Miteigentümer**. Die Wohnungseigentümergemeinschaft hat keine Beschlusskompetenz;[99] denn die Auflösung des Erwerbsvertrages berührt das Gemeinschaftseigentum nicht: Anstelle des Wohnungseigentümers, der aus der Wohnungseigentümergemeinschaft ausscheidet, tritt wieder der Veräußerer. Diesen trifft, wenn er der Fristsetzung zur Nacherfüllung nicht nachkommt, „als Veräußerer zu Recht das

---

93) Vgl. BGH, BauR 1987, 439, 440.
94) BGH, BauR 1992, 88 = NJW 1992, 435; ebenso: OLG Nürnberg, BauR 1999, 1464 = MDR 2000, 695 = NZBau 2000, 252 (LS) u. OLG Karlsruhe, BauR 1990, 622 für einen Schadensersatzanspruch der Wohnungseigentümer; zu den **Aufrechnungsmöglichkeiten** im Einzelnen: *Greiner*, ZfBR 2001, 439 ff.
95) BGH, BauR 2007, 1227 = NZBau 2007, 441 = ZfBR 2007, 553 = IBR 2007, 372 – *Schmitz*.
96) BGHZ 74, 258 = BauR 1979, 420 = NJW 1979, 2207; BGH, WM 1971, 1251; OLG Saarbrücken, OLGR 2006, 666, 667; *Groß*, BauR 1975, 12, 21 u. BauR 1972, 325; *Kapellmann*, MDR 1973, 1, 2; *Heyers*, ZfBR 1979, 46; *Schlemminger*, BauR 1990, 224, 225.
97) BGH, BauR 2007, 111, 113 = NZBau 2006, 781, 782; BGH, BauR 2006, 1747 = NZBau 2006, 706; OLG Celle, OLGR 2007, 503, 504.
98) BGH, BauR 2007, 111, 113; *Otto*, NZBau 2003, 233, 240. Zur Rückabwicklung eines Bauträgervertrages (Anforderungen an die Lastenfreiheit): OLG Dresden, IBR 2006, 33 – *Blank*; zur Ermittlung des Nutzungsvorteils: BGH, IBR 2006, 32 – *Saam*; OLG Karlsruhe, IBR 2005, 686 – *Schill*.
99) BGH, BauR 2006, 1747; BGH, NZBau 2006, 371 = BauR 2006, 979 = ZfBR 2006, 457; BGH, BauR 2007, 1221.

erneute Verwendungsrisiko."[100] Darüber hinaus schließt der Rücktritt die Geltendmachung eines Schadensersatzanspruchs statt der Leistung nicht aus (§ 325 BGB).[101] Und dieses Recht geht auch nicht dadurch unter, dass der Gläubiger zunächst einmal weiterhin eine Erfüllung des Vertrages verlangt.[102]

### c) Minderung (§§ 634 Nr. 3, 638 BGB) und „kleiner" Schadensersatz (§ 281 BGB)

*Literatur*

*Gaier*, Die Minderungsberechnung im Schuldrechtsmodernisierungsgesetz, ZRP 2001, 336; *Merl*, Schuldrechtsmodernisierungsgesetz und werkvertragliche Gewährleistung, Festschrift für Jagenburg (2002), 596; *Pause*, Bauträgererwerb: Minderung und Schadensersatz bei Mängeln am Gemeinschaftseigentum, Festschrift für Motzke (2006), 323.

**487** Wird die Erfüllung bzw. Nacherfüllung (§§ 634 Nr. 1, 635 BGB) von dem Veräußerer des Wohnungseigentums abgelehnt oder scheitert sie, so kommen nach altem Recht die (sekundären) **Gewährleistungsansprüche** „Minderung" oder „Schadensersatz wegen Nichterfüllung" (§§ 634, 635 BGB a. F.) bzw. nach neuem Recht das Gestaltungsrecht der „Minderung" (§§ 634 Nr. 3, 638 BGB) sowie „Schadensersatz" (§ 634 Nr. 4) oder „Ersatz vergeblicher Aufwendungen" (§ 634 Nr. 4 i. V. m. § 284 BGB) in Betracht.

**488** Mit dem **BGH**[103] war für das alte Recht davon auszugehen, dass **nur die Wohnungseigentümergemeinschaft** die **Wahl** zwischen Minderung und Schadensersatz treffen kann. Nur der Gemeinschaft soll die Befugnis zustehen, diese Wahl zu treffen, nicht dem einzelnen Erwerber; es kann bei den Gewährleistungsrechten der Minderung und des „kleinen" Schadensersatzes also nur **einheitlich** und damit **gemeinschaftlich vorgegangen** werden.[104] Die Entscheidung, ob statt einer Nachbesserung (Erfüllung) Minderung (§ 634 BGB a. F.) oder Schadensersatz (§ 635 BGB a. F.) verlangt werden kann, ist von den Wohnungseigentümern als Verwaltungshandlung gemäß § 21 WEG mit Stimmenmehrheit zu treffen.

Hieran hat sich für das neue Recht nichts geändert; vielmehr ist dies in § 10 Abs. 6 Satz 3 WEG 2007 gesetzlich sanktioniert. Minderung und „kleiner" Schadensersatzanspruch sind unzweifelhaft gemeinschaftsbezogen. Nur die Wohnungseigentümergemeinschaft als Verband kann die Voraussetzungen für diese Rechte schaffen.[105] Sie muss zudem darüber befinden, welches der Rechte durch wen und in welcher Höhe verfolgt werden soll.[106]

---

100) BGH, BauR 2007, 111, 113 = NZBau 2007, 781, 782. Nach OLG Brandenburg (IBR 2005, 20 – *Vogel*) wird der Erwerber auch nicht durch einen Beschluss der Eigentümergemeinschaft, Mängelansprüche zu vergleichen, an einem Rücktritt gehindert.
101) Zum **Schadensersatzanspruch** des Erwerbers nach **Wandelung** des Vertrages: OLG Düsseldorf, BauR 2001, 1605 = ZfBR 2001, 547 = NJW-RR 2001, 1462.
102) BGH, BauR 2006, 1134 = IBR 2006, 230 – *Schwenker*.
103) BGHZ 74, 258 = NJW 1979, 2207 = WM 1979, 839; BGH, BauR 2002, 81 = NZBau 2002, 26; BGH, BauR 2000, 285 = ZfBR 2000, 117 = ZfIR 2000, 44; zur Kritik s. *Pause*, Rdn. 885 ff.
104) BGH, BauR 2007, 1221, 1223.
105) *Wenzel*, NJW 2007, 1905, 1907; *Pause/Vogel*, BauR 2007, 1298, 1303; *Kniffka*, Festschrift für Ganten, S. 125, 132 ff.
106) *Wenzel*, a. a. O.

## Minderung und kleiner Schadensersatz

**489** Zu beachten ist, dass nach der Rechtsprechung des VII. Zivilsenats des BGH[107] der **Schadensersatzanspruch,** der dem einzelnen Bauherrn einer Bauherrengemeinschaft wegen eines behebbaren Mangels am Gemeinschaftseigentum zusteht, auf den Ersatz der **gesamten Kosten** gerichtet ist, die **zur Mängelbeseitigung** erforderlich sind. Dies gilt auch für die Haftung eines Architekten wegen fehlerhafter Planung und/oder Bauaufsicht. Es kommt nach der neueren Rechtsprechung des BGH nicht mehr darauf an, ob sich die Mängel auch auf das **Sondereigentum** des Klägers ausgewirkt haben.[108] Im Übrigen konnte die Eigentümergemeinschaft nach altem Recht bestimmen, dass wegen der Mängel am Gemeinschaftseigentum Minderung verlangt werde, es aber dem einzelnen Wohnungseigentümer überlassen bleibe, ob und in welchem Umfang er das Recht zur Minderung entsprechend **seinem Anteil am gemeinschaftlichen Eigentum** selbst durchsetzte.[109] Darüber hinaus konnte die Eigentümergemeinschaft aber auch einem **einzelnen** Wohnungseigentümer die Ermächtigung erteilen, in eigenem Namen und auf eigenes Risiko **sämtliche denkbaren** Gewährleistungsansprüche (Nachbesserung, Schadensersatz und/oder Minderung inklusive der Ausübung des jeweiligen Wahlrechtes) geltend zu machen.[110] Damit ging das **Wahlrecht** auf den einzelnen Wohnungseigentümer über.

Das neue Recht sieht in § 638 Abs. 2 BGB jedoch eindeutig die **Unteilbarkeit** des Minderungsrechts vor, soweit mehrere auf der Seite des Bestellers oder des Unternehmers beteiligt sind; dann kann „die Minderung nur von allen oder gegen alle erklärt werden". Aus der Schutzfunktion des § 638 Abs. 2 BGB folgt, dass zukünftig zumindest die quotale Zuweisung von Minderungsansprüchen an die einzelnen Wohnungseigentümer nicht mehr möglich sein dürfte. Gegen die Geltendmachung des gesamten Minderungsbetrages durch einen einzelnen Miteigentümer auf Grund gewillkürter Prozessstandschaft bestehen keine Bedenken; nichts anderes gilt, wenn sämtliche Miteigentümer ihre Minderungsansprüche an einen Sondereigentümer **abtreten.**[111]

Weigert sich die Eigentümergemeinschaft, Minderungs- oder Schadensersatzansprüche einzuklagen, z. B., weil nur das **Sondereigentum** eines Miteigentümers durch den Mangel betroffen ist, so muss der einzelne Wohnungseigentümer den Anspruch auf Ermächtigung zur Geltendmachung der Ansprüche gerichtlich gegen die Gemeinschaft erwirken.[112] Ist ein Mangel am Sondereigentum nicht behebbar oder verweigert der Veräußerer eine Nacherfüllung wegen eines unverhältnismäßigen Kostenaufwandes, kann der einzelne Erwerber auch ohne einen Gemeinschaftsbeschluss berechtigt sein, Schadensersatz oder Minderung von dem Veräußerer zu verlangen.[113] Ist der **Gemeinschaft** allerdings – daneben – ein Schaden entstanden (z. B. durch Einholung eines Sachverständigengutachtens), können diese Ansprüche

---

107) BGH, BauR 2002, 81 = NZBau 2002, 26 = ZfBR 2002, 147; BGHZ 141, 63, 65 = BauR 1999, 657 = ZfBR 1999, 207 = NJW 1999, 1705.
108) Vgl. hierzu BGHZ 114, 383 = BauR 1991, 606.
109) BGH, NJW 1983, 453 = ZfBR 1983, 17 = BauR 1983, 84; BGH, BauR 1991, 606 = ZfBR 1991, 212.
110) BGH, BauR 2000, 285 = MDR 2000, 204 = ZfBR 2000, 117 = ZfIR 2000, 44.
111) Vgl. BGH, BauR 2001, 798.
112) *Kniffka*, ZfBR 1990, 159, 160 mit Hinw. auf BGH, NJW 1983, 453 = ZfBR 1983, 17.
113) Vgl. BGH, BauR 2002, 81, 82 = NZBau 2002, 26, 27; BGHZ 110, 258, 259 = BauR 1990, 353; OLG Koblenz, OLGR 2006, 6; *Wenzel*, NJW 2007, 1905, 1907.

nur gemeinschaftlich oder mittels Gemeinschaftsbeschluss durch den Einzelnen geltend gemacht werden.[114]

490 Wird einem in gewillkürter Prozessstandschaft klagenden **Verwalter** ein **Minderungsbetrag** zugesprochen, so steht dessen **Aufteilung** im Innenverhältnis der Wohnungseigentümergemeinschaft zu.[115] Verlangt die Gemeinschaft der Wohnungseigentümer wegen Mängeln am Gemeinschaftseigentum Schadensersatz oder Minderung, so kann der **Veräußerer** diesem Anspruch nicht restliche Vergütungsforderungen gegen **einzelne** Wohnungseigentümer im Wege der Aufrechnung entgegenhalten.[116]

#### d) „großer" Schadensersatz

*Literatur*

*Klaft/Maxem*, Die gegenseitigen Ansprüche der Vertragsparteien nach vollzogener Wandlung von Bauträgerverträgen, BauR 2000, 477; *Schmid*, Die vorrangige Grundschuld und die sich daraus ergebenden Probleme des Bauträgerkäufers, BauR 2000, 971.

491 Zu beachten ist, dass sich die Ausführungen des BGH zur Gemeinschaftsbezogenheit nur auf den sog. „**kleinen**" Schadensersatzanspruch (§ 281 BGB) beziehen; bei diesem behält der Erwerber das Empfangene und macht ausschließlich den **Differenzschaden** geltend. Demgegenüber wird bei dem „**großen**" Schadensersatzanspruch das Empfangene zurückgegeben und der Schaden so berechnet, als habe der Erwerber überhaupt nichts erhalten.[117] Der große Schadensersatzanspruch ist somit im Ergebnis wie die Wandelung und Rücktritt auf eine komplette **Rückgängigmachung** des Erwerbsvertrages ausgerichtet. Das rechtfertigt es, den Anspruch auf „großen" Schadensersatz ebenfalls individualrechtlich und nicht gemeinschaftsbezogen einzuordnen mit der Folge, dass ein Eigentümer ohne zuvor ergangenen Mehrheitsbeschluss diesen Weg der Rückgängigmachung des Erwerbsvertrages wählen kann.[118]

Nach neuem Recht und WEG-Reform hat sich hieran nichts geändert;[119] dem Erwerber steht weiterhin der „große" Schadensersatzanspruch zu. Im Einzelfall kann er über §§ 634 Nr. 4, 280 Abs. 1, 3, 281 BGB das mangelhafte Werk zurückgeben und stattdessen Schadensersatz verlangen. Entscheidend ist aber, dass die Pflichtverletzung erheblich ist (§ 281 Abs. 1 Satz 3 BGB).[120] Zu beachten ist, dass der Anspruch auf großen Schadensersatz durchaus untergehen kann, z. B. wenn eine Nacherfüllung

---

114) **Anderer Ansicht** wohl *Kniffka*, ZfBR 1990, 159, 162, der in diesem Falle „gleichartige Ansprüche" des Einzelnen und der Gemeinschaft („nebeneinander") für denkbar hält.
115) So BGH, BauR 1986, 447, 448.
116) Vgl. OLG Karlsruhe, BauR 1990, 622; OLG Nürnberg, BauR 1999, 1464, 1465; OLG Köln, Urt. v. 3.3.2000 – 11 U 95/96; Revision nicht angenommen (BGH, Beschl. v. 16.8.2001 – VII ZR 146/00).
117) OLG Saarbrücken, OLGR 2006, 666, 670; OLG Köln, OLGR 2002, 37; s. auch BGHZ 25, 215; *Hauger*, NZM 1999, 536, 538; *Weitnauer*, ZfBR 1981, 109, 112 u. DB-Beilage Nr. 4/1981, S. 7. Zu den wirtschaftlichen **Risiken:** *Schmid*, BauR 2000, 971, 979.
118) BGH, BauR 2006, 979, 981 = NZBau 2006, 371 = ZfIR 2006, 411 m. Anm. *Blank* = IBR 2006, 265 – *Thode*; BGHZ 74, 259 = NJW 1979, 2207 = DB 1979, 2271; LG Tübingen, SFH, Nr. 6 zu § 634 BGB; *Pause*, Rdn. 920.
119) *Pause/Vogel*, BauR 2007, 1298, 1304.
120) Vgl. *Ott*, NZBau 2003, 233, 237; *Heiermann/Riedl/Rusam*, § 13/B, Rdn. 12.

# Gemeinschaftsbezogenheit

erfolgt oder eine Selbstvornahme durchgeführt wird.[121] Demgegenüber kann ein Vergleich bereits entstandene Ansprüche auf Rückabwicklung nicht mehr berühren.[122]

### e) Gesamtgläubigerschaft?

Wenn der **BGH**[123] die Gemeinschaftsbezogenheit der Gewährleistungsansprüche „Minderung/(kleiner) Schadensersatz" u. a. mit der „grundsätzlichen Stellung (der Erwerber) als **Gesamtgläubiger**" begründet hat, sollte diese Aussage noch nicht überbewertet werden; denn schon in der Entscheidung vom 11. Oktober 1979[124] hat er seine frühere Feststellung wieder infrage gestellt. Gesamtgläubigerschaft liegt in der Tat auch nicht vor; der gleiche Bezugspunkt des Forderungsgegenstandes allein führt noch nicht zu einer Gesamtgläubigerschaft (§ 428 BGB),[125] sondern zwingend zu einer Gesamtberechtigung („Mitgläubiger") nach § 432 BGB.[126]

**492**

### f) Die zeitliche Grenze für das gemeinschaftliche Vorgehen

Die Frage, ab wann die Verfolgung der Mängelansprüche zu einer gemeinschaftlichen Sache wird, ist aufgrund der neueren BGH-Rechtsprechung weitgehend geklärt: Der BGH[127] geht davon aus, dass die Wohnungseigentümer, „wenn sie den Nachbesserungsanspruch (§ 633 Abs. 2 Satz 1 BGB) und das Recht, die Mängel selbst zu beseitigen (§ 633 Abs. 3 BGB), verloren haben, nur noch als Wohnungseigentümergemeinschaft bestimmen können, ob wegen der Mängel Minderung oder sog. ‚kleiner' Schadensersatz gefordert werden" soll. Die Befugnis, diese Wahl zu treffen, hat nur noch die Gemeinschaft.

**493**

Der BGH hat durch Urteil vom 30. April 1998[128] klargestellt, dass der einzelne Erwerber deshalb „keine Befugnis (hat), aus seinem Erwerbervertrag heraus Einfluss auf die Rechte der anderen Wohnungseigentümer zu nehmen." Deshalb beginne „die Gemeinschaftsbezogenheit der Gewährleistungsrechte und damit die Zuständigkeit der Gemeinschaft bereits mit der Entscheidung über die Fristsetzung mit Ablehnungsandrohung, wenn Minderung oder kleiner Schadensersatz geltend gemacht werden soll. Nichts anderes gilt, wenn der Mangel an der im Sondereigentum eines Miteigentümers stehenden Schwimmhalle sich störend im Bereich des Sondereigen-

---

121) *Kniffka*, Festschrift für Ganten, S. 125, 130.
122) BGH, BauR 2006, 1747 = NZBau 2006, 706 = IBR 2006, 560 – *Thode*; *Kniffka*, a. a. O.
123) BGHZ 74, 258 = BauR 1979, 420 = NJW 1979, 2207; ebenso vor allem *Weitnauer*, ZfBR 1981, 109, 111; anders: *Kellmann*, DB 1979, 2261 – „Nebengläubigerschaft".
124) BauR 1980, 69 = DB 1980, 204; offengelassen in BauR 1985, 314 = NJW 1985, 1551 u. BauR 1992, 88.
125) Siehe aber OLG Dresden, BauR 2001, 1276, 1278 für Mangelfolgeschäden (Gutachterkosten); OLG München, DB 1978, 2360.
126) OLG Stuttgart, BauR 2003, 1394, 1397; OLG Karlsruhe, BauR 1990, 622, 623; BayObLG, NJW 1973, 1086, 1087; *Koeble*, Festschrift für Soergel, S. 125, 126; BGH, ZfBR 1985, 169 = BauR 1985, 445; *Ganten*, Festschrift für Bärmann und Weitnauer, S. 269, 270; *Pause*, NJW 1993, 553, 555, jedoch a. A. für Minderung.
127) Vgl. BGH, NJW 1981, 1841 = ZfBR 1981, 230 = BauR 1981, 467; BGH, BauR 1988, 336 = NJW 1988, 1718.
128) BauR 1998, 783, 784 = NJW 1998, 2967 = ZfBR 1998, 245.

tums der Klägerin auswirkt. Die Klägerin konnte nicht allein auf die Rechte dieses Miteigentümers Einfluss nehmen."

**494**  Nach neuem Recht ist eine Ablehnungsandrohung nicht mehr Voraussetzung für die sekundären Mängelrechte. Es genügt ausschließlich der Ablauf einer angemessenen Frist zur Nacherfüllung. Mit dem Ablauf der Frist ist auch noch kein Verlust des Nacherfüllungsanspruchs verbunden; der Unternehmer kann aber nicht mehr gegen den Willen des Auftraggebers die Mängel nachbessern.[129] Daraus folgt, dass der Erwerber in jedem Fall eine Frist zur Nacherfüllung (wie bisher) dem Bauträger setzen darf.[130] Nach Ablauf der Frist kann der **Erwerber** dann Erfüllung bzw. Nacherfüllung oder Kostenvorschuss geltend machen. Die (erfolglose) Fristsetzung kann von ihm aber auch dazu benutzt werden, um einen **Rücktritt** vom Vertrag zu erklären oder einen großen Schadensersatz (unter Rückgabe des Objekts) zu verlangen.[131]

Der Erwerber ist indes nicht befugt, die Fristsetzung zur Grundlage von sekundären Mängelrechten durch die Eigentümergemeinschaft zu machen. Vielmehr bleibt dies Sache der Gemeinschaft, die über die Wahl der Mängelrechte zu befinden hat;[132] es bedarf deshalb auch einer (eigenen) Fristsetzung durch die Wohnungseigentümergemeinschaft.

### g) Der Mehrheitsbeschluss

**495**  Die Entscheidung, ob statt Nacherfüllung Minderung oder Schadensersatz verlangt wird, hat die Wohnungseigentümergemeinschaft als **Verwaltungshandlung** gemäß § 21 Abs. 3 WEG mit **Stimmenmehrheit** zu treffen. Dieser Beschluss hat rechtsgestaltenden Charakter, an den die überstimmten Mitglieder gebunden sind.[133] Der Mehrheitsbeschluss kann jedoch gemäß §§ 23 Abs. 4, 43 Abs. 1 Nr. 4 WEG angefochten werden, und zwar ab dem 1.7.2007 nicht mehr im Verfahren der freiwilligen Gerichtsbarkeit, sondern die Gerichte verhandeln und entscheiden in Wohnungseigentumssachen unter Beachtung der §§ 44 bis 50 WEG nach den Vorschriften der ZPO.[134] Die Wohnungseigentümergemeinschaft ist befugt, wenn die schutzwürdigen Interessen des einzelnen Eigentümers beachtet werden, über eine schon geregelte Sanierung neu zu beschließen.[135]

Der Meinungsstreit, ob und inwieweit die Wohnungseigentümergemeinschaft überhaupt eine Beschlusskompetenz hat, über Individualansprüche der Erwerber verbindlich zu entscheiden, hat sich auf Grund der BGH-Rechtsprechung[136] und der WEG-Reform erledigt.[137] Diese ergibt sich aus § 21 Abs. 5 Nr. 2 WEG bzw. § 10 Abs. 6 Satz 3 WEG n. F.

---

129) BGH, BauR 2003, 693, 694.
130) *Pause*, Rdn. 911; *Merl*, Festschrift für Jagenburg, S. 597, 606.
131) Zutreffend: *Merl*, a. a. O.
132) *Kniffka/Koeble*, 11. Teil, Rdn. 260; *Merl*, a. a. O.; *Ott*, NZBau 2003, 233, 240.
133) BGHZ 74, 258 = NJW 1979, 2007 = WM 1979, 839.
134) *Niedenführ*, NJW 2007, 1841, 1843.
135) Vgl. BGH, BB 1991, 937 = WM 1991, 463 = Rpfleger 1991, 151.
136) BGH, BauR 2007, 1221, 1223 = ZfBR 2007, 548, 550 = IBR 2007, 318 – *Schulze-Hagen*.
137) *Pause/Vogel*, BauR 2007, 1298, 1305; *Kniffka*, Festschrift für Ganten, S. 125, 131.

## h) Die Auswirkung des Mehrheitsbeschlusses auf die Sachbefugnis der Wohnungseigentümer

Die Auswirkungen eines Mehrheitsbeschlusses der Wohnungseigentümergemeinschaft auf die Sachbefugnis der Einzelnen können im Einzelfall zweifelhaft sein; vor allem fragt sich, welchen Einfluss ein Gemeinschaftsbeschluss auf laufende **Klageverfahren** einzelner Erwerber hat. Diese Frage ist nicht nur bedeutsam, wenn nach einer Klageerhebung durch einen Erwerber oder Zweiterwerber die Wohnungseigentümergemeinschaft mit Mehrheitsbeschluss ein anderes Klageziel verfolgen will,[138] sondern auch dann, wenn es im Grunde bei beiden Klagen um gleichgeschaltete Ansprüche geht. Denn auch bei diesen kann die **Gemeinschaftsbezogenheit** berührt werden, sofern es um die Art und Weise einer Mängelbeseitigung geht.

**496**

Der BGH hat bereits frühzeitig darauf hingewiesen, dass das **Schutzbedürfnis** des Schuldners in keinem Fall unbeachtet bleiben dürfe. Dieses gebiete vielmehr, dass sich ein Schuldner nach einem Mehrheitsbeschluss nur noch auf **eine** Klage einzurichten brauche, in der dann abschließend über die Mängel am Gemeinschaftseigentum entschieden werde. Der BGH hat darüber hinaus aber auch klargestellt, dass die gerichtliche Verfolgung schuldrechtlicher Ansprüche, die aus dem Vertragsverhältnis der Streitparteien hervorgegangen sind, mit Rücksicht auf die Verwaltungsbefugnis der Wohnungseigentümer nicht grundsätzlich ausgeschlossen sei. Die Gefahr jedoch, dass es im Ergebnis zu widerstreitenden Entscheidungen über eine Mängelhaftung des Schuldners/Bauträgers kommen konnte, war nach der Rechtsprechung des BGH bereits gegeben, wenn die Mehrheit z. B. beschloss, Nachbesserung und **hilfsweise** Schadensersatz oder Minderung zu verlangen. Wurde so beschlossen und geklagt, musste eine auf Nachbesserung gerichtete Klage eines einzelnen Eigentümers deshalb für erledigt erklärt werden; denn die Gemeinschaftsklage konnte zu „unvermeidbaren Überschneidungen bei der Prüfung der Mängel führen" (BGH).

**497**

Daraus folgt: Die Bindungswirkung des einzelnen Eigentümers nach einem entsprechenden Mehrheitsbeschluss folgt aus der Umwandlung des Einzelanspruchs in einen solchen der „Gemeinschaft"; sie folgt aus dem vom BGH anerkannten **Schutz des Schuldners** und hat ihre Rechtfertigung letztlich auch in dem bewussten Eintritt des Einzelnen in eine **Risikogemeinschaft**, der sich der Einzelne im Interesse der Gesamtheit unterzuordnen hat. Wollte man in Fällen der nachträglichen Umgestaltung der Ansprüche/Rechte durch einen Gemeinschaftsbeschluss die Bindungswirkung des Mehrheitsbeschlusses tatsächlich auf das Innenverhältnis beschränken, so ergäbe sich die dem Wesen des Gemeinschaftsverhältnisses widersprechende Konsequenz, dass die Mehrheit ein gegen ihren Beschluss verstoßendes eigenmächtiges Handeln eines einzelnen Eigentümers nicht verhindern und der Prozessgegner (Schuldner) sich nicht auf den entgegenstehenden Willen der Mehrheit der Eigentümer berufen könnte.

**498**

Damit besaß schon nach **bisherigem** Recht der Mehrheitsbeschluss eine einschneidende **Außenwirkung**.[139] Im Ergebnis war die Rechtsprechung dahin zu verstehen, dass jedenfalls von dem Zeitpunkt, an dem die Gemeinschaft auch nur **hilfsweise** über

**499**

---

138) Beispiel: Der Wohnungseigentümer hat bereits auf Vorschuss geklagt, nunmehr beschließt die Gemeinschaft die Geltendmachung einer Minderung.
139) Wie hier: OLG Düsseldorf, NJW-RR 2002, 1454 u. 1993, 89 = BauR 1993, 229; *Deckert*, ZfBR 1980, 59, 63.

die Geltendmachung von Gewährleistungsansprüchen (Minderung/kleiner Schadensersatz) befand, jede Klage eines Erwerbers, soweit sie auf Erfüllung oder Nachbesserung abzielt, unbegründet war bzw. wurde.[140] Dem klagenden Erwerber war die **Sachbefugnis** entzogen worden.

**500** Nichts anderes gilt nach der Entscheidung des BGH über die (Teil)Rechtsfähigkeit der Wohnungseigentümergemeinschaft; erst recht muss dies für die ab 1.7.2007 geltende **WEG 2007** angenommen werden. Der BGH[141] hat (noch für das alte Recht, aber im Vorgriff auf die WEG-Reform) entschieden, dass die Wohnungseigentümergemeinschaft „im Rahmen der ordnungsgemäßen Verwaltung des Gemeinschaftseigentums die Ausübung der auf die ordnungsgemäße Herstellung des Gemeinschaftseigentums gerichteten Rechte der einzelnen Erwerber aus den Verträgen mit dem Veräußerer durch Mehrheitsbeschluss an sich ziehen" kann. Damit wird der Einzelne „von der Verfolgung seiner Rechte insoweit **ausgeschlossen**". Und: „Eine gemeinschaftliche, allein verbindliche Willensbildung verhindert zudem, dass der Veräußerer inhaltlich verschiedenartigen Ansprüchen ausgesetzt wird, die letztlich doch nicht durchsetzbar wären" (BGH).

**501** Für die **Außenwirkung** bedeutet dies im Ergebnis, dass die im Rahmen der Beschlusskompetenz ergangenen Beschlüsse der Wohnungseigentümergemeinschaft über gemeinschaftsbezogene Rechte der Wohnungseigentümer grundsätzlich, vorbehaltlich einer erfolgreichen Anfechtung, alle Eigentümer und Zweiterwerber binden. Durch den bestandskräftigen Beschluss, mit dem einem Anwalt die Prozessvollmacht zur Erhebung einer Klage wegen Mängel am Gemeinschaftseigentum erteilt wird, sind sämtliche Eigentümer außen vor.[142]

**502** Gleichwohl bleibt bei der starken Außenwirkung der Gemeinschaftsbeschlüsse Folgendes unangetastet: **Ansprüche/Rechte**, die der einzelne Erwerber bereits **erfolgreich erstritten** hat, können ihm durch die Wohnungseigentümergemeinschaft nicht wieder „genommen" werden. Das gilt auch für das „Schaffen der Voraussetzungen" für eine **Rückabwicklung** des Erwerbervertrages im Wege der **Wandelung**, des **Rücktritts** oder des **großen Schadensersatzanspruchs**.[143] Und auch ein **Vergleich** auf Grund eines Beschlusses der Wohnungseigentümergemeinschaft kann bereits entstandene Ansprüche des einzelnen Erwerbers nicht tangieren.[144] Deshalb muss der einzelne Erwerber seinen Erwerbervertrag auch dann noch rückabwickeln können, wenn der Bauträger Vorschuss gezahlt, aber die Mängelbeseitigung noch nicht erfolgt ist.[145] Es ist zu vermuten, dass der geringe Spielraum, der dem einzelnen Erwerber

---

140) Ebenso für eine **Wandelungsklage** des Erwerbers: OLG Zweibrücken, Urt. v. 16.5.2002 – 4 U 257/99 = BTR 2003, 44 (LS). Es handelt sich, soweit z. B. eine Nachbesserungsklage im Zeitpunkt des Mehrheitsbeschlusses rechtshängig ist, um einen Fall der Erledigung i. S. von § 91 a ZPO; zustimmend: *Heiermann/Riedl/Rusam*, § 13/B, Rdn. 9; *Pause*, Rdn. 939.
141) BauR 2007, 1221 = ZfBR 2007, 548 = NJW 2007, 1952 = ZfIR 2007, 454 = IBR 2007, 318 – *Schulze-Hagen*.
142) *Pause*, NZBau 2006, 342, 350.
143) *Wenzel*, NJW 2007, 1905, 1907; BGH, BauR 2006, 1747 = NZBau 2006, 706 = ZfBR 2006, 770 = NJW 2006, 3275; s. auch BGH, NZBau 2006, 371 = BauR 2006, 979 = ZfIR 2006, 411 m. Anm. *Blank* = IBR 2006, 265 – *Thode*.
144) BGH, a. a. O.; OLG Brandenburg, BauR 2005, 561; s. ferner: OLG München, NZBau 2007, 516; *Kniffka*, Festschrift für Ganten, S. 125, 130; *Wenzel*, NJW 2007, 1905, 1906.
145) *Kniffka*, a. a. O., S. 130; anders: OLG Hamm, IBR 2007, 209 – *Wenzel*.

nach dem WEG-Reform für die Durchsetzung seiner Vorstellungen verbleibt, diesen verstärkt zu Einzelaktionen veranlassen wird.

### 5. Rechtslage bei Dritthaftungs(Subsidiaritäts)klauseln

Die Geltendmachung von Gewährleistungsansprüchen bei **Dritthaftungs(Sub-** 503 **sidiaritäts)klauseln** weist, sofern im Einzelfall von der Wirksamkeit der subsidiären Haftung ausgegangen werden kann, keine Besonderheiten auf: Hat der Veräußerer von Wohnungseigentum seine Gewährleistungsansprüche gegenüber Dritten (Unternehmer/Architekten/Sonderfachleute) an die Wohnungseigentümergemeinschaft im Einzelfall wirksam **abgetreten,** so kann diese als Rechtsträgerin von dem (drittbeteiligten) Unternehmer die Beseitigung der am gemeinschaftlichen Eigentum aufgetretenen Mängel oder einen zur Mängelbeseitigung erforderlichen **Kostenvorschuss** bzw. **Kostenerstattung** verlangen. Die Wohnungseigentümergemeinschaft muss dann (intern) nur darüber befinden, welches Mängelrecht im Einzelnen auf Grund der Abtretung gegen den bauausführenden Unternehmer geltend gemacht werden soll. Es kommt auf den Einzelfall an, ob in der erfolgten Abtretung durch den Bauträger zugleich schon eine **Ermächtigung** an die Wohnungseigentümergemeinschaft als Verband gesehen werden kann, die einem einzelnen Erwerber in Ansehung seines **Sondereigentums** zustehenden Mängelrechte gerichtlich zu verfolgen.

Im Übrigen ist zu beachten: Ist eine Dritthaftungsklausel (ausnahmsweise) **wirksam** in dem notariellen Erwerbervertrag vereinbart worden, müssen die Eigentümer bzw. die Wohnungseigentümergemeinschaft zunächst versuchen, ihre vermeintlichen Mängelrechte gegen den Drittunternehmer (Bauunternehmer/Architekt/Sonderfachmann) durchzusetzen; vorher besteht eine subsidiäre Haftung des Veräußerers (Bauträgers) nicht. Allerdings ist auch dann im Einzelfall zu prüfen, ob die Subsidiaritätsklausel (einvernehmlich) **aufgehoben/abbedungen** worden ist.[146] Nach OLG Celle[147] ist dies der Fall, wenn der Bauträger auf schriftliche Mängelrügen der Erwerber schriftlich zum Ausdruck bringt, „dass berechtigte Beanstandungen beseitigt werden".

### 6. Die Abnahme

*Literatur*

*Häublein*, Die Gestaltung der Abnahme gemeinschaftlichen Eigentums beim Erwerb neu errichteter Eigentumswohnungen, DNotZ 2002, 608; *Schmidt*, Bauträgervertrag und Abnahme nach der Schuldrechtsmodernisierung, Festschrift für Deckert, 2002, 443; *Bühl*, Die Abnahme der Bauleistungen bei der Errichtung einer Eigentumswohnanlage, BauR 1984, 237; *Basty*, Die Abnahme beim Bauträgervertrag, BTR 2002, 12; *Hildebrandt*, Die Abnahme des Gemeinschaftseigentums vom Bauträger nach der Schuldrechtsreform, BTR 2003, 211; *Ott*, Die Auswirkungen der Schuldrechtsreform auf Bauträgerverträge und andere Fragen des Bauträgerrechts, NZBau 2003, 233; *Fritsch*, Die Abnahme des Gemeinschaftseigentums vom Bauträger durch den Verwalter und sonstige Dritte, BauRB 2004, 28; *Schmid*, Die „Abnahme des Gemeinschaftseigentums" oder: Der Einzelne und die anderen Erwerber, BTR 2004, 150 u. 217; *Wagner*, Bauträgervertrag und Geschosswohnungsbau – kann die Wohnungseigentümergemeinschaft Abnahme und Gewährleistungsrechte gegenüber dem Bauträger geltend machen?, ZNotP 2004, 4; *Basty*, Regelungen zur Abnahme des Gemein-

---

146) Zur Anwendung des § 242 BGB: OLG Köln, NJW-RR 2003, 596 = OLGR 2003, 97.
147) BauR 2000, 1212.

schaftseigentums im Bauträgervertrag, BTR 2006, 150; *Pause*, Bauträgervertrag: Gesetzliche Defizite bei der Abnahme und der Mängelhaftung?, ZfIR 2006, 356.

**504** Die **Abnahme** von Eigentumswohnanlagen wirft vielfältige Probleme auf.[148] Hinsichtlich der Abnahme von **Sonder-** und **Gemeinschaftseigentum durch den Erwerber** ist Folgendes zu beachten:

**Sonder-** und **Gemeinschaftseigentum** müssen von dem **Erwerber** abgenommen werden.[149] Die Abnahme beurteilt sich, je nach Vertragsgestaltung,[150] nach §§ 640, 641a BGB oder, was bestritten wird, nach § 12 Nr. 5 VOB/B.[151] Sonder- und Gemeinschaftseigentum können von dem Erwerber in einem Zug, also gleichzeitig, abgenommen werden; beide können aber auch in Teilen – getrennt voneinander – abgenommen werden.[152] Nimmt der Erwerber seine Wohnung, also das Sondereigentum, ab, liegt darin nicht ohne weiteres eine Abnahme des Gemeinschaftseigentums; sie kann es, muss es aber nicht sein: Es hängt wesentlich von den **Umständen des Einzelfalles** ab, ob in der Abnahme des Sondereigentums zugleich auch eine Abnahme des Gemeinschaftseigentums gesehen werden muss.[153] Vor allem ist zu prüfen, ob sich eine solche Abnahme auf das gesamte Gemeinschaftseigentum erstreckt oder nur auf diejenigen Teile des Gemeinschaftseigentums, die sich unmittelbar und sogar nur ausschließlich auf das Sondereigentum beziehen, wie z. B. die die Eigentumswohnung umschließenden Außenwände, Fußböden, Decken und dergleichen.[154] Ist das Gemeinschaftseigentum noch **nicht abnahmefähig,** kann die Abnahme des Sondereigentums nicht zu einer Abnahme des Gemeinschaftseigentums führen.[155] Erst mit der Abnahme des Gemeinschaftseigentums beginnt die **Verjährung** der Mängelrechte am Gemeinschaftseigentum.[156]

**505** Im Übrigen gelten bei der Abnahme des **Sonder-** und **Gemeinschaftseigentums** die **allgemeinen Abnahmeregeln:** Es kann vereinbart werden, dass die Abnahme nur „**förmlich**" erfolgen soll, auch wenn die VOB/B nicht vereinbart ist.[157] Wird sich entsprechend verhalten, so stellt die **schriftliche Niederlegung** des Abnahme-

---

148) Vgl. hierzu u. a.; *Basty*, BTR 2006, 150; *Schmid*, BTR 2004, 150 u. 250; *Basty*, Rdn. 876 ff.; *Pause*, Rdn. 575 ff.; *Ott*, NZBau 2003, 233, 241; *Hildebrandt*, BTR 2003, 211; *Bühl*, BauR 1984, 237 ff.; *Pause*, NJW 1993, 553, 556; *Kleine-Möller/Merl*, § 11, Rdn. 220 ff. Zum **Auflassungsanspruch** des Erwerbers nach vollständiger Bezahlung, aber fehlender Abnahme des Gemeinschaftseigentums: OLG Nürnberg, BauR 2002, 106; s. auch LG Heilbronn, BauR 2002, 107.
149) BGH, NJW 1985, 1551, 1552 = BauR 1985, 314; *Basty*, BTR 2006, 150; *Hildebrandt*, BTR 2003, 211; *Ott*, NZBau 2003, 233, 241.
150) Zu den Möglichkeiten von Abnahmeregelungen grundlegend: *Basty*, BTR 2006, 150 ff.; *Hildebrandt*, BTR 2003, 211 ff.
151) Zur Anwendung von **§ 12 Nr. 5 VOB/B** s. *Pause*, Rdn. 588; *Kleine-Möller/Merl*, § 11, Rdn. 227. Zur „**vollständigen Fertigstellung**" bzw. „**Bezugsfertigkeit**" einer Eigentumswohnung: *Basty*, BTR 2004, 213 ff.; s. *Wagner*, BauR 2004, 569 ff.; OLG Hamm, OLGR 2004, 58 u. Rdn. **1235**.
152) BGH, BauR 1983, 573 = WM 1983, 1104 = *SFH*, Nr. 10 zu § 640 BGB; *Basty*, BTR 2006, 150.
153) Siehe auch OLG Hamm, NJW-RR 1996, 1301 = BauR 1996, 722; OLG Stuttgart, MDR 1980, 495.
154) Siehe hierzu: *Basty*, BTR 2006, 150, 151; *Bühl*, BauR 1984, 237, 243; *MünchKomm-Soergel*, § 640 BGB, Rdn. 45 ff.
155) Zutreffend: *Bühl*, a. a. O., S. 244.
156) BGH, BauR 2004, 1148, 1150.
157) *Bühl*, a. a. O., S. 239; *Pause*, Rdn. 585; *Basty*, Rdn. 886 ff.

befundes („Übergabeprotokoll") regelmäßig eine echte **Wirksamkeitsvoraussetzung** der förmlichen Abnahme dar.[158] Nicht die Begehung der Wohnung allein, sondern erst die Abfassung der Niederschrift und deren – möglicherweise vertraglich vorgesehene – Unterzeichnung durch die Beteiligten beendet die förmliche Abnahme. Dementsprechend hat der BGH[159] auch angenommen, dass die **Unterschriftsleistung** ein Teil der Abnahme ist. Bis zur Unterzeichnung des Übergabeprotokolls können und dürfen dann auch noch notwendige Vorbehalte aufgenommen werden.

Bezieht der Erwerber die Wohnung, ohne auf die vereinbarte förmliche Abnahme zurückzukommen, kann im Einzelfall eine konkludente Abnahme angesetzt werden (vgl. Rdn. 1388).

**506** Wird in dem Erwerbsvertrag die Geltung der VOB/B vereinbart,[160] scheidet bei förmlicher Abnahme eine Abnahmefiktion aus (Rdn. 1387). Im Übrigen dürfte die Anwendung in Bezug auf das **Sondereigentum** unbedenklich sein: Die **Eigentumswohnung** gilt als durch den Erwerber abgenommen, wenn er nicht innerhalb von 12 Werktagen nach schriftlicher Mitteilung über die Fertigstellung die Abnahme verlangt.[161] Diese fiktive Abnahme kann sich dann aber auch nach richtiger Ansicht[162] zugleich auch auf das Gemeinschaftseigentum beziehen, sofern es abnahmefähig ist. Nichts anderes wird für die Abnahmefiktionen des § 640 Abs. 1 Satz 3 BGB n. F. gelten, wenngleich dem Erwerber eine angemessene Erklärungsfrist eingeräumt sein muss.[163]

**507** Bei der Abnahme des **Gemeinschaftseigentums** kann im Einzelfall zweifelhaft sein, wann – bei einer großen Eigentumsanlage – das Gemeinschaftseigentum **insgesamt** abgenommen ist und vor allem, **wer** es abzunehmen hat.[164] Die Abnahme hat auch hier nicht nur für die Rechtsnatur der Ansprüche der Erwerber gegen den Veräußerer große Bedeutung, sondern vor allem für die Frage der **Verjährung** der Ansprüche. Nach der Rechtsprechung des BGH[165] ist die Abnahme des Gemeinschaftseigentums jedenfalls nur von dem **einzelnen Erwerber** – für sich – vorzunehmen; die Abnahme hat nur für ihn Folgen und wirkt grundsätzlich nicht für die übrigen Erwerber, auch nicht für diejenigen, die zeitlich nachfolgen.

Das ist bedeutsam:

Der Veräußerer des Eigentums – oder bei einer (wirksamen) Dritthaftungsklausel der Unternehmer – bleibt dem Anspruch auf mangelfreie Herstellung des gemein-

---

158) *Nicklisch/Weick*, § 12/B, Rdn. 66.
159) BGH, BauR 1974, 206, 207.
160) Beispielsfall: BGH, BauR 1996, 401 = ZfBR 1996, 144. Es wird allerdings die Ansicht vertreten, dass die Bestimmungen der VOB/B auf den Bauträgervertrag nicht zugeschnitten sind; s. Rdn. 1017.
161) *Bühl*, a. a. O., S. 241; **a. A.**: *Kleine-Möller/Merl*, § 11, Rdn. 227; *Pause*, Rdn. 589.
162) *Bühl*, a. a. O., S. 244; auch *Locher/Koeble*, Rdn. 372; **a. A.**: *Kleine-Möller/Merl*, § 11, Rdn. 227; *Pause*, Rdn. 588.
163) *Hildebrandt*, BTR 2003, 211, 212; *Basty*, BTR 2002, 12, 13.
164) Vgl. dazu auch OLG Stuttgart, MDR 1980, 495; *Hildebrandt*, BTR 2003, 211, 212; *Deckert*, NJW 1973, 1073 u. NJW 1975, 854; Baumängel, S. 97 ff.; *Stoll*, SchlHA 1977, 17 ff.; *Weitnauer*, ZfBR 1979, 84, 89; *Bühl*, BauR 1984, 237 ff.; *Fritsch*, BauRB 2004, 28, 29.
165) BauR 1985, 314 = ZfBR 1985, 132; OLG Hamm, BauR 2004, 690, 691 = OLGR 2004, 58; *Kleine-Möller/Merl*, § 11, Rdn. 222.

schaftlichen Eigentums ausgesetzt, solange auch nur **ein** Erwerber einen solchen (Erfüllungs-)Anspruch hat. Haben die Erwerber das gemeinschaftliche Eigentum **zu verschiedenen Zeiten abgenommen,** was die Praxis ist, sind Mängelansprüche auch nach neuem Recht erst verjährt, wenn für den letzten Erwerber/**"Nachzügler"**[166] Verjährungseintritt erfolgt ist.[167] Mängelansprüche können allerdings von denjenigen Erwerbern, deren Vertragsanspruch verjährt ist, nicht mehr selbst gerichtlich geltend gemacht werden.[168]

**508** Klagt ein Erwerber aus unverjährtem Recht auf mangelfreie Herstellung des gemeinschaftlichen Eigentums, kann er die **ganze Leistung** verlangen; sein Anspruch wird in seinem Umfang nicht etwa davon berührt, inwieweit andere Wohnungseigentümer ihre entsprechenden Ansprüche noch durchsetzen können. Der **Verjährungseinrede** kommt keine irgendwie geartete Gesamtwirkung zu.[169]

**509** Da der Erwerber durch den Erwerbsvertrag einen eigenen Anspruch auf mangelfreie Herstellung hat, liegt es grundsätzlich bei ihm, zu entscheiden, ob er das Gemeinschaftseigentum („das Werk") als in der Hauptsache dem Vertrag entsprechende Erfüllung gelten lassen will. **Abnahmeklauseln,** die insoweit von dem gesetzlichen Leitbild abweichen, sind deshalb mit Zurückhaltung zu beurteilen.[170] So ist z. B. eine **Abnahmefiktion** („das Kaufobjekt gilt spätestens mit dem Einzug des Käufers in die Wohnung als abgenommen") in einem (Formular-)Bauträgervertrag wegen Verstoßes gegen § 309 Nr. 8 b BGB **unwirksam.**[171] Zu beachten ist, dass es bei der Anwendung des § 310 Abs. 1 BGB stets auf die Person des Vertragspartners abzustellen ist; klagt eine **Verwalterin** aufgrund eines Gemeinschaftsbeschlusses der Wohnungseigentümergemeinschaft, so ist nicht etwa auf die Kaufmannseigenschaft der Verwalterin (vgl. §§ 6 Abs. 1 HGB, 13 Abs. 3 GmbHG) abzustellen, sondern auf die durch sie vertretene Gemeinschaft der Wohnungseigentümer, die in der Regel aber nicht als Kaufleute tätig geworden sind.[172]

Eine in **AGB** vorgesehene **„gemeinschaftliche Abnahme"** durch die Eigentümergemeinschaft oder den **Verwalter/Verwaltungsbeirat** kann nur dort in Betracht

---

166) Vgl. hierzu auch OLG Frankfurt, IBR 1991, 368 – *Schulze-Hagen*.
167) *Ott*, NZBau 2003, 233, 234; a. A.: *Hildebrandt*, BTR 2003, 216, weil der Bauträgervertrag nach dem SchRModG nunmehr dem Kaufrecht unterfalle; s. aber Rdn. **1445**.
168) Vgl. auch *Bärmann/Pick*, § 13 WEG, X.
169) BGH, BauR 1985, 314 = ZfBR 1985, 132 = NJW 1985, 1551; **a. A.:** *Doerry*, EWiR § 634 BGB 1/90, 459 für den Fall, dass sich Mängel des Gemeinschaftseigentums nur auf das Sondereigentum auswirken.
170) Zu den Risiken von **Abnahmevollmachten** siehe *Hildebrandt*, BTR 2003, 211, 213; *Fritsch*, BauRB 2004, 28 ff. Zur Ermächtigung des Verwalters/Verwaltungsbeirats mit der Abnahme des Gemeinschaftseigentums s. *Ott*, NZBau 2003, 233, 241; zur Abnahme durch einen vom Bauträger bestimmten Sachverständigen: OLG Koblenz, IBR 2003, 25 – *Vogel*.
171) OLG Hamm, OLGR 1994, 74, 75; unzulässig sind weiterhin Klauseln, die eine Abnahme der **Unternehmerleistungen** bis zu dem unbestimmten Zeitpunkt hinausschieben, zu dem der Bauträger selbst etwa die Abnahme von dem Erwerber verlangen kann (vgl. OLG Nürnberg, DB 1980, 1393; LG München I, *SFH*, Nr. 1 zu § 9 AGB-Gesetz; OLG Karlsruhe, BB 1983, 725; *Bühl*, BauR 1984, 237, 238; LG Köln, zit. bei *Jagenburg*, NJW 1977, 2147, Fußn. 21 für **Mängelfreiheitsbescheinigungen**). Die Frage, ob individualvertragliche **„Anrechnungsklauseln"** zu Lasten **späterer** Erwerber möglich sind, behandelt *Jagenburg*, NJW 1992, 282, 290/291.
172) OLG Köln, BauR 1986, 441, 442; OLG Hamm, OLGR 1994, 74, 75.

kommen, wenn aufgrund der besonderen Interessenlage die Abnahme des Gemeinschaftseigentums auch nur gemeinschaftlich erfolgen kann.[173] Ohne eine besondere Ermächtigung ist ein Verwalter zur Abnahme des Gemeinschaftseigentums zudem nicht befugt.[174] Ist eine **Bevollmächtigung** des Verwalters zur Abnahme des Gemeinschaftseigentums **unwirksam,** kann eine **stillschweigende** Abnahme des Gemeinschaftseigentums durch jeden einzelnen Wohnungseigentümer in Betracht kommen.[175] Die Verjährungsfrist läuft dann auch für jeden Erwerber individuell.

## 7. Die gerichtliche Geltendmachung

*Literatur*

*Raiser*, Rechtsfähigkeit der Wohnungseigentümergemeinschaft, ZWE 2001, 173; *Brock*, Bauprozess: Richtige Vorbereitung und Führung durch den Verwalter auf Grundlage des neuen Schuldrechts, WuM 2002, 198; *Maroldt*, Zur Rechtsfähigkeit der Wohnungseigentümergemeinschaft, ZWE 2002, 387; *Schwörer*, Parteifähigkeit der Wohnungseigentümergemeinschaft, NZM 2002, 421; *Drasdo*, Rechtsfähigkeit der Wohnungseigentümergemeinschaft, NJW 2004, 1988; *Pause*, Bauträgervertrag: Teilrechtsfähigkeit der Wohnungseigentümergemeinschaft und die Geltendmachung von Mängeln am Gemeinschaftseigentum, BTR 2005, 205; *Vogel*, Die Rechtsfähigkeit der Wohnungseigentümergemeinschaft, BTR 2005, 226; *Hügel*, Die Teilrechtsfähigkeit der Wohnungseigentümergemeinschaft und deren Auswirkungen auf die Gestaltung von Gemeinschaftsordnung und Bauträgervertrag, BTR 2005, 229; *Jungjohann*, Teilrechtsfähigkeit der Wohnungseigentümergemeinschaft, BTR 2005, 233.

Bei der gerichtlichen Verfolgung von Ansprüchen/Rechten ist zu unterscheiden: Solange der Erwerber/Eigentümer als Rechtsträger eigene Ansprüche in Bezug auf das **Sondereigentum** verfolgt, handelt es sich um eine normale **Leistungs-** oder **Feststellungsklage.** Das schließt allerdings nicht aus, dass der einzelnen Wohnungseigentümer die Wohneigentümergemeinschaft (auch) mit der Geltendmachung seiner Ansprüche betraut. Der BGH[176] hat betont, dass die **Wohnungseigentümergemeinschaft** durch den Einzelnen **rechtsgeschäftlich ermächtigt** werden kann, „die Ansprüche wegen Mängeln des Sondereigentums geltend zu machen und unter den Voraussetzungen einer gewillkürten Prozessstandschaft gerichtlich durchzusetzen." Dies gilt jedenfalls für solche Ansprüche, die in einem engen rechtlichen und wirtschaftlichen Zusammenhang mit der Verwaltung des gemeinschaftlichen Eigentums stehen. Für Ansprüche wegen Mängeln am Gemeinschafts- und am Sondereigentum kann dieser innere Zusammenhang nicht verneint werden, sodass auch keine Bedenken gegen eine **gewillkürte Prozessstandschaft** bestehen können. 510

Geht es um Mängel am **Gemeinschaftseigentum,** so kann der Erwerber die ihm aus dem Erwerbervertrag zustehenden Ansprüche/Rechte eigenständig geltend machen und einklagen, soweit sie im Ergebnis auf eine Wandelung, auf einen Rücktritt oder den großen Schadensersatz hinauslaufen. Auch insoweit handelt es sich um normale Leistungsklagen. 511

---

173) Zustimmend: *Kleine-Möller/Merl*, § 11, Rdn. 222; s. aber *Pause*, Rdn. 596 ff.
174) Vgl. *Ott*, NZBau 2003, 233, 241; OLG München, DB 1978, 2360, 2361.
175) BayObLG, NJW 2002, 1506; BauR 2000, 1301 (LS) = IBR 2001, 425 – *Karczewski*.
176) BauR 2001, 1221, 1224; *Kniffka*, Festschrift für Ganten, S. 125, 138. Dies gilt auch, soweit es um Bürgschaftsansprüche der Erwerber wegen Mängeln am Gemeinschaftseigentum geht (BGH, BauR 2007, 1227 = ZfBR 2007, 553 = NZBau 2207, 441).

**512** Macht die **Wohnungseigentümergemeinschaft** von ihrer Beschlusskompetenz Gebrauch, so ist sie befugt, die beschlossenen Rechte gerichtlich geltend zu machen. Es handelt sich dabei um eine **gesetzliche Prozessstandschaft**.[177]

**513** In der Praxis hat die Wohnungseigentümergemeinschaft oftmals nicht selbst geklagt, sondern einen qualifizierten **Verwalter** mit der gerichtlichen Durchsetzung betraut.[178] In diesem Fall war eine besondere Ermächtigung durch Mehrheitsbeschluss erforderlich (§ 27 Abs. 2 Nr. 5 WEG a. F.). Damit handelte der Verwalter in **gewillkürter** Prozessstandschaft. Nichts anderes galt, wenn die Wohnungseigentümergemeinschaft den **Verwaltungsbeirat**[179] oder auch einen einzelnen Wohnungseigentümer[180] die Befugnis einräumte, die der Gemeinschaft zustehenden Ansprüche im eigenen Namen geltend zu machen.[181] Haben – statt der Wohnungseigentümergemeinschaft – die Gesamtheit der Wohnungseigentümer geklagt, so ist (nur) das Rubrum zu berichten.[182] Nach der WEG-Reform handelt die Wohnungseigentümergemeinschaft in gesetzlicher Prozessstandschaft für die Erwerber/Eigentümer; sie wird dabei vertreten durch den Verwalter. Die für seine Prozessführung nach § 27 Abs. 3 Nr. 7 WEG erforderliche Ermächtigung liegt im Zweifel in dem Gemeinschaftsbeschluss über die (gerichtliche) Geltendmachung der Ansprüche/Rechte.[183] Die Wohnungseigentümergemeinschaft ist als Partei zu benennen und durch die Angabe des Bauobjekts nach Ort, Straße, Nummer zu kennzeichnen.[184]

**514** Für die prozessuale Durchsetzung von Erfüllungs- bzw. Mängelansprüchen durch die Wohnungseigentümergemeinschaft reicht es nach Auffassung des BGH aus, dass die Mehrheit der Wohnungseigentümer den **Mangel** am Gemeinschaftseigentum **rechtzeitig gerügt** hat; auch die Miteigentümer, die bei der Übergabe ihrer Wohnung keine Mängel am Gemeinschaftseigentum gerügt haben, können danach Mängel am gemeinschaftlichen Eigentum noch mit den übrigen Miteigentümern zusammen geltend machen.[185] Groß weist mit Recht darauf hin, dass es genügt, wenn auch nur ein Wohnungseigentümer rechtzeitig gerügt hat und damit noch Inhaber der Erfüllungs- und Gewährleistungsansprüche ist. Etwas anderes muss jedoch gelten, wenn der Miteigentümer keine eigenen Ansprüche mehr hat, so etwa, wenn er auf Gewährleistungsansprüche wirksam verzichtet hat; dann kann er selbst nicht mehr aus eigenem Recht klagen.[186]

**515** Hat ein Miteigentümer seine Mängelansprüche verloren, hat dies auf die Höhe der von den übrigen Miteigentümern geltend gemachten Mängelrechte allerdings keinen

---

177) BGH, BauR 2007, 1221, 1223 m. w.Nachw.
178) Zur **Haftung** des Verwalters bei der Durchführung von Sanierungsarbeiten: OLG Düsseldorf, OLGR 1997, 265; zur Aufklärungspflicht: BGH, ZfBR 1996, 148, 154 = NJW 1996, 1216.
179) Vgl. hierzu: BGH, BauR 2004, 1148; OLG Frankfurt, NJW 1975, 2297 = MDR 1976, 224.
180) Vgl. BGH, BauR 2000, 285 = ZfBR 2000, 117 = IBR 2005, 75 – *Lauer*.
181) OLG Köln, NJW-RR 1994, 470; BGH, MDR 1971, 739; OLG Frankfurt, MDR 1976, 224, 225.
182) BGH, BauR 2007, 1221, 1225; *Briesemeister*, ZWE 2006, 15, 19; *Wenzel*, NJW 2007, 1905, 1909; zur Änderung des **Passivrubrums**: OLG Düsseldorf, BauR 2006, 1153.
183) *Wenzel*, a. a. O., S. 1909.
184) *Kniffka*, Festschrift für Ganten, S. 125, 137.
185) BGH, WM 1971, 958 = MDR 1971, 739; BauR 1988, 336, 337; OLG Frankfurt, *SFH*, Nr. 50 zu § 635 BGB; s. auch *Stoll*, SchlHA 1977, 17, 18; *Weitnauer*, ZfBR 1979, 84, 90 u. *Rosenberger*, BauR 1978, 244.
186) Vgl. BGH, WM 1971, 958 = DB 1971, 1350 = MDR 1971, 739.

Einfluss. Der Anspruch der übrigen Miteigentümer wird nicht etwa um den Anteil des Miteigentümers, der solche Ansprüche nicht mehr besitzt, gemindert.

Dies ist für den Nacherfüllungsanspruch (etwa auch den Vorschussanspruch) selbstverständlich, weil dieser nicht teilbar ist. Durch den Wechsel vom primären zum sekundären Mängelrecht (Schadensersatz, Minderung) ändert sich daran nichts. Auch diese Mängelrechte beziehen sich auf das Miteigentum, das allen Miteigentümern gemeinsam zusteht. Aufgrund dieser Gemeinschaftsbezogenheit kann von jedem einzelnen Miteigentümer, der Mehrheit der Miteigentümer oder allen – nach einer entsprechenden Entscheidung im Innenverhältnis – stets der volle Schadensersatz- oder Minderungsanspruch geltend gemacht werden.[187] Es kommt also keine Quotelung des Minderungs- oder Schadensersatzanspruches in dem Sinne in Betracht, dass der Anspruch um die Anteile der Miteigentümer gemindert wird, die keine Mängelansprüche mehr haben.[188] Durch die Entscheidung der Wohnungseigentümergemeinschaft, Minderungs- oder Schadensersatzansprüche geltend zu machen, wird die vom Veräußerer erlangte Mängelgewähr nicht zu einer teilbaren Leistung im Sinne des § 420 BGB;[189] andernfalls würde der Veräußerer bei der Wahl der Wohnungseigentümergemeinschaft auf Schadensersatz oder Minderung wesentlich bessergestellt werden, als wenn die Gemeinschaft sich für Nachbesserung oder Kostenvorschuss entscheiden würde.[190]

Im **Insolvenzfall** kann im Ergebnis nichts anderes gelten; der VII. Zivilsenat des BGH[191] hat insoweit in Abweichung und im Widerspruch zum V. Zivilsenat[192] das Insolvenzrisiko jedenfalls nicht den Erwerbern zugewiesen. Lehnt der Insolvenzverwalter die Nacherfüllung von Mängeln ab, so tritt an deren Stelle der Ersatzanspruch aus § 103 Abs. 2 InsO. Die Höhe dieses an die Stelle des Nacherfüllungsanspruchs getretenen Anspruchs auf Schadensersatz wird nach der Rechtsprechung des **V.** Zivilsenats „durch die Differenz des Wertes der gekauften Wohnung bei mangelfreiem Zustand des Gemeinschaftseigentums zu dem aufgrund von dessen Mängeln geminderten Wert bestimmt.[193] Die Anwendung des Grundsatzes würde bedeuten, dass der Erwerber nur mit einer – nach seinem Miteigentumsanteil bestimmten – Quote aufrechnen kann, die nach dem insgesamt bestehenden Minderwert, der seinerseits dem Nachbesserungsaufwand entspricht, berechnet wird. Dem folgt der VII. Zivilsenat für das Werkvertragsrecht nicht.[194]

Eine weitere Frage ist, ob dem Veräußerer (z. B. Bauträger) ein Ausgleichsanspruch gegenüber den Erwerbern zusteht, die ihre Mängelansprüche (zwischenzeitlich) verloren hatten. Bei verjährten Ansprüchen besteht eine solche Ausgleichspflicht in keinem Falle, weil der Bauträger auch solchen Erwerbern gegenüber mit Rechtsgrund

**516**

---

187) BGH, BauR 1999, 657 = ZfBR 1999, 207 = NJW 1999, 1705 = NJW-RR 1999, 2442.
188) So aber wohl *Weitnauer*, NJW 1980, 400, 401 u. *Kellmann*, DB 1979, 2261.
189) BGH, NJW 1979, 2207, 2208.
190) Zustimmend: *Scheuvens*, MittRhNotK 1985, 85, 91.
191) BGH, BauR 1999, 657 = ZfBR 1999, 207 = NJW 1999, 1705.
192) BGH (V. ZS), BauR 1996, 401, 402 = ZfBR 1996, 144, 145; siehe ferner: BGH, BauR 1990, 221, 224 = NJW 1989, 2534 = WM 1989, 1390.
193) BGH, BauR 1996, 401, 402.
194) BGH, BauR 1991, 606 = ZfBR 1991, 212; BGH, BauR 1999, 657 = ZfBR 1999, 207; zustimmend: *Greiner*, ZfBR 2001, 439, 444.

leistet.[195)] Bei einem **Vergleich, Verzicht** oder Rechtsverlust durch rügelose Abnahme (§ 640 Abs. 2 BGB) wollen Locher/Koeble[196)] und Riedler[197)] einen Ausgleichsanspruch gegen die „ausgeschlossenen Erwerber" zubilligen.

**517** Ob die Gemeinschaft durch Mehrheitsbeschluss in den Bestand von materiell-rechtlichen Ansprüchen der einzelnen Eigentümer eingreifen, insbesondere auch einen Prozessvergleich abschließen kann, ist zu bejahen, wenngleich erworbene Rechte des Einzelnen durch den Vergleich nicht mehr tangiert werden.[198)]

**518** Die Wohnungseigentümergemeinschaft ist partei- und rechtsfähig. Sie kann dementsprechend verklagt werden. Insoweit richtet sich die **Bezeichnung** der Prozesspartei im Aktiv- oder Passivprozess ab 1.7.2007 ausschließlich nach § 44 WEG. Zu beachten ist, dass in **Passivprozessen** der Verwalter und gegebenenfalls (§ 45 Abs. 2 Satz 1 WEG) der Ersatzzustellungsvertreter zu bezeichnen ist. Die Benennung der einzelnen Wohnungseigentümer kann in Form einer aktuellen **Liste** erfolgen.[199)] Die Vorschrift des § 29 b ZPO über den Besonderen Gerichtsstand bei Wohnungseigentum ist aufgehoben und mit Wirkung vom 1.7.2007 in § 43 Nr. 5 WEG n. F. übernommen worden.

---

195) BGH, NJW 1985, 1551 = BauR 1985, 314 = *SFH*, Nr. 49 zu § 633 BGB; *Locher/Koeble*, Rdn. 235; a. A.: *Riedler*, DB 1976, 853, 856.
196) Rdn. 235.
197) DB 1976, 853, 856.
198) BGH, BauR 2006, 1747 = NZBau 2006, 706.
199) *Bärmann/Pick*, § 44 WEG, Rdn. 3.

## IV. Der Einfluss des Schiedsvertrages und des Schiedsgutachtenvertrages auf den Bauprozess

*Übersicht*

| | Rdn. | | Rdn. |
|---|---|---|---|
| 1. Allgemeines | 519 | b) Schiedsgericht | 529 |
| 2. Rechtsfolgen für den Bauprozess | 525 | c) Schiedsgutachtenvertrag | 529 |
| a) Bauschlichtung und Mediation | 526 | | |

### 1. Allgemeines

Vertragspartner größerer Bauvorhaben einigen sich bei Abschluss des Bauvertrages sehr häufig auf ein **Schiedsgerichtsverfahren**.[1] Streitigkeiten aus dem **Bauvertrag** sollen in diesem Fall nicht durch die ordentlichen Gerichte, sondern ausschließlich durch ein Schiedsgericht, das die Parteien auswählen, entschieden werden.[2] Schiedsklauseln sehen auch zunehmend **grenzüberschreitende** Bau- oder Architektenverträge vor.[3] **519**

Das Verfahren vor einem Schiedsgericht hat durchaus **Vorteile:**[4] So werden zu Recht der **Beschleunigungseffekt** durch intensivere und schnellere Bearbeitung der Streitfälle seitens der sachkundigen Schiedsrichter, die in aller Regel erreichbare **Kostenersparnis**, die **Abkürzung** des Instanzenzuges, der **Einfluss** der Parteien auf die fachkundige Auswahl des oder der Schiedsrichter und schließlich der **Befriedungseffekt** genannt. In der Tat sind in Schiedsverfahren häufiger als in Zivilprozessen Vergleiche zwischen den Parteien zu erzielen.[5]

Baustreitigkeiten eignen sich auch in **besonderem Maße** für ein Schiedsverfahren. Sie setzen eine nicht unerhebliche **Sachkunde** auf **technischem** und **rechtlichem** **Gebiet** voraus, bedürfen meist einer zeitraubenden, weil intensiven Bearbeitung und sind vielfach mit einem hohen Kostenaufwand verbunden. Die **staatlichen Gerichte** werden den insoweit gestellten Anforderungen oftmals nur unzureichend gerecht. An einigen Gerichten sind zwar **spezielle Baukammern** und **-senate** eingerichtet worden, um den Richtern die Möglichkeit zu geben, sich auf dem Gebiet des Baurechts zu spezialisieren (vgl. Rdn. 405 ff.). Dennoch wird in aller Regel auch hier auf Sachverständige zurückgegriffen, um den Sachverhalt aufzuklären und ihn in technischer Hinsicht zu begutachten. Dann liegt es aber für Baubeteiligte nahe, sich gleich dem Spruch **sachkundiger Schiedsrichter** zu unterwerfen. In der Praxis werden sehr häufig die „**Schiedsgerichtsordnung für das Bauwesen** einschließlich Anlagenbau" (**SGO Bau**) oder die Schiedsgerichtsordnung der **Deutschen Institu-** **520**

---

1) Der **Dach-Arge-Vertrag** sieht in § 27 eine **Wahlmöglichkeit** für die Gesellschafter einer Arge vor, statt durch das staatliche Gericht ein von ihnen bestimmtes privates Schiedsgericht entscheiden zu lassen; hierzu ausführlich *Burchardt/Pfülb*, § 22, Rdn. 31 ff. Zum **Verhältnis** einer **Gerichtsstandsklausel** zu einer Schiedsvereinbarung: BGH, BauR 2007, 741, 743.
2) Zum **Wegfall** einer Schiedsabrede durch Auflösung des „institutionellen" Schiedsgerichts: BGH, NJW 1994, 1008.
3) Siehe hierzu aus der Rechtsprechung: OLG Düsseldorf, IBR 2006, 367 – *Hök*.
4) Vgl. *Roquette/Kunkel*, Jahrbuch Baurecht 2004, 271 ff.; *Hochstein/Jagenburg*, Arge, S. 306 ff.; *Heiermann*, Schriftenreihe der Dt. Gesell. für BauR, Bd. 7, S. 51 ff.; *Mandelkow*, S. 43 ff. u. BauR 1997, 785 ff.
5) Vgl. *Breetzke*, DB 1973, 365.

tion für **Schiedsgerichtsbarkeit** e. V. Baubeteiligten als Grundlage einer Schiedsgerichtsvereinbarung herangezogen.[6]

**521** Allerdings dürfen die **Nachteile** eines Schiedsgerichtsverfahrens nicht übersehen werden: So gibt es im Schiedsgerichtsverfahren kein Instrument, Dritte in das Verfahren einzubeziehen, wie dies im Rahmen einer **Streitverkündung** im ordentlichen Gerichtsverfahren der Fall ist.[7] Das Schiedsgerichtsverfahren hat auch keine Bindungswirkung gegenüber Dritten, wenn diese nicht verpflichtet oder einverstanden sind, dem Verfahren beizutreten oder das Ergebnis anzuerkennen.[8] Dieselben Probleme ergeben sich bei einer **Gesamtschuldnerschaft,** wenn nicht alle Gesamtschuldner in das Schiedsverfahren einbezogen werden können.

**522** Das für den Bauprozess so wichtige selbstständige **Beweisverfahren** bleibt in der Zuständigkeit der ordentlichen Gerichte, auch wenn ein Schiedsvertrag abgeschlossen wurde.[9] Dies ergab sich bereits aus dem Wortlaut des § 1025 ZPO a. F., wonach sich ein Schiedsvertrag grundsätzlich auf die Entscheidung von Rechtsstreitigkeiten zwischen den Parteien aus einem bestimmten Vertragsverhältnis bezieht. § 1033 ZPO sieht nunmehr ausdrücklich vor, „dass ein Gericht **vor** oder **nach** Beginn des schiedsrichterlichen Verfahrens auf Antrag einer Partei eine **vorläufige** oder **sichernde Maßnahme** in Bezug auf den Streitgegenstand des Schiedsverfahrens" anordnen kann.[10] Das selbstständige Beweisverfahren hat im Hinblick auf die Entscheidung von Rechtsstreitigkeiten dann nur sichernden und vorbereitenden Charakter.[11]

**523** Soweit ein **selbstständiges Beweisverfahren** vor den staatlichen Gerichten abgewickelt wird, kann das **Beweisergebnis** im Schiedsverfahren verwertet werden. Eine unmittelbare Bindungswirkung an das Beweisergebnis tritt jedoch nicht ein.[12] Vielmehr steht die Verwertung im Ermessen des Schiedsgerichts; dieses kann also die Beweisaufnahme ergänzen oder wiederholen lassen, wenn berechtigte Bedenken gegen die Verwertung bestehen.

**524** Heiermann[13] weist schließlich auf die besonderen Probleme hin, die bei einer **notwendigen Streitgenossenschaft** auftreten, wenn ein Streitgenosse einen Schiedsver-

---

6) Vgl. hierzu: ZfBR 2001, 357 ff. (Text der Fassung November 2000); *Quack,* ZfBR 2003, 211 ff.; *Moehren,* BrBp 2004, 274, 277; *Kullack/Royé,* ZfBR 2001, 299 ff.; *Heiermann,* BB 1974, 1507; Schriftenreihe, a. a. O., S. 53 ff. Zur „Schlichtungs- und Schiedsordnung für Baustreitigkeiten (SOBau)" siehe Jahrbuch Baurecht 1998, S. 177 ff.; NZBau 2001, 191 ff.; *Roquette/Kunkel,* Jahrbuch Baurecht 2004, 269, 299 ff.; *Zerhusen,* BauR 2004, 216 u. 1998, 849 sowie Rdn. 402 ff. Zur „Schiedsgerichtsordnung der Deutschen Institution für Schiedsgerichtsbarkeit e. V. (DIS SchGO)" siehe *Roquette/Kunkel,* a. a. O., S. 310 ff.

7) Siehe hierzu: *Zerhusen,* Festschrift für Thode (2005), S. 355, 362 ff.; *Roquette/Kunkel,* Jahrbuch Baurecht 2004, 269, 277 ff. Das ist nur anders, wenn sich der Dritte dem Schiedsverfahren und damit den Wirkungen des Schiedsspruchs (i. S. der §§ 74, 68 ZPO) unterworfen hat; vgl. BGH, MDR 1965, 124 sowie Rdn. **555**.

8) BGH, a. a. O.

9) *Ingenstau/Korbion/Joussen,* Anhang 4, Rdn. 45; s. ferner oben Rdn. **71**.

10) § 1029 Abs. 1 ZPO (neu) spricht von einem „bestimmte(n) Rechtsverhältnis vertraglicher oder nicht vertraglicher Art".

11) Ebenso: *Ingenstau/Korbion/Joussen,* Anhang 4, Rdn. 45.

12) Im Ergebnis ebenso: *Wussow,* Beweissicherungsverfahren, S. 99.

13) *Heiermann,* Schriftenreihe, Bd. 7, S. 60.

trag abgeschlossen hat und der andere nicht. Nach seiner Ansicht soll dann die Schiedsvereinbarung zurücktreten.

Ferner ergeben sich sachliche **Zuständigkeitsbeschränkungen** für das Schiedsgericht: So hat das private Schiedsgericht z. B. keine Entscheidungskompetenz für eine **Vollstreckungsabwehrklage**.[14] Ob das Schiedsgericht über eine nicht schiedsgebundene Forderung, die zur **Aufrechnung** gestellt wird, mitentscheiden kann, ist streitig.[15]

## 2. Rechtsfolgen für den Bauprozess

Mit dem Abschluss eines **Schiedsvertrages** entziehen sich die Parteien für die Entscheidung des Rechtsstreits der staatlichen Rechtspflege; anstelle des ordentlichen Gerichts soll eine endgültige Entscheidung durch das Schiedsgericht getroffen werden.[16] Von dem Schiedsvertrag ist der **Schiedsgutachtenvertrag** streng zu trennen;[17] mit diesem wollen sich die Parteien grundsätzlich den ordentlichen Rechtsweg offen halten. Der Schiedsgutachtenvertrag ist lediglich auf die Feststellung von **Tatbestandselementen** durch den Schiedsgutachter gerichtet; an diese ist das Prozessgericht dann gebunden; es kann keine eigene Tatsachenfeststellung treffen.

525

### a) Bauschlichtung und Mediation

*Literatur*

*Boysen/Plett*, Bauschlichtung in der Praxis, 2000; *Wolfram-Korn/Schmarsli*, Außergerichtliche Streitschlichtung in Deutschland, 2001; *Haft/Schlieffen*, Handbuch Mediation, 2002; *Zerhusen*, Alternative Streitbeilegung im Bauwesen 2005; *Englert/Franke/Grieger*, Streitlösung ohne Gericht, 2006.

*Gottwald/Plett/Schmidt-v. Rhein*, Streitbeilegung in Bausachen: Die Bauschlichtungsstelle, NJW 1983, 665; *Schmidt-v. Rhein*, Neue Ansätze in der außergerichtlichen Konfliktregelung, ZRP 1984, 119; *Zugehör*, Zweckmäßigkeit und Grundriss eines freiwilligen Güteverfahrens vor dem Zivilrichter, DRiZ 1984, 465; *Prütting*, Schlichten statt Richten?, JZ 1985, 261; *Morasch/Blankenburg*, Schieds- und Schlichtungsstellen – ein noch entwicklungsfähiger Teil der Rechtspflege, ZRP 1985, 217; *Kotzorek*, Schieds- und Schlichtungsstellen für Verbraucher – Konditionenkartell oder verbesserter Konsumentenschutz?, ZRP 1986, 282; *Neumann*, Zur außergerichtlichen Schlichtung, ZRP 1986, 286; *Müller*, Schiedsstellen in bürgerlichen Rechtsstreitigkeiten – Zu Schlichtungsstellen in den Gemeinden der neuen Bundesländer, DtZ 1992, 18; *Bethke*, Das Schlichtungsverfahren in Bayern – eine Möglichkeit der außergerichtlichen Beilegung von bürgerlichrechtlichen Streitigkeiten, NJW 1993, 2728; *Böckstiegel*, Schlichten statt Richten, DRiZ 1996, 267; *Behrens*, Die außergerichtliche Streitschlichtung nach dem Modell Nordrhein-Westfalen, DRiZ 1997, 236; *Marqua*, Entlastung durch obligatorische Schlichtung?, DRiZ 1997, 448; *Eichele*, Obligatorische vor-

---

14) OLG München, BB 1977, 674; vgl. aber auch BGH, NJW 1987, 651 = DB 1987, 1533: Die Einrede des Schiedsvertrages greift auch gegenüber einer Vollstreckungsgegenklage durch, wenn die mit ihr geltend gemachte Einwendung der Schiedsabrede unterliegt. Zur Behandlung einer **wechselrechtlichen** Schiedsabrede siehe BGH, NJW 1994, 136.
15) Vgl. dazu *Banse*, BauR 1977, 86.
16) Vgl. hierzu grundlegend BGHZ 6, 335 = NJW 1952, 1296; OLG Zweibrücken, NJW 1971, 943; OLG Düsseldorf, MDR 1977, 762.
17) BGH, *Schäfer/Finnern*, Z 8.3 Bl. 1.

gerichtliche Schlichtung?, ZRP 1997, 393; *Wagner*, Möglichkeiten des Notars zur Vermeidung und Schlichtung von Baustreitigkeiten, BauR 1998, 235; *Stadler*, Außergerichtliche obligatorische Streitschlichtung – Chance oder Illusion?, NJW 1998, 2479; *Schmidt-Gayk/Jamin*, Zwangsschlichtung am Bau?, BauR 1999, 811; *Hartmann*, Das neue Gesetz zur Förderung der außergerichtlichen Streitbeilegung, NJW 1999, 3745; *Wagner*, Schiedsgerichtsbarkeit, Schiedsgutachten, Schlichtung, Dispute Adjudication, Mediation – Möglichkeiten der alternativen Konfliktlösung im Baurecht, NZBau 2001, 169; *Gessner*, Schlichtung oder Mediation – Streitbeilegung statt Instanzenzug, Jahrbuch Baurecht 2001, 115; *Sigler*, Außergerichtliche Streitbeilegung im Bauwesen durch Schiedsgericht, Schiedsgutachten, Schlichtung und Mediation, Teil IV, DAB 2001, 40; *Eberl/Friedrich*, Alternative Streitbeilegung im zivilen Baurecht, BauR 2002, 250; *Schlapka*, Schlichtungsmodell – Ein Weg aus der Krise laufender Bauvorhaben, BauR 2002, 694; *Schneeweiß*, Die außergerichtliche Streitschlichtung nach § 275 Abs. 5 ZPO, DRiZ 2002, 107; *Schramke*, Neue Formen des Streitmanagements im Bau und Anlagenbau, NZBau 2002, 409; *Kracht/Rüssel*, Schlüsselqualifikation Mediation, JA 2003, 725; *Brößkamp*, Persönlichkeitsanforderungen an einen Schlichter in Baurechtsstreitigkeiten, Festschrift für Kraus (2003), 321; *Maas*, Baurechtler im Wandel, Festschrift für Kraus, 355; *Wagner*, Alternative Konfliktbehandlung im privaten Baurecht – mit dem Schwerpunkt Mediation, Festschrift für Kraus, 367 (s. auch BauR 2004, 221 ff.); *Wiesel*, Schlichtung und Mediation haben im Bauwesen Zukunft (Interview), IBR 2004, 55; *Baur*, „Adjucation" (Schlichtungsverfahren) in England – Vorbild für Deutschland? (Interview), IBR 2004, 113; *Friedrich*, Regelungsgegenstände der Mediationsvereinbarung, MDR 2004, 481; *Wesche*, Zwangsschlichtung oder Schlichtungsanreiz?, ZRP 2004, 49; *Wesche*, Obligatorische Schlichtung für kleine Streitwerte – Eine kritische Zwischenbilanz aus der Praxis, MDR 2003, 1029; *Lauer*, Erfahrungen mit der außergerichtlichen Streitbeilegung in Ausführung des § 15 a EGZPO, NJW 2004, 1280; *Garbuio*, Baumediation – Chance zur alternativen Streitbeilegung, BauRB 2004, 379; *Vygen*, Streitvermeidung, Streitschlichtung und Streitentscheidung – Mögliche Vereinbarungen in Bau-, Architekten- und Ingenieurverträgen, Festschrift für Werner (2005), 1.

**526** Auch durch die verstärkte Einrichtung von (privaten) **Bauschlichtungsstellen**[18] konnte bisher der ansteigenden Flut von (Bau-)Prozessen nicht begegnet werden, vor allem, weil dieses „Verfahren" ausschließlich auf eine **gütliche Verständigung** zwischen den Beteiligten ausgerichtet ist. Die Vollstreckung aus einem **Vergleich** ist zudem davon abhängig, dass die Bauschlichtungsstelle von der jeweiligen Landesjustizverwaltung als **„Gütestelle"** i. S. von § 794 Abs. 1 Nr. 1 ZPO anerkannt ist. Ist eine solche Gütestelle eingerichtet, hat die Anbringung des „Güteantrags" **verjährungshemmende** Wirkung nach § 204 Abs. 1 Nr. 4 BGB.[19]

Zu beachten bleibt, dass das Güteverfahren vor einer **Bauschlichtungsstelle** in der Regel ein gerichtliches Streitverfahren **nicht verhindern** kann. Der Schlichtungsversuch ist vielmehr einzustellen, sobald ein gerichtliches Verfahren von einem der Baubeteiligten in Gang gesetzt wird. Ist ein **selbstständiges Beweisverfahren** anhängig, wird die Bauschlichtungsstelle im Zweifel erst nach dessen Abschluss tätig werden können.[20] Soll durch die **Schlichtungsklausel** im Vertrag allerdings der **sofortige**

---

18) Siehe hierzu umfassend: *Boysen/Plett*, S. 9–78 sowie die Nachweise bei *Zöller/Stöber*, § 797 a ZPO, Rdn. 6. Zur Verankerung der **„Schlichtung"** in der **SOBau** (§ 8 ff.) siehe *Wagner*, NZBau 2001, 170, 171; *Wirth/Wiesel*, 1. Buch, XIV, Rdn. 130 ff.

19) Vgl. BGH, NJW-RR 1993, 1495; siehe ferner: BGH, NZBau 2002, 269 = BauR 2002, 979 = ZfBR 2002, 480 (Die Vereinbarung der Parteien über die Anrufung einer **VOB-Schiedsstelle** beim Innenministerium eines Landes ist ein **Stillhalteabkommen**).

20) Zutreffend: *Gottwald/Plett/Schmidt-v. Rhein*, NJW 1983, 665, 666; s. ferner: OLG Köln, BauR 2002, 1120.

Zugang zu den **Gerichten ausgeschlossen** werden, was durch Vertragsauslegung (§§ 133, 157 BGB) zu ermitteln ist, so muss zunächst die Schlichtungsstelle angerufen werden; andernfalls ist die verfrüht erhobene Klage als „**derzeit unzulässig**" abzuweisen.[21] Die Schlichtungsvereinbarung ist **einredeweise** geltend zu machen und nicht von Amts wegen zu berücksichtigen; sie muss vor der Verhandlung zur Hauptsache erhoben werden.[22] Die Berufung auf die Einrede ist treuwidrig, wenn der Beklagte sich geweigert hat, seinen Anteil an den Gebühren für das Schlichtungsverfahren zu bezahlen.[23]

Es ist immer eine Frage des Einzelfalles und der **Vertragsauslegung**, ob eine **527**
„**Schlichtungsklausel**" vorliegt. Von einer Schlichtungsklausel ist im Zweifel auszugehen, wenn bei Streitigkeiten vor Klageerhebung ein Gutachter eingeschaltet werden soll, der den Parteien (nur) einen **Vergleichsvorschlag** unterbreitet.[24] Zu beachten ist, dass eine inhaltlich unklare Schlichtungsvereinbarung **unwirksam** sein kann.[25] Der **Schlichtungsversuch** kann dadurch geschehen, dass der Anspruchsteller dem Gegner einen Sachverständigen benennt; kommt es dann zu keiner Einigung über die Person des Gutachters, ist eine gütliche Beilegung des Streits nicht möglich. Eine Verpflichtung zu weiteren Aktivitäten besteht für den Anspruchsteller nicht; er kann nunmehr sofort klagen.

Wird durch eine Schlichtungsstelle eine Begutachtung (z. B. über Mängel) vor- **528**
genommen, kann diese im ordentlichen Klageverfahren im Wege des **Urkundenbeweises** gewürdigt werden.[26]

Keine praktische Bedeutung für den Bauprozess wird das durch die Neuregelung des § 15 a EGZPO vorgesehene **obligatorische Schlichtungsverfahren,** das mittlerweile durch **Landesgesetze** in Baden-Württemberg, Bayern, Brandenburg, Hessen, Nordrhein-Westfalen, Saarland, Sachsen-Anhalt und Schleswig-Holstein eingeführt worden ist.[27] Die bisherige Erfahrung mit der Vorschrift des § 15 a EGZPO ist ernüchternd; sie bringt in der Praxis „keine Erledigungszahlen".[28]

---

21) Vgl. BGH, NJW 1999, 647 = VersR 2000, 116 = IBR 2000, 195 – *Zerhusen;* BGH, NJW 1984, 669 = MDR 1984, 485 = DB 1984, 874; vgl. auch OLG Celle, NJW 1971, 288; OLG Frankfurt, VersR 1982, 759; *Englert/Franke/Grieger,* Rdn. 174.
22) OLG Oldenburg, MDR 1987, 414; s. auch OLG Frankfurt, NJW-RR 1998, 778.
23) BGH, NJW 1999, 647
24) Eine Schlichtungsklausel liegt z. B. in folgender Vertragsbestimmung (OLG Köln, Urt. v. 31.5.1983 – 15 U 188/87): „Bei Streitigkeiten ist vor Beschreitung des Rechtsweges ein unabhängiger Sachverständiger, zugelassen beim Landgericht, zu bestellen. Die Kosten hierzu werden gemessen an Entscheid interpoliert."
25) OLG Frankfurt, OLGR 2004, 9.
26) Vgl. BGH, VersR 1987, 1091 (für Arzthaftungsprozess). Zur **Erstattungsfähigkeit** von Anwaltskosten im nachfolgenden Rechtsstreit: OLG München, OLGR 1999, 68.
27) Zur Umsetzung und den einzelnen Landesgesetzen s. die Beilage zur NJW, Heft 51/2001, mit Erläuterungen von *Zietsch/Roschmann;* hierzu auch *Hartmann,* Das neue Gesetz zur Förderung der außergerichtlichen Streitbeilegung – Kuckucksei 2000, NJW 1999, 3745 ff.; *Zerhusen,* Rdn. 175 ff.
28) Siehe DRiZ 2001, 184; *Lauer,* NJW 2004, 1280 u. *Ernst,* NJW-Editorial, Heft 9/2002: „Die Schlichtung, Ende oder Neuanfang?". Zum Kostenerstattungsanspruch s. LG Nürnberg-Fürth, NJW-RR 2003, 1508.

Ob die zunehmend propagierte **Mediation** entscheidenden Einfluss auf die Verhinderung von Bauprozessen haben kann, ist zweifelhaft;[29] als außergerichtliches Konfliktlösungsverfahren, bei dem die Konfliktparteien mit Unterstützung eines neutralen, allparteilichen „Mediators" freiwillig, eigenverantwortlich und gemeinsam eine Lösung erarbeiten, erscheint dieses Konzept zwar auf den ersten Blick erfolgversprechend. Die Praxis spricht jedoch dagegen; denn gerade Bausachen sind in aller Regel wenig geeignet, ohne einen bestimmenden Einfluss von außen allein durch „Gespräche" gelöst zu werden. Nicht zu Unrecht wird daher der Anwendungsbereich, wenn überhaupt, nur für Konfliktsfälle während der Bauphase gesehen. Darüber hinaus steht die gesamte „Mediation" unter dem Damoklesschwert des **Rechtsberatungsgesetzes;** so hat das LG Rostock[30] entschieden, dass als Mediator für eine Mediation bei Baustreitigkeiten nur eine nach dem Rechtsberatungsgesetz berechtigte Person tätig werden darf.

### b) Schiedsgericht

*Literatur*

*Heiermann/Kroppen*, Kommentar zur Schiedsgerichtsordnung für das Bauwesen, 1975; *Henn*, Schiedsverfahrensrecht, 2. Auflage 1991; *Glossner*, Das Schiedsgericht in der Praxis, 3. Auflage 1990; *Mandelkow*, Chancen und Probleme des Schiedsgerichtsverfahrens in Bausachen, Baurechtliche Schriften, Bd. 30, 1995; *Lörcher/Lörcher*, Das Schiedsverfahren, 1997; *Berger* (Hrsg.), Das neue Recht der Schiedsgerichtsbarkeit, RWS-Dokumentation 21, 1998; *Lachmann*, Handbuch für die Schiedsgerichtspraxis, 2. Auflage 2002; *Böckstiegel/Berger/Bredow*, Die Beteiligung Dritter am Schiedsverfahren, 2005; *Schütze*, Schiedsgericht und Schiedsverfahren, 4. Auflage 2007; *Duve*, Streitregulierung im Bauwesen, 2007.

*Habscheid*, Schiedsvertrag und Schiedsgutachtenvereinbarung, KTS 1957, 129; *Lichtenstein*, Fälle der Unzulässigkeit der Schiedseinrede nach deutschem Recht, NJW 1957, 570; *v. Brunn*, Zur Nachprüfbarkeit von Schiedssprüchen, NJW 1969, 823; *Nicklisch*, Schiedsgerichtsklausel und Gerichtsstandsvereinbarungen in Verbandssatzungen und Allgemeinen Geschäftsbedingungen, BB 1972, 1285; *Heiermann*, Die neue Schiedsgerichtsordnung für das Bauwesen, BB 1974, 1507; *Heiermann*, Das Schiedsgerichtsverfahren bei Baustreitigkeiten – Vorteile und Risiken, Schriftenreihe der Deutschen Gesellschaft für Baurecht, Band 7, S. 51 ff.; *Banse*, Zuständigkeitsfragen bei schiedsgerichtlichen Verfahren, BauR 1977, 86; *Habscheid/Calavros*, Aus der höchstrichterlichen Rechtsprechung zur Schiedsgerichtsbarkeit, KTS 1979, 1; *Schloßherr*, Die Unparteilichkeit des Schiedsrichteramtes, ZZP 1980, Bd. 93, 121; *Habscheid*, Zur Frage der Kompetenz – Kompetenz der Schiedsgerichte, Festschrift für Fritz Baur, 1981; *Westermann*, Die BGB-Gesellschaft als Partei eines Schiedsgerichtsverfahrens oder eines Schiedsverfahrens, Festschrift für Fritz Baur, 1981; *Kornmeier*, Schiedsfähigkeit und materielle Vergleichsbefugnis, ZZP 1981, Bd. 94, 27; *Habscheid*, Aus der höchstrichterlichen Rechtsprechung zur Schiedsgerichtsbarkeit, KTS 1984, 53; *Hellwig*, Nationale und internationale Schiedsgerichtsbarkeit, RIW/AWD 1984, 421; *Swoboda*, Die Form des Schiedsvertrages, BB 1984, 504; *Wiegand*, Internationales Bauschiedswesen, ZfBR 1985, 5; *Nagel*, Gedanken über die Beschleunigung der Schiedsverfahren, Festschrift für Firsching, 1985, 191; *Jagenburg*, Schiedsgerichtsbarkeit zwischen

---

29) Siehe hierzu: *Englert/Franke/Grieger*, Rdn. 201 ff.; *Wagner*, in: Roquette/Otto, S. 533 ff. (**Mediationsklauseln**); *Zerhusen*, Rdn. 266 ff.; *Silger*, DAB 2001, 40, 41 ff.; *Kraus*, Festschrift für Vygen (1999), S. 404 ff.; *Riemann*, in: Freiberger Handbuch, § 11, Rdn. 60 ff.; *Wiesel*, IBR 2004, 55.

30) NJW-RR 2001, 1290 = NZBau 2001, 208; siehe ferner: *Henssler*, Mediation und Rechtsberatung, NJW 2003, 241 ff. Zur Bezeichnung „Mediator" auf einem **Anwaltsbriefbogen:** AnwGH Baden-Württemberg, NJW 2001, 3199.

# Rechtsfolgen für den Bauprozess  Rdn. 529

Wunsch und Wirklichkeit, Festschrift für Oppenhoff, 1985, 147; *Keilholz*, Zur Haftung des Sachverständigen in (schieds-)gerichtlichen Bausachen, insbesondere bei von ihm veranlassten Sanierungsmaßnahmen, gelegentlich einer (schieds-)gerichtlichen Begutachtung, BauR 1986, 377; *Lau*, Probleme der Niederlegung von Schiedssprüchen und Schiedsvergleichen, MDR 1986, 545; *Junker*, Verjährungsunterbrechung beim Übergang vom Zivilprozess zum Schiedsverfahren, KTS 1987, 37; *Raeschke-Kessler*, Neuere Entwicklungen im Bereich der Internationalen Schiedsgerichtsbarkeit, NJW 1988, 3041; *Heiermann*, Die Schiedsgerichtsvereinbarung im nationalen und internationalen Bauvertrag, Jahrbuch für die Praxis der Schiedsgerichtsbarkeit, I, 23; *Kühn*, Vorläufiger Rechtsschutz und Schiedsgerichtsbarkeit, Jahrbuch für die Praxis der Schiedsgerichtsbarkeit, I, 47; *Möller*, Die neue Schiedsgerichtsordnung des Deutschen Ausschusses für Schiedsgerichtswesen, RIW 1988, 605; *Raeschke-Kessler*, Die neuere Rechtsprechung des Bundesgerichtshofs zur Schiedsgerichtsbarkeit, Jahrbuch für die Praxis der Schiedsgerichtsbarkeit, I, 201; *Nicklisch*, Die Ausfüllung von Vertragslücken durch das Schiedsgericht, RIW 1989, 15; *Burchard*, Die Vergütung der Schiedsrichter, insbesondere bei vorzeitiger Beendigung des Schiedsrichteramtes durch außergerichtliche Einigung, ZfBR 1989, 131; *Kurth*, Zur Kompetenz von Schiedsrichtern und Schiedsgutachten, NJW 1990, 2038; *Raeschke-Kessler*, Die deutsche Rechtsprechung von 1990 zur Schiedsgerichtsbarkeit, Jahrbuch für die Praxis der Schiedsgerichtsbarkeit, Bd. 4 (1990), 229; *Jagenburg/Sturm*, Das Schicksal des Schiedsvertrages bei Vermögensverfall einer Partei – zugleich ein Beitrag zum Problem der Zulässigkeit der Einrede des Schiedsvertrages gemäß § 1027 a ZPO, Jahrbuch für die Praxis der Schiedsgerichtsbarkeit, Bd. 4 (1990), 70; *Schütze*, Zur notariellen Beurkundung von Schiedsvereinbarungen, BB 1992, 1877; *Henn*, Die Unparteilichkeit des Schiedsrichteramtes, BB Beil. 17/1993, 13; *Aden*, Gewährung rechtlichen Gehörs im Schiedsgerichtsverfahren, NJW 1993, 1964; *Glossner*, Neues Schiedsverfahrensrecht, ZRP 1995, 70; *Kornblum*, Bemerkungen zur geplanten Neuregelung des deutschen Rechts der privaten Schiedsgerichtsbarkeit, ZRP 1995, 331; *Böckstiegel*, Schlichten statt Richten, DRiZ 1996, 267; *Knopp*, Ständiges Schiedsgericht, NJW 1996, 442; *Mandelkow*, Schiedsgerichtsverfahren in Bausachen, BauR 1997, 785; *Weigand*, Die neue ICC-Schiedsgerichtsordnung 1998, NJW 1998, 2081; *Hök*, Das Schiedsverfahren in Bausachen nach neuem Recht: Ein Vergleich des Schiedsverfahrens mit dem gerichtlichen Verfahren in Bausachen, BauR 1998, 835; *Zerhusen*, Schlichtungs- und Schiedsordnung für Baustreitigkeiten (SOBau) der ARGE-Baurecht im Deutschen AnwaltVerein, BauR 1998, 849; *Schütze*, Einstweiliger Rechtsschutz im Schiedsverfahren, BB 1998, 1650; *Weigel*, Befangenheit im Schiedsgerichtsverfahren, MDR 1999, 1360; *Thierau*, Der befangene Schiedsrichter, Festschrift für Vygen (1999), 431; *Hök*, Internationales Baurecht – im Schiedsverfahren, BauR 1999, 804; *Kraus*, Das neue Schiedsverfahrensrecht – Änderungen und deren Auswirkung auf Bauschiedsgerichte, Jahrbuch Baurecht 1999, 190; *Kullak/Royé*, Änderungen der Schiedsgerichtsordnung für das Bauwesen einschließlich Anlagenbau (SGO Bau) – Ausgabe November 2000 –, ZfBR 2001, 299; *Sandrock*, „Gewöhnliche" Fehler in Schiedssprüchen: Wann können sie zur Aufhebung des Schiedsspruchs führen?, BB 2001, 2173; *Peters*, Materielle Einwendungen gegen den Schiedsspruch, JZ 2001, 598 (Stellungnahme zu Gerhard Wagner, JZ 2000, 1171); *Kröll*, Das neue deutsche Schiedsrecht vor staatlichen Gerichten: Entwicklungslinien und Tendenzen 1998–2000, NJW 2001, 1173; *Roquette/Kunkel*, Schiedsgerichtsbarkeit – ein Glaubensbekenntnis?, Jahrbuch Baurecht 2003, 269; *Bietz*, Baustreitigkeiten vor dem Schiedsgericht, NZBau 2003, 177; *Lenzen*, Unterbrechung von Beweisverfahren und/oder Schiedsverfahren durch Insolvenzeröffnung?, NZBau 2003, 428; *Wagner*, Schiedsgutachterregelungen in Bauträgerverträgen?, BTR 2004, 69; *Moehren*, Schiedsgerichtsbarkeit in Bausachen, BrBp 2004, 274; *Kremer/Weimann*, Die Einrede der verarmten Partei – ein Ausweg aus der Schiedsvereinbarung oder bloße Verzögerungstaktik?, MDR 2004, 181; *Zerhusen*, Die SOBau der ARGE Baurecht im DeutschenAnwaltsVerein – praktische Erfahrungen, BauR 2004, 216; *Scheef*, Ablauf von Schiedsverfahren nach der SGO Bau, BauRB 2004, 350; *Zerhusen*, Der „Dritte" im baurechtlichen Schiedsverfahren, Festschrift für Thode (2005), 355; *Hauschka/Schramke*, Bauprojekte im Ausland – Durchsetzung der Ansprüche des Bauunternehmers gegen den Staat vor ICSID-Schiedsgerichten, BauR 2005, 1550; *Kröll*, Die Entwicklung des Rechts der Schiedsgerichtsbarkeit 2005/2006, NJW 2007, 743; *Thode*, Europarecht und Schiedsvereinbarung in Verbraucherverträgen, ZfBR 2007, 430.

**529** Wird zwischen den Baubeteiligten ein **Schiedsvertrag** wirksam abgeschlossen[31] so gelten die §§ 1025 ff. ZPO,[32] wobei die in den Vorschriften enthaltenen Regelungen zwingende **Mindestvoraussetzungen** darstellen; im Übrigen beruht das Schiedsverfahren aber auf dem Grundsatz der **Vertragsfreiheit** (§ 1029 Abs. 1 ZPO).[33]

In Bauprozessen gibt der Schiedsvertrag den Parteien eine **prozesshindernde Einrede** (§ 1032 Abs. 1 ZPO). Sie ist nicht von Amts wegen zu prüfen. Führt der Kläger nicht die Entscheidung des Schiedsgerichts herbei, sondern erhebt er unmittelbar Klage vor dem ordentlichen Gericht, ist auf eine entsprechende Einrede des Beklagten die Klage als **unzulässig** abzuweisen,[34] sofern nicht die Schiedsvereinbarung **unwirksam**[35] oder **undurchführbar**[36] ist, was das Gericht festzustellen hat.

Eine Rüge muss **rechtzeitig** erhoben werden; allerdings braucht der Beklagte die Einrede der Schiedsvereinbarung nicht innerhalb der Klageerwiderungsfrist vorzubringen; er kann sie vielmehr noch bis zum Beginn der mündlichen Verhandlung zur Hauptsache geltend machen.[37] Die erst mit dem **Einspruch** gegen ein Versäumnisurteil erhobene Einrede ist dagegen verspätet.[38] Jedoch kann die Einrede erhoben werden, wenn die vor dem ordentlichen Gericht eingeklagte Forderung unstreitig ist und der Beklagte sich nur auf die Einrede des Schiedsvertrages stützt.[39]

**530** Die prozesshindernde Einrede des § 1032 ZPO greift durch, wenn der Schiedsvertrag **wirksam** zwischen den baubeteiligten Vertragspartnern zu Stande gekommen ist.

---

31) Zur Wirksamkeit einer Schiedsgerichtsvereinbarung in **AGB**: BGH, BauR 2007, 741, 743 = ZfBR 2007, 336, 337 = NZBau 2007, 301; BGH, NZBau 2007, 298 = ZfBR 2007, 459 = ZfIR 2007, 364 m. Anm. *Vogel* = IBR 2007, 285 – *Thode* (**Schiedsrichterernennungsklausel**); OLG München, BauR 2000, 1779 ff.; BGH, IBR 2005, 578 – *Wiesel* (formularmäßige Schiedsabrede); zur Unwirksamkeit eines **Wahlrechts** zwischen Schieds- und ordentlicher Gerichtsbarkeit in **AGB**: BGH, NJW 1999, 282 = ZfBR 1999, 88. Zum **Umfang** und zur Auslegung einer Schiedsabrede im Bauvertrag s. vor allem OLG Düsseldorf, NJW-RR 1991, 602; OLG München, BauR 1991, 496 = ZfBR 1991, 204 (Geltendmachung eines Bereicherungsanspruchs); OLG München, NJW-RR 1998, 198 (Erstreckung der Schiedsabrede auch auf die **gesetzlichen Vertreter** einer juristischen Person). Zur Zulässigkeit einer **Vollstreckungsgegenklage** vor dem ordentlichen Gericht: LG Köln, BauR 1995, 425. Zur **Zuständigkeit** für die Vollstreckungsklage: KG, OLGR 2007, 157; zur **Aufrechnung** im Verfahren auf Vollstreckbarerklärung des Schiedsspruchs: OLG Düsseldorf, OLGR 2005, 254. Zum Rechtswegvorbehalt: BGH, NZBau 2007, 299.
32) Neugefasst durch SchiedsVfG vom 22.12.1997 (BGBl. I, S. 3224).
33) BGH, IBR 2007, 284 – *Heiliger*.
34) Hat das (erstinstanzliche) **Prozessgericht** die von dem Beklagten erhobene **Einrede** des Schiedsvertrages verworfen (und ihn dementsprechend in der Sache verurteilt), kann die Berufung zulässig auf die Frage beschränkt werden, ob die Einrede zu Unrecht verworfen worden ist (vgl. BGH, NJW 1994, 1008 m. Nachw.). Zur Erhebung der Einrede im **Urkundenprozess**: BGH, IBR 2007, 529 – *Schulze-Hagen*; BGH, BauR 2006, 1020 = IBR 2006, 236 – *Wolf*; OLG Köln, OLGR 2001, 227; OLG Düsseldorf, OLGR 1998, 225.
35) Eine Vereinbarung, wonach das Schiedsgericht seine Zuständigkeit mit bindender Wirkung für die staatlichen Gerichte feststellen kann, ist unwirksam (BGH, IBR 2005, 454; **Kompetenz-Kompetenz-Klausel**; s. hierzu auch *Schütze*, Rdn. 135 ff.).
36) Zur Undurchführbarkeit wegen **Mittellosigkeit**: BGH, ZZP 114 (2001), 97 m. Anm. *Walter* = JZ 2001, 258 m. Anm. *Schlosser*; OLG Naumburg, BauR 2005, 1509, 1510 sowie *Kremer/Weimann*, MDR 2004, 181 ff.
37) BGH, NJW 2001, 2176 = ZIP 2001, 1694.
38) OLG München, NJW-RR 1995, 127 = MDR 1994, 1244 = BB 1995, 799.
39) OLG Düsseldorf, MDR 1977, 762 = BB 1977, 1523.

## Rechtsfolgen für den Bauprozess — Rdn. 530

Der Schiedsvertrag bindet die Parteien, die ihn abgeschlossen haben, und diejenigen Dritten, gegen die ein Vergleich wirken würde, also z. B. die Rechtsnachfolger.[40] Die Schiedsvereinbarung bindet nicht den Bürgen, den Schuldübernehmer oder einen Garanten, weil deren Schuld selbstständig neben der Hauptschuld steht und ein eigenes rechtliches Schicksal hat.[41]

* Die Schiedsvereinbarung muss entweder in einem von den Parteien unterzeichneten Schriftstück oder in zwischen ihnen gewechselten Schreiben, Fernkopien, Telegrammen oder anderen Formen der Nachrichtenübermittlung, die einen Nachweis der Vereinbarung sicherstellen, enthalten sein (§ 1031 Abs. 1 ZPO).[42] Da im Bauwesen in aller Regel ein **„Verbraucher"**, nämlich der private Bauherr, beteiligt ist, müssen solche Schiedsvereinbarungen „in einer von den Parteien unterzeichneten Urkunde enthalten" sein, die keine „anderen" Vereinbarungen enthält.[43] Dies gilt **nicht** bei einer **notariellen** Beurkundung (§ 1031 Abs. 5 Satz 3 ZPO).[44] Zu beachten ist, dass die schriftliche Form „durch die elektronische Form nach § 126a BGB" ersetzt werden kann (§ 1031 Abs. 5 Satz 2 ZPO). Wird z. B. der auf der Rückseite eines Bauvertrages vorgedruckte „Nachtrag" der Formulierung eines Schiedsgerichtsvertrages nur vom Architekten des Bauherrn, nicht aber vom Unternehmer unterzeichnet, ist der Schiedsvertrag wegen eines Formfehlers nichtig.[45] Ein Bezug im von beiden Vertragsparteien unterschiebenen Bauvertrag auf die Schiedsgerichtsklausel reicht nicht aus.
* Allerdings wird der Mangel der Form durch die Einlassung auf die schiedsgerichtliche Verhandlung zur Hauptsache geheilt (§ 1031 Abs. 6 ZPO). Dies gilt auch für den Fall, dass sich die Parteien dieser Wirkung im Zeitpunkt der Einlassung nicht bewusst sind.[46]
* Gemäß § 1029 Abs. 1 ZPO muss der Schiedsvertrag das **bestimmte Rechtsverhältnis bezeichnen,** dessen Streitigkeiten durch das Schiedsgericht entschieden werden sollen. Dabei reicht nach der Neufassung (§ 1029 Abs. 1 ZPO) die Vereinbarung „für alle Streitigkeiten aus der Geschäftsverbindung" aus.[47]
* Ein Schiedsvertrag ist mangels genügender Bestimmtheit nichtig, wenn das darin zur Entscheidung berufene Schiedsgericht weder eindeutig bestimmt noch bestimmbar ist, weil danach zwei ständige Schiedsgerichte in Betracht kommen.[48]

---

40) Siehe hierzu: BGH, NJW-RR 1991, 423; OLG München, NJW-RR 1998, 198.
41) OLG Hamburg, OLGR 2002, 305, 306.
42) Eine **wirksame** Schiedsvereinbarung **fehlt,** wenn die Parteien zwar für Streitigkeiten ein Schiedsgericht vereinbaren, die Schiedsvereinbarung aber noch in einer **gesonderten** Urkunde festlegen wollen, diese aber nicht erstellt wird (OLG Köln, OLGR 2006, 28); s. ferner: OLG Naumburg, OLGR 2006, 31.
43) OLG Hamm, BauR 2006, 1787, 1788; werden diese Voraussetzungen erfüllt, ist auch eine formularmäßige Schiedsabrede gültig (BGH, IBR 2005, 578 – *Wiesel*); zur **Richtlinie 93/13/EWG** über missbräuchliche Klauseln und zur Prüfung der Nichtigkeit bei einem Verbrauchervertrag s. EuGH, NJW 2007, 135 = BauR 2007, 766 (LS) sowie *Thode*, IBR 2007, 285 u. ZfBR 2007, 430 ff.
44) Vgl. hierzu auch BGH, NJW 1994, 2300 (notariell **ergänzte** Schiedsvertragsurkunde); zum Erfordernis der **notariellen Beurkundung:** BGH, DB 1978, 89 (**Kaufanwärtervertrag**).
45) LG Köln, *Schäfer/Finnern,* Z 8.0 Bl. 17; s. ferner OLG Hamm, BauR 1993, 86.
46) BGH VersR 1967, 780. Zur **Heilung** der Formunwirksamkeit durch **wechselseitige Schiedsrichterbenennung:** OLG Hamburg, NJW-RR 1999, 1738.
47) Siehe aber BGH, NJW 1965, 300 für das alte Recht.
48) BGH, MDR 1983, 471 = WM 1983, 240 = NJW 1983, 1267; OLG Köln, OLGR 2006, 28, 29.

**531** Häufig findet sich in Bauverträgen, insbesondere **Allgemeinen Geschäftsbedingungen**, der Hinweis, dass die Parteien zur Regelung von Streitigkeiten ein Schiedsgericht zu vereinbaren haben. Ist jedoch noch kein besonderer Schiedsvertrag abgeschlossen, ist dieser Hinweis wirkungslos; diese Abrede stellt noch keinen Vorvertrag auf Abschluss eines Schiedsvertrages dar.[49] Im Übrigen ist die Wirksamkeit der Schiedsvereinbarung nach den allgemeinen Grundsätzen, insbesondere § 138 BGB, zu beurteilen.[50]

**532** Zu beachten ist, dass der **Anspruch** auf **rechtliches Gehör** einer der **Grundpfeiler** des heutigen Schiedsverfahrens darstellt (§ 1042 Abs. 1 Satz 2 ZPO).[51] Wer die Verletzung seines rechtlichen Gehörs nach § 1059 Abs. 2 Nr. 1 lit. b) ZPO rügt, kann sich immer auch auf eine Verletzung des § 1059 Abs. 2 Nr. 2 lit. b) ZPO (Verstoß gegen den **ordre public**) berufen.[52] Die Schiedsgerichte müssen deshalb rechtliches Gehör in wesentlich gleichem Umfang wie staatliche Gerichte gewähren; das erschöpft sich nicht nur darin, dass den Parteien Gelegenheit zu geben ist, alles ihnen erforderlich Erscheinende vortragen zu können. Sie müssen auch zu allen Tatsachen und Beweismitteln Stellung nehmen können, die das Gericht seiner Entscheidung zu Grunde zu legen gedenkt. Verstöße können deshalb die **Aufhebungsklage** rechtfertigen, wenn das Schiedsgericht den Tatsachenvortrag einer Partei nicht zur Kenntnis genommen und in seine Erwägungen ausreichend einbezogen hat.[53]

**533** Im Übrigen erlischt der **Schiedsvertrag** nach den allgemeinen bürgerlich-rechtlichen Grundsätzen, wie z. B. bei berechtigtem **Rücktritt**, erfolgreicher **Anfechtung**, vertraglicher Aufhebung oder durch **Kündigung aus wichtigem Grund**.[54] Zu beachten ist, dass die Kündigung einer Schiedsvereinbarung sogar (noch) **während** eines anhängigen Prozesses (vor dem Prozessgericht) erfolgen kann.[55] Ist eine Partei **mittellos** und deshalb die Schiedsvereinbarung „undurchführbar" (§ 1032 Abs. 1 ZPO), bedarf es – im Gegensatz zum früheren Schiedsverfahrensrecht – keiner Kündigung mehr.[56]

---

49) BGH, DB 1973, 1447 = MDR 1973, 1001 = BB 1973, 957. Zur **Unwirksamkeit** einer Schiedsklausel in **AGB** siehe BGH, NJW 1992, 575 = WM 1992, 100 = BB 1992, 229; OLG Düsseldorf, IBR 2006, 367 – *Hök* (internationale Zuständigkeit); OLG München, BauR 2000, 1779 sowie oben Anm. **31**.
50) Zur Unwirksamkeit gemäß § 138 BGB: BGH, NJW 1989, 1477 = WM 1989, 697; OLG Düsseldorf, NJW 1996, 400; *Lachmann*, Rdn. 219 ff.
51) BGHZ 96, 40, 47 = NJW 1986, 1436, 1438; OLG Hamburg, OLGR 2004, 244; *Sandrock*, BB 2001, 2173, 2176. Zur Nichtbeachtung von Anträgen: OLG Koblenz, IBR 2006, 652 – *Heiliger*.
52) *Sandrock*, BB 2001, 2173, 2174. Zum Verstoß gegen den **ordre public**: OLG München, IBR 2007, 348 – *Schulze-Hagen*.
53) BGH, NJW-RR 1993, 444; BGH, BauR 1983, 190 = NJW 1983, 867; BGH, NJW 1992, 2299 (kritisch hierzu: *Aden*, NJW 1993, 1964); OLG Hamburg, OLGR 2004, 244; OLG Celle, OLGR 2004, 396; OLG Stuttgart, KuT 1962, 119; BGH WM 1983, 1207 (keine Verpflichtung zur Mitteilung von Rechtsansichten); *Hök*, BauR 1998, 835, 848; *Sandrock*, BB 2001, 2173, 2176.
54) Siehe BGH, NJW 1986, 2765 = DB 1986, 113; NJW 1988, 1215; NJW 1980, 2136 = BB 1980, 1181 = WM 1980, 1041; BGH, MDR 1964, 410.
55) Vgl. BGH, NJW-RR 1994, 1214, 1215.
56) BGH, JZ 2001, 258 m. Anm. *Schlosser* = ZZP 114 (2001), 97 m. Anm. *Walter*; OLG Naumburg, BauR 2005, 1509, 1510.

**534** Ist der **Schiedsvertrag,** aus welchen Gründen auch immer, **wirksam erloschen,** so ist die vorgebrachte Einrede gegenstandslos.[57] Hierfür trägt der Kläger die **Beweislast.** Gegenüber dem Antrag auf Erlass einer einstweiligen Verfügung oder eines Arrestes kann die schiedsgerichtliche Einrede nicht erhoben werden, da insoweit stets die Prozessgerichte zuständig sind.[58] Schiedsverträge, die erst nach der Verhandlung zur Hauptsache geschlossen werden, sind für das Prozessgericht unbeachtlich.[59] Die Einrede des Schiedsvertrages kann nach § 242 BGB **unzulässig** sein, wenn der Beklagte zuvor im Schiedsgerichtsverfahren die Zuständigkeit der ordentlichen Gerichte behauptet hatte.[60]

**535** Ist der **Bauvertrag unwirksam,** kann dennoch die Einrede erhoben werden, wenn nach dem Willen der Parteien das Schiedsgericht auch über die Wirksamkeit und etwaige Folgen der Unwirksamkeit entscheiden soll. Im Zweifel sind die allgemein üblichen Schiedsgerichtsklauseln dahin auszulegen, dass das Schiedsgericht auch für die Entscheidung über die Frage der **Gültigkeit** des Vertrages und die bei Nichtigkeit gegebenen Ansprüche zuständig ist. Der BGH[61] hat dies ausdrücklich für eine Schiedsgerichtsklausel bejaht, nach der „ein Schiedsgericht über Meinungsverschiedenheiten oder Streitigkeiten aus dem Vertrag" entscheiden sollte, da die Parteien in der Regel eine umfassende Zuständigkeit des Schiedsgerichts wünschen: „Es spricht viel dafür, dass verständige Parteien die durch ihren Vertrag angeknüpften Beziehungen und die sich daraus ergebenden Ansprüche, gleichviel ob der Vertrag wirksam ist oder nicht, demselben Gericht und nicht zwei verschiedenen Gerichten zur Entscheidung unterbreiten wollen – dem Schiedsgericht den Streit über Ansprüche aus gültigem Vertrag und dem staatlichen Gericht den Streit über die Wirksamkeit des Vertrages und die Folgen der Unwirksamkeit."[62] Erhebt ein Unternehmer gegen seinen Auftraggeber eine Klage mit der Behauptung, dieser habe eine Gewährleistungsbürgschaft zu Unrecht in Anspruch genommen, ist ein Schiedsgericht auch für diesen (auf § 812 BGB gestützten) Bereicherungsanspruch sachlich zuständig.[63]

Die **Unwirksamkeit** des Hauptvertrages hat daher nicht – wie nach § 139 BGB – im Zweifel die Unwirksamkeit der Schiedsabrede zur Folge; vielmehr ist durch deren **Auslegung** zu ermitteln, ob die Vertragschließenden dem Schiedsgericht die Entscheidung auch über die Wirksamkeit des Hauptvertrages übertragen haben.[64]

**536** Etwas anderes gilt nach der Auffassung des BGH[65] im Hinblick auf die Prüfung der Gültigkeit des Schiedsvertrages: Nach der zwingenden Vorschrift des § 1032 Abs. 1 ZPO hat das **ordentliche Gericht** die Gültigkeit des Schiedsvertrages zu prüfen, ohne an die Entscheidung des Schiedsgerichts gebunden zu sein; da das Schieds-

---

57) BGHZ 51, 79.
58) Vgl. LG Frankfurt, NJW 1983, 761, 762, 763.
59) *Wieczorek*, § 274 ZPO, C IV b 3.
60) BGH, NJW 1968, 1928; OLG Düsseldorf, MDR 1981, 766 bei **Aufrechnung;** siehe auch BGH, NJW-RR 1987, 1194; NJW 1988, 1215.
61) BGHZ 53, 315 = NJW 1970, 1046.
62) So BGH, a. a. O.; ebenso: BGH, NJW 1979, 2567 = DB 1979, 1550 = BB 1979, 1578; anders: OLG Düsseldorf, NJW 1996, 400 = WM 1995, 1798, wenn nach den Bestimmungen des Schiedsvertrages ein „faires Verfahren" nicht zu erwarten ist.
63) OLG München, NJW-RR 1991, 602.
64) BGH, NJW 1979, 2567 = DB 1979, 1550 = BB 1979, 1578; BGH, DB 1970, 873.
65) BGH, NJW 1977, 1397 = MDR 1977, 735 = Anm. *Leipold*, ZZP 1978, 479.

gericht seine Zuständigkeit allein durch den Schiedsvertrag erhält, kann es über dessen rechtlichen Bestand selbst nicht **bindend** entscheiden.[66] Im Übrigen gilt: Ist ein Klageverfahren vor dem staatlichen Gericht rechtshängig, in dem die Schiedseinrede nach § 1032 Abs. 1 ZPO erhoben ist, kann ein **Antrag** an das zuständige OLG auf Feststellung der Zu- oder Unzulässigkeit des Schiedsverfahrens nach § 1032 Abs. 2, 1062 Abs. 1 Nr. 2 ZPO nicht mehr gestellt werden.[67]

**537** Zur **Ablehnung** eines Schiedsrichters wegen der **Besorgnis der Befangenheit**, zum **Verfahren** (jetzt: §§ 1036, 1037 ZPO) und den **Auswirkungen:** OLG Düsseldorf, IBR 2006, 365 – Thierau; OLG Karlsruhe, IBR 2006, 648 – Mandelkow (zur Offenlegung von Mandatsbeziehungen) u. IBR 2006, 650 – Günther (Sachverständiger des selbstständigen Beweisverfahrens kann kein Schiedsrichter sein; Zweifel an der Unvoreingenommenheit); BGH, NJW 1964, 593; OLG Naumburg, NZBau 2002, 448 = IBR 2002, 452 – Thierau; LG Mannheim, BauR 1998, 403; OLG München, BB 1976, 1047; OLG Düsseldorf, SFH, Nr. 1 zu § 1045 ZPO. Zur Ablehnung bzw. Ausschluss von Schiedsrichtern nach der SGOBau und der DIS-SchGO siehe Zerhusen, Rdn. 384 ff.

### c) Schiedsgutachtenvertrag

*Literatur*

*Wittmann*, Struktur und Grundprobleme des Schiedsgutachtenvertrages, 1978; *Meyer*, Der Schiedsgutachtervertrag, 1995. *Bulla*, Gerichtliche Nachprüfbarkeit von Schiedsgutachten, NJW 1978, 397; *Bleutge*, Der Sachverständige als Schiedsgutachter, GewArch 1978, 145; *Döbereiner*, Anfechtung und Geltendmachung der Unwirksamkeit eines Schiedsgutachtens durch den/die Schiedsgutachter, VersR 1983, 712; *Volmer*, Das Schiedsgutachtenrecht – Bestandsaufnahme und Fragen der Praxis, BB 1984, 1010; *Kurth*, Zur Kompetenz von Schiedsrichtern und Schiedsgutachten, NJW 1990, 2038; *Rudolph*, Schiedsgutachten und Beweissicherungsgutachten als Wege zur Beilegung von Baustreitigkeiten, Festschrift für Locher (1990), 215; *Altschwager*, Das Schiedsgutachtenverfahren nach § 18 Nr. 3 VOB/B – ein vergessenes Verfahren?, BauR 1991, 157; *Sturmberg*, Gehört das Schiedsgutachten der Vergangenheit an?, BauR 1992, 693; *Zanner*, Selbstständiges Beweisverfahren trotz Schiedsgutachterabrede?, BauR 1998, 1154; *Wagner*, Schiedsgutachterregelungen in Bauträgerverträgen?, BTR 2004, 69; *Kraus*, Gestaltung von Schiedsgutachtenabreden bei Nachträgen, ZfBR 2004, 118; *Bolz*, Muster einer Schiedsgutachtervereinbarung, BauRB 2004, 151; *Koeble*, Das Schiedsgutachten als alternativer Weg der Streiterledigung in Bausachen, BauR 2007, 1116.

**538** Das Schiedsgutachtenrecht hat in Bausachen zunehmend an **Bedeutung gewonnen;** nach neuem Recht kommt zudem der Vereinbarung über die Einholung eines Schiedsgutachtens (z. B. über das Vorliegen eines Mangels oder die Richtigkeit einer Schlussrechnung/Honorarrechnung) eine die Verjährung **hemmende** Wirkung zu (§ 204 Abs. 1 Nr. 8 BGB). Eine Schiedsgutachtervereinbarung schließt die Durchführung eines selbstständigen Beweisverfahrens vor den staatlichen Gerichten allerdings nicht in jedem Fall aus.[68]

Dem **Schiedsgutachter** können im Einzelfall vor allem folgende **Aufgaben** obliegen:
* In Ergänzung des Vertrages die Leistungspflichten der Parteien nach billigem Ermessen festzulegen (sog. **vertragsergänzendes Schiedsgutachten**).

---

66) BGH, IBR 2005, 454 – *Müller-Stoy*.
67) OLG München, OLGR 2007, 188.
68) Vgl. Brandenburgisches OLG, BauR 2002, 1737 = OLGR 2002, 467; siehe oben Rdn. **71**.

Hierunter fällt z. B. die Festlegung des angemessenen („üblichen") **Werklohns** (§ 632 Abs. 2 BGB), die Herabsetzung einer unverhältnismäßig hohen Vertragsstrafe, die Anpassung der beiderseitigen Vertragspflichten aufgrund veränderter Umstände (§ 242 BGB),[69] die einer Vertragspartei obliegende Leistung (als Dritter) zu bestimmen (§ 317 BGB),[70] die Berechtigung von Nachträgen zu beurteilen und über die Kostenermittlung verbindliche Feststellungen zu treffen.[71]

* Für die Bestimmung des Inhalts einer Vertragsleistung und damit für die Entscheidung des Streits der Parteien gewisse dafür erhebliche Unterlagen und **Tatsachen** aufgrund seiner **Sachkunde** zu **beschaffen** und diese für die Vertragsparteien **verbindlich festzulegen**.[72] Das sind die Regelfälle. Hierzu gehören u. a. die Feststellung von **Werkmängeln**, deren Ursachen, der Umfang und die Kosten einer Mängelbeseitigung, die Höhe eines geltend gemachten Schadens[73] oder einer Minderung.[74] Auf die Beurteilung reiner **Rechtsfragen** erstreckt sich ein solcher Schiedsgutachtenvertrag allerdings nicht.[75]

* Über die bloße Tatsachenfeststellung hinaus kann dem Schiedsgutachter die Aufgabe übertragen sein, die festgestellten Tatsachen rechtlich zu bewerten und einzuordnen.[76] Als Beispiel ist die Feststellung eines (wichtigen) Kündigungsgrundes zu nennen[77] oder die Bestimmung des Inhalts einer technischen Norm.[78]

* Da das Schiedsgutachten in der Regel auf einer konkreten vertraglichen Vereinbarung beruht, kommt diesem Verfahren auch nach § 204 Abs. 1 Nr. 8 BGB eine **die Verjährung hemmende Bedeutung** zu.[79] Erfolgt die Einholung des Schiedsgutachtens vorprozessual, ist die „Kenntnis" des Schuldners unproblematisch, weil sie aufgrund Vereinbarung und damit unter dessen Mitwirkung erfolgt.[80]

* Das auf Grund einer Schiedsgutachtervereinbarung erstellte Schiedsgutachten ist eine **Urkunde** im Sinne des § 592 ZPO und daher auch geeignet, einen entsprechenden Anspruch im **Urkundenprozess** zu belegen.[81]

---

69) Vgl. *Palandt/Heinrichs*, § 317 BGB, Rdn. 5.
70) OLG Frankfurt, BauR 2006, 1325; OLG Rostock, OLGR 2006, 2 (Bestimmung des Verkehrswertes, von dem der **Kaufpreis** abhängig ist).
71) Brandenburgisches OLG, IBR 2005, 76 – *Oberhauser*.
72) BGH, NZBau 2006, 173, 174 = BauR 2006, 555; BGH, BauR 1990, 86 = NJW 1990, 1231 = ZfBR 1990, 64 („**Abrechnungsdifferenzen**"); OLG Düsseldorf, BauR 1998, 195 = OLGR 1998, 131 (**Mängel** und Restarbeiten); RGZ 96, 57, 60; *Volmer*, BB 1984, 1010, 1011.
73) BGH, NJW 1971, 1455 (Feststellung eines Schadens).
74) Vgl. OLG Düsseldorf, NZBau 2001, 207 = BauR 2000, 1771 = OLGR 2000, 465.
75) OLG Braunschweig, OLGR 1994, 208 (LS); OLG Düsseldorf, BauR 1998, 195 = OLGR 1998, 131.
76) BGH, NJW 1975, 1556 = BB 1975, 899; *Volmer*, a. a. O.; *MünchKomm-Söllner*, § 317 BGB, Rdn. 11.
77) BGHZ 9, 144; *Palandt/Heinrichs*, a. a. O., Rdn. 7.
78) KG, OLGR 1998, 409 (Abrechnung erbrachter Malerarbeiten).
79) *Lenkeit*, BauR 2002, 196, 217; s. aber OLG Saarbrücken, NZBau 2002, 452, 453: **Verhandlungen** über den Abschluss einer Schiedsgutachtervereinbarung hemmen nicht die Verjährung. Zur Auswirkung der Schiedsgutachtenabrede auf die **Verjährung** nach altem Recht: OLG Hamm, BauR 1983, 374 u. BGH, BauR 1990, 86 = NJW 1990, 1231 (pactum de non petendo).
80) *Schmidt-Räntsch*, Rdn. 155.
81) Brandenburgisches OLG, IBR 2005, 76 – *Oberhauser*.

**539** Die Schiedsgutachtenabrede im Bauvertrag hat gegenüber der **Schiedsgerichtsklausel**[82] im Prozess andere Wirkungen: Eine prozesshindernde Einrede gemäß § 1032 Abs. 1 ZPO kann nicht erhoben werden. Vielmehr erschöpft sich die Wirkung einer solchen Klausel zunächst darin, dass das angerufene **Prozessgericht** gehindert ist, die vom Schiedsgutachter nach dem Willen der Parteien getroffenen oder zu treffenden **Tatsachenfeststellungen** selbst vorzunehmen;[83] das Gericht ist insoweit **gebunden,** es sei denn, die Parteien sind einvernehmlich von der Schiedsgutachtenabrede „abgerückt".[84] Auf eine Schiedsgutachterabrede kann sich nur berufen, wer an der Vereinbarung beteiligt war.[85]

**540** Auf den Schiedsgutachtenvertrag finden die §§ 1025 ff. ZPO keine entsprechende Anwendung. Ein Schiedsgutachter kann daher nach h. M. **nicht** wegen der **Besorgnis der Befangenheit abgelehnt** werden.[86] Das kann anders sein, wenn die Parteien in dem Schiedsgutachtenvertrag das Ablehnungsrecht **vertraglich** regeln; in diesem Falle kann sich eine Partei bei Befangenheit darauf berufen[87] und den Schiedsgutachtenvertrag sogar aus wichtigem Grunde kündigen.[88] In allen anderen Fällen kann die Frage der Ablehnung des Schiedsgutachters wegen Befangenheit nur im ordentlichen Verfahren ausgetragen werden. Wird aufgrund des Schiedsgutachtens auf eine Leistung geklagt, so kann seine fehlende Verbindlichkeit wegen Befangenheit des Schiedsgutachters eingewendet werden; das ordentliche Gericht muss dann die **Befangenheitsfrage als Vorfrage** prüfen.[89]

**541** In der Regel haben beide Vertragspartner nach dem Schiedsgutachtenvertrag das Recht, das Schiedsgutachten einzuholen; so heißt es meistens, dass „der Sachverständige auf Antrag einer (oder beider) Parteien durch die zuständige Industrie- und Handelskammer benannt" oder „ **ernannt/bestellt** " wird.[90] Gerade bei Bausachen ist jedoch oftmals festzustellen, dass sich eine **Vertragspartei weigert,** bei der Beauftragung des Schiedsgutachters mitzuwirken. Nach einhelliger Ansicht[91] ist der andere Vertragspartner berechtigt, **allein** den Schiedsgutachter zu beauftragen; in diesem Fall soll der Schiedsgutachtenvertrag mit beiden Parteien zu Stande kommen. Allerdings ist es der vertragstreuen Partei auch unbenommen, unmittelbar Klage vor dem ordentlichen Gericht zu erheben.[92]

---

82) Zur **Abgrenzung** von Schieds- und Schiedsgutachtervertrag s. BGHZ 6, 335 = NJW 1952, 1296; BGH, KTS 1977, 42; BGH, ZfBR 1982, 27 = WM 1981, 1056; OLG München, OLGR 2006, 872; OLG Zweibrücken, NJW 1971, 943; *Vollmer*, BB 1984, 1010, 1013; *Hök*, BauR 1998, 835, 836.
83) Die Parteien selbst können für die Dauer der Erstattung des Gutachtens keine fälligen Ansprüche durchsetzen (**pactum de non petendo**); KG, BauR 2005, 1782, 1783.
84) BGH, BauR 1998, 123, 124.
85) OLG Düsseldorf, BauR 2004, 874.
86) Vgl. BGH, VersR 1957, 122; *MünchKomm-Söllner*, § 317 BGB, Rdn. 12.
87) BGH, NJW 1972, 827; *Rudolph*, Festschrift für Locher, S. 215, 218; *Englert/Franke/Grieger*, Rdn. 81.
88) BGH, DB 1980, 967.
89) OLG München, BB 1976, 1047; es kann auf **Feststellung geklagt** werden, dass das Schiedsgutachten infolge der Ablehnung wegen Befangenheit nicht verbindlich ist.
90) Siehe hierzu: BGH, IBR 2005, 351 – *Moufang*; OLG Koblenz, NZBau 2000, 562, 563; *Volmer*, BB 1984, 1010, 1013.
91) Siehe RGZ 87, 190, 194; BGH, VersR 1962, 804 = BB 1962, 856; OLG Frankfurt, IBR 2002, 458 – *Weyer*; OLG Köln, ZfBR 2000, 105, 111; *Habscheid*, KTS 1962, 1, 12.
92) BGH, NJW 1979, 1543, 1544.

Kommt es zur Bestellung des Schiedsgutachters, **hindert** eine Vertragspartei den Schiedsgutachter aber an der ordnungsgemäßen Begutachtung, etwa weil sie notwendige Unterlagen oder Baupläne nicht zur Verfügung stellt und/oder das Bauwerk nicht besichtigen lässt, so kann der Schiedsgutachter selbst nicht auf Vorlage von Unterlagen oder das Betreten des Baugrundstücks klagen. Diese Möglichkeit hat nur die vertragstreue Partei.

**542** Wird eine Klage erhoben, ohne zuvor das vorgesehene Schiedsgutachten einzuholen, so ist diese **als zur Zeit unbegründet abzuweisen;** die klagende Partei ist beweisfällig, weil das Prozessgericht keinen Beweis über Tatsachen erheben kann, deren Feststellung dem Sachverständigen (Schiedsgutachter) übertragen ist.[93] Allerdings kann die Geltendmachung der Schiedsgutachterabrede nach rügeloser Verhandlung zur Sache selber der beklagten Partei als **treuwidrige** Zuwiderhandlung gegenüber ihrem früheren Verhalten[94] oder als Verzicht[95] ausgelegt werden. Die Parteien eines Schiedsgutachtenvertrages sind nicht gehindert, im Wege der **Feststellungsklage** den Inhalt eines für die Leistungsbestimmung durch den Schiedsgutachter maßgeblichen Rechtsverhältnisses klären zu lassen.[96] Zu beachten ist, dass ein **Dritter** (z. B. Bürge) nur dann an eine Schiedsgutachterklausel in einem Bauvertrag gebunden ist, wenn er sich ebenfalls durch Einbindung in den Vertrag der Schiedsgutachterklausel unterworfen hat.[97]

**543** Die Praxis beweist, dass die Baubeteiligten sehr oft mit dem Schiedsgutachten sachlich nicht einverstanden sind. Sie übersehen dann vielfach, dass die **Einwendungen** gegen die Richtigkeit des Gutachtens **beschränkt** sind; die Verkürzung des Rechtsschutzes ist aber gerade im Bauwesen gefährlich. Aus diesem Grunde hält der BGH[98] eine **formularmäßige** Vereinbarung einer **obligatorischen** Schiedsgutachterklausel in **Fertighausverträgen** wegen Verstoß gegen § 9 AGB-Gesetz (jetzt: § 307 BGB) für **unwirksam.** Nichts anderes gilt für die formularmäßige Vereinbarung in einem notariellen **Bauträgervertrag.**[99] Demgegenüber ist eine Schiedsgutachterklausel in den Allgemeinen Geschäftsbedingungen eines **Bauträgers** über die Errichtung eines **Geschäftshauses** wirksam.[100]

**544** Klagt eine Partei nach Einholung des Schiedsgutachtens auf Leistung,[101] können die tatsächlichen Feststellungen des Schiedsgutachtens prozessual nur erfolgreich mit der Behauptung **bekämpft** werden, das Schiedsgutachten sei „offenbar unrich-

---

93) **Herrschende Meinung:** BGH, WM 1971, 39, 41; OLG Köln, ZfBR 2000, 105, 113 (für Kostenentscheidung); OLG Zweibrücken, NJW 1971, 943 u. BauR 1980, 482; OLG Düsseldorf, NJW-RR 1986, 1061; a. A.: KG, IBR 2005, 719 – Bolz („als derzeit unzulässig"); *Dahlen,* NJW 1971, 1756; *Habscheid,* KTS 1957, 129.
94) OLG Düsseldorf, VersR 1956, 587; VersR 1962, 705.
95) OLG Frankfurt, VersR 1966, 179.
96) BGH, NJW 1982, 1878 = WM 1982, 543 = DB 1982, 1270.
97) OLG Düsseldorf, IBR 2004, 13 – *Sienz.*
98) BGH, BauR 1992, 223 = NW 1992, 433 = ZfBR 1992, 61 = *SFH,* Nr. 54 zu § 9 AGB-Gesetz.
99) OLG Düsseldorf, BauR 1995, 559 u. BauR 1994, 128; OLG Köln, OLGR 1992, 131 (für Vertrag über die schlüsselfertige Errichtung eines Einfamilienhauses zu einem Festpreis); *Koeble,* BauR 2007, 1116, 1118; a. A.: *Wagner,* BTR 2004, 69 ff.; *Wiesel,* IBR 2004, 427.
100) BGH, NZBau 2004, 146 = IBR 2004, 239 – *Schulze-Hagen.*
101) Zum Beispiel: Der Bauherr macht Nacherfüllungs- oder Mängelansprüche gegen den Unternehmer geltend, weil nach den tatsächlichen Feststellungen des Schiedsgutachters Werkmängel vorliegen.

tig". Da nach h. M. die §§ 317 ff. BGB entsprechend anzuwenden sind, ist das Schiedsgutachten in der Tat nach § 319 BGB **unverbindlich**, wenn es **offenbar unrichtig** ist.

Die Behandlung dieses sachlichen Einwandes führt in Bauprozessen immer wieder zu misslichen Verfahrensfehlern:

Offenbar unrichtig ist eine schiedsgutachterliche Feststellung, wenn sich der **Fehler** dem **sachkundigen** und **unbefangenen Betrachter** (nicht dem Gericht) – wenn auch möglicherweise erst nach eingehender Prüfung – aufdrängt.[102] Hierbei soll es grundsätzlich auf das **Ergebnis** ankommen, nicht aber auf die Art und Weise seines Zustandekommens.[103] Bloße Zweifel oder kleinere Fehler der Leistungsbestimmung müssen die Parteien hinnehmen.[104] Schwerwiegende **Begründungsmängel** können allerdings **unabhängig** vom Ergebnis eine offenbare Unrichtigkeit begründen;[105] nichts anderes gilt für schwerwiegende Verfahrensmängel bei dem Zustandekommen des Schiedsgutachtens, etwa bei Versagung des rechtlichen Gehörs.[106] Schließlich stellt die Besorgnis der Befangenheit eines Sachverständigen, der das Schiedsgutachten erstattet hat, einen wesentlichen Verfahrensmangel dar, der ebenso wie die offenbare Unrichtigkeit des Gutachtens zu dessen Unverbindlichkeit führt.[107] Ein Fehler des Sachverständigen bei der Durchführung des Besichtigungstermins ist dagegen noch nicht geeignet, eine offenbare Unrichtigkeit darzutun.[108] An das Vorliegen einer offenbaren Unrichtigkeit sind im Übrigen **strenge Anforderungen** zu stellen; andernfalls würde der mit der Bestellung eines Schiedsgutachters von den Parteien verfolgte Zweck, nämlich ein möglicherweise langwieriges und kostspieliges Prozessverfahren zu vermeiden, infrage gestellt.[109] Bei der Beurteilung der Frage, ob ein Schiedsgutachten offenbar unrichtig und damit unverbindlich ist, ist der **Sach- und Streitstand zu Grunde zu legen, der dem Schiedsgutachter unterbreitet** worden ist.[110]

**545** Eine Partei, die das Schiedsgutachten zu Fall bringen will, muss daher **Tatsachen vortragen,** aus denen sich dem Sachkundigen die Erkenntnis offenbarer Unrichtigkeit aufdrängt. Es muss im Einzelnen dargetan und zu Beweis gestellt werden, dass

---

102) BGH, VersR 1963, 390; BB 1968, 316; DB 1970, 827; NJW 1979, 1885; WM 1984, 64; NJWRR 1988, 506; siehe ferner: BGH, NJW 1991, 2698 (für **lückenhafte** Ausführungen eines Sachverständigen); BGH, NJWRR 1993, 1034; OLG Köln, BauR 2005, 1199; ZfBR 2000, 105, 112 u. BauR 1996, 582; OLG Rostock, OLGR 2006, 2, 3; OLG Dresden, IBR 2002, 457 – *Schulze-Hagen*.
103) OLG Düsseldorf, BauR 2000, 1229; *Palandt/Heinrichs*, § 319 BGB, Rdn. 5 m. w. Nachw.
104) OLG Hamm, BauR 2003, 1400 = OLGR 2003, 263; s. auch OLG Dresden, IBR 2002, 457 – *Schulze-Hagen*.
105) BGH, NJW-RR 1988, 506; OLG Frankfurt, BauR 2006, 1325, 1326 = IBR 2006, 366 – *Bolz*; OLG Düsseldorf, NJW-RR 2000, 279; KG, OLGR 1998, 409; *Palandt/Heinrichs*, § 319 BGB, Rdn. 5 a.
106) SchlHOLG, SchlHA 1999, 236.
107) OLG Köln, OLGR 2001, 388.
108) Vgl. OLG Düsseldorf, NZBau 2001, 207.
109) BGH, BauR 1973, 60.
110) BGH, NJW 1979, 1885 = DB 1979, 1743 = BB 1979, 495; BGH, NJWRR 1987, 21 sowie NJWRR 1988, 275 (Auslegung eines Schiedsgutachtens über Unternehmer- und Architektenmängel); OLG Hamm, OLGR 2003, 263; OLG Köln, ZfBR 2000, 105, 112; OLG Düsseldorf, BauR 2000, 1229 = OLGR 2000, 304.

dem **Schiedsgutachter** ein **Fehler unterlaufen** ist.[111] Da es sich bei dem „Gebrauch" eines Schiedsgutachtens prozessual nicht um einen Beweis durch Sachverständige (§§ 402 ff. ZPO) handelt, kommt eine **mündliche Anhörung** nach § 411 Abs. 3 ZPO **nicht** in Betracht, wenngleich in **Ausnahmefällen** der Schiedsgutachter (anschließend) zum gerichtlichen Gutachter bestellt werden kann, um auf diese Weise Klarheit über eine Unrichtigkeit des Schiedsgutachtens zu gewinnen.[112]

Für die Tatsacheninstanz bedeutet dies:

Handelt es sich um **tatsächlich einfach gelagerte Probleme,** die das Schiedsgutachten behandelt, oder besitzt der Richter – über sein berufliches und allgemeines Wissen hinaus – spezielle Kenntnisse auf dem betreffenden Sachgebiet, so kann er im Einzelfall in der Lage sein, dasjenige, was sich einem sachkundigen Beobachter aufdrängt, selbst zu beurteilen. Doch dürfte dies in Bausachen die **Ausnahme** sein:

„... bei **schwierigen** und **entlegenen Gebieten der Technik** aber kann von dem Richter nicht erwartet werden, dass er die in dem Schiedsgutachten behandelten Probleme sicher überblickt, dass er aus eigener Kenntnis ein objektives Urteil darüber fällen kann, ob das Schiedsgutachten unrichtig und ob diese Unrichtigkeit offenbar ist. Die Entscheidung darüber, ob ein Schiedsgutachten offenbar unrichtig ist, darf deshalb nicht davon abhängig gemacht werden, ob es gelingt, dem Richter die offenbare Unrichtigkeit auch in tatsächlich schwierig gelagerten Sachen so klar darzulegen, dass er sie jedenfalls auch ohne Hinzuziehung eines Sachverständigen beurteilen kann. Vielmehr liegt eine offenbare Unrichtigkeit dann vor, wenn sie sich einem sachkundigen Beobachter sofort aufdrängt (BGH, LM § 317 BGB Nr. 8; § 319 BGB Nr. 13; BGH, BB 1963, 281; Betr. 1970, 827). Im Einzelfall mag der Richter selbst über genügend Sachkunde verfügen, sodass er ohne Unterstützung durch einen Sachverständigen entscheiden kann, ob ein Schiedsgutachten offenbar unrichtig ist oder nicht; **sofern ihm aber die nötige Sachkunde nicht zu Gebote steht,** muss er, sofern das Vorbringen der Partei, die die Unverbindlichkeit geltend macht, dazu Veranlassung gibt, **Beweis erheben** (RGZ 69, 158; 96, 92)."[113]

Die **Kosten** eines vorprozessual eingeholten Schiedsgutachtens zählen nicht zu den **546** Kosten des Rechtsstreits i. S. des § 91 ZPO.[114] Die Beträge, die der Beklagte aufgrund eines im Rechtsstreit geschlossenen „Zwischenvergleichs" zur Einholung eines Schiedsgutachtens aufgewandt hat und bei Rechtswirksamkeit dieser Parteivereinbarung endgültig zu tragen hätte, gehören auch im Falle späterer Klagerücknahme nicht zu den gegen den Kläger festsetzbaren Prozesskosten.[115]

---

111) Vgl. BGH, NJW-RR 1993, 1034; BGH, NJW 1984, 43, 45 = MDR 1984, 224 = WM 1983, 1206; Beispiel: OLG Düsseldorf, BauR 1984, 179 **(Trittschallschutz)**; OLG Düsseldorf, BauR 2000, 1229 **(Standsicherheit** des Gebäudes); OLG Köln, BauR 2006, 1199, 1200 (Erfordernis einer „weißen Wanne").

112) OLG Düsseldorf, OLGR 1995, 12.

113) BGH, NJW 1979, 1885; OLG Köln, BauR 2005, 1199 m. w. Nachw.

114) BGH, BauR 2006, 555 = NZBau 2006, 173 = NJW-Spezial 2006, 120 = IBR 2006, 118 – *Knoche*; OLG Karlsruhe, MDR 2005, 248, 249; OLG Düsseldorf, NJWRR 1999, 1667; OLG Frankfurt, Rpfleger 1975, 30; OLG München, MDR 1977, 848; OLG Düsseldorf, MDR 1982, 674 u. OLG München, JurBüro 1989, 1123 für ein Schiedsgutachten, das erst **während** des Rechtsstreits eingeholt wird.

115) KG, NJW 1974, 912.

## V. Die Streitverkündung im Bauprozess

*Übersicht*

| | Rdn. | | Rdn. |
|---|---|---|---|
| 1. Die Zulässigkeit der Streitverkündung | 551 | 2. Die Form der Streitverkündung | 560 |
| | | 3. Die Wirkungen der Streitverkündung | 561 |

*Literatur*

*Eibner*, Möglichkeiten und Grenzen der Streitverkündung, Diss. Erlangen–Nürnberg 1986. *Fricke*, Die Zulässigkeit von Nebenintervention und Streitverkündung im Arrestverfahren und Verfahren der einstweiligen Verfügung, BauR 1978, 257; *Postelt*, Die Beteiligung des Nachunternehmers am vorprozessualen Beweissicherungsverfahren des Bauherrn gegen den Generalunternehmer, BauR 1980, 33; *Bischof*, Die Streitverkündung, JurBüro 1984, 969, 1141, 1309, 1462; *Mickel*, Beweissicherung und Streitverkündung, BB 1984, 438; *Eibner*, Aktuelle Probleme des Streitverkündungsrechts, JurBüro 1988, 149, 281; *Windel*, Zur prozessualen Stellung des einfachen Streithelfers (§§ 67, 71 Abs. 3 ZPO), ZZP 91, 321; *Thomas*, Streitverkündung und Nebenintervention im selbstständigen Beweisverfahren, BauR 1992, 299; *Wirth*, Streitverkündung im selbstständigen Beweisverfahren, BauR 1992, 300; *Quack*, Streitverkündung im selbstständigen Beweisverfahren und kein Ende?, BauR 1994, 153; *Ulbrich*, Streitverkündung und Streitwert im selbstständigen Beweisverfahren, BauR 1994, 691; *Wilke*, Zur Streitverkündung und Nebenintervention im Bauprozess, BauR 1995, 465; *Eibner*, Das Ende des Streits um die Streitverkündung im selbstständigen Beweisverfahren?, BauR 1998, 497; *Cuypers*, Die Streitverkündung im Bauprozess und selbstständigen Beweisverfahren, ZfBR 1998, 163; *Bischof*, Praxisprobleme der Streitverkündung, MDR 1999, 1152; *Wieser*, Notwendige Streitgenossenschaft, NJW 2000, 1163; *Schilling*, Die Streitverkündung, ein Mittel zur effizienteren und kostengünstigeren Führung von Bauprozessen?, BauR 2001, 147; *Kießling*, Die Kosten der Nebenintervention im selbstständigen Beweisverfahren der §§ 485 ff. ZPO außerhalb des Hauptsacheverfahrens, NJW 2001, 3668; *Knacke*, Der Streithelfer im selbstständigen Beweisverfahren, Jahrbuch 2002, 329; *Otto/Hollands*, Kostenrisiken des Streithelfers im Bauprozess bei Vergleich durch die Hauptparteien, BauR 2004, 1528; *Göbel*, Streitverkündung und Aussetzung in Baumängelprozessen, BauR 2004, 1533; *Zerhusen*, Der „Dritte" im baurechtlichen Schiedsverfahren, Festschrift für Thode (2005), 355; *Ulrich*, Die Streitverkündung an den gerichtlichen Sachverständigen – Bilanz und Versuch einer Klärung, BauR 2006, 724; *Kaiser*, Das Ende der Streitverkündung gegen den gerichtlichen Sachverständigen, NJW 2007, 123; *Schwanitz/Aengenvoort*, Kostenvorschuss durch den Streitverkündeten?, NZBau 2007, 212; *Sohn*, Haftungsfalle Streitverkündung, BauR 2007, 1308; *Schröder*, Folgen der Streitverkündung – eine Zwischenbilanz, BauR 2007, 1324.

**547** Mit der Durchführung eines Baumängelprozesses ist der Streit um den „Schadensverursacher" nicht immer beendet; häufig folgen im Anschluss an das abgeschlossene Verfahren weitere Rechtsstreitigkeiten um denselben Baumangel. In der Praxis sind zwei Fallgruppen zu unterscheiden:

**548** * **Alternative Schuldnerschaft**

Für einen Bauherrn ist es oftmals schwierig zu erkennen, ob ein **Baumangel** auf den Planungsfehler seines Architekten **und/oder** einen Herstellungsfehler seines Bauunternehmers zurückzuführen ist. Handelt es sich um einen **Planungsmangel,** kommen als Schadensverursacher nicht nur der Architekt, sondern auch der Statiker oder andere Sonderfachleute als Verantwortliche in Betracht. Liegt demgegenüber erkennbar ein Ausführungsfehler vor, ist damit noch nicht immer notwendig die Frage beantwortet, **welcher** Handwerker für den Schaden verantwortlich zu machen ist und ob auch der planende Architekt haftet.[1)] Vielfach kann diese Frage erst im Ver-

---

1) Vgl. LG Landau/Pfalz, NZBau 2001, 450 = NJW-RR 2001, 1026; s. auch OLG Hamburg, BauR 2001, 1749 m. Anm. *Wirth;* kritisch: *Leitzke*, BauR 2002, 394 ff.

lauf des Prozesses (nach einer Beweisaufnahme) beantwortet werden. In all diesen Fällen, in denen **alternativ** statt des Beklagten **Dritte** als **Verursacher** desselben Baumangels (Schaden) in Betracht kommen, besteht die **Gefahr,** dass der von dem Bauherrn **verklagte** Baubeteiligte **nicht** oder nur **anteilig** haftet, der Baumangel also (auch) in den Verantwortungsbereich eines Dritten fällt, an den sich der Bauherr möglicherweise erst in einem **weiteren** Prozess wenden muss. Hier bietet sich die **Streitverkündung** an;[2] diese ist in Bausachen auch dort denkbar, wo **alternativ** die **Vertragspartnerschaft** des wirksam Vertretenen (§ 164 Abs. 1 BGB) oder dessen in Betracht kommt, der den Vertrag ohne erkennbaren Willen abschießt, in fremdem Namen zu handeln (§ 164 Abs. 2 BGB).[3]

∗ **Regresshaftung** 549

Daneben haben die von einem Bauherrn im Rahmen einer Gewährleistungsklage zur Verantwortung gezogenen Baubeteiligten vielfach **Rückgriffsansprüche** gegen **Dritte:** So kann der von dem Bauherrn verklagte Generalunternehmer (z. B. Wohnungsbaugesellschaft) Regressansprüche gegen einen Architekten oder seine Subunternehmer,[4] der Subunternehmer wiederum Ersatzansprüche gegen seinen Baustofflieferanten oder gegen seine Versicherungsgesellschaft haben; der Architekt hat möglicherweise Ansprüche gegen seinen Statiker oder Sonderfachmann, wenn diese vertraglich **für ihn** und nicht für den Bauherrn unmittelbar tätig geworden sind; der Bauunternehmer kann ferner Ausgleichsansprüche gegen den Architekten nach § 426 BGB und umgekehrt geltend machen.

In beiden Fallgestaltungen ist es meist sinnvoll, bei einer Klage den Dritten von 550 dem Rechtsstreit zu **unterrichten,** um ihm die Möglichkeit der Prozessbeteiligung oder Prozessübernahme zu geben und einen nachfolgenden zweiten Prozess zu verhindern oder zu erleichtern. Das Rechtsinstitut der Streitverkündung stellt also sowohl für die Fälle der **alternativen** Schuldnerschaft wie auch möglicher **Regressansprüche** ein geeignetes zivilprozessuales Mittel dar, um eigene Rechtspositionen zu wahren (**Verjährung!**).

## 1. Die Zulässigkeit der Streitverkündung

Die Streitverkündung ist in den §§ 72 ff. ZPO geregelt; nach § 72 ZPO kann eine 551 Partei bis zur rechtskräftigen Entscheidung des Rechtsstreits einem Dritten den Streit verkünden, wenn sie – für den Fall des **ihr ungünstigen Ausgangs des Rechtsstreits** – einen Anspruch auf Gewährleistung oder „Schadloshaltung" gegen den Dritten erheben zu können glaubt. Gerade in Bauprozessen ist die Streitverkündung eine häufig vorkommende Prozesshandlung einer der Parteien des Rechtsstreits.

Unerheblich für die Zulässigkeit der Streitverkündung, die im Übrigen erst im 552 Folgeprozess geprüft wird, ist der Ausgang des Rechtsstreits: Die Streitverkündung

---

2) LG Landau/Pfalz, a. a. O. für den Fall, dass im **Vorprozess** gegen den Unternehmer ein **50%iges Mitverschulden** des planenden **Architekten** festgestellt wird; s. auch OLG Brandenburg, IBR 2006, 370 – *Knipp*.
3) Beispielsfall: BGH, NJW 1982, 281 = ZfBR 1982, 30 = WM 1982, 47 = MDR 1982, 314; NJW 1983, 820 = ZfBR 1983, 26 = MDR 1983, 220; auch OLG Hamm, OLGR 1996, 74, 76; OLG Koblenz, OLGZ 1979, 209; OLG Köln, NJW-RR 1992, 119.
4) Siehe OLG Frankfurt, MDR 1976, 937; auch OLG München, NJW 1986, 263 m. Anm. *Vollkommer;* OLG Köln, *SFH,* Nr. 17 zu § 13 Nr. 4 VOB/B (zur Bindungswirkung).

bleibt wirksam, gleich ob der Streitverkünder den Vorprozess gewinnt oder verliert.[5)]

**553** Unzulässig ist die Streitverkündung, wenn eine **gesamtschuldnerische Haftung** des Prozessgegners und des Dritten in Betracht kommt, also der **betreffende Anspruch von vornherein in vollem Umfang gegenüber dem Prozessgegner wie auch dem Dritten geltend gemacht werden** konnte.[6)] Im Einzelfall ist daher stets vor einer Streitverkündung zu prüfen, ob eine **gesamtschuldnerische oder alternative** Schuldnerschaft des Prozessgegners und des Dritten gegeben ist. Dies muss ein Anwalt sorgfältig prüfen.[7)]

Dabei ist jedoch zu berücksichtigen, dass es sich – nach der Rechtsprechung des BGH[8)] – um eine die Zulässigkeit der Streitverkündung begründende **alternative** Haftung auch dort handelt, „wo zwar die Haftung des einen von mehreren Gesamtschuldnern begrenzt ist, weil dieser dem Berechtigten dessen **Mitverschulden** nach § 254 BGB entgegenhalten kann, wo aber in Höhe des Ausfalls die unbeschränkte Haftung des anderen Gesamtschuldners zum Zuge kommt". Beruht also beispielsweise ein Bauschaden möglicherweise auf einem Mangel sowohl in der Bauausführung wie auch in der Planung, so ist – in dem Prozess des Bauherrn gegen den Unternehmer – eine Streitverkündung des Bauherrn gegenüber dem planenden Architekten zulässig, weil sich der Bauherr das Planungsverschulden des Architekten nach § 254 BGB u. U. ganz oder teilweise anrechnen lassen muss (vgl. Rdn. 2458) und damit der Anspruch gegen den Unternehmer nicht in vollem Umfang durchgesetzt werden kann.[9)] Demgegenüber ist z. B. eine Streitverkündung **unzulässig,** wenn Bauaufsichtsfehler eines Architekten und Ausführungsfehler eines Unternehmers zusammentreffen, weil hier eine gesamtschuldnerische Haftung beider Verantwortlicher in vollem Umfang gegeben ist; das folgt aus dem inzwischen gefestigten Rechtsgrundsatz, dass ein Unternehmer dem Bauherrn bei mangelhafter Bauausführung nicht den Einwand entgegenhalten kann, der Architekt habe seine Bauaufsichtspflicht verletzt.

**554** Die Möglichkeit, in den Fällen der **alternativen** Schadensersatzpflicht gegen den Prozessgegner und den Dritten die Klage gleichzeitig zu erheben, macht die Streitverkündung nicht unzulässig;[10)] im Übrigen brauchen die alternativ in Betracht kommenden Ansprüche weder auf derselben Rechtsgrundlage zu beruhen noch ihrem sonstigen Inhalt und Umfang nach identisch zu sein. Es genügt, dass sie im Ergebnis auf dasselbe Ziel, z. B. die Beseitigung desselben Schadens, gerichtet sind.[11)]

**555** Die Streitverkündung setzt gemäß §§ 64 ff. ZPO einen **Rechtsstreit** voraus. Daher war es lange umstritten, ob in einem anhängigen **selbstständigen Beweisverfahren**

---

5) BGHZ 65, 127, 131 = NJW 1976, 39 = DB 1975, 2369.
6) BGH, BauR 1982, 514 = *SFH*, Nr. 2 zu § 72 ZPO = ZfBR 1982, 170; BGHZ 8, 72, 80; BGH, NJW 1976, 39 = WM 1975, 1210; OLG Hamm, NJW-RR 1986, 1505; OLG Köln, NJW-RR 1991, 1535.
7) Zur Entwicklung der gesamtschuldnerischen Haftung: *Soergel*, BauR 2005, 239 ff.; *Glöckner*, BauR 2005, 251 ff. u *Kniffka*, BauR 2005, 274 ff.
8) BauR 1978, 149 = NJW 1978, 643 m. abl. Anm. *Häsemeyer*, S. 1165; ferner: BGH, NJW 1976, 39 = WM 1975, 1210; BGH, BauR 1987, 473 = NJW 1987, 1894.
9) Wie hier: LG Landau/Pfalz, NZBau 2001, 450, 451 = NJW-RR 2001, 1026, 1027.
10) BGH, NJW 1982, 281 m. w. Nachw.
11) BGH, DB 1975, 2369; BGH, NJW 1982, 281.

## Zulässigkeit der Streitverkündung

eine Streitverkündung zulässig ist. Dieses Problem ist durch die neuere Rechtsprechung des BGH erledigt[12] (vgl. im Einzelnen Rdn. 46 ff.).

Es besteht keine einheitliche Meinung darüber, ob eine Streitverkündung in einem **Schiedsverfahren möglich** bzw. **sinnvoll** ist.[13] Nach herrschender Ansicht gibt es im Schiedsverfahren das Institut der Streitverkündung nicht.[14] Das schließt nicht aus, dass aufgrund einer **vertraglichen Vereinbarung** zwischen allen am Schiedsverfahren Beteiligten ein Dritter einvernehmlich in das Verfahren sachlich einbezogen werden kann.[15] Im Übrigen hat aber eine ohne solche Absprache vorgenommene Streitverkündung an einen Dritten keine Streithilfewirkung nach §§ 74, 68 ZPO.[16] Es bleibt allenfalls zu erwägen, ob derjenige, dem der Streit in einem Schiedsgerichtsverfahren verkündet wurde, die Wirkungen aufgrund sachlich-rechtlicher Vorschriften anzuerkennen hat.[17]

**556** Nach h. M. ist die Streitverkündung sowohl im **Arrestverfahren** wie auch im **einstweiligen Verfügungsverfahren** zulässig. Fricke[18] ist dem entgegengetreten; er hält insoweit die Streitverkündung für unzulässig, „da in diesen Verfahren nicht über den materiell-rechtlichen Anspruch entschieden wird, aus dem allein eine Partei möglicherweise Rechte gegen Dritte herleiten kann".

**557** Zu den in § 72 ZPO genannten Ansprüchen „auf Gewährleistung oder Schadloshaltung gegen den Dritten" zählen vor allem die **Mängelansprüche** nach BGB bzw. VOB, die Ansprüche aus **Nebenpflichtverletzungen, Verschulden bei Vertragsabschluss** usw. sowie alle Ansprüche aus nicht vertraglichen Anspruchsgrundlagen (z. B. §§ 823 ff., 909 ff. BGB) oder sonstige Rückgriffsansprüche auf Schadensersatz im Falle des ungünstigen Ausgangs des Prozesses. Ferner fallen unter die in § 72 ZPO genannten Ansprüche die möglichen Ausgleichsansprüche aus § 426 oder § 840 BGB bei mehreren Schadensverursachern (h. M.).

**558** Im **Baumangelprozess** ist die Streitverkündung unabhängig davon zulässig, ob der Baumangel gegen den Streitverkünder angriffs- oder verteidigungsweise geltend gemacht wird; zu beachten ist, dass die Streitverkündung auch an einen mitverklagten Streitgenossen zulässig ist.[19]

**559** Der Streitverkündungsempfänger hat das Recht zur **weiteren Streitverkündung** (§ 72 Abs. 2 ZPO). Dies ist z. B. in den Fällen des **mehrfachen Subunternehmerverhältnisses** denkbar. Die weitere Streitverkündung ist auch möglich, wenn der Dritte, dem zuerst der Streit verkündet worden ist, dem Prozess nicht beitritt (h. M.).

---

12) Vgl. BGH, BauR 1998, 1172 = ZfBR 1998, 26; KG, NJW-RR 2000, 513 = NZM 2000, 780.
13) Siehe hierzu: *Zerhusen*, Festschrift für Thode, S. 355, 362 ff. sowie Rdn. **521**.
14) *Ingenstau/Korbion/Joussen*, Anhang 4, Rdn. 119 a.
15) Zu den Voraussetzungen siehe *Zerhusen*, a. a. O., S. 359 ff.; BGH, LM § 68 Nr. 2.
16) *Wirth/Enaux/Koenen*, XII. Teil, Rdn. 17; *Mandelkow*, S. 134; *Zerhusen*, a. a. O., S. 355, 362 ff. Zur Interventionswirkung **staatlicher** Vorprozesse auf das Schiedsverfahren: OLG Hamburg, IBR 2002, 453 – *Schulze-Hagen*.
17) Vgl. hierzu RGZ 55, 14; BGH, *Schäfer/Finnern*, Z 3.01 Bl. 290.
18) BauR 1978, 257, 259.
19) Zutreffend: OLG Hamm, OLGR 1996, 21, 22.

## 2. Die Form der Streitverkündung

*Literatur*

*Schulz*, Förmliche Zustellung der Streitverkündungsschrift, BauR 2001, 327; *Parmentier*, Förmliche Zustellung der Streitverkündungsschrift – Anmerkung zu dem Beitrag von Schulz, BauR 2001, 327 ff., BauR 2001, 888.

**560** Da die Streitverkündung lediglich die **Benachrichtigung** eines am Verfahren nicht beteiligten Dritten (Streitverkündungsempfänger) darstellt, erfolgt sie durch die Einreichung eines formlosen Schriftsatzes (ohne Anwaltszwang)[20] oder – am Amtsgericht – durch Erklärung zu Protokoll des Urkundsbeamten. Dabei ist Folgendes zu beachten:

* Der Rechtsstreit muss bereits und noch **anhängig** sein (§ 72 ZPO).[21] Die Streitverkündung ist also noch nicht im Mahnverfahren, aber bis zur rechtskräftigen Entscheidung zulässig. Im Bauprozess mit meist langwierigen Beweisaufnahmen erscheint es zweckmäßig – auch im Hinblick auf die prozessrechtlichen und materiell-rechtlichen Wirkungen der Streitverkündung –, dem Dritten möglichst in einem frühzeitigen Prozessstadium den Streit zu verkünden; nur dadurch wird auch dem Dritten die Möglichkeit gegeben, wirksam auf den Vorprozess Einfluss zu nehmen.
* Die Zustellung des Streitverkündungsschriftsatzes erfolgt von Amts wegen an den Dritten, §§ 73, 270 ZPO.
* Eine Abschrift des Streitverkündungsschriftsatzes ist der Gegenpartei des Streitverkünders formlos zu übersenden (§ 73 Satz 2 ZPO). Erhält dieser keine Mitteilung, so macht dies die Streitverkündung nicht ungültig.
* Die Verweigerung der Zustellung der Streitverkündungsschrift ist mit der (sofortigen) Beschwerde anfechtbar.[22]

## 3. Die Wirkungen der Streitverkündung

*Literatur*

*Werres*, Die Wirkungen der Streitverkündung und ihre Grenzen, NJW 1984, 208.

**561** **Tritt** der **Dritte** dem Prozess **bei,** erkennt er damit noch keine Haftung gegenüber einer der Prozessparteien an.[23] Der Dritte kann jeder Prozesspartei als Streithelfer beitreten, also nicht nur der Partei, die ihm den Streit verkündet hat.[24] Zulässig ist auch, dass der Streitverkündungsempfänger zunächst dem Streitverkünder und später dessen Prozessgegner beitritt.[25] Allerdings muss er, wenn er der Gegenpartei des Streitverkünders beitritt, bei einem Widerspruch des Streitverkünders sein rechtliches Interesse am Beitritt auf der Gegenseite dartun; das Prozessgericht hat dann auch hier über die Zulässigkeit des Beitritts nach § 71 ZPO zu entscheiden.[26]

---

20) Bei Einreichen durch einen Anwalt ist dessen Unterschrift unter den Streitverkündungsschriftsatz erforderlich; BGH, NJW 1985, 328 = *SFH*, Nr. 40 zu § 635 BGB.
21) Vgl. dazu BGH, NJW 1985, 328, 329 = BauR 1985, 97.
22) OLG Frankfurt, BauR 2001, 677 gegen LG Frankfurt, BauR 2001, 677.
23) *Zöller/Vollkommer*, § 74 ZPO, Rdn. 1.
24) OLG Stuttgart, MDR 1970, 148.
25) BGHZ 18, 110, 112.
26) OLG Stuttgart, MDR 1970, 148.

# Wirkungen der Streitverkündung  Rdn. 562–563

**562** Die Streitverkündung hat unter der Voraussetzung, dass der Prozess für die Streitverkünder ungünstig ausgeht, erhebliche **materiell-rechtliche** und **prozessuale Wirkungen:**

* Als **materiell-rechtliche Folgen** sind nach altem Recht vor allem die Unterbrechung der Verjährung (§ 209 Abs. 2 Nr. 4 BGB a. F.) und die Erhaltung der Gewährleistungsansprüche (§§ 478, 479, 485, 639 BGB a. F.) zu nennen.[27] Nach dem **SchRModG** hat die Streitverkündung nunmehr eine die Verjährung **hemmende** Wirkung (§ 204 Abs. 1 Nr. 6 BGB).
* Die **prozessualen Folgen** der Streitverkündung sind wesentlich weitreichender: Dabei steht die **Interventionswirkung** des § 68 ZPO, die sowohl im Falle des Beitritts wie auch des Nichtbeitritts des Dritten erfolgt, im Vordergrund. Allerdings tritt nach § 74 Abs. 3 ZPO die Interventionswirkung schon zu dem Zeitpunkt ein, in dem der Beitritt des Dritten infolge der Streitverkündung möglich war. Zu beachten ist, dass die Interventionswirkung der Streitverkündung auf den Dritten, dem der Streit verkündet wurde, und die Hauptpartei (den Streitverkündenden) beschränkt ist; sie erstreckt sich demnach z. B. nicht auf den früheren Prozessgegner der streitverkündenden Partei.[28]

**563** Gerade in **Baumängelprozessen** darf die Interventionswirkung der Streitverkündung nicht unterschätzt werden. Die Streitverkündungswirkung entfällt nicht etwa wegen einer Berufungsrücknahme.[29] Der Dritte kann später – z. B. im Regressprozess – gegenüber dem Streitverkünder nicht mehr den Einwand der unrichtigen Entscheidung durch das Gericht erheben, wobei die **Interventionswirkung alle notwendigen tatsächlichen und rechtlichen Grundlagen des Urteils („tragende Urteilsgründe") ergreift,** also sehr weitreichend ist.[30] Wird im Vorprozess entschieden, welche Maßnahmen zur Mängelbeseitigung geboten und welche nicht erforderlich sind und welche Aufwendungen die Mängelbeseitigungsmaßnahmen verlangen, so erstreckt sich auch darauf die **Interventionswirkung.**

Wird z. B. in einem Rechtsstreit zwischen dem Bauträger und einem Erwerber in den Urteilsgründen festgestellt, dass auf der Unterseite des Dämmmaterials die Aluminiumdampfbremse fehlt und auf der Oberseite die Papierkaschierung, sodass von außen kommende Kaltluft ungehindert in die Wärmeschicht eindringen kann und die Wärmedämmung verhindert, wodurch es insbesondere zu einer starken Abkühlung an der Deckenoberfläche kommt, so kann sich die Dachdeckerfirma, die dem Rechtsstreit beigetreten war und ihre (eigene) Berufung zurückgenommen hatte, in einem Re-

---

27) Die Streitverkündung ersetzt aber nicht den Vorbehalt bei der Schlusszahlungsannahme; BGH, BauR 1977, 287 = *Schäfer/Finnern*, Z 2.330.2 Bl. 44.
28) Vgl. BGH, NJW-RR 1990, 121. Zum (unzulässigen) **Wechsel** der unterstützten Partei im Berufungsverfahren: OLG Köln, BauR 2000, 447; zum Kostenerstattungsanspruch bei einem Wechsel: OLG Hamm, BauR 2000, 448.
29) OLG Hamm, OLGR 1996, 74, 76; BGH, NJW 1969, 1480.
30) BGHZ 8, 72; LG Dresden, BauR 2006, 1335; OLG Düsseldorf, BauR 1996, 396 = NJW-RR 1996, 532, 533; OLG Köln, NJW-RR 1992, 119 (Fehlen der Vollmacht; Haftung gemäß § 179 Abs. 3 BGB); OLG Frankfurt, MDR 1976, 937 (**Bestreiten** der Mängel und Erhebung der **Verjährungseinrede**); OLG Hamm, NJW-RR 1988, 155 (**Teilforderung;** dazu auch *Wilke*, BauR 1995, 465, 471); OLG München, NJW 1986, 263 (gesamtschuldnerische Haftung und **Quote**); OLG Braunschweig, BauR 1991, 355 (Haftung des Architekten). Zu den **Grenzen** der Streithilfewirkung s. BGH, NJW 1987, 1894 m. Anm. *Fenn*, JZ 1987, 1036; OLG Brandenburg, IBR 2007, 109 – *Orthmann* (Mehrfachbegründung); OLG Karlsruhe, BauRB 2005, 262.

gressprozess des Bauträgers gegen sie und den planenden Architekten nicht mehr darauf berufen, nach dem Beweisergebnis des Regressprozesses beruhe der eingetretene Schaden ausschließlich auf dem Verschulden des Architekten; vielmehr ist der Unternehmer **an die tragenden Urteilselemente** des Erstprozesses (Bauträger – Erwerber) gebunden, wenn das Gericht **hieraus die Haftung des Unternehmers ableitet.**

Die Interventionswirkung bezieht sich allerdings immer nur auf **wirkliche Feststellungen** und nicht auch „auf solche, die das Gericht im Ausgangsprozess bei Erschöpfung des Prozessvortrages und zutreffender rechtlicher Beurteilung hätte treffen müssen, um zu seiner Entscheidung zu kommen".[31] Darüber hinaus kommt es immer entscheidend darauf an, welche Ansprüche (in der Streitverkündungsschrift) angeführt sind; diese müssen hinreichend genau bezeichnet werden.[32] Erwähnt die Streitverkündungsschrift nur die eigenen Ansprüche der Streitverkündenden (z. B. aus dem Subunternehmervertrag) und bezieht sie sich nicht auch auf (weitere) abgetretene Ansprüche eines Dritten, so erstreckt sich die unterbrechende Wirkung der Streitverkündung nicht auf die abgetretenen Ansprüche.[33] Ein **„Non liquet"** im **Vorprozess** belastet den Streitverkündeten im Folgeprozess nur, wenn er im Folgeprozess insoweit beweispflichtig ist. Dem **Anwalt** kann damit eine besondere **Sorgfaltspflicht** obliegen, wenn er bei **Vertretungsfällen** (Unternehmer → Architekt → Bauherr oder Lieferant → Bauherr → Architekt) zu überlegen hat, wen er zweckmäßigerweise zuerst in Anspruch nimmt, um nicht einen **doppelten Prozessverlust** zu riskieren.[34]

Tritt der Dritte dem Prozess bei, so gelten neben der Interventionswirkung des § 68 ZPO auch die übrigen Grundsätze über die Nebenintervention (§§ 66 ff. ZPO).

**564** Die **materiell-rechtlichen Wirkungen** der Streitverkündung, also insbesondere die (frühere) **Unterbrechung** bzw. nunmehr die **Hemmung** der Verjährung, treten unabhängig von den prozessualen Folgen der Streitverkündung ein. Sie werden durch jede **zulässige Streitverkündung bewirkt,**[35] soweit sie zu diesem Zeitpunkt überhaupt noch eintreten können, die Forderung also z. B. noch nicht bereits verjährt ist. Der BGH[36] hat in diesem Zusammenhang auch darauf hingewiesen, dass es deshalb nicht darauf ankommen kann, „in welchem Stadium sich der Prozess befindet, in welchem die Streitverkündung erfolgt, ob er etwa gerade begonnen hat oder ob dies erst kurz vor der Urteilsverkündung geschieht, nach Erlass eines Teilurteils oder während des Streits über die Höhe des Anspruchs (nach Erlass eines Grundurteils) oder sogar erst in einem zweiten, nach Einwirkung eines Feststellungsurteils anhängig gemachten Rechtsstreit über die Höhe des Anspruchs". Zu beachten ist, dass ab dem 1. Januar 2002 die Verjährung durch „die **Zustellung** der Streitverkündung" gehemmt wird, wobei die Vorschrift des § 270 Abs. 3 ZPO nur bis zum 30.6.2002 galt,

---

31) BGH, NJW 1983, 820 = ZfBR 1983, 26 = MDR 1983, 220; OLG Hamm, NJW-RR 1996, 1506 („objektiv nach zutreffender Rechtsauffassung beruht").
32) BGH, Urt. vom 16.6.2000 – LwZR 13/99.
33) OLG Düsseldorf, BauR 1996, 869, 870.
34) BGH, a. a. O.; *Baumgärtel*, ZfBR 1983, 121.
35) Vgl. zum alten Recht: *Werres*, NJW 1984, 208; OLG Hamburg, VersR 1984, 1049 u. OLG Hamm, NJW-RR 1986, 1505 für die **Verjährungsunterbrechung**; vgl. aber KG, MDR 1988, 680 = BauR 1989, 241, das annimmt, auch eine **unzulässige** Streitverkündung habe zunächst verjährungsunterbrechende Wirkung (so auch *MünchKommZPO-Schilken*, § 74 ZPO, Rdn. 12).
36) NJW 1979, 264 = BauR 1979, 255 = MDR 1979, 215 – VersR 1979, 155.

## Wirkungen der Streitverkündung

danach wurde sie von dem (insoweit übereinstimmenden) § 167 ZPO abgelöst.[37] Im Übrigen trat hinsichtlich der materiell-rechtlichen Wirkung keine Änderung durch das SchRModG ein.

Zu beachten ist das Eintreten der **Nebeninterventionswirkung** als wichtigste **prozessuale** Folge der Streitverkündung. Dieser Zeitpunkt kann von Bedeutung sein, wenn der Streitverkündete durch die Lage des Rechtsstreits (§ 68 ZPO) zur Zeit seines Beitritts gehindert war, eigene Angriffs- oder Verteidigungsmittel geltend zu machen.[38] **565**

Die materiell- und prozessrechtlichen **Wirkungen** treten nur bei einer **zulässigen** Streitverkündung ein; dies wird jeweils erst in dem späteren **Folgeprozess geprüft**.[39] **566**

Der Streithelfer muss den Streit in der Lage aufnehmen, in der er sich z. Z. seines Beitritts befindet (§ 67, 1. Halbsatz ZPO). Seine Prozesshandlungen und Erklärungen dürfen nicht in Widerspruch zu denen der **unterstützten Partei stehen**.[40] Soweit dies zutrifft, ist natürlich auch die Bindungswirkung des Vorprozesses eingeschränkt.[41]

Der Streithelfer kann sich in Bausachen vor allem dadurch in Widerspruch zu der von ihm unterstützten Partei setzen, wenn seine Prozesshandlungen zugleich auch **materiell-rechtliche Wirkungen** haben, wie z. B. bei einer **Aufrechnung** oder der **Geltendmachung von Mängelrechten,** die ausschließlich der unterstützten Partei zustehen. Die Rechtslage ist anders, wenn die unterstützte Partei die Minderungs-, Aufrechnungs- oder Zurückbehaltungsrechte bereits – z. B. in erster Instanz – ausgeübt hat; dann kann der Streithelfer diese bereits ausgeübten Rechte – in dem Berufungsrechtszug – weiter geltend machen und dazu ggf. neue Behauptungen aufstellen und Beweise antreten.[42] Reine Prozesshandlungen, wie die **Ablehnung des Sachverständigen wegen Besorgnis der Befangenheit** oder die Stellung eines **Anhörungsantrages** nach § 411 Abs. 3 ZPO, können von dem Streithelfer ebenfalls vorgenommen werden, was insbesondere in einem selbstständigen **Beweisverfahren** von Bedeutung ist. **567**

---

37) Zu den Anforderungen an eine wirksame **Zustellungsurkunde:** OLG Düsseldorf, NZBau 2001, 398, 399.
38) Siehe hierzu umfassend: *Schröder,* BauR 2007, 1324 ff.
39) BGH, BauR 1978, 149, 150; BGH, NJW 1982, 281 = ZfBR 1982, 30. Die Zulässigkeit ist nicht mehr zu prüfen, wenn der Streitverkündete dem Vorprozess aufseiten des Streitverkünders beigetreten ist (OLG Hamm, NJW-RR 1988, 155).
40) Siehe hierzu: OLG Karlsruhe, BauR 2003, 98, 99 (für das Bestreiten von Messungen durch einen Sachverständigen); Saarländisches OLG, OLGR 2002, 109 und OLG Karlsruhe, IBR 2002, 454 – *Hänsel.* Das gilt auch für die Rechtsmitteleinlegung und für die Weiterführung eines Rechtsmittels (BGH, BauR 1989, 114, 115 = ZfBR 1989, 57 = NJW 1989, 1357).
41) Vgl. BGH, NJW 1982, 281, 282; *Werres,* NJW 1984, 208, 209. Zulässig: Verjährungseinrede (BGH, VersR 1985, 80).
42) Vgl. OLG Düsseldorf, MDR 1974, 406.

# KAPITEL 3
# Der Bauprozess in erster und zweiter Instanz

*Übersicht*

|  | Rdn. |  | Rdn. |
|---|---|---|---|
| I. Die Vorbereitung des Bauprozesses durch die Parteien | 571 | III. Verspätetes Vorbringen | 588 |
| II. Die richterlichen Maßnahmen | 577 | IV. I. Zur Berufung in Bausachen | 592 |

*Literatur*

*Heyers*, Der Bauprozess – ein besonderes Risiko?, ZfBR 1979, 46; *Soergel*, Die Prozessrisiken im Bauprozess, DAB 1981, 909; *Lüke*, Betrachtungen zum Prozessrechtsverhältnis, ZZP 95, Bd. 108, 427; *Kraus*, Rational-kooperatives Verhandeln – Eine geeignete Alternative zum Bauprozess, Jahrbuch Baurecht 1998, 137; *Kniffka*, Anspruch und Wirklichkeit des Bauprozesses, NZBau 2000, 2; *Schwenker*, Bauprozess und ZPO-Reform (Interview), IBR 2002, 397; *Griem*, Strukturierung eines baurechtlichen Großprozesses, Jahrbuch Baurecht 2002, 303; *Rath*, Probleme des Honorarprozesses, BauR 2002, 557; *Diederichs*, Die Vermeidbarkeit gerichtlicher Streitigkeiten über das Honorar nach der HOAI, NZBau 2003, 353; *Jansen*, Die Auswirkungen der ZPO-Reform auf den Bauprozess, NZBau 2004, 521; *Schneider*, Die neuen Vorschriften des RVG in der baurechtlichen Praxis, IBR 2004, 666; *Gaier*, Verfassung und Bauprozess, BauR 2006, 1539; *Leupertz*, Zwischen Scylla und Charybdis: Die Rechtsfindung in Bausachen – Aus dem Innenleben der Justiz, Festschrift für Motzke (2006), 201.

**568** **Bauprozesse** fordern von allen Prozessbeteiligten (Richter, Rechtsanwälte, Sachverständige und Parteien) **ein besonderes Maß an konstruktiver Mitarbeit.** Nur dadurch kann verhindert werden, dass ein sachlich und rechtlich schwieriger Bauprozess den Beteiligten „aus der Hand gleitet", indem sich letztlich nur die Akten füllen, der Prozess aber in keiner Weise gefördert wird. Die Statistik beweist, dass Bauprozesse nach wie vor zu den **kostspieligsten, schwerfälligsten** und dementsprechend auch zu den **längsten Prozessen** zählen. Dies muss jedoch nicht sein: Eine gründliche **Vorbereitung** der mündlichen Verhandlung durch die Prozessparteien und das Gericht sowie eine straffe richterliche Prozessleitung können bereits bewirken, dass der größere Teil der Bauprozesse zügig abgewickelt wird. Die Prozesspraxis zeigt indes, dass hierfür nicht immer der Wille oder die Fähigkeit vorhanden ist. Grund mag sein, dass besonders **Baukammern** oftmals in Arbeit zu ersticken drohen und deshalb manchmal der Anreiz für eine beschleunigte Verfahrenshandlung fehlt. Indes: Das Bestreben, unangenehme Bauprozesse – und dafür haben die Baurichter einen geschulten Blick – möglichst schnell vom Tisch zu bekommen, hat schon immer eine gewisse „Beschleunigung" bewirkt, gegen die nichts einzuwenden war, solange die „Schnelligkeit" nicht auf Kosten der Richtigkeit ging. Das Ziel, die Bauprozesse zu straffen, übersichtlicher und kürzer zu machen, kann aber nur erreicht werden, wenn alle Beteiligten **an einem Strang ziehen.**

**569** Die **Zivilprozessreform**[1] und auch das **Justizmodernisierungsgesetz 2004**[2] haben mit sinnvollen Änderungen durchaus einen Beitrag zur Bewältigung der Bauprozesse geleistet. Die Bedeutung der Bausachen hat der Gesetzgeber bei der Reform berücksichtigt: So fallen nach § 348 Abs. 1 Nr. 2 c ZPO „Streitigkeiten aus Bau- und Architektenverträgen sowie aus Ingenieurverträgen, soweit sie im Zusammenhang mit Bauleistungen stehen", **nicht** in den Zuständigkeitsbereich des „originären" Einzelrichters, wenn das Präsidium diese **Spezialmaterie** im **Geschäftsverteilungsplan** einer Kammer aus Spezialitätsgründen **zugewiesen** hat.[3] Hat die „Bausache" im Sinne des Geschäftsverteilungsplans weder besondere rechtliche oder tatsächliche Schwierigkeiten, noch eine grundsätzliche Bedeutung, ist die Kammer allerdings **ohne jeden Ermessensspielraum** verpflichtet, die Sache auf den („obligatorischen") Einzelrichter zu übertragen.[4] Indes muss es dabei nicht bleiben: Der **Einzelrichter** kann die Bausache der **Kammer** vorlegen, wenn sich aus einer **wesentlichen Änderung** der Prozesslage besondere tatsächliche oder rechtliche Schwierigkeiten der Sache oder ihre grundsätzliche Bedeutung ergeben. Ist allerdings die besondere Schwierigkeit der Bausache **zum Zeitpunkt** der **Übertragung** auf den Einzelrichter gegeben gewesen, aber nicht erkannt worden, kommt eine **Übernahme** der Kammer **nicht** in Betracht.

**570** Im Übrigen können die **Ziele** der Zivilprozessreform (u. a. **Förderung** der gütlichen Streitbeilegung, umfassende und möglichst abschließende Streiterledigung in der **ersten** Instanz, **Beschleunigung** der Berufungsverfahren durch Beschränkung) der Abwicklung der Bauprozesse weitgehend zugute kommen. Das setzt aber voraus, dass die Baurichter verantwortungsvoll die prozessualen Möglichkeiten und Vorgaben nutzen. Die **mündliche Verhandlung** muss so in den Mittelpunkt gerückt und ausgestaltet sein, dass der Rechtsstreit mit den Parteien umfassend erörtert und möglichst in einem Termin, dem **Haupttermin** (§§ 279, 278 ZPO), abgeschlossen werden kann. Der entscheidungserhebliche Streitstoff sollte daher entweder in einem **frühen ersten Verhandlungstermin** (§ 275 ZPO) oder in einem **schriftlichen Vorverfahren** (§ 276 ZPO) gesammelt werden. Der frühe erste Termin ist vor allem für **einfach gelagerte Bausachen** zu empfehlen, während dem schriftlichen Vorverfahren bei schwierigeren Bausachen der Vorzug zu geben ist. In Bausachen sollte im Übrigen immer von der Vorschrift des **§ 358 a ZPO** über den **vorterminlichen Beweisbeschluss** Gebrauch gemacht werden. Durch diese Vorschrift ist das Gericht – vor allem auch noch in der Berufungsinstanz – in der Lage, auch größere Bausachen von vornherein in die richtigen Bahnen zu lenken.

---

1) Gesetz zur Reform des Zivilprozesses vom 27. Juli 2001 (BGBl. I S. 1887).
2) Erstes Gesetz zur Modernisierung der Justiz (1. Justizmodernisierungsgesetz) vom 24. August 2004 (BGBl. I S. 2198).
3) BT-Drucks. 14/6036, S. 153. Kritisch hierzu: *Schneider*, NJW 2000, 3756, 3757.
4) BT-Drucks. 14/4722, S. 90.

## I. Die Vorbereitung des Bauprozesses durch die Parteien

*Literatur*

*Hansen*, Die Substantiierungslast, JuS 1991, 588; *Baumgärtel*, Die Darlegungslast in Bau- und Werkvertragsprozessen, Festschrift für Heiermann, 1995, 1; *Frohn*, Substantiierungspflicht der Parteien und die richterliche Hinweispflicht nach § 139 ZPO, JuS 1996, 243; *Heinrich*, Einseitige Erledigungserklärung des Klägers und gerichtlicher Prüfungsumfang im Zivilprozess, Festschrift für v. Craushaar (1997), 375; *Pastor*, Bauprozess und Anwaltshaftung, Festschrift für v. Craushaar, 403; *Meurer*, Baumängelprozess – Verfahrensvorbereitung und Auswahl der „richtigen Klageart", MDR 2000, 1041; *Reck*, Die Erläuterung der Schlussrechnung in Schriftsätzen im Bauprozess, NZBau 2004, 128.

Die den **Parteien** verstärkt obliegende Pflicht zur sorgfältigen und auf Förderung des Verfahrens bedachten Prozessführung hat vor allem auch **Auswirkungen für die Vorbereitung des Prozesses.** Es müssen nicht nur frühzeitig Rücksprachen zwischen dem Anwalt und seinem Mandanten stattfinden; auch die Schriftsätze müssen im Hinblick auf **mögliche Präklusionen** vor allem im Berufungsverfahren (§ 531 ZPO) umfassend und sorgfältig den Prozessstoff herausarbeiten. Auf eine verkürzte Sachverhaltsaufklärung darf sich ein Bauanwalt niemals einlassen; zu schnell kann er gegen seine Pflicht verstoßen, die Interessen seines Auftraggebers in den Grenzen des erteilten Mandats nach jeder Richtung und umfassend wahrzunehmen. Das belegen zahlreiche Urteile zur **Anwaltshaftung.**[1]

571

Auf der Klägerseite beginnt die Vorbereitung des Bauprozesses deshalb damit, dass die **Klage im Aufbau gestrafft und gut geordnet abgefasst** wird. Der für die Schlüssigkeit der jeweiligen Klagearten notwendige **Vortrag** sollte dabei für alle Beteiligten klar und **transparent geordnet** sein. Ein innerhalb der Klage schon mangelhaft

572

---

1) BGH, BauR 2006, 2045 (Anwaltspflichten bei **Verzug** des Bauträgers). Zur **Haftung** des Anwalts wegen unzureichender **Aufklärung** über Mängelansprüche: OLG Saarbrücken, BauRB 2005, 318 – *Moufang*; zu den Pflichten des Anwalts bei verjährten Mängelansprüchen („**Abraten**" vom Prozess): OLG Celle, BauR 2006, 684, 685 = IBR 2006, 50 – *Schwenker*; zu den Pflichten bei **baubegleitender** Rechtsberatung s. BGH, BauR 1999, 56 = *SFH*, Nr. 30 zu § 675 BGB = NJW-RR 1999, 19; zu den Pflichten des **Rechtsanwalts** bei der Vorbereitung eines **Schadensersatzprozesses** s. BGH, NJW 1993, 2676; zu den Pflichten bei Fertigung einer **Klageerwiderung** in Bausachen s. vor allem OLG Oldenburg, VersR 1981, 340; OLG Hamm, MDR 1986, 847, 848 (Hinweis auf die prozessualen Folgen **verspäteten Verteidigungsvorbringens**); zur **anwaltlichen** Sorgfaltspflicht bei Substantiierung eines Bauverzögerungsschadens s. OLG Koblenz, BauR 1997, 872 = NJW-RR 1997, 954; zu den Anforderungen an den Inhalt einer **Berufungsbegründung** (§ 519 Abs. 3 Nr. 2 ZPO a. F.) im Bauprozess: BGH, BauR 1984, 209 = ZfBR 1984, 87 = *SFH*, Nr. 1 zu § 519 ZPO; BGH, BauR 1994, 538; BGH, IBR 2002, 429 – *Leitzke* (zur anwaltlichen Pflicht der **Sachverhaltsaufklärung**); zur Haftung der **Kreishandwerkerschaft** aus Rechtsberatung s. OLG Düsseldorf, BauR 2002, 95. Der **Anwalt** verletzt die ihm aus dem Anwaltsvertrag erwachsenden Verpflichtungen, wenn er z. B. einen Architekten, dessen Honoraranspruch er durchsetzen will, nicht bei gegebenem Anlass über die Voraussetzungen der **Verjährung** belehrt und deshalb nicht zu einer umfassenden Informationserteilung und **Herausgabe aller Unterlagen** veranlasst (OLG Düsseldorf, NJW 1986, 1938; siehe ferner: BGH, VersR 1994, 94, 96; OLG Köln, AnwBl. 1994, 522). Zum Haftungsrisiko des Anwalts bei einer **Architektenhonorarklage:** OLG Düsseldorf, BauR 2004, 1646 = IBR 2004, 526 – *Waldmann;* zur **Beweislast** im **Regressprozess:** BGH, IBR 2004, 525 – *Dieckert;* zur **Kausalität** einer Pflichtverletzung: BGH, IBR 2005, 503 – *Schwenker;* zur Verjährung der Anwaltshaftung: BGH, IBR 2006, 105 – *Fuchs.*

geordneter Prozessstoff kann nämlich den Keim eines schwerfälligen und unübersichtlichen Prozesses in sich tragen.

Wie umfangreich die **Klage** gestaltet werden muss, wird vom **Einzelfall** abhängen. Eine ordnungsgemäße Klageschrift i. S. des § 253 Abs. 2 ZPO liegt vor, wenn sie den Beklagten z. B. über Grund und Höhe der **Werklohnforderung**[2], über die geltend gemachte **Honorarforderung**[3] oder die **Mängelansprüche**[4] so weit in Kenntnis

---

[2] Zum **Umfang** der **Darlegungslast** des Unternehmers bei der **Werklohnklage**: BGH, BauR 1998, 121 = ZfBR 1998, 78; BGH, BauR 1998, 125 = ZfBR 1998, 32; BGH, NJW 1997, 733 = BauR 1997, 304; BGH, BauR 1996, 846 (zur Abrechnung der **ersparten Aufwendungen** i. S. des § 649 BGB beim **Pauschalvertrag**); BGH, BauR 2005, 385 = NZBau 2005, 147 = ZfBR 2005, 252 u. OLG Celle, OLGR 2006, 233 = IBR 2006, 194 – *Schwenker* (Prüfbarkeit der Abrechnung eines gekündigten **Pauschalpreisvertrages**); BGH, BauR 2002, 1403 = NZBau 2002, 507 = ZfBR 2002, 667 (zur getrennten Abrechnung von erbrachten und nicht erbrachten Leistungen nach Kündigung); KG, OLGR 1998, 41 (Rückzahlung einer **Anzahlung** nach vorzeitiger Beendigung eines **Pauschalvertrages**); BGH, ZfBR 1996, 143 = BauR 1996, 382 = NJW 1996, 1282 (**ersparte Aufwendungen** beim **Einheitspreisvertrag**); BGH, NZBau 2007, 510 = BauR 2007, 1416 (**Rechnungsvorlage** als ausreichender Sachvortrag); OLG Köln, BauR 1997, 1039 (ersparte Aufwendungen des **Fertighausherstellers**); BGH, BauR 1995, 691 = NJW 1995, 2712 (Pauschalvertrag und **Teilvergütung**); BGH, BauR 1995, 237 (Pauschalvertrag und **Zusatzaufträge**); OLG Düsseldorf, BauR 2001, 406 (**Einheits-** oder **Pauschalpreisvertrag**); OLG Düsseldorf, BauR 2000, 269 (**Pauschalpreisvertrag**); OLG Nürnberg, BauR 1999, 409 (**Nachtragsforderungen** wegen Planänderungen und Behinderungen); OLG Hamm, IBR 2005, 581 – *Vogel* u. KG, NJW-RR 2000, 1690 (**Stundenlohnarbeiten**); BGH, ZfBR 2002, 562 = NZBau 2002, 381; BauR 1995, 91; OLG Celle, OLGR 2001, 28; OLG Karlsruhe, BauR 1995, 113 (**Behinderungsschaden**); BGH, ZfBR 1992, 173; BauR 1984, 667 = NJW 1984, 2888 = *SFH*, Nr. 1 zu § 284 ZPO; BauR 1988, 121 = *SFH*, Nr. 2 zu § 282 ZPO; AG Gießen, NJW-RR 1987, 1052 (Aufwendungsersparnis); LG Trier, NJW-RR 1992, 604 (**entgangener Gewinn**); vgl. ferner *Stürner*, JZ 1985, 185 und *Lange*, DRiZ 1985, 247; BGH, BauR 1999, 635 = ZfBR 1999, 196 = NJW 1999, 1867 (**Prüffähigkeit** der Schlussrechnung und Hinweispflicht).

[3] Zur **Darlegungslast** des **Architekten**: BGH, BauR 2005, 739 = NZBau 2005, 349 = ZfBR 2005, 359 (Berechnung der **erbrachten** Leistung nach Kündigung; s. auch KG, IBR 2007, 495 – *Eich*); BGH, ZfBR 2002, 59 (Darlegungslast für Verstoß gegen das Preisrecht der HOAI); BGH, NZBau 2000, 82 = ZfBR 2000, 118 = BauR 2000, 430 u. BauR 1996, 412 = ZfBR 1996, 200 = NJW 1996, 1751 (**Abrechnung** der ersparten Aufwendungen nach § 649 Satz 2 BGB; 40%-Klausel); BGH, NJWRR 1991, 981; BGH, BauR 2002, 1421 = ZfBR 2002, 674 u. NJW-RR 1992, 278 = BauR 1992, 265 (**anrechenbare Kosten**); OLG Hamm, NJW-RR 1992, 979; OLG Frankfurt, *SFH*, Nr. 1 zu § 287 ZPO u. OLG Düsseldorf, *SFH*, Nr. 4 zu § 4 HOAI); OLG Koblenz, BauR 2001, 664 u. OLG Köln, ZfBR 2001, 549 (Prüffähigkeit der **Schlussrechnung**); BGH, BauR 2007, 724 = NZBau 2007, 315 = ZfBR 2007, 338 (Abrechnung eines gekündigten **Projektsteuerungsvertrages**; keine Anwendung von § 8 HOAI); s. ferner: OLG Frankfurt, IBR 2007, 317 – *Eschenbruch*.

[4] Zur Darlegung von **Mängelrügen** durch den **Auftraggeber**: BGH, NJW-RR 2001, 739 (Kostenvorschussanspruch); BGH, NJW-RR 2000, 1547 (Koordinierungspflichtverletzung eines Baubetreuers); BGH, BauR 1998, 632; BGH, ZfBR 1997, 31 = BauR 1997, 133 u. OLG Düsseldorf, NJW-RR 1998, 1549 (Leistungsverweigerungsrecht; kein Vortrag zur **Höhe** der Mängelbeseitigungskosten erforderlich, aber verbale Umschreibung); BGH, BauR 2003, 1247 u. BauR 1997, 1065 = ZfBR 1998, 25 (Architektenwerk; vom Bauherrn sind nur Mangelerscheinungen vorzutragen); BGH, BauR 1985, 355, 357 = ZfBR 1985, 171; BGH, BauR 1987, 207 = NJW-RR 1987, 336; NJW-RR 1987, 798 = BauR 1987, 443; BGH, BauR 1988, 474 = NJW-RR 1988, 1043; BGH, BauR 1989, 361 (**Aufsichts**pflichtverletzung eines Architekten); BGH, BauR 1990, 488 = ZfBR 1990, 112 (Darlegung eines **Schadens** mit Hilfe eines Sachverständigen); OLG Köln, BauR 1999, 259 (Darlegung eines Mangels anhand eines Gutachtens); BGH, BauR

setzt, dass er hierauf seine Verteidigung einrichten kann.⁵⁾ Geht bereits aus der Vorkorrespondenz hervor, in welche Richtung der Gegner operiert, sollte der Kläger allerdings die zu erwartenden **Einwendungen** bereits in der Klage so umfassend wie möglich behandeln, um den eigentlichen Streitstoff schon in der Klage erkennbar herauszuarbeiten. In anderen Fällen kann dagegen ein **Abwarten** auf den gegnerischen Vortrag sinnvoller sein, um den Prozess nicht schon von vornherein unnötig aufzublähen. Damit sind vor allem diejenigen Fälle angesprochen, in denen sich das gegnerische Vorbringen nur auf (wenige) bestimmte Einwendungen konzentrieren wird. In jedem Falle sollte aber der für die Schlüssigkeit erforderliche Tatsachenstoff straff geordnet vorgetragen werden.

Bei umfangreichen Klagen – insbesondere Punktesachen – sollte der Prozessstoff durch **Ziffern und Überschriften** gegliedert werden. Bauprozesse sind häufig deshalb so unbeliebt, weil sie schnell ihre Übersichtlichkeit verlieren, wenn sich nicht alle Prozessbeteiligten hierum bemühen. Die Ziffern und Überschriften sind in der Klageschrift so zu wählen, dass sie im Verlauf des Prozesses auch vom Gegner und von dem Gericht übernommen werden können.   **573**

Auf der **Beklagtenseite** sollte man sich dann an die vom Kläger gewählte Reihenfolge im Vortrag und die entsprechenden Ziffern und Überschriften halten. Ein gleicher Aufbau der Parteien ist deshalb wünschenswert, weil wechselnde Reihenfolgen es den Parteien und vor allem dem Gericht schwer machen, das Verfahren in geordneten Bahnen zu halten.   **574**

Immer wieder ist in Bauprozessen zu beobachten, dass die **Einwendungen des Beklagten** in verschiedenen Schriftsätzen erfolgen; entweder wird die einzelne, zunächst nur angedeutete Einwendung später substantiierter vorgetragen, oder es werden immer neue Einwendungen nachgeschoben. Meist geschieht dies nicht aus prozesstaktischen Gründen, sondern aufgrund einer zunächst nur oberflächlichen Bearbeitung der Sache. Sämtliche Einwendungen des Beklagten müssen aber im Interesse eines geordneten und zügigen Verfahrens bereits in der **Klageerwiderung** umfassend vorgetragen werden. Dies gilt insbesondere für Baumängelsachen. Ein Prozess kann förmlich aus den Fugen geraten und zu ständigen Doppelarbeiten zwingen, wenn in endlosen Schriftsätzen Baumängel oder andere Einwendungen in den Prozess eingeführt werden, zumal dann häufig auch noch der Vortrag in rechtlicher Hinsicht gewechselt wird. Das Gericht wird gerade hier mit den notwendigen zivilprozessualen Mitteln dafür zu sorgen haben, dass die Parteien ihren Vortrag konzentriert und umfassend in wenigen Schriftsätzen mitteilen (vgl. § 277 ZPO).

Dem ersten Schriftsatz der Parteien sollten bereits alle bezogenen **Urkunden** (Auftragsschreiben, Leistungsverzeichnisse, Vertragsurkunden, Zeichnungen, Rechnungen, Vorkorrespondenz, Privatgutachten usw.) zeitlich geordnet beiliegen, soweit sie für die Entscheidung notwendig erscheinen. Das spätere Nachreichen von Urkunden sollte die Ausnahme sein. Befinden sich wichtige Urkunden im Besitz eines   **575**

---

1992, 500 = ZfBR 1992, 168 (zu den Anforderungen an die Darlegungslast bei **arglistigem Verschweigen** eines Mangels); zur Darlegung des Mehrkostenerstattungsanspruchs s. BGH, BauR 2000, 571 = ZfBR 2000, 174; OLG Celle, OLGR 2006, 48 (Erstattung der durch die **Ersatzvornahme** entstandenen **Mehrkosten**).

5) Vgl. BGH, BauR 2000, 1762 = ZfBR 2000, 548 (für Schadensersatzanspruch aus § 635 BGB); OLG Düsseldorf, OLGR 1996, 184 (auch zum **Verweis** auf ein bereits anhängiges **Parallelverfahren**); OLG Hamm, OLGR 1996, 113 (Bezugnahme auf **Rechnung**).

**Dritten,** so wird hierauf frühzeitig hinzuweisen sein, damit das Gericht gegebenenfalls im Rahmen der Terminvorbereitung dem Dritten unter Fristsetzung aufgeben kann, die Urkunde und/oder „sonstige Unterlagen" vorzulegen (§§ 273 Abs. 2 Nr. 5, 142 ZPO). Im Übrigen sollten die Zeugen schon in der Klageerwiderung mit vollem Namen und Anschrift angegeben werden, um eine spätere Nachfrage des Gerichts zu vermeiden.

In Baumängelsachen kann ein Prozess dadurch „plastischer" gestaltet werden, dass von dem einen oder anderen Mangel **Fotos vorgelegt** werden. Mit wenig Aufwand kann hier erreicht werden, dass alle Prozessbeteiligten ein besseres Verständnis für den entsprechenden Vortrag einer Partei erhalten. Durch die Vorlage von Fotos kann möglicherweise auf umfassende technische Erläuterungen verzichtet werden, wenn auch der einzelne Baumangel nach Art und Umfang genau bezeichnet werden muss.

**576** Bei vielen, besonders von der Sache her schwierigen Baumängeln wird es angebracht sein, dass der **Prozessbevollmächtigte** der Partei, die Mängel geltend macht, sich **selbst das Bauvorhaben ansieht.** Dies erleichtert nicht nur dem Prozessbevollmächtigten die Arbeit im Rahmen seines Vortrags; es ermöglicht ihm, dem Gericht die einzelnen Mängel besser, weil direkter, vortragen zu können. Darüber hinaus kann er den Vortrag seiner Partei selbst stets auf seine Erheblichkeit hin überprüfen. Nicht selten muss man nämlich in Bauprozessen bei einer Ortsbesichtigung erleben, dass die Baumängel von der Partei unnötig aufgebauscht worden sind. Eine Überprüfung durch den Anwalt an Ort und Stelle vor Einreichung der Klage hätte hier vielleicht schon helfen und zur Vermeidung eines nicht unerheblichen Kostenrisikos beitragen können. Erscheint eine Besichtigung durch den Anwalt nicht möglich oder sinnvoll, kommt die Beauftragung eines **Privatgutachters** (vgl. Rdn. 148 ff.) oder die Einleitung eines **selbstständigen Beweisverfahrens** (vgl. Rdn. 1 ff.) vor Einreichung einer Klage in Betracht, um den Prozess von vornherein in die richtige Richtung zu führen und die Übernahme eines überhöhten Kostenrisikos zu vermeiden.[6]

---

[6] Der Anwalt ist im Einzelfall **verpflichtet,** zur **Vorbereitung** des Bauprozesses ein selbstständiges Beweisverfahren einzuleiten (BGH, NJW 1993, 2676).

## II. Die richterlichen Maßnahmen

*Literatur*

*Lange*, Der frühe erste Termin als Vorbereitungstermin, NJW 1986, 1728; *Stein*, Richterlicher Hinweis (§ 278 III ZPO) und Schriftsatzfrist, MDR 1994, 437; *Fischer*, Ausnahmen von der richterlichen Aufklärungs- und Hinweispflicht nach den §§ 139 I, 278 III ZPO, DRiZ 1995, 264; *Wieser*, Zivilprozessreform – Rechtliche Probleme der Güteverhandlung nach § 278 ZPO n. F., MDR 2002, 10; *Liepe*, Das Aus für die Güteverhandlung nach § 278 ZPO n. F.?, BauR 2002, 985; *Schneeweiß*, Die außergerichtliche Streitschlichtung nach § 275 Abs. 5 ZPO, DRiZ 2002, 107; *Schaefer*, Was ist denn neu an der neuen Hinweispflicht?, NJW 2002, 849; *Rensen*, Richterliche Hinweispflicht – Neutralitätspflicht und anwaltliche Vertretung als Grenzen, MDR 2002, 1175; *Siegburg*, Zur neuen Erörterungs- und Hinweispflicht des Gerichts nach § 279 Abs. 3 ZPO n. F., BauR 2003, 968; *Fellner*, Richterliche Hinweispflichten – Die Bedeutung des § 139 ZPO für die erste und zweite Instanz, MDR 2004, 728; *Kauffmann*, Obligatorische Güteverhandlung – Kritik eines Praxissegments, MDR 2004, 1035.

**577** Der **Richter** trägt die Verantwortung für die ordnungsgemäße Abwicklung des Prozesses; das gilt in besonderem Maße für den erstinstanzlichen Richter in Bausachen. Er muss gezielt darauf hinwirken, dass der Prozessstoff von Anbeginn an gestrafft und auf das Wesentliche beschränkt vorgetragen wird. Dazu gehört, dass der Richter durch geeignete **Hinweise** den Prozess in die richtigen Bahnen lenkt. Das setzt allerdings in der Vorbereitung voraus, dass von dem Eingang der Klage und der Klageerwiderung an alle dem Gericht geeignet erscheinenden Maßnahmen ergriffen werden, um bereits in der **Güteverhandlung** (§ 278 ZPO) oder in einem ersten Termin zur mündlichen Verhandlung **(früher erster Termin** oder **Haupttermin)** eine sachliche Erledigung zu ermöglichen. Hierzu ist das erstinstanzliche Gericht gemäß §§ 272, 273, 275 Abs. 2 ZPO verpflichtet.

**578** Es ist die Aufgabe des Vorsitzenden (§§ 273 Abs. 2, 349 Abs. 1 ZPO) oder des Einzelrichters (§ 348, 348 a ZPO), schon bei der **Terminierung** die Klageschrift durchzugehen, um erforderliche **richterliche Anordnungen** zu treffen, die eine Förderung der Sache bedeuten.[1] Es ist nicht damit getan, wenn den Parteien mit der Ladung zum Termin nur Fristen gesetzt werden. Beiakten (z. B. Beweissicherungsakten, einstweilige Verfügungsverfahren, Parallelprozesse) müssen sofort beigezogen werden. Hat der Kläger sich auf Beiakten bezogen, die Aktenzeichen aber nicht genannt, ist er sofort darauf hinzuweisen, nicht erst in der mündlichen Verhandlung. Des Weiteren muss bereits bei der Terminierung darauf geachtet werden, ob alle **Urkunden,** die der Kläger erwähnt hat, bei den Akten sind. Wie oft müssen Bauprozesse **nur** deshalb vertagt werden, weil die in Bezug genommenen Urkunden nicht rechtzeitig zu den Akten gelangt sind. Die Vorschrift des § 142 ZPO gibt dem Gericht die Möglichkeit, nicht nur einer Partei, sondern auch einem **Dritten** aufzugeben, die in seinem Besitz befindlichen Urkunden „und sonstige Unterlagen", auf die sich eine Partei bezogen hat, vorzulegen. Unvollständige Beweisanträge („Zeuge N. N.") müssen vervollständigt werden; auf die Unvollständigkeit des Beweisantritts ist hinzuweisen (§ 139 Abs. 1 ZPO). Will das Gericht ein gerichtlich eingeholtes Sachverständigengutachten aus einem **anderen Verfahren** verwerten (§ 411 a ZPO), muss es das Gutachten zu den Akten beiziehen und die Parteien verständigen; unter Umständen wird es den Sachverständigen sogar zum Termin laden müssen.

---

[1] Zur Prozessförderungspflicht: BGH, BauR 1999, 198.

**579** Die entsprechenden **Verfügungsformulare der Gerichte** können wie folgt aussehen:

* „Unterlagen, auf die Bezug genommen wird, sind den Schriftsätzen beizufügen. Soweit Zeugenbeweis angetreten wird, müssen Name und Anschrift des Zeugen vollständig angegeben werden."
* „Der klagenden Partei wird aufgegeben, folgende Unterlagen zu den Akten zu reichen:
Angebot
Leistungsverzeichnis
Auftragsbestätigung
Vertrag vom ... Schlussrechnung vom ...
Rechnung vom ... Schreiben vom ...
Kostenschätzung vom ... Pläne, Zeichnungen ...
Abnahme (Protokoll/Niederschrift vom ...)
Fertigstellungsbescheinigung (§ 641 a BGB) vom ..."

Mit der **Terminierung** müssen – auch dies kann formularmäßig geschehen – typische, im Bauprozess immer wiederkehrende Problemkreise angesprochen werden: So ist für die rechtliche Einordnung des beiderseitigen Parteivorbringens meist von ausschlaggebender Bedeutung, ob die VOB vereinbart wurde oder ob ausschließlich das BGB gilt. Bei Baumängelprozessen spielt die Frage, ob eine Abnahme der Bauleistung erfolgt ist, ebenso eine Rolle wie deren Zeitpunkt. Wurde ein Abnahmeprotokoll gefertigt, kann dessen Inhalt für die rechtliche Beurteilung von allgemeinem Interesse sein.

Das **Verfügungsformular** kann insoweit wie folgt aussehen:

* „Es möge zu folgenden Fragen Stellung genommen werden:
a) Ist die Anwendung der VOB vereinbart worden?
b) Hat eine Abnahme stattgefunden? Wenn ja, wann und mit welchem Ergebnis? Liegt ein Abnahmeprotokoll oder eine Feststellungsbescheinigung (§ 641 a BGB) vor?
* Wer sich auf das Vorliegen von Sach- oder Rechtsmängeln beruft, muss diese nach Art und Umfang genau beschreiben sowie angeben, welche Rechte nach BGB (vgl. § 634 BGB) bzw. nach der VOB/B (z. B. § 4 Nr. 7, 13 Nr. 5–7 VOB/B) geltend gemacht werden."

**580** Eine optimale Prozessführung kann erreicht werden, wenn den Parteien, soweit dies der Einzelfall erfordert, schon **vor dem frühen ersten Termin** ein **detaillierter richterlicher Hinweis** mit entsprechenden Auflagen zugeht. Das setzt indes voraus, dass das Gericht die Sache frühzeitig durcharbeitet. Da der Richter die Sache in aller Regel zum ersten Termin votiert, könnte den Parteien **nach Vorliegen des Votums** ein notwendiger **Hinweis** zugehen, das Vorbringen in bestimmten Punkten noch zu ergänzen, ohne dass dies für den Richter eine Mehrarbeit darstellt, da entsprechende Hinweise nur Ergebnisse seines Votums sind. Zudem eröffnet die frühzeitige und sorgfältige Bearbeitung dem Gericht die Möglichkeit, den Parteien bereits einen **schriftlichen Vergleichsvorschlag** zuzuleiten, den die Parteien (durch Schriftsatz gegenüber dem Gericht) annehmen können (§ 278 Abs. 6 ZPO).

Zur Ergänzung ihres Vortrags können den Parteien auch gemäß § 273 Abs. 2 Nr. 1 ZPO **bestimmte Fristen gesetzt** werden, deren Nichtbeachtung bereits im frühen ersten Termin zu erheblichen Nachteilen (**Nichtberücksichtigung wegen Verspätung**) führen kann.[2] Die Zurückweisung des verspäteten Vorbringens setzt aber

---

[2] § 296 Abs. 1 ZPO; **str.;** bejahend: BGHZ 86, 31 = BauR 1983, 183 = NJW 1983, 575 = ZfBR 1983, 135 = WM 1983, 243; BGH, BauR 1983, 588 = ZfBR 1983, 274 = *SFH*, Nr. 3 zu § 296 ZPO; BVerfG, NJW 1985, 1149 (**keine** Zurückweisung gemäß § 296 Abs. 2 ZPO, wenn es sich erkenn-

## Die richterlichen Maßnahmen Rdn. 581–583

eine **ordnungsgemäße Belehrung** voraus;³⁾ außerdem dürfen die gesetzten Fristen nicht unangemessen kurz sein.⁴⁾

Neben der erwähnten Aufforderung, das Vorbringen zu ergänzen, zu erläutern sowie Urkunden vorzulegen (§ 273 Abs. 2 Nr. 1 ZPO), bieten sich in Bauprozessen vor allem auch die **weiteren vorbereitenden Maßnahmen** des § 273 Abs. 2 Nr. 2–5 im Rahmen einer sinnvollen Prozessleitung an: Es können **amtliche Auskünfte** eingeholt werden; das **persönliche Erscheinen der Parteien** zum Termin kann angeordnet werden; **Zeugen,** auf die die Parteien sich bezogen haben, und **Sachverständige** (z. B. aus einem selbstständigen Beweisverfahren oder einem anderen Verfahren, § 411 a ZPO⁵⁾) können zur mündlichen Verhandlung vorsorglich geladen werden. Schließlich kommen die Einnahme des Augenscheins, die Einholung von **Sachverständigengutachten** sowie die Anordnung zur Vorlegung eines im Besitz der Partei oder eines Dritten befindlichen Gegenstandes in Betracht (§§ 273 Abs. 2 Nr. 5, 144 ZPO) bereitende Maßnahmen in Betracht. **581**

Die **Ladung von Zeugen und Sachverständigen** gemäß § 273 Abs. 2 Nr. 4 ZPO soll nur erfolgen, wenn der Beklagte dem Klageanspruch bereits widersprochen hat (§ 273 Abs. 3 Satz 1 ZPO). Im Übrigen ist die Anordnung nur dort tunlich, wo eine baldige Entscheidung möglich erscheint oder zunächst eine Vorfrage geklärt werden muss, die für den weiteren Ablauf des Prozesses von Bedeutung ist. Bestehen von vornherein Bedenken gegen die Möglichkeit einer Verfahrensbeschleunigung durch diese prozessleitenden Maßnahmen oder steht gar von Anfang an fest, dass auch derartige Maßnahmen nicht die alsbaldige Endentscheidung ermöglichen können, ist von einer Anwendung des § 273 ZPO abzusehen.⁶⁾ Im Zweifel wird deshalb die Ladung des **Sachverständigen** zum ersten Termin sinnvoll sein, wenn bereits ein Gutachten vorliegt und eine Ergänzung angezeigt ist (§ 412 ZPO) oder der Richter der Mithilfe des Gutachters bedarf, um die entscheidungserheblichen bautechnischen Fragen herauszuarbeiten. **582**

Die **mündliche Verhandlung** selbst steht gerade nach der Zivilprozessreform unter dem Gebot der **größtmöglichen Förderung** des Verfahrens (§§ 272 Abs. 1, 279 Abs. 2 ZPO). Aus diesem Grund sieht das Gesetz für jede erstmalige mündliche Verhandlung zunächst auch eine **Güteverhandlung** vor, es sei denn, es hat bereits ein Einigungsversuch vor einer außergerichtlichen Gütestelle stattgefunden oder eine gütliche Beilegung erscheint „aussichtslos". Werden alle Möglichkeiten einer sachgerechten Prozessleitung genutzt, wird es nur noch ganz selten zu Vertagungen kommen, die die Terminsrolle belasten. **583**

Zur mündlichen Verhandlung gehört nunmehr, dass das Gericht in einem **Rechtsgespräch** mit den Parteien alle streiterheblichen Gesichtspunkte herausstellt. Die **Parteien** müssen **vor Überraschungsentscheidungen geschützt** werden.⁷⁾ Aus diesem Grunde obliegt dem Gericht eine „**materielle**" Prozessleitung (§ 139 ZPO). Die Parteien sind nicht nur auf übersehene (oder abweichende) **rechtliche** Beurteilungen hin-

---

bar um einen **Durchlauftermin** handelt; dazu auch BayVerfGH, NJW 1990, 502; OLG Hamm, MDR 1992, 186 u. NJW-RR 1995, 958; OLG Frankfurt, NJW-RR 1993, 62).
3) BGH, BauR 1983, 588; BGH, ZfBR 1983, 137 = NJW 1983, 822; vgl. auch BGH, NJW 1991, 493 u. OLG Düsseldorf, NJW 1984, 1567.
4) Vgl. BGH, NJW 1994, 736 = BauR 1994, 273 = ZfBR 1993, 117 für **Klageerwiderungsfrist.**
5) Siehe hierzu *Fölsch*, MDR 2004, 1029, 1030; *Huber*, ZRP 2003, 268, 270.
6) Vgl. auch OLG Köln, NJW-RR 1997, 150 u. MDR 1975, 147 = JMBl. NW 1974, 235.
7) BGH, BauR 2006, 2096.

zuweisen, sondern vor allem auch auf **tatsächliche** Gesichtspunkte.[8)] Richterliche Hinweise sind ferner **aktenkundig** zu machen (§ 139 Abs. 4 Satz 1 ZPO), was häufig nicht hinreichend geschieht.[9)] Die fehlende **Dokumentation** des richterlichen Hinweises hat im Einzelfall gravierende Folgen; lässt sich ein Hinweis weder aus dem Sitzungsprotokoll noch aus dem sonstigen Akteninhalt entnehmen, gilt er mangels Dokumentation als nicht erteilt.[10)] Stellt das Gericht daher im Verlauf des Verfahrens selbst eine Verletzung seiner Hinweis- und Aufklärungspflicht fest, **muss** es die mündliche Verhandlung wiedereröffnen (§ 156 Abs. 2 Nr. 1 ZPO).[11)]

584   Ungeklärte Fragen müssen notfalls in einem **Hinweis- und Auflagenbeschluss** dargelegt werden, damit den Parteien ein **Fahrplan** an die Hand gegeben ist, an den sie sich halten können und müssen. Der Hinweisbeschluss hat demnach gerade in schwierigen Bauprozessen seinen besonderen Platz. Der Umstand, dass eine Partei durch einen **Anwalt** vertreten ist, führt nicht ohne weiteres zu einer Einschränkung der Hinweispflicht. Das gilt vor allem, wenn ein Prozessbevollmächtigter die Rechtslage **ersichtlich falsch beurteilt**.[12)] Der Umstand, dass der **gegnerische** Anwalt bereits **frühzeitig** und **zutreffend** sachliche Hinweise gegeben hat, lässt die Hinweispflicht des Gerichts nicht ohne weiteres entfallen.[13)] Eine Partei soll vor allen Dingen nicht „überrumpelt" werden.[14)]

Richterliche **Hinweise** müssen stets **konkret** und **eindeutig** sein;[15)] werden durch vage und unklare Formulierungen bei den Parteien oder ihren Anwälten **Missverständnisse** hervorgerufen, so sind **die richterlichen Hinweise** jederzeit zu **ergänzen.**[16)] Richterliche Aufklärungs- und Hinweispflichten orientieren sich aber immer an dem materiell-rechtlichen Standpunkt des Tatrichters „ohne Rücksicht auf seine Richtigkeit".[17)] Richterliche Hinweise müssen **rechtzeitig** erteilt werden (§ 139 Abs. 4, 5 ZPO). Kann eine fundierte Stellungnahme nicht sofort (z. B. in der mündlichen Verhandlung) erfolgen, ist eine angemessene Frist einzuräumen oder

---

8) BR-Drucks. 14/4722, S. 77.
9) OLG Hamm, BauR 2005, 130. **Wie** die Dokumentation zu erfolgen hat, ist **streitig**; s. hierzu: BGH, BauR 2005, 1918, 1920 = NZBau 2006, 171, 172 = BGHReport 2006, 121, 123 m. Anm. *Drossart* = NJW 2006, 60, 62 („in der Regel in das Verhandlungsprotokoll"); s. aber hiergegen: OLG Karlsruhe, OLGR 2006, 490, 491 m. w. Nachw.
10) BGH, IBR 2005, 648 – *Moufang*.
11) Vgl. BGH, BauR 2001, 1577 = NZBau 2001, 623 u. BauR 1999, 635, 638 = ZfBR 1999, 196; BGH, ZfBR 2005, 56 = BauR 2004, 1937; BGH, NJW-RR 1997, 441.
12) BGH, BauR 2007, 110, 111 = NZBau 2006, 782, 783; NZBau 2006, 240 = BauR 2006, 558; BauR 1999, 510 = ZfBR 1999, 151; s. ferner: BGH, NJW 1998, 155 = VersR 1997, 1422 (**Beweisantrag im Berufungsverfahren**); BGH, NJW-RR 1990, 340 = BauR 1990, 228 = ZfBR 1990, 81; OLG Celle, NJW-RR 1998, 493 (**unsubstantiiertes Vorbringen**); OLG Schleswig, MDR 1987, 149 u. OLG Celle, MDR 1998, 306 (**fehlende Schlüssigkeit**); OLG Köln, OLGR 2001, 173 (Aktivlegitimation des Klägers).
13) KG, IBR 2003, 582 – *Knickenberg*.
14) BGH, NZBau 2004, 97; OLG Saarbrücken, OLGR 2003, 330, 331; OLG Hamm, BauR 2004, 693.
15) BGH, BauR 2006, 1753, 1755 = NZBau 2006, 637, 638; OLG Zweibrücken, NZBau 2005, 643 = NJW-Spezial 2005, 552 = IBR 2005, 381 – *Locher* (fehlende Prüfbarkeit einer Schlussrechnung).
16) Vgl. BGH, BauR 1999, 510; BauR 1999, 167, 171; BauR 1990, 488, 491 = ZfBR 1990, 192; OLG Hamm, NZBau 2004, 560 = BauRB 2004, 334.
17) BGH, BauR 1990, 228 = ZfBR 1990, 81 = NJW-RR 1990, 340.

## Die richterlichen Maßnahmen

zu vertagen.[18] Erfolgt eine Stellungnahme auf Grund des richterlichen Hinweises, muss bei erheblichem neuen Vorbringen im Einzelfall die mündliche Verhandlung wiedereröffnet werden.[19] Verfahrensverstöße auf Grund unterbliebener oder unzureichender Hinweise rechtfertigen vielfach die Niederschlagung der Gerichtskosten des Berufungsverfahrens.[20]

Die frühzeitige und gründliche Vorbereitung der Sache wird es dem Gericht auch ermöglichen, von der Vorschrift des § 278 Abs. 6 ZPO Gebrauch zu machen: Danach kann (zur Ersparnis einer mündlichen Verhandlung bzw. Güteverhandlung) ein schriftlicher **Vergleichsvorschlag** unterbreitet werden, den die Parteien durch Schriftsatz gegenüber dem Gericht annehmen können. Den Inhalt des auf diese Weise geschlossenen Vergleichs stellt das Gericht dann durch Beschluss fest (§ 278 Abs. 6 ZPO). Es versteht sich, dass die umfangreiche **Kenntnis des Prozessstoffs** unabdingbare Voraussetzung für einen erfolgreichen Vergleichsabschluss ist. Im Übrigen gilt auch für die **Güteverhandlung:** Nur der Richter, der den Prozessstoff beherrscht, kann ein gezieltes Vergleichsgespräch mit den Parteien führen. Der Hinweis des Gerichts zu Beginn der Verhandlung, „ob man sich nicht vergleichen kann", wird ohne konstruktive Hilfestellung nichts einbringen. Durch die erste intensive Einarbeitung in den Prozessstoff kennt das Gericht die jeweiligen Schwachstellen im Angriff und in der Verteidigung. Nur die Abwägung der verschiedenen Prozesssituationen unter Berücksichtigung des Kostenrisikos kann dazu führen, den Parteien einen konkreten Vergleichsvorschlag zu machen, über den die Parteien verhandeln können. Das Gericht darf nicht davor zurückschrecken, **klare Hinweise zur Rechtslage** zu geben. Die Parteien müssen im Einzelfalle wissen, woran sie sind. **585**

Ein intensives Vergleichsgespräch erfordert allerdings viel Zeit. Es wird sich daher anbieten, gegebenenfalls einen (zusätzlichen) **Erörterungstermin** mit den Parteien anzuberaumen oder eine außergerichtliche Streitschlichtung (etwa durch eine **Mediation** oder einen **Schlichter**) anzuregen. Im letzteren Fall ist das Ruhen des Verfahrens anzuordnen (§ 278 Abs. 5 Satz 3 ZPO). **586**

In umfangreichen Punktesachen empfiehlt sich der Versuch, wenigstens eine **Teileinigung** der Parteien herbeizuführen, wenn ein umfassender Vergleich zunächst nicht erzielt werden kann. Dadurch kann der Prozess auf die wesentlichen Probleme konzentriert und durch die sachliche Beschränkung übersichtlich gehalten werden. Bei kleineren Baumängeln sollte das Gericht auch die Anregung geben, dass sich die Parteien insoweit einem Schiedsgutachten (vgl. näher Rdn. 538 ff.) unterwerfen sollten. **587**

---

18) SchLHOLG, BauR 2003, 1602.
19) BGH, NZBau 2004, 97; OLG Bamberg, BauR 2004, 1188 = NZBau 2004, 272; OLG Düsseldorf, BauR 2004, 1811, 1812.
20) OLG München, BauR 2004, 1190 m. Anm. *Ceelen*.

## III. Verspätetes Vorbringen

*Literatur (Auswahl)*
*Leipold*, Prozessförderungspflicht der Parteien und richterliche Verantwortung, ZZP 80, Bd. 93, 327; *Wolf*, Die Berücksichtigung verspäteten Vorbringens in der Berufungsinstanz, ZZP 81, Bd. 94, 310; *Schulze*, Verspätetes Vorbringen durch den Streithelfer, NJW 1981, 2663; *Lange*, Zurückweisung verspäteten Vorbringens im Vorbereitungstermin, NJW 1986, 3043; *Schneider*, Präklusionsrecht – Gefahrenstellen und Abwehrstrategien im Überblick, MDR 2002, 684; *Sohn*, Einrede der Verjährung erstmals in der Berufungsinstanz, BauR 2003, 1933.

**588** Der **Bauprozess** unterscheidet sich von anderen zivilen Rechtsstreitigkeiten in der Regel dadurch, dass er die Parteien mit der oftmals schwierigen Aufgabe betraut, einen weitgehend von der **Bautechnik geprägten Sachverhalt** rechtlich richtig zu erfassen. Die mit dem Bauprozess verbundenen (erhöhten) **Risiken,** die in der Regel durch unzureichende Prozessvorbereitung einer Partei oder eines Anwalts, durch schlechte Prozessaufbereitung von seiten des Gerichts oder durch erhebliche Beweisschwierigkeiten spürbar werden, erfordern in besonderem Maße von allen Beteiligten ein **faires** Verhalten. Deshalb kommt den **Instanzgerichten** eine **Schutzfunktion** zu: Sie dürfen das Parteivorbringen nicht in bestimmter Richtung beeinflussen, vor allem müssen sie sich stets in die Lage der Parteien und Anwälte hineindenken und sich mit den Gegebenheiten im Bauwesen eingehend vertraut machen.[1] Nur die **Gerichte,** die selbst alles Erforderliche getan haben, um durch eine sachgerechte Prozessleitung eine „Beschleunigung" zu erreichen, haben die Möglichkeit, Vorbringen „als verspätet" zurückzuweisen.[2] **Verfahrensverstöße** führten deshalb in der Vergangenheit regelmäßig zur **Aufhebung** und **Zurückverweisung.**[3]

**Überhastungen** dürfen deshalb niemals stattfinden; gerade in Bausachen ist nicht zu verkennen, dass die umfangreichen und wegen der oftmals unbekannten Rechtsfragen schwierigen Bauprozesse erhebliche Anforderungen an die Parteien und ihre Prozessbevollmächtigten stellen. Viele Anwälte stehen unter Zeitdruck, manchen fehlt es an der erforderlichen Erfahrung in Bausachen; die Zeit, die das Gericht für die sachgerechte Vorbereitung der Verhandlung benötigt, muss daher auch den Parteien eingeräumt werden.[4] Nur die Partei, die die Ladung zum ersten Verhandlungstermin schon frühzeitig vor dem Termin erhielt, gleichwohl aber einen Prozessbevollmächtigten ohne ausreichenden Grund so spät bestellt, dass dieser erst am Tage vor dem Termin oder im Termin selbst eine Stellungnahme einreichen konnte, verletzte die prozessuale **Mitwirkungspflicht.**

---

1) *Heyers*, ZfBR 1979, 46, 52.
2) Vgl. (vor der ZPO-Reform): BVerfG, NJW-RR 1996, 253 = ZIP 1995, 1850; BVerfG, NJW 1989, 706; NJW 1992, 680; BGH, BauR 1990, 488 = ZfBR 1990, 182 **(Verletzung der richterlichen Hinweispflicht);** BGH, BauR 1989, 361 = *SFH*, Nr. 1 zu § 528 ZPO = NJW 1989, 717 **(Verfahrensfehler** durch LG); BGH, ZfBR 2005, 56, 57; OLG München, OLGR 1997, 119 u. OLG Düsseldorf, NJW-RR 1993, 1341 **(Verletzung der Hinweispflicht);** KG, BauR 1997, 171 m. Anm. *Haß; Schneider*, MDR 1997, 904.
3) OLG Celle, NJW-RR 1996, 343 **(fehlende Prüfbarkeit der Abrechnung);** OLG Düsseldorf, NJW-RR 1996, 1021; OLG München, NJW-RR 1997, 944; OLG Hamm, NJW-RR 1995, 1151; OLG Köln, OLGR 2001, 71 (keine Präklusion durch Teilurteil).
4) BGH, BauR 1999, 198 = NJW 1999, 585; BGH, NJW 1994, 736 = BauR 1994, 273.

### Verspätetes Vorbringen

Das **Setzen von kurzen Fristen** ist in Bausachen **fehl am Platze**.[5] Die Gerichte müssen die Fristen vielmehr so bemessen, dass den Anwälten und den Parteien ausreichende Zeit verbleibt, die schriftsätzlichen Stellungnahmen so umfassend wie möglich vorbereiten zu können.[6]

Nach der Rechtsprechung des für Bausachen zuständigen **VII. Zivilsenats des BGH**[7] ist Folgendes besonders zu beachten:

* § 296 Abs. 1 ZPO

**589**

**§ 296 Abs. 1 besagt, dass** Angriffs- und **Verteidigungsmittel**, die erst nach Ablauf einer hierfür **gesetzten Frist** (§ 273 Abs. 2 Nr. 1 und, soweit die Fristsetzung gegenüber einer Partei ergeht, 5, § 275 Abs. 1 Satz 1, Abs. 3, 4; § 276 Abs. 1 Satz 2, Abs. 3; § 277) vorgebracht werden, nur zuzulassen sind, „wenn nach der freien Überzeugung des Gerichts ihre Zulassung die Erledigung des Rechtsstreits nicht verzögern würde oder wenn die Partei die Verspätung genügend entschuldigt".

Der BGH behandelt die genannten Fristen wie Notfristen,[8] der Partei muss daher eine beglaubigte Abschrift der fristsetzenden richterlichen Verfügung **zugestellt** werden (§ 329 Abs. 2 Satz 2 ZPO). Hinsichtlich der Verzögerung der Rechtsstreiterledigung stellt der VII. Zivilsenat darauf ab, „ob die Zulassung eines verspäteten Angriffs- oder Verteidigungsmittels in dem Zeitpunkt, in dem über sie zu entscheiden ist, die Erledigung des Rechtsstreits verzögern würde, nicht aber darauf, ob der Rechtsstreit bei fristgerechtem Vorbringen sich auch nicht schneller erledigt hätte". Eine hypothetische Prüfung würde der gesetzlichen Absicht der Prozessbeschleunigung widersprechen. Die Verzögerung in der Erledigung des Rechtsstreits ist somit allein nach dem Stand des Rechtsstreits im Zeitpunkt des verspäteten Vorbringens zu beurteilen.[9] Neuer Vortrag kann die Erledigung des Rechtsstreits nicht verzögern, wenn dieser weder bei Zulassung noch bei Nichtzulassung des Vorbringens im Ganzen entscheidungsreif ist.[10] Angriffs- und Verteidigungsmittel dürfen **nicht** durch ein **Teilurteil** als verspätet zurückgewiesen werden,[11] dieser Fehler wird in Bausachen öfter begangen.

* Ein Vorbringen kann in einem **frühen ersten Termin** nicht als verspätet zurückgewiesen werden, „wenn nach der Sach- und Rechtslage eine Streitbeendigung in diesem Termin von vornherein ausscheidet".[12]

* Drohenden Verfahrensverzögerungen muss das Gericht durch zumutbare **vorbereitende Maßnahmen** nach § 273 ZPO begegnen.[13] Wird das verspätete

---

5) Zur **Befangenheitsablehnung** eines Richters wegen „Überbeschleunigung": Thüringer OLG, BauR 2004, 1815.
6) Vgl. BGH, NJW 1994, 736 = BauR 1994, 273 = ZfBR 1994, 117 für Klageerwiderungsfrist.
7) Vgl. BGHZ 75, 138 = NJW 1979, 1988 m. Anm. *Wachshöfer*, ZZP 80, Bd. 93, 184; Anm. *Schneider*, NJW 1979, 2614; BGH, NJW 1980, 1167 = ZfBR 1980, 143; BGH, NJW 1980, 1960 = ZfBR 1980, 198; BGH, NJW 1980, 2355 m. Anm. *Deubner* = JurBüro 1980, 1502; BGH, ZfBR 1981, 31, 185, 238; BGH, NJW 1983, 575 = BauR 1983, 183; BGH, BauR 1983, 588 = ZfBR 1983, 274; BGH, BauR 1985, 358; BGH, NJW 1989, 717.
8) BGH, NJW 1980, 1167; *Lüke*, JuS 1981, 503, 504.
9) BGHZ 75, 138; BGH, NJW 1980, 945; **str.**
10) BGH, BauR 1998, 632 unter Hinweis auf BGH, BauR 1992, 503 u. BauR 1989, 79 = ZfBR 1989, 27.
11) BGH, ZfBR 1993, 129 = ZIP 1993, 622; OLG Düsseldorf, NJW 1993, 2543.
12) BGH, BauR 2005, 1508, 1509 = NZBau 2005, 516 = IBR 2005, 647.
13) BGHZ 75, 138, 142/143 = NJW 1979, 1988; BauR 2002, 518; BVerfG, NJW 1990, 2373 u. NJW-RR 1995, 1469.

Angriffs- oder Verteidigungsmittel dem Gericht so rechtzeitig vorgetragen, dass es bei der Vorbereitung der mündlichen Verhandlung noch berücksichtigt werden kann, so hat der Vorsitzende oder ein von ihm bestimmtes Mitglied des Prozessgerichts zu prüfen, ob nicht zur Vermeidung einer Verzögerung in der Erledigung des Rechtsstreits vorbereitende Maßnahmen gemäß § 273 Abs. 2 ZPO möglich und geboten sind. Nach einer Entscheidung des VIII. Zivilsenats[14] ist eine umfangreiche Beweisaufnahme in der Regel **unzumutbar;** das ist gegeben, wenn zahlreiche Zeugen gehört werden sollen oder ein Streitstoff von erheblichem Ausmaß geklärt werden muss.[15] Die Rechtslage ist nicht anders, wenn eine Partei die **„Flucht in die Säumnis"** ergreift.[16] Auch hier hat das Gericht bei der Vorbereitung der gemäß § 341 a ZPO anzuberaumenden mündlichen Verhandlung alles Zumutbare zu tun, um die Folgen der Fristversäumnis auszugleichen.[17]

**591** ⁎ **§ 296 Abs. 2 ZPO**

§ 296 Abs. 2 ZPO stellt die Zurückweisung des Vorbringens wegen Verletzung der **Prozessförderungspflicht** in das Ermessen des Gerichts. Grobe Nachlässigkeit, auf der die Verspätung des Vorbringens beruhen muss, liegt vor, wenn der Partei das rechtzeitige Vorbringen möglich war und sie die Möglichkeit und Notwendigkeit des rechtzeitigen Vorbringens ohne weiteres erkennen konnte.[18] Ist in erster Instanz Parteivorbringen nach § 296 Abs. 1 ZPO zu Unrecht zurückgewiesen worden, so kann das Berufungsgericht die Zurückweisung nicht auf § 296 Abs. 2 ZPO gestützt nachholen.[19]

**592** Die mit der **ZPO-Reform** bezweckte Stärkung der **ersten Instanz** unter gleichzeitiger Einschränkung der Tatsachenfeststellungen in einem Berufungsverfahren birgt die Gefahr einer wesentlichen Rechtsschutzverkürzung (auch) in Bausachen. Die Annahme, die erste Instanz werde es „schon richten", geht, wie die Praxis zeigt, deutlich an der Wirklichkeit vorbei. Der Umstand, dass eine Aufhebung und Zurückweisung durch das Berufungsgericht nur noch nach einem entsprechenden **Antrag** einer Partei möglich ist, verleitet manche Baukammer zum nachlässigen und fehlerhaften Arbeiten.[20] Nur eine sorgfältige und verantwortungsvolle Prozessführung kann aber helfen, **Fehlurteile** zu verhindern.

---

14) BGH, NJW 1980, 1102; s. ferner: BGH, BauR 1985, 358 zur Einholung eines Ergänzungsgutachtens.
15) BGH, NJW 1971, 1564; OLG Köln, NJW-RR 1997, 150, 151 = BauR 1996, 725. Nach BVerfG, NJW 1990, 2373 stellt es „**keine** nennenswerte Verzögerung des Verfahrens dar, wenn **vier** (oder sogar **sechs**) statt eines **Zeugen** zu vernehmen sind".
16) Der Anwalt, dessen Schriftsatz verspätet bei Gericht eingegangen ist, tritt im Termin nicht auf und lässt **Versäumnisurteil** ergehen; mit dem fristgerecht eingelegten Einspruch bringt er dann den alten bzw. noch nicht vorgetragenen Tatsachenstoff nebst Beweisantritten vor. Vgl. zu diesem Problem auch *Fastrich*, NJW 1979, 2598; *Gounalakis*, DRiZ 1997, 294 u. MDR 1997, 216.
17) BGH (VIII. ZS), NJW 1980, 1105 m. Anm. *Hoyer*, JZ 1980, 615 = BB 1980, 601; zust. *Lüke*, JuS 1981, 503, 505; s. ferner: BGH, ZfBR 1981, 31; BGH, WM 1981, 323 (zu Unrecht berücksichtigtes verspätetes Vorbringen) und OLG Düsseldorf, NJW 1981, 2264 m. Anm. *Deubner*.
18) *Deubner*, JuS 1980, 752; *Lüke*, a. a. O.
19) BGH, MDR 1981, 752 = ZfBR 1981, 184; anders: KG, MDR 1981, 853.
20) Der BGH schränkt aber die Möglichkeit, die Sache an das erstinstanzliche Gericht zurückzuweisen, erheblich ein (BGH, NZBau 2005, 224 = BauR 2005, 590 = IBR 2005, 294 – *Schwenker*; BGH, NZBau 2006, 783 für unterbliebene Augenscheinseinnahme; zu weitgehend daher: OLG Frankfurt, NZBau 2006, 784, 785 für unkritische Bewertung eines Sachverständigengutachtens).

## IV. Zur Berufung in Bausachen

*Literatur*

*Crückberg*, Unstreitige neue Tatsachen in zweiter Instanz, MDR 2003, 10; *Fellner*, Tatsachenfeststellung in der ersten Instanz – Bedeutung für das Berufungsverfahren und die Korrekturmöglichkeiten, MDR 2003, 721; *Würfel*, Verspätetes aber unstreitiges Vorbringen in der Berufungsinstanz, MDR 2003, 1212; *Drossart*, Zum Prüfungsumfang des Berufungsgerichtes gemäß §§ 529, 531 ZPO – Neues Vorbringen in der Berufungsinstanz, BrBp 2004, 4; *Reck*, Die Erläuterung der Schlussrechnung in Schriftsätzen im Bauprozess, NZBau 2004, 128; *Gaier*, Der Prozessstoff des Berufungsverfahrens, NJW 2004, 110; *Schenkel*, Neues Vorbringen in der Berufungsinstanz, MDR 2004, 121; *Münch*, Die Klageänderung im Berufungsverfahren, MDR 2004, 781; *Gaier*, Das neue Berufungsverfahren in der Rechtsprechung des BGH, NJW 2004, 2041; *Lechner*, Die Rechtsprechung des BGH zum neuen Berufungsrecht im Lichte der Intentionen des Gesetzgebers, NJW 2004, 3593; *Stöber*, Neues Vorbringen nach erstinstanzlicher Verletzung der richterlichen Hinweispflicht, NJW 2005, 3601; *Fölsch*, Berufungszurückweisung durch Beschluss im Blickpunkt aktueller Rechtsprechung, NJW 2006, 3521; *Werner/Christiansen-Geiss/Hausmann*, Zulassungsgründe für die Revision und zur Bedeutung von Beschlüssen über die Nichtzulassung, BauR 2006, 1962; *Stackmann*, Fünf Jahre reformiertes Rechtsmittelverfahren im Zivilprozess, NJW 2007, 9; *Schmidt*, Verfahrensfehlerhafte erneute Tatsachenfeststellung und Zulassung neuen Vortrags in der Berufungsinstanz, NJW 2007, 1172; *Schenkel*, Die Vorlage einer neuen Schlussrechnung in der Berufungsinstanz, NZBau 2007, 6; *Deckers*, Nochmals: Die Vorlage einer neuen Schlussrechnung in der zweiten Instanz, NZBau 2007, 550.

**593** Eine **Berufung** kann auch in Bausachen nur darauf gestützt werden, dass die Entscheidung auf einer Rechtsverletzung beruht (§ 546 ZPO) oder die nach § 529 ZPO zu Grunde zu legenden Tatsachen eine andere Entscheidung rechtfertigen (§ 513 ZPO). Das Berufungsgericht ist daher an die Tatsachenfeststellung des Erstrichters gebunden, wobei das Gewicht jedoch eindeutig auf „fehlerfrei getroffene Feststellungen" liegt.[1] Bei dieser Grundkonzeption des Berufungsverfahrens liegt es auf der Hand, dass das Berufungsgericht sogar noch verstärkt mit **neuem** Sachvortrag und Beweisantritten konfrontiert wird. Nach der ZPO-Reform ist dies aber gerade nicht angestrebt.

**594** Das Berufungsgericht ist nur dazu berufen, das angefochtene Urteil dahin zu überprüfen, ob eine **Rechtsnorm** nicht oder nicht richtig angewendet worden ist; dies muss, wie auch sonst, durch eine auf den konkreten Streitfall zugeschnittene Berufungsbegründung dargetan werden.[2] Dieser **(erste)** Berufungsgrund betrifft damit vor allem die Heranziehung und **Auslegung** des Gesetzes sowie die **Subsumtion des Sachverhalts**.[3] Es liegt in der Natur der Bausachen, dass der **(zweite)** Berufungsgrund der erfolgversprechendste ist. Mit ihm kann nämlich geltend gemacht werden, dass auf Grund von **Zweifeln** an der Richtigkeit und Vollständigkeit der in der Vorinstanz festgestellten **Tatsachen** neue Feststellungen veranlasst sind, die zu einer anderen Entscheidung führen (§ 521 Abs. 1 Nr. 1 ZPO), oder dass eine andere Entscheidung auf der Grundlage **neuer,** ausnahmsweise in der Berufungsinstanz zugelassener **Angriffs-** und **Verteidigungsmittel** zu erfolgen hat (§ 529 Abs. 1 Nr. 2 ZPO). Beweisaufnahme und Zulassung neuer Angriffs- und Verteidigungsmittel sind also

---

1) *Gehrlein*, § 14, Rdn. 58, unter Hinweis auf die BT-Drucks. 14/6036, S. 157 ff.
2) BGH, BauR 2002, 1590 = ZfBR 2002, 787; KG, KGR 2004, 220.
3) *Gaier*, NJW 2004, 110 m. Nachw.

möglich und im Einzelfall geboten;[4] indes wird beides nicht nur durch eine anderweitige Beweiswürdigung des Berufungsführers[5] oder durch neues Vorbringen ohne die Beachtung der Zulassungsschranke des § 531 Abs. 2 ZPO zu erreichen sein. Es kann z. B. auch ausreichen, wenn sich **Zweifel** an der Richtigkeit und Vollständigkeit des **Gutachtens** aufdrängen, insbesondere also wenn das Gutachten in sich widersprüchlich oder unvollständig ist, wenn der Sachverständige erkennbar nicht sachkundig war, sich die Tatsachengrundlage belegbar durch einen zulässigen neuen Sachvortrag geändert hat oder wenn es neue wissenschaftliche Erkenntnismöglichkeiten zur Beantwortung der maßgeblichen Sachverständigenfrage gibt.[6]

**595** Für den **Berufungsanwalt** in Bausachen kommt es daher vor allem darauf an, sorgfältig zu ermitteln, welcher **Prozessstoff** Gegenstand des erstinstanzlichen Verfahrens war und was sich insoweit aus dem Tatbestand des angefochtenen Urteils ergibt.[7] Sachvortrag, der in erster Instanz infolge Unkenntnis unterblieben ist, kann im Berufungsverfahren nicht „verspätet" sein.[8] Neuer unstreitiger Vortrag ist ebenfalls zu berücksichtigen, selbst wenn hierdurch eine Beweisaufnahme erforderlich wird.[9] Im Übrigen muss die Möglichkeit, dass der Tatbestand des angefochtenen Urteils infolge eines **„Widerspruchs"** zum erstinstanzlichen Sachvortrags unrichtig ist, aber ausgeschlossen oder im Hinblick auf die Beweiskraft des Tatbestandes (§ 314 ZPO) über den Weg einer **Tatbestandsberichtigung** korrigiert werden.

Der BGH hat darüber hinaus zum Umfang der Bindungswirkung sowie zum Prüfungsmaßstab des Berufungsgerichts die für die Praxis wichtigen Fragen bereits beantwortet.[10] Für den Bauanwalt ist wichtig und beruhigend, dass jedenfalls die **Kontrolle** der im erstinstanzlichen Urteil festgestellten Tatsachen auf konkrete Anhaltspunkte, die Zweifel an der Richtigkeit oder Vollständigkeit der entscheidungserheblichen Feststellungen begründen, **von Amts wegen** zu erfolgen hat. Damit werden vor allem – wie bisher – **Verfahrensfehler bei der Tatsachenfeststellung** der Berufung zu einem Erfolg verhelfen können; und auch aus **neuen Angriffs- und Verteidigungsmitteln,** die in der Berufungsinstanz gemäß §§ 529 Abs. 1 Nr. 2, 531 Abs. 2 zu berücksichtigen sind, können solche konkrete Anhaltspunkte und Zweifel an der Richtigkeit oder Vollständigkeit der erstinstanzlichen Feststellungen folgen.[11] Solange das Berufungsgericht diese notwendige (tatsächliche) Inhaltskontrolle nicht vornimmt, wird es dies bei einer **Aufhebung** des Urteils durch den BGH nachzuholen haben.[12] Im Übrigen kommt der **bauprozessualen Hinweispflicht** des **Berufungsgerichts** eine zentrale Bedeutung zu; so muss vor allem der in erster Instanz siegreichen Partei ein rechtzeitiger Hinweis nach § 139 ZPO erteilt

---

4) BVerfG, NJW 2003, 2524 = IBR 2003, 706 – *Schwenker*.
5) OLG Bremen, BauR 2005, 157 (LS); OLG Saarbrücken, OLGR 2004, 18, 19; KG, KGR 2004, 38, 39.
6) BGH, IBR 2004, 169; *Gehrlein*, MDR 2004, 661, 664.
7) *Gaier*, NJW 2004, 110 ff. mit Überblick über den Meinungsstand.
8) BGH, BauR 2005, 1798 = IBR 2005, 646 – *Schwenker* (für **neu entdeckte** Mängel; Unkenntnis beruht nicht auf Nachlässigkeit; im Ergebnis ebenso OLG Celle, IBR 2005, 518).
9) BGH, IBR 2005, 180 – *Schwenker* (für **Verzicht** auf die Einrede der Verjährung); OLG Brandenburg, IBR 2007, 460 – *Schwenker*.
10) BGH, BauR 2004, 1175 = NJW 2004, 1876; BGH, NJW 2004, 2531; BGH, (X. ZS), BauR 2005, 96, 98; *Gaier*, NJW 2004, 2041, 2043; *Lechner*, NJW 2004, 2593, 3595.
11) *Gaier*, NJW 2004, 2041, 2044; BGH, NJW 2004, 2152.
12) BGH, BauR 2005, 96, 98.

werden, wenn das Berufungsgericht der Vorinstanz nicht folgen will und insbesondere auf Grund seiner abweichenden Ansicht eine Ergänzung des Vorbringens oder einen Beweisantritt für erforderlich hält.[13)]

**596** Liegt ein erheblicher Hinweisverstoß vor, muss ein (insoweit ergänzter) Sachvortrag gemäß § 531 Abs. 2 Nr. 2 ZPO im Berufungsverfahren berücksichtigt werden.[14)] Nach Auffassung des VII. Zivilsenats[15)] wird ein **„neues" Angriffsmittel** nicht in den Prozess eingeführt, wenn sich der Anspruch bereits aus dem erstinstanzlichen Vortrag ergibt und durch den neuen Vortrag im Berufungsverfahren (nur) **verdeutlicht** oder **erläutert** wird.

**597** Häufig anzutreffende Prozesssituationen werden auch zukünftig sein:

* das erstmalige Bestreiten der **Abnahme**.
 Da die Abnahme als Rechtsbegriff einen Tatsachenkern beinhaltet, kann das erstmalige Bestreiten in der Berufungsinstanz verspätet sein.[16)]
* die Vorlage einer **neuen** Schlussrechnung.[17)]
* die erstmalige Benennung von **Zeugen**.[18)]
 Hat sich eine Partei auf Zeugenaussagen in Beiakten bezogen und ist sie dabei von einer vertretbaren Würdigung dieser Aussagen ausgegangen, so verletzt sie ihre Prozessförderungspflicht nicht, wenn sie zunächst von der Benennung absieht, diese aber nachholt, sobald sie erkennt, dass das Gericht ihrer Würdigung der Zeugenaussagen nicht folgt.[19)]
* die erstmalige **Beanstandung** eines **Sachverständigengutachtens**.[20)]
 Die Zulassung des Sachvortrags scheidet aus, wenn eine Partei unschwer in der Lage war, sich durch **Ermittlungen** (z. B. bei einem Gutachter) über eine für die Entscheidung des Rechtsstreits wesentliche Frage Gewissheit zu verschaffen.[21)] Es gilt auch insoweit das Gebot, den entscheidungserheblichen Sach- und Streitstoff vollständig in erster Instanz zu unterbreiten.

**598**
* Nichts anderes kann für einen **Anhörungsantrag** (§ 411 Abs. 4 ZPO) gelten.
 Die h. M. ist sich darin einig, dass der Antrag **rechtzeitig** gestellt sein muss; der Antrag muss in einem die Verhandlung vorbereitenden Schriftsatz enthalten sein.[22)] Wird er nicht so rechtzeitig vorgebracht, dass das Gericht den Sachverständigen zu

---

13) BGH, BauR 2007, 110, 111 = NZBau 2006, 782, 783; BauR 2006, 1753, 1755 = NZBau 2006, 637, 638 m. w. Nachw.
14) BGH, BauR 2005, 135, 136 = NZBau 2005, 104 = IBR 2005, 62 – *Horschitz*; OLG Zweibrücken, NZBau 2005, 643.
15) BGHZ 164, 330, 333 = NJW 2006, 152; BGHZ 159, 245, 251 = NJW 2004, 2825; BGH, NZBau 2003, 560 = BauR 2003, 1559; NZBau 2007, 245 = BauR 2007, 585 = ZfBR 2007, 331.
16) OLG Hamm, IBR 2004, 113 – *Waldmann*.
17) Kein neues Angriffs- und Verteidigungsmittel; vgl. BGH, NZBau 2005, 692 = IBR 2005, 717 – *Schwenker*; BGH, BauR 2004, 115 = NZBau 2005, 98 = ZfBR 2005, 58; **a. A.:** *Schenkel*, NZBau 2007, 6 ff. (Zulassung nur unter den Voraussetzungen des § 531 Abs. 2 ZPO vertretbar).
18) Beispielsfall: OLG Köln, MDR 1972, 332 (Zeuge „N.N."; vgl. dazu auch BGH, BauR 1989, 116); s. auch LG Koblenz, NJW 1982, 289; OLG Hamm, MDR 1986, 766 sowie *Rixecker*, NJW 1984, 2135.
19) BGH, BauR 1983, 186 = NJW 1983, 999 m. Anm. *Deubner*.
20) OLG Hamburg, MDR 1982, 60.
21) Vgl. BGH, NJW 1988, 60.
22) BGH, NJW 1998, 162; OLG Celle, MDR 1969, 930; OLG Koblenz, OLGZ 1975, 379.

dem Termin noch laden oder mit ihm einen geeigneten Termin vereinbaren kann, ist der Anhörungsantrag zurückzuweisen. Ein **verspäteter** Antrag entbindet das Gericht aber nicht von der Prüfung, ob die Ladung des Sachverständigen **von Amts wegen** geboten ist (z. B., weil das Gutachten der mündlichen Erläuterung bedarf).[23] Die **erste Instanz** sollte zukünftig in allen Sachen, in denen sich das anbietet, den **Parteien aufgeben,** innerhalb einer **bestimmten Frist** zu dem Gutachten Stellung zu nehmen. Wird die gesetzte Frist ohne ausreichende Entschuldigung versäumt und würde die Ladung des Sachverständigen die Erledigung des Rechtsstreits (nunmehr) verzögern, so ist der Erläuterungsantrag wegen Verspätung unberücksichtigt zu lassen (§ 411 Abs. 4 ZPO). Einer Partei muss aber **ausreichend Zeit** gegeben werden, sich mit dem Gutachten zu befassen.

* die **erstmalige** Erhebung der **Verjährungseinrede.**
Hierbei handelt es sich um ein neues Angriffs- und Verteidigungsmittel, das im Zweifel nicht nach § 531 Abs. 2 Satz 1–3 ZPO zuzulassen ist.[24] Nach BGH[25] kann die Einrede auch im Berufungsverfahren erhoben werden, wenn die ihr zu Grunde liegenden Tatsachen unstreitig sind.

599 * **§ 533 ZPO (Klageänderung; Aufrechnungserklärung; Widerklage)**
Klageänderung[26], Aufrechnung[27] und Widerklage[28] sind nach der ZPO-Reform im Berufungsverfahren zulässig, sofern der Gegner einwilligt oder das Gericht dies für sachdienlich hält (§ 533 Nr. 1); als **weitere** Voraussetzung kommt hinzu, dass Klageänderung, Aufrechnung und Widerklage auf Tatsachen gestützt werden können, die das Berufungsgericht seiner Verhandlung und Entscheidung über die Berufung ohnehin nach § 529 ZPO zu Grunde zu legen hat (Nr. 2). Für die in Bauprozessen häufig anzutreffende Aufrechnung bedeutet dies: In dem Berufungsverfahren kann kein über §§ 529, 531 hinausgehender Tatsachenvortrag unterbreitet werden.[29] Hat sich der Beklagte bereits in **erster** Instanz mit dieser Aufrechnung (hilfsweise oder sogar unschlüssig) verteidigt, ist sein neues Vorbringen zu dieser (alten) Aufrechnung nach §§ 530, 531 ZPO zu beurteilen.[30]

---

23) BGH, NJW-RR 1997, 1487.
24) **Streitig**; s. OLG Naumburg, IBR 2005, 650 – *Moufang*; OLG Karlsruhe, OLGR 2005, 42; OLG München, BauR 2004, 1982; OLG Frankfurt, OLGR 2004, 249 = IBR 2004, 230 – *Waldmann*; OLG Brandenburg, BauR 2003, 1256, 1257 = IBR 2003, 170 – *Lenkeit* = BrBp 2004, 35 m. Anm. *Müller*; *Drossart*, BrBp 2004, 4, 7.
25) (XI. ZS), IBR 2007, 589 – *Vogel*; ebenso: OLG Celle, NJW-RR 2006, 1530.
26) **Keine** Klageänderung ist die Vorlage einer neuen Schlussrechnung (BGH, BauR 2004, 695 = NZBau 2004, 272; s. dazu auch *Schenkel*, MDR 2004, 790) oder der **Übergang** von einer Abschlags- zu einer Schlussrechnungsforderung (BGH, BauR 2006, 414 = NZBau 2006, 175 = IBR 2006, 119 – *Vogel*). Zur **Unzulässigkeit** einer Berufung mangels Beschwer: OLG Düsseldorf, BauR 2004, 1813. Zur Umstellung der Klage von Vorschuss auf Kostenerstattung in der Berufung: BGH, BauR 2006, 717.
27) BGH, IBR 2004, 469 – *Hildebrandt*.
28) Zur **rechtsmissbräuchlichen** Parteierweiterung durch Widerklage: BGH, IBR 2007, 590 – *Schwenker*.
29) *Gehrlein*, § 14, Rdn. 65.
30) *Schellhammer*, MDR 2001, 1141, 1145.

# KAPITEL 4
# Die Honorarklage des Architekten

*Übersicht*

|  | Rdn. |  | Rdn. |
|---|---|---|---|
| I. Grundlagen der Vergütung | 600 | IV. Der Umfang des Honoraranspruchs | 771 |
| II. Die vereinbarte Vergütung | 700 | V. Fälligkeit | 960 |
| III. Die „übliche" Vergütung | 762 | | |

## I. Grundlagen der Vergütung

*Übersicht*

|  | Rdn. |  | Rdn. |
|---|---|---|---|
| 1. Anwendungsbereich der HOAI | 601 | 3. Rechtsnatur des Architektenvertrages | 645 |
| 2. Vertragliche Bindung und honorarfreie Akquisitionstätigkeit | 611 | 4. Wirksamkeit des Architektenvertrages | 654 |
| a) Vorarbeiten | 629 | a) Die Architektenbindung | 668 |
| b) Vorvertrag | 632 | b) Verstoß gegen Höchst- und Mindestsätze | 697 |
| c) Ansprüche aus Architektenwettbewerb | 638 | | |

*Literatur bis 1994*
*Stahl*, Wegfall der Geschäftsgrundlage im Architekten- und Bauvertrag bei vereinbartem Pauschalpreis und Festpreis, BauR 1973, 279; *Neuenfeld*, Der örtliche Bauführer, Berufsbildtendenzen und baurechtliche Bezüge, BauR 1974, 17; *Schmalzl*, Zur Vollmacht des Architekten, MDR 1977, 622; *Trapp*, Die Beendigung der vertraglichen Leistungspflicht des planenden und bauleitenden Architekten, BauR 1977, 322; *Groß*, Ausgewählte Fragen zu § 4 HOAI, BauR 1980, 9; *Neuenfeld*, Die Ansprüche des Architekten im Konkurs des Auftraggebers, BauR 1980, 230; *Neuenfeld*, Der mündliche Architektenvertrag, DAB 1981, 725; *Hesse*, Der Architekt im Kartellrecht, BauR 1981, 13; *Böggering*, Rechtsfragen des Baucontrolling, BauR 1983, 402; *Lehmann*, Zur kartell- und wettbewerbsrechtlichen Kontrolle der Nachfragemacht im Zusammenhang mit der Vergütung von Architektenleistungen nach der HOAI, BauR 1984, 97; *Will*, Bauherrenaufgaben: Projektsteuerung nach § 31 HOAI contra „Baucontrolling", BauR 1984, 333; *Beigel*, „Einheitsarchitektenvertrag": Stellungnahme zu den Empfehlungen der Bundesarchitektenkammer im Bundesanzeiger vom 10.4.1985, Nr. 29, BauR 1986, 34; *Heinrich*, Baumanagement und die §§ 15, 31 HOAI, BauR 1986, 524; *Weyer*, Weitere neue Probleme im Architektenhonorarprozess, Festschrift für Korbion (1986), 481; *Knacke*, Aufklärungspflicht des Architekten über die Vergütungspflicht und das Honorar seiner Leistungen, BauR 1990, 395; *Neuenfeld*, Architektenvertragsrecht in den USA, BauR 1990, 550; *Mauer*, Schwachstellen der HOAI für den Honoraranspruch des Architekten, Festschrift für Locher (1990), 189; *Werner*, Die HOAI und der Grundsatz von Treu und Glauben, Festschrift für Locher (1990), 289; *Osenbrück*, Einführung in die Vertragsgestaltung des Bundes mit Architekten und Ingenieuren (RBBau), DtZ-Inf. 1990, 111; *Werner*, Die 4. HOAI-Novelle in Kraft, BauR 1991, 33; *Wenner*, Internationale Architektenverträge, insbesondere das Verhältnis Schuldstatut – HOAI, BauR 1993, 257.

*Literatur ab 1995*
*Eich*, Der Leistungsbegriff im Architektenvertrag (ein noch weißer Fleck in der HOAI), BauR 1995, 31; *Quack*, Ein Architektenvertrag für die Praxis, BauR 1995, 143; *Locher*, Unlauterer Wettbewerb von Architekten und Ingenieuren durch Verstöße gegen Bestimmungen der HOAI und des Standesrechts, BauR 1995, 146; *Locher*, Zur Neuregelung der Architekten- und Ingenieurhonorare durch die 5. Änderungsverordnung zur HOAI, NJW 1995, 2536; *Grams*, Die Novelle der HOAI aus Sicht der

Praxis, BauR 1996, 39; *Eich*, 5. Novelle HOAI '96, § 4a Kompetenzüberschreitung des Verordnungsgebers?, BauR 1996, 44; *Wirth*, Der neue Einheits-Architektenvertrag für Gebäude – Soll er in der Praxis verwendet werden? –, BauR 1996, 319; *Osenbrück/Voppel*, Die Fünfte Verordnung zur Änderung der HOAI, BauR 1996, 474; *Rath*, Auswirkungen des Generalunternehmereinsatzes auf die freiberufliche Architektentätigkeit, BauR 1996, 632; *Motzke*, Leistungs- und Vergütungsversprechen im Planervertrag – Der Einfluss der HOAI als Preisrecht auf das BGB-Werkvertragsrecht –, Festschrift für v. Craushaar (1997), 43; *Sangenstedt*, Vorschläge des Bundesrates zur Novellierung der HOAI, BauR 1997, 204; *Alberts*, HOAI – leistungs- oder berufsbezogen?, DAB 1997, 1062; *Wenner*, Die HOAI im internationalen Rechtsverkehr, RIW 1998, 173; *Müller-Wrede*, Verdingungsordnung für freiberufliche Leistungen (VOF), BauR 1998, 470; *Hertwig*, Die neue Verdingungsordnung für freiberufliche Leistung (VOF), MDR 1998, 194; *Wierer/Stemmer*, Die Bedeutung der Leistungsbeschreibung für den Architektenvertrag, BauR 1998, 1129; *Motzke*, Die Architektur des Architekten-/Planervertrages – Der Verlust eines Leitbildes?, BauR 1999, 1251.

*Literatur ab 2000*

*Fischer*, Architektenrecht beim Bauen im Bestand. Ein Leitfaden für Innenarchitekten, 2004; *Korbion/Mantscheff/Vygen*, HOAI, 6. Aufl. 2004; *Motzke/Wolf*, Praxis der HOAI, 3. Aufl. 2004; *Schliemann*, Die Abrechnung der Architekten- und Ingenieurleistungen, 2004; *Locher/Koeble/Frik*, Kommentar zur HOAI, 9. Aufl. 2005; *Morlock/Meurer*, Die HOAI in der Praxis, 5. Aufl. 2005; *Neuenfeld/Baden/Dohna/Groscurth*, 3. Aufl. 2005; *Pott/Dahlhoff/Kniffka/Rath*, HOAI, Honorarordnung für Architekten und Ingenieure, 8. Aufl. 2006; *Löffelmann/Fleischmann*, Architektenrecht, 5. Aufl. 2007; *Theis/Fischer*, Architekten- und Ingenieurverträge, 2007.

*Ganten*, Das Systemrisiko im Baurecht, BauR 2000, 643; *Rädler*, Die HOAI als zwingendes Preisrecht für Architekten und Landschaftsarchitekten in Deutschland im internationalen Vergleich, BauR 2001, 1082; *Quack*, Fällt der Sicherheits- und Gesundheits-Koordinator nach der Baustellenverordnung unter die HOAI?, BauR 2002, 541; *Rath*, Probleme des Honorarprozesses, BauR 2002, 557; *Portz*, Die Honorierung des Sicherheits- und Gesundheitsschutzkoordinators nach der Baustellenverordnung, BauR 2002, 1160; *Wingsch*, Die §§ 2 und 3 der Baustellenverordnung als Ohnehinleistung nach HOAI – oder können bewährte und gefestigte Leistungsgrundlagen, -pflichten und -inhalte der Architekten und Ingenieure durch branchenfremde Theorien unterlaufen werden?, BauR 2002, 1168; *Kesselring*, Die Bauabzugssteuer – Kein Problem für Architekten, BauR 2002, 1173; *Jochem*, Über die Notwendigkeit einer zeitgemäßen HOAI, Festschrift für Jagenburg (2002), 299; *Sangenstedt*, Der Architekten-/Ingenieurvertrag mit Nichtarchitekten und Nichtingenieuren, Festschrift für Jagenburg (2002), 793; *Hök*, Zur Preisautonomie bei Architekten- und Ingenieurleistungen mit und ohne Auslandsberührung, BauR 2002, 1471; *Schramm/Steeger*, Vorschläge HOAI 2000+, BauR 2003, 445; *Neuenfeld*, Die Reform der HOAI – Zum Statusbericht 2000+ Architekten/Ingenieure, BauR 2003, 605; *Wirth/Broocks*, Das Architekten-/Ingenieurrecht und die HOAI vor neuen Herausforderungen, Festschrift für Kraus (2003), 417; *Koeble*, Einzelfragen des Architekten- und Ingenieurrechts nach dem Schuldrechtsmodernisierungsgesetz, Festschrift für Kraus (2003), 389; *Quack*, Europarecht und HOAI, ZfBR 2003, 419; *Wenner*, Internationales Kollisionsrecht der HOAI und EG-rechtliche Folgen, ZfBR 2003, 421; *Diederichs*, Die Vermeidbarkeit gerichtlicher Streitigkeiten über das Honorar nach der HOAI, NZBau 2003, 353; *Wirth*, Architektenvertragsmuster – ein neuer Weg?, BauR 2003, 1121; *Kehrberg*, Notwendige Inhalte des Architektenvertrages, BTR 2003, 54; *Braun*, Möglichkeiten und Grenzen von Honorarvereinbarungen im Architektenvertrag, BTR 2003, 61; *Blecken/Sundermeier/Nister*, Gestaltungsvorschläge einer Vertragsordnung für Architekten und Ingenieure, BauR 2004, 916; *Fischer*, Grenzüberschreitende Architektenverträge, BrBp 2005, 15; *Fetsch*, Die Vereinbarkeit der HOAI mit der EG-Dienstleistungsfreiheit, NZBau 2005, 71; *Hettich*, Die Honorarregelungen der HOAI im EU-Binnenmarkt, NZBau 2005, 190; *Forkert*, Die HOAI – im Spannungsfeld des Europarechts, BauR 2006, 586; *Braun*, Möglichkeiten und Grenzen von Honorarvereinbarungen im Architektenrecht, Teil 1 BTR 2003, 107, Teil 2 BTR 2003, 61; *Schmidt*, Die Möglichkeit vertraglicher Regelungen in Architektenverträgen, Festschrift für Thode (2005), 497; *Fischer*, Grenzüberschreitende Architektenverträge, Festschrift für Werner (2005), 23; *Wenner*, Rechtswahlblüten, Festschrift für Werner (2005), 39; *Wenner*, Das Internationale

Schuldvertragsrecht in der Praxis des VII. Zivilsenats des BGH, Festschrift für Thode (2005), 661; *Decker*s, HOAI und Inländerdiskriminierung, BauR 2007, 1128; *Vorwerk*, HOAI-Ade?, Festschrift für Ganten (2007), 89.

Klagt ein Architekt auf Zahlung von Honorar, gehört zum schlüssigen Klagevorbringen die Behauptung des Architekten, dass **600**

* ein **wirksamer Architektenvertrag** geschlossen wurde, der Grundlage der erbrachten Architektenleistung ist,
* das **Architektenwerk** (ganz oder teilweise) **fertig gestellt** und im Übrigen
* die **Fälligkeit** der vereinbarten oder üblichen Vergütung **eingetreten** ist.

Da sich der Honoraranspruch wesentlich nach der rechtlichen Qualifikation des abgeschlossenen Vertrages richtet, reicht es nicht aus, wenn der Kläger lediglich einen mündlichen oder schriftlichen Vertragsabschluss mit dem Beklagten (Bauherrn) behauptet. Er muss vielmehr auch den **Inhalt des Vertrages** bekannt geben, da nur dann eine sichere Einordnung des Vertrages z. B. nach Werk- oder Dienstvertragsrecht möglich ist. Deshalb sollte ggf. mit der **Klageschrift** der schriftliche Vertrag zu den Akten gereicht werden; nur so kann auch die Wirksamkeit des Architektenvertrages (z. B. bei einer Architektenbindung, vgl. Rdn. 668 ff.) oder das Vorhandensein vertraglicher Bedingungen (z. B. das Zustandekommen des Kaufvertrages für das Baugrundstück, (vgl. Rdn. 656) sicher beurteilt werden.

Zum **Verhältnis** von bürgerlichem Recht (BGB) und **HOAI** hat der **BGB**[1] klargestellt: **Ob** ein Architekt dem **Grunde** nach einen Honoraranspruch hat, richtet sich ausschließlich nach den Bestimmungen des **BGB**; die Vertragsfreiheit der Parteien ist nur insoweit durch die Vorschriften der HOAI eingeschränkt, als für die Berechnung eines nach den Vorschriften des bürgerlichen Rechts begründeten Anspruchs die HOAI maßgeblich ist: „Die Vorschriften der HOAI als öffentlich-rechtliche Preisvorschriften für die Berechnung des Entgeltes setzen den Bestand eines nach den Vorschriften des bürgerlichen Rechts begründeten Anspruchs voraus; sie regeln nicht die Frage, unter welchen Voraussetzungen ein derartiger Anspruch vertraglich begründet oder wieder aufgehoben werden kann" (BGH). Aus diesem Grunde ist z. B. eine **nachträgliche Verzichtsvereinbarung** über die Honorarforderung eines Architekten wirksam (Rdn. 753); ebenso ist nicht zu beanstanden, wenn die Parteien eine **bedingte Honorarvereinbarung** treffen.[2] In gleicher Weise richtet sich die Frage, ob eine (honorarfreie) **Akquisitionstätigkeit** des Architekten oder bereits eine **vertragliche Bindung** vorliegt, nach dem **BGB** (Rdn. 611 ff.).

Architekten stehen häufig bei der Durchsetzung ihres Honorars vor Beweisschwierigkeiten. Deshalb wird vielfach von der Möglichkeit der **Abtretung des Honorars** an einen **Dritten oder an eine Honorareinzugsstelle** Gebrauch gemacht, um auf diese Weise den **Architekten** zum **Zeugen** zu machen. Dies ist rechtlich unbedenklich, weil zulässig. Trotzdem wird in diesen Fällen von der Gegenseite meist vor-

---

1) BauR 1997, 154 = NJW 1997, 586; vgl. hierzu auch *Motzke*, Festschrift für v. Craushaar, S. 43 ff. u. *Neuenfeld* (§ 1 HOAI, Rdn. 9 a), der darauf verweist, dass die Entscheidung des BGH mehr „Fragen aufgeworfen als beantwortet" hat. Nach seiner Meinung kann im „mündlichen Vertragsfall", bei dem die Architektenleistungen ganz pauschal vereinbart worden sind, zum Zwecke der Vertragsauslegung auf § 15 HOAI zurückgegriffen werden.
2) BGH, BauR 1998, 579 = NJW-RR 1998, 952 = MDR 1998, 711; BauR 1996, 414 = NJW-RR 1996, 728.

getragen, dass es sich bei der Abtretung um ein **„Scheingeschäft"** handele oder die Abtretung **„sittenwidrig"** sei. Beide Einwendungen sind unerheblich. Selbst wenn die Abtretung nur mit dem Ziel erfolgt, den Architekten als Zeugen im Rechtsstreit auftreten zu lassen, kann von einem Scheingeschäft keine Rede sein, weil die Vertragsparteien die mit der Abtretung verbundenen Rechtsfolgen gerade eintreten lassen wollen. Nach h. M. ist ein solches Rechtsgeschäft auch nicht sittenwidrig oder in sonstiger Weise unzulässig.[3] Alles weitere ist allein eine Frage der **Beweiswürdigung**. Das große Interesse des Architekten am Ausgang des Rechtsstreits ist daher im Rahmen der Beweiswürdigung angemessen zu berücksichtigen. Kann die Gegenseite (Auftraggeber) Gegenforderungen aus Schadensersatz etc. gegen den Architekten geltend machen, besteht für diese die Möglichkeit einer **Drittwiderklage** – mit der Folge, dass der Architekt nunmehr seine Zeugenstellung verliert.

## 1. Anwendungsbereich der HOAI

**601** Die HOAI[4] ist mehrfach novelliert worden, zuletzt durch die 5. ÄndVO vom 21. September 1995, die am **1. Januar 1996** in Kraft getreten ist.[5]

Die HOAI gilt nach § 1 „für die Berechnung der Entgelte für die Leistungen der Architekten ..., soweit sie durch Leistungsbilder oder andere Bestimmungen dieser Verordnung erfasst werden." Damit ist der **sachliche Anwendungsbereich** der HOAI abgegrenzt: Werden Architektenleistungen erbracht, die die HOAI behandelt, sind diese automatisch an den Vorschriften der HOAI zu messen; die HOAI ist nämlich nach richtiger Ansicht **nicht abdingbar**.[6] Eine Partei muss sich deshalb in einem Prozess auch nicht ausdrücklich auf die Bestimmungen der HOAI berufen, selbst dann nicht, wenn es um die Wirksamkeit der Honorarvereinbarung geht.[7]

**602** Soweit andere in der HOAI **nicht genannte** Leistungen von einem Architekten erbracht werden, die keine zusätzlichen oder ersetzenden, sondern **isolierte Besondere Leistungen** (vgl. Rdn. 887 ff.) darstellen,[8] gelten die zum Teil erheblich einschränkenden Bestimmungen der HOAI nicht, sodass die Vertragsparteien hinsichtlich der Vereinbarung einer Vergütung frei sind; sie sind insbesondere nicht an die Mindest- und Höchstsätze der HOAI gebunden.

Das gilt z. B. für

* die Tätigkeit eines Architekten bei der **Umwandlung von Mietobjekten** in Wohnungseigentum,[9]
* Gutachten, die nicht unter § 33 HOAI fallen,
* **reine Beratungstätigkeiten**[10] des Architekten und Ingenieurs **außerhalb** der in der HOAI genannten Leistungsbereiche, z. B. fachliche **Unterstützung** in

---

3) BGH, WM 1976, 424; NJW 1980, 919; WM 1980, 342 und WM 1985, 613; OLG Karlsruhe, NJW-RR 1990, 753; OLG Bamberg, WM 1997, 1282.
4) Zur Entstehungsgeschichte s. *Hesse*, BauR 1976, 373.
5) BGBl. I, 1995, S. 1174.
6) *Locher/Koeble/Frik*, § 1 HOAI, Rdn. 6.
7) **Anderer Ansicht:** *Locher/Koeble/Frik*, § 1 HOAI, Rdn. 6.
8) Zur Abgrenzung vgl. auch *Löffelmann/Fleischmann*, Rdn. 40 ff.
9) BGH, BauR 1998, 193 = ZfBR 1998, 94 = NJW 1998, 1228.
10) Vgl. OLG Nürnberg, NZBau 2003, 502 = OLGR 2003, 156 = NJW-RR 2003, 961.

## Anwendungsbereich der HOAI  Rdn. 602

einem **selbstständigen Beweisverfahren**, typische **Designertätigkeiten**[11] (wie die Anfertigung von Schautafeln für Einweihungen/Eröffnungen),
* die weitere Verwendung einer **Tragwerksplanung** der für bestimmte Gebäude gefertigten statischen Berechnung bei anderen baugleichen Bauten,[12]
* die Beratung bei der Beschaffung eines Telekommunikationssystems,[13]
* **Planungsleistungen eines Einrichtungsunternehmens** im Zusammenhang mit dem Verkauf oder der Beschaffung von Möbeln, Tapeten, Teppichen und Gardinen,[14]
* die Beratung über das von einem Unternehmen ausgearbeitete **Baukonzept** im Vorfeld eines noch abzuschließenden Architektenvertrages,[15]
* die Planung von Ausstattungen und Nebenanlagen von **Verkehrsanlagen**,[16]
* Leistungen beim **Abbruch von Gebäuden**
* oder die **Sicherung der Baustelle** (z. B. gegen herabstürzende Fassadenplatten), wenn der Architekt noch keinen Auftrag zur Objektüberwachung hat.[17]

Ob „isolierte" Besondere Leistungen (vgl. Rdn. 898) unter die Preisvorschriften der HOAI fallen, ist allerdings streitig, jedoch aufgrund des Wortlautes des § 2 Abs. 3 Satz 1 HOAI nicht anzunehmen.[18] Es ist jedoch stets zunächst zu prüfen, ob es sich nicht um zusätzliche bzw. ersetzende **Besondere Leistungen** i. S. des § 2 Abs. 3 HOAI handelt. Haben die Vertragsparteien für diese Leistung keine Vergütungsregelung getroffen, kann die HOAI insoweit nicht als die übliche Vergütung herangezogen werden. Vielmehr ist die übliche Vergütung in anderer Weise nach § 632 Abs. 2 BGB zu ermitteln; ist das nicht möglich, kann der Architekt seine Vergütung gemäß §§ 315, 316 BGB nach billigem Ermessen bestimmen (vgl. Rdn. 769).

Im Einzelfall ist also stets festzustellen, ob ein Architekt oder Ingenieur eine Leistung erbracht hat, die von einem in der HOAI erwähnten **Leistungsbild oder Leistungsbereich** erfasst wird und damit der entsprechenden Gebührenregelung unterworfen ist.[19] Dabei ist unerheblich, welchem Vertragstyp der jeweilige Architektenvertrag zuzuordnen ist, der den Vergütungsanspruch begründet.[20] Nach Auf-

---

11) Vgl. OLG Frankfurt, NJW-RR 1993, 1305 (Entwurf einer Toranlage).
12) OLG Düsseldorf, NJW-RR 1999, 1694.
13) OLG Köln, NZBau 2000, 298; zur Beratung eines Projektentwicklers: OLG Nürnberg, IBR 2002, 81.
14) OLG Celle, BauR 2003, 1603 = OLGR 2003, 119. Vgl. hierzu *Plankemann*, DAB 2003, 37; ferner *Fischer*, IBR 2003, 311, der zu Recht darauf verweist, dass die entsprechenden Leistungen des Einrichtungsunternehmens Leistungen des raumbildenden Ausbaus, die ein Innenarchitekt erbringt, darstellen und daher grundsätzlich der HOAI unterfallen; weil hier aber der Verkauf der Einrichtungsgegenstände im Vordergrund steht, werden sie nach h. M. nicht von der HOAI erfasst (vgl. insoweit Rdn. 603).
15) Vgl. OLG Nürnberg, NZBau 2003, 502 = OLGR 2003, 156 = NJW-RR 2003, 961.
16) KG, IBR 2005, 26 – *Seifert*.
17) KG, IBR 2006, 564 – *Seifert*.
18) **Allgemeine Meinung:** OLG Hamm, NJW-RR 1994, 985; *Hesse/Korbion/Mantscheff/Vygen*, § 2 HOAI, Rdn. 10; *Locher/Koeble/Frik*, § 2 HOAI, Rdn. 17; *Löffelmann/Fleischmann*, Rdn. 42; *Pott/Dahlhoff/Kniffka/Rath*, § 1 HOAI, Rdn. 10; *Hartmann*, § 5 HOAI, Rdn. 23; vgl. auch *Weyer*, Festschrift für Locher, S. 303, 314.
19) BGH, BauR 1997, 677.
20) BGH, BauR 2000, 1512 = NJW-RR 2000, 1333 = NZBau 2000, 473 = ZfBR 2000, 481 = MDR 2000, 1127.

fassung des OLG Koblenz[21] unterliegt z. B. die Mitwirkung eines Architekten an einem Preisausschreiben oder einem beschränkten Wettbewerb, soweit sie – allgemein – den Entwurf eines Gebäudes zum Gegenstand haben, nicht dem Preisrecht der HOAI (vgl. hierzu Rdn. 638 und 719). Auch die Leistungen, die einem Architekten nach der **Baustellenverordnung** übertragen werden können – insbesondere die Aufgaben des **Sicherheits- und Gesundheitsschutz-Koordinators** –, entsprechen keinem Leistungsbild der HOAI. Die Vertragsparteien sind deshalb bezüglich des entsprechenden Honorars den Einschränkungen der HOAI nicht unterworfen (vgl. näher Rdn. 784).[22]

**603** Obwohl § 1 HOAI von der „Berechnung der Entgelte für die Leistungen der Architekten" spricht, ist der **persönliche Anwendungsbereich** dieser Verordnung umstritten. Die HOAI erläutert den Begriff des „Architekten" nicht.

Nach h. M.[23] gelten die Bestimmungen der HOAI nicht nur für Architekten, die nach den verschiedenen Architektengesetzen der Länder[24] zur Führung der Berufs-

---

21) ZfBR 1994, 229 = MDR 1994, 790.
22) Ebenso: OLG Celle, BauR 2004, 1649 = OLGR 2004, 479 = IBR 2004, 431 – *Schwenker; Kesselring*, BTR 2005, 99, 102; *Quack*, BauR 2002, 541; *Moog*, BauR 1999, 795, 800; *Kleinhenz*, ZfBR 1999, 179, 182; **a. A.:** *Osenbrück*, Festschrift für Mantscheff, S. 349, 357, der insoweit eine Besondere Leistung gemäß § 5 Abs. 4 HOAI annimmt. *Wingsch*, BauR 2001, 314, ist entgegen der hier vertretenen Auffassung der Meinung, dass es sich bei den Leistungen nach der Baustellenverordnung um „Ohnehinleistungen der HOAI" handelt, also vom Architekten ohne zusätzliche Vergütung zu erbringen sind; dem hat *Quack*, (a. a. O.) mit Vehemenz widersprochen.
23) Vgl. BGH, NJW 1997, 2329 = BauR 1997, 677 m. Anm. *Fey*, BauR 1998, 815; OLG Frankfurt, BauR 1992, 798 = NJW-RR 1992, 1321; NJW-RR 1993, 1305; OLG Köln, BauR 1986, 467 u. BauR 1985, 338; OLG Düsseldorf, BauR 1993, 630 = NJW-RR 1993, 1173; BauR 1987, 348; BauR 1979, 352; BauR 1980, 490; BauR 1982, 86; OLG Stuttgart, BauR 1981, 404, 405; siehe ferner *Korbion/Mantscheff/Vygen*, § 1 HOAI Rdn. 23 ff.; *Neuenfeld*, § 1 HOAI, Rdn. 13; *Jochem*, § 1 HOAI, Rdn. 5; *Pott/Dahlhoff/Kniffka/Rath*, § 1 HOAI, Rdn. 6; *Löffelmann/Fleischmann*, Rdn. 14.
24) **Baden-Württemberg:** Architektengesetz in der Fassung vom 5. Oktober 1999, geändert durch Verordnung vom 29. Oktober 2004 (GBl. S. 810), geändert durch Artikel 12 des Gesetzes vom 14. Dezember 2004 (GBl. S. 884), zuletzt geändert durch Artikel 1 des Gesetzes zur Änderung des Architekten- und des Ingenieurgesetzes und zur Ausführung des Baugesetzbuchs vom 3. Mai 2005 (GBl. S. 330)
**Bayern:** Bayerisches Architektengesetz (BayArchG) in der Fassung der Bekanntmachung vom 31. August 1994 (GVBl. S. 934), zuletzt geändert durch Gesetz vom 8. März 2005 (GVBl. S. 69)
**Berlin:** Berliner Architekten- und Baukammerngesetz (ABKG) vom 6. Juli 2006 (Gesetz- und Verordnungsblatt für Berlin Nr. 26 vom 14.7.2006, S. 720)
**Brandenburg:** Brandenburgisches Architektengesetz (BbgArchG) vom 8. März 2006 (Gesetz- u. Verordnungsblatt für das Land Brandenburg, Teil I – Nr. 3 vom 14.3.2006, S. 26)
**Bremen:** Bremisches Architektengesetz vom 25.2.2003 (Brem. GBl. S. 54)
**Hamburg:** Hamburgisches Architektengesetz (HmbArchG) vom 11. April 2006 (HmbGVBl. S. 157)
**Hessen:** Hessisches Architekten- und Stadtplanergesetz (HASG) vom 23.5.2002 (GVBl. I, 182 ff.), geändert durch Gesetz vom 2.3.2005 (GVBl. I, 137)
**Mecklenburg-Vorpommern:** Architektengesetz des Landes Mecklenburg-Vorpommern (ArchG M-V) vom 12. März 1998, (GVOBl. M-V S. 364, 549), geändert durch Artikel 2 des Gesetzes vom 27. Juni 2002 (GVOBl. M-V S. 510, 519, 2003 S. 107)
**Niedersachsen:** Niedersächsisches Architektengesetz (NArchtG) in der Fassung vom 26. März

## Anwendungsbereich der HOAI  Rdn. 603

bezeichnung „Architekt" berechtigt sind.[25] Vielmehr ist sie auch auf **Berufsfremde** (Nichtarchitekten, wie z. B. Bauunternehmer, Handwerker) anwendbar, soweit sie Leistungen erbringen, die den Leistungsbildern oder anderen Bestimmungen der HOAI entsprechen. Danach sind die Bestimmungen der HOAI **nicht berufs-, sondern allein leistungsbezogen**. Dabei wird als gewichtigstes Argument vorgetragen, es sei notwendig, auch Berufsfremde den einschränkenden Bestimmungen der HOAI zu unterwerfen, um sie nicht besser als diejenigen zu stellen, die sich nach dem jeweiligen Berufs- und Standesrecht[26] als „Architekt" bezeichnen dürfen und grundsätzlich auch die bessere Qualifikation besitzen.

Der BGH[27] hat sich nur „mit gewissen Einschränkungen" der herrschenden Ansicht angeschlossen. Er meint zwar, „ein leistungsbezogenes Verständnis der HOAI (werde) dem Zweck der Norm besser gerecht als ein berufsstandsbezogenes". Allerdings wendet er die HOAI auf Anbieter, die „neben oder zusammen" mit Bauleistungen auch Architekten- oder Ingenieurleistungen erbringen, zu Recht nicht an: Anbieter kompletter Bauleistungen (wie z. B. Generalunternehmer, Generalübernehmer, Bauträger usw.), die die hierfür erforderlichen Ingenieur- und/oder Architektenleistungen einschließen, weichen mit dem vereinbarten Leistungsbild erheblich von

---

2003 (Nds. GVBl. S. 177), zuletzt geändert durch Art. 4 des Gesetzes vom 21. November 2006 (Nds. GVBl. S. 559)

**Nordrhein-Westfalen:** Baukammerngesetz (BauKaG NRW) vom 16.12.2003 (GV. NW 2003, S. 786), geändert durch Artikel 14 (Erster Teil) des Gesetzes vom 3. Mai 2005 (GV. NRW 2005 S. 498)

**Rheinland-Pfalz:** Architektengesetz Rheinland-Pfalz (ArchG) in der Fassung vom 16. Dezember 2005 (GVBl. S. 505)

**Saarland:** Saarländisches Architektengesetz (SAIG) vom 18.2.2004 (Amtsbl. 04, 822), zuletzt geändert durch Art. 6 Abs. 7 des Gesetzes Nr. 1587 zur organisationsrechtlichen Anpassung und Bereinigung von Landesgesetzen vom 15.2.2006 (Amtsbl. 06, 474)

**Sachsen:** Sächsisches Architektengesetz (SächsArchG) vom 28.6.2002

**Sachsen-Anhalt:** Architektengesetz des Landes Sachsen-Anhalt (ArchtG-LSA) vom 28. April 1998 (GVBL. LSA S. 243), geändert durch Artikel 71 des Gesetzes vom 07. Dezember 2001 (GVBL. LSA S. 540, 550) und Nummern 412 der Anlage des Gesetzes vom 19. März 2002 (GVBL. LSA S. 130, 166) sowie zuletzt geändert durch das Gesetz zur Änderung des Architektengesetzes des Landes Sachsen-Anhalt vom 03. August 2004

**Schleswig-Holstein:** Architekten- und Ingenieurkammergesetz (ArchIngKG) in der Fassung vom 1. Oktober 2001 (GVOBl.Schl.-H. S. 116 am 23.8.2001)

**Thüringen:** Thüringer Architektengesetz (ThürArchG) vom 13. Juni 1997 (GVBl. 1997, S. 210) in der Fassung der Änderung vom 4.2.1999 (GVBl. 1999, S. 110), vom 24.10.2001 (GVBl. 2001, S. 269) und vom 22.3.2005 (GVBl. 2005, S. 113)

25) Vgl. OLG Koblenz, ZfBR 1995, 204. Zur Löschung einer Eintragung in der Architektenliste wegen Berufsunwürdigkeit: OVG Saarlouis, NJW-RR 1995, 505 (Konkurs einer GmbH; Architekt ist geschäftsführender Gesellschafter); VGH Kassel, NJW-RR 1995, 507 und OVG Lüneburg, NVwZ-RR 1996, 261 (Abgabe der eidesstattlichen Versicherung).

26) Allerdings finden – auch bei gleicher Leistung – standesrechtliche Werbeverbote für Architekten keine Anwendung auf Personen, die nicht in die Architektenliste eingetragen sind (BGH, NJW 1983, 45 = MDR 1983, 27).

27) BGH, BauR 1997, 677 = NJW 1997, 2329 m. Anm. *Frey*, BauR 1998, 815; BGH, BauR 1998, 193 = NJW 1998, 1228 = ZfBR 1998, 94; ebenso: OLG Düsseldorf, BauR 1999, 1477; OLG Stuttgart, NJW-RR 1989, 917; *Locher/Koeble/Frik*, § 1 HOAI, Rdn. 3; *Jochem*, § 1 HOAI, Rdn. 10; *Motzke/Wolff*, S. 112 ff. m. w. Nachw. zum Meinungsstand; *Thierau*, Festschrift für Werner, S. 131.

dem eines Architektenvertrages ab; **nicht** der den Architektenvertrag **prägende Werkerfolg** wird geschuldet, sondern die (weiter gehenden) Leistungen stehen im Vordergrund und bestimmen den **Gesamtcharakter**. In diesen Fällen reicht es auch nicht aus, wenn der Vertrag „eine Aufzählung einzelner Leistungselemente von Leistungsbildern der HOAI" enthält.[28)] Die vorangegangenen Ausführungen gelten auch für den Fall, dass ein entsprechendes Bauvorhaben (Schlüsselfertigbau) im Planungsstadium **„stecken bleibt"**.[29)]

**604** Im Hinblick auf den Wortlaut des § 1 HOAI ist die herrschende Meinung bedenklich. Die Amtliche Begründung[30)] spricht zu § 1 von **einer „Berufsgruppe"**, und § 1 HOAI nennt als Auftragnehmer nur den „Architekten" (und den „Ingenieur"). Der in der Verordnung überall verwendete Begriff „Honorar" ist entsprechend anderen Honorar- und Gebührenordnungen nach dem allgemeinen Sprachgebrauch nur einer bestimmten Berufsgruppe zugeordnet; vor allem Locher/Koeble/Frik[31)] haben sich deshalb nicht zu Unrecht mit beachtlichen Gründen gegen die herrschende Ansicht ausgesprochen.

**605** Geht man mit der **herrschenden Meinung** von der Anwendbarkeit der HOAI auf Auftragnehmer aus, die das Berufsbild des Architekten nicht erfüllen, so ist es folgerichtig, diesen Auftragnehmern auch **einen vollen Anspruch** auf das jeweils preisrechtlich zulässige Honorar nach der HOAI zuzubilligen; nach der **Mindermeinung** sind Berufsfremde demgegenüber bei der Vereinbarung einer Vergütung keinen Bindungen unterworfen: Insoweit sind die Sätze der HOAI auch nicht als die übliche Vergütung anzusehen. Eine weitere Konsequenz der herrschenden Meinung ist, dass dem Architekten ein Honorar nach der HOAI zusteht, wenn er **außerhalb seines Leistungsbereiches** tätig wird (z. B. die Tragwerksplanung wird vom Architekt ausgeführt); das Honorar errechnet sich in diesem Fall aus dem vom Architekten übernommenen anderen Leistungsbereich.[32)]

Bei einem **zweistufigen GMP-Vertrag** (vgl. Rdn. 1207 ff.) ist das Preisrecht der HOAI für etwaige Planungs- und Beratungsleistungen des Auftragnehmers im Rahmen der ersten Vertragsstufe bindend, während in der zweiten Vertragsstufe, nämlich der Ausführungsphase, die vorgenannten Ausführungen gelten.

**606** Ob die HOAI nur auf freiberuflich tätige Architekten anzuwenden ist oder auch für **angestellte** oder **beamtete Architekten** gilt, soweit sie für einen Bauherrn tätig werden, ist ebenfalls streitig.[33)] Erbringt ein Architekt/Ingenieur im **Anstellungs-**

---

28) BGH, BauR 1998, 193 = NJW 1998, 1228 = ZfBR 1998, 94 (Projektentwicklungsvertrag).
29) OLG Köln, BauR 2000, 910 = NJW-RR 2000, 611 = NZBau 2000, 205; **a. A.:** OLG Jena, BauR 2002, 1725; OLG Oldenburg, NZBau 2002, 283 = BauR 2002, 332 = OLGR 2002, 14. Allerdings können sich die Vertragsparteien in diesen Fällen dem „Regelungsregime der HOAI" unterwerfen, vgl. hierzu *Motzke* in Graf von Westphalen, Klauselwerke/Architektenvertrag, Rdn. 174.
30) BT-Drucksache 270/76.
31) § 1 HOAI, Rdn. 11; sie weisen zutreffend darauf hin, dass das Koppelungsverbot des Art. 10 § 3 MRVG nicht leistungs-, sondern personenbezogen ist; es gebe deshalb auch keinen einleuchtenden Grund, die HOAI, die auf dem MRVG basiere, anders auszulegen; vgl. auch OLG Oldenburg, BauR 1984, 541 u. LG Köln, BauR 1990, 634, 635.
32) *Beigel*, DAB 1980, 217.
33) Vgl. *Locher/Koeble/Frik*, § 1 HOAI, Rdn. 9 m. w. Nachw.; OLG Düsseldorf, NJW 1982, 1541 = BauR 1982, 390 (HOAI gilt auch für nicht freiberuflich tätige Architekten); OLG Düsseldorf, BauR 1984, 671 (LS) (keine Geltung der HOAI für die freie Mitarbeit eines an sich freiberuflich tätigen Architekten in einem Architekturbüro); vgl. auch OLG Oldenburg, BauR 1984, 541; OLG Oldenburg, OLGR 1996, 88 (Abgrenzung zwischen Architektenvertrag und arbeitnehmerähnlichem Dienstvertrag).

oder **Beamten-Verhältnis** für seinen Arbeitgeber **Architektenleistungen**, so unterfällt diese Tätigkeit nicht der HOAI; dasselbe gilt, soweit ein freier Mitarbeiter in einem arbeitnehmerähnlichen Verhältnis tätig wird und insoweit Architekten- oder Ingenieurleistungen ausführt.[34]

Die HOAI ist aber auf einen Werkvertrag über Architekten- oder Ingenieurleistungen anzuwenden, die ein selbstständig tätig werdender Architekt/Ingenieur für einen anderen Architekten/Ingenieur (als „**Subunternehmer**") zuerbringen hat.[35]

Nach Auffassung des OLG Hamm[36] greifen die Bestimmungen der HOAI im Hinblick auf das Schutzbedürfnis des selbstständig tätig werdenden Architekten/Ingenieurs auch dann ein, wenn Architekten oder Ingenieure aufgrund einer „**Kompensationsabrede**" Architekten- oder Ingenieurleistungen wechselseitig füreinander erbringen. Dasselbe gilt für Kompensationsabreden zwischen Auftraggeber und Architekt.

Eine andere Frage ist, welche Rechtsfolgen die **fehlende Architekteneigenschaft** für den abgeschlossenen Architektenvertrag hat: Es ist grundsätzlich von der **Wirksamkeit** des Vertrages auszugehen;[37] der Auftraggeber des „Architekten" kann aber u. U. den Vertrag **anfechten** (§§ 119, 123 BGB) oder **Schadensersatz** (aus culpa in contrahendo, § 311 BGB n. F. oder Verletzung einer Nebenpflicht, § 241 Abs. 2 BGB n. F.) verlangen, wenn der „Architekt" seinen Vertragspartner vor Vertragsabschluss nicht darauf hinweist, dass er nicht berechtigt ist, die Berufsbezeichnung „Architekt" zu führen.[38] Eine solche Aufklärungspflicht entfällt, wenn die Interessen des Auftraggebers im Einzelfall nicht berührt werden. Dies gilt z. B., wenn der Auftragnehmer („Architekt") zu einer Bauvorlage berechtigt ist und es zur Durchführung des Auftrages keiner besonderen künstlerischen Fähigkeit bedarf.[39]

Der **Anwendungsbereich** der HOAI ist (zunächst) auf die **Bundesrepublik Deutschland** beschränkt; indes nimmt die **grenzüberschreitende** Tätigkeit von

---

34) Vgl. BGH, BauR 1985, 582, 583; OLG Frankfurt, BauR 2002, 1874; *Konrad*, BauR 1989, 653, 654; vgl. hierzu insbesondere *Jochem*, § 1 HOAI, Rdn. 7 ff.; ferner BGH, BauR 1995, 731.
35) BGH, NJW-RR 1994, 1295; BauR 1985, 582; OLG Hamm, BauR 1987, 467; *Korbion/Mantscheff/Vygen*, § 1 HOAI, Rdn. 31; *Motzke/Wolff*, S. 112; vgl. auch OLG Hamm, BauR 1985, 592; **a. A.:** OLG Nürnberg, IBR 2001, 495.
36) BauR 1987, 467; ebenso: *Korbion/Mantscheff/Vygen*, Einf. Rdn. 74 u. 75 sowie § 1 HOAI, Rdn. 15; **a. A.:** *Locher/Koeble/Frik*, § 1 HOAI, Rdn. 31.
37) OLG Köln, BauR 1986, 467 m. w. Nachw.; vgl. ferner BGH, NJW 1984, 230 = BauR 1984, 58 = DB 1984, 767 für den vergleichbaren Fall eines Unternehmers (keine Eintragung in die Handwerksrolle).
38) Vgl. OLG Nürnberg, BauR 1998, 1273 = NJW-RR 1998, 1713; OLGR 1998, 268; OLG Düsseldorf, BauR 1997, 681; BauR 1996, 574; BauR 1993, 630 = NJW-RR 1993, 1173; BauR 1982, 86; BauR 1973, 329; BauR 1970, 119, 120; OLG Köln, BauR 1986, 467 u. 1980, 372 (einschränkend BauR 1985, 338 für den Fall, dass die Eintragung nach Baubeginn erfolgt); OLG Stuttgart, BauR 1979, 259; OLG Düsseldorf, BauR 1996, 574 (verneinend, wenn ein Architekt in Diensten der beauftragten GmbH steht); vgl. auch LG Köln, BauR 1990, 634, 635 und insbesondere *Sangenstedt*, Festschrift für Jagenburg, 793; ferner *Weyer*, BauR 1984, 324, 328; *Locher/Koeble/Frik*, § 1 HOAI, Rdn. 15 ff. Zu Ansprüchen nach §§ 1, 3 UWG wegen unberechtigter Berufsbezeichnung „Architekt" vgl. LG Düsseldorf, BauR 1992, 796, und OLG Düsseldorf, OLGR 1996, 81 (wettbewerbsrechtliche Zulässigkeit einer „Architekten-GmbH").
39) OLG Hamburg, OLGR 1996, 306.

Architekten zu, sodass auch vermehrt mit Streitigkeiten aus diesem Bereich zu rechnen ist.[40] Die mit den sog. **„internationalen"** Architektenverträgen zusammenhängenden Rechtsfragen sind schwierig und noch weitgehend ungeklärt.[41] Die HOAI ist – wenn nichts anderes vereinbart wird – unzweifelhaft auch auf Leistungen **ausländischer** Architekten für ein in der Bundesrepublik Deutschland gelegenes Bauvorhaben anzuwenden, wenn der (ausländische) Architekt eine **Niederlassung** in der Bundesrepublik Deutschland unterhält;[42] ist dies nicht der Fall, gibt es in der Literatur unterschiedliche Auffassungen darüber, ob die HOAI Anwendung findet.[43] Ob die HOAI umgekehrt auch auf Leistungen **deutscher Architekten** und Ingenieure **im Ausland** anzuwenden ist, ist für den Fall, dass deutsches Recht nicht vereinbart wurde, ebenfalls **umstritten**.[44] Daher empfiehlt es sich bei diesen Fallgestaltungen, im Architektenvertrag stets von der Möglichkeit der **Rechtswahl** im Sinne des Artikels 27 Abs. 1 EGBGB ausdrücklich Gebrauch zu machen.[45] Das kann auch durch schlüssiges Verhalten erfolgen.[46] Allerdings hat der BGH[47] entschieden, dass die Wahl des deutschen materiellen Schuldvertragsrechts die Regelungen der HOAI nicht erfasst, weil die HOAI als öffentlich-rechtliche Verordnung kein Vertragsrecht regelt, sondern zwingendes Preisrecht darstellt. Insbesondere die Mindestsatzregelung des § 4 HOAI ist danach eine zwingende Bestimmung im Sinne des Art. 34

---

40) Zur Vereinbarkeit der HOAI mit der EG-Dienstleistungsfreiheit vgl. *Deckers*, BauR 2007, 1128; *Vorwerk*, Festschrift für Ganten, S. 79, 87; *Fetsch*, NZBau 2005, 71; ferner OLG Stuttgart, NZBau 2005, 350 (Europarechtskonformität der HOAI im Hinblick auf die Dienstleistungsfreiheit) = IBR 2005, 217 – *Schwenker*; *Pott/Dahlhoff/Kniffka/Rath*, § 1, Rdn. 23 ff.

41) Vgl. hierzu vor allem *Wenner*, BauR 1993, 257 ff. u. RIW 1998, 173 sowie *Wenner*, Festschrift für Werner, S. 39 ff.; DAB 1994, 1107; *Fischer* in Thode/Wirth/Kuffer, Rdn. 19 ff. sowie *Fischer*, Festschrift für Werner, S. 23 ff.; *Kartzke*, ZfBR 1994, 1 ff.; ferner: *Thode*, ZfBR 1989, 43 ff.; *Thode/Wenner*, Internationales Architekten- und Bauvertragsrecht, 1998; *Rädler*, BauR 2001, 1032. Zu den maßgeblichen Umständen einer konkludenten Rechtswahl für einen Architektenvertrag zu Gunsten des deutschen Rechts vgl. BGH, BauR 2001, 979 = NZBau 2001, 333 = ZfBR 2001, 309; vgl. auch *Hök*, ZfBR 2000, 7 u. BauR 2002, 1471.

42) Vgl. Art. 28 Abs. 2 EGBGB; allg. Meinung, vgl. hierzu *Fischer*, Festschrift für Werner, S. 23, 29 sowie *Fischer*, BrBp 2005, 15; *Locher/Koeble/Frik*, § 1 HOAI, Rdn. 18; *Löffelmann/Fleischmann*, Rdn. 10; *Motzke/Wolff*, S. 119.

43) Bejahend: *Locher/Koeble/Frik*, § 1 HOAI, Rdn. 19; *Korbion/Mantscheff/Vygen*, § 1 HOAI, Rdn. 47 a. E.; *Motzke/Wolff*, S. 120; *Wenner*, BauR 1993, 257, 264 ff.; *Neuenfeld*, § 1 HOAI, Rdn. 17; *Fischer*, Festschrift für Werner, S. 23, 30; verneinend: *Löffelmann/Fleischmann*, Rdn. 10.

44) Bejahend: *Locher/Koeble/Frik*, § 1 HOAI, Rdn. 24; *Löffelmann/Fleischmann*, Rdn. 11; verneinend: *Wenner*, BauR 1993, 257, 268; *Korbion/Mantscheff/Vygen*, § 1, Rdn. 47; *Pott/Dahlhoff/Kniffka/Rath*, § 1, Rdn. 21.

45) Vgl. hierzu im Einzelnen: *Fischer*, Festschrift für Werner, S. 23 ff.; *Thode/Wenner*, Internationales Architekten- und Bauvertragsrecht 1998, Rdn. 239 ff. u. 272 ff.; *Wirth/Schmidt*, X. Teil, Rdn. 103 (Anhaltspunkt/Indiz für eine konkludente Rechtswahl: Gerichtsstandsvereinbarung, Schiedsgerichtsklauseln, Inbezugnahme einzelner Vorschriften eines Landes im Vertrag, wie z. B. VOB/B, VOL/DIN-Vorschriften usw., Erfüllungsort); OLG München, BauR 1986, 242; *Wenner*, BauR 1993, 257, 260 u. Festschrift für Mantscheff, S. 205.

46) Vgl. hierzu *Fischer*, Festschrift für Werner, S. 23, 26 sowie BGH, BauR 2001, 979 = NJW 2001, 1936.

47) BauR 2003, 748 = NJW 2003, 2020 = NZBau 2003, 386 = IBR 2003, 253 – *Koeble*. Vgl. hierzu näher *Wenner*, ZfBR 2003, 421 sowie Festschrift für Thode, S. 661, 668 ff. u. *Quack*, ZfBR 2003, 419.

EGBGB. Damit ist die Mindestsatzfiktion der HOAI auf einen grenzüberschreitenden Architektenvertrag anwendbar, wenn die vereinbarte Architektenleistung für ein im Inland gelegenes Bauwerk erbracht werden soll.[48]

Ergeben sich durch **Novellierungen** Änderungen der HOAI, gelten diese grundsätzlich nur für Verträge, die **nach** Inkrafttreten der novellierten Fassung abgeschlossen werden. Die Vertragsparteien können jedoch im Rahmen des § 103 HOAI die Geltung der **geänderten** Fassung auch auf „laufende" Verträge vereinbaren, allerdings nur auf die vertraglichen Architektenleistungen, die bis zum Tage des Inkrafttretens der Neufassung der HOAI noch nicht erbracht waren.[49] **610**

## 2. Vertragliche Bindung und honorarfreie Akquisitionstätigkeit

*Literatur*
*Neuenfeld*, Der mündliche Architektenvertrag, DAB 1981, 725; *Knacke*, Aufklärungspflicht des Architekten über die Vergütungspflicht und das Honorar seiner Leistungen, BauR 1990, 395; *Loritz*, Die Reichweite des Schriftformerfordernisses der Honorarforderung für Architekten und Ingenieure (HOAI) bei der Vereinbarung unentgeltlicher Tätigkeiten, BauR 1994, 38; *Dörr*, Die HOAI und das EG-Vergaberecht, EuZW 1997, 37; *Boesen*, Die Vereinbarkeit der VOF und der HOAI mit den EG-Vergaberichtlinien, EuZW 1997, 41; *Koeble*, Probleme des Gerichtsstands sowie der Darlegungs- und Beweislast im Architektenhonorarprozess, BauR 1997, 191; *Quack*, Probleme beim Anwendungsbereich der VOF „Was heißt eindeutig und erschöpfend beschreibbar?", BauR 1997, 899; *Jochem*, VOF – Verdingungsordnung für freiberufliche Leistungen, DAB 1998, 49; *Pauly*, Architektenrecht – Aufklärungspflichten des Architekten bezüglich der Vergütungspflicht seiner Leistungen, BauR 2000, 808; *Jochem*, Architektenleistung als unentgeltliche Akquisition, Festschrift für Vygen (1999), 10.

Grundsätzlich setzt der Vergütungsanspruch des Architekten gegen den Bauherrn den Abschluss eines **Architektenvertrages** voraus; dieser bedarf in aller Regel **keiner Form:** Er kann mündlich oder schriftlich, ausdrücklich oder nur schlüssig abgeschlossen werden. An die Darlegungs- und Beweislast für den konkludenten Abschluss eines Architektenvertrages sind allerdings insbesondere dann strenge Anforderungen zu stellen, wenn mehrere Auftraggeber in Betracht kommen.[50] Häufig verwenden Architekten allerdings **Formularverträge**. Diese Formularverträge enthalten durchweg haftungseinschränkende Bestimmungen und unterliegen den §§ 305 ff. BGB. Diese einschränkenden Vorschriften kommen allerdings dann nicht zur Anwendung, wenn **beide Vertragsparteien** die Einbeziehung der Bestimmungen eines Formularvertrages einvernehmlich gewollt haben, weil es in einem solchen (Ausnahme-)fall einen „Verwender" im Sinne des § 305 BGB nicht gibt.[51] Für **bestimmte** Honorarvereinbarungen verlangt allerdings die **HOAI** die **Schriftform** bei Auftragserteilung (vgl. Rdn. 734 ff.), wie z. B. für Honorare über und unter den **Mindestsätzen** (§ 4), bezüglich **„Besonderer Leistungen"** (§ 5), für **pauschale Nebenkostenabreden** (§ 7), für die **Erhöhungsfaktoren** bei Umbauten und Modernisierungen (§ 24) sowie bei **Instandhaltungen** und **Instandsetzungen** (§ 27). **611**

**Problematisch** sind in aller Regel Fallgestaltungen, in denen es **nicht** zu einem **schriftlichen** Architektenvertrag kommt, die Rechtsbeziehungen der Parteien jedoch **612**

---
48) BGH, a. a. O.
49) Vgl. hierzu OLG Düsseldorf, BauR 1996, 289, 290 = NJW-RR 1996, 535.
50) OLG Frankfurt, BauR 2004, 112.
51) So zutreffend LG Bayreuth, IBR 2006, 629.

in einem frühen Stadium beendet oder abgebrochen werden, nachdem der Architekt Leistungen erbracht hat. Im Einzelfall stellt sich hier die Frage,[52] ob:

* die Parteien (Architekt und Auftraggeber) schon einen **beiderseitigen schuldrechtlichen Bindungswillen**[53] zum Abschluss eines Architektenvertrages hatten und deshalb die bereits vom Architekten erbrachten Leistungen einer **Vergütungspflicht** des Auftraggebers unterliegen oder
* die Tätigkeit des Architekten (noch) im **honorarfreien Akquisitionsbereich** erfolgte.

Die vertragliche Bindung hat der Architekt vorzutragen und ggf. zu beweisen;[54] die Rechtsprechung hat aber hierzu Grundsätze erarbeitet, die dem Architekten seine **Darlegungslast** für einen Vertragsabschluss **erleichtern:**[55] Nach h. M. schließt jeder, der die Dienste eines Architekten in Anspruch nimmt, regelmäßig – zumindest stillschweigend – einen Architektenvertrag ab und muss demgemäß mit der Verpflichtung

zur Zahlung einer Vergütung rechnen.[56] Dies gilt umso mehr, wenn die Leistung (**Vorschläge, Skizzen, Vorplanungen** usw.) mit einem Arbeitsaufwand oder Kosten verbunden ist. Solche Leistungen werden in der Regel, was jeder weiß, nicht unentgeltlich erbracht.[57]

Eine enge Bindung oder Freundschaft zwischen Bauherr und Architekt ändert an diesen Grundsätzen noch nichts.[58] Gleichwohl gibt es **Ausnahmen.**

**613** Im Einzelfall ist zwischen der **vertraglosen** – und damit honorarfreien – **Werbung** des Architekten um den Erhalt des Auftrages (**„Akquisition"**) und der vertraglichen – demnach vergütungspflichtigen – Tätigkeit des Architekten zu unterscheiden. Die **Grenze,** an der eine Akquisitionstätigkeit des Architekten endet und damit die Honorar auslösende Tätigkeit des Architekten beginnt, ist **fließend;** sie ist häufig schwer zu bestimmen, weil jeder Architekt grundsätzlich nur bereit sein wird, für

---

52) Vgl. hierzu BGH, BauR 1997, 1060 = NJW 1997, 3017; OLG Düsseldorf, OLGR 2002, 119; OLG Dresden, NZBau 2001, 505.

53) BGH, BauR 1996, 570 = NJW 1996, 1889; OLG Düsseldorf, BauR 2002,1726 = NZBau 2002, 279 = OLGR 2002, 119.

54) BGH, BauR 1997, 1060 = NJW 1997, 3017; OLG Düsseldorf, BauR 2002, 1726 = NZBau 2002, 279 = OLGR 2002, 119; BauR 2003, 1251 = NZBau 2003, 442 = MDR 2003, 926; OLG Köln, OLGR 1998, 63; OLG Hamm, NZBau 2001, 508; OLG Koblenz, NZBau 2001, 510.

55) Vgl. hierzu *Locher/Koeble/Frik*, Einl., HOAI, Rdn. 10 ff.; *Löffelmann/Fleischmann*, Rdn. 848 ff.; *Neuenfeld*, § 4 HOAI, Rdn. 20 ff.

56) Vgl. BGH, BauR 1987, 454 = NJW 1987, 2742; OLG Frankfurt, BauR 2006, 1922 = IBR 2006, 453 – *Schwenker;* OLG Düsseldorf, IBR 2006, 504 – *Schill;* OLG Bremen, OLGR 2004, 423, 425; OLG Hamm, NJW-RR 1996, 83; OLG München, NJW-RR 1996, 341 = OLGR 1996, 41; OLG Koblenz, BauR 1996, 888 = NJW-RR 1996, 1045; KG, BauR 1988, 624 = NJW-RR 1988, 21; OLG Oldenburg, BauR 1988, 620; BauR 1984, 541; OLG Stuttgart, BauR 1997, 681, 683; BauR 1973, 63; BauR 1998, 407 (LS).

57) OLG Düsseldorf, BauR 1997, 681, 683; BauR 1996, 893, 894; OLG Koblenz, BauR 1996, 888 = NJW-RR 1996, 1045; KG, BauR 1988, 624 = NJW-RR 1988, 21; OLG Saarbrücken, NJW 1967, 2359; ferner OLG Celle, BauR 2004, 1969 = OLGR 2004, 233; *Wussow*, BauR 1970, 65.

58) OLG Hamm, NJW-RR 1996, 83; OLGR 1993, 236; OLG Köln, OLGR 1992, 147, 148; OLG Oldenburg, BauR 1984, 541.

## Vertragliche Bindung Rdn. 614

eine gewisse Zeit unentgeltliche „Vorleistungen" – im vertragslosen Zustand – zu erbringen.[59] Lässt er sich darauf ein, läuft er Gefahr, „umsonst" zu arbeiten. Die Rechtsprechung belegt aber, dass es immer wesentlich auf die Umstände des **Einzelfalles** ankommt.[60]

So kann z. B. die **Akquisitionstätigkeit** eines Architekten umfangreicher sein, wenn er gegen einen oder mehrere **Mitbewerber** anzukämpfen hat.[61] Der Umfang der Akquisitionstätigkeit kann auch von der **Konjunktur** der Baubranche abhängen. In einer Bauflaute wird ein Architekt eher als in Zeiten einer Hochkonjunktur bereit sein, auch umfangreiche Architektenleistungen „aus Werbegründen" zu erbringen. Unentgeltliche Tätigkeiten können z. B. vorliegen, wenn der Architekt **sich anbietet**, im Rahmen einer Bauvoranfrage die Genehmigungsfähigkeit **zu überprüfen**, oder wenn er nur eine „**Grobschätzung**" der Baukosten nach Kubikmeter umbauten Raum vornimmt. Wird der Architekt von sich aus initiativ und bietet er – seine möglicherweise sogar schon erbrachten – Leistungen dem Bauherrn an, spricht die **Vermutung** für eine (reine) Akquisitionstätigkeit: Der Architekt arbeitet in diesem Fall im Zweifel „**auf eigenes Risiko**", also unentgeltlich.[62] Das OLG Oldenburg[63] geht sogar – zu Recht – noch einen Schritt weiter, wenn es feststellt, dass ein Architektenvertrag nicht bereits dadurch zustande kommt, dass ein Architekt „**von sich aus**" einem Bauherrn einen Entwurf unterbreitet und dieser Entwurf dann auf Wunsch des Architekten im Hinblick auf seine Realisierung mit dem Bauherrn besprochen wird. Aus dem bloßen „**Tätigwerden**" allein kann also noch **nicht ein Vertragsabschluss** hergeleitet werden.[64] Etwas anderes gilt, wenn die Leistung des Architekten auch **verwertet** wird (vgl. Rdn. 615), **Änderungen** des Bauherrn gegenüber dem Architekten vorgetragen werden oder der Bauherr sogar **Abschlagszahlungen** leistet. Unterschreibt der Bauherr Pläne, die ihm vom Architekten vorgelegt werden, wird man ebenfalls von einem Bindungswillen ausgehen können. Entsprechendes gilt bei einer Vollmachtserteilung (vgl. Rdn. 635).

**614**

Insbesondere bei **großen Bauvorhaben** (z. B. Investoren-Modellen) sind Architekten häufig bereit, umfangreiche Architektenleistungen zu erbringen, um eine möglicherweise noch nicht gesicherte Realisierung zu fördern. Investor und Architekt bilden in dieser Entwicklungsphase in der Regel eine **Projektentwicklungsgemein-**

---

59) Wie hier: OLG Hamm, NJW-RR 1992, 468, 469 u. OLG Köln, OLGR 1992, 147.
60) BGH, BauR 1985, 467 = NJW 1985, 2830; vgl. auch OLG Köln, OLGR 1998, 63 (Ermittlung des anfallenden Architektenhonorars); OLG Hamm, BauR 2001, 1466 = ZfBR 2001, 329 = NZBau 2001, 508; BauR 1987, 582 = NJW-RR 1986, 1280 u. NJW-RR 1992, 468 = MDR 1992, 378; KG, BauR 1988, 621.
61) So auch Saarländisches OLG, OLGR 1999, 193.
62) Vgl. hierzu: BGH, BauR 1999, 1319 (für den Fall der Entgegennahme von Architektenleistungen, die per **Fax** übermittelt worden sind) = ZfBR 1999, 291 = NJW 1999, 3554 = MDR 1999, 1438; ferner: OLG Dresden, BauR 2001, 1769 = NZBau 2001, 505 (wenn der Architekt weiß, dass sein Auftraggeber nach den geltenden Verwaltungsvorschriften einen Auftrag schriftlich erteilen muss); KG, IBR 1997, 201; BauR 1988, 624, 625; OLG Karlsruhe, BauR 1985, 236.
63) BauR 1988, 620 = NJW-RR 1987, 1166; vgl. hierzu auch BGH, BauR 1992, 531 = NJW-RR 1992, 977 = ZfBR 1992, 215; OLG Frankfurt, BauR 1992, 798.
64) BGH, BauR 1997, 1060 = NJW 1997, 3017; OLG Düsseldorf, BauR 2003, 1251 = NZBau 2003, 442 = MDR 2003, 926; OLG Dresden, BauR 2001, 1769 = OLG Düsseldorf, BauR 2002, 117 = NJW-RR 2002, 163.

schaft.[65)] Sie sitzen dann mit dem Initiator **„in einem Boot"** – in der Hoffnung, bei einer Verwirklichung des Bauvorhabens einen interessanten Auftrag zu erhalten.[66)] Das OLG Düsseldorf[67)] weist in diesem Zusammenhang zu Recht darauf hin, dass zahlreiche Architektenleistungen häufig „Hoffnungsinvestitionen in einer Vertragsanbahnungssituation" sind. Von einer **akquisitorischen** Tätigkeit ist selbst auch dann auszugehen, wenn der Auftraggeber sich – für den Architekten erkennbar – selbst noch um einen Auftrag für ein Bauvorhaben (z. B. Großauftrag) bemüht.[68)] Das OLG Celle[69)] geht insbesondere von einer Akquisitionstätigkeit des Architekten auch dann aus, wenn dieser zwar mit Mitarbeitern eines (potenziellen) Auftraggebers verhandelt, der Vertretungsberechtigte oder das vertretungsberechtigte Organ des Auftraggebers aber zu keinem Zeitpunkt an den Verhandlungen mitwirkt.

**615** Wird ein Architekt dagegen **ausdrücklich aufgefordert**, Architektenleistungen zu erbringen, ist von einer **vertraglichen** Bindung und damit von einer nach der HOAI zu vergütenden Tätigkeit auszugehen.[70)] Die **Grenze** liegt deshalb meistens dort, „wo der Architekt absprachegemäß in die konkrete Planung übergeht".[71)] Ob in diesem Zusammenhang über ein Honorar gesprochen wurde, ist unerheblich (§ 632 Abs. 1 BGB). Von einer **stillschweigenden** (konkludenten) Vertragsannahme wird insbesondere ausgegangen werden können, wenn die angebotene Architektenleistung entgegengenommen **und verwertet** wird[72)], z. B. im Rahmen einer eigenen **Bauvoranfrage**[73)] oder durch die Weiterleitung der Vorplanung an den Grundstücksnachbarn, um dessen Zustimmung zum Bauvorhaben herbeizuführen[74)], im Rahmen von Verhandlungen mit

---

65) Vgl. hierzu *Kehrberg*, BTR 2002, 16, 17. Vgl. auch OLG München, OLGR 2004, 970 (Architektenhonorar nach HOAI-Mindestsätzen für Leistungen im Rahmen eines Investorenwettbewerbs).
66) Vgl. hierzu OLG Düsseldorf, OLGR 2003, 180; ferner NJW-RR 2000, 19 = OLGR 1999, 395 = NZBau 2000, 253 (hierzu kritisch *Neuenfeld*, NZBau 2002, 13, 14); OLG Hamm, BauR 2001, 1466 = NZBau 2001, 508 = ZfBR 2001, 329. Bedenklich daher OLG Frankfurt, BauR 2006, 1922 = IBR 2006, 453 – *Schwenker*.
67) BauR 2003, 1251 = MDR 2003, 926 = NZBau 2003, 442 = OLGR 2003, 180 („Es besteht keine Vermutung, dass der Architekt nur aufgrund eines erteilten Auftrags plant").
68) Vgl. hierzu OLG Hamm, a. a. O.
69) BauR 2004, 361.
70) OLG Düsseldorf, BauR 2002, 1726 = NZBau 2002, 279 = OLGR 2002, 119, 120; s. aber OLG Köln, NJW-RR 1998, 309 (Akquisitionstätigkeit, wenn umfangreiche Leistungen der Abgabe eines Honorarangebots dienen); OLG Braunschweig, OLGR 2003, 58 (auch bei ausdrücklichem Bestreiten des Auftraggebers hinsichtlich einer Vergütungspflicht).
71) OLG Hamm, NJW-RR 1992, 468, 469 u. NJW-RR 1990, 91 = MDR 1990, 244.
72) OLG Stuttgart, BauR 2005, 1202 = NZBau 2005, 350 (im Rahmen einer Bauvoranfrage); OLG Braunschweig, OLGR 2003, 58 (Anforderung und Verwertung von Ingenieurleistungen durch Generalunternehmer); OLG Celle, BauR 2001, 1135 (Verwertung einer vom Generalunternehmer zu Akquisitionszwecken erstellten Entwurfsplanung); OLG Düsseldorf, OLGR 2001, 109, 112; OLG Koblenz, NZBau 2001, 510 (unverbindliches „nettes" Gespräch zum Kennenlernen und zum Informationsaustausch – kein Vertragsbindungswille). *Locher/Koeble/Frik*, HOAI, Einl. 11; OLG München, NJW-RR 1996, 341 (reine Entgegennahme ohne Verwertung reicht nicht); vgl. auch LG Hamburg, BauR 1996, 298 (LS) und LG Amberg, *SFH*, Nr. 14 zu § 632 BGB. Vgl. hierzu auch OLG Frankfurt, BauR 2004, 112 (Verwertung allein reicht nicht aus, wenn mehrere Auftraggeber in Betracht kommen).
73) Saarländisches OLG BauR 2000, 753 = NJW-RR 1999, 1035 = OLGR 1999, 193.
74) OLG Frankfurt, NJW-RR 1987, 535.

## Vertragliche Bindung  Rdn. 616–617

Behörden oder Mietinteressenten[75], oder durch Übergabe z. B. von Ausführungsplänen an am Bau Beteiligte[76] oder die Nutzung der Pläne bei der Vermarktung eines Objektes[77] (vgl. zu Letzterem aber Rdn. 614 a. E.). Die Vorlage des Entwurfs und die sich daran anschließende Erörterung allein reichen aber noch nicht aus.

Häufig überreicht ein Architekt dem Bauherrn einen schriftlichen Architektenvertrag mit der „Bitte um Gegenzeichnung"; in aller Regel ist der Architekt in diesen Fällen bereits tätig geworden. Unterzeichnet der Bauherr nicht, kann hieraus noch nicht das Fehlen eines Architektenvertrages hergeleitet werden, insbesondere dann nicht, wenn der vorgelegte Architektenvertrag die Vollarchitektur betrifft. Vielmehr ist auch in diesen Fällen immer nach den allgemeinen Grundsätzen zu fragen, ob die bereits erbrachten Leistungen Akquisition darstellen oder bereits vergütungspflichtig sind.[78]

Dabei ist jedoch § 154 Abs. 2 BGB zu berücksichtigen: Sollte nach dem Willen der Parteien der beabsichtigte Vertrag **beurkundet** werden, so gilt er im Zweifel als nicht geschlossen, bis die Beurkundung erfolgt. Allein aus der **Zusendung** eines Vertragsmusters oder eines im Einzelnen abgefassten Architektenvertrags-Entwurfes durch den Auftraggeber kann daher in der Regel (noch) **nicht** dessen Wille zu einer entgeltlichen Beauftragung gefolgert werden.[79] Das gilt insbesondere für vertragliche Verhandlungen mit einem **öffentlichen Auftraggeber**, weil Verträge mit der öffentlichen Hand grundsätzlich der **Schriftform** bedürfen und dies auch in der Regel ihrem Vertragspartner bekannt ist (vgl. Rdn. 654).[80]

Dem Bauherrn fehlt ein Bindungswille, wenn er sich zunächst (erkennbar) nur von der **Stilrichtung** und den **gestalterischen Fähigkeiten** des Architekten überzeugen, diese also zu seiner Entscheidungsgrundlage machen will und deshalb den Architekten um kleinere Vorarbeiten („Skizzen") bittet.[81] In diesen Fällen wird der Umfang der von dem Bauherrn veranlassten Tätigkeit des Architekten jedoch bedeutsam sein. **616**

*Locher/Koeble/Frik*[82] stellen bei der Frage, ob der Architektenvertrag konkludent zustande gekommen ist, entscheidend darauf ab, ob der Bauherr durch die Entgegennahme oder Verwertung der erbrachten Architektenleistungen „schlüssig zu erkennen gibt, dass diese Architektenleistungen seinem Willen entsprechen".[83] Das kann geschehen durch die **Unterschrift** des Bauherrn auf Plänen, auf dem **Baugesuch**,[84] durch Kostenermittlungen oder durch **Erteilen einer Vollmacht** zur Verhandlung mit Behörden oder Nachbarn (vgl. hierzu Rdn. 635), durch Abschlagszahlungen, ferner durch das Vorbringen von Änderungswünschen, die Verwendung einer Kostenermittlung zu Finanzierungszwecken, die Weiterleitung einer Vorplanung durch den Bauherrn an einen Nachbarn, um dessen Zustimmung zum Bauvorhaben zu erhalten,[85] und schließlich durch Verwendung der Architektenleistungen als Entscheidungshilfe bei der Frage, ob und wie gebaut werden soll. Das OLG **617**

---

75) OLG Düsseldorf, BauR 2002, 1726.
76) Vgl. BGH, BauR 1985, 582 = NJW-RR 1986, 18.
77) KG, NZBau 2005, 522.
78) OLG Koblenz, BauR 1996, 888 = NJW-RR 1996, 1045; siehe ferner OLG Düsseldorf, BauR 1996, 893, 894.
79) OLG Dresden, BauR 2001, 1769 = NZBau 2001, 505.
80) BGH, BauR 1994, 363; OLG Dresden, a. a. O.
81) OLG Hamm, BauR 1987, 583 = NJW-RR 1986, 1280; KG, BauR 1988, 621; auch HansOLG Hamburg, MDR 1985, 321.
82) Einl., HOAI, Rdn. 10; ebenso: LG Amberg, a. a. O.; vgl. auch *Neuenfeld*, § 4 HOAI, Rdn. 20; *Korbion/Mantscheff/Vygen*, § 1 HOAI, Rdn. 8.
83) So schon OLG Celle, OLG 20 (1910), 205.
84) OLG Hamm, BauR 1991, 385 (LS); *Neuenfeld*, § 4 HOAI, Rdn. 21.
85) Vgl. hierzu OLG Frankfurt, NJW-RR 1987, 535.

Dresden[86] lässt es zu Recht für die Annahme einer vertraglichen Bindung nicht ausreichen, dass der Architekt auf Veranlassung des Bauherrn an **Grundstücksbesichtigungen oder Besprechungen teilnimmt** oder ihm ein Vertragsmuster zugesandt wird. Gegen das Zustandekommen eines Architektenvertrages spricht es nach Auffassung des OLG Celle,[87] wenn der Architekt, der allenfalls einfache Strichskizzen gefertigt hat, zunächst keine Rechnung stellt, nachdem ihm mitgeteilt worden ist, dass das Bauvorhaben nicht verwirklicht werden soll, sondern dies erst drei Jahre später nachholt, nachdem er erfahren hat, dass das Projekt nun doch – ohne seine Mitwirkung – zur Ausführung kommen soll.

Ein **Bindungswille** des Bauherrn ist nach der Auffassung des KG[88] auch nicht anzunehmen, wenn er den Architekten um eine **Bauvoranfrage** bittet und gleichzeitig für den Fall der Erteilung der Voranfrage den Abschluss eines „endgültigen Architektenauftrages" zusichert: Hier soll der Architekt seine Vorleistungen im Zusammenhang mit der Erstellung der Voranfrage „in Erwartung eines lukrativen Auftrages zur Vollarchitektur" nicht an ein nach der HOAI zu bemessendes Honorar geknüpft haben. Das erscheint **bedenklich**, weil der Architekt im Rahmen der Erstellung der Bauvoranfrage – jedenfalls teilweise – mit den Leistungsphasen Grundlagenermittlung und Vorplanung beauftragt war und sich der Hinweis auf den „endgültigen Architektenauftrag" auch nur auf die weiteren Leistungsphasen (3 bis 9 des § 15 HOAI) beziehen kann.

*Jochem*[89] setzt sich mit der vielfach aufgestellten Behauptung auseinander, dass der Architekt häufig – insbesondere bei vom Bauherrn veranlassten Grundlagenermittlungen und Vorplanungsideen – nur die Absicht hat, einen umfassenden Architektenauftrag zu akquirieren, also zunächst ohne vertraglichen Bindungswillen bereit ist, unentgeltlich tätig zu werden. Er widerspricht zu Recht dieser Aussage, jedenfalls soweit diese zum Grundsatz erhoben wird. *Jochem* weist dabei darauf hin, dass der Architekt mit den vorerwähnten Leistungen bereits „in ein ganz wesentliches Kapitel der Leistungserfüllung" einsteigt, wobei gleichzeitig dem Bauherrn „Erkenntnisquellen für seine eigene Entscheidungsfindung" zu der Frage geschaffen werden, wie und in welcher Form das eigene Bauprojekt realisiert werden kann. Er kommt dabei zu dem Ergebnis, dass in einem solchen Fall grundsätzlich von einem beiderseitigem vertraglichen Bindungswillen auszugehen ist: Der Bauherr fragt einerseits beim Architekten die entsprechende konkrete Werkleistung (Lösung des Bauproblems) ab, der Architekt erfüllt diesen Auftrag in der Erwartung, dass seine Leistung vergütet wird, wenn auch verbunden mit der Hoffnung, über die abgefragten Leistungen hinaus beauftragt zu werden.

**618** Von einem **konkludenten Abschluss** eines Architektenvertrages kann nicht gesprochen werden, wenn **Mitarbeiter von Baugesellschaften** – ggf. sogar angestellte Architekten – Architektenleistungen (insbesondere Planungsleistungen) mit dem Ziel erbringen, einen Baubetreuungs-, Bauträger-, Fertighaus- oder Unternehmervertrag abzuschließen;[90] insoweit werden die Planungsleistungen in aller Regel nur zur Abgabe eines Angebotes, also zur Vorbereitung des eigentlichen Bauvertrages, erbracht und haben keinen eigenständigen Charakter. Es stellt sich in diesem Zusammenhang lediglich die Frage, ob diese das Angebot vorbereitende Tätigkeit

---

86) BauR 2001, 1769 = NZBau 2001, 505.
87) OLGR 2004, 85.
88) BauR 1999, 431 = NJW-RR 1999, 242 = KGR 1999, 5.
89) Festschrift für Vygen, S. 10, 13.
90) OLG Hamm, NJW-RR 1993, 1368 = ZfBR 1993, 279; *Locher/Koeble/Frik*, HOAI, Einl. Rdn. 14; *Korbion/Mantscheff/Vygen*, § 1 HOAI, Rdn. 9; vgl. hierzu OLG Stuttgart, NJWRR 1989, 917.

Gegenstand einer gesonderten vertraglich begründeten Verpflichtung und damit vergütungspflichtig war (vgl. insoweit Rdn. 629 ff.).[91]

Ist der dem Architekten übertragene Auftrag mit dem Zusatz im Vertrag „**in Verbindung mit der Übernahme des Grundstückes** (Ort, Straße) **als Voraussetzung**" erteilt, bedeutet dies eine Einschränkung des Auftrages derart, dass dieser erst mit dem Erwerb des Baugrundstückes durch den Bauherrn zustande kommt; ist der Nichterwerb des Grundstücks dann dem Verhalten des Bauherrn nicht zuzurechnen, der Eintritt der Bedingungen wider Treu und Glauben nicht verhindert (§ 162 Abs. 1 BGB), so steht dem Architekten für seine bisher erbrachten Leistungen mangels wirksamen Architektenvertrages kein Vergütungsanspruch zu (vgl. auch Rdn. 656).[92] Ist das zu bebauende Grundstück vom Bauherrn noch nicht erworben und/oder ist der Erwerb noch ungewiss, kann daraus allein noch nicht auf einen fehlenden Bindungswillen des Bauherrn geschlossen werden.[93] Allerdings hat dieser Umstand sicherlich Einfluss auf den Umfang der übertragenen Architektenleistungen (vgl. im Einzelnen Rdn. 778 ff.). **619**

Behauptet der Auftraggeber, es seien bestimmte „**Bedingungen**" (z. B. Grundstückserwerb; Finanzierungszusagen) für den Abschluss des Architektenvertrages vereinbart worden, trägt der **Architekt** die **Darlegungs- und Beweislast**, dass dies nicht so ist.[94] Insoweit bedarf es allerdings zunächst eines konkreten Vertrages des Auftraggebers,[95] bei dem sämtliche Umstände zu würdigen sind, während an die Beweisführung des Architekten keine zu hohen Anforderungen zu stellen sind.[96] Erklärt der Auftraggeber, es sei mündlich eine Bedingung vereinbart, die der schriftlich abgeschlossene Architektenvertrag nicht enthält, tritt eine Beweislastumkehr zu Lasten des Auftraggebers ein.[97]

Ist von einem **Vertragsabschluss** zwischen Architekt und Bauherr **auszugehen**, richtet sich die Vergütungspflicht des Bauherrn gegenüber dem Architekten nach **§ 632 Abs. 1 BGB**, weil der Architektenvertrag grundsätzlich als Werkvertrag anzusehen ist (vgl. näher Rdn. 645 ff.). Gemäß § 632 Abs. 1 BGB gilt bei Werkverträgen eine Vergütung als stillschweigend vereinbart, wenn die Herstellung des Werks den Umständen nach nur gegen eine Vergütung zu erwarten ist. Diese „Vermutungsregelung" des § 632 Abs. 1 BGB erstreckt sich nur auf die Entgeltlichkeit eines erteilten Auftrages, nicht aber auf die Auftragserteilung selbst.[98] **620**

---

91) BGH, BauR 1980, 172.
92) BGH, *Schäfer/Finnern*, Z 3.01 Bl. 300; BGH, *Schäfer/Finnern*, Z 3.00 Bl. 113; vgl. BGH, WM 1972, 1457 = *Schäfer/Finnern*, Z 3.01 Bl. 493; BGH, BauR 1985, 467 = ZfBR 1985, 181 = NJW 1985, 2830 = WM 1985, 922.
93) Vgl. hierzu aber OLG Celle, OLGR 2003, 201, das einen Bindungswillen des Bauherrn zum Abschluss eines Architektenvertrages in der Fallgestaltung abgelehnt hat, bei der das Bauvorhaben sich nur dann verwirklichen ließ, wenn der Bauherr noch weitere kleinere Grundstücksparzellen hinzuerwerben konnte.
94) BGH, NJW 1985, 497; OLG Düsseldorf, BauR 2002, 1762 = NZBau 2002, 279 = OLGR 2002, 119; Thüringer OLG, MDR 1999, 1381; *Koeble*, BauR 1997, 191, 193 m. w. Nachw.
95) OLG Düsseldorf, IBR 2006, 504 – *Schill*.
96) *Koeble*, a. a. O. (Vortrag des Auftraggebers erforderlich, „in wessen Beisein, an welchem Ort und mit welchen Argumenten eine Bedingung vereinbart" worden ist); ebenso Thüringer OLG, a. a. O.
97) BGH, NJW 1980, 1680; BGH, NJW 1982, 874; *Koeble*, a. a. O.
98) OLG Düsseldorf, BauR 2002, 1726, 1727 = NZBau 2002, 279 = OLGR 2002, 119; OLGR 2003, 180 = NZBau 2003, 442.

Aufgrund ständiger Rechtsprechung des **BGH**[99)] ist davon auszugehen,

* dass die **Umstände**, nach denen Architektenleistungen nur gegen **Vergütung** zu erwarten sind, der **Architekt darzulegen und zu beweisen hat**,
* während den **Auftraggeber** die **Darlegungs- und Beweislast** dafür trifft, dass die Leistungen **gleichwohl unentgeltlich** erbracht werden sollten.[100)]

Der BGH geht deshalb von dem Erfahrungssatz aus, dass Architekten im Regelfall entgeltlich tätig werden.[101)]

**621** Haben die von einem Architekten erbrachten Leistungen zunächst nur den Zweck, eine Vorfrage, wie z. B. die Wirtschaftlichkeit eines geplanten Bauvorhabens, zu beurteilen, spricht dies keineswegs schon dafür, dass der Architekt auf eigenes Risiko und damit unentgeltlich arbeiten will, da auch solche begrenzten Architektenleistungen in der Regel nur gegen Vergütung erbracht werden.[102)]

**622** Nur bei **geringfügigen Arbeiten** ist davon auszugehen, dass diese **unentgeltlich** erbracht werden;[103)] dies wird allgemein auch so erwartet. Als „geringfügig" kann eine Leistung eines Architekten nur eingestuft werden, wenn kleinere Bereiche aus den Leistungsphasen 1 oder/und 2 des § 15 HOAI in Betracht kommen und/oder die Realisierung des Bauvorhabens noch unsicher ist.[104)] Das gilt aber nach Auffassung des KG[105)] nicht, wenn eine öffentliche Zusage der Förderung einer geplanten Modernisierung aufgrund von Verhandlungen des Architekten erreicht wird und zu diesem Zweck eine Kostenschätzung nach DIN 276 erstellt wurde. Der BGH[106)] hat die Tätigkeit eines Architekten in einem Fall als nicht geringfügig bezeichnet, in dem dieser ein Aufmaß des alten Gebäudes, Bestandszeichnungen, Vorplanungsleistungen, eine Baukostenermittlung und eine Wirtschaftlichkeitsberechnung erstellt hatte. Erbringt ein Architekt mit dem Willen des Bauherrn Planungsleistungen, die denen der Leistungsphasen 1 bis 3 des § 15 Abs. 1 HOAI entsprechen, liegt im Zweifel ein entgeltlicher Architektenvertrag vor.[107)]

---

99) BGH, BauR 1987, 454 = NJW 1987, 2742 = ZfBR 1987, 187; BauR 1997, 1060 = NJW 1997, 3017; vgl. ferner BGH, BauR 1985, 467 = ZfBR 1985, 181 = NJW 1985, 2830; OLG Köln, IBR 2007, 141 – *Schill*; OLG Düsseldorf, BauR 2002, 1726 = NZBau 2002, 279 = OLGR 2002, 119, 121; OLG Stuttgart, NJW-RR 1987, 106; OLG Karlsruhe, BauR 1985, 236; OLG Hamm, NJW-RR 1996, 83; OLG Dresden, BauR 2001, 1769. Vgl. auch OLG Bremen, IBR 2005, 24 (Zusatzauftrag) – *Leupertz*.
100) Ebenso: OLG Köln, IBR 2007, 141 – *Schill*; OLG Düsseldorf, IBR 2006, 504 – *Schill*; OLG Saarbrücken, OLGR 2002, 167 = NZBau 2002, 576; BauR 2000, 753 = NJW-RR 1999, 1035 = OLGR 1999, 193; OLG Koblenz, BauR 1996, 888 = NJW-RR 1996, 1045; OLG Hamm, NJW-RR 1990, 91 = BauR 1990, 636; OLG Stuttgart, BauR 1989, 630 = NJW 1989, 2402; LG Amberg, *SFH*, Nr. 14 zu § 632 BGB; *Baumgärtel*, § 632 BGB, Rdn. 4.
101) Ebenso: KG, NJW-RR 1988, 21 = BauR 1988, 624.
102) BGH, BauR 1987, 454 = NJW 1987, 2742 = ZfBR 1987, 187; OLG Düsseldorf, BauR 2002, 1726 = NZBau 2002, 279 = OLGR 2002, 119; **a. A.:** offensichtlich KG, BauR 1988, 621, 623, 624; vgl. hierzu auch BGH, *Schäfer/Finnern*, Z 3.00 Bl. 113.
103) OLG Düsseldorf, IBR 2006, 504 – *Schill*.
104) Vgl. hierzu KG, BauR 1988, 621; OLG Düsseldorf, BauR 2002, 1726 = NZBau 2002, 279 = OLGR 2002, 119; *Locher/Koeble/Frik*, HOAI, Einl. 19.
105) NJW-RR 1988, 21 = BauR 1988, 251 (LS).
106) BauR 1987, 454 = NJW 1987, 2742 = ZfBR 1987, 187.
107) OLG Koblenz, BauR 1996, 888 = NJW-RR 1996, 888 = NJW-RR 1996, 1045; OLG Hamm, NJW-RR 1990, 91 = BauR 1990, 630; *Locher/Koeble/Frik*, HOAI, Einl. 19; anders wohl:

## Vertragliche Bindung

**623** Die für eine Architektenleistung danach üblicherweise zu zahlende **Vergütung** kann der Auftraggeber nur **abbedingen**, wenn zwischen ihm und dem Architekten eine **eindeutige Vereinbarung** besteht, dass die gewünschte Tätigkeit des Architekten für den Bauherrn **kostenfrei**[108] erbracht werden soll, wofür der Auftraggeber die Beweislast trägt (vgl. Rdn. 620). Mit dem Inkrafttreten der HOAI hat sich hieran nichts geändert, da sich die Frage, ob der Architekt überhaupt Honorar beanspruchen kann, nach den allgemeinen Vorschriften des bürgerlichen Rechts richtet; erst wenn diese Frage bejaht wird, sind die Vorschriften der HOAI für die Berechnung der Vergütung anzuwenden.[109] Daraus folgt, dass eine Vereinbarung, wonach der Architekt zunächst kostenlos arbeitet und damit das Risiko einer späteren honorarpflichtigen Beauftragung übernimmt, nicht der Schriftform bedarf und somit auch mündlich getroffen werden kann.[110]

Die Abgrenzung zwischen unentgeltlicher und honorarpflichtiger Tätigkeit eines Architekten ist stets auch dann schwierig und kann nur unter Berücksichtigung aller Umstände beantwortet werden, wenn der Architekt für **Freunde, Verwandte** oder Gesellschaften bzw. Vereine, deren Mitglied er ist, Leistungen erbringt.[111]

**624** **Wie** der Architekt zu den von ihm erbrachten Leistungen vom Bauherrn aufgefordert wird, ist unbeachtlich. Es reicht grundsätzlich aus, wenn er vom Bauherrn um **„Vorschläge"** oder **„Informationen" über die Bebauung** eines bestimmten Grundstückes,[112] um **„Entwürfe für eine mögliche Bebauung"**[113] oder **„unverbindlich"** um Anfertigung einer **Skizze** für ein Bauvorhaben[114] bzw. um eine **„grobe" Kostenschätzung**[115] oder die **„planerische Untersuchung"**, **wie** ein Grundstück zum Zweck der Wohnbebauung **ausgenutzt** werden kann,[116] gebeten wird. **„Unverbindlich"** bedeutet im Übrigen grundsätzlich auch **nicht kostenlos**. Nur bei Vorliegen besonderer Umstände kann dies angenommen werden,[117] für die der Bauherr aber beweispflichtig ist.[118] Mit der Aufforderung des Bauherrn gegenüber dem Architek-

---

OLG Dresden, BauR 2001, 1769, 1770 = NZBau 2001, 505 für den Fall, dass Leistungen sogar „bis hinein in die Leistungsphase 5" erbracht wurden.

108) BGH, *Schäfer/Finnern*, Z 3.01 Bl. 405 u Z 3.00 Bl. 113; OLG Koblenz, a. a. O.; OLG Hamm, NJW-RR 1990, 91 = BauR 1990, 636; OLG Stuttgart, BauR 1989, 630 = NJW 1989, 2402; OLG Stuttgart, *Schäfer/Finnern*, Z 3.01 Bl. 460; *Neuenfeld*, § 4 HOAI, Rdn. 20; vgl. auch BGH, *Schäfer/Finnern*, Z 3.00 Bl. 144.
109) BGH, BauR 1997, 154 = NJW 1997, 586; BGH, BauR 1985, 467 = ZfBR 1985, 181 = NJW 1985, 2830 = WM 1985, 922; OLG Koblenz, BauR 1996, 888 = NJW-RR 1996, 1045; OLG Stuttgart, NJW-RR 1987, 106.
110) BGH, BauR 1985, 467; OLG Karlsruhe, BauR 1985, 236; *Locher/Koeble/Frik*, HOAI, Einl. 20.
111) OLG Köln, OLGR 1992, 147, 148; OLG Oldenburg, BauR 1984, 541.
112) Vgl. OLG Saarbrücken, NJW 1967, 2359.
113) OLG München, BauR 1996, 417 = NJW-RR 1996, 341 = OLGR 1996, 41.
114) OLG Düsseldorf, NJW-RR 1992, 1172 = BauR 1993, 108; OLG Schleswig, *Schäfer/Finnern*, Z 3.01 Bl. 197.
115) OLG Köln, BauR 1993, 375 (LS) = *SFH*, Nr. 36 zu § 631 BGB.
116) OLG Düsseldorf, NJW-RR 1995, 276.
117) BGH, *Schäfer/Finnern*, Z 3.01 Bl. 380; OLG Koblenz, BauR 1996, 888 = NJW-RR 1996, 1045; OLG Karlsruhe, BauR 1985, 236; ferner: *Neuenfeld*, § 4 HOAI, Rdn. 18; **a. A.:** wohl LG Stendal, NJW-RR 2000, 230.
118) OLG Celle, Der Architekt 1955, 518; zur Wirksamkeit einer mündlichen Vereinbarung („kostenlos") im Hinblick auf § 4 Abs. 4 HOAI: *Locher/Koeble/Frik*, HOAI, Einl., Rdn. 20.

ten, z. B. unverbindlich Skizzen für ein Bauvorhaben zu fertigen, ist allerdings eine **Begrenzung des Auftrages** auf Teile der Leistungsphasen 1 und 2 des § 15 Abs. 2 HOAI verbunden.

Unter den vorerwähnten Gesichtspunkten ist deshalb auch die Auffassung des OLG Hamm[119] bedenklich, „das einverständliche **Einreichen** einer **isolierten Bauvoranfrage**" lasse noch nicht den Schluss zu, es werde eine entgeltpflichtige Architektentätigkeit entfaltet, „wenn der Verhandlungspartner das Grundstück selbst nicht bebauen, sondern nur vorteilhaft verkaufen" wolle; denn auch in diesem Fall wird der Architekt auf Veranlassung des Auftraggebers tätig, und er erbringt zumindest Grundleistungen der Leistungsphasen 1 und 2. Überdies will der Auftraggeber die Leistungen des Architekten gerade im Rahmen der Verkaufsverhandlungen nutzen, sodass unter diesem Gesichtspunkt von einer vergütungspflichtigen Tätigkeit des Architekten auszugehen ist.

**625** Bei derartigen Aufträgen ist der Umfang der übertragenen Architektenleistungen stets besonders zu prüfen (vgl. hierzu näher Rdn. 778 ff.); in aller Regel ist der Architekt in diesen Fällen nur mit der „Vorplanung", also den Leistungsphasen 1 und 2 des § 15 HOAI, beauftragt.[120] Bei einer Absprache, der Architekt solle einmal unverbindlich „Bebauungsvorschläge vorlegen", und der gleichzeitigen Weigerung des Bauherrn, einen Architektenvertrag zu unterschreiben, hat der Architekt allerdings keinen Gebührenanspruch, da der Vertrag nicht zustande gekommen ist; hier gilt ausnahmsweise „unverbindlich" als kostenlos.[121] Erklärt sich allerdings der Architekt bereit, zunächst unentgeltlich – z. B. im Hinblick auf die Ermittlung von Bebauungs- und Finanzierungsmöglichkeiten – tätig zu werden, so ist es seine Aufgabe, den Bauherrn **rechtzeitig** darauf **hinzuweisen**, wenn er von einem **bestimmten Zeitpunkt** an seine Leistungen vergütet haben will. Erfolgt ein solcher Hinweis nicht, kann der Architekt für seine erbrachten Leistungen kein Honorar beanspruchen, es sei denn, der Bauherr konnte und musste erkennen, dass der Architekt seine (unentgeltlichen) Arbeiten abgeschlossen hatte und nunmehr – im Einvernehmen mit dem Bauherrn – weitere (vergütungspflichtige) Tätigkeiten entwickelte.[122]

**626** Es entspricht allerdings **überwiegender Ansicht**,[123] dass dem Architekten **in der Regel** eine **Aufklärungspflicht** über die Höhe seines Honorars und damit über die Entgeltlichkeit seiner Tätigkeit nicht obliegt (vgl. auch Rdn. 763). **Ausnahmen** sind denkbar, so, wenn der Architekt im Einzelfall erkennen muss, dass der Bauherr offensichtlich nur „kostenlose" Leistungen erwartet[124] und bei einer Aufklärung die

---

119) NJW-RR 1992, 468; ebenso: OLG Hamm, NJW-RR 1996, 83.
120) BGH, *Schäfer/Finnern*, Z 3.01 Bl. 111 u. 405; OLG München, BauR 1996, 417 = NJW-RR 1996, 341 = OLGR 1996, 41; OLG Düsseldorf, NJW-RR 1996, 269; OLG Saarbrücken, NJW 1967, 2359; LG Essen, MDR 1969, 220; *Locher/Koeble/Frik*, HOAI, Einl. Rdn. 22 ff.
121) BGH, *Schäfer/Finnern*, Z 3.01 Bl. 380; BGH, BauR 1985, 467 = ZfBR 1985, 181 (Arbeit auf „eigenes Risiko").
122) BGH, *Schäfer/Finnern*, Z 3.00 Bl. 144; vgl. hierzu auch OLG Stuttgart, NJW 1989, 2402 = BauR 1989, 630.
123) Vgl. *Locher/Koeble/Frik*, HOAI, Einl. 59; *Korbion/Mantscheff/Vygen*, § 4 HOAI, Rdn. 95; *Wirth/Hebel/Engelmann*, X. Teil, Rdn. 207; *Knacke*, BauR 1990, 395 ff. u. *Pauly*, BauR 2000, 808, beide mit umfassendem Überblick über den Meinungsstand; a. A.: OLG Saarbrücken, BauR 2000, 753 = NJW-RR 1999, 1035 = OLGR 1999, 193; OLG Stuttgart, BauR 1989, 630 = NJW 1989, 2402.
124) Vgl. OLG Düsseldorf, OLGR 1999, 217 (Aufforderung des Bauausschusses einer Kirchengemeinde an einen diesem Ausschuss angehörenden Architekten zu einer Planüberarbeitung).

**Vertragliche Bindung**

Zusammenarbeit beenden würde. In diesen Fällen wird der Architekt, um **Missverständnisse** auszuschließen, nach Treu und Glauben zu klaren Hinweisen auf die Entgeltlichkeit seiner Arbeit und die Höhe seines Honorars verpflichtet sein (vgl. auch Rdn. 763).

Unterbleibt im Einzelfall eine gebotene Aufklärung durch den Architekten, so hat der Bauherr einen Schadensersatzanspruch aus dem Gesichtspunkt des **Verschuldens bei Vertragsschluss** (§ 280 i. V. m. § 311 Abs. 2 BGB n. F.).125) Die dadurch bedingte Honorarminderung bedeutet keine unzulässige Aushöhlung des Mindestpreischarakters der HOAI.126)

Die von der Rechtsprechung entwickelten Grundsätze über die Rechtswirkungen von **Bestätigungsschreiben** unter Kaufleuten127) gelten auch für Architekten. Der Architekt gehört zu den Personen, die in großem Umfang am Wirtschaftsleben teilnehmen und sich deshalb rechtlich wie ein Kaufmann behandeln lassen müssen.128) **627**

Ist zwischen Architekt und Bauherr eine vertragliche Bindung zu bejahen, erhebt sich die weitere Frage nach dem **Umfang** seiner Beauftragung. Dies ist stets eine Sache des **Einzelfalles**. Umstritten ist, ob es grundsätzlich eine **Vermutung** für einen **bestimmten Auftragsumfang** gibt (vgl. hierzu Rdn. 773 ff.). **628**

Bei einem **Architektenwettbewerb** kann eine Verpflichtung bestehen, mit dem Preisträger einen Architektenvertrag abzuschließen129) (vgl. Rdn. 638 ff.).

Schließen die Parteien einen sogenannten **Rahmenvertrag** ab, in dem zwar bestimmte Bauvorhaben nicht genannt, aber andererseits Einzelheiten etwaiger zukünftiger Einzelverträge geregelt werden, besteht in der Regel kein Anspruch auf Abschluss eines **konkreten** Architektenvertrages, weil die Parteien hier zunächst nur Absichtserklärungen abgeben;130) allerdings kann im Einzelfall eine Haftung aus einer Vertragsverletzung in Betracht kommen, wenn eine Partei grundlos den Abschluss der betreffenden Einzelverträge verweigert,131) wobei ein etwaiger Schadensersatzanspruch nach den für § 649 BGB geltenden Grundsätzen zu ermitteln ist132) (vgl. hierzu Rdn. 938 ff.). Zum **Beitritt** eines Dritten zum Architektenvertrag vgl. die Ausführungen zur Werklohnklage Rdn. 1036.

**Optionsverträge** werden in der Baupraxis selten abgeschlossen; bei einer solchen Abrede verpflichtet sich der Architekt in der Regel zur Übernahme von (ggf. weiteren) Planungsleistungen, wenn der Auftraggeber von seinem Übertragungsrecht

---

125) OLG Stuttgart, BauR 1989, 630 = NJW 1989, 2402; OLG Saarbrücken, a. a. O.
126) Unzutreffend: *Knacke*, BauR 1990, 395 ff.; *Locher/Koeble/Frik*, HOAI, Einl., Rdn. 59.
127) Vgl. näher *Palandt/Heinrichs*, § 148 BGB, Rdn. 8.
128) BGH, BauR 1975, 67; OLG Köln, BlGBW 1974, 139; OLG Düsseldorf, Architekt 1953, 131; *Wirth* in Korbion/Mantscheff/Vygen, Einf., Rdn. 70.
129) Vgl. BGH, NJW 1984, 1533 = BauR 1984, 196 = DB 1984, 1393.
130) Vgl. hierzu OLG Celle IBR 2004, 259 – *Schill*; vgl. zum Rahmenvertrag auch *Wirth* in Korbion/Mantscheff/Vygen, Einf., Rdn. 90 u. 91.
131) BGH, NJW-RR 1992, 977 = BauR 1992, 531 = ZfBR 1992, 215; vgl. hierzu auch *Schmidt*, BauR 1999, 538, 542 sowie *Motzke* in: Graf von Westphalen, Klauselwerke/Architektenvertrag, Rdn. 92 (Rahmenvertrag „entfaltet jedenfalls die Nebenverpflichtung, bei Realisierung eines Projekts mit dem Planer über den Abschluss eines Einzelvertrages in Verhandlungen einzutreten").
132) *Motzke/Wolff*, S. 17.

(meist mit dem Begriff „Abrufrecht" verbunden) Gebrauch macht. Bei Abschluss eines Optionsvertrages tritt damit nur eine **einseitige Bindung** des Architekten ein (Vertragsangebot des Architekten),[133)] während es im freien Belieben des Auftraggebers steht, dem Architekten die entsprechenden Leistungen zu beauftragen. Die Auffassung von Motzke,[134)] wonach bei einem Optionsvertrag eine vertragliche Bindung beider Parteien „voll wirksam über das gesamte Leistungsbild zu Stande gekommen ist", kann deshalb, weil sie mit dem Begriff der Option unvereinbar ist, nicht gefolgt werden.[135)]

Bei der **Vergabe von öffentlichen Aufträgen** ist die Verdingungsordnung für freiberufliche Leistungen (VOF),[136)] mit der die europäische Dienstleistungsrichtlinie[137)] umgesetzt wurde, zu berücksichtigen. Die VOF (§ 22 ff.) gewährleistet im Wesentlichen die Einhaltung der HOAI und damit den Ausschluss eines Preiswettbewerbs.[138)]

### a) Vorarbeiten

**629** Inwieweit bei Vorarbeiten eines Architekten, also Tätigkeiten vor Ausführung der eigentlichen Planungsleistungen, **vertragliche Bindungen** zwischen Architekt und Bauherr bereits eingetreten sind, ist ebenfalls unter den vorgenannten Gesichtspunkten zu prüfen. Dabei ist zu berücksichtigen, dass auch Architekten wie andere Werkunternehmer zunächst bereit sind, unentgeltliche Vorarbeiten zu leisten, um dadurch den Abschluss eines Architektenvertrages zu fördern.[139)]

**630** **Die Rechtsprechung** hat sich in der Vergangenheit wiederholt mit der Vergütung von Vorarbeiten beschäftigt, die von Unternehmern im Rahmen der Angebotsabgabe durchgeführt wurden (vgl. Rdn. 1105 ff.). In diesem Zusammenhang ist es h. M., dass insoweit nur **ausnahmsweise** eine **vertragliche Bindung** zwischen den Parteien gewollt ist und daher in aller Regel eine Vergütungspflicht entfällt.[140)]

Etwas **anderes** muss **für Vorarbeiten von Architekten gelten:** Auch schon reine Planungsüberlegungen, Beratung usw. bringen den Bauherrn bei der Verwirklichung seines Bauvorhabens weiter und stellen Leistungen eines Architekten dar, die dieser im Rahmen seiner freiberuflichen Tätigkeit ausführt und für die er grundsätzlich

---

133) Zutreffend: OLG Düsseldorf, BauR 1997, 340; *Palandt/Heinrichs*, Einf., Vor § 145 BGB, Rdn. 23 (Optionsrecht ist das Recht, durch einseitige Erklärung einen Vertrag zu Stande zu bringen); *MünchKomm-Krämer*, Vor § 145 BGB, Rdn. 50.
134) In: Graf von Westphalen, Klauselwerke/Architektenvertrag, Rdn. 94; anders aber Rdn. 95, wonach der Architektenvertrag zwar geschlossen wird, seine Rechtswirksamkeit aber von einer Option des Begünstigten abhängt.
135) Zur jeweiligen Ausgestaltung eines Optionsvertrages vgl. *Wirth* in Korbion/Mantscheff/Vygen, Einf., Rdn. 94 u. 95.
136) Abgedruckt in „Vergaberecht", Beck-Texte 2390.
137) Richtlinie 92/50/EWG des Rates vom 18. Juni 1992 über die Koordinierung der Verfahren zur Vergabe öffentlicher Dienstleistungsaufträge – veröffentlicht im Amtsblatt der Europäischen Gemeinschaft L 209/1.
138) Vgl. hierzu *Hörn*, BauR 1995, 20, 26; *Quack*, BauR 1997, 899 u. *Jochem*, DAB 1998, 49.
139) *MünchKomm-Soergel*, § 632 BGB, Rdn. 9.
140) Zuletzt: BGH, BauR 1979, 509 = DB 1979, 2058 = NJW 1979, 2202 u. BGH, BauR 1980, 172; ferner: OLG Köln, NJW-RR 1998, 309.

auch eine Vergütung erwartet.[141] Dies gilt nicht, wenn eine **Abrede** über die **Unentgeltlichkeit** der Tätigkeit des Architekten getroffen wurde.[142]

Für Vorarbeiten des Architekten, bei denen die HOAI keine besonderen Gebührensätze vorsieht (z. B. Anfertigung einer **reinen Skizze**, Erteilung einer **Beratung, Vermittlung der Finanzierung** usw.), formuliert das OLG Stuttgart[143] dies wie folgt: **631**

> „Für Vorarbeiten, die ein Architekt im Hinblick auf die künftige Übertragung der üblichen Architektenleistungen nach § 19 GOA erbracht hat, ist gem. den §§ 631, 632 BGB bei Unterbleiben des vorgesehenen Auftrages eine Vergütung zu zahlen, wenn die Vorarbeiten ausdrücklich als vergütungspflichtige Einzelleistungen in Auftrag gegeben wurden oder wenn nach den Umständen des Einzelfalles die Vorarbeiten bei Unterbleiben des Auftrages nur gegen eine Vergütung zu erwarten waren. Wer die Dienste eines Gewerbetreibenden oder eines freiberuflich Tätigen in Anspruch nimmt, muss regelmäßig damit rechnen, dafür eine angemessene Vergütung bezahlen zu müssen. Diese Ausnahme ist umso näher liegend, wenn die verlangte oder in Anspruch genommene Leistung mit einem nicht unerheblichen Arbeitsaufwand verbunden ist oder Kosten verursacht hat."

Ein Vergütungsanspruch des Architekten besteht jedoch nur, wenn die **Vorarbeiten** zum Gegenstand einer **vertraglichen Bindung** der Parteien gemacht werden;[144] insoweit kommt es auf die besonderen Umstände des Einzelfalles an (vgl. Rdn. 611 ff.). Außerdem ist zu prüfen, ob die Vorarbeit des Architekten den Umständen nach nur gegen eine Vergütung zu erwarten ist (§ 632 Abs. 1 BGB; siehe Rdn. 620).

### b) Vorvertrag

*Literatur*

*Schmidt*, Besondere Gestaltungsmöglichkeiten für Architekten- und Ingenieurverträge, BauR 1999, 538.

Wollen sich Architekt und Bauherr schon frühzeitig binden, bevor alle vertraglichen Einzelheiten abschließend geregelt sind, kann dies im Rahmen eines **Vorvertrages** geschehen. Das kommt in der Praxis häufig und insbesondere dann vor, wenn der Abschluss des endgültigen Architektenvertrages wegen **rechtlicher** oder **tatsächlicher Hindernisse** noch nicht gesichert ist.[145] Nach der Rechtsprechung des BGH[146] sind „Vorverträge schuldrechtliche Vereinbarungen, durch die für beide Teile oder auch nur einen von ihnen die Verpflichtung begründet wird, demnächst einen anderen schuldrechtlichen Vertrag, den Hauptvertrag, zu schließen." Eine **Bindungswirkung** tritt durch den Vorvertrag allerdings grundsätzlich nur ein, wenn die Werkleistung, das Honorar und alle von den Vertragsparteien für wesentlich angese- **632**

---

141) OLG Karlsruhe, BauR 1985, 236; ebenso: *Bindhardt/Jagenburg*, § 2, Rdn. 54; *Pott/Frieling*, Rdn. 87; *Baumgärtel*, § 632 BGB, Rdn. 7; vgl. hierzu auch BGH, BauR 1987, 454 = NJW 1987, 2742 = ZfBR 1987, 187 und Rdn. 620.
142) Ebenso: *MünchKomm-Soergel*, § 632 BGB, Rdn. 10.
143) BauR 1973, 63; vgl. auch OLG Düsseldorf, BauR 1973, 62.
144) OLG Stuttgart, NJW-RR 1987, 106.
145) Vgl. hierzu *Schmidt*, BauR 1999, 538.
146) BGH, BauR 1992, 531 = NJW-RR 1992, 977 = ZfBR 1992, 215; NJW 1990, 1234, 1235; BauR 1988, 234; OLG Koblenz, NZBau 2006, 184.

henen Nebenabreden bestimmt oder zumindest bestimmbar sind.[147] Unter diesem Vorzeichen ist jeweils zu prüfen, ob der Architekt aufgrund des Vorvertrages einen Rechtsanspruch auf Abschluss des Hauptvertrages hat.

Häufig lassen sich Architekten formularmäßige **„Verpflichtungserklärungen"** unterschreiben, die z. T. folgenden Wortlaut haben:

> „Verpflichtungserklärung
>
> Wir verpflichten uns, dem Architekten die Architektenleistungen (Planung, Ausführungs- und Überwachungsleistung) für das oben bezeichnete Bauvorhaben auf der Grundlage des noch abzuschließenden Architektenvertrages zu übertragen.
>
> Bauherr: Architekt:
>
> Ort, Datum, Unterschrift"

**633** Eine solche Verpflichtungserklärung stellt einen wirksamen **Vorvertrag** dar, mit dem sich die Vertragsparteien verpflichten, den eigentlichen Architektenvertrag als Hauptvertrag für den Fall abzuschließen, dass es zur Durchführung des Bauvorhabens kommt.[148] Da der Verpflichtungserklärung in aller Regel auch Allgemeine Vertragsbedingungen zum Architektenvertrag beigefügt sind, ist davon auszugehen, dass sich die Vertragsparteien über alle wesentlichen Punkte des späteren Hauptvertrages geeinigt haben, ein **Bindungswille** der Parteien also **gegeben** ist. Der Vertrag ist damit ausreichend bestimmt.[149] Die zu übertragenden Architektenleistungen sind in der Erklärung genannt. Soweit das Honorar in der Verpflichtungserklärung noch nicht erwähnt ist, wird diese Lücke durch die HOAI geschlossen. Können sich die Parteien später auf ein bestimmtes Honorar nicht einigen, kann der Architekt nach § 4 Abs. 4 HOAI die Mindestsätze berechnen.

**634** **Verweigert** der Bauherr später den **Abschluss des Hauptvertrages** ohne triftigen Grund, obwohl er das Bauvorhaben durchführt, ist er dem Architekten wegen Pflichtverletzung, (§§ 280, 281 BGB n. F.) zum **Schadensersatz verpflichtet**. Der Architekt ist dann so zu stellen, als habe der Bauherr mit ihm den Architektenvertrag abgeschlossen und ihm anschließend gekündigt; in diesem Fall kann der Architekt „entgangenen Gewinn" gemäß § 649 BGB fordern (vgl. Rdn. 938 ff.). Wird dagegen das Bauvorhaben z. B. aus finanziellen Gründen nicht durchgeführt, stehen dem Architekten weder Erfüllungs- noch Schadensersatzansprüche zu.[150]

**635** Häufig ist mit diesen „Verpflichtungserklärungen" eine formularmäßig erteilte **„Vollmacht"** verbunden, die folgenden Wortlaut hat:

> „Vollmacht
>
> Wir bevollmächtigen den Architekten ...
>
> bezüglich unseres Bauvorhabens ...
>
> die erforderlichen Verhandlungen mit den zuständigen Behörden und Stellen sowie den Nachbarn zu führen und insbesondere auch Rückfragen im Baugenehmigungsverfahren für uns zu erledigen.
>
> Ort, Datum, Unterschrift"

---

147) BGH, a. a. O.
148) BGH, BauR 1988, 234 = NJW 1988, 1261 = DB 1988, 1385; vgl. zur Annahme einer rechtsgeschäftlichen Bindung im Rahmen eines Architekten-Vorvertrages auch BGH, NJW-RR 1992, 977 = BauR 1992, 531 = ZfBR 1992, 215.
149) Vgl. hierzu *Locher/Koeble/Frik*, § 4 HOAI, Rdn. 32 sowie *Schmidt*, BauR 1999, 538.
150) BGH, BauR 1988, 234 = NJW 1988, 1261 = DB 1988, 1385.

Aufgrund dieser Vollmacht tritt ebenfalls eine vertragliche Bindung der Parteien ein. Nach der richtigen Auffassung des OLG Köln[151] stellt diese Vollmacht sogar einen Architektenauftrag bezüglich der Phasen 1–4 des § 15 HOAI dar, „weil zur Verhandlung mit den Behörden die Architektenleistungen bis zur Phase 4 (Genehmigungsplanung) erbracht werden" müssen. Diese Auffassung wird durch den Hinweis in der Vollmacht auf das „Baugenehmigungsverfahren" gestützt.

Der BGH[152] hat sich dem für einen Vorvertrag angeschlossen, der sowohl die vorgenannte Verpflichtungserklärung wie auch eine Vollmacht enthielt. Der BGH weist zutreffend darauf hin, dass bei einer solchen Fallgestaltung ein Vorvertrag des Inhalts zustande kommt, „dass der Abschluss des eigentlichen Architektenvertrages – jedenfalls ab Leistungsphase 5 des § 15 HOAI – von der tatsächlichen, der freien Entscheidung des Bauherrn unterliegenden Durchführung des Bauvorhabens abhängig sein soll". Eine umfassende Bindung zum Abschluss des Hauptvertrages kann aus einer solchen vorvertraglichen Vereinbarung jedoch noch nicht geschlossen werden; eine Bindungswirkung ist vielmehr erst bei einer **Verwirklichung des Bauvorhabens** in Erwägung zu ziehen. 636

Die Bundesarchitektenkammer hat einen sog. **Architekten-Vorplanungsvertrag** herausgegeben.[153] In der empfohlenen Fassung dieses Vorvertrages werden dem Architekten die Leistungsphase 1 (Grundlagenermittlung) und Leistungsphase 2 (Vorplanung) des § 15 HOAI übertragen. Gleichzeitig werden die Honorarzone und der Honorarsatz festgelegt. 637

Von dem Vorvertrag ist der sog. **Rahmenvertrag**, mit dem die Vertragsparteien eine auf die Zukunft angelegte Geschäftsverbindung eröffnen wollen, zu unterscheiden (vgl. hierzu Rdn. 628).

### c) Ansprüche aus Architektenwettbewerb

*Literatur*

*Weinbrenner/Jochem/Neusüß*, Der Architektenwettbewerb, 2. Aufl. 1998.
*Köttgen*, Probleme zum Schadensersatzanspruch von Architekten aus Wettbewerben gemäß den Grundsätzen und Richtlinien für Wettbewerbe (GRW 1952), ZfBR 1979, 219; *Meyer/Reimer*, Architektenwettbewerb und Urheberrecht, BauR 1980, 291; *Lehmann*, Die grundsätzliche Bedeutung der HOAI für die Sicherung des Leistungswettbewerbs der Architekten und Ingenieure, BauR 1986, 512; *Ettinger/Brinckmann*, Das Wettbewerbswesen in Deutschland und die EG-Dienstleistungsrichtlinie, DAB 1995, 1840, 2106 u. 2360; *Neusüß*, Kräftiger Impuls für das Wettbewerbswesen: Die neugefassten Grundsätze und Richtlinien für Wettbewerbe – GRW 1995 –, DAB 1996, 842; *Hartmann*, Zur Vergütung von Wettbewerbsleistungen im Rahmen der HOAI, BauR 1996, 623; *Rodegra*, Architektenwettbewerbe: GRW 1995 noch nicht von allen Ländern für verbindlich erklärt, NZBau 2000, 124; *Portz*, Bundesverwaltungsgericht: Grundsatzentscheidung zur Honorierung der Architektenleistungen im Rahmen von „Gutachterverfahren", DAB 1999, 1064; *Müller-Wrede*, Der Architektenwettbewerb in *Thode/Wirth/Kuffer* (Hrsg.), Praxishandbuch Architektenrecht, S. 124 ff.; *Schudnagies*, Realisierungswettbewerbe ohne nachfolgende Beauftragung, BauR 2005, 1244.

---

151) Urteil vom 3.6.1980 – 15 U 263/79; ebenso OLG Naumburg, IBR 2006, 207 – *Schill*; vgl. auch KG, NJW-RR 1988, 21 = BauR 1988, 251 (LS) sowie *Motzke* in: Graf von Westphalen, Klauselwerke/Architektenvertrag, Rdn. 70 (Leistungsphasen 1–3 des § 15 HOAI).
152) BauR 1988, 234 = NJW 1988, 1261 = DB 1988, 1385.
153) DAB 1992, 733.

**638** Bei großen und – vor allem aus **städtebaulicher Sicht** – wichtigen Bauprojekten (z. B. Museum, Kirche) entspricht es **alter Tradition**, einen **Architektenwettbewerb** (z. B. Ideen- oder Realisierungswettbewerb in der Form eines offenen oder beschränkten Wettbewerbs) durchzuführen. Rechtlich handelt es sich insoweit in der Regel um **Preisausschreiben** im Sinne von § 661 BGB, also einseitige Auslobungen.[154]

Beteiligt sich ein Architekt an einem ausgeschriebenen Wettbewerb, erfolgt dadurch noch keine werkvertragliche Bindung mit der Folge, dass er auch eine Vergütung nach den Bestimmungen der HOAI, insbesondere nach den Mindestsätzen der HOAI,[155] nicht verlangen kann.[156] Er hat lediglich Anspruch – bei entsprechender Prämierung – auf den ausgelobten Preis bzw. auf die in der Auslobung angebotenen „**Aufwandsentschädigungen**" oder „**Beratungshonorare**", die in der Regel unter den Mindestsätzen der HOAI liegen. Eine unzulässige Mindestsatzunterschreitung gemäß § 4 Abs. 2 HOAI ist hierin noch nicht zu sehen; etwas anderes kann bei den so genannten Gutachtenverfahren gelten (vgl. hierzu Rdn. 719).

Den üblichen „**Ausschreibungen**" liegen – insbesondere bei **Realisierungswettbewerben** – in der Regel „Wettbewerbsbedingungen" zugrunde, die häufig auf die „Grundsätze und Richtlinien" für „Wettbewerbe auf den Gebieten der Raumplanung, des Städtebaus und des Bauwesens" (im folgenden: **GRW**) verweisen.[157] Die GRW aus dem Jahre 1977 ist zwischenzeitlich durch die GRW 1995 und durch die GRW 2004, die zum 30.1.2004 eingeführt wurde, ersetzt worden. In der alten GRW 1977 hieß es unter Nr. 5.1.1 u. a.:

„5.1.1 Beauftragung durch den Auslober

Der Auslober beabsichtigt unter Würdigung der Empfehlungen des Preisgerichts einem oder mehreren Preisträgern weitere Leistungen gemäß Nr. 4.1.2.16 zu übertragen

– soweit und sobald die dem Wettbewerb zugrundeliegende Aufgabe realisiert werden soll,
– soweit einer der Wettbewerbsteilnehmer, dessen Wettbewerbsarbeit mit einem Preis ausgezeichnet wurde, nach Auffassung des Auslobers eine einwandfreie Ausführung der zu übertragenden Leistungen gewährleistet."

**639** Wurde nun ein Architekt, der einen Preis errungen hat, bei der Auftragsvergabe nicht berücksichtigt, sondern der Architektenauftrag einem (nicht ausgezeichneten) Architekten erteilt, der vielleicht noch nicht einmal am Wettbewerb teilgenommen hatte, so stellte sich bei dieser Formulierung der GRW die Frage, ob und welche

---

154) BGH, NJW 1983, 442 (auch zur Frage der Nachprüfung der Entscheidung des Preisgerichts) sowie OLG Nürnberg, BauR 1998, 360; vgl. hierzu auch *Hartmann*, BauR 1996, 623, 626, *Müller-Wrede* in Thode/Wirth/Kuffer, Rdn. 80 sowie *Schudnagies*, BauR 2005, 1444.

155) So zutreffend BVerfG, BauR 2005, 1946 = NZBau 2006, 121, das eine Unterschreitung der Mindestsätze der HOAI in keiner Weise beanstandet, da die Norm des § 4 Abs. 2 HOAI in den Fällen von Architektenwettbewerben „von vornherein nicht anwendbar ist", weil „die Gefahr der Qualitätsminderung durch Preiswettbewerb, der der Mindesthonorarregelung entgegenwirken will, bei einem Architektenwettbewerb vernachlässigt werden kann". Das gelte für jede Form des Architektenwettbewerbs.

156) **Herrschende Meinung:** für viele *Locher/Koeble/Frik*, § 4 HOAI, Rdn. 90; *Kreißl*, S. 46 m. w. Nachw.

157) Grundsätze und Richtlinien für Wettbewerbe auf den Gebieten der Raumplanung, des Städtebaues und des Bauwesens (GRW 2004) vom 22.12.2003. Vgl. hierzu *Schudnagies*, BauR 2005, 1244 ff.

## Vertragliche Bindung

**Rdn. 639**

Ansprüche die (übergangenen) Preisträger geltend machen konnten. Nach der Rechtsprechung des BGH[158] enthält die vorerwähnte Klausel der **GRW 1977** eine rechtsgeschäftliche Verpflichtungserklärung des Auslobers, einen der Preisträger mit den Architektenleistungen zu beauftragen, sofern die Wettbewerbsaufgabe realisiert wird.

In der neuen **GRW 1995/2004** hat man hieraus Konsequenzen gezogen. Nunmehr heißt es unter 7.1 (weitere Bearbeitung):

(1) Bei Realisierungswettbewerben hat der Auslober einem oder mehreren Preisträgern, bei Einladungswettbewerben in der Regel dem 1. Preisträger, unter Würdigung der Empfehlungen des Preisgerichts die für die Umsetzung des Wettbewerbsentwurfs notwendigen weiteren Planungsleistungen zu übertragen,

– sofern kein wichtiger Grund einer Beauftragung entgegensteht, insbesondere
– soweit und sobald die dem Wettbewerb zu Grunde liegende Aufgabe realisiert werden soll,
– soweit mindestens einer der teilnahmeberechtigten Wettbewerbsteilnehmer, dessen Wettbewerbsarbeit mit einem Preis ausgezeichnet wurde, eine einwandfreie Ausführung der zu übertragenden Leistungen gewährleistet.

Planungsleistungen werden – vorbehaltlich der Regelung in Satz 3 – in der Regel bis zur abgeschlossenen Ausführungsplanung beauftragt. Wenn ausnahmsweise die vollständige Ausführungsplanung für die Vergabe von Bauleistungen nicht erforderlich ist, ist durch angemessene weitere Beauftragung des Preisträgers sicherzustellen, dass die Qualität des Wettbewerbsentwurfs realisiert wird (z. B. Regeldetails, Planfreigabe, Leistungsbeschreibung, Angebotsbewertung, Qualitätskontrolle).

Bei Ingenieurbauwerken werden die Planungsleistungen in der Regel nur bis zum Abschluss der Genehmigungsplanung beauftragt.

Der Auftrag darf nicht vor Ablauf von 14 Kalendertagen nach Absendung des Protokolls gem. Nr. 6.1 erteilt werden. Die Frist nach Satz 4 beginnt am Tag nach der Absendung des Protokolls durch den Auftraggeber.

(2) Abweichend von Absatz 1 kann der Auslober auch den Verfasser einer mit einem Sonderpreis bedachten Wettbewerbsarbeit mit der weiteren Bearbeitung beauftragen, wenn das Preisgericht dies einstimmig empfohlen hat.

(3) Der Verfasser einer angekauften Arbeit kann mit der weiteren Bearbeitung in Arbeitsgemeinschaft mit einem Preisträger beauftragt werden, jedoch nur mit einer im Sinne der Nummern 5.6.8 und 5.6.9 empfohlenen Teillösung.

Mit dieser Formulierung wird die Rechtsprechung des BGH zur Bindung des Auslobers an die Entscheidung des Preisgerichts übernommen. Der **Auslober** ist nunmehr **verpflichtet, einem der Preisträger** bei Realisierung des Bauvorhabens die notwendigen **weiteren Planungsleistungen zu übertragen,** soweit keine wichtigen Gründe der Beauftragung entgegenstehen (vgl. Rdn. 642).[159] Der Auslober hat dabei ein freies Wahlrecht, welchen Preisträger er beauftragt.[160]

---

158) BGH, BauR 2004, 1326 = NZBau 2004, 450; BauR 1984, 196 = NJW 1984, 1533; BGH, BauR 1987, 341 = NJW 1987, 2369. Ebenso: OLG Düsseldorf, BauR 1998, 163 (allerdings ist mit der Auslobung selbst noch kein Antrag auf Abschluss des Architektenvertrages mit einem der Preisträger verbunden) m. Anm. *Rintelen*; siehe auch OLG Düsseldorf, BauR 1998, 410 (LS).
159) Vgl. hierzu auch OLG München, NJW-RR 2001, 1532 (Bindung des Bauherrn im Rahmen eines **Einladungswettbewerbs**) sowie OLG Nürnberg, IBR 2003, 30 u. OLG Dresden, IBR 2005, 512; ferner insbesondere *Schudnagies*, BauR 2005, 1244.
160) *Müller-Wrede* in Thode/Wirth/Kuffer, Rdn. 74.

Der Auslober kann einem Preisträger auch nur einen (z. B. auf die Vorplanung) **beschränkten Auftrag** erteilen. Geschieht dies, hat der entsprechende Preisträger damit noch keinen Anspruch auf die darüber hinausgehende „weitere Bearbeitung". Vielmehr kann der Auslober anschließend auch einen anderen Preisträger mit den weiterführenden Planungsleistungen beauftragen, z. B. wenn er die Planung des erstbeauftragten Preisträgers nicht weiter verfolgen will.[161] Entsprechendes gilt für den Falle einer stufenweisen Beauftragung (vgl. Rdn. 747). Zulässig ist es nach Auffassung des OLG Düsseldorf[162] auch, verschiedene Preisträger mit den Planungsleistungen zu beauftragen, z. B. einen Preisträger mit den Leistungsphasen 1 bis 4, einen anderen mit der Leistungsphase 5.

Die **Beauftragung** eines der Preisträger bedarf grundsätzlich **nicht der Schriftform**; das gilt auch für Gebietskörperschaften, weil die Beauftragung lediglich eine konsequente Erfüllung der bereits mit der Auslobung eingegangenen vertraglichen Verpflichtung, einen der Preisträger mit der weiteren Bearbeitung zu beauftragen, darstellt.[163]

Häufig werden die betreffenden Bauprojekte – nach Durchführung des Wettbewerbs – von **Dritten** verwirklicht (z. B., die Gemeinde als Auslober überträgt das Grundstück und die Realisierung des Bauvorhabens einer gemeinnützigen Wohnungsbaugesellschaft/Bauträgergesellschaft). Bei dieser Fallgestaltung besteht für die Preisträger kein Rechtsanspruch auf Beauftragung weiterer Planungsleistungen gegenüber dem Auslober (keine Realisierung durch ihn) oder gegenüber dem Dritten (keine Vertragsbeziehung). Eine Bindung des Dritten an das Auslobungsergebnis und damit an die Preisträger im Sinne der GRW 1995 durch den Auslober würde gegen das **Koppelungsverbot** verstoßen und wäre daher unwirksam (vgl. Rdn. 668 ff., 681). Aufgrund der (berechtigten) Erwartungshaltung der an einem Wettbewerb teilnehmenden Architekten, dass zumindest einer der Preisträger mit weiteren Planungsleistungen beauftragt wird, kann man aber zumindest von dem Auslober – unter dem Gesichtspunkt von Treu und Glauben – verlangen, dass sich dieser bei Übertragung des Bauvorhabens jedenfalls um die „Übernahme" einer der Preisträger **bemüht**.[164] Bei alledem ist aber zu berücksichtigen, ob den Wettbewerbsteilnehmern bekannt war, dass das Projekt (möglicherweise) von einem Dritten realisiert werden soll. Ist das nicht der Fall, kommen unter dem Gesichtspunkt des **Verschuldens bei Vertragsschluss** (§ 311 Abs. 2 BGB n. F.) Schadensersatzansprüche der Preisträger in Betracht. Ein solcher Anspruch scheidet nach Auffassung des OLG Hamm[165] jedoch aus, wenn der Preisträger erkannte, dass die Vergabe nur unter Verstoß gegen das Koppelungsverbot zu Stande gekommen ist.

**640** Der Auslober hat allerdings bei offenen Wettbewerben grundsätzlich die **Auswahl**, **welchen** der Preisträger er mit der Weiterbearbeitung beauftragen möchte. Dieser Entschließungsfreiheit begibt er sich, wenn er sich bereits in den Auslobungsbedingungen auf eine Weiterbeauftragung des ersten Preisträgers festlegt[166] oder eine **Wertung** der **zeitlich nach** dem Wettbewerb liegenden **Umstände** ergibt, dass ein

---

161) *Weinbrenner/Jochem/Neusüß*, S. 218.
162) BauR 1998, 163, 166.
163) BGH, LM § 661 Nr. 2 a Bl. 1; vgl. hierzu auch *Weinbrenner/Jochem/Neusüß*, S. 218.
164) Vgl. hierzu auch BGH, NJW 1997, 2369.
165) NJW-RR 1996, 662.
166) OLG Düsseldorf, Urt. v. 20.4.1971 – 20 U 120/70 –.

bestimmter Preisträger fest damit rechnen und sich auch darauf einrichten konnte, ihm werde der Auftrag erteilt.[167] Eine solche nachträgliche „Konkretisierung" folgt jedoch nicht schon aus der Einstimmigkeit der Preisgerichtsentscheidung, selbst wenn der Auslober dort vertreten war.[168]

Soll die **Realisierung** des Bauvorhabens nicht durch den Auslober, sondern einen **Dritten** erfolgen, und war dies dem Preisträger von vornherein bekannt, kann er (siehe oben) billigerweise nur erwarten, dass sich der Auslober ernsthaft darum bemüht, den Dritten zu einer Vergabe der weiteren Architektenleistungen an ihn zu veranlassen.[169] **641**

Der Auslober kann aus einem **wichtigen** Grund[170] davon absehen, einem der Preisträger den Auftrag zu erteilen. Es kommen aber nur außerordentliche („triftige"), erst **nach** der Auslobung aufgetretene oder bekannt gewordene Umstände in Betracht, die es unzumutbar erscheinen lassen, den (die) Preisträger zu beauftragen, z. B., wenn kein Preisträger die Gewähr für eine einwandfreie Ausführung der zu übertragenden Leistungen bietet. Der BGH[171] bejaht z. B. einen wichtigen (wirtschaftlichen) Grund für eine Gebietskörperschaft des öffentlichen Rechts (als Auslober), einen Preisträger nicht zu beauftragen und sich für einen alternativen (preiswerteren) Entwurf zu entscheiden, wenn einkalkulierte Subventionen nachträglich gestrichen werden oder Steuereinnahmen „wegbrechen". Nach Auffassung des OLG Hamm[172] ist ein **Auslober** an die **Entscheidung des Preisgerichts nicht gebunden**, wenn dieses bei seiner Entscheidung eine grundlegende Forderung der Auslobung (Einhaltung eines Kostenrahmens) verfahrensfehlerhaft nicht beachtet. **642**

Wird die Wettbewerbsaufgabe verwirklicht, aber keiner der Preisträger, sondern ein Dritter mit den Architektenleistungen betraut, steht diesen ein **Schadensersatzanspruch** wegen Pflichtverletzung (§§ 280, 281 BGB) in Höhe des entgangenen Gewinns zu.[173] Ist eine Konkretisierung auf einen der Preisträger noch nicht erfolgt, müssen die Preisträger die Ersatzansprüche **gemeinschaftlich** verfolgen; andernfalls fehlt die Aktivlegitimation.[174] Allerdings ist ein übergangener Preisträger zur **eigenständigen Verfolgung** dann befugt, wenn der Auslober seine **Bevorzugung** vor den **643**

---

167) Vgl. BGH, BauR 1987, 341.
168) OLG Nürnberg, IBR 2003, 30.
169) BGH, BauR 1987, 341, 342.
170) BGH, BauR 2004, 1326 = NZBau 2004, 450 = ZfIR 2004, 647 = IBR 2004, 429 – *Schwenker;* BauR 1984, 196, 200 = NJW 1984, 1533. Vgl. hierzu OLG Düsseldorf, BauR 1998, 1032 (keine Verpflichtung zum Abschluss eines Architektenvertrages mit dem Gewinner des ersten Preises, wenn der Entwurf des Preisträgers erheblich von den Vorgaben in den Wettbewerbsbedingungen abweicht).
171) BauR 2004, 1326, 1328 = NZBau 2004, 450 = ZfIR 2004, 647 = IBR 2004, 429 – *Schwenker;* vgl. hierzu im Einzelnen *Schudnagies,* BauR 2005, 1244 sowie *Müller-Wrede,* IBR 2005, 559, der zutreffend darauf verweist, dass nach der Rspr. des BGH (NJW 1984, 1533 ff.) dem Auslober die Freiheit bleibt, das Projekt nicht zu realisieren.
172) NJW-RR 2000, 1038 = NZBau 2000, 345 = OLGR 2000, 165.
173) *Löffelmann/Fleischmann,* Rdn. 892, die den Anspruch auf § 326 BGB stützen. Vgl. hierzu auch BGH, NJW 1983, 442 (Schadensersatzanspruch wegen rechtswidrigen Ausschlusses von der Teilnahme am Architektenwettbewerb) sowie OLG Köln, BauR 1982, 396.
174) OLG Düsseldorf, Urt. v. 20.4.1971 – 20 U 120/70 –, vgl. auch BGH, BauR 1984, 196, 201 und *Köttgen,* ZfBR 1979, 219, 220, jeweils zu Nr. 21 GRW 1952, die durch Nr. 5.1 GRW 1977 ersetzt wurde.

übrigen Preisträgern bereits **konkret zu erkennen gegeben** hatte, bevor er sich dann doch für einen Nicht-Preisträger entschied, wie das OLG Nürnberg[175)] zutreffend auch entschieden hat. Das kann z. B. in der Weise erfolgt sein, dass der Auslober mit einem der Preisträger über die Vertragsgestaltung verhandelt und/oder ihm bereits erste planerische Leistungen (z. B. Veränderung der Wettbewerbsplanung oder die Untersuchung von Lösungsalternativen) überträgt. In diesem Fall konkretisiert sich die Anwartschaft eines der Preisträger zu einem Rechtsanspruch, während die Anwartschaft der übrigen Preisträger erlischt.[176)]

Schadensersatzansprüche der Preisträger bestehen gegen den Auslober jedoch nur, soweit er die **Wettbewerbsaufgabe** durch einen Dritten realisiert. Es ist also im Einzelfall stets unter **inhaltlich-funktionalen Aspekten** zu prüfen, ob es sich um **ein und dieselbe Aufgabenstellung**, also dieselbe Bauaufgabe, handelt. Dabei ist allerdings zu berücksichtigen, dass Wettbewerbsentwürfe nie 1:1 umgesetzt werden, sondern fast immer neuen Überlegungen oder Änderungswünschen des Auslobers angepasst werden. Dabei sind allerdings Änderungen des Raumprogramms, die Erweiterung oder Verringerung von Flächen, die Vergrößerung oder Verkleinerung des Bauvolumens unbeachtlich. Unerheblich ist auch, wann der Auslober die Planung mit einem Dritten verwirklicht. Das kann im Einzelfall erst Jahre nach dem abgeschlossenen Wettbewerb geschehen. Auch dann bleiben die Ansprüche des Preisträgers bestehen.

**644** Die **Höhe des Schadensersatzanspruches** richtet sich nach dem Umfang der beabsichtigten Weiterbeauftragung. Dieser lässt sich in der Regel aus den Auslobungsbedingungen ermitteln; zum insoweit als Berechnungsbasis in Betracht kommenden entgangenen Gewinn vgl. Rdn. 938.

Eine Mindestsatzunterschreitung kann im Einzelfall **wettbewerbswidrig** sein[177)] und zu einer Unterlassungsverfügung führen (vgl. Rdn. 358). Zur **Mindestsatzunterschreitung** im Rahmen von Architektenwettbewerben vgl. Rdn. 719 und 358. Zum **Koppelungsverbot** im Rahmen von Architektenwettbewerben vgl. Rdn. 681.

Soweit die **VOF** zur Anwendung kommt (öffentliche Auftraggeber gemäß § 98 GWB sowie Schwellenwerte gemäß § 2 Abs. 2 VOF), sind die §§ 20 und 25 VOF zu berücksichtigen:

In § 20 VOF wird die Durchführung von **Wettbewerben als Auslobungsverfahren** im Rahmen der VOF zugelassen. Eine Spezialregelung für die Vergabe von Architekten- und Ingenieurleistungen enthält insoweit § 25 VOF, der die Durchführung von Planungswettbewerben regelt. Gemäß § 25 Abs. 1 VOF können Wettbewerbe i. S. des § 20 VOF, die dem Ziel dienen, alternative Vorschläge für Planungen auf dem Gebiet der Raumplanung, des Städtebaus und des Bauwesens auf der Grundlage veröffentlichter einheitlicher Richtlinien zu erhalten (**Planungswettbewerbe**), jederzeit vor, während oder ohne Verhandlungsverfahren ausgelobt werden. Darüber hinaus enthält § 25 VOF weitere Vorgaben für die Ausgestaltung von Wettbewerbsverfahren. § 25 VOF verweist nicht ausdrücklich auf die GRW, auch wenn der Wortlaut der VOF sich terminologisch an die GRW anschließt. Diese Bestimmung der VOF verleiht jedoch der GRW keine zusätzliche rechtliche Qualität. Im Hinblick

---

175) IBR 2003, 30.
176) *Rintelen*, BauR 1998, 167.
177) Vgl. hierzu BGH, BauR 1997, 490 = NJW 1997, 2180; OLG München, NJW-RR 1996, 881.

auf die Einarbeitung der europarechtlichen Vergaberechtsgrundsätze bei der letzten Überarbeitung der GRW kann nach der in der Literatur einheitlich vertretenen Auffassung[178] davon ausgegangen werden, dass bei Einhaltung der GRW 1995 auch die höherrangigen vergaberechtlichen Anforderungen erfüllt werden.

## 3. Rechtsnatur des Architektenvertrages

*Literatur*

*Schmalzl*, Zur Rechtsnatur des Architektenvertrages nach der neueren Rechtsprechung, BauR 1977, 80; *Barnikel*, Die Rechtsnatur des Architektenvertrages, BauR 1979, 202; *Barnikel*, Ist die Objektüberwachung, Objektbetreuung und Dokumentation nach Dienstvertragsrecht zu beurteilen?, BlGBW 1981, 124; *Korbion*, Vereinbarung der VOB/B für planerische Leistungen, Festschrift für Locher, 1990, 127; *Quack*, Ein Architektenvertrag für die Praxis, BauR 1995, 143.

**645** Das Bürgerliche Gesetzbuch kennt den Typ des besonderen Architektenvertrages nicht. In der Praxis gibt es einen einheitlichen Architektenvertrag ebenfalls nicht. Daher können Bauherr und Architekt ihren Vertrag im Rahmen der Vertragsfreiheit so gestalten, wie es ihren gemeinsamen Interessen unter Berücksichtigung der auszuführenden Architektenleistungen am besten entspricht.

**646** Rechtsprechung und Rechtslehre waren sich Jahrzehnte uneinig, ob man den Architektenvertrag dem Werkvertragsrecht (§§ 631 ff. BGB) oder dem Dienstvertragsrecht (§§ 611 ff. BGB) zuordnen soll. Der Unterschied besteht darin, dass bei einem Werkvertrag ein Erfolg, nämlich die Herstellung eines Werkes, bei einem Dienstvertrag nur eine Tätigkeit, ein Wirken schlechthin, geschuldet wird. Die Beantwortung, unter welche Rechtsform der Architektenvertrag fällt, hat nicht nur theoretische Bedeutung, sondern übt erheblichen Einfluss auf die gesamten Rechtsbeziehungen zwischen dem Bauherrn und dem Architekten aus. Von der **Rechtsform** des Architektenvertrages hängt insbesondere ab, wie die Haftung, die Gefahrübertragung, die Vergütung und ihre Sicherung, die Verjährung und die Kündigungsmöglichkeiten ausgestaltet sind.

**647** Die Einordnung des Architektenvertrages macht deshalb so erhebliche Schwierigkeiten, weil die einzelnen typischen Architektenleistungen sehr verschiedener Natur sind und teilweise werkvertraglichen, teilweise aber auch dienstvertraglichen Charakter aufweisen. Aus diesem Grunde muss stets – ausgehend von der dem Architekten übertragenen Architektenleistung – differenziert werden. Dabei steht die Prüfung im Vordergrund, ob der Architekt nur ein „Wirken" im Sinne des Dienstvertragsrechts oder eine auf einen Erfolg zielende Tätigkeit schuldet.[179]

* **Vollarchitektur**

**648** In seiner grundlegenden Entscheidung vom 26. November 1959 hat der **BGH**[180] den Architektenvertrag, der **sämtliche Leistungen** umfasst (**Vollarchitektur**), als einen **Werkvertrag** gekennzeichnet, weil der vom Architekten entworfene und gefertigte Bauplan zweifellos für sich genommen ein Werk im Sinne des § 631 BGB darstellt; in ihm verkörpere sich die **geistige Arbeit** des Architekten.[181] Seine Bedeu-

---

178) Für viele: *Weinbrenner/Jochem/Neusüß*, S. 60 ff.; *Brunnert*, DAB 1996, 396.
179) Vgl. hierzu BGH, NJW 2002, 3323 = ZfBR 2003, 24.
180) NJW 1960, 431 = MDR 1960, 217; st. Rspr. des BGH: BauR 2000, 128 = NJW 2000, 133 = ZfBR 2000, 97 = MDR 1999, 1499 m. Nachw.
181) Allg. Meinung in der Literatur; vgl. für viele: *Locher/Koeble/Frik*, HOAI, Einl. Rdn. 4.

tung trete auch dann nicht zurück, wenn der Architekt zugleich seinen Plan ausführe und die dafür erforderlichen Arbeiten leite und überwache:

**649** „Die planende wie die bauleitende Tätigkeit des Architekten dienen der Herbeiführung desselben Erfolges (§ 631 II BGB), der Erstellung des Bauwerkes. Der auch mit der Oberleitung und Bauführung betraute Architekt schuldet zwar nicht das Bauwerk selbst als körperliche Sache. Er hat aber durch zahlreiche ihm obliegende Einzelleistungen dafür zu sorgen, dass das Bauwerk plangerecht und frei von Mängeln entsteht und zur Vollendung kommt. Die erforderlichen Verhandlungen mit Behörden, die Massen- und Kostenberechnung, das Einholen von Angeboten, das Vergeben der Aufträge im Namen des Bauherrn, insbesondere der planmäßige und reibungslose Einsatz der an dem Bauwerk beteiligten Unternehmer und Handwerker, die Überwachung ihrer Tätigkeit auf Einhaltung der technischen Regeln, behördlichen Vorschriften und vertraglichen Vereinbarungen, die Abnahme der Arbeiten, die Feststellung der Aufmaße, die Prüfung der Rechnungen, alle diese Tätigkeiten dienen der Verwirklichung des im Bauplan verkörperten geistigen Werkes und haben somit den Zweck, den dem Bauherrn geschuldeten Erfolg, nämlich die mängelfreie Errichtung des geplanten Bauwerkes, zu bewirken."

* **Planungstätigkeit**

**650** Wird dem Architekten gemäß § 15 Nr. 1–7 HOAI nur die Vorbereitung (Grundlagenermittlung) und/oder die Planung des Bauvorhabens (Vorplanung, Entwurfsplanung, Genehmigungsplanung, Ausführungsplanung sowie Vorbereitung der Vergabe und Mitwirkung bei der Vergabe) oder ein Teilbereich hiervon übertragen, ist der entsprechende Vertrag als **Werkvertrag** zu werten.[182] Ist dem Architekten nur die Leistungsphase **Grundlagenermittlung** (§ 15 Nr. 1 HOAI) übertragen, soll nach bestrittener Ansicht[183] ein **Dienstvertrag** vorliegen, weil die Beratungstätigkeit zum Leistungsbedarf gehöre und das Formulieren von Entscheidungshilfen nicht erfolgsbezogen sei.

* **Bauüberwachung**

**651** Wird dem Architekten **ausschließlich** die Objektüberwachung (§ 15 Nr. 8 HOAI) übertragen, liegt ein **Werkvertrag** vor.[184]

* **Objektbetreuung/Dokumentation**

**652** Sind dem Architekten lediglich die Leistungen des § 15 Nr. 9 HOAI (Objektbetreuung und Dokumentation) übertragen worden, ist gleichwohl **Werkvertragsrecht** *anzuwenden*, weil es sich hier um eine **erfolgsbezogene** und nicht nur betreuerische Einzelleistung handelt; es steht nicht entgegen, dass das Bauwerk vor Eintritt dieser Phase regelmäßig schon errichtet ist (vgl. Rdn. 213).[185]

---

182) **Herrschende Meinung**; vgl. *Bindhardt/Jagenburg*, § 2 Rdn. 68 ff.

183) So *Locher*, Rdn. 224; *Bindhardt/Jagenburg*, § 2, Rdn. 80; *Motzke* in: Graf von Westphalen, Klauselwerke/Architektenvertrag, Rdn. 26; a. A.: *Pott/Frieling*, Rdn. 115 sowie *Wirth* in Korbion/Mantscheff/Vygen, Einf. Rdn. 57 (Werkvertrag, da auch Leistungsphase 1 erfolgsbezogen).

184) BGH, NJW 1982, 438 = BauR 1982, 79 = ZfBR 1982, 15. Zum werkvertraglichen Charakter einer **baubegleitenden Qualitätsüberwachung** vgl. *Vygen*, Festschrift für Jagenburg, S. 933, 943 und BGH, BauR 2002, 315.

185) Ebenso: *Löffelmann/Fleischmann*, Rdn. 56, 636; *Locher/Koeble/Frik*, Einl., Rdn. 6; *Motzke/Wolff*, S. 20 u. *Motzke* in Graf von Westphalen, Klauselwerke/Architektenvertrag, Rdn. 33; **a. A.:** OLG Hamm, NJW-RR 1995, 400, 401 für „Teilobjektbetreuung" (Beratung wegen fehlerhafter Innenputzarbeiten); *Pott/Frieling*, Rdn. 124; *Schwenker* in Thode/Wirth/Kuffer, § 4, Rdn. 10.

\* Sonstige Einzelleistungen

Ein **Werkvertrag** ist auch anzunehmen, wenn der Architekt mit der **künstlerischen Oberleitung** neben der Objektplanung beauftragt wird, reine **Vermessungstätigkeit**[186] leistet, er mit der Erstattung eines **Privatgutachtens**[187] oder der Erstellung einer **Kostenschätzung** (Kostenberechnung) nach DIN 276[188] betraut wird. **Dienstvertragsrecht** gilt, wenn der Architekt nur die Tätigkeit eines **verantwortlichen Bauleiters** im Sinne der Landesbauordnungen übernimmt.[189] Das gilt nach OLG Hamm[190] auch für den Fall, dass ein Kaufinteressent einen Architekten zur Hausbesichtigung hinzuzieht, um eventuelle Mängel festzustellen, weil es sich insoweit um einen reinen Beratungsvertrag handeln soll. Überwacht der Architekt **Renovierungsarbeiten**[191] oder wirkt er lediglich bei der **Finanzierung** des Bauvorhabens mit, ist auch hier Dienstvertragsrecht anzuwenden. Dienstvertragsrecht hat das OLG Celle[192] auch dann angenommen, wenn ein Architekt die **wirtschaftliche Beratung** und **technische Betreuung** bei der Errichtung eines Bauvorhabens übernimmt. Werden Teilleistungen aus bestimmten Leistungsphasen des § 15 HOAI übertragen, ist im Einzelnen abzuwägen, ob eine erfolgsbezogene Tätigkeit des Architekten oder ein „Wirken" i.S. d. Dienstvertragsrechts vorliegt.[193] Werden dem Architekten sämtliche Aufgaben der **BaustellV** (vgl. Rdn. 784) übertragen, hat der Vertrag zwischen Bauherrn und Architekt **werkvertraglichen Charakter;**[194] das kann anders sein, wenn von Letzterem nur einzelne Aufgaben der BaustellV vertraglich zu erfüllen sind. Werkvertrag ist auch anzunehmen bei **baubegleitender Qualitätsüberwachung** durch einen Architekten/Projektsteuerer.[195]

**653**

### 4. Wirksamkeit des Architektenvertrages

*Literatur*

*Weyer*, Gründe für eine Nichtigkeit des Architektenvertrages und dessen Abwicklung, BauR 1984, 324; *Kniffka*, Die Zulässigkeit rechtsbesorgender Tätigkeiten durch Architekten, Ingenieure und Projektsteuerer, ZfBR 1994, 253 u. ZfBR 1995, 10; *Scholtissek*, Rechtsberatung durch den Architekten? (!), Festschrift für Ganten (2007), 65.

Der vertragliche Honoraranspruch des Architekten setzt einen **wirksamen** Architektenvertrag voraus; insoweit gelten uneingeschränkt die allgemeinen bürgerlich-rechtlichen Vorschriften (insbesondere also die §§ 119, 123, 134, 138 BGB). Da der Architektenvertrag grundsätzlich **keiner bestimmten Form** bedarf, kann er **schriftlich, mündlich** oder **konkludent** (vgl. Rdn. 611 ff.) abgeschlossen werden.

**654**

---

186) BGH, BauR 1973, 332.
187) BGH, NJW 1967, 719; *Locher*, Rdn. 224.
188) *Pott/Frieling*, Rdn. 123; *Locher*, Rdn. 224.
189) *Pott/Frieling*, Rdn. 124; *Schmalzl*, Haftung, Rdn. 23 a. E. u. BauR 1977, 80, 84; **a. A.:** *Locher*, Rdn. 224 und *Bindhardt/Jagenburg*, § 2, Rdn. 78.
190) BauR 1999, 1323 (bedenklich).
191) *Bindhardt/Jagenburg*, § 2, Rdn. 82.
192) BauR 2004, 1800.
193) Vgl. *Bindhardt/Jagenburg*, § 2, Rdn. 80 und *Locher*, Rdn. 224.
194) **Anderer Ansicht:** OLG Köln, IBR 2004, 628 – *Hänsel* (Dienstvertrag).
195) BGH, BauR 2002, 315 ff.; vgl. hierzu *Vygen* (Rechtliche Probleme der baubegleitenden Qualitätsüberwachung), Festschrift für Jagenburg (2002), 933, 943 und *Pause*, BTR 2004, 72.

Ein Architektenvertrag ist **nichtig**, wenn er

* gegen ein gesetzliches Verbot (§ 134 BGB),[196] z. B. das **Koppelungsverbot** (vgl. näher Rdn. 668 ff.), das Gesetz zur Bekämpfung der Schwarzarbeit[197] oder gegen das **Rechtsberatungsmissbrauchsgesetz**[198] verstößt.
* erfolgreich wegen **Irrtums** oder **arglistiger Täuschung** (§§ 119, 123 BGB), z. B. wegen fehlender Architekteneigenschaft,[199] **angefochten**[200] wird (vgl. Rdn. 608, 2334);
* **der notariellen Form** bedarf, weil er in Verbindung oder in rechtlichem Zusammenhang mit einem Grundstücksverkauf abgeschlossen worden ist[201] (z. B. Honorarabrede als Kompensationsgeschäft: anstatt Honorarzahlung Übertragung einer Eigentumswohnung; vgl. auch Rdn. 607).
* öffentlich-rechtliche **Formvorschriften** oder **Vertretungsbefugnisse** (z. B. nach der jeweiligen Gemeindeordnung/Kommunalgesetz oder nach dem Genossenschaftsgesetz) **nicht beachtet** (vgl. Rdn. 667 a. E.)[202] und auch später keine entsprechende Genehmigung nachgeholt wird.

---

196) Vgl. BGH, BauR 1999, 1047 = NJW-RR 1999, 1323 = NJW 1999, 2266 (keine grundsätzliche Nichtigkeit eines Architektenvertrages bei **Bestechung** eines Geschäftsführers der Auftraggeberin); BGH, NJW 2001, 1414 (sittenwidrige Nachtragsvereinbarung).
197) Insoweit ist ein Verstoß beider Parteien erforderlich, um eine Unwirksamkeit des Vertrages annehmen zu können; ein einseitiger Verstoß z. B. des Auftragnehmers gegen das Gesetz führt dagegen nicht zur Nichtigkeit, BGH, BauR 1985, 197 = ZfBR 1985, 16.
198) Vgl. BGH, BauR 1998, 193 = NJW 1998, 1228 = ZfBR 1998, 94 (Projektentwicklungsvertrag); BGH, BauR 2007, 567 = NZBau 2007, 182 (fachtechnische Überprüfung von Architektenleistungen und deren Berechnung keine unerlaubte Rechtsberatung); BGH, NJW 1976, 1635 = BauR 1976, 367 (Tätigkeit bei der Vertragsgestaltung); BGH, NJW 1978, 322 = BauR 1978, 60 (erlaubter Umfang der Rechtsberatung durch den Architekten); BGH, NJW 1973, 1457 = BauR 1973, 321 = *Schäfer/Finnern*, Z 3.01 Bl. 512 (Unterstützung des Bauherrn bei der Mängelbeseitigung); BGHZ 60, 1 = NJW 1973, 237 = BauR 1973, 120 (zur steuerrechtlichen Beratung); KG, OLGR 1994, 156 (Durchsetzung von abgetretenen Schadensersatzansprüchen durch Honorareinzugsstelle des Architektenverbandes); siehe ferner grundlegend: *Kniffka*, ZfBR 1994, 223 u. ZfBR 1995, 10; *Bindhardt/Jagenburg*, § 2, Rdn. 102 m. w. Nachw.; OLG Düsseldorf, BauR 1998, 407 [LS] (Befugnis der Rechtsberatungs- und Honorareinzugsstelle des BDA e. V. zur gerichtlichen Geltendmachung treuhänderisch abgetretener Forderungen). Vgl. hierzu insbesondere *Scholtissek*, Festschrift für Ganten, S. 65 ff.
199) Vgl. OLG Düsseldorf, BauR 1973, 329; BauR 1982, 86; OLG Stuttgart, BauR 1979, 259; OLG Köln, BauR 1980, 372; BauR 1985, 338 (einschränkend); BauR 1986, 467 = *SFH*, Nr. 2 zu § 1 HOAI.
200) Vgl. OLG Düsseldorf, BauR 1996, 574 (kein Anfechtungsgrund bei „nicht einschlägigen Vorstrafen" des Geschäftsführers der beauftragten GmbH).
201) OLG Düsseldorf, NJW-RR 1993, 667; vgl. auch BGH, NJW-RR 1993, 1421.
202) Vgl. hierzu BGH, BauR 2004, 495 (Vertretungsmacht nach dem Kommunalgesetz für Städte, Gemeinden und Landkreise) = IBR 2004, 121 – *Englert*; BauR 1998, 576 = ZfBR 1998, 147; BGH, BauR 1994, 363; BGH, NJW 1980, 117; OLG Brandenburg, IBR 2005, 330 – *Bormann*; OLG Frankfurt, NJW-RR 1989, 1425 u. 1505; *Korbion/Mantscheff/Vygen*, § 1 HOAI, Rdn. 13; OLG Hamm, ZfBR 1995, 33; vgl. auch OLG Köln, BauR 1991, 642 (zur Formbedürftigkeit des Architektenvertrages nach § 313 BGB); *Locher/Koeble/Frik*, Einl., Rdn. 40 weisen zu Recht darauf hin, dass entsprechende Verträge ohne Einhaltung der meist landesrechtlichen Formvorschriften zunächst nur zu einem schwebend unwirksamen Vertrag führen, weil es sich insoweit nicht um gesetzliche Formvorschriften im Sinne des § 125 BGB handelt.

## Wirksamkeit des Architektenvertrages — Rdn. 655–656

* ohne notwendige **Genehmigung** (z. B. der bischöflichen Behörde nach dem Vermögensverwaltungsgesetz vom 24. Juli 1924) abgeschlossen wird und eine entsprechende schriftliche Genehmigung später nicht erfolgt.[203]
* als **Scheingeschäft** abgeschlossen wurde[204] oder
* eine **Bedingung** enthält und diese nicht eintritt (vgl. Rdn. 656 ff.)

Ein Verstoß gegen die Formvorschriften der HOAI begründet dagegen noch nicht die Unwirksamkeit des Architektenvertrages (vgl. Rdn. 697).[205] Im Einzelfall kann die Berufung auf das Fehlen einer Wirksamkeitsvoraussetzung (insbesondere Schriftform) gegen Treu und Glauben (§ 242 BGB) verstoßen,[206] z. B. wenn eine der Parteien die andere arglistig von der Wahrung der Schriftform abgehalten hat[207] (vgl. hierzu Rdn. 739). Der BGH[208] hat ferner entschieden, dass sich eine Gemeinde ausnahmsweise dann nicht auf einen Verstoß gegen die Formvorschriften der Gemeindeordnung berufen kann, wenn das nach der Gemeindeordnung für die Willensbildung zuständige Organ den Abschluss des Verpflichtungsgeschäftes gebilligt hat. **655**

Auch eine (vielfach im Baugewerbe übliche) „**Ohne-Rechnung-Abrede**" führt grundsätzlich **nicht** zur Nichtigkeit des gesamten Architektenvertrages, da der Hauptzweck des Vertrages nicht die Steuerhinterziehung ist.[209] Daher ist lediglich die Abrede, die Leistung des Architekten ohne Rechnung zu honorieren, unwirksam.

Nicht selten werden Architektenverträge abgeschlossen, bevor sichergestellt ist, ob das Bauvorhaben überhaupt durchgeführt werden kann. So ist vielfach noch unklar, ob das Grundstück „bebaubar" oder die Finanzierung[210] gesichert ist. Häufig ist der Bauherr bei Abschluss des Architektenvertrages noch nicht Eigentümer des Baugrundstücks. In diesen Fällen kann **nicht angenommen** werden, der **Architektenvertrag werde unter einer Bedingung** (z. B.: Grundstück = Bauland; Sicherstellung der Finanzierung; tatsächlicher Erwerb des Grundstücks) geschlossen. Hierfür müssen im Einzelfall weitere Umstände hinzutreten.[211] Vereinbaren die Parteien, **656**

---

203) OLG Hamm, NJW-RR 1988, 467 = BauR 1988, 742 = MDR 1988, 860; vgl. hierzu auch OLG Köln, BauR 1994, 112 = NJW-RR 1994, 211 = ZfBR 1994, 18; KG IBR 2001, 674. Auch entsprechende Verträge sind zunächst schwebend unwirksam, weil die kirchenrechtlichen Regelungen keine gesetzlichen Formvorschriften im Sinne des § 125 BGB sind.
204) OLG Hamm, NJW-RR 1996, 1233.
205) OLG Saarbrücken, IBR 2004, 210.
206) OLG Saarbrücken, IBR 2004, 210; OLG Frankfurt, NJW-RR 1989, 1505; OLG Koblenz, BauR 2003, 570 = NZBau 2003, 282 (Formmangel unerheblich, wenn die Parteien ihre mündliche Vereinbarung durchgeführt haben); vgl. hierzu auch *Werner*, Festschrift für Locher, S. 289 ff.
207) OLG Saarbrücken, IBR 2004, 210; OLG Stuttgart, BauR 1981, 404.
208) BauR 1994, 363 = ZfBR 1994, 123; vgl. hierzu auch OLG Naumburg, ZfBR 1994, 133.
209) BGH BauR 2001, 630 = NZBau 2001, 195 = ZfBR 2001, 175; **a. A.:** OLG Hamm, BauR 1997, 501 = NJW-RR 1997, 722 = OLGR 1997, 44 = ZfBR 1997, 151.
210) Zum Beispiel, eine staatliche Förderungszusage erfolgt nicht (vgl. hierzu KG, NJW-RR 1988, 21 = BauR 1988, 624).
211) Vgl. OLG Karlsruhe, BauR 1985, 236; BGH, BauR 1985, 467 = ZfBR 1985, 181; **a. A.:** wohl OLG Hamm, BauR 1987, 582. Vgl. auch KG, BauR 1988, 624, 626 und OLG Schleswig, IBR 2003, 310 – *Schulze-Hagen* (die Vereinbarung über die Erbringung einer sog. Schubladenplanung steht im Zweifel unter der aufschiebenden Bedingung des Erwerbs eines Grundstücks). Zur Abgrenzung von Bedingung und Stundungsabrede vgl. OLG Frankfurt, IBR 2005, 27 – *Schmidt-Hofmann*.

dass das Honorar des Architekten nur „im Falle der Projektentwicklung" geschuldet ist, so stellt dies allerdings eine aufschiebende Bedingung dar, wobei die Bedingung nur dann eintritt, wenn das Projekt in der Weise realisiert wird, wie es der Architekt geplant hat.[212]

Häufig werden Architekten bei ihrer Beauftragung **Baukostenobergrenzen** vom Bauherrn vorgegeben (vgl. im Einzelnen Rdn. 1781 ff.). Auch in einem solchen Fall kommt der Architektenvertrag nicht unter einer aufschiebenden Bedingung zu Stande. Allerdings ist bei einer solchen Fallgestaltung nach Auffassung des OLG Düsseldorf[213] davon auszugehen, dass der Architektenvertrag zunächst nur auf die Leistungsphasen 1 und 2 des § 15 HOAI (Grundlagenermittlung und Vorplanung) beschränkt ist, weil erst mit der Kostenschätzung (Grundleistung bei der Vorplanung) festgestellt werden kann, ob die Baukostenobergrenze eingehalten werden kann. Das erscheint bedenklich, wenn der Architekt – trotz einer Baukostenobergrenze – ausdrücklich mit der Vollarchitektur beauftragt worden ist und die Beauftragung auch nicht stufenweise erfolgt.

**657** Die Nichterteilung einer **Baugenehmigung** hat auf die Wirksamkeit des Architektenvertrages und dessen Durchführbarkeit ebenfalls keinen Einfluss, weil die Leistungen des Architekten, insbesondere seine Planungen, an sich erbracht werden können. Die Baugenehmigung greift nicht unmittelbar in die zivilrechtlichen Verhältnisse der Parteien ein: Sie bringt lediglich zum Ausdruck, dass einem Bauvorhaben Hindernisse aus dem öffentlichen Baurecht nicht entgegenstehen.[214] Die zivilrechtliche Lösung bei versagter Baugenehmigung muss daher über die Rechtsinstitute des Wegfalls der **Geschäftsgrundlage** (§ 313 BGB) oder des **Verschuldens bei Vertragsschluss** (§ 311 Abs. 2 BGB i. V. m. § 280 BGB) gefunden werden. Entsprechendes gilt, wenn – unvorhersehbar – steuerliche Vergünstigungen wegfallen oder öffentlich-rechtliche Förderungsrichtlinien zum Nachteil des Bauherrn geändert werden.[215]

Allerdings kann eine **versagte Baugenehmigung** Einfluss auf den **Umfang** des Architektenhonorars haben (vgl. näher Rdn. 790 ff.).[216]

**658** Der **BGH**[217] hat in einem Fall, bei dem die Parteien bei Vertragsschluss wussten, dass das Grundstück noch kein „Bauland" und die Durchführung des Bauvorhabens deshalb ungewiss war, die Frage eines „bedingten" Architektenvertrages nicht angeschnitten, sondern lediglich die Frage geprüft, ob der Architektenvertrag auf eine **unmögliche Leistung** (§ 306 BGB a. F.) gerichtet und damit nichtig war, was jedoch **verneint** wurde. Der **BGH**[218] hat im Übrigen in ähnlich gelagerten Fällen nur dann einen bedingt abgeschlossenen Architektenvertrag angenommen, wenn dies deutlich in dem Vertrag zum Ausdruck gebracht wurde, etwa mit der vertraglichen Einschränkung „in Verbindung mit der Übernahme des Grundstücks ... als Voraussetzung".

---

212) So zutreffend auch OLG Hamburg, IBR 2005, 492 – *Götte*.
213) NJW-RR 1999, 1696.
214) OLG Saarbrücken, OLGR 2004, 303, 304; OLG München, BauR 1980, 274 (für den Bauvertrag).
215) Vgl. hierzu BGH, BauR 1990, 379 = ZfBR 1990, 173 = NJW-RR 1990, 601.
216) Vgl. hierzu OLG Düsseldorf, BauR 1986, 469 sowie BGH, BauR 1997, 1065 (Honorierung der Entwurfsplanung, nicht aber der Genehmigungsplanung bei stufenweiser Beauftragung).
217) BGH, WM 1972, 1457.
218) BGH, *Schäfer/Finnern*, Z 3.01 Bl. 300; ferner *Schäfer/Finnern*, Z 3.00 Bl. 13.

## Wirksamkeit des Architektenvertrages

Allerdings muss stets gefragt werden, in **welchem Umfang** dem Architekten **Leistungen in Auftrag** **659** gegeben worden sind. Ist dies zwischen den Parteien streitig, wird in aller Regel nur die Leistungsphase 1, unter Umständen auch die Leistungsphase 2 des § 15 HOAI, übertragen sein. Soll der Architekt unabhängig von dem Grundstückserwerb **weitere** Planungsleistungen erbringen, bedarf es hierzu einer klaren Absprache der Parteien, vor allem aber einer ausdrücklichen Willensäußerung des Bauherrn.[219] Entgegen dem OLG Hamm[220] ist es jedoch nicht die selbstverständliche Pflicht des Architekten, seinen Vertragspartner „ausführlich und eindeutig über das Verwertungsrisiko vorzeitiger, auf die Vermutung des Grundstückserwerbs hin zu erbringender Architektenleistungen hinzuweisen", da das von dem Bauherrn eingegangene Risiko offensichtlich ist und deshalb davon ausgegangen werden muss, dass sich der Auftraggeber des Architekten dieses eingegangenen Wagnisses auch bewusst ist.[221]

Das **Scheitern** eines Bauvorhabens aus einem von dem Architekten nicht zu vertretenden Grunde fällt grundsätzlich auch hinsichtlich des Honoraranspruchs des Architekten in den Risikobereich des Bauherrn. Eine andere Frage ist aber, ob bzw. inwieweit der Architekt bei Durchführung eines noch ungewissen Bauvorhabens schon Architektenleistungen erbringen darf, ohne sich schadensersatzpflichtig zu machen (vgl. hierzu Rdn. 790 ff.). **660**

Ist ein **Architektenvertrag unwirksam**, ist er nach den Grundsätzen der ungerechtfertigten Bereicherung (**§ 812 BGB**) (vgl. im Einzelnen Rdn. 1910 ff.) oder nach den Bestimmungen der GoA[222] (vgl. hierzu Rdn. 1896) abzuwickeln. **661**

Ist der Architektenvertrag **schriftlich** abgefasst, hat die Urkunde die **Vermutung der Vollständigkeit und Richtigkeit** für sich.[223] Zusätzliche oder andere Vereinbarungen, als in der Urkunde enthalten, müssen daher von dem dargelegt und bewiesen werden, der sich darauf stützt. **662**

Eine Vereinbarung der **VOB** als Bestandteil des Architektenvertrages ist nicht möglich, da sich die VOB auf Bau- und nicht auf Architektenleistungen bezieht.[224] **663**

Bei **mündlich** abgeschlossenen Architektenverträgen ist häufig **unklar, wer** bei einem Architektenvertrag der **Vertragspartner** des Architekten ist. Das ist eine Frage der Auslegung des Einzelfalls: Gehört das Grundstück **Ehegatten**, so sind diese im Zweifel die Vertragsparteien, insbesondere wenn sie gemeinsam die Verhandlungen mit dem Architekten geführt haben. Dies muss aber nicht immer der Fall sein; es kann im Einzelfall im Interesse der Eheleute sein, dass nur einer von ihnen Vertragspartner des Architekten wird und hierauf besonderen Wert legt. Bei einem Vertrag mit einer **Bauherrengemeinschaft** können ebenfalls Zweifel bestehen, wer als Vertragspartner von dem Architekten in Anspruch genommen werden kann (Bauträger oder Erwerber?).[225] Die „Bauherren" (= **Erwerber**) werden dem Architekten im Zweifel nur **anteilsmäßig** entsprechend den jeweiligen **Miteigentumsanteilen** haf- **664**

---

[219] OLG Hamm, BauR 1987, 582.
[220] A. a. O.
[221] Wie hier: *Locher/Koeble/Frik*, HOAI, Einl. 30.
[222] OLG Dresden, IBR 2003, 424.
[223] BGH, VersR 1960, 812; OLG Köln, BB 1975, 1606; OLG Nürnberg, *Schäfer/Finnern*, Z 3.00 Bl. 131; *Bindhardt/Jagenburg*, § 2, Rdn. 6.
[224] OLG Hamm, BauR 1990, 104; **a. A.:** LG Darmstadt, BauR 1979, 65 mit abl. Anm. *Kaiser*. Differenzierend: *Korbion*, Festschrift für Locher, S. 127 ff.
[225] Vgl. BGH, NJW 1980, 992 = BauR 1980, 262 = BB 1980, 1298; *Crezelius*, JuS 1981, 494 ff.

ten;[226)] kommt die Bauherrengemeinschaft nach Abschluss des Architektenvertrages nicht zu Stande und scheitert das Modell, kann eine Haftung des Treuhänders, Initiators oder Baubetreuers nach § 179 BGB in Betracht kommen.[227)] Kommen **mehrere Auftraggeber** in Betracht, wie dies häufig der Fall ist, sind nach OLG Frankfurt[228)] an die Darlegungs- und Beweislast für den konkludenten Abschluss eines Architektenvertrages besonders strenge Anforderungen zu stellen.

**665** In Formularverträgen, insbesondere der öffentlichen Hand (z. B. in den RBBau-Richtlinien für die Durchführung von Bauaufgaben des Bundes im Zuständigkeitsbereich der Finanzbauverwaltungen) sind vielfach Bestimmungen zu finden, die deutlich von den gesetzlichen Regelungen, aber auch vom System der HOAI abweichen und damit unwirksam sind.[229)]

**666** Bei der **stufenweisen Beauftragung eines Architekten**[230)] liegt ein wirksamer Architektenvertrag nur hinsichtlich der (jeweils) beauftragten Stufe vor; bei dieser Art der Beauftragung schließen damit die Vertragsparteien **mehrere** Einzelverträge ab. Diese Möglichkeit wählen vielfach **vorsichtige** Auftraggeber, wenn noch nicht abschließend feststeht, ob das Bauvorhaben tatsächlich durchgeführt wird oder Ungewissheit besteht, ob das Bauvorhaben überhaupt genehmigungsfähig ist, oder die Leistungsfähigkeit des Architekten zunächst überprüft werden soll. Es gibt in der Baupraxis verschiedene **Varianten** der stufenweisen Beauftragung, z. B. die Übertragung der Leistungsphasen 1–5 (Grundlagenermittlung bis Ausführungsplanung) des § 15 HOAI als „Stufe 1" und sodann – als „**Stufe 2**" – die Beauftragung der weiteren Leistungsphasen 6–9 (Vorbereitung der Vergabe bis Objektbetreuung und Dokumentation) des § 15 HOAI. Denkbar und üblich ist auch die Auftragserteilung in „**kleineren Schritten**", z. B. als Stufe 1 die Leistungsphasen 1–2 des § 15 HOAI (Grundlagenermittlung und Vorplanung), als Stufe 2 die Leistungsphasen 3–4 des § 15 HOAI (Entwurfsplanung und Genehmigungsplanung) usw.[231)] Die stufenweise Beauftragung hat auch Auswirkung auf die **Gewährleistung;** wird ein Architekt z. B. zunächst nur mit der Erstellung der Entwurfsplanung beauftragt, so schuldet er auch nur **diese** als Werkerfolg; die **Mangelhaftigkeit** seiner Tätigkeit kann sich daher ausschließlich „**nach diesem Planungsstadium**" richten.[232)]

**667** Wenn in Architektenverträgen mit stufenweiser Beauftragung für die weitere Auftragserteilung **Schriftform** vorgesehen ist, bedarf es insoweit über den Architektenvertrag (Hauptvertrag) hinausgehender **weiterer** schriftlicher Willenserklärungen beider Vertragsparteien. Vielfach findet sich in Architektenverträgen mit stufenweiser Beauftragung jedoch die Bestimmung, dass die Übertragung einer oder mehrerer weiterer Stufen „**durch schriftliche Mitteilung**" erfolgt; der Auftragnehmer verpflichtet sich gleichzeitig, die weiteren Leistungsstufen zu erbringen. Bei einer solchen Vertrags-

---

226) Zum Unternehmensrecht s. Rdn. 1099 sowie BGH, NJW 1980, 992; *Locher/Koeble,* Rdn. 123 ff.
227) BGH, NJW 1989, 894 = BauR 1989, 92 = ZfBR 1989, 52 = DB 1989, 99; *Locher/Koeble/Frik,* HOAI, Einl., Rdn. 5; OLG Frankfurt, BB 1984, 692; *Scheffler,* DB 1982, 633.
228) BauR 2004, 112.
229) Vgl. hierzu im Einzelnen *Osenbrück,* Die RBBau, Werner Verlag, 4. Auflage, 2004; *Locher,* BauR 1986, 644 (für Ingenieurverträge).
230) Vgl. hierzu auch BGH, BauR 1997, 1065 u. *Werner,* BauR 1992, 695. Ferner OLG Braunschweig, BauR 2007, 903, 905.
231) Zu der stufenweisen Beauftragung in den Vertragsmustern des Bundes und der Länder vgl. *Werner,* a. a. O., S. 697.
232) BGH, BauR 1997, 1065, 1066.

gestaltung gibt der Architekt als Auftragnehmer seine vertragliche Willenserklärung zur Übernahme weiterer Leistungsstufen bereits mit dem Hauptvertrag ab; es bleibt dann dem Auftraggeber überlassen, dieses Angebot „durch schriftliche Mitteilung" anzunehmen. Erfolgt die Annahme durch den Auftraggeber, kommt der weitere Architektenvertrag erst **zu diesem** Zeitpunkt **zu Stande**, sodass sich das Honorar für diese weiteren, nunmehr in Auftrag gegebenen Architektenleistungen auch nur nach der jeweils dann gültigen Fassung der HOAI richten kann.[233]

Insbesondere die **öffentliche Hand** ist in der Regel an die **Formvorschriften** (z. B. durch die jeweiligen Gemeindeordnungen), die die **Schriftform** vorsehen, gebunden. Sie dienen dem Schutz der öffentlich-rechtlichen Körperschaften und ihrer Mitglieder.[234] Werden – ohne Einhaltung der gebotenen Schriftform – weitere Planungsstufen abgerufen bzw. beauftragt, müssen besondere Umstände vorliegen, die eine unzulässige Rechtsausübung gemäß § 242 BGB rechtfertigen, wenn sich die öffentliche Hand auf die Nichteinhaltung der Formvorschriften stützt. Das kommt beispielsweise in Betracht, wenn eine spätere Billigung des für das Verpflichtungsgeschäft zuständigen Organs vorliegt.[235]

Von der stufenweisen Beauftragung ist das **„Abrufen"** von Leistungs- oder Phasenstufen zu unterscheiden (vgl. hierzu Rdn. 747).

### a) Die Architektenbindung

*Literatur*

*Custodis*, Architektenbindungsklausel nach altem und neuem Recht, DNotZ 1973, 537; *Kroppen*, Zur Nichtigkeit vor dem 4.11.1971 abgeschlossener, mit dem Erwerb eines Grundstücks gekoppelter Architektenverträge, BauR 1974, 174; *Hesse*, Das Verbot der Architektenbindung, BauR 1977, 73; *Jagenburg*, Das Verbot der Architektenbindung im Spannungsfeld zwischen Vertragsfreiheit und Wirtschaftsordnung, BauR 1979, 91; *Weyer*, Gründe für eine Nichtigkeit des Architektenvertrages und dessen Abwicklung, BauR 1984, 324; *Hesse*, Verbot der Architektenbindung – Fehlschlag und Abhilfe, BauR 1985, 30; *Breiholdt*, Das „Koppelungsverbot" in der Rechtsprechung, Anmerkung zu Artikel 10 § 3 Mietrechtverbesserungsgesetz (MRVerbG), MDR 1987, 810; *Doerry*, Das Verbot der Architektenbindung in der Rechtsprechung des Bundesgerichtshofes, ZfBR 1991, 48; *Volmer*, Koppelungsverbot und Grundstücksveräußerung mit Bauplanung, ZfIR 1999, 249; *Grziwotz*, Angemessenheitsprüfung und Heilung bei Koppelungsgeschäften, ZfIR 2004, 847; *Pauly*, Das Koppelungsverbot des Art. 10 § 3 MRVG – ein alter Zopf muss weichen, BauR 2006, 769; *Werner/Christiansen-Geiss*, Nichtige Architektenkoppelungsvereinbarungen nach Artikel 10 § 3 MRVG und die notarielle Beurkundungspflicht des § 311 b BGB, Festschrift für Ganten (2007), 45.

Verstößt der Architektenvertrag gegen das sog. **Koppelungsverbot** von Grundstückserwerb und Architektenbindung, ist der Vertrag **unwirksam;** nach § 3 des Gesetzes zur Regelung von Ingenieur- und Architektenleistungen vom 4. November 1971 (Art. 10 § 3 MRVG)[236] ist eine Vereinbarung nichtig, durch die der Erwerber eines Grundstücks sich im Zusammenhang mit dem Erwerb verpflichtet, bei der Planung oder Ausführung eines Bauwerks auf dem Grundstück die **Leistung eines bestimmten Ingenieurs oder eines Architekten** in Anspruch zu nehmen. Sind mit

**668**

---

[233] OLG Düsseldorf, BauR 1997, 340; LG München, BauR 1996, 576; LG Koblenz, BauR 1996, 577; *Neuenfeld*, § 1 HOAI, Rdn. 11 a.

[234] BGH, BauR 1994, 363 = NJW 1994, 1528; OLG Stuttgart, BauR 2001, 288.

[235] BGH, a. a. O. Vgl. hierzu auch *Locher/Koeble/Frik*, Einl. Rdn. 44.

[236] BGBl. I, 1745; vgl. hierzu *Hesse*, BauR 1977, 73 ff. Nach OLG Düsseldorf (Urteil vom 21.8.2007, AZ. I – 21 U 239/06) bestehen keine verfassungsrechtlichen Bedenken gegen diese Vorschrift.

der vorgenannten unwirksamen Vereinbarung andere an sich gültige Vereinbarungen gebunden, richtet sich deren Wirksamkeit nach § **139 BGB**.[237)] **Ziel** des Gesetzes[238)] ist es nach der Begründung der Bundesregierung und dem Bericht des Rechtsausschusses,[239)] den Käufer eines Grundstücks nicht in der freien Wahl des Architekten zu behindern: Bei einer Koppelung zwischen Grunderwerb und Architektenvertrag beauftragt der Käufer einen Architekten, der über Bauland verfügt, ohne dessen Leistungsfähigkeit zu kennen oder auf diese abstellen zu können. Gleichzeitig soll der Aufbau einer monopolartigen Stellung von Architekten und Ingenieuren im Hinblick auf die vorhandene Grundstücksverknappung verhindert werden. Beides kann schnell zu Wettbewerbsverzerrungen führen. Am Beginn der Zusammenarbeit zwischen Architekt und Bauwilligen soll nicht das Angebot an Bauland, sondern seine fachliche Befähigung und persönliche Zuverlässigkeit stehen.

**669** **Die Wirksamkeit** des auf den **Erwerb des Grundstücks** gerichteten Vertrages bleibt durch den Verstoß **unberührt**. Das gilt auch für den Fall, dass nach dem Willen der Parteien der Grundstückserwerbsvertrag mit dem Architektenvertrag derart verknüpft ist, dass die Rechtsgeschäfte miteinander „stehen und fallen" sollen. Der Gesetzgeber hat durch die Schaffung des Art. 10 § 3 Satz 2 MRVG gerade zum Ausdruck gebracht, dass es für die Frage, welche Auswirkungen die Nichtigkeit des Architektenvertrages auf den Grundstücksvertrag hat, nicht auf den Parteiwillen ankommen kann.[240)]

**670** Grundsätzlich sind **zwei Fallgestaltungen** einer gesetzwidrigen Architektenbindung zu unterscheiden:

* zum einen, wenn der **Veräußerer** den Erwerb des Grundstückes in irgendeiner Form von der Beauftragung eines **bestimmten** Architekten abhängig macht;
* zum anderen, wenn der **Architekt** den Nachweis eines Baugrundstückes von der Verpflichtung des Käufers abhängig macht, **ihn** mit den entsprechenden Architektenleistungen zu beauftragen.

Die **Varianten** einer Architektenbindung können jedoch **vielgestaltig** sein. Im Einzelfall wird es stets eine tatrichterliche Aufgabe sein festzustellen, ob eine gesetzwidrige Koppelung zwischen Grunderwerb und Architektenauftrag vorliegt. Dabei ist von Bedeutung, dass eine ausdrückliche Koppelung (im Sinne einer Auflage oder Bedingung) nicht gegeben zu sein braucht; es reicht das **schlüssige Verhalten** der Beteiligten, die vom Gesetz missbilligte Verbindung gewollt zu haben.[241)] Der Architekt braucht somit nicht ausdrücklich den Nachweis eines zum Verkauf stehenden Grundstücks von einem Architektenauftrag abhängig zu machen. Der vom Gesetz unerwünschte Zusammenhang des Architektenvertrages mit dem Erwerb eines Bau-

---

237) OLG Köln, BauR 1976, 288, 290; *Hesse*, BauR 1977, 73, 79; BGH, NJW 1978, 1434 = BauR 1978, 232; KG, *SFH*, Nr. 8 zu Art. 10 § 3 MRVG; *Korbion/Mantscheff/Vygen*, MRVG Art. 10 § 3, Rdn. 41.
238) Kritisch hierzu *Korbion/Mantscheff/Vygen*, MRVG Art. 10, § 3, Rdn. 44.
239) BT-Drucksache VI 1549 S. 14, 15 und VI 2421; dazu kritisch: *Hesse*, BauR 1985, 30 ff.
240) Die Auffassung in der Vorauflage wird aufgegeben. Vgl. hierzu *Werner/Christiansen-Geiss* in Festschrift für Ganten, S. 45. Wie hier OLG Hamm, IBR 2006, 206 – *Christiansen-Geiss* sowie *Hesse*, BauR 1977, 73 ff., 79 sowie *Vygen* in Korbion/Mantscheff/Vygen, Art. 10 § 3 MRVG, Rdn. 38, 40. **A. A.:** OLG Koblenz, NotBZ 2001, 190 sowie OLG Köln, *Schäfer/Finnern*, Z 7.10 Bl. 8, 10.
241) BGH, BauR 1978, 495; OLG Celle, OLGR 2000, 323; OLG Hamm, BauR 1993, 494.

## Wirksamkeit des Architektenvertrages

grundstückes ist vielmehr auch dort anzunehmen, „wo das Verhalten des Architekten unter Berücksichtigung aller objektiv erkennbaren Begleitumstände als dahin gerichtete Willenserklärung zu verstehen ist und der Erwerber das auch so aufgefasst hat".[242]

**671** Das Gesetz ist seit seinem Inkrafttreten im Jahre 1971 von der Rechtsprechung stets **weit ausgelegt** worden.[243] Dies ist zum Teil kritisiert worden;[244] indes hat der **BGH** bis heute an seiner strengen Linie festgehalten, sodass dem Architekten kaum ein vertraglicher Spielraum bleibt, ein Grundstück (in Verbindung mit einem Architektenvertrag) nachzuweisen. Hinzu kommt, dass es nach der Rechtsprechung grundsätzlich **unerheblich** ist, **von wem** die **Initiative** in Bezug auf die Architektenbindung **ausgeht**; so kann ein Verstoß gegen das Koppelungsverbot vorliegen, wenn z. B. eine Maklerfirma die Vermittlung des Grundstücks von der Beauftragung eines Architekten abhängig macht.[245] Unerheblich ist auch, ob die Bindung in dem (Grundstücks-)Kaufvertrag oder in einem gesonderten Vertrag erfolgt;[246] maßgebend ist allein, dass der **Erwerber** eine **Verpflichtung zur Beauftragung eines Architekten** übernimmt, ohne die er aus rechtlichen, wirtschaftlichen oder tatsächlichen Gründen das Grundstück nicht erwerben kann.[247]

Nach der **umfänglichen Rechtsprechung** gilt im Wesentlichen Folgendes:[248]

**672** * Das gesetzliche **Koppelungsverbot** gilt auch, wenn Grunderwerb und Architektenauftrag **nicht in einem einheitlichen Vertrag** erfolgen oder die Architektenbindung nicht im Grundstückserwerbsvertrag ausgesprochen wird.[249] Es reicht, wenn die Architektenbindung selbst **außerhalb** des Grundstücksveräußerungsvertrages – aber **im Zusammenhang** mit dem Erwerb des Grundstücks – getroffen wurde. Der Zusammenhang zwischen Architekten- und Grundstücksveräußerungsvertrag besteht bereits, wenn der Veräußerer auf die Vereinbarung mit dem Architekten hingewirkt und den Abschluss des Veräußerungsvertrages von dieser Vereinbarung abhängig gemacht hat.[250] Es ist auch **nicht erforderlich**, dass **beide Verträge gleichzeitig** abgeschlossen werden.[251] Wird die Architektenbindungsabrede **vor** oder **bei** Abschluss des Grundstücksveräußerungsvertrages getroffen, so ist schon aufgrund dieser zeitlichen Reihenfolge der Anschein einer verbotenen Koppelung gegeben; es soll nämlich dadurch abgesichert werden, dass das Grundstück nicht ohne Architektenvertrag erworben werden kann.[252]

**673** * In aller Regel wird der Veräußerer auf den Käufer Einfluss nehmen, wenn er bereits **Pläne** für eine Bebauung in Auftrag gegeben hat und nun den Erwerber verpflichten will, nach diesen Plänen des Architekten zu bauen, umso von der eigenen Ver-

---

242) BGH, NJW 1981, 1840 = BauR 1981, 295; BauR 1978, 495 = ZfBR 1978, 80.
243) OLG Düsseldorf, BauR 1974, 283; LG Bonn, NJW 1973, 1843 u. OLG Hamm, BB 1973, 1604; OLG Köln, BauR 1976, 290.
244) *Jagenburg*, BauR 1979, 19 ff. u. *Bindhardt/Jagenburg*, § 2, Rdn. 122 ff.
245) BGH, BauR 1998, 579 = MDR 1998, 711 = NJW-RR 1998, 952 = ZfBR 1998, 186.
246) BGH, DB 1975, 1118 = NJW 1975, 1218 = BauR 1975, 288; OLG Düsseldorf, BauR 1975, 138; LG Köln, BauR 1974, 423; LG Bonn, NJW 1973, 1843; OLG Köln, BauR 1976, 288 u. 290.
247) BGH, NJW 1981, 1840 = BauR 1981, 295; *Pott/Frieling*, Rdn. 90.
248) Vgl. hierzu auch die Zusammenstellung bei *Korbion/Mantscheff/Vygen*, § 3 Art. 10 MRVG, Rdn. 43.
249) **Herrschende Meinung:** BGH, NJW 1975, 1218 = BauR 1975, 288 = DB 1975, 1118.
250) *Koeble*, BauR 1973, 26.
251) OLG Düsseldorf, BauR 1975, 138, 139.
252) OLG Düsseldorf, BauR 1976, 64.

pflichtung gegenüber dem Architekten freizukommen.²⁵³⁾ Auch aus anderen Gründen kann der Veräußerer ein Interesse haben, dass ein bestimmter Architekt eingeschaltet wird. Die Koppelung muss aber nicht mit dem Grundstücksveräußerer, sondern kann auch mit dem **Architekten selbst** getroffen werden.²⁵⁴⁾ **Unerheblich** ist somit, **wer Partner** einer verbotenen Koppelungsvereinbarung ist.²⁵⁵⁾ Eine Absprache des Architekten mit dem Grundstückseigentümer, also ein Zusammenwirken zwischen diesen beiden, ist nicht notwendig.²⁵⁶⁾ Geht die Initiative zur Koppelung vom **Erwerber selbst** aus, liegt eine unzulässige Architektenbindung nur vor, wenn der Architekt seinerseits den Grundstücksverkauf oder die Grundstücksvermittlung von dem Abschluss eines Architektenvertrages abhängig macht.²⁵⁷⁾

**674**
* **Der Eigentümer** braucht **keine Kenntnis** von der vom Architekten initiierten Koppelung zu haben.²⁵⁸⁾ Wird die Architektenbindung vom Grundstücksverkäufer veranlasst, kommt es wiederum auf die **Kenntnis** des **Architekten** nicht an.²⁵⁹⁾
* Überhaupt ist die **Kenntnis des Koppelungsverbotes unerheblich:** Trotz Kenntnis ist eine spätere Berufung auf das gesetzliche Verbot möglich, es sei denn, dass eine unzulässige Rechtsausübung vorliegt.²⁶⁰⁾ Wird der Architektenvertrag trotz Kenntnis des Koppelungsverbotes abgeschlossen, so ist und bleibt dieser unwirksam, weil durch die Kenntnis der Vertragsparteien das gesetzliche Verbot nicht geheilt oder aufgehoben werden kann. Daher kommt eine spätere Bestätigung i. S. des § 141 BGB nicht in Betracht.²⁶¹⁾

**675**
* Das gesetzliche Koppelungsverbot umfasst auch Vorverträge.²⁶²⁾

**676**
* Der Erwerb eines **Erbbaurechtes** darf nicht in einem Zusammenhang mit der Begründung einer Architektenbindung stehen.²⁶³⁾

**677**
* Wird ein Bauinteressent durch Inaussichtstellen eines Grundstückserwerbs zum Abschluss eines Architektenvertrages veranlasst, so ist dieser Vertrag selbst dann unwirksam, wenn es später nicht zum Grundstückserwerb kommt; die Wirksamkeit des Architektenvertrages kann nicht von dem späteren tatsächlichen Eintritt des Grundstückserwerbes abhängen.²⁶⁴⁾

---

253) BGH, NJW 1978, 1434 = BauR 1978, 232.
254) BGH, NJW 1975, 1218 = BauR 1975, 288 = DB 1975, 1118.
255) BGH, BauR 1998, 579 = MDR 1998, 711 = NJW-RR 1998, 952 = ZfBR 1998, 186 (Erwerber/Makler).
256) OLG Hamm, MDR 1974, 228; BGH, NJW 1975, 1218 = BauR 1975, 288 = BGHZ 64, 173.
257) BGH, a. a. O.; *Bindhardt/Jagenburg*, § 2, Rdn. 130 ff.
258) BGH, a. a. O.; OLG Hamm, a. a. O.
259) *Bindhardt/Jagenburg*, § 2, Rdn. 129.
260) Ebenso: *Bindhardt/Jagenburg*, § 2, Rdn. 138.
261) OLG Düsseldorf, BauR 1980, 480, 482; *Hesse*, BauR 1977, 73; *Pott/Frieling*, Rdn. 93; **a. A.:** *Weyer*, BauR 1984, 324, 329 sowie m. ausf. Begr. *Jagenburg*, BauR 1979, 91, 102; *Bindhardt/Jagenburg*, § 2, Rdn. 141, 163; *Korbion/Mantscheff/Vygen*, Art. 10 § 3 MRVG, Rdn. 35; vgl. auch OLG Düsseldorf, BauR 1975, 138, 140, das wohl von der Möglichkeit der Bestätigung ausgeht, wenn die Parteien dabei Kenntnis von der Fehlerhaftigkeit des Vertrages haben; ebenso: OLG Düsseldorf, *SFH*, Nr. 6 zu Art. 10 § 3 MRVG.
262) BGH, NJW 1975, 1218 = BauR 1975, 288 = BGHZ 64, 173; OLG Hamm, BauR 1975, 288, 290.
263) KG, NJW-RR 1992, 916 = ZfBR 1992, 70; *Hesse*, BauR 1977, 73, 75.
264) BGH, BauR 1982, 512; OLG Düsseldorf, BauR 1976, 64.

* Nach Auffassung des BGH[265)] greift das **Koppelungsverbot nicht** ein, wenn ein Käufer ein Grundstück von einem Architekten erwirbt und sich ein **Dritter** aus Eigeninteresse an dem Verkaufsgeschäft verpflichtet, **Honorar an den Architekten zu zahlen**. Diese Auffassung ist zutreffend. Nach dem Wortlaut des Art. 10 § 3 MRVG wird nur der Erwerber davor geschützt, sich an einen bestimmten Architekten zu binden. Soweit ein Dritter im Rahmen des Grundstückskaufvertrages sich verpflichtet, an den Architekten eine zusätzliche Zahlung zu leisten oder einen Auftrag an diesen zu erteilen, besteht die vom Gesetz missbilligte Drucksituation für den Erwerber nicht.

* Eine unzulässige Architektenbindung enthält auch eine im Zusammenhang mit dem Erwerb eines Grundstücks eingegangene **Verpflichtung eines Käufers**, ein Gebäude nach vom Verkäufer vor dem Grundstücksverkauf erstellten **Plänen** eines bestimmten Architekten zu errichten oder den zwischen dem Veräußerer und einem Architekten abgeschlossenen **Architektenvertrag zu übernehmen**.[266)] Dies gilt auch für die Verpflichtung eines Grundstückserwerbers, an den Architekten des Veräußerers eine „**Abstandszahlung**" zur Freistellung des Veräußerers aus den Verpflichtungen des Architektenvertrages zu leisten,[267)] sowie die Fallgestaltung, dass der Erwerber die Planung nicht verwerten will oder muss.[268)] Es stellt nach Auffassung des OLG Hamm[269)] auch einen Verstoß gegen das Koppelungsverbot dar, wenn der Architekt ein ihm gehörendes Grundstück im Zusammenhang mit einer fertigen Planung als „**Gesamtpaket**" an einen Bauträger verkauft. Dies ist ausnahmsweise anders zu beurteilen, wenn die Vergütung für die bereits erfolgte Architektenplanung als **Rechnungsposten in den Grundstückskaufpreis** einfließt und es sich somit nur um eine Frage der Kaufpreisgestaltung handelt.[270)]

**678**

Keinen Verstoß gegen das Koppelungsverbot nimmt der BGH[271)] zu Recht dann an, wenn der Eigentümer eines Grundstückes in einem Architektenvertrag verspricht, „darauf hinzuwirken", dass ein zukünftiger Erwerber des Grundstücks den Architekten im Rahmen der Bebauung mit entsprechenden Architektenleistungen beauftragen wird, weil hier keine Verpflichtung, sondern nur ein Bemühen übernommen wird.

Werden dem Käufer eines Grundstückes **Planungskosten** für die bereits erbrachte **Aufschließung des Grundstückes** aufgebürdet, liegt ein Verstoß nach Ansicht des

---

265) BauR 2006, 1334 = NZBau 2006, 520 = IBR 2006, 451 – *Schulze-Hagen* = NJW-RR 2006, 1249.
266) BGH, NJW-RR 1992, 1372 = BauR 1993, 104 = ZfBR 1993, 19; NJW 1978, 639 = BauR 1978, 147; BauR 1978, 232 = DB 1978, 1123.
267) BGH, NJW 1983, 227 = BauR 1983, 93 = BB 1983, 214 = WM 1982, 1325; OLG Hamm, BauR 1993, 494; OLG Köln, BauR 1994, 413 (LS). Zu solchen „Abstandszahlungen" vgl. *Doerry*, ZfBR 1991, 48, 51 sowie *Vollmer*, ZfIR 1999, 249, 252.
268) BGH, BauR 2000, 1213 = NJW 2000, 2354 = NZBau 2000, 343 = ZfBR 2000, 463 = MDR 2000, 879.
269) BauR 1993, 494 u. BauR 1993, 641 (LS). Vgl. hierzu auch LG Oldenburg, IBR 2004, 323.
270) BGH, BauR 2000, 1213 = NJW 2000, 2354 = NZBau 2000, 343 = ZfBR 2000, 463 = MDR 2000, 879; BauR 1978, 230; KG, IBR 2004, 22 – *Richter*; vgl. hierzu auch OLG Frankfurt, NJW-RR 1995, 1484.
271) BGH, BauR 2000, 1213 = NJW 2000, 2354 = NZBau 2000,, 343 = ZfBR 2000, 463 = MDR 2000, 879.

BGH[272]) nicht vor, weil sich das Verbot nicht gegen die Abwälzung solcher Kosten auf den Käufer wendet, die im Zeitpunkt der Veräußerung des Grundstückes durch dessen Erschließung bereits unvermeidlich entstanden waren und dadurch die Preiskalkulation beeinflusst haben.

*Vollmer*[273]) äußert Kritik an den vorerwähnten, sich teilweise widersprechenden Aussagen der Rechtsprechung. Er ist der Auffassung, dass der Verbotsbereich des Art. 10 § 3 MRVG lediglich eine Bindung des Käufers an einen Architekten für die Zukunft untersagt, nicht aber den Verkauf einer bereits bestehenden Planung. Dasselbe gilt, wenn der Einwand der fehlenden Schriftform eine unzulässige Rechtsausübung gemäß § 242 BGB darstellt.

680 \* Das Koppelungsverbot gilt auch für den Fall, dass der **Architekt selbst Eigentümer** des Grundstücks ist[274]) oder eine enge **wirtschaftliche Verflechtung**[275]) zwischen **Grundstückserwerber und Auftragnehmer** gegeben ist. Deshalb ist ein **Ingenieurvertrag**, der in unmittelbarem Zusammenhang mit der Vermittlung eines Grundstückskaufvertrages durch den Ingenieur abgeschlossen wurde, auch dann wegen Verstoß gegen das Koppelungsverbot nichtig, „wenn das Grundstück von der Ehefrau des Geschäftsführers und persönlich haftenden Gesellschafters einer Kommanditgesellschaft erworben wird, der Ingenieurvertrag aber mit der Kommanditgesellschaft abgeschlossen wird und diese auch von vornherein das Grundstück bebauen und das Bauobjekt anschließend weiterveräußern wollte".[276])

681 \* Veranstaltet eine Gemeinde als Eigentümerin eines Baugebietes einen **Architektenwettbewerb**, gibt sie den Preisträgern bestimmte Grundstücke „an die Hand" und verweist sie die an einem dieser Grundstücke interessierten Bauwilligen an den dafür „zuständigen" Architekten, so verstößt der von dem Bauwilligen mit dem Architekten geschlossene Vertrag auch dann gegen das Koppelungsverbot, wenn der Bauwillige lediglich die Bebauungsmöglichkeiten des Grundstücks erkunden wollte und zu diesem Zweck den Architekten mit der Anfertigung von Vorentwürfen beauftragt.[277]) Bestimmt die Gemeinde, dass die Bebauung in einem Sanierungsgebiet allein nach der preisgekrönten Planung eines bestimmten Architekten zu erfolgen hat, so verstößt nach Ansicht des OLG Köln[278]) ein mit diesem abgeschlossener Architektenvertrag nicht gegen das Koppelungsverbot, wenn im Übrigen „kein faktischer Zwang" zur Beauftragung gerade dieses Architekten besteht. Diese Auffassung erscheint bedenklich; zu Recht verweist das OLG Hamm[279]) darauf, dass die in den Auslobungsbedingungen einer Gemeinde als Eigentümer eines Grundstücks vorgesehene Verpflichtung des Grundstückserwerbers (z. B. einer Wohnungsbaugesellschaft), die Preisträger eines Architektenwettbewerbes

---

272) BGH, BauR 1979, 169, 170 = DB 1979, 1177; OLG Frankfurt, NJW-RR 1995, 1484; s. aber BGH, *SFH*, Nr. 10 zu Art. 10 § 3 MRVG für Auflagen, die der Erwerber erfüllen soll.
273) A. a. O., S. 254.
274) BGHZ 70, 55 = BauR 1978, 147; OLG Hamm, BauR 1993, 494 und BauR 1983, 482; LG Kiel, NJW-RR 1995, 981 (Architekt als „Zwischenerwerber", auch wenn er im Zeitpunkt des Vertragsabschlusses als Eigentümer noch nicht eingetragen war).
275) OLG Bamberg, BauR 2003, 1756 = IBR 2003, 546.
276) Vgl. OLG Düsseldorf, BauR 1985, 700.
277) BGH, BauR 1982, 512 = MDR 1983, 50.
278) NJW-RR 1990, 1110 = BauR 1991, 642.
279) NJW-RR 1996, 662 = OLGR 1996, 29; vgl. hierzu auch BGH, NJW 1987, 2369 sowie BauR 1982, 512 = NJW 1982, 2189; KG, NJW-RR 1992, 916; *Korbion/Mantscheff/Vygen*, § 3 Art. 10 MRVG, Rdn. 29.

## Wirksamkeit des Architektenvertrages   Rdn. 682–683

mit der Beplanung des Grundstückes zu beauftragen, gegen das Koppelungsverbot verstößt.

* Der **BGH**[280)] wendet Art. 10 § 3 MRVG im Übrigen nicht nur auf die üblichen **682** Leistungen eines Architekten nach der HOAI, sondern auch dort an, wo freiberufliche **Ingenieure oder Architekten** über die ihr Berufsbild prägenden Aufgaben hinaus zusätzliche Leistungen versprechen und damit wie **Generalübernehmer, Bauträger oder Baubetreuer**, gleich welcher Art, auftreten. Übernimmt ein Architekt z. B. außer den üblichen Architektenleistungen die Verpflichtung, gegen Zahlung eines **Festpreises** ein Haus **schlüsselfertig** und termingerecht herzustellen, wobei die Verträge mit den Bauhandwerkern stets für Rechnung und im Namen des Bauherrn abgeschlossen werden, ist der Architektenvertrag unwirksam, wenn er im Zusammenhang mit dem Erwerb eines Grundstücks steht. Das gilt auch, „wenn ein freiberuflicher Ingenieur oder Architekt wie ein Bauträger auf einem eigenen, dem Erwerber vorweg übertragenen Grundstück einen schlüsselfertigen Bau auf eigene Rechnung und eigenes Risiko errichtet".[281)]

Eine andere Beurteilung ist geboten, wenn sich der Architekt als **„Bauträger, Generalunternehmer** mit Planungsverpflichtung oder als Generalübernehmer zu der im Werkvertrag vorgesehenen schlüsselfertigen Errichtung des Hauses" auf einem vorweg zu erwerbenden Grundstück verpflichtet. In diesem Fall handelt der Architekt nicht mehr als Freiberufler, sondern wird als Generalunternehmer im eigenen Namen und für eigene Rechnung tätig, sodass der Grundgedanke des Gesetzes, nämlich den Wettbewerb unter Architekten und unter Ingenieuren nicht zu verzerren, nicht greifen kann.[282)]

* Das Koppelungsverbot ist grundsätzlich nicht leistungs-, sondern **berufsstands**- **683** **bezogen**.[283)] Daher ist es nicht anwendbar – auch nicht entsprechend – auf Personen, die zwar Architektenleistungen anbieten und erbringen, aber nicht Architekten i. S. des Gesetzes sind;[284)] ferner auch **nicht** auf Baubetreuungsverträge solcher Unternehmen, zu deren **berufstypischer Leistung** auch die Beschaffung und Erschließung von Baugrundstücken gehört, z. B. **Wohnungsbau- und Wohnungsbau-Betreuungsunternehmen**[285)] Dasselbe gilt für **Bauträger**, Generalunternehmer mit Planungsverpflichtung und sog. Generalübernehmer, die schlüsselfertige Bauten auf einem dem Erwerber **vorweg übertragenen** Grundstück errichten.[286)] In diesem Zusammenhang ist sorgfältig darauf zu achten, welche Leistungen des Baubetreuers in **unmittelbarem Zusammenhang** mit seinem

---

280) BauR 1978, 147; vgl. auch *Custodis*, MitRhNotK 1977, 173.
281) BGH, BauR 1991, 114 = ZfBR 1991, 14 = NJW-RR 1991, 143.
282) BGH, BauR 1993, 490 = NJW 1993, 2240; BGH, BauR 1989, 95 = NJW-RR 1989, 147 = MDR 1989, 154; ebenso: OLG Düsseldorf, BauR 1984, 418; *Jagenburg*, BauR 1979, 91, 107 u. *Bindhardt/Jagenburg*, § 2, Rdn. 149, 160; **a. A.:** *Weyer*, BauR 1984, 324, 326. Zur Gründung eines solchen Unternehmens als Umgehungsgeschäft: BGHZ 63, 302, 306.
283) BGH, BauR 1993, 490 = NJW 1993, 2240; BGH, BauR 1989, 95 = NJW-RR 1989, 147; NJW 1984, 732 = BauR 1984, 192 = ZfBR 1984, 83 = WM 1984, 339; LG Köln, BauR 1990, 634; kritisch *Hesse*, BauR 1985, 30 ff.
284) LG Köln, BauR 1990, 634.
285) BGH, NJW 1975, 259 = BauR 1975, 128; OLG Hamm, BauR 1993, 494; OLG Düsseldorf, NJW-RR 1993, 667; KG, BauR 1986, 598; OLG Köln, BauR 1976, 288, 289.
286) BGH, NJW 1984, 732 = BauR 1984, 192 = ZfBR 1984, 83 = WM 1984, 339; KG, IBR 2003, 22 – *Richter*.

**Leistungsangebot** stehen; vereinbaren die Parteien z. B., dass der Betreuer zunächst die Leistungsphasen 1 und 2 des § 15 HOAI zu erbringen hat, und sieht der Planungsvertrag für den Fall, dass der Bauinteressent die (vorgesehenen) Bauleistungen nicht in Anspruch nimmt, deren Vergütung vor, liegt nicht ohne weiteres ein Verstoß gegen das Koppelungsverbot des Art. 10 § 3 MRVG vor. Wird eine **Anrechnung** des vereinbarten Honorars „auf den Hausverkauf" vorgesehen, kann von einer unzulässigen Bindung nicht gesprochen werden.[287]

684 Im **Ausnahmefall** kann jedoch das Koppelungsverbot in Betracht kommen, wenn nämlich das Unternehmen **gezielt** zur Umgehung des Koppelungsverbotes gegründet ist, was in aller Regel aber schwer nachzuweisen sein wird.[288] Ein weiterer Ausnahmefall: Das Unternehmen wird von einem freiberuflichen Ingenieur oder Architekten „beherrscht".[289]

Der HessVGH[290] will das Koppelungsverbot sogar auf Wohnungsbauunternehmen anwenden, „wenn sie im jeweiligen Einzelfall nicht gemäß ihrem typischen Berufsbild gemeinsam Grundstücksverkauf und Baubetreuung am Markt anbieten, sondern, insbesondere ohne selbst über Grundstücke zu verfügen, mit isolierten Planungs- und Betreuungsleistungen unmittelbar mit Architekten oder Ingenieuren in Wettbewerb treten".

685 * Unerheblich ist, **wer auf der Käuferseite auftritt,** das Grundstück also erwirbt und die Architektenleistungen erhalten soll; das kann auch ein Bauträger oder Baubetreuer sein.[291]

686 * Begründet der Eigentümer im Wege der **„Vorratsteilung"** gemäß § 8 WEG **Wohnungseigentum**, so liegt ein Verstoß gegen das Koppelungsverbot des Art. 10 § 3 MRVG nicht vor, wenn die Erwerber sich im Zusammenhang mit dem Erwerb verpflichten, zur Errichtung des Gebäudes diejenige Planung zu verwenden, die nach § 7 Abs. 4 WEG der Bildung des Wohnungseigentums zugrunde gelegt war, und denjenigen Ingenieur oder Architekten mit der Ausführung zu beauftragen, der die Planung gefertigt hat.[292]

687 * Das Koppelungsverbot greift auch dann ein, wenn ein Architekt ein Grundstück **verkauft unter der Auflage,** entweder innerhalb von drei Jahren ein Bauwerk zu errichten oder das Grundstück an den Architekten zurückzuveräußern.[293]

688 * *Hesse*[294] hat weitere Hinweise für die Auslegung des Art. 10 § 3 MRVG gegeben: Danach sind die Bebaubarkeit des Grundstückes und der Grad der Bauerwartung ohne Bedeutung; unerheblich ist auch, ob der durch die Bindung Begünstigte zu Recht oder zu Unrecht die Berufsbezeichnung „Architekt" oder „Ingenieur" führt. Verboten ist schließlich jede vertragliche Vereinbarung, die dem Grundstückserwerber die Wahlmöglichkeit ganz oder teilweise nimmt. So kann der Erwerber nicht zugunsten einer begrenzten Zahl von Architekten oder Ingenieuren gebun-

---

287) BGH, BauR 1993, 490 = NJW 1993, 2240 = ZfBR 1993, 186.
288) BGH, a. a. O., m. Hinw. auf BauR 1975, 128; ferner: BGH, BauR 1989, 95 = NJW-RR 1989, 147; vgl. hierzu auch *Locher/Koeble*, Rdn. 66.
289) Vgl. BGH, NJW 1984, 732 = BauR 1984, 192 = ZfBR 1984, 83 = WM 1984, 339 (offen gelassen).
290) BauR 1985, 224 = NJW 1985, 1356; ebenso: OLG Köln, OLGR Köln 1992, 313.
291) OLG Hamm, BauR 1993, 494 mit Anm. von *Haß*.
292) BGH, BauR 1986, 464 = NJW 1986, 1811 = ZfBR 1986, 170.
293) BGH, WM 1982, 158.
294) BauR 1977, 73, 76/77.

den werden. Aus diesem Grund ist die Entscheidung des OLG Düsseldorf[295] bedenklich, wonach eine unzulässige Architektenbindung nicht vorliegen soll, wenn Grundstückserwerber aus einer Mehrzahl von Architekten, die an einem Architektenwettbewerb teilgenommen haben, „ihren" Architekten, den sie mit der Übernahme der Architektenleistungen beauftragen wollen, auswählen können.

Für die Annahme einer unzulässigen **Architektenbindung** ist es stets erforderlich, dass als **Ziel** die **Bindung des Grundstückskäufers an einen Architekten erstrebt** wird, also eine **Abhängigkeit gewollt** war und zur Grundlage des Geschäfts gemacht worden ist. Eine solche Bindung ist nur anzusetzen, „wo der Erwerber das Grundstück ohne diese Bindung oder ohne Inkaufnahme entsprechender, insbesondere wirtschaftlicher Nachteile nicht hätte bekommen können".[296] Deshalb liegt ein Verstoß gegen das Koppelungsverbot nicht vor, wenn der Erwerb des Grundstückes nach dem Willen der Vertragsparteien **auch ohne** Architektenbindung möglich ist.[297] Werden dem Erwerber im Zusammenhang mit dem Erwerb eines Baugrundstückes **nur Vorteile** für den Fall versprochen, dass er, ohne Übernahme einer Verpflichtung hierzu, bei der Planung oder Ausführung des Bauwerkes einen bestimmten Architekten beauftragt, so liegt darin kein Verstoß gegen das Koppelungsverbot.[298] Erwirbt ein Käufer ein vom Architekten bereits beplantes Grundstück ohne ausdrückliche Architektenbindung und beauftragt er später ohne rechtliche Verpflichtung diesen Architekten mit der Verwirklichung der Bauplanung, ist ebenfalls keine unzulässige Architektenbindung gegeben.[299]

**689**

Bei der sehr weit gehenden Auslegung des Gesetzes durch die Rechtsprechung ist schon beim **Anschein einer Verbindung** zwischen Grunderwerb und Architektenauftrag der **deutliche Hinweis** seitens des Architekten oder Grundstücksveräußerers **zu verlangen**, dass das Grundstück **auch ohne Architektenbindung erworben werden kann**.[300] Dieser äußere Anschein kann durch vielerlei Umstände erweckt werden, z. B. Anwesenheit des Architekten bei der notariellen Beurkundung des Grundstücksveräußerungsvertrages, bereits vorhandene Beplanung des Grundstücks, besonderes Engagement des Architekten bei der Verhandlung über den Grundstücksverkauf, Zurückhaltung des Eigentümers einerseits sowie Führung der Veräußerungsgespräche durch den Architekten andererseits, zeitliche Nähe der beiden Verträge usw.

**690**

Unter **besonderen Umständen** soll nach der Rechtsprechung des **BGH**[301] nicht einmal eine ausdrückliche Erklärung, mit der der äußere Anschein einer Architektenbindung entkräftet wird, ausreichen: Ergeben die objektiv erkennbaren Umstände, dass es **wesentlich vom Architekten abhängt**, wer ein bestimmtes Baugrundstück erwerben darf, kommt es für die Feststellung des vom Gesetz missbilligten Zusam-

**691**

---

295) BauR 1979, 71.
296) BGH, BauR 1979, 169, 171 = DB 1979, 1177; BGH, BauR 1982, 183 = ZfBR 1982, 77.
297) OLG Düsseldorf, BauR 1975, 138, 139; BauR 1976, 64, 65; *Locher*, Rdn. 219.
298) BGH, BauR 1979, 169.
299) BGH, BauR 1979, 530.
300) BGH, DB 1979, 935, 936; BauR 1978, 495, 497; OLG Hamm, BauR 1994, 494, 495 m. Anm. *Haß;* OLG Düsseldorf, BauR 1976, 64, 66.
301) NJW 1981, 1840 = BauR 1981, 295 = DB 1981, 2120 im Anschluss an OLG Düsseldorf, BauR 1980, 280; vgl. hierzu OLG Bamberg, BauR 2003, 1756 = IBR 2003, 546 (psychologischer Zwang reicht aus) – *Fischer*.

menhangs von Grundstückserwerb und Architektenvertrag in der Regel nicht darauf an, ob der Architekt oder eine von ihm bestellte Person während der Erwerbsverhandlungen erklärt, das Grundstück werde ohne Architektenbindung verkauft.

**692** Es kommt demnach entscheidend auf die **Sicht** des Grundstückskäufers und **Auftraggebers** des Architekten an; es ist zu fragen, wie sich für ihn die objektiven Umstände und der allgemeine Geschehensablauf darstellen. Grundsätzlich wird man allerdings davon ausgehen können, dass bei einer **ausdrücklichen** Erklärung, dass das Grundstück ohne Architektenbindung verkauft werde, im Regelfall ein gesetzliches Koppelungsverbot nicht gegeben ist.

**693** **Beweispflichtig für eine Koppelung** zwischen Grundstückserwerb und Architektenauftrag ist derjenige, der sich auf die Unwirksamkeit der entsprechenden Vereinbarung beruft; es gelten aber die dargelegten Grundsätze der Rechtsprechung, insbesondere also auch der **Beweis des ersten Anscheins**. Ein zeitlicher, räumlicher oder persönlicher Zusammenhang zwischen der Beauftragung eines Architekten und dem Erwerb eines Grundstückes ist deshalb im Einzelfall ein starkes Beweisanzeichen für ein Koppelungsverbot.[302]

**694** Ist mit einem (wegen des Koppelungsverbots) nichtigen Architektenvertrag ein Bauvertrag verbunden, hängt die Wirksamkeit dieses Vertrages nach **§ 139 BGB** davon ab, ob die Parteien den Werkvertrag auch ohne den Architektenvertrag abgeschlossen hätten;[303] das ist eine Tatfrage. Eine **Bestätigung** des nichtigen Architektenvertrages gemäß § 141 BGB durch die Vertragsparteien ist nicht **möglich**;[304] dies ist jedoch umstritten.[305]

**695** Die **Abwicklung** eines wegen des gesetzlichen Koppelungsverbotes **nichtigen Architektenvertrages** erfolgt über die Grundsätze der **ungerechtfertigten Bereicherung**, §§ 812 ff. BGB (vgl. hierzu im Einzelnen Rdn. 1910 ff.) oder im Einzelfall auch über die Geschäftsführung ohne Auftrag (vgl. hierzu im Einzelnen Rdn. 1896 ff.).[306] Ist das Bauvorhaben beendet oder hat der Architekt zumindest verwertbare Teilleistungen erbracht, kann häufig dahingestellt bleiben, ob der Architektenvertrag wirksam abgeschlossen wurde oder gegen das Koppelungsverbot verstößt;[307] sind nämlich keine besonderen Honorare vereinbart, hat der Bauherr jedenfalls die **Mindestsätze** der HOAI **als übliche Vergütung** zu zahlen.

* Ist der Architektenvertrag **wirksam**, folgt dies aus § 632 BGB (vgl. Rdn. 763 ff.).
* Bei **Unwirksamkeit** des Vertrages ist der Auftraggeber aus ungerechtfertigter Bereicherung (§ 812 BGB) zur Zahlung desselben Betrages verpflichtet:[308] Er hat dem Architekten das zu erstatten, was er dadurch erspart hat, dass er für die

---

302) BGH, BauR 1978, 232, 233 = NJW 1978, 1434; BauR 1978, 495; OLG Bamberg, BauR 2003, 1756 = IBR 2003, 546 (Architektenvertrag vier Wochen nach Grundstückskauf; Verstoß gegen Kopplungsverbot bejaht) – *Fischer*.
303) KG, *SFH*, Nr. 8 zu Art. 10 § 3 MRVG.
304) *Korbion/Mantscheff/Vygen*, Art. 10 § 3 MRVG, Rdn. 35.
305) Vgl. hierzu vor allem *Weyer*, BauR 1984, 324, 329 m. w. Nachw., auch zur Höhe des Architektenhonorars bei einer Bestätigung nach § 141 BGB.
306) Vgl. hierzu auch *Schwenker* in Thode/Wirth/Kuffer, Rdn. 145 ff.
307) Vgl. z. B. BGH, BauR 1984, 193, 194.
308) BGH, BauR 1982, 83 = ZfBR 1982, 20; OLG Hamm, BauR 1986, 710 = MDR 1986, 410 Nr. 56 u. BauR 1992, 271 (LS); LG Mönchengladbach, BauR 1988, 246.

## Wirksamkeit des Architektenvertrages

von seinem Architekten erbrachten Leistungen keinen anderen Architekten in Anspruch zu nehmen brauchte.[309] Dabei sind die **Mindestsätze** der HOAI als übliche Vergütung heranzuziehen (vgl. Rdn. 762 ff.).[310]

Die **Abwicklung** eines **unwirksamen Architektenvertrages**[311] **kann** im Übrigen zu **unerwünschten Ergebnissen** führen, wenn der Architekt neben den üblichen Architektenleistungen **besondere Verpflichtungen** (z. B. eine Festpreisgarantie oder eine Terminzusage für die Fertigstellung, verbunden mit einem Strafversprechen) übernommen hat. Die Nichtigkeit umfasst dann grundsätzlich auch diese besonderen Vertragsbestandteile. Dadurch kann sich folgende unbefriedigende Konsequenz ergeben: Ist der Bau vollendet oder weit fortgeschritten, kann der Architekt über § 812 BGB sein Honorar im Rahmen der üblichen Vergütung verlangen und die Fortsetzung seiner Tätigkeit verweigern, also u. U. einen halbfertigen Bau liegen lassen. Andererseits hat der Bauherr keine Möglichkeit, den Architekten zur Weiterarbeit zu veranlassen, Gewährleistungsansprüche wegen etwaiger Planungs- oder Bauaufsichtsmängel geltend zu machen und die Erfüllung der oben aufgezeigten besonderen Vertragsbedingungen zu erzwingen. Die Unwirksamkeit des Architektenvertrages kann deshalb die Parteien sehr unterschiedlich belasten.

Der Architekt handelt auch **nicht treuwidrig**, wenn er sich auf die Unwirksamkeit des Vertrages und deren Folgen beruft. Der Gesetzgeber hat – ähnlich wie beim Gesetz zur Bekämpfung der Schwarzarbeit – keine Regelung in der Weise getroffen, dass sich nur der Bauherr auf die Unwirksamkeit des Architektenvertrages stützen kann. Die möglichen Härten für den Bauherrn als Konsequenz dieses Gesetzes liegen damit auf der Hand. Dies ist umso bedauerlicher, als das Gesetz den freien Grundstücksmarkt im Interesse der Bauherren und Grundstückserwerber schützen wollte. Nur im Einzelfall wird man unter dem Gesichtspunkt der **unzulässigen Rechtsausübung** (§ 242 BGB) unerwünschte Härten des Gesetzes verhindern können,[312] wenn nämlich von dem Architekten eine Rechtslage ausgenützt wird, die durch gesetzwidriges, sittenwidriges oder vertragswidriges Verhalten geschaffen wurde; so kann ein unredliches Verhalten des Architekten vorliegen, wenn er von Anfang an von der Nichtigkeit des Vertrages Kenntnis hatte und dennoch besondere Verpflichtungen (Festpreisgarantie, Terminzusage) übernahm. Hier wird sich der Architekt u. U. so behandeln lassen müssen, als wäre der Vertrag wirksam abgeschlossen. **696**

### b) Verstoß gegen Höchst- und Mindestsätze

Nach § 4 Abs. 3 HOAI dürfen die in der Verordnung festgesetzten Höchstsätze nur bei „**außergewöhnlichen** oder **ungewöhnlich lange dauernden Leistungen**" überschritten werden; die Vereinbarung bedarf der Schriftform, und sie muss bei Auftragserteilung erfolgen (vgl. Rdn. 723 ff.). **697**

Ein **Verstoß** gegen § 4 Abs. 3 HOAI macht den Architektenvertrag **nicht unwirksam.**[313] Das Honorar ist vielmehr auf die Höchstsätze der HOAI im Wege der Umdeutung nach § 140 BGB zu ermäßigen, weil in aller Regel davon auszugehen

---

309) Zur Anwendbarkeit des § 818 BGB in diesem Zusammenhang vgl. Rdn. 1912 sowie OLG Hamm, BauR 1986, 711 = MDR 1986, 410, Nr. 57 = NJW-RR 1986, 449; ferner: *Breihold*, MDR 1987, 811; LG Kiel, NJW-RR 1995, 981 (zu § 817 Satz 2 BGB).
310) OLG Hamm, BauR 1992, 271 (LS)
311) Vgl. dazu auch *Weyer*, BauR 1984, 324 ff.; ferner: *Locher*, Festschrift für Vygen, S. 28.
312) Vgl. LG Oldenburg, IBR 2004, 323 – *Jasper* (Berufung auf Koppelungsverbot 8 Jahre nach Vertragsschluss).
313) **Herrschende Meinung:** statt vieler *Weyer*, BauR 1982, 309, 316 m. w. Nachw.

ist, dass die Parteien – bei Kenntnis der Nichtigkeit ihrer Vereinbarung – zumindest die Höchstsätze vereinbart hätten.[314]

**698** Ist die **Schriftform nicht gewahrt**, so gelten allerdings nach § 4 Abs. 4 HOAI die Mindestsätze, weil die Schriftform für die Abänderung der **Mindestsätze** Wirksamkeitsvoraussetzung ist (vgl. Rdn. 734 ff.). Überhaupt sind – mit Ausnahme der erwähnten Überschreitung der Höchstsätze – die Mindestsätze immer dann heranzuziehen, wenn eine andere Honorarvereinbarung getroffen wurde, diese aber unwirksam ist. Die Rückabwicklung von bereits gezahlten Honoraren, die über den Höchstsätzen der HOAI lagen, erfolgt nach den Grundsätzen der ungerechtfertigten Bereicherung (§ 812 ff.; vgl. hierzu Rdn. 1910 ff.).

**699** Die in der Verordnung festgesetzten Mindestsätze können in „**Ausnahmefällen**" durch schriftliche Vereinbarung unterschritten werden. Der Verordnungsgeber hat den Begriff „**Ausnahmefall**" nicht näher definiert. Fehlt es hieran (vgl. hierzu Rdn. 716 ff.) oder an der schriftlichen Vereinbarung bei Auftragserteilung (vgl. Rdn. 734 ff. und 740 ff.), ist der **Architektenvertrag** trotz unwirksamer Unterschreitung der Mindestsätze **nicht unwirksam;** es gelten dann nach § 4 Abs. 4 HOAI die jeweiligen **Mindestsätze** als vereinbart.[315]

Ein **Bewusstsein** der Vertragsparteien über den Umstand, dass eine Mindestsatzunterschreitung oder eine Höchstsatzüberschreitung vorliegt, wird im Rahmen des § 4 Abs. 2 und Abs. 3 HOAI **nicht gefordert.** Es kommt daher stets auf den **objektiven** Tatbestand des Verstoßes gegen das in der HOAI enthaltene Preisrecht an.[316]

---

314) BGH, BauR 1990, 239 = NJW-RR 1990, 276 = ZfBR 1990, 72; KG, NJW-RR 1990, 91; **a. A.:** *Weyer*, BauR 1987, 131, 141.
315) OLG München, BauR 1997, 164; *Locher/Koeble/Frik*, § 4 HOAI, Rdn. 79 m. w. Nachw.
316) KG, BauR 2001, 126 m. Anm. *Rath*.

## II. Die vereinbarte Vergütung

*Übersicht*

| | Rdn. | | Rdn. |
|---|---|---|---|
| 1. Grundsätze der Honorarvereinbarung nach der HOAI | 701 | c) Überschreitung der Höchstsätze | 723 |
| | | d) Schriftformerfordernis | 734 |
| a) Honorarvereinbarung innerhalb der Mindest- und Höchstsätze | 707 | e) Honorarvereinbarung bei Auftragserteilung | 740 |
| b) Unterschreitung der Mindestsätze | 716 | 2. Zeithonorar | 761 |

Ist ein Honorar zwischen Architekt und Bauherr vereinbart, hat der Architekt in seiner Klage den Inhalt dieser Vereinbarung darzulegen, soweit dies erforderlich ist, um seinen Zahlungsanspruch zu begründen. Er wird daher den Inhalt eines schriftlichen Vertrags vortragen oder bei einer mündlichen Honorarvereinbarung den Anspruch dem Grunde und der Höhe nach näher darlegen. **700**

### 1. Grundsätze der Honorarvereinbarung nach der HOAI

*Literatur*

*Kreißl*, Die Honorarvereinbarung zwischen Auftraggeber und Auftragnehmer nach § 4 HOAI, Baurechtl. Schriften, Bd. 50 (1999).
*Koeble*, Honorarvereinbarung und Höchst- bzw. Mindestpreischarakter der HOAI, BauR 1977, 372; *Groß*, Ausgewählte Fragen zu § 4 HOAI, BauR 1980, 9; *Frik*, Die Vereinbarung des Honorars gemäß HOAI zwischen den Mindest- und Höchstsätzen des § 16 HOAI, DAB 1980, 513; *Lebmann*, Die grundsätzliche Bedeutung der HOAI für die Sicherung des Leistungswettbewerbs der Architekten und Ingenieure, BauR 1986, 512; *Randelzhofer/Dörr*, Zur Vereinbarkeit der Höchst- und Mindestsatzregelungen der HOAI mit EG-Recht und Völkervertragsrecht, DAB 1996, 874; *Müller-Wrede*, Preisrechtliche Bindung bei Überschreitung des höchsten Tafelwertes, BauR 1996, 322; *Neuenfeld*, Wirksame Honorarvereinbarungen nach HOAI in der Rechtsprechung der Obergerichte, BauR 1998, 458; *Ebersbach*, Die Honorarvereinbarung nach § 4 HOAI, ZfBR 2006, 529.

Ob ein Architekt ein Honorar fordern kann, richtet sich allein nach den allgemeinen Vorschriften des **BGB**[1] und setzt insbesondere einen Architektenauftrag voraus (vgl. näher Rdn. 600). Die Vereinbarung der Parteien über die **Höhe** eines Architektenhonorars hat sich jedoch an dem System und den Vorschriften der HOAI auszurichten. Nach § 4 Abs. 1 **HOAI** richtet sich das **Honorar nach der schriftlichen Vereinbarung**, die die Vertragsparteien bei **Auftragserteilung** im Rahmen der durch die HOAI festgesetzten Mindest- und Höchstsätze getroffen haben. Der Architekt als Kläger kommt daher seiner **Darlegungs- und Beweislast** für sein eingeklagtes Honorar durch Vorlage der entsprechenden Vereinbarung nach. **701**

Wird der Architekt **ohne Auftrag** tätig und erhält er hierfür vom Bauherrn eine **Aufwandsentschädigung**, so ist ein werkvertraglicher Honoraranspruch nicht gegeben, sodass die Grundsätze der HOAI ebenfalls nicht heranzuziehen sind.[2] Entsprechendes gilt, wenn der Architekt zunächst einvernehmlich mit dem Bauherrn „auf

---

1) BGH, BauR 1997, 154 = NJW 1997, 586; BGH, BauR 1996, 414 = NJW-RR 1996, 726 unter Hinweis auf BGH, BauR 1985, 467, 468 = ZfBR 1985, 181, 182; BGH, BauR 1992, 531, 532 = ZfBR 1992, 215.
2) Vgl. hier OLG München, IBR 2006, 213 – *Hebel*.

eigenes Risiko" arbeitet und eine Vergütung für die von ihm erbrachten Leistungen nur bei Eintritt einer bestimmten Bedingung (z. B. Realisierung des Bauvorhabens) erhalten soll. Eine solche Abrede berührt ebenfalls nicht den Mindestpreischarakter der HOAI, weil in diesem Fall ein Vertrag unter einer aufschiebenden Bedingung geschlossen worden ist; tritt die Bedingung nicht ein, ist kein wirksamer Vertrag zustande gekommen.[3]

**702** Die HOAI legt für einzelne Architektenleistungen **Mindest- und Höchstsätze** fest. Damit soll den Parteien erkennbar mehr Spielraum für die vertragliche Vereinbarung des Architektenhonorars entsprechend der zu erbringenden Leistung des Architekten eingeräumt werden; gleichzeitig war es aber auch die Absicht, zu verhindern, dass aus Höchstsätzen in der Praxis Festsätze werden, wie dies bei Geltung der GOA durchweg der Fall war.

Als **Bewertungsmaßstäbe für die Vereinbarung** eines Honorars nennt die Begründung der Bundesregierung (Bundesrats-Drucksache 270/76, S. 8): Besondere Umstände der einzelnen Aufgaben, der Schwierigkeitsgrad, der notwendige Arbeitsaufwand, der künstlerische Gehalt des Objekts, Einflussgrößen aus der Zeit, der Umwelt, der Institutionen, der Nutzung oder der Herstellung oder sonstige für die Bewertung der Leistung wesentliche fachliche und wirtschaftliche Gesichtspunkte, vor allem haftungsausschließende oder haftungsbegrenzende Vereinbarungen.

**703** Der vom Architekten geltend gemachte Honoraranspruch und der damit verbundene Vortrag hat sich im Einzelnen an das System des § 4 HOAI zu halten, der folgende Grundsätze für eine Honorarvereinbarung festlegt:

* Grundsätzlich kann der Architekt **nur die jeweiligen Mindestsätze** der HOAI verlangen (§ 4 Abs. 4 HOAI).
* Macht der Architekt ein Honorar **innerhalb der Mindest- und Höchstsätze** geltend, so hat er eine entsprechende **schriftliche Vereinbarung bei Auftragserteilung** darzulegen und zu beweisen (§ 4 Abs. 1 HOAI).
* Soweit das Honorar **unter den Mindestsätzen** der HOAI liegt, muss ein **Ausnahmefall** vorliegen und eine entsprechende **schriftliche Honorarvereinbarung** (§ 4 Abs. 2 HOAI), wobei diese nach h. M. bei Auftragserteilung zu erfolgen hat.
* Wird ein Honorar geltend gemacht, das **über den Höchstsätzen** der HOAI liegt, kann dies nur erfolgreich durchgesetzt werden, wenn der Tatbestand einer **außergewöhnlichen oder ungewöhnlich lange dauernden Leistung** des Architekten und eine entsprechende **schriftliche Vereinbarung** der Parteien vorliegt (§ 4 Abs. 3 HOAI), wobei diese nach h. M. bei Auftragserteilung zu erfolgen hat.

**704** Kann eine schriftliche Vereinbarung bei Auftragserteilung nicht dargelegt oder bewiesen werden, gelten gemäß § 4 Abs. 4 HOAI die jeweiligen **Mindestsätze** als vereinbart. Diese Vorschrift stellt damit einen **Auffangtatbestand** dar. Das Bundesverfassungsgericht[4] spricht deshalb davon, dass den Mindestsätzen „die Aufgabe des dispositiven Gesetzesrechts mit Leitbild- und Reservefunktion gegenüber vertraglichen Vereinbarungen" zukomme. Darüber hinaus schützen sie diejenigen Architekten, die ohne vorherige schriftliche Honorarverabredung schon für den Auftraggeber tätig geworden sind, indem ihnen jedenfalls der Mindestsatz garantiert wird. § 4

---

[3] BGH, BauR 1985, 467.
[4] NJW 1982, 373 = BauR 1982, 74 = ZfBR 1982, 35.

**Grundsätze der Honorarvereinbarung** Rdn. 705–706

HOAI gilt nach allgemeiner Meinung[5] allerdings nicht, wenn das Honorar nach der HOAI frei vereinbart werden kann (z. B. gemäß § 16 Abs. 3).

Die **Mindestsätze** gelten immer, wenn zwischen Architekt und Bauherr überhaupt **705 keine** oder **keine schriftliche** oder **keine rechtzeitige Honorarvereinbarung getroffen** wurde. Sie kommen aber auch in Betracht, wenn zwar eine Honorarvereinbarung vorliegt, diese aber nach den allgemeinen bürgerlich-rechtlichen Grundsätzen unwirksam ist.[6] Eine unwirksame Honorarvereinbarung lässt den Architektenvertrag im Übrigen unberührt: An die Stelle des unwirksam vereinbarten Honorars treten die Mindestsätze. Etwas anderes gilt lediglich, wenn die Höchstsätze entgegen § 4 Abs. 3 HOAI **überschritten** worden sind; hier ist das Honorar auf die Höchstsätze zu reduzieren (vgl. Rdn. 697 ff.).

Nach Auffassung des OLG Oldenburg[7] kann allerdings ein Architekt, der als Angestellter „nebenher" Planungsleistungen gegenüber **engen Freunden** erbringt, sein Honorar nicht nach den Mindestsätzen gemäß § 4 Abs. 4 HOAI abrechnen, sondern muss sich einen erheblichen Abzug von diesen Mindestsätzen gefallen lassen; denn es sei davon auszugehen, dass die Tätigkeit des Architekten nach dem Willen der Parteien nicht nach den Grundsätzen der HOAI geregelt werden solle.

Das LG Köln[8] hat zu Recht entschieden, dass die Vorschrift des § 4 Abs. 4 HOAI nach Wortlaut und Schutzrichtung nicht die Fälle erfasst, in denen unter Einbeziehung bereits **erbrachter Architektenleistungen** erstmals ein Vertrag geschlossen wird, mit dem ein höherer Satz als der Mindestsatz oder eine entsprechende Pauschalvergütung vereinbart wird, weil der Auftraggeber hier ohne weiteres den Umfang der von ihm zu entrichtenden Vergütung überblicken kann. Dies gilt zunächst für die Fallgestaltung, dass die Architektenleistungen vorab für einen Dritten erbracht worden sind: § 4 HOAI verlangt nach Sinn, Zweck und Wortlaut, dass ein unter Umständen über den Mindestsätzen liegendes Architektenhonorar bei Auftragserteilung vereinbart werden muss; der Architekt darf also zuvor keinerlei Architektenleistungen auftragsgemäß für „seinen" Bauherrn erbracht haben.

Sind Leistungen bereits für den (späteren) Auftraggeber erbracht, ist dem Zeitpunkt der tatsächlichen Beauftragung besondere Beachtung zu schenken. Hier kommt § 4 Abs. 4 HOAI nicht zur Anwendung, wenn feststeht, dass die zuvor erbrachten Architektenleistungen nachweislich ohne Auftrag ausgeführt wurden, also die Auftragserteilung auf einen Zeitpunkt fixiert werden kann, der nach (teilweise) erbrachten Architektenleistungen liegt.

Vielfach wird übersehen, dass eine **Überschreitung oder Unterschreitung** der **706 Mindestsätze** nicht nur vorliegt, wenn die in der HOAI festgelegten Mindestsätze ausdrücklich und unmittelbar überschritten oder unterschritten werden; vielmehr ist dieser Tatbestand auch gegeben, wenn die **einzelnen Vorschriften der HOAI über die Grundlagen der Honorarberechnung nicht eingehalten** werden und dies **mittelbar** zu einer Überschreitung oder Unterschreitung der Mindestsätze führt wie z. B.

* Vereinbarung einer höheren oder niedrigeren Honorarzone als tatsächlich gemäß §§ 11 ff. HOAI gegeben;

---

5) KG, BauR 1991, 251, 253 m. w. Nachw.
6) *Korbion/Mantscheff/Vygen*, § 4 HOAI, Rdn. 9.
7) BauR 1984, 541; vgl. hierzu auch OLG Köln, MDR 1990, 244 (unentgeltliche Tätigkeit eines Ingenieurs für seinen Sportverein).
8) So LG Köln, BauR 1990, 634, 635 m. Nachw.

* Vereinbarung von höheren oder niedrigeren anrechenbaren Kosten, als nach § 10 HOAI in Ansatz zu bringen sind;[9]
* Honorierung von Grundleistungen, die nicht erbracht werden sollen;
* Vereinbarung eines über oder unter[10] den Mindestsätzen liegenden Pauschalhonorars;
* Zugrundelegung der Kostenfeststellung für die Leistungsphasen 1–4 des § 15 HOAI anstatt der Kostenberechnung;
* Verminderung der Honorarsätze wegen überproportional bemessener Eigenleistungen des Auftraggebers;[11]
* Zusammenfassung von an sich gesondert zu berechnenden Gebäuden gemäß § 22 HOAI;[12]
* Zusammenfassung der Architektenleistungen bei Wiederaufbauten, Erweiterungsbauten, Umbau oder raumbildenden Ausbauten gemäß § 23 HOAI.[13]

Auch in diesen Fällen (also der Vereinbarung über Faktoren, nach denen sich grundsätzlich das Honorar berechnet) bedarf es gemäß § 4 Abs. 4 HOAI stets einer schriftlichen Honorarvereinbarung bei Auftragserteilung, weil auch insoweit von den für die Mindestsätze geltenden Maßstäben der HOAI für die Berechnung des Architektenhonorars abgewichen wird.

Die Honorartafel des § 16 HOAI, die die jeweiligen anrechenbaren Kosten (vgl. Rdn. 819 ff.) zur Grundlage hat, beginnt mit 25.565 € und endet mit 25.564.594 €; außerhalb dieses Kostenrahmens können die Parteien das Honorar frei vereinbaren, ohne an die Mindest- oder Höchstsätze der HOAI gebunden zu sein (vgl. zur **üblichen Vergütung** insoweit Rdn. 766 ff.). Bei Unterschreitung des unteren Tafelwertes von 25.565 € kann das Honorar als Pauschal- oder Zeithonorar berechnet werden, allerdings nur bis zu den Höchstsätzen des niedrigsten Tafelwertes. Die Honorarvereinbarung unterliegt insoweit keinerlei Formvorschriften[14] (bezüglich einer möglichen Mindestsatzunterschreitung bei anrechenbaren Kosten über 25.564.594 € siehe Rdn. 720). Dabei ist nur der **objektive** Tatbestand (Höhe der anrechenbaren Kosten) maßgeblich, nicht dagegen die Kenntnis oder Unkenntnis der Vertragsparteien, ob sie sich außerhalb des Preisrechts bewegen.[15]

### a) Honorarvereinbarung innerhalb der Mindest- und Höchstsätze

**707** Innerhalb der Mindest- und Höchstsätze sind die **Vertragsparteien** bei der Bestimmung der Honorarhöhe **frei**.[16] Die HOAI stellt den Rahmen zwischen Mindest- und Höchstsätzen den Vertragsparteien also zur freien Verfügung. Eine gericht-

---

9) BGH, BauR 1999, 1045 = NJW-RR 1999, 1107 = ZfBR 1999, 235; OLG Düsseldorf, BauR 1987, 590; OLG Hamm, OLGR 1994, 208.
10) Vgl. OLG Düsseldorf, BauR 1987, 348 u. 650.
11) Vgl. *Locher*, BauR 1986, 645.
12) BGH, BauR 2005, 735, 759 = NJW-RR 2005, 669 = IBR 2005, 213 – *Schwenker* = MDR 2005, 706; OLG München, IBR 2005, 97 – *Seifert*.
13) Vgl. hierzu OLG Hamm, BauR 2006, 1766.
14) **Herrschende Meinung:** für viele *Löffelmann/Fleischmann*, Rdn. 1256.
15) So jetzt auch BGH, BauR 2004, 1640 = NZBau 2004, 509 = ZfIR 2004, 767. Ebenso KG, KGR 2001, 197.
16) *Frik*, DAB 1980, 513; *Korbion/Mantscheff/Vygen*, § 4 HOAI, Rdn. 41 und 55 (auch bezüglich eines Erfolgshonorars).

**Grundsätze der Honorarvereinbarung**  Rdn. 708–710

liche Überprüfung der Angemessenheit des Honorars kommt innerhalb dieses Rahmens nicht in Betracht. Daher kann ein Honorar innerhalb der Mindest- und Höchstsätze auch in Allgemeinen Geschäftsbedingungen oder Formularverträgen vereinbart werden.[17]

Die **Vertragsfreiheit** der Parteien sollte auch nicht durch die in der Amtlichen Begründung der Bundesregierung genannten Bewertungsmaßstäbe (vgl. Rdn. 702) eingeschränkt werden. Diese werden lediglich als Hilfestellung für eine Honorarvereinbarung der Parteien innerhalb der Mindest- und Höchstsätze aufgezählt. Innerhalb des § 4 Abs. 1 HOAI gibt es dagegen keinen Anhaltspunkt dafür, dass die Vereinbarung der Parteien durch den Nachweis dieser Merkmale gerechtfertigt sein muss; andernfalls wären sie in die Vorschrift des § 4 Abs. 1 HOAI mitaufgenommen und die Vereinbarung der Parteien innerhalb der Mindest- und Höchstsätze an diese Kriterien angebunden worden. Die übrigen Maßstäbe der HOAI für das vereinbarte Honorar (z. B anrechenbare Kosten, Honorarzone usw., vgl. Rdn. 812 ff.) sind ebenfalls grundsätzlich frei zwischen den Parteien vereinbar, sie müssen sich aber in dem preisrechtlich zulässigen Rahmen halten; es ist also stets zu ermitteln, welches Honorar sich unter Anwendung der gesamten von den Vertragsparteien vereinbarten Bemessungsgrundlagen ergibt und ob dieses Honorar in dem von der HOAI zugelassenen Rahmen liegt.[18]

Daher ist auch die Vereinbarung eines **Sonderhonorars** („Erfolgshonorars") für den Fall, dass die vorgesehene Bausumme **unterschritten** oder die Bauzeit abgekürzt wird, nicht unzulässig.[19] Im Einzelfall hängt die Zulässigkeit lediglich davon ab, ob mit dem Sonderhonorar die in der HOAI vorgesehenen Höchstsätze überschritten werden. **708**

Mit der Neuregelung des § 5 Abs. 4 a ist im Rahmen der 5. HOAI-Novelle vom 21. September 1995[20] ein Erfolgshonorar für bestimmte **Besondere Leistungen** geschaffen worden (vgl. hierzu Rdn. 898).

Die **öffentlichen Auftraggeber**, insbesondere **Bund und Länder**, gehen allerdings innerhalb ihrer Musterverträge von dem Mindestsatz als Regelfall aus.[21] Nach den entsprechenden Runderlassen soll eine Überschreitung der Mindestsätze nur vereinbart werden, „wenn besondere Anforderungen gestellt werden, die den Bearbeitungsaufwand wesentlich erhöhen und die nicht bereits bei der Einordnung in die Honorarzonen berücksichtigt worden sind".[22] **709**

Soweit die **berufsständischen Organisationen** der Architekten bemüht sind, durch Vorschriften der Berufsordnung oder andere Rechtsvorschriften den Preiswettbewerb über den in der HOAI festgelegten Rahmen hinaus einzuschränken, weisen Hesse/Korbion/Mantscheff/Vygen[23] zu Recht darauf hin, dass derartige Regeln, Richtlinien, Empfehlungen oder Vorschriften unwirksam sind. **710**

Grundsätzlich ist daher eine wirksame **Honorarvereinbarung** gemäß § 4 Abs. 1 HOAI nur gegeben, wenn folgende Voraussetzungen erfüllt sind:

* die Honorarvereinbarung muss **schriftlich** erfolgen (Rdn. 734 ff.);
* die Honorarvereinbarung muss **bei Auftragserteilung** getroffen worden sein (Rdn. 740 ff.);

---

17) So richtig *Korbion/Mantscheff/Vygen*, § 4 HOAI, Rdn. 42.
18) BGH, BauR 2005, 735 = NJW-RR 2005, 669 = MDR 2005, 706.
19) OLG Frankfurt, BauR 1982, 88.
20) BGBl. I, 1995, S. 1174.
21) *Frik*, DAB 1980, 513; s. auch *Müller*, BlGBW 1981, 46.
22) Vgl. das Schreiben des Innenministers NRW vom 18.12.1979 (DAB 1980, 47).
23) § 4 HOAI, Rdn. 62.

* die Honorarvereinbarung muss sich grundsätzlich **im Rahmen** der durch die HOAI festgesetzten Höchst- und Mindestsätze halten (Rdn. 707 ff.).

**711** Die **Vereinbarung** muss kein beziffertes, aber ein **bezifferbares Honorar** bezeichnen;[24] wird kein Betrag genannt, so sind daher alle Maßstäbe der HOAI anzugeben, aus denen sich dann das Honorar ermitteln lassen muss (Honorarzone, Leistungsumfang, Kriterium für die Einordnung des Honorars im Rahmen der Mindest- und Höchstsätze, z. B. durch „Prozentzahl" oder „Mittelsatz" oder „$^1/_4$ über Mindestsatz" usw.).

**712** Ist die Honorarvereinbarung dagegen **unbestimmt**, so ist sie wegen Verstoßes gegen preisrechtliche Bestimmungen **unwirksam** (§ 134 BGB) mit der Folge, dass § 4 Abs. 4 HOAI gilt.[25] Unbestimmt ist jedoch eine Honorarvereinbarung noch nicht, wenn sie nach den Berechnungsgrundsätzen der HOAI ergänzt werden kann.[26] Einer Bestimmung der anrechenbaren Kosten (als wichtiger Maßstab für das endgültige Honorar des Architekten) bedarf es im Zeitpunkt des Vertragsabschlusses nicht, da diese gemäß § 10 Abs. 2 HOAI erst im Rahmen der einzelnen Leistungsphasen des § 15 HOAI von dem Architekten ermittelt werden (vgl. Rdn. 819 ff.). Ob eine Honorarvereinbarung im Sinne der §§ 315, 316 BGB im Rahmen der HOAI zulässig ist, erscheint zweifelhaft.[27]

**713** Zahlt ein Auftraggeber ein **über den Mindestsätzen** liegendes Architektenhonorar trotz unwirksamer Honorarvereinbarung (keine Schriftform – keine Einigung bei Auftragserteilung), kann er den über die Mindestsätze hinausgehenden Betrag gemäß § 817 Satz 1 BGB zurückverlangen (vgl. auch Rdn. 1916).[28] Dasselbe gilt, wenn ein über den Höchstsätzen liegendes Honorar gezahlt wird, obwohl ein Fall des § 4 Abs. 3 HOAI nicht vorliegt (vgl. Rdn. 731). Allerdings **entfällt** nach § 817 Satz 2 BGB das **Rückforderungsrecht des Bauherrn**, wenn er die **Unwirksamkeit** der Honorarvereinbarung kannte und dennoch zahlte.[29] Insoweit reicht aber nicht aus, dass der Auftraggeber nur die Tatumstände, die zur Unwirksamkeit der Honorarvereinbarung führen, kannte. Vielmehr ist **positives Wissen** erforderlich, ein „Kennenmüssen" oder Zweifel an der Rechtslage ist nicht ausreichend.[30] Die vorerwähnten Grundsätze gelten auch für den Fall, dass die Parteien eine Honorarvereinbarung **unterhalb der Mindestsätze** vereinbaren, der Auftraggeber aber mehr gezahlt hat.

Bei einer Zahlung aufgrund vereinbarter Voraus- oder Abschlagszahlungen stützt der BGH allerdings den Rückzahlungsanspruch auf eine vertragliche Anspruchsgrundlage (vgl. Rdn. 985).

---

24) *Korbion/Mantscheff/Vygen*, § 4 HOAI, Rdn. 18; *Locher/Koeble/Frik*, § 4 HOAI, Rdn. 17, 18.
25) OLG Düsseldorf, BauR 1985, 234; *Koeble*, BauR 1977, 372, 373.
26) *Locher/Koeble/Frik*, § 4 HOAI, Rdn. 17.
27) Vgl. hierzu *Motzke*, BauR 1982, 319; *Locher/Koeble/Frik*, § 4 HOAI, Rdn. 17; *Korbion/Mantscheff/Vygen*, § 4 HOAI, Rdn. 19.
28) *Locher/Koeble/Frik*, § 4 HOAI, Rdn. 71; *Jochem*, § 4 HOAI, Rdn. 8.
29) *Neuenfeld*, § 4 HOAI, Rdn. 3 a; *Locher/Koeble/Frik*, § 4 HOAI, Rdn. 71; **a. A.:** *Korbion/Mantscheff/Vygen*, § 4 HOAI, Rdn. 117; *Palandt/Thomas*, § 817, Rdn. 11; vgl. zur **Aufklärungspflicht** des Architekten über unwirksame Honorarvereinbarungen: *Knacke*, BauR 1990, 395 ff.; *Jochem*, § 4 HOAI, Rdn. 29; *Locher/Koeble/Frik*, § 4 HOAI, Rdn. 42; *Weyer*, BauR 1987, 131, 140 ff.
30) BGH, WM 1972, 283; 1973, 294.

## Unterschreitung der Mindestsätze

Etwas anderes kann für die Fallgestaltung gelten, in der der Auftragnehmer ein **714** überhöhtes Honorar, das unzulässigerweise vereinbart oder gefordert wird, anerkennt. Das ist jedoch streitig.[31] Dabei ist zu berücksichtigen, dass allein die Zahlung auf Akontorechnungen noch kein Anerkenntnis darstellt, weil Abschlagsrechnungen und -zahlungen grundsätzlich vorläufigen Charakter haben.[32]

Mitglieder einer **Bauherrengemeinschaft** haften in aller Regel gegenüber dem **715** Architekten nur **anteilig in Höhe der Quote ihres Miteigentumsanteils**. Etwas anderes gilt nur dann, wenn ausdrücklich eine andere Vereinbarung im Architektenvertrag getroffen wurde.[33]

### b) Unterschreitung der Mindestsätze

*Literatur*

*Schelle*, Unterschreitung der HOAI-Mindestsätze in Ausnahmefällen, BauR 1986, 144; *Moser*, Verbot der Mindestsatzunterschreitung; Auslegung des Begriffs „Ausnahmefall", BauR 1986, 521; *Locher*, Unzulässige Honorarminderungen in Ingenieur-Verträgen der öffentlichen Hand, BauR 1986, 643; *Osenbrück*, Unterschreitung der HOAI-Mindestsätze in Ausnahmefällen (Zusammenfassung und Kritik des Meinungsstandes), BauR 1987, 144; *Meyke*, Honorarvereinbarung des Architekten unter den Mindestsätzen der HOAI, BauR 1987, 513; *Konrad*, Zur Unterschreitung der Mindestsätze (§ 4 Abs. 2 HOAI), BauR 1989, 653; *Klepsch*, Das Honorarrecht der HOAI und das Berufsrecht der Architekten – Besprechung des Urteils des Hessischen VGH vom 7. Februar 1995 (11 UE 1659/92), ZfBR 1996, 1; *Müller/Wrede*, Preisrechtliche Bindung bei Überschreitung des höchsten Tafelwertes, BauR 1996, 322; *Hartmann*, Zur Vergütung von Wettbewerbsleistungen im Rahmen der HOAI, BauR 1996, 623; *Pöschl*, Unzulässigkeit der Ausschreibung von Architekten- und Ingenieurleistungen, DAB 1996, 247; *Portz*, Bundesverwaltungsgericht: Grundsatzentscheidung zur Honorierung der Architektenleistungen im Rahmen von „Gutachterverfahren", DAB 1999, 1064; *Portz*, Der „Ausnahmefall" des § 4 Abs. 2 HOAI, Festschrift für Vygen (1999), 44; *Morlock*, Gericht untersagt einer Gemeinde unterhonorierte Mehrfachbeauftragungen, DAB 2003, 38; *Steeger*, Mindestsatzunterschreitung in Planerverträgen, BauR 2003, 794; *Quack*, Baukosten als Beschaffenheitsvereinbarung und die Mindestsatzgarantie der HOAI, ZfBR 2004, 315; *Locher*, Probleme der Mindestsatzunterschreitung beim Generalplanervertrag, Festschrift für Motzke (2006), 221; *Rauch*, Honorarvereinbarungen mit Subplanern unter der Mindestsätze, BauR 2006, 1662; *Thierau*, Anwendbarkeit und Mindestsätze der HOAI bei GU-Modellen und hiermit verbundenen Planungsverträgen im Rahmen der Immobilien-Projektentwicklung, Festschrift für Werner (2005), 131.

Die in der HOAI festgesetzten **Mindestsätze** können nur in **Ausnahmefällen** **716** durch schriftliche Vereinbarung unterschritten werden (§ 4 Abs. 2 HOAI).[34] Wirksam ist eine solche Vereinbarung nur, wenn sie

* in **Ausnahmefällen** (Rdn. 717),

---

31) Vgl. hierzu *Locher/Koeble/Frik*, § 4 HOAI, Rdn. 72.
32) Vgl. OLG Düsseldorf, BauR 1986, 473.
33) LG Kiel, NJW 1982, 390; BGH, BauR 1980, 262, 263 m. w. Nachw. (für den **Unternehmervertrag**).
34) Nach einer Entscheidung des BVerfG (BauR 2005, 1946 = NZBau 2006, 121) greift zwar § 4 Abs. 2 HOAI in die in Art. 12 Abs. 1 GG geschützte Berufsfreiheit ein, weil sie die Architekten daran hindert, die Honorare frei zu vereinbaren. Die Beschränkung dieser Berufsausübungsfreiheit sei aber gerechtfertigt, „weil verbindliche Preissätze geeignet sind, die Tätigkeit des Architekten zu sichern und zu verbessern. Sie schafft dem Architekten jenseits von Preiskonkurrenz den Freiraum, hochwertige Arbeit zu erbringen, die sich im Leistungswettbewerb der Architekten bewähren muss".

* **schriftlich** (Rdn. 734) und
* bei **Auftragserteilung** (Rdn. 740)[35]

erfolgt. Kann der Auftraggeber diese Voraussetzungen nicht darlegen oder beweisen, gelten nach § 4 Abs. 4 HOAI die jeweiligen Mindestsätze als vereinbart (Rdn. 737). Das gilt auch bei Vereinbarung eines Pauschalhonorars, das unter den Mindestsätzen der HOAI liegt (Rdn. 915). Behauptet eine Partei einen Verstoß gegen die Preisregeln der HOAI (hier Mindestsatzregelung), trägt diese die Darlegungs- und Beweislast.[36]

Ob die HOAI im Einklang mit dem **Recht der Europäischen Union** steht, wird in der Literatur vielfach diskutiert.[37] Das gilt insbesondere im Hinblick auf die Dienstleistungsfreiheit nach Art. 59, 60 EGV. Das OLG Köln[38] hat entschieden, dass in einem nicht grenzüberschreitenden Vertrag keine europarechtlichen Bedenken gegen die Anwendung der Mindestsätze der HOAI bestehen und hat dementsprechend die Vorlage an den EuGH abgelehnt.

Werden die Mindestsätze in unzulässiger Weise unterschritten, bleibt der Architektenvertrag wirksam; es sind dann die Mindestsätze der HOAI anzuwenden.[39] Anhand einer **hypothetischen**, nach den Bestimmungen der HOAI **richtig ermittelten Honorarabrechnung** ist daher stets zu überprüfen, **ob der Mindestsatz unterschritten** wird. Das Gericht wird dieser Frage jedoch nur nachgehen können, wenn hierfür eine substantiierte Behauptung vorliegt. Im Übrigen handelt es sich insoweit um eine **Rechtsfrage**, die das Gericht zu beurteilen hat und die nicht dem Sachverständigen überlassen werden darf.[40]

Allerdings kann der Architekt auch ein **Pauschalhonorar** abrechnen, das unter dem Mindestsatz liegt; die Prüffähigkeit einer Schlussrechnung darf dann nicht mit der Begründung verneint werden, der Architekt habe keine an der HOAI orientierte Abrechnung nach Mindestsätzen vorgenommen.[41]

**717** Der Begriff „**Ausnahmefall**" wird in der **HOAI nicht näher erläutert**; über ihn wird daher auch **kontrovers diskutiert**. **Maßgebend** sind die **objektiven und subjektiven Gesamtumstände**.[42] Grundsätzlich wird man den Begriff „Ausnahmefall"

---

35) Wie hier: BGH, BauR 1988, 364; BauR 1987, 112 = NJW-RR 1987, 13; BauR 1987, 706 = NJWRR 1987, 1374; BauR 1985, 582 = NJW-RR 1986, 18; OLG Hamm, BauR 1995, 129 = ZfBR 1995, 33; *Korbion/Mantscheff/Vygen*, § 4 HOAI, Rdn. 72 ff.; *Jochem*, § 4 HOAI, Rdn. 11; *Groß*, BauR 1980, 9, 19; *Meyke*, BauR 1987, 513; **a. A.:** *Locher/Koeble/Frik*, § 4 HOAI, Rdn. 76.
36) BGH, NJW-RR 2002, 159, 160; OLG Celle, BauR 2004, 359.
37) Vgl. hierzu im Einzelnen *Locher/Koeble/Frik*, Einl., Rdn. 216 m. w. N.; ferner *Wirth* in Korbion/Mantscheff/Vygen, Einf., Rdn. 42 ff., *Deckers*, BauR 2007, 1128 sowie *Pott/Dahlhoff/Kniffka/Rath*, § 1, Rdn. 23 ff.; im Übrigen zur selben Problematik der Mindestgebühren für Rechtsanwälte in Italien („Cipolla") EuGH, NZBau 2007, 43 m. Anm. *Neuenfeld*, NZBau 2007, Heft 1, VII.
38) BauR 2007, 132 m. Anm. *Sangenstedt* (vom BGH ausdrücklich bestätigt durch seinen Nichtannahmebeschluss vom 27.9.2006 – VII ZR 11/06).
39) **Herrschende Meinung:** für viele OLG Hamm, NJW-RR 1990, 522; *Korbion/Mantscheff/Vygen*, § 4 HOAI, Rdn. 93; *Locher/Koeble/Frik*, § 4 HOAI, Rdn. 79; *Konrad*, BauR 1989, 660.
40) BGH, BauR 2005, 735 = NJW-RR 2005, 669 = MDR 2005, 706.
41) BGH, BauR 2005, 739 = NJW-RR 2005, 749 = MDR 2005, 803 = IBR 2005, 262 – *Knipp* = NZBau 2005, 349 = ZfIR 2005, 412.
42) Zutreffend: *Löffelmann/Fleischmann*, Rdn. 970.

## Unterschreitung der Mindestsätze

schon aufgrund des Wortlautes, aber auch im Hinblick auf den mit der Vorschrift des § 4 HOAI verfolgten Sinn und Zweck **eng** auszulegen haben. Die Feststellung, ob ein Ausnahmefall vorliegt, ist der Dispositionsbefugnis der Parteien entzogen. Die h. M. in der Literatur[43] hat bislang einen Ausnahmefall nur bejaht,

* wenn besondere **persönliche**, vor allem **verwandtschaftliche Beziehungen** zwischen den Parteien bestehen oder
* wenn die **Leistungen** bzw. der **Aufwand** des Architekten objektiv als **besonders geringfügig** einzustufen ist und/oder ein deutliches Missverhältnis zwischen Leistung und zulässigem Mindestsatzhonorar vorliegt, z. B. kleinere Umbau- und Reparaturarbeiten.[44]

Der BGH[45] geht allerdings weit über die bisherige Auffassung in der Literatur hinaus und öffnet für eine Vielzahl anderer Fallgestaltungen das Tor zur Annahme eines „Ausnahmefalles":

> „Bei der Bestimmung eines Ausnahmefalles sind der Zweck der Norm und die berechtigten Interessen der Beteiligten zu berücksichtigen. Die zulässigen Ausnahmefälle dürfen einerseits nicht dazu führen, dass der Zweck der Mindestsatzregelung gefährdet wird, einen ‚ruinösen Preiswettbewerb' unter Architekten und Ingenieuren zu verhindern. Andererseits können alle die Umstände eine Unterschreitung der Mindestsätze rechtfertigen, die das Vertragsverhältnis in dem Sinne deutlich von den üblichen Vertragsverhältnissen unterscheiden, dass ein unter den Mindestsätzen liegendes Honorar angemessen ist. Das kann der Fall sein, wenn die vom Architekten oder Ingenieur geschuldete Leistung nur einen besonders geringen Aufwand erfordert, sofern dieser Umstand nicht schon bei den Bemessungsmerkmalen der HOAI zu berücksichtigen ist. Ein **Ausnahmefall** kann ferner beispielsweise bei **engen Beziehungen rechtlicher, wirtschaftlicher, sozialer oder persönlicher Art oder sonstigen besonderen Umständen gegeben sein**. Solche besonderen Umstände können etwa in der mehrfachen Verwendung einer Planung liegen."

Unter diesen Vorzeichen hat das OLG Dresden[46] entschieden, dass die HOAI-Mindestsätze ausnahmsweise unterschritten werden dürfen, wenn der Architekt mit 8,82% Geschäftsanteilen an der Gesellschaft des Auftraggebers beteiligt ist. Das OLG Celle[47] bejaht eine wirksame Mindestsatzunterschreitung „bei einem engen freundschaftlichen Verhältnis zwischen Auftraggeber und Architekt". Das OLG Saarbrücken[48] ist der Meinung, dass ein Ausnahmefall dann vorliegt, „wenn besondere Umstände des Einzelfalls unter Berücksichtigung des Zwecks der Mindestsatzregelung ein unter den Mindestsätzen liegendes Honorar angemessen

---

43) *Lehmann*, BauR 1986, 512, 519; *Neuenfeld*, § 4 HOAI, Rdn. 5; *Sangenstedt*, BauR 1988, 368, 370; *Osenbrück*, BauR 1987, 144, 147; *Meyke*, BauR 1986, 513, 518; *Moser*, BauR 1986, 521; *Locher/Koeble/Frik*, § 4 Rdn. 85 ff. **Bestritten** für den Fall der **Freundschaft** (vgl. hierzu auch Rdn. 718); dafür: *Locher/Koeble/Frik*, 87; sowie *Osenbrück*, a. a. O.; *Neuenfeld*, a. a. O; *Korbion/Mantscheff/Vygen*, § 4, Rdn. 88; dagegen: *Meyke*, a. a. O.; *Moser*, BauR 1986, 521, 523; *Lehmann*, BauR 1986, 512, 519.

44) Vgl. BT-Drucks. 270, 76, S. 9; *Korbion/Mantscheff/Vygen*, § 4 HOAI, Rdn. 85; **a. A.:** wohl *Locher/Koeble/Frik*, § 4 HOAI, Rdn. 87.

45) BauR 1997, 677 = NJW 1997, 2329; vgl. hierzu insbesondere *Portz*, Festschrift für Vygen S. 44, die zu Recht darauf verweist, dass die Entscheidung des BGH die Praxis „in Zukunft eher vor größere Schwierigkeiten stellen wird, als sie bisher bestanden, da nach wie vor sachlich-objektive Abgrenzungs- und Einordnungskriterien für den konkreten Einzelfall fehlen"; siehe auch OLG Köln, NJW-RR 1999, 1109 = NZBau 2000, 147 und NZBau 2005, 467.

46) IBR 2003, 423 – *Schulze-Hagen*.

47) IBR 2003, 548 – *Löffelmann* = OLGR 2003, 439.

48) IBR 2004, 210 – *Weyer*.

erscheinen lassen". Die Annahme eines Ausnahmefalles hat das OLG Köln[49)] bei dem Interesse des Bauherrn an einer **„möglichst kostengünstigen Ausführung des Bauvorhabens"** abgelehnt. Dagegen hat das OLG Braunschweig[50)] darauf hingewiesen, dass ein Ausnahmefall im Sinne des § 4 Abs. 2 HOAI dann vorliegen kann, wenn zwischen den Parteien eine **ständige Geschäftsbeziehung** besteht; ein Ausnahmefall kommt nach Auffassung dieses Gerichts auch dann in Betracht, wenn einem Architekten in einem aus mehreren Gebäuden bestehenden Neubaugebiet Planungsaufträge für die einzelnen Gebäude erteilt werden.

Trotz der weit reichenden Entscheidung des BGH wird man nach wie vor davon auszugehen haben,[51)] dass persönlichen (individuellen) Eigenarten des Architekten,[52)] der Kostenstruktur des Architekten[53)] oder der „Betriebsform", in der der Architekt seine Tätigkeit ausübt (z. B. kleines Büro ohne Personal),[54)] bei der Frage, ob ein Ausnahmefall vorliegt, keine entscheidende Bedeutung zukommt. Das Vorliegen eines Ausnahmefalles in § 4 Abs. 2 HOAI hat der BGH trotz der vorerwähnten weit reichenden Auslegung dieser Bestimmung auch verneint, „wenn die Vertragspartner sich **duzende Mitglieder desselben Tennisvereins** sind und wenn der Architekt sich im Ruhestand befindet",[55)] oder „wenn sich im Laufe der geschäftlichen Zusammenarbeit der Vertragsparteien Umgangsformen entwickeln, die als freundschaftlich zu bezeichnen sind".[56)] Nach OLG Köln[57)] ist kein zulässiger Ausnahmefall anzunehmen, wenn ein deutlich die Mindestsätze unterschreitendes Pauschalhonorar als Ausgleich dafür vereinbart wird, dass der Auftraggeber dem Architekten einen anderen Auftrag vermittelt hat. Das OLG Oldenburg[58)] verneint einen Ausnahmefall, wenn ein Architekt für einen Bauherrn im zeitlichen Zusammenhang drei Bauvorhaben auf verschiedenen Grundstücken plant. Nach einer Entscheidung des LG Mannheim[59)] kann die Größe einer Gesamtanlage mit einer Vielzahl von Einzelobjekten es ausnahmsweise rechtfertigen, dass ein Honorar unterhalb der Mindestsätze vereinbart wird; das ist jedoch sehr bedenklich. Thierau[60)] kommt zu der Auffassung, dass die Mindestsätze der HOAI in mit dem GU-Vertrag „verbundenen" isolierten Planungsverträgen keine Geltung haben, sodass die Mindestsätze im Verhältnis GU oder GÜ zum Planer unterschritten werden können, ohne dass dies zu beanstanden ist.

---

49) NZBau 2005, 468.
50) OLGR 2006, 896 (Rahmenvertrag zwischen einem Wohnungsbauunternehmen und einem Architekten reicht dafür aus).
51) So auch *Hortz*, Festschrift für Vygen, S. 44, 49.
52) *Sangenstedt*, a. a. O.; *Locher/Koeble/Frik*, § 4 HOAI, Rdn. 87.
53) **Anderer Ansicht**, aber abzulehnen: *Schelle*, BauR 1986, 144; wie hier: *Moser*, BauR 1986, 521, 523; *Lehmann*, BauR 1986, 512, 520.
54) OLG Hamm, BauR 1988, 366 = NJW-RR 1988, 466; ebenso *Sangenstedt*, BauR 1988, 368, 370; *Meyke*, BauR 1986, 513, 518; *Osenbrück*, BauR 1987, 144, 147; **a. A.:** *Schelle*, BauR 1986, 144.
55) BauR 1999, 1044 = NJW-RR 1999, 1108 = ZfBR 1999, 272 = MDR 1999, 929.
56) BauR 1997, 1062 = NJW-RR 1997, 1448. Vgl. hierzu OLG Düsseldorf, IBR 2007, 568 – *Bischofberger*.
57) IBR 2000, 439 (**Kompensationsgeschäft**). Vgl. hierzu aber OLG Köln, NZBau 2003, 43 = OLGR 2002, 190. Vgl. auch OLG Köln, OLGR 2005, 2 (kein Ausnahmefall bei Interesse des Auftraggebers „an einer möglichst kostengünstigen Ausführung").
58) IBR 2004, 432 – *Fischer*.
59) IBR 2005, 430 – *Schulze-Hagen*.
60) Festschrift für Werner, S. 131.

**Unterschreitung der Mindestsätze** Rdn. 719

Im Einzelfall kann eine Mindestsatzunterschreitung **standesunwürdig**[61] sowie **719**
**wettbewerbswidrig**[62] sein. Das gilt auch hinsichtlich einer Aufforderung eines
Bauherrn zu Angeboten unter den Mindestsätzen[63] (vgl. hierzu auch Rdn. 358),
insbesondere bei Ausschreibungen von Architektenleistungen durch private oder
öffentliche Auftraggeber.[64] Eine Wettbewerbswidrigkeit seitens des Auftraggebers
setzt jedoch voraus, dass dieser in der Ausschreibung konkrete Vorgaben für die
Preisermittlung macht, die gleichzeitig eine Aufforderung zu einer Unterschreitung
der Mindestsätze der HOAI darstellt.[65] Die Nichtabrechnung einzelner Leistungsphasen (z. B. Grundlagenermittlung und Genehmigungsplanung) stellt keine
Mindestsatzunterschreitung dar und kann daher wettbewerbsrechtlich nicht beanstandet werden, wenn die entsprechenden Leistungen auch nicht zu erbringen
sind.[66]

Bei **Architektenwettbewerben** (z. B. Ideenwettbewerben oder Realisierungswettbewerben in der Form von offenen oder beschränkten Wettbewerben)[67] werden den
Teilnehmern häufig **„Aufwandsentschädigungen"** oder **„Bearbeitungshonorare"**
sowie gestaffelte „Preise" versprochen, die in der Regel unter den HOAI-Mindestsätzen für die entsprechenden Architektenleistungen (meist vorplanerische
Leistungen im Sinne von Lösungsvorschlägen) liegen.[68] Eine unzulässige Mindestsatzunterschreitung gemäß § 4 Abs. 2 HOAI ist hierin nicht zu sehen, weil der Teilnehmer von Wettbewerben, auf die in der Regel die §§ 657 ff. BGB, insbesondere
§ 661 BGB, anzuwenden sind, keine Architektenleistungen erbringt, zu denen er
sich werkvertraglich verpflichtet hat.[69] Bei einem Wettbewerb handelt es sich um
eine einseitige Auslobung im Sinne des § 661 BGB. Der Wettbewerb findet damit
im Vorfeld der Übertragung der eigentlichen Architektenleistungen statt.[70] Mit der

---

61) Vgl. BVerwG, NJW-RR 1999, 1542 = NZBau 2000, 30 (Mindestsatzunterschreitung bei **Gutachterverfahren**); VGH Kassel, NJW-RR 1995, 1299.
62) Vgl. hierzu BGH, BauR 1997, 490 = NJW 1997, 2180; OLG München, NJW-RR 1996, 881; *Kreißl*, S. 113 ff.
63) OLG München, BauR 1996, 283; vgl. ferner BGH, a. a. O., sowie BauR 1991, 638.
64) Nach BGH, BauRB 2005, 107, ist ein Auftraggeber von Ingenieur- oder Architektenleistungen auch wettbewerbsrechtlich nicht verpflichtet, die Leistungen so auszuschreiben, dass sie alle Angaben für die Honorarberechnung nach HOAI enthalten; vgl. ferner OLG Düsseldorf, BauR 2001, 274 = NZBau 2000, 578 (für den **Tragwerksplaner**); *Pöschl*, DAB 1996, 247; vgl. ferner: LG Marburg, BauR 1994, 271; LG Freiburg, U. v. 17.5.2002 – AZ: 12 O 29/02 (hierzu *Morlock*, DAB 2003, 38). Zu wettbewerbswidrigen Honoraranfragen bei städtebaulichen Leistungen, wenn die Honorarparameter der HOAI vom öffentlich-rechtlichen Auftraggeber nicht vorgegeben werden vgl. LG Offenburg, IBR 2003, 610 – *Sangenstedt*. Zu einem Beschluss des Vergabesenats des OLG Düsseldorf vom 7.7.2004 vgl. DAB 2004, 68 (Pauschalierung des Honorars gemäß § 4 a HOAI als Vergabekriterium ohne Angabe der Kostenberechnung).
65) BGH, BauR 2005, 580 = NZBau 2005, 161; ferner BGH, NZBau 2003, 622.
66) OLG München, IBR 2006, 503 – *Moufang*.
67) Vgl. hierzu auch Rdn. 638 ff.
68) Vgl. hierzu BVerwG, NJW-RR 1999, 1542 = NZBau 2000, 30; OLG Koblenz, ZfBR 1994, 229; *Klepsch*, ZfBR 1996, 1 ff.; *Hartmann*, BauR 1996, 623 ff.; *Neuenfeld*, § 4 HOAI, Rdn. 5.
69) Vgl. hierzu auch OLG München, BauR 2006, 1491 = IBR 2006, 213 – *Hebel*.
70) So auch *Portz*, Festschrift für Vygen, S. 44, 50.

Teilnahme am Wettbewerb verfolgt der Architekt das Ziel, einen Architektenauftrag zu erhalten. Seine Tätigkeit erfolgt auf „eigenes Risiko"[71] und ist damit vorvertragliche Akquisition (vgl. hierzu im Einzelnen Rdn. 611) außerhalb einer werkvertraglichen Beziehung (Architektenauftrag).[72] Auch das BVerfG[73] kommt zu dem Ergebnis, dass das Verbot der Unterschreitung der Mindestsätze grundsätzlich nicht für die Vergütung von Beiträgen jeglicher Wettbewerbe gilt; es begründet dieses Ergebnis aber damit, dass die Gefahr der Qualitätsminderung durch Preiswettbewerb, der die Mindesthonorarregelung entgegenwirken will, bei einem Architektenwettbewerb vernachlässigt werden kann.

Im Übrigen ist gegen die Vereinbarung einer **Aufwandsentschädigung**, die unter den Mindestsätzen der HOAI liegt, grundsätzlich nichts einzuwenden, wenn die Vertragsparteien keinen Architektenvertrag geschlossen haben.[74]

Bei **Gutachtenverfahren**[75] (so genannten **„Mehrfachbeauftragungen"**), bei denen bestimmte Architekten aufgefordert werden, planerische Lösungsvorschläge für ein Bauvorhaben vorzulegen, kann, muss aber nicht bereits eine werkvertragliche Bindung zwischen den Beteiligten vorhanden sein.[76] Das hängt von der Gestaltung des Verfahrens im Einzelnen ab. Ist eine entsprechende Bindung anzunehmen, finden zur Honorarhöhe die Bestimmungen der HOAI Anwendung.[77] Nach Auffassung des BVerwG[78] begründet die Absicht eines Auftraggebers, den Verfasser eines von ihm in einem Gutachtenverfahren ausgewählten Entwurfs mit weiteren Architektenleistungen zu beauftragen, keinen Ausnahmefall i. S. des § 4 Abs. 2 HOAI, sodass für die im **Gutachterverfahren** zu erbringende Architektenleistungen die Mindestsätze gelten.

**720** Eine **Unterschreitung** der Mindestsätze muss **nicht** ausdrücklich und unmittelbar erfolgen; dies kann auch dadurch geschehen, dass die einzelnen Vorschriften der HOAI über die Grundlagen (Bezugsgrößen) der Honorarberechnung (z. B. zu niedrige Honorarzone,[79] zu geringe anrechenbare Kosten,[80] geringere Prozentsätze,[81] Zusammenfassung von an sich gesondert zu berechnenden Gebäu-

---

71) Vgl. BGH, BauR 1996, 414, 416.
72) Ebenso: Hess. VGH, BauR 1998, 1037, 1041; *Hartmann*, BauR 1996, 623, 629; *Löffelmann/Fleischmann*, Rdn. 984; *Reineke*, IBR 1996, 26; unklar: *Klepsch*, ZfBR 1996, 1 ff.
73) BauR 2005, 1946 m. Anm. *Schwenker* = NZBau 2006, 121.
74) OLG München, BauR 2006, 1491 = IBR 2006, 213 – *Hebel*.
75) Vgl. hierzu *Husmann*, DAB-NW 1986, 161; *Hartmann*, BauR 1996, 623, 628; *Klepsch*, ZfBR 1996, 1, 3.
76) Vgl. hierzu BGH, BauR 1997, 490, 492, der darauf verweist, dass es sich bei den im Rahmen eines Gutachterverfahrens erbrachten Architektenleistungen „im allgemeinen" um vertraglich vereinbarte Leistungen handelt.
77) *Hartmann*, a. a. O.
78) NJW-RR 1999, 1542 = NZBau 2000, 30; vgl. *Portz*, DAB 1999, 1064 sowie Festschrift für Vygen, S. 44, 50
79) LG Stuttgart, NJW-RR 1997, 1380; *Steeger*, BauR 2003, 794, 795 m. w. N.; unzutreffend daher die Entscheidung des OLG Naumburg, NZBau 2003, 443, wonach der Architekt an die einmal vereinbarte Honorarzone gebunden ist.
80) KG, IBR 1998, 115 – *Hog*.
81) KG, a. a. O. (21% statt 31% für die Überwachung eines Generalunternehmers), vgl. hierzu insbesondere *Steeger*, BauR 2003, 794, 795.

## Unterschreitung der Mindestsätze — Rdn. 720

den[82], Ausschluss oder Nichtberücksichtigung von § 10 Abs. 3 a[83] usw.) nicht eingehalten werden (vgl. näher Rdn. 706).[84] Eine Mindestsatzunterschreitung kann auch in der Weise erfolgen, dass die **vollständige** Erfüllung einer Leistung/Leistungsphase in Auftrag gegeben wird, eine Honorierung hierfür aber nur **teilweise** erfolgen soll.[85] Nicht selten vereinbaren die Vertragsparteien eine **Kürzung der prozentualen Honorarsätze in den einzelnen Leistungsphasen**. Dies kann auch zu einer Mindestsatzunterschreitung führen, wenn nicht gleichzeitig vereinbart wird, welche Leistungen mit dem entsprechenden Prozentsatz erfasst bzw. nicht erfasst werden. Deshalb sollte in Architektenverträgen stets klargestellt werden, welche Leistungen vom Vertrag erfasst werden, wenn bestimmte Honorarsätze gegenüber den HOAI-Sätzen gemindert werden. Weichen ein oder mehrere der in einem Architektenvertrag vereinbarten Rechnungsfaktoren (z. B. die Honorarzone) von der HOAI ab, folgt daraus noch nicht, dass die Honorarvereinbarung unwirksam ist; vielmehr ist nunmehr im Einzelnen zu klären, welches Honorar sich unter Anwendung aller von den Vertragsparteien vereinbarten Bemessungsregelungen ergibt und ob dieses Honorar in dem von der HOAI zugelassenen Rahmen liegt, wie der BGH[86] zu Recht ausgeführt hat. Unzulässige Mindestsatzunterschreitungen finden sich auch häufig in Architekten- oder Ingenieurverträgen der öffentlichen Hand.[87]

Ein Bewusstsein der Vertragsparteien über den Umstand, dass eine Mindestsatzunterschreitung (unmittelbar oder mittelbar) vorliegt, wird im Rahmen des § 4 Abs. 2 HOAI nicht gefordert. Es kommt daher stets auf den **objektiven** Tatbestand des Verstoßes gegen das in der HOAI enthaltene Preisrecht an.[88] Auch ein **Teilverzicht** auf das Architektenhonorar kann zu einer Unterschreitung der Mindestsätze führen und ist daher unwirksam[89] (vgl. hierzu Rdn. 753). **Nach Erbringung der Leistungen** des Architekten können sich die Parteien auf ein Honorar **unter den Mindestsätzen** – auch mündlich – **einigen**[90] (vgl. hierzu Rdn. 752).

§ 16 Abs. 3 HOAI kennt für anrechenbare Kosten bei einer **Überschreitung der Grenze von 25.564.594 €** keine Untergrenze im Sinne eines Mindestsatzes (zur **üblichen Vergütung** insoweit vgl. Rdn. 768). Aus § 4 Abs. 2 HOAI ergibt sich jedoch, dass in diesem Fall jedenfalls das Mindesthonorar bei 25.564.594 € – im Rahmen einer entsprechenden Vereinbarung – rechtswirksam nicht unterschritten werden darf (zur üblichen Vergütung insoweit vgl. Rdn. 768). Dies ist jedoch **bestrit-**

---

82) BGH, BauR 2005, 735, 739 = NJW-RR 2005, 669 = IBR 2005, 213 – *Schwenker* = MDR 2005 706; OLG München, IBR 2005, 97 – *Seifert*.
83) LG Kreuznach, IBR 2007, 262 – *Eich*.
84) OLG Koblenz, NZBau 2005, 466.
85) Vgl. hierzu OLG Naumburg, IBR 2005, 495 – *Laux* (nur Beauftragung der Leistungsphasen 2 und 3, obwohl Leistungsphase 1 als weiterer Entwicklungsschritt notwendig); KG, IBR 1997, 511 (Vereinbarungen einer 100%igen Leistung, die nur zu 85% abrechenbar sein soll).
86) BauR 2005, 735 = NJW-RR 2005, 669 = MDR 2005, 706 = ZfIR 2005, 414 = IBR 2005, 213 – *Schwenker*.
87) Vgl. hierzu *Locher*, BauR 1986, 643.
88) KG, BauR 2001, 126 m. Anm. *Rath*.
89) OLG Celle, IBR 2004, 81 – *Preussner*.
90) OLG Düsseldorf, BauR 1997, 880; BauR 1987, 348; BGH, BauR 1991, 638, 641; BauR 1988, 364 = NJW-RR 1988, 725 = ZfBR 1988, 133; OLG Köln, OLGR 2002, 92.

ten.[91]) Eine andere Auffassung würde aber zum einen den Absichten des Verordnungsgebers, wie sie in der Vorschrift des § 4 HOAI zum Ausdruck gekommen sind, nicht gerecht und überdies zu kuriosen Ergebnissen führen, wie z. B. bei folgender Fallgestaltung:

* Die Vertragsparteien gehen bei Vertragsschluss von anrechenbaren Kosten von über 25.564.594 € aus, also von anrechenbaren Kosten, die über der Obergrenze der Honorartafel des § 16 HOAI liegen. Die auf dieser Basis (keine Bindung an die Mindestsätze der HOAI gemäß § 16 Abs. 3 HOAI) getroffene Honorarvereinbarung (meist Honorarpauschale) wird dann unwirksam, wenn das Bauvorhaben kostengünstiger errichtet werden kann, damit unter die Grenze des § 16 Abs. 3 HOAI rutscht und die entsprechenden Mindestsätze der tatsächlich entstandenen anrechenbaren Kosten mit der Honorarpauschale unterschritten werden. Nunmehr ist nach den jeweiligen Mindestsätzen abzurechnen. Hätten die anrechenbaren Kosten dagegen, wie erwartet, die Grenze von 25.564.594 € überschritten, wäre es aufgrund des Wortlautes des § 16 Abs. 3 HOAI nicht zu einer Mindestsatzunterschreitung gekommen.

* Die Vertragsparteien gehen von anrechenbaren Kosten unter der Obergrenze von 25.564.594 € aus und vereinbaren ein Honorar (meist Honorarpauschale) unter den Mindestsätzen. Die anrechenbaren Kosten steigen dann jedoch im Rahmen der Bauabwicklung über die vorerwähnte Obergrenze. In diesem Fall wird die (zunächst) unwirksame Honorarvereinbarung wirksam, weil bei (richtiger) rückblickender Betrachtung ein Fall des § 16 Abs. 3 HOAI vorliegt und damit die Vertragsparteien das Honorar frei vereinbaren konnten.[92])

Warum der Architekt bei anrechenbaren Kosten unter 25.564.594 € durch § 4 Abs. 2 HOAI geschützt, bei anrechenbaren Kosten über 25.564.594 € (also bei Großprojekten mit entsprechenden Haftungsrisiken) dagegen völlig ungeschützt sein soll, ist nicht einsichtig. *Müller-Wrede*[93]) hält den Umstand, dass in § 16 Abs. 3 HOAI keine Untergrenze für die freie Honorarvereinbarung durch den Verordnungsgeber festgelegt worden ist, für ein „redaktionelles Versehen"; sie plädieren daher – insbesondere im Hinblick auf die starke Verhandlungsposition der Auftraggeber bei der Vergabe von Großprojekten – dafür, dass bei großen Bauvorhaben das Mindestsatzhonorar des höchsten Tafelwertes der anrechenbaren Kosten eine Untergrenze bildet, die gemäß § 4 Abs. 2 HOAI nicht unterschritten werden darf. Dem ist zuzustimmen.[94])

---

91) Wie hier: *Löffelmann/Fleischmann*, Rdn. 1468; *Müller-Wrede*, BauR 1996, 322; *Werner*, Festschrift für Motzke, S. 440 f.; **a. A.:** *Jochem*, § 16 HOAI, Rdn. 3; *Locher/Koeble/Frik*, § 16 HOAI, Rdn. 11; *Korbion/Mantscheff/Vygen*, § 16 HOAI, Rdn. 8; *Pott/Dahlhoff/Kniffka/Rath*, § 16 HOAI, Rdn. 4; *Hartmann*, § 16 HOAI, Rdn. 6; *Motzke/Wolff*, S. 399; LG Mainz, IBR 1998, 307 – *Theis*. **Anderer Ansicht** wohl auch BGH, BauR 2004, 1640 = NZBau 2004, 509 = ZfIR 2004, 767 (m. Anm. *Schwenker/Schramm*, ZfIR 2004, 753, die allerdings lediglich darauf hinweisen, dass der Mindest- und Höchstpreischarakter der HOAI und auch die Formvorschriften der HOAI für die Vergütungsvereinbarung nicht gelten, wenn die anrechenbaren Kosten die in § 16 Abs. 3 HOAI genannte Summe übersteigen) = IBR 2004, 626 – *Schramm*.
92) So auch KG, BauR 2001, 126 m. Anm. *Rath*.
93) BauR 1996, 322.
94) **Anderer Ansicht:** *Locher/Koeble/Frik*, § 16 Rdn. 12, die eine Untergrenze (nur) im Rahmen des § 242 BGB ansetzen wollen.

## Unterschreitung der Mindestsätze

In § 24 HOAI ist der sogenannte **Umbau- und Modernisierungszuschlag** geregelt. Nach Abs. 1 Satz 4 gilt ab durchschnittlichem Schwierigkeitsgrad ein Zuschlag von 20% als vereinbart, sofern nicht etwas anderes zwischen den Parteien schriftlich vereinbart worden ist. Nach herrschender Meinung handelt es sich insoweit um einen **Mindestzuschlag**, der nur in den Fällen des § 4 Abs. 2 unterschritten werden kann.[95]

Für den Fall der Mindestsatzunterschreitung gemäß § 4 Abs. 2 HOAI wird allgemein eine **Hinweis- und Aufklärungspflicht des Architekten zum Formerfordernis** angenommen.[96] Grundsätzlich wird man dem nur in besonderen Ausnahmefällen zustimmen können, weil andernfalls die Formvorschriften der HOAI durch den Einwand des Verschuldens bei Vertragsabschluss „ausgehebelt" werden.[97] In der Praxis werden Schadensersatzansprüche des Auftraggebers in der Regel zudem daran scheitern, dass er einen „Ausnahmefall" i. S. des § 4 Abs. 2 HOAI nicht hinreichend belegen kann und die unterbliebene Aufklärung daher auch keinen Schaden verursacht hat.[98]

721

Im Hinblick auf das Motiv und die Zielrichtung des Verordnungsgebers (öffentliches Interesse an einer „gesunden Architektenschaft" und einem „finanzierbaren Bauen") ergibt sich für die Formvorschrift des § 4 HOAI, dass in den Fällen der Unterschreitung der Mindestsätze der **Einwand der unzulässigen Rechtsausübung** in der Regel nicht in Betracht kommt. Insoweit ist die vielfach in der Literatur,[99] aber auch in der Rechtsprechung[100] geäußerte Auffassung, nach der der Einwand der unzulässigen Rechtsausübung bei Berufung auf einen Formmangel, insbesondere auf die Fallgruppe der Mindestsatzunterschreitung, stets anwendbar sein soll, unzutreffend.[101] Die förmliche Erschwerung der Mindestsatzunterschreitung erfolgt im erwähnten allgemeinen Interesse. Darüber hinaus wird übersehen, dass die Erschwerung der Mindestsatzunterschreitung nicht nur durch die Schriftform und den Zeitfaktor (bei Auftragserteilung), sondern zusätzlich durch das weitere Merkmal des „Ausnahmefalls" erfolgt, der nicht zur Disposition der Vertragsparteien steht, sondern objektiv vorliegen muss.[102]

In diesem Zusammenhang ist jedoch zu berücksichtigen, dass der BGH[103] durchaus Fallgestaltungen sieht, bei denen eine **Bindung des Architekten** an eine verein-

---

95) KG, IBR 2000, 389 – *Schick*; *Locher-Koeble/Frik*, § 24 HOAI, Rdn. 14; *Motzke/Wolff*, S. 446; *Seifert* in Korbion/Mantscheff/Vygen, § 24 HOAI, Rdn. 14; *Morlock/Meurer*, Rdn. 259; a. A.: VK Brandenburg IBR 2003, 326; *Steger*, BauR 2002, 261.
96) Vgl. *Knacke*, BauR 1990, 395; ferner OLG Oldenburg, BauR 1984, 541, 542; OLG Karlsruhe, BauR 1984, 538; *Werner*, Festschrift für Locher, S. 289, 297; *Meyke*, BauR 1987, 513, 514; *Weyer*, BauR 1987, 131, 139; *Hartmann*, § 4 HOAI, Rdn. 3 (a. E.); *Korbion/Mantscheff/Vygen*, § 4 HOAI, Rdn. 95; *Kreißl*, S. 94 ff.
97) So zu recht *Locher/Koeble/Frik*, § 4 HOAI, Rdn. 80; ebenso: OLG Hamm, NJW-RR 1990, 522 u. *Knacke*, a. a. O., 395, 401.
98) *Werner*, a. a. O.; siehe auch BGH, NJW 1993, 661 u. BGH, BauR 1997, 1062 = NJW-RR 1997, 1448; ferner: OLG Oldenburg, BauR 2002, 332, 333 = NZBau 2002, 283.
99) *Korbion/Mantscheff/Vygen*, § 4 HOAI, Rdn. 96; *Groß*, BauR 1980, 9, 14 f.; *Locher/Koeble/Frik*, § 4 HOAI, Rdn. 54; *Konrad*, BauR 1989, 653, 661; *Löffelmann/Fleischmann*, Rdn. 518.
100) OLG Stuttgart, BauR 1981, 404; vgl. auch OLG München, BauR 1997, 164, 165.
101) OLG München, IBR 1999, 69.
102) Vgl. hierzu im Einzelnen *Werner*, Festschrift für Locher, S. 289, 295 ff.
103) BauR 1997, 677, 679 = NJW 1997, 2329 = LM Nr. 35 HOAI m. abl. Anm. *Koeble* = MDR 1997, 729 m. Anm. *Hertwig*; ebenso OLG Oldenburg, BauR 2004, 526 = OLGR 2004, 146; OLG Dresden, IBR 2005, 496 – *Schmidt-Hofmann*; siehe auch *Neuenfeld*, BauR 1998, 458, 463.

barte (unzulässige) **Mindestsatzunterschreitung** unter dem Gesichtspunkt von **Treu und Glauben** in Betracht kommen kann. Nach seiner Auffassung verhält sich ein Architekt nämlich widersprüchlich, wenn er einerseits mit seinem Bauherrn ein Honorar vereinbart, das die Mindestsätze in unzulässiger Weise unterschreitet, andererseits später jedoch nach den Mindestsätzen abrechnen will.

Diesem widersprüchlichen Verhalten des Architekten steht nach Treu und Glauben ein Geltendmachen der Mindestsätze entgegen, wenn

* der Auftraggeber auf die Wirksamkeit der Vereinbarung **vertraut hat**
* und **vertrauen durfte**
* und wenn er sich darauf in einer Weise **eingerichtet hat**, dass ihm die Zahlung des Differenzbetrages zwischen dem vereinbarten Honorar und den Mindestsätzen nach Treu und Glauben nicht zugemutet werden kann.[104]

Derartige Fallgestaltungen sind beispielsweise denkbar, wenn die Parteien **ein Pauschalhonorar, das unter den Mindestsätzen liegt**, vereinbaren, der Auftraggeber als **Investor** dieses pauschale Honorar in die Kalkulation seines Bauvorhabens (z. B. einer Eigentumswohnanlage) einfließen lässt und sodann einen Kaufpreis für die einzelnen Eigentumswohnungen bildet, den er von seinen Vertragspartnern (Erwerbern der Eigentumswohnungen) fordert und erhält, ohne dass er nachträglich eine Korrektur dieses Kaufpreises vornehmen kann. Entsprechendes gilt, wenn ein **Generalunternehmer** mit einem Planer ein Pauschalhonorar vereinbart, das unter den Mindestsätzen liegt, und der Generalunternehmer seine Vergütungsabrede mit dem Bauherrn an dem vereinbarten Pauschalhonorar orientiert.[105] Die reine Einstellung des Pauschalhonorars in die **Finanzierung** des Auftraggebers allein wird aber nicht ausreichen, um eine Bindung an das Pauschalhonorar zu begründen.[106] Dasselbe gilt für den Fall, dass der Bauherr (nur) Förderanträge gestellt hat, weil man diese nachträglich auch erhöhen kann.[107] Nach OLG Köln[108] ist bei der vorzunehmenden Abwägung der beiderseitigen Interessen ein **Bauherr schützenswert**, wenn er sich erst auf der Grundlage der günstigen, weil die Mindestsätze unterschreitenden Pauschalpreisvereinbarung zur Durchführung des Bauprojektes entschließt. Das KG[109] meint, dass ein Auftragnehmer sich auf eine entsprechende Pauschalvereinbarung in schutzwürdiger Weise eingerichtet hat, wenn ihm die Zahlung der Mindestsätze „nicht zuzumuten" ist. In einer weiteren Entscheidung[110] kommt das KG zu der Auffassung, dass es für das „Einrichten" ausreicht, wenn der Auftraggeber „im Vertrauen auf die sich ihm darstellende Vertragslage (wirksame Pauschalvereinbarung) weitere kostenaufwändigere

---

104) BGH, a. a. O.; ferner OLG Köln, NJW-RR 2007, 455; OLG Bremen, OLGR 2005, 714; OLG Saarbrücken, IBR 2004, 210 – *Weyer*.
105) OLG Zweibrücken, IBR 1998, 259.
106) OLG Hamm, BauR 2004, 1643; KG, IBR 2004, 258 *Hufer*; OLG Köln, BauR 2007, 132, 133 m. Anm. *Sangenstedt*; IBR 2000, 83; OLG Düsseldorf IBR 2002, 24; **a. A.:** offensichtlich KG, KGR 2002, 111 sowie OLG Celle, OLGR 2003, 375.
107) **Anderer Ansicht:** OLG Köln, NZBau 2007, 368 = NJW-RR 2007, 455.
108) NJW-RR 1999, 1109 = OLGR 1999, 47; vgl. aber OLG Köln, NZBau 2003, 103 (kein Vertrauensschutz für arbeitslosen Bauherrn mit erheblichen Unterhaltsverpflichtungen und Übernahme maßgeblicher Arbeiten in Eigenregie).
109) KGR 1998, 352. Vgl. auch OLG Düsseldorf, BauR 2007, 1767, 1769 (Vertrauensschutz bei Abrechnung nach 7 Jahren). Ferner OLG Düsseldorf, IBR 2007, 568 (kein Vertrauensschutz, wenn Auftraggeber der Schulsrechnung unmittelbar widerspricht).
110) KGR 1999, 5, 7.

## Unterschreitung der Mindestsätze                              Rdn. 721

Dispositionen in Bezug auf das Bauvorhaben getroffen hat, die er ansonsten nicht getroffen hätte". Das OLG Hamburg[111] hat entschieden, dass sich ein Architekt auf die Nichtigkeit einer unterhalb der Mindestsätze nach HOAI getroffenen mündlichen Honorarvereinbarung nach Treu und Glauben nur dann nicht berufen kann, wenn eine Mehrzahlung für den Bauherrn „schlechthin untragbar" ist. Schon diese Entscheidungen lassen erwarten, dass es zu der Bestimmung des „Einrichtens" noch zahlreiche weitere Versuche der Rechtsprechung geben wird, diesen Begriff einer für beide Vertragsparteien angemessenen Auslegung zuzuführen.

Bei alledem ist jedoch zu berücksichtigen, dass auch der **Vertragspartner des Architekten** (Auftraggeber) in der Regel **Kenntnis von der unzulässigen Mindestunterschreitung** hat, sodass sein Vertrauen grundsätzlich **nicht schutzwürdig** erscheint.[112] Dies gilt insbesondere für **öffentliche Auftraggeber** oder **sonstige** erkennbar **erfahrene Bauherren** (wie z. B. Bauträger, Generalunternehmer usw.). Diesen Gesichtspunkt lässt der BGH in der vorgenannten Entscheidung unerwähnt; demgegenüber haben zwischenzeitlich insbesondere die Oberlandesgerichte Oldenburg[113], Köln[114], Koblenz[115], Celle[116] und das Kammergericht[117] bestätigt, dass der sachkundige Auftraggeber, der gesetzliche Regelungen bewusst missachtet, nicht schutzwürdig ist, weil er sich seinerseits widersprüchlich verhält, wenn er den Vertragspartner mit Hilfe der Rechtsordnung am Inhalt der gesetzeswidrigen Vereinbarungen festhalten will. Daher handelt auch ein **Subplaner**, der mit einem anderen Architekten- oder Ingenieurbüro (als Auftraggeber) zunächst ein Honorar unter den Mindestsätzen vereinbart, grundsätzlich nicht treuwidrig, wenn er (später) eine Abrechnung nach Mindestsätzen verlangt; das gilt auch dann, wenn das auftraggebende Planungsbüro mit dem Bauherrn ebenfalls ein Honorar unter den Mindestsätzen vereinbart hat.[118] Allerdings kann bei einem Vertragsverhältnis **Gene-**

---

111) IBR 2004, 258 – *Hufer*.
112) Zutreffend: OLG Frankfurt, IBR 2007, 430 – *Götte* (Beteiligung eines Projektsteuerers und eines Anwalts bei Vertragsverhandlungen); OLG Braunschweig, BauR 2007, 903, 905; KG, IBR 2006, 624; OLG Hamm, IBR 2007, 566 – *Weyand* sowie KGR 2001, 210; OLG Köln, IBR 2000, 439 – *Weyer*; OLG Celle, BauR 1997, 883, 884 sowie *Koeble* in Anm. zu BGH, LM Nr. 35 HOAI; *Rauch*, BauR 2006, 1662, 1663; vgl. hierzu aber OLG Celle, BauR 2003, 1923.
113) IBR 2003, 611 – *Eich*. Ebenso OLG Hamm, IBR 2007, 566 – *Weyand*. Vgl. hierzu auch OLG Köln, OLGR 2007, 368.
114) NZBau 2005, 467. Vgl. hierzu auch OLG Köln, BauR 2007, 132, 133.
115) BauR 2006, 551 = OLGR 2006, 141 (bestätigt durch Beschluss des BGH v. 10.11.2005 – V II ZR 238/05 – im Rahmen des Nichtannahmebeschlusses).
116) BauR 1997, 883, 884.
117) IBR 2006, 624 sowie KGR 2001, 210.
118) **Anderer Ansicht**: OLG Stuttgart, OLGR 2005, 695; BauR 2003, 1424 = OLGR 2003, 395 = IBR 2003, 364 – *Werner*; OLG Nürnberg, NZBau 2003, 686 = IBR 2001, 495 m. ebenfalls ablehnender Anm. *Eich*, der zu Recht darauf verweist, dass dem auftraggebenden Planungsbüro kein Verlust durch das berechtigte Verlangen des Subplaners entsteht, weil auch die Vereinbarung des Bauherrn mit dem Auftraggeber-Planungsbüro unwirksam ist. Vgl. zu der Entscheidung des OLG Nürnberg auch *Frechen*, Festschrift für Jagenburg (2002), 201, 211, der ebenfalls Kritik an der Entscheidung übt. Das OLG Köln (NZBau 2003, 43 = OLGR 2002, 190) nimmt eine Bindung im Verhältnis Architekt und Subunternehmer-Architekt an, wenn der Architekt gegenüber seinem Auftraggeber zwar die Mindestsätze (ebenfalls) unterschritten hat, diese Unterschreitung aber als wirksam anzusehen ist, und dem Subunternehmer-Architekt dies bekannt ist.

ralplaner – **Subplaner** von der Annahme eines **Ausnahmefalles** nach § 4 Abs. 2 HOAI ausgegangen werden (vgl. hierzu Rdn. 785).

Eine Abänderung des gemäß § 4 Abs. 4 HOAI geltenden Mindestsatzes ist erst nach Beendigung der Architektentätigkeit möglich (vgl. Rdn. 752).

Zur möglichen **Bindung des Architekten an seine Schlussrechnung** bei Unterschreitung des Mindestsatzes vgl. auch Rdn. 797 ff. Zum **Honorarverzicht** vgl. Rdn. 753.

722 Das OLG Zweibrücken[119] hält die **Unterschreitung der Mindestsätze** in Allgemeinen **Geschäftsbedingungen eines Bauherrn** für unangemessen und daher für unwirksam. Der Entscheidung ist nur im Ergebnis beizupflichten: Einer Heranziehung der §§ 305 ff. BGB n. F. (früher AGB-Gesetz) bedarf es nicht, weil eine solche generelle Regelung bereits gegen § 4 Abs. 2 HOAI verstößt. Es ist unerheblich, ob die Vereinbarung in individueller oder AGB-Form erfolgt.

Erfolgt eine **stufenweise Beauftragung** des Architekten, ist nach zutreffender Auffassung des OLG Braunschweig[120] § 4 HOAI auf jeden Abschnitt der stufenweisen Beauftragung gesondert anzuwenden und für jeden stufenweisen Auftrag auch die Schriftform zu verlangen (zur stufenweisen Beauftragung vgl. insbesondere Rdn. 666 ff. und 747).

### c) Überschreitung der Höchstsätze

*Literatur*

*Kroppen*, Die außergewöhnliche Leistung des Architekten und deren Honorierung, Festschrift für Korbion (1986), 227; *Osenbrück*, Zusatzhonorar für Ingenieure wegen Bauzeitverlängerung, BauR 1990, 762.

723 Die HOAI hat **Höchstpreischarakter**. Ein Verstoß gegen den Höchstpreischarakter der HOAI liegt nicht nur vor, wenn die in dieser Verordnung genannten Höchstpreise unmittelbar überschritten werden, sondern auch, wenn die einzelnen Vorschriften innerhalb der HOAI **über die Grundlagen der Honorarberechnung nicht eingehalten** werden und dies **mittelbar** zur Überschreitung der Höchstsätze führt (z. B. höhere Honorarzone, höhere anrechenbare Kosten, Honorierung von Grundleistungen, die nicht erbracht werden sollen, höherer Stundensatz, als § 6 HOAI zulässt, oder ein über den Höchstsätzen liegendes Pauschalhonorar).[121] Dasselbe gilt, wenn sich der Architekt für die Übertragung **urheberrechtlicher Nutzungsrechte** ein **zusätzliches Honorar** versprechen lässt[122] (vgl. näher Rdn. 899 ff.). Ein Bewusstsein der Vertragsparteien über den Umstand, dass eine Höchstsatzüberschreitung (unmittelbar oder mittelbar) vorliegt, wird im Rahmen des § 4 Abs. 3 HOAI nicht gefordert. Es kommt daher stets auf den **objektiven Tatbestand** des Verstoßes gegen das in der HOAI enthaltene Preisrecht an.[123]

---

119) BauR 1989, 227, 228.
120) OLGR 2006, 896.
121) Vgl. die Beispiele bei *Locher/Koeble/Frik*, § 4 HOAI, Rdn. 64 und *Neuenfeld*, § 4 HOAI, Rdn. 12; siehe ferner: *Weyer*, BauR 1982, 309, 314, 315 (auch zur Beweislast) sowie OLG Hamm, BauR 1995, 129 = ZfBR 1995, 33 = NJW-RR 1995, 274.
122) OLG Nürnberg, NJW-RR 1989, 407, 409; OLG München, BauR 1995, 434 (LS) = NJW-RR 1995, 474.
123) KG, BauR 2001, 126 m. Anm. *Rath*.

## Überschreitung der Höchstsätze

**724** Ein **Verstoß gegen eine Bemessungsgrundlage** der HOAI führt jedoch nur zur Unwirksamkeit der Absprache, wenn damit gleichzeitig eine **Überschreitung der Höchstsätze verbunden** ist,[124] denn die Parteien können innerhalb der Mindest- und Höchstsätze das Honorar frei vereinbaren. **Haftungsbeschränkungen** in Architektenverträgen stellen dagegen keinen Verstoß gegen den Höchstpreischarakter der HOAI dar.[125] Es ist nicht erkennbar, dass der Verordnungsgeber insoweit in die Vertragsfreiheit der Parteien hat eingreifen wollen.

**725** Für die in der HOAI genannten Architektenleistungen kann zwischen den Vertragsparteien daher in der Regel nur ein Architektenhonorar **bis** zu den HOAI-Höchstsätzen wirksam vereinbart werden. In einigen Fällen bestimmt die HOAI allerdings, dass das Honorar auch **frei vereinbart** werden kann, sodass **Höchstsätze nicht zu berücksichtigen** sind (z. B. § 16 Abs. 3, § 17 Abs. 2, § 34 Abs. 5). Die Honorarvereinbarung muss teilweise **schriftlich** und bei Auftragserteilung erfolgen (z. B. § 26, § 28 Abs. 3, § 31 Abs. 2); in anderen Fällen reicht eine mündliche Vereinbarung ohne zeitliche Bindung aus.

**726** Die Überschreitung der Höchstsätze kann nur

* bei **außergewöhnlichen** oder **ungewöhnlich lange** dauernden **Leistungen** (vgl. Rdn. 727)
* **schriftlich** (vgl. Rdn. 734) und
* **bei Auftragserteilung** (vgl. Rdn. 728 und 740) vereinbart werden.

Eine **Überschreitung der Höchstsätze** ist daher **nur in Ausnahmefällen** möglich; dabei haben Umstände, soweit sie bereits für die Einordnung in Honorarzonen oder Schwierigkeitsstufen, für die Vereinbarung von Besonderen Leistungen oder für die Einordnung in den Rahmen der Mindest- und Höchstsätze mitbestimmend gewesen sind, außer Betracht zu bleiben (§ 4 Abs. 3 HOAI).

**727** „Außergewöhnliche" Leistungen sind **überdurchschnittliche** Leistungen, die durch die Höchstsätze der HOAI nicht leistungsgerecht vergütet werden können.[126] Sie können sich auf **künstlerische, technische** oder **wirtschaftliche Aufgabenbereiche** beziehen. Besonders bei herausragenden künstlerischen Aufgaben oder bei Anwendung neuer Technologien kann die Überschreitung der Höchstsätze der HOAI in Betracht kommen.[127] Ob eine Leistung die besonderen Merkmale aufweist, die eine Höchstsatzüberschreitung rechtfertigen, ist **objektiv** festzustellen und steht damit nicht in der Disposition der Parteien.[128] Ist einer der genannten **Ausnahmetatbestände gegeben**, können die Parteien das Honorar des Architekten **frei bestimmen**.[129]

**728** Da § 4 Abs. 3 HOAI einen Zeitpunkt nicht nennt, zu dem die Vereinbarung getroffen werden muss, ist **streitig**, ob die **schriftliche Absprache** der Parteien bereits **bei Auftragserteilung** getroffen werden muss oder auch später erfolgen kann. Im Hinblick auf den Wortlaut des § 4 Abs. 4 HOAI geht die herrschende Auffas-

---
124) *Koeble*, BauR 1977, 372, 377.
125) **Herrschende Meinung:** *Locher/Koeble/Frik*, § 4, HOAI, Rdn. 64; *Groß*, BauR 1980, 9, 16; *Korbion/Mantscheff/Vygen*, § 4 HOAI, Rdn. 5; vgl. auch OLG Köln, BauR 1971, 134; **a. A.:** *Hesse*, BauR 1970, 193, 199, 200.
126) Vgl. hierzu *Kroppen*, Festschrift für Korbion, S. 233.
127) *Korbion/Mantscheff/Vygen*, § 4, HOAI, Rdn. 102.
128) So richtig *Kroppen*, a. a. O., S. 227.
129) *Kroppen*, a. a. O., S. 232, 233; **a. A.:** insoweit *Groß*, BauR 1980, 9, 18, der davon spricht, dass eine Erhöhung nur im Rahmen der Höchstsätze zulässig sei.

sung[130] davon aus, dass sie bei Auftragserteilung („Vertragsschluss") getroffen werden muss (vgl. dazu auch Rdn. 740 ff.). Nach Erbringung der Leistung können sich die Parteien jederzeit auf ein Honorar über den Höchstsätzen – auch mündlich – einigen (vgl. Rdn. 752 ff.).[131]

**729** Die Voraussetzungen, die eine Höchstsatzüberschreitung gemäß § 4 Abs. 3 HOAI rechtfertigen, müssen in der schriftlichen Vereinbarung der Parteien nicht genannt werden.[132]

**730** Häufig ergibt sich die **„ungewöhnlich lange dauernde Leistung"** erst **im Rahmen** der **Abwicklung des Bauvorhabens,** ohne dass dies – im Gegensatz zu einer außergewöhnlichen Leistung – immer vorsehbar ist. Das ist jedoch noch kein Grund, die Parteien von einer entsprechenden schriftlichen Honorarvereinbarung bei Auftragserteilung zu befreien.[133] Das Risiko der Bauzeit ist bekannt und eine Überschreitung nicht ungewöhnlich. Deshalb ist es den Parteien, vor allem aber dem Auftragnehmer zuzumuten, dieses Risiko frühzeitig bei Auftragserteilung anzusprechen und ggf. eine entsprechende Vereinbarung zu treffen, wie dies zwischenzeitlich auch in vielen Architektenverträgen geschieht (Festlegung einer **Regelbauzeit**).[134] Nur auf diese Weise wird man dem Schutzgedanken des § 4 Abs. 3 HOAI gerecht. Dabei wird als ausreichend anzusehen sein, dass eine Regelbauzeit vertraglich festgelegt und für den Fall der erheblichen Überschreitung die Möglichkeit einer Honorarerhöhung im Vertrag eingeräumt wird (vgl. hierzu im Einzelnen Rdn. 874 ff.).[135] Wird eine solche Vereinbarung nicht getroffen, kann die Honoraranpassung (über die Höchstsätze hinaus) nur in Ausnahmefällen nach dem **Rechtsinstitut der Störung der Geschäftsgrundlage** gemäß § 313 **BGB** erfolgen (vgl. näher Rdn. 2478 ff.).[136] Beruht eine Bauzeitverlängerung nicht auf dem Verschulden des Architekten, sondern geht sie z. B. auf nicht rechtzeitig erbrachte **Mitwirkungshandlungen des Bauherrn** (Auftraggebers) zurück, kommen zusätzlich **Entschädigungsansprüche** aus § 642 BGB in Betracht.[137] Zur verlängerten Bauzeit vgl. näher Rdn. 874 ff.

---

130) Vgl. *Löffelmann/Fleischmann*, Rdn. 989; *Korbion/Mantscheff/Vygen*, § 4 HOAI Rdn. 105; *Jochem*, § 4 HOAI, Rdn. 16; *Pott/Dahlhoff/Kniffka/Rath*, § 4 HOAI, Rdn. 5 ff.; wohl auch BGH, BauR 1987, 706; BauR 1988, 364 = NJW-RR 1988, 725 = ZfBR 1988, 133; BauR 1987, 112, 113 = NJW-RR 1987, 13; OLG Düsseldorf, BauR 1987, 348; OLG Hamm, BauR 1986, 718 = MDR 1985, 1031.

131) **Anderer Ansicht** wohl *Locher/Koeble/Frik*, § 4 HOAI, Rdn. 94.

132) *Kroppen*, a. a. O., S. 229.

133) OLG Hamm, BauR 1986, 718; LG Heidelberg, BauR 1994, 802 (LS); *Neuenfeld*, § 4 HOAI, Rdn. 10; vgl. auch OLG Düsseldorf, BauR 1986, 719, 722 sowie *Jochem*, § 4 HOAI, Rdn. 20.

134) Vgl. OLG Köln, BauR 1990, 762 m. Anm. *Osenbrück*. Auch *Locher/Koeble/Frik*, § 4 HOAI, Rdn. 101 empfehlen zu Recht, in den Architektenvertrag stets eine Regelbauzeit und die Möglichkeit einer Honorarerhöhung bei Überschreitung dieser Frist aufzunehmen, um die Voraussetzungen des § 4 Abs. 3 HOAI zu erfüllen; ebenso: LG Heidelberg, a. a. O.; *Pott/Dahlhoff/Kniffka/Rath*, § 4 HOAI, Rdn. 22 a; *Jochem*, § 4 HOAI, Rdn. 20, 21.

135) Vgl. *Osenbrück*, BauR 1990, 762.

136) Vgl. hierzu BGH, BauR 1998, 184 = NJW-RR 1997, 1377; ferner: *Locher/Koeble/Frik*, § 4 HOAI, Rdn. 96, 97; *Neuenfeld*, § 4 HOAI, Rdn. 12; *Kreißl*, S. 108 ff.

137) Vgl. hierzu *Heinle*, BauR 1992, 428 ff.

## Schriftformerfordernis

Im Rahmen der 5. HOAI-Novelle ist mit der Bestimmung des § 4a Satz 3 HOAI[138] im Übrigen die Möglichkeit geschaffen worden, für **Mehraufwendungen** des Architekten infolge einer Verlängerung der Planungs- und Bauzeit ein zusätzliches Honorar zu vereinbaren; es handelt sich insoweit aber lediglich um eine „Kann"-Vorschrift. Sie setzt voraus, dass die Verlängerung der Planungs- und Bauzeit nicht vom Architekten zu vertreten ist.

Leistet der Bauherr infolge einer unwirksamen Überschreitung der Höchstsätze eine **Überzahlung**, kann diese unter dem Gesichtspunkt der ungerechtfertigten Bereicherung (§§ 812 ff. BGB) zurückverlangt werden (vgl. Rdn. 713). Das Rückforderungsrecht **entfällt**, wenn er die Unwirksamkeit der Honorarabsprache kannte und dennoch zahlte (§ 814 BGB); ob § 817 Satz 2 BGB einem Rückzahlungsbegehren des Bauherrn entgegensteht, ist bestritten.[139] Bei einer Zahlung aufgrund vereinbarter Voraus- oder Abschlagszahlungen stützt der BGH allerdings den Rückzahlungsanspruch auf eine **vertragliche Anspruchsgrundlage** (vgl. Rdn. 985). **731**

Es ist Sache des **Bauherrn** (Auftraggebers), die Höchstsatzüberschreitung im Einzelnen **vorzutragen** und im Streitfall zu **beweisen**.[140] Gelingt dem Bauherrn die substantiierte Behauptung einer Höchstsatzüberschreitung, ist es allerdings zunächst Sache des **Architekten**, die formellen und materiellen Voraussetzungen ihrer Zulässigkeit darzulegen.[141] Das Gericht muss zwar eine Überschreitung der Höchstsätze von Amts wegen berücksichtigen; es muss aber die Honorarvereinbarung nicht von sich aus entsprechend überprüfen: Erst auf einen entsprechenden Tatsachenvortrag des Auftraggebers hin hat es tätig zu werden.[142] **732**

Liegen die Voraussetzungen für die Überschreitung der Höchstsätze vor, ist lediglich die **Honorarvereinbarung**, nicht aber der gesamte Architektenvertrag **unwirksam**; die unwirksame Vereinbarung ist im Wege der Umdeutung nach § 140 BGB dahin abzuändern, dass nunmehr die **Höchstsätze** gelten[143] (vgl. Rdn. 697), weil zumindest diese im Zweifel von den Vertragsparteien gewollt sind. **733**

### d) Schriftformerfordernis

*Literatur*

*Loritz*, Die Reichweite des Schriftformerfordernisses der Honorarordnung für Architekten und Ingenieure (HOAI) bei der Vereinbarung unentgeltlicher Tätigkeit, BauR 1994, 38.

Die Vorschrift des § 4 HOAI verlangt für eine Vereinbarung der Unterschreitung der Mindestsätze, der Überschreitung der Mindestsätze und der Überschreitung der **734**

---

138) Zu den Bedenken hinsichtlich der Verfassungsmäßigkeit dieser Vorschrift: *Locher/Koeble/Frik*, § 4a HOAI, Rdn. 3 m. w. Nachw.
139) Diese Frage wird von *Korbion/Mantscheff/Vygen*, § 4 HOAI, Rdn. 117 verneint; *Locher/Koeble/Frik*, § 4 HOAI, Rdn. 71 u. *Neuenfeld*, § 4 HOAI, Rdn. 3a, bejahen sie wohl zu Recht.
140) OLG Düsseldorf, NZBau 2007, 109, 116; OLG Köln, BauR 1986, 467; *Löffelmann/Fleischmann*, Rdn. 995.
141) *Baumgärtel*, § 4 HOAI, Rdn. 3; **a.A.:** *Locher/Koeble/Frik*, § 4 HOAI, Rdn. 99.
142) OLG Köln, a. a. O.
143) BGH, BauR 1990, 239 = NJW-RR 1990, 276 = ZfBR 1990, 72; OLG Jena, BauR 2002, 1724; KG, NJW-RR 1990, 91; *Löffelmann/Fleischmann*, Rdn. 999; **a.A.:** *Weyer*, BauR 1987, 131, 141 und BauR 1982, 309, 317, der das Honorar auf die Mindestsätze zurückführen will.

Höchstsätze jeweils die **Schriftform**, die der Architekt im Honorarprozess **darlegen** und **nachweisen** muss. Fehlt es insoweit bereits an einem schlüssigen Sachvortrag des Architekten, so gelten die **Mindestsätze** (§ 4 Abs. 4 HOAI). Da jede Vereinbarung eines Honorars, die unmittelbar oder mittelbar zu einer Überschreitung der Mindestsätze führt, der Schriftform bedarf, gilt dies auch für die **Einigung über die Honorarberechnungsfaktoren** (z. B. Höhe der anrechenbaren Kosten).[144]

**735** Nach § 126 Abs. 1 BGB ist die **Schriftform** gemäß § 4 HOAI gewahrt, wenn die Honorarvereinbarung von **beiden Parteien unterzeichnet** ist. Es reicht nicht aus, dass der Architekt ein schriftliches Honorarangebot abgibt und dieses von dem Auftraggeber in einem gesonderten Schreiben angenommen wird: Honorarangebot **und** Annahme, die Einigung der Parteien über das Honorar, müssen in einer **Urkunde** enthalten und unterzeichnet sein.[145] Das gilt auch für Honorarvereinbarungen per **Telefax:** Gesonderte Telefaxe für Angebot und Annahme erfüllen nicht die Schriftform; das ist aber der Fall, wenn das unterschriebene „Angebots-Fax" von der anderen Partei ebenfalls unterschrieben per Fax zurückgesandt wird.[146] Ein **Bestätigungsschreiben** oder ein **Auftragsschreiben** allein reicht nicht aus.[147] Dasselbe gilt für **wechselseitige Bestätigungsschreiben** (per Post, Fax oder E-Mail)[148] wie auch für ein schriftliches **Angebot** und eine schriftliche Annahme auf unterschiedlichen Schriftstücken.[149] Dagegen können die beiden Unterschriften in der Urkunde räumlich getrennt stehen, sie müssen aber den Urkundentext räumlich „abschließen".[150] In der **elektronischen Form** kann eine Honorarvereinbarung nur gemäß § 126 a BGB geschlossen werden; dies bedeutet, dass beide Parteien jeweils ein gleich lautendes Dokument mit einer qualifizierten elektronischen Signatur nach dem SigG versehen müssen.

**736** Allerdings genügt nach § 126 Abs. 2 Satz 2 BGB bei einer **Mehrzahl** von schriftlich abgefassten Honorarvereinbarungen (Kopien, Durchschriften usw.), dass jede Vertragspartei ein Exemplar abzeichnet und dieses der anderen zukommen lässt.[151]

---

144) Vgl. hierzu OLG Hamm, NJW-RR 1994, 984; OLG Düsseldorf, BauR 1987, 590; siehe auch Rdn. 706.
145) BGH, BauR 1994, 131 = NJW-RR 1994, 280 = ZfBR 1994, 73; KG, BauR 1998, 818; OLG Hamm, OLGR 1996, 256; OLG Celle, OLGR 1994, 316; OLG Düsseldorf, BauR 1982, 294, 295; KG, BauR 1994, 791 = NJW-RR 1994, 1298; LG Waldshut-Tiengen, BauR 1981, 80, 83; *Palandt/Heinrichs*, § 126 BGB, Rdn. 4; *Jochem*, § 4 HOAI, Rdn. 5; *Neuenfeld*, § 5 HOAI, Rdn. 1; *Korbion/Mantscheff/Vygen*, § 4 HOAI, Rdn. 13; *Groß*, BauR 1980, 9, 10; **a. A.:** *Locher/Koeble/Frik*, § 4 HOAI, Rdn. 33, die auch bei getrennten Urkunden (Angebot und Annahme) meinen, dass sich eine Partei nicht auf die Unwirksamkeit berufen könne. Zu der Frage der Einhaltung der Schriftform bei fehlender körperlicher Verbindung zwischen Haupturkunde und dort in Bezug genommenen Anlagen vgl. OLG Düsseldorf, NZBau 2002, 686.
146) So zu Recht OLG Hamm, BauR 1999, 1204 = NJW-RR 2000, 22 = OLGR 2000, 22; KG, BauR 1994, 791, 792 = NJW-RR 1994, 1298; *Korbion/Mantscheff/Vygen*, § 4 HOAI, Rdn. 11; *Locher/Koeble/Frik*, § 4 HOAI, Rdn. 30.
147) BGH, BauR 1989, 222 = NJW-RR 1989, 786 = ZfBR 1989, 104; *Groß*, BauR 1980, 9, 10; *Locher/Koeble/Frik*, § 4 HOAI, Rdn. 28; **a. A.:** *Bindhardt/Jagenburg*, § 2, Rdn. 6.
148) OLG Düsseldorf, BauR 1995, 419 = OLGR 1995, 34 = NJW-RR 1995, 340; *Hartmann*, § 4 HOAI, Rdn. 7.
149) BGH, BauR 1994, 131 = NJW-RR 1994, 280 = ZfBR 1994; 73; OLG Düsseldorf, a. a. O.
150) OLG Köln, BauR 1986, 467; OLG Düsseldorf, BauR 1998, 887 = OLGR 1998, 340.
151) So auch KG, BauR 1998, 818; OLG Hamm, OLGR 1995, 25.

## Schriftformerfordernis

Die schriftliche Vereinbarung, mit der ein Honorar festgelegt wird, das über den Mindestsätzen liegt, muss sich nicht auf bestimmte Arbeiten beziehen;[152] eine **objektbezogene** Vereinbarung reicht aus. Der Schriftform muss nur die Honorarvereinbarung, nicht der übrige Inhalt des Architektenvertrages genügen.[153]

Nach h. M. fällt ein **Vergleich** zwischen Bauherrn und Architekten über die Honorarforderung nach Beendigung der Architektentätigkeit nicht unter die Regelung des § 4 Abs. 4 HOAI.[154] Hier sind die Parteien nicht an die Schriftform gebunden, weil nach Beendigung der Leistungen des Architekten der dieser Vorschrift zu Grunde liegenden Schutzfunktion keine Bedeutung mehr zukommt. Aus denselben Gründen bedarf es für die **Übernahme einer Honorarvereinbarung** nicht der Schriftform, wenn ein bereits schriftlich abgeschlossener Architektenvertrag einvernehmlich auf einen Dritten übertragen wird.[155]

Bei der **stufenweisen Beauftragung** eines Architekten schließen die Parteien jeweils mehrere Einzelverträge (vgl. Rdn. 666 ff. und 747). Das hat zur Folge, dass jede stufenweise Beauftragung dem Schriftformerfordernis des § 4 HOAI Rechnung tragen muss.[156]

Ist die **Schriftform nicht gewahrt**, gelten gemäß § 4 Abs. 4 HOAI stets die jeweiligen **Mindestsätze**.[157] Entsprechend der Begründung der Bundesregierung (Bundesrats-Drucksache 270/76, S. 10) ist ein Versäumnis der Schriftform für eine Abweichung von den Mindestsätzen **„preisrechtlich nicht mehr korrigierbar"**. Mündliche Vereinbarungen, in denen eine andere Vergütung als die Mindestsätze getroffen worden ist, haben daher keine rechtliche Wirkung. § 4 Abs. 4 HOAI wird daher zu Recht insoweit als **Auffangtatbestand** bezeichnet.[158]

Bei einem Verstoß gegen das Schriftformerfordernis des § 4 HOAI kann der Architekt ein Honorar, das über den Mindestsätzen liegt, auch nicht über die Grundsätze der ungerechtfertigten Bereicherung (§§ 812 ff. BGB) verlangen. Aufgrund der Fiktion des § 4 Abs. 4 HOAI finden die §§ 812 ff. BGB insoweit keine Anwendung; dies wird grundsätzlich auch für den Gesichtspunkt der Änderung der Geschäftsgrundlage (§ 313 BGB n. F.) gelten müssen.[159]

Die **Berufung auf das Schriftformerfordernis** kann im Einzelfall **gegen Treu und Glauben verstoßen** (Einwand der unzulässigen Rechtsausübung). Aufgrund des klaren Wortlautes des § 4 HOAI und dem mit dieser Vorschrift verfolgten Zweck (der frühen Klärung der Honorarfrage und des Schutzes des Auftraggebers) kann dies jedoch

---

152) *Korbion/Mantscheff/Vygen*, § 4 HOAI, Rdn. 9.
153) *Korbion/Mantscheff/Vygen*, a. a. O.
154) BGH, BauR 1987, 112 = NJW-RR 1987, 13 = ZfBR 1986, 283; OLG Düsseldorf, BauR 1999, 507 = NJW-RR 1998, 1099 = OLGR 1998, 235; BauR 1999, 1477 = NJW-RR 2000, 312 = NZBau 2000, 85.
155) BGH, BauR 2000, 592 = NJW 2000, 1114 = ZfBR 2000, 176 = MDR 2000, 387 = NZBau 2000, 139.
156) So zutreffend OLG Bamberg, MDR 2006, 19.
157) OLG Düsseldorf, BauR 1996, 289, 290 = NJW-RR 1996, 535; BauR 1980, 488 = MDR 1980, 934; OLG Stuttgart, ZfBR 1982, 171 m. Anm. *Gerauer*; *Korbion/Mantscheff/Vygen*, § 4 HOAI, Rdn. 20; *Locher/Koeble/Frik*, § 4 HOAI, Rdn. 32.
158) OLG Düsseldorf, a. a. O.; *Groß*, BauR 1980, 9, 15; **a. A.:** OLG Düsseldorf, *SFH*, Nr. 5 zu § 4 HOAI.
159) Vgl. hierzu *Locher/Koeble/Frik*, § 4 HOAI, Rdn. 96.

nur in besonderen **Ausnahmefällen** möglich sein.[160] Deshalb befreit eine in der Vergangenheit einvernehmlich gehandhabte Übung der Honorarabrechnung zwischen Bauherrn und Architekten grundsätzlich nicht von dem Schriftformerfordernis des § 4 HOAI für zukünftige Aufträge.[161] Das LG Waldshut-Tiengen)[162] hat zu Recht in diesem Zusammenhang darauf hingewiesen, es entspreche ständiger höchstrichterlicher Rechtsprechung, „dass gesetzliche Formvorschriften im Interesse der Rechtssicherheit nicht aus bloßen Billigkeitserwägungen unbeachtet gelassen werden dürfen und Ausnahmen nur in ganz besonders gelagerten Fällen zulässig sind, wenn es nämlich nach den Beziehungen der Parteien und den Gesamtumständen mit Treu und Glauben völlig unvereinbar wäre, die vertragliche Abrede am Formmangel scheitern zu lassen, was wiederum nicht schon dann bejaht werden kann, wenn die Folgen für die betroffene Partei nur hart sind; vielmehr müssen die Folgen schlechthin untragbar sein." Mit Recht weisen auch Locher/Koeble/Frik[163] darauf hin, dass sich die Rechtsprechung insoweit an den zu § 313 BGB entwickelten Grundsätzen wird orientieren müssen. Nach ihrer Auffassung liegt ein „schlechthin unerträgliches Ergebnis dann vor, wenn der Auftraggeber den Architekten arglistig von der Einhaltung der Form abgehalten hat" (vgl. Rdn. 696).

Zur Schriftform bei **Besonderen Leistungen** siehe Rdn. 888 ff.; beim **Umbauzuschlag** siehe Rdn. 861. Zu Verträgen mit **der öffentlichen Hand** und dem Schriftformerfordernis vgl. Rdn. 744.

### e) Honorarvereinbarung bei Auftragserteilung

*Literatur*

*Sangenstedt*, Zur Abänderbarkeit von Honorarvereinbarungen nach der HOAI, BauR 1991, 292; *Werner*, Die „stufenweise Beauftragung" des Architekten, BauR 1992, 695; *Werner*, Zum Zeitbegriff „bei Auftragserteilung" in § 4 HOAI, Festschrift für Soergel (1993), 291.

**740** § 4 Abs. 1 HOAI verlangt neben der Schriftform, dass die Honorarvereinbarung im Rahmen der in der HOAI festgesetzten Mindest- und Höchstsätze **„bei Auftragserteilung"** getroffen worden ist. Der Architekt hat daher in dem Honorarprozess substantiiert vorzutragen (und gegebenenfalls zu beweisen),[164] dass die (schriftliche)

---

160) OLG Celle, NZBau 2005, 470; OLG Koblenz, BauR 2001, 828; KG, BauR 1994, 791, 793 = NJW-RR 1994, 1298 („schlechthin untragbar"); OLG Hamm, OLGR 1996, 256; OLG Stuttgart, BauR 1981, 404 (eine der Parteien hält die andere arglistig von der Wahrung der Form ab); ebenso OLG Saarbrücken, IBR 2004, 210 – *Weyer*; vgl. auch BGH, BauR 1994, 363 u. 651 sowie OLG Stuttgart, BauR 2001, 288; KG, KGR 1998, 353 (Annahme einer unzulässigen Rechtsausübung, soweit „ein Rechtsanwalt und Professor der Rechtswissenschaften sich auf die fehlende Schriftform beruft, wenn er dies bei Entgegennahme der Architektenleistungen nicht beanstandet hat"). Vgl. auch *Kreißl*, S. 101 ff.
161) OLG Düsseldorf, BauR 1999, 1477 = NJW-RR 2000, 312 = NZBau 2000, 85.
162) BauR 1981, 80, 83; vgl. auch *Groß*, BauR 1980, 9, 14/15, der den Einwand der unzulässigen Rechtsausübung grundsätzlich aus dem Schutzzweck des § 4 HOAI ausschließt, im Einzelfall aber über das Rechtsinstitut des Verschuldens bei Vertragsschluss helfen will; vgl. hierzu auch *Korbion/Mantscheff/Vygen*, § 4 HOAI, Rdn. 21 f.
163) § 4 HOAI, Rdn. 33; vgl. auch OLG Stuttgart, ZfBR 1982, 171; OLG Hamm, NJW-RR 1990, 522; *Hartmann*, § 4 HOAI, Rdn. 8.
164) OLG Hamm, BauR 1996, 437 (LS).

## Honorarvereinbarung bei Auftragserteilung

Honorarvereinbarung „bei Auftragserteilung" zu Stande gekommen ist. Andernfalls ist sein Vortrag unschlüssig, und es können ihm nur die Mindestsätze (§ 4 Abs. 4 HOAI) zugesprochen werden. Das gilt auch für den Fall, dass sich der Auftraggeber zum Zeitpunkt der Honorarvereinbarung nicht äußert.[165]

Unter **„Auftragserteilung"** ist der **Abschluss** des Architektenvertrages, nicht eines entsprechenden Vorvertrages (vgl. Rdn. 746), zu verstehen.[166] In einem schriftlich abgefassten Architektenvertrag muss deshalb die Angabe enthalten sein, welcher Satz im Rahmen der Mindest- und Höchstsätze für die einzelnen Architektenleistungen gelten soll. Der an sich nicht formbedürftige Architektenvertrag kann zwar mündlich abgeschlossen werden; in diesem Fall muss jedoch die eigentliche Honorarvereinbarung gleichzeitig schriftlich abgefasst werden (Rdn. 734 ff.). **741**

Die **Auslegung** des Zeitbegriffs **„bei Auftragserteilung"** ist in mehrfacher Richtung **umstritten**.[167] Der BGH hat des Öfteren Gelegenheit gehabt, sich mit dieser Problematik auseinander zu setzen. Zunächst wird von allen Seiten berücksichtigt, dass gerade die Vorschrift des § 4 HOAI im Spannungsfeld der preisrechtlichen Zielsetzung dieser Norm und dem allgemeinen Grundsatz der Vertragsfreiheit steht; gleichwohl ist zweifelhaft, **wie eng** der zeitliche Zusammenhang zwischen Auftragserteilung und Honorarvereinbarung sein muss. Zum Anderen wird diskutiert, ob die **Änderung** einer einmal getroffenen Honorarvereinbarung möglich ist (vgl. Rdn. 751 f.). **742**

In der Praxis besteht allerdings Einigkeit, dass die Zeitbestimmung „bei Auftragserteilung" in § 4 HOAI wenig praktikabel ist und durchweg zu unbefriedigenden Ergebnissen führt. Offensichtlich ist der Verordnungsgeber bei der Abfassung des § 4 HOAI von der Überlegung ausgegangen, dass eine Zusammenarbeit zwischen Architekten und Auftraggeber in der Weise beginnt, dass der Architekt zunächst auf eine entsprechende Aufforderung hin ein Angebot abgibt, der Auftraggeber sodann dieses Angebot annimmt und nunmehr von dem Architekten als Auftragnehmer mit der Leistung begonnen wird. Dieser Gedanke ist aber mit der üblichen Vertragspraxis nicht in Einklang zu bringen: Die in der Baubranche üblichen Usancen sehen anders aus; insbesondere wird übersehen, dass ein Architekt in aller Regel eine erhebliche **Akquisitionstätigkeit** entwickeln muss, bevor er einen Auftrag erhält; meist erfolgt erst **nach** dieser Akquisitionstätigkeit zunächst eine konkludente **(formlose)** Beauftragung, deren genauer Zeitpunkt nur schwer oder gar nicht bestimmt werden kann. Erst später wird dann von den schon vertraglich verbundenen Parteien der **schriftliche Architektenvertrag** abgeschlossen. **743**

In dieser Form wickeln sich nicht nur Vertragsverhandlungen mit privaten, sondern auch mit Bauherren der **öffentlichen Hand** ab. Gerade bei diesen fallen die Auftragserteilung und die schriftliche Vereinbarung in aller Regel zeitlich **nicht** zusammen; vielmehr erfolgt der schriftliche Abschluss durchweg erst nach einer umfangreichen, im mündlichen Einvernehmen mit dem öffentlichen Auftraggeber entwickelten Tätigkeit des Architekten. In der Baupraxis wird somit die schriftliche Vereinbarung über die Einzelheiten der Vertragsabwicklung in aller Regel nach der eigentlichen Auftragserteilung getroffen – mit der Folge, dass in all diesen Fällen die schriftliche Vereinbarung der Parteien über ein die Mindestsätze überschreitendes Honorar gegen § 4 Abs. 4 HOAI verstößt und daher unwirksam ist. **744**

Im Einzelfall ist sorgfältig zu prüfen, ob der Annahme eines (mündlichen) Vertragsschlusses die Vorschrift des § 154 **Abs. 1** BGB entgegensteht; das ist nicht der Fall, wenn sich die Parteien trotz der noch offenen Honorarvereinbarung und des **745**

---

165) Ebenso: *Locher/Koeble/Frik*, § 4 HOAI, Rdn. 56.
166) *Groß*, BauR 1980, 9, 10, 11.
167) Vgl. hierzu *Werner*, Festschrift für Soergel, S. 291 ff.

Fehlens eines schriftlichen Vertrages bereits haben binden wollen.[168] Haben die Parteien demgegenüber von **vornherein** eine **Schriftform** vereinbart oder diese grundsätzlich einzuhalten, wie dies besonders bei Aufträgen der öffentlichen Hand der Fall ist, so liegt ein Fall des § 154 Abs. 2 vor, wenn die Schriftform unterbleibt.[169] Dies ist anders, wenn die Beurkundung lediglich **Beweiszwecken** dienen soll, wofür allerdings immer konkrete Anhaltspunkte gegeben sein müssen.[170]

Das hat eine wichtige **Konsequenz**: Der Architektenvertrag ist bei **konkludenter** oder **ausdrücklicher** Schriftformvereinbarung erst (wirksam) zustande gekommen, wenn er auch **schriftlich** abgeschlossen wird; dann kann auch noch zu diesem Zeitpunkt ein über den Mindestsätzen liegender Honorarsatz vereinbart werden, da dem Merkmal „bei Auftragserteilung" Genüge getan ist.[171]

**746** Von einer „Auftragserteilung" im Sinne des § 4 Abs. 1 HOAI ist noch nicht auszugehen, wenn die Parteien lediglich einen schriftlichen **Vorvertrag** abschließen;[172] dies gilt auch für **Rahmenverträge**, mit denen noch kein konkretes Bauvorhaben in Auftrag gegeben wird (vgl. Rdn. 628).[173]

**747** Insbesondere bei größeren Bauvorhaben und von vorsichtigen Auftraggebern wird häufig von der Möglichkeit einer **„stufenweisen Beauftragung"** des Architekten Gebrauch gemacht: Bei dieser Art der Beauftragung schließen die Parteien jeweils **mehrere Einzelverträge** (für die jeweilige Stufe) ab (vgl. Rdn. 666). So werden dem Architekten bei Abschluss des Architektenvertrages beispielsweise nur die Leistungsphasen 1 und 2 des § 15 HOAI als Stufe 1 in Auftrag gegeben, während sich der Auftraggeber gleichzeitig vertraglich vorbehält, die weiteren Leistungsphasen in bestimmten Stufen (z. B. Stufe 2: Leistungsphasen 3 und 4; Stufe 3: Leistungsphasen 5–9) zu beauftragen, ohne dass der Architekt hierauf einen Rechtsanspruch hat (vgl. hierzu Rdn. 666 ff.). Von der stufenweisen Beauftragung ist das (in der Praxis häufig vereinbarte) **„Abrufen"** von Leistungsstufen zu unterscheiden: Hier werden dem Architekten die entsprechenden Leistungen bereits mit Abschluss des Architektenvertrages in Auftrag gegeben; gleichzeitig wird lediglich die Fälligkeit einzelner Leistungsphasen von einem Abruf des Auftraggebers abhängig gemacht. Es ist eine Frage

---

168) OLG Stuttgart, BauR 1985, 346, 347. Vgl. hierzu auch *Korbion/Mantscheff/Vygen*, § 4 HOAI, Rdn. 28 a.
169) OLG Dresden, BauR 2001, 1769; OLG Hamm, BauR 1995, 129 = ZfBR 1995, 33 = NJW-RR 1995, 274 = MDR 1994, 1217 (für Verträge mit der öffentlichen Hand); OLG Köln, NJW-RR 1997, 405 = BauR 1997, 524 (LS) = OLGR 1997, 235 (LS); *Neuenfeld*, BauR 1998, 458, 462 u. § 1 HOAI, Rdn. 5.
170) BGH, NJW-RR 1991, 1053, 1054; OLG Hamm, a. a. O., S. 130.
171) Hierzu auch *Locher/Koeble/Frik*, § 4 HOAI, Rdn. 42; *Groß*, BauR 1980, 11 ff.; *Hartmann*, § 4 HOAI, Rdn. 11; *Koeble*, BauR 1977, 376; *Weyer*, Festschrift für Korbion, S. 189 (einschränkend).
172) Wie hier: OLG Köln, NJW-RR 1997, 405 = BauR 1997, 524 (LS) = OLGR 1997, 235 (LS); *Schmidt*, BauR 1999, 538, 540; *Locher/Koeble/Frik*, § 4, Rdn. 44; *Pott/Dahlhoff/Kniffka/Rath*, § 4, Rdn. 34; *Korbion/Mantscheff/Vygen*, § 4, Rdn. 36; **a. A.:** wohl *Löffelmann/Fleischmann*, Rdn. 496.
173) *Motzke/Wolff*, S. 66; vgl. hierzu auch BGH, BauR 1992, 531 = NJW-RR 1992, 977 = ZfBR 1992, 215; *Locher/Koeble/Frik*, § 4 HOAI, Rdn. 45, die allerdings eine in einem Rahmenvertrag getroffene Honorarvereinbarung für wirksam halten, weil sie vor der konkreten Auftragserteilung abgeschlossen wurde.

## Honorarvereinbarung bei Auftragserteilung

der Gesamtumstände (§ 133, 157, 242 BGB), welche Art der Beauftragung im Einzelfall vorliegt.

In der Praxis sind auch so genannte **Optionsverträge** zu Gunsten des Auftraggebers – meist im Zusammenhang mit Stufenverträgen – nicht selten: Hier behält sich der Auftraggeber – im Rahmen einer Option – vor, den Architekten mit weiteren Leistungen zu beauftragen, wobei dieser verpflichtet wird, die weiteren Leistungen – nach Ausübung der Option – zu erbringen (vgl. hierzu Rdn. 628).[174]

Der **überwiegende Teil** des Schrifttums[175] und die Rechtsprechung[176] sind der Ansicht, dass die Honorarvereinbarung i. S. des § 4 Abs. 1, 4 HOAI **gleichzeitig** mit Abschluss des Architektenvertrages **schriftlich** getroffen werden muss. Damit wird der Zeitbegriff „bei Auftragserteilung" von der **herrschenden Auffassung eng ausgelegt**. **748**

Dem ist allerdings nicht zu folgen; man wird bei der Auslegung des Zeitbegriffs „bei **Auftragserteilung" großzügig** zu verfahren haben: Schriftliche Honorarvereinbarungen sind deshalb auch dann zu berücksichtigen, wenn sie nicht unmittelbar bei Auftragserteilung, aber in einem **engen zeitlichen Zusammenhang mit der Auftragserteilung getroffen** sind. So ist eine Honorarvereinbarung als gültig anzusehen, die vor Abschluss des eigentlichen Architektenvertrages erfolgt, wenn die Parteien die vorab getroffene Honorarvereinbarung als Grundlage für den später abgeschlossenen Architektenvertrag angenommen haben. Dasselbe gilt für eine Honorarvereinbarung, die unmittelbar zeitlich nach Abschluss des Architektenvertrages, aber vor Beginn der Architektenleistungen getroffen wird. **749**

Hesse/Korbion/Mantscheff/Vygen[177] sind ebenfalls der Ansicht, die Bestimmung müsse „im Rahmen des Zulässigen möglichst flexibel gehandhabt werden". Diese Auffassung teilt auch Jochem,[178] wenn er feststellt, dass das im Begriff „bei Auftragserteilung" hegende Zeitmoment „in dieser Strenge nicht haltbar" sei und auch „nicht den Gepflogenheiten der Praxis" entspreche. Die praktischen Schwierigkeiten werden ebenfalls von Jagenburg[179] betont, weil sich „die meisten Auftraggeber so frühzeitig nicht binden" wollten. Darüber hinaus ist zu bedenken, dass die herrschende Auffassung viele Auftraggeber dazu verleiten kann, im Nachhinein eine wirksame Honorarvereinbarung im Sinne des § 4 Abs. 1, 4 HOAI zu bestreiten. **750**

Wird eine schriftliche Honorarvereinbarung erst zu einem Zeitpunkt unterzeichnet, zu dem der Architekt bereits Leistungen der Phasen 1 bis 4 des § 15 HOAI erbracht hat, ist eine Honorarabrede, die über den Mindestsätzen liegt, unwirksam,

---

174) Vgl. hierzu auch *Schmidt*, BauR 1999, 538, 543, der allerdings die Vertragstypen (Optionsvertrag und Abrufvertrag) dogmatisch nicht ausreichend abgrenzt: Abruf und Option des Auftraggebers werden wiederholt gleichgesetzt, obwohl es beim Abrufvertrag nur eine einheitliche Beauftragung gibt, während es beim Optionsvertrag – bei entsprechender Ausübung der vereinbarten Option – zu verschiedenen Einzelverträgen kommt.
175) *Locher/Koeble/Frik*, § 4 HOAI, Rdn. 34; *Korbion/Mantscheff/Vygen*, § 4 HOAI, Rdn. 24; *Groß*, BauR 1980, 9, 10; *Hartmann*, § 4 HOAI, Rdn. 9; *Löffelmann/Fleischmann*, Rdn. 940; vgl. auch OLG Düsseldorf, BauR 1988, 766 (LS); OLG Schleswig, NJW-RR 1987, 535.
176) BGH, BauR 1990, 97 = ZfBR 1990, 19; BGH BauR 1988, 364 = NJW-RR 1988, 725; BGH, BauR 1987, 113 = NJW-RR 1987, 13; BGH, BauR 1987, 706 = NJW-RR 1987, 1374 = ZfBR 1987, 284; BGH, BauR 1985, 582 = NJW-RR 1986, 18; OLG Düsseldorf, NJW-RR 1995, 1362 (**Bauvoranfrage** vor schriftlichem Architektenvertrag).
177) § 4 HOAI, Rdn. 31.
178) § 4 HOAI, Rdn. 6.
179) NJW 1992, 148.

es sei denn, der Architekt kann darlegen und beweisen, dass er diese umfangreichen Arbeiten **auftraglos** erbracht hat.[180] Eine Honorarabrede ist jedoch auch dann noch „**bei**" Auftragserteilung getroffen, wenn der Bauherr die von dem Architekten unterzeichnete Vertragsurkunde erst **nach längerer Zeit** (mehr als ein Jahr) unterschrieben **zurückreicht**.[181]

**751**  Ist eine wirksame Honorarabsprache **nicht** getroffen worden, gelten die **Mindestsätze** des § 4 Abs. 4 HOAI. Eine **nachträgliche Vereinbarung der Mindestsatzüberschreitung** ist nicht möglich.[182] Ein unmittelbarer zeitlicher Zusammenhang mit der Auftragserteilung ist nach dem klaren Wortlaut des § 4 Abs. 1 HOAI erforderlich und entspricht auch dem Zweck sowie der Zielsetzung der Vorschrift. Die Begründung der Bundesregierung (Bundesrats-Drucksache 270/76, S. 10) weist ausdrücklich darauf hin, dass „ein zeitliches Versäumnis preisrechtlich nicht mehr korrigierbar" ist. Sind dem Architekten alle Leistungsphasen eines Leistungsbildes (Vollarchitektur) übertragen worden, kann bei der Durchführung des Architektenauftrages **für die noch nicht vollzogenen Leistungsphasen** ebenfalls keine schriftliche Honorarvereinbarung mehr getroffen werden, die von den Mindestsätzen abweicht, es sei denn, das Leistungsziel hat sich geändert (vgl. Rdn. 755).

**752**  Nach richtiger Auffassung des BGH[183] kommt eine **spätere** – auch mündliche – **Abänderung** des gemäß § 4 Abs. 4 HOAI geltenden Mindestsatzes erst **nach Beendigung**[184] **der Architektentätigkeit** in Betracht. Daher haben auch Bestätigungen i. S. des § 144 BGB oder stillschweigende Änderungen[185] oder Abschlagszahlungen[186] keinen rechtlichen Einfluss. Anders ist dies, wenn der Architekt nach der Auftragserledigung eine Rechnung erteilt, die der Auftraggeber begleicht; dadurch wird eine – ursprünglich unwirksame – Honorarvereinbarung jedenfalls **nach** Beendigung der Tätigkeit des Architekten uneingeschränkt **vollzogen** und damit **bestätigt**. Es liegt dann eine **Abrechnungsvereinbarung** i. S. von § 782 BGB vor, für die die Ein-

---

180) OLG Düsseldorf, BauR 1996, 594 (LS).
181) OLG Köln, NJW-RR 1997, 405 = OLGR 1997, 235 (Unterschrift des Auftraggebers trägt kein abweichendes Datum/keine umfangreicheren Architektenleistungen erbracht).
182) **Herrschende Meinung;** BGH, BauR 1988, 364 = NJW-RR 1988, 725; BauR 1987, 112 = NJWRR 1987, 13; BauR 1987, 706 = NJW-RR 1987, 1374; BauR 1985, 582 = NJW-RR 1986, 18; ferner: OLG Düsseldorf, BauR 1988, 766; OLG Schleswig, NJW-RR 1987, 535; OLG Stuttgart, BauR 1985, 346; *Motzke*, BauR 1982, 318, 320; *Hartmann*, § 4 HOAI, Rdn. 9; *Korbion/Mantscheff/Vygen*, § 4 HOAI, Rdn. 27; *Löffelmann/Fleischmann*, Rdn. 942; *Locher/Koeble/Frik*, § 4 HOAI, Rdn. 37, 39; *Bindhardt/Jagenburg*, § 2, Rdn. 7; **a. A.:** OLG Düsseldorf, *SFH*, Nr. 5 zu § 4 HOAI; *Groß*, BauR 1980, 9, 12; *Jochem*, § 4 HOAI, Rdn. 7; *Kreißl*, S. 83 f.
183) BauR 2003, 748; BauR 1988, 364 = NJW-RR 1988, 725 = ZfBR 1988, 133; BauR 1987, 706 = ZfBR 1987, 284 = NJW-RR 1987, 1374; BauR 1987, 112 = NJW-RR 1987, 13 u. BauR 1985, 582 = NJW-RR 1986, 18; ebenso: KG, KGR 2002, 213; OLG Düsseldorf, BauR 2002, 499 m. w. Nachw.; BauR 1987, 348 und 587; OLG Hamm, IBR 2007, 566 – *Weyand*; BauR 1998, 819 = NJW-RR 1998, 811 = OLGR 1998, 126 (**Erlassvertrag**); OLG Köln, OLGR 2002, 92.
184) *Locher/Koeble/Frik* (§ 4 HOAI, Rdn. 47) haben Bedenken hinsichtlich des vom BGH verwandten Merkmals „Beendigung der Tätigkeit", da dieses Merkmal weder in § 640 BGB noch in § 8 HOAI enthalten sei; sie schlagen als Merkmal „die vertragsgemäße Erbringung der Leistungen" vor. Kritisch auch *Korbion/Mantscheff/Vygen*, § 4 HOAI, Rdn. 29.
185) *Locher/Koeble/Frik*, § 4 HOAI, Rdn. 57.
186) *Werner*, Festschrift für Locher, S. 289, 298, 299.

## Honorarvereinbarung bei Auftragserteilung

schränkungen zur Honorarvereinbarung bei Auftragserteilung nach § 4 HOAI nicht gelten.[187]

Soweit der Architektenvertrag durch **Kündigung** oder einvernehmliche Aufhebung beendet wird, gilt dieser Zeitpunkt.[188] Auch die nachträgliche Vereinbarung der Mindestsatzüberschreitung hinsichtlich bereits erbrachter Leistungsphasen ist unzulässig, wenn die Architektenleistungen als einheitliches Ganzes übertragen wurden;[189] nur wenn der Architekt **insgesamt** seine vertraglichen Leistungen beendet hat, ist ausgeschlossen, dass – entgegen dem mit der HOAI verfolgten Zweck – Streitigkeiten zwischen den Vertragsparteien während der Abwicklung des gesamten Architektenvertrages entstehen und „der Streit über die Höhe des geschuldeten Honorars zu einer die Ausführung des Auftrags gefährdenden positiven Vertragsverletzung führt".[190]

Aus diesen Gründen fällt ein **nach Beendigung der Architektentätigkeit** über die Honorarforderung abgeschlossener **Vergleich** nicht unter die Regelung des § 4 Abs. 4 HOAI,[191] während dies bei einem Vergleich der Fall ist, der vor Beendigung der Tätigkeit des Architekten abgeschlossen wird.[192]

Hinsichtlich eines **Honorarverzichts** (z. B. im Rahmen eines Erlassvertrages) des Architekten gilt Folgendes: Da sich der Honoraranspruch des Architekten dem Grunde nach ausschließlich nach den Vorschriften des BGB richtet (vgl. näher Rdn. 600), sind die Vertragsparteien aufgrund der Bestimmungen der HOAI, die nur die Berechnung des Honorars der Höhe nach regeln, nicht gehindert, einen Honorarverzicht für erbrachte bzw. noch nicht erbrachte Leistungen des Architekten zu vereinbaren.[193] Verzichtet beispielsweise der Architekt auf das vertraglich vereinbarte Honorar unter der Bedingung, dass das Bauvorhaben nicht durchgeführt wird, ist eine solche – auch nachträgliche – Verzichtsvereinbarung nicht zu beanstanden.[194] Dasselbe gilt, wenn die Parteien den **Honoraranspruch** des Architekten von dem Eintritt einer **Bedingung** abhängig machen.[195] Ob ein **Teilverzicht/Teilerlass**, mit dem die Mindestsätze unterschritten werden, wirksam erfolgen kann, ist streitig.[196]

753

---

187) Vgl. OLG Düsseldorf, BauR 1997, 880, 882 = OLGR 1998, 4.
188) OLG Düsseldorf, BauR 1987, 587; *Locher/Koeble/Frik*, § 4 HOAI, Rdn. 47.
189) BGH, BauR 1985, 582 = NJW-RR 1986, 18 = ZfBR 1985, 222.
190) So BGH, BauR 1988, 364 = NJW-RR 1988, 725; vgl. ferner BGH, BauR 1987, 706 = NJW-RR 1987, 1374.
191) BGH, BauR 2001, 1612 = NZBau 2001, 572 = NJW-RR 2001, 1384 = ZfBR 2001, 462; BauR 1987, 112 = NJW-RR 1987, 13 = ZfBR 1986, 283; OLG Naumburg, BauR 2002, 1587 = NZBau 2003, 44; OLG Düsseldorf, BauR 1999, 507 = NJWRR 1998, 1099 = OLGR 1998, 235; BauR 1999, 1477 = NJW-RR 2000, 312 = NZBau 2000, 85.
192) BGH, BauR 1987, 706 = NJW-RR 1987, 1374; OLG Naumburg, BauR 2002, 1587 = NZBau 2003, 44.
193) Vgl. OLG Celle, IBR 2004, 81 – *Preussner*; OLG Oldenburg, OLGR 2004, 4; OLG Saarbrücken, NZBau 2002, 576; KG, IBR 2007, 258 – *Götte* (wegen Gegenansprüchen) = NJW-RR 2007, 967 = NZBau 2007, 521 = OLGR 2007, 575. *Korbion/Mantscheff/Vygen*; § 4, Rdn. 124; *Locher/Koeble/Frik*, § 4, Rdn. 46.
194) BGH, BauR 1996, 414 = NJW-RR 1996, 728 = MDR 1996, 685; BauR 1985, 467, 468 = ZfBR 1985, 181, 182; OLG Saarbrücken, OLGR 2002, 167.
195) BGH, BauR 1998, 579 = NJW-RR 1998, 952 = MDR 1998, 711.
196) OLG Celle, IBR 2004, 81 – *Preussner* (Teilverzicht auf Architektenhonorar bei Unterschreitung der Mindestsätze unwirksam); **a. A.:** *Korbion/Mantscheff/Vygen*, § 4, Rdn. 124.

**754** Umstritten ist das bereits angesprochene Problem, ob eine **Änderung** einer einmal getroffenen **Honorarvereinbarung nach Abschluss** des Architektenvertrages zulässig ist. Insoweit kann aber nichts anderes als in dem Fall gelten, wo die Parteien überhaupt keine Honorarvereinbarung bei Auftragserteilung getroffen haben: Ist **bei Auftragserteilung** einmal eine wirksame schriftliche Honorarvereinbarung getroffen, kann diese später nach dem klaren Wortlaut des § 4 Abs. 1 HOAI auch **nicht mehr** durch eine neue Vereinbarung abgeändert werden.[197] Das hat auch der BGH[198] entschieden. Dies gilt ebenso für Leistungsphasen, die zwar im Architektenauftrag enthalten, aber noch nicht ausgeführt worden sind. Sowohl für die bereits ausgeführten wie auch für die noch nicht vollzogenen Leistungsphasen kann später insoweit keine neue Honorarvereinbarung getroffen werden, die von der einmal abgeschlossenen Honorarvereinbarung abweicht. Wenn Groß[199] darauf hinweist, dass eine bestimmte Vergütungsvereinbarung „jeweils unter dem Vorbehalt späterer vereinbarlicher Änderung durch die Parteien" stehe, so ist dies mit dem Wortlaut des § 4 Abs. 1, 4 HOAI und dem Willen sowie der Zielsetzung des Verordnungsgebers nicht in Einklang zu bringen. Eine einmal **getroffene Honorarvereinbarung** ist **verbindlich** und nicht mehr korrigierbar.[200]

**755** Dagegen kann für **Änderungen oder Erweiterungen eines Architektenauftrages**, insbesondere bei **Änderung des Leistungsziels** (z. B. Umbau statt Anbau oder Ausführung zusätzlicher Geschosse), auch nach Abschluss des Architektenvertrages eine Honorarvereinbarung getroffen werden, die über den Mindestsätzen liegt.[201] Allerdings wird man hier fordern müssen, dass die Honorarvereinbarung der Parteien zeitlich bei der Einigung über die Erweiterungen oder Änderungen des Architektenauftrages getroffen wird.[202] Dasselbe gilt für **zusätzlich übertragene Leistungsphasen**, wenn einem Architekten zunächst nur bestimmte Leistungsphasen (z. B. Grundlagenermittlung und Vorplanung) übertragen worden sind, der Auftrag später aber auf andere (z. B. Entwurfsplanung, Genehmigungsplanung und Ausführungsplanung) erweitert wird. Dann kann für die zusätzlich übertragenen Leistungsphasen

---

197) So auch BGH, BauR 1988, 364 = NJW-RR 1988, 725; OLG Düsseldorf, OLGR 2002, 576 = BauR 2002, 499 = NZBau 2003, 41; BauR 2001, 1137; *Korbion/Mantscheff/Vygen*, § 4 HOAI, Rdn. 27 u. 31; *Löffelmann/Fleischmann*, Rdn. 941; *Hartmann*, § 4 HOAI, Rdn. 15; *Weyer*, Festschrift für Korbion, S. 481, 490; a. A.: OLG Düsseldorf, *SFH*, Nr. 5 zu § 4 HOAI; *Jochem*, § 4 HOAI, Rdn. 6, 7; *Locher/Koeble/Frik*, § 4 HOAI, Rdn. 39, 49; *Koeble*, BauR 1977, 372; *Groß*, BauR 1980, 9, 12.
198) A. a. O.
199) BauR 1980, 9, 12.
200) OLG Stuttgart, BauR 1985, 346; *Korbion/Mantscheff/Vygen*, § 4 HOAI, Rdn. 27, die der hier vertretenen Auffassung folgen, meinen allerdings, dass die HOAI den Vertragsparteien „nicht die Freiheit nimmt, eine getroffene Honorarvereinbarung nachträglich aufzuheben", sodass dann § 4 Abs. 4 HOAI zur Anwendung gelangt. Dem ist zu Recht *Weyer*, a. a. O., entgegengetreten.
201) BGH, BauR 1988, 364 = NJW-RR 1988, 725; OLG Dresden, IBR 2005, 376 – *Schmidt-Hofmann* (Der BGH hat allerdings im Rahmen der Zurückweisung der Nichtzulassungsbeschwerde insoweit Bedenken angemeldet); *Sangenstedt*, BauR 1991, 292; *Locher/Koeble/Frik*, § 4 HOAI, Rdn. 39; *Bindhardt/Jagenburg* § 2 Rdn. 7; *Korbion/Mantscheff/Vygen*, § 4 HOAI, Rdn. 33; *Groß*, BauR 1980, 9, 11; *Jochem*, § 4 HOAI, Rdn. 6; *Weyer*, a. a. O.; *Pott/Dahlhoff/Kniffka/Rath*, § 4 HOAI, Rdn. 17 ff.
202) So auch *Korbion/Mantscheff/Vygen*, § 4 HOAI, Rdn. 34.

noch eine Honorarvereinbarung getroffen werden, die über den Mindestsätzen liegt; allerdings ist für die bereits erbrachten Leistungsphasen eine nachträgliche schriftliche Honorarvereinbarung, die von den Mindestsätzen abweicht, unwirksam. Korbion/Mantscheff/Vygen[203] sind überdies insoweit einschränkend der Auffassung, dass bei Änderung oder Erweiterung der Architektenleistungen „von dem bei Vertragsabschluss gültig gewordenen Maßstab (z. B. Mindestsätze mangels anderweitiger Vereinbarung; Höchstsätze kraft Vereinbarung) nicht mehr abgewichen werden" dürfe; andernfalls geriete der Auftraggeber – bei unverändertem Leistungsziel – in eine Zwangslage.

Das Tatbestandsmerkmal der Honorarvereinbarung „bei Auftragserteilung" ist auch erfüllt, wenn ein Architekt bereits Leistungen (z. B. eine Planung auf eigenes Risiko für einen Dritten) erbracht hat und er nunmehr aufgrund dieser Planung von dem Bauherrn einen Architektenauftrag erhält; in diesem Fall hat er zuvor (also vor Auftragserteilung) keinerlei Leistungen auf vertraglicher Grundlage für den Bauherrn erbracht. **756**

Zum Einwand der **unzulässigen Rechtsausübung** (§ 242 BGB) vgl. Rdn. 696 und 739.

Fraglich ist, ob die schriftliche Vereinbarung über die **Unterschreitung der Mindestsätze** (§ 4 Abs. 2 HOAI) und die **Überschreitung der Höchstsätze** (§ 4 Abs. 3 HOAI) ebenfalls **„bei Auftragserteilung"** erfolgen muss. Aufgrund des Wortlauts und des Aufbaus des § 4 HOAI ist davon auszugehen, dass auch in diesen Fällen nach dem Willen des Verordnungsgebers die besondere Honorarvereinbarung bei Abschluss des Architektenvertrages getroffen werden muss, um rechtsgültig zu sein.[204] Das hat der BGH klar gestellt.[205] **757**

Zwar ist der Zeitbegriff „bei Auftragserteilung" sowohl in Abs. 2 als auch in Abs. 3 des § 4 HOAI nicht genannt. Aus dem klaren Wortlaut des Absatzes 4 („Sofern nicht bei Auftragserteilung etwas anderes schriftlich vereinbart worden ist, gelten die jeweiligen Mindestsätze als vereinbart") und der Stellung des Absatzes 4 (am Schluss der Vorschrift) ist indes zu folgern, dass **alle vertraglichen Abweichungen von den Mindestsätzen** stets **bei Auftragserteilung vereinbart** werden müssen. Abs. 4 des § 4 HOAI nennt keine Ausnahmen und bezieht sich schon von der Stellung her sowohl auf den Regelfall des Absatzes 1 wie auch auf die Ausnahmefallgestaltung des Absatzes 2 und 3. Auch insoweit ist auf die Begründung der Bundesregierung hinzuweisen, wonach ein zeitliches Versäumnis preisrechtlich nicht mehr korrigierbar ist. Eine Änderung ist überdies selbst dann nicht möglich, wenn sich z. B. die Planung nachträglich als schwieriger herausstellt; eine Anpassung des Honorars wird hier nur über das Rechtsinstitut des Wegfalls der Geschäftsgrundlage bzw. für Schuldverhält-

---

203) § 4 HOAI, Rdn. 31.
204) BGH, BauR 1987, 706 = NJW-RR 1987, 1374; BauR 1987, 112, 113 = NJW-RR 1987, 13; OLG Düsseldorf, BauR 1987, 348 m. w. N.; *Korbion/Mantscheff/Vygen*, § 4 HOAI, Rdn. 72 u. 105; *Hartmann*, § 4 HOAI, Rdn. 34 u. 48; *Pott/Dalhoff/Kniffka/Rath*, § 4 HOAI, Rdn. 5 ff.; *Konrad*, BauR 1989, 653, 656; *Jochem*, § 4 HOAI, Rdn. 10 u. 16; **a. A.:** die **überwiegende Meinung** im Schrifttum: *Koeble*, BauR 1977, 372, 376; *Locher/Koeble/Frik*, § 4 HOAI, Rdn. 76 u. 94; *Bindhardt/Jagenburg*, § 2, Rdn. 7; *Groß*, BauR 1980, 9, 16 u. 18; vgl. auch OLG Düsseldorf, BauR 1980, 488.
205) A. a. O.

nisse, die nach dem 1. 2. 2002 abgeschlossen wurden, gemäß § 313 BGB n. F. erfolgen können (vgl. Rdn. 2478).[206]

**758** Diese Auffassung kann im Einzelfall zu unbefriedigenden Ergebnissen führen: Häufig wird sich insbesondere der Umstand von „außergewöhnlichen oder ungewöhnlich lange dauernden Leistungen" erst im Rahmen der Vertragserfüllung herausstellen (vgl. auch Rdn. 730). Der Verordnungsgeber hat dies inzwischen ebenfalls eingesehen und zumindest für den Fall der Verlängerung der Planungs- und Bauzeit mit § 4a HOAI, der durch die 5. HOAI-Novelle[207] geschaffen wurde, eine Regelung getroffen: „Verlängert sich die Planungs- und Bauzeit wesentlich durch Umstände, die der Auftragnehmer nicht zu vertreten hat, kann für die dadurch verursachten Mehraufwendungen ein zusätzliches Honorar vereinbart werden." Insoweit handelt es sich allerdings nur um eine „Kann"-Vorschrift.

**759** Auch hieraus wird deutlich, dass die Hereinnahme des Zeitbegriffs „bei Auftragserteilung" in den § 4 HOAI als außerordentlich unglücklich anzusehen ist.[208] Dadurch wird es – neben den zuvor erwähnten Fällen – zu einer Fülle von unbefriedigenden Fallgestaltungen kommen. Das gilt insbesondere für Verträge mit der öffentlichen Hand, die in der Regel an Formvorschriften (z. B. durch die jeweilige Gemeindeordnung) gebunden sind.[209] Sie dienen dem Schutz der öffentlich-rechtlichen Körperschaften und ihrer Mitglieder. Ein Interessenausgleich wird nur im Einzelfall über die Grundsätze von **Treu** und **Glauben** (§ 242 BGB) erfolgen können. Es ist nicht einzusehen, aus welchen Gründen die Vertragsfreiheit der Parteien zeitlich so eingeschränkt werden musste. Es sind auch keine überzeugenden Gründe gegeben, warum sich die Parteien nicht schriftlich nach Abschluss des Architektenvertrages über ein besonderes Architektenhonorar einigen können, das von den Mindestsätzen abweicht. Durch das Schriftformerfordernis wird den Interessen beider Parteien hinreichend Genüge getan, und mit der Notwendigkeit, eine schriftliche Honorarvereinbarung treffen zu müssen, wenn von den Mindestsätzen abgewichen werden soll, wird der Auftraggeber bereits ausreichend geschützt **(Schutzfunktion)** und die Honorarfrage zwischen den Parteien hinreichend geklärt **(Klarstellungsfunktion)**.

**760** Zu der Frage, ob der Auftraggeber ein **Rückforderungsrecht** gemäß §§ 812, 817 BGB hat, wenn er ein über den Mindestsätzen liegendes Architektenhonorar trotz unwirksamer Honorarvereinbarung (keine Schriftform – keine Einigung bei Auftragserteilung) zahlt, vgl. Rdn. 713 und 1916.

## 2. Zeithonorar

**761** Die HOAI kennt darüber hinaus das sog. **Zeithonorar**. Nach § 6 Abs. 1 HOAI können Zeithonorare nur grundsätzlich als **Fest- oder Höchstbetrag** berechnet werden, wobei sich die Vertragsparteien an dem voraussichtlichen Zeitbedarf und an den in § 6 Abs. 2 festgelegten Stundensätzen orientieren müssen. Ist eine Vorausschätzung des Zeitbedarfs nicht möglich, ist das Honorar nach dem nachgewiesenen Zeitbedarf auf Grundlage der Stundensätze des § 6 Abs. 2 zu berechnen (vgl. näher Rdn. 906 ff.).

---

206) *Hartmann*, § 4 HOAI, Rdn. 55.
207) BGBl. I, 1995, S, 1174.
208) Vgl. insbesondere *Jochem*, § 4 HOAI, Rdn. 7.
209) Vgl. hierzu OLG Dresden, BauR 2001, 1769.

## III. Die „übliche" Vergütung

*Übersicht*

|  | Rdn. |  | Rdn. |
|---|---|---|---|
| 1. Im Anwendungsbereich der HOAI | 763 | 2. Außerhalb der HOAI | 769 |

Ist ein Architektenvertrag ohne wirksame Vereinbarung eines bestimmten Honorars zustande gekommen, kann der Architekt grundsätzlich nach §§ 612, 632 BGB die „übliche" Vergütung verlangen, da für Architektenleistungen eine Taxe nicht besteht. Die „übliche" Vergütung kommt für Architektenleistungen auch dann in Betracht, wenn ein wirksamer Architektenvertrag nicht abgeschlossen worden ist (vgl. Rdn. 695).  **762**

### 1. Im Anwendungsbereich der HOAI

Ist im Geltungsbereich der **HOAI** zwischen Architekt und Bauherr eine bestimmte Honorarvereinbarung nicht oder nicht wirksam getroffen worden, gelten nach § 4 Abs. 4 HOAI grundsätzlich die **Mindestsätze** der HOAI als die „übliche" Vergütung i. S. des § 632 BGB;[1] die Problematik bei einem Streit der Vertragsparteien über die tatsächlich vereinbarte Vergütungshöhe hat sich damit durch die Vorschrift des § 4 Abs. 4 HOAI erledigt. Deshalb besteht auch grundsätzlich **keine Aufklärungspflicht** des Architekten über die **Höhe seines voraussichtlichen Honorars**[2] (vgl. auch Rdn. 626); das OLG Köln[3] begrenzt eine entsprechende Aufklärungspflicht des Architekten auf **Ausnahmefälle**, „etwa wenn der Auftraggeber ausdrücklich nach den voraussichtlichen Kosten fragt, er erkennbar völlig falsche Vorstellungen über die Höhe der anfallenden Kosten hat oder der Architekt um das Vorliegen eines besonders günstigen Konkurrenzangebotes weiß". Darüber hinaus können auch andere Fallgestaltungen in Betracht kommen, in denen der Architekt in der Regel nach Treu und Glauben zur Aufklärung über sein Honorar verpflichtet ist.[4]  **763**

---

1) BGH, *SFH*, Nr. 36 zu § 249 BGB; OLG Köln, BauR 1994, 271 = ZfBR 1994, 88; OLG Düsseldorf, BauR 1981, 401 u. 484; *Koeble*, BauR 1977, 372, 373; *MünchKomm-Soergel*, § 632 BGB, Rdn. 17. Ebenso wohl *Jochem*, § 4 HOAI, Rdn. 19; *Bindhardt/Jagenburg*, § 2, Rdn. 58, die allerdings dieses Ergebnis nicht über § 632 Abs. 2 BGB begründen, weil dessen tatbestandsmäßige Voraussetzungen nicht gegeben seien; a. A.: *Groß*, BauR 1980, 9, 15, der die „übliche" Vergütung von Fall zu Fall unter Berücksichtigung aller Einzelumstände bestimmen will, sowie *Locher/Koeble/Frik*, § 4 HOAI, Rdn. 74. Zur üblichen Vergütung i.S. des § 632 BGB: BGH, BauR 2001, 249 = NZBau 2001, 17.

2) Offen gelassen von BGH, BauR 1997, 1062 = NJW-RR 1997, 1448 (bei Unterschreitung des Mindestsatzes im Rahmen eines Pauschalhonorars). Wie hier: OLG Karlsruhe, BauR 1984, 538; *Locher/Koeble/Frik*, Einl. 59; *Korbion/Mantscheff/Vygen*, § 4 HOAI, Rdn. 95; *Kniffka/Koeble*, 9. Teil, Rdn. 69; *Wirth/Hebel/Engelmann*, X. Teil, Rdn. 207 ff.; *Kreißl*, S. 93; **a. A.:** Saarländisches OLG, BauR 2000, 753 = NJW-RR 1999, 1025 = OLGR 1999, 193; OLG Stuttgart, BauR 1989, 630 = NJW 1989, 2402; *Weyer*, BauR 1997, 131. Vgl. zum Meinungsstand ferner: *Pauly*, BauR 2000, 808, u. *Knacke*, BauR 1990, 395.

3) BauR 1994, 271 = ZfBR 1994, 88; ihm folgend OLG Hamm, BauR 1999, 1479 = OLGR 2000, 134; ebenso OLG Karlsruhe, BauR 1984, 538.

4) Vgl. hierzu insbesondere *Pauly*, a. a. O., u. *Knacke*, a. a. O.

**764** Die HOAI hat die **Darlegungs- und Beweislast** eindeutig verteilt: Bei fehlender oder unwirksamer Vereinbarung gelten die Mindestsätze der HOAI; verlangt der Architekt diese „übliche" Vergütung, behauptet der Bauherr jedoch, dass die Mindestsätze entsprechend § 4 Abs. 2 HOAI vereinbarungsgemäß (z. B. als niedrigeres Pauschalhonorar) unterschritten werden sollten, so trägt er die Darlegungs- und Beweislast.[5]

**765** Die nach § 632 BGB „übliche" Vergütung umfasst auch die in § 8 HOAI festgelegte **Zahlungsweise**.[6]

**766** Die Honorartafel des § 16 HOAI, die die jeweiligen anrechenbaren Kosten (vgl. Rdn. 819 ff.) zur Grundlage hat, beginnt mit 25.565 € und endet mit 25.564.594 € **Außerhalb** dieses Kostenrahmens können die Parteien das Honorar frei vereinbaren, ohne an die Mindest- oder Höchstsätze der HOAI gebunden zu sein.

**767** Bei anrechenbaren Kosten von **weniger** als 25.565 € sieht § 16 Abs. 2 HOAI folgende Regelung vor: Die Parteien können insoweit ein **Pauschalhonorar** vereinbaren oder nach Zeit gemäß § 6 HOAI abrechnen, höchstens jedoch bis zu dem in der Honorartafel des § 16 HOAI für anrechenbare Kosten von 25.565 € festgesetzten Höchstsätzen; als Mindestsätze gelten die Stundensätze nach § 6 HOAI.[7] Ist zwischen den Parteien eine Pauschalvereinbarung nicht getroffen worden oder ist diese unwirksam, so ist ein Zeithonorar als Mindesthonorar zu berechnen.[8] Zu Recht weisen Locher/Koeble/Frik[9] darauf hin, dass insoweit eine Fortschreibung der Honorartafel unter 25.565 € (Extrapolation) ausscheidet, da in § 16 HOAI insoweit eine ausdrückliche Regelung enthalten ist.

**768** Für anrechenbare Kosten **über 25.564.594 €** fehlt in § 16 eine entsprechende Regelung. Haben die Parteien keine Honorarvereinbarung getroffen, kann sie nicht bewiesen werden oder ist sie unwirksam, stellt sich die Frage nach der **üblichen Vergütung** gemäß § 632 Abs. 2 BGB; in dieser Hinsicht ist bestritten, ob eine **Extrapolation** über den Honorarrahmen des § 16 HOAI hinaus in Betracht kommt.[10] In der Praxis werden verschiedene **erweiterte Honorartafeln** verwendet, die – entsprechend dem System der HOAI – die Honorare degressiv fortschreiben und daher als Anhaltspunkt für die **übliche Vergütung** gelten können;[11] trotz des insoweit freigegebenen Honorarrahmens darf im Rahmen einer entsprechenden Vereinbarung jedenfalls das Mindesthonorar bei 25.564.594 € rechtswirksam nicht unterschritten werden (vgl. insoweit Rdn. 720).

---

5) So auch *Locher/Koeble/Frik*, § 4 HOAI, Rdn. 91.
6) BGH, NJW 1981, 2351, 2354 = BauR 1981, 582, 587 mit Anm. *Locher*.
7) Vgl. hierzu näher *Locher/Koeble/Frik*, § 16 HOAI, Rdn. 8.
8) OLG Düsseldorf, BauR 1987, 708.
9) A. a. O.
10) Vgl. im Einzelnen *Locher/Koeble/Frik*, § 16 HOAI, Rdn. 13 mit weiteren Nachweisen über den Meinungsstand. Ferner *Pöschl*, DAB 1994, 1390 (Extrapolation bejahend) sowie KG, NZBau 2005, 522, 524 u. *Wirth/Schmidt*, X. Teil, Rdn. 35 (verneinend).
11) KG, KGR 2004, 243, 244 = IBR 2004, 327 – *Seifert*. Vgl. z. B. die Tabelle der Staatlichen Hochbauverwaltung Baden-Württemberg (sog. **Rift-Brief**, Stand April 2004), abgedruckt z. B. bei *Locher/Koeble/Frik*, Anhang 7 (hierzu OLG Düsseldorf, BauR 2002, 1726, 1730); anders aber KG, IBR 2004, 377 mit (zutreffend) ablehnender Anm. *Eich*; vgl. hierzu ferner *Locher/Koeble/Frik*, § 16 HOAI, Rdn. 13. Vgl. auch KG, NZBau 2005, 522 (Feststellung der üblichen Vergütung bei 80 bzw. 85 Mio. anrechenbare Kosten durch Sachverständigen).

## Die „übliche" Vergütung

Liegt **eine** der Kostenermittlungen außerhalb der Tafelwerte der HOAI, kann das Honorar von den Parteien frei vereinbart (auch mündlich) werden.[12] So ist es bei einem Vertrag, der die Vollarchitektur (Leistungsphasen 1 bis 9 des § 15 HOAI) erfasst, denkbar, dass die erste Kostenermittlung im Rahmen der Entwurfsplanung, nämlich die Kostenberechnung, Kosten oberhalb der Grenze von 25.564.594 € ergibt, während die beiden weiteren Kostenermittlungen, nämlich der Kostenanschlag und die Kostenfeststellung Beträge ergeben, die sich innerhalb der Tafelwerte der HOAI bewegen: In diesem Fall besteht die vorerwähnte freie Vereinbarung nur für die Leistungsphasen 1 bis 4, während das Honorar für die Leistungsphasen 5 bis 7 sowie 8 und 9 nach den Sätzen der HOAI zu berechnen ist.[13]

Der BGH hat sich bislang nicht zu der Frage geäußert, **wie die übliche Vergütung** bei einer **Überschreitung der Tafelwerte zu ermitteln** ist. Er weist in einer jüngeren Entscheidung[14] lediglich darauf hin, dass eine Fortschreibung der Honorartabelle für anrechenbare Kosten, die den Wert des § 16 Abs. 3 HOAI überschreiten, nicht ohne eine entsprechende Vereinbarung der Vertragsparteien in Betracht kommt, „weil die Honorartabelle des § 16 Abs. 1 HOAI ein in sich geschlossenes System ist".[15] Der Hinweis des BGH, dass sich die Vergütung in diesen Fällen nach § 632 Abs. 2 BGB richtet, wenn sich keine Parteivereinbarung feststellen lässt, gibt der Praxis „Steine statt Brot": Gerade weil in der Praxis verschiedene erweiterte Honorartafeln verwendet werden, können diese durchaus als Anhaltspunkte für eine übliche Vergütung angesehen werden.[16]

### 2. Außerhalb der HOAI

Die HOAI gibt nicht für alle denkbaren Leistungen des Architekten bestimmte Gebührensätze an (vgl. Rdn. 602). Besteht im Einzelfall eine solche **„übliche" Vergütung** oder Taxe im Sinne der §§ 612, 632 BGB nicht,[17] kann der Architekt seine Vergütung gemäß §§ 315, 316 BGB nach billigem Ermessen bestimmen.[18]

---

12) KG, BauR 2001, 126 m. Anm. *Rath*; *Locher/Koeble/Frik*, § 16 HOAI, Rdn. 15.
13) So zutreffend *Schwenker/Schramm*, ZfIR 2004, 753, 755.
14) BauR 2004, 1640 = NJW 2004, 2588 = NZBau 2004, 509 = ZfIR 2004, 767.
15) *Schwenker/Schramm*, a. a. O., lehnen die Ermittlung des üblichen Honorars bei Tafelwertüberschreitungen anhand der in der Praxis entwickelten erweiterten Honorartafeln ebenfalls ab. Dabei wird auf die „Unterschiedlichkeit der Fortschreibungsvorschläge" der vorhandenen erweiterten Honorartafeln verwiesen. Nach ihrer Auffassung bietet sich als Maßstab der Üblichkeit alleine an, „den Aufwand des streitigen Auftrages unter Auslegung der vertraglichen Vereinbarungen zur zu erbringenden Leistung für ein durchschnittliches Büro zu kalkulieren, notfalls im Nachhinein". Dem kann nicht gefolgt werden. Zunächst ist es unzutreffend, dass die vorhandenen Tafelfortschreibungen zu sehr unterschiedlichen Ergebnissen führen. Sie variieren in der Regel nur in Nuancen. Im Übrigen geht ihr Vorschlag an der Praxis vorbei: Sie müssen selbst einräumen, dass es „häufig an den Grundlagen für solche Ermittlungen" (Kalkulation des Aufwandes) fehlt.
16) So auch *Locher/Koeble/Frik*, § 16 HOAI, Rdn. 13.
17) Vgl. hierzu OLG Nürnberg, OLGR 2003, 156 (Abrechnung nach Zeitaufwand) = NJW-RR 2003, 961.
18) BGH, MDR 1970, 754 = *Schäfer/Finnern*, Z 3.01 Bl. 424; *MünchKomm-Soergel*, § 632 BGB, Rdn. 17; zum Honorarbestimmungsrecht des Architekten siehe auch *Motzke*, BauR 1982, 318 ff. Zur üblichen Vergütung i. S. des § 632 BGB: BGH, BauR 2001, 249 = NZBau 2001, 17.

Der Architekt muss in diesen Fällen dem Gericht genügend substantiierte Hinweise geben, unter welchen Gesichtspunkten er sein Honorar bestimmt hat und aus welchen Gründen die Höhe der Vergütung billig erscheint. Was dem „billigen Ermessen" entspricht, ist nämlich stets im Einzelfall unter Abwägung der Interessenlage der Vertragspartner festzustellen.[19] Es wird vor allem auf den Umfang und die Bedeutung der Leistung und deren wirtschaftlichen Wert für den Bauherrn ankommen. Dabei kann z. B. bei einem Planungsauftrag die Kürze oder Länge der vom Architekten für die Erstellung der Pläne aufgewandten Zeit berücksichtigt werden.

**770** Die durch den Architekten getroffene Honorarfestsetzung ist im Übrigen erst dann für den Bauherrn verbindlich, wenn sie tatsächlich der Billigkeit entspricht (§ 315 Abs. 3 Satz 1 BGB). Das Gericht muss anhand des Vertrages des Architekten die Möglichkeit haben, die Bestimmung der Vergütung insoweit zu überprüfen; ggf. bestimmt das Gericht die Höhe der „billigen" Vergütung. Der Architekt trägt die Beweislast für die Billigkeit der von ihm getroffenen Honorarbestimmung.[20]

---

19) BGHZ 41, 271.
20) BGH, NJW 1969, 1809.

## IV. Der Umfang des Honoraranspruchs

*Übersicht*

|   | Rdn. |
|---|---|
| 1. Allgemeine Grundsätze | 772 |
|    a) Auftragsumfang | 773 |
|    b) Unvollständig erbrachte Teilleistungen | 786 |
|    c) Zeitliche Abstimmung der Leistungsphasen | 790 |
|    d) Die Bindung an die Schlussrechnung | 794 |
| 2. Abrechnungssystem der HOAI | 812 |
|    a) Honorarzone | 813 |
|    b) Anrechenbare Kosten | 819 |
|      aa) Stationen der verschiedenen Kostenermittlungen (System des § 10 Abs. 2 HOAI) | 819 |
|      bb) Nicht geregelte Fallgestaltungen | 834 |
|      cc) Von § 10 Abs. 2 HOAI abweichende Honorarermittlung (§ 4 a HOAI) | 840 |
|      dd) Fallgestaltungen des § 10 Abs. 3 HOAI | 841 |
|      ee) Berücksichtigung der vorhandenen Bausubstanz (§ 10 Abs. 3 a HOAI) | 843 |
|      ff) Sonstige Grundsätze der Ermittlung der anrechenbaren Kosten | 848 |
|      gg) Darlegungs- und Beweislast | 854 |
|    c) Architektenleistungen | 858 |
|      aa) Grundsätzliches | 859 |
|      bb) Änderungsleistungen | 865 |
|      cc) Mehrleistungen durch verlängerte Bauzeit | 874 |
|      dd) Teilleistungen | 879 |
|      ee) Besondere Leistungen | 887 |
|    d) Zeithonorar | 906 |
| 3. Pauschalhonorar | 913 |
| 4. Nebenansprüche des Architekten | 930 |
|    a) Nebenkosten | 930 |
|    b) Umsatzsteuer | 933 |
|    c) Zinsen | 934 |
| 5. Honorar bei Kündigung und vorzeitiger Vertragsbeendigung | 937 a |
|    a) Das Kündigungsrecht des Auftraggebers gemäß § 649 BGB | 938 |
|    b) Kündigung des Architektenvertrages aus wichtigem Grund | 945 |
|    c) Einvernehmliche Beendigung des Architektenvertrages | 957 |
|    d) Fälligkeit des Honorars | 958 |

Der Architekt hat zur Höhe seines Honoraranspruchs alle erforderlichen Tatsachen vorzutragen und unter Beweis zu stellen; zu seinem Vortrag gehört insbesondere, **welche Leistungen** vertraglich vereinbart wurden und tatsächlich erbracht sind. Darüber hinaus hat er Angaben zu machen, die eine Überprüfung des **Berechnungsmodus** ermöglichen.

### 1. Allgemeine Grundsätze

*Literatur*

*Schmidt*, Besondere Gestaltungsmöglichkeiten für Architekten- und Ingenieurverträge, BauR 1999, 538; *Motzke*, Die Architektur des Architekten-/Planervertrages – Der Verlust eines Leitbildes? BauR 1999, 1251; *Meissner*, Architektenvertrag: Leistungspflichten und Honorarordnung, Festschrift für Vygen, 1999, 38; *Behr*, Vertragstechniken für Architekten und Ingenieurleistungen, Jahrbuch Baurecht 2001, 131; *Geldmacher*, Was ist künstlerische Oberleitung?, BauR 2003, 1294; *Pfarr*, Wenn das Preisrecht nicht mehr gerecht ist, BauR 2004, 910; *Pause*, Baucontrolling – Baubegleitende Qualitätsüberwachung, BTR 2004, 72; *Ziegler*, Vergütung des Architekten und Schadensersatz wegen Baumängeln und ihr Verhältnis zueinander, ZfBR 2004, 529.

**772** Grundsätzlich kann der **Bauherr** nach den Regeln der **Vertragsfreiheit den Architekten** mit den **verschiedensten Leistungen beauftragen**:

* So kann er dem Architekten einen **Vollauftrag** gemäß § 15 HOAI (Planung einschließlich Objektüberwachung sowie Objektbetreuung und Dokumentation) erteilen.
* Er kann dem Architekten aber auch nur **einzelne Leistungsphasen** des § 15 HOAI als **Teilauftrag** übertragen (§ 5 Abs. 1 HOAI).
* Ferner kann er dem Architekten einen **Teilauftrag über bestimmte Grundleistungen** der einzelnen Leistungsphasen erteilen bzw. bestimmte Grundleistungen aus einzelnen Leistungsphasen herausnehmen, weil er diese für überflüssig hält oder selbst erbringen will, um so das Honorar zu verringern (§ 5 Abs. 2 HOAI; vgl. näher Rdn. 879 ff.).
* Insbesondere bei der Einschaltung eines **Generalübernehmers/Generalunternehmers** ist der Leistungsumfang des Architekten in der Regel erheblich beschränkt (vgl. im Einzelnen Rdn. 785 a).

Zu Recht weist der BGH[1] darauf hin, dass die HOAI keine normativen Leitbilder für den Inhalt von Architektenverträgen enthält, also keine „dispositiven Vertragsinhalte, wie etwa das Vertragsrecht des Besonderen Schuldrechts", regelt. Was der Architekt zu leisten hat und damit vertraglich schuldet, ergibt sich allein aus dem mündlich oder schriftlich abgeschlossenen Architektenvertrag und ist im Zweifelsfall nach den allgemeinen Grundsätzen des bürgerlichen Vertragsrechts zu ermitteln; ob ein Honoraranspruch **dem Grunde nach** besteht, lässt sich daher nicht mit den „Gebührentatbeständen der HOAI begründen" (BGH).

Dem kann zugestimmt werden, was den Grundsatz dieser Erkenntnis betrifft. Was der Architekt schuldet, ergibt sich in erster Linie aus den einzelnen **vertraglichen** Vereinbarungen, also dem zwischen den Vertragsparteien geschlossenen Werkvertrag. Die HOAI regelt demgegenüber keine dispositiven Vertragsinhalte. Soweit allerdings der BGH[2] der Auffassung ist, dass sich der Inhalt und Umfang der Verpflichtung des Architekten nicht ohne Weiteres aus der Bezugnahme im Architektenvertrag auf die in § 15 Abs. 1 und 2 HOAI beschriebenen Leistungsbilder ergibt, kann dem nicht gefolgt werden. Insbesondere *Motzke*,[3] *Neuenfeld*[4] und *Meissner*[5] haben die Entscheidung daher zu Recht kritisiert.

*Motzke* weist dabei darauf hin, dass das die HOAI prägende Erfahrungswissen wie auch die „Natur der Sache" bei dieser Sicht des BGH zu kurz kommen. Darüber hinaus stehe es „in der Macht der Vertragspartner, aus dem Honorarrecht Vertragsrecht zu machen". Die Honorarordnung könne insofern – durch Bezugnahme – durchaus zur Vertragsordnung werden.[6] Die Parteien würden „mit der Bezugnahme auf das Leistungsbild der HOAI und die darin enthaltenen Leistungsphasen ihrem Vertragswillen,

---

1) BauR 1999, 187 = NJW 1999, 427 = MDR 1999, 155 = ZfBR 1999, 92; BauR 1997, 488 = NJW 1997, 2173; BauR 1997, 154 = NJW 1997, 586.
2) BauR 1998, 488, 490 = NJW 1997, 2173.
3) BauR 1999, 1251 und (mit kritischen Anm. zur BGH-Rechtsprechung) in: Graf von Westphalen, Klauselwerke/Architektenvertrag, Rdn. 8 ff.
4) BauR 1998, 458.
5) Festschrift für Vygen, S. 38.
6) Ebenso: *Locher/Koeble/Frik*, § 15 HOAI, Rdn. 7. So jetzt auch BGH, IBR 2007, 564 – *Buchholz* („Die Parteien eines Planungsvertrages können durch Bezugnahme auf die Leistungsbilder oder Leistungsphasen der HOAI diese zum Gegenstand der vertraglichen Leistungspflicht machen. Diese stellen dann eine Auslegungshilfe zur Bestimmung der vertraglich geschuldeten Leistung dar.").

## Auftragsumfang

dem sie auch sonst beachtlich dadurch Gestalt geben können, dass die Leistungsbeschreibungen der HOAI übernommen werden", konkretisieren; insofern komme der HOAI „Konkretisierungsfunktion" zu.[7] *Neuenfeld* spricht in seiner Kritik davon, dass die Rechtsprechung des BGH die bislang weitgehend unangefochtenen Auslegungsprinzipien „verunklart" und „eher Verwirrung als Klarheit" schafft. Mit der Bezugnahme auf § 15 HOAI sei der Inhalt des Architektenvertrages und insbesondere der vom Architekten zu erbringende Leistungsumfang klar bestimmt. Meissner meint, dass die HOAI als Auslegungshilfe insbesondere bei einem unvollkommen ausgehandelten Architektenvertrag durchaus sinnvoll sei, weil die in der HOAI genannten Leistungen die nach dem Berufsbild des Architekten gehörenden Aufgaben wiedergibt.

Diese Kritik ist berechtigt: Die Auffassung des BGH trägt nicht zur Rechtssicherheit bei; sie ist auch nicht praxisorientiert. In fast allen Architektenformularverträgen, aber auch in Individualverträgen wird durchweg auf die in § 15 genannten Leistungsphasen und z. T. auch Grundleistungen als vom Architekten geschuldete Leistung verwiesen. Damit wollen die Vertragsparteien eindeutig den vom Architekten zu erbringenden Leistungsumfang beschreiben und festlegen.[8]

Dagegen können auch im Hinblick auf das „reine" Preisrecht der HOAI keine durchgreifenden Bedenken erhoben werden: Im Rahmen ihrer Vertragsfreiheit können und dürfen die Vertragsparteien auf die HOAI zurückgreifen, um die vom Architekten geschuldeten Leistungen zum Inhalt des Werkvertrages im Sinne eines Leistungsverzeichnisses zu machen. Dabei ist auch zu berücksichtigen, dass die in § 15 HOAI genannten Leistungsphasen und Grundleistungen nach allgemeiner Meinung die aus der Erfahrung gewonnenen üblichen (Teil)leistungen eines Architekten bei der Durchführung eines Bauvorhabens wiedergeben.[9]

Ist in einem schriftlich oder mündlich abgeschlossenen Architektenvertrag der Leistungsumfang nicht beschrieben bzw. festgelegt, kommt es häufig zwischen Bauherren und Architekten zu Streitigkeiten über den **tatsächlichen Umfang** der Beauftragung.[10]

### a) Auftragsumfang

*Literatur*

*Baumgärtel*, Die Darlegungslast in Bau- und Werkvertragsprozessen, Festschrift für Heiermann, 1995, 1; *Wenner*, Der Generalplaner – Phänomen und Probleme, BauR 1998, 1150; *Kemper/Demko*, Der Architekt als Generalplaner, DAB 1999, 658; *Schmidt*, Besondere Gestaltungsmöglichkeiten für Architekten- und Ingenieurverträge, BauR 1999, 538. *Meissner*, Architektenvertrag: Leistungspflichten und Honorarordnung, Festschrift für Vygen, 1999, S. 38; *Götte*, Honoraranspruch des Architekten bei der Errichtung von Wohngebäuden im Genehmigungsfreistellungsverfahren, DAB 2000, 451; *Bremmer/Kaup/Portz*, Der Generalplaner, DAB, 2000, 1403; *Bunnemann*, Der Generalplaner – Kooperation und praktische Hinweise, DAB 2001, 40; *Kehrberg*, Die Vergütung des Generalplaners – Besteht ein Anspruch auf Zahlung eines „Generalplanerzuschlages"?, BauR 2001, 1824; *Neuenfeld*, Rechtsprobleme der Leistungsphase 9 des § 15 HOAI, Festschrift für Jagenburg (2002), 679; *Stemmer/Wierer*, Honorare der Architekten und Ingenieure bei gleichzeitigen Leistungen für

---

7) In: Graf von Westphalen, Klauselwerke/Architektenvertrag, Rdn. 41/42.
8) Ebenso *Knipp* in Thode/Wirth/Kuffer, Rdn. 12.
9) *Motzke*, a. a. O., spricht in diesem Zusammenhang von der HOAI als „gewonnenes Erfahrungswissen", also „was unter einem Planungsprozess im Allgemeinen zu verstehen ist".
10) Vgl. OLG Dresden, OLGR 1995, 27 (für den früheren Einheitsarchitektenvertrag).

Freianlagen, Verkehrsanlagen und verkehrsberuhigte Bereiche, NZBau 2007, 10; *Enaux/Bröker*, Die Honorierung des Generalplaners – ein ungelöstes Problem?, Festschrift für Ganten (2007), 15; *Neuenfeld*, Der Generalplaner und seine Auftragnehmer, Festschrift für Ganten (2007), 27.

**773** Bestritten ist, ob die **Darlegungs- und Beweislast** des Architekten bezüglich der vereinbarten Leistungen nach den Grundsätzen über den Beweis des ersten Anscheins **erleichtert** wird. Dabei steht die Frage im Vordergrund, ob es im Bauwesen bei der Übertragung von Architektenleistungen eine **Anscheinsvermutung** für einen **bestimmten Auftragsumfang** gibt. Diese Problematik ist für die Praxis von ganz erheblicher Bedeutung, weil viele Vertragsbeziehungen zwischen Architekt und Bauherr aus den unterschiedlichsten Gründen schon in einem frühen Stadium des Bauvorhabens scheitern: In diesem Fall erhebt sich stets die Frage, welches Auftragsvolumen dem Architekten übertragen war und inwieweit er daher für die nicht ausgeführten Leistungen entgangenen Gewinn geltend machen kann. Dies fragt sich auch für die Fälle, in denen Architektenleistungen erbracht werden, der Bauherr aber eine Auftragserteilung selbst bestreitet (vgl. Rdn. 612 ff.).[11]

**774** Die Anwendung der Grundsätze zum Anscheinsbeweis würde voraussetzen, dass ein Tatbestand vorliegt, „der nach der Lebenserfahrung in der Regel auf eine bestimmte Ursache hinweist und in einer bestimmten Richtung zu verlaufen pflegt, bei dem also aus dem regelmäßigen und üblichen Verlauf der Dinge ohne weiteres auf den Hergang im Einzelfall geschlossen werden kann."[12] Der **BGH**[13] hat insoweit zu einem Fall, der noch unter die Geltung der GOA fiel, folgende Ausführungen gemacht, die noch heute Gültigkeit haben:

**775** „Im vorliegenden Fall ist schon deswegen kein Raum für eine solche beweislastumkehrende Vermutung, weil das Berufungsgericht hier gerade nicht hat feststellen können, dass dem Architekten ein umfassender Architektenauftrag erteilt war ... Es ist keineswegs typisch, dass der Bauherr dem Architekten sämtliche im Leistungsbild des § 19 GOA aufgeführten Leistungen überträgt. Wenn dies auch häufig der Fall ist, ergibt sich gleichwohl aus §§ 2 Abs. 2 und 20 GOA, dass auch die Übertragung von Teilaufträgen durchaus nicht unüblich ist, zumal, wenn es sich dabei um die Anfertigung von Vorentwürfen handelt. Entscheidend gegen die Anwendung der Grundsätze zum Anscheinsbeweis spricht weiter, dass es vorliegend um die Feststellung eines individuellen Willensentschlusses geht, der gemeinhin nicht aus typischen Geschehensabläufen, sondern regelmäßig nur aus den besonderen Umständen des Einzelfalles gefolgert werden kann."

**776** Diese vom BGH aufgestellten Grundsätze sind auch auf die HOAI übertragbar. Dabei ist jedoch zu berücksichtigen, dass nicht die HOAI als Preisvorschrift, sondern allein die Bestimmungen und allgemeinen Grundsätze des BGB bei der Frage heranzuziehen sind, ob und in welchem Umfang vertragliche Beziehungen zwischen einem Bauherrn und einem Architekten zu Stande gekommen sind.[14]

**777** Nach herrschender Rechtsauffassung[15] besteht **keine allgemeine Vermutung und kein erster Anschein** dafür, dass ein Architekt mit der **Vollarchitektur** (Leistungs-

---

11) Vgl. hierzu *Bindhardt/Jagenburg*, § 2, Rdn. 48.
12) BGH, NJW 1968, 2139.
13) BGH, BauR 1980, 84 = NJW 1980, 122; vgl. ferner OLG Hamm, NJW-RR 1990, 91 = BauR 1990, 636 = OLGR 1996, 206; OLG München, BauR 1996, 417 = NJW-RR 1996, 341 = OLGR 1996, 41; vgl. auch OLG Düsseldorf, NJW 1982, 1541 = BauR 1982, 390 u. BauR 1995, 733.
14) BGH, BauR 1997, 154 = NJW 1997, 586; ebenso bereits: OLG Hamm, BauR 1990, 636 = NJWRR 1990, 91.
15) BGH, a. a. O.; OLG Düsseldorf, BauR 2005, 1660, 1661; KG, BauR 2001, 1929 = KGR 2001, 359; OLG Hamm, a. a. O.; OLG München, BauR 1996, 417 = NJW-RR 1996, 341 = OLGR

phasen 1–9 des § 15 HOAI) beauftragt wird. Vielmehr muss der Architekt darlegen und beweisen, ob und in welchem Umfang er mit Architektenleistungen vom Bauherrn betraut worden ist.[16] Rückschlüsse können nur aus den jeweiligen **Umständen des Einzelfalles** gezogen werden.[17] Für die Gerichte ist es daher häufig eine schwierige Auslegungsfrage, ob dem Architekten alle Leistungsphasen des § 15 HOAI oder nur einzelne Leistungsphasen oder gar nur Teile davon übertragen sind.

Insbesondere **bei einer mündlichen Beauftragung** können **Zweifel über den Auftragsumfang** bestehen.[18] Das wird man nicht annehmen können, wenn dem Architekten der Auftrag erteilt worden ist, einen **Bauantrag zu stellen** oder die Genehmigung für ein Bauvorhaben einzuholen. In diesem Fall wird man davon auszugehen haben, dass dem Architekten die Leistungsphasen 1 bis 4 des § 15 Abs. 2 HOAI übertragen worden sind. Wird einem Architekten ein **Planungsauftrag** erteilt („Sie machen für uns die Planung"), kann dies verschiedene Bedeutungen haben. So kann damit ein Planungsauftrag im weiteren Sinne gemeint sein, der die Leistungsphasen 1 bis 7 des § 15 Abs. 2 HOAI umfasst. Das könnte damit begründet werden, dass die Bauausführung (im Gegensatz zur Planung) und die damit verbundene Architektenleistung erst mit der Leistungsphase 8 des § 15 Abs. 2 HOAI beginnt. Einen solch weitreichenden Auftrag wird man aber nur dann annehmen können, wenn bestimmte Umstände des Einzelfalles dies erlauben. In der Regel wird man von einem Planungsauftrag im engeren Sinne auszugehen haben, der die eigentlichen Planungs-Leistungsphasen des § 15 Abs. 2 HOAI umfasst, nämlich die Leistungsphasen 1 bis 5 (Grundlagenermittlung bis Ausführungsplanung); vgl. hierzu auch Rdn. 783 a. Soll ein Architekt ein Objekt nach den Vorgaben eines Sachverständigen **„sanieren"**, schuldet er nach OLG Hamm[19] die vollständigen Grundleistungen der **Leistungsphasen 1 bis 8** nach § 15 Abs. 2 HOAI und nicht lediglich die Vorbereitung der Vergabe und die Objektüberwachung. Wird der Architekt mit den **Vergabeleistungen** (Leistungsphasen 6 und 7 des § 15 Abs. 2 HOAI) beauftragt, sind damit auch wesentliche Teile aus der Leistungsphase 5 des § 15 Abs. 2 HOAI erforderlich.[20]

Im Übrigen ist im Einzelnen wie folgt zu differenzieren: **778**

* Bei einer **beginnenden Zusammenarbeit**[21] zwischen Architekt und Bauherr will dieser sicherlich in aller Regel zunächst von einem Architekten nur wissen, ob sein beabsichtigtes Bauvorhaben unter den gegebenen Umständen (Finanzlage des Bau-

---

1996, 41; OLG Düsseldorf, BauR 2002, 658; NJW-RR 1995, 1425 sowie BauR 2001, 672 = NZBau 2001, 449 (Leistungsphase 9); *Löffelmann/Fleischmann*, Rdn. 895 ff.; *Locher/Koeble/Frik*, Einl., Rdn. 23; *Korbion/Mantscheff/Vygen*, § 15 HOAI Rdn. 25; **a. A.:** OLG Köln, BauR 1973, 251 = DB 1973, 63; OLG Düsseldorf, BauR 1979, 262, 263; OLG Saarbrücken, NJW 1967, 2359.

16) Vgl. Rdn. 620 ff.; hierzu auch: OLG Celle, IBR 2003, 313; OLG Düsseldorf, BauR 2001, 672 = NZBau 2001, 449, wonach sich eine etwaige Vermutung, dass dem mündlich beauftragten Architekten im Zweifel die gesamten zum Leistungsbild gehörenden Arbeiten übertragen sind, jedenfalls nicht auf die Objektbetreuung (Leistungsphase 9 des § 15 Abs. 2 HOAI) erstreckt. Ferner OLG Celle, IBR 2003, 312 – *Baden* (Darlegungs- und Beweislast des Architekten auch hinsichtlich der Höhe des vereinbarten Kostenrahmens).

17) Vgl. hierzu OLG Düsseldorf, DB 1978, 1893.

18) Vgl. hierzu auch *Locher/Koeble/Frik*, Einl. Rdn. 25.

19) BauR 2002, 1113.

20) OLG Jena, Urt. v. 4.11.2003 – 5 U 1099/01 (BauR 2005, 1070 LS).

21) Vgl. auch Rdn. 624, 625.

herrn, Genehmigungsfähigkeit des Bauvorhabens usw.) überhaupt realisierbar ist und ob insbesondere seine Planungsvorstellungen mit denen des Architekten in Einklang gebracht werden können (Abstimmung der Zielvorstellungen), ob also eine umfassende Zusammenarbeit mit dem Architekten möglich ist.[22] Im Anschluss hieran wird sich erst ein Bauherr endgültig entscheiden, ob er insgesamt das Bauvorhaben und insbesondere mit diesem Architekten in die Tat umsetzen soll.

**779** * Man wird daher annehmen können, dass der Architekt in der Regel zunächst nur mit den Leistungsphasen **„Grundlagenermittlung"** bzw. **„Vorplanung"** betraut wird. Das Stadium der **Vorplanung** stellt insoweit einen deutlichen **Einschnitt** innerhalb der üblichen Vertragsbeziehungen zwischen Architekt und Bauherr dar.[23] Soll der Architekt zunächst **nur „beraten"**, das Grundstück „hinsichtlich der Bebaubarkeit überprüfen",[24] „die Ausnutzung des Grundstücks zum Zweck der Wohnbebauung planerisch untersuchen",[25] bestimmte „Vorarbeiten" (vgl. Rdn. 629 ff.) leisten, „unverbindliche"[26] bzw. „freibleibende" Bebauungsvorschläge oder unverbindlich eine grobe Kostenschätzung[27] (vgl. hierzu Rdn. 624 ff.) abgeben, mit den beteiligten Behörden verhandeln, um die öffentliche Zusage der Förderung einer geplanten Modernisierung zu erwirken,[28] erforderliche „Verhandlungen mit den zuständigen Behörden sowie den Nachbarn" (z. B., um die Grenzbebauungsfähigkeit des Grundstücks zu klären)[29] führen,[30] eine Kostenschätzung nach DIN 276 erstellen oder schließlich Bestandspläne, Aufmaß, Vorplanungsleistungen und Wirtschaftlichkeitsberechnungen[31] ausführen (vgl. Rdn. 612 ff.), ist sicher kein Vollauftrag erteilt, sondern nur die Leistungsphase 1 (Grundlagenermittlung) und gegebenenfalls auch 2 des § 15 HOAI (Vorplanung) in Auftrag gegeben. Dasselbe gilt, wenn ein Architekt beauftragt wird, ein „Planungskonzept zu entwickeln und es graphisch und rechnerisch darzustellen"[32] oder „die Ausnutzung eines Grundstücks" zum Zweck der Wohnbebauung planerisch zu untersuchen und alle erforderlichen Planungen so weit zu erarbeiten, dass danach eine **Bauvoranfrage** (vgl. hierzu Rdn. 898) gestellt werden kann,[33] oder um **„Informationen"** vom Bauherrn gebeten wird, wie ein bestimmtes Grundstück bebaut werden kann[34] oder zu planerischen Leistungen aufgefordert wird,

---

22) Vgl. hierzu OLG Hamm, BauR 1987, 583 = NJW 1986, 1280; KG, BauR 1988, 621; HansOLG Hamburg, MDR 1985, 321.
23) Ebenso: OLG Düsseldorf, BauR 1979, 347; *Bindhardt/Jagenburg*, § 2, Rdn. 49; *Neuenfeld*, § 4 HOAI, Rdn. 48; *Locher*, Rdn. 515.
24) OLG München, BauR 1996, 417 = NJW-RR 1996, 341 = OLGR 1996, 41.
25) OLG Düsseldorf, NJW-RR 1995, 276 = BauR 1995, 270.
26) OLG Koblenz, BauR 1996, 888 = NJW-RR 1996, 1045.
27) OLG Köln, BauR 1993, 375 (LS) = *SFH*, Nr. 36 zu § 631 BGB.
28) KG, BauR 1988, 624 = NJW-RR 1988, 21.
29) OLG Frankfurt, NJW-RR 1987, 535 = BauR 1987, 479 (LS).
30) BGH, BauR 1988, 234 = NJW 1988, 1261 = DB 1988, 1385; OLG Frankfurt, NJW-RR 1987, 535.
31) BGH, BauR 1987, 454 = NJW 1987, 2742 = ZfBR 1987, 187.
32) Landesberufungsgericht für Architekten Stuttgart, BauR 1995, 406 (Leistungsphasen 1 und 2 des § 15 HOAI).
33) OLG Düsseldorf, BauR 1994, 803 (LS) = NJW-RR 1995, 276; *Löffelmann/Fleischmann*, Rdn. 897.
34) OLG München, BauR 1996, 417 = NJW-RR 1996, 341 = OLGR 1996, 41.

**Auftragsumfang** Rdn. 780–782

um dem Auftraggeber die Möglichkeit einzuräumen, ein Vermietungsangebot für ein noch zu errichtendes Gebäude abzugeben.[35)] Entsprechendes gilt, wenn einem Architekten die Erstellung einer **Machbarkeitsstudie** in Auftrag gegeben worden ist.[36)]

Geht allerdings aus den Umständen des Einzelfalles hervor, dass der Auftraggeber erkennbar mit dem Architekten ein **bestimmtes** Bauvorhaben **realisieren will**, werden dem Architekten im Zweifel **sämtliche** Grundleistungen des § 15 HOAI übertragen sein.[37)] Wird jedoch in einem Architektenvertrag festgelegt, dass der Architekt „mit allen Bauleistungen einschließlich der Bauleitung und der Vorlage der Restrechnungen als letzte Leistung" beauftragt wird, folgt nach Auffassung des OLG Düsseldorf[38)] aus der Hervorhebung der Bauleitung, dass die Leistungsphase 9 des § 15 HOAI nicht zu dem Auftrag gehört.

* Hat sich der Architekt um die Möglichkeit einer **Finanzierung** des Bauvorhabens zu kümmern, ist ihm ebenfalls in aller Regel nur die Leistungsphase 1, höchstens ein Auftrag bis zur Leistungsphase 2 (Vorplanung) übertragen worden.[39)] Dasselbe gilt, wenn die Durchführung des Bauvorhabens noch nicht abgeklärt ist, weil beispielsweise der Erwerbsvorgang bezüglich des Baugrundstückes noch nicht abgeschlossen ist[40)] (vgl. hierzu auch Rdn. 611 ff. und 629 ff.). **780**

* Entwickelt der Architekt Tätigkeiten im Einvernehmen mit dem Bauherrn **über das Stadium der Vorplanung** hinaus (Entwurfsplanung, Genehmigungsplanung usw.), ist nach den vorangegangenen Ausführungen **im Zweifel** davon auszugehen, dass dem Architekten die **Gesamtarchitektur übertragen** worden ist. Wer Planungsschritte in dieser Richtung unternimmt, will das Bauvorhaben gemeinsam mit dem für ihn tätigen Architekten nun auch realisieren; dies gilt verstärkt, wenn der Architekt sogar schon einvernehmlich mit der **Ausführungsplanung** oder im **Vergabestadium** tätig wird.[41)] **781**

* Etwas anderes kann nur gelten, wenn die besonderen Umstände des Einzelfalles ergeben, dass die **Entwurfsplanung als Einzelleistung** (§ 19 HOAI) in Auftrag gegeben wurde, weil der Bauherr in diesem Stadium seine endgültige Entscheidung der Realisierung des Bauvorhabens noch nicht getroffen hat. Wer dagegen die Genehmigungsplanung in Angriff nehmen lässt, wird aber kaum eine derartige Unentschlossenheit nachweisen können, insbesondere wenn er den Bauantrag schon unterschrieben hat. In den vorerwähnten Fallgestaltungen hat also der **Bauherr** die Anscheinsvermutung für einen Vollauftrag zugunsten des Architekten – als Normalfall – seinerseits **zu entkräften**. Wird dem Architekten ausdrücklich der Auftrag erteilt, einen **Bauantrag** zu stellen oder die Genehmigungsplanung auszuführen, umfasst dies in aller Regel (nur) die Leistungsphasen 1–4 des § 15 **782**

---

35) OLG Düsseldorf, BauR 1998, 407 (LS) = IBR 1998, 160 – *Kniffka*.
36) *Jochem*, Festschrift für Vygen, S. 10, 17.
37) *Korbion/Mantscheff/Vygen*, § 15 HOAI, Rdn. 24; vgl. auch BGHZ, 31, 224, 226 ff. („häufigst vorkommender Vertragstyp").
38) NZBau 2006, 124.
39) BGH, *Schäfer/Finnern*, Z 3.01 Bl. 111.
40) *Korbion/Mantscheff/Vygen*, § 15 HOAI, Rdn. 29; vgl. auch OLG Hamm, BauR 1992, 797.
41) OLG Düsseldorf, BauR 2005, 1660, 1661; *Bindhardt/Jagenburg*, § 2, Rdn. 45, 50; *Neuenfeld*, § 4 HOAI, Rdn. 48 m. Hinweis auf eine Entscheidung des OLG Hamm.

HOAI.[42]) Das OLG Düsseldorf[43]) und das OLG Oldenburg[44]) sind sogar der Auffassung, dass bei einer Beauftragung eines Architekten mit „der Bauplanung bis zur Genehmigungsreife" zugleich die Tragwerksplanung bis zur Leistungsphase 4 des § 64 Abs. 3 HOAI übertragen wird.

**783** ∗ Während bei Einfamilienhäusern oder mittleren Bauvorhaben in aller Regel nur ein Architektenbüro für Planung und Objektüberwachung eingeschaltet wird, ist es bei **Großprojekten** (Wohnparks, Industriebauten, Krankenhäusern, Einkaufszentren, Schulen usw.) üblich, Planung und Objektüberwachung in **verschiedene Hände** zu geben.[45]) Die Objektüberwachung wird hier sehr häufig als Einzelleistung (§ 19 HOAI) einem Architektenbüro übergeben, das sich auf die Bauaufsicht spezialisiert hat. **Insoweit** wird man nach der Mitwirkung bei der Vergabe (Leistungsphase 7 des § 15 HOAI) eine **weitere Zäsur** zu machen haben. Das KG[46]) weist in diesem Zusammenhang darauf hin, dass bei Bauvorhaben mit einem größeren Honorarvolumen eine Vermutung überdies dafür spricht, dass Verträge dieser Größenordnung konkludent unter dem Vorbehalt der Schriftform stehen.

**783 a** Nicht selten werden Architekten mit einer Leistung beauftragt, der aber zwangsläufig – zur Erfüllung dieser übertragenen Leistung – andere Leistungsschritte/Leistungsphasen vorgehen. Insoweit gilt nach h. M.: Erhält ein Architekt den Auftrag, eine Genehmigungsplanung zu erstellen, umfasst dieser Auftrag (notwendigerweise) die Bearbeitung der **vorrangigen Leistungsphasen,** also der Grundlagenermittlung, der Vorplanung und der Entwurfsplanung (§ 15 HOAI), wenn diese Vorarbeiten nicht bereits von einem Dritten erbracht worden sind und dem Architekten zur Verfügung stehen.[47]) Wird der Architekt mit der **„Genehmigungsplanung"** beauftragt, ohne dass ihm irgendwelche Planungsleistungen vom Auftraggeber übergeben werden, kann er daher auch die vorangegangenen Leistungsphasen abrechnen und ist – nach der richtigen Auffassung des KG[48]) – auch nicht verpflichtet, im Einzelnen darzulegen, welche Arbeiten er für die Leistungsphasen 1 bis 3 des § 15 HOAI (Grundlagenermittlung bis Entwurfsplanung) durchgeführt hat:

---

42) OLG Düsseldorf, BauR 2000, 908 (Auftrag zur „endgültigen Planung") = NJW-RR 2000, 900 = OLGR 2000, 220 = NZBau 2000, 295 u. BauR 1982, 597; *Korbion/Mantscheff/Vygen,* § 15 HOAI, Rdn. 28; *Locher/Koeble/Frik,* Einl., Rdn. 25. Zum Honoraranspruch des Architekten bei der Errichtung von Wohngebäuden im Genehmigungsfreistellungsverfahren: *Götte,* DAB 2000, 451.
43) BauR 2000, 908 = NJW-RR 2000, 900 = OLGR 2000, 220 = NZBau 2000, 295.
44) OLGR 2000, 231.
45) Ebenso: KG, KGR 2001, 359 = BauR 2001, 1929.
46) A. a. O. (Honorarvolumen von über 7 Mio. DM).
47) OLG Karlsruhe, IBR 2005, 552 – *Seifert*; OLG Bamberg, NZBau 2004, 160; KG, BauR 2002, 1279 u. BauR 1986, 892; OLG Düsseldorf, BauR 2000, 915 (für den Tragwerksplaner) = NJW-RR 1999, 1694 = OLGR 1999, 457; BauR 1998, 409 (LS) = NJW-RR 1998, 454 = OLGR 1998, 99 (Ausführungsplanung indiziert die entsprechenden Vorarbeiten; Grundlagenermittlung, Vorplanung, Entwurfsplanung); OLG Hamm, BauR 1998, 1277 (für den Tragwerksplaner-Vertrag); *Locher/Koeble/Frik,* Einl., Rdn. 25; *Löwe,* ZfBR 1998, 121, 123; *Neuenfeld,* § 4 HOAI, Rdn. 22 a.
48) BauR 1986, 892 u. BauR 2002, 1279 (für den Tragwerksplaner); ebenso: OLG Naumburg, BauR 2005, 1357 = IBR 2005, 495 – *Laux*; OLG Braunschweig, BauR 2002, 233 u. *Motzke* in: Graf von Westphalen, Klauselwerke/Architektenvertrag, Rdn. 191. Vgl. hierzu auch *Locher/Koeble/Frik,* Einl. Rdn. 25.

## Auftragsumfang

„Denn die unstreitig durchgeführte Leistungsphase 4 umfasst die vorangehenden Leistungsphasen 1–3 (vgl. BGH, WM 1977, 1055). Eine Genehmigungsplanung ist von der vorangehenden Erbringung der Leistungsphase 1–3 abhängig; denn eine Genehmigungsplanung ist in der Regel nicht ohne Entwurfsplanung und eine Entwurfsplanung nicht ohne Grundlagenermittlung und Vorplanung möglich (OLG Düsseldorf, BauR 1981, 401 ff., 402 rechte Spalte unten/403 linke Spalte oben). Auch die Phasen Entwurfsgestaltung und Vorplanung sind unabdingbare Vorleistungen, um eine Genehmigungsplanung aufstellen und einen Bauantrag eingeben zu können (OLG Hamm, NJW-RR 1990, 522 linke Spalte unten; *Hesse/Korbion/Mantscheff/Vygen*, HOAI, 4. Auflage 1992, § 15 Rdn. 11, S. 580)."

Erhält der Architekt den Auftrag, die **„Ausführungsplanung"** (ohne Übergabe einer Entwurfs- und Vorplanung) zu erstellen, umfasst dieser Auftrag auch die Grundleistungen aus den Leistungsphasen 1 bis 3 des § 15 Abs. 2 HOAI, weil diese Vorleistungen erforderlich sind, um eine Ausführungsplanung zu erstellen.[49] Beschränkt sich der Auftrag an den Architekten darauf, die „Vergabeleistungen" (Leistungsphasen 6 und 7 des § 15 Abs. 2 HOAI) zu erbringen, sind hierfür auch wesentliche Teile aus der Leistungsphase 5 vom Architekten zu erarbeiten, da andernfalls eine ordnungsgemäße Erstellung der eigentlichen Vergabeleistungen nicht möglich ist.[50]

Die vorangegangenen Ausführungen hat der BGH[51] allerdings für den Fall eingeschränkt, dass einem Ingenieur oder Architekten (nur) die Vor- und Entwurfsplanung (Leistungsphasen 2 und 3) ausdrücklich übertragen werden. In diesem Fall soll nach Auffassung des BGH die Grundlagenermittlung (Leistungsphase 1) nicht allein deshalb Gegenstand des Vertrages sein, „weil sie einen den weiteren Leistungsphasen notwendig vorangehenden Entwicklungsschritt darstellen oder weil sie tatsächlich erbracht werden". Der BGH begründet dies damit, dass der Umstand, dass eine Leistung erbracht wird, sie noch nicht zum Vertragsgegenstand macht. Der BGH nimmt insoweit auch keine „versteckte Unterschreitung von Mindestsätzen" an, da „die preisrechtlichen Bestimmungen über die Mindestsätze nur für die im Vertrag vereinbarten und deshalb geschuldeten Leistungen" gelten. Ob diese Aussagen des BGH auch auf die vorerwähnten Fallgestaltungen der Beauftragung mit einer „Genehmigungsplanung" oder „Ausführungsplanung" gelten, ist der Entscheidung nicht zu entnehmen und wohl auch nicht zutreffend. Im Übrigen weist der BGH in diesem Zusammenhang darauf hin, dass bei einer ohne gesonderte Vereinbarung erbrachten Leistung (Leistungsphase) „zu erwägen bleibt, ob ein Ausgleich nach den Grundsätzen über die Geschäftsführung ohne Auftrag oder nach Bereicherungsrecht in Betracht kommt".[52] Darüber hinaus sei stets zu prüfen, ob die Vertragsparteien über den schriftlichen Vertrag hinaus eine gesonderte Vereinbarung dahingehend getroffen haben, dass die Grundlagenermittlung zusätzlich erbracht werden soll.

Verlangt ein Auftraggeber über einen bestehenden Architektenvertrag hinaus **zusätzliche Leistungen** (z. B. für Umplanung), hat der Architekt Anspruch auf eine **schriftliche Bestätigung** des hieraus entstehenden zusätzlichen Vergütungs-

---

[49] OLG Düsseldorf, NJW-RR 1998, 454.
[50] OLG Jena, Urt. v. 4.11.2003 – 5 U 1099/01 (BauR 2005, 1070 – LS).
[51] BauR 2007, 571 = NZBau 2007, 180 = IBR 2007, 139 – *Vogel*; vgl. hierzu *Schwenker/Thode*, ZfBR 2007, 213 sowie *Scholtissek*, NZBau 2007, 229; ebenso OLG Celle, OLGR 2007, 316; **a. A.:** OLG Düsseldorf, BauR 2000, 908 = NJW-RR 2000, 900 = OLGR 2000, 220 = NZBau 2000, 295.
[52] Vgl. hierzu insbesondere *Scholtissek*, NZBau 2007, 229, 231.

anspruchs; verweigert der Auftraggeber – trotz Fristsetzung – eine derartige Bestätigung des Mehrvergütungsanspruchs, kann der Architekt den Vertrag kündigen.[53]

**Die Vergütungssätze** des § 15 HOAI beziehen sich nur auf die zeichnerische **Lösung einer ernst gemeinten und durchdachten Bauaufgabe**, nicht jedoch auf eine Scheinaufgabe, die solche Überlegungen nicht erfordert.[54] Kein ernsthaft gewollter Planungsauftrag liegt z. B. vor, wenn erkennbar nur beabsichtigt wird, die Genehmigung zur Bebauung des Grundstücks nicht verfallen zu lassen, tatsächlich also (noch) keine Bauabsicht besteht.

Zur Übertragung von **Teilleistungen** und **Besonderen Leistungen** vgl. Rdn. 879 ff. und 887 ff.

**784** Die **Baustellenverordnung** (BaustellV), die am 1.7.1998 in Kraft getreten ist, eröffnet dem Architekten ein neues Aufgabengebiet, wenn er vom Bauherrn (ggf. zusätzlich zur Objektüberwachung) mit den in §§ 2 und 3 BaustellV genannten Maßnahmen beauftragt wird.[55] Dazu gehört insbesondere die Übertragung der Aufgaben des so genannten **Sicherheits- und Gesundheitsschutz-Koordinators** gemäß § 3 BaustellV. Weder der mit der Planung noch der mit der Objektüberwachung beauftragte Architekt ist verpflichtet, Leistungen im Rahmen der BaustellenV zu erbringen, wenn er nicht insoweit ausdrücklich beauftragt wird.[56] Der Sicherheits- und Gesundheitsschutz ist primär eine Bauherrenpflicht, die der Bauherr jedoch einem Dritten gemäß § 4 BaustellV in eigener Verantwortung übertragen kann. Werden dem Architekten sämtliche Aufgaben der BaustellV übertragen, hat der Vertrag zwischen dem Bauherrn und dem Architekten werkvertraglichen Charakter.[57] Das kann anders sein, wenn von ihm nur einzelne Aufgaben der BaustellV vertraglich zu erfüllen sind, die dienstvertraglichen Charakter haben.

---

53) KG, IBR 2006, 505 – *Götte*.
54) BGH, BauR 1970, 188 = MDR 1970, 754.
55) Vgl. hierzu im Einzelnen *Kollmer*, Kommentar zur Baustellenverordnung, 1999; *von Berchem*, Die neue Baustellenverordnung, 2000; *Tepasse*, Handbuch Sicherheits- und Gesundheitsschutz-Koordination auf Baustellen, 1999; *Meyer*, Obergerichtliche Rechtsprechung zur Baustellenverordnung, BauR 2006, 597; *Kesselring*, Der SiGeKo nach der Baustellenverordnung, BTR 2005, 99; *Locher/Koeble/Frik*, Einl. Rdn. 272 ff.; *Moog*, Von Risiken und Nebenwirkungen der Baustellenverordnung (BaustellV), BauR 1999, 795; *Rozek/Röhl*, Zur Rechtsstellung des Sicherheitskoordinators nach der Baustellenverordnung, BauR 1999, 1394; *Kleinhenz*, Die Verordnung über Sicherheits- und Gesundheitsschutz auf Baustellen, ZfBR 1999, 179; *Kollmer*, Die neue Baustellenverordnung, NJW 1998, 2634; *Schmidt*, Die Baustellenverordnung – Leistungen, rechtliche Einstufung der Tätigkeit und Honorar des S+G-Koordinators, ZfBR 2000, 3; *Hornik*, Baustellenverordnung (BaustellV) vom 10. Juni 1998, DAB 2000, 605; *Löffelmann/Fleischmann*, Rdn. 1289; *Osenbrück*, Der Baustellenkoordinator und seine Vergütung, Festschrift für Mantscheff, S. 349; *Portz*, Die Honorierung des Sicherheits- und Gesundheitsschutzkoordinators nach der Baustellenverordnung, BauR 2002, 1160; *Wingsch*, Die §§ 2 und 3 der Baustellenverordnung als Ohnehinleistung nach HOAI – oder können bewährte und gefestigte Leistungsgrundlagen, -pflichten und -inhalte der Architekten und Ingenieure durch branchenfremde Theorien unterlaufen werden?, BauR 2002, 1168.
56) Wie hier *Motzke/Wolff*, S. 101 ff.; *Quack*, BauR 2002, 541; *Portz*, BauR 2002, 1160; *Korbion/Mantscheff/Vygen*, Einf., Rdn. 5. **A. A.:** *Locher/Koeble/Frik*, § 15 HOAI, Rdn. 18, 71 u. 174 (Besondere Leistung); *Wingsch*, BauR 2001, 314 ff., 318 (Grundleistungen).
57) So auch *Tepasse*, a. a. O., S. 163; wohl auch *P. Siegburg*, Haftung von Architekt und Bauherr für Baumängel, Rdn. 80 f.; **a. A.:** *von Berchem*, a. a. O., S. 14; *Schmidt*, ZfBR 2000, 3, 4.

## Auftragsumfang

Die Frage der **Honorierung**, insbesondere bei Übernahme der Tätigkeit des Sicherheits- und Gesundheitsschutz-Koordinators, ist in der BaustellV nicht angeschnitten. In der HOAI ist ein entsprechendes Leistungsbild nicht vorhanden (vgl. Rdn. 602). Auch eine vergleichbare Grundleistung oder Besondere Leistung ist nicht erkennbar.[58] Daher kann das Honorar frei vereinbart werden, wenn der Bauherr die entsprechenden Aufgaben nicht selbst übernimmt, sondern einem Dritten überträgt. Eine übliche Vergütung hat sich bisher nicht herausgebildet. Denkbar ist eine Honorarvereinbarung auf Stundenbasis, wie manche Architektenkammern empfehlen.[59] Dabei können die in § 6 HOAI genannten Stundensätze als Maßstab herangezogen werden.[60] Möglich ist aber auch die Vereinbarung eines Pauschalhonorars, das sich prozentual nach den anrechenbaren Kosten errechnet. Locher/Koeble/Frik[61] und Tepasse[62] haben insoweit eine Tabelle erarbeitet.[63]

Bei größeren Bauvorhaben gehen heute Auftraggeber zunehmend dazu über, Architekten mit der **Gesamtplanung** zu beauftragen, um in planerischer Hinsicht „alles aus einer Hand" zu erhalten.[64] In diesem Fall wird dem Architekten neben seinen originären Architektenleistungen (Objektplanung Gebäude, § 15 HOAI) auch die Planung der übrigen, für das Bauvorhaben erforderlichen **Ingenieurleistungen** übertragen. Im Einzelfall können auch die Leistungen des raumbildenden Ausbaus und der Freiflächengestaltung hinzutreten. Man spricht insoweit auch von einem **„Generalplaner"**. Beauftragt der Auftraggeber daneben einen Generalunternehmer, hat dies für ihn im Rahmen der Projektorganisation den Vorteil, dass er es insgesamt nur mit zwei Vertragspartnern und damit Ansprechpartnern zu tun hat: den Architekten für die Gesamtplanung, den Generalunternehmer für die Gesamtausführung. Dadurch entfällt für den Bauherrn die zeitraubende und mühsame Koordination einer Vielzahl von Auftragnehmern. Vor allem erspart sich der Auftraggeber auch die Definition und Überprüfung der zahlreichen Schnittstellen im Rahmen des gesamten Planungsteams.

In der Regel schalten Generalplaner für Leistungen, die nicht unmittelbar von ihnen ausgeführt werden, Subplaner ein; dazu sind sie auch berechtigt, wenn dies im Generalplanungsvertrag vereinbart wird. Bei einer Einschaltung von Subplanern werden von dem Generalplaner vielfältige Management-, Koordinations- und Steuerungsaufgaben gefordert. Darüber hinaus ergeben sich insoweit entsprechende Rechtsprobleme, wie sie in den Rdn. 1051 ff. im **Dreiecksverhältnis Bauherr–Generalunternehmer–Subunternehmer** dargestellt worden sind. Das gilt insbesondere hinsichtlich der Selbstständigkeit beider Vertragsverhältnisse Bauherr–Generalplaner sowie Generalplaner–Subplaner und des berechtigten Interesses des „eingeklemmten" Generalplaners an der Parallelschaltung wichtiger Regelungen des

---

58) Ebenso: *Moog*, BauR 1999, 795, 797; *Kleinhenz*, ZfBR 1999, 179, 182; **a. A.:** *Osenbrück*, Festschrift für Mantscheff, S. 349, 357, der insoweit eine grundleistungsergänzende Besondere Leistung gemäß § 5 Abs. 4 HOAI annimmt.
59) Vgl. hierzu *v. Berchem*, a. a. O., S. 63 ff. u. Anh. 4 u. 5, S. 78 ff.
60) So auch *Schmidt*, ZfBR 2000, 3, 6.
61) Anhang 5.
62) A. a. O., S. 429 ff.
63) Zum Honorar vgl. auch: *Schmidt*, ZfBR 2000, 3, 5; *Löffelmann/Fleischmann*, Rdn. 1293 (0,2 bis 1,2% der Nettobausumme); *Portz*, BauR 2002, 1160; *Wingsch*, BauR 2002, 1168.
64) Vgl. hierzu insbesondere *Fischer* in Thode/Wirth/Kuffer, § 19, Rdn. 94 ff.

Generalplanungsvertrages einerseits und der einzelnen Subplanerverträge andererseits.

Der **Generalplanungsvertrag** hat grundsätzlich **werkvertraglichen Charakter** und entspricht – bis auf den größeren Leistungsumfang – inhaltlich den herkömmlichen Architekten- und Ingenieurverträgen. Sowohl der Generalplanungsvertrag als auch der Subplanervertrag unterliegen bezüglich der Honorargestaltung den Bestimmungen der HOAI und damit insbesondere der Vorschrift des § 4 HOAI.

Die HOAI weist allerdings kein Honorar für eine Generalplanung aus.[65] Fraglich ist daher, ob der Architekt einen **„Generalplaner-Zuschlag"** verlangen kann. Das ist im Hinblick auf die **umfangreichen Koordinierungs- und Managementleistungen** des Architekten als Generalplaner zu bejahen, da diese über die üblichen Koordinierungspflichten eines Architekten weit hinausgehen.[66] In der Praxis liegen diese „Generalplaner-Zuschläge" bei 3 bis 10% des Honorars. Dieses zusätzliche Honorar muss aber von den Vertragsparteien für die vorerwähnten Besonderen Leistungen des Generalplaners vereinbart werden.[67]

In der **Vertragsebene Generalplaner–Subplaner** stellt sich die entsprechende Frage, ob der Generalplaner gegenüber seinen Subplanern einen „Generalplaner-Beitrag" auch dann geltend machen kann, wenn dies zur Unterschreitung der Mindestsätze führt.[68] Auch das ist zu bejahen, weil der Generalplaner den Planungsauftrag akquiriert hat, den vorerwähnten umfangreichen Koordinierungsaufwand übernimmt und zudem das gesamte Haftungs- und insbesondere Insolvenzrisiko seiner Subunternehmer gegenüber seinem Auftraggeber trägt.[69] Darüber hinaus ist, worauf *Wenner*[70] und *Löffelmann/Fleischmann*[71] zu Recht verweisen, zusätzlich zu berücksichtigen, dass die HOAI-Honorartafeln degressiv verlaufen. Dadurch wird es in der Regel dazu kommen, dass das Honorar für den Gesamtauftrag des Generalplaners auf der Basis der Mindestsätze (im Hinblick auf die Degression der HOAI-Tabellen) geringer ist als das Honorar aller Subplaner, weil sich dieses nach den (aufgespaltenen) anrechenbaren Kosten der übertragenen Teilaufträge errechnet.[72] Die vorerwähnten Gesichtspunkte rechtfertigen die Annahme eines Ausnah-

---

65) Vgl. hierzu *Enaux/Bröker*, Festschrift für Ganten, S. 15, 21 sowie *Neuenfeld*, Festschrift für Ganten, S. 27.

66) So auch *Kemper/Demko*, DAB 1999, 658; 659; *Wenner*, BauR 1998, 1150, 152 und *Kehrberg*, BauR 2001, 1824, der darauf hinweist, dass „die Tätigkeit des Generalplaners als Projektsteuerung auf Fachplanerebene" bezeichnet werden kann, weil dem Bauherrn zahlreiche Koordinierungsaufgaben, insbesondere die gesamte Vertragsabwicklung und terminliche Abstimmung der vom Generalplaner eingeschalteten Sonderfachleute, abgenommen werden.

67) Vgl. hierzu insbesondere *Frechen*, Festschrift für Jagenburg, S. 201.

68) Vgl. *Locher*, Festschrift für Motzke, S. 221, 224.

69) *Korbion/Mantscheff/Vygen*, § 1 HOAI, Rdn. 32; *Neuenfeld*, Architekt und Bauherr, Rdn. 98; *Jochem*, § 1 HOAI, Rdn. 9; *Fischer* in Thode/Wirth/Kuffer, § 19, Rdn. 114 („Regieabschlag von 1,5 bis 2%"); verneinend: *Wenner*, BauR 1998, 1150, 1153, der zur Umgehung dieses Problems einen Konsortialvertrag aller Planer vorschlägt. *Löffelmann/Fleischmann*, Rdn. 18, sehen eine entsprechende Kompensation für die Leistungen des Generalplaners als „problematisch" an. Vgl. hierzu insbesondere *Kehrberg*, BauR 2001, 1824.

70) A. a. O.

71) A. a. O.

72) BGH, BauR 1994, 787; vgl. hierzu *Jochem*, § 1 HOAI Rdn. 9 und insbesondere *Locher/Koeble/Frik*, Einl. Rdn. 266 sowie *Locher*, Festschrift für Motzke, S. 221 ff., 223.

mefalles nach § 4 Abs. 2 HOAI im Rahmen der neueren Rechtsprechung des BGH (vgl. Rdn. 718).[73]

Zu so genannten **„Pay-when-paid"**-Klauseln in Subplanerverträgen[74] vgl. Rdn. 1126.

Bei der **Einschaltung eines Generalübernehmers bzw. eines Generalunternehmers** ist eine Vielzahl von Varianten einer Beauftragung des Architekten möglich. In der Regel wird der **Leistungsumfang des Architekten erheblich eingeschränkt.** Denkbar sind folgende Varianten der Beauftragung eines Architekten: 785 a

* Der **Generalübernehmer** erbringt auch **sämtliche Architektenleistungen** nach klaren Vorgaben durch den Bauherrn bzw. dessen Projektsteuerer. Die Planungsleistungen werden dann durch Architekten erbracht, die vom Generalübernehmer unmittelbar beauftragt werden. Diese Fallgestaltung ist in der Praxis seltener.
* Beauftragung des **Architekten** nur mit den **Leistungsphasen 1 und 2** des § 15 Abs. 2 HOAI (Grundlagenermittlung/Vorplanung). Die restliche planerische Abwicklung wird durch den Generalübernehmer vorgenommen.
* Beauftragung des **Architekten** mit den **Leistungsphasen 1 bis 4** des § 15 Abs. 2 HOAI (Grundermittlung bis Genehmigungsplanung). Die restlichen planerischen Leistungen, also insbesondere die Ausführungsplanung wird von dem Generalübernehmer übernommen.
* Beauftragung des **Architekten** mit den **Leistungsphasen 1 bis 4 und den Regel- und Leitdetails aus der Leistungsphase 5** des § 15 Abs. 2 HOAI. Die Restabwicklung wird von dem Generalübernehmer durchgeführt. Das ist eine in der Baupraxis sehr häufig vorkommende Fallgestaltung.
* Beauftragung des **Architekten** mit den **Leistungsphasen 1 bis 5** des § 15 Abs. 2 HOAI (Grundlagenermittlung bis Ausführungsplanung). Alle übrigen Leistungen erbringt der Generalunternehmer. Auch diese Variante ist in der Baupraxis nicht selten.
* Beauftragung des **Architekten** mit den **Leistungsphasen 1 bis 9** des § 15 Abs. 2 HOAI, jedoch insbesondere im Rahmen der Leistungsphasen 5 bis 9 des § 15 Abs. 2 HOAI mit beschränktem Leistungsumfang. Vor allem im Rahmen der Objektüberwachung werden bei dieser Fallgestaltung häufig erhebliche Abstriche vorgenommen, soweit es die einzelnen Grundleistungen dieser Leistungsphase betrifft.

Insbesondere bei den zuletzt genannten Auftragsalternativen wird häufig dem Architekten noch zusätzlich die **künstlerische Oberleitung** übertragen, um zu gewährleisten, dass – trotz Einschaltung eines Generalüber- bzw. Generalunternehmers – die Einzelheiten der vom Architekten erarbeiteten Gestaltung im Rahmen der Bauausführung gewahrt bleiben.

Im Übrigen erfolgt eine Generalunternehmer-Vergabe in der Regel auf der Grundlage einer Leistungsbeschreibung mit Leistungsprogramm (in Verbindung mit einem Raumbuch), die das Aufstellen von Leistungsbeschreibungen mit Leistungsverzeichnissen nach Leistungsbereichen ersetzt.

---

73) **Anderer Ansicht:** *Frechen*, Festschrift für Jagenburg S. 201, 210 und ihm folgend *Locher/Koeble/Frik*, Einl. Rdn. 266. Ebenso *Enaux/Bröker*, Festschrift für Ganten, S. 16, 18, und *Neuenfeld*, Festschrift für Ganten, S. 27, 33.
74) Vgl. hierzu insbesondere *Neuenfeld*, Festschrift für Ganten, S. 27, 33.

## b) Unvollständig erbrachte Teilleistungen

*Literatur*

*Preussner*, Voller Honoraranspruch des Architekten trotz unvollständiger Teilleistung?, BauR 1991, 683; *Kniffka*, Kürzung des Architektenhonorars wegen fehlender Kostenkontrolle, BauR 1996, 773; *Kniffka*, Honorarkürzung wegen nicht erbrachter Architektenleistung – Abschied vom Begriff der zentralen Leistung – Festschrift für Vygen (1999), 20; *Schwenker/Schramm*, Vergütungsprobleme bei nicht erbrachten Architektenleistungen, ZfIR 2004, 753; *Seifert*, Ermittlung des erbrachten Leistungsanteils des Architekten bei unvollständiger Objektüberwachung, Festschrift für Werner (2005), 145; *Motzke*, Archteiktenvertrag – Rechtspraxis und Parameter für eine Inhaltsvorgabe – Die Wende des BGH?, Festschrift für Werner (2005), 47; *Quack*, Einige Überlegungen zur Leistungsbeschreibung des Architekten- und Ingenieurvertrages, Festschrift für Werner (2005), 61; *Jochem*, Der geschuldete werkvertragliche Erfolg nach der Beschaffenheitsvereinbarung im Architektenvertrag, Festschrift für Werner (2005), 69; *Motzke*, Die Mankohaftung im Planervertrag – die HOAI und der Planervertrag nach einer Wende der Rechtsprechung, NZBau 2005, 361; *Sangenstedt*, Honorarminderung bei Nichterbringung von Teilleistungen in HOAI-Verträgen, NJW 2005, 639; *Schramm/Schwenker*, Steinfort u. a., DAB 2005, 43; *Orlowski*, Minderung des Architektenhonorars bei Minderleistungen, BauRB 2005, 279; *Siemens*, Architektenhonorarkürzung bei unvollständig erbrachten Teilleistungen, BauR 2005, 1843; *Pauly*, Die Honorierung des Architekten im Falle fehlender bzw. unvollständiger Teilleistungen, NZBau 2006, 295; *Preussner*, Die Leistungspflichten eines Architekten, wenn eine konkrete Leistungsbeschreibung fehlt, BauR 2006, 898; *Siemon*, Zur Bewertung der Einzelleistung in den Leistungsphasen nach HOAI, BauR 2006, 905; *Ziegler*, Die Teilleistung beim Architektenvertrag, ZfBR 2006, 424; *Seifert*, Zu den Leistungspflichten des Architekten bei der Kostenplanung, Festschrift für Motzke (2006), 393; *Messerschmidt*, Der dreigliedrige Beschaffenheitsbegriff im Architektenrecht: Planungsziele, Planungsschritte und Planungstechnik, Festschrift für Motzke (2006), 269; *Preussner*, Die Auslegung von Architektenverträgen, Festschrift für Motzke (2006), 347; *Brückl*, Die Minderung des Architektenhonorars bei der Nichterbringung von Teilleistungen, NZBau, 2006, 491; *Fuchs*, Die Darlegungs- und Beweislast für erbrachte Leistungen im Architektenhonorarprozess, BauR 2006, 1978.

**786** Die HOAI erfasst in § 5 Abs. 1–3 nur die Honorierung von **Teilleistungen**, die dem Architekten übertragen und von diesem erbracht werden (vgl. Rdn. 879 ff.). Dagegen ist in der HOAI nichts bezüglich der Fallgestaltungen geregelt, in denen **Teilleistungen** (z. B. einzelne Leistungsphasen eines Leistungsbildes oder einzelne Grundleistungen einer Leistungsphase) **nicht** oder nur **unvollständig** – trotz eines entsprechenden Auftrages – erbracht werden. Welche Konsequenzen sich bei unvollständig oder nicht erbrachten, aber geschuldeten Teilleistungen ergeben, war bislang in Rechtsprechung und Literatur nicht abschließend geregelt. Aufgrund der Rechtsprechung des BGH (vgl. Rdn. 772) ist allerdings als geklärt anzusehen, dass sich Umfang und Inhalt der vom Architekten geschuldeten Leistungen nicht nach den Leistungsbildern und den Leistungsphasen der HOAI richten, sondern nach dem Vertragsrecht des BGB. Die **HOAI als öffentliches Preisrecht** regelt **kein Vertragsrecht**, sodass aus den Bestimmungen der HOAI keine Schlussfolgerungen auf vertraglich geschuldete Leistungen gezogen werden können; darüber hinaus bietet die HOAI nach der Rechtsprechung des BGH auch keine rechtliche Grundlage für Honorarkürzungen, wenn der Architekt eine vertraglich geschuldete Leistung nicht oder nur unvollständig erbracht hat.[75] Damit begründet die HOAI keine Leistungsverpflichtung. Was im Einzelnen vom Architekten geschuldet wird, ist vielmehr

---

75) Ständige Rspr. des BGH; zuletzt BGH, BauR 2004, 1640 = NJW 2004, 2588 = NZBau 2004, 509 = ZfIR 2004, 767.

## Unvollständig erbrachte Teilleistungen
Rdn. 787

durch Auslegung des Architektenvertrages unter Berücksichtigung aller Umstände zu klären.

Bis zur Entscheidung des BGH vom 24.6.2004[76] konnte man von folgender gesicherter Rechtsauffassung in Rechtsprechung und Literatur hinsichtlich der vom Architekten geschuldeten Leistung ausgehen, die auch jahrzehntelang Rechtsprechung des BGH und der Instanzgerichte war, nunmehr aber aufgrund der jüngsten Entscheidung des BGH nur noch beschränkt Grundlage für den Umfang der vom Architekten zu erbringenden Leistung sein kann.

Da die Leistung des Architekten in der Erstellung eines mangelfreien Bauwerks besteht[77] und seine Leistung damit eine geschlossene Gesamtleistung darstellt, war es einhellige Meinung, dass der Bauherr gegenüber der Honorarklage des Architekten grundsätzlich nicht mit dem Einwand gehört werden kann, **einzelne dem Architekten übertragene Teilleistungen** des Architektenvertrages (z. B. einzelne dem Architekten übertragene Grundleistungen einer Leistungsphase) seien **unvollständig** erbracht, wenn nicht die **unvollständigen Teilleistungen** des Architekten zu einem **Mangel des Werks geführt** haben.[78] Der Architekt konnte daher insoweit grundsätzlich den **vollen** Vergütungsanspruch beanspruchen;[79] bei Mängeln der abgenommenen oder abnahmefähigen Architektenleistung konnte der Bauherr nur **Gewährleistungsansprüche** geltend machen,[80] was allerdings über den Weg der Minderung zur Herabsetzung der Vergütung führen konnte.

Entscheidend war nach h. M., ob das **mit einer Leistungsphase beabsichtigte Arbeitsergebnis** auch tatsächlich **erzielt** worden war. Der **Honoraranspruch** des Architekten wurde damit **„allein objekt-, nicht dagegen zeit- oder tätigkeitsbezogen"** angesehen:[81] Nicht jedes Bauvorhaben verlangt die Erfüllung sämtlicher Grundleistungen der einzelnen Leistungsphasen. Vielmehr ist dies von dem jeweiligen Projekt (Art und Umfang) abhängig. Das OLG Düsseldorf[82] hatte in diesem Zusammenhang schon früh darauf hingewiesen, dass aus der Beschreibung des Leistungsbildes in § 15 Abs. 2 HOAI jedenfalls nicht abschließend zu entnehmen ist, welche Grundleistungen der Architekt im Einzelfall zu erbringen hat, da diese Beschreibung nur allen **denkbaren Aufgaben** des Architekten, die **„im Allgemeinen"** zur ordnungsgemäßen Erfüllung eines Architektenwerkes erforderlich sind, Rechnung tragen soll, wie § 2 HOAI ausdrücklich hervorhebt. Der Architekt

787

---

76) A. a. O.
77) BGH, *Schäfer/Finnern*, Z 3.01 Bl. 117, 118. Vgl. hierzu auch *Rath*, Festschrift für Thode, S. 487.
78) BGH, BauR 1982, 290 = NJW 1982, 1387; BGH, NJW 1966, 1713; BGH, NJW 1969, 419; OLG Braunschweig, BauR 2002, 333, 335; OLG Hamm, BauR 1998, 819 = NJW-RR 1998, 811 = OLGR 1998, 126 u. BauR 1986, 710 = MDR 1986, 410; OLG Düsseldorf, NJW-RR 1998, 454 = OLGR 1998, 99 (**mangelfreies** Werk indiziert eine ausreichende Objektüberwachung) u. BauR 1982, 597, 598; *Jochem*, § 5 HOAI, Rdn. 7; *Neuenfeld*, § 4 HOAI, Rdn. 68; *Korbion/ Mantscheff/Vygen*, § 15 HOAI, Rdn. 13.
79) Weiter gehend: OLG Düsseldorf, BauR 1972, 384.
80) BGH, BauR 1982, 290 = NJW 1982, 1387 = ZfBR 1982, 126; OLG Braunschweig, BauR 2002, 333, 335.
81) BGH, a. a. O.; OLG Naumburg, BauR 2001, 1614.
82) BauR 1982, 597, 598; BauR 1994, 133, 135; ebenso: Landesberufungsgericht für Architekten, BauR 1995, 406, 409; *Kniffka*, BauR 1996, 773, 774; ähnlich: OLG Karlsruhe, BauR 1993, 109, 110.

brauchte daher auch zur Begründung seiner Honorarforderung nicht im Einzelnen darzulegen, dass er jede Grundleistung der betreffenden Leistungsphase erbracht hat.[83]

**788** Allerdings entsprach es in der Vergangenheit gefestigter Rechtsprechung, insbesondere der Oberlandesgerichte,[84] dass von einem Architekten bestimmte zentrale Leistungen einer Leistungsphase zu erbringen sind und bei Nichterbringung zu einem Honorarabzug führen. Zu den so genannten **zentralen Leistungen** wurden allgemein folgende Grundleistungen gezählt:[85] alle in den Leistungsphasen 2, 3, 7 und 8 des § 15 HOAI zu erbringenden Kostenermittlungen,[86] die Erarbeitung des Planungskonzeptes, der Entwurf, die Werkplanung, die Massenermittlung und Leistungsbeschreibung,[87] die Einholung von Angeboten und die Überwachung der Ausführung. Ein **Honorarabzug** kam allerdings **dann nicht in Betracht**, wenn die betreffende Leistung durch den **Bauherrn selbst verhindert** wird: Machte der Bauherr es dem Architekten z. B. unmöglich, eine Kostenfeststellung oder einen Kostenanschlag zu erstellen, weil er diesem nicht die notwendigen Unterlagen (Rechnungen bzw. Angebote) übergibt, würde der Bauherr sich treuwidrig verhalten, wenn er nunmehr das Honorar des Architekten mindern will.

Bei der Beurteilung von zentralen Leistungen und ihrer honorarrechtlichen Relevanz war aber in jüngster Zeit ein gewisser **Meinungsumschwung** – vor allem in der

---

83) So auch OLG Hamm, BauR 1994, 793 = NJW-RR 1994, 982; OLG Düsseldorf, BauR 1995, 140 (LS) = OLGR 1995, 34 (für den **Statiker**); vgl. hierzu *Kniffka*, BauR 1996, 773, 774.

84) OLG Düsseldorf, BauR 2002, 1726 = NZBau 2002, 279 = OLGR 2002, 119; BauR 1996, 289 = NJW-RR 1996, 535; BauR 1994, 133 = NJW-RR 1994, 18; OLG Hamm, BauR 1994, 793 = NJW-RR 1994, 982 (Abzug von 2% aus Leistungsphase 3 des § 15 HOAI wegen zunächst nicht erbrachter, dann zur Honorarabrechnung „nachgeholter" Kostenberechnung); NJW-RR 1990, 522; OLG Köln, U. v. 26.8.1994 – 19 U 136/92 –; OLG Karlsruhe, BauR 1993, 109; OLG Celle, BauR 1991, 371; vgl. hierzu auch *Meissner*, Festschrift für Vygen, S. 38, 42; *Locher/Koeble/Frik*, § 5 HOAI, Rdn. 17; *Korbion/Mantscheff/Vygen*, § 15 HOAI, Rdn. 13 („grundlegender" Leistungsteil „im Sinne eines selbstständigen Erfolges"); *Preussner*, BauR 1991, 683; *Jagenburg*, NJW 1992, 148, 151 („soweit unvollständig – für Auftraggeber entscheidungserheblich"); *Motzke* in: Graf von Westphalen, Klauselwerke/Architektenvertrag, Rdn. 182. Zum Stand der Rechtsprechung vgl. die Zusammenstellung von *Preussner* in Thode/Wirth/Kuffer, § 9, Rdn. 52

85) Vgl. insoweit *Locher/Koeble/Frik*, § 5 HOAI, Rdn. 20; *Korbion/Mantscheff/Vygen*, § 15 HOAI, Rdn. 13.

86) Vgl. OLG Hamm, OLGR 2006, 496 (Kürzung um 1,5% bei der Entwurfsplanung, wenn keine Kostenberechnung und keine Kostenkontrolle erfolgte); OLG Celle, OLGR 2007, 39 (Abzug von 1,5% bei fehlender Kostenberechnung); OLG Hamm, BauR 2002, 1721 (kein Kostenanschlag in der Leistungsphase 7: Kürzung um 10% = 0,4%; fehlende Kostenkontrolle und Auflistung der Gewährleistungsfristen in der Leistungsphase 8: Kürzung um 10% = 2,5%); OLG Braunschweig, BauR 2003, 1066 (keine Kostenberechnung im Rahmen der Entwurfsplanung: Kürzung um 1%; keinen Kostenanschlag und keinen Preisspiegel bei der Mitwirkung bei der Vergabe: Kürzung um 2%). OLG Düsseldorf, BauR 2000, 290 (keine Kostenberechnung in der Leistungsphase 3: Abzug 1%, nicht erbrachter Kostenanschlag in der Leistungsphase 7: Abzug 2%, nicht erbrachte Kostenfeststellung in der Leistungsphase 8: Abzug 4%); ferner: OLG Oldenburg, OLGR 2000, 231; OLG Hamm, BauR 1994, 793 = NJW-RR 1994, 982; OLG Celle, BauR 1991, 371.

87) Vgl. hierzu *Schmidt*, BauR 2000, 1266 (unvollständige Leistungsbeschreibung).

## Unvollständig erbrachte Teilleistungen                                    Rdn. 789

Literatur,[88] aber auch in der Rechtsprechung[89] – festzustellen. Zu Recht wurden auch zentrale Leistungen der einzelnen Leistungsphasen des § 15 HOAI an dem **vertraglich geschuldeten Werk** des Architekten **gemessen**. Daher sollte ein Honorarabzug für eine nicht erbrachte zentrale Leistung nur dann berechtigt sein, wenn damit ein **selbstständiger Leistungserfolg** erzielt werden sollte und der Bauherr auf die Erbringung dieser zentralen Leistung (für den Architekten erkennbar) Wert legte.[90] Das kann vor allem, muss aber nicht stets bei den verschiedenen Kostenermittlungen des § 15 HOAI der Fall sein. Auch bei zentralen Leistungen war daher stets die Relevanz dieser Leistung im Hinblick auf den vom Architekten geschuldeten Werkerfolg vorab, d. h. vor einem „automatischen" Honorarabzug, zu prüfen.

*Kniffka*[91] äußerte sich zu einem möglichen Honorarabzug für zentrale Leistungen ebenfalls kritisch. Er kommt zu der Auffassung, dass die „Lehre über die zentralen Leistungen" eine neue Bedeutung im Rahmen des Gewährleistungsrechts findet, sodass ein Abzug für geschuldete, aber nicht oder fehlerhaft erbrachte Leistungen eines Architekten nur in Betracht kommt, wenn der Wert oder die Gebrauchstauglichkeit des Architektenwerkes aufgehoben oder gemindert ist. Entscheidend sei allein „die Fehlerhaftigkeit der Leistung und das daraus abgeleitete Recht der Minderung". *Meissner*[92] meinte, dass man auch über das Gewährleistungsrecht zu einem Honorarabzug gelangt, weil der Gesamt-Werkerfolg der Architektenleistung sich aus verschiedenen Teilerfolgen zusammensetzt und daher für die Feststellung der Minderung der Wert der nicht erbrachten Grundleistungen im Verhältnis zu den übrigen Leistungen zu ermitteln ist.

Aufbauend auf diesen Ausführungen von *Kniffka* sowie *Meissner* und der von     **789**
ihnen zutreffend vorgenommenen Zuordnungen von ganz oder teilweise nicht erbrachten Leistungen in das allgemeine Leistungsstörungsrecht des BGB oder das werkvertragliche Gewährleistungsrecht (jetzt Mangelrecht) hat der BGH in seinem Urteil vom 24.6.2004[93] **grundsätzliche und richtungsweisende Ausführungen** gemacht, die Anlass zum Umdenken hinsichtlich der vom Architekten geschuldeten

---

88) Vgl. hierzu *Löffelmann/Fleischmann*, Rdn. 830; *Motzke/Wolff*, S. 107, 185; *Mauer*, Festschrift für Locher, S. 189, 194 mit Hinweis auf BGH, NJW 1966, 1713 (zur GOA); *Eich*, BauR 1995, 31, 38; *Jochem*, § 5 HOAI, Rdn. 7; *Hartmann*, § 5 HOAI, Rdn. 6; *Korbion/Mantscheff/Vygen*, § 15 HOAI, Rdn. 13 (differenzierend).
89) Vgl. insbesondere LG Waldshut-Tiengen, IBR 1997, 24; LG Stuttgart, IBR 1996, 203; OLG Karlsruhe, BauR 1993, 109, 110; Landesberufungsgericht für Architekten, Stuttgart, BauR 1995, 406.
90) Vgl. OLG Köln, BauR 1994, 271 = ZfBR 1994, 88 = NJW-RR 1994, 300 (keine Honorarkürzung, weil Kostenschätzung für den Bauherrn nicht „entscheidungserheblich"); OLG Naumburg, OLGR 1999, 107 (keine Kürzung für nicht erbrachte Kostenberechnung, da diese zur Durchführung des Auftrages nicht erforderlich war); OLG Braunschweig, BauR 2003, 1066.
91) Festschrift für Vygen, S. 20, u. BauR 1996, 773, 777.
92) Festschrift für Vygen, S. 38, 43.
93) BGH, BauR 2004, 1640 = NJW 2004, 2588 = NZBau 2004, 509 = ZfIR 2004, 767 = MDR 2004, 1293 = EWiR 2004, 1119 (*Wenner*). Ebenso OLG Frankfurt, IBR 2007, 496. Hierzu kritisch insbesondere *Motzke*, Festschrift für Werner, S. 47 sowie NZBau 2005, 361, der der Auffassung ist, dass es sich bei dem Architekten- und Planervertrag um einen Prozessvertrag handelt, dessen planungsbedingter dynamischer Charakter es verbietet, dass bei einem an den Leistungsphasen des § 15 HOAI ausgerichteten Architektenvertrag die sich aus der HOAI ergebenden Arbeitsschritte als Teilerfolge des geschuldeten Gesamterfolges geschuldet seien. Vgl. ferner zur neuen BGH-Rechtsprechung: *Pauly*, NZBau 2006, 595; *Siemens*, BauR 2005, 1843; *Messerschmidt*, Festschrift für Motzke, S. 269; *Orlowski*, BauRB 2005, 279; *Deckers*, BauRB 2004, 373; *Sangenstedt*, NJW 2005, 639; **a. A.:** im Übrigen OLG Düsseldorf, IBR 2005, 598 = BauR 2005, 1820 (LS).

Leistung geben, auch wenn sie zum alten Schuldrecht erfolgten. Wegen der Bedeutung dieses Urteils, das in der Literatur als „Meilenstein für das gesamte Architekten- und Ingenieurrecht"[94] oder als „Abschied vom Begriff der zentralen Leistungen"[95] oder als „bahnbrechend"[96] bezeichnet worden ist, sollen nachfolgend die Kernsätze dieses (im Übrigen überraschend kurzen) Urteils zitiert werden:

„Erbringt der Architekt eine vertraglich geschuldete Leistung teilweise nicht, dann entfällt der Honoraranspruch des Architekten ganz oder teilweise nur dann, wenn der Tatbestand einer Regelung des allgemeinen Leistungsstörungsrechts des BGB oder des werkvertraglichen Gewährleistungsrechts erfüllt ist, die den Verlust oder die Minderung der Honorarforderung als Rechtsfolge vorsieht (Kniffka, Honorarkürzung wegen nicht erbrachter Architektenleistung – Abschied vom Begriff der zentralen Leistung in: Festschrift Vygen, S. 24; Preussner, in: Thode/Wirth/Kuffer, Prax. Hdb. Architektenrecht, § 9 Rdn. 37, 47). Die HOAI regelt als öffentliches Preisrecht kein Vertragsrecht (BGH, Urteil vom 24. Oktober 1996 – VII ZR 283/95, BGHZ 133, 399), sodass die HOAI keine rechtliche Grundlage dafür bietet, das Honorar des Architekten zu kürzen, wenn er eine vertraglich geschuldete Leistung nicht oder teilweise nicht erbracht hat.

Umfang und Inhalt der vom Architekten geschuldeten Leistung richten sich nach dem Vertragsrecht des BGB und nicht nach den Leistungsbildern und Leistungsphasen der HOAI (Kniffka, Honorarkürzung wegen nicht erbrachter Architektenleistung – Abschied vom Begriff der zentralen Leistung in: Festschrift Vygen, S. 24 f; Schwenker, in: Thode/Wirth/Kuffer, Prax. Hdb. Architektenrecht, § 4 Rdn. 58 f).

Der vom Architekten geschuldete Gesamterfolg ist im Regelfall nicht darauf beschränkt, dass er die Aufgaben wahrnimmt, die für die mangelfreie Errichtung des Bauwerks erforderlich sind (Kniffka, Honorarkürzung wegen nicht erbrachter Architektenleistung – Abschied vom Begriff der zentralen Leistung in: Festschrift Vygen, S. 24 f, Preussner, in: Thode/Wirth/Kuffer, Prax. Hdb. Architektenrecht, § 9 Rdn. 36 f, 49 ff.). Umfang und Inhalt der geschuldeten Leistung des Architekten sind, soweit einzelne Leistungen des Architekten, die für den geschuldeten Erfolg erforderlich sind, nicht als selbstständige Teilerfolge vereinbart worden sind, durch Auslegung zu ermitteln. Nach dem Grundsatz einer interessengerechten Auslegung sind die durch den konkreten Vertrag begründeten Interessen des Auftraggebers an den Arbeitsschritten zu berücksichtigen, die für den vom Architekten geschuldeten Werkerfolg erforderlich sind. Der Auftraggeber wird im Regelfall ein Interesse an den Arbeitsschritten haben, die als Vorgaben aufgrund der Planung des Architekten für die Bauunternehmer erforderlich sind, damit diese die Planung vertragsgerecht umsetzen können. Er wird regelmäßig ein Interesse an den Arbeitsschritten haben, die es ihm ermöglichen zu überprüfen, ob der Architekt den geschuldeten Erfolg vertragsgemäß bewirkt hat, die ihn in die Lage versetzen, etwaige Gewährleistungsansprüche gegen Bauunternehmer durchzusetzen, und die erforderlich sind, die Maßnahmen zur Unterhaltung des Bauwerkes und dessen Bewirtschaftung zu planen.

Eine an den Leistungsphasen des § 15 HOAI orientierte vertragliche Vereinbarung begründet im Regelfall, dass der Architekt die vereinbarten Arbeitsschritte als Teilerfolg des geschuldeten Gesamterfolges schuldet. Erbringt der Architekt einen derartigen Teilerfolg nicht, ist sein geschuldetes Werk mangelhaft."

Spätestens nach diesem Urteil des BGH gilt es, von der Auffassung Abschied zu nehmen, dass die Leistung des Architekten in dem erfolgreichen Abschluss des **mangelfreien Bauvorhabens** besteht. Neben diesem Ziel übernimmt der Architekt in der Regel **andere, weitere Aufgaben,** die sich nicht allein in einer dauerhaft genehmigungsfähigen Planung und einem mangelfreien Bauwerk verkörpern, wie der BGH

---

94) *Schulze-Hagen,* IBR 2004 im Vorwort des Heftes 9.
95) *Preussner,* IBR 2004, 513 u. *Schwenker,* DAB 2004, 58.
96) *Messerschmidt,* Festschrift für Motzke, S. 269, 273.

## Unvollständig erbrachte Teilleistungen Rdn. 789a

jetzt, aber auch schon früher[97] klargestellt hat. Der zu erzielende und geschuldete Erfolg des Architektenwerkes geht darüber hinaus: Das Architektenwerk besteht damit aus den zwischen den Vertragsparteien vereinbarten und damit vom Architekten zu erfüllenden Teilleistungen, die der BGH jetzt **„Arbeitsschritte als Teilerfolg des geschuldeten Gesamterfolges"** definiert, wobei als Erfolg des Architektenwerkes nach wie vor insbesondere die mangelfreie Errichtung des Bauwerkes (aber eben nicht nur) anzusehen ist.[98] Neben diesem vorrangigen Ziel hat der Architekt weitere Pflichten, die den von ihm geschuldeten Gesamterfolg kennzeichnen. Welche Pflichten dies im Einzelfall sind, ergibt sich aus der vertraglichen Abrede der Parteien und ist ggf. – nach der Rechtsprechung des BGH – durch Auslegung des Vertrages zu ermitteln.

Insoweit ist offensichtlich auch beim BGH ein Umdenken erfolgt. Noch im Jahr 1982 ist der BGH[99] der Auffassung, dass der Architektenvertrag ein Werkvertrag ist, „dessen Ziel vor allem darin besteht, dass der Architekt durch die Wahrnehmung der ihm obliegenden Aufgaben das Bauwerk mangelfrei entstehen lässt ...". In dieser Entscheidung weist der BGH auch darauf hin, dass es für den Bauherrn in der Regel ohne Interesse ist, „wie der Architekt den angestrebten Erfolg herbeiführt und welchen Arbeitseinsatz er dazu für erforderlich hält".

Bei der Frage, **welche Arbeitsschritte** der Architekt im Sinne der neuen Rechtsprechung des BGH als **„Teilerfolg des geschuldeten Gesamterfolges"** im Einzelfall zu erbringen hat, ist nach den nicht eindeutigen Ausführungen des BGH wie folgt zu differenzieren: 789a

### 1. Alternative: Vertragliche Festlegung des Leistungsumfangs nach § 15 HOAI

Orientieren sich die vertraglich übernommenen Leistungen des Architekten an den **Leistungsphasen des § 15 HOAI** und den dort jeweils genannten Grundleistungen (durch Bezugnahme oder nochmalige Wiedergabe im Vertrag), ist in der Regel davon auszugehen, dass der Architekt sämtliche in § 15 HOAI genannten Leistungen schuldet.[100] Erbringt er eine Leistungsphase oder eine Grundleistung (unabhängig von ihrer Bedeutung) nicht oder nicht vollständig, ist sein geschuldetes Werk mangelhaft.[101]

Nur so können die – wenn auch widersprüchlichen – Ausführungen des BGH im Hinblick auf das von ihm gefundene Ergebnis verstanden werden. Bei dem vom BGH entschiedenen Fall hatten die Parteien des Architektenvertrages die vom Architekten zu erbringenden Leistungen an den Leis-

---

97) BauR 1982, 290, 291.
98) So auch zutreffend *Deckers*, BauRB 2004, 373 ff. sowie *Schwenker/Schramm*, ZfIR 2004, 753, 758, 759, die darauf verweisen, dass die Mangelfreiheit des Bauwerks „nicht alleiniger Maßstab dafür sein kann, ob das Architektenwerk fehlerfrei ist".
99) BauR 1982, 290, 291.
100) BGH, BauR 2007, 1761 („Die Parteien eines Planungsvertrages können durch Bezugnahme auf die Leistungsbilder oder Leistungsphasen der HOAI diese zum Gegenstand der vertraglichen Leistungspflicht machen. Diese stellen dann eine Auslegungshilfe zur Bestimmung der vertraglich geschuldeten Leistung dar.") = NZBau 2007, 653 m. Anm. *Scholtissek* = IBR 2007, 564 – *Buchholz*. *Siemens*, BauR 2005, 1843, 1847; *Sangenstedt*, NJW 2005, 639, 640; *Deckers*, BauRB 2004, 373, 375, 376.
101) Das hat der BGH (BauR 2005, 400 = NJW-RR 2005, 318 = NZBau 2005, 158 = IBR 2005, 96 – *Seifert*) für nicht erbrachte Kostenermittlungen auch bestätigt. So auch *Schwenker/Schramm*, ZfIR 2004, 753, 759, 760 unter 3.3.1 allerdings im Widerspruch zu den weiteren Ausführungen auf S. 761 unter 3.3.2.7.

tungsphasen des § 15 HOAI orientiert. Der Architekt hatte dennoch die letzte Grundleistung der Leistungsphase 2 (Vorplanung), nämlich die „Zusammenstellung der Vorplanungsergebnisse", nicht erfüllt. Zwar weist der BGH zunächst darauf hin, dass „der vom Berufungsgericht vorgenommene prozentuale Abzug von 0,3% von dem Honorar für die nicht erbrachte Zusammenstellung der Vorplanungsergebnisse mit der Begründung, der Architekt habe einen Teil einer Grundleistung einer Leistungsphase gemäß § 15 HOAI nicht erbracht, mit den vom Bundesgerichtshof entwickelten Grundsätzen zur Rechtsnatur des Architektenvertrages als Werkvertrag und der HOAI als öffentliches Preisrecht unvereinbar" sei, wobei dann allerdings im Anschluss an diese Ausführungen keine BGH-Rechtsprechung, sondern nur Literatur zitiert wird. Der BGH kommt dann aber doch am Schluss seiner Entscheidung über den zutreffenden (neuen dogmatischen) Weg zu demselben Ergebnis wie das Berufungsgericht, weil „die Zusammenstellung der Vorplanungsergebnisse ein von der GbR (gemeint ist die Architektengemeinschaft) geschuldeter Teilerfolg" ist, sodass der Auftraggeber „die Vergütung mindern kann". Entsprechendes hat daher für alle Grundleistungen zu gelten, wenn die Vertragsparteien die Leistungsphasen und Grundleistungen des § 15 HOAI als vom Architekt geschuldete Leistung übernehmen. Auf das Gewicht der betreffenden Grundleistung kommt es in diesem Zusammenhang nach Auffassung des BGH nicht an. Andernfalls hätte der BGH dies deutlich machen müssen. Gerade die Tatsache, dass er eine **durchaus unbedeutende Grundleistung zum Anlass einer berechtigten Minderung des Honorars** macht, bestätigt die vorangegangenen Ausführungen. Das „Zusammenstellen der Vorplanungsergebnisse" stellt einen rein formalen Arbeitsschritt dar, da der Auftraggeber bereits die Vorplanungsergebnisse kennt und es im Rahmen dieser Grundleistung lediglich Aufgabe des Architekten ist, die Ergebnisse „zusammenzustellen".

Die Ausführungen des BGH zum Grund der Haftung sind **dogmatisch nicht zu beanstanden. Problematisch** erscheint jedoch das **Ergebnis**. Auch wenn man einen Sachmangel unter dem Gesichtspunkt einer konkret vereinbarten Beschaffenheit des Architektenwerkes nach dem neugefassten § 633 Abs. 2 Satz 1 BGB in Zukunft bejaht, stellt sich die Frage der **Höhe der Minderung**. Ob und in welchem Umfang eine Minderung vom Honorar erfolgen kann, bestimmt sich nach altem Recht danach, in welchem Verhältnis der Wert des Werkes in mangelfreiem Zustand zu dem wirklichen Wert zum Zeitpunkt der Abnahme steht. Nach neuem Recht kommt es darauf an, in welchem Verhältnis zum Zeitpunkt des Vertragsschlusses der Wert des mangelfreien Werkes zu dem wirlichen Wert gestanden haben würde (vgl. hierzu Rdn. 1668). Im Einzelfall bleibt stets zu prüfen, ob der einen oder anderen vereinbarten Teilleistung wirlich ein solches Gewicht – unter Berücksichtigung der Interessenlage des Auftraggebers – zukommt, dass eine Minderung des Honorars des Architekten oder ein Schadensersatzanspruch in Betracht kommt. Hier erscheint insbesondere bei geringfügigen, nicht erbrachten Teilleistungen eine sorgfältige Abwägung erforderlich, die im Einzelfall dazu führen kann, dass kein Honorarabzug im Rahmen einer Minderung vorzunehmen ist. Rügt z. B. der Auftraggeber während der Planung und Bauausführung im Einzelfall das Fehlen einer bestimmten Leistung des Architekten nicht, liegt die Vermutung nahe, dass sein Interesse an dieser Leistung (Arbeitsschritt) nicht besonders hoch anzusetzen ist, sodass auch eine Minderung nicht oder nur im kleinen Rahmen angemessen erscheint. Eine rein schematische Anwendung der vorhandenen Tabellen (vgl. Rdn. 789 c) erscheint problematisch und nicht immer sachgerecht. Zu Recht weist *Kniffka* in diesem Zusammenhang darauf hin, dass bei einer nur unvollständig erbrachten Teilleistung (Kostenberechnung nicht nach DIN 276, sondern nur gewerkebezogene Aufstellung) „der Minderwert gering sein oder entfallen kann, wenn der Bauherr durch seinen fehlenden Widerspruch nicht ohnehin zum Ausdruck gebracht hat, dass er die Gewerkeaufstellung in diesem Fall als ordnungsgemäße (Teil-)Erfüllung akzeptiert".

## Unvollständig erbrachte Teilleistungen

Kein größeres Gewicht ist wohl auch dem Fehlen von Kostenermittlungen im Rahmen der einzelnen Leistungsphasen während des Planungs- und Bauablaufs zuzumessen, wenn der vom Auftraggeber angesetzte Kostenrahmen vom Architekten tatsächlich eingehalten wurde.[102] Dasselbe gilt, wenn der Architekt – trotz entsprechender Grundleistungen in § 15 Abs. 2 HOAI (Objektüberwachung) – keinen Zeitplan aufgestellt hat, das Bauvorhaben aber auf der vorgesehenen Zeitschiene erstellt wurde. Auch daraus wird erneut deutlich, dass bei Vereinbarung des § 15 HOAI und des dort genannten Leistungsrahmens eine Minderung nur in Betracht kommen kann, wenn die betreffende vom Architekten nicht erbrachte Leistung tatsächlich im Interesse des Bauherrn war, also diese Leistung eine Relevanz im Sinne eines Stellenwertes in Bezug zum Gesamterfolg darstellt: Nicht jeder Arbeitsschritt ist demnach mit einem zu erzielenden „Teilerfolg" im Sinne der neuen BGH-Rechtsprechung gleichzusetzen.

Zusammenfassend ist damit klarzustellen, dass bei konkreter Absprache der zu erbringenden Architektenleistungen ein Sachmangel gemäß § 633 Abs. 2 Satz 1 BGB zu bejahen ist, wenn die vereinbarte (Teil-)Leistung nicht erbracht wurde. In diesem Fall kann die Frage der Sachmangeleigenschaft nicht nach § 633 Abs. 2 Satz 2 BGB geprüft werden; es ist damit insoweit auch unzulässig, die Frage zu stellen, ob der Auftraggeber die betreffende Architektenleistung benötigte oder voraussetzen durfte. Erbringt der Architekt bestimmte Architektenleistungen nicht, die bei dem betreffenden Bauvorhaben kein oder nur ein geringfügiges Gewicht haben, ist eine interessengerechte Bewertung des Sachmangels nur über die Höhe möglich.

### 2. Alternative: Globale Umschreibung des Leistungsumfangs

Haben die Vertragsparteien die vom Architekten **zu erbringende Leistung nur global** und **nicht konkret** im Einzelnen (nach selbstständigen Teilerfolgen) **umschrieben,** wie z. B. „Erstellung einer genehmigungsfähigen Planung", „Planung bis zur Baugenehmigung" oder „Bauleitung", ohne dass eine Bezugnahme auf § 15 HOAI erfolgt, ist es unweit schwerer, Umfang und Inhalt der vom Architekten geschuldeten Leistung zu definieren, soweit es die vom BGH genannten „Arbeitsschritte als Teilerfolg des geschuldeten Gesamterfolges" betrifft.[103] So wird eine konkrete Beschreibung der Architektenleistungen z. B. bei einer mündlichen Beauftragung, die ja in der Baupraxis – nicht nur bei kleineren Bauvorhaben – nicht selten ist, in der Regel fehlen. Es stellt sich bei dieser Fallgestaltung stets die Frage, wann ein Sachmangel zu bejahen ist und damit der Auftraggeber ggf. Minderung des Honorars verlangen kann, wenn die geschuldete, aber nicht im Einzelnen beschriebene Leistung des Architekten, wie z. B. eine dauerhaft genehmigungsfähige Planung, erzielt wurde: Welche Arbeitsschritte schuldet der Architekt neben dem erreichten Ziel/Werk-

---

102) Vgl. hierzu BGH, BauR 2005, 400 = NJW-RR 2005, 318 = NZBau 2005, 158.
103) So zutreffend *Locher/Koeble/Frik,* § 5 HOAI, Rdn. 19 ff.; *Pauly,* NZBau 2006, 295, 298; *Siemens,* BauR 2005, 1843, 1848; *Jochem,* Festschrift für Werner, S. 69, 74 weist in diesem Zusammenhang darauf hin, dass man sich bei einer Beschaffenheitsvereinbarung, die sich mit der verkürzten (oder globalen) Beschreibung des Planungsprozesses begnügt, „lebhaft vorstellen kann, welcher Sachverständigenstreit über die Frage vorprogrammiert ist, ob und welche Details, ohne dass ein Baumangel vorliegt, zwingend erforderlich" wären.

erfolg, die die Qualität eigenständiger Teilerfolge haben?[104] Der BGH empfiehlt insoweit, **Umfang und Inhalt der geschuldeten Leistung** des Architekten durch **Auslegung zu ermitteln.** Gleichzeitig nennt er beispielhaft (aber auch nur sehr vage) wichtige vom Architekten wohl stets zu erbringende „Arbeitsschritte", an denen ein Auftraggeber in der Regel ein besonderes Interesse hat.[105] Also kein Abschied, sondern eine Rückkehr – allerdings im Rahmen des Mangelrechts – zu den „zentralen Leistungen", die nunmehr in selbstständige Arbeitsschritte im Sinne von Teilerfolgen umbenannt wurden, weil die Erfüllung dieser vom BGH genannten Leistungen, aber auch andere Leistungen im besonderen Interesse des Auftraggebers liegen.

Im Übrigen stellt sich bei einer nur global beschriebenen Architektenleistung (wie sie zwischenzeitlich die Architektenkammern empfehlen, um eine „Erbsenzählerei" im Sinne der BGH-Rechtsprechung seitens des Bauherrn zu verhindern) die **Frage der Höhe einer Honorarminderung.** Dabei ist insbesondere zu bedenken, ob durch eine globale Beschreibung der Architektenleistung im obigen Sinne die HOAI als öffentliches Preisrecht umgangen wird.[106] Es liegt dabei auf der Hand, dass sich die Streitigkeiten über den geschuldeten Vertragsumfang und ggf. eine entsprechende Honorarminderung erhöhen werden, auch wenn der BGH[107] ausdrücklich darauf hinweist, dass die HOAI keine rechtliche Grundlage dafür bietet, dass das Honorar des Architekten zu kürzen ist, wenn er eine vertraglich geschuldete Leistung nicht oder teilweise nicht erbracht hat.

Locher/Koeble/Frik[108] weisen zu Recht in diesem Zusammenhang auf ein Darlegungslast-Problem hin, weil ein Architekt in der Praxis nicht in der Lage sein wird, viele der von ihm nach der Rechtsprechung des BGH zu erbringenden „Arbeitsschritte" prozessual darzulegen und deren Erbringung zu beweisen. Deshalb plädieren Locher/Koeble/Frik dafür, dem Auftraggeber die volle Darlegungslast für eine vom Architekten zu erbringende, aber nicht erbrachte Leistung zu übertragen, weil es sich insoweit nach Auffassung des BGH um ein Mangelproblem handelt; erst dann, wenn der Auftraggeber substantiiert bestreitet, muss der Architekt Ein-

---

104) So zutreffend *Locher/Koeble/Frik*, § 5 HOAI, Rdn. 19 ff.; *Pauly*, NZBau 2006, 295, 298; *Siemens*, BauR 2005, 1843, 1848; Jochem, Festschrift für Werner, S. 69, 74 weist in diesem Zusammenhang darauf hin, dass man sich bei einer Beschaffenheitsvereinbarung, die sich mit der verkürzten (oder globalen) Beschreibung des Planungsprozesses begnügt, „lebhaft vorstellen kann, welcher Sachverständigenstreit über die Frage vorprogrammiert ist, ob und welche Details, ohne dass ein Baumangel vorliegt, zwingend erforderlich" wären.

105) Zutreffend nennen *Preussner*, IBR 2004, 512 u. *Schwenker/Schramm*, a. a. O., als wichtigen Arbeitsschritt (Teilerfolg) die Führung des Bautagebuches im Rahmen der Bauleitung, weil der Auftraggeber ein Interesse hieran hat, um ggf. mit Hilfe des Tagebuches Ansprüche gegen die ausführenden Unternehmen durchsetzen zu können. Widersprüchlich hierzu *Preussner*, Festschrift für Motzke, S. 347, 352, wonach der Auftraggeber bei nicht näher präzisierter Architektenleistung regelmäßig die Erbringung der in § 15 Abs. 2 HOAI aufgeführten Grundleistungen verlangen kann, weil sie nach § 633 Abs. 2 Satz 2 Nr. 2 BGB „üblich" sind und der Besteller sie „erwartet". Diese Auffassung steht auch im Widerspruch zu den Ausführungen des BGH, wonach eben der Auftraggeber nur ein besonderes Interesse an bestimmten wichtigen „Arbeitsschritten" hat, die er bei nicht näher beschriebener Architektenleistung verlangen kann.

106) Vgl. hierzu *Siemens*, BauR 2005, 1843, 1848.

107) BauR 2004, 1640, 1642.

108) § 5 HOAI, Rdn. 20.

zelheiten zu den von ihm erbrachten „Arbeitsschritten" vortragen und ggf. beweisen.

**789 b** Es muss nun – mit Spannung – abgewartet werden, welche Konsequenzen die Instanzgerichte aus dieser neuen dogmatischen Bewertung der geschuldeten Architektenleistung ziehen: Der Werkerfolg definiert sich aus dem Gesamterfolg und einzelnen Teilerfolgen (Arbeitsschritten). Es ist schon jetzt abzusehen, dass insbesondere bei einer mehr allgemeinen, globalen Beschreibung der Architektenleistung im Sinne der vorerwähnten 2. Alternative eine gesicherte und einheitliche Rechtsprechung nicht zu erwarten ist. Eine umfangreiche und sicherlich auch unterschiedliche Rechtsprechung wird sich mit der Frage beschäftigen, welche selbstständigen Teilerfolge der Architekt schuldet, auch wenn der Gesamterfolg erreicht wurde. Eine gewisse Orientierungshilfe kann die bisherige Rechtsprechung zu den zentralen Leistungen darstellen,[109] wobei jedoch in Zukunft stärker die jeweilige individuelle vertragliche Vereinbarung (im Hinblick auf das Planungsziel als Beschaffenheitsabrede) im Auge behalten werden muss. Auch hier gilt: Rügt der Auftraggeber während der Planung und Bauausführung im Einzelfall das Fehlen einer bestimmten Leistung nicht, ist im Zweifel davon auszugehen, dass ein Interesse an dieser Leistung (Arbeitsschritt) nicht besonders hoch anzusetzen oder nach dem Willen der Parteien ein Teilerfolg gar nicht geschuldet ist.

Insgesamt wird man umdenken müssen: Der Werkerfolg ist nicht (nur) durch Erreichen des Ziels gekennzeichnet, sondern (auch) durch den Weg dahin.[110] Allerdings ist dieser Weg zum Ziel im Rahmen einer Beschaffenheitsabrede im Architektenvertrag zu definieren, wenn man nicht auf die inhaltliche Beschaffenheit im Sinne des § 15 HOAI zurückgreifen will.

Unter diesen Vorzeichen plädieren insbesondere Jochem[111], Messerschmidt[112], aber auch Quack[113] und Motzke[114] für eine klare Leistungsbeschaffenheitsvereinbarung. Dabei ist Quack der Auffassung, dass die Grundleistungen der HOAI (als Preisvorschrift) keine Leistungsbeschreibung sind, „die auch nur andeutungsweise verwertbar ist". Demgegenüber ist Jochem der Meinung, dass bei fehlender vertraglicher Vereinbarung einzelner Leistungsabschnitte jedenfalls die „in den Leistungsbildern der HOAI in den jeweiligen Absätzen 1 der zutreffenden Paragrafen, z.B. § 15 Abs. 1 HOAI, beschriebenen Leistungsziele der einzelnen Leistungsphasen die geschuldeten Teilerfolge, nicht jedoch die in den Absätzen 2 aufgelisteten Grundleistungen, markieren". Messerschmidt unterscheidet im Zusammenhang mit den Beschaffenheitsvorgaben die klare Festlegung der Kriterien Planungsziele, Planungsschritte und Planungstechnik im Rahmen eines dreigliedrigen Beschaffenheitsbegriffes.

**789 c** Bei der Frage, **welche Variante der Beschreibung der Architektenleistungen** zu wählen ist (aufgesplittet entsprechend § 15 HOAI oder global), wird es jeweils auf die **Interessen der Vertragsparteien** ankommen. Der **Auftraggeber** wird bemüht sein, die Leistungen des Architekten **im Einzelnen und umfassend zu beschreiben,** um

---

109) *Kniffka*, Festschrift für Vygen, S. 20, 27 meint, dass die Lehre über die zentralen Leistungen eine neue Bedeutung im Rahmen des Gewährleistungsrechtes findet.
110) Vgl. hierzu *Schwenker/Schramm*, ZfIR 2004, 753, 760, 761, die die dogmatische Besinnung auf Teilerfolge der jeweiligen Leistungsphasen als „Fortschritt" bezeichnen, dem jedoch das Werkvertragsrecht, das nur einen Gesamterfolg kennt, entgegenstehen würde.
111) Festschrift für Werner, S. 69.
112) Festschrift für Motzke, S. 269.
113) Festschrift für Werner, S. 61.
114) Festschrift für Werner, S. 47 und NZBau 2005, 361.

ggf. von der Möglichkeit einer Minderung des Honorars Gebrauch zu machen, wenn einzelne konkret gekennzeichnete Arbeitsschritte von dem Architekten nicht erfüllt werden. Die **Architekten werden die 2. Alternative präferieren,** um das Ziel als Werkerfolg in den Vordergrund zu rücken und um auf diese Weise von vornherein die vorerwähnte Möglichkeit der Minderung des Honorars zu erschweren. Das Urteil des BGH wird beide Vertragsparteien in Zukunft zwingen, sich mehr als bislang Gedanken über die Beschreibung der Leistungen des Architekten zu machen.

Ein Anspruch auf Minderung des Honorars bei nicht erfüllten Teilleistungen/Arbeitsschritten gemäß § 638 BGB kommt im Übrigen nur in Betracht, wenn der Auftraggeber dem Architekten **Gelegenheit zur Nacherfüllung** gegeben hat. Das setzt allerdings voraus, dass die geschuldeten Teilleistungen noch nachholbar sind, was vielfach im Nachhinein nicht mehr möglich oder nicht mehr im Interesse des Auftraggebers ist (z. B. Führen eines Bautagebuches).[115] Das gilt insbesondere für die Fallgestaltung, dass Kostenermittlungen nicht oder nicht zeitgerecht vom Architekten erbracht werden. Kostenermittlungen, wie sie in § 15 Abs. 2 HOAI in den Leistungsphasen 2, 3, 7 und 8 vorgesehen sind, sind nämlich grundsätzlich in den Leistungsphasen zu erbringen, denen sie in der HOAI zugeordnet sind.[116] Andernfalls können sie ihren Zweck, den Auftraggeber zeitnah über die zu erwartenden Kosten zu informieren, nicht mehr erfüllen. Das OLG Hamm[117] weist in diesem Zusammenhang zutreffend darauf hin, dass es auch einer Fristsetzung durch den Auftraggeber grundsätzlich nicht in dem Zeitraum bedarf, in dem der Architekt die jeweils anstehende Kostenermittlung vorzulegen hätte, weil die Zeitschiene allein im Verantwortungsbereich des Architekten liegt.

Offen gelassen hat – wie bereits erwähnt – der BGH in seiner Entscheidung, wie der **Umfang einer in Betracht kommenden Honorarminderung** zu ermitteln ist. In Frage kommt insoweit eine **richterliche Schätzung** unter Heranziehung z. B. der Steinfort-Tabelle[118], der Tabelle bei Locher/Koeble/Frik[119] sowie der „Anhaltspunkte zur Bewertung der einzelnen Grundleistungen" in § 15 HOAI bei Pott/Dahlhoff/Kniffka/Rath[120], der Tabelle Siemon[121] und die Bewertung bei Korbion/Mantscheff/Vygen[122]. Diese Tabellen[123] geben zumindest Anhaltspunkte für die Bewertung von Teilleistungen, was auch der BGH ausdrücklich bestätigt hat.[124] Mit unterschiedlichen Ergebnissen der Instanzgerichte ist auch insoweit zu rechnen. Schon in der Vergangenheit war es allgemeine Meinung, dass bei der Anwendung der vorgenannten Tabellen, die die einzelnen Grundleistungen der verschiedenen Leis-

---

115) OLG Celle, OLGR 2005, 712 = IBR 2005, 600 – *Schwenker.*
116) BGH, BauR 2005, 400 = NJW-RR 2005, 318 = NZBau 2005, 158 = IBR 2005, 96 – *Seifert;* OLG Hamm, BauR 2005, 1350; ebenso *Kniffka,* BauR 1996, 773, 779.
117) BauR 2005, 1350 = IBR 2005, 266 – *Kieserling.*
118) Abgedruckt in *Pott/Dahlhoff/Kniffka,* 8. Aufl., Anh. III.
119) Abgedruckt im Anh. IV.
120) Abgedruckt bei den einzelnen Grundleistungen des § 15 HOAI.
121) Abgedruckt in BauR 2006, 910.
122) § 5 HOAI, Rdn. 32.
123) Vgl. hierzu auch *Seifert,* Festschrift für Werner, S. 145, der sich insbesondere mit dem Umfang und dem Leistungsinhalt bei der Leistungsphase 8 des § 15 Abs. 2 HOAI beschäftigt und dabei kritisch zu den Tabellen Stellung nimmt.
124) BauR 2005, 588, 590 = NZBau 2005, 163 = ZfBR 2005, 260; ebenso OLG Celle, IBR 2005, 493 – *Schwenker.*

tungsphasen des § 15 HOAI prozentual untergliedern, Zurückhaltung geboten ist, weil mit ihr zumindest suggeriert wird, dass ein entsprechender prozentualer Abzug stets berechtigt ist, sofern die jeweilige Grundleistung einer Leistungsphase vollständig oder teilweise nicht erbracht ist.[125] Die Tabellen werden aber nunmehr aufgrund der jüngsten Entscheidung des BGH mehr Gewicht erhalten. Darüber hinaus bringen sie eine Hilfestellung für die Regelung des § 5 Abs. 2 und 3 HOAI (nicht übertragene Grundleistungen einer Leistungsphase) und der Bewertung von Teilleistungen des Architekten bei vorzeitiger Beendigung eines Bauvorhabens.[126]

Nach der Grundsatzentscheidung des BGH hat es zwischenzeitlich verschiedene Entscheidungen gegeben, die sich mit der Höhe der Honorarminderung bei Architektenverträgen, die sich an § 15 HOAI anlehnen, beschäftigen:

* Führt der Architekt, obwohl er dazu verpflichtet ist, *kein Bautagebuch*, ist die Vergütung für die Leistungsphase 8 des § 15 Abs. 2 HOAI nach Auffassung des OLG Celle[127] um 0,5% zu mindern.
* Erbringt der Architekt eine *Kostenermittlung* im Rahmen des § 15 HOAI *nicht*, ist nach OLG Hamm[128] ein Abzug in Höhe von 1% der Bruttovergütung gerechtfertigt.
* Erstellt der Architekt *Kostenberechnung und Kostenkontrolle* nicht (oder nicht rechtzeitig) mindert sich nach der Rechtsprechung des OLG Hamm[129] das Honorar für die Leistungsphase 3 des § 15 Abs. 2 HOAI um 1,5%.
* Das OLG Köln[130] hält einen Abzug von 3% (7% anstatt 10%) im Rahmen der Vorplanung eines Statikers (§ 64 Abs. 1 Nr. 2, Abs. 3 Nr. 2 HOAI – Vorplanung) für berechtigt, wenn der Statiker *keine verschiedenen Lösungsmöglichkeiten* entwickelt, untersucht und skizzenhaft darstellt und überdies keine relevante Mitwirkung an Vorverhandlungen mit Behörden und anderen an der Planung fachlich Beteiligten vorliegt.
* Dasselbe Gericht nimmt ferner einen Abzug von 3% (9% anstatt 12%) vor, wenn ein Statiker im Rahmen der Entwurfsplanung (§ 64 Abs. 1 Nr. 3, Abs. 3 Nr. 3 HOAI) *keine überschlägige statische Berechnung* vornimmt, *keine Mitwirkung an der Objektbeschreibung* und *keine Mitwirkung bei der Verhandlung mit Behörden* und an deren an der Planung fachlich Beteiligten ersichtlich sind.

Bei der Nichterbringung eines geschuldeten Teilerfolges im Sinne der BGH-Rechtsprechung kommen auch **Schadensersatzansprüche** in Betracht. Führt ein Mangel im vorgenannten Sinne z. B. zu Mängeln am Bauwerk, kann der Bauherr entweder das Architektenhonorar mindern oder – was möglicherweise eher der Fall sein wird – Schadensersatz geltend machen.

### c) Zeitliche Abstimmung der Leistungsphasen

*Literatur*

*Kretschmer*, Zum Honoraranspruch des Architekten im Falle der Ablehnung des Baugesuchs, NJW 1968, 534.

Sind dem Architekten sämtliche Leistungen des § 15 HOAI übertragen, hat er im Planungsstadium die **zeitliche Abwicklung der einzelnen Leistungsphasen** (Grundlagenermittlung, Vorplanung, Entwurfsplanung, Genehmigungsplanung, Ausfüh-

**790**

---

125) Ebenso *Motzke/Wolff*, S. 189, 327 f.
126) Vgl. hierzu OLG Düsseldorf, BauR 2002, 648, 649.
127) BauR 2006, 1161 = OLGR 2005, 712 = IBR 2005, 600 – *Schwenker*.
128) BauR 2005, 1350 = OLGR 2005, 368; ferner BauR 2006, 1766 = IBR 2006, 506 – *Seifert*.
129) BauR 2006, 1766 = IBR 2006, 506 – *Seifert*.
130) BauR 2007, 132, 135.

rungsplanung) **mit dem Bauherrn abzustimmen.** Er darf den Bauherrn nicht mit Kosten für noch nicht erforderliche Leistungen (**"Vorpreschen"**) belasten.[131] Auch der häufige Wunsch von Bauherren nach einer „zügigen Abwicklung des Bauvorhabens" steht einer Erbringung der Teilleistungen **Schritt für Schritt** je nach Notwendigkeit nicht entgegen.[132]

**791** So darf der Architekt mit der Vorplanung z. B. erst dann beginnen, wenn etwaige (ihm bekannte) Bedenken hinsichtlich des Baugrunds im Rahmen der Grundlagenermittlung (z. B. durch ein Bodengutachten) ausgeräumt sind[133] oder Probleme hinsichtlich notwendiger Einwilligung von Nachbarn oder der Finanzierung des Bauvorhabens geklärt sind. Vor Anfertigung der Entwurfsplanung und der Genehmigungsplanung muss der Architekt die Vorplanung mit seinem Auftraggeber **abstimmen;** fertigt er die Entwurfsplanung und die Genehmigungsplanung schon vorher an, hängt sein Vergütungsanspruch für diese Teilleistungen davon ab, ob der Bauherr die Vorplanung billigt.[134] Entwurfs- und Genehmigungsplanung dürfen im Übrigen erst dann bearbeitet werden, wenn bei dem zuständigen Bauamt die Frage der Bebauungsmöglichkeit abgeklärt ist;[135] für die Einreichung einer Bauvoranfrage reicht schon eine Vorplanung.[136] Bestehen also **Bedenken gegen die Genehmigungsfähigkeit** einer Planung, so sind diese zunächst – ggf. durch Besprechungen mit dem Bauaufsichtsamt – auszuräumen, bevor die Leistungsphasen 3 und 4 des § 15 HOAI in Angriff genommen werden.[137] Bei Anlass zu **Zweifeln an der Durchführbarkeit des Bauvorhabens** kann dazu auch die Einleitung einer **Bauvoranfrage** gehören.[138] Etwas anderes gilt, wenn sich die Parteien trotz Bedenken einig sind, „die Grenzen der Genehmigungsfähigkeit nicht mit einer Bauvoranfrage, sondern sofort mit einem Baugesuch zu erproben", weil ein solcher Schritt im Einzelfall zu günstigeren Resultaten führen kann, insbesondere, wenn es um Befreiungen oder die Ausschöpfung behördlicher Beurteilungsspielräume geht.[139] Ein Architekt plant auch dann voreilig, wenn er mit Arbeiten der Leistungsphase 5 ff. des § 15 HOAI beginnt, **bevor die Baugenehmigung erteilt** ist, obwohl bereits bei der Genehmigungsplanung statische Bedenken aufgekommen waren. Ist also das Vorziehen einer Leistungsphase **risikobehaftet,** muss der Architekt zunächst das Ergebnis der vorhergehenden Leistungs-

---

131) BGH, WM 1972, 1457; OLG München, BauR 1996, 417, 418 = NJW-RR 1996, 341 = OLGR 1996, 41; OLG Düsseldorf, NJW-RR 1996, 269; OLG Hamm, BauR 1994, 795 u. 536; *Neuenfeld,* § 4 HOAI, Rdn. 21; vgl. auch OLG Frankfurt, BauR 1992, 763 sowie *Locher/Koeble/Frik,* Einl., Rdn. 30.
132) OLG Düsseldorf, BauR 1980, 376, 377; vgl. auch BGH, BauR 1986, 606, 608 sowie OLG Nürnberg, NJWRR 2002, 670 = OLGR 2002, 181 = BauR 2002, 976.
133) OLG Hamm, BauR 1997, 1069 = NJW-RR 1997, 1310 = ZfBR 1997, 308.
134) OLG Düsseldorf, MDR 1972, 867; vgl. hierzu auch BGH, *Schäfer/Finnern,* Z 3.00 Bl. 140.
135) BGH, *Schäfer/Finnern,* Z 3.01 Bl. 385; OLG Saarbrücken, NJW 1967, 2359; LG Flensburg, MDR 1976, 490; LG Essen, MDR 1969, 222 = VersR 1969, 360.
136) *Neuenfeld,* § 4 HOAI, Rdn. 21; *Jochem,* § 5 HOAI, Rdn. 10; OLG München, Architekt 1968, 444; vgl. hierzu auch OLG Köln, *SFH,* Nr. 34 zu § 631 BGB.
137) OLG Düsseldorf, NZBau 2001, 35; BauR 1994, 534 = NJW-RR 1994, 858 u. BauR 1986, 469; OLG Köln, BauR 1993, 358.
138) OLG Düsseldorf, NZBau 2001, 35; BauR 1996, 287 = NJW-RR 1996, 403; OLG Hamm, BauR 1996, 578; OLG Köln, BauR 1993, 358.
139) OLG Köln, BauR 1993, 358; OLG Stuttgart, BauR 1997, 681 = IBR 1998, 68.

phase **abwarten**.[140] Etwa anderes gilt auch hier, wenn der Auftraggeber in Kenntnis des Risikos das „Vorpreschen" ausdrücklich wünscht.

Zum Honoraranspruch des Architekten bei nicht erteilter Baugenehmigung vgl. Rdn. 1481 f.

**792**

Ist das Grundstück vom Bauherrn noch nicht durch einen notariellen Vertrag erworben worden (vgl. Rdn. 656), darf ebenfalls über das vorerwähnte Stadium hinaus vom Architekten nicht geplant werden.[141] Erbringt der Architekt Leistungen, die sachlich nicht gerechtfertigt oder verfrüht sind, macht er sich einer Pflichtverletzung schuldig; er kann dann die noch nicht erforderlich gewesene Leistung nicht zur Grundlage seines Honoraranspruchs machen.[142]

**Ausnahmsweise** kann eine Vergütung für nutzlos und überflüssig (weil zu früh) gefertigte Pläne oder sonstige Leistungen nur dann verlangt werden, „wenn sie einem ausdrücklichen Wunsch des Bauherrn entsprechen und dieser auf die Gebührenfolgen, nämlich auf die Gefahr, dass er unter Umständen nutzlose Leistungen bezahlen müsste, hingewiesen worden ist".[143] Den Architekten trifft also insoweit eine **Aufklärungspflicht**.[144] Etwas anderes gilt auch, wenn der Bauherr die erforderliche Sachkunde besitzt, um beurteilen zu können, ob es unter den gegebenen Umständen zweckmäßig ist, schon weitere Leistungsphasen in Angriff zu nehmen.[145]

**793**

### d) Die Bindung an die Schlussrechnung

*Literatur*

*Jagenburg*, Die Bindung an die einmal erteilte Schlussrechnung, BauR 1976, 319; *Rieble*, Bindungswirkung einer nicht prüfbaren Architektenschlussrechnung, BauR 1989, 145; *Günther*, Die Bindung an die einmal erteilte Honorarschlussrechnung nach HOAI, BauR 1991, 555; *Schibel*, Unterlassene Vergütungsvereinbarungen und die Bindung an die eigene Schlussrechnung, BB 1991, 2089; *Scholtissek*, Die Bindungswirkung der Architekten-Honorarschlussrechnung oder die restriktive Rechtsprechung kommt in Bewegung, BauR 1993, 394; *Rauch*, Schluss mit der Bindung an die Honorarschlussrechnung, DAB 1993, 653; *Locher*, Zur Bindung des Architekten an seine Schlussrechnung, Festschrift für Heiermann (1995), S. 241; *Weyer*, Die Bindung des Architekten an seine Honorarschlussrechnung: Theorie und Praxis, Festschrift für Vygen, 1999, S. 78; *Schwarz*, Die Anwendung von Treu und Glauben (§ 242 BGB) auf den Honoraranspruch nach HOAI, BauR 2001, 708; *Weber*, Das zwingende Preisrecht der HOAI auf dem Prüfstand von Treu und Glauben, Festschrift für Mantscheff (2000), S. 33.

Korrigiert der Architekt seine Schlussrechnung durch Vorlage einer **neuen** (zweiten) Schlussrechnung und fordert er die von ihm im Rahmen der neuen Abrechnung **erhöhten** Gebühren, ohne ein Einverständnis des Auftraggebers vortragen zu können, kann seine Klage im Einzelfall hinsichtlich des die korrigierte (erste) Schlussrechnung übersteigenden Honoraranteiles unschlüssig sein.

**794**

---

140) OLG Düsseldorf, BauR 1997, 685, 688 = NJW-RR 1997, 915.
141) OLG Düsseldorf, BauR 1980, 376; OLG München, BauR 1996, 417 = NJW-RR 1996, 341 = OLGR 1996, 41.
142) BGH, WM 1972, 1457; OLG Düsseldorf, BauR 1997, 685, 688.
143) OLG Düsseldorf, NZBau 2001, 35; BauR 1996, 287 = NJW-RR 1996, 403; BauR 1976, 141, 142.
144) OLG München, BauR 1996, 417, 418 = NJW-RR 1996, 341 = OLGR 1996, 41; OLG Düsseldorf, BauR 1980, 376, 377 u. BauR 1986, 469.
145) BGH, WM 1972, 1457; OLG Koblenz, BauR 2000, 130 = NZBau 2000, 254.

**795** Der BGH[146] hat zunächst die Auffassung vertreten, dass einem Architekten die **nachträgliche Erhöhung** seiner Schlussrechnung **nach Treu und Glauben verwehrt** sei; dies folgerte er aus der Überlegung, dass der Architekt mit der Vorlage seiner Schlussrechnung, in der er seine Leistungen – für den Auftraggeber erkennbar – abschließend berechnet, einen **Vertrauenstatbestand** schafft, an dem er sich festhalten lassen muss. Andernfalls würde er sich mit seinem eigenen Verhalten in Widerspruch setzen (§ 242 BGB).

**796** Diese Rechtsprechung des BGH war in der Literatur zunehmend auf Kritik gestoßen.[147] Vor allem wurde eingewandt,[148] dass die Abrechnung bei anderen Freiberuflern nicht entsprechend eingeengt ist. Der BGH[149] hält diese Bedenken jedoch nicht für begründet, da die HOAI jedenfalls – abweichend von den Honorarordnungen für andere Berufe – ausdrücklich den Begriff der Schlussrechnung verwende.

**797** Nicht zuletzt aufgrund der Kritik hält der BGH[150] nunmehr aber nur noch mit „**Einschränkungen**" an seiner bisherigen Rechtsprechung fest. Es ist deshalb von folgenden Grundsätzen auszugehen:

* Die **Änderung** einer Schlussrechnung ist nicht in jedem Falle ausgeschlossen; hierfür kann es gute Gründe geben.
* Eine **Nachforderung** des Architekten nach erteilter Schlussrechnung stellt nicht stets ein treuwidriges Verhalten dar; sie kann aber im Einzelfall gegen Treu und Glauben verstoßen. Eine Bindungswirkung tritt daher (nur) ein, wenn in der Änderung der erteilten Schlussrechnung eine unzulässige Rechtsausübung i. S. des § 242 BGB liegt.
* Nicht jede Schlussrechnung eines Architekten begründet beim Auftraggeber Vertrauen, und „**nicht jedes erweckte Vertrauen ist schutzwürdig**" (BGH).
* Deshalb müssen „in jedem **Einzelfall** die Interessen des Architekten und die des Auftraggebers **umfassend geprüft** und gegeneinander **abgewogen**" werden.

---

146) BGH, NJW-RR 1990, 725 = BauR 1990, 382 = ZfBR 1990, 189; OLG Köln, BauR 1991, 116 = NJW-RR 1991, 279; OLG Düsseldorf, BauR 1985, 234; BauR 1983, 283, 284; OLG Frankfurt, BauR 1985, 344; vgl. hierzu *Jochem*, § 8 HOAI, Rdn. 6; *Neuenfeld*, § 4 HOAI, Rdn. 39; *Korbion/Mantscheff/Vygen*, § 8 HOAI, Rdn. 27.

147) Vgl. *Günther*, BauR 1991, 555; *Werner*, Festschrift für Locher, S. 289, 299; *Jochem*, § 8 HOAI, Rdn. 7; *Korbion/Mantscheff/Vygen*, § 8 HOAI, Rdn. 30; *Schibel*, BB 1991, 2089.

148) *Korbion/Mantscheff/Vygen*, § 8 HOAI, Rdn. 30; *Jagenburg*, BauR 1976, 319; *Schibel*, BB 1991, 2089; *Werner*, Festschrift für Locher, S. 289, 299.

149) BGH, BauR 1993, 238 = NJW 1993, 659 = ZfBR 1993, 66 m. Anm. *Locher*, BauR 1993, 492 u. BGH, BauR 1993, 239 = NJW 1993, 661; ebenso: KG, OLGR 1995, 14, 15; vgl. aber die kritischen Ausführungen von *Scholtissek*, BauR 1993, 394; *Locher*, Festschrift für Heiermann, S. 241 ff.

150) BauR 1993, 236, 238 = NJW 1993, 661 = ZfBR 1993, 66, 68; BauR 1997, 677, 680; BauR 1998, 579 = NJW-RR 1998, 952 = MDR 1998, 711; ebenso: OLG Saarbrücken, OLGR 2004, 303, 308; OLG Koblenz, BauR 2001, 825; OLG Frankfurt, NJW-RR 1998, 374 = OLGR 1998, 60, 62; OLG Düsseldorf, BauR 2001, 277 = NJW-RR 2000, 1262 = NZBau 2000, 526 = OLGR 2000, 398; BauR 1998, 409 (LS) = NJW-RR 1998, 454 = OLGR 1998, 99 u. BauR 1997, 165 = NJWRR 1996, 1421 = OLGR 1996, 251; OLG Köln, IBR 1998, 162 – *Eich*; OLG Köln, Bau 2007, 132, 133 m. Anm. *Sangenstedt*; OLGR 2002, 92 u. BauR 2002, 1136 = OLGR 2002, 190; *Schwarz*, BauR 2001, 708.

## Die Bindung an die Schlussrechnung   Rdn. 798–799

Der BGH bejaht die **„Schutzwürdigkeit"** des Auftraggebers, wenn dieser „auf **798** eine abschließende Berechnung **vertrauen durfte**, vertraut hat"[151] und sich darauf in einer Weise **eingerichtet hat**, dass ihm eine Nachforderung nach Treu und Glauben nicht mehr zugemutet werden kann";[152] sie ist z. B. zu **verneinen**, wenn der Auftraggeber die mangelnde Prüffähigkeit bzw. die Richtigkeit der Schlussrechnung „alsbald" gerügt hat[153] oder von Anfang an Streit über die Zahlungsverpflichtung aus der (zunächst) erteilten Schlussrechnung besteht.[154]

Der BGH[155] betont, dass ein schutzwürdiges Interesse des Auftraggebers in die Richtigkeit der Schlussrechnung nicht schon deshalb entfällt, weil der Architekt die **Mindestsätze** in seiner Schlussrechnung **unterschreitet.**

Nicht schutzwürdig ist ein Auftraggeber, wenn aus der Rechnung deutlich wird, dass der Architekt **weitere** Arbeiten noch nicht abgerechnet hat.[156]

In **Zukunft** wird es somit wesentlich auf die **Feststellung** und eine umfassende **799 Abwägung** der beiderseitigen Interessen ankommen;[157] dabei werden alle Sachverhaltsmerkmale zu berücksichtigen sein. Die Änderung und/oder Erhöhung einer Schlussrechnung allein wird zukünftig jedenfalls nicht mehr ausreichen, um eine Bindung an die Schlussrechnung zu begründen. Ein besonderes Gewicht wird man in diesem Zusammenhang sicherlich dem **Zeitpunkt** beimessen müssen, zu dem sich der Auftraggeber auf die Bindungswirkung der Schlussrechnung stützt. So hat das OLG Hamm[158] darauf verwiesen, dass ein Architekt, der erstmals $3^1/_2$ Jahre nach Erteilung der Schlussrechnung diese korrigieren will, an seine Schlussrechnung gebunden ist. Eine Bindungswirkung kann – trotz unzulässiger Mindestsatzunterschreitung – auch dann entfallen, wenn ein sachkundiger Auftraggeber die Unwirksamkeit der Honorarvereinbarung erkannt hat oder hätte erkennen müssen.[159] Das wird man häufig bei Auftraggebern **größerer** Bauvorhaben oder Auftraggebern der öffentlichen Hand annehmen können. Ein schutzwürdiges Vertrauen wird in diesem Fall in aller Regel entfallen. Im Übrigen kommt eine Bindungswirkung nur dann – im Ausnahmefall – in Betracht, wenn der Auftraggeber substantiiert und überzeugend vorträgt, dass er sich wirklich auf die Höhe der Schlussrechnung im Sinne der BGH-Rechtsprechung **„eingerichtet"** hat.[160] Eine auf der Schlussrechnung aufgebaute

---

151) BGH, NZBau 2007, 252 = IBR 2007, 81 – *Schwenker*.
152) Vgl. hierzu auch OLG Köln, BauR 2007, 132, 133 m. Anm. *Sangenstedt*.
153) Ebenso: OLG Köln, NZBau 2005, 467; KG, OLGR 1995, 14, 15 = NJW-RR 1995, 536 = MDR 1995, 257; OLG Düsseldorf, BauR 2007, 1767 (Kein Vertrauensschutz bei Zurückweisung der Rechnung) = IBR 2007, 568 – *Bischofberger*; NJW-RR 1998, 454 = OLGR 1998, 99 (Auftraggeber muss auf die Gültigkeit des Honorars tatsächlich vertraut und dementsprechend „disponiert" haben).
154) OLG Köln, NZBau 2005, 467, 469 (Zurückweisung der Schlussrechnung durch den Auftraggeber); OLG Saarbrücken, OLGR 2004, 203; OLG Koblenz, BauR 2001, 825.
155) BauR 1993, 236, 239 = NJW 1993, 661 = ZfBR 1993, 66, 68; ebenso: OLG Köln, NJW-RR 1999, 1109 = OLGR 1999, 47 = NZBau 2000, 147 (LS).
156) OLG Hamm, OLGR 1996, 232.
157) BGH, a. a. O.; vgl. hierzu auch OLG Köln, NJW-RR 1999, 1109 = OLGR 1999, 47 sowie OLG Hamm, IBR 2004, 209 – *Heisiep*.
158) OLGR 1996, 232. Ebenso OLG Düsseldorf, BauR 2007, 1767, 1769 (Abrechnung nach 7 Jahren).
159) OLG Hamm IBR 2007, 655 – *Weyand*; *Locher/Koeble/Frik*, § 8 HOAI, Rdn. 50; *Weber*, Festschrift für Mantscheff, S. 33, 43.
160) Vgl. hierzu OLG Düsseldorf, BauR 2001, 277 = NJW-RR 2000, 1262 = OLGR 2000, 398.

oder angepasste Finanzierung wird in aller Regel nicht ausreichen (vgl. hierzu auch Rdn. 721). Das OLG Saarbrücken[161] meint in diesem Zusammenhang, dass ein Architekt im Einzelfall auch ohne eine entsprechende Vermögensdisposition des Auftraggebers an seine Schlussrechnung gebunden ist, wenn das Abrechnungsverhalten des Architekten „das Gepräge objektiver Willkür, die für den Adressaten nur schwer nachvollzogen werden kann, aufweist".

**800** Mit der neueren Rechtsprechung des BGH wird sich (vorerst) eine gewisse **Rechtsunsicherheit** – vor allem bei Architekten und Sonderfachleuten – einstellen. Locher[162] weist in diesem Zusammenhang zu Recht darauf hin, dass nach der Rechtsprechung des BGH die **Prognose**, ob eine „Nachforderung" im konkreten Fall (noch) zulässig ist oder vom Gericht nicht anerkannt wird, **deutlich erschwert** ist; sowohl die Baubeteiligten wie auch der beratende Anwalt werden so lange vor „**neuen" Problemen** stehen, bis der BGH oder die Instanzgerichte die „Grenzen" konkret an Beispielen aufgezeigt haben. Bereits jetzt ist daher erkennbar, dass die „gelockerte" Rechtsprechung des BGH eine Fülle weiterer Streitigkeiten zwischen Architekt und Auftraggeber bewirken wird, da noch klare Maßstäbe fehlen und ein derart praxisbezogener Vorgang wie die Honorarabrechnung kaum geeignet erscheint, um unter das wenig „griffige" Rechtsinstitut der unzulässigen Rechtsausübung subsumiert zu werden. Im Übrigen wird ein Verstoß des Architekten gegen Treu und Glauben bei Änderung der Schlussrechnung nur schwer nachweisbar sein. Daher weist das OLG Zweibrücken[163] zu Recht darauf hin, dass „die Bindung des Architekten an eine einmal erteilte Schlussrechnung weitgehend aufgehoben" ist.

**801** Locher[164] hat sich bereits mit den Fallgestaltungen beschäftigt, bei denen zukünftig auch nach der Rechtsprechung des BGH eine Bindungswirkung zu **verneinen** sein wird: Kann der Architekt z. B. die Abrechnung nach §§ 119, 123 BGB **anfechten** oder enthält die Schlussrechnung **erkennbare Fehler**, scheidet eine „Bindungswirkung" von vornherein aus. Dasselbe gilt, wenn der Architekt sich die Erhöhung seiner Rechnung **ausdrücklich vorbehalten** hat (was den Architekten zu empfehlen sein wird) oder wenn er – für den Bauherrn erkennbar – die **anrechenbaren Kosten** überhaupt **nicht** oder nur **unvollständig ermitteln** kann. Eine Bindung an die Schlussrechnung dürfte mit Locher ebenfalls zu verneinen sein, wenn der Auftraggeber (Bauherr) den Honoraranspruch **grundweg bestreitet** und/oder das Honorar (auch nicht teilweise) zahlt bzw. die Richtigkeit und Prüffähigkeit der Schlussrechnung in Zweifel zieht.

**802** Locher kann allerdings nicht gefolgt werden, wenn er eine **Bindungswirkung** für den Fall bejaht, dass der Auftraggeber die Richtigkeit der Schlussrechnung ohne (eigene) detaillierte Prüfung annimmt und einfach zahlt; selbst wenn man in der „Bezahlung eine Vermögensdisposition" sieht, an die sich der Bauherr festhalten muss, so fehlt es gleichwohl an einem von dem **Architekten** geschaffenen Vertrauenstatbestand, der der Erhöhung seiner Schlussrechnung entgegensteht.

**803** Es ist Sache des **Auftraggebers** (Bauherr), die Voraussetzungen des Vertrauenstatbestandes und damit der unzulässigen Rechtsausübung (§ 242 BGB) substantiiert darzulegen und zu beweisen; eine Prüfung von Amts wegen findet nicht statt.[165]

Weyer[166] hat hierauf noch einmal sehr deutlich verwiesen. Danach ist das Verhältnis von **Regel** und **Ausnahme** nach der nunmehrigen Rechtsprechung des BGH **neu** zu ordnen, was aber nach

---

161) BauR 2006, 2085 (bei vier sich deutlich steigernden Schlussrechnungen) = OLGR 2006, 330 = NZBau 2006, 655.
162) BauR 1993, 492; ähnlich: *Scholtissek*, BauR 1993, 394, 399.
163) NZBau 2005, 643 = OLGR 2005, 812.
164) Festschrift für Heiermann, S. 241, 245.
165) Ebenso: *Locher/Koeble/Frik*, § 8 HOAI, Rdn. 40; **a. A.:** *Löffelmann/Fleischmann*, Rdn. 540.
166) Festschrift für Vygen, S. 78, 86.

## Die Bindung an die Schlussrechnung   Rdn. 804–806

wie vor von den Instanzgerichten verkannt wird. Der Architekt ist grundsätzlich berechtigt, Nachforderungen zu stellen. Will sich der Auftraggeber auf die Bindung der Schlussrechnung stützen, ist es „zunächst Sache des darlegungs- und beweispflichtigen **Auftraggebers**, einen Vertrauenstatbestand vorzutragen und zu beweisen; erst wenn ihm dies ganz ausnahmsweise gelingen sollte, ist der **Architekt** gehalten, aus seiner Sicht bestehende Gründe für eine Abweichung von seiner Schlussrechnung oder von der unwirksamen Honorarvereinbarung in die Waagschale der Interessenabwägung zu werfen". Er kommt im Übrigen zu dem Ergebnis, dass heute die Bindung des Architekten an seine Honorarschlussrechnung praktisch „gestorben" ist, weil nach den Erfahrungen der Praxis es dem Auftraggeber in aller Regel nicht möglich sein wird, darzulegen und zu beweisen, dass er sich darauf eingerichtet hat, mehr als berechnet nicht zahlen zu müssen.[167] Er wertet zu Recht den Fall, den der BGH zu entscheiden hatte, als besonderen Ausnahmefall. Das OLG Hamm[168] hat einen Vertrauenstatbestand, den der Architekt geschaffen hat, in einem Einzelfall bejaht, bei dem der Architekt auf die von der HOAI abweichende Berechnung hingewiesen und zusätzlich erklärt hatte, er werde bei der Ausgleichung der Rechnung auf eine Abrechnung nach HOAI verzichten. Das ist bedenklich, weil der Architekt mit der vorgenannten Erklärung ausdrücklich einen Vorbehalt („bei Ausgleichung der Rechnung") erklärt hatte, also sich durchaus die Möglichkeit der Abrechnung nach HOAI offen gehalten hat. Damit musste der Auftraggeber damit rechnen, dass eine HOAI-Abrechnung möglicherweise folgt, wenn er die Rechnung nicht ausgleicht.

**804** Ist im **Einzelfall** von einer **Bindung** des Architekten an seine Schlussrechnung auszugehen, ergibt sich für die Vertragsabwicklung Folgendes:

Hat der Architekt seine Gebührenschlussrechnung erstellt, kann er diese bei Wegfall oder Korrektur einiger Positionen der Rechnung nicht mit **Gebührenanteilen**, z. B. aus Planungsleistungen, „auffüllen", die er nicht in Rechnung gestellt hat.[169] Der Architekt bleibt auch an den nach vorzeitiger Beendigung des Vertrages mit der Gebührenschlussrechnung geforderten Betrag gebunden, selbst wenn die endgültigen Baukosten die der Gebührenrechnung zu Grunde gelegenen überschreiten.[170]

**805** Für die Bindungswirkung ist unerheblich, worauf die „Falschberechnung" zurückzuführen ist; es spielt z. B. **keine Rolle**, ob die Abrechnung von Grundleistungen, Besonderen oder Zusätzlichen Leistungen, Änderungsleistungen oder eines Umbauzuschlages **„vergessen"** wurde oder ob **falsche Berechnungsfaktoren** („Honorarzone", „anrechenbare Kosten", „Stundensatz") zu Grunde gelegt sind. Der Bindungswirkung steht auch nicht entgegen, dass der Architekt bei seiner Honorarberechnung unter die Mindestsätze der HOAI gelangt ist.

**806** Die Bindungswirkung bezieht sich nicht nur auf die Honorargesamtsumme, sondern auch auf die einzelnen **Berechnungsfaktoren**. Das bedeutet, dass der Architekt falsche oder vergessene Berechnungsfaktoren nicht auswechseln kann.[171] Will ein

---

167) Vgl. hierzu aber OLG Celle, BauR 2003, 1923.
168) IBR 2006, 274 – *Preussner*.
169) BGH, NJW 1978, 319 = BauR 1978, 64; OLG Düsseldorf, BauR 1985, 234 u. NJW 1982, 1541 = BauR 1982, 390; ebenso: *Ulrich Locher*, Die Rechnung im Werkvertragsrecht, S. 84; insoweit **a. A.:** *Pott/Frieling*, Rdn. 287 u. *Neuenfeld*, § 4 HOAI, Rdn. 39.
170) BGH, BauR 1974, 213 = NJW 1974, 945; BauR 1978, 64 = NJW 1978, 319.
171) **Herrschende Meinung:** BGH, BauR 1978, 64 = NJW 1978, 319 = *SFH*, Nr. 1 zu § 21 GOA; OLG Köln, BauR 1991, 116 = NJW-RR 1991, 279; *Locher/Koeble/Frik*, § 8 HOAI, Rdn. 55; wohl auch *Jagenburg*, BauR 1988, 155, 161, 162; *Weyer*, Festschrift für Korbion, S. 481, 486; **a. A.:** *Neuenfeld*, § 4 HOAI, Rdn. 39. Nach OLG Düsseldorf (NJW-RR 1992, 1239) muss sich aber der Architekt nicht an den Kalkulationsgrundlagen eines nach § 4 Abs. 1 u. 4 HOAI unwirksamen Pauschalhonorars festhalten lassen; er darf lediglich als Mindestsatz kein **höheres** Honorar als das Pauschalhonorar verlangen.

Architekt eine Bindungswirkung vermeiden, kann er dies insbesondere über den ausdrücklich erklärten **Vorbehalt** erreichen (z. B. „unter dem Vorbehalt der Abrechnung des entgangenen Gewinns für nicht durchgeführte Architektenleistungen"). Dem BGH[172] reichte bislang allerdings ein **unbestimmter Vorbehalt**, „der auch im Zusammenhang mit den ... Umständen des Einzelfalles dem Auftraggeber keine hinreichende Grundlage für die Beurteilung des Risikos etwaiger Nachforderungen bietet", nicht aus, um die Bindungswirkung aufzuheben. Vielmehr muss der Auftraggeber aus dem Inhalt des Vorbehalts abschätzen können, „aus welchem Rechtsgrund, für welche Leistungen und in welcher Höhe der Architekt eine zusätzliche Honorarforderung möglicherweise nachträglich verlangen wird". Für einen solchen Vorbehalt trägt der **Architekt** die Darlegungs- und Beweislast.[173]

**807** Vereinbaren die Parteien **mündlich** bei Vertragsabschluss „eine Honorarberechnung nach der HOAI mit einem Nachlass von 50%" und geht der Architekt auch in seiner Honorarschlussrechnung von diesem Nachlass aus, bleibt er nach Auffassung des OLG Düsseldorf[174] an diesen Nachlass **trotz der fehlenden Schriftform** des § 4 Abs. 2 HOAI **gebunden**. Der Architekt kann u. U. auch bei **Nichtigkeit** des Architektenvertrages (vgl. Rdn. 654 ff.) an seine Schlussrechnung gebunden sein, z. B., wenn er in diese die vereinbarten anrechenbaren Kosten eingesetzt hat, diese gegenüber den tatsächlich entstandenen (entsprechend § 10 HOAI) jedoch geringer sind.[175]

**808** Die Bindungswirkung setzt indes stets voraus, dass der Architekt seine Rechnung unmissverständlich auch als **Schlussrechnung gekennzeichnet** hat oder sich seine Schlussabrechnung aus den Umständen ergibt, wobei es auf die Sicht des Bauherrn ankommt.[176] Fehlt der Honorarrechnung die ausdrückliche Bezeichnung als „Schlussrechnung", trägt der **Bauherr die Darlegungs- und Beweislast**, dass es sich um eine Schlussrechnung handelt.[177] Eine detaillierte Honorarrechnung, die ein Architekt einem Bauherrn nach Beendigung seiner Tätigkeit vorlegt, wird in der Regel als Schlussrechnung anzusehen sein, da der Architekt damit zu erkennen gibt, wie er seine Forderung berechnet und in welcher Höhe er sie geltend macht.[178] Das ist jedoch dann nicht der Fall, wenn der Architekt – im Rahmen von Vergleichsverhandlungen – seiner Rechnung die Formulierung voranstellt „die Schlussrechnung würde lauten".[179] Nach Auffassung des BGH[180] ist von einer Honorarschlussrechnung nicht auszugehen, wenn am Schluss einer Rechnung (nur) der Hinweis (aus einem Textbaustein) erfolgt: „Ich bedanke für das entgegen-

---

172) NJW-RR 1990, 725 = BauR 1990, 382 = ZfBR 1990, 189.
173) So richtig: *Weyer*, a. a. O., S. 485.
174) OLG Düsseldorf, NJW 1982, 1541 = BauR 1982, 390; s. auch: OLG Köln, OLGR 2002, 190, 191.
175) *Weyer*, BauR 1984, 324, 332 m. Hinweis auf OLG Düsseldorf, Urt. v. 2.2.1982 – 21 U 155/81.
176) *Weyer*, Festschrift für Korbion, S. 481, 484.
177) *Weyer*, a. a. O., S. 485.
178) OLG Zweibrücken, BauR 1980, 482.
179) **Anderer Ansicht:** OLG Koblenz, NJW-RR 1999, 1250, für den Fall, dass der Architekt bei einer solchen Formulierung gleichzeitig einen Nachlass für eine Bereinigung der Angelegenheit anbietet.
180) NZBau 2007, 252 = IBR 2007, 81 – *Schwenker* = NZBau 2007, 252.

## Die Bindung an die Schlussrechnung

gebrachte Vertrauen"; dasselbe gilt, wenn (erst) die Rechnung in einer späteren Klageschrift als Schlussrechnung bezeichnet wird. Unter den Gesichtspunkten, die der BGH nunmehr zur Bindungswirkung des Architekten an seine Schlussrechnung aufgestellt hat, ist der Architekt in gleicher Weise an seine **Teilschlussrechnung** (vgl. Rdn. 978) gebunden, wenn er damit zu erkennen gibt, einen bestimmten Teilbereich seiner Leistungen verbindlich abzurechnen.[181] Dagegen ist ein Architekt grundsätzlich an seine **Honorarabschlagsrechnung nicht gebunden**.[182]

Schon nach der früheren Rechtsprechung des BGH[183] konnte es „gute" (gewichtige) Gründe geben, warum der Architekt **nicht** an seine Schlussrechnung gebunden, sondern **berechtigt** ist, eine über die Schlussrechnung hinausgehende Vergütung zu verlangen. Wann ein solcher „wichtiger Grund" vorliegt, ist eine Frage des **Einzelfalles**. Ein wichtiger Grund für eine **Neuberechnung** kann z. B. bei einem **offenkundigen Irrtum** in der Abrechnung gesehen werden, der vom Auftraggeber auch erkannt worden ist oder aber ohne weiteres hätte erkannt werden können (z. B. Rechenfehler, Übertragungsfehler).[184] Bei der Frage, ob ein Fehler „offenkundig" ist, muss auf den Empfängerhorizont und damit auf die Sachkunde des Auftraggebers abgestellt werden.[185] Dasselbe gilt, wenn der Architekt in seiner Schlussrechnung unverschuldet von **falschen Berechnungsgrundlagen** ausgeht.[186] Beispiel: Der Architekt setzt deshalb zu niedrige Baukosten bei der Kostenermittlung ein, weil der Bauherr ihm nicht alle Kosten mitteilt.[187] Das OLG Düsseldorf hat in diesem Zusammenhang zu Recht darauf hingewiesen, dass sich die Bindung des Architekten nur auf solche Umstände erstreckt, die er bei Erstellung seiner Honorarrechnung kennt und die für die Berechnung maßgebend sind.[188]

809

Zweifelhaft ist, ob ein Architekt an eine **nicht prüffähige** Schlussrechnung[189] gebunden werden kann; das kommt ebenfalls nur in Betracht, wenn zu Gunsten des Auftraggebers ein über die Schlussrechnung hinausgehender (weiterer) Vertrauenstatbestand geschaffen wurde und dadurch einer Nachforderung des Architekten der Einwand des Rechtsmissbrauchs entgegengehalten werden kann.[190] Rügt der Auftraggeber die Prüffähigkeit der Schlussrechnung, fehlt es allerdings schon an

810

---

181) *Locher/Koeble/Frik*, § 8 HOAI, Rdn. 9; *Korbion/Mantscheff/Vygen*, § 8 HOAI, Rdn. 32; *Hartmann*, § 8 HOAI, Rdn. 11; **a. A.:** *Weyer*, Festschrift für Korbion, S. 481, 485.
182) BGH, BauR 1996, 138 = NJW-RR 1996, 145 = MDR 1996, 44; OLG Frankfurt, OLGR 1998, 60, 61.
183) Vgl. BGH, NJW 1993, 659, 660; ferner: BGH, *Schäfer/Finnern*, Z 3.010 Bl. 9 u. BauR 1974, 213, 214 u. OLG Köln, NJW-RR 1992, 1438.
184) BGH, BauR 1986, 593, 595 = NJW-RR 1986, 1214 (für den Fall der offenkundig versehentlich falschen Berechnung der Mehrwertsteuer); ferner: LG Köln, *SFH*, Nr. 2 zu § 21 GOA; *Korbion/Mantscheff/Vygen*, § 8 HOAI, Rdn. 36.
185) *Locher/Koeble/Frik*, § 8 HOAI, Rdn. 46.
186) Vgl. OLG Düsseldorf, BauR 1996, 742, 743 = OLGR 1996, 179.
187) Vgl. *Weyer*, Festschrift für Korbion, S. 481, 486, 487; *Locher/Koeble/Frik*, § 8 HOAI, Rdn. 45; OLG Hamm, BauR 1994, 795.
188) OLG Düsseldorf, OLGR 1992, 117 u. BauR 1996, 742, 743.
189) Vgl. Rdn. 967 ff.
190) OLG Düsseldorf, BauR 1996, 289, 291 = NJW-RR 1996, 535; vgl. ferner: OLG Hamm, BauR 1989, 351 = NJW-RR 1988, 727.

dem schutzwürdigen Interesse.[191] Dasselbe gilt für eine Abrechnung aufgrund einer **unwirksamen** Honorarvereinbarung.[192] Im Übrigen wird dem Architekten das Recht auf Anfechtung wegen Erklärungsirrtum genommen. An die Berechnung einer **Lizenzgebühr** nach dem UrhG ist der Architekt in keinem Fall gebunden.[193]

**811** Die vorgenannten Grundsätze hindern den Bauherrn allerdings nicht, nach Bereicherungsgrundsätzen **Abschlagszahlungen zurückzufordern**, soweit sie den Endbetrag der Schlussrechnung des Architekten übersteigen.[194] Wendet der Bauherr gegenüber dem Honoraranspruch des Architekten ein, er habe bereits zu viel an Vorschüssen geleistet, ist es Sache des Architekten, darzulegen und zu beweisen, dass Leistungen in dieser Höhe erbracht und damit weitere Ansprüche begründet sind.[195]

**Trotz Bindungswirkung** bleibt der höhere Honoraranspruch des Architekten bestehen: Er kann zwar nicht mehr aktiv, jedoch weiterhin im Wege der **Aufrechnung** geltend gemacht werden.[196] Darüber hinaus kann sich der Auftraggeber auf die Bindungswirkung nicht stützen, wenn er bis zu der Schlussrechnung höhere Abschlagszahlungen geleistet hat.

Der BGH[197] hat klargestellt, dass die Fragen, welche **Baukosten** im Sinne des § 10 Abs. 2 bis 6 HOAI anrechenbar sind, welche **Honorarzone** anwendbar ist, wie **erbrachte Leistungen** zu bewerten sind und ob die Berechnung eines Architektenhonorars **den Grundlagen der HOAI** entspricht, **Rechtsfragen** sind, die **vom Gericht** auf der vom Sachverständigen ermittelten Tatsachengrundlage zu beantworten sind. Das Gericht darf daher die rechtliche Beurteilung dieser Fragen nicht dem Sachverständigen überlassen.

Zur **Bindung** des Architekten an ein **vereinbartes Pauschalhonorar, das unter den Mindestsätzen** liegt, vgl. Rdn. 721.

### 2. Abrechnungssystem der HOAI

*Literatur*

*Frik*, Die Vereinbarung des Honorars gem. HOAI zwischen den Mindest- und Höchstsätzen des § 16 HOAI, DAB 1980, 513.

**812** Ist die HOAI Grundlage der Vergütung, hat der Architekt neben dem vereinbarten bzw. dem nach § 4 Abs. 4 HOAI geltenden **Honorarsatz** folgende **Bewertungsmaßstäbe zur Höhe** seines Honorars darzulegen, soweit eine Vergütung für Grundleistungen bei Gebäuden, Freianlagen und Innenräumen geltend gemacht wird:

* **die Honorarzone,** der das Objekt angehört (§ 11 bei Gebäuden)
* die **anrechenbaren Kosten** des Objekts (§ 10)

---

191) BGH, BauR 1993, 236 = NJW 1993, 659 = ZfBR 1993, 66; BauR 1998, 579, 582 = NJW-RR 1998, 952 = ZfBR 1998, 186 = MDR 1998, 711 (Rüge erst im Prozess); KG, KGR 1995, 14; LG Hamburg, BauR 1996, 581; *Rieble*, BauR 1989, 145, 146; *Locher*, Festschrift für Heiermann, S. 241, 245.
192) BGH, NJW 1993, 661 u. BauR 1985, 582, 583 = ZfBR 1985, 222, 223; OLG Köln, OLGR 2002, 92 u. BauR 1992, 108; OLG Hamm, BauR 1992, 123 (LS); OLG Düsseldorf, NJW 1982, 1541.
193) BGH, GRUR 1988, 533, 535.
194) LG Köln, *Schäfer/Finnern*, Z 3.012 Bl. 5 u. BGH, BauR 1990, 379, 381.
195) BGH, *Schäfer/Finnern*, Z 3.00 Bl. 175.
196) So richtig: *Locher/Koeble/Frik*, § 8 HOAI, Rdn. 53.
197) BauR 2005, 735 = NJW-RR 2005, 669 = MDR 2005, 706.

* die vertraglich erbrachten tatsächlichen **Leistungen** (Grundleistungen, § 15).

Nach diesen drei Merkmalen richtet sich der Vergütungsanspruch des Architekten. Kommen Besondere Leistungen (vgl. Rdn. 887 ff.), Zuschläge (vgl. Rdn. 861 ff.) oder Zusätzliche Leistungen in Betracht, ist dies von dem Architekten darzulegen.

### a) Honorarzone

*Literatur*

*Werner*, **Die Honorarzone muss stets objektiv ermittelt werden**, DAB 2004, 36.

**813** Mit den in der HOAI festgelegten Honorarzonen wird erreicht, dass den jeweiligen Schwierigkeiten der Planungsanforderung Rechnung getragen wird. Für die Einordnung in eine bestimmte Honorarzone sind §§ 11 und 12 HOAI für Gebäude (§§ 13, 14 HOAI für Freianlagen sowie §§ 14 a und b bei raumbildenden Ausbauten) maßgebend.[198]

Die HOAI gibt **Bewertungsmerkmale** für die Ermittlung der Honorarzone im Rahmen des § 11 an: Anforderungen an die Einbindung in die Umgebung, Anzahl der Funktionsbereiche, gestalterische Anforderungen, konstruktive Anforderungen, technische Ausrüstungen und Ausbau. In § 12 rechnet sodann die HOAI häufiger vorkommende Gebäude bestimmten Honorarzonen zu, wobei diese Einteilung der Objekte nicht bindend sein soll;[199] entscheidend sind allein die in § 11 aufgeführten Bewertungsmerkmale der einzelnen Honorarzonen.[200] Soweit im Einzelfall Bewertungsmerkmale aus mehreren Honorarzonen anwendbar sind und damit berechtigte Zweifel über die Zuordnung eines Gebäudes in eine bestimmte Honorarzone bestehen, gibt § 11 Abs. 2 und 3 ein **Punktesystem** an, nach dem dann die Honorarzone ermittelt wird.

**814** In der Praxis wird heute allgemein folgendes **Bewertungsschema** angewandt:[201]

| Honorarzone: | I | II | III | IV | V |
|---|---|---|---|---|---|
| Planungs-anforderungen: | sehr gering | gering | durch-schnittlich | überdurch-schnittlich | sehr hoch |
| Bewertungsmerkmale: | | | | | |
| 1 Einbindung in die Umgebung | 1 | 2 | 3–4 | 5 | 6 |
| 2 Anzahl der Funktionsbereiche | 1–2 | 3–4 | 5–6 | 7–8 | 9 |

---

198) Vgl. hierzu *Frik*, DAB 1980, 513 ff.
199) *Seifert* in Korbion/Mantscheff/Vygen, § 12 HOAI, Rdn. 1; *Jochem*, § 12 HOAI, Rdn. 2; *Locher/Koeble/Frik*, § 11 HOAI, Rdn. 3; *Pott/Dahlhoff/Kniffka/Rath*, §§ 11, 12 HOAI, Rdn. 1.
200) OLG Frankfurt, IBR 2007, 567 – *Götte.* **Anderer Ansicht:** Hans. OLG Hamburg, OLGR 2000, 88, für den Fall, dass das Objekt nicht mit einem der Gebäude der Einstufung nach § 12 HOAI vergleichbar ist.
201) *Pott/Dahlhoff/Kniffka/Rath*, §§ 11, 12 HOAI, Rdn. 8; *Locher/Koeble/Frik*, § 11 HOAI, Rdn. 5; *Seifert* in Korbion/Mantscheff/Vygen, § 11 HOAI, Rdn. 17 ff., mit weiteren modifizierten Tabellen; *Jochem*, § 12 HOAI, Rdn. 10; zu dem Punktesystem kritisch: *Neuenfeld*, Vor §§ 11–14 a HOAI, Rdn. 7 ff.

| Honorarzone: | I | II | III | IV | V |
|---|---|---|---|---|---|
| Planungsanforderungen: | sehr gering | gering | durchschnittlich | überdurchschnittlich | sehr hoch |
| Bewertungsmerkmale: | | | | | |
| 3 Gestalterische Anforderungen | 1–2 | 3–4 | 5–6 | 7–8 | 9 |
| 4 Konstruktive Anforderungen | 1 | 2 | 3–4 | 5 | 6 |
| 5 Technische Ausrüstungen | 1 | 2 | 3–4 | 5 | 6 |
| 6 Ausbau | 1 | 2 | 3–4 | 5 | 6 |
| Summe der Punkte (§ 11 Abs. 2 HOAI) | bis 10 | 11–18 | 19–26 | 27–34 | 35–42 |

**815** In der Begründung zur HOAI (Bundesrats-Drucksache 270/76, S. 22) wird ausdrücklich darauf hingewiesen, dass mit der Anzahl der Bewertungspunkte noch nicht ein Honorar innerhalb der Mindest- und Höchstsätze einer Honorarzone bestimmt wird. Die Anzahl der Bewertungspunkte ist bei der Vereinbarung des Honorars lediglich ein Kriterium, das neben mehreren anderen bei der Höhe des Honorars berücksichtigt werden kann.

Die Honorarzone muss bei Abschluss des Architektenvertrages nicht schriftlich festgelegt werden.[202] Die Zuordnung kann vielmehr auch später (z. B. bei Abschluss des Bauvorhabens oder im Rahmen der Honorarabrechnung) erfolgen.[203]

Vereinbaren die Parteien im Architektenvertrag jedoch eine bestimmte Honorarzone und den Mindestsatz, kann im Einzelfall eine **unzulässige Mindestsatzunterschreitung** vorliegen, wenn das Bauvorhaben tatsächlich in eine nach den §§ 11, 12 HOAI höhere Honorarzone einzuordnen ist. Der BGH[204] weist zu Recht insoweit darauf hin, dass es andernfalls die Vertragsparteien in der Hand hätten, die Mindestsätze ohne das Vorliegen der gesetzlich geregelten Ausnahme (§ 4 Abs. 2 HOAI) oder der von der Rechtsprechung entwickelten Ausnahmen (vgl. hierzu Rdn. 718) durch Vereinbarung einer unzutreffend niedrigen Honorarzone zu unterschreiten.

Damit unterliegt die **Einordnung des jeweiligen Bauvorhabens** in eine bestimmte Honorarzone grundsätzlich der **objektiven Beurteilung** unter Berücksichtigung der in den §§ 11, 12 HOAI festgelegten Bewertungskriterien.

Dabei ist zu beachten, dass jedes Bauvorhaben ein dynamischer Vorgang mit ständigem Änderungspotenzial ist. Dadurch kann z. B. ein Bauvorhaben, das zunächst (bei Beginn der Planung) in eine bestimmte Honorarzone fällt, nach Abschluss des Objekts in eine andere Honorarzone aufgrund der in der HOAI genannten Bewertungskriterien einzuordnen sein. Maßgeblich ist dann stets die objektiv vorzuneh-

---

202) Zutreffend *Motzke/Wolff*, S. 303 sowie *Schmitz*, BauR 1982, 219, 220.
203) *Motzke/Wolff*, S. 303.
204) BauR 2004, 354 = NZBau 2004, 159 = NJW-RR 2004, 233 = MDR 2004, 327 = IBR 2004, 78 – *Schmidt-Hofmann*.

mende Honorarzonen-Ermittlung des tatsächlich ausgeführten Bauvorhabens.[205] Haben also die Vertragsparteien das Bauvorhaben vertraglich, aber fehlerhaft einer bestimmten Honorarzone zugeordnet oder ändert sich das Bauvorhaben im Laufe des Planungs-/Baufortschritts derart, dass es in eine andere Honorarzone fällt, hat die vertragliche Abrede keine Bindungswirkung,[206] wenn damit eine unzulässige Mindestsatzunterschreitung verbunden ist.

Vereinbaren die Parteien eine von den §§ 11, 12 HOAI **abweichende höhere** Honorarzone, ist diese Vereinbarung noch nicht ohne weiteres als ein Verstoß gegen den Höchstpreischarakter der HOAI anzusehen. Grundsätzlich können die Vertragsparteien die in der HOAI genannten **Höchstsätze** nach Belieben und ohne besondere Rechtfertigung vereinbaren.[207] Der von der HOAI zur freien Verfügung gestellte Gebührenrahmen wird erst dann überschritten, wenn bei einer falsch in Ansatz gebrachten Honorarzone der entsprechende Höchstsatz in der richtigen Honorarzone nicht eingehalten wird: Die vertraglich vereinbarte Abweichung von der an sich zulässigen, den Planungsleistungen angemessenen Honorarzone ist erst dann unwirksam, wenn damit gleichzeitig der Höchstsatz innerhalb der richtigerweise anzuwendenden Honorarzone überschritten wird.[208] Im Wege der Umdeutung ist daher die (unwirksame, weil den Höchstsatz überschreitende) Vereinbarung dahin abzuändern, dass nunmehr die Höchstsätze der richtigen Honorarzone gelten, weil zumindest diese von den Vertragsparteien gewollt waren.[209] Zu Recht weisen Locher/Koeble/Frik[210] in diesem Zusammenhang darauf hin, dass alle Bemessungsgrundlagen der HOAI, also auch die Honorarzonen, nicht isoliert zu betrachten sind, sondern der Höchstpreischarakter der HOAI nur durch die Höchstsätze in den Honorartafeln bestimmt wird. Dasselbe gilt hinsichtlich des Mindestsatzcharakters der HOAI.

**816**

Daraus folgt: Gegen eine von den Parteien vertraglich vorgenommene Honorarzonen-Zuordnung ist grundsätzlich nichts einzuwenden, wenn dabei – unter Berücksichtigung der nach den §§ 11, 12 HOAI objektiv zu ermittelnden richtigen Honorarzone – nicht gegen das Verbot der Mindestsatzunterschreitung[211] oder der Höchstsatzüberschreitung verstoßen wird.[212]

**817**

---

205) Ebenso *Motzke/Wolff*, S. 299 u. 304.
206) BGH, BauR 2004, 354 = NZBau 2004, 159 = NJW-RR 2004, 233 = MDR 2004, 327 = IBR 2004, 78 – *Schmidt-Hofmann*.
207) *Korbion/Mantscheff/Vygen*, § 4 HOAI, Rdn. 41.
208) Ebenso: *Locher/Koeble/Frik*, § 4 HOAI, Rdn. 61; s. ferner *Schmitz*, BauR 1982, 219, 220.
209) BGH, BauR 1990, 239 = NJW-RR 1990, 276 = ZfBR 1990, 72; OLG Jena, BauR 2002, 1724; KG, NJW-RR 1990, 91; *Korbion/Mantscheff/Vygen*, § 4 HOAI, Rdn. 115; *Locher/Koeble/Frik*, § 4 HOAI, Rdn. 61.
210) A. a. O.
211) BGH, BauR 2004, 354 = NZBau 2004, 159 = NJW-RR 2004, 233 = MDR 2004, 327 = IBR 2004, 78 – *Schmidt-Hofmann*.
212) So auch *Motzke/Wolff*, S. 304, die unter Hinweis auf LG Stuttgart, NJW-RR 1997, 1380 der Meinung sind, dass die Wirksamkeit einer ausgehandelten „Einzonung" nicht von der Übereinstimmung mit dem „Einzonungsergebnis" nach §§ 11, 12, sondern davon abhängt, ob eine Honorarvergleichsberechnung eine unzulässige Mindestsatzunterschreitung oder Höchstsatzüberschreitung belegt. Ebenso *Seifert* in Korbion/Mantscheff/Vygen, § 11 HOAI Rdn. 7.

**818** Grundsätzlich trägt der Architekt die Darlegungs- und Beweislast für die Einordnung seiner Planung in die von ihm behauptete Honorarzone.[213] Wer sich allerdings darauf beruft, dass im Einzelfall eine von § 12 **abweichende Honorarzone** vorliegt, trägt die **Darlegungs- und Beweislast**, weil § 12 HOAI vom Regelfall ausgeht.[214] In diesem Fall muss zu den einzelnen Bewertungsmerkmalen des § 11 HOAI substantiiert vorgetragen werden. Entsprechendes gilt, wenn eine Partei eine von der vertraglichen Abrede abweichende Honorarzone behauptet.

Die Frage, **welche Honorarzone** anwendbar ist, ist eine **Rechtsfrage**. Sie ist vom Gericht ggf. auf der von einem Sachverständigen ermittelten Tatsachengrundlage zu beantworten.[215] Besitzt das Gericht die nötige Sachkunde, kann auch das Gericht eine entsprechende Beurteilung ohne Hinzuziehung eines Sachverständigen vornehmen.[216]

### b) Anrechenbare Kosten

*Literatur*

*Enseleit/Osenbrück*, HOAI, Anrechenbare Kosten für Architekten und Tragwerksplaner, 2. Auflage 1991.

*Weyer*, Neue Probleme im Architektenhonorarprozess, BauR 1982, 309; *Koeble*, Zur Berücksichtigung von Skonto, Abgebot u. ä. sowie Mängel- und Vertragsstrafenansprüchen bei der Kostenfeststellung des Architekten nach § 10 HOAI, BauR 1983, 323; *Frik*, Zur Berechnung der anrechenbaren Kosten vorhandener Bausubstanz, die technisch oder gestalterisch mitverarbeitet wird gem. § 10 (3 a) HOAI, Fassung 1.4.1988, BauR 1991, 37; *Ruf*, DIN 276, Kosten im Hochbau – Ausgabe Juni 1993, DAB 1993, 1500; *Neuenfeld*, Posttechnische Einrichtungen als anrechenbare Kosten nach HOAI, BauR 1993, 271; *Pöschl*, Fortschreibung der Honorartafel bei Gebäuden und Raumbildenden Ausbauten für anrechenbare Kosten über 50 Mio. DM, DAB 1994, 1390; *Bredenbeck/Schmidt*, Honorarabrechnung nach HOAI, BauR 1994, 67; *Oppler*, Kostenplanung III – Kosten- und Honorarermittlung, DAB 1993, 2167; DAB 1994, 76; *Wolff*, Die Schimäre des § 4 a HOAI, DAB 1996, 87; *Arlt/Hartmann*, Zweifelsfragen zu § 4 a HOAI: Abweichende Honorarermittlung, DAB 1996, 677; *Kniffka*, § 4 a HOAI – zur Auslegung dieser Neuregelung, ZfBR 1996, 125; *Löffelmann*, Zum Planungsbegriff des § 10 Abs. 4 und Abs. 5 HOAI, Festschrift für von Craushaar (1997), 31; *Werner*, Zur Ermittlung der anrechenbaren Kosten als Grundlage der Berechnung des Architektenhonorars, Festschrift für von Craushaar (1997), 65; *Jochem*, Die Kostenplanung im Leistungsbild des Architekten, Festschrift für von Craushaar (1997), 1 sowie DAB 1997, 709; *Seifert*, Nachträglich zum 10-jährigen Bestehen des § 10 Abs. 3 a – anrechenbare Kosten aus vorhandener Bausubstanz – zur Auslegung und Anwendung des § 10 Abs. 3 a HOAI, MittBl ARGE-Baurecht 1998, 85; *ders.*, Anrechenbare Kosten aus vorhandener Bausubstanz – Zur Auslegung und Anwendung des § 10 Abs. 3 a, BauR 1999, 304; *Schmidt*, Muss zur Ermittlung der anrechenbaren Kosten das Muster der DIN 276 verwendet werden?, BauR 1999, 720; *H. Mantscheff*, Zu den anrechenbaren Kosten der vorhandenen Bausubstanz, Festschrift für Mantscheff (2000), S. 23; *Eich*, Der praktische Fall: Auslegung des Begriffs „Kostenanschlag" in § 10 Abs. II HOAI, NZBau 2002, 489; *Knipp*, Die Bewertung von Architekten- und Ingenieurleistungen bei beschränkten Aufträgen, Festschrift für Jagenburg (2002),

---

213) BGH, BauR 1990, 632.
214) Vgl. BGH, NJW-RR 1990, 1109 = BauR 1990, 632 = ZfBR 1990, 227; *Seifert* in Korbion/Mantscheff/Vygen, § 12 HOAI, Rdn. 6; ferner *Jochem*, § 12 HOAI, Rdn. 2; *Locher/Koeble/Frik*, § 11 HOAI, Rdn. 1; **a. A.:** *Baumgärtel*, § 12 HOAI, Rdn. 1.
215) BGH, BauR 2005, 735 = NJW-RR 2005, 669 = ZfBR 2005, 355; *Deckers*, BauR 2001, 1832.
216) OLG Frankfurt, BauR 1982, 600, 602; Zur Ermittlung der Honorarzone bei An- und Umbau vgl. OLG Düsseldorf, NJW-RR 1995, 1425; BauR 1995, 733.

351 u. BauR 2004, 1855; *Plankemann*, Der Kostenanschlag nach DIN 276, DAB 2003, 52; *Vogelheim*, Die Kostenermittlung nach DIN im dynamischen Planungsablauf, NZBau 2004, 577; *Werner*, Der dynamische, „fortgeschriebene" Kostenanschlag, Ein Beitrag zur Bewertung der anrechenbaren Kosten für die Leistungsphasen 5 bis 7 des § 15 HOAI, DAB 3/2006, 38; *Werner*, Ausgewählte Fragen zu den anrechenbaren Kosten als dem bedeutendsten Parameter bei der Ermittlung des Architektenhonorars, Festschrift für Motzke (2006), 435; *Stemmer/Wierer*, Der Kostenanschlag: Instrument der Kostenplanung einerseits, Grundlage für das Honorar der Architekten und Ingenieure andererseits, BauR 2006, 1058; *Osenbrück*, Zuordnung von in Gebäuden bzw. Bauwerken fest zu installierender Maschinen- und Elektrotechnik, Festschrift für Werner (2005), 311; *Ruf*, Kosten im Bauwesen – Die neue DIN 276, DAB 2007, 51; *Obermiller*, Der Kostenanschlag als Honorargrundlage, BauR 2007, 22.

### aa) Stationen der verschiedenen Kostenermittlungen (System des § 10 Abs. 2 HOAI)

Das Honorar für die in der HOAI enthaltenen Grundleistungen bei Gebäuden, Freianlagen und raumbildenden Ausbauten richtet sich u. a. nach den anrechenbaren Kosten des Objektes. Der BGH[217] hat kürzlich klargestellt, dass das Objekt i. S. der HOAI, also insbesondere i. S. der §§ 10 und 3 HOAI, durch den **Vertragsgegenstand** bestimmt wird. Das ist bedeutsam, wenn sich der Auftrag des Architekten nicht auf das gesamte Bauvorhaben, sondern nur auf Teile bezieht. In diesem Fall – so der BGH zutreffend – sind nicht die anrechenbaren Kosten des Gesamtobjekts, sondern nur die zugrunde zu legen, auf die sich der Auftrag bezieht: „Mit einer Honorarberechnung auf der Grundlage der anrechenbaren Kosten des Vertragsgegenstandes wird dem Grundsatz Rechnung getragen, dass sich der Wert und damit die Honorarwürdigkeit der Architektenleistung gerade in den anrechenbaren Kosten widerspiegelt."

819

Bei seinem Vortrag der **anrechenbaren Kosten** hat sich der Architekt an § 10 Abs. 2 HOAI zu halten, es sei denn, dass gemäß § 4a HOAI eine andere Honorarermittlung vereinbart wurde (vgl. hierzu Rdn. 840): Hier wird bei der Begriffsbestimmung der anrechenbaren Kosten (unter Zugrundelegung der Kostenermittlungsarten nach DIN 276 in der Fassung vom April 1981) zwischen den einzelnen Leistungsphasen unterschieden:

* Anrechenbare Kosten für die **Leistungsphasen 1 bis 4** des § 15 Abs. 1 HOAI sind grundsätzlich die Kosten nach der **Kostenberechnung** (Grundleistung bei der Entwurfsplanung); solange diese nicht vorliegt, sind die Kosten nach der Kostenschätzung (Grundleistung bei der Vorplanung) anzusetzen.
* Anrechenbare Kosten für die **Leistungsphasen 5–7** sind grundsätzlich die Kosten nach dem **Kostenanschlag** (Grundleistung im Rahmen der Mitwirkung bei der Vergabe); solange dieser nicht vorliegt, sind die Kosten nach der Kostenberechnung (Grundleistung bei der Entwurfsplanung) anzusetzen.
* Anrechenbare Kosten für die **Leistungsphasen 8 und 9** des § 15 Abs. 1 HOAI sind die Kosten nach der **Kostenfeststellung** (Grundleistung bei der Objektüberwachung); solange diese nicht vorliegt, sind die Kosten nach dem Kostenanschlag (Grundleistung im Rahmen der Mitwirkung bei der Vergabe) anzusetzen.

---

217) BauR 2006, 693 = NZBau 2006, 284 = IBR 2006 – *Fischer*.

Für Verträge, die vor Inkrafttreten der **5. HOAI-Novelle** (1. Januar 1996) abgeschlossen wurden, bleibt gemäß § 103 Abs. 6 HOAI die alte Zweistufigkeit nach § 10 Abs. 2 a. F. bestehen, sodass die anrechenbaren Kosten im Rahmen dieser Verträge wie folgt für die Honorarberechnung zu ermitteln sind:

* Anrechenbare Kosten für die Leistungsphasen 1 bis 4 des § 15 Abs. 1 sind grundsätzlich die Kosten nach der **Kostenberechnung** (Grundleistung bei der Entwurfsplanung); solange diese nicht vorliegt, sind die Kosten nach der Kostenschätzung (Grundleistung bei der Vorplanung) anzusetzen.
* Anrechenbare Kosten für die Leistungsphasen 5 bis 9 des § 15 Abs. 1 HOAI sind die Kosten nach der **Kostenfeststellung** (Grundleistung bei der Objektüberwachung); solange diese nicht vorliegt, sind die Kosten nach dem **Kostenanschlag** (Grundleistung im Rahmen der Mitwirkung bei der Vergabe) anzusetzen.

**820**  Die anrechenbaren Kosten gemäß § 10 Abs. 2 HOAI ergeben sich daher aus dem jeweiligen Leistungsstand, wobei die 4 Stationen des **Kostenermittlungsverfahrens nach DIN 276** zu berücksichtigen sind:

* **Kostenschätzung** (Grundleistung bei der Vorplanung)
  Sie dient zur überschlägigen Ermittlung der Gesamtkosten und ist vorläufige Grundlage für Finanzierungsüberlegungen. Dabei sind in erster Linie Kostenrichtwerte (z. B. t/m², t/Nutzeinheit, t/m³) anhand möglichst genauer Bedarfsangaben (Flächen, Nutzeinheiten, Rauminhalte) und Planungsunterlagen heranzuziehen. Üblich ist der Kostenrichtwert t/m³. Bei der Kostenschätzung ist das Formblatt nach DIN 276, Teil 3, Anhang 1 zu beachten.
* **Kostenberechnung** (Grundleistung bei der Entwurfsplanung)
  Sie dient zur Ermittlung der angenäherten Gesamtkosten und ist Voraussetzung für die Entscheidung, ob das Bauvorhaben, wie geplant, durchgeführt werden soll und ist Grundlage für die erforderliche Finanzierung. Sie hat nach genauen Bedarfsangaben und Nutzungsbedingungen sowie Planunterlagen im Rahmen von Mengen- und Preisermittlungen zu erfolgen. Der Kostenberechnung ist das Formblatt nach DIN 276, Teil 3, Anhang 2 zugrunde zu legen.[218]
* **Kostenanschlag** (Grundleistung im Rahmen der Mitwirkung bei der Vergabe)
  Er dient zur genauen Ermittlung der tatsächlich zu erwartenden Kosten durch die Zusammenstellung von Auftragnehmerangeboten, Eigenberechnungen, Honorar- und Gebührenberechnungen und anderer für das Baugrundstück, die Erschließung und die vorausgehende Planung bereits entstandener Kosten. Grundlage hierfür sind die Preise, die sich – im Rahmen der Vergabe – aus Angeboten, Gebührenberechnungen usw. ergeben oder als ortsüblich in Ansatz zu bringen sind. Maßgeblich für den Aufbau des Kostenanschlags ist die DIN 276, Teil 3, Anhang 3.
* **Kostenfeststellung** (Grundleistung im Rahmen der Objektüberwachung)
  Sie dient zum Nachweis der tatsächlich entstandenen Kosten und ist Voraussetzung für Vergleiche und Dokumentationen. Sie ist nach den geprüften Schlussrechnungen und Kostenbelegen unter Berücksichtigung von Eigenleistungen aufzustellen. Bei der Kostenfeststellung ist nach DIN 276, Teil 3, Anhang 4 vorzugehen.

---

[218] *Locher/Koeble/Frik*, § 10 HOAI, Rdn. 21 weisen zu Recht darauf hin, dass es im Rahmen der Kostenberechnung dem Architekten im Regelfall überlassen bleiben muss, wie er zu den in Bl. 3 Anh. 2 der DIN 276 geforderten Aussagen kommt, „ob nämlich durch Erfahrungswerte, pauschalierte Angaben oder summarische Ermittlung von Mengen- und Kostenansätzen"; ebenso OLG Düsseldorf, BauR 1996, 293, 294; **a. A.:** offensichtlich OLG Stuttgart, BauR 1985, 587 m. abl. Anm. *Beigel*.

## Anrechenbare Kosten

**821** Der Architekt muss die jeweiligen vorgenannten Stationen der Kostenermittlungsarten unter Berücksichtigung der DIN 276 „durchlaufen", um die **Fälligkeit** seines Honorars herbeizuführen (vgl. Rdn. 973 ff.).[219] Entspricht die Ermittlung der anrechenbaren Kosten nach der Art der Aufstellung bzw. ihrer Aufgliederung nicht der DIN 276, Teil 3, Anhang 1–4 in der Fassung vom April 1981, enthält also die Kostenermittlung keine Angaben zu den dort genannten Kostengruppen, tritt keine Fälligkeit ein.[220]

Das **Formblatt** nach DIN 276 selbst braucht dabei **nicht verwandt** zu werden;[221] vielmehr reicht eine **sachlich gleichwertige Kostenermittlung** aus,[222] sofern die Systematik der DIN 276 berücksichtigt oder sogar eine genauere Kostenermittlung aufgestellt wird.

Der Architekt hat aufgrund des § 10 Abs. 2 HOAI **Kostenermittlungen** nach **zwei unterschiedlichen DIN-Fassungen** zu erstellen: Zum **Leistungsbild** des § 15 HOAI gehört die Kostenermittlung nach der DIN 276 in der jeweiligen Neufassung; die DIN 276 ist zuletzt **2006** novelliert worden.[223] Zur **Honorarermittlung** muss sich der Architekt aber im Rahmen der Kostenermittlung nach der DIN 276 in der Fassung **1981** halten.[224] Diese „Doppelarbeit" ist auf ein ärgerliches Redaktionsversehen bei den letzten Novellierungen der HOAI zurückzuführen.

Die neue DIN 276 – 2006 – bringt eine Weiterentwicklung bei den Kostenermittlungen. Als neuer Begriff wird die „Kostenvorgabe" eingeführt. Damit sollen die Kosten als Obergrenze oder als Zielgröße für die Planung definiert werden (vgl. hierzu näher 1780 ff.). Darüber hinaus wird das System der Kostenermittlungen um eine Ermittlungsart erweitert, nämlich durch den „Kostenrahmen". Diese Kostenermittlung ist von dem Architekten im Rahmen der Bedarfsplanung, also der Leistungsphase 1 (Grundlagenermittlung) zu erstellen. Bei Vergabe und Ausführung wird eine besondere Stufe der Kostenkontrolle festgelegt: „Bei der Vergabe und der Ausführung sind die Angebote, Aufträge und Abrechnungen (einschließlich Nachträgen) in der für das Bauprojekt festgelegten Struktur aktuell zusammenzustellen und durch Vergleiche mit vorherigen Ergebnissen zu kontrollieren". Im Übrigen wurden in die DIN 276 neue Kostengruppen aufgenommen.

---

219) Zu den Leistungspflichten des Architekten bei der Kostenplanung vgl. *Seifert*, Festschrift für Motzke, S. 393.
220) BGH, BauR 1999, 1318 = NJW-RR 1999, 1541 = MDR 1999, 1437 = NZBau 2000, 142 = ZfBR 2000, 30; OLG Hamm, NJW-RR 1994, 984; OLG Düsseldorf, BauR 1985, 234, 235 u. BauR 1985, 345; OLG Stuttgart, BauR 1985, 587 m. Anm. *Beigel;* OLG Celle, BauR 1985, 591; *Seifert/Vygen* in Korbion/Mantscheff/Vygen, § 10 HOAI, Rdn. 10; **a. A.:** *Locher/Koeble/Frik*, § 10 HOAI, Rdn. 13, die der Meinung sind, dass eine sachlich gleichwertige oder sogar bessere Kostenermittlung ebenfalls die Fälligkeit der Honorarforderung herbeiführt.
221) Ebenso: OLG Düsseldorf, BauR 1996, 893, 895; OLG Stuttgart, BauR 1991, 491, 494 u. wohl auch OLG Köln, NJW-RR 1992, 667 = OLGR Köln, 1992, 64; s. ferner: *Schmidt*, BauR 1999, 720.
222) BGH, BauR 1999, 1318 = NJW-RR 1999, 1541 = MDR 1999, 1437 = NZBau 2000, 142 = ZfBR 2000, 30; OLG Düsseldorf, BauR 1996, 293; OLG Hamm, *SFH*, Nr. 24 zu § 649 BGB; so auch: *Seifert/Vygen* in Korbion/Mantscheff/Vygen, § 10 HOAI, Rdn. 3; *Locher/Koeble/Frik*, § 10 HOAI, Rdn. 12, 13; *Pott/Dahlhoff/Kniffka/Rath*, § 10 HOAI, Rdn. 2 a; *Löffelmann/Fleischmann*, Rdn. 1142.
223) Vgl. hierzu *Ruf*, DAB 2007, 51.
224) BGH, BauR 1998, 354 = NJW 1998, 1064 = MDR 1998, 645 m. Anm. *Hertwig; Rath*, BauR 2002, 557, 558; **a. A.:** OLG Köln, BauR 2002, 1588, allerdings unter dem Gesichtspunkt, dass der Auftraggeber erstinstanzlich keine konkreten Einwendungen gegen die Prüfbarkeit der Abrechnung erhoben hat. Vgl. hierzu auch OLG Zweibrücken, OLGR 2003, 352 sowie OLG Oldenburg, IBR 2004, 433 – *Seifert*.

**822** Hat der Architekt die Entwurfsplanung bzw. bereits die Genehmigungsplanung erbracht, jedoch die Kostenberechnung (als Teilleistung der Entwurfsplanung) nicht erstellt, kann er sein Honorar nicht mehr nach der Kostenschätzung (als Teilleistung bei der Vorplanung) berechnen. **Ziel** des § 10 Abs. 2 ist es, im Rahmen der „anrechenbaren Kosten" eine stets **nach Leistungsstand genauere Grundlage** für die Berechnung des Architektenhonorars zu schaffen.[225] Bei der Ermittlung der anrechenbaren Kosten ist auf den **Kostenstand im Zeitpunkt der jeweils maßgeblichen Kostenermittlungsart** abzustellen, also nicht auf eine (spekulativ angesetzte) zukünftig zu erwartende Kostenentwicklung.[226] Im Übrigen werden die anrechenbaren Kosten nach dem Vertragsgegenstand bestimmt und begrenzt; daher ist eine Vereinbarung, nach der sich die anrechenbaren Kosten auch auf Bereiche erstrecken sollen, die nicht zum Bauvorhaben gehören, unwirksam.[227]

**823** § 10 Abs. 2 HOAI stellt damit zur Ermittlung des jeweiligen Architektenhonorars auf die dem Baufortschritt entsprechende **Kostenermittlungsart** ab. Daher hat der Architekt jeweils die sich aus dem Leistungsstand ergebende Kostenermittlung zu erstellen, um seine Honorarforderung schlüssig darlegen zu können. Unter Umständen muss er die **jeweilige Kostenermittlung** (z. B. bei vorzeitiger Beendigung des Vertragsverhältnisses) **noch nachliefern**, soweit die einzelnen Leistungsphasen (z. B. Kostenanschlag im Rahmen der Phase 7 des § 15 HOAI) erreicht sind.[228] Andernfalls ist seine Honorarforderung nicht fällig (vgl. näher Rdn. 972 ff.).[229] Allerdings weist das OLG Köln[230] zu Recht darauf hin, dass die Nachlieferung der Kostenberechnung eine „bloße Förmelei" sei und daher nach Treu und Glauben nicht gefordert werden kann, wenn der Architekt einerseits seine Schlussrechnung auf der Basis der Kostenschätzung erstellt hat, andererseits „das nach der Kostenschätzung berechnete Honorar weit höher liegt als der Betrag der Schlussrechnung des Architekten und dieser an die Schlussrechnung gebunden ist."

**Zur Schlüssigkeit** einer Honorarklage genügt zunächst die Angabe des Ergebnisses der jeweiligen Kostenermittlung; erst auf den Einwand des Auftraggebers muss sie nach DIN 276 im Einzelnen dargelegt werden.[231]

**824** Aus dem Wortlaut des § 10 Abs. 2 HOAI wird deutlich, dass für die Phasen 1–4, 5–7 sowie 8 und 9 nur die jeweils genannten Kostenermittlungsarten als **endgültige Grundlage** für die Honorarabrechnung gelten, nämlich

---

225) *Locher/Koeble/Frik*, § 10 HOAI, Rdn. 50; *Weyer*, BauR 1982, 309; BGH, NJW 1981, 2351, 2353 = BauR 1981, 582, 585.
226) So zutreffend *Seifert/Vygen* in Korbion/Mantscheff/Vygen, § 10 HOAI, Rdn. 6.
227) BGH, BauR 1999, 1045.
228) **Herrschende Meinung;** OLG Hamm, BauR 1994, 793 = NJW-RR 1994, 982 u. NJW-RR 1992, 979; OLG Düsseldorf, BauR 1996, 422, 423; BauR 1994, 133, 135 u. BauR 1986, 244; *Sangenstedt*, BauR 1991, 118; **a. A.:** *Mauer*, Festschrift für Locher, S. 189, 197 ff., der trotz des klaren Wortlauts des § 10 HOAI im Einzelfall auf die Kostenberechnung und sogar die Kostenfeststellung als Fälligkeitsvoraussetzungen verzichten will.
229) Ebenso: *Seifert/Vygen* in Korbion/Mantscheff/Vygen, § 10 HOAI, Rdn. 10; *Locher/Koeble/Frik*, § 10 HOAI, Rdn. 50; OLG Düsseldorf, BauR 1986, 244 (LS); **a. A.:** OLG Düsseldorf, BauR 1983, 283; BauR 1985, 345 u. *Weyer*, BauR 1982, 309, 311, die bei unzureichender Darlegung der anrechenbaren Kosten zur uneingeschränkten Klageabweisung gelangen.
230) BauR 1992, 806 = NJW-RR 1992, 667.
231) So richtig: OLG Hamm, NJW-RR 1992, 979; **a. A.:** OLG Düsseldorf, OLGR 1994, 176, das zur prüffähigen Honorarrechnung auch die **Vorlage der Kostenberechnung** fordert.

## Anrechenbare Kosten
## Rdn. 824

* für die Phasen 1–4 die **Kostenberechnung**
* für die Phasen 5–7 der **Kostenanschlag und**
* für die Phasen 8 und 9 die **Kostenfeststellung**

Sie sind grundsätzlich nicht austauschbar und können auch nicht zu späteren Korrekturen (bei ansteigenden Kosten) herangezogen werden.[232] Der Architekt hat damit eine **dreistufige Gebührenberechnung** vorzunehmen, um sein Honorar fällig zu stellen (vgl. Rdn. 976 ff.).[233] Bei Umbaumaßnahmen und Modernisierungen muss der Architekt die entsprechenden Kostenermittlungen ebenfalls nach DIN 276, insbesondere eine Kostenberechnung, erstellen, auch wenn dies bei Umbauten häufig schwierig ist.[234]

Dem Umstand, dass nunmehr der **Kostenanschlag**[235] endgültig für die **Leistungsphasen 5 bis 7** zugrunde zu legen ist, wird man in Zukunft besondere Bedeutung beimessen müssen, zumal Architekten dieser Kostenermittlungsart im Rahmen der Leistungsphase 7 des § 15 HOAI in der Vergangenheit häufig wenig Beachtung geschenkt haben. Das ist allerdings auch nachvollziehbar, weil der Verordnungsgeber offensichtlich davon ausgeht, dass diese Kostenermittlung vor Beginn der Bauausführung möglich ist und vom Architekten auch erbracht werden kann. Die **Baupraxis** sieht insbesondere bei der Vergabe nach Einzelgewerken jedoch anders aus:[236] Hier werden Ausschreibung und Vergabe in der Regel **nach Baufortschritt** vorgenommen, sodass es einen Kostenanschlag im Zeitpunkt des Baubeginns nicht gibt. Der Architekt wird aufgrund der Neufassung des § 10 Abs. 2 HOAI nunmehr jedenfalls für seine **Honorarermittlung** den Kostenanschlag zeitnah zu erstellen oder später nachzuliefern haben. Das ist grundsätzlich möglich und auch nicht zu beanstanden, soweit es die Honorarermittlung betrifft (vgl. Rdn. 823).

Die HOAI gibt keine Auskunft, ob und gegebenenfalls bei welcher Kostenermittlung **Nachträge** von Unternehmern im Rahmen der Bauausführung bei den anrechenbaren Kosten zu berücksichtigen sind (vgl. hierzu Rdn. 864). Dass die entsprechenden Kosten in die Kostenfeststellung einfließen, kann nicht zweifelhaft sein. Dagegen stellt sich die Frage, ob sie auch dem Kostenanschlag zuzuordnen sind. Das wird man aber bejahen müssen, wenn der Architekt mit diesen Nachträgen (Prüfen und Vergabe) befasst wird; das gilt auch dann, wenn ihm nur die Objektüberwachung übertragen wurde. In diesen Fällen ist der **Kostenanschlag „fortzuschreiben"**.[237] Darauf verweist auch zu Recht Plankemann[238] mit dem Hinweis, dass der Kostenanschlag „erst dann abgeschlossen ist, wenn die letzte benötigte Leistung ausgeschrieben und vergeben ist; bis dahin verdient ein früher erstellter Kostenanschlag das Prädikat ‚vorläufig'". Massenerhöhungen oder -minderungen, die sich bei der

---

232) OLG Düsseldorf, BauR 1987, 708 = *SFH*, Nr. 1 zu § 6 HOAI; OLG Celle, BauR 1985, 591; vgl. auch BGH, ZfBR 1998, 239.
233) OLG Düsseldorf, BauR 1987, 227; vgl. hierzu auch *Werner*, Festschrift für v. Craushaar, S. 65 ff.
234) OLG Düsseldorf, BauR 1985, 345.
235) Zur Prüffähigkeit eines **Kostenanschlages**: OLG Düsseldorf, NJW-RR 1996, 84.
236) So auch *Jochem*, DAB 1997, 709 ff., 712.
237) So auch *Locher/Koeble/Frik*, § 10 HOAI, Rdn. 24; *Werner*, DAB 2006, 38; *Obermiller*, BauR 2007, 22; *Seifert/Vygen* in Korbion/Mantscheff/Vygen, § 10 HOAI, Rdn. 23 b; *Motzke/Wolff*, S. 266; *Neuenfeld*, § 10 HOAI, Rdn. 7; *Meurer*, BauR 2003, 328, 331; *Löffelmann/Fleischmann*, Rdn. 429; mit Einschränkungen auch *Vogelheim*, NZBau 2004, 577, 580.
238) DAB 2003, 52.

Bauausführung ergeben, haben keine Relevanz für den Kostenanschlag. Bedarfs- oder Eventualpositionen sind grundsätzlich beim Kostenanschlag nicht zu berücksichtigen.[239] Etwas anderes kann gelten, wenn diese Positionen bei Vertragsschluss beauftragt werden.[240]

Bei jedem Bauvorhaben sind **Nachträge** üblich. Ein Bauvorhaben ohne Nachträge ist insbesondere bei mittleren und größeren Bauten die Ausnahme. Die Ausgangslage für das so genannte „**Nachtragsclaiming**" von Unternehmen ist dabei in der Regel, dass der Auftraggeber zusätzliche Leistungen wünscht, die Planung ändert oder die Baubeschreibung Lücken enthält, die für den Auftragnehmer nicht erkennbar waren und daher insoweit nicht zu seinen Lasten gehen (vgl. zu Letzterem Rdn. 1127 ff.). Nicht selten werden Angebote von Unternehmern sogar noch kurz vor Fertigstellung des Bauvorhabens eingeholt. Daraus wird deutlich, dass es einen statischen Zeitpunkt für die Erstellung des Kostenanschlags nicht gibt. Vielmehr zeigt sich gerade beim Kostenanschlag die Dynamik eines jeden Bauvorhabens. Das ist anders bei der Kostenschätzung und der Kostenberechnung. Diese Kostenermittlungsarten sind die letzten Grundleistungen der Vorplanung bzw. der Entwurfsplanung: Sie sind vom Architekten abschließend und endgültig in diesen Leistungsphasen zu erstellen.

Die DIN 276 – wie auch die HOAI – unterscheiden nicht zwischen Angeboten und Nachtragsangeboten. Schon unter diesem Gesichtspunkt ist davon auszugehen, dass Nachträge wie ursprünglich ausgeschriebene und vergebene Leistungen dem Kostenanschlag zuzuordnen sind – unabhängig von der Frage, wann die Nachträge gestellt werden.

Gerade bei zusätzlichen Leistungswünschen oder Planungsänderungen des Auftraggebers ist die Preisermittlung häufig mit einem umständlichen Verfahren verbunden, an dem der Architekt in der Regel ganz erheblich mitwirken muss. So ist es häufig notwendig, dass der Architekt die Grundlagen für den neuen Preis im Rahmen eines Neueinstiegs in die Leistungsphase 6 ermitteln muss. Er muss den Unternehmer auf dieser Basis zu einem (neuen) Angebot (Nachtrag) auffordern und schließlich diesen Nachtrag durch einen Neueinstieg in die Leistungsphase 7 prüfen, werten, ggf. mit dem Unternehmer verhandeln und eine entsprechende Empfehlung an den Auftraggeber vornehmen. Dabei werden in der Regel Grundleistungen der Leistungsphasen 6 und 7 wiederholt, sodass auch unter diesem Gesichtspunkt Nachträge grundsätzlich im Kostenanschlag durch Fortschreibung zu berücksichtigen sind.[241]

Nachträge, die zwar vom Architekten – unter Umständen mit einem größeren Aufwand – geprüft worden sind, aber dann vom Auftraggeber nicht beauftragt werden, können dagegen nicht im Kostenanschlag fortgeschrieben werden, weil sie keine Kosten des Bauwerks darstellen; insoweit kommt nur eine Vergütung im Rahmen der Erhöhung des Honorarsatzes (z. B. als Änderungsleistung des Architekten) oder als Besondere Leistung in Betracht.[242]

Für Verträge, die vor Inkrafttreten der 5. HOAI-Novelle (1.1.1996) abgeschlossen wurden, gilt weiterhin gemäß § 103 Abs. 6 HOAI als endgültige Grundlage für die Honorarberechnung im Rahmen der Ermittlung der anrechenbaren Kosten:

* für die Phasen 1–4 die **Kostenberechnung**

  und

* für die Phasen 5–9 die **Kostenfeststellung**

---

239) *Locher/Koeble/Frik*, § 10 HOAI, Rdn. 24; *Seifert/Vygen* in Korbion/Mantscheff/Vygen, § 10 HOAI, Rdn. 23 a.
240) So zutreffend *Vogelheim*, NZBau 2004, 577, 581.
241) **A. A.:** aber abzulehnen *Stemmer/Wierer*, BauR 2006, 1058; ferner *Vogelheim*, NZBau 2004, 577 für Nachträge nach § 2 Nr. 5 VOB/B. Vgl. hierzu insbesondere *Werner*, DAB 2006, 38 sowie Festschrift für Motzke, S. 435, 443 ff.
242) So auch *Pott/Dahlhoff/Kniffka/Rath*, § 10, Rdn. 14 a. E.

## Anrechenbare Kosten

Der Architekt hat also insoweit eine **zweistufige Gebührenberechnung** vorzunehmen, um sein Honorar fällig zu stellen.

Wenn die Sympathiekurve im Rahmen des Bauherren-Architekten-Verhältnisses absinkt – das ist spätestens in der Vergabe- bzw. Ausführungsphase meist der Fall –, kommt häufig der Einwand des Bauherrn, dass der Architekt die Kostenberechnung oder den Kostenanschlag zu hoch angesetzt habe. Das geschieht vielfach von nicht erfahrenen Anwälten im Prozess. Damit wird der Bauherr aber in der Regel keinen Erfolg haben. Das gilt zunächst für den Kostenanschlag, weil sich der Architekt insoweit an die günstigsten Angebote bei seiner Kostenermittlung halten muss, ihm also kaum ein Spielraum zur Verfügung steht, es sei denn, er muss bei den einzusetzenden Preisen mangels vorliegender Angebote von „ortsüblichen aus der Erfahrung gewonnenen Preisen", wie die DIN 276 es ermöglicht, ausgehen. Das wird aber nur für wenige Bauleistungen der Fall sein.

Damit stellt sich vorrangig die Frage, ob der vorerwähnte Einwand hinsichtlich einer zu hoch angesetzten Kostenberechnung erheblich sein kann. Dabei verweist der Auftraggeber in aller Regel auf eine wesentlich niedrigere Kostenfeststellung, wenn das Bauvorhaben tatsächlich günstiger hergestellt werden konnte. Zunächst ist festzustellen, dass die Kostenberechnung die Kosten in einem statischen Zustand, nämlich im Zeitpunkt der Beendigung der Entwurfsplanung wiedergibt. Die Kostenberechnung wird daher grundsätzlich nicht fortgeschrieben – trotz der fortschreitenden dynamischen Entwicklung des Bauvorhabens. Die Kostenberechnung bleibt daher als Grundlage der Berechnung der Honorare für die Leistungsphasen 1 bis 4 des § 15 HOAI maßgebend, auch wenn sich die Kosten bei Fortsetzung der Planung nach oben oder unten entwickeln.

Dabei ist auch zu beachten, dass die Kostenberechnung meist auf Erfahrungswerten beruht. Dem Architekten steht daher ein nicht unbeachtlicher Spielraum zur Seite, zumal im Zeitpunkt des Entwurfes noch nicht alle Quantitäten, insbesondere aber nicht alle Qualitäten des auszuführenden Bauvorhabens feststehen. Daher kann der Einwand des Bauherrn nur dann zum Erfolg führen, wenn der Architekt schuldhaft die Kosten deutlich über den allgemeinen Erfahrungswerten ansetzt.

In der Literatur[243] werden dem Architekten insoweit unterschiedliche Ermessensspielräume zur Verfügung gestellt. Angemessen wird ein Toleranzrahmen von bis zu 30% sein, bei Umbauten, Modernisierungen usw. möglicherweise etwas mehr, weil hier häufig größere „Überraschungen" im Rahmen der Ausführung nicht ausgeschlossen sind und der Architekt kein „Hellseher" ist.

**Drei getrennte Berechnungen** sind nur dann **nicht erforderlich**, wenn Kostenberechnung, Kostenanschlag und Kostenfeststellung betragsmäßig **identisch** sind, was selten der Fall sein wird. Dasselbe gilt, wenn der Architekt z. B. die höhere Kostenberechnung, den höheren Kostenanschlag nicht berücksichtigen, sondern insgesamt (für alle Leistungsphasen) die tatsächlich geringeren Kosten aufgrund der Kostenermittlung seiner Rechnung zu Grunde legen und damit dem Bauherrn entgegenkommen will. Auf eine Kostenberechnung kann im Einzelfall zur Prüffähigkeit des Honorars für die Leistungsphasen 1 bis 4 des § 15 HOAI **verzichtet** werden, wenn die von dem Architekten vorgelegte Kostenschätzung so detailliert erstellt ist, dass sie einer Kostenberechnung gleichkommt und diese zur weiteren Information des Auftraggebers nicht erforderlich ist.[244]

---

243) *Seifert/Vygen* in Korbion/Mantscheff/Vygen, § 10 HOAI, Rdn. 26, räumen dem Architekten insoweit einen Toleranzrahmen von 20% ein; *Locher/Koeble/Frik*, § 10 HOAI, Rdn. 53 nennen sogar 40%. Für einen etwaigen Schadensersatzanspruch wegen überhöhter Kostenermittlung vgl. OLG Düsseldorf, BauR 1987, 708.

244) So richtig: OLG Düsseldorf, BauR 1996, 289, 291 = NJW-RR 1996, 535 mit Hinweis auf BGH, BauR 1995, 126, 128 ff.; ebenso: OLG Hamm, BauR 1996, 578, 579 für den Fall, dass ein Sachverständiger die Baukosten **nach einem anerkannten Verfahren berechnet** hat; vgl. hierzu BGH, BauR 1990, 97.

**827** Die Parteien können sich selbstverständlich auch unabhängig von § 4 a HOAI darauf einigen, dass das gesamte Honorar nur unter Zugrundelegung der **Kostenfeststellung** nach DIN 276 ermittelt wird. Das ist immer dann problemlos, wenn die Kostenfeststellung über der Kostenberechnung bzw. dem Kostenanschlag liegt und die entsprechenden Höchstsätze unter Berücksichtigung der Kostenberechnung bzw. dem Kostenanschlag nicht überschritten werden. Liegt aber die Kostenberechnung bzw. der Kostenanschlag über der Kostenfeststellung, kann unter Umständen bei schriftlicher Vereinbarung des Mindestsatzes dieser unterschritten werden, sodass die Vereinbarung unwirksam wäre (§ 4 Abs. 2 HOAI).

**828** Die Vertragsparteien können grundsätzlich auch andere, von § 10 Abs. 2 HOAI abweichende Vereinbarungen zur Ermittlung des Honorars treffen. Diese haben jedoch stets ihre Grenzen im Rahmen des § 4 HOAI: Die Vereinbarung darf also nicht gegen den Höchstpreischarakter (§ 4 Abs. 3) bzw. den Mindestpreischarakter (§ 4 Abs. 2) verstoßen. Bei einem entsprechenden Einwand einer Vertragspartei ist das Honorar zunächst auf der Basis des Systems des § 10 Abs. 2 HOAI zu ermitteln und sodann mit der entsprechenden Vereinbarung abzugleichen.

Nach einer Kostenberechnung ändern sich häufig die anrechenbaren Kosten; entweder wird das Bauvorhaben **aufwendiger** durchgeführt oder der Auftraggeber **verringert** den Umfang und/oder die Qualität des Bauvorhabens, sodass es zu niedrigeren anrechenbaren Kosten kommt. Das ist aber für die Leistungsphasen 1 bis 4 und die entsprechende Honorarabrechnung **unerheblich.** Von Bedeutung kann dies nur dann werden, wenn der Architekt die anrechenbaren Kosten schuldhaft zu hoch angesetzt hat.[245]

**829** Die Übernahme einer **Baukostengarantie** (vgl. näher Rdn. 1777 ff.) durch den Architekten ändert dagegen nichts an der vorerwähnten getrennten Ermittlung der anrechenbaren Kosten.[246] Liegt die Baukostengarantie unter den ermittelten Kosten, können nur die garantierten Baukosten bei der Berechnung des Honorars Berücksichtigung finden; dasselbe gilt hinsichtlich der Einigung auf einen „Baukostenhöchstbetrag".[247] Vereinbaren die Vertragsparteien eine **Bausumme als Beschaffenheit** des geschuldeten Werks (vgl. hierzu Rdn. 1781 ff.), bildet nach der Rechtsprechung des BGH[248] diese Summe die Obergrenze der anrechenbaren Kosten für die Honorarabrechnung. Das ist jedoch bedenklich. Zum einen hatten sich die Vertragsparteien in dem Fall, den der BGH zu entscheiden hatte, nur auf einen Circa-Betrag geeinigt, der also einen Spielraum zulässt, sodass die Höhe der Beschaffenheit unter Berücksichtigung einer Toleranzgrenze zu ermitteln wäre, worauf der BGH jedoch nicht eingeht. Zum anderen können hierdurch die Mindestsätze der HOAI unterlaufen werden.[249]

---

245) OLG Düsseldorf, BauR 1987, 708, 712.
246) *Seifert/Vygen* in Korbion/Mantscheff/Vygen, § 10 HOAI, Rdn. 27; OLG Hamm, BauR 1995, 415.
247) *Locher/Koeble/Frik*, § 10 HOAI, Rdn. 68; *Hartmann*, § 10 HOAI, Rdn. 9; OLG Köln, BauR 1995, 138 (LS), auch zur Beweislastverteilung.
248) BauR 2003, 1061 = IBR 2003, 315 – *Quack* = NZBau 2003, 388 = ZflR 2003, 1035 m. Anm. *Gsell*; BauR 2003, 566 = NZBau 2003, 381 = MDR 2003, 453 = NJW-RR 2003, 593; vgl. hierzu *Böhme*, BauR 2004, 397; *Quack*, ZfBR 2004, 315 und *Schwenker*, EWiR, § 631 BGB 1/04.
249) So auch *Quack*, ZfBR 2004, 315; ebenfalls kritisch hierzu *Seifert/Vygen* in Korbion/Mantscheff/Vygen, § 10 HOAI, Rdn. 27, die darauf verweisen, dass „dies zu einer gegen das Preisrecht verstoßenden Unterschreitung der Mindestsätze führen kann und in den meisten Fällen auch führt".

## Anrechenbare Kosten   Rdn. 830–833

Betreut der Architekt einzelne Gewerke nicht oder nur teilweise, so sind die **830** anrechenbaren Kosten doch voll zu ermitteln; nur die **Prozentsätze** der einzelnen Leistungsphasen sind zu **korrigieren**.[250]

Haben die Parteien ein **Pauschalhonorar** vereinbart, ist die **Ermittlung der anre- 831 chenbaren Kosten** nach § 10 Abs. 2 HOAI **überflüssig**. Hier reicht die Angabe des vereinbarten Pauschalhonorars im Rahmen der Honorarschlussrechnung aus, um die Fälligkeit herbeizuführen.[251] Etwas anderes kommt in Betracht, wenn der Auftraggeber behauptet, die Höchstsätze der HOAI seien mit dem vereinbarten Pauschalpreis unzulässigerweise überschritten, weil die durch § 10 Abs. 2 HOAI gesetzten Grenzen nicht beachtet wurden.[252] Der entsprechende Nachweis der Einhaltung der Höchstsatzgrenzen bzw. deren Überschreitung kann dann nur durch eine entsprechende Berechnung der anrechenbaren Kosten aufgrund des nach § 10 Abs. 2 HOAI vorgegebenen Schemas erfolgen.[253] Ist ein Pauschalhonorar mündlich vereinbart, hat der Architekt anhand einer prüffähigen Rechnung (insbesondere unter Angabe der jeweils anrechenbaren Kosten) nachzuweisen, dass die Mindestsätze nicht überschritten sind, da eine mündliche Pauschalhonorarvereinbarung, die die Mindestsätze überschreitet, unwirksam ist.[254]

Die Frage, **welche Kosten** im Sinne des § 10 Abs. 2–6 HOAI anrechenbar sind, ist eine **Rechtsfrage**. Daher ist diese Frage vom Gericht ggf. auf der von einem Sachverständigen ermittelten Tatsachengrundlage zu beantworten.[255]

Wird die Errichtung des Bauwerks einem **Generalunternehmer/Generalüberneh- 832 mer** zu einem Pauschalpreis in Auftrag gegeben, bedarf es zur Errechnung des Honorars des Architekten jedenfalls keiner Kostenfeststellung mehr, es sei denn, dass sich der Pauschalpreis im Ablauf des Bauvorhabens verändert.[256] Vgl. hierzu auch Rdn. 842.

Entspricht eine Honorarrechnung im Aufbau nicht dem § 10 Abs. 2 HOAI und ist **833** sie damit mangels **Prüffähigkeit** nicht fällig, kann sie auch nicht – im Rahmen einer gerichtlichen Auseinandersetzung – durch Einholung eines Sachverständigengutachtens „prüffähig gemacht" werden; denn die vom Architekten geschuldete Kostenermittlung kann **nicht durch ein Sachverständigengutachten ersetzt werden**. Nur aufgrund besonderer Umstände kann es im Einzelfall unter dem Gesichtspunkt von Treu und Glauben gerechtfertigt sein, die von einem Sachverständigen ermittelten Baukosten der Berechnung zu Grunde zu legen.[257]

---

250) KG Waldshut-Tiengen, BauR 1981, 80, 82.
251) *Locher/Koeble/Frik*, § 8 HOAI, Rdn. 70; *Schmitz*, BauR 1982, 219, 224; **a. A.:** wohl OLG Düsseldorf, BauR 1982, 294.
252) *Seifert/Vygen* in Korbion/Mantscheff/Vygen, § 10 HOAI, Rdn. 27 a.
253) *Seifert/Vygen* in Korbion/Mantscheff/Vygen, a. a. O.; *Schmitz*, a. a. O.
254) Insoweit zutreffend: OLG Düsseldorf, BauR 1982, 294; vgl. hierzu auch *Schmitz*, a. a. O.
255) BGH, BauR 2005, 735 = NJW-RR 2005, 669 = ZfBR 2005, 355.
256) *Locher/Koeble/Frik*, § 10 HOAI, Rdn. 72; **a. A.:** OLG Köln, IBR 2003, 422, wonach der Architekt den GÜ-Pauschalfestpreis nicht ohne weiteres als anrechenbare Kosten für seine Honorarermittlung zugrunde legen kann, sondern diesen Preis aufgliedern und die daraus anrechenbaren Kosten angeben muss, wobei nicht anrechenbare Kosten herauszurechnen sind. Ebenso *Seifert/Vygen* in Korbion/Mantscheff/Vygen, § 10 HOAI, Rdn. 28 b.
257) BGH, NJW-RR 1990, 90 = BauR 1990, 97 = ZfBR 1990, 19 (z. B., wenn die nachträgliche Rekonstruktion der Kosten praktisch nicht mehr möglich ist); BGH, BauR 1990, 379 = ZfBR 1990, 173 = NJW-RR 1990, 601.

### bb) Nicht geregelte Fallgestaltungen

**834** Problematisch sind die Fälle, bei denen der Architekt nur **bis zu bestimmten Leistungsphasen beauftragt** worden ist, erhebliche Umplanungen im Verlauf des Planungsprozesses erfolgen oder dem Architekten der **Auftrag vorzeitig entzogen** worden ist und bei denen entweder ein anderer Architekt das Bauvorhaben fortsetzt oder das Bauvorhaben **endgültig abgebrochen** wird. Insoweit bietet § 10 Abs. 2 HOAI für bestimmte, in der Baupraxis nicht seltene Fallgestaltungen **keine Lösungen** an. Das gilt insbesondere für folgende Fälle:

**835**
* Das Bauvorhaben wird **unmittelbar nach Vertragsabschluss** ohne jegliche Leistung des Architekten oder nach erstellter Leistungsphase 1 (z. B. durch Kündigung des Auftraggebers) **endgültig abgebrochen**. In beiden Fällen gibt es weder für die erbrachte Leistung noch für den Anspruch des Architekten auf entgangenen Gewinn eine Kostenermittlung, die der Berechnung des Architektenhonorars bzw. des Schadensersatzanspruches zu Grunde gelegt werden kann. In beiden Fällen wird man verlangen müssen, dass der Architekt eine **nachprüfbare, überschlägige Kostenschätzung** für das Bauvorhaben erstellt, weil nur so eine Basis für eine Abrechnung des Architekten nach HOAI erreicht werden kann.[258]
* Es erfolgten erhebliche Umplanungen (mit Verringerung der anrechenbaren Kosten) im Stadium der Entwurfsplanung: Hier kann der Architekt – wie bei einer vorzeitigen Vertragsbeendigung – die Leistungsphasen 1 und 2 des § 15 HOAI nach der Kostenschätzung abrechnen.[259]

**836**
* Entsprechendes hat zu gelten, wenn der Auftraggeber vertraglich – bei entsprechender Honorarkürzung – gegenüber dem Architekten auf die **Erstellung** einer Kostenschätzung und Kostenberechnung **verzichtet**.

**837**
* Das Bauvorhaben wird endgültig mit der **Leistungsphase 5** (Ausführungsplanung) bzw. 6 (Vorbereitung der Vergabe) **beendet**, oder der Architektenvertrag schließt mit diesen Phasen. Hier können nach dem Wortlaut des § 10 Abs. 2 HOAI die anrechenbaren Kosten für die Leistungsphasen 5 bis 7 nur nach dem Kostenanschlag (Grundleistung bei der Phase 7) ermittelt werden.
Die HOAI bringt hierfür nur eine Lösung für die Phasen 1 bis 4; insoweit kann nach der Kostenberechnung abgerechnet werden. Für die Phase 5 bzw. 6 fehlt es an einer Abrechnungsgrundlage, da der Architekt keinen Kostenanschlag erbracht hat und auch nicht erbringen musste. Aus der erwähnten Zweckbestimmung des § 10 Abs. 2 HOAI wird man jedoch folgern können, dass auch insoweit das Honorar nach der **vorliegenden Kostenberechnung** bestimmt werden kann, weil es die in dieser Vorschrift genannte **letzte Kostenermittlungsgrundlage** ist.[260] Die

---

[258] Für die erste Fallgestaltung ebenso: *Seifert/Vygen* in Korbion/Mantscheff/Vygen, § 10, Rdn. 7. Für die zweite Fallgestaltung wie hier: *Löffelmann/Fleischmann*, Rdn. 1359, die allerdings darauf verweisen, dass „als Auffangtatbestand auf ein Mindestzeithonorar zurückgegriffen werden kann, wenn eine Kostenschätzung nicht möglich ist"; ebenso: *Locher/Koeble/Frik*, § 10 HOAI, Rdn. 7; s. ferner: *Börner*, BauR 1995, 331, 334.

[259] KG, KGR 2003, 222.

[260] Ebenso: OLG Düsseldorf, BauR 1987, 227, 228 u. BauR 1995, 741 (LS) für den Fall der **Kündigung** während der Leistungsphase 8 u. BauR 1996, 293 = NJW-RR 1996, 1171 für den Fall, dass die Vertragsparteien vereinbart haben, dass das Honorar des Architekten für alle Leistungsphasen nach den tatsächlich angefallenen Baukosten berechnet werden soll, der Architektenvertrag aber mit der Erbringung der Leistungsphase 5 beendet wird; *Löwe*, ZfBR 1998, 121,

Rechtsprechung des **BGH** ist zu dieser Frage nicht eindeutig. Einerseits folgt er den vorerwähnten Ausführungen uneingeschränkt,[261] indem er darauf verweist, dass für die Berechnung des Honorars jeweils die Kostenermittlungsart maßgebend ist, die in der jeweiligen Leistungsphase der HOAI dem Leistungsumfang entspricht, der vertraglich vereinbart ist. Ist also das Vertragsverhältnis vor der nächsten Kostenermittlung beendet, ist der Architekt nicht verpflichtet, nach dieser abzurechnen; er kann vielmehr sein Honorar nach der **letzten von ihm erstellten Kostenermittlung** berechnen. Andererseits will der BGH aber die Berechnungsmethode im Einzelfall davon abhängig machen, ob es dem Architekt nach Treu und Glauben (noch) zumutbar ist, die an sich maßgebliche, jedoch noch nicht vorliegende **Kostenermittlungsgrundlage** nachträglich zu erstellen.[262] Da der ausscheidende Architekt in der Regel keinen Zugriff auf die weiteren Kostenermittlungen hat, weil sich die Kostenentwicklung allein in der Sphäre des Auftraggebers und eines etwaigen „Nachfolge-Architekten" abspielt, wird ein solcher Ausnahmefall, an den der BGH offensichtlich denkt, selten anzunehmen sein.

* Der Architektenvertrag wird während der **Leistungsphase 3, 7 oder 8 gekündigt**. In diesen Fallgestaltungen ist der Architekt nicht verpflichtet, die jeweilige Kostenermittlung, die als Grundleistung der betreffenden Phase in Betracht kommt, anzufertigen, wenn dies noch nicht geschehen ist. Vielmehr kann der Architekt die anrechenbaren Kosten nach der letzten zu erbringenden Kostenermittlung vornehmen.[263] Dem ist der BGH[264] für den Fall gefolgt, dass dem Architekten im Rahmen der Leistungsphase 8 (Objektüberwachung) **vor der Kostenfeststellung gekündigt** wird: In diesem Fall kann der Architekt die anrechenbaren Kosten nach dem Kostenanschlag für die Leistungsphasen 5 bis 8 ansetzen, ist also nicht verpflichtet, noch eine Kostenfeststellung vorzunehmen, um auf dieser Basis dann abrechnen zu können. Hat der Architekt als Berechnungsgrundlage den Kostenanschlag gewählt, ist er daran gebunden.[265] Auch insoweit ist allerdings die einschränkende Auffassung des BGH[266] zu berücksichtigen, dass dem ausscheidenden Architekten unter Umständen zumutbar ist, die bis zur Beendigung des

---

124. Siehe ferner: KG, BauR 1991, 251, 254 m. Anm. *Locher;* OLG Frankfurt, BauR 1994, 657 = NJW-RR 1994, 1502 (bei **nicht durchgeführtem** Bauvorhaben); *Börner,* BauR 1995, 331, 334; *Sangenstedt,* BauR 1991, 118; *Jochem,* § 10 HOAI, Rdn. 6; *Weyer,* BauR 1982, 309, 312; *Seifert/Vygen* in Korbion/Mantscheff/Vygen, § 10 HOAI, Rdn. 7.

261) BauR 1999, 1467 = ZfBR 2000, 33 = NJW 1999, 3493 = MDR 1999, 1378.
262) BauR 1999, 265 = NJW-RR 1999, 312 = ZfBR 1999, 88 = MDR 1999, 156; BauR 1990, 97 = ZfBR 1990, 19.
263) BGH, BauR 2000, 1511, 1512 = NJW 2000, 2587 = ZfBR 2000, 480; BauR 2000, 591 = NJW 2000, 808 = ZfBR 2000, 173 = MDR 2000, 264; OLG Düsseldorf, NJW-RR 1996, 84 (für den Fall der **Kündigung** während der Leistungsphase 8).
264) BauR 1999, 1467 = ZfBR 2000, 33 = NJW 1999, 3493 = MDR 1999, 1378; OLG Koblenz, IBR 2007, 256 – *Eick;* OLG Düsseldorf, OLGR 2001, 17; vgl. hierzu auch: KG, NJW-RR 1999, 97 (für den Statikervertrag); ferner: *Kniffka,* Jahrbuch Baurecht 2000, 1, 16 ff. Nach der Auffassung des OLG Koblenz, IBR 2007, 256, ist ein Architekt nicht verpflichtet, seine Leistung nach einer Kostenermittlung abzurechnen, die ihm vertragsgemäß nicht oblag.
265) BGH, BauR 1998, 813.
266) BauR 1999, 265 = NJW-RR 1999, 312 = ZfBR 1999, 88 = MDR 1999, 156; BauR 1990, 97 = ZfBR 1990, 19.

Vertrages noch nicht vorliegenden Kostenermittlungsgrundlagen nachträglich zu erstellen.

838 * Das **Bauvorhaben** wird **von einem anderen Architekten** nach Kündigung oder einvernehmlicher Aufhebung des ersten Architektenvertrages **fortgesetzt.** Der (erste) Architekt ist nicht verpflichtet, eine Kostenermittlung nach DIN 276 zu erstellen, die erst im Rahmen einer noch nicht erbrachten Leistungsphase fällig wird, da er bei Kündigung oder einvernehmlicher Aufhebung des Vertrages weitere Leistungen nicht mehr schuldet;[267] bei vorzeitiger Vertragsbeendigung kann der Architekt daher sein Honorar grundsätzlich nach der zuletzt von ihm erbrachten bzw. zu erbringenden Kostenermittlung berechnen.[268]

Wird das Bauvorhaben von einem anderen Architekten fortgesetzt, kann der abgelöste Architekt allerdings sein Honorar auch nach der neuen Kostenermittlungsgrundlage (z. B. bei Beendigung des ersten Architektenvertrages nach den Leistungsphasen 5 und 6 auf der Basis des Kostenanschlages) bestimmen,[269] es sei denn, dass er eine andere Honorarrechnung bereits erstellt hat und an diese ausnahmsweise gebunden ist.[270] Verweigert der Auftraggeber die Bekanntgabe der von dem neuen Architekten berechneten Kostenanschlagssumme bzw. der Kostenfeststellung, kann der abgelöste Architekt gegen den Auftraggeber **Auskunfts- oder Stufenklage (§ 254 ZPO) erheben.**[271] Seiner **Auskunftspflicht** genügt der Bauherr (Auftraggeber) nicht allein durch das Angebot, in die Bauunterlagen Einsicht zu nehmen; er kann dem Architekten auch nicht nur eine ungeordnete Bauabrechnung zur Einsicht vorlegen, sondern muss eine **geordnete Zusammenstellung nebst Belegen aushändigen**, mit der die Vollständigkeit und Richtigkeit der Abrechnung dokumentiert wird[272] (vgl. auch Rdn. 855).

Neben der Erhebung einer Auskunftsklage besteht für den Architekten im Einzelfall auch die Möglichkeit, die **Kosten zu schätzen.** Das gilt nach Auffassung des BGH[273] insbesondere für die Fallgestaltungen, in denen der Architekt die Grundlagen für die Ermittlung der Kosten in zumutbarer Weise nicht selbst beschaffen kann, der Auftraggeber ihm die erforderlichen Auskünfte vertragswidrig nicht erteilt, der Architekt aber alle ihm zugänglichen Unterlagen sorgfältig auswertet und der Auftraggeber seinerseits die fehlenden Angaben anhand seiner Unterlagen unschwer ergänzen kann.

---

[267] KG, NJW-RR 1995, 536, 537; OLG Düsseldorf, BauR 1987, 227, 228; OLG Frankfurt, OLGR 1994, 97.

[268] OLG München, BauR 1991, 650, 651; *Löffelmann/Fleischmann*, Rdn. 1352; ähnlich: OLG Frankfurt, OLGR 1994, 97 für den Fall, dass das Bauvorhaben nicht fortgeführt wird.

[269] BGH, BauR 1998, 814, der in diesem Zusammenhang offen lässt, ob der Architekt auch nach der zuletzt von ihm erbrachten Kostenermittlung sein Honorar berechnen kann; *Neuenfeld*, § 10 HOAI, Rdn. 9; *Jochem*, § 10 HOAI, Rdn. 7; *Locher/Koeble/Frik*, § 10 HOAI, Rdn. 59, die der Auffassung sind, dass insoweit nur auf der Basis der Kostenfeststellung des neuen Architekten abgerechnet werden kann.

[270] Vgl. Rdn. 794 ff.

[271] Vgl. KG, NJW-RR 1995, 536, 537; OLG Köln, NJW-RR 1991, 279; ferner *Jochem*, § 10 HOAI, Rdn. 7; *Locher/Koeble/Frik*, § 10 HOAI, Rdn. 63.

[272] Zutreffend: KG, NJW-RR 1995, 536, 537 sowie OLG Düsseldorf, BauR 1996, 438 (LS).

[273] BauR 1995, 126 = NJW 1995, 399; BauR 1999, 265 = NJW-RR 1999, 312 = MDR 1999, 156 = ZfBR 1999, 88.

**Anrechenbare Kosten**

* Das **Bauvorhaben verändert sich** zu einem Zeitpunkt, in dem der Architekt 839
bereits die Leistungsphasen 5 und 6 erbracht hat. Das gilt z. B. für den Fall, dass
das Bauvorhaben deutlich umgeplant (z. B. Wegfall von Kellerräumen oder eines
Bades) oder auf Wunsch des Bauherrn in der Ausführungsphase „abgespeckt"
wird. Bei dieser Fallgestaltung ist der Architekt ausnahmsweise berechtigt, die vorerwähnten Leistungsphasen auf der Basis der Kostenberechnung abzurechnen,
weil nur diese Kostenermittlung den von ihm erbrachten Leistungen entspricht.
Das gilt aber nicht, wenn in der Ausführungsphase nicht „abgespeckt", sondern
im Gegenteil aufwendiger gebaut wird, weil insoweit ja notwendigerweise Leistungen der vorangegangenen Phasen sozusagen „nachgeholt" werden.

### cc) Von § 10 Abs. 2 HOAI abweichende Honorarermittlung (§ 4 a HOAI)

Die HOAI eröffnet den Vertragsparteien allerdings eine von § 10 Abs. 2 HOAI 840
**abweichende Honorarermittlung:** Gemäß § 4 a HOAI können die Parteien vereinbaren, dass „das Honorar auf der Grundlage einer nachprüfbaren Ermittlung der
voraussichtlichen Herstellungskosten nach **Kostenberechnung** oder nach **Kostenanschlag** berechnet wird". Diese Vereinbarung muss **schriftlich bei Auftragserteilung** getroffen werden.

Treffen die Parteien eine Vereinbarung gemäß § 4 a Satz 1 HOAI, wird das Honorar von den **tatsächlichen Kosten** gemäß der Kostenfeststellung **abgekoppelt.** In der
Begründung zur 5. HOAI-Novelle[274] wird in diesem Zusammenhang darauf hingewiesen, dass mit der Möglichkeit, das Honorar auf der Grundlage von Kostenberechnung oder Kostenanschlag zu ermitteln, „einem durch die enge Anbindung der
Honorare an die Baukosten im Einzelfall mangelnden Interesse an einer wirtschaftlichen Bauausführung entgegengewirkt werden kann". Gleichzeitig wird betont,
dass „die voraussichtlichen Herstellungskosten unter Beachtung der relevanten Ein-
flussfaktoren zu berechnen" sind. Dabei wird offen gelassen, ob die voraussichtlichen
Herstellungskosten unter Heranziehung der DIN 276 zu ermitteln sind. Davon ist
jedoch auszugehen, weil es bei den Begriffen der „Kostenberechnung" und des „Kostenanschlages" insoweit verblieben ist und diese der DIN 276 entnommen wurden.
Die neue Regelung des § 4 a HOAI ist eine Folge der Strukturüberlegungen
(insbesondere des Bundesrates), das Architektenhonorar und die Baukosten zu
**entkoppeln.**

Es ist schon jetzt abzusehen, dass viele Auftraggeber im Hinblick darauf, dass sich
die tatsächlichen Baukosten in aller Regel gegenüber der Kostenberechnung bzw.
dem Kostenanschlag erhöhen, von der Neuregelung Gebrauch machen werden.
Das wird insbesondere für die öffentliche Hand als Auftraggeber gelten.

In Teilen der Literatur wird heute noch die Auffassung vertreten, dass § 4 a HOAI nicht mehr von
der Ermächtigungsnorm (§§ 1 und 2 MRVG – Gesetz zur Regelung von Ingenieur- und Architektenleistungen) gedeckt und daher nicht verfassungskonform sei.[275] Dem kann nicht zugestimmt
werden.[276] Die Ermächtigungsnorm räumt dem Verordnungsgeber das Recht ein, in der Honorarordnung Mindest- und Höchstsätze festzusetzen, wobei Mindestsätze nur in Ausnahmefällen unter-

---

[274] BR-Drucksache 399/95 (Beschluss).
[275] *Seifert/Vygen* in Korbion/Mantscheff/Vygen, § 4 a HOAI, Rdn. 7; *Locher/Koeble/Frik*, § 4 a HOAI, Rdn. 3; *Osenbrück/Voppel*, BauR 1996, 474; *Neuenfeld*, § 4 a HOAI, Rdn. 2.
[276] Ebenso *Jochem*, § 4 a HOAI, Rdn. 2; *Pott/Dahlhoff/Kniffka/Rath*, § 4 a HOAI, Rdn. 13.

schritten werden dürfen. Nicht mehr und nicht weniger gibt die Ermächtigungsnorm dem Verordnungsgeber vor. Daran hält sich auch die Vorschrift des § 4 a Satz 1 HOAI. Diese Vorschrift räumt lediglich – parallel zu § 10 Abs. 2 HOAI – den Vertragsparteien eine weitere Bemessungsgrundlage ein, in deren Rahmen selbstverständlich ebenfalls die Grundsätze des Mindest- und Höchstsatzcharakters der HOAI zu berücksichtigen sind. In das System der Mindestsätze und Höchstsätze wird in keiner Weise durch § 4 a HOAI eingegriffen. § 4 a Satz 1 HOAI ist daher lediglich eine neue Variante[277] zu der Vorschrift des § 10 Abs. 2 HOAI, deren Inhalt auch nicht in der Ermächtigungsnorm vorgegeben war, sondern vom Verordnungsgeber selbstständig erarbeitet worden ist.[278] Dem Verordnungsgeber ist auch in der Ermächtigungsnorm die Kompetenz verblieben, das Honorarermittlungssystem im Einzelnen zu regeln, wie es im § 10 Abs. 2 HOAI beispielsweise geschehen ist und in § 4 a Satz 1 HOAI alternativ verändert wurde. Das Ermächtigungsgesetz enthält also keinerlei Hinweise und/oder Aussagen, wie die Honorarermittlungsgrundlagen im Einzelnen geregelt werden sollen.[279]

Daraus folgt, dass eine entsprechende Absprache der Parteien, das Honorar z. B. endgültig an die Kostenberechnung zu koppeln, nicht am Korridor der Mindest- und Höchstsätze in Verbindung mit dem System des § 10 Abs. 2 HOAI zu überprüfen ist, weil mit § 4 a Satz 1 HOAI eine eigenständige, im Übrigen unkomplizierte und daher begrüßenswerte Honorarermittlungsmethode vom Verordnungsgeber den Vertragsparteien an die Hand gegeben wurde. Allerdings gelten auch hier die Mindest- und Höchstsätze der HOAI, jedoch allein bezogen auf die anrechenbaren Kosten, die in der Kostenberechnung oder dem Kostenanschlag ermittelt wurden.

Soweit auf Veranlassung des Auftraggebers **Mehrleistungen** des Architekten erforderlich werden, sind diese nach § 4 a Satz 2 HOAI **zusätzlich** zu honorieren. Aufgrund der Stellung dieser Bestimmung in § 4 a HOAI ist jedoch davon auszugehen, dass sich diese Regelung nur auf Fälle bezieht, in denen eine **entsprechende Absprache** nach Satz 1 des § 4 a HOAI getroffen worden ist.[280] Satz 2 dieser Bestimmung regelt also nicht die übrigen Fälle von Mehrleistungen oder Planungsänderungen (vgl. hierzu Rdn. 865 ff.). Stets müssen diese Mehrleistungen (Änderungsleistungen, Erweiterungen usw.) vom Auftraggeber **„veranlasst"** worden sein. Wann eine zu vergütende Mehrleistung vorliegt, ist unter Berücksichtigung aller Umstände **im Einzelfall** zu ermitteln. Nicht jede kleinere Mehrleistung wird zu einer Vergütungspflicht des Auftraggebers führen können. Die Mehrleistung muss – wie jede Änderungsleistung – ein **gewisses Gewicht** haben.[281] Wie vergütungspflichtige Mehrleistungen im Einzelfall zu honorieren sind, sagt die Bestimmung des § 4 a Satz 2 HOAI nicht. Die zusätzliche Honorierung bei Mehrleistungen im Planungsbereich erfolgt über die Erhöhung der anrechenbaren Kosten.[282] Der Anspruch aus § 4 a Satz 2 HOAI für erbrachte Leistungen bedarf keiner zusätzlichen Vereinbarung, sondern ergibt sich aus der vorerwähnten Bestimmung unmittelbar.

---

277) *Osenbrück/Voppel*, BauR 1996, 474, sprechen insoweit zu Recht von einer „Parallelregelung zu § 10 Abs. 2 HOAI"; ähnlich *Jochem*, § 4 a HOAI, Rdn. 2.
278) So auch *Pott/Dahlhoff/Kniffka/Rath*, § 4 a HOAI, Rdn. 13.
279) Das müssen auch *Seifert/Vygen* in Korbion/Mantscheff/Vygen, § 4 a, Rdn. 7, einräumen.
280) Zutreffend *Locher/Koeble/Frik*, § 4 a HOAI, Rdn. 15.
281) So wohl auch: *Locher/Koeble/Frik*, § 4 a HOAI, Rdn. 15 („Schwelle" zur Vergütungspflicht muss im Einzelfall bestimmt werden).
282) Wie hier: *Motzke/Wolff*, S. 179; unklar insoweit *Locher/Koeble/Frik*, § 4 a HOAI, Rdn. 16.

## Anrechenbare Kosten

Bei einer **wesentlichen Verlängerung der Planungs- und Bauzeit**, die der Architekt nicht zu vertreten hat, **können** die Parteien ein **zusätzliches Honorar vereinbaren**. Diese – notwendige – Honorarvereinbarung kann auch mündlich getroffen werden.[283] Da diese Bestimmung keinen Zeitfaktor nennt, kann die Honorarvereinbarung jederzeit geschlossen werden. Die Vereinbarung ist aber Anspruchsvoraussetzung.[284] Da es sich bei § 4a Satz 3 HOAI um eine „Kann"-Vorschrift handelt, können die Parteien die Beurteilungskriterien, wann eine wesentliche Verlängerung der Planungs- und Bauzeit vorliegt, einvernehmlich regeln. Die verlängerte Planungs- und Bauzeit muss aber zu einem **Mehraufwand** bei dem Architekten geführt haben (vgl. hierzu Rdn. 874 ff.). Allerdings vertritt der BGH[285] die Auffassung, dass § 4a Satz 3 HOAI nur dann anwendbar ist, wenn die Parteien eine Honorarvereinbarung nach § 4a Satz 1 HOAI getroffen haben. Das folgert er aus dem engen, räumlichen (ohne Absatz getrennten) Zusammenhang der Sätze 1–3 des § 4a HOAI.

In der **Praxis** wird es sich im Rahmen einer Honorarvereinbarung anbieten, sowohl die vorgesehene Planungs- als auch die Bauzeit zu fixieren. Sodann sollte mittels einer Toleranzgrenze festgelegt werden, wann eine wesentliche Überschreitung der Planungs- und/oder Bauzeit anzunehmen ist. Das zusätzlich vereinbarte Honorar kommt dann erst zum Zuge, wenn die von dem Architekten hinzunehmende Toleranzzeit überschritten wird (vgl. im Einzelnen Rdn. 874 ff.).

### dd) Fallgestaltungen des § 10 Abs. 3 HOAI

§ 10 Abs. 3 HOAI enthält eine **besondere Regelung** zur Höhe der anrechenbaren Kosten für die Fälle, in denen **Leistungen oder Lieferungen** im Einzelfall nicht zu ortsüblichen Preisen erbracht werden; dabei handelt es sich um folgende Fallgestaltungen:

* Der Bauherr übernimmt selbst Lieferungen oder Leistungen.
* Er erhält von bauausführenden Unternehmen oder von Lieferern sonst nicht übliche Vergünstigungen.
* Er führt Lieferungen oder Leistungen in Gegenrechnung aus.
* Er lässt vorhandene oder vorbeschaffte Baustoffe oder Bauteile einbauen.

Gerade diese Fälle führten früher zu erheblichen Schwierigkeiten bei der Abrechnung. Nunmehr gelten auch hier die ortsüblichen Preise, damit der Honorarberechnung der tatsächliche Bauwert zu Grunde gelegt werden kann.

Der Begriff der „**üblichen Vergünstigungen**" ist streitig.[286] Nach zutreffender Meinung[287] gehören hierzu **Mengenrabatte, Boni, Nachlässe**[288] und **Provisionen**, die daher von den anrechenbaren Kosten in Abzug zu bringen sind. Dies gilt **nicht für Skonti**, die dem Bauherrn von seinem Vertragspartner eingeräumt worden

---

283) *Locher/Koeble/Frik*, § 4a HOAI, Rdn. 17.
284) Wie hier: *Seifert/Vygen* in Korbion/Mantscheff/Vygen, § 4a HOAI, Rdn. 28, 29; *Locher/Koeble/Frik*, § 4a HOAI, Rdn. 17.
285) BauR 2005, 118 = NZBau 2005, 46 = IBR 2005, 94 und 95 – *Preussner*.
286) Vgl. hierzu *Seifert/Vygen* in Korbion/Mantscheff/Vygen, § 10 HOAI, Rdn. 31 u. *Locher/Koeble/Frik*, § 10 HOAI, Rdn. 82, 83.
287) OLG Köln, BauR 2007, 132, 136. Vgl. ferner *Koeble*, BauR 1983, 323, 324 m. Nachw.
288) OLG Köln, BauR 2007, 132, 136 (bis zu 10%).

sind.²⁸⁹⁾ Die Höhe der anrechenbaren Kosten kann nicht von der Liquidität bzw. dem Zahlungsverhalten des Bauherrn abhängig gemacht werden. Ob ein Bauherr einen ihm eingeräumten Skonto ausnutzt, ist in der Regel ungewiss und hängt allein von der Entscheidung des Bauherrn über seine Zahlungsweise ab.²⁹⁰⁾ Eine bestimmte Zahlungsweise des Bauherrn kann aber nicht den Bauwert beeinflussen.

**842** Darüber hinaus ist ein **Skonto** auch **keine übliche** Vergünstigung. Es gibt in der Baubranche keinen Handelsbrauch und keine Verkehrssitte, die einen Skontoabzug gestattet (vgl. Rdn. 1277). Ein Skonto muss also stets **ausdrücklich vertraglich** eingeräumt sein; die Handhabung in der Baubranche ist durchaus unterschiedlich. Daher mindert ein Skontoabzug die anrechenbaren Kosten nicht. Im Übrigen kann nicht nur die Art der Vergünstigung, sondern auch die Höhe der Vergünstigung unüblich sein.²⁹¹⁾

Schaltet der Bauherr einen **Generalunternehmer** ein und vereinbart er mit ihm einen **Pauschalfestpreis** (Rdn. 823), ist fraglich, ob der Architekt die **Pauschale** als Honorarbemessungsgrundlage behandeln kann, weil in ihr auch **Regiekosten** für die Koordination der Subunternehmer enthalten sind. *Rath*²⁹²⁾ schlägt insoweit für die Berechnung der anrechenbaren Kosten im Rahmen der Leistungsphase 5 ff. des § 15 HOAI vor, einen pauschalen Regiekostenabzug von 5%, der allgemein üblich sei, vorzunehmen. Dem kann nicht gefolgt werden, weil die Regiekosten keine Baunebenkosten darstellen; vielmehr handelt es sich um einen Aufschlag auf die allgemeinen Kosten, der dem Generalunternehmer durch Einzelvergabe an Subunternehmer entsteht, sodass diese bei dem Auftraggeber sich als echte Baukosten niederschlagen.²⁹³⁾

#### ee) Berücksichtigung der vorhandenen Bausubstanz (§ 10 Abs. 3 a HOAI)

*Literatur*

*Osenbrück*, Sind bei der Berechnung des Umbauzuschlages nach HOAI neben den Umbaukosten zusätzlich auch etwaige Kosten mitzuverarbeitender Bausubstanz zu berücksichtigen?, Festschrift für Jagenburg (2002), 725; *Werner*, Vorhandene Bausubstanz und Anrechenbare Kosten, DAB 2003, 46; *Grünenwald*, Zur Anrechenbarkeit der „vorhandenen Bausubstanz" nach § 10 Abs. 3 a HOAI, BauR 2005, 1234; *Rath*, Selbsterfahrung mit vorhandener Bausubstanz und ihrer Bewertung – zugleich ein Plädoyer für pragmatische Lösungen, Festschrift für Werner (2005), 161; *Seifert*, Leistungsbeschreibung und Honorarvereinbarung im Architektenvertrag bei Baumaßnahmen an vorhandenen Objekten, BauR 2007, 256.

**843** Nach der Regelung des § 10 Abs. 3 a HOAI ist eine **vorhandene Bausubstanz**, die technisch oder gestalterisch mitverarbeitet wird, bei den anrechenbaren Kosten ange-

---

289) Wie hier: *Locher/Koeble/Frik*, § 10 HOAI, Rdn. 15; jetzt auch *Seifert/Vygen* in Korbion/Mantscheff/Vygen, § 10 HOAI, Rdn. 31 a; im Ergebnis ebenso, aber mit unterschiedlicher Begründung: *Pott/Dahlhoff/Kniffka/Rath*, § 10 HOAI, Rdn. 18; *Enseleit/Osenbrück*, Rdn. 223; *Hartmann*, § 10 HOAI, Rdn. 12; *Kromik*, DAB 1979, 1048; *Neuenfeld*, § 10 HOAI, Rdn. 16; *Koeble*, BauR 1983, 323; *Kronenbitter*, BB 1984, 2030, 2031, Anm. 6; a. A.: *Jochem*, § 10 HOAI, Rdn. 10.
290) *Locher/Koeble/Frik*, § 10 HOAI, Rdn. 15.
291) *Seifert/Vygen* in Korbion/Mantscheff/Vygen, § 10 HOAI, Rdn. 31.
292) BauR 1996, 632, 637 (auch zur Fallgestaltung, dass eine Pauschalvergütung vereinbart ist und sich diese auf die Errichtung mehrerer Gebäude bezieht).
293) So auch *Locher/Koeble/Frik*, § 10 HOAI, Rdn. 72. Vgl. hierzu auch *Seifert/Vygen* in Korbion/Mantscheff/Vygen, § 10 HOAI, Rdn. 28 b sowie OLG Köln, IBR 2003, 422 mit ablehnender Anmerkung von *Schulze-Hagen*.

## Anrechenbare Kosten

messen zu berücksichtigen; **der Umfang der Anrechnung** bedarf der **schriftlichen Vereinbarung** der Parteien.²⁹⁴⁾ Die Vorschrift ist auf ein Urteil des BGH²⁹⁵⁾ zurückzuführen, der bei einem Umbau in diesem Sinne entschieden hatte. Dabei wurden für den Maßstab der Anrechenbarkeit die ortsüblichen Preise genannt.

Damit ist erneut eine verunglückte Bestimmung in die HOAI aufgenommen worden, die Fragen aufwirft, anstatt Antworten zu geben. So lässt die Vorschrift insbesondere offen, wann eine Absprache über die Höhe der Anrechnung getroffen werden und was gelten soll, wenn keine schriftliche Absprache getroffen worden ist.²⁹⁶⁾ Da ist umso bedauerlicher, als die zunehmende Bedeutung des Planens und Bauens im Bestand dazu führen wird, dass die Bestimmung des § 10 Abs. 3 a HOAI in Zukunft eine **herausragende** Stellung bei der Ermittlung der anrechenbaren Kosten haben wird. Über die vorhandene Bausubstanz können die anrechenbaren Kosten und damit auch das Honorar des Architekten erheblich beeinflusst werden.

Der BGH hat insoweit eine – für die Baupraxis wichtige – Klärung herbeigeführt, wobei er sich der herrschenden Meinung in der Literatur²⁹⁷⁾ angeschlossen hat: Danach hat das **Schriftformerfordernis** des § 10 Abs. 3 a HOAI nur **klarstellende Funktion**; es stellt damit **keine Anspruchsvoraussetzung** dar.²⁹⁸⁾ Eine etwaige Vereinbarung muss auch nicht bei Vertragsschluss herbeigeführt werden, sondern kann jederzeit nachgeholt werden.²⁹⁹⁾ Da der Umfang der Anrechenbarkeit der vorhandenen Bausubstanz in der Regel schwierig zu ermitteln ist, sollten die Vertragsparteien stets eine Abrede über die Anrechnung des vorhandenen Bestandes in die anrechenbaren Kosten dem Grunde und der Höhe nach treffen. Haben die Vertragsparteien keine entsprechende Regelung über den Umfang der Anrechenbarkeit getroffen, entscheidet das Gericht hierüber – meist mit Hilfe eines Sachverständigen.³⁰⁰⁾

844

Allerdings hat der BGH in der vorerwähnten Entscheidung auch darauf hingewiesen, dass die vorhandene Bausubstanz bei den anrechenbaren Kosten nicht zu berücksichtigen ist, wenn der Architekt bei den Grundleistungen einzelner Leistungsphasen die vorhandene Bausubstanz nicht technisch oder gestalterisch mitverarbeitet hat. Diese Auffassung des BGH wird die Honorarabrechnung der Architekten nicht leichter, sondern (erneut) komplizierter machen. Der Architekt wird in Zukunft nicht nur darlegen müssen, dass er die vorhandene Bausubstanz technisch oder gestalterisch mitverarbeitet hat. Darüber hinaus muss er im Einzelnen den

---

294) Vgl. hierzu insbesondere *Seifert*, BauR 1999, 304 und MittBl. ARGE-Baurecht 1998, 85.
295) BauR 1986, 593 = NJW-RR 1986, 1214 = DB 1986, 2483.
296) Vgl. hierzu insbesondere *Frik*, BauR 1991, 37; *Jochem*, § 10 HOAI, Rdn. 12 (einklagbarer Anspruch auf Herbeiführung der Vereinbarung).
297) *Locher/Koeble/Frik*, § 10 HOAI, Rdn. 16; *Neuenfeld*, § 10 HOAI, Rdn. 19 d; *Wirth/Schmidt*, Teil X, Rdn. 58; *H. Mantscheff*, Festschrift für Mantscheff, S. 23, 26; *Pott/Dahlhoff/Kniffka/Rath*, § 10 HOAI, Rdn. 20; *Seifert/Vygen* in Korbion/Mantscheff/Vygen, § 10 HOAI, Rdn. 34 ff.; *Löffelmann/Fleischmann*, Rdn. 11, 45; *Cuypers*, S. 74; *Enseleit/Osenbrück*, Rdn. 241; *Jochem*, § 10 HOAI, Rdn. 12; *Motzke* in: Graf von Westphalen, Klauselwerke/Architektenvertrag, Rdn. 259; **a. A.:** *Hartmann*, § 10 HOAI, Rdn. 14.
298) BGH, BauR 2003, 745 = NJW 2003, 1667 = MDR 2003, 623 = NZBau 2003, 279 = IBR 2003, 355, 356 – *Werner*; ebenso schon OLG Düsseldorf, BauR 1996, 289, 290 = NJW-RR 1996, 535.
299) BGH, a. a. O.
300) BGH, a. a. O.

Nachweis erbringen, dass dies auch und ggf. in welchem Umfang in allen Leistungsphasen erfolgt ist. Der Umfang der Anrechnung hängt damit insbesondere von der jeweiligen Leistung des Architekten ab. Der BGH weist in diesem Zusammenhang auf die Begründung des Verordnungsgebers zu § 13 Abs. 3 a HOAI hin.[301] Danach sollen nur in entsprechend geringem Umfang die Kosten anerkannt werden können, wenn die Mitverarbeitung nur geringe Leistungen erfordert. Allerdings räumt der BGH ein, dass damit der Verordnungsgeber das sonst in der HOAI geltende Prinzip der aufwandsneutralen anrechenbaren Kosten bei der Ermittlung des Honorars verlassen hat. Dieser „Systembruch" sei jedoch „zu respektieren". Ist daher nach der Auffassung des BGH die Leistung des Architekten in den jeweiligen Leistungsphasen zu berücksichtigen, ist damit noch nicht geklärt, ob für jede der neun Leistungsphasen des § 15 HOAI die Kosten der mitverarbeiteten Bausubstanz getrennt festzulegen sind oder ob (nur) für die drei Kostenermittlungsarten des § 10 Abs. 2 HOAI (Kostenberechnung, Kostenanschlag, Kostenfeststellung) jeweils ein einheitlicher Betrag anzusetzen ist. Richtig ist wohl Letzteres.[302]

**845** Auch nach der Entscheidung des BGH bleibt festzuhalten: Die Begründung des Verordnungsgebers will auch die **Leistung** des Architekten oder Ingenieurs als **Maßstab** für die Angemessenheit heranziehen.[303] Dagegen sind zu Recht Bedenken in der Literatur erhoben worden, weil ein solcher Ansatz innerhalb der HOAI **systemwidrig** ist: Die HOAI kennt nämlich keinen Zusammenhang zwischen anrechenbaren Kosten einerseits und dem Leistungsumfang des Architekten andererseits.[304] Grünenwald[305], Hartmann[306] und Frik[307] weisen in diesem Zusammenhang zu Recht darauf hin, dass bei Berücksichtigung der Leistung des Architekten/Ingenieurs das Prinzip der „aufwandsneutralen Anrechenbarkeit der Kosten" verlassen wird. Mit dem Leistungsumfang des Architekten wird systemwidrig ein subjektives Element in einen objektiven Kostentatbestand eingeführt. Leistungsumfang und anrechenbare Kosten sind zwei unabhängig voneinander bestimmbare Berechnungsgrundlagen der Honorarermittlung.[308] Überdies kann ein gewisses Korrektiv bei der Bewertung des Tatbestandsmerkmals der technischen oder gestalterischen Mitverarbeitung erfolgen: Liegt insoweit keine echte Leistung des Architekten vor, kann die vorhandene Bausubstanz auch nicht in die anrechenbaren Kosten einfließen.

**846** Die gemäß § 10 Abs. 3 a HOAI zu berücksichtigende **„Angemessenheit"** kann nur unter Berücksichtigung aller Umstände des Einzelfalles bestimmt werden. Der BGH hat insoweit in seiner bereits erwähnten Entscheidung (Rdn. 843) allerdings schon Anhaltspunkte für die Bestimmung der Angemessenheit aufgezeigt: Danach ist der **effektive Wert** der stehen bleibenden Gebäudeteile, die mitverarbeitet werden, „entsprechend dem Erhaltungszustand im Zeitpunkt der Baumaßnahmen" maßgebend und der Wert der verbleibenden und mitverarbeitenden Gebäudeteile

---

301) BR-Drucksache 594/87, S. 100. Vgl. hierzu *Grünenwald*, BauR 2005, 1234, 1237; *Steeger*, BauR 2003, 794, 799.
302) So wohl auch BGH, BauR 2003, 745 = NJW 2003, 1667 = MDR 2003, 62 = NZBau 2003, 279 = IBR 2003, 355, 356 – *Werner*; a. A.: *Locher/Koeble/Frik*, § 10 HOAI, Rdn. 94. Wie hier *Seifert/Vygen* in Korbion/Mantscheff/Vygen, § 10 HOAI, Rdn. 34 d.
303) Ebenso: OLG Frankfurt, IBR 2007, 570 – *A. Eich*. *Locher/Koeble/Frik*, § 10 HOAI, Rdn. 94; *Seifert/Vygen* in Korbion/Mantscheff/Vygen, § 10 HOAI, Rdn. 34 c; *Enseleit/Osenbrück*, Rdn. 247; *Frik*, BauR 1991, 39.
304) *Löffelmann/Fleischmann*, Rdn. 1389.
305) BauR 2005, 1234, 1237.
306) § 10 HOAI, Rdn. 14.
307) BauR 1991, 37; ähnlich: *Neuenfeld*, § 10 HOAI, Rdn. 19 ff.
308) So auch *Frik*, BauR 1991, 37.

## Anrechenbare Kosten

durch eine Multiplikation der Baumassen mit den ortsüblichen Preisen zu ermitteln. Dabei sind dann **wertmindernde Merkmale, wie Alter, Erhaltungszustand, Substanzmängel** usw., zu berücksichtigen.[309]

Die „angemessene" Bewertung der vorhandenen Bausubstanz hat objektiv zu erfolgen. Sie lässt den Vertragsparteien nur Spielraum innerhalb der Mindest- und Höchstsätze. Andernfalls könnten die Vertragsparteien durch eine besonders niedrige Bewertung die Mindestsätze unterschreiten,[310] durch eine besonders hohe Bewertung die Höchstsätze überschreiten.

Der Hinweis auf die Angemessenheit gibt aber – wie erwähnt – den Vertragsparteien einen deutlichen Spielraum bei der Festlegung der anrechenbaren Kosten im Sinne des § 10 Abs. 3 a HOAI, zumal es eine „Punktlandung" im Sinne einer einzigen, richtigen Bewertung der vorhandenen Bausubstanz kaum gibt. Haben sich die Vertragsparteien einmal auf eine bestimmte Höhe der in Ansatz zu bringenden anrechenbaren Kosten der vorhandenen Bausubstanz geeinigt, ist den Vertragspartnern der Einwand abgeschnitten, der Ansatz sei z. B. 10% oder 20% zu hoch oder zu niedrig, solange der hier einzuräumende Toleranzrahmen, den der BGH[311] auch bei der Festlegung der Honorarzone den Vertragsparteien neuerdings einräumt, nicht verlassen worden ist. Diese Toleranz am Rahmen wird gerade unter Berücksichtigung einer sehr schwierigen betragsmäßigen Einordnung der vorhandenen Bausubstanz bei mindestens 30% liegen. Nur unter diesem Gesichtspunkt kann die Angemessenheit der Anrechnung der vorhandenen Bausubstanz im Streitfall gemäß §§ 315, 316 BGB überprüft werden.

Nach allgemeiner Auffassung[312] bedeutet **„mitverarbeiten"**, dass die vorhandene Bausubstanz in das Architektenwerk eingeflossen, also von dem Architekten miteinbezogen worden ist. Das muss in technischer (insbesondere konstruktiver) oder gestalterischer Hinsicht erfolgen. Mitverarbeiten bedeutet also das **technische oder gestalterische Integrieren/Einbeziehen** der vorhandenen Bausubstanz in das gesamte Architektenwerk. Allein die zeichnerische Darstellung vorhandener Bau-

**847**

---

309) Wie hier: BGH, BauR 1986, 593 = NJW-RR 1986, 1214 = DB 1986, 2483; *Löffelmann/Fleischmann*, Rdn. 1388; *Jochem*, § 10 HOAI, Rdn. 12; *Seifert/Vygen* in Korbion/Mantscheff/Vygen, § 10 HOAI, Rdn. 34; a. A.: *Hartmann*, § 10 HOAI, Rdn. 14; *Enseleit/Osenbrück*, Rdn. 243 ff. u. *Bredenbeck/Schmidt*, BauR 1994, 67, die alle das **Alter** der mitverarbeiteten Bausubstanz als wertminderndes Kriterium nicht berücksichtigen, sondern bei der Bewertung der entsprechenden Bauteile nur von den ortsüblichen Preisen, also dem **Neuwert**, ausgehen; ebenso: *Cuypers*, S. 74, der – unter Berücksichtigung des Gedankens der § 10 Abs. 3 Nr. 4 HOAI – allein darauf abstellt, „welche ortsüblichen Preise der Bauherr hätte zahlen müssen, wenn die vorhandene Bausubstanz nicht mitverarbeitet, sondern eigens hergestellt worden wäre." *Frik*, BauR 1991, 37; *Locher/Koeble/Frik*, § 10 HOAI, Rdn. 96 ff.; *Seifert/Vygen* in Korbion/Mantscheff/Vygen, § 10 HOAI, Rdn. 34 c ff. sowie *Enseleit/Osenbrück*, Rdn. 249 ff., bringen Beispiele zur Ermittlung der Angemessenheit bei der Berücksichtigung vorhandener, mitverarbeiteter Bausubstanz. Vgl. hierzu auch *Bredenbeck/Schmidt*, BauR 1994, 67; sowie *H. Mantscheff*, Festschrift für Mantscheff, S. 23, 27.
310) *Rath*, Festschrift für Werner, S. 161 ff.
311) BauR 2004, 354 = NZBau 2004, 159 = NJW-RR 2004, 233.
312) Für viele: BGH, BauR 1986, 593 = NJW-RR 1986, 1214 = DB 1986, 2483; *Seifert/Vygen* in Korbion/Mantscheff/Vygen, § 10 HOAI, Rdn. 34 c sowie *Löffelmann/Fleischmann*, Rdn. 1385.

substanz nach vorhandenen Planunterlagen oder eine reine Bestandsaufnahme reicht in diesem Zusammenhang also nicht aus.[313] Beides kann, muss aber nicht der erste Schritt zur Integration im Rahmen der weiteren Planung sein.

Die Berücksichtigung der vorhandenen Bausubstanz nach § 10 Abs. 3a HOAI kann und wird in der Regel mit dem **Umbauzuschlag** zusammenfallen. Entsprechend dem System der HOAI sind sowohl die vorhandene Bausubstanz als auch der Umbauzuschlag **additiv** zu berücksichtigen. Der Umbauzuschlag ist jedoch nur aus den reinen Umbaukosten (einschließlich der vorhandenen Bausubstanz) zu ermitteln.[314] Der BGH[315] weist in diesem Zusammenhang zu Recht darauf hin, dass die Frage des Umbauzuschlages nichts mit der Frage zu tun hat, welche Kosten im Einzelnen anzurechnen sind und damit die Honorargrundlage bilden.

### ff) Sonstige Grundsätze der Ermittlung der anrechenbaren Kosten

**848** § 10 Abs. 4 HOAI schränkt die Anrechenbarkeit der Kosten ein, soweit bestimmte **technische Gewerke von Sonderfachleuten** in der Planung und Überwachung übernommen werden.[316] Wird dem Architekten die fachliche Planung und/oder Objektüberwachung der in § 10 Abs. 4 HOAI genannten technischen Gewerke übertragen, kann er diese gesondert abrechnen; zusätzlich kann er aber die anrechenbaren Kosten der entsprechenden Gebäudeausrüstung bei der Abrechnung seiner Architektenleistungen über § 10 Abs. 4 HOAI mit einbeziehen.[317]

§ 10 Abs. 5 HOAI nennt die Kosten, die bei der Berechnung des Honorars für Grundleistungen bei Gebäuden und Innenräumen **nicht anrechenbar** sind: Dazu zählen die auf die Kosten des Objekts entfallende **Umsatzsteuer**, die **Außenanlagen**, die Kosten für die Außenanlagen, die öffentliche Erschließung[318] sowie **Entschädigungen** und **Schadensersatzleistungen**, aber auch die Baunebenkosten gemäß DIN 276 (Kostengruppe 7); zu den Schadensersatzleistungen zählen begrifflich auch Minderungsansprüche oder Nacherfüllungsansprüche, die im Wege des Zurückbehaltungsrechtes geltend gemacht werden.

**849** **Sicherheitseinbehalte** und eine **Vertragsstrafe**[319] des Auftragnehmers vermindern nicht die anrechenbaren Baukosten, da hierdurch der Bauwert selbst, der dem Bauherrn zugeflossen ist, nicht verändert wird.[320] **Kosten** etwaiger **Mängelbeseitigungsmaßnahmen** sind ebenfalls bei der Ermittlung der anrechenbaren Kosten nicht zu berücksichtigen.[321]

**850** Beauftragt ein Architekt einen anderen (Sub-)Architekten mit Teilen seines Gesamtauftrages, so werden dessen Leistungen nach den anrechenbaren Kosten

---

313) So richtig: *Locher/Koeble/Frik*, § 10 HOAI, Rdn. 93.
314) Vgl. Rdn. 861 a. E.
315) BauR 1986, 593 = NJW-RR 1986, 1214 = DB 1986, 2483.
316) Vgl. hierzu *Löffelmann*, Festschrift für v. Craushaar, S. 31 ff. u. OLG Hamm, BauR 1995, 415.
317) Saarländisches OLG, OLGR 2001, 73.
318) Vgl. hierzu: OLG Frankfurt, BauR 2000, 435.
319) Vgl. Rdn. 1240 ff. und 2045 ff.
320) *Jochem*, § 10 HOAI, Rdn. 10.
321) *Enseleit/Osenbrück*, Rdn. 224; *Koeble*, BauR 1983, 323, 326.

**Anrechenbare Kosten** **Rdn. 851–854**

der ihm übertragenen Architektenleistungen berechnet; Bezugsgröße für das Honorar des (Sub-)Architekten ist also das vergebene Teilwerk, nicht dagegen die anteiligen anrechenbaren Kosten des Gesamtprojektes.[322] Das gilt auch, wenn dem Architekten nur ein Teilauftrag (z. B. Errichtung eines Rohbaus) in Auftrag gegeben wird.[323]

**Vereinbaren** die Parteien eine von § 10 HOAI **abweichende Bestimmung der anrechenbaren Kosten** in schriftlicher Form, ist dies erst dann ein Verstoß gegen den **Höchstpreischarakter** der HOAI,[324] wenn unter Berücksichtigung der richtig ermittelten anrechenbaren Kosten die Höchstsätze nicht eingehalten würden. Für etwaige Überschreitung der Höchstsätze aufgrund der getroffenen Vereinbarung ist der **Auftraggeber darlegungs- und beweispflichtig.**[325] 851

**Abweichungen von der Regel des** § 10 Abs. 2 HOAI sind in **Formularverträgen nur begrenzt möglich.**[326] Wird z. B. in einem formularmäßigen Architektenvertrag dem Auftraggeber das Recht eingeräumt, für alle Leistungsphasen des Architekten die Herstellungskosten nach Erfahrungswerten aufgrund der Pläne und Kubikmeterberechnungen als endgültige Honorargrundlage zu schätzen, ist eine solche Verbindung im Hinblick auf § 307 Abs. 2 Nr. 1 BGB n. F. (früher § 9 Abs. 2 Nr. 1 AGB-Gesetz) unwirksam, weil sie mit dem wesentlichen Grundgedanken der in § 10 Abs. 2 HOAI getroffenen Regelung unvereinbar ist.[327] Dasselbe gilt, wenn in den Formularverträgen deutlich von der Bestimmung des § 21 HOAI abgewichen wird, soweit es die anrechenbaren Kosten betrifft. 852

In zahlreichen **Vertragsmustern der öffentlichen Hand** ist die Klausel enthalten, dass eine Honorarabrechnung nur „**nach den genehmigten Kosten der Kostenberechnung**" erfolgen kann. Enseleit/Osenbrück[328] und Locher[329] sowie das KG[330] sehen darin nicht zu Unrecht eine unangemessene Benachteiligung des Auftragnehmers (§ 307 Abs. 1 BGB n. F./§ 9 Abs. 1 AGB-Gesetz), weil sich der öffentliche Auftraggeber damit einseitig und zu Lasten des Auftragnehmers ein Leistungsbestimmungsrecht – möglicherweise aus Haushaltsgründen – einräumt. 853

### gg) Darlegungs- und Beweislast

Da die Angaben der anrechenbaren Kosten nach der entsprechenden Kostenermittlungsart **Fälligkeitsvoraussetzung** für das Honorar des Architekten sind, 854

---

322) BGH, BauR 1994, 787 = NJW-RR 1994, 1295 = ZfBR 1994, 280.
323) Unzutreffend: LG Waldshut-Tiengen, BauR 1981, 80, 82.
324) Vgl. oben Rdn. 827 ff.
325) OLG Düsseldorf, BauR 1985, 234, 235.
326) Vgl. hierzu *Neuenfeld*, § 4 HOAI, Rdn. 55 m. w. Nachw.
327) BGH, NJW 1981, 2351 = BauR 1981, 582 m. Anm. *Locher*.
328) Rdn. 208.
329) BauR 1986, 643 (eine Reduzierung einer Kostenermittlung kommt nur dann in Betracht, wenn und soweit die anrechenbaren Kosten schuldhaft erheblich zu hoch angesetzt worden sind); vgl. hierzu auch OLG Düsseldorf, BauR 1998, 407 [LS] = OLGR 1998, 115 [LS] (Reduzierung bei „schuldhaft erheblich zu hoch angesetzten anrechenbaren Kosten"); *Neuenfeld*, § 10 HOAI, Rdn. 10 u. § 4 HOAI, Rdn. 55.
330) BauR 1991, 251 m. Anm. *Locher*.

trägt dieser die **Darlegungs- und Beweislast**.³³¹⁾ Die anrechenbaren Kosten können von dem Architekten in aller Regel auch unschwer ermittelt werden, wenn ihm die Vollarchitektur übertragen wurde und er nach Abschluss des Bauvorhabens allein die tatsächlich entstandenen Kosten zusammenstellt. Ist der Architekt an der Vergabe einzelner Gewerke (z. B. bei kleineren Bauvorhaben) oder an der Abrechnung des Bauvorhabens (z. B. bei öffentlichen Bauvorhaben) dagegen ganz oder teilweise nicht beteiligt, so braucht er entsprechende Informationen von dem Bauherrn, um den Kostenanschlag aufzustellen bzw. die tatsächlichen Kosten als endgültige Grundlage der Honorarberechnung ermitteln zu können.³³²⁾

**855** Fehlende Angaben, die er in zumutbarer Weise nicht selbst beschaffen kann, kann er über eine **Auskunft** (gegebenenfalls über eine Auskunftsklage) erhalten.³³³⁾ Die von dem Bauherrn zu erteilende Auskunft muss **alle Informationen** enthalten, die der Architekt zur Durchsetzung seines Anspruchs benötigt. Dem Architekten sind **alle Belege** „über die tatsächlich angefallenen Kosten im Original auf angemessene Zeit zu treuen Händen zu überlassen", sofern nicht ein berechtigtes Misstrauen gegen den Architekten begründet werden kann.³³⁴⁾ Ist der Auftraggeber zur Auskunft verurteilt worden, hat er wahrheitsgemäß und vollständig Auskunft zu erteilen. Verweigert der Auftraggeber die Auskunft oder wird aus der Auskunft deutlich, dass der Auftraggeber umfassende Informationen zurückhält, kann der Architekt im Wege der Zwangsvollstreckung gegen ihn vorgehen.³³⁵⁾ Hat der Architekt Zweifel an der wahrheitsgemäßen und vollständigen Auskunft, hat er die Möglichkeit, von dem Auftraggeber die Abgabe einer eidesstattlichen Versicherung zu verlangen.³³⁶⁾ Neben einer Auskunftsklage besteht für den Architekten im Einzelfall auch die

---

331) BGH, BauR 2002, 1421 u. BauR 1992, 265 = NJW-RR 1992, 278, der zu Recht darauf verweist, dass u. U. eine nähere Aufschlüsselung der Kostenermittlung (z. B. im Rahmen der Kostenschätzung) dann vom Architekten zu fordern ist, wenn der Auftraggeber die anrechenbaren Kosten mit einem hinreichend konkreten Gegenvortrag in Frage stellt; s. dazu auch OLG Düsseldorf, OLGR 2002, 119, 123. Ferner OLG Celle, IBR 2003, 312 – *Baden* (Darlegungs- und Beweislast des Architekten auch hinsichtlich der Höhe des vereinbarten Kostenrahmens).
332) Zu den anrechenbaren Kosten für die Leistungsphasen 5 ff. des § 15 HOAI bei einem Generalunternehmereinsatz: *Rath*, BauR 1996, 632, 637.
333) BGH, BauR 1995, 126 = NJW 1995, 399; GRUR 1988, 533, 535; KG, IBR 2007, 202 – *Götte*; BauR 2002, 1576 = KGR 2002, 101 (Auskunftsanspruch über die Höhe der anrechenbaren Kosten bei – vorzeitig gekündigtem – Pauschalpreisvertrag); OLG Düsseldorf, BauR 1996, 742 = NJW-RR 1996, 1109 = OLGR 1996, 179; OLG Frankfurt, BauR 1997, 523 (LS); KG, BauR 1995, 434 (LS) = MDR 1995, 257 = NJW-RR 1995, 536; OLG Frankfurt, BauR 1993, 497 = NJW-RR 1994, 405; OLGR 1996, 12 (nicht über ein einstweiliges Verfügungsverfahren); OLG Köln, IBR 1998, 117 – *Hog* u. BauR 1991, 116 m. Anm. *Sangenstedt* = NJW-RR 1991, 279; OLG Stuttgart, BauR 1985, 587, 588; *Locher/Koeble/Frik*, § 10 HOAI, Rdn. 63; *Seifert/Vygen* in Korbion/Mantscheff/Vygen, § 10 HOAI, Rdn. 8; *Baumgärtel*, Festschrift für Heiermann, S. 1, 2, 5.
334) OLG Düsseldorf, BauR 1996, 742, 743 = OLGR 1996, 179 u. BauR 1997, 510 **(für Statiker)**; OLG Stuttgart, BauR 1992, 539; ebenso: KG, IBR 2007, 202 – *Götte*; NJW-RR 1995, 536 = MDR 1995, 257 = BauR 1995, 434 (LS) sowie OLG Oldenburg, BauR 2007, 1082.
335) LG Bonn, BauR 1994, 138.
336) LG Bonn, a. a. O., unter Hinweis auf ein unveröffentlichtes Urteil des BGH vom 14.6.1993 – III ZR 48/92.

## Anrechenbare Kosten

Möglichkeit, die **Kosten zu schätzen**. Das gilt nach Auffassung des BGH insbesondere für die Fallgestaltungen, in denen der Architekt die Grundlagen für die Ermittlung der Kosten in zumutbarer Weise nicht selbst beschaffen kann, der Auftraggeber ihm die erforderlichen Auskünfte vertragswidrig nicht erteilt, der Architekt aber alle ihm zugänglichen Unterlagen sorgfältig auswertet und der Auftraggeber seinerseits die fehlenden Angaben anhand seiner Unterlagen unschwer ergänzen kann.[337]

Die **Darlegungs- und Beweislast** ist in diesem Zusammenhang zugunsten des Architekten **eingeschränkt**:[338] Nennt der Architekt (z. B. durch eigene Schätzung oder Nachforschung) Beträge im Rahmen der Kostenfeststellung für Gewerke, die unmittelbar von dem Auftraggeber vergeben und/oder abgerechnet worden sind, so reicht ein **unsubstantiiertes Bestreiten mit Nichtwissen** des Auftraggebers nicht aus. Das geschieht indes häufig in Bauprozessen, obwohl der Auftraggeber die Kosten aufgrund der nur ihm vorliegenden Schlussrechnungen genau kennt. Er könnte in diesem Fall die tatsächlichen Baukosten ohne unzumutbaren Aufwand bekannt geben und damit zur Aufklärung beitragen,[339] was für den Architekten nicht gesagt werden kann. Er müsste z. B. durch Rückfragen bei den einzelnen Handwerkern diese Kosten erst feststellen, was jedoch immer unmöglich ist, wenn die Handwerker dem Architekten keine Auskunft erteilen, wozu sie auch nicht verpflichtet sind. Es ist daher die Aufgabe des Auftraggebers, die tatsächlich entstandenen Kosten anzugeben und sie durch Vorlage der Schlussrechnungen zu belegen;[340] andernfalls bleibt das Bestreiten des Bauherrn unerheblich.[341] Dies gilt auch für den Fall, dass die Kostenfeststellung des Architekten von dem Auftraggeber der **Höhe** nach bestritten wird, obwohl ihm alle Unterlagen der Abrechnung zur Verfügung stehen oder es ihm in anderer Weise (z. B. durch Rücksprache bei Dritten) möglich ist, zur tatsächlichen Höhe der anrechenbaren Kosten in konkreter Weise Stellung zu nehmen und diese zu beziffern.[342] Entsprechendes gilt für die anderen Kostenermittlungsarten (Kostenschätzung, Kostenberechnung und Kostenanschlag), für deren Richtigkeit der Architekt grundsätzlich ebenfalls darlegungs- und beweispflichtig ist: Bestreitet der Auftraggeber die Höhe der anrechenbaren Kosten, bedarf es nach Auffassung des OLG Düsseldorf[343] eines substantiierten Vortrags zu den einzelnen Rechnungsansätzen, sodass ein pauschales Bestreiten nicht genügt.

856

---

337) BauR 1995, 126 = NJW 1995, 399 = ZfBR 1995, 73; BauR 1999, 265 = NJW-RR 1999, 312 = MDR 1999, 156 = ZfBR 1999, 88.
338) So auch BGH, BauR 1995, 126 = NJW 1995, 399 = ZfBR 1995, 73; ferner: OLG Zweibrücken, NZBau 2005, 643; OLG Hamm, – NJW-RR 1991, 1430; *Werner*, Festschrift für Motzke, S. 435, 436.
339) Vgl. OLG Hamm, a. a. O., sowie OLG Köln, OLGR 2000, 415 (Voraussetzungen eines allgemeinen Auskunftsanspruchs).
340) Ebenso: OLG Celle, OLGR 2007, 626; OLG Hamm, NJW-RR 1991, 1430; vgl. auch BGH, NJW 1961, 826; SchlHOLG, SchlHA 1981, 189 sowie OLG Celle, IBR 2007, 435 – *Schwenker*.
341) So auch BGH, BauR 1995, 126 = NJW 1995, 399; ferner: BGH, BauR 2003, 1892, 1895; NJWRR 1992, 278; OLG Celle, BauR 1999, 508 (für die anrechenbaren Kosten bei der **Tragwerksplanung**); OLG Düsseldorf, BauR 2000, 290; OLG Hamm, BauR 1994, 536.
342) OLG Düsseldorf, BauR 1987, 465.
343) BauR 2002, 1726 = NZBau 2002, 279 = OLGR 2002, 119 m. w. Nachw.

**857** Unsubstantiiertes Vorbringen, insbesondere „ins Blaue" hinein, ist immer unbeachtlich. Hat eine Partei (z. B. der Bauherr) eigene Kenntnisse über Tatsachen, die ihr Gegner behauptet, muss sie ihre Kenntnis offenbaren und kann nicht „mit Nichtwissen" bestreiten.[344]

Hat eine Partei keine Kenntnis, kann sie sich aber unschwer selbst verschaffen, muss sie sich im Einzelfall erkundigen und das Ergebnis dem Gegner mitteilen. Dabei hat sie alle ihr zumutbaren Erkenntnisquellen auszuschöpfen. Sie muss deshalb in vorhandene Unterlagen Einblick nehmen; sie muss diese gegebenenfalls (vor allem Rechnungen) herbeischaffen und dabei auch Dritte als Informationsträger benutzen.[345]

### c) Architektenleistungen

*Literatur*

*Weyer*, Zum Architektenhonorar bei Leistungen für mehrere Gebäude, BauR 1982, 519; *Borgmann*, Die Zusatzvergütung des Planers nach § 21 HOAI, BauR 1994, 707; *Eich*, Der Leistungsbegriff im Architektenvertrag (ein noch weißer Fleck in der HOAI), BauR 1995, 31; *Pauly*, Die Leistungsabrechnung für mehrere Gebäude gemäß § 22 HOAI – zugleich ein Beitrag zu der Problematik der Aufklärungspflicht des Architekten über sein Honorar, BauR 1997, 928; *Seifert*, Honorargrundsätze für mehrere Gebäude – zur Auslegung und Anwendung des § 22 HOAI, BauR 2000, 806; *Deckers*, Das Honorar des bauleitenden Architekten für die Prüfung nachträglicher Angebote der Bauhandwerker, BauR 2000, 1422; *Neuenfeld*, Die Grundlagenermittlung nach der HOAI, NZBau 2000, 405; *Steeger*, Zum Anwendungsbereich von § 24 Abs. 1 HOAI, BauR 2002, 261.

**858** § 16 enthält die **Honorartafel** für Grundleistungen bei Gebäuden und raumbildenden Ausbauten, wobei Mindest- und Höchstsätze der Honorare angegeben sind, die für Gebäude mit unterschiedlichen anrechenbaren Kosten berechnet werden.

#### aa) Grundsätzliches

**859** Der Architekt hat die von ihm erbrachten und vereinbarten Leistungen im Einzelnen darzulegen und ggf. zu beweisen. Dabei gelten die oben (Rdn. 773 ff.) erwähnten Darlegungs- und Beweiserleichterungen zugunsten des Architekten. Der Umfang der vom Architekten zu erbringenden Leistungen ergibt sich aus dem von ihm übernommenen Leistungsbild (§ 15 HOAI). Durch die 4. HOAI-Novelle ist die frühere **künstlerische Oberleitung** (aus der alten GOA) wieder als honorarfähige Leistung des Architekten aufgenommen worden (§ 15 Abs. 3 HOAI);[346] für diese Leistung kann ein besonderes Honorar schriftlich[347] vereinbart werden. Die Vorschrift schreibt weder die Höhe des Honorars noch den Zeitpunkt der Vereinbarung fest. Üblich ist ein Prozentsatz zwischen 5 und 10. Das OLG Hamm[348] bewertet die gestalterische Überwachung mit 5%.

---

344) Vgl. *Lange*, NJW 1990, 3233 ff.; Korbion/Mantscheff/Vygen, § 8 HOAI, Rdn. 48; OLG Hamm, NJW-RR 1991, 1430.
345) Vgl. hierzu auch *Baumgärtel*, Festschrift für Heiermann, S. 1, 6 m. weiteren Nachw. in Anm. 42.
346) Vgl. zum Umfang der künstlerischen Oberleitung *Geldmacher*, BauR 2003, 1294.
347) Vgl. hierzu OLG Schleswig, BauR 1997, 509 = NJW-RR 1997, 723.
348) BauR 1999, 1198 = NJW-RR 2000, 191 = MDR 1999, 1062.

## Architektenleistungen

**860** Soweit der Architekt für **nicht** erbrachte Leistungen, die ihm entzogen oder von ihm einvernehmlich nicht durchgeführt worden sind, Honorar geltend machen will, wird auf Rdn. 879 ff. verwiesen. Für eine **unbrauchbare** (z. B. eine nicht genehmigungsfähige) **Planungsleistung** kann der Architekt kein Honorar verlangen;[349] jedoch ist stets das **Nachbesserungsrecht** des Architekten zu berücksichtigen (vgl. näher Rdn. 1634 ff.). Bezüglich einer **unvollständig erbrachten Teilleistung** vgl. Rdn. 786 ff. Sind dem Architekten **Teilleistungen** (nur einzelne Leistungsphasen/ nicht alle Grundleistungen) **übertragen**, ist § 5 Abs. 1 bis 3 HOAI bei der Honorarabrechnung zu berücksichtigen (vgl. Rdn. 879 ff.).

**861** Macht der Architekt Teilleistungen bzw. Besondere Leistungen geltend, wird auf die unter Rdn. 879 ff. und 887 ff. gemachten Ausführungen verwiesen. Soweit der Architekt für besondere Leistungs- bzw. Auftragsformen (Vorplanung, Entwurfsplanung und Objektüberwachung als Einzelleistung, § 19; mehrere Vor- oder Entwurfsplanungen, § 20;[350] zeitliche Trennung der Ausführung, § 21;[351] Auftrag für mehrere Gebäude, § 22;[352] verschiedene Leistungen an einem Gebäude,

---

[349] BGH, BauR 1997, 1060 = NJW 1997, 3017 (unbrauchbare Leistung trotz Mangelfreiheit); OLG Düsseldorf, BauR 1986, 469; LG Aachen, NJW-RR 1988, 1364.

[350] Zum Anwendungsbereich des § 20 HOAI: OLG Koblenz, BauR 2003, 570; OLG Düsseldorf, BauR 2002, 1281; BauR 2000, 1889 = NJW-RR 2000, 1550 = NZBau 2000, 575 = OLGR 2001, 17 (Voraussetzung der weiteren Planung: eigene geistige Architektenleistung, nicht dagegen nur Anpassung des Bauentwurfes durch Planungsänderungen im üblichen Bauablauf). Vgl. ferner: OLG Düsseldorf, BauR 1994, 534 = NJWRR 1994, 858 (**Hotel/Bürogebäude**).

[351] Vgl. hierzu *Borgmann*, BauR 1994, 707.

[352] Zur Frage, ob ein Auftrag **ein** Gebäude oder **mehrere** umfasst (§ 22 Abs. 1 HOAI), vgl. BGH, BauR 2005, 735, 739 (Für die Abgrenzung, ob mehrere Gebäude oder nur ein Gebäude anzunehmen ist, kommt es darauf an, ob die Bauteile nach funktionellen und technischen Kriterien zu einer Einheit zusammengefasst sind oder nicht.) = NJW-RR 2005, 669 = MDR 2005, 706 = IBR 2005, 213 – *Schwenker*; ferner OLG München, BauR 2005, 406 (Die von einer zentralen Versorgungsanlage ausgehenden und dem Wärmetransport dienenden Netze sind nicht geeignet, die damit verbundenen Gebäude unter Abrechnungsgesichtspunkten zu einer Abrechnungseinheit zu verknüpfen; so versorgte Gebäude sind vielmehr selbstständig abzurechnen.) = IBR 2005, 97 – *Seifert*; ferner OLG Jena, BauR 2005, 1070 (LS), wonach es auf „Eigenständigkeit der Gebäude in konstruktiver und funktioneller Hinsicht" ankommt sowie OLG Köln, BauR 2007, 132 (zur getrennten Abrechnung der Tragwerksplanung für mehrere Gebäude, die mit einer Tiefgarage verbunden sind). Bezüglich der Gleichartigkeit von Gebäuden i.S. d. § 22 Abs. 2 HOAI vgl. OLG Braunschweig, IBR 2007, 83 – *Seifert*; *Pauly*, BauR 1997, 928 u. *Seifert*, BauR 2000, 806. Bei der Bewertung, ob bei einem **Umbau und Anbau** ein oder mehrere Gebäude anzunehmen sind, stellt das OLG Düsseldorf, BauR 1996, 289 = NJW-RR 1996, 535, auf die Gestaltung des Gesamtobjektes und der Außenanlage sowie die wirtschaftliche und funktionale (z. B. versorgungstechnische) Selbstständigkeit ab; vgl. ferner: OLG Köln, BauR 1980, 282; OLG Hamm, NJW-RR 1990, 522; OLG München, *SFH*, Nr. 2 zu § 22 HOAI u. OLG Düsseldorf, BauR 1978, 67. Vgl. ferner OLG Düsseldorf, NZBau 2007, 109 (mehrere Gebäude, die räumlich und konstruktiv getrennt und nur durch Verbindungsgänge miteinander verbunden sind, sind als mehrere Gebäude abzurechnen, auch wenn ihre Versorgungs- und Entsorgungsanlage von einer Zentrale gespeist sind) = IBR 2007, 434 – *Seifert*. Wird in **AGB** vereinbart, dass der Verwender die einzelnen Gebäude nach den insgesamt anfallenden anrechenbaren Kosten abrechnen darf, so verstößt eine solche Regelung gegen § 307 BGB und ist deshalb unwirksam (BGH, NJW 1981, 2351, 2353).

§ 23;³⁵³⁾ Umbauten und Modernisierungen von Gebäuden, § 24;³⁵⁴⁾ Leistungen des raumbildenden Ausbaus, § 25;³⁵⁵⁾ Einrichtungsgegenstände und integrierte Werbeanlagen, § 26; Instandhaltungen und Instandsetzungen, § 27) sein Honorar einklagt, hat er die insoweit in Betracht kommenden besonderen Voraussetzungen vorzutragen.

Für bestimmte Leistungen des Architekten können die Parteien eine Erhöhung des Honorars bzw. einen **Zuschlag** vereinbaren (§§ 24, 25 HOAI). Bei Umbauten und Modernisierungen von Gebäuden kann eine Erhöhung der Honorare um einen Prozentsatz vereinbart werden, wobei der Schwierigkeitsgrad der Leistung zu berücksichtigen ist. Bei durchschnittlichem Schwierigkeitsgrad der Leistung kann ein Zuschlag von 20 bis 33% vereinbart werden. Sofern nicht etwas anderes schriftlich vereinbart ist, gilt bei durchschnittlichem Schwierigkeitsgrad ein Zuschlag von 20%.³⁵⁶⁾ Durch die zuletzt genannte Fiktion ist sichergestellt, dass Architekten und Ingenieure – jedenfalls ab durchschnittlichem Schwierigkeitsgrad – stets einen entsprechenden Honorarzuschlag erhalten, ohne dass eine (schriftliche) Honorarvereinbarung insoweit notwendig ist.³⁵⁷⁾

Der Honorarzuschlag (über dem Mindestzuschlag) muss zwar einerseits *schriftlich*, andererseits jedoch *nicht* bei Auftragserteilung vereinbart werden, obwohl insoweit dem Text nichts zu entnehmen ist.

In der Entwurfsbegründung der Bundesregierung³⁵⁸⁾ wird im Übrigen ausdrücklich darauf hingewiesen, dass mit den in § 24 HOAI genannten Zuschlagsprozentsätzen weder Mindest- noch Höchstsätze genannt werden: Die Vertragsparteien können also – je nach dem Schwierigkeitsgrad der Leistungen – auch einen niedrigeren oder einen höheren Zuschlag vereinbaren.³⁵⁹⁾

Der Umbauzuschlag kann nur für den **Umbauteil** berechnet werden. Wird parallel hierzu eine **Erweiterung** (z. B. neuer Anbau) des Gebäudes ausgeführt, muss eine entsprechende **Trennung** im Rahmen der Honorarabrechnung erfolgen.³⁶⁰⁾ Der Umbauzuschlag erfolgt auf das **Honorar**, das u. a. nach den anrechenbaren Kosten gemäß § 10 HOAI zu ermitteln ist. Daraus folgt, dass bei der Ermittlung der anrechenbaren Kosten für den Umbauteil auch die Vorschriften des § 10 Abs. 3 und 3 a HOAI zu berücksichtigen sind und auf das in dieser Weise ermittelte Honorar nunmehr der Umbauzuschlag anfällt.³⁶¹⁾

Bei **verschiedenen Leistungen** an einem Gebäude (Wiederaufbauten, Erweiterungsbauten, Umbauten oder raumbildende Ausbauten), die gleichzeitig durchgeführt werden, ist § 23 HOAI zu be-

---

353) Vgl. OLG Hamm, BauR 2002, 1721 (keine getrennte Honorarabrechnung für den Umbau und den Erweiterungsbau gemäß § 23 HOAI bei einheitlicher Baumaßnahme); vgl. hierzu auch OLG Düsseldorf, IBR 2002, 147 (neu errichteter Verbindungsbaukörper ist Erweiterungsbau) und OLG Köln, OLGR 2005, 2 (Leistungen müssen trennbar sein).
354) Vgl. hierzu OLG Düsseldorf, NJW-RR 1995, 1425 (Ermittlung der Honorarzone bei An- und Umbau – Berücksichtigung der „Einbindung in das vorhandene Gebäude" analog § 12 HOAI).
355) Vgl. BGH, BauR 1990, 236 = NJW-RR 1990, 277 = ZfBR 1990, 75.
356) OLG Düsseldorf, BauR 1996, 289, 290 = NJW-RR 1996, 535.
357) **Herrschende Meinung;** für viele OLG Koblenz, BauR 2000, 911 = NJW-RR 2000, 612 = OLGR 2000, 251 = NZBau 2000, 297 m. w. Nachw.; **a. A.:** *Steeger*, BauR 2002, 261.
358) So Begründung der Bundesregierung, BR-Drucksache 304/90, S. 145.
359) Vgl. hierzu *Werner*, BauR 1991, 33, 35.
360) OLG Hamm, BauR 2006, 1766 = NZBau 2006, 584 = IBR 2006, 565 – *Seifert*; OLG Karlsruhe, IBR 2005, 494 – *Seifert*. **A. A.:** offenbar *Seifert* in Korbion/Mantscheff/Vygen, § 24 HOAI, Rdn. 12.
361) So zutreffend *Locher/Koeble/Frik*, § 24 HOAI, Rdn. 19; *Seifert* in Korbion/Mantscheff/Vygen, § 24 HOAI, Rdn. 12; **a. A.:** *Osenbrück*, Festschrift für Jagenburg, 725, 733, der zu Unrecht darauf verweist, dass der mit dem Umbauzuschlag besonders abzugeltende Bearbeitungsmehraufwand des Planers im Bestand nicht für die Bestandsintegration selbst anfällt. Das ist nicht nachvollziehbar, weil auch die Berücksichtigung der vorhandenen Bausubstanz mit einem erhöhten Bearbeitungsaufwand im Rahmen eines Umbaus verbunden ist.

rücksichtigen: Danach sind die anrechenbaren Kosten für jede einzelne Leistung festzustellen und das Honorar danach getrennt zu berechnen. Im Einzelfall kann gemäß § 23 Abs. 2 HOAI eine Minderung des Honorars in Betracht kommen, soweit sich der Umfang jeder einzelnen Leistung durch die gleichzeitige Durchführung der Leistungen verringert.

Ein **Zuschlag bei Instandhaltungen und Instandsetzungen** nach § 27 HOAI verlangt eine entsprechende Vereinbarung des konkreten Zuschlages bei Auftragserteilung.[362] Die Absprache muss schriftlich erfolgen.[363] Das gilt auch hinsichtlich der **erhöhten Sätze** gemäß § 19 für **Vorplanung und Entwurfsplanung**, wenn diese als Einzelleistungen dem Architekten übertragen werden: Auch insoweit muss die entsprechende Vereinbarung nach herrschender Auffassung **bei** Auftragserteilung schriftlich getroffen werden.[364] **862**

Gemäß § 23 HOAI sind die **anrechenbaren Kosten** für **jede einzelne Leistung** festzustellen, und das Honorar ist danach getrennt zu berechnen, wenn Leistungen bei Wiederaufbauten, Erweiterungsbauten, Umbauten oder raumbildende Ausbauten gleichzeitig durchgeführt werden. Nach Auffassung des OLG Düsseldorf setzt dies voraus, dass „tatsächlich verschiedene, voneinander getrennte und nicht ineinander greifende Leistungen von dem Architekten erbracht" werden.[365] Im Übrigen kann in einem solchen Fall für den Umbau selbst ein Zuschlag vereinbart werden.[366] **863**

Für **Bauzeitverlängerungen** können die Parteien ein **Zusatzhonorar** vereinbaren (vgl. näher Rdn. 874 ff. u. Rdn. 730). Bei **Behinderungen** des Architekten in der Planung und Ausführung kommen Ansprüche des Architekten gemäß § 21 HOAI (zeitliche Trennung der Ausführung) und § 642 BGB (Mitwirkung des Auftraggebers) in Betracht.[367] Dasselbe gilt bei **Unterbrechungen.** Dabei kann § 642 BGB als Anspruchsgrundlage insbesondere immer dann zur Anwendung kommen, wenn die Behinderung oder Unterbrechung aufgrund des Verhaltens des Auftraggebers **keinen größeren Zeitabschnitt** im Sinne des § 21 HOAI darstellt (also Behinderungen und Unterbrechungen unter etwa sechs Monaten). **864**

In der Praxis kann es zweifelhaft sein, ob und in welchem Umfang ein Architekt für die Einholung und/oder Prüfung von **Nachtragsangeboten** zu honorieren ist. Eine solche Leistung fällt unter die wesentlichen Grundleistungen der Leistungsphase 7 des § 15 HOAI.[368] Ist der Architekt auch mit dieser Leistung beauftragt, gehören die entsprechenden Beträge der Nachträge zu den anrechenbaren Kosten für diese Leistungsphase und fließen insoweit in das Honorar des Architekten ein. Ist ein Architekt nur mit der Objektüberwachung (Leistungsphase 8 des § 15 HOAI) beauftragt, soll er aber nach dem Willen des Auftraggebers Nachträge einholen und/oder prüfen, ist damit dem Architekten ein zusätzlicher Teilauftrag über die Objektüberwachung hinaus erteilt. Die vom Bauleiter nunmehr zu erbringenden Leistungen sind

---

362) BGH, NJW 1983, 1763 = BauR 1983, 281; *Locher/Koeble/Frik*, § 27 HOAI, Rdn. 1; **a. A.:** *Jochem*, § 27 HOAI, Rdn. 2.
363) *Locher/Koeble/Frik*, § 27 HOAI, Rdn. 1; *Pott/Dahlhoff/Kniffka/Rath*, § 27 HOAI.
364) OLG Düsseldorf, BauR 1993, 108 = NJW-RR 1992, 1172; *Locher/Koeble/Frik* § 19 HOAI, Rdn. 2.
365) BauR 1987, 708.
366) Wie hier: OLG Düsseldorf, a. a. O.; *Locher/Koeble/Frik*, § 24 HOAI, Rdn. 15.
367) Vgl. hierzu insbesondere *Heinle*, BauR 1992, 428 u. *Borgmann*, BauR 1994, 707.
368) Vgl. hierzu im Einzelnen: *Deckers*, BauR 2000, 1422, 1428.

dann auf der Basis der erbrachten Grundleistungen der Leistungsphase 7 im Rahmen eines „fortgeschriebenen" Kostenanschlags zusätzlich zu vergüten (vgl. hierzu Rdn. 824 a. E.).[369] Das gilt jedoch nicht, wenn der Bauleiter auftragsgemäß Nachträge einholt und/oder prüft, es aber nicht zu einer Beauftragung des angebotenen Nachtrages kommt. Die Rechnungsprüfung selbst ist dagegen lediglich eine Grundleistung der Leistungsphase 8, sodass eine zusätzliche Vergütung für den Bauleiter insoweit ausscheidet. Das gilt auch für die Prüfung, ob die mit einem Nachtrag angebotenen Leistungen nicht bereits vom Hauptauftrag erfasst werden.[370] Ist die Tätigkeit eines Architekten zur Behebung eines von einem Dritten verursachten Schadens erforderlich, kann er hierfür eine zusätzliche Vergütung verlangen. Das gilt nicht, wenn auch er für den Schaden verantwortlich ist.[371]

### bb) Änderungsleistungen

*Literatur*

*Motzke*, Planungsänderungen und ihre Auswirkungen auf die Honorierung, BauR 1994, 570; *Jochem*, Planungsänderungen im Baufortschritt und ihre honorarmäßige Bewertung bei Architekten- und Ingenieuraufgaben, Festschrift für Heiermann, 169; *Schmidt*, Wie sind Planungsänderungen zu honorieren?, BauR 2000, 51; *Lansnicker/Schwirtzek*, Zum Anwendungsbereich des § 20 HOAI, BauR 2000, 56; *Boettcher*, Praxisrelevante Probleme der Änderungsplanung, BauR 2000, 792; *Meurer*, Über das Vorliegen und die Vergütung von Änderungsleistungen des Architekten, DAB 2000, 1563; *Preussner*, Das Risiko bauplanungsrechtlicher Änderungen nach Einreichung des Bauantrages, BauR 2001, 697; *Meurer*, Änderungsbefugnis des Bauherrn im Architekten- oder Planungsvertrag?, BauR 2004, 904; *Schramm*, Störungen der Architekten- und Ingenieurleistungen: Anwendungsprobleme der HOAI und Mehrkostenermittlung, Jahrbuch Baurecht 2004, 139 ff.; *Meurer*, Änderungsbefugnisse des Bauherrn im Architekten- oder Planungsvertrag?, BauR 2004, 904; *Knipp*, Rechtsprobleme des dynamischen Planungsprozesses, Festschrift für Thode (2005), 451.

**865** Problematisch ist die Frage, ob ein Architekt für **Änderungsleistungen**[372] ein **zusätzliches** Honorar verlangen kann. Häufig rechnen Architekten Änderungsleistungen zu Unrecht nach **Zeit** ab, obwohl gemäß § 6 HOAI nach Zeitaufwand nur abgerechnet werden kann, wenn die HOAI dies vorsieht; eine Bestimmung fehlt aber insoweit.

Zu beachten ist, dass die HOAI **Alternativleistungen** des Architekten vorsieht, ohne dass hierfür ein gesondertes Honorar verlangt werden kann: So wird z. B. in § 15 Nr. 2 HOAI (Vorplanung) von dem Architekten das Erarbeiten eines Planungskonzeptes einschließlich Untersuchung der **alternativen Lösungsmöglichkeiten** nach gleichen Anforderungen als Grundleistung verlangt. Da die HOAI insoweit keine Zahl der von dem Architekten zu erarbeitenden Konzeptvarianten nennt, muss unter Umständen im Einzelfall von dem Architekten eine **Vielzahl von Abwandlungen** im Rahmen des unverändert gebliebenden Programmziels erstellt

---

369) Zur Höhe vgl. *Deckers*, BauR 2000, 1422 m. w. Nachw.
370) BGH, BauR 1981, 482 = NJW 1981, 2182.
371) OLG Hamburg, IBR 2007, 33 – *Hufer*.
372) Zur Leistungspflicht des Planers insoweit vgl. OLG Oldenburg, IBR 2004, 430 – *Fischer;* ferner *Meurer*, BauR 2004, 904 und *Boettcher*, BauR 2000, 792, 794 sowie *Motzke*, BauR 1994, 570 ff.

werden, bis zwischen Architekt und Auftraggeber Einigkeit über die beste Lösungsmöglichkeit erzielt wird.[373)]

Dasselbe gilt „für das **Fortschreiben** der Ausführungsplanung während der Objektausführung" gemäß § 15 Nr. 5 HOAI (Ausführungsplanung), wobei jedoch vorausgesetzt wird, dass das Planungsziel unverändert bleibt. Alternativleistungen sieht die HOAI auch als **Besondere Leistungen** vor, z. B. in § 15 Nr. 2 HOAI (das Untersuchen von Lösungsmöglichkeiten nach grundsätzlich verschiedenen Anforderungen), § 15 Nr. 4 HOAI (das Ändern der Genehmigungsunterlagen infolge von Umständen, die der Auftraggeber nicht zu vertreten hat.[374)] Im Übrigen ist auf § 20 HOAI zu verweisen, wonach ein gesondertes Honorar verlangt werden kann, wenn auf Veranlassung des Auftraggebers mehrere Vor- oder Entwurfsplanungen nach grundsätzlich verschiedenen Anforderungen gefertigt werden.[375)] Wird das Planungsziel entscheidend verändert, wird zudem in aller Regel ein (neuer) selbstständiger Auftrag vorliegen, der gemäß § 15 HOAI entsprechend abzurechnen ist.[376)]

866

Jeder **Planungsprozess ist ein dynamischer Vorgang**: Nur im Zusammenspiel und Dialog zwischen Bauherr und Architekt und den damit verbundenen wiederholten Planungsänderungen und -anpassungen wird das gewünschte Planungsziel erreicht (Klärungsprozess). Für diesen selbstverständlichen **Optimierungsvorgang** einer Planungsabwicklung kann ein Architekt kein zusätzliches Honorar verlangen. In **welchem Umfang** der Architekt zu „optimieren" hat, d. h. **wie oft** er Planungsleistungen nach unterschiedlichen Anforderungen im Sinne von Varianten/Alternativen erbringen muss, ist stets eine Frage des Einzelfalles und insbesondere der Zumutbarkeitsgrenze. Hinreichende Beurteilungskriterien gibt es insoweit weder in der HOAI, noch sind sie bisher in der Literatur und Rechtsprechung herausgearbeitet worden.[377)]

867

Unter kostenpflichtigen Änderungsleistungen sind

868

* **wesentliche Planungsleistungen** zu verstehen,
* die vom Architekten auf **Veranlassung des Auftraggebers**, ohne dass der Architekt diese zu vertreten hat
* nach einer **vollständig oder teilweise abgeschlossene Planungsleistung**[378)]

für dasselbe Gebäude erbracht werden.[379)]

---

373) Ebenso: *Löffelmann/Fleischmann*, Rdn. 152; **a. A.:** aber abzulehnen: *Motzke*, BauR 1994, 570, 574, der meint, dass der Planer grundsätzlich drei Vorentwürfe nach gleichen Anforderungen zu erstellen hat, sodass sich „das Verlangen nach weiteren Vorentwürfen als zweiter Auftrag" erweist. Dafür gibt es in der HOAI keinen Anhaltspunkt. Auch *Jochem*, Festschrift für Heiermann, S. 169, 172, geht dennoch von „maximal 3 Varianten" aus.
374) Vgl. hierzu OLG Frankfurt BauR, 2000, 435.
375) Vgl. hierzu insbesondere: OLG Koblenz, BauR 2003, 570; OLG Düsseldorf, BauR 2002, 1281; BauR 2000, 1889 = NJW-RR 2000, 1550 = NZBau 2000, 575 = OLGR 2001, 17; ferner *Lansnicker/Schwirtzek*, BauR 2000, 56, sowie *Boettcher*, BauR 2000, 792, 793.
376) Vgl. OLG Düsseldorf, BauR 1994, 534 = NJW-RR 1994, 858 (Planung eines Hotels anstatt Bürohauses); ferner: *Weyer*, BauR 1995, 446, 450.
377) Vgl. *Locher/Koeble/Frik*, § 20 HOAI, Rdn. 17; *Motzke*, BauR 1994, 570, 577; vgl. ferner *Meurer*, DAB 2000, 1563.
378) OLG Düsseldorf, NZBau 2007, 109 = BauR 2007, 1270.
379) Zur Abgrenzung insbesondere: *Neuenfeld*, § 4 HOAI, Rdn. 50 ff.; *Meurer*, DAB 2000, 1563; *Wirth/Schmidt*, Teil X, Rdn. 82 ff.; vgl. auch OLG Düsseldorf, BauR 2002, 1281 = NZBau 2003, 45 = OLGR 2002, 306; BauR 1976, 141; *Locher/Koeble/Frik*, § 20 HOAI, Rdn. 7 ff.

Damit fallen geringfügige Planungskorrekturen ohne größeren Zeit- und sonstigen Arbeitsaufwand nicht hierunter. Wann die Schwelle zur Kostenpflicht hinsichtlich des Planungsaufwandes überschritten wird, ist jeweils im Einzelfall zu bestimmen. Denkbar ist, dass die Vertragsparteien insoweit im Vertrag eine „**Wesentlichkeitsgrenze**" festlegen. Das kann z. B. in der Weise geschehen, dass die Grenze eines „wesentlichen Arbeits- und Zeitaufwandes" durch den Zeitraum von bestimmten Arbeitsstunden festgeschrieben wird.

Besonderes Gewicht kommt bei dieser Definition der Änderungsleistung der Bestimmung des **Planungsabschlusses** zu.[380] Ist die Planung vollständig erbracht und wird nunmehr hierauf einvernehmlich mit der Errichtung des Baus begonnen, ist der Abschluss der Planungsleistung leicht zu greifen. Nichts anderes gilt aber auch, wenn nur (kleinere oder größere) Planungsabschnitte von Architekten erbracht wurden. Das können ganze Planungsphasen, einzelne Grundleistungen oder Teile von Grundleistungen sein: Werden z. B. von dem Architekten nach Beendigung der Leistungsphase 2 (Vorplanung) weitere Planungskonzepte bei gleichem Planungsziel gefordert, wird von ihm eine Vergütungspflichtige Änderungsleistung im Sinne einer Wiederholung verlangt. Dasselbe gilt, wenn sich der Auftraggeber nach dem Einstieg in die Leistungsphase 3 (Entwurfsplanung) nunmehr von dem in der Leistungsphase 2 einvernehmlich festgelegten Planungsziel (z. B. Veränderung des Baukörpers) löst und daher erneut Planungskonzepte für das veränderte Planungsziel gefordert bzw. notwendig werden. Damit ist unter dem Abschluss einer Planungsleistung oder eines entsprechenden Planungsabschnittes zu verstehen, dass sich die **Vertragsparteien einig** waren, dass das von ihnen einvernehmlich **festgelegte Planungsziel insoweit erreicht war**, also insbesondere den Vorgaben des Auftraggebers entsprach und hierauf nunmehr entweder der nächste Planungsschritt oder der Beginn der Ausführung des Bauvorhabens eingeleitet werden sollte.

Für **Änderungsleistungen** kann man auch den Begriff der „**Mehrfachleistung**" verwenden, der sogar den Kern des Problems, nämlich die Frage der Vergütungspflicht solcher Leistungen, besser trifft.

Wie der Auftraggeber gegenüber dem Auftragnehmer (bei einem VOB-Vertrag ausdrücklich nach § 1 Nr. 3 VOB/B) eine Änderungsbefugnis hat, ist auch der Bauherr gegenüber dem Architekten berechtigt, die Planung seines Architekten zu ändern.[381] Dieses Anordnungs- und Entscheidungsrecht des Bauherrn gegenüber dem Architekten ist allein durch die Grundsätze von Treu und Glauben sowie das Urheberrecht des Architekten beschränkt.[382]

**869** Wird eine **Entwurfsplanung** nach wiederholter Anpassung an die Wünsche des Bauherrn von diesem akzeptiert und ist sie damit entsprechend der zunächst geäußerten endgültigen Zielvorstellungen des Bauherrn **abgeschlossen**, verlangt der Bauherr danach jedoch erneut **Änderungen von Gewicht** (z. B. neue Wohnungszuschnitte/ Wohnungsgrößen, Neugestaltung eines bestimmten Bereichs) und damit eine ganze oder teilweise Wiederholung der entsprechenden Architektenleistungen, ist diese

---

380) OLG Düsseldorf, NZBau 2007, 109; *Neuenfeld*, § 4 HOAI, Rdn. 50; *Motzke*, BauR 1994, 570 ff., 572, 574, 577, 580; *Portz/Rath/Haak/Haak*, Rdn. 220.

381) So auch *Knipp*, Festschrift für Thode, S. 451; a. A.: *Meurer*, BauR 2004, 904, der ein Änderungsrecht des Bauherrn nach Vertragsschluss ablehnt, soweit das einvernehmlich festgelegte Leistungsziel abgeändert werden soll.

382) Vgl. hierzu *Knipp*, Festschrift für Thode, S. 451, 458 ff.

keine Besondere Leistung³⁸³⁾ oder Vertragserfüllung, sondern die ganze oder teilweise **Wiederholung der Grundleistungen** der Leistungsphase 3, und löst als **Mehrfachleistung** einen Honoraranspruch aus.³⁸⁴⁾ Entsprechendes hat für die Leistungsphasen 4 und 5 zu gelten: Wünscht der Bauherr z. B. nach Abschluss der Leistungsphase 4 (Einreichung des Bauantrages) nicht unerhebliche Änderungen, die eine ganze oder teilweise Wiederholung von Grundleistungen der Leistungsphase 3 und 4 notwendig machen, so stellen auch diese keine Besonderen Leistungen (und der damit verbundenen Notwendigkeit einer schriftlichen Honorarabrede nach § 5 HOAI) dar, sondern die **Wiederholung** von Grundleistungen mit der entsprechenden Vergütungspflicht.³⁸⁵⁾ Das OLG Düsseldorf³⁸⁶⁾ weist zu Recht darauf hin, dass eine neue Planung auch dann auf „Veranlassung des Auftraggebers" erbracht ist, „wenn sie als Ergebnis gemeinsamer Überlegungen erbracht wird, die ursprüngliche Planung aber ordnungsgemäß und durchführbar war und die Umplanung aufgrund von Änderungen der öffentlich-rechtlichen Bauvorschriften möglich, aber nicht erforderlich wurde".

Ähnliches gilt für die Leistungsphase 8 (Objektüberwachung): Wird eine teilweise Bauausführung (z. B. nach erfolgtem Abriss der zunächst erbrachten Bauleistung) wiederholt, liegt eine Änderungsleistung des Architekten vor, wobei erforderlich erscheint, dass die Änderungsleistung nicht unerheblich ist; andernfalls fällt sie in den normalen Rahmen des Ablaufs einer Bauüberwachung, da geringfügige Änderungen auf einer Baustelle üblich sind.

Die **Schnittstelle** zwischen einer weiteren **(kostenlosen) Optimierung** der Architektenleistung und einer erneuten **(wiederholten) Erbringung** von Leistungen eines Architekten wird **nicht immer leicht festzustellen** sein. Anhaltspunkt hierfür kann nur sein, ob sich aus den Umständen des Einzelfalls ergibt, dass das jeweilige (Teil-)Planungsziel nach dem beiderseitigen Willen der Vertragsparteien erreicht war.³⁸⁷⁾

**870**

Nur wenn Teilleistungen (Grundleistungen) der entsprechenden Leistungsphasen nicht wiederholt erbracht werden, handelt es sich bei entsprechenden Architektenleistungen insoweit um Besondere Leistungen. In diesem Fall hängt eine Vergütungs-

---

383) **Herrschende Meinung:** OLG Düsseldorf, BauR 2007, 1270, 1276 = IBR 2007, 432 – *Seifert*; OLG Braunschweig, IBR 2005, 599 – *Seifert*; OLG Düsseldorf, NZBau 2007, 109, 115 sowie BauR 2002, 1281 = NZBau 2003, 45 = OLGR 2002, 306; OLG Hamm, BauR 1994, 535; BauR 1993, 633 = NJW-RR 1993, 1175 = ZfBR 1993, 225; *Lansnicker/Schwirtzek*, BauR 2000, 56, 61; *Boettcher*, BauR 2000, 792, 797; *Motzke*, BauR 1994, 570, 574, 578; *Neuenfeld*, § 4 HOAI, Rdn. 52; *Locher/Koeble/Frik*, § 20 HOAI, Rdn. 10 ff. mit einem Überblick über den Meinungsstand in Rechtsprechung und Literatur; **a. A.:** aber abzulehnen: OLG Köln, BauR 1995, 576, das im Übrigen für eine „doppelte bzw. wiederholende Grundleistung" eine „grundlegend neue geistige Leistung" fordert und jede Änderungsleistung ausdrücklich als Besondere Leistung kennzeichnet; OLG Hamm, BauR 1994, 398.
384) Vgl. hierzu BGH, BauR 2007, 1761 = IBR 2007, 563, 564, 565 – *Steiner* – Wie hier: OLG Braunschweig, IBR 2005, 599 – *Seifert*; *Neuenfeld*, § 4 HOAI, Rdn. 52 ff.; *Meurer*, BauR 2004, 904, 909 u. DAB 2000, 1563, 1565; *Boettcher*, BauR 2000, 792, 794; **a. A.:** OLG Köln, BauR 1995, 576; vgl. hierzu auch OLG Düsseldorf, BauR 2002, 1281 = NZBau 2003, 45 = OLGR 2002, 306.
385) Ebenso OLG Düsseldorf, BauR 2007, 1270, 1276; *Locher/Koeble/Frik*, § 15 HOAI, Rdn. 122; *Meurer*, DAB 2000, 1563, 1564; *Boettcher*, BauR 2000, 792, 794, 797.
386) BauR 2002, 1281 = NZBau 2003, 45 = OLGR 2002, 306.
387) Vgl. hierzu *Neuenfeld*, § 4 HOAI, Rdn. 54.

pflicht von dem Abschluss einer schriftlichen Honorarvereinbarung gemäß § 5 Abs. 4 HOAI ab. Dabei muss sich die Vereinbarung auf eine **nach Art und Umfang festliegende Leistung** beziehen; die im Architektenvertrag enthaltene allgemeine Absprache eines Zeithonorars für Ungewisse zukünftige Planungsänderungen erfüllt insoweit nicht die Voraussetzung des § 5 Abs. 4 HOAI.[388]

**871** Vergütungspflichtige Planungsänderungen sind stets von **Nachbesserungsarbeiten** des Architekten für nicht/nicht vollständig erbrachte oder mangelhafte Planungsleistungen abzugrenzen. Im letzteren Fall handelt es sich um den Tatbestand der **Vertragserfüllung, der keinen zusätzlichen Honoraranspruch** auslöst.

**Das Honorar von Änderungsleistungen** richtet sich nach dem **Prozentsatz der jeweiligen Leistungsphase**.[389] Werden nur bestimmte Grundleistungen einer Leistungsphase im vorerwähnten Sinn geändert oder wiederholt, besteht die Vergütungspflicht in Höhe eines bestimmten Anteils dieses Prozentsatzes.[390] Eine Gebührenberechnung nach **Zeithonorar** kommt in Betracht, wenn die anrechenbaren Kosten der Änderungsleistung unter 25.565 € liegen (§ 16 HOAI). Eine Aufklärung seitens des Architekten gegenüber dem Bauherrn über die Honorierungspflicht von Änderungsleistungen ist nicht erforderlich, weil derartige Zusatzleistungen üblicherweise nicht ohne Entgelt erbracht werden.[391] Erfolgt eine vergütungspflichtige, erhebliche Umplanung (mit deutlicher Verringerung der anrechenbaren Kosten) im Stadium der Entwurfsplanung, kann der Architekt – wie bei einer vorzeitigen Vertragsbeendigung – die Leistungsphasen 1 und 2 des § 15 HOAI nach der Kostenschätzung und nicht wie in § 10 Abs. 2 HOAI vorgesehen nach der Kostenberechnung abrechnen.[392]

**872** Wird die Vergütungspflicht von Änderungsleistungen in AGB ausgeschlossen, verstößt eine solche Regelung gegen § 307 BGB n. F./§ 9 AGB-Gesetz[393] und § 4 Abs. 2 HOAI. Ob die Honorarminderungsvorschrift des § 20 HOAI auf Änderungsleistungen innerhalb der Leistungsphasen 2 und 3 des § 15 HOAI anzuwenden ist, ist bestritten[394] und wohl aufgrund des Wortlauts des § 20 HOAI abzulehnen. Jochem[395] weist im Übrigen zu Recht darauf hin, dass sich die Honorarermittlung bei Änderungsleistungen ggf. nur auf die Teile eines Bauwerks erstreckt, die von der Änderungsleistung erfasst werden, wenn Grundleistungen wiederholt werden, die sich nicht auf das gesamte Gebäude, sondern auf Teile davon beziehen.

---

388) OLG Hamm, BauR 1993, 633.
389) OLG Düsseldorf, NZBau 2007, 109, 115.
390) **Anderer Ansicht:** *Schmidt*, BauR 2000, 51, 52, der grundsätzlich § 20 HOAI analog anwenden will. Vgl. zur prozentualen Ermittlung von Grundleistungen einer Leistungsphase *Steinfort*, bei *Pott/Dahlhoff/Kniffka*, 7. Aufl., Anh. II u. *Siemon*-Tabelle, abgedruckt in BauR 2006, 910 sowie *Locher/Koeble/Frik*, Anhang 4, die entsprechende Bewertung bei *Pott/Dahlhoff/Kniffka/Rath*, 8. Aufl., bei § 15 HOAI und die Tabelle bei *Korbion/Mantscheff/Vygen*, § 5 HOAI, Rdn. 32. Vgl. hierzu ferner: *Meurer*, DAB 2000, 1563, 1566 u. *Locher/Koeble/Frik*, Anhang 4.
391) Ebenso: *Neuenfeld*, a. a. O.
392) KG, KGR 2003, 222.
393) Zutreffend: *Jochem*, Festschrift für Heiermann, S. 169, 177.
394) Vgl. hierzu insbesondere: *Jochem*, Festschrift für Heiermann, S. 169, 178 und *Motzke*, BauR 1994, 570.
395) A. a. O., S. 177, 178.

## Architektenleistungen

Der **Architekt** trägt stets die **Darlegungs- und Beweislast**, durch welche Änderungswünsche des Auftraggebers die **zusätzlichen Planungsarbeiten** bewirkt wurden.[396]

**873**

### cc) Mehrleistungen durch verlängerte Bauzeit

*Literatur*

*Messerschmidt*, Die Mehraufwendungen des Architekten aus verlängerter Bauzeit, Festschrift für Jagenburg (2002), 607; *Schramm*, Störungen der Architekten- und Ingenieurleistungen: Anwendungsbereiche der HOAI und Mehrkostenermittlung, Jahrbuch Baurecht 2004, 139; *Lauer/Steingröver*, Zusätzliche Vergütung des Architekten bei Bauzeitverlängerung – Teil 1, BrBp 2004, 316; Teil 2, BrBp 2004, 366; *Schwenker/Schramm*, Das Honorar des Architekten bei Verzögerung der Bauzeit, ZfIR 2005, 121; *Preussner*, Der Honoraranspruch des Architekten bei Bauzeitverlängerung, BauR 2006, 203; *Stassen*, Der Bauzeitnachtrag des Architekten, in Baumanagement und Bauökonomie, (2007), 316.

Eine geänderte Leistungsanforderung an den Architekten liegt auch dann vor, wenn die **Bauzeit länger als geplant andauert**. Die HOAI hat sich dieses wichtigen Problems nur „stiefmütterlich" angenommen, obwohl viele Bauvorhaben zeitlich „aus dem Ruder laufen" und daher dringender Regelungsbedarf besteht.

**874**

In § 21 HOAI wird lediglich eine allerdings klare Honorarregelung für den Fall getroffen, dass ein Auftrag, der ein oder mehrere Gebäude umfasst, nicht einheitlich in einem Zuge, sondern in größeren Zeitabschnitten ausgeführt wird. Darüber hinaus bestimmt § 4 Abs. 3 HOAI, dass die Höchstsätze der HOAI nur bei außergewöhnlich oder ungewöhnlich lange dauernden Leistungen überschritten werden dürfen (vgl. hierzu Rdn. 730). Eine solche Regelung bedarf aber nach h. M. einer schriftlichen Vereinbarung bei Auftragserteilung, obwohl die Baupraxis zeigt, dass eine Verlängerung der zunächst angenommenen Bauzeit meist erst im Rahmen der Ausführung des Bauvorhabens erkennbar wird. Wohl aus diesem Grund hat der Verordnungsgeber mit der 5. HOAI-Novelle die **Vorschrift des § 4 a S. 3 HOAI**[397] eingeführt, wonach die Vertragsparteien bei einer **wesentlichen** Verlängerung der Planungs- und Bauzeit durch Umstände, die der Auftragnehmer **nicht** zu vertreten hat, „für die dadurch verursachten Mehraufwendungen ein zusätzliches Honorar" vereinbaren können. Bei § 4 a S. 3 HOAI handelt es sich um eine „Kann"-Vorschrift, sodass eine entsprechende **Vereinbarung Anspruchsvoraussetzung** ist.[398] Diese bedarf jedoch weder der Schriftform, noch wird eine Vereinbarung bei Auftragserteilung[399] gefordert. Allerdings vertritt der BGH[400] die Auffassung, dass § 4 a S. 3 HOAI nur dann anwendbar ist, wenn die Parteien eine Honorarvereinbarung nach § 4 a S. 1 HOAI getroffen haben. Das folgert er aus dem engen, räumlichen (ohne Absatz getrennten) Zusammenhang der Sätze 1 bis 3 des § 4 a HOAI. Die verlängerte Bauzeit muss stets

---

396) BGH, NJW-RR 1991, 981; BGH, BauR 1995, 92.
397) Hinsichtlich der verfassungsrechtlichen Bedenken bei dieser Vorschrift: *Locher/Koeble/Frik*, § 4 a HOAI, Rdn. 3 m. w. Nachw.
398) So jetzt auch BGH, BauR 2005, 118.
399) Ebenso: *Locher/Koeble/Frik*, § 4 a HOAI, Rdn. 17; *Wolf*, DAB 1996, 87; **a. A.**: *Vygen* in Korbion/Mantscheff/Vygen, § 4 a HOAI, Rdn. 28 (allerdings widersprüchlich zu Rdn. 30) u. *Pott/Dahlhoff/Kniffka/Rath*, § 4 a HOAI, Rdn. 11, die sich ausführlich auf die systematische Stellung des § 4 a S. 3 HOAI in Bezug auf die vorstehenden Sätze stützen. **A. A.**: wohl auch BGH, BauR 2005, 118.
400) BauR 2005, 118 = NZBau 2005, 46 = IBR 2005, 94, 95 – *Preussner* = NJW-RR 2005, 322.

zu einem **Mehraufwand** bei dem Architekten geführt haben, wofür der Architekt die Darlegungs- und Beweislast trägt.

**875** Haben die Parteien keine entsprechende Regelung für diese Fallgestaltung getroffen, wird man – bis zu einer entsprechenden Regelung in der HOAI – nur mit dem Rechtsinstitut der **Störung der Geschäftsgrundlage** (§ 313 BGB) helfend eingreifen können, wenn der Zeitverzug aus Umständen, die der Architekt nicht zu verantworten hat, so **erheblich** ist, dass er für den Planer bzw. Objektüberwacher nicht mehr hinnehmbar ist.[401] Dies ist jedoch **bestritten**.[402] Der BGH[403] hat in einer Entscheidung diese Möglichkeit ebenfalls eröffnet. Gegenstand war eine ausdrücklich zwischen den Vertragsparteien nach Monaten festgelegte Bauzeit als Geschäftsgrundlage. Eine entsprechende Geschäftsgrundlage kann sich aber auch aus Absprachen außerhalb des Architektenvertrages ergeben, z. B. aus dem Schriftverkehr, abgestimmten Zeitplänen usw. Bei seiner Entscheidung geht der BGH davon aus, dass diese für das konkrete Bauvorhaben vertraglich bestimmte Bauzeit realistisch bemessen wurde, also unter Einbeziehung üblicherweise einzukalkulierender, weil vorhersehbarer Unwägbarkeiten, die zur Bauzeitverzögerung führen können.

Das Rechtsinstitut der Störung der Geschäftsgrundlage (§ 313 BGB n. F.) ist trotz der Formvorschriften des § 4 HOAI anzuwenden, denn die HOAI schließt die Anwendung des Grundsatzes von Treu und Glauben nicht aus. Es sind jedoch stets die hohen Anforderungen zu berücksichtigen, die die Anwendung dieses Rechtsinstituts voraussetzt.[404] So muss vor allem ein deutliches Missverhältnis zwischen dem vereinbarten Honorar und der erbrachten oder zu erbringenden Leistung, also ein erheblicher Mehraufwand, vorliegen.

**876** Um die offensichtliche Lücke zu schließen und nicht der risikobehafteten Abwägung nach Treu und Glauben ausgesetzt zu sein, empfiehlt es sich für beide Vertragsparteien, in dem Architektenvertrag eine klare Regelung für den Fall einer Bauzeitverlängerung zu treffen. Dabei sollte in den Architektenvertrag zunächst eine „**Regelbauzeit**" eingefügt werden. Ohne eine klare Festlegung wird man nur selten zu einem zusätzlichen Vergütungsanspruch gelangen, auch nicht unter dem Gesichtspunkt der Änderung der Geschäftsgrundlage.[405] Umso erstaunlicher ist es, dass in vielen Architektenverträgen (z. B. in dem Formular der RBBau) eine solche

---

401) Ebenso: Brandenburgisches OLG, OLGR 1998, 431; OLG Düsseldorf, BauR 1986, 719; OLG Dresden, IBR 2007, 142 – *Seifert*; *Stassen*, Baumanagement und Bauökonomie, S. 316, 322; *Preussner*, BauR 2006, 203, 206; *Schwenker/Schramm*, ZfIR 2005, 121, 125; *Vygen* in Korbion/Mantscheff/Vygen, § 4 HOAI, Rdn. 107; *Locher/Koeble/Frik*, § 4 HOAI, Rdn. 97; *Neuenfeld*, § 4 HOAI, Rdn. 11; *Schwenker*, DAB 12/04, S. 57 ff.; *Hartmann*, § 4 HOAI, Rdn. 55; *Osenbrück*, BauR 1990, 764; *Kreißl*, S. 108 ff.; *Motzke* in: Graf von Westphalen, Klauselwerke/Architektenvertrag, Rdn. 295; *Jochem*, § 4 HOAI, Rdn. 21 (a. E.); *Braun*, BTR 2003, 107, 111.
402) **Anderer Ansicht:** LG Köln, BauR 2005, 582; OLG Hamm, BauR 1996, 718; LG Heidelberg, BauR 1994, 802 u. wohl auch OLG Frankfurt, BauR 1985, 585.
403) BauR 2005, 118 = NZBau 2005, 46 = NJW-RR 2005, 322 = IBR 2005, 94, 95 – *Preussner* = MDR 2005, 267. Ebenso OLG Düsseldorf, NZBau 2007, 109; KG, BauR 2007, 906. Vgl. hierzu *Preussner*, BauR 2006, 203 sowie *Schwenker/Schramm*, ZfIR 2005, 121; ferner OLG Köln, BauR 2005, 582.
404) Zum Umfang der zeitlichen Überschreitung vgl. BGH, *Schäfer/Finnern*, Z 3.01 Bl. 311; *Lauer/Steingröver*, BrBp 2004, 316, 321; *Heinle*, BauR 1992, 428, 429; *Neuenfeld*, § 4 HOAI, Rdn. 10 u. 11 („drastische Diskrepanz"); Brandenburgisches OLG, BauR 2001, 1772, 1776 (Verlängerung der Bauzeit und unzumutbarer Arbeits-Mehraufwand) = OLGR 2001, 444.
405) OLG Dresden, IBR 2007, 142 – *Seifert*; Brandenburgisches OLG, OLGR 1998, 431 u. BauR 2001, 1772, 1776 = OLGR 2001, 444.

Regelzeit nicht vorgesehen ist. Gleichzeitig sollte vereinbart werden, dass der Auftraggeber ein bestimmtes **zusätzliches** Honorar zu zahlen hat, das sich an der Relation der **Regelbauzeit** einerseits und dem **tatsächlichen Zeitablauf** andererseits orientiert, wobei ein zusätzlicher Zeitraum vereinbart werden kann, den der Objektüberwacher zu tolerieren hat (z. B. 20% der vorgesehenen Bauzeit). Dabei sind **zwei Alternativen** möglich: Zunächst kann daran gedacht werden, dass – ohne konkrete Vergütungsregelung – ein Anspruch des Auftragnehmers dahingehend konstituiert wird, dass er eine zusätzliche Vergütung für seine tatsächliche Mehraufwendungen beanspruchen kann. Eine solche Regelung könnte wie folgt aussehen:

> „Verlängert sich die Bauzeit durch Umstände, die der Auftragnehmer nicht zu verantworten hat, wesentlich, wird für die Mehraufwendungen im Rahmen der Objektüberwachung eine zusätzliche Vergütung vereinbart. Eine Überschreitung bis zu 20% der festgelegten Ausführungszeit, maximal jedoch ... Monate, ist durch das Honorar abgegolten."[406]

Diese Klausel hilft allerdings im Konfliktfall wenig, weil insbesondere keine Kriterien zur Bemessung der Honorarerhöhung genannt werden.[407] Deshalb erscheint es sinnvoller, weil konfliktlösender, eine entsprechende Mehrvergütung für eine verlängerte Bauzeit von einem **konkreten Mehraufwand** (im Sinne von Mehrkosten) **abzukoppeln**, aber gleichzeitig an das Honorar für die Objektüberwachung im Rahmen der Regelbauzeit **anzubinden,** wie z. B.:

> „Der Architekt erhält eine entsprechende Mehrvergütung für eine Verlängerung der Regelbauzeit (einschließlich einer Toleranz von ... Monaten), die im Einzelnen von den Vertragsparteien auszuhandeln ist, sich aber an dem hier vereinbarten Honorar für die Objektüberwachung einerseits und der vereinbarten Regelbauzeit andererseits orientiert."

oder

> „Wird die Bauzeit aus nicht vom Auftragnehmer zu vertretenden Gründen um mehr als ... Monate (Toleranz) überschritten, so erhöht sich das Honorar für die Objektüberwachung im gleichen Verhältnis wie die tatsächliche Bauzeit zur vorgesehenen und um die Toleranz erhöhten Bauzeit."

Der BGH[408] hat sich mit der folgenden, in Architektenverträgen vielfach üblichen Klausel beschäftigen müssen:

> „Dauert die Bauausführung länger als 15 Monate, so sind die Parteien verpflichtet, über eine angemessene Erhöhung des Honorars für die Bauüberwachung (§ 15 Abs. 2 HOAI, Leistungsphase 8) zu verhandeln.
>
> Der nachgewiesene Mehraufwand ist dem Architekten in jedem Falle zu erstatten, es sei denn, dass der Architekt die Bauzeitüberschreitung zu vertreten hat."

Der BGH hält diese Klausel, die eine (oben empfohlene) Regelbauzeit beinhaltet (mit der h. M. in der Literatur) zutreffend für wirksam, weil die HOAI lediglich

---

406) Das Vertragsmuster der RBBau formuliert insoweit vorsichtiger: Danach **kann** für die entsprechenden Mehraufwendungen eine zusätzliche Vergütung vereinbart werden. Bezüglich der Höhe einer etwaigen Mehrvergütung heißt es in der RBBau, dass der „Auftragnehmer für die nachweislich gegenüber den Grundleistungen entstandenen Mehraufwendungen eine zusätzliche Vergütung bis zum Höchstbetrag der Vergütung je Monat erhalten **soll**, die er als Anteil der Vergütung für die Objektüberwachung je Monat der vereinbarten Ausführungszeit erhalten hat".
407) So auch *Stassen*, in Baumanagement und Bauökonomie, S. 316, 318.
408) BauR 2005, 118 = NZBau 2005, 46 = IBR 2005, 94 u. 95 – *Preussner* = NJW-RR 2005, 322 = MDR 2005, 267 sowie BauR 2007, 1592 = NZBau 2007, 587 = IBR 2007, 492 493, 494 – *Steiner.* Vgl. hierzu *Stassen*, in Baumanagement und Bauökonomie, S. 316 sowie *Schwenker*, DAB 12/04, S. 57 ff. Vgl. hierzu insbesondere OLG Düsseldorf, NZBau 2007, 109.

das Preisrecht, nicht aber die Grundsätze über den Wegfall der Geschäftsgrundlage regelt. Dabei weist der BGH darauf hin, dass die Parteien die in der Klausel genannte Regelbauzeit von 15 Monaten zur Geschäftsgrundlage im Hinblick auf die Verpflichtung des Architekten, die Objektüberwachung auszuführen, gemacht haben: „Die Parteien haben mit der Anpassungsklausel die Rechtsfolgen für einen Wegfall dieser Geschäftsgrundlage geregelt. Danach ist über eine angemessene Höhe eines zusätzlichen Honorars für eine zusätzliche Zeit der Bauüberwachung zu verhandeln; dem Kläger soll jedenfalls ein Ausgleich für den nachgewiesenen Mehraufwand zustehen, wenn er eine Bauzeitüberschreitung nicht zu vertreten hat."

Nach Auffassung des BGH begründet die vorerwähnte Anpassungsklausel nicht nur eine Pflicht des Auftraggebers, Verhandlungen mit dem Architekten aufzunehmen, sondern auch in eine angemessene Vergütung der Leistungen im Rahmen der Bauzeitüberschreitung einzuwilligen: „Im Rechtsstreit ist an die Stelle des Anspruchs auf Verhandlung und Einwilligung der Anspruch auf Zahlung der angemessenen Vergütung getreten". Diesen Ausführungen des BGH ist zuzustimmen, weil sie der beiderseitigen Interessenlage der Parteien im Zeitpunkt des Vertragsabschlusses entspricht.

Wird zwischen den Vertragsparteien **keine Regelbauzeit** vereinbart, kann sich die dem Vertrag zugrunde gelegte Bauzeit **aus anderen Umständen ergeben** (z. B. aus einem einvernehmlich erstellten Bauzeitenplan, dem Schriftverkehr der Parteien usw.). Auch in diesen Fällen ist eine Honoraranpassung wegen Bauzeitverlängerung nach § 313 BGB möglich. Soweit in der Rechtsprechung[409] zum Teil die Auffassung vertreten wird, dass ohne eine entsprechende schriftliche Absprache der Weg zu einer Honoraranpassung durch § 4 Abs. 3 HOAI versperrt ist, wird dabei übersehen, dass sich nach überzeugender Auffassung des BGH[410] der Honoraranspruch eines Architekten allein aus den Grundsätzen des bürgerlichen Vertragsrechts ergibt, sodass die Gebührentatbestände der HOAI dem nicht entgegenstehen können. Mit anderen Worten: Der Honoraranspruch des Architekten ergibt sich dem Grunde nach aus § 313 BGB (Änderung der Geschäftsgrundlage), wobei die Preisvorschriften der HOAI insoweit unerheblich sind.[411]

**876 b** Der **BGH**[412] hat sich – noch bei Geltung der alten Gebührenordnung für Architekten (GOA) mit der Frage höherer Aufwendungen im Rahmen der Bauzeit auseinander gesetzt. Er hat entschieden, dass nach § 10 Abs. 5 GOA **Mehraufwendungen** dem Architekten im Rahmen der Bauaufsicht erst zu erstatten sind, wenn und soweit diese Aufwendungen die Gebühr nach § 10 Abs. 5 GOA für die Bauaufsicht übersteigen, also auch den „Gewinn" aufgezehrt haben. Es ist zweifelhaft, ob die Überlegungen des BGH zu § 10 Abs. 5 GOA heute noch heranzuziehen sind, weil – wie der BGH zu Recht ausführt – die Vorschrift des §10 Abs. 5 GOA eindeutig die Aufwendungen und die Gebühr in eine bestimmte Beziehung setzt. Das ist aber bei einer Vereinbarung, bei der dem Architekten seine Mehraufwendungen im Rahmen der verlängerten Bauzeit erstattet werden sollen, nicht der Fall. Hier vereinbaren die Parteien ausdrücklich die Erstattung des Mehraufwandes nach Ablauf der Toleranzzeit, ohne dass diese in Bezug zu dem für die Objektüberwachung vereinbarten Honorar gesetzt werden, sodass sämtliche Aufwendungen zu ersetzen sind, die außerhalb der vertraglich festgelegten Bauzeit zuzüglich der Toleranzzeit im Rahmen der Objektüberwachung entstehen.

---

409) LG Köln, BauR 2005, 582; LG Heidelberg, BauR 1994, 802 (LS); OLG Hamm, BauR 1986, 718.
410) BauR 2004, 1640 = NJW 2004, 2588 = NZBau 2004, 509 = ZfIR 2004, 767 = MDR 2004, 1293.
411) BGH, a. a. O.
412) BauR 1983, 277, 278.

## Architektenleistungen

Das Brandenburgische OLG[413] hat die Überlegungen des BGH unkritisch übernommen;[414] insbesondere geht dieses Gericht nicht auf den differenzierten Wortlaut in § 10 Abs. 5 GOA ein. Daher sind für die Höhe der Mehraufwendungen allein die tatsächlichen **Mehrkosten** entscheidend, die durch den **zusätzlichen Zeitaufwand** (im Vergleich zu einem störungsfreien Ablauf) bei dem konkreten Bauvorhaben entstanden sind.[415]

Soweit die Vertragsparteien (z. B. im Rahmen der erstgenannten Klausel) vereinbart haben, dass dem Architekten die **„Mehraufwendungen im Rahmen der Objektüberwachung"** vergütet werden, sind unter dem Begriff der Mehraufwendungen nicht etwaige Mehrleistungen, sondern die **Mehrkosten (Personal- und Sachkosten)** des Architekten **aufgrund der verlängerten Bauzeit** zu verstehen.[416] In der Regel erbringt der Architekt nämlich bei einer Bauzeitverlängerung keine über die vertraglich vereinbarten Leistungen hinausgehenden zusätzlichen Objektüberwachungsleistungen. Vielmehr werden die **vertraglich geschuldeten Leistungen** über einen längeren (als vorgesehenen) **Zeitraum gestreckt** bzw. **verzögert erbracht**. Mit anderen Worten: Der Architekt arbeitet aufgrund der zeitlich verlängerten Bauausführung **unverschuldet ineffizient**. Dadurch entstehen dem Architekten entsprechende Mehrkosten (Mehraufwendungen), die ihm einvernehmlich erstattet werden sollen.[417]

Entsprechende Klauseln über die Erstattung von Mehraufwendungen können nach dem Willen der Vertragsparteien mithin nicht dahin ausgelegt werden, dass der Architekt nur solche Aufwendungen ersetzt bekommen soll, die daraus resultieren, dass der Architekt in der verlängerten Bauzeit über die Grundleistungen hinaus (Vertragsleistungen) Mehrleistungen erbringt (z. B. Zusatzleistungen im Rahmen von Winterbaumaßnahmen bei Verschiebung des Bauvorhabens in die Wintermonate, erhöhter Rechnungsprüfungsaufwand aufgrund höherer Anzahl von Abschlagszahlungen usw.). Dabei ist allerdings zu berücksichtigen, dass durchaus **Bauzeitverlängerungen denkbar** sind, „bei denen die Bauüberwachung keinen oder nahezu **keinen**

---

413) BauR 2001, 1772, 1775 = OLGR 2001, 444.
414) Hierauf verweisen auch *Lauer/Steingröver*, BrBp 2004, 366, 368.
415) So jetzt auch BGH, BauR 2007, 1592 – NZBau 2007, 587 = IBR 2007, 492, 493, 494 – *Steiner*; ebenso OLG Düsseldorf, NZBau 2007, 109, 111; OLG Celle, Urt. v. 29.11.1995 (6 U 217/89) zu § 10 Abs. 5 GOA; ferner: *Locher/Koeble/Frik*, § 4 a HOAI, Rdn. 19.
416) BGH, a. a. O.; so auch OLG Celle, BauR 2003, 1248 = OLGR 2003, 180; *Pott/Dalhoff/Kniffka*, 7. Aufl., § 4 a, Rdn. 12 („Mehraufwendungen sind keine Mehrleistungen. Es geht vielmehr um Aufwendungen bei unverändertem Leistungsinhalt").
417) Das übersieht *Messerschmidt*, Festschrift für Jagenburg, S. 607 ff., wenn er für die RBBau-Architektenverträge eine Klausel vorschlägt, nach der „der Auftragnehmer für die nachweislich gegenüber den Grundleistungen entstandenen Mehraufwendungen eine zusätzliche Vergütung ..." erhalten soll. Das übersieht auch das Brandenburgische OLG, BauR 2001, 1772 = OLGR 2001, 444, wonach der Nachweis der Mehraufwendungen derart vorzunehmen ist, dass die tatsächlichen Aufwendungen für die gesamte Ausführungszeit dem Vertragshonorar für die Leistungsphase Objektüberwachung gegenüberzustellen sind und der Mehrbetrag durch Differenzbildung zu ermitteln ist; hierzu haben sich zu Recht *Lauer/Steingröver*, BrBp 2004, 366, 367 zu Wort gemeldet und darauf hingewiesen, dass von einer Differenzbildung im Sinne des Brandenburgischen OLG (eine Erstattungsfähigkeit im Falle eines Übersteigens der Gebühr, also erst im Falle der Gewinnaufzehrung) in der entsprechenden Klausel der RBBau nichts zu finden ist. Auch dem KG, BauR 2007, 906, 907 kann nicht gefolgt werden, wenn das Gericht darauf hinweist, dass ein konkreter Mehraufwand voraussetzt, „dass die einzelnen Störungen des Bauablaufs bestimmten Mehrleistungen zugeordnet werden können".

Mehraufwand" im vorerwähnten Sinne (z. B. durch Personalabbau) verursacht, sondern „sich der Aufwand vielmehr lediglich über einen längeren Zeitraum verteilt oder zeitlich verschiebt".[418] Das kommt beispielsweise dann in Betracht, wenn der Architekt aufgrund von Stillstandszeiten auf der Baustelle oder nur schleppender Bauausführung entweder die Zahl seiner Bauleiter oder den Zeitaufwand verringern kann. Zu Recht verlangt der BGH[419] in diesem Zusammenhang deshalb vom Architekten einen entsprechenden **Nachweis**: Dabei lässt der BGH grundsätzlich den Sachvortrag genügen, dass der Architekt bzw. die bei ihm angestellten Bauleiter sowohl in der Regelbauzeit (wie vorgesehen), aber auch in der verlängerten Bauzeitphase mit ihrer vollen Arbeitskraft im Rahmen der Objektüberwachung tätig waren, also im Rahmen dieser Tätigkeit die Bauleitungs-Kapazität aufgrund der sich länger hinziehenden Bauausführung nicht heruntergefahren werden konnte.

Diesen Überlegungen steht auch nicht das Urteil des Brandenburgischen OLG[420] entgegen. Hierbei handelt es sich um eine Einzelfallentscheidung auf der Basis der „Richtlinien für die Durchführung von Bauaufgaben des Bundes im Zuständigkeitsbereich der Finanzverwaltungen" RBBau, die in Nr. 2.8 Abs. 2 für eine Mehrvergütung ausdrücklich einen Nachweis der „gegenüber den Grundleistungen entstandenen Mehraufwendungen" fordern.

**876 c** Haben die Vertragsparteien die vorgenannten oder ähnlichen Vereinbarungen bezüglich einer Bauzeitverlängerung getroffen, kommt es aber nicht zu einer entsprechenden Vereinbarung der Höhe nach (z. B. aufgrund einer ablehnenden Haltung des Auftraggebers), hat der Architekt einen Anspruch auf Festsetzung der Vergütung vor, aber auch nach Abschluss des Bauvorhabens. Insoweit kann dem Brandenburgischen OLG[421] nicht gefolgt werden, wenn es einen Anspruch des Architekten davon abhängig macht, dass das Bauvorhaben noch nicht abgeschlossen ist oder die Vertragsparteien zu dem Zeitpunkt, als eine Verlängerung der Bauzeit abzusehen war, über eine zusätzliche Vergütung verhandelt haben. Dabei lässt das Gericht unberücksichtigt, dass die Vertragsparteien in den oben genannten Fallgestaltungen den Anspruch dem Grunde nach festgelegt und nur die Höhe der Vergütung einer einvernehmlichen Regelung vorbehalten haben. Es gibt keinen Anhaltspunkt dafür, dass ein entsprechender Anspruch vor Abschluss des Bauvorhabens vom Architekten „angemeldet" werden muss; auch von (wenn auch erfolglosen) Verhandlungen während der Bauzeit kann die Wirksamkeit der Forderung des Architekten auf eine zusätzliche Vergütung nicht abhängig gemacht werden.

Der BGH[422] hat zwischenzeitlich diese Überlegungen bestätigt und darauf hingewiesen, dass der Anspruch auf Ersatz der Mehraufwendungen unabhängig davon besteht, inwieweit die Gesamtaufwendungen durch das gesamte Honorar abgegolten sind. Dabei hält der BGH die Auffassung des OLG Brandenburg ausdrücklich für

---

418) Zutreffend: Brandenburgisches OLG, OLGR 1998, 421, 433 sowie KG, BauR 2007, 906, 907; ferner *Stassen*, in Baumanagement und Bauökonomie (2007), S. 316, 320.
419) BauR 1998, 184, 185; vgl. hierzu auch Celle, BauR 2003, 1248 = OLGR 2003, 180 = IBR 2003, 259 – *Maas*.
420) BauR 2001, 1772 = OLGR 2001, 444; kritisch hierzu KG, BauR 2007, 906, 907 sowie *Lauer/Steingröver*, BrBp 2004, 366, 367 und *Stassen*, in Baumanagement und Bauökonomie, S. 316, 321.
421) A. a. O.
422) BauR 2007, 1592 = NZBau 2007, 587 = IBR 2007, 492, 493, 494 – *Steiner*.

„falsch", dass der Auftragnehmer Mehraufwendungen nur erstattet verlangen kann, soweit diese Mehraufwendungen die gesamte Gebühr übersteigen, also auch den Gewinn aufgezehrt haben. Eine Darstellung der Aufwendungen für das gesamte Bauvorhaben ist daher nicht erforderlich.

Richtet sich das **Zusatzhonorar** des Architekten nach seinen Mehraufwendungen, hat er seine Tätigkeit und die seiner Mitarbeiter im Rahmen der verlängerten Bauzeit im Einzelnen nach Zeit (ggf. nach Tagen oder Stunden), Personen und Tätigkeitsinhalten darzulegen.[423] Das gilt aber nur für die verlängerte Bauzeit; ein entsprechender Nachweis für die gesamte Ausführungszeit ist dagegen nicht erforderlich.[424]

**877**

Dabei sind die Anforderungen nicht zu hoch anzusetzen: Der BGH[425] hat in diesem Zusammenhang darauf hingewiesen, dass es ausreicht, „wenn der Auftragnehmer vorträgt, welche durch die Bauzeitverzögerung bedingten Mehraufwendungen er hatte. Mehraufwendungen sind solche Aufwendungen, die der Auftragnehmer für die geschuldete Leistung tatsächlich hatte und die er ohne die Bauzeitverzögerung nicht gehabt hätte". So reicht es nach Auffassung des BGH aus, wenn der Auftragnehmer bezüglich des Einsatzes eines Bauleiters vorträgt, dass dieser während der gesamten Bauzeit einschließlich der Verlängerung mit seiner gesamten Arbeitskraft tätig gewesen ist, weil damit der Mehraufwand belegt wurde. Allerdings ist bei der Ermittlung der Mehraufwendungen – so der BGH – eine Ersparnis bei der Bauleitung zu berücksichtigen, wenn z. B. „ein Baustillstand eingetreten ist und der Auftragnehmer die Bauleitung von der Baustelle abziehen und anderweitig einsetzen kann". Der BGH geht also mit seiner neuesten Rechtsprechung davon aus, dass der Auftragnehmer grundsätzlich bei der Ermittlung der Mehraufwendungen (nur) den Verlängerungszeitraum zu berücksichtigen hat, wobei jedoch ersparte Aufwendungen während der Bauzeit zu berücksichtigen sind.

Das OLG Düsseldorf[426] hat sich kürzlich mit derselben Klausel beschäftigt, die der oben ausführlich dargelegten Entscheidung des BGH (vgl. Rdn. 876 a) zugrunde lag. In seinen beachtenswerten Ausführungen beschäftigt sich das OLG Düsseldorf vor allem mit der Auslegung der nachgewiesenen Mehrkosten (Mehraufwand), die – entsprechend der Klausel – dem Architekten in jedem Fall bei einer Überschreitung der vertraglich bestimmten Bauzeit zu erstatten sind. Das OLG Düsseldorf versteht diese Klausel dahingehend, dass damit lediglich die Mehraufwendungen des Architekten (ohne Gewinnanteil) für die Bauüberwachung erfasst sein sollen, die im Vergleich zu einem störungsfreien Ablauf das Bauvorhabens innerhalb der vorgesehenen Bauzeit entstanden sind. Dabei wendet das Gericht die Differenzhypothese an: Bei der Feststellung der durch die Bauverzögerung bedingten Arbeitsstunden ist die Stundenzahl, die der Architekt nach seiner Kalkulation ermittelt hat, den tatsächlich aufgewandten Stunden gegenüberzustellen, und zwar sowohl die Arbeitsstunden der Mitarbeiter des Architekten wie auch der von ihm beauftragten Nachunternehmer. Das Gericht gibt dann noch einen weiteren Hinweis für die zu berücksichtigenden Nachunternehmerstunden: Den als Mehrkosten für die verzögerungsbedingten Arbeitsstunden ermittelten reinen Lohnkosten ist für die Nachunternehmerstunden ein Bürokostenzuschlag und den Mitarbeiterstunden sind die allgemeinen Geschäftskosten hinzuzurechnen.

---

423) BGH, BauR 1998, 184; Brandenburgisches OLG, BauR 2001, 1772, 1775 = OLGR 2001, 444; vgl. auch *Vygen* in Korbion/Mantscheff/Vygen, § 4 a HOAI, Rdn. 36. Vgl. hierzu *Preussner*, BauR 2006, 203, 208.
424) BGH, BauR 2007, 1592 = NZBau 2007, 587 = IBR 2007, 492, 493, 494 – *Steiner*. KG, BauR 2007, 906, 907; ferner *Stassen*, in Baumanagement und Bauökonomie, S. 316, 320.
425) BGH, a. a. O.
426) NZBau 2007, 109 = IBR 2007, 433 – *Seifert*.

**878** Fällt die Bauzeitverlängerung in den Verantwortungsbereich des **Bauherrn**, kommen auch § 642 BGB bzw. die Grundsätze der Pflichtverletzung als Grundlage für einen Entschädigungs- bzw. Schadensersatzanspruch des Architekten in Betracht.[427]

Nach dem Einheits-Architektenvertrag (1992) erhöhte sich das Honorar im Verhältnis der vorgesehenen zur tatsächlichen Bauzeit, wenn die festgelegte Regelbauzeit über einen bestimmten Zeitraum hinausging.[428] Das galt nicht, wenn der Architekt die Bauzeitüberschreitung selbst zu vertreten hatte. In dem letzten, jedoch zwischenzeitlich von der Bundesarchitektenkammer zurückgezogenen Einheits-Architektenvertrag (1994) sind gemäß § 6.1 die Parteien verpflichtet, über eine angemessene Erhöhung des Honorars für die Bauüberwachung zu verhandeln, wenn die Bauausführung länger als ein vertraglich festgelegter Zeitraum dauert.

Die vorangegangenen Ausführungen machen deutlich, dass es häufig zu unerfreulichen Auseinandersetzungen der Parteien kommen kann, wenn Architekten Mehrleistungen durch eine verlängerte Bauzeit fordern. Daher empfiehlt es sich – neben der Festlegung einer Regelbauzeit – ausdrücklich eine Vereinbarung zu treffen, wie der Nachweis der Mehraufwendungen geführt werden soll.[429]

### dd) Teilleistungen

**879** Für **Teilleistungen** des Architekten im Sinne einzelner Leistungsphasen, die dieser vereinbarungsgemäß erbringt, gelten die in dem jeweiligen Leistungsbild (z. B. § 15 HOAI) genannten **Teilgebühren** (§ 5 Abs. 1 HOAI). Die Vereinbarung **höherer Teilgebühren** (höherer Sätze) ist **unwirksam**.[430] Allerdings ist ein zusätzlicher Koordinierungs- und Einarbeitungsaufwand zu berücksichtigen, wenn nicht alle Grundleistungen einer Leistungsphase übertragen werden; dasselbe gilt, wenn wesentliche Teile von Grundleistungen nicht Gegenstand des Auftrages sind (§ 5 Abs. 2 HOAI).

In diesem Zusammenhang ist jedoch die **erhöhte Gebühr des § 19 HOAI** für Vorplanung, Entwurfsplanung (unter möglicher Einbeziehung der Grundlagenermittlung) und Objektüberwachung als Einzelleistung zu berücksichtigen. Für die **Übertragung** dieser Teilleistungen des § 15 HOAI als von vornherein beschränkte Einzelleistung trägt der Architekt die **Beweislast**. Der Architekt muss also darlegen und beweisen, dass ihm ein entsprechender Auftrag erteilt wurde. Dies kann sich auch aus den besonderen Umständen ergeben.[431]

§ 19 HOAI setzt voraus, dass die **erhöhten Gebühren** zwischen den Parteien **vereinbart** worden sind. Die Vereinbarung der erhöhten Gebühr ist Wirksamkeitsvoraussetzung für das höhere Honorar nach § 19 HOAI.[432] Obwohl § 19 HOAI

---

427) Vgl. hierzu vor allem *Heinle*, BauR 1992, 428 u. DAB 1992, 84 sowie *Stassen*, in Baumanagement und Bauökonomie (2007), S. 316, 323 u. *Lauer/Steingröver*, BrBp 2004, 316, 319; ferner: *Vygen* in Korbion/Mantscheff/Vygen, § 4 HOAI, Rdn. 107; *Jochem*, § 4 HOAI, Rdn. 20; Brandenburgisches OLG, BauR 2001, 1772, 1775 = OLGR 2001, 444.
428) Vgl. aber zu einer ähnlichen Absprache OLG Köln, BauR 1990, 762 m. Anm. *Osenbrück*. Zu den entsprechenden Formulierungen in den Vertragsrichtlinien des Bundes (RBBau) s. *Jochem*, § 4 HOAI, Rdn. 20.
429) Darauf verweisen auch *Lauer/Steingröver*, BrBp 2004, 366, 370 zutreffend.
430) *Locher/Koeble/Frik*, § 5 HOAI, Rdn. 2.
431) Vgl. OLG Saarbrücken, NJW 1967, 2359 für die **GOA**.
432) *Pott/Dahlhoff/Kniffka/Rath*, § 19 HOAI, Rdn. 5; *Seifert* in Korbion/Mantscheff/Vygen, § 19 HOAI, Rdn. 4; *Locher/Koeble/Frik*, § 19 HOAI, Rdn. 2.

für eine entsprechende Abrede nicht ausdrücklich die **Schriftform** verlangt, soll dies nach h. M. ebenfalls **Wirksamkeitsvoraussetzung** sein, da die in § 19 genannten erhöhten Honorare Abweichungen von den Mindestsätzen der HOAI darstellen und daher § 4 HOAI anzuwenden ist.[433] Ferner wird zum Teil gefordert, dass die entsprechende Vereinbarung **bei Vertragsabschluss** erfolgt, obwohl dies § 19 HOAI nicht verlangt.[434] Für die **Objektüberwachung** ist eine Vereinbarung des Erhöhungshonorars nach dem Wortlaut des § 19 HOAI nicht erforderlich; vielmehr ist das erhöhte Honorar der Regelsatz bei Übertragung der Objektüberwachung bei Einzelleistung.

**880** Wird dem Architekten ein Gesamtauftrag erteilt, dieser aber nach Erstellung von Vorplanung und Entwurfsplanung aus irgendwelchen Gründen abgebrochen, stehen dem Architekten nur die Teilgebühren des § 15 HOAI, nicht aber die höheren Gebühren des § 19 HOAI zu. Ein mit den vorgenannten Arbeiten sowie der Fertigung des Bauantrages beauftragter Architekt hat über die ihm nach § 15 Abs. 1 Nr. 1 bis 4 HOAI zustehende Vergütung hinaus kein Anspruch auf ein Entgelt für die Verwendung seiner Pläne bei der Ausführung des Bauwerks durch den Bauherrn.[435]

**881** Ist dem Architekten die Vorplanung oder Entwurfsplanung als Einzelleistung, später aber auch die übrigen Teilleistungen des § 15 HOAI übertragen worden, kann der Architekt die höheren Gebühren des § 19 HOAI verlangen, ohne dass der Bauherr diese auf die übrigen Leistungen des § 15 HOAI anrechnen kann.[436]

**882** Werden nur **Teilbereiche einzelner Leistungsphasen** eines Leistungsbildes **übertragen** oder wesentliche **Teile von Grundleistungen** dem Architekten **nicht übertragen**, so kann der Architekt für die übertragenen Leistungen nur ein Honorar berechnen, das dem (objektiv zu ermittelnden)[437] angemessenen Anteil der übertragenen Leistungen an der gesamten Teilleistung (Leistungsphase) entspricht, wobei ein zusätzlicher Koordinierungs- und Einarbeitungsaufwand zu berücksichtigen ist (§ 5 Abs. 2 HOAI); das zusätzliche Honorar muss bei Auftragserteilung schriftlich vereinbart werden.[438] Dasselbe gilt, wenn der Architektenauftrag nach Erbringung von Teilbereichen aus Teilleistungen abgebrochen wird. Allerdings wird die Bewertung der vom Architekten nur teilweise erbrachten Leistungen insoweit auf erhebliche Schwierigkeiten stoßen.[439] Im Einzelfall wird auch die Feststellung schwierig sein, ob tatsächlich wesentliche Teile einer Grundleistung nicht übertragen worden sind, sodass eine Korrektur des Honorars berechtigt ist.

**883** Der Architekt hat hier dem Gericht hinreichende **Bewertungsmaßstäbe** an die Hand zu geben, wenn der Umfang des Honorars insoweit streitig wird. Das Gericht wird dann – möglicherweise mit Hilfe eines Sachverständigengutachtens – anhand

---

433) OLG Düsseldorf, BauR 1993, 108, 109; *Seifert* in Korbion/Mantscheff/Vygen, § 19 HOAI, Rdn. 4; Locher/Koeble/Frik, § 19 HOAI, Rdn. 2; *Pott/Dalhoff/Kniffka/Rath*, § 19 HOAI, Rdn. 5; **a. A.:** *Jochem*, § 19 HOAI, Rdn. 2 u. *Neuenfeld*, § 19 HOAI, Rdn. 2.
434) Locher/Koeble/Frik, § 19 HOAI, Rdn. 2; *Pott/Dalhoff/Kniffka/Rath*, § 19 HOAI, Rdn. 5; **a. A.:** *Neuenfeld*, § 19 HOAI, Rdn. 2; *Jochem*, § 19 HOAI, Rdn. 2.
435) BGH, NJW 1975, 1165.
436) Vgl. hierzu *Neuenfeld*, § 19 HOAI, Rdn. 2.
437) Vgl. *Steeger*, BauR 2003, 794, 798.
438) *Jochem*, § 5 HOAI, Rdn. 3.
439) Vgl. hierzu *Neuenfeld*, § 15 HOAI, Rdn. 2.

dieser Bewertungsmaßstäbe das eingeklagte Honorar auf seine Berechtigung überprüfen können, u. U. auch unter Anwendung der Grundsätze des § 287 ZPO.[440] Werden nur Teile einer Leistungsphase von einem Architekten erbracht, sind einerseits die vollen anrechenbaren Kosten in Ansatz zu bringen, andererseits hat eine Reduzierung des jeweiligen Honorarsatzes der betreffenden Leistungsphase zu erfolgen.[441] Ein anderer Weg der insoweit notwendigen Honorarermittlung würde § 10 Abs. 2 HOAI widersprechen.

Die HOAI hat ausdrücklich darauf verzichtet, für einzelne Grundleistungen einer Leistungsphase Honorare festzusetzen, weil dies „wegen der Vielfalt der einzelnen Grundleistungen" und den von Objekt zu Objekt unterschiedlichen Verhältnissen nicht durchführbar erschien (so S. 10 der Begründung, Bundesrats-Drucksache 270/76). Steinfort[442] hat den Versuch unternommen, die einzelnen Grundleistungen in den verschiedenen Leistungsphasen des § 15 HOAI prozentual noch einmal zu unterteilen; als Leitlinie für die Bewertung einzelner Grundleistungen wird diese Aufstellung durchaus verwendet werden können. Auch **öffentliche Auftraggeber** untergliedern in ihren Aufträgen z. T. die einzelnen Leistungsphasen nochmals prozentual, sodass die hier erörterten Schwierigkeiten der Bewertung grundsätzlich nicht auftreten können.

**884** Werden Grundleistungen im Einvernehmen mit dem Auftraggeber insgesamt oder teilweise von anderen an der Planung und Überwachung fachlich Beteiligten erbracht, so darf nur ein Honorar berechnet werden, das dem verminderten Leistungsumfang des Architekten entspricht (§ 5 Abs. 3 HOAI).

**885** Ist die HOAI nicht zwischen Architekt und Bauherr ausdrücklich vereinbart, ist die HOAI gleichwohl als **„übliche"** Vergütung im Sinne des § 632 Abs. 2 BGB hinsichtlich der Höhe der Vergütung von Teilleistungen heranzuziehen[443] (vgl. Rdn. 762 ff.). Das gilt auch für die **Zahlungsweise** (vgl. Rdn. 960).

In den vorerwähnten Fällen sind dem Architekten jeweils ausdrücklich nur einzelne Leistungsphasen oder Teilleistungen dieser Leistungsphasen übertragen worden. Davon sind die Fälle zu unterscheiden, in denen dem Architekten zwar **alle Leistungsphasen des § 15 HOAI übertragen** sind, der Architekt jedoch **einzelne Leistungsphasen überhaupt nicht oder nur unvollständig ausführt:** vgl. hierzu Rdn. 786 ff.

**886** Von den hier erwähnten Fallgestaltungen sind ferner die Fälle zu unterscheiden, in denen der Architekt auf Veranlassung des Bauherrn **mehrere Vor- oder Entwurfsplanungen nach grundsätzlich verschiedenen Anforderungen** fertigt. Insoweit gilt für das Honorar § 20 HOAI. Das OLG Düsseldorf[444] hat in diesem Zusammenhang zu Recht darauf hingewiesen, dass **nicht jede Planänderung** einen **neuen Entwurf oder Vorentwurf darstellt,** „sondern dass Änderungen und Abweichungen

---

440) Vgl. OLG Düsseldorf, BauR 2001, 434 = OLGR 2001, 109, 114; BauR 1973, 62; ferner: OLG Frankfurt, BauR 1982, 600, 601.
441) OLG Düsseldorf, BauR 2001, 434 = OLGR 2001, 109, 114.
442) Bei *Pott/Dahlhoff/Kniffka*, 7. Aufl., Anh. II. Vgl. ferner: *Locher/Koeble/Frik*, Anhang 4 sowie Tabelle von *Siemon* abgedruckt in BauR 2006, 910, die entsprechende Bewertung von Grundleistungen bei *Pott/Dahlhoff/Kniffka/Rath*, 8. Aufl. in § 15 HOAI und die Tabelle bei *Korbion/Mantscheff/Vygen*, § 5 HOAI, Rdn. 32.
443) Vgl. OLG Stuttgart, *Schäfer/Finnern*, Z 3.01 Bl. 339.
444) BauR 1976, 141 (zu § 20 GOA).

von den Entwurfszeichnungen, wie sie fast bei jedem größeren Bauvorhaben vorkommen, nur dann eine zusätzliche, wenn auch verminderte Gebühr rechtfertigen, wenn sie von solchem Gewicht sind, dass sie eine grundlegende neue geistige Leistung des Architekten in Bezug auf die Lösung der ihm gestellten Aufgabe darstellen".

#### ee) Besondere Leistungen

*Literatur*
*Wingsch*, Das Entwässerungsgesuch, BauR 1984, 261; *Weyer*, Probleme der Honorarberechnung für Besondere Leistungen, Festschrift für Locher (1990), 303; *Weyer*, Neues zur Honorarberechnung für Besondere Leistungen nach der HOAI, BauR 1995, 446; *Quadbeck*, CAD-Planung: Weitergabe an den Bauherrn?, BauRB 2004, 57.

Macht ein Architekt über das allgemeine Leistungsbild des § 15 HOAI hinausgehende Besondere Leistungen geltend, ist er in vollem Umfang **darlegungs-** und **beweispflichtig**; Erleichterungen greifen dabei nicht zu seinen Gunsten ein. **887**

Die HOAI unterscheidet folgende **Besondere Leistungen:**

* Besondere Leistungen, die zu den Grundleistungen **hinzutreten** (sog. **zusätzliche** Besondere Leistungen)
* Besondere Leistungen, die ganz oder teilweise **an die Stelle** von Grundleistungen treten (sog. **ersetzende** Besondere Leistungen)
* Besondere Leistungen, die **ohne Verbindung** mit Grundleistungen in Auftrag gegeben werden (sog. **isolierte** Besondere Leistungen)

Auch nicht typisch berufsbezogene Leistungen eines Architekten können Besondere Leistungen sein; entscheidend ist der Zusammenhang der Leistung mit der Errichtung des Objektes.[445] In diesem Fall gelten die **Einschränkungen** des § 5 Abs. 4 und 5 HOAI hinsichtlich der Honorierung dieser Leistung.

Im Anwendungsbereich der HOAI grenzt § 5 Abs. 4 Satz 1 den Vergütungsanspruch des Architekten für Besondere Leistungen ein. Danach hat ein Architekt einen Honoraranspruch für **Besondere Leistungen**, die zu den **Grundleistungen hinzutreten** (**zusätzliche** Besondere Leistungen), nur wenn **888**

* ein **bestimmtes oder bestimmbares Honorar**
* **schriftlich vereinbart** worden ist und
* die Leistungen im Verhältnis zu den Grundleistungen einen nicht unwesentlichen **Arbeits- und Zeitaufwand** verursachen.[446]

Die Honorarvereinbarung muss zumindest die Ermittlung eines bestimmten Betrages für eine **konkrete Besondere Leistung** ermöglichen,[447] wobei auch ein **Zeithonorar** vereinbart werden kann.[448] Liegt eine der vorerwähnten Voraussetzun- **889**

---

445) *Vygen* in Korbion/Mantscheff/Vygen, § 2 HOAI, Rdn. 13; *Locher/Koeble/Frik*, § 2 HOAI, Rdn. 5.
446) Vgl. hierzu *Weyer*, Festschrift für Locher, S. 303, 307.
447) OLG Hamm, NJW-RR 1993, 1175 = BauR 1993, 633; *Locher/Koeble/Frik*, § 5 HOAI, Rdn. 38; *Weyer*, Festschrift für Locher, S. 303, 311; vgl. auch BGH, NJW-RR 1989, 786 = BauR 1989, 222 = ZfBR 1989, 104.
448) Ebenso: *Locher/Koeble/Frik*, a. a. O.; **a. A.:** *Weyer*, a. a. O., u. einschränkend: OLG Hamm, NJW-RR 1993, 1175 = BauR 1993, 633 („Die Vorausschätzung verlangt von den Parteien eine möglichst konkrete Fixierung der Leistung").

gen, für die der Architekt die **Darlegungs- und Beweislast** trägt,[449)] nicht vor, fehlt z. B. die Schriftform der (möglichen) Vereinbarung, besteht kein vertraglicher Honoraranspruch des Architekten für die **erbrachten Besonderen Leistungen**. Der Architekt hat dann nach dem System der HOAI auch keinen Anspruch gegenüber dem Bauherrn auf Abschluss einer Zusatzvereinbarung (mit Honorarregelung) bezüglich der Besonderen Leistung.[450)] Die Möglichkeit eines Ausgleichs nach den Vorschriften der Geschäftsführung ohne Auftrag, über das Rechtsinstitut der ungerechtfertigten Bereicherung oder unter dem Gesichtspunkt von Treu und Glauben wird von der herrschenden Meinung ebenfalls verneint, weil es sich bei der Vorschrift des § 5 Abs. 4 Satz 1 HOAI um eine den Vergütungsanspruch des Architekten abschließend regelnde zwingende Anspruchsvoraussetzung handele.[451)] Aufgrund der Preisvorschriften der HOAI kann der Auftraggeber daher nicht nachträglich zu einer schriftlichen Honorarvereinbarung verpflichtet werden. Allerdings hat der Architekt bezüglich der von ihm geforderten Besonderen Leistungen ein **Leistungsverweigerungsrecht** und einen **Anspruch** gegenüber seinem Auftraggeber **auf Abschluss einer entsprechenden Honorarvereinbarung**.[452)]

**890** In neueren Architektenverträgen ist folgender oder ein ähnlicher Passus häufig zu finden:

„Besondere und Zusätzliche Leistungen sind auch dann im Rahmen der HOAI zu vergüten, wenn eine ausdrückliche Vergütungsregelung nicht getroffen ist, jedoch die Leistungserbringung im Einvernehmen mit dem Bauherrn erfolgt ist. Ist bei Besonderen Leistungen, die einen nicht unerheblichen Zeit- und Arbeitsaufwand verursachen, keine besondere Vergütungsregelung getroffen, erfolgt Abrechnung nach Zeitaufwand."

Eine solche Vereinbarung ist **unwirksam.** Zu Recht weisen Hesse/Korbion/Mantscheff/Vygen[453)] in diesem Zusammenhang darauf hin, dass die Vereinbarung des Honorars sich auf eine nach Art und Umfang festliegende Besondere Leistung beziehen muss: „Eine Honorarvereinbarung, die sich auf die Absprache der Honorierung später anfallender Besonderer Leistungen beschränkt und auch die Berechnungsmaßstäbe hierfür nicht mit der möglichen Genauigkeit angibt, ist daher wirkungslos. Die Vereinbarung muss das Honorar für eine konkret beschriebene Leistung betreffen, sodass auch eine Art Rahmenvereinbarung des Inhaltes, dass dem Auftragnehmer für den Fall, dass Besondere Leistungen notwendig oder gefordert werden, ein Anspruch auf ein zusätzliches Honorar oder zumindest ein Anspruch auf Abschluss einer Honorarvereinbarung nach § 5 Abs. 4 zusteht, kaum möglich sein wird, da es an der notwendigen Bestimmbarkeit fehlen wird." Das LG Weiden[454)] ist demgegenüber der Auffassung, dass aus einer solchen oder ähnlichen Vereinbarung das Recht eines jeden Vertragspartners erwächst, vom anderen

---

449) BGH, NJW-RR 1989, 786 = BauR 1989, 222 = ZfBR 1989, 104.
450) *Locher/Koeble/Frik*, § 5 HOAI, Rdn. 44.
451) OLG Oldenburg, IBR 2007, 312 – *Fischer*; OLG Hamm, BauR 1998, 819 = NJW-RR 1998, 811 = OLGR 1998, 126 u. BauR 1997, 507; BauR 1993, 761; BauR 1993, 633 = NJW-RR 1993, 1175; BauR 1989, 351, 352; OLG Düsseldorf, BauR 1993, 758; OLG Celle, BauR 1985, 591; LG Waldshut-Tiengen, BauR 1980, 81, 83; vgl. auch OLG Schleswig, BauR 1997, 509; *Jochem*, § 5 HOAI, Rdn. 14; *Weyer*, Festschrift für Locher, S. 303, 311 u. BauR 1995, 446, 459; **a. A.:** *Werner*, Festschrift für Locher, S. 289, 301.
452) *Pott/Dahlhoff/Kniffka/Rath*, § 2, Rdn. 9 ff.
453) § 5 HOAI, Rdn. 62; ebenso: OLG Hamm, BauR 1993, 633 = NJW-RR 1993, 1175.
454) BauR 1979, 71.

Vertragspartner den Abschluss einer Vereinbarung über die Besonderen Leistungen zu verlangen.

Locher/Koeble/Frik[455] weisen darauf hin, dass sich Probleme dann ergeben können, wenn eine Besondere Leistung ausnahmsweise zur ordnungsgemäßen Erbringung der Gesamtleistung notwendig ist (z. B. die Bestandsaufnahme oder eine Bauvoranfrage). Sie vertreten in solchen Fällen die Auffassung, dass einem Auftragnehmer eine Vergütung zusteht, wenn er vor Erbringung der Leistung erfolglos den Abschluss einer schriftlichen Honorarvereinbarung unter Hinweis auf § 5 Abs. 4 HOAI gefordert hat; in diesem Fall soll sich der Auftraggeber nicht auf die Voraussetzung der Schriftlichkeit berufen können.

Noch weitreichender argumentiert insoweit Motzke[456]: „Sind zur Erfolgssicherung nicht nur die ausdrücklich im Vertrag benannten Grundleistungen notwenig, sondern auch Besondere Leistungen, sind diese zur Erfüllung des Vertrages und Vermeidung von Gewährleistungspflichten zu erbringen, ohne dass es einer ergänzenden Beauftragung bedarf. Werkvertraglich schuldet der Architekt nach § 631 Abs. 1 BGB den Erfolg, weswegen sämtliche erfolgssichernden Handlungen ungeachtet ihrer honorarrechtlichen Einordnung vorgenommen werden müssen". Der entsprechende Vergütungsanspruch für die erbrachten Bauleistungen sei daher nicht nur bei einer entsprechend gefassten vertraglichen Vereinbarung begründet. Der Anspruch ergebe sich vielmehr bei „auf dem Markt üblicherweise nur gegen eine Vergütung" zu erbringenden Besonderen Leistungen aus § 632 BGB und einem daraus folgenden Anspruch auf Abschluss einer schriftlichen Honorarvereinbarung als der Voraussetzung für das übliche Honorar.

Mit dem Erfordernis, dass die jeweilige Besondere Leistung im Verhältnis zu den Grundleistungen einen **nicht unwesentlichen Arbeits- und Zeitaufwand** verursachen muss, soll verhindert werden, dass Bagatellleistungen als Besondere Leistungen berechnet werden können. Es muss also eine gewisse „Schwelle" des Aufwandes überschritten werden, damit die Besondere Leistung überhaupt zu honorieren ist.[457] **891**

Die HOAI hat den Leistungsumfang der Grundleistungen innerhalb der einzelnen Leistungsphasen gegenüber den entsprechenden Teilleistungen der früheren GOA (§ 19) erheblich ausgeweitet; zwei Leistungsphasen (Grundlagenermittlung sowie Objektbetreuung und Dokumentation) sind in § 15 sogar hinzugekommen. Die **Grundleistungen** innerhalb der einzelnen Leistungsphasen umfassen heute alle Leistungen, die nach dem gegenwärtigen Stand der Technik für die Vorbereitung, Planung, Überwachung und Betreuung eines Bauobjektes im Allgemeinen erforderlich sind. Mit der Ausweitung der geforderten Grundleistungen im Rahmen einer Leistungsphase soll eine gewisse Preisminderung bei den an sich angehobenen Architektenhonoraren erreicht werden. **Besondere Leistungen eines Architekten** haben damit **Ausnahmecharakter** gegenüber den Grundleistungen. Dies betont § 2 Abs. 3 nochmals. Besondere Leistungen können vor allem durch aufwandsbezogene Einflussgrößen notwendig werden; die Begründung zur HOAI nennt hier beispielhaft standortbezogene, herstellungsbezogene, zeitbezogene oder umweltbezogene Einflussgrößen. **892**

Bei den einzelnen Leistungsbildern und den Leistungsphasen nennt die HOAI jeweils – neben den Grundleistungen – die möglichen **Besonderen Leistungen**. Sie

---

455) § 5 HOAI, Rdn. 44 mit Hinweis auf *Motzke*, BauR 1999, 1251, 1268.
456) In: Graf von Westphalen, Klauselwerke/Architektenvertrag, Rdn. 56
457) So die Begründung der Verordnung, BR-Drucksache 270/76, S. 11, 12.

sind nur beispielhaft und damit **nicht abschließend aufgeführt** (§ 2 Abs. 3 Satz 2 HOAI). Im Übrigen sind sie austauschbar: Besondere Leistungen, die bei einer Leistungsphase erwähnt sind, können vereinbarungsgemäß auch in einer anderen Leistungsphase erbracht werden. Die Parteien können weitere Besondere Leistungen vereinbaren, sofern sie die in § 2 Abs. 3 Satz 1 gesetzten Voraussetzungen erfüllen.

**893** Zum **Vortrag des Architekten** bei der Berechnung von Besonderen Leistungen gehört ferner die genaue, **substantiierte Angabe des Berechnungsmodus** seiner Sondergebühren, wenn kein bestimmtes Honorar ausdrücklich vereinbart wurde. Der Architekt hat insoweit die Zeit, den sonstigen Aufwand, die Schwierigkeit der Aufgabe und ggf. seine Kosten darzulegen; der Architekt trägt hinsichtlich der Bewertung seiner Sonderleistungen die volle Beweislast.[458]

**894** Im Anwendungsbereich der HOAI ist das Honorar für zusätzliche Besondere Leistungen im angemessenen Verhältnis zu dem Honorar für die entsprechende Grundleistung zu berechnen, mit der die Besondere Leistung nach Art und Umfang vergleichbar ist (§ 5 Abs. 4 Satz 2 HOAI). Die **Berechnungsmethode ist äußerst schwierig** und fällt in das Gebiet der **Schätzung**, zumal die HOAI nur für die einzelnen Leistungsphasen, nicht aber für die einzelnen Grundleistungen, Bewertungssätze angibt;[459] daher muss also zunächst festgestellt werden, welcher Teil des angegebenen Honorars der Leistungsphase im konkreten Einzelfall auf die betreffende – vergleichbare – Grundleistung entfallen würde.

**895** Um **zusätzliche Besondere Leistungen** handelt es sich immer dann, wenn sie im Zusammenhang mit typischen Architektenleistungen erbracht werden und zu den Grundleistungen hinzutreten; nicht erforderlich ist, dass sie zu den berufsbezogenen und berufstypischen Leistungen eines Architekten gehören.[460] So sind die Erstattung eines **hydrogeologischen Gutachtens**,[461] **wohnungswirtschaftliche Verwaltungsleistungen** eines Architekten,[462] das **Einscannen und die EDV-mäßige Überarbeitung** alter Bauzeichnungen zur Anfertigung eines Aufmaßes der vorhandenen Bausubstanz[463] und das Untersuchen von **Lösungsmöglichkeiten nach grundsätzlich verschiedenen Anforderungen**[464] als zusätzliche Besondere Leistungen anzuerkennen.

Auch wenn die Planung von Bauwerken in digitalisierter Form heute vielfach üblich ist, schuldet der Architekt seine Planung grundsätzlich **auf Papier** und nicht in elektronischer Form, weil dies die übliche Beschaffenheit einer Architektenplanung darstellt. Erstellt der Architekt seine Planung mittels eines **CAD-Programms**, ist er verpflichtet, die Planung durch Ausdruck auf Papier gegenüber seinem Auftraggeber darzustellen.[465] Dagegen ist der Architekt grundsätzlich nicht verpflichtet, die Übermittlung seiner Pläne zusätzlich in digitalisierter Form vorzunehmen. Das kommt nur in Betracht, wenn zwischen den Vertragspartnern eine entsprechende

---

458) *Baumgärtel*, Beweislast, § 5 HOAI, Rdn. 2.
459) Vgl. hierzu auch *Hesse*, BauR 1976, 373, 382.
460) OLG Hamm, BauR 1993, 761; OLG Düsseldorf, BauR 1993, 758 = NJW-RR 1993, 476; *Locher/Koeble/Frik*, § 2 HOAI, Rdn. 5.
461) OLG Celle, BauR 1991, 371.
462) OLG Hamm, BauR 1994, 797 = NJW-RR 1994, 985 sowie BauR 1993, 761.
463) OLG Hamm, BauR 2001, 1614 = NZBau 2002, 101.
464) OLG Düsseldorf, BauR 1994, 803 (LS) = NJW-RR 1995, 276.
465) So zutreffend *Quadbeck*, BauRB 2004, 57.

## Architektenleistungen

Regelung getroffen wurde. Die CAD-Planung stellt damit eine zusätzliche Besondere Leistung dar. Etwas anderes kann möglicherweise bei Großbauten in Betracht kommen, weil es hier zwischenzeitlich durchaus üblich ist und dem Stand der Technik entspricht, Planungen zu digitalisieren, sodass man auch ohne ausdrückliche Vereinbarung insoweit von der üblichen Beschaffenheit einer Planung im Sinne von § 633 Abs. 2 Ziffer 2 BGB sprechen kann.

Locher/Koeble/Frik[466] nennen darüber hinaus als zusätzliche Besondere Leistungen: die Hereinholung öffentlicher und privater Finanzierungsmittel, deren Verwaltung, die Übernahme einer Baukostengarantie, die Unterstützung bei der öffentlichen Erschließung, die Mithilfe bei der Vermietung oder bei der Schaffung von Wohnungseigentum. Erstellt der Architekt einen **Entwässerungsplan**, stellt dies **keine Besondere Leistung** dar: Hier erbringt der Architekt eine Grundleistung im Rahmen der Technischen Ausrüstung (§ 73 HOAI).[467] Entsprechendes gilt für den Nachweis des **Wärmeschutzes** (§ 78 HOAI).

**896** **Änderungsleistungen** eines Architekten können, müssen aber nicht Besondere Leistungen sein (vgl. näher Rdn. 865 ff.).

Soweit der Architekt innerhalb der ihm übertragenen Ausführungsplanung **Elementpläne für Fertigbetonteile** auf Übereinstimmung mit seinen Ausführungsplänen zu überprüfen hat, stellt diese Tätigkeit keine vergütungspflichtige Besondere Leistung im Sinne der HOAI dar, wobei es unerheblich ist, ob der Ersteller der Elementpläne zu den „an der Planung fachlich Beteiligten" gehört oder nicht.[468]

**897** Treten Besondere Leistungen ganz oder teilweise **an die Stelle von Grundleistungen (ersetzende Besondere Leistungen)**, ist für sie ein Honorar zu berechnen, das dem Honorar für die ersetzten Grundleistungen entspricht (§ 5 Abs. 5 HOAI). Insoweit werden in der HOAI keine Vergütungsvoraussetzungen genannt.[469] Es bedarf daher auch keiner schriftlichen Honorarvereinbarung.[470] Bei der jeweiligen Honorarermittlung können die Tabellen hilfreich sein, in der die einzelnen Grundleistungen der Leistungsphasen des § 15 HOAI prozentual bewertet werden.[471]

**898** Von den vorerwähnten Besonderen Leistungen, die zu den Grundleistungen hinzutreten oder ganz/teilweise an die Stelle von Grundleistungen treten, sind diejenigen zu trennen, die **ohne Annex zu Grundleistungen** vergeben werden (sog. **„isolierte" Besondere Leistungen**), wie z. B. die vorgezogene **Bauvoranfrage**[472] sowie die Erstellung eines **Finanzierungsplans**, eines **Abbruchantrages**[473], eines Feuerwehrplans oder einer **Wirtschaftlichkeitsberechnung**. Insoweit enthält die HOAI keinen

---

466) § 2 HOAI, Rdn. 6.
467) OLG Düsseldorf, BauR 1995, 733 = NJW-RR 1995, 1425.
468) BGH, BauR 1985, 584 = ZfBR 1985, 228.
469) Vgl. zur Berechnung *Korbion/Mantscheff/Vygen*, § 5 HOAI, Rdn. 76 ff.
470) BGH, BauR 1997, 1062 = NJW-RR 1997, 1448 = ZfBR 1997, 305 = MDR 1997, 1118.
471) Vgl. *Pott/Dahlhoff/Kniffka*, 7. Aufl., Anh. II. Vgl. ferner die „Tabelle zur Bewertung von Teilgrundleistungen" bei *Locher/Koeble/Frik*, Anhang 4 sowie die Tabelle von *Siemon*, abgedruckt in BauR 2006, 910; die Bewertungen bei *Pott/Dahlhoff/Kniffka/Rath*, 8. Aufl., zu § 15 HOAI, und die Tabelle bei *Korbion/Mantscheff/Vygen*, § 5 HOAI, Rdn. 32.
472) Vgl. hierzu BGH, BauR 1999, 1195 = NJW-RR 1999, 1105 = MDR 1999, 1062 = ZfBR 1999, 315 = NJW 1999, 355; BauR 1997, 1060 = NJW 1997, 3017; ferner: OLG München, IBR 2007, 257 – *Seifert*; KG, NZBau 2005, 522; LG Köln, NJW-RR 1998, 456.
473) LG Köln, NJW-RR 1998, 456.

Honorarrahmen, sodass die **Vergütung** frei (z. B. nach Zeitaufwand) **vereinbart** werden kann, ohne dass bestimmte Voraussetzungen (z. B. Schriftform) gegeben sein müssen.[474] Ist eine konkrete Honorarvereinbarung nicht getroffen worden, kann der Architekt die übliche Vergütung gemäß § 632 Abs. 2 BGB verlangen, die in der Regel nach Zeitaufwand berechnet werden kann.[475] Bei der Frage der Üblichkeit kann wiederum auf das Preisrecht der HOAI zurückgegriffen werden (vgl. hierzu Rdn. 769).[476]

Locher/Koeble/Frik[477] weisen hinsichtlich einer **Bauvoranfrage** darauf hin, dass eine solche Architektenleistung auch als sog. zusätzliche Besondere Leistung anzusehen ist, wenn der Architekt als Voraussetzung oder Grundlage der Voranfrage Grundleistungen aus bestimmten Leistungsphasen des § 15 HOAI (z. B. Grundlagenermittlung, Vorplanung oder Entwurfsplanung) erbringt: In diesem Fall steht ihm für diese Grundleistungen auch ohne schriftliche Vereinbarung ein Honorar zu; bezüglich der Voranfrage selbst bedarf es für einen Honoraranspruch des Architekten allerdings dann einer schriftlichen Vereinbarung. Es ist davon auszugehen, dass bei der Übertragung einer Bauvoranfrage gleichzeitig (zumindest) die Leistungsphasen 1 und 2 des § 15 HOAI ganz bzw. teilweise übertragen werden, weil ohne die entsprechenden Grundleistungen in aller Regel eine Bauvoranfrage nicht gestellt werden kann.[478] Das OLG Düsseldorf[479] hebt in diesem Zusammenhang hervor, dass der mit einer Bauvoranfrage beauftragte Architekt keine Kostenschätzung nach DIN 276 schuldet; vielmehr kann er die anrechenbaren Kosten prüffähig für die Honorarberechnung als Produkt von Rauminhalt des geplanten Gebäudes und Nettobaukosten je Kubikmeter ermitteln.

Mit der **Neuregelung** des § 5 Abs. 4 a ist ein **Erfolgshonorar für Besondere Leistungen** geschaffen worden, „die unter Ausschöpfung der technisch-wirtschaftlichen Lösungsmöglichkeiten zu einer wesentlichen Kostensenkung ohne Verminderung des Standards führen". Das entsprechende Erfolgshonorar ist zwischen Architekt und Auftraggeber zuvor schriftlich zu vereinbaren und kann „bis zu 20 vom Hundert der vom Auftragnehmer durch seine Leistungen eingesparten Kosten betragen".[480]

---

474) **Herrschende Meinung:** BGH, BauR 1999, 1195 = NJW-RR 1999, 1105 = MDR 1999, 1062 = ZfBR 1999, 315 = NJW 1999, 355; vgl. ferner *Weyer*, Festschrift für Locher, S. 303, 312 u. BauR 1995, 446, 450; *Locher/Koeble/Frik*, § 5 HOAI, Rdn. 45; *Vygen* in Korbion/Mantscheff/Vygen, § 2 HOAI, Rdn. 10 u. § 5 HOAI, Rdn. 54.
475) Vgl. hierzu: BGH, BauR 1997, 1060 = NJW 1997, 3017; KG, NZBau 2005, 522; *Vygen* in Korbion/Mantscheff/Vygen, § 5 HOAI, Rdn. 54; *Locher/Koeble/Frik*, § 5 HOAI, Rdn. 35 und *Weyer*, Festschrift für Locher, S. 303, 304, 314, der § 5 Abs. 4 Satz 3 HOAI analog anwenden will (Zeithonorar; bei fehlender Vereinbarung: Mindeststundensatz).
476) KG, NZBau 2005, 522.
477) § 15 HOAI, Rdn. 55; ebenso: *Weyer*, BauR 1995, 446, 451; LG München, BauR 1996, 421.
478) OLG München, BauR 2007, 1436 = IBR 2007, 257 – *Seifert*; KG, NZBau 2005, 522; OLG Düsseldorf, BauR 2002, 658; BauR 1997, 681; KG, KGR 1999, 5; **a. A.:** OLG Hamm, NJW-RR 1996, 83. Im Übrigen können nach Auffassung des OLG Düsseldorf, BauR 1996, 292 = NJW-RR 1996, 470 = OLGR 1996, 112 (LS) auch Grundleistungen der Phase 3 des § 15 HOAI in Betracht kommen, wenn ein Bauamt „die Vorlage gut durchgearbeiteter Zeichnungen" für die Bauvoranfrage fordert. Vgl. ferner: OLG Hamm, BauR 1997, 507 = OLGR 1997, 64 (keine isolierte Besondere Leistung, wenn sich die Bauvoranfrage auf die Frage beschränkt, ob ein Grundstück mit einem weiteren, identischen Haus bebaut werden kann).
479) BauR 1997, 681; **a. A.:** offensichtlich OLG Hamm, BauR 1997, 507, das sich mit der Frage, ob bei einer Bauvoranfrage gleichzeitig bestimmte Grundleistungen des § 15 HOAI übertragen werden, nicht beschäftigt.
480) Vgl. hierzu *Osenbrück/Voppel*, BauR 1996, 474, 475 sowie *Motzke/Wolff*, S. 100 ff.

## Architektenleistungen Rdn. 899–900

Auf diese Weise soll – entsprechend der Begründung zu § 5 Abs. 4 a HOAI[481] – der wirtschaftliche Anreiz zu einer besonders kostengünstigen Planung verstärkt werden. Den Vertragsparteien bleibt es überlassen, den Ausgangswert zur Ermittlung der Einsparung aufgrund von realistischen Kostenschätzungen selbst zu bestimmen. Nach der Begründung können „Beispiele für derartige, über das übliche Maß hinausgehende planerische Leistungen Varianten der Ausschreibung, die Konzipierung von Alternativen, die Reduzierung der Bauzeit, die systematische Kostenplanung und -kontrolle, die verstärkte Koordinierung aller Fachplanungen sowie die Analyse zur Optimierung der Energie- und sonstigen Betriebskosten sein".

Zu Recht weisen insbesondere Pott/Dahlhoff/Kniffka/Rath[482] darauf hin, dass nicht nachvollziehbar ist, welche Besonderen Leistungen damit gemeint sind. Da „der Architekt von vornherein eine Leistung schuldet, die den vereinbarten Standard möglichst kostengünstig und optimal herbeiführt". Nach ihrer Auffassung bleibt Raum für ein Erfolgshonorar vor allem nur dort, wo der Auftragnehmer neue Organisationsformen, Techniken, Stoffe, Materialien oder Methoden ausprobiert, weil er insoweit ein Risiko eingeht.

**899** Für die Übertragung oder Nutzung des **Urheberrechtes** an den Bauplänen, soweit ein solches überhaupt zu bejahen ist (vgl. Rdn. 1938 ff.), kann der Architekt grundsätzlich **kein besonderes Honorar** verlangen.[483] Der Architekt überträgt mit Abschluss des Architektenvertrages „ausdrücklich oder zumindest gemäß dessen Sinn und Zweck stillschweigend die urheberrechtlichen Befugnisse an seinen Plänen auf den Bauherrn, soweit dieser sie zur Errichtung des Bauwerks benötigt" (**Zweckübertragungstheorie**).[484] Mit dem entsprechenden Architektenhonorar wird auch diese Leistung abgegolten. Die Übertragung der Nutzungsrechte erfolgt mit Vertragsschluss; eine Kündigung des Architektenvertrages ändert daran grundsätzlich nichts (vgl. Rdn. 1947 ff.).

**900** ∗ Dies gilt zunächst für den Fall, dass der Architekt mit der **Vollarchitektur** (alle Leistungsphasen des § 15 HOAI) beauftragt wurde.[485] Dabei ist gleichgültig, ob der Architektenvertrag auch abgewickelt oder vorzeitig gekündigt wird.[486] Denn Sinn und Ziel eines solchen Vertrages ist es stets, dass das Bauvorhaben nach den

---

481) BR-Drucksache 399/95 (Beschluss).
482) § 5 HOAI, Rdn. 34.
483) OLG Nürnberg, NJW-RR 1989, 407, 409; OLG München, NJW-RR 1995, 474 = OLGR 1995, 14.
484) So BGH, NJW 1975, 1165 = BauR 1975, 363; OLG München, GRUR 1987, 290; OLG Nürnberg, NJW-RR 1989, 407; vgl. ferner BGH, BauR 1981, 298; ebenso: LG Köln, *SFH*, Nr. 1 zu § 97 UrhG; *Pott/Frieling*, Rdn. 617; *Vygen* in Korbion/Mantscheff/Vygen, § 4 HOAI, Rdn. 65; s. auch *Fromm/Nordemann*, §§ 31, 32 UrhG, Rdn. 37.
485) **Herrschende Meinung**; vgl. für viele *Vygen* in Korbion/Mantscheff/Vygen, a. a. O.; *Ern*, ZfBR 1979. 136, 138, der allerdings die Meinung vertritt, dass hier eine urheberrechtliche Nutzungsgebühr gar nicht anfallen kann, da der Architekt das Nutzungsrecht nicht überträgt, sondern durch Verwirklichung des Planes selbst ausübt; OLG Nürnberg, NJW-RR 1989, 407 u. BauR 1980. 486; **a. A.:** *Heath*, Festgabe für Schricker, S. 459, 468/469; *Beigel*, Rdn. 64 u. *von Gamm*, BauR 1982, 111 unter Hinweis auf die Wahlamtsentscheidung des BGH, NJW 1973, 1696.
486) BGH, a. a. O.; LG Köln, a. a. O.; *Locher*, Rdn. 362; OLG Frankfurt, BauR 1982, 295; differenzierend: *Gerlach*, GRUR 1976, 613, 629; **a. A.:** *Ern*, ZfBR 1979, 136/139; *Beigel*, Rdn. 70; *Schulze* in Dreier/Schulze, Vor § 31, Rdn. 266, der die Auffassung vertritt, dass grundsätzlich Nutzungsrechte auch nicht stillschweigend eingeräumt werden, da der Architekt in der Regel das von ihm entworfene Bauwerk selbst fertigstellen will.

Plänen des Architekten auch verwirklicht wird, sodass davon auszugehen ist, dass die Nutzung eines etwaigen Urheberrechts unentgeltlich bzw. durch die Honorarsätze des § 15 HOAI abgegolten und mitübertragen ist. Das hat zur Folge, dass ein besonderes, zusätzliches Honorar für die Nutzungsbefugnis in diesem Fall nicht verlangt und auch nicht vereinbart werden kann, weil hierdurch der Höchstpreischarakter der HOAI verletzt würde.[487]

**901** * Dasselbe gilt, wenn der Architekt nur mit der **Planung** (Leistungsphase 1–4 oder 1–3 des § 15 HOAI) beauftragt wurde[488] oder Ausführungspläne zu erstellen hat.[489] Wird ein Architekt allerdings zunächst nur mit der Genehmigungsplanung beauftragt, soll ihm aber im Falle der Durchführung des Bauvorhabens auch die Ausführungsplanung übertragen werden, kann – nach Auffassung des OLG Frankfurt[490] – ohne nähere Anhaltspunkte nicht von einer Übertragung der urheberrechtlichen Nutzungsbefugnis an den Bauherrn ausgegangen werden.

**902** * Etwas anderes kann im Einzelfall dann in Betracht kommen, wenn dem Architekt nur die Leistungsphase 1 (Grundlagenermittlung) und/oder 2 (Vorplanung) des § 15 HOAI übertragen wird. Hier kann nicht ohne weiteres auf eine stillschweigende Übertragung der urheberrechtlichen Nutzungsbefugnis geschlossen werden, weil eine Vorplanung nicht unmittelbar darauf abzielt, auch in die Wirklichkeit umgesetzt zu werden;[491] vielmehr dient die Erstellung einer Vorplanung als Einzelauftrag „im Allgemeinen zunächst der Vorklärung des Bauvorhabens, der näheren Konkretisierung und Klärung der Bauabsichten, der Rentabilitätsberechnung und der Vorprüfung". In soweit kann also der Architekt eine zusätzliche Vergütung für die Nutzungsbefugnis seiner Planung verlangen und eine entsprechende Vereinbarung getroffen werden.[492]

---

487) *Locher/Koeble/Frik*, § 4 HOAI, Rdn. 65; *Pott/Frieling*, Rdn. 618; *Vygen* in Korbion/Mantscheff/Vygen, § 4 HOAI, Rdn. 102 (Überschreitung nur bei außergewöhnlichen Leistungen im Sinne einer überdurchschnittlichen künstlerischen Qualität möglich).

488) BGH, a. a. O.; OLG Frankfurt, ZUM 2007, 306 = IBR 2007, 82 – *Fuchs*; OLG München, NJW-RR 1995, 474, OLGR 1995, 14; OLG Nürnberg, NJWRR 1989, 407; *Locher*, a. a. O.; *Ern*, a. a. O.; *Gerlach*, a. a. O.; *Beigel*, DAB 1981, 1291; *Vygen* in Korbion/Mantscheff/Vygen, § 4 HOAI, Rdn. 68, die jedoch bei Übertragung der Leistungsphasen 1–3 des § 15 HOAI dies nicht annehmen wollen; **a. A.:** *Neuenfeld*, BauR 1975, 373; *Schulze*, NZBau 2007, 537, 541; vgl. auch OLG Nürnberg, BauR 1980, 486 zu § 9 Nr. 2 Allg. Vertragsbestimmungen zum Einheitsarchitektenvertrag; *Heath*, Festgabe für Schricker, S. 469.

489) *Beigel*, Rdn. 68.

490) OLGR 2007, 346 = IBR 2007, 82 – *Fuchs*.

491) BGH, NJW 1984, 2818 = BauR 1984, 416 = ZfBR 1984, 194 = GRUR 1984, 656 m. Anm. *Vinck*, der zu Recht darauf hinweist, dass es auch kein befriedigendes Ergebnis wäre, „wenn gerade bei architektonisch anspruchsvollen Bauten der Bauherr den urheberrechtlich relevanten Teil der Leistung des Architekten – die schöpferische, vielleicht sogar geniale ‚Bauidee' – für eine im Verhältnis zu der gesamten Leistung des entwerfenden und bauausführenden Architekten geringe Gegenleistung ‚stillschweigend' erwerben könnte"; BGHZ 24, 55; OLG Hamm, BauR 1999, 1198; *Locher*, a. a. O.; *Vygen* in Korbion/Mantscheff/Vygen, § 4 HOAI, Rdn. 68, a. a. O.; *Ern*, a. a. O.; *Gerlach*, a. a. O.; *Locher/Koeble/Frik*, § 4 HOAI, Rdn. 66; nach *Beigel*, Rdn. 66, soll dies auch gelten, wenn dem Architekten nur die Fertigung eines „Entwurfes" in Auftrag gegeben wurde.

492) Vgl. hierzu insbesondere OLG Jena, BauR 1999, 672, das zu Recht darauf hinweist, dass der Architekt für eine Vorplanung nach § 15 HOAI nur einen verhältnismäßig geringen Prozentsatz aus der Gesamtvergütung, nämlich **7%** des Honorars nach § 16 HOAI, erhält und daher

Viele Bauherren, vor allem aus dem Bereich der öffentlichen Hand sind neuerdings bemüht, sich ohne größere finanzielle Aufwendungen geistige, meist urheberrechtlich geschützte Leistungen von Architekten anzueignen und zu verwerten. Der Weg geht dabei neuerdings über so genannte **„Workshops zur Ideenfindung"** z. B. für ein bestimmtes städtebauliches Vorhaben.[493] Dazu werden bekannte Architektenbüros eingeladen. Von ihnen werden umfangreiche Architektenleistungen gefordert (z. B. Übersichtspläne, städtebauliche Konzepte, Funktionsgrundrisse, Schnitte usw.). Gefordert wird darüber hinaus vor allem aber eine damit verbundene individuelle, eigenschöpferische Idee mit möglichst hohem Gestaltungsgrad. Gezahlt wird in der Regel nur eine Aufwandsentschädigung, die weit unter den Mindestsätzen der HOAI liegt. Gleichzeitig räumen aber die Workshopteilnehmer in den allgemeinen Teilnahmebedingungen dem Veranstalter alle Nutzungsrechte nach dem UrhG ein. Derartige Klauseln sind nicht nur als überraschende Bestimmungen unwirksam, sondern sie stellen auch eine unangemessene Benachteiligung des Architekten dar. Die von dem Veranstalter des Workshops geforderte „Idee" stellt in der Regel eine vorplanerische Leistung dar. In der Idee spiegelt sich im Wesentlichen die schöpferische Kraft des Architekten wider. Die Idee ist sozusagen der geistige Wurf der Architekten und damit die eigentliche schöpferische Leistung. Diese Leistung kann nicht gegen eine Aufwandsentschädigung abgegolten werden, wenn gleichzeitig sämtliche Nutzungs- und möglicherweise auch Änderungsrechte an den Veranstalter übertragen werden. Etwas anderes gilt nur, wenn der jeweilige Architekt mit der weiteren Planung beauftragt oder ihm ein Entgelt für die Übertragung der Nutzungsbefugnis seiner geschützten architektonischen Leistung gezahlt wird.

Entsprechendes gilt für die Teilnahme an einem **Architektenwettbewerb**. Dadurch räumt ein Architekt dem Auslober noch keinerlei Nutzungsrechte ein. Formularmäßige Nutzungseinräumungen in den entsprechenden Teilnahmebedingungen des Auslobers sind gemäß § 307 Abs. 2 BGB unwirksam, es sei denn, dass eine angemessene Vergütung eingeräumt wird.[494]

**903** Der Architekt kann ein gesondertes Honorar für einen etwaigen **Nachbau** (oder Erweiterungsbau) durch den Auftraggeber beanspruchen, da davon auszugehen ist, dass das Urheberrecht (oder seine Nutzung) vom Architekten nur für die **einmalige** Errichtung des Bauwerks übertragen wird.[495] Hinsichtlich der Höhe ist § 22 HOAI zu berücksichtigen. Für die Übertragung des Rechts, entsprechend **Abbildungen** des Bauwerks zu veröffentlichen, kann der Architekt ebenfalls eine besondere Vergütung verlangen, da nur ihm dieses Recht zusteht.

Vgl. zum **Urheberrecht des Architekten** im Einzelnen Rdn. 1937 ff.

**904** Zahlt ein Auftraggeber an den Architekten nach entsprechender Rechnungslegung Besondere Leistungen, ohne dass eine wirksame Honorarvereinbarung entsprechend § 5 Abs. 4 HOAI besteht, kann der Bauherr grundsätzlich ein **Rückforderungsrecht nach § 817 Satz 1 BGB** geltend machen; dabei ist jedoch § 817 Satz 2 BGB zu beachten (vgl. hierzu auch Rdn. 713 und im Einzelnen Rdn. 1916).

**905** Die HOAI kennt im Übrigen neben den Besonderen Leistungen noch die **sog. Zusätzlichen Leistungen** eines Architekten. Diese werden in den §§ 28 bis 32 genannt (Entwicklung und Herstellung von Fertigteilen; Rationalisierungswirksame

---

nicht davon ausgegangen werden kann, „dass sämtliche kreativen Gestaltungselemente des Architekten, die notwendigerweise bereits in einem frühen Stadium offen gelegt werden müssen, abgegolten sind und vom Auftraggeber später ohne eigenen Kostenaufwand und ohne Vergütung für den Architekten weiter verwendet werden können".

493) Vgl. hierzu im Einzelnen *Werner*, Festschrift für Kraus, S. 370 ff.
494) So auch *Schulze* in Dreier/Schulze, Vor § 31, Rdn. 270.
495) BGH, BauR 1981, 298 = ZfBR 1981, 30 (**Erweiterungsbau**); *Locher/Koeble/Frik*, a. a. O.; *Pott/Frieling*, Rdn. 622.

besondere Leistungen;[496] Projektsteuerung; Winterbau); gleichzeitig wird für die einzelnen Zusätzlichen Leistungen ein bestimmter Vergütungsrahmen bestimmt.

### d) Zeithonorar

*Literatur*

*Börgers*, Vereinbarung von Zeithonoraren für Architektenleistung, BauR 2006, 914.

**906** Nach § 6 Abs. 1 HOAI können Zeithonorare grundsätzlich nur als **Fest- oder Höchstbetrag** berechnet werden, wobei sich die Vertragsparteien an dem **voraussichtlichen Zeitbedarf** und an den in § 6 Abs. 2 HOAI festgelegten **Stundensätzen** orientieren müssen. Ist eine Vorausschätzung des Zeitbedarfs nicht möglich, ist das Honorar nach dem nachgewiesenen Zeitbedarf auf Grundlage der Stundensätze des § 6 Abs. 2 zu berechnen. In diesem Fall muss der Architekt sein Honorar nach Mitarbeiter, Tätigkeit und Zeitaufwand im Einzelnen aufschlüsseln. Geschieht dies, kann der Auftraggeber den entsprechenden Nachweis des Architekten nicht pauschal mit Nichtwissen bestreiten.[497]

**907** Im Regelfall müssen sich daher Architekt und Bauherr vor Beginn der entsprechenden Leistung über die Höhe des Zeithonorars einigen. Sie müssen zunächst eine Vorausschätzung des Zeitbedarfs vornehmen. Sodann ist auf dieser Basis ein Fest- oder Höchstbetrag als Pauschalhonorar festzulegen. Einigen sich die Parteien nach der Vorausschätzung des Zeitbedarfs auf einen **Festbetrag**, ist dieser für **beide Parteien bindend**.[498] Daher ist unerheblich, ob sich der geschätzte Zeitaufwand später mindert oder erhöht. Eine Abänderung ist nur unter dem rechtlichen Gesichtspunkt der Störung der Geschäftsgrundlage (§ 313 BGB n. F.) möglich[499] (vgl. näher Rdn. 2478 ff.).

**908** Legen die Parteien einen **Höchstbetrag** fest, wird damit lediglich die **obere Grenze** angegeben, die nicht unbedingt berechnet werden muss.[500] Liegt der tatsächliche Zeitbedarf gegenüber dem vorausgeschätzten Zeitbedarf niedriger, ist der Höchstbetrag entsprechend zu ermäßigen. Ist dagegen der Zeitaufwand gegenüber dem geschätzten Zeitaufwand tatsächlich höher, kann kein über dem Höchstbetrag liegendes Honorar verlangt werden. Richtschnur für den Fest- oder Höchstbetrag sind die in § 6 Abs. 2 HOAI angegebenen Stundenhonorare.

**909** Kann der Zeitbedarf für eine Architektenleistung von den Parteien nicht vorausgeschätzt werden, kann das Honorar nach dem nachgewiesenen Zeitbedarf auf Grundlage der genannten Stundensätze berechnet werden. Der **Nachweis des Zeitbedarfs** wird in aller Regel durch Vorlage von **Stundenlohnzetteln** erfolgen. Der Zeitbedarf kann jedoch auch in anderer Form nachgewiesen werden, z. B. durch einen Sachverständigen- oder Zeugenbeweis.

**910** Wenn auch § 6 HOAI grundsätzlich davon ausgeht, dass die Berechnung eines Fest- oder Höchstbetrages die Regel und die Abrechnung nach dem nachgewiesenen

---

496) Vgl. hierzu *Hesse*, BauR 1979, 28 ff.
497) KG, NZBau 2000, 257 = KGR 2000, 136.
498) *Neuenfeld*, § 6 HOAI, Rdn. 5; *Jochem*, § 6 HOAI, Rdn. 2; *Locher/Koeble/Frik*, § 6 HOAI, Rdn. 4.
499) *Jochem*, § 6 HOAI, Rdn. 3; *Vygen* in Korbion/Mantscheff/Vygen, § 6 HOAI, Rdn. 12.
500) *Neuenfeld*, § 6 HOAI, Rdn. 5; *Jochem*, § 6 HOAI, Rdn. 3.

## Zeithonorar

Zeitbedarf die Ausnahme sein soll, können sich die Parteien im Rahmen ihrer Vertragsfreiheit für die eine oder andere Alternative der Berechnung des Zeithonorars entscheiden. Können oder wollen die Parteien den voraussichtlichen Zeitbedarf nicht abschätzen, können sie sich für die Abrechnung nach dem nachgewiesenen Zeitbedarf entscheiden.[501]

§ 6 HOAI stellt lediglich eine **Rahmenvorschrift** dar,[502] was in der Praxis vielfach nicht berücksichtigt wird. Eine Abrechnung nach Zeithonorar ist nur dort **zulässig**, wo die **HOAI dies ermöglicht**.[503] Das ist der Fall, wenn nach der HOAI

* das Honorar **frei vereinbart** werden kann (z. B. § 16 Abs. 3; § 31 Abs. 2; § 34 Abs. 4 HOAI);
* die HOAI die Vereinbarung eines Zeithonorars **ausdrücklich vorsieht** (z. B. § 5 Abs. 4; § 26; § 28 Abs. 3; § 32 Abs. 3; § 42 Abs. 2 HOAI) oder
* die HOAI die Abrechnung eines Zeithonorars ausdrücklich **zulässt** (z. B. § 16 Abs. 2; § 29 Abs. 2; § 33; § 34; § 39; § 61 Abs. 4 HOAI).

Eine fehlende Rechtsgrundlage für die Abrechnung nach Zeitaufwand in der HOAI kann nicht durch eine entsprechende Vereinbarung der Parteien ersetzt werden; eine solche Abrede ist unwirksam.[504]

Rath[505] vertritt die Auffassung, dass § 6 HOAI keine Rahmenvorschrift im vorerwähnten Sinne darstellt, sondern die Parteien grundsätzlich eine Abrechnung nach Zeithonorar vereinbaren können. Wenn nach herrschender Meinung ein Pauschalhonorar für Leistungen des Architekten vereinbart werden kann, sei nicht einzusehen, warum die Abrechnung nicht auch nach Zeit erfolgen kann. Allerdings hänge die Wirksamkeit einer Honorarvereinbarung gemäß § 4 HOAI davon ab, ob diese rechtzeitig, also bei Auftragserteilung, schriftlich und innerhalb des richtigen Preisrahmens von Mindest- und Höchstsätzen liegt. Der BGH hat sich bisher zu dieser Frage nicht geäußert.

Da in § 6 Abs. 2 für die Stundensätze Mindestsätze sowie Höchstsätze angegeben sind, ist insoweit auch § 4 HOAI anwendbar. Wenn die Parteien **über den Mindeststundensätzen** abrechnen wollen, setzt dies nach § 4 Abs. 1 HOAI voraus, dass

* eine **schriftliche** Vereinbarung
* **bei Vertragsabschluss** getroffen worden ist und
* die HOAI diese **Abrechnungsmöglichkeit** überhaupt **eröffnet** (s. o. Rdn. 911)

---

501) So auch *Jochem*, § 6 HOAI, Rdn. 3; a. A.: wohl *Locher/Koeble/Frik*, § 6 HOAI, Rdn. 4, 5, die jedoch darauf hinweisen (Rdn. 6), dass auch in Fällen, in denen eine Vorausschätzung objektiv möglich war, diese jedoch nicht erfolgt ist, die Honorarabrechnung nur nach dem nachgewiesenen Zeitbedarf erfolgen kann.

502) **Herrschende Meinung;** für viele: OLG Frankfurt, BauR 2000, 435, 436; OLG Düsseldorf, NJW 1982, 1541, 1542; *Locher/Koeble/Frik*, § 6 HOAI, Rdn. 2.

503) OLG Frankfurt, BauR 2000, 435; OLG Düsseldorf, NJW-RR 1999, 669; OLG Celle, BauR 2001, 1468 (auch zur Schadensminderungspflicht bei Überwachung von Gewährleistungsarbeiten); *Locher/Koeble/Frik*, § 6 HOAI, Rdn. 2; *Vygen* in Korbion/Mantscheff/Vygen, § 6 HOAI, Rdn. 2; offen gelassen vom BGH, BauR 1990, 236 = NJWRR 1990, 277 = ZfBR 1990, 75; a. A.: *Börgers*, BauR 2006, 914 sowie *Neuenfeld*, § 6 HOAI, Rdn. 2 u. *Pott/Dahlhoff/Kniffka/Rath*, § 6 HOAI, Rdn. 2. Unzutreffend: AG Göttingen, BauR 1997, 514 (Abrechnung der Objektüberwachung auf Stundenbasis).

504) *Vygen* in Korbion/Mantscheff/Vygen, § 6 HOAI, Rdn. 2.

505) *Pott/Dahlhoff/Kniffka/Rath*, § 6 HOAI, Rdn. 2 (entgegen der Vorauflage).

Ist dies nicht der Fall, können nach § 4 Abs. 4 HOAI lediglich die Mindestsätze berechnet werden, wenn die HOAI die Abrechnung eines Zeithonorars im Einzelfall vorsieht.[506] Bei Besonderen Leistungen (§ 5 Abs. 4 HOAI) muss die Vereinbarung eines über den Mindestsätzen liegenden Zeithonorars nicht bei Auftragserteilung erfolgen, weil hier jede Honorarvereinbarung auch später getroffen werden kann.[507]

### 3. Pauschalhonorar

*Literatur*

*Lenzen*, Fragen zum Architektenpauschalvertrag, BauR 1991, 692; *Plankemann*, Zur Haltbarkeit von Pauschalvereinbarungen, DAB 2002, 46.

**913** Anstelle der Gebührensätze der HOAI kann für die Leistungen des Architekten ein **Pauschalhonorar** vereinbart werden.[508] Dabei haben die Parteien jedoch den **Höchst- sowie Mindestpreischarakter der HOAI** zu beachten.[509]

Behauptet der Auftraggeber die Vereinbarung eines **Pauschalhonorars**, das das vom Architekten nach den Bestimmungen der HOAI geltend gemachte Honorar **unterschreitet**, trifft den **Architekten** die **Darlegungs- und Beweislast**, dass eine entsprechende Pauschalhonorarvereinbarung **nicht zu Stande** gekommen ist.[510] Da es sich insoweit um eine Negativ-Beweisführung handelt, sind hieran grundsätzlich nicht so hohe Anforderungen zu stellen: Sie hat erst dann zu erfolgen, wenn der Auftraggeber die behauptete Pauschalhonorar-Abrede nach Ort, Zeit und Höhe substantiiert darlegt; sodann hat der Architekt die Unrichtigkeit dieses Vortrages zu beweisen.[511] Verlangt allerdings der Architekt ein Honorar nach den Mindestsätzen der HOAI und wendet der Auftraggeber die Vereinbarung eines niedrigeren Pauschalhonorars ein, an das der Architekt gebunden sei und auf das er sich auch eingerichtet habe (vgl. Rdn. 915), trägt der Auftraggeber die Darlegungs- und Beweislast für eine solche Pauschalhonorarvereinbarung.[512] Der BGH[513] hat insoweit klargestellt, dass die für den Bauvertrag geltende Regel, wonach der Unternehmer die Behauptung einer unterhalb der üblichen Sätze liegenden Pauschalvergütung zu widerlegen hat, im Hinblick auf § 4 Abs. 2 HOAI auf den Architektenvertrag nicht übertragbar ist.

Das **Pauschalhonorar** darf im Einzelfall das nach der HOAI **höchstzulässige Honorar nicht überschreiten**.[514] Das ist jedoch nicht von Amts wegen zu prüfen,

---

506) BGH, NJW-RR 1990, 277 = BauR 1990, 236 = ZfBR 1990, 75; OLG Düsseldorf, BauR 1996, 893; *Locher/Koeble/Frik*, § 6 HOAI, Rdn. 3; *Vygen* in Korbion/Mantscheff/Vygen, § 6 HOAI, Rdn. 35.
507) *Locher/Koeble/Frik*, § 6 HOAI, Rdn. 3.
508) **Herrschende Meinung**; für viele: *Vygen* in Korbion/Mantscheff/Vygen, § 4 HOAI, Rdn. 49 u. *Locher/Koeble/Frik*, § 4 HOAI, Rdn. 21.
509) OLG Düsseldorf, BauR 1972, 323; BauR 1976, 287; *Vygen* in Korbion/Mantscheff/Vygen, § 4 HOAI, Rdn. 49.
510) BGH, NJW 1983, 1782; KG, BauR 1999, 431 = NJW-RR 1999, 242 = KGR 1999, 5.
511) BGH, NJW-RR 1992, 648; KG, a. a. O.
512) BGH, BauR 2002, 1720 = NJW-RR 2002, 1597 = NZBau 2002, 618 (LS) = ZfBR 2003, 28; OLG Hamm, BauR 2002, 1877.
513) A. a. O.
514) *Locher/Koeble/Frik*, § 4 HOAI, Rdn. 21.

es sei denn der Verstoß ergibt sich aus dem Vortrag der Parteien.[515] Aus diesem Grund muss ein Architekt bei der Geltendmachung des Pauschalhonorars auch nicht eine fiktive Berechnung nach den Honorarsätzen der HOAI vorlegen; vielmehr trägt der **Auftraggeber** die **Darlegungs- und Beweislast** für einen etwaigen **Verstoß gegen den Höchstpreischarakter der HOAI**, wenn er sich hierauf beruft und „aus diesem Verstoß günstige Rechtsfolgen ableitet".[516] **Wendet der Bauherr ein**, dass mit dem vereinbarten Pauschalhonorar die zulässigen **Höchstsätze überschritten** werden, hat er daher anhand eines entsprechend den üblichen Berechnungsgrundlagen der HOAI ermittelten Honorars **substantiiert nachzuweisen**, dass dies tatsächlich der Fall ist. Der Architekt hat allerdings die Möglichkeit, die Berechtigung der Überschreitung der Höchstsätze nach § 4 Abs. 3 HOAI („bei außergewöhnlichen oder ungewöhnlich lange dauernden Leistungen") anhand einer zwischen den Parteien getroffenen Vereinbarung nachzuweisen.

Stellt sich bei einer entsprechenden Überprüfung des Pauschalhonorars heraus, dass die Höchstsätze der HOAI überschritten wurden, ist nicht der ganze Architektenvertrag unwirksam (vgl. auch Rdn. 697), vielmehr lediglich die Pauschalpreisvereinbarung. Diese ist nunmehr im Wege der Umdeutung nach § 140 BGB dahin abzuändern, dass anstelle des unzulässig hohen Pauschalhonorars die Höchstsätze der HOAI gelten.[517]

In der Praxis sind allerdings die Fallgestaltungen häufiger, in denen mit dem vereinbarten **Pauschalhonorar die Mindestsätze** der HOAI **unterschritten** werden, weil die Vertragsparteien – bewusst oder unbewusst – z.B. von einer unrichtigen Honorarzone oder zu geringen anrechenbaren Kosten bei der Ermittlung des Pauschalhonorars ausgegangen sind oder aber überhaupt keine entsprechenden Bemessungskriterien dem Pauschalhonorar zu Grunde gelegt haben. Darüber hinaus kann das zwischen den Parteien wirksam vereinbarte Pauschalhonorar unter die HOAI-Mindestsätze „rutschen", wenn sich die zunächst angenommenen Baukosten im Laufe des Baufortschritts deutlich erhöhen. Liegt in diesen Fällen ein Ausnahmefall i.S. des § 4 Abs. 2 HOAI (vgl. Rdn. 716 ff.) nicht vor, ist die **Pauschalvereinbarung unwirksam**, und der Architekt kann nunmehr nach den Mindestsätzen abrechnen.[518] Soweit sich der **Architekt** gegen eine unwirksame, weil die Mindestsätze unterschreitende Pauschalhonorarvereinbarung wenden und die Mindestsätze verlangen will, trägt er die **Darlegungs- und Beweislast** für einen entsprechenden **Verstoß gegen das Preisrecht** der HOAI, da er aus diesem Verstoß (für ihn) günstige Rechtsfolgen ableitet.[519] Allerdings kann eine grundsätzlich (wegen einer unzulässigen Mindestsatzunterschreitung) **unwirksame Pauschalhonorarvereinbarung** vom Architekten nicht (auf die Mindestsätze) **erfolgreich korrigiert** werden,

---

515) BGH, BauR 2001, 1926 = NJW-RR 2002, 159; OLG Köln, BauR 1986, 467, 468; *Koeble*, BauR 1997, 191 ff., 197.
516) BGH, a. a. O.; BauR 1990, 239; ebenso: *Jochem*, § 8 HOAI, Rdn. 4 (a. E.); *Locher/Koeble/Frik*, § 4, Rdn. 64; *Preussner*, BauR 1991, 692, 694; *Baumgärtel*, § 4 HOAI, Rdn. 3.
517) BGH, BauR 1990, 239 = NJW-RR 1990, 276 = ZfBR 1990, 72.
518) OLG Celle, BauR 2004, 359; OLG Düsseldorf, BauR 1996, 746; OLG Hamm, IBR 2004, 209 – *Heisieß*; NJW-RR 1990, 522; OLG Koblenz, OLGR 1998, 317; OLG Saarbrücken, IBR 2004, 210 – *Weyer*.
519) BGH, BauR 2001, 1926 = NJW-RR 2002, 159; OLG Saarbrücken, OLGR 2004, 303, 307.

* wenn er (ausnahmsweise) an seine Schlussrechnung, mit der er das (unzulässige) Pauschalhonorar abrechnet, **gebunden** ist (vgl. hierzu Rdn. 794 ff.).

oder

* wenn er **in anderer Weise nach Treu und Glauben** an das vereinbarte Pauschalhonorar **gebunden** ist (vgl. insoweit Rdn. 721)

oder

* wenn die Parteien sich **nach Erbringung der Architektenleistung** erneut auf ein entsprechendes Pauschalhonorar **geeinigt** haben (vgl. Rdn. 752).

Pauschalhonorarvereinbarungen bringen in der Praxis häufig böse Überraschungen für Bauherren mit sich, wenn sie davon ausgehen, mit dem Architekten ein besonders günstiges Pauschalhonorar (wirksam) vereinbart zu haben. Die Unwirksamkeit einer entsprechenden Pauschalhonorarvereinbarung kann auch eine im Zusammenhang mit ihr getroffene Fälligkeitsvereinbarung erfassen.[520] Das OLG Düsseldorf weist in diesem Zusammenhang zu Recht darauf hin, dass ein Architekt, der nur das unter den Mindestsätzen liegende Pauschalhonorar geltend macht, nicht verpflichtet ist, eine Schlussrechnung nach den höheren Mindestsätzen aufzustellen, um sein Honorar fällig zu stellen.[521]

**916** Soweit das **Pauschalhonorar** bei Anwendung der HOAI die **Mindestsätze überschreitet**, ist für die entsprechende Vereinbarung die **Schriftform** erforderlich;[522] ferner muss die Pauschalpreisvereinbarung **bei Auftragserteilung** erfolgt sein (§ 4 Abs. 4 HOAI). Wird das Pauschalhonorar **mündlich** bzw. nicht bei Auftragserteilung vereinbart, muss der Architekt **auf einen entsprechenden Einwand** des Auftraggebers (Mindestsatzüberschreitung) anhand einer prüfbaren Rechnung, die dem Abrechnungsschema der HOAI entspricht (insbesondere unter Angabe der anrechenbaren Kosten), nachweisen, dass die Mindestsätze eingehalten wurden.[523] Allerdings kann der Architekt auch ein Pauschalhonorar abrechnen, das unter dem Mindestsatz liegt; die Prüffähigkeit einer Schlussrechnung darf dann nicht mit der Begründung verneint werden, der Architekt habe keine an der HOAI orientierte Abrechnung nach Mindestsätzen vorgenommen.[524] Im Übrigen lässt die HOAI die Vereinbarung eines Pauschalhonorars in bestimmten Fällen ausdrücklich zu (§ 16 Abs. 2;[525] § 17 Abs. 2; § 26; § 28 Abs. 3; § 32 Abs. 3; § 33; § 34 Abs. 4; § 55 Abs. 2).

**917** Das Pauschalhonorar umfasst nur die **vertraglich vereinbarten Leistungen**. Besondere Leistungen kann der Architekt bei Anwendung der HOAI zusätzlich vergütet verlangen, wenn die Voraussetzungen des § 5 Abs. 4 erfüllt sind (vgl.

---

520) OLG Düsseldorf, BauR 1997, 163 = NJW-RR 1996, 1421.
521) Ebenso: OLG Koblenz, OLGR 1998, 317.
522) Vgl. hierzu KG, BauR 1994, 791.
523) OLG Düsseldorf, BauR 1982, 294; *Schmitz*, BauR 1982, 219, 224; OLG Köln, a. a. O.; **a. A.:** offensichtlich LG Fulda, BauR 1992, 110, 111, das diese Prüfung von Amts wegen vornimmt, weil eine „Pauschalhonorarvereinbarung ... wegen fehlender Schriftform unwirksam" ist. Dieser Ausgangspunkt ist unzutreffend: Eine Vereinbarung ist nur unwirksam, wenn das Pauschalhonorar über oder unter den Mindestsätzen liegt, was erst auf den Einwand des Auftraggebers zu prüfen ist; bedenklich daher auch OLG Hamm, BauR 1992, 123 (LS).
524) BGH, BauR 2005, 739 = NJW-RR 2005, 749 = MDR 2005, 803 = IBR 2005 262 – *Knipp* = NZBau 2005, 349 = ZfIR 2005, 412.
525) Vgl. hierzu OLG Düsseldorf, BauR 1987, 708.

**Pauschalhonorar**

Rdn. 887 ff.). Dasselbe gilt, wenn Besondere Leistungen zur Rechtfertigung eines Pauschalhonorars herangezogen werden.[526)]

**Zweifelhaft** ist, ob der Architekt eine **höhere Vergütung** bei einem Pauschalvertrag verlangen kann, wenn sich die **Baukostensumme, die Planungstätigkeit** oder die **zeitliche Abwicklung** des Bauvorhabens **unerwartet** (z. B. durch Fehlangaben oder Fehleinschätzungen) **erhöht oder verändert.** Das Problem ist über das Rechtsinstitut des Wegfalls der Geschäftsgrundlage, § 313 BGB n. F. (vgl. näher Rdn. 2478 ff.) zu lösen.[527)] 918

Bei der Vereinbarung einer Honorarpauschale trägt allerdings der Architekt grundsätzlich das Risiko einer Mehrleistung; **unzumutbare Mehrleistungen** sind indes **ausgleichspflichtig.** Die Grenze zwischen einer von dem Architekten ohne Vergütungsanspruch hinzunehmenden und einer ihm nicht mehr zumutbaren Mehrleistung ist fließend und kann nur im Einzelfall abgestimmt werden.[528)] 919

Etwas anderes gilt, wenn die Parteien von sich aus im Vertrag zugunsten des Architekten eine Risikogrenze vorgesehen haben, nach der bei einer bestimmten Mehrarbeit des Architekten oder bei einer Baukostenerhöhung die Honorarpauschale neu festzusetzen ist **(Härteklausel);** hierfür ist der Architekt beweispflichtig.[529)] So sehen viele Architekten-Formularverträge bereits eine **Regelbauzeit** vor, um das nicht ungewöhnliche Risiko einer Bauzeitüberschreitung und damit verbundene Mehrleistungen des Architekten abzudecken; bei Überschreitung der Regelbauzeit wird in diesen Fällen die Möglichkeit einer Honorarerhöhung im Vertrag ausdrücklich eingeräumt (vgl. hierzu auch Rdn. 730 ff. sowie 874 ff.). Hinsichtlich einer ungewöhnlich lange dauernden Architektenleistung, die jedenfalls im Rahmen der Objektüberwachung bei einer längeren Bauzeit in Betracht kommt, ist im Übrigen § 4 Abs. 3 HOAI zu berücksichtigen (vgl. hierzu näher Rdn. 727 ff.).[530)] 920

Ist das Pauschalhonorar im Falle einer **Überschreitung der Zumutbarkeitsgrenze** an die veränderten Umstände anzupassen, kann dies durch **Anhebung der Pauschale** oder durch Abrechnung nach der HOAI unter Wegfall der Pauschale erfolgen. Dabei 921

---

526) OLG Düsseldorf, BauR 2007, 1767, 1769. *Vygen* in Korbion/Mantscheff/Vygen, § 4 HOAI, Rdn. 49.
527) Vgl. OLG Hamm, BauR 1993, 88; OLG Frankfurt, BauR 1985, 585; OLG Düsseldorf, BauR 1986, 719, 722; *Stahl*, BauR 1973, 279, 280; ferner: *Locher/Koeble/Frik*, § 4 HOAI, Rdn. 22 f.; *Werner*, Festschrift für Locher, S. 289, 302; *Preussner*, BauR 1991, 692, 695; *Pott/Dahlhoff/Kniffka/Rath*, § 4 HOAI, Rdn. 43; *Vygen* in Korbion/Mantscheff/Vygen, § 4 HOAI, Rdn. 51 ff.; *Neuenfeld*, § 4 HOAI, Rdn. 32 ff.; *Jochem*, § 4 HOAI, Rdn. 9; *Schmitz*, BauR 1982, 219, 223. Zur **Anpassung** des Architektenvertrages **wegen fehlender Förderungswürdigkeit** des Objektes: BGH, NJW-RR 1990, 601 = BauR 1990, 379.
528) OLG Düsseldorf, *Schäfer/Finnern*, Z 3.01 Bl. 45; 15,4% Überschreitung der Bausumme und die dadurch bedingte Mehrleistung des Architekten sind zumutbar und geben keinen besonderen Vergütungsanspruch; BGH, *Schäfer/Finnern*, Z 3.01 Bl. 311: Eine **60%ige** zeitliche Verlängerung des Bauvorhabens ist erheblich und berechtigt zu entsprechender Erhöhung des Pauschalhonorars; vgl. auch *Heiermann*, BauR 1971, 221; *Neuenfeld*, § 4 HOAI, Rdn. 33; *Vygen* in Korbion/Mantscheff/Vygen, § 4 HOAI, Rdn. 51; *Locher/Koeble/Frik*, § 4 HOAI, Rdn. 24.
529) Vgl. OLG Düsseldorf, BauR 1972, 385; BGH, *Schäfer/Finnern*, Z 3.01 Bl. 329.
530) Hinsichtlich der Verlängerung der Bauzeit vgl. OLG Hamm, BauR 1986, 718, das bei fehlender Vereinbarung gemäß § 4 Abs. 3 HOAI eine Anpassung des Honorars aus dem Gesichtspunkt der Veränderung der Geschäftsgrundlage ablehnt.

sind sowohl die Bemessungsgrundsätze der HOAI als auch die Höhe des vereinbarten Pauschalhonorars zu berücksichtigen.[531]

**922** **Gestiegene Baukosten** können, müssen aber nicht immer mit einer **Mehrleistung** des Architekten verbunden sein; in der Regel wird dies jedoch der Fall sein. Das OLG Düsseldorf[532] nimmt zutreffend an, dass die Erhöhung der Baukostensumme allein noch kein Umstand sei, der eine Anpassung des vereinbarten Honorars rechtfertige. Für eine Pauschalvergütung könne also der Unterschied zwischen Kostenberechnung und Kostenfeststellung unter Umständen ohne Bedeutung sein, weil die Parteien des Architektenvertrages die Höhe der Vergütung hier gerade nicht von der Entwicklung der tatsächlichen Baukosten abhängig gemacht hätten. Abzustellen sei vielmehr auf unerwartete, deutlich höhere Mehrleistungen des Architekten, die in einem erheblichen Missverhältnis zu der vereinbarten Pauschale stehen.

Etwas anderes kann nur gelten, wenn die Parteien bei Abschluss des Architektenvertrages eindeutig von einer bestimmten Baukostensumme als Basis für das Honorar ausgegangen sind, weil auch die HOAI bei der Festlegung des Honorars eines Architekten nicht allein vom Leistungsaufwand ausgeht.

**923** Entsprechendes gilt, wenn Bauvorhaben unerwartet nur mit großen Schwierigkeiten ausgeführt werden können (Einsprüche von Nachbarn; Sonderwünsche, verbunden mit Planungsänderungen; Ausscheiden verschiedener Unternehmen usw.) oder sich die gestellte Architektenaufgabe verändert.[533]

**924** Die **Darlegungs- und Beweislast** hinsichtlich einer behaupteten **Störung der Geschäftsgrundlage** (§ 313 BGB n. F.) trägt der **Architekt**.[534] Darüber hinaus hat er zur Ermittlung des neuen Honorars zunächst die Bemessungskriterien für die ursprüngliche Pauschalvereinbarung – ggf. in Relation zum Mindestsatz nach der HOAI – darzulegen und zu beweisen, da nur diese Ausgangspunkt für die neu festzusetzende Vergütung unter Berücksichtigung der geänderten Verhältnisse sein können.

**925** Nichts anderes gilt, wenn der Auftraggeber eine **Ermäßigung des Pauschalhonorars** verlangt; die Darlegungs- und Beweislast liegt bei ihm.

**926** Haben die Parteien ein Pauschalhonorar vereinbart, braucht der Architekt nicht auf der Basis der üblichen Honorargrundlagen der HOAI (Honorarzone, anrechenbare Kosten usw.) abzurechnen. Vielmehr wird das Honorar des Architekten mit der Angabe des Pauschalhonorars in der Schlussrechnung fällig (vgl. hierzu Rdn. 977).[535]

**927** Grundsätzlich ist davon auszugehen, dass im Rahmen eines **vorzeitigen Abbruchs** der Vertragsbeziehungen auf diesen Zeitpunkt bei der Abrechnung des Pauschalver-

---

531) Vgl. im Einzelnen *Vygen* in Korbion/Mantscheff/Vygen, § 4 HOAI, Rdn. 54; *Locher/Koeble/Frik*, § 4 HOAI, Rdn. 25; *Schmitz*, BauR 1982, 219, 223.
532) OLG Düsseldorf, BauR 1986, 719, 722; **a. A.:** *Neuenfeld*, § 4 HOAI, Rdn. 33, der auch in diesem Fall eine Anpassung des Honorars nicht generell ablehnt, allerdings an den „Tatbestand der Untragbarkeit" strengere Maßstäbe anlegen will.
533) Vgl. vor allem *Neuenfeld*, § 4 HOAI, Rdn. 32 ff.
534) OLG Frankfurt, BauR 1985, 585; OLG Düsseldorf, BauR 1986, 719, 722; *Locher/Koeble/Frik*, § 4 HOAI, Rdn. 25.
535) *Schmitz*, BauR 1982, 219, 224; **a. A.:** wohl OLG Düsseldorf, BauR 1982, 294.

trages abzustellen ist, sodass eine spätere Baukostenentwicklung für das Honorar des ersten Architekten unerheblich ist.[536] Das ist anders, wenn der Architekt bei der Ermittlung des Pauschalhonorars in fachlich nicht vertretbarer Weise die Kosten zu hoch ermittelt hat oder die Höchstsätze der HOAI überschritten wurden, es sei denn, die Ausnahmefälle des § 4 Abs. 3 sind gegeben. Nach Auffassung des OLG Dresden[537] können im Falle der Kündigung eines Vertrages, dessen Leistungsinhalt die Errichtung eines Bauwerks inklusive dazugehöriger Architektenleistungen zu einem Pauschalpreis beinhaltet, für die Abrechnung des erbrachten Leistungsteils die Architektenleistungen nur anteilig nach den konkret erbrachten Bauleistungen abgerechnet werden. Der BGH[538] hat in dem Beschluss, mit dem er die Nichtzulassungsbeschwerde zurückgewiesen hat, zu Recht Bedenken gegen diese Auffassung geäußert.

Neben dem Pauschalhonorar ist auch die Vereinbarung eines **Erfolgshonorars** (z. B. bei Einhaltung der Baukosten) denkbar; hierbei sind indes die Bemessungsgrundlagen der HOAI zu berücksichtigen.[539] Vgl. hierzu Rdn. 898.

**928**

Berechnet der Architekt sein Honorar entsprechend § 4 Abs. 4 HOAI nach den Mindestsätzen, **behauptet der Bauherr** aber die Vereinbarung eines **niedrigeren Pauschalhonorars**, muss er eine entsprechende schriftliche Vereinbarung darlegen und beweisen.[540]

**929**

## 4. Nebenansprüche des Architekten

### a) Nebenkosten

*Literatur*
Stapelfeld, § 7 Abs. 2 HOAI und die Kosten der „Bauhütte", BauR 1996, 325.

Für den HOAI-Architektenvertrag regelt § 7 die Honorierung der Nebenkosten eines Architekten. Danach sind Nebenkosten dem Architekten zu erstatten,

**930**

* wenn sie **bei der Ausführung** des Auftrages **entstehen**, und
* soweit sie **erforderlich** sind.

Die Nebenkosten sind bei Vorliegen dieser Voraussetzungen, die vom Architekten darzulegen und zu beweisen sind, zusätzlich zum Honorar zu zahlen, **ohne** dass es hierzu einer **besonderen Vereinbarung** der Parteien bedarf. Nur wenn bei Auftragserteilung schriftlich vereinbart wird, dass Nebenkosten ganz oder teilweise nicht zu erstatten sind, besteht insoweit kein Anspruch des Architekten (§ 7 Abs. 1 Satz 2 HOAI); eine solche Vereinbarung ist auch bei einer Mindestsatzunterschreitung zulässig.[541]

---

536) *Neuenfeld*, § 4 HOAI, Rdn. 31.
537) IBR 2006, 456 – *Putzier*.
538) IBR 2006, 456.
539) Vgl. hierzu *Vygen* in Korbion/Mantscheff/Vygen, § 4 HOAI, Rdn. 55; OLG Frankfurt, BauR 1982, 88.
540) Ebenso: *Bindhardt/Jagenburg*, § 2, Rdn. 59; *Koeble*, BauR 1979, 372, 373; für den Werkvertrag: BGH, ZfBR 1981, 170 sowie OLG Frankfurt, MDR 1979, 256.
541) OLG Düsseldorf, BauR 1996, 746, 747; *Vygen* in Korbion/Mantscheff/Vygen, § 7 HOAI, Rdn. 8.

**931** Nebenkosten sind nur dann **„bei der Ausführung des Auftrages"** entstanden, wenn ein **unmittelbarer Zusammenhang** gegeben ist.[542] Ob sie erforderlich waren, ist ebenfalls eine Frage des Einzelfalles. Insoweit ist ein strenger Maßstab anzulegen,[543] es sei denn, der Bauherr hat die Leistung, die zur Entstehung der Nebenkosten geführt hat, ausdrücklich gewünscht oder war damit einverstanden; im letzteren Fall ist die Erforderlichkeit stets zu bejahen.[544] Die **Darlegungs- und Beweislast** hinsichtlich der **Höhe** trägt der **Architekt**; im Zweifelsfall kann die Erforderlichkeit durch einen Sachverständigen geklärt werden.

**932** Grundsätzlich sind die Nebenkosten nach **Einzelnachweis** abzurechnen (§ 7 Abs. 3 HOAI). In aller Regel wird es für einen Architekten schwer sein, die Höhe der Nebenkosten darzulegen und zu beweisen, da ein genauer Nachweis kaum möglich ist. Mit Recht weist das OLG Hamm[545] darauf hin, dass an den **Nachweis von Nebenkosten keine übertriebenen Anforderungen** gestellt werden dürfen; es genüge, wenn der Auftragnehmer seine Aufzeichnungen und Unterlagen vorlegt.[546] Es ist aber mit dem OLG Hamm[547] zu fordern, dass „die geltend gemachte Aufstellung mit vorgelegten Belegen und sonstigen Umständen korrespondiert und nachvollziehbare Gründe genannt und ggf. bewiesen werden, die eine Zugehörigkeit zu den konkreten Bauvorhaben decken". Vygen in Korbion/Mantscheff/Vygen[548] will es zu Recht für zulässig erachten, „dass der Auftragnehmer (Architekt) bei einzelnen Posten einen an Erfahrungswerten orientierten Gesamtbetrag", also einen **Pauschalbetrag**, in Ansatz bringt; das wird insbesondere für Post- und Fernmeldegebühren zu gelten haben, weil diese Kosten nicht oder nur mit zu hohem Aufwand belegt werden können.[549] Der BGH[550] will insoweit offensichtlich strengere Maßstäbe anlegen: Eine Nebenkostenforderung soll erst prüfbar und damit fällig sein, wenn der Architekt eine geordnete Zusammenstellung der Auslagen nebst Belegen vorlegt. Wenn diese Entscheidung auch zur Fälligkeit der Nebenkosten ergangen ist, so wird sie gleichwohl auch für den Nachweis der Nebenkosten zu gelten haben. Allerdings hat es der BGH ausdrücklich offen gelassen, ob die Zusammenstellung der Auslagen ohne die Vorlage der Belege in den Fällen ausreicht, in denen der Auftraggeber die Nebenkosten nicht bestreitet.

Die einzelnen Arten der Nebenkosten zählt § 7 Abs. 2 HOAI auf. Die Aufzählung ist nicht abschließend.

---

542) *Vygen* in Korbion/Mantscheff/Vygen, § 7 HOAI, Rdn. 3.
543) BR-Drucks. 270/76, S. 16.
544) *Vygen* in Korbion/Mantscheff/Vygen, § 7 HOAI, Rdn. 4 a. E., ähnlich: *Locher/Koeble/Frik*, § 7 HOAI, Rdn. 2.
545) OLGR 2006, 496; ebenso OLG Hamm, JBR 1991, 180 = BauR 1991, 385 (LS); ebenso: *Locher/Koeble/Frik*, § 7 HOAI, Rdn. 2.
546) OLG Hamm, BauR 2002, 1721, 1722 (für Fremdkosten wie Lichtpausen u. Fotos jedoch Nachweise).
547) BauR 2006, 1766 = OLGR 2006, 496.
548) § 7 HOAI, Rdn. 5 u. 12; ebenso: *Baumgärtel*, § 7 HOAI, Rdn. 1; *Locher/Koeble/Frik*, § 7 HOAI, Rdn. 2; *Neuenfeld*, § 7 HOAI, Rdn. 4 a.
549) So auch OLG Hamm, BauR 2002, 1721, 1722 (für Telefonkosten, wobei der Architekt darzulegen hat, wie er zu der Pauschale kommt).
550) NJW-RR 1990, 1109 = BauR 1990, 632 = ZfBR 1990, 227.

Im Übrigen können die Parteien auch eine **pauschale Abrechnung bei Auftragserteilung schriftlich vereinbaren** (vgl. näher Rdn. 734 ff. und 740 ff.). Fehlt allerdings eine solche Vereinbarung, ist auf Einzelnachweis abzurechnen.[551]

Das OLG Düsseldorf[552] ist der Meinung, dass die mit einer Pauschale vereinbarten Nebenkosten dem Höchstpreischarakter der HOAI Rechnung tragen müssen. Sind sie „deutlich übersetzt" (z. B. bei einer 10%igen Nebenkostenpauschale), soll die Vereinbarung unwirksam sein. Dem ist nicht zu folgen, weil die Vertragsfreiheit durch die HOAI insoweit nicht eingeschränkt wurde; die HOAI kennt keine „Höchstpreise" für Nebenkosten. Es besteht im Übrigen auch kein Anlass, den ohnehin schon erheblich begrenzten Spielraum der Parteien bei Abschluss eines Architektenvertrages noch weiter einzuengen. Der BGH[553] ist daher zu Recht den Überlegungen des OLG Düsseldorf entgegengetreten und hat die hier vertretene Auffassung übernommen. Der BGH weist dabei darauf hin, dass allein § 138 Abs. 1 BGB (sittenwidriger Charakter der Vereinbarung) Maßstab für die Wirksamkeit der Vereinbarung über die Nebenkostenpauschale ist und daher stets im Einzelfall zu prüfen ist, ob die Nebenkostenpauschale zu den im Zeipunkt des Vertragsschlusses zu erwartenden Nebenkosten objektiv in einem auffälligen Missverhältnis steht und weitere Umstände hinzutreten, wie etwa eine verwerfliche Gesinnung des begünstigten Architekten oder Ingenieurs.

### b) Umsatzsteuer

*Literatur*

*Klenk*, Steckengebliebene Werkleistung im Umsatzsteuerrecht im Falle des § 649 BGB, BauR 2000, 638.

Nach § 9 HOAI hat der Architekt Anspruch auf Ersatz der **Umsatzsteuer**, die auf sein nach der HOAI berechnetes Honorar und auf die nach § 7 HOAI berechneten **Nebenkosten** entfällt; dies gilt auch für Abschlagszahlungen gemäß § 8 Abs. 2 HOAI.

**933**

Der Architekt kann dem Bauherrn daher die Umsatzsteuer **zusätzlich in Rechnung** stellen; durch die Berechnung der Umsatzsteuer können auch die Mindestsätze bzw. die Höchstsätze der HOAI überschritten werden.[554] Bei der Berechnung der Umsatzsteuer sind das Honorar des Architekten und die Nebenkosten, die allerdings um die vorsteuerabzugsfähigen Umsatzsteuern zu vermindern sind, zusammenzurechnen.[555]

Soweit der Architekt Honorar für **nicht erbrachte Leistungen** (Ersparnisse, § 649 BGB) verlangt, besteht nach der Rechtsprechung des BGH kein Anspruch auf Zahlung von Umsatzsteuer, da er insoweit keine Leistungen erbracht hat und damit kein

---

551) BGH, BauR 1994, 131 = ZfBR 1994, 73 = NJW-RR 1994, 280; BGH, BauR 1990, 101 = ZfBR 1990, 64.
552) BauR 1990, 640 = NJW-RR 1991, 345; ähnlich auch *Locher/Koeble/Frik*, § 7 HOAI, Rdn. 12 sowie *Löffelmann/Fleischmann*, Rdn. 1531 u. 1534; **a. A.:** wie hier vor allem *Jochem*, § 7 HOAI, Rdn. 4 u. *Neuenfeld*, § 7 HOAI, Rdn. 15.
553) BauR 2004, 356 = NZBau 2004, 102 = MDR 2004, 208 = NJW-RR 2004, 166. Ebenso OLG Braunschweig, IBR 2005, 553 – *Seifert* (bei 15% Nebenkostenpauschale).
554) *Neuenfeld*, § 9 HOAI, Rdn. 5; *Vygen* in Korbion/Mantscheff/Vygen, § 9 HOAI, Rdn. 3.
555) Zum gesonderten Ausweis der Mehrwertsteuer vgl. BGH, BauR 1980, 471.

umsatzsteuerrechtliches Austauschgeschäft vorliegt.[556] Der BGH zeigt jedoch zwischenzeitlich Unsicherheit.[557] Er ist der Auffassung, dass es sich insoweit um eine Frage der gemeinschaftsrechtlichen Auslegung der 6. Richtlinie des Rates zur Harmonisierung der Rechtsvorschriften der Mitgliederstaaten über die Umsatzsteuern 77/388/EWG handelt, die daher nach Artikel 234 EGV dem Gerichtshof der Europäischen Gemeinschaften vorzulegen ist. Auf **Verzugszinsen** kann Umsatzsteuer nicht verlangt werden.[558]

Die Neuregelung des § 13 b Abs. 1 Satz 1 Nr. 4 UStG, dass am 1.4.2004 in Kraft getreten ist und die sogenannte **„Steuerschuldumkehr"** (erweiterte Steuerschuldnerschaft des Leistungsempfängers) (vgl. Rdn. 1276) gilt nicht für Planungs- und Überwachungsleistungen bei Bauwerken. Auch die **Bauabzugssteuer** (§ 48 Abs. 1 EStG) ist auf Planungs- und Bauaufsichtsleistungen von Architekten nicht anwendbar.[559]

### c) Zinsen

*Literatur*

*Brambring*, Der neue § 284 Abs. 3 BGB – Nur ein Missverständnis?, ZfIR 2000, 245; *Kniffka*, Das Gesetz zur Beschleunigung fälliger Zahlungen – Neuregelung des Bauvertragsrechts und seine Folgen –, ZfBR 2000, 227; *Bitter*, Gesetz zur „Verzögerung" fälliger Zahlungen – Kritische Anmerkung zum neuen § 284 Abs. 3 BGB –, WM 2000, 1282; *Risse*, Verzug nach 30 Tagen – Neuregelungen in § 284 Abs. 3 BGB, BB 2000, 1050; *Jani*, Neuregelungen des Zahlungsverzuges und des Werkvertragsrechts durch „Gesetz zur Beschleunigung fälliger Zahlungen" vom 30.3.2000, BauR 2000, 949; *Huber*, Das neue Recht des Zahlungsverzugs und das Prinzip der Privatautonomie, JZ 2000, 743; *Hammacher*, Zahlungsverzug und Werkvertragsrecht, BauR 2000, 1257; *Keldungs*, Der Vergütungsanspruch des Bauunternehmers im Lichte des Gesetzes zur Beschleunigung fälliger Zahlungen, OLGR-Kommentar 2001, K 1; *Fischer/Kröner/Oehme*, Nochmals: § 284 Abs. 3 BGB – Eine neue Regelung zum Schuldnerverzug –, ZfBR 2001, 7, 8; *Kirberger*, Die Beschleunigungsregelung unter dogmatischem und praxisbezogenem Blickwinkel, BauR 2001, 492; *Glöckner*, Leitbild mit Verfalldatum, BauR 2001, 535; *Kesseler*, Das Gesetz zur Beschleunigung fälliger Forderungen – reformiert?, NJW 2001, 130; *Hildebrandt*, Teleologische Reduktion des § 284 III 1 BGB nicht notwendig, NJW 2001, 131; *Kiesel*, Verzug durch Mahnung bei Geldforderungen trotz § 284 III BGB, NJW 2001, 108; *Voit*, Die Änderungen des allgemeinen Teils des Schuldrechts durch das Schuldrechtsmodernisierungsgesetz und ihre Auswirkungen auf das Werkvertragsrecht, BauR 2002, 145; *Petershagen*, Der neue Basiszinssatz des BGH – Eine kleine Lösung der großen Schuldrechtsform?, NJW 2002, 1455; *Schimmel/Buhlmann*, Schuldnerverzug nach der Schuldrechtsmodernisierung – Tatbestandsvoraussetzungen und Rechtsfolgen, MDR 2002, 609.

**934** Vielfach fehlt es bei der Honorarklage des Architekten an einem schlüssigen Vortrag bezüglich des Zinsanspruches. Der Architekt kann **nach § 641 Abs. 2 BGB Zinsen** vom Zeitpunkt der Abnahme seiner Leistung (vgl. Rdn. 962 ff.) und nach Vorliegen der übrigen Fälligkeitsvoraussetzungen des § 8 HOAI verlangen, sofern nicht

---

556) BGH, BauR 1992, 231 = ZfBR 1992, 69; BauR 1986, 577, 578 = NJW-RR 1986, 1026 = ZfBR 1986, 220; BGH, NJW 1987, 3123 = ZfBR 1987, 234 = ZIP 1987, 1192 mit abl. Anm. *Weiß*; BGH, BauR 1981, 198 = ZfBR 1981, 80 = *SFH*, Nr. 3 zu § 649 BGB; OLG Köln, U. v. 26.8.1994 – 19 U 136/92 –; *Löwe*, ZfBR 1998, 121, 124.
557) BauR 1999, 1294 = NJW 1999, 3261 = MDR 1999, 1378 = ZfBR 2000, 30; vgl. hierzu *Klenk*, BauR 2000, 638.
558) Vgl. auch BGH, BauR 1985, 102, 103 m. Nachw.
559) BGH, BauR 2005, 1658.

die Vergütung gestundet ist. Die Höhe der Zinsen richtet sich nach § 246 BGB (4%) bzw. § 352 HGB (5%).

**Höhere Zinsen** kann der Architekt nur bei **Zahlungsverzug** des Auftraggebers verlangen, § 286 BGB n. F. Der Zahlungsverzug ist sowohl durch das **Gesetz zur Beschleunigung fälliger Zahlungen,** das zum 1.5.2000 in Kraft getreten ist, als auch durch das **Gesetz zur Modernisierung des Schuldrechts,** das zum 1.1.2002 in Kraft getreten ist, teilweise neu geregelt worden. **935**

Da es sich um unterschiedliche gesetzliche Regelungen handelt, ist jeweils zu unterscheiden:

Mit dem **Gesetz zur Beschleunigung fälliger Zahlungen** wurde zunächst § 284 Abs. 3 in das BGB eingefügt, der nach Art. 229 § 1 EGBGB auch für Geldforderungen gilt, die vor dem 1.5.2000 entstanden sind; vor diesem Zeitpunkt zugegangene Rechnungen lösen allerdings die Wirkungen des § 284 Abs. 3 BGB nicht aus. Gemäß dieser Vorschrift kommt der Schuldner einer Geldforderung **30 Tage nach Fälligkeit und Zugang einer Rechnung oder einer gleichwertigen Zahlungsaufforderung in Verzug**; geht die Rechnung vor Fälligkeit dem Schuldner zu, beginnt die 30-Tages-Frist erst mit der Fälligkeit. Damit war § 284 Abs. 1 BGB, der den Verzug bei Fälligkeit der Forderung mit Zugang der Mahnung einsetzen lässt, nach der Neufassung des § 284 BGB nicht mehr anwendbar.[560] Dasselbe galt – jedoch nicht bei Schuldverhältnissen mit wiederkehrenden Geldleistungen – für die Fallgestaltung des § 284 Abs. 2 BGB (Zahlungsverzug bei Überschreitung des kalendermäßig festgelegten Zahlungstermins). Die neu eingefügte Vorschrift des § 284 Abs. 3 BGB ist von der Literatur fast einhellig als nicht „ausreichend bedacht" kritisiert worden.

Die Regelung des § 284 Abs. 3 BGB bedeutete nämlich, dass der Architekt, der einen Verzug vor Ablauf von 30 Tagen durch entsprechende Fristsetzung herbeiführen wollte, gegenüber der früheren Gesetzeslage schlechter gestellt wurde. Dies war mit der erklärten Beschleunigungsabsicht des Gesetzgebers nicht in Einklang zu bringen. Deshalb wurde in der Literatur[561] insoweit auch zu Recht von einem gesetzgeberischen Missverständnis[562] oder Redaktionsversehen[563] und von einem Gesetz zur „Verzögerung" fälliger Zahlung[564] gesprochen, weil § 284 Abs. 3 BGB nach dem klaren Wortlaut keine zusätzliche Variante einer Inverzugsetzung darstellt.

Der Gesetzgeber hat sich aber – nicht zuletzt aufgrund der heftigen Kritik – als lernfähig gezeigt. Mit dem **Gesetz zur Modernisierung des Schuldrechts** wurde der Verzug des Schuldners nunmehr in § 286 BGB neu geregelt: Nach § 286 Abs. 3 BGB kommt ein Schuldner einer Entgeltforderung nunmehr **spätestens in Verzug,** wenn er nicht innerhalb von **30 Tagen** nach **Fälligkeit und Zugang einer Rechnung** oder gleichwertigen Zahlungsaufstellung eine Zahlung leistet. Dies gilt gegenüber einem Schuldner, der **Verbraucher** ist, allerdings nur, wenn auf diese Folgen **in der Rechnung** oder Zahlungsaufstellung besonders **hingewiesen worden** ist. Wenn der **Zeitpunkt des Zugangs der Rechnung** oder Zahlungsaufstellung **unsicher** ist,

---

560) **Herrschende Meinung**; für viele: *Huber,* JZ 2000, 743, 744; *Kirberger,* BauR 2001, 492, 496; *Fischer/Kröner/Oehme,* ZfBR 2001, 7, 8; *Kniffka,* ZfBR 2000, 227; *Weishaupt,* NJW 2000, 1704; *Palandt/Heinrichs,* § 284 BGB, Rdn. 24; ferner: *Keldungs,* OLGR-Kommentar 2001, K 1, 3; **a. A.:** *Kiesel,* NJW 2000, 1673, 1674 u. wohl auch *Erkelenz,* ZfBR 2000, 435, 436.
561) Vgl. hierzu den Überblick über den Literaturstand bei *Huber,* JZ 2000, 743, 744 u. *Glöckner,* BauR 2001, 535.
562) *Brambring,* ZfIR 2000, 245.
563) *Huber,* JZ 2000, 743, 747.
564) *Bitter,* WM 2000, 1282.

kommt der Schuldner, der nicht Verbraucher ist, **spätestens 30 Tage** nach Fälligkeit und Empfang der Gegenleistung in Verzug. Auf Schuldverhältnisse, die vor dem 1.1.2002 entstanden sind, ist nach Art. 229 § 5 EGBGB die bis zu diesem Tag geltende Fassung – entsprechend der obigen Ausführungen – anzuwenden. Für „Altverträge" bleibt damit das Gesetz zur Beschleunigung fälliger Zahlungen wirksam.

Damit ist der zunächst erfolgte **gesetzgeberische Missgriff korrigiert** worden. Mit § 286 Abs. 3 BGB ist jetzt klar gestellt, dass ein Verzug, z. B. durch Mahnung, auch vor Ablauf von 30 Tagen eintreten kann. Wann es einer **Mahnung nicht bedarf,** regelt nunmehr § 286 Abs. 2 BGB n. F. ausführlicher als bisher § 284 Abs. 2 BGB a. F. Nach wie vor tritt Schuldnerverzug ein, wenn eine Zeit nach dem Kalender bestimmt ist (§ 286 Abs. 2 Ziff. 1 BGB); daran hat sich nichts geändert. In der Ziffer 2 des Abs. 2 des § 286 BGB ist das Wort „Kündigung" (aus § 284 Abs. 2 Nr. 2 BGB a. F.) durch **„Ereignis"** ersetzt worden. Danach bedarf es einer Mahnung auch dann nicht, wenn der Leistung ein Ereignis vorauszugehen hat und eine angemessene Frist für die Leistung in der Weise bestimmt ist, dass sie sich von dem Ereignis an nach dem Kalender berechnen lässt. Beispiele: „Drei Monate nach Lieferung", „Drei Monate nach Kündigung", „Zwei Wochen nach Baubeginn" oder „Zwei Wochen nach Rechnungszugang". Damit ist die Ziffer 2 deutlich auf ähnliche Ereignisse wie die Kündigung ausgeweitet worden. Allerdings muss stets eine angemessene Zeit zwischen dem Ereignis und dem Verzug liegen. Klauseln wie „Zahlung sofort nach Lieferung", „Zahlung nach Baustandsmitteilung" oder „Zahlung nach Rohbaufertigstellung" genügen dem also nicht. Ist die Zeit zu kurz, gilt eine angemessene Frist. Hintergrund dieser Regelung ist, dass dem Schuldner wenigstens eine angemessene Zeit zur Verfügung stehen muss, um eine erhaltene Leistung oder Ware zu prüfen und die Zahlung zu bewirken (z. B. durch Überweisung). Die Zeit für die Leistung (Zahlung) muss stets durch Vertrag „bestimmt" sein (einschließlich der angemessenen Frist).

Neu ist auch die Ziffer 3 in Abs. 2 des § 286 BGB, wonach es einer Mahnung nicht bedarf, wenn der **Schuldner** die Leistung **ernsthaft und endgültig verweigert.** Das entspricht allerdings der bislang herrschenden Meinung, die diese Regelung aus § 242 BGB hergeleitet hat.

Eine Neuregelung findet sich auch in Ziffer 4 des Abs. 2 des § 286 BGB: Danach bedarf es einer Mahnung auch dann nicht, wenn **„aus besonderen Gründen** unter Abwägung der beiderseitigen Interessen der sofortige Eintritt des Verzuges gerechtfertigt ist". Auch diese Fallgruppe ist bereits in der Rechtsprechung anerkannt, sodass auch hier Richterrecht in das Gesetz eingeführt wurde.[565] Bei dieser Regelung denkt der Gesetzgeber z. B. an die Fallgestaltung, in der der Schuldner ein die Mahnung verhinderndes Verhalten an den Tag legt, insbesondere wenn er sich einer Mahnung gezielt entzieht[566] oder wenn er die Leistung zu einem bestimmten Termin selbst angekündigt und damit einer Mahnung zuvorgekommen ist, sogenannte Selbstmahnung.[567]

Da es sich bei der Vorschrift über den Zahlungsverzug um ein (neues) gesetzgeberisches Leitbild handelt, kann diese Regelung in **AGB/Formularverträgen** nicht zu Lasten des Schuldners oder Gläubigers von dem jeweiligen Verwender abbedungen

---

565) Vgl. *Palandt/Heinrichs*, ErgB, § 286 BGB, Rdn. 25.
566) OLG Köln, NJW-RR 1999, 4.
567) OLG Köln, NJW-RR 2000, 73.

werden.⁵⁶⁸⁾ In Betracht kommt nur eine Änderung auf der Basis eines individuellen Aushandelns, weil es sich bei dieser Vorschrift um dispositives Recht handelt; dabei ist jedoch § 310 Abs. 3 Nr. 2 BGB zu berücksichtigen.

Bezüglich der **Höhe der Verzugszinsen** sah das Beschleunigungsgesetz in § 288 Abs. 1 BGB zunächst vor, dass eine Geldschuld während des Verzuges mit 5% über dem Basiszinssatz nach § 1 des Diskontsatz-Überleitungs-Gesetzes zu verzinsen ist, soweit sie nach dem 1.5.2000 fällig wurde. Das Gesetz zur Modernisierung des Schuldrechts hat auch hier eine Neuerung gebracht, die ab dem 1.1.2002 gilt: Nach § 288 Abs. 1 BGB beträgt der Verzugszinssatz **5% über dem Basiszinssatz**, soweit es sich um Verträge handelt, an denen Verbraucher beteiligt sind. Der Basiszinssatz ist in § 247 BGB festgelegt und verändert sich zum 1. Januar und 1. Juli eines jeden Jahres um die Prozentpunkte, um welche die Bezugsgröße seit der letzten Veränderung des Basiszinssatzes gestiegen oder gefallen ist. Dabei ist Bezugsgröße der Zinssatz für die jüngste Hauptrefinanzierungsoperation der Europäischen Zentralbank vor dem 1. Kalendertag des betreffenden Halbjahres.

Bei Rechtsgeschäften, an denen ein Verbraucher nicht beteiligt ist, beträgt der Zinssatz nach dem neuen § 288 Abs. 2 BGB sogar 8% über dem Basiszinssatz des § 247 BGB. Damit ist der Zinssatz nochmals für diese Fälle durch das Gesetz zur Modernisierung des Schuldrechts erheblich angehoben worden. Der Architekt ist als Freiberufler kein Verbraucher, sondern **Unternehmer** im Sinne des § 14 BGB.

Der Architekt kann ferner **Prozesszinsen** nach § 291 BGB geltend machen. Aufgrund der (auch nach Erlass des Beschleunigungsgesetzes und des Gesetzes zur Modernisierung des Schuldrechts verbliebenen) Verweisung in § 291 BGB auf § 288 BGB ist davon auszugehen, dass nunmehr der neue gesetzliche Verzugszinssatz auch für die Prozesszinsen gilt.⁵⁶⁹⁾ Macht allerdings der Auftraggeber ein ihm zustehendes **Zurückbehaltungsrecht** (z. B. wegen Mängel des Architektenwerks) im Prozess geltend und wird er **zur Zahlung nur Zug um Zug** gegen Durchführung etwaiger Nachbesserungsarbeiten (Nacherfüllungsarbeiten) seitens des Architekten verurteilt, ist dessen Werklohnforderung (noch) nicht fällig im Sinne des § 291 Satz 1 Halbsatz 2 BGB, sodass auch keine Prozesszinsen (wie auch keine Fälligkeitszinsen) entstehen.⁵⁷⁰⁾

Der Architekt kann im Übrigen als Gläubiger nach wie vor einen **weiteren Verzugsschaden**, z. B. höhere Zinsen **(Anlagezinsen/Kreditzinsen)**, aus einem anderen Rechtsgrund geltend machen (§ 288 Abs. 3 BGB). Will der Architekt einen höheren als den neuen gesetzlichen Zinssatz unter dem vorerwähnten Gesichtspunkt geltend

---

568) Für den durch das Gesetz zur Beschleunigung fälliger Zahlungen eingefügten § 284 Abs. 3 BGB: *Siegburg*, Rdn. 448; *Kirberger*, BauR 2001, 492, 496; *Hammacher*, BauR 2000, 1257, 1259; *Kniffka*, ZfBR 2000, 227, 228; *Brambring*, DNotZ 2000, 245, 251; *Jani*, BauR 2000, 949, 950; *Schimmel/Buhlmann*, MDR 2000, 737, 741; *Fischer/Kröner/Oehme*, ZfBR 2001, 7, 8, mit einer Übersicht über den Stand der Literatur hierzu; **a. A.**: insbesondere: *Palandt/Heinrichs*, § 288 BGB, Rdn. 31, der mit einer Mindermeinung der Ansicht ist, dass eine Regelung, die hundert Jahre geltendes Recht war, allgemein als sachgerecht angesehen worden ist und die anders als der neue Abs. 3 dem mutmaßlichen Parteiwillen und dem Gemeinschaftsrecht entspricht, den Schuldner nicht unangemessen benachteiligt; anders auch: *Glöckner*, BauR 2001, 535, 540.
569) Ebenso: *Kirberger*, BauR 2001, 492, 498 mit Hinweis auf *Krüger*, NJW 2000, 2407 f.; *Merkens*, BauR 2001, 515, 522.
570) BGH, NJW 1971, 615 = BauR 1971, 124; OLG Düsseldorf, NJW 1971, 2310.

machen, muss er seinen weiteren Zinsverlust konkret darlegen und beweisen. Insoweit genügt er seiner Darlegungslast, wenn er z. B. vorträgt, dass ihm zu dem verlangten Zinssatz laufend seit dem Datum des Verzugsbeginns Bankkredit in Höhe seines Vergütungsanspruches gewährt worden ist und er diesen Bankkredit bei rechtzeitiger Zahlung durch den Auftraggeber hätte abdecken können;[571] dagegen ist es nicht notwendig, dass der Architekt vorträgt, er habe sich gerade wegen der Nichtzahlung des Auftraggebers einen Bankkredit nehmen müssen. Auf Verzugszinsen kann die **Umsatzsteuer** nicht gefordert werden.[572]

Bei Zinsabsprachen in AGB ist § 11 Nr. 4 AGB-Gesetz bzw. für Schuldverhältnisse, die nach dem 1.1.2002 begründet werden, § 309 Nr. 4 BGB zu berücksichtigen.[573] Die **Überleitungsvorschriften** zu den Zinsbestimmungen nach dem **SchRModG** sind in Art. 229 EGBGB § 7 enthalten.

## 5. Honorar bei Kündigung und vorzeitiger Vertragsbeendigung

*Literatur*

*Schmidt*, Zur unberechtigten Kündigung aus wichtigem Grunde beim Werkvertrag, NJW 1995, 1313; *Werner/Siegburg*, Entgangener Gewinn des Architekten nach Kündigung des Architektenvertrages, DAB 1996, 1881; *Eich/Eich*, Entgangener Gewinn des Architekten nach Kündigung des Architektenvertrages – Darstellung der ersparten Aufwendungen, DAB 1996, 2064; *Brügmann*, Ersparte Aufwendungen beim Architektenvertrag, NJW 1996, 2982; *Neuenfeld*, Die ersparten Aufwendungen bei Kündigung des Architektenvertrages, DAB 1997, 211; *Werner/Siegburg*, Der „entgangene Gewinn" des Architekten gem. § 649, Satz 2 BGB – Im Blickwinkel der neuesten Rechtsprechung des BGH –, BauR 1997, 181; *Niestrate*, Vergütung des Architekten nach Kündigung des Architektenvertrages durch den Auftraggeber, ZfBR 1997, 9; *Beigel*, Zum Anspruch des Architekten gemäß § 649 Satz 2 BGB nach Kündigung des Architektenvertrages durch den Bauherrn, BauR 1997, 782; *Dammert*, Die Berechnung des Honoraranspruchs nach Kündigung des Architektenvertrages – Prüfungsfähiger Aufbau der Honorarschlussrechnung, DAB 1997, 1497; *von Rintelen*, Vergütungsanspruch des Architekten im Falle der so genannten freien Kündigung des Architektenvertrages – Zulässigkeit seiner Pauschalierung durch AGB, BauR 1998, 603; *Glöckner*, § 649 Satz 2 BGB – ein künstlicher Vergütungsanspruch?, BauR 1998, 669; *Löwe*, Die Vergütungsklage des Unternehmers nach Kündigung des Werkvertrages durch den Auftraggeber nach § 649 Satz 2 BGB unter Berücksichtigung der Entscheidungen des BGH vom 8.2.1996, 10.10.1996 und 7.11.1996, ZfBR 1998, 121; *Wirth/Freund*, Auswirkungen von Kündigungen nach § 649 BGB auf Architektur- und Ingenieurbüros, Festschrift für Vygen (1999), S. 88; *Kniffka*, Die neue Rechtsprechung des Bundesgerichtshofes zur Abrechnung nach Kündigung des Bauvertrags, Jahrbuch Baurecht 2000, 1; *Schiffers*, Zur Objektivierung der Vergütungsermittlung nach auftraggeberseitiger freier Kündigung von Planungsverträgen, NZBau 2002, 185; *Deckers*, Die außerordentliche Kündigung des Architektenvertrages, BauRB 2004, 338; *Armbrüster/Bickert*, Unzulängliche Mitwirkung des Auftraggebers beim Bau- und Architektenvertrag, NZBau 2006, 153.

**937 a** In der Baupraxis ist es kein Ausnahmefall, dass ein Architektenvertrag aus den verschiedensten Gründen vorzeitig beendet wird. Jedes Bauvorhaben entwickelt so viel Konfliktstoff und birgt so viele Imponderabilien in sich, dass dadurch auch das Ver-

---

571) BGH, WM 1977, 172; OLG Düsseldorf, OLGR 1994, 292 (dem Vortrag der „Inanspruchnahme" von Bankkredit kommt „ein bestimmter und feststehender Inhalt zu, der die notwendige Verwendung von Zahlungseingängen zur Darlehnstilgung als eine schlüssig behauptete Tatsache zunächst einmal mit enthält"); LG Bielefeld, NJW 1972, 1995.
572) Vgl. BGH, BauR 1985, 102, 103 m. Nachw.
573) Vgl. hierzu OLG Köln, BauR 1999, 64.

**Honorar bei Kündigung**

hältnis zwischen Bauherr und Architekt häufig übermäßig belastet wird. Dabei ist zu berücksichtigen, dass der Architekt auch nach einer Kündigung grundsätzlich berechtigt und verpflichtet bleibt, seine mangelhafte Leistung nachzubessern.[574]

Ein Architektenvertrag kann einmal aufgrund des „freien" Kündigungsrechts des Bauherrn gemäß § 649 BGB beendet werden (vgl. Rdn. 938 ff.). Zum anderen kann ein Architektenvertrag sowohl von dem Architekten wie auch dem Auftraggeber aus **wichtigem Grund** gekündigt werden (vgl. Rdn. 945 ff.). Schließlich können die Parteien das Vertragsverhältnis einverständlich beenden (vgl. Rdn. 957).

Auch eine **Teilkündigung** eines Architektenvertrages ist möglich. § 649 BGB sieht insoweit keine Schranken vor. So ist die Teilkündigung auch nicht auf abtrennbare Teile der Architektenleistung beschränkt.[575] Das gilt grundsätzlich auch für die Kündigung aus wichtigem Grund.

### a) Das Kündigungsrecht des Auftraggebers gemäß § 649 BGB

Nach § 649 BGB kann der Bauherr den Architektenvertrag bis zur Vollendung der Leistung des Architekten **jederzeit kündigen**. Dieses „freie" Kündigungsrecht des Auftraggebers kann nicht durch eine **AGB-Klausel** auf Fälle eines **wichtigen Grundes beschränkt** werden.[576]

**938**

Im Falle der Kündigung des Architektenvertrages durch den Auftraggeber hat der Architekt neben der Kündigung im Einzelnen darzulegen, wie sich der Honoraranspruch zusammensetzt. Dabei hat er die **erbrachten und die nicht erbrachten** Leistungen im Einzelnen vorzutragen, voneinander abzugrenzen und die entsprechenden Honoraranteile – gegebenenfalls im Wege der prozentualen Schätzung[577] – zuzuordnen (vgl. auch Rdn. 942).[578] Darüber hinaus ist eine **Begründung** für den jeweiligen Ansatz der Teilleistungen und der sich daraus ergebenden prozentualen Angaben[579] notwendig; andernfalls ist die Rechnung nicht nachvollziehbar und damit auch **nicht prüfbar**.[580] Dagegen bedarf es – im Gegensatz zum gekündigten Bauvertrag – nicht der Darlegung der Urkalkulation des abrechnenden Architekten, weil sich dieser insoweit auf die Parameter der HOAI stützen kann.[581]

---

574) BGH, BauR 2001, 667 = NZBau 2001, 211 = ZfBR 2001, 177 (für Planungsfehler des Architekten).
575) Vgl. hierzu *Lang*, BauR 2006, 1956, 1957.
576) So auch OLG Düsseldorf, MDR 1999, 1439 (mit einem Überblick über den Stand in Rspr. und Lit.); OLG Hamburg, BauR 1993, 123 (LS) = MDR 1992, 1059; **a. A.:** LG Aachen, NJW-RR 1988, 364; *Löffelmann/Fleischmann*, Rdn. 1679; *Locher/Koeble/Frik*, Einl., HOAI, Rdn. 121 m. w. Nachw.
577) OLG Düsseldorf, BauR 2001, 434 = OLGR 2001, 109; OLG Köln, BauR 1992, 668 = OLGR 1992, 224.
578) BGH, BauR 2005, 739 = NJW-RR 2005, 749 = NZBau 2005, 349 = MDR 2005, 803 = ZfIR 2005, 412; BauR 2004, 316, 318; BauR 2000, 126 = NJW 2000, 205 = NZBau 2000, 140 = ZfBR 2000, 47 = MDR 2000, 24; BauR 1998, 357 = NJW-RR 1998, 594.
579) So richtig: OLG Koblenz, BauR 1998, 1043 = NJW-RR 1998, 954 = OLGR 1998, 306; OLG Stuttgart, BauR 1995, 587; OLG Rostock, BauR 1993, 762 = NJW-RR 1994, 661.
580) **Anderer Ansicht:** *Koeble*, BauR 2000, 785, 790.
581) BGH, BauR 2000, 126 = NJW 2000, 205 = NZBau 2000, 140 = ZfBR 2000, 47 = MDR 2000, 24; OLG Celle, BauR 1999, 191 = OLGR 1998, 270, für das Ein-Mann-Architekturbüro; *Koeble*, BauR 2000, 785, 790.

Für die bis zur Kündigung **erbrachten Leistungen** kann der Architekt das darauf entfallene vereinbarte oder übliche Honorar beanspruchen.[582] Dabei ist **unerheblich**, ob der Architekt Leistungsphasen vollständig oder nur selbstständige Teile davon erbracht hat, soweit diese für den Auftraggeber **verwertbar** sind.[583] Hat der Architekt – aufgrund der vorzeitigen Beendigung des Vertrages – nur Teile einer Leistungsphase erbracht, sind diese auf der Basis der gesamten anrechenbaren Kosten, aber mit einem entsprechend **geminderten Prozentsatz** zu bewerten.[584] Allerdings trifft den **Architekten die Darlegungs- und Beweislast** für die bis zur Kündigung tatsächlich **erbrachten Leistungen** sowie für die entsprechende **Vergütung**.[585] Das gilt auch hinsichtlich der **Mängelfreiheit** seines Architektenwerkes.[586]

Hinsichtlich der **nicht erbrachten Leistungen** ist der Architekt nach § 649 Satz 2 BGB berechtigt, die vereinbarte Vergütung zu verlangen; er muss sich jedoch „dasjenige anrechnen lassen, was er infolge der Aufhebung des Vertrages an Aufwendungen erspart oder durch anderweitige Verwendung seiner Arbeitskraft erwirbt oder zu erwerben böswillig unterlässt". Durch dieses Gebot der Abrechnung soll eine ungerechtfertigte Bereicherung eines Auftragnehmers vermieden werden.

**938 a**  Die **ersparten Aufwendungen** sind nicht an Durchschnitts- oder Erfahrungswerten zu orientieren, sondern **fallbezogen konkret abzurechnen und abzuziehen**.[587] Der Architekt hat insoweit alle Aufwendungen zu berücksichtigen, die dadurch entfallen sind, dass der betreffende Vertrag aufgrund der Kündigung nicht zu Ende geführt wurde.[588] Zu den ersparten Aufwendungen gehören vor allem:

* **Projektbezogene Personalkosten**

    Darunter fallen **Löhne, Gehälter** und sonstige **Kosten**, die der Architekt nach der Kündigung nicht mehr aufbringen muss, z. B. für ausscheidende oder anderweitig eingesetzte Projektleiter, Zeichner, Bauleiter, freie Mitarbeiter.[589] Erspart sind diese **Personalkosten** nur von dem Zeitpunkt an, zu dem sich der Architekt seinerseits z. B. durch Kündigung oder einvernehmlich durch Aufhebungsvertrag von diesen Mitarbeitern trennen oder diese z. B. bei anderen Projekten einsetzen konnte. Dabei ist zu berücksichtigen, dass Personalkosten nicht ohne Weiteres kurzfristig reduziert werden können, sondern dies vielfach nur unter Beachtung längerer Kündigungsfristen oder bei Zahlung größerer Abfindungen möglich ist.

    Wird das Personal weiter beschäftigt und für **andere Projekte eingesetzt**, ist die sich daraus möglicherweise ergebende Ersparnis grundsätzlich als Abzug durch anderweitigen Erwerb zu berücksichtigen; allerdings steht es dem Architekten frei, den anderweitigen Einsatz des Personals auch

---

582) Vgl. BGH, BauR 1993, 469 = NJW 1993, 1972 = MDR 1994, 35 = BB 1993, 1109 = WM 1993, 1474; OLG Düsseldorf, BauR 1988, 237; *Staudinger/Peters*, § 649 BGB, Rdn. 12.
583) OLG Düsseldorf, BauR 2001, 434 = OLGR 2001, 109 = NJW-RR 2001, 882.
584) OLG Düsseldorf, a. a. O.
585) BGH, BauR 1994, 655 = NJW-RR 1994, 1238 = MDR 1994, 1214 = BB 1994, 1742 = WM 1994, 1856.
586) Vgl. BGH, BauR 1993, 469 = NJW 1993, 1972 = BB 1993, 1109 = DB 1993, 1184 = MDR 1994, 35 = WM 1993, 1474.
587) BGH, BauR 2004, 316, 318; BauR 2000, 430 = NJW 2000, 653 = NZBau 2000, 82 = ZfBR 2000, 118 = MDR 2000, 207; OLG Braunschweig, BauR 2002, 333, 336 u. *Schiffers*, NZBau 2002, 185.
588) BGH, BauR 1996, 382 = NJW 1996, 1282 = ZfBR 1996, 143; BauR 1999, 642 = NJW 1999, 1253 = MDR 1999, 672 = ZfBR 1999, 191; BauR 1998, 635.
589) BGH, BauR 2000, 126 = NJW 2000, 205 = NZBau 2000, 140 = ZfBR 2000, 47 = MDR 2000, 27; BauR 2000, 430 = NJW 2000, 653 = NZBau 2000, 82 = ZfBR 2000, 118 = MDR 2000, 207; OLG Düsseldorf, IBR 2002, 26.

als ersparte Aufwendungen abzuziehen.[590] Soweit der **BGH**[591] die Auffassung vertritt, dass der Architekt sich grundsätzlich nicht solche Personalkosten anrechnen lassen muss, die dadurch entstehen, dass er eine rechtlich mögliche Kündigung des Personals nicht vorgenommen hat, weil § 649 BGB allein auf die **tatsächliche Ersparnis** abstellt und sich aufgrund der Kündigung des Auftraggebers keine Verpflichtung des Architekten herleiten lässt, sein Personal zu reduzieren, kann dem nicht gefolgt werden. Vertragsverhältnisse mit Mitarbeitern, die nicht anderweitig sinnvoll eingesetzt werden können, unnötig – trotz Kündigung des Auftraggebers – aufrecht zu erhalten, kann nur als treuwidriges Verhalten des Architekten gegenüber seinem (früheren) Auftraggeber bezeichnet werden. Dem kann nicht ein treuwidriges Verhalten des Auftraggebers wegen der von ihm ausgesprochenen Kündigung entgegen gehalten werden, da dieser bei einer Kündigung nach § 649 BGB lediglich von einem ihm zustehenden Recht Gebrauch macht und sein Verhalten, dessen Folgen er nach § 649 BGB zu tragen hat, daher nicht zu beanstanden ist.

∗ **Projektbezogene Sachkosten**

Darunter fallen Papier, Stifte, Minen, Tusche und andere Schreib- und Zeichenmittel, Telefon-, Fax- und Fotokopierkosten, nicht mehr benötigtes, gekündigtes Projektbüro, entfallene Projektversicherungen und Fahrten zur Baustelle, soweit der Architekt diese nicht im Rahmen der Nebenkostenabrechnung gemäß § 7 HOAI auf den Auftraggeber hätte abwälzen können (wie z. B. Fahrten unter 15 km sowie Sachkosten, die im Zusammenhang mit der Erstellung der Originalunterlagen entstehen). Soweit Kleinpositionen, wie sie oben erwähnt wurden, in Betracht kommen, ist es zulässig, die ersparten Aufwendungen nach § 287 Abs. 2 ZPO, der auch bei der Ermittlung der Ersparnisse im Rahmen des § 649 Satz 2 BGB anwendbar ist, zu schätzen.[592] Das kann auch im Rahmen einer prozentualen Pauschale erfolgen.[593]

**Subunternehmerleistungen** sind als Fremdleistungen ebenfalls unter dem Gesichtspunkt ersparter Aufwendungen in Abzug zu bringen, soweit die jeweiligen Subunternehmer nicht selbst nach § 649 Satz 2 BGB Ansprüche geltend machen.

Dagegen sind die **allgemeinen Geschäftskosten** bei den ersparten Aufwendungen **nicht zu berücksichtigen**. Dazu gehören Gehälter und Löhne der ständigen Mitarbeiter, Miete des Architekturbüros, Versicherungen, allgemeine Sachkosten des Bürobetriebs usw., weil diese Aufwendungen auch nach Kündigung eines Projektes weiter zu entrichten sind.[594]

Ersparte Aufwendungen sind jeweils nur von dem Teil der Vergütung abzuziehen, der sich auf die noch **nicht** vollendete Architektenleistung bezieht, nicht dagegen von dem Teil, den der Architekt für bereits erbrachte Leistungen fordert.[595]

---

590) BGH, BauR 2000, 430 = NJW 2000, 653 = NZBau 2000, 82 = ZfBR 2000, 118 = MDR 2000, 207. Ebenso *Budde* in Thode/Wirth/Kuffer, § 26, Rdn. 10 und *Locher/Koeble/Frik*, Einl., Rdn. 125.
591) A. a. O.
592) BGH, NJW-RR 1992, 1077, 1078; *Werner/Siegburg*, BauR 1997, 181, 185.
593) BGH, BauR 2000, 430 = NJW 2000, 653 = NZBau 2000, 82 = ZfBR 2000, 118 = MDR 2000, 207.
594) BGH, BauR 2000, 126 = NJW 2000, 205 = NZBau 2000, 140 = ZfBR 2000, 47 = MDR 2000, 27; BauR 2000, 430 = NJW 2000, 653 = NZBau 2000, 82 = ZfBR 2000, 118 = MDR 2000, 207; ferner: *Schiffer*, NZBau 2002, 185, 186, der die allgemeinen Geschäftskosten als (beschäftigungsunabhängige, produktionsunabhängige) „Fixkosten" bezeichnet und diese im Einzelnen den (beschäftigungsabhängigen) „variablen Kosten" gegenüberstellt. Vgl. hierzu: *Werner/Siegburg*, BauR 1997, 181, 185; *Eich/Eich*, DB 1996, 2064 ff.; *Neuenfeld*, DAB 1997, 211 ff.; *Beigel*, BauR 1997, 782, 783; *von Rintelen*, BauR 1998, 603, 604 (auch zur Aufwandsminderungspflicht nach der Kündigung); *Löwe*, ZfBR 1998, 121, 125; OLG Düsseldorf, BauR 2002, 649, 652.
595) BGH, BauR 1988, 82, 85 = NJW-RR 1988, 208 = ZfBR 1988, 38, 39; BGH, BauR 1988, 739 = NJW-RR 1988, 1295, 1296 = MDR 1989, 56 (auch zur Unterscheidung gegenüber § 642 BGB).

Bei der „**anderweitigen Verwendung seiner Arbeitskraft**" im Sinne des § 649 Satz 2 BGB und dem ggf. vorzunehmenden Abzug ist zu berücksichtigen, dass zwischen der Kündigung und der anderen gewinnbringenden Beschäftigung ein **ursächlicher Zusammenhang** bestehen muss.[596] Der anderweitige Erwerb muss aufgrund eines **echten Ersatzauftrages** erfolgen, „dessen Hereinnahme bei Fortbestand des Vertrages nicht möglich gewesen wäre", wie Peters[597] zu Recht hervorhebt (vgl. hierzu auch Rdn. 1293).[598]

Der **Einwand der Ersparnis ist kein Gegenrecht** des Bauherrn als Auftraggeber, das nur auf dessen Einrede hin zu berücksichtigen ist; vielmehr besteht der vertragliche Honoraranspruch von vornherein nur abzüglich der Ersparnis.[599] Der BGH betont, dass der Anspruch des Auftragnehmers aus § 649 Satz 2 BGB „**unmittelbar um die ersparten Aufwendungen verkürzt**" ist: „Was er sich in diesem Sinne als Aufwendungen anrechnen lässt, hat der Unternehmer vorzutragen und zu beziffern; denn in der Regel ist nur er dazu in der Lage."[600] Folgt die Ersparnis aus dem eigenen Vortrag des Auftragnehmers, ist sie auch dann vom vollen Honorar abzusetzen, wenn der Auftraggeber sich nicht darauf beruft (vgl. Rdn. 1294). Ergibt sich aus dem Vortrag des Architekten, dass dem Grunde nach ersparte Aufwendungen und/oder anderweitiger Erwerb vorliegt, werden aber keine Abzüge vorgenommen, ist ein Honoraranspruch und damit auch eine Honorarklage nicht schlüssig, weil einerseits ersparte Aufwendungen bzw. ein anderweitiger Erwerb feststeht, andererseits aber die Höhe (noch) ungeklärt ist.[601] Daraus folgt, dass eine Honorarklage nur dann schlüssig begründet ist, wenn der Auftragnehmer zu den ersparten Aufwendungen und/oder zu einem etwaigen anderweitigen Erwerb dem Grunde und zur Höhe vorträgt.[602]

Bei alledem ist zu beachten, dass an den **Umfang des Vortrages** des Architekten und insbesondere seine Substantiierungspflicht **nicht zu hohe Anforderungen** gestellt werden dürfen:[603] Den Auftraggeber trifft nach § 649 BGB die Beweislast

---

596) OLG Frankfurt, BauR 1988, 599, 605; ebenso: *MünchKomm-Soergel*, § 649 BGB, Rdn. 15.
597) *Staudinger/Peters*, § 649 BGB, Rdn. 26; ebenso: *Löwe*, ZfBR 1998, 121, 126; offenbar **a. A.**: *Koeble*, BauR 1997, 191, 196; zu den projektbezogenen Personalkosten s. OLG Stuttgart, BauR 1997, 1078 (LS) = IBR 1997, 470.
598) H. M.; BGH, BauR 2000, 126 = NJW 2000, 205 = NZBau 2000, 140 = MDR 2000, 27. *Kniffka/Koeble*, 12. Teil, Rdn. 94; *Schwenker* in Thode/Wirth/Kuffer, § 4, Rdn. 218; *Werner/Siegburg*, BauR 1997, 181, 189; *Beigel*, BauR 1997, 782, 783; *Dammert*, DAB 1997, 1497, 1500; *von Rintelen*, BauR 1998, 603, 605; *Wirth/Freund*, Festschrift für Vygen, S. 88, 98. Vgl. auch OLG Düsseldorf, BauR 2002, 649, 652.
599) BGH, BauR 2000, 430 = NJW 2000, 653 = NZBau 2000, 82 = ZfBR 2000, 118 = MDR 2000, 207; BauR 1986, 577; BGH, BauR 1981, 198; vgl. hierzu *Werner/Siegburg*, BauR 1997, 181, 183.
600) BauR 1996, 382 = NJW 1996, 1282; ebenso: OLG Naumburg, OLGR 1995, 8; LG Trier, NJWRR 1992, 604; **a. A.**: *Staudinger/Peters*, § 649 BGB, Rdn. 18, 24; *Baumgärtel*, § 649 BGB, Rdn. 1.
601) *Staudinger/Peters*, § 649 BGB, Rdn. 24; *Heiermann/Riedl/Rusam*, § 8/B Rdn. 4.
602) Vgl. im Einzelnen: *Werner/Siegburg*, BauR 1997, 181, 185.
603) BGH, BauR 1999, 167 = NJW 1999, 418 = ZfBR 1999, 95 = MDR 1999, 792. Das gilt insbesondere für das Ein-Mann-Architekturbüro; vgl. hierzu OLG Celle, BauR 1999, 191 m. Anm. *Schwenker*, BauR 1999, 1052.

für etwaige Ersparnisse und anderweitigen Erwerb;[604] der Architekt kommt daher seiner Darlegungslast stets dann ausreichend nach, wenn dem Auftraggeber Grundlagen zur Überprüfung und Entgegnung vorgetragen werden,[605] wobei dann ein Bestreiten mit **Nichtwissen** durch diesen nicht (mehr) in Betracht kommt. Hinsichtlich eines etwaigen **Ersatzauftrages** reicht es nach Auffassung des BGH[606] aus, dass „sich der Architekt dazu **nachvollziehbar** und **ohne Widerspruch** zu den Vertragsumständen ausdrücklich oder auch konkludent erklärt"; seine **gesamte Geschäftsstruktur** braucht der Architekt daher insoweit nicht offen zu legen.

Erhält der Architekt einen **Gesamtplanungsauftrag** und wird dieser gekündigt, bevor er – wie von ihm beabsichtigt – die Ingenieurleistungen (z. B. Tragwerksplanung, Heizung – Lüftung – Sanitär usw.) an **Subunternehmer** vergeben hat, steht ihm insoweit in der Regel kein Anspruch gemäß § 649 Satz 2 BGB zu, weil die für die Subunternehmerleistungen anfallende Vergütung in vollem Umfang als ersparte Aufwendungen anzusehen ist. Etwas anderes kann nur gelten, wenn der Architekt die Subunternehmerleistungen zu günstigeren Konditionen vergeben konnte, als sie ihm von seinem Auftraggeber eingeräumt wurden (z. B. Mittelsatz im Rahmen des Generalplanungsvertrages, Mindestsatz im Rahmen der beabsichtigten Subunternehmerverträge).

Durch das geplante **Forderungssicherungsgesetz** soll eine Regelung für den Fall geschaffen werden, dass es dem Architekten nicht möglich ist, die ersparten Aufwendungen im Rahmen der nicht erbrachten Leistungen substantiiert darzulegen: Er kann dann nach dem neuen Satz 3 des § 649 BGB auf die dort genannte Pauschale zurückgreifen. Nach dieser geplanten gesetzlichen Regelung wird vermutet, dass dem Unternehmer (und damit auch dem Architekten) 5% der vereinbarten noch nicht verdienten Vergütung zustehen. Insoweit soll in § 649 BGB eine gesetzliche Regelung eingeführt werden, die § 648 a Abs. 5 Satz 3 BGB entspricht.

Wird in AGB des Auftraggebers der gesetzliche Vergütungsanspruch aus § 649 Satz 2 BGB eingeschränkt oder ausgeschlossen, verstößt dies gegen § 307 BGB n. F. (früher § 9 AGB-Gesetz).[607]

**939** Für den Architekten ist es in aller Regel außerordentlich schwierig darzulegen, wie hoch im Einzelfall diese ersparten Aufwendungen oder die anderweitig erlangten Einnahmen waren. Der BGH[608] war aus diesem Grunde bislang der Auffassung, dass die Ersparnisse, die sich der Architekt gemäß § 649 Satz 2 BGB auf den Honoraranteil für die noch nicht ausgeführten Architektenleistungen anrechnen lassen muss, **pauschal mit 40% der Vergütung** zu bemessen sind. Der Bauherr hatte demnach in aller Regel für die noch nicht erbrachten Leistungen des Architekten **60% des vollen (Netto-)Honorars** zu zahlen.

---

604) BGH, BauR 2001, 666 = NZBau 2001, 202 = ZfBR 2001, 176 = MDR 2001, 447 = NJW-RR 2001, 385.
605) So auch *Koeble*, BauR 2000, 785, 791, der insoweit von einer (nur) Erstdarlegungslast des Architekten spricht.
606) BGH, BauR 2000, 430 = NJW 2000, 653 = NZBau 2000, 82 = ZfBR 2000, 118 = MDR 2000, 207; OLG Celle, BauR 1999, 191 = OLGR 1998, 270 (für das Ein-Mann-Architekturbüro).
607) OLG Zweibrücken, BauR 1989, 227.
608) NJW 1969, 419; ebenso: OLG Köln, BB 1973, 67; *Korbion* in Korbion/Mantscheff/Vygen, § 15 HOAI, Rdn. 14. Vgl. zur Wirksamkeit der im Einheits-Architektenvertrag enthaltenen Pauschalierungsvereinbarung insbesondere: *Knychalla*, S. 96 ff. sowie *Bartsch*, BauR 1994, 314, 319; *Löffelmann/Fleischmann*, BauR 1994, 563, 569 u. *Börner*, BauR 1995, 331, 332.

Diese Abrechnungsmethode hatte in der Vergangenheit dazu geführt, dass der Architekt seinen „entgangenen Gewinn" für nicht erbrachte Leistungen auf recht einfache Weise pauschal berechnen und durchsetzen konnte. Dieser Rechtsprechung des BGH waren auch die Instanzgerichte über Jahrzehnte gefolgt.

**940** Der BGH[609] hat seine bisherige Rechtsprechung aufgegeben und für die Fälle, in denen die Parteien keine anderweitige wirksame Regelung getroffen haben, den Grundsatz aufgestellt, dass der **Architekt substantiiert vortragen** und ggf. beweisen muss, welche ersparten Aufwendungen und/oder welchen anderweitigen Erwerb er im Einzelnen hatte.[610]

Behauptet der **Auftraggeber höhere** Ersparnisse oder mehr an anderweitigem Erwerb, als sich der Architekt anrechnen lassen will, hat er dies darzulegen und zu beweisen. Für Art und Umfang einer streitigen Ersparnis oder eines streitigen anderweitigen Erwerbs trägt damit grundsätzlich der Auftraggeber die Beweislast.[611]

**Individualregelungen** in Architektenverträgen hinsichtlich der Pauschalierung der ersparten Aufwendungen und/oder des anderweitigen Erwerbs im Rahmen des § 649 Satz 2 BGB sind grundsätzlich nach wie vor **wirksam**. Häufig finden sich jedoch solche Pauschalierungsabreden auch in AGB. Diese Regelungen sind an den §§ 309 Nr. 5 b, 307 BGB n. F. (früher § 11 Nr. 5 b, 9 AGB-Gesetz) zu beurteilen.

Vor diesem Hintergrund hält der BGH[612] Klauseln in Architekten-Formularverträgen für unwirksam, wenn dort nicht auf die Möglichkeit des Nachweises höherer ersparter Aufwendungen hingewiesen und/oder nicht die Möglichkeit aufgezeigt wird, dass sich der Architekt auch das anrechnen lassen muss, was er durch anderweitige Verwendung seiner Arbeitskraft erwirbt oder zu erwerben böswillig unterlässt. Das gilt auch für den **kaufmännischen Verkehr**.[613]

**941** Grundsätzlich gilt hinsichtlich von Pauschalierungsabreden[614] in AGB oder Formularverträgen im Rahmen des § 649 Satz 2 BGB daher Folgendes:

* Ist der **Auftraggeber (Bauherr) Verwender** einer Pauschalierungsabrede, bestehen keine Bedenken gegen ihre Wirksamkeit; nach der Rechtsprechung des BGH[615] kann sich nämlich der Verwender von AGB nicht auf den Schutz des AGB-Gesetzes (nunmehr §§ 305 ff. BGB n. F.) berufen.

* Liegt die Pauschalierung im Rahmen von 60% zu 40% (100% des vollen Honorars abzüglich 40% für ersparte Aufwendung), kann eine solche Regelung noch nicht als unangemessen angesehen werden. Derartige Klauseln sind seit Jahrzehnten in

---

609) BauR 1996, 412 = NJW 1996, 1751 = MDR 1991, 686 = ZfBR 1996, 200; BauR 2000, 430 = NJW 2000, 653 = NZBau 2000, 82 = ZfBR 2000, 118 = MDR 2000, 207; OLG Celle, OLGR 1998, 270; hierzu: *Werner/Siegburg*, BauR 1997, 181; *Eich/Eich*, DAB 1996, 2064; *Neuenfeld*, DAB 1997, 211; *Niestrate*, ZfBR 1997, 9.

610) Zur Darlegungslast eines Architekten, der als freiberuflicher **„Einzelkämpfer"** tätig ist: OLG Celle, OLGR 1998, 270, 271.

611) BGH, BauR 1996, 382 = NJW 1996, 1282; BauR 1986, 577.

612) BauR 1997, 156 = NJW 1997, 259 = MDR 1997, 139; BauR 1998, 866 = ZfBR 1998, 236; BauR 1999, 167 = NJW 1999, 418 = DB 1999, 41 = ZfBR 1999, 95 (für den kaufmännischen Verkehr); *Werner/Siegburg*, BauR 1997, 181, 186.

613) BGH, BauR 1999, 167 = NJW 1999, 418 = DB 1999, 41 = ZfBR 1999, 95.

614) Vgl. *von Rintelen*, BauR 1998, 603; *Löwe*, ZfBR 1998, 121.

615) BauR 1994, 617 = NJW 1994, 2547; ferner: OLG Düsseldorf, BauR 2002, 660; OLG Oldenburg, OLGR 1998, 241 sowie BGH, BauR 1998, 866 = ZfBR 1998, 236.

der Baubranche akzeptiert und gebilligt worden. Sie können deshalb als **branchenüblich** bezeichnet und damit als allgemein anerkannt angesehen werden.[616] Eine formularmäßige Pauschalierungsabrede muss aber **die Möglichkeit des Nachweises** höherer ersparter Aufwendungen durch den Auftraggeber und ferner auch die Möglichkeit aufzeigen, dass bei anderweitigem Erwerb im Sinne des § 649 BGB ebenfalls ein Abzug gerechtfertigt ist.[617]

* Ist der Architekt **Verwender** der **Pauschalierungsabrede** (60% zu 40%), und ist diese unwirksam (keine Nachweismöglichkeit höherer ersparter Aufwendungen und anderweitigen Erwerbs), so kann der Architekt selbst dann nicht mehr als 60% des Honorars verlangen, wenn sich bei der dann gebotenen Einzelabrechnung ein Honorar ergeben sollte, das 60% des Honorars für die nichterbrachten Leistungen übersteigt; denn als **Verwender** kann sich der Architekt nicht auf die Unwirksamkeit der Klausel berufen.[618] Der Architekt kann daher in diesem Fall 40% als ersparte Aufwendungen abrechnen, wobei er allerdings nach BGH[619] gleichzeitig substantiiert darlegen muss, dass die konkrete Ersparnis dem entspricht oder niedriger ist. Entsprechendes gilt für die anderweitige Verwendung seiner Arbeitskraft.

**942** Die Berechnung des Honorars für die **nicht erbrachten Leistungen** des Architekten ist unproblematisch, wenn die Beendigung des Auftrages nach vollständiger Erbringung einer Leistungsphase erfolgt. Schwierig kann die Berechnung jedoch sein, wenn die **Trennung von dem Architekten mitten in einer Leistungsphase** (z. B. Objektüberwachung) erfolgt.[620]

In diesem Fall ist der Architekt darlegungs- und beweispflichtig dafür, wie sich sein Honorar für die **nicht** erbrachten Grundleistungen der Leistungsphase errechnet.[621] Dabei muss er zunächst den Prozentanteil der nicht erbrachten Grundleistungen ermitteln; die Tabelle von *Steinfort*,[622] der die einzelnen Grundleistungen jeder Leistungsphase prozentual bewertet hat, kann hierbei hilfreich sein.

**943** Kann der Architekt den Prozentanteil für die nicht erbrachten Grundleistungen nicht unmittelbar feststellen, können die anrechenbaren Kosten unterstützend herangezogen werden, was insbesondere für die Leistungsphasen 6, 7 und 8 gilt: Der Architekt kann insoweit ermitteln, in welcher Höhe der anrechenbaren Kosten er bereits Mengen errechnet und Leistungsverzeichnisse aufgestellt (Leistungsphase 6), in welchem Kostenrahmen er bei der Vergabe mitgewirkt hat (Leistungsphase 7) oder schließlich, in welchem Kostenrahmen bereits das Bauvorhaben ausgeführt und dem-

---

616) Vgl. näher *Werner/Siegburg*, BauR 1997, 181, 186; ferner: *von Rintelen*, BauR 1998, 603, 609.
617) Vgl. hierzu OLG Düsseldorf, BauR 2002, 1583 = NZBau 2002, 686 = IBR 2003, 85 – *Schill*.
618) BGH, BauR 1998, 357 = NJW-RR 1998, 594; BauR 2000, 430 = NJW 2000, 653 = NZBau 2000, 82 = ZfBR 2000, 118 = MDR 2000, 207; *Löwe*, ZfBR 1998, 121, 128.
619) BauR 2000, 126 = NJW 2000, 205 = NZBau 2000, 140 = ZfBR 2000, 47 = MDR 2000, 24; BauR 2000, 430 = NJW 2000, 653 = NZBau 2000, 82 = ZfBR 2000, 118 = MDR 2000, 207.
620) Vgl. OLG Düsseldorf, NJW-RR 1996, 84 (Bemessung der Architektenleistung bei Kündigung während der Leistungsphase 8: „Bauüberwachung erfordert gegen Ende der Bauzeit ein häufigeres Tätigwerden des Architekten") sowie OLG Celle, OLGR 1998, 270, 271.
621) BGH, BauR 2005, 739 = NJW-RR 2005, 749 = NZBau 2005, 349 = MDR 2005, 803 = ZfIR 2005, 412.
622) Bei *Pott/Dahlhoff/Kniffka*, 7. Aufl., Anhang II. Vgl. ferner die „Tabelle zur Bewertung von Teilgrundleistungen" bei *Locher/Koeble/Frik*, Anhang 4 sowie Tabelle von *Siemon*, abgedruckt in BauR 2006, 910, die Bewertung bei *Pott/Dahlhoff/Kniffka/Rath*, 8. Aufl., in § 15 HOAI und die Tabelle bei *Korbion/Mantscheff/Vygen*, § 5 HOAI, Rdn. 32.

zufolge eine Objektüberwachung (Leistungsphase 8) erfolgt ist. Gelangt der Architekt auf diesem Weg zu einem Prozentsatz der erbrachten Leistungen, ist dieser unter Berücksichtigung der vollen anrechenbaren Kosten bei der Ermittlung des Honorars in Ansatz zu bringen.[623)]

**944** Ist der Architektenvertrag (ausnahmsweise) als Dienstvertrag zu kennzeichnen (vgl. Rdn. 653), können beide Parteien diesen nach § 627 BGB kündigen. Für den Umfang des abzurechnenden Honorars gilt § 628 BGB.

### b) Kündigung des Architektenvertrages aus wichtigem Grund

**945** Im Übrigen kann der Architektenvertrag sowohl von dem Architekten wie auch dem Auftraggeber aus **wichtigem Grund** gekündigt werden. Dies wird von Rechtsprechung und Literatur aus den Rechtsgedanken des § 242 BGB gefolgert.[624)] Der wichtige Kündigungsgrund kann in einer schwer wiegenden schuldhaften Verletzung oder einer sonstigen Zerstörung des vertraglichen Vertrauensverhältnisses bestehen, die eine Fortsetzung des Vertrages für die andere Vertragspartei unmöglich macht.[625)] Daran hat sich auch nach Inkrafttreten des **SchRModG** nichts geändert.[626)] Die Honorarfolgen bei der Kündigung aus wichtigem Grund gestalten sich jedoch verschieden, je nachdem, ob eine der Vertragsparteien den wichtigen Kündigungsgrund zu vertreten hat oder nicht.

**946** Der **wichtige Grund** zur Kündigung durch den Architekten oder Bauherrn muss im **Zeitpunkt der Vertragsbeendigung** gegeben sein. Unerheblich ist, **wann** der wichtige Kündigungsgrund dem Architekten oder Bauherrn **bekannt** geworden ist.[627)] Ein später bekannt gewordener wichtiger Grund kann daher auch **nachgeschoben** werden.[628)]

Eine **Abmahnung** ist keine Voraussetzung einer außerordentlichen Kündigung. Unter dem Gesichtspunkt der Kooperationsverpflichtung der Vertragsparteien kann dies ausnahmsweise im Einzelfall anders ein.

**947** Kündigt der **Bauherr** den Architektenvertrag **aus einem wichtigen Grund**, den der **Architekt** jedoch **nicht zu vertreten** hat, ist dieser nicht auf die Vergütung für die von ihm erbrachten Leistungen beschränkt; er kann das **volle Honorar** abzüglich der ersparten Aufwendungen verlangen. Dies gilt auch für den Fall, dass der Bauherr kündigt, weil das geplante Bauwerk nur mit einer wesentlichen Überschreitung der

---

623) OLG Düsseldorf, NJW-RR 2001, 882, 884.
624) BGH, NJW 1951, 836; *Schmidt*, NJW 1995, 1313; *Niemöller*, BauR 1997, 539, 540; OLG Düsseldorf, BauR 1986, 469.
625) BGH, BauR 2000, 409 = NJW 2000, 807 = ZfBR 2000, 170 = MDR 2000, 388 (Verletzung der **Kooperationspflicht**); BauR 2000, 1182, 1185 = NJW 2000, 2988 = NZB 2000, 375 = ZfBR 2000, 472; BauR 1996, 704 = ZfBR 1996, 267; OLG Nürnberg, OLGR 2006, 176; OLG Braunschweig, BauR 2002, 333, 334; OLG Düsseldorf, BauR 2002, 649, 650; BauR 1986, 469, 472.
626) So auch *Bamberger/Roth/Voit*, § 649 BGB, Rdn. 21; *Palandt-Sprau*, § 649 BGB, Rdn. 1 u. 10; *Voit*, BauR 2002, 145, 161; *Deckers*, BauRB 2004, 338, 340; **a. A.:** wohl *Sienz*, BauR 2002, 181, 194 u. *Boldt*, NZBau 2002, 655 ff. sowie *Böttcher*, ZfBR 2003, 213 ff.
627) BGH, DB 1977, 1841 = NJW 1977, 1915 (LS); vgl. auch BGH, NJW 1976, 518 = BauR 1976, 139.
628) BGH, BauR 1975, 625 = NJW 1975, 825; OLG Köln, BauR 1986, 467; OLG Hamm, BauR 1986, 375 (LS) = NJW-RR 1986, 764.

## Honorar bei Kündigung

veranschlagten Baukosten auszuführen ist, wenn der Architekt die Kostenüberschreitung nicht zu vertreten und er auch keine Kostengewähr übernommen hat. § 650 BGB ist insoweit unanwendbar.[629)]

Kündigt der Bauherr dagegen den Architektenvertrag aus einem wichtigen Grund, den der **Architekt zu vertreten** hat (z. B. schuldhafte Überschreitung der veranschlagten Baukosten, vgl. Rdn. 1774 ff.), steht dem Architekten nur ein seinen tatsächlichen Leistungen **entsprechender Gebührenanteil** zu,[630)] es sei denn, dass die erbrachten Leistungen für den Bauherrn unbrauchbar sind;[631)] einen Honoraranspruch für die noch ausstehenden Leistungen hat er in diesem Fall nicht. Die Voraussetzungen des wichtigen Grundes hat der Auftraggeber darzulegen und zu beweisen.[632)]

„Wer" im Einzelfall „was" zu vertreten hat, ist stets unter Berücksichtigung der besonderen Umstände zu ermitteln und zu werten. Der BGH[633)] hat hierzu klar gestellt, dass bei der Wertung des in vielen vertraglichen Kündigungsregelungen enthaltenen Begriffs des **„Vertretenmüssens"** nicht auf § 276 BGB zurückgegriffen werden kann, weil diese Vorschrift mit ihrem Verschuldensprinzip (Vorsatz und Fahrlässigkeit) keinen geeigneten und interessengerechten Beurteilungsmaßstab liefert. Vielmehr ist stets zu prüfen, in welcher **Risikosphäre** (Auftraggeber oder Auftragnehmer) die durch das Verhalten einer Partei oder andere Umstände eingetretene Situation einzuordnen ist, weil nur so „der Begriff des Vertretenmüssens als Mittel der Risikoverteilung wirtschaftlich sinnvoll einzusetzen" ist.

Eine Klausel in AGB des Auftraggebers, wonach bei dieser Fallgestaltung der Auftragnehmer die geschuldete Vergütung nur insoweit erhält, als die erbrachten Einzelleistungen vom Auftraggeber auch tatsächlich **verwertet** werden, verstößt gegen § 307 BGB n. F. (§ 9 AGB-Gesetz) und ist unwirksam; nach dieser Klausel wird dem Auftraggeber in unzulässiger Weise das Recht eingeräumt, über die Verwertung, die erst die Vergütungspflicht auslösen soll, einseitig zu bestimmen, sodass dem Auftragnehmer einseitig ein unkalkulierbares wirtschaftliches Risiko aufgebürdet wird.[634)]

Der **Architekt** kann grundsätzlich nur **aus wichtigem Grund** den Vertrag kündigen, ihm also eine Fortsetzung des Vertrages unter Berücksichtigung aller Umstände des Einzelfalles nicht zugemutet werden kann. In diesem Fall hat er einen Honoraranspruch für die von ihm erbrachte Tätigkeit. Ist der Kündigungsgrund vom Bauherrn zu vertreten, kann der Architekt das volle Honorar abzüglich der ersparten Aufwendungen berechnen.[635)] Soweit sich der Architekt auf den **speziellen Kündi-**

---

629) BGH, NJW 1973, 140 = BB 1973, 66; zur Berechnung von Teilgebühren nach § 19 GOA bei vorzeitiger Beendigung des Vertrages s. OLG Düsseldorf, BauR 1971, 140 u. 283.
630) BGH, BauR 1989, 626 = ZfBR 1989, 248; NJW 1977, 1915 (LS) = DB 1977, 1841; *Schäfer/Finnern*, Z 3.01 Bl. 117; BauR 1975, 363; vgl. auch BGH, BauR 1999, 167, 169; OLG Rostock, OLGR 2001, 7; KG, IBR 1997, 209.
631) BGH, *Schäfer/Finnern*, Z 3.007 Bl. 7; LG Aachen, NJW-RR 1988, 1364.
632) BGH, BauR 1997, 1060; NJW 1990, 1109 = BauR 1990, 632 = ZfBR 1990, 227.
633) BauR 1999, 167 = NJW 1999, 418 = DB 1999, 41 = ZfBR 1999, 95.
634) OLG Zweibrücken, BauR 1989, 227, 229.
635) BGH, NJW-RR 1990, 1109 = BauR 1990, 632 = ZfBR 1990, 227; BGH, NJW-RR 1989, 1248 = BauR 1989, 626, 629 = ZfBR 1989, 248.

gungsgrund des § 643 BGB (Verletzung der Mitwirkungspflicht durch den Bauherrn) stützt, gilt hinsichtlich des Honorars des Architekten § 645 BGB.

950 Häufig vereinbaren die Parteien, abweichend von § 649 BGB, dass jeder von ihnen den Vertrag nur **aus wichtigem Grund** kündigen kann. Geschieht dies in Formularverträgen oder AGB, ist eine solche Vereinbarung unzulässig.[636] Diese Bestimmungen enthalten dann hinsichtlich des Honoraranspruchs des Architekten eine abschließende vertragliche Regelung für den Fall der Vertragskündigung; ein Zurückgreifen auf die Vorschriften des BGB ist nicht möglich.[637] Insoweit wird auf die obigen Ausführungen verwiesen (Rdn. 938).

951 Einen **wichtigen Kündigungsgrund**, den der **Bauherr zu vertreten** hat, hat der Architekt z. B. **in folgenden Fällen:**

* Der Auftraggeber weigert sich, angemessene **Teilzahlungen** gemäß § 8 HOAI zu **leisten**.[638]
* Der Bauherr fordert den Architekten auf, **ohne Baugenehmigung** zu bauen.
* Der Bauherr äußert sich gegenüber Dritten ständig in **ehrverletzender Form** über den Architekten.
* Der Bauherr **veräußert** das Grundstück, das bebaut werden soll.[639]
* Der Bauherr **verweigert** endgültig und ernsthaft die **Erfüllung** des Architektenvertrages.[640]
* Der Bauherr fällt in **Konkurs** oder wird in anderer Weise illiquide.[641]
* Der Bauherr **kritisiert** die Planung des Architekten öffentlich in herabwürdigender Form.[642]
* Der Bauherr (z. B. öffentliche Hand) verlegt seinen Sitz an einen anderen Ort, sodass das geplante Bauvorhaben nicht mehr zur Durchführung kommt.[643]
* Der Auftraggeber verlangt zwar einerseits von dem Architekten eine **zusätzliche Leistung**, z. B. für Umplanung, die über den bestehenden Architektenauftrag hinausgeht, **bestätigt aber** – trotz Aufforderung durch den Architekten mit Fristsetzung – **nicht den** hieraus entstehenden **zusätzlichen Vergütungsanspruch**.[644]
* Der **Auftraggeber stört den Planungsablauf** durch fortlaufende unberechtigte Eingriffe derart, dass dem Architekten eine Fortsetzung des Vertragsverhältnisses nicht zuzumuten ist.[645]
* Ein mit der Bauplanung beauftragter Architekt **prüft nicht** bereits bei der Grundlagenermittlung, ob das Bauvorhaben grundsätzlich **genehmigungsfähig** ist.[646]

---

636) OLG Hamburg, BauR 1993, 123 (LS) = MDR 1992, 1059; a. A.: LG Aachen, NJW-RR 1988, 364; *Löffelmann/Fleischmann*, Rdn. 1679; *Locher/Koeble/Frik*, Einl., HOAI, Rdn. 121.
637) Vgl. BGH, NJW 1973, 140; OLG Köln, *SFH*, Nr. 1 zu § 649 BGB.
638) BGH, BauR 2000, 592 = NJW 2000, 1114 = ZfBR 2000, 176 = MDR 2000, 387; BauR 1989, 626, 628 = NJW-RR 1989, 1248 = ZfBR 1989, 248; BauR 1998, 866 = ZfBR 1998, 236.
639) *Locher/Koeble/Frik*, Einl., Rdn. 128.
640) BGH, BauR 1989, 626; OLG Rostock, BauR 1993, 762; OLG Celle, OLGR 1994, 316.
641) Vgl. hierzu *Neuenfeld*, BauR 1980, 230 ff.
642) OLG Düsseldorf, OLGR 1995, 18 = BauR 1995, 267.
643) Vgl. hierzu OLG Düsseldorf, OLGR 1999, 282 = BauR 2002, 660.
644) KG, IBR 2006, 505 – *Götte*.
645) OLG Celle, OLGR 2006, 622 (für den Bauvertrag).
646) OLG Nürnberg, BauR 2006, 2083.

## Honorar bei Kündigung

**952** Dem Architekten kann ein wichtiger Kündigungsgrund auch dann zur Seite stehen, wenn der Bauherr eine für das Bauvorhaben wichtige **Mitwirkungshandlung** (§ 642 BGB) unterlässt;[647] dies setzt jedoch voraus, dass dem Architekten ein Festhalten am Vertrag wegen der unterlassenen Mitwirkungshandlung des Bauherrn unzumutbar geworden ist.[648]

**953** Einen **wichtigen Kündigungsgrund**, den der **Architekt zu vertreten hat**, hat der Bauherr z. B. in **folgenden Fällen:**

* Der Architekt nimmt **„Provision"** für die Vermittlung eines Auftrages von einem Bauhandwerker an.[649]
* Der Architekt arbeitet **grob fahrlässig**.[650]
* Die Planungsleistungen des Architekten sind **unbrauchbar**, weil er die Bebaubarkeit des Bauplatzes nicht geprüft[651] oder die Grenzen der Genehmigungsfähigkeit ignoriert hat, es sei denn, der Architekt hat auf die fehlende Genehmigungsfähigkeit (ggf. unter Ablehnung seiner Gewährleistungsansprüche) hingewiesen.[652]
* Der Architekt weigert sich, eine genehmigungsfähige Planung zu erstellen.[653]
* Der Architekt baut ohne Baugenehmigung.[654]
* Der Architekt baut **nicht rentabel**, obwohl das Bauvorhaben Erwerbszwecken dienen soll;[655] die Planungsleistungen sind völlig wertlos.[656]
* Die **Baukosten übersteigen** erheblich die dem Architekten bekannten Vorstellungen des Bauherrn;[657] allerdings wird das Nachbesserungsrecht des Architekten zu berücksichtigen sein (vgl. hierzu Rdn. 1634 ff.).[658]
* Der Architekt hält eine als Beschaffenheit seines Werks vereinbarte **Baukostenobergrenze** nicht ein; auch hier wird das Nachbesserungsrecht des Architekten zu berücksichtigen sein (vgl. hierzu Rdn. 1634 ff.).[659]
* Der Architekt **erkrankt** für einen längeren Zeitraum und ist nicht in der Lage, seine vertraglichen Verpflichtungen zu erfüllen; für die Frage eines wichtigen Grundes kommt es auf ein Verschulden nicht an.

---

647) BGH, NJW-RR 1988, 1295; OLG Düsseldorf, BauR 1998, 880, 881.
648) Vgl. *Jochem*, BauR 1976, 392.
649) BGH, NJW 1977, 1915 (LS) = DB 1977, 1841 = MDR 1977, 831; OLG Düsseldorf, BauR 1996, 574 = OLGR 1996, 203 (LS); vgl. hierzu auch OLG Düsseldorf, OLGR 1998, 298.
650) OLG Düsseldorf, *Schäfer/Finnern*, Z 3.01 Bl. 73.
651) OLG Oldenburg, MDR 1958, 424; KG, KGR 1998, 94.
652) OLG Nürnberg, NZBau 2006, 320; OLG Düsseldorf, BauR 1986, 469; vgl. hierzu auch OLG Oldenburg, OLGR 1998, 241 (teilweise mangelhafte Leistung/Verzug).
653) OLG Stuttgart, BauR 1996, 438 (LS). Vgl. hierzu auch OLG Oldenburg, OLGR 1999, 38.
654) KG, IBR 1997, 209.
655) BGH, NJW 1975, 1657; vgl. auch BGH, *Schäfer/Finnern*, Z 3.00 Bl. 134.
656) OLG Köln, BauR 1986, 467, 469; LG Aachen, NJW-RR 1988, 1364.
657) OLG Naumburg, NJW-RR 1996, 1302 = ZfBR 1996, 213; BauR 2001, 1299 L; BauR 2002, 1722; OLG Hamm, BauR 1987, 464 = NJW-RR 1986, 1150 = ZfBR 1986, 236 (Verdoppelung der Baukosten); OLG Düsseldorf, *SFH*, Nr. 12 zu § 649 BGB. Vgl. auch OLG Düsseldorf, BauR 2002, 1583 = NZBau 2002, 686 = IBR 2003, 85; ferner OLG Naumburg, BauR 2002, 1722 (kein Nachbesserungsrecht, wenn Architekt Überarbeitung durch konkludentes Verhalten ablehnt).
658) OLG Düsseldorf, BauR 2002, 1583 = NZBau 2002, 686 = IBR 2003, 85; BauR 1988, 237.
659) BGH, BauR 2003, 1061 = IBR 2003, 315 – *Quack* = ZfIR 2003, 1035 m. Anm. *Gsell* = NZBau 2003, 388; LG Mönchengladbach, NZBau 2006, 318. Vgl. auch BGH, NJW 1999, 3554.

* Der Architekt wählt eine wesentlich **teurere** Ausführungsart, obwohl diese vom Bauherrn ausdrücklich nicht gewünscht war.
* Der Architekt verlangt eine **Abschlagszahlung,** die zum einen **überhöht** ist und ihm wegen seiner Vorleistungsverpflichtung auch noch nicht zusteht.[660]
* Der Architekt besteht – während der Bauzeit – auf einem **höheren als dem vereinbarten Honorar.**[661]
* Der Architekt verletzt eine im Ausnahmefall (vgl. Rdn. 763) bestehende **Aufklärungspflicht** gegenüber dem Bauherrn über die **Höhe seines Architektenhonorars.**[662]
* Der Architekt erbringt **seine Leistungen nur schleppend und unzureichend** trotz Fristsetzung.[663]
* Der Architekt ist für einen **schwerwiegenden Planungsfehler** verantwortlich.[664]
* Der Architekt **senkt** – im Planungsstadium – trotz Aufforderung **nicht die Baukosten** auf das vom Auftraggeber vorgegebene Niveau.[665]
* Der Architekt prüft nicht schon im Rahmen der **Grundlagenermittlung,** ob das Bauvorhaben grundsätzlich **genehmigungsfähig** ist.[666]
* Der Architekt versäumt eine **sachgerechte Beratung** über die **Höhe der Baukosten** in einer Weise, die dem Auftraggeber ein Festhalten am Vertrag unzumutbar macht.[667]

**954** Der **Tod** des Architekten gibt dem Auftraggeber wegen der höchstpersönlichen Natur der Architektenleistung einen **wichtigen Grund** zur Kündigung;[668] eine Auflösung des Architektenvertrages **ohne** Kündigung findet nicht statt.

**955** Die Versagung der für eine Grenzbebauung erforderlichen **nachbarlichen Zustimmung** und die hieraus folgende Unmöglichkeit, eine Baugenehmigung zu erlangen, stellt zwar einen wichtigen Grund zur Kündigung des Architektenvertrages dar; der Architekt hat jedoch den Kündigungsgrund nicht zu vertreten, wenn der Bauherr die Planung der Grenzbebauung in Kenntnis der Zustimmungsbedürftigkeit in Auftrag gibt, zumal der Architekt den Bauherrn auch nicht auf die Risiken einer solchen Auftragserteilung hinzuweisen braucht.[669] Dagegen ist kein wichtiger Kündigungsgrund gegeben, wenn der Architekt trotz anders lautender Vereinbarung mit Bauhandwerkern allein über die Vergabe von Bauleistungen verhandelt.[670] Dasselbe gilt, wenn der Architekt auf einen „schlichten" Hinweis seines Auftraggebers, dass er den vertraglich vereinbarten Nachweis einer bestehenden Haftpflichtversicherung nicht erbracht habe, seiner Verpflichtung zum Nachweis der Versicherung nicht nachkommt.[671] Auch das berechtigte Verlangen des Architekten zu einer Sicherung

---

660) LG Darmstadt, BauR 1997, 162.
661) OLG Nürnberg, BauR 1998, 1273 = NJW-RR 1998, 1713 = OLGR 1998, 268.
662) OLG Hamm, BauR 1999, 1479.
663) OLG Oldenburg, BauR 2002, 502 = NZBau 2003, 40.
664) OLG Düsseldorf, IBR 2005, 606 – *Knipp*.
665) OLG Karlsruhe, IBR 2005, 268.
666) OLG Nürnberg, OLGR 2006, 176 = NZBau 2006, 320.
667) OLG Hamm, NZBau 2006, 584 = BauR 2006, 1766.
668) Zutreffend: *Löffelmann/Fleischmann/Thaler-Nölle*, Rdn. 1713; **a. A.:** *Locher*, Rdn. 539. Vgl. hierzu *Schwenker* in Thode/Wirth/Kuffer, Rdn. 220 ff.
669) OLG Köln, *SFH*, Nr. 1 zu § 649 BGB; vgl. auch OLG Düsseldorf, BauR 1986, 469.
670) OLG Köln, OLGZ 1974, 208.
671) BGH, BauR 1993, 755 = NJW-RR 1994, 15 = MDR 1993, 1207 = ZfBR 1994, 15.

## Honorar bei Kündigung

nach § 648 a BGB gibt dem Auftraggeber keinen wichtigen Grund zur Vertragskündigung.[672]

Eine Kündigung aus wichtigem Grund verneint das OLG Düsseldorf[673] auch bei **„bloßen Missverständnissen** der Vertragsparteien oder **behebbaren Planungsfehlern"**, weil bei solchen Fallkonstellationen „beide Vertragspartner schon aufgrund ihrer werkvertraglichen Kooperationspflicht verpflichtet sind, sich um die Beilegung zwischen ihnen entstandener Meinungsverschiedenheiten zu bemühen". Im Übrigen weist das OLG Düsseldorf in diesem Zusammenhang darauf hin, dass vertragswidrige **Eigenmächtigkeiten** und **sonstige Pflichtverstöße** des Architekten nicht mehr zum Anlass für eine fristlose Kündigung aus wichtigem Grund genommen werden können, wenn diese **über einen längeren Zeitraum** geduldet werden, „ohne sie zum Anlass für eine Vertragsbeendigung oder zumindest eine Beanstandung gegenüber dem Architekten zu nehmen".[674]

Ein Kündigungsgrund, den der Architekt zu vertreten hat, ist nicht nur gegeben, wenn ein **schwer wiegender** Vertragsverstoß des Architekten vorliegt. Vielmehr reichen auch **mehrere Verstöße** gegen Vertragspflichten aus, die zwar im Einzelfall nicht als schwerwiegend zu bezeichnen sind, in der Fülle aber zu einer erheblichen Erschütterung des Vertrauensverhältnisses geführt haben, sodass ein Festhalten am Vertrag für den Bauherrn nicht mehr zumutbar ist.[675]

956

Bei einer **mangelhaften** Planung muss einem Architekten unter Umständen vor einer Kündigung des Architektenvertrages aus wichtigem Grund unter Fristsetzung Gelegenheit gegeben werden, seine Planung **nachzubessern** (nachzuerfüllen); das gilt beispielsweise für den Fall, dass die zwischen den Parteien festgelegten Kosten überschritten werden[676] oder die Planung des Architekten nicht genehmigt worden ist, aber eine Nachbesserung der Planung zu einer genehmigungsfähigen Planung führen kann.[677]

Wird eine Kündigung auf einen wichtigen Grund gestützt, ist diese unwirksam, wenn ein entsprechender Grund nicht vorliegt. Allerdings ist nach Auffassung des BGH[678] eine solche Kündigung in der Regel dahin zu verstehen, dass auch eine freie Kündigung (§ 649 BGB) gewollt ist; will der Auftraggeber seine Kündigung nicht so verstanden wissen, muss er dies ggf. zum Ausdruck bringen.

Häufig lassen Auftraggeber – aus vielerlei Gründen – den abgeschlossenen **Architektenvertrag** in einem „**Schwebezustand**", indem sie keine oder keine weiteren Leistungen abrufen oder sonstige erforderliche Mitwirkungshandlungen unterlassen, wie z. B. die Einreichung des Bauantrages bei einem Vertrag mit Vollarchitektur.[679] In der Regel ist in diesem passiven Verhalten des Auftraggebers eine Kündigung zu sehen, insbesondere wenn der Auftraggeber auch auf eine angemessene Nachfrist

---

672) LG Hamburg, BauR 1996, 895.
673) BauR 2002, 649, 650 unter Hinweis auf BGH, BauR 2000, 409, 410 = NJW 2002, 807, 808.
674) A. a. O. unter Hinweis auf BGH, BauR 1996, 412, 413 = NJW 1996, 1751.
675) OLG Oldenburg, BauR 2002, 502; OLG Hamm, OLGR 1996, 232; *Korbion* in Korbion/Mantscheff/Vygen, § 15 HOAI, Rdn. 15; auch BGH, BauR 1989, 626 = ZfBR 1989, 248.
676) OLG Celle, IBR 2003, 366 – *Waldmann*; OLG Düsseldorf, *SFH*, Nr. 12 zu § 649 BGB; BauR 2002, 649; OLG Braunschweig, BauR 2002, 333; LG Aachen, NJW-RR 1988, 1364 (mangelhaftes Leistungsverzeichnis).
677) OLG Naumburg, BauR 2002, 1878.
678) BauR 2003, 1889 (für den Bauvertrag) = NZBau 2003, 665 = NJW 2003, 3474.
679) Vgl. hierzu insbesondere *Armbrüster/Bickert*, NZBau 2006, 153 ff.

nicht reagiert, mit der Folge, dass der Architekt Ansprüche aus § 649 BGB geltend machen kann. Andernfalls kommen Schadensersatzansprüche gemäß § 280 Abs. 1, 3 i. V. m. § 281 BGB in Betracht[680] (vgl. hierzu auch Rdn. 1809 ff.).

### c) Einvernehmliche Beendigung des Architektenvertrages

**957** Beenden der Architekt und der Auftraggeber das **Vertragverhältnis einverständlich**, z. B. im Rahmen eines Aufhebungsvertrages (unter Umständen auch aus einem wichtigen Grund, den der Architekt jedoch nicht zu vertreten hat), richtet sich der Anspruch des Architekten danach, welche Rechte ihm im Zeitpunkt der Vertragsaufhebung zustehen; grundsätzlich behält damit der Architekt seinen Anspruch auf das volle Honorar abzüglich ersparter Aufwendungen, es sei denn, die Parteien vereinbaren, dass dem Architekten für die nicht erbrachten Leistungen auch nichts gezahlt werden soll.[681] Allerdings kann der Auftraggeber auch nach einvernehmlicher Beendigung des Architektenvertrages einen wichtigen Kündigungsgrund „nachschieben" mit der Folge, dass dem Architekten kein Honorar für die nicht erbrachten Leistungen zusteht,[682] vorausgesetzt, der Architekt hat den Kündigungsgrund zu vertreten.

### d) Fälligkeit des Honorars

**958** Soweit der Architekt Honorar für **nicht** erbrachte Leistungen (abzüglich seiner Ersparnisse) verlangt, hat er keinen Anspruch auf Zahlung von **Umsatzsteuer**; ein umsatzsteuerrechtliches Austauschgeschäft liegt nicht vor (vgl. Rdn. 933).[683]

**959** Wird der Architektenvertrag durch Kündigung oder einverständlich vorzeitig beendigt, wird das Honorar fällig, wenn dem Bauherrn eine **prüffähige Schlussrechnung** übergeben wird (vgl. näher Rdn. 967 ff.).[684] Dasselbe gilt, wenn das Bauvorhaben nicht mehr weiter durchgeführt wird.[685] Eine **Abnahme** seiner Leistung ist **nicht Voraussetzung** der Fälligkeit seines Honoraranspruches.[686]

---

680) *Staudinger/Peters*, § 643, Rdn. 4, 18 bejaht in diesem Fall auch einen Anspruch aus analoger Anwendung des § 649 BGB. Ebenso *Peters* in Festschrift für Thode, S. 64, 71.

681) BGH, BauR 2005, 735 = NJW-RR 2005, 669 = ZfBR 2005, 355; NJW 1974, 945 = BauR 1974, 213; OLG Koblenz, BauR 2003, 570 = NZBau 2003, 282; *Börner*, BauR 1995, 331, 333; OLG Hamm, *SFH*, Nr. 24 zu § 649 BGB. Vgl. hierzu: OLG Düsseldorf, IBR 2002, 27 (Von einer einvernehmlichen Aufhebung des Vertrages kann nicht allein aus der Tatsache geschlossen werden, dass der Architekt die Bauüberwachung nicht mehr wahrnimmt und der Auftraggeber ihn nicht mehr hinzuzieht). Vgl. hierzu auch OLG Karlsruhe, IBR 2006, 566 – *Laux* (kein Anspruch des Architekten für nicht erbrachte Leistungen, wenn die weiteren Leistungen des Architekten unausführbar werden).

682) BGH, NJW 1976, 518 = BauR 1976, 139; siehe auch OLG Karlsruhe, NJW-RR 1993, 1368, 1369.

683) BGH, ZfBR 1998, 147, 148; BGH, NJW 1987, 3123 = ZfBR 1987, 234 = ZIP 1987, 1192 m. abl. Anm. *Weiß*; BGH, BauR 1986, 577 = NJW-RR 1986, 1026 = ZfBR 1986, 220; BGH, BauR 1981, 198 = ZfBR 1981, 80; *Löwe*, ZfBR 1998, 121, 124.

684) BGH, BauR 2000, 589 = NJW-RR 2000, 386 = ZfBR 2000, 172 = MDR 2000, 206 = NZBau 2000, 202; BauR 1994, 655 = NJW-RR 1994, 1238 = BB 1994, 1742; BGH, BauR 1986, 596 = NJW-RR 1986, 1279 = DB 1986, 2483 = ZfBR 1986, 232; OLG Hamm, BauR 1986, 231 u. NJW-RR 1994, 984.

685) OLG Düsseldorf, NZBau 2002, 686; OLG Frankfurt, BauR 2000, 435.

686) OLG Düsseldorf, BauR 1980, 488 = MDR 1980, 934; für den VOB-Vertrag: OLG Hamm, BauR 1981, 376 u. OLG Düsseldorf, BauR 1978, 404. Bezüglich der Honoraransprüche des Architekten im Falle der Insolvenz des Bauherrn vgl. *Neuenfeld*, BauR 1980, 230 ff.

## V. Fälligkeit

*Übersicht*

| | Rdn. | | Rdn. |
|---|---|---|---|
| 1. Fälligkeit des Honorars | 961 | c) Überreichung der Rechnung | 979 |
| a) Vertragsgemäße Leistungserbringung | 962 | 2. Abschlagszahlung | 980 |
| b) Prüffähige Honorarschlussrechnung | 967 | 3. Nebenkosten | 987 |

*Literatur*

*Schmitz*, Der Inhalt der Architektenhonorarrechnung, BauR 1982, 219; *Wolfensberger/Moltrecht*, Die „Abnahme" des Architektenwerkes, BauR 1984, 574; *Quambusch*, Honorarfälligkeit und Rechtsstaatprinzip – zur Einschätzung des § 8 Abs. 1 HOAI, BauR 1986, 141; *Löffelmann/Fleischmann*, Richtige Klageabweisung bei fehlender Fälligkeit des Architektenhonorars und ihre Rechtskraftwirkung, BauR 1987, 34; *Quambusch*, Zur Fälligkeit des Architektenhonorars bei vorzeitiger Vertragsbeendigung, BauR 1987, 265; *Meiski*, Die Verjährung des Architektenhonorars, BauR 1993, 23; *Meißner*, Rechtsprobleme bei der Fälligkeit des Architekten- und Ingenieurhonorars, insbesondere: die vertragsgemäß erbrachte Leistung als Fälligkeitsvoraussetzung, Festschrift für Soergel, 1993, S. 205; *Nestler*, Der Gebührentatbestand des § 15 Abs. 2 Nr. 4 HOAI bei den Freistellungsverfahren für Wohngebäude, BauR 1998, 69; *Rath*, Fälligkeit und Verjährung der Architektenhonorarforderung, Festschrift für Vygen, 1999, S. 55; *Schotten*, Zur Frage der Wirksamkeit der formularmäßigen Vereinbarung einer Teilabnahme im Architektenvertrag, BauR 2001, 1519; *Deckers*, Prozessuale Probleme der Architektenhonorarklage, BauR 2001, 1832; *Knacke*, Teilabnahme von Arhitektenleistungen und Verjährungsprobleme, Festschrift für Jagenburg (2002), 341; *Putzier*, Wann beginnt die fünfjährige Gewährleistungsfrist für den Architekten, NZBau 2004, 177; *Peters*, Die Fälligkeit des Werklohns bei einem gekündigten Bauvertrag, NZBau 2006, 559.

Bei der klageweisen Durchsetzung seines Honoraranspruches gehört zum Vortrag des Architekten die **Darlegung der Fälligkeit** seiner Vergütung. **960**

§ 8 HOAI ist als Fälligkeitsregelung innerhalb der HOAI von der in Art. 10 § 2 MRVG erteilten Ermächtigung gedeckt; dies ist herrschende Meinung.[1] Die **Fälligkeit** des Architektenhonorars und der Nebenkosten **richtet** sich daher **immer** nach **§ 8 HOAI** und nicht nach § 641 BGB. Eine ausdrückliche Vereinbarung der Vertragsparteien über die Anwendung des § 8 HOAI ist nicht erforderlich.

§ 8 HOAI findet auch bei Vereinbarung eines **Pauschalhonorars** Anwendung (vgl. Rdn. 977), da eine entsprechende Honorarvereinbarung im Rahmen der HOAI möglich ist und die jeweiligen Fälligkeitsvorschriften keine Sonderregelungen vorsehen.[2] Im Übrigen können die Parteien ausdrücklich andere Zahlungsweisen vereinbaren:[3] § 8 Abs. 4 HOAI verlangt hierfür jedoch die Schriftform. Wann diese Vereinbarung erfolgt ist, ist unerheblich.[4]

---

1) BGH, NJW 1981, 2351 ff. = BauR 1981, 582, 587 m. Anm. *Locher;* OLG Stuttgart, BauR 1991, 492; OLG Düsseldorf, BauR 1980, 490 u. BauR 1982, 294; OLG Hamm, BauR 1986, 231; *Meißner*, Festschrift für Soergel, S. 205, 206; *Löffelmann/Fleischmann*, Rdn. 1543; **a. A.:** LG Kiel, BauR 1983, 580; *Jochem*, § 8 HOAI, Rdn. 1; *Vygen* in Korbion/Mantscheff/Vygen, § 8 HOAI, Rdn. 4 mit einer Übersicht über den Meinungsstand.
2) OLG Stuttgart, BauR 1991, *491; Jochem*, § 4 HOAI, Rdn. 9; *Morlock*, Rdn. 139.
3) OLG Hamm, NJW-RR 2003, 671 (Fälligkeit des Honorars „bei Gebrauchsabnahme sowie 14 Tage nach Vorlage der Schlussrechnung").
4) *Vygen* in Korbion/Mantscheff/Vygen, § 8 HOAI, Rdn. 10; **a. A.:** *Locher/Koeble/Frik*, § 8 HOAI, Rdn. 67, die eine Vereinbarung zwar nach Auftragserteilung, aber vor Ausführung der betreffenden Arbeiten verlangen.

## 1. Fälligkeit des Honorars

**961** Das Gesamthonorar des Architekten wird nach § 8 Abs. 1 HOAI fällig, wenn folgende Voraussetzungen gegeben sind:
* **vertragsgemäße Leistungserbringung**
* Erstellung einer **prüffähigen Honorarschlussrechnung** sowie
* **Überreichung** dieser Rechnung

Die Fälligkeit kann vertraglich von dem Eintritt **weiterer Bedingungen** abhängig gemacht werden (z. B. Überprüfung der Kostenermittlung durch einen Dritten, „Anrechnungsabrede").[5] Wird allerdings der Eintritt einer solchen weiteren Bedingung, die im Machtbereich des Auftraggebers liegt, **wider Treu und Glauben** von diesem **verhindert**, gilt sie nach § 162 Abs. 1 BGB als eingetreten.[6] Häufig wird die Fälligkeit des Architektenhonorars auch von dem Eintritt eines **bestimmten Ereignisses** abhängig gemacht. Tritt dieses Ereignis dann nicht ein, wird der Anspruch nach den Grundsätzen über die Störung der Geschäftsgrundlage (§ 313 BGB n. F.) fällig, wenn eine nicht unerhebliche Zeit verstrichen ist, keine Chance für den Ereigniseintritt mehr gegeben ist und schließlich nach dem Willen der Parteien davon auszugehen ist, dass die Tätigkeit des Architekten bei dieser Fallgestaltung nicht unentgeltlich sein sollte.[7]

### a) Vertragsgemäße Leistungserbringung

**962** Wenn § 8 HOAI von der vertragsgemäßen **Leistungserbringung**[8] durch den Architekten spricht, so ist damit die **Abnahmefähigkeit des Architektenwerkes**[9] gemeint. Eine **Abnahme selbst** ist dagegen **keine Fälligkeitsvoraussetzung**.[10] Der Architekt hat vorzutragen, dass er die ihm übertragenen Leistungen erbracht, also seine vertraglichen Pflichten erfüllt hat.

Eine **Abnahmefähigkeit** des Architektenwerkes bedeutet nicht, dass dieses ohne jeden Mangel ganz vollendet ist; es genügt, wenn das Werk im großen und ganzen („in der Hauptsache") dem Vertrag entsprechend hergestellt ist und vom Bauherrn gebilligt werden kann.[11] Ob tatsächlich eine Billigung durch den Bauherrn erfolgt, ist unerheblich. Bei Mängeln stehen ggf. dem Bauherrn gegenüber dem Architekten Gewährleistungsansprüche zu.

Etwas anderes gilt, wenn der Architekt **wesentliche** Mängel zu verantworten hat. Eine vertragsgemäße Leistungserbringung liegt dann erst vor, wenn die Mängel **beseitigt** sind, soweit der Architekt noch nachbessern kann und hierzu auch berechtigt ist, z. B. bei Planungsmängeln, die sich noch nicht im Bauwerk ausgewirkt haben

---

5) OLG Koblenz, OLGR 1998, 317, 318.
6) Vgl. OLG Frankfurt, OLGR 1996, 195.
7) Vgl. hierzu: OLG Oldenburg, NJW-RR 1997, 785 = OLGR 1997, 110.
8) Vgl. insbesondere: *Meißner*, Festschrift für Soergel, S. 205 ff.
9) Vgl. hierzu im Einzelnen: *Wolfensberger/Moltrecht*, BauR 1984, 574 ff.
10) Vgl. BGH, BauR 1986, 596, 597 = NJW-RR 1986, 1279; BGH, BauR 1991, 489; *Korbion/Mantscheff/Vygen*, § 8 HOAI, Rdn. 22; *Locher/Koeble/Frik*, § 8 HOAI, Rdn. 8.
11) BGH, BauR 1972, 251, 253; **a. A.:** *Meißner*, Festschrift für Soergel, S. 205, 210, der eine vertragsgemäße Leistung auch bei nur **unwesentlichen** Mängeln verneint; *Löffelmann/Fleischmann*, Rdn. 1610.

### Fälligkeit des Honorars
**Rdn. 963**

(vgl. hierzu auch näher Rdn. 1639). Kommt eine Nachbesserung nicht (mehr) in Betracht oder hat der Bauherr die Leistungen des Architekten **sogar abgenommen**, ist das Honorar sofort fällig;[12] dasselbe gilt, wenn der Auftraggeber nicht mehr Erfüllung des Vertrages, sondern (nur noch) Minderung oder Schadensersatz verlangt.[13] Zur Fertigstellung des Architektenwerks gehört nicht, dass der Architekt einen wegen Mängel am Architektenwerk geschuldeten Schadensersatz geleistet hat.[14] Wenn auch – wie dargelegt – die Fälligkeit von der Abnahmefähigkeit des Architektenwerkes abhängt, ist häufig von einer – meist schlüssigen – Abnahme des Architektenwerkes durch den Auftraggeber auszugehen.[15] Nach Auffassung des OLG Düsseldorf[16] kann das Werk eines Architekten, der mit den Leistungsphasen gemäß § 15 Nr. 1 bis 9 HOAI beauftragt ist, nach Beendigung der Leistungsphase 8 mit den bis dahin erbrachten Leistungen (im Sinne einer Teilabnahme) abgenommen werden.

Das Honorar für die Leistungsphase 4 des § 15 HOAI (Genehmigungsplanung) wird fällig, wenn der Architekt – neben anderen Leistungen – die „Vorlagen für die nach den öffentlich-rechtlichen Vorschriften erforderlichen Genehmigungen" (§ 15 Abs. 2 Ziffer 4) erarbeitet hat. Bei der letzten Novellierung wurde offensichtlich übersehen, dass es in vielen Bundesländern heute auch so genannte **reine Anzeigenverfahren** gibt, bei denen eine behördliche Baugenehmigung entbehrlich ist. Es ist davon auszugehen, dass das Honorar des Architekten für diese Leistungsphase im Rahmen der Anzeigenverfahren bereits fällig wird, wenn der Architekt die Bauvorlagen vorbereitet, zusammengestellt und eingereicht sowie die Bestätigung vorgelegt hat, dass die Voraussetzungen für das Kenntnisgabeverfahren vorliegen.[17] Entsprechendes gilt für das **vereinfachte Genehmigungsverfahren**.[18]

Ist der Architekt lediglich mit der Erstellung der **Pläne** für das Bauwerk beauftragt, ist die Leistung des Architekten mit der Übergabe der Pläne erbracht. Übernimmt ein Architekt **alle** Aufgaben gemäß § 15 HOAI, ist der Zeitpunkt für das vom Architekten erstellte Werk anders zu bestimmen. Auch wenn das Architektenwerk als Teil eines Bauwerks angesehen wird, fällt nach h. A. die Abnahme des Bauwerks keineswegs mit der Abnahmefähigkeit der Architektenleistungen zusammen. Der Architekt schuldet nach der Fertigstellung des Bauwerks noch verschiedene Leistungen (z. B. Prüfung der Rechnungen, Feststellung der verschiedenen Rechnungsbeträge und der endgültigen Höhe der Herstellungssumme, Mitwirkung bei der Beseitigung von Baumängeln usw.), sodass eine Abnahmefähigkeit der Architektenleistung daher auch erst in Betracht kommt, wenn der Architekt seine Leistungen vollständig und tatsächlich vollendet hat.

**963**

---

12) *Löffelmann/Fleischmann*, Rdn. 1554; vgl. auch BGH, BauR 1982, 290.
13) BGH, BauR 2002, 1399 = NJW 2002, 3019 = MDR 2002, 1188 (für den Bauvertrag).
14) BGH, BauR 1974, 137 = NJW 1974, 367.
15) Vgl hierzu BGH, BauR 2006, 396 = NZBau 2006, 122 = NJW-RR 2006, 303 (zur konkludenten Abnahme bei einer beauftragten Vollarchitektur, wenn mit den Unternehmern nur eine zweijährige Gewährleistungsfrist vereinbart worden ist und der Auftraggeber innerhalb dieser Frist das Architektenwerk unbeanstandet lässt).
16) NZBau 2006, 124.
17) So auch: *Locher/Koeble/Frik*, § 15 HOAI, Rdn. 106 ff.; vgl. im Übrigen *Nestler*, BauR 1998, 69.
18) *Nestler*, BauR 1998, 69, 73.

**964** Problematisch wird der **Fälligkeitszeitpunkt,** wenn der Architekt sich auch verpflichtet hat, die **Leistungsphase 9** des § 15 HOAI (Objektbetreuung und Dokumentation) zu übernehmen. Dann kann sich die vertragsgemäße Erbringung der Architektenleistung erheblich verzögern. Während die Leistungsphase 8 des § 15 HOAI (Objektüberwachung) durchweg mit der Überwachung der Beseitigung der bei der Abnahme der Bauleistungen festgestellten Mängel abgeschlossen sein wird und dieser Zeitraum für den Architekten überschaubar ist, kann dies bei der Leistungsphase 9 des § 15 HOAI nicht gesagt werden: Der Architekt ist nämlich nach § 15 Abs. 2 Ziff. 9 HOAI u. a. verpflichtet, die Beseitigung der innerhalb der Verjährungsfrist der Gewährleistungsansprüche auftretenden Mängel zu überwachen.[19] Dies hat wiederum zur Folge, dass sich die Fälligkeit der Schlusszahlungen um Jahre aufschieben kann, wenn z. B. mit Bauhandwerkern die fünfjährige Gewährleistungsfrist nach BGB vereinbart worden ist und die Handwerkerleistungen mangelhaft sind.[20] Diese unzumutbare Verschiebung der Fälligkeit der Schlusszahlung kann nur dadurch verhindert werden, dass die Parteien insoweit einen **anderen Fälligkeitszeitpunkt** vereinbaren.[21]

In § 4 des früheren Einheitsarchitektenvertrages der Bundesarchitektenkammer[22] heißt es in der Ziffer 4.9 insoweit:

„Das Honorar für Leistungen der Leistungsphasen 1 bis 8, für die Besonderen Leistungen und Zusätzlichen Leistungen wird fällig, wenn der Architekt die Leistungen vertragsgemäß erbracht und eine prüffähige Honorarrechnung für diese Leistungen überreicht hat. Das Honorar für Leistungen der Leistungsphase 9 wird fällig, wenn diese erbracht und hierüber eine prüffähige Honorarrechnung erteilt worden ist."

Eine solche formularmäßige Regelung ist grundsätzlich nicht zu beanstanden (vgl. näher Rdn. 2400).[23] *Putzier*[24] hat sich mit der vorgenannten Problematik ausführlich beschäftigt. Er kommt

---

[19] BGH, NJW 1994, 1276 = BauR 1994, 392; ebenso OLG Celle, BauR 2002, 1578; vgl. hierzu: *Neuenfeld,* BauR 1981, 436 ff.; *Meißner,* Festschrift für Soergel, S. 205, 215.

[20] OLG Köln, OLGR 1992, 242; OLG Frankfurt, BauR 1985, 469 = *SFH,* Nr. 2 zu § 8 HOAI; *Neuenfeld,* § 8 HOAI, Rdn. 11 ff.; *Trapp,* BauR 1977, 322; *Korbion/Mantscheff/Vygen,* § 8 HOAI, Rdn. 22; *Locher/Koeble/Frik,* § 8 HOAI, Rdn. 6; a. A.: *Bindhardt/Jagenburg,* § 3, Rdn. 79, die die Auffassung vertreten, dass nach Beendigung der Phase 8 die Fälligkeit des Gesamthonorars für die Phasen 1–8 eintritt. Ebenso *Putzier,* NZBau 2004, 177.

[21] BGH, NJW 1994, 1276 = BauR 1994, 392; ebenso OLG Celle, BauR 2002, 1578; OLG Köln, OLGR 1992, 242; OLG Stuttgart, BauR 1995, 414; OLG Hamm, BauR 1996, 437 (LS); OLG Hamm, NJW-RR 2003, 671 (Fälligkeit des Honorars „bei Gebrauchsabnahme sowie 14 Tage nach Vorlage der Schlussrechnung"); *Korbion/Mantscheff/Vygen,* § 8, Rdn. 22; *Locher/Koeble/Frik,* § 8, Rdn. 14; *Koeble,* Festschrift für Locher, S. 121, ist der Auffassung, dass die Leistungsphase 9 nur eine nachvertragliche Leistung darstellt, sodass die gesamte Honorarforderung nach Abschluss der Leistungsphase 8 im Sinne des § 8 Abs. 1 HOAI fällig wird.

[22] Veröffentlicht in DAB 1994, 1635; abgedruckt bei *Löffelmann/Fleischmann,* Anhang XI. Der Formularvertrag ist zwischenzeitlich von der Bundesarchitektenkammer im Hinblick auf die Rechtsprechung des BGH zur Kündigung des Architektenvertrages (vgl. Rdn. 940) zurückgezogen worden.

[23] OLG Düsseldorf, NJW-RR 1995, 1361 u. BauR 1998, 199 (LS); ebenso *Motzke,* Festschrift für Jagenburg (2002), 639, 653 und *Knacke,* Festschrift für Jagenburg, S. 341, 347 m. w. N. Vgl. hierzu auch BGH, BauR 2001, 1928 (Wirksamkeit einer Vereinbarung in AGB über die Teilabnahme nach der Leistungsphase 8 des § 15 HOAI). Zu einer individual-vertraglichen Regelung in einem Architektenvertrag, wonach das Honorar bei Gebrauchsabnahme sowie 14 Tage nach Vorlage der Schlussrechnung fällig ist, vgl. OLG Hamm, NZBau 2003, 336.

[24] NZBau 2004, 177; ähnlich bereits *Jagenburg,* BauR 1980, 406, 408 ff.

**Fälligkeit des Honorars** Rdn. 965–966

zu der Auffassung, dass es einer solchen Regelung nicht bedarf, weil auch bei einem Vollauftrag mit der Erbringung der Leistungsphasen 1 bis 8 die werkvertragliche und damit erfolgsbezogene Leistung des Architekten als abgeschlossen anzusehen ist und das entsprechende Honorar damit auch fällig wird. Losgelöst davon schließt sich die Leistungsphase 9 (Objektbetreuung) als dienstvertragliche Komponente „für den fünfjährigen Bereitschaftsdienst" des Architekten an, sodass sie auch – wie üblich – separat abzurechnen ist. Alles andere sei ein Irrweg, wirklichkeitsfremd und völlig unüblich: „Das Recht hat dem Leben zu dienen, nicht es zu beherrschen".

Soweit der Architekt vorzeitig eine Schlussrechnung erstellt, obwohl er hierzu nach § 15 HOAI oder einer entsprechenden Vereinbarung im Architektenvertrag (noch) nicht berechtigt war, kann sein Zahlungsverlangen in aller Regel als eine Forderung nach einer weiteren Abschlagszahlung aufgefasst werden.[25] 965

Wird der Architektenvertrag von den Parteien **einvernehmlich aufgehoben** oder von einer der Parteien **gekündigt**, wird das Honorar sofort (aber auch erst dann) fällig, wenn dem Bauherrn eine prüffähige Schlussrechnung übergeben wird;[26] unerheblich ist, ob und wann die Architektenleistungen, etwa durch einen Dritten, vollständig erbracht werden.[27] 966

Häufig vereinbaren die Parteien, dass das Architektenhonorar erst nach dem Eintritt eines bestimmten Ereignisses zu zahlen ist. In diesem Fall ist zu prüfen, ob es sich insoweit um eine **Stundungsabrede** oder eine **Bedingung** handelt. Nach einer Entscheidung des OLG Frankfurt[28] handelt es sich nur um eine Stundungsabrede, wenn das Honorar des Architekten prozentual nach verkauften Wohneinheiten zu zahlen ist. Zutreffend weist das Gericht auch darauf hin, dass eine zeitlich unbefristete, aber an ein bestimmtes künftiges Ereignis gebundene Stundungsabrede im Wege der Vertragsauslegung auf einen angemessenen Zeitraum zu beschränken ist.

### b) Prüffähige Honorarschlussrechnung

*Literatur*

*Steckel/Becker*, Die prüffähige Schlussrechnung des Architekten in der Praxis, ZfBR 1989, 85; *Lauer*, Prüffähige Schlussrechnung nach § 8 HOAI und Verjährung der Honorarforderung, BauR 1989, 665; *Walchshöfer*, Die Abweisung der Klage „als zurzeit" unzulässig oder unbegründet, Festschrift für Schwab, 1990, 521; *Rath*, Fälligkeit und Verjährung der Architektenhonorarforderung, Festschrift für Vygen (1999), S. 55; *Heinrich*, Rechtskraftwirkung der Abweisung einer Klage auf Architektenhonorar oder Bauunternehmerwerklohn als „zurzeit unbegründet", BauR 1999, 17; *Deckers*, Zur Rechtskraft des die Architektenhonorarklage als „zurzeit unbegründet" abweisenden Urteils, BauR 1999, 987; *Koeble*, Die Prüfbarkeit der Honorarrechnung des Architekten und der Ingenieure, BauR 2000, 785; *Seifert*, Prüffähigkeitsanforderungen für Architektenrechnungen aus Kostenermittlungen und Ermittlung der anrechenbaren Kosten, BauR 2001, 1330; *Meurer*, 10 Anleitungsschritte

---

25) Ebenso: *Locher/Koeble/Frik*, § 8 HOAI, Rdn. 14; OLG Köln, ZfBR 1994, 20 (keine Klageänderung; hierzu aber OLG Frankfurt, BauR 1985, 469). Vgl. hierzu OLG Schleswig-Holstein, BauR 2003, 1425 (Teilschlussrechnung für Leistungsphasen 1–8) = IBR 2003, 484 – *Groß*.
26) BGH, BauR 1994, 655 = NJW-RR 1994, 1238 = BB 1994, 1742; BGH, BauR 1986, 596 = NJWRR 1986, 1279 = DB 1986, 2483 = ZfBR 1986, 232; OLG Düsseldorf, BauR 1980, 488, 490 u. BauR 1987, 227; *Jochem*, § 8 HOAI, Rdn. 6; *Vygen* in Korbion/Mantscheff/Vygen, § 8 HOAI, Rdn. 23; **a. A.**: OLG Hamm, BauR 1986, 631; LG Münster, BauR 1983, 582; *Locher/Koeble/Frik*, § 8 HOAI, Rdn. 57, die bei vorzeitiger Beendigung des Vertragsverhältnisses keine Honorarschlussrechnung verlangen; vgl. hierzu auch *Quambusch*, BauR 1986, 141 u. BauR 1987, 265.
27) *Locher/Koeble/Frik*, § 8 HOAI, Rdn. 57.
28) IBR 2005, 27 – *Schmidt-Hofmann*.

zur Überprüfung einer Honorarschlussrechnung für Architekten- und Ingenieurleistungen auf ihre Prüffähigkeit, BauR 2001, 1659; *Reck*, Die Erläuterung der Schlussrechnung in Schriftsätzen im Bauprozess, NZBau 2004, 128; *Schwenker*, Die Prüffähigkeit der Architektenschlussrechnung – Zur Änderung der Rechtsprechung, ZfIR 2004, 232; *Hartung*, Prüffähigkeit der Architektenschlussrechnung, Fälligkeit und Verjährung, NZBau 2004, 249; *Kniffka*, Prozessuale Aspekte der Prüfbarkeit einer Schlussrechnung, Festschrift für Thode (2005), S. 291; *Schenkel*, Die Vorlage einer neuen Schlussrechnung in der Berufungsinstanz, NZBau 2007, 6; *Deckers*, Nochmals: Die Vorlage einer neuen Schlussrechnung in der zweiten Instanz, NZBau 2007, 550.

**967** § 8 HOAI verlangt für den Eintritt der Fälligkeit des Architektenhonorars die Erteilung einer Honorarschlussrechnung.[29] Damit hat es der Architekt selbst in der Hand, den Zeitpunkt der Fälligkeit (und damit auch der Verjährung, vgl. Rdn. 2370 ff.) zu bestimmen. Eine Schlussrechnung muss als solche nicht gekennzeichnet sein; es reicht aus, wenn aus der Rechnung (Inhalt und Aufbau) erkennbar wird, dass der Architekt sein Bauvorhaben **abschließend** abrechnen will.[30]

**968** Wenn § 8 HOAI von einer **prüffähigen** Honorarschlussrechnung ausgeht, bedeutet dies, dass der Architekt seine Honoraraufstellung entsprechend den Bestimmungen der HOAI **aufschlüsseln** muss, um dem Bauherrn die Überprüfung der überreichten Rechnung auf ihre sachliche und rechnerische Richtigkeit rasch und sicher zu ermöglichen.[31] Sie muss also verständlich aufgebaut und nachvollziehbar sein und keiner weiteren Erläuterung bedürfen.[32] Die **Praxis** zeigt, dass Architektenschlussrechnungen sehr häufig nicht den Anforderungen der HOAI entsprechen. Das gilt insbesondere im Hinblick auf die Berücksichtigung der anrechenbaren Kosten nach dem Schema des § 10 Abs. 2 HOAI (vgl. Rdn. 819 ff.). Die **Frage der Prüffähigkeit** einer Honorarschlussrechnung stellt eine **Rechtsfrage** dar, die vom Gericht und nicht von dem Sachverständigen zu entscheiden ist.[33] Lediglich die **Richtigkeit** und die **Höhe** der Rechnung ist daher von einem **Sachverständigen** zu prüfen.

Das Gericht trifft eine **Hinweispflicht** gemäß § 139 Abs. 2 ZPO, wenn es der Auffassung ist, dass keine prüffähige Schlussrechnung im Sinne von § 8 HOAI vorliegt, damit dem Kläger die Möglichkeit gegeben wird, zur Prüffähigkeit weiter vorzutra-

---

[29] BGH, BauR 2005, 1349 (prüffähige Honorarschlussrechnung auch erforderlich, wenn sich Parteien nach Erbringung von Teilleistung darauf einigen, dass die Arbeiten nicht fortgeführt werden).

[30] OLG Düsseldorf, BauR 1997, 163 = NJW-RR 1996, 1421; *Locher/Koeble/Frik*, § 8 HOAI, Rdn. 16, weisen darauf hin, dass es „nicht höchstrichterlich geklärt" sei, ob dem Auftraggeber ein Anspruch auf Erteilung einer Rechnung zusteht. Im Hinblick auf den klaren Wortlaut des § 8 HOAI kann dies jedoch nicht ernsthaft bezweifelt werden. Das OLG Koblenz, BauR 2000, 755 = NJW-RR 1999, 1250 = OLGR 1999, 353, nimmt eine Schlussrechnung eines Architekten auch dann an, wenn diese in einer „konjunktiven" Formulierung wie „die Schlussrechnung würde lauten" abgefasst ist. Dies erscheint bedenklich, weil der Architekt mit dieser Formulierung zu erkennen gibt, dass die Abrechnung nur als Vorschlag anzusehen ist.

[31] BGH, BauR 1999, 265 = NJW-RR 1999, 312 = MDR 1999, 156; BauR 1998, 1108 = NJW 1998, 3123; *Lauer*, BauR 1989, 665 ff.; *Vygen* in Korbion/Mantscheff/Vygen, § 8 HOAI, Rdn. 7; OLG Düsseldorf, BauR 1982, 294; *Schmitz*, BauR 1982, 219; OLG Stuttgart, BauR 1985, 587 m. Anm. *Beigel*; OLG Celle, BauR 1985, 591. Vgl. hierzu auch *Mauer*, Festschrift für Locher, S. 189 ff.

[32] KG, BauR 1988, 624, 628 = NJW-RR 1988, 21; LG Bamberg, NJW-RR 1988, 984.

[33] OLG Stuttgart, NZBau 2005, 640; BauR 1999, 514; *Koeble*, BauR 2000, 785, 786. Vgl. hierzu auch BGH, BauR 2005, 735 = NJW-RR 2005, 669 = ZfBR 2005, 355.

## Fälligkeit des Honorars

gen.[34] Eine entsprechende Hinweispflicht trifft grundsätzlich auch das Berufungsgericht.[35]

Nach zutreffender Auffassung des BGH[36] ist die Prüfbarkeit einer Rechnung im Prozess nachrangig zu prüfen: In erster Linie sind damit rechtsvernichtende und rechtshindernde Einwendungen des Auftraggebers (wie z. B. fehlende Aktivlegitimation, Verjährung usw.) zunächst einer Prüfung zu unterziehen.

Wie weit die Schlussrechnung im Einzelnen aufgeschlüsselt werden muss, ist eine Frage des **Einzelfalles**.[37] Die Schlussrechnung hat sich aber an das von der HOAI vorgegebene Schema zu halten und muss eine Prüfung der **Ermittlungsgrundlagen** ermöglichen.[38] Nicht notwendig ist, dass die **betreffenden Normen der HOAI** ausdrücklich genannt werden.[39] Zur **Prüffähigkeit** einer Honorarrechnung gehören danach grundsätzlich folgende objektive Mindestangaben, wie der BGH[40] kürzlich bestätigt hat:

* Leistungsbild, z. B. § 15
* Honorarzone, §§ 11 ff.
* Gebührensatz, § 16
* anrechenbare Kosten gemäß § 10 nach DIN 276 (in der Fassung von 1981)
* erbrachte Leistungen, ggf. Abgrenzung zu nicht erbrachten Leistungen (vgl. Rdn. 938)
* Vomhundertsätze
* etwaige Honorarzuschläge
* Umsatzsteuer
* Ausweis der erhaltenen Abschlagszahlungen (vgl. hierzu Rdn. 971)[41]

Die Honorarrechnung muss dabei insbesondere dem **System der jeweiligen Kostenermittlungen** nach § 10 Abs. 2 HOAI entsprechen (vgl. hierzu näher Rdn. 824 ff.). Danach ist für die endgültige Abrechnung grundsätzlich

---

34) Vgl. hierzu OLG Zweibrücken, NZBau 2005, 643; OLG Hamm, NJW-RR 2004, 744 = NZBau 2004, 339 = OLGR 2004, 93; OLG Schleswig, BauR 2003, 1602, OLG Celle, BauR 2003, 1096. Ferner *Kniffka*, Festschrift für Thode, S. 291, 306.
35) BGH, BauR 2007, 110.
36) BauR 2000, 1182 = NZBau 2000, 375 = ZfBR 2000, 472. Vgl. hierzu insbesondere *Kniffka*, Festschrift für Thode, 291, 295.
37) BGH, BauR 1994, 655 = NJW-RR 1994, 1238 = BB 1994, 1742; BGH, NJW 1995, 399 = BauR 1995, 126; BGH, NJW 1998, 3123 = MDR 1998, 1219; OLG Düsseldorf, BauR 1994, 133, u. BauR 2001, 1137, 1139.
38) BGH, BauR 1995, 126 = ZfBR 1995, 73; BGH, BauR 1990, 382 = ZfBR 1990, 189; BGH, BauR 1994, 655 = NJW-RR 1994, 1238 = BB 1994, 1742; BGH, BauR 1991, 489 = ZfBR 1991, 159; OLG Düsseldorf, BauR 1997, 612 **(für Statikerrechnung)**.
39) Wie hier: OLG Hamm, BauR 1994, 536; KG, BauR 1988, 624, 628 = NJW-RR 1988, 21; **a. A.:** OLG Düsseldorf, BauR 2001, 1137, 1140, u. 1992, 294; OLG Bamberg, NJW-RR 1988, 22 u. BauR 1988, 638 (LS) = NJW-RR 1988, 984. *Locher/Koeble/Frik*, § 8 HOAI, Rdn. 29 bejahen die Notwendigkeit der Angabe der Paragraphen in einer Rechnung, die einem „durchschnittlichen" Bauherrn erteilt wird; dagegen sei dies bei einem fachkundigen Auftraggeber nicht notwendig.
40) BGH, BauR 2004, 316 = NJW-RR 2004, 445 = NZBau 2004, 216 = ZfIR 2004, 237; vgl. hierzu *Kniffka*, Festschrift für Thode, S. 291; *Schwenker*, ZfIR 2004, 232 sowie *Hartung*, NZBau 2004, 249; *Rath*, BauR 2002, 557, 558.
41) BGH, BauR 1994, 655 = NJW-RR 1994, 1238 = BB 1994, 1742 = ZfBR 1994, 219.

* die **Kostenberechnung** für die Leistungsphasen 1 bis 4 gemäß § 15 HOAI
* der **Kostenanschlag** für die Leistungsphasen 5 bis 7 gemäß § 15 HOAI
* die **Kostenfeststellung** für die Leistungsphasen 8 und 9 gemäß § 15 HOAI

maßgeblich (vgl. hierzu das Beispiel einer Schlussrechnung, Rdn. 976). Das **Formblatt nach DIN 276** selbst braucht für die jeweiligen Kostenermittlungen nicht verwandt zu werden; vielmehr reicht eine sachlich gleichwertige Kostenermittlung aus, die sich an dem Gliederungsschema der DIN 276 orientiert.[42] Das OLG Oldenburg[43] hält eine Honorarschlussrechnung auch dann im Einzelfall für prüfbar, wenn die anrechenbaren Kosten nach DIN 276 (1993) statt nach der in § 10 HOAI genannten DIN 276 (1981) aufgeschlüsselt sind.

**970** Berechnet der Architekt nicht die vollen, sondern **nur reduzierte Vomhundertsätze** der einzelnen Leistungsphasen, weil diese von ihm nicht vollständig erbracht worden sind, ist er nach richtiger Auffassung[44] zu der Angabe verpflichtet, wie diese Vomhundertsätze **errechnet** wurden; andernfalls ist das „Transparenzgebot" der Schlussrechnung nicht erfüllt.

Fordert der Architekt einen **Zuschlag** für Umbauten und Modernisierungen (§ 24 HOAI), für Leistungen des raumbildenden Ausbaus (§ 25 HOAI), für Instandhaltungen und Instandsetzungen (§ 27 HOAI) oder eine besondere Vergütung für mehrere Vor- oder Entwurfsplanungen (§ 20 HOAI) oder für eine zeitliche Trennung der Ausführung (§ 21 HOAI), wird ein entsprechender Vergütungsanspruch des Architekten nur fällig, wenn in der Honorarschlussrechnung die jeweiligen Honoraranteile insoweit gesondert aufgeführt und deren Voraussetzungen prüffähig angegeben sind.[45] Bei **mehreren** Gebäuden gemäß § 22 Abs. 1 HOAI bedarf es für eine prüfbare Schlussrechnung einer **getrennten** Berechnung, weil stets eine gebäudebezogene Aufgliederung zu erfolgen hat und weil nur so nach Auffassung des BGH[46] erkennbar wird, „ob und gegebenenfalls welche Kosten gemäß § 10 HOAI voll, gemindert oder gar nicht Grundlage der Honorarabrechnung sein sollen".

Nach Auffassung des OLG Celle[47] ist die Prüfbarkeit einer Architekten-Schlussrechnung dann nicht gegeben, wenn die Schlussrechnung Geldbeträge in Euro enthält, während die mit der Schlussrechnung eingereichten Kostenaufstellungen sämtliche in DM ausgestellt sind. Dieser Auffassung kann nicht gefolgt werden. Im Wege einer Umrechnung kann jeder Auftraggeber eine Abgleichung vornehmen.

**971** Eine prüffähige Schlussrechnung kann allerdings auch vorliegen, wenn die Rechnung „falsch" ist, das System der HOAI aber eingehalten wurde.[48] Werden beispielsweise unrichtige Angaben bezüglich der anrechenbaren Kosten unter Berücksichtigung des richtigen Kostenermittlungsverfahrens nach der DIN 276

---

42) So jetzt auch: BGH, BauR 1999, 1318 = NJW-RR 1999, 1541 = MDR 1999, 1437 = NZBau 2000, 142 = ZfBR 2000, 30 u. BauR 1999, 1467 = ZfBR 2000, 30; OLG Düsseldorf, BauR 2001, 1137, 1140 u. 1996, 893, 895; OLG Stuttgart, BauR 1991, 491, 494, sowie *Schmidt*, BauR 1999, 720 u. *Koeble*, BauR 2000, 785, 788.
43) BauR 2004, 1804.
44) OLG Koblenz, BauR 1998, 1043; OLG Rostock, BauR 1993, 762 = NJW-RR 1994, 661.
45) BGH, a. a. O.
46) BauR 2000, 1513 = ZfBR 2000, 546.
47) BauR 2002, 1578.
48) OLG Frankfurt, BauR 1994, 657 = NJW-RR 1994, 1502; OLG Hamm, NJW-RR 1996, 83; BauR 1996, 437 (LS); NJW-RR 1990, 522 u. BauR 1994, 536.

**Fälligkeit des Honorars** **Rdn. 971 a**

(§ 10 Abs. 2 HOAI) gemacht (Rdn. 819 ff.), ist die Schlussrechnung des Architekten überprüfbar.[49] Dasselbe gilt für den Ansatz einer falschen Honorarzone oder sonstiger unrichtiger Angaben. Mit der Übergabe der „falschen" Schlussrechnung tritt die Fälligkeit ein; gleichzeitig kann der Bauherr den Fehler beanstanden oder selbst korrigieren, ohne dass der Architekt eine neue Rechnung zu erstellen hat. Kann der Bauherr der Schlussrechnung des Architekten jedoch nicht entnehmen oder nicht nachvollziehen, welche Leistungen berechnet werden und/oder wie das Honorar ermittelt wird, so tritt Fälligkeit des Honorars nicht ein. Eine **prüffähige Honorarschlussrechnung** liegt auch dann vor, wenn die nach § 5 a HOAI erforderliche lineare **Interpolation** in ihr **nicht vorgerechnet**, sondern nur deren Ergebnis mitgeteilt wird.[50]

Der BGH[51] verlangt zur Prüffähigkeit einer Schlussrechnung, dass die **Abschlagszahlungen** in der Schlussrechnung **ausgewiesen** sind. Dem kann – mit dem OLG Düsseldorf[52] – nicht gefolgt werden: Wird eine oder werden alle Abschlagszahlungen im Rahmen der Schlussrechnung nicht berücksichtigt, handelt es sich auch hier allein um eine Frage der Richtigkeit und nicht der Prüffähigkeit der Schlussrechnung. Darüber hinaus besteht insoweit auch kein schutzwürdiges Informationsinteresse des Auftraggebers, weil dieser selbst Kenntnis über seine Zahlungen hat und daher diese von sich aus in die Abrechnung durch entsprechende Korrektur einfließen lassen kann. Unter diesem Gesichtspunkt hat der BGH[53] seine vorerwähnte Auffassung nunmehr eingeschränkt und darauf hingewiesen, dass die Nichtberücksichtigung der Abschlagszahlung in einer Schlussrechnung nur dann zur fehlenden Prüffähigkeit führt, „wenn das Informations- und Kontrollinteresse des Auftraggebers deren Berücksichtigung erfordert".

Zur **Schlüssigkeit** einer Honorarklage gehört **nicht die Vorlage** der entsprechenden **Kostenermittlungsart** (Kostenschätzung, Kostenberechnung, Kostenanschlag und/oder Kostenfeststellung), weil die richtige **Kostenermittlung** nicht von Amts wegen zu überprüfen ist.[54] Die Vorlage wird erst dann erforderlich, wenn die entsprechenden Kostenermittlungen streitig werden.

Bezüglich der **Anforderungen an die Kostenermittlungen** als Grundlage der Honorarabrechnung hat der **BGH zu Recht folgende Einschränkungen** gemacht: Soweit der Architekt seiner Honorarermittlung lediglich die anrechenbaren Kosten des Bauwerks (DIN 276, Kostengruppe 3) zu Grunde legt, sind weitere Angaben zu den übrigen Kostengruppen (also insbesondere 1, 2, 4 und 5) zur Prüffähigkeit einer Schlussrechnung nicht erforderlich.[55] Auch ist es keine Frage der Prüffähigkeit, sondern eine Frage der sachlichen Richtigkeit der Schlussrechnung, ob die jeweiligen

971a

---

49) BGH, BauR 1999, 1318 = NJW-RR 1999, 1541 = MDR 1999, 1437 = NZBau 2000, 142 = ZfBR 2000, 30 (falsch angesetzte Preise in der Kostenschätzung sind keine Frage der Prüfbarkeit, sondern der sachlichen Richtigkeit).
50) OLG Düsseldorf, BauR 1996, 893.
51) BauR 1994, 655 = NJW-RR 1994, 1238 = BB 1994, 1742 = ZfBR 1994, 219.
52) BauR 2000, 1889 = NJW-RR 2000, 1550 = NZBau 2000, 575 = OLGR 2000, 17.
53) BauR 2000, 430 = NJW 2000, 653 = NZBau 2000, 82 = ZfBR 2000, 118 = MDR 2000, 207.
54) So auch *Koeble*, BauR 1997, 191, 195.
55) BGH, BauR 2000, 591 = NJW 2000, 808 = ZfBR 2000, 173 = NZBau 2000, 204 = MDR 2000, 264.

Kostenermittlungsarten Brutto- oder Nettobeträge ausweisen.[56] Darüber hinaus weist der BGH[57] zu Recht darauf hin, dass die Anforderungen an die Kostenermittlungen als Grundlage der Honorarabrechnung nicht die gleichen sein müssen wie die an die Kostenermittlung, die der Architekt im Rahmen der einzelnen Leistungsphasen des § 15 HOAI (vgl. Rdn. 819) als Architektenleistungen schuldet: „Anforderungen an die Ermittlung der anrechenbaren Kosten dienen allein der Überprüfung der Rechnungsstellung. Für diesen Zweck genügt eine Aufstellung, aus der ersichtlich ist, ob und ggf. welche Kosten gemäß § 10 HOAI voll, gemindert oder gar nicht Grundlage der Honorarabrechnung sein sollen."

Zusammenfassend ist nach alledem festzuhalten, dass der BGH insbesondere nach der jüngsten Rechtsprechung[58] im Rahmen der Prüfbarkeit der Schlussrechnung von **objektiven Mindestvoraussetzungen** ausgeht, die der Architekt bei der Erstellung seiner Schlussrechnung zu berücksichtigen hat (vgl. insbesondere Rdn. 969). Eine prüffähige Rechnung im Sinne des § 8 Abs. 1 HOAI muss daher nach Auffassung des BGH alle diejenigen Angaben enthalten, die nach dem geschlossenen Vertrag und der HOAI objektiv unverzichtbar sind, damit eine sachliche und rechnerische Überprüfung des Honorars möglich ist.

**971 b** Darüber hinaus hat der BGH zu Recht in den letzten Jahren in zahlreichen Entscheidungen weitere, allgemein gültige **Hürden** für eine zu kritische (aber in der Gerichtspraxis neuerdings häufig anzutreffende)[59] Beurteilung der Prüfbarkeit einer Schlussrechnung aufgebaut. Danach reicht es für die Prüffähigkeit einer Honorarschlussrechnung des Architekten aus, „dass die vom Architekten vorgelegten Unterlagen zusammen mit der Schlussrechnung alle Angaben enthalten, die der Auftraggeber zur Beurteilung der Frage benötigt, ob das geltend gemachte Honorar den vertraglichen Vereinbarungen entsprechend abgerechnet worden ist".[60] Im Übrigen hat der BGH seine umfangreiche Rechtsprechung der letzten Jahre zur Prüffähigkeit einer Architektenschlussrechnung wie folgt zusammengefasst:[61]

„Nach der Rechtsprechung des Bundesgerichtshofs ergeben sich die Anforderungen an die Prüfbarkeit einer Architektenschlussrechnung aus den Informations- und Kontrollinteressen des Auftraggebers. Diese bestimmen und begrenzen die Anforderungen an die Prüfbarkeit. Die Prüfbarkeit ist somit **kein Selbstzweck** (BauR 1997, 1055 = ZfBR 1998, 25; BauR 1998, 1108 = ZfBR 1998, 229; BauR 1999, 63 = ZfBR 1999, 37). Unter welchen Voraussetzungen eine Schlussrechnung als prüfbar angesehen werden kann, kann nicht abstrakt bestimmt werden. Die Anforderungen hängen vielmehr von den Umständen des Einzelfalles ab (BauR 1994, 655 = NJW-RR 1994, 1238 = ZfBR 1994, 219; BauR 1995, 126 = NJW 1995, 399 = ZfBR 1995, 73). Dabei ist u. a. der beiderseitige Kenntnisstand über die tatsächlichen und rechtlichen Umstände von Bedeutung, auf dem die Berechnung des Honorars beruht (a. a. O.)."

---

56) BGH, a. a. O.
57) BauR 1998, 1108 = NJW 1998, 3123 = MDR 1998, 1219 = ZfBR 1998, 299.
58) BauR 2004, 316 = NJW-RR 2004, 445 = NZBau 2004, 216 = ZfIR 2004, 237; vgl. hierzu *Kniffka*, Festschrift für Thode, S. 291; *Schwenker*, ZfIR 2004, 232 sowie *Hartung*, NZBau 2004, 249.
59) So zutreffend *Kniffka*, Festschrift für Thode, S. 291, 292, 303.
60) BGH, BauR 2000, 1216.
61) BauR 2000, 1511 = NJW 2000, 2587 = ZfBR 2000, 480; ebenso: OLG Stuttgart, NZBau 2005, 640; OLG Zweibrücken, NZBau 2005, 643 = OLGR 2005, 812; OLG Frankfurt, OLGR 2000, 278; OLG Düsseldorf, BauR 2001, 1137, 1138.

### Fälligkeit des Honorars

**Rdn. 971 b**

Die **Prüfbarkeit** der Schlussrechnung[62] des Architekten ist nach Auffassung des BGH ferner **nach der jeweiligen Sachkunde des Auftraggebers zu beurteilen**.[63] Kenntnisse und Sachverstand sowie Erfahrungen des Auftraggebers sind daher maßgeblich. Ist also der Auftraggeber selbst Architekt oder ein im Baugewerbe Tätiger, sind die Anforderungen an die Prüfbarkeit der Architektenschlussrechnung wesentlich niedriger als bei einem insoweit unkundigen Bauherrn.[64] Die Informations- und Kontrollinteressen des Auftraggebers sind nach objektiven Maßstäben zu bewerten.[65]

An diese, in der Vergangenheit mehrfach wiederholten Vorgaben des BGH zur Prüffähigkeit der Honorarschlussrechnung eines Architekten werden sich die **Instanzgerichte** in Zukunft zu halten haben. Da der BGH nunmehr die Prüffähigkeit der Schlussrechnung nicht nur von objektiven, sondern auch von subjektiven Kriterien (Empfängerhorizont) abhängig macht, ist allerdings eine verlässliche Bestimmung der Prüffähigkeit häufig nur noch schwer möglich und wird erneut unterschiedliche Entscheidungen der Instanzgerichte provozieren. Das ist im Hinblick auf die (notwendigerweise) klare Bestimmung der Fälligkeit und des Verjährungseintritts der Honorarforderung eines Architekten im höchsten Maße unerfreulich.[66]

Bestreitet der Auftraggeber die sachliche und rechnerische **Richtigkeit** der Rechnung (ggf. nach Prüfung) nicht, ist er nach BGH[67] mit Einwendungen gegen die Prüf-

---

62) *Kniffka*, Jahrbuch Baurecht 2000, 1, 2, weist in diesem Zusammenhang darauf hin, dass die forensische Praxis gezeigt hat, „dass die prozessualen Mechanismen nicht mehr durchweg zutreffend eingehalten werden. Allzu oft fanden sich in den erstinstanzgerichtlichen Entscheidungen sinnlos überhöhte Anforderungen an die Schlüssigkeit einer Vergütungsklage oder an die Prüffähigkeit einer Rechnung, mit denen letztlich nur die gebotene Aufklärung über die Berechtigung der Forderung verhindert wird". An anderer Stelle (S. 20) führt *Kniffka* aus, dass der BGH mit Sorge die Verfahren vor einigen Gerichten, bei denen es um die Prüfbarkeit einer Rechnung geht, beobachtet: „Es häufen sich die Klagen von Anwälten, dass Gerichte ihre gesetzlich verankerte Hinweispflicht nicht oder nur unvollständig erfüllen. Diese Klagen müssen umso ernster genommen werden, als auch zahlreiche beim Bundesgerichtshof anhängige Revisionen dieses Verfahren nachweisen. Nach der gefestigten Rechtsprechung des Bundesgerichtshofs hat das Gericht den Auftragnehmer unmissverständlich darauf hinzuweisen, welche Anforderungen an die Darlegung der Abrechnung seiner Ansicht nach noch nicht erfüllt sind und dem Auftragnehmer Gelegenheit zu geben, dazu ergänzend vorzutragen. Allgemeine, pauschale oder missverständliche Hinweise auf fehlende Prüfbarkeit oder fehlende Schlüssigkeit genügen nicht (BGH, BauR 1999, 635 = ZfBR 1999, 196)."
63) BGH, BauR 2000, 124 = NJW 2000, 206 = MDR 2000, 26 = ZfBR 2000, 46 = NZBau 2000, 141; OLG Düsseldorf, BauR 2001, 1137, 1138.
64) BGH, BauR 2000, 1511 = NJW 2000, 2587 = ZfBR 2000, 480.
65) BGH, BauR 2004, 316 = NJW-RR 2004, 445 = NZBau 2004, 216 = ZfIR 2004, 237; vgl. hierzu *Kniffka*, Festschrift für Thode, 291; *Schwenker*, ZfIR 2004, 232 sowie *Hartung*, NZBau 2004, 249; ferner OLG Oldenburg, BauR 2002, 502 = NZBau 2003, 40.
66) *Rath*, Festschrift für Vygen, S. 55, 60, weist in diesem Zusammenhang darauf hin, dass die Rechtsprechung des BGH „zu einer unerträglichen Rechtsunsicherheit" führt. Sie ist der Auffassung, dass Architektenhonorarforderungen grundsätzlich nicht anders zu behandeln sind als Werklohnforderungen des Bauunternehmers. Sie folgert daraus, dass das Architektenhonorar bei Abnahme fällig wird, ohne dass es grundsätzlich der Erstellung und Übergabe einer Rechnung bedarf; etwas Anderes soll nur dann gelten, wenn zwischen den Parteien eine entsprechende andere vertragliche Vereinbarung getroffen worden ist. Vgl. auch (kritisch): *Rath*, BauR 2002, 557.
67) BauR 1997, 1065 = NJW 1998, 135 = MDR 1997, 1117 = ZfBR 1998, 25; ebenso BGH, BauR 2000, 124 = NJW 2000, 206 = NZBau 2000, 141 = ZfBR 2000, 46 = MDR 2000, 26; ferner: OLG Düsseldorf, BauR 2001, 1137, 1139 u. *Koeble*, BauR 2000, 785.

barkeit der Rechnung ausgeschlossen, weil die Anforderungen an die Prüfbarkeit der Architektenhonorarrechnung **"kein Selbstzweck"** sind, sodass es in einem solchen Fall nicht darauf ankommt, „ob die Abrechnung den formalen Anforderungen an eine prüfbare Rechnung entspricht". Dem ist zuzustimmen, weil nicht die formale, sondern die materielle Richtigkeit einer Rechnung entscheidend ist.

Ein reines (unsubstantiertes) Bestreiten der Prüfbarkeit der Schlussrechnung eines Architekten im Rechtsstreit ist unerheblich. Der Auftraggeber muss konkret vortragen, warum und unter welchem Gesichtspunkt (z. B. Honorarzone, Ermittlung der anrechenbaren Kosten usw.) die Rechnung nicht prüfbar sein soll.[68]

**971 c**   In einer kürzlich veröffentlichten Entscheidung[69] hat der BGH seine obigen Ausführungen noch einmal erweitert und zusammengefasst, wann ein Auftraggeber sich mit dem **Einwand der fehlenden Prüffähigkeit rechtsmissbräuchlich** verhält, weil die Anforderungen an die Prüfbarkeit der Architektenhonorarrechnung „kein Selbstzweck" sind, sodass es in einem solchen Fall nicht darauf ankommt, ob die Abrechnung den formalen Anforderungen an eine prüfbare Rechnung entspricht:

„Der Auftraggeber handelt rechtsmissbräuchlich, wenn er sich auf die fehlende Prüffähigkeit einer Schlussrechnung beruft, obwohl er des ihm durch die Prüffähigkeit garantierten Schutzes nicht bedarf. Das ist z. B. dann der Fall, wenn der Auftraggeber die Rechnung geprüft hat (BGH, BauR 2002, 468 = IBR 2002, 68 = NZBau 2002, 90 = ZfBR 2002, 248), er die sachliche und rechnerische Richtigkeit der Schlussrechnung nicht bestreitet (BGH, BGHZ 136, 342, 344), Angaben zu anrechenbaren Kosten fehlen, der Auftraggeber diese Kosten jedoch nicht in Zweifel zieht (BGH, BauR 2000, 591 = IBR 2000, 82 = NZBau 2000, 204 = ZfBR 2000, 173; BauR 2000, 124 = IBR 2000, 27 = NZBau 2000, 141 = ZfBR 2000, 46) oder ihm die Überprüfung trotz einzelner fehlender Angaben möglich war (BGH, BauR 1999, 63, 64 = IBR 1998, 537 = ZfBR 1999, 37; BauR 2002, 468 = IBR 2002, 68 = NZBau 2002, 90 = ZfBR 2002, 248). Dazu gehören auch die Fälle, in denen der Auftraggeber die notwendigen Kenntnisse für die Berechnung des Honorars bereits anderweitig erlangt hat und deshalb deren ergänzende Aufnahme in die Schlussrechnung reine Förmelei wäre. Dieser Ausschluss der Einwendungen gegen die Prüffähigkeit führt nicht dazu, dass die Rechnung prüffähig ist. Er führt vielmehr dazu, dass der Auftraggeber sich nach Treu und Glauben nicht auf die an sich nicht gegebene Fälligkeit berufen kann und diese damit zu bejahen ist."

Überraschend hat der BGH in der vorerwähnten Entscheidung ferner darauf hingewiesen, dass der Einwand der fehlenden Prüffähigkeit einer Schlussrechnung seitens des Auftraggebers auch dann **rechtsmissbräuchlich** ist, wenn dieser den **Einwand fehlender Prüffähigkeit verspätet**[70] **erhebt**. Danach kann der Auftraggeber den Einwand der fehlenden Prüffähigkeit nur erheben, wenn dieser binnen einer angemessenen Frist erfolgt. Geschieht dies nicht, ist er mit dem Einwand fehlender Prüffähigkeit ausgeschlossen – mit der Folge, dass die Fälligkeit der nicht prüf-

---

68) So auch BGH, BauR 2004, 316 = NJW-RR 2004, 445 = NZBau 2004, 216 = ZfIR 2004, 237; vgl. hierzu *Kniffka*, Festschrift für Thode, 291; *Schwenker*, ZfIR 2004, 232 sowie *Hartung*, NZBau 2004, 249; *Kniffka/Koeble*, 9. Teil, Rdn. 105. **A. A.:** aber abzulehnen: OLG Nürnberg, IBR 2004, 515 – *Bronnemeyer* (Bei einer Vielzahl von Mängeln in einer Honorarrechnung ist es dem Auftraggeber nicht zuzumuten, dem Architekten die einzelnen Fehler vorzuhalten).

69) BauR 2004, 316 = NJW-RR 2004, 445 = NZBau 2004, 216 = ZfIR 2004, 327; ferner BGH, BauR 2005, 1218 (LS) = NJW-RR 2005, 1103 = NZBau 2005, 639; ebenso OLG Rostock, BauR 2005, 742; vgl. hierzu *Kniffka*, Festschrift für Thode, 291; *Schwenker*, ZfIR 2004, 232 sowie *Hartung*, NZBau 2004, 249.

70) Vgl. hierzu auch LG Berlin, NZBau 2004, 220.

## Fälligkeit des Honorars　　　　　　　　　　　　　　　　　　　　　　　Rdn. 971c

fähig abgerechneten Honorarforderung eintritt. Für den Eintritt der Fälligkeit nennt der BGH den Zeitpunkt, „zu dem der Auftraggeber das Recht verliert, sich auf die fehlende Prüffähigkeit zu berufen." Als **angemessene Frist für die Erhebung des Einwandes fehlender Prüffähigkeit** gibt der BGH einen Zeitraum von **zwei Monaten** seit Zugang der Schlussrechnung an:

> „Der Einwand der fehlenden Prüffähigkeit einer Rechnung ist dann rechtzeitig, wenn er binnen einer angemessenen Frist erfolgt. Auf ein Verschulden des Auftraggebers kommt es insoweit nicht an. Der Einwand geht also sowohl in den Fällen verloren, in denen der Auftraggeber die fehlende Prüffähigkeit erkennt und nicht reagiert, als auch in den Fällen, in denen er, häufig ebenso wie der Auftragnehmer, von der Prüffähigkeit ausgeht. Dem Auftraggeber ist nach Erhalt der Rechnung eine ausreichend angemessene Zeit zur Verfügung zu stellen, in der er die Prüffähigkeit der Rechnung beurteilen und die regelmäßig gleichzeitig damit einhergehende Prüfung vornehmen kann. Welcher Zeitraum angemessen ist, hängt vom Umfang der Rechnung und deren Schwierigkeitsgrad ab. Aus Gründen der Rechtsklarheit ist ein Zeitraum festzulegen, in dem der Einwand der fehlenden Prüffähigkeit nach Treu und Glauben zu erfolgen hat. Dieser Zeitraum erscheint bei der insoweit gebotenen generalisierenden Betrachtungsweise mit dem auch in § 16 Nr. 3 Abs. 1 VOB/B geregelten Zeitraum von zwei Monaten seit Zugang der Schlussrechnung angemessen."

Mit dieser jüngsten, bemerkenswerten Entscheidung[71] will der BGH ganz offensichtlich einen Schlussstrich unter die vielen Entscheidungen der Vergangenheit zur Prüfbarkeit der Schlussrechnung ziehen, damit erreicht wird, dass sich die Parteien in Zukunft nicht über die Form der Rechnung (Prüfbarkeit der Rechnung), sondern über den Inhalt der Rechnung (Richtigkeit der Rechnung) auseinander setzen. Das ist dem BGH mit dieser Entscheidung auch gelungen.

Die vom BGH erarbeiteten Grundsätze für den Ausschluss des Einwands der fehlenden Prüffähigkeit der Schlussrechnung sind auch dann anwendbar, wenn der Auftraggeber selbst eine Abrechnung des Architektenvertrages vornimmt und einen Anspruch auf Rückzahlung eines bereits bezahlten Honorars geltend macht.[72]

Schwenker[73] hat sich mit der vorerwähnten Entscheidung des BGH und ihren Konsequenzen umfassend beschäftigt und hat die nachfolgenden Fallgruppen zusammengestellt, die sich nunmehr nach der Entscheidung des BGH zur Frage der Fälligkeit der Honorarschlussrechnung des Architekten ergeben:

* Die Rechnung ist prüffähig, der Auftraggeber rügt sie trotzdem; die Fälligkeit tritt mit Zugang der Rechnung beim Auftraggeber ein.
* Die Rechnung ist nicht prüffähig, der Auftraggeber teilt trotzdem dem Auftragnehmer das Ergebnis der Prüfung mit, ohne die fehlende Prüffähigkeit zu beanstanden; die Rechnung wird mit Zugang der Mitteilung fällig.
* Die Rechnung ist nicht prüffähig, der Auftraggeber rügt dies substantiiert; Fälligkeit tritt nicht ein, außer wenn der Auftraggeber sich auf fehlende Prüffähigkeit nach § 242 BGB nicht berufen darf.
* Die Rechnung ist nicht prüffähig, der Auftraggeber rügt aber nicht; Fälligkeit tritt zwei Monate nach Zugang der Rechnung beim Auftraggeber ein.
* Die Rechnung ist nicht prüffähig, der Auftraggeber ist nach § 242 BGB gehindert, sich auf die fehlende Prüffähigkeit zu berufen, rügt aber trotzdem; die Rechnung gilt als fällig, wenn die Umstände, die es dem Auftraggeber verbieten, sich auf fehlende Prüffähigkeit zu berufen, nach außen treten.

---

71) *Ulbrich*, IBR 2004, 79 spricht von einem „sensationellen Urteil".
72) BGH, BauR 2006, 693 = NZBau 2006, 248 = NJW-RR 2006, 667.
73) ZfIR 2004, 232.

**971 d** Haben die Parteien ein unter den Mindestsätzen liegendes Honorar (z. B. Pauschalhonorar) vereinbart, muss der Architekt für die Prüffähigkeit der Rechnung keine Schlussrechnung nach den höheren Mindestsätzen erteilen, wenn er nur das vereinbarte Honorar verlangt.[74] Zahlt der Auftraggeber trotz nicht prüffähiger Honorarrechnung an den Architekten, kann der Auftraggeber ggf. seine Zahlung nach den Bestimmungen über die ungerechtfertigte Bereicherung (§§ 812 ff. BGB) zurückverlangen – bis der Architekt seinen Honoraranspruch im Rahmen einer prüffähigen Rechnung nachweist.[75]

**972** Eine Klage, die auf eine **nicht prüffähige Schlussrechnung** gestützt wird, ist **mangels Fälligkeit** als **derzeit unbegründet abzuweisen**;[76] sie kann nicht „wegen fehlender Substantiierung des Vergütungsanspruches" endgültig abgewiesen werden.[77] Ist eine Schlussrechnung nur hinsichtlich der nicht erbrachten Leistungen nicht prüffähig, kann die auf die erbrachten Leistungen gestützte Honorarklage allerdings nicht als derzeit unbegründet abgewiesen werden;[78] dies gilt auch für den umgekehrten Fall. Der Architekt hat damit Gelegenheit, dem Bauherrn eine neue, prüffähige Schlussrechnung vorzulegen, um diese dann in einem neuen Prozessverfahren durchzusetzen. Da es sich insoweit um denselben Streitgegenstand handelt,[79] ist stets im Einzelfall zu prüfen, ob in dem Vorprozess die Honorarklage tatsächlich als derzeit unbegründet abgewiesen worden ist. Obwohl ein entsprechender Hinweis aus Gründen der Klarstellung der Tragweite der gerichtlichen Entscheidung sinnvoll erscheint, wird dies häufig im Tenor des Urteils nicht zum Ausdruck gebracht. Das ist jedoch unschädlich; es reicht aus, wenn sich diese Einschränkung des Urteils aus den Gründen ergibt.[80]

**973** Allerdings hat der Architekt auch die Möglichkeit, seine Klage, die auf eine **nicht prüffähige Schlussrechnung** gestützt ist und der mangels Fälligkeit des Honoraranspruchs die vorerwähnte Abweisung droht, auf eine Klage auf Zahlung eines **weiteren Abschlages** umzustellen, da dies **keine Klageänderung** im Sinne des § 263 ZPO darstellt.[81]

---

74) OLG Düsseldorf, BauR 1997, 163 = NJW-RR 1996, 1421; OLG München, BauR 1997, 882.
75) OLG Köln, BauR 1985, 583.
76) BGH, BauR 1995, 126 = NJW 1995, 399 = ZfBR 1995, 73; OLG Frankfurt, NJW-RR 1998, 374 = OLGR 1998, 60, 61; OLG Stuttgart, BauR 1985, 587; OLG Hamm, BauR 1985, 592; LG Amberg, BauR 1984, 301; OLG Düsseldorf (20. Senat), BauR 1985, 234; OLG Düsseldorf (23. Senat), BauR 1987, 227; OLG Düsseldorf (21. Senat), BauR 1987, 593; *Locher/Koeble/Frik*, § 10 HOAI, Rdn. 76; *Vygen* in Korbion/Mantscheff/Vygen, § 8 HOAI, Rdn. 47; **a. A.:** OLG Düsseldorf (22. Senat), BauR 1992, 96 (sachliche Abweisung mangels Schlüssigkeit). Zur Rechtskraftwirkung einer Klageabweisung als zurzeit unbegründet vgl. *Heinrich*, BauR 1999, 17; *Deckers*, BauR 1999, 987 u. BauR 2001, 1832, 1833; OLG Celle, OLGR 2001, 222. Zur **Rechtskraft** eines entsprechenden Urteils vgl. *Kniffka*, Festschrift für Thode, S. 291, 300 f.
77) BGH, BauR 2001, 106 = MDR 2000, 1429 = ZfBR 2001, 33 = NZBau 2001, 19.
78) BGH, BauR 1999, 265 = NJW-RR 1999, 312 = MDR 1999, 156 = ZfBR 1999, 88; BauR 2000, 126 = NJW 2000, 205 = NZBau 2000, 140 = ZfBR 2000, 47 = MDR 2000, 27; BauR 1999, 63 = NJW-RR 1999, 95 = ZfBR 1999, 37 = MDR 1999, 33.
79) BGH, BauR 2001, 124 = NZBau 2001, 146 = ZfBR 2001, 34 = NJW-RR 2001, 310 = MDR 2001, 83; NJW 1996, 3151.
80) BGH, a. a. O.; BauR 2000, 430 = NJW 2000, 653 = ZfBR 2000, 118; OLG Celle, OLGR 2001, 222.
81) OLG Köln, OLGR 1994, 79 = BauR 1994, 413 (LS) = ZfBR 1994, 20 (keine Auswechslung des Streitgegenstandes).

## Fälligkeit des Honorars  Rdn. 974–976

Eine prüffähige Schlussrechnung kann auch noch in der **Berufungsinstanz** vorgelegt werden,82) wobei jedoch die Kostennachteile des § 97 Abs. 2 ZPO zu berücksichtigen sind.83)

Wird eine Klage (z. B. wegen mangelnder Prüffähigkeit der Abschlags- oder Schlussrechnung) als zur Zeit unbegründet abgewiesen, ist der Beklagte materiell beschwert, wenn er die endgültige Klageabweisung begehrt hat, sodass eine entsprechende Berufung des Beklagten zulässig ist.

Entspricht eine Honorarrechnung nicht den Anforderungen der HOAI (insbesondere im Aufbau nicht dem § 10 Abs. 2 HOAI bezüglich der anrechenbaren Kosten, vgl. Rdn. 819 ff.) und ist sie damit mangels Prüffähigkeit nicht fällig, kann sie auch nicht – im Rahmen einer **gerichtlichen** Auseinandersetzung – z. B. durch **Einholung eines Sachverständigengutachtens – „prüffähig gemacht" werden**.84) So kann insbesondere die von dem Architekten geschuldete Kostenermittlung nicht durch ein Sachverständigengutachten ersetzt werden; sie kann aber von der Partei selbst „**nachgeholt**" werden.85) Nimmt z. B. das Landgericht an, die Schlussrechnung des (klaenden) Architekten ist prüffähig, und kommt das Oberlandesgericht in dem Berufungsverfahren zu einem anderen Ergebnis, muss dem Architekten **Gelegenheit** gegeben werden, „eine prüffähige Rechnung vorzulegen und gegebenenfalls seinen Sachvortrag hierzu zu ergänzen".86) Dabei ist zu beachten, dass eine zunächst nicht prüffähige Schlussrechnung durch schriftsätzlichen Vortrag im Rechtsstreit erläutert und damit prüffähig werden kann, sodass die Erstellung einer zusätzlichen Schlussrechnung zum Eintritt der Fälligkeit der Vergütung entbehrlich wird.87) **974**

Eine Überprüfung durch einen Sachverständigen kommt deshalb nur in Betracht, wenn die **Richtigkeit** der nach der HOAI **prüffähig** erstellten Honorarschlussrechnung **zur Diskussion steht**, also insbesondere die Frage, ob die angegebene Honorarzone zutreffend ist oder die in Ansatz gebrachten Leistungen (Teilleistung i. S. des § 15 HOAI; Grundleistungen; Besondere oder Zusätzliche Leistungen) tatsächlich erbracht sind.88) **975**

Die Schlussrechnung eines Architekten muss bei einem abgeschlossenen Bauvorhaben (Vollarchitektur) grundsätzlich mit folgenden objektiven Grundangaben versehen sein89) und insbesondere folgenden Aufbau hinsichtlich der anrechenbaren **976**

---

82) BGH, BauR 2005, 1959 = NZBau 2005, 692 (keine Klageänderung); BauR 2004, 115 = ZfBR 2004, 58; OLG Zweibrücken, NZBau 2005, 643. Vgl. hierzu auch *Kniffka*, Festschrift für Thode, S. 291, 299 sowie *Deckers*, NZBau 2007, 550.
83) Vgl. hierzu BGH, BauR 2001, 1776; OLG Düsseldorf, BauR 2000, 290; OLG Frankfurt, BauR 2000, 435.
84) *Locher/Koeble/Frik*, § 8 HOAI, Rdn. 32; zur Ausnahme nach Treu und Glauben (§ 242 BGB): BGH, BauR 1990, 97 = MDR 1990, 330 = ZfBR 1990, 19; vgl. hierzu OLG Stuttgart, BauR 1999, 514.
85) OLG Hamm, BauR 1994, 793 = NJW-RR 1994, 982; OLG Düsseldorf, BauR 1994, 133, 135 = NJW-RR 199, 18; vgl. auch Rdn. **823**.
86) BGH, BauR 1994, 655, 656.
87) BGH, BauR 2006, 678 = NZBau 2006, 335; BauR 1999, 63 = NJW-RR 1999, 95 = ZfBR 1999, 37 = MDR 1999, 33; OLG Hamm, BauR 1998, 819 = NJW-RR 1998, 811.
88) Vgl. hierzu OLG Stuttgart, NZBau 2005, 640.
89) BGH, BauR 2004, 316 = NJW-RR 2004, 445 = NZBau 2004, 216 = ZfIR 2004, 237; vgl. hierzu *Kniffka*, Festschrift für Thode, S. 291; *Schwenker*, ZfIR 2004, 232 sowie *Hartung*, ZBau 2004, 249. Zu einer praxisgerechten Abrechnung s. auch *Steckel/Becker*, ZfBR 1989, 88 ff.

Kosten aufweisen, soweit die Vertragsparteien nichts anderes vereinbart haben (z. B. gemäß § 4 a HOAI):

## A
### Honorarschlussrechnung
bei Vollauftrag

**Betr.:** Bauvorhaben Brabanter Straße, Köln
**Leistungsbild:** Objektplanung, § 15 HOAI
**Honorarzone:** IV
**Gebührensatz:** Mindestsatz nach Honorartafel zu § 16 Abs. 1 HOAI

I. **Erbrachte Leistungsphasen**

| | | |
|---|---|---|
| 1. Grundlagenermittlung | 3% | |
| 2. Vorplanung | 7% | |
| 3. Entwurfsplanung | 11% | |
| 4. Genehmigungsplanung | 6% | |
| | 27% | |

**Anrechenbare Kosten** nach § 10 Abs. 2 (1) HOAI gemäß Kostenberechnung:
...... €
Gebührensatz nach § 16 HOAI 100% = ...... €
Hiervon 27% = ...... €                                    ...... €

II. **Erbrachte Leistungsphasen**

| | | |
|---|---|---|
| 5. Ausführungsplanung | 25% | |
| 6. Vorbereitung der Vergabe | 10% | |
| 7. Mitwirkung bei der Vergabe | 4% | |
| | 39% | |

**Anrechenbare Kosten** nach § 10 Abs. 2 (2) HOAI gemäß Kostenanschlag:
...... €
Gebührensatz nach § 16 HOAI 100% = ...... €
Hiervon 39% = ...... €                                    ...... €

III. **Erbrachte Leistungsphasen**

| | | |
|---|---|---|
| 8. Objektüberwachung | 31% | |
| 9. Objektbetreuung | 3% | |
| | 34% | |

**Anrechenbare Kosten** nach § 10 Abs. 2 (3) HOAI gemäß Kostenfeststellung:
...... €
Gebührensatz nach § 16 HOAI 100% = ...... €
Hiervon 34% = ...... €                                    ...... €

IV. **Sonstige Leistungen**

1. Vorplanung als Einzelleistung (§ 19 HOAI)        ...... €
2. Besondere Leistungen (§§ 5, 15 HOAI)              ...... €
3. Zusätzliche Leistungen (§ 28 ff. HOAI)            ...... €

## Fälligkeit des Honorars

Rdn. 976

    4. Leistungen nach Zeitaufwand (§ 6 HOAI) ...... €
    5. Zuschläge für Umbau, Modernisierung, Leistungen des raumbildenden Ausbaus, Instandhaltungen und Instandsetzungen (§§ 24, 25, 27 HOAI) ...... €

V.   Nebenkosten (§ 7 HOAI) ...... €
VI.  Zuzüglich Umsatzsteuer (§ 9 HOAI) ...... €
     Insgesamt ...... €
VII.  Abzüglich Abschlagszahlungen ...... €
VIII. Restforderung ...... €

Die Schlussrechnung eines Architekten muss bei einem **gekündigten Architektenvertrag** grundsätzlich wie folgt aussehen:

**B**
**Honorarschlussrechnung**
nach Kündigung (i.S. d. § 649 BGB) in der Leistungsphase 5 bei Vollauftrag
Betr.: Bauvorhaben Brabanter Straße, Köln
**Leistungsbild:** Objektplanung, § 15 HOAI
**Honorarzone:** III, §§ 11, 12 HOAI
**Gebührensatz:** Mindestsatz nach Honorartafel zu § 16 Abs. 1 HOAI

A.   Erbrachte Leistungsphasen

I.
| | | |
|---|---|---|
| 1. Grundlagenermittlung | 3% | |
| 2. Vorplanung | 7% | |
| 3. Entwurfsplanung | 11% | |
| 4. Genehmigungsplanung | 6% | |
| 5. Ausführungsplanung – teilweise | <u>15%</u> | |
| insgesamt | 42% | |

Ermittlung des Anteils der erbrachten Leistungen der Leistungsphase 5

Ausführungsplanung 15%-Punkte von insgesamt 25%-Punkten (Begründung; vgl. Rdn. 938 ff.)

Anrechenbare Kosten nach § 10 Abs. 2 (1) HOAI gemäß Kostenberechnung: ...... €
Gebührensatz nach § 16 HOAI 100% = ...... €
Hiervon 42% = ...... €     ...... €

II.  **Sonstige Leistungen**
    1. Vorplanung als Einzelleistung (§ 19 HOAI) ...... €
    2. Besondere Leistungen (§§ 5, 15 HOAI) ...... €
    3. Zusätzliche Leistungen (§ 28 ff. HOAI) ...... €
    4. Leistungen nach Zeitaufwand (§ 6 HOAI) ...... €
    5. Zuschläge für Umbau, Modernisierung, Leistungen des raumbildenden Ausbaus, Instandhaltungen und Instandsetzungen (§§ 24, 25, 27 HOAI) ...... €

| | | | |
|---|---|---|---|
| III. | Nebenkosten (§ 7 HOAI) | | ...... € |
| | Zwischensumme | | ...... € |
| IV. | Zuzüglich Umsatzsteuer (§ 9 HOAI) | | ...... € |
| B. | **Nicht erbrachte Leistungsphasen** | | |
| I. | 5. Ausführungsplanung – Rest | 10% | |
| | 6. Vorbereitung der Vergabe | 10% | |
| | 7. Mitwirkung bei der Vergabe | 4% | |
| | 8. Objektüberwachung | 31% | |
| | 9. Objektbetreuung | 3% | |
| | insgesamt | 58% | |

Anrechenbare Kosten nach § 10 Abs. 2 (1) HOAI gemäß Kostenberechnung
(letzte nach § 10 Abs. 2 HOAI zu erbringende Kostenermittlung): ...... €
Gebührensatz nach § 16 HOAI 100% = ...... €
Hiervon 58% = ...... €                                        ...... €

II. Abzüglich ersparter Aufwendungen und anderweitiger Erwerb
1. Ersparte Aufwendungen (vgl. Rdn. 938 a ff.):
................................................
                                                              ...... €
2. Anderweitiger Erwerb (vgl. Rdn. 938 a ff.):
................................................
                                                              ...... €

Insgesamt                                                     ...... €

C. Abzüglich Abschlagszahlungen                               ...... €

D. Restforderung                                              ...... €

**977** Bei einem **Pauschalhonorar** reicht im Rahmen der Honorarschlussrechnung die **Angabe des vereinbarten Pauschalhonorars** aus.[90] Bei der entsprechenden Rechtsverfolgung seines Pauschalhonoraranspruches ist der Architekt nicht verpflichtet, zur Begründung (z. B. durch Vorlage einer Vergleichsrechnung) darzulegen, dass die Pauschalpreisabrede wirksam abgeschlossen wurde, also insbesondere keine unzulässige **Überschreitung** der HOAI-Höchstsätze gemäß § 4 Abs. 3 HOAI bzw. keine unzulässige **Unterschreitung** der HOAI-Mindestsätze gemäß § 4 Abs. 2 HOAI vorliegt. Die **Darlegungslast** für einen **Verstoß gegen das zwingende Preisrecht der HOAI** trägt vielmehr der **Auftraggeber** als Vertragspartner des Architekten. Das folgt aus dem allgemeinen Grundsatz, dass derjenige, der sich auf die Unwirksamkeit einer Vereinbarung wegen eines Verstoßes gegen ein gesetzliches Verbot stützt, entspre-

---

[90] OLG Oldenburg, BauR 2002, 502 = NZBau 2003, 40; OLG Hamm, NJW-RR 1994, 1433; OLG Frankfurt, *SFH*, Nr. 69 zu § 635 BGB; *Hartmann*, § 4 HOAI, Rdn. 3; *Locher/Koeble/Frik*, § 8 HOAI, Rdn. 17; vgl. auch OLG Köln, NJW-RR 1990, 1171 (für die VOB/B); **a. A.:** *Mauer*, Festschrift für Locher, S. 189, 195, der trotz des klaren Wortlauts des § 8 HOAI keine Rechnung verlangt.

## Fälligkeit des Honorars

chend substantiiert vorzutragen hat, weil er aus dem entsprechenden von ihm behaupteten Verstoß günstige Rechtsfolgen ableitet. Das hat der BGH[91] nunmehr entschieden und sich insoweit der allgemeinen Meinung in der Literatur angeschlossen. Etwas anderes gilt nur dann, wenn sich der Verstoß gegen das Preisrecht der HOAI aus dem eigenen Vortrag des Architekten ergibt; hier ist der Verstoß von Amts wegen zu beachten. Erst wenn die Unwirksamkeit des Pauschalhonorars festgestellt ist, hat der Architekt nunmehr eine prüffähige Honorarschlussrechnung mit einer detaillierten Aufschlüsselung nach Honorarzone, Gebührensatz, anrechenbaren Kosten usw. aufzustellen.[92]

Liegt das zwischen den Vertragsparteien vereinbarte Pauschalhonorar **unter** den Mindestsätzen, liegt zwar ein Verstoß gegen § 4 Abs. 4 HOAI mit der Folge vor, dass die Pauschalhonorarvereinbarung unwirksam ist. Der Architekt ist aber nunmehr nicht verpflichtet, nach den (höheren) Mindestsätzen abzurechnen; er kann es vielmehr dabei belassen, nur das (unwirksam) vereinbarte Pauschalhonorar zu verlangen.[93]

Wird der Architektenvertrag von den Parteien **einvernehmlich aufgehoben** oder von einer der Parteien **gekündigt**, wird die Honorarforderung des Architekten ebenfalls erst dann fällig, wenn dieser eine prüfbare Schlussrechnung erteilt hat.[94] Dabei ist das Honorar prüffähig hinsichtlich der bereits erbrachten und der nicht erbrachten Leistungen aufzuschlüsseln.[95] Ist die Schlussrechnung des Architekten nur hinsichtlich der **erbrachten** Leistungen prüffähig, jedoch nicht hinsichtlich der ebenfalls abgerechneten **nicht erbrachten** Leistungen, ist die auf die erbrachten Leistungen gestützte Honorarklage schlüssig und kann daher nicht als derzeit unbegründet abgewiesen werden.[96]

**Schwierigkeiten** ergeben sich bei einer Beendigung des Architektenvertrages, wenn die Leistungen des Architekten **mitten in einer Leistungsphase beendet** werden. In diesem Fall ist der Architekt darlegungs- und beweispflichtig dafür, wie sich sein Honorar für die erbrachten bzw. für die nicht erbrachten Grundleistungen der jeweiligen Leistungsphase errechnet.[97] Dabei muss er zunächst den Prozentanteil

978

---

91) BGH, BauR 2001, 1926 = NZBau 2001, 690 m. w. Nachw.
92) OLG Düsseldorf, BauR 1993, 630 = NJW-RR 1993, 1173 u. BauR 1982, 294; OLG Hamm, NJW-RR 1994, 1433; *Koeble*, BauR 2000, 785, 790.
93) OLG Düsseldorf, BauR 1997, 163 = NJW 1996, 1421.
94) BGH, BauR 2005, 739 = NJW-RR 2005, 749 = MDR 2005, 803; BauR 2000, 589 = NJW-RR 2000, 386 = ZfBR 2000, 172 = MDR 2000, 206; OLG Oldenburg, BauR 2002, 502, 503; OLG Düsseldorf, BauR 2001, 277, 278.
95) BGH, BauR 2004, 316, 318 = ZfIR 2004, 237 = NJW-RR 2004, 445 = NZBau 2004, 216; BauR 1994, 655 = NJW-RR 1994, 1238 = BB 1994, 1742 = ZfBR 1994, 219; BGH, BauR 1986, 596 = ZfBR 1986, 232; OLG Koblenz, NJW-RR 1998, 954 (Angabe der Prozentsätze der erbrachten Leistungsphasen des § 15 HOAI mit Begründung); OLG Düsseldorf, BauR 1996, 574 u. BauR 1996, 759 (LS); vgl. hierzu auch OLG Hamm, NJW-RR 1993, 1175 = ZfBR 1993, 225 = BauR 1993, 633 sowie *Meißner*, Festschrift für Soergel, S. 205, 209 und OLG Hamm, IBR 2004, 434 – *Büchner* (bei nicht vollständig erbrachten Leistungen reicht die Angabe der abgestuften Prozentsätze bei bauerfahrenen Auftraggebern grundsätzlich aus).
96) BGH, BauR 1999, 265 = NJW-RR 1999, 312 = MDR 1999, 156 = ZfBR 1999, 88.
97) BGH, BauR 2005, 739 = NJW-RR 2005, 749 = NZBau 2005, 349 = MDR 2005, 803 = ZfIR 2005, 412.

der nicht erbrachten Grundleistungen ermitteln, wobei die Tabelle von Steinfort[98], der die einzelnen Grundleistungen jeder Leistungsphase prozentual bewertet hat, hilfreich sein kann. Dasselbe gilt, wenn dem Architekten nicht sämtliche Grundleistungen einer Leistungsphase in Auftrag gegeben worden sind: Auch hier muss der Architekt darlegen und gegebenenfalls beweisen, wie hoch der Honoraranteil für die einzelnen Grundleistungen ist.[99]

Bezüglich der bei einem gekündigten oder einvernehmlich aufgehobenen Vertrag in Ansatz zu bringenden anrechenbaren Kosten vgl. Rdn. 837 ff. Soweit ersparte Aufwendungen und anderweitiger Erwerb des Architekten bei der Abrechnung eines vorzeitig beendeten Architektenvertrages gemäß § 649 BGB zu berücksichtigen sind, vgl. Rdn. 938.

Wurde zwischen den Vertragsparteien ein **Pauschalhonorar** vereinbart und das **Vertragsverhältnis vorzeitig** – z. B. durch Kündigung – **beendet**, ist die entsprechende Schlussrechnung als prüfbar anzusehen, wenn sie die von dem Architekten erbrachten Leistungen und die entsprechende Aufschlüsselung der Pauschale nachprüfbar wiedergibt.[100] Dazu ist es notwendig, dass der Architekt zunächst die **erbrachten Leistungen feststellt**, indem er diese von der nicht erbrachten Teilleistung nachprüfbar abgrenzt. Das ist häufig insbesondere dann eine schwierige Aufgabe, wenn die Architektentätigkeit **während** einer Leistungsphase (z. B. Planung oder Objektüberwachung) beendet und von einem **anderen** Architekten **fortgesetzt** wird.[101] Sodann hat der Architekt nachprüfbar das anteilige Pauschalhonorar in der Weise zu ermitteln, dass er dieses nach dem Verhältnis des Wertes der erbrachten Teilleistung zum Wert der nach dem Architektenvertrag geschuldeten Gesamtleistung errechnet; der Architekt muss also das **Verhältnis seiner erbrachten Tätigkeit zur vereinbarten Gesamtleistung und des Pauschalansatzes für die Teilleistung zum Gesamt-Pauschalhonorar im Einzelnen darlegen.**[102] Eine vertragliche Abschlagszahlungsregelung kann daher nicht mehr Grundlage der abschließenden Abrechnung sein. Das gilt insbesondere für die Leistungen des Architekten im Rahmen der Objektüberwachung, weil diese nicht mit zeitlich gleichmäßigem Arbeitsaufwand anfallen.[103]

War die Prüfbarkeit der Honorarrechnung im ersten Rechtszug nicht Streitgegenstand, liegt ein **neues Verteidigungsmittel** im Sinne des § 531 ZPO vor, wenn der Auftraggeber im Berufungsverfahren nunmehr behauptet, die Rechnung sei für ihn nicht prüffähig, weil die Kostenermittlungen der Honorarrechnung nicht beigefügt waren.[104]

---

98) Abgedruckt bei *Pott/Dahlhoff/Kniffka*, 7. Aufl., Anhang II. Vgl. ferner die „Tabelle zur Bewertung von Teilgrundleistungen" bei *Locher/Koeble/Frik*, Anhang 4 sowie die *Siemon*-Tabelle, abgedruckt in BauR 2006, 910, die Bewertung bei *Pott/Dahlhoff/Kniffka/Rath*, 8. Aufl., in § 15 HOAI, und die Tabelle bei *Korbion/Mantscheff/Vygen*, § 5 HOAI, Rdn. 32.
99) OLG Zweibrücken, BTR 2005, 258.
100) OLG Oldenburg, BauR 2002, 502 = NZBau 2003, 40; OLG Düsseldorf, BauR 1997, 163 = NJW 1996, 1421; OLG Hamm, BauR 1993, 633, 634 = NJW-RR 1993, 1175.
101) OLG Frankfurt, OLGR 1998, 60 = NJW-RR 1998, 374 (**Um- und Ausbauarbeiten**).
102) Vgl. hierzu BGH, BauR 1997, 304 = ZfBR 1997, 78 (für den Bauvertrag).
103) KG, BauR 2000, 594.
104) OLG Zweibrücken, BauR 2003, 1926 = OLGR 2003, 352; vgl. hierzu auch nunmehr BGH, BauR 2004, 316 = NJW-RR 2004, 445 = NZBau 2004, 216 = ZfIR 2004, 237 (verspätete Rüge der Prüffähigkeit der Honorarrechnung).

Durch Vorlage **neuer Schlussrechnungen** wird der **Streitgegenstand nicht geändert**.[105]

Weder das BGB noch die HOAI kennen die **Teilschlussrechnung**. Dennoch besteht nicht selten das Bedürfnis beider Vertragsparteien, unter einen abgeschlossenen Teil der Gesamtleistung einen Schlussstrich zu ziehen, um etwaige Problem- und Streitpunkte aus der Welt zu schaffen.[106] Die Vertragsparteien sind daher auch frei, eine Abrede über die Erstellung einer Teilschlussrechnung zu treffen. Wird eine solche Vereinbarung getroffen und vom Architekten eine Teilschlussrechnung vorgelegt, hat diese dieselben Wirkungen wie eine Schlussrechnung, also insbesondere hinsichtlich der Fälligkeit und der Verjährung der Forderung sowie der Bindungswirkung an die Teilschlussrechnung (zu Letzterem vgl. Rdn. 794 ff.). Gibt es zunächst keine Vereinbarung über die Erstellung einer Teilschlussrechnung, wird eine solche aber vom Architekten vorgelegt und vom Auftraggeber bezahlt, treten auch hier dieselben Wirkungen wie bei einer Schlussrechnung ein, weil davon auszugehen ist, dass die Parteien eine entsprechende Abrede konkludent durch ihr Verhalten nachgeholt haben.[107]

### c) Überreichung der Rechnung

Die Schlussrechnung[108] muss gemäß § 8 HOAI dem Auftraggeber oder einem von ihm Bevollmächtigten[109] „**überreicht**" werden. Das bedeutet, dass sie dem Bauherrn in schriftlicher Form zugehen, also in seinen **Machtbereich** gelangen muss, sodass unter Berücksichtigung gewöhnlicher Verhältnisse davon ausgegangen werden kann, dass der Auftraggeber von der Schlussrechnung Kenntnis nehmen konnte.[110] **Verweigert** der Auftraggeber die Annahme der Schlussrechnung oder verhindert er in anderer Weise ohne Grund den Zugang, muss er sich nach Treu und Glauben so behandeln lassen, als wäre der Zugang erfolgt.[111]

### 2. Abschlagszahlung

*Literatur*

*Scholtissek*, Sind Abschlagszahlungen beim Architekten- und Ingenieurvertrag gem. § 8 HOAI wirklich wirksam?, NZBau 2006, 299.

Nach § 8 HOAI kann der Architekt die Zahlung von **Teilbeträgen** verlangen.[112] Abschlagszahlungen können jedoch nur in **angemessenen zeitlichen** Abständen

---

105) BGH, BauR 2004, 115 = NJW-RR 2004, 167 = NZBau 2004, 98 = MDR 2004, 148; NJW-RR 2004, 526 = NZBau 2004, 272; BauR 2002, 1588 (für den Bauvertrag) = NZBau 2002, 614 = NJW-RR 2002, 1596. Zur Vorlage einer neuen Schlussrechnung in der Berufungsinstanz vgl. auch *Schenkel*, NZBau 2007, 6.
106) Vgl. hierzu *Koeble*, Festschrift für Werner, S. 123, 124.
107) *Koeble*, a. a. O., 123, 128 f.
108) Zur Frage, ob dem Auftraggeber ein Anspruch auf Erteilung einer Rechnung zusteht, vgl. *U. Locher*, Die Rechnung im Werkvertragsrecht, S. 62.
109) OLG Brandenburg, IBR 2007, 313 – *Müller*.
110) BGH, NJW 1965, 996; OLG Frankfurt, OLGR 1998, 60; *Vygen* in Korbion/Mantscheff/Vygen, § 8 HOAI, Rdn. 49.
111) Vgl. näher zum Zugang der Rechnung *Vygen* in Korbion/Mantscheff/Vygen, a. a. O.
112) Vgl. dazu näher *Hochstein*, BauR 1971, 7.

für **nachgewiesene Leistungen**, die vertragsgemäß erbracht wurden,[113] gefordert werden. Damit wird eine Abschlagszahlung nach § 8 Abs. 2 HOAI[114] frühestens fällig, wenn der Architekt Teilleistungen erbracht hat und er deren Bezahlung fordert. Zwar verlangt § 8 HOAI nicht ausdrücklich eine prüffähige Rechnung auf Abschlagszahlung – entsprechend der Schlussrechnung; der BGH hat jedoch zwischenzeitlich klargestellt, dass es zur Fälligstellung einer **Abschlagsforderung** grundsätzlich einer **prüffähigen Honorarrechnung** bedarf.[115] Eine prüffähige Akontorechnung wird man insbesondere nur dann annehmen können, wenn der Architekt in der Abschlagsrechnung seine erbrachten **(Teil-)Leistungen konkret aufschlüsselt** und gegebenenfalls auf Nachfrage belegt. Dies gilt jedoch nicht, wenn die Parteien die Fälligkeit der Abschlagszahlungen im Sinne von Teilzahlungen von einem Zahlungsplan abhängig gemacht haben.[116]

Der **Einwand fehlender Prüffähigkeit einer Abschlagsrechnung** kann ebenfalls nur innerhalb eines Zeitraums **von zwei Monaten** seit Zugang der Abschlagsrechnung erhoben werden;[117] insoweit gelten die vom BGH zur Schlussrechnung gemachten Ausführungen (vgl. hierzu Rdn. 971 c). Eine Teilabnahme oder die Abnahmefähigkeit der erbrachten Leistung[118] ist für die Fälligkeit ebenfalls nicht Voraussetzung.[119] Wann „angemessene zeitliche Abstände" für die Geltendmachung von Abschlagszahlungen vorliegen, ist eine Frage des Einzelfalles. Zumindest müssen **gewichtige Teilleistungen** von dem Architekten erbracht sein.[120]

Nach **§ 632 a BGB**, der mit Wirkung zum 1.5.2000 in das BGB eingefügt wurde, kann ein Unternehmer Abschlagszahlungen nur „für in sich abgeschlossene Teile des Werkes" verlangen. Insoweit wird die Möglichkeit, Abschlagszahlungen zu verlangen, erheblich **eingeschränkt** (vgl. Rdn. 1218). § 8 Abs. 2 HOAI geht als **Spezialvorschrift** der gesetzlichen Regelung des § 632 a BGB vor. Die einschränkende Regelung des § 632 a BGB gilt daher für die Planungsleistungen, die nach **HOAI** abgerechnet werden können, nicht. Wird allerdings in Formularverträgen/AGB des Auftraggebers die Möglichkeit, Abschlagszahlungen zu verlangen, ausgeschlossen oder erheblich über den Wortlaut des § 632 a BGB hinaus erschwert, kann eine solche Regelung unwirksam sein, weil sie mit dem gesetzgeberischen Grundgedanken, der in § 632 a BGB zum Ausdruck kommt, nicht in Einklang zu bringen ist.[121]

**981** Die **Höhe der Teilzahlung** richtet sich nach dem Stand der Leistungen. Ob die jeweiligen Teilleistungen (z. B. des § 15 HOAI) voll erbracht sind oder nicht, ist unerheblich; entscheidend ist allein der Leistungsstand. Nicht nur abgeschlossene Leistungsphasen berechtigen also zu Abschlagsforderungen. Der **Architekt** trägt

---

113) OLG Naumburg, ZfBR 1996, 213, 216; OLG Köln, NJW-RR 1998, 955.
114) Zur Wirksamkeit dieser Vorschrift vgl. OLG Celle, BauR 2000, 763 = NJW-RR 2000, 899 = OLGR 2000, 113.
115) BGH, BauR 2005, 1951; BauR 1999, 267 = NJW 1999, 713; *Locher/Koeble/Frik*, § 8 HOAI, Rdn. 60.
116) LG Darmstadt, BauR 2005, 1499.
117) BGH, BauR 2005, 1951.
118) **Anderer Ansicht:** *Locher/Koeble/Frik*, § 8 HOAI, Rdn. 61.
119) BGH, NJW 1974, 697 = BauR 1974, 215.
120) *Vygen* in Korbion/Mantscheff/Vygen, § 8 HOAI, Rdn. 56.
121) So auch *Kniffka/Koeble*, 9. Teil, Rdn. 113.

## Abschlagszahlung

für den jeweiligen Leistungsstand und für die Höhe der fälligen Teilvergütung die volle **Darlegungs- und Beweislast**.

Nach erbrachter Teilleistung beginnt **mit der Anforderung des Teilbetrages** für die jeweilige Abschlagszahlung am Schluss des Jahres der Anforderung die **Verjährungsfrist** zu laufen: Nach Inkrafttreten des Schuldrechtsmodernisierungsgesetzes ist dies die regelmäßige Verjährungsfrist von drei Jahren nach § 195 BGB n. F. (vgl. hierzu im Einzelnen und zur früheren Rechtslage Rdn. 2370 ff.). **982**

Fordert der Architekt nach erbrachten Teilleistungen **Abschlagszahlungen**, so laufen für die jeweiligen angeforderten Teilbeträge mehrere Verjährungsfristen, die er beobachten muss. Dies ist inzwischen herrschende Rechtsauffassung.[122]

Demgegenüber gehen Neuenfeld,[123] und Jochem[124] zwar ebenfalls von einem einklagbaren Anspruch auf Abschlagszahlungen aus, sie sind jedoch der Auffassung, dass die Anforderung von Abschlagszahlungen keinen Einfluss auf die Fälligkeit dieser Teilbeträge hat, da für das Architektenhonorar von einem einheitlichen Fälligkeitszeitpunkt auszugehen sei.[125]

Dieser Standpunkt ist nicht haltbar: Wenn ein Architekt nach § 8 HOAI Abschlagszahlungen verlangen kann, setzt dies die Fälligkeit der Abschlagszahlung mit der Folge voraus, dass mit der Fälligkeit auch eine entsprechende Verjährung zu laufen beginnt.[126]

Ist eine Abschlagsforderung **verjährt**, kann sie nicht mehr mit Erfolg **selbstständig** gerichtlich geltend gemacht werden, wenn der Auftragnehmer die Verjährungseinrede erhebt. Dessen ungeachtet ist aber der Architekt nach wie vor berechtigt, diese Teilforderung in seine **spätere Schlussrechnung einzustellen** und sie mit der übrigen Honorarschlussforderung geltend zu machen.[127] Der Anspruch aus der Honorarschlussrechnung stellt dann eine neue, einheitliche Forderung dar, für die auch eine neue Verjährungsfrist gesondert zu laufen beginnt.[128] **983**

Die **gerichtliche Geltendmachung** von Abschlagszahlungen ist **nach Vertragsbeendigung** bzw. erbrachter Gesamtleistung regelmäßig **ausgeschlossen** (vgl. näher Rdn. 1228 ff.).[129] Das wird man jedoch für anerkannte Abschlagsforderungen nicht annehmen können; sie können stets weiter verfolgt werden.[130] Allerdings kann das auf weitere Abschlagszahlungen gerichtete prozessuale Begehren des Architekten im Einzelfall dahingehend auszulegen sein, dass der geltend gemachte Anspruch **984**

---

122) BGH, BauR 1999, 267 = NJW 1999, 713 = MDR 1999, 221; OLG Köln, OLGR 1994, 79; OLG Celle, BauR 1991, 371; *Locher/Koeble/Frik*, § 8 HOAI, Rdn. 64; *Vygen* in Korbion/Mantscheff/Vygen, § 8 HOAI, Rdn. 60; *Pott/Dahlhoff/Kniffka/Rath*, § 8 HOAI, Rdn. 19.
123) § 8 HOAI, Rdn. 2.
124) § 8 HOAI, Rdn. 7.
125) Ebenso: OLG Zweibrücken, BauR 1980, 482, 484; vgl. auch *Schmitz*, DAB 1981, 373.
126) Vgl. hierzu Rdn. 2370 ff.
127) BGH, BauR 1999, 267 = NJW 1999, 713 = MDR 1999, 221; kritisch hierzu: *Otto*, BauR 2000, 350; OLG Celle, BauR 1999, 268 = OLGR 1999, 134 = IBR 1999, 221.
128) So richtig: OLG Celle, BauR 1991, 371, 372; **a. A.:** *Locher/Koeble/Frik*, § 8 HOAI, Rdn. 64 (a. E.).
129) Vgl. BGH, BauR 1985, 456 u. BauR 1987, 453 (für den Bauvertrag); wie hier: OLG Düsseldorf, BauR 2002, 117 = NJW-RR 2002, 163; *Locher/Koeble/Frik*, § 8 HOAI, Rdn. 17 sowie KG, BauR 1994, 791, 792; vgl. aber OLG Köln, NJW-RR 1992, 1438 für den Fall des Schuldanerkenntnisses nach der Schlussrechnung.
130) So auch OLG Köln, NJW-RR 1992, 1483; offen gelassen von BGH, BauR 1987, 453 (für das „unbestrittene Guthaben" i. S. d. § 16 Nr. 3 Abs. 1 Satz 3 VOB/B).

auf Schlusszahlung oder Teilschlusszahlung ausgerichtet ist;[131] dies setzt jedoch voraus, dass der Architekt eine **prüffähige** Schlussrechnung nachreicht. Wenn der Architekt seine Abschlagsforderung nicht mehr als solche, sondern als Teilschlussforderung geltend macht, ist darin keine Klageänderung zu sehen, weil es sich nicht um unterschiedliche Streitgegenstände handelt. Das hat der BGH[132] zwischenzeitlich (für ein Berufungsverfahren) unter Aufgabe seiner bisherigen Rechtsprechung bestätigt.

**985** **Akontozahlungen** erfolgen in Erwartung der Feststellung der endgültigen Forderung[133] und stehen damit unter dem Vorbehalt der Überprüfung im Rahmen der endgültigen Abrechnung.[134] Sie haben daher schon von ihrem Wesen her vorläufigen Charakter. Aus Abschlagszahlungen können daher keinerlei verbindliche Erklärungen einer Vertragspartei gefolgert werden; insbesondere scheidet jede „Anerkenntnis"-Wirkung aus. Dem Zahlenden bleibt eine Korrektur in der Zukunft (z. B. im Rahmen der Schlussrechnung) möglich; sie kann nicht als treuwidrig zurückgewiesen werden.[135] Erfolgt im Rahmen von vereinbarten Akontozahlungen eine **Überzahlung** durch den Auftraggeber, so kann er diese zurückfordern.

Der BGH[136] und ihm folgend das OLG Düsseldorf[137] stützen diesen **Rückzahlungsanspruch** auf eine **vertragliche Anspruchsgrundlage**: Bei allen Absprachen über Abschlagszahlungen verpflichtet sich der Auftragnehmer im Rahmen einer „stillschweigend getroffenen Abrede zur Zahlung in Höhe des Überschusses an den Auftraggeber". In einem Prozess des Auftraggebers gegen den Architekten auf (Rück-) Zahlung eines Überschusses trägt dieser die Darlegungs- und Beweislast, wenn er behauptet, dass ihm eine Honorarforderung in Höhe der erhaltenen Abschlagszahlungen zusteht, weil er grundsätzlich seinen Honoraranspruch darlegen und beweisen muss.[138] Für die behaupteten Abschlagszahlungen trägt der **Auftraggeber** die **Darlegungs-** und **Beweislast**.[139]

**986** Soweit Akontozahlungen der Höhe nach deutlich abweichend von den in § 15 HOAI festgelegten Prozentsätzen formularmäßig vereinbart werden, kann dies

---

131) Vgl. BGH, BauR 1985, 456 = DB 1985, 1988; OLG Düsseldorf, BauR 2002, 117 = NJW-RR 2002, 163; KG, BauR 1994, 791, 792; OLG Hamm, NJW-RR 1994, 1433; OLG Köln, OLGR 1994, 79; OLG Köln, *Schäfer/Finnern*, Z 2.330.1 Bl. 2 = BauR 1973, 324; *Locher/Koeble/Frik*, § 8 HOAI, Rdn. 65.
132) BauR 2005, 400 = NZBau 2005, 158.
133) RG, DR 1943, 1068.
134) Vgl. Rdn. **2041**; *Ingenstau/Korbion*, § 16/B, Rdn. 3; § 14/B, Rdn. 21.
135) Vgl. hierzu im Einzelnen *Werner*, Festschrift für Locher, S. 289, 298.
136) BauR 1999, 635 = ZfBR 1999, 196 = NJW 1999, 1867 = MDR 1999, 671; wie hier KG, BauR 1998, 348 (für den Bauvertrag); OLG Düsseldorf, BauR 1994, 272 (für den Architektenvertrag).
137) BauR 1999, 1477 = NJW-RR 2000, 312 = NZBau 2000, 85; vgl. auch LG Berlin, BauR 2000, 294. Das OLG Oldenburg – IBR 2007, 200 – stützt allerdings einen Rückzahlungsanspruch aufgrund einer nicht dauerhaft genehmigungsfähigen Planung des Architekten auf § 812 Abs. 1 S. 1 BGB, weil hier dem Architekten jedenfalls für die Leistungsphasen 3 und 4 überhaupt kein Honorar zusteht.
138) BGH, BauR 1999, 635, 640 (für den Bauvertrag) = ZfBR 1999, 196 = NJW 1999, 1867 = MDR 1999, 671; OLG Düsseldorf, BauR 1998, 887 = OLGR 1998, 314; KG, KGR 1998, 180 u. NZBau 2001, 636.
139) BGH, a. a. O.

unzulässig sein.¹⁴⁰⁾ So weicht nach Auffassung des BGH¹⁴¹⁾ eine Klausel in Allgemeinen Geschäftsbedingungen des Auftraggebers, wonach dem Architekten Abschlagszahlungen in Höhe von 95% des Honorars für die nachgewiesenen Leistungen einschließlich USt. gewährt werden, vom gesetzlichen Leitbild des § 8 Abs. 2 HOAI ab; eine solche Klausel ist nach der Entscheidung des BGH „jedenfalls dann wegen ungemessener Benachteiligung des Auftragnehmers unwirksam, wenn sie in einem Vertrag verwendet wird, der die Leistungen aller Leistungsphasen des § 15 Abs. 2 HOAI enthält, eine Teilschlusszahlung lediglich nach Genehmigung der bis zur Leistungsphase 4 erbrachten Leistungen vereinbart ist und die Schlusszahlung für die Leistungsphasen 5–9 erst fällig wird, wenn der Auftragnehmer sämtliche Leistungen aus dem Vertrag erfüllt hat". Diese Entscheidung hat in der Literatur Kritik hervorgerufen.¹⁴²⁾

Eine gerichtliche Entscheidung über eine Abschlagsforderung hat materielle Rechtskraft für den späteren Rechtsstreit auf Zahlung der Schlussrechnung; insoweit handelt es sich um einheitliche Streitgegenstände, da die Erstellung der Schlussrechnung und ihre gerichtliche Geltendmachung keinen neuen Lebenssachverhalt darstellen.¹⁴³⁾

### 3. Nebenkosten

Nebenkosten sind gemäß § 8 Abs. 3 HOAI „auf Nachweis fällig, sofern nicht **bei Auftragserteilung** etwas anderes **schriftlich** vereinbart worden ist". Nebenkosten müssen also im Einzelnen grundsätzlich belegt werden (vgl. Rdn. 930 ff.).¹⁴⁴⁾ Zur Schriftform und zu einer möglichen anderweitigen Vereinbarung bei Auftragserteilung vgl. näher Rdn. 734 ff., 740 ff. und Rdn. 932 ff.

---

140) BGH, NJW 1981, 2351, 2355 = BauR 1981, 582, 587.
141) BauR 2006, 674 = NZBau 2006, 245 = ZfIR 2006, 366 = IBR 2006, 212 – *Koeble* = NJW-RR 2006, 597. Ebenso schon *Motzke* in: Graf von Westphalen, Klauselwerke/Architektenvertrag, Rdn. 232.
142) Vgl. hierzu *Schwenker/Thode*, ZfIR 2006, 369 ff., die die gesetzliche Leitbildfunktion des § 8 Abs. 2 HOAI und auch die Verfassungsmäßigkeit dieser Vorschrift bezweifeln. Ebenso *Scholtissek*, NZBau 2006, 299.
143) **Anderer Ansicht:** OLG Jena, OLGR 1996, 257.
144) BGH, NJW-RR 1990, 1109 = BauR 1990, 632 = ZfBR 1990, 227; vgl. aber OLG Hamm, IBR 1991, 180 = BauR 1991, 385 (LS).

# KAPITEL 5
# Die Werklohnklage des Bauunternehmers

*Übersicht*

| | | Rdn. | | | Rdn. |
|---|---|---|---|---|---|
| I. | Grundlage der Vergütung | 988 | V. | Werklohnanspruch bei Kündigung und einvernehmlicher Vertragsaufhebung | 1289 |
| II. | Der Bauvertrag | 994 | | | |
| III. | Der vertraglich vereinbarte Werklohn | 1102 | VI. | Fälligkeit des Werklohns | 1336 |
| IV. | Umfang des Werklohnanspruchs | 1141 | | | |

## I. Grundlage der Vergütung

*Literatur*

*Grimme*, Die Vergütung beim Werkvertrag, 1987; *Zielemann*, Vergütung, Zahlung und Sicherheitsleistung nach VOB, 2. Auflage 1995; *Leinemann*, Die Bezahlung der Bauleistung, 2. Auflage 1999; *Cuypers*, Der Werklohn des Bauunternehmers, 2000; *Leineweber*, Handbuch des Bauvertragsrechts, 2000.
*Lange*, Zum Umfang der Substantiierungspflicht im Zivilprozess, DRiZ 1985, 247; *Mugler*, Die Bindung der Vertragsparteien an ihre Vereinbarung über die Höhe der Vergütung bei Regiearbeiten am Bau, BB 1989, 859; *Peters*, Die Vergütung des Unternehmers in den Fällen der §§ 643, 645, 650 BGB, Festschrift für Locher (1990), 209; *Ágh-Ackermann/Kuen*, Wettbewerbspreis und Dispositionsrecht – Ein in Vergessenheit geratener Vertragszusammenhang, BauR 1994, 439; *Locher*, Reformation – oder Deformation des Werkvertragsrechts durch die EG, Festschrift für Gernhuber, 281; *Lerch*, Die richterliche Inhaltskontrolle von notariell beurkundeten Bauverträgen, BauR 1996, 155; *Berg*, Baurecht – vor und nach der Wiedervereinigung, Festschrift für von Craushaar (1997), 75; *Jagenburg*, Baurechtliche Sonderentwicklungen und Bürgerliches Recht, Festschrift für von Craushaar (1997), 117; *Korbion*, Gedanken eines „Entwicklungshelfers" zum deutschen Bauvertragsrecht, Festschrift für von Craushaar (1997), 125; *Schlechtriem*, UNIDROIT-Principles (Einheitliche Prinzipien für Verträge) und Werkvertragsrecht, Festschrift für von Craushaar (1997), 157; *Kern*, Der Einkäufer im Baubetrieb – Das rechtliche Spannungsfeld von Kauf- und Werkvertrag, Festschrift für von Craushaar (1997), 239; *Cuypers*, Werkvertragsrecht und Bauvertrag, Festschrift für Mantscheff (2000), 53; *Schmeel*, Neues zur Stellung von Sub- und Nachunternehmern, MDR 2000, 999; *Voit*, Die Änderungen des allgemeinen Teils des Schuldrechts durch das Schuldrechtsmodernisierungsgesetz und ihre Auswirkungen auf das Werkvertragsrecht, BauR 2002, 145; *Vorwerk*, Kaufrecht und Werklieferungsvertrag, BauR 2002, 165; *Kus/Markus/Steding*, Die neuen FIDIC-Verträge: Auftragnehmerlastige Risikoverteilung? Jahrbuch Baurecht 2002, 237; *Sienz*, Die Neuregelungen im Werkvertragsrecht nach dem Schuldrechtsmodernisierungsgesetz, BauR 2002, 181; *Anker/Zacher*, Ist auf alte Werkverträge ab dem 1.1.2003 das neue Recht anzuwenden?, BauR 2002, 1772; *Preussner*, Die Auswirkungen des Schuldrechtsmodernisierungsgesetzes auf das Baurecht: eine kritische Analyse, Festschrift für Kraus (2003), 179; *Maxem*, Rechtsfolgen bei Verletzung von Mitwirkungspflichten durch den Besteller beim (Bau-)Werkvertrag, BauR 2003, 952; *Grauvogl*, Bauvertrag – Risikoverlagerung vom Auftraggeber zum Auftragnehmer, Jahrbuch Baurecht 2003, 29; *Sienz*, Die Vorleistungspflicht des Bauunternehmers: Ein Trugbild?, BauR 2004, 10; *Christiansen*, Bauvertrag – Vorleistung und vorzeitige Leistung – unter Einbeziehung des Entwurfs zum Forderungssicherungsgesetz BR-Dr. 458/04 –, ZfBR 2004, 736; *Schmidt*, Folgen fehlender Beurkundung einer Baubeschreibung, ZfIR 2005, 306; *Schuhmann*, Neuere Entwicklungen im Vertragsrecht des Anlagenbaus, BauR 2005, 293; *Vogel*, Auswirkungen und Einfluss des Gemeinschaftsrechts auf das private Baurecht, BauR 2006, 744.

**988** Für die Werklohnklage des Unternehmers gehört zum schlüssigen Klagevortrag die substantiierte Behauptung, dass

* ein wirksamer **Bauvertrag** zu Stande gekommen (Rdn. 994 ff.)
* eine bestimmter **Werklohn** verdient (Rdn. 1113 ff.) und
* die Forderung **fällig** (Rdn. 1336 ff.) ist

Die für eine **ordnungsgemäße Klageschrift** gemäß § 253 Abs. 2 ZPO erforderlichen Voraussetzungen haben in erster Linie den Zweck, den **Beklagten** über Grund und Höhe der Forderung so weit in Kenntnis zu setzen, dass er hierauf seine **Verteidigung einrichten** kann. Da sich der Vergütungsanspruch des Unternehmers wesentlich nach der **rechtlichen Qualifikation** des abgeschlossenen Bauvertrages richtet, wird der Unternehmer zweckmäßigerweise auch den Inhalt des abgeschlossenen Bauvertrages erläutern, **soweit dies für den Zahlungsanspruch notwendig** ist;[1] nur so wird die vertraglich vereinbarte Bauleistung und der Vergütungsmodus für das Gericht überhaupt erkennbar. Zudem kann auf diese Weise die materielle Einordnung des Bauvertrages als BGB-Werkvertrag oder als VOB-Bauvertrag erfolgen; denn diese Einordnung ist von grundlegender Bedeutung: Die Voraussetzungen der **Schlüssigkeit** einer Vergütungsklage bestimmen sich weitgehend von dem materiellen Anspruch her; damit ergeben sich **erhebliche Unterschiede** zwischen Preisregelung und Zahlungsmodus beim **BGB**-Werkvertrag gegenüber einem **VOB-Vertrag**.

**989** Allerdings dürfen an die Substantiierungspflicht auch nicht zu hohe Anforderungen gestellt werden.[2] Liegt eine ordnungsgemäße Klageschrift i. S. des § 253 Abs. 2 ZPO vor, sind **Lücken im Vortrag** – gegebenenfalls aufgrund richterlichen Hinweises (§ 139 ZPO) – **später** zu schließen; denn die **Darlegungslast** des Unternehmers richtet sich auch wesentlich danach, was der **Gegner**, also der Bauherr/Auftraggeber, **vorträgt**: Zu **näheren Angaben** hat der Unternehmer **(nur) Anlass**, wenn sein Vortrag „in einer hinsichtlich der geltend gemachten Rechtsfolge bedeutsamen Weise **unvollständig, mehrdeutig** oder **sonst unklar ist** oder **wird**".[3] So werden z. B. bei einem **Einheitspreisvertrag** ins Einzelne gehende Angaben zum Umfang des Auftrags und der erbrachten Leistungen erforderlich, wenn der Bauherr den Umfang der Arbeiten bestreitet.[4] Bei einem (ungekündigten) **Pauschalpreisvertrag** wird es in der Regel dagegen ausreichen, wenn der Unternehmer unter Beweis vorträgt, dass er die berechneten Leistungen erbracht hat.[5]

**990** Mit einer **Klageschrift** sollten (vorsorglich) stets folgende **Unterlagen** überreicht werden:[6]

---

1) Vgl. dazu vor allem BGH, BauR 1984, 667 = NJW 1984, 2888 = WM 1984, 1380 m. krit. Anm. *Stürner*, JZ 1985, 185; BGH, NJW-RR 1996, 1212 (**Zeitpunkt** einer behaupteten Vereinbarung).
2) Vgl. insoweit BGH, BauR 1992, 265; BGH, BauR 1988, 121; OLG Hamm, OLGR 1996, 113.
3) BGH, BauR 1988, 121 = ZfBR 1988, 85.
4) Zur Darlegungslast beim **Einheitspreisvertrag**: OLG Hamm, OLGR 1996, 113; bei der **Stundenlohnabrechnung**: OLG Frankfurt, OLGR 2000, 305.
5) Zur Darlegungslast beim **Pauschalvertrag**: OLG Düsseldorf, BauR 1996, 898 (**Zusatzleistungen**); OLG Hamm, NJW-RR 1996, 86; OLG Frankfurt, OLGR 1997, 13 (**Beweislast**); BGH, BauR 1997, 304 = NJW 1997, 733 u. BauR 1998, 121 = NJW-RR 1998, 234 = ZfBR 1998, 78 (**Abwicklung**); § 649 Satz 2 BGB) sowie **Rdn. 572**, Anm. 2 m. w. Nachw.
6) Vgl. auch *Brügmann*, Prozessleitung, S. 17 ff.; zur Verweisung auf ein anhängiges Parallelverfahren: OLG Düsseldorf, OLGR 1996, 184.

**Grundlage der Vergütung** **Rdn. 991–993**

* Der **Bauvertrag** bzw. das **Angebots-** und **Auftragsschreiben** sowie der **Schriftverkehr**, aus dem die vertraglichen Vereinbarungen über den Vergütungsanspruch des Auftragnehmers hervorgehen (Stundenlohnvereinbarungen, Zusatzaufträge usw.)
* **Allgemeine** und **Besondere Vertragsbestimmungen**, soweit sie Vertragsinhalt geworden sind
* **Schlussrechnung** bzw. **Zwischenrechnung**;[7] wurde die Schlussrechnung von der Gegenseite geprüft und bereits korrigiert, empfiehlt es sich, diese **korrigierte Schlussrechnung** mit einzureichen, wenn die korrigierten Einzelpositionen von dem Unternehmer beanstandet werden[8]

Ist ein schriftlicher Bauvertrag nicht abgeschlossen worden, hat der Unternehmer die entsprechenden **mündlichen Vereinbarungen** substantiiert vorzutragen, um seinen Werklohnanspruch zu begründen. Bei einer **späteren Vertragsänderung** hat derjenige, der hieraus Rechte herleiten will, Inhalt und Umfang dieser Vertragsänderung zu beweisen; das gilt nach Auffassung des BGH[9] auch dann, wenn die Parteien unstreitig einen Teil ihrer Vereinbarung durch eine Neuregelung ersetzt haben und lediglich darüber Streit besteht, ob zusätzlich eine weitere Änderung vereinbart wurde. 991

Leistungsverzeichnisse müssen einer Klageschrift nicht von vornherein beigefügt werden; dies gilt auch für andere Unterlagen wie **Pläne**, **Aufmaßunterlagen** usw. Diese Bauunterlagen sollten nur dann vorgelegt werden, wenn schon aufgrund der Vorkorrespondenz erkennbar wird, dass der Gegner (Auftraggeber) einzelne Vergütungsansätze, Massen („Mengen") und dgl. beanstandet. **Zeichnungen** sind einzureichen, wenn die Klärung technischer Fragen im Prozess erforderlich wird.

Macht der Bauunternehmer **verschiedene Forderungen** aus **selbstständigen** Bauvorhaben gegen denselben Auftraggeber mit einer einheitlichen Zahlungsklage geltend, so hat er die einzelnen Bauvorhaben und die entsprechenden Zahlungsansprüche voneinander abzugrenzen. Macht er eine Zahlungsklage geltend, ohne dass ersichtlich ist, wie etwaige Restansprüche auf die verschiedenen Bauvorhaben aufzuteilen sind, kann die Klage wegen Verstoßes gegen § 253 Abs. 2 Nr. 2 ZPO unzulässig sein. Die Umstände können allerdings ergeben, dass die Parteien die verschiedenen Forderungen zu einer Gesamtforderung zusammenfassen wollten, sodass ein **Abrechnungsvertrag** nach Art eines Kontokorrents vorliegt;[10] im letzteren Fall bedarf es jedoch eines entsprechenden substantiierten Vortrages. 992

Selbstständige Bauverträge liegen noch nicht vor, wenn Bauleistungen in technischer Hinsicht unterschiedlich sind; gerade im Baugewerbe werden vielfach technisch unterschiedliche Leistungen in einem einheitlichen Bauvertrag zusammengefasst.[11] Die Einheitlichkeit eines Bauvertrages wird auch nicht dadurch berührt, dass für unterschiedliche Teilleistungen verschiedene Vergütungsabreden getroffen werden; für einzelne Teilleistungen können durchaus Pauschalpreise vereinbart sein, während für andere Teilleistungen eine Abrechnung nach Einheitspreisen erfolgen soll, ohne dass die Einheitlichkeit des Bauvertrages berührt wird.[12] 993

---

7) Zum Erfordernis einer Rechnung bei einem **BGB**-Bauvertrag vgl. Rdn. **1368 ff.**
8) Zur Verweisung auf eine **außerhalb** des Verfahrens dem Auftraggeber erteilte **Abrechnung**: OLG Hamm, OLGR 1996, 113.
9) BauR 1995, 92 = ZfBR 1995, 27.
10) BGH, *Schäfer/Finnern*, Z 8.0 Bl. 27.
11) *Schmidt*, WM 1974, 294, 297.
12) BGH, BauR 1973, 246.

## II. Der Bauvertrag

*Übersicht*

| | Rdn. | | Rdn. |
|---|---|---|---|
| 1. Vereinbarung der VOB............ | 1001 | a) Originäre Vollmacht des Architekten.................... | 1072 |
| a) VOB Teil A (VOB/A).......... | 1001 | b) Ausdrückliche Vollmacht des Architekten.................... | 1079 |
| b) VOB Teil B (VOB/B).......... | 1003 | c) Duldungsvollmacht des Architekten.................... | 1084 |
| c) VOB Teil C (VOB/C).......... | 1026 | d) Anscheinsvollmacht des Architekten.................... | 1085 |
| 2. Widersprüche im Bauvertrag....... | 1027 | | |
| 3. Aktiv- und Passivlegitimation...... | 1034 | | |
| 4. Wirksamkeit des Bauvertrages...... | 1040 | | |
| 5. Insolvenzeintritt ................. | 1047 | 8. Die Auftragsvergabe durch Bauträger-/Baubetreuungsgesellschaft... | 1089 |
| 6. Unternehmereinsatzformen........ | 1049 | 9. Public Private Partnerships (PPP)... | 1101 |
| 7. Die Auftragsvergabe durch den Architekten .................... | 1064 | | |

*Literatur*

*Vygen*, Bauvertragsrecht nach VOB und BGB (Handbuch), 3. Auflage 1997; *Vygen*, Bauvertragsrecht nach VOB (Grundwissen), 3. Auflage 2001; *Cuypers*, Bauvertragsrecht, 1998; *Oberhauser*, Bauvertragsrecht im Umbruch, 1999; *Leineweber*, Handbuch des Bauvertragsrechts, 2000; *Kromik/ Schwager/Noss*, Das Recht der Bauunternehmung, 1987; *Donus*, Der Fertighausvertrag, 1988; *Korbion/Hochstein/Keldungs*, Der VOB-Vertrag, 8. Auflage 2002.

*Becher*, Zur Rechtsnatur der Verträge über Bausatzhäuser zum Selbstbauen, BauR 1980, 394; *Greuner/Wagner*, Beurkundungsfragen im Bauherrenmodell, NJW 1983, 193; *Schwanecke*, Formzwang des § 313 S. 1 BGB bei Durchgangserwerb von Grundeigentum, NJW 1984, 1585; *Nieder*, Anliegerund Erschließungskosten im Grundstückskaufvertrag, NJW 1984, 2662; *v. Craushaar*, Der Lieferund Montagevertrag, Festschrift für Korbion (1986), 27; *Locher*, Der Gerüstvertrag, Festschrift für Geizer (1991), 347; *Medicus*, Kaufvertrag und Werkvertrag, JuS 1992, 273; *Locher*, Zur Umgestaltung des deutschen Bauvertragsrechts durch EG-Initiativen, BauR 1992, 293; *Lepp*, Der Bauvertrag, JABl. 1994, 323; *Duffek*, Selbstbau-Bausatzvertrag, BauR 1996, 465; *Grauvogl*, Die VOB Teil C und der Bauvertrag, Jahrbuch Baurecht 1998, 315; *Horsch/Oberhauser*, Bauvertrag im Umbruch – Vorschläge für eine Neukonzeption, Jahrbuch Baurecht 1999, 136; *Kehlenbach*, Die neuen FIDIC-Musterbauverträge, ZfBR 1999, 291; *Duffek*, Vergütungsanspruch des Unternehmers ohne Werkleistung, BauR 1999, 979; *Grieger*, Die Kooperationspflicht der Bauvertragspartner im Bauvertrag: Anmerkung zu BGH, BauR 2000, 409 ff., BauR 2000, 969; *Oberhauser*, Der Bauvertrag mit GMP-Abrede – Struktur und Vertragsgestaltung, BauR 2000, 1397; *Kniffka*, Die Kooperationspflichten der Bauvertragspartner im Bauvertrag, Jahrbuch Baurecht 2001, 1; *Büdenbender*, Der Werkvertrag, JuS 2001, 625; *Lenzen*, „Bauvertrag verkehrt", Besonderheiten des Abbruchvertrages, Festschrift für Jagenburg (2002), 492; *Konopka/Acker*, Schuldrechtsmodernisierung: Anwendungsbereich des § 651 BGB im Bau- und Anlagenbauvertrag, BauR 2004, 251; *Locher*, Rechtsfragen des Gerüstvertrages, Festschrift für Werner (2005), 321.

**994** Grundlage der rechtlichen Beziehungen zwischen Bauherr und Unternehmer ist der **Bauvertrag**; er regelt den Umfang der Leistungspflichten: die Vergütung, Gewährleistung, Verjährung usw. Werden keine besonderen Bestimmungen getroffen, ist vor allem die **VOB** nicht zur Grundlage der vertraglichen Beziehung gemacht, so gelten ausschließlich die gesetzlichen Vorschriften des **Werkvertragsrechts**.

Die Vielfalt der vertraglichen Ausgestaltungen verhindert in aller Regel eine einheitliche Beurteilung; da der Bauvertrag jedoch auf die Herstellung eines körperlichen Arbeitsergebnisses gerichtet ist, liegt meistens ein reiner Werkvertrag im Sinne des § 631 BGB vor, auch wenn der Unternehmer alle Baustoffe liefert. Die Materiallieferung verliert beim üblichen Bauvertrag gegenüber der Arbeitsleistung und den sonstigen Aufwendungen an Bedeutung; zudem ist das Grundstück des Bestellers als die Hauptsache anzusehen.[1] Insbesondere bei der **Lieferung und dem Einbau von größeren Anlagen** kann es Einordnungsschwierigkeiten geben: Für die rechtliche Einordnung des Vertragsverhältnisses als Kaufvertrag (ggf. mit Montageverpflichtung) oder als Werkvertrag kommt es nach der zutreffenden Auffassung des BGH[2] darauf an, „auf welcher der beiden Leistungen der gebotenen Gesamtbetrachtung der Schwerpunkt liegt; dabei ist vor allem auf die Art des zu liefernden Gegenstandes, das Wertverhältnis von Lieferung und Montage sowie auf die Besonderheiten des geschuldeten Ergebnisses abzustellen." Abgrenzungsschwierigkeiten zum Werklieferungsvertrag (§ 651 BGB n. F.) dürften zukünftig seltener sein; da sich die Neuregelung auf die Herstellung beweglicher Sachen beschränkt, verbleibt es für **„Arbeiten am Grundstück"** und an **Gebäuden** bei der Anwendung des Werkvertragsrechts.[3]

Die **VOB** hat auf den **BGB-Bauvertrag mittelbaren Einfluss:** Soweit die Vorschriften der VOB sachlich nicht im Widerspruch zu denjenigen des BGB stehen, sind sie auch ohne Aufnahme in den Bauvertrag insofern von Bedeutung, als sie unter den heutigen Umständen einen Anhalt dafür geben, was im Baugewerbe als üblich und den Beteiligten als zumutbar angesehen werden kann.[4] Zahlreiche Vorschriften im Rahmen der VOB sprechen eine Rechtspflicht aus, die ganz allgemein jedem Bauhandwerker und Unternehmer obliegt.[5] **995**

Neben dem typischen Bauvertrag als Werkvertrag, mit dem sich der Auftragnehmer zur Errichtung eines Bauwerks oder eines Teils davon auf dem Grundstück des Bauherrn verpflichtet, kommt in der Baubranche eine Fülle anderer Vertragsgestaltungen in Betracht, deren Gegenstand die Errichtung oder der Verkauf eines Bauwerks darstellt. Dabei steht besonders die Bauträgerschaft als vielfach angewandtes Modell zur Errichtung und zum Verkauf eines Bauwerks im Vordergrund. Bei der **Bauträgerschaft** spricht man zunehmend von einem Bau- und Erwerbervertrag, aber auch noch von der **Baubetreuung im weiteren Sinne.**[6] Hier verpflichtet sich der Bauträger, im eigenen Namen, auf eigene Rechnung oder Rechnung des Erwerbers sowie auf eigenem oder einem Dritten gehörenden Grundstück ein Haus (oder eine Eigentumswohnung) zum Zwecke der Veräußerung zu errichten; gleichzeitig verpflichtet sich der Vertragspartner, das Bauwerk mit Grundstück nach schlüsselfer- **996**

---

1) Vgl. *Palandt/Sprau*, § 651 BGB, Rdn. 1; *Kniffka/Koeble*, 6. Teil, Rdn. 5 ff.; *v. Craushaar*, Festschrift für Korbion, S. 27 ff.; *Vygen*, Rdn. 104; *Kaiser*, Rdn. 17 u. ZfBR 1985, 1; BGHZ 87, 112 **(Fertighausvertrag)**; BGH, ZfBR 1985, 81, 82; OLG Celle, BauR 2002, 97 (Lieferung von **Fließestrich** an die Baustelle; Werkvertrag); OLG Düsseldorf, BauR 2002, 100 (**Hausbausatzvertrag** mit Planung u. Statik; Kaufvertrag mit werkvertragl. Zusatzleistungen); OLG Düsseldorf, NJW-RR 1992, 564 (Lieferung und Montage einer **Markise**; Kaufvertrag).
2) BauR 2004, 995 = IBR 2004, 306 – *Miernik* = NZBau 2004, 326. Vgl. auch OLG Oldenburg, BauR 2004, 1324 sowie BGH, BauR 2004, 1152 = IBR 2004, 366 – *Metzger* (**Mobilheim**).
3) *Voit*, BauR 2002, 145, 146. Zur Anwendung der §§ 631 ff. BGB (anstatt § 651 BGB) bei Bau- und Anlagenbauverträgen vgl. *Konopka/Acker*, BauR 2004, 251. Zur Neuregelung des § 651 BGB vgl. *Stumpe*, BrBp 2004, 224. Lieferung eines serienmäßig hergestellten **Mobilheims** und Erstellung auf vom Erwerber zu errichtendem Fundament: Kaufvertragsrecht, auch wenn geringfügige Sonderwünsche zu erfüllen sind (BGH, BauR 2004, 1152).
4) BGH, *Schäfer/Finnern*, Z 2.0 Bl. 3.
5) OLG Düsseldorf, *Schäfer/Finnern*, Z 2.0 Bl. 11.
6) Vgl. im Einzelnen *Locher*, Rdn. 615 ff. u. 634 ff.

tiger Erstellung zu übernehmen, den ausgehandelten Preis ganz oder nach Baufortschritt zu zahlen und schließlich das Haus zu Eigentum zu erwerben. Manchmal veräußern die Bauträger auch schon vorab das Grundstück an den Erwerber und errichten sodann vertragsgemäß im eigenen Namen und auf eigene Rechnung auf dem Grundstück des Erwerbers ein Haus, das nach Errichtung vom Erwerber schlüsselfertig übernommen wird. Vielfach werden die erforderlichen Bauarbeiten nicht unmittelbar durch den Bauträger, sondern durch selbstständige Dritte (**Subunternehmer**) ausgeführt. Der Bauträger tritt dann im Regelfall im eigenen Namen auf, sodass Vertragspartner der eigentlichen Bauunternehmer der Bauträger selbst und nicht der Erwerber wird. Dies muss allerdings nicht so sein, da es **verschiedene Zwischenformen** gibt und die Baupraxis viele Vertragsmuster kennt.[7]

**997**  Die Rechtsnatur der Bauträgerverträge war lange umstritten; seit Inkrafttreten des **SchRModG** ist sie es wieder (vgl. Rdn. 1089). Der BGH betonte bislang die werkvertragliche Komponente und wendet deshalb die Regeln des **Werkvertragsrechts** auch dann an, wenn das Bauwerk bei Vertragsabschluss bereits fertig gestellt war (vgl. auch Rdn. 1444 ff.).[8] Der Bauträgervertrag ist ein einheitlicher Vertrag **eigener Art**.

**998**  Wird ein **Fertighaus** erworben, richtet sich die Rechtsnatur des Fertighausvertrages wesentlich danach, welche vertraglichen Verpflichtungen die Parteien im Einzelfall eingehen.[9] Übernimmt der Fertighaushersteller auch die **Errichtungsverpflichtung**, handelt es sich regelmäßig um einen reinen **Werkvertrag**, auf den das (frühere) AbzG, das VerbrKrG und (ab 1.1.2002) die Vorschriften der §§ 491 ff. BGB nicht anzuwenden sind.[10] Diese Grundsätze gelten auch für den **Fertigteilbau**, den **Montagebau**[11] sowie den **Anlagenbau**[12] und die Lieferung und Errichtung eines **Ausbauhauses**.[13]

**999**  **Bausatzverträge** für den Eigenbau von Wohnhäusern stellen nach der Auffassung des BGH[14] so genannte **gemischte Verträge** dar. Sie enthalten mit der Verpflichtung zur Lieferung genormter Bauteile **kaufvertragliche**, mit der Erstellung von Bauplänen, Bauzeichnungen und statischen Berechnungen sowie der Errichtung des Dachstuhls werkvertragliche und mit der Bauanleitung und Überwachung dienstvertragliche Elemente. Zu beachten ist, dass sie uneingeschränkt unter die Vorschrift des

---

7) Vgl. OLG Hamm, NJW 1969, 1438; *Locher/Koeble*, Rdn. 4 ff.
8) BauR 1989, 219; BGH, NJW 1986, 925; BauR 1982, 58; NJW 1981, 2344; NJW 1977, 1336; BGH, BauR 1976, 133; s. zum Meinungsstand ferner: *Palandt/Sprau*, § 675 BGB, Rdn. 13 ff.; *Basty*, Rdn. 3 ff.; *Koeble*, Rechtshandbuch Immobilien, Kap. 15, Rdn. 53 ff.; *Hochstein*, Festschrift für Locher, S. 77 ff.; *Brych*, Festschrift für Locher, S. 1 ff. = BauR 1992, 167 ff.; *Doerry*, ZfBR 1982, 189, 190; *Sturmberg*, NJW 1989, 1832; *Klumpp*, NJW 1993, 372.
9) Vgl. dazu grundlegend: *Donus*, Der Fertighausvertrag, S. 10; *Graba*, MDR 1974, 975 ff.
10) BGHZ 87, 112; BGH, BauR 1983, 261 = NJW 1983, 1491; BGH, NJW 1983, 1489; BGH, BauR 1986, 694 (Allgemeine Geschäftsbedingungen); OLG Düsseldorf, BauR 2005, 1636; OLG Frankfurt, OLGR 2006, 49. Zum Fertighausvertrag als Teilzahlungsgeschäft und Ratenlieferungsvertrag vgl. OLG Koblenz, OLGR 2004, 588. Vgl. ferner Rdn. 205.
11) Vgl. OLG Düsseldorf, BauR 1982, 164.
12) Vgl. *Schuhmann*, BauR 2005, 293, 294. Zum Werkvertragsrecht bei Altbausanierung vgl. BGH, BauR 2005, 542.
13) BGH, BauR 2006, 510. Vgl. aber BGH, BauR 2004, 1152 (Mobilheim).
14) BGH, BauR 1981, 190 = ZfBR 1981, 27 (bestätigt vom BGH in BauR 2006, 510, 511); OLG Düsseldorf, BauR 2002, 100; OLG Frankfurt, NJW-RR 1989, 1364; vgl. auch *Duffek*, BauR 1996, 465 ff.; *Becher*, BauR 1980, 493 ff. u. *Kaiser*, Rdn. 17.

**Der Bauvertrag**

§ 505 Abs. 1 Nr. 1 BGB fallen und deshalb auch widerrufen werden können.[15] § 499 Abs. 1 BGB ist auf einen Bausatzvertrag nur anwendbar, wenn die Leistung des Bausatzlieferanten mit einer entgeltlichen Kreditgewährung an den Erwerber verbunden ist.[16] Der (wirksame) Widerruf hat gemäß §§ 505 Abs. 1, 355 BGB zur Folge, dass der gesamte Hausbauvertrag nicht zustande kommt.[17]

Ein **Bauvertrag** kann der **notariellen Form** des § 311 b Abs. 1 BGB bedürfen, wenn er in Verbindung oder **in rechtlichem Zusammenhang mit einem Grundstücksvertrag** abgeschlossen wird;[18] dies wird stets bei **Bauträgerverträgen**,[19] kann aber auch bei Generalunternehmerverträgen[20] und bei **Fertighausverträgen**[21] der Fall sein. Voraussetzung für die Notwendigkeit einer notariellen Beurkundung ist stets eine rechtliche, nicht nur tatsächliche oder wirtschaftliche **Einheit zwischen Bauvertrag und Grundstückserwerb**. Diese Voraussetzung erläutert der BGH[22] wie folgt: „Bauvertrag und Grundstückserwerbsvertrag stehen in rechtlichem Zusammenhang, wenn die Vereinbarungen nach dem Willen der Beteiligten derart voneinander abhängig sind, dass sie miteinander stehen und fallen." Auch wenn nur eine der Vertragsparteien einen solchen Einheitswillen erkennen lässt und der andere Partner ihn anerkennt oder zumindest hinnimmt, kann ein einheitlicher Vertrag vorliegen. Im Übrigen wird insoweit nicht vorausgesetzt, dass die Abhängigkeit der Verträge wechselseitig ist; auch bei einseitiger Abhängigkeit „stehen und fallen beide Geschäftsteile mit dem Vertrag, von dem der andere abhängt".[23] Allerdings dif-

**1000**

---

15) OLG Köln, BauR 1995, 709; OLG Hamm, OLGR 1997, 25.
16) OLG Köln, BauR 1995, 709.
17) Zutreffend: OLG Hamm, OLGR 1997, 25, 27.
18) Vgl. hierzu: BGHZ 76, 43 = NJW 1980, 829; BGHZ 78, 346 = NJW 1981, 274; BGH, BauR 2002, 937 = NZBau 2002, 332; OLG Hamm, NJW-RR 1995, 1045; OLG Köln, OLGR 2000, 459 u. NJW-RR 1996, 1484; ferner: OLG Frankfurt, BauR 2000, 1204; OLG Hamm, MDR 1993, 537 = BauR 1993, 506 (LS); OLG München, NJW 1984, 243 = MDR 1983, 1022 (für die Verpflichtung des Bauherrn, an den Bauunternehmer 6% des Werklohnes für den Fall zu zahlen, dass er ein ihm nachgewiesenes Grundstück **nicht erwirbt**); BGHZ 101, 393 = NJW 1988, 132 für den **Treuhandvertrag**; BGH, BauR 1993, 78 für einen **Vorvertrag**; BGH, BauR 1990, 228 = ZfBR 1990, 76 = NJW-RR 1990, 340; dazu: *Lichtenberger*, DNotZ 1988, 531; LG Berlin, BauR 2005, 1329 (Der Bauvertrag bezüglich eines Gebäudes auf einem noch nicht erworbenen Grundstück bedarf der notariellen Beurkundung). OLG Celle, BauR 2007, 1745 (kein Beurkundungszwang für Bauvertrag mit Dritten). Vgl. weitere Rspr. hierzu Rdn. 1040, Anm. 178.
19) BGH, IBR 2007, 427 – *Schulze-Hagen*; BauR 1981, 67 = NJW 1981, 274; BGH, BauR 1981, 282 = ZfBR 1981, 123; BGH, BauR 1985, 85 = NJW 1985, 730; OLG Stuttgart, IBR 2005, 259 – *Blank*; OLG Düsseldorf, OLGR 2001, 335 (Baubetreuungsvertrag); Hanseatisches OLG, BauR 2003, 253. Zur beurkundungsmäßigen Gestaltung oder Aufspaltung von Bauverträgen im Vergleich zum Bauträgervertrag vgl. *Wagner*, Festschrift für Jagenburg, S. 981.
20) BGH, BauR 1994, 239 = NJW 1994, 721; OLG Köln, OLGR 2001, 308 (Grundstückskaufvertrag und Generalunternehmervertrag als einheitlicher Bestandteil eines „Einfamilienhauskaufs").
21) Vgl. BGH, BauR 1985, 79 = ZfBR 1985, 81; BGH, BB 1980, 341 = MDR 1980, 482; MDR 1993, 537 = BauR 1993, 506 (LS); OLG Köln, BauR 1997, 176 (LS) = NJW-RR 1996, 1484; OLG Jena, OLGR 1995, 231; LG Hamburg, DNotZ 1983, 625; OLG Hamm, MDR 1981, 931 u. BB 1995, 1210 = NJW-RR 1995, 1045 = BauR 1995, 705; OLG Koblenz, NJW-RR 1994, 295.
22) BGH, BauR 1981, 67 = NJW 1981, 274; siehe auch BGH, NJW 1994, 721 = BauR 1994, 239; ebenso OLG Brandenburg, OLGR 2003, 7.
23) BGH, BauR 2002, 1541 = NJW 2002, 2559 = NZBau 2002, 502 = MDR 2002, 1187.

ferenziert der BGH.[24] Allein die einseitige Abhängigkeit des formfreien Bauvertrages vom Grundstückskaufvertrag genügt nicht, „eine rechtliche Einheit im Sinne des Formgebots" zu begründen: „Erst bei einer Abhängigkeit des Grundstücksgeschäfts vom Bauvertrag besteht Anlass, zur Wahrung der Funktion des § 313 BGB (Warn- und Schutzfunktion, Gewährsfunktion für richtige, vollständige und rechtswirksame Wiedergabe des Parteiwillens, Beweisfunktion) das Formgebot auf den Bauvertrag auszudehnen", wobei die Frage der Formbedürftigkeit von der zeitlichen Abfolge der Verträge nicht abhängig ist. Nicht erforderlich ist, dass an jedem der Rechtsgeschäfte jeweils dieselben Parteien beteiligt sind; die Niederlegung mehrerer selbstständiger Verträge in verschiedenen Urkunden begründet aber die Vermutung, dass die Verträge nicht in einem rechtlichen Zusammenhang stehen sollen.[25] Dass ein Haus nicht ohne Grundstück errichtet werden kann, vermag den rechtlichen Zusammenhang nicht ohne weiteres zu begründen. Ausschlaggebend ist der Verknüpfungswille der Beteiligten.[26] Ob ein beurkundungsbedürftiges einheitliches Rechtsgeschäft vorliegt, hat im Einzelfall der Tatrichter zu entscheiden.[27]

Zu beachten ist, dass nach der ständigen Rechtsprechung des BGH[28] **Baubeschreibungen** und **Baupläne**, auf die in einem Kaufvertrag/Erwerbervertrag Bezug genommen wird, (ebenfalls) der Beurkundungspflicht nach § 311 b Abs. 1 BGB, §§ 9, 13 BeurkG unterliegen, wenn sie über die gesetzlich vorgeschriebene Ausgestaltung der Rechtsbeziehungen hinaus noch **weiter gehende Verpflichtungen begründen** sollen, was bei einer Baubeschreibung regelmäßig der Fall ist;[29] die Beurkundungsverpflichtung besteht insoweit unabhängig davon, ob und inwieweit der Auftragnehmer die geschuldete Werkleistung zum Zeitpunkt des Vertragsabschlusses tatsächlich ausgeführt hat.[30] Deshalb bedarf ein Bodengutachten, dass nach der Baubeschreibung zu beachten ist, nicht aber die vertragliche Beschaffenheit des Gebäudes bestimmt, keiner Beurkundung.[31] Allerdings hat das OLG Hamm[32] entschieden, dass Baupläne, die vertraglich geschuldete Ausführung eines Bauvorhabens auch dann näher festlegen können, wenn der notarielle Bauvertrag sie nicht ausdrücklich als Vertragsbestandteil aufführt; der Formmangel eines derartigen notariellen Vertrages kann gemäß § 311 b Abs. 1 Satz 2 BGB geheilt werden. Nach Auffassung des

---

24) A. a. O.
25) Vgl. hierzu: BGH, BauR 1980, 167 = ZfBR 1980, 71 = BB 1980, 341 (Fertighaus); OLG Hamm, MDR 1981, 931 u. *Schmidt*, ZfBR 1980, 170; ferner OLG Celle, OLGR 2007, 439.
26) BGH, BauR 1981, 67, 68 = NJW 1981, 274 = BB 1981, 82; BGH, ZfBR 1985, 81 = BauR 1985, 79; ferner: OLG Hamm, MDR 1989, 909; OLG Schleswig, NJW-RR 1991, 1175.
27) Vgl. hierzu auch *Klaas*, BauR 1981, 35 ff.; BGH, DB 1987, 2455.
28) BauR 2005, 866 = NJW 2005, 1359 = ZfBR 2005, 370 = IBR 2005, 207 und 208 – *Schwenker* – ZfIR 2005, 313 m. Anm. *Schmidt*, ZfIR 2005, 306; BauR 2001, 790 = NJW-RR 2001, 953 m. w. Nachw.; Hanseatisches OLG, BauR 2003, 253. Zur Unwirksamkeit eines Grundstückskaufvertrages über eine unvermessene Teilfläche: OLG Hamm, BauR 2001, 637; zur Formfreiheit einer nachträglichen Frist- und Rücktrittsvereinbarung: BGH, NZBau 2001, 390.
29) Vgl. BGH, BauR 2005, 542, 544 (Umfang von Sanierungsarbeiten nicht mitbeurkundet). Ferner BGH, BauR 2004, 847 (Wohnfläche als „zentrales Beschaffenheitsmerkmal").
30) BGH, BauR 2005, 866 = NJW 2005, 1356 = ZfBR 2005, 370 = IBR 2005, 207 und 208 – *Schwenker* – ZfIR 2005, 313 m. Anm. *Schmidt*, ZfIR 2005, 306.
31) BGH, BauR 2003, 1032 = IBR 2003, 307 – *Basty*; BauR 2004, 672.
32) BauR 2003, 1398 = OLGR 2003, 235.

**Vereinbarung der VOB**                            **Rdn. 1001–1002**

OLG Stuttgart[33]) kann die werkvertragliche Vereinbarung (Bauerrichtungsverpflichtung des Bauträgers) durch schriftliche Vereinbarung oder tatsächliches Verhalten bestätigt werden, auch wenn nur der Grundstückskaufvertrag notariell beurkundet worden und damit der gesamte Vertrag nichtig ist; der BGH hat jedoch insoweit Bedenken im Rahmen der Zurückweisung der Nichtzulassungsbeschwerde angemeldet.

Der **selbstständige Gerüstvertrag** ist – trotz mietvertraglicher Elemente – in der Regel als Werkvertrag anzusehen.[34])

## 1. Vereinbarung der VOB

Die Vergabe- und Vertragsordnung für Bauleistungen (VOB) gliedert sich in drei Teile. Teil A enthält die Allgemeinen Bestimmungen für die Vergabe von Bauleistungen (vgl. Rdn. 1001 ff.). Teil B der VOB beinhaltet die Allgemeinen Vertragsbedingungen für die Ausführung von Bauleistungen (vgl. Rdn. 1005 ff.). Teil C der VOB hat die Allgemeinen Technischen Vertragsbedingungen für Bauleistungen zum Inhalt (vgl. Rdn. 1026).

### a) VOB Teil A (VOB/A)

*Literatur*
*Joussen/Schranner*, Die wesentlichen Änderungen der VOB/A 2006, BauR 2006, 1038.

Die Vorschriften der VOB/A enthalten Regelungen für die **Vergabe** von Bauaufträgen. Dieser Teil der VOB erstreckt sich damit im Wesentlichen auf den Geschehensablauf bis zum Bauvertragsabschluss. **Öffentliche Auftraggeber** im Sinne des § 98 GWB sind zur europaweiten Vergabe von Bauaufträgen nach den Vorschriften des **Kartellvergaberechts** (§§ 97 ff. GWB, VgV, VOB/A Abschnitte 2 bis 4) verpflichtet, wenn die maßgeblichen **Schwellenwerte** (insbesondere der Schwellenwert von 5 Mio. Euro für den Gesamtauftragswert der Baumaßnahme oder des Bauwerks) erreicht oder überschritten werden. Nach § 97 Abs. 7 GWB haben die **Unternehmen Anspruch** darauf, dass der öffentliche Auftraggeber die Bestimmungen des Kartellvergaberechts – sofern sie den Schutz des potenziellen Auftragnehmers bezwecken – einhält. Verstöße des Auftraggebers gegen das Vergaberecht können außerdem zu Schadensersatzansprüchen der beteiligten Bieter nach § 126 GWB oder aus Verschulden bei Vertragsschluss (§§ 311 Abs. 2, 241 Abs. 2 BGB) führen (vgl. hierzu Rdn. 1884 ff.).    **1001**

Unterhalb der Schwellenwerte sind die öffentlichen Auftraggeber nur dann zur Anwendung der VOB/A (Abschnitt 1) verpflichtet, wenn ihnen dies gesetzlich vorgegeben ist. Solche Vorgaben enthält insbesondere das **öffentliche Haushaltsrecht** (z. B. § 30 HGrG, § 55 BHO).[35]) Wenn ferner öffentliche oder private Bauherren öffentliche **Fördermittel** in Anspruch nehmen, werden sie oftmals durch **Auflagen**    **1002**

---
33) IBR 2005, 259 – *Blank*.
34) Vgl. hierzu insbesondere *Locher*, Festschrift für Werner, S. 321 ff., 324.
35) Zur Anweisung des Haushaltsausschusses des Deutschen Bundestages an das Bundesministerium für Verkehr, Bau- und Wohnungswesen, dafür Sorge zu tragen, dass die DB AG bei den Ausschreibungen von mit Bundesmitteln geförderten Bauvorhaben die Vorschriften des Abschnittes 3 der VOB/A anzuwenden hat, vgl. IBR 2004, 334 – *Schwager*.

in den Bewilligungsbescheiden zur Vergabe der Bauaufträge nach den Regeln der VOB/A verpflichtet. Außerhalb des Anwendungsbereichs des Kartellvergaberechts begründet die VOB/A **keine unmittelbare Rechtswirkung** nach außen.[36]

Einen klagbaren Anspruch gewährt die VOB/A insoweit nicht. Für einen Bieter kann – unter bestimmten Voraussetzungen – jedoch ein auf **Schadensersatz** gerichteter Sekundäranspruch aus dem durch die Anwendung der VOB/A begründeten vorvertraglichen Vertrauensverhältnis gegen den Auftraggeber entstehen, wenn dieser das Vergabeverfahren nicht korrekt abwickelt (vgl. Rdn. 1884 ff.).

Im Regelfall besteht für **private Auftraggeber** keine Verpflichtung zur Anwendung der VOB/A. Bei der Ausschreibung eines privaten Auftraggebers kann deshalb von der Geltung der VOB/A nur ausgegangen werden, wenn dies ausdrücklich oder nach den Umständen völlig eindeutig vereinbart worden ist[37] oder sich der private Auftraggeber einseitig der VOB/A unterworfen hat (Selbstbindung).[38] Hierdurch wird ebenfalls ein vertragsähnliches Vertrauensverhältnis begründet, das zwar keinen Primärrechtsschutz der Bieter gegen etwaige Vergabefehler, aber Schadensersatzansprüche aus Verschulden bei Vertragsschluss (§§ 311 Abs. 2, 241 Abs. 2 BGB) auslösen kann.

### b) VOB Teil B (VOB/B)

*Literatur bis 1999*

*Kutscher*, Die Gesamtabwägung der VOB/B nach AGB-Gesetz und EG-Verbraucherschutzrichtlinie, 1998.

*Schmitz*, Die Vereinbarung der VOB-B in Verträgen mit Nichtkaufleuten, ZfBR 1979, 184; *Hesse*, Vereinbarung der VOB für Planungsleistungen, ZfBR 1980, 259; *Schmidt*, § 13 VOB/B in Bauträgerverträgen, BauR 1981, 119; *Bunte*, Das Verhältnis der VOB/B zum AGB-Gesetz, BB 1983, 732; *Kaiser*, AGB-Gesetz und VOB Teil B, ZfBR 1983, 253; *Kaiser*, Ist § 13 Nr. 4 VOB/B oder § 638 BGB für den Bauträgervertrag maßgebend?, ZfBR 1984, 15; *Bartsch*, Die rechtlichen Auswirkungen der Gestaltung ergänzender Vertragsbedingungen auf die VOB Teil B, ZfBR 1984, 1; *Schmidt*, VOB-Credo des Gesetzgebers?, ZfBR 1984, 57; *Usinger*, Kann die Geltung der VOB/B im Bauträgervertrag vereinbart werden?, NJW 1984, 153; *Kaiser*, Nochmals: VOB/B und Bauträgervertrag, ZfBR 1984, 205; *Locher*, VOB/B und Bauträgervertrag, BauR 1984, 227; *Buschmann*, Die Anwendbarkeit der VOB und Allgemeiner Geschäftsbedingungen auf Bauträger, BlGBW 1984, 166; *Merz*, Genügt ein „Buchhandelshinweis" auf die Bezugsmöglichkeit der VOB/B § 2 Abs. 1 Nr. 2 AGB-Gesetz?, BauR 1985, 47; *Lenzen*, Teilerhaltung AGBG-widriger VOB-Verträge, BauR 1985, 261; *Graf von Westphalen*, VOB-Vertrag und AGB-Gesetz, ZfBR 1985, 252; *Brych*, VOB-Gewährleistung im Bauträgervertrag, NJW 1986, 302; *Schmidt*, Ende der VOB/B im Bauträgervertrag, ZfBR 1986, 53; *Bunte*, Die Begrenzung des Kompensationseinwandes bei der richterlichen Vertragskontrolle, Festschrift für Korbion (1986), 17; *Weinkamm*, Bauträgervertrag und VOB/B, BauR 1986, 387; *Thesen*, Zur Abänderbarkeit der Regelfristen des § 13 Nr. 4 VOB/B in AGB, ZfBR 1986, 153; *Mauer*, Besonderheiten der Gewährleistungshaftung des Bauträgers, Festschrift für Korbion (1986), 301; *Brambring*, Sachmängelhaftung beim Bauträgervertrag und bei ähnlichen Verträgen, NJW 1987, 97; *Kaiser*, Rechtsfragen des § 13 Nr. 4 VOB/B, BauR 1987, 617; *Grziwotz*, Vertragliche Gewährleistungsregelungen im Bauträgervertrag, NJW 1989, 193; *Korbion*, Vereinbarung der VOB/B für planerische Leistungen, Festschrift für Locher (1990), 127; *Siegburg*, VOB/B und AGB-Gesetz, Festschrift für Locher, 349; *Berg*, Übergangsprobleme des Baurechts im Gebiet der früheren

---

36) BGH, BauR 1992, 221 = NJW 1992, 827 = ZfBR 1992, 67; BGH, BauR 1994, 236, 238.
37) OLG Köln, BauR 1994, 100, 101.
38) OLG Düsseldorf, NJW-RR 1993, 1046.

## Vereinbarung der VOB                                        Rdn. 1002

DDR, BauR 1991, 14; *Langen*, Verstößt § 16 Nr. 3 Abs. 2 bis 6 VOB/B n. F. gegen das AGB-Gesetz?, BauR 1991, 151; *Quack*, Zur Zweckmäßigkeit (oder Unzweckmäßigkeit) eines verbreiteten Gestaltungsmittels für Bauverträge. Ansatzpunkte für Verbesserungen, BauR 1992. 18; *Schulze-Hagen*, Aktuelle Probleme des Bauträgervertrages, BauR 1992, 320; *Weinkamm*, Gewährleistungsfrist beim Bauträgervertrag bei Zugrundelegung der VOB/B, BauR 1992, 585; *Siegburg*, Zum AGB-Charakter der VOB/B und deren Privilegierung durch das AGB-Gesetz, BauR 1993. 9; *Anker/ Zumschlinge*, Die „VOB/B als Ganzes" eine unpraktikable Rechtsfigur?, BauR 1995, 323; *Pauly*, Zum Verhältnis von VOB/B und AGBG, BauR 1996, 328; *Kutschker*, VOB/B-Gesamtabwägung und die Grenzen zulässiger Kompensation nach den AGB-Richtlinien der EU, Festschrift für von Craushaar, 149; *Schulze-Hagen*, Der Wohnungsbauvertrag und die VOB/B-Vereinbarung, Festschrift für von Craushaar (1997), 169; *Putzier*, Der Leistungsbegriff der VOB, Festschrift für von Craushaar (1997), 229; *Schlünder/Scholz*, Vereinbarung der VOB/B in notariellen Bauverträgen, ZfBR 1997, 167; *Steffen*, Die VOB/B – Ein nachbesserungsbedürftiges Werk, BauR 1997, Beil, zu Heft 4; *Kraus*, Das Ende der AGB-rechtlichen Privilegierung der VOB/B, NJW 1998, 1126; *Schlünder*, Die VOB in der heutigen Beratungs- und Prozesspraxis, BauR 1998, 1123; *Mehrings*, Einbeziehung der VOB in den Bauträgervertrag, NJW 1998, 3457; *Horsch/Oberhauser*, Bauvertragsrecht im Umbruch – Vorschläge für eine Neukonzeption, Jahrbuch Baurecht 1999, 13.

*Literatur ab 2000*
*Ahlers*, Die Auswirkungen der Schuldrechtsmodernisierung auf die Freistellung der VOB/B von der Inhaltskontrolle unter Mitberücksichtigung der Richtlinie 93/13 EWG, Baurechtliche Schriftenreihe, Bd. 62, 2006.
*Kraus/Sienz*, Der Deutsche Verdingungsausschuss für Bauleistungen (DVA): Bremse der VOB/B?, BauR 2000, 631; *Tomic*, § 13 Nr. 4 Abs. 2 VOB/B – eine „tickende Zeitbombe"?, BauR 2001, 14; *Koch*, Zum Verbot der isolierten Inhaltskontrolle der VOB/B, BauR 2001, 162; *Hoff*, Die VOB/B 2000 und das AGB-Gesetz – Der Anfang vom Ende der Privilegierung?, BauR 2001, 1654; *Maurer*, Die Anwendung der VOB/C im Bauvertrag – ATV DIN 18 303 – Verbauarbeiten, Jahrbuch Baurecht 2002, 277; *Frikell*, Mögliche Auswirkungen der Schuldrechtsreform auf die Rechtsprechung zur „VOB als Ganzes", BauR 2002, 671; *Kratzenberg*, Der Beschluss des DVA-Hauptausschusses zur Herausgabe der VOB 2002 (Teile A und B), NZBau 2002, 177; *Weyer*, Die Privilegierung der VOB/B: Eine – nur vorerst? – entschärfte Zeitbombe, BauR 2002, 857; *Quack*, VOB/B als Ganzes und die Modernisierung des Schuldrechts, ZfBR 2002, 428; *Kiesel*, Die VOB 2002 – Änderungen, Würdigung, AGB-Problematik, NJW 2002, 2064; *Schwenker/Heinze*, Die VOB/B 2002, BauR 2002, 1143; *Weyer*, Totgesagte leben länger: Die VOB/B und ihre Privilegierung, BauR 2002, 1894; *Joussen*, Die Privilegierung der VOB nach dem Schuldrechtsmodernisierungsgesetz, BauR 2002, 1759; *Tempel*, Ist die VOB/B noch zeitgemäß? – Eine kritische Skizze zur Neufassung 2002 – Teil 1, NZBau 2002, 465, – Teil 2, NZBau 2002, 532; *Preussner*, Die VOB/B ist tot!, BauR 2002, 1602; *Voppel*, Die AGB-rechtliche Bewertung der VOB/B nach dem neuen Schuldrecht, NZBau 2003, 6; *Oberhauser*, „Verdient" die VOB/B 2002 die Privilegierung durch das BGB?, Jahrbuch Baurecht 2003, 1; *Pauly*, Die Privilegierung der VOB/B nach dem Schuldrechtsmodernisierungsgesetz, MDR 2003, 124; *Deckers*, Privilegierung der VOB/B, BauRB 2003, 23; *Keldungs*, Ist die VOB noch zukunftsfähig?, Festschrift für Kraus (2003), 95; *Tempel*, Die Einbeziehung der VOB/B und VOB/C in den Bauvertrag, NZBau 2003, 465; *Weyer*, Hält § 13 VOB/B 2002 der isolierten Inhaltskontrolle stand?, NZBau 2003, 521; *Leupertz*, Zur Rechtsnatur der VOB: Die Bestimmungen der VOB/B „als Ganzes" sind keine Allgemeinen Geschäftsbedingungen, Jahrbuch Baurecht 2004, 43; *Gehlen*, Rechtssicherheit bei Bauverträgen – VOB/B quo vadis?, NZBau 2004, 313; *Ingendoh*, Die neue Rechtsprechung des BGH zur Vereinbarung der VOB/B „als Ganzes" und ihre Folgen für die Vertragsgestaltung, BTR 2004, 115; *Micklitz*, Unvereinbarkeit von VOB/B und Klauselrichtlinie, ZfIR 2004, 613; *Wittchen*, Die VOB/B in der Inhaltskontrolle, BauRB 2004, 251; *Miernik*, Die Anwendbarkeit der VOB/B auf Planungsleistungen des Bauunternehmers, NZBau 2004, 409; *Gebauer*, Die AGB-rechtlich entprivilegierte VOB/B, BauR 2004, 1843; *Kretschmann*, Hindern Schuldrechtsreform und nachträgliche Änderungen der VOB/B deren Privilegierung? Jahrbuch Baurecht 2005, 109; *Kretschmann*, Zum Vorschlag des BMJ zur Änderung der BGH-

Regelungen über die Privilegierung der VOB/B, BauR 2005, 615; *Möller*, VOB/B als Ganzes, nur ohne jede vertragliche Abweichung – Konsequenzen für die baurechtliche Beratung – ZfBR 2005, 119; *Stemmer/Rohrmüller*, Abwicklung von VOB-Verträgen durch kommunale Auftraggeber bei Insolvenz des Auftragnehmers, BauR 2005, 622; *Markus*, Die neue VOB/B 2006: Nach der Novelle ist vor der Novelle, NJW 2007, 545; *Vygen*, Die VOB/B und ihre Zukunft bei zunehmender Bedeutung des Verbraucherschutzes, Festschrift für Ganten (2007), 243.

**1003** Die VOB/B wird nur **Bestandteil eines Bauvertrages**, wenn die Parteien dies **vereinbaren**. Da die VOB/B weder Gesetz noch Rechtsverordnung, sondern **Vertragsrecht**[39] ist, gilt sie nicht automatisch. Es entspricht auch keineswegs der Üblichkeit, dass die VOB/B in der Baubranche stets – ohne gesonderte Absprache – unmittelbare Anwendung findet. Ein solches Gewohnheitsrecht besteht nicht; die VOB/B hat nicht die Geltung eines Handelsbrauches.[40]

**1004** Die **Vereinbarung** der VOB/B bedarf **keiner Form**; ein Bezug oder allgemeiner Hinweis auf die VOB/B reicht grundsätzlich aus[41] (vgl. aber Rdn. 1009 ff.). Indes muss dies **klar** und **unmissverständlich** geschehen. Die Formulierung „Es gelten die Bestimmungen der VOB und des BGB" ist hierzu unbrauchbar, weil die VOB/B und das BGB Vorschriften enthalten, die erhebliche Unterschiede aufweisen. „VOB und BGB" können nicht gleichrangig gelten.[42] Eine Klausel „Es gelten die Bestimmungen der VOB, soweit sie günstiger sind als diejenigen des BGB" ist ebenfalls unwirksam, weil sie missverständlich und unklar ist.[43] Dasselbe gilt hinsichtlich einer Regelung, wonach sich „die Gewährleistungsfrist nach der VOB und darüber hinaus nach dem BGB" richten soll.[44] Das OLG München[45] hat ferner entschieden, dass die Klausel „Die Gewährleistung für die ausführenden Arbeiten regelt sich nach BGB, die Ausführung der Bauleistung nach VOB" nicht zu einer wirksamen Einbeziehung der VOB/B führt.

**1005** Vereinbaren die Parteien, dass die **„VOB der neuesten Auflage"** gelten soll, so ist damit die im Zeitpunkt des Vertragsschlusses geltende, aktuelle Fassung der VOB/B gemeint, da grundsätzlich nicht davon ausgegangen werden kann, dass die Parteien dem Vertrag Regelungen zu Grunde legen wollen, die bei Abschluss des Vertrages noch unbekannt sind.[46] Die VOB/B ist zuletzt im Jahre 2006 mit zahlreichen Änderungen neugefasst worden.[47]

---

39) **Herrschende Meinung:** BGH, BauR 1999, 3261; BGH, ZfBR 1992, 67, 68 = BauR 1992, 221; BGH, *Schäfer/Finnern*, Z 2.0 Bl. 3; *Kaiser*, Rdn. 10; **a. A.:** LG Würzburg, *Schäfer/Finnern*, Z 2.0 Bl. 5 u. LG Düsseldorf, *Schäfer/Finnern*, Z 2.0 Bl. 7.
40) *Ingenstau/Korbion/Vygen*, Einl., Rdn. 40; *Nicklisch/Weick*, Einl., Rdn. 29.
41) *Ingenstau/Korbion/Vygen*, Einl., Rdn. 38. Zu einer konkludenten Vereinbarung der VOB/B (durch Übersendung eines Angebotes und eines Vertragsentwurfes mit einer VOB/B-Vereinbarung) vgl. LG Berlin, BauR 2004, 1781.
42) Vgl. OLG Düsseldorf, BauR 1972, 117 u. OLG Düsseldorf, OLGR 1995, 221 (bei **Staffelverweisung**: nachrangige Geltung der VOB/B in zusätzlichen Vertragsbedingungen).
43) Vgl. BGH, BauR 1986, 200 = NJW 1986, 924 = ZfBR 1986, 79; auch OLG Hamm, NJW-RR 1988, 462 („Garantieleistung entsprechend VOB bzw. BGB") sowie *Beigel*, BauR 1988, 142 ff.
44) OLG Celle, NJW-RR 1997, 82.
45) BauR 2003, 1719.
46) So richtig: KG, ZfBR 1993, 224 = OLGR 1993, 33; s. ferner: OLG Koblenz, BauR 1999, 1026 = NJW-RR 1999, 748 für Ausschreibungsverfahren.
47) Vgl. hierzu *Markus*, NJW 2007, 545.

## Vereinbarung der VOB

**Rdn. 1006–1007**

Unzweifelhaft unterliegt die VOB/B den §§ 305 ff. BGB (früher AGB-Gesetz); ob **1006** die VOB/B allerdings selbst Allgemeine Geschäftsbedingungen darstellen, ist streitig. Das wird vom **BGH**[48] und der herrschenden Ansicht[49] **angenommen;** es ist unerheblich, ob das Vertragswerk individuell ausgehandelt wird. Der BGH[50] weist insoweit zutreffend darauf hin, dass einzelne Regelungen der VOB/B wegen § 305 c Abs. 2 BGB „nicht analog auf eindeutig geregelte Sachverhalte anwendbar sind".

Wird die **Einbeziehung der VOB/B** in den Bauvertrag von **beiden Vertragsparteien** unabhängig voneinander **verlangt,** wird die VOB/B gemäß § 305 Abs. 1 BGB nicht von einer Partei gestellt.[51] In diesem Fall sind die Bestimmungen der VOB/B nicht als AGB anzusehen.[52] In der Praxis wird dies aber selten der Fall sein, weil in der Regel zunächst eine Partei die Einbeziehung wünscht oder fordert und damit das Stellen im Sinne des § 305 Abs. 1 BGB zu bejahen ist. In Verbraucherverträgen gilt allerdings die VOB als vom Verwender (z. B. Unternehmer) gestellt, es sei denn, dass sie durch den Verbraucher in den Vertrag eingeführt wurde (§ 310 Abs. 3 Nr. 1 BGB).

Auf die VOB/B wird in aller Regel in **Allgemeinen Geschäftsbedingungen** Bezug genommen; das ist noch nicht zu beanstanden, weil „gestaffelte" Klauselwerke durchaus zulässig sind. Eine **Staffelverweisung,** wie z. B. „Es gelten die nachfolgenden Vertragsbedingungen, das BGB und nachrangig die VOB/B", ist daher grundsätzlich nicht zu beanstanden. Eine Staffelverweisung wird erst unzulässig, „wenn die Verwendung mehrerer Klauselwerke wegen des unklaren Verhältnisses konkurrierender Regelungen zu Unverständlichkeiten führt."[53]

Für das Verhältnis von VOB/B und den §§ 305 ff. BGB ist Folgendes zu beachten: **1007**

\* Die §§ 305 ff. BGB finden keine Anwendung, wenn die VOB/B nach dem Willen **beider** Vertragsparteien zur Grundlage des Vertrages gemacht werden soll: § 305 Abs. 1 Satz 1 BGB setzt nämlich voraus, dass eine Vertragspartei der anderen vorformulierte Vertragsbedingungen bei Abschluss des Vertrages „stellt".[54] Im Einzelfall ist daher zu prüfen, ob es einen **„Verwender"** gibt, der dem Vertragspartner die VOB/B **einseitig** auferlegt.[55] In der Baupraxis kommt es nicht selten vor,

---

48) BGH, BauR 2004, 668 = NZBau 2004, 267 = IBR 2004, 179 – *Ulbrich;* BauR 1997, 1027 = NJWRR 1998, 235 = ZfBR 1998, 31.
49) Vgl. Beck'scher VOB-Komm/*Ganten,* B Einl. II, Rdn. 6; *Heiermann/Riedl/Rusam,* § 1/B, Rdn. 10; *Kapellmann/Messerschmidt/v. Rintelen,* Einl. VOB/B, Rdn. 44; *Anker/Zumschlinge,* BauR 1995, 323; *Nicklisch/Weick,* Einl., Rdn. 52; *Kaiser,* ZfBR 1985, 1, 2; *Locher,* Rdn. 80; *Recken,* BauR 1978, 418; *Vygen,* Rdn. 133; *Pauly,* BauR 1996, 328, 329; a. A.: *Jagenburg,* BauR-Sonderheft 1977, S. 3 ff. u. *Siegburg,* Festschrift für Locher, S. 349 u. BauR 1993, 9 ff.; *Leupertz,* Jahrbuch Baurecht 2004, 43. Zur Gesamtabwägung der VOB/B nach AGB-Gesetz und EG-Verbraucherschutzrichtlinie: *Kutschker,* Baurechtl. Schriften, Bd. 42, 1998.
50) BauR 1997, 1027 = NJW-RR 1998, 235 = ZfBR 1998, 31 zu § 5 AGB-Gesetz.
51) *Palandt/Heinrichs,* § 305 BGB, Rdn. 13.
52) *Markus/Kaiser/Kapellmann,* Rdn. 48; *Kaufmann,* Jahrbuch Baurecht 2006, 35, 42.
53) BGH, BauR 1991, 718; OLG Düsseldorf, BauR 1996, 112 = BB 1996, 658; *Tempel,* NZBau 2003, 465, 468, meldet insoweit Bedenken an (Verstoß gegen das Transparenzgebot).
54) **Herrschende Meinung;** vgl. *Ramming,* BB 1994, 518, 520.
55) Vgl. hierzu vor allem: *Pauly,* BauR 1996, 328, 330; *Nicklisch/Weick,* Einl., Rdn. 55 ff.; *Kapellmann/Messerschmidt/v. Rintelen,* Einl. VOB/B, Rdn. 104, sehen als Verwender der VOB/B die Partei an, die die Einbeziehung in den konkreten Vertrag veranlasst oder ein „Einbeziehungsverlangen" zuerst aufgestellt hat.

dass entweder keine der Vertragsparteien oder **beide** als Verwender der VOB/B anzusehen sind.[56] Das gilt insbesondere, wenn die Vertragsparteien ausdrücklich vereinbaren, dass sowohl der Auftraggeber als auch der Auftragnehmer Verwender der VOB/B sind. Eine solche Vereinbarung ist aber nur im Rahmen einer Individualabrede möglich.[57]

* Wird die **VOB/B als Ganzes** in Individualabreden oder Allgemeinen Geschäftsbedingungen vereinbart, kommt eine **isolierte Inhaltskontrolle** einzelner VOB-Bestimmungen nach den §§ 305 ff. BGB **nicht in Betracht** (vgl. Rdn. 1018 ff.).

**1008** Im Einzelfall ist jedoch zu prüfen, ob die **VOB/B** wirksam **in den Bauvertrag** i. S. des § 305 BGB n. F. „**einbezogen**" worden ist. Nach § 305 Abs. 2 u. 3 BGB werden Allgemeine Geschäftsbedingungen (und damit auch die VOB/B) nur dann Bestandteil des Vertrages, wenn der Verwender bei Vertragsabschluss

* die andere Vertragspartei ausdrücklich oder durch deutlich sichtbaren Aushang am Ort des Vertragsabschlusses auf sie **hinweist** und
* der anderen Vertragspartei **die Möglichkeit verschafft**, in zumutbarer Weise, (die nach § 305 Abs. 2 Nr. 2 BGB „auch eine für den Verwender erkennbare körperliche Behinderung der anderen Vertragspartei angemessen berücksichtigt") von ihrem Inhalt Kenntnis zu nehmen. Nach dem **SchRModG** ist eine Abweichung von den allgemeinen Einbeziehungsvoraussetzungen nur angezeigt, wenn die körperliche Behinderung (also vor allem eine Sehschwäche) dem Verwender **aktuell** und **konkret bekannt** ist.[58]

Rechtsprechung und Literatur haben hierzu folgende **Grundsätze** entwickelt:

**1009** Ob die VOB/B **Vertragsbestandteil** geworden ist, muss im Einzelfall sorgfältig festgestellt werden. Ist dem Bauherrn/Erwerber die VOB „nicht vertraut", so muss sie ihm von dem Vertragspartner (Unternehmer) **konkret** zur Kenntnis gebracht werden. Ein **bloßer Hinweis** auf die VOB/B reicht in diesen Fällen in der Regel nicht aus.[59] Der Hinweis im Vertrag, der Text der VOB werde auf Wunsch „**kostenlos zur Verfügung gestellt**", genügt nicht.[60] Hat das Gericht im Streitfall aus den vorgelegten Unterlagen hinreichende **Anhaltspunkte** dafür, dass der Auftraggeber/Erwerber keine Kenntnis von der VOB hat, so darf es nicht ohne Weiteres davon ausgehen, dass die VOB vereinbart wurde, auch wenn die Parteien dies übereinstimmend meinen. In diesen Fällen muss das Gericht vielmehr den Auftragnehmer (Verwender) **auffordern**, „die notwendigen Tatsachen für die wirksame Einbeziehung der VOB/B vorzutragen."[61] Demgegenüber muss nach der Rechtsprechung des BGH[62] bei einem **auf dem Bausektor gewerblich tätigen Unternehmer** ange-

---

56) *Palandt/Heinrichs*, § 305 BGB, Rdn. 13; *Nicklisch/Weick*, Einl., Rdn. 56, 57; *Kaiser*, Rdn. 12; *Siegburg*, BauR 1993, 9, 14.
57) Vgl. hierzu *Kaufmann*, Jahrbuch Baurecht 2006, 35, 42.
58) *Graf von Westphalen*, NJW 2002, 12, 13.
59) BGH, BauR 1999, 1186, 1187 = NJW-RR 1999, 1246; BGH, NJW 1990, 715 = BauR 1990, 205; OLG Saarbrücken, OLGR 2006, 277; *Tempel*, NZBau 2003, 465, 466; s. aber OLG Celle, BauR 1996, 264 (Einbeziehung der VOB in einem vom Auftraggeber verwendeten Formular gegenüber einem „**bauerfahrenen**" Handwerker).
60) So jetzt auch OLG Bremen, BauR 2006, 1001.
61) BGH, BauR 1994, 617.
62) BGH, BauR 1989, 87 = ZfBR 1989, 55; BGHZ 86, 135 = BauR 1983, 161 = NJW 1983, 816 = ZfBR 1983, 85; LG Stuttgart, NJW 1988, 1036 für **Treuhänder** der Bauherrengemeinschaft.

nommen werden, dass er die VOB B kennt. Dies bedeutet in der Praxis, dass einem Bauunternehmer weder ein Text der VOB/B überreicht noch sonst wie zur Einsicht vorgelegt werden muss; die bloße Bezugnahme auf die VOB/B genügt.[63]

Das gilt auch bei einem Bauvertrag mit einem **öffentlichen Auftraggeber**; hier reicht der allgemeine Hinweis in den AGB auf die VOB/B aus, um sie wirksam einzubeziehen. **1010**

Stets ist jedoch das **Einverständnis des Vertragspartners** notwendige Voraussetzung für die Einbeziehung der VOB gemäß § 305 Abs. 2 BGB, wenn die andere Vertragspartei den **Vorschlag** der Einbeziehung der VOB/B macht. Unter diesem Gesichtspunkt wird die VOB/B durch eine bloße (**erstmalige**) Inbezugnahme des Auftraggebers (und Verwenders) in seinem Auftragsschreiben, mit dem er das Vertragsangebot des Auftragnehmers annimmt, nicht Bestandteil des Bauvertrages, weil das Schweigen des Auftragnehmers regelmäßig nicht als Zustimmung anzusehen ist.[64]

**Zweifelhaft** ist jedoch, was gegenüber einem **Bauherrn** („Privatmann") zu geschehen hat, der im Zweifel nur einmal in seinem Leben baut: **1011**

Wird der Bauherr bei dem **Vertragsschluss** durch einen **Architekten vertreten**, soll nach h. A. der (bloße) Hinweis auf die VOB/B genügen; denn bei einem Architekten sei – wie bei dem gewerblich tätigen Unternehmer – grundsätzlich anzunehmen, dass er aufgrund seiner Ausbildung die Bestimmungen der VOB/B hinreichend kenne.[65] Dem ist zuzustimmen, da es auch zu den Grundpflichten des Architekten gehört, den Bauherrn **bei** Vertragsschluss über die Bedeutung der Einbeziehung der VOB/B in den Bauvertrag hinreichend **aufzuklären**.[66] Dieses Wissen muss sich der Bauherr zurechnen lassen (§ 166 Abs. 1 BGB).[67] Der Architekt muss jedoch stets bei dem Vertragsabschluss mitgewirkt haben; es reicht nicht, wenn der Architekt nur planungs- und/oder bauüberwachende Tätigkeit für den Bauherrn ausgeführt hat.[68]

Ist der Bauherr **nicht** durch einen **Architekten vertreten** oder wirkt dieser bei den Vertragsverhandlungen nicht mit und handelt es sich um einen mit der VOB/B **nicht vertrauten Auftraggeber,** so kann die VOB/B nicht durch einen bloßen Hinweis auf ihre Geltung in den Vertrag einbezogen werden.[69] Der BGH[70] verlangt **1012**

---

63) Brandenburgisches OLG, BauR 2006, 1472; OLG Hamm, OLGR 2004, 57 (Tischlermeister mit 70 Mitarbeitern) = NZBau 2004, 332.
64) OLG Köln, BauR 1995, 100 = NJW-RR 1994, 1430.
65) OLG Saarbrücken, BauR 2006, 2060 = OLGR 2006, 277 = NZBau 2006, 787.
66) OLG Düsseldorf, BauR 1997, 647, 648; OLG Hamm, NJW-RR 1996, 593; MDR 1991, 253; BauR 1989, 480; *Pauly*, BauR 1996, 328, 331; *Vygen*, BauR 1984, 245, 247.
67) Für viele *Siegburg*, Rdn. 153; *Heiermann/Riedl/Rusam*, § 1/B, Rdn. 11 b; *Kapellmann/Messerschmidt/v. Rintelen*, Einl. VOB/B, Rdn. 87; **a. A.:** *Tempel*, NZBau 2003, 465, 467.
68) OLG Saarbrücken, OLGR 2006, 277 = IBR 2006, 536 – *Koppmann*; OLG Hamm, NJW-RR 1998, 885 = OLGR 1998, 90; *Siegburg*, a. a. O.
69) BGH, BauR 1999, 1186, 1187 = MDR 1999, 1061; BGH, ZIP 1999, 1600, 1601; OLG Düsseldorf, NJW-RR 1996, 1170; OLG Hamm, BauR 1996, 123 = NJW-RR 1996, 86 = OLGR 1995, 241 u. MDR 1998, 833 = OLGR 1998, 90; LG Bonn, MDR 2000, 264.
70) BauR 1999, 1186, 1187; BauR 1994, 617 = ZfBR 1994, 262 = NJW 1994, 2547; BauR 1990, 205 = NJW 1990, 715 = ZfBR 1990, 69; BauR 1991, 328 = ZfBR 1991, 151 = NJW-RR 1991, 727; ferner: BGH, BauR 1992, 503 = NJW-RR 1992, 913 (bei **notariell beurkundeten Verträgen**). Ebenso: OLG Düsseldorf, BauR 1996, 438 (LS); OLG Stuttgart, NJW-RR 1994, 17; OLG Hamm, BauR 1996, 123; BauR 1989, 480, BauR 1991, 260; OLGR 1992, 291; OLG Frankfurt, BauR 1991, 612.

für diesen Fall, dass der Auftragnehmer als Verwender seinen „weder im Baugewerbe tätigen noch sonst im Baubereich bewanderten Vertragspartner" in die Lage versetzt, „sich in geeigneter Weise Kenntnis von der VOB/B zu verschaffen und seine Informationsmöglichkeit zu nutzen". Auch in diesem Falle wird aber nach wohl überwiegender Ansicht eine **Textaushändigung („Übergabe") nicht verlangt**, weil an die Pflicht zur Kenntnisverschaffung keine unzumutbaren oder übertriebenen Anforderungen gestellt werden dürfen.[71] Der Hinweis, der VOB-Text sei „**in der Buchhandlung erhältlich**", reicht allerdings nicht aus.[72] Das gilt auch für eine Klausel „Sollten Sie die VOB und die DIN-Vorschrift nicht kennen, dann sende ich Ihnen kostenlos ein Exemplar zu."[73] Dem anderen Vertragspartner muss vielmehr die Möglichkeit eröffnet sein, ohne Aufwand an Zeit und Kosten Kenntnis von der VOB/B zu erlangen.[74] Wie die Kenntnisverschaffung im Einzelfall erfolgt, ist grundsätzlich unerheblich: Der Text kann zur Einsicht ausgelegt werden, er kann ausgeliehen oder endgültig zur Verfügung gestellt werden. Letzteres ist jedoch nicht Pflicht. Der Text der VOB/B muss im Übrigen mühelos lesbar sein.

Gehen die Vertragsparteien davon aus, dass die VOB/B Vertragsbestandteil geworden ist, ergibt sich dies aus den im Prozess überreichten Unterlagen aber nicht, so muss das Gericht hierauf hinweisen (§ 139 ZPO).[75] **Vereitelt** der Unternehmer treuwidrig die wirksame Einbeziehung in den Vertrag, kann er sich auf das **Fehlen** der tatbestandlichen Voraussetzungen des § 305 Abs. 2 BGB **nicht** berufen.[76]

**1013** Bei mündlichen Vertragsabschlüssen gilt das Vorstehende: Die VOB/B muss den Vertragsparteien am Ort des Vertragsschlusses zumindest einsehbar vorliegen.[77]

**1014** Die Pflicht zur Kenntnisverschaffung beschränkt sich auf den **Teil B** der VOB. Teil A entfaltet ohnehin keine bindende Wirkung, während der Teil C, worauf Jagenburg

---

71) So auch: *Heiermann*, DB 1997, 1733; *Kapellmann/Messerschmidt/v. Rintelen*, Einl. VOB/B, Rdn. 84; *Nicklisch/Weick*, Einl., Rdn. 37; widersprüchlich: Beck'scher VOB-Komm/*Ganten*, B Einl. II, Rdn. 25 (Möglichkeit der Einsichtnahme/Bereitschaft zur Kenntnisverschaffung reicht, Übergabe nicht erforderlich) gegenüber Beck'scher VOB-Komm/*Jagenburg*, B Vor § 1, Rdn. 44 (Beifügung der VOB stets erforderlich). Auch *Ingenstau/Korbion/Vygen*, Einl. Rdn. 38, verlangen, dass einem Angebot gegenüber einem nicht in der Baubranche tätigen Bauherrn „die VOB/B vollständig im Wortlaut beigefügt werden" muss.
72) Wie hier: *Pauly*, BauR 1996, 328, 332; *Bunte*, BB 1983, 732, 735; **a. A.:** *Merz*, BauR 1985, 47, 49; *Heiermann*, DB 1977, 1733, 1736.
73) Vgl. BGH, BauR 1999, 1186, 1187; OLG München, BauR 1992, 69, 70; **a. A.:** OLG Düsseldorf, BauR 1996, 712.
74) BGH, BauR 1999, 1186, 1187 u. NJW 1999, 3261 = BauR 1999, 1294 = MDR 1999, 1378 = ZfBR 2000, 30; BGHZ 109, 192, 196; OLG Hamm, OLGR 1998, 90; BauR 1989, 480 u. NJW-RR 1988, 1366; LG Ansbach, NJW-RR 1990, 563.
75) Siehe hierzu: BGH, BauR 1999, 1294 = NJW 1999, 3261; BauR 1994, 617 = NJW 1994, 2547; OLG Hamm, OLGR 1998, 90 = NJW-RR 1998, 885; weiter gehender: OLG Düsseldorf, NJW-RR 1996, 1422.
76) Zutreffend: OLG Celle, BauR 1999, 406.
77) *Löwe/Graf von Westphalen/Trinkner*, § 2, Rdn. 14; **a. A.:** *Heiermann*, DB 1977, 1733, 1736, der bei einem Vertragsabschluss *in Anwesenheit* der Vertragspartner das Vorliegen der VOB im Geschäftslokal verlangt, andererseits aber bei fernmündlichen Vertragsabschlüssen schon den Hinweis auf die VOB ausreichen lassen will.

**Vereinbarung der VOB**            **Rdn. 1015–1016**

zu Recht hinweist,[78] lediglich die anerkannten Regeln der Technik aufzählt und automatisch Vertragsbestandteil des VOB-Bauvertrages wird.

Da die Vereinbarung der VOB/B zunächst den ausdrücklichen Hinweis des Verwenders auf die VOB/B und die **Einverständniserklärung** des Vertragspartners voraussetzt, reicht die erst in der **Annahme** enthaltene Bezugnahme auf die VOB/B nicht aus.[79] Unter diesem Blickwinkel kann es im Einzelfall auch problematisch sein, ob die VOB/B bei **Nachfolgeaufträgen** („Zusatzaufträge", „Nachtragsaufträge", „Änderungsaufträge" usw.) gilt.[80] Im Zweifel ist jedoch davon auszugehen, dass die Vertragsparteien die VOB/B für das gesamte Vertragsverhältnis vereinbaren wollen, sodass die VOB für alle Nachfolgeaufträge gilt, sofern diese in einem zeitlichen und sachlichen Zusammenhang mit der vertraglichen Hauptleistung, über die der Bauvertrag geschlossen wurde, stehen.[81] Im Übrigen gilt: Zwar ist auch eine **stillschweigende** (konkludente) Vereinbarung der VOB/B nach Maßgabe der §§ 305 ff. BGB möglich. Dies setzt aber voraus, dass die nach § 305 Abs. 2 Nr. 1 und 2 BGB aufgestellten Einbeziehungsvoraussetzungen von Seiten des Verwenders in ausreichendem Maße erfüllt worden sind. Aus einem unterlassenen Widerspruch (Schweigen) oder in der bloßen Entgegennahme der Bauleistung allein kann ein stillschweigendes „Einverständnis" in die Einbeziehung der VOB/B im Zweifel nicht gesehen werden.[82] 

Stets trägt der **Verwender** und damit in der Regel der Unternehmer die **Beweislast** für die **ordnungsgemäße Einbeziehung der VOB/B** in das Vertragsverhältnis.[83] Eine wirksame Einbeziehung ergibt sich im Übrigen nicht schon daraus, dass die Partien übereinstimmend davon ausgegangen sind, die VOB/B sei Gegenstand des Bauvertrages geworden.[84]

Auf **Architekten-** und **Ingenieurleistungen** ist die **VOB/B nicht** anwendbar, weil diese nicht auf die Erbringungen von „Bauleistungen" im Sinne der VOB ausgerichtet sind.[85]

**1015**

**1016**

---

78) BauR-Sonderheft 1977, S. 10; s. ferner: *Nicklisch/Weick*, Einl., Rdn. 12; *Grauvogl*, Jahrbuch Baurecht 1998, 315, 333 ff.
79) OLG Köln, BauR 1995, 100 = NJW-RR 1994, 1430; *Ulmer/Brandner/Hensen*, Anh. §§ 9–11, Rdn. 904.
80) Für die Geltung der VOB/B bei **Nachfolgeaufträgen**: OLG Düsseldorf, NJW 1977, 253 = BauR 1977, 61; NJW 1977, 1298; OLG Hamm, BauR 1997, 472 = OLGR 1997, 2; NJW-RR 1987, 599; *Tempel*, NZBau 2003, 465, 467; *Ingenstau/Korbion/Keldungs*, Vor VOB/B, Rdn. 10; *Leineweber*, Rdn. 230; *Jagenburg*, Festschrift für v. Craushaar, S. 117, 122; *Vygen*, Rdn. 147; *Heiermann/Riedl/Rusam*, § 1/B, Rdn. 12; *Kapellmann/Messerschmidt/v. Rintelen*, Einl. VOB/B, Rdn. 90, vertreten die Auffassung, dass „bei der bloßen Ausweitung und Ergänzung des bisherigen Vertrages" die VOB/B fort gilt.
81) OLG Hamm, BauR 1997, 472 = OLGR 1997, 2.
82) Siehe hierzu: *Heiermann/Riedl/Rusam*, § 1/B, Rdn. 11; *Leineweber*, Rdn. 235.
83) OLG Hamm, OLGR 1998, 90.
84) OLG Hamm, a. a. O.; vgl. aber OLG Düsseldorf, NJW-RR 1996, 1422.
85) BGH, BauR 1987, 702 = NJW 1988, 143; OLG Karlsruhe, BauR 2005, 893; OLG Hamm, BauR 1990, 104; **a. A.:** LG Darmstadt, BauR 1979, 65 m. abl. Anm. *Kaiser*; vgl. auch *Korbion*, Festschrift für Locher, S. 127 ff. Vgl. hierzu insbesondere *Miernik*, NZBau 2004, 409.

**1017** Praktische Bedeutung hat die **heftig umstrittene Frage**, ob ein **Bauträger** seinem Vertrag mit dem Erwerber die **VOB/B zu Grunde legen** kann.[86] Der **BGH**[87] hat die Frage offen gelassen, aber starke Zweifel an der Zulässigkeit einer solchen Vereinbarung geäußert. Er hat mehrfach ausgeführt, bei Bauträgerverträgen sei zumindest zu **vermuten**, dass **verschiedene Bestimmungen der VOB/B** – auch wenn deren Geltung uneingeschränkt „vereinbart" wurde – ausgeschlossen sein sollten.[88] Das Schrifttum ist geteilter Meinung.[89]

Nach herrschender Meinung kann die VOB/B „als Ganzes" in Bauträgerverträgen nicht vereinbart werden, weil die Bestimmungen der VOB/B auf wesentliche Teile eines Bauträgervertrages, insbesondere hinsichtlich der vom Bauträger auch zu erbringenden Architekten- und Ingenieurleistungen, nicht anwendbar sind. Die zuletzt genannten Leistungen sind nämlich keine „Bauleistungen" im Sinne der VOB/A und B.[90] Entsprechendes gilt für **Generalunternehmer-** bzw. **Generalübernehmerverträge**, wenn der Auftragnehmer **Planungs**verpflichtungen übernimmt; auch insoweit kann für die Planungsleistungen die VOB nicht vereinbart werden.[91]

**1018** Ist die VOB/B **als Ganzes** vereinbart, kommt eine i**solierte Inhaltskontrolle einzelner VOB-Bestimmungen** auf der Grundlage der §§ 305 ff. BGB **nicht in Betracht**, weil die VOB/B als eine im Ganzen **ausgewogene Regelung** anzusehen ist.[92] Die in neuerer Zeit wiederholten **Versuche**,[93] die durch die Rechtsprechung entwickelte Privilegierung der VOB „als Ganzes" **infrage zu stellen**, überzeugen

---

86) Vgl. *Mehring*, NJW 1998, 3457 ff.; *Brych*, NJW 1986, 302 ff.; *Kaiser*, ZfBR 1985, 1, 3 ff.; *Schulze-Hagen*, BauR 1992, 320, 328; *Weinkamm*, BauR 1992, 585; *Basty*, Rdn. 731 ff. sowie die vor Rdn. 1005 aufgeführte Literatur.

87) Vgl. BGH, NJW 1983, 453 = ZfBR 1983, 17; ZfBR 1984, 35, 36 = BauR 1984, 166; BauR 1987, 702, 704 = NJW 1988, 142; vgl. hierzu auch: OLG Celle, BauR 1993, 476 = NJW-RR 1994, 475.

88) BGHZ 96, 275 = BauR 1986, 208; BGH, BauR 1987, 702, 704 = NJW 1988, 142 = ZfBR 1988, 33.

89) Vgl. hierzu die Nachweise *Mehring*, NJW 1998, 3457, 3458.

90) OLG Bamberg, OLGR 1999, 134 (Generalübernehmervertrag); OLG Düsseldorf, NJW-RR 1991, 219; LG Frankenthal, *SFH*, Nr. 1 zu § 1 VOB/A; OLG Celle, NJW-RR 1994, 475 (Unterscheidung zwischen Bauleistungen und „anderen" Leistungen notwendig); *Messerschmidt/Thierau* in Kapellmann/Messerschmidt, VOB/A Anh., Rdn. 112; *Hansen/Nitschke/Brock*, Rdn. 119 ff.; *Basty*, Rdn. 1002; *Pause*, Bauträgervertrag, Rdn. 163 ff.; vgl. hierzu auch *Locher*, Rdn. 652; anders die Vorauflage; unzutreffend daher: OLG Frankfurt, IBR 2005, 529 – *Miernik* (Danach soll die VOB/B auch auf Planungsleistungen des Bauunternehmers anwendbar sein „wenn die Bauerrichtung das Schwergewicht der vertraglichen Leistungen bildet".) sowie OLG Hamm, MDR 1987, 407; s. auch *Mehring*, NJW 1998, 3457, 3458; *Korbion*, Festschrift für Locher, S. 127 ff. u. *Weinkamm*, BauR 1992, 585, 586.

91) Beck'scher VOB-Komm/*Jagenburg*, B Vor § 1, Rdn. 62.

92) Vgl. BGH, BauR 2004, 668 = NZBau 2004, 207 = IBR 2004, 179 – *Ulbrich* = NZBau 2004, 385 = NJW-RR 2004, 957; BGH, NJW 1983, 816, 818 = BauR 1983, 161; KG, NZBau 2007, 584; vgl. hierzu: *Weyer*, BauR 2002, 857 ff.; *Frikell*, BauR 2002, 671 ff.; *Pauly*, BauR 1996, 328, 334; *Bunte*, BB 1984, 732; kritisch hierzu *Kaufmann*, Jahrbuch Baurecht 2006, 35, 44.

93) Vgl. hierzu insbesondere: *Koch*, BauR 2001, 162; *Tomic*, BauR 2001, 14; *Kraus/Sienz*, BauR 2000, 631; *Schlünder*, BauR 1998, 1123; *Preussner*, Festschrift für Kraus, S. 179, 205; *Kapellmann/Messerschmidt/v. Rintelen*, Einl. VOB/B, Rdn. 48 ff.; s. hierzu (kritisch): *Weyer*, BauR 2002, 857 ff.

## Vereinbarung der VOB
## Rdn. 1018

nicht. Das gilt auch für Hoff,[94] der die Ansicht vertritt, spätestens „mit der nächsten Änderung der VOB/B" entfalle die Privilegierung, weil es sich bei den durch das **SchRModG** erfolgten Privilegierungen (§§ 308 Nr. 5 u. 309 Nr. 8 b ff) nur um „statische" Verweisungen auf die VOB/B handele. Das ist nicht der Fall: Der **Gesetzgeber** hat in **Kenntnis** der Kritik **bewusst** die Rechtsprechung zur Privilegierung der VOB/B als Ganzes übernommen, wie die Begründung des Regierungsentwurfs vom 14.5.2001 eindeutig belegt:[95]

> „Damit wird der gefestigten Rechtsprechungspraxis Rechnung getragen, die das Eingreifen der im bisherigen § 23 Abs. 2 Nr. 5 AGBG zugunsten der VOB geregelten Ausnahmen davon abhängig macht, dass die VOB/B insgesamt, das heißt ohne ins Gewicht fallende Einschränkungen übernommen worden ist (BGHZ 96, 129, 133; 100, 391, 399; BGH, NJW 1986, 713, 714; NJW 1978, 2373, 2374; NJW-RR 1989, 85, 86). Diese Rechtsprechung soll nunmehr – ohne inhaltliche Änderung – im Gesetzeswortlaut seine Entsprechung finden. Die Privilegierung erfasst die VOB/B in ihrer jeweils zum Zeitpunkt des Vertragsschlusses gültigen Fassung, da davon ausgegangen wird, dass die VOB/B in ihrer jeweils geltenden Fassung einen insgesamt angemessenen Interessenausgleich zwischen den an Bauverträgen Beteiligten schafft (MünchKomm/Soergel, § 631 Rdn. 38 ff.)."

Daraus folgt, worauf auch Weyer[96] zutreffend hinweist, dass sich der **Gesetzgeber** die bisherige Rechtsprechung des BGH zur **Privilegierung** der VOB/B als Ganzes zu eigen gemacht hat; sie gilt auch weiterhin fort. Allerdings hat der BGH[97] in seiner Entscheidung darauf hingewiesen, dass es offen bleibt, „inwieweit seine Rechtsprechung vor VOB/B als Ganzes auch auf Fälle unter Geltung des Gesetzes zur Modernisierung des Schuldrechts anwendbar ist". Zwischenzeitlich hat der Deutsche Vergabe- und Vertragsausschuss **(DVA)** die **notwendige Anpassung der VOB/B an die Änderungen durch das SchModG beschlossen.**[98] Es kommt daher auch **in Zukunft** entscheidend darauf an, ob die VOB/B „als Ganzes" vereinbart ist. Ist z. B. in Allgemeinen Geschäftsbedingungen die Klausel enthalten „Gewährleistung nach VOB", ist die „VOB als Ganzes" nicht vereinbart – mit der Folge, dass die durch diese Klausel erfolgte Abkürzung des gesetzlichen Gewährleistungszeitraumes gemäß § 309 Nr. 8 ff BGB unwirksam ist.[99]

---

94) BauR 2001, 1654 ff.; ebenso für statische Verweisung *Kraus/Sienz*, BauR 2000, 631, 636; *Lenkeit*, BauR 2002, 196, 223; *Schwenker/Heinze*, BauR 2002, 1143, 1145 m. w. N.; *Voppel*, NZBau 2003, 6, 9; *Siegburg*, Rdn. 215 ff.

95) BT-Drucks. 14/6040, S. 154; hierauf verweist auch *Weyer*, BauR 2002, 857, 858; ferner BauR 2002, 1894; wie hier KG, IBR 2007, 295 – *Joussen*; *Pauly*, MDR 2003, 124; *Ingenstau/Korbion/Vygen*, Einl. Rdn. 27; *Voppel*, NZBau 2003, 6; *Joussen*, BauR 2002, 1759, 1762; *Keldungs*, Festschrift für Kraus, S. 95; *Kratzenberg*, BauR 2002, 177, 179 und wohl auch *Frikell*, BauR 2002, 671; *Deckers*, BauRB 2003, 23, 24; vgl. hierzu auch *Oberhauser*, Jahrbuch Baurecht 2003, 1; *Ahlers*, S. 36 und 43; **a. A.:** *Preußner*, BauR 2002, 1602; *Peters*, NZBau 2002, 114; *Lenkeit*, BauR 2002, 223; *Hoff*, BauR 2001, 1654; kritisch *Quack*, ZfBR 2002, 428.

96) BauR 2002, 857, 860.

97) BauR 2004, 668 = NZBau 2004, 267 = IBR 2004, 179 – *Ulbrich* = NZBau 2004, 385 = NJW-RR 2004, 957.

98) Beschluss vom 2. Mai 2002; zur **VOB/B 2002**: *Schwenker*, BauR 2002, 1143; *Kiesel*, NJW 2002, 2064; *Kratzenberg*, NZBau 2002, 177.

99) Vgl. BGH, BauR 1987, 439 = NJW 1988, 490; BGH, BauR 1987, 438; BGH, BauR 1989, 77; BGH, NJW 1989, 1602; BGH, NJW 1986, 315 = BauR 1986, 89; dazu: *Brych*, NJW 1986, 302 ff.; ferner: OLG Düsseldorf, BauR 1994, 762; OLG Nürnberg, BauR 1985, 320; OLG Stuttgart, BauR 1985, 321; OLG Düsseldorf, NJW-RR 1991, 219 u. OLGR 1995, 221.

* § 2 Nr. 8 Abs. 1 Satz 1 VOB/B (BGH, NJW 1991, 1812 = BauR 1991, 331 = ZfBR 1991, 146; OLG Köln, MDR 1991, 635; OLG Hamm, OLGR Hamm 1992, 5 = BauR 1992, 540 [LS]),
* § 13 Nr. 4 (BGH, BauR 2004, 1142; BauR 1994, 617, 618; NJW 1990, 3197 = BauR 1990, 718; LG Berlin, NJW-RR 1991, 1123),[111]
* § 16 Nr. 2 Abs. 2 VOB/B (BGH, NJW 1991, 1812 = BauR 1991, 331 = ZfBR 1991, 146),
* § 16 Nr. 3 Abs. 1 VOB/B (OLG Naumburg, BauR 2006, 849 = IBR 2005, 666 – *Thierau*; OLG Düsseldorf, IBR 2006, 192 – *Thierau*; Brandenburgisches OLG, BauR 2003, 1404; OLG München, BauR 1995, 138 [LS]),
* § 16 Nr. 3 a. F. VOB/B (BGH, BauR 1991, 210 = BB 1991, 502; BGH, NJW-RR 1990, 157 = BauR 1990, 81 = ZfBR 1990, 18; NJW 1990, 1365 = BauR 1990, 207 = ZfBR 1990, 70; BauR 1989, 461; BauR 1987, 694; OLG München, BauR 1994, 666 [LS]; OLG Stuttgart, NJW-RR 1988, 1364; OLG Frankfurt, BauR 1986, 225; zur Neufassung: Langen, BauR 1991, 151),
* § 16 Nr. 3 Abs. 2 VOB/B (BGH, BauR 1998, 614 = BB 1998, 1131; BauR 2002, 775 = IBR 2002, 1 – *Dähne*; OLG Düsseldorf, IBR 2004, 120 – *Karczewski*),
* § 16 Nr. 6 Satz 1 VOB/B (BGH, NJW 1990, 2384 = BauR 1990, 727 = SFH, Nr. 2 zu § 16 Nr. 6 VOB/B; NJW-RR 1991, 534 = BauR 1991, 210; NJW-RR 1991, 727 = BauR 1991, 473).

**1022** Rechtsprechung und Literatur werden sicherlich auch die **überarbeiteten Bestimmungen der VOB/B 2002** bei einer „isolierten" Inhaltskontrolle **beanstanden;** so dürften nach den §§ 305 ff. BGB n. F. kaum standhalten:

§ 2 Nr. 6 (Hinweis auf Mehrvergütung),[112] § 2 Nr. 8 (Abweichung von § 687 BGB),[113] § 4 Nr. 8 Abs. 1 Satz 1 (Selbstausführung der Leistung),[114] § 4 Nr. 8 Abs. 2 (Einbeziehung der VOB bei Weitergabe von Bauleistungen an Subunternehmer),[115] § 7 (Verteilung der Gefahr),[116] § 15 Nr. 3 Satz 5 (Anerkenntnisfiktion bei nicht fristgemäß zurückgegebenen Stundenlohnzetteln).[117]

Dagegen halten nach der bisherigen Rechtsprechung die §§ 1 Nr. 4 Satz 1, 2 Nr. 5 Satz 1 und 18 Nr. 4 VOB/B,[118] § 2 Nr. 6 Abs. 2 Satz 2 VOB/B,[119] § 13 Nr. 5 Abs. 1 Satz 1 VOB/B[120] sowie § 16 Nr. 5 Abs. 3 Satz 2 VOB/B[121] einer isolierten Inhalts-

---

111) Zur isolierten Inhaltskontrolle des § 13 VOB/B 2002 vgl. *Weyer*, NZBau 2003, 521: Abgesehen von § 13 Nr. 4 VOB/B 2002 halten nach seiner Auffassung alle anderen Bestimmungen des § 13 VOB/B 2002 einer isolierten Inhaltskontrolle stand.
112) Vgl. hierzu OLG Düsseldorf, IBR 2004, 120 – *Karczewski; Korbion/Locher*, Rdn. F 67; *Wolf/Horn/Lindacher*, § 23, Rdn. 250; *Locher*, Festschrift für Korbion, S. 283.
113) *Wolf/Horn/Lindacher*, a. a. O.
114) Vgl. hierzu *Korbion/Locher*, Rdn. F 66.
115) Vgl. hierzu *Kniffka*, ZfBR 1992, l, 6.
116) A. A.: *Korbion/Locher*, Rdn. F 64.
117) *Vygen*, Rdn. 143 b.
118) BGH, BauR 1996, 378 = NJW 1996, 1346 = MDR 1996, 791 = ZIP 1996, 678.
119) BGH, BauR 1996, 542 = NJW 1996, 2158 = MDR 1996, 902 = ZIP 1996, 1220; OLG Hamm, BauR 1997, 472 = OLGR 1997, 2.
120) OLG Hamm, OLGR 1997, 62.
121) OLG Hamm, BauR 1997, 472 = OLGR 1997, 2.

kontrolle nach §§ 305 ff. BGB stand. Dies soll nach OLG Oldenburg[122] auch für die Gerichtsstandsklausel in § 18 Nr. 1 VOB/B gelten.[123]

Fraglich ist die Rechtsfolge, wenn eine AGB-Klausel gegen die §§ 305 ff. BGB verstößt. Eine **„geltungserhaltende Reduktion"** ist **unzulässig** (vgl. Rdn. 2165 ff.).[124] Inwieweit eine durch die Unwirksamkeit der AGB-Klausel im Formularvertrag entstandene Lücke durch **ergänzende Vertragsauslegung** geschlossen werden kann,[125] ist ebenfalls zweifelhaft. Lehnt man eine ergänzende Vertragsauslegung ab,[126] kann die Unwirksamkeit der AGB im Einzelfall zur **Unwirksamkeit des Vertrages** selbst führen. **1023**

In der Regel wird an die Stelle einer unwirksamen AGB die **gesetzliche Regelung** treten.[127] Die unwirksame AGB-Klausel wird also nicht ohne Weiteres durch die entsprechende VOB-Bestimmung ersetzt, die die Parteien durch die AGB gerade ausschließen oder abändern wollten.[128] Das OLG Frankfurt[129] vertritt sogar die Ansicht, die Parteien könnten sich überhaupt nicht mehr auf die VOB stützen, weil es insoweit an einer wirksamen Einbeziehung fehle. Das ist jedoch nicht unbestritten.[130] **1024**

Ob ein **Architekt** berechtigt ist, für seinen Auftraggeber die VOB/B verbindlich mit dem Bauhandwerker zu vereinbaren, hängt davon ab, welche Vollmachten ihm erteilt wurden (vgl. Rdn. 1064 ff.): Ist er befugt, die Bauarbeiten für den Bauherrn zu vergeben, ist ihm auch das Recht eingeräumt, dies unter Anwendung der VOB zu tun.[131] **1025**

Die dargestellten Grundsätze sind für andere AGB im Rahmen eines Bauvertrages (z. B. „Allgemeine", „Zusätzliche" oder „Besondere" Vertragsbedingungen) entsprechend heranzuziehen. Sie alle sind AGB, sodass auch die §§ 305 ff. BGB Anwendung finden.

---

122) NJW-RR 1996, 1486 = ZfBR 1996, 324 (bedenklich).
123) *Wittchen*, BauRB 2004, 251, 253 hat verschiedene VOB-Regelungen zusammengestellt, die er für „problematisch" hält.
124) BGH, ZfBR 1991, 106 = WM 1991, 695; vgl. ferner: BGH, NJW 1985, 319 ff.; NJW 1985, 320 ff.; NJW 1982, 2311 = WM 1982, 869; *Hager*, JuS 1985, 264.
125) Bejahend: BGHZ 90, 69 = BB 1984, 486 = NJW 1984, 1177; NJW 1985, 621; zustimmend: *Bunte*, NJW 1984, 1145.
126) Ablehnend: *Trinkner*, BB 1984, 490, u. *Löwe*, BB 1984, 492.
127) BGH, BauR 1988, 461, 464; ZfBR 1985, 81, 83; OLG Frankfurt, BauR 1985, 323 = NJW 1984, 2586; LG Düsseldorf, NJW 1985, 500, 501; BGH, *Schäfer/Finnern*, Z 2.10 Bl. 41; *Lenzen*, BauR 1985, 261, 263.
128) Vgl. auch BGH, BauR 1986, 200, 201; BGH, BauR 1988, 461, 464.
129) BauR 1985, 323, 325.
130) Anders z. T. die Literatur, die dann eine **Inhaltskontrolle jeder einzelnen Bestimmung** vornehmen will; vgl. die Hinweise bei *Bunte*, BB 1984, 732, 736, Anm. 50, der annimmt, dass sich die Inhaltskontrolle dann nur auf „die dem Verwender **günstige** Regelung" erstrecken könne.
131) BGH, NJW 1967, 2005 = MDR 1967, 831. Die Bevollmächtigung eines Bauträgers zu unbeschränkter Vertragsvergabe ist unwirksam: OLG Nürnberg MDR 1982, 939; **a. A.:** OLG München, BB 1983, 2015.

## c) VOB Teil C (VOB/C)

*Literatur*

*Völkel*, Die Bedeutung der VOB/C bei der Bestimmung bauvertraglicher Leistungspflichten, Baurechtliche Schriften, Bd. 61, 2006.
*Tempel*, Die Einbeziehung der VOB/B und VOB/C in den Bauvertrag, NZBau 2003, 465; *Moufang/Klein*, Die Bedeutung der VOB/C für die Leistungspflichten der Bauvertragspartner, Jahrbuch Baurecht 2004, 71; *Kapellmann*, Der BGH und die „Konsoltraggerüste" – Bausollbestimmung durch die VOB/C oder die „konkreten Verhältnisse"?, NJW 2005, 182; *Pauly*, Die VOB/C in der Baurechtspraxis, MDR 2005, 190; *Quack*, Über die Untauglichkeit aller Versuche, die VOB/C vor der Auslegung des Einzelvertrages zu retten, ZfBR 2005, 427; *Quack*, Was ist eigentlich vereinbart, wenn die VOB/C nicht wirksam in den Vertrag einbezogen wurde, ZfBR 2005, 731; *Schulze-Hagen*, Die Bindungswirkung technischer Normen und der Anscheinsbeweis im Baurechtsprozess, Festschrift für Werner (2005), 355; *Seibel*, Technische Normen als Bestandteil eines Bauvertrages, ZfBR 2007, 310.

**1026** Im Teil C der VOB sind die Allgemeinen Technischen Vertragsbedingungen für Bauleistungen enthalten. Es handelt sich um eine Vielzahl von Regelwerken für bestimmte Baubereiche, die jeweils auch mit DIN-Nummern versehen sind (beginnend mit der DIN 18299 – „Allgemeine Regelungen für Bauarbeiten jeder Art"). Inhalt dieser Regelwerke sind vorformulierte Vertragsbestimmungen und zwar – im Gegensatz zu den sonstigen DIN-Normen – **nicht nur technische Regeln,** sondern **auch Vertragsregeln** (insbesondere Regeln zu Nebenleistungen und Besonderen Leistungen sowie zu Vergütungsfragen und Abrechnungsmodalitäten). *Motzke*[132]) bezeichnet die VOB/C daher auch als „vorformulierte Vertragsanbahnungs-, Abschluss- und Abwicklungsordnung" und die in der VOB/C enthaltenen DIN-Normen als **„atypische DIN-Normen".**

Vertragliche Vereinbarungen gehen den technischen Bestimmungen der VOB/C stets vor. Entscheidend ist also, was die Parteien individuell vereinbart haben.[133])

Die Bestimmungen der VOB/C werden in der Rechtsprechung,[134]) und in der Literatur[135]) als **„Allgemeine Geschäftsbedingungen"** angesehen, mit der Folge, dass insoweit eine Inhaltskontrolle nach den §§ 305 ff. BGB in Betracht kommt.[136]) Als

---

132) Beck'scher VOB-Komm/*Motzke*, C, Syst III, Rdn. 2; ebenso *Tempel*, NZBau 2003, 465, 469; *Nicklisch/Weick*, § 1, Rdn. 12 a sprechen zwar insoweit von „überwiegend technischen Regeln", die aber den „Inhalt eines Vertrages gestalten". Ähnlich *Vogel/Vogel*, BauR 2000, 345, 346 u. Beck'scher VOB-Komm/*Vogel*, C, Syst V, Rdn. 18; vgl. hierzu auch *Siegburg*, Rdn. 131 ff.; a. A.: *Quack*, ZfBR 2003, 315, 318 (kein Vertragstext, nur „technische Richtschnur").

133) KG, BauR 2006, 836.

134) BGH, BauR 2004, 1438 (bezüglich der Abrechnungsregelungen in der VOB/C) = NJW-RR 2004, 1248 = NZBau 2004, 500 = ZfIR 2004, 667 m. Anm. *Vogel;* OLG Celle, BauR 2003, 1040 = IBR 2003, 289 – *Schwenker;* OLG Düsseldorf, BauR 1991, 772; OLG Köln, BauR 1982, 170.

135) *Vogel*, ZfIR 2004, 670, 671; *Siegburg*, Rdn. 131 m. w. N.; ferner *Grauvogl*, Jahrbuch Baurecht 1998, 315, 331; Beck'scher VOB-Komm/*Motzke*, C, Syst III, Rdn. 54; ferner Beck'scher VOB-Komm/*Kuffer*, C, Syst VII, Rdn. 10 ff.; *Vogel/Vogel*, BauR 2000, 345, 347; *Tempel*, NZBau 2003, 465, 469; *Moufang/Klein*, Jahrbuch Baurecht 2004, 71, 77; *Völkel*, S. 127 ff.; *Quack*, ZfBR 2005, 427; *Pauly*, MDR 2005, 190.

136) Vgl. hierzu insbesondere *Vogel/Vogel*, BauR 2000, 345, 347 m. w. N. u. Beck'scher VOB-Komm/*Vogel*, C, Syst V, Rdn. 14 ff.

Allgemeine Geschäftsbedingungen gelten die Bestimmungen der VOB/C nur dann, wenn sie zwischen den Vertragsparteien vereinbart worden sind, also in den Bauvertrag einbezogen wurden (vgl. hierzu Rdn. 1009 ff.). Gemäß § 1 Nr. 1 Satz 2 VOB/B werden allerdings die Bestimmungen der VOB/C beim **VOB-Bauvertrag** automatisch – im Wege der Staffelverweisung – vertraglicher Bestandteil.[137] Das hat jedenfalls für das Vertragsverhältnis mit einem auf dem Bausektor gewerblich tätigen Unternehmer als Klauselgegner zu gelten.[138] Ist der Vertragspartner des Verwenders Verbraucher, bestehen insoweit Bedenken, weil dem Verbraucher wohl Gelegenheit zur Kenntnis des vollen Textes gewährt werden müsste (vgl. hierzu Rdn. 1009 ff.).[139] Der BGH[140] differenziert allerdings insoweit nicht zwischen einem auf dem Bausektor gewerblich tätigen Unternehmer einerseits und einem Verbraucher andererseits.

Da es für den **BGB-Bauvertrag** keine entsprechende Einbeziehungsregelung gibt, bedarf es grundsätzlich einer entsprechenden Absprache der Parteien des Bauvertrages. Dabei ist allerdings zu berücksichtigen, dass die VOB/C nach h. M.[141] anerkannte Regeln der Technik wiedergibt. Insoweit entfalten die Bestimmungen der **VOB/C** auch rechtliche **Wirkungen beim BGB-Bauvertrag** im Hinblick auf den **Sachmangelbegriff** des § 633 Abs. 2 Nr. 2 BGB, selbst wenn die VOB/C nicht ausdrücklich Bestandteil des Bauvertrages wurde.[142] Das gilt jedoch nicht für die Abschnitte 4 und 5 der ATV DIN 18299 ff. mit ihren Abrechnungsvorschriften sowie den Nebenleistungen in Abgrenzung zu den besonderen Leistungen, sondern nur für die technischen Bestimmungen im engeren Sinn.

## 2. Widersprüche im Bauvertrag

*Literatur*

*Lammel*, Zu Widersprüchen in Bauverträgen, BauR 1979, 109.

Bei **Widersprüchen im Bauvertrag** ist durch Auslegung des Vertrages der **wahre Wille der Parteien** im Zeitpunkt des Vertragsabschlusses **herauszufinden**; dabei ist der Vertrag so auszulegen, wie Treu und Glauben dies mit Rücksicht auf die Verkehrssitte erfordert (§ 157 BGB). Es muss der **wirkliche Wille** der Parteien, der zum Abschluss des Vertrages geführt hat, erforscht werden. Allerdings ist nur der erklärte Wille, der sich im Vertrag widerspiegelt, ausschlaggebend.[143] Der Wortlaut des Ver-

1027

---

137) BGH, BauR 2006, 2040, 2042 = NZBau 2006, 777 = IBR 2006, 605 – *Vogel*; *Seibel*, NJW 2007, 310, 311.
138) **Herrschende Meinung:** *Pauly*, MDR 2005, 190, 191; *Motzke*, NZBau 2002, 641, 644; *Heiermann/Riedl/Rusam*, § 1/B, Rdn. 23; *Asam*, BauR 2002, 1248; **a. A.:** *Vogel*, ZfIR 2004, 670, 671 m. w. N.
139) So *Quack*, ZfBR 2005, 731; *Pauly*, MDR 2005, 190, 191; *Tempel*, NZBau 2003, 465, 470; *Kapellmann/Messerschmidt/v. Rintelen*, § 1/B, Rdn. 22; *Vogel*, a. a. O.; *Turner*, ZfIR 2003, 511, 512; *Schwenker*, EWiR 2002, 501.
140) BauR 2006, 2040, 2042 = NZBau 2006, 777.
141) *Quack*, ZfBR 2005, 731; *Siegburg*, Rdn. 98 ff.; Beck'scher VOB-Komm/*Jagenburg*, B, § 2, Rdn. 55 u. § 1 Nr. 1, Rdn. 9; *Ingenstau/Korbion/Oppler*, § 4/B, Rdn. 147, 148; vgl. hierzu auch OLG Saarbrücken, BauR 2000, 1332, 1333 (Abrechnungssystem der VOB/C entspricht gewerblicher Verkehrssitte).
142) Beck'scher VOB-Komm/*Motzke*, C, Syst III, Rdn. 60, 65 u. Syst IV, Rdn. 13 (§ 633 BGB als „Einfallstor der VOB/C-Regeln in den VOB-Bauvertrag").
143) OLG Koblenz, IBR 2007, 234.

trages ist nur Hilfsmittel. Verbleiben nach der Auslegung Widersprüche, sind diese nach der zutreffenden Entscheidung des OLG Koblenz[144)] dem Verfasser des Vertrages anzulasten.

**1028** Schwierigkeiten ergeben sich in der Praxis vor allem daraus, dass **Bauverträge** in aller Regel heute aus **verschiedenen Bestandteilen bestehen**, die dann oftmals nicht widerspruchsfrei zueinander passen. Hat ein Bauvertrag solche verschiedenen Bestandteile (z. B. **mehrere individualrechtliche** und **formularmäßige**), so ist als Erstes auf die von den Parteien erkennbar gewollte Rangfolge zu achten. Dabei ist zunächst auch von der grundsätzlichen **Gleichwertigkeit** der Vertragsbestandteile auszugehen.[145)] Dies gilt jedoch nur für die besonderen Vereinbarungen der Parteien einerseits und allgemeine (meist standardisierte) Bestandteile andererseits, wenn innerhalb dieser Teile jeweils Widersprüche auftreten. Im Übrigen gehen grundsätzlich besondere Vereinbarungen den allgemeinen Vertragsbestandteilen (AGB) im Rang vor.[146)] Ein individuelles Auftragsschreiben hat demnach z. B. Vorrang vor allgemeinen Vertragsbedingungen.

Sind einzelne Vertragsbestandteile als **Allgemeine Geschäftsbedingungen** zu qualifizieren, sind die §§ 305 b und 305 c Abs. 2 BGB zu beachten: Danach haben individuelle Vertragsabreden Vorrang vor AGB. Unklarheiten, die sich nicht aus dem **Gesamtzusammenhang** lösen lassen, führen zur **Unwirksamkeit** der AGB-Regelung mit der Folge, dass dann gemäß § 306 Abs. 2 BGB die gesetzlichen Regelungen (§§ 631 ff. BGB) zur Anwendung gelangen.[147)]

**1029** Bei Widersprüchen im **VOB-Vertrag** gibt § 1 Nr. 2 VOB/B an, in welcher Reihenfolge die einzelnen Verdingungsunterlagen zur Auslegung des Willens der Parteien herangezogen werden sollen. Danach gilt bei Widersprüchen im Vertrag folgende Reihenfolge:

* die Leistungsbeschreibung
* die Besonderen Vertragsbedingungen
* etwaige Zusätzliche Vertragsbedingungen
* etwaige Zusätzliche Technische Vertragsbedingungen
* die Allgemeinen Technischen Vertragsbedingungen für Bauleistungen
* die Allgemeinen Vertragsbedingungen für die Ausführung von Bauleistungen

Diese Reihenfolge gilt allerdings erst, wenn sich echte Widersprüche im Bauvertrag herausstellen, die bei einer Gesamtbetrachtung der Verdingungsunterlagen nicht aufgelöst werden können. Grundsätzlich ist also in erster Linie auch hier der wirkliche Parteiwille anhand aller Verdingungsunterlagen in seiner Gesamtheit zu erforschen.

Die in § 1 Nr. 2 VOB/B genannte Rangfolge von Vertragsbestandteilen kann in aller Regel auch als Auslegungsmaßnahme für BGB-Bauverträge herangezogen werden.

**1030** Die **VOB** gibt **keine Auslegungsregel**, wie **Widersprüche zwischen Teilen einer Rangordnung** zu klären sind. Hier sind sowohl für den BGB- wie auch den VOB-

---

144) IBR 2007, 234.
145) *Nicklisch/Weick*, § 1/B, Rdn. 14.
146) BGH, BauR 1977, 346; BGH, WM 1982, 447; BauR 1986, 202 = NJW-RR 1986, 825 = ZfBR 1986, 78; OLG Düsseldorf, NJW-RR 1995, 82, wonach z. B. die Leistungsbeschreibung den verschiedenen Vertragsbedingungen bei etwaigen Widersprüchen vorgeht.
147) Vgl. z. B. OLG Celle, NJW-RR 1997, 82 (unklare **Mängelverjährungsregelung** nach VOB und BGB); siehe ferner: OLG Köln, DB 1980, 924; Saarl. OLG, OLGR 1998, 73 u. OLG Düsseldorf, NJW-RR 1997, 946 zur Rechtslage bei **sich widersprechenden AGB**.

## Widersprüche im Bauvertrag

Bauvertrag die allgemeinen Auslegungsregeln heranzuziehen.[148] In der Baubranche sind **Widersprüche** zwischen der **textlichen Baubeschreibung** (mit Leistungsverzeichnis) einerseits und der **zeichnerischen Darstellung des Bauwerks** andererseits nicht selten.

Die **Bauzeichnung** ist nach § 9 Nr. 7 VOB/A Bestandteil der Baubeschreibung. **1031** Sie steht nicht von vornherein in einer bestimmten Rangordnung. Zeichnungen haben vielmehr vertraglich die **gleiche Bedeutung** wie das geschriebene Wort oder die geschriebene Zahl in der Leistungsbeschreibung.[149] Daher kann der Auffassung des OLG Düsseldorf[150] nicht gefolgt werden, wonach „in der Regel ... davon auszugehen ist, dass nach dem Willen der Parteien für den Umfang des Auftrages in erster Linie der Leistungsbeschrieb ... maßgebend sein soll".[151] Nach zutreffender Auffassung des OLG Celle[152] konkretisieren **Baupläne** bei Lücken der Leistungsbeschreibung diese und begründen dementsprechend selbstständige Leistungspflichten, selbst wenn im Bauvertrag festgelegt ist, dass die dem Vertrag beigefügten Zeichnungen und Pläne keine selbstständigen Leistungspflichten begründen und nur die vorrangige Leistungsbeschreibung erläutern.

Bei **Widersprüchen** zwischen der **Leistungsbeschreibung** und der **zeichnerischen** **1032** **Darstellung** ist in erster Linie durch Auslegung des wirklichen Parteiwillens das von den Parteien tatsächlich Gewollte gemäß §§ 133, 157 BGB zu ermitteln.[153] Dabei sind folgende Grundregeln zu berücksichtigen: Zunächst gilt auch hier der Rechtsgrundsatz, dass Widersprüche (z. B. Mehrdeutigkeiten) in erster Linie dem Verfasser des Vertrages anzulasten sind, weil er den eigentlichen Vertrauenstatbestand geschaffen hat.[154] Dies stellt § 305 c Abs. 2 BGB für AGB-Formularverträge noch einmal klar. Ist eine Bauleistung in einer Bauzeichnung, nicht aber in der Baubeschreibung oder im Leistungsverzeichnis enthalten (oder umgekehrt), so ist dieses Fehlen in einem Vertragsbestandteil grundsätzlich unerheblich. Entscheidend wird in aller Regel sein, dass die betreffende Bauleistung in einem der vorerwähnten Teile der Baubeschreibung enthalten ist. Das Fehlen in einem Teil des Gesamtvertrages führt also nicht dazu, dass die Bauleistung ausgeschlossen ist.[155] Vielmehr ist die Annahme gerechtfertigt, dass Vertragsparteien, wenn sie eine Bauleistung in einem Teil des Gesamtvertrages erwähnt haben, diese auch tatsächlich gewollt haben. Stets sind aber die besonderen Umstände des Einzelfalles zu berücksichtigen. Der BGH[156] hat sich dieser Auffassung bei einer Fallgestaltung angeschlossen, bei der eine Leistung in der Baubeschreibung, nicht aber in den Plänen ausgewiesen war. Er weist zunächst darauf hin, dass die vom Auftragnehmer angebotene Leistung aus dem objektiven Empfängerhorizont unter Berück-

---

148) *Kapellmann/Messerschmidt/v. Rintelen*, § 1 VOB/B, Rdn. 45, weisen zutreffend darauf hin, dass es keinen grundsätzlichen Vorrang vom Positionstext gegenüber den Vorbemerkungen gibt, sodass grundsätzlich die Ausführung, die die konkrete Leistung spezieller beschreibt, maßgebend ist: In der Regel wird dies der Positionstext sein.
149) *Nicklisch/Weick*, § 1/B, Rdn. 18, 20.
150) *Schäfer/Finnern*, Z 2.301 Bl. 5.
151) Wie hier: *Nicklisch/Weick*, § 1/B, Rdn. 20.
152) IBR 2003, 233 – *Vogel*.
153) Wie hier OLG Koblenz, IBR 2007, 234 – *Althaus*.
154) Ebenso OLG Koblenz, a. a. O.
155) So wohl auch *Lammel*, a. a. O.; vgl. LG Köln, BauR 1992, 123 (LS) für den Pauschalpreisvertrag.
156) BauR 2003, 388 = NJW 2003, 743 = NZBau 2003, 145.

sichtigung von Treu und Glauben und der Verkehrssitte zu beurteilen ist. Im Übrigen sei ein Bauvertrag „als sinnvolles Ganzes" auszulegen. Nach seiner Auffassung kommt jedenfalls dem Wortlaut der Leistungsbeschreibung gegenüber etwaigen Plänen dann „eine vergleichsweise große Bedeutung zu, wenn damit die Leistung im Einzelnen genau beschrieben wird, während die Pläne sich nicht im Detail an dem angebotenen Bauvorhaben orientieren (vgl. BGH, NJW 1999, 2432 = BauR 1999, 897 = ZfBR 1999, 256)". Das KG[157] hat daher auch zutreffend entschieden, dass mit einem Pauschalpreis sämtliche Mengen abgegolten sind, wenn die Leistung neben einer detaillierten zeichnerischen Darstellung funktional beschrieben wurde, auch wenn sie in der zeichnerischen Darstellung zu niedrig angesetzt sind.

Häufig vereinbaren Vertragsparteien ein **Referenzobjekt** als Maßstab für das Bau-Soll. Bei einem Widerspruch zwischen den Angaben des Leistungsverzeichnisses und einem als Standard vereinbarten Referenzobjekt gehen die spezielleren Angaben des Leistungsverzeichnisses vor.[158]

**1033** Eine vom Auftraggeber gestellte (formularmäßige) Klausel, wonach die für den Auftraggeber „günstigste" Regelung anzuwenden ist, wenn vertragliche Bestimmungen im Widerspruch zueinander stehen, ist vom BGH[159] für unzulässig erklärt worden.

### 3. Aktiv- und Passivlegitimation

*Literatur*

*Maser*, Bauherrenmodelle im Spiegel der neueren Gesetzgebung und Rechtsprechung, NJW 1980, 961; *Crezelius*, Zivilrechtliche Beziehungen beim Bauherren-Modell, JuS 1981, 494; *Wilhelmi*, Ausscheiden aus einer Bauherrengemeinschaft, DB 1986, 1003; *Brych*, Die Bevollmächtigung des Treuhänders im Bauherrenmodell, Festschrift für Korbion (1986), 1; *Strunz*, Das verdeckte Bauherren-Modell, BauR 1990, 560; *Baumann*, Zur Form von Schuldbeitritt und Schuldanerkenntnis, ZBB 1993, 171; *Vogelheim*, Die Behandlung von Sonderwünschen beim Bauträgervertrag, BauR 1999, 117; *Baden*, Nochmals: Sonderwunschverträge, BauR 1999, 712.

**1034** **Aktivlegitimiert** zur Geltendmachung des Vergütungsanspruchs ist der Bauhandwerker nur dann, wenn er seine Forderung nicht bereits **abgetreten** hat. Der Unternehmer kann immer nur die Ansprüche auf Zahlung seiner Vergütung abtreten; bei einem VOB-Vertrag können deshalb bloße **Aktivpositionen** einer Schlussrechnung **nicht** abgetreten werden.[160] Allerdings werden heute zunehmend **Abtretungsverbote** bezüglich der Werklohnforderung des Unternehmers vereinbart; die einer solchen Vereinbarung zuwiderlaufende Abtretung ist schlechthin und gegenüber jedem Dritten unwirksam.[161] Das Abtretungsverbot, auch wenn es in Allgemeinen Vertragsbedingungen enthalten ist,[162] verstößt grundsätzlich nicht gegen die guten Sitten;[163] der Insolvenzverwalter über das Vermögen des Unternehmers muss es

---

157) IBR 2005, 521 – *Putzier*.
158) OLG Celle, BauR 2005, 1333.
159) BauR 1997, 1036 = NJW-RR 1997, 1513 = ZfBR 1998, 35.
160) BGH, BauR 1999, 251 = MDR 1999, 292 = ZfBR 1999, 94.
161) BGHZ 40, 156 = NJW 1964, 243; Beck'scher VOB-Komm/*Jagenburg*, B Vor § 2, Rdn. 358.
162) Vgl. dazu BGH, BauR 2000, 569 = ZfBR 2000, 175; ZfBR 1989, 199 = WM 1989, 1227 sowie LG München, BauR 1991, 516 LS (unwirksam).
163) BGHZ 55, 34.

## Aktiv- und Passivlegitimation

gegen sich gelten lassen.[164] Allerdings erfasst ein Abtretungsverbot noch nicht die Einbringung der Werklohnforderung durch den Unternehmer in eine neugegründete GmbH.[165] Vielfach ist eine Abtretung der Vergütung vertraglich nur mit **Zustimmung** des Bauherrn möglich; eine ohne Zustimmung erfolgte Abtretung ist dann unwirksam.[166] Zu beachten ist, dass die Zustimmung im Einzelfall nicht verweigert werden darf, wenn dies unbillig wäre.[167]

Besonders zu beachten ist die Vorschrift des § 354a HGB (Wirksamkeit einer Abtretung), die allerdings nur anwendbar ist, wenn es sich um eine **Geldforderung** handelt, die auf einem Rechtsgeschäft beruht, das **für beide Seiten ein Handelsgeschäft** i. S. der §§ 343, 344 HGB ist.[168] Des Weiteren ist § 354a HGB zu beachten, sofern der Schuldner eine **juristische Person des öffentlichen Rechts** oder ein **öffentlich-rechtliches Sondervermögen** ist. Regelungen, die bei einer **öffentlichen Vergabe** Abtretungsverbote vorsehen, können nach dieser Vorschrift deshalb u. U. unbeachtlich sein, da die Vorschrift **zwingend** ist (§ 354a Satz 3).

**Passivlegitimiert** für die Werklohnklage des Bauunternehmers ist der **jeweilige Auftraggeber** (Bauherr). Unerheblich ist insoweit, ob der Auftraggeber im Einzelfall auch der Eigentümer des Grundstücks ist, auf dem die Bauleistung erbracht wurde.[169] Die Praxis beweist allerdings, dass nicht immer sorgfältig bedacht wird, wer als Vertragspartner anzusehen ist.[170] So entstehen bei Prozessen immer wieder Meinungsverschiedenheiten, ob etwa **beide Eheleute**[171] in Anspruch genommen werden können. Der Abschluss eines Bauvertrages über ein **Wohnhaus** gehört nicht zu den durch § 1357 BGB („**Schlüsselgewalt**") erfassten Rechtsgeschäften.[172] In gleicher Weise ist zweifelhaft, wer bei **unternehmensbezogenen Geschäften** als Vertragspartner des Unternehmers anzusehen ist.[173] Als Regel gilt, dass die Bauverträge namens des Betriebs und nicht zu Lasten des Inhabers

1035

---

164) BGH, NJW 1971, 1750 = MDR 1971, 743.
165) So zutreffend: KG, NJW-RR 1988, 852; vgl. auch OLG Köln, *SFH*, Nr. 3 zu § 399 BGB.
166) BGHZ 40, 156 = NJW 1964, 243; BGHZ 56, 173 = NJW 1971, 1311 = MDR 1971, 748.
167) BGH, BauR 2000, 569, 571 = ZfBR 2000, 175 = NZBau 2000, 245 (Abtretungsverbot in **AGB**).
168) Zur „**Kaufmannseigenschaft**" siehe Rdn. 414.
169) Zur **Durchgriffshaftung** s. LG Berlin, NZBau 2000, 199 (gegen Alleingesellschafter einer GmbH); LG Berlin, NZBau 2000, 201 (Konzernhaftung des Alleingesellschafters einer GmbH aus deren Bauaufträgen). Zur Haftung einer KG: BGH, BauR 2000, 772 = ZfBR 2000, 177. Zur **Zahlungszusage** des Auftraggebers gegenüber einem **Nach**unternehmer: BGH, BauR 2001, 628.
170) Vgl. hierzu OLG Koblenz, NZBau 2004, 334.
171) Vgl. dazu OLG Düsseldorf, BauR 2001, 954 u. 956 = IBR 2001, 523; ferner: BGH, *Schäfer/Finnern*, Z 2.10 Bl. 8, 11 R u. 2.12 Bl. 5 mit abl. Anm. *Finnern*; BGH, *SFH*, Nr. 3 zu § 164 BGB betr. minderjährige **Kinder**; OLG Dresden, NJW-RR 1999, 897 – Haftung der Ehefrau aus **Anscheinsvollmacht**; zur Notwendigkeit eines **Hinweises** auf die fehlende Passivlegitimation siehe BGH, BauR 2001, 1421.
172) BGH, NJW-RR 1989, 85 = BauR 1989, 77 = ZfBR 1989, 28; s. aber OLG Düsseldorf, BauR 2001, 956 (Brandschaden von 18000 DM).
173) Vgl. BGH, NJW-RR 1998, 1342; BGH, BauR 1980, 353 = ZfBR 1980, 187; BGH, BauR 1984, 413 = NJW 1984, 2100 für Bauvertrag mit Gesellschafter einer GmbH; BGH, BauR 1983, 573 = ZfBR 1983, 260. Zum Begriff des unternehmensbezogenen Geschäfts: OLG Köln, OLGR 2000, 171 ff.

geschlossen sind.[174] Ein **Architekt** ist in aller Regel nicht Auftraggeber der Bauleistungen; ohne das Vorliegen von **besonderen Umständen** kann nicht angenommen werden, dass ein planender und/oder bauleitender Architekt die Bauaufträge im eigenen Namen vergibt.[175] Entsprechendes gilt auch für Aufträge einer **Hausverwaltung** einer Eigentümergemeinschaft nach der Rechtsprechung des BGH:[176] Danach wird die Vergabe von Bauleistungen durch die **Hausverwaltung,** soweit sich aus den Umständen (§ 164 Abs. 1 Satz 2 BGB) nichts anderes ergibt, in der Regel für dessen Auftraggeber, gewöhnlich den Eigentümern, vorgenommen; der Umfang der vergebenen Arbeiten ist dabei nicht maßgeblich.

Erteilt ein **Dritter** im Namen des Bauherrn den Auftrag an den Bauunternehmer, ohne hierzu vom Bauherrn bevollmächtigt zu sein, kann der Dritte von dem Unternehmer nach **§ 179 Abs. 1 BGB** unmittelbar in Anspruch genommen werden. Derartige Fallgestaltungen ergeben sich nicht selten bei Auftragserteilung durch den **Architekten** oder **Bauträger**, wenn dieser nicht über die entsprechende Vollmacht des Bauherrn verfügt (vgl. Rdn. 1064 ff. – Architekt) bzw. die Bauherrengemeinschaft später nicht zu Stande kommt (Rdn. 1091).[177]

**1036** Neben dem Auftraggeber kann eine Passivlegitimation für einen Werklohnanspruch durch **Schuldbeitritt** eines Dritten (kumulative Schuldübernahme) begründet werden. Ein Schuldbeitritt kann z. B. in Betracht kommen, wenn der Auftraggeber eines Generalunternehmers oder Bauträgers deren Subunternehmer unmittelbare Zahlung zusagt.[178] Bei einem Schuldbeitritt eines Dritten, der keiner Form bedarf (mit Ausnahme des Schuldbeitrittes zu einem Verbraucherkreditvertrag),[179] werden der bisherige Schuldner und der Dritte Gesamtschuldner i. S. d. §§ 421 ff. BGB. Ein Schuldbeitritt setzt jedoch voraus, dass sich die Vertragsparteien und der Dritte über den Vertragsbeitritt geeinigt haben.[180]

Im Einzelfall ist stets sorgfältig zu prüfen, ob von dem Dritten wirklich ein Schuldbeitritt gewollt war und erklärt wurde. Insbesondere ist eine Abgrenzung zur möglicherweise nur gewollten **Bürgenhaftung** vorzunehmen. Dabei kommt es entscheidend darauf an, ob der Dritte eine selbstständige oder nur eine an die Hauptforderung „angelehnte" und damit unselbstständige Schuld begründen wollte.[181] Die Klärung dieser Frage ist häufig sehr schwierig und nur unter Berücksichtigung aller Umstände (Interessenlage) möglich. Entscheidendes Abgrenzungskriterium ist in aller Regel, ob der **Dritte ein eigenes wirtschaftliches** und/oder **rechtliches Interesse** daran hat, dass die Schuld getilgt wird. Darüber hinaus ist nach allgemeiner Meinung auch die Bonität des Urschuld-

---

174) Vgl. BGH, NJW-RR 1998, 1342; OLG Köln, ZfBR 2000, 101, 102 = NJW-RR 1999, 1615; LG Aachen, NJW-RR 1988, 1174, 1175; OLG Hamm, NJW-RR 1988, 1308; OLG Oldenburg, OLGZ 1979, 60; OLG Köln, NJW-RR 1993, 1445 (LS) = MDR 1993, 852.
175) Zutreffend: OLG Köln, BauR 1996, 254 = ZfBR 1996, 97 = OLGR 1996, 26.
176) BauR 2004, 843 = IBR 2004, 235 – *Schliemann* = NZBau 2004, 268 = ZfBR 2004, 361; KG, KGR 1996, 73; OLG Düsseldorf, BauR 2000, 1210, 1211; siehe aber OLG Koblenz, NJW-RR 1996, 919 **(Zusatzauftrag);** OLG Düsseldorf, NJW-RR 1993, 885.
177) Vgl. hierzu: BGH, NJW 1989, 894 = BauR 1989, 92 = ZfBR 1989, 52.
178) Vgl. BGH, BauR 2001, 626; BauR 1994, 624 = NJW-RR 1994, 1044; OLG Hamburg, OLGR 1998, 262; OLG Hamm, NJW 1993, 2625 (s. hierzu *Coester*, JuS 1994, 370).
179) Vgl. BGH, NJW 1996, 2156.
180) BGH, BauR 1998, 357 = NJW-RR 1998, 594.
181) *Palandt/Heinrichs*, Überblick Vor § 414 BGB, Rdn. 4; OLG Hamm, a. a. O.; OLG München, NJW-RR 1996, 341 (kein Schuldbeitritt, wenn ein Dritter Leistungen aus einem **Architektenvertrag für eigene Zwecke** in Anspruch nimmt) sowie OLG Hamburg, OLGR 1998, 262.

ners zu berücksichtigen; ist er bei Abgabe der Erklärung des Dritten z. B. in finanziellen Schwierigkeiten oder sogar zahlungsunfähig, spricht vieles für einen Schuldbeitritt.[182)] Ist eine Klärung, ob Schuldbeitritt oder Bürgschaft vorliegt, nicht möglich, ist grundsätzlich letzteres anzunehmen.[183)]

Darüber hinaus bejaht der BGH[184)] in Einzelfällen die Passivlegitimation unter dem Gesichtspunkt der **Vertrauenshaftung**; sie kommt vor allem in Betracht, wenn **ein Dritter** den Rechtsschein begründet, den Vertrag als „eigene Angelegenheit" abzuwickeln. Beruft er sich dann später auf fehlende „Passivlegitimation", setzt er sich mit seinem früheren Verhalten in Widerspruch (§ 242 BGB). Ein in diesem Sinne treuwidriges Verhalten einer Partei liegt z. B. auch vor, wenn diese ein selbstständiges Beweisverfahren wegen Baumängeln einleitet und sich damit als „Auftraggeber" ausgibt, im Werklohnprozess aber geltend macht, sie sei gar nicht Auftraggeber. Zu beachten ist, dass das **SchRModG** die Haftung des Vertreters/Verhandlungsgehilfen ausdrücklich geregelt hat (§ 311 Abs. 3 BGB). Lässt sich das Verhalten eines Dritten bei Vertragsabschluss als Pflichtverletzung werten, haftet er u. U. neben dem Vertretenen (Vertragspartner) gemäß §§ 280 Abs. 1, 311 Abs. 2, 3, 241 Abs. 2) als Gesamtschuldner.

**Bei größeren Bauprojekten** (insbesondere Eigentums-Wohnanlagen) kann es im Einzelfall zweifelhaft sein, wer Auftraggeber der Bauhandwerker ist, wenn diese Bauvorhaben im Rahmen von steuerlich begünstigten **Bauherrenmodellen**[185)] abgewickelt werden, Baubetreuer oder Bauträger[186)] die Vergabe der Aufträge übernehmen und die Mitglieder der Bauherrengemeinschaft noch nicht abschließend feststehen. Der BGH hat sich in der Vergangenheit wiederholt mit dieser Fragestellung beschäftigt. In seiner insoweit grundlegenden Entscheidung weist der BGH[187)] darauf hin, dass bei einer Auftragsvergabe durch den Baubetreuer „im Namen der von ihm betreuten Bauherren" diese und nicht der Baubetreuer selbst der Vertragspartner der Bauhandwerker sind, selbst wenn es sich um umfangreichere Bauvorhaben handelt. **Unerheblich** ist dabei, dass die Bauherren in dem Bauvertrag **(noch) nicht namentlich genannt** sind, der Zahlungsverkehr über den Baubetreuer abgewickelt und für das Gesamtprojekt ein Festpreis vereinbart wird. Dabei hebt der BGH hervor, dass die Vereinbarung eines Festpreises im Baubetreuungsvertrag noch „keinen unlösbaren Widerspruch zur Bevollmächtigung des Baubetreuers, die Bauaufträge im Namen der Bauherren vergeben zu dürfen", darstellt, weil die Festpreisabrede sich in einem solchen Fall „zwanglos als Preisgarantie deuten" lässt, die den Betreuer verpflichtet, den Bauherrn von den über den Festpreis hinausgehenden For-

**1037**

---

182) OLG Hamm, NJW 1993, 2625.
183) BGH, NJW 1986, 580; OLG Hamm, NJW 1988, 3022; NJW 1993, 2625; LG Oldenburg, NJW-RR 1996, 286 = MDR 1996, 104.
184) BauR 1987, 82 = ZfBR 1987, 30; BauR 1990, 209 = ZfBR 1990, 134 (Fortführung fast namensgleicher Unternehmen); LG Aachen, NJW-RR 1988, 1174 (Geschäftsführer einer GmbH legt **Visitenkarte** mit einem Frauennamen vor und gibt eigenen Namen unrichtig an); OLG Hamm, NJW-RR 1996, 802 (Fehlen einer eindeutigen Zuordnung bei unternehmensbezogenem Geschäft).
185) Vgl. hierzu *Maser*, NJW 1980, 961 ff.; *Crezelius*, JuS 1981, 494 ff.; LG Kassel, NJW 1983, 827.
186) Vgl. hierzu OLG Koblenz, NZBau 2004, 333.
187) BGH, NJW 1977, 294 = BauR 1977, 58 = DB 1977, 396; ferner: BGH, NJW 1989, 164, 166; BauR 1989, 213; NJW-RR 1987, 1233; NJW 1980, 992 = ZfBR 1980, 73; BGH, *SFH*, Nr. 6 zu § 164 BGB; a. A.: LG Arnsberg, NJW 1978, 2158 m. Anm. *Crezelius*.

derungen der Bauhandwerker freizustellen. Dass diese Sicht für den Bauherrn das Risiko doppelter Inanspruchnahme[188] mit sich bringt, sieht der BGH, meint aber, dass sich eben kein Bau „risikofrei" erstellen lässt, auch nicht über einen Betreuer.

**1038** In zwei weiteren Entscheidungen[189] hat der BGH seine Auffassung bestätigt und hervorgehoben, dass in dem Werkvertrag auch keineswegs die Quote festgelegt zu werden brauche, zu der der einzelne Bauherr den Werklohn schulde. In der Regel haften die **Bauherren** gegenüber den Bauhandwerkern entgegen § 427 BGB **nicht gesamtschuldnerisch**, sondern **nur anteilig**, wobei die Höhe des Anteils „nach den jeweiligen Umständen und der Interessenlage" (z. B. Größe der Miteigentumsanteile) zu bestimmen ist.[190] Bauherren einer **Bauherrengesellschaft**, die z. B. ein Geschäftshaus errichten, haften demgegenüber für die Herstellungskosten als **Gesamtschuldner** (§ 427 BGB); sie können ihre Haftung jedoch gegenüber Architekten oder Bauhandwerkern wirksam auf das Vermögen der Bauherrengesellschaft begrenzen.[191] Allerdings werden bei entsprechenden Aufträgen nur diejenigen Bauherren verpflichtet, die bei Auftragserteilung Mitglieder der Gemeinschaft sind; eine Haftung neuer Eigentümer gegenüber außenstehenden Dritten für vor ihrem Eigentumserwerb begründeten Zahlungsverpflichtungen kommt ohne Vertragsübernahme, Schuldübernahme oder Schuldbeitritt nicht in Betracht.[192]

**1039** Werden **Sonderwünsche** beim Hauserwerb oder dem Erwerb eines Sondereigentums über eine **Bauträgergesellschaft** auf Verlangen des Erwerbers ausgeführt, kann ebenfalls zweifelhaft sein, wer die Vertragspartner der betreffenden Bauleistung sind.[193] Die Ermittlung der gewollten Vertragsgestaltung ist eine Frage des Einzelfalls. Die Bauträger regeln Vereinbarungen über **Sonderwünsche** durchweg wie folgt: Entweder verlangen sie einen Mehrpreis für die Sonderausstattung oder verweisen bezüglich des Sonderwunsches an den ausführenden Subunternehmer und gewähren gleichzeitig ggf. eine Gutschrift. Bei der ersten Alternative bleibt der Bauträger Vertragspartner des Erwerbers, in der zweiten Alternative wird neuer Vertragspartner bezüglich des Sonderwunsches der jeweilige Subunternehmer, mit dem der Erwerber den Preis für den Sonderwunsch ausgehandelt und an den er sich auch bei etwaigen Mängeln halten muss. Mit einer dritten Alternative hat sich das OLG Celle[194] beschäftigt: Beauftragt der Erwerber den Subunternehmer lediglich mit einer qualitativen Änderung einer bestimmten Ausstattung (z. B. Marmorfliesen anstatt normaler Bodenfliesen), bleibt der Bauträger Vertragspartner des Erwerbers für die Ausführung der Bodenarbeiten mit der Folge, dass der Bauträger für Mängel, die am Bodenbelag auftreten, haftet, sofern diese ihre Ursache nicht allein in der Qualitätsänderung haben.

---

188) Zur **doppelten Inanspruchnahme** s. auch *Müller*, BauR 1981, 219, 221 und *Wolfensberger/Langheim*, BauR 1980, 498, 499, 502.
189) BGH, NJW 1980, 992 = BauR 1980, 262 = BB 1980, 1298; BGH, *SFH*, Nr. 6 zu § 164 BGB.
190) Vgl. BGH, BauR 1979, 440 = ZfBR 1979, 196; ferner: NJW 1959, 2160 u. OLG Düsseldorf, BauR 1992, 413 (LS).
191) BGH, BauR 1989, 213.
192) OLG Düsseldorf, BauR 1997, 334 = OLGR 1996, 239.
193) Vgl. hierzu: *Vogelheim*, BauR 1999, 117 ff.; *Baden*, BauR 1999, 712 ff.; OLG Celle, BauR 1998, 802, 804; OLG Koblenz, BauR 1996, 868 = NJW-RR 1996, 919.
194) BauR 1998, 802.

Fallen der Auftraggeber und der „Bauherr" auseinander, kann ein Vertrag mit Schutzwirkung zugunsten des Bauherrn vorliegen[195] (vgl. hierzu näher Rdn. 1741 ff.).

Schreibt ein Auftragnehmer auf Wunsch seines Auftraggebers eine **Akonto- oder Schlussrechnung auf einen Dritten** (z. B. auf eine andere Gesellschaft) um, geschieht dies nach einer zutreffenden Entscheidung des OLG Koblenz[196] „in der Regel nur in der Erwartung, damit eine reibungslose und zügige Bezahlung zu erlangen". Dagegen ist ein rechtsgeschäftlicher Wille zur Vertragsänderung hieraus grundsätzlich nicht herzuleiten.

### 4. Wirksamkeit des Bauvertrages

*Literatur*
*Pöhner*, Die Bedeutung der Baugenehmigung für den Bauvertrag, Baurechtliche Schriften, Bd. 35.
*Schmidt*, Nichtigkeit von Schwarzarbeiterverträgen, MDR 1966, 463; *Benöhr*, Rechtsfragen des Schwarzarbeitergesetzes, BB 1975, 232; *Sonnenschein*, Schwarzarbeit, JZ 1976, 497; *Schmidt*, Zum Anwendungsbereich des § 313 BGB, ZfBR 1980, 170; *Korte*, Zum Beurkundungsumfang des Grundstücksvertrages und damit im Zusammenhang stehender Rechtsgeschäfte, DNotZ 1984, 3, 82; *Kanzleiter*, Zur Beurkundungsbedürftigkeit von Rechtsgeschäften, die mit einem Grundstücksgeschäft im Zusammenhang stehen, DNotZ 1984, 421; *Lichtenberger*, Zum Umfang des Formzwangs und zur Belehrungspflicht, DNotZ 1988, 531; *Tiedtke*, Die gegenseitigen Ansprüche des Schwarzarbeiters und seines Auftraggebers, DB 1990, 2307; *Köhler*, Schwarzarbeiterverträge: Wirksamkeit, Vergütung, Schadensersatz, JZ 1990, 466; *Gallois*, Die Anwendung des Haustürwiderrufsgesetzes auf den Vertrieb von Bauherren- und Erwerbermodellen, BB 1990, 2062; *Kern*, Die zivilrechtliche Beurteilung von Schwarzarbeiterverträgen, Festschrift für Gernhuber, 191; *Weber*, Der Vertragsschluss im privaten Baurecht, JABl. 1996, 965; *Diederichs*, Schwarzarbeit und Korruption in der Bauwirtschaft – Ursachen, Wirkungen und Maßnahmen zur Eindämmung, Jahrbuch Baurecht 2002, 173; *Bülow*, Verbraucherkreditrecht im BGB, NJW 2002, 1145; *Wirth/Broocks*, Gesetz zur Eindämmung illegaler Beschäftigung im Baugewerbe – Überlegungen zur Vereinbarkeit mit dem Europarecht, Festschrift für Jagenburg (2002), 1057; *Busz*, Der Vergütungsanspruch aus einem durch Submissionsbetrug erlangten Auftrag, NZBau 2003, 65; *Diercks*, Korruption am Bau, BauR 2004, 257; *Antweiler*, Wirksamkeit von Verträgen trotz unterlassener Ausschreibung, BauRB 2004, 85.

Voraussetzung für die Werklohnklage des Auftraggebers ist ein **wirksamer Bauvertrag.**[197] Insoweit gelten die allgemeinen Bestimmungen des BGB.

So kann ein Bauvertrag nichtig sein, weil

* ein **Scheingeschäft** vorliegt,[198]
* er **gegen ein gesetzliches Verbot** (§ 134 BGB) verstößt, z. B. gegen das Gesetz zur Bekämpfung der Schwarzarbeit und illegalen Beschäftigung[199] (Rdn. 1044, 1450)

1040

---

195) Für den Architektenvertrag: OLG Hamm, BauR 2004, 548.
196) NZBau 2004, 333.
197) Zur **aufschiebend bedingten** Werklohnforderung: OLG Düsseldorf, NJW-RR 1997, 211 u. OLG Hamm, OLGR 1998, 37 **(Verjährungsbeginn).**
198) OLG Hamm, NJW-RR 1996, 1233 **(Architektenvertrag).**
199) In der Fassung vom 23.7.2004 (BGBl. 2004, Teil I, Nr. 39 – Gesetz zur Intensivierung der Bekämpfung der Schwarzarbeit und damit zusammenhängender Steuerhinterziehung); vgl. hierzu KG, IBR 2007, 181, 182 – *Karczewski*; LG Mainz, NJW-RR 1998, 48; zur Abrechnung „ohne Rechnung": BGH, BauR 2001, 630 = NZBau 2001, 105; OLG Brandenburg, IBR 2007, 296 – *Orthmann*; OLG Hamm, NJW-RR 1997, 722 (für den Architektenvertrag); OLG Oldenburg, OLGR 1997, 2 („Schwarzgeldabrede"); OLG München, BauR 2002, 1097 (Korruption); LG München, NZBau 2002, 37 (Submissionsabsprache).

oder das Rechtsberatungsgesetz (**RBerG**),[200] **oder gegen das Strafgesetzbuch**[201] **oder die Vergabeverordnung,**[202]

* er wegen Irrtums, arglistiger Täuschung oder widerrechtlicher Drohung (§§ 119, 123 BGB) **angefochten** worden ist (Rdn. 2325),
* das Rechtsgeschäft **sittenwidrig** (z. B. Wucher) ist (§ 138 BGB),[203]
* er von vornherein auf eine **unmögliche Leistung** gerichtet war (**§ 306 BGB a. F.**),[204]
* der Vertrag **nicht die notwendige Form** aufweist (Rdn. 1000),[205]

---

200) BGH, BauR 2001, 397 u. 2002, 473 (unzulässige Rechtsberatung bei einem Bauträgermodell); Brandenburgisches OLG, BauR 2002, 961 = NZBau 2002, 336 (Geschäftsbesorgungsvertrag im Generalübernehmermodell).

201) Vgl. OLG München, NZBau 2002, 509 (Verstoß gegen § 263 StGB bei **Submissionsbetrug**); vgl. hierzu *Busz*, NZBau 2003, 65 sowie *Ingenstau/Korbion/Schranner*, § 8/A, Rdn. 77. Zu **Schmiergeldabreden** in der öffentlichen Auftragsvergabe vgl. *Wissmann/Freund*, Jahrbuch Baurecht 2004, 201 ff. Zur **Korruption** am Bau vgl. *Diercks*, BauR 2004, 257 sowie *Heindl*, NZBau 2002, 487.

202) Vgl. hierzu BGH, BauR 2005, 1026 (Relative Nichtigkeit des Vertrages bei Verstoß gegen § 13 VgV). Ob ein Vertrag mit der öffentlichen Hand aufgrund einer so genannten „**De-facto-Vergabe**" ohne vorherigen Wettbewerb nichtig ist, ist umstritten. **Für** Nichtigkeit: OLG Düsseldorf, NZBau 2003, 401, 404 ff. (kritisch hierzu: *Lindenthal*, VergabeR 2003, 630 sowie *Dietlein/Spießhofer*, VergabeR 2003, 509); *Kaiser*, NZBau 2005, 311; *Hertwig*, NZBau 2001, 241; *Dreher*, NZBau 2001, 244, 245; *Byok*, NJW 2001, 2295. **Gegen** Nichtigkeit: OLG Düsseldorf, VergabeR 2004, 216 = IBR 2004, 86; *Portz* in Ingenstau/Korbion/Locher/Vygen, § 13 VgV, Rdn. 22; *Antweiler*, DB 2001, 1975, 1979; *Voit* in Bamberger/Roth, § 631 BGB, Rdn. 41. Zum Meinungsstand vgl. auch *Antweiler*, BauRB 2004, 85.

203) Vgl. BGH, BauR 2004, 337 (kollusives Zusammenwirken zwischen einem Angestellten des Auftraggebers mit dem Vertragspartner zum Nachteil des Auftraggebers); BGH, BauR 2004, 342 (keine Nichtigkeit des Vertrages nach § 138 Abs. 1 BGB bei einem Verstoß gegen § 12 Abs. 1 BORA); BGH, NJW-RR 2001, 1414 (**sittenwidrige Nachtragsvereinbarung**); OLG Düsseldorf, SFH, Nr. 68 zu § 631 BGB (Hausbausatz); KG, NJW-RR 1995, 1422 (vierfach überhöhter Preis, wenn gleichzeitig der Eindruck eines günstigen Preises erweckt wird); AG Langenfeld, NJW-RR 1999, 1354 (**Handwerkernotdienst**); OLG Oldenburg, OLGR 1996, 63 (**umweltschädigender Werkvertrag**); OLG Hamm, MDR 1986, 675; LG Nürnberg-Fürth, BB 1973, 77; BGH, *Schäfer/Finnern*, Z 2.300 Bl. 41; LG Tübingen, MDR 1981, 227 (**mehrfache Verstöße gegen AGB-Gesetz**); OLG Frankfurt, NJW-RR 1988, 501 („**Haustürgeschäft" mit 81-Jährigem**; OLG Düsseldorf, BauR 1990, 618 = ZfBR 1990, 117 u. BauR 1997, 122 (sittenwidrige Provisionsabrede); BGH, ZfBR 1999, 310 (**Bestechung**); OLG Düsseldorf, SFH, Nr. 68 zu § 631 BGB (Bausatzvertrag).

204) Vgl. für das **alte** Recht: OLG Köln, BauR 1997, 307 = MDR 1996, 903 = OLGR 1996, 165; OLG Hamburg, BauR 1998, 338; *Lauenroth*, BauR 1973, 21. Ab. **1.1.2002** gilt § 311a Abs. 1 BGB n. F.: keine Nichtigkeit mehr!

205) Vgl. hierzu insbesondere BGH, BauR 2005, 866 (Baubeschreibung nicht mitbeurkundet) = NJW 2005, 1356 = MDR 2005, 802; BauR 2002, 1541 (notarielle Beurkundung eines Bauvertrages und Grundstückskaufvertrages) = NJW 2002, 2559 = NZBau 2002, 502 = MDR 2002, 1187; BGH, NJW-RR 1992, 1435 (Erfordernis der Schriftform bei Bauvertrag mit **öffentlicher Hand**); BGH, BauR 1981, 282 sowie OLG Hamm, BauR 1994, 644 (notarielle Beurkundung eines **Bauträgervertrages**); OLG Köln, BauR 1997, 175 (LS) = NJW-RR 1996, 1484 (Formbedürftigkeit eines **Fertighausvertrages**); OLG Schleswig, NJW-RR 1991, 1175; OLG Hamm, NJW-RR 1989, 1366; ferner: *Korte*, DNotZ 1984, 3, 82; *Kanzleiter*, DNotZ 1984, 421; BGH, NJW-RR 1990, 340 = ZfBR 1990, 81 = BauR 1990, 228; OLG Düsseldorf, BauR 1992, 413 (LS) für **Baubetreuungsverträge;** OLG Hamm, BauR 1992, 414 (LS);

## Wirksamkeit des Bauvertrages

Rdn. 1041

* öffentlich-rechtliche **Formvorschriften** (z. B. nach der jeweiligen Gemeindeordnung oder nach dem Genossenschaftsgesetz) nicht beachtet werden,[206)]
* der Auftraggeber den abgeschlossenen Werkvertrag **wirksam widerrufen** hat (z. B. nach dem [früheren] Abzahlungsgesetz,[207)] dem **VerbrKrG** (§§ 491 ff. BGB)[208)] oder dem Gesetz über den **Widerruf** von **Haustürgeschäften**: §§ 312, 312 a BGB),[209)]
* eine notwendige Genehmigung (z. B. der bischöflichen Behörde nach dem Vermögensverwaltungsgesetz vom 24. Juli 1924) **fehlt**,[210)]
* ein **offener** oder **versteckter Dissens** (§§ 154, 155 BGB) vorliegt.[211)]

Ein Verstoß gegen die Vorschriften der **Baupreisverordnung**[212)] (VO PR Nr. 1/72 über die Preise von Bauleistungen bei öffentlichen oder mit öffentlichen Mitteln finanzierten Aufträgen), die Höchstpreisvorschriften für die vorgenannten Aufträge enthält, die zwischenzeitlich durch die VO vom 16.6.1999 aufgehoben wurde, **führt nicht** nach § 134 BGB **zur Nichtigkeit des gesamten Bauvertrages** mit der Folge, dass die Abwicklung nach §§ 812 ff. BGB vollzogen werden müsste. Vielmehr tritt nur Teilnichtigkeit der unzulässigen Vergütungsvereinbarung ein;[213)] gleichzeitig tritt an die Stelle des preisrechtlich unzulässigen Preises der zulässige Preis.[214)] Eine unzulässige Preis-

**1041**

---

OLG Düsseldorf, BauR 2003, 402 (Behördenstempel auf Auftragsbestätigung noch keine rechtsgeschäftliche Willenserklärung). Zum Bauträgervertrag vgl. *Wagner*, Festschrift für Jagenburg, S. 991.

206) BGH, BauR 2002, 1245 = NJW-RR 2002, 1176; BauR 2004, 495 (Vertretungsmacht nach den Kommunalgesetzen für Städte, Gemeinden und Landkreise) = IBR 2004, 121 – *Englert*; BauR 1994, 363 = ZfBR 1994, 123; NJW 1980, 117; OLG Hamm, ZfBR 1995, 33; OLG Frankfurt, NJW-RR 1989, 1425 u. 1505.
207) OLG Köln, Beschluss vom 20.2.1990 – 18 U 539/89 („Verkauf" von Bausatzelementen); vgl. auch BGH, *SFH*, Nr. 14 zu § 631 BGB (keine Anwendung des **AbzG** auf typischen **Fertighausvertrag**).
208) Vgl. OLG Köln, BauR 1995, 709; OLG Hamm, BauR 1997, 524 (LS) = OLGR 1997, 25 (**Bausatzvertrag**).
209) Vgl. hierzu: BGH, IBR 2007, 355, 356 – *Knoche*; BauR 1999, 257 = NJW 1999, 575 = ZfBR 1999, 152 (Anbau eines **Wintergartens**); BGH, ZfBR 2000, 413 = BauR 2000, 1194 (**Fertighausvertrag**); BGHZ 110, 308 (Einbau von Kunststofffenstern); BGH, NJW 1994, 3351 (Sanitär-Nasszellen); OLG Naumburg, OLGR 2000, 279 (**Dachsanierung**); OLG Frankfurt, OLGR 2000, 259 (**Fenster u. Türen**); Brandenburgisches OLG, OLGR 1997, 309 (**Heizungsbausatz**); SchlHOLG, OLGR 1997, 345 (**Markisen/Rollläden**); OLG Köln, OLGR 2002, 89 (**Heizung** u. Sanitärbausatz); BGH, BauR 1994, 758 = ZfBR 1995, 18; OLG Jena, BauR 1997, 469; KG, KGR 1996, 157 (Werklieferungsvertrag über einen **Wintergarten**); OLG Zweibrücken, BauR 1994, 802 (LS) = BB 1994, 1889; OLG Karlsruhe, Justiz 1993, 408 (**Fenster u. Türen**); BGH, BauR 1990, 347 = ZfBR 1990, 187; OLG Stuttgart, NJW-RR 1990, 1014; OLG Frankfurt, NJW-RR 1989, 1364; *Gallois*, BB 1990, 2062.
210) OLG Köln, BauR 1994, 112 = NJW-RR 1994, 211 = ZfBR 1994, 18.
211) BGH, BauR 1999, 668 = ZfBR 1999, 210; OLG Koblenz, OLGR 2002, 146 u. BauR 1995, 252 = NJW-RR 1995, 156; OLG Düsseldorf, NJW-RR 1996, 622; OLG Köln, BauR 1996, 555.
212) Vom 6.3.1972, BGBl. I, S. 293; Beilage Nr. 6/72 zum BAnz. Nr. 49 vom 10.3.1972; siehe *Altmann*, BauR 1981, 445 ff. Zum Verstoß gegen das Gesetz über die Sicherung von Bauforderungen: BGH, BauR 1986, 115; BauR 1986, 370 = ZfBR 1986, 134; *Korsukewitz*, BauR 1986, 383 ff.
213) OLG München, BauR 2002, 1097, 1099.
214) BGH, NJW 1956, 68; NJW 1969, 425, 429; OLG Hamm, BauR 1993, 124 (LS). **Bestritten** ist, ob Stundenlohnabreden, die der **Baupreisverordnung** unterliegen, gemäß § 134 BGB nichtig sind, wenn es sich dabei nicht um Arbeiten **geringeren Umfangs** handelt (§11 VO PR 1/72); zu Recht verneinend: Beck'scher VOB-Komm/*Cuypers*, B Vor § 15, Rdn. 1 ff.

absprache (z. B. im Rahmen einer Submission unter den Bietern) hat ebenfalls nicht die Unwirksamkeit des Werkvertrages gemäß § 134 BGB zur Folge.[215]

**1042** Ein **Bauvertrag** ist auch nicht schon deshalb nach § 134 BGB nichtig, weil die **öffentliche Baugenehmigung** fehlt.[216] Die fehlende Baugenehmigung berührt nur das Bauen selbst, nicht aber die Wirksamkeit des zivilrechtlichen Bauvertrages. Allerdings kann der Unternehmer sich weigern, mit den Bauarbeiten zu beginnen, bevor die Baugenehmigung nicht erteilt ist.[217] Auch eine behördliche **Stilllegungsverfügung** führt nicht zur Nichtigkeit des Bauvertrages.[218]

**1043** Kommen im Einzelfall die Rechtsgrundsätze der **Störung der Geschäftsgrundlage** zum Zuge (vgl. näher Rdn. 2478 ff.), führt dies **nicht zur Unwirksamkeit des Vertrages**. Die Parteien bleiben an den Vertrag gebunden. Es erfolgt grundsätzlich nur eine Anpassung an die veränderten Umstände. Lediglich in besonderen Ausnahmefällen kommt eine völlige Loslösung vom Bauvertrag in Betracht.

**1044** Nicht selten werden Bauvorhaben ganz oder teilweise in **Schwarzarbeit** durchgeführt, obwohl dies nach dem Gesetz zur Bekämpfung der Schwarzarbeit und illegalen Beschäftigung[219] als Ordnungswidrigkeit mit hohen Geldbußen geahndet werden kann. Zur **Bekämpfung** der Schwarzarbeit am Bau wurde darüber hinaus das „**Gesetz zur Eindämmung illegaler Betätigung im Baugewerbe**" vom 30. August 2001 (BGBl. I S. 2267) erlassen. Nach diesem Gesetz muss ab 1.1.2002 jeder Unternehmer, an den Bauleistungen erbracht werden, von seiner Vergütung einen Steuerabzug von 15% an das Finanzamt abführen (§ 48 EStG), sofern der Leistende (Auftragnehmer) nicht eine Freistellungsbescheinigung vorlegt (§ 48 b EStG).[220] Vgl. hierzu näher Rdn. 1143.

Der **BGH** hat sich mit dem Problem der Schwarzarbeit mehrfach auseinander gesetzt. Verträge, durch die **beide** Vertragspartner (bewusst) gegen das Gesetz zur Bekämpfung der Schwarzarbeit verstoßen, sind nach § 134 BGB nichtig;[221] Erfüllungs- oder Gewährleistungsansprüche können dann nicht geltend gemacht werden; u. U. können jedoch bereicherungsrechtliche Ansprüche in Betracht kommen[222]

---

215) Vgl. hierzu LG München, NZBau 2002, 37; *Ingenstau/Korbion/Vygen*, Einl. Rdn. 95.
216) BGH, BauR 1976, 128, 129 = MDR 1976, 392; OLG Köln, NJW 1961, 1023 sowie *Pöhner*, S. 10 ff. u. 30 ff.
217) BGH, a. a. O.; *Pöhner*, S. 37.
218) OLG Hamburg, BauR 1998, 338.
219) In der Fassung vom 23.7.2004 (BGBl. 2004, Teil I, Nr. 39 – Gesetz zur Intensivierung der Bekämpfung der Schwarzarbeit und damit zusammenhängender Steuerhinterziehung).
220) Vgl. hierzu: *Heidland*, NZBau 2002, 413 ff.; *Kesselring*, BauR 2002, 1173 ff.; *Hök*, ZfBR 2002, 113 ff.; *Fischer*, ZfIR 2001, 942; *Wirth/Broocks*, Festschrift für Jagenburg, S. 1057. Das zur Durchführung des Gesetzes veröffentlichte Schreiben des Bundesfinanzministeriums v. 1.11.2001 ist in ZfIR 2001, 946 abgedruckt.
221) BGH, BauR 2001, 632; BGH, NJW 1990, 2542 = BauR 1990, 721 = ZfBR 1990, 271; BGH, NJW 1983, 109 = ZfBR 1982, 246; OLG Oldenburg, OLGR 1997, 2; OLG Düsseldorf, NJW-RR 1998, 1710 u. BauR 1987, 562; OLG Hamm, MDR 1990, 243; s. ferner: LG Leipzig, BauR 1999, 923 u. OLG Nürnberg, OLGR 2001, 47 (zum **einseitigen** Verstoß); OLG Düsseldorf, ZfBR 2000, 41 (zu den Voraussetzungen nach dem SchwArbG).
222) BGH, NJW 1990, 2542 = BauR 1990, 721 = ZfBR 1990, 271; s. auch OLG München, BauR 2002, 1097, 1100; **a. A.:** OLG Köln, NJW-RR 1990, 251; LG Bonn, NJW-RR 1991, 180; LG Nürnberg-Fürth, NZBau 2000, 436; vgl. auch *Tiedtke*, DB 1990, 2307 ff. u. *Köhler*, JZ 1990, 466, 468. Zum Abschlag („mindestens 15%"): OLG Düsseldorf, BauR 1993, 487.

## Wirksamkeit des Bauvertrages

(Rdn. 1921 ff.). Der Umstand, dass ein Architekt oder Unternehmer **ohne** Rechnungsstellung bezahlt werden soll, führt allein noch nicht zur Nichtigkeit des Vertrages.[223]

Im Einzelfall kann die **Berufung auf die Nichtigkeit** des Werkvertrages **gegen Treu und Glauben** verstoßen.[224] Werkverträge, durch die allein der Unternehmer gegen das Gesetz verstößt, sind jedoch wirksam.[225] Allerdings wird in Rechtsprechung[226] und Literatur[227] die Auffassung vertreten, dass der **Unternehmer** aufgrund des Verstoßes **keinen Werklohnanspruch** erwirbt, während **Erfüllungs- und Gewährleistungsansprüche** des gesetzestreuen Auftraggebers unberührt bleiben. **1045**

Führt der **Bauhandwerker** einen Handwerksbetrieb, der **nicht in die Handwerksrolle eingetragen** ist, sind die im Rahmen dieses Betriebes geschlossenen **Bauverträge** dagegen **wirksam** und nicht schon wegen des Verstoßes gegen die Handwerksordnung nichtig (§ 134 BGB). Der Gesetzesverstoß stellt zwar einerseits eine Ordnungswidrigkeit dar, andererseits wendet sich die Handwerksordnung nicht gegen die privatrechtliche Wirksamkeit solcher Verträge.[228] Allerdings kann der Auftraggeber berechtigt sein, den Vertrag nach § 119 Abs. 2 BGB **anzufechten**.[229] **1046**

Gibt ein Bauunternehmer ein „freibleibendes" oder „unverbindliches" Angebot bezüglich einer Bauleistung ab, kommt ein wirksamer Bauvertrag nicht schon mit der Annahme dieses Angebots durch den Auftraggeber zu Stande. Ein solches Angebot stellt vielmehr lediglich eine **Aufforderung zur Abgabe eines Angebots** dar.[230]

Ein Werkvertrag über **Reparaturarbeiten** kommt wirksam zu Stande, wenn ein Auftragnehmer dem Auftraggeber ein Angebot über die genau bezeichneten Reparaturarbeiten unter Bekanntgabe konkreter Einzelpreise mit der Bitte um Auftragserteilung übermittelt und der Auftraggeber daraufhin das Angebot mit der Bitte um schnellstmögliche Schadensbeseitigung bestätigt; dabei ist unerheblich, ob die Vertragsparteien zuvor darüber gestritten haben, ob Schäden an dem Werk des Auftragnehmers unter seine Gewährleistungspflicht fallen.[231]

Nach OLG Celle[232] ist ein Werkvertrag wirksam zustande gekommen, wenn ein öffentlicher Auftraggeber einem Bieter innerhalb der Zuschlagsfrist mitteilt, dass das zuständige Gremium beschlossen habe, diesem den Auftrag zu erteilen. Das soll auch gelten, wenn in dem Schreiben ein Hinweis erfolgt, dass der schriftliche Auf-

---

223) BGH, NZBau 2001, 105 = NJW 2001, 380 = BauR 2001, 630.
224) BGH, NJW 1990, 2542 = BauR 1990, 721 = ZfBR 1990, 271.
225) BGHZ 89, 369 = NJW 1984, 1175 = BauR 1984, 290 m. Anm. *Schubert*, JR 1985, 148; vgl. auch BGH, BauR 1985, 197 = NJW 1985, 2403.
226) LG Mainz, NJW-RR 1998, 48; LG Bonn, NJW-RR 1991, 180, 181.
227) *Canaris*, NJW 1985, 2404; *Jagenburg*, NJW 1995, 91.
228) BGHZ 88, 240 = BauR 1984, 58; BauR 1985, 197; OLG Düsseldorf, BauR 1996, 121 = OLGR 1995, 235; OLG Hamm, NJW-RR 1990, 523; LG Köln, DB 1969, 920 = VersR 1969, 619; BGH, NJW 1984, 230 = JR 1984, 324 m. Anm. *Köhler* = WM 1983, 1315; s. ferner: EuGH, ZfBR 2001, 30 u. *Hök*, ZfBR 2001, 77; OLG Köln, *SFH*, Nr. 8 zu § 1 UWG (Nichteintragung in die Handwerksrolle allein stellt kein wettbewerbswidriges Verhalten dar); LG Mainz, NJW-RR 1998, 48.
229) OLG Hamm, NJW-RR 1990, 523; OLG Nürnberg, BauR 1985, 322, 323.
230) *Frikell/Glatzel/Hofmann*, K 1.4.
231) OLG Düsseldorf, BauR 1995, 254 = NJW-RR 1995, 402.
232) BauR 2002, 1852.

trag in Kürze zugesandt werde, weil diese Ankündigung lediglich eine Formalität sei, die für die Erteilung des Zuschlages ohne Bedeutung ist.

Über die **Kostentragungspflicht** von **Mängelbeseitigungsarbeiten** gibt es zwischen Auftraggeber und Auftragnehmer häufig Streit. Verlangt ein Auftraggeber die Beseitigung von Mängeln durch den Auftragnehmer und bestreitet dieser seine Verantwortlichkeit, so gilt Folgendes: Mängelbeseitigungsarbeiten sind vom Auftragnehmer grundsätzlich kostenlos durchzuführen, weil dieser ein mangelfreies Werk schuldet. Verlangt allerdings der Auftragnehmer für diese Arbeiten eine Vergütung, weil er nach seiner Auffassung für den Mangel nicht verantwortlich ist, kann ein Vergütungsanspruch nach Ansicht des OLG Celle[233)] nur dann bestehen, wenn er gegenüber dem Auftraggeber unzweideutig zum Ausdruck bringt, dass er die Arbeiten nicht als kostenlose Mängelbeseitigung durchführt, und der Auftraggeber daraufhin den entsprechenden Auftrag ausdrücklich oder konkludent – indem er die Arbeiten trotz des Hinweises auf die Vergütungspflicht durchführen lässt – erteilt; dies kann jedoch dann nicht gelten, wenn sich bei Ausführung der Arbeiten herausstellt, dass die Werkleistung des Auftragnehmers tatsächlich mangelhaft war.[234)] Denn in diesem Fall hat der Auftraggeber bei Auftragserteilung einen Anspruch auf Aufwendungsersatz nach § 637 BGB in gleicher Höhe, mit dem er aufrechnen kann und auf den er im Zweifel nicht verzichtet hat. Bei alledem ist allerdings stets im Einzelfall zu prüfen, wie das Verhalten des Auftraggebers bei dieser Fallkonstellation zu deuten ist: Die Entgegennahme und/oder das Fordern der Arbeiten durch den Auftraggeber allein reichen für einen vergütungspflichtigen (konkludenten) Auftrag nicht aus.

Eine ähnliche Fallkonstellation ergibt sich, wenn ein Auftragnehmer nach Aufforderung zur Mängelbeseitigung eine **Untersuchung** des entsprechenden Gewerkes vornimmt, um die Ursachen des Mangels festzustellen. Ergibt sich dann, dass die Mangelursache nicht im Verantwortungsbereich des Auftragnehmers liegt, stellt sich die Frage, ob dieser einen Ersatzanspruch für seine Aufwendungen hat. Das OLG Karlsruhe[235)] bejaht dies unter dem Gesichtspunkt eines „bedingt erteilten Auftrages oder jedenfalls aus Geschäftsführung ohne Auftrag". Das wird man allerdings nur selten annehmen können, da in der Regel keine Willenserklärung für einen „bedingten Auftrag" festzustellen sein und es im Rahmen der Geschäftsführung ohne Auftrag am Fremdgeschäftsführungswillen fehlen wird.

## 5. Insolvenzeintritt

*Literatur*

*Schmitz*, Der Baukonkurs, 2. Auflage 2002; *Heidland*, Der Bauvertrag in der Insolvenz, 2. Auflage 2003; *Lwowski/Tetzlaff*, Umweltrisiken und Altlasten in der Insolvenz, 2002.
*Rosenberger*, Vertragsabwicklung im Konkurs des Bauunternehmers, BauR 1975, 233; *Heidland*, zu Rosenberger: Vertragsabwicklung im Konkurs des Bauunternehmers (BauR 1975, 233 ff.), BauR 1975, 305; *Neuenfeld*, Die Ansprüche des Architekten im Konkurs des Auftraggebers, BauR 1980, 230; *Friehe*, Schlusszahlungserklärung gegenüber dem Konkursverwalter?, BauR 1984, 562; *Heidland*, Gewährleistungsansprüche im Insolvenzverfahren, Seminar Abnahme und Gewährleistung

---

233) IBR 2003, 240 – *Groß*.
234) So aber *Groß*, IBR 2003, 240.
235) BauR 2003, 1241 = MDR 2003, 1103 = IBR 2003, 353 – *Lott*.

im VOB und BGB, 1987, 171; *Pape*, Ablehnung und Erfüllung schwebender Rechtsgeschäfte durch den Insolvenzverwalter, Kölner Schrift zur Insolvenzordnung, 405; *Heidland*, Welche Änderungen ergeben sich für den Bauvertrag durch die Insolvenzordnung im Verhältnis zur bisherigen Rechtslage? Wie ist der Wortlaut der VOB Teil A und B zu ändern?, BauR 1998, 643; *Thode*, Erfüllungs- und Gewährleistungssicherheiten in innerstaatlichen und grenzüberschreitenden Bauverträgen, ZfIR 2000, 165; *Timmermans*, Kündigung des VOB-Vertrages bei Insolvenz des Auftragnehmers, BauR 2001, 321; *Meyer*, Die Teilbarkeit von Bauleistungen nach § 105 InsO, NZI 2001, 294; *Schmitz*, Mängel nach Abnahme und offener Werklohnanspruch – ein wesentlicher Anwendungsbereich des § 103 InsO bei Bauverträgen, ZIP 2001, 765; *Scheffler*, Teilleistungen und gegenseitige nicht vollständig erfüllte Verträge in der Insolvenz, ZIP 2001, 1182; *Suchowsky*, Durchstellung des Insolvenzausfallschadens auf den Vertragspartner? – Anmerkung zur Entscheidung des OLG München vom 12.5.1999, Festschrift für Jagenburg (2002), 879; *Brauns*, Zur Anfechtbarkeit der Werklohnzahlung oder der Besicherung von Vergütungsansprüchen des Auftragnehmers durch den Insolvenzverwalter über das Vermögen des Auftraggebers – unter besonderer Berücksichtigung der Direktzahlung nach § 16 Nr. 6 VOB/B durch den Hauptauftraggeber, BauR 2003, 301; *Mundt*, Die Insolvenzanfechtung bei Stellung einer Bürgschaft nach § 648 a BGB, NZBau 2003, 327; *Munz*, Der verlängerte Eigentumsvorbehalt – ein geeignetes Sicherungsmittel in der Insolvenz des Bauunternehmers?, BauR 2003, 621; *Vogel*, Ein weites Feld – einige Probleme aus der Schnittmenge von Bau- und Insolvenzrecht, Jahrbuch Baurecht 2004, 107; *Baldringer*, Vertragliche Lösungsklauseln im Spannungsfeld zwischen Insolvenz- und Baurecht, NZBau 2005, 183; *Huber*, Grundstrukturen der Abwicklung eines Bauvertrages in der Insolvenz – Teil 1, NZBau 2005, 177, und Teil 2, NZBau 2005, 256; *Schmitz*, Handlungsmöglichkeiten von Auftragnehmer und Auftraggeber in der wirtschaftlichen Krise des Vertragspartners, BauR 2005, 169; *Stemmer/Rohrmüller*, Abwicklung von VOB-Verträgen durch kommunale Auftraggeber bei Insolvenz des Auftragnehmers, BauR 2005, 622; *Wellensiek*, Fortführung des Bauvertrags nach Insolvenzantrag des Auftragnehmers und nach Eröffnung des Insolvenzverfahrens, BauR 2005, 186; *Wölfing-Hamm*, Insolvenz eines ARGE-Partners, BauR 2005, 228; *Franke*, Spannungsverhältnis InsO und § 8 Nr. 2 VOB/B neu – Ende der Kündigungsmöglichkeit bei Vermögensverfall des Auftragnehmers, BauR 2007, 774.

**1047** Die Insolvenzordnung, die zum 1. Januar 1999 an die Stelle der Konkursordnung (sowie der Vergleichsordnung und der Gesamtvollstreckungsordnung) getreten ist, bringt auch für das Baurecht erhebliche Veränderungen mit sich.[236] So sind gerade bei Bauvorhaben auf der Auftraggeber-, aber auch auf der Auftragnehmerseite häufig bürgerlich-rechtliche Gesellschaften (z. B. in der Form der Arge,[237] vgl. Rdn. 1061 ff.) beteiligt. Über das Vermögen solcher Vertragspartner kann in Zukunft ebenfalls das Insolvenzverfahren beantragt und eröffnet werden (§ 11 Abs. 2 Nr. 1 InsO). Eröffnungsgrund kann einmal die Zahlungsunfähigkeit und jetzt auch die drohende Zahlungsunfähigkeit sein; bei letzterem jedoch nur auf Antrag der Gesellschaft.

Wie früher der Konkursverwalter (§ 17 KO) hat auch der Insolvenzverwalter (§ 103 Abs. 1 InsO) die Wahl, ob er anstelle des Insolvenzschuldners (Gemeinschuldners) den Bauvertrag erfüllen und damit auch die Erfüllung von der Gegenseite verlangen oder die Erfüllung ablehnen will. Dazu hat er sich – auf Aufforderung des Vertragspartners – "unverzüglich" zu erklären; andernfalls kann er nicht mehr auf Erfüllung bestehen. Um dieses Wahlrecht des Insolvenzverwalters nicht zu beeinträchtigen,

---

236) *Heidland*, BauR 1998, 643 ff.
237) Zu den Folgen der Insolvenz eines Gesellschafters nach dessen Ausscheiden: BGH, BauR 2000, 1057 = ZfBR 2000, 394. Zum **Ausschlussrecht** der Arge-Partner bei Stellung eines Konkurs-(Insolvenz-)Antrages eines Mitglieds: OLG Naumburg, BauR 2002, 1271 = ZfIR 2002, 453 m. Anm. *Zoll* = IBR 2002, 257 – *Schmitz*.

sieht § 119 InsO vor, dass Vereinbarungen, die für den Fall der Eröffnung des Insolvenzverfahrens die Auflösung eines gegenseitigen Vertrages vorsehen oder der anderen Partei das Recht geben, sich einseitig vom Vertrag zu lösen, unwirksam sind. Das Kündigungsrecht des Auftraggebers gemäß § 8 Nr. 2 VOB/B wird nach Auffassung des Verordnungsgebers jedoch dadurch nicht berührt; das gilt auch für das allgemeine Kündigungsrecht des Auftraggebers gemäß § 649 BGB.[238] Das ist jedoch in der Literatur streitig.[239]

Nach der neueren Rechtsprechung des BGH[240] bewirkt die Eröffnung des Insolvenzverfahrens **kein Erlöschen** der beiderseitigen Erfüllungsansprüche; die noch offenen Ansprüche verlieren nur ihre „**Durchsetzbarkeit**", soweit es sich nicht um Ansprüche auf die Gegenleistung für schon erbrachte Leistungen handelt (Suspensivtheorie).[241] Wählt der Insolvenzverwalter die Erfüllung des Werkvertrages, so erhalten die zunächst nicht durchsetzbaren Ansprüche „die Rechtsqualität von originären Masseverbindlichkeiten und -forderungen" (BGH). **Erklärt** der Insolvenzverwalter, **den Vertrag erfüllen zu wollen** oder **verlangt** er von dem Vertragspartner des Schuldners die **Erfüllung**, so wird der (alte) Vertrag **mit dem bisherigen Inhalt** fortgeführt.[242] Der Insolvenzverwalter hat den Vertrag so zu **erfüllen**, wie er ihn bei Verfahrenseröffnung vorfindet; dies gilt auch für die **Gewährleistungsansprüche**.[243]

**1048** Durch die Insolvenzeröffnung kann es zu einer **Aufspaltung** des einheitlichen Vertragsverhältnisses kommen: Bei einem VOB-Vertrag „zerfällt" der Bauvertrag, wenn er von dem **Auftraggeber** wegen der Insolvenz des Auftragnehmers **gekündigt** wird, in einen erfüllten Teil, für den grundsätzlich die vereinbarte Vergütung zu zahlen ist, und in einen **nicht** ausgeführten Teil, für den an die Stelle des Erfüllungs- **ein Schadensersatzanspruch** tritt (§ 8 Nr. 2 Abs. 2 i. V. mit § 6 Nr. 5 VOB/B).[244] Dem entspricht auch die Insolvenzordnung (§ 105 Satz 1). Bestehende **Nachbesserungsansprüche** wandeln sich mit der Insolvenzeröffnung in einen **Schadensersatzanspruch** um, dessen Höhe von dem entstandenen Schaden (Mängelbeseitigungsaufwand) bestimmt wird.[245] Der Schadensersatzanspruch kann nur als Insolvenzforderung i. S. v. § 38 InsO geltend gemacht werden.

---

238) **Herrschende Meinung:** OLG Düsseldorf, BauR 2006, 2054; *Timmermanns*, BauR 2001, 321; *Heidland*, BauR 1998, 643, 653 u. Rdn. 916; *Franke/Kemper/Zanner/Grünhagen*, § 8/B, Rdn. 43; *Ingenstau/Korbion/Vygen*, § 8 Nr. 2/B, Rdn. 10 ff.; *Thode*, ZfIR 2000, 165, 181; **a. A.:** *Kapellmann/Messerschmidt/Lederer*, § 8/B, Rdn. 63, 68 f.
239) Zum Meinungsstand vgl. *Huber*, NZBau 2005, 177 ff., 181; *Baldringer*, NZBau 2005, 183; *Kapellmann/Messerschmidt/Lederer*, § 8/B, Rdn. 61 u. *Ingenstau/Korbion/Vygen*, § 8 Nr. 2/B, Rdn. 10 ff.
240) NZBau 2002, 439 = BauR 2002, 1264 = IBR 2002, 417 – *Hänsel*. Vgl. hierzu *Huber*, NZBau 2005, 177 ff., 180 sowie *Koenen*, BauR 2005, 202, 210.
241) Vgl. hierzu *Vogel*, Jahrbuch Baurecht 2004, 107 ff., 119.
242) BGH, BauR 2001, 245, 247; BGH, NJW-RR 2002, 191 = MDR 2002, 162 = IBR 2002, 15 – *Schmitz*; BGH, BauR 2001, 1580 m. Anm. *Schmitz*. Zur **Teilerfüllungswahl** vgl. *Vogel*, Jahrbuch Baurecht 2004, 107 ff., 124 sowie *Schmitz*, ZIP 2001, 765, 768.
243) *Meyer*, NZI 2001, 294, 297.
244) BGH, ZfBR 1995, 257, 258 m. w. Nachw.: zur Abrechnung eines **teilerfüllten Pauschalpreisvertrages:** OLG Köln, NJW-RR 1999, 745.
245) BGH, BauR 1996, 401, 403 = ZfBR 1996, 144, 145.

## Insolvenzeintritt

**Rdn. 1048**

Der **Schadensersatzanspruch** wegen Nichterfüllung, der an die Stelle des vertraglichen Erfüllungs- oder Gewährleistungsanspruchs tritt, ist ein neuer, selbstständiger Anspruch und unterliegt daher einer „eigenen Verjährung, die sich nach der für den ursprünglichen Erfüllungsanspruch maßgebenden Verjährungsfrist richtet."[246] Anderes gilt für die bereits vor Insolvenzeröffnung durch Abnahme auch von Teilleistungen in Gang gesetzten Verjährungsfristen, deren Lauf durch die Insolvenzeröffnung nicht unterbrochen wird.[247] Der Schadensersatzanspruch des Auftraggebers wegen Nichterfüllung geht im Fall der Insolvenz eines **ARGE-Mitgliedes** auf die übrigen Mitglieder der Arbeitsgemeinschaft über, wenn diese die Bauleistung erbracht und sie intern aus dem Gesamtschuldverhältnis Ausgleich verlangen können. Auch können die ausgleichsberechtigten ARGE-Mitglieder die allein für den Erfüllungsanspruch des ausgefallenen Mitglieds gegebene Bürgschaft in Anspruch nehmen.[248]

**Problematisch** erweist sich für die Beteiligten in der Insolvenz des Vertragspartners die **Phase** unmittelbar **vor Insolvenzantragstellung bis zur Eröffnung des Insolvenzverfahrens,** da die Insolvenzordnung dem Insolvenzverwalter weitgehende **Anfechtungsrechte,** §§ 129 ff. InsO, einräumt. Damit kann der Insolvenzverwalter selbst solche Vereinbarungen anfechten, an denen er als vorläufiger Insolvenzverwalter mit Zustimmungsvorbehalt, § 21 Abs. 2 Nr. 2 InsO, ausdrücklich mitgewirkt hat. Dies gilt insbesondere für die Bestellung von Sicherheiten oder aber die Bezahlung bereits vor dem Insolvenzantrag erbrachter Leistungen, um etwa den Auftragnehmer zur Fortsetzung seiner Tätigkeit zu bewegen.[249] Demgegenüber sind die mit dem Insolvenzverwalter nach Eröffnung des Insolvenzverfahrens getroffenen Vereinbarungen selbst dann wirksam und auch nicht von diesem anfechtbar, wenn gesetzlich vorgeschriebene Zustimmungserfordernisse, etwa die des Gläubigerausschusses oder der Gläubigerversammlung, nicht vorliegen. Etwas anderes gilt nur ausnahmsweise für Vereinbarungen, die gravierend dem Zweck der Insolvenzordnung zuwiderlaufen. Dies setzt aber voraus, dass sich dem Geschäftspartner gleichzeitig ohne weiteres auch begründete Zweifel an der Vereinbarkeit der Vereinbarung mit dem Zweck des Insolvenzverfahrens aufdrängen müssen.[250]

*Weitere Rechtsprechung*

Werklohnzahlung an Subunternehmer des Insolvenzverwalters mit befreiender Wirkung bei Masseunzulänglichkeit (Schleswig-Holst. OLG, BauR 2004, 352 m. Anm. Groß); Vergütungsanspruch aus GOA oder § 179 BGB bei Insolvenz des Auftraggebers: BGH, BauR 2004, 333; Bauabzugssteuer in der Insolvenz des Bauunternehmers (BFH, NZBau 2003, 156); Werkvertrag mit insolventem Auftraggeber; Zahlungsanspruch gegen Grundstückseigentümer (OLG Hamm, BauR 2004, 865).

---

246) BGH, NJW 1986, 1176 = BauR 1986, 339, 340 = ZfBR 1986, 132; Beck'scher VOB-Komm/ *Motzke*, B § 13 Nr. 4, Rdn. 364 ff.
247) *MünchKomm/InsO – Huber,* § 103, Rdn. 195.
248) BGH, BauR 1990, 758.
249) *MünchKomm/InsO – Kirchhof,* § 129, Rdn. 45 f.
250) BGH, NZBau 2002, 439, 441.

## 6. Unternehmereinsatzformen

*Literatur*
*Nicklisch*, Der Subunternehmer bei Bau- und Anlageverträgen im In- und Auslandsgeschäft 1986; *Nicklisch*, Bau- und Anlageverträge 1984; *Kromik/Schwager/Noss*, Das Recht der Bauunternehmung (1987); *Graf von Westphalen*, AGB-Klauselwerke/*Motzke*, Subunternehmervertrag, 1995. *Werth*, Risikohaftung des Hauptunternehmers für Schäden des Nachunternehmers, BauR 1976, 80; *Meinert*, Das Verhältnis Generalunternehmer/Subunternehmer unter Berücksichtigung des französischen Rechts, BauR 1978, 13; *Locher*, AGB-Gesetz und Subunternehmerverträge, NJW 1979, 2235; *Schlechtriem*, Haftung des Nachunternehmers gegenüber dem Bauherrn, ZfBR 1983, 101; *Feudner*, Generalunternehmer/Drittschadensliquidation, BauR 1984, 257; *Nicklisch*, Rechtsfragen des Subunternehmervertrages bei Bau- und Anlageprojekten im In- und Auslandsgeschäft, NJW 1985, 2361; *Reithmann*, Das Generalübernehmer- und Architektenmodell im Bauträger-Recht, WM 1987, 61; *Graf von Westphalen*, Subunternehmer-Verträge bei internationalen Bauverträgen – Unangemessenheitskriterium nach § 9 AGB-Gesetz, Festschrift für Locher (1990), 375; *Kniffka*, Rechtliche Probleme des Generalunternehmervertrages, ZfBR 1992, 1; *Kornblum*, Rechtsfragen der Bau-ARGE, ZfBR 1992, 9; *Koeble*, Probleme des Generalübernehmermodells, NJW 1992, 1142; *Feldrappe*, Bietergemeinschaft und ARGE, Schriftenreihe der Dt. Gesellschaft für Baurecht, Bd. 19, 13; *Wagner*, Haftung der ARGE-Partner untereinander, ebenda, 25; *Kniffka*, Rechtliche Probleme des Generalunternehmervertrages, ebenda, 46; *Hofmann*, Subunternehmer – Rechtliche Gestaltung der Subunternehmerverträge, ebenda, 66; *Medicus*, Abnahme und Gewährleistung im Verhältnis Generalunternehmer – Subunternehmer, ebenda, 76; *Knacke*, Prozessrechtliche Probleme im Verhältnis Generalunternehmer/Subunternehmer unter Berücksichtigung des neuen selbstständigen Beweisverfahrens, ebenda, 86; *Ramming*, Überlegungen zur Ausgestaltung von Nachunternehmerverträgen durch AGB, BB 1994, 518; *Schlünder*, Gestaltung von Nachunternehmerverträgen in der Praxis, NJW 1995, 1057; *Koeble/Schwärzel-Peters*, Gesellschaftsvertragliche Ausgestaltung einer Arbeitsgemeinschaft am Beispiel der „Bau-Arbeitsgemeinschaft", DStR 1996, 1734; *Rath*, Auswirkungen des Generalunternehmereinsatzes auf die freiberufliche Architektentätigkeit, BauR 1996, 632; *Kraus*, Gestaltung von Nachunternehmerverträgen, NJW 1997, 223; *Kalusche*, Architekt und Totalunternehmer, DAB 1997, 15; *Kniffka*, Die Durchstellung von Schadensersatzansprüchen des Auftraggebers gegen den auf Werklohn klagenden Subunternehmer – Überlegungen zum Schaden des Generalunternehmers und zum Zurückbehaltungsrechts aus einem Freistellungsanspruch –, BauR 1998, 55; *Schuhmann*, Das Vergütungsrisiko des Subunternehmers im Anlagenbau bei konkretisierungsbedürftiger Leistungsbeschreibung, BauR 1998, 228; *Schuhmann*, Die AGB-rechtliche Beurteilung von Anlagenverträgen, ZfBR 1999, 246; *Joussen*, Das Ende der Arge als BGB-Gesellschaft?, BauR 1999, 1063; *Langen*, Die Dach-ARGE im Spannungsfeld zwischen Gesellschafts- und Bauvertragsrecht, Jahrbuch Baurecht 1999, 64; *Greeve*, Arbeitnehmerüberlassung und Durchführung einer Bau-ARGE mit Auslandsbezug auf der Grundlage des Muster-ARGE-Vertrags, NZBau 2001, 525; *Kehrberg*, Die Vergütung des Generalplaners, BauR 2001, 1825; *Schlapka*, Kooperationsmodell – ein Weg aus der Krise –, BauR 2001, 1646; *Eschenbruch*, Construction Management, NZBau 2001, 585; *Kapellmann*, Ein Construction Management Vertragsmodell, NZBau 2001, 592; *Eschenbruch*, Generalunternehmereinsatz: Vergütungsfolgen von Teilkündigungen und Änderungsanordnungen, Festschrift für Jagenburg (2002), 179; *Busse*, Zum Vergütungsrisiko des Generalunternehmers bei funktionaler Leistungsbeschreibung in Pauschalverträgen mit privaten Auftraggebern außerhalb von Verbraucherverträgen, Festschrift für Jagenburg (2002), 77; *Hickl*, Generalunternehmervertrag und Nachunternehmervertrag – Ein Kooperationsverhältnis, Festschrift für Jagenburg (2002), 279; *Grauvogl*, Der „durchgängige" Nachunternehmervertrag – ein Dauerdilemma, Festschrift für Kraus (2003), 55; *Strunk*, Der Einsatz mittel- und osteuropäischer Nachunternehmer im Baugewerbe, BauR 2006, 1970; *Zerhusen/Nieberding*, Der Muster-ARGE-Vertrag 2005 des Hauptverbandes der Deutschen Bauindustrie e.V., BauR 2006, 296; *Krause-Allenstein*, Die Bau-ARGE – Haftung, Sicherheiten, Versicherung im Innen- und Außenverhältnis, BauR 2007, 617; *Messerschmidt/Thierau*, Die Bau-ARGE, NZBau 2007, 129 (Teil 1) sowie 205 (Teil 2); *Thode*, Die

Vollbeendigung der ARGE und deren Rechtsfolgen – Die Rechtslage nach der Grundsatzentscheidung des Bundesgerichtshofes zur Rechtsfähigkeit der GbR vom 29. Januar 2001, BauR 2007, 610.

Die Zahlungsklage kann stets nur gegen den **Vertragspartner** des Unternehmers gerichtet werden. Es ist deshalb auf die verschiedenen Unternehmereinsatzformen zu achten:

Der Regelfall der Unternehmereinsatzform im Bauwesen ist auch heute noch der **Alleinunternehmer**, der im Rahmen seines Betriebs alle Bauarbeiten durchführt, die zu den ihm erteilten Auftrag gehören.

Begrifflich dem Alleinunternehmer nahe stehend ist der **Generalunternehmer**, der von dem Bauherrn mit sämtlichen zu einem Bauwerk gehörenden Leistungen beauftragt wird. Man unterscheidet allgemein drei Formen des **Generalunternehmers**, wobei die Begriffsbestimmung in Rechtsprechung und Literatur nicht einheitlich ist:[251]

* Der Unternehmer übernimmt nur die Koordinierung und Leitung des Bauvorhabens (Generalunternehmer im **engeren** Sinne).
* Er übernimmt zusätzlich ganz oder teilweise die Bauausführung (Hauptunternehmer/Generalunternehmer im **weiteren** Sinne).
* Er übernimmt alle Leistungen einschließlich der Architektenleistungen und der Leistungen der Sonderfachleute (so genannter **Totalübernehmer** bzw. **Generalübernehmer**).[252]

Der Generalunternehmer steht nur zu seinem Auftraggeber in rechtlichen Beziehungen, auch wenn er ggf. seinerseits Teile der Arbeiten an selbstständige Unternehmer weitervergibt; dadurch wird er nicht „Bauherr".[253] Diese Form des Unternehmereinsatzes gewinnt im Bereich des schlüsselfertigen Bauens sowie im Rahmen des Fertigbauens zunehmende Bedeutung.[254] Der Unterschied zwischen Generalunternehmer und Alleinunternehmer besteht darin, dass der Alleinunternehmer die Bauleistungen selbst erbringen muss, während der Generalunternehmer diese an Dritte (Subunternehmer) delegieren kann. Die dann begründete Treuhänderstellung legt dem Generalunternehmer besondere Sorgfaltspflichten auf, bei deren Verletzung Schadensersatzansprüche begründet sein können. Die Treuhänderstellung ist besonders groß, wenn der Generalunternehmer seine Leistungen ausschließlich durch Drittfirmen ausführen lässt.[255] Auch wenn der Generalübernehmer die Bauleistungen nicht selbst ausführt, schuldet er sie gegenüber dem Auftraggeber.[256] Demgegenüber bezeichnet man allgemein als **Hauptunternehmer** den Auftragnehmer, dem nur ein Teil der zu einem Bauvorhaben gehörenden Bauleistungen übertragen wird. Auch der Hauptunternehmer hat in aller Regel das Recht, Nachunternehmer einzuschalten.

Der Nachunternehmer (**Subunternehmer**) wird vom Generalunternehmer (Hauptunternehmer) beauftragt und steht damit **nur zu diesem in einem Vertrags-**

---

[251] Vgl. für viele: *Leineweber*, Rdn. 334 ff.; *Kleine-Möller/Merl*, § 3, Rdn. 4 ff.; *Koeble*, in: Rechtshandbuch Immobilien, Bd. 1, Kap. 15, Rdn. 84 ff.; *Siegburg*, Rdn. 16.
[252] Zur Vereinbarung der VOB/B beim Generalübernehmervertrag vgl. Rdn. 1017.
[253] BGH, BauR 1978, 220 = NJW 1978, 1054.
[254] Vgl. im Einzelnen: *Nicklisch*, Sonderbeilage 10/BB 1974, S. 9, 10.
[255] Vgl. im Einzelnen: *Hochstein/Jagenburg*, Arge, S. 4, 5; *Beeg*, BauR 1973, 71, 75.
[256] OLG Hamm, NJW-RR 1992, 153.

sönliche Leistungsverpflichtung des Unternehmers kennt, sondern den Werkerfolg, für den der Unternehmer einzustehen hat, in den Vordergrund stellt.[270]

**1055** Haftungsrechtliche Verbindungen können zwischen dem Auftraggeber und dem Subunternehmer dann entstehen, wenn der Generalunternehmer seine Gewährleistungsansprüche gegenüber dem Subunternehmer an den Auftraggeber abtritt und nur subsidiär haften will (vgl. Rdn. 2188 ff.). Wird der Generalunternehmer von dem Auftraggeber auf Schadensersatz in Anspruch genommen, hat er gegenüber dem Subunternehmer einen Freistellungsanspruch, soweit er noch nicht Schadensersatz geleistet hat.

**1056** Der Kostenerstattungsanspruch des Generalunternehmers gegen den Subunternehmer wegen eines von ihm zu verantwortenden Mangels ist nicht deswegen ausgeschlossen, weil die Mängelbeseitigung nicht durch den Generalunternehmer, sondern durch den Bauherrn im Wege der Ersatzvornahme erfolgt ist; die Erstattungspflicht des (als Subunternehmer tätigen) Auftragnehmers beschränkt sich jedoch nach Auffassung des OLG Köln[271] auf die reinen Sanierungskosten.

**1057** Stets sind die beiden **Auftragsverhältnisse Auftraggeber – Generalunternehmer** einerseits und **Generalunternehmer – Subunternehmer** andererseits selbstständig zu beurteilen[272] – mit der Folge, dass grundsätzlich nur innerhalb der jeweiligen Vertragsverhältnisse Erfüllungs-, Gewährleistungs- und Vergütungsansprüche geltend gemacht werden können,[273] wobei allerdings für die Vergütungsansprüche die „Durchgriffsfälligkeit" im Rahmen des neu geschaffenen § 641 Abs. 2 BGB zu berückschtigen ist (vgl. hierzu näher Rdn. 1338). Daher sind insbesondere die Haftungsgrundlagen und der Haftungsumfang nach dem jeweiligen Vertragsverhältnis selbstständig zu beurteilen, was auch zu unterschiedlichen Rechtsfolgen führen kann. Dasselbe gilt hinsichtlich der Vergütung. Aufgrund der zu trennenden Vertragsverhältnisse hat ein Subunternehmer auch keinen vertraglichen Anspruch gegen den Bauherrn, wenn dieser mit dem Generalunternehmer vereinbart, dass „Zahlungen zweckgebunden zur Begleichung von Abschlagsrechnungen des Subunternehmers" geleistet werden.[274] Auch wenn der Auftraggeber vom Generalunternehmer z. B. keine **Nacherfüllung** verlangt, kann dies der Generalunternehmer gegenüber dem Subunternehmer tun. Dasselbe gilt für ein **Minderungsbegehren** oder eine **Schadensersatzforderung** des Generalunternehmers, wenn die entsprechenden Voraussetzungen gegeben sind. Maßgeblich ist allein, dass ein Baumangel in die Verantwortung des Subunternehmers fällt. Auf den Eintritt eines Schadens kommt es dabei nicht an.[275] Etwas anderes kann im Einzelfall nur gelten, wenn der **Rückgriff** des Generalunternehmers beim Subunternehmer als **rechtsmissbräuchlich** anzusehen ist.[276] Auch eine in dem jeweiligen Auftragsverhältnis vereinbarte Vertrags-

---

270) Für viele: Beck'scher VOB-Komm/*Hofmann*, B, § 4 Nr. 8, Rdn. 2; a. A.: *Staudinger/Peters*, § 631 BGB, Rdn. 34.
271) BauR 1989, 376 (LS).
272) Vgl. hierzu *Kniffka*, ZfBR 1992, 1, 8.
273) Vgl. hierzu grundlegend: OLG Düsseldorf, NJW-RR 1997, 83.
274) OLG Celle, IBR 1997, 184.
275) *Locher*, NJW 1979, 2235.
276) Vgl. hierzu OLG Dresden, NJW-RR 1997, 83 sowie LG Verden – 10 O 87/95 – (Abnahmeverweigerung des Hauptunternehmers gegenüber seinem Subunternehmer treuwidrig, wenn der Auftraggeber des Hauptunternehmers den vereinbarten Werklohn beglichen und auf die

## Unternehmereinsatzformen Rdn. 1058

strafe verbleibt aufgrund der Eigenständigkeit beider Vertragsbeziehungen bei dem betreffenden Auftragsverhältnis (vgl. hierzu näher Rdn. 2050).

Der (zwischen Bauherr und Subunternehmer) „eingeklemmte" **Generalunternehmer** hat zwangsläufig ein berechtigtes Interesse an der **Parallelschaltung** wichtiger Regelungen des Generalunternehmervertrages einerseits und des Subunternehmervertrages andererseits. Das gilt vor allem bei internationalen Bauverträgen.[277] Daher sind Generalunternehmer in der Regel bemüht, ein Regelwerk zu schaffen, mit dem sie (als Auftraggeber) gegenüber dem Subunternehmer keine schlechtere Rechtsposition haben als in dem Verhältnis zu ihrem Auftraggeber. Dies betrifft vor allem die Bereiche wie Zahlungseingangs-, Insolvenz- und Kreditrisiko,[278] Abnahmezeitpunkt (Aufschub der Abnahme bis zur Abnahme der Generalunternehmerleistung),[279] Haftung und Gewährleistungsfristen[280] sowie Kündigungsmöglichkeiten.[281]

**1058**

Diesen Bemühungen nach einer „Synchronisierung" der Vertragsbeziehungen sind nach Treu und Glauben und den §§ 305 ff. BGB jedoch Grenzen gesetzt; so kann die Einbeziehung einzelner Bestimmungen des Generalunternehmervertrages in den Subunternehmervertrag nicht allein durch bloße Verweisung erfolgen. Dem Subunternehmer muss zumindest die Möglichkeit der Einsicht eingeräumt werden.[282] Darüber hinaus verstößt ein reines „Durchstellen" der wichtigsten Bestimmungen des Generalunternehmervertrages auf den Subunternehmervertrag (z.B. das „Durchstellen" einer Vertragsstrafe)[283] in der Regel gegen § 307 Abs. 2 Nr. 1 BGB.[284]

Ein Generalunternehmer kann in seinen AGB die Fälligkeit des Werklohns seines Subunternehmers auch nicht an die Zahlung seines Auftraggebers koppeln, weil der Subunternehmer die Zahlung des Hauptauftraggebers (Auftraggeber des Generalunternehmers) in keiner Weise beeinflussen kann.[285]

---

Geltendmachung von Gewährleistungsansprüchen für Vergangenheit und Zukunft verzichtet hat); ferner: OLG Koblenz, BauR 1997, 1054 = NJW-RR 1998, 453 (keine Gewährleistungsansprüche des Generalunternehmers gegen seinen Subunternehmer, wenn der Subunternehmer alle Mängel durch Zahlung an den Bauherrn abgegolten hat und dies nach der Absprache des Subunternehmers mit dem Bauherrn auch im Verhältnis zum Generalunternehmer gelten soll).

277) Vgl. hierzu vor allem *Graf von Westphalen*, Festschrift für Locher, S. 375 ff., der den „Kooperationsgedanken komplexer Langzeitverträge" in den Vordergrund seiner Überlegungen stellt und unter diesem Gesichtspunkt zu dem Ergebnis kommt, dass bestimmte Parallelschaltungen nicht an § 9 Abs. 2 Nr. 1 AGB-Gesetz scheitern dürfen. Siehe auch *Grauvogl*, Festschrift für Kraus, 55; *Knacke*, Schriftenreihe der Dt. Gesellschaft für Baurecht, Bd. 19, 86 ff.; *Hofmann*, ebenda, 66 ff.; *Medicus*, ebenda, 76 ff.; *Schlünder*, NJW 1995, 1057 ff.; *Schuhmann*, BauR 1998, 228.
278) Vgl. *Korbion/Locher*, Rdn. K 257 f.; *Graf von Westphalen*, a. a. O., 375, 386.
279) Grundlegend: BGHZ 107, 75 = BauR 1989, 322 – vgl. hierzu Rdn. **1361**; OLG Düsseldorf, BauR 1995, 111; *Graf von Westphalen*, a. a. O., 375, 388; *Korbion/Locher*, Rdn. K 250.
280) Vgl. OLG Düsseldorf, BauR 1995, 111 (Verlängerung der Gewährleistungsfrist in einem VOB-Subunternehmervertrag auf zwei Jahre und vier Wochen ist zulässig) sowie *Motzke* in Graf von Westphalen, AGB-Klauselwerke/Subunternehmervertrag, Rdn. 158 ff.
281) Vgl. hierzu *Ramming*, BB 1994/518, 523; ferner BGH, BauR 1995, 234 und NJW-RR 2004, 1498 (auch in AGB zulässig).
282) *Korbion/Locher*, Rdn. K 243; ebenso: *Motzke* in Graf von Westphalen, AGB-Klauselwerke/Subunternehmervertrag, Rdn. 75 ff.
283) Offen gelassen von OLG Dresden, NJW-RR 1997, 83.
284) Siehe *Locher*, NJW 1979, 2235; *Graf von Westphalen*, a. a. O., mit einer Übersicht über den Meinungsstand; *Korbion/Locher*, Rdn. K 241 ff.; *Vetter*, RIW 1986, 81; *Nicklisch*, NJW 1985, 2631; *Staudinger/Peters*, § 631 BGB, Rdn. 38.
285) OLG Koblenz, IBR 2004, 560.

*Hickl*[286]) ist in diesem Zusammenhang der Auffassung, dass das Vertragsverhältnis Generalunternehmer/Nachunternehmer von dem allgemeinen Prinzip der Kooperation beherrscht wird, weil beide Vertragspartner ein gemeinsames Ziel haben, nämlich die ordnungsgemäße Ausführung der Bauleistung; er verweist insoweit auf die Rechtsprechung des BGH.[287]) Aus diesem Kooperationsverhältnis begründet er eine Pflicht zur Rücksichtnahme, gegenseitige Information und Mitwirkung bei der gemeinsamen Zielsetzung.

**1059** Zur Haftung des Nachunternehmers gegenüber dem Generalunternehmer für Baumängel hat der **BGH**[288]) im Übrigen hinsichtlich der Frage einer etwaigen **Rückgriffshaftung** und eines **Gesamtschuldverhältnisses** Folgendes ausgeführt:

„Der Vertrag des General- oder Hauptunternehmers mit dem Nachunternehmer ist ein selbstständiger Bauleistungsvertrag, aus dem sich die gegenseitigen Rechte und Pflichten unabhängig davon ergeben, welche Ansprüche der Bauherr oder andere Baubeteiligte gegen den Hauptunternehmer besitzen und in welchem Umfang sie davon Gebrauch machen. Die Haftung des Hauptunternehmers schlägt nicht ohne weiteres auf sein Vertragsverhältnis zu dem Nachunternehmer durch. Hier sehen weder das Auftragsschreiben noch die Vertragsanlagen eine über die Gewährleistung hinausgehende **Rückgriffshaftung** des Nachunternehmers in dem Sinne vor, dass er für Zahlungsverpflichtungen der Generalunternehmerin einstehen müsste, sofern er den Verpflichtungsgrund letztlich zu vertreten hat. Ein solches Rückgriffsrecht der Generalunternehmerin kann auch nicht aus einer allgemeinen Haftung für positive Vertragsverletzung hergeleitet werden. Führt die Verletzung vertraglicher Prüfungs- und Hinweispflichten zunächst zu nichts anderem als einem Werkmangel, so kommt ... eine Haftung des Nachunternehmers allein aus Gewährleistung in Betracht (vgl. §§ 4 Nr. 3, 13 Nr. 3 VOB/B), nicht aber darüber hinaus etwa für die Vernachlässigung der allgemeinen Pflicht, den Vertragspartner vor Schaden zu bewahren ...

Der Hauptunternehmer hat zwar das Verschulden des Nachunternehmers als seines Erfüllungsgehilfen zu vertreten, jedoch sind beide für ihre Gewährleistung **nicht Gesamtschuldner** des Bauherrn oder anderer Baubeteiligter. Der Nachunternehmer schuldet seine Leistung allein dem Hauptunternehmer, nicht dem Bauherrn, sodass die Voraussetzungen des § 421 BGB nicht erfüllt sind."

Nach Auffassung des BGH[289]) muss ein Auftraggeber „vernünftigerweise" nicht damit rechnen, dass der **Generalunternehmer** sich eine **Vollmacht** erteilen lässt, nach der er die von ihm geschuldete Leistung im Namen seines Auftraggebers vergibt. Daher ist eine entsprechende Vollmachtsklausel zu Gunsten eines Generalunternehmers in einem Vertrag über die Errichtung eines schlüsselfertigen Hauses für den Auftraggeber gemäß § 305 c BGB unwirksam.

**1060** Vom Subunternehmer ist der so genannte **Nebenunternehmer** zu trennen; dieser tritt neben dem Generalunternehmer (Hauptunternehmer) in eine unmittelbare rechtliche Beziehung zu dem Bauherrn. Nebenunternehmer sind solche Auftragnehmer, die unter Leitung des Hauptunternehmers Teile des Auftrags selbst erstellen, dabei jedoch unmittelbar mit dem Bauherrn vertraglich verbunden sind. Der Hauptunternehmer, der als Beauftragter dem Bauherrn in der Regel den Nebenunternehmer namens des Bauherrn beauftragt, übt insoweit eine Doppelfunktion aus: Er ist unmit-

---

286) Festschrift für Jagenburg, S. 279, 288.
287) BauR 2000, 409, 410.
288) BGH, BauR 1981, 383 = DB 1981, 1924 = WM 1981, 773.
289) BauR 2002, 1544 = NJW-RR 2002, 1312 = NZBau 2002, 561 = MDR 2002, 1116 (zu § 3 AGB-Gesetz).

## Unternehmereinsatzformen

telbarer Vertragspartner des Bauherrn und erbringt ihm gegenüber eine Bauleistung; gegenüber dem Nebenunternehmer ist er Aufsichtspflichtiger, wenn er dessen Leistungen überwachen muss.[290]

Eine besondere Unternehmereinsatzform ist auch die **Arge** im Bauwesen. Arbeitsgemeinschaften werden nicht nur von Architekten, sondern vor allem von größeren Bauunternehmen abgeschlossen.[291] Der **Arge-Vertrag** ist i. d. R. aus Zweckmäßigkeitsgründen ein kurzlebiger Vertrag, bei dem sich die Baubeteiligten versprechen, gemeinschaftlich übernommene Aufgaben in der vorgesehenen Bauzeit zu erfüllen.[292]

**1061**

In aller Regel stellen in der Baubranche gegründete Arbeitsgemeinschaften Gesellschaften bürgerlichen Rechts dar, auf die die §§ 705 ff. BGB anzuwenden sind.[293] Dabei ist für den Bauprozess von besonderer Bedeutung, dass die **Arbeitsgemeinschaften** nunmehr aufgrund der Rechtsprechung des **BGH**[294] nunmehr als (Außen-)Gesellschaft **Rechtsfähigkeit** besitzen, soweit sie am Rechtsverkehr eigene Rechte und Pflichten begründen. In diesem Rahmen sind nunmehr auch in einem Zivilprozess **aktiv** und **passiv parteifähig**. Das bedeutet wiederum, dass die Arge, aber auch die einzelnen Gesellschafter verklagt werden können, was klar gestellt werden muss. Erfolgt insoweit keine Klarstellung durch den Kläger, hat das Gericht gemäß § 139 ZPO darauf hinzuwirken.

**1062**

Von der Arge ist das **Leiharbeitsverhältnis** (Arbeitnehmerüberlassung)[295] zu unterscheiden, bei dem ein Unternehmer einem anderen für die Durchführung eines Bauauftrages Arbeitskräfte zur Verfügung stellt.[296] Im Rahmen eines Leiharbeitsverhältnisses trägt der Auftraggeber allein die Verantwortung für die Durchführung der Arbeiten; darüber hinaus haben die zur Verfügung gestellten Arbeitnehmer ihre Arbeitsleistung ausschließlich nach den Weisungen des Auftraggebers zu erbrin-

**1063**

---

290) Vgl. im Einzelnen: *Hochstein/Jagenburg*, ARGE, S. 5 m. Nachw. und *Ingenstau/Korbion*, Anhang 3, Rdn. 186 ff. sowie Rdn. 252 ff.
291) Vgl. dazu *Zerhusen/Nieberding*, BauR 2006, 296; *Messerschmidt/Thierau*, NZBau 2007, 129 u. 205; *Krause-Allenstein*, BauR 2007, 617; *Vygen*, Rdn. 15 ff.; *Kornblum*, ZfBR 1992, 9; *Clasen*, BlGWB 1973, 41 ff.; *Hochstein/Jagenburg*, ARGE 1974; *Fahrenschon/Brodbeck/Burchardt/Kappert/Rehm/Renauer*, ARGE-Kommentar, 2. Auflage 1982, Ergänzungsband 1990. Zur Abgrenzung einer zwischen Bauunternehmen bestehenden Arbeitsgemeinschaft von einem vertraglichen Subunternehmerverhältnis: BGH, ZfBR 1998, 194.
292) Vgl. näher *Joussen*, Festschrift für Kraus, S. 73 und BauR 1999, 1063; *Ingenstau/Korbion*, Anhang 3, Rdn. 7 ff.; *Hochstein/Jagenburg*, ARGE 1974; *Heiermann/Riedl/Rusam*, Einf. zu § 8/A, Rdn. 24 ff.
293) BGH, NJW 1975, 750 = BB 1975, 273. Vgl. hierzu auch: OLG Dresden, BauR 2002, 1414; *Kornblum*, ZfBR 1992, 9 ff. Zum **Abfindungsanspruch** bei der Auseinandersetzung einer Architekten-Arge: BGH, BauR 1999, 1471.
294) BGH, BauR 2001, 775 = NJW 2001, 1056; s. hierzu: *Jauernig*, NJW 2001, 2231; *Schmidt*, NJW 2001, 993; *Timme/Hülk*, JuS 2001, 536. Zur Rechts- und Parteifähigkeit einer holländischen Gesellschaft nach Verlegung ihres Verwaltungssitzes: BGH, BauR 2000, 1222 (Vorlagebeschluss); s. ferner: BGH, NJW 2002, 1207.
295) Zur Abgrenzung zwischen Werkvertrag und Leiharbeitsverhältnis vgl. OLG Hamm, BauR 2003, 1747. Vgl. ferner OLG Celle, BauR 2004, 1010.
296) Vgl. hierzu BGH, NJW 2002, 3317 sowie NZBau 2003, 275; ferner OLG Karlsruhe, BauR 2003, 737; ferner *Ingenstau/Korbion*, Anhang 3, Rdn. 121 ff.

gen.297) Vertragliche Beziehungen bestehen in einem solchen Fall nur zwischen dem Bauherrn und dem Unternehmer, dem der Bauauftrag erteilt wurde, nicht dagegen zu dem Unternehmer, der die Leiharbeiter zur Verfügung stellt.

Zur sogenannten **Durchgriffsfälligkeit** siehe Rdn. 1338, zur **Pay-when-paid-Klausel** Rdn. 1126.

### 7. Die Auftragsvergabe durch den Architekten

*Literatur*
*Brandt*, Die Vollmacht des Architekten zur Abnahme von Unternehmerleistungen, BauR 1972, 69; *Schmalzl*, Zur Vollmacht des Architekten, MDR 1977, 633; *Jagenburg*, Die Vollmacht des Architekten, BauR 1978, 180; *Kaiser*, Der Umfang der Architektenvollmacht, ZfBR 1980, 263; *von Craushaar*, Die Vollmacht des Architekten zur Anordnung und Vergabe von Zusatzarbeiten, BauR 1982, 421; *Wilhelm*, Die Architektenvollmacht im Licht der österreichischen Rechtsprechung, ZfBR 1983, 8 u. 56; *Beigel*, Ersatzansprüche des vollmachtlos handelnden Architekten gegen den Bauherrn, BauR 1985, 40; *Meissner*, Vertretung und Vollmacht in den Rechtsbeziehungen der am Bau Beteiligten, BauR 1987, 497; *Quack*, Die „originäre" Vollmacht des Architekten, BauR 1995, 441; *Pauly*, Zur Frage des Umfangs der Architektenvollmacht, BauR 1998, 1143; *Keldungs*, Die Vollmacht des Architekten zur Vergabe von Zusatzaufträgen, Festschrift für Vygen (1999), 208; *Dören*, Die Erteilung von Aufträgen durch den bauleitenden Architekten und die Rechtsfolgen bei fehlender Architektenvollmacht, Jahrbuch Baurecht 2003, 131; *Neuhaus*, Die Vollmacht des Architekten, BrBp 2004, 54; *Neuhaus*, Die Vollmacht des Bauleiters, BrBp 2004, 188.

**1064** Vielfach werden im Rahmen eines Bauvorhabens nicht vom Bauherrn unmittelbar, sondern über den Architekten Aufträge an die Bauhandwerker erteilt. Die Auftragnehmer können sich in diesen Fällen wegen eines Werklohnanspruchs nur dann an den Bauherrn wenden, wenn

* der Architekt vom Bauherrn entsprechend **bevollmächtigt** war und
* der Architekt erkennbar **für den Bauherrn aufgetreten** ist, wobei dies nicht ausdrücklich der Fall zu sein braucht, sondern sich auch aus den Umständen des Einzelfalles ergeben kann.298)

**1065** Die Bevollmächtigung des Architekten durch den Bauherrn kann **ausdrücklich** oder **stillschweigend**299) erfolgen. Es gelten die allgemeinen bürgerlich-rechtlichen Vorschriften. In aller Regel wird bei Rechtsgeschäften, die der Architekt mit Bauhandwerkern abschließt, davon auszugehen sein, dass er für den Bauherrn tätig wird.300) Die Beweislast für die Vollmacht und das „erkennbare Hervortreten" des Vertretungswillens trifft grundsätzlich den Architekten.

**1066** Bei der Frage, ob der Architekt **für den Bauherrn** oder **im eigenen Namen** tätig wird, ist vom **objektiven Erklärungswert** auszugehen. Nach Auffassung des BGH ist von Bedeutung, „wie sich die Erklärung nach Treu und Glauben mit Rücksicht auf die Verkehrssitte für einen objektiven Betrachter in der Lage des Erklärungsgegners darstellt; dabei sind die gesamten Umstände des Einzelfalles zu berücksichtigen,

---

297) OLG Karlsruhe, BauR 2003, 737.
298) BGH, BauR 2007, 574; *SFH*, Nr. 5 zu § 164 BGB; OLG Hamburg, *Schäfer/Finnern*, Z 3.01 Bl. 389; OLG Köln, BauR 1986, 717 u. OLGR 1999, 338.
299) Vgl. hierzu OLG Düsseldorf, BauR 1995, 257.
300) *MünchKomm-Thiele*, § 164 BGB, Rdn. 25; BGH, *Schäfer/Finnern*, Z 2.13 Bl. 30; OLG Hamburg, *Schäfer/Finnern*, Z 3.01 Bl. 389.

## Die Auftragsvergabe durch den Architekten  Rdn. 1067–1068

insbesondere die dem Rechtsverhältnis zu Grunde liegenden Lebensverhältnisse, die Interessenlage, der Geschäftsbereich, dem der Erklärungsgegenstand zugehört, und die typische Verhaltensweise".[301] Zum Teil wird die Auffassung vertreten, dass ein Architekt grundsätzlich – im Gegensatz zu den Bauträgern – berufsspezifisch für seinen Auftraggeber (Bauherr) tätig wird, sodass eine Vermutung für ein Handeln in seinem Namen spricht.[302] Der BGH[303] hat jedoch zwischenzeitlich klargestellt: Erteilt ein Architekt unter Angabe der Berufsbezeichnung ohne Vertretungszusatz einen Bauauftrag, lässt dies nicht ohne weiteres auf eine Vertreterstellung des Architekten schließen. In diesem Zusammenhang weist der BGH auch darauf hin, dass bei der Auslegung eines Rechtsgeschäfts das nachträgliche Verhalten der Partei nur in der Weise berücksichtigt werden kann, dass es Rückschlüsse auf ihren tatsächlichen Willen und ihr tatsächliches Verständnis im Zeitpunkt der Abgabe der Erklärung zulassen kann.

Das gilt nicht, wenn sich aus dem einzelnen Auftragsverhältnis unter Berücksichtigung aller Umstände etwas anderes ergeben kann: So handelt der Architekt im Zweifel im **eigenen** Namen, wenn er einen Unternehmer mit der Beseitigung von Mängeln beauftragt, die möglicherweise auf eigene Planungs- und/oder Bauaufsichtsfehler zurückzuführen sind.[304] Beauftragt ein Architekt einen **Statiker** (Tragwerksplaner), kommt eine Beauftragung im eigenen oder im Namen des Bauherrn in Betracht; da ein Statiker jedoch auch als „Subunternehmer" des Architekten tätig werden kann, ist eine Vergabe der Tragwerksplanung durch den Architekten im eigenen Namen nicht ungewöhnlich.[305] Es ist daher mit dem OLG Köln[306] durchaus zweifelhaft, ob es eine Regel dafür gibt, dass bei Einschaltung eines Architekten vertragliche Beziehungen unmittelbar zwischen dem Bauherrn und dem Statiker hergestellt werden müssen. Das gilt auch für den Fall, dass es sich um die statische Berechnung eines größeren Bauvorhabens handelt. Im Übrigen bleibt es bei der grundsätzlichen Regelung des § 164 Abs. 2 BGB. **1067**

Ist dem Architekten keine Vollmacht erteilt worden, haftet er dem Auftragnehmer grundsätzlich als **vollmachtloser Vertreter** aus § 179 BGB.[307] Das ist anders, wenn der **Auftragnehmer** den Mangel der Architektenvollmacht kannte oder kennen musste (§ 179 Abs. 3 BGB).[308] Dabei trifft den Auftragnehmer in aller Regel **keine Nachforschungs- oder Erkundigungspflicht**.[309] Über die Vollmacht des Architekten hat sich der Auftragnehmer nur dann zu vergewissern, wenn sich ihm begründete **1068**

---

301) BauR 1988, 215 = NJW-RR 1988, 575 = MDR 1988, 572.
302) OLG Brandenburg, BauR 2002, 476 = NJW-RR 2002, 1099; OLG Köln, BauR 1996, 254 = NJW-RR 1996, 212 = OLGR 1996, 26; LG Stuttgart, CR 1993, 695; LG Lüneburg, BauR 1999, 936; ebenso Vorauflagen.
303) BauR 2007, 574 = IBR 2007, 199 – *Schwenker*.
304) OLG Hamm, BauR 1987, 468 = NJW-RR 1986, 1400.
305) OLG Köln, BauR 1986, 717.
306) A. a. O.
307) Vgl. im Einzelnen *von Craushaar*, BauR 1982, 421, 428 m. w. Nachw. Zur **Haftung** eines „Untervertreters" nach § 179 BGB vgl. OLG Köln, BauR 1996, 254 = NJW-RR 1996, 212 = OLGR 1996, 26.
308) Vgl. hierzu BGH, NJW 2000, 1407, 1408 m. w. Nachw.; Saarländisches OLG, OLGR 2000, 545; OLG Düsseldorf, NJW-RR 1995, 113 = OLGR 1995, 17.
309) BGH, DB 1985, 432, 433; OLG Celle, BauR 1997, 174 (LS) = OLGR 1996, 171; *von Craushaar*, BauR 1982, 421, 429 m. w. Nachw.; auch LG Bochum, BauR 1990, 636 = NJW-RR 1989, 1365.

Zweifel aufdrängen oder aufdrängen mussten.³¹⁰⁾ Dies hat das OLG Düsseldorf³¹¹⁾ für den Fall bejaht, bei dem der Hauptauftrag vom Bauherrn selbst erteilt und in den Vertragsbedingungen ausdrücklich festgelegt worden war, dass die Nachtrags- und Zusatzleistungen nur schriftlich durch den Bauherrn selbst beauftragt werden können.

**1069** Die Regelung des § 179 Abs. 1 BGB gilt entsprechend auch für die Fälle, in denen der Vertretene (z. B. eine Bauherrengemeinschaft) nicht existiert.³¹²⁾ Beauftragt der **Architekt** den Bauunternehmer mit der Beseitigung eines **Baumangels**, den er irrtümlich auf einen Planungsfehler zurückführt, so handelt er zwar im eigenen Namen. Er haftet jedoch nicht für den Werklohn, wenn sich herausstellt, dass es sich in Wahrheit um einen Fehler bei der Bauausführung handelt, zu dessen Beseitigung der Unternehmer dem Bauherrn gegenüber verpflichtet war, weil der Architekt dem Bauunternehmer einredeweise einen Gegenanspruch in gleicher Höhe aus § 812 BGB entgegenhalten kann (§ 242 BGB).³¹³⁾

**1070** Dem Architekten stehen sämtliche Rechte aus dem Vertrag (z. B. das Leistungs- verweigerungsrecht wegen bestehender Mängel, die Einrede der vorbehaltlosen Annahme der Schlusszahlung gemäß § 16 Nr. 3 Abs. 2 VOB/B) zu, wenn er als voll- machtloser Vertreter gemäß § 179 BGB auf Erfüllung in Anspruch genommen wird.³¹⁴⁾ Weigert sich der Architekt, dem Auftragnehmer den Namen der vertretenen Person zu nennen, haftet er ebenfalls auf Erfüllung oder Schadensersatz.³¹⁵⁾

**1071** Die Haftung des Architekten entfällt, wenn er nachweisen kann, dass der Unter- nehmer den Bauherrn mit Erfolg nach den Grundsätzen über die **Anscheins- und Duldungsvollmacht** in Anspruch nehmen kann (vgl. Rdn. 1084 ff.); die Bindungs- wirkung einer Vollmacht kraft Rechtsschein steht der einer rechtsgeschäftlich erteil- ten Vollmacht gleich.³¹⁶⁾ Neben dem Anspruch aus § 179 BGB gegen den Architekten kommt u. U. ein Anspruch gegen den Bauherrn aus ungerechtfertigter Bereicherung (§ 812 BGB), aus Geschäftsführung ohne Auftrag (§§ 683, 670 BGB), aus Verschul- den bei Vertragsschluss (§ 311 BGB) oder positiver Vertragsverletzung bzw. Pflicht- verletzung nach §§ 280 Abs. 1, 3, 281 BGB in Betracht.³¹⁷⁾

Nimmt der Auftragnehmer den Architekten aus § 179 BGB erfolgreich in Anspruch, kann er im Einzelfall Regress beim Bauherrn unter dem Gesichtspunkt dieser positiven Vertragsverletzung bzw. Pflichtverletzung nach neuem Recht neh- men, wenn dieser seinen Schutz-, Fürsorge- und Aufklärungspflichten gegenüber

---

310) BGH, a. a. O. u. NJW-RR 1987, 307; OLG Düsseldorf, BauR 1985, 339 = *SFH*, Nr. 32 zu 5 16 Nr. 3 VOB/B; siehe auch LG Bochum, NJW-RR 1989, 1365, für den Fall einer wesentlichen Vertragsänderung sowie OLG Frankfurt, *SFH*, Nr. 6 zu § 179 BGB m. Anm. *Hochstein*.
311) OLG Düsseldorf, BauR 1985, 339; OLG Frankfurt, *SFH*, Nr. 6 zu § 179 BGB.
312) OLG Köln, NJW-RR 1987, 1375; OLG Hamm, NJW-RR 1987, 633.
313) OLG Hamm, BauR 1987, 468 = NJW-RR 1986, 1440 = MDR 1986, 585.
314) OLG Düsseldorf, BauR 1985, 339.
315) OLG Düsseldorf, MDR 1974, 843; vgl. auch OLG Frankfurt, NJW-RR 1987, 914 (für den bevollmächtigten Treuhänder einer Bauherrengemeinschaft).
316) BGH, NJW 1983, 1308 = BauR 1983, 253 = ZfBR 1983, 120 m. Anm. *Baumgärtel;* OLG Hamm, BauR 1971, 138; hierzu und allgemein zum Verhältnis Anscheinsvollmacht und Haf- tung des Vertreters ohne Vertretungsmacht: *Crezelius*, ZIP 1984, 791 u. *Hermann*, NJW 1984, 471.
317) OLG Köln, BauR 1993, 243, 244; OLG Hamm, MDR 1975, 488; *von Craushaar*, BauR 1982, 421, 427 ff.; *Beigel*, BauR 1985, 40 ff.

### Die Auftragsvergabe durch den Architekten   Rdn. 1072–1073

dem vollmachtlos handelnden Architekten nicht nachkommt: Der BGH[318] hat einen solchen Schadensersatzanspruch des Architekten gegen seinen Bauherrn in einem Fall bejaht, in dem ein Architekt in der irrigen Annahme seiner Bevollmächtigung einen Unternehmer mit Bauarbeiten beauftragt hatte und der Bauherr gegen die Durchführung der Arbeiten nichts unternahm. Der BGH ist zu Recht der Auffassung, dass der Bauherr in einem solchen Fall verpflichtet ist, den Architekten auf die Unwirksamkeit des Bauvertrages hinzuweisen, sobald er dies erkennt oder sich der Kenntnis bewusst verschließt, um damit die Verpflichtung des Architekten aus § 179 BGB gering zu halten. Der BGH begründet dies damit, dass nach der Lebenserfahrung ein vollmachtlos handelnder Architekt aufgrund eines solchen Hinweises den Unternehmer von seiner fehlenden Vollmacht unverzüglich unterrichten wird, damit dieser seine Arbeiten einstellen und eine einvernehmliche Lösung mit dem Bauherrn finden kann.

Nach OLG Stuttgart[319] ist es einem Auftraggeber nach § 242 BGB verwehrt, sich auf die fehlende Vollmacht des Architekten zu berufen, wenn er weiß, dass der Unternehmer im Vertrauen auf einen (vom Architekten unwirksam erteilten) Auftrag die Arbeiten ausführt und er dem nicht widerspricht.

Wird in **Allgemeinen Geschäftsbedingungen** eines Bauträgers darauf hingewiesen, dass der Bauleiter nicht befugt ist, für den Auftraggeber Änderungen, Erweiterungen und Ergänzungen des Auftrages gemäß § 1 Abs. 3 und 4 VOB/B anzuordnen, verstößt eine solche Regelung nicht gegen die §§ 305 ff. BGB.[320] Aus diesem Grund ist eine vorgedruckte Klausel, die von dem Auftraggeber verwendet wird, nicht zu beanstanden, wonach der Architekt Vertreter des Bauherrn ist und zu Vertragsänderungen, insbesondere zur Vergabe von Zusatzleistungen und Stundenlohnarbeiten, nicht berechtigt ist.[321]

#### a) Originäre Vollmacht des Architekten

**1072** Grundsätzlich ist davon auszugehen, dass der Architekt **nicht originär bevollmächtigt** ist, den **Bauherrn in vollem Umfang zu vertreten**:[322] Aus der reinen Tatsache, dass ein Architekt im Rahmen eines Bauvorhabens bestellt wurde, kann noch nicht auf eine weit reichende Vollmachtserteilung geschlossen werden.[323]

**1073** Der BGH[324] hat jedoch in einer viel zitierten Entscheidung – zur Zeit der Geltung der GOA – darauf hingewiesen, dass „der Bauherr dem Architekten, dem er die technische und geschäftliche Oberleitung sowie die Bauführung überträgt, damit zugleich **in gewissem Umfange** auch die Befug-

---

318) BauR 2001, 1412 = NZBau 2001, 571 = ZfBR 2001, 455 = NJW 2001, 3184.
319) IBR 2004, 407 – *Schulze-Hagen*.
320) BGH, BauR 1994, 760 = ZfBR 1995, 15 = NJW-RR 1995, 80; *Quack*, BauR 1995, 441, 442.
321) OLG Düsseldorf, NJW-RR 1996, 1485 = BauR 1997, 337.
322) OLG Düsseldorf, BauR 2000, 1878 u. NJW-RR 1996, 1485 = BauR 1997, 337; kritisch zum Begriff der „originären" Vollmacht: *Quack*, BauR 1995, 441 ff. sowie *Schmidt* in Korbion, Baurecht, Teil 10, Rdn. 39.
323) OLG Düsseldorf, BauR 2000, 891 = OLGR 2000, 156; OLG Naumburg, NZBau 2000, 143 = MDR 1999, 1319 = OLGR 1999, 305; OLG Köln, NJW-RR 1992, 915; OLG Stuttgart, BauR 1972, 317 u. 1974, 423; vgl. ferner *Brandt*, BauR 1972, 69; *von Craushaar*, BauR 1982, 421, 426 sowie BGH, *Schäfer/Finnern*, Z 2.222 Bl. 1.
324) NJW 1960, 859; BB 1963, 111; ähnlich: OLG Stuttgart, NJW 1966, 1461 u. BauR 1972, 317; KG, *Schäfer/Finnern*, Z 2.412 Bl. 16, 17; *Locher*, Rdn. 320.

nis erteilt, ihn den Bauhandwerkern gegenüber **zu vertreten**". Ist der Umfang der Architektenvollmacht – wie in aller Regel – nicht ausdrücklich festgelegt, soll sich diese nach Treu und Glauben und der Verkehrssitte (§§ 157, 242 BGB) richten;[325)] so soll bei Übertragung der Oberleitung und der Bauführung „die Vollmacht die **Vergabe einzelner Bauleistungen**, die **Erteilung von Weisungen**, die **Rüge von Mängeln** und die **Abnahme** geleisteter Arbeiten ohne weiteres umfassen".[326)] Folgt man dieser Rechtsprechung des BGH, so hat Entsprechendes bei Übertragung der Objektüberwachung auf den Architekten zu gelten.

**1074** Der BGH hat die vorgenannten Grundsätze dann 1975[327)] und vor allem 1978[328)] auch für den Fall bestätigt, dass mit einem Unternehmer ein Pauschalwerklohn vereinbart war und vom Architekten namens des Bauherrn Zusatzaufträge vergeben wurden; er hat seine Auffassung jedoch ausdrücklich auf „**im Verhältnis zu den Gesamtleistungen geringfügige Zusatzaufträge**" beschränkt. Verschiedene Instanzgerichte[329)] sind dem BGH gefolgt.

Inzwischen mehren sich gewichtige Stimmen in der Literatur[330)] und Rechtsprechung[331)], die eine originäre Vollmacht des Architekten im Sinne einer rechtsgeschäftlichen Mindestvollmacht zu Recht verneinen. Deshalb ist zweifelhaft, ob der BGH heute noch an seiner bisherigen Rechtsprechung festhalten wird.

**1075** **Rechtsdogmatisch** lässt sich die **originäre Vollmacht**, wie sie vom BGH in den beiden vorgenannten Entscheidungen offensichtlich verstanden wird, **nicht begründen**.[332)] Als solche wäre sie auch – weil vom Willen der Vertragsparteien unabhängig – weder widerruflich noch beschränkbar. Neben diesen rechtsdogmatischen Bedenken

---

325) Ähnlich: OLG Koblenz, *Schäfer/Finnern*, Z 3.002 Bl. 2.
326) BGH, NJW 1960, 859; vgl. hierzu auch *Jagenburg*, BauR 1978, 180, 181 u. *von Craushaar*, BauR 1982, 421, 423.
327) BauR 1975, 358.
328) BauR 1978, 314, 316 = NJW 1978, 1631; vgl. hierzu *Pauly*, BauR 1998, 1143, 1146.
329) Vgl. z. B. OLG Köln, BauR 1986, 443; OLG Düsseldorf, BauR 1998, 1023, das den Architekten für zusätzliche Arbeiten als beauftragt ansieht, sofern diese „zur mangelfreien Errichtung des geplanten Bauwerks zwingend erforderlich" sind; ferner: OLG Düsseldorf, BauR 2000, 1198 u. 891, 892 (keine Vollmacht für Änderungsaufträge verbunden mit erheblichen Kostensteigerungen); OLG Stuttgart, BauR 1994, 789; OLG Celle, OLGR 1996, 171 = BauR 1997, 174 (LS) (keine Vollmacht für Zusatzaufträge oder Änderungsaufträge, die zu fühlbaren Kostensteigerungen führen); grundsätzlich zustimmend *Locher/Koeble/Frik*, Einl., Rdn. 53; *Korbion* in Korbion/Mantscheff/Vygen, § 15 HOAI, Rdn. 30 (keine „fühlbare Preiserhöhung"); unklar *Jagenburg/Sieber/Mantscheff*, M, Rdn. 54 u. 58, die zwar die Existenz einer originären Vollmacht im rechtsgeschäftlichen Sinn verneinen (Rdn. 54), dann aber doch von einer Vollmacht des Architekten hinsichtlich kleinerer Aufträge ausgehen (Rdn. 58); *v. Craushaar*, BauR 1982, 421, vertritt die Ansicht, dass eine Vollmacht des Architekten stets dort anzunehmen sei, wo die Zusatzarbeiten für die mangelfreie Erstellung des Bauwerks zwingend erforderlich sind; zum Meinungsstand: *Pauly*, BauR 1998, 1143.
330) *Quack*, BauR 1995, 441, 442; *Jagenburg/Sieber/Mantscheff*, M, Rdn. 54; *Kessel/Krüger* in Freiberger Handbuch, § 3 Rdn. 41; kritisch auch: *Motzke/Wolff*, S. 27 u. 454 sowie *Löffelmann/Fleischmann*, Rdn. 372 n; *Quack/Thode*, Gestaltung von Architektenverträgen, 2001, Seminar Deutsche Anwaltsakademie, S. 24; *Kniffka/Koeble*, 6. Teil, Rdn. 78.
331) OLG Saarbrücken, NJW-RR 1999, 668 (Vollmacht des Architekten beschränkt sich auf die mit der Erfüllung seiner Aufgaben notwendig verbundenen Maßnahmen und umfasst damit nicht – insbesondere bei Pauschalpreisverträgen – die Erteilung von Zusatzaufträgen) = MDR 1999, 863 = OLGR 1999, 122; OLG Naumburg, NZBau 2000, 143; vgl. auch OLG Düsseldorf, BauR 2000, 891; OLG Celle, OLGR 1996, 171 = BauR 1997, 174 (LS).
332) Zutreffend: *Kessel/Krüger* in: Freiberger Handbuch, § 3 Rdn. 41 u. *Dören*, Jahrbuch Baurecht 2003, 131, 135.

bringt diese Ausweitung der originären Vollmacht auf rechtsgeschäftliche Erklärungen des Architekten, insbesondere auf die Vergabe von Zusatzaufträgen kleineren Umfangs, eine erhebliche Rechtsunsicherheit mit sich, weil der Umfang einer solchen Vollmacht kaum abzugrenzen ist. Das kann insbesondere nicht in Prozentsätzen in Bezug auf das gesamte Bauvolumen oder den Hauptauftrag erfolgen, wie es das OLG Hamburg[333)] aber vorschlägt; danach sind Zusatzaufträge kleineren Umfangs anzunehmen, „wenn das Volumen der einzelnen Zusatzaufträge jeweils unter 5% und das Gesamtvolumen aller Zusatzaufträge unter 10% der ursprünglichen Auftragssumme liegen". Ähnlich hat sich Pauly[334)] geäußert. Bei größeren Bauvorhaben in €-Millionenhöhe kann dies zu Auftragsvolumina für Zusatzaufträge führen, die mit den Kosten eines Einfamilienhauses vergleichbar sind. Eine prozentuale Begrenzung wirft ferner eine weitere Frage auf: Sollen die zunächst erteilten Zusatzaufträge wirksam sein, wenn die Prozentgrenze erst beim letzten Zusatzauftrag überschritten wird, oder tritt dann Unwirksamkeit aller erteilten Zusatzaufträge wegen fehlender Vollmacht des Architekten ein? Daran wird deutlich, dass eine Prozentgrenze kein Maßstab sein kann.

Schließlich besteht auch **kein Bedarf für eine derartige Mindestvollmacht** im rechtsgeschäftlichen Bereich, zumal damit auch erhebliche Rechtsverluste oder -verpflichtungen für den Bauherrn verbunden sind. Bei dringend gebotenen Arbeiten, die der Architekt ohne ausdrückliche oder konkludente Vollmacht in Auftrag gibt,[335)] oder bei Gefahr in Verzug, wird man stets auf die Grundsätze der Geschäftsführung ohne Auftrag[336)] zurückgreifen und so zu befriedigenden Ergebnissen kommen können.[337)] In anderen Fällen ist stets zu prüfen, ob ein entsprechender Auftrag jedenfalls von einer Duldungs- oder Anscheinsvollmacht[338)] oder einer konkludenten Vollmacht des Architekten gedeckt ist.

Die so genannte originäre Vollmacht des Architekten wird man daher nur im **Bereich der tatsächlichen und insbesondere technischen Feststellungen**[339)] durch den Architekten annehmen können. Da die HOAI reines Preisrecht darstellt (vgl. Rdn. 600), lässt sich aus den Bestimmungen der HOAI – insbesondere § 15 Abs. 2 Nr. 6, 7 und 8 HOAI – nichts Gegenteiliges entnehmen.

1076

---

333) OLGR 2001, 281 = IBR 2001, 491.
334) BauR 1998, 1143, 1147/8 (Zusatzarbeiten bis zu höchstens 10% der Auftragssumme).
335) Vgl. OLG Düsseldorf, BauR 1998, 1023 (zwingend erforderliche Arbeiten im Hinblick auf eine nachgereichte Statik oder Bestimmungen des öffentlichen Rechts); *Meissner*, BauR 1987, 497, 504 (Verlegung einer Notbeleuchtung, Veranlassung von Abstützungsmaßnahmen an Baugrubenwänden etc.); ebenso: *Pauly*, BauR 1998, 1143, 1147; *von Craushaar*, BauR 1982, 421, 424 will die originäre Vollmacht (als Mindestvollmacht) auf die Vergabe von Arbeiten beschränken, die zur ordnungsgemäßen Durchführung des Baus zwingend notwendig sind (z. B. Absicherung der Baugrube, Abdeckung des Rohbaus wegen Frostgefahr usw.); ebenso: *Keldungs*, Festschrift für Vygen, 208, 212 sowie OLG Düsseldorf, OLGR 1997, 61.
336) Vgl. Rdn. 1896 ff.
337) Das wird in der Literatur durchweg übersehen. Die h. M. will eine Vollmacht des Architekten auch dann annehmen, wenn dieser Arbeiten in Auftrag gibt, die zur Abwendung einer dem Bau drohenden dringenden Gefahr erforderlich sind; so *Ingenstau/Korbion/Keldungs*, § 2/B, Rdn. 31; *Meissner*, BauR 1987, 497; Beck'scher VOB-Komm/*Jagenburg*, Vor § 2/B, Rdn. 46.
338) Vgl. Rdn. 1084 ff.
339) Siehe auch OLG Düsseldorf, BauR 2002, 1878 u. Rdn. 1078.

**1077** Danach umfasst die originäre Vollmacht insbesondere **nicht**

* die Vergabe von **Zusatzaufträgen**[340] oder **Änderungsaufträgen**;[341]
* die **rechtsgeschäftliche Abnahme** der Werkleistung des Unternehmers im Sinne des § 640 BGB oder § 12 VOB/B, soweit sie über die rein technische Abnahme hinausgeht;[342]
* die **Annahme einer Abtretungsanzeige** des Unternehmers gegenüber dem Bauherrn durch den bauleitenden Architekten, dem die Entgegennahme der Rechnungen und deren Prüfung auf ihre sachliche Richtigkeit obliegt;[343]
* die **Änderung vertraglicher Vereinbarungen** zwischen Bauherr und Bauunternehmer;[344]
* namens des Bauherrn die **Rechnungen** des Unternehmers **anzuerkennen**[345] oder hierüber **Vergleiche** zu schließen, auch wenn der Architekt, dem die Objektüberwachung übertragen wurde, verpflichtet ist, die Bauabrechnungen des Unternehmers sachlich und rechnerisch zu prüfen.[346] Zum Prüfvermerk des Architekten vgl. Rdn. 2030 ff.;
* die Abgabe der **Vorbehaltserklärung** einer bereits **verwirkten Vertragsstrafe**[347] im Rahmen der technischen Abnahmeverhandlungen,[348] es sei denn, der Architekt ist ausdrücklich zur Durchführung der (förmlichen) Abnahme bevollmächtigt;[349]
* die **Vergabe von Aufträgen** an Sonderfachleute[350] oder Bauhandwerker;
* die Anerkennung von **Stundenlohnzetteln**;[351]
* die Erklärung namens des Bauherrn, auf **Gewährleistungsansprüche** gegen die Unternehmer oder auf Einwendungen bzw. Einreden (Verjährung) zu **verzichten**;[352]

---

340) Vgl. Rdn. 1074 ff.
341) OLG Düsseldorf, BauR 2000, 1198 u. OLGR 2000, 156; OLG Dresden, IBR 2007, 467 – *Althaus* (Vereinbarung von Stundenlohnarbeiten).
342) OLG Düsseldorf, BauR 1997, 647, 648; vgl. näher: *Meissner*, BauR 1987, 497, 506; *Brandt*, BauR 1972, 69; *Hochstein*, BauR 1973, 333, 338; *Jagenburg*, BauR 1978, 180, 185; *Schmalzl*, MDR 1977, 622, 623; OLG Frankfurt, *SFH*, Nr. 13 zu § 638 BGB; **a. A.:** *Tempel*, Vahlen, S. 187; LG Essen, NJW 1978, 108 u. ihm folgend: *Kaiser*, ZfBR 1980, 263, 266.
343) BGH, *Schäfer/Finnern*, Z 2.332 Bl. 42 = NJW 1960, 1805.
344) OLG Düsseldorf, VersR 1982, 1147; LG Bochum, NJW-RR 1989, 1365 (Änderung des Abrechnungsmodus).
345) OLG Düsseldorf, BauR 1996, 740 = OLGR 1996, 263.
346) BGH, *Schäfer/Finnern*, Z 2.330 Bl. 6; BGH, NJW 1978, 994; OLG Düsseldorf, OLGR 1992, 145 u. BauR 1996, 740 = OLGR 1996, 263; OLG Stuttgart, BauR 1972, 317; OLG Köln, MDR 1962, 821; **a. A.:** OLG Bamberg, *Schäfer/Finnern*, Z 2.412 Bl. 3.
347) LG Leipzig, NJW-RR 1999, 1183 (zum Vorbehalt durch Abzug der Vertragsstrafe von der Schlussrechnung).
348) LG München, *Schäfer/Finnern*, Z 2.411 Bl. 7; ähnlich: OLG Stuttgart, BauR 1975, 432; *Meissner*, BauR 1987, 497, 507.
349) BGH, *SFH*, Nr. 11 zu § 11 VOB/B.
350) BGH, *Schäfer/Finnern*, Z 3.01 Bl. 236; OLG Hamm, NJW-RR 1991, 1430 = BauR 1992, 260 = OLGR Hamm 1992, 5; OLG Düsseldorf, BauR 1997, 337 = NJW-RR 1996, 1485; **a. A.:** OLG Koblenz, *Schäfer/Finnern*, Z 3.002 Bl. 2.
351) BGH, BauR 2003, 1892, 1896 = ZfBR 2004, 37 = NZBau 2004, 31; BauR 1994, 760 = ZfBR 1995, 15 = NJW-RR 1995, 80; BGH, NJW 1960, 859; *Bindhardt/Jagenburg*, § 14, Rdn. 24; **a. A.:** *Meissner*, BauR 1987, 497, 506.
352) *Bindhart/Jagenburg*, § 14, Rdn. 28.

## Die Auftragsvergabe durch den Architekten　　　　　　　　　　　Rdn. 1078

* die Vereinbarung von **Gerichtsstands-** oder **Schiedsgerichtsklauseln**;353)
* die Vereinbarung der **VOB/B**;354)
* die Entgegennahme der **Behinderungsanzeige** nach § 6 Nr. 1 VOB/B;355)
* die **Änderung vertraglich vereinbarter Fertigstellungstermine** oder sonstiger Vertragsbestimmungen;356)
* die nachträgliche Anerkennung **ohne Auftrag** ausgeführter Arbeiten (§ 2 Nr. 8 Abs. 1 Satz 1 VOB/B), es sei denn, es handelt sich um Leistungen geringeren Umfangs;
* die Entgegennahme des **Vergütungsverlangens** des Unternehmers (§ 2 Nr. 6 VOB/B), es sei denn, es geht um Leistungen geringeren Umfangs;357)
* den **Verzicht** auf die Erteilung einer Schlussrechnung.358)

Dagegen **umfasst** die originäre Vollmacht des Architekten　　　　　　　　　　1078

* die Aufnahme eines gemeinsamen, den Bauherrn bindenden Aufmaßes;359)
* die technische Abnahme;
* **Anzeige** des Auftragnehmers vor Beginn der Ausführung von **Stundenlohnarbeiten**;360)
* die Entgegennahme von **Stundenlohnzetteln**;361)
* die Befugnis, **Weisungen** auf der Baustelle zu **erteilen**, **Mängel zu rügen**, **Angebote und Schlussrechnungen** (nicht aber Mahnungen) **entgegenzunehmen** und diese auf Unstimmigkeiten von Bauleistungen und Baustoffen zu prüfen;
* die **Entgegennahme von Erklärungen** nach § 4 Nr. 3 VOB/B (Bedenken gegen die Art der Ausführung), nach § 3 Nr. 3 VOB/B (Bedenken gegen die Ausführungsunterlagen) und § 4 Nr. 1 Abs. 4 VOB/B (Bedenken gegen die Anordnung des Auftraggebers), es sei denn, der Architekt verschließt sich den berechtigten Einwendungen, oder es handelt sich um eigene Fehler des Architekten;362)

---

353) *Schmalzl*, Haftung, Rdn. 11
354) **Anderer Ansicht:** *Groß*, Haftungsrisiken des Architekten, S. 89.
355) Wie hier: *Pott/Frieling*, Rdn. 370; *Groß*, a. a. O., S. 96; *Nicklisch/Weick*, § 6/B, Rdn. 19; *Kaiser*, NJW 1974, 445; vgl. auch LG Köln, *Schäfer/Finnern*, Z 2.411 Bl. 78; **a. A.:** *Ingenstau/Korbion/Döring*, § 6 Nr. 1/B, Rdn. 8; *Jagenburg*, BauR 1978, 180, 186; differenzierend: OLG Köln, *SFH*, Nr. 1 zu § 6 Nr. 1 VOB/B.
356) BGH, BauR 1978, 139.
357) **Anderer Ansicht:** *Ingenstau/Korbion/Keldungs*, § 2 Nr. 6/B, Rdn. 18.
358) OLG Düsseldorf, BauR 1996, 740 = OLGR 1996, 263.
359) OLG Oldenburg, OLGR 2003, 440; BauR 1997, 523 (LS); OLG Stuttgart, BauR 1972, 317; KG, *Schäfer/Finnern*, Z 2.412 Bl. 16; OLG Karlsruhe, BauR 1972, 381; *Meissner*, BauR 1987, 497, 506; *Brandt*, BauR 1972, 69; *Korbion* in Korbion/Mantscheff/Vygen, § 15 HOAI, Rdn. 31; *Groß*, a. a. O., S. 96; kritisch: *Jagenburg*, BauR 1978, 180, 184.
360) *Ingenstau/Korbion/Keldungs*, § 15 Nr. 3/B, Rdn. 2.
361) Wie hier: *Meissner*, BauR 1987, 497, 506; *Ingenstau/Korbion/Keldungs*, § 15 Nr. 3/B, Rdn. 6; vgl. auch BGH, BauR 1994, 760 = ZfBR 1995, 15 = NJW-RR 1995, 80 (die Abzeichnung von Stundenlohnzetteln durch einen – nicht bevollmächtigten – Bauleiter betrifft nur Art und Umfang der erbrachten Leistungen).
362) BGH, BauR 1978, 54; BGH, BauR 1978, 139; ferner: BGH, BauR 1975, 278 = NJW 1975, 2117; *Meissner*, BauR 1987, 497, 507; **a. A.:** *Kaiser*, ZfBR 1980, 264 und wohl auch *Pott/Frieling*, Rdn. 369.

- die **Entgegennahme von Anzeigen** nach § 2 Nr. 8 Abs. 2 VOB/B (Vergütung nicht vereinbarter, aber notwendiger Leistungen im mutmaßlichen Willen des Auftraggebers);[363]
- die **Entgegennahme von Vorbehalten**;[364]
- die **Entgegennahme von Hinweisen** des Auftragnehmers, die seine Rechnung betreffen, wie z. B. die Erklärung eines Unternehmers, seine Rechnung sei noch keine Schlussrechnung, sondern nur eine Akonto- oder Zwischenrechnung;[365]
- **Ausführungsunterlagen** von Bauhandwerkern in technischer **Hinsicht zu genehmigen**;[366]
- die Abgabe einer der Schlusszahlung gleichstehenden Erklärung, wonach weitere Zahlungen endgültig abgelehnt werden.[367]

Da somit die originäre Vollmacht des Architekten im Wesentlichen nur im Bereich der tatsächlichen und insbesondere technischen Feststellungen anzunehmen ist und sich im Übrigen nur auf die Vergabe von Bauleistungen geringen Umfangs bezieht, kommt den Grundsätzen der Duldungs- und Anscheinsvollmacht besondere Bedeutung zu (vgl. Rdn. 1084 ff.).

### b) Ausdrückliche Vollmacht des Architekten

**1079** Eine **umfassende** Vertretungsmacht kann nur angenommen werden, wenn sich ein dahin gehender Wille des Bauherrn aus seiner Erklärung oder den Umständen zweifelsfrei feststellen lässt.[368] Wird der Architekt als „bevollmächtigter Vertreter" des Bauherrn bezeichnet, ohne dass die Vollmacht ausdrücklich auf bestimmte Handlungen beschränkt ist, so bedeutet dies nach Auffassung des BGH[369] nicht, dass er damit eine unbegrenzte rechtsgeschäftliche Vertretungsmacht in allen mit dem Bau zusammenhängenden Fragen hat; eine derartige Formulierung soll lediglich besagen, dass der Architekt Vollmacht hat, nicht aber, wie weit diese reicht. Ebenso hat der BGH[370] bei einer Vertragsklausel mit folgendem Wortlaut entschieden: „Die Vertretung des Bauherrn gegenüber dem Auftragnehmer obliegt der Bauleitung."

Die Auffassung erscheint bedenklich. Weist der Bauherr seinen Architekten „als bevollmächtigten Vertreter" oder in ähnlicher Weise aus, so muss er sich daran festhalten lassen. Die Formulierung weist auf eine umfassende Bevollmächtigung hin.[371] Zumindest erweckt der Bauherr diesen Anschein. Etwas anderes kann nur gelten,

---

363) OLG Hamm, BauR 1978, 146.
364) Vgl. BGH, BauR 1987, 92 = NJW 1987, 380; BauR 1977, 356 u. *SFH*, Nr. 11 zu § 11 VOB/B; *Pott/Frieling*, Rdn. 372; **a. A.:** *Bindhardt/Jagenburg*, § 14, Rdn. 4; s. ferner Rdn. **2315**.
365) BGH, BauR 1978, 145.
366) OLG Köln, *SFH*, Nr. 1 zu § 13 Nr. 7 VOB/B.
367) Vgl. BGH, BauR 1987, 218 = NJW 1987, 775 = ZfBR 1987, 76, der eine Ermächtigung bejaht, wenn der Auftragnehmer „allein mit dem Architekten des Auftraggebers verhandelt hat und auch verhandeln sollte".
368) BGH, NJW 1960, 859; BGH, BauR 1978, 139; OLG Düsseldorf, BauR 1997, 647, 648 für **förmliche Abnahme**.
369) BGH, BauR 1978, 139 = NJW 1978, 995 m. w. Nachw.
370) BauR 1975, 358.
371) So auch *Kaiser*, ZfBR 1980, 263, 265 u. *von Craushaar*, BauR 1982, 421, 423; *Meissner*, BauR 1987, 497, 503.

## Die Auftragsvergabe durch den Architekten  Rdn. 1080–1082

wenn der Bauherr die Vertretung seines bevollmächtigten Architekten ausdrücklich einschränkt.

**1080** Grundsätzlich ist aber der Rechtsprechung des BGH zu folgen, nach der die **Vollmacht** des Architekten im Zweifelsfall **eng auszulegen** ist, um den Bauherrn vor ungewollten rechtsgeschäftlichen Verpflichtungen zu schützen. Umfasst die Vertretungsbefugnis in einem Architektenvertrag die **rechtsgeschäftliche Abnahme** der Bauleistungen, ist damit dem Architekten noch keine Vollmacht über die Abnahme hinaus (z. B. Verkürzung von Verjährungsfristen, Anerkennung von Rechnungen usw.) erteilt worden.[372] Es ist Aufgabe des Architekten, klare und unmissverständliche Vereinbarungen hinsichtlich seiner Vollmacht zu treffen. Die Unternehmer selbst können sich vor Überraschungen dadurch schützen, dass sie im Zweifelsfall bei dem Bauherrn den Umfang der Vollmacht durch Rückfrage abklären;[373] durch die Grundsätze über die **Duldungs-** und **Anscheinsvollmacht** (s. Rdn. 1084 ff.) genießen sie im Übrigen weiteren Vertrauensschutz.

**1081** Die **heute auf dem Markt befindlichen Architekten-Formularverträge** haben durchweg, soweit es um die **Vollmacht** des Architekten geht, folgende Regelung vorgesehen:

„Soweit es seine Aufgabe erfordert, ist der Architekt berechtigt und verpflichtet, die Rechte des Bauherrn zu wahren, insbesondere hat er den am Bau Beteiligten die notwendigen Weisungen zu erteilen. Finanzielle Verpflichtungen für den Bauherrn darf er nur eingehen, wenn Gefahr im Verzuge und das Einverständnis des Bauherrn nicht zu erlangen ist."[374]

Der Architekt berät den Bauherrn über die Notwendigkeit des Einsatzes von Sonderfachleuten. Der Bauherr wählt nach den Vorschlägen des Architekten die Unternehmer für die Ausführung und Leistungen aus und entscheidet über die Vergabe.

Diese Formulierungen sind weitaus vorsichtiger als frühere Vollmachtserklärungen in den Formularverträgen. Nach dem jetzigen Wortlaut kann der Architekt grundsätzlich keine rechtsgeschäftlichen, insbesondere finanziellen Verpflichtungen für den Bauherrn eingehen. Dies kann er ausnahmsweise, wenn Gefahr im Verzug und der Bauherr innerhalb einer angemessenen Frist nicht zu erreichen ist. Nach diesem Wortlaut kann der Architekt also auch keine kleineren Aufträge auf der Baustelle vergeben, selbst wenn sie im Interesse des Bauherrn sind. Stets ist der Bauherr insoweit hinzuzuziehen; ihm ist die endgültige Entscheidung zu überlassen.

**1082** In Ausnahmefällen haftet der Architekt unmittelbar dem Vertragspartner seines Auftraggebers (Bauherrn). Dies kann der Fall sein, wenn der **Architekt** den Vertrag **auch im eigenen Interesse** abgeschlossen hat und der Vertragspartner des Bauherrn ebenfalls daran interessiert ist, sich gerade mit ihm zu einigen, der Architekt also nach Sinn und Zweck der Vereinbarung die Stellung einer Vertragspartei einnehmen sollte.[375]

Übernimmt der Architekt die Verpflichtung, ein Haus zu einem **Festpreis** zu errichten, ist eine Bevollmächtigung des Architekten, die Bauaufträge im Namen des Bauherrn vergeben zu dürfen, gleichwohl denkbar. Die Festpreisabrede lässt sich in einem solchen Fall ohne weiteres als Preisgarantie deuten, die den Architekten verpflichtet, den Bauherrn von den über den Festpreis

---

372) OLG Düsseldorf, BauR 2001, 845 (LS) = OLGR 2001, 65; **a. A.:** Saarländisches OLG, NJWRR 2000, 826 = NZBau 2000, 252 = OLGR 2000, 283.
373) Vgl. OLG Düsseldorf, BauR 1984, 428 (LS); so schon BGH, BB 1963, 111.
374) Der alte, von der Bundesarchitektenkammer zurückgezogene Einheitsarchitektenvertrag **1994** spricht von „**nicht rechtzeitig** zu erlangen ist".
375) Vgl. insoweit OLG Köln, *Schäfer/Finnern*, Z 7.0 Bl. 12 sowie BGH, *Schäfer/Finnern*, Z 3.01 Bl. 242.

hinausgehenden Forderungen der Bauhandwerker freizustellen.[376] Die Vollmachterteilung ist auch dann wirksam, wenn sie nur dazu dienen soll, dem Bauherrn die steuerlichen Vorteile zu verschaffen.[377]

**1083** Im Übrigen erstreckt sich die vertragliche Vollmacht des Architekten, Bauaufträge zu erteilen, nur auf solche Maßnahmen, die entsprechende Bauvorhaben bei ordnungsgemäßer Planung und Bauausführung üblicherweise mit sich bringen oder die durch Besonderheiten der Baustelle zwangsläufig und unvermeidbar getroffen werden müssen; sie umfasst insbesondere nicht die Befugnis, eigene Arbeitsfehler beseitigen zu lassen oder Unternehmern eine Vergütung für Arbeiten zuzusagen, die zur Gewährleistung gehören.[378]

### c) Duldungsvollmacht des Architekten

**1084** Weiß der Bauherr, dass sein Architekt Dritten, insbesondere den Unternehmern, gegenüber als sein Vertreter fortgesetzt – mit Kenntnis des Bauherrn – ohne Vollmacht auftritt oder seine ihm eingeräumte Vollmacht überschreitet, und unterbindet dies der Bauherr nicht, obwohl ihm dies möglich ist, muss er sich von jedem gutgläubigen Dritten so behandeln lassen, als habe er dem Architekten die entsprechende Vollmacht für die vorgenommenen Handlungen des Architekten (z. B. Erteilung von Aufträgen, insbesondere Zusatzaufträgen, rechtsgeschäftlichen Abnahmen, Anerkennung von Stundenlohnzetteln usw.) gegeben.[379] In diesem Fall liegt eine Duldungsvollmacht vor, durch die **gutgläubige Beteiligte geschützt** werden sollen[380] (z. B. widerspruchslose Entgegennahme der Kopie eines durch den Architekten erteilten Auftrages, Bezahlung eines solchen Auftrages[381] usw.). Konnte der Vertragspartner allerdings bei Anwendung zumutbarer Sorgfalt erkennen, dass trotz der Duldung des Verhaltens des Architekten durch den Bauherrn dieser noch keine Vollmacht damit erteilen wollte, wird das Vertrauen des Dritten nicht durch das Institut der Duldungsvollmacht geschützt.[382] Im Zweifelsfall ist es für einen Auftragnehmer durchaus zumutbar, sich beim Bauherrn über den Umfang der Vollmacht des Architekten durch eine entsprechende Rückfrage zu informieren.[383]

---

376) BGH, NJW 1977, 294 = BauR 1977, 58 = DB 1977, 396 für den Baubetreuungsvertrag. Siehe ferner: BGH, BauR 1974, 347; OLG Hamm, NJW 1969, 1438, 1440; *Brandt*, BauR 1976, 21, 22; auch *Jagenburg*, BauR 1978, 180, 182 m. w. Nachw.
377) BGH, NJW 1977, 294 = BauR 1977, 58 sowie OLG Düsseldorf, BauR 1977, 218.
378) OLG Düsseldorf, *Schäfer/Finnern*, Z 2.410 Bl. 47.
379) OLG Koblenz, *Schäfer/Finnern*, Z 3.002 Bl. 2 für den Fall der Unterzeichnung von **Tagelohnzetteln** durch den Architekten; BGH, *Schäfer/Finnern*, Z 2.303 Bl. 11; vgl. ferner BGH, BB 1961, 548; VersR 1965, 133; ferner *Schmalzl*, MDR 1977, 633, 635; OLG Köln, BauR 1993, 243, 244; OLG Hamm, BauR 1971, 138; OLG Düsseldorf, BauR 2000, 1198; BauR 1997, 647, 648 **(förmliche Abnahme)**.
380) Vgl. hierzu auch OLG Düsseldorf, BauR 2000, 1198; ferner: *Tempel*, Vahlen, S. 187 m. w. Beispielen.
381) Vgl. OLG Hamburg, BauR 1996, 256; OLG Brandenburg, BauR 2002, 476.
382) *Schmalzl*, Haftung, Rdn. 14.
383) Vgl. hierzu BGH, DB 1985, 432, 433; OLG München, NJW 1984, 63 = BauR 1984, 293 (zur Vollmacht des **Baubetreuers**); OLG Brandenburg, a. a. O.; *von Craushaar*, BauR 1982, 421, 426.

## d) Anscheinsvollmacht des Architekten

*Literatur*

Herrmann, Die neue Rechtsprechung zur Haftung Anscheinsbevollmächtigter, NJW 1984, 471; Crezelius, Zu den Rechtswirkungen der Anscheinsvollmacht, ZIP 1984, 791.

Eine den Bauherrn ebenfalls verpflichtende Anscheinsvollmacht des Architekten ist gegeben, wenn der Bauherr durch sein Verhalten den **Rechtsschein** erweckt, den Architekten für bestimmte rechtsverbindliche Handlungen (insbesondere Auftragsvergabe) bevollmächtigt zu haben.[384] Es handelt sich insoweit um einen Fall der **Vertrauenshaftung**.[385] Kenntnis des Bauherrn vom Auftreten des an sich vollmachtlosen Vertreters (Architekten) ist nicht erforderlich. Auch das **Überschreiten** einer dem Architekten vertraglich übertragenen **Vollmacht** kann zu einer Haftung des Bauherrn nach den Regeln der Anscheinsvollmacht führen, sofern der Rechtsschein gerade im Hinblick auf die Überschreitung der Vollmacht gesetzt und insofern Vertrauen erweckt worden ist.[386] Soweit der Bauherr unter dem Gesichtspunkt der Anscheinsvollmacht (oder Duldungsvollmacht) in Anspruch genommen werden kann, scheidet eine Haftung des Architekten nach § 179 BGB (Haftung als vollmachtloser Vertreter) aus.[387]

1085

Die Bestellung eines Architekten reicht für sich allein noch nicht aus, um einen entsprechenden Rechtsschein zu erzeugen; es müssen weitere, dem Bauherrn zurechenbare Umstände vorliegen, die gegenüber Dritten den Anschein erwecken, dass der Architekt Bevollmächtigter des Bauherrn ist.[388] Dabei ist auch die Größe des Bauvorhabens kein Maßstab. Allein die Tatsache, dass es sich um ein kleineres Bauvorhaben handelt, rechtfertigt noch nicht, einen Rechtsschein einer umfassenden Bevollmächtigung des Architekten zu bejahen.[389] Schweigt der Bauherr auf den schriftlichen Hinweis des Unternehmers an den Architekten (mit Durchschlag an den Bauherrn) auf eine unvermeidbare Überschreitung der Baukosten, kann sich daraus ebenfalls eine Anscheinsvollmacht des Architekten für Zusatzaufträge ergeben.[390]

1086

---

[384] BGH, WM 1957, 926; für den Fall einer rechtsgeschäftlichen Abnahme vgl. OLG Karlsruhe, BauR 1971, 55; ferner: BGH, *Schäfer/Finnern*, Z 2.310 Bl. 4; OLG Stuttgart, NJW 1966, 1461; OLG Köln, NJW 1973, 1798 m. abl. Anm. *Picker*, S. 1800; LG Köln, MDR 1973, 847; OLG Düsseldorf, *Schäfer/Finnern*, Z 3.00 Bl. 6 u. BauR 1997, 647, 648.

[385] BGH, NJW 1962, 1003; vgl. hierzu auch BGH, NJW 1997, 312 = ZfBR 1997, 143 (**Duldungsvollmacht** bei nicht wirksam beurkundeter Vollmacht); ferner: BGH, NJW-RR 1997, 1276; OLG Stuttgart, BauR 1974, 423; OLG Düsseldorf, BauR 2000, 891 = OLGR 2000, 156.

[386] BGH, NJW-RR 1986, 1476 u. NJW-RR 1987, 308.

[387] BGH, NJW 1983, 1308 = BauR 1983, 253 = ZfBR 1983, 120 m. Anm. *Baumgärtel;* hierzu und allgemein zum Verhältnis Anscheinsvollmacht und Haftung des Vertreters ohne Vertretungsmacht: *Crezelius*, ZIP 1984, 791 u. *Hermann*, NJW 1984, 471.

[388] BGH, BB 1963, 111; OLG Stuttgart, BauR 1974, 423; BGH, *Schäfer/Finnern*, Z 2.222 Bl. 1; OLG Hamm, MDR 1975, 488; LG Köln, *Schäfer/Finnern*, Z 3.002 Bl. 7; *Heiermann/Riedl/Rusam*, § 2/B, Rdn. 174; *von Craushaar*, BauR 1982, 421, 426; *Meissner*, BauR 1987, 497, 505; **a. A.:**, aber zu weitgehend: OLG Düsseldorf, *Schäfer/Finnern*, Z 3.00 Bl. 6 für Umbauarbeiten.

[389] Vgl. hierzu OLG Stuttgart, BauR 1994, 789, 790; OLG Düsseldorf, BauR 1997, 647; OLGR 2000, 156, 157.

[390] BGH, *Schäfer/Finnern*, Z 2.310 Bl. 4.

**1087** Soweit auf einem **Bauschild** auf den Architekten hingewiesen wird, reicht dies allein noch nicht aus, um eine Anscheinsvollmacht des Architekten anzunehmen.[391] Dies gilt auch für den Hinweis in einem **Leistungsverzeichnis,** dass die Pläne des Architekten Grundlage des Vertrages sein sollen.[392] Schweigt der Bauherr auf den schriftlichen Hinweis des Unternehmers an den Architekten (mit Durchschlag an den Bauherrn) auf eine unvermeidbare Überschreitung der Baukosten, kann sich daraus ebenfalls eine Anscheinsvollmacht des Architekten für Zusatzaufträge ergeben.[393]

Eine Anscheinsvollmacht kann auch nicht schon deshalb bejaht werden, weil der Bauherr die **Bauzeichnungen** oder den Bauantrag unterschrieben hat.[394] Eine solche Vollmacht scheidet auch immer dann aus, soweit es die vom Architekten selbst zu erbringenden Leistungen betrifft.[395] Ein Bauherr, der einen Architekten mit der Einholung eines **Angebots** beauftragt, setzt damit noch nicht gegenüber dem anbietenden Unternehmer den Anschein, der Architekt sei auch zur Auftragsvergabe bevollmächtigt.[396] Bevollmächtigt der Bauherr seinen Architekten zur Abnahme, ist dieser auch nicht kraft Anscheinsvollmacht berechtigt, eine Verkürzung der Gewährleistung zu Lasten des Bauherrn zu vereinbaren.[397] Dagegen ist von einer Anscheinsvollmacht auszugehen, wenn ein Auftraggeber seinen **Architekten** zu einer **Besprechung über die Schlussrechnung** und die darin enthaltenen Bauleistungen **entsendet**. In diesem Fall gelten die vom Architekten dabei bestätigten Leistungen grundsätzlich als prüffähig abgerechnet.[398]

**1088** Der Rechtsschein kann dem **Bauherrn** nur dann angelastet werden, wenn er das **vertragswidrige Verhalten des Architekten** kannte oder bei pflichtgemäßer Sorgfalt **hätte erkennen und verhindern können.**[399] Im Übrigen muss der Rechtsschein der Vollmacht ursächlich für die Entschließung des Vertragspartners gewesen sein.[400] Wie bei der Duldungsvollmacht gilt auch hier der einschränkende Grundsatz: Müssen dem Auftragnehmer bei Anwendung pflichtgemäßer Sorgfalt Zweifel im Hinblick auf den Tatbestand der Anscheinsvollmacht kommen, ist der Auftragnehmer verpflichtet, sich beim Bauherrn über die Vollmacht oder den Umfang der Vollmacht des Architekten zu vergewissern.

---

391) Vgl. hierzu BGH, WM 1957, 926; LG Göttingen, *Schäfer/Finnern,* Z 3.00 Bl. 1; *Bindhardt/Jagenburg,* § 14, Rdn. 47.
392) Vgl. hierzu OLG Stuttgart, BauR 1994, 789, 790; OLG Düsseldorf, BauR 1997, 647; OLGR 2000, 156, 157.
393) BGH, *Schäfer/Finnern,* Z 2.310 Bl. 4.
394) LG Göttingen, *Schäfer/Finnern,* Z 2.13 Bl. 1; OLG Stuttgart, BauR 1974, 23.
395) OLG München, OLGZ 1969, 414; *Korbion/Mantscheff/Vygen,* § 15 HOAI, Rdn. 30.
396) OLG Köln, U. v. 3.4.1992 – 19 U 191/91 –.
397) So richtig OLG Düsseldorf, BauR 2001, 845 (LS) = OLGR 2001, 65; **a. A.:** OLG Saarbrücken, NJW-RR 2000, 826 = OLGR 2000, 283 = NZBau 2000, 252.
398) Ähnlich OLG Nürnberg, BauR 2000, 730 = NJW-RR 1999, 103 = MDR 1999, 802 = OLGR 1999, 185 sowie OLG Brandenburg, BauR 2003, 542, 543.
399) BGH, MDR 1991, 635; OLG Düsseldorf, BauR 2000, 1198, 1200; OLG Köln, NJW 1973, 1798; LG Köln, *Schäfer/Finnern,* Z 3.002 Bl. 7.
400) BGH, WM 1957, 926; *Schmalzl,* Haftung, Rdn. 14.

## 8. Die Auftragsvergabe durch Bauträger-/Baubetreuungsgesellschaft

*Literatur*
*Brych/Pause*, Bauträgerkauf und Baumodelle, 4. Auflage 2004; *Basty*, Der Bauträgervertrag, 5. Auflage 2005.
*Hepp*, Makler- und Bauträgerverordnung und Bürgerliches Recht, NJW 1977, 617; *von Craushaar*, Zur vertraglichen Eigenhaftung des Baubetreuers als Vertreter der Bauherren, Festschrift v. Caemmerer (1978), 87; *Speiser*, Anwendungsprobleme des § 34 c Gewerbeordnung und der Makler- und Bauträgerverordnung, ZfBR 1979, 6; *Brych*, Zivilrechtliche Aspekte des Bauherrenmodells, DB 1979, 1589; *ders.*, Der Bauherr und das Kölner Modell, ZfBR 1979, 181; *Wunderlich*, Zur Haftung der Kreditinstitute gegenüber den Bauherren bei der Finanzierung von Immobilienerwerb nach dem Bauherrenmodell, DB 1980, 913; *von Heymann*, Rechtliche und wirtschaftliche Aspekte von Bauherren- und Ersterwerber-Modellen, BB 1980, Beilage Nr. 12; *Moritz*, Erwerberschutz bei Bauherrenmodellen, JZ 1980, 714; *Lauer*, Rechtsfragen des „Kölner Modells", WM 1980, 786; *Maser*, Bauherrenmodelle im Spiegel der neueren Gesetzgebung und Rechtsprechung, NJW 1980, 961; *Doerry*, Bauträgerschaft und Baubetreuung in der Rechtsprechung des Bundesgerichtshofs, ZfBR 1980, 166; *Wolfensberger/Langhein*, Das System der Baubetreuung im Zwielicht, BauR 1980, 498; *Dörrig*, Fragen zum Bauherrenmodell, Zeitschrift für das Notariat in Baden-Württemberg, 1981, 25; *Crezelius*, Zivilrechtliche Beziehungen beim Bauherrn-Modell, JuS 1981, 494; *Rosenberger*, Gefährliches Bauherrenmodell, ZfBR 1981, 253; *Jehner*, Zum Begriff des Bauherrn im Bauherrenmodell, BB 1981, 921; *von Heymann*, Zur Haftung bei Bauherren- und Ersterwerber-Modellen, DB 1981, 563; *Wagner*, Die Außengesellschaft im Bauherren-Modell, BlGBW 1981, 201; *Scheffler*, Haftung des Baubetreuers gegenüber seinen Geschäftspartnern bei Nichtzustandekommen einer Bauherrengemeinschaft, DB 1982, 633; *Locher/König*, Bauherrenmodelle in zivil- und steuerrechtlicher Sicht, 1982; *Hergarten* Vom Bauherrn zum Bauträgermodell?, BB 1983, 1754; *Quast*, Bauherren- und Bauträgermodell, DB 1983, 1560; *Brych*, Auf dem Weg zum Bauträger-Modell, BB 1983, 737 u. 1761; *Reithmann*, Bauherrenmodell und Bauträgermodell in zivilrechtlicher Hinsicht, BB 1984, 681; *Schmidt/Liebig*, Das Bauherrenmodell im Wandel, DB 1984, 213; *Rössner/Schmitt*, Die fehlerhafte Bevollmächtigung des Treuhänders im Bauherrenmodell, BB 1985, 833; *Meissner*, Vertretung und Vollmacht in den Rechtsbeziehungen der am Bau Beteiligten, BauR 1987, 497; *Brych*, Die Bevollmächtigung des Treuhänders im Bauherrenmodell, Festschrift für Korbion (1986), 1; *Koeble*, Zur Haftung des Treuhänders bei Bauherrenmodellen, Festschrift für Korbion, 215; *Strunz*, Das verdeckte Bauherren-Modell, BauR 1990, 560; *Doerry*, Bauträgerschaft, Baubetreuung und Bautreuhandschaft sowie Prospekthaftung bei Baumodellen in der Rechtsprechung des Bundesgerichtshofs, WM Sonderbeilage 8/1991; *Habscheid*, Bauträgervertrag und Nichtbeachtung der Makler- und Bauträgerverordnung (MaBV) durch den Globalgläubiger, DNotZ 1998, 325; *Pause*, Der Bauträgervertrag nach dem modernisierten BGB, BTR 2002, 7; *Basty*, Die Abnahme beim Bauträgervertrag, BTR 2002, 12; *Pause*, Auswirkung der Schuldrechtsmodernisierung auf den Bauträgervertrag, NZBau 2002, 648; *Wagner*, Zur beurkundungsmäßigen Gestaltung oder Aufspaltung von Bauverträgen im Vergleich zum Bauträgervertrag, Festschrift für Jagenburg (2002), 981; *Ott*, Die Auswirkungen der Schuldrechtsreform auf Bauträgerverträge und andere aktuelle Fragen des Bauträgerrechts, NZBau 2003, 233; *Wagner*, Der Bauträgervertrag und die Verbraucherschutzrichtlinie, ZfBR 2004, 317; *Derleder*, Der Bauträgervertrag nach der Schuldrechtsmodernisierung, NZBau 2004, 237; *Virneburg*, Der Sonderwunsch des Erwerbers im Bauträgervertrag, BauR 2004, 1681; *Grziwotz*, Waffengleichheit im Bauträgervertrag, Festschrift für Thode (2005), 243; *Koeble*, Strukturprobleme des Bauträgervertrages, Festschrift für Thode (2005), 267; *Pause*, Intransparente Baubeschreibung im Bauträgervertrag, Festschrift für Thode (2005), 275; *Kesseler*, Das gesetzliche Leitbild des Bauträgervertrages – eine fehlgeleitete Diskussion, ZfIR 2006, 701; *Pause*, Die Entwicklung des Bauträgerrechts seit 2001, NZBau 2006, 342; *Grziwotz*, Neuregelung des Bauträgervertrages im BGB, ZfIR 2006, 353; *Pause*, Bauträgervertrag: Gesetzliche Defizite bei der Abnahme und der Mängelhaftung?, ZfIR 2006, 356; *Vogel*, Fertigstellungstermine im Bau- und Bauträgervertrag, BTR 2007, 54; *Ampferl*, Insolvenz des Bauträgers, BTR 2007, 60.

**1089** Schließt der Bauunternehmer mit einem **Betreuungsunternehmen** oder einer **Bauträgergesellschaft** einen Vertrag ab, stellt sich auch hier die Frage nach dem **Vertragspartner** des Unternehmers. Dies kann einmal der Betreuer/Bauträger, zum anderen der Bauherr bzw. der Erwerber des Bauvorhabens sein.

Bei dem Vertrag mit einem Baubetreuer oder Bauträger handelt es sich in der Regel um einen **Werkvertrag** (vgl. hierzu näher Rdn. 1443 ff.),[401] es sei denn, dass es sich nur um eine wirtschaftliche Betreuung eines Bauvorhabens handelt.[402] Das gilt auch nach der Schuldrechtsmodernisierung (vgl. hierzu auch Rdn. 1445). Insoweit ist allerdings in der Literatur ein Meinungsstreit bezüglich des Bauträgervertrages entbrannt, weil die Schuldrechtsmodernisierung zu einer nicht vollständigen, aber erheblichen Anpassung der gesetzlichen Kauf- und Vertragsregelungen geführt hat.[403] Dabei steht vor allem die Fallgestaltung im Vordergrund der Diskussion, bei der zum Zeitpunkt des Abschlusses des Erwerbervertrages das Gebäude fertig gestellt war. Mit der Rechtsprechung des BGH[404] ist davon auszugehen, dass grundsätzlich nach wie vor Werkvertragsrecht gilt, weil der Bauträger nicht nur die Übereignung der Immobilie, sondern auch und insbesondere die mangelfreie Herstellung schuldet. Thode[405] hat zu Recht darauf hingewiesen, dass Kauf- und Werkvertragsrecht zwar angepasst wurden, aber die entsprechenden Systeme nach wie vor nicht deckungsgleich sind; dabei hat er auf das Selbstvornahmerecht des § 637 BGB n. F., das Wahlrecht des Unternehmers bezüglich der Mängelbeseitigung nach § 635 Abs. 1 BGB und die Abnahmen des Bestellers/Erwerbers hingewiesen.

**1090** Mit Locher[406] ist heute grundsätzlich von der **Baubetreuung im engeren und im weiteren Sinne** (Baubetreuer – Bauträger) auszugehen; diese Unterscheidung hat sich durchgesetzt (zur Baubetreuung im weiteren Sinn – Bauträgerschaft vgl. Rdn. 1096).[407]

Die Baubetreuung **im engeren Sinne (= Baubetreuungsvertrag)** trifft die Fälle, in denen die Baubetreuungsgesellschaft für den Betreuten ein Haus auf **dessen** Grundstück baut. Das Betreuungsunternehmen hat bei dieser Vertragsgestaltung in der Regel eine **architektenähnliche** Stellung.[408] Die für den Betreuten abzuschließenden **Verträge** (z. B. Architekten- und Unternehmerverträge) tätigt der Betreuer als **Vertreter des Betreuten**.[409] Die entsprechenden Baubetreuungsver-

---

401) Ebenso *Dören*, ZfIR 2003, 497; *Quack*, IBR 2001, 705; *Wagner*, ZfIR 2001, Beilage zu Heft 10, S. 24; **a. A.:** *Hildebrandt*, ZfIR 2003, 489; *Brambring*, DNotZ 2001, 904, 906; *Heinemann*, ZfIR 2002, 167, 168; *Hertel*, DNotZ 2002, 618; *Teichmann*, ZfBR 2002, 19. *Pause*, BTR 2002, 7, geht von einem „gemischten" Kauf- sowie Werkvertragsrecht aus; ebenso OLG Saarbrücken, OLGR 2004, 210 mit weiteren Nachweisen zum Meinungsstand in Rspr. u. Lit.
402) BGH, BauR 2005, 1772 = NZBau 2005, 509 = IBR 2005, 499 – *Wolff*.
403) Vgl. zum Meinungsstand der Diskussion vor allem *Dören*, ZfIR 2003, 497, 498.
404) NJW 1979, 1406 – sowie 2207; NJW 1977, 1336; vgl. hierzu *Sturmberg*, NJW 1989, 1832.
405) NZBau 2002, 297, 298.
406) *Locher/Koeble*, Rdn. 4; *Koeble*, Rechtshandbuch Immobilien, Band l, Kap. 15, Rdn. 1 ff.
407) Vgl. BGH, NJW 1975, 869; BGH, NJW 1978, 322, 323; OLG Düsseldorf, DB 1978, 583; vgl. auch *Müller*, BauR 1981, 219; *Wolfensberger/Langbein*, BauR 1980, 498.
408) Vgl. *Müller*, BauR 1981, 219, 222 ff.; BGH, BauR 1994, 776; ferner *Ingenstau/Korbion*, Anhang 3, Rdn. 274 ff.
409) *Ingenstau/Korbion*, Anhang 3, Rdn. 276 ff.; *Koeble*, NJW 1974, 721; *Nicklisch*, Sonderbeilage 10/BB 1974, S. 10, 11; BGH, BauR 1994, 776; BGH, WM 1975, 447 = NJW 1975, 869; OLG Hamm, NJW-RR 1992, 153.

**Auftragsvergabe durch Baubetreuungsgesellschaft**   Rdn. 1091–1092

träge sehen daher vor, dass die einzelnen Verträge mit Bauhandwerkern, Architekten, Sonderfachleuten usw. im Namen und für Rechnung des Bauherrn vergeben werden.410) Auch der BGH411) sieht in dem Vertretungsverhältnis das entscheidende Merkmal der Baubetreuung im engeren Sinne gegenüber der Bauträgerschaft (vgl. auch Rdn. 1100).

Will der Bauunternehmer also den Bauherrn als seinen Vertragspartner für den Werklohn in Anspruch nehmen, so hat er **vorzutragen** und ggf. **nachzuweisen**, dass der Betreuer **im Namen des Betreuten** tätig geworden ist und diesen auch aufgrund einer ihm erteilten Vollmacht vertreten durfte.412) Im Übrigen gelten die vorangegangenen Ausführungen zur Vollmacht des Architekten entsprechend. Auch der BGH413) wendet ausdrücklich die Grundsätze, die er zur **Architektenvollmacht** aufgestellt hat, auf den Baubetreuer an. Liegt eine wirksame Vollmachtserteilung nicht vor, braucht sich der Bauherr (Erwerber) ggf. nur unter den Gesichtspunkten der **Anscheins-** oder **Duldungsvollmacht** das Handeln des Betreuers zurechnen zu lassen.414) Kann der Bauherr über die Grundsätze der Duldungs- oder Anscheinsvollmacht nicht in Anspruch genommen werden, bleibt dem Bauunternehmer die Möglichkeit, den Betreuer über § 179 BGB als vollmachtlosen Vertreter in Anspruch zu nehmen.415) Dies gilt auch, wenn der Betreuer (oder Initiator) eines Bauherrenmodells namens und im Auftrag der „Bauherrengemeinschaft" abschließt, eine solche jedoch noch nicht besteht und auch später nicht gebildet wird; dies selbst dann, wenn der Unternehmer wusste, dass die als „Auftraggeber" bezeichnete Bauherrengemeinschaft noch nicht existierte.416) § 179 Abs. 3 BGB ist insoweit nicht anwendbar.417) 1091

Im Übrigen reicht die Tatsache, dass in dem Bauvertrag mit dem Unternehmer der Betreuer als „Bauträger" oder „Betreuer" bezeichnet wird, ohne dass der Betreuer ausdrücklich im Namen des Erwerbers auftritt, noch nicht aus, um ein Vertragsverhältnis mit dem Bauherrn anzunehmen.418) Allein durch die Bezeichnung als „Bauträger" oder „Betreuer" tritt der Vertretungswille noch nicht „erkennbar" im Sinne des § 164 Abs. 2 BGB hervor.419) Eine Bestimmung im Vertrag, der Betreuer „sei bevollmächtigt, alle die Bauausführung betreffenden Maßnahmen und rechtlichen Wirkungen für den Bauherrn zu treffen", begründet noch keine Vollmacht des Baubetreuers, Bauaufträge im Namen des Betreuten an Bauhandwerker zu vergeben.420) 1092

---

410) Siehe näher *Locher/Koeble*, Rdn. 115 ff.
411) NJW 1981, 757 = BauR 1981, 188.
412) Zum Umfang der Vollmacht des Baubetreuers im Bauherrenmodell: BGH, BauR 1983, 457 = ZfBR 1983, 220.
413) BauR 1983, 457, 459.
414) Vgl. zu den Voraussetzungen im Einzelnen: *Locher/Koeble*, Rdn. 142 ff.; *Picker*, NJW 1973, 1800; LG Köln, MDR 1973, 847. ff.;
415) Dazu im Einzelnen: BGH, NJW 1989, 894 u. *Locher/Koeble*, Rdn. 150 ff.
416) Vgl. hierzu: OLG Köln, NJW-RR 1987, 1375 = WM 1987, 1081 = BauR 1987, 720 (LS); OLG Hamm, NJW-RR 1987, 633 = MDR 1987, 406; OLG Frankfurt, BB 1984, 692 = MDR 1984, 490; OLG Frankfurt, BB 1984, 692.
417) Vgl. hierzu: BGH, NJW 1989, 894.
418) Vgl. *Locher/Koeble*, Rdn. 131.
419) Vgl. OLG Nürnberg, MDR 1960, 923; OLG Karlsruhe, Die Justiz 1964, 11; BGH, *Schäfer/Finnern*, Z 2.13 Bl. 30.
420) BGH, NJW 1978, 1054 = BauR 1978, 220.

**1093** Tritt der Betreuer bei der Vergabe der Unternehmerverträge ausdrücklich „Im Namen der Bauherren" oder der „Hausgemeinschaft" auf, so werden bei diesen „Bauverträgen ohne Bauherr"[421] die **Erwerber** des Eigentums vertraglich gegenüber den Bauunternehmern verpflichtet.[422] Rechtlich ist es **möglich**, dass der **Vertretene** (also der Erwerber) bei Vertragsabschluss **nicht namentlich benannt wird**.[423] Im Übrigen haften die **Erwerber** den Unternehmern gegenüber grundsätzlich nur **anteilmäßig entsprechend ihrer jeweiligen Miteigentumsanteile**.[424]

**1094** Handelt der Baubetreuer bei Abschluss des Bauvertrages mit einem Unternehmer im Namen des Bauherrn und ist er dazu nach dem Baubetreuungsvertrag befugt, kann er neben oder anstatt des Bauherrn selbst haften, wenn der Baubetreuer den Vertrag im eigenen Interesse abgeschlossen hat. Hat sein Vertragspartner ein Interesse daran, sich gerade mit dem Baubetreuer zu einigen, so nimmt ggf. nach Sinn und Zweck der Vereinbarung der Baubetreuer die Stellung einer Vertragspartei ein.[425]

**1095** Ein Baubetreuungsvertrag kann u. U. gegen das Rechtsberatungsmissbrauchsgesetz verstoßen.[426] Soweit Baubetreuungsverträge Formularcharakter haben – was in der Regel der Fall ist –, unterliegen sie den Bestimmungen der §§ 305 ff. BGB.[427]

**1096** Bei dem Bau- und Erwerbervertrag (**Bauträgerschaft**) verpflichtet sich der Bauträger zur Errichtung eines Bauwerks auf einem **eigenen** oder **von ihm noch zu beschaffenden** Grundstück, und zwar auf fremde Rechnung.[428] Hier tritt der **Betreuer im Regelfall im eigenen Namen** auf,[429] sodass Vertragspartner des Bauunternehmers der **Bauträger** und nicht der Erwerber ist; das muss aber nicht so sein, da es hier verschiedene Zwischenformen gibt.[430] Die Baupraxis kennt zahlreiche Vertragsmuster bei der Bauträgerschaft (zur Rechtsnatur der Bauträgerverträge vgl. Rdn. 1444 f.).[431]

**1097** Die **Vereinbarung eines Festpreises** in einem Baubetreuungsvertrag stellt noch keinen unlösbaren Widerspruch zur Bevollmächtigung des Baubetreuers dar, die Bauaufträge im Namen des Bauherrn vergeben zu dürfen;[432] die Festpreisabrede lässt sich in einem solchen Fall zwanglos als Preisgarantie deuten, die den Betreuer verpflichtet, den Bauherrn von den über den Festpreis hinausgehenden Forderungen der Bauhandwerker freizustellen.[433] Dies gilt auch dann, wenn die Bevollmächtigung

---

421) *Sass*, BauR 1974, 309.
422) Soweit *Pfeiffer*, NJW 1974, 1449, eine gegenteilige Auffassung vertritt, kann ihm nicht gefolgt werden.
423) Vgl. BGH, *Schäfer/Finnern*, Z 7.10 Bl. 3; LM § 164 BGB Nr. 10; OLG Düsseldorf, MDR 1974, 843; vgl. im Einzelnen *Locher/Koeble*, Rdn. 123 ff.
424) BGH, NJW 1980, 992 = BauR 1980, 262 = DB 1980, 2127; vgl. aber BGH, NJW-RR 1989, 465.
425) OLG Köln, *Schäfer/Finnern*, Z 7.0 Bl. 12; *Locher/Koeble*, Rdn. 120; ferner: BGH, MDR 1966, 213.
426) Siehe BGH, NJW 1978, 322.
427) *Locher/Koeble*, Rdn. 95 ff., 137 ff., 270 ff., 312 ff.
428) *Koeble*, NJW 1974, 721, 722; *Vygen*, Rdn. 24.
429) OLG Hamm, NJW-RR 1992, 153.
430) Vgl. OLG Hamm, NJW 1969, 1438; ferner: *Locher/Koeble*, Rdn. 12 ff.
431) Vgl. z. B. *Neuenfeld*, I A d, Rdn. 24 ff.
432) OLG München, NJW 1984, 63 = BauR 1984, 293 = MDR 1984, 142; *Locher/Koeble*, Rdn. 117.
433) BGH, NJW 1977, 294 = BauR 1977, 58 = DB 1977, 396.

## Auftragsvergabe durch Baubetreuungsgesellschaft Rdn. 1098–1099

nur aus steuerlichen Gründen erfolgt[434] und in Allgemeinen Geschäftsbedingungen enthalten ist.[435] Das für den Bauherrn insoweit bestehende Risiko doppelter Inanspruchnahme ändert daran nichts[436] (vgl. auch Rdn. 1037).

Die **sog. Bauherrenmodelle**, die von Baubetreuungsgesellschaften früher vielfach, heute nur noch vereinzelt interessierten Kapitalanlegern angeboten werden, waren in der Vergangenheit Anlass zur **Diskussion, wer** bei diesen Steuer- und zivilrechtlichen Konstruktionen **Vertragspartner** der Bauhandwerker ist. Die Baubetreuer werden beim Bauherrenmodell durchweg bevollmächtigt, den Bauauftrag „im Namen der Bauherren" zu vergeben. Geschieht dies, ist nach der Rechtsprechung des BGH[437] davon auszugehen, dass die vertretenen Bauherren (Kapitalanleger) dann auch tatsächlich die Vertragspartner der Bauhandwerker werden. Dabei ist unerheblich,[438] dass es sich in der Regel um eine Vielzahl von vertretenen Bauherren handelt, diese bei Abschluss **namentlich häufig noch nicht feststehen**, der Abrechnungsverkehr stets über den Baubetreuer abgewickelt wird und schließlich mit dem Baubetreuer seitens der Bauherren meist ein Festpreis vereinbart worden ist (vgl. Rdn. 1037).

**1098**

Der **BGH**[439] weist in diesem Zusammenhang darauf hin, dass der Bauherr, der aus steuerlichen Gründen die zivilrechtliche Vertragskonstruktion des Bauherrenmodells wählt, auch das Risiko **doppelter Inanspruchnahme** (durch Baubetreuer und Bauhandwerker) tragen muss.[440] Der Bauherr kann bei der Wahl dieses Modells nicht damit gehört werden, dass er einerseits zwar die Steuervorteile erstrebt, andererseits aber nicht ernsthaft gewollt habe, dass der Baubetreuer in seinem Namen Aufträge an Dritte vergibt: „Für die steuerliche Anerkennung ist erforderlich, dass die jeweils gewählte bürgerlich-rechtliche Gestaltung auch ernsthaft gewollt ist. Eine bestimmte vertragliche Regelung kann nicht gleichzeitig als steuerrechtliche gewollt und als zivilrechtliche nicht gewollt angesehen werden."[441]

**1099**

---

434) OLG Düsseldorf, BauR 1977, 218.
435) OLG München, NJW 1984, 63.
436) BGH, BauR 1977, 58, 66; vgl. hierzu auch *Müller*, BauR 1981, 219, 221 u. *Wolfensberger/Langhein*, BauR 1980, 498, 499, 502.
437) BGH, NJW 1980, 992 = BauR 1980, 262 = DB 1980, 2127; ferner: BGH, NJW 1977, 294 = BauR 1977, 58 = DB 1977, 395; BGH, BauR 1979, 440. Zur **steuerlichen** Behandlung: BFH, ZfBR 1990, 83 = NJW 1990, 729; **a. A.:** LG Arnsberg, NJW 1978, 1588 m. Anm. *Crezelius*; s. auch *Doerry*, ZfBR 1980, 166, 168 m.w. Nachw.; zum Meinungsstand: vgl. *Crezelius*, JuS 1981, 494, 497; *Wolfensberger/Langhein*, BauR 1980, 498, 501 ff. sowie *Brych*, a. a. O., u. LG Kassel, NJW 1983, 827.
438) Vgl. hierzu: BGH, NJW-RR 1987, 1233; BGH, NJW 1980, 992 = BauR 1980, 262 = DB 1980, 2127; BGH, ZfBR 1981, 136; BGH, NJW 1977, 294 = BauR 1997, 58 = DB 1977, 396; *Crezelius*, a. a. O.
439) Vgl. hierzu Rdn. **1037** und die dort abgedruckte Entscheidung des BGH, NJW 1977, 294.
440) Vgl. hierzu besonders *Müller*, BauR 1981, 219, 221 u. *Wolfensberger/Langhein*, BauR 1980, 498, 499, 502, die auf die Möglichkeit einer doppelten Inanspruchnahme und der damit verbundenen Gefahren eines Baubetreuungsvertrages hinweisen; gleichzeitig sind sie der Meinung, dass diese doppelte Inanspruchnahme verhindert werden könnte, wenn man aus der rechtlichen Konstruktion des Baubetreuungsvertrages eine Empfangszuständigkeit des Betreuers hinsichtlich der Zahlungen des Betreuten an den Unternehmer bejahen würde.
441) BGH, NJW 1977, 294 = BauR 1977, 58 = DB 1977, 396; ebenso: *Locher/Koeble*, Rdn. 553.

**1100** Beim Bauherrenmodell werden im Übrigen die **Bauherren**, die sich in der Regel in der Rechtsform einer BGB-Innengesellschaft zusammenschließen,[442] grundsätzlich nur anteilig in Höhe der Quote ihres Miteigentumsanteils **verpflichtet**[443] (vgl. Rdn. 1038). Aus diesem Grund können Bauherren auch wirksam ihre Vollmacht gegenüber dem Baubetreuer in der Weise einschränken,[444] dass sie für Verbindlichkeiten, die durch die Vertragsabschlüsse des Baubetreuers entstehen, nur als Teilschuldner im Verhältnis ihrer Miteigentumsquoten verpflichtet werden dürfen.[445] In diesem Zusammenhang hält der BGH eine sog. **Musterprozessklausel** in Allgemeinen Geschäftsbedingungen für unwirksam, wonach der Auftragnehmer bei gerichtlicher Geltendmachung seiner Ansprüche aus Gründen der Kostenersparnis nur einen von dem Baubetreuer zu bestimmenden Bauherrn entsprechend dessen Anteil in Anspruch nehmen kann; eine solche Klausel benachteiligt den Auftragnehmer entgegen der Gebote von Treu und Glauben unangemessen und verstößt daher gegen § 307 BGB.[446]

Wer gewerbsmäßig im eigenen Namen und für eigene Rechnung auf dem Grundstück seines Auftraggebers für diesen einen Bau errichtet, ist weder „Bauherr" („Bauträger") noch „Baubetreuer" im Sinne von § 34 a GewO.[447] Diese Vorschrift und die dazu ergangene Makler- und Bauträgerverordnung dienen im Bereich des Wohnungsbaus dem Schutz der Allgemeinheit und der Auftraggeber vor missbräuchlicher Verwendung von Erwerbs- und Baugeldern durch Betreuungsgesellschaften: „Die Gefahr erheblichen Vermögensschadens ist aber dann verhältnismäßig gering, wenn der Auftraggeber bereits Eigentümer des Grundstückes ist. Er ist dann in der Regel hinreichend dadurch gesichert, dass er Abschläge oder Raten erst nach Bauleistungen zahlt, durch die ihm ein entsprechender Vermögenswert zugeflossen ist. Dagegen ist die Gefahr erheblichen Geldverlustes in den Fällen groß, in denen die Vertragspartner der Bauträger erst später das dingliche Recht an dem zu bebauenden Grundstück oder nur ein Nutzungsrecht erhalten, aber vorher zahlen. Allein diese Fälle besonderer Schutzwürdigkeit vor unseriösen Bauträgern sind in § 34 c Abs. 1 Satz 1 Nr. 2 a GewO und den dazu ergangenen Durchführungsverordnungen erfasst."[448]

Zur Regelung der **Abschlagszahlungen** im Bauträgervertrag vgl. im Einzelnen Rdn. 1230.

---

442) BGH, NJW-RR 1996, 869 = WM 1996, 1004.
443) BGH, NJW 1980, 992 = BauR 1980, 262 = DB 1980, 2127; *Doerry*, ZfBR 1980, 166, 169; zur Ermittlung der **Quote**: BGH, ZfBR 1981, 136; für den Honoraranspruch des Architekten: LG Kiel, NJW 1982, 390.
444) BGH, NJW 1985 = DB 1985, 432; BauR 1984, 413 = ZfBR 1984, 188; NJW 1984, 2408 = BauR 1984, 632 = DB 1984, 2295.
445) BGH, NJW 1985 = DB 1985, 432 (auch zur Frage, wann eine derart eingeschränkte Vollmacht für Dritte erkennbar ist).
446) BGH, NJW 1984, 2408 = BauR 1984, 632 = DB 1984, 2295.
447) BGH, NJW 1978, 1054 = BauR 1978, 220.
448) BGH, BauR 1978, 220, 222 u. OLG Hamm, OLGR 1998, 298.

## 9. Public Private Partnerships (PPP)

*Literatur*

*Korn*, Die Ausgestaltung der Kalkulationsgrundlagen in Public Private Partnership-Projekten, in Baumanagement und Bauökologie (2007), 26; *Drygalski*, Öffentlich-Private-Partnerschaft – Erstes Pilotprojekt in Berlin, in Baumanagement und Bauökologie (2007), 37.

Die Bauprojekte der öffentlichen Hand sowohl im Hoch- als auch im Tiefbau sind seit jeher besonders wichtig für die gesamte Bauwirtschaft. Die fortwährend angespannte Haushaltslage hat somit auch zur Krise am Bau beigetragen, verbunden mit einem gleichzeitigen Investitionsstau der öffentlichen Hand. Vor diesem Hintergrund wurde mit Blick auf die positiven Erfahrungen aus dem europäischen Ausland sowohl von der Politik als auch der Bau- und Finanzwirtschaft die Zusammenarbeit von öffentlicher Hand und Privaten in sog. Public Private Partnerships (PPP) forciert. Als zusätzlicher Ansatz neben der klassischen Vergabe von Einzelgewerken wird hierbei nicht mehr allein auf einen Teilaspekt eines Projektes wie z. B. die reine Bauphase abgestellt. Vielmehr sollen aus der langfristig angelegten und vertraglich geregelten Zusammenarbeit der Privatwirtschaft mit der öffentlichen Hand Effizienzgewinne gezogen werden.[449]

Ausgangspunkt hierfür ist der Lebenszyklus eines Projektes, z. B. einer Immobilie. Bei PPP im engeren Sinne werden mindestens drei Elemente des Lebenszyklus (überwiegend Planung/Errichtung, Finanzierung und Betrieb) an einen privaten Partner vergeben.[450] Im Rahmen des PPP-Modells folgt dann aus der Bündelung von Ressourcen der Privatwirtschaft im Idealfall die erfolgreiche und effiziente Umsetzung des öffentlichen Bauvorhabens.

Dabei gibt es eine Fülle von Kooperationsmöglichkeiten und Modellen zwischen der öffentlichen Hand und den Privatunternehmen. Grundsätzlich versprechen komplexe Großbauvorhaben die größten Effizienzgewinnpotenziale. In der Praxis haben sich aber auch einfachere Modelle der Zusammenarbeit ohne Berücksichtigung von mindestens drei der vorgenannten Elemente des Lebenszyklus etabliert. Diese werden auch als PPP im weiteren Sinne bezeichnet.[451] Wesentliche Unterschiede der Projektgestaltung ergeben sich häufig aus der Konzeption der Finanzierung. War bislang eine Finanzierung über die Forfaitierung der Auftragssummen, verbunden mit einem Einredeverzicht der öffentlichen Hand, der Regelfall, so werden zunehmend sog. Projektfinanzierungen bevorzugt. Durch zahlreiche gesetzliche Änderungen wurde außerdem der Anwendungsbereich für PPP erweitert.

Die Entwicklung im Bereich der PPP-Modelle ist noch lange nicht abgeschlossen. Es bleibt abzuwarten, welche Modelle sich in Zukunft durchsetzen werden. Je nach Modell ergeben sich unterschiedliche rechtliche Probleme. Häufig beginnen diese im Vergaberecht für die öffentliche Hand und im Gesellschaftsrecht bei der Privatwirtschaft. Die baurechtliche Gestaltung der jeweiligen PPP-Modelle baut in der Regel auf bekannten Vertragsarten auf. Die gesteigerte Komplexität der Bauvorhaben und die häufig gegebene gesellschaftsrechtliche Verbindung der Vertragspartner kön-

---

449) *Schäfer/Karthaus*, Jahrbuch Baurecht 2005, S. 185.
450) Deutsches Institut für Urbanistik, Public Private Partnership Projekte, Studie im Auftrag der PPP Task Force im Bundesministerium für Verkehr, Bau- und Wohnungswesen, 2005, S. 13 f.
451) Deutsches Institut für Urbanistik, a. a. O.

nen hier zu prozessualen und rechtlichen Besonderheiten führen. Rechtlich schwierig ist insbesondere die Gestaltung von Betreiberverträgen im Rahmen von PPP-Projekten, die mitunter über mehrere Jahrzehnte laufen.

## III. Der vertraglich vereinbarte Werklohn

*Übersicht*

|   | Rdn. |   | Rdn. |
|---|---|---|---|
| 1. Vorarbeiten | 1105 | b) Preisklauseln | 1120 |
| 2. Vereinbarte Vergütung | 1113 | c) Kalkulationsgrundsätze | 1127 |
| a) Grundsätzliches | 1113 | 3. „Übliche" Vergütung | 1134 |

Für die Werklohnklage genügt zunächst die Behauptung, **1102**
* dass eine bestimmte **Vergütung** zwischen den Parteien **vertraglich vereinbart** worden ist, § 631 BGB (vgl. Rdn. 1113 ff.),

oder bei fehlender ausdrücklicher Vergütungsvereinbarung,
* dass eine **Vergütung** der erbrachten Bauleistung der **Üblichkeit** entspricht, § 632 Abs. 1 BGB, und die geltend gemachte Vergütung nach einer Taxe berechnet oder üblich ist, § 632 Abs. 2 BGB.

Für diese Voraussetzungen trägt der Auftragnehmer die **Darlegungs- und Beweislast**. An das Vorbringen des Auftragnehmers sind jedoch keine allzu großen Anforderungen zu stellen; erst wenn der Gegner den Grund und die Höhe der Vergütung bestreitet, muss der Auftragnehmer im Rahmen seiner Substantiierungspflicht seinen Vortrag gegebenenfalls ergänzen oder erläutern.[1)]

Haben sich die Parteien die Vereinbarung einer Vergütung ausdrücklich vorbehalten, und wollen sie nicht, dass die insoweit verbliebene Lücke mangels einer späteren Einigung nach den gesetzlichen Bestimmungen oder nach billigem Ermessen ausgefüllt wird, kann die von ihrer freien Entschließung abhängige Entscheidung nicht durch einen Richterspruch ersetzt oder ergänzt werden,[2)] denn auch die Anwendung des **§ 632 Abs. 2 BGB setzt voraus**, dass ein **Bauvertrag geschlossen** worden ist. Wollten beide Parteien zu einem bestimmten Preis abschließen, ist das aber nicht geschehen, so ist ein Bauvertrag überhaupt nicht zu Stande gekommen.[3)] **1103**

Von der vorstehenden Fallgestaltung sind die Fälle des § 632 Abs. 1 BGB zu unterscheiden: Haben es die Parteien bei Vertragsschluss unterlassen, eine Vergütung als solche zu vereinbaren, enthält die vorgenannte Vorschrift zur Vermeidung von Dissensfolgen die Vermutung einer stillschweigenden Einigung über die Entgeltlichkeit.[4)] Allerdings muss der Auftragnehmer darlegen und beweisen, dass die **Bauleistung** den Umständen nach **nur gegen eine Vergütung** zu erwarten ist;[5)] dabei ist entscheidend, ob die Umstände des Einzelfalles ergeben, dass eine Vergütung insoweit „üblich" ist. Dafür ist eine objektive Beurteilung maßgebend:[6)] Da Bauleistungen in der Regel jedoch nur gegen eine Vergütung erbracht und erwartet werden, kann ein Unternehmer **grundsätzlich** auch eine Vergütung verlangen.[7)] Besondere Umstände, wonach die Leistung gleichwohl **unentgeltlich** vom Auftragnehmer **1104**

---

1) BGH, BauR 1988, 121.
2) RGZ 124, 81; OLG Hamburg, *Schäfer/Finnern*, Z 2.1 Bl. 5.
3) BGH, U. v. 16.10.1969 – VII ZR 129/67, zitiert bei *Schmidt*, Beilage 4/WM 1972, S. 17; *Heiermann/Riedl/Rusam*, § 2/B, Rdn. 7.
4) Vgl. *Palandt/Sprau*, § 632 BGB, Rdn. 4.
5) OLG Oldenburg, OLGR 2003, 398 (z. B. nicht unbeträchtlicher Materialaufwand); OLG Köln, NJW-RR 1994, 1239 = OLGR 1994, 159.
6) BGH, BauR 1987, 454 = NJW 1987, 2742 = ZfBR 1987, 187; *Schäfer/Finnern*, Z 3.00 Bl. 188, 189.
7) Beck'scher VOB-Komm/*Jagenburg*, B Vor § 2, Rdn. 5.

erbracht werden sollte, muss deshalb der **Auftraggeber** darlegen und beweisen.[8] Im Falle gegenseitiger **Nachbarschaftshilfe** am Bau spricht nach Auffassung des OLG Köln[9] die Lebenserfahrung dafür, dass regelmäßig die Arbeitsleistungen unentgeltlich erbracht werden; das gilt nicht hinsichtlich der für die Arbeitsleistung notwendigen Materialien.

Verlangt ein Auftraggeber in seinen formularmäßigen Vorbemerkungen vom Auftragnehmer unentgeltliche Leistungen, deren Kosten von erheblicher Bedeutung für die Preisbildung sein können und die für den Auftragnehmer auch nicht voraussehbar sind, so verstößt eine solche Klausel gegen § 307 Abs. 2 Nr. 1 BGB.[10]

Ist der Werklohn aufgrund einer **unzulässigen Preisabsprache** (z. B. im Rahmen einer Submission unter den Bietern) zu Stande gekommen, ist es dem Auftragnehmer – nach Auffassung des LG München[11] – gemäß § 242 BGB (unzulässige Rechtsausübung) verwehrt, sich auf die Preisvereinbarung zu stützen; vielmehr muss dieser nunmehr zur Durchsetzung seines Werklohns eine neue Abrechnung vorlegen, die den üblichen Wettbewerbspreisen entspricht.

## 1. Vorarbeiten

*Literatur*
*Einfeld*, Die Vergütung von Vorarbeiten im Werkvertragsrecht, BB 1967, 147; *Sturhan*, Die Vergütung von Projektierungsarbeiten nach Werkvertragsrecht, BB 1974, 1552; *Honig*, Probleme um die Vergütung beim Werkvertrag, BB 1975, 447; *Vygen*, Der Vergütungsanspruch des Unternehmers für Projektierungsarbeiten und Ingenieurleistungen im Rahmen der Angebotsabgabe, Festschrift für Korbion (1986), 439; *Hahn*, Projektierung technischer Anlagen, Kostenlos?, BauR 1989, 670.

**1105** Die Erstattung von **Kosten für Vorarbeiten** eines Unternehmers ist häufig ein Streitgegenstand in der Baupraxis. Als Vorarbeiten werden vor allem die Erstellung von **Leistungsverzeichnissen, Mengenberechnungen, die Erarbeitung von Projektierungsunterlagen, Plänen, Zeichnungen, Kostenvoranschlägen, Modellen, Angeboten** usw. verstanden.

Sehr oft kommt es nach Einreichung der Unterlagen durch den Unternehmer nicht zu einem Vertragsabschluss über das Gewerk mit dem Bauherrn, weil dieser den Auftrag an einen Dritten (Konkurrenten) vergibt. Der übergangene Unternehmer verlangt dann häufig den Ersatz seiner Aufwendungen, die im Falle einer Beauftragung in den Baupreisen miteinkalkuliert gewesen wären.

**1106** Ein solcher Vergütungsanspruch kann zunächst nur dann Erfolg haben, wenn die Parteien die entsprechenden Vorarbeiten zum **Gegenstand eines separaten und auf beiden Seiten verpflichtenden Vertrages** (mit Vergütungsanspruch für den Auftragnehmer[12]) machen wollten.[13] Hierfür ist der Unternehmer **darlegungs- und beweispflichtig**.

---

[8] BGH a. a. O.
[9] OLGR 1994, 159 = NJW-RR 1994, 1239.
[10] LG München, BauR 1994, 413 (LS).
[11] NZBau 2002, 37.
[12] Vgl. BGH, NJW-RR 2005, 19.
[13] So auch BGH, NJW 1979, 2202 = BauR 1979, 509 = DB 1979, 2078; bestätigt mit BGH, BauR 1980, 172 = ZfBR 1980, 21 sowie NJW 1982, 765; vgl. ferner: OLG Düsseldorf, BauR 1991, 613; HansOLG Hamburg, MDR 1985, 321.

**Vorarbeiten**

Grundsätzlich ist davon auszugehen, dass dem Bauherrn insoweit ein entsprechender **Verpflichtungswille zum Abschluss eines Werkvertrages** fehlt, sodass ein Vergütungsanspruch schon wegen fehlender vertraglicher Bindung nicht geltend gemacht werden kann.[14] Dies gilt nicht nur für die Fälle, in denen der Unternehmer unter Umständen mit großem Zeitaufwand ein fertiges (vom Bauherrn oder seinem Architekten erstelltes) Angebotsblankett ausfüllt, um sein Angebot abgeben zu können, sondern auch dann, wenn zur Abgabe des Angebots durch den Unternehmer weitere umfangreiche Aufwendungen erforderlich sind, wie z. B. besondere Mengenberechnungen zur Erstellung des noch nicht vorhandenen Leistungsverzeichnisses, die Vornahme von Besichtigungen, das Erstellen von „Musterflächen",[15] die Fertigung von Entwürfen, Plänen, Zeichnungen usw.[16] Auf den Umfang der Aufwendungen kommt es daher grundsätzlich nicht an.[17]

Darüber hinaus ist unerheblich, ob der Unternehmer die Vorarbeiten unaufgefordert oder auf Veranlassung des Bauherrn erstellt hat.[18] Im ersten Fall gibt der Unternehmer lediglich ein Angebot auf Abschluss eines Werkvertrages über das Hauptwerk ab, sodass hierdurch die Vorarbeiten nicht auf einer vertraglichen Grundlage erfolgen;[19] im zweiten Fall kann in der bloßen Aufforderung des Bauherrn, einen Kostenvoranschlag abzugeben oder andere Vorarbeiten vorzunehmen, in der Regel noch nicht das Angebot auf Abschluss eines Werkvertrages über die angeforderten Vorarbeiten durch den Bauherrn gesehen werden. Die Interessenlage ist hier anders als bei planerischen Vorleistungen eines Architekten (vgl. hierzu Rdn. 629 ff.), weil Planungsleistungen bereits zu der eigentlichen Architektenleistung gehören. Im Übrigen kommt es stets auf die Umstände des **Einzelfalles** an.[20]

Das **SchRModG** hat diese Grundsätze in § 632 Abs. 3 BGB aufgenommen. Im Regierungsentwurf (Bundestags-Drucksache 14/6040, S. 259) heißt es dementsprechend:

„Die Frage, ob ein Kostenanschlag zu vergüten ist, erweist sich im Rechtsalltag wegen des Fehlens einer gesetzlichen Regelung als häufige Streitquelle. Namentlich bei aufwändigen Kostenvoranschlägen und dann, wenn kein Vertrag zur Erbringung der veranschlagten Leistung nachfolgt, sind Werkunternehmer geneigt, ihren Kunden den Kostenanschlag in Rechnung zu stellen. Demgegenüber dürfte es allgemeinem Rechtsbewusstsein entsprechen, dass eine Vergütungspflicht einer eindeutigen Vereinbarung bedarf. Kostenvoranschläge dienen dazu, die veranschlagte Kostenhöhe für die zu erbringende Werkleistung zu erfahren, an Konkurrenzangeboten zu messen und insbesondere in den typischen Fällen der erstrebten Instandsetzung technischer Geräte den

---

14) Im Ergebnis ebenso: *MünchKomm-Busche*, § 632 BGB, Rdn. 11, sowie *Grimme*, 113, 120; Beck'scher VOB-Komm/*Jagenburg*, B Vor § 2, Rdn. 95, 96; anders: *Hahn*, BauR 1989, 670.
15) OLG Düsseldorf, OLGR 2003, 289 = BauR 2003, 1046.
16) **Herrschende Meinung**; BGH, BauR 1979, 509 = NJW 1979, 2202 = ZfBR 1979, 203 = MDR 1979, 1015; OLG Nürnberg, NJW-RR 1993, 760, 761; OLG Hamm, BB 1975, 112; LG Hamburg, *Schäfer/Finnern*, Z 2.10 Bl. 21; *Einfeld*, BB 1967, 147; **a. A.:** *Honig*, BB 1975, 447; *Sturhan*, BB 1974, 1552, die beide bei umfangreichen Projektierungsarbeiten den Abschluss eines Werkvertrages bejahen und dem Unternehmer gemäß § 632 BGB eine Vergütung zusprechen wollen.
17) BGH, a. a. O.
18) Vgl. OLG Düsseldorf, BauR 1991, 613; *Einfeld*, BB 1967, 147; ebenso: *MünchKomm-Busche*, § 632 BGB, Rdn. 11.
19) Vgl. hierzu *Grimme*, S. 113, 120 m. Nachw.
20) BGH, NJW 1979, 2202; OLG Düsseldorf, NJW-RR 1991, 120 (Entwurfsarbeiten eines Graphikers).

Nutzen der Reparatur durch einen Vergleich der Kostenhöhe mit dem Zeitwert des Gerätes zuverlässig einschätzen zu können. Die Bemühungen des Werkunternehmers, einen Kostenanschlag zu erstellen, zählen nach der berechtigten Erwartung des Publikums zu den Gemeinkosten des Werkunternehmers. Mit der vorgesehenen Regelung in § 632 Abs. 3 wird das Ziel verfolgt, einen Streit der Parteien um eine Vergütung des Kostenanschlags nicht erst aufkommen zu lassen oder jedenfalls zu begrenzen. Zu diesem Zweck wird auf der Grundlage der Rechtsprechung des BGH vorgesehen, dass ein Kostenanschlag unentgeltlich ist, so lange der Werkunternehmer nicht beweist, dass er sich mit dem Kunden über die Vergütungspflicht einig geworden ist."

**1108** Das OLG Hamm[21] hat für **umfangreiche Projektierungsarbeiten** hervorgehoben, dass auch solche Vorarbeiten einer Heizungsfirma (Besichtigung des Gebäudes, Anfertigung von Projektierungszeichnungen und Wärmebedarfsberechnungen, Erstellung eines Angebotsblanketts mit Angebotspreisen) nur dann zu vergüten sind, wenn dies für den Fall der Nichterteilung des Auftrags ausdrücklich vereinbart wurde, wofür der Unternehmer beweispflichtig ist, sodass etwaige auch durch Auslegung nicht zu beseitigende Zweifel zu seinen Lasten gehen.[22] Dem hat sich der **BGH**[23] angeschlossen und ausgeführt, „in der Regel" sei eine entsprechende Vereinbarung über die Vergütung von Vorarbeiten (hier Erstellung umfangreicher Angebotsunterlagen) nicht anzunehmen. Dies begründet der BGH mit dem Hinweis, dass nur so ein „interessengerechtes" Ergebnis erzielt werden könne:

> „Nur der Anbieter vermag hinreichend zu beurteilen, ob der zur Abgabe seines Angebots erforderliche Aufwand das Risiko seiner Beteiligung an dem Wettbewerb lohnt. Glaubt er, diesen Aufwand nicht wagen zu können, ist er aber gleichwohl an dem Auftrag interessiert, so muss er entweder versuchen, mit dem Veranstalter des Wettbewerbs eine Einigung über die Kosten des Angebots herbeizuführen oder aber vom Angebot absehen und dieses den Konkurrenten überlassen, die zur Übernahme jenes Risikos bereit geblieben sind. Wäre dagegen derjenige, der zur Abgabe von Angeboten aufgefordert hat, von vornherein zur Erstattung der hier in Rede stehenden Aufwendungen verpflichtet, müsste er häufig auf jeden Wett-bewerb verzichten: Er hätte dann mit für ihn nicht mehr überschaubaren Kosten zu rechnen, weil er jedenfalls bei öffentlicher Ausschreibung gewöhnlich zunächst weder die Zahl der Anbieter noch den Umfang ihrer – möglicherweise auch noch unterschiedlichen – Vorarbeiten kennt."

Folgerichtig hält der BGH[24] eine Bestimmung in **AGB**, nach der Kostenvoranschläge, die nicht zu einem Auftragsverhältnis führen, mit einer **Bearbeitungsgebühr** berechnet werden, für unwirksam (§ 307 BGB), sofern nicht im Einzelfall eine Branchenüblichkeit festzustellen ist. Das OLG Karlsruhe[25] vertritt dieselbe Auffassung zu der Neuregelung des § 632 Abs. 3 BGB: Danach ist eine formularmäßig bestimmte Vergütungspflicht von Kostenvoranschlägen mit der Regelung des § 632 Abs. 3 BGB nicht zu vereinbaren und benachteiligt den Auftraggeber deshalb unangemessen, sodass ein Voranschlag nach dieser Vorschrift so lange unentgelt-

---

21) BB 1975, 112 = BauR 1975, 418.
22) Ähnlich: *Einfeld*, BB 1967, 147, 149; **a. A.:** *Hahn*, BauR 1989, 670, 675.
23) NJW 1979, 2202; ebenso: *MünchKomm-Busche*, § 632 BGB, Rdn. 11. Siehe auch BGH, NJW 1982, 765 = DB 1982, 640 = WM 1982, 202 (unwirksame Regelung einer Bearbeitungsgebühr für Kostenanschläge in AGB; Verstoß gegen § 9 AGB-Gesetz) sowie *Vygen*, Festschrift für Korbion, S. 444, 445 u. Rdn. 44 ff.; ferner: OLG Koblenz, BauR 1998, 542 = NJW-RR 1998, 813 = OLGR 1998, 210 (nicht honorarpflichtige Bauplanung durch Generalunternehmer).
24) NJW 1982, 765 (zu § 9 AGB-Gesetz); hierauf verweist auch der Regierungsentwurf zum SchRModG, BT-Drucksache 14/6040, S. 260; s. auch OLG Celle, VersR 1984, 68; vgl. aber hierzu KG, ZIP 1982, 1333.
25) BauR 2006, 683.

lich ist, bis der Unternehmer beweist, dass er mit dem Besteller über die Vergütung einig geworden ist.

Errichtet ein **Bauunternehmer** oder **Bauträger** schlüsselfertig Häuser, und werden von diesem – im Rahmen der Verkaufsgespräche mit dem interessierten Erwerber – **Planungsleistungen** (z. B. aufgrund von Änderungswünschen gegenüber der vorhandenen Standardplanung) erbracht, ist auch hier grundsätzlich davon auszugehen, dass die Vorarbeiten als unentgeltliche Vorleistungen erbracht werden, um den Abschluss eines Bauerrichtungsvertrages zu ermöglichen.[26] Etwas anderes kann nur gelten, wenn **vertragliche Bindungen** im Hinblick auf die Erbringung dieser Planungsleistungen nachgewiesen werden (vgl. hierzu auch Rdn. 611 ff.). **1109**

Handelt der Bauherr allerdings in diesem Zusammenhang arglistig, indem er den Unternehmer angeblich zum Zwecke des Wettbewerbs zur Abgabe eines Angebots auffordert, während er tatsächlich die Vorarbeiten für seine Planung verwerten will, so kann er dem Bauunternehmer für die entstandenen Kosten aus dem Gesichtspunkt des Verschuldens bei der Anbahnung von Vertragsbeziehungen (§ 311 Abs. 2 BGB n. F.) haften.[27] **1110**

Den Ersatz seiner Aufwendungen kann der Unternehmer darüber hinaus höchstens über § 812 BGB erreichen. Dies setzt indes auf seiten des Unternehmers den schlüssigen Vortrag voraus, dass die Drittfirma ihrerseits durch die Benutzung des Leistungsverzeichnisses oder sonstiger Projektierungsunterlagen Zeit und Kosten gespart hat; eine Bereicherung des Bauherrn kann dann nur in Höhe des Betrages liegen, um welchen die Drittfirma, die den Bauauftrag erhalten hat, dem Bauherrn erkennbar einen günstigeren Preis in Rechnung gestellt hat, weil sie die Vorarbeiten des anderen Bauunternehmers verwerten konnte.[28] Dies wird allerdings nur in seltenen Ausnahmefällen vorliegen. **1111**

Erstellt ein Unternehmer nach Aufforderung durch den Bauherrn ein Angebot, obwohl dieser den Bauauftrag bereits anderweitig vergeben hat, kommt ebenfalls ein Ersatzanspruch **aus Verschulden bei Vertragsabschluss** (§ 311 BGB) in Betracht;[29] der Unternehmer hat den Schaden allerdings im Einzelnen darzulegen und zu beweisen.[30]

Bei Ausschreibungen, denen die VOB zu Grunde liegt, bestimmt § 20 VOB/A, dass grundsätzlich für die Bearbeitung des Angebotes keine Entschädigung gewährt wird. Verlangt jedoch der Auftraggeber, dass der „Bewerber" Entwürfe, Pläne, Zeichnungen, statische Berechnungen, Mengenberechnungen oder andere Unterlagen ausarbeitet, so ist einheitlich für alle Bieter in der Ausschreibung eine angemessene Entschädigung festzusetzen. Ist eine solche Entschädigung in der Ausschreibung nicht festgesetzt, bleibt es bei den dargelegten Grundsätzen. **1112**

---

26) Vgl. hierzu OLG Hamm, NJW-RR 1993, 1368 = ZfBR 1993, 279; BauR 1993, 775 (LS); OLG Düsseldorf, BauR 1991, 613, 614 (Planungsleistungen mit dem Ziel, den Auftrag über die Einrichtung einer Gaststätte zu erhalten); OLG Koblenz, BauR 1998, 542 = NJW-RR 1998, 813 = OLGR 1998, 210; OLG Celle, BauR 2000, 1069.
27) *Einfeld*, a. a. O.
28) Vgl. auch *Einfeld*, a. a. O., S. 148; OLG Dresden, SeuffArch 73, Nr. 51 u. *MünchKomm-Busche*, § 632 BGB, Rdn. 15; **a. A.:** Beck'scher VOB-Komm/*Jagenburg*, B Vor § 2, Rdn. 104 (Erstattung der vollen Projektierungskosten).
29) So wohl OLG Köln, BauR 1992, 89.
30) OLG Köln, a. a. O. (kein Schaden bei Angebot durch fest angestellten Mitarbeiter).

## 2. Vereinbarte Vergütung

*Literatur bis 1999*

*Festge*, Aspekte der unvollständigen Leistungsbeschreibung der VOB, BauR 1974, 363; *Burck*, AGB-Gesetz und Preisänderungsklauseln, DB 1978, 1385; *Bilda*, Preisklauseln in Allgemeinen Geschäftsbedingungen, MDR 1979, 89; *Hundertmark*, Die Behandlung des fehlkalkulierten Angebots bei der Bauvergabe nach VOB/A, BB 1982, 16; *Wettke*, Die Haftung des Auftraggebers bei lückenhafter Leistungsbeschreibung, BauR 1989, 292; *Bühl*, Grenzen der Hinweispflicht des Bieters, BauR 1992, 26; *Neusüß*, Irren im Wettbewerb, Schriftenreihe der Dt. Gesellschaft für Baurecht, Bd. 18, 11; *Dähne*, Der Kalkulationsirrtum in der Baupraxis, Schriftenreihe der Dt. Gesellschaft für Baurecht, Bd. 18, 68; *Glatzel*, Unwirksame Vertragsklauseln zum Kalkulationsirrtum nach dem AGB-Gesetz, Schriftenreihe der Dt. Gesellschaft für Baurecht, Bd. 18, 31; *Vygen*, Nachträge bei lückenhaften und/oder unklaren Leistungsbeschreibungen des Auftraggebers, Festschrift für Soergel (1993), 277; *Marbach*, Nachtragsforderung bei mangelnder Leistungsbeschreibung der Baugrundverhältnisse im VOB-Bauvertrag und bei Verwirklichung des „Baugrundrisikos", BauR 1994, 168; *Putzier*, Nachtragsforderungen infolge unzureichender Beschreibung der Grundwasserverhältnisse. Welches ist die zutreffende Anspruchsgrundlage?, BauR 1994, 596; *Hanhart*, Prüfungs- und Hinweispflicht des Bieters bei lückenhafter und unklarer Leistungsbeschreibung, Festschrift für Heiermann (1995), 111; *Vygen*, Nachtragsangebote: Anforderungen an ihre Erstellung, Bearbeitung und Beauftragung, Festschrift für Heiermann, 317; *Mandelkow*, Qualifizierte Leistungsbeschreibung als wesentliches Element des Bauvertrages, BauR 1996, 31; *Cuypers*, Leistungsbeschreibung, Ausschreibung und Bauvertrag, BauR 1997, 27; *Lange*, Zur Bedeutung des Anspruchs aus culpa in contrahendo bei unvollständigen, unklaren oder fehlerhaften Leistungsbeschreibungen, z.B. bei unzureichend beschriebenem Baugrund, Festschrift für v. Craushaar (1997), 271; *Quack*, Über die Verpflichtung des Auftraggebers zur Formulierung der Leistungsbeschreibung nach den Vorgaben von § 9 VOB/A, BauR 1998, 381; *Wierer/Stemmer*, Die Bedeutung der Leistungsbeschreibung für den Architektenvertrag, BauR 1998, 1129; *Vygen*, Nachträge bei verändertem Baugrund, Jahrbuch Baurecht 1999, 46; *Kapellmann*, „Baugrundrisiko" und „Systemrisiko" – Baugrundsystematik, Bausoll, Beschaffenheitssoll, Bauverfahrenssoll, Jahrbuch Baurecht 1999, 1; *Dähne*, Auftragnehmeransprüche bei lückenhafter Leistungsbeschreibung, BauR 1999, 289; *Döring*, Die funktionale Leistungsbeschreibung – Ein Vertrag ohne Risiko?, Festschrift für Vygen (1999), S. 175; *Dähne*, Die Lohngleitklausel in öffentlichen Bauaufträgen, Festschrift für Vygen (1999), S. 161; *Dausener*, Hat der AN bei der Ausführung „oder gleichwertig" ein Wahlrecht und ist die Einschränkung dieses Rechts AGB-widrig?, BauR 1999, 715; *Döring*, Die funktionale Leistungsbeschreibung – Ein Vertrag ohne Risiko? Festschrift für Vygen (1999), S. 175; *Dähne*, Die Lohngleitklausel in öffentlichen Bauaufträgen, Festschrift für Vygen (1999), S. 161.

*Literatur ab 2000*

*Vygen*, Die funktionale Leistungsbeschreibung, Festschrift für Mantscheff (2000), 459; *Kemper/Schaarschmidt*, Die Vergütung nicht bestellter Leistungen nach § 2 Nr. 8 VOB/B, BauR 2000, 1651; *Marbach*, Nebenangebote und Änderungsvorschläge im Bauvergabe- und Vertragsrecht unter Berücksichtigung der VOB Ausgabe 2000, BauR 2000, 1643; *Schmidt*, Die rechtlichen Rahmenbedingungen der funktionalen Leistungsbeschreibung, ZfBR 2001, 3; *Roquette*, Vollständigkeitsklauseln: Abwälzung des Risikos unvollständiger oder unrichtiger Leistungsbeschreibungen auf den Auftragnehmer, NZBau 2001, 57; *Reitz*, Wirksamkeit von Gleit-, Bagatell- und Selbstbeteiligungsklauseln, BauR 2001, 1513; *Quack*, Das ungewöhnliche Wagnis im Bauvertrag, BauR 2003, 26; *Freise*, Schutz des Wettbewerbs über § 9 VOB/A, BauR 2003, 1791; *Kummermehr*, Angebotsbearbeitung und Kalkulation des Bieters bei unklarer Leistungsbeschreibung, BauR 2004, 161; *Erdl*, Unklare Leistungsbeschreibung des öffentlichen Auftraggebers im Vergabe- und im Nachprüfungsverfahren, BauR 2004, 166; *Markus*, Ansprüche des Auftragnehmers nach wirksamer Zuschlagserteilung bei „unklarer Leistungsbeschreibung" des Auftraggebers, BauR 2004, 180; *Prieß*, Die Leistungsbeschreibung – Kernstück des Vergabeverfahrens, NZBau 2004, 20 sowie 87; *Peters*, Verbesserung der Zahlungsmoral im Baugewerbe, NZBau 2004, 1; *Roquette/Paul*, Pauschal ist Pauschal! – Kein Anspruch

# Vereinbarte Vergütung

auf zusätzliche Vergütung bei bewusster Übernahme von Vollständigkeitsrisiken, BauR 2004, 736; *Blatt/Gewaltig*, Stoffpreisgleitklauseln vor dem Hintergrund massiver Stahlpreiserhöhungen, BauRB 2004, 275; *Ax/Schneider/Häfner/Wagner*, Kalkulationen am Bau – Umgang mit Bedarfs- und Alternativpositionen, BTR 2005, 196; *Oberhauser*, Ansprüche des Auftragnehmers auf Bezahlung nicht „bestellter" Leistungen beim Bauvertrag auf Basis der VOB/B, BauR 2005, 919; *Leupertz*, Der Anspruch des Unternehmers auf Bezahlung unbestellter Bauleistungen beim BGB-Bauvertrag, BauR 2005, 775.

## a) Grundsätzliches

**1113** Neben dem Abschluss eines Bauvertrages muss der Unternehmer im Einzelnen darlegen und ggf. beweisen, dass eine **bestimmte Vergütung** (Einheitspreis, Pauschalpreis, Stundenlohnsatz oder Selbstkostenerstattungsbetrag) mit dem Bauherrn für die von ihm **erbrachte Bauleistung** vereinbart worden ist, wenn er seinen Zahlungsanspruch auf § 631 BGB stützen will.[31] Behauptet der Bauherr, dass die Bauleistung **unentgeltlich** erbracht werden sollte, trägt er hierfür die Darlegungs- und Beweislast (vgl. näher Rdn. 1104). Will der Unternehmer nach **Einheitspreisen** abrechnen, behauptet der Bauherr jedoch die Vereinbarung einer geringeren Vergütung – z. B. eines geringeren Pauschalpreises –, muss der **Unternehmer**[32] die Vereinbarung der Abrechnung nach Einheitspreisen **beweisen**.

**1114** Etwas anderes gilt für den **VOB-Bauvertrag**. Hier ist gemäß § 2 Nr. 2 VOB/B **grundsätzlich** die Vergütung nach Einheitspreisen abzurechnen. Demgegenüber vertritt der BGH[33] die Meinung, § 2 VOB/B sei nicht zu entnehmen, „dass nach Einheitspreisen immer dann abzurechnen wäre, wenn sich eine Vereinbarung über die Berechnungsart der Vergütung nicht feststellen lässt", zumal die Abrechnung nach Einheitspreisen auch keinem Handelsbrauch im Baugewerbe entspricht.

**1115** Der BGH steht mit dieser Rechtsprechung in deutlichem Widerspruch zu der herrschenden Meinung im Schrifttum,[34] nach der beim **VOB-Vertrag** derjenige die Beweislast trägt, der eine andere Berechnungsweise als nach Einheitspreisen behauptet. *Hochstein*[35] hat die Entscheidung des BGH kritisiert, weil sie dem Wortlaut des § 2 Nr. 2 VOB/B und der Zielsetzung der Vorschrift („Einheitspreisberechnung als Regelfall, da leistungsgerecht") entgegenstehe; nach seiner Ansicht erhält § 2 Nr. 2 VOB/B „erst durch seine gegenüber dem BGB-Werkvertragsrecht beweislastumkehrende

---

31) Zur **Darlegungs-** und **Beweislast:** BGH, BauR 1995, 91 = ZfBR 1995, 33; OLG Köln, OLGR 2002, 94; OLG Düsseldorf, OLGR 1992, 268; BGH, BauR 1984, 667 = WM 1984, 1380; BauR 1983, 366.
32) BGH, BauR 1981, 388 = ZfBR 1981, 170 = DB 1981, 2121 = NJW 1981, 1442 = MDR 1981, 663; OLG Naumburg, IBR 2007, 63 – *Karczewski*; OLG Hamm, NJW-RR 1993, 1490. Vgl. auch OLG Hamm, BauR 1996, 123 = NJW-RR 1996, 86 = OLGR 1995, 241 (diese Beweislastverteilung gilt nicht, wenn das Angebot des Auftragnehmers ausdrücklich „ca."-Massen enthält).
33) BGH, a. a. O.; vgl. hierzu aber auch BGH, LM § 632 Nr. 3 BGB; *Baumgärtel*, Beweislast, § 632 BGB, Rdn. 16.
34) *Riedl*, ZfBR 1980, 1, 2; *Nicklisch/Weick*, § 2/B, Rdn. 24, 25; *Locher*, Rdn. 181; *Vygen*, ZfBR 1979, 133, 136; *Ingenstau/Korbion/Keldungs*, § 2 Nr. 2/B, Rdn. 1 und § 2/B, Rdn. 20; *Daub/Piel/Soergel/Steffani*, § 2/B, ErlZ B 249; *MünchKomm-Busche*, § 632 BGB, Rdn. 24; *Tempel*, JuS 1979, 493; *Kleine-Möller/Merl*, § 10, Rdn. 35; *Korbion/Hochstein*, Rdn. 261; **a. A.:** und dem BGH folgend: Beck'scher VOB-Komm/*Jagenburg*, B Vor § 2, Rdn. 72 und § 2, Rdn. 8; *Franke/Kemper/Zanner/Grünhagen*, § 2/B, Rdn. 30 u. 257.
35) In *Anm.* zu BGH, *SFH*, Nr. 1 zu § 2 Nr. 2 VOB/B.

Funktion" einen Sinn. Das ist ein gewichtiges Argument, weil die VOB tatsächlich von dem Einheitspreisvertrag als Normaltyp ausgeht.

**1116** Ist die Vereinbarung, nach Einheitspreisen abzurechnen, unstreitig, trägt der Unternehmer die Beweislast für einen **bestimmten** Einheitspreis. Behauptet demgegenüber der Auftraggeber, es sei ein niedrigerer Einheitspreis vereinbart worden, muss der Unternehmer die Behauptung des Auftraggebers widerlegen.[36]

**1117** Ist die **ursprüngliche** Preisvereinbarung unstreitig, behauptet der Bauherr eine **spätere abweichende** Vergütungsabrede, so ist er hierfür beweispflichtig.[37] Das gilt auch dann, wenn die Parteien bei Abschluss des Bauvertrages keine feste Preisvereinbarung getroffen haben, der Bauherr aber behauptet, dass nach Beginn der Arbeiten ein Festpreis vereinbart worden sei.[38]

Haben die Vertragsparteien vereinbart, dass **nach dem Aufwand abzurechnen** ist, der notwendig wird, um einen bestimmten Erfolg herbeizuführen, trägt der Unternehmer die Beweislast für den Umfang der insoweit erforderlichen Leistung.[39]

**1118** Für eine **andere als die bestellte Bauleistung** kann der Auftragnehmer nur dann den vertraglich vereinbarten Werklohn verlangen, wenn er beweist, dass die Vergütung auch für diesen Fall gelten sollte; sonst kann er nur die übliche Vergütung[40] fordern, wenn die andere Bauleistung auf einer werkvertraglichen Grundlage erfolgte, andernfalls besteht nur ein Anspruch aus §§ 677, 683, 812 BGB. Für den VOB-Bauvertrag gilt § 2 Nr. 8 VOB/B.[41]

Häufig behaupten **Subunternehmer, vom Bauherrn** unmittelbar einen **zusätzlichen Auftrag** erhalten zu haben. Insoweit trägt der Subunternehmer die Darlegungs- und Beweislast. Nach einer zutreffenden Entscheidung des KG[42] kann „nur in ganz bestimmten Ausnahmefällen angenommen werden, dass eine zusätzliche entgeltliche Beauftragung eines Subunternehmers durch den Bauherrn vorliegt"; das KG führt ferner aus, dass eine solche zusätzliche entgeltliche Beauftragung nicht schon dann vorliegt, wenn der Subunternehmer darauf hinweist, dass bestimmte Arbeiten nicht von seinem Auftrag gedeckt sind und der Bauherr ihn gleichwohl zur Erledigung auffordert.

Nicht selten vereinbaren Vertragsparteien **Nachtrags- oder Zusatzaufträge**, die sich später als Irrtum erweisen, weil die entsprechenden Leistungen **im Hauptauftrag** vereinbart waren oder Mängelbeseitigungsarbeiten betrafen. Dann kann der Auftragnehmer keine **Doppelabrechnung** vornehmen, es sei denn, dass der Auftraggeber in der Nachtrags- oder Zusatzvereinbarung eine gesonderte Vergütungspflicht selbstständig anerkannt hat oder sich die Vertragsparteien gerade wegen der entspre-

---

36) BGH, BauR 1983, 366, 367; vgl. hierzu BGH, BauR 1992, 505 = NJW-RR 1992, 848 = MDR 1992, 1028 m. Anm. *Baumgärtel* = ZfBR 1992, 173; OLG Düsseldorf, OLGR 1992, 813 = BauR 1992, 813 (LS).
37) Vgl. OLG Frankfurt a. M., NJW-RR 1997, 276; OLG Karlsruhe, MDR 1963, 924 sowie BGH, BauR 1995, 92 = ZfBR 1995, 27. Vgl. hierzu OLG Bamberg, IBR 2004, 302 – *Roos* (schriftlicher Vertrag trägt die Vermutung der Vollständigkeit und Richtigkeit in sich).
38) OLG Hamm, NJW 1986, 199 = MDR 1985, 672.
39) BGH, ZfBR 1990, 129.
40) § 632 Abs. 2 BGB.
41) Vgl. hierzu auch *Kemper/Schaarschmidt*, BauR 2000, 1651.
42) MDR 2006, 18.

**Vereinbarte Vergütung**  Rdn. 1119–1120

chenden Leistungen verglichen haben.⁴³⁾ Es stellt sich aber die Frage, auf welcher Grundlage der Auftragnehmer die entsprechenden Leistungen abrechnen kann. Das KG⁴⁴⁾ ist bei dieser Fallgestaltung der Auffassung, dass der Auftraggeber die Bauleistung entsprechend der speziellen Regelung des Zusatzauftrages zu vergüten hat. Das ist zweifelhaft, da die Zusatzvereinbarung grundsätzlich wegen der Doppelbeauftragung gegenstandslos, kondizierbar⁴⁵⁾ und der Hauptvertrag vorrangig ist.

Ist das Gewerk des Unternehmers unstreitig mit **Mängeln behaftet**, kann dieser trotz einer entsprechenden Vertragsklausel nicht vorab die Bezahlung des Werklohnes verlangen; eine Vertragsklausel, wonach der Unternehmer die Mängel des Werks nicht nachzubessern braucht, solange der Bauherr seine Vertrags-, insbesondere Zahlungspflichten nicht erfüllt hat, ist unwirksam, wenn die Mängel unstreitig sind.⁴⁶⁾ In diesem Fall widerspricht die absolute Vorleistungspflicht des Bauherrn den Grundsätzen von Treu und Glauben.⁴⁷⁾  **1119**

### b) Preisklauseln

**Preisklauseln**,⁴⁸⁾ Wertsicherungsklauseln (Leistungsvorbehalte, Spannungsklauseln, Preisänderungsklauseln)⁴⁹⁾ und insbesondere **Preisvorbehalte** in der Form von **Lohn- und Stoffpreisgleitklauseln**⁵⁰⁾ sind innerhalb eines Bauvertrages möglich; sie müssen ausdrücklich und eindeutig vereinbart sein. Das gilt auch für sog. **Preisnebenabreden**, bei denen es sich um vertragliche Bestimmungen handelt, die zwar Auswirkungen auf Preis und Leistung haben, aber nicht ausschließlich die in Geld geschuldete Hauptleistung festlegen, also nur eine mittelbare Auswirkung auf den Preis sowie die Leistung haben. Formularmäßige Preisnebenabreden unterliegen jedoch der Inhaltskontrolle der §§ 305 ff. BGB;⁵¹⁾ deshalb ist z. B. ein Verstoß gegen § 307 BGB anzunehmen, wenn bei genehmigten Eigenleistungen des Auftraggebers jede Vergütungsminderung ausgeschlossen wird⁵²⁾ (vgl. zu Preisnebenabreden auch Rdn. 2172). **Preisbestimmende** und **leistungsbeschreibende Klauseln** können da-  **1120**

---

43) BGH, BauR 2005, 1317 m. Anm. *Quack* = ZfIR 2005, 542 m. Anm. *Hildebrandt*; BauR 1992, 759; OLG Celle, BauR 2005, 106. Vgl. hierzu auch *Oppler*, Festschrift für Kraus, S. 169 ff.
44) BauR 2005, 723 = IBR 2005, 71 – *Gentner*.
45) Vgl. hierzu *Quack*, BauR 2005, 1320 sowie *Vogel*, EWiR § 631 BGB a. F. 1/06, 5.
46) Zur Frage, wann anzunehmen ist, dass die Beteiligten wegen eines Werkmangels durch schlüssiges Verhalten einen Preisnachlass vereinbart haben: BGH, BauR 1984, 171 = ZfBR 1984, 69.
47) BGH, WM 1973, 995.
48) Zu Preisklauseln in AGB vgl. *Bilda*, MDR 1979, 89 ff. sowie *Burck*, DB 1978, 1385 u. *Ingenstau/Korbion/Keldungs*, § 2 Nr. 1/B, Rdn. 58 ff.
49) Vgl. hierzu *Dürkes*, Wertsicherungsklauseln, 10. Auflage, 1992; *Grimme*, S. 193 ff.
50) Zu den Anforderungen an eine Lohn- und Materialpreisgleitklausel bei Vereinbarung eines Festpreises siehe OLG Köln, BauR 1995, 112. Zur Auslegung einer „Pfennigklausel" siehe OLG Nürnberg, BauR 2000, 1867, u. OLG Bamberg, BauR 1992, 541 (LS) sowie *Augustin/Stemmer*, BauR 2000, 1802. Zu den Begriffen „Einstandspreis" und „Abrechnungspreis" in Stoffpreisklauseln: BGH, BauR 1982, 172 = MDR 1982, 661; zu den Lohngleitklauseln in öffentlichen Bauaufträgen: *Dähne*, Festschrift für Vygen, S. 161 ff.; zu **Lohngleitklauseln**: *Werner*, NZBau 2001, 521. Zu **Stoffpreisgleitklauseln** vgl. *Blatt/Gewaltig*, BauRB 2004, 275 (vor dem Hintergrund massiver Stahlpreiserhöhungen).
51) BGH, BauR 2006, 1301 = IBR 2006, 434 – *Schwenker*.
52) *Korbion/Locher*, Rdn. 50.

gegen nicht Gegenstand der Inhaltskontrolle sein.[53] Nach OLG Dresden[54] ist eine Lohngleitklausel, die die Höhe des Werklohns an einen **Tariflohn bindet**, eine Kostenelementeklausel und keine Spannungsklausel, wobei allerdings eine solche Klausel unwirksam ist, wenn der Änderungssatz nicht den kalkulierten Lohnkosten entspricht.

**1121** Im Rahmen von **AGB** sind **Preiserhöhungsklauseln** für die Zeit von 4 Monaten nach Vertragsabschluss grundsätzlich verboten (§ 309 Nr. 1 BGB). Deshalb sieht der BGH[55] eine Klausel als **unwirksam** an, nach der die Preise grundsätzlich als „**freibleibend**" bezeichnet sind und der Auftragnehmer berechtigt ist, bei einer Steigerung von Material- und Rohstoffpreisen, Löhnen und Gehältern, Herstellungs- und Transportkosten die am Tage der Lieferung gültigen Preise zu berechnen. Eine solche Klausel erfasst nämlich nicht nur – entgegen § 309 Nr. 1 BGB – Preiserhöhungen für Leistungen, die später als 4 Monate erbracht werden; darüber hinaus ermöglicht sie die Abwälzung von Kostensteigerungen auch über den vereinbarten Preis hinaus ohne jede Begrenzung. Lohn- und Materialpreisgleitklauseln **in AGB** müssen im Übrigen klar umrissen sein; andernfalls kann ein Verstoß gegen § 307 BGB vorliegen. Eine Klausel in AGB, wonach der Unternehmer bei Erhöhung der der Kalkulation zu Grunde liegenden Kosten zwischen Vertragsabschluss und Abnahme berechtigt ist, die in der Auftragsbestätigung genannten Preise entsprechend zu berichtigen, kann nur dann zu einer Preiserhöhung führen, wenn die Parteien sich über die Preiserhöhung einigen oder der Unternehmer seine ursprüngliche Kalkulation offen legt und nachweist, welche Kosten (Lohn, Material, Baustellenkosten, allgemeine Geschäftskosten) sich um welchen Betrag in welchem Zeitraum erhöht haben.[56] Als unwirksam wird man auch eine Preiserhöhungsklausel ansehen müssen, die als Anpassungsmaßstab die Preisentwicklung in der Branche vorsieht, da die Entwicklung der Branche unklar und nicht vorhersehbar ist.[57]

**1122** In Lohn- und Materialpreis-Gleitklauseln sind so genannte **Bagatell- und Selbstbeteiligungsklauseln**[58] nicht selten („Der so ermittelte Mehr- oder Minderbetrag wird nur erstattet, soweit er ...% der Abrechnungssumme überschreitet"). Der BGH[59] hält eine solche Klausel – auch in AGB – grundsätzlich für wirksam. Sie ist nach seiner Auffassung im Übrigen so auszulegen, dass sich die betreffende Vertrags-

---

53) Vgl. hierzu BGH, BauR 2006, 1301 = IBR 2006, 434 – *Schwenker*. Daher bedarf auch eine Lohngleitklausel in Form einer sog. „Pfennigklausel" als Kostenelementeklausel keiner Genehmigung nach § 3 WährG, wenn sich grundsätzlich nur die entstehenden Lohnkostenveränderungen auf den Werklohn auswirken, BGH, BauR 2006, 1461 = NZBau 2006, 571 = IBR 2006, 433 – *Asam*. Vgl. hierzu ferner OLG Dresden, BauR 2007, 400.
54) IBR 2006, 485 – *Müller*.
55) BGH, BauR 1985, 192 = NJW 1985, 855 = MDR 1985, 398.
56) OLG Düsseldorf, DB 1982, 537 = BauR 1983, 470.
57) Vgl. *Korbion/Locher*, Rdn. 50.
58) Zur Wirksamkeit und Auslegung einer solchen Klausel: BGH, BauR 2002, 467 = ZfBR 2002, 247; OLG Köln, *SFH*, Nr. 2 zu § 2 Nr. 2 VOB/B; hierzu auch *Reitz*, BauR 2001, 1513; *Erkelenz*, ZfBR 1985, 201, 206. Zur Bewertung einer pauschalen Berechnung von Baukostenzuschüssen und Hausanschlüssen durch ein städtisches Versorgungsunternehmen mit Monopolstellung BGH, BauR 1987, 220. Vgl. hierzu auch BGH, IBR 2006, 433 – *Asam*.
59) BauR 2002, 467 = NJW 2002, 441 = ZfBR 2002, 247 („Der nach Nr. 3–5 ermittelte Mehr- und Minderbetrag wird nur erstattet, soweit er 0,5 v. H. der Abrechnungssumme überschreitet – Bagatell- und Selbstbeteiligungsklausel –."); a. A.: OLG Hamm, BauR 1989, 755 u. *Reitz*,

## Vereinbarte Vergütung

partei jedenfalls mit dem in der Klausel genannten Prozentsatz zu beteiligen hat, auch wenn der tatsächlich ermittelte Prozentsatz darüber hinausgeht, der BGH folgert dies aus der Bezeichnung „soweit".

**1123** Ein Verstoß gegen § 307 BGB kann immer dann gegeben sein, wenn von den Grundsätzen des § 631 Abs. 1 BGB (Festlegung der Vergütung bei Vertragsabschluss) und des § 632 Abs. 2 BGB (angemessene Vergütung bei fehlender Vereinbarung), z. B. durch die formularmäßige Festlegung eines nachträglichen, einseitigen Bestimmungsrechtes des Auftraggebers nach § 315 BGB, abgewichen wird.[60] Wird einem Auftraggeber in AGB das Recht eingeräumt, die **Höhe des Werklohns** für bestimmte Leistungen **nach billigem Ermessen** (§ 315 BGB) zu bestimmen,[61] ist dies nur wirksam, wenn besondere Gründe eine solche Regelung rechtfertigen; ein Bestimmungsrecht nach freiem Belieben des Auftraggebers ist im Übrigen unstatthaft.[62] Eine Vergütungsklausel in AGB, wonach einem Auftragnehmer die volle Vergütung auch für den Fall zugesprochen wird, dass er noch gar keine oder eine nur ganz geringfügige Tätigkeit entfaltet hat, verstößt gegen § 307 BGB.[63] Ein Verstoß gegen § 307 BGB liegt auch vor, wenn in einem **Formularvertrag** über die Errichtung eines Bauwerks ein **Festpreis** vereinbart wird, der nur gelten soll, wenn **bis zu einem bestimmten Zeitpunkt** mit dem Bau begonnen werden kann und sich bei Überschreiten des Festpreistermins der Gesamtpreis um den Prozentsatz erhöhen soll, zu dem der Unternehmer entsprechende Bauwerke im Zeitpunkt des Baubeginns nach der dann gültigen Preisliste anbietet.[64]

Zu **Höchstpreisklauseln** vgl. Rdn. 1177.

**1124** Vereinbaren die Parteien einen „**verbindlichen Richtpreis**" oder einen „Circa-Preis", kann dieser nur überschritten werden, wenn der Unternehmer für die Erbringung der Bauleistung Aufwendungen gehabt hat, die den „verbindlichen Richtpreis" deutlich überschreiten. Der Umfang der Veränderung des Richtpreises wird sich nach den Umständen des Einzelfalls auszurichten haben.[65]

Gibt ein Unternehmer ein „**freibleibendes**" **Angebot** ab, so stellt dies nach allgemeiner Meinung in der Regel noch kein Vertragsangebot im Sinne des § 145 BGB dar, sondern nur eine Aufforderung an den anderen (potenziellen) Vertragspartner, nunmehr ein Angebot zu denselben Bedingungen abzugeben.[66]

**Schätzt** ein Unternehmer den **Kostenaufwand** für eine konkret bezeichnete Bauleistung, so handelt es sich insoweit um einen unverbindlichen Kostenvoranschlag (vgl. hierzu Rdn. 1305 ff.). Werden die Arbeiten daraufhin einvernehmlich aufgenommen, haben sich – entgegen der Auffassung des OLG Naumburg[67] – die Vertragspar-

---

BauR 2001, 1513, 1515 f.; vgl. hierzu auch OLG Köln, SFH, § 2 Nr. 2 VOB/B Nr. 2 mit kritischer Anm. von *Hochstein*.

60) Vgl. LG Köln, NJW-RR 1987, 885.
61) Vgl. hierzu BGH, BauR 1990, 99 = ZfBR 1990, 15 = MDR 1990, 233.
62) OLG Düsseldorf, BauR 1981, 392.
63) BGH, NJW 1984, 2162 = MDR 1985, 46 = DB 1984, 2242.
64) BGH, BauR 1985, 573 = NJW 1985, 2270 = ZfBR 1985, 220.
65) OLG Celle, BB 1972, 65; vgl. auch *Bilda*, MDR 1979, 89, 90 sowie OLG Stuttgart, WRP 1984, 354.
66) BGH, NJW 1996, 919 m. w. Nachw. aus Rechtsprechung und Literatur.
67) NJW-RR 1999, 169: Das OLG Naumburg geht davon aus, dass mit der Arbeitsaufnahme ein Pauschalpreis zu dem geschätzten Betrag zu Stande gekommen ist.

teien noch nicht abschließend auf einen bestimmten Werklohn geeinigt – mit den Rechtsfolgen, die § 650 BGB aufzeigt.

**1125** Vereinbaren die Parteien eines Bauvertrages einen **„Festpreis bis zum..."** und können sich die Parteien – trotz Fortsetzung der Bauarbeiten – auf neue Preise nach Ablauf der vereinbarten Frist nicht einigen, kann der Auftragnehmer jedenfalls die „übliche Vergütung" gemäß § 632 Abs. 2 BGB fordern.[68] Bei einer solchen Vereinbarung können die Vertragsbeziehungen nicht als beendet angesehen werden, wenn der Festpreiszeitraum vor Abschluss der Baumaßnahme (z. B. bei einem umfangreichen Bauprojekt) verstrichen ist, die Vertragsparteien aber keinen Vertragspreis festlegen können. Das Vertragsverhältnis ist nämlich in aller Regel über die Gesamtbauleistung begründet worden, wobei die Parteien lediglich für einen bestimmten Zeitraum den Festpreis vereinbart haben. Wird in einem Formularvertrag über die Errichtung eines Bauwerks ein Festpreis vereinbart, der nur gelten soll, wenn bis zu einem bestimmten Zeitpunkt mit dem Bau begonnen werden kann, so verstößt eine Bestimmung in dem Formularvertrag, wonach sich bei Überschreiten des Festpreistermins der Gesamtpreis um den Prozentsatz erhöht, zu dem der Unternehmer entsprechende Bauwerke im Zeitpunkt des Baubeginns nach der dann gültigen Preisliste anbietet, gegen § 307 BGB und ist daher unwirksam; ein solcher Preisänderungsvorbehalt ermöglicht es dem Auftragnehmer, über die Abwälzung der Kostensteigerungen hinaus den vereinbarten Werklohn ohne Begrenzung einseitig anzuheben.[69]

**1126** Vergibt ein Baubetreuer Bauaufträge bei einem größeren Bauvorhaben (z. B. Wohnungseigentumsanlage) im Namen der Bauherrn, braucht in dem entsprechenden Werkvertrag über die Haftung der einzelnen Bauherren keine ausdrückliche Regelung getroffen zu sein. Die Bauherren werden in diesen Fällen grundsätzlich nur **anteilig in Höhe der Quote** ihres Miteigentumsanteils verpflichtet.[70]

Ob ein auf den Hauptvertrag bezogener **Nachlass** auch bei Auftragserweiterungen stets zu berücksichtigen ist, ist streitig.[71] Grundsätzlich bleibt ein Nachlass auch zu berücksichtigen, wenn der Vertrag vorzeitig gekündigt oder einvernehmlich aufgehoben wird.[72]

Eine **Barzahlungsklausel** „Innerhalb von 7 Tagen, netto Kasse ohne Abzug" hat nach OLG Düsseldorf[73] nicht nur zum Inhalt, wann und in welcher Höhe der Betrag zu entrichten ist, sondern sie enthält auch eine Vereinbarung über den Ausschluss einer Aufrechnung.

In **Subunternehmerverträgen** findet sich gelegentlich die Abrede, dass der Subunternehmer erst dann einen Anspruch auf Zahlung des Werklohns gegenüber seinem Vertragspartner, dem Hauptunternehmer (Generalunternehmer), hat, wenn und soweit dieser selbst von seinem Auftraggeber (Bauherrn) den Werklohn erhalten hat **(sog. „Pay-when-paid"-Klausel)**. Der dieser Vereinbarung zu Grunde liegende Gedanke ist zwischenzeitlich auch in die neue Vorschrift des **§ 641 Abs. 2 BGB** ein-

---

68) **Anderer Ansicht:** OLG Düsseldorf, BauR 1983, 473; siehe auch OLG Koblenz, BauR 1993, 607.
69) BGH, NJW 1985, 2270 = BauR 1985, 573 = ZfBR 1985, 220.
70) Vgl. hierzu Rdn. 1038 u. 1100.
71) Vgl. hierzu näher Rdn. 1159.
72) OLG Celle, BauR 1995, 558.
73) BauR 1996, 297 (LS) = BB 1995, 1712.

**Vereinbarte Vergütung**

geflossen, wonach eine Vergütung **spätestens** fällig wird, „wenn und soweit der Besteller von dem Dritten für das versprochene Werk ... seine Vergütung oder Teile davon erhalten hat". Eine solche Vereinbarung ist in einem **Individualvertrag** grundsätzlich nicht zu beanstanden, in AGB-Formularverträgen dagegen gemäß § 307 BGB wegen unangemessener Benachteiligung des Subunternehmers unwirksam.

Im Übrigen stellt eine solche Absprache nur einen **Zahlungsaufschub** dar, die den Bestand des Werklohns als solchen nicht in Zweifel zieht. Die Vereinbarung kann aber zur Folge haben, dass der Werklohnanspruch des Subunternehmers über einen längeren Zeitraum – aufgrund der Auseinandersetzungen des Hauptunternehmers mit seinem Bauherrn – nicht oder nur teilweise fällig wird. Im Einzelfall kann insoweit ein treuwidriges Verhalten des Hauptunternehmers gegenüber dem Subunternehmer vorliegen, wenn dieser keinen Werklohn an den Subunternehmer zahlt, obwohl der Grund der vorerwähnten Streitigkeit außerhalb des Vertragsverhältnisses Hauptunternehmer/Subunternehmer liegt und trotzdem die betreffende (Teil-)Leistung des Subunternehmers nicht bezahlt wird. Daher ist die jeweilige Dauer des Zahlungsaufschubs unter Berücksichtigung aller Umstände im Einzelfall zu bestimmen. So tritt nach OLG Düsseldorf[74] z. B. die Fälligkeit des Werklohns des Subunternehmers spätestens dann ein, wenn das **Insolvenzverfahren** über das Vermögen des Bauherrn eröffnet wird. Gemäß § 162 BGB kann sich der Hauptunternehmer auch nicht auf eine nicht erfolgte Zahlung seines Auftraggebers (Bauherrn) stützen, wenn dieser Umstand auf sein eigenes Verhalten (z. B. keine oder nicht prüfbare Rechnungslegung) zurückzuführen ist. Bei **unberechtigter Zahlungsverweigerung** des Auftraggebers hat der Hauptunternehmer diesen auf Zahlung zu verklagen, es sei denn, dass gewichtige Gründe (außerhalb des Verantwortungsbereichs des Hauptunternehmers) dagegen sprechen.[75]

### c) Kalkulationsgrundsätze

*Literatur*

*Würfele/Gralla*, Nachtragsmanagement (2006).

*Schottke*, Die Bedeutung des ungewöhnlichen Wagnisses bei der Nachtragskalkulation, Festschrift für Thode (2005), 155; *Leitzke*, Was beschreibt die Leistungsbeschreibung, BauR 2007, 1643.

Das Risiko einer **Fehlkalkulation** trifft grundsätzlich den Anbieter selbst[76] (zum Kalkulationsirrtum vgl. näher Rdn. 1199 und 2339 ff.). Die **Befugnis** des Unternehmers, sich auf einen **Kalkulationsirrtum** zu berufen, kann in **AGB nicht ausgeschlossen werden**, weil sie den Unternehmer entgegen den Geboten von Treu

---

74) NJW-RR 1999, 1323 = MDR 1999, 1501 = OLGR 1999, 400; ebenso OLG Dresden, IBR 2003, 237 – *Büchner*, das die Auffassung vertritt, dass mit der Insolvenz des Hauptauftraggebers die Geschäftsgrundlage für die Stundung wegfällt, wenn beide Parteien bei Abschluss des Vertrages davon ausgingen, dass die wirtschaftliche Leistungsfähigkeit des Hauptauftraggebers unzweifelhaft gegeben ist; die Abrede ist dann nach Ansicht des OLG Dresden nach der überraschenden Insolvenz des Hauptauftraggebers so anzupassen, dass Auftragnehmer und Subunternehmer sich den Ausfall zu teilen haben.

75) **Anderer Auffassung:** OLG Oldenburg, OLGR 1999, 50, das den Subunternehmer auf den Weg der gewillkürten Prozessstandschaft verweist.

76) BGH, NJW 1980, 180; OLG Koblenz, OLGR 2002, 90; OLG Thüringen, OLGR 2002, 219; OLG Hamm, VersR 1979, 627; OLG Düsseldorf, NJW-RR 1996, 1419 (Unternehmerkündigungsrecht nach existenzbedrohendem externem Kalkulationsirrtum); LG Traunstein, BauR 1998, 1258.

und Glauben unangemessen benachteiligt; so wäre es dem Unternehmer beispielsweise bei dieser Klausel verwehrt, einen ihm bei der Preisfestlegung unterlaufenen Kalkulationsirrtum, den der Auftraggeber als Vertragspartner **erkannt** hat, später geltend zu machen. Ferner wird ihm mit dieser Klausel die Möglichkeit einer Anfechtung nach § 119 Abs. 1 BGB wegen Irrtums und der Einwand der unzulässigen Rechtsausübung nach § 242 BGB genommen.[77] Dabei ist jedoch zu beachten, dass es für die Wirksamkeit eines Vertragsschlusses unerheblich ist, ob die vom Auftragnehmer übernommene Leistungsverpflichtung „kalkulierbar" ist. Der BGH[78] weist in diesem Zusammenhang zu Recht darauf hin, dass es **keinen Rechtsgrundsatz** gibt, „nach dem **riskante Leistungen nicht übernommen** werden können"; es sei ausschließlich Sache des jeweiligen Vertragspartners, ob und wie sich dieser der Risiken eines Vertragsschlusses vergewissert.

**1128** Ist die VOB/A zwischen den Parteien vereinbart oder kommt sie automatisch (z. B. bei öffentlichen Auftraggebern) zum Zuge, trifft den Auftraggeber gemäß § 25 VOB/A eine Hinweispflicht nur, wenn er einen **Kalkulationsirrtum** des Anbieters oder ein etwaiges grobes Missverhältnis zwischen Preis und Leistung erkennt.[79] Fehlt in diesem Fall ein Hinweis, kann der Anbieter u. U. einen **Anspruch aus Verschulden bei Vertragsabschluss** (§ 311 Abs. 2 BGB) haben[80] (vgl. Rdn. 1130 ff. und 1882 ff.).

**1129** Das gilt auch für den Fall, dass ein **fehlerhaftes (lückenhaftes oder unklares) Leistungsverzeichnis** oder sonstige **fehlerhafte Angebotsunterlagen** vorliegen.[81] In diesen Fällen versuchen Auftragnehmer allerdings, über § 633 Abs. 1 BGB oder § 2 Nr. 5 und/oder Nr. 6 sowie Nr. 8 VOB/B **Nachforderungen** für eine behauptete Mehrleistung mit dem Hinweis zu erhalten, dass die tatsächlich ausgeführte Leistung nicht dem Leistungsverzeichnis bzw. den übrigen vertraglichen Unterlagen, also nicht dem vertraglich geschuldeten Bausoll, entspricht;[82] dabei geht es insbesondere häufig um die Frage, ob bestimmte **Vor-, Zusatz- oder Nebenleistungen** von dem Inhalt des Leistungsverzeichnisses oder den sonstigen Vertragsunterlagen mit umfasst sind.

---

77) BGH, BauR 1983, 368 = NJW 1983, 1671 = ZfBR 1983, 188; **a. A.:** OLG Düsseldorf, VersR 1982, 1147. Zur **unzulässigen Rechtsausübung** bei einem vom Auftraggeber erkannten Kalkulationsirrtum: OLG Koblenz, OLGR 2002, 90.
78) BauR 1997, 126 = NJW 1997, 61 = ZfBR 1997, 29.
79) BGH, NJW 1980, 180; OLG Koblenz, OLGR 2002, 90; OLG Thüringen, OLGR 2002, 219 (Kalkulationsirrtum mit unzumutbaren Folgen für den Bieter drängt sich aus dem Angebot des Bieters oder aus dem Vergleich zu den weiteren Angeboten oder aus den dem Auftraggeber bekannten sonstigen Umständen geradezu auf); hierzu: *Hundertmark*, BB 1982, 16; LG Aachen, NJW 1982, 1106 (für grundsätzliche Hinweispflicht bei Kenntnis auch beim BGB-Bauvertrag); LG Traunstein, BauR 1998, 1258.
80) OLG Köln, BauR 1995, 98 = OLGR 1994, 285; OLG Stuttgart, BauR 1992, 639; LG Traunstein, a. a. O.
81) Vgl. hierzu *Würfele/Gralla*, Rdn. 209 ff.; *Lange*, Festschrift für v. Craushaar, S. 271; *Vygen*, Festschrift für Soergel, S. 277; *Dähne*, BauR 1999, 289; *Franke/Kemper/Zanner/Grünhagen*, § 2/B, Rdn. 9 ff.; OLG Stuttgart, BauR 1992, 639.
82) Vgl. hierzu *Mandelkow*, BauR 1996, 31. Zu Nachtragsforderungen bei mangelnder Leistungsbeschreibung der Baugrundverhältnisse im VOB-Bauvertrag und bei Verwirklichung des „Baugrundrisikos" vgl. *Marbach*, BauR 1994, 168 sowie OLG Koblenz, OLGR 1999, 349.

## Vereinbarte Vergütung Rdn. 1129

Den Auftraggeber trifft, worauf auch Quack[83] zu Recht hinweist, grundsätzlich (mit Ausnahme der öffentlichen Hand) keine **„Beschreibungspflicht"** in Bezug auf die vom Auftragnehmer zu erbringende Leistung; auch dieser kann seine Leistung im Rahmen des Angebotes beschreiben. Schreibt jedoch der Auftraggeber die Leistung detailliert aus, ist es seine Aufgabe, die von dem Bieter zu kalkulierende und anzubietende Bauleistung **eindeutig** und **erschöpfend** und damit **„bestimmbar"** zu beschreiben (vgl. hierzu auch Rdn. 1882).[84] Dies gilt sowohl für die Leistungsbeschreibung mit Leistungsverzeichnis als auch für die Leistungsbeschreibung mit Leistungsprogramm (funktionale Leistungsbeschreibung).[85] Dieser allgemeine Rechtsgedanke ist auch in § 9 VOB/A niedergelegt.[86]

Bei der Auslegung der Beschreibung und Prüfung der Frage, ob eine **mangelhafte Ausschreibung** vorliegt, sind nach der Rechtsprechung des BGH[87] in erster Linie der **Wortlaut**, sodann die besonderen **Umstände des Einzelfalles**, die **Verkehrssitte** (allgemeines „technisches Verständnis")[88] und die Grundsätze von **Treu und Glauben** heranzuziehen. Die Auslegung hat dabei stets nach dem objektiven **Empfängerhorizont** der potenziellen Bieter oder Auftragnehmer zu erfolgen (objektive Bietersicht).[89] Ein entscheidendes Kriterium für etwaige Nachforderungen des Auftragnehmers ist damit das Merkmal der **„Erkennbarkeit" der Lückenhaftigkeit** bzw. **Unklarheit** einer Leistungsbeschreibung.[90] Ergibt eine entsprechende Auslegung,

---

83) BauR 1998, 381 ff.
84) Das gilt z. B. und insbesondere für die richtige Einschätzung und damit Beschreibung der Baugrundverhältnisse: OLG Koblenz, BauR 2001, 1442; vgl. hierzu insbesondere *Prieß*, NZBau 2004, 20, 23 ff.; ferner OLG Koblenz, BauR 2001, 1442 (eindeutige Beschreibung der Baugrundverhältnisse).
85) Vgl. hierzu *Dähne*, BauR 1999, 289 sowie *Roquette*, NZBau 2001, 57, 59, der darauf verweist, dass dieser Grundsatz bei der funktionalen Leistungsbeschreibung nur eingeschränkt gilt, da hier der Auftragnehmer in der Regel (weitere) Planungsaufgaben und damit auch das „Vollständigkeitsrisiko" übernimmt. Siehe ferner *Döring*, Festschrift für Vygen, S. 175 ff.; *Vygen*, Festschrift für Mantscheff, S. 495 ff.
86) Vgl. hierzu *Kummermehr*, BauR 2004, 161; *Erdl*, BauR 2004, 166; *Prieß*, NZBau 2004, 20, 22; *Cuypers*, BauR 1997, 27 ff.; *Lange*, Festschrift für v. Craushaar, S. 271 ff. Kritisch *Quack*, ZfIR 2005, 863.
87) BauR 1994, 236 = NJW 1994, 850 („Wasserhaltung II"); vgl. hierzu insbesondere *Motzke*, NZBau 2002, 641 sowie *Erdl*, BauR 2004, 166. Vgl. ferner BGH, BauR 1993, 595 („Sonderfarben") sowie BGH, BauR 1999, 587 („Eisenbahnbrücke").
88) BGH, BauR 1994, 625 („Spanngarnituren"). Vgl. hierzu *Kapellmann* in Kapellmann/Messerschmidt, § 2/B, Rdn. 98 ff.
89) BGH, BauR 2002, 935 („Konsoltraggerüst") = NZBau 2002, 324 m. Anm. von *Keldungs, Quack* und *Asam*, BauR 2002, 1247 ff.; OLG Koblenz, IBR 2007, 414 – *Bolz*; vgl. hierzu auch *Motzke*, NZBau 2002, 641; BGH, BauR 2002, 1394 = NZBau 2002, 500 = NJW-RR 2002, 1096; BGH, BauR 2003, 388 = NJW 2003, 743 = NZBau 2003, 149; BauR 1994, 236 = NJW 1994, 850 („Wasserhaltung II") sowie BauR 1993, 595 = ZfBR 1993, 219 = NJW-RR 1993, 1109 („Sonderfarben"); OLG Karlsruhe, IBR 2006, 664 – *Asam*; OLG Koblenz, OLGR 2006, 941; OLG Koblenz, OLGR 1999, 349, 351; OLG Düsseldorf, BauR 1998, 1025 = OLGR 1998, 257 = NJW-RR 1998, 1033; vgl. hierzu ferner *Oberhauser*, BauR 2003, 1110, 1114; *Markus*, Jahrbuch Baurecht 2004, 1 ff., 7; *Vygen*, a. a. O., S. 286.
90) So richtig: OLG Schleswig, IBR 2007, 358 – *Althaus*; LG Rostock, IBR 2005, 136 – *Zanner*; LG Arnsberg, BauR 2005, 1335; OLG Dresden, BauR 2000, 1341, 1343 = NZBau 2000, 333; *Marbach*, BauR 1994, 168, 179 sowie *Vygen*, a. a. O., S. 285. Zur Auslegung von Leistungsverzeichnissen durch Sachverständige: BGH, BauR 1995, 538.

dass die jeweilige Leistung, die der Auftragnehmer zusätzlich vergütet haben will, im Bausoll enthalten ist, kommt ein Mehrvergütungsanspruch nicht in Betracht.[91]

Darüber hinaus darf der Auftraggeber – insbesondere, wenn er nach VOB/A ausschreibt – dem Unternehmer kein **ungewöhnliches Wagnis** (§ 9 Nr. 2 VOB/A) überbürden.[92] Das gilt z. B. hinsichtlich der Bodenverhältnisse, weil der Auftraggeber das Risiko der richtigen Einschätzung und Ermittlung der Baugrundverhältnisse trägt.[93] Auch wenn die Ausschreibung ganz allgemein gehalten ist und Spielräume bewusst zulässt (z. B. „Wasserhaltungsmaßnahmen nach Wahl des Unternehmers"), sind Arbeiten, die nach der konkreten Sachlage völlig ungewöhnlich und von keiner Seite zu erwarten gewesen sind, von dem vereinbarten Preis nicht mehr abgedeckt.[94] Das folgt nicht nur aus § 9 Nr. 2 VOB/A, sondern aus dem Grundsatz von Treu und Glauben. Dabei ist auch zu berücksichtigen, dass dem Wortlaut einer Leistungsbeschreibung, die Grundlage einer öffentlichen Ausschreibung ist, große Bedeutung zukommt:[95] Kann daher ein Leistungsverzeichnis, das einer öffentlichen Ausschreibung nach VOB/A zugrunde liegt, auch so ausgelegt werden, „dass es den Anforderungen nach § 9 VOB/A entspricht, so darf der Bieter das Leistungsverzeichnis in diesem VOB/A-konformen Sinne verstehen".[96] Beruht eine fehlerhafte Kalkulation des Unternehmers auf einer deutlich mangelhaften Leistungsbeschreibung des Auftraggebers, ist der Unternehmer nicht an seine ursprünglichen Berechnungen gebunden.[97]

**1130** Der BGH stellt allerdings in diesem Zusammenhang strenge Anforderungen an die **Prüfungs- und Hinweispflicht eines Auftragnehmers** hinsichtlich der Einzelheiten der geplanten Bauausführung, die der Auftragnehmer weder dem Leistungsverzeichnis noch den ihm überlassenen sonstigen Planungsunterlagen hinreichend klar entnehmen kann, die er aber von seinem Standpunkt aus für eine zulässige Kalkulation kennen sollte.[98] Nach der Auffassung des BGH darf ein Auf-

---

91) BGH, BauR 1992, 759 („Wasserhaltung I"); vgl. hierzu *Vygen*, IBR 1992, 349.
92) Vgl. hierzu insbesondere *Prieß*, NZBau 2004, 87, 88 mit Beispielen sowie OLG Naumburg, BauR 2006, 1305. Zur Bedeutung des ungewöhnlichen Wagnisses bei der Nachtragskalkulation vgl. *Schottke*, Festschrift für Thode, S. 155.
93) OLG Koblenz, BauR 2001, 1442 = NZBau 2001, 633 m. Anm. *Haß*, NZBau 2001, 613 (Fels der Klasse 7 in erheblichem Umfang vom Auftraggeber weder vorgegeben noch ausgeschrieben, aber vom Auftragnehmer ausschließlich vorgefunden); s. aber OLG Köln, IBR 2002, 347 – *Putzier*.
94) BGH, BauR 1994, 236 („Wasserhaltung II").
95) BauR 1993, 595 = NJW-RR 1993, 1109 = ZfBR 1993, 219; OLG Koblenz, BauR 2001, 1442; OLG Köln, OLGR 2002, 70.
96) BGH, BauR 1997, 466 = NJW 1997, 1577; vgl. hierzu auch BGH, BauR 1997, 126 = ZfBR 1997, 29 = NJW 1997, 61 (zur funktionalen Leistungsbeschreibung als zulässige Möglichkeit der Vertragsgestaltung im Rahmen einer VOB/A-Vergabe) sowie BGH, BauR 2002, 935 = NZBau 2002, 324; ferner *Motzke*, NZBau 2002, 641.
97) OLG Koblenz, BauR 2001, 1442.
98) BGH, BauR 1988, 338 = NJW-RR 1988, 785 = ZfBR 1988, 182 = MDR 1988, 666; BGH, BauR 1987, 683 = NJW-RR 1987, 1306 = DB 1987, 2404; BGH, NJW 1966, 498 = MDR 1966, 317 = DB 1966, 148; BGH, BauR 1979, 154; vgl. ferner: Brandenburgisches OLG, BauR 2007, 540; OLG Düsseldorf, OLGR 2004, 298; OLG Stuttgart, BauR 1992, 639; LG Tübingen, BauR 1980, 67 sowie OLG Hamm, VersR 1979, 627. Mit der **Prüfungspflicht** des Bieters/Auftragnehmers beschäftigen sich insbesondere *Oberhauser*, BauR 2003, 1110, 1118; *Kapellmann/Schiffers*, Rdn. 167 ff.; ferner: *von Craushaar*, Festschrift für Locher, S. 9, 14 sowie *Cuypers*, BauR 1997, 27, 32.

**Vereinbarte Vergütung** **Rdn. 1130**

tragnehmer trotz der Pflicht des Auftraggebers aus § 9 VOB/A,[99] die Leistung eindeutig und erschöpfend zu beschreiben, ein **erkennbar (oder erkanntes) lückenhaftes Leistungsverzeichnis** nicht einfach hinnehmen; er muss sich daraus ergebende Zweifelsfragen vor Abgabe seines Angebots klären und sich insbesondere ausreichende Erkenntnisse über die vorgesehene Bauweise (Art und Umfang) verschaffen.[100] Andernfalls würde der Auftragnehmer – so der BGH – „**ins Blaue**"[101] oder möglicherweise sogar „**spekulativ**" bzw. „**frivol**"[102] kalkulieren und sei daher im Sinne eines „enttäuschten Vertrauens" nicht schutzwürdig. Keineswegs ist ein Auftraggeber „gehalten, den Bietern das Risiko einer Kalkulation der technischen Anforderungen der eigenen Leistung völlig abzunehmen",[103] da grundsätzlich das Kalkulationsrisiko beim Auftragnehmer liegt. Eine frühe Klärung unvollständiger, fehlerhafter oder unklarer Leistungsbeschreibungen liegt auch im eigenen Interesse des Auftragnehmers, weil er in der Regel gleichzeitig damit eine „Nachtragssituation" schafft.[104] Diese Grundsätze gelten ganz allgemein, also nicht nur im Bereich der VOB/A. Das OLG Köln[105] hat sich mit **Empfehlungen in einer Leistungsbeschreibung** beschäftigt und hierzu darauf hingewiesen, dass diese **keinen verbindlichen Charakter** haben, sondern jeweils in Verbindung mit der gesamten Leistungsbeschreibung vom Auftragnehmer zu überprüfen sind. Leistungsbeschreibungen sind im Übrigen einer Inhaltskontrolle nach den §§ 305 ff. BGB entzogen.[106]

In einer wichtigen Entscheidung hat der BGH[107] das Verschulden bei einer vom Auftraggeber zu verantwortenden **Mangelhaftigkeit der Ausschreibungsunterlagen** einerseits und der **Verletzung der Hinweispflicht** durch den Auftragnehmer andererseits wie folgt abgewogen und dabei wichtige Grundsätze aufgestellt:

„Gemäß § 4 Nr. 3 VOB/B hat der Auftragnehmer Planungen und sonstige Ausführungsunterlagen grundsätzlich ‚als Fachmann zu prüfen' und Bedenken mitzuteilen *(Heiermann/Riedl/*

---

99) Vgl. näher *Ingenstau/Korbion/Kratzenberg*, § 9/A, Rdn. 8 ff.; *Oberhauser*, BauR 2003, 1110, 1117 u. *Cuypers*, BauR 1997, 27, 33. *Quack*, BauR 2003, 26, ist der Auffassung, dass § 9 VOB/A „im materiellen Vertragsrecht, auch des öffentlichen Bauvertrages, nichts zu suchen hat"; es handele sich insoweit lediglich um eine Vorschrift des Vergaberechts, sodass sich ein Auftragnehmer auf diese Generalklausel im Rahmen des Teils A des § 9 VOB nicht stützen könne. Dem hat *Freise*, BauR 2003, 1791, zu Recht widersprochen, zumal die Vorschrift des § 9 Ziffer 2 VOB/A einen allgemeingültigen Rechtsgedanken wiedergibt.
100) Ebenso: OLG Celle, OLGR 2005, 687; OLG Dresden, BauR 2000, 1341 = NZBau 2000, 333 (Abgabe eines Alternativ-Angebots reicht nicht aus).
101) BGH, BauR 1987, 683 = NJW-RR 1987, 1306 = DB 1987, 2404; hierzu kritisch: *Wettke*, BauR 1989, 292; OLG Köln, BauR 1991, 615, 618.
102) BGH, BauR 1988, 338 = NJW-RR 1988, 785 = ZfBR 1988, 182 = MDR 1988, 666; *Wettke*, a. a. O.; *Dähne*, BauR 1999, 289, 298. *Zanner* weist in seiner Anmerkung zu LG Rostock, IBR 2005, 136 zu Recht darauf hin, dass es bei nicht erkennbaren lückenhaften Leistungsverzeichnissen auch „frivole" Ausschreibungen zu Lasten des Auftraggebers gibt, sodass eine unklare Leistungsbeschreibung nicht notwendig zu Lasten des Auftragnehmers geht.
103) BauR 1994, 236, 238 unter Hinweis auf BGH, BauR 1987, 683 = NJW-RR 1987, 1306.
104) Vgl. insoweit *Dähne*, BauR 1999, 289, 294, 295.
105) IBR 2001, 350 – *Dähne* sowie IBR 2002, 347 – *Putzier*.
106) BauR 2005, 1317 m. Anm. *Quack* = IBR 2005, 357 – *Schwenker*.
107) NJW-RR 1991, 276 = BauR 1991, 79 = ZfBR 1991, 61; vgl. auch OLG Thüringen, BauR 2003, 714, 715.

*Rusam/Schwaab*, § 4/B, Rdn. 28). Zu prüfen ist unter anderem, ob die Planung zur Verwirklichung des geschuldeten Leistungserfolgs geeignet ist (BGH, BauR 1975, 420). Für unterlassene Prüfung und Mitteilung ist der Auftragnehmer verantwortlich, wenn er Mängel mit den bei einem Fachmann seines Gebiets zu erwartenden Kenntnissen hätte erkennen können (BGH, BauR 1989, 467).

Allerdings muss der Auftragnehmer, wenn er die gebotene Prüfung und Mitteilung unterlässt, für die daraus folgenden Schäden nicht allein verantwortlich sein. Vielmehr können Mängel der Planung und der sonstigen Ausführungsunterlagen ein Mitverschulden des Auftraggebers gemäß § 254 BGB begründen, wobei sich der Auftraggeber die Fehler seiner Architekten und Sonderfachleute als die seiner Erfüllungsgehilfen zurechnen lassen muss (BGH, BauR 1970, 57, 59; BauR 1971, 265, 269, 270; BauR 1972, 62; vgl. auch BauR 1989, 467, 469).

Ein Mitverschulden des Auftraggebers und seiner Erfüllungsgehilfen kommt freilich überhaupt nur in Betracht, wenn der Auftragnehmer seine Prüfungs- und Hinweispflichten nur fahrlässig verletzt hat. Unterlässt der Auftragnehmer den Hinweis auf Mängel, die er erkannt hat, so ist er immer allein für den Schaden verantwortlich (BGH, BauR 1973, 190 = NJW 1973, 518; BauR 1975, 420 und 421; BauR 1976, 139, 142; BauR 1978, 222, 224).

Darüber hinaus müssen erkannte Mängel den Auftragnehmer veranlassen, die Planungsunterlagen auf weitere Mängel besonders sorgfältig zu überprüfen (BGH, BauR 1978, 222, 224). Bei erkannten Mängeln darf er sich vor allem nicht mehr darauf verlassen, dass die Planungen von Architekten oder Sonderfachleuten stammen.

Danach ist Maßstab für die Abwägungen der jeweiligen Beiträge von Auftragnehmer und Auftraggeber zu den entstandenen Schäden der Gedanke des Vertrauensschutzes. Nur soweit der Auftragnehmer auf Planungen und Ausführungsunterlagen tatsächlich vertraut hat und auch vertrauen durfte, kann er entlastet werden (BGH, BauR 1977, 420, 421). Soweit die konkrete Situation zu gesteigertem Misstrauen nötigt, ist er zu besonderer Sorgfalt verpflichtet (BGH, BauR 1978, 222, 224; BauR 1987, 79 = NJW 1987, 643).

Bei der Frage des Mitverschuldens kann schließlich Folgendes nicht unberücksichtigt bleiben: Prüft ein Auftragnehmer die Vorgaben pflichtgemäß und gibt er entsprechende Hinweise, so ist das grundsätzlich geeignet und nach den Regelungen der VOB/B auch dazu bestimmt, die Folgen derjenigen Mängel von Planungen und Ausführungsunterlagen vollständig zu verhindern, die bei ordnungsgemäßer Prüfung entdeckt werden können. Soweit ein Auftragnehmer mit der gebotenen Prüfung die Mängel hätte verhindern können, setzt er die eigentlichen Ursachen für die weiteren Schäden. Es ist deshalb in der Regel auch veranlasst, dem bei einer Verschuldensabwägung entscheidendes Gewicht zukommen zu lassen."

Diese Grundsätze gelten auch für den **BGB-Vertrag**.

**1131** Der BGH gewichtet die Verantwortlichkeit deutlich **zu Lasten** des **Auftragnehmers**.[108] Das erscheint nicht unbedenklich, weil die **Primärursache**, eine mit Mängeln behaftete, unvollständige Ausschreibung, vom Auftraggeber gesetzt wurde.[109] Auch ein Auftraggeber kann „frivol" ausschreiben, wenn er dem Auftragnehmer unter Verstoß gegen die VOB/A ein unangemessenes Wagnis zuschiebt.[110]

Zudem muss sich ein Auftragnehmer darauf verlassen dürfen, dass die Ausschreibungsunterlagen richtig, die Leistungen also eindeutig und erschöpfend beschrieben sind. Das folgt bereits aus § 9

---

108) *Bühl*, BauR 1992, 26, 29/30, der von einer „auftragnehmerfeindlichen" Haltung des BGH und einer Verletzung der **„Waffengleichheit"** zwischen Bieter und Auftraggeber spricht.
109) Ebenso OLG Koblenz, BauR 2001, 1442 = NZBau 2001, 633 u. KG, BauR 2003, 1902, 1903; *Ingenstau/Korbion/Kratzenberg*, § 9/A Rdn. 13; *Kapellmann* in Kapellmann/Messerschmidt, § 2/B, Rdn. 111.
110) Vgl. hierzu OLG Köln, BauR 1998, 1069 („Sonderfarben"); ferner BGH, BauR 1997, 466, 467 = NJW 1997, 1577 („Bodenposition").

### Vereinbarte Vergütung

VOB/A, der einen allgemein gültigen Gedanken wiedergibt,[111] sodass bei einer fehlerhaften Leistungsbeschreibung dem Auftragnehmer ggf. nicht nur ein Anspruch auf eine zusätzliche Vergütung,[112] sondern ihm auch ein Anspruch aus **Verschulden bei Vertragsschluss** zustehen kann, weil er in seinem Vertrauen auf eine richtige und eindeutige Leistungsbeschreibung durch den Auftraggeber enttäuscht worden ist[113] (vgl. hierzu auch Rdn. 1882). Verletzt der Auftragnehmer deshalb seine Hinweispflicht **nur fahrlässig**, so sollte der primären Verantwortlichkeit des Auftraggebers (Bauherrn) zumindest unter dem Gesichtspunkt der Mitverursachung mehr Gewicht beigemessen werden.[114] Das OLG Düsseldorf[115] schränkt die Prüfungs- und Hinweispflicht des Auftragnehmers zu Recht ein, wenn die Ausschreibung von einem **Fachingenieurbüro** erstellt wurde und der Auftragnehmer (z. B. ein Generalunternehmer) nicht über entsprechende weit gehende Fachkenntnisse für das in Betracht kommende Gewerk verfügte. Hat allerdings der Auftragnehmer das Leistungsverzeichnis selbst erstellt, ohne dass der Auftraggeber es durch einen Fachmann hat überprüfen lassen, so schuldet der Auftragnehmer den Erfolg seiner angebotenen Werkleistung auch dann, wenn das Leistungsverzeichnis unvollständig ist.[116] Die vorangegangenen Ausführungen gelten umso mehr, als nach der Rechtsprechung des BGH[117] dem Wortlaut von Leistungsbeschreibungen, die Grundlage einer Ausschreibung sind, „vergleichsweise große Bedeutung" zukommt. Das KG[118] stellt in diesem Zusammenhang zu Recht fest, dass im Hinblick auf § 9 Nr. 1 VOB/A der Auftraggeber das Risiko von Unklarheiten seiner Leistungsbeschreibung trägt. Zutreffend ist allerdings die Auffassung des BGH[119], dass einem Bieter, dem bekannt ist, dass die Leistungsbeschreibung fehlerhaft oder lückenhaft ist, kein Anspruch aus Verschulden bei Vertragsschluss zusteht, wenn er dennoch ein Angebot abgibt.

Ihre (Mit)verantwortung können Auftraggeber nicht durch **AGB** ausschließen; dies würde auf einen Verstoß gegen § 307 BGB hinauslaufen, da die Erstellung einer richtigen Leistungsbeschreibung zu den ureigensten Pflichten des Auftraggebers („**Kardinalpflicht**") gehört.[120] Aus diesem Grund hat der BGH[121] auch folgende vom Auftraggeber gestellte formularmäßige Klauseln für unwirksam (weil gegen

**1132**

---

111) Wie hier: *Kapellmann*, Jahrbuch Baurecht 1999, 1, 16, der darauf verweist, dass der Auftragnehmer auf die Richtigkeit und Vollständigkeit der vom Auftraggeber erarbeiteten Ausschreibung bezüglich des Beschaffenheitssolls vertrauen kann; ebenso in *Kapellmann/Messerschmidt*, § 2/B, Rdn. 105 ff. *Vygen*, Jahrbuch Baurecht 1999, 46, 50, weist ebenfalls zu Recht darauf hin, dass Risiken von Unklarheiten und Unvollständigkeiten der Leistungsbeschreibung grundsätzlich der trägt, der „die Beschreibung der geschuldeten Soll-Leistung erstellt hat". Das ist in der Regel der Auftraggeber, kann aber auch im Einzelfall der Auftragnehmer (z. B. bei der Übernahme von Planungsleistungen) sein.
112) BGH, BauR 1994, 236 („Wasserhaltung II").
113) Vgl. hierzu *Oberhauser*, BauR 2003, 1110, 1116; *Marbach*, BauR 1994, 168, 174; *Lange*, Festschrift für v. Craushaar, S. 271 ff.; KG, BauR 2003, 1905, 1907 m. Anm. *Wirth*.
114) So auch *Pauly*, MDR 2001, 57, 63; *Kapellmann/Schiffers*, Bd. 1 Rdn. 212 ff.; ähnlich: *Wettke*, BauR 1989, 292, 298; *Franke*, ZfBR 1988, 206; *Marbach*, BauR 1994, 168, 172 („Überspannte Anforderungen an die vorvertragliche Prüfungs- und Hinweispflicht des Bieters") u. *Vygen*, Festschrift für Locher, S. 263, 283, 284.
115) BauR 1994, 764 = NJW-RR 1995, 82.
116) OLG Düsseldorf, BauR 2002, 1853; *SFH*, Nr. 61 zu § 9 AGB-Gesetz.
117) BGH, BauR 1997, 466 = NJW 1997, 1577; BauR 1993, 595 = NJW-RR 1993, 1109 = ZfBR 1993, 219.
118) BauR 2003, 1902, 1903.
119) BauR 2007, 120.
120) Zutreffend: *Kapellmann/Schiffers*, Bd. 1 Rdn. 236 m. w. Nachw.; *Korbion/Locher*, Rdn. K 115 ff.
121) BGH, BauR 1997, 1036 = NJW-RR 1997, 1530 = ZfBR 1998, 35 (Nichtannahmebeschluss zu OLG Hamburg, *SFH*, Nr. 10 zu § 3 AGB-Gesetz).

das Transparenzgebot verstoßend) erklärt: „Mit der Abgabe des Angebotes übernimmt der Bieter die Gewähr dafür, dass das Angebot alles enthält, was zur Erstellung des Werkes gehört" und „Nach Angebotsabgabe kann sich der Bieter auf Unklarheiten in den Angebotsunterlagen oder über Inhalt und Umfang der zu erbringenden Leistungen nicht berufen. Bei oder nach Auftragserteilung sind Nachforderungen mit Hinweis auf derartige Unklarheiten ausgeschlossen."

Kann der Auftragnehmer nach den vorerwähnten Ausführungen Zahlungsansprüche gegen den für die fehlerhafte Leistungsbeschreibung verantwortlichen Auftraggeber geltend machen, kommen als Anspruchsgrundlagen zunächst § 632 BGB/§ 2 Nr. 5 und 6 VOB/B und weiterhin das Rechtsinstitut des Verschuldens bei Vertragsschluss, § 311 Abs. 2 BGB (vgl. näher Rdn. 1878 ff., 1882), in Betracht.[122] Das setzt jedoch ein schutzwürdiges Vertrauen des Auftragnehmers im oben ausgeführten Sinne voraus.[123]

**1133** Von der fehlerhaften (lückenhaften und/oder unklaren) Leistungsbeschreibung ist die nur **auslegungsbedürftige** zu unterscheiden. In der Regel wird hier bereits eine objektive, auf den Empfängerhorizont abgestellte **interessengerechte Vertragsauslegung** zu angemessenen Ergebnissen führen. Zu einem (versteckten) **Dissens** (§ 155 BGB) wird man im Rahmen einer Vertragsauslegung selten kommen.

Allerdings muss der **Vertragsinhalt**, insbesondere der Leistungsumfang, in den Ausschreibungsunterlagen **hinreichend bestimmt**, zumindest bestimmbar sein. Unter diesem Gesichtspunkt hat der BGH[124] eine Ausschreibung nicht beanstandet, die neben bestimmt formulierten Mindestanforderungen festlegt, dass weitere Leistungen der von dem Auftragnehmer als Vertragsleistung übernommenen Tragwerksplanung zu entsprechen haben, weil dadurch der Vertragsinhalt hinreichend bestimmbar festgelegt wird.

Die Berufungsinstanz, das OLG Karlsruhe, hatte diese Ausschreibungsmethode als mit § 9 Nr. 1 und 2 VOB/A unvereinbar bezeichnet, weil sich die konkret auszuführende Leistung erst aus der von dem Auftragnehmer selbst als Vertragsleistung zu erstellenden Tragwerksplanung ergab und es einem Auftragnehmer nicht zuzumuten sei, eine solche Tragwerksplanung bereits als Grundlage des Angebotes zu erstellen, um das Angebot genau zu kalkulieren. Der BGH hat insoweit aber zu Recht darauf hingewiesen, dass es ausschließlich Sache eines Vertragspartners sei, ob und wie er sich der Risiken eines Vertragsschlusses vergewissert, weil es keinen Rechtsgrundsatz gebe, nach dem **riskante Leistungen** nicht übernommen werden können, zumal in diesem Zusammenhang die mit dem Vertragsschluss beabsichtigte Risikoverlagerung für den Auftragnehmer zweifellos **erkennbar** war.

Unter dem vorerwähnten Gesichtspunkt hat der BGH[125] auch die Ausschreibungstechnik der **funktionalen Leistungsbeschreibung**[126] als bedenkenfrei bezeichnet,

---

122) BGH, BauR 1994, 236 („Wasserhaltung II"); OLG Koblenz, BauR 2001, 1442, 1445. Vgl. hierzu auch *Markus*, Jahrbuch Baurecht 2004, 1 ff., 33.
123) BGH, BauR 1974, 236 („Wasserhaltung II").
124) BauR 1997, 126 = NJW 1997, 61 („Kammerschleuse"); BGH, BauR 1997, 464 = NJW 1997, 1772 = MDR 1997, 544. Vgl. hierzu auch *Markus*, Jahrbuch Baurecht 2004, 1 ff., 17 (Anwendung der Unklarheitenregel zu Lasten desjenigen Vertragspartners, der die Leistungsbeschreibung erstellt hat).
125) BauR 1997, 126 = NJW 1997, 61 („Kammerschleuse"). Ebenso BGH, BauR 2004, 504 („Demontage bestehender Fensteranlage").
126) Vgl. zu den rechtlichen Rahmenbedingungen der funktionalen Leistungsbeschreibung *Schmidt*, ZfBR 2001, 3.

weil diese Ausschreibungstechnik verbreitet und in Fachkreisen allgemein bekannt sei, auch wenn damit in aller Regel eine Risikoverlagerung zu Lasten des Auftragnehmers verbunden ist.

Ist eine **Leistungsbeschreibung auslegungsbedürftig**, sind **alle Bestandteile dieser Beschreibung** zur Klärung des Leistungsgegenstandes „**als sinnvolles Ganzes**"[127] heranzuziehen. Dabei ist zu berücksichtigen, dass es nach BGH[128] keinen grundsätzlichen Vorrang des Leistungsverzeichnisses vor den Vorbemerkungen gibt, obwohl – in der Regel – die jeweilige Bauleistung in den Vorbemerkungen allgemein, in den Leistungsverzeichnissen dagegen exakter beschrieben und definiert wird. Daher ist allein maßgeblich, in welchem Teil der Leistungsbeschreibung die Bauleistung konkreter und umfassender bestimmt ist. Das kann im Einzelfall auch in den Vorbemerkungen erfolgen, die dann zur Bestimmung des Leistungsgegenstandes – im Rahmen der Auslegung – heranzuziehen sind. Auch ein Angebotsbegleitschreiben kann ein Mittel zur Festlegung des Vertragsinhalts sein.[129]

### 3. „Übliche" Vergütung

*Literatur*

*Kranke*, Zu Funktion und Dogmatik der Leistungsbestimmung nach § 315, AcP 183, 113; *v. Mettenheim*, Beweislast für Vereinbarung eines geringeren Werklohns, NJW 1984, 776; *Clemm*, Abgrenzung zwischen (kostenloser) Nachbesserung und (entgeltlichem) Werkvertrag, BB 1986, 616; *Mainz*, Die übliche Vergütung bei Bauleistungen, Der Sachverständige 1991, 56; *Malotki*, Die unberechtigte Mangelbeseitigungsaufforderung; Ansprüche des Unternehmers auf Vergütung, Schadensoder Aufwendungsersatz, BauR 1998, 682; *Mantscheff*, Der ortsübliche Preis, Festschrift für Vygen (1999), 234; *Acker/Garcia-Scholz*, Möglichkeiten und Grenzen der Verwendung von Leistungsbestimmungsklauseln nach § 315 BGB in Pauschalpreisverträgen, BauR 2002, 550.

Führt der Unternehmer einen Bauauftrag aus, ohne zuvor eine besondere Vergütung zu vereinbaren, kann er nach § 632 Abs. 2 BGB jedenfalls die „taxmäßige" oder „übliche" Vergütung vom Bauherrn verlangen. Dabei ist unerheblich, ob es sich um einen BGB- oder VOB-Bauvertrag handelt. Vorab ist jedoch stets zu prüfen, ob überhaupt eine Vergütung aufgrund einer stillschweigenden Vereinbarung in Betracht kommt, wobei die Fiktion einer solchen gemäß § 632 Abs. 1 BGB („Eine Vergütung gilt als stillschweigend vereinbart, wenn die Herstellung des Werks den Umständen nach nur gegen eine Vergütung zu erwarten ist") zu berücksichtigen ist. Erst wenn also die Bauleistung vergütungspflichtig ist, kann für die Höhe der Vergütung § 632 Abs. 2 BGB anwendbar sein.[130] Die Anwendung des § 632 Abs. 2 BGB setzt damit voraus, dass überhaupt ein **Vertrag wirksam geschlossen** wurde; dies ist nicht der Fall, wenn noch keine Einigung über einen Punkt des Vertrages erzielt wurde, über den eine Vereinbarung getroffen werden sollte, z. B. die genaue Höhe der Vergütung (§ 154 Abs. 1 BGB).[131]

1134

---

127) BGH, BauR 1999, 897 = NJW 1999, 2432 = MDR 1999, 862; OLG Frankfurt, IBR 2007, 14 – *Stemmer* (konkret formulierte Leistungspositionen gehen allgemein gehaltenen Hinweisen auf DIN-Vorschriften in den Vorbemerkungen vor).
128) A. a. O.
129) OLG Schleswig, IBR 2007, 62.
130) *Schmidt*, Beilage 4/WM 1972, S. 17.
131) HansOLG Hamburg, *Schäfer/Finnern*, Z 2.1 Bl. 5.

§ 2 Nr. 9 VOB/B nennt für den VOB-Bauvertrag einen besonderen, in der Praxis häufig vorkommenden Fall und fingiert ausdrücklich die stillschweigende Vereinbarung einer Vergütung: Verlangt der Auftraggeber Zeichnungen, Berechnungen oder andere Unterlagen, die der Auftragnehmer nach dem Vertrag, besonders den Technischen Vertragsbedingungen oder der gewerblichen Verkehrssitte, nicht zu beschaffen hat, so hat er sie zu vergüten. Lässt er von dem Auftragnehmer nicht aufgestellte technische Berechnungen nachprüfen, trägt er die Kosten.

Entsprechendes gilt auch für den BGB-Bauvertrag. Eine Vergütungspflicht setzt allerdings einen Auftrag nach Abschluss des eigentlichen Bauvertrages (für entsprechende Vorarbeiten vgl. Rdn. 1104) voraus. Für die Höhe der Vergütung gilt auch hier § 632 Abs. 2 BGB.

**1135** Der **Bauunternehmer** muss entsprechend der gesetzlichen Vermutung des § 632 Abs. 1 BGB die **Umstände darlegen und beweisen**, die den Schluss zulassen, dass seine Bauleistung nur **gegen eine Vergütung zu erwarten** war, sodass er auch den Nachteil zu tragen hat, wenn die im Einzelfall festgestellten Umstände dieses Ergebnis nicht rechtfertigen.[132] Allerdings **reicht** für den Beweis der Vereinbarung der Entgeltlichkeit **aus**, wenn statt des Nachweises einer ausdrücklich oder stillschweigend getroffenen Abrede **Umstände** angeführt werden, nach denen die Ausführungen der übertragenen **Leistungen nur gegen eine Vergütung erwartet** werden können (Üblichkeit).[133] Stehen solche Umstände fest, so begründen sie eine Vermutung für die Entgeltlichkeit.[134] Die zwischen Parteien bestehende freundschaftliche Verbundenheit rechtfertigt allein noch nicht die Annahme der Unentgeltlichkeit; denn gewerbsmäßige Bauleistungen werden – wenn sie nicht einen verhältnismäßig geringen Umfang haben – grundsätzlich auch zwischen befreundeten Personen nicht unentgeltlich erbracht. Behauptet der Bauherr dennoch, dass die Leistungen unentgeltlich erbracht werden sollten, muss er dies darlegen und beweisen.[135]

**1136** Die Vergabe von Bauarbeiten **ohne vorherige feste Vergütungsabsprache** ist der **Ausnahmefall**. Behauptet der Unternehmer, eine bestimmte Vereinbarung sei nicht getroffen worden, ist dies so lange unproblematisch, wie der Bauherr dies nicht bestreitet. Behauptet der Bauherr jedoch eine **bestimmte Werklohnabrede**, z.B. eine Pauschalpreisvereinbarung, muss der Bauunternehmer, um eine angemessene oder übliche Vergütung beanspruchen zu können, die Behauptung des Bauherrn widerlegen. Die Rspr. ist sich darin einig, dass der Unternehmer **beweispflichtig** ist, wenn der Bauherr eine besondere (niedrigere) Preisvereinbarung behauptet.[136] Dies soll nur anders sein, wenn ein Handelsbrauch über die Höhe der Vergütung besteht;[137] hier ist derjenige beweispflichtig, der eine vom Handelsbrauch abweichende Vereinbarung behauptet. Dieser vorstehenden Meinung hat sich das Schrift-

---

132) BGH, BauR 1987, 454 = NJW 1987, 2742 = ZfBR 1987, 187; NJW 1957, 1555; 1965, 1226; OLG Köln, OLGR 1994, 159 für Vergütungsanspruch bei **Nachbarschaftshilfe**.
133) RG, Recht 1909, 1478; BGH, NJW 1965, 2226.
134) Zur Abgrenzung zwischen **(kostenloser)** Nachbesserung und **(entgeltlichem)** Werkvertrag siehe *Clemm*, BB 1986, 616 u. *Malotki*, BauR 1998, 682.
135) BGH, BauR 1987, 454 = NJW 1987, 2742 = ZfBR 1987, 187.
136) BGH, NJW 1983, 1782 = BauR 1983, 366 = DB 1983, 1054 (hierzu kritisch *v. Mettenheim*, NJW 1984, 776); BGHZ 80, 257 = BauR 1981, 388 = DB 1981, 2121 = ZfBR 1981, 170 = BB 1981, 997; BGH, NJW 1980, 122 = BauR 1980, 84 = JR 1980, 195 m. Anm. *Baumgärtel*; BGH, BauR 1975, 281; BGH, NJW 1957, 1555 (LS); OLG Düsseldorf, OLGR 2001, 36; OLGR 1992, 268 = BauR 1992, 813 (LS); OLG Frankfurt, NJW-RR 1989, 209; OLG Karlsruhe, MDR 1979, 756; OLG Saarbrücken, OLGZ 1966, 14; *Baumgärtel*, § 632 BGB, Rdn. 10.
137) BGH, *Schäfer/Finnern*, Z 2.300 Bl. 4.

## „Übliche" Vergütung

tum überwiegend angeschlossen.[138] Anderer Auffassung ist von Mettenheim,[139] dem indes Schumann[140] überzeugend entgegengetreten ist.

**1137** Der Unternehmer wird damit gezwungen, in diesen Fällen einen **Negativbeweis** zu führen.[141] Daher dürfen die an die Beweisführung des Unternehmers zu stellenden Anforderungen nicht überspannt werden.[142] Es genügt, dass der beweispflichtige Unternehmer die Umstände widerlegt, die für die Vereinbarung des behaupteten Werklohns sprechen können.[143] Dies setzt jedoch voraus, dass der Bauherr die Behauptung des Unternehmers, die Vereinbarung eines bestimmten Werklohnes sei nicht getroffen worden, substantiiert bestritten hat.[144] Der Bauherr hat daher die angebliche Vereinbarung über die Höhe der Vergütung substantiiert darzulegen; der beweispflichtige Unternehmer hat dann die Unrichtigkeit dieser Darlegung zu beweisen.

Eine „Taxe" im Sinne des § 632 Abs. 2 BGB gibt es im Bauwesen nicht.

**1138** Die **„übliche" Vergütung** setzt eine allgemeine Verkehrsgeltung bei den beteiligten Baukreisen voraus;[145] demnach sind als „üblich" solche Vergütungen anzusehen, die für Bauleistungen gleicher Art und Güte sowie gleichen Umfangs an dem Ort der Leistung nach allgemein anerkannter Auffassung gezahlt werden müssen,[146] wobei gleiche Verhältnisse in zahlreichen Einzelfällen Voraussetzung für die Anerkennung der Üblichkeit sind.[147] Deshalb sind nicht nur die Vorstellungen des Unternehmers, sondern auch diejenigen des Bauherrn für die Beurteilung des Preises maßgebend.[148] Die tatsächlichen Voraussetzungen einer üblichen Vergütung können im Einzelfall für den Unternehmer schwierig darzulegen sein; er wird sich deshalb zweckmäßigerweise durch vorprozessuale Maßnahmen die notwendigen Kenntnisse über die „übliche" Preisgestaltung verschaffen. Dabei können Auskünfte bei den Handwerkskammern oder der IHK sowie die Einholung von Privatgutachten bei Bausachverständigen tunlich sein.

Das OLG Köln[149] ist der Auffassung, dass die Berechnung von **Regiekosten** (pauschalierte Verwaltungsaufwendungen) in der Baubranche bei Sonderwünschen des Bauherrn angemessen und üblich ist. Das ist jedoch bestritten.[150]

---

138) Vgl. *Soergel/Siebert*, § 632 BGB, Rdn. 7; *Mainka*, JurBüro 1975, 292; *Ingenstau/Korbion/Keldungs*, § 2/B, Rdn. 14; *MünchKomm-Busche*, § 632 BGB, Rdn. 25; *Baumgärtel*, § 632 BGB, Rdn. 9.
139) NJW 1971, 20; NJW 1984, 776; vgl. auch *Honig*, BB 1975, 447.
140) NJW 1971, 495.
141) Vgl. hierzu *Baumgärtel*, § 632 BGB, Rdn. 14; *Vygen*, Rdn. 750.
142) BGH, BauR 1975, 281; BGH, *Schäfer/Finnern*, Z 2.300 Bl. 1; *Mainka*, a. a. O.; *Baumgärtel*, Beweislast, § 632 BGB, Rdn. 8.
143) So schon BGH, VersR 1966, 1021, 1022.
144) BGH, BauR 1992, 505 = NJW-RR 1992, 848 = MDR 1992, 1028 m. Anm. *Baumgärtel* = ZfBR 1992, 173 (Darlegung der Vereinbarung „nach Ort, Zeit und Höhe"); OLG Frankfurt, MDR 1979, 756; OLG Karlsruhe, MDR 1979, 756.
145) BGH, BB 1969, 1413.
146) BGH, BauR 2001, 249 = MDR 2001, 212 = NZBau 2001, 17 = ZfBR 2001, 104 = NJW 2001, 151; *Ingenstau/Korbion/Keldungs*, § 2/B, Rdn. 7. Zum Begriff des „angemessenen" Preises i. S. d. § 2/A vgl. *Ingenstau/Korbion/Schranner*, § 2/A, Rdn. 19.
147) BGH, a. a. O.
148) *Ingenstau/Korbion/Keldungs*, § 2/B, Rdn. 9.
149) *SFH*, Nr. 2 zu § 4 Ziff. 2 VOB/B.
150) Beck'scher VOB-Komm/*Jagenburg*, B Vor § 2, Rdn. 107.

**1139** Als „üblich" im Sinne des § 632 Abs. 2 BGB können in der Regel die Vergütungsbestimmungen der VOB/B angesehen werden.[151] Auch der BGH hat darauf hingewiesen,[152] dass die Vorschriften der VOB, soweit sie sachlich mit den Vorschriften des BGB nicht in Widerspruch stehen, einen Anhalt dafür geben, was im Baugewerbe als „üblich" und den Beteiligten zumutbar angesehen werden kann. Im Übrigen ist auch die Abrechnung nach Einheitspreisen im Baugewerbe als „üblich" anzusehen (bestr.; vgl. Rdn. 1113 ff. und 1163).

**1140** Ist eine übliche Vergütung nicht feststellbar, kann der Unternehmer die Höhe des Werklohns nach §§ 315, 316 BGB bestimmen.[153] Das Gericht kann diese Bestimmung nur darauf überprüfen, ob sie **angemessen** (billig) ist.[154] Hierfür trägt der Unternehmer in vollem Umfang die **Darlegungs- und Beweislast**.[155]

---

151) Vgl. *Weber*, NJW 1958, 1710, 1711; *Köderitz*, Bauwirtschaft 1955, 1101, 1124.
152) *Schäfer/Finnern*, Z 2.30 Bl. 3.
153) Vgl. BGH, NZBau 2007, 169; BGH, BauR 1990, 99 = ZfBR 1990, 15 = MDR 1990, 233; s. hierzu grundlegend: *Acker/Gracia-Scholz*, BauR 2002, 550 ff.
154) BGH, *Schäfer/Finnern*, Z 2.30 Bl. 1 = LM Nr. 1 zu § 316 BGB; vgl. auch *Kronke*, AcP 183, 113. *Mantscheff*, Festschrift für Vygen, S. 234, weist allerdings darauf hin, dass der „übliche" und der „angemessene Preis" nicht identisch sein können.
155) BGH, NJW 1969, 1809.

## IV. Umfang des Werklohnanspruchs

*Übersicht*

|   | Rdn. |   | Rdn. |
|---|---|---|---|
| 1. Allgemeine Grundsätze | 1141 | a) Abschlagszahlungen beim BGB-Bauvertrag | 1218 |
| a) Nebenleistungen | 1144 | b) Abschlagszahlungen beim VOB-Bauvertrag | 1219 |
| b) Mehrleistungen/Minderleistungen | 1148 | c) Allgemeine Grundsätze | 1220 |
| c) Leistungsänderungen | 1149 | d) Abschlagszahlungen bei Bauträgerverträgen | 1230 |
| d) Zusätzliche Leistungen | 1156 | e) AGB-Regelungen | 1236 |
| e) Leistungen ohne Auftrag | 1161 | 8. Sicherheitsleistungen | 1240 |
| 2. Der Einheitspreisvertrag | 1162 | a) Zweck der Sicherheitsleistung | 1248 |
| 3. Der Pauschalpreisvertrag | 1179 | b) Art und Umfang der Sicherheitsleistung | 1249 |
| a) Allgemeine Grundsätze | 1179 | c) Bürgschaft auf erstes Anfordern | 1257 |
| b) Formen des Pauschalvertrages | 1189 | d) Höhe der Sicherheitsleistung | 1261 |
| c) Komplettheitsklauseln | 1196 | e) Zeitraum der Sicherheitsleistung | 1263 |
| d) Anpassung des Pauschalpreises | 1198 | 9. Umsatzsteuer | 1270 |
| e) Abrechnung bei Kündigung | 1206 | 10. Skontoabzug | 1277 |
| 4. Der GMP-Vertrag | 1207 | 11. Zinsen | 1283 |
| 5. Stundenlohnvertrag | 1210 |   |   |
| 6. Der Selbstkostenerstattungsvertrag | 1217 |   |   |
| 7. Abschlagszahlungen | 1218 |   |   |

### 1. Allgemeine Grundsätze

*Literatur*

*Lehning*, Vergütungsanspruch für zusätzliche Leistungen trotz Verletzung der Ankündigungspflicht nach dem VOB-Vertrag, NJW 1977, 122; *Riedl*, Die Vergütungsregelung nach VOB unter besonderer Berücksichtigung der Rechtsprechung, ZfBR 1980, 1; *Prange*, Vergütungsänderungen bei Änderungen der Preisermittlungsgrundlagen nach der VOB, DB 1981, 2477; *Baden*, Der „selbstständige" Sonderwunschvertrag, BauR 1983, 313; *Fiel*, Zur Abgrenzung zwischen Leistungsänderung (§§ 1 Nr. 3, 2 Nr. 5 VOB/B) und Behinderung (§ 6 VOB/B), Festschrift für Korbion (1986), 349; *Marbach*, Vergütungsansprüche aus Nachträgen – ihre Geltendmachung und Abwehr, ZfBR 1989, 2; *Clemm*, Anspruch des Auftragnehmers auf zusätzliche Vergütung bei kostenverursachenden lärmmindernden Baumaßnahmen, BauR 1989, 125; *Putzier*, Die zusätzliche Vergütung bei der Bewältigung abweichender Bodenverhältnisse im Erdbau, BauR 1989, 132; *Wettke*, Die Haftung des Auftraggebers bei lückenhafter Leistungsbeschreibung, BauR 1989, 292; *Weyer*, Bauzeitverlängerungen aufgrund von Änderungen des Bauentwurfs durch Auftraggeber, BauR 1990, 138; *Ágh-Ackermann/Kuen*, Technisch, wirtschaftliche Aspekte des Bauvertrages: Änderungsrecht und Preisvorbehalt, BauR 1993, 655; *Groß*, Das Verlangen auf Vereinbarung eines neuen Preises (§§ 2 Nr. 3, 5, 6, 7 VOB/B), Festschrift für Soergel (1993), 59; *Bergmann*, Grundlagen der Vergütungsregelung nach BGB und § 16 VOB Teil B, ZfBR 1998, 59; *Dausner*, Die Leistungsbeschreibung und VOB – Pflichten des Auftraggebers zur Vermeidung von Schäden an Leitungen, BauR 2001, 713; *Hök*, Das Gesetz über die Bauabzugssteuer und die Auswirkungen auf die Durchsetzung von Werklohnansprüchen, ZfBR 2002, 113; *Wagner*, Bauabzugssteuer und ihre Folgen beim Bauträgervertrag, ZfBR 2002, 322; *Ulbrich*, Gesetz zur Eindämmung illegaler Beschäftigung im Baugewerbe vom 30.8.2001 oder Einführung einer neuen Bauquellensteuer, BauR 2002, 354; *Heiland*, Die Bauabzugssteuer gem. §§ 48 ff. EStG im Bauprozess, NZBau 2002, 413; *Quack*, Bausoll, Risikosphären, originäre Bauherrenpflichten und allerlei „Verträge" – Über einige problematische Begriffsbildungen im privaten Baurecht –, ZfBR 2006, 731; *Sass*, Bausoll, Vertragssoll und der „offene" Inhalt von Bauverträgen, Jahrbuch Baurecht 2007, 35.

**1141** Die Höhe des Werklohns richtet sich nach dem von den Parteien **vereinbarten Verrechnungsmodus** und dem Umfang des Auftrags. Daher gehört es zum wesentlichen Klagevorbringen des Auftragnehmers, die Vergütungsvereinbarung nach ihrem materiellen Gehalt im Einzelnen darzulegen. Dabei sind allerdings keine zu hohen Anforderungen an die Substantiierungspflicht des Auftragnehmers zu stellen; erst wenn der Verrechnungsmodus und der Umfang streitig werden, besteht für den Auftragnehmer Anlass, sein Vorbringen hierzu inhaltlich zu konkretisieren und zu ergänzen.[1] Die Geldleistung kann in einer Pauschalsumme bestehen oder sich nach vereinbarten Maßstäben richten, also nach Material, Zeitaufwand, Aufmaß usw.

Dementsprechend kann der Bauvertrag ein
* **Einheitspreisvertrag** (Rdn. 1162 ff.)
* **Pauschalpreisvertrag** (Rdn. 1179 ff.)
* **Stundenlohnvertrag** (Rdn. 1210 ff.)
    oder
* **Selbstkostenerstattungsvertrag** (Rdn. 1217 ff.)

sein. Ein Unterfall des Pauschalvertrages ist der **so genannte GMP-Vertrag** (Garantierter Maximal-Preis-Vertrag) – vgl. hierzu Rdn. 1209. Das Werkvertragsrecht des **BGB** kennt diese Vergütungsarten nicht ausdrücklich, lässt aber entsprechende Abreden zu. In der **VOB** sind die vorgenannten Arten einer vertraglichen Vergütungsfestsetzung ausdrücklich geregelt. Möglich ist auch die Vereinbarung von Vergütungsmischformen in einem einheitlichen Bauvertrag. So kann für einen Teil der Leistung ein Pauschalpreis, im Übrigen aber ein Preis nach Leistung und Lieferung zwischen den Parteien vereinbart werden.[2]

**1142** Der „**Festpreisvertrag**" ist kein **zusätzlicher** Vertragstyp und dem BGB- wie dem VOB-Werkvertragsrecht an sich unbekannt. Im Einzelfall ist daher sorgfältig zu prüfen, welches Ziel die Vertragsparteien mit einer „Festpreisabrede" verfolgen. Dabei ist zu berücksichtigen, dass Einheitspreise, Pauschalpreise und Stundenlohnsätze stets Festpreise darstellen, eines besonderen Hinweises oder einer Vereinbarung bedarf es nicht. Wollen die Parteien ein **„eigenständiges"** Ziel verfolgen, muss dies zum Ausdruck gebracht werden. Zwar kann man bei der Vereinbarung eines Festpreises in der Regel davon ausgehen, dass Preisanpassungsklauseln (im Sinne von Lohn- und Materialgleitklauseln, vgl. Rdn. 1120 ff.) außer Betracht zu bleiben haben,[3] weil sie dem Wesen des Festpreises widersprechen; allerdings sind nicht ohne weiteres die allgemeinen Preisänderungsmöglichkeiten des § 2 VOB/B ausgeschlossen[4] (zur Abrede „Festpreis zum...", vgl. Rdn. 1167). Häufig wird der Begriff „Festpreis" nach dem Willen der Vertragsparteien jedoch nur die Bedeutung eines „Pauschalpreises" haben.

**1143** Vom Gesamtwerklohn kann der Auftraggeber einen **Sicherheitsbetrag** nur bei einer gesonderten Vereinbarung einbehalten; für den VOB-Vertrag gilt ferner § 17 VOB/B. Bei berechtigtem Sicherheitseinbehalt ist die Klage des Auftragnehmers insoweit als zurzeit unbegründet abzuweisen (vgl. näher Rdn. 1240 ff.). Werden Bau-

---

1) BGH, BauR 1988, 121.
2) BGH, BauR 1973, 246.
3) OLG Celle, *Schäfer/Finnern*, Z 2.300 Bl. 33; *Ingenstau/Korbion/Keldungs*, § 5/A, Rdn. 7.
4) *Ingenstau/Korbion/Keldungs*, § 5/A, Rdn. 7; *Kleine-Möller/Merl*, § 10, Rdn. 42.

## Umfang des Werklohnanspruchs

leistungen von **mehreren** Miteigentümern, z. B. im Rahmen eines Bauherrenmodells, von diesen oder über einen Baubetreuer vergeben, so haften die **Miteigentümer** den Unternehmern gegenüber grundsätzlich nur **anteilsmäßig** entsprechend ihrer jeweiligen **Miteigentumsanteile**.[5]

Bei der Höhe des geltend gemachten Werklohnanspruches ist die so genannte „**Bauabzugssteuer**" (§§ 48 a bis 48 d EStG) zu berücksichtigen, die durch das **Gesetz zur Eindämmung illegaler Beschäftigung im Baugewerbe** mit Wirkung vom 1.1.2002 eingeführt wurde.[6] Bei der Bauabzugssteuer handelt es sich um eine Zahlung des Auftraggebers auf eine vom Auftragnehmer zu entrichtende Steuer.[7] Danach hat jeder inländische und ausländische Unternehmer oder jede juristische Person des öffentlichen Rechts als Empfänger einer Bauleistung für diese im Inland 15% des Werklohns (Bruttopreis) einzubehalten und an das Finanzamt abzuführen. Der Auftraggeber haftet gegenüber dem Finanzamt, wenn er den Abzug zu Unrecht unterlässt und/oder nicht abführt. Von dem entsprechenden Steuerabzug darf der Auftraggeber nur absehen,

* wenn der Unternehmer eine gültige **Freistellungsbescheinigung** vorlegt, die er beim zuständigen Finanzamt beantragen muss[8]
* wenn **Bagatellaufträge** vorliegen (bis zu einem Wert von 5.000 € im Kalenderjahr an den gleichen Unternehmer) sowie bei Leistungen für private Vermieter (bis zu einer jährlichen Wertgrenze von 15.000 €).

Nach allgemeiner Meinung ist der Begriff der Bauleistung weit auszulegen.[9] Die Bauabzugssteuer bezieht sich allerdings **nicht auf Architekten- und Ingenieurleistungen**; das kommt ausnahmsweise nur in Betracht, wenn es sich um Nebenleistungen zu Bauleistungen handelt.[10] Trotz der Verpflichtung des Auftraggebers hinsichtlich der Bauabzugssteuer ist der Unternehmer grundsätzlich berechtigt, den vollen Werklohn gegenüber seinem Auftraggeber geltend zu machen und ggf. einzuklagen, weil die Bauabzugssteuer den Anspruch auf Zahlung des Werklohns unberührt lässt; dies gilt jedoch dann nicht, wenn der Auftraggeber bereits an das Finanzamt gezahlt hat, weil dieser Zahlung Erfüllungswirkung gemäß § 362 Abs. 1 BGB zukommt, es sei denn, für den Auftraggeber (als Leistungsempfänger) war aufgrund der ihm zum Zeitpunkt der Zahlung bekannten Umstände eindeutig erkennbar, dass eine Verpflichtung zum Steuerabzug nicht bestand.[11] Es ist jetzt schon abzusehen, dass das Gesetz zur Eindämmung der Schwarzarbeit im Baugewerbe

**1143 a**

---

5) BGH, NJW 1980, 992 = BauR 1980, 262 = DB 1980, 2127; s. auch Rdn. **1098**.
6) BGBl. I, S. 2267; vgl. hierzu insbesondere *Ulbrich*, BauR 2002, 354; *Wagner*, ZfBR 2002, 322; *Hök*, ZfBR 2002, 113; *Heiland*, NZBau 2002, 413; *Ortlieb*, NZBau 2002, 416; *Wirth/Broocks*, Festschrift für Jagenburg, S. 1057.
7) Bezüglich europarechtlicher Bedenken gegen die Bauabzugssteuer vgl. *Peter*, IBR 2006, 659.
8) BGH, BauR 2005, 1311 = IBR 2005, 411 – *Wolff*. Vgl. hierzu: FG Berlin, NZBau 2002, 228 (zum Anspruch auf Erteilung der Freistellungsbescheinigung durch den Unternehmer).
9) Für viele: *Hök*, ZfBR 2002, 113.
10) BGH, BauR 2005, 1658. Zur Bauabzugssteuer und ihren Folgen beim Bauträgervertrag vgl. *Wagner*, ZfBR 2002, 322.
11) BGH, BauR 2005, 1311 = IBR 2005, 411 – *Wolff*; OLG München IBR 2005, 137 – *Schulze-Hagen*. Vgl. hierzu LG Cottbus, BauR 2002, 1703; *Hök*, ZfBR 2002, 113, 114 m. Hinw. auf BGH, BauR 2001, 1906 = NJW-RR 2002, 591 u. OLG Dresden, OLGR 1999, 242.

eine Fülle zivilrechtlicher Probleme aufwerfen wird, die das Vertragsverhältnis zwischen Auftraggeber und Auftragnehmer in vielfältiger Hinsicht belasten wird.[12]

## a) Nebenleistungen

*Literatur*
*Lange*, Bauschuttentsorgung: Ein unlösbares bauvertragsrechtliches Dauerproblem?, BauR 1994, 187.

**1144** Mit dem vereinbarten Werklohn werden alle Leistungen abgegolten, die nach der Baubeschreibung der Leistung innerhalb des Bauvertrages, unter Umständen auch nach den Besonderen Vertragsbedingungen, den Allgemeinen Technischen Vertragsbedingungen, den Zusätzlichen Technischen Vertragsbedingungen und der gewerblichen Verkehrssitte zur vertraglichen Leistung gehören; § 2 Nr. 1 VOB/B spricht dies für den VOB-Bauvertrag nochmals ausdrücklich aus.[13]

In den **Allgemeinen Technischen Vertragsbedingungen für Bauleistungen (ATV) DIN 18 299**[14] sind die Nebenleistungen im Abschnitt 4 genannt. Hier werden **nichtvergütungspflichtige Nebenleistungen** im Rahmen eines Katalogs aufgezählt, die in der Regel bei Bauarbeiten auftreten. Die unter 4.1 genannten nichtvergütungspflichtigen Nebenleistungen (wie z. B. das Einrichten und Räumen der Baustelle einschließlich der Geräte und dergleichen, das Vorhalten der Baustelleneinrichtung einschließlich der Geräte und dergleichen, Messungen für das Ausführen und Abrechnen der Arbeiten usw.) stellen keinen abschließenden Katalog dar, was durch die Formulierung „insbesondere" deutlich wird.[15] In den ATV der DIN 18 300 ff. sind dann weitere nichtvergütungspflichtige Nebenleistungen aufgeführt, die sich

---

12) Vgl. *Hök*, a. a. O., mit der Erörterung der Frage der möglichen Aufrechnung mit Gegenforderungen, der Inanspruchnahme von Erfüllungsbürgschaften und des Rückgriffsanspruches des Auftraggebers bei seinem Auftragnehmer, wenn er an den Unternehmer die volle Summe bezahlt hat und anschließend die nicht einbehaltene Steuer an das Finanzamt zahlen muss.

13) Vgl. hierzu insbesondere BGH, BauR 2002, 935 mit Anm. von *Keldungs, Quack* und *Asam*, BauR 2002, 1247 ff.; ferner: *Ingenstau/Korbion/Keldungs*, § 2 Nr. 1/B, Rdn. 7 ff.; OLG Köln, NJW-RR 1992, 1437 = OLGR 1992, 295 (Stahlkonstruktion zur zeitweiligen statischen Unterstützung des Bauwerks ist nicht bloße Nebenleistung mit der Folge, dass die dazu nötigen Ausführungen gesondert zu vergüten sind). OLG Celle, BauR 2005, 722 (Nichtvergütungspflichtige Nebenleistung: Übernahme der Kosten der erforderlichen **Prüfung** und **Abnahme** bei Verpflichtung eines Bauunternehmers, die Traggerüste für das Bauwerk und eine Behelfsbrücke einschließlich erforderlicher Gründung nach statischen, konstruktiven und sicherheits- sowie verkehrstechnischen Erfordernissen herzustellen).

14) Allgemeine Regelungen für Bauarbeiten jeder Art, DIN 18299 (Ausgabe Juni 1996). Vgl. hierzu *Gessner/Jaeger*, Festschrift für Kraus, S. 41 ff.

15) Vgl. hierzu Ziffer 2.2. 1 der Hinweise zur ATV DIN 18299: „Nebenleistungen im Sinne des Abschnitts 4.1 setzen voraus, dass sie für die vertragliche Leistung des Auftragnehmers erforderlich werden. Sie können in den ATV nicht abschließend aufgezählt werden, weil der Umfang der gewerblichen Verkehrssitte nicht für alle Einzelfälle umfassend und verbindlich bestimmt werden kann. Abschnitt 4.1 trägt dem durch die Verwendung des Begriffs ‚insbesondere' Rechnung. Damit wird zugleich verdeutlicht, dass die Aufzählung die wesentlichen Nebenleistungen umfasst und Ergänzungen lediglich in Betracht kommen können, soweit sich dies für den Einzelfall aus der gewerblichen Verkehrssitte ergibt. Eine Nebenleistung im Sinne des Abschnittes 0.4.1 bleibt auch dann Nebenleistung, wenn sie besonders umfangreich und kostenintensiv ist ..."

## Nebenleistungen

bei den entsprechenden speziellen Bauleistungen ergeben und ebenfalls durch den vereinbarten Preis mit abgegolten sind.[16]

Nichtvergütungspflichtige Nebenleistungen können sich auch aus einer **Branchenüblichkeit** bzw. der Verkehrssitte ergeben. So können z. B. **An- und Abfahrtskosten** grundsätzlich nur bei kleineren Werkleistungen, insbesondere Reparaturarbeiten, dem Auftraggeber in Rechnung gestellt werden; bei Werkleistungen über einen Zeitraum von mehreren Wochen oder Monaten ist allerdings die Berechnung der An- und Abfahrtszeiten in der Baubranche grundsätzlich nicht üblich, da sie in aller Regel zum Gegenstand der Preiskalkulation des Unternehmers gemacht wurden.[17] Das OLG Naumburg hat auch zu Recht darauf verwiesen, dass es dem Werkunternehmer als Nebenpflicht des Werkvertrages obliegt, das Eigentum des Auftraggebers vor Schaden zu bewahren und alle zumutbaren Vorkehrungen zum Schutz des Eigentums des Auftraggebers vor Beschädigung und Zerstörung zu treffen; er hat daher schon in seinem Angebot die geeigneten Sicherungsmaßnahmen einzukalkulieren und diese – wenn sie sich dem Angebot nicht als gesonderte Position entnehmen lassen – ggf. unentgeltlich zu erbringen.[18] Nach zutreffender Auffassung des BGH[19] trägt der Unternehmer nach allgemeinen werkvertraglichen Grundsätzen nicht das Risiko für die Kosten eines von der Baugenehmigungsbehörde angeforderten Baugrundgutachtens.

Da die DIN-Normen allgemein gültig sind und da sie der gewerblichen Verkehrssitte entsprechen, sind sie grundsätzlich auch beim **BGB-Bauvertrag** bei der Abrechnung heranzuziehen.[20] Sind nach den DIN-Vorschriften der VOB/C bestimmte Leistungen **gesondert als Zulagen** abzurechnen,[21] so kann dieses Recht vertraglich ausgeschlossen werden. Ein solcher Ausschluss liegt z. B. vor, wenn die vereinbarten Einheitspreise erkennbar die vollständige fertige Arbeit einschließlich aller Neben- und Zulageleistungen abgelten sollen. Dies gilt vor allem, wenn dem Auftraggeber daran gelegen war, ein Angebot mit Einheitspreisen zu erhalten, die die kompletten Arbeiten abgelten („fix und fertige Arbeit").[22]

1145

Nebenleistungen, die aufgrund der vorerwähnten DIN-Vorschriften an sich nicht vergütungspflichtig sind, müssen bezahlt werden, wenn dies zwischen den Parteien **ausdrücklich** vereinbart worden ist.[23] Eine entsprechende Klausel in **AGB** ist allerdings wegen eines Verstoßes gegen § 307 BGB unwirksam.[24] Dasselbe gilt, wenn ein

1146

---

16) Vgl. hierzu *Grauvogl*, Jahrbuch Baurecht 1998, 315, 326; ferner: *Marbach*, ZfBR 1989, 2, 4; LG München I, BauR 1991, 225 u. OLG München, BauR 1987, 554 = NJW-RR 1987, 661 (Herstellen und Schließen von **Schlitzen** bei Betonarbeiten); OLG Hamm, BauR 1994, 374 = NJW-RR 1994, 531; OLG Düsseldorf, BauR 1997, 1051 = NJW-RR 1997, 1378 (**Gerüste** beim Detail-Pauschalvertrag).
17) OLG Düsseldorf, OLGR 1997, 159; AG Königstein, NJW-RR 1998, 49.
18) BauR 2003, 910.
19) BauR 2006, 2040 = NZBau 2006, 777 = IBR 2006, 606 – *Vogel*.
20) Ebenso: OLG Saarbrücken, BauR 2000, 1332; *Schmidt*, BlGBW 1969, 186, 188 u. *MünchKomm-Busche*, § 631 BGB, Rdn. 115.
21) Vgl. hierzu OLG Düsseldorf, BauR 1999, 412 = NJW-RR 1999, 313 (**Bohrungen** zur Befestigung von Konsolen und Halterungen für Heizungsanlagen als Zusatzleistungen); BauR 1997, 1051 = NJW-RR 1997, 1378 = OLGR 1998, 51 (**Gerüststellung** bei Dachdeckerarbeiten).
22) OLG Köln, BauR 1991, 615.
23) OLG Celle, BauR 1999, 494 = OLGR 1999, 298.
24) *Ingenstau/Korbion/Keldungs*, § 2 Nr. 1, Rdn. 12.

Auftraggeber seinem Auftragnehmer in AGB die Verpflichtung auferlegt, Leistungen zu erbringen, die nicht sog. „**nichtvergütungspflichtige Nebenleistungen**" darstellen:[25] z. B. die Pflicht, den **Bauschutt** anderer Auftragnehmer ohne besondere Vergütung zu beseitigen, oder die Pflicht, ohne besondere Vergütung über die eigene Nutzungsdauer hinaus **Gerüste** für die Nachfolgegewerke zu stellen und umzubauen; ferner auf Verlangen des Auftraggebers kostenlos **Musterstücke** herzustellen, notwendige Arbeitsgerüste über 4 m hinaus ohne Mehrkosten vorzuhalten oder im Rahmen von Abbrucharbeiten den **Abtransport** inklusive eventueller **Kippgebühren** kostenfrei zu übernehmen;[26] schließlich die Pflicht des Rohbauunternehmers, ohne besondere Vergütung das **Bauwerk** vor Schlüsselübergabe **besenrein zu reinigen** und die Gehsteige, Straßenflächen und das Grundstück wieder in einen ordnungsgemäßen Zustand zu versetzen.[27]

**1147** Auch eine Klausel in den Geschäftsbedingungen eines Auftraggebers für Aufträge an Bauhandwerker, wonach bei **Verschmutzungen** durch Bauschutt, die von mehreren Bauhandwerkern verursacht worden sind, diese Bauhandwerker sich der **Aufschlüsselung der Beseitigungskosten durch den Auftraggeber** unterwerfen, ist unwirksam.[28] Dasselbe gilt, soweit mit einer **Schuttbeseitigungsklausel**[29] das Recht des Auftraggebers begründet werden soll, den Schutt durch Dritte beseitigen zu lassen, auch wenn der Auftragnehmer mit der Beseitigung (noch) nicht in Verzug gekommen ist.[30] Nach Auffassung des OLG Stuttgart[31] verstößt die Bestimmung, dass Nebenleistungen, die nicht nach den Bestimmungen der VOB/C im Leistungsumfang der Hauptleistung enthalten sind, sondern zusätzlich zu handwerksüblichen Stundensätzen und eventuellem Materialaufwand auf Nachweis in Rechnung gestellt werden, gegen das aus § 305 Abs. 2 Nr. 2 BGB folgende Verständlichkeitsgebot.

Eine Allgemeine Geschäftsbedingung in einem Bauvertrag, nach der der Rohbauunternehmer die Baustelle insgesamt mit Bauwasser, Baustrom und Sanitäranlagen zu versorgen und diese Einrichtungen allen am Bau Beteiligten zur Mitbenutzung zu überlassen hat, ihm aber für die Mitbenutzung durch die Drittunternehmer ein Entgelt zustehen soll, ist nach Auffassung des OLG Celle[32] unwirksam.

Der BGH[33] hält eine Klausel in AGB, wonach dem Auftragnehmer für **anteilige Baureinigung** 0,5% von der Schlusssumme in Abzug gebracht werden, für unwirksam, weil sie den Klauselgegner unangemessen benachteilige; die Klausel belaste nämlich den Auftragnehmer in Höhe des pauschalen Abzugs mit der Verantwortlichkeit für Abfall, unabhängig davon, ob er Abfall verursacht und nicht beseitigt hat. Nach Auffassung des BGH unterliegt eine solche Klausel über die pauschale Vergütung für Baureinigung als Preisnebenabrede der Inhaltskontrolle der §§ 305 ff. BGB, weil sie die Erstattung von Mängelbeseitigungskosten i. S. d. § 633 Abs. 3 BGB a. F. oder einen Anspruch auf Ersatz der Mängelbeseitigungskosten nach § 635 BGB a. F. regelt. Dagegen sieht der BGH[34] in einer

---

25) OLG München, BauR 1987, 554 = NJW-RR 1987, 661.
26) LG München, BauR 1993, 254 (LS).
27) Vgl. dazu OLG München, NJW-RR 1987, 661 u. NJW-RR 1986, 383.
28) OLG München, NJW-RR 1989, 276; BGH, BauR 1997, 1036 = NJW-RR 1997, 1513 = ZfBR 1998, 35 (Nichtannahmebeschluss zu OLG Hamburg, SFH, Nr. 10 zu § 3 AGB-Gesetz); LG Offenburg, NJW-RR 1999, 603.
29) Vgl. hierzu KG, KGR 1999, 145 (Containerkosten); LG Frankfurt, BauR 2001, 636 und *Lange*, BauR 1994, 187.
30) OLG Koblenz, BauR 1992, 635 (Verstoß gegen § 11 Nr. 4 AGB-Gesetz).
31) NJW-RR 1988, 786 (zu § 2 Abs. 1 Nr. 2 AGB-Gesetz).
32) BauR 2004, 1955 = IBR 2004, 555 – *Schwenker*.
33) BauR 2000, 1756 (zum AGB-Gesetz) = NJW 2000, 3348 = NZBau 2000, 466 = ZfBR 2000, 546 = MDR 2000, 1312; ferner OLG Frankfurt, BauR 2005, 1939.
34) A. a. O.

Klausel in AGB, wonach der Auftraggeber eine Bauwesenversicherung abschließt und die anteilige Prämie mit einem bestimmten Promillesatz von der Schlusssumme in Abzug bringt, keine Preisnebenabrede, sodass sie auch nicht der Inhaltskontrolle der §§ 305 ff. BGB unterfallen, weil eine solche Regelung nicht „zu einer verdeckten Erhöhung oder Verbilligung der eigentlichen Vergütung für die Werkleistung" führe, sondern „lediglich eine Verrechnung der rechtlich voneinander unabhängigen Forderung des Unternehmers auf Werklohn und des Bestellers auf Vergütung der Geschäftsbesorgung" ermögliche.

Dagegen ist nach Auffassung des OLG Karlsruhe, BauR 1995, 113, eine so genannte **Umlageklausel** in Allgemeinen Geschäftsbedingungen eines Auftraggebers über den pauschalen Abzug von Kosten der Baustellenversorgung und -entsorgung sowie einer Bauleistungsversicherung grundsätzlich wirksam (z. B. pauschaler Abzug in Höhe von 1,4% für die Baustellenversorgung und -entsorgung sowie ein Abzug von 0,14% für den Abschluss einer Bauleistungsversicherung). Anders sieht es das OLG Hamm, BauR 1997, 660 = NJW-RR 1997, 1042 = OLGR 1996, 145; ebenso: OLG Stuttgart, NJW-RR 1998, 312 = BauR 1998, 408 (LS): Danach ist eine **Umlageklausel**, in der der Auftragnehmer verpflichtet wird, für nach dem Vertrag nicht geschuldete Baunebenleistungen (wie allgemeine Versorgung der Baustelle mit Wasser und Strom, allgemeine Baureinigung und allgemeine Bauüberwachung) einen Beitrag zu zahlen hat, wegen Verstoßes gegen § 307 BGB unwirksam, „wenn sie so formuliert ist, dass sie den Anschein erweckt, der Auftragnehmer zahle für vertraglich geschuldete Leistungen und werde durch die Zahlung der Umlage von seinen Leistungspflichten befreit."

Wird in einem vom Auftraggeber vorformulierten Bauvertrag mit einem Dachdecker als Vertragsgrundlage auf die VOB/C verwiesen, wonach Gerüste bis zu einer Höhe von 2 m als Nebenleistungen in die Preise einzukalkulieren sind, so ist eine daneben in den umfangreichen „Zusätzlichen Technischen Vorschriften" (ZTV) enthaltene Klausel, nach der der Dachdecker ein Gerüst in jeder erforderlichen Höhe (in diesem Fall 8 m) als Nebenleistung ohne besondere Vergütung zu stellen hat, gemäß §§ 305 c, 307 BGB unwirksam.[35]

### b) Mehrleistungen/Minderleistungen

*Literatur*

*Moufang/Kupjetz*, Zur rechtlichen Bindungswirkung von abgeschlossenen Nachtragsvereinbarungen, BauR 2002, 1629; *Oppler*, Zur Bindungswirkung von Nachtragsvereinbarungen, Festschrift für Kraus (2003), 169; *Anker/Klingenfuß*, Kann das praktische Erforderliche stets wirksam vereinbart werden? – Unkonventionelles zu § 1 Nr. 3 und Nr. 4 VOB/B, BauR 2005, 1377; *Drittler*, Berechnung neuer Einheitspreise nach § 2 Nr. 3 VOB/B, zugleich Vorschläge für Revision von § 2 Nr. 3 VOB/B, BauR 2005, 307; *Leupertz*, Der Anspruch des Unternehmers auf Bezahlung unbestellter Bauleistungen beim BGB-Bauvertrag, BauR 2005, 775.

Nachträge aufgrund von Mehrleistungen des Auftragnehmers sind in der Baupraxis keine Besonderheit. Auftragnehmer betreiben – insbesondere bei größeren Bauvorhaben – insoweit sogar vielfach ein eigenes „Nachtragsmanagement", um so etwaige Mehrleistungen gegenüber der vertraglich geschuldeten Bauleistung frühzeitig festzustellen, im Einzelnen zum Nachweis festzuhalten und möglichst noch während des Bauvorhabens gegenüber dem Auftraggeber durchzusetzen. Dabei kommt es fast regelmäßig zu unterschiedlichen Auffassungen der Vertragsparteien, sodass Nachtragsforderungen häufig Gegenstand von Bauprozessen sind. Will der Auftragnehmer dem Auftraggeber **Mehrleistungen** in Rechnung stellen und erfolgreich durchsetzen, muss er sie im Einzelnen darlegen und beweisen. Der Umfang seiner Darlegungs- und Beweislast richtet sich nach der Art des Vergütungssatzes (Einheitspreis, Pauschalpreis, Stundenlohnsatz, Selbstkostenerstattungsbetrag). Stets ist dabei

---

35) OLG Celle, OLGR 1995, 21.

von dem gegenüber dem Auftraggeber vertraglich geschuldeten **Bausoll** auszugehen. Anhand der vertraglichen Unterlagen (Leistungsbeschreibung/Leistungsverzeichnis, Vergabeprotokoll, Planungsunterlagen und sonstige Zeichnungen, Statikerunterlagen, Bodengutachten[36] usw.) ist das geschuldete Bausoll bei der Beurteilung von Nachtragsforderungen zu ermitteln. Vgl. zu Unklarheiten innerhalb der Vertragsunterlagen bzw. zu einer mangelhaften Ausschreibung (unvollständige und unrichtige Leistungsbeschreibung) im Einzelnen näher Rdn. 1129 ff.

Beim **VOB-Bauvertrag** sind folgende Vorschriften bei der Geltendmachung von Mehrleistungen zu berücksichtigen:

* § 2 Nr. 3 VOB/B (Mengenabweichungen beim Einheitspreisvertrag, s. Rdn. 1169),
* § 2 Nr. 4 VOB/B (spätere Übernahme von Leistungen durch den Auftraggeber, s. Rdn. 1174 ff.),
* § 2 Nr. 5 VOB/B (Änderung des Bauentwurfs oder andere Anordnungen, s. Rdn. 1149),
* § 2 Nr. 6 VOB/B (Vergütung für zusätzliche Leistungen, s. Rdn. 1156)

sowie

* § 2 Nr. 8 VOB/B (Vergütung für nicht bestellte Leistungen, s. Rdn. 1161).

Beim **BGB-Bauvertrag** können Abweichungen von der vereinbarten Bauleistung im Einzelfall über

* § 632 BGB,
* die Grundsätze der Störung der Geschäftsgrundlage, § 313 BGB (vgl. Rdn. 2478 ff.),
* der Geschäftsführung ohne Auftrag, §§ 677 ff. BGB (vgl. Rdn. 1896 ff.)[37]

sowie

* der ungerechtfertigten Bereicherung, §§ 812 ff. BGB (vgl. Rdn. 1904 ff.)

abgerechnet werden;[38] beim VOB-Bauvertrag ist ein Rückgriff hierauf nicht möglich, soweit die VOB eine Regelung in den vorgenannten Vorschriften trifft.

Soweit in **AGB oder Formularverträgen** eines Auftraggebers die Klausel enthalten ist, dass bei Wegfall von Teilleistungen (Mengen oder ganze Positionen) kein Ausgleich erfolgt, ist eine solche Bestimmung unwirksam (vgl. näher Rdn. 1198).

Ob bei der Baubeauftragung von **Nebenangeboten**[39] und **Änderungsvorschlägen** Ansprüche aus § 2 Nr. 3, § 2 Nr. 5 sowie § 2 Nr. 6 VOB/B geltend gemacht werden können, wird von der Ausgestaltung des Änderungsvorschlages bzw. des Nebenangebotes des Bieters abhängen.[40]

Zur Überschreitung eines **unverbindlichen Kostenvoranschlages** s. Rdn. 1305 ff. Bezüglich gestellter **Nachträge** und **etwaiger Mehrkosten** durch eine verlängerte Bauzeit vgl. Rdn. 1828.

---

36) Zu Nachträgen bei verändertem Baugrund: *Vygen*, Jahrbuch Baurecht 1999, 46 ff., sowie *Kapellmann*, Jahrbuch Baurecht 1999, 1 ff.
37) Vgl. hierzu *Leupertz*, BauR 2005, 775 ff.
38) *Kleine-Möller/Merl*, § 10, Rdn. 398, weisen zu Recht darauf hin, dass eine Korrektur auch unter dem Gesichtspunkt des Verschuldens bei Vertragsschluss in Betracht kommt, wenn der Auftraggeber falsche Mengen angegeben hat.
39) Zu Baunebenangeboten mit Pauschalvergütung vgl. *Gehlen*, NZBau 2002, 660.
40) Vgl. hierzu *Marbach*, Festschrift für Vygen, S. 241, 246, der entsprechende Ansprüche grundsätzlich bejaht.

## c) Leistungsänderungen

*Literatur*

*Jagenburg*, Abschied von der „Schenkungsvermutung" für Mehrleistungen nach § 2 Nr. 5 und 6 VOB/B, Festschrift für Soergel (1993), 89; *Schulze-Hagen*, Zur Anwendung der §§ 1 Nr. 3, 2 Nr. 5 VOB/B einerseits und §§ 1 Nr. 4, 2 Nr. 6 VOB/B andererseits, Festschrift für Soergel (1993), 259; *Kapellmann*, Schriftformklausel für Anordnungen des Auftraggebers zu geänderten oder zusätzlichen Leistungen beim VOB/B-Vertrag, Festschrift für v. Craushaar (1997), 227; *Mandelkow*, Qualifizierte Leistungsbeschreibung als wesentliches Element des Bauvertrages, BauR 1996, 31; *Schottke*, Änderungen der Art und Weise der Ausführung als Folge einer Anordnung, Festschrift für Vygen (1999), 267; *Vygen*, Nachträge bei verändertem Baugrund, Jahrbuch Baurecht 1999, 46; *Kapellmann*, „Baugrundrisiko" und „Systemrisiko" – Baugrundsystematik, Bausoll, Beschaffenheitssoll, Bauverfahrenssoll, Jahrbuch Baurecht 1999, 1; *Marbach*, Der Anspruch des Auftragnehmers auf Vergütung der Kosten der Bearbeitung von Nachtragsforderungen im VOB-Bauvertrag, Festschrift für Jagenburg (2002), 539; *Stassen/Grams*, Zur Kooperationspflicht des Auftragnehmers gemäß § 2 Nr. 5 VOB/B 2002 bei Mehrkosten, BauR 2003, 943; *Quack*, Interimsvereinbarungen zu streitigen Nachträgen, ZfBR 2004, 211; *Thode*, Nachträge wegen gestörten Bauablaufs im VOB/B-Vertrag, ZfBR 2004, 214; *Gross/Biermann*, Abwehr und Durchsetzung von Nachträgen, BauRB 2004, 239; *Usselmann*, Nachträge in der Ausgleichsberechnung richtig berücksichtigen, BauR 2004, 1217; *Bruns*, Schluss mit einseitigen Änderungen des Bauentwurfs nach § 1 Nr. 3 VOB/B? ZfBR 2005, 525; *Roquette/Laumann*, Dichter Nebel bei Bauzeitclaims, BauR 2005, 1829; *Vygen*, Leistungsverweigerungsrecht des Auftragnehmers bei Änderungen des Bauentwurfes gemäß § 1 Nr. 3 VOB/B oder Anordnung von zusätzlichen Leistungen gemäß § 1 Nr. 4 VOB/B?, BauR 2005, 431; *Breyer*, Ein Lösungsvorschlag zur Behandlung von Anordnungen des Auftraggebers zur Bauzeit, BauR 2006, 1222; *Niemöller*, Der Mehrvergütungsanspruch für Bauzeitverlängerung durch Leistungsänderungen und/oder Zusatzleistungen beim VOB/B-Vertrag, BauR 2006, 170; *Wirth/Würfele*, Bauzeitverzögerung: Mehrvergütung gemäß § 2 Nr. 5 VOB/B oder Schadensersatz gemäß § 6 Nr. 6 VOB/B, Jahrbuch Baurecht 2006, 190; *Zanner*, Kann der AG durch Anordnung gemäß § 1 Nr. 3 VOB/B nicht nur Leistungsinhalte sondern auch die Bauzeit einseitig ändern?, BauR 2006, 177; *Genschow*, Vergütungs- oder Schadensersatzansprüche bei Anordnung zur Bauzeit – eine Zwischenbilanz, Jahrbuch Baurecht 2007, 151; *Markus*, Ein Vorschlag zur Anpassung von § 2 Nr. 5, Nr. 6 VOB/B an das gesetzliche Leitbild des § 649 S. 2 BGB, Jahrbuch Baurecht 2007, 215; *Althaus*, Änderungen des Bauentwurfs und nicht vereinbarte Leistungen: Überlegungen zum Verhältnis zu § 1 Nr. 3 und Nr. 4 Satz 1 VOB/B, ZfBR 2007, 411; *Bruns*, Bauzeit als Rechtsproblem, ZfIR, 2006, 153 u. 235; *Zanner*, Die Bauzeitüberschreitung als Sachmangel beim Bauvertrag, Baumanagement und Bauökonomie, S. 325; *Roquette*, Der Streit um des Kaisers Bart – Sind Bauzeitenclaims noch justiziabel?, Baumanagement und Bauökonomie (2007), 305; *Oberhauser*, Was darf der Auftraggeber nach § 1 Nr. 3 VOB/B anordnen?, Festschrift für Ganten (2007), 189; *Quack*, Methodische Überlegungen zum Gegenstand der Inhaltskontrolle der Nachtragstatbestände der VOB (§ 1 Nr. 3 und 4, § 2 Nr. 5 und 6 VOB/B), Festschrift für Ganten (2007), 211; *H. B. Ulbrich/S. Ulbrich*, „Änderungen des Bauentwurfs" und andere „zusätzliche Leistungen", Festschrift für Ganten (2007), 227.

Beim **VOB-Bauvertrag** ist der Auftraggeber berechtigt, Änderungen des Bauentwurfes anzuordnen (§ 1 Nr. 3 VOB/B).[41] Darunter werden nicht nur rein planerische Änderungen (z. B. von Ausführungsplänen oder Werkstattzeichnungen gemäß § 15 Abs. 2 Nr. 5 HOAI) verstanden, sondern auch Änderungen der Leistungsinhalte, wie sie sich in der Leistungsbeschreibung, dem Leistungsverzeichnis oder sonstigen

1149

---

41) Vgl. hierzu *Ingenstau/Korbion/Keldungs*, § 1 Nr. 3/B, Rdn. 1 ff. u. *Nicklisch/Weick*, § 1 Rdn. 23 ff. (auch zur Anwendbarkeit des § 315 BGB in Rdn. 30 a). Kritisch zur Wirksamkeit des § 1 Nr. 3 VOB/B *Kaufmann*, Jahrbuch Baurecht 2006, 35, 48; *Vygen*, BauR 2002, Sonderheft 11 a, S. 23; *Anker/Klingenfuß*, BauR 2005, 1377; *Bruns*, ZfBR 2006, 525.

(auch zeichnerischen) Unterlagen dokumentieren.[42] Eine Neuplanung/Neuanfertigung mit völlig neuen Leistungsinhalten wird von § 1 Nr. 3 VOB/B nicht erfasst. Eine solche Regelung im Sinne einer einseitigen Leistungsänderung durch den Auftraggeber kennt das **BGB** nicht, sodass hier für eine entsprechende Änderung eine Einigung der Vertragsparteien grundsätzlich erforderlich ist.[43]

**Für den Fall, dass durch Änderung des Bauentwurfes**[44] oder **andere Anordnungen**[45] **des Bauherrn** die Grundlagen des Werklohnes für eine im Bauvertrag vorgesehene Leistung geändert werden, gilt für den VOB-Bauvertrag § 2 Nr. 5; danach ist ein neuer Preis unter Berücksichtigung der Mehr- oder Minderkosten – möglichst vor Ausführung der Leistungen – zu vereinbaren.[46]

Beim **BGB-Bauvertrag** sind einseitige Leistungsänderungen seitens des Auftraggebers grundsätzlich nicht möglich. Leistungsänderungen bedürfen daher einer entsprechenden Einigung der Vertragsparteien.[47] Ausnahmen können sich aus Treu und Glauben und unter dem Gesichtspunkt der **Änderung der Geschäftsgrundlage** ergeben.[48]

Der Begriff der **Leistungsänderung** ist nicht engherzig auszulegen: Hierunter fallen nicht nur Veränderungen im Leistungsbeschrieb eines Leistungsverzeichnisses, sondern auch solche Maßnahmen, die sich auf die Art und Weise der Durchführung der vertraglich vereinbarten Bauleistung beziehen.[49] Unbeachtlich ist, dass die Ände-

---

42) *Nicklisch/Weick*, § 1 Rdn. 25; vgl. ferner OLG Hamm, BauR 2001, 1594 (Unzumutbarkeit für den Auftragnehmer als Grenze des Anordnungsrechtes).
43) *Kniffka/Koeble*, 6. Teil, Rdn. 114; *Ingenstau/Korbion/Keldungs*, § 1 Nr. 3/B, Rdn. 3, wollen die Regelung des § 1 Nr. 3 VOB/B auch auf den BGB-Bauvertrag entsprechend anwenden, wobei insoweit die Grenzen des § 1 Nr. 4 VOB/B gelten sollen.
44) Hierzu: OLG Braunschweig, BauR 2001, 1739, 174; ferner: *Weyer*, BauR 1990, 138 sowie *Schulze-Hagen*, Festschrift für Soergel, S. 259, 263 ff.
45) Vgl. hierzu: BGH, BauR 1992, 759 = NJW-RR 1992, 1046 = ZfBR 1992, 149 (LS): Anordnungen müssen für den Auftragnehmer eindeutig als Vertragserklärung verpflichtend sein; OLG Düsseldorf, BauR 1991, 219; NJW-RR 1992, 529 (keine stillschweigende Anordnung bei Unkenntnis der kostenerhöhenden Umstände); LG Aachen, BauR 1986, 698.
46) Vgl. hierzu OLG Düsseldorf, BauR 1991, 219; *Schmidt*, a. a. O., S. 191; *Prange*, DB 1981, 2477; *Groß*, Festschrift für Soergel, S. 59.
47) Ebenso *Eschenbruch*, Festschrift für Jagenburg, S. 179, 181; *Roquette/Paul*, BauR 2003, 1097.
48) BGH, BauR 1996, 378, hierzu auch *Eschenbruch*, Rdn. 420 und Festschrift für Jagenburg (2002), S. 179, 181 (Vergütungsanpassung über § 313 BGB, Änderung der Geschäftsgrundlage, wobei die vertraglichen Preisgrundlagen insoweit fortzuschreiben sind); vgl. hierzu auch BGH, BauR 1972, 118, 119.
49) BGH, DB 1969, 1058; BGH, BauR 1987, 683 = ZfBR 1987, 237 (Änderung von Großflächenschalung zu aufwendigerer Kleinschalung); OLG Frankfurt, BauR 2000, 1062 (Abböschung statt Verbau); OLG Düsseldorf, NJW-RR 1999, 1326 = OLGR 1999, 441 (Mehrpreis bei unterschiedlichen Ausführungsmöglichkeiten – Verfugung durch Einschlemmen oder Handverfugen); OLG Köln, BauR 1998, 1096 („Sonderfarben" als Änderung des Bau-Solls bei Ausschreibung „Farbton nach Wahl des Auftraggebers") m. Anm. *Jagenburg*; OLG Düsseldorf, BauR 1996, 267 (Straßenbauarbeiten: Abweichende Verkehrsführung gegenüber der zunächst vertraglich vorgesehenen; vgl. hierzu auch Beck'scher VOB-Komm/*Jagenburg*, B § 2 Nr. 5, Rdn. 45 ff. u. 62 ff. (abweichende Bodenverhältnisse/Bodenklassen oder nicht bekannte Hindernisse im Boden als Fall von § 2 Nr. 5 VOB/B). Zur Frage, ob § 2 Nr. 5 bei Ausführung von Bedarfs- oder Eventualpositionen bzw. Wahl- oder Alternativpositionen zur Anwendung kommt, vgl. *Vygen/Schubert/Lang*, Rdn. 188.

# Leistungsänderungen

rung des Bauentwurfs durch behördliche Auflagen oder Anordnungen veranlasst wird.[50] § 2 Nr. 5 VOB/B findet **keine Anwendung**, wenn die geänderte Leistung bereits **vom bestehenden vertraglichen Leistungsumfang umfasst** ist; dazu gehört insbesondere der Fall, dass der vertraglich geschuldete Erfolg nicht ohne die Leistungsänderung (z. B. bei erkennbar unvollständigem Leistungsverzeichnis) zu erreichen ist.[51] Dasselbe gilt grundsätzlich für den Fall reiner Massenänderungen (dann § 2 Nr. 3 VOB/B) oder bloßer Erschwernisse innerhalb der vertraglich vorgesehenen Leistung.[52]

Bestritten ist, ob unter den Begriff „andere Anordnung" im Sinne des § 2 Nr. 5 VOB/B auch eine Anordnung des Auftraggebers **zur Bauzeit** fällt, wobei zu berücksichtigen ist, dass § 1 Nr. 3 VOB/B im Gegensatz zu der vorgenannten Vorschrift nur davon spricht, dass es dem Auftraggeber vorbehalten ist, „Änderungen zum Bauentwurf" anzuordnen. Würde man die Ausgangsfrage verneinen, stünde dem Auftragnehmer bei Anordnungen des Auftraggebers zur Bauzeit nur ein verschuldensabhängiger Anspruch aus § 6 Nr. 6 VOB/B bzw. ein Entschädigungsanspruch aus § 642 BGB zu.

Thode[53] hat zu der Abgrenzung von § 2 Nr. 5 VOB/B einerseits und § 6 Nr. 6 VOB/B andererseits eine umfangreiche Diskussion entfacht. Nach herrschender Meinung umfasst § 1 Nr. 3 VOB/B nicht das Recht des Auftraggebers zur Änderung der Bauzeit.[54] Im Anschluss hieran stellt sich aber die Frage, ob eine Anordnung des Auftraggebers zur Bauzeit dennoch zu einem Vergütungsanspruch nach § 2 Nr. 5 VOB/B führt. Das wird von der herrschenden Meinung[55] angenommen. Zanner[56],

---

50) OLG Düsseldorf, BauR 1996, 267; OLG Stuttgart, *Schäfer/Finnern*, Z 2.310 Bl. 15.
51) BGH, NJW-RR 1992, 1046 = BauR 1992, 759; OLG München, IBR 2007, 13 (Standsicherheitsnachweis gehört zur Errichtung einer Spundwand zur Sicherung einer Baugrube und zum Schutz eines Nachbarbaugrundstückes).
52) Vgl. hierzu Beck'scher VOB-Komm/*Jagenburg*, B § 2 Nr. 5, Rdn. 11 u. 42.
53) ZfBR 2004, 214.
54) *Ingenstau/Korbion/Keldungs*, § 1/B Nr. 3, Rdn. 5; Beck'scher VOB-Komm/*W. Jagenburg*, B § 1 Nr. 3, Rdn. 10 f. sowie § 2 Nr. 5, Rdn. 70; *Oberhauser*, Festschrift für Ganten, S. 189; *Kapellmann/Schiffers*, Bd. 1, Rdn. 800; *Kapellmann/Messerschmidt/von Rintelen*, § 1/B, Rdn. 57 sowie *Kapellmann/Messerschmidt/Kapellmann*, § 6/B, Rdn. 57; *Thode*, ZfBR 2004, 214; *Riedl* in Heiermann/Riedl/Rusam, § 1/B, Rdn. 35 b; ebenso schon *Wagner*, BauR 1990, 138. Zum Meinungsstand vgl. im Einzelnen *Markus*, NZBau 2006, 537; *Bruns*, ZfIR 2006, 153, 156; *Roquette*, in Baumanagement und Bauökologie (2007), 305; *Zanner*, BauR 2006, 177; *Niemöller*, BauR 2006, 170; *Genschow*, Jahrbuch Baurecht 2007, 151; *Wirth/Würfele*, Jahrbuch Baurecht 2006, 119; *Breyer*, BauR 2006, 1222 plädiert für die Anwendung des § 1 Nr. 4 VOB/B. Im Rahmen der VOB/B-Novelle 2006 war zunächst vorgesehen, § 1 Nr. 3 VOB/B ausdrücklich um eine Anordnungsbefugnis des Auftraggebers zur Bauzeit zu erweitern. Das ist dann aber aufgrund eines Beschlusses des Hauptausschusses des DVA (Deutscher Vergabe- und Vertragsausschuss für Bauleistungen) nicht erfolgt. Siehe hierzu im Einzelnen *Markus*, NZBau 2006, 537.
55) *Ingenstau/Korbion/Keldungs*, § 2/B Nr. 5, Rdn. 20; Beck'scher VOB-Komm/*W. Jagenburg*, B § 1 Nr. 3, Rdn. 10 f. sowie § 2 Nr. 5, Rdn. 70; *Kapellmann/Schiffers*, Bd. 1, Rdn. 800; *Kapellmann/Messerschmidt/von Rintelen*, § 1/B, Rdn. 57 sowie *Kapellmann/Messerschmidt/Kapellmann*, § 6/B, Rdn. 57; *Riedl* in Heiermann/Riedl/Rusam, § 1/B, Rdn. 35 b; ferner *Niemöller*, BauR 2006, 170, 176 (allerdings differenzierend); *Roquette*, Jahrbuch Baurecht 2002, 33; *Kemper*, NZBau 2001, 238; *Diehr*, BauR 2001, 1507; *Kniffka/Koeble*, 5. Teil, Rdn. 105.
56) BauR 2006, 177.

Wirth/Würfele[57], Vygen[58] und Kniffka[59] vertreten demgegenüber die Auffassung, dass dem Auftraggeber ein einseitiges Anordnungsrecht aus § 1 Nr. 3 und 4 VOB/B zusteht und sich der Vergütungsanspruch aus § 2 Nr. 5 VOB/B ergibt, wobei allerdings die Grenze des Anordnungsrechtes durch den Grundsatz von Treu und Glauben nach § 242 BGB bestimmt ist. Thode[60] – und ihm folgend das OLG Hamm[61] – ist wiederum der Meinung, dass § 1 Nr. 3 sowie § 2 Nr. 5 VOB/B keine Bauzeitanordnung des Auftraggebers zulassen, sodass bei einer einseitigen Anordnung für den Auftragnehmer nur der Weg zu einem Schadensersatzanspruch nach § 6 Nr. 6 VOB/B eröffnet ist, der aber ein Verschulden des Auftraggebers erfordert.

Es kann dahingestellt bleiben, ob § 1 Nr. 3 VOB/B dem Auftraggeber ausdrücklich das Recht einräumt, Anordnungen zur Bauzeit zu erteilen. Dem widerspricht wohl der Wortlaut. Die Argumente, insbesondere von Zanner[62], für ein solches Recht des Auftraggebers, haben jedoch erhebliches Gewicht. Nicht einzusehen ist aber, dass dem Auftragnehmer bei einer solchen (vertragsgerechten oder vertragswidrigen) Anordnung des Auftraggebers zur Bauzeit ein entsprechender Vergütungsanspruch nicht zustehen soll, der nicht vom Verschulden des Auftraggebers abhängig ist. Insoweit bietet sich nur § 2 Nr. 5 VOB/B mit seinem klaren Wortlaut („andere Anordnungen") an. Markus[63] weist zutreffend darauf hin, dass, „wenn schon eine vertragsgemäße Anordnung zu einem Vergütungsanspruch nach § 2 Nr. 5 VOB/B führen kann, dies erst recht für eine vertragswidrige Anordnung gelten muss". Nur der Weg über § 2 Nr. 5 VOB/B führt in diesem Zusammenhang zu einem interessengerechten Ergebnis, worauf insbesondere Vygen[64] zu Recht verweist. Im Übrigen wird in aller Regel eine konkludente Vertragsänderung in Betracht kommen, wenn der Auftragnehmer einer Anordnung des Auftraggebers zur Bauzeit folgt,[65] sodass § 2 Nr. 5 VOB/B unmittelbar anwendbar ist. Ansprüche aus § 2 Nr. 5 sowie § 6 Nr. 6 VOB/B stehen daher dem Auftragnehmer bei einer Anordnung zur Bauzeit zur freien Wahl, wenn ihre Voraussetzungen jeweils gegeben sind.[66]

Diese Auffassung wird auch von der bisherigen Rechtsprechung[67] geteilt, die als Anspruchsgrundlage stets § 2 Nr. 5 VOB/B unmittelbar herangezogen hat, ohne sich mit dem Verhältnis dieser Vorschrift zu § 1 Nr. 3 VOB/B auseinanderzusetzen.

Eine zusätzliche Vergütung kommt aber insoweit nur dann in Betracht, wenn die veränderte Bauzeit auf **eine Anordnung des Auftraggebers** zurückzuführen ist,

---

57) Jahrbuch Baurecht 2006, 119, 148.
58) BauR 2006, 166, 169.
59) IBR-online-Kommentar Bauvertragsrecht, § 631, Rdn. 377 (Stand: 21.12.2006) mit Hinweisen auf die (ältere) BGH-Rechtsprechung.
60) ZfBR 2004, 214.
61) BauR 2006, 1480 = NZBau 2006, 180.
62) BauR 2006, 177.
63) NZBau 2006, 537, 539.
64) BauR 2006, 166, 169.
65) So zutreffend *Wirth/Würfele*, Jahrbuch Baurecht 2006, 119, 162.
66) So ebenfalls ausdrücklich *Kapellmann/Schiffers*, Bd. 1, Rdn. 800; *Wirth/Würfele*, Jahrbuch Baurecht 2006, 119, 164.
67) BGH, BauR 1985, 561; OLG Frankfurt, NJW-RR 1997, 84; OLG Düsseldorf, BauR 1996, 115 = NJW-RR 1996, 730; LG Köln, BauR 2000, 1076; OLG Braunschweig, BauR 2001, 1739, 1741.

## Leistungsänderungen Rdn. 1149

die sowohl ausdrücklich als auch durch schlüssiges Verhalten[68] möglich ist. Das OLG Düsseldorf[69] verlangt insoweit zu Recht „im Ausgangspunkt einseitige Maßnahmen des **Auftraggebers** oder seines dazu berechtigten Vertreters" und damit ein Verhalten des Auftraggebers, das **seinem Risikobereich zuzurechnen** ist; eine Anordnung liegt deshalb noch nicht „in Fällen der **Nichtbefolgung von Mitwirkungspflichten durch Unterlassen**" vor.[70] Das bewusste Unterlassen einer Anordnung kann jedoch, wenn es einen Anspruch aus § 2 Nr. 5 VOB/B verhindern soll, im Einzelfall treuwidrig sein.[71] Das KG[72] verneint in diesem Zusammenhang die Anwendung des § 2 Nr. 5 VOB/B, wenn der Bauvertrag „Leistungen auf Abruf" vorsieht und die Abrufe schneller – als nach der Gesamtlaufzeit zu erwarten war – erfolgen. Ändert der Unternehmer selbst die mit dem Auftraggeber vereinbarte Ausführung einer Bauleistung, kann er hierfür keine Vergütung verlangen.[73]

Als „andere Anordnungen" im Sinne des § 2 Nr. 5 VOB/B kommen – neben der zeitlichen Verschiebung der Bauausführung – z. B. in Betracht:

* Sämtliche Anordnungen hinsichtlich der Art und Weise der Bauausführung, die das Bau-Soll verändern[74]
* Änderung der räumlichen Bedingungen und der Reihenfolge der ausführenden Arbeiten[75]
* Verzögerte Vorarbeiten durch mangelhafte Koordination des AG[76]
* Planungsänderungen (auch geänderte Detailpläne oder Werkstattpläne)
* Änderungen aufgrund von behördlichen Auflagen
* Vom Prüfingenieur geforderte Änderungen
* Anordnung, die Aushubarbeiten trotz einer anderen als der ausgeschriebenen Bodenklasse auszuführen[77] (Baugrundrisiko des Auftraggebers)

Eine **Anordnung** im Sinne von § 2 Nr. 5 VOB/B muss stets **eindeutig** verpflichtend sein und ein dem **Auftraggeber zurechenbares Verhalten** – im Sinne einer einseitigen Einwirkung auf den Auftragnehmer – darstellen.[78] Darunter fallen keine

---

68) Vgl. hierzu OLG Köln, IBR 2004, 301 – *Schliemann*.
69) BauR 1996, 115, 116 = NJW-RR 1996, 730; ebenso: *Vygen*, BauR 1984, 414 u. Rdn. 790 ff.
70) OLG Düsseldorf, a. a. O.; ähnlich: OLG Celle, BauR 1995, 552 (fehlende Mitwirkung des Auftraggebers bei der Baugenehmigung) sowie OLG Hamm, BauR 1998, 132 = NJW-RR 1998, 598.
71) Beck'scher VOB-Komm/*Jagenburg*, B § 2 Nr. 5, Rdn. 78.
72) BauR 2001, 407 = NZBau 2000, 516.
73) OLG Braunschweig, OLGR 2007, 181 = IBR 2007, 122 – *Hebel*.
74) OLG Köln, OLGR 2004, 92.
75) *Nicklisch/Weick*, § 2, Rdn. 61.
76) Nicht dagegen **mangelhafte Vorleistungen** anderer Unternehmer, weil der Auftraggeber dies grundsätzlich nicht im Sinne des § 278 BGB zu vertreten hat; vgl. hierzu: LG Köln, BauR 2000, 1076, 1077; OLG Celle, BauR 1994, 629; *Nicklisch/Weick*, a. a. O.; *Kniffka/Koeble*, 6. Teil, Rdn. 117.
77) Vgl. hierzu KG, BauR 2006, 111; ferner *Ingenstau/Korbion/Keldungs*, § 2 Nr. 5/B, Rdn. 11.
78) KG, BauR 2000, 575; OLG Stuttgart, BauR 1997, 855; OLG Braunschweig, BauR 2001, 1739, 1741; *Kapellmann/Schiffers*, Bd. 1, Rdn. 797, 799; OLG Düsseldorf, BauR 1997, 855 (erhöhte Deponiekosten keine Änderung des Bauentwurfs und keine andere Anordnung, weil Bausoll unverändert bleibt). Vgl. auch OLG Zweibrücken, BauR 2002, 972 (Anordnung der Straßenverkehrsbehörde während der Dauer der Kanalsanierungsmaßnahmen fällt in den Verantwortungs- und Risikobereich des Auftraggebers und ist diesem als Anordnung gemäß § 2 Nr. 5 und 6 VOB/B zuzuordnen).

unverbindlichen Vorschläge oder Wünsche des Auftraggebers.[79)] Die Anordnung muss aber nicht stets ausdrücklich, sondern kann auch **konkludent** erfolgen.[80)] § 2 Nr. 5 VOB/B ist auch anwendbar, wenn mit der Ausführung der zunächst vereinbarten Leistung zur Zeit des Änderungsverlangens des Auftraggebers noch nicht begonnen wurde. Ändert der Auftraggeber durch seine Anordnung die zunächst vertraglich vorgesehene Leistung in der Weise, dass sie durch eine andere ersetzt wird, kann der Auftragnehmer – nach einer zutreffenden Entscheidung des OLG Celle[81)] – Aufwendungen, die er für die entfallene Leistung bereits hatte, in entsprechender Anwendung des § 8 Nr. 1 VOB/B ersetzt verlangen.

**1150** Stets muss es sich aber um eine **Änderung der Preisermittlungsgrundlagen** handeln.[82)] Das gilt auch für einen vereinbarten Pauschalpreis.[83)] Preisgrundlagenänderungen bei einer von mehreren vorgesehenen Bauleistungen geben nur für diese Leistung Anlass, einen neuen Preis zu vereinbaren, es sei denn, dass eine für die Beteiligten erkennbare Verbundkalkulation vorliegt.[84)] Zu den Kosten, die Bestandteil der Preisermittlungen sind und diese beeinflussen, gehören sowohl die leistungsunabhängigen Kosten als auch alle leistungsabhängigen Kosten (wie z. B. die konkreten Baustellenverhältnisse, die Boden- und Grundwasserverhältnisse, die Bauzeit und die Zweckbestimmung der Bauleistung).[85)]

Der Vergütungsanspruch gemäß § 2 Nr. 5 setzt nicht voraus, dass die Parteien vor Ausführung der Bauleistung einen neuen Preis vereinbaren, dass eine solche Vereinbarung verlangt oder dass eine Mehrforderung angekündigt wird.[86)] Diese Bestimmung findet auch Anwendung, wenn die „Anordnung" des Auftraggebers nicht von § 1 Nr. 3 VOB/B gedeckt ist, aber eine Änderung erfolgt.[87)]

Nach § 2 Nr. 5 „**soll**" der neue Preis vor der Ausführung vereinbart werden. Geschieht dies – trotz der allgemeinen Kooperationspflicht beider Parteien[88)] – nicht, behält der Auftragnehmer dennoch seinen Anspruch auf die Festlegung eines neuen Preises[89)] und kann direkt auf Zahlung klagen.[90)] Die **Ermittlung des neuen Preises** hat auf der Grundlage der **ursprünglichen Preiskalkulation** des Auftragnehmers, der diese ggf. offenbaren muss, unter Berücksichtigung der Mehr- oder Minderkosten

---

79) OLG Celle, BauR 2006, 845 (z. B. das reine „Aufzeigen einer Möglichkeit einer Problemlösung").
80) Vgl. Brandenburgisches OLG, BauR 2003, 716 (Auftraggeber lässt in Kenntnis geänderter Umstände erweiterte Bauleistungen widerspruchslos geschehen).
81) BauR 2005, 885.
82) Vgl. hierzu: OLG Braunschweig, BauR 2001, 1739, 1743; OLG Frankfurt, BauR 1986, 352 = NJW-RR 1986, 1149 u. *Marbach*, ZfBR 1989, 2.
83) Vgl. *Vygen*, Festschrift für Locher, S. 263, 277.
84) BGH, BauR 1972, 381.
85) OLG Braunschweig, BauR 2001, 1739, 1743.
86) BGH, BauR 1978, 314, 316; **a. A.:** *Vygen*, Rdn. 809.
87) Ebenso: *Nicklisch/Weick*, § 2/B, Rdn. 61; **a. A.:** *Riedl*, ZfBR 1980, l, 2.
88) BGH, BauR 2000, 409 = NJW 2000, 807 = ZfBR 2000, 388 = MDR 2000, 388.
89) BGHZ 50, 25, 30; BGH, BauR 1978, 314, 316; OLG Düsseldorf, BauR 1998, 1023; OLG Frankfurt, BauR 1986, 352 = NJW-RR 1986, 1149; *Riedl*, a. a. O.; *Jagenburg*, Festschrift für Soergel, S. 89.
90) OLG Celle, BauR 1982, 381, 382 (nicht erst auf Abgabe einer Willenserklärung).

zu erfolgen.⁹¹⁾ Der Auftragnehmer ist damit an seine ursprünglichen Preise im Rahmen seiner Urkalkulation gebunden.⁹²⁾ Das gilt grundsätzlich auch bei einem Kalkulationsirrtum des Auftragnehmers; bei einem „externen" Kalkulationsirrtum, bei dem die fehlerhafte Kalkulation aufgedeckt wird, ist dies jedoch bestritten.⁹³⁾ Ändert der Auftraggeber durch seine Anordnung die vertraglich vorgesehene Leistung in der Form, dass sie durch eine andere ersetzt wird, kann der Auftragnehmer Aufwendungen, die er für die entfallende Leistung bereits hatte, nach Auffassung des OLG Celle⁹⁴⁾ ersetzt verlangen. Das Gericht wendet insoweit § 8 Nr. 1 VOB/B entsprechend an; dieser Analogie bedarf es allerdings nicht, da sich die Ansprüche des Auftragnehmers unmittelbar aus § 2 Nr. 5 VOB/B ergeben.

Die **Darlegungs- und Beweislast** für die Änderung des Bauentwurfs oder andere Anordnungen sowie für die Änderung der Preisgrundlage trägt derjenigen, der sich hierauf beruft. Das wird in der Regel der Auftragnehmer (bei Mehrkosten), kann aber im Einzelfall auch der Auftraggeber (bei Minderkosten) sein. Die etwaigen Mehr- oder Minderkosten, sind substantiiert darzulegen.⁹⁵⁾

1151

Da es sich bei § 2 Nr. 5 VOB/B nur um eine „Soll-Vorschrift" handelt, steht dem Auftragnehmer auch **kein Leistungsverweigerungsrecht** zu, wenn der Auftraggeber die Leistungsänderung zwar dem Grunde nach akzeptiert, es aber zu keiner Preisvereinbarung der Parteien vor der Ausführung kommt.⁹⁶⁾ In diesem Fall hat daher der Auftragnehmer nicht das Recht, die Arbeiten hinsichtlich der geänderten oder zusätzlichen Leistung einzustellen.⁹⁷⁾ Können sich die Vertragsparteien auch

---

91) BGH, NJW 1996, 1346, 1348; OLG Frankfurt, NJW-RR 1997, 84; Beck'scher VOB-Komm/ W. Jagenburg, B § 2 Nr. 5, Rdn. 101 ff.; Vygen, Rdn. 807 sowie OLG Köln, BauR 1996, 555 (Mehrkosten bei Klarstellung des Leistungsumfanges durch Auftraggeber nach Dissens). Zur Ermittlung des Mehrvergütungsanspruchs, wenn der vom Auftragnehmer angesetzte Preis von Anfang an nicht auskömmlich war, vgl. KG, IBR 2006, 190 – Stemmer.
92) Vgl. hierzu Eschenbruch, Festschrift für Jagenburg, S. 179, 193 ff. („Der Preis der modifizierten Leistung ist möglichst ‚deterministisch' aus der Auftragskalkulation fortzuschreiben".)
93) Vgl. hierzu Beck'scher VOB-Komm/Jagenburg, B § 2 Nr. 5, Rdn. 111 ff.
94) IBR 2005, 134 – Schwenker.
95) OLG Saarbrücken, OLGR 2000, 479.
96) Ebenso: Beck'scher VOB-Komm/Jagenburg, B § 2 Nr. 5, Rdn. 129; **a. A.:** OLG Düsseldorf, NZBau 2002, 276, 277 = NJW-RR 2002, 165 u. BauR 1995, 251; OLG Zweibrücken, BauR 1995, 251; Vygen, Rdn. 703; Ingenstau/Korbion/Keldungs, § 2 Nr. 6/B, Rdn. 28 f.; Leinemann, NJW 1998, 3672 ff. u. Kleine-Möller/Merl, § 10, Rdn. 473; Nicklisch/Weick, § 2, Rdn. 64, bejahen ein Leistungsverweigerungsrecht ausnahmsweise nach § 242 i. V. m. § 273 BGB, „wenn der Auftraggeber entgegen Treu und Glauben eine Anpassung grundlos verweigert oder verschleppt, obwohl sich durch die Anordnung des Auftraggebers die Grundlagen des Preises erheblich verändert haben." Auch Kapellmann/Messerschmidt/Kapellmann, § 2/B, Rdn. 205, bejahen ein Leistungsverweigerungsrecht mit dem Hinweis, dass die Vereinbarung der neuen Vergütung vor Ausführung Vertragspflicht der Parteien sei. Nach Kniffka/Koeble, 5. Teil, Rdn. 110, berechtigt ein Streit über die Höhe nicht zur Leistungsverweigerung, es sei denn, die Vergütungsanpassung wird insgesamt unberechtigt verweigert; im Übrigen komme in der „Soll-Vorschrift" der Kooperationscharakter der VOB/B zum Ausdruck; widersetze sich eine Partei einem Einigungsversuch und erklärt diese gleichzeitig die Kündigung, weil eine bestrittene und nicht eindeutige Forderung nicht sofort anerkannt wird, handele diese vertragswidrig, sodass die Gegenpartei zur Kündigung nunmehr berechtigt sein kann, wobei auf die Entscheidung des BGH, NJW 2000, 807, verwiesen wird.
97) OLG Düsseldorf, BauR 2006, 531.

später nicht auf einen neuen Preis einigen, so erfolgt ggf. eine gerichtliche Preisfestlegung.[98] *Vygen*[99] verweist in diesem Zusammenhang auf die Kooperationsverpflichtung der Parteien, eine Vereinbarung hinsichtlich der Vergütung für die geänderte Leistung bzw. Zusatzleistung herbeizuführen. Etwas anderes gilt, wenn der Auftraggeber sich von vornherein ernsthaft weigert, eine Vergütungsanpassung vorzunehmen; in diesem Fall kann der Auftragnehmer die Leistung verweigern.[100] Daher hat das OLG Celle zutreffend entschieden, dass die Weigerung eines Auftragnehmers, geänderte Arbeiten nicht ohne zusätzliche Vergütung zu erbringen, keine Kündigung des Auftraggebers aus wichtigem Grund rechtfertigt.[101]

**1152** Die **Abgrenzung** zwischen einer Leistungsänderung i. S. des **§ 2 Nr. 5 VOB/B** und einer zusätzlichen Leistung i. S. des **§ 2 Nr. 6 VOB/B** ist nicht immer leicht, aber notwendig, da nur die zuletzt genannte Norm eine vorherige Ankündigung des Vergütungsanspruchs vorsieht (vgl. Rdn. 1156).[102] Bei **Behinderungen des Bauablaufs** oder der Unterbrechung der Bauausführung kommen Ansprüche des Unternehmers, insbesondere behinderungsbedingte Mehraufwendungen, nach § 6 VOB/B in Betracht[103] (vgl. Rdn. 1828, 1832 ff., 1838).

Eine Einengung oder der Ausschluss des Vergütungsanspruchs gemäß § 2 Nr. 5 VOB/B in **AGB oder Formularverträgen** wird in aller Regel gegen § 308 Nr. 3, 4 oder § 307 BGB verstoßen;[104] so wird häufig die Bestimmung des § 2 Nr. 5 VOB/B in AGB oder Formularverträgen des Auftraggebers dadurch ausgehöhlt, dass bei Leistungsänderungen der zusätzliche Vergütungsanspruch von einer „**Vereinbarung**", einer „**Ankündigung**" oder einem „**Angebot**" abhängig gemacht und in aller Regel hierfür die **Schriftform** verlangt wird. Derartige Klauseln verstoßen nach h. M. gegen § 307 BGB und sind daher unwirksam.[105]

**1153** Während § 2 Nr. 5 VOB/B für den VOB-Bauvertrag eine Sondervorschrift darstellt, wird das Problem der Änderungen der Preisgrundlagen beim **BGB-Bauvertrag** durch die „übliche" Vergütung im Sinne des § 632 Abs. 2 BGB gelöst,

---

98) BGH, BauR 1978, 314, 316; OLG Naumburg, NZBau 2001, 144 (auch durch Schätzung nach § 287 Abs. 2 ZPO aufgrund der Kalkulation); OLG Stuttgart, *Schäfer/Finnern*, Z 2.310 Bl. 15; *Ingenstau/Korbion/Keldungs*, § 2 Nr. 5/B, Rdn. 27; *Vygen*, BauR 2005, 431; *Walzel*, BauR 1980, 227.

99) BauR 2005, 421, 433; vgl. hierzu insbesondere BGH, BauR 2000, 409 ff.

100) OLG Celle, BauR 2003, 890; *Vygen*, BauR 2005, 431; *Kniffka/Koeble*, 5. Teil, Rdn. 110.

101) A. a. O.

102) Vgl. zur Abgrenzung im Einzelnen: *von Craushaar*, BauR 1984, 311 ff. sowie *Ingenstau/ Korbion/Keldungs*, § 2 Nr. 5/B, Rdn. 7 ff.; *Marbach*, ZfBR 1989, 2, 5; *Kapellmann/Schiffers*, Bd. 1, Rdn. 708 ff.; *Vygen*, Festschrift für Locher, S. 263, 278.

103) BGH, BauR 1985, 61, 564 = NJW 1985, 2475 = ZfBR 1985, 382; BauR 1971, 202, 203; OLG Braunschweig, BauR 2001, 1739; *Piel*, Festschrift für Korbion, S. 349 u. *Vygen*, Festschrift für Locher, S. 263, 272 ff.

104) *Ingenstau/Korbion/Keldungs*, § 2 Nr. 5/B, Rdn. 2; *Kapellmann/Schiffers*, Bd. 1, Rdn. 1065.

105) Vgl. BGH, BB 1981, 266; OLG Düsseldorf, BauR 1981, 515 (LS) u. BauR 1998, 1023 – zur Unwirksamkeit einer Schriftformklausel; OLG Celle, BauR 1982, 381; OLG Frankfurt, BauR 1986, 352 = NJW-RR 1986, 1149; *Locher*, Festschrift für Korbion, S. 290; *Locher/ Korbion*, Rdn. 122; *Kapellmann*, Festschrift für v. Craushaar, S. 227, 229, hält eine Schriftformklausel für Anordnungen im Sinne von § 1 Nr. 3, Nr. 4 VOB/B wirksam; offen gelassen von BGH, BauR 1994, 760, 761; OLG Oldenburg, IBR 2002, 4 – *Eschenbruch*.

wenn es an einer entsprechenden Vereinbarung zwischen den Parteien insoweit fehlt.[106]

Von einer **Leistungsänderung aufgrund von Anweisungen** des Bauherrn oder seines Architekten sind **Veränderungen der Bauleistungen** zu unterschieden, die ohne Einwirkungen des Bauherrn erfolgen, z. B. bei unvorhergesehenen Ereignissen (Lieferstopp eines bestimmten Baumaterials, unvorhergesehene Schwierigkeiten durch Bodenbeschaffenheit).[107] Diese Fälle sind nur über das Rechtsinstitut der Störung der Geschäftsgrundlage (§ 313 BGB) oder über § 6 Nr. 6 VOB/B (vgl. Rdn. 1821 ff.) zu lösen.[108] Zu Recht weist das OLG Hamburg[109] darauf hin, dass Stahlpreiserhöhungen auf dem Weltmarkt weder eine Änderung des Leistungssolls oder andere Anordnungen des Auftraggebers gem. § 2 Nr. 5 VOB/B darstellen; es verneint auch insoweit eine Anwendung des § 2 Nr. 6 VOB/B.   1154

**Nachträge** für Leistungsänderungen oder zusätzliche Leistungen sind häufig mit erheblichen **Bearbeitungskosten** für den Auftragnehmer verbunden.[110] Diese (internen oder externen) Nachtragsbearbeitungskosten kann der Auftragnehmer im Rahmen seines Nachtrags (z. B. nach § 2 Nr. 3, 5, 6 VOB/B) geltend machen, indem er diese Kosten gesondert auswirft oder in die Preise des Nachtrags einbezieht.[111] Kommt es dann allerdings nicht zu einer Nachtragsbeauftragung, besteht grundsätzlich kein Anspruch auf Erstattung dieser Kosten, weil es sich insoweit um Vorarbeiten zur Erlangung eines Nachtragsauftrages handelt (vgl. näher Rdn. 1105 ff.). Etwas anderes gilt nur, wenn die Vertragsparteien ausdrücklich insoweit eine Vergütungsregelung treffen.

Werden im Bauvertrag ausbedungene **Leistungen des Bauunternehmers vom Bauherrn selbst übernommen** (z. B. Lieferung von Bau-, Bauhilfs- und Betriebsstoffen), stellt dies, wenn nichts anderes vereinbart worden ist, eine Teilkündigung dar, sodass beim VOB-Bauvertrag § 8 Nr. 1 Abs. 2 VOB/B und beim BGB-Bauvertrag § 649 BGB gilt[112] (vgl. näher Rdn. 1174 u. 1292 ff.).   1155

### d) Zusätzliche Leistungen

*Literatur*

*Reister*, Nachträge beim Bauvertrag, 2003; *Kretschmann*, Der Vergütungsanspruch des Unternehmens für im Vertrag nicht vorgesehene Werkleistungen und dessen Ankündigung gegenüber dem Besteller, Baurechtliche Schriften, 2005; *Würfele/Gralla*, Nachtragsmanagement, 2006.

*Locher*, Die AGB-gesetzliche Kontrolle zusätzlicher Leistungen, Festschrift für Korbion (1986), 283; *Ágh-Ackermann*, Technisch-wirtschaftliche Aspekte des Bauvertrages: Inhalt des Nachtragsangebotes bei einem VOB/Vertrag, BauR 1996, 342; *Kapellmann*, Schriftformklausel für Anordnungen des Auftraggebers zu geänderten oder zusätzlichen Leistungen beim VOB/B-Vertrag, Festschrift für v. Craushaar (1997), 227; *Pauly*, Die Vergütung zusätzlicher Leistungen nach § 2 Nr. 6 VOB/B,

---

106) OLG Stuttgart, *Schäfer/Finnern*, Z 2.310 Bl. 15; *Vygen*, Festschrift für Locher, S. 263.
107) BGH, *Schäfer/Finnern*, Z 2.311 Bl. 31, 35; vgl. hierzu *Vygen*, BauR 1983, 414, 416; *Ingenstau/Korbion/Keldungs*, § 2 Nr. 5/B, Rdn. 11; LG Köln, *SFH*, Nr. 2 zu § 6 Nr. 6 VOB/B.
108) Vgl. hierzu *Kraus*, BauR 1986, 17 u. *Vygen*, BauR 1989, 387.
109) BauR 2006, 680.
110) Vgl. hierzu *Marbach*, Festschrift für Jagenburg, S. 539 ff. und BauR 2003, 1794.
111) *Marbach*, a. a. O., 547 und BauR 2003, 1794, 1799; anders wohl OLG Köln, IBR 1996, 538 – *Schulze-Hagen*.
112) § 2 Nr. 4 VOB/B.

MDR 1998, 505; *Breyer*, Die Vergütung von „anderen Leistungen" nach § 1 Nr. 4 Satz 2 VOB/B, BauR 1999, 459; *Kapellmann*, Die Geltung von Nachlässen auf die Vertragssumme für die Vergütung von Nachträgen, NZBau 2000, 57; *Kemper*, Nachträge und ihre mittelbaren Bauzeitauswirkungen, NZBau 2001, 238; *Marbach*, Der Anspruch des Auftragnehmers auf Vergütung der Kosten der Bearbeitung von Nachtragsforderungen im VOB-Bauvertrag, Festschrift für Jagenburg (2002), 539 und Baurecht 2003, 1794; *Motzke*, Parameter für Zusatzvergütung bei zusätzlichen Leistungen, NZBau 2002, 641; *Gessner/Jaeger*, Abschied von der „Besonderen Leistung"?, Festschrift für Kraus (2003), 41; *Roquette/Paul*, Sonderprobleme bei Nachträgen, BauR 2003, 1097; *Pauly*, Bauverträge – Die Erstreckung von Preisnachlässen auf Nachträge, MDR 2004, 608; *Kuffer*, Leistungsverweigerungsrecht bei verweigerten Nachtragsverhandlungen, ZfBR 2004, 110; *Quack*, Nachträge am Bau – über die Ursachen von Kostenexplosionen, ZfIR 2005, 863; *Rodde/Bauer/Stassen*, Gemeinkosten in vertraglicher Mehrleistung und Bauzeitennachtrag: Doppelvergütungsrisiko für Bauherrn?, ZfBR 2005, 634; *Vygen*, Leistungsverweigerungsrecht des Auftragnehmers bei Änderungen des Bauentwurfes gemäß § 1 Nr. 3 VOB/B oder Anordnung von zusätzlichen Leistungen gemäß § 1 Nr. 4 VOB/B?, BauR 2005, 431; *Kaufmann*, Die Unwirksamkeit der Nachtragsklauseln der VOB/B nach §§ 305 ff. BGB, Jahrbuch Baurecht 2006, 35; *Putzier*, Notwendige Nachtragsleistungen wie Bedarfspositionen, von vornherein bedingt im Bauvertrag enthalten?, Festschrift für Motzke (2006), 353; *Duva/Richter*, Vergütung für die Bearbeitung von Nachträgen, BauR 2007, 1490.

**1156** Zur Abgrenzung des vertraglichen Bausolls einerseits und der vergütungspflichtigen Zusatzleistungen andererseits hat der BGH[113] folgende grundsätzlichen Ausführungen gemacht:

> „Für die Abgrenzung, welche Arbeiten von der vertraglich vereinbarten Leistung erfasst sind und welche Leistungen zusätzlich zu vergüten sind, kommt es auf den Inhalt der Leistungsbeschreibung an (vgl. BGH, Urteile vom 28. Februar 2002 – VII ZR 376/00, BauR 2002, 935, 936 = ZfBR 2002, 482 = NZBau 2002, 324 und vom 23. Juni 1994 – VII ZR 163/93, BauR 1994, 625, 626 = ZfBR 1994, 222). Welche Leistungen durch die Leistungsbeschreibung erfasst sind, ist durch Auslegung der vertraglichen Vereinbarung der Parteien zu ermitteln, §§ 133, 157 BGB (vgl. BGH, Urteile vom 28. Februar 2002 – VII ZR 376/00, aaO und vom 11. November 1993 – VII ZR 47/93, BGHZ 124, 64, 67 mwN.). Dabei ist das gesamte Vertragswerk zugrundezulegen. Haben die Parteien die Geltung der VOB/B vereinbart, gehören hierzu auch die Allgemeinen Technischen Bestimmungen für Bauleistungen, VOB/C (Kniffka/Koeble, Kompendium des Baurechts, 2. Auflage, 5. Teil Rdn. 84). Insoweit wird auch Abschnitt 4 der Allgemeinen Technischen Vertragsbestimmungen Vertragsbestandteil und ist bei der Auslegung der geschuldeten Leistung zu berücksichtigen. Soweit die Entscheidung des Senats vom 28. Februar 2002 (VII ZR 376/00, aaO) anders verstanden werden könnte, wird dies im eben dargelegten Sinne klargestellt.
>
> Davon zu trennen ist die Frage, welche Leistungen nach den technischen Gegebenheiten zur Herstellung des Werks erforderlich sind. Ist die Funktionstauglichkeit für den vertraglich vorausgesetzten oder gewöhnlichen Gebrauch versprochen und ist dieser Erfolg mit der vertraglich vereinbarten Ausführungsart nicht zu erreichen, dann schuldet der Auftragnehmer die vereinbarte Funktionstauglichkeit (BGH, Urteil vom 16. Juli 1998 – VII ZR 350/96, BGHZ 139, 244, 247 m. w. N.). Unabhängig davon schuldet der Auftragnehmer vorbehaltlich abweichender Vereinbarung die Einhaltung der anerkannten Regeln der Technik. Haben die Vertragsparteien auf Anregung des Auftraggebers oder des Auftragnehmers eine bestimmte Ausführungsart zum Gegenstand des Vertrages gemacht, dann umfasst, sofern die Kalkulation des Werklohnes nicht nur auf den Vorstellungen des Auftragnehmers beruht, der vereinbarte Werklohn nur die vereinbarte Herstellungsart. Zusatzarbeiten, die für den geschuldeten Erfolg erforderlich sind, hat der Auftraggeber dann gesondert zu vergüten. Führt der Auftragnehmer unter diesen Umständen lediglich die vereinbarte Ausführungsart aus, dann ist die Leistung mangelhaft. Die ihm bei

---

[113] BauR 2006, 2040 („*Dachdeckergerüst-Entscheidung*") = NZBau 2006, 777 = EWiR § 133 BGB 2/06, 743 – Ziegler. Vgl. hierzu auch BGH, 2002, 935 („*Konsoltraggerüst-Entscheidung*") = NZBau 2002, 324.

mangelfreier Leistung für die erforderlichen Zusatzarbeiten zustehenden Zusatzvergütungen können im Rahmen der Gewährleistung als ‚Sowieso-Kosten' berücksichtigt werden."

Wird vom Bauherrn eine im Bauvertrag **nicht vorgesehene Leistung zusätzlich gefordert**, so steht dem Bauunternehmer grundsätzlich nach § 631 BGB auch eine zusätzliche Vergütung zu, die der Auftragnehmer in aller Regel mit einem Nachtrag geltend macht; wird insoweit kein Preis zwischen den Parteien vereinbart, gilt § 632 Abs. 2 BGB. Bei der häufig streitigen **Abgrenzung** zwischen unmittelbar vertraglich geschuldeten und zusätzlichen Leistungen ist stets auf **die vertraglichen Abreden** im Einzelfall, insbesondere auf den Inhalt der Leistungsbeschreibung **abzustellen**;[114] deshalb hat der BGH[115] darauf hingewiesen, dass das **bloße „Wollen"** von zusätzlichen Leistungen und „deren schlichte Entgegennahme" noch nicht ohne weiteres zu einem Vertragsabschluss führen. Vielmehr kann dies nur aus weiteren konkreten Umständen gefolgert werden.[116] Lässt z. B. der Auftraggeber die mit einem Nachtrag angebotenen Arbeiten widerspruchslos durchführen, kann das die Annahme des Nachtragsangebotes darstellen und zu einer Bindung an den angebotenen Preis führen.[117]

Das **Bausoll** ergibt sich aus den **Vertragsparametern** (insbesondere Leistungsbeschreibung, Leistungsverzeichnis, Vertragsbedingungen, VOB/C etc.), die den Vertragsinhalt und den Werklohn bestimmen und die jeweils unter Berücksichtigung der Besonderheiten des betreffenden Bauwerks auszulegen sind.[118] Für den VOB-Bauvertrag wird dies in § 2 Nr. 1 VOB/B nochmals zum Ausdruck gebracht. Motzke[119] weist mit Recht darauf hin, dass die Vertragsparameter von den „Erfolgsparametern" (Erfolgssoll) zu trennen sind, weil sich vergütungspflichtige Zusatzleistungen allein nach den Vertrags- und nicht nach den Erfolgsparametern richten. Der Unternehmer schuldet zwar werkvertraglich den Erfolg: Ist dieser aber nur mit Leistungen zu erreichen, die sich nicht aus den Vertragsparametern im Wege der Auslegung ableiten lassen, kann der Unternehmer daher eine zusätzliche Vergütung verlangen.[120] § 1 Nr. 4 Satz 1 VOB/B[121] gibt diesen allgemeinen Rechtsgrundsatz wieder, wonach der Auftragnehmer auf Verlangen des Auftraggebers aufgrund dessen Kompetenz **(so genanntes einseitiges Anordnungsrecht des Auftraggebers)** nicht vereinbarte Leistungen, die zur Ausführung der vertraglichen Leistungen erforder-

---

114) BGH, BauR 2002, 935 (*„Konsoltraggerüst-Entscheidung"*) = NZBau 2002, 324 mit Anm. von *Keldungs, Quack* und *Asam*, BauR 2002, 1247 ff. sowie *Motzke*, NZBau 2002, 641; BauR 1994, 625 = ZfBR 1994, 222 für den **Einheitspreisvertrag**; BGH, BauR 1995, 237 = ZfBR 1995, 129 für einen **Pauschalvertrag** mit im Leistungsverzeichnis bestimmten Leistungen; vgl. auch OLG Hamm, BauR 1996, 123, 124 = NJW-RR 1996, 86 = OLGR 1995, 241.
115) BauR 1997, 644 = NJW 1997, 1982.
116) Vgl. hierzu OLG Braunschweig, BauR 2003, 716 (Auftraggeber lässt in Kenntnis geänderter Umstände erweiterte Bauleistungen widerspruchslos geschehen).
117) So zutreffend OLG Jena, BauR 2005, 1987.
118) BGH, BauR 2002, 935 (*„Konsoltraggerüst-Entscheidung"*) = NZBau 2002, 324 mit Anm. von *Keldungs, Quack* und *Asam*, BauR 2002, 1247 ff.; vgl. hierzu auch *Kapellmann*, NJW 2005, 182; *Pauly*, MDR 2005, 190, 193; ferner *Motzke*, NZBau 2002, 641 und *Gessner/Jaeger*, Festschrift für Kraus, S. 41, 47.
119) NZBau 2002, 641, 642.
120) Vgl. *Motzke*, a. a. O.; *Roquette/Paul*, BauR 2003, 1097, 1098.
121) Vgl. hierzu *Althaus*, ZfBR 2007, 411, 413; *Kaufmann*, Jahrbuch Baurecht 2006, 35, 61, ist der Meinung, dass diese Vorschrift einer isolierten Inhaltskontrolle nicht standhält.

lich werden, auszuführen hat, außer wenn sein Betrieb auf derartige Leistungen nicht eingerichtet ist. Andere Leistungen (z. B. so genannte Anschlussleistungen im Sinne einer selbstständigen neuen Leistung), die in der Regel auf einen weiteren Erfolg als den des Hauptauftrages abzielen, können dem Auftragnehmer nur mit seiner Zustimmung im Rahmen eines Anschlussauftrages[122] übertragen werden (§ 1 Nr. 4 Satz 2 VOB/B). Zusätzliche Leistungen (sowie Besondere Leistungen im Sinne der betreffenden ATV der DIN 18300 ff.) sind von Nebenleistungen, die der Auftragnehmer ohne Vergütung auszuführen hat, zu trennen (vgl. hierzu Rdn. 1144 ff.).[123] Nach der Rechtsprechung des BGH[124] ist der Auftragnehmer zur Verweigerung einer nach § 1 Nr. 4 VOB/B angeordneten Leistung berechtigt, wenn der Auftraggeber deren Vergütung endgültig ablehnt.

**1157** Eine entsprechend **wirksame Leistungsänderung** gemäß § 1 Nr. 4 Satz 1 VOB/B hat zur Folge, dass der Auftragnehmer einen Anspruch gemäß **§ 2 Nr. 6 VOB/B** auf eine **zusätzliche Vergütung** hat.[125] Dabei ist aber eine besondere Anspruchsvoraussetzung, dass der Auftragnehmer seinen **Vergütungsanspruch** dem Auftraggeber gemäß § 2 Nr. 6 VOB/B **ankündigt,** bevor er mit der Ausführung dieser zusätzlichen Leistung beginnt[126] (zu Ausnahmen vgl. Rdn. 1158 a). Der Unternehmer muss also im Rahmen seiner Klage auf Vergütung zusätzlicher Leistungen die entsprechende Mitteilung an den Auftraggeber darlegen und ggf. beweisen. Die Berechnung des Vergütungsanspruches richtet sich bei erfolgter Ankündigung der Zusatzleistung nach § 2 Nr. 6 Abs. 2 VOB/B. Nach Auffassung des BGH wird eine im Vertrag nicht vorgesehene Leistung auch dann im Sinne von § 2 Nr. 6 VOB/B „gefordert", wenn sie **zur Erreichung einer ordnungsgemäßen Vertragsleistung notwendig** ist, es sei denn, die Leistung ist vertragswidrig erbracht worden.[127] Unter diesem vorerwähn-

---

122) Vgl. hierzu BGH, BauR 2002, 618 = NJW 2002, 1492.
123) Vgl. hierzu BGH, BauR, a. a. O. und *Motzke*, NZBau 2002, 641, 644.
124) BauR 2004, 1613 = NZBau 2004, 612.
125) BGH, BauR 2004, 495 = NZBau 2004, 207 = MDR 2004, 390 = NJW-RR 2004, 440. Vgl. hierzu *Thode*, ZfBR 2004, 214.
126) BGH, BauR 1996, 542 = NJW 1996, 2158 = MDR 1996, 902; DB 1969, 1058 = *Schäfer/Finnern*, Z 2.311 Bl. 31; OLG Dresden, NJW-RR 1999, 170 = OLGR 1999, 27; OLG Stuttgart, BauR 1994, 789, 791; OLG Düsseldorf, OLGR 2000, 156, 158; *Schäfer/Finnern*, Z 2.302 Bl. 15 u. Z 2.300 Bl. 14; *Ingenstau/Korbion/Keldungs*, § 2 Nr. 6/B, Rdn. 12; vgl. ferner: *von Craushaar*, BauR 1984, 311, 316; *Heiermann/Riedl/Rusam*, § 2/B, Rdn. 130; *Groß*, Festschrift für Soergel, S. 59, 69; *Vygen*, Rdn. 812; **a. A.:** *Kretschmann*, Baurechtl. Schriften 60, S. 48 ff., 85 mit einem ausführlichen Überblick über den Meinungsstand; *Lehning*, NJW 1977, 422 u. *Fahrenschon*, BauR 1977, 172; *Nicklisch/Weick*, § 2/B, Rdn. 71; *Tempel*, JuS 1979, 494; *Kapellmann/ Schiffers*, Bd. 1, Rdn. 853 ff., 866 ff.; *Staudinger/Peters*, § 632 BGB, Rdn. 84; *Jagenburg*, Festschrift für Soergel, S. 89, 97 sowie Beck'scher VOB-Komm/*W. Jagenburg*, B § 2 Nr. 6, Rdn. 67, 68.
127) BGH, BauR 1996, 542; NJW 1991, 1812 = BauR 1991, 331, 333 = ZfBR 1991, 146; BauR 1991, 212, 214; ebenso: OLG Düsseldorf, IBR 2005, 2 – *Stern;* OLG Stuttgart, BauR 1977, 291; **a. A.:** OLG Düsseldorf, OLGR 1992, 5 = BauR 1992, 777 u. OLGR 1995, 52, das diese Fälle über § 2 Nr. 8 Abs. 2 VOB/B lösen will; *Nicklisch/Weick*, § 2/B, Rdn. 68; *Heiermann/Riedl/Rusam*, § 2/B, Rdn. 131; *Vygen*, BauR 1979, 375, 382. *Vygen* (Rdn. 816) weist in diesem Zusammenhang zu Recht darauf hin, dass der Auftraggeber vom Auftragnehmer nur die Ausführung solcher nicht vereinbarter Leistungen gemäß § 2 Nr. 6 in Verbindung mit § 1 Nr. 4 Satz 1 VOB/B verlangen kann, „die zur Ausführung der vertraglichen Leistung erforderlich werden, also zur Erreichung des Vertragsziels und damit der mangelfreien Herstellung des geschuldeten Werkes notwendig sind".

## Zusätzliche Leistungen

ten Gesichtspunkt hat das OLG München[128] entschieden, dass bei einer Abrede einer „umfassenden Modernisierung und Renovierung eines Altbaus im erforderlichen Umfang" diese im Zweifel auch Maßnahmen einschließt, „die in einer vertraglich ebenfalls vereinbarten Baubeschreibung nicht aufgeführt sind, wenn diese für eine umfassende Modernisierung und Renovierung erforderlich sind". Nachträglich verlangte selbstständige (Zusatz-)Leistungen (z. B. nach **Beendigung** der vertraglich vereinbarten Leistung) fallen allerdings nicht unter § 2 Nr. 6 VOB/B, sondern sind stets vergütungspflichtig.[129]

Die Ankündigungspflicht betrifft nicht nur die Leistungsart, sondern auch den Leistungsumfang.[130] Die Ankündigung kann formlos erfolgen. **1158**

Aufgrund der Ankündigungspflicht soll der Auftraggeber vor Forderungen des Bauunternehmers geschützt werden, mit denen er nicht gerechnet hat:[131] Er soll also nicht von Kostenerhöhungen überrascht werden. Darüber hinaus soll die Ankündigung frühzeitig Klarheit schaffen, ob eine geforderte Leistung von der ursprünglichen Beschreibung der Leistung nicht erfasst war, also eine zusätzliche Leistung im Sinne von § 1 Nr. 4 Satz 1 VOB/B ist.[132] Sinn der Ankündigung ist es auch, dem Auftraggeber Gelegenheit zu geben, „rechtzeitige kostenträchtige Anordnungen zu überdenken und billigere Alternativen zu wählen"; allerdings hat der Auftraggeber die Darlegungslast, dass ihm bei rechtzeitiger Ankündigung nach § 2 Nr. 6 Abs. 1 Satz 2 VOB/B preiswertere Alternativen zur Verfügung gestanden hätten.[133] § 2 Nr. 6 VOB/B ist dagegen auf die in § 1 Nr. 4 Satz 2 VOB/B („andere Leistungen", die zur Ausführung der vertraglichen Leistung nicht erforderlich werden) erfassten Leistungen nicht anwendbar, sodass hier weder eine Ankündigungspflicht noch eine Bindung an die Preisermittlung i. S. d. § 2 Nr. 6 VOB/B in Betracht kommt.[134]

Einer solchen Ankündigung **bedarf** es daher **nicht**, wenn sich der Auftraggeber nach den Umständen nicht im Unklaren sein kann, dass die zusätzliche Leistung gegen Vergütung ausgeführt wird[135] oder wenn beide Vertragsparteien bei Erteilung des Zusatzauftrages von der Entgeltlichkeit der Bauleistung ausgehen.[136] Dasselbe **1158 a**

---

128) BauR 2003, 396.
129) OLG Hamburg, BauR 1996, 256; OLG Düsseldorf, BauR 1996, 270 = NJW-RR 1996, 532; BauR 1996, 875 (Musterfassade als selbstständiger Anschlussauftrag); *Ingenstau/Korbion/Keldungs*, § 2 Nr. 6/B, Rdn. 7; vgl. hierzu auch BGH, BauR 1996, 542 = NJW 1996, 2158 = MDR 1996, 902 = ZIP 1996, 1220. Insoweit werden von *Jagenburg* (Beck'scher VOB-Komm, B § 2 Nr. 6, Rdn. 27 ff.; siehe auch *Vygen*, Rdn. 817 ff.) Bedenken im Hinblick auf die Schwierigkeiten einer Trennung zwischen selbstständigen Leistungen und zusätzlichen Aufträgen angemeldet.
130) OLG Karlsruhe, BauR 1973, 194.
131) BGH, BauR 2002, 312 = NJW 2002, 750 = ZfBR 2002, 149; BauR 1996, 542 = NJW 1996, 2158 = MDR 1996, 902 = ZIP 1996, 1220.
132) BGH, BauR 1996, 542 = NJW 1996, 2158 = MDR 1996, 902 = ZIP 1996, 1220.
133) BGH, BauR 2002, 312 = NJW 2002, 750 = ZfBR 2002, 149 = MDR 2002, 213.
134) OLG Düsseldorf, BauR 1993, 479; hierzu: *Breyer*, BauR 1999, 459.
135) BGH, *Schäfer/Finnern*, Z 2.310 Bl. 40; OLG Hamm, BauR 2001, 1914 („bauerfahrener Bauherr"); OLG Oldenburg, BauR 1993, 228, 229; OLG Celle, BauR 1982, 381; *von Craushaar*, BauR 1984, 311, 316.
136) BGH, BauR 1978, 314; vgl. im Einzelnen *Franke/Kemper/Zanner/Grünhagen*, § 2/B Rdn. 110 ff.

gilt, wenn der Auftragnehmer die Ankündigung ohne Verschulden versäumt hat.[137] Damit wird **in vielen Fällen** eine Ankündigung durch den Bauunternehmer **entbehrlich** sein, zumal von ihm nach § 632 Abs. 1 BGB eine unentgeltliche Tätigkeit grundsätzlich nicht zu erwarten ist. Für diese Fälle ist der Unternehmer darlegungs- und beweispflichtig. Nach der neueren Rechtsprechung des **BGH**[138] dürfen die **berechtigten Interessen** des Auftragnehmers niemals „unberücksichtigt" bleiben, weil gewerbliche Bauleistungen „regelmäßig nicht ohne Vergütung zu erwarten" sind. Wer von einer „Entgeltlichkeit ausging oder ausgehen musste", bedarf nicht des Schutzes der Ankündigung, insbesondere, wenn ein Auftragnehmer diese **ohne Verschulden versäumt** hat. Es ist aber Sache des **Unternehmers**, im Einzelfall **darzulegen** und zu **beweisen**, „dass eine rechtzeitige Ankündigung **die Lage des Auftraggebers im Ergebnis nicht verbessert** hätte."[139]

**1159** Die **Höhe der Vergütung für die zusätzlichen Leistungen** im Sinne des § 2 Nr. 6 VOB/B richtet sich nach den Grundlagen der Preisermittlung für die vertragliche Leistung **(Urkalkulation)** und den besonderen Kosten der zusätzlich geforderten Leistung, wobei zwischenzeitlich eingetretene Kostenerhöhungen zu berücksichtigen sind (§ 2 Nr. 6 Abs. 2 VOB/B).[140] Dies gilt allerdings nicht für die „anderen Leistungen" im Sinne des § 1 Nr. 4 Satz 2 VOB/B, die dem Auftragnehmer nur mit seiner Zustimmung übertragen werden können, also den so genannten „neuen selbstständigen Leistungen" einschließlich aller nicht erforderlichen, aber funktional noch zugehörigen Mehrleistungen im Rahmen von Anschlussaufträgen.[141] Für diese Fallgestaltungen kann der Auftragnehmer die übliche Vergütung gemäß § 632 BGB verlangen, ohne auf die Preisermittlungsgrundlagen aus dem Hauptvertrag zurückgreifen zu müssen.[142]

Häufig geben Auftragnehmer ein Angebot im Rahmen eines Nachtrages ab, dessen Preise nicht den Preisermittlungsgrundlagen des Hauptvertrages zugrunde liegen, wenn der Auftraggeber eine zusätzliche Leistung im Sinne der §§ 1 Nr. 4 Satz 1, 2 Nr. 6 VOB/B verlangt. Lässt der Auftraggeber daraufhin die Zusatzarbeiten ausführen, ist von einer konkludenten Annahme des Nachtragsangebotes auszugehen, sodass dann die Preise des Nachtragsangebotes gelten.[143]

Etwaige Mehr- und Minderkosten im Rahmen von zusätzlichen Leistungen sind jeweils zu verrechnen.[144]

---

137) *Kapellmann* in Kapellmann/Messerschmidt, § 2/B, Rdn. 200.
138) BauR 1996, 542 = NJW 1996, 2158 = MDR 1996, 902 = ZIP 1996, 1220.
139) BGH, a. a. O.
140) BGH, *Schäfer/Finnern*, Z 2.310 Bl. 12; im Einzelnen zur Preisermittlung: *Kapellmann/ Schiffers*, Bd. 1, Rdn. 377 ff.; *Vygen*, Rdn. 814 ff. Zur Bedeutung des ungewöhnlichen Wagnisses bei der Nachtragskalkulation vgl. *Schottke*, Festschrift für Thode, S. 155.
141) Vgl. hierzu OLG Düsseldorf, BauR 1996, 875 (Auftragnehmer schuldet ein zweistöckiges Wohnhaus, der Auftraggeber verlangt nach Vertragsschluss zusätzlich ein drittes Geschoss oder eine Garage) sowie *Roquette/Paul*, BauR 2003, 1097, 1098.
142) OLG Düsseldorf, a. a. O.; *Franke/Kemper/Zanner/Grünhagen*, § 1/B, Rdn. 74; *Ingenstau/ Korbion/Keldungs*, § 1/B, Rdn. 49; *Roquette/Paul*, BauR 2003, 1097, 1099; **a. A.:** Beck'scher VOB-Komm/*W. Jagenburg*, B § 2 Nr. 6, Rdn. 25.
143) So zutreffend *Vygen/Schubert/Lang*, Rdn. 244; **a. A.:** *Roquette/Paul*, BauR 2003, 1097, 1100.
144) OLG Oldenburg, BauR 2000, 897; Beck'scher VOB-Komm/*W. Jagenburg*, B § 2 Nr. 5, Rdn. 105; *Ingenstau/Korbion/Keldungs*, § 2/B Nr. 5, Rdn. 248, 249; *Roquette/Paul*, BauR 2003, 1097, 1103; **a. A.:** wohl OLG Düsseldorf, BauR 1995, 712 = NJW-RR 1995, 1170.

## Zusätzliche Leistungen  Rdn. 1159

Nach § 2 Nr. 6 Abs. 2 Satz 2 VOB/B ist die Vergütung „möglichst" vor dem Beginn der Ausführung zu vereinbaren. Dieser Hinweis stellt lediglich eine Empfehlung dar.[145] Deshalb steht dem Auftragnehmer auch **kein Leistungsverweigerungsrecht zu,** wenn vor Beginn der Ausführung keine Preisvereinbarung zu Stande kommt.[146] Etwas anderes gilt, wenn der Auftraggeber sich von vornherein ernsthaft weigert, die zusätzliche Leistung zu vergüten; in diesem Fall kann der Auftragnehmer die Leistung verweigern.[147]

Ist im Einzelfall die Ankündigung notwendig gewesen, aber unterblieben, kann der Bauunternehmer seinen Anspruch auch nicht auf § 812 BGB oder auf Geschäftsführung ohne Auftrag stützen, da die VOB insoweit eine abschließende Regelung enthält.

Wird auf die vereinbarte Vertragssumme ein echter **Preisnachlass** vom Auftragnehmer gewährt, stellt sich die Frage, ob dieser Preisnachlass auch für die **Vergütung späterer Nachträge** im Sinne zusätzlicher Leistungen gilt. Die Beantwortung dieser Frage wird nur durch Wertung der Vertragsvereinbarungen im Einzelfall möglich sein.[148] Das gilt sowohl für den **BGB-Bauvertrag** wie auch den **VOB-Bauvertrag** unter Berücksichtigung der §§ 1 Nr. 4 Satz 1, 2 Nr. 6 Abs. 2 VOB/B. Grundsätzlich ist allerdings davon auszugehen, dass ein auf einen vereinbarten Werklohn (Hauptsumme) gewährter Nachlass nicht für **Nachtragsvereinbarungen** gilt:[149] Ein Auftragnehmer will in der Regel seinen Nachlass nicht auf Tatbestände beziehen, die er (noch) nicht kennt.[150] Etwas Anderes gilt nur, wenn den Vertragsunterlagen eine anderweitige Vereinbarung zu entnehmen ist.

In diesem Zusammenhang stellt sich häufig die Frage, ob die **Bedingungen des Hauptvertrages** auch für entsprechende **Zusatzaufträge** gelten. Dabei ist stets die Vorfrage zu klären, ob es sich tatsächlich um die Erweiterung des zunächst abgeschlossenen Vertrages oder vielmehr um einen neuen, selbstständigen Auftrag handelt.[151] Nur wenn die erste Alternative im Einzelfall unter Berücksichtigung aller Umstände zu bejahen ist, kommt überhaupt eine „Übernahme" der Bedingungen

---

145) *Daub/Piel/Soergel/Steffani*, ErlZ B 2.122; **a. A.:** *Nicklisch/Weick*, § 2/B, Rdn. 73; *Ingenstau/Korbion/Keldungs*, § 2 Nr. 6/B, Rdn. 28 f.; § 2/B, Rdn. 280 (vertragliche Verpflichtung).
146) Str.; vgl. näher Rdn. 1151.
147) Vgl. hierzu *Kniffka/Koeble*, 5. Teil, Rdn. 110 sowie OLG Celle, BauR 2003, 890.
148) BGH, BauR 2003, 1892, 1895 = ZfBR 2004, 37 = NZBau 2004, 31.
149) Wie hier: OLG Köln, OLGR 2003, 19 = NJW-RR 2003, 661 = BauR 2003, 431 (L); LG Berlin, NZBau 2001, 559; *Kapellmann*, NZBau 2000, 57, 59; *Heiermann/Riedl/Rusam*, § 2/B, Rdn. 138; *Ingenstau/Korbion/Keldungs*, § 2/B, Rdn. 275; *Marbach*, ZfBR 1989, 2, 9; Beck'scher VOB-Komm/W. *Jagenburg*, B § 2 Nr. 5, Rdn. 107, der zu Recht darauf hinweist, dass Preisnachlässe in der Regel nicht Kalkulationsgrundlagen sind, sondern erst nachträglich kurz vor oder bei Vertragsabschluss eingeräumt werden, um den Auftrag zu erhalten; **a. A.:** OLG Hamm, BauR 1995, 564 = NJW-RR 1995, 593; OLG Schleswig, IBR 2001, 662; OLG Düsseldorf, BauR 1993, 479; *Pauly*, MDR 2004, 608; *Roquette/Paul*, BauR 2003, 1097, 1101; *Leinemann*, § 2/B, Rdn. 126; *Franke/Kemper/Zanner/Grünhagen*, § 2/B, Rdn. 154; *Kleine-Möller/Merl*, § 2, Rdn. 516. Zur Vereinbarung eines Preisnachlasses durch schlüssiges Verhalten: BGH, BauR 1984, 171 = ZfBR 1984, 69. Zum Meinungsstand vgl. *Pauly*, MDR 2004, 608.
150) So zutreffend *Ingenstau/Korbion/Keldungs*, § 2/B, Rdn. 275 sowie *Kapellmann* in Kapellmann/Messerschmidt, § 2/B, Rdn. 217 m. w. N.
151) Vgl. hierzu BGH, BauR 2002, 618 = NJW 2002, 1492.

des Hauptvertrages in Betracht; dementsprechend hat das OLG Schleswig[152] entschieden, dass die Vertragsregelungen des Hauptvertrages auch für die Beauftragung von zusätzlichen Leistungen gelten, „die in unmittelbarem zeitlichen und sachlichen Zusammenhang mit der Hauptvertragsleistung stehen".

Das OLG Celle[153] hat folgende Nachtrags-Klausel für wirksam erklärt: „Sofern von Ihnen die VOB als Vertragsgrundlage uneingeschränkt eingehalten wird, gewähren wir Ihnen einen Nachlass von 9%." Sie hat zur Folge, dass kein Abzug vorzunehmen ist, wenn einzelne Abschlagszahlungen und die Schlussrechnung nicht innerhalb der in § 16 Nr. 1 u. 3 VOB/B geregelten Fristen bezahlt werden.

Bei Behinderungen des Bauablaufs oder der Unterbrechung der Bauausführung kommen Ansprüche des Unternehmers, insbesondere behinderungsbedingte Mehraufwendungen, nach § 6 VOB/B in Betracht (vgl. Rdn. 1828, 1832 ff., 1838).[154]

Zur Frage der **Doppelabrechnung** bei Nachtrags- oder Zusatzaufträgen, die sich später als entsprechende Leistungen des Hauptauftrages erweisen, vgl. Rdn. 1118. Bezüglich gestellter **Nachträge und etwaiger Mehrkosten** durch eine verlängerte Bauzeit vgl. Rdn. 1828.

**1160** Eine **Klausel in AGB**, wonach der Auftraggeber im Vertrag nicht genannte Leistungen ohne besondere Vergütung verlangen darf, wenn sie zur Erfüllung der vertraglichen Leistungen **notwendig** sind, verstößt gegen § 307 BGB und ist unwirksam.[155] Auch eine Klausel, nach der jegliche Nachforderungen ausgeschlossen sind, wenn sie nicht auf schriftlichen Zusatz- und Nachtragsaufträgen des Auftraggebers beruhen, ist vom BGH[156] für unwirksam gemäß § 307 BGB erklärt worden, weil damit alle übrigen gesetzlichen Ansprüche für zusätzliche und geänderte Leistungen (z. B. gesetzliche Ansprüche aus Geschäftsführung ohne Auftrag oder Bereicherung) ausgeschlossen werden. Entsprechendes gilt auch für eine AGB-Klausel, die den Vergütungsanspruch für zusätzliche Leistungen von einer schriftlichen Preisvereinbarung abhängig macht.[157] Die Klausel in einem Bauvertrag, dass Zusatzleistungen nur zu vergüten sind, wenn der Auftragnehmer seine Ansprüche vor Beginn der Arbeiten schriftlich geltend gemacht hat und eine schriftliche Vereinbarung herbeiführt, gilt nach OLG Düsseldorf[158] jedenfalls nicht für **völlig selbstständige Leistungen**, die der Auftragnehmer nach Beendigung seiner vertraglich vereinbarten

---

152) IBR 2001, 662.
153) BauR 2004, 860 = NJW-RR 2004, 1165 = OLGR 2004, 231. Ebenso OLG Bremen, BauR 2004, 860 u. OLG Oldenburg, BauR 2004, 860.
154) OLG Braunschweig, BauR 2001, 1739 m. w. Nachw.
155) *Ingenstau/Korbion/Keldungs*, § 2 Nr. 6/B, Rdn. 30.
156) BauR 2005, 94 = NZBau 2005, 148 = NJW-RR 2005, 247; BauR 2004, 488 = NZBau 2004, 146 = IBR 2004, 125 – *Schulze-Hagen* = NJW 2004, 502 = MDR 2004, 442.
157) OLG Düsseldorf, BauR 1989, 335 u. BauR 1998, 1023; *Ingenstau/Korbion/Keldungs*, § 2 Nr. 6/B, Rdn. 30; vgl. hierzu insbesondere *Kapellmann*, Festschrift für von Craushaar, S. 227, 230, 233, der eine Schriftformklausel für die nach § 2 Nr. 6 VOB/B geforderte Ankündigung, ein zusätzlich gefordertes Preisangebot bzw. eine zusätzlich geforderte Nachtragsvereinbarung für wirksam hält; ebenso wohl: *Locher*, Festschrift für Korbion, S. 283, 292, der zu Recht darauf hinweist, dass nach der Rechtsprechung des BGH eine stillschweigende Aufhebung dieses Formzwangs und damit die mündliche Vertragsergänzung möglich ist. Ein solcher Verzicht auf die an sich vereinbarte Schriftform wird gerade in den Fällen des § 2 Nr. 6 VOB/B vielfach anzunehmen sein.
158) BauR 1996, 270 = NJW-RR 1996, 592 = OLGR 1996, 112 (LS).

**Leistungen ohne Auftrag** Rdn. 1161

Leistung erbringt: „Typische Zusatzleistungen sind nämlich nur solche, bei denen eine in technischer Hinsicht und/oder von der bisherigen Nutzung her gegebene unmittelbare Abhängigkeit zur bisher vereinbarten Leistung besteht." In den vorerwähnten Fällen ist stets zu prüfen, ob Erstattungsansprüche ggf. nach den Grundsätzen über die Geschäftsführung ohne Auftrag in Betracht kommen (vgl. näher Rdn. 1896 ff.).[159]

Im Übrigen ist es herrschende Meinung,[160] dass eine vertraglich vereinbarte **Schriftformklausel** zwischen den Vertragsparteien jederzeit formfrei (auch durch konkludentes Handeln) wieder aufgehoben werden kann. Daher ist stets im Einzelfall, insbesondere bei einer (trotz Schriftformklausel) mündlichen Beauftragung von zusätzlichen Leistungen, zu prüfen, ob aus den Umständen eine solche Aufhebung anzunehmen ist.[161] Das wird man in der Regel annehmen können.[162]

Zu Nachtragsbearbeitungskosten vgl. Rdn. 1154.

### e) Leistungen ohne Auftrag

*Literatur*

*Leupertz*, Der Anspruch des Unternehmers auf Bezahlung unbestellter Bauleistungen beim BGB-Bauvertrag, BauR 2005, 775; *Oberhauser*, Ansprüche des Auftragnehmers auf Bezahlung nicht „bestellter" Leistungen beim Bauvertrag auf der Basis der VOB/B, BauR 2005, 919.

Bauleistungen, die der Auftragnehmer ohne Auftrag oder unter eigenmächtiger Abweichung vom Vertrag ausführt, werden grundsätzlich weder beim BGB- noch beim VOB-Vertrag vergütet. **1161**

Im Rahmen eines **VOB-Bauvertrages** kann eine Vergütung nur in den in § 2 Nr. 8 Abs. 2 VOB/B genannten Fällen in Betracht kommen: Der Bauherr erkennt die Bauleistung nachträglich an (vgl. hierzu Rdn. 2014 ff.), oder die Leistung war für die Erfüllung des Vertrages notwendig, entspricht dem mutmaßlichen Willen des Bauherrn und ist ihm unverzüglich angezeigt worden (vgl. hierzu Rdn. 1896 ff.).[163] Mutmaßlich ist dabei derjenige Wille des Auftraggebers, der bei objektiver Beurteilung aller gegebenen Umstände von einem „verständigen Betrachter" vorauszusetzen ist.[164] Die **Anzeige** des Bauunternehmers muss gegenüber dem Bauherrn oder seinem Architekten erfolgen;[165] unverzüglich heißt: **ohne schuldhaftes Zögern** (§ 121 BGB analog).[166] Nach der Rechtsprechung des BGH ist es für eine unverzügliche Anzeige auftragloser Leistungen im Sinne des § 2 Nr. 8 Abs. 2 VOB/B erforderlich, aber auch

---

159) Vgl. OLG Frankfurt, IBR 2003, 463 – *Garcia-Scholz*; OLG Köln, IBR 1999, 305. Vgl. hierzu auch *Kniffka/Koeble*, 5. Teil, Rdn. 118 ff.
160) Vgl. für viele: *Palandt/Heinrichs*, § 125 BGB, Rdn. 14 m. w. Nachw.
161) OLG Brandenburg, BauR 2001, 1915 = NJW-RR 2001, 1673 = OLGR 2001, 377.
162) Vgl. hierzu *Kapellmann* in Kapellmann/Messerschmidt, § 2/B, Rdn. 208 ff.
163) Vgl. dazu auch BGH, NJW 1991, 1812 = BauR 1991, 331, 334 = ZfBR 1991, 146; OLG Köln, BauR 2005, 1173 (Verwendung von der Leistungsbeschreibung abweichender Materialien); OLG Hamburg, BauR 1982, 69 ff.; *Oberhauser*, BauR 2005, 919.
164) BGH, BauR 2004, 495, 497 = IBR 2004, 123 – *Englert*.
165) OLG Stuttgart, BauR 1977, 291, 292; OLG Hamm, BauR 1978, 146.
166) BGH, BauR 1994, 625 = ZfBR 1994, 222 („das bedeutet, dass der Auftragnehmer nach der etwa für Prüfung und Begründung der Zusatzleistungen erforderlichen Zeit so bald, als es ihm nach den Umständen möglich und zumutbar ist, anzuzeigen hat").

ausreichend, wenn der Auftragnehmer die nicht beauftragten Leistungen nach Art und Umfang so beschreibt, dass der Auftraggeber rechtzeitig informiert und ihm die Möglichkeit gegeben wird, billigere Alternativen zu wählen oder von dem Bauvorhaben ganz abzulassen.[167]

Liegen die Voraussetzungen des § 2 Nr. 8 Abs. 2 VOB/B vor, hat der Bauunternehmer einen Anspruch auf ein Entgelt, wie wenn die Leistung vertraglich erbracht worden wäre.[168] Für das Vorliegen aller Anspruchsvoraussetzungen trägt der **Bauunternehmer die Darlegungs- und Beweislast**.

Beim **BGB-Bauvertrag** kommt ein Aufwendungsersatz nur über die Grundsätze der Geschäftsführung ohne Auftrag gemäß §§ 677, 683 BGB (vgl. Rdn. 1896 ff.) bzw. einer ungerechtfertigten Bereicherung nach § 812 BGB (vgl. Rdn. 1904 ff.) in Betracht.[169]

## 2. Der Einheitspreisvertrag

*Literatur bis 1989*

*Schmidt*, Der Vergütungsanspruch des Bauunternehmers nach § 2 VOB/B, MDR 1966, 885; *Welter*, Der Vergütungsanspruch für Mehrleistungen beim Bauwerkvertrag nach der VOB, NJW 1959, 757; *Schmidt*, Die Vergütung der Bauleistung, BlGBW 1969, 186; *Jagenburg*, Der Vergütungsanspruch des BU bei Massen- und Preisänderungen – zugleich ein Beitrag zur Problematik des § 2 VOB/B, BauR 1970, 18; *Jebe*, Bedeutung und Problematik des Einheitspreisvertrages im Bauwesen, BauR 1973, 141; *Heiermann*, Die Bemessung der Vergütung bei Mengenüberschreitungen nach § 2 Nr. 3 Abs. 2 VOB/B alte und neue Fassung, BauR 1974, 73; *Piel*, Zur Bemessung der Vergütung bei Mengenüberschreitungen nach § 2 Nr. 3 Abs. 2 VOB/B, BauR 1974, 226; *Bartmann*, Höchstpreisklauseln in Einheitspreis-Bauverträgen, Ausgestaltung, Rechtsnatur, Problematik, BauR 1974, 31; *Dähne*, Die Bemessung der Vergütung bei Mengenüberschreitung nach § 2 Nr. 3 Abs. 2 VOB/B, a. F. und n. F., BauR 1974, 371; *Behre*, Fortfall einer Position beim Einheitspreisvertrag, BauR 1976, 36; *Mantscheff*, Genauigkeitsgrad von Mengenansätzen in Leistungsverzeichnissen – Preisberechnungsansätze für Fälle des § 2 Nr. 3 VOB/B, BauR 1979, 389; *Walzel*, Die Preise in den Fällen des § 2 Nr. 5 und 6 VOB/B, BauR 1980, 227; *v. Craushaar*, Abgrenzungsprobleme im Vergütungsrecht der VOB/B bei Vereinbarung von Einheitspreisen, BauR 1984, 311; *Heiermann*, Wirksamkeit des Ausschlusses der Preisanpassungsmöglichkeit nach VOB durch Allgemeine Geschäftsbedingungen, NJW 1986, 2682; *Piel*, Zur Abgrenzung zwischen Leistungsänderung (§ 1 Nr. 3, § 2 Nr. 5 VOB/B) und Behinderung (§ 6 VOB/B), Festschrift für Korbion (1986), 349; *Heiermann*, Äquivalenz von Leistung und Gegenleistung, dargestellt an der Vergütungsregelung des § 2 Nr. 3 VOB/B, Festschrift für Korbion (1986), 137; *Kaiser*, Der Vergütungsanspruch des Bauunternehmers nach Gesetz und VOB/B, ZfBR 1987, 171; *Hundertmark*, Die zusätzliche Leistung und ihre Vergütung vom VOB-Vertrag, DB 1987, 32.

*Literatur ab 1990*

*Vygen*, Rechtliche Probleme bei Ausschreibung, Vergabe und Abrechnung von Alternativ- und Eventualpositionen, BauR 1992, 135; *Motzke*, Nachforderungsmöglichkeiten bei Einheitspreis- und Pauschalverträgen, BauR 1992, 146; *Drittler*, Gedanken zu § 2 Nr. 3 VOB/B, BauR 1992, 702; *Stemmer*, Bindung des Auftragnehmers an einen Preis „unter Wert" bei Mengenmehrungen?, BauR 1997, 417; *Knacke*, Der Ausschluss des Anspruchs des Auftragnehmers aus § 2 Nr. 3 VOB/B durch Allgemeine Geschäftsbedingungen des Auftraggebers, Festschrift für v. Craushaar (1997), 249; *Augustin/Stemmer*, Hinweise zur Vereinbarung neuer Preise bei Bauverträgen nach VOB, BauR

---

167) BGH, BauR 2004, 495, 498 = IBR 2004, 122 – *Englert*.
168) BGH, BauR 1974, 273 = NJW 1974, 1241.
169) Vgl. hierzu *Leupertz*, BauR 2005, 775.

1996, 546; *Friedrich*, Betrachtungen zur VOB/B, § 2 Nr. 3 aus der Sicht kleiner und mittelständischer Bauunternehmen (Handhabung des Ausgleichs der Gemeinkosten bei Mengenänderungen), BauR 1999, 817; *Dähne*, Die Lohngleitklausel in öffentlichen Bauaufträgen, Festschrift für Vygen (1999), S. 161; *Biermann*, Die „kreative" Angebotskalkulation: Mengenspekulationen und ihre Auswirkungen auf Nachträge, Festschrift für Vygen (1999), 134; *Marbach*, Nebenangebote und Änderungsvorschläge im Bauvergabe- und Vertragsrecht, Festschrift für Vygen (1999), 241; *Reitz*, Wirksamkeit von Gleit-, Bagatell- und Selbstbeteiligungsklauseln, BauR 2001, 1513; *Werner*, Lohngleitklauseln am Bau – eine unendliche Geschichte?, NZBau 2001, 521; *Schulze-Hagen*, Mindermengenabrechnung gemäß § 2 Nr. 3 Abs. 2 VOB/B und Vergabegewinn, Festschrift für Jagenburg (2002), 815; *Drittler*, Berechnung neue Einheitspreise nach § 2 Nr. 3 VOB/B, zugleich Vorschläge für Revision von § 2 Nr. 3 VOB/B, BauR 2005, 307; *Rodde/Bauer/Stassen*, Gemeinkosten in vertraglicher Mehrleistung und Bauzeitennachtrag: Doppelvergütungsrisiko für Bauherren?, ZfBR 2005, 634.

Die VOB geht von dem Grundsatz aus, dass die Leistung des Auftragnehmers die Grundlage für die Vergütung darstellt. Der Wert der erbrachten Bauleistung ist die Bemessungsbasis für die Vergütung des Auftragnehmers. Deshalb sind sowohl der **Einheitspreisvertrag** wie der **Pauschalpreisvertrag** so genannte **Leistungsverträge**. **1162**

Ist eine andere Berechnungsart nicht vereinbart, so liegt nach der ganz herrschenden Meinung im Schrifttum stets ein **Einheitspreisvertrag** vor, bei dem die Einheitspreise für technisch und wirtschaftlich einheitliche Teilleistungen, deren Menge und Maß, Gewicht oder Stückzahl anzugeben sind, bestimmt werden. Der **Einheitspreisvertrag** ist damit der **Normaltyp des Bauvertrages** nach der VOB.[170] Derjenige, der sich auf eine andere Berechnungsart berufen will, hat daher diese zu beweisen (§ 2 Nr. 2 VOB/B).[171] Auch für den **BGB**-Bauvertrag wird man davon ausgehen können, dass der Einheitspreisvertrag die Regel darstellt;[172] Bauleistungen, die vom Umfang her geringfügig sind, können jedoch nach Stundenlohn abgerechnet werden. **1163**

Der **BGH**[173] ist demgegenüber der Auffassung, dass der Einheitspreisvertrag weder für den BGB- noch für den VOB-Bauvertrag die Regel darstellt; daher hat der **Auftragnehmer**, wenn er nach Einheitspreisen abrechnen will, eine solche Vereinbarung darzulegen und zu beweisen, wenn der Auftraggeber eine andere Vergütungsabrede, z. B. die einer Pauschalsumme, behauptet (vgl. auch Rdn. 1113 ff.).

Bei der Abrechnung nach **Einheitspreisen** hat der Unternehmer nicht nur die Vereinbarung eines bestimmten Einheitspreises für die Bauleistung **darzulegen** und zu **beweisen**; darüber hinaus hat er substantiiert vorzutragen, welche **Bauleistung** von ihm tatsächlich erbracht ist. Denn die Berechnung seiner Vergütung kann stets nur auf der Grundlage der vertraglichen Einheitspreise nach den tatsächlich ausgeführten Leistungen erfolgen. **1164**

Um die tatsächliche Bauleistung zu ermitteln, bedarf es in aller Regel zunächst des **Aufmaßes** oder der **rechnerischen Ermittlung** gemäß § 14 VOB/B.[174] Selbst wenn also in einem Angebot eines Unternehmers im Rahmen eines Einheitspreisvertrages für die einzelnen Positionen ein Gesamtpreis enthalten ist, bleiben immer nur die tat- **1165**

---

170) Ebenso OLG Hamm, BauR 2002, 319, 320.
171) Vgl. OLG Frankfurt, OLGR 1997, 13 = NJW-RR 1997, 276 (**Beweislast** für nachträgliche Pauschalierungsvereinbarung); OLG Hamm, BauR 2002, 319 m. Anm. *Keldungs*.
172) *Kleine-Möller/Merl*, § 10, Rdn. 16; *Vygen*, Rdn. 759.
173) ZfBR 1981, 170 = DB 1981, 2121.
174) *Ingenstau/Korbion/Keldungs*, § 2 Nr. 2/B, Rdn. 5.

sächlich geleisteten Einzelmengen die alleinige Abrechnungsgrundlage.[175] Positions- und Gesamtpreis im Angebot sind deshalb – im Gegensatz zum Pauschalvertrag – nicht bindend, sondern stellen für den Bauherrn nur einen Anhaltspunkt dar, mit welchen Kosten er rechnen muss. Der Einwand des Auftraggebers, dass aufgrund eines fehlenden Aufmaßes der Werklohn nicht fällig ist, kann im Einzelfall treuwidrig (§ 242 BGB) sein, wenn zwischen der Schlussrechnung und dem Einwand ein nicht unerheblicher Zeitraum liegt, die Abrechnung des Auftragnehmers aber im Übrigen prüfbar ist.[176] **Unzulässig** ist eine formularmäßige Klausel, mit der sich der **Auftraggeber** das Recht vorbehält, das **Aufmaß allein** zu erstellen und die Kosten dem Auftragnehmer anzulasten, wenn dieser das Aufmaß nicht erstellt oder das Aufmaß unbrauchbar ist (Verstoß gegen § 309 Nr. 4 BGB).[177]

**1166** Die **Vornahme des Aufmaßes** ist daher für den Einheitspreisvertrag von besonderer Bedeutung.[178] § 14 Nr. 2 VOB/B verlangt für den VOB-Bauvertrag nicht zwingend ein **gemeinsames Aufmaß**. Die Vorschrift gibt nur eine sinnvolle Empfehlung an die Vertragsparteien. Kann der Kläger (Unternehmer) sich auf ein **gemeinsames Aufmaß** stützen, ist der Bauherr an dieses Aufmaß **rechtlich gebunden** (vgl. näher Rdn. 2033). Für die Werklohnklage bedeutet dies im Einzelfall die **Umkehr der Beweislast**: Es ist nunmehr Sache des Auftraggebers, darzulegen und zu beweisen, dass die in dem gemeinsamen Aufmaß gemachten tatsächlichen Feststellungen unrichtig sind und er bzw. sein Architekt hiervon nichts gewusst hat. Will sich eine Partei von einem gemeinsamen Aufmaß lossagen, muss sie daher nicht nur die Unrichtigkeit des Aufmaßes, sondern auch die Voraussetzungen einer Irrtumsanfechtung gemäß §§ 119, 121 BGB nachweisen.[179] Allerdings schließt ein gemeinsames Aufmaß die Einwendung für Rechenfehler, Doppelberechnungen und vertragswidrige Abrechnungsweisen nicht aus.[180]

Die Unrichtigkeit eines vertragsgemäß vorgenommenen Aufmaßes, das der Abrechnung zu Grunde gelegt worden ist, kann nicht (auch nicht durch ein Privatgutachten) – bei im Übrigen fehlender substantiierter Behauptung – angefochten werden.[181] Einigen sich die Parteien auf ein gemeinsames Aufmaß zur Festlegung bestimmter Bauleistungen vor Beginn der Arbeiten, ist grundsätzlich davon auszugehen, dass auch dieses Aufmaß der endgültigen Abrechnung dienen soll;[182] in diesem Fall sind damit spätere Einwendungen gegen den Umfang der erbrachten Bauleistungen ausgeschlossen. Eine Klausel in den **AGB** eines Werkvertrages oder in Formularverträgen, die statt der tatsächlichen angefallenen Mengen von einem **abstrakten**

---

175) BGH, *Schäfer/Finnern*, Z 2.400 Bl. 41. Daher ist nach BGH, BauR 2005, 94 = IBR 2005, 1 – *Schulze-Hagen* folgende Klausel in AGB des Auftraggebers im Rahmen eines Einheitspreisvertrages überraschend und daher unzulässig: „Auch bei einem Einheitspreisvertrag ist die Auftragssumme limitiert."
176) OLG Celle, BauR 1996, 264 (Einwand des Auftraggebers **ein Jahr** nach Erhalt der im Übrigen prüfbaren Abrechnung); vgl. hierzu auch OLG Karlsruhe, OLGR 1998, 17.
177) BGH, BauR 1997, 1036 = NJW-RR 1997, 1513 = ZfBR 1998, 35 (Nichtannahmebeschluss zu OLG Hamburg, *SFH*, Nr. 10 zu § 3 AGB-Gesetz).
178) Zur Beweislast bei fehlendem Aufmaß: OLG Düsseldorf, BauR 1992, 271 (LS).
179) OLG Hamm, NJW-RR 1991, 1496 = BauR 1992, 242; KG, *Schäfer/Finnern*, Z 2.302 Bl. 6.
180) OLG Karlsruhe, BauR 2003, 1244.
181) BGH, *Schäfer/Finnern*, Z 2.310 Bl. 4. Vgl. hierzu KG, BauR 2007, 1752 (Aufmaß kann nur durch abweichendes Aufmaß bestritten werden).
182) OLG Braunschweig, BauR 2001, 412.

Aufmaß für die Berechnung des Werklohnes ausgeht, kann gegen § 307 BGB verstoßen.[183)]

Wird der **Auftraggeber** zu einem gemeinsamen Aufmaß aufgefordert und **verweigert** er die Teilnahme grundlos, so führt dies grundsätzlich zu einer **Umkehr der Beweislast** zu Gunsten des Auftragnehmers hinsichtlich der von diesem festgestellten Leistungsangaben, soweit ein neues (gemeinsames) Aufmaß nicht mehr möglich ist.

Insoweit hat der BGH[184)] folgende grundsätzliche Feststellungen getroffen: Danach hat zunächst der Auftragnehmer jedenfalls dann einen Anspruch auf ein gemeinsames Aufmaß, wenn er berechtigt ist, die Abnahme zu verlangen: „Die Verpflichtung zur Teilnahme am gemeinsamen Aufmaß ergibt sich aus der im Bauvertrag geltenden beiderseitigen Pflicht zur Kooperation. Kommt es nicht zum gemeinsamen Aufmaß, weil der Auftraggeber unberechtigt fernbleibt, kann das beim Streit über die Abrechnung prozessuale Bedeutung haben. Das bloße Fernbleiben am Aufmaßtermin allein rechtfertigt allerdings noch keine prozessualen Konsequenzen zu Lasten des Auftraggebers. Es genügt, die Richtigkeit des einseitig genommenen Aufmaßes zu bestreiten, solange unter zumutbaren Bedingungen ein neues Aufmaß noch erstellt oder das einseitig genommene Aufmaß noch überprüft werden kann. Anderes gilt, wenn nach unberechtigtem Fernbleiben des Auftraggebers ein neues Aufmaß oder eine Überprüfung des einseitig genommenen Aufmaßes nicht mehr möglich ist, etwa weil das Bauwerk durch Drittunternehmer fertiggestellt worden oder durch nachfolgende Arbeiten verdeckt ist. Dann hat der Auftraggeber vorzutragen und zu beweisen, welche Massen zutreffend oder dass die vom Auftragnehmer angesetzten Massen unzutreffend sind."

Die vorgenannten Ausführungen gelten entsprechend auch für den umgekehrten Fall der unberechtigten Weigerung des Auftragnehmers, die erforderlichen Feststellungen mit dem Auftraggeber vorzunehmen.[185)] Der BGH[186)] hat diese vorgenannten Grundsätze auch auf die Fallkonstellation übertragen, „in der der Auftraggeber die einseitig ermittelten Massen des Auftragnehmers bestätigt und später die Massen bestreitet, nachdem aufgrund nachfolgender Arbeiten eine Überprüfung der Massenermittlung nicht mehr möglich ist". In diesem Fall ist der Auftraggeber verpflichtet, vorzutragen und zu beweisen, welche Massen zutreffen und dass die vom Auftragnehmer angesetzten Massen unzutreffend sind.

Ähnliche Grundsätze hat der BGH[187)] auch für die Fallkonstellation der **Aufmaßvereitelung** aufgestellt:

„Ist es dem Auftragnehmer nicht mehr möglich, den Stand der von ihm bis zur Kündigung erbrachten Leistung durch ein Aufmaß zu ermitteln, weil der Auftraggeber das Aufmaß dadurch vereitelt hat, dass er das Bauvorhaben durch einen Drittunternehmer hat fertig stellen lassen, genügt der Auftragnehmer seiner Verpflichtung zur prüfbaren Abrechnung, wenn er alle ihm zur Verfügung stehenden Umstände mitteilt, die Rückschlüsse auf den Stand der erbrachten Leistung ermöglichen. ... Unter der Voraussetzung, dass die Ermittlung der erbrachten Leistung am Bau nicht mehr möglich ist, genügt der Auftragnehmer seiner Darlegungslast, wenn er Tatsachen vorträgt, die dem Gericht die Möglichkeit eröffnen, ggf. mit Hilfe eines Sachverständigen den Mindestaufwand des Auftragnehmers zu schätzen, der für die Errichtung des Bauvorhabens erforderlich war."

---

183) Vgl. OLG Karlsruhe, NJW-RR 1989, 52.
184) BauR 2003, 1207 = NJW 2003, 2678 = NZBau 2003, 497 = MDR 2003, 1174.
185) *Leineweber*, Rdn. 280; *Ingenstau/Korbion/Locher*, § 14 Nr. 2/B, Rdn. 5.
186) BauR 2003, 1892, 1897 = NZBau 2004, 31 = ZfBR 2004, 37.
187) BauR 2004, 1443 = NZBau 2004, 503 unter Hinweis auf BGH, BauR 2004, 1441, vgl. hierzu auch OLG Celle, BauR 2002, 1863 = NZBau 2002, 1675 = OLGR 2002, 294.

Soweit ein Aufmaß nicht mehr vorgenommen werden kann, genügt der Unternehmer seiner Darlegungslast, wenn er Tatsachen vorträgt, die dem Gericht die Möglichkeit eröffnen, ggf. unter Mithilfe eines Sachverständigen die für die Ausführung angefallene Mindestvergütung zu schätzen.[188]

**1167** **Einheitspreise** sind grundsätzlich **Festpreise**. An sie ist der Auftragnehmer auch bei unerwarteten Lohn- und Preissteigerungen im Regelfall gebunden.[189] Vereinbaren die Parteien eines Bauvertrages, dass die Einheitspreise „Festpreise bis zum ..." darstellen sollen und können sich die Parteien – trotz Fortsetzung der Bauarbeiten – auf neue Preise nach Ablauf der vereinbarten Frist nicht einigen, kann der Auftragnehmer jedenfalls die „übliche" Vergütung gemäß § 632 Abs. 2 BGB fordern[190] (vgl. Rdn. 1134 ff.). Die Kosten der Baustelleneinrichtung sind grundsätzlich in den Einheitspreisen enthalten und können nicht gesondert berechnet werden.[191]

**1168** Bei **Mengenabweichungen** gegenüber der vertraglich vorgesehenen Bauleistung kann eine Änderung des Einheitspreises beim VOB-Bauvertrag nur über § 2 Nr. 3 VOB/B erfolgen.[192] Dies gilt allerdings dann nicht, wenn Mengenabweichungen auf den Fallgestaltungen des § 2 Nr. 4 (Übernahme einzelner Leistungen durch den Auftraggeber), Nr. 5 (Änderungen des Bauentwurfs usw.) oder Nr. 8 (Leistungen ohne Auftrag oder in Abweichung vom Vertrag) beruhen;[193] in den zuletzt genannten Fällen gelten nur die entsprechenden Bestimmungen.

**1169** § 2 Nr. 3 VOB/B enthält für Mengenabweichungen eine **abschließende Regelung** für den VOB-Bauvertrag.[194] Auf die Grundsätze der Änderung der Geschäftsgrundlage (§ 313 BGB) kann insoweit nicht zurückgegriffen werden.[195] Die Regelung ist nicht auf eine bestimmte prozentuale Überschreitung oder Unterschreitung beschränkt. Bei der Prüfung, ob eine Mengenabweichung nach oben oder unten

---

188) BGH, BauR 2006, 2040, 2041 = NZBau 2006, 777.
189) Vgl. hierzu OLG Celle, NJW 1966, 507 (bei Vereinbarung von Einheitspreisen als „Festpreise" und Lohngleitklausel).
190) Vgl. hierzu OLG Koblenz, BauR 1993, 607 (Festpreis bleibt „Basispreis" und wird entsprechend der Veränderung den allgemeinen üblichen Preisen angepasst).
191) OLG Düsseldorf, BauR 1998, 410 (LS) = NJW-RR 1998, 670.
192) Vgl. hierzu *Jagenburg*, BauR 1970, 18; *Heiermann*, BauR 1974, 73; *Dähne*, BauR 1974, 371; *Piel*, BauR 1974, 226.
193) **Herrschende Meinung;** *Heiermann/Riedl/Rusam*, § 2/B, Rdn. 77; *Korbion/Hochstein*, Rdn. 743; *Nicklisch/Weick*, § 2/B, Rdn. 30 u. 65. Auch bei angeordneten Mengenmehrungen gilt § 2 Nr. 6 VOB/B, wobei sich die Höhe der Vergütung nach § 2 Nr. 3 richtet (vgl. hierzu *Kapellmann/Schiffers*, Bd. 1, Rdn. 505 ff.).
194) Vgl. hierzu grundlegend: BGH, BauR 1987, 217 = NJW 1987, 1820; *Heiermann*, Festschrift für Korbion, S. 137 u. *Drittler*, BauR 1992, 700. Zur Anwendung des § 2 Nr. 3 VOB/B auf einen **spekulativ** handelnden Bieter, der einen **Preis „unter Wert"** anbietet: *Stemmer*, BauR 1997, 417 ff.; s. ferner: *Friedrich*, BauR 1999, 817 sowie *Achilles*, IBR 2007, 231 (zur Handhabung des **Ausgleichs der Gemeinkosten bei Mengenänderungen**). Zur **Vereinbarung und Ermittlung des neuen Preises** vgl. *Drittler*, BauR 2005, 307; *Augustin*, BauR 1999, 546 und *Schulze-Hagen*, Festschrift für Jagenburg (2002), S. 815 (bei Mindermengenabrechnung und Vergabegewinn). Zur **Darlegungslast** hinsichtlich eines neuen Einheitspreises bei Unterschreitung des Mengenansatzes vgl. OLG Bamberg, NZBau 2004, 100. Zur **„bereinigenden Preisfortschreibung"** bei Nachträgen und Ausgleichsberechnungen gemäß § 2 Nr. 3 VOB/B vgl. *Luz*, BauR 2005, 1391 (bei in Form der Mischkalkulation angebotenen Einheitspreisen).
195) BGH, *Schäfer/Finnern*, Z 2.311 Bl. 31.

# Einheitspreisvertrag      Rdn. 1169

vorliegt, ist auf den **Mengenansatz der einzelnen Positionen** und **nicht auf den Gesamtpreis** abzustellen.[196)] Die Festsetzung eines neuen Einheitspreises muss vom Bauunternehmer oder Bauherrn spätestens bei der Abrechnung erfolgen.[197)] Bei Mengenüberschreitungen bzw. -unterschreitungen gem. § 2 Nr. 3 VOB/B besteht keine Ankündigungs- oder Hinweispflicht des Auftragnehmers.[198)]

* Nach § 2 Nr. 3 kann ein neuer Einheitspreis nur in den Fällen verlangt werden, in denen die ausgeführten Mengen der unter einem Einheitspreis erfassten Leistung oder Teilleistung um mehr als 10 v. H. von dem im Vertrag vorgesehenen Umfang abweichen.
* Für die über 10 v. H. hinausgehende Überschreitung des Mengenansatzes ist auf Verlangen ein neuer Preis unter Berücksichtigung der Mehr- oder Minderkosten zu vereinbaren (§ 2 Nr. 3 Abs. 2 VOB/B). Aus dem Hinweis, dass bei der Berechnung des neuen Preises die Mehr- oder Minderkosten zu berücksichtigen sind, ergibt sich, dass die **Preisermittlungsgrundlagen des bisherigen Einheitspreises** auch für den neuen Einheitspreis bezüglich der Mehrmengen heranzuziehen sind.[199)] Das bedeutet, dass der Auftragnehmer ggf. seine Kalkulation des ursprünglichen Angebotes offen legen muss.[200)] Den entsprechenden Vortrag kann er nicht durch ein Sachverständigengutachten ersetzen, das ohne Berücksichtigung seiner Kalkulation nur von Erfahrungssätzen ausgeht.[201)] Der neue Einheitspreis gilt nur für die über 10 v. H. hinausgehende Überschreitung des Mengenansatzes, also ab 110 v. H. Zwischenzeitliche Lohn- und Materialaufschläge sind grundsätzlich nicht zu berücksichtigen.[202)] Frühere Fehler in der Preisermittlung des Auftragnehmers aufgrund von Kalkulationsirrtümern können über den Weg der neuen Preisermittlung nicht korrigiert werden, was jedoch bei einem externen Kalkulationsirrtum, bei dem die fehlerhafte Kalkulation nach außen hin aufgedeckt wird, bestritten ist.[203)]
* Nach § 2 Nr. 3 Abs. 3 VOB/B ist bei einer über 10 v. H. hinausgehenden Unterschreitung des Mengenansatzes auf Verlangen der Einheitspreis für die tatsächlich ausgeführte Menge der Leistung oder Teilleistung zu erhöhen, soweit der Auftragnehmer nicht durch Erhöhung der Mengen bei anderen Ordnungszahlen (Positionen) oder in anderer Weise[204)] einen Ausgleich erhält. Im Übrigen enthält diese Vorschrift eine Regelung, wie die Erhöhung des Einheitspreises zu errechnen ist: Sie soll im Wesentlichen dem Mehrbetrag entsprechen, der sich durch Verteilung der Baustelleneinrichtungs- und Baustellengemeinkosten und der Allgemeinen Geschäftskosten auf die verringerte Menge ergibt.[205)] Die Umsatzsteuer wird entsprechend dem neuen Preis vergütet. Bei **Mengenunterschreitungen von über 10 v. H.** gegenüber dem Leistungsverzeichnis ist der

---

196) BGH, BauR 1976, 135.
197) *Korbion/Hochstein*, Rdn. 746.
198) OLG Jena, IBR 2005, 301 – *Schulze-Hagen*.
199) BGH, DB 1969, 1058; OLG München, BauR 1993, 726; *Vygen*, Rdn. 767; *Jagenburg*, BauR 1970, 18, 19; *Ingenstau/Korbion/Keldungs*, § 2 Nr. 3/B, Rdn. 19; *Daub/Piel/Soergel/Steffani*, ErlZ B 2.80; *Dähne*, BauR 1974, 371; a. A.: *Heiermann*, BauR 1974, 73. Zur Preisermittlung im Einzelnen: *Kapellmann/Schiffers*, Bd. 1, Rdn. 520 ff., 555 ff.
200) OLG München, BauR 1993, 726.
201) OLG Bamberg, OLGR 2003, 403.
202) Bestr.; vgl. hierzu *Nicklisch/Weick*, § 2/B, Rdn. 44 m. w. Nachw.
203) Wie hier: *Nicklisch/Weick*, § 2/B, Rdn. 45 sowie Beck'scher VOB-Komm/*Jagenburg*, B § 2, Rdn. 35; **a. A.:** *Daub/Piel/Steffani*, ErlZ B 2.81 sowie *Ingenstau/Korbion/Keldungs*, § 2 Nr. 3/B, Rdn. 23 (neuer Preis auf angemessener Preisermittlungsgrundlage bei externem Kalkulationsirrtum), die ferner darauf abstellen, wer für die ursprüngliche Fehlberechnung verantwortlich ist. Ebenso: *Kleine-Möller/Merl*, § 10 Rdn. 398, 399 (Anspruch aus Verschulden bei Vertragsschluss bei vom Auftraggeber verschuldeter Fehlberechnung).
204) Zu der Frage, ob Nachträge in der Ausgleichsberechnung und ggf. in welchem Umfang zu berücksichtigen sind, vgl. *Usselmann*, BauR 2004, 1217.
205) OLG Schleswig, BauR 1996, 265; vgl. hierzu auch *Schulze-Hagen*, Festschrift für Jagenburg, S. 815.

neue Einheitspreis gemäß § 2 Nr. 3 Abs. 3 VOB/B für die **gesamte Bauleistung** zu ermitteln; der Auftragnehmer erhält also bei einer entsprechend verringerten Bauleistung seine **gesamten Gemeinkosten**[206] erstattet und braucht sich keinen Eigenanteil von 10 v. H. der Gemeinkosten anrechnen zu lassen.[207] Für nach § 2 Nr. 3 Abs. 3 VOB/B ausgleichspflichtige Mindermengen stehen Mehrmengen nur mit den 110 v. H. übersteigenden Ansätzen als Ausgleich zur Verfügung.[208]

* § 2 Nr. 3 Abs. 2 und 3 VOB/B begründen hinsichtlich der Minder- bzw. Mehrmengen einen vertraglichen Anspruch auf Einwilligung in einen neuen Preis.[209] Kommt es allerdings – trotz der insoweit bestehenden Kooperationspflicht der Parteien – nicht zu einer Vereinbarung, kann der neue Preis unmittelbar zum Gegenstand eines Rechtsstreits gemacht werden; das Recht auf Preisanpassung kann allerdings nach den allgemeinen Grundsätzen verwirkt werden.[210]

* Mit der Änderung des Einheitspreises kann gemäß § 2 Nr. 3 Abs. 4 VOB/B auch eine angemessene Änderung der Pauschalsumme gefordert werden, wenn von der unter einem Einheitspreis erfassten Leistung oder Teilleistung andere Leistungen abhängig sind, für die eine Pauschalsumme vereinbart ist.

**1170** Auf **Eventualpositionen/Bedarfspositionen**,[211] die sich auf Leistungen beziehen, deren Ausführung sowohl dem Grunde wie auch der Höhe nach ungewiss ist, ist nach OLG Hamm[212] § 2 Nr. 3 VOB/B nicht anwendbar, soweit keine Mengenangaben und damit auch keine Gesamtpreisabgabe erfolgt. Daher verstößt ein Ausschluss der Preisanpassung gemäß § 2 Nr. 3 VOB/B in Formularverträgen oder AGB auch nicht gegen §§ 307, 308 Nr. 3 BGB.[213] Der Bieter/Auftragnehmer ist allerdings an die von ihm angebotenen Preise für die Eventualpositionen/Bedarfspositionen gebunden, wenn im Rahmen der Bauausführung der Bedarf tatsächlich entsteht und daraufhin der Auftraggeber die Ausführung dieser Bedarfsleistungen anordnet.[214]

Von Eventualpositionen/Bedarfspositionen sind so genannte **Wahl- oder Alternativpositionen** zu trennen: Sie werden in der Baubranche in Leistungsverzeichnissen vorgesehen, wenn sich der Auftraggeber noch nicht entschieden hat, wie er eine bestimmte Leistung ausführen will.[215] Entscheidet sich der Auftraggeber im Rahmen der Auftragserteilung für eine Grund- oder Alternativposition entfällt nach einer Entscheidung des KG[216] hinsichtlich der nicht beauftragten Position die Angebots-

---

206) Vgl. hierzu OLG Schleswig, BauR 1996, 127 (allgemeine Geschäftskosten grundsätzlich keine „feste Größe", sondern **umsatzabhängig**). Ferner KG, IBR 2006, 611 – *Stemmer* sowie *Achilles*, IBR 2007, 231.
207) BGH, BauR 1987, 217 = NJW 1987, 1820; OLG Hamm, BauR 1984, 297; *Nicklisch/Weick*, § 2/B, Rdn. 48; *Vygen*, Rdn. 767.
208) BGH, a. a. O.
209) BGH, BauR 2005, 1152.
210) BGH, a. a. O.
211) Zu dem Begriff von „nEP" Positionen (Nur Einheitspreis) vgl. BGH, NZBau 2003, 376. Zu Bedarfs- und Eventualpositionen in der Leistungsbeschreibung vgl. im Einzelnen *Ax/Schneider/Häfner/Wagner*, BTR 2005, 196 sowie *Prieß*, NZBau 2004, 20, 25. Nimmt der Auftraggeber im Zuge der Vertragsdurchführung eine Bedarfsposition in Anspruch, muss er sie nach OLG Hamburg, BauR 2004, 687, bei seinem Vertragspartner abrufen, es sei denn, er entzieht ihm den Auftrag; er hat nicht das Wahlrecht, mit der Bedarfsposition ein Drittunternehmen anstelle des Vertragspartners zu beauftragen.
212) BauR 1991, 352; LG Bamberg, BauR 1991, 386 (LS).
213) OLG Hamm, BauR 1990, 744.
214) Vgl. hierzu insbesondere *Ax/Schneider/Häfner/Wagner*, BTR 2005, 196.
215) *Vygen/Schubert/Lang*, Rdn. 194.
216) BauR 2004, 1779.

bindung seitens des Auftragnehmers: Gibt der Auftraggeber dann später doch die entfallene Grund- oder Alternativposition in Auftrag, handelt es sich um die Anordnung einer Leistungsänderung gemäß § 1 Nr. 3, § 2 Nr. 5 VOB/B, sodass für die Findung des neuen Preises auf die Preisermittlungsgrundlagen der ursprünglich beauftragten Leistungen, nicht dagegen der entfallenen Position abzustellen[217] ist.

Rechnet der Auftragnehmer nach Vertragskündigung durch den Auftraggeber die bis zur Kündigung erbrachten Leistungen ab, muss er grundsätzlich den bei Vertragsabschluss vereinbarten prozentualen **Nachlass** auf die Einheitspreise des Leistungsverzeichnisses bei der Abrechnung der erbrachten Teilleistung berücksichtigen, auch wenn sich durch die Kündigung die Mengen der abgerechneten Positionen gegenüber den bei Vertragsschluss kalkulierten erheblich verringert haben.[218]

**1171** In Bauverträgen wird häufig die **Anpassung des Einheitspreises** bei Mengenabweichungen **vertraglich abbedungen** (z. B.: „Mengenänderungen führen nicht zu Änderungen von Einheitspreisen"; oder: „Mehr- oder Minderleistungen, auch über 10 v. H., berechtigen nicht zu einer Änderung der Einheitspreise"; oder: „Der Auftraggeber behält sich vor, einzelne Positionen oder Titel des Leistungsverzeichnisses teilweise oder ganz wegfallen zu lassen; dem Auftragnehmer steht in diesem Fall kein Anspruch auf Entschädigung zu"). Eine solche Regelung ist **individualrechtlich** möglich. Bei **Formularverträgen oder AGB** ergeben sich im Hinblick auf § 307 BGB erhebliche Bedenken.[219] Der BGH[220] hält allerdings eine Formularklausel „Die Einheitspreise sind Festpreise für die Dauer der Bauzeit und behalten auch dann ihre Gültigkeit, wenn Massenänderungen im Sinne des § 2 Nr. 3 VOB/B eintreten" für wirksam; einen Verstoß gegen § 307 BGB wird man jedoch annehmen müssen, wenn der Auftraggeber lediglich Erhöhungen, nicht aber zugleich Herabsetzungen der Einheitspreise bei Mengenveränderungen ausschließt.[221] Unzulässig ist ebenfalls eine formularmäßige Klausel, wonach die vereinbarten Festpreise Nachforderungen jeglicher Art ausschließen.[222]

**1172** Ist eine Anpassung des Einheitspreises bei Mengenabweichungen vertraglich wirksam abbedungen, können im Einzelfall die Grundsätze über den Wegfall oder die Änderung der Geschäftsgrundlage (§ 313 BGB) herangezogen werden. Ferner kann u. U. Schadensersatz aufgrund der Rechtsinstitute des Verschuldens bei Vertragsschluss oder der positiven Vertragsverletzung (§ 241 Abs. 2 BGB) verlangt werden; dies setzt jedoch ein schuldhaftes Verhalten des Bauherrn voraus, z. B. unrichtige Mengenangaben im Leistungsverzeichnis aufgrund unsorgfältiger oder bewusst

---

217) KG, a. a. O.
218) OLG Celle, OLGR 1994, 242.
219) Für **Unwirksamkeit** solcher Klauseln: OLG Düsseldorf, NJW-RR 1992, 216; BauR 1984, 95; OLG Frankfurt, NJW-RR 1986, 245; LG Nürnberg-Fürth, ZfBR 1990, 117 (LS); *Heiermann/Riedl/Rusam*, § 2/B, Rdn. 94; *Korbion/Locher*, AGB-Gesetz und Bauerrichtungsverträge, Rdn. 201; vgl. hierzu insbesondere *Heiermann*, NJW 1986, 2682 m. w. Nachw. aus der Rspr.
220) BauR 1993, 723 = ZfBR 1993, 277; ebenso: KG, BauR 2001, 1591 (bei einvernehmlicher Beendigung des Vertrages und bei Unanwendbarkeit des § 2 Nr. 3 VOB/B auch kein Anspruch des Auftragnehmers über § 8 Nr. 1 Abs. 2 VOB/B); vgl. hierzu: *Knacke*, Festschrift für v. Craushaar, S. 249 ff.
221) So auch *Ingenstau/Korbion/Keldungs*, § 2 Nr. 3/B, Rdn. 10.
222) BGH, BauR 1997, 1036 = NJW-RR 1997, 1513 = ZfBR 1998, 35 (Nichtannahmebeschluss zu OLG Hamburg, *SFH*, Nr. 10 zu § 3 AGB-Gesetz).

unrichtiger Berechnung.²²³⁾ Die Höhe des Schadensersatzes wird sich an den Regeln des § 2 Nr. 3 VOB/B auszurichten haben.

**1173** Beim **BGB-Bauvertrag** regeln sich die Fälle der **Mengenabweichungen nur** über das Rechtsinstitut der **Störung der Geschäftsgrundlage**,²²⁴⁾ das nunmehr in § 313 BGB kodifiziert ist (vgl. hierzu Rdn. 2478 ff.).

**1174** Von dem vorerwähnten Fall der Mengenabweichungen innerhalb einer Position sind die Fallgestaltungen zu unterscheiden, **bei denen eine oder mehrere Positionen des Bauvertrages vollständig fortfallen**.²²⁵⁾ Die VOB regelt diese Fälle nur teilweise: Übernimmt der Bauherr einzelne Bauleistungen selbst, gelten für die Vergütung die §§ 2 Nr. 4, 8 Nr. 1 Abs. 2 VOB/B (Vereinbarte Vergütung abzüglich der ersparten Kosten und des anderweitig erlangten bzw. böswillig unterlassenen Erwerbs).²²⁶⁾ Kündigt der Bauherr den Bauvertrag teilweise, also bezüglich einzelner Positionen (z. B. wegen Vergabe an einen anderen Bauunternehmer), regelt sich der Vergütungsanspruch auch über § 8 Nr. 1 Abs. 2 VOB/B; dasselbe gilt wohl auch für die Fälle, bei denen ganze Positionen durch Änderung des Bauentwurfs oder andere Anordnungen des Bauherrn wegfallen.²²⁷⁾ In allen übrigen Fällen wird ein Ausgleich auch hier nur über die Grundsätze der Änderung der Geschäftsgrundlage (§ 313 BGB) möglich sein, es sei denn, der Wegfall der einzelnen Positionen ist auf eine positive Vertragsverletzung des Bauherrn zurückzuführen, was nur in Ausnahmefällen gegeben sein wird.²²⁸⁾ Beim **BGB-Bauvertrag** gilt bei Wegfall ganzer Positionen durch Selbstübernahme bzw. Teilkündigung des Bauherrn § 649 BGB, bei einvernehmlicher Änderung des Bausolls ohne Vergütungsregelung § 632 Abs. 2, in allen übrigen Fällen als Auffangtatbestand das Rechtsinstitut der Änderung der Geschäftsgrundlage gemäß § 313 BGB.

**1175** Hat sich der Bauherr in den Vertragsbedingungen das Recht vorbehalten, **einzelne Positionen des Leistungsverzeichnisses entfallen** zu lassen, was häufig geschieht, ist er nach einer Entscheidung des OLG Düsseldorf²²⁹⁾ nicht berechtigt, diese Leistungsteile selbst auszuführen; in der Erklärung des Bauherrn, einzelne Leistungsteile unter entsprechender Kürzung der vereinbarten Vergütung selbst ausführen zu wollen, liegt keine Teilkündigung des Werkvertrages, sondern ein Angebot auf Vertragsänderung, zu dessen Annahme der Unternehmer nicht verpflichtet ist.

**1176** Einheitspreisverträge können allerdings auch **Lohn- und Materialpreisgleitklauseln** vorsehen (vgl. Rdn. 1120).²³⁰⁾ Sind die Einheitspreise ausdrücklich als Festpreise vereinbart, bedeutet eine Lohngleitklausel in Allgemeinen Geschäftsbedingungen

---

223) *Ingenstau/Korbion/Keldungs*, § 2 Nr. 5/B, Rdn. 10; s. auch *Jagenburg*, BauR 1970, 21, 23.
224) *Kniffka/Koeble*, 5. Teil, Rdn. 73. Vgl. hierzu: KG, BauR 2001, 1591, 1592 (kein Wegfall der Geschäftsgrundlage bei Auftragsveränderung um 39%).
225) Vgl. hierzu *Behre*, BauR 1976, 36 ff.; *Nicklisch/Weick*, § 2/B, Rdn. 50; *Heiermann/Riedl/Rusam*, § 2/B, Rdn. 92.
226) Vgl. hierzu: OLG Oldenburg, BauR 2000, 987 = OLGR 2000, 151 = NZBau 2000, 520.
227) OLG Oldenburg, a. a. O.; *Behre*, BauR 1976, 36, 37 m. Nachw.; **a. A.:** *Jagenburg*, BauR 1970, 18, 21.
228) *Behre*, BauR 1976, 36, will alle übrigen Fälle über die positive Vertragsverletzung regeln (195).
229) NJW-RR 1988, 278.
230) Vgl. hierzu: *Werner*, NZBau 2001, 521 sowie *Reitz*, BauR 2001, 1513 (auch zu Bagatell- und Selbstbeteiligungsklauseln); ferner: OLG Hamm, BauR 1989, 755 (auch zur Bagatellklausel). Zur „Pfennigklausel" im Rahmen von Lohngleitklauseln bei öffentlichen Bauaufträgen: *Kleine-Möller/Merl*, § 2, Rdn. 220 ff. sowie *Heiermann/Riedl/Rusam*, § 15/A, Rdn. 21 ff.

einen Widerspruch; die **Festpreisklausel** genießt dann **Vorrang**.[231] Etwas anderes gilt, wenn zwischen den Parteien die tatsächlichen Voraussetzungen, unter denen der Festpreis wegfallen soll, eindeutig festgelegt sind, insbesondere also bestimmt ist, was anstelle des Festpreises treten soll.[232]

Zu **weiteren Preisklauseln** vgl. im Einzelnen Rdn. 1120 ff.

**1177**

Vereinbaren die Parteien im Einheitspreisvertrag eine **Höchstpreisklausel** (z. B.: „Grundsätzlich wird nach den Einheitsfestpreisen und dem Aufmaß abgerechnet; der Unternehmer erhält jedoch selbst dann, wenn das Aufmaß höhere Mengen ergibt, auf keinen Fall mehr als die garantierte Höchstsumme von … €"), so kann eine Anpassung des Einheitspreises an die veränderten Mengen nur im Rahmen der garantierten Höchstsumme erfolgen.[233] Eine solche „Höchstpreisklausel" ist allerdings nur individual-rechtlich möglich. Eine entsprechende Klausel in Allgemeinen Geschäftsbedingungen des Auftraggebers in einem Einheitspreisvertrag (z. B.: „auch bei einem Einheitspreisvertrag ist die Auftragssumme limitiert") ist als überraschend anzusehen und wird daher nicht Vertragsbestandteil.[234] Nach Auffassung des OLG Frankfurt[235] liegt ein Einheitspreisvertrag mit Höchstpreisklausel nicht vor, wenn der Bauherr ein Einheitspreisangebot in einem Formularvordruck annimmt, in dem hinter das vorgedruckte Wort „Auftragshöchstsumme" der Angebotsendpreis eingesetzt ist. Hierdurch werde noch keine ausreichend klare Kennzeichnung des Vertrages erreicht.

Gesondert zu vergütende Leistungen (z. B. nach Vertragsschluss in Auftrag gegebene Bauleistungen) sind ebenfalls nach Einheitspreisen abzurechnen;[236] bei der Vereinbarung eines Pauschalpreises kann dies auch für die nicht einkalkulierte Mehrleistung geschehen.[237] Etwas anderes kann dann gelten, wenn die Bauleistung nach Stundenlohnsätzen zu vergüten ist; dann sind auch spätere, hinzukommende Bauleistungen nach Stundenlohn abzurechnen.

**1178**

Vertragsbedingungen eines Auftraggebers für Bauleistungen, gemäß denen der Auftragnehmer Bedenken gegen die Mengenabrechnung in den Verdingungsunterlagen binnen 14 Tagen geltend machen muss, da sie andernfalls der Schlussabrechnung zugrunde gelegt werden, sind unwirksam.[238]

Zur Überschreitung des unverbindlichen Kostenanschlags vgl. Rdn. 1305 ff.

### 3. Der Pauschalpreisvertrag

*Literatur bis 1999*

*Kapellmann/Schiffers*, Vergütung, Nachträge und Behinderungsfolgen beim Bauvertrag, Bd. 2: Pauschalvertrag einschließlich Schlüsselfertigbau, 4. Auflage (2006); *Kapellmann*, Schlüsselfertiges Bauen (1997).

---

231) OLG Celle, *Schäfer/Finnern*, Z 2.300 Bl. 33; LG Bonn, NJW-RR 1992, 917 (Preisgleitklausel ohne jede Begrenzung bei vereinbartem Festpreis ist unwirksam).
232) OLG Köln, NJW-RR 1994, 1109 = BauR 1995, 112 = OLGR = 1994, 107.
233) Vgl. hierzu BGH, BauR 2005, 94 = NZBau 2005, 148 = NJW-RR 2005, 246 = IBR 2005, 1 – *Schulze-Hagen*; ferner *Bartmann*, BauR 1974, 31.
234) BGH, a. a. O.; OLG Frankfurt, NJW-RR 1989, 20.
235) NJW-RR 1989, 20.
236) BGH, *Schäfer/Finnern*, Z 2.300 Bl. 31.
237) BGH, WM 1974, 929 = NJW 1974, 1864.
238) OLG Zweibrücken, BauR 1994, 509.

*Stahl*, Wegfall der Geschäftsgrundlage im Architekten- und Bauvertrag bei vereinbartem Pauschalhonorar und Festpreis, BauR 1973, 279; *Heiermann*, Der Pauschalpreisvertrag im Bauwesen, BB 1975, 991; *Kroppen*, Pauschalpreis und Vertragsbruch, Bd. 4 der Schriftenreihe der Deutschen Gesellschaft für Baurecht, S. 5; *Vygen*, Der Vergütungsanspruch beim Pauschalvertrag, BauR 1979, 375; *ders.*, Der Pauschalvertrag – Abgrenzungsfragen zu anderen Vertragstypen im Baugewerbe, ZfBR 1979, 133; *Brandt*, Zum Leistungsumfang beim schlüsselfertigen Bauen nach Baubeschreibung in Bezug auf technisch notwendige, aber nicht ausdrücklich vereinbarte Teilleistungen, insbesondere bei der Nachbesserung, BauR 1982, 524; *Heyers*, Die rechtlich spezifische und individuelle Repräsentanz im Pauschalvertrag, besonders in Bausachen, BauR 1983, 297; *Grimme*, Die einverständliche Herabsetzung des Leistungsumfanges beim Pauschalpreisvertrag, MDR 1989, 20; *Maser*, Leistungsänderungen beim Pauschalvertrag, BauR 1990, 319; *Vygen*, Leistungsänderungen und Zusatzleistungen beim Pauschalvertrag, Festschrift für Locher (1990), 263; *Groß*, Die Abrechnung des Pauschalvertrages bei vorzeitig beendetem Vertrag, BauR 1992, 36; *Kapellmann*, Zur Struktur des Pauschalvertrages, Festschrift für Soergel (1993), 99; *Zielemann*, Detaillierte Leistungsbeschreibung, Risikoübernahmen und deren Grenzen beim Pauschalvertrag, Festschrift für Soergel (1993), 301; *Lotz*, Der Begriff „schlüsselfertig" im Anlagenbau, BB 1996, 544; *v. u. z. Franckenstein*, Pauschalpreis, Leistungsverzeichnis, c. i. c. und deren Ungereimtheiten am Beispiel von Mengenänderungen am Bau, BauR 1997, 551; *Vogel/Vogel*, Wird § 2 Nr. 7 Abs. 1 S. 2–3 VOB/B dogmatisch richtig verstanden? – Einige Anmerkungen zur Anpassung der Pauschalvergütung –, BauR 1997, 556; *Moeser*, Der Generalunternehmervertrag mit einer GMP-Preisabrede, ZfBR 1997, 113; *Schuhmann*, Das Vergütungsrisiko des Subunternehmers im Anlagenbau bei konkretisierungsbedürftiger Leistungsbeschreibung, BauR 1998, 228; *Pauly*, Preisänderung beim baurechtlichen Pauschalpreisvertrag, MDR 1999, 1104.

*Literatur ab 2000*

*Putzier*, Der Pauschalpreisvertrag (2. Auflage 2005).

*Roquette*, Vollständigkeitsklauseln: Abwälzung des Risikos unvollständiger oder unrichtiger Leistungsbeschreibungen auf den Auftragnehmer, NZBau 2001, 57; *Putzier*, Anpassung des Pauschalpreises bei Leistungsänderung, BauR 2002, 546; *Acker/Garcia-Scholz*, Möglichkeiten und Grenzen der Verwendung von Leistungsbestimmungsklauseln nach § 315 BGB in Pauschalpreisverträgen, BauR 2002, 550; *Mittenzwei*, Geschäftsgrundlage und Vertragsrisiko beim Pauschalvertrag, Festschrift für Jagenburg (2002), 621; *Langen/Schiffers*, Leistungs-, Prüfungs- und Hinweispflichten des Auftragnehmers bei konventioneller und zieldefinierter Baudurchführung, Festschrift für Jagenburg (2002), 435; *Busse*, Zum Vergütungsrisiko des Generalunternehmers bei funktionaler Leistungsbeschreibung in Pauschalverträgen mit privaten Auftraggebern außerhalb von Verbraucherverträgen, Festschrift für Jagenburg (2002), 77; *Eschenbruch*, Generalunternehmereinsatz: Vergütungsfolgen von Teilkündigungen und Änderungsanordnungen, Festschrift für Jagenburg (2002), 179; *Hickl*, Generalunternehmervertrag und Nachunternehmervertrag – Ein Kooperationsverhältnis, Festschrift für Jagenburg (2002), 279; *Grauvogl*, „Systemrisiko" und Pauschalvertrag bei Tiefbauleistungen, NZBau 2002, 591; *Freund*, Der Pauschalvertrag aus Sicht des Bauträgers, BTR 2005, 94; *Heddäus*, Probleme und Lösungen um den Pauschalvertrag – Mischformen von Pauschalverträgen – Komplettheitsklauseln, ZfBR 2005, 114; *Leineweber*, Kündigung bei Pauschalverträgen – Möglichkeiten und Problemlösungen für den Auftragnehmer im Zusammenhang mit der Abrechnung, ZfBR 2005, 110; *Poetzsch-Heffter*, Global- und Detailpauschalvertrag in Rechtsprechung und Literatur, ZfBR 2005, 324; *Putzier*, Pro und Contra Pauschalpreisvertrag, Festschrift für Thode (2005), 109; *Quack*, Teilpauschalverträge, ZfBR 2005, 107.

### a) Allgemeine Grundsätze

**1179** Der **Pauschalpreisvertrag** ist wie der Einheitspreisvertrag ein Leistungsvertrag,[239] stellt aber die **Ausnahme** dar; bei ihm wird die gesamte Bauleistung mit einer pau-

---

239) Zur Abgrenzung: *Vygen*, ZfBR 1979, 133 ff. u. Rdn. 751 ff.

schalen Geldleistung vergütet. Deshalb sind grundsätzlich alle Einzelleistungen abgegolten, die zur Herstellung der vereinbarten Leistung gehören und für diese erforderlich sind.[240]

Der Pauschalpreis soll – nach dem Willen der Vertragsparteien – grundsätzlich unabhängig von den tatsächlich erbrachten Leistungen (Leistungsumfang) gelten. Inhalt, Art und Umfang des Pauschalpreisvertrages hängen jedoch stets davon ab, inwieweit die dem Pauschalpreis zugrundeliegenden Leistungen im Einzelnen beschrieben sind (vgl. Rdn. 1188 ff.). Dementsprechend kann ein Pauschalpreisauftrag grundsätzlich bedeuten, dass der Unternehmer sich verpflichtet,

* entweder die **im Leistungsverzeichnis**[241] oder in anderer Form (z. B. anhand von Entwurfs- oder Ausführungszeichnungen mit oder ohne Raum- und Baubuch)[242] detailliert **beschriebene Bauleistung** zu einem **Pauschalpreis auszuführen**, sodass ein **gemeinsames Aufmaß entbehrlich** ist (vgl. Rdn. 1189).[243] Eine Preisänderung kommt dann bei Leistungsänderungen, zusätzlichen Leistungen und/ oder bei einem Missverhältnis zwischen dem im Einzelnen beschriebenen Leistungsumfang und dem vereinbarten Pauschalpreis in Betracht, weil die Vertragsparteien die Mengenangaben im Leistungsverzeichnis bewusst pauschaliert haben (vgl. Rdn. 1198 ff.).
* oder die ohne **detaillierte Baubeschreibung** vertraglich festgelegte, also nur „global" beschriebene Leistung zu einem **Pauschalpreis** auszuführen (vgl. Rdn. 1189). Hier kann eine Preisveränderung nur erfolgen, wenn sich der Leistungsinhalt der insgesamt pauschalierten Bauleistung später verändert.

Ein Unternehmer, der eine Pauschalvergütung einklagt, ist hinsichtlich der Klagebegründung nicht vor große Schwierigkeiten gestellt: Er kann sich mit dem Vortrag, es liege ein Pauschalpreisvertrag vor, begnügen und unter Vorlage der Schlussrechnung den vereinbarten Pauschalpreis geltend machen. Bestreitet der Auftraggeber die Vereinbarung eines Pauschalpreisvertrages, trägt der Auftragnehmer hierfür die **Darlegungs-** und **Beweislast**. Behauptet der Auftraggeber eine Pauschalpreisvereinbarung, so trägt der **Auftragnehmer ebenfalls die Darlegungs- und Beweislast**, dass eine solche **Abrede nicht getroffen** wurde und ihm deshalb die übliche Vergütung zusteht (vgl. Rdn. 1136 ff.).[244] Nach Auffassung des OLG Hamm[245] soll dies jedoch nicht gelten, wenn zum Zeitpunkt der behaupteten Absprache bereits wesentliche Arbeiten des Auftrages ausgeführt waren. Ist allerdings zwischen den Vertragsparteien **unstreitig**, dass zunächst eine bestimmte Werklohnabrede (z. B. Abrechnung nach Einheitspreisen) vereinbart war, und behauptet der **Auftragnehmer**, dass diese Abrede **später** durch eine Pauschalpreisvereinbarung ersetzt wurde, so trägt er die Darlegungs- und Beweislast für die behauptete Änderung.[246]

1180

---

240) *Schmidt*, BlGBW 1969, 186, 189.
241) Vgl. OLG Düsseldorf, OLGR 1995, 52; OLG Rostock, OLGR 2002, 509.
242) *Kapellmann*, Festschrift für Soergel, S. 99, 104 unterscheidet insoweit zwischen einem „Detail-Pauschalvertrag" und einem „Global-Pauschalvertrag", vgl. hierzu im Einzelnen Rdn. **1189**.
243) BGH, BauR 1979, 525 = MDR 1980, 136 = DB 1979, 2369; OLG Düsseldorf, *Schäfer/Finnern*, Z 2.0 Bl. 11; *Heiermann*, BB 1975, 991, 992.
244) Vgl. hierzu OLG Düsseldorf, BauR 2001, 406 (für den Fall, dass sich der Auftraggeber auf die Vereinbarung eines Pauschalpreises nach Abgabe eines Einheitspreisangebotes beruft).
245) NJW 1986, 199.
246) OLG Frankfurt, NJW-RR 1997, 276 = OLGR 1997, 13.

Streiten die Parteien einer Pauschalfestpreisabrede über den Leistungsumfang des entsprechenden Werkvertrages, gilt Folgendes: Behauptet der Auftraggeber substantiiert, dass der Auftragnehmer, der den vereinbarten Pauschalpreis einklagt, bestimmte Leistungen nicht erbracht hat, die aber von dem Pauschalvertrag erfasst sind, trägt der Auftragnehmer die Darlegungs- und Beweislast, dass diese Leistungen nicht zum Leistungsvolumen des Vertrages gehören.[247]

**1181** Ein Pauschalpreisvertrag ist nicht schon gegeben, wenn der Auftrag zunächst nach Einheitspreisen und Mengen aufgeschlüsselt ist und bei der Addition der Positionssummen lediglich nach oben oder unten „**abgerundet**" worden ist.[248] Hier handelt es sich nach dem Willen der Parteien um einen Einheitspreisvertrag, wobei lediglich ein geringfügiger „Rabatt" eingeräumt worden ist.

**1182** Von einem Pauschalpreis (Festpreis) ist die Vereinbarung eines **verbindlichen Richtpreises** oder **Circa-Preises** zu unterscheiden; auch solche Preisvereinbarungen sind wirksam. Nach OLG Celle[249] kann ein Richtpreis oder Circa-Preis überschritten werden, wenn der Unternehmer für die Herstellung des Werkes Aufwendungen an Material und Arbeitszeit gehabt hat, die den verbindlichen Richtpreis erheblich überschreiten; im Einzelfall wird es darauf ankommen, wie hoch der verbindliche Richtpreis und wie hoch der tatsächliche Mehraufwand des Unternehmers an Material und Arbeitszeit gewesen ist.

**1183** Ist für eine bestimmte Bauleistung ein Pauschalpreis vereinbart, kann der Auftraggeber **grundsätzlich** davon ausgehen, dass von dem **Pauschalpreis sämtliche Bau- und Nebenleistungen**, die zur Erreichung der vereinbarten Bauleistung (Errichtung des Bauwerks) notwendig sind, **umfasst** werden.[250] Der Pauschalpreis ist stets ein Festpreis[251] (zur Vereinbarung eines „**Festpreises** bis zum ..." vgl. Rdn. 1125).

Eine formularmäßige Klausel, wonach der vereinbarte Festpreis Nachforderungen jeglicher Art ausschließt, ist unwirksam (§ 307 BGB), weil damit z. B. auch berechtigte Nachforderungen für Zusatz- und Änderungsleistungen ausgeschlossen werden.[252]

**1184** Wird der Erwerber in einem **Formularvertrag** durch Klauseln, die eine nicht abzuschätzende Erhöhung des Pauschalpreises ermöglichen, über die wahre Höhe des Erwerbspreises irregeführt, so sind solche Klauseln gemäß §§ 305 c, 307 BGB als unwirksam anzusehen.[253] Wird z. B. in einem Formularvertrag über den Erwerb eines noch zu errichtenden Hauses für das gesamte Objekt ein Pauschalpreis vereinbart und werden in einem Katalog zusätzlich anfallende „**Aufschließungskosten**", die mit der eigentlichen Errichtung des Hauses nichts zu tun haben, vertragliche Bauleistungen (beispielsweise der Aushub und die Verfüllung der Baugrube) einbezogen,

---

247) OLG Nürnberg, NZBau 2002, 669; OLG Schleswig, MDR 2003, 214; **a. A.:** *Staudinger/Peters*, § 632 BGB, Rdn. 122.
248) So auch Brandenburgisches OLG, BauR 2003, 716, 718.
249) BB 1972, 65.
250) BGH, BauR 1984, 61; OLG Düsseldorf, OLGR 1995, 52.
251) Zur Baubetreuerfestpreisgarantie bei Minderung: LG Stuttgart, NJW-RR 1987, 276. Zu einer Festpreisvereinbarung bei gleichzeitiger voller Risikoübernahme durch den Auftragnehmer vgl. KG, BauR 2006, 836.
252) BGH, BauR 1997, 1036 = NJW-RR 1997, 1513 = ZfBR 1998, 35 (Nichtannahmebeschluss zu OLG Hamburg, *SFH*, Nr. 10 zu § 3 AGB-Gesetz).
253) BGH, BauR 1984, 61 = ZfBR 1984, 40.

## Pauschalpreisvertrag

so benachteilige eine derartige Regelung nach Auffassung des BGH[254] „wegen der unredlich versteckten, der Höhe nach nicht abzuschätzenden Erhöhung des vereinbarten Pauschalpreises den Erwerber entgegen den Geboten von Treu und Glauben unangemessen (§ 307 BGB)". In diesem Zusammenhang weist der BGH zu Recht darauf hin, dass die eigentliche Preisabrede der Inhaltskontrolle entzogen ist, während die **Preisnebenabreden** – etwa solche, die eine Erhöhung der Gesamtvergütung von bestimmten Voraussetzungen abhängig machen –, der **Inhaltskontrolle nach den §§ 305 ff. BGB** unterliegen.

Zu Schwierigkeiten kommt es immer dann in der Baupraxis, wenn sich die bei Abschluss des Pauschalvertrages angenommenen **Bauleistungen ändern**. In Betracht kommen insbesondere folgende Fallgestaltungen: **1185**

* **Mengenänderungen bei einzelnen Positionen** des dem Pauschalvertrag zugrundeliegenden Leistungsverzeichnisses,
* **Wegfall ganzer Bauleistungen** (z. B. ganzer Positionen),
* zusätzliche Bauleistungen.

Im Grundsatz ist von der **Unabänderlichkeit** des einmal **vereinbarten Pauschalpreises** auszugehen. Beim Pauschalpreisvertrag gehen beide Vertragspartner bewusst Risiken bezüglich der Erfassung des Umfangs der Bauleistung ein: Der Auftraggeber übernimmt das Risiko von Minderleistungen des Auftragnehmers, dieser das Risiko von Mehrleistungen; **Leistung und Preis** werden von den Vertragsparteien **bewusst pauschaliert**.[255] Deshalb ist auch eine Bestimmung in den AGB eines Auftraggebers gemäß § 305 b BGB unwirksam, wonach dieser „den Preis nach Billigkeit in Relation zu dem vertraglich kalkulierten Preis festsetzen kann, wenn Positionen des Leistungsverzeichnisses ganz oder teilweise nicht zur Ausführung kommen".[256] **1186**

Mit der Vereinbarung einer festen Preispauschale trägt der Unternehmer sowohl beim BGB- wie auch beim VOB-Bauvertrag im Übrigen das **Risiko** von **Materialpreiszuschlägen, Lohnsteigerungen und Erhöhungen öffentlicher Lasten, Steuern und Versicherungsbeträge**. Etwas anderes kann nur gelten, wenn die Grundsätze des Wegfalls der Geschäftsgrundlage (§ 313 BGB) in Betracht kommen. **1187**

Unter Berücksichtigung dieser Grundsätze hängt eine Preisanpassung bei einem Pauschalvertrag zunächst von **dem Gegenstand des Bauvertrages** ab. Was **Gegenstand des Bauvertrages** und damit vom **Pauschalpreis** erfasst ist, muss im Einzelfall durch Auslegung der Vertragsunterlagen festgestellt werden, wenn Mehr- oder Minderleistungen behauptet werden. Dabei ist anhand **aller** Vertragsunterlagen eine Auslegung vorzunehmen, inwieweit der **Leistungsumfang (Bausoll)** pauschaliert worden ist. Stets muss daher geprüft werden, „**wie pauschal**" der Preis im Verhältnis zur Leistung bzw. **wie pauschal die Leistung im Verhältnis zum Preis** nach dem Willen der Vertragsparteien sein sollte. Mit anderen Worten: Es muss jeweils die **rechtliche Tragweite der Pauschalvereinbarung** geprüft werden. Dabei sind insbesondere die Leistungsbeschreibung (Leistungsverzeichnis, Raumbuch, Pläne usw.), etwaige Besondere Vertragsbedingungen, Zusätzliche Vertragsbedingun- **1188**

---

254) BauR 1984, 61 (zum AGB-Gesetz).
255) *Heyers*, BauR 1983, 297, 306, 307; *Vygen*, Festschrift für Locher, S. 263, 265 (mit Beispielen aus der Rspr.); LG Köln, BauR 1992, 123 (LS).
256) OLG Frankfurt, BauR 1998, 409 (LS) = NJW-RR 1998, 311.

gen,257) Zusätzliche Technische Vertragsbedingungen und ggf. auch die DIN-Normen heranzuziehen. Heyers258) nennt dies die Prüfung der gewollten spezifischen „Gesamtrepräsentanz", nämlich „was für was im Leistungsbereich stehen soll". Für den Umfang der vom Auftragnehmer geschuldeten Leistung sind jeweils die bei Vertragsabschluss vorliegenden Unterlagen maßgebend.259)

Mit dem Abschluss eines Pauschalpreisvertrages sind in der Regel nicht unerhebliche Risiken für beide Vertragsparteien, insbesondere aber für den Auftragnehmer, verbunden. Das gilt vor allem für das Gleichgewicht zwischen Leistung des Auftragnehmers einerseits und der vom Auftraggeber zu zahlenden Vergütung (Pauschalpreis) andererseits. Unter diesem Gesichtspunkt plädiert Putzier260) für eine faire Risikoverteilung: Danach sollten die Verantwortlichkeiten und Risiken von derjenigen Vertragspartei übernommen werden, die sie am besten beherrschen kann.

### b) Formen des Pauschalvertrages

**1189** Im Einzelnen wird zwischen folgenden Varianten des Pauschalvertrages allgemein unterschieden:261)

* **Global-Pauschalvertrag**
Mehr- oder Minderleistungen, aber auch Erschwernisse, sind grundsätzlich nicht auszugleichen, soweit sie sich im Rahmen des vertraglichen Leistungsumfanges halten, wenn die Vertragsparteien das **Leistungsziel**262) in den Vordergrund ihrer vertraglichen Leistungen stellen oder den **Leistungsumfang** bewusst durch ein **grobes Raster** bzw. „global" pauschalieren (zielorientiertes Bausoll) und hierfür einen Festpreis vereinbaren. Die Leistungsbeschreibung erfolgt hier erkennbar und gewollt unvollständig sowie lückenhaft, sodass dem Auftragnehmer „Spielräume" zur Vervollständigung der Leistungsbeschreibung eingeräumt werden, um das vereinbarte Leistungsziel (in der Regel „schlüsselfertiges" oder „voll funktionsfähiges" Bauwerk, vgl. Rdn. 1194 ff.) zu erreichen. Insoweit wird vielfach von einem „**Global-Pauschalvertrag**"263) oder einem „**Totalen Pauschalvertrag**"264) gesprochen.
Diese Form des Pauschalvertrages zeichnet sich demnach dadurch aus, dass die Leistung durch **globale** Elemente, meist in der Form einer **funktionalen Leistungsbeschreibung**265) und nicht – jedenfalls überwiegend nicht – detailliert beschrieben wird. *Langen/Schiffers*266) sprechen in diesem Zusammenhang von

---

257) Vgl. OLG Düsseldorf, NJW-RR 1992, 23.
258) A. a. O., S. 302.
259) *Brandt*, BauR 1982, 524, 525.
260) Festschrift für Thode, S. 109.
261) Vgl. hierzu *Kapellmann* in Kapellmann/Messerschmidt, § 2/B, Rdn. 242 ff. sowie *Kapellmann/Schiffers*, Bd. 2, Rdn. 2 ff.; *Ingenstau/Korbion/Keldungs*, § 2 Nr. 2/B, Rdn. 8 ff.; *Heddäus*, ZfBR 2005, 114; Beck'scher VOB-Komm/*Jagenburg*, B § 2 Nr. 7, Rdn. 41 ff.; *Kapellmann*, Rdn. 52 ff.; *Putzier*, Rdn. 102 ff. u. 193 ff.
262) Vgl. OLG Naumburg, IBR 2007, 10 – *Frank*.
263) *Kapellmann*, Rdn. 56; *Vygen*, Rdn. 755; *Kapellmann/ Schiffers*, Bd. 2, Rdn. 6.
264) So Beck'scher VOB-Komm/*Jagenburg*, B § 2 Nr. 7, Rdn. 43, 44.
265) Vgl. zur funktionalen Leistungsbeschreibung *Döring*, Festschrift für Vygen, S. 175; *Vygen*, Festschrift für Mantscheff, S. 459; *Schmidt*, ZfBR 2001, 3; *Busse*, Festschrift für Jagenburg, S. 77.
266) Festschrift für Jagenburg, S. 435 ff.

einer „zieldefinierten Baudurchführung". Allerdings sind verschiedene Varianten dieser Form des Pauschalvertrages in der Baupraxis üblich: So kann beispielsweise die Vorlage der Planung einmal als Vertragspflicht beim Auftraggeber verbleiben, aber auch vom **Auftragnehmer** übernommen werden;[267] das gilt nicht nur hinsichtlich der Entwurfs- und Genehmigungsplanung, sondern **auch** für die **Ausführungsplanung**. Die Leistungsermittlung liegt dann in den Händen des Auftragnehmers: Die Vertragsparteien verlagern damit das **Risiko** hinsichtlich der **Unrichtigkeit** bzw. **Unvollständigkeit der Leistungsermittlung/Leistungsbeschreibung** und/oder der **Planung** bewusst auf den **Auftragnehmer**. *Vygen*[268] weist in diesem Zusammenhang zu Recht darauf hin, dass ein Auftragnehmer im Rahmen einer funktionalen Leistungsbeschreibung und einem entsprechenden Global-Pauschalvertrag über Inhalt und Umfang aller Details des Bauwerks selbst entscheiden kann, „die der Auftraggeber in seiner Ausschreibung (bewusst) offen lässt und die sich auch nicht aus öffentlich-rechtlichen oder sonstigen zwingenden gesetzlichen Bestimmungen oder nach den anerkannten Regeln der Technik oder aus dem vorgegebenen Standard bzw. dem architektonischen Anspruch des Bauwerks ergeben".

Hat allerdings der Auftragnehmer zunächst ein **Angebot mit Leistungsverzeichnis**, wie dies häufig geschieht, abgegeben, und haben die Vertragsparteien sodann nach längeren **Verhandlungen die Leistung funktional** vollständig **beschrieben**, kommt dem früheren Angebot mit Leistungsverzeichnis, das Grundlage der Verhandlungen bildete, „hinsichtlich des Umfangs der funktional beschriebenen Leistung keine entscheidende Auslegungsbedeutung mehr zu".[269] Durch die funktionale Leistungsbeschreibung haben nämlich die Vertragsparteien zum Ausdruck gebracht, dass **Grundlage** des Vertrages nicht mehr das **Leistungsverzeichnis** sein soll; gleichzeitig wird aus dem Umstand, dass die Leistung funktional beschrieben wurde, der Wille der Vertragsparteien deutlich, „eine Verlagerung des Risikos der Vollständigkeit der Beschreibung auf den Auftragnehmer" vorzunehmen (Risikoverlagerung in qualitativer und quantitativer Hinsicht). Es kommt für die Wirksamkeit einer funktional beschriebenen Leistungsverpflichtung auch nicht darauf an, ob der Auftragnehmer den Umfang der übernommenen Verpflichtung genau **kennt** oder zuverlässig **ermitteln** kann, weil mit der funktionalen Leistungsbeschreibung jedenfalls die **Unsicherheiten** über den Arbeitsumfang auf den Auftragnehmer **verlagert** wurden.[270] Das gilt umso mehr, als die Ausschreibungstechnik der funktionalen Leistungsbeschreibung inzwischen durchaus verbreitet und auch in Fachkreisen allgemein bekannt ist; ein sachkundiger Auftragnehmer kann sich daher nicht darauf berufen, dass er die mit einer funktionalen Leistungsbeschreibung verbundene Risikoverlagerung nicht erkennen konnte oder nicht zu erkennen brauchte.[271]

---

[267] Im letzteren Fall spricht Beck'scher VOB-Komm/*Jagenburg*, B § 2 Nr. 7, Rdn. 44, vom „totalen" Pauschalvertrag, vgl. hierzu auch: OLG Düsseldorf, BauR 2002, 1103.
[268] Festschrift für Mantscheff, S. 459, 472.
[269] BGH, BauR 1997, 464 = NJW 1997, 1772 = MDR 1997, 544; KG, IBR 2003, 343 – *Schulze-Hagen*.
[270] BGH, a. a. O.
[271] So ausdrücklich: BGH, BauR 1997, 126 = NJW 1997, 61; hierzu auch *Döring*, Festschrift für Vygen, S. 175, 180.

Unter die vorerwähnten Gesichtspunkte ist auch die Fallgestaltung zu subsumieren, bei der sich ein Generalübernehmer oder Generalunternehmer verpflichtet, ein Gebäude schlüsselfertig nach den planerischen Vorgaben eines vom Auftraggeber erst noch zu beauftragenden Architekten zu errichten.[272] Hier haben die Vertragsparteien bewusst bei Vertragsschluss das Bausoll unbestimmt gelassen, wobei der Generalübernehmer/Generalunternehmer das insoweit nicht unerhebliche Kalkulationsrisiko bewusst übernommen hat.

∗ **Detail-Pauschalvertrag**
Haben die Parteien allerdings den Umfang der **geschuldeten Leistungen** durch Angaben in einem **Leistungsverzeichnis** oder anderen **Vertragsunterlagen** (z. B. Zeichnungen, Raumbuch usw.), also im Rahmen der Leistungsbeschreibung, näher (detailliert) festgelegt und damit gerade nicht pauschaliert (**Detail-Pauschalvertrag**),[273] bestimmen diese Vertragsgrundlagen Art und Umfang der zu erbringenden Werkleistungen („nicht mehr und nicht weniger").[274] Später geforderte oder notwendige **Zusatzarbeiten** werden dann nicht von dem Pauschalpreis erfasst.[275] **Fallen** später vom Leistungsverzeichnis oder von anderen Vertragsunterlagen zunächst **erfasste Leistungen weg**, reduziert sich also der Umfang der Leistungen des Auftragnehmers, ist dies durch einen entsprechenden **Abzug** zu berücksichtigen.[276] In beiden Fällen ist also nur die konkret **vereinbarte Leistung** zu dem **vereinbarten Preis** durchzuführen, weil die – im Detail erfolgte – Leistungskonkretisierung auch zur Beschränkung des Auftragnehmers auf diese Leistung führt.[277] Allerdings haben die Parteien hier nicht nur den Preis, sondern auch die im Leistungsverzeichnis oder in anderen Unterlagen möglicherweise genannten Mengen (Massen) pauschaliert mit der Folge, dass sie bei der Vergütung der erbrachten Leistungen grundsätzlich keine Rolle spielen (vgl. aber Rdn. 1203). Erfolgt der Wegfall oder die Reduzierung eines Leistungsbereiches aufgrund einer Entscheidung des Auftraggebers, ist die Vergütung nach den Grundsätzen einer **Teilkündigung** zu behandeln (vgl. hierzu Rdn. 1293 ff.). Der Auftragnehmer hat

---

272) OLG Düsseldorf, BauR 2003, 1572.
273) *Kapellmann/Schiffers*, Bd. 2, Rdn. 2; *Vygen*, Rdn. 755; *Ingenstau/Korbion/Keldungs*, § 2 Nr. 2/B, Rdn. 8; *Kapellmann*, Rdn. 60; OLG Düsseldorf, BauR 1997, 1051.
274) Vgl. hierzu OLG Rostock, OLGR 2002, 509, 511; OLG Celle, BauR 2003, 890 = IBR 2003, 231 – *Eschenbruch*. OLG Düsseldorf, BauR 2001, 803; OLGR 1995, 52 u. OLG Celle, BauR 1996, 723.
275) BGH, BauR 2002, 787 = NJW-RR 2002, 740 = NZBau 2002, 325; BauR 1984, 395 = ZfBR 1984, 173; BGH, BauR 1995, 237 (auch zur Darlegungslast bei Zusatzleistungen im Rahmen eines Pauschalvertrages); OLG Brandenburg, BauR 2001, 1915 = NJW-RR 2001, 1673 = OLGR 2001, 377; OLG Oldenburg, BauR 1993, 228; OLG Köln, IBR 2002, 2; OLG Stuttgart, BauR 1992, 639; OLG Düsseldorf, BauR 1989, 483, 484; LG München, ZfBR 1990, 121 (LS); OLG Braunschweig, BauR 1991, 742; OLG Düsseldorf, NJW-RR 1999, 1466 = OLGR 1999, 115; BauR 1997, 1051 = NJW-RR 1997, 1378 = OLGR 1998, 51; BauR 1991, 747 = NJW-RR 1992, 23; ferner: OLG Hamm, BauR 1991, 756, 758; BauR 1992, 122 (LS) – Pauschalpreis bei Abbruchvertrag; OLG Hamm, NJW-RR 1992, 1203.
276) OLG Rostock, OLGR 2002, 509, 511; OLG Brandenburg, BauR 2001, 1915; OLG Hamm, NJW-RR 1992, 1203; *Brandt*, BauR 1982, 524, 525.
277) *Zielemann*, Festschrift für Soergel, S. 301, 303; *Kapellmann*, Rdn. 64; OLG Celle, BauR 1996, 723, 724; OLG Düsseldorf, BauR 1997, 105 = NJW-RR 1997, 1378 (Gerüsthöhe beim Detail-Pauschalvertrag).

## Pauschalpreisvertrag

also grundsätzlich Anspruch auf die volle Vergütung, muss sich aber die ersparten Aufwendungen anrechnen lassen.[278] Ist das **Leistungsverzeichnis lückenhaft**, gelten auch insoweit die vom BGH entwickelten Grundsätze (vgl. Rdn. 1129 ff. und 1192).

In der Regel werden „Pauschalverträge" in letzterem Sinne zu verstehen sein, wenn dem Vertrag eine differenzierte Bau- und Leistungsbeschreibung mit Leistungsverzeichnis **beigefügt** ist, die die Leistungen im Einzelnen erläutert und festlegt, da in diesen Fällen die Gesamtleistung von den Vertragsparteien insgesamt gerade nicht pauschaliert wird. Das kommt allerdings dann nicht in Betracht, wenn die Vertragsparteien trotz eines zunächst dem Vertrag zugrundeliegenden detaillierten Leistungsverzeichnisses und einer differenzierten umfassenden Leistungsbeschreibung die Bauleistung (Leistungsumfang) später bewusst (zum Beispiel in einer nunmehr funktionalen Leistungsbeschreibung) pauschalieren wollten;[279] um dies annehmen zu können, bedarf es jedoch einer deutlichen Absprache der Parteien. **1190**

* **Mischformen** **1191**
Denkbar sind auch Mischformen des Pauschalpreisvertrages, z. B., wenn einem Vertrag einerseits eine detaillierte Bau- und Leistungsbeschreibung mit Leistungsverzeichnis unterliegt, andererseits aber das Leistungsziel mit einem globalen Element („schlüsselfertige Errichtung",[280] „funktionstüchtige Herstellung",[281] „betriebsbereiten Zustand", „fix und fertig" usw.) versehen wird.[282] Bei einem solchen Pauschalvertrag gehen zunächst die **Detailregelungen der globalen (zieldefinierten) Regelung vor**[283] (vgl. hierzu auch die Ausführungen zu so genannten Komplettheitsklauseln unter Rdn. 1196). Zielemann[284] weist insoweit zu Recht darauf hin, dass Leistungsbestimmungsklauseln wie **„schlüsselfertige Leistung"** oder **„fix und fertige Leistung"** allein nicht geeignet sind, bei detaillierter Leistungsbeschreibung den Abgeltungsumfang der vereinbarten Pauschalsumme zu erweitern. In Zweifelsfällen (im Detail unklar, unvollständig oder überhaupt nicht beschriebene Leistung) ist dann anhand aller Vertragsunterlagen im Einzelnen zu prüfen, ob den Auftraggeber – trotz des vorerwähnten globalen Elements der Vollständigkeitsverpflichtung – eine zusätzliche Vergütungspflicht trifft.[285] Dabei ist auch hier die Rechtsprechung des BGH zum erkennbar lückenhaften Leistungsverzeichnis zu berücksichtigen (vgl. Rdn. 1129 ff. und 1192).

---

278) Vgl. OLG Düsseldorf, BauR 2001, 803; OLG Frankfurt, NJW-RR 1986, 572 im Falle der Selbstübernahme eines Leistungsbereiches durch den Auftraggeber.
279) BGH, BauR 1997, 464 = NJW 1997, 1772 = MDR 1997, 544.
280) Vgl. OLG Düsseldorf, OLGR 1995, 52.
281) Vgl. hierzu: OLG Düsseldorf, NJW-RR 1999, 1466 = OLGR 1999, 115, wonach bei dieser Formulierung der Unternehmer zur schlüssigen Darlegung eines Anspruchs auf Zusatzvergütung im Einzelnen vortragen muss, „dass die von der vertraglichen Leistungsbeschreibung abweichenden Leistungen, deren zusätzliche Vergütung er verlangt, auf einer durch nachträgliche Änderungswünsche des Auftraggebers verursachten Änderung des Leistungsumfangs und nicht auf einer zur Herstellung der geschuldeten, funktionsfähigen Anlage notwendigen Optimierung oder Fehlerbehebung beruhen".
282) OLG Düsseldorf, BauR 1991, 747; ferner: BGH, BauR 1997, 464 = NJW 1997, 1772 = MDR 1997, 544; OLG Hamm, BauR 1988, 132.
283) BGH, BauR 1984, 395 = ZfBR 1984, 173; OLG Düsseldorf, BauR 1989, 483, 484.
284) Festschrift für Soergel, S. 301, 306.
285) Vgl. *Kapellmann/Schiffers*, Bd. 2, Rdn. 468 ff. sowie OLG Koblenz, BauR 1997, 143.

Darüber hinaus sind auch Pauschalverträge in der Baupraxis üblich, in denen **einzelne Leistungspositionen** global nach dem Leistungsziel, andere detailliert beschrieben sind. Man kann hier von einem **Pauschalvertrag mit einzelnen globalen** (zieldefinierten) **Leistungselementen** sprechen. Bei dieser Art der Mischform eines Pauschalvertrages gelten die obigen Ausführungen zum Global-Pauschalvertrag und Detail-Pauschalvertrag für die jeweiligen Leistungspositionen entsprechend.[286]

**1192** Von einem **Pauschalpreisvertrag im eigentlichen Sinne** wird man in der Regel daher nur ausgehen können, wenn die zu erbringende Werkleistung im Rahmen einer **funktionalen Leistungsbeschreibung** oder im Rahmen einer **erkennbar unvollständigen Leistungsbeschreibung** gekennzeichnet ist. Nur hier werden wirklich Preis und Leistung pauschaliert mit der Folge, dass Mehr- oder Minderleistungen, aber auch Erschwernisse, grundsätzlich nicht auszugleichen sind, soweit sie sich im Rahmen des vertraglichen Leistungsumfangs und Leistungsziels halten, weil die Vertragsparteien das **Leistungsziel** in den **Vordergrund** ihrer vertraglichen Abmachung **gestellt** haben und den Leistungsumfang bewusst pauschalieren wollten.

**1193** Das gilt vor allem bei **erkennbar vorläufigen** und/oder **unvollständigen Leistungsbeschreibungen**. Hier geht der Auftragnehmer nach der Rechtsprechung des BGH (vgl. Rdn. 1129 ff.) **bewusst** das **Risiko** der Unüberschaubarkeit von Einzelleistungen ein: Er übernimmt das vertragliche Risiko, alle für das vertraglich vereinbarte Leistungsziel (z. B. eine funktionsfähige Heizungsanlage oder ein funktionsfähiges Bürogebäude) erforderlichen Leistungen zu erbringen; der Unternehmer muss in diesen Fällen – wegen fehlender Detailangaben – den Leistungsinhalt zwangsläufig (u. U. planerisch) ergänzen. Daraus kann folgender Schluss gezogen werden:

Je pauschaler und unvollständiger die Leistungsbeschreibung ist, umso größer ist der Spielraum für die Bauausführung, umso größer ist aber auch das **Risiko** für den **Unternehmer**, dass er Zusatz- und/oder Mehrleistungen, die er bei seiner Pauschale nicht berücksichtigt hat, auch nicht vergütet erhält. Auf der anderen Seite ist der **Bauherr** vor **Nachträgen sicherer,** muss aber u. U. auch Einbußen in der Ausführung hinnehmen. Ist die Gesamtleistung differenziert und weitgehend vollständig beschrieben, können Zusatz- oder Mehrleistungen gegenüber dem vertraglich vorgegebenen Leistungsziel klar abgegrenzt werden. Eine Zusatzvergütung wird daher in aller Regel dann erfolgreich durchgesetzt werden können, wenn die Bauleistung exakt und vollständig und nicht nur allgemein im Rahmen eines (erkennbar) lückenhaften Leistungsverzeichnisses beschrieben ist.

**1194** Bei der Verpflichtung eines Auftragnehmers, ein **schlüsselfertiges** Bauwerk zu erstellen, ist in aller Regel nicht nur der **Preis**, sondern auch der zu erbringende **Leistungsumfang** pauschaliert. Hier sind vom vereinbarten Leistungsinhalt alle Leistungen umfasst, die für die Erreichung des Vertragszweckes (**„Schlüsselfertigkeit"**) nach den Regeln der Technik für ein zweckgerechtes und mangelfreies Bauwerk erforderlich und vorhersehbar sind.[287] Dazu gehören in erster Linie die

---

[286] Vgl. hierzu BGH, BauR 1997, 126 („Schleusenkammer") = NJW 1997, 61; BauR 1994, 236 („Wasserhaltung II") = NJW 1994, 850; BauR 1992, 759 = NJW-RR 1992, 1046 = ZfBR 1992, 211 = MDR 1992, 1153; ferner: *Döring*, Festschrift für Vygen, S. 175, 180; *Busse*, Festschrift für Jagenburg (2002), S. 77, 80.

[287] BGH, BauR 1984, 61; OLG Celle, BauR 1998, 801, 802; OLG Hamm, BauR 1996, 714 = NJW-RR 1996, 977 = OLGR 1996, 124; OLG Düsseldorf, BauR 1996, 396 = NJW-RR 1996, 977 = OLGR 1996, 124; *Kaiser*, ZfBR 1985, 55, 56; **a. A.:** *Brandt*, BauR 1982, 524, 526.

## Pauschalpreisvertrag

(eigentlichen) Kosten der Bauausführung, also alle **Bauleistungen**, die **regelmäßig mit der Errichtung eines Bauwerkes** und zu seiner vertragsgemäßen Nutzung **verbunden** sind (z. B. auch der Aushub der Baugrube und deren spätere Verfüllung,[288] die Nutzschicht auf der Betonbodenplatte einer Lagerhalle,[289] eine den anstehenden Wasserverhältnissen entsprechende Kellerabdichtung[290]), ferner aber auch die in aller Regel mit der Errichtung eines Gebäudes verbundenen **Nebenkosten** (z. B. Kosten für den Prüfingenieur, die Vermessung des Gebäudes,[291] die Entwässerung[292] sowie die Elektro-, Gas- und Wasserversorgung,[293] u. U. auch für eine Ringdränage sowie die Baugenehmigung, die Rohbauabnahme und Gebrauchsabnahme, soweit im Vertrag nichts anderes vorgesehen ist). Ist in einem Bauvertrag für die Errichtung einer schlüsselfertigen Verkaufsstätte vereinbart, dass die Baugenehmigung mit den genehmigten Plänen und geprüften statischen Unterlagen Vertragsbestandteil wird, gehört nach OLG Hamburg[294] der Bau einer Rauchgasabzugsanlage, die aufgrund einer Auflage im Bauschein errichtet werden muss, für die aber keine Pläne aufgestellt worden waren, nicht zum Vertragsumfang – trotz der Verpflichtung zur „schlüsselfertigen Erstellung". Verpflichtet sich ein Unternehmer zur schlüsselfertigen Herstellung eines Hauses, einschließlich „der **Erschließungskosten** für die vollständige erstmalige Erschließung", so werden hiervon auch die Kosten für die Errichtung eines **privaten Stichweges** umfasst, der dazu dient, von der öffentlichen Straße zu dem Baugrundstück zu gelangen.[295] Das OLG Hamm[296] hat zu Recht darauf hingewiesen, dass die von vornherein notwendige Abfuhr des Bodenaushubs auch dann Gegenstand eines Bauvertrages über die schlüsselfertige Errichtung eines Einfamilienhauses ist, wenn sie in der Baubeschreibung nicht genannt ist, der Auftraggeber jedoch darauf vertrauen durfte, dass der Unternehmer sie in den Preis einkalkuliert hat; das soll auch dann gelten, wenn der Vertrag die Klausel enthält, dass der Auftraggeber Mehrkosten für Leistungen zu tragen hat, die nicht ausdrücklich im Vertrag enthalten sind.

Verpflichtet sich der Unternehmer im Rahmen eines Festpreisvertrages zur **schlüsselfertigen Erstellung**, so hat der Erwerber grundsätzlich keinen Anspruch auf

1195

---

288) BGH, BauR 1984, 61; OLG Hamm, BauR 1996, 714 = NJW-RR 1996, 977 = OLGR 1996, 124 (für **Abfuhr** des Bodenaushubs).
289) OLG Düsseldorf, BauR 1996, 396 = NJW-RR 1996, 532 = OLGR 1996, 3.
290) OLG Celle, BauR 1998, 801.
291) AG Beckum, NJW-RR 1990, 1241 (soweit Bauträger noch Grundstückseigentümer).
292) Dazu gehört nach Auffassung des BGH, BauR 2001, 1254 = ZfBR 2001, 408 = MDR 2001, 864 = NZBau 2001, 446, auch die Einholung der nach Sachlage notwendigen Informationen, um eine ordnungsgemäße Entwässerung zu gewährleisten.
293) Vgl. OLG Koblenz, BauR 2003, 721; LG Nürnberg-Fürth, NJW-RR 1989, 668.
294) NJW-RR 1989, 529.
295) OLG Düsseldorf, BauR 1994, 803; LG München I, BauR 2001, 1755 (Asphaltbelag auf Straße als Leistungsumfang des Bauträgers, auch wenn zur Bezugsfertigkeit nur die Fertigstellung des Bauwerkes als solches genügen soll); OLG Koblenz, BauR 2003, 391 (bei Übernahme der Erschließungskosten ist durch Vertragsauslegung zu ermitteln, ob hierunter auch Hausanschlusskosten fallen); vgl. auch OLG Celle, BauR 2003, 390 (zur Begriffsbestimmung der Hausanschlusskosten).
296) BauR 1996, 714 = NJW-RR 1996, 977 = OLGR 1996, 124 sowie OLG Koblenz, BauR 1997, 143, 145.

**Herausgabe der Genehmigungs- und Planungsunterlagen**, es sei denn, er kann ein begründetes rechtliches Interesse substantiiert darlegen.[297]

Problematisch können die Fallgestaltungen sein, in denen ein Auftragnehmer **bei schlüsselfertiger Erstellung** Leistungen anbietet, die **nicht den Regeln der Technik** (z. B. hinsichtlich Wärmedämmung oder Schallschutz) entsprechen.[298] Hier wird man in aller Regel über einen Schadensersatzanspruch (Verschulden bei Vertragsschluss, § 280 i. V. m. § 311 BGB, oder positive Vertragsverletzung, § 280 i. V. m. § 241 Abs. 2 BGB) zu dem Ergebnis kommen, dass zumindest dem **Auftraggeber** die **Mehrkosten** zur Erreichung einer regelgerechten Bauleistung unter Berücksichtigung der **Sowiesokosten** von dem Auftragnehmer zu erstatten sind; eine Vorteilsausgleichung zu Lasten des Auftraggebers kommt dagegen nicht in Betracht.[299]

### c) Komplettheitsklauseln

*Literatur*

*Roquette/Paul*, Pauschal ist Pauschal! – Kein Anspruch auf zusätzliche Vergütung bei bewusster Übernahme von Vollständigkeitsrisiken, BauR 2004, 736; *Voppel*, Komplettheitsklauseln im Bauvertrag, BrBp 2004, 402; *Heddäus*, Probleme und Lösungen um den Pauschalvertrag – Mischformen von Pauschalverträgen – Komplettheitsklauseln –, ZfBR 2005, 114.

**1196** In der Baupraxis sind – vor allem in Generalunternehmer-/Pauschalpreisverträgen – vielfach so genannte **„Komplettheitsklauseln"** in den AGB oder Formularverträgen der Auftraggeberseite zu finden; sie haben meist folgende oder ähnliche Formulierungen:

„Der Auftragnehmer erkennt an, dass in dem Pauschalpreisvertrag auch alle Arbeiten enthalten sind, die nicht ausdrücklich in der Leistungsbeschreibung benannt sind, jedoch dem Richtmaß der Baukunst entsprechen und sich während der Bauzeit als notwendig erweisen, damit das Werk vollständig nach den anerkannten Regeln der Baukunst fertig gestellt werden kann."[300]

oder

„Mit dem Pauschalpreis sind alle Leistungen und Lieferungen abgegolten, die für eine vollständige, vertragsgemäße, funktionsgerechte und gebrauchsfähige Erstellung des Bauvorhabens nach dem Grundsatz der anerkannten Regeln der Baukunst erforderlich sind, und zwar unabhängig davon, ob die Leistungen und Lieferungen in den Vertragsunterlagen nicht oder nicht näher beschrieben sind."[301]

Ob diese Klauseln mit den §§ 305 ff. BGB in Einklang zu bringen sind, ist zweifelhaft. Das OLG München[302] verneint das, weil das Risiko einer fehlerhaften und/oder unvollständigen Leistungsbeschreibung einseitig auf den Auftragnehmer abgewälzt werde; das OLG Düsseldorf[303] hat demgegenüber eine solche Klausel nicht beanstandet.

---

297) Vgl. OLG München, BauR 1992, 95.
298) Vgl. *Brandt*, BauR 1982, 524, 530.
299) Vgl. BGH, BauR 1984, 510; *Groß*, Festschrift für Korbion, S. 123, 133, 134.
300) Vgl. OLG München, BauR 1990, 776 (LS).
301) Vgl. OLG Düsseldorf, BauR 1996, 396 = NJW-RR 1996, 532 = OLGR 1996, 3.
302) A. a. O.
303) A. a. O.

## Pauschalpreisvertrag

Die **Wirksamkeit** von „Komplettheitsklauseln"[304] hängt von dem jeweiligen Typ des Pauschalpreisvertrages ab (vgl. Rdn. 1189). Es ist daher zu differenzieren: Wird ein **Global**-Pauschalvertrag abgeschlossen, ist eine entsprechende Komplettheitsklausel als zulässig anzusehen, weil der Auftragnehmer hier aufgrund der globalen (und damit erkennbar lückenhaften und unvollständigen) Ausschreibung das Risiko der möglichen Vervollständigung der in der Leistungsbeschreibung erfassten Bauleistung bewusst übernimmt. Etwas anderes hat für den **Detail**-Pauschalvertrag mit und ohne globales Element zu gelten; hier kann dem Auftragnehmer im Hinblick auf die detailliert beschriebene Leistung das Risiko, zusätzliche (möglicherweise notwendige oder sinnvolle) Leistungen ohne Vergütung zu erbringen, nicht durch eine solche Klausel überbürdet werden; sie ist daher als unwirksam, weil unangemessen anzusehen (Verstoß gegen § 307 BGB).[305]

Besteht Streit, ob eine Leistung vom vereinbarten Pauschalpreis umfasst ist oder eine **Zusatzleistung** darstellt, trägt der **Bauunternehmer die Darlegungs- und Beweislast** für seinen Vortrag, dass es sich bei der streitigen Leistung um eine vom Pauschalpreis nicht umfasste, sondern gesondert zu vergütende Bauleistung handelt.[306] Dabei gilt nach der Rechtsprechung des BGH[307] jedoch die **Vermutung**, dass alle nicht vorher festgelegten Leistungen im Zweifelsfall nicht mit dem Pauschalpreis abgegolten sind. Besonders zu vergütende Mehrleistungen sind demnach alle Arbeiten, die weder im Angebot enthalten noch zur Zeit des Vertragsabschlusses aus den Bauunterlagen als erforderlich[308] erkennbar sind. Konkrete Leistungs-

**1197**

---

304) Vgl. hierzu: BGH, BauR 2004, 994 = NZBau 2004, 324; *Würfele/Gralla*, Rdn. 238 ff.; *Kapellmann* in Kapellmann/Messerschmidt, § 2/B, Rdn. 244, 263, 264; *Roquette*, NZBau 2001, 57 und *Voppel*, BrBp 2004, 402 mit einem Überblick über den Stand der Rspr. u. Lit.; ferner *Busse*, Festschrift für Jagenburg, S. 77, 87.

305) Ebenso: Brandenburgisches OLG, BauR 2003, 716, 718; *Heddäus*, ZfBR 2005, 114, 117 m. w. N.; *Freund*, BTR 2005, 94, 95; *Kapellmann* in Kapellmann/Messerschmidt, § 2/B, Rdn. 244; *Roquette*, NZBau 2001, 57, 60; Beck'scher VOB-Komm/*Jagenburg*, B Vor § 2, Rdn. 286; *Kapellmann*, Rdn. 55, 66, 72 sowie *Graf von Westphalen*, AGB-Klauselwerke/*Motzke*, Subunternehmervertrag, Rdn. 100; a. A.: offensichtlich *Putzier*, Rdn. 244 (unter Hinweis auf OLG Koblenz, BauR 1997, 143, 144). Das OLG Düsseldorf, BauR 2004, 506 = IBR 2004, 61 – *Bolz*, ist der Auffassung, dass eine Komplettheitsklausel jedenfalls dann wirksam ist, wenn der Auftragnehmer die Bausubstanz vor Abschluss des Vertrages eingehend untersucht hat und das Leistungsverzeichnis auch von ihm erstellt worden ist. Auch *Voppel*, BrBp 2004, 402, 407 weist darauf hin, dass eine Komplettheitsklausel in AGB dann als wirksam anzusehen ist, wenn der Auftragnehmer die Ausführungsplanung und das dem Vertrag zugrunde liegende Leistungsverzeichnis erstellt hat, weil „dem Auftragnehmer nicht ein ihm fremdes Risiko überbürdet, sondern nur die ohnehin treffende Verantwortung konkretisiert wird". Vgl. hierzu auch *Poetzsch-Heffter*, ZfBR 2005, 324.

306) BGH, BauR 2002, 787; OLG Schleswig, OLGR 2002, 446 = MDR 2003, 214; OLG Düsseldorf, BauR 1996, 396 = NJW-RR 1996, 532 = OLGR 1996, 3; OLG Köln, BauR 1987, 575; *Baumgärtel*, § 632 BGB, Rdn. 20, der zu Recht darauf hinweist, dass das **Leistungsrisiko** beim Pauschalvertrag von dem Unternehmer zu tragen ist; a. A.: *Heiermann*, BB 1975, 991, 992; *Standinger/Peters*, § 632 BGB, Rdn. 6; vgl. hierzu auch *Vygen*, BauR 1979, 375, 382 u. *Heyers*, BauR 1983, 297, 311.

307) BGH, BauR 1971, 124; Brandenburgisches OLG, BauR 2003, 716, 718; OLG Düsseldorf, NJW-RR 1998, 597.

308) Vgl. hierzu KG, BauR 2003, 1903, 1905 u. LG Berlin, BauR 2003, 1905, 1906 m. Anm. *Wirth*.

beschreibungen haben damit grundsätzlich Vorrang vor Komplettheitsklauseln.[309] Etwaige Mehrleistungen sind nach der (allerdings bedenklichen) Rechtsprechung des BGH (vgl. Rdn. 1129 ff.) auch bei einem Pauschalpreisvertrag nicht zu vergüten, wenn der Pauschalpreis aufgrund eines erkennbar unklaren oder lückenhaften Leistungsverzeichnisses vereinbart wurde.[310] Nach Treu und Glauben kann dem Bauunternehmer gegen den Bauherrn ein **Ausgleichsanspruch** zustehen, wenn sich herausstellt, dass eine im Leistungsverzeichnis vorgesehene und auch erbrachte Bauleistung infolge eines Rechenfehlers in der Mengenberechnung nicht berücksichtigt worden ist.[311]

### d) Anpassung des Pauschalpreises

**1198** Grundsätzlich kommt eine **Anpassung des Pauschalpreises** im Übrigen nur dann in Betracht, wenn ein **deutliches ("unerträgliches") Missverhältnis** von **Gesamtbauleistung und Pauschalpreis** bei Ausführung des Bauvorhabens entsteht und dieses jedes voraussehbare Maß übersteigt, z. B. unvorhersehbare Grundwasser- oder Bodenverhältnisse (vgl. näher Rdn. 2487 ff.). Auf **Verschiebungen innerhalb der Einzelpositionen** des Leistungsverzeichnisses kommt es dabei nicht an; entscheidend ist die Veränderung der Gesamtbauleistung. Wann ein solches Missverhältnis zwischen Bauleistung und Pauschalpreis vorliegt, ist eine Frage des Einzelfalles und muss unter Berücksichtigung aller Umstände beantwortet werden.

**1199** Hat sich der Unternehmer bei seinem Angebot hinsichtlich einzelner Positionen geirrt, geht dies einseitig zu seinen Lasten, weil hier nur ein unbeachtlicher **Kalkulationsirrtum** vorliegt.[312] Insoweit können vom Bauunternehmer für die Forderung eines Mehrpreises in der Regel auch nicht die Grundsätze **der Störung der Geschäftsgrundlage** (§ 313 BGB) herangezogen werden, weil dieses Rechtsinstitut voraussetzt, dass die Kalkulation entweder von beiden Parteien vorgenommen worden ist oder zwar nur von einer Partei erfolgte, aber für die andere Partei hinreichend erkennbar war[313] und auch zur Geschäftsgrundlage gemacht wurde, was grundsätzlich nicht angenommen werden kann.[314] Allein aus der Tatsache, dass sämtliche weiteren Bieter höhere Angebote abgegeben haben, kann – nach einer zutreffenden Entscheidung des OLG Brandenburg[315] – nicht geschlossen werden, dass sich der Ausschreibende der vielleicht möglichen Erkenntnis des Kalkulationsirrtums in vorwerfbarer Weise verschlossen hat. Im Übrigen nimmt der Auftragnehmer (wie auch der Auftraggeber) mit der Vereinbarung eines Pauschalpreises das Risiko **etwaiger Fehlberechnungen** im Leistungsverzeichnis grundsätzlich in Kauf.[316] Auch ein **Irrtum hinsichtlich der Bewertung der Preisgrundlagen** für Lohnkosten, Materialpreise, Transportkosten usw. ist grundsätzlich unbeachtlich.[317] Daher weist der

---

309) Vgl. hierzu LG Berlin, BauR 2003, 1905 m. Anm. *Wirth*.
310) Kritisch: *Vygen*, Festschrift für Locher, S. 263, 283.
311) OLG Köln, MDR 1959, 660.
312) BGH, VersR 1965, 803; *Heiermann*, BB 1975, 991 u. BB 1984, 1836; *Vygen*, BauR 1979, 375, 376; *John*, JuS 1983, 176.
313) BGH, *Schäfer/Finnern*, Z 2.411 Bl. 28.
314) BGH, NJW-RR 1995, 1360; siehe Rdn. 2479 ff. und 2339.
315) BTR 2005, 127.
316) BGH, BauR 1972, 118 u. 381.
317) *Heyers*, BauR 1983, 297, 308.

## Pauschalpreisvertrag   Rdn. 1200–1201

BGH[318]) darauf hin, dass auch unter dem rechtlichen Gesichtspunkt des **externen Kalkulationsirrtums** eine Anpassung der Vergütung nur in **besonders** gelagerten Fällen in Betracht kommt. Derartige Umstände sieht der BGH z. B. in folgenden Fallgestaltungen: Der andere Teil macht sich die unrichtige Kalkulation so weit zu Eigen, dass eine Verweigerung der Anpassung gegen das Verbot des „venire contra factum proprium" verstößt, beide Parteien machen einen bestimmten Berechnungsmaßstab zur Grundlage ihrer Vereinbarung,[319]) oder die andere Vertragspartei erkennt den Irrtum und nutzt ihn treuwidrig aus.

Für den **VOB-Bauvertrag** eröffnet ausdrücklich § 2 Nr. 7 VOB/B eine Änderung des Pauschalpreises unter den Voraussetzungen des § 242 BGB (Treu und Glauben), also vor allem unter dem Gesichtspunkt des Wegfalls oder der Änderung der Geschäftsgrundlage gemäß § 313 BGB (vgl. hierzu ausführlich Rdn. 2487 ff.): Die **ausgeführte Leistung** muss jedoch von der vertraglich vorgesehenen Leistung so **erheblich abweichen**, dass **ein Festhalten an der Pauschalsumme nicht zumutbar** ist; nur dann kann der Bauunternehmer einen Ausgleichsanspruch, den er im Klagewege durchsetzen kann, unter Berücksichtigung der Mehr- oder Minderkosten geltend machen[320]) (zur Toleranzgrenze Rdn. 1203). § 2 Nr. 7 Abs. 1 Satz 3 VOB/B weist ausdrücklich darauf hin, dass für die Bemessung des Ausgleichs von den Grundlagen der Preisermittlung auszugehen ist. Diese Bestimmung betrifft insbesondere reine Mengenänderungen.[321]) **1200**

Ferner bietet beim **VOB-Bauvertrag** § **2 Nr. 7 Abs. 2** VOB/B letzter Satz ausdrücklich eine zusätzliche **Möglichkeit zur Abänderung des Pauschalpreises**:[322]) In den Fällen des **1201**

* § 2 Nr. 4 (**Selbstübernahme** von Leistungen durch den Bauherrn, vgl. Rdn. 1155),
* § 2 Nr. 5 (Leistungsänderung durch **Änderung** des Bauentwurfs usw.,[323]) vgl. Rdn. 1149) sowie
* § 2 Nr. 6 (**Zusätzliche Leistungen**, vgl. Rdn. 1156)

kann grundsätzlich, also unabhängig vom Umfang, eine Änderung des Pauschalpreises verlangt werden, ohne dass es auf den Wegfall der Geschäftsgrundlage (§ 313 BGB) ankommt.[324]) § 2 Nr. 5 VOB/B setzt nicht voraus, dass die Änderung von Bauleistungen zu einer wesentlichen Abweichung vom vereinbarten Preis führt.[325]) Im Übrigen schränkt § 2 Nr. 7 VOB/B die Anwendung der Grundsätze des Wegfalls

---

318) BGH, NJW-RR 1995, 1360; ebenso OLG Schleswig, IBR 2004, 672 – *Schulze-Hagen* (35 fach überhöhter Positionspreis aufgrund eines Rechenfehlers – externer Kalkulationsirrtum); vgl. auch Rdn. 1127 ff.
319) Vgl. hierzu auch OLG Schleswig, BauR 2005, 1186.
320) Vgl. hierzu OLG Nürnberg, ZfBR 1987, 155 mit abl. Anm. *Bühl*, der zu Recht auf die uneingeschränkte Anwendbarkeit der Nr. 4–6 des § 2 VOB/B über Nr. 7 Abs. 2 Satz 4 verweist.
321) OLG Düsseldorf, OLGR 1995, 52, 53.
322) BGH, BauR 2000, 1754 = NJW 2000, 3277 = MDR 2000, 1313 = NZBau 2000, 467 = ZfBR 2000, 538; ferner: OLG Hamm, BauR 1998, 132 = NJW-RR 1998, 598; *Maser*, BauR 1990, 319 u. *Vygen*, Festschrift für Locher, S. 263, 266.
323) OLG Köln, IBR 2002, 2 – *Putzier*.
324) *Vygen*, Festschrift für Locher, S. 263, 266 sowie OLG Düsseldorf, BauR 1991, 774.
325) So jetzt BGH, BauR 2002, 1847 = NJW-RR 2003, 14 = NZBau 2002, 669 = ZfBR 2003, 31; BauR 2000, 1754 = NJW 2000, 3277.

oder der Änderung der Geschäftsgrundlage (§ 313 BGB) nicht ein.[326)] Nach OLG Hamm[327)] bleibt es jedoch beim vereinbarten Pauschalpreis, wenn der Unternehmer den geschuldeten Werkerfolg „unter Abweichung vom Leistungsverzeichnis, aber technisch und qualitativ mindestens gleichwertig herbeiführt und der Besteller damit einverstanden ist, ohne sein Einverständnis mit dem Verlangen einer Preisreduzierung zu verknüpfen".

**1202** Für den **BGB-Bauvertrag** gibt es keine ausdrückliche gesetzliche Regelung, wie Pauschalverträge veränderten Umständen anzupassen sind. Insoweit gelten daher uneingeschränkt auch hier die **Grundsätze der Störung der Geschäftsgrundlage** gemäß § 313 BGB (vgl. Rdn. 2487), aber auch die allgemeinen Rechtsgrundsätze, die sich in den vorerwähnten Vorschriften der VOB/B niedergeschlagen haben.

**1203** **Wann** bei Änderungen der Bauleistung im Rahmen eines **Pauschalvertrages** eine **Anpassung des Vertragspreises** nach § 2 Nr. 7 VOB/B oder den Grundsätzen der Änderung der Geschäftsgrundlage in Betracht kommt, ist eine **Frage des Einzelfalles**. Dabei ist insbesondere zwischen dem Global-Pauschalvertrag einerseits und dem Detail-Pauschalvertrag andererseits zu unterscheiden (vgl. Rdn. 1189). Eine Anpassung des Pauschalpreises wegen Leistungsänderungen oder zusätzlichen Leistungen wird in erster Linie beim Detail-Pauschalvertrag im Hinblick auf die konkreter beschriebene Leistung in Betracht kommen, während es dem Auftragnehmer beim Global-Pauschalvertrag meist schwer fallen wird, ein geändertes Bausoll oder eine Mehrleistung darzulegen und zu beweisen, weil insoweit das Leistungsziel im vertraglichen Vordergrund steht.[328)]

Im Rahmen einer etwaigen Anpassung des Pauschalpreises wird in aller Regel eine bestimmte **Toleranzgrenze (Zumutbarkeitsgrenze)** zu berücksichtigen sein, da bei einem Pauschalpreisvertrag die Parteien nicht nur den Preis, sondern auch die entsprechenden Bauleistungen pauschalieren wollen und damit gewisse Risiken bewusst in Kauf nehmen. Diese von den Vertragsparteien daher zu tragenden Risiken sind aber nach Treu und Glauben nicht unbegrenzt, wie der BGH wiederholt bestätigt hat.[329)]

Die Toleranzgrenze kann nicht nach starren Prozentsätzen oder Regeln festgelegt werden,[330)] zumal, wie erwähnt, es nicht entscheidend auf Mengenabweichungen bei einzelnen Positionen, sondern auf ein deutliches Missverhältnis zwischen der Gesamtbauleistung und dem Pauschalpreis ankommt. **Mengenabweichungen** fallen also **nur ins Gewicht**, wenn sie gleichzeitig dazu führen, dass die **Gesamtleistung in ein unzumutbares Missverhältnis zum Pauschalpreis** gerät.[331)] Hieran sind nach der Rechtsprechung des BGH strenge Maßstäbe anzulegen. Man wird davon ausgehen können, dass Mengenabweichungen, soweit sie unter dem genannten Vorzeichen überhaupt relevant sind, zu einer Abänderung des Pauschalpreises erst dann

---

326) *Nicklisch/Weick*, § 2/B, Rdn. 74.
327) MDR 1998, 151.
328) So richtig *Putzier*, Rdn. 349. Vgl. auch KG, IBR 2007, 64 – *Putzier*.
329) BGH, BauR 1972, 118; BauR 1974, 416 = NJW 1974, 1864; vgl. hierzu auch *Bamberger/Roth/Voit*, § 631 BGB, Rdn. 75 f.
330) BGH, BauR 1996, 250 = NJW-RR 1996, 401 = MDR 1996, 145; *Kapellmann* in Kapellmann/Messerschmidt, § 2/B, Rdn. 289.
331) OLG Düsseldorf, OLGR 1995, 52 („**unerträgliches Missverhältnis**").

# Pauschalpreisvertrag                                                Rdn. 1203

führen können, wenn sie **über etwa 20%** liegen.[332] Damit ist nur die **Mehrleistung zu vergüten**, die über den mit dem Pauschalpreis gewöhnlich abgegoltenen Risikorahmen **hinausgeht**.[333] Nach wohl herrschender Auffassung[334] kommt ein Ausgleich nur in Betracht, wenn die **Pauschale insgesamt** in dem vorerwähnten Rahmen überschritten wird. Unerheblich sind grundsätzlich Mengenabweichungen bei **einzelnen** Positionen, soweit dadurch nicht die **Opfergrenze der Gesamtpauschale** überschritten wird. Es ist also stets auf das **Verhältnis** von **Gesamtpreis** und **-leistung** abzustellen.

Bei alledem ist aber stets zu berücksichtigen, dass die Vertragsparteien bei einer Pauschalpreisabrede etwaige (dem Vertrag vorangegangene) **Mengenangaben bewusst pauschalieren** wollten. Andererseits sind diese Mengenangaben bei der **Preisfindung** in aller Regel berücksichtigt worden. Daher ist in diesem Zusammenhang auch zu prüfen, wer für die entsprechenden Mengenangaben verantwortlich zeichnet.[335] Sind Mengenabweichungen ursächlich auf unrichtige Angaben des Auftraggebers zurückzuführen, können im übrigen Schadensersatzansprüche des Auftragnehmers unter dem Gesichtspunkt des Verschuldens bei Vertragsschluss bestehen.[336] Ein Festhalten am Pauschalpreis kann insbesondere nicht in Betracht kommen, wenn beide Vertragsparteien die zu erbringenden Mengen deutlich falsch

---

332) BGH, *Schäfer/Finnern*, Z 2.311 Bl. 5 (Erhöhung um etwa 20% noch zumutbar), das dort zitierte Urteil des BGH v. 27.6.1957 – VII ZR 293/56 – (Verdoppelung der Kosten noch nicht ausreichend); ferner: *Schäfer/Finnern*, Z 2.411 Bl. 28; OLG Naumburg, IBR 2007, 10 – *Frank* u. IBR 2007, 180 – *Moufang*; OLG Hamm, BauR 2006, 1899; vgl. hierzu ferner OLG Düsseldorf, BauR 2001, 803, 806; OLG Hamm, BauR 1993, 88 (Abweichung von mehr als 20%) u. BauR 1998, 132 = NJW-RR 1998, 598; OLG Hamburg, BB 1970, 688 (Minderleistung von etwa 15% noch tragbar); *Vygen*, BauR 1979, 375, 385 m. w. Nachw.; OLG Düsseldorf, BauR 1974, 348 u. OLGR 1995, 52 (Risikorahmen bei mehr als 20% überschritten, insbesondere, wenn Auftraggeber für Mengenansätze verantwortlich ist); *Nicklisch/Weick*, § 2/B, Rdn. 77 (Abweichung von 10% noch nicht relevant); OLG Köln, U v. 19.3.1970 – 14 U 197/69 – (Mehrkosten von 17% noch keine unzumutbare Äquivalenzstörung); *Tempel*, JuS 1979, 494 (Opfergrenze bei Abweichung von 25% erreicht); OLG Düsseldorf, BauR 1976, 363 (Überschreitung von mehr als 20% erheblich); OLG München, NJW-RR 1987, 598 (Risikorahmen bei etwa 20%); ebenso: OLG Frankfurt, NJW-RR 1986, 572 = MDR 1986, 407 sowie OLG Stuttgart, BauR 1992, 639; OLG Zweibrücken, BauR 1989, 746 (Überschreitung von 29% unzumutbar); OLG Saarbrücken, NJW-RR 1999, 668 = MDR 1999, 863 = OLGR 1999, 122 (Abweichung muss jedenfalls über 10% liegen); OLG Schleswig, BauR 2000, 1201 = OLGR 2000, 87 (Mengendifferenz von etwas mehr als 10% ist hinzunehmen); *Zielemann*, Festschrift für Soergel, S. 301, 313; *Pauly*, MDR 1999, 1104, 1106.

333) *MünchKomm-Busche*, § 631 BGB, Rdn. 183 f.; OLG München, *SFH*, Nr. 42 zu § 16 Nr. 3 VOB/B; **a. A.:** OLG Düsseldorf, OLGR 1995, 52, 54, das sämtliche Mehrleistungen des Auftragnehmers im Rahmen der Anpassung des Pauschalpreises nach § 2 Nr. 7 Abs. 1 VOB/B umfassend ausgleichen will; das widerspricht jedoch Sinn und Zweck eines Pauschalpreisvertrages (die Frage wurde vom BGH, BauR 1996, 250 = NJW-RR 1996, 401 = MDR 1996, 145 in der Revisionsinstanz offen gelassen; siehe auch Beck'scher VOB-Komm/*Jagenburg*, B § 2 Nr. 7 Rdn. 74 umfassender Ausgleich etwaiger Mehrleistungen des Auftragnehmers).

334) Beck'scher VOB-Komm/*Jagenburg*, B § 2 Nr. 7 Rdn. 64; *Ingenstau/Korbion/Keldungs*, § 2 Nr. 7/B, Rdn. 24; *Nicklisch/Weick*, § 2/B, Rdn. 80; *Motzke*, BauR 1992, 146 ff.

335) Vgl. OLG Düsseldorf, OLGR 1995, 52, 54 (das vom Auftrag**geber** erstellte Leistungsverzeichnis weist weitgehend zu geringe Mengenansätze aus).

336) *Staudinger/Peters*, § 632 BGB, Rdn. 70.

eingeschätzt haben; das kann jedoch nicht gelten, wenn der Auftragnehmer nur überschlägig kalkuliert hat.[337] Im Übrigen können die Parteien das Pauschalierungsrisiko hinsichtlich der Mengen z. B. in der Weise regeln, dass bei Mengenabweichungen, die über 5% hinausgehen, auf Verlangen ein neuer Preis gebildet werden muss.[338]

Das OLG Düsseldorf[339] hält eine vom Auftraggeber gestellte Klausel für zulässig, wonach der Auftragnehmer anerkennt, Maße und Mengen der ihm vom Auftraggeber übergebenen Unterlagen, wie z. B. Leistungsverzeichnis, Baubeschreibung, Bauzeichnung, Massenberechnung, Statik usw. überprüft und „als richtig und ausreichend befunden zu haben". Diese Klausel sei nicht unbillig und verstoße auch nicht gegen § 9 AGB-Gesetz (jetzt § 307 BGB n. F.), weil sie „an die tatsächliche Möglichkeit der Kenntnisnahme von Fehlern bei ordnungsgemäßer und vollständiger Überprüfung der genannten Unterlagen anknüpfe."

**1204** **Verändert sich der Leistungsinhalt**, z. B. durch Abänderung des Bauentwurfes (Wegfall von Bauleistungen oder zusätzliche Bauleistungen), in **erheblichem Umfang**, ist eine Veränderung des Pauschalpreises nur unter folgenden Grundsätzen, die zur gefestigten Rechtsprechung des **BGH**[340] gehören, denkbar:

„Die auf einer Abänderung des Bauentwurfes beruhende, nicht unerhebliche Änderung des im Pauschalpreisvertrag vorgesehenen Leistungsinhalts rechtfertigt auch ohne neue Preisvereinbarung eine Anpassung der Pauschale an die veränderten Verhältnisse. Zwar hat eine Änderung der Bauausführung nicht grundsätzlich zur Folge, dass eine einmal getroffene Pauschalpreisvereinbarung überhaupt nicht mehr anwendbar wäre. Wird der geplante Bau aber in wesentlichem Umfang anders als ursprünglich vorgesehen errichtet, und kommt es dadurch zu erheblichen Änderungen des Leistungsinhalts, so rühren diese an die Grundlagen der Preisvereinbarung und können nicht ohne Auswirkung auf die ausgemachte Pauschale bleiben. Hier sind durch die spätere nochmalige Umplanung der Bauausführung die Leistungen für die zusätzlichen Appartements hinsichtlich der sanitären Installation und der Heizung nicht so ausgeführt worden, wie das vorgesehen war. Es liegt nach dem für das Revisionsverfahren als richtig zu unterstellenden Vortrag des Beklagten eine erhebliche Minderleistung vor. Das muss nach den Grundsätzen von Treu und Glauben dazu führen, dass der Beklagte an den für diese Leistungen vereinbarten Pauschalpreisen nicht festgehalten werden kann. Es muss vielmehr eine Anpassung an die tatsächlich ausgeführten Leistungen erfolgen. Das gilt nicht für den Fall, dass gegenüber dem Leistungsinhalt, der einer Pauschalpreisvereinbarung zu Grunde liegt, erhebliche zunächst nicht vorgesehene Leistungen hinzukommen, sondern auch dann, wenn ursprünglich vorgesehene Leistungen vereinbarungsgemäß in erheblichem Umfang entfallen oder durch andere Leistungen ersetzt werden."

Unbeachtlich ist bei einer unter diesen Gesichtspunkten in Betracht kommenden Anpassung des Pauschalpreises nach Auffassung des BGH, dass etwaige einschneidende Leistungsänderungen von den Parteien einverständlich vorgenommen worden sind: „Haben die Parteien an etwaige Auswirkungen auf den ausgemachten Pauschalpreis zunächst nicht gedacht und deshalb keine entsprechenden neuen Vereinbarun-

---

337) *Kleine-Möller/Merl*, § 10 Rdn. 400.
338) BGH, BauR 2004, 78 = NZBau 2004, 150 = IBR 2004, 59 – *Schulze-Hagen*.
339) *SFH*, Nr. 7 zu 5 2 Nr. 6 VOB/B (1973).
340) BauR 1974, 416, 417 = NJW 1974, 1864; OLG München, NJW-RR 1987, 598.

gen getroffen, so hindert das nach Treu und Glauben eine Anpassung der ursprünglichen Absprache an die veränderten Verhältnisse nicht, nachdem sich der Umfang der Abweichungen herausgestellt hat."[341]

Ein etwaiger **Ausgleich** für Mehr- oder Minderleistungen beim Pauschalvertrag wird in aller Regel dadurch vollzogen, dass der **Pauschalpreis angehoben** oder **vermindert** wird. Mindert sich die Bauleistung im Einverständnis der Parteien, werden also z. B. Teile der Gesamtleistung überhaupt nicht ausgeführt, wird für den nicht ausgeführten Teil der Bauleistung ein Betrag abzusetzen sein, der seinem Verhältnis zu den übrigen Leistungen im Rahmen der Pauschale entspricht.[342] Dabei ist stets sowohl beim BGB- wie auch beim VOB-Bauvertrag von den **Grundlagen der Preisermittlung für die vertraglich zunächst vorgesehenen Leistungen auszugehen**, also z. B. auch unter Aufrechterhaltung eines Kalkulationsirrtums des Auftragnehmers. Der vom Pauschalpreis in Abzug zu bringende Betrag ist nicht isoliert nach den hierfür in Betracht kommenden Einheitspreisen, sondern unter **Berücksichtigung des vereinbarten Pauschalpreises** zu bemessen.[343] Entsprechendes gilt für Mehrleistungen. Diese können im Einzelfall aber auch nach Einheitspreisen abzurechnen sein.[344] Lag der Pauschalpreisabrede ein Leistungsverzeichnis mit Mengenangaben zugrunde und haben die Parteien in einer besonderen Klausel vereinbart, dass bei „Massenabweichungen von mehr als 5% die Vereinbarung eines neuen Pauschalpreises zu treffen" ist, so sind nach einer Entscheidung des OLG Köln[345] „sämtliche, die ursprünglich kalkulierten Werte übersteigenden Massen zu vergüten und nicht nur die 5% übersteigenden Mehrmassen". Dem kann nicht gefolgt werden, weil die Parteien einvernehmlich eine „Bagatellabweichung" in Höhe bis zu 5% hinnehmen wollten, sodass eine **Preisanpassung** nur für die 5% übersteigenden Mengen in Betracht kommt.[346] Dafür sprechen auch Wortlaut und Zweck der Vereinbarung.

Ist der vereinbarte **Leistungsinhalt völlig verändert** worden, ist die **Pauschalvereinbarung als hinfällig** zu betrachten; mangels einer anderen Absprache zwischen den Parteien wird die gesamte Bauleistung nunmehr **nach Aufmaß** und den **Einheitspreisen** zu berechnen sein, die in dem zugrundeliegenden Angebot des Auftragnehmers enthalten waren.[347] Dabei können zwischenzeitliche Lohnerhöhungen nicht berücksichtigt werden.

Weigert sich der Auftraggeber, der berechtigten Forderung des Auftragnehmers nach Anpassung des Pauschalpreises nachzukommen, kann dieser den Vertrag kündigen.[348] Dasselbe gilt für den Auftraggeber, wenn der Auftragnehmer die Änderung des Pauschalpreises verweigert.

---

341) BGH, BauR 1972, 118, 119; OLG Hamburg, BB 1970, 688 m. Anm. *Meinert;* OLG Düsseldorf, DB 1978, 88.
342) BGH, BauR 1972, 118; NJW 1974, 1864 = BauR 1974, 416; vgl. hierzu auch BGH, BauR 1999, 1021 = NJW 1991, 2661 = MDR 1999, 992 = ZfBR 1999, 310 (keine Anwendung von § 2 Nr. 4 VOB/B); *Vygen,* BauR 1979, 375, 378.
343) Vgl. hierzu OLG Köln, *SFH,* Nr. 1 zu § 648 BGB.
344) BGH, *Schäfer/Finnern,* Z 2.300 Bl. 11; BGH, WM 1974, 929.
345) NJW-RR 1995, 274 = BauR 1994, 803 (LS).
346) Vgl. hierzu BGH, BauR 2004, 78 = NZBau 2004, 150 = IBR 2004, 59 – *Schulze-Hagen.*
347) *Schmidt,* BlGBW 1969, 189; OLG Düsseldorf, DB 1978, 88.
348) BGH, NJW 1969, 233.

### e) Abrechnung bei Kündigung

*Literatur*

*Leineweber*, Kündigung bei Pauschalverträgen – Möglichkeiten und Problemlösungen für den Auftragnehmer im Zusammenhang mit der Abrechnung –, ZfBR 2005, 1110.

**1206** Wird ein **Pauschalpreisvertrag**, der **zum Teil bereits ausgeführt** worden ist, vom Auftraggeber aus wichtigem Grund oder gemäß § 649 BGB **gekündigt**, kann der Unternehmer für die erbrachten Leistungen nicht ohne Weiteres die aus dem Vertrag für den erreichten Bautenstand vorgesehenen Raten verlangen.[349] Die Verknüpfung von Teilleistungen mit Teilzahlungen sagt nach der zutreffenden Auffassung des BGH[350] nicht zwingend etwas darüber aus, dass die Vertragsparteien die einzelnen Teilleistungen mit den ihnen zugeordneten Raten bewerten wollten.

Nach der Rechtsprechung des BGH[351] hat die **Abrechnung** eines durch Kündigung beendeten Pauschalpreisvertrages vielmehr nach folgenden Schritten und Maßstäben zu erfolgen:

1. Ermittlung der **Leistung**:

Der Auftragnehmer hat zunächst die **erbrachten** Leistungen festzustellen und von dem nicht erbrachten Teil abzugrenzen.[352]

2. Ermittlung der **Vergütung**:

Für die erbrachten Leistungen ist ein entsprechender anteiliger Werklohn anzusetzen. Dabei ist „die Höhe dieser Vergütung nach dem Verhältnis des Wertes der erbrachten Teilleistung zum Wert der nach dem Pauschalpreisvertrag geschuldeten Gesamtleistung zu errechnen; der Unternehmer muss deshalb das Verhältnis der bewirkten Leistung zur vereinbarten Gesamtleistung und des Pauschalansatzes für die Teillieferung zum Pauschalpreis darlegen".[353]

---

349) BGH, NJW-RR 1998, 236 = ZfBR 1998, 32; BauR 1980, 356; OLG München, ZfBR 1982, 67, 69.
350) BauR 1999, 644 = NJW-RR 1999, 960 = ZfBR 1999, 211.
351) BGH, BauR 2002, 1403 = NZBau 2002, 507 = MDR 2002, 1307; BauR 2002, 1406 = NZBau 2002, 508 = MDR 2002, 1177; BauR 2001, 251 = NJW 2001, 521 = NZBau 2001, 85 = ZfBR 2001, 102 = MDR 2001, 212; BauR 2000, 1191, 1193 = ZfBR 2000, 471; BauR 2000, 726 = NJW 2000, 1257 = MDR 2000, 635 (Abrechnung über gleichwertige Leistungen); BauR 1997, 304 = NJW 1997, 733 = MDR 1997, 236 = BB 1997, 336; BGH, BauR 1998, 121 = NJW-RR 1998, 234 = ZfBR 1998, 78; BauR 1997, 643 = ZfBR 1997, 242; BauR 1995, 691 = ZfBR 1995, 297; BauR 1996, 846, 848; BauR 1998, 125; KG, KGR 1998, 41, 42; OLG Celle, BauR 2006, 2069; OLG Naumburg, BauR 2003, 896 = OLGR 2003, 312; OLG Dresden, BauR 2001, 419 u. OLG Köln, NJW-RR 1999, 745 = OLGR 1999, 57 (beide zur Abrechnung durch **Insolvenzverwalter**); OLG Naumburg, NJW-RR 2000, 391; OLG Düsseldorf, *Schäfer/Finnern*, Z 2.310 Bl. 9 sowie OLG München, ZfBR 1982, 67 (zur Prüfbarkeit einer solchen Rechnung); OLG Hamm, BauR 1992, 516.
352) Allerdings kann der Auftragnehmer, der bis zur vorzeitigen Beendigung eines Pauschalpreisvertrages nur geringfügige Teilleistungen erbracht hat, ausnahmsweise die ihm zustehende Mindestvergütung nach einer Entscheidung des BGH (Urt. v. 25.11.2004 – AZ: VII ZR 394/02 – bei Drucklegung noch nicht veröffentlicht) in der Weise abrechnen, dass er die gesamte Leistung als nicht erbracht zugrunde legt und von dem Pauschalpreis die hinsichtlich der Gesamtleistung ersparten Aufwendungen absetzt.
353) Zur Prüfbarkeit der Abrechnung eines gekündigten Bauvertrages vgl. BGH, BauR 2003, 377 = NJW 2003, 581 = MDR 2003, 213 = NZBau 2003, 151. Ferner BGH, BauR 1999, 644 =

Bei dieser notwendigen Abgrenzung zwischen erbrachten und nicht erbrachten Leistungen und deren Bewertung hat der Auftragnehmer seinen Vortrag so zu gestalten, dass es dem Auftraggeber möglich ist, sich sachgerecht zu verteidigen.[354]

Das **Wertverhältnis der erbrachten Teilleistung zur Gesamtleistung** kann im Einzelfall, muss aber nicht immer aufgrund eines **Aufmaßes**[355] oder eines **Leistungsverzeichnisses** ermittelt werden. Letzteres ist z. B. dann nicht möglich, wenn es keine Ausschreibung mit Leistungsverzeichnis, sondern nur eine funktionale Ausschreibung im Rahmen eines Global-Pauschalpreisvertrages (vgl. hierzu Rdn. 1189) oder gar keine Ausschreibung gibt. In diesem Fall kann die geschuldete Vergütung nur nach den allgemeinen, vom BGH entwickelten Grundsätzen ermittelt werden. Dabei hat ggf. der Auftragnehmer die Grundlagen seiner **Kalkulation vorzulegen**.[356] Aus der offen gelegten Kalkulation ist sodann – unter Umständen durch eine zusätzliche Schätzung nach § 287 ZPO – die richtige Vergütung zu ermitteln.[357] Ist eine solche Kalkulation nicht erstellt worden, muss er sie nachträglich erarbeiten[358] oder in anderer Weise darlegen, wie die erbrachten Leistungen unter Beibehaltung des Preisniveaus (bei Vertragsschluss) zu bewerten sind.[359] Das KG[360] hält in diesem Zusammenhang die Forderung nach einer aufgeschlüsselten **Nachkalkulation** für treuwidrig, wenn die nicht erbrachten Leistungen unter 2% des Auftragsvolumens liegen. Auch der BGH[361] hat die Notwendigkeit der Nachkalkulation für folgenden Fall eingeschränkt: Hat der Unternehmer eine Leistung nicht in seinem Pauschalpreis einkalkuliert, weil er irrtümlich der Auffassung ist, sie sei nicht geschuldet, scheitert die Prüfbarkeit seiner nach einer Kündigung erstellten Schlussrechnung nicht daran, dass er keine Nachkalkulation vornimmt. Hat allerdings der Unternehmer bei der Kalkulation eines Pauschalpreises Leistungspositionen vergessen, muss er die daraus entstandene mangelnde Kostendeckung des Pauschalpreises auch bei der Abrechnung nach vorzeitiger Kündigung in Abzug

---

NJW-RR 1999, 60 = ZfBR 1999, 211; BauR 1997, 304 = NJW 1997, 733 = MDR 1997, 236 = BB 1997, 336; BGH, BauR 1998, 121 = NJW-RR 1998, 236 = ZfBR 1998, 32; *Löwe*, ZfBR 1998, 121, 123; *Glöckner*, BauR 1998, 669, 672.

354) BGH, BauR 2004, 1441 = NZBau 2004, 549; BauR 2002, 1403; 2002, 1406; BauR 2001, 251 = NJW 2001, 521 = NZBau 2001, 85 = ZfBR 2001, 102 = MDR 2001, 212.
355) BGH, BauR 2002, 1403, 1405; BauR 1999, 632 = NJW 1999, 2036 = MDR 1999, 801 = ZfBR 2000, 38; OLG Düsseldorf, NJW-RR 1992, 1373; OLG Köln, BauR 1994, 413 (LS).
356) BGH, BauR 1997, 304 = NJW 1997, 733 = MDR 1997, 236 = BB 1997, 336; BauR 1999, 632 = NJW 1999, 2036 = MDR 1999, 801; BauR 1999, 1294 = NJW 1999, 3261 = ZfBR 2000, 30 = MDR 1999, 1378 (Aufschlüsselung unter Beibehaltung des Preisniveaus); OLG Celle, BauR 1998, 1016; LG Trier, NJW-RR 1992, 604; KG, IBR 2006, 194 (Angabe von pauschalen Beträgen für nicht erbrachte Leistungen – ohne Spezifikation und ohne Offenlegung der Kalkulation – reicht nicht aus.).
357) BGH, BauR 2006, 1753 = NZBau 2006, 637 (gilt auch für erstelltes Aufmaß); BauR 2003, 880; OLG Dresden, IBR 2005, 467 – *Schulze-Hagen*.
358) BGH, BauR 1997, 304 = NJW 1997, 733 = MDR 1997, 236 = BB 1997, 336; Brandenburgisches OLG, BTR 2005, 128 (nur Plausibilität gefordert).
359) BGH, BauR 2001, 251 = NJW 2001, 521 = NZBau 2001, 85 = ZfBR 2001, 102 = MDR 2001, 212; BauR 2000, 1182 = NJW 2000, 2988 = NZBau 2000, 375 = ZfBR 2000, 472; vgl. hierzu auch BGH, BauR 2002, 1403, 1405.
360) KGR 1999, 253.
361) BGH, BauR 2004, 1441 = NZBau 2004, 549.

bringen.³⁶²⁾ Kalkulationsfehler setzen sich daher in der Abrechnung der Teilleistungen nach Kündigung fort.

Ist es dem Auftragnehmer nicht mehr möglich, den Stand der von ihm bis zur Kündigung erbrachten Leistung durch ein Aufmaß zu ermitteln, weil der **Auftraggeber das Aufmaß dadurch vereitelt** hat, dass er das Bauvorhaben durch ein **Drittunternehmen hat fertig stellen** lassen, genügt der Auftragnehmer seiner Verpflichtung zur prüfbaren Abrechnung nach der Rechtsprechung des BGH,³⁶³⁾ wenn er alle ihm zur Verfügung stehenden Umstände dem Auftraggeber mitteilt, die Rückschlüsse auf den Stand der erbrachten Leistung ermöglichen. Dabei weist der BGH auch darauf hin, dass der Auftragnehmer seiner Darlegungslast in diesem Fall genügt, „wenn er Tatsachen vorträgt, die dem Gericht die Möglichkeit eröffnen, ggf. mit Hilfe eines Sachverständigen den Mindestaufwand des Auftragnehmers zu schätzen, der für die Erbringung seiner Leistung erforderlich war".

Haben die Parteien einen Pauschalpreis (z. B. durch Abrundung) vereinbart, nachdem der Auftragnehmer ein **Angebot** mit Massen und Einheitspreisen abgegeben hatte, kann dieses Angebot ebenfalls ein „brauchbarer Anhaltspunkt" sein, um das Wertverhältnis zu ermitteln und damit auch die Vergütung für die bis zur Kündigung des Vertrages erbrachten Leistungen zu berechnen, wobei das Preisniveau der „abgerundeten Pauschale" bzw. eines Nachlasses³⁶⁴⁾ zu berücksichtigen ist.³⁶⁵⁾ Dazu weist der BGH³⁶⁶⁾ zu Recht darauf hin, dass die erforderliche nachträgliche Aufgliederung in Einzelleistungen und kalkulierte Preise in der Regel die Gesamtleistung erfassen muss, es sei denn, dass im Zeitpunkt der Kündigung nur noch geringfügige Leistungen nicht erbracht sind. Dabei ist aber zu beachten: Auch hier haben die Vertragsparteien bewusst Massen/Mengen pauschaliert. Die im Leistungsverzeichnis genannten Massen können daher nur ein **Anhaltspunkt** für die Ermittlung der erbrachten Leistungen sein. Entscheidend bleibt auch hier das Verhältnis der **erbrachten Teilleistungen** zur vereinbarten **Gesamtleistung**.³⁶⁷⁾

Hierzu ein **Beispiel:** Im Leistungsverzeichnis sind für eine Rohrverlegung in einem bestimmten Bereich 40 lfd. m zum ursprünglichen Einheitspreis angesetzt. Die Parteien schließen einen Pauschalpreisvertrag. Bis zur Kündigung hat der Auftragnehmer zwei Drittel der vereinbarten Gesamtrohrverlegung erbracht. Anhand eines Aufmaßes stellt sich heraus, dass dies bereits 40 lfd. m sind, aber noch 20 lfd. m fehlen. Das Leistungsverzeichnis, dessen Massen später nach dem Willen der Parteien im Rahmen der Ermittlung des Pauschalpreises pauschaliert wurden, war also ungenau.

In diesem Fall kann der Auftragnehmer nicht 40 lfd. m zum ursprünglichen Einheitspreis abrechnen. Vielmehr muss er die nach dem Vertrag tatsächlich zu erbringende Gesamtrohrverlegung (60 m) zu der von ihm erbrachten Teilleistung (40 lfd. m) in Verhältnis setzen, sodass insoweit nur eine Vergütung in Höhe von zwei Drittel des vereinbarten Pauschalpreises in Betracht kommt.

Hat der Auftragnehmer allerdings bis zur Kündigung nur **sehr geringfügige Teilleistungen erbracht**, lässt der BGH³⁶⁸⁾ es ausdrücklich zu, dass der Auftragnehmer die ihm zustehende Mindestvergütung in der Weise abrechnen kann, dass er die

---

362) Brandenburgisches OLG, IBR 2006, 612 – *Putzier*.
363) BauR 2004, 1443.
364) Brandenburgisches OLG, IBR 2005, 665 – *Putzier*.
365) BGH, BauR 2000, 726 = NJW 2000, 1257 = MDR 2000, 635 (auch beim Pauschalpreisvertrag); BauR 1996, 846 = NJW 1996, 3270 = MDR 1997, 33; OLG Celle, BauR 1998, 1016.
366) BauR 2000, 1182 = NJW 2000, 2988 = NZBau 2000, 375 = ZfBR 2000, 472.
367) BGH, BauR 1998, 121.
368) BauR 2005, 385.

gesamte Leistung als nicht erbracht zugrunde legt und von dem Pauschalpreis die hinsichtlich der Gesamtleistung ersparten Aufwendungen absetzt. Darüber hinaus hält der BGH[369)] die Abrechnung eines gekündigten Pauschalpreisvertrages für prüffähig, wenn der Auftragnehmer vom vereinbarten Pauschalpreis die Kosten abzieht, die dem Auftraggeber nach dessen eigenen Angaben für die Ausführung der bei Kündigung noch fehlenden Restleistung durch einen Drittunternehmer entstanden sind. Ferner eröffnet der BGH auch die Möglichkeit einer **Schätzung des Werklohns** nach § 287 ZPO, wenn ausreichende Grundlagen zur Ermittlung des Werklohns vorhanden sind.[370)] Die Entscheidung des BGH[371)] hat auch entsprechend für den umgekehrten Fall zu gelten, wenn der Unternehmer im Zeitpunkt der Kündigung des Vertrages nur noch geringfügige Leistungen zu erbringen hat, wobei das OLG Hamm[372)] die Grenze der Geringfügigkeit dann als nicht überschritten ansieht, wenn der Umfang der noch zu erbringenden Leistungen unter 2% des Auftragsvolumens liegt.

Verlangt ein Auftraggeber bei Kündigung eines Pauschalpreisvertrages die teilweise **Rückzahlung von Akontozahlungen**, gilt Folgendes: Anspruchsgrundlage für einen entsprechenden Zahlungsanspruch ist die vertragliche Abrede, nicht dagegen § 812 Abs. 1 BGB.[373)] Insoweit hat er zur Schlüssigkeit seines Anspruchs lediglich die Höhe seiner Anzahlung und den Wert der bisher von dem Auftragnehmer erbrachten Leistungen nach den vorerwähnten Gesichtspunkten vorzutragen. Widerspricht der Auftragnehmer diesem Vortrag und schätzt er den Wert seiner Leistung und damit auch seines Werklohnanspruches höher ein, trifft ihn für diesen Einwand im Hinblick darauf, dass lediglich Akontozahlungen geleistet worden sind, die Darlegungs- und Beweislast (vgl. näher Rdn. 1918).[374)]

Streiten die Vertragsparteien über eine **Anpassung** des vereinbarten Pauschalpreises, weil z. B. **Leistungen weggefallen** sind oder der Auftraggeber Materiallieferungen vorgenommen hat und diese Umstände auf die Preisbildung Einfluss haben können, ist nach BGH[375)] eine Schlussrechnung, in die der Pauschalpreis eingestellt wurde, prüfbar. Es sind aber die angebotenen Beweise zur Anpassung des Pauschalpreises zu erheben.

Will der Auftragnehmer Ansprüche für die **nicht erbrachten Leistungen** gemäß § 649 Satz 2 BGB geltend machen, ist die Rechtsprechung des BGH zu berücksichtigen (vgl. hierzu im Einzelnen Rdn. 1294).

Die **Abrechnung eines gekündigten Pauschalvertrages** kann nach den vorangegangenen Ausführungen im Einzelfall nicht nur äußerst kompliziert, sondern auch gleichzeitig mit einem **erheblichen (zusätzlichen) Aufwand** für den Auftragnehmer – im Gegensatz zur Abrechnung eines abgewickelten Pauschalvertrages – verbunden sein. Das ist in der Regel auch mit einem großen Kostenaufwand für ihn

---

369) BauR 2006, 519 m. Anm. *Schmitz*.
370) NJW-RR 2006, 1455; ebenso OLG Dresden, IBR 2005, 467 – *Schulze-Hagen*.
371) BauR 2005, 385.
372) NJW-RR 2006, 1392.
373) BGH, BauR 1999, 635 = NJW 1999, 1867 = ZfBR 2000, 38 = MDR 1999, 671.
374) BGH, BauR 2003, 377; NJW 2003, 581 = MDR 2003, 213 = NZBau 2003, 151 (Widerlegung der schlüssigen Darstellung des Auftraggebers hinsichtlich einer Überzahlung durch Vorlage einer prüfbaren Schlussrechnung); KG, BauR 1998, 348 = NJW-RR 1998, 451 = OLGR 1998, 41.
375) NJW-RR 2001, 311 = NZBau 2001, 138.

verbunden. Nach allgemeiner Meinung hat diese unerwarteten und daher nicht in die Ursprungskalkulation eingeflossenen (Mehr-)Kosten der Auftraggeber zu tragen. Die Begründungen hierzu sind unterschiedlich. Zum Teil wird als Anspruchsgrundlage der Grundsatz der **Änderung der Geschäftsgrundlage**, zum Teil der der ergänzenden Vertragsauslegung herangezogen.[376]

Dölle[377] vertritt die Auffassung, dass sich der entsprechende Anspruch des Auftragnehmers auf Ersatz des erhöhten Abrechnungsaufwandes unmittelbar aus § 649 BGB, § 8 Nr. 1 VOB/B ergibt: Der Werklohn, der dem Auftragnehmer nach diesen Vorschriften zusteht, ist „rechnerisch korrigiert um den Abrechnungsmehraufwand zu erhöhen", weil „kündigungsbedingte Faktoren, die den Wert der Vergütung mindern oder erhöhen, Berücksichtigung finden" müssen.

Haben die Parteien eines Pauschalpreisvertrages ausdrücklich vereinbart, dass sich für den Fall zusätzlich auszuführender Massen die Vergütung ändern soll, kann sich der Auftraggeber später nicht darauf berufen, dass der Auftragnehmer die formularmäßig vereinbarte Schriftform nicht gewahrt hat, da die Schriftformklausel gegen § 307 BGB verstößt.[378]

### 4. Der GMP-Vertrag

*Literatur*

*Gralla*, Garantierter Maximalpreis – GMP-Partnering-Modelle, Stuttgart 2001.
*Gralla*, Neue Wettbewerbs- und Vertragsformen für die deutsche Bauwirtschaft, 1999, 118; *Moeser*, Der Generalunternehmervertrag mit einer GMP-Preisabrede, ZfBR 1997, 113; *Oberhauser*, Der Vertrag mit GMP-Abrede – Struktur und Vertragsgestaltung, BauR 2000, 1397; *Grünhoff*, Die Konzeption des GMP-Vertrags – Mediation und Value Engineering, NZBau 2000, 313; *Eschenbruch*, Construction Management, NZBau 2001, 585; *Kapellmann*, Ein Construction Management-Vertragsmodell, NZBau 2001, 592; *Biebelheimer/Wazlawik*, Der GMP-Vertrag – Der Versuch einer rechtlichen Einordnung, BauR 2001, 1639; *Thierau*, Das Bausoll beim GMP-Vertrag, Festschrift für Jagenburg (2002), 895.

**1207** Der **GMP-Vertrag (Garantierter Maximal-Preis)** ist eine Variante des Generalunternehmer-Vertrages, wobei in der Regel als Vertragsform der Pauschalvertrag[379] gewählt wird. Er ist weder im BGB noch in der VOB/B geregelt. Vielmehr ist er über den angloamerikanischen Rechtsraum zu uns gekommen. In Deutschland gewinnt er zunehmend bei Großprojekten an Bedeutung. Der GMP-Vertrag baut in besonderer Weise auf einer sehr engen partnerschaftlichen Zusammenarbeit zwischen Auftraggeber und Auftragnehmer auf.

In Hinblick auf das große Konfliktpotenzial der Interessen der Auftraggeberseite einerseits und den Interessen der Auftragnehmerseite andererseits und die damit verbundene allgemein festzustellende Streitbereitschaft beider Vertragsparteien bestehen Bedenken, ob sich dieses Vertragsmodell in der deutschen Baupraxis in Zukunft allgemein durchsetzen wird. Es wird hier nämlich von beiden Seiten ein **Höchstmaß von kooperativem Verhalten** gefordert, das deutlich über die vom BGH zum Ausdruck gebrachten Kooperationspflichten der Vertragsparteien bei einer werkvertraglichen Zusammenarbeit hinausgeht.[380] Darüber hinaus steht ins-

---

376) Vgl. hierzu *Dölle*, Festschrift für Werner, S. 169, 172 m. N.
377) A. a. O., 169, 176.
378) OLG Düsseldorf, BauR 1998, 874.
379) Kombiniert mit Bestandteilen eines Selbstkostenerstattungsvertrages.
380) BauR 2000, 409 = NJW 2000, 807 = NZBau 2000, 130 = ZfBR 2000, 170 = MDR 2000, 388.

## GMP-Vertrag

besondere die Auftragnehmerseite diesem Vertragsmodell, wie die Erfahrung zeigt, eher skeptisch gegenüber, weil die Vertragsrisiken hierbei überwiegend auf sie abgewälzt werden. Sie sichert dies häufig durch einen übergroßen Risikozuschlag ab. Die Rechtsprechung hat sich bislang überhaupt noch nicht mit dem GMP-Vertrag beschäftigt.[381] Die Literatur hierzu ist noch überschaubar.[382]

Der GMP-Vertrag ist in der Regel[383] durch folgende Merkmale gekennzeichnet: **1208**

* Einbindung des Generalunternehmers in einem frühen (Planungs-)Stadium des Bauvorhabens (z. B. nach Vorplanung) zur technischen und wirtschaftlichen Optimierung der Bauleistung; durch die frühzeitige Einbeziehung des Generalunternehmers soll das Know-how des Generalunternehmers bei der noch zu vervollständigenden Planung genutzt werden, um bei der anschließenden Bauausführung die anfallenden Baukosten zu verringern.[384]
* **Vereinbarung eines Höchstbetrages** für die zu zahlende Vergütung der Bauleistung
* **Gemeinsame Auswahl der Nachunternehmer**
* **Prinzip der „open books"** im Sinne einer absoluten Kostentransparenz: Offenlegung sämtlicher tatsächlich entstandener Baukosten
* **Bonusregelung** im Sinne einer Gewinnabführung des Generalunternehmers an den Auftraggeber.

Im Einzelnen:

Bei dem GMP-Modell ist die **zweistufige Vertragsgestaltung** üblich.[385] Hat sich **1209** der Auftraggeber (ggf. nach einem allgemeinen Auswahlverfahren unter in Betracht kommenden Auftragnehmern) für einen geeigneten Generalunternehmer entschieden, schließen beide einen **Vertrag über Beratungsleistungen** des Generalunternehmers im planerischen Bereich mit einer entsprechenden Vergütungsregelung ab.[386] Dabei können beide Vertragsparteien bereits auf vom Auftraggeber erarbeiteten Eckdaten und bestimmten Planungsleistungen für das betreffende Bauvorhaben aufbauen. In dieser Phase schöpft sozusagen der Auftraggeber das technisch-planerische Know-how des Generalunternehmers im Hinblick auf die Wirtschaftlichkeit des Projekts durch dessen Beratungstätigkeit ab. Dabei stehen insbesondere Einsparungsmöglichkeiten (Kostenoptimierung) und die Klärung der vielfältigen Planungsmöglichkeiten im Vordergrund der Zusammenarbeit. Für die vom Generalunternehmer in diesem Stadium der Zusammenarbeit eingebrachten Planungsvarianten (im Sinne einer Optimierung) haftet dieser nach den Werkvertragsvorschriften des

---

381) Das kann insbesondere daran liegen, dass GMP-Verträge überwiegend im Hinblick auf den Kooperationsgedanken mit Schiedsgerichtsklauseln abgeschlossen werden.
382) Vgl. hierzu insbesondere *Grünhoff*, NZBau 2000, 313; Freiberger Handbuch/*Passarge/Warner*, § 1, Rdn. 179; *Oberhauser*, BauR 2000, 1397 und Festschrift für Kraus, S. 151, 162; *Moeser*, ZfBR 1997, 113; *Thierau*, Festschrift für Jagenburg, S. 895.
383) Vgl. zu den verschiedenen GMP-Modellen *Gralla*, S. 104 ff.; *Biebelheimer/Wazlawik*, BauR 2001, 1639, 1640.
384) *Biebelheimer/Wazlawik*, BauR 2001, 1639, 1640.
385) Vgl. hierzu *Oberhauser*, BauR 2000, 1397, 1398; *Grünhoff*, NZBau 2000, 313.
386) Denkbar ist auch, dass der Auftraggeber mit mehreren Auftragnehmern einen Vertrag über Beratungsleistungen abschließt und sich dann aus diesem Kreis der Auftragnehmer für den Generalunternehmer entscheidet, mit dem er den GMP-Vertrag abschließen will.

BGB.[387] Nach Abschluss der Planungsphase (meist einschließlich Entwurfs- und Genehmigungsplanung) schließen sodann der Auftraggeber und der Generalunternehmer den **eigentlichen GMP-Vertrag**.

Aus dieser Vertragsgestaltung wird deutlich, dass der im GMP-Vertrag festgelegte Höchstpreis kein Wettbewerbspreis sein kann.[388] Es mag sein, dass sich der Auftraggeber (zunächst) mit seinen frühen Planungsüberlegungen (Eckdaten) an verschiedene Generalunternehmer, die aber bei diesem Auswahlverfahren nur ihre allgemeine Leistungsfähigkeit präsentieren können, wendet, um den für die weitere Zusammenarbeit geeigneten Auftragnehmer zu finden. Der garantierte Höchstpreis wird jedoch erst in der zweiten Phase der Zusammenarbeit, nämlich bei Abschluss des GMP-Vertrages mit dem (zunächst lediglich beratenden) Generalunternehmer vereinbart. Selbst wenn sich der Auftraggeber nach Abschluss der ersten (Planungs-)Phase noch mit anderen Generalunternehmern in Verbindung setzt, was durchaus möglich und in manchen Fällen auch sinnvoll erscheint, hat der in der ersten Phase beratende Generalunternehmer einen solchen Wettbewerbsvorsprung, dass der Auftraggeber meist nicht umhin kommt, diesem auch den Zuschlag zu erteilen.[389]

Um den Wettbewerb zu nutzen, werden auch einstufige GMP-Verfahren praktiziert: Hier erfolgt erst die übliche Ausschreibung; mit dem günstigsten Bieter (häufig mit interessanten Sondervorschlägen) wird dann der GMP-Vertrag abgeschlossen. Der Auftragnehmer hat nunmehr die Möglichkeit, in planerischer, qualitativer und quantitativer Hinsicht Einsparungspotenziale aufzuzeigen, die zum Vorteil beider Vertragsparteien im Rahmen einer entsprechenden Bonusregelung genutzt werden können. Denkbar ist in diesem Zusammenhang auch, dass der Auftraggeber einen GMP vorgibt und sodann den GMP-Partner im Wettbewerb ermittelt (sog. GMP-Budget-Methode).[390]

Der im GMP-Vertrag festgelegte Höchstpreis[391] setzt sich üblicherweise einerseits aus der **Vergütung für die Nachunternehmer** (variabler Vergütungsanteil) und andererseits aus den **Eigenleistungen des Generalunternehmers** (auch Planungs- und Regieleistungen), den Gemein- und Geschäftskosten sowie Wagnis und Gewinn (fester Vergütungsanteil) zusammen. Die Vergütung für die Nachunternehmer wird häufig als Durchlaufposten vereinbart, sodass die entsprechende Abrechnung der Nachunternehmer von dem Generalunternehmer an den Auftraggeber unmittelbar (bis zum vereinbarten GMP-Höchstbetrag) weitergeleitet werden, ohne dass dadurch die einzelnen Rechtsbeziehungen verändert werden.[392]

Auch beim GMP-Vertrag gilt der Grundsatz, dass Nachträge umso weniger in Betracht kommen, umso klarer und umfangreicher das vom Generalunternehmer zu leistende Bausoll beschrieben ist (vgl. insoweit die Ausführungen zu Rdn. 1189). Daher ist das Konfliktpotenzial insoweit identisch mit den sonst üblichen Generalunternehmer-Pauschalverträgen. Berechtigte Nachträge für Zusatz- und Änderungsleistungen (vgl. näher Rdn. 1200) führen auch hier – nach den allgemeinen werkvertraglichen Grundsätzen – zur Anhebung des garantierten Maximal-Preises.

---

387) Gegebenenfalls kommt auch eine Haftungsteilung zwischen dem Generalunternehmer und dem vom Auftraggeber eingeschalteten Planer in Betracht, worauf *Oberhauser*, BauR 2000, 1397, 1404, zu Recht verweist.
388) So auch *Oberhauser*, BauR 2000, 1397, 1402.
389) Vgl. hierzu Freiberger Handbuch/*Passarge*/*Warner*, § 1, Rdn. 180.
390) *Gralla*, S. 124 ff.; *Biebelheimer*/*Wazlawik*, BauR 2001, 1639, 1640.
391) In der Praxis geben Auftraggeber häufig schon von Anfang an einen Maximalpreis vor und suchen auf dieser Vorgabe dann ihren GMP-Partner.
392) Vgl. hierzu *Moeser*, ZfBR 1997, 113, 116.

Ein Konfliktpotenzial kann die Beurteilung der Frage sein, wann der Generalunternehmer mit seinem Auftraggeber abzurechnen hat, wenn mit einem oder mehreren Nachunternehmern Streit über die berechtigte Vergütung besteht. Es empfiehlt sich insoweit eine entsprechende Vertragsregelung, um die Gesamtabrechnung nicht von möglicherweise langen Auseinandersetzungen mit den Nachunternehmern abhängig zu machen.

Wie die Beteiligung des Auftraggebers an der **Auswahl der Nachunternehmer** im Einzelnen zu erfolgen hat, hängt von der entsprechenden Abrede der Vertragsparteien ab. In Betracht kommen z. B. entweder Bestimmungs- bzw. Vetorechte des Auftraggebers oder rein unverbindliche Empfehlungen (Vorschlagsrechte) des Auftraggebers. Ein einseitiges Bestimmungsrecht des Auftraggebers kann für diesen mit Haftungsrisiken verbunden sein (z. B. hinsichtlich einer nicht sorgfältigen Auswahl des Nachunternehmers).

Mit der **„Open-books"-Regelung** muss dem Auftraggeber die Möglichkeit eingeräumt sein, die Einzelheiten vertraglicher Vereinbarungen und insbesondere die Abrechnung mit den Nachunternehmern zu überprüfen. Der gesamte Zeitraum von der Vergabe bis zur Abrechnung der Nachunternehmerleistung muss also (für den Auftraggeber) transparent sein.

Die vertragliche **Bonusregelung** zugunsten des Auftraggebers kann – sowohl hinsichtlich des Grundes wie auch der Höhe nach – sehr unterschiedlich sein. In der Regel wird das Maß der Unterschreitung des garantierten Maximal-Preises der Ansatz für den zu zahlenden Bonus sein, wobei das Aufteilungsverhältnis fest[393] oder (von der Höhe der Kosteneinsparungen abhängig) variabel sein kann. Die Bonusregelung kommt erst zum Zuge, wenn die tatsächlichen Herstellungskosten unter dem garantierten Maximal-Preis liegen. Liegen diese über dem garantierten Maximal-Preis, gehen die Differenzkosten zu Lasten des Generalunternehmers, da er das alleinige Risiko der Überschreitung trägt.

### 5. Stundenlohnvertrag

*Literatur*

*Mugler*, Die Bindung der Vertragsparteien an ihre Vereinbarung über die Höhe der Vergütung bei Regiearbeiten am Bau, BB 1989, 859; *Losert*, Die Bedeutung der Unterschrift unter einem Stundenlohnzettel, ZfBR 1993, 1; *Korbion*, Stundenlohnarbeiten beim BGB-Bauvertrag, Festschrift für Soergel, 1993, 131; *Thamm/Möffert*, Stundenlohnzettel bei Werkverträgen aus wirtschaftsrechtlicher Sicht, BauRB 2004, 210; *Kuhn*, Die Verteilung der Darlegungs- und Beweislast bei der Geltendmachung von Schadensersatzansprüchen aufgrund falsch abgerechneter Stundenlohnarbeiten, ZfBR 2006 733; *Voit*, Die Bedeutung der Bestätigung von Aufmaß und Stundenlohnzetteln, Festschrift für Motzke (2006), 421.

Der Stundenlohnvertrag ist in der Baupraxis **die Ausnahme,**[394] der Einheitspreisvertrag die Regel;[395] daher trägt sowohl beim BGB- wie beim VOB-Vertrag derjenige, der nach Stundenlöhnen abrechnen will, die Beweislast, dass diese Berechnungsart vereinbart ist (vgl. Rdn. 1163).[396] Für den **VOB-Bauvertrag** bestimmt § 2 Nr. 10 VOB/B

---

393) Vgl. hierzu *Oberhauser*, BauR 2000, 1397, 1401.
394) OLG Hamm, BauR 1994, 374, 376.
395) OLG Hamm, BauR 2002, 319, 320.
396) Vgl. BGH, BB 1957, 799; *Korbion*, Festschrift für Soergel, S. 131, 133.

ausdrücklich, dass Stundenlohnarbeiten nur vergütet werden, wenn sie als solche vor ihrem Beginn **ausdrücklich vereinbart** worden sind.[397)] Ist vor Beginn der Arbeiten eine solche Vereinbarung nicht getroffen worden, kann sie allerdings nachgeholt und damit geheilt werden.[398)] Die ausdrückliche Vereinbarung, dass die Werkleistung nach Stundenlöhnen abgerechnet werden soll, muss klar und unmissverständlich sein; mit Recht weist Korbion[399)] darauf hin, dass es an einer solchen Vereinbarung fehlt, wenn in einer besonderen Position der Leistungsbeschreibung nur festgehalten ist, dass so genannte Regiestunden zu einem bestimmten Betrag verrechnet werden, ohne dass gleichzeitig eine bestimmte Leistung bezeichnet ist.

**Die Abzeichnung von Stundenlohnzetteln** durch den Auftraggeber oder seinem Bauleiter[400)] bedeutet in der Regel **kein Anerkenntnis**, dass die Arbeiten nach Stundenlohn **zu vergüten sind**; mit der Unterschrift wird nur anerkannt, dass die beschriebenen Leistungen nach Art und Umfang erbracht worden sind (vgl. näher Rdn. 1214 ff.).[401)] Der BGH[402)] hat in diesem Zusammenhang darauf hingewiesen, dass „die Abzeichnung von Stundenlohnzetteln nur dann ein Angebot zum Abschluss einer Stundenlohnvereinbarung ist, wenn sich aus den besonderen Umständen ergibt, dass die Unterzeichnung ein konkludentes rechtsgeschäftliches Angebot zur Änderung der ursprünglichen Vergütungsvereinbarung und zum Abschluss einer Stundenlohnvereinbarung für die in den Stundenlohnzetteln genannten Leistungen ist". Das gilt nach Auffassung des BGH[403)] auch für den **Bestätigungsvermerk** eines Auftraggebers auf der Abrechnung, weil ein solcher Vermerk nicht ausreichend ist, um abweichend von dem schriftlichen Vertrag eine Stundenlohnvereinbarung zu begründen.

Fehlt beim BGB-Bauvertrag eine entsprechende ausdrückliche Vereinbarung, wird man allerdings eine Abrechnung nach Stundenlöhnen immer dann als übliche Vergütung anzusehen haben, wenn es sich um **kleinere Leistungen**, insbesondere

---

397) Vgl. hierzu OLG Köln, BauR 1997, 356 (LS) = NJW-RR 1997, 150 (schlüssige Vereinbarung, dass Stundenlohnarbeiten für Zusatzleistungen abgerechnet werden sollen, wenn eine hochspezialisierte Werkleistung zu einem unverhältnismäßig niedrigen Pauschalbetrag in Auftrag gegeben wird und sich die Parteien einig waren, dass Stundenlohnarbeiten entstehen können).
398) Zutreffend: *Heiermann/Riedl/Rusam*, § 2/B, Rdn. 183.
399) Festschrift für Soergel, S. 131, 134.
400) BGH, BauR 2003, 1892, 1896 = ZfBR 2004, 37 = NZBau 2004, 31 = NJW-RR 2004, 92 (Die Ermächtigung eines Bauleiters oder Architekten, Stundenlohnnachweise abzuzeichnen, ist keine Vollmacht zum Abschluss einer Stundenlohnvereinbarung). Ebenso OLG Dresden, IBR 2007, 467 – *Althaus*.
401) BGH, BauR 2003, 1892, 1896 = ZfBR 2004, 37 = NZBau 2004, 31 = NJW-RR 2004, 92; BauR 1994, 760 = ZfBR 1995, 15 = NJW-RR 1995, 80; OLG Nürnberg, IBR 1999, 516; *Dähne*, Festschrift für Jagenburg, S. 97, 105; **a. A.:** HansOLG Hamburg, BauR 2000, 1491 m. abl. Anm. *Vogel;* vgl. ferner OLG Düsseldorf, NZBau 2000, 378 = BauR 2000, 1383 (LS), wonach auch bei einem BGB-Stundenlohnvertrag nur die Stundenanzahl abgerechnet werden kann, die bei einer Ausführung „mit durchschnittlichem Arbeitstempo" angefallen wären.
402) BauR 2003, 1892, 1896 = NZBau 2004, 31 = ZfBR 2004, 37 = NZW-RR 2004, 92; BauR 1994, 760 = NJW-RR 1995, 80 = ZfBR 1995, 15; ebenso OLG Nürnberg, IBR 1999, 516 – *Moufang; Dähne*, Festschrift für Jagenburg, S. 97, 105; *Heiermann/Riedl/Rusam*, § 2/B, Rdn. 183; **a. A.:** OLG Hamburg, BauR 2000, 1491 m. abl. Anm. *Vogel*.
403) BauR 2004, 1291 = NZBau 2004, 548.

## Stundenlohnvertrag

Neben- oder Hilfsarbeiten, wie z. B. das Herstellen von Schlitzen, das Stemmen von Durchbrüchen, Reinigungsarbeiten, Reparaturarbeiten, handelt.[404)]

Beim **BGB-Bauvertrag** werden Stundenlohnarbeiten zunächst nach den vertraglichen Vereinbarungen abgerechnet. Ist eine solche im Hinblick auf die Höhe des zu vergütenden Stundensatzes nicht nachweisbar, gilt die übliche Vergütung (§ 632 Abs. 2 BGB).

**1211**

Der Auftragnehmer trägt die **Darlegungs- und Beweislast** sowohl hinsichtlich der Vereinbarung einer bestimmten Vergütung als auch für die von ihm aufgewandten Stunden und deren Angemessenheit.[405)] In diesem Zusammenhang hat der 22. Zivilsenat des OLG Celle[406)] zutreffend darauf hingewiesen, dass den Auftragnehmer die Darlegungs- und Beweislast trifft, „dass die Stunden im Rahmen einer wirtschaftlichen Betriebsführung erbracht wurden und einen wirtschaftlich vertretbaren Aufwand an Arbeitszeit darstellen" (vgl. hierzu Rdn. 1215 a. E.).

Vereinbaren die Parteien eine Stundenlohnabrechnung entsprechend der Regelung des § 15 Nr. 3 VOB/B (vgl. näher Rdn. 1212), ist auch insoweit davon auszugehen, dass die Vorlage der **Stundenlohnzettel keine Bedingung** für die Abrechnungsfähigkeit der aufgewandten Stunden darstellt.[407)] Die aufgewandten Stunden können deshalb auch in anderer Weise abgerechnet werden, wobei die Darlegungs- und Beweislast hierfür beim Auftragnehmer verbleibt.

§ 15 VOB/B bestimmt für den **VOB-Bauvertrag**, wie die Vergütung berechnet wird. Danach werden Stundenlohnarbeiten grundsätzlich ebenfalls nach den vertraglichen Vereinbarungen im Hinblick auf die aufgewandte Arbeitszeit und das dabei verbrauchte Material abgerechnet. Sind in einem Vertrag über Stundenlohnarbeiten bestimmte Sätze für Stundenlohn und Materialkosten vereinbart, können daneben Kosten für Geräte und Fracht grundsätzlich nicht gesondert ersetzt verlangt werden.[408)] Besteht keine vertragliche Vereinbarung für die Vergütung, gilt die ortsübliche Vergütung (§ 632 Abs. 2 BGB).[409)] Ist eine solche ortsübliche Vergütung nicht zu ermitteln, gibt § 15 Nr. 1 Abs. 2 die insoweit heranzuziehenden Berechnungsmaßstäbe an.

**1212**

---

404) *Korbion*, a. a. O., S. 136.
405) *Staudinger/Peters*, § 632 BGB, Rdn. 18; *Messerschmidt* in Kapellmann/Messerschmidt, § 15/B, Rdn. 76; bedenklich daher: BGH, BauR 2000, 1196, wonach einerseits den Auftragnehmer eine Verpflichtung (nach Treu und Glauben) gegenüber dem Auftraggeber zur wirtschaftlichen Betriebsführung trifft, sich andererseits eine Verletzung dieser Verpflichtung nicht unmittelbar vergütungsmindernd auswirkt, sondern lediglich zu einem Gegenanspruch des Auftraggebers wegen Vertragsverletzung des Auftragnehmers führt.
406) BauR 2003, 1224 = NZBau 2004, 41 = NJW-RR 2003, 1243 = OLGR 2003, 261 = IBR 2003, 290 – *Schwenker*; a. A.: der 7. Zivilsenat des OLG Celle, OLGR 2003, 283 = IBR 2003, 524 – *Roskosny*, wonach beim Stundenlohnvertrag der Unternehmer „bei ordnungsgemäß abgezeichneten Lohn- und Materialnachweisen den marktüblichen Spielraum in den Grenzen wirtschaftlicher Betriebsführung ausnutzen" kann und der Auftraggeber die Beweislast trägt, dass der Spielraum überschritten ist.
407) OLG Köln, BauR 1996, 725, 726 = NJW-RR 1997, 150.
408) LG Köln, *Schäfer/Finnern*, Z 2.303 Bl. 19; *Korbion*, a. a. O., S. 136.
409) Hinsichtlich der von öffentlichen Auftraggebern früher (vor Aufhebung der Baupreisverordnung und der LSP-Bau) einzuhaltenden „Besonderen Vorschriften für die Ermittlung von Stundenlohnabrechnungspreisen" s. *Ingenstau/Korbion*, 13. Auflage, § 15/B, Rdn. 10 sowie Beck'scher VOB-Komm/*Cuypers*, B, § 15, Rdn. 25 ff.

Für die Vereinbarung einer **bestimmten Stundenlohnvergütung** bzw. die Höhe der ortsüblichen Vergütung trägt der **Auftragnehmer** die **Darlegungs- und Beweislast**.[410]

Die VOB stellt folgende **Anforderungen an die Abrechnung nach Stundenlohnsätzen**:

* Die ausdrückliche Vereinbarung, dass nach Stundenlohn abgerechnet werden kann (§ 2 Nr. 10 VOB/B).[411]
* Dem Auftraggeber ist die Ausführung von **Stundenlohnarbeiten** vor Beginn vom Auftragnehmer **anzuzeigen**.
* Der Auftragnehmer hat dem Auftraggeber über die geleisteten Arbeitsstunden und den dabei erforderlichen, besonders zu vergütenden Materialaufwand je nach der Verkehrssitte werktäglich oder wöchentlich **Stundenlohnzettel** einzureichen.
* Der Unternehmer hat Stundenlohnrechnungen alsbald nach Abschluss der Stundenlohnarbeiten, längstens jedoch in Abständen von 4 Wochen einzureichen.

**1213** Die **Anzeigepflicht** stellt **keine Anspruchsvoraussetzung dar**. Es handelt sich um eine Nebenpflicht des Auftragnehmers, deren Verletzung zu Schadensersatzansprüchen wegen einer Vertragsverletzung nach § 280 BGB führen kann.[412] Werden Stundenlohnzettel nicht oder verspätet dem Auftraggeber vorgelegt, und bestehen über den Umfang der Stundenlohnleistungen Zweifel, werden die Leistungen des Auftragnehmers nach § 15 Nr. 5 VOB/B in Verbindung mit Nr. 1 Abs. 2 abgerechnet, wobei der wirtschaftlich vertretbare Aufwand an Arbeitszeit und Verbrauch von Stoffen usw. ermittelt wird.[413] Die **Beweislast**, dass die Stundenlohnzettel verspätet eingereicht worden sind und dass deshalb berechtigte Zweifel an den Angaben über den Umfang der Stundenlohnarbeiten bestehen, trägt der **Auftraggeber,** wobei an die Beweisführung jedoch keine zu strengen Anforderungen zu stellen sind.[414] Für die Abrechnungsfähigkeit von Stundenlohnarbeiten ist die **Vorlage von Stundenlohnzetteln** nach dem Aufbau des § 15 VOB/B **keine Bedingung**.[415]

**1214** Die VOB/B verlangt in § 15 Nr. 3 von dem Auftraggeber, dass er die von ihm bescheinigten **Stundenlohnzettel** unverzüglich, spätestens jedoch innerhalb von 6 Werktagen nach Zugang, zurückgibt; andernfalls gelten die nicht fristgemäß zurückgegebenen Stundenlohnzettel als **anerkannt**.[416] Dies bedeutet jedoch ebenfalls nur, dass eine **Umkehr der Beweislast** eintritt; auch insoweit kann also der Auftraggeber den Gegenbeweis führen, dass die Stundenlohnzettel unrichtig sind und dass er von dieser Unrichtigkeit bisher keine Kenntnis hatte (vgl. näher Rdn. 2027).

---

410) OLG Hamm, BauR 2002, 319, 320 m. Anm. *Keldungs*.
411) Vgl. hierzu BGH, BauR 2003, 1892 = ZfBR 2004, 37 = NZBau 2004, 31 = NJW-RR 2004, 92; KG, BauR 2005, 1179, 1181 (Abrechnung nach Stunden von AG nicht gerügt und Zahlungen geleistet); OLG Düsseldorf, IBR 2005, 669 – *Schalk* (Auftraggeber unterschreibt ständig Stundenlohnzettel: Vermutung der Stundenlohnvereinbarung).
412) *Nicklisch/Weick*, § 15/B, Rdn. 24; *Daub/Piel/Soergel/Steffani*, ErlZ B 15.33; *Ingenstau/Korbion/Keldungs*, § 15 Nr. 3/B, Rdn. 3, befürworten darüber hinaus eine entsprechende Anwendung von § 15 Nr. 5; vgl. hierzu auch *Korbion*, a. a. O., S. 144, 145.
413) Siehe LG Mannheim, BauR 1982, 71.
414) *Daub/Piel/Soergel/Steffani*, ErlZ B 15.89.
415) OLG Köln, BauR 1996, 725 = NJW-RR 1997, 150.
416) Vgl. hierzu OLG Celle, NZBau 2002, 675.

## Stundenlohnvertrag

**1215** Im Übrigen müssen die **Stundenlohnarbeiten im Einzelnen substantiiert vorgetragen** werden.[417] Der Unternehmer muss also im Einzelnen darlegen, welcher Arbeiter auf welcher Baustelle an welchen Tagen wie viel Stunden gearbeitet und welche Arbeiten dieser erbracht hat. Die durchgeführten Arbeiten müssen auch nachvollziehbar und detailliert beschrieben werden, sodass ein Vermerk „Arbeiten nach Angaben" als nicht nachvollziehbar anzusehen ist;[418] solche Tagelohnzettel sind selbst dann nicht zu berücksichtigen, wenn der Architekt oder der Auftraggeber diese unterzeichnet hat.[419] Eine Werklohnklage, die auf eine unzureichende Stundenlohnabrechnung im vorerwähnten Sinne gestützt wird, ist nicht nur bei Geltung der VOB/B[420] sondern grundsätzlich als zurzeit unbegründet abzuweisen.

Bei einem Stundenlohnvertrag kann der Auftragnehmer den Zeitaufwand für etwaige **An- und Abfahrten** zur und von der Baustelle grundsätzlich nicht bei seiner Abrechnung berücksichtigen, es sei denn, es liegt eine entsprechende Abrede der Vertragsparteien vor.[421] Nach OLG Düsseldorf[422] kann der Unternehmer aber seinen Zeitaufwand für Materialbeschaffungen in Ansatz bringen, wenn Art und Umfang des Materials nicht vorhersehbar waren.

**Unterschreibt** der Auftraggeber oder der von ihm bevollmächtigte Architekt (zur Vollmacht vgl. Rdn. 1077) allerdings dem Unternehmer (nachvollziehbare) **Stundenlohnzettel**, so stellt dies ein **deklaratorisches Schuldanerkenntnis** (vgl. Rdn. 2026) dar – mit der Folge einer **Umkehr der Beweislast:**[423] Dem Auftraggeber werden durch seine Unterschrift zwar nicht alle Einwendungen gegen die Richtigkeit der Stundenlohnzettel in Zukunft genommen; er ist jedoch grundsätzlich an die **unterschriebenen Stundenlohnzettel gebunden**, wenn er nicht beweisen kann, dass die Zettel unrichtig sind und er deren Unrichtigkeit bei der Unterzeichnung nicht gekannt hat (vgl. Rdn. 2026);[424] einer Irrtumsanfechtung gemäß § 119 BGB bedarf es nicht (vgl. hierzu Rdn. 2027). Dies kann in der Regel durch ein **Aufmaß** der Bauleistungen bewiesen werden.[425]

---

417) OLG Hamm, BauR 2005, 1330 = NJW-RR 2005, 893; BauR 1994, 374, 376; OLG Karlsruhe, BauR 1995, 114.
418) KG, NZBau 2001, 26; OLG Frankfurt, NZBau 2001, 27 = NJW-RR 2000, 1470 = OLGR 2000, 305.
419) OLG Frankfurt, NZBau 2001, 27; OLG Karlsruhe, BauR 1995, 114; *Vygen*, Rdn. 891.
420) So richtig OLG Frankfurt, NZBau 2001, 27; bedenklich daher KG, NZBau 2001, 26.
421) LG Bonn, BauR 2001, 1267.
422) BauR 2000, 1334.
423) BGH, BauR 2000, 1196 = NJW 2000, 1107 = MDR 2000, 1001; OLG Celle, OLGR 2003, 261 (mit dem Hinweis, dass die Stundenzettel „die ausgeführten Arbeiten nach Art und Umfang detailliert beschreiben und die angefallenen Stunden nach Datum und Personen ausweisen" müssen) = NZBau 2004, 41; OLG Bamberg, OLGR 2004, 169; *Franke/Kemper/Zanner/Grünhagen*, § 15/B, Rdn. 34; **a. A.:** wohl OLG Hamm, BauR 2002, 319 mit abl. Anm. von *Keldungs*. Vgl. hierzu auch *Voit*, Festschrift für Motzke, S. 421 (Bestätigung von Stundenlohnzetteln ist eine „quittungsähnliche" Beweiserklärung).
424) Vgl. BGH, *Schäfer/Finnern*, Z 2.302 Bl. 22; NJW 1958, 1535; BauR 1970, 239 = NJW 1970, 2295; OLG Celle, OLGR 2003, 283, 284; *Nicklisch/Weick*, § 15/B, Rdn. 29; siehe auch *Mugler*, BB 1989, 859.
425) So auch OLG Hamm, BauR 2002, 319, 321.

Nach zutreffender Auffassung des OLG Hamm[426)] trägt der **Auftragnehmer** auch bei unterschriebenen Stundenlohnzetteln die **Beweislast für die Angemessenheit** der aufgewandten Stunden:

> „Mit der Gegenzeichnung von Stundenzetteln erkennt der Auftraggeber nicht an, dass mit den aufgeführten Stunden und Materialien die objektiv erforderlichen Leistungen an seinem Bauvorhaben von dem Auftragnehmer ausgeführt worden sind. Der Auftragnehmer muss deshalb auch bei einem Stundenlohnvertrag darlegen und beweisen, dass die von ihm aufgewandten und berechneten Stunden zur Erbringung der vertraglich geschuldeten Leistung erforderlich waren und eine angemessene Vergütung für den erbrachten Leistungserfolg darstellen".

Das folgt daraus, dass auch beim Stundenlohnvertrag der Auftragnehmer verpflichtet ist, auf eine wirtschaftliche Betriebsführung zu achten.[427)]

**1216** Ist eine Stundenlohnvereinbarung nicht wirksam zustande gekommen, muss nach **Einheitspreisen** abgerechnet werden;[428)] nur für geringfügige Arbeiten wird man ausnahmsweise auf Stundenlohnsätze zurückgreifen können (vgl. Rdn. 1210).

Stundenlohnklauseln sind im Übrigen stets an den §§ 305 ff. BGB zu messen. So ist u. a. die nachfolgende Klausel unwirksam, da sie den Subunternehmer unangemessen benachteiligt:[429)]

> „Stundenlohnarbeiten werden nur vergütet, wenn sie vorher vom Generalunternehmer ausdrücklich angeordnet sind und entsprechende Stundenlohnberichte spätestens am der Durchführung folgenden Arbeitstag der Bauleitung des Generalunternehmers zur Anerkennung vorgelegt worden sind (absolute Anspruchsvoraussetzung)."

Eine Klausel in vom Auftraggeber gestellten Allgemeinen Geschäftsbedingungen, wonach Stundennachweise spätestens innerhalb einer Woche nach Erstellung vorzulegen sind, ansonsten der Anspruch „erlischt", hält einer Überprüfung nach § 307 BGB ebenfalls nicht stand.[430)]

## 6. Der Selbstkostenerstattungsvertrag

**1217** Der Unternehmer, der seinen Werklohn auf einen Selbstkostenerstattungsvertrag stützen will, muss eine entsprechende Vereinbarung, die in der Baupraxis äußerst selten ist, im Einzelnen darlegen und im Bestreitensfalle beweisen. Insbesondere hat der Unternehmer alle Kosten darzulegen, die er aufwenden musste, um die Leistung ordnungs- und vertragsgemäß erbringen zu können, da die tatsächlich erbrachten Leistungen auf der Grundlage der Selbstkosten die Basis der Abrechnung sind.

---

426) BauR 2002, 319 (rechtskräftig durch Nichtannahmebeschluss des BGH vom 27.9.2001). **A. A.:** OLG Bamberg, OLGR 2004, 169 = IBR 2004, 303 – *Roos;* ferner *Thamm/Möffert,* BauRB 2004, 210.

427) BGH, BauR 2000, 1196 = NJW 2000, 1107 = MDR 2000, 1001; OLG Celle, BauR 2003, 1224 = NZBau 2004, 41 = NJW-RR 2003, 1243 = OLGR 2003, 261 = IBR 2003, 290 – *Schwenker;* OLG Düsseldorf, NJW-RR 2003, 455, 456; vgl. hierzu auch KG, KGR 2002, 361; OLG Karlsruhe, BauR 2003, 737; OLG Bamberg, OLGR 2004, 169 = IBR 2004, 303 – *Roos.*

428) *Kleine-Möller/Merl,* § 10, Rdn. 29; *Nicklisch/Weick,* § 2/B, Rdn. 118.

429) LG München, Urt. v. 14.1.1991 – 7 O 17146/90 –.

430) OLG Düsseldorf, BauR 1997, 660 = NJW-RR 1997, 784 = OLGR 1997, 189.

## 7. Abschlagszahlungen

*Literatur bis 1999*

*Hochstein*, Zahlungsklage aus Zwischenrechnungen gem. § 16 Ziff. 1 VOB/B, BauR 1971, 7; *Pohlmann*, Fälligkeit nach der Bauträgerverordnung, BauR 1978, 351; *Klosak*, Probleme bei der Anwendung der Bauträgerverordnung in der Praxis, BB 1984, 1125; *Conrad*, Die vollständige Fertigstellung im Bauträgervertrag, BauR 1990, 546; *Scholtissek*, Abschlagszahlungen beim BGB- und VOB/B-Vertrag, MDR 1994, 534; *Locher*, Dritte Verordnung zur Änderung der Makler- und Bauträgerverordnung, NJW 1997, 1427; *Lange*, Abnahme im Bauträgervertrag und MaBV, BauR 1997, 216; *Reithmann*, Erwerber, Bauträger, Bank – Interessenausgleich im Bauträgervertrag, NJW 1997, 1816.

*Literatur ab 2000*

*Weishaupt*, Verlangsamter Schuldnerverzug durch das Gesetz zur Beschleunigung fälliger Zahlungen?, NJW 2000, 1704; *Volmer*, Warum das Gesetz zur Beschleunigung fälliger Zahlungen fällige Zahlungen nicht beschleunigt, ZfIR 2000, 421; *Schmidt-Räntsch*, Gesetz zur Beschleunigung fälliger Zahlungen, ZfIR 2000, 337; *Pause*, Erwerb modernisierter, sanierter und ausgebauter Altbauten vom Bauträger, NZBau 2000, 234; *Schmid*, Der Bauträgervertrag vor dem Aus?, BauR 2000, 866; *Motzke*, Abschlagszahlungen, Abnahme und Gutachterverfahren nach dem Beschleunigungsgesetz, NZBau 2000, 489; *Kniffka*, Das Gesetz zur Beschleunigung fälliger Zahlungen – Neuregelung des Bauvertragsrechts und seine Folgen –, ZfBR 2000, 227; *Peters*, Das Gesetz zur Beschleunigung fälliger Zahlungen, NZBau 2000, 169; *Erkelenz*, Wieder einmal: Gesetz zur Beschleunigung fälliger Zahlungen, ZfBR 2000, 435; *Quadbeck*, Abschlagszahlungen im Bauträgerrecht – Auswirkungen der Neuregelung des § 632 a BGB, MDR 2000, 1111; *Keldungs*, Der Vergütungsanspruch des Bauunternehmers im Lichte des Gesetzes zur Beschleunigung fälliger Zahlungen, OLGR-Kommentar 2001, K 1; *v. Craushaar*, Die Regelung des Gesetzes zur Beschleunigung fälliger Zahlungen im Überblick, BauR 2001, 471; *Kirberger*, Die Beschleunigungsregelungen unter rechtsdogmatischen und praxisbezogenem Blickwinkel, BauR 2001, 492; *Merkens*, Das Gesetz zur Beschleunigung fälliger Zahlungen: Praktische Möglichkeiten und Notwendigkeiten zur Realisierung von Forderungen aus Bauverträgen?, BauR 2001, 515; *Böhme*, Einige Überlegungen zum neuen § 632 a BGB – Hat man das wirklich gewollt?, BauR 2001, 525; *Karczewski/Vogel*, Abschlagszahlungspläne im Generalübernehmer- und Bauträgervertrag – Einige Auswirkungen des Gesetzes zur Beschleunigung fälliger Zahlungen, BauR 2001, 859; *Pause*, Verstoßen Zahlungspläne gem. § 3 II MaBV gegen geltendes Recht?, NZBau 2001, 181; *Blank*, Das „Aus" für den Bauträgervertrag, ZfIR 2001, 85; *Grziwotz*, Nachruf auf den Bauträgervertrag, OLGR-Kommentar, 2001, K 5; *Rösler*, Bauträgerfinanzierung nach der Bauträger-Entscheidung, ZfIR 2001, 259; *Voppel*, Abschlagszahlungen im Baurecht und § 632 a BGB, BauR 2001, 1165; *Wagner*, „Ratenzahlungs"-Vereinbarungen in Bauträgerverträgen nach der Entscheidung des BGH vom 22.12.2000, ZfBR 2001, 363; *Schmidt-Räntsch*, Rechtssicherheit für Bauträgerverträge, NZBau 2001, 356; *Wagner*, „Ratenzahlungs"-Vereinbarungen in Bauträgerverträgen nach der Entscheidung des BGH vom 22.12.2000, ZfBR 2001, 363; *v. Rintelen*, Abschlagszahlung und Werklohn, Jahrbuch Baurecht 2001, 25; *Rodemann*, § 632 a BGB: Regelungsbedarf für Unternehmer, BauR 2002, 863; *Schreiber/Neudel*, Zur Frage der gerichtlichen Durchsetzbarkeit von fälligen Abschlagsforderungen nach Beendigung des Vertragsverhältnisses, BauR 2002, 1007; *Niemöller*, Der Abschlagszahlungsanspruch für eigens angefertigte oder angelieferte Stoffe oder Bauteile nach § 632 a BGB – Mittel zur Zahlungsbeschleunigung, Festschrift für Jagenburg (2002), 689; *Voppel*, Abschlagszahlungen im Baurecht, BrBp 2004, 93; *Moufang*, Das Forderungssicherungsgesetz – Entwurf eines Gesetzes zur dinglichen Sicherung von Werkunternehmeransprüchen und zur verbesserten Durchsetzung von Forderungen, BauRB 2004, 147.

### a) Abschlagszahlungen beim BGB-Bauvertrag

**1218** Das **BGB** kannte bislang grundsätzlich keine Abschlagszahlungen. In § 641 Abs. 1 Satz 2 BGB ist lediglich eine Regelung für den Werklohn von Bauleistungen enthalten, die in Teilen abzunehmen sind: Danach kann der Auftragnehmer einen entsprechenden anteiligen Werklohn verlangen, wenn eine Vergütung vertraglich für die einzelnen Teile bestimmt ist und eine Teilabnahme auch tatsächlich erfolgt. Für Abschlagszahlungen hatte sich in der Vergangenheit auch kein Handelsbrauch im Baugewerbe herausgebildet.[431] Daher konnten beim BGB-Bauvertrag nur dann Abschlagszahlungen geltend gemacht werden, wenn sie von den Vertragsparteien ausdrücklich vereinbart worden waren, wofür der Auftragnehmer die Darlegungs- und Beweislast trug. Der BGH[432] hat allerdings die Auffassung vertreten, dass auch beim BGB-Bauvertrag im Einzelfall ein Anspruch des Auftragnehmers auf Abschlagszahlungen ausnahmsweise aus Treu und Glauben (§ 242 BGB) bestehen kann.

Mit dem am 1.5.2000 in Kraft getretenen § 632a BGB ist nun eine Regelung über Abschlagszahlungen auch für den BGB-Bauvertrag geschaffen worden. Nach dieser Vorschrift kann der Unternehmer von dem Auftraggeber eine Abschlagszahlung verlangen,

* wenn er eine in sich **abgeschlossene Teilleistung vertragsgemäß** erbracht hat oder

* wenn er **Stoffe oder Bauteile** eigens **angefertigt oder angeliefert** hat[433]

und wenn er dem Auftraggeber **Eigentum** an den Teilen des Werkes, an den Stoffen oder Bauteilen **übertragen** oder **Sicherheit** hierfür **geleistet** hat.

Hintergrund dieser neuen Regelung ist der Gedanke des Gesetzgebers, dass es dem Unternehmer aufgrund seiner grundsätzlichen Vorleistungspflicht heute nicht mehr zumutbar ist, seine Bauleistungen bis zur Abnahme – als Fälligkeitszeitpunkt für den Werklohn – in vollem Umfang vorzufinanzieren.[434] Die neue Bestimmung gilt gemäß Art. 229 EGBGB nur für Vertragsabschlüsse nach dem 1.5.2000. Ob diese Regelung allerdings in der Baupraxis Wirkungen zeigt, ist in hohem Maße zweifelhaft. Die einhellige, bereits umfangreiche Literatur zu dem Beschleunigungsgesetz ist sich darin einig, dass das Gesetz als missglückt und insbesondere die Vorschrift des § 632a BGB als unpraktikabel anzusehen ist.[435]

Der Anspruch auf Abschlagszahlungen aus § 632a BGB wird nach dem Gesetzestext **nicht** von der Stellung **einer (prüfbaren) Rechnung** oder Aufstellung (im

---

431) Wie hier: Beck'scher VOB-Komm/*Motzke*, B Vor § 16, Rdn. 51, 54; *Ingenstau/Korbion/ U. Locher*, § 16/B, Rdn. 4, **a. A.:** OLG München, NJW-RR 1989, 276 = BauR 1989, 377 (LS); *Heiermann/Riedl/Rusam*, § 16/B, Rdn. 3; *Scholtissek*, MDR 1993, 534; Beck'scher VOB-Komm/*Jagenburg*, B Vor § 2, Rdn. 319.

432) BauR 1985, 565 = NJW 1985, 2696; BGH, BauR 1985, 192 = NJW 1985, 855; vgl. hierzu auch *Motzke*, NZBau 2000, 498 m. w. Nachw.

433) Vgl. hierzu *Niemöller*, Festschrift für Jagenburg, S. 689 ff.

434) *von Craushaar*, BauR 2001, 471, 473 u. *Motzke*, NZBau 2000, 489, 490.

435) Vgl. z. B. *Quack*, BauR 2001, 507, 512 („gänzlich missglückt" – „wundervolles Feld für Streitigkeiten"); *Kniffka*, ZfBR 2000, 227, 238 („viele gesetzliche Unschärfen und Fehler" – „nicht nur Arbeitsbeschaffungsmaßnahme für Sachverständige, sondern auch für Juristen"); *Ulrich*, Der Sachverständige, Heft 9, S. 9 („Rohrkrepierer").

## Abschlagszahlungen                                                        Rdn. 1218 a

Gegensatz zu § 16 Nr. 1 VOB/B) **abhängig** gemacht.[436] Auch eine **Abnahme/ Teilabnahme** fordert die Bestimmung **nicht**. Zur Höhe wird nicht auf den Wert der erbrachten Leistung – wie bei § 16 Nr. 1 VOB/B – Bezug genommen. Hierzu trifft das Gesetz keine ausdrückliche Regelung. Maßgebend ist die vereinbarte Vergütung einschließlich Mehrwertsteuer. Liegt keine Vereinbarung über die Vergütung vor, bestimmt sich die Höhe nach dem Wert der erbrachten Leistung im Verhältnis zum Gesamtwert des Werkes.

Hinsichtlich des Begriffes der **abgeschlossenen Teilleistung**[437] ist es zweifelhaft, ob es die Absicht des Gesetzgebers war, an die Regelung des § 12 Nr. 2 VOB/B anzuknüpfen und die von der Rechtsprechung und Literatur zwischenzeitlich vorgenommene Auslegung dieses Begriffes zu übernehmen. Nach dieser Vorschrift sind auf Verlangen in sich abgeschlossene Teile der Leistung besonders abzunehmen. Nach allgemeiner Meinung[438] liegt – im Rahmen des § 12 Nr. 2 VOB/B – ein abgeschlossener Leistungsteil vor, wenn dessen Funktionalität unabhängig von anderen Vertragsteilen geprüft werden kann. Dabei ist zu berücksichtigen, dass die vorerwähnte Regelung im Zusammenhang mit einer Abnahme/Teilabnahme steht.[439] Die von der h. M. insoweit vorgenommene Auslegung des Begriffes kann daher nicht uneingeschränkt auf § 632 a BGB übertragen werden, zumal es dann jedenfalls bei Bauvorhaben kaum zu Abschlagszahlungen kommen kann.[440] *Kniffka*[441] weist zu Recht darauf hin, dass sich die Rechtsprechung im Hinblick auf den mit dem Gesetz verfolgten Zweck in Zukunft bemühen muss, keine zu hohen Anforderungen an die Abgeschlossenheit zu stellen. Daher ist es geboten, bei Auslegung des Begriffs der

1218 a

---

436) Ebenso: *Kirberger*, BauR 2001, 492, 499; *Heinze*, NZBau 2001, 233, 237; *Franke/Kemper/ Zanner/Grünhagen*, § 16/B, Rdn. 40; *Kniffka*, a.a.O., 229; **a.A.:** *Kiesel*, NJW 2000, 1675; *von Craushaar*, a.a.O., verlangt allerdings immer dann eine Rechnung oder „vergleichbare" Aufstellung, wenn sich die Höhe der Abschlagszahlung nur anhand dieser Unterlagen berechnen lässt; ähnlich *Kirberger*, a.a.O. *Kniffka/Koeble*, 5. Teil, Rdn. 221, weisen darauf hin, dass der Auftragnehmer einen Anspruch auf Abschlagszahlung im Streitfall nach den Grundsätzen darlegen muss, die für die Abrechnung eines gekündigten Vertrages (vgl. hierzu Rdn. 1293 ff.) gelten, wozu in aller Regel eine prüfbare Abrechnung gehört. Diese muss den Auftraggeber in die Lage versetzen, die Berechtigung der Forderung zu überprüfen.
437) Vgl. hierzu auch *Kapellmann* in Festschrift für Thode, S. 29.
438) *Nicklisch/Weick*, § 12 VOB/B, Rdn. 51; *Heiermann/Riedl/Rusam*, § 12 VOB/B, Rdn. 28; *Ingenstau/Korbion/Oppler*, § 12 Nr. 2/B, Rdn. 6; *Motzke*, a.a.O.; *Böhme*, BauR 2001, 525, 526; *Merkens*, BauR 2001, 515, 517; *von Craushaar*, a.a.O., stützt sich auf BGHZ 75, 423 und meint, dass darunter Leistungen zu verstehen sind, „die als selbstständig betrachtet und in der Gebrauchstauglichkeit abschließend beurteilt werden können".
439) So zu Recht: *Peters*, NZBau 2000, 169, 170.
440) Hierauf verweist zu Recht *Böhme*, BauR 2001, 525, 527, bringt aber gleichzeitig auch keine andere Auslegung; *Motzke*, a.a.O., meint, dass Praxiserfahrungen den äußerst schmalen Anwendungsbereich bestätigen, weswegen die Vorschrift für den Baubereich damit mehr oder minder entwertet ist. *Rodemann*, BauR 2002, 863, 866, hält es auch nicht für zwingend, „für die Begriffsbildung der abgeschlossenen Teilleistung auf § 12 Nr. 2 VOB/B abzustellen"; er will eher auf die von den Parteien vereinbarten „Leistungsschritte" abstellen (z. B. einzelne Einheiten der Position des Leistungsverzeichnisses). Letzteres erscheint bedenklich, da Leistungsschritte nicht mit „abgeschlossenen Leistungen" identisch sein müssen. *Ingenstau/ Korbion/Locher*, § 16 Nr. 1/B, Rdn. 2, wollen den Begriff „in sich abgeschlossene Teile" in § 632 a BGB ebenso auslegen wie den Wortlaut in § 12 Nr. 2 VOB/B.
441) ZfBR 2000, 227, 229; ebenso *Wirth/Leineweber*, 1. Buch, II. Teil, Rdn. 183.

abgeschlossenen Teilleistung großzügig zu verfahren. So wird man eine solche Leistung schon bejahen können, wenn diese selbstständig werthaltig, eigenständig nutzbar[442] sowie bewertbar und damit auch abrechnungsfähig[443] ist.

Unter diesen Vorzeichen sind insbesondere Aus- und Einbauten (z. B. Fenster, Türen, Zargen, Schränke, nicht tragende Zwischenwände usw.) geeignete Gewerke, bei denen Abschlagszahlungen gefordert werden können. Jedes Teil ist für sich – auch im Sinne einer eigenen Funktionalität – eine in sich geschlossene (Teil-)Leistung. Das wird man aber auch für das Verlegen von Estrich, Teppich- oder Parkettböden usw. – jedenfalls auf Geschossebene – annehmen können. Dagegen ist es bei einem Rohbau[444] und den Außenanlagen schwer, eine Abgeschlossenheit für Teilbereiche anzunehmen. Das gilt auch für die technische Ausrüstung, weil die entsprechenden Bauleistungen (z. B. Heizungs-, Lüftungs- und Sanitärbereiche) aufeinander aufbauen und/oder eng miteinander verzahnt sind.[445]

**1218 b** Fraglich ist auch, was unter einer „**vertragsmäßigen Leistung**" i. S. d. § 632 a BGB zu verstehen ist. Ein Teil der Literatur[446] vertritt die Auffassung und kann sich dabei auch auf die Begründung zum Gesetzentwurf[447] stützen, dass die Leistung keinerlei **Mängel**, also auch keine unwesentlichen Mängel aufweisen darf. Eine vollständige Mangelfreiheit als Voraussetzung für eine Abschlagszahlung zu fordern, würde die Vorschrift aber unpraktikabel machen und damit vollends entwerten, da die Baupraxis lehrt, dass Bauleistungen während des Bauablaufs vielfach (zunächst) mit Mängeln behaftet sind. Wenn diese Vorschrift aufgrund der erklärten Absicht des Gesetzgebers, Zahlungen zu beschleunigen, überhaupt eine Bedeutung haben soll, wird man den Begriff der vertragsgemäß erbrachten Leistung dahingehend auszulegen haben, dass diese nicht mangelfrei sein muss: Bei vorhandenen, aber unwesentlichen Mängeln ist die Höhe der Abschlagsforderung im Hinblick auf das dem Auftraggeber zustehende **Zurückbehaltungsrecht** in Höhe des **Druckzuschlages** entsprechend § 641 Abs. 3 BGB zu beschränken.[448]

---

442) Ebenso: *Niemöller*, Festschrift für Jagenburg, S. 689, 690; *Lauer/Klein/Fink*, Rdn. 18; abzulehnen *Rodemann*, BauR 2002, 863, 865, der eine abgeschlossene Teilleistung schon dann annimmt, wenn eine „Einheit einer Leistungsposition" eines Leistungsverzeichnisses abgearbeitet worden ist: Die Einheit einer Leistungsposition stellt nicht einmal ein Indiz für eine abgeschlossene Teilleistung dar, sondern ist lediglich ein Abrechnungsfaktor. *Voppel*, BauR 2001, 1165, 1167, bejaht die abgeschlossene Teilleistung auch dann, wenn die entsprechende Leistung im Geschäftsverkehr selbstständig vergeben und beauftragt werden kann; ähnlich *Bamberger/Roth/Voit*, § 632 a, Rdn. 2.
443) So auch *Staudinger/Peters*, § 632 a BGB, Rdn. 7; *Palandt/Sprau*, § 632 a BGB, Rdn. 5; *Voppel*, BauR 2001, 1165, 1167.
444) Vgl. hierzu BGH NJW, 1968, 1524, wo der BGH ausdrücklich darauf hinweist, dass einzelne Teile eines Rohbaus, z. B. eine Betondecke oder auch ein Stockwerk, keine in sich abgeschlossene Teile der Bauleistung i. S. des § 12 Nr. 2 VOB/B sind.
445) *Pause*, NZBau 2001, 181, ist der Auffassung, dass fertig gestellte Sanitäranlagen und betriebsfertig hergestellte Heizungsanlagen, die von den übrigen Vertragsleistungen nicht mehr berührt werden, als in sich abgeschlossene Bauteile angesehen werden können.
446) *von Craushaar*, a. a. O.; *Kirberger*, BauR 2001, 492, 499; *Kiesel*, NJW 2000, 1673, 1675.
447) BT-Drucksache 14/1246, S. 6, wonach Abschlagszahlungen nur für eine mangelfreie Leistung gefordert werden können.
448) So auch *Bamberger/Roth/Voit*, § 632 a, Rdn. 3; *Voppel*, BrBp 2004, 93, 94; *Kniffka/Koeble*, 5. Teil, Rdn. 518; *Motzke*, a. a. O., 491; *Erkelenz*, ZfBR 2000, 435, 437; *Keldungs*, OLGR-Kommentar 2001, K 1 ff.; nach *Palandt/Sprau*, § 632 a BGB, Rdn. 5, muss die Leistung „im Wesentlichen mangelfrei erbracht sein"; ebenso *Lauer/Klein/Fink*, Rdn. 22 und *Münch-*

## Abschlagszahlungen

**1218 c** Wenn § 632 a BGB davon spricht, dass ein Anspruch auf Abschlagszahlung nur besteht, wenn dem Besteller **Eigentum an den Teilen des Werkes**, an den Stoffen oder Bauteilen **übertragen** wird,[449] ist damit wohl die Eigentumsübertragung nach § 929 BGB gemeint, wenn nicht bereits die Eigentumsübertragung durch Verbindung nach § 946 BGB auf den Grundstückseigentümer erfolgt ist,[450] was in der Baupraxis die Regel ist. Alternativ hierzu kann der Auftragnehmer Sicherheit leisten.

Die Art der Sicherheit richtet sich nach den §§ 232 ff. BGB. Der Auftragnehmer hat im Übrigen das Wahlrecht zwischen Eigentumsübertragung und Sicherheitsleistung.[451] Entscheidet sich der Auftragnehmer für die Stellung einer Bürgschaft, muss diese das Abschlags-, Gewährleistungs- und Erfüllungsrisiko umfassen.[452]

**1218 d** **Individualrechtlich** können die engen Grenzen, die § 632 a BGB für eine Abschlagszahlung setzt, abbedungen werden (z. B. durch einen Zahlungsplan). In **AGB** ist dies grundsätzlich nicht möglich, weil anderenfalls von einem gesetzgeberischen Leitgedanken abgewichen wird.[453] *Kniffka*[454] hält es für möglich, die Modalitäten der Abschlagszahlungen zu modifizieren und beispielsweise von der Vorlage einer prüfbaren Aufstellung oder Abrechnung abhängig zu machen bzw. die Fälligkeit von der Erbringung in sich abgeschlossener Teile des Werkes zu lösen.

Im Hinblick auf die verunglückte Ausgestaltung der Gesetzesvorschrift des § 632 a BGB kann davon ausgegangen werden, dass sie in der Baupraxis wenig an Bedeutung gewinnen wird.[455] Die Absicht des Gesetzgebers, auch mit dieser Regelung einen Beitrag zur Zahlungsbeschleunigung zu leisten, ist leider ohne Kenntnis der Baupraxis umgesetzt worden. Es hätte nahe gelegen, die in der Baupraxis bewährte Vorschrift des § 16 Nr. 1 VOB/B auch in das BGB zu übernehmen.[456] Der Gesetzgeber hat offensichtlich selbst erkannt, dass mit der Neuregelung des § 632 a BGB jedenfalls für die Baupraxis wenig erreicht werden kann: Er hat daher mit dem (alten) § 27 a AGB-Gesetz (jetzt EGBGB EG 244) schon eine entsprechende Vorkehrung getroffen und mit dieser Vorschrift das Bundesministerium der Justiz ermächtigt, unter Abweichung von § 632 a BGB zu regeln, welche Abschlagszahlungen bei Werkverträgen verlangt werden können, die die Errichtung eines Hauses oder eines vergleichbaren Bauwerks zum Gegenstand haben, insbesondere wie viele Abschläge vereinbart werden können, welche erbrachten Gewerke hierbei mit welchen Prozentsätzen der Gesamtbausumme angesetzt werden können, welcher Abschlag für eine in dem Vertrag enthaltene Verpflichtung zur Verschaffung des Eigentums in Betracht kommt und welche Sicherheit dem Besteller hierfür zu leisten ist. Bis dahin werden die Vertragsparteien – bei einem BGB-Bauvertrag – nicht umhin können, aufgrund von Zahlungsplänen entsprechende Abschlagszahlungen im Einzelnen zu vereinbaren.

---

*Komm-Busche*, § 632 a BGB, Rdn. 6; vgl. hierzu auch OLG Schleswig, IBR 2007, 299 – *Sienz* = OLGR 2007, 351. **A. A.:** *Rodemann*, BauR 2002, 863, 866 (Anspruch nur bei mangelfreier Teilleistung).

449) Vgl. LG München I, BauR 2003, 411 = EWiR, § 632 a BGB 1/03, 261 *(Vogel)*.

450) Ebenso: *MünchKomm-Busche*, § 632 a, BGB, Rdn. 7; *Palandt/Sprau*, § 632 a BGB, Rdn. 5; *Motzke*, NZBau 2000, 489, 492; *Kniffka*, ZfBR 2000, 227, 229; *von Craushaar*, a. a. O.; vgl. hierzu insbesondere *Böhme*, BauR 2001, 525, 529, 530 sowie *Karczewski/Vogel*, BauR 2001, 859, 863 u. *Rodemann*, BauR 2002, 863, 868.

451) Zutreffend: *Quack*, BauR 2001, 507, 512.

452) Ebenso *Kniffka/Koeble*, 5. Teil, Rdn. 220.

453) So auch *Böhme*, BauR 2001, 525, 532 u. *Voppel*, BrBp 2004, 93, 98; zum Leitbildcharakter des § 632 a BGB vgl. auch *Schmidt-Räntsch*, ZfIR 2000, 337.

454) *Kniffka*, ZfBR 2000, 227, 229.

455) *Böhme*, a. a. O., 535, spricht in diesem Zusammenhang von einem „Danaer-Geschenk".

456) Vgl. zu den entsprechenden Überlegungen des Gesetzgebers *Böhme*, a. a. O., 526.

**Rdn. 1218 e**                **Werklohnklage des Bauunternehmers**

Zu Abschlagszahlungen bei Bauträgerverträgen vgl. Rdn. 1230.

Vereinbaren die Vertragsparteien Voraus- oder Abschlagszahlungen, ist der Auftragnehmer verpflichtet, seine Leistungen im Einzelnen abzurechnen.[457]

Bei **zu viel gezahlten Beträgen** hat der Auftraggeber Anspruch auf Auszahlung des Saldoüberschusses; Anspruchsgrundlage ist insoweit die **vertragliche Abrede**, nicht dagegen § 812 Abs. 1 BGB.[458]

Erfolgt keine Abrechnung des Auftragnehmers insoweit, kann der Auftraggeber den Auszahlungsanspruch mit einer eigenen Berechnung begründen. Das wird für den Auftraggeber allerdings mit großen Schwierigkeiten verbunden sein. Deshalb kann sich der Auftraggeber hierbei nach der Rechtsprechung des BGH auf den Vortrag beschränken, der seinem Kenntnisstand bei zumutbarer Ausschöpfung der ihm zur Verfügung stehenden Quellen entspricht;[459] im Einzelfall genügt er sogar seiner Darlegungspflicht, wenn er unter Bezug auf die Schlussrechnung des Auftragnehmers vorträgt, „dass sich daraus ein Überschuss ergebe oder nach Korrektur ergeben müsste":[460] In diesem Fall muss der Auftragnehmer diesem Vortrag bzw. dieser Berechnung des Auftraggebers entgegentreten und nachweisen, dass er berechtigt ist, die Abschlagszahlungen endgültig zu behalten. Doppelzahlungen kann der Auftraggeber jederzeit zurückfordern.[461]

Durch Abschlagszahlung erkennt ein Auftraggeber die Berechtigung des geforderten Werklohns nicht an[462] (vgl. hierzu auch Rdn. 2041).

Zur **gerichtlichen Geltendmachung von Abschlagszahlungen**, wenn das Vertragsverhältnis **beendet** ist und der Auftragnehmer **Schlussrechnung** erteilt hat, vgl. Rdn. 1228.

**1218 e**    Der Gesetzgeber will mit dem **geplanten Forderungssicherungsgesetz** auf die allgemeine Kritik in der Literatur reagieren. Die Vorschrift des § 632 a BGB soll völlig neu gestaltet und an die Parallelbestimmung des § 16 Nr. 1 VOB/B angeglichen werden.

Nach den geplanten § 632 a BGB soll der Unternehmer von seinem Auftraggeber Abschlagszahlungen in Höhe des Wertes der jeweils nachgewiesenen vertragsgemäß erbrachten Leistungen verlangen können, die ihm in nicht mehr entziehbarer Weise zur Verfügung gestellt wurden. Damit soll der Anspruch auf Abschlagszahlungen gegenüber der bisherigen Formulierung erheblich ausgeweitet werden. Darüber hinaus soll durch die Übernahme der bewährten Formulierung des § 16 Nr. 1 VOB/B in dem § 632 a BGB Rechtssicherheit geschaffen werden. Der Anspruch auf Abschlagszahlungen soll nunmehr nicht davon abhängig sein, ob ein Teil des Werkes abgeschlossen ist oder nicht. Nach der beabsichtigten neuen Formulierung des § 632 a BGB kommt es nur noch darauf an, ob eine selbstständig abrechenbare Leistung erbracht worden ist.[463] Auch von der Begriffsbestimmung der „vertragsmäßigen Leistung" im Sinne einer vollständigen Mangelfreiheit soll Abstand genommen

---

457) BGH, BauR 2002, 938 = NJW-RR 2002, 1097 = NZBau 2002, 329; BauR 1999, 635 = ZfBR 1999, 196 = MDR 1999, 671; OLG Düsseldorf, BauR 2003, 1587.

458) BGH, BauR 2002, 938 = NJW-RR 2002, 1097 = NZBau 2002, 329; BauR 2002, 1407 = NZBau 2002, 562; BauR 1999, 635; OLG Düsseldorf, BauR 2003, 1587; OLG Oldenburg, OLGR 2004, 54.

459) BGH, BauR 1999, 635 = NJW 1999, 1867; BauR 2002, 938 = NZBau 2002, 329; BauR 2002, 1407 = NZBau 2002, 562.

460) BGH, BauR 2004, 1940 = IBR 2004, 676 – *Ganten* (unter Bezugnahme auf BGH, BauR 2002, 938 = NJW-RR 2002, 1097 = NZBau 2002, 329).

461) BGH, BauR 2002, 1257 = NZBau 2002, 390; vgl. hierzu *Kniffka/Koeble*, 5. Teil, Rdn. 227.

462) St. Rspr.; zuletzt BGH, BauR 2004, 1940 = IBR 2004, 676 – *Ganten*.

463) So ausdrücklich die Begründung, BT-Drucksache 15/3594, S. 14.

## Abschlagszahlungen                                             Rdn. 1218 e

werden: Nach § 632a Abs. 1 S. 2 BGB kann die Abschlagszahlung bei unwesentlichen Mängeln nicht verweigert werden, wobei der ebenfalls umformulierte Absatz 3 des § 641 BGB entsprechend gelten soll.[464]

In der Begründung[465] hierzu heißt es:

„In Anlehnung an die Regelung in § 640 Abs. 1 S. 2 BGB sollen Abschlagszahlungen nicht nur für völlig mangelfreie Werke verlangt werden können, sondern auch für solche, die nur unwesentliche Mängel aufweisen. Das Erfordernis einer völlig mangelfreien Leistung, die auch keine unwesentlichen Mängel aufweisen darf, würde die Vorschrift weit gehend entwerten und unpraktikabel machen sowie der Absicht der gesetzlichen Regelung, die Situation des Bauhandwerkers zu verbessern, entgegenstehen. Deshalb sollen auch bei solchen Leistungen, die mit unwesentlichen Mängeln behaftet sind, Abschlagszahlungen verlangt werden können. Dem Auftraggeber steht jedoch ein Zurückbehaltungsrecht entsprechend § 641 Abs. 3 BGB zu (vgl. Werner/Pastor, Der Bauprozess, 10. Aufl., Rdn. 1218b m. w. N.). Bei Mängeln, die den Grad der Unwesentlichkeit überschreiten, soll dem Auftragnehmer demgegenüber kein Recht auf Abschlagszahlungen zustehen, weil dieses der in § 640 Abs. 1 S. 2 BGB zum Ausdruck gekommenen Wertung widerspricht."

Der Anspruch auf Abschlagszahlung aus § 632a BGB soll wie bei § 16 Abs. 1 VOB/B abhängig von einer prüfbaren Aufstellung sein, „die eine rasche und sichere Beurteilung der Leistungen ermöglichen muss". Eine Abnahme/Teilabnahme fordert die Bestimmung nicht.

Der Anspruch auf Abschlagszahlung soll auch „für erforderliche Stoffe oder Bauteile, die angeliefert oder eigens angefertigt und bereit gestellt sind", gelten, „wenn den Besteller nach seiner Wahl Eigentum an den Stoffen oder Bauteilen übertragen oder entsprechende Sicherheit hierfür geleistet wird". Mit der Eigentumsübertragung an den Stoffen oder Bauteilen ist wohl die Eigentumsübertragung nach § 929 BGB gemeint, wenn nicht bereits die Eigentumsübertragung durch Verbindung nach § 946 BGB auf den Grundstückseigentümer erfolgt ist,[466] was in der Baupraxis die Regel ist. Alternativ kann der Auftraggeber Sicherheit verlangen. Die Art der Sicherheit richtet sich grundsätzlich nach den § 232 ff. BGB. Nach dem geplanten Gesetzestext hat der Auftraggeber das Wahlrecht zwischen Eigentumsübertragung und Sicherheitsleistung. Nach Abs. 4 des § 632a BGB können Sicherheiten auch „durch eine Garantie oder ein sonstiges Zahlungsversprechen eines im Geltungsbereich dieses Gesetzes zum Geschäftsbetrieb befugten Kreditinstitutes oder Kreditversicherers geleistet werden". Von der Festlegung der Anzahl von Abschlagsforderungen will der Gesetzgeber ausdrücklich Abstand nehmen.[467] Im Übrigen weist die Begründung[468] darauf hin, dass Abschlagszahlungen wegen ihres vorläufigen Charakters keine Teilabnahme darstellen. Das war bislang auch herrschende Rechtsauffassung.

Der mit dem Forderungssicherungsgesetz beabsichtigte Absatz 2 des § 632a BGB dient nach der Begründung[469] dazu, das Verhältnis zu anderen Abschlagsregelungen klarzustellen. Dies würde in erster Linie Bauträgerverträge betreffen, für die „die

---

464) Vgl. hierzu *Kniffka*, BauR 2005, 732, 734.
465) A. a. O.
466) Ebenso für die alte Fassung des § 632a BGB: *Palandt/Sprau*, § 632a BGB, Rdn. 5; *Motzke*, NZBau 2000, 489, 492; vgl. hierzu insbesondere *Böhme*, BauR 2001, 525, 529, 530 sowie *Karczewski/Vogel*, BauR 2001, 859, 863 u. *Rodemann*, BauR 2002, 863, 868.
467) So die Begründung, a. a. O. ausdrücklich.
468) A. a. O.
469) BT-Drucksache 15/3594, S. 15.

zulässigen Abschlagszahlungen in der Verordnung über Abschlagszahlungen bei Bauträgerverträgen vom 23.5.2001 (BGBl. I S. 981) unter Verweis auf die Makler- und Bauträgerverordnung (MaBV) festgelegt sind" (vgl. hierzu Rdn. 1230 ff.). Soweit in Abs. 2 des § 632 a BGB der Begriff des „Umbaus eines Hauses" verwandt wird, soll sich – nach der Begründung –[470] die Auslegung dieses Begriffes an der Begriffsbestimmung in § 3 Nr. 5 HOAI orientieren; gleichzeitig wird darauf hingewiesen, dass hierunter auch Modernisierungen im Sinne von § 3 Nr. 6 HOAI fallen.

Auch Abs. 3 des § 632 a BGB soll eine – sinnvolle – neue gesetzliche Regelung, die dem Verbraucherschutz dienen soll, bringen; er erfasst auch Bauträgerverträge. Ist der Auftraggeber ein Verbraucher und hat der Vertrag die Errichtung oder den Umbau eines Hauses oder eines vergleichbaren Bauwerkes zum Gegenstand, ist nach dieser beabsichtigten Bestimmung dem Auftraggeber bei der ersten Abschlagszahlung eine Sicherheit für die rechtzeitige Herstellung des Werkes ohne wesentliche Mängel in Höhe von 5 % des Vergütungsanspruches zu leisten. Erhöht sich der Vergütungsanspruch infolge von Änderungen oder Ergänzungen des Vertrages um mehr als 10 %, ist dem Auftraggeber nach S. 2 dieses Absatzes bei der nächsten Abschlagszahlung eine weitere Sicherheit in Höhe von 5 % des zusätzlichen Vergütungsanspruches zu leisten.

Hintergrund der geplanten gesetzlichen Regelung ist – nach der Begründung des Gesetzes –[471] folgender: Zwar habe der Auftraggeber nur für bereits erbrachte Leistungen zu zahlen. Dies decke aber sein „tatsächlich bestehendes Sicherungsbedürfnis nicht voll ab". So könnten dem Auftraggeber erhebliche Mehraufwendungen entstehen, wenn das Bauwerk insbesondere im Falle der Insolvenz des Bauunternehmers nicht vollendet oder mangelhaft errichtet wird und er deshalb gezwungen ist, einen Dritten mit der Fertigstellung oder der Mangelbehebung zu beauftragen. Bei dem Sicherungsumfang will sich der Gesetzgeber an die Regelung in § 14 Nr. 2 VOB/A anlehnen, der eine entsprechende Regelung für Bauaufträge der öffentlichen Hand enthält. Zum Sicherungszweck im Sinne des Abs. 3 („Sicherheit für die rechtzeitige Herstellung des Werks ohne wesentliche Mängel") wird in der Begründung auf Folgendes hingewiesen:

„Das setzt die Abnahmereife, somit ein vollständiges, von unwesentlichen Mängeln abgesehen mangelfreies Werk, voraus. Die Sicherheit soll somit alle Ansprüche abdecken, die darauf beruhen, dass die Unternehmerleistung hinter der vertraglich vorausgesetzten Tauglichkeit oder Werthaltigkeit zurückbleibt. Erfasst sein sollen darüber hinaus aber auch die durch Überschreitung der Bauzeit entstehenden Ansprüche, da dem Verbraucher gerade bei Krisen von Bauunternehmen und Bauträgern Schäden häufig dadurch entstehen, dass das Bauwerk nicht rechtzeitig bezogen werden kann. Die Bürgschaft als Vertragserfüllungsbürgschaft sichert die bis zur Abnahme entstandenen Ansprüche. Nach der Abnahme ist die Bürgschaft zurückzugeben, es sei denn, die bei Abnahme vorbehaltenen Mängel sind noch nicht beseitigt (vgl. OLG Düsseldorf, BauR 1998, 554).

Ein Zurückbehaltungsrecht im Hinblick auf Gewährleistungsansprüche soll nicht bestehen. Die Vereinbarung einer Gewährleistungsbürgschaft soll der individuellen Vertragsgestaltung überlassen bleiben."

---

470) A. a. O., S. 15.
471) A. a. O., S. 15.

Nach dem letzten Satz in Abs. 3 des beabsichtigten § 632 a BGB kann die Sicherheitsleistung auch auf Verlangen des Auftragnehmers durch Einbehalt erfolgen. Insoweit würde eine Anlehnung an die Regelung in § 17 Nr. 6 VOB/B erfolgen.

Individual-rechtlich sollen die Grenzen, die die Neufassung des § 632 a BGB für eine Abschlagszahlung setzt, abbedungen werden können (z. B. durch einen Zahlungsplan). In AGB wäre dies grundsätzlich nicht möglich, weil andernfalls von einem neuen gesetzgeberischen Leitgedanken abgewichen wird. Das galt schon für den alten § 632 a BGB und wird in der Begründung noch einmal bestätigt. Dort heißt es:

> „Auch in Bauverträgen kann es durchaus interessengerecht sein, von § 632 a BGB abweichende Vereinbarungen zu treffen. Vor dem Hintergrund des § 310 Abs. 3 Nr. 1 BGB wird eine entsprechende Vereinbarung im Regelfall an § 307 BGB zu messen sein, sodass der Schutz des Verbrauchers in ausreichender Weise gewährleistet ist (vgl. Werner/Pastor, a. a. O., Rdn. 1218 d; Staudinger/Peters, BGB, 2003, § 632 a, Rdn. 13)."

### b) Abschlagszahlungen beim VOB-Bauvertrag

*Literatur*

*Kues/May*, Abrechnung und Durchsetzbarkeit von Abschlagsforderungen beim VOB/B-Vertrag, BauR 2007, 1137.

**1219** Beim **VOB-Bauvertrag** ist der Nachweis einer vertraglichen Vereinbarung von Abschlagszahlungen nicht erforderlich, da die VOB Abschlagszahlungen ausdrücklich vorsieht. Das gilt auch für einen Pauschalvertrag.[472] Nach § 16 Nr. 1 VOB/B hat der Bauherr auf Antrag des Unternehmers Abschlagszahlungen „in Höhe des Wertes der jeweils nachgewiesenen vertragsgemäßen Leistungen einschließlich des ausgewiesenen, darauf entfallenden Umsatzsteuerbetrages in möglichst kurzen Zeitabständen zu gewähren." Maßgebend für die Höhe der Abschlagszahlungen ist daher stets die vertragsgemäß erbrachte Bauleistung, wobei nach Nr. 1 Abs. 1 Satz 3 als Leistungen auch die für die geforderte Leistung eigens angefertigten und bereitgestellten Bauteile sowie die auf der Baustelle angelieferten Stoffe und Bauteile gelten, wenn dem Auftraggeber nach seiner Wahl das Eigentum an ihnen übertragen ist oder entsprechende Sicherheit gegeben wird. Gemäß § 16 Nr. 1 Abs. 3 VOB/B, der durch die VOB 2002 geändert wurde, sind Ansprüche auf Abschlagszahlungen binnen 18 Werktagen nach Zugang der Aufstellung fällig.

Abschlagszahlungen im Rahmen eines VOB-Bauvertrages können daher nur verlangt werden, wenn

* eine der Abschlagszahlung **entsprechende Bauleistung** erbracht worden ist
* eine **prüfbare Aufstellung** dieser Bauleistung seitens des Unternehmers vorgelegt und schließlich
* der **Antrag** auf Abschlagszahlung vom Unternehmer gestellt wird.

### c) Allgemeine Grundsätze

**1220** Sowohl beim VOB- wie auch beim BGB-Bauvertrag kann der Unternehmer im Rahmen der Abschlagszahlungen neben dem Werklohn auch den darauf entfallenden

---

472) BGH, NJW 1991, 565 = BauR 1991, 81.

Umsatzsteuerbetrag verlangen, der von ihm ausgewiesen werden muss. Für die VOB/B stellt dies § 16 Nr. 1 klar.

**1221** Der **Unternehmer** trägt die **Beweislast** für die Voraussetzungen von Abschlagszahlungen. Soweit er Abschlagszahlungen geltend macht, muss er ferner seine Leistungen durch eine **prüfbare Aufstellung** nachweisen. Im Rahmen seiner Aufstellung muss er die von ihm erbrachten Bauleistungen so darstellen, dass der Bauherr rasch und sicher die Leistungen beurteilen kann; einer umfangreichen spezifizierten Aufstellung bedarf es hierzu nicht.[473]

**1222** Kann der Unternehmer eine Abschlagszahlung gemäß des abgeschlossenen Bauvertrages verlangen, ist diese erst **fällig**, wenn eine entsprechende **Bauleistung** auch tatsächlich **erbracht** ist. Die Fälligkeit der **Abschlagszahlung hängt nicht** – wie die der Schlusszahlung – von einer **Abnahme** der Bauleistung ab.[474] Der Unternehmer kann grundsätzlich für seine vertragsgemäße Leistung die **volle Bezahlung** verlangen und nicht nur einen bestimmten Prozentsatz (z. B. 90%), es sei denn, die Parteien haben etwas anderes (z. B. einen Einbehalt in Form einer Sicherheitsleistung) vereinbart. Bezüglich eines **Skontoabzuges** bei Abschlagszahlungen vgl. Rdn. 1279.

**1223** Abschlagszahlungen haben sowohl beim BGB- als auch beim VOB-Bauvertrag keinen Einfluss auf die Haftung und Gewährleistung. Insbesondere gelten **Abschlagszahlungen nicht als Abnahme** von Teilen der Bauleistung; auf diese Grundsätze weist § 16 Nr. 1 Abs. 4 VOB/B nochmals besonders hin.

**1224** Abschlagszahlungen stellen auch **kein Anerkenntnis des Vergütungsanspruchs** des Unternehmers dar, solange nicht die Schlussrechnung erstellt ist,[475] da im Zeitpunkt der Abschlagszahlung die Höhe der endgültigen Forderung noch nicht feststeht: Mit der Abschlagszahlung wird zunächst auf eine erst noch festzustellende endgültige Forderung – also in Erwartung der Feststellung der Forderung[476] – gezahlt. Die entsprechende Zahlung hat also nur vorläufigen Charakter.[477] Endgültig wird der Vergütungsanspruch des Auftragnehmers damit erst durch die vom Auftraggeber geprüfte und anerkannte Schlussrechnung (für den VOB-Bauvertrag vgl. §§ 14 Nr. 3, 16 Nr. 3 Abs. 1 VOB/B) festgestellt.[478] Im Rahmen der Schlussrechnung sind dann zu hohe oder zu geringe Abschlagszahlungen auszugleichen.[479] Daraus folgt nach Auffassung des BGH,[480] dass der Auftragnehmer „nach Erstellung der Schlussrechnung eine Überzahlung einer einzelnen Teilleistung nicht zurückgewähren muss, soweit er andere noch nicht oder nicht ausreichend vergütete Leistungen erbracht hat, auf die der durch Gegenleistungen nicht gedeckte Teil der Abschlagszahlung im Rahmen der Schlussabrechnung zu verrechnen ist; nur soweit die Summe der Voraus- und Abschlagszahlungen die ihm zustehende Gesamtvergütung übersteigt, ist er zur

---

473) OLG Bremen, OLGR 2003, 427 (Maßstab ist das „Verständnis eines Fachkundigen").
474) BGH, NJW 1979, 650, 651 = BauR 1979, 159, 161 = ZfBR 1979, 66.
475) BGH, BauR 2004, 1146 = IBR 2004, 361 – *Miernik* = NZBau 2004, 386; OLG Hamm, BauR 2002, 1105; KG, *Schäfer/Finnern*, Z 2.410 Bl. 64; vgl. auch OLG Hamburg, OLGR 1996, 18; *Kues/May*, BauR 2007, 1137, 1138.
476) RG, DR 1943, 1068.
477) BGH, BauR 2004, 1146 = IBR 2004, 361 – *Miernik* = NZBau 2004, 386.
478) BGH, BauR 1986, 361, 366.
479) Zur Beweislast vgl. Rdn. 1918 u. OLG Düsseldorf, BauR 1977, 64.
480) A. a. O. (auch zur Haftung des Bürgen).

## Abschlagszahlungen
**Rdn. 1225–1227**

Rückzahlung verpflichtet." Die Darlegungs- und Beweislast dafür, dass der Auftragnehmer die Abschlagszahlungen behalten darf, trägt dieser.[481]

Aus dem vorläufigen Charakter von Abschlagszahlungen ergibt sich die Verpflichtung des Auftragnehmers, nach Abschluss der Bauleistungen **Auskunft** darüber zu erteilen, ob die Abschlagszahlungen die endgültige Zahlungsverpflichtung abdeckt, weitere Zahlungen zu leisten sind oder Rückzahlungen in Betracht kommen.[482] Dies hat in der Regel durch eine Schlussabrechnung zu erfolgen, indem die endgültige Vergütung festgestellt wird. Den etwaigen **Anspruch auf Rückzahlung wegen Überzahlung** stützt der BGH nicht auf die §§ 812 ff. BGB, sondern auf eine stillschweigend zwischen den Parteien getroffene Abrede, wonach sich der Auftragnehmer zur Rückzahlung in Höhe des Überschusses an den Auftraggeber verpflichtet.[483]

Die ernsthafte und endgültige Weigerung des Bauherrn, eine angeforderte Abschlagszahlung zu entrichten, berechtigt den Unternehmer zur **fristlosen Kündigung** des Bauvertrages, ohne dass es einer Nachfristsetzung bedarf.

**1225** Der Bauherr kann von den Abschlagszahlungen **Gegenforderungen** einbehalten (für den VOB-Bauvertrag vgl. § 16 Nr. 1 Abs. 2 VOB/B). Dabei ist unerheblich, ob es sich um vertragliche oder außervertragliche Gegenansprüche handelt.[484] Sie müssen jedoch aufrechenbar, also insbesondere fällig sein. Andere Einbehalte sind nur in den im Bauvertrag und in den gesetzlichen Bestimmungen vorgesehenen Fällen zulässig.

**1226** Die Abschlagszahlung setzt sowohl beim BGB- wie beim VOB-Bauvertrag eine **vertragsgemäße** Bauleistung voraus. Ist die Leistung nicht vertragsgemäß, z. B. mit Mängeln behaftet, kann der Bauherr Abzüge machen, bis der Unternehmer die Mängel beseitigt hat. Werkmängel geben dem Bauherrn auch bei Abschlagszahlungen ein **Leistungsverweigerungsrecht** (§ 320 BGB).[485] In welcher Höhe dieses Gegenrecht geltend gemacht werden kann, hängt von den besonderen Umständen des Einzelfalles ab. Um den notwendigen Druck auf die erforderliche Nachbesserung ausüben zu können, kann der Bauherr jedenfalls mehr als die zu erwartenden (geschätzten) Nachbesserungskosten zurückbehalten. Nach § 641 Abs. 3 BGB hat der Auftraggeber das Recht, mindestens **das Dreifache der voraussichtlichen Mängelbeseitigungskosten einzubehalten.** Auch ein vereinbarter Sicherheitseinbehalt hindert nach Auffassung des BGH den Bauherrn grundsätzlich nicht, fällige Abschlagszahlungen wegen mangelhafter Werkausführung zu verweigern; der Unternehmer kann nicht einwenden, der Bauherr dürfe das Leistungsverweigerungsrecht nur wegen eines den Sicherheitseinbehalt wertmäßig übersteigenden Mängelbeseitigungsanspruchs geltend machen.[486]

**1227** Im Übrigen führen Mängel der Teilleistung bei einer Klage auf Abschlagszahlung nicht zur Klageabweisung mangels Fälligkeit, sondern zur Verurteilung **Zug um**

---

481) OLG Oldenburg, OLGR 2006, 82.
482) BGH, BauR 1999, 635 = ZfBR 1999, 196 = NJW 1999, 1867 = MDR 1999, 671; OLG Oldenburg, OLGR 2006, 82.
483) BGH, BauR 2002, 1407 = NZBau 2002, 562; BauR 1999, 635 = ZfBR 1999, 196 = NJW 1999, 1867 = MDR 1999, 671; OLG Düsseldorf, BauR 1999, 1477; zur **Darlegungs-** und **Beweislast**: BGH, BauR 2002, 938 = NZBau 2002, 329.
484) *Ingenstau/Korbion/Locher*, § 16 Nr. 1/B, Rdn. 30.
485) BGH, BauR 1988, 474; NJW 1991, 565 = BauR 1991, 81 = ZfBR 1991, 67.
486) BGH, NJW 1981, 2801 = BauR 1981, 577.

Zug gegen Mängelbeseitigung (§ 322 Abs. 1 BGB).[487] Etwas anderes gilt für den Fall, dass Bauleistungen, die mit der Abschlagsrechnung abgerechnet werden, tatsächlich noch nicht erbracht worden sind; insoweit ist die entsprechende Klage mangels erbrachter Werkleistung abzuweisen. Dasselbe gilt, wenn gerügte Bauwerksmängel nicht mehr oder nur mit unverhältnismäßig hohem Aufwand beseitigt werden können und der Unternehmer aus diesem Grunde die Mängelbeseitigung verweigert; auch hier ist die Abschlagsforderung demgemäß zu mindern, sodass eine entsprechende Klage insoweit keinen Erfolg haben kann.[488]

**1228** Problematisch ist, ob die **gerichtliche Geltendmachung von Abschlagszahlungen** ausgeschlossen ist, wenn das **Vertragsverhältnis beendet** ist, der Unternehmer seine gesamte **Arbeit fertig gestellt** oder der Auftragnehmer **Schlussrechnung erteilt** hat. Nach h. M.[489] geht der Anspruch eines Unternehmers auf eine vereinbarte Abschlagszahlung **nach** Erteilung der Schlussrechnung unter. Dasselbe gilt, wenn das Vertragsverhältnis infolge einer **Kündigung beendet** ist[490] oder der Auftragnehmer seine Leistung **vollständig erbracht** oder endgültig eingestellt hat.[491] In beiden Alternativen ist die Leistung des Auftragnehmers „schlussrechnungsfähig", sodass es für einen Anspruch auf eine Abschlagszahlung keinen sinnvollen, aber auch keinen notwendigen Raum mehr gibt.[492] Der **BGH**[493] hat dies jedenfalls für den **Fall der Abnahme und Erteilung der Schlussrechnung bestätigt:** Nach seiner Auffassung ist dann das Recht zur vorläufigen Abrechnung erloschen und damit gleichzeitig auch die Berechtigung, eine vorläufige Abrechnung durchzusetzen; **Verzugsfolgen** aus einer vorläufigen Abrechnung wirken dann auch nicht mehr fort, weil die Abschlagsforderung durch die endgültige Abrechnung zwangsläufig ihren selbstständigen Charakter verliert. Ob bei gekündigtem Vertrag ausnahmsweise ein „unbestrittenes Guthaben" weiterhin als Abschlagszahlung verlangt werden kann, hat der

---

487) BGH, a. a. O.; ferner: BGH, BauR 1979, 159 = NJW 1979, 650 = ZfBR 1979, 66; *MünchKomm-Busche*, § 641 BGB, Rdn. 38 m. w. Nachw.
488) BGH, NJW 1981, 2801 = BauR 1981, 577 = DB 1981, 2273 = ZfBR 1981, 265.
489) BGH, BauR 1991, 81, 82 = NJW 1991, 565 = ZfBR 1991, 67; BauR 1987, 453 = NJW-RR 1987, 724; BauR 1985, 456 = NJW 1985, 1840 = ZfBR 1985, 174; OLG Nürnberg, OLGR 2000, 253; OLG Hamm, BauR 2002, 1105; NJW-RR 1999, 528; OLG Jena, OLGR 1996, 257; OLG Celle, OLGZ 1975, 320; *Vygen*, Rdn. 936; Beck'scher VOB-Komm/*Motzke*, B § 16 Nr. 1, Rdn. 4, 10; vgl. hierzu auch OLG Düsseldorf, ZIP 1996, 1749 (Abschlagszahlung/**Konkurs**) sowie OLG Bamberg, OLG 2004, 24; **a. A.:** OLG Bremen, BauR 1980, 579 = OLGZ 1980, 215; OLG Hamm, IBR 1996, 505 und BauR 1999, 776 sowie *Schreiber/Neudel*, BauR 2002, 1007 ff.
490) BGH, a. a. O.; OLG Düsseldorf, OLGR 1998, 343 u. NJW-RR 1992, 1373 = BauR 1992, 813 (LS); OLG Hamm, BauR 2002, 638 = OLGR 2002, 151.
491) OLG Düsseldorf, NJW-RR 2000, 231; OLG Naumburg, NJW-RR 2000, 391; OLG Nürnberg, NZBau 2000, 509. **A. A.:** OLG Bamberg, BauR 2004, 1168 (Klage kann dann noch auf Abschlagrechnung gestützt werden, wenn zwar **Schlussrechnungsreife** vorliegt, die Schlussrechnung aber noch nicht gestellt ist) sowie OLG Köln, NZBau 2006, 45 (für den Fall, dass die Abschlagsforderung fällig und vor Abnahme und Erteilung der Schlussrechnung darüber bereits ein Rechtsstreit anhängig ist. Das soll insgesamt bei großen Bauvorhaben gelten, deren Abrechnung mit erheblichen Schwierigkeiten verbunden ist).
492) Vgl. hierzu *Kues/May*, BauR 2007, 1137, 1141 f., die trotz Vorliegen einer „Schlussrechnungsreife" die Durchsetzbarkeit einer fälligen Abschlagsforderung bejahen; Beck'scher VOB-Komm/*Motzke*, B § 16 Nr. 1, Rdn. 4; ferner: *Ingenstau/Korbion/Locher*, § 16 Nr. 1/B, Rdn. 41.
493) BauR 2004, 1146 = IBR 2004, 361 – *Miernik* = NZBau 2004, 386.

## Abschlagszahlungen                                              Rdn. 1229

BGH bisher offen gelassen; das wird man im Hinblick auf § 16 Nr. 3 Abs. 1 Satz 3 VOB/B jedenfalls für den VOB-Bauvertrag, aber wohl auch für den BGB-Bauvertrag bejahen können.[494] Dasselbe gilt für ausdrücklich anerkannte Abschlagszahlungen. Offen gelassen hat der BGH bislang auch die Frage, ob der Auftragnehmer bei nicht beendetem Vertrag, aber nach erteilter Schlussrechnung noch einen Abschlag fordern kann.[495] Kann der Auftragnehmer in einem solchen Fall eine Abnahme oder deren unberechtigte Verweigerung nicht nachweisen, kann er allerdings nach Auffassung des BGH den Anspruch auf Abschlagszahlung im Prozess jedenfalls hilfsweise geltend machen, weil der einmal begründete Anspruch auf Abschlagszahlung in diesem Fall fortbesteht.[496] Das OLG Naumburg[497] ist der Auffassung, dass grundsätzlich Abschlagszahlungen als unbestrittenes Guthaben auch nach Erteilung der Schlussrechnung noch geltend gemacht werden können. Nach zutreffender Auffassung des OLG Dresden[498] verstößt ein Auftraggeber gegen Treu und Glauben, wenn er einerseits die Schlussrechnung des Auftragnehmers ungeprüft an diesen zurücksendet und damit zum Ausdruck bringt, dass er diese nicht gelten lassen will und andererseits sich bei einer anschließenden Klage auf Abschlagszahlung auf die Schlussrechnungsreife „beruft". Das OLG Köln[499] ist der Auffassung, dass Abschlagszahlungen ungeachtet der inzwischen gestellten Schlussrechnung weiter verfolgt werden können, wenn bereits vor Abnahme und Erteilung der Schlussrechnung ein Rechtsstreit über die Abschlagszahlung anhängig geworden ist.

In aller Regel wird man nach Vorlage der Schlussrechnung eine Klage auf **1229** Abschlagszahlung dahin umzudeuten haben, dass nunmehr ein **Teilbetrag** der Schlussrechnung geltend gemacht wird, da die Forderung auf Abschlagszahlung und diejenige auf (Teil)Schlusszahlung denselben Streitgegenstand betreffen: Der **Übergang vom** Anspruch auf **Abschlagszahlung** zum Anspruch auf **Schlusszahlung** ist daher auch **keine Klageänderung**.[500] Dadurch verliert die Streitfrage in den meisten Fällen an Gewicht. Ist nicht eindeutig erkennbar, welchen Teil der Schlussrechnung die Forderung auf Abschlagszahlung betrifft, ist dem Kläger ein entsprechender Hinweis zur Substantiierung seiner Forderung zu geben (§§ 139, 278 Abs. 3 ZPO). Die Auffassung des BGH zu der Frage, ob der Übergang vom Anspruch auf Abschlagszahlung zum Anspruch auf Schlusszahlung eine Klageänderung darstellt, war bislang unklar: Zu § 8 Abs. 2 HOAI vertrat der BGH die Meinung, dass die vorgenannte Umdeutung nicht möglich ist, weil es sich um unterschiedliche Streitgegenstände handelt.[501] Demgegenüber hat er zu § 16 Nr. 1 VOB/B darauf hingewiesen, dass „der Übergang **vom Anspruch auf Abschlagszahlung** zum

---

494) So auch OLG Naumburg, IBR 2003, 466 – *Kainz;* OLG Hamm, IBR 1996, 505; OLG Karlsruhe, IBR 1996, 405; *Ingenstau/Korbion/Locher,* § 16 Nr. 1/B, Rdn. 41; **a. A.:** OLG Nürnberg, OLGR 2000, 253 = NZBau 2000, 509.
495) BauR 1991, 81 = NJW 1991, 565; BauR 1985, 456 = NJW 1985, 1840.
496) BauR 2000, 1482 = NJW 2000, 2818 = NZBau 2000, 507 = ZfBR 2000, 537 = MDR 2000, 1187.
497) OLGR 2003, 461 (mit Hinweisen zum Meinungsstand insoweit) = BauR 2004, 522.
498) IBR 2004, 559.
499) BauR 2006, 1143; ebenso *Ingenstau/Korbion/Locher,* § 16 Nr. 1/B, Rdn. 41.
500) So jetzt auch BGH, BauR 2005, 400 = NZBau 2005, 158; bestätigt durch BGH, BauR 2006, 414 = NZBau 2006, 175; vgl. hierzu BGH, BauR 2004, 1146 = NJW-RR 2004, 957 = ZfBR 2004, 552; OLG Hamm, NJW-RR 1996, 593; Beck'scher VOB-Komm/*Motzke,* B § 16 Nr. 1, Rdn. 3; vgl. hierzu auch *von Rintelen,* Jahrbuch Baurecht 2001, 25.
501) BauR 1999, 267 = NJW 1999, 713 = MDR 1999, 221; ebenso: OLG Koblenz, OLGR 2000, 481.

(Teil-)Anspruch **auf Schlusszahlung**" keine Klageänderung nach § 264 ZPO darstellt, weil sich beide Ansprüche auf **denselben Lebenssachverhalt** beziehen.[502] Entsprechend hat der BGH bei der Vorlage **neuer Schlussrechnungen** entschieden, weil der Unternehmer damit einheitlich seinen Werklohnanspruch aus dem Bauvertrag verfolgt.[503] Mit seinem Urteil vom 11.11.2004[504] hat sich der BGH dafür entschieden, beim Anspruch auf Abschlagszahlung und Anspruch auf Schlusszahlung keine unterschiedlichen Streitgegenstände und damit keine Klageänderung (auch in der Berufung) anzunehmen.

Vereinbaren die Vertragsparteien **Voraus- oder Abschlagszahlungen,** ist der Auftragnehmer verpflichtet, seine Leistungen im Einzelnen abzurechnen.[505] Bei zu viel gezahlten Beträgen hat der Auftraggeber Anspruch auf Auszahlung des Saldoüberschusses; Anspruchsgrundlage ist insoweit die vertragliche Abrede, nicht dagegen § 812 Abs. 1 BGB.[506]

Häufig vereinbaren die Parteien für die gesamte Vergütung einen **Zahlungsplan.** Soweit dies in AGB erfolgt, ist stets zu prüfen, ob der entsprechende Zahlungsplan den Auftragnehmer unangemessen benachteiligt, wenn der Auftraggeber die AGB gestellt hat. Überdies muss beachtet werden, welchen tatsächlichen Willen die Parteien bei Abschluss des Zahlungsplans verfolgt haben. So hat der BGH[507] einen Zahlungsplan in einem Bauvertrag, wonach die 12. Rate nach Fertigstellung der Leistung und die 13. und letzte Rate nach Beseitigung aller Mängel, Abnahme und Vorlage einer Gewährleistungsbürgschaft zu zahlen ist, dahingehend ausgelegt, dass die 13. Rate fällig wird, wenn die Abnahme trotz vorhandener Mängel erfolgt; gleichzeitig räumt der BGH dem Auftraggeber ein Leistungsverweigerungsrecht in Höhe des dreifachen Betrages der Mängelbeseitigungskosten ein.

Zur selbstständigen **Verjährung** von Abschlagszahlungen vgl. Rdn. 2368.

#### d) Abschlagszahlungen bei Bauträgerverträgen

*Literatur*

Wagner, „Ratenzahlungs"-Vereinbarungen in Bauträgerverträgen nach der Entscheidung des BGH vom 22.12.2000, ZfBR 2001, 363; Wagner, Die Bezugsfertigkeits-„Rate" im Bauträgervertrage, BauR 2004, 569; Basty, „Vollständige Fertigstellung" im Bauträgervertrag, BTR 2004, 213; Kesseler, Das gesetzliche Leitbild des Bauträgervertrages – eine fehlgeleitete Diskussion, ZfIR 2006, 701.

**1230** In Verträgen mit **Bauträgern und Baubetreuungsunternehmen** wird in aller Regel mit den Erwerbern vereinbart, dass Zahlungen nach **Baufortschritt** zu leisten sind. Gleichzeitig werden die Raten im Einzelnen festgelegt. Soweit diese Unternehmen den Vorschriften der **Makler- und Bauträgerverordnung** (MaBV)[508] unter-

---

502) BauR 1985, 456 = DB 1985, 1988; zur Frage der Klageänderung bei Vorlage mehrerer Schlussrechnungen vgl. OLG Naumburg, NJW-RR 2000, 391 u. OLG Hamm, BauR 2002, 1105.
503) BGH, BauR 2002, 1588 = NZBau 2002, 614.
504) BauR 2005, 400 = NZBau 2005, 158; bestätigt durch BGH, BauR 2006, 414 = NZBau 2006, 175 = NJW-RR 2006, 390.
505) BGH, BauR 2002, 938 = NJW-RR 2002, 1097; BauR 1999, 635 = ZfBR 1999, 196 = NJW 1999, 1867 = MDR 1999, 671.
506) BGH, BauR 2002, 938 = NJW-RR 2002, 1097.
507) BauR 2004, 488 = NZBau 2004, 146 = IBR 2004, 126 – *Schulze-Hagen* = NJW 2004, 502.
508) Vgl. hierzu *Domrath*, BauR 1986, 147; *Usinger*, NJW 1987, 934.

## Abschlagszahlungen

liegen (vgl. Rdn. 1100 ff.), sind sie bei der Annahme von Teilzahlungen an § 3 Abs. 2 **gebunden**.[509] Etwas Anderes gilt allerdings dann, wenn der Bauträger gemäß der Ausnahmevorschrift des § 7 MaBV Sicherheiten im Sinne des § 2 MaBV leistet. Die MaBV dient dem **Schutz** des Auftraggebers (**Erwerbers**) vor Vermögensverlusten, sodass **andere Zahlungsvereinbarungen zum Nachteil** des Erwerbers im Zweifel **unwirksam** sind; durch den Zahlungsplan der MaBV soll nämlich sichergestellt bleiben, dass der Bauträger nicht in Abweichung vom gesetzlichen Leitbild des **§ 641 BGB** Vorleistungen des Erwerbers fordert.[510] Deshalb sind auch **Abänderungen** des Zahlungsplans, wie er sich aus § 3 Abs. 2 MaBV ergibt, unzulässig, wenn sie auf eine **Teilung** der Rate oder auf eine **zusätzliche Rate** hinauslaufen.[511] Verträge, nach denen der Erwerber dem Bauträger nach Fertigstellung der Schreiner- und Glaserarbeiten den gesamten Rest des „Kaufpreises" zahlen muss, während der Bauträger zur Sicherheit **Bürgschaften** (15% der Restkaufsumme bis zur Bezugsfertigkeit und Besitzübergabe; 5% bis zur vollständigen Fertigstellung) bei einem Notar **hinterlegt**, sind ebenfalls mit der MaBV nicht zu vereinbaren.[512]

Kommt die MaBV nicht zur Anwendung, können die Vertragsparteien andere Ratenzahlungen vereinbaren, soweit sie nicht im Einzelfall den §§ 305 ff. BGB n. F. (früher AGB-Gesetz) widersprechen.[513] In der **Baupraxis** werden aber durchweg **ähnliche** Baufortschrittzahlungen abgesprochen, wobei – je nach Liquidität des Unternehmens – die Prozentsätze des Ratenplans schwanken und gewisse Ratenabschnitte unterteilt werden.[514]

In seiner viel beachteten Entscheidung vom 22.12.2000 hat der BGH[515] die vorangegangenen Ausführungen zunächst noch einmal bestätigt: Danach ist jede Abschlagszahlungsvereinbarung in einem Bauträgervertrag gemäß § 134 BGB insgesamt nichtig, wenn sie zu Lasten des Erwerbers von § 3 Abs. 2 MaBV abweicht und daher dem mit dieser Vorschrift bezweckten Schutz des Erwerbers zuwiderläuft;[516] der übrige Vertragsinhalt bleibt aber von der Nichtigkeit der Abschlagszahlungsvereinbarung unberührt.

Gleichzeitig hat der BGH die bisher umstrittene Frage geklärt, was an die Stelle einer nichtigen Abschlagszahlungsvereinbarung tritt. Nach Auffassung des BGH gilt nunmehr nicht die Regelung des § 3 Abs. 2 MaBV, weil dies eine unzulässige geltungserhaltende Reduktion darstellen würde, sondern das Werkvertragsrecht und damit die Vorschrift des § 641 BGB als Fälligkeitsregelung. Der BGH stützt diese Auffassung mit dem Hinweis, dass die Vorschrift des § 3 Abs. 2 MaBV als rein gewerberechtliche Vorschrift keine zivilrechtliche Ersatzregelung darstellt und

---

509) Zur **Rechtsnatur** der MaBV: *Schmidt*, BauR 1997, 216, 219.
510) *Brych/Pause*, Rdn. 139.
511) *Brych/Pause*, Rdn. 142; vgl. hierzu auch OLG Celle, BauR 2004, 1007.
512) Zu § 3 Abs. 2 MaBV **a. F.:** OVG Bremen, NJW-RR 1987, 600.
513) Vgl. hierzu auch *Reithmann*, NJW 1997, 1816 ff.; OLG München, BauR 1998, 352, 353 (**Haftung des Notars**).
514) Vgl. hierzu auch *Schmidt*, BauR 1997, 216, 217 (zur **Abnahme**).
515) BauR 2001, 391 = NJW 2001, 818 = NZBau 2001, 132 = ZfBR 2001, 183 = NJW-RR 2001, 520 = ZfIR 2001, 111 = MDR 2001, 503. Vgl. hierzu auch OLG Celle, OLGR 2004, 147.
516) Das Saarländische OLG, NZBau 2000, 429 = OLGR 2000, 448, weist zu Recht darauf hin, dass ein Abweichen zum eigenen Nachteil des Bauträgers von § 3 Abs. 2 MaBV die Wirksamkeit der vereinbarten Ratenzahlungsschuld nicht berührt.

daher auch nicht an die Stelle der nichtigen Abschlagszahlungsvereinbarung treten kann.

Diese Entscheidung des BGH hat in der Literatur[517] für viel Aufregung unter der Devise „der Bauträgervertrag vor dem Aus!" gesorgt. *Thode*[518] hat in diesem Zusammenhang insbesondere in zahlreichen Vorträgen zudem die Auffassung vertreten, dass Abschlagszahlungsvereinbarungen in formularmäßigen Bauträgerverträgen nur vereinbart werden können, wenn diese dem restriktiven (neuen) Leitbildcharakter des § 632 a BGB (vgl. insoweit Rdn. 1218) entsprechen.

Im Hinblick auf die entstandene Rechtsunsicherheit hat der Verordnungsgeber schnell reagiert und den Versuch einer Klärung mit der „Verordnung über Abschlagszahlungen bei Bauträgerverträgen" vom 23. Mai 2001[519] gemacht. Gesetzliche Grundlage für den Erlass dieser Verordnung ist der (alte) § 27 a AGB-Gesetz[520] (jetzt EGBGB EG 244), der ausdrücklich die Möglichkeit vorsieht, eine Regelung für den Hausbau unter Abweichung des § 632 a BGB durch eine entsprechende Verordnung zu treffen. Nach der Verordnung bleibt es dabei, dass der Besteller zur Leistung von Abschlagszahlungen entsprechend § 3 Abs. 2 MaBV und den Voraussetzungen des § 3 Abs. 1 MaBV vom Bauträger verpflichtet werden kann. Unter den Voraussetzungen des § 7 MaBV (Sicherheitsleistung für alle etwaigen Ansprüche des Bestellers auf Rückgewähr oder Auszahlung seiner Vermögenswerte) kann der Besteller auch abweichend von § 3 Abs. 1 und 2 MaBV zur Leistung von Abschlagszahlungen verpflichtet werden, wobei die Stellung weiter gehender Sicherheiten für die Abschlagszahlungen nicht vorgesehen zu werden braucht. Diese Verordnung ist nach § 2 MaBV auch auf zwischen dem 1.5.2000 und dem 29.5.2001 abgeschlossene Verträge anzuwenden,[521] es sei denn, dass insoweit ein rechtskräftiges Urteil ergangen oder ein verbindlich gewordener Vergleich abgeschlossen worden ist.

**1231** Der **Ratenplan** des § 3 Abs. 2 MaBV gilt für **Neu- und Altbauten**.[522] Allerdings darf es sich bei der Altbausanierung („Modernisierung") nicht nur um geringfügige Renovierungsarbeiten oder Schönheitsreparaturen handeln.[523] Voraussetzung der Fälligkeit ist in allen Fällen die **Mitteilung** des Notars, dass der Vertrag rechtswirksam geworden ist, die Freistellung gesichert und eine Auflassungsvormerkung eingetragen ist.

---

517) Vgl. hierzu *Blank*, ZfIR 2001, 85; *Schmid*, BauR 2001, 866; *Pause*, NZBau 2001, 181; *Grziwotz*, OLGR-Kommentar 2001, K 5; *Voppel*, BauR 2001, 1165.
518) ZfIR 2001, 345. Vgl. hierzu auch *Thode*, ZNotP 2006, 208; *Brambring*, ZfIR 2001, 257; *Grziwotz*, a. a. O.; *Jagenburg/Weber*, NJW 2001, 3453 ff., 3456; *Kesseler*, ZfIR 2006, 701; *Pause*, NZBau 2006, 342, 343.
519) BGBl. 2001, I S. 981; vgl. hierzu *Wagner*, ZfBR 2001, 363; *ders.* BauR 2001, 1313, 1319 u. *Schmidt-Räntsch*, NZBau 2001, 356; *Jagenburg/Weber*, a. a. O.; hinsichtlich der europarechtlichen und verfassungsrechtlichen Bedenken vgl. näher *Thode*, ZfIR 2001, 345; *Wagner*, BauR 2001, 1313, 1317 sowie ZfIR 2001, 422, 425; *Pause*, NZBau 2001, 603, 606.
520) *Thode*, a. a. O., hat bereits vor Erlass der Verordnung Bedenken aus „verfassungs- und europarechtlichen Gründen" angemeldet. Ebenso *Blank* im Hinblick auf § 24 a AGB-Gesetz (Verbrauchervertrag). Vgl. hierzu auch: *Wagner*, BauR 2001, 1313, 1317; ZfIR 2001, 422, 425.
521) *Thode*, a. a. O., hat auch rechtliche Zweifel hinsichtlich der Wirksamkeit der Rückwirkung der Verordnung.
522) *Basty*, DNotZ 1991, 19, 23, 24; *Brych/Pause*, Rdn. 156 ff.
523) Vgl. auch *Basty*, DNotZ 1991, 19, 23, 24.

## Abschlagszahlungen

**1232** Der Ratenplan des § 3 Abs. 2 MaBV sieht nach seiner letzten Änderung[524] nunmehr insgesamt 13 Bauabschnitte vor, wobei es jedoch zulässig ist, in den Fällen des § 3 Abs. 1 „die Vermögenswerte" in bis zu **sieben** Teilbeträgen entsprechend dem Bauablauf zusammenzufassen. Im Übrigen erwähnt der Ratenplan des § 3 Abs. 2 MaBV folgende Teilbeträge.

1. 30 vom Hundert der Vertragssumme in den Fällen, in denen Eigentum an einem Grundstück übertragen werden soll, oder 20 vom Hundert der Vertragssumme in den Fällen, in denen ein Erbbaurecht bestellt oder übertragen werden soll, nach Beginn der Erdarbeiten,
2. von der restlichen Vertragssumme
   - 40 vom Hundert nach Rohbaufertigstellung, einschließlich Zimmererarbeiten,
   - 8 vom Hundert für die Herstellung der Dachflächen und Dachrinnen,
   - 3 vom Hundert für die Rohinstallation der Heizungsanlage,
   - 3 vom Hundert für die Rohinstallation der Sanitäranlagen,
   - 3 vom Hundert für die Rohinstallation der Elektroanlagen,
   - 10 vom Hundert für den Fenstereinbau, einschließlich der Verglasung,
   - 6 vom Hundert für den Innenputz, ausgenommen Beiputzarbeiten,
   - 3 vom Hundert für den Estrich,
   - 4 vom Hundert für die Fliesenarbeiten im Sanitärbereich,
   - 12 vom Hundert nach Bezugsfertigkeit und Zug um Zug gegen Besitzübergabe,
   - 3 vom Hundert für die Fassadenarbeiten,
   - 5 vom Hundert nach vollständiger Fertigstellung.

**1233** In der Praxis entstehen immer wieder **Meinungsverschiedenheiten** zwischen den Vertragsparteien darüber, ob die **Voraussetzungen** für die Anforderung einer Rate durch den Bauträger „**erfüllt**" sind. Dies beruht vor allem darauf, dass die „Fälligkeit" der jeweiligen Rate **nicht** von einem **besonderen Nachweis** des Baufortschritts **abhängt**.[525] **Teilt** der **Erwerber** – nach Zahlungsanforderung der Rate – **die Meinung des Bauträgers über den erreichten Baufortschritt nicht**, ist es seine Sache, dies (auf eigene Kosten) zu **überprüfen**.[526] Grundsätzlich sind die Raten erst nach **vollständiger** Beendigung des jeweiligen Bauabschnittes fällig. Da es sich um zivilrechtliche Vereinbarungen handelt, können Begriffe des öffentlichen Rechts (wie z. B. **Gebrauchsabnahme, Rohbauabnahme** usw.) grundsätzlich bei der Bestimmung der einzelnen Zeitabschnitte nicht herangezogen werden.

**1234** Ist **eine Rate** des **Zahlungsplans nicht fällig**, wird auch die **Folgerate im Zweifel nicht fällig**, weil anzunehmen ist, dass die Parteien die einzelnen Raten zeitlich aufeinander aufbauen wollen.

**1235** Hinsichtlich der einzelnen „Bauabschnitte" gilt Folgendes:

* Mit den **Erdarbeiten** ist begonnen, wenn der Mutterboden abgetragen wurde, nicht schon, wenn nur Bäume gefällt werden usw.[527]

---

524) BGBl. 1997, I, S. 272; hierzu *Koeble*, Rechtshandbuch Immobilien, Bd. 1, Kap. 12, Rdn. 115 a ff.; *Basty*, DNotZ 1997, 284.
525) *Brych/Pause*, Rdn. 146.
526) *Brych/Pause*, a. a. O.
527) *Pohlmann*, BauR 1978, 351, 352; *Marcks*, § 3 MaBV, Rdn. 30; *Basty*, Rdn. 117 u. *Locher/Koeble* (Rdn. 53) u. *Brych/Pause* (Rdn. 147) gehen vom „**ersten Spatenstich**" aus.

* Der **Rohbau** ist fertig gestellt, wenn alle Mauer-, Erd- und Betonarbeiten einschließlich der Zimmererarbeiten ausgeführt sind. Dazu gehört auch der Einbau von nichttragenden Zwischenwänden, Treppen und Schornsteinen. Die Ausführung einer vorgehängten Fassade gehört nicht dazu;[528] auch die Dacheindeckung muss nicht fertig gestellt sein, weil sie Gegenstand der dritten Rate ist.[529] Restarbeiten, die insbesondere von Nachfolgearbeiten abhängig sind, brauchen ebenfalls noch nicht erledigt zu sein. Die behördliche Rohbauabnahme muss nicht vorliegen.
* Die Herstellung der **Dachflächen** und **Dachrinnen** umfasst die entsprechenden Isolierungs-, Belags- und Klempnerarbeiten.[530]
* Die **Rohinstallation** der Heizungs-, Sanitär- und Elektroanlagen (Raten 4–6) erfordert ebenfalls den **kompletten** und **funktionstüchtigen Einbau** ohne Beiputzarbeiten.
* „Knackpunkt"[531] des Zahlungsplans ist die Rate **„Bezugsfertigkeit"**[532]: Die MaBV sieht vor, dass 12% „nach Bezugsfertigkeit und Zug um Zug gegen Besitzübergabe" zu zahlen sind. **Bezugsfertig** ist ein Haus aber nur, wenn sein Bezug dem Erwerber auch **„zugemutet"** werden kann. Das ist der Fall, wenn z. B. ein **sicherer Zugang** zum Haus besteht. Darüber hinaus muss nach dem Sinngehalt der Bestimmung aber davon ausgegangen werden, dass – mit **Ausnahme der Außenanlage** und der Beseitigung von **Mängeln, die nicht die Sicherheit** des Wohnens **beeinträchtigen – das gesamte Objekt**[533] fertig gestellt ist.[534] Der Außenputz muss, wie sich aus der nachfolgenden Rate („Fassadenarbeiten") ergibt, allerdings noch nicht aufgebracht sein.

  Die behördliche Gebrauchsabnahme des Hauses braucht noch nicht vorzuliegen; dasselbe gilt hinsichtlich der privatrechtlichen Abnahmefähigkeit des Hauses. Da diese Rate eine **Zug-um-Zug-Leistung** (Zahlung durch den Erwerber) voraussetzt, Barzahlungen bei Übergabe aber in der Praxis nicht vorkommen, wird es ausreichen, wenn der Erwerber dem Bauträger **die (unwiderrufliche) Anweisung der Rate nachweist**.[535]

* **Vollständig fertig gestellt** ist ein Haus erst, wenn nicht nur sämtliche Arbeiten erbracht sind, sondern auch alle wesentlichen **Mängel** behoben sind.[536] Der Erwer-

---

528) *Brych/Pause*, Rdn. 148; *Koeble*, a. a. O., Rdn. 105.
529) *Koeble*, a. a. O., Rdn. 115 d.
530) *Koeble*, a. a. O., Rdn. 115 e.
531) *Schmidt*, BauR 1997, 216, 220.
532) Vgl. hierzu OLG Celle, BauR 2005, 1176; Wagner, BauR 2004, 569.
533) Vgl. hierzu BGH, BauR 2004, 1171 = NZBau 2004, 396 = ZfBR 2004, 559 = IBR 2004, 376 – *Weyer* = NJW-RR 2004, 954 (Keine Bezugsfertigkeit eines Einfamilienhauses, wenn die als Zugang zur Souterrainwohnung vorgesehene Außentreppe noch nicht fertig gestellt ist).
534) So jetzt auch OLG Koblenz, OLGR 2003, 105 sowie OLG Hamm, OLGR 2004, 58.
535) *Basty*, Rdn. 125; zur praktischen Abwicklung s. im Übrigen: *Brych/Pause*, Rdn. 152 sowie *Blank*, Zulässigkeit einer Notaranderkontoregelung für die letzte Kaufpreisrate im Bauträgervertrag, DNotZ 1997, 298.
536) Vgl. hierzu OLG Düsseldorf, BauR 2003, 93 (vollständige Beseitigung der „Protokollmängel"); ferner BGH, BauR 2000, 881 = NJW 2000, 1403 sowie *Conrad*, BauR 1990, 546 ff. Zum Begriff der „vollständigen Fertigstellung" im Bauträgervertrag vgl. insbesondere *Basty*, BTR 2004, 213.

ber soll Leistungen nur erbringen müssen, sofern und soweit ein entsprechender Gegenwert von dem vorleistungspflichtigen Unternehmer/Bauträger erbracht worden ist. Das ist aber nicht der Fall, soweit bei der Übergabe noch erhebliche **Protokollmängel** vorliegen, die beseitigt werden müssen, oder sich erst nach der Übergabe des Hauses Mängel zeigen, die bei einer früheren Kenntnisnahme einer Bezugsfertigstellung und damit einer Abnahmepflicht des Erwerbers entgegengestanden hätten. Der von der MaBV verwandte Begriff der „Fertigstellung" deckt sich somit sachlich mit demjenigen der Abnahmefähigkeit i. S. des § 640 BGB.[537] Da Abnahmefähigkeit voraussetzt, dass die Bauleistung bis auf geringfügige Mängel oder restliche Arbeiten erbracht ist, kann eine vollständige Fertigstellung nicht angenommen werden, wenn nicht nach den anerkannten Regeln in der Baukunst gebaut wurde.[538] Wird damit der Werklohn wegen Mängeln nicht fällig, kann sich der Auftraggeber auch nach längerer Nutzung des Bauwerks noch auf die fehlende Fälligkeit berufen.[539]

### e) AGB-Regelungen

Im Hinblick auf die gesetzliche Regelung des § 641 BGB (Fälligkeit des Werklohns bei Abnahme – Vorleistungspflicht des Auftragnehmers) hat die Rechtsprechung wiederholt davon **abweichende Zahlungsklauseln in AGB** wegen Verstoßes gegen das AGB-Recht (§§ 305 ff. BGB) für unwirksam erklärt.[540] Grundsätzlich verstößt eine **übermäßig hohe Abschlagszahlung** in AGB des Auftragnehmers gegen § 307 BGB; das gilt insbesondere, wenn die Verpflichtung hierzu ohne Rücksicht auf Gewährleistungsansprüche oder sonstige Gegenforderungen des Auftraggebers besteht.[541]

**1236**

**Abschlagszahlungen** müssen stets mit dem **Baufortschritt** in Einklang stehen.[542] Daher sind nur solche Vereinbarungen über **Abschlagszahlungen** in AGB **unbedenklich**, die sich **am jeweiligen Baufortschritt orientieren**.[543] Das gilt auch für VOB-Bauverträge. Zwar verstößt § 16 Nr. 1 Abs. 1 VOB/B (Abschlagszahlung nach Baufortschritt) nach allgemeiner Ansicht – bei einer isolierten Betrachtung – nicht gegen § 307 BGB; doch gilt auch insoweit, dass eine unangemessene Benachteiligung des Auftraggebers immer dann vorliegt, wenn in den AGB bei Vereinbarung der VOB eine übermäßig hohe Abschlagszahlung verlangt wird, der eine entsprechende Bauleistung des Auftragnehmers nicht gegenüber-

**1237**

---

537) Ebenso: BGH, WM 2002, 2411; OLG Hamm, BauR 2002, 641 = NZBau 2002, 218; OLGR 1994, 63; *Fischer*, WM 2003, 1, 3.
538) So OLG Köln, BauR 1983, 380; im Ergebnis ebenso: *Reithmann/Meichssner/von Heymann*, S. 77, Rdn. 111 für Protokollmängel; *Pohlmann*, BauR 1978, 355; *Locher/Koeble*, Rdn. 53; OLG Düsseldorf, BauR 1982, 168, 169; **a. A.:** *Warda*, MittBayNot 1988, 1, 13; *Marcks*, § 3 MaBV, Rdn. 43; *Conrad*, BauR 1990, 546, 549; *Basty*, Rdn. 127; *Brych/Pause*, Rdn. 154.
539) BGH, BauR 2004, 670 = NZBau 2004, 210 = MDR 2004, 441.
540) Vgl. OVG Bremen, NJW-RR 1987, 600.
541) BGH, BauR 1986, 694 = NJW 1986, 3199.
542) BGH, a. a. O. m. w. Nachw.
543) OLG Schleswig, BauR 1994, 513.

steht.[544)] Dabei ist es stets eine Frage des Einzelfalls, ob eine Abschlagszahlung „übermäßig hoch" ist.

**1238** Unter diesen Vorzeichen hält der BGH[545)] eine Klausel in AGB für unwirksam, wonach bei Lieferung und Montage von Bauten auf der Baustelle „**90% der Rechnungssumme bei Anlieferung**" fällig werden, weil damit die gesetzliche Vorleistungspflicht des Unternehmers ausgehöhlt und das Leistungsverweigerungs- und Zurückbehaltungsrecht des Auftraggebers ausgeschlossen bzw. unzumutbar eingeschränkt wird. Entsprechendes gilt bei einer formularmäßigen Bankgarantie für Abschlagszahlungen privater Bauherren nach Baufortschritt, deren Inanspruchnahme lediglich einen Bautenstandsbericht des Bauunternehmers voraussetzt.[546)] Auch eine AGB-Bestimmung in einem finanzierten **Fertighausvertrag,** wonach **90% des Werklohns** 14 Tage nach der Rohmontage des Hauses zur Zahlung fällig sind, ohne dass es auf den Wert der tatsächlich erbrachten Bauleistungen ankommt, verstößt gegen § 307 BGB und ist damit unwirksam.[547)] Dasselbe gilt für den Fall, „dass die Kaufsumme für ein Fertighaus sowie zusätzliche Lieferungen und Leistungen zu 60% am zweiten Aufstellungstag, weitere 30% bei Inbetriebnahme der Heizungsanlage und die restlichen 10% nach Fertigstellung der vertraglichen Leistungen vor Einzug fällig" werden sollen.[548)]

**1239** Die in AGB über die Errichtung und Veräußerung eines Bauwerks enthaltene Klausel, wonach der Veräußerer verlangen kann, dass der Erwerber ohne Rücksicht auf vorhandene Mängel vor Übergabe des bezugsfertigen Bauwerks noch nicht fällige Teile des Erwerbspreises nach Anweisung des Veräußerers hinterlegt, ist ebenfalls wegen Verstoßes gegen § 309 Nr. 2 a BGB unwirksam; hierdurch wird nämlich dem Erwerber die Möglichkeit genommen, die restliche Vergütung wegen Baumängeln zurückzuhalten oder zu mindern, soweit Mängelbeseitigung nicht in Betracht kommt. Die Hinterlegungsklausel läuft also darauf hinaus, dem Erwerber das Leistungsverweigerungsrecht aus § 320 BGB zu nehmen oder einzuschränken.[549)] Dem Erwerber von Miteigentum steht dieses Recht sowohl gegenüber Mängeln am **Sonder-** wie auch am **Gemeinschaftseigentum** zu.[550)]

Der BGH[551)] legt eine Regelung in einem Bauträgervertrag, wonach die letzte Rate vor Übergabe der Wohnungen zu zahlen ist, zuvor jedoch bei der Abnahme fest-

---

544) OLG Hamm, NJW-RR 1989, 274 = BauR 1989, 751; OLG Schleswig, a. a. O. Soweit *Motzke* (Beck'scher VOB-Komm, B § 16 Nr. 1, Rdn. 66) meint, eine „AGB-Widrigkeit" komme bei Änderung des § 16 Nr. 1 VOB/B zugunsten des Klauselverwenders grundsätzlich nicht in Betracht, weil „das BGB eine Abschlagszahlungsverpflichtung nicht kennt", so kann dem in dieser Allgemeinheit nicht gefolgt werden, denn hierbei wird die nach dem BGB bestehende Vorleistungsverpflichtung des Auftragnehmers nicht hinreichend berücksichtigt; diese kann bei zu hohen Abschlagszahlungen/Vorauszahlungen in AGB oder Formularverträgen des Auftragnehmers zu dessen Gunsten **unangemessen** verändert werden. Im Übrigen ist insoweit die Neufassung des § 632 a BGB zu berücksichtigen (vgl. Rdn. 1218 ff.).
545) BauR 1985, 192, 195 = ZfBR 1985, 134 (zu §§ 9/11 Nr. 2 AGB-Gesetz – jetzt §§ 307, 309 Nr. 2 BGB); vgl. hierzu auch OLG Köln, NJW-RR 1992, 1047.
546) BGH, BauR 1986, 455.
547) BGH, BauR 1986, 694 = NJW 1986, 3199; siehe ferner: BGH, NJW 1992, 1107.
548) BGH, BauR 1992, 226 = NJW 1992, 1107.
549) BGH, BauR 1985, 93 = ZfBR 1985, 40.
550) BGH, BauR 1984, 166; vgl. auch Rdn. **481**.
551) BauR 2000, 881 = NJW 2000, 1403 = NZBau 2000, 243.

gestellte Mängel zu beseitigen sind, dahingehend aus, dass die letzte Rate nicht vor Beseitigung der Mängel fällig wird. Nach zutreffender Auffassung des OLG Celle[552] führen Fälligkeitsregelungen abweichend von § 3 MaBV zur Nichtigkeit dieser Klauseln nach § 134 BGB; dies hat gleichzeitig zur Folge, dass der Erwerber überhaupt keine Abschlagszahlungen, auch nicht nach § 632 a BGB, zu leisten hat.

## 8. Sicherheitsleistungen

*Literatur bis 1999*
*Weise*, Sicherheiten im Baurecht, 1999.
*Groß*, Die Ablösung des Garantierückbehalts durch Bankbürgschaft, BlGBW 1970, 191; *Heiermann*, Die Sicherheitsleistung durch Einbehalt nach § 17 Nr. 6 VOB/B, Fassung 1973, BauR 1976, 73; *Kahle*, Zur Frage der Sicherheitsleistung durch Einbehalt nach § 17 Nr. 6 VOB/B, BauR 1976, 329; *Daub*, Nochmals: Sicherheitsleistung durch Einbehalt, BauR 1977, 24; *Heiermann*, Die Sicherheitsleistung durch Bürgschaft nach der Verdingungsordnung für Bauleistungen, BB 1977, 1575; *Gehle*, Die Sicherheitsbürgschaft des Subunternehmers, BauR 1982, 338; *Steinbach*, Ablösung des Sicherheitseinbehaltes durch Gewährleistungsbürgschaft nach Vorausabtretung der Gewährleistungsansprüche, WM 1988, 809; *Korbion*, Besondere Sicherheitsleistungen im bauvertraglichen Bereich, Festschrift für Heiermann (1995), 217; *Kainz*, Zur Unwirksamkeit von Vertragserfüllungs- und Gewährleistungsbürgschaften „auf erstes Anfordern" in der deutschen Bauwirtschaft und die sich daraus ergebenden Rechtsfolgen, BauR 1995, 616; *Pape*, Die Entwicklung des Bürgschaftsrechts im Jahre 1995, NJW 1996, 887; *Quack*, Der Eintritt des Sicherungsfalles bei den Bausicherheiten nach § 17 VOB/B und ähnlichen Gestaltungen, BauR 1997, 754; *von Wietersheim*, Vorsicht bei Gewährleistungseinbehalten, MDR 1998, 630; *Leinemann*, Sicherheitsleistung im Bauvertrag: Abschied vom Austauschrecht nach § 17 Nr. 3 VOB/B?, NJW 1999, 262; *Maas*, Auszahlung des Gewährleistungseinbehalts nach Bürgschaftsstellung, Festschrift für Vygen (1999), 327.

*Literatur ab 2000*
*Schmidt/Winzen*, Handbuch der Sicherheiten am Bau 2000.
*Thierau*, Sicherheiten beim Bauvertrag – Aktuelle Fragen –, Jahrbuch Baurecht 2000, 66; *Schmeel*, Bürgschaften und Bauvertrag, MDR 2000, 7; *Thode*, Erfüllungs- und Gewährleistungssicherheiten in innerstaatlichen und grenzüberschreitenden Bauverträgen, ZfIR 2000, 165; *Barth*, Zur Praxistauglichkeit gesetzlicher und vertraglicher Sicherheiten im Baurecht, ZfIR 2000, 235; *Hartung*, Gewährleistungseinbehalt und Ablösungsbefugnisse in Bauverträgen, NZBau 2000, 371; *Handschumacher*, Sicherheitseinbehalt und AGB-Gesetz/Gewährleistungsbürgschaft auf erstes Anfordern, BauR 2000, 1812; *Eichner*, Überlegungen zur Bedeutung von § 17 Nr. 6 Abs. 4 VOB/B für öffentlich-rechtliche Kreditinstitute, BauR 2001, 1665; *Kreikenbohm*, Der Verlust von Gewährleistungseinbehalten gemäß § 17 Nr. 6 VOB/B, BauR 2001, 1667; *Diehr*, Wirksamkeit von AGB über Vertragserfüllungsbürgschaften zu Gunsten des Auftraggebers gemessen an § 632 a BGB und unter Berücksichtigung von § 648 a BGB, ZfBR 2001, 435; *Joussen*, Der öffentliche Auftraggeber i. S. des § 17 Nr. 6 Abs. 4 VOB/B, BauR 2002, 371; *Schmidt*, Sind öffentlich-rechtliche Kreditinstitute öffentliche Auftraggeber gemäß § 17 Nr. 6 Abs. 4 VOB/B?, BauR 2002, 385; *Biebelheimer*, Der Anspruch auf Herausgabe einer als Austauschsicherheit gewährten Bürgschaft, NZBau 2002, 122; *Brauns*, Die Bürgschaft auf erstes Anfordern als Sicherungsmittel gemäß § 17 VOB/B, BauR 2002, 704; *Moufang/Kupjetz*: Zum formularvertraglichen Verzicht des Bürgen auf die Einreden aus § 768 BGB in bauvertraglichen Sicherungsabreden, BauR 2001, 1093; *Brauns*, Die jüngere Entwicklung der Rechtsprechung zum Ersetzungsrecht nach § 17 Nr. 3 VOB/B, BauR 2002, 1465; *Rodemann*, Sicherheitseinbehalt und Klage auf künftige Leistung, BauR 2002, 1477; *Maser*, Leistungsänderungen und Zusatzleistungen bei Vertragserfüllungsbürgschaft, Festschrift für Jagenburg (2002), 557; *Kleine-Möller*, Die Sicherung bauvertraglicher Ansprüche durch Bankbürgschaft und Bankgarantie,

---

552) BauR 2004, 1007.

NZBau 2002, 585; *Kern*, Die Neuregelung der Mängelansprüche und Sicherheitsleistung in den §§ 13 u. 17 VOB/B 2002, BauR 2003, 793; *Kuffer*, Sicherungsvereinbarungen im Bauvertrag, BauR 2003, 155; *Busz*, Die Ansprüche des Werkunternehmers bei nicht fristgemäßer Sicherheitsleistung des Auftraggebers, NZBau 2004, 10; *Rodemann*, Ablösung eines Sicherheitseinbehalts, BauR 2004, 1539; *Blank*, Das Ende der Vorauszahlungsbürgschaft nach § 7 MaBV, BTR 2005, 54; *Klein/Moufang*, Die Bürgschaft als bauvertragliche Sicherheit nach der aktuellen Rechtsprechung des VII. Zivilsenats des BGH, Jahrbuch Baurecht 2005, 27; *Vogel*, Bürgschaften in der Insolvenz, BauR 2005, 218; *Weise*, Die Vorauszahlungssicherheit, Festschrift für Thode (2005), 573; *Voit*, Einzahlung statt Auszahlung des Sicherheitseinbehalts nach Stellen einer Bürgschaft, ZfIR 2006, 407; *Hildebrandt*, Zur Unwirksamkeit vertraglicher Sicherungsabreden und zu den Möglichkeiten einer Verwertung der Sicherheit trotz unwirksamer Sicherungsabrede, BauR 2007, 203; *May*, Die Gewährleistungsbürgschaft (Mängelrechtebürgschaft) im Bauvertrag – das von den Bauvertragsparteien Vereinbarte ist nicht stets das vom Bürgen Geschuldete, BauR 2007, 187; *Schulze-Hagen*, Die Vertragserfüllungsbürgschaft – 10 Thesen zu aktuellen Themen, BauR 2007, 170; *Vogel*, Sicherungen beim Bauträgervertrag – einige unerkannte Probleme aus der Praxis, BauR 2007, 224.

**1240** Von dem Werklohn, der dem Bauunternehmer zusteht, ist u. U. bei Fälligkeit **ein Sicherheitsbetrag** abzusetzen. Dies setzt jedoch eine entsprechende ausdrückliche **Vereinbarung** eines Sicherheitseinbehaltes zwischen den Parteien voraus; andernfalls kann der Bauherr einen Sicherheitseinbehalt nicht verlangen. Dies gilt nicht nur für den BGB, sondern auch für den VOB-Bauvertrag;[553] die Vereinbarung der Geltung der VOB ersetzt noch nicht eine Vereinbarung zur Leistung einer Sicherheit. Das gilt umso mehr, als es **weder einer Üblichkeit noch einem Handelsbrauch** entspricht, dass stets eine Sicherheit auch ohne vertragliche Vereinbarung zu leisten ist.[554] Auch bei **Insolvenz** des Unternehmers kann der Auftraggeber nicht Sicherstellung durch Bürgschaft wegen bisher nicht bekannter, allenfalls möglicher Mängel des abgenommenen Werkes verlangen.[555]

Daher trägt auch der **Bauherr die Darlegungs- und Beweislast** für eine vertraglich vereinbarte Sicherheitsleistung sowie deren Art und Umfang. Ist der Einbehalt eines bestimmten Sicherheitsbetrages vertraglich abgesprochen, ist eine etwaige Klage des Unternehmers, soweit sie die Höhe des Sicherheitsbetrages betrifft, **als zurzeit unbegründet** abzuweisen.

**1241** Die **Vereinbarung** einer Sicherheitsleistung muss klar und **eindeutig** sein; insoweit reicht noch nicht die Bestimmung in einem Bauvertrag, dass von den Rechnungsbeträgen der Abschlagszahlung 5% einbehalten werden. Eine solche Abrede stellt noch keine Sicherheitsvereinbarung für die Gewährleistungszeit dar.[556] Vereinbaren die Parteien, dass der Auftraggeber die „Sicherstellung der Werklohnforderung in geeigneter Form (z. B. durch Zahlungszusage der finanzierenden Bank) nachzuweisen" hat, beinhaltet diese Abrede keine Sicherheitsleistung in Form einer Bürgschaft oder Zahlungszusage der Bank des Auftraggebers gegenüber dem Auftragnehmer.[557]

**Individuelle** Vereinbarungen über Sicherheitsleistungen sind an den Bestimmungen der §§ 134, 138, 242 BGB zu messen. In der Regel werden Sicherheiten jedoch

---

553) BGH, BauR 2000, 1498, 1499 = ZfBR 2000, 477; *Schmitz/Vogel*, ZfIR 2002, 509, 510 m. w. Nachw.
554) *Ingenstau/Korbion/Joussen*, § 17 Nr. 1/B, Rdn. 3; *Heiermann/Riedl/Rusam*, § 17/B, Rdn. 7.
555) BGH, BauR 1994, 544 (LS); zu Ansprüche des Unternehmers gegen den Insolvenzverwalter nach dem Konkurs des Bestellers s. OLG München, NJW-RR 1998, 992.
556) BGH, NJW-RR 1988, 851.
557) OLG Karlsruhe, BauR 1998, 791.

in **Allgemeinen Geschäftsbedingungen** vereinbart; dies ist üblich und auch nicht überraschend. Allerdings müssen diese Absprachen über Sicherheitseinbehalte den §§ 305 ff. BGB standhalten.[558] Da das Werkvertragsrecht des BGB den Einbehalt eines Teils des Werklohns als Sicherheit für etwaige Gewährleistungsansprüche nicht vorsieht, sondern in § 641 BGB das Zug-um-Zug-Prinzip geregelt ist, verstößt eine formularmäßig vereinbarte 5%ige Sicherheitsleistung gegen das Gebot von Treu und Glauben, wenn nicht gleichzeitig ein angemessener Ausgleich dafür geregelt wird;[559] der Ausgleich kann in der Weise erreicht werden, dass der Auftragnehmer die Sicherheitsleistung z. B. durch Bankbürgschaft oder Zahlung auf ein Sperrkonto ablöst.[560] Dabei stellt es wiederum eine unangemessene Benachteiligung des Unternehmers dar, wenn dem Unternehmer nur das Recht eingeräumt ist, den Einbehalt durch eine Bürgschaft auf erstes Anfordern abzulösen (vgl. hierzu Rdn. 1260 u. 1262).[561] Der **Verzicht** auf die Rechte aus §§ 768[562], 770[563] und 777[564] BGB in AGB ist grundsätzlich **unzulässig**.

Verstößt eine Sicherungsabrede gegen die Vorschriften der §§ 305 ff. BGB, ist die gesamte Sicherungsvereinbarung **unwirksam.** Eine **Umdeutung** der Abrede im Wege der Auslegung auf einen wirksamen Gehalt würde gegen das **Verbot der geltungserhaltenden Reduktion** verstoßen (vgl. hierzu aber Rdn. 1260).[565]

Hat der Auftragnehmer vereinbarungsgemäß eine Sicherheit für Mängel geleistet, ist **streitig,** ob der Auftraggeber den restlichen Werklohn bei Eintritt eines Mangels mit der Begründung zurückbehalten darf, dass in der Gewährleistungsfrist noch **weitere** Mängel auftreten könnten, oder er in diesem Fall auf den Sicherheitseinbehalt zurückgreifen muss. Die h. M.[566] vertritt den zuletzt genannten Standpunkt mit dem Hinweis, dass das **vertraglich** (ggf. nach § 17 Nr. 3 VOB/B) **vereinbarte Austauschrecht** ausschließt, dass der Gläubiger eine ordnungsgemäß ersetzte Sicherheit

**1242**

---

558) LG Hamm, BauR 2005, 1497. Zur Unwirksamkeit von Sicherungsabreden vgl. im Einzelnen die Zusammenstellung bei *Kapellmann/Messerschmidt/Thierau,* § 17/B, Rdn. 25 ff.; *Schmitz/Vogel,* ZfIR 2002, 509, 514 f.
559) BGH, BauR 1997, 829 = NJW 1997, 2598 = ZIP 1997, 1549 = ZfBR 1997, 292; OLG Rostock, BauR 2005, 1037 (auch bei der Möglichkeit vorzeitiger Freigabe).
560) BGH, BauR 2004, 325 m. abl. Anm. *Franz* = NJW 2004, 443; BauR 2004, 841 = NJW-RR 2004, 814 = MDR 2004, 805; OLG Hamm, BauR 2006, 393; *Schmitz/Vogel,* ZfIR 2002, 509, 514, halten auch eine Klausel für unwirksam, wonach der Auftraggeber einen Einbehalt vornimmt, den der Auftragnehmer nur durch eine („normale") Bürgschaft ablösen kann, weil dem Auftragnehmer dadurch die Möglichkeit der Einzahlung auf ein gemeinsames Sperrkonto genommen wird, sodass auch den Auftragnehmer das Risiko der Insolvenz des Auftraggebers verlagert wird; ebenso OLG Dresden, IBR 2002, 251 sowie OLG Frankfurt, BauR 2004, 1787.
561) BGH, BauR 2005, 1154; BauR 2005, 539. Ferner BGH, BauR 2004, 325; BauR 2002, 463 = IBR 2002, 73; BauR 2000, 1052 = ZfBR 2000, 332 = NZBau 2000, 285.
562) *Palandt/Sprau,* § 768 BGB, Rdn. 8.
563) *Brödermann* in Prütting/Wegen/Weinreich, § 770 BGB, Rdn. 6 (jedenfalls für den Fall, dass die Gegenforderung des Hauptschuldners unbestritten oder rechtskräftig festgestellt ist), vgl. hierzu BGH, NJW 2004, 2232, 2235.
564) *Palandt/Sprau,* § 776 BGB, Rdn. 3; vgl. hierzu auch LG München, IBR 2006, 619.
565) *Thode,* ZfIR 2000, 165, 168; *Ingenstau/Korbion/Joussen,* § 17 Nr. 1/B, Rdn. 44 ff.
566) BGH, BauR 2001, 1893 = NJW 2001, 3629 = NZBau 2001, 679; BauR 1997, 1026 = NJW 1997, 2958 = ZfBR 1997, 298; OLG Düsseldorf, BauR 1975, 348, 349; ebenso: OLG Köln, SFH, Nr. 1 zu § 17 VOB/B.

behält. Der BGH[567] weist in diesem Zusammenhang darauf hin, dass die „Gestellung einer Bürgschaft als Austauschsicherheit dahin auszulegen ist, dass sie unter der auflösenden Bedingung steht, der Auftraggeber werde seiner Verpflichtung zur effektiven Auszahlung eines Bareinbehaltes alsbald nachkommen". Verweigert dann der Auftraggeber vertragswidrig die alsbaldige Barauszahlung, tritt die auflösende Bedingung für die Gestellung der Bürgschaft mit der Folge ein, dass der Auftragnehmer die Bürgschaftsurkunde als ungerechtfertigte Bereicherung herausverlangen kann.[568]

Hinsichtlich der verschiedenen **denkbaren Fallgestaltungen** bei der zeitlichen Abfolge von **Sicherungsfall sowie Ausübung des Austauschrechtes** und der sich daraus ergebenden Folgen hat der BGH[569] verschiedene Fallgruppen gebildet und entsprechend Folgendes klargestellt:

„1. Bietet der Auftragnehmer dem Auftraggeber die Austauschbürgschaft zu einem Zeitpunkt an, in dem der Sicherungseinbehalt bereits verwertet ist, ist für einen Austausch kein Raum mehr. Das Austauschrecht ist mit der Verwertung entfallen. Der Auftraggeber muss die Bürgschaft zurückweisen.

2. Macht der Auftragnehmer von seinem Austauschrecht zu einem Zeitpunkt Gebrauch, in dem der **Sicherungsfall noch nicht eingetreten** ist, ist der Auftraggeber verpflichtet, die Bürgschaft entgegenzunehmen und den Sicherheitseinbehalt auszuzahlen. Kommt er dem nicht unverzüglich nach, verletzt er die Sicherungsabrede (BGH, Urteil v. 18.5.2000 – VII ZR 178/99 –, BauR 2000, 1501 = ZfBR 2000, 864). Auch wenn dann der Sicherungsfall eintritt, bleibt er zur Auszahlung verpflichtet. Den Anspruch auf eine Sicherheit verliert er dadurch nicht. Er muss sich mit der Austauschsicherheit begnügen.

Etwas anderes kann im Einzelfall gelten, wenn der Sicherungsfall unmittelbar bevorsteht, etwa weil eine zur Mängelbeseitigung gesetzte Frist kurz nach Eingang der zum Austausch übermittelten Bürgschaft abläuft.

3. Liegt **der Sicherungsfall bei Stellung der Bürgschaft dagegen bereits vor**, steht es im Belieben des Auftraggebers, ob er die Bürgschaft als Austauschsicherheit annimmt oder den Bareinbehalt verwertet. Die Wahrnehmung des Austauschrechts hindert den Auftraggeber nicht, bereits entstandene **geldwerte Gewährleistungsansprüche** durch Zugriff auf das Bardepot zu befriedigen. Wählt er die Verwertung, ist für einen Austausch kein Raum mehr. Er darf die Bürgschaft nicht entgegennehmen. Entscheidet sich der Auftraggeber für die Bürgschaft, muss er den Sicherheitseinbehalt auszahlen.

Mit Rücksicht auf die Auftragnehmerinteressen ist der Auftraggeber gehalten, sich dem Auftragnehmer gegenüber unverzüglich zu erklären, ob er den Sicherungseinbehalt verwertet. Der Auftragnehmer darf nicht hingehalten werden. Kommt der Auftraggeber dem Gebot, sich unverzüglich zu erklären, nicht nach, bleibt es bei dem Austauschrecht des Auftragnehmers. Der Auftraggeber muss den Sicherungseinbehalt auszahlen, die Bürgschaft kann er behalten."

Soweit die Einzelheiten des Austauschrechtes (insbesondere Auszahlung eines Bareinbehaltes gegen Bürgschaft) vertraglich nicht geregelt sind, kann eine interessengerechte Auslegung der Austauschabrede nur dazu führen, dass die Parteien eine Zug-um-Zug-Ablösung gewollt haben. Bei einer Austauschabrede **„Bürgschaft gegen Auszahlung des Sicherheitseinbehaltes"** ist der Auftragnehmer daher ledig-

---

567) BauR 1997, 1026 = NJW 1997, 2958 = ZfBR 1997, 298; BauR 2002, 1543. Vgl. hierzu insbesondere *Thode*, ZfIR 2000, 165, 169 u. *Brauns*, BauR 2002, 1465.
568) Vgl. hierzu auch OLG Hamm, IBR 2006, 330 – *Franz*.
569) BauR 2001, 1893 = NJW 2001, 3629 = NZBau 2001, 679; ebenso OLG Schleswig, IBR 2005, 256 – *Hildebrandt*; vgl. hierzu LG Hamburg, BauR 2004, 1634 m. Anm. *Groß;* ferner *Brauns*, BauR 2002, 1465.

## Sicherheitsleistungen

lich verpflichtet – nach Ausübung seines Ablösungsrechts –, die Bürgschaft **Zug um Zug** gegen Auszahlung des Sicherheitseinbehaltes zu stellen.[570] Das ist jedoch bestritten. Mit der hier vertretenen Auffassung würde ein Großteil der Abwicklungsprobleme, mit denen sich der BGH insbesondere jüngst beschäftigt hat, gelöst werden.

Die Zug-um-Zug-Ablösung kann durch folgende unkomplizierte und damit praktikable Abwicklungsvariante beim Austausch der vorerwähnten Sicherungsmittel erreicht werden:[571] Die bürgende Bank macht die Wirksamkeit der Bürgschaft davon abhängig, dass die vom Auftraggeber als Sicherheit zunächst einbehaltenen Geldbeträge auf einem bestimmten Konto der Bank oder des Gläubigers eingegangen sind. Eine entsprechende AGB-Klausel ist nach zutreffender Auffassung des OLG Naumburg[572] weder überraschend noch stellt sie eine unangemessene Benachteiligung des Auftraggebers dar: „Denn durch die aufschiebende Bedingung kann die Bank sicherstellen, dass ihre Bürgschaftsverpflichtung erst entsteht, wenn der Auftraggeber die eigene vertragliche Werklohnzahlungsverpflichtung erfüllt hat und sie durch die Werklohnzahlung ihrerseits eine Sicherheit erhält, wodurch zugleich verhindert wird, dass eine Bürgschaft übergeben, der Sicherheitseinbehalt jedoch absprachewidrig zurückgehalten wird. Dies entspricht gerade den üblichen Mechanismen bei der Durchführung und Abwicklung von Bauverträgen und damit den Bedürfnissen der Praxis".

Greift der Auftraggeber bei Mängeln während der Gewährleistungsfrist auf die gestellte Sicherheit zurück, ist der Auftragnehmer nicht verpflichtet, die Sicherheit durch Abzug eines bestimmten Betrages für einen angefallenen Schadensposten „aufzufüllen".[573]

**1243** Für eine mögliche **Aufrechnungslage** im Prozess gilt daher: Klagt der Auftragnehmer den Teil seiner Werkforderung ein, der den vom Auftraggeber vertragsgemäß einbehaltenen Sicherheitsbetrag **übersteigt,** kann der Auftraggeber gegenüber der eingeklagten Teilforderung mit einem Schadensersatzanspruch oder einem Minderungsanspruch nur aufrechnen, soweit diese Ansprüche den Sicherheitsbetrag überschreiten.[574]

**1244** Durch die Vereinbarung einer Sicherheitsleistung werden grundsätzlich gesetzliche **Zurückbehaltungs- bzw. Leistungsverweigerungsrechte** nicht ausgeschlossen.[575] Die Geltendmachung dieser Rechte ist aber **eingeschränkt.** Der Auftraggeber kann sich auf § 273 BGB (Zurückbehaltungsrecht) bzw. § 320 BGB (Einrede des nichterfüllten Vertrages) auch dann stützen, wenn ihm für seine Gegenansprüche, also insbesondere Gewährleistungsansprüche, bereits eine ausreichende Sicherheit gewährleistet worden ist (vgl. Rdn. 2530). Es ist unbeachtlich, dass der **Sicherheits-**

---

570) Wie hier OLG Naumburg, OLGR 2004, 349 = IBR 2004, 498 – *Franz;* OLG Düsseldorf, BauR 2004, 506, 509 f.; OLG Dresden, BauR 2002, 1274, 1276; *Rodemann,* BauR 2004, 1539; **a. A.:** Brandenburgisches OLG, BauR 1998, 1267 = NJW-RR 1998, 1316; *Ingenstau/Korbion/Joussen,* § 17 Nr. 3/B, Rdn. 18.
571) Vgl. hierzu *Roquette/Giesen,* NZBau 2003, 297 m. w. N.
572) OLGR 2004, 349 = IBR 2004 – *Franz.*
573) *Kniffka/Koeble,* 10. Teil, Rdn. 80.
574) BGH, NJW 1967, 94; vgl. auch Rdn. **2567.**
575) *Schmidt/Winzen,* S. 122; *Nicklisch/Weick,* § 17/B; *Kniffka/Koeble,* 10. Teil, Rdn. 80; *Kapellmann/Messerschmidt/Thierau,* § 17/B, Rdn. 12.

einbehalt die Kosten der Mängelbeseitigung deckt:[576] „Während die Sicherheit dazu dient, die vertragsgemäße Ausführung der Leistung und die Gewährleistung sicherzustellen (§ 17 Nr. 1 Abs. 2 VOB/B), bezweckt die Leistungsverweigerung gemäß § 320 BGB über die Sicherung des Anspruches hinaus, auf den Auftragnehmer Druck auszuüben, damit er die ihm obliegende Leistung umgehend erbringt. Daher kann die Einrede des § 320 BGB nicht durch Sicherheitsleistung abgewendet werden (§ 320 Abs. 1 Satz 3 BGB)."[577] Der Auftragnehmer kann also nicht einwenden, der Auftraggeber dürfe das Leistungsverweigerungsrecht nur wegen eines den Sicherheitseinbehalt wertmäßig übersteigenden Mängelbeseitigungsanspruches geltend machen.[578]

**1245** Eine Sicherheitsleistung ist aber **für die Höhe** einer berechtigten Leistungsverweigerung **nicht ohne Belang.** Verlangt der Bauherr zu Recht die Nachbesserung beanstandeter Bauwerksmängel und macht er deshalb von seinem Leistungsverweigerungsrecht Gebrauch, ist in diesem Zusammenhang stets zu berücksichtigen, dass das **Leistungsverweigerungsrecht** nach § 641 Abs. 3 BGB „mindestens" das **Dreifache** der zu erwartenden **Nachbesserungskosten** umfasst.[579] Bei der Bemessung dieses Betrages ist der Sicherheitsbetrag einzubeziehen.[580]

Da die Vereinbarung über den Sicherheitseinbehalt lediglich eine teilweise Stundung der Forderung des Unternehmers darstellt, kann eine Sicherung gemäß § 648 BGB (**Bauhandwerkersicherungshypothek**) für die gesamte Werklohnforderung verlangt werden.[581] Die zu sichernde Forderung ist also nicht um den zwischen den Vertragspartnern vereinbarten Sicherheitseinbehalt zu kürzen.[582] Entsprechendes gilt für die Sicherung aus § 648 a BGB.

**1246** Eine Vereinbarung über eine Sicherheitsleistung kann zugunsten des Bauherrn wie auch zugunsten des Unternehmers erfolgen. So kann auch der Unternehmer auf Vereinbarung einer Sicherheitsleistung durch den Bauherrn zur Abwicklung seines Vergütungsanspruchs bestehen. Dies kann z. B. der Fall sein, wenn der Bauherr nicht mit dem Eigentümer des Baugrundstücks identisch ist, sodass eine spätere Absicherung der Werklohnforderung des Unternehmers durch eine Bauhandwerkersicherungshypothek nicht in Betracht kommt (vgl. Rdn. 253 ff.). Auch durch § 17 VOB/B ist beim VOB-Bauvertrag eine Sicherheitsleistung zugunsten des Unternehmers nicht ausgeschlossen. In der Regel ist jedoch Gegenstand der Sicherheitsleistung die Absicherung der vertraglichen Interessen des Bauherrn gegenüber dem Unternehmer.[583]

**1247** Nach § 17 Nr. 8 Satz 1 VOB/B a. F. hat ein Auftraggeber eine **nicht verwertete** Sicherheit zum vereinbarten Zeitpunkt, spätestens nach Ablauf der Verjährungsfrist für die Gewährleistung, **zurückzugeben;** soweit jedoch zu dieser Zeit seine Mängelansprüche noch nicht erfüllt sind, darf er einen entsprechenden Teil der Sicherheit zurückhalten (§ 17 Nr. 8 Satz 2 VOB/B a. F.). Nach der VOB/B 2002 ist demgegen-

---

576) BGH, BauR 1984, 166, 168; NJW 1981, 2801 = BauR 1981, 577 = DB 1981, 2273.
577) BGH, NJW 1981, 2801 = BauR 1981, 577 = DB 1981, 2273 = *SFH*, Nr. 5 zu § 17 VOB/B.
578) BGH, BauR 1984, 166, 168; NJW 1982, 2494 = BauR 1982, 579 = *SFH*, Nr. 6 zu § 17 VOB/B.
579) Kritisch zur Neuregelung: *Horsch/Eichberger*, BauR 2001, 1024 ff.
580) Vgl. BGH, BauR 1981, 577 = NJW 1981, 2801; *Schmidt/Winzen*, S. 122.
581) *Daub/Piel/Soergel/Steffani*, ErlZ B 17.7.
582) BGH, BauR 2000, 919 = NZBau 2000, 198; s. auch Rdn. **226**.
583) Zur Sicherheitsbürgschaft des **Subunternehmers** s. *Gehle*, BauR 1982, 338 ff.; zur Verbürgung gegenüber einem **Bauträger** bei einer Dritthaftungsklausel: BGH, BauR 1982, 384.

über eine nicht verwertete Sicherheit für die **Vertragserfüllung** zum vereinbarten Zeitpunkt, spätestens aber nach Abnahme und Stellung der Sicherheit für Mängelansprüche zurückzugeben, es sei denn, dass Ansprüche des Auftraggebers, die nicht von der gestellten Sicherheit für Mängelansprüche umfasst sind, noch nicht erfüllt wurden; dann darf ein entsprechender Teil der Sicherheit zurückgehalten werden. Die **Höhe** richtet sich hier nach den Mängelbeseitigungskosten unter Berücksichtigung des § 641 Abs. 3 BGB.[584] Eine nicht verwertete Sicherheit für Mängelansprüche ist, sofern kein anderer Rückgabezeitpunkt vereinbart wurde, nach Ablauf von zwei Jahren zurückzugeben (§ 17 Nr. 8 Abs. 2 Satz 1 VOB/B 2002). Die Rückgabe der Sicherheiten kann im Übrigen nicht an (weitere) Voraussetzungen geknüpft werden, die den Unternehmer **unangemessen** benachteiligen (§ 307 Abs. 1 BGB).[585]

Ein bestehendes **Zurückbehaltungsrecht** an einer Bürgschaftsurkunde führt zur **Abweisung** der auf Herausgabe der Urkunde gerichteten Klage, wenn die gesicherten Ansprüche auf Zahlung gerichtet sind; eine **Zug-um-Zug-Verurteilung** kommt insoweit nicht in Betracht. Nach Auffassung des BGH[586] braucht ein Auftraggeber eine Sicherheit im Sinne des § 17 Nr. 1 VOB/B nicht herauszugeben, wenn die der Sicherheitsvereinbarung zu Grunde liegenden Mängelansprüche zwar verjährt sind, er aber die Mängel, auf denen die geltend gemachten Ansprüche beruhen, in **unverjährter Zeit gerügt** hat; in diesem Fall ist der Auftraggeber bei Eintritt des Sicherungsfalles sogar berechtigt, die Sicherheit zu verwerten. Der Bürge kann sich im Übrigen nicht auf die dem Auftragnehmer zustehende Einrede der Verjährung berufen, wenn die Bürgschaft auch zur Sicherung verjährter Gewährleistungsansprüche dient.[587] Macht der Auftraggeber im Wege der **Abrechnung** der beiderseitigen Ansprüche im Rahmen eines Bauvertrages einen **Kostenvorschussanspruch** (§ 637 Abs. 3 BGB) zur Beseitigung von Mängeln geltend, kann er **daneben** die Sicherheit nicht mit der Begründung zurückbehalten, es sei noch ungewiss, ob der Kostenvorschuss zur Beseitigung der Mängel ausreichend sei.[588]

### a) Zweck der Sicherheitsleistung

**Zweck einer Sicherheit** zugunsten des Bauherrn ist meist die Sicherstellung der vertragsgemäßen **Bauausführung** und der **Mängelansprüche** (vgl. § 17 Nr. 1 Abs. 2 VOB/B 2002). Die Parteien eines Bauvertrages können der Vereinbarung einer Sicherheitsleistung aber auch einen anderen Zweck verleihen.[589] Wird in dem Bauver-

1248

---

584) *Heiermann/Riedl/Rusam*, § 17/B, Rdn. 47. *Ingenstau/Korbion/Joussen*, § 17 Nr. 8/B, Rdn. 10, wollen § 641 Abs. 3 BGB nur bei einem Bareinbehalt im Sinne des § 17 Nr. 6 VOB/B anwenden; etwas anderes soll bei Herausgabe einer Bürgschaft gelten, weil dieses Sicherungsmittel nicht einen „um den Druckzuschlag erhöhten Vergütungseinbehalt" absichert, sodass Mängelbeseitigungskosten nur in einfacher Höhe bei „Berechnung einer ggf. zu übergebenden ermäßigten Bürgschaft" in Ansatz zu bringen sind; ebenso OLG Oldenburg, BauR 2002, 328, 329 = ZfBR 2002, 152, 154.
585) *Ingenstau/Korbion/Joussen*, § 17 Nr. 8/B, Rdn. 4; LG Berlin, IBR 2001, 484 (vorbehaltlose Annahme der Schlusszahlung).
586) BauR 1993, 335 = NJW 1993, 1131 = ZfBR 1993, 125; ebenso: OLG Köln, ZfBR 1993, 285 = NJW-RR 1994, 16 sowie OLG Düsseldorf, BauR 1993, 736.
587) BGH, BauR 1993, 337 = NJW 1993, 1132 = ZfBR 1993, 120.
588) OLG Düsseldorf, BauR 1993, 736.
589) *Heiermann*, BauR 1976, 73; OLG Düsseldorf, BauR 1975, 348, 349.

trag der Zweck der Sicherheitsleistung nicht auf bestimmte Ansprüche, z. B. Gewährleistungsansprüche, begrenzt, ist davon auszugehen, dass grundsätzlich mit der Sicherheitsleistung **alle** Ansprüche aus dem Bauvertrag abgedeckt werden sollen (also z. B. Schadensersatzansprüche aus Nebenpflichtverletzungen [§§ 280 Abs. 1, 282, 241 Abs. 2 BGB] und Verzug [§§ 280 Abs. 1 u. 2, 286 BGB], Ansprüche auf eine Vertragsstrafe usw.).[590]

### b) Art und Umfang der Sicherheitsleistung

*Literatur*
*Stammkötter*, Das Sperrkonto – Ein bequemer Weg zum Sicherheitseinbehalt?, BauR 2003, 1287; *Brauns*, Die jüngere Entwicklung der Rechtsprechung zum Ersetzungsrecht nach § 17 Nr. 3 VOB/B, BauR 2002, 1465; *Pauly*, Neue höchstrichterliche Rechtsprechung zur Frage des Sicherungsumfanges der MaBV-Bürgschaft, BauR 2004, 19; *Siegburg*, Zur formularmäßigen Vereinbarung eines Sicherheitseinbehaltes im Bauvertrag, ZfIR 2004, 89; *Berger*, Die Vertragserfüllungssicherheit, BauRB 2005, 86; *Blank*, Das Ende der Vorauszahlungsbürgschaft nach § 7 MaBV?, BTR 2005, 54.

**1249** Die **Art der Sicherheitsleistung** kann von den Parteien im Einzelnen im Rahmen ihrer Vertragsfreiheit vereinbart werden.

Ist eine Sicherheitsleistung vereinbart, gelten für den BGB-Bauvertrag die §§ 232 bis 240 BGB, in denen insbesondere die Mittel der Sicherheitsleistung aufgezählt sind (Hinterlegung von Geld oder Wertpapieren, Verpfändung von Forderungen oder beweglicher Sachen, Bestellung von Hypotheken oder Stellung eines tauglichen Bürgen). Auch für den **VOB-Bauvertrag** gelten die genannten Vorschriften, soweit in § 17 Nr. 2 bis 8 VOB/B nichts anderes bestimmt ist. Die Parteien können jedoch im Einzelfall Regelungen treffen, die von den §§ 232 ff. BGB und § 17 VOB/B abweichen. Allerdings wird zukünftig wegen § 17 Nr. 4 Satz 3 VOB/B 2002 die Vereinbarung einer **Bürgschaft auf erstes Anfordern** nicht mehr möglich sein.

**1250** Ist im VOB-Bauvertrag nichts anderes – was selten der Fall sein wird – vereinbart, kann nach § 17 Nr. 2 VOB/B Sicherheit durch Einbehalt oder Hinterlegung von Geld oder durch Bürgschaft eines in den Europäischen Gemeinschaften zugelassenen Kreditinstituts oder Kreditversicherers geleistet werden. Gemäß Nr. 3 dieser Vorschrift hat im Übrigen der Unternehmer die **Wahl** unter den verschiedenen Arten der Sicherheit; er kann eine Sicherheit durch eine andere ersetzen, was in **AGB nicht ausgeschlossen**[591] oder **eingeschränkt**[592] werden darf. § 17 Nr. 4 und 5 VOB/B bestimmen sodann die Einzelheiten der Sicherheitsleistung durch **Bürgschaft** und **Hinterlegung** von **Geld**.[593] § 17 Nr. 6 regelt die Sicherheitsleistung durch Einbehalt von **Zahlungen**. Soweit nichts anderes vereinbart ist, hat der Unternehmer nach Nr. 7 die Sicherheit binnen 18 Werktagen nach Vertragsabschluss zu leisten. Soll der Auftraggeber vereinbarungsgemäß die Sicherheit in Teilbeträgen von seinen Zahlungen **einbehalten**, so hat er den einbehaltenen Betrag dem Auftragnehmer mitzuteilen

---

590) BGH, NJW 1982, 2305 = BauR 1982, 506 = MDR 1983, 50.
591) Siehe BGH, BauR 2002, 1392; OLG Hamm, ZfBR 1991, 71 = BauR 1991, 515 (LS).
592) OLG Hamburg, BauR 1996, 904 (LS): Ablösung eines Sicherheitseinbehaltes „nur durch Bankbürgschaft"; ferner: OLG Dresden, BauR 2002, 807. Zum Austauschrecht des Unternehmers: BGH, BauR 2001, 1893.
593) Zur **Tauglichkeit** einer Bürgschaft s. OLG Celle, OLGR 1999, 114.

## Sicherheitsleistungen
### Rdn. 1251–1252

und binnen 18 Werktagen nach dieser Mitteilung auf ein **Sperrkonto**[594] einzuzahlen (§ 17 Nr. 6 Abs. 1 VOB/B). Zahlt der Auftraggeber den einbehaltenen Sicherheitsbetrag **nicht rechtzeitig** ein, ist der Unternehmer – nach Setzen einer angemessenen Nachfrist[595] – berechtigt, die sofortige Auszahlung des einbehaltenen Betrags zu verlangen, er muss keine Sicherheit mehr leisten (§ 17 Nr. 6 Abs. 3); hat der Auftragnehmer bereits eine Sicherheit (Bürgschaft) gestellt, muss der Auftraggeber diese nach der Rechtsprechung des BGH[596] zurückgeben. An wen die Bürgschaftsurkunde herauszugeben ist, ist bestritten.[597] Durch die Nichtbefolgung der Einzahlung auf ein Sperrkonto verliert der Auftraggeber sein Zurückbehaltungsrecht aus dem Sicherungseinbehalt, **nicht** aber das Leistungsverweigerungsrecht aus § 320 BGB wegen **Mängeln**.[598] Die vorangegangenen Ausführungen gelten auch für den Fall, dass der Auftraggeber die Einzahlung auf ein Sperrkonto endgültig verweigert; auch in diesem Fall kann der Auftragnehmer die sofortige Auszahlung des Sicherheitseinbehalts ohne Nachfrist verlangen.[599]

**1251** Die **üblichen Formen der Sicherheitsleistungen** sind der **Einbehalt** von Werklohn und die Stellung einer **Bürgschaft**. Häufig vereinbaren die Vertragsparteien als Sicherheitsleistung zunächst den Einbehalt von Werklohn, der dann wiederum durch Bürgschaft abgelöst werden kann (z. B. „5% Sicherheitseinbehalt auf 2 Jahre, Ablösung durch Bankbürgschaft möglich").[600]

**1252** Bürgschaften werden meist in der Form von **Erfüllungs- (Ausführungs- bzw. Vertragserfüllungs-) und/oder Gewährleistungsbürgschaften vereinbart** und gestellt. Nach h. M. ist allerdings die formularmäßige Vereinbarung einer Bürgschaft auf erstes Anfordern gemäß § 307 BGB unwirksam (vgl. hierzu näher Rdn. 1260). Für den VOB-Bauvertrag stellt § 17 Nr. 4 S. 3 VOB/B 2002 nunmehr klar, dass der Auftraggeber als Sicherheit keine Bürgschaft fordern kann, die den Bürgen zur Zahlung auf erstes Anfordern verpflichtet (vgl. Rdn. 1257 a. E.).

Die beiden Bürgschaftsformen (Erfüllungs- und Gewährleistungsbürgschaft) decken grundsätzlich unterschiedliche Bereiche ab:[601] So soll in aller Regel die **Erfüllungsbürgschaft** den Erfüllungszeitraum **bis** zur Abnahme,[602] die **Gewährleistungsbürg-**

---

594) Sperrkonto i. S. von § 17 VOB/B ist ein „**Und-Konto**"; LG Leipzig, BauR 2001, 1920; KG, BauR 2003, 727.
595) KG, BauR 2003, 727 (7 Tage reicht aus).
596) BauR 2006, 379 = NZBau 2006, 106; vgl. hierzu *Voit*, ZfIR 2006, 407; **a. A.:** die Vorauflage sowie Brandenburgisches OLG, NZBau 2001, 396, 397 = NJW-RR 2001, 955; OLG Dresden, OLGR 2002, 87. Siehe hierzu auch *Biebelheimer*, NZBau 2002, 122 ff.
597) Vgl. hierzu insbesondere KG, BauR 2006, 386, 388 (Herausgabe an Bürgen, aber auch an Sicherungsgeber) = OLGR 2006, 50; ebenso OLG Bamberg, BauR 2006, 2072. **A. A.:** OLG Düsseldorf, NJW-RR 2003, 668, 669 (nur an den Bürgen) = OLGR 2003, 366.
598) OLG Dresden, NJW-RR 2001, 1598, 1599 = BauR 2001, 1918.
599) BGH, BauR 2003, 1559 = EWiR, § 17 VOB/B 1/03, 1211 m. Anm. *Vogel*.
600) Zur Wirksamkeit solcher Klauseln vgl. insbesondere Rdn. 1262.
601) Zur **Abgrenzung** von **Vertragserfüllungs- und Gewährleistungsbürgschaft:** OLG Stuttgart, NZBau 2000, 134, 135; *Thode*, ZfIR 2000, 165, 176 ff.; zum **Umfang** einer Gewährleistungsbürgschaft: BGH, BauR 1998, 332 = NJW 1998, 1140 = MDR 1998, 400; Saarländisches OLG, BauR 2001, 266; KG, KGR 2001, 8; OLG Düsseldorf, BauR 2002, 492; OLG Hamm, BauR 2002, 495; OLG Hamburg, BauR 2002, 645.
602) OLG Celle, BauR 2005, 1647 = NJW-RR 2005, 969 = OLGR 2005, 385.

schaft den Gewährleistungszeitraum **nach der Abnahme** erfassen. Der BGH[603] differenziert allerdings insoweit zwischen dem VOB- und dem BGB-Bauvertrag: Bei letzterem sichert die Gewährleistungsbürgschaft die nach der Abnahme, aber auch die gemäß §§ 634, 635 BGB a. F. schon vor Abnahme bestehenden Ansprüche, während beim VOB-Bauvertrag diese Bürgschaft (nur) die Rechte des Auftraggebers aus § 13 VOB/B, nicht aber die aus § 4 Nr. 7 VOB/B abdeckt.[604] Dabei ist es grundsätzlich unerheblich, ob die Mängel vor oder nach der Abnahme aufgetreten sind[605] bzw. schon vor oder bei Abnahme erkennbar waren.[606] Wird eine Gewährleistungsbürgschaft „für die vertragsgemäße Erfüllung der Gewährleistungsverpflichtungen für fertig gestellte und mängelfrei abgenommene Arbeiten" übernommen, so wird damit an eine im Werkvertrag vereinbarte förmliche Abnahme angeknüpft; in diesem Fall können die Parteien des Werkvertrages keine andere Abnahmemodalität (z. B. die Abrede einer schlüssigen oder fiktiven Abnahme) zu Lasten des Bürgen vereinbaren.[607]

Sowohl bei der Erfüllungs- wie auch bei der Gewährleistungsbürgschaft ist es geboten, den **Sicherungsfall** so konkret wie möglich zu **präzisieren.** Unter dem Sicherungsfall wird allgemein verstanden, von welchen Voraussetzungen oder Bedingungen die Verwertung der Sicherheit nach der Sicherungsvereinbarung abhängt.[608] Häufig fehlt es an einer klaren Regelung des Sicherungsfalles. Dann bedarf es einer Auslegung unter Berücksichtigung des Wortlauts der Sicherungsabrede und des von den Vertragsparteien mit der Abrede verfolgten Zwecks.[609]

Der Gläubiger darf den Bürgschaftsbetrag grundsätzlich nur dann geltend machen, „wenn die gesicherte Hauptverbindlichkeit besteht und der von den Vertragsparteien vereinbarte oder vorausgesetzte Sicherungsfall eingetreten ist".[610] Mit Recht weist Quack[611] darauf hin, dass in aller Regel der Eintritt des Sicherungsfalles nicht gegeben ist, solange dem Gläubiger hinsichtlich des gesicherten Rechts keine Geldforderung zusteht, da die Verwertung von Sicherungsrechten regelmäßig auf Geld abzielt: „Die Sicherheit in Geld kann erst verwertet werden, wenn das gesicherte Recht eine Geldschuld ist bzw. geworden ist".

Die **Sicherungsabrede** bedarf grundsätzlich **keiner Form,** es sei denn, der Bauvertrag steht in Verbindung mit einem formbedürftigen Vertrag. Das ist beispielsweise der Fall, wenn der Bauvertrag mit einem Grundstückskaufvertrag zusammenhängt; hier bedarf auch die Sicherungsabrede einer notariellen Beurkundung.[612]

**1253** Mit einer **Erfüllungsbürgschaft** werden zum einen die **Rechtzeitigkeit** und die **Vollständigkeit einer Werkleistung,** zum anderen auch etwaige **Mängelrechte** des

---

603) BGH, BauR 1998, 332 = ZfBR 1998, 144 = NJW 1998, 1140 = MDR 1998, 400; OLG Düsseldorf, OLGR 1998, 89.
604) **Anderer Ansicht:** OLG Frankfurt, NJW-RR 1988, 1365.
605) BGH, a. a. O.
606) OLG Frankfurt, BauR 1987, 101 = NJW-RR 1987, 82 = ZfBR 1986, 286. Vgl. hierzu auch BGH, IBR 1999, 59.
607) OLG Hamburg, BauR 1991, 745 = NJW-RR 1991, 1304.
608) Siehe hierzu *Quack*, BauR 1997, 754 sowie *Thode*, ZfIR 2000, 165, 171 f.
609) BGH, BauR 2001, 109, 111 = NJW-RR 2001, 307, 308 = NZBau 2001, 136, 137. Vgl. hierzu auch *Kuffer*, BauR 2003, 155; *Thode*, ZfIR 2000, 165, 166 u. ZfBR 2002, 4 ff.
610) BGH, a. a. O.
611) BauR 1997, 754, 756; ebenso *Ingenstau/Korbion/Joussen*, § 17/B Nr. 1, Rdn. 9.
612) *Thode*, ZfIR 2000, 165, 167 m. Hinw. auf BGH, NJW 1994, 2885 = ZfBR 1994, 281.

Auftraggebers in dem oben genannten Zeitraum abgesichert.[613] Umfasst werden von dieser Bürgschaftsform nicht nur Schadensersatzansprüche wegen Nichterfüllung (insoweit auch Verlust geleisteter Vorauszahlungen),[614] sondern auch Schadensersatzansprüche aus Verzug gemäß § 286 BGB, aus Behinderung gemäß § 6 Nr. 6 VOB/B sowie Ansprüche aus § 5 Nr. 4 VOB/B.[615] Ferner erfasst die Vertragserfüllungsbürgschaft die Nichterfüllung aufgrund einer Insolvenz.[616]

In der Baupraxis ist für den Unternehmer im Rahmen der Sicherheitsleistung das **Wahl- und Austauschrecht** von Bedeutung (vgl. hierzu insbesondere Rdn. 1242). Das Austauschrecht entfällt mit der Verwertung des Sicherheitseinbehalts.

Ein vertraglicher Anspruch auf eine Erfüllungsbürgschaft fällt nicht automatisch mit der Fertigstellung der Werkleistung, der Erstellung der Schlussrechnung oder der Erhebung von Mängelrügen weg.[617] Eine Vertragserfüllungsbürgschaft, die sich auch auf „die Abrechnung" erstreckt, umfasst nach OLG Hamm[618] in der Regel auch Ansprüche des Gläubigers auf **Erstattung überhöhter Abschlagszahlungen**.

Nach Auffassung des OLG Koblenz[619] sichert eine Erfüllungsbürgschaft nicht den „**Druckzuschlag**" ab, der dem Auftraggeber wegen eines Zurückbehaltungsrechtes zusteht, weil die entsprechende Bürgschaft nur das reine Erfüllungsinteresse abdeckt. Das **Überzahlungsrisiko** und damit entsprechende Rückzahlungsansprüche sind nach h. M. von einer Erfüllungsbürgschaft nur dann abgedeckt, wenn sich dies aus dem Inhalt und der Zweckbestimmung der Bürgschaft – ggf. durch Auslegung – ergibt.[620] Das gilt auch unter dem Gesichtspunkt, dass der BGH solche Rückforderungsansprüche nicht der ungerechtfertigten Bereicherung (§§ 812 ff. BGB) unterwirft, sondern als Erfüllungsansprüche ansieht.[621]

Da die Erfüllungsbürgschaft nur die Forderungen absichert, die sich aus der Urkunde und dem zugrunde liegenden Bauvertrag ergeben, deckt sie grundsätzlich **keine zusätzlichen oder geänderten Leistungen**[622] (z. B. gemäß § 2 Nr. 5 oder 6

---

613) OLG Düsseldorf, BauR 1998, 553 = OLGR 1998, 89. Zur **befristeten** Erfüllungsbürgschaft: BGH, BauR 2000, 1865 = ZfBR 2000, 544.
614) BGH, NJW 1988, 907.
615) Vgl. hierzu *Thode*, ZfIR 2000, 165, 176.
616) BGH, NJW 1988, 907; zu Sicherheiten in der Insolvenz vgl. insbesondere *Thode*, ZfIR 2000, 165, 177.
617) OLG Nürnberg, MDR 1989, 1099.
618) OLGR 1998, 37. Vgl. auch OLG Frankfurt, IBR 2000, 543 – *Gallois*.
619) BauR 2004, 349; ebenso OLG Oldenburg, BauR 2002, 328, 329 = ZfBR 2002, 152, 154.
620) BGH, BauR 1988, 220 = NJW 1988, 907 = ZfBR 1988, 119; BauR 1980, 574; *Ingenstau/Korbion/Joussen*, § 17/B Nr. 1, Rdn. 18 m. w. N.; *Heiermann/Riedl/Rusam*, § 17/B, Rdn. 1; **a. A.:** *Locher*, Rdn. 428; *Nicklisch/Weick*, § 17/B, Rdn. 16; Beck'scher VOB-Komm/*Jagenburg*, B § 17 Nr. 1, Rdn. 17. Zum Rückzahlungsanspruch des Auftraggebers bei einer Abschlagszahlungsbürgschaft vgl. BGH, BauR 1992, 632 = NJW-RR 1992, 1044 = ZfBR 1992, 262.
621) BGH, BauR 1999, 635, 639 = ZfBR 1999, 196.
622) OLG Celle, BauR 2000, 932 – LS – (Erweiterung des geschuldeten Bausolls); *Maser*, Festschrift für Jagenburg, S. 557, 560; *Ingenstau/Korbion/Joussen*, § 17/B Nr. 1, Rdn. 29 (differenzierend); *Heiermann/Riedl/Rusam*, § 17/B, Rdn. 27; **a. A.:** *Thierau*, Jahrbuch Baurecht 2000, 66, 74, der „unter praktischen Bedürfnissen" auch rechtsgeschäftliche Leistungsänderungen und Leistungserweiterungen von der Erfüllungsbürgschaft erfasst sehen will, weil kein Bauvertrag in der Praxis ohne Leistungsänderungen oder zusätzliche Leistungen abgewickelt wird und dies allgemein bekannt sei; ähnlich *Weise*, Rdn. 73 sowie *Schmitz/Vogel*, ZfIR 2002, 509, 513.

VOB/B) oder von den Vertragsparteien des Bauvertrages geänderten Vertragsmodalitäten[623] ab. Das ist jedoch umstritten. Im Einzelfall können geringfügige, nicht ins Gewicht fallende Abänderungs- oder Erweiterungsaufträge von der Bürgschaft erfasst sein. Mit Recht weist *Maser*[624] in diesem Zusammenhang darauf hin, dass die „Unwesentlichkeitsgrenze" insoweit allerdings sehr niedrig liegt.

Verpflichtet sich eine Partei in Allgemeinen Geschäftsbedingungen eines Bauvertrages, eine Vertragserfüllungsbürgschaft zu stellen, so bestehen hinsichtlich der Wirksamkeit dieser Verflichtung keinerlei Bedenken im Rahmen der §§ 307 ff. BGB.[625]

Eine **„Bürgschaft gemäß § 7 MaBV"** sichert alle Geldansprüche des Erwerbers, die sich aus mangelhafter oder unterlassener Erfüllung des Vertrages ergeben; darunter fallen also insbesondere Vorschuss auf Mängelbeseitigungskosten, Erstattung der Aufwendungen für Mängelbeseitigung, Schadensersatz, Minderung, nicht jedoch Ansprüche von erwarteten Steuervorteilen und Nutzungen.[626]

**1254** Mit einer **Gewährleistungsbürgschaft** sichert der Bürge grundsätzlich nur Ansprüche ab, die sich auf Mängel des Bauwerkes beziehen;[627] er haftet somit für das „**Geldinteresse**" des Auftraggebers an der Durchführung der Nachbesserung bzw. **Nacherfüllung** (§ 13 Nr. 5 Abs. 1 VOB/B; §§ 634 Nr. 1, 635 BGB), für Ansprüche auf **Kostenerstattung** (§§ 634 Nr. 2, 637 BGB bzw. § 13 Nr. 4 Abs. 2 VOB/B), aus **Minderung** (§ 634 Nr. 3, 638 BGB/§ 13 Nr. 6 VOB/B)[628] und Schadensersatz wegen Nichterfüllung (§ 635 BGB a. F.) bzw. **Schadensersatz statt der Leistung** (§§ 280 Abs. 1, 281 BGB bzw. § 13 Nr. 7 VOB/B).[629] Dies gilt auch für den **Kostenvorschussanspruch** (§ 637 Abs. 3 BGB).[630]

Häufig ist in Bauverträgen der Zusatz zu finden, dass die Bürgschaft gemäß „**Muster des Auftraggebers**" zu stellen ist. Der BGH[631] hat für diesen Fall klargestellt, dass der Auftraggeber nicht berechtigt ist, die Sicherungsabrede durch das von ihm zu stellende Muster zu ändern; vielmehr wird der Inhalt der vertraglichen Sicherungsabrede durch den vorerwähnten Zusatz nicht berührt.

Der Sicherungsumfang einer Gewährleistungsbürgschaft erfasst auch Ansprüche wegen **Fertigstellungs- oder Restarbeiten**.[632]

---

623) OLG Hamburg, BauR 1990, 745 = NJW-RR 1991, 1304 (Änderung der Abnahmevoraussetzungen); OLG Hamm, IBR 2000, 378 (Verlängerung der Ausführungsfrist); OLG Düsseldorf, BauR 1993, 747 (Verlängerung der Gewährleistungsfrist); vgl. auch BGH, NJW 2000, 2580.
624) A. a. O., 557, 561, 566.
625) BGH, BauR 2000, 1498.
626) BGH, BauR 2002, 1547 = NJW 2002, 2563. Vgl. hierzu *Blank*, BTR 2005, 54.
627) BGH, BauR 1998, 332 = NJW 1998, 1140 = MDR 1998, 400.
628) Vgl. BGH, NZBau 2001, 549, 551.
629) BGH, BauR 1998, 332 = NJW 1998, 1140; OLG Köln, BauR 1987, 222.
630) BGH, a. a. O.; BGH, BauR 1984, 406 = ZfBR 1984, 185 = WM 1984, 892; OLG Frankfurt, a. a. O.; *Ingenstau/Korbion/Joussen*, § 17 Nr. 1/B, Rdn. 23; *Clemm*, BauR 1987, 123, 124; *Heiermann*, Festschrift für Soergel, S. 73.
631) BauR 2004, 841 = IBR 2004, 245 – *Schmitz* = NZBau 2004, 323.
632) Wie hier OLG Köln, OLGR 1998, 285 = NJW-RR 1998, 1393, 1395; OLG Hamm, NJW-RR 1987, 686; vgl. hierzu auch BGH, BauR 1998, 323, 333 sowie OLG Karlsruhe, OLGR 2004, 70, 71; *Kleine-Möller/Merl*, § 12, Rdn. 1327.

Da **Ansprüche aus einer Gewährleistungsbürgschaft** nach § 195 BGB nunmehr in **drei Jahren verjähren,** der Gewährleistungszeitraum nach § 634a Abs. 1 Nr. 2 BGB für Baumängel aber fünf Jahre beträgt, kann der Anspruch gegen den Bürgen vor der Verjährung der gesicherten Hauptschuld verjähren.[633] Dem ist insbesondere seitens des Auftraggebers Aufmerksamkeit zu widmen. Das kann durch eine Verlängerung der Verjährungsfrist in der Bürgschaftsabrede oder einen Verzicht auf die Einrede der Verjährung erfolgen.[634]

Nimmt der **Auftraggeber** den Bürgen in Anspruch, trägt er bei der üblichen Gewährleistungsbürgschaft die **Darlegungs- und Beweislast** hinsichtlich der Voraussetzungen des Gewährleistungsanspruchs.

1255

Klagt der Auftraggeber eine Teilforderung gegen den Bürgschaftsschuldner ein und stützt er diese auf Ansprüche, die sich aus verschiedenen, voneinander unabhängigen Mängeln ergeben, hat er – wie bei einem entsprechenden Vorgehen gegen den Hauptschuldner – anzugeben, wie er die Klagesumme auf die Einzelansprüche verteilt oder in welcher Reihenfolge sie der Klageforderung zugeordnet werden sollen.[635]

In der Praxis werden vielfach auch **Vorauszahlungsbürgschaften** vereinbart. Dagegen bestehen keine Bedenken. Das gilt auch für den VOB-Bauvertrag, obwohl diese Bürgschaftsform in § 17 VOB/B nicht genannt ist. Vorauszahlungsbürgschaften werden häufig abgesprochen, um die Liquidität des Auftragnehmers – im Hinblick auf seine gesetzlich vorgesehene Vorleistungsverpflichtung – zu erhöhen; gleichzeitig erfolgt in der Regel ein Abschlag auf den vereinbarten Werklohn zu Gunsten des Auftraggebers. Die Vorauszahlungsbürgschaft sichert das Risiko des Auftraggebers ab, dass der Auftragnehmer seine Werkleistungen, die dem Wert der erbrachten Vorauszahlung entspricht, nicht oder nicht vollständig erbringt.[636] Beim VOB-Bauvertrag kann der Auftraggeber gemäß § 16 Nr. 2 Abs. 1 VOB/B eine „ausreichende Sicherheit" für eine entsprechende Vorauszahlung verlangen. Die Verpflichtung zur Vorauszahlung kann individualvertraglich, nicht aber formularmäßig wegen der bereits erwähnten Vorleistungsverpflichtung des Auftragnehmers getroffen werden.[637]

**Weitere Rechtsprechung:**

1256

Die vorrangig vor der VOB/B geltende Vertragsklausel in AGB des Auftraggebers, die vorsieht, dass von der Schlussrechnung ein Gewährleistungseinbehalt in Abzug gebracht wird, der durch eine nicht auf erstes Anfordern zahlbare **Bankbürgschaft abgelöst** werden kann, ist dahin auszulegen, dass die Verpflichtung des Auftraggebers zur **Einzahlung auf ein Sperrkonto** nach § 17 Nr. 6 VOB/B **nicht ausgeschlossen** ist: BGH, BauR 2006, 379 = NZBau 2006, 106. Zum **Rückforderungsanspruch** des Hauptschuldners gegen den Gläubiger bei zu Unrecht in Anspruch genommener Bürgschaft auf erstes Anfordern: BGH, ZfBR 1999, 88; zur **Sittenwidrigkeit** einer Bürgschaft: BGH, ZfBR 2000, 322; zur **Ablösung** eines Sicherheitseinbehalts und zum **Aufrechnungsverbot**: OLG Nürnberg, BauR 2001, 1119; zum Inhalt und zu den notwendigen **Bestandtei-**

---

633) Vgl. hierzu *Schmitz/Vogel*, ZfIR 2002, 509, 520.
634) Zur Verjährung der Hauptschuld und Inanspruchnahme des Bürgen vgl. *Kapellmann/Messerschmidt/Thierau*, § 17/B, Rdn. 192 f.; *Schmitz/Vogel*, ZfIR 2002, 509, 521.
635) BGH, BauR 1998, 332 = NJW 1998, 1140 = MDR 1998, 400.
636) BGH, BauR 2000, 413; BauR 1999, 1023; *Franke/Kemper/Zanner/Grünhagen*, § 17/B, Rdn. 33.
637) Beck'scher VOB-Komm/*Motzke*, B § 16 Nr. 2, Rdn. 23; *Leinemann*, § 16, Rdn. 64.

len einer Gewährleistungsbürgschaft: BGH, BauR 1988, 220; OLG Köln, BauR 1987, 222; zur Inanspruchnahme einer Gewährleistungsbürgschaft im **Konkursfall:** AG Frankfurt, BauR 1988, 491; Sicherheitseinbehalt und Konkursverwalter: BGH, ZfBR 1999, 142. Zum Inhalt einer **Vorauszahlungsbürgschaft** bei einem VOB-Bauvertrag vgl. OLG Karlsruhe, BauR 1986, 227; zur **Vertragserfüllungsbürgschaft nach Schlussrechnung** vgl. OLG Nürnberg, NJW-RR 1989, 1296. Zur **Vertragsstrafe als Inhalt einer Gewährleistungsbürgschaft**: BGH, NJW-RR 1990, 811; Gewährleistungsbürgschaft gegenüber Bauherrengemeinschaft: BGH, BauR 1992, 373. Zur **Tragweite einer Abschlagszahlungsbürgschaft:** BGH, NJW-RR 1992, 1044 = ZfBR 1992, 262 = BauR 1992, 632 (keine Absicherung eines Rückzahlungsanspruchs nach Überzahlung). Verwertung einer Gewährleistungsbürgschaft **nach Eintritt der Verjährung:** BGH, BauR 1993, 335. Zum Umfang einer **Höchstbetragsbürgschaft:** BGH, ZfBR 1996, 209 = NJW 1996, 1470 = MDR 1996, 809 = ZIP 1996, 702. Zum Umfang einer **Erfüllungsbürgschaft** hinsichtlich des Überzahlungsrisikos bei Abschlagszahlungen: bejahend OLG Hamm, OLGR 1998, 37; verneinend OLG Celle, BauR 1997, 1057. Zur Herausgabepflicht einer Gewährleistungsbürgschaft im Konkurs des Bestellers nach Austauschverweigerung: OLG München, NJW-RR 1998, 992. Zum Inhalt der Verpflichtung des Auftraggebers, die Werklohnforderung „sicherzustellen": OLG Karlsruhe, OLGR 1998, 200; zur **Einzahlungspflicht** einer **GmbH der öffentlichen Hand** auf ein Sperrkonto (nicht Verwahrgeldkonto): AG Erfurt, BauR 2001, 271. Zum **Schuldner des Rückforderungsanspruchs** aus einer Erfüllungsbürgschaft: OLG Hamm, BauR 2001, 967. Zur **Verjährung** und Inanspruchnahme aus einer **Gewährleistungsbürgschaft:** OLG Karlsruhe, BauR 2002, 647.

Zum Anspruch des Hauptschuldners auf **Herausgabe der Bürgschaft an den Bürgen,** nicht jedoch an sich selbst: OLG Düsseldorf, BauR 2002, 1714 = NZBau 2003, 329 = NJW-RR 2003, 668; kein **Herausgabeanspruch des Werkunternehmers,** wenn ihm Mängel am Bauwerk in unverjährter Zeit in hinreichender Weise gemäß § 13 Nr. 5 Abs. 1 VOB/B angezeigt wurden: OLG Dresden, BauR 2003, 111 m. Anm. *Handschumacher;* Verjährungseinrede des Bürgen auch bei **Löschung des Hauptschuldners:** BGH, BauR 2003, 697; Bürgschaft nach § 7 MaBV erfasst nicht **Verzugsschäden?:** BGH, BauR 2003, 700. **Rückforderung der nicht auf ein Sperrkonto** eingezahlten Sicherheit: KG, NZBau 2003, 331. Trotz § 17 Nr. 6 Abs. 3 VOB/B kann der Auftraggeber die Auszahlung des einbehaltenen und nicht auf ein Sperrkonto gezahlten Sicherheitsbetrages verweigern, wenn und soweit ihm bereits ein **Leistungsverweigerungsrecht** wegen erkannter Mängel zusteht: KG, BauR 2003, 728 = NZBau 2003, 331. **Unwirksame Befristung nach Baufortschritten** für MaBV-Bürgschaft: OLG Frankfurt, NZBau 2003, 380. Der Auftragnehmer kann die **sofortige Auszahlung des Sicherheitseinbehaltes** ohne Nachfrist verlangen, wenn der Auftraggeber die Einzahlung auf ein **Sperrkonto endgültig verweigert** hat: BGH, BauR 2003, 1559 = NZBau 2003, 560 = IBR 2003, 534 – *Leitzke* = EWiR, § 17 VOB/B 1/03, 1211 m. Anm. *Vogel*. Eine Vermischung der Sicherheiten des § 3 MaBV und des § 7 MaBV in der Form, dass sich eine Bürgschaft nach § 7 mit Baufortschritt reduziert, ist unzulässig: BGH, BauR 2003, 1384 = NJW-RR 2003, 1171 = NZBau 2003, 498. Zur Abgrenzung zwischen Fertigstellungs- und Gewährleistungsbürgschaft: OLG Karlsruhe, IBR 2004, 14; Anspruch des Auftraggebers auf eine **neue Gewährleistungsbürgschaft,** wenn die ihm einvernehmlich übergebene Konzernbürgschaft aufgrund der **Insolvenz** des Mutterkonzerns unwirksam wird: LG Berlin, IBR 2004, 316 – *Meurer*. Bei **Abbrucharbeiten** ist ein vereinbarter Sicherheitseinbehalt bereits mit der Schlusszahlung – also vor Ablauf der Gewährleistungszeit – auszuzahlen, wenn feststeht, dass Mängel nicht mehr auftreten können: LG Hamburg, IBR 2004, 248 – *Hufer*. Die Vertragspartner eines Bauvertrages können durch eine **Abänderung der Sicherungsabrede** den Inhalt der Bürgschaftserklärung der Bank ohne deren Beteiligung nicht abändern: BGH, BauR 2005, 873; ebenso OLG Köln, OLGR 2005, 597.

Eine **Gewährleistungsbürgschaft** ist gemäß § 17 Nr. 8 S. 1 VOB/B auch dann nach Ablauf der vereinbarten Gewährleistungsfrist **herauszugeben,** wenn der Auftraggeber in unverjährter Frist Mängel gerügt und der Auftragnehmer die Mängelbeseitigungsleistung erbracht hat; dadurch verlängert sich die ursprünglich vereinbarte Verjährungsfrist für die Mängelansprüche nicht. Vielmehr beginnt mit der Abnahme der Mängelbeseitigungsleistung gemäß § 13 Nr. 5 Abs. 1 S. 3 VOB/B eine neue Verjährungsfrist für Mängel dieser Leistungen, sodass nur für diese Nachbesserungsleistung ggf. eine Sicherheitsleistung vereinbart werden kann, die dann aber nach den Mängelbeseitigungskosten zu berechnen ist: KG, BauR 2004, 1463. Der Einbehalt einer Sicherheit gemäß § 17 Nr. 8 VOB/B (Fassung 09/1988) setzt nach Eintritt des vereinbarten Rückgabezeitpunktes voraus, dass zuvor ein **konkretes Beseitigungsverlangen** erhoben worden ist; eine Streitverkündung ersetzt ein solches nicht: OLG Oldenburg, BauR 2004, 1464. Die Parteien eines VOB-Bauvertrages können das **Austauschrecht** des Auftragnehmers **unter den verschiedenen Arten der Ausführungs- und Gewährleistungssicherheiten** durch die Vereinbarung einer bestimmten Sicherheitsleistung **ausschließen**: OLG Brandenburg, NJW-RR 2004, 1164. Austausch einer wertlos gewordenen **Konzernbürgschaft**: LG Berlin, BauR 2004, 1637. Dem Auftragnehmer steht ein Anspruch aus einer Bürgschaft auf erstes Anfordern wegen fälliger Abschlagszahlungen auch dann noch zu, wenn der **Bauvertrag** bereits vorzeitig **beendet** worden ist: OLG Braunschweig, BauR 2004, 1638. Im VOB-Vertrag hat der Auftragnehmer einen Anspruch aus § 17 Nr. 8 Abs. 2 VOB/B auf Rückgabe der Bürgschaftsurkunde an sich selbst und nicht nur an die bürgende Bank: OLG München, IBR 2007, 557.

Eine Bürgschaft nach § 7 MaBV sichert den Rückgewähranspruch **nach einem Rücktritt vom Vertrag gemäß § 326 BGB** und ebenso einen Rückzahlungsanspruch aus einer Rückabwicklungsvereinbarung der Parteien, die zu einem Zeitpunkt geschlossen wird, in dem die Voraussetzungen des § 326 BGB vorliegen: BGH, BauR 2005, 91. Dasselbe gilt für die Fallgestaltung bei einem **Rückgewähranspruch** des Erwerbers nach einem mit dem Bauträger geschlossenen **Aufhebungsvertrag**, und zwar auch dann, wenn die Gründe für die Nichtdurchführung des Bauvorhabens in der Sphäre des Erwerbers liegen: BGH, BauR 2005, 1156 = NJW-RR 2005, 1101 = IBR 2005, 375. Der Auftragnehmer kann bei Bereitstellung der vereinbarten Gewährleistungsbürgschaft die **Auskehr des Sicherheitseinbehaltes trotz aufgetretener Mängel** verlangen, wobei dies auch bei Mängeln gilt, die bereits vor Abnahme zu Tage getreten sind: OLG Hamm, BauR 2006, 851.

### c) Bürgschaft auf erstes Anfordern

*Literatur bis 1999*

*Schwärzel-Peters*, Die Bürgschaft im Bauvertrag, 1992.

*Hickl*, Die Bürgschaft auf „erstes Anfordern" zur Ablösung eines Gewährleistungseinbehalts, BauR 1979, 463; *Horn*, Bürgschaften und Garantien zur Zahlung auf erstes Anfordern, NJW 1980, 2153; *Clemm*, Die Stellung des Gewährleistungsbürgen, insbesondere bei der Bürgschaft „auf erstes Anfordern", BauR 1987, 123; *Jedzig*, Aktuelle Rechtsfragen der Bankgarantie auf erstes Anfordern, WM 1988, 1469; *Weth*, Bürgschaft und Garantie auf erstes Anfordern, AcP 89, Bl. 189, 303; *Bydlinski*, Die Bürgschaft auf erstes Anfordern: Darlegungs- und Beweislast bei Rückforderung durch den Bürgen, WM 1990, 1401; *Zeller*, Probleme bei der Abtretung einer Garantie „auf erstes Anfordern", BB 1990, 363; *Heiermann*, Die Bürgschaft auf erstes Anfordern, Festschrift für Soergel (1993), 73; *Michalski*, Bürgschaft auf erstes Anfordern, ZBB 1994, 289; *Kainz*, Zur Unwirksamkeit von Vertrags- und Gewährleistungsbürgschaften „auf erstes Anfordern" in der deutschen Bauwirtschaft und die sich daraus ergebenden Rechtsfolgen, BauR 1995, 616; *Belz*, Gewährleistungsbürgschaft auf erstes Anfordern – und noch kein Ende, ZfBR 1998, 1; *Bomhard*, Die Gewährleistungsbürgschaft auf erstes Anfordern auf dem Prüfstand des Bundesgerichtshofs, BauR 1998, 179; *Beyer/Zuber*, Die Gewährleistungsbürgschaft auf erstes Anfordern im Bauvertragsrecht, MDR 1999, 1298.

*Literatur ab 2000*

*Sienz*, Vereinbarung von Bürgschaften auf erstes Anfordern in AGB – ein Auslaufmodell?, BauR 2000, 1249; *Pasker*, Der Rückforderungsanspruch bei der Bürgschaft auf erstes Anfordern, NZBau 2000, 279; *Thode*, Erfüllungs- und Gewährleistungssicherheiten in innerstaatlichen und grenzüberschreitenden Bauverträgen, ZfIR 2000, 165; *Breyer*, Nochmals: Zur Frage der Wirksamkeit der Vereinbarung einer Bürgschaft auf erstes Anfordern in Allgemeinen Geschäftsbedingungen auf Basis einer Gesamtbetrachtung der betroffenen Rechtsverhältnisse, BauR 2001, 1192; *Stammkötter*, Bürgschaft auf erstes Anfordern unter gleichzeitigem Ausschluss der Einreden gemäß § 768 BGB, BauR 2001, 1295; *Schmidt*, Die Vertragserfüllungsbürgschaft auf erstes Anfordern in Allgemeinen Geschäftsbedingungen, BauR 2002, 21; *Vogel*, Rückforderungsprozess aus Bürgschaft auf erstes Anfordern im Urkundsverfahren, BauR 2002, 131; *Kaufmann*, Die Verpflichtung aus Bürgschaften nach § 7 der Makler- und Bauträgerverordnung (MaBV) – Rechtsfragen zur Begründung, Umfang und Erlöschen unter Berücksichtigung der Schuldrechtsreform, BauR 2002, 977; *Schmitz/Vogel*, Die Sicherung von bauvertraglichen Ansprüchen durch Bürgschaft nach der Schuldrechtsreform, ZfIR 2002, 509; *Brauns*, Die Bürgschaft auf erstes Anfordern als Sicherungsmittel gemäß § 17 VOB/B, BauR 2002, 704; *Siegburg*, Die Bürgschaft auf erstes Anfordern im Bauvertrag, ZfIR 2002, 709; *Krakowsky*, Formularmäßige Bürgschaftsklauseln auf erstes Anfordern – „Freibrief" für Auftraggeber?, BauR 2002, 1620; *Kleine-Möller*, Die Sicherung bauvertraglicher Ansprüche durch Bankbürgschaft und Bankgarantie, NZBau 2002, 585; *Roquette/Giesen*, Vertragserfüllungsbürgschaft auf erstes Anfordern in Allgemeinen Geschäftsbedingungen, NZBau 2002, 547; *Joussen*, Zukunft der Vertragserfüllungsbürgschaft auf erstes Anfordern, BauR 2003, 13. *Hogrefe*, Zur Unwirksamkeit formularmäßiger Verpflichtungen zur Stellung von Vertragserfüllungs- und Mängelgewährleistungsbürgschaften „auf erstes Anfordern" in Bau-, Werk- und Werklieferungsverträgen und die sich daraus ergebenden Rechtsfolgen, BauR 1999, 111 und BauR 2003, 17; *Joussen*, Die Bürgschaft auf erstes Anfordern in AGB der öffentlichen Hand, BauR 2004, 582; *Voit*, Neue Entwicklungen im Recht der Erfüllungsbürgschaft auf erstes Anfordern, ZfIR 2004, 709; *Enaux*, Ergänzende Vertragsauslegung auch bei formularmäßigen Gewährleistungsbürgschaften auf erstes Anfordern? – Zur Übertragung der Rechtsprechungsgrundsätze des Bundesgerichtshofes bei unwirksamen Vertragserfüllungsbürgschaften auf erstes Anfordern, Festschrift für Werner (2005), 259.

Siehe auch weitere Literatur vor Rdn. 367.

**1257** Die **Bürgschaft auf erstes Anfordern** ist heute eines der **wichtigsten** Sicherungsmittel in der Baubranche; sie stellt aber für den Schuldner sowie den Bürgen ein **risikoreiches** Unterfangen dar. In der neueren Rechtsprechung besteht daher auch zunehmend die Tendenz, das Risiko nicht ins Uferlose steigen zu lassen. Eine **Erweiterung** der Einwendungsmöglichkeiten ist festzustellen. Die im Einzelfall getroffene **Sicherungsabrede**, die der Bürgschaftserteilung zu Grunde liegt, ist von größter Bedeutung und in aller Regel **prozessentscheidend**. Grundsätzlich gilt: Der **Bürgschaftsgläubiger** darf den Bürgschaftsbetrag nur anfordern, wenn die gesicherte Hauptverbindlichkeit **besteht** und der von den (Werkvertrags-)Parteien vereinbarte und vorausgesetzte „Sicherungsfall" (vgl. Rdn. 1252) **eingetreten** ist.[638] Das ist anhand der **Bürgschaftsurkunde**, den vertraglichen Vereinbarungen und den Gesamtumständen, unter denen die Sicherungsabrede getroffen worden ist, im Streitfall festzustellen. Fehlt eine ausdrückliche Regelung des Sicherungsfalles, dann ist sie im Wege einer **ergänzenden Vertragsauslegung** unter Berücksichtigung des Zwecks der Besicherung und des Inhalts der vereinbarten Sicherheit zu ermitteln. Ist der von dem Bürgschaftsgläubiger nach dem Inhalt der Bürgschaftsurkunde geltend gemachte Anspruch durch die von dem Bürgen übernommene Verpflichtung gesichert, dann **muss** der Bürge allerdings sofort zahlen; alle Streitfragen werden damit in den sog. **Rückforderungsprozess** verlagert.[639] Auf der anderen Seite verpflichtet die Sicherungsabrede den Gläubiger natürlich, die Sicherheit nur dann anzufordern („zu verwerten"), wenn der Sicherungsfall eingetreten, das Einfordern also von der Sicherungsabrede gedeckt ist. Ein Gläubiger, der gegen diesen **elementaren Grundsatz** des Bürgschaftsrechts auf erstes Anfordern verstößt, machte sich nach altem Recht einer positiven Vertragsverletzung schuldig.[640] Nach dem **SchRModG** ist

---

[638] BGH, NJW 2002, 1493 = NZBau 2002, 270; BauR 2001, 109, 111.
[639] BGH, ZfIR 2001, 452; BGH, ZIP 1998, 905, 906 = WM 1998, 1062, 1063; st. Rspr. Vgl. hierzu *Ingenstau/Korbion/Joussen*, § 17 Nr. 4, Rdn. 36 ff.
[640] Vgl. statt vieler: BGH, BauR 2000, 1501, 1502 m. w. Nachw.

der Pflichtverstoß nach §§ 280 Abs. 1, 3, 281 BGB zu beurteilen. Gegenüber einem solchen Schadensersatzanspruch kann der Sicherungsnehmer **nicht** mit Gegenansprüchen **aufrechnen** oder ein Zurückbehaltungsrecht geltend machen; das verbietet das geschützte Liquiditätsinteresse des Schuldners.

Wegen der besonderen Risiken, die eine Bürgschaft auf erstes Anfordern mit sich bringt, wurde durch § 17 Nr. 4 S. 3 VOB/B 2002 für den **VOB-Bauvertrag** geregelt, dass der Auftraggeber als Sicherheit **keine Bürgschaft** fordern kann, die den Bürgen zur Zahlung **auf erstes Anfordern** verpflichtet. Die Verpflichtung zur Stellung einer Bürgschaft auf erstes Anfordern, die bei einem VOB-Bauvertrag trotz der vorerwähnten Bestimmung zwischen den Vertragsparteien vereinbart wird, ist stets auf ihre Wirksamkeit zu überprüfen, insbesondere wenn die Vereinbarung in Allgemeinen Geschäftsbedingungen erfolgt (vgl. hierzu Rdn. 1260).

Sind bei der Bürgschaft auf erstes Anfordern in der Regel alle Streitigkeiten tatsächlicher und rechtlicher Art, deren Beantwortung sich nicht von selbst ergibt, nach der Zahlung durch den Bürgen in einem sog. **Rückforderungsprozess** auszutragen, so können – **ausnahmsweise** – Einwände des Bürgen (oder Schuldners) gegen den Anspruch schon im **Erstprozess** beachtlich sein. Das ist der Fall, wenn sich deren Berechtigung aus dem **unstreitigen Sachverhalt** oder dem Inhalt der Vertragsurkunden ohne Weiteres ergibt.[641] Wer ersichtlich seine Rechtsposition missbraucht, verdient keinen Schutz; wer sich auf eine **eingeräumte formale Stellung beruft**, handelt **arglistig**. **1258**

Darüber hinaus kann sich der Bürge bzw. Schuldner gegen jeden **denkbaren Rechtsmissbrauch** mit dem Einwand der unzulässigen Rechtsausübung wehren (vgl. Rdn. 373, 374); hierbei kann im Einzelfall das **einstweilige Verfügungsverfahren** hilfreich sein (vgl. dazu im Einzelnen Rdn. **367** ff.). **1259**

Nichts anderes gilt für den **Urkundenprozess**: Ist der Bürge im Urkundenprozess unter Vorbehalt seiner Rechte verurteilt worden, kann er seine Einwände grundsätzlich nicht im Nachverfahren, sondern erst in einem **Rückforderungsprozess** geltend machen.[642] Der Bürge kann sich im Urkundenprozess auch nicht darauf berufen, mit dem Hauptschuldner sei die Stellung einer Bürgschaft auf erstes Anfordern nicht vereinbart worden.[643]

Das bedeutet, dass berechtigte Gläubiger immer nur das im Prozess **darlegen** müssen, was als Voraussetzung der Zahlung auf erstes Anfordern in der Sicherungsabrede vereinbart worden ist. Dazu gehört allerdings bei einer **Gewährleistungsbürgschaft** auf erstes Anfordern auch eine **konkrete** Mängelrüge.[644] Der Sicherungsfall einer im Bauvertrag vereinbarten Gewährleistungsbürgschaft ist regelmäßig nämlich erst gegeben, wenn der Bürgschaftsgläubiger einen auf Geldzahlung gerichteten Gewährleistungsanspruch hat.[645] Im Übrigen folgt die **eingeschränkte Darlegungslast** aus dem Zweck der Bürgschaft auf erstes Anfordern, nämlich dem Gläubiger sofort

---

641) BGHZ 143, 381 = ZfIR 2000, 865, 867 = WM 2000, 715, 717; BGH ZfIR 2001, 452 m. Anm. *Siegburg* = MDR 2001, 1003.
642) Vgl. hierzu: BGH, NJW 2002, 1493 = NZBau 2002, 270; BGH, BauR 1996, 251 = ZIP 1996, 172 = ZfBR 1996, 139 = NJW 1996, 717.
643) OLG Hamm, NZBau 2000, 136.
644) OLG München, BauR 1995, 139 (LS) = OLGR 1994, 255; a. A.: OLG Köln, BauR 1998, 555 u. OLG Düsseldorf, OLGR 1998, 285.
645) BGH, NJW-RR 2001, 307 = MDR 2001, 84.

liquide Mittel zuzuführen. Dieser Zweck lässt sich nur erreichen, „wenn die Anforderungen an die Erklärung, welche die vorläufige Zahlungspflicht auslöst, streng formalisiert sind, d. h. sich auf das beschränken, was in der Verpflichtungserklärung als Voraussetzung der Zahlung genannt und für jeden ersichtlich ist."[646] Auch ein Verzug braucht nicht dargelegt zu werden.[647] Im Rückforderungsprozess hat der Auftraggeber dann den Eintritt des Bürgschaftsfalles zu beweisen.[648]

**1260** Nach allgemeiner Meinung bestehen gegen die Vereinbarung einer Bürgschaft auf erstes Anfordern, die **individualrechtlich** erfolgt, **keine Bedenken**. Wegen der dargestellten erheblichen Gefahren, die auf den Bürgen und den Hauptschuldner insbesondere im Hinblick auf das Insolvenzrisiko (bei einer verwerteten Bürgschaft durch den Bürgschaftsnehmer) zukommen können, ist nach h. M.[649] die **formularmäßige Vereinbarung** einer Vertragserfüllungs- oder Gewährleistungsbürgschaft auf erstes Anfordern gemäß § 307 BGB grundsätzlich **unwirksam** (qualitative Übersicherung); bei der Gewährleistungsbürgschaft gilt dies jedenfalls dann, wenn die Beibringung der Bürgschaft die einzige Möglichkeit für den Auftragnehmer darstellt, den Gewährleistungseinbehalt des Auftraggebers vor Ablauf der Gewährleistungsfrist abzulösen.[650] Zum Teil wird allerdings die Meinung vertreten, dass die Forderung nach einer Bürgschaft auf erstes Anfordern jedenfalls gegenüber einem **Kaufmann**/Unternehmer auch in AGB wirksam ist, weil ein solches Sicherungsmittel im Handelsverkehr und insbesondere in der Baubranche gebräuchlich ist.[651] Der BGH[652] hat sich dieser Meinung nicht angeschlossen. Eine entsprechende Vereinbarung in AGB des **öffentlichen Auftraggebers** wurde bisher in der Literatur und Rechtsprechung überwiegend für wirksam gehalten, weil beim öffentlichen Auftraggeber kein Insolvenzrisiko besteht.[653] Zwischenzeitlich hat jedoch der BGH[654] entschieden, dass auch eine solche Bürgschaft unwirksam ist, weil dadurch

---

646) BGH, NJW 1994, 380 = ZfBR 1994, 70.
647) OLG Hamm, NJW-RR 1987, 686.
648) BGH, NJW 1988, 906; NJW 1989, 1606, 1607; *Heiermann*, Festschrift für Soergel, S. 73, 77.
649) BGH, BauR 2002, 1239 m. Anm. *Sienz*; BGH, BauR 2002, 1533 = NJW 2002, 3098 = NZBau 2002, 559 = MDR 2002, 1365 = IBR 2002, 543; vgl. hierzu *Kuffer*, BauR 2003, 155, 161; *Siegburg*, ZfIR 2002, 709, 712; *Krakowsky*, BauR 2002, 1620 u. *Hogrefe*, BauR 2003, 17; OLG Dresden, BauR 2003, 255 = OLGR 2002, 407; OLG München, BauR 1992, 234 = NJW 1992, 919 = NJW-RR 1992, 218; BauR 1995, 859 = NJW-RR 1996, 534; *Ingenstau/Korbion/Joussen*, § 17 Nr. 4/B, Rdn. 58 ff. (auch zum Meinungsstand in Literatur und Rechtsprechung); *Kapellmann/Messerschmidt/Thierau*, § 17/B, Rdn. 142 ff.; *Joussen*, BauR 2003, 13; **a. A.:** OLG München, ZfBR 1996, 216; OLG Hamm, BauR 1998, 135; *Weise*, Rdn. 273 a. E. Vgl. hierzu auch *Thierau*, Jahrbuch Baurecht 2000, 66, 84 m. w. N.
650) BGH, BauR 2002, 1239 m. Anm. *Sienz*.
651) OLG Hamm, BauR 1998, 135; *Heiermann/Riedl/Rusam*, § 17/B, Rdn. 27; **a. A.:** *Hogrefe*, BauR 1999, 111, 113; *Thode*, ZfIR 2000, 165, 168; *Ingenstau/Korbion/Joussen*, § 17 Nr. 4/B, Rdn. 65.
652) BauR 2002, 1239, 1241 m. Anm. *Sienz*.
653) OLG Stuttgart, BauR 1994, 376; BauR 2003, 1239 = IBR 2003, 245 – *Rübartsch*; Beck'scher VOB-Komm/*Jagenburg*, B § 17, Rdn. 10; *Ingenstau/Korbion/Joussen*, § 17 Nr. 4/B, Rdn. 69; *Joussen*, BauR 2002/Heft 11 a, 75; **a. A.:** KG, BauR 2004, 510; *Sienz*, BauR 2002, 1241, 1243; *Hogrefe*, BauR 2003, 17, 20; *Thode*, ZfIR 2000, 165, 168. Vgl. hierzu OLG Hamm, IBR 2003, 536 – *Schmitz*.
654) BauR 2004, 1143 = NZBau 2004, 322 = IBR 2004, 312 – *Hildebrandt* sowie BGH, BauR 2005, 539 = NZBau 2005, 219 = NJW-RR 2005, 458; ebenso OLG Karlsruhe, OLGR 2004, 191 = IBR 2004, 313 – *Hildebrandt*; KG, BauR 2004, 510 u. KG, BauR 2005, 116 = KGR 2004, 456 = IBR

das mit dieser Bürgschaft verbundene Liquiditätsrisiko einseitig auf den Auftragnehmer verlagert wird: „Eine unberechtigte Inanspruchnahme der Bürgschaft auf erstes Anfordern durch die öffentliche Hand ist nicht von vornherein ausgeschlossen." Die entsprechende Klausel eines öffentlichen Auftraggebers kann auch nicht dahingehend ausgelegt werden, dass der Auftragnehmer nunmehr berechtigt ist, den Sicherheitseinbehalt durch eine selbstschuldnerische, unbefristete Bürgschaft abzulösen.[655] Nach Auffassung des BGH[656] ist eine solche Klausel eines öffentlichen Auftraggebers auch dann unwirksam, wenn der Sicherheitseinbehalt auf ein Verwahrgeldkonto zu nehmen ist. Im Übrigen ist die Übernahme solcher Bürgschaften grundsätzlich den Kreditinstituten vorbehalten.[657]

Nach § 17 Abs. 4 Nr. 3 VOB/B (in der Neufassung 2002) kann der Auftraggeber als Sicherheit keine Bürgschaft fordern, die den Bürgen zur Zahlung auf erstes Anfordern verpflichtet.[658]

Da eine vorformulierte Vereinbarung (AGB) zur Stellung einer Bürgschaft auf erstes Anfordern unwirksam ist, kommt eine **geltungserhaltende Reduktion** (vgl. Rdn. 2165 f.) oder eine ergänzende Vertragsauslegung auf eine einfache (z. B. unbefristete, selbstschuldnerische) Bürgschaft **nicht in Betracht**.[659] Der BGH[660] hat jedoch in einer überraschenden Entscheidung klargestellt, dass bei einer entsprechenden Unwirksamkeit dieser Form einer **Erfüllungsbürgschaft** die Bürgschaftsverpflichtung nicht ersatzlos wegfällt, sondern über den Weg der **ergänzenden Vertragsauslegung** als einfache Bürgschaft Bestand hat. Diese ganz offensichtlich nur ergebnisorientierte Entscheidung, die auch im Widerspruch zu der bisherigen Rechtsprechung des BGH[661] steht, begründet der BGH damit, dass der Wegfall jeglicher Sicherung „zu einem den Interessen der Parteien nicht mehr gerecht werdenden Ergebnis führen" würde, weil es „dem anerkennenswerten Interesse des Auftrag-

---

2004, 499 – *Kimmich* (Beteiligung der öffentlichen Hand durch ein privatrechtlich organisiertes Unternehmen am Wohnungsbau).
655) BGH, BauR 2005, 539 = NZBau 2005, 219 = MDR 2005, 566.
656) BauR 2006, 374 = NZBau 2006, 107 = NJW-RR 2006, 388 = ZfIR 2006, 518 m. Anm. *Toussaint*.
657) BGH, BauR 1990, 608; vgl. auch BGH, BauR 1992, 529.
658) Vgl. hierzu *Joussen*, BauR 2002/Heft 11 a, 78 (zur Wirksamkeit einer Vereinbarung bei einem VOB-Bauvertrag und zu der Frage, ob der Ausschluss einer Bürgschaft auf erstes Anfordern als Sicherungsmittel zum „Kerngehalt der VOB" gehört).
659) BGH, BauR 2005, 1154; BauR 2005, 539.
660) BauR 2002, 1533 = NJW 2002, 3098 = NZBau 2002, 559 = MDR 2002, 1365 = IBR 2002, 543 = EWiR 2002, 785 (m. abl. Anm. *Schwenker*: „nichts anderes als eine geltungserhaltende Reduktion"); vgl. hierzu auch *Kuffer*, BauR 2003, 155, 161 u. *Siegburg*, ZfIR 2002, 709; BGH, BauR 2004, 500 = IBR 2004, 69 – *Vogel*. Bezüglich einer Gewährleistungsbürgschaft auf erstes Anfordern in AGB hat der BGH eine ergänzende Vertragsauslegung dagegen nicht vorgenommen, sodass diese grundsätzlich unwirksam ist. Vgl. zu diesem Widerspruch insbesondere *Schulze-Hagen*, BauR 2003, 785 ff. sowie *Siegburg*, ZfIR 2002, 709, 712.
661) Vgl. BauR 2002, 463 = IBR 2002, 73; ferner BGH, BauR 2005, 539 = NZBau 2005, 219 (für AGB eines öffentlichen Auftraggebers); hierzu *Joussen*, BauR 2003, 13, 16 u. *Brauns*, BauR 2002, 704, 712 m. w. N. Das OLG Düsseldorf, NZBau 2003, 674 = OLGR 2004, 65, will die Grundsätze der ergänzenden Vertragsauslegung, die der BGH zur Vertragserfüllungsbürgschaft herangezogen hat, nicht auf Gewährleistungsbürgschaften bei unwirksamer Sicherungsabrede anwenden. Gegen eine ergänzende Auslegung haben sich insoweit auch das OLG Celle, NZBau 2004, 214 = IBR 2004, 70, das OLG Hamm, IBR 2003, 536 u. BauR 2004, 1790, sowie das OLG München, BauR 2004, 1466 = IBR 2004, 135 – *Kaufmann* gewandt.

gebers, den Unternehmer auch in Allgemeinen Geschäftsbedingungen zur Stellung einer Vertragserfüllungsbürgschaft zu verpflichten", entspreche und „ohne eine solche Sicherung der Auftraggeber möglicherweise nicht ausreichend geschützt" sei.

Allerdings hat der BGH in Kenntnis der dogmatisch kaum zu begründenden Entscheidung deren Auswirkungen zeitlich begrenzt: Eine solche ergänzende Vertragsauslegung kommt für Verträge, die nach Bekanntwerden der Entscheidung (Urteil vom 4.7.2002) in den beteiligten Verkehrskreisen abgeschlossen werden, nicht mehr in Betracht. Ferner hat der BGH[662] entschieden, dass dann, wenn eine Bürgschaft auf erstes Anfordern wirksam erteilt worden ist und der Bürge auf erstes Anfordern auch gezahlt hat, dieser die Zahlung nicht alleine deshalb zurückfordern kann, weil der Schuldner nach der ergänzenden Auslegung der Sicherungsabrede nur eine unbefristete, selbstschuldnerische Bürgschaft zu erstellen hatte; damit scheidet eine Rückforderung grundsätzlich aus, wenn der Gläubiger einen Anspruch auf Verwertung der Bürgschaft besitzt.

Nach herrschender Rechtsauffassung[663] sind die Grundsätze der ergänzenden Vertragsauslegung, die der BGH zur Vertragserfüllungsbürgschaft herangezogen hat, nicht auf Gewährleistungsbürgschaften bei unwirksamer Sicherungsabrede im Hinblick auf das Verbot der geltungserhaltenden Reduktion anzuwenden. Die unterschiedliche Behandlung von Vertragserfüllungsbürgschaften auf erstes Anfordern einerseits und von Gewährleistungsbürgschaften auf erstes Anfordern andererseits ist allerdings nicht nachvollziehbar.[664]

Nach § 232 BGB/§ 17 Nr. 3 VOB/B hat der Auftragnehmer die **Wahl unter den verschiedenen Arten der Sicherheiten;** insbesondere kann er eine Sicherheit durch eine andere ersetzen. Entsprechende Vereinbarungen über das Austausch- und Ersetzungsrecht des Auftragnehmers finden sich vielfach in Bauverträgen.[665] Der BGH[666] vertritt insoweit allerdings zu Recht die Auffassung, dass ein (formularmäßig) vertraglich vereinbartes Ersetzungsrecht unwirksam ist, soweit ein Austausch nur durch eine Bürgschaft auf erstes Anfordern zu erfolgen hat, also dem Auftragnehmer damit das Sicherheiten-Wahlrecht genommen wird.

Wird eine Bürgschaft auf erstes Anfordern gestellt, obwohl – insbesondere aufgrund der vorerwähnten Grundsätze – kein Anspruch auf eine solche Bürgschaft besteht, stellt sich die Frage, ob der Bürge einen **Anspruch auf Herausgabe dieser Bürgschaft** – ggf. Zug um Zug gegen Übergabe einer inhaltsgleichen Bürgschaft ohne Verpflichtung des Bürgen zur Zahlung auf erstes Anfordern – hat. Das hat der BGH[667] verneint. Der Gläubiger muss sich jedoch gegenüber dem Sicherungsgeber und dem Bürgen schriftlich verpflichten, die Bürgschaft nicht auf erstes Anfordern, sondern nur als selbstschuldnerische Bürgschaft geltend zu machen.

---

662) BauR 2003, 870 = NZBau 2003, 321 = ZfIR 2003, 711 m. Anm. *Schwenker*.
663) BGH, BauR 2005, 539 = NZBau 2005, 219; OLG Düsseldorf, NZBau 2003, 674 = OLGR 2004, 65; OLG Celle, NZBau 2004, 214 = IBR 2004, 70; OLG Hamm, IBR 2003, 536 u. BauR 2004, 1790; OLG München, BauR 2004, 1466 = IBR 2004, 135 – *Kaufmann*; **a. A.**: OLG Rostock, IBR 2003, 349.
664) Vgl. hierzu insbesonder *Enaux*, Festschrift für Werner, S. 259 ff.
665) Vgl. hierzu im Einzelnen *Brauns*, BauR 2002, 1465.
666) Vgl. BGH, BauR 2002, 1392 = NJW-RR 2002, 1311 = IBR 2002, 475; BauR 1997, 829 = IBR 1997, 366; OLG München, BauR 2002, 1109 sowie Nichtannahmebeschluss des BGH, BauR 2002, 1110; ebenso KG, BauR 2004, 1016.
667) BauR 2003, 1386 = NJW 2003, 2605 = ZfIR 2003, 627 m. Anm. *Hildebrandt* = NZBau 2003, 493; bestätigt durch BGH, BauR 2004, 500 = NZBau 2004, 212 = IBR 2004, 69 – *Vogel*; **a. A.**: LG Essen, BauR 2003, 1584 (Herausgabeanspruch bejaht); ebenso KG, BauR 2004, 510.

## Sicherheitsleistungen

Aufgrund der Rechtsprechung des BGH kann die als AGB vorformulierte Sicherungsabrede, eine Bürgschaft auf erstes Anfordern zu stellen, nur noch in wenigen Ausnahmefällen wirksam sein. Voraussetzung hierfür ist stets, dass keine unangemessene Übersicherung des Bürgschaftsnehmers vorliegt, also z. B. bei der Gewährleistungsbürgschaft insbesondere das Risiko der Insolvenz des Auftraggebers zu Lasten des Auftragnehmers ausgeschaltet wird. Das kann durch die vertragliche Einräumung eines angemessenen Austauschrechtes (z. B. gemäß § 17 Nr. 3 VOB/B) geschehen, insbesondere durch das Recht der Einzahlung eines alternativ gestellten Sicherheitseinbehaltes auf ein gemeinsames, insolvenzfestes Sperrkonto mit entsprechender Verzinsung.[668]

**Weitere Rechtsprechung:**

* Bei einer Bürgschaft auf erstes Anfordern entfällt das Recht, Zahlung auf erstes Anfordern zu verlangen, wenn sich der Gläubiger in **masseloser Insolvenz** befindet oder der Insolvenzverwalter Masseunzulänglichkeit angezeigt hat (BGH, BauR 2002, 1698 = NZBau 2002, 609 = IBR 2002, 608).
* Zum **Rückforderungs- und Freistellungsanspruch** des Hauptschuldners bei einer Bürgschaft auf erstes Anfordern (BGH, BauR 2003, 246 = NJW 2003, 352).
* Kein Anspruch des Unternehmers bei einem VOB-Vertrag aus einer Bürgschaft auf erstes Anfordern, wenn die **Werklohnforderung noch nicht fällig ist,** weil die Schlussrechnung nicht erteilt worden ist (BGH, NJW-RR 2003, 14 = NZBau 2002, 669).
* Eine **Vorauszahlungsbürgschaft** auf erstes Anfordern in AGB ist grundsätzlich wirksam (OLG Düsseldorf, BauR 2004, 1319 m. Hinw. auf BGH, BauR 2002, 123 = OLGR 2004, 399).
* Dem Auftragnehmer steht ein Anspruch aus einer Bürgschaft auf erstes Anfordern wegen fälliger **Abschlagszahlungen** auch dann noch zu, wenn der Bauvertrag bereits vorzeitig beendet worden ist (OLG Braunschweig, OLGR 2004, 287).
* Der aus einer Bürgschaft auf erstes Anfordern in Anspruch genommene Bürge kann sich im Erstprozess nicht darauf berufen, der Hauptschuldner sei nicht verpflichtet gewesen, eine Bürgschaft auf erstes Anfordern zu stellen, wenn er den zu Grunde liegenden Bauvertrag und die Sicherungsabrede bewusst nicht zur Kenntnis genommen hat; dies entspricht der bewussten Abweichung von der Sicherungsabrede (OLG Hamm, BauR 2007, 1061).
* Eine Klausel in AGB des Auftraggebers, die einen Einbehalt zur Sicherung der Gewährleistungsansprüche vorsieht, der durch Bürgschaft auf erstes Anfordern abgelöst werden kann, ist auch dann unwirksam, wenn dem Auftragnehmer die Befugnis eingeräumt wird, die Hinterlegung des Sicherheitseinbehaltes zu verlangen (BGH, BauR 2007, 1575).
* Rückforderung des Bürgen auf erstes Anfordern wegen fehlender Prüfbarkeit der Schlussrechnung (BGH, BauR 2007, 1722).

### d) Höhe der Sicherheitsleistung

*Literatur*

*Groß*, Die Umkehrsteuer des § 13 b UStG und der Sicherheitseinbehalt nach § 17 VOB/B, BauR 2005, 1084; *Döhler*, Sicherheitseinbehalt und Umsatzsteuer, BauR 2006, 14; *Theurer*, Behandlung von Sicherheitseinbehalten in den Fällen der Umkehr der Umsatzsteuerschuldnerschaft nach § 13 b Abs. 1 S. 1 Nr. 4 UStG, BauR 2006, 7.

**Bezüglich des Umfangs der Sicherheitsleistung** sind die Parteien in ihrer Absprachemöglichkeit ebenfalls frei. 1261

---

668) Ebenso OLG Frankfurt, IBR 2004, 249 – *Franz; Kapellmann/Messerschmidt/Thierau*, § 17/B, Rdn. 164; *Sienz*, BauR 2002, 1244; *Ingenstau/Korbion/Joussen*, § 17 Nr. 4/B, Rdn. 67; **a. A.:** *Brauns*, BauR 2002, 704, 710; *Hogrefe*, BauR 2003, 17, 19.

§ 14 VOB/A setzt insoweit für den VOB-Bauvertrag lediglich Maßstäbe, an die sich die Vertragspartner halten sollen. Danach soll ganz oder teilweise auf Sicherheitsleistung verzichtet werden, wenn Mängel der Leistung voraussichtlich nicht eintreten oder wenn der Auftragnehmer hinreichend bekannt ist und genügende Gewähr für die vertragsgemäße Leistung und die Beseitigung etwa auftretender Mängel bietet. Die Sicherheit soll nicht höher bemessen und ihre Rückgabe nicht für einen späteren Zeitpunkt vorgesehen werden, als nötig ist, um den Auftraggeber vor Schaden zu bewahren. Sie soll 5% der Auftragssumme nicht überschreiten. Wird die Leistung bei der Abnahme nicht beanstandet, soll die Sicherheit ganz oder zum größeren Teil zurückgegeben werden. Die Vertragsparteien können jedoch aus § 14 VOB/A keine Ansprüche herleiten, selbst wenn die Anwendbarkeit des Teils A der VOB ausdrücklich vereinbart worden ist, da die Bestimmungen dieses Teils der VOB nur das dem Vertragsabschluss vorausgehende Geschehen regeln.[669] Das OLG Frankfurt[670] ist der Meinung, dass in Allgemeinen Geschäftsbedingungen auch vereinbart werden kann, dass der Auftraggeber 10% des Rechnungsbetrages für die Dauer der Gewährleistungspflicht als Sicherheit einbehalten darf.

**1262** Ist im Bauvertrag lediglich eine Sicherheitsleistung vereinbart, ohne den Umfang festzulegen, ist dieser nach den §§ 315, 316 BGB notfalls durch das Gericht zu bestimmen.[671] In der Regel wird bei der Berechnung der Sicherheitsleistung von der **Bruttoauftragssumme** (einschl. MwSt.) auszugehen sein, wenn nichts anderes vereinbart wurde.[672] Auch wird man bezüglich der Höhe einer Sicherheitsleistung davon ausgehen können, dass **5% als Sicherheitseinbehalt branchenüblich sind**.[673] Kommt § 13 b UStG zum Zuge, ist ein etwaiger Sicherheitseinbehalt von der Nettorechnungssumme zu berechnen und sodann auch von dieser Summe in Abzug zu bringen (vgl. hierzu Rdn. 1276 a. E.). Das stellt § 17 Ziff. 6 Abs. 1 S. 2 VOB/B mit der Ausgabe 2006 nunmehr klar.

Formularmäßige Vertragsbestimmungen über den **Umfang der Sicherheitsleistung** sind hinsichtlich ihrer **Angemessenheit** an § 307 Abs. 1 BGB zu beurteilen. Dabei ist vor allem zu berücksichtigen, dass nach dem gesetzlichen Leitbild entsprechend § 641 Abs. 1 BGB dem Auftragnehmer mit der Abnahme seiner Leistung der volle Werklohn zusteht. Der BGH[674] hält insoweit eine Bestimmung in Allgemeinen Geschäftsbedingungen eines Bauvertrages, wonach der Auftraggeber nach Abnahme des Bauwerks **5%** der Auftragssumme für die Dauer einer fünfjährigen Gewährleistungspflicht als Sicherheit einbehalten darf, für **unangemessen** und damit unwirksam, wenn dem Auftragnehmer kein angemessener Ausgleich (z. B. nach den Regeln des § 17 VOB/B) zugestanden wird, weil dem Unternehmer für einen verhältnismäßig langen Zeitraum von fünf Jahren das gesamte Bonitätsrisiko des Auftraggebers zugemutet wird. In der möglichen Ablösung des Einbehalts durch

---

[669] OLG Stuttgart, BauR 1976, 435; **a. A.:** *Daub*, BauR 1977, 24, 25.
[670] BauR 1993, 375 (LS).
[671] Wie hier: *Nicklisch/Weick*, § 17/B, Rdn. 18; *Heiermann/Riedl/Rusam*, § 14/A Rdn. 8.
[672] *Ingenstau/Korbion/Joussen*, § 17 Nr. 1/B, Rdn. 34 u. 35; *Heiermann/Riedl/Rusam*, § 17/B, Rdn. 13.
[673] Ebenso: *Kleine-Möller/Merl*, § 12, Rdn. 1262.
[674] BGH, BauR 1997, 829 = NJW 1997, 2598 = ZIP 1997, 1549 = ZfBR 1997, 292; ebenso OLG Frankfurt, OLGR 2004, 204; vgl. hierzu *Belz*, ZfBR 1998, 1; *von Wietersheim*, MDR 1998, 630.

**Sicherheitsleistungen**        **Rdn. 1263**

Bürgschaft auf erstes Anfordern sieht der BGH keine ausreichende „Kompensation für die aus dem Einbehalt resultierenden Nachteile und Risiken".[675] Dagegen bietet nach Auffassung des BGH[676] die Möglichkeit eines Austausches des Sicherheitseinbehaltes von 5% gegen eine selbstschuldnerische unbefristete Bürgschaft einen hinreichenden Ausgleich zu dem vertraglich vorgesehenen Einbehalt. Das ist jedoch nicht der Fall, wenn die Ablösung durch eine entsprechende Bürgschaft zusätzlich davon abhängig gemacht wird, dass keine wesentlichen Mängel vorhanden sind, weil der zunächst angemessene Ausgleich derart eingeschränkt wird, dass ein Verstoß gegen § 305 BGB anzunehmen ist.

Der BGH[677] hat auch eine Bestimmung in Allgemeinen Geschäftsbedingungen eines Bauvertrages für unwirksam erklärt, wonach der Auftraggeber 5% der Auftragssumme bis zum Ablauf der Gewährleistung als Sicherheit einbehalten kann, die Einzahlung auf ein gemeinsames Sperrkonto gleichzeitig ausgeschlossen wird und wegen der Ablösung des Einbehalts auf eine Bürgschaft nach dem Muster des Auftraggebers verwiesen wird, weil im Rahmen der letzten Einschränkung (Muster des Auftraggebers) unklar ist, mit welcher Art der Bürgschaft der Gewährleistungseinbehalt vom Auftragnehmer ersetzt werden kann.[678]

Das OLG München[679] hält eine formularmäßige Bauvertragsklausel, die einen Gewährleistungseinbehalt von **10%** der Bauauftragssumme auf fünf Jahre und einen Monat vorsieht, ebenfalls für unangemessen an, weil der Auftragnehmer entgegen der Regelung des § 641 Abs. 1 BGB übermäßig belastet werde. Nach OLG Braunschweig[680] ist eine formularmäßige Bestimmung, nach der der Auftragnehmer dem Auftraggeber für die Dauer der Gewährleistung ein Recht zum zinslosen Sicherheitseinbehalt einräumt, unangemessen und nach § 307 BGB unwirksam.

**e) Zeitraum der Sicherheitsleistung**

Als **Zeitraum** für die **Haftung** aus der Sicherheit kommt in aller Regel die Dauer der **Gewährleistungsfrist** für Baumängel in Betracht;[681] der **Bürge** muss jedoch nur für die Gewährleistungspflicht einstehen, die **im Zeitpunkt der Bürgschaftsübernahme vereinbart** war. Später getroffene Vereinbarungen über eine Gewährleis-    **1263**

---

675) A. a. O. („keine faire Alternative"); ebenso: OLG München, NJW-RR 1996, 534 = BauR 1995, 859 = OLGR 1995, 182.
676) BauR 2004, 325 m. abl. Anm. *Franz* = ZfIR 2004, 96 = IBR 2004, 67 – *Franz* = NZBau 2004, 145. Vgl. zu dieser Entscheidung *Siegburg*, ZfIR 2004, 89.
677) BauR 2000, 1052 = NZBau 2000, 285.
678) Vgl. hierzu *Siegburg*, ZfIR 2004, 89, 91.
679) NJW-RR 1996, 534 = BauR 1995, 859 = OLGR 1995, 182. *Ingenstau/Korbion/Joussen*, § 17 Nr. 1/B, Rdn. 33 u. 39 sowie *Kapellmann/Messerschmidt/Thierau*, § 17/B, Rdn. 44, sind der Meinung, dass die zulässige Obergrenze für eine Sicherheitsleistung in der Regel überschritten wird, wenn die Sicherheitsleistung 10% der Auftragssumme (bei Vertragserfüllungssicherheiten) bzw. der Abrechnungssumme (bei Mängelsicherheiten) überschreitet; so auch OLG Frankfurt, BauR 1993, 375 (LS). *Schmitz/Vogel*, ZfIR 2002, 509, 514, halten jede Überschreitung des üblichen Satzes von 5% der Schlussrechnungssumme für unangemessen mit der Folge der Unwirksamkeit der Klausel. Zu weiteren Beispielen unwirksamer Klauseln vgl. *Kapellmann/Messerschmidt/Thierau*, § 17/B, Rdn. 25 ff.
680) NJW-RR 1995, 81; ähnlich OLG Düsseldorf, OLGR 1992, 185 = IBR 1992, 315.
681) *Kleine-Möller/Merl*, § 12 Rdn. 1299.

tungsfrist gehen nicht zu seinen Lasten.[682] Im Übrigen sind die Parteien aber bei der Bestimmung der Gewährleistungsfrist grundsätzlich frei. Vereinbaren die Parteien für die Sicherheitsleistung einen kürzeren Zeitraum als den der Gewährleistung, ist die Sicherheit freizugeben, wenn bei Ablauf der Frist für die Sicherheitsleistung keine Gegenansprüche des Bauherrn bestehen, weil z. B. kein Mangel aufgetreten ist, auch wenn der Auftragnehmer zwischenzeitlich illiquide geworden ist.[683] Allein die Möglichkeit, dass während der weiteren Gewährleistungsfrist noch Mängel auftreten können, reicht insoweit nicht aus, die vertraglich vereinbarte Frist der Sicherheitsleistung zu verlängern. Die vorgenannten Grundsätze gelten auch für den Fall, dass vor Fälligkeit des Sicherheitsbetrages über das Vermögen des Auftragnehmers das **Konkurs-(Insolvenz-)Verfahren** eröffnet wird.[684]

**1264** Die Fälligkeit des Sicherheitseinbehaltes kann grundsätzlich nicht der Einflusssphäre eines **Dritten** zugeordnet werden.[685] Daher wird man folgende Klausel für unwirksam zu halten haben: „5% der Netto-Gesamtabrechnungssumme werden fällig nach Ablauf der Gewährleistung und wenn zuvor auch von dem Auftraggeber des Bauherrn festgestellt worden ist, dass keine Mängel vorliegen." Der Auftragnehmer steht in keinerlei vertraglichen Beziehungen zu dem Auftraggeber des Bauherrn, also dem Dritten. Er kann daher auch keinen Druck auf diesen Dritten ausüben. Ihm wird etwas aufgebürdet, worauf er keinen Einfluss hat (vgl. hierzu auch Rdn. 1359).

Eine Bürgschaft mit einer **zeitlichen Begrenzung** kann nach der Rechtsprechung des BGH[686] eine **Zeitbürgschaft** oder eine **gegenständlich beschränkte Bürgschaft** darstellen: „Die zeitliche Begrenzung kann den Sinn eines Endtermins (§ 163 BGB) haben, nach dessen Ablauf die Verpflichtung des Bürgen erlöschen soll. Sie kann aber auch die Verbindlichkeit, für die der Bürge sich verbürgt, dahin näher bestimmen, dass der Bürge nur für die innerhalb einer bestimmten Zeit begründeten Verbindlichkeiten – für diese aber unbefristet – einstehen soll (BGH, NJW 1988, 908 m. w. N.). Welche Art von Bürgschaft gewollt ist, muss auf Grund einer Auslegung der Bürgschaftsverpflichtung ermittelt werden."

**1265** Wird ein Bauvertrag infolge einer **Kündigung** beendet, ist damit der Sicherheitseinbehalt nicht vorzeitig fällig. Wegen der erbrachten Teilleistungen bleibt es bei dem Recht zum Sicherheitseinbehalt, da Gewährleistungsansprüche grundsätzlich durch die Kündigung nicht berührt werden.[687] Dasselbe gilt bei einer **einvernehmlichen Vertragsaufhebung**.

**1266** Für den VOB-Bauvertrag stellt § 17 Nr. 6 VOB/B Grundsätze für den Sicherheitseinbehalt auf, die für den Fall gelten, dass anderweitige Vereinbarungen von den Parteien des Bauvertrages nicht getroffen wurden.[688] Danach darf der Auftraggeber jeweils die Zahlung um höchstens 10 v. H. kürzen, bis die vereinbarte Sicherheitssumme erreicht ist. Reicht die Höhe dieses Betrages wegen bereits

---

682) Zutreffend: OLG Düsseldorf, BauR 1994, 747.
683) So richtig AG Köln, U. v. 30.10.1980 – 128 C 507/80; s. auch BGH, ZfBR 1982, 70 (Erlöschen einer Fertigstellungsbürgschaft); vgl. auch OLG Koblenz, AGBE Bauvertragsklauseln, § 9 Nr. 41.
684) OLG Hamm, BauR 1984, 537; LG Lüneburg, BauR 1998, 1018 = MDR 1998, 834, 835.
685) Ebenso: *Nicklisch/Weick*, § 17/B, Rdn. 57 mit Hinweis auf LG Köln, *Schäfer/Finnern*, Z 2.50 Bl. 8.
686) BGH, IBR 2004, 247 – *Schmitz* = WM 2004, 723 = BB 2004, 850.
687) OLG Düsseldorf, BauR 1979, 325.
688) BGH, BauR 1979, 525 = ZfBR 1979, 207.

aufgetretener Baumängel nicht aus, kann der Bauherr weitere Beträge auf dem Wege des Zurückbehaltungsrechts einbehalten.

**1267** Mangels anderweitiger Vereinbarung kann der Bauherr mit dem einbehaltenen Sicherheitsbetrag nicht arbeiten: Er hat vielmehr binnen 18 Werktagen nach der Mitteilung an den Bauunternehmer über den einbehaltenen Betrag diesen auf ein **Sperrkonto** bei dem vereinbarten Geldinstitut einzuzahlen.[689] Das Geldinstitut kann bei Vertragsabschluss, aber auch später bestimmt werden. Zahlt der Bauherr den einbehaltenen Betrag nicht rechtzeitig ein, so kann ihm gemäß § 17 Nr. 6 Abs. 3 der Auftragnehmer hierfür eine angemessene **Nachfrist** setzen.

Öffentliche Auftraggeber sind berechtigt, den als Sicherheit einbehaltenen Betrag auf eigenes Verwahrgeldkonto zu nehmen (§ 17 Nr. 6 Abs. 4). Bei kleineren oder kurzfristigen Aufträgen ist es zulässig, dass der Auftraggeber den einbehaltenen Sicherheitsbetrag erst bei der Schlusszahlung auf ein Sperrkonto einzahlt (§ 17 Nr. 6 Abs. 2).

**1268** Für den VOB-Bauvertrag ist bezüglich der Rückgabe der Sicherheiten der neu gefasste § 17 Nr. 8 VOB/B zu beachten. Dabei ist zwischen der Vertragserfüllungssicherheit und der Gewährleistungssicherheit zu unterscheiden. Nach § 17 Nr. 8 VOB/B hat ein Auftraggeber eine nicht verwertete Sicherheit für die Vertragserfüllung zum vereinbarten Zeitpunkt, spätestens nach Abnahme und Stellung der Sicherheit für Mängelansprüche, zurückzugeben; das gilt nur dann nicht, wenn Ansprüche des Auftraggebers, die nicht von der gestellten Sicherheit für Mängelansprüche umfasst, noch nicht erfüllt sind. Im letzteren Fall darf der Auftraggeber für diese Vertragserfüllungsansprüche einen entsprechenden Teil der Sicherheit zurückbehalten. Für die Gewährleistungssicherheit gilt § 17 Nr. 8 Abs. 2 VOB/B. Danach hat der Auftraggeber eine nicht verwertete Sicherheit für Mängelansprüche nach Ablauf von zwei Jahren zurückzugeben, sofern die Parteien keinen anderen Rückgabezeitpunkt vereinbart haben. Soweit jedoch zu diesem Zeitpunkt die vom Auftraggeber geltend gemachten Ansprüche noch nicht erfüllt sind, darf er einen entsprechenden Teil der Sicherheit zurückhalten. Diese Neuregelung ist unter dem Licht der in § 13 Nr. 4 VOB/B neu eingeführten Regelverjährungsfrist von vier Jahren zu sehen: Zu Gunsten des Auftragnehmers ist nunmehr eine grundsätzliche Rückgabeverpflichtung des Auftraggebers nach Ablauf von zwei Jahren geregelt, obwohl die Verjährungsfrist für die Gewährleistung im Rahmen der Neufassung der VOB 2002 deutlich, nämlich auf vier Jahre verlängert worden ist.

**1269** Höhe, Zweck und Zeitraum der Sicherheitsleistung können im Übrigen von den Vertragsparteien im Einzelnen abweichend von § 17 VOB/B vereinbart werden; geschieht dies in AGB, darf **keine übermäßige Sicherung** eintreten.[690] So hat das OLG Hamm[691] entschieden, dass eine Klausel in einem Bauvertrag unwirksam ist, wonach 5% Rechnungssumme erst 60 Monate nach Fertigstellung aller Leistungen einschließlich eventueller Gewährleistungsansprüche fällig werden.

## 9. Umsatzsteuer

*Literatur*

*Strunz*, Kriterien zur Abgrenzung von Teilleistungen in der Bauwirtschaft (§ 13 Abs. 1 Nr. 1 a MWStG), BauR 1985, 146; *Wagner*, Bauleistungen im Bauträgerkaufvertrag umsatzsteuerpflichtig?, DStR 1996, 1873; *Lachmann/Amenda*, Rückforderung wegen unzulässiger Abwälzung der Umsatz-

---

689) LG Tübingen, BauR 1977, 207.
690) Vgl. im Einzelnen *Ingenstau/Korbion/Joussen*, § 17 Nr. 1/B, Rdn. 33.
691) NJW-RR 1988, 726; ZfBR 1991, 71; vgl. auch OLG München, BauR 1995, 859 = NJW-RR 1996, 534 = OLGR 1995, 182; NJW-RR 1992, 218; OLG Karlsruhe, BauR 1989, 203 („Einbehalt von **5%** auf 2 Jahre" unwirksam; ähnlich: OLG Zweibrücken, NJW-RR 1994, 1363, 1366 (**5%/ 1 Jahr**).

steuer – dargestellt am Beispiel der „Wendebauten", BauR 1997, 223; *Dittmann*, Umstellung langfristiger Verträge zum Stichtag der Umsatzsteueränderung, BB 1992, 1571; *Klenk*, Steckengebliebene Werkleistung im Umsatzsteuerrecht im Falle des § 649 BGB, BauR 2000, 638; *Hochstadt/Matten*, Umsatzsteuerrechtliche Probleme bei der Abwicklung von Bauverträgen, BauR 2003, 626; *Grabau*, Steuerschuldumkehr in der Bauwirtschaft, ZfIR 2004, 849; *Lingemann*, Der Übergang der Umsatzsteuerschuldnerschaft bei Bauleistungen auf den Leistungsempfänger, BauRB 2004, 343; *Eisolt*, Umsatzsteuer und Bauleistungen: BMF-Schreiben zu den Neuregulierungen der §§ 14, 14 b und 13 b UStG, NZBau 2005, 320.

**1270** Die Umsatzsteuer kann der Unternehmer nur gesondert (zusätzlich) verlangen, wenn er eine **ausdrückliche oder stillschweigende Vereinbarung** mit dem Bauherrn darlegen und **beweisen** kann.[692] Auch für das Unternehmerrecht besteht in Rspr. und Lit. einhellige Auffassung, dass Mehrwertsteuer nach dem Umsatzsteuergesetz nur bei einer entsprechenden vertraglichen Vereinbarung verlangt werden kann.[693] Dies gilt für alle Vergütungsarten, also nicht nur für den Pauschalpreis, in dem die Umsatzsteuer mangels anderer Vereinbarung grundsätzlich enthalten ist, sondern vor allem auch für vereinbarte Einheitspreise und Stundenlöhne.[694] Eine vereinbarte Vergütung stellt also grundsätzlich einen **Bruttopreis** dar.

**1271** Bei Bauverträgen zwischen Unternehmern gilt grundsätzlich nichts anderes, auch wenn sie im Handelsregister eingetragen und vorsteuerabzugsberechtigt sind.[695] Ausnahmsweise können daher vereinbarte Preise dann mit der Umsatzsteuer belastet werden, wenn ein entsprechender Handelsbrauch in der Weise zu bejahen ist, dass zwischen Unternehmern vereinbarte Preise Nettopreise darstellen; dies hängt von den jeweiligen regionalen Gegebenheiten ab.[696] **Beweispflichtig** für einen solchen Handelsbrauch ist derjenige, der sich hierauf stützen will.[697] Das OLG Frankfurt[698] hat beispielsweise einen entsprechenden Handelsbrauch verneint, wonach bei Preisvereinbarungen zwischen vorsteuerabzugsberechtigten Vertragspartnern die gesetzliche Mehrwertsteuer stets zusätzlich zu zahlen ist.

**1272** Aus der **Anforderung der Umsatzsteuer** durch den Auftragnehmer **im Rahmen von Akontorechnungen** und der **entsprechenden Zahlung** durch den Auftraggeber allein lässt sich noch keine vertragliche Vereinbarung über die zusätzliche Zahlungsverpflichtung der Umsatzsteuer herleiten;[699] solange die Schlussrechnung noch nicht erstellt ist, sind Abschlagszahlungen kein Anerkenntnis des Vergütungsanspruchs (vgl. Rdn. 1224). Abschlagsforderungen und Abschlagsrechnungen haben aus-

---

692) BGH, WM 1973, 677 (für das Kaufrecht); OLG Frankfurt, OLGR 1998, 238; *Grimme*, S. 192 m. w. Nachw.
693) Zum Wegfall der Geschäftsgrundlage (§ 313 BGB) beim **Irrtum** über die **Umsatzsteuerpflichtigkeit:** LG Dresden, NJW-RR 1997, 242 (Bauträgervertrag).
694) OLG Düsseldorf, BauR 1979, 352; OLG Hamm, DB 1973, 125; OLG Karlsruhe, NJW 1972, 451 = BauR 1972, 243; OLG Düsseldorf, BB 1972, 288 = BauR 1972, 121; OLG Köln, NJW 1971, 894; OLG Oldenburg, NJW 1969, 1486; OLG Bremen, BB 1971, 1384; *Staudinger/ Peters*, § 632 BGB, Rdn. 25.
695) OLG Oldenburg, NJW 1969, 1486, 1487; OLG München, NJW 1970, 661; OLG Karlsruhe, NJW 1972, 451; *Honig*, BB 1975, 448; **a. A.:** *Ingenstau/Korbion/Keldungs*, § 2 Nr. 1/B, Rdn. 16; *Staudinger/Peters*, § 632 BGB, Rdn. 25.
696) NJW 1971, 894, zur Frage des Handelsbrauchs auch OLG Düsseldorf, NJW 1976, 1268.
697) BGH, WM 1973, 677; NJW 1979, 540 = ZfBR 1979, 58 = MDR 1979, 600.
698) BauR 1997, 524.
699) OLG Düsseldorf, BauR 1985, 347 ff.

**Umsatzsteuer**

schließlich vorläufigen Charakter. Es bleibt deshalb dem Auftragnehmer vorbehalten, im Rahmen der Schlussrechnung die endgültige Prüfung des Vergütungsanspruches des Auftragnehmers dem Grunde und der Höhe nach vorzunehmen.

Die Höhe der Umsatzsteuer richtet sich nach dem zur Zeit der Abnahme der Bauleistung geltenden Steuersatz.[700] Vereinbaren die Vertragsparteien einen **bestimmten Mehrwertsteuersatz**, der auf den vereinbarten Nettopreis zusätzlich zu zahlen ist, kann es bei Änderung des Steuersatzes während der Bauausführung zweifelhaft sein, ob der Unternehmer auf die nach Änderung des Steuersatzes fällig werdenden Zahlungen den neuen Mehrwertsteuersatz verlangen kann.[701]

**Umsatzsteuer** kann auf **Zinsen** nach der neueren Rechtsprechung nicht mehr verlangt werden.[702] Das gilt auch für den **Entschädigungsanspruch** gemäß § 642 BGB, weil es insoweit an einem Leistungsaustausch fehlt.[703] **1273**

Auf eine **Abschlagszahlung** ist grundsätzlich **Umsatzsteuer** zu zahlen, wenn diese vom Auftragnehmer gefordert wird. § 16 Nr. 1 Abs. 1 Satz 1 VOB/B spricht dies für den VOB-Bauvertrag nochmals ausdrücklich aus. **1274**

Soweit der Auftragnehmer **Vergütung gemäß § 649 BGB/§ 8 Nr. 1 VOB/B** für die **nicht ausgeführte Bauleistung** zu Recht verlangt, kann er hierauf nach der Rechtsprechung des BGH nicht die Mehrwertsteuer beanspruchen, da insoweit kein umsatzsteuerrechtliches Austauschgeschäft vorliegt.[704] Der BGH zeigt jedoch zwischenzeitlich Unsicherheit:[705] Er ist der Auffassung, dass es sich insoweit um eine Frage der gemeinschaftsrechtlichen Auslegung der 6. Richtlinie des Rates zur Harmonisierung der Rechtsvorschriften der Mitgliedstaaten über die Umsatzsteuern 77/388/EWG handelt, die daher nach Artikel 234 EGV dem Gerichtshof der Europäischen Gemeinschaften vorzulegen ist. Auch auf sonstige Entschädigungsansprüche für nicht durchgeführte Werkverträge kann die Umsatzsteuer nicht verlangt werden.[706]

Ungeklärt ist nach wie vor, ob Zahlungen nach **§ 6 Nr. 6 VOB/B** (wegen **Behinderung**) der Umsatzsteuer unterliegen.[707] Die Beantwortung dieser Frage hängt davon ab, ob man den vorerwähnten Anspruch als einen vergütungsgleichen Anspruch, der in einem engen wirtschaftlichen und rechtlichen Zusammenhang mit dem Bauvertrag steht, oder als Schadensersatzanspruch ansieht. Da dem Anspruch kein echter Leistungsaustausch zugrunde liegt, ist er als Schadensersatzanspruch einzuordnen mit der Folge, dass eine Umsatzsteuerpflicht zu verneinen ist.[708] **1275**

---

700) OLG Düsseldorf, NJW-RR 1996, 1485. Zu einer unklaren Umsatzsteuerklausel des öffentlichen Auftraggebers: OLG Stuttgart, BauR 1998, 559.
701) So aber OLG Celle, OLGR 1999, 269.
702) BGH, BauR 1985, 102, 103 m. Nachw.; vgl. hierzu *Ernst*, NJW 1986, 362.
703) Zutreffend: OLG Koblenz, BauR 2002, 811.
704) BGH, NJW-RR 1986, 1026 = BauR 1986, 577; NJW 1987, 3123; BauR 1981, 198, 199; OLG Düsseldorf, DB 1985, 2243; vgl. auch BGH, BauR 1992, 231 für den entgangenen Gewinn.
705) BauR 1999, 1294 = NJW 1999, 3261 = MDR 1999, 1378 = ZfBR 2000, 30; vgl. hierzu *Klenk*, BauR 2000, 638.
706) BGH, DB 1970, 2415, 2416.
707) Offen gelassen von BGH, BauR 1986, 347 = DB 1986, 1216.
708) Ebenso: KG, ZfBR 1984, 129; OLG Düsseldorf, BauR 1988, 487; BauR 1987, 361; *Vygen/Schubert/Lang*, Rdn. 252 m. w. Nachw. Vgl. hierzu auch BGH, BauR 1989, 83 (Rechnungserstellung nach § 14 Abs. 1 UStG bei zweifelhafter Steuerrechtslage).

**1276** In vielen **Allgemeinen Geschäftsbedingungen** findet sich die Klausel, dass Änderungen des Umsatzsteuersatzes beide Parteien zur entsprechenden Preisanpassung berechtigen. Der BGH hält diese Klausel im Hinblick auf § 11 Nr. 1 AGB-Gesetz (jetzt § 309 Nr. 1 BGB) für nichtig, wenn sie im Geschäftsverkehr mit Nichtkaufleuten angewendet wird.[709] Daher kann eine solche Regelung gegenüber Nichtkaufleuten nur einzelvertraglich erfolgen. Gegenüber Kaufleuten wird man allerdings eine solche Gleitklausel als wirksam ansehen können.[710] Eine Klausel in Allgemeinen Geschäftsbedingungen, wonach sich die „angegebenen Preise immer zuzüglich Umsatzsteuer verstehen", verstößt zumindest im nichtkaufmännischen Bereich gegen § 307 BGB und ist daher unwirksam.[711] Nach einer Entscheidung des OLG Celle[712] verstößt eine Klausel, wonach Veränderungen der Mehrwertsteuer bis zur Fertigstellung des Bauvorhabens den Gesamtpreis betreffen und zu Lasten bzw. zu Gunsten des Bauherrn gehen, gegen § 309 Nr. 1 BGB und ist im nichtkaufmännischen Verkehr daher unwirksam.

Nach § 13 b Abs. 1 und 2 UStG **schuldet der Leistungsempfänger die Umsatzsteuer** in folgenden Fällen (sog. **Steuerschuldumkehr**):

* Bei Werklieferungen und sonstigen Leistungen eines im Ausland ansässigen Unternehmers, wenn der Leistungsempfänger ein Unternehmer oder eine juristische Person des öffentlichen Rechts ist.
* Bei Werklieferungen und sonstigen Leistungen, die der Herstellung, Instandsetzung, Instandhaltung, Änderung oder Beseitigung von Bauwerken dienen (mit Ausnahme von Planungs- und Überwachungsleistungen), wenn der Leistungsempfänger ein Unternehmer ist.

Durch die Steuerschuldumkehr ist der Unternehmer (Auftragnehmer) daher in diesen Fällen verpflichtet, seine Leistungen **netto** zu berechnen, während der Leistungsempfänger (Auftraggeber) verpflichtet ist, die auf den in Rechnung gestellten Nettobetrag anfallende Umsatzsteuer im Rahmen seiner Umsatzsteuer-Voranmeldung anzumelden und an das Finanzamt abzuführen.[713] Kommt § 13 b UStG zum Zuge, ist ein etwaiger Sicherheitseinbehalt von der Nettorechnungssumme zu berechnen und sodann auch von dieser Summe in Abzug zu bringen.[714]

## 10. Skontoabzug

*Literatur*

*Inhuber*, Das Skonto im Endverbrauchergeschäft, 1993.
*Locher*, Der Skontoabzug an Vergütungen für Bauleistungen, BauR 1980, 30; *Kronenbitter*, Der Skontoabzug in der Praxis der VOB/B, BB 1984, 2030; *Weyand*, Die Skontovereinbarung in einem der VOB unterliegenden Bauvertrag unter besonderer Berücksichtigung der VOB/A, BauR 1988, 58; *Nettesheim*, Skonto bei nur teilweiser Bezahlung innerhalb der Skontofrist, BB 1991, 1724; *Kainz*, Zur Wertung von Skontoangeboten bei öffentlichen Aufträgen, BauR 1998, 219; *Stellmann/Isler*, Der Skontoabzug im Bauvertragswesen – Ein dogmatischer und praktischer Leitfaden –, ZfBR 2004, 633.

---

709) BGH, DB 1980, 1391 = BB 1980, 906.
710) Ebenso: *Dittmann*, BB 1992, 1571, 1573, der allerdings zu Recht eine **Umsatzsteuergleitklausel** für wirksam hält, wonach die Preise im Falle einer Umsatzsteuererhöhung angepasst werden können, wenn die Leistung nicht innerhalb von vier Monaten nach Vertragsabschluss erfolgt.
711) Vgl. BGH, WM 1973, 677; *Ingenstau/Korbion/Keldungs*, § 2 Nr. 1/B, Rdn. 16.
712) BauR 2001, 1113 (zu § 11 Nr. 1 AGB-Gesetz).
713) Vgl. hierzu *Grabau*, ZfIR 2004, 849 sowie *Lingemann*, BauR 2004, 343.
714) *Theurer*, BauR 2006, 7; *Döhler*, BauR 2006, 14; **a. A.:** *Groß*, BauR 2005, 1084.

**Skontoabzug**

**1277** Vom Rechnungsbetrag kann ein Skonto nur abgezogen werden, wenn die Vertragsparteien eine entsprechende **Vereinbarung** (Höhe des Skontos, Skontofrist) getroffen haben.[715] Dies stellt für den VOB-Bauvertrag § 16 Nr. 5 Abs. 2 VOB/B noch einmal klar. Einen **Handelsbrauch** oder eine **Verkehrssitte** für einen Skontoabzug **gibt es** auch in der Baubranche **nicht**.[716]

Die Vereinbarung eines Skontoabzuges stellt in der Regel keine Rabattgewährung („Preisnachlass") dar, sondern das Angebot eines prozentualen Abzuges vom Rechnungsbetrag für eine sofortige bzw. kurzfristige Zahlung vor Fälligkeit.[717] In welcher Form und Art die Skontovereinbarung erfolgt, ist unerheblich. Insbesondere sind die Parteien hinsichtlich der Zeitbestimmung als Voraussetzung für den Skontoabzug (Skontofrist) frei. Bei einer Skontoabrede wird die gesamte Vergütung aus dem Bauvertrag erfasst.[718] Der Auftraggeber, der einen Skontoabzug vornehmen will, trägt nicht nur für eine **entsprechende Abrede die Darlegungs- und Beweislast**, sondern auch für die **Rechtzeitigkeit der Zahlung** und damit den Beginn der Skontierungsfrist (Rechnungszugang).[719]

**1278** Häufig wird in der Baubranche zwar ein Skonto vereinbart, aber nichts darüber bestimmt, wann und auf welche Zahlungen ein Skontoabzug vorgenommen werden kann. Dies führt immer wieder zu Streitigkeiten.[720]

Eine **wirksame Abrede** über einen Skontoabzug setzt grundsätzlich voraus, dass die Parteien die **Modalitäten für den Skontoabzug** im Einzelnen festgelegt haben. Das gilt insbesondere hinsichtlich der **Höhe** und der **Zahlungsfrist**.[721] Ob ein allgemeiner Hinweis auf die VOB/B insoweit ausreicht, erscheint bedenklich;[722] ein konkreter Hinweis, wonach „bei Zahlung nach § 16 VOB/B" ein entsprechender Skonto gewährt wird, ist dagegen wirksam, weil damit auf die dort genannten Zahlungsfristen verwiesen wird.[723] Dasselbe gilt, wenn das angebotene Skonto

---

715) OLG Düsseldorf, BauR 1992, 783; vgl. hierzu auch OLG Hamm, NJW-RR 1994, 1474 (keine Skontoberechtigung als Folge ständiger Skontoeinbehalte). Zur **Beweislast**: BGH, NJW 1983, 2944 = BB 1983, 2141 (m. Anm. *Baumgärtel*).
716) So auch *Koeble*, BauR 1983, 323, 325; OLG Düsseldorf, BauR 1992, 783; LG Aachen, NJW-RR 1986, 645.
717) OLG Köln, SFH, Nr. 2 zu § 641 BGB; OLG Düsseldorf, BauR 1992, 783; *Stellmann/Isler*, ZfBR 2004, 633; *Kainz*, BauR 1998, 219, 226 u. OLG Frankfurt, NJW-RR 1988, 1486 (zum „verschleierten" Preisnachlass).
718) *Kronenbitter*, BB 1984, 2030, 2032.
719) OLG Düsseldorf, BauR 2001, 1268.
720) Vgl. hierzu *Weyand*, BauR 1988, 58; LG Mainz, SFH, Nr. 35 zu § 16 Nr. 3 VOB/B sowie LG Saarbrücken, SFH, Nr. 3 zu § 16 Nr. 5 VOB/B. *Stellmann/Isler*, ZfBR 2004, 633, 640 haben – innerhalb einer Checkliste – Beispiele für klare Skontoregelungen aus der Sicht des Auftraggebers sowie aus der Sicht des Auftragnehmers aufgezeigt.
721) **Herrschende Meinung;** OLG Stuttgart, BauR 1998, 798 = OLGR 1998, 59; OLG Düsseldorf, BauR 1992, 783; LG Aachen, NJW-RR 1986, 645 m. Anm. *Kronenbitter*, BB 1986, 224; *Ingenstau/Korbion/U. Locher*, § 16 Nr. 5/B, Rdn. 5; *Nettesheim*, BB 1991, 1724, 1725; *Kainz*, BauR 1998, 219, 225.
722) LG Aachen, a. a. O., das auch eine vereinbarte Zahlung „in angemessener Frist" nicht ausreichen lassen will, um eine wirksame Skontoabrede zu bejahen; ebenso: *Ingenstau/Korbion/U. Locher*, § 16 Nr. 5/B, Rdn. 8.
723) OLG Karlsruhe, BauR 1999, 1028 = NJW-RR 1999, 1033 = MDR 1999, 930.

mit einem Hinweis „bei Einhaltung der Zahlung nach VOB/B" verbunden wird.[724)]

Bestritten, aber abzulehnen ist in diesem Zusammenhang die Möglichkeit, ein Bestimmungsrecht des Auftraggebers aus § 316 BGB bei einer fehlenden Einigung über diese Skontomodalitäten anzunehmen.[725)] Von einer unzureichenden und damit unwirksamen Einigung über das Zahlungsziel ist im Rahmen einer Skontoabsprache „bei Zahlung der Rechnung innerhalb 14 Tagen" auszugehen, weil damit nicht festgelegt wird, ab wann die 14-Tage-Frist laufen soll.[726)]

Ist eine **Rechnung nicht prüffähig**, setzt sie nach Auffassung des OLG München[727)] die Skontofrist nicht in Gang, sodass dem Auftraggeber die Skontierungsmöglichkeit erhalten bleibt; der Auftraggeber kann sich aber nicht auf die mangelnde Prüffähigkeit der Rechnung berufen, wenn er die vereinbarte Skontofrist verstreichen lässt, ohne den Auftragnehmer innerhalb der Skontierungsfrist darauf hinzuweisen, aus welchen Gründen er nicht innerhalb der vereinbarten Frist Zahlung leistet.[728)] Bei der Zahlung mittels Verrechnungsschecks ist die vereinbarte Skontofrist mit der rechtzeitigen Absendung des Schecks gewahrt.[729)] Nach OLG Düsseldorf[730)] soll es grundsätzlich insoweit auf den Zeitpunkt der Zahlungshandlungen, nicht dagegen auf den Zahlungseingang ankommen. Eine **berechtigte Aufrechnung** des Auftraggebers wahrt auch einen Skontoabzug.[731)] Das gilt nicht, wenn eine **Barzahlungsklausel** vorliegt.[732)]

Nimmt ein Auftraggeber **nach Ablauf** der vereinbarten Skontofrist laufend Zahlungen unter Abzug des Skontos vor, so kann darin nach Auffassung des OLG Hamm[733)] ein Angebot auf Änderung der Skontoabrede liegen. Allerdings erfolgt die Annahme dieses Angebots nicht allein dadurch, dass der Auftragnehmer die Zahlungen hinnimmt; vielmehr bedarf es einer objektiv erkennbaren Bestätigung des Annahmewillens durch den Auftragnehmer.

**1279** Zweifelhaft ist weiter, ob bei fehlender Regelung ein Skontoabzug **nur im Rahmen der Schlusszahlung** oder auch bei anderen Zahlungsarten, insbesondere **Abschlags-**

---

724) OLG Köln, NJW-RR 2003, 741 = NZBau 2003, 377.
725) So aber *Ingenstau/Korbion/U. Locher*, § 16 Nr. 5/B, Rdn. 8; *Kronenbitter*, BB 1984, 2032 u. BB 1986, 224; a. A.: LG Aachen, a. a. O.; *Stellmann/Isler*, ZfBR 2004, 633, 634; *Weyand*, BauR 1988, 58, 59; *Grimme*, S. 167 u. wohl auch OLG Stuttgart, BauR 1998, 798 = OLGR 1998, 59 für **Formularvertrag**.
726) LG Mainz, *SFH*, Nr. 35 zu § 16 Nr. 3 VOB/B; ebenso: *Ingenstau/Korbion/Locher*, § 16 Nr. 5/B, Rdn. 8; a. A.: wohl OLG München, ZfBR 1988, 151, das stets den Beginn der Skontofrist mit dem Zugang der prüffähigen Rechnung beim Auftraggeber annimmt.
727) ZfBR 1988, 151; vgl. auch LG München, NJW-RR 1989, 852 (Auftraggeber hat mangelnde Prüffähigkeit selbst zu verantworten).
728) Ebenso: OLG Düsseldorf, BauR 2000, 729 = NJW-RR 2000, 545 = OLGR 2000, 121 = NZBau 2000, 78.
729) BGH, BauR 1998, 398 = NJW 1998, 1302; Saarländisches OLG, OLGR 1998, 73.
730) BauR 2000, 729 = NJW-RR 2000, 545 = OLGR 2000, 121; BauR 1992, 783, 785; ebenso: OLG Düsseldorf, OLGR 2001, 34 (auch zur **Darlegungs-** und **Beweislast** für die Rechtzeitigkeit der Zahlungshandlung und damit auch für das Datum des Rechnungszugangs). A. A.: *Stellmann/Isler*, ZfBR 2004, 633, 638.
731) Vgl. hierzu m. w. N. *Stellmann/Isler*, ZfBR 2004, 633, 639.
732) So OLG Düsseldorf, IBR 1996, 54.
733) NJW-RR 1994, 1474; siehe hierzu aber: OLG Stuttgart, OLGR 1998, 59, 60.

**Skontoabzug** **Rdn. 1280**

**zahlungen,** erfolgen kann. Die herrschende Meinung[734] geht davon aus, dass in aller Regel ein vereinbarter **Skonto nur bei der Schlusszahlung** abgezogen werden darf. Dem kann nicht gefolgt werden.[735] Mit Recht weist das LG Konstanz[736] darauf hin, dass Sinn und Zweck des Skontos dafür sprechen, „dass jede pünktliche Teilzahlung skontierfähig ist". Leistet der Bauherr pünktlich innerhalb der Skontofrist Abschlagszahlungen, und hat er daher das Recht zum Skontoabzug, ist nicht einzusehen, warum er nicht unmittelbar von der Zahlung den Skonto abziehen kann, auch wenn entsprechende Zahlungen nur vorläufige darstellen.

Im Übrigen steht im Vordergrund der Diskussion, ob bei fehlender vertraglicher Vereinbarung ein Skontoabzug nur zulässig ist, wenn der Auftraggeber alle Zahlungen (Abschlagszahlungen, Schlusszahlung) fristgerecht[737] leistet, oder ob ein Skontoabzug auch dann möglich ist, wenn eine einzelne Zahlung innerhalb der vereinbarten Skontofrist erfolgt. **1280**

Insoweit gilt:

* Wird eine vereinbarte **Abschlagszahlung** innerhalb der Skontofrist geleistet, kann grundsätzlich der zugesagte Skonto in Anspruch genommen werden. Unpünktliche andere Abschlagszahlungen oder eine verspätete Schlusszahlung führt nur hier zum Verlust des Skontos, nicht aber bei der Zahlung innerhalb der Skontofrist.[738]
* Wird nur die **Schlusszahlung,** nicht aber eine vereinbarte Abschlagszahlung pünktlich gezahlt, ist ein Skontoabzug auch nur bezüglich der Höhe der Schlusszahlung zulässig.[739]
* Erfolgen **Schlusszahlung oder Abschlagszahlungen nur zum Teil** innerhalb der Skontofrist – trotz berechtigter Forderung des Auftragnehmers –, ist kein Abzug eines Skontos (auch nicht teilweise) möglich. Es ist davon auszugehen, dass ein Auftragnehmer durchweg einen Skontoabzug nur einräumen will, wenn der Auftraggeber die gesamte berechtigte Forderung pünktlich zahlt.[740] Bei einem berechtigten **Einbehalt** (z. B. wegen Mängel) und im Übrigen fristgerechter Abschlagszahlung ist ein Skontoabzug berechtigt.[741] Fällt die Berechtigung für den Einbehalt einer Zah-

---

734) OLG Düsseldorf, BauR 1992, 783; *Schäfer/Finnern*, Z 2.310 Bl. 10; OLG Stuttgart, BauR 1990, 386 (LS) = ZfBR 1990, 123 (LS); *Ingenstau/Korbion/Locher*, § 16 Nr. 5/B, Rdn. 6; *Vygen*, Rdn. 920; *Locher*, BauR 1980, 30, 31; vgl. auch OLG Düsseldorf, BauR 1985, 333.
735) Wie hier: Beck'scher VOB-Komm/*Motzke*, B § 16 Nr. 5; Rdn. 20.
736) BauR 1980, 79; ebenso: *Grimme*, S. 176 sowie *Kronenbitter*, BB 1984, 2030, 2032 und wohl auch *Weyand*, BauR 1988, 58, 59.
737) Vgl. hierzu OLG Köln, a. a. O. (bei Überweisungsauftrag).
738) OLG Hamm, BauR 1999, 1028 = NJW-RR 1999, 1033 = MDR 1999, 930; OLG Hamm, BauR 1994, 774; OLG Karlsruhe, BauR 1999, 1028; OLG Köln, NJW-RR 1990, 525 = BauR 1990, 367; LG Konstanz, BauR 1980, 79; *Locher*, a. a. O.; *Ingenstau/Korbion/U. Locher*, § 16 Nr. 5/B, Rdn. 7; *Grimme*, S. 175; **a. A.:** OLG Düsseldorf, BauR 1981, 75.
739) OLG München, NJW-RR 1992, 790.
740) So auch OLG Düsseldorf, BauR 2000, 729 = NJW-RR 2000, 545 = OLGR 2000, 121; NJWRR 2000, 1691 = NZBau 2000, 561 = OLGR 2001, 34; OLG Oldenburg, OLGR 1999, 100; *Kronenbitter*, BB 1984, 2030, 2032 u. *Nettesheim*, BB 1991, 1724, 1726; anders: OLG Hamm, NJW-RR 1995, 856 für die Klausel „Es wird ein Skontonachlass von 3% auf **jede** Abschlags- und die Schlusszahlung gewährt, sofern diese binnen acht Tagen seit Eingang einer jeweils prüfbaren Rechnung erfolgt." **A. A.:** auch *Ingenstau/Korbion/Locher*, § 16 Nr. 5/B, Rdn. 7.
741) *Stellmann/Isler*, ZfBR 2004, 633, 637.

lung (z. B. durch Mängelbeseitigung) weg und zahlt der Auftraggeber nunmehr den vorgenommenen Einbehalt fristgerecht, kann insoweit auch ein Skontoabzug vorgenommen werden.[742] Im Übrigen weist der BGH[743] zutreffend darauf hin, dass dann, wenn die Parteien ein Skonto für jede einzelne Rate eines Zahlungsplans vereinbart haben, das Skonto für jede fristgerecht gezahlte Rate auch dann verdient ist, wenn andere Raten nicht fristgerecht geleistet werden.

**1281** Im Übrigen ist Locher[744] der Auffassung, dass ein Auftraggeber nicht berechtigt ist, Skonto abzuziehen, wenn er vertraglich nicht oder noch nicht geschuldete Abschlagszahlungen (oder Vorauszahlungen) innerhalb der Skontofrist leistet, dagegen die Schlusszahlung verspätet erfolgt. Dies erscheint bedenklich.

Ein vereinbarter Skontoabzug ist bei einer freien Kündigung des Auftraggebers keine ersparte Aufwendung des Auftragnehmers.[745]

**1282** Eine **Skontoregelung in AGB** eines VOB-Bauvertrages, die das Recht zum Skontoeinbehalt von dem Zeitraum abhängig macht, den der Architekt für die Rechnungsprüfung willkürlich bestimmt, ist (in AGB des Auftraggebers) wegen Verstoßes gegen § 307 BGB unwirksam.[746] Dasselbe gilt für eine Regelung in AGB, die den **Beginn** einer für einen Skontoanspruch bestimmten Zahlungsfrist auf den Abschluss der Prüfung der Schlussrechnung des Unternehmens durch den Auftraggeber festlegt.[747] Das Verbot des Skontoabzugs (in AGB des **Auftragnehmers**) ist kein Verstoß gegen AGB-rechtliche Vorschriften, weil jedem Auftragnehmer grundsätzlich die vereinbarte oder übliche bzw. angemessene Vergütung für seine Leistung in voller Höhe zusteht. Dagegen verstoßen Skontoklauseln der **Auftraggeberseite** gegen § 307 BGB.[748] Eine Formularklausel in Vertragsbedingungen eines Auftraggebers, wonach vereinbarter Skonto von jedem Abschlags- und Schlussrechnungsbetrag abgezogen wird, für den die geforderten Zahlungsfristen eingehalten werden, verstößt nach Auffassung des BGH[749] gegen das **Transparenzgebot** und damit gegen § 307 BGB, weil unklar bleibt, in welchem Verhältnis die Klausel zu den übrigen Einzelabreden und den näher bezeichneten Rechnungen stehen soll, sodass die Gefahr von Missverständnissen besteht. Die Vereinbarung eines ungewöhnlich hohen Skontos (in AGB des Auftraggebers) kann wegen unangemessener Benachteiligung zur Unwirksamkeit der Skontoregelung nach § 307 BGB führen.[750]

Nach OLG Köln[751] hat „die widerspruchslose Hinnahme von Skontoabzügen unter reibungsloser Fortsetzung der Geschäfte über einen langen Zeitraum den

---

742) *Stellmann/Isler*, a. a. O.
743) BauR 2000, 1754 = NJW 2000, 3277.
744) A. a. O. und ihm folgend: *Ingenstau/Korbion/Locher*, § 16 Nr. 5/B, Rdn. 7. **A. A.:** OLG Karlsruhe, BauR 1999, 1028.
745) BGH, BauR 2005, 1916 = NZBau 2005, 683.
746) OLG Frankfurt, NJW-RR 1988, 1485.
747) LG Berlin, BauR 1986, 700; OLG Stuttgart, OLGR 1998, 59, 60.
748) Vgl. hierzu *Korbion/Locher*, Rdn. K 232.
749) BGH, BauR 1996, 378 = NJW 1996, 1346 = MDR 1996, 791 = ZIP 1996, 678 = ZfBR 1996, 196; hierzu auch *Kainz*, BauR 1998, 219, 222 sowie *Stellmann/Isler*, ZfBR 2004, 633, 634 mit weiteren Beispielen bzgl. eines Verstoßes gegen das Transparenzgebot.
750) Vgl. hierzu im Einzelnen *Stellmann/Isler*, ZfBR 2004, 633, 635, die insoweit die Höchstgrenze einer Vertragsstrafe (in AGB) heranziehen wollen (vgl. Rdn. 2072).
751) IBR 2004, 189. Vgl. hierzu insbesondere *Stellmann/Isler*, ZfBR 2004, 633, 636.

objektiven Erklärungswert", dass der Gläubiger mit den Abzügen, so wie sie praktiziert wurden, einverstanden ist.

## 11. Zinsen

*Literatur*

*Gelhaar,* Zur Höhe der gesetzlichen Verzugs- und Prozesszinsen, NJW 1980, 1372; *Ernst,* Verzugszinsen auch aus dem Mehrwertsteuerbetrag?, NJW 1986, 362; *Hahn,* Verzinsung von Rückforderungsansprüchen, BauR 1987, 269; *Blank,* Die AGB-rechtliche Zulässigkeit von Fälligkeitszinsen im Bauträgervertrag, DNotZ 1998, 339; *Henkel/Kesseler,* Die Neuregelung des Schuldnerverzuges durch das „Gesetz zur Beschleunigung fälliger Zahlungen", NJW 2000, 3089; *Volmer,* Warum das Gesetz zur Beschleunigung fälliger Zahlungen fällige Zahlungen nicht beschleunigt, ZfIR 2000, 421; *Pick,* Zur neuen Verzugsregelung für Geldforderungen, ZfIR 2000, 333; *Brambring,* Der neue § 284 Abs. 3 BGB – Nur ein Missverständnis?, ZfIR 2000, 245; *Kniffka,* Das Gesetz zur Beschleunigung fälliger Zahlungen – Neuregelung des Bauvertragsrechts und seine Folgen, ZfBR 2000, 227; *Bitter,* Gesetz zur „Verzögerung" fälliger Zahlungen – Kritische Anmerkung zum neuen § 284 Abs. 3 BGB –, WM 2000, 1282; *Risse,* Verzug nach 30 Tagen – Neuregelungen in § 284 Abs. 3 BGB, BB 2000, 1050; *Jani,* Neuregelungen des Zahlungsverzuges und des Werkvertragsrechts durch „Gesetz zur Beschleunigung fälliger Zahlungen" vom 30.3.2000, BauR 2000, 949; *Huber,* Das neue Recht des Zahlungsverzugs und das Prinzip der Privatautonomie, JZ 2000, 743; *Hammacher,* Zahlungsverzug und Werkvertragsrecht, BauR 2000, 1257; *Keldungs,* Der Vergütungsanspruch des Bauunternehmers im Lichte des Gesetzes zur Beschleunigung fälliger Zahlungen, OLGR-Kommentar 2001, K 1; *Fischer/Kröner/Oehme,* Nochmals: § 284 Abs. 3 BGB – Eine neue Regelung zum Schuldnerverzug –, ZfBR 2001, 7, 8; *Kirberger,* Die Beschleunigungsregelungen unter dogmatischem und praxisbezogenem Blickwinkel, BauR 2001, 492; *Glöckner,* Leitbild mit Verfalldatum, BauR 2001, 535; *Kesseler,* Das Gesetz zur Beschleunigung fälliger Zahlungen reformiert?, NJW 2001, 130; *Hildebrandt,* Teleologische Reduktion des § 284 III 1 BGB nicht notwendig, NJW 2001, 131; *Kiesel,* Verzug durch Mahnung bei Geldforderungen trotz § 284 III BGB, NJW 2001, 108; *Heinze,* Praxisvorschläge zur Bewältigung des Gesetzes zur Beschleunigung fälliger Zahlungen, NZBau 2001, 233 und 301; *Petershagen,* Der neue Basiszinssatz des BGH – Eine kleine Lösung der großen Schuldrechtsreform?, NJW 2002, 1455; *Schimmel/Buhlmann,* Schuldnerverzug nach der Schuldrechtsmodernisierung – Tatbestandsvoraussetzungen und Rechtsfolgen, MDR 2002, 609; *Garbe/Emden,* Die Verzinsung von Zahlungsforderungen bei VOB-Verträgen, BauR 2003, 1468.

Dem Zinsanspruch des Unternehmers wird im Rahmen der Werklohnklage in Bauprozessen meist wenig Beachtung geschenkt. Häufig fehlt es an einem schlüssigen Vortrag. **1283**

Beim **BGB-Bauvertrag** kann der Unternehmer nach § 641 Abs. 4 **Zinsen vom Zeitpunkt der Abnahme** der Bauleistung (vgl. Rdn. 1341) verlangen, sofern nicht die Vergütung gestundet ist (sog. Fälligkeitszinsen). In Literatur und Rechtsprechung ist allerdings streitig, ob die **Rechnungserteilung** beim BGB-Bauvertrag (über die Abnahme hinaus) **weitere Fälligkeitsvoraussetzung** ist (vgl. hierzu im Einzelnen Rdn. 1368 ff.). **Die Höhe** der Zinsen richtet sich zunächst nach § 246 BGB (4%) bzw. § 352 HGB (5%). **Höhere Zinsen** kann der Unternehmer nur bei **Zahlungsverzug** des Auftraggebers verlangen.[752] Der Zahlungsverzug ist sowohl durch das Gesetz zur Beschleunigung fälliger Zahlungen, das zum 1.5.2000 in Kraft getreten **1284**

---

[752] Das OLG Düsseldorf, BauR 2004, 514, hält folgende Klausel nach § 11 Nr. 5 b AGBG (§ 309 Nr. 5 b BGB) für unwirksam: „Rückständige Raten sind ab Fälligkeit – vorbehaltlich weiterer Ansprüche der Verkäuferin – mit 10% p. a. zu verzinsen."

ist, als auch durch das Gesetz zur Modernisierung des Schuldrechts, das zum 1.1.2002 in Kraft getreten ist, neu geregelt worden.

Da es sich um unterschiedliche gesetzliche Regelungen handelt, ist jeweils zu unterscheiden: Mit dem **Gesetz zur Beschleunigung fälliger Zahlungen** wurde zunächst § 284 Abs. 3 a. F. in das BGB eingefügt, der nach Art. 229 § 1 EGBGB auch für Geldforderungen gilt, die vor dem 1.5.2000 entstanden sind; vor diesem Zeitpunkt zugegangene Rechnungen lösen allerdings die Wirkungen des § 284 Abs. 3 a. F. BGB nicht aus. Gemäß dieser Vorschrift kommt der Schuldner einer Geldforderung 30 Tage nach Fälligkeit und Zugang einer Rechnung oder einer gleichwertigen Zahlungsaufforderung in Verzug; geht die Rechnung vor Fälligkeit dem Schuldner zu, beginnt die 30-Tages-Frist erst mit der Fälligkeit. Damit war § 284 Abs. 1 BGB a. F., der den Verzug bei Fälligkeit der Forderung mit Zugang der Mahnung einsetzen lässt, nach der Neufassung des § 284 BGB a. F. nicht mehr anwendbar.[753] Dasselbe galt – jedoch nicht bei Schuldverhältnissen mit wiederkehrenden Geldleistungen – für die Fallgestaltung des § 284 Abs. 2 BGB a. F. (Zahlungsverzug bei Überschreitung des kalendermäßig festgelegten Zahlungstermins). Die neu eingefügte Vorschrift des § 284 Abs. 3 BGB a. F. ist von der Literatur fast einhellig als nicht „ausreichend bedacht" kritisiert worden.

Die Regelung des § 284 Abs. 3 a. F. BGB bedeutete nämlich, dass der Unternehmer, der einen Verzug vor Ablauf von 30 Tagen durch entsprechende Fristsetzung herbeiführen wollte, gegenüber der früheren Gesetzeslage schlechter gestellt wurde, was mit der erklärten Beschleunigungsabsicht des Gesetzgebers nicht in Einklang zu bringen war. Deshalb wurde in der Literatur[754] insoweit auch zu Recht von einem gesetzgeberischen Missverständnis[755] oder Redaktionsversehen[756] und von einem Gesetz zur „Verzögerung" fälliger Zahlung[757] gesprochen, weil § 284 Abs. 3 BGB a. F. nach dem klaren Wortlaut keine zusätzliche Variante einer Inverzugsetzung darstellt.

Der Gesetzgeber hat sich aber – nicht zuletzt aufgrund der heftigen Kritik – als lernfähig gezeigt. Mit dem **Gesetz zur Modernisierung des Schuldrechts** wurde der Verzug des Schuldners nunmehr in § 286 BGB neu geregelt: Nach § 286 Abs. 3 BGB n. F. kommt ein Schuldner einer Entgeltforderung nunmehr **spätestens in Verzug**, wenn er nicht innerhalb von 30 Tagen nach Fälligkeit und Zugang einer Rechnung oder gleichwertigen Zahlungsaufstellung Zahlung leistet. Dies gilt gegenüber einem Schuldner, der Verbraucher ist, allerdings nur, wenn auf diese Folgen in der Rechnung oder Zahlungsaufstellung besonders hingewiesen worden ist. Wenn der Zeitpunkt des Zugangs der Rechnung oder Zahlungsaufstellung unsicher ist, kommt der Schuldner, der nicht Verbraucher ist, spätestens 30 Tage nach Fälligkeit und Empfang der Gegenleistung in Verzug. Auf Schuldverhältnisse, die vor dem 1.1.2002 entstanden sind, ist nach Art. 229 § 5 EGBGB die bis zu diesem Tag geltende Fassung des § 284 Abs. 3 BGB – entsprechend der obigen Ausführungen – anzuwenden.

Damit ist der zunächst erfolgte gesetzgeberische Missgriff korrigiert worden, weil mit § 286 Abs. 3 BGB jetzt klar gestellt ist, dass ein **Verzug**, z. B. **durch Mahnung, auch vor Ablauf von 30 Tagen** eintreten kann. Wann es einer **Mahnung nicht bedarf**, regelt nunmehr § **286 Abs. 2 BGB** ausführlicher als bisher § 284 Abs. 2 BGB a. F. Nach

---

753) **Herrschende Meinung;** für viele: *Huber*, JZ 2000, 743, 744; *Kirberger*, BauR 2001, 492, 496; *Fischer/Kröner/Oehme*, ZfBR 2001, 7, 8 m. w. N. aus der Literatur; *Kniffka*, ZfBR 2000, 227; *Weishaupt*, NJW 2000, 1704; *Palandt/Heinrichs*, § 284 BGB, Rdn. 24; ferner: *Keldungs*, OLGR-Kommentar 2001, K 1, 3; **a. A.:** *Kiesel*, NJW 2000, 1673, 1674 u. wohl auch *Erkelenz*, ZfBR 2000, 435, 436.

754) Vgl. hierzu den Überblick über den Literaturstand bei *Huber*, JZ 2000, 743, 744 u. *Glöckner*, BauR 2001, 535.

755) *Brambring*, ZfIR 2000, 245.

756) *Huber*, JZ 2000, 743, 747.

757) *Bitter*, WM 2000, 1282.

wie vor tritt Schuldnerverzug ein, wenn eine Zeit nach dem Kalender bestimmt ist (§ 286 Abs. 2 Ziffer 1 BGB); daran hat sich nichts geändert. In der Ziffer 2 des Abs. 2 des § 286 BGB ist das Wort „Kündigung" (aus § 284 Abs. 2 Nr. 2 BGB a. F.) durch **„Ereignis"** ersetzt worden. Danach bedarf es einer Mahnung auch dann nicht, wenn der Leistung ein Ereignis vorauszugehen hat und eine angemessene Frist für die Leistung in der Weise bestimmt ist, dass sie sich von dem Ereignis an nach dem Kalender berechnen lässt. Beispiele: „Drei Monate nach Lieferung", „Drei Monate nach Kündigung", „Zwei Wochen nach Baubeginn" oder „Zwei Wochen nach Rechnungszugang". Damit ist die Ziffer 2 deutlich auf ähnliche Ereignisse wie die Kündigung ausgeweitet worden. Allerdings muss stets eine angemessene Zeit zwischen dem Ereignis und dem Verzug liegen. Klauseln wie „Zahlung sofort nach Lieferung", „Zahlung nach Baustandsmitteilung" oder „Zahlung nach Rohbaufertigstellung" genügen dem also nicht. Ist die Zeit zu kurz, gilt eine angemessene Frist. Hintergrund dieser Regelung ist, dass dem Schuldner wenigstens eine angemessene Zeit zur Verfügung stehen muss, um eine erhaltene Leistung oder Ware zu prüfen und die Zahlung zu bewirken (z. B. durch Überweisung). Die Zeit für die Leistung (Zahlung) muss stets durch Vertrag „bestimmt" sein (einschließlich der angemessenen Frist).

Neu ist auch die Ziffer 3 in Abs. 2 des § 286 BGB, wonach es einer Mahnung nicht bedarf, wenn der **Schuldner** die Leistung **ernsthaft und endgültig verweigert.** Das entspricht allerdings der bislang herrschenden Meinung, die diese Regelung aus § 242 BGB hergeleitet hat.

Eine Neuregelung findet sich auch in Ziffer 4 des Abs. 2 des § 286 BGB: Danach bedarf es einer Mahnung auch dann nicht, wenn **„aus besonderen Gründen** unter Abwägung der beiderseitigen Interessen der sofortige Eintritt des Verzuges gerechtfertigt ist". Auch diese Fallgruppe ist bereits in der Rechtsprechung anerkannt, sodass auch hier Richterrecht in das Gesetz eingeführt wurde.[758] Bei dieser Regelung denkt der Gesetzgeber z. B. an die Fallgestaltung, in der der Schuldner ein die Mahnung verhinderndes Verhalten an den Tag legt, insbesondere wenn er sich einer Mahnung gezielt entzieht[759] oder wenn er die Leistung zu einem bestimmten Termin selbst angekündigt und damit einer Mahnung zuvorgekommen ist, so genannte Selbstmahnung.[760]

Da es sich bei der Vorschrift über den Zahlungsverzug um ein (neues) gesetzgeberisches Leitbild handelt, kann diese Regelung in **AGB** nicht zu Lasten des Schuldners oder Gläubigers von dem jeweiligen Verwender abbedungen werden.[761] In Betracht

---

[758] Vgl. *Palandt/Heinrichs*, § 286 BGB, Rdn. 25.
[759] OLG Köln, NJW-RR 1999, 4.
[760] OLG Köln, NJW-RR 2000, 73.
[761] Für den durch das Gesetz zur Beschleunigung fälliger Zahlungen eingefügten § 284 Abs. 3 BGB: *Siegburg*, Rdn. 448; *Kirberger*, BauR 2001, 492, 496; *Hammacher*, BauR 2000, 1257, 1259; *Kniffka*, ZfBR 2000, 227, 228; *Brambring*, DNotZ 2000, 245, 251; *Jani*, BauR 2000, 949, 950; *Schimmel/Buhlmann*, MDR 2000, 737, 741; wohl auch *Fischer/Kröner/Oehme*, ZfBR 2001, 7, 8 mit einer Übersicht über den Stand der Literatur hierzu; **a. A.:** insbesondere *Palandt/Heinrichs*, § 288 BGB, Rdn. 31, der mit einer Mindermeinung der Ansicht ist, dass eine Regelung, die hundert Jahre geltendes Recht war, allgemein als sachgerecht angesehen worden ist und die anders als der neue Abs. 3 dem mutmaßlichen Parteiwillen und dem Gemeinschaftsrecht entspricht, den Schuldner nicht unangemessen benachteiligen wird; anders auch *Glöckner*, BauR 2001, 535, 540.

kommt nur eine Änderung auf der Basis eines individuellen Aushandelns, weil es sich bei dieser Vorschrift um dispositives Recht handelt; dabei ist jedoch § 310 Abs. 3 Nr. 2 BGB zu berücksichtigen.

Beim **VOB-Bauvertrag** tritt gemäß § 16 Nr. 5 Abs. 3 VOB/B Verzug nach Ablauf der Prüfungsfrist von zwei Monaten sowie der entsprechenden Nachfrist (vgl. Rdn. 1287) ein, also ebenfalls nicht erst nach Ablauf der 30-Tages-Frist.[762]

**1285** Bezüglich der **Höhe der Verzugszinsen** sah das Beschleunigungsgesetz in § 288 Abs. 1 BGB zunächst vor, dass eine Geldschuld während des Verzuges mit 5% über dem Basiszinssatz nach § 1 des Diskontsatz-Überleitungs-Gesetzes zu verzinsen ist, soweit sie nach dem 1.5.2000 fällig wurde. Das Gesetz zur Modernisierung des Schuldrechts hat auch hier eine Neuerung gebracht, die ab 1.1.2002 gilt: Nach § 288 Abs. 1 BGB beträgt der **Verzugszinssatz 5% über dem Basiszinssatz,** soweit es sich um Verträge handelt, an denen **Verbraucher** beteiligt sind.[763] Der Basiszinssatz ist in § 247 BGB festgelegt und verändert sich zum 1. Januar und 1. Juli eines jeden Jahres um die Prozentpunkte, um welche die Bezugsgröße seit der letzten Veränderung des Basiszinssatzes gestiegen oder gefallen ist. Dabei ist Bezugsgröße der Zinssatz für die jüngste Hauptrefinanzierungsoperation der Europäischen Zentralbank vor dem 1. Kalendertag des betreffenden Halbjahres.

Bei Rechtsgeschäften, an denen ein **Verbraucher nicht beteiligt** ist, beträgt der Zinssatz nach dem neuen § 288 Abs. 2 BGB sogar **8%** über dem Basiszinssatz des § 247 BGB. Damit ist der Zinssatz nochmals für diese Fälle durch das Gesetz zur Modernisierung des Schuldrechts erheblich angehoben worden.

Der Unternehmer kann ferner **Prozesszinsen** nach § 291 BGB geltend machen. Aufgrund der (auch nach Erlass des Beschleunigungsgesetzes und des Gesetzes zur Modernisierung des Schuldrechts verbliebenen) Verweisung in § 291 BGB auf § 288 BGB ist davon auszugehen, dass nunmehr der neue gesetzliche Verzugszinssatz auch für die Prozesszinsen gilt.[764] Macht allerdings der Auftraggeber ein ihm zustehendes Zurückbehaltungsrecht im Prozess geltend und wird er zur Zahlung nur Zug um Zug gegen Durchführung etwaiger Nachbesserungsarbeiten (Nacherfüllungsarbeiten) seitens des Unternehmers verurteilt, ist dessen Werklohnforderung nicht fällig im Sinne des § 291 Satz 1 Halbsatz 2 BGB, sodass auch keine Prozesszinsen (wie auch keine Fälligkeitszinsen) entstehen.[765]

Der Unternehmer kann im Übrigen nach wie vor einen **höheren Verzugsschaden**, z. B. höhere Zinsen (Anlagezinsen/Kreditzinsen), **aus einem anderen Rechtsgrund** geltend machen (§ 288 Abs. 3 BGB). Will der Unternehmer einen höheren als den neuen gesetzlichen Zinssatz unter dem vorerwähnten Gesichtspunkt geltend machen, muss er seinen weiteren **Zinsverlust konkret darlegen und beweisen.** Insoweit genügt er seiner Darlegungslast, wenn er z. B. vorträgt, dass ihm zu dem verlangten Zinssatz laufend seit dem Datum des Verzugsbeginns Bankkredit in Höhe seines Vergütungsanspruches gewährt worden ist und er diesen Bankkredit bei rechtzeitiger

---

762) Ebenso: *Kniffka/Koeble*, 8. Teil, Rdn. 25; *Heinze*, NZBau 2001, 233, 235.
763) Zur Auslegung der Formulierung „5% Zinsen über dem Basiszinssatz seit ..." vgl. OLG Hamm, BauR 2005, 1648.
764) Ebenso: *Kirberger*, BauR 2001, 492, 498 mit Hinweis auf *Krüger*, NJW 2000, 2407; *Merkens*, BauR 2001, 515, 522.
765) BGH, NJW 1971, 815 = BauR 1971, 124; OLG Düsseldorf, NJW 1971, 2310.

**Zinsen**

Zahlung durch den Auftraggeber hätte tilgen können;[766)] dagegen ist es nicht notwendig, dass der Unternehmer vorträgt, er habe gerade wegen der Nichtzahlung des Auftraggebers einen Bankkredit aufnehmen müssen.[767)] Auf Verzugszinsen kann die Umsatzsteuer nicht gefordert werden.[768)]

Nach Auffassung des OLG Frankfurt[769)] kann eine Arbeitsgemeinschaft in der Form einer BGB-Gesellschaft einen Verzugszinsschaden der Gesamthand nicht mit Inanspruchnahme von Bankkredit begründen, den lediglich ein einzelner Gesellschafter in seinem eigenen privaten oder auch gewerblichen Bereich aufgenommen hat.

**1286**

Für den **Zinsanspruch** im Rahmen eines VOB-Vertrages gilt Folgendes:[770)] Um einen Zinsanspruch geltend machen zu können, muss der Unternehmer gemäß § 16 Nr. 5 Abs. 3 VOB/B dem Auftraggeber nach Fälligkeit des Vergütungsanspruches (§ 16 Nr. 3 VOB/B) eine **angemessene Nachfrist**[771)] setzen. Einer Nachfrist bedarf es dann nicht, wenn sich der Auftraggeber ernstlich weigert,[772)] rechtzeitig seinen Zahlungsverpflichtungen nachzukommen. Nach OLG Düsseldorf[773)] liegt eine entsprechende ernstliche Weigerung auch dann vor, wenn der Auftraggeber mit einer ihm vermeintlich – tatsächlich jedoch nicht – zustehenden Forderung gegen den Werklohnanspruch des Auftragnehmers aufrechnet. Neben einer etwaigen Nachfrist bedarf es keiner besonderen Mahnung.[774)]

**1287**

Für die **Höhe eines Zinsanspruches** des Auftragnehmers sind die durch die **VOB 2002** geänderten bzw. eingefügten Absätze 3 und 4 des § 16 Nr. 5 VOB/B maßgebend: Zahlt der Auftraggeber auch innerhalb der Nachfrist nicht, hat der Auftragnehmer vom Ende der Nachfrist an nunmehr einen Anspruch auf Zinsen in Höhe der in § 288 BGB angegebenen Zinssätze, wenn er nicht einen höheren Verzugsschaden nachweist. Die Höhe des Zinsanspruches ist damit an die durch das **SchRModG** erfolgte Neufassung des § 288 BGB gekoppelt worden (vgl. hierzu Rdn. 1285).

Bis zum Inkrafttreten der VOB 2002 konnte der Unternehmer Zinsen in Höhe von 5% über dem Spitzenrefinanzierungszinssatz der Europäischen Zentralbank verlangen, es sei denn, er konnte einen anderen Schaden (höheren Zinssatz) nachweisen.

Ein Sonderfall ist durch die **VOB 2002** in dem eingefügten Abs. 4 des § 16 Nr. 5 VOB/B geregelt: In den Fällen, in denen der Auftraggeber **unbestrittene Guthaben** aus Schlussrechnungen nicht innerhalb der Zwei-Monats-Frist auszahlt, kann der Auftragnehmer auch ohne Nachfristsetzung nach Zugang der Schlussrechnung Zinsen verlangen; die Zinshöhe richtet sich nach den in § 288 BGB angegebenen Zinssät-

---

766) BGH, WM 1977, 172; OLG Düsseldorf, OLGR 1994, 292 (dem Vortrag der „Inanspruchnahme" von Bankkredit kommt „ein bestimmter und feststehender Inhalt zu, der die notwendige Verwendung von Zahlungseingängen zur Darlehnstilgung als eine schlüssig behauptete Tatsache zunächst einmal mit enthält"); LG Bielefeld, NJW 1972, 1995.
767) Zutreffend: *Ingenstau/Korbion/U. Locher*, § 16 Nr. 5/B, Rdn. 33.
768) Vgl. BGH, BauR 1985, 102, 103 m. Nachw.
769) BauR 1989, 488.
770) Vgl. *Kratzenberg*, NZBau 2002, 177, 183.
771) Vgl. *Franke/Kemper/Zanner/Grünhagen*, § 16/B, Rdn. 145.
772) Vgl. BGH, BauR 1984, 181 = DB 1984, 716; OLG Düsseldorf, BauR 2003, 1579 = OLGR 2004, 6; BauR 1982, 593.
773) BauR 2003, 1579 = OLGR 2004, 6.
774) OLG Düsseldorf, BauR 1979, 162.

zen, wenn der Auftragnehmer nicht einen höheren Verzugsschaden nachweist. Unbestritten sind Guthaben dann, wenn der Auftraggeber die vorgelegte Schlussrechnung geprüft und entsprechend festgestellt hat.[775)]

In dem durch die **VOB 2002** ebenfalls neu eingefügten Abs. 5 des § 16 Nr. 5 VOB/B ist das **Recht der Arbeitseinstellung** entsprechend des früheren Abs. 3 des § 16 Nr. 5 VOB/B geregelt. Danach darf der Auftragnehmer in den Fällen des Abs. 3 und 4 des § 16 Nr. 5 VOB/B die Arbeiten bis zur Zahlung einstellen, sofern eine dem Auftraggeber zuvor gesetzte angemessene Nachfrist erfolglos verstrichen ist.

**1288** Die in den „Zusätzlichen Vertragsbedingungen für die Ausführung von Bauleistungen – EVM(B) ZVB" enthaltene Klausel (wie sie von den Behörden der Bundesrepublik Deutschland verwandt werden), wonach der Auftragnehmer im Falle einer **Überzahlung** den zu erstattenden Betrag vom Empfang der Zahlung an mit 4% zu verzinsen hat, benachteiligt den Vertragspartner des Verwenders entgegen den Geboten von Treu und Glauben unangemessen und ist daher unwirksam.[776)] Dies gilt auch für die geänderte Fassung.[777)]

**Verzugszinsen** können auch für **Abschlagszahlungen** gefordert werden. Der Verzug bei Abschlagsforderungen wird aber nach der Rechtsprechung des BGH[778)] jedenfalls nach Abnahme und Erteilung der Schlussrechnung beendet, weil in diesem Fall die Berechtigung erloschen ist, eine vorläufige Abrechnung durchzusetzen (vgl. hierzu Rdn. 1228) und Verzugsfolgen hieraus fortwirken zu lassen: Die Abschlagsforderung verliert durch die endgültige Abrechnung zwangsläufig ihren selbstständigen Charakter und damit auch ihre Durchsetzbarkeit.

---

775) Vgl. hierzu *Locher*, BauR 2002, Heft 11 a, S. 63; ferner *Garbe-Emden*, BauR 2003, 1468, 1469.
776) BGH, BauR 1988, 92 = NJW 1988, 258 = DB 1988, 109; *Dähne*, Festschrift für Korbion, S. 39, 53; *Hahn*, BauR 1987, 269; OLG München, BauR 1986, 702; **a. A.:** OLG München, DB 1986, 1565.
777) OLG Celle, BauR 1999, 1457 = OLGR 1999, 203.
778) BauR 2004, 1146 = IBR 2004, 361 – *Miernik* = NZBau 2004, 386.

## V. Werklohnanspruch bei Kündigung und einvernehmlicher Vertragsaufhebung

*Übersicht*

| | Rdn. | | | Rdn. |
|---|---|---|---|---|
| 1. Kündigung des Auftraggebers/ Bauherrn | 1292 | aa) | Grundsätzliches | 1314 |
| a) Freies Kündigungsrecht | 1292 | bb) | Die 3 Kündigungstatbestände beim VOB-Bauvertrag | 1319 |
| b) Besonderes Kündigungsrecht aus § 650 BGB | 1305 | 2. Kündigung des Auftragnehmers/ Unternehmers | | 1327 |
| c) Außerordentliches Kündigungsrecht | 1314 | 3. Einvernehmliche Vertragsauflösung | | 1334 |

*Literatur bis 1989*

*Kutschmann*, Wenn der Bauhandwerker den Bau liegen lässt, BauR 1972, 133; *Anderson*, Zur Problematik des § 8 Nr. 3 VOB/B, BauR 1972, 65; *Dähne*, Nochmals: Zur Problematik des § 8 Nr. 3 VOB/B, BauR 1972, 279; *Rosenberger*, Vertragsabwicklung im Konkurs des Bauunternehmers, BauR 1975, 233; dazu kritisch: *Heidland*, BauR 1975, 305; *van Gelder*, Der Anspruch auf § 649 Satz 2 BGB bei Verlustgeschäften und seine Geltendmachung im Prozess, NJW 1975, 189; *Grüter*, Das Abschneiden des Werklohns bei Bestellerkündigung in Allgemeinen Geschäftsbedingungen, DB 1980, 867; *Heidland*, Ist die Bestimmung in § 8 Nr. 2 VOB/B, nach welcher der Auftraggeber im Falle der Konkurseröffnung über das Vermögen des Auftragnehmers den Vertrag kündigen kann, unwirksam?, BauR 1981, 21; *Hahn*, Die Ansprüche des Auftraggebers bei der Entziehung des Auftrages wegen wettbewerbswidrigen Verhaltens gemäß § 8 Nr. 4 VOB/B, BauR 1989, 284.

*Literatur ab 1990*

*Stickler/Fehrenbach*, Die Kündigung von Bauverträgen, 2001.
*Van Venrooy*, Kündigung des Werkvertrags durch den Besteller nach § 649 Satz 1 BGB, JR 1991, 492; *E. Groß*, Die Abrechnung des Pauschalvertrages bei vorzeitig beendetem Vertrag, BauR 1992, 36; *Mugler*, Vergütungs- und Schadensersatzprobleme nach Kündigung von Werkverträgen am Beispiel von Bauverträgen, BB 1993, 1460; *Reus*, Die Kündigung durch den Auftraggeber gemäß § 8 VOB/B, BauR 1995, 636; *Schmidt*, Zur unberechtigten Kündigung aus wichtigem Grund beim Werkvertrag, NJW 1995, 1313; *Kniffka*, Abnahme und Gewährleistung nach Kündigung des Werkvertrages, Festschrift für von Craushaar (1997), 359; *Vygen*, Die Kündigung des Bauvertrages und deren Voraussetzungen, Jahrbuch Baurecht 1998, S. 1; *Kapellmann*, Die Berechnung der Vergütung nach Kündigung des Bau- oder Architektenvertrages durch den Auftraggeber, Jahrbuch Baurecht 1998, 35; *Kniffka*, Abnahme und Abnahmewirkungen nach der Kündigung des Bauvertrages – Zur Abwicklung des Bauvertrages nach der Kündigung unter besonderer Berücksichtigung der Rechtsprechung des Bundesgerichtshofes, ZfBR 1998, 113; *Löwe*, Die Vergütungsklage des Unternehmers nach Kündigung des Werkvertrages durch den Auftraggeber nach § 649 Satz 2 BGB unter Berücksichtigung der Entscheidungen des BGH vom 8.2.1996, 10.10.1996 und 7.11.1996, ZfBR 1998, 121; *Glöckner*, § 649 Satz 2 BGB – ein künstlicher Vergütungsanspruch?, BauR 1998, 669; *Kniffka*, Die neuere Rechtsprechung des Bundesgerichtshofs zur Abrechnung nach Kündigung des Bauvertrages, Jahrbuch Baurecht 2000, 1; *Voit*, Die außerordentliche Kündigung des Werkvertrages durch den Besteller, BauR 2002, 1776; *Boldt*, Die Kündigung des Bauvertrages aus wichtigem Grund durch den Auftraggeber nach neuem Recht, NZBau 2002, 655; *Böttcher*, Die Kündigung eines Werkvertrages aus wichtigem Grund nach dem Schuldrechtsmodernisierungsgesetz, ZfBR 2003, 213; *Kesselring*, Vereinbarungen zur Kündigung des Bauvertrages in Allgemeinen Geschäftsbedingungen, BTR 2006, 63; *Peters*, Die Fälligkeit des Werklohns bei einem gekündigten Bauvertrag, NZBau 2006, 559; *Basty*, Die Kündigung des Bauträgervertrages, Jahrbuch Baurecht 2007, 91; *Groß*, Das „Wagnis" in der Kündigungsvergütung, BauR 2007, 631; *Knychalla*, Abnahme nach Kündigung des Bauvertrages, Jahrbuch Baurecht 2007, 1; *Motzke*, Fälligkeit, Verjährungsbeginn und Abnahme bei gekündigten Bauvertrag, BTR 2007, 2.

**1289** Während die Kündigung beim **BGB-Bauvertrag** an **keine Form** gebunden ist, muss sie beim **VOB-Bauvertrag** gemäß § 8 Nr. 5, § 9 Nr. 2 VOB/B **schriftlich** erfolgen. Die Schriftform ist insoweit **Wirksamkeitsvoraussetzung**.[1] Die Kündigung muss dem Vertragsgegner zugehen. Sie kann beim BGB-Bauvertrag auch durch **schlüssiges Verhalten erklärt** werden, z. B. durch die dem Vertragspartner erkennbar gemachte Fortführung des begonnenen Werkes durch einen Dritten.[2] Ein auf §§ 281, 323 BGB gestütztes Schadensersatzverlangen, das wegen Fehlens der Voraussetzungen dieser Vorschrift nicht begründet ist, kann nicht in eine Kündigung umgedeutet werden.[3] Im Übrigen ist für das **Verhältnis** von §§ 281, 323 BGB zu den Kündigungsvorschriften Folgendes zu beachten: Der Auftraggeber kann auch bei einem VOB-Vertrag grundsätzlich **bis zur Abnahme** aus den vorerwähnten Vorschriften vorgehen, sofern nicht **bei Verzug** des Auftragnehmers die **Sonderregelungen** der §§ 5 Nr. 4, 8 Nr. 8 VOB/B eingreifen (vgl. hierzu Rdn. 1810, 1818).[4]

**1290** Durch die Kündigung wird der Bauvertrag für die Zukunft – nicht aber für die Vergangenheit – aufgehoben.[5] Der Auftraggeber behält daher auch **nach Entziehung des Auftrages durch Kündigung** das Recht, die **Beseitigung von Mängeln** an den bis zur Kündigung bereits erbrachten Leistungen zu fordern.[6] Gleichzeitig ist der Auftragnehmer auch berechtigt, Mängel an dem von ihm erstellten Teilwerk zu beseitigen.[7] Aus diesem Grund ist der Sicherheitseinbehalt auch nicht vorzeitig fällig, wenn ein Bauvertrag infolge einer Kündigung beendet wird, da für die erbrachten Teilleistungen auch weiterhin Gewährleistungsansprüche in Betracht kommen (vgl. Rdn. 1265).

**1291** Für eine **Kündigung ist kein Platz** mehr, wenn das Bauwerk **beendet oder abgenommen** ist. Damit kann sich der Bauherr nach Fertigstellung der Werkleistung seiner Abnahmeverpflichtung nicht dadurch entziehen, dass er den Bauvertrag kündigt.[8] Nach der Kündigung des Bauvertrages kann der **Auftragnehmer Abschlagszahlungen nicht mehr verlangen**; vielmehr kann er seinen Werklohnanspruch nunmehr nur noch im Rahmen der Schlussabrechnung geltend machen (vgl. Rdn. 1228).

Ist ein **Bauvertrag** unter einer **aufschiebenden Bedingung** abgeschlossen, kann der Auftraggeber bereits **vor Bedingungseintritt** von seinem **Kündigungsrecht** nach § 649 BGB Gebrauch machen. Ob ein Anspruch des Unternehmers gemäß

---

1) BGH, NJW 1973, 1463; OLG Köln, *SFH*, Nr. 4 zu § 8 VOB/B; OLG Celle, BauR 1973, 49 = MDR 1973, 136; *Nicklisch/Weick*, Vor §§ 8, 9/B, Rdn. 32; *Heiermann/Riedl/Rusam*, § 8/B, Rdn. 47; *Ingenstau/Korbion/Vygen*, § 9 Nr. 2/B, Rdn. 8; Beck'scher VOB-Komm/*Motzke*, B § 8 Nr. 1, Rdn. 17.
2) BGH, WM 1972, 1025; OLG Düsseldorf, BauR 2001, 117.
3) OLG Karlsruhe, BauR 1994, 116 = NJW-RR 1993, 1368.
4) BGH, BauR 1996, 544, 545 = NJW-RR 1996, 853; BGH, NJW 1997, 50 (für Ansprüche nach §§ 634 ff. BGB); OLG Köln, OLGR 1996, 165.
5) BGH, ZfBR 1982, 160.
6) BGH, BauR 2001, 667 = NZBau 2001, 211 = ZfBR 2001, 177 (für den gekündigten Architektenvertrag); vgl. ferner: BGH, BauR 1989, 462, 464; BGH, NJW 1974, 646; WM 1974, 931; BauR 1974, 412; OLG Düsseldorf, BauR 1979, 325; *Kniffka*, Festschrift für von Craushaar, S. 359 ff. m. w. Nachw.
7) BGH, BauR 1987, 689 = NJW 1988, 140; BGH, BauR 1988, 82; einen Anspruch auf Ausführung der Leistung hat der Unternehmer jedoch nicht: KG, KGR 2002, 195.
8) *Soergel/Siebert-Soergel*, § 649 BGB, Rdn. 2.

§ 649 Satz 2 BGB/§ 8 Nr. 1 Abs. 2 VOB/B in diesem Fall besteht, wird unter Berücksichtigung des § 162 Abs. 1 BGB von den Umständen des Einzelfalles abhängen.[9]

Die **Kündigung** selbst ist als einseitiges Gestaltungsrecht **bedingungsfeindlich**.

Auch eine **Teilkündigung** ist grundsätzlich möglich. Sie unterliegt im Rahmen des freien Kündigungsrechts nach § 649 BGB/§ 8 Nr. 1 VOB/B keiner Beschränkung.[10] Zum Teil wird jedoch für eine berechtigte Teilkündigung in der Literatur[11] gefordert, dass diese nur bei in sich abgeschlossenen Teilleistungen möglich ist. Für den VOB-Bauvertrag wird nur im Falle der Kündigungsmöglichkeit nach § 8 Nr. 3 VOB/B gefordert, dass sich die Entziehung des Auftrages „auf ein in sich abgeschlossenen Teil der vertraglichen Leistung" beschränkt. Für eine Teilkündigung aus wichtigem Grund verlangt Lang[12] ferner, dass diese nur „getrennt abrechenbare Teile der Gesamtleistung" betreffen kann. Von einer Teilkündigung kann nicht gesprochen werden, wenn nach dem Willen des Auftraggebers so genannte Eventual- oder Alternativpositionen nicht ausgeführt werden sollen. Diese in einem Angebot enthaltenen Bedarfspositionen sind zunächst vom Auftrag nicht erfasst, sondern werden erst dann beauftragt, wenn sie sich als sinnvoll oder notwendig erweisen, um das Bausoll zu erreichen.[13]

Zur **Abrechnung eines Bauvertrages bei vorzeitiger Beendigung** (z. B. durch Kündigung) vgl. Rdn. 1293 ff., zu einer entsprechenden **Abrechnung eines Pauschalpreisvertrages** vgl. Rdn. 1206. Zur **Abnahme bei vorzeitiger Beendigung** des Bauvertrages vgl. Rdn. 1301.

Da die Vertragsverhältnisse Auftraggeber–Hauptunternehmer einerseits und Hauptunternehmer – Subunternehmer andererseits (vgl. Rdn. 1051) stets rechtlich abzugrenzen sind, stellt sich die Frage, welche Konsequenzen sich für den Hauptunternehmer gegenüber seinem Subunternehmer ergeben, wenn sein Auftraggeber das Vertragsverhältnis vorzeitig beendet. Dabei ist im Einzelnen zu differenzieren: Liegt die **Beendigung** des Vertragsverhältnisses (ggf. durch Kündigung des Auftraggebers) im **Verantwortungsbereich des Hauptunternehmers,** hat dieser also den Kündigungsgrund zu vertreten, kommt nur eine Vertragsbeendigung gegenüber seinem Subunternehmer gemäß **§ 649 BGB** – mit den sich aus § 649 S. 2 BGB ergebenden Folgen – in Betracht. Eine anderslautende Regelung in Allgemeinen Geschäftsbedingungen des Hauptunternehmers wäre unwirksam, weil sie dem Grundgedanken

---

[9] Vgl. hierzu Brandenburgisches OLG, OLGR 1998, 113, das eine Anwendung des § 162 Abs. 1 BGB in diesem Fall grundsätzlich verneint.

[10] *Lang*, BauR 2006, 1956, 1957 m. w. N.; ferner *Ingenstau/Korbion/Vygen*, § 8/B, Rdn. 75; *Franke/Kemper/Zanner/Grünhagen*, § 8/B, Rdn. 5; Beck'scher VOB-Komm/*Motzke*, § 8 Nr. 1/B, Rdn. 30. Wie hier auch *Lederer* in Kapellmann/Messerschmidt, § 8/B, Rdn. 20 mit der Einschränkung, „soweit nicht unzumutbar ein einheitlicher technischer Produktionsablauf auseinander gerissen wird und dadurch untragbare Gewährleistungsvermischungen entstehen"; *Kapellmann* in Festschrift für Thode, S. 29, 38. Vgl. zur Teilkündigung beim Generalunternehmermodell *Eschenbruch*, Festschrift für Jagenburg, S. 179, 184. Vgl. ferner OLG Oldenburg, BauR 2000, 897 (Teilkündigung bei Wegfall von Leistungspositionen).

[11] *Schalk* in Englert/Motzke/Wirth, § 649 BGB, Rdn. 10 mit dem Hinweis, dass andernfalls die Abrechnung für die Praxis kaum mehr handhabbar sei; ebenso *MünchKomm-Busche*, § 649 BGB, Rdn. 13 sowie *Riedl* in Heiermann/Riedl/Rusam, § 8/B, Rdn. 2 c.

[12] BauR 2000, 1956, 1958.

[13] *Ingenstau/Korbion/Vygen*, § 8 Nr. 1/B, Rdn. 4.

des § 649 BGB widerspricht.[14] **Kündigt der Hauptunternehmer** seinem Subunternehmer – aus welchen Gründen auch immer – **nicht** (z. B. wegen der weitreichenden wirtschaftlichen Folgen des § 649 BGB), kann dieser nach §§ 642, 643 BGB vorgehen und (allerdings nur) eine **angemessene Entschädigung** verlangen. Etwas anderes gilt insgesamt nur dann, wenn der Nachunternehmer den Grund zur Beendigung des Vertragsverhältnisses Auftraggeber – Hauptunternehmer gesetzt hat.

Fraglich erscheint die Fallgestaltung, bei der der Auftraggeber des Hauptunternehmers das Vertragsverhältnis mit diesem aus Gründen beendet die allein vom **Auftraggeber des Hauptunternehmers zu verantworten** sind (z. B. Insolvenz, Aufgabe oder wesentliche Änderung der Bauabsicht, Nichterwerb des Baugrundstücks, nicht ausreichende Finanzierung usw.). Hier stellt sich die Frage, welche Konsequenzen dies für das Subunternehmerverhältnis hat. Sicherlich ist dies für den Hauptunternehmer kein wichtiger Grund, das Vertragsverhältnis – ohne Vergütungsanspruch des Subunternehmers für nicht erbrachte Leistungen – zu lösen. Daher bleibt auch hier nur der **Weg des § 649 BGB,** den der Auftraggeber aber in der Regel wegen der Vergütungsregelung des § 649 S. 2 BGB insoweit nicht gehen wird. Bleibt damit der Auftraggeber passiv, erscheint es angemessen, dem Subunternehmer einen **Anspruch zumindest gemäß § 645 Abs. 1 BGB analog** zuzubilligen, wie es auch das OLG München[15] entschieden hat. Der BGH[16] hat eine Klausel für unwirksam angesehen, wonach sich der Hauptunternehmer in seinen Allgemeinen Geschäftsbedingungen das Recht vorbehält, vom Vertrag mit dem Subunternehmer zurückzutreten, „wenn die Arbeiten durch höhere Gewalt oder vom Auftraggeber des Hauptunternehmers eingestellt, gar nicht oder nur teilweise ausgeführt werden", ohne dem Nachunternehmer in diesem Fall die Rechte aus § 649 BGB/§ 8 Nr. 1 VOB/B zuzugestehen.

## 1. Kündigung des Auftraggebers/Bauherrn

### a) Freies Kündigungsrecht

*Literatur*

*Reus*, Die Kündigung durch den Auftraggeber gemäß § 8 VOB/B, BauR 1995, 636; *Quack*, Einige Probleme der Vergütungsabrechnung nach § 649 S. 2 BGB, Festschrift für von Craushaar (1997), 309; *Niemöller*, Vergütungsansprüche nach Kündigung des Bauvertrages, BauR 1997, 539; *Schiffers*, Baubetriebliche und durchführungstechnische Aspekte zur Berechnung der Vergütung nach auftraggeberseitiger freier Kündigung von Bauverträgen, Festschrift für Mantscheff (2000), S. 171; *Kniffka*, Die neue Rechtsprechung des Bundesgerichtshofes zur Abrechnung nach Kündigung des Bauvertrags, Jahrbuch Baurecht 2000, 1; *Acker/Roskosny*, Die Abnahme beim gekündigten Bauvertrag und deren Auswirkungen auf die Verjährung – Zugleich Anmerkung zum Urteil des Bundesgerichtshofs vom 19.12.2002, BauR 2003, 1279; *Helm*, Die freie Auftraggeberkündigung von Bauverträgen gemäß §§ 649 S. 1 BGB, 8 Nr. 1 VOB/B, Teil 1, BrBp 2004, 359 u. Teil 2, BrBp 2005, 2; *Markus*, § 649 S. 2 BGB: Die Anrechnung der tatsächlich ersparten Aufwendungen auf die kalkulierten Kosten, NZBau 2005, 417; *Drittler*, Freie Kündigung: Ersparte Kosten sind grundsätzlich als tatsächliche Kosten abzuziehen, BauR 2006, 1215; *Lang*, Die „Teilkündigung", BauR 2006, 1956; *Motzke*, Fälligkeit, Verjährungsbeginn und Abnahme bei gekündigtem Bauvertrag, BTR 2007, 2.

---

14) *Motzke* in: Graf von Westphalen, Klauselwerke/Subunternehmervertrag, Rdn. 141.
15) NJW-RR 1992, 348, 349; vgl. hierzu: *Kleine-Möller/Merl*, § 3, Rdn. 29 ff.; *Motzke* in: Graf von Westphalen, Klauselwerke/Subunternehmervertrag, Rdn. 141. BauR 1995, 234.
16) BauR 1995, 234 (zu § 9 AGB-Gesetz).

## Kündigung des Auftraggebers/Bauherrn

Haben die Vertragsparteien keine besonderen Vereinbarungen getroffen, kann der Auftraggeber (Bauherr) den Bauvertrag nach § 649 BGB/§ 8 Nr. 1 VOB/B jederzeit kündigen. Man spricht insoweit von dem **freien** Kündigungsrecht des Auftraggebers im Gegensatz zum außerordentlichen Kündigungsrecht (vgl. Rdn. 1314). Die Kündigung kann hier ohne Einhaltung einer Frist und ohne besondere Begründung erfolgen. Der dabei verwandte Ausdruck (Annullierung, Rücktritt usw.) ist unerheblich. Entscheidend ist der zum Ausdruck gekommene Wille der endgültigen Loslösung vom Bauvertrag. Bei einem **Bauträgervertrag** kann der Erwerber den die Errichtung des Baues betreffenden Teil nicht nach § 649 BGB/§ 8 Nr. 1 VOB/B, sondern nur aus **wichtigem Grund** kündigen.[17] Für die Kündigung eines **VOB-Bauvertrages** schreibt § 8 Nr. 5/B die **Schriftform** vor. Die Kündigung eines Auftraggebers wegen Verzuges mit der Fertigstellung ist nach einer Entscheidung des Hanseatischen OLG[18] bei einem VOB-Bauvertrag in eine grundlose Kündigung gemäß § 8 Nr. 1 Abs. 1 VOB/B umzudeuten, wenn die Voraussetzungen des Verzuges nicht vorliegen und das erteilte Baustellenverbot den unbedingten Beendigungswillen des Auftraggebers erkennen lässt (vgl. ferner Rdn. 1318). Bei § 649 BGB und § 8 Nr. 1 VB/B handelt es sich um eine abschließende Regelung, sodass daneben ein Schadensersatzanspruch des Auftragnehmers wegen Nichterfüllung ausgeschlossen ist.[19]

Kündigt der Auftraggeber im Rahmen seines freien Kündigungsrechtes, kann der Auftragnehmer seinen **Werklohn grundsätzlich in voller Höhe** verlangen. Die vertragliche Vergütung vermindert sich jedoch in aller Regel entsprechend § 649 Satz 2 BGB/§ 8 Nr. 1 Abs. 2 VOB/B: Der Auftragnehmer muss sich das **anrechnen lassen,** was er **infolge der Aufhebung** des Vertrages an Kosten **erspart** oder durch anderweitige **Verwendung seiner Arbeitskraft** und seines Betriebs **erwirbt** oder **zu erwerben böswillig unterlässt.**

Bei der Frage, ob der Auftragnehmer Ersparnisse hat, ist auf den jeweiligen Einzelfall abzustellen. Es ist die **Ersparnis** maßgeblich, die der Auftragnehmer jeweils **tatsächlich** hat. Sowohl § 649 Satz 2 BGB als auch § 8 Nr. 1 Abs. 2 VOB/B sehen nach der Rechtsprechung des BGH[20] keine Möglichkeit vor, auf die kalkulatorisch ersparten Aufwendungen abzustellen, weil nur auf diese Weise das Prinzip der „Vor- und Nachteilswahrung" gewährleistet ist. Ein **Rückgriff auf eine allgemein betriebswirtschaftliche Kostenkontrolle**[21] oder einen **branchenüblichen Gewinn**[22] ist daher **nicht möglich**. Der Unternehmer muss sich aber nicht gefallen lassen, „dass die Abrechnung ihm **Vorteile** aus dem geschlossenen Vertrag **nimmt.** Andererseits darf er keinen Vorteil daraus ziehen, dass ein für ihn ungünstiger Vertrag gekündigt worden ist".[23] Beim **Einheitspreisvertrag** gilt dies auch für die einzelnen Positionen des Leistungsverzeichnisses, da ungünstige und günstige Positionen nicht untereinander verrechenbar sind. Solange sich keine Anhaltspunkte für eine andere Kos-

---

17) BGH, BauR 1986, 208 = DB 1986, 534 = MDR 1986, 399.
18) BauR 2004, 1618.
19) OLG Nürnberg, IBR 2006, 193 – *Asam*.
20) BauR 2005, 1916 = NZBau 2005, 683 = IBR 2005, 662 – *Thode*; vgl. hierzu *Markus*, NZBau 2005, 417 sowie *Drittler*, BauR 2006, 1215.
21) BGH, BauR 1996, 382 = NJW 1996, 1282.
22) BGH, BauR 1996, 846 = NJW 1996, 3270 = MDR 1997, 35.
23) BGH, BauR 1996, 382 = NJW 1996, 1282. Vgl. hierzu OLG Hamm, ZfBR 2006, 158 (Verlustgeschäft).

tenentwicklung ergeben, reicht es nach BGH[24] aus, wenn der Auftragnehmer die Ersparnisse auf der Grundlage seiner ursprünglichen Kalkulation berechnet.

Im Übrigen muss sich der Unternehmer nach Auffassung des BGH[25] auch so genannte „**Füllaufträge**" im Rahmen des anderweitigen Erwerbs anrechnen lassen.

Dabei ist jedoch Folgendes zu beachten: Nach richtiger Auffassung muss der **anderweitige Erwerb** einen **echten Ersatzauftrag** darstellen, „dessen Hereinnahme bei Fortbestand des Vertrages nicht möglich gewesen wäre".[26] Das OLG Frankfurt[27] hat deshalb auch zu Recht darauf hingewiesen, dass „zwischen der Kündigung und der anderen gewinnbringenden Beschäftigung ein **ursächlicher Zusammenhang** bestehen muss; der Auftragnehmer muss ausschließlich durch die Vertragskündigung in die Lage versetzt worden sein, einen anderweitigen Auftrag auszuführen und Gewinn aus ihm zu erzielen; konnte der Betrieb des Auftragnehmers neben dem gekündigten Auftrag weitere ausführen, so sind diese nicht anzurechnen". Ein **Füllauftrag** kann daher in der Regel nur dann festgestellt werden, wenn ein **Auftragnehmer** voll oder zumindest im **Grenzbereich von 100% ausgelastet ist**, sodass er den weiteren Auftrag ohne die Kündigung nicht hätte annehmen können.[28] Ein Füllauftrag liegt jedoch nicht nur in den Fällen vor, in denen ein zusätzlicher Auftrag nur wegen der Kündigung angenommen und in dem Zeitraum ausgeführt werden kann, in dem der gekündigte Auftrag ausgeführt werden sollte, sondern auch dann, wenn dieser Zeitraum durch das Vorziehen bereits erteilter Aufträge ausgefüllt und für die dadurch zeitlich versetzt entstehende Lücke ein Zusatzauftrag angenommen werden kann.[29] Unter dem Gesichtspunkt des ursächlichen Zusammenhangs zwischen der Kündigung des Werkvertrages und der Erteilung eines Ersatzauftrages hat das OLG Saarbrücken[30] einen Auftrag, den der Auftraggeber nach Kündigung dem Auftragnehmer erteilt hat und diesen ausdrücklich als Füllauftrag bezeichnet hat, als anzurechnenden Ersatzauftrag i. S. d. § 649 Satz 2 BGB angesehen.

**1294** Verlangt der Auftragnehmer eine **Vergütung** gemäß **§ 649 Satz 2 BGB,** ist eine darauf gestützte Klage nur **schlüssig**, wenn er zu den **ersparten Aufwendungen** oder zum **anderweitigen Erwerb** entsprechend **vorträgt.** Der Vergütungsanspruch des Auftragnehmers **besteht** von vornherein **nur abzüglich** der ersparten Aufwendungen und des Erwerbs durch anderweitige Verwendung der Arbeitskraft des Auftragnehmers. Der BGH[31] weist deshalb darauf hin, dass der **Anspruch** des Auftragnehmers § 649 Satz 2 BGB „**unmittelbar um die ersparten Aufwendungen ver-**

---

24) BauR 2005, 1916 = NZBau 2005, 683 = IBR 2005, 662 – *Thode*; vgl. hierzu *Markus*, NZBau 2005, 417 sowie *Drittler*, BauR 2006, 1215.
25) BauR 1996, 382 = NJW 1996, 1282; OLG Saarbrücken, NZBau 2005, 693 = IBR 2005, 468 – *Schmitz*; vgl. hierzu *Löwe*, ZfBR 1998, 121, 126 sowie *Glöckner*, BauR 1998, 669, 675, 681.
26) So auch BGH, BauR 2000, 126 = NJW 2000, 205 = NZBau 2000, 140 = MDR 2000, 27; *Ingenstau/Korbion/Vygen*, § 8/B, Rdn. 66, 67; *Kapellmann/Messerschmidt/Lederer*, § 8/B, Rdn. 47; *Leinemann/Schirmer*, § 8/B, Rdn. 51; *Staudinger/Peters*, § 649 BGB, Rdn. 26; LG Mosbach, IBR 1998, 290 *(Schulze-Hagen)*. Vgl. hierzu auch OLG Saarbrücken, NZBau 2005, 693, 695 = IBR 2005, 468 – *Schmitz*. Wie hier auch OLG Hamm, OLGR 2006, 7.
27) BauR 1988, 599, 605; *Ingenstau/Korbion/Vygen*, § 8 Nr. 1/B, Rdn. 66; ebenso: *MünchKomm-Busche*, § 649 BGB, Rdn. 27.
28) OLG Hamm, BauR 2006, 1310 = IBR 2006, 435 – *Schulze-Hagen*.
29) OLG Hamm, a. a. O.
30) BauR 2006, 854.
31) BauR 1998, 185, 186 = ZfBR 1998, 79; BGH, BauR 1999, 635 = NJW 1999, 1867 = MDR 1999, 671; BauR 1997, 304 = ZfBR 1997, 78; BauR 1996, 382 = NJW 1996, 1282; OLG Düsseldorf, NJW-RR 1998, 670; OLG Köln, 1997, 479 = NJW-RR 1997, 1040 = OLGR 1997, 171; OLG Naumburg, OLGR 1995, 8; LG Trier, NJW-RR 1992, 604; **a. A.:** *Staudinger/Peters*, § 649 BGB, Rdn. 18, 24; *Baumgärtel*, Handbuch der Beweislast, Band 1, 2. Aufl., § 649 BGB, Rdn. 1.

kürzt" ist: „Was er sich in diesem Sinne als Aufwendungen anrechnen lässt, hat der **Unternehmer vorzutragen** und zu **beziffern;** denn in der Regel ist **nur er dazu in der Lage.**" Entsprechendes gilt für den Erwerb durch anderweitige Verwendung der Arbeitskraft. Demgegenüber ist es Sache des **Auftraggebers,** im Einzelnen darzulegen und zu beweisen, dass **höhere** Ersparnisse oder mehr an anderweitigem Erwerb erzielt wurde, als der Auftragnehmer sich anrechnen lassen will.

Für Art und Umfang **einer streitigen Ersparnis** oder **eines streitigen anderweitigen Erwerbs** trägt demnach der Auftraggeber die **volle** Beweislast.[32] An Inhalt und Umfang der Substantiierungslast sind in aller Regel jedoch keine zu hohen Anforderungen zu stellen, da der Auftraggeber im Allgemeinen die der Kalkulation des Unternehmens dienenden Grundlagen nicht kennt.[33] Daher muss der Vortrag des Auftragnehmers zu den ersparten Aufwendungen und/oder einem anderweitigen Erwerb so ausgestaltet sein, dass der Auftraggeber diesen nachprüfen und hierzu sachgerecht Stellung nehmen kann, um ggf. höhere ersparte Aufwendungen vortragen und unter Beweis stellen zu können.[34] Dabei reicht die Angabe eines Prozentsatzes „für den entgangenen Gewinn" nicht aus, wenn der Auftragnehmer nicht im Einzelnen darlegt, auf welche Weise er diesen Prozentsatz ermittelt hat, zumal der Anspruch aus § 649 Satz 2 BGB nicht an den entgangenen Gewinn anknüpft.[35] Soweit der Auftraggeber vorträgt, dass der Auftragnehmer es böswillig unterlassen hat, seine **Arbeitskraft anderweitig** zu **verwenden,** reicht es aus, wenn der Auftraggeber einen vom Auftragnehmer abgelehnten **Ersatzauftrag** nachweist, soweit die Übernahme dem Auftragnehmer zumutbar war.[36]

Es spricht ein Erfahrungssatz dafür, dass ein Unternehmer infolge der vorzeitigen Beendigung des Vertragsverhältnisses Ersparnisse gemacht hat. Ist allerdings der Betrieb des Unternehmers nicht ausgelastet, kann es sein, dass sich die Aufwendungen trotz der Kündigung nicht verringern lassen.[37] Seiner Darlegungspflicht kommt der Auftraggeber nicht schon nach, wenn er unsubstantiiert Ersparnisse behauptet und hierfür Sachverständigenbeweis antritt.[38] Von diesen Grundsätzen macht das KG[39] in den Fällen eine Ausnahme, in denen der Auftraggeber auch ohne Mithilfe des Auftragnehmers in der Lage ist, zur Höhe der von diesem ersparten Aufwendungen vorzutragen und Stellung zu nehmen. Ein solcher Ausnahmefall soll „zumindest dann gegeben sein, wenn der Besteller selbst Bauunternehmer ist und deshalb aufgrund eigener Sachkunde Kenntnis von den Marktverhältnissen und der bei vergleichbaren Bauunternehmen üblichen Kalkulation hat und wenn er darüber hinaus den fraglichen Auftrag zeitnah einem anderen Subunternehmer übertragen und mit diesem abgerechnet hat".

---

32) BGH, BauR 2001, 666 = NJW-RR 2001, 385 = NZBau 2001, 202 = MDR 2001, 447; KG, KGR 1998, 314.
33) BGH, BauR 1978, 55; OLG Celle, OLGR 1998, 187; KG, KGR 1998, 314. Vgl. hierzu auch *Ingenstau/Korbion/Vygen,* § 8 Nr. 1/B, Rdn. 46 ff.
34) BGH, BauR 1999, 642 = NJW 1999, 1253 = ZfBR 1999, 191 = MDR 1999, 672; OLG Celle, BauR 1998, 1016 = NJW-RR 1998, 1170 = OLGR 1998, 187; KG, KGR 1998, 314.
35) KG, a. a. O.
36) BGH, BauR 1992, 379, 380.
37) BGH, a. a. O.
38) OLG Frankfurt, NJW-RR 1987, 979, 981.
39) KGR 1998, 314.

**Rdn. 1294 a** **Werklohnklage des Bauunternehmers**

Im Streitfall wird der **Auftragnehmer** verpflichtet sein,[40] die Grundlagen seiner internen **Kalkulation** offen zu legen, sofern er den **entgangenen Gewinn** beansprucht. Das gilt sowohl für den **Einheitspreis-**[41] wie für den **Pauschalpreisvertrag**.[42] Hat der Auftragnehmer seine Vergütung nur „im Kopf kalkuliert", so muss er die maßgeblichen Preisermittlungsgrundlagen nachträglich zusammenstellen und dabei die ersparten Aufwendungen konkret vortragen: „Anderenfalls wäre es dem für höhere Ersparnisse Darlegungsbelasteten, aber über die Einzelheiten des Betriebes des Unternehmers in der Regel nicht unterrichteten Besteller nicht möglich, hierzu sachgerecht Stellung zu nehmen."[43] Wie differenziert die Darstellung der Kalkulation der ersparten Aufwendungen (z. B. nach Einzelpositionen des Leistungsverzeichnisses oder Positionsgruppen) zu erfolgen hat, hängt von der Gestaltung des Vertrages im Einzelfall ab. Auch der BGH[44] ist der Auffassung, dass die „Anforderungen an die Darstellung der Kalkulation des um die ersparten Aufwendungen verkürzten Vergütungsanspruches sich nicht schematisch festlegen lassen". Der Vortrag des Unternehmers muss jedoch stets so gestaltet sein, dass der Auftraggeber die Kalkulation überprüfen und ggf. höhere ersparte Aufwendungen substantiiert vortragen und unter Beweis stellen kann. Der entsprechende Vortrag des Unternehmers ist auch deshalb erforderlich, um dem Auftraggeber die Möglichkeit zu geben, die **vereinbarte Vergütung** dahingehend zu überprüfen, ob sie **auskömmlich** war oder nicht. Nach Auffassung des OLG Düsseldorf[45] kommt ein Anspruch des Unternehmers nach § 649 S. 2 BGB grundsätzlich nicht in Betracht, wenn der vereinbarte Preis (z. B. der vereinbarte Einheitspreis) unauskömmlich ist, weil er bei diesem Umstand allenfalls einen Verlust erspart hat.

**1294 a** Bei der Kündigung von Teilleistungen, die ein **Generalunternehmer an Subunternehmer weiterleiten** will oder weitergeleitet hat, stellt sich die Frage, ob der Generalunternehmer als ersparte Aufwendungen stets die **kalkulierten Kosten** (sog. Soll-Kosten) **oder die tatsächlich angefallenen Kosten** (sog. Ist-Kosten) zu berücksichtigen hat.[46] Es ist wie folgt zu differenzieren:[47]

* **Vor der Subunternehmervergabe** sind grundsätzlich die kalkulatorischen Ansätze des Generalunternehmers heranzuziehen. Allerdings wird man dem Generalunternehmer den Einwand nicht verwehren können, dass die von ihm prognostizierten Kosten, die als ersparte Aufwendungen in Betracht kommen,

---

40) Zur **Hinweispflicht** des Gerichts: BGH, BauR 1999, 635 = NJW 1999, 1867 = MDR 1999, 671.
41) BGH, BauR 1996, 382 = NJW 1996, 1282; ebenso: OLG Koblenz, OLGR 2000, 450; OLG Köln, BauR 1997, 479 = NJW-RR 1997, 1040 = ZfBR 1997, 255 = OLGR 1997, 171 für den **Fertighausvertrag**.
42) BGH, BauR 1998, 195 = ZfBR 1998, 79 u. BauR 1997, 304 = NJW 1997, 733 = MDR 1997, 236 = BB 1997, 336; BGH, BauR 1997, 846 = NJW 1996, 3270 = MDR 1997, 35, siehe auch: *Niemöller*, BauR 1997, 539 ff.
43) BGH, BauR 1997, 304 = NJW 1997, 733 = MDR 1997, 236 = BB 1997, 336; BauR 1996, 382 u. 412.
44) BauR 1999, 642 = NJW 1999, 1253 = ZfBR 1999, 191 = MDR 1999, 672; vgl. hierzu auch: BGH, BauR 1999, 1292 = NJW-RR 1999, 1464 = ZfBR 1999, 339 = MDR 1999, 1318; *Kniffka*, Jahrbuch Baurecht 2000, 1, 9 ff.
45) BauR 2005, 719 = IBR 2005, 140 – *Reister* = OLGR 2005, 47.
46) Vgl. hierzu insbesondere *Eschenbruch*, Festschrift für Jagenburg, S. 179, 185 ff.; *Dornbusch/Plum*, Jahrbuch Baurecht 1999, 168; *Vygen/Schubert/Lang*, Rdn. 548.
47) *Eschenbruch*, a. a. O., 191 ff.

# Kündigung des Auftraggebers/Bauherrn

zu hoch angesetzt worden sind; das ist z. B. durch Vorlage von Subunternehmer-Angeboten möglich, die dem Generalunternehmer im Zeitpunkt der Kündigung vorlagen. Das hat zur Folge, dass dem Generalunternehmer ein möglicher Vergabegewinn in diesem Fall verbleibt. Dem Auftraggeber ist seinerseits der Vortrag nicht genommen, dass die vom Generalunternehmer kalkulierten Beträge zu niedrig angesetzt sind. Für dieses Vorbringen trägt der Auftraggeber die Darlegungs- und Beweislast.

* Ist bereits vom Auftraggeber die gekündigte Teilleistung durch den Generalunternehmer an einen **Subunternehmer vergeben worden,** sind die ersparten Aufwendungen nicht auf der Basis der kalkulierten, sondern auf der Grundlage der tatsächlichen Subunternehmerkosten (sog. Ist-Kosten) in Ansatz zu bringen.[48] Damit ist gewährleistet, dass der Auftragnehmer durch die Kündigung keinen Nachteil, aber auch keinen Vorteil hat.[49] Ein bei der Beauftragung des Subunternehmers erzielter Vergabegewinn (gegenüber der ursprünglichen Kalkulation) verbleibt hier bei dem Generalunternehmer. Hat dieser geringere als die kalkulierten Subunternehmerkosten, sind auch hier die tatsächlich entstandenen Kosten zu berücksichtigen.

Der Einwand des Auftraggebers, der Anspruch des Unternehmers sei durch ersparte Aufwendungen oder durch anderweitigen Erwerb gemindert, ist damit **kein Gegenrecht,** das vom Gericht nur auf Einrede zu berücksichtigen ist;[50] das **Gericht** hat vielmehr den **Abzug von Amts wegen** zu prüfen. Folgt die Ersparnis oder der anderweitige Erwerb aus dem eigenen Vortrag des Auftragnehmers, ist ein Abzug auch dann vom vollen Werklohn abzusetzen, wenn sich der Auftraggeber darauf nicht beruft.[51] Ergeben sich die ersparten Aufwendungen oder der anderweitige Erwerb nur dem Grunde nach aus dem Vorbringen des Auftragnehmers, ist die Werklohnklage allerdings nicht schlüssig, weil zwar eine Ersparnis feststeht, die Höhe aber unklar bleibt. Eine solche Werklohnklage ist damit nur schlüssig, wenn der Auftragnehmer zu den ersparten Aufwendungen **und/oder** zu einem etwaigen anderweitigen Erwerb **dem Grund und der Höhe nach vorträgt,** wozu ihm im Rahmen eines richterlichen Hinweises (§§ 139, 278 Abs. 3 ZPO) Gelegenheit gegeben werden muss. **1295**

**Zu den ersparten Aufwendungen** zählen in der Regel z. B.[52] **1296**

* **Materialkosten;** die Kosten für vom Unternehmer angeschafftes, aber noch nicht zur Herstellung des Bauwerks verwendetes Material zählen jedoch nur dann zu den ersparten Aufwendungen, wenn sich das Material in absehbarer (zumutbarer) Zeit anderweitig verwenden lässt, was bei individuell angefertigten Bauteilen selten der Fall sein wird:[53] die Möglichkeit, die Rücknahme des Baumaterials durch den

---

48) BGH, BauR 1999, 1292, 1293; BauR 1999, 1294, 1297; *Kniffka*, Jahrbuch Baurecht 2000, 3, 10; *Eschenbruch*, a. a. O., 179, 192 m. w. N.
49) BGH, BauR 1999, 1291, 1293; *Kniffka*, a. a. O.
50) BGH, BauR 1996, 382 = NJW 1996, 1282; BauR 1986, 577; OLG Naumburg, OLGR 1995, 8; LG Trier, NJW-RR 1992, 604; *Soergel/Siebert-Soergel*, § 649 BGB, Rdn. 14.
51) **Anderer Ansicht:** OLG Düsseldorf, NJW-RR 1998, 670, das in diesem Fall eine Klage auf die volle Vergütung als „unschlüssig" ansieht.
52) Vgl. hierzu *Kapellmann/Messerschmidt/Lederer*, § 8/B, Rdn. 34 ff.; *Kniffka/Koeble*, 9. Teil, Rdn. 29 ff.
53) So auch OLG Köln, BauR 2004, 1953 = OLGR 2004, 184 = IBR 2004, 616 – *Reister;* OLG Düsseldorf, BauR 2000, 1334; *Ingenstau/Korbion/Vygen*, § 8 Nr. 1/B, Rdn. 49.

**Rdn. 1297**

Lieferanten im Kulanzwege zu erreichen, steht dem nicht gleich.[54] Dasselbe gilt hinsichtlich etwaiger auf die Baustelle bereits angelieferter, aber noch nicht eingebauter Bauteile.

* **Baustellengemeinkosten** bei Verkürzung der kalkulierten Bauzeit[55]
* **Baustellenbezogene Lohn- und Personalkosten,** soweit sie nach der Kündigung nicht mehr anfallen: Der Auftragnehmer muss sich daher nicht solche Lohn- und Personalkosten grundsätzlich als erspart anrechnen lassen, die dadurch entstehen, dass er die Möglichkeit der Kündigung des Personals nicht wahrgenommen hat, weil § 649 Satz 2 BGB sowie § 8 Ziffer 1 Abs. 2 VOB/B auf die tatsächliche Ersparnis abstellt. Nach herrschender Meinung ist der Auftragnehmer daher grundsätzlich nicht verpflichtet, sein Personal nur deshalb zu reduzieren, weil der Auftraggeber den Vertrag gekündigt hat.[56] Im Einzelfall, insbesondere bei längeren Zeiträumen wird man wohl doch zu einer Kündigungsverpflichtung des Auftragnehmers gemäß Treu und Glauben kommen müssen.[57]
* ein vom Auftragnehmer kalkulierter **Risikozuschlag,** wenn bis zur Kündigung lediglich Vorbereitungsmaßnahmen getroffen, also noch keine Teilleistungen erbracht wurden und damit „das Risiko sich nicht verwirklichen konnte".[58]
* **Nachunternehmerkosten** (vgl. Rdn. 1294 a)

**Nicht zu den ersparten Aufwendungen** zählen in der Regel z. B.

* **Allgemeine Geschäftskosten**[59]
* **Baustelleneinrichtungs-Kosten**
* **Baustellenräumungs-Kosten**
* **Objektbezogene Finanzierungs-, Verpackungs- sowie Transportkosten,** wenn sie aufgrund der Kündigung nicht mehr anfallen
* **Wagnis,** soweit Wagnis ein Risiko bewertet, das aufgrund der Kündigung nicht mehr anfällt[60]

**1297** Bei der Ermittlung des Vergütungsanspruchs aus § 649 Satz 2 BGB sind im Übrigen nach Auffassung des OLG Düsseldorf[61] die ersparten Aufwendungen nicht nur positionsbezogen abzurechnen; vielmehr ist den Fällen so genannter gemischter Kalkulation eine **Gesamtabrechnung** vorzunehmen. Darüber hinaus hat der BGH[62] zutreffend entschieden, dass der Auftragnehmer bei einer Kündigung nach § 649 BGB als Teil der Vergütung für nicht erbrachte Leistungen die Anzahlung verlangen kann, die er an einen Subunternehmer geleistet hat, wenn dessen Leistung aufgrund der Kündigung des Auftraggebers nicht mehr verwendbar ist.

---

54) OLG Hamm, BauR 1988, 728; *Kniffka/Koeble*, 9. Teil, Rdn. 29.
55) BGH, BauR 1999, 1292 = NJW-RR 1999, 1464.
56) BGH, NZBau 2000, 82; OLG Hamm, OLG 2006, 7; vgl. hierzu auch OLG Hamm, IBR 2006, 486 – *Schulze-Hagen*; *Kapellmann/Messerschmidt/Lederer*, § 8/B, Rdn. 40; *Kniffka/Koeble*, 9. Teil, Rdn. 29.
57) So zutreffend *Kapellmann/Schiffers*, Bd. 2, Rdn. 1376.
58) BGH, BauR 1998, 185 = NJW-RR 1998, 451 = ZfBR 1998, 79. **A. A.:** *Drittler*, IBR 2006, 1. Vgl. hierzu insbesondere *Groß*, BauR 2007, 631.
59) BGH, BauR 2000, 126, 128 = NJW 2000, 205 = MDR 2000, 27; BauR 1999, 642 = NJW 1999, 1253; *Ingenstau/Korbion/Vygen*, § 8 Nr. 1/B, Rdn. 50; *Kapellmann/Messerschmidt/Lederer*, § 8/B, Rdn. 37.
60) BGH, BauR 1998, 185 = NJW-RR 1998, 541 = ZfBR 1998, 79.
61) BauR 2005, 720.
62) BauR 2006, 2040, 2044 = NZBau 2006, 777 = IBR 2006, 660 – *Schmitz*.

## Kündigung des Auftraggebers/Bauherrn

Soweit der Auftragnehmer nach erfolgter Kündigung nur einen **Teil** seiner Forderung einklagt, kann der Auftraggeber nicht verlangen, dass gerade auf diese Teilforderung die etwaigen Ersparnisse angerechnet werden.[63] Der Auftraggeber muss sich insoweit auf eine etwaige Kürzung der Restvergütung verweisen lassen. Macht der Auftragnehmer einen Anspruch auf die übliche Vergütung für die erbrachten Leistungen nach einer Kündigung des Auftraggebers geltend, richtet sich sein Anspruch nach § 632 BGB.[64]

Aus den vorangegangenen Ausführungen wird deutlich, dass die Darlegungsanforderungen für den Unternehmer, der nach Kündigung durch den Auftraggeber Anspruch auf die verbleibende Vergütung geltend macht, außerordentlich hoch sind und den Unternehmer in der Regel vor große Schwierigkeiten stellen. Aus diesem Grund beabsichtigt der Gesetzgeber mit dem **Forderungssicherungsgesetz** für die verbleibende Vergütung (hinsichtlich der nicht erbrachten Leistungen) eine Pauschale in Höhe von 5% einzuführen (§ 649 Satz 3 BGB). Eine entsprechende Pauschale war – wegen der vergleichbaren Schwierigkeiten – durch das Gesetz zur Beschleunigung fälliger Forderungen im Rahmen des § 648 a BGB übernommen worden.

In der Begründung[65] setzt sich der Gesetzgeber mit dem Einwand auseinander, dass eine solche Pauschale „zu einer Überforderung des Bestellers führen könnte", z. B. in einer Fallgestaltung, bei der der Unternehmer seine geschuldete Werkleistung überhaupt nicht erbringt und damit eine Kündigung des Auftraggebers provoziert. Zutreffend wird in der Begründung hierzu ausgeführt, dass der Auftraggeber in einem solchen Fall nach § 634 in Verbindung mit § 323 Abs. 1 u. 2 BGB ohne Fristsetzung vom Vertrag zurücktreten kann, sodass § 649 BGB gar nicht anwendbar wäre.

Das **freie Kündigungsrecht** des Auftraggebers ist grundsätzlich **abdingbar**[66] und kann daher auch eingeschränkt werden. Die Parteien können insbesondere auch eine **andere Vergütungsregelung** für die nichterbrachten Bauleistungen treffen. Bei Änderungen oder Einschränkungen des freien Kündigungsrechts in **Allgemeinen Geschäftsbedingungen** oder Formular-Bauverträgen sind die §§ 307, 308 Nr. 3 u. 7 sowie 309 Nr. 5 BGB zu berücksichtigen. Der BGH[67] hält eine Klausel, wonach die Kündigung des Vertrages **nur aus wichtigem Grund** möglich ist, für unwirksam, weil diese Klausel mit wesentlichen Grundgedanken der gesetzlichen Regelungen des § 649 Satz 1 BGB nicht zu vereinbaren ist (§ 307 Abs. 2 Nr. 1 BGB). Soweit sich der Auftraggeber in Allgemeinen Geschäftsbedingungen das Recht einräumt, bei eigener Kündigung ohne besonderen Grund Werklohn nur für die tatsächlich erbrachte Leistung zahlen zu müssen, wobei gleichzeitig weiter gehende Ansprüche des Auftragnehmers einschließlich etwaiger Schadensersatzansprüche ausgeschlossen sind, verstößt eine solche Klausel gegen § 307 BGB.[68] Sie ist ebenfalls mit dem Grundgedanken des § 649 Satz 1 BGB nicht in Einklang zu bringen. Unter diesem Gesichtspunkt ist auch eine vom Auftragnehmer gestellte Klausel, nach der dieser Anspruch auf die volle Vergütung ohne Rücksicht auf die erbrachten Leistungen hat, unwirk-

**1298**

---

63) RGZ 74, 197.
64) BGH, BauR 2000, 100 = NJW-RR 2000, 309 = NZBau 2000, 73 = ZfBR 2000, 46 = MDR 2000, 26.
65) BT-Drucksache 15/3594, S. 18.
66) *MünchKomm-Busche*, § 649 BGB, Rdn. 4; *Ingenstau/Korbion/Vygen*, § 8 Nr. 1/B, Rdn. 20; *Nicklisch/Weick*, § 8/B, Rdn. 4.
67) BauR 1999, 1294 = NJW 1999, 3261 = ZfBR 2000, 291 = MDR 1999, 1378.
68) BGH, BauR 2007, 1724 = IBR 2007, 541 – *Schulze-Hagen*; BGHZ 92, 244 = NJW 1985, 631 = BauR 1985, 77 = MDR 1985, 222; BGH, BauR 1997, 1036, = NJW-RR 1997, 1513 = ZfBR 1998, 35 (Nichtannahmebeschluss zu OLG Hamburg, *SFH*, Nr. 10 zu § 3 AGB-Gesetz); OLG Zweibrücken, BauR 1989, 376 (LS) vgl. auch *Grüter*, DB 1980, 867; *Grimme*, S. 256.

sam.[69] Eine Klausel in AGB des Auftraggebers, wonach bei einer Kündigung des Auftraggebers gemäß § 649 BGB der Auftragnehmer die geschuldete Vergütung nur insoweit erhält, als die erbrachten Einzelleistungen vom Auftraggeber auch **tatsächlich verwertet** werden, verstößt ebenfalls gegen § 307 BGB und ist unwirksam; nach dieser Klausel wird dem Auftraggeber in unzulässiger Weise das Recht eingeräumt, über die Verwertung, die erst die Vergütungspflicht auslösen soll, einseitig zu bestimmen, sodass dem Auftragnehmer ein unkalkulierbares wirtschaftliches Risiko aufgebürdet wird.[70]

**1299** Die Vereinbarung einer **pauschalierten Vergütung** im Rahmen des § 649 Satz 2 BGB/§ 8 Nr. 1 Abs. 2 VOB/B ist – auch in AGB – **zulässig**. Sie darf aber – in AGB oder Formularverträgen – **nicht unangemessen** sein.[71] Insbesondere in **Fertighausverträgen** sind pauschalierte Abrechnungen nach Kündigung des Auftraggebers üblich.

* Pauschaliert der **Auftraggeber** in seinen AGB den entgangenen Gewinn, darf die Pauschale nicht unangemessen **niedrig** sein: Hierzu gibt es in der Rechtsprechung noch keine gesicherten Maßstäbe: Kritisch wird sicherlich eine Pauschale **unter 5%** sein. Das gilt allerdings auch für eine Klausel eines Auftraggebers, wonach im Vertrag ausbedungene Leistungen des Auftragnehmers ganz oder teilweise gestrichen werden können und sich der Werklohn dann um die im Vertrag für die Teilleistung vorgesehenen Beträge (ohne Preisänderung) mindert, weil damit von dem Grundgedanken des § 649 BGB vollständig abgewichen wird.[72] Eine Klausel, nach der ein Auftragnehmer keinen Anspruch auf Ersatz des entgangenen Gewinns hat, wenn ihm „ein gleichwertiger Ersatzauftrag angeboten wird", ist dagegen wirksam.[73]

* Wird die Bestimmung über eine Pauschalvergütung von dem **Auftragnehmer** in AGB „gestellt", so darf sie nicht unangemessen **hoch** sein; insoweit hat der BGH die volle Restvergütung (ohne Abzug ersparter Aufwendungen)[74] und das OLG Stuttgart eine Pauschale von 25%[75] für unzulässig erklärt. Bei 18% hat der BGH[76] Bedenken angemeldet und die Klauseln für unwirksam erklärt, weil

---

69) BGH, NJW 1973, 1190.
70) OLG Zweibrücken, BauR 1989, 227, 229.
71) BGH, BauR 1995, 546 = ZfBR 1996, 199; OLG Braunschweig, BauR 1998, 785, 787; *Löwe*, ZfBR 1998, 121, 127; *Glöckner*, BauR 1998, 669, 680; vgl. *Kniffka*, Jahrbuch Baurecht 2000, 1, 18, der unter Hinweis auf die Rechtsprechung des BGH eine Vergütungspauschale von 5% für unbedenklich hält (BGH, BauR 1983, 266 = ZfBR 1983, 128), während eine Pauschale von 10% ohne weitere Nachprüfung nicht hingenommen werden kann (BauR 1995, 546 = ZfBR 1995, 199); eine Pauschale von 18% gilt als äußerst zweifelhaft (BGH, BauR 1985, 79, 82 = ZfBR 1985, 81). Vgl. hierzu auch *Ingenstau/Korbion/Vygen*, § 8 Nr. 1/B, Rdn. 70 ff.
72) BGH, BauR 1987, 694; OLG Düsseldorf, BauR 1992, 77 = NJW-RR 1992, 216; OLG München, BB 1984, 1386; OLG Frankfurt, NJW-RR 1986, 245 (bei Änderung des Gesamtleistungsumfanges über ± 10%).
73) OLG Koblenz, NJW-RR 1992, 850 = BauR 1992, 379.
74) BGH, NJW 1970, 1596; NJW 1973, 1190.
75) BB 1985, 1420.
76) BauR 1985, 79 = NJW 1985, 632 = ZfBR 1985, 81; vgl. auch OLG München, DB 1984, 114 (Unkostenpauschale von 5%); OLG Celle, AGBE Nr. 2 zu § 10 Nr. 1 AGBG (40% des Vertragswertes); LG München, AGBE Nr. 41 zu § 10 Nr. 1 AGBG (ebenfalls 40%); vgl. hierzu auch BGH, BauR 2000, 1194 (Pauschale von 7,5% des vereinbarten Gesamtpreises bei einer Kündi-

## Kündigung des Auftraggebers/Bauherrn Rdn. 1300–1301

mit ihnen gleichzeitig der Nachweis abgeschnitten wurde, dass der Auftragnehmer höhere Ersparnisse oder einen höheren anderweitigen Erwerb hatte oder böswillig unterlassen hat (§ 11 Nr. 5 AGB-Gesetz, jetzt § 309 Nr. 5 BGB n. F.). Mit ähnlicher Begründung hält das OLG Stuttgart[77] eine Pauschale in Höhe von 40% für unangemessen, während der BGH eine Pauschale von 5%[78] nicht beanstandet. Auch eine Schadenspauschale von 10% in AGB eines Fertighausvertrages hat der BGH[79] für zulässig angesehen, wenn der Auftragnehmer daneben nicht noch weitere Ansprüche geltend machen kann.

Im Übrigen wird ergänzend die Rechtsprechung des BGH zum **Architektenrecht** zu beachten sein:[80] Pauschalieren die Vertragsparteien die ersparten Aufwendungen mit einem **bestimmten Prozentsatz** – wie in Architektenverträgen allgemein üblich –, so muss jedenfalls eine von dem **Auftragnehmer gestellte AGB-Klausel** immer die Möglichkeit des Nachweises höherer ersparter Aufwendungen durch den Auftraggeber sowie die Möglichkeit, dass bei anderweitigem Erwerb i. S. des § 649 BGB ebenfalls ein Abzug gerechtfertigt ist, aufzeigen[81] (Rdn. 940 ff.). **1300**

Wird das **Vertragsverhältnis vorzeitig,** also vor Fertigstellung der geschuldeten Leistung **aufgelöst oder gekündigt,** stellt sich die Frage, ob eine **Abnahme** des unvollendet gebliebenen Teilwerkes für die Fälligkeit des Werklohnanspruches grundsätzlich erforderlich ist. Das ist bislang von der herrschenden Rechtsauffassung verneint worden.[82] Zwischenzeitlich hat der BGH[83] seine bisherige Rechtsprechung geändert und entschieden, dass nach Kündigung eines Bauvertrages die Werklohnforderung grundsätzlich **erst mit der Abnahme** der bis dahin erbrachten Werkleistung **fällig wird.**[84] Damit ist auch klargestellt, dass bei einem gekündigten Vertrag das **1301**

---

gung bis zur Übergabe der Pläne an den Bauherrn für den Bauantrag mit Nachweisklausel für höhere Vergütung).
77) NJW 1981, 1105.
78) BauR 1978, 220 = NJW 1978, 1054; NJW 1983, 1489, 1491 = BauR 1983, 261 = BB 1983, 1051; BauR 1985, 77, 79 = NJW 1985, 632 = ZfBR 1985, 81; ferner OLG Koblenz, BauR 2000, 419 = NJW-RR 2000, 872 = NZBau 2000, 514.
79) BauR 2006, 1131 m. Anm. *Wellensiek* = NZBau 2006, 435; vgl. hierzu auch BGH, BauR 1999, 1294 = NJW 1999, 3261 = ZfBR 2000, 30 = MDR 1999, 1378 sowie BauR 1995, 546 = NJW-RR 1995, 749 = ZfBR 1995, 199; ebenso: OLG Düsseldorf, BauR 2005, 1636; OLG Brandenburg, OLGR 1995, 18; OLG Rostock, BauR 1998, 409 (LS) = NJW-RR 1998, 310 (8% bei Kündigung eines Fertighausvertrages); vgl. auch LG Berlin, BauR 1997, 176 (LS) = BB 1996, 2062.
80) BGH, BauR 1997, 156 = ZfBR 1997, 36; BauR 1998, 866 = ZfBR 1998, 236; BauR 1996, 412 = NJW 1996, 1751 = ZfBR 1996, 200; OLG Braunschweig, BauR 1998, 785.
81) BGH, BauR 1999, 1294 = NJW 1999, 3261 = ZfBR 2000, 30 = MDR 1999, 1378; zur Auslegung einer Pauschalvergütungs-Klausel eines Fertighausherstellers in seinen AGB in Höhe von 5% des vereinbarten Gesamtpreises mit dem ergänzenden Hinweis, „sofern er oder der Bauherr nicht im Einzelfall andere Nachweise erbringen": OLG Koblenz, BauR 2000, 419 = NJW-RR 2000, 872 = NZBau 2000, 514.
82) BGH, BauR 1993, 469 = ZfBR 1993, 189; BauR 1987, 95 = NJW 1987, 382 = MDR 1987, 310; *Schäfer/Finnern,* Z 3.010 Bl. 20; OLG Oldenburg, OLGR 2003, 440; OLG Hamm, BauR 1981, 376; OLG Düsseldorf, BauR 1980, 276 u. BauR 1978, 404; OLG Köln, *SFH,* Nr. 1 zu § 648 BGB; OLG München, ZfBR 1982, 167, 168; **a. A.:** *Kniffka,* Festschrift für v. Craushaar, S. 359 ff.
83) BauR 2006, 1294 = IBR 2006, 432 – *Schmitz* = NJW 2006, 2475 = NZBau 2006, 569. Vgl. hierzu *Motzke,* BTR 2007, 2.
84) Vgl. hierzu *Thode,* ZfBR 2006, 638; *Hartmann,* ZfBR 2006, 737 sowie *Knychalla,* Jahrbuch Baurecht 2007, 1.

Erfüllungsstadium nicht schon mit der Kündigung, sondern erst mit der Abnahme der durch die Kündigung beschränkten vertraglich geschuldeten Werkleistung beendet ist. Im Übrigen hat die Abnahme beim gekündigten Vertrag die gleichen Wirkungen wie beim nicht gekündigten Vertrag (vgl. Rdn. 1343).

Sowohl beim BGB- als auch beim VOB-Bauvertrag hat der gekündigte Auftragnehmer nach richtiger Auffassung des OLG Düsseldorf[85] keinen Anspruch darauf, dass der Auftraggeber die Bauarbeiten stoppt, um dem Auftragnehmer Gelegenheit für ein Aufmaß seiner erbrachten Leistungen zu geben.

**1302** § 649 BGB sowie § 8 Nr. 1 VOB/B enthalten eine **abschließende Regelung** der Rechte des Unternehmers für den Fall der endgültigen Erfüllungsverweigerung (Kündigung) durch den Auftraggeber; Schadensersatzansprüche wegen Nichterfüllung sind dadurch ausgeschlossen.[86] Da es sich bei den Ansprüchen aus § 649 BGB nicht um einen Schadensersatzanspruch handelt, ist § 254 BGB nicht anwendbar.[87]

**1303** Hat sich der Auftraggeber in den Vertragsbedingungen das Recht vorbehalten, einzelne Positionen des Leistungsverzeichnisses entfallen zu lassen, ist er nach OLG Düsseldorf[88] nicht berechtigt, diese Leistungsteile selbst auszuführen; in der Erklärung des Auftraggebers, einzelne Leistungsteile (unter entsprechender Kürzung der vereinbarten Vergütung) selbst ausführen zu wollen, liege noch keine Teilkündigung des Werkvertrages, sondern „ein Angebot auf Vertragsänderung, das der Auftragnehmer nicht verpflichtet ist, anzunehmen". Dem kann indes nicht beigetreten werden, da Sinn dieser Vereinbarung allein die **Ausschaltung** der rechtlichen Folgen des § 649 BGB bzw. § 8 Nr. 1 VOB/B ist.

Die Verschiebung des Baubeginns und damit auch der Bauzeit durch ein **Vergabenachprüfungsverfahren** fällt nach einer Entscheidung des OLG Jena[89] in den Verantwortungsbereich des Auftraggebers. Die Parteien sind in diesem Fall im Rahmen ihrer beiderseitigen Kooperationsverpflichtung gehalten, eine einvernehmliche Anpassung der Vertragstermine vorzunehmen. Sind durch die Verschiebung des Baubeginns dem Auftragnehmer Mehrkosten entstanden, hat er einen Anspruch auf eine entsprechende Mehrvergütung. Insoweit besteht wiederum eine Kooperationsverpflichtung zu Preisverhandlungen; lehnt der Auftraggeber eine solche Vereinbarung hinsichtlich des Mehraufwandes des Auftragnehmers ab, hat der Auftragnehmer ein Leistungsverweigerungsrecht: Kündigt daraufhin der Auftraggeber den Bauvertrag wegen nicht begonnener Bauausführung, ist seine Kündigung als freie Kündigung anzusehen.

Vereinbaren die Vertragsparteien eines Werkvertrages ein „kostenloses Rücktrittsrecht" bei Nichtfinanzierbarkeit für den Auftraggeber, ist eine solche Absprache nach LG München[90] dahin auszulegen, dass den Auftraggeber, der von diesem Rücktrittsrecht Gebrauch macht, keine Zahlungspflichten treffen und der Auftragnehmer keinen Anspruch auf Schadensersatz einschließlich entgangenen Gewinn, keinen Anspruch auf Vergütung für erbrachte Architektenleistungen und auf „Vertreterkosten" hat.

Nach einer Entscheidung des OLG München[91] kann ein Auftraggeber die gesamte Auftragssumme eines Vertrages als vorläufig vereinbaren und über die Festlegung des Auftragsumfanges nach Vertragsschluss dann endgültig entscheiden; lässt der Auftraggeber daraufhin bestimmte Teilbereiche nicht ausführen, scheidet eine Teilkündigung –

---

85) BauR 2001, 1270.
86) OLG Düsseldorf, BauR 1973, 114.
87) OLG Düsseldorf, *Schäfer/Finnern*, Z 2.13 Bl. 19.
88) BauR 1988, 485 = NJW-RR 1988, 278; auch OLG Frankfurt, NJW-RR 1986, 245 (für eine entsprechende AGB).
89) BauR 2005, 1161.
90) BauR 1996, 399.
91) IBR 2003, 234 – *Schulze-Hagen*.

und damit auch eine Vergütung für nicht erbrachte Leistungen – aus. Eine solche Regelung kann allerdings nur individualrechtlich, nicht aber in AGB getroffen werden.[92]

Zur Abrechnung eines **Pauschalpreisvertrages bei Kündigung** vgl. Rdn. 1206. Zur **Mehrwertsteuer auf die Vergütung** gemäß § 649 BGB/§ 8 Nr. 1 VOB/B für nicht ausgeführte Bauleistungen vgl. Rdn. 1274.

### b) Besonderes Kündigungsrecht aus § 650 BGB

**1304**

*Literatur*

*Pahlmann*, Die Bindungswirkung des unverbindlichen Kostenvoranschlags, DRiZ 1978, 367; *Köhler*, Die Überschreitung des Kostenvoranschlags, NJW 1983, 1633; *Werner*, Anwendungsbereich und Auswirkungen des § 650 BGB, Festschrift für Korbion (1986), 473; *Rohlfing/Thiele*, Überschreitung des Kostenvorschlags durch den Werkunternehmer, MDR 1998, 632; *Schenk*, Der Kostenvoranschlag nach § 650 BGB und seine Folgen, NZBau 2001, 470.

Ein **besonderes** Kündigungsrecht hat der Auftraggeber gemäß § 650 BGB bei **1305** **wesentlicher Überschreitung eines Kostenanschlags**. Bauleistungen werden häufig nach Abgabe eines entsprechenden Kostenanschlags durchgeführt, in dem der Unternehmer seine Einheitspreise und die voraussichtlichen Mengen bekannt gibt. Die sich aus den Mengen und Einheitspreisen ergebenden Positionspreise und der Endpreis werden dann bei Auftragserteilung in aller Regel von den Parteien nicht festgeschrieben und damit auch nicht Vertragsbestandteil.

Hat der Unternehmer den Endpreis auch nicht garantiert, stellt der **Kostenanschlag** **1306** lediglich eine **unverbindliche Berechnung der voraussichtlichen Kosten** dar.[93] Ergibt sich bei Ausführung der Bauleistung, dass diese **nicht ohne wesentliche Überschreitung des Kostenanschlags ausgeführt** werden kann, kann der **Auftraggeber** den Vertrag nach § 650 Abs. 1 BGB **kündigen**. Der Unternehmer hat dann nur einen Anspruch auf einen der geleisteten Arbeit entsprechenden Teil des Werklohns und Ersatz der in der Vergütung nicht inbegriffenen Auslagen entsprechend § 645 BGB.

**Wann eine wesentliche Überschreitung** des Anschlages vorliegt, ist eine Frage des **1307** **Einzelfalls**. Dabei ist insbesondere zu berücksichtigen, mit welchem Genauigkeitsgrad der Unternehmer bezüglich der angebotenen Bauleistung seinen Kostenanschlag hätte abgeben können. Entscheidend ist die Überschreitung des Endpreises, nicht einzelner Positionspreise. Bei einer Überschreitung von **mehr als 25%** wird man grundsätzlich das Kündigungsrecht des Auftraggebers zu bejahen haben.[94] Dabei sind zusätzliche Leistungen aufgrund von Änderungen oder Zusatzaufträgen des Auftragnehmers nicht zu berücksichtigen.

*Köhler*[95] lehnt die Bewertung der Überschreitung nach Prozentangaben ab und meint, eine Kostenüberschreitung sei „wesentlich", wenn „sie so erheblich ist, dass sie einen redlich denkenden Besteller zur Änderung seiner Dispositionen, insbesondere

---

[92] So zutreffend *Schulze-Hagen*, IBR 2003, 234.
[93] OLG Frankfurt, NJW-RR 1989, 209; *Locher*, Rdn. 56. Vgl. hierzu auch OLG Karlsruhe, BauR 2003, 1589 = OLGR 2003, 61 (bei wesentlichen Änderungen der Werkleistung ist das ursprüngliche Angebot nicht mehr als Kostenanschlag nach § 650 BGB anzusehen).
[94] Vgl. hierzu *Palandt/Sprau*, § 650, Rdn. 2 (15–20%); *Rohlfing/Thiele*, MDR 1998, 632; *Pahlmann*, DRiZ 1978, 367 (10%), ebenso: *MünchKomm-Busche*, § 650 BGB, Rdn. 10 (mehr als 10%); *Schenk*, NZBau 2001, 470, 471 (10–25%).
[95] NJW 1983, 1633, 1634; vgl. hierzu auch *Rohlfing/Thiele*, MDR 1998, 632, 633.

zur Kündigung, veranlassen kann". Dabei sollen folgende Kriterien Berücksichtigung finden: Eigenart der Werkleistung, Kosten-Nutzen-Verhältnis, Zeitpunkt der Erkennbarkeit der Kostenüberschreitung und Bestimmtheitsgrad des Kostenanschlags.[96]

**1308** Nach § 650 Abs. 2 BGB ist der Unternehmer zum Schutze des Auftraggebers verpflichtet, diesem **unverzüglich anzuzeigen,** wenn eine **wesentliche Überschreitung** des Kostenanschlags zu erwarten ist. Das **Unterbleiben** dieser **Anzeige** stellt eine **schuldhafte Vertragsverletzung** des Unternehmers dar. Dies hat zur Folge, dass er dem Auftraggeber zum Schadensersatz aus Pflichtverletzung verpflichtet ist.[97] Er hat den Auftraggeber nunmehr so zu stellen, wie dieser stehen würde, wenn ihm die Überschreitung des Kostenanschlags rechtzeitig angezeigt worden wäre.

**1309** **Umstritten** ist, ob der **Auftraggeber** stets die **Beweislast** dafür trägt, dass er nach einer rechtzeitigen Anzeige gekündigt hätte, ob der Auftragnehmer beweisen muss, dass der Auftraggeber trotz rechtzeitiger Anzeige nicht gekündigt hätte oder ob bei Verletzung der Anzeigepflicht stets von einer fiktiven Kündigung auszugehen ist.[98] Richtigerweise wird von dem Auftraggeber der Nachweis zu verlangen sein, dass er bei rechtzeitiger Anzeige die Kündigung ausgesprochen hätte. Zu Recht weisen Köhler[99] und das OLG Frankfurt[100] darauf hin, dass in diesem Fall an die Beweisführung aber keine allzu großen Anforderungen zu stellen sind. Die Schadensersatzverpflichtung entfällt, wenn der Auftragnehmer seinerseits nachweisen kann, dass der Auftraggeber trotz rechtzeitiger Anzeige nicht gekündigt hätte oder er auch ohne Anzeige von der wesentlichen Überschreitung Kenntnis hatte.[101] Konnte oder musste die Kostenüberschreitung vom Auftraggeber erkannt werden, ist ein **mitwirkendes Verschulden** bei der Höhe des Schadensersatzes zu berücksichtigen. Entsprechendes gilt, wenn der Auftraggeber von dritter Seite von der Kostenüberschreitung erfährt.[102]

**1310** Die **„Abrechnung"** i. S. des **§ 650 Abs. 2 BGB** (bei wesentlicher Überschreitung des Kostenanschlags und einer unterstellten Kündigung) ist allerdings **problematisch**: Grundsätzlich ist der Auftraggeber aufgrund seines Schadensersatzanspruches so zu stellen, wie er bei einer Anzeige und daraufhin ausgesprochenen Kündigung gestanden hätte. Der Auftragnehmer hat daher Anspruch auf den Teil der Vergütung, der der erbrachten Bauleistung – bezogen auf den fiktiven Zeitpunkt der Kündigung – entspricht (§§ 650 Abs. 1, 645 Abs. 1 BGB). Dies ist allgemeine Meinung.

**1311** **Umstritten** ist auch, ob der durch die **Weiterarbeit** (ggf. die Vollendung der Bauleistung) **dem Auftraggeber entstandene Vermögenswert** auf den Schadensersatzanspruch **anzurechnen** ist. Dies wird teilweise bejaht,[103] was jedoch nicht überzeugt,

---

96) Beck'scher VOB-Komm/*Jagenburg*, B Vor § 2, Rdn. 259, 276; *Stickler/Fehrenbach*, Rdn. 142.
97) OLG Frankfurt, NJW-RR 1989, 209.
98) Vgl. hierzu *Köhler*, NJW 1983, 1633 mit einer Übersicht zum Meinungsstand.
99) A. a. O. (Vortrag von Umständen, die eine Kündigung nahe legen).
100) BauR 1985, 207 = OLGZ 1984, 198 („plausible Darlegung" der Kündigung genügt); ebenso: *Schenk*, NZBau 2001, 470, 472; LG Köln, NJW-RR 1990, 1498.
101) *MünchKomm-Busche*, § 650 BGB, Rdn. 16.
102) *Schenk*, NZBau 2001, 470, 472 will in einem solchen Fall einen Anspruch auf Schadensersatz ausschließen, weil es an der Kausalität zwischen unterlassener Anzeige und Schaden in diesem Fall fehlen soll.
103) LG Köln, TranspR 1994, 317; *MünchKomm-Busche*, § 650 BGB, Rdn. 18; *Glanzmann*, in RGRK, § 650, Rdn. 15.

weil andernfalls die Pflichtverletzung des Auftragnehmers (unterlassene Anzeige nach § 650 Abs. 2 BGB) keine rechtlichen und wirtschaftlichen Konsequenzen für ihn hätte.[104] Es ist zu berücksichtigen, dass der Auftragnehmer durch seinen fehlerhaften Kostenanschlag gerade die eigentliche Ursache für die Kostenüberschreitung gesetzt hat.[105] Durch die zweifache Pflichtverletzung (fehlerhafter Kostenanschlag – unterlassene Anzeige) wird dem Auftraggeber im Übrigen eine Leistung aufgedrängt, die er in diesem Umfang gar nicht haben wollte.

Der Auftragnehmer ist insoweit auch nicht schutzbedürftig; er hatte es in der Hand, die eingetretene Situation zu vermeiden. Wägt man daher die sich widerstreitenden Interessen von Auftragnehmer (Anspruch auf Werklohn für die **erbrachte** Leistung) und Auftraggeber (Schadensersatzanspruch wegen unterlassener Anzeige der wesentlichen Überschreitung des Kostenanschlags) ab, überwiegt der Schutz des Auftraggebers.

Das OLG Frankfurt[106] hatte zunächst offen gelassen, ob bei der Berechnung des Schadensersatzes des Auftraggebers aus einer Verletzung der Anzeigepflicht gemäß § 650 Abs. 2 BGB dieser verpflichtet ist, die Leistungen, die der Unternehmer nach der fiktiven Kündigung erbracht hat, entsprechend ihrem vollen Wert oder in Höhe der Kostenanschlagssumme zuzüglich einer zulässigen Überschreitungsquote zu vergüten ist, wenn er sie behalten will. In einer späteren Entscheidung weist das OLG Frankfurt[107] dann darauf hin, „dass bei der Bewertung dieses Vorteils nicht auf die objektive Werterhöhung des Werkgegenstands, sondern auf das subjektive Interesse des Bestellers an der Vollendung der Werkleistung abgestellt wird, wie das im Bereicherungsrecht für die aufgedrängte Bereicherung gilt". Die Problematik ist jedoch mehr theoretischer Natur: Wer eine Bauleistung behalten will, wird meist nicht überzeugend darlegen und beweisen können, dass er bei einem entsprechenden Hinweis durch den Auftragnehmer den Werkvertrag gekündigt hätte.

**1312**

Nach richtiger Auffassung[108] hat der Auftragnehmer daher grundsätzlich nur einen **Anspruch auf eine Vergütung in Höhe des Kostenanschlags zuzüglich der zulässigen Überschreitung**.[109]

---

104) Zutreffend: *Rohlfing/Thiele*, MDR 1998, 632, 635; *Pahlmann*, DRiZ 1978, 367; *Derleder* im Alternativ-Kommentar BGB, § 650, Rdn. 2 u. Beck'scher VOB-Komm/*Jagenburg*, B Vor § 2, Rdn. 277.
105) OLG Frankfurt, BauR 1985, 207.
106) BauR 1985, 207.
107) NJW-RR 1989, 209; LG Köln, NJW-RR 1990, 1498.
108) Wie hier: *Rohlfing/Thiele*, MDR 1998, 632, 636; *Palandt/Sprau*, § 650 BGB, Rdn. 3; *Kleine-Möller/Merl*, § 15, Rdn. 68 ff.; *Schenk*, NZBau 2001, 470, 473; ähnlich: *Köhler*, NJW 1983, 1633, 1635, der allerdings zu diesem Ergebnis nur über ein Wahlrecht des Auftraggebers kommt, entweder dem Auftragnehmer die Bauleistung wieder zur Verfügung zu stellen oder aber gegen Vergütung zu behalten; da in der Baubranche ein Austausch der Leistungen in aller Regel wegen der vollzogenen Verbindung, Vermischung usw. nicht möglich ist, ist diese Auffassung nicht praktikabel.
109) **Anderer Ansicht:** OLG Celle, OLGR 2003, 261 (Ersatz der „tatsächlich vorhandenen Wertschöpfung"); BauR 2000, 1493; *Pahlmann*, DRiZ 1978, 367 u. Beck'scher VOB-Komm/*Jagenburg*, B Vor § 2, Rdn. 277, wonach der Auftragnehmer nur in Höhe seines unverbindlichen Kostenanschlags eine Vergütung verlangen kann; dabei wird übersehen, dass der Schadensersatzanspruch im Hinblick auf die Unverbindlichkeit des Kostenanschlags erst bei Überschreitung der Toleranzgrenze entsteht.

**1313** Über die Grundsätze der ungerechtfertigten Bereicherung kann kein weiterer Ausgleich erfolgen, da die §§ 812 ff. BGB schon tatbestandlich aufgrund der werkvertraglichen Bindung der Parteien ausscheiden.[110]

Das OLG Frankfurt[111] setzt sich auch mit dieser Frage auseinander und führt aus: „Wenn die von dem Besteller, der die nach der fiktiven Kündigung erbrachten Werkleistungen nicht herausgeben kann oder will, dafür geschuldete Vergütung ihres Wertes nach den gleichen Grundsätzen berechnet wird, wie sie für die so genannte aufgedrängte Bereicherung gelten, führt dies im Ergebnis in vielen Fällen dazu, dass der Werkunternehmer trotz nicht angezeigter Überschreitung seines Kostenanschlags die volle Vergütung fordern kann. Dies wiederum würde die ohnehin häufig anzutreffende Unsitte der Werkunternehmer begünstigen, bewusst oder leichtfertig zu niedrige Kostenanschläge abzugeben, um erst einmal einen Auftrag zu erhalten und dann nach Ausführung der Arbeiten eine erheblich höhere Vergütung zu fordern. Der Auftraggeber muss dann unter Umständen mehr zahlen, als wenn er den Auftrag von vornherein einem teureren, aber realistische kalkulierenden Anbieter erteilt hätte. Dieses Risiko für den Auftraggeber wird dadurch vermieden, dass die Vergütung des Werkunternehmers, bei Verletzung seiner Anzeigepflicht gemäß § 650 Abs. 2 BGB auf die bis zum Zeitpunkt der fiktiven Kündigung erbrachten Leistungen des Unternehmers, möglicherweise mit einem gewissen Zuschlag für eine hinzunehmende nicht wesentliche Überschreitung des Anschlags, beschränkt wird.

Die Einbeziehung von bereicherungsrechtlichen Grundsätzen in die Abrechnung nach unterlassener Anzeige erscheint auch systematisch nicht geboten. § 650 Abs. 1 BGB verweist für den Fall, dass der Besteller aufgrund einer ordnungsgemäßen Anzeige der wesentlichen Überschreitung des Kostenanschlags den Vertrag deshalb kündigt, auf die Abwicklung nach § 645 BGB. Im Falle der unterlassenen Anzeige hat der Unternehmer zwar anders als im Falle des § 645 BGB weitere Werkleistungen erbracht. Entgegen der Ansicht von Köhler erscheint es jedoch nicht unbillig, dem Unternehmer für die nach dem fiktiven Kündigungszeitpunkt erbrachten Leistungen einen Vergütungsanspruch zu verweigern, weil er es durch ordnungsgemäße Erfüllung seiner vertraglichen Pflichten, nämlich der Anzeigepflicht gemäß § 650 Abs. 2 BGB, hätte vermeiden können, weitere Werkleistungen ohne Vergütungsanspruch zu erbringen."

### c) Außerordentliches Kündigungsrecht

*Literatur*

*Pöhner*, Die Bedeutung der Baugenehmigung für den Bauvertrag, Baurechtl. Schriften, Bd. 35, 1997. *Schmidt*, Zur unberechtigten Kündigung aus wichtigem Grund beim Werkvertrag, NJW 1995, 1313; *Lenzen*, Ansprüche gegen den Besteller, dem Mitwirkungspflichten unmöglich werden, BauR 1997, 210; *Niemöller*, Vergütungsansprüche nach Kündigung des Bauvertrages, BauR 1997, 539; *Adler/Everts*, Kündigungsrechte des Auftragnehmers trotz mangelhafter Werkleistung, BauR 2000, 1111; *Schmitz*, Kündigungsrecht des Auftragnehmers bei objektiv vorliegenden, vom Auftraggeber aber nicht zeitnah gerügten Mängeln?, BauR 2000, 1126; *Timmermans*, Kündigung des VOB-Vertrages bei Insolvenz des Auftragnehmers, BauR 2001, 321; *Genschow*, Einbehalte des Auftraggebers und die Pflicht zur Übersendung der Abrechnung gemäß § 8 Nr. 3 Abs. 4 VOB/B, BauR 2001, 323; *Handschumacher*, Der Vergütungsanspruch gemäß § 8 Nr. 3 Abs. 3 VOB/B, BauR 2001, 872; *Boldt*, Die Kündigung des Bauvertrages aus wichtigem Grund durch den Auftraggeber nach neuem Recht, NZBau 2002, 655; *Voit*, Die außerordentliche Kündigung des Werkvertrages durch den Besteller, BauR 2002, 1776; *Koenen*, Die Kündigung nach § 8 Nr. 2 VOB/B und deren Abrechnungsprobleme,

---

110) Zutreffend: *Palandt/Sprau*, § 650 BGB, Rdn. 2; OLG Frankfurt, BauR 1985, 207.
111) A. a. O.

**Kündigung des Auftraggebers/Bauherrn**

BauR 2005, 202; *Kuhn*, Der Eigenantrag des Auftragnehmers als Voraussetzung einer Kündigung nach § 8 Nr. 2 Abs. 1 2. Var. VOB/B?, BauR 2005, 942; *Bitterich*, Kündigung vergaberechtswidrig zu Stande gekommener Verträge durch öffentliche Auftraggeber, NJW 2006, 1845; *Lang*, „Die Teilkündigung", BauR 2006, 1956; *Heerdt*, Die Kündigung gemäß § 8 Nr. 2 Abs. 2 VOB bei Vermögensverfall des Auftragnehmers, Festschrift für Ganten (2007), 155.

### aa) Grundsätzliches

Grundsätzlich kann jeder Bauvertrag vom Auftraggeber aus wichtigem Grund gekündigt werden. Dies wird von Rechtsprechung und Literatur aus dem Rechtsgedanken des § 242 BGB i. V. m. § 649 BGB sowie § 643 BGB gefolgert.[112] Dieser Kündigungsgrund kann vertraglich nicht ausgeschlossen werden. Der wichtige Kündigungsgrund kann in einer schweren schuldhaften Verletzung oder einer sonstigen **Zerstörung des vertraglichen Vertrauensverhältnisses** bestehen, die eine Fortsetzung des Vertrages für den Auftraggeber unmöglich macht.[113] Ein solcher Kündigungsgrund kann auch dann bestehen, wenn die entsprechende Vertragsverletzung zwar noch nicht eingetreten ist, ihr Eintritt jedoch sicher ist, weil „dem Auftraggeber in aller Regel nicht zugemutet werden kann, die Vertragsverletzung abzuwarten, um dann erst die rechtlichen Konsequenzen daraus zu ziehen".[114] Grundsätzlich ist bei einer Kündigung aus wichtigem Grund eine Abmahnung und Setzung einer Nachfrist nicht erforderlich, insbesondere wenn eine Korrektur der Vertragsverletzung nicht mehr möglich oder das Vertrauensverhältnis zerstört ist.[115] An den vorerwähnten, von der Rspr. erarbeiteten Grundsätzen hat sich auch **nach Inkrafttreten des SchRModG nichts geändert**.[116]

Eine **Teilkündigung** des Auftraggebers ist sowohl beim BGB als auch beim VOB-Bauvertrag grundsätzlich **zulässig**. Allerdings muss die Teilkündigung aus wichtigem Grund getrennt abrechenbare Teile der Gesamtleistung betreffen.[117] § 8 Nr. 3 Satz 2 VOB/B sieht ausdrücklich eine Teilkündigung in den Fällen des § 4 Nr. 7 u. 8 Abs. 1 sowie § 5 Nr. 4 VOB/B vor, wobei die Entziehung des Auftrages „auf einen in sich abgeschlossenen Teil der vertraglichen Leistungen beschränkt werden" kann.[118]

---

112) BGH, NJW 1951, 836; OLG Brandenburg, BauR 2003, 1734; *Schuhmann*, BauR 2005, 293, 300; *Schmidt*, NJW 1995, 1313; *Niemöller*, BauR 1997, 539, 540; *Voit*, BauR 2002, 1776.
113) BGH, BauR 2004, 1613, 1615.
114) BGH, BauR 2000, 409 = NJW 2000, 807 = ZfBR 2000, 170 = MDR 2000, 388 (Verletzung der Kooperationspflicht); BauR 2000, 1182, 1185; BauR 1996, 704 = ZfBR 1996, 267 (für den VOB-Bauvertrag).
115) Vgl. hierzu OLG Düsseldorf, BauR 1995, 247 u. NJW-RR 1997, 625.
116) Wie hier *Lang*, BauR 2006, 1956; *Basty*, Jahrbuch Baurecht 2007, 91, 100; *Ingenstau/Korbion/Vygen*, § 8/B, Rdn. 13; *Bamberger/Roth/Voit*, § 649 BGB, Rdn. 21; *Kniffka*, IBR 2002, 173, 175; *Schwenker*, ZfIR 2003, 939, 941; *Preussner*, Festschrift für Kraus, S. 179, 195; *Koeble*, Festschrift für Kraus, S. 389, 399; *Voit*, BauR 2002, 145 ff. und BauR 2002, 1776; *Lauer/Klein/Fink*, Rdn. 75; *Palandt/Sprau*, § 649 Rdn. 1 u. 10; *Böttcher*, ZfBR 2003, 213, 220, stützt den Anspruch auf § 314 BGB, wobei er den Werkvertrag als Dauerschuldverhältnis ansieht; *Sienz*, BauR 2002, 181 ff., 194, will § 314 BGB analog anwenden. Vgl. hierzu auch *Boldt*, NZBau 2002, 1776.
117) Vgl. hierzu grundlegend *Lang*, BauR 2006, 1956, 1958.
118) Zu dem Begriff des „in sich abgeschlossenen Teils der vertraglichen Leistung" vgl. *Lang*, BauR 2006, 1956, 1959 m. w. N.

**1315** Bei dem Kündigungsausspruch bedarf es keiner ausführlichen Erklärung des wichtigen Grundes; es reicht ein allgemeiner Hinweis. Im Übrigen kann der Auftraggeber einen wichtigen Kündigungsgrund auch später **„nachschieben"**, ohne dass ihm insoweit ein Nachteil entsteht.[119] Für das Vorliegen des wichtigen Grundes trägt der Auftraggeber die Beweislast.

Eine **Abmahnung** ist keine Voraussetzung einer außerordentlichen Kündigung.[120] Unter dem Gesichtspunkt der Kooperationsverpflichtung der Vertragsparteien kann dies ausnahmsweise im Einzelfall anders sein.

**1316** Der Anspruch des Unternehmers aus § 649 BGB/§ 8 Nr. 1 VOB/B auf die vereinbarte **Vergütung für den noch ausstehenden Teil** seiner Bauleistung **entfällt**, wenn der **Bauherr** zu Recht wegen eines den **Vertragszweck gefährdenden Verhaltens** des Unternehmers **gekündigt** hat, dem Bauherrn also ein außerordentliches Kündigungsrecht zusteht,[121] andernfalls würde der Unternehmer aus seiner eigenen Vertragswidrigkeit Nutzen ziehen können.[122] Dagegen bleibt dem Auftragnehmer der Werklohnanspruch für die erbrachten Leistungen erhalten, soweit diese von dem Auftraggeber verwertet werden können.[123] Eine formularmäßige Klausel in einem Bauvertrag, mit der der Anspruch gemäß § 649 BGB ausgeschlossen oder eingeschränkt wird,[124] ist unzulässig (§ 307 BGB).[125]

**1317** Das Recht zur Kündigung aus wichtigem Grund kann in AGB nicht ausgeschlossen werden.[126] Zur **Abnahme** bei einem gekündigten Vertrag vgl. Rdn. 1301.

**Beispiele** für das **Kündigungsrecht des Auftraggebers** aus wichtigem Grund:

**1318**
* Der Auftragnehmer **weicht** im Rahmen der technischen Bearbeitung von **vertraglichen Vorgaben** ab (OLG Celle, BauR 2005, 1336 = IBR 2005, 138 – *Jasper*).
* Der Auftragnehmer beauftragt entgegen den vertraglichen Vereinbarungen einen **Nachunternehmer**, der im **Nachunternehmerverzeichnis nicht benannt** worden ist (OLG Celle, BauR 2005, 1336 = OLGR 2005, 229 = IBR 2005, 139 – *Jasper*).
* Erklärt der Auftragnehmer seine Leistungsbereitschaft (zum Einbau eines Notstromaggregats) nicht innerhalb einer vom Auftraggeber gesetzten Erklärungsfrist mit Kündigungsandrohung, kann der Auftraggeber zur Kündigung aus wichtigem Grund gemäß § 5 Nr. 4, § 8 Nr. 3 VOB/B berechtigt sein (OLG Stuttgart, IBR 2007, 416 – *Schrammel*).
* Der Unternehmer fordert den Auftraggeber auf, **weitere Planunterlagen** (hier Schal- und Bewehrungspläne) beizubringen, obwohl der **Unternehmer selbst hierfür verantwortlich** ist (OLG Düsseldorf, IBR 2007, 125).
* Der Auftragnehmer kann trotz Fristsetzung und Kündigungsandrohung keine den Vorgaben des Auftraggebers geeignete und genehmigungsfähige Betonrezeptur vorlegen (OLG Hamm, BauR 2007, 1247).

---

119) BGH, NJW 1975, 825 = BauR 1975, 280.
120) OLG Oldenburg, NJW-RR 2005, 1104 (bei groben Vertragsverstößen).
121) Zum Verhältnis der Kündigung aus wichtigem Grund zu § 649 BGB: *Schmidt*, NJW 1995, 1313 ff.
122) BGHZ 31, 224, 220; 45, 372, 375; NJW 1976, 518; OLG Hamm, BauR 1993, 482.
123) BGH, BauR 1993, 469 = NJW 1993, 31 = ZfBR 1993, 189.
124) Vgl. hierzu Rdn. 1298.
125) BGH, BauR 2007, 1724 = IBR 2007, 541 – *Schulze-Hagen*;; BauR 1997, 1036 = NJW-RR 1997, 1513 = ZfBR 1998, 35.
126) Vgl. hierzu BGH, NJW 1999, 3261, 3262; OLG Düsseldorf, NJW-RR 2000, 166, 167; *Korbion/Locher*, Rdn. K 152 ff.; *Bamberger/Roth/Voit*, § 649 BGB, Rdn. 29.

## Kündigung des Auftraggebers/Bauherrn    Rdn. 1318

* Der mit der Lieferung und dem Einbau von Betonfertigteilen beauftragte Unternehmer besteht darauf, diese Teile nach einer **vertragswidrigen Betonrezeptur** zu fertigen (OLG Hamm, IBR 2007, 126).
* Der Auftragnehmer hält eine **Vertragsfrist** aus von ihm zu vertretenden Gründen nicht ein, wobei diese Vertragsverletzung von so erheblichem Gewicht ist, dass eine Fortsetzung des Vertrages mit dem Unternehmer nicht zumutbar ist (BGH, BauR 2003, 880).
* Der Auftragnehmer **verletzt seine Kooperationspflichten** schwerwiegend, wenn er die vollständige Erbringung seiner Leistung „in unverhandelbare Abhängigkeit von einer Nachtragsbeauftragung" setzt (OLG Brandenburg, BauR 2003, 1734 = OLGR 2003, 553).
* Der Auftragnehmer wirft dem Auftraggeber gegenüber Dritten **betrügerisches Verhalten** vor.
* Er verweigert die gemäß § 2 Nr. 7 Abs. 1 Satz 2 VOB/B begründete **Anpassung des Pauschalpreises** (BGH, NJW 1969, 233).
* Der Auftragnehmer **berät** den Auftraggeber im Rahmen der schlüsselfertigen Errichtung eines „Ausbauhauses" über die **Finanzierbarkeit** des Bauvorhabens **falsch** (OLG Hamm, BauR 1993, 482 = NJW-RR 1993, 717).
* Der Auftragnehmer hält an einer **Bauausführung entgegen den Regeln der Technik** fest.
* **Zahlung von Schmiergeldern** durch den Auftragnehmer an Mitarbeiter des Auftraggebers.
* Ständiges **Ignorieren von Bauherrenwünschen.** Ständige Verletzung der allgemeinen Beratungs- und Aufklärungspflichten.
* Der Auftragnehmer ist für **besonders grobe Mängel** verantwortlich (OLG Bremen, OLGR 2000, 153 = NZBau 2000, 379 – LS –).
* Der Auftragnehmer **verstößt trotz Abmahnungen** des Auftraggebers mehrfach und nachhaltig **gegen eine Vertragspflicht** und sein Verhalten gibt im Übrigen einen hinreichenden Anlass für die Annahme, dass er sich auch in Zukunft nicht vertragstreu verhalten wird (BGH, BauR 1996, 704 = NJW-RR 1996, 1108 = ZfBR 1996, 267).
* Der Auftragnehmer vermittelt dem Auftraggeber den Eindruck, er betreibe ein Fachunternehmen für ein bestimmtes Handwerk, also einen Meisterbetrieb, der kraft öffentlichen Rechts befugt ist, bestimmte Handwerkerarbeiten auszuführen; tatsächlich ist das Unternehmen aber **nicht in die Handwerksrolle** eingetragen (OLG Hamm, BauR 1988, 727).
* Der Auftragnehmer weigert sich, eine bestimmte von ihm vorgesehene Leistungsmenge (z. B. Schädlingsbekämpfungsmittel) auf einen Wert zu vermindern, der den anerkannten Regeln der Technik entspricht (OLG Hamm, BauR 2001, 1594).
* Dem **Auftragnehmer fehlt** der vom Auftraggeber geforderte **Eignungsnachweis:** Gesamtkündigungsrecht des Auftraggebers, auch wenn der Auftragnehmer nur bezüglich eines (von zwei vergebenen) Loses einen wichtigen Grund gesetzt hat (OLG Köln, NJW-RR 1994, 602).
* Der Auftragnehmer macht die **Weiterarbeit** ernsthaft und endgültig **von der Zahlung weiterer Vergütung abhängig,** obwohl er hierauf eindeutig keinen Anspruch hat (OLG Frankfurt, BauR 1988, 599, 604 = NJW-RR 1987, 979; OLG Düsseldorf, NJW-RR 1996, 1170; BauR 1994, 521, das jedoch eine **grobe**

Pflichtverletzung verneint, wenn eine im **Bauvertrag** vorgesehene Vereinbarung über die gesonderte Vergütung erforderlicher Mehrleistungen nicht zu Stande kommt).

* Die von dem Unternehmer zu erbringende **Leistung** (Lieferung und Installation eines Wintergartens) ist aufgrund bauplanungsrechtlicher Vorschriften **nicht genehmigungsfähig** (OLG Köln, OLGR 1996, 165).
* Der Auftragnehmer verletzt seine **Kooperationspflichten** gegenüber dem Auftraggeber, z. B. durch eine zu Unrecht erfolgte fristlose Kündigung, ohne den Versuch zu unternehmen, die vorhandenen Meinungsverschiedenheiten durch Verhandlungen einvernehmlich beizulegen (vgl. hierzu BGH, BauR 1996, 542 = NJW 1996, 2158 = ZfBR 1996, 269; BGH, BauR 2000, 409 = NJW 2000, 471 = NZBau 2000, 130).
* Der Auftraggeber kündigt dem Hauptunternehmer den Bauvertrag: In diesem Fall ist der Hauptunternehmer in einem entsprechenden **gestaffelten Werkvertragsverhältnis** (vgl. Rdn. 1051) berechtigt, auch seinem **Subunternehmer** zu kündigen (BGH, BauR 2004, 1943 = NJW-RR 2004, 1498). Eine entsprechende Klausel im AGB ist aber dann unwirksam, wenn die Klausel so abgefasst ist, dass jede Beendigung des Hauptvertrages zwischen Auftraggeber und Hauptunternehmer (also z. B. auch eine einvernehmliche Aufhebung) darunter fällt.
* Der Auftragnehmer **hält eine Vertragsfrist** aus von ihm zu vertretenden Gründen **nicht ein** und die Vertragsverletzung ist „von so erheblichem Gewicht, dass eine Fortsetzung des Vertrages mit dem Auftragnehmer nicht zumutbar ist". Dasselbe gilt, wenn nicht nur zu erwarten, sondern sicher ist, dass der Auftragnehmer eine Vertragsfrist aus den vorerwähnten Gründen nicht einhalten wird (BGH, BauR 2000, 1182 = NJW 2000, 2988 = ZfBR 2000, 472 = NZBau 2000, 375).
* Der Auftragnehmer **verzögert die Wiederaufnahme** der Arbeiten (OLG Hamm, IBR 2005, 363 – *Leitzke*).
* Der Auftragnehmer **zieht zwei Monate** lang die **Arbeitskräfte von der Baustelle ab** und stellt – trotz vieler Gespräche der Vertragsparteien über den geschuldeten Leistungsumfang – nicht einmal die unstreitig noch zu erbringenden Teilleistungen fertig (OLG Oldenburg, NJW-RR 2005, 1104).
* Macht der Auftragnehmer den **Baubeginn davon abhängig**, dass der Auftraggeber einen **unberechtigten Nachtrag bzw. Mehrpreis anerkennt**, so liegt darin eine ernsthafte, endgültige und unberechtigte Erfüllungsverweigerung (Brandenburgisches OLG, IBR 2005, 302 – *Biebelheimer*).
* Zur Kündigung **vergaberechtswidrig zu Stande gekommener Verträge** durch öffentliche Auftraggeber vgl. *Bitterich*, NJW 2006, 1845.

Wird eine Kündigung auf einen wichtigen Kündigungsgrund gestützt, liegt dieser aber nicht vor, ist die Kündigung als unwirksam anzusehen. Nach Auffassung des BGH[127)] ist jedoch eine solche Kündigung in der Regel dahin zu verstehen, dass auch eine freie Kündigung (§ 649 BGB) gewollt ist; will der Auftraggeber seine Kündigung nicht so verstanden wissen, muss er dies ggf. zum Ausdruck bringen.

---

127) BauR 2003, 1889 = MDR 2004, 90 = NZBau 2003, 665 = NJW 2003, 3474 = ZfIR 2003, 939 m. Anm. *Schwenker*; ebenso OLG Düsseldorf, BauR 2005, 1636; Hanseatisches OLG, BauR 2004, 1680, OLG Nürnberg, OLGR 2003, 419 sowie *Ingenstau/Korbion/Vygen*, § 8 Nr. 1/B, Rdn. 8.

Einen **wichtigen Grund** stellt dagegen grundsätzlich **nicht** eine ausbleibende **Baugenehmigung** dar, wenn der Bauvertrag vor der Baugenehmigung abgeschlossen wurde.[128] Hier hat der Bauherr das Genehmigungsrisiko bewusst übernommen.[129] Das OLG Düsseldorf hat einen wichtigen Kündigungsgrund verneint, wenn der **Auftragnehmer** zu Unrecht auf eine mangelhafte **Vorunternehmerleistung** hinweist,[130] vertragswidrig einen Subunternehmer einsetzt[131] oder der **Auftraggeber** in Kenntnis seines Kündigungsrechts den Auftragnehmer zur **Fortführung** der Arbeiten auffordert.[132] Keinen wichtigen Grund zur Kündigung eines Werkvertrages stellen auch **Mängel einer Teillieferung** dar, sofern eine **Nachbesserung** noch möglich ist.[133] Im Einzelfall kann aber das Vertrauen des Auftraggebers in die Eignung und Zuverlässigkeit des Unternehmers durch grobe Mängel so erschüttert sein, dass dem Auftraggeber die Fortsetzung des Vertrages nicht zugemutet werden kann, sodass eine Kündigung aus wichtigem Grund berechtigt ist: Letzteres ist insbesondere dann anzunehmen, wenn die bereits erbrachte Teilleistung so mangelhaft ausgeführt worden ist, dass eine mangelfreie weitere Werkleistung nicht erwartet werden kann. Bei einer Störung der Geschäftsgrundlage (Änderung bzw. Wegfall der Geschäftsgrundlage) kann ggf. auch eine Kündigung des Auftraggebers in Betracht kommen (vgl. hierzu Rdn. 2484).[134]

Nach BGH[135] hält die in einem formularmäßigen Subunternehmervertrag enthaltene Klausel des Auftraggebers, ein wichtiger Kündigungsgrund liege insbesondere vor, wenn „der Hauptvertrag endet", der Inhaltskontrolle nach § 9 Abs. 1 AGBG (jetzt § 307 BGB n. F.) nicht stand, weil die Klausel dem Auftraggeber eine Handhabe bietet, sich auch dann von dem Subunternehmervertrag zu lösen, wenn er selbst die Beendigung des Hauptvertrages (durch Kündigung oder einvernehmliche Aufhebung) herbeigeführt hat, ohne dass die Grenzen zur Unzumutbarkeit einer Fortsetzung des Hauptvertrages überschritten worden wären. Das OLG Jena[136] hat einen **wichtigen Kündigungsgrund** zugunsten des Auftragnehmers bei der **Nichtverwirklichung eines öffentlichen Bauvorhabens abgelehnt,** weil in dem betreffenden Fall der Auftraggeber (ein Landkreis) keinerlei Einfluss auf die Verwirklichung nehmen konnte; dies war auch dem Auftragnehmer bei Vertragsabschluss bekannt, weil Träger des Bauvorhabens eine andere öffentliche Stelle (Bundesrepublik Deutschland) war. Der Entscheidung kann nicht gefolgt werden, weil – worauf Schulze-Hagen[137] zu Recht verweist – jeder Auftraggeber die Voraussetzung dafür schaffen muss, dass der Auftragnehmer den erteilten Auftrag ausführen kann.

---

128) Zur Bedeutung der **Baugenehmigung** für den Bauvertrag: *Pöhner*, Baurechtl. Schriften, Bd. 35.
129) Vgl. hierzu OLG München, BauR 1980, 274.
130) BauR 1992, 381.
131) IBR 1998, 60 *(Schulze-Hagen)*.
132) NJW-RR 1996, 1170; vgl. ferner: OLG Düsseldorf, NJW-RR 1997, 625 (kein Kündigungsrecht bei Mängeln ohne [erneute] Nachbesserungsforderung mit Ablehnungsandrohung).
133) OLG Düsseldorf, NJW-RR 1994, 892; vgl. auch OLG Celle, BauR 1995, 713, 714.
134) Vgl. hierzu *Bamberger/Roth/Voit*, § 649, Rdn. 22.
135) BauR 2004, 1943 = NJW-RR 2004, 1498.
136) IBR 2004, 576.
137) A. a. O.

### bb) Die 3 Kündigungstatbestände beim VOB-Bauvertrag

**1319** § 8 Nr. 2 bis 4 VOB/B nennt ausdrücklich drei Kündigungstatbestände für den **VOB-Bauvertrag**, wonach der Auftraggeber aus einem wichtigen Grund, der in der Person des Unternehmers liegt, kündigen kann; gleichzeitig wird eine Vergütungsregelung für diese Fälle getroffen. Die Aufzählung stellt aber keine abschließende Regelung dar; vielmehr kann der Bauherr auch hier wegen sonstiger schwerer vertraglicher Pflichtverletzungen des Auftragnehmers den Bauvertrag kündigen.[138]

**1320** * Der Auftraggeber kann den Bauvertrag kündigen, wenn der Unternehmer seine Zahlungen einstellt,[139] von ihm oder zulässigerweise vom Auftraggeber oder einem anderen Gläubiger das Insolvenzverfahren bzw. ein vergleichbares gesetzliches Verfahren beantragt ist, ein solches Verfahren eröffnet wird oder dessen Eröffnung mangels Masse abgelehnt wird, § 8 Nr. 2 VOB/B (vgl. hierzu Rdn. 1047).[140] Von einer Zahlungseinstellung im Sinne von § 8 Nr. 2 VOB/B ist auszugehen, wenn der Unternehmer wegen eines voraussichtlich dauernden Mangels an Zahlungsmitteln erkennbar nicht in der Lage ist, seine wesentlichen und sofort fälligen Geldschulden zu erfüllen.[141] Kündigt der Auftraggeber, sind nach dem Wortlaut des § 8 Nr. 2 VOB/B die ausgeführten Leistungen entsprechend § 6 Nr. 5 VOB/B nach den Vertragspreisen abzurechnen; ob außerdem die Kosten zu vergüten sind, die dem Auftragnehmer bereits entstanden und in den Vertragspreisen des nicht ausgeführten Teiles der Leistung enthalten sind, ist im Hinblick auf den Wortlaut des § 8 Nr. 2 VOB/B bestritten.[142] Allerdings kann der Auftraggeber Schadensersatz wegen Nichterfüllung der nicht ausgeführten Leistungen verlangen (§ 8 Nr. 2 Abs. 2 Satz 2 VOB/B).

**1321** * Ein wichtiges Kündigungsrecht des Auftraggebers regelt § 8 Nr. 3 VOB/B. Danach kann der Auftraggeber den Bauvertrag kündigen, wenn der **Auftragnehmer die ihm gesetzte Frist zur Mängelbeseitigung** während der Bauausführung (§ 4 Nr. 7) bzw. zur **Vertragserfüllung**[143] im Falle der Verzögerung der Bauaus-

---

138) OLG Karlsruhe, BauR 1987, 448.
139) Vgl. hierzu OLG Köln, BauR 2006, 1903 (keine Zahlungseinstellung i. S. d. § 8 Nr. 2 VOB/B, wenn der Auftragnehmer zweimal die eidesstattliche Versicherung abgegeben hat und Haftbefehl gegen sich hat ergehen lassen).
140) Vgl. hierzu *Koenen*, BauR 2005, 202. Zur Rechtslage aufgrund der neuen **Insolvenzordnung:** *Heidland*, BauR 1998, 643, 667, *Koenen*, BauR 2005, 202, 204 u. *Timmermanns*, BauR 2001, 321. Zur Frage der **Wirksamkeit** des § 8 Nr. 2 vgl. BGH, BauR 1986, 91 mit Anm. *Seiter* (BauR 1986, 336) = DB 1986, 378 = NJW 1986, 255; OLG Oldenburg, BauR 1987, 567 sowie *Ingenstau/Korbion/Vygen*, § 8 Nr. 2/B, Rdn. 10 ff. Zur Frage, ob § 8 Nr. 2 Abs. 1 2. Alt. VOB/B nur den Eigeninsolvenzantrag des Auftragnehmers als Kündigungsgrund zulässt, vgl. *Kuhn*, BauR 2005, 942 m. w. N.
141) BGH, LM § 30 KO Nr. 6; OLG Köln, BauR 1996, 257 = NJW-RR 1996, 402.
142) **Dafür:** *Ingenstau/Korbion/Vygen*, § 8 Nr. 2/B, Rdn. 16; *Heiermann/Riedl/Rusam*, § 8/B Rdn. 16; *Kleine-Möller/Merl*, § 15 Rdn. 105; **dagegen:** OLG Köln, BauR 1996, 257, 258 = NJW-RR 1996, 402; *Nicklisch/Weick*, § 8/B Rdn. 16; *Niemöller*, BauR 1997, 539, 546; *Franke/Kemper/Zanner/Grünhagen*, § 8/B, Rdn. 48.
143) Entsprechendes gilt für § 4 Nr. 8 VOB/B. Zur Angemessenheit der Nachfrist für den Arbeitsbeginn im Rahmen des § 4 Nr. 7 VOB/B vgl. OLG Koblenz, BauR 1989, 729 = NJW-RR 1989, 1503.

führung (§ 5 Nr. 4 VOB/B) **fruchtlos verstreichen ließ**.[144] Ist die rechtzeitige Erfüllung eines Bauvertrages durch Hindernisse ernsthaft in Frage gestellt, die im Verantwortungsbereich des Auftragnehmers liegen, und ist dem Auftraggeber ein weiteres Zuwarten nicht mehr zuzumuten, kann es ausnahmsweise genügen, wenn der Auftraggeber dem Auftragnehmer eine angemessene Frist setzt, die fristgerechte Erfüllbarkeit des Bauvertrages nachzuweisen, und gleichzeitig erklärt, dass er ihm nach fruchtlosem Ablauf der Frist den Auftrag entziehen werde.[145] Einer Auftragsentziehung gemäß § 8 Nr. 3 VOB/B in Verbindung mit § 4 Nr. 7 VOB/B steht nicht entgegen, dass die vereinbarte Fertigstellungsfrist für das Bauwerk erst später endet.[146]

Für die Abrechnung der Vertragsleistung gelten die Vorschriften des § 8 Nr. 3 Abs. 2 ff. VOB/B.[147] Sie hat den gleichen Anforderungen zu genügen wie eine prüffähige Rechnung im Sinne des § 14 Nr. 1 VOB/B.[148] Eine Kündigung nach § 8 Nr. 3 VOB/B ist nach OLG Hamm[149] auch dann erforderlich, „wenn der Unternehmer eine Nachbesserung bereits ernsthaft und endgültig verweigert hat, die Nachbesserung gerade durch ihn für den Auftraggeber unzumutbar ist oder wenn inzwischen über sein Vermögen das Konkursverfahren eröffnet worden ist". Eine Kündigung nach § 8 Nr. 3 VOB/B ist nicht allein deshalb rechtsmissbräuchlich, weil die Mängelbeseitigungskosten relativ gering sind.[150]

Der Auftraggeber kann nach Entziehung des Auftrages nunmehr einen **Dritten** mit der **Fertigstellung beauftragen** und von dem Auftragnehmer die aufgrund der Ersatzvornahme entstandenen Mehrkosten fordern. Die in § 8 Nr. 3 Abs. 4

---

144) Vgl. hierzu BGH, BauR 2002, 782 – Mehrfache Aufforderung zu unverzüglicher Abhilfe des unzureichenden Personaleinsatzes „unter letztmaliger Fristsetzung" und „Kündigungsandrohung" reicht aus; OLG Dresden, MDR 2003, 1174 („Nach unstreitigem Beginn der Arbeiten kann der Bauherr nicht mehr Frist für den Beginn der Ausführung gemäß § 5 Ziffer 4 VOB/B setzen, mit der Folge, dass der Bauherr gemäß § 8 Ziffer 3 VOB/B kündigen dürfte, wenn der Unternehmer nicht am in der Fristsetzung genannten Tag auf der Baustelle erscheint"). OLG Frankfurt, BauR 1988, 599; OLG Düsseldorf, BauR 1996, 115 = NJW-RR 1996, 730 (**kein** Kündigungsrecht, wenn der Auftragnehmer zu Recht eine Vergütungsanpassung gemäß § 2 Nr. 5 VOB/B oder aufgrund anderer Bestimmungen (z. B. § 6 Nr. 6 VOB/B oder § 242 BGB) verlangt, der Auftraggeber dies aber endgültig abgelehnt hat) vgl. hierzu auch: OLG Düsseldorf, BauR 1995, 706 m. Anm. *Knacke*, BauR 1996, 119 u. Saarländisches OLG, OLGR 1998, 237 sowie OLG Dresden, BauR 1998, 565 = NJW-RR 1998, 672 (Kündigungsrechte des Auftraggebers/Auftragnehmers bei Nichteinigung über die Preisanpassung gemäß § 2 Nr. 5 VOB/B). Vgl. hierzu auch OLG Düsseldorf, BauR 2001, 262 (Anwendung des § 8 Nr. 3 VOB/B bei einverständlicher Vertragsaufhebung); ferner: OLG Saarbrücken, NJW-RR 1999, 460 (kein Kündigungsrecht des Auftragnehmers, wenn dieser die Ursache für den Zeitverzug gesetzt hat und eine Fristverlängerung gemäß § 6 Nr. 2 VOB/B nur daran scheitert, dass der Auftragnehmer seiner Anzeigepflicht nach § 6 Nr. 1 VOB/B nicht nachgekommen ist).
145) BGH, BauR 1983, 73.
146) OLG Düsseldorf, NJW-RR 1996, 1422.
147) Vgl. BGH, BauR 2003, 877 = NZBau 2003, 327 sowie BGH, BauR 1995, 545 (zur Vergütung **angelieferter**, aber noch nicht eingebauter Bauteile); OLG Köln, BauR 1996, 257 = NJW-RR 1996, 402 = OLGR 1996, 43 (Vergütungspflicht von **Vorbereitungskosten**).
148) OLG Celle, NJW-RR 1996, 343 m. w. N.; vgl. hierzu aber OLG Celle, BauR 2006, 117 u. 535 = OLGR 2006, 48.
149) OLG Hamm, OLGR 1998, 184.
150) So richtig OLG Düsseldorf, NJW-RR 1996, 1422.

VOB/B genannte Frist von 12 Werktagen für die Aufstellung über die entstandenen Mehrkosten ist nach h. M. keine Ausschlussfrist.[151] Die Aufstellung der Mehrkosten muss nicht stets den Anforderungen an eine prüfbare Rechnung gemäß § 14 Nr. 1 VOB/B entsprechen: Im Einzelfall können die Anforderungen auch geringer sein, wenn die Abrechnung den Kontroll- und Informationsinteressen des Auftragnehmers entspricht.[152] Nach Auffassung des BGH[153] kann der Auftraggeber auch die Mehrkosten für Bauleistungen verlangen, die zwar im Zeitpunkt der Kündigung noch nicht vereinbart waren, die der Auftragnehmer jedoch gemäß § 1 Nr. 3 und 4 VOB/B nach einer entsprechenden Anordnung hätte durchführen müssen. Im Rahmen der Ersatzvornahme ist der Auftraggeber verpflichtet, den Mehraufwand in vertretbaren Grenzen zu halten; das folgt aus der Schadensminderungspflicht des Auftraggebers.[154]

Der Vorschrift des § 8 Nr. 3 VOB/B kommt – über den Wortlaut hinaus – die Bedeutung einer **Generalklausel** „für Fälle grober Vertragsverletzung durch den Auftragnehmer" zu.[155] Das hat der BGH[156] bestätigt; denn ein Auftraggeber ist berechtigt, den VOB-Vertrag wegen „positiver Vertragsverletzung" **fristlos** aufzukündigen, wenn der Vertragszweck durch schuldhaftes Fehlverhalten des Auftragnehmers so gefährdet ist, dass es dem vertragstreuen Auftraggeber unzumutbar ist, den Vertrag fortzusetzen; eine fristlose Kündigung ist vor allem gerechtfertigt, wenn der Auftragnehmer trotz **Abmahnungen** des Auftraggebers **mehrfach** und **nachhaltig** gegen eine Vertragspflicht verstößt und damit die Annahme gerechtfertigt ist, dieser werde sich auch in Zukunft nicht vertragstreu verhalten. Dasselbe gilt für unberechtigte Bezichtigung von Straftaten, grobe Beleidigungen oder ernsthafte und endgültige Erfüllungsverweigerung des Vertrages (vgl. ferner die Kündigungsgründe bei Rdn. 1318).[157]

**1322** **Nach Entziehung des Auftrages** hat der Auftraggeber zwei Möglichkeiten: Er kann einmal den noch **nicht vollendeten Teil**[158] der Leistungen zu Lasten des Unternehmers **durch einen Dritten ausführen lassen,**[159] wobei dem Auftraggeber Ansprüche auf Ersatz des etwa entstehenden weiteren Schadens verbleiben. Die Mehrkosten und weitere Schäden sind im Einzelnen abzurechnen (§ 8 Nr. 3

---

151) Der BGH, BauR 2000, 571 = NJW 2000, 1116 = ZfBR 2000, 174 = NZBau 2000, 131 = MDR 2000, 387, hat sich der Literaturmeinung insoweit angeschlossen; ebenso: OLG Nürnberg, BauR 2001, 415.
152) BGH, a. a. O.; im Übrigen gewährt diese Vorschrift nach Auffassung des BGH (BauR 2002, 1253) dem Auftragnehmer einen einklagbaren Anspruch auf Zusendung einer entsprechenden Aufstellung.
153) A. a. O. in Anm. 114.
154) Vgl. hierzu insbesondere OLG Nürnberg, BauR 2001, 415 (keine Pflicht des Auftraggebers, die Fertigstellung nach Einheitspreisen zu vergeben).
155) OLG Naumburg, OLGR 2007, 809; OLG Oldenburg, NJW-RR 2005, 1104 = OLGR 2005, 462; OLG Hamm, IBR 2005, 363 – *Leitzke*; OLG Düsseldorf, OLGR 2000, 70 (vertragswidriger Subunternehmereinsatz grundsätzlich kein wichtiger Kündigungsgrund); LG Aachen, NJW-RR 1988, 1174, *Ingenstau/Korbion/Vygen*, § 8 Nr. 3/B, Rdn. 2.
156) BauR 1996, 704 = MDR 1996, 901 = NJW-RR 1996, 1108.
157) OLG Düsseldorf, OLGR 2000, 70.
158) BGH, BauR 1995, 545, 546 = ZfBR 1995, 198 = NJW 1995, 1837.
159) Vgl. OLG Düsseldorf, BauR 1991, 216 (Erstattung der **tatsächlichen** Mehrkosten der Drittausführung); OLG Hamm, BauR 1996, 243, 244 u. NJW-RR 1997, 723.

Abs. 4 VOB/B); der Auftraggeber hat einen Vorschussanspruch,[160] mit dem er u. U. aufrechnen kann.[161] Der Auftragnehmer, dem der Auftrag entzogen worden ist, kann nur den Anteil der vereinbarten Vergütung verlangen, der seinen bisher erbrachten Leistungen entspricht; angelieferte, aber noch nicht eingebaute Bauteile gehören dazu nicht.[162] Da die **Nutzung von Geräten, Gerüsten oder auf der Baustelle vorhandener anderer Einrichtungen sowie von angelieferten Stoffen oder Bauteilen** im Sinne des § 8 Nr. 3 Abs. 3 VOB/B erst nach der Kündigung erfolgt und sich unter Umständen über einen längeren Zeitraum erstreckt, wird die entsprechende Vergütungsforderung des gekündigten Auftragnehmers unabhängig von der Erteilung der Schlussrechnung fällig.[163] Sie ist ein **selbstständiger Rechnungsposten** und nach Beendigung der Nutzung gesondert in Rechnung zu stellen.

Der Auftraggeber ist aber auch berechtigt, auf die weitere **Ausführung** ganz zu **verzichten** und **Schadensersatz wegen Nichterfüllung** zu verlangen, wenn die Ausführung aus den Gründen, die zur Entziehung des Auftrages geführt haben, für ihn kein Interesse mehr hat.

Die Beauftragung des Dritten kann bereits vor Entziehung des Auftrages durch den Auftraggeber erfolgen; der Drittunternehmer darf jedoch erst nach der Auftragsentziehung mit den Arbeiten beginnen.[164] Die Kündigung nach § 8 Nr. 3 VOB/B kann wirksam erst nach fruchtlosem Ablauf der vorgenannten Frist ausgesprochen werden. **Fristsetzung, Androhung der Auftragsentziehung** einerseits und **Auftragsentziehung** andererseits, also die Kündigung, können **nicht in demselben Schreiben** vorgenommen werden; das Kündigungsrecht entsteht nämlich erst mit fruchtlosem Fristablauf,[165] es sei denn, dass der Auftragnehmer die Erfüllung des Vertrages schon vorher ernsthaft verweigert[166] oder schwerwiegend und schuldhaft gegen seine Vertragspflichten verstoßen hat, sodass die Vertrauensgrundlage des Bauvertrages erschüttert ist.[167] Nimmt der Auftraggeber nach Ablauf der gesetzten Frist (verbunden mit der Androhung der Entziehung des Auftrages) noch Arbeiten des Auftragnehmers an, kann er erst nach erneuter Fristsetzung nebst Androhung des Auftragsentzuges wirksam gemäß § 8 Nr. 3 VOB/B kündigen.[168]

Schließlich kann der Auftraggeber den Bauvertrag auch kündigen, wenn Auftragnehmer aus Anlass der Vergabe eine Abrede getroffen hatte, die eine **unzulässige Wettbewerbsbeschränkung** darstellt (§ 8 Nr. 4 VOB/B). Die Kündigung ist innerhalb von 12 Werktagen nach Bekanntwerden des Kündigungsgrundes auszusprechen, wobei dieselben Folgen wie bei § 8 Nr. 3 VOB/B (s. oben) zum Zuge kommen.

---

160) BGH, ZfBR 1989, 213.
161) BGH, NJW-RR 1989, 406; OLG Hamm, BauR 1996, 243, 244.
162) BGH, BauR 1995, 545 = NJW 1995, 1837 = ZfBR 1995, 198 (aber u. U. Verpflichtung zur Übernahme bereits für das Bauwerk hergestellter Bauteile nach § 242 BGB).
163) BGH, BauR 2001, 254 = NJW 2001, 367; vgl. hierzu: *Handschumacher*, BauR 2001, 872.
164) Vgl. BGH, BauR 1977, 422 = NJW 1977, 1922.
165) BGH, NJW 1973, 1463; BGH, BauR 1985, 450, 452.
166) OLG Düsseldorf, *SFH*, Nr. 1 zu § 8 VOB/B; BGH, BauR 1985, 450, 452.
167) OLG Düsseldorf, NJW-RR 1994, 149.
168) OLG Saarbrücken, IBR 2005, 9 – *Putzier*; OLG Düsseldorf, a. a. O.

Wird eine Kündigung auf die vorerwähnten außerordentlichen Kündigungsgründe gestützt, so ist diese unwirksam, wenn ein entsprechender Grund nicht vorliegt. Allerdings ist nach Auffassung des BGH[169] eine solche Kündigung in der Regel dahin zu verstehen, dass auch eine freie Kündigung (§ 649 BGB) gewollt ist; will der Auftraggeber seine Kündigung nicht so verstanden wissen, muss er dies ggf. zum Ausdruck bringen.

**1324** Nach § 8 Nr. 5 VOB/B ist die Kündigung schriftlich zu erklären. Die **Schriftform** ist **Wirksamkeitsvoraussetzung** für eine Kündigung durch den Auftraggeber und gilt für alle in § 8 Nr. 1–4 aufgeführten Fallgestaltungen einer Kündigung durch den Auftraggeber.[170] Die Schriftform ist bei der Übersendung per **Telefax** gewahrt.[171] Die schriftliche Kündigung ist unwirksam, wenn ein **Formmangel** vorliegt (z. B. fehlende Unterschrift); sie führt jedoch zur einverständlichen Vertragsaufhebung, wenn der Auftragnehmer diese unwirksame Kündigung bestätigt.[172] Nach § 8 Nr. 6 VOB/B kann der Auftragnehmer nach der Kündigung Aufmaß und Abnahme der von ihm ausgeführten Leistungen verlangen; im Übrigen hat er unverzüglich eine prüfbare Rechnung über die ausgeführten Leistungen vorzulegen.

**1325** Ein **weiterer Kündigungstatbestand** ist in **§ 6 Nr. 7 VOB/B** enthalten.[173] Danach kann jede Vertragspartei[174] den Bauvertrag schriftlich kündigen, wenn eine **Unterbrechung länger als drei Monate** gedauert hat. Gleichzeitig wird in § 6 Nr. 7 Satz 2 eine entsprechende Vergütungsregelung für diesen Fall der Kündigung genannt.

**1326** Überträgt der Auftragnehmer **ohne Zustimmung** des Auftraggebers Leistungen an einen **Subunternehmer** kommt ebenfalls nach § 4 Nr. 8 in Verbindung mit § 8 Nr. 3 VOB/B eine Kündigung durch den Auftraggeber in Betracht.

## 2. Kündigung des Auftragnehmers/Unternehmers

*Literatur*

*Lenzen*, Ansprüche gegen den Besteller, dem Mitwirkungspflichten unmöglich werden, BauR 1997, 210; *Hoffmann*, Die rechtliche Einordnung der Mitwirkungspflichten des Auftraggebers beim Bauvertrag, Festschrift für v. Craushaar (1997), 219; *Duffek*, Vergütungsanspruch des Unternehmers ohne Werkleistung, BauR 1999, 979; *Adler/Everts*, Kündigungsrechte des Auftragnehmers trotz mangelhafter Werkleistung, BauR 2000, 1111; *Schmitz*, Kündigungsrecht des Auftragnehmers bei objektiv vorliegenden, vom Auftraggeber aber nicht zeitnah gerügten Mängeln? (Anm. zu OLG Celle, BauR 2000, 416), BauR 2000, 1126.

---

169) BauR 2003, 1889 = MDR 2004, 90 = NZBau 2003, 665 = NJW 2003, 3474 = ZfIR 2003, 936 m. Anm. *Schwenker;* ebenso OLG Nürnberg, OLGR 2003, 419; Hanseatisches OLG, BauR 2004, 1618 sowie *Ingenstau/Korbion/Vygen*, § 8 Nr. 1/B, Rdn. 8.

170) OLG Celle, OLGR 1999, 298; OLG Köln, *SFH*, Nr. 4 zu § 8 VOB/B; *Ingenstau/Korbion/Vygen*, § 8 Nr. 5/B, Rdn. 3.

171) OLG Düsseldorf, NJW 1992, 1050. Nach AG Rudolstadt, IBR 2004, 553, wird ein Anscheinsbeweis für den Zugang eines Telefaxes begründet, wenn der Sendebericht den Vermerk „Ok." trägt.

172) OLG Köln, BauR 2003, 1578.

173) Vgl. hierzu im Einzelnen BGH, BauR 2004, 1285 = NZBau 2004, 432; OLG Köln, OLGR 2000, 1 = NJW-RR 2000, 389.

174) BGH BauR 2006, 371 = NZBau 2006, 108 = NJW-RR 2006, 306 (Kündigungsrecht auch der Vertragspartei, aus deren Risiko die Ursache für die Unterbrechung der Bauausführung herrührt oder die diese zu vertreten hat, sofern ihr ein Festhalten an dem Vertrag nicht zuzumuten ist).

## Kündigung des Auftragnehmers/Unternehmers

**1327** Dem **Unternehmer** steht beim **BGB-Bauvertrag** ein Kündigungsrecht zunächst nach §§ 642, 643 BGB zu,[175)] wenn

* der Auftraggeber seine **Mitwirkungspflichten verletzt**[176)]

und

* der Unternehmer dem Auftraggeber eine **angemessene Frist zur Nachholung der Handlung** mit der Erklärung gesetzt hat, dass er den Vertrag kündige, wenn die Handlung nicht bis zum Ablauf der Frist vorgenommen wird.

Nach § 643 Satz 2 BGB gilt der Bauvertrag **als aufgehoben**, wenn die Handlung nicht bis zum Ablauf der Frist nachgeholt wurde, ohne dass es einer weiteren Erklärung des Auftragnehmers bedarf. Bestritten ist in diesem Zusammenhang, ob der Auftragnehmer seine Kündigungserklärung innerhalb der von ihm gesetzten Frist zur Nachholung der Mitwirkungshandlung durch den Auftraggeber zurücknehmen kann.[177)]

**1328** Einige **Mitwirkungshandlungen** des Auftraggebers nennt § 4 **VOB/B**; sie gelten auch für den **BGB-Bauvertrag**. Als Mitwirkungshandlungen, zu denen der Auftraggeber verpflichtet ist, kommen insbesondere in Betracht:

* Herbeiführung aller öffentlich-rechtlichen Genehmigungen und Erlaubnisse
* Aufrechterhaltung der allgemeinen Ordnung auf der Baustelle
* Pflicht zur Koordinierung aller am Bau Beteiligten
* Bereitstellung des Baugrundstückes, des Lager- und Arbeitsplatzes auf der Baustelle nebst Zufahrtswegen usw.
* Erbringung aller notwendigen Vorarbeiten
* Bereitstellen von Plänen und von sonstigen für die Ausführung erforderlichen Unterlagen.

Neben der Kündigung und dem damit verbundenen Vergütungsanspruch für die erbrachten Leistungen kann der Unternehmer einen **Entschädigungsanspruch** aus Verzug des Auftraggebers gemäß § 642 BGB geltend machen.[178)] Dieser Anspruch umfasst **nicht entgangenen Gewinn und Wagnis**.[179)] Nach OLG Nürnberg[180)] macht die Androhung einer Kündigung nach § 643 BGB in der Regel eine Nachfristsetzung mit Ablehnungsandrohung nicht entbehrlich, wenn der Auftragnehmer Schadensersatz wegen Nichterfüllung anstrebt.

---

175) Vgl. *Nicklisch*, BB 1979, 533 ff.; *Duffek*, BauR 1999, 979, 984; *Vygen*, Rdn. 941 ff.
176) Vgl. *Lenzen*, BauR 1997, 210 (auch zur Anwendung des § 645 BGB in diesem Fall); *Niemöller*, BauR 1997, 539, 540 u. *Hoffmann*, Festschrift für von Craushaar, S. 219 ff.; *Scheube*, Jahrbuch Baurecht 2006, 83; Zur Erforderlichkeit der Mitwirkungshandlung vgl. OLG Celle, BauR 2001, 1597.
177) Zum Meinungsstand: *Niemöller*, BauR 1997, 539, 541 sowie *Palandt/Heinrichs*, Einf. Vor § 158 BGB, Rdn. 13.
178) *Niemöller* (BauR 1997, 539, 541) weist in diesem Zusammenhang zu Recht darauf hin, dass ein Auftraggeber sich im Ergebnis besserstecht, wenn er einen „ihm unliebsam gewordenen Werkvertrag" nicht selbst nach § 649 BGB kündigt, sondern statt dessen „den Unternehmer durch die nachhaltige Verweigerung der Mitwirkung zur Vertragserfüllung in die Kündigung treibt", weil er dann nur einem Entschädigungs- und nicht dem vollen Vergütungsanspruch gemäß § 649 Satz 2 BGB ausgesetzt ist.
179) BGH, NJW 2000, 1336, 1338 = MDR 2000, 578; OLG Nürnberg, OLGR 2003, 419, 420.
180) OLGR 2003, 419, 420.

**1329** Beim **VOB-Bauvertrag** gilt § 9 VOB/B. Hier sind für den Auftragnehmer zwei Kündigungsmöglichkeiten festgelegt. Der Auftragnehmer kann den Vertrag kündigen,
* wenn der Auftraggeber eine ihm obliegende Handlung unterlässt und dadurch den Auftragnehmer außerstande setzt, die Leistung auszuführen (Nr. 1 a)
* wenn der Auftraggeber eine fällige Zahlung nicht leistet oder sonst in Schuldnerverzug[181] gerät (Nr. 1 b).

**1330** Bei einer **mangelhaften Vorleistung** des Auftraggebers hat der Auftragnehmer nur dann ein Kündigungsrecht nach § 9 Nr. 1 a VOB/B, wenn mit an Sicherheit grenzender Wahrscheinlichkeit feststeht, dass wegen der Vormängel die Werkleistung des Auftragnehmers mangelhaft sein oder zu einem erheblichen Schadenseintritt führen wird und der Auftraggeber sich weigert, geeignete Abhilfe zu schaffen.[182] Das gilt nicht, wenn der Auftraggeber trotz erkannter mangelhafter Vorleistung eine entsprechende Anordnung zur Durchführung der Arbeiten erteilt und damit das Risiko einer mangelhaften Werkleistung übernimmt. Sind allerdings Drittinteressen berührt, wird man dem Unternehmer ein Kündigungsrecht zubilligen müssen, da er sich sonst vor einer unmittelbaren Inanspruchnahme durch geschädigte Dritte nicht schützen kann. Änderungsanordnungen und die Forderung nach zusätzlichen Leistungen gemäß § 1 Nr. 3 und 4 VOB/B rechtfertigen noch keine Kündigung des Auftragnehmers.[183]

**1331** Der **Auftragnehmer** ist jedoch **nicht** auf die vorerwähnten **Kündigungsrechte nach BGB und VOB beschränkt.** Vielmehr kann er das Vertragsverhältnis mit dem Auftraggeber auch nach allgemeinen Rechtsgrundsätzen kündigen, insbesondere wenn der Auftraggeber das **Vertragsverhältnis gefährdet** und dem Auftragnehmer die Fortsetzung des Vertrages **nicht mehr zuzumuten** ist.[184] Eine solche Kündigung aus **wichtigem Grund** ist insbesondere immer dann gegeben, wenn das für die Herstellung des Werkes unerlässliche Vertrauensverhältnis zwischen den Parteien durch eine **vertragliche Pflichtverletzung** des Auftraggebers nachhaltig gestört ist.[185] Das Recht zur Kündigung aus wichtigem Grund kann in AGB nicht ausgeschlossen werden.

**Beispiele** für ein **Kündigungsrecht des Auftragnehmers** aus wichtigem Grund:
* Der Auftraggeber beharrt darauf, dass die **Bauleistung entgegen den Regeln der Baukunst ausgeführt** wird.[186]
* Der Auftraggeber zieht Arbeitnehmer des Unternehmers in größerem Umfang zur **Schwarzarbeit** während der regulären, vom Unternehmer bezahlten Arbeitszeit heran.[187]
* Der Auftraggeber **verletzt seine Kooperationspflichten** gegenüber dem Auftragnehmer, z. B. durch eine zu Unrecht erfolgte fristlose Kündigung, ohne den Ver-

---

181) Vgl. hierzu: OLG Düsseldorf, BauR 1995, 706 m. Anm. *Knacke*, BauR 1996, 119.
182) OLG Düsseldorf, BauR 1988, 478.
183) BGH, BauR 1997, 300 = NJW-RR 1997, 403 = WM 1997, 628 = MDR 1997, 345 = ZfBR 1997, 146.
184) BGH, BauR 2006, 1488; NJW 1969, 975, 976; OLG München, a. a. O.
185) BGH, BB 1993, 160; ferner: BGH, NJW 1969, 233 = MDR 1969, 212 (Kündigungsrecht des Auftragnehmers unter dem Gesichtspunkt der Änderung oder des Wegfalls der Geschäftsgrundlage); OLG Zweibrücken, BauR 1995, 251 u. OLG Düsseldorf, BauR 1996, 151 (LS).
186) OLG München, *SFH*, Nr. 1 zu § 9 VOB/B.
187) OLG Köln, NJW 1993, 73 = BauR 1993, 80 = ZfBR 1993, 27.

such zu unternehmen, die vorhandenen Meinungsverschiedenheiten durch Verhandlungen einvernehmlich beizulegen.[188]
* Der Auftraggeber **stellt Vergleichsantrag** gemäß § 13 InsO.[189]
* Die ernsthafte und endgültige Verweigerung der **Bezahlung einer fälligen Abschlagsrechnung** durch den Auftraggeber.[190]
* Der Auftraggeber stört den Bauablauf durch **fortlaufende unberechtigte Eingriffe** derart, dass dem Auftragnehmer eine Fortsetzung des Vertragsverhältnisses nicht zuzumuten ist.[191]
* Der Auftraggeber **verweigert ernsthaft** und endgültig die **Annahme** der vom Unternehmer **angebotenen Leistung**, weil er sie zu Unrecht für nicht vertragsgemäß hält und teilt nicht konkret mit, welche Änderungen der Leistungsausführung er fordert.[192]

Die Kündigung nach § 9 VOB/B hat durch den Unternehmer stets **schriftlich** zu erfolgen. Auch hier ist die Schriftform **Wirksamkeitsvoraussetzung**. Die Kündigung ist zulässig, wenn der Auftragnehmer dem Auftraggeber ohne Erfolg eine **angemessene Frist zur Vertragserfüllung** gesetzt und erklärt hat, dass er nach fruchtlosem Ablauf der Frist den Vertrag kündigen werde (§ 9 Nr. 2 VOB/B); die **Fristsetzung** mit der Kündigungsandrohung ist in einem **gesonderten Schreiben** zu erklären. Erst dann kann der Unternehmer in **einem weiteren Schreiben** die Kündigung aussprechen, weil sein Kündigungsrecht erst mit dem fruchtlosen Fristablauf entsteht.

**Leistet ein Auftraggeber** ohne Bekanntgabe von Gründen **keine Zahlungen** auf Abschlagsrechnungen, kann im Einzelfall eine Kündigung des Auftragnehmers aus wichtigem Grund berechtigt sein, auch wenn sich der Auftraggeber später – nach erfolgter Kündigung – auf ein objektiv bestehendes **Leistungsverweigerungsrecht** wegen vorhandener Baumängel stützt. Das hat das OLG Celle[193] so zu Recht entschieden und dem Auftragnehmer einen Entschädigungsanspruch aus § 642 BGB (allerdings nur einen solchen) zugesprochen. Es hat ausgeführt, dass ein Auftragnehmer in einem solchen Fall seine Entscheidung über eine etwaige Vertragskündigung in der vorhandenen zeitlichen Situation treffen muss. Deshalb müsse von dem Auftraggeber verlangt werden, dass dieser für seine Zahlungsverweigerung nachvollziehbare Gründe in einer Größenordnung angibt, die unter Berücksichtigung des so genannten Druckzuschlags die konkrete Zahlungsverweigerung nachvollziehbar erscheinen lässt.

Nach h. M. tritt ein Zahlungsverzug bei einem bestehenden Leistungsverweigerungsrecht bzw. Zurückbehaltungsrecht nicht ein; dabei spielt es beim Leistungsverweigerungsrecht keine Rolle, ob und wann dieses Recht geltend gemacht worden ist. Daher hat das OLG seine Entscheidung allein auf die **„empfindliche Störung des**

---

188) Vgl. hierzu BGH, BauR 1996, 542 = NJW 1996, 2158 = ZfBR 1996, 269; BGH, BauR 2000, 409 = NJW 2000, 807 = NZBau 2000, 130.
189) OLG München, BauR 1988, 605.
190) BGH, NJW 1975, 1467.
191) OLG Celle, OLGR 2006, 622.
192) OLG Nürnberg, IBR 2006, 542 – *Merl*.
193) BauR 2000, 416 = NJW-RR 2000, 234 = OLGR 1999, 366; vgl. hierzu *Adler/Everts*, BauR 2000, 1111 sowie *Schmitz*, BauR 2000, 1126.

Vertrauensverhältnisses" gestützt. Im Hinblick auf die Entscheidung des BGH[194] **zum kooperativen Verhalten der Vertragsparteien** während des Bestehens des Vertragsverhältnisses wird man dem zustimmen können.[195] Dabei hat der BGH insbesondere darauf hingewiesen, dass sich aus dem Kooperationsverhältnis Obliegenheiten und Pflichten zur Mitwirkung und gegenseitigen Information ergeben, um „entstandene Meinungsverschiedenheiten oder Konflikte nach Möglichkeit einvernehmlich" beizulegen. Aufgrund dieser richtigen Überlegungen kann man – auch bei objektiv bestehendem Leistungsverweigerungsrecht – eine Vertragspartei durch passives Verhalten nicht „ins offene Messer" laufen lassen, obwohl diese, was allerdings zu fordern ist, unter Kündigungsandrohung mit angemessener Frist abgemahnt hat.[196] Das gilt sowohl für den VOB-Bauvertrag (§ 9 Nr. 1 b VOB/B) wie auch für den BGB-Bauvertrag.

**1333** Kündigt der Unternehmer wegen vertraglicher Pflichtverletzung oder nach § 9 VOB/B, hat er zur Begründung seines Vergütungsanspruches seine bisherige Leistung aufgrund der vereinbarten Preise darzulegen und gegebenenfalls zu beweisen. Daneben kann er Schadensersatz gegen den Bauherrn geltend machen. Macht der Auftragnehmer den Entschädigungsanspruch aus § 642 BGB geltend, hat er die nach § 642 Abs. 2 BGB angegebenen Grundlagen zur Berechnung des Entschädigungsanspruches darzulegen. Der Anspruch auf eine angemessene Entschädigung gemäß § 642 BGB umfasst die Abfindung für die Vorhaltung von Arbeitskraft, Gerät usw. sowie für Verwaltungsaufwendungen und entgangenen Gewinn.[197]

Die Kündigung eines Werkvertrags durch den Unternehmer lässt einen **Schadensersatzanspruch** des Bestellers wegen einer bis zur Kündigung erbrachten mangelhaften Teilleistung grundsätzlich **unberührt**.[198]

Neben dem Kündigungsrecht gemäß § 9 VOB/B besteht auch für den Auftragnehmer (wie für den Auftraggeber) die Möglichkeit, den Bauvertrag schriftlich zu kündigen, wenn eine **Unterbrechung** länger als drei Monate gedauert hat (§ 6 Nr. 7 VOB/B). Der Grund für die Ausführungsunterbrechung darf jedoch nicht im Verantwortungsbereich des Kündigenden liegen.[199]

Kündigt der Auftragnehmer zu Unrecht, also ohne sich auf die vorerwähnten Anspruchsgrundlagen stützen zu können, und weigert er sich – nach Aufforderung des Auftraggebers – endgültig, die Arbeiten wieder aufzunehmen, kann er sich erheblichen Schadensersatzansprüchen ausgesetzt sehen (z. B. Mehrkosten der Fertigstellung, Mängelbeseitigungskosten, Verzugskosten – insbesondere Mietausfall –). Diese Ansprüche kann der Auftraggeber bei endgültiger Erfüllungsverweigerung des Auftragnehmers erfolgreich geltend machen, ohne dass er selbst eine Kündigung aussprechen muss.[200]

---

194) BauR 2000, 409 = NJW 2000, 807 = MDR 2000, 388 = ZfBR 2000, 170; hierzu: *Grieger*, BauR 2000, 969.
195) Ähnlich und auch zustimmend: *Adler/Everts*, a. a. O.; **a. A.:** *Schmitz*, a. a. O.
196) U. U. verbunden mit einer Aufforderung zur Sicherheitsleistung gemäß § 648 a BGB als das schwächere Rechtsmittel gegenüber der Kündigung.
197) OLG Celle, BauR 2000, 416 = NJW-RR 2000, 234 = OLGR 1999, 266; vgl. hierzu auch: BGH, *Schäfer/Finnern*, Z 2.511, Bl. 8 sowie OLG München, BauR 1980, 274, 275.
198) BGH, IBR 2006, 507 – *Vogel*.
199) *Vygen*, Rdn. 952 m. w. Nachw.
200) Vgl. BGH, BauR 2001, 1577 = NZBau 2001, 623.

**Einvernehmliche Vertragsauflösung** Rdn. 1334–1335

Der **Auftraggeber** behält auch nach Entziehung des Auftrages durch Kündigung des Auftragnehmers das Recht, die **Beseitigung von Mängeln** an den bis zur Kündigung bereits erbrachten Leistungen zu **fordern;** im Übrigen wird aufgrund der Kündigung des Bauvertrages der Sicherheitseinbehalt nicht vorzeitig fällig (vgl. Rdn. 1265).

### 3. Einvernehmliche Vertragsauflösung

**Der Bauvertrag kann** von den Parteien auch **im Einvernehmen beendet werden.** 1334 Dies ist formlos möglich. In aller Regel werden dann die Parteien auch eine entsprechende Absprache über den noch zu zahlenden Werklohn vornehmen. Für die einvernehmliche Aufhebung des Bauvertrages ist derjenige beweispflichtig, der sich hierauf beruft.[201] Stützt der Unternehmer seinen Vergütungsanspruch auf eine im Rahmen einer einvernehmlichen Vertragsauflösung vereinbarte Absprache, ist er hierfür beweispflichtig.

Haben die Parteien im Rahmen einer einvernehmlichen Aufhebung des Vertrages 1335 keine Regelung hinsichtlich des zu zahlenden Werklohns getroffen, richten sich die Rechte des Auftragnehmers danach, welche Rechte dieser zum Zeitpunkt der Vertragsaufhebung geltend machen kann (z. B. Ansprüche aus §§ 649 BGB/8 Nr. 1 VOB/B).[202] Wird jedoch der Bauvertrag wegen eines den Vertragszweck gefährdenden Verhaltens des Unternehmers (bzw. gemäß § 8 Nr. 2, 3 oder 4 VOB/B) gekündigt, ist in aller Regel der Werklohnanspruch des Unternehmers entsprechend (vgl. Rdn. 1316) zu kürzen, weil nicht davon auszugehen ist, dass der Auftraggeber, der zur Kündigung aus wichtigem Grund berechtigt ist, auf die damit verbundenen Rechte bei einer einvernehmlichen Vertragsauflösung verzichten wollte.[203] Auch nach einvernehmlicher Beendigung des Bauvertrages kann der Bauherr einen wichtigen Kündigungsgrund „nachschieben", sodass auch insoweit eine entsprechende Kürzung des Werklohns erfolgt.[204] Wird zwischen den Parteien ein **Aufhebungsvertrag** geschlossen, nachdem die Werkleistung **unmöglich** geworden ist, bestimmt sich nach der Rechtsprechung des BGH[205] die Vergütung des Unternehmers nicht nach § 649 BGB: Beruht die Unmöglichkeit auf einem von dem Auftraggeber gelieferten Stoff, richtet sich die Vergütung vielmehr nach § 645 BGB.

---

201) OLG Celle, BauR 1973, 49 = MDR 1983, 136. Vgl. hierzu auch OLG Rostock, OLGR 2005, 4.
202) BGH, BauR 2005, 735 = NJW-RR 2005, 669 = ZfBR 2005, 755; NJW 1973, 1463 = BauR 1973, 319 = MDR 1973, 843; KG, BauR 2001, 1591, 1593; *Behre*, BauR 1976, 36, 37.
203) OLG Karlsruhe, NJW-RR 1993, 1368; *Vygen*, Rdn. 940. Vgl. hierzu auch: OLG Düsseldorf, BauR 2001, 262.
204) BGH, NJW 1976, 518 = BauR 1976, 139 = MDR 1976, 306 für den Architektenvertrag.
205) BauR 2005, 735 = NJW-RR 2005, 669 = ZfBR 2005, 755.

## VI. Fälligkeit des Werklohns

*Übersicht*

| | Rdn. | | Rdn. |
|---|---|---|---|
| 1. BGB-Bauvertrag | 1337 | (5) Abnahme durch Fristablauf | 1364 |
| a) Abnahme | 1339 | (6) Teilabnahme | 1365 |
| aa) Grundsätzliches | 1339 | dd) Die verweigerte Abnahme | 1366 |
| bb) Die Wirkungen der Abnahme | 1343 | b) Erteilung der Rechnung | 1368 |
| cc) Die Arten der Abnahme | 1347 | 2. VOB-Bauvertrag | 1376 |
| (1) Die ausdrücklich erklärte Abnahme | 1348 | a) Abnahme | 1377 |
| (2) Die förmliche Abnahme | 1350 | b) Prüfbare Abrechnung | 1392 |
| (3) Die schlüssige Abnahme | 1353 | | |
| (4) Abnahme durch Erteilung der Fertigstellungsbescheinigung | 1357 | | |

*Literatur*

*Trapp*, Abnahme der Handwerkerleistungen durch Bezug des Bauherrn? Ein Beitrag zu den §§ 640, 641 BGB, BlGBW 1972, 121; *Brandt*, Die Vollmacht des Architekten zur Abnahme von Unternehmerleistungen, BauR 1972, 69; *Fischer*, Werklohnklage und Nachbesserungsanspruch beim Bauvertrag, BauR 1973, 210; *Hochstein*, Die „vergessene" förmliche Abnahmevereinbarung und ihre Rechtsfolgen im Bauprozess, BauR 1975, 221; *Bartmann*, Inwiefern macht eine Abnahme den Werklohn fällig?, BauR 1977, 16; *Böggering*, Die Abnahme beim Werkvertrag, JuS 1978, 518; *Pohlmann*, Fälligkeit nach der Bauträgerverordnung, BauR 1978, 351; *Dähne*, Die „vergessene" förmliche Abnahme nach § 12 Nr. 4 VOB/B, BauR 1980, 223; *Keilholz*, Um eine Neubewertung der Abnahme im Werkvertrags- und Baurecht, BauR 1982, 121; *Kaiser*, Fälligkeit und Verjährung des Vergütungsanspruches des Bauunternehmers nach BGB und VOB/B, ZfBR 1982, 231; *Jakobs*, Die Abnahme beim Werkvertrag, AcP 183 (1983) 145; *Schneider*, Die Abnahme in der Praxis internationaler Bau- und Anlagenverträge, ZfBR 1984, 101; *Bühl*, Die Abnahme der Bauleistungen bei der Errichtung einer Eigentumswohnanlage, BauR 1984, 237; *Fischer*, Die Abnahme beim Anlagengeschäft, DB 1984, 2125; *Usinger*, Fälligkeits- und Hinterlegungsvereinbarungen bei Bauträgerverträgen, NJW 1987, 934; *Peters*, Die Fälligkeit der Werklohnforderung, Festschrift für Korbion (1986), 337; *Groß*, Die verweigerte Abnahme, Festschrift für Locher (1990), 53; *Cuypers*, Die Abnahme beim Bauvertrag in Theorie und Praxis, BauR 1990, 537; *Conrad*, Die vollständige Fertigstellung im Bauträgervertrag, BauR 1990, 546; *Cuypers*, Die Abnahme beim Bauvertrag – Versuch einer Typisierung, BauR 1991, 141; *Willebrand/Detzer*, Abnahmeverweigerung, BB 1992, 1801; *Breyer/Bohn*, § 641 Abs. 2 BGB – Durchgriffsfälligkeit oder Durchgriffszahlungspflicht?, BauR 2004, 1066; *Schubert*, Die Durchgriffsfälligkeit nach § 641, Abs. 2 BGB – eine wenig bekannte und unterschätzte Vorschrift – unter besonderer Berücksichtigung des Bauträgervertrages, ZfBR 2005, 219.

**1336** Zur Schlüssigkeit der Werklohnklage des Auftragnehmers gehört der Vortrag der Fälligkeit der Vergütung. Die **Art des Vortrags** des Unternehmers zur Fälligkeit richtet sich danach, ob ein **VOB- oder BGB-Bauvertrag** abgeschlossen ist (vgl. Rdn. 1336 ff. und 1376 ff.); insoweit ergeben sich zum Teil unterschiedliche Fälligkeitsvoraussetzungen.

Häufig wird die **Fälligkeit** des Werklohnanspruches von dem Eintritt eines **bestimmten, zusätzlichen „Ereignisses" abhängig** gemacht; tritt dieses nicht ein, wird der Anspruch nach den Grundsätzen über die Störung der Geschäftsgrundlage (§ 313 BGB) fällig, sofern ein längerer Zeitraum verstrichen, keine Chance für den Ereigniseintritt mehr gegeben und nach dem Willen der Parteien davon auszugehen ist, dass die Tätigkeit des Unternehmers bei dieser Fallgestaltung nicht „unent-

## Fälligkeit des Werklohns

geltlich" sein soll.[1] Dasselbe gilt, wenn der Bauherr den Eintritt der weiteren Fälligkeitsvoraussetzung durch sein eigenes pflichtwidriges Fehlverhalten wider Treu und Glauben vereitelt.[2]

Nicht selten finden sich in Bauverträgen auch Werkvertragsklauseln über das **Zahlungsziel**. In diesem Zusammenhang hat das OLG Köln[3] entschieden, dass ein Zahlungsziel von 90 Tagen in den Allgemeinen Geschäftsbedingungen eines unternehmerischen Auftraggebers einer Werkleistung eine unangemessene Benachteiligung des Auftragnehmers darstellt und unwirksam ist.

In manchen Bauverträgen wird die **Fälligkeit** des Werklohnanspruches auch von **anderen (weiteren) Voraussetzungen abhängig** gemacht, die weder nach den Bestimmungen des BGB noch der VOB gefordert werden; werden diese in AGB des Auftraggebers festgelegt, sind sie an den Maßstäben der §§ 305 ff. BGB zu messen. Sie scheitern dann regelmäßig an §§ 308, 309 BGB; so ist es insbesondere unzulässig, die Fälligkeit des Werklohns in AGB des **Auftraggebers** von folgenden Umständen abhängig zu machen:

* **Gesamtfertigstellung** des Bauvorhabens, wenn dem Auftragnehmer nur ein Teilgewerk in Auftrag gegeben wird[4] (Rdn. 1340, 1341)
* Vorlage von **Mängelfreiheitsbescheinigungen** Dritter (Rdn. 1340)
* **öffentlich-rechtliche Gebrauchsabnahme** (Rdn. 1340)
* **Vorlage des Bautagebuches**[5]
* **Zahlung** des Auftraggebers an den Generalunternehmer für die Fälligkeit des Werklohnanspruches des Subunternehmers – sog. **„Pay-when-paid"** Klausel – (vgl. näher Rdn. 1126).

Liegen die **Fälligkeitsvoraussetzungen** des BGB, der VOB oder der besonderen vertraglichen Abrede **nicht** vor, ist die **Werklohnklage** als **derzeit unbegründet** abzuweisen.[6] Allerdings kann es den Grundsätzen von Treu und Glauben widersprechen, „wenn sich der Auftraggeber auf ihm formal zustehende Fälligkeitseinwendungen auch dann noch beruft, wenn endgültig feststeht, dass nur noch eine Gesamtabrechnung des Vertrages vorzunehmen ist".[7]

Ist eine Werklohnklage im Vorprozess wegen mangelnder Fälligkeit (z. B. mangels prüffähiger Rechnung) als zurzeit unbegründet abgewiesen worden, ist § 269 Abs. 6 ZPO im Folgeprozess nicht anwendbar: Hat also der Kläger die entsprechende Fälligkeitsvoraussetzung geschaffen (z. B. durch Übersendung einer prüffähigen Rechnung), kann der Beklagte im Folgeprozess die Einlassung auf die nunmehr schlüssige Klage nicht bis zur Erstattung der Kosten des Vorprozesses verweigern.[8]

### 1. BGB-Bauvertrag

Soweit lediglich das BGB Anwendung findet, beurteilt sich die Fälligkeit der Vergütung des Unternehmers grundsätzlich nach § 641 BGB, wenn zwischen den Parteien keine Sonderregelungen getroffen worden sind. Der Unternehmer kann sei-

---

1) Vgl. hierzu OLG Oldenburg, NJW-RR 1997, 785 (für einen Architektenvertrag).
2) OLG Frankfurt, OLGR 1996, 195 (fehlende Überprüfung durch städtisches Revisionsamt des Bauherrn).
3) NJW-RR 2006, 670.
4) OLG München, BauR 1987, 554 = NJW-RR 1987, 661; *Korbion/Locher*, Rdn. K 170.
5) LG Koblenz, BauR 1995, 138 (LS).
6) Zur Rechtskraftwirkung einer Klageabweisung als zurzeit unbegründet: vgl. *Heinrich*, BauR 1999, 17 sowie *Deckers*, BauR 1999, 987.
7) OLG Karlsruhe, OLGR 1998, 17; auch OLG Celle, BauR 1996, 264 (fehlendes Aufmaß).
8) MDR 1998, 61.

nen **Werklohn somit nach Abnahme** der Bauleistung fordern. Nach der ständigen Rechtsprechung des BGH gibt es hiervon **Ausnahmen:**

* Einer Abnahme als Fälligkeitsvoraussetzung für den Werklohnanspruch bedarf es auch nicht, wenn der Auftraggeber nicht mehr Erfüllung des Vertrages, sondern z. B. **Minderung** verlangt, weil damit das Vertragsverhältnis in ein **Abrechnungsverhältnis** umgewandelt wird.[9]
* Dasselbe gilt für alle Fälle, in denen der Auftraggeber wegen Mängeln nur noch Ansprüche geltend macht, die auf Zahlung gerichtet sind (z. B. **Schadensersatz**), weil auch in diesen Fällen der Vertrag in ein Abrechnungsverhältnis umgestaltet wird.[10]
* Ohne Abnahme werden auch Werklohnansprüche des Unternehmers fällig, wenn dieser die Nacherfüllung gemäß § 635 Abs. 3 BGB zu Recht verweigert.
* Eine Abnahme des Werks ist auch dann nicht erforderlich, wenn der Auftraggeber die Abnahme ernsthaft und endgültig ablehnt und damit zu verstehen gibt, dass er die Leistungen des Auftragnehmers nicht mehr annehmen will und das Vertragsverhältnis als endgültig beendet ansieht.[11]

**Abschlagszahlungen** konnte der Auftragnehmer bislang beim BGB-Bauvertrag nicht fordern. Mit dem durch das **Gesetz zur Beschleunigung fälliger Zahlungen** (mit Wirkung vom 1.5.2000) neu in das BGB eingefügten § 632 a BGB hat sich dies geändert: Der Unternehmer kann nunmehr für in sich **abgeschlossene Teile** des Werkes entsprechende Abschlagszahlungen für die **erbrachten vertragsgemäßen Leistungen** verlangen (vgl. Rdn. 1218). Ist die Bauleistung in Teilen abzunehmen und die Vergütung für die einzelnen Teile bestimmt, ist die Vergütung für jeden Teil bei dessen Abnahme zu entrichten (§ 641 Abs. 1 Satz 2 BGB).

Grundsätzlich gehört damit zum Vortrag des Unternehmers im Rahmen seiner Werklohnklage, dass seine vertragliche Bauleistung erbracht und diese abgenommen oder die Abnahme zu Unrecht verweigert worden ist (vgl. im Einzelnen Rdn. 1339 ff.). Wird das **Vertragsverhältnis vorzeitig,** also vor Fertigstellung der geschuldeten Bauleistung, **aufgelöst oder gekündigt,** hat der Auftragnehmer einen **Anspruch** gegen den Auftraggeber auf **Abnahme.**[12]

Die Fälligkeit von **Abschlagszahlungen** hängt nicht von einer Abnahme der Bauleistung ab.[13] Der Auftragnehmer ist nach § 641 BGB vorleistungspflichtig; daher sind auch Klauseln in AGB unwirksam, die auf eine Vorleistungspflicht des Auftraggebers hinauslaufen.[14]

Vereinbaren die Vertragsparteien als Sicherheitsleistung zunächst den **Einbehalt von Werklohn,** der dann wiederum durch Bürgschaft abgelöst werden kann, und

---

9) BGH, BauR 2003, 88 = NJW 2003, 288 = ZfIR 2002, 974; BauR 2002, 1399 = NJW 2002, 3019.
10) BGH, BauR 2005, 1913; BauR 2003, 88 = NJW 2003, 288 = ZfIR 2002, 974; BauR 2002, 1399 = NJW 2002, 3019; BauR 2000, 98 = NJW 1999, 3710 = NZBau 2000, 23 = MDR 1999, 1500 = IBR 2000, 6 – *Schick;* vgl. hierzu auch *Kniffka/Koeble,* 5. Teil, Rdn. 159 m. w. N.
11) BGH, BauR 2006, 1294, 1296 mit Hinweis auf BGH, NJW-RR 1998, 1027 (vgl. hierzu *Thode,* ZfBR 2006, 638). Ferner Brandenburgisches OLG, NZBau 2006, 713.
12) Vgl. hierzu näher Rdn. 1340.
13) BGH, NJW 1979, 650, 651 = BauR 1979, 159, 161 = ZfBR 1979, 66.
14) BGH, NJW 1986, 3199 = BauR 1986, 694; OVG Bremen, NJW-RR 1987, 600; OLG Hamm, NJW-RR 1989, 274.

## Fälligkeit des Werklohns

verlangt der Unternehmer die Auszahlung des einbehaltenen Werklohns, so hat er zunächst die vereinbarte Gewährleistungsbürgschaft (als **weitere** Fälligkeitsvoraussetzung) zu stellen (vgl. Rdn. 1251 ff.).

Mit dem **Gesetz zur Beschleunigung fälliger Zahlungen** ist eine weitere wesentliche Neuerung hinsichtlich der Fälligkeit von Forderungen in das BGB gelangt, das vor allem für **Bauträger- und Generalübernehmerverträge** sowie alle **Dreiecksbeziehungen Bauherr/Hauptunternehmer/Subunternehmer** von großer Bedeutung ist. Nach dem neu geschaffenen § 641 Abs. 2 BGB wird die Vergütung des Unternehmers für ein Werk, dessen Herstellung der Auftraggeber einem Dritten versprochen hat, spätestens fällig, „wenn und soweit der Besteller von dem Dritten für das versprochene Werk wegen dessen Herstellung seine Vergütung oder Teile davon erhalten hat. Hat der Besteller dem Dritten wegen möglicher Mängel des Werkes Sicherheit geleistet, gilt dies nur, wenn der Unternehmer dem Besteller Sicherheit in entsprechender Höhe leistet". Mit dieser gesetzlichen Bestimmung wurde eine so genannte **„Durchgriffsfälligkeit"** geschaffen.[15] Ziel dieser neuen Regelungen ist es, der immer wieder beobachteten Praxis entgegenzuwirken, dass der Bauträger/Generalübernehmer/Hauptunternehmer nach Herstellung der einzelnen Gewerke die Raten von seinem Auftraggeber/Erwerber einfordert und auch erhält, aber nicht an den Unternehmer weiterleitet, der das Werk tatsächlich hergestellt hat. Mit Eingang der für das jeweilige Gewerk anfallenden Vergütung/Raten beim Bauträger/Generalübernehmer/Hauptunternehmer wird nunmehr auch die Vergütung des Unternehmers fällig, der die Werkleistung erbracht hat. Der Unternehmer (Subunternehmer) hat allerdings keinen uneingeschränkten Zahlungsanspruch, wenn sein Auftraggeber (Bauträger/Generalübernehmer/Hauptunternehmer) Zahlung nur gegen Sicherheit erhalten hat. Dann kann er die Vergütung nur fordern, wenn er selbst in entsprechender Höhe Sicherheit leistet.

Die Durchgriffsfälligkeit hat folgende Voraussetzungen:

* Der Unternehmer hat für seinen Auftraggeber Bauleistungen erbracht, die dieser einem Dritten schuldet. Es muss also **Leistungsidentität** in beiden Schuldverhältnissen bestehen.[16] Die Leistungsverpflichtung des Auftraggebers gegenüber dem Dritten muss damit an den Unternehmer „durchgestellt" worden sein.[17]
* Die **Leistungen** müssen vom Unternehmer **fertig gestellt** sein. Das ist der Begründung zum Regierungsentwurf zu entnehmen.[18] Die Regelung betrifft damit nur den Anspruch des Unternehmers auf die **abschließende Zahlung**. Sie gilt nicht für Forderungen auf Abschlagszahlungen.[19]
* Der **Auftraggeber** des Unternehmers muss von dem Dritten bereits **Zahlungen** für denselben Leistungsbereich **erhalten** haben.

---

[15] Vgl. hierzu *Schubert*, ZfBR 2005, 219 ff. sowie *Breyer/Bohn*, BauR 2004, 1066 ff.
[16] *Niemöller*, S. 42; *Kniffka*, ZfBR 2000, 227, 231.
[17] *Schubert*, ZfBR 2005, 219, 220, bejaht die Leistungsidentität auch dann, wenn der Hauptunternehmer sich vom Nachunternehmer für das Werk höhere Standards versprechen lässt als er selbst im Vertrag mit dem Dritten vereinbart hat; darüber hinaus soll die Vorschrift des § 641 Abs. 2 BGB auch dann zur Anwendung kommen, wenn der Hauptunternehmer das Objekt erst nach seiner Errichtung verkauft („Nachzüglerfall").
[18] BT-Drucksache 14/1246, S. 7; *Niemöller*, a. a. O.; *Kniffka*, a. a. O., 231; *Oehme*, BauR 2001, 525, 534.
[19] A. A.: *Schubert*, ZfBR 2005, 219, 211 (differenzierend).

Hat der Auftraggeber dem Dritten wegen möglicher Mängel der Bauleistungen eine **Sicherheit** geleistet, tritt die Durchgriffsfälligkeit, wie bereits erwähnt, nur ein, wenn der Unternehmer seinerseits seinem Auftraggeber Sicherheit in entsprechender Höhe leistet (§ 641 Abs. 2 Satz 2 BGB).

Damit muss der entsprechende Werklohn, den der Auftraggeber erhalten hat, die Leistungen des Unternehmers betreffen. Ist eine solche Zuordnung möglich, ist es unerheblich, ob der Auftraggeber insoweit den vollen Werklohn für die fertig gestellte Leistung oder nur einen Teil erhalten hat; im letzteren Fall hat der Unternehmer einen fälligen Anspruch auf die von dem Dritten erfolgte Teilzahlung.[20]

In der Baupraxis wird zum einen die Feststellung der Leistungsidentität in dem Dreiecksverhältnis auf Schwierigkeiten stoßen; insoweit trägt der Unternehmer die Darlegungs- und Beweislast. Darüber hinaus wird es auch dem Unternehmer häufig schwer fallen nachzuweisen, dass die an seinen Auftraggeber gezahlte Vergütung seinen Leistungsbereich betrifft. Das setzt in der Baupraxis im Übrigen voraus, dass der Unternehmer von der Zahlung des Dritten überhaupt erfahren hat. Insoweit hat der Unternehmer gegenüber dem Auftraggeber allerdings einen Auskunftsanspruch.[21]

Ist die Fälligkeit des Werklohns des Unternehmers (z. B. durch Abnahme) vor Zahlung des Dritten eingetreten, gilt dieser Zeitpunkt unabhängig von der Regelung des § 641 Abs. 2 BGB. Die **Abnahme ist keine Voraussetzung** für die neu geschaffene Durchgriffsfälligkeit.[22] Haben allerdings die Parteien besondere Fälligkeitsvoraussetzungen vereinbart, sind diese einzuhalten: Das gilt insbesondere hinsichtlich der Vereinbarung einer prüfbaren Abrechnung. Liegt eine entsprechende Fälligkeitsvoraussetzung nicht vor, kann der Auftraggeber die Zahlung verweigern.[23]

Ist die Leistung des Unternehmers mit (möglicherweise erheblichen) **Mängeln behaftet**, hat der Auftraggeber aber den vollen Werklohn erhalten, kann dieser die Zahlung nicht mit dem Hinweis auf sein Recht der Abnahmeverweigerung gemäß § 640 BGB ablehnen. Vielmehr kann er – im Rahmen seines Zurückbehaltungsrechts – nur bezüglich der Mängel einen entsprechenden Einbehalt vornehmen.[24] Der Höhe nach richtet sich dieser nach § 641 Abs. 3 BGB (also ggf. mit Druckzuschlag), weil auch der Auftraggeber des Unternehmers ein berechtigtes Interesse daran hat, dass der Unternehmer die Mängel schnell und umfassend beseitigt.[25]

**Wann** der Auftraggeber seinem Dritten eine **Sicherheit** für mögliche Mängel gestellt hat, ist **unerheblich.** Als solche kommt eine während des Bauablaufs gestellte Sicherheit wie auch eine schon von vornherein (z. B. nach Abschluss des Bauvertrages) gestellte Sicherheit (Vertragserfüllungsbürgschaft/Gewährleistungsbürg-

---

20) So auch *Kniffka*, ZfBR 2000, 227, 231; *Bamberger/Roth/Voit*, § 641 BGB, Rdn. 20.
21) Zur Durchsetzung des Anspruchs aus § 641 Abs. 2 BGB und den entsprechenden prozessualen Fragen vgl. im Einzelnen *Schubert*, ZfBR 2005, 219, 225 f.
22) LG Lübeck, BauR 2003, 1423.
23) *Bamberger/Roth/Voit*, § 641 BGB, Rdn. 25.
24) Vgl. OLG Nürnberg, BauR 2004, 516 (Leistungsverweigerungsrecht trotz Durchgriffsfälligkeit) = NJW-RR 2003, 1526 = OLGR 2003, 336 = NZBau 2004, 47 = IBR 2003, 531 – *Schmitz*; *Bamberger/Roth/Voit*, § 641, BGB, Rdn. 24 mit ausführlicher Begründung; a. A.: *Kniffka*, ZfBR 2000, 227, 232; *Palandt/Sprau*, § 641, Rdn. 8. Vgl. zum Meinungsstand *Schubert*, ZfBR 2005, 719, 723.
25) *Kniffka*, a. a. O., 232; *Siegburg*, Rdn. 537.

schaft) in Betracht.[26] Die Sicherheit, die der Unternehmer zu stellen hat, muss nicht identisch sein mit der Sicherheit, die der Auftraggeber dem Dritten gegenüber gestellt hat.[27]

Die vom Unternehmer nach § 641 Abs. 2 Satz 2 BGB ggf. zu stellende Sicherheit richtet sich nach den **§§ 232 ff. BGB,** weil eine andere oder spezielle Form der Sicherheit in der Vorschrift nicht festgelegt wurde. Im Übrigen ist dort auch nicht geregelt, in welcher **Höhe** der Unternehmer Sicherheit zu leisten hat. Diese kann sich nur auf die vom Unternehmer zu erbringende Leistung beziehen, da von dem Unternehmer nicht verlangt werden kann, eine Sicherheit zu stellen, die der Auftraggeber seinerseits dem Dritten z. B. für die Gesamtwerkleistung gegeben hat.[28]

Da die Durchgriffsfälligkeit unabhängig von der Abnahme eintritt, kann die Fälligkeit des Werklohns einerseits und der Beginn der Gewährleistungsfrist andererseits auseinander fallen. Das ist aber hinzunehmen.

Die neue Durchgriffsfälligkeit hat **gesetzgeberische Leitbildfunktion** und kann zwar in Individualabreden, **nicht aber in AGB abbedungen** werden.[29]

Im Rahmen des geplanten **Forderungssicherungsgesetzes** sollen über den bisherigen Wortlaut hinaus weitere Regelungen eingeführt werden, die die so genannte Durchgriffsfälligkeit verbessern sollen, weil insbesondere zwei wichtige Fallgestaltungen nicht erfasst sind, worauf die Begründung[30] hinweist. Zum einen fehlt eine Regelung für den Fall, dass in dem Verhältnis Bauträger/Generalunternehmer/Hauptunternehmer zu seinem Auftraggeber (Dritten) zwar keine Zahlung, wohl aber eine Abnahme erfolgt ist oder das Werk als abgenommen gilt. Darüber hinaus gibt es keine Regelung für das berechtigte Interesse des Unternehmers, in Erfahrung zu bringen, ob im Verhältnis des Bauträgers/Generalunternehmers/Hauptunternehmers zu seinem Auftraggeber (Dritten) die Vergütung geleistet oder das erbrachte Werk abgenommen wurde. Diese Lücken sollen durch die Änderung des Absatzes 2 des § 641 BGB im Rahmen des Forderungssicherungsgesetzes geschlossen werden.

Aufgrund des Gesetzes zur Beschleunigung fälliger Zahlungen gilt für die so genannte Durchgriffsfälligkeit folgende Einschränkung nach § 641 Abs. 2 S. 2 BGB: Hat der Auftraggeber (Bauträger/Generalunternehmer/Hauptunternehmer) des Unternehmers dem Dritten wegen möglicher Mängel des Werkes Sicherheit geleistet, ist die so genannte Durchgriffsfälligkeit davon abhängig, dass der Unternehmer seinerseits seinem Auftraggeber Sicherheit in entsprechender Höhe leistet. Auch insoweit soll das Forderungssicherungsgesetz eine Änderung bringen: Danach hat der Unternehmer bei der vorerwähnten Fallgestaltung seinem Auftraggeber eine „entsprechende" Sicherheit zu leisten. Mit dieser neuen Formulierung soll zum Ausdruck gebracht werden, dass nicht nur die Höhe, sondern auch die Art der Sicherheit derjenigen entsprechen soll, die der Auftraggeber des Unternehmers dem Dritten geleistet hat.

---

26) *Niemöller*, S. 43; *Kniffka*, a. a. O., 232.
27) *Schubert*, ZfBR 2005, 219, 221.
28) *Kniffka*, a. a. O., 232, hält eine solche Forderung aber nicht für ausgeschlossen, weil der Hauptunternehmer ein Interesse daran hat, „dass Sicherheit in der Höhe geleistet wird, die er dem Auftraggeber gegeben hat. Denn er muss damit rechnen, dass er wegen eines vom Nachunternehmer produzierten Mangels aus dieser Sicherheit voll in Anspruch genommen wird".
29) So auch *Kniffka*, a. a. O., 232; *Palandt/Sprau*, § 641, BGB, Rdn. 9. **A. A.:** *Schubert*, ZfBR 2005, 719, 725.
30) BT-Drucksache 15/3594, S. 16.

## a) Abnahme

*Literatur*

*von. Craushaar*, Fertigstellung statt Abnahme des Werkes – Kritische Anmerkungen zu dem von der Schuldrechtskommission vorgelegten Entwurf zur Schuldrechtsreform, Festschrift für Heiermann, 1995, 17; *Dähne*, Die „vergessene" förmliche VOB-Abnahme – eine überflüssige Rechtskonstruktion?, Festschrift für Heiermann (1995), 23; *Grauvogl*, Besonderheiten bei der Abnahme von Tiefbauleistungen, BauR 1997, 54; *Schmidt*, Abnahme im Bauträgervertrag und MaBV, BauR 1997, 216; *Kniffka*, Abnahme und Gewährleistung nach Kündigung des Werkvertrages, Festschrift für v. Craushaar (1997), 359; *Marbach/Wolter*, Die Auswirkung bei der förmlichen Abnahme erklärter Mängelvorbehalte auf die Beweislast, BauR 1998, 36; *Kniffka*, Abnahme und Abnahmewirkungen nach der Kündigung des Bauvertrages – Zur Abwicklung des Bauvertrages nach der Kündigung unter besonderer Berücksichtigung der Rechtsprechung des Bundesgerichtshofes –, ZfBR 1998, 113; *Marbach*, Besonders abzunehmende Leistungsteile, Anforderungen der Praxis, insbesondere bei mehrstufigen Vertragsverhältnissen, Jahrbuch Baurecht 1999, 92; *Siegburg*, Zur Klage auf Abnahme einer Bauleistung, ZfBR 2000, 507; *Siegburg*, Zur Abnahme als Fälligkeitsvoraussetzung beim Werklohnanspruch, ZfIR 2000, 841 u. 941; *Rester*, Kann der Unternehmer die Inbesitznahme der Werkleistung durch den die Abnahme verweigernden Besteller verhindern?, BauR 2001, 1819; *Basty*, Die Abnahme beim Bauträgervertrag, BTR 2002, 12; *Hildebrandt*, Die Abnahme des Gemeinschaftseigentums vom Bauträger nach der Schuldrechtsreform, BTR 2003, 211; *Henkel*, Die Pflicht des Bestellers zur Abnahme des unwesentlich unfertigen Werks, MDR 2004, 361; *Schmid*, Die „Abnahme des Gemeinschaftseigentums" oder: Der einzelne und die anderen Erwerber – Teil 1, BTR 2004, 150 u. Teil 2, BTR 2004, 217; *Hildebrandt*, Aufgedrängte Abnahme – Keine Abnahme gegen den Willen des Auftragnehmers vor Fertigstellung des Werks, BauR 2005, 788; *Leineweber*, Die isolierte Klage auf Abnahme oder Feststellung des Eintritts der Abnahmewirkungen, Festschrift für Werner (2005), 177; *Oppler*, Die Folgen der rechtswidrigen Nichtabnahme einer Bauleistung, Festschrift für Werner (2005), 185; *Meier-Stüting*, „Baubehelf" „Bauhilfsgewerk" und „Hilfsbauwerk": Die Diskussion geht weiter, BauR 2005, 316; *Hartmann*, Das Ende der Fälligkeit des Werklohnanspruches ohne Abnahme? – Ausblick zum Urteil des BGH vom 11.5.2006, VII ZR 146/04, ZfBR 6/2006, S. 561 ff. –, ZfBR 2006, 737; *Hartung*, Die Abnahme im Baurecht, NJW 2007, 1099.

### aa) Grundsätzliches

**1339** Die Abnahme ist eine **Hauptpflicht** des Auftraggebers (§ 640 BGB), auf die **„isoliert" geklagt** werden kann.[31] Die Abnahme ist in der **Entgegennahme der Werkleistung und ihrer Billigung** als in der Hauptsache vertragsgerecht zu sehen (sog. zweigliedriger Abnahmebegriff);[32] sie hat als Willenserklärung rechtsgeschäftlichen Charakter.[33] Die Abnahme setzt voraus, dass die Bauleistung im Wesentlichen (bis auf geringfügige, also **unwesentliche Mängel oder Restarbeiten**[34]) erbracht ist.[35] Mit der Abnahme der Bauleistung durch den Bauherrn fällt gemäß § 641 BGB die Vorleistungspflicht des Unternehmers weg; sie entfällt nicht nur bei Abnahme eines mangelfreien Werks, denn die **Abnahme** einer Leistung bedeutet nur **die Anerkennung**

---

31) BGH, BauR 1996, 386 = NJW-RR 1996, 1749; vgl. hierzu im Einzelnen: *Siegburg*, ZfBR 2000, 507 ff.
32) Vgl. hierzu: *Siegburg*, ZfIR 2000, 841 u. 941.
33) *Bamberger/Roth/Voit*, § 640, Rdn. 5; *Kapellmann/Messerschmidt/Havers*, § 12/B, Rdn. 28.
34) Ebenso *Henkel*, NZBau 2004, 361, mit einer Übersicht zum Meinungsstand hinsichtlich der Abgrenzung zwischen Mängeln und Restarbeiten.
35) BGH, BauR 1970, 48; 1971, 60; 1972, 251, 252.

## Fälligkeit des Werklohns

des Werks als eine der Hauptsache nach vertragsgemäße Erfüllung.[36] Daher schließen das Vorhandensein und selbst die Rüge von Mängeln grundsätzlich die Abnahme nicht aus.[37] Eine Abnahme **unter einer Bedingung** erfüllt nicht die Verpflichtung des Auftraggebers zur Abnahme. Der Unternehmer kann eine unbedingte Abnahme verlangen.[38] Im Übrigen ist der Auftraggeber nicht berechtigt, die Abnahme vor der Fertigstellung des Werkes gegen den Willen des Auftragnehmers zu erteilen; das gilt sowohl für den VOB- als auch den BGB-Bauvertrag.[39]

Soweit sich der Auftragnehmer auf eine Abnahme stützt, reicht ein entsprechender Hinweis nicht aus; vielmehr hat der Auftragnehmer die Tatsachen vorzutragen, aus denen sich die Abnahme durch den Auftraggeber ergibt.[40] Hat eine Partei im Prozess **zugestanden,** dass die Bauleistung **abgenommen** worden ist, ist dies als **Geständnis** im Sinne des § 288 Abs. 1 ZPO anzusehen.[41] Bietet ein Auftraggeber die Abnahme, z. B. durch ein von ihm vorbereitetes Protokoll an, ist er hieran gebunden; er kann sich später nicht auf eine angeblich fehlende Abnahmefähigkeit berufen.[42]

Die Abnahme kann wegen **Irrtum** oder **arglistiger Täuschung** grundsätzlich nicht angefochten werden, jedenfalls soweit es die Abnahme in Bezug auf **Mängel** und damit insoweit deren Wirkungen betrifft, weil das Werkvertragsrecht insoweit im Erfüllungs- und Gewährleistungsbereich Spezialregelungen vorsieht.[43] Anders verhält es sich mit Sachverhalten, die außerhalb des Erfüllungs- oder Mängelhaftungsbereichs liegen.[44]

Das **gemeinsame Aufmaß** (vgl. Rdn. 2033) stellt grundsätzlich **keine Abnahme dar.** Auch der Prüfvermerk des Bauherrn oder seines Architekten unter der Schlussrechnung des Unternehmers ist keine Abnahme der Leistung des Unternehmers. Solange der Auftragnehmer das Werk ganz oder in besonders abnahmefähigen Teilen – entsprechend der vertraglichen Absprache – noch nicht übergeben hat, hat der Auftraggeber es auch noch nicht abgenommen.[45] Eine Abnahme ist auch dann zu verneinen, wenn das Abnahmeprotokoll die Formulierung enthält, dass die Abnahme erteilt wird, wenn genau beschriebene Mengen beseitigt werden.[46]

Lehnt der Bauherr grundlos die Abnahme ab,[47] so kann der Bauunternehmer den Bauherrn **auf Abnahme** und Zahlung des Werklohns **verklagen;** dabei reicht ein

---

36) BGHZ 48, 262; 50, 160, 162; WM 1970, 288; BauR 1974, 67, 68 = NJW 1974, 95.
37) BGHZ 54, 352, 354 = VersR 1971, 135; VersR 1972, 640; WM 1970, 1522; WM 1973, 995.
38) So richtig *Bamberger/Roth/Voit,* § 640, Rdn. 14.
39) Vgl. hierzu *Hildebrandt,* BauR 2005, 788 ff.
40) *Siegburg,* ZfIR 2000, 941, 948.
41) OLG Frankfurt, NJW-RR 1994, 530 = OLGR 1994, 20.
42) OLG Hamburg, IBR 2003, 528 – *Buscher.*
43) *Ingenstau/Korbion/Oppler,* § 12/B, Rdn. 19; *Nicklisch/Weick,* § 12/B, Rdn. 34; *Groß,* Festschrift für Locher, S. 53, 64; *Kapellmann/Messerschmidt/Havers,* § 12/B, Rdn. 28; *Bamberger/Roth/Voit,* § 640, Rdn. 15.
44) *Ingenstau/Korbion/Oppler,* a. a. O.; s. im Übrigen: BGH, NJW 1983, 384 = BauR 1983, 77 = WM 1983, 90.
45) BGH, *SFH,* Nr. 10 zu § 640 BGB; anders: *Hochstein* in Anm., der übersieht, dass eine Übergabe in dem betreffenden Fall ausdrücklich vereinbart war und daher eine schlüssige Abnahme durch Inbesitznahme i.S. einer „Billigung" ausschied.
46) OLG Saarbrücken, IBR 2005, 419 – *Büchner.*
47) Vgl. *Groß,* Festschrift für Locher, S. 53, 56; *Willebrand/Detzer,* BB 1992, 1801 ff.; OLG Hamm, NJW-RR 1994, 474.

Zahlungsantrag aus, da mit ihm konkludent die Abnahme der Bauleistung begehrt wird. Klagt der Unternehmer mit der Behauptung, er habe die geschuldete Werkleistung vertragsgemäß erbracht, bedarf es auch keines ergänzenden Vortrags zur **„Abnahmefähigkeit",** solange der Bauherr keinen Sachvortrag vorträgt, der dem entgegensteht.[48] Denkbar ist allerdings auch eine – wenn auch in der Praxis nicht übliche – isolierte Klage auf Abnahme.[49]

Grundsätzlich trägt der Bauherr die **Kosten der Abnahme** (z. B. eines Sachverständigen).[50] Stellt sich allerdings bei der Abnahme heraus, dass der Bauunternehmer seiner Leistungspflicht nur unzureichend nachgekommen und die Leistung nicht abnahmereif ist, kann der Bauherr die Kosten aus dem Gesichtspunkt der vertraglichen Pflichtverletzung vom Bauunternehmer verlangen.[51] Änderungswünsche des Auftraggebers berechtigen den Unternehmer eines BGB-Werkvertrages nicht, die bisher geleistete Arbeit vor Abnahme des Werks abzurechnen.[52]

**1340** Wird das **Vertragsverhältnis vorzeitig,** also vor Fertigstellung der geschuldeten Bauleistung, **aufgelöst oder gekündigt,** ist eine **Abnahme** der erbrachten Leistung **möglich;**[53] sie kann förmlich, aber auch konkludent, jedoch nicht fiktiv erfolgen.[54] Bei vorzeitiger Auflösung/Kündigung des Vertragsverhältnisses stellt sich aber die Frage, **ob eine Abnahme** des unvollendet gebliebenen Teilwerkes für die Fälligkeit des Werklohnanspruches grundsätzlich **erforderlich** ist. Das ist bislang von der herrschenden Rechtsauffassung verneint worden.[55] Nach anfänglichem Zögern[56] hat der BGH[57] nunmehr seine bisherige Rechtsprechung geändert und entschieden, dass **nach Kündigung** eines Bauvertrages **die Werklohnforderung** grundsätzlich **erst mit der Abnahme** der bis dahin erbrachten Werkleistung **fällig wird.** Das gilt – so der BGH – nicht für die Ausnahmefälle, in denen nicht mehr Erfüllung des Vertrages, sondern Minderung oder Schadensersatz verlangt oder die Abnahme des Werkes ernsthaft und endgültig abgelehnt wird.

---

48) BGH, BauR 1996, 386 = NJW 1996, 1749 = MDR 1996, 893; OLG Hamm, BauR 1993, 741 = ZfBR 1993, 289.
49) Zu Zulässigkeit einer isolierten Abnahmeklage s. BGH, BauR 1996, 386. Vgl. hierzu im Einzelnen *Leineweber,* Festschrift für Werner, S. 177, die im Einzelfall eine isolierte Klage auf Abnahme oder Feststellung des Eintritts der Abnahmewirkungen empfiehlt.
50) Vgl. LG Konstanz, NJW-RR 1997, 722 (Kostentragungspflicht des Unternehmers für **Mängelprüfung nach Abnahme**).
51) *Nicklich/Weick,* § 12/B, Rdn. 46.
52) OLG Hamm, NJW-RR 1995, 313.
53) Beck'scher VOB-Komm/*Motzke,* § 8 Nr. 6, Rdn. 24 ff.; *Kniffka,* ZfBR 1998, 113 ff.; **a. A.:** OLG Düsseldorf, BauR 1978, 404.
54) Vgl. hierzu insbesondere *Kniffka,* ZfBR 1998, 113 ff.
55) BGH, BauR 1993, 469 = ZfBR 1993, 189; OLG Hamm, BauR 1981, 376; OLG Düsseldorf, BauR 1980, 276 u. BauR 1978, 404; OLG München, ZfBR 1982, 167, 168.
56) BauR 2005, 1913 = IBR 2005, 663 – *Schmitz.*
57) BauR 2006, 1294 m. abl. Anm. *Buscher* = IBR 2006, 432 – *Schmitz* = NJW 2006, 2475 = NZBau 2006, 569; ablehnend auch *Peters,* NZBau 2006, 559; vgl. hierzu auch *Thode,* ZfBR 2006, 638; *Hartmann,* ZfBR 2006, 737; *Knychalla,* Jahrbuch Baurecht 2007, 1. Für das Verjährungsrecht ebenso schon BGH, BauR 2003, 689 (Abnahme beendet erst das Erfüllungsstadium des gekündigten Vertrages) = NJW 2003, 1450 = NZBau 2003, 265; vgl. hierzu *Brügmann/Kenter,* NJW 2003, 2121; ferner *Acker/Roskosny,* BauR 2003, 1279 sowie *Motzke,* BTR 2007, 2.

## Fälligkeit des Werklohns  Rdn. 1340

Gibt der Auftraggeber ein **deklaratorisches Schuldanerkenntnis** hinsichtlich der **Zahlung einer Restvergütung** nach gestellter Schlussrechnung ab, wird damit eine möglicherweise **fehlende Abnahme** der Bauleistung **ersetzt**.[58]

Kann der Bauherr nach erfolgter Abnahme die Beseitigung von Mängeln verlangen, so hat er gegenüber dem fälligen Vergütungsanspruch des Bauunternehmers ein Leistungs-verweigerungsrecht gemäß § 641 Abs. 3 BGB mit der Folge, dass der Bauherr nur zur Zahlung der Vergütung „**Zug um Zug gegen Beseitigung der Mängel**" verurteilt werden kann; der Bauunternehmer kann daher die Vergütung nur verlangen und aus einem erwirkten Zahlungstitel vollstrecken, wenn er die erfolgte Nachbesserung nachweist.[59]

Nach der gesetzlichen Regelung der §§ 640 Abs. 1, 271 Abs. 1 BGB hat die **Abnahme sofort** zu erfolgen.[60] Im Gegensatz zu § 12 Nr. 1 VOB/B kennt das BGB keine **Abnahmefrist**. Wird der **Zeitpunkt der Abnahme** in Bauverträgen **verschoben** oder vom Eintritt bestimmter Umstände abhängig gemacht,[61] so ist stets zu prüfen, ob die Veränderung der Abnahmefrist, insbesondere in Allgemeinen Vertragsbedingungen, **unangemessen** und daher unwirksam ist.[62]

Vertragliche Vereinbarungen, wonach die Abnahme von einer sog. **Mängelfreiheitsbescheinigung** eines Dritten (z. B. Erwerber einer Eigentumswohnung) abhängig gemacht wird, sind in aller Regel unwirksam.[63] Entsprechende Vereinbarungen finden sich oft in Bauträgerverträgen. Da der Unternehmer zu dem Dritten in keiner vertraglichen Beziehung steht, kann er diesem gegenüber eine Mängelfreiheitsbescheinigung auch nicht durchsetzen, sodass dem Unternehmer etwas aufgebürdet wird, worauf er keinen Einfluss und im Konfliktfall auch keinen gerichtlichen Druck ausüben kann. Daher sind derartige Klauseln nicht nur in AGB, sondern auch in Individualverträgen unwirksam. Wird die **Abnahme** von der **öffentlichen Gebrauchsabnahme** oder einer sonstigen behördlichen Abnahme oder von der Zustimmung einer vorgesetzten Dienststelle, die nicht Vertragspartner ist, **abhängig gemacht**, ist die Klausel ebenfalls **unwirksam**, weil der Auftragnehmer auch hierauf keinen Einfluss hat.[64]

Eine AGB-Klausel, durch die ein Bauträger seine Verpflichtung zur Abnahme aller Werkleistungen der jeweiligen Handwerker bis „**frühestens nach Bezugsfertigkeit der letzten Wohneinheit**" hinausschiebt, verstößt gegen §§ 307 Abs. 2 Nr. 1, 308

---

58) KG, BauR 2002, 1567.
59) BGH, NJW 1973, 1792 = BauR 1973, 313 = WM 1973, 995; BGH, BauR 1980, 357.
60) Vgl. *Bartsch*, ZfBR 1984, 1, 4.
61) Vgl. z. B. OLG Düsseldorf, NJW-RR 1996, 146 (Regelung in AGB, dass die **Wirkungen** der Abnahme nicht vor einer ausdrücklichen „**Bestätigung**" durch den Auftraggeber eintreten können).
62) Vgl. BGHZ 107, 75 = BauR 1989, 322 (Parallelschaltung der Abnahme zum Subunternehmer) sowie Rdn. **1354, 1361**.
63) Ebenso: OLG Düsseldorf, OLGR 1999, 74; Beck'scher VOB-Komm/*Jagenburg*, B Vor § 12, Rdn. 138 ff.; *Bühl*, BauR 1984, 237, 239; *Jagenburg*, NJW 1977, 2146, 2147; s. ferner: LG Köln, *Schäfer/Finnern*, Z 2.50 Bl. 28; OLG Köln, *SFH*, Nr. 2 zu § 641 BGB; OLG Nürnberg, DB 1980, 1393.
64) OLG Düsseldorf, BauR 2002, 482 = OLGR 2002, 86; *Ingenstau/Korbion/Oppler*, § 12/B, Rdn. 50.

Nr. 1 BGB.[65] Damit hat der Bauträger die Bestimmung des Abnahmezeitpunktes für frühe Arbeiten an dem Bauvorhaben (Erdaushub, Mauerarbeiten usw.) völlig in der Hand, indem er die Beauftragung der Nachfolgeunternehmer nach Belieben festlegt.

**1341** Häufig wird auch in **Subunternehmerverträgen** die Pflicht **des Generalunternehmers** zur Abnahme der Leistung des Subunternehmers „**bis zur Gesamtabnahme des Bauwerks**" hinausgeschoben oder von der Abnahme des speziellen Gewerks durch den Bauherrn (z. B. Bauträger) abhängig gemacht. Solche **Klauseln** sind in AGB unangemessen und daher **unwirksam,** wenn es für den Subunternehmer **völlig ungewiss ist,** wann die entsprechende Abnahme durch den Bauherrn erfolgt und er insoweit auch keine Einflussmöglichkeiten hat.[66] Der BGH[67] erkennt jedoch das berechtigte Interesse des „eingeklemmten" Generalunternehmers (vgl. Rdn. 1058) an der **Parallelschaltung des Abnahmezeitpunkts** im Generalunternehmervertrag einerseits und im Subunternehmervertrag andererseits grundsätzlich an:

„Das wird zum Beispiel zu bejahen sein, wenn der Generalunternehmer die vertragsgemäße Beschaffenheit der Subunternehmerleistung nicht isoliert, sondern nur im Zusammenhang mit einem erst nach dieser Leistung fertigzustellenden Werk eines anderen Subunternehmers beurteilen kann (vgl. LG Düsseldorf, AGBE II § 9 Nr. 16 S. 168; *Ingenstau/Korbion*, VOB, 11. Aufl., Anh. Rdn. 140; *Locher*, NJW 1979, 2235, 2238; *Ulmer/Brandner/Hensen*, AGB-Gesetz, 5. Aufl., Anh. §§ 9–11 Rdn. 725; *Graf von Westphalen*, in: Das AGB-Gesetz im Spiegel des Baurechts [1977], S. 60). Gleiches kann gelten, wenn der Generalunternehmer aus besonderen Gründen daran interessiert ist, die Dauer der Gewährleistungsverpflichtung seines Subunternehmers deckungsgleich mit der seiner eigenen Gewährleistungspflicht gegenüber seinen Kunden auszugestalten. Dann kann es unter eng begrenzten Voraussetzungen, insbesondere innerhalb eines bestimmten Zeitraums, zulässig sein, eine Abnahme der Subunternehmerleistung erst bei Abnahme des Gesamtwerkes vorzusehen, um auf diese Weise eine ‚Parallelschaltung' der Gewährleistungsfristen zu erreichen (vgl. *Ulmer/Brandner/Hensen*, a. a. O., Rdn. 726; *Locher*, a. a. O., S. 2238). Der Senat hat denn auch eine – allerdings damals nicht umstrittene – Klausel in ‚Besonderen Vertragsbedingungen' eines Generalunternehmers nicht beanstandet, wonach die Abnahme der Subunternehmerleistung ‚erst mit Übergabe des Bauwerkes an den Bauherrn erfolgt' (Senatsurteil v. 19.12.1985 – VII ZR 267/84 = ZfBR 1986, 78 = BauR 1986, 202, 203).

Eine solche Klausel hält aber der Inhaltskontrolle nach dem AGBG nicht mehr stand, wenn sie den Subunternehmer entgegen den Geboten von Treu und Glauben unangemessen benachteiligt, insbesondere mit wesentlichen Grundgedanken der gesetzlichen Regelung, von der sie abweicht, nicht zu vereinbaren ist. Eine in einem Formularvertrag oder in Allgemeinen Geschäftsbedingungen enthaltene Abnahmeregelung ist deshalb gemäß §§ 9, 10 Nr. 1 AGBG unwirksam, wenn sie den Zeitpunkt der Abnahme für den Subunternehmer nicht eindeutig erkennen lässt, dieser Zeitpunkt also ungewiss bleibt, oder wenn sie die Abnahme auf einen nicht mehr angemessenen Zeitpunkt nach Fertigstellung der Subunternehmerleistung hinausschiebt."

Nach Auffassung des BGH ist der Zeitpunkt der Abnahme für den Subunternehmer immer dann „**ungewiss**", wenn er von den Handlungen **Dritter abhängig**

---

65) LG München I, *SFH*, Nr. 1 zu § 9 AGB-Gesetz.
66) BGH, BauR 1997, 202 = NJW 1997, 394 = MDR 1997, 238 = BB 1997, 176; BauR 1996, 378 = ZfBR 1996, 196; BauR 1995, 234 (für das Verhältnis Hauptunternehmer – Nachunternehmer); BauR 1989, 322; ebenso KG Berlin, BauR 2006, 386; OLG Düsseldorf, BauR 1984, 95; OLG Karlsruhe, BB 1983, 725; *Bartsch*, ZfBR 1984, 1, 4; *Bühl*, BauR 1984, 237, 238; *Ingenstau/Korbion/Oppler*, § 12/B, Rdn. 50 sowie *Graf von Westphalen*, AGB-Klauselwerke/*Motzke*, Subunternehmervertrag, Rdn. 124 ff.
67) BauR 1989, 322; BGH, BauR 1995, 234; OLG Düsseldorf, BauR 1995, 111; OLG Oldenburg, OLGR 1996, 51.

## Fälligkeit des Werklohns  Rdn. 1342

gemacht wird, wie vorstehend beschrieben. Im Übrigen soll ein Zeitraum von vier bis sechs Wochen, um den die Abnahme nach der Fertigstellung der Werkleistung hinausgeschoben wird, noch als angemessen gelten.

Ferner ist eine Klausel der Auftraggeberseite unwirksam, nach der die Verjährung erst „ab mängelfreier Abnahme" beginnen soll; dies führt zu einer unmittelbaren Erschwerung der Verjährung, wie sie in der Grundstruktur der gesetzlichen Regelung des § 634 a BGB n. F. (früher § 638 BGB) nicht vorgesehen ist.[68] Nach *Korbion/Locher*[69] soll die Klausel eines Auftraggebers „Abnahme allein in schriftlicher Form" nur dann unbedenklich sein, wenn dadurch nicht die stillschweigende Abnahme abbedungen wird. Zur sog. „Pay-when-paid"-Klausel in Subunternehmerverträgen vgl. Rdn. 1126 u. 1336.  **1342**

Schließlich ist eine AGB-Klausel des Auftragnehmers „Der Rechnungsbetrag ist ohne Garantienachweis sofort ohne Abzug zu bezahlen" unwirksam, weil hierdurch § 640 BGB abbedungen wird; der Bauherr müsste nämlich selbst dann zahlen, wenn er an sich zur Abnahmeverweigerung berechtigt wäre.[70]

Klauseln in AGB eines **Bauträgers**, wonach die Leistungen des Unternehmers einer förmlichen Absprache im Zeitpunkt der Übergabe des Hauses bzw. des Gemeinschaftseigentums an den oder die Kunden des Bauträgers bedürfen („es sei denn, dass eine solche Abnahme binnen 6 Monaten seit Fertigstellung der Leistung des Auftragnehmers erfolgt"), benachteiligt in unangemessener Weise den Unternehmer/Auftragnehmer des Bauträgers.[71]

Darüber hinaus hat der BGH[72] folgende vom **Auftraggeber** gestellte AGB-Klauseln wegen des Verstoßes gegen das Transparenzgebot für unzulässig erklärt: „Der Auftragnehmer trägt außerdem die Kosten bzw. Gebühren für vorgeschriebene bzw. für vom Auftraggeber gewünschte Leistungsmessungen und/oder Abnahmen, die durch den TÜV, den VDS oder ähnliche Institutionen durchgeführt werden" sowie „Auf Verlangen des Auftraggebers hat der Auftragnehmer notwendige bzw. vom Auftraggeber erforderlich erachtete Prüfungen/Abnahmen bei unabhängigen Prüfinstituten/Gutachtern zu veranlassen... Der Auftragnehmer hat keinen Anspruch auf eine besondere Vergütung/Kostenerstattung"; ferner: „Voraussetzungen für die Abnahme sind, dass der Auftragnehmer sämtliche hierfür erforderlichen Unterlagen, wie z. B. Revisions- und Bestandspläne, behördliche Bescheinigungen usw. dem Auftraggeber übergeben hat."

Als unwirksam wird man auch eine Klausel in **AGB des Unternehmers** ansehen müssen, die bei **Nichterscheinen des Auftraggebers** im Abnahmetermin das Werk **als abgenommen fingiert**.[73] Dasselbe gilt für AGB des Unternehmers, wonach die Abnahme **durch die Mitteilung der Fertigstellung fingiert** wird, sofern nicht dem Auftraggeber eine Frist gesetzt und auf die Folgen des Fristablaufs gesondert hingewiesen wird (Verstoß gegen § 308 Nr. 5 BGB).[74]

Wird eine Abnahme in AGB des Auftraggebers von der vorherigen Vorlage des ordnungsgemäß geführten **Bautagebuchs** abhängig gemacht, liegt ein Verstoß gegen § 307 Abs. 1 BGB mit der Folge vor, dass die entsprechende Klausel unwirksam ist.[75] Der BGH[76] hat ferner eine Klausel für unwirksam erklärt, nach der die **Abnahme durch Ingebrauchnahme ausgeschlossen** ist, falls der Auftraggeber sich außerdem einseitig vorbehält, einen Abnahmetermin durch seine Bauleiter festzusetzen,

---

68) OLG Düsseldorf, BauR 1987, 451.
69) Rdn. K 168; ebenso: *Donus*, S. 73. *Glatzel/Hofmann/Frikell*, S. 240 halten die Klausel grundsätzlich für unwirksam.
70) LG Frankfurt, NJW-RR 1987, 1003.
71) BGH, BauR 1989, 322.
72) BGH, BauR 1997, 1036 = NJW-RR 1997, 1513 = ZfBR 1998, 35 (Nichtannahmebeschluss zu OLG Hamburg, *SFH*, Nr. 10 zu § 3 AGB-Gesetz).
73) *Bamberger/Roth/Voit*, § 640 BGB, Rdn. 12.
74) *Bamberger/Roth/Voit*, a. a. O.
75) *Ingenstau/Korbion/Oppler*, § 12/B, Rdn. 50.
76) BauR 1996, 378 = NJW 1996, 1346.

ohne dafür eine Frist oder eine sonstige Einwirkungsmöglichkeit des Auftraggebers in Bezug auf die Abnahme vorzusehen. Nach OLG Oldenburg[77] verstößt eine Klausel gegen § 307 BGB (§ 9 AGBG a. F.), nach der der Auftraggeber **auch bei Vorhandensein erheblicher Baumängel** das Bauwerk bei **Einzug abzunehmen** hat und andernfalls Mängelbeseitigungsansprüche ausgeschlossen sind. Unwirksam ist auch eine Klausel der Auftraggeberseite, wonach die Abnahmewirkungen nur dann eintreten, wenn der Auftraggeber die Leistung förmlich abnimmt und die Abnahmefiktion des § 640 Abs. 1 Satz 3 BGB ausgeschlossen wird.[78] Das OLG Hamburg hat eine Klausel des Auftraggebers für unzulässig erklärt, nach der Voraussetzung für die Abnahme ist, dass der Auftragnehmer sämtliche hierfür erforderlichen Unterlagen, wie z. B. Revisions- und Bestandspläne, behördliche Bescheinigung usw. dem Auftraggeber übergeben hat.[79] Aufgrund des § 640 BGB n. F. ist eine Klausel des Auftraggebers ebenso unwirksam, wonach auch unwesentliche Mängel den Auftraggeber berechtigen, die Abnahme zu verweigern.

Nimmt der Auftraggeber das Werk des Auftragnehmers, der mit der Herstellung einen Subunternehmer beauftragt hat, als im Wesentlichen vertragsgerecht ab, so muss der Auftragnehmer dies nach OLG Köln[80] auch im Verhältnis zu seinem Subunternehmer gelten lassen.

Zur Abnahme von **Sonder-** und **Gemeinschaftseigentum** vgl. Rdn. 504 ff.

Zur **Abnahme** der Bauleistung durch den **Architekten** vgl. Rdn. 1077.

### bb) Die Wirkungen der Abnahme

**1343** Mit der Abnahme

* beschränkt sich der **Erfüllungsanspruch** des Auftraggebers auf das konkrete abgenommene Werk. Erfüllung ist nunmehr ausgeschlossen (Rdn. 1559 ff., 1612 ff.);
* geht die **Vergütungs- und Leistungsgefahr** über (Rdn. 1344 ff.);
* wird die Vergütung **fällig** (§ 641 BGB);
* tritt eine **Umkehr** der **Beweislast** ein; **vor** der Abnahme hat der Unternehmer[81] die Mängelfreiheit, **nach** der Abnahme der Bauherr das Vorhandensein eines Mangels zu beweisen;
* oder bei deren endgültiger Verweigerung (§ 640 Abs. 1 Satz 2 BGB) beginnt die Verjährung für **Gewährleistungsansprüche** zu laufen (§ 634 a BGB; vgl. Rdn. 2392);
* tritt ein **Verlust von Rechten** bei **fehlendem Vorbehalt** ein: So kann der Auftraggeber eine verwirkte Vertragsstrafe nur geltend machen, wenn er sie bei der Abnahme ordnungsgemäß vorbehalten hat (Rdn. 2060; 2278);[82] ferner verliert der Auftraggeber das Nacherfüllungs-, Selbstbeseitigungs-, Rücktritts- und Minderungsrecht gemäß § 634 BGB, wenn er die Bauleistung des Auftragnehmers trotz Kenntnis der vorhandenen Mängel abnimmt, § 640 Abs. 2 BGB (vgl. Rdn. 2272 ff.).

---

77) OLGR 1996, 266.
78) *Glatzel/Hofmann/Frickel*, S. 241.
79) Zitiert bei *Glatzel/Hofmann/Frickell*, S. 243.
80) NJW-RR 1997, 756. Ähnlich: OLG Jena, IBR 1988, 520 für den Fall, dass der Subunternehmer an dem Abnahmetermin zwischen Auftraggeber und Hauptunternehmer teilnimmt; OLG Naumburg, MDR 2001, 1289.
81) BGH, BauR 1997, 129 = NJW-RR 1997, 339 = ZfBR 1997, 75 (auch im Falle einer **berechtigten** Verweigerung der Abnahme oder des Vorbehaltes gemäß § 640 Abs. 2 BGB).
82) Vgl. LG Mannheim, BauR 1992, 233 für den Fall **förmlicher** Abnahme.

## Fälligkeit des Werklohns

**1344** Bis zur Abnahme trägt damit der **Auftragnehmer** insbesondere die so genannte **Vergütungsgefahr** (§§ 644, 645 BGB):[83] Bei zufälligem Untergang, zufälliger Verschlechterung oder bei zufällig eintretender Unausführbarkeit der Bauleistung verliert der Unternehmer seinen Werklohnanspruch für die von ihm erbrachte Leistung. Gegebenenfalls ist er verpflichtet, seine Werkleistung neu herzustellen oder nachzubessern. Das Risiko kann durch eine Bauleistungsversicherung abgedeckt werden. **Mit der Abnahme** geht die **Vergütungsgefahr auf den Auftraggeber über.** Der Gefahrübergang tritt auch dann ein, wenn der Auftraggeber in Verzug der Annahme der Bauleistung kommt.

**Unabhängig von einer Abnahme** ist eine **Werklohnforderung fällig,** wenn der Auftraggeber zwar einerseits behauptet, die Bauleistungen des Auftragnehmers seien noch nicht mangelfrei fertig gestellt und deshalb von ihm auch nicht abgenommen worden, er aber andererseits ausdrücklich weder Fertigstellung noch Mängelbeseitigung, sondern ausschließlich **Schadensersatz** und **Minderung** verlangt (vgl. hierzu Rdn. 1337).[84]

**1345** Für den **zufälligen Untergang** und eine **zufällige Verschlechterung** des von dem Auftraggeber gelieferten Werkstoffes ist der Auftragnehmer dagegen nicht verantwortlich. Gemäß § 645 BGB kann der Unternehmer einen der geleisteten Arbeiten entsprechenden Teil der Vergütung und Ersatz der in der Vergütung nicht inbegriffenen Auslagen verlangen, wenn das Werk vor der Abnahme infolge eines Mangels des von dem Auftraggeber gelieferten Stoffes oder infolge einer von ihm für die Ausführung erteilten Anweisung untergegangen, verschlechtert oder unausführbar geworden ist, ohne dass ein Umstand mitgewirkt hat, den der Auftragnehmer zu vertreten hat. Der BGH[85] wendet diese Vorschrift in den Fällen entsprechend an, in denen die Leistung des Auftragnehmers aus Umständen untergeht oder unmöglich wird, die in der Person des Auftraggebers liegen oder auf Handlungen des Auftraggebers zurückgehen, auch wenn es insoweit an einem Verschulden des Auftraggebers fehlt. Darüber hinaus neigt die Rechtsprechung dazu, die Gefahrtragung des Auftragnehmers gemäß §§ 644, 645 BGB vor Abnahme der Bauleistung auf die Fälle zu beschränken, in denen es ihm auch tatsächlich möglich war, seine Leistungen mit zumutbarem Aufwand bis zur Abnahme zu schützen.[86]

**1346** Für den **VOB-Bauvertrag** ist insoweit § 12 Nr. 6 i. V. mit § 7 VOB/B zu berücksichtigen: Danach trägt ausnahmsweise der Auftraggeber bereits die **Vergütungsgefahr,** wenn „die ganz oder teilweise ausgeführte Leistung vor der Abnahme

---

83) Vgl. hierzu *Kaiser*, Festschrift für Korbion, S. 197; *Köhler*, BauR 2002, 27 (Graffiti-Schmierereien). Zur entsprechenden Anwendung des **§ 645 BGB:** OLG München, *SFH*, Nr. 3 zu § 645 BGB (Generalunternehmer kann Bauunternehmer das Baugrundstück aus Gründen, die in der Person des Bauherrn liegen, nicht zur Verfügung stellen) sowie BGH, BauR 1997, 1021 = NJW 1998, 456 (Untergang oder Unmöglichkeit der Leistungen des Auftragnehmers aus Umständen, die in der Person des Auftraggebers liegen oder auf Handlungen des Auftraggebers zurückgehen).
84) BGH, BauR 2002, 1399 = NJW 2002, 3019; OLG Koblenz, BauR 2003, 1728; OLG Düsseldorf, BauR 1999, 494; Entsprechendes gilt nach Auffassung des SchlHOLG, BauR 2001, 115, wenn ein Auftragnehmer seinem Auftraggeber die Nachbesserung (Nacherfüllung) einer an sich nicht abnahmereifen Bauleistung in einer den Annahmeverzug begründenden Weise anbietet, der Auftraggeber dieses Nachbesserungsangebot jedoch nicht annimmt.
85) BGH, BauR 1997, 1019; NJW 1981, 391 = BauR 1981, 71 = ZfBR 1981, 18; *Ingenstau/Korbion/Oppler*, § 12/B, Rdn. 47; zur **Sphärentheorie**: OLG Hamm, BauR 1980, 576.
86) Vgl. LG Berlin, BauR 1984, 180.

durch höhere Gewalt, Krieg, Aufruhr oder andere unabwendbare, vom Auftragnehmer nicht zu vertretende Umstände beschädigt oder zerstört" wird.[87] Im Übrigen gelten die Grundsätze des § 645 BGB auch für den VOB-Werkvertrag.

### cc) Die Arten der Abnahme

**1347** Eine Abnahme der Werkleistung des Unternehmers und damit die Anerkennung sowie Billigung der Bauleistung kann in unterschiedlicher Weise erfolgen. Nachdem das Gesetz zur Beschleunigung fälliger Zahlungen mit Wirkung zum 1.5.2000 zwei neue Abnahmevarianten (Abnahme durch Fristablauf und Abnahme durch Erteilung einer Fertigstellungsbescheinigung) normiert hat, sind die einzelnen **Abnahmeformen** wie folgt zu unterscheiden:

* Die ausdrücklich erklärte Abnahme (vgl. Rdn. 1348)
* Die förmliche Abnahme (vgl. Rdn. 1350)
* Die Abnahme durch schlüssiges Verhalten (vgl. Rdn. 1353)
* Die Abnahme durch Erteilung einer Fertigstellungsbescheinigung (vgl. Rdn. 1357)
* Die Abnahme durch Fristablauf (vgl. Rdn. 1364)
* Die Teilabnahme (vgl. Rdn. 1365)

Das Gesetz sieht für die **Abnahme** – bis auf das Verfahren zur Erteilung der Fertigstellungsbescheinigung – **keine bestimmte Form** vor. Sie kann jedoch zwischen den Parteien vertraglich **vereinbart** werden.[88]

Häufig werden bei der Abnahme Mängel festgestellt und dann ein entsprechender **Vorbehalt** erklärt. Auch eine solche Abnahme unter Vorbehalt von Mängeln kann als Abnahme zu sehen sein, wenn zum Ausdruck kommt, dass der Auftraggeber – trotz der Mängel – abnehmen will.[89]

### (1) Die ausdrücklich erklärte Abnahme

**1348** Von einer ausdrücklichen Abnahme spricht man immer dann, wenn diese durch eine **Erklärung des Auftraggebers,** die in vielfältiger Hinsicht erfolgen kann, zum Ausdruck gebracht wird. Der Begriff der Abnahme braucht dabei nicht verwandt zu werden. Die Erklärung muss dem Unternehmer gegenüber abgegeben werden, sodass sie zugangsbedürftig ist.[90] Da das BGB grundsätzlich keine bestimmten Förmlichkeiten für die Abnahme (mit Ausnahme der Abnahme durch Erteilung der Fertigstellungsbescheinigung, vgl. näher Rdn. 1357 ff.) kennt, bedarf auch die ausdrückliche Abnahme keiner besonderen Form.

**1349** Für eine ausdrückliche Abnahme reicht schon die mündliche oder schriftliche Erklärung des Auftraggebers oder seines bevollmächtigten Stellvertreters aus, dass er mit der Bauleistung „einverstanden" ist, dass die Bauleistung „in Ordnung" ist, dass man mit der Bauleistung „zufrieden" ist, dass man nunmehr mit der „Nutzung beginnen" werde usw. Dagegen liegt eine Abnahme nicht schon vor, wenn der

---

[87] Zum „**unanwendbaren Umstand**" s. BGH, BauR 1997, 1019 = NJW 1997, 3018 u. BauR 1997, 1021 = NJW 1998, 456; OLG Frankfurt, BauR 1996, 394; OLG Bremen, BauR 1997, 854.
[88] Vgl. OLG Koblenz, BauR 2003, 96 (Abnahme durch Ausstellung einer entsprechenden Bescheinigung).
[89] Vgl. hierzu OLG Rostock, OLGR 2007, 219.
[90] *Siegburg*, Rdn. 252.

## Fälligkeit des Werklohns

Bauherr nur eine „vorläufige" Erklärung abgibt und sich eine weitere Überprüfung und „endgültige Abnahme" nach Mängelbeseitigung vorbehält.[91] Häufig werden zwischen den Parteien so genannte **„Vorabnahmen"** durchgeführt. Das BGB kennt diese Abnahmeform nicht. Sie hat daher auch keinerlei Wirkungen, es sei denn, dass die Parteien von der „Vorabnahme" rechtliche Wirkungen vertraglich abhängig gemacht haben.

Ein Unterfall der ausdrücklichen Abnahme ist die so genannte „förmliche Abnahme" (mit gemeinsamer Überprüfung der Bauleistung und Erstellung eines Protokolls). Auch diese Abnahmeform ist in § 640 BGB (im Gegensatz zu § 12 Nr. 4 VOB/B) nicht vorgesehen; sie muss daher zwischen den Parteien ausdrücklich vereinbart werden (vgl. hierzu näher Rdn. 1350).

### (2) Die förmliche Abnahme

Die sog. förmliche Abnahme ist eine besondere Form der ausdrücklich erklärten Abnahme. Bei ihr erfolgt in der Regel eine **gemeinsame Überprüfung** der Bauleistung im Rahmen eines Abnahmetermins, wobei das Ergebnis **protokolliert** wird.[92] Im Gegensatz zur VOB/B (§ 12 Nr. 4) ist sie im BGB nicht geregelt. Da die Parteien aber besondere Formen und Regularien für das Abnahmeverfahren vertraglich vereinbaren können, ist die Vereinbarung einer förmlichen Abnahme zulässig, wobei die entsprechende Abrede auch in **AGB/Formularverträgen möglich** ist.[93] Es reicht aber – beim BGB-Bauvertrag – nicht aus, dass eine Partei diese Variante der Abnahme – entsprechend § 12 Nr. 4 Abs. 1 Satz 1 VOB/B – einseitig verlangt.[94]

**1350**

Ist eine förmliche Abnahme vereinbart, kann sich der Unternehmer nicht auf eine konkludente Abnahme durch den Auftraggeber stützen, denn jede Vertragspartei kann ein berechtigtes Interesse daran haben, dass beide Vertragsparteien gemeinsam die erbrachten Bauleistungen in Augenschein nehmen und zur Vermeidung von Beweisschwierigkeiten schriftlich dokumentieren.[95] Aus diesem Grund ist auch

**1351**

---

91) OLG Köln, OLGR 1998, 127.
92) Zur Pflicht der Parteien, insbesondere des Auftraggebers, die Abnahmeniederschrift zu unterzeichnen, vgl. *Niemöller*, Festschrift für Vygen, S. 340. Zu den **kommunalrechtlichen** Förmlichkeitsvorschriften, die der BGH in st. Rspr. als Vertretungsregeln auslegt, die die Vertretungsmacht der handelnden Organe einschränken, und der Abnahme einer Bauleistung: BGH, BauR 1986, 444 m. w. Nachw.
93) BGH, BauR 1996, 378 = NJW 1996, 1346; *Siegburg*, Rdn. 288. *Voit* in Bamberger/Roth, § 640, Rdn. 11, weist zu Recht darauf hin, dass auch in AGB des Auftraggebers vereinbart werden kann, dass die Ingebrauchnahme nicht als Abnahme gilt, sondern eine förmliche Abnahme zu erfolgen hat; Voraussetzung ist jedoch, dass der Auftragnehmer in angemessener Frist die Abnahme herbeiführen kann. In den entsprechenden AGB des Auftraggebers muss der Auftragnehmer auf die Möglichkeiten des § 640 Abs. 1 Satz 3 BGB hingewiesen werden, wonach der Auftragnehmer eine Frist zur Abnahme setzen kann.
94) **Anderer Ansicht** wohl *Siegburg*, Rdn. 283, der grundsätzlich die Regelung der förmlichen Abnahme gemäß § 12 Nr. 4 VOB/B auch für den BGB-Bauvertrag – jedenfalls sinngemäß – übernehmen will.
95) BGH, BauR 1996, 378 = ZfBR 1996, 196 = NJW 1996, 1346 = MDR 1996, 791 = ZIP 1996, 678; OLG Düsseldorf, OLGR 2007, 206; OLG Hamm, IBR 2007, 477 – *Bolz*; vgl. aber OLG Köln, MDR 2002, 877 = OLGR 2002, 247: Hat der Auftragnehmer – nach AGB des Auftraggebers – das Recht, eine förmliche Abnahme zu verlangen, ist eine stillschweigende Abnahme durch den Auftraggeber nicht ausgeschlossen.

der Ausschluss einer „Abnahme durch Ingebrauchnahme" in AGB oder Formularverträgen wirksam, sofern die vereinbarte förmliche Abnahme „in angemessener Frist nach Fertigstellung der Leistung vorgesehen" wird.[96] Andernfalls ist der Ausschluss unwirksam.[97]

Die Parteien können auf eine förmliche Abnahme jedoch einvernehmlich **verzichten,** was der **Unternehmer** im Streitfall zu **beweisen** hat.[98] Dieser Verzicht auf eine förmliche Abnahme kann auch durch schlüssiges Verhalten der Parteien (z. B. durch Erstellung der Schlussrechnung auf Anforderung des Auftraggebers) erfolgen[99] (vgl. hierzu Rdn. 1388 ff.). Nach Auffassung des OLG Düsseldorf[100] kann ein Verzicht bereits darin liegen, dass der Auftraggeber die fertige Bauleistung in Benutzung nimmt, ohne deutlich zu machen, dass er auf die förmliche Abnahme zurückkommen will. Dies erscheint jedoch zweifelhaft; die Benutzung muss sich zumindest über einen **längeren** Zeitraum erstrecken, in dem die vereinbarte förmliche Abnahme nicht verlangt wird.[101] Bedenken bestehen auch hinsichtlich der Auffassung des KG[102], wonach davon auszugehen ist, dass auf die förmliche Annahme verzichtet wird, wenn nicht innerhalb der Frist des § 12 Nr. 5 Abs. 1 VOB/B kein Abnahmetermin anberaumt und die Abnahme auch nicht ausdrücklich verweigert wird.

**Unerheblich** ist im Übrigen, ob sich die Parteien bei dem **Verzicht bewusst** sind, dass eine förmliche Abnahme vorgesehen war oder ob sie die förmliche Abnahme **„vergessen"** haben.[103] In Fällen der „vergessenen" förmlichen Abnahme ist es meist schwer, den Zeitpunkt der Abnahme zu bestimmen.[104] Kann ein Verzicht auf die förmliche Abnahme durch schlüssiges Verhalten festgestellt werden, treten die Abnahmewirkungen jedenfalls zum Zeitpunkt des Verzichts ein.[105]

**1352** **Verzögert** eine Vertragspartei **die förmliche Abnahme** in unbilliger Weise und verstößt sie damit gegen Treu und Glauben, kann sie im Einzelfall nicht (mehr) auf

---

96) BGH, a. a. O.
97) BGH, BauR 1989, 322, 324; BGH, BauR 1997, 302 = ZfBR 1997, 73 = NJW 1997, 394; OLG Düsseldorf, NJW-RR 1996, 146.
98) Vgl. hierzu vor allem BGH, NJW 1993, 1063 u. BGH, *Schäfer/Finnern*, Z 2.501 Bl. 2; OLG Stuttgart, BauR 1974, 344; LG Köln, *Schäfer/Finnern*, Z 2.50 Bl. 28; *Hochstein*, BauR 1975, 221; *Locher*, Rdn. 148; *Bühl*, BauR 1984, 237, 238.
99) BGH, *Schäfer/Finnern*, Z 2.501 Bl. 2 = BauR 1977, 344 u. 348, 349; BGH, BauR 1979, 56, 57; KG, NZBau 2006, 436; OLG Karlsruhe, NJW-RR 2004, 745; *Kapellmann/Messerschmidt/Havers*, § 12/B, Rdn. 20.
100) *SFH*, Nr. 3 zu § 12 VOB/B; ähnlich: BauR 1981, 294; ebenso: OLG Bamberg, OLGR 1998, 41.
101) So auch OLG Jena, IBR 2005, 527 – *Müller*; OLG Düsseldorf, OLGR 2007, 206; BauR 1999, 404 = NJW-RR 1999, 529 = OLGR 1999, 310.
102) NZBau 2006, 436.
103) Vgl. OLG Karlsruhe, BauR 2004, 518 = OLGR 2004, 2; OLG Bamberg, OLGR 1998, 41; Beck'scher VOB-Komm/*Jagenburg*, B Vor § 12, Rdn. 61 u. § 12 Nr. 4, Rdn. 10 ff.; *Hochstein*, BauR 1975, 221; *Brügmann*, BauR 1979, 277; *Dähne*, BauR 1980, 223 sowie Rdn. **1387 ff.**
104) Vgl. KG, BauR 1988, 230, 231 (angemessene Frist bis zur Annahme einer Abnahme).
105) *Kleine-Möller/Merl*, § 11, Rdn. 66. *Kapellmann/Messerschmidt/Havers*, § 12/B, Rdn. 21, sind der Auffassung, dass bei einer „vergessenen" förmlichen Abnahme selten „auf eine auf Verzicht gerichtete Willenserklärung" geschlossen werden kann. Dementsprechend treten nach ihrer Auffassung „auch die Wirkungen der Abnahme bereits dann ein, wenn anhand der konkludenten Handlungen (z. B. Ingebrauchnahme oder Zahlung) von einer Billigungserklärung des Auftraggebers ausgegangen werden kann".

## Fälligkeit des Werklohns

der vereinbarten förmlichen Abnahme bestehen.[106] Auch bei der Abrede einer förmlichen Abnahme bleiben dem Unternehmer die Möglichkeiten eröffnet, eine Abnahme gemäß § 641 a BGB (Erteilung einer Fertigstellungsbescheinigung, Rdn. 1357 ff.) oder gemäß § 640 Abs. 1 Satz 3 BGB (Abnahme durch Fristablauf, Rdn. 1364) zu erreichen.[107] Erscheint der Auftraggeber zum vereinbarten Abnahmetermin nicht, lässt er aber danach weitere Arbeiten ausführen, sodass die von ihm gerügten Mängel nicht mehr festgestellt werden können, führt dies zu einer Umkehr der Beweislast.[108] Insoweit gelten die Ausführungen des BGH zur Umkehr der Beweislast, wenn der Auftraggeber zum gemeinsamen Aufmaßtermin grundlos nicht erscheint oder ein gemeinsames Aufmaß verweigert.[109] Ist zwischen den Parteien im Rahmen eines VOB-Bauvertrages ausdrücklich die förmliche Abnahme vertraglich vereinbart, muss keine Partei sie gemäß § 12 Nr. 4 Abs. 1 VOB/B nochmals „verlangen".[110]

### (3) Die schlüssige Abnahme

Die schlüssige (konkludente) Abnahme als besondere Abnahmeform ist im BGB **1353** nicht geregelt, aber nach allgemeiner Meinung zulässig. Sie setzt – wie die ausdrückliche Abnahme – ein vom Willen des Auftraggebers getragenes Verhalten voraus (Abnahmewillen). Daher ist eine stillschweigend erklärte und damit schlüssige Abnahme immer dann gegeben, wenn der Auftraggeber durch sein Verhalten zum Ausdruck bringt, dass er das Bauwerk als im Wesentlichen vertragsgerecht ansieht.[111] Insoweit sind aber unmissverständliche Verhaltensweisen erforderlich.[112] Die damit verbundene Anerkennung und Billigung der Bauleistung muss dem Auftragnehmer zum Ausdruck gebracht, zumindest erkennbar – wenn auch nur indirekt – vermittelt worden oder in anderer Weise zur Kenntnis gelangt sein.[113] Daher scheiden insoweit reine interne Vorgänge und damit auch reines Schweigen aus.[114]

---

106) BGH, BauR 1989, 727; BauR 1977, 344; ähnlich OLG Hamm, BauR 1993, 640 (LS), das diese Fallgestaltung über § 162 Abs. 1 BGB löst.
107) So auch *Kapellmann/Messerschmidt/Havers*, § 12/B, Rdn. 7; **a. A.:** *Kiesel*, NJW 2000, 1673, 1678.
108) So zutreffend LG Hof, BauR 2006, 1009.
109) BauR 2003, 1207 = NJW 2003, 2678 = NZBau 2003, 497 = MDR 2003, 1174.
110) KG, BauR 2006, 1475.
111) BGH, BauR 1996, 386, 388; NJW 1993, 1063; NJW 1974, 95 = BauR 1974, 67 = MDR 1974, 220.
112) Vgl. *Siegburg*, Rdn. 254.
113) BGH, NJW 1974, 95, 96; weiter gehend: *Siegburg*, Rdn. 258 ff., der eine schlüssige Abnahme immer dann verneint, wenn sich das Verhalten des Auftraggebers nicht gegenüber dem Unternehmen „abspielt", weil in diesem Fall der Auftragnehmer keine hinreichenden Schlussfolgerungen daraus ziehen kann, „ob der Auftraggeber eine tatsächliche Erklärung dahingehend abgeben will, er billige/anerkenne sein Werk als zumindest in der Hauptsache vertragsgemäß". Er sieht daher insbesondere in der reinen Ingebrauchnahme/Inbenutzungnahme einer Bauleistung allein noch keine schlüssige Abnahme. Das gelte auch bei Rechnungsstellung des Hauptunternehmers gegenüber seinem Auftraggeber; auch darin sei nicht „zwangsläufig" eine konkludente Abnahme der Werkleistung des Subunternehmers zu sehen (**a. A.:** OLG Düsseldorf, OLGR 1996, 1).
114) BGH, NJW-RR 1992, 1078 = ZfBR 1992, 264.

**1354** Eine schlüssige Abnahme kommt z. B. in Betracht durch
* die **vorbehaltlose Zahlung** des restlichen Werklohns[115]
* die bestimmungsgemäße **Ingebrauchnahme**[116]
* den **Bezug des Hauses** (bzw. Übernahme des Bauwerks)[117]
* die Übergabe des **Hausschlüssels** an den Erwerber nach Besichtigung des Hauses[118]
* die **rügelose Benutzung** des Werks oder der Bauleistung (auch für weitere Arbeiten[119]
* die **Auszahlung des Sicherheitsbetrages**[120]
* die **Erstellung einer Gegenrechnung** durch den Auftraggeber[121]
* die **Veräußerung des Bauwerks**[122]
* die Unterschrift unter eine „Auftrags- und Ausführungsbestätigung" des Auftraggebers bei gleichzeitiger Rüge kleinerer Mängel[123]
* die Einwilligung in den **Abbau eines Gerüstes** (bzgl. der Putzer- oder Malerarbeiten am Haus)
* den **Einbehalt eines Betrages für gerügte Mängel** im Rahmen eines Schlussgespräches über die Restforderung des Auftragnehmers[124]
* weiteren Aufbau durch den Auftraggeber auf die Leistung des Unternehmers[125]

**1355** Von einer Abnahme durch **schlüssiges Verhalten** kann **im Einzelfall** auch ausgegangen werden, selbst wenn (noch) einzelne **Mängel** vorliegen, hierzu **Mängelrügen** erklärt werden oder ein **Mängelvorbehalt** im Abnahmetermin erfolgt.[126] Das ist anders zu beurteilen, wenn der Auftraggeber die Abnahme unter Hinweis auf Mängel, die ihn berechtigen, die Abnahme zu verweigern, ablehnt. Für diese Fallgestaltung hat der BGH[127] entschieden, dass der nach der Abnahmeverweigerung erfolgte Einzug bzw. die sonstige Nutzung des Bauwerks im Regelfall keine konkludente Abnahme darstellen (vgl. hierzu auch Rdn. 1356). Darüber hinaus kommt eine stillschweigende Abnahme grundsätzlich immer dann nicht in Betracht, wenn die Werkleistung (noch) nicht vollständig erbracht worden ist;[128] der BGH[129] verneint

---

115) BGH, BauR 1970, 48; LG Köln, *Schäfer/Finnern*, Z 2.33 Bl. 5; OLG München, *SFH*, Nr. 7 zu § 12 VOB/B (für Teilzahlung); OLG Köln, BauR 1992, 514, 515.
116) BGH, ZfBR 1985, 71 = BauR 1985, 200 = WM 1985, 288 = NJW 1985, 731; vgl. hierzu KG, IBR 2007, 476 – *Orthmann*; a. A.: Siegburg, Rdn. 259.
117) *Trapp*, BlGBW 1972, 121; BGH, *Schäfer/Finnern*, Z 2.502 Bl. 8 = NJW 1975, 1701 = BauR 1975, 344; vgl. aber BGH, *SFH*, Nr. 1 zu § 16 Ziff. 2 VOB/B (1952) u. OLG Düsseldorf, *SFH*, Nr. 9 zu § 640 BGB; OLG Hamm, BauR 1993, 604.
118) Vgl. hierzu: OLG Hamm, NJW-RR 1993, 340 = BauR 1993, 374 (LS).
119) Vgl. LG Regensburg, *SFH*, Nr. 6 zu § 641 BGB (Rechnung nach Aufmaß und Anschlussarbeiten).
120) BGH, *Schäfer/Finnern*, Z 2.50 Bl. 9.
121) OLG München, *SFH*, Nr. 4 zu § 16 Nr. 3 VOB/B.
122) BGH, NJW-RR 1996, 883, 884; a. A.: Siegburg, Rdn. 259.
123) OLG Düsseldorf, BauR 1998, 126 = NJW-RR 1997, 1450 (Unterschrift der **Ehefrau**).
124) OLG Koblenz, NJW-RR 1994, 786.
125) OLG Düsseldorf, BauR 2001, 423; *Kniffka*, ZfBR 1998, 113, 114; a. A.: Siegburg, Rdn. 257.
126) OLG Hamm, OLGR 1996, 207.
127) BauR 1999, 1186 = NJW-RR 1999, 1246 = MDR 1999, 1061 = ZfBR 1999, 327.
128) OLG Düsseldorf, OLGR 2007, 206.
129) BauR 2004, 337.

## Fälligkeit des Werklohns

bei einer solchen Fallgestaltung einen Abnahmewillen des Auftraggebers – trotz Übernahme des Werkes –, es sei denn, dass andere „gewichtige Umstände" hinzukommen. Ist eine konkludente Abnahme im Verhältnis zwischen **Generalunternehmer** und seinem Auftraggeber anzunehmen, kann daraus allein noch keine Abnahme der Werkleistungen des **Subunternehmers** im Verhältnis zum **Generalunternehmer** hergeleitet werden.[130]

Soweit in einer bestimmungsgemäßen **Ingebrauchnahme** (Benutzung/Bezug) eine schlüssige Abnahme zu sehen ist, geht der **BGH**[131] zeitlich nicht von dem Beginn „der ersten überhaupt feststellbaren Nutzungshandlung" aus, sondern räumt dem Auftraggeber „vom Zeitpunkt der ersten Nutzungshandlung **eine gewisse Prüfungszeit**" ein, wobei die Angemessenheit dieser Prüfungszeit von den Umständen des Einzelfalles abhängt.[132] Bei einer der Nutzung vorangegangenen intensiven Überprüfung der Bauleistung kann nach Auffassung des OLG Düsseldorf[133] im Einzelfall schon im Zeitpunkt des Nutzungsbeginns eine konkludente Abnahme gesehen werden. Im Übrigen genügt bei einem einheitlichen Gebäude, das zu verschiedenen Zwecken genutzt wird (z. B. Wohn- und Geschäftshaus), die Aufnahme einer Nutzungsart, um eine schlüssige Abnahme anzunehmen. Stets muss sich aus dem Verhalten des Auftraggebers **eine Billigung** der Werkleistung des Auftragnehmers als in der Hauptsache vertragsgemäß folgern lassen.

Eine **konkludente Abnahme** kommt nicht in Betracht, wenn die **Leistung nur teilweise** und dazu noch **vertragswidrig ausgeführt** worden ist, weil hier von einer stillschweigenden Billigung der Vertragsleistung durch den Auftraggeber nicht ausgegangen werden kann, selbst wenn eine Inbenutznahme der Bauleistung vorliegt.[134] Auch in der Ankündigung und in der Durchführung einer **Ersatzvornahme** ist noch keine Abnahme einer Bauleistung zu sehen.[135] Aus dem Verhalten des Auftraggebers kann nicht der Schluss auf eine konkludente Abnahme gezogen werden, wenn er ausdrücklich auf eine förmliche Abnahme bestanden hat bzw. diese vereinbart worden ist.[136]

**1356**

---

130) OLG Düsseldorf, OLGR 1996, 1 sowie OLG Oldenburg, OLGR 1996, 52; a. A.: OLG Köln, NJW-RR 1997, 756.
131) BGH, ZfBR 1985, 71 = BauR 1985, 200 = WM 1985, 288 = NJW 1985, 731; vgl. auch BGH, NJW-RR 1992, 1078. Ebenso: OLG München, BauR 2005, 727; OLG Düsseldorf, OLGR 1994, 141 („angemessene Nutzungszeit"); OLG Hamm, OLGR 1995, 160 = NJW-RR 1995, 1233 u. OLGR 1998, 58; OLG Koblenz, BauR 1997, 482 = NJW-RR 1997, 782 (Abnahme einer Heizung, die nur für die Estricharbeiten und den weiteren Ausbau in Betrieb genommen wird).
132) Vgl. OLG Hamm, OLGR 1997, 241; OLG Oldenburg, OLGR 1997, 223, 224; OLG Köln, *SFH*, Nr. 13 zu § 640 BGB (2-monatige Nutzungs- und Prüfungszeit bei einer Wärmepumpe, die im Sommer in Betrieb genommen wird); OLG Frankfurt, ZfBR 1990, 118 („angemessener Nutzungszeitraum"); OLG München, NJW 1989, 1286 (für Werklieferungsverträge im kaufmännischen Geschäftsverkehr: mit Ablauf der Untersuchungs- und Rügefrist des § **377 HGB**); *MünchKomm-Busche*, § 640 BGB, Rdn. 21; *Bamberger/Roth/Voit*, § 640, Rdn. 8.
133) *SFH*, Nr. 9 zu § 640 BGB.
134) BGH, ZfBR 1995, 33; BGH, *Schäfer/Finnern*, Z 2.511 Bl. 10; OLG Hamm, BauR 1996, 123 = NJW-RR 1996, 86 = OLGR 1995, 241.
135) BGH, BauR 1994, 242 = NJW 1994, 942 = ZfBR 1994, 81; OLG Hamm, a. a. O.
136) OLG Düsseldorf, OLGR 2007, 207.

In einer **Kündigung** kann ebenfalls keine konkludente Abnahme gesehen werden, weil der Auftraggeber mit der Kündigung nicht gleichzeitig die Erklärung abgibt, dass er das bis zur Kündigung erbrachte Werk als im Wesentlichen vertragsgerecht anerkennt.[137] Erfolgt der **Bezug** eines Gebäudes „unter Druck", weil z. B. das bisherige Haus geräumt werden muss, ist bei einem im Wesentlichen noch nicht fertig gestellten Haus ebenfalls nicht von einer stillschweigenden Abnahme auszugehen.[138] Hierfür trägt im Streitfall der Bauherr die Beweislast.[139] Dasselbe gilt, wenn die **Schlussrechnung** des Unternehmers lediglich **geprüft** oder eine Anlage nur probeweise in Betrieb genommen wird. Auch **Abschlagszahlungen** oder der Antrag auf Erteilung des **Gebrauchsabnahmescheins** stellen keine konkludente Abnahme dar.[140] Bei einer **Abnahmeverweigerung** kommt eine konkludente Abnahme nicht in Betracht, weil dem Auftraggeber ein Abnahmewille fehlt.[141] Eine stillschweigend erklärte Abnahme scheidet nach BGH[142] aus, „wenn der Besteller nach erfolglosem Ablauf einer Nachfrist mit Ablehnungsandrohung das mangelhafte Werk behalten will, eine Nachbesserung durch den Unternehmer jedoch untersagt und das Werk selbst oder durch Dritte nachbessert". Auch aus einem **Bestätigungsvermerk** des Auftraggebers auf der Abrechnung des Unternehmers folgert der BGH[143] keine schlüssige Abnahme, wenn keine weiteren Umstände hinzukommen.

### (4) Abnahme durch Erteilung der Fertigstellungsbescheinigung

*Literatur*
*Niemöller*, Die Beschleunigung fälliger Zahlungen beim Bauvertrag, 2000.
*Schmidt-Räntsch*, Gesetz zur Beschleunigung fälliger Zahlungen, ZfIR 2000, 337; *Motzke*, Abschlagzahlung, Abnahme und Gutachterverfahren nach dem Beschleunigungsgesetz, NZBau 2000, 489; *Kniffka*, Das Gesetz zur Beschleunigung fälliger Zahlungen – Neuregelung des Bauvertragsrechts und seine Folgen –, ZfBR 2000, 227; *Peters*, Das Gesetz zur Beschleunigung fälliger Zahlungen, NZBau 2000, 169; *Keldungs*, Der Vergütungsanspruch des Bauunternehmers im Lichte des Gesetzes zur Beschleunigung fälliger Zahlungen, OLGR-Kommentar 2001, K 1; *von Craushaar*, Die Regelung des Gesetzes zur Beschleunigung fälliger Zahlungen im Überblick, BauR 2001, 471; *Niemöller*, Abnahme und Abnahmefiktion nach dem Gesetz zur Beschleunigung fälliger Zahlungen, BauR 2001, 481; *Kirberger*, Die Beschleunigungsregelungen unter rechtsdogmatischen und praxisbezogenem Blickwinkel, BauR 2001, 492; *Merkens*, Das Gesetz zur Beschleunigung fälliger Zahlungen: Praktische Möglichkeiten und Notwendigkeiten zur Realisierung von Forderungen aus Bauverträgen?, BauR 2001, 515; *Schneider*, VOB-Vertrag – Anwendbarkeit des § 641a BGB, MDR 2001, 192; *Parmentier*, Fertigstellungsbescheinigung nach § 641a BGB nur für schriftliche Bauverträge?, BauR 2001, 1813; *Jagenburg*, Fertigstellungsbescheinigung durch den TÜV?, BauR 2001, 1816; *Vygen*, Rechtliche Probleme der baubegleitenden Qualitätsüberwachung mit und ohne Fertigstellungsbescheinigung, Festschrift für Jagenburg (2002), 933; *Henkel*, Der schriftliche

---

137) BGH, BauR 2003, 680 = NJW 2003, 1450 = NZBau 2003, 265.
138) BGH, *SFH*, Nr. 11 zu § 16 Ziff. 2 VOB/B (Bezug zur Abwendung drohender Mietausfälle); BGH, NJW 1975, 1701 = BauR 1975, 344; OLG Hamm, OLGR 1997, 241 u. BauR 2001, 1914.
139) OLG Düsseldorf, BauR 1992, 72.
140) *Ingenstau/Korbion/Oppler*, § 12 Nr. 1/B, Rdn. 12 a. E.
141) So auch OLG Oldenburg, BauR 1994, 371 mit Hinweis auf BGH, NJW 1985, 731 = BauR 1985, 200.
142) BauR 1996, 386 = NJW 1996, 1749 = MDR 1996, 893 = ZIP 1996, 839 (LS zu 2).
143) BauR 2004, 1291 = NZBau 2004, 548.

## Fälligkeit des Werklohns

Vertrag i. S. von § 641 a Abs. 3 S. 2 BGB und sein Verhältnis zu § 126 BGB, BauR 2003, 322; *Leineweber*, Die Abnahme gem. § 641 a BGB – gesetzgeberischer Fehlgriff oder Chance für die Zukunft?, Festschrift für Kraus (2003), 129.

Mit dem Gesetz zur Beschleunigung fälliger Zahlungen, das am 1.5.2000 in Kraft getreten ist, wurde eine völlig **neue „Abnahmevariante"** geschaffen. Nach dem neu eingeführten § 641 a BGB steht es einer Abnahme gleich, wenn dem Unternehmer von einem **Gutachter** eine Bescheinigung darüber erteilt wird, dass

1. das **versprochene Werk** (im Falle des § 641 Abs. 1 S. 2 BGB auch ein Teil desselben) **hergestellt** ist und
2. das Werk **frei von Mängeln** ist, die der Besteller gegenüber dem Gutachter behauptet hat oder für den Gutachter bei einer Besichtigung feststellbar sind.

Die **„Fertigstellungsbescheinigung"** wird damit der **Abnahme gleichgestellt.** Dies gilt jedoch nur dann, wenn das in § 641 a Abs. 2 bis 5 BGB im Einzelnen geregelte Verfahren auch tatsächlich eingehalten wurde. Im Übrigen stellt der Gesetzgeber klar, dass bei diesem Verfahren § 640 Abs. 2 BGB (Abnahme eines mangelhaften Werkes trotz Kenntnis) nicht anzuwenden ist und das Verfahren der Fertigstellungsbescheinigung nicht in Betracht kommt, wenn die Voraussetzungen des § 640 Abs. 1 Sätze 1 und 2 BGB nicht gegeben waren, also eine Verpflichtung zur Abnahme nicht bestand. Im Übrigen wird in § 641 a Abs. 1 BGB vermutet, „dass ein Aufmaß oder eine Stundenlohnabrechnung, die der Unternehmer seiner Rechnung zu Grunde legt, zutreffen, wenn der Gutachter dies in der Fertigstellungsbescheinigung bestätigt".

**1357**

Mit dieser neuen gesetzlichen Regelung wird bei Ausstellung der Fertigstellungsbescheinigung durch den Sachverständigen eine – vom Willen des Auftraggebers unabhängige – **Abnahme fingiert** und den übrigen Abnahmemöglichkeiten gleich gestellt. Damit gibt es nun neben der Regelung des § 640 Abs. 1 Satz 3 BGB (Abnahme durch Fristablauf) eine weitere Abnahmefiktion. Die Gleichstellung der Fertigstellungsbescheinigung mit der Abnahme soll einem Unternehmer die Möglichkeiten eröffnen, einen **Urkundenprozess** zu führen, um schneller an seine Vergütung zu gelangen. Ein Privatgutachten ist allerdings kein Beweismittel i. S. d. § 592 ZPO, das im Urkundenprozess zugelassen wird. Das gilt aber nach dem Willen des Gesetzgebers nicht für eine gutachterlich erstellte Fertigstellungsbescheinigung.[144] Ob der Auftraggeber die Möglichkeit hat, mit einem von ihm eingeholten Sachverständigengutachten einen Gegenbeweis im Urkundenprozess zu führen, ist streitig, aber abzulehnen.

**1358**

Das **förmliche Verfahren zur Abgabe der Fertigstellungsbescheinigung** ist im Einzelnen in § 641 a Abs. 2–5 BGB vom Gesetzgeber festgeschrieben.[145] Da die Vorlage der Fertigstellungsbescheinigung mit der Abnahme gleichgestellt ist, treten auch dieselben rechtlichen Wirkungen ein, die eine Abnahme zur Folge hat (vgl. hierzu Rdn. 1343 ff.).

---

144) Zu den Bedenken, ob die Fertigstellungsbescheinigung eine Urkunde mit materieller Beweiskraft ist: *Seewald*, ZfBR 2000, 219, 222; *Siegburg*, ZfIR 2000, 841, 846; *Quack*, BauR 2001, 507, 510; *Kniffka*, ZfBR 2000, 227, 236 spricht von einem „Trick des Gesetzgebers"; *Kirberger*, BauR 2001, 492, 501.

145) Zu den Einzelheiten des Verfahrens (überwiegend kritisch): *Motzke*, NZBau 2000, 489, 492; *Peters*, NZBau 2000, 169, 171; *Kniffka*, ZfBR 2000, 227, 236; *Niemöller*, BauR 2001, 481, 490.

Die vom Gesetzgeber neu installierte Abnahmefiktion auf der Grundlage einer Fertigstellungsbescheinigung eröffnet eine Fülle von Rechtsproblemen. Zwischenzeitlich hat sich bereits eine umfangreiche Literatur damit beschäftigt.[146]

**1359** Nach dem klaren Wortlaut des § 641 a Abs. 1 BGB kann der Gutachter die Fertigstellungsbescheinigung nur bei **mangelfreier Herstellung** des Werks abgeben.[147] Das Gesetz macht dabei – im Gegensatz zu § 640 Abs. 1 Satz 2 BGB – keinen Unterschied zwischen wesentlichen oder unwesentlichen Mängeln.[148] Unter dem Gesichtspunkt, dass nur bei Mangelfreiheit des Werkes eine Fertigstellungsbescheinigung in Betracht kommt, wird dem **neuen Verfahren** in der Praxis **kaum größere Relevanz** zukommen.

Aus diesem Grund war in dem Gesetzgebungsverfahren vorgeschlagen worden, dass der Gutachter im Rahmen seiner Fertigstellungsbescheinigung etwaige Mängel der Höhe nach bewertet. Damit hätte einerseits der Auftraggeber die Möglichkeit, einen Betrag einzubehalten, der dem dreifachen Betrag der zu erwartenden Mängelbeseitigungskosten entspricht (§ 641 Abs. 3 BGB); andererseits könnte der Unternehmer dann den Restanspruch – gegebenenfalls in einem Urkundenprozess – durchsetzen. Von dieser sicherlich praktikableren Lösung hat der Gesetzgeber aber keinen Gebrauch gemacht. Er war der Meinung, dass auch in einem Fall, in dem der Gutachter die Mangelfreiheit des Werkes nicht feststellen kann und deshalb die Erteilung der Fertigstellungsbescheinigung verweigert, das von dem Gesetzgeber initiierte Verfahren zur Beschleunigung beiträgt. Nach Auffassung des Gesetzgebers kann erwartet werden, dass die Unternehmer in einer Vielzahl von Fällen die vom Sachverständigen festgestellten Mängel beseitigen: Entweder ist der Auftraggeber dann zur Abnahme des Werkes bereit oder aber der Unternehmer kann nach erfolgter Nachbesserung vom Gutachter die Fertigstellungsbescheinigung erhalten.

**1360** Probleme wird es bei dem geschilderten Verfahren in den Fällen geben, in denen der Inhalt und der Umfang der **vertraglichen Vereinbarungen** für den Gutachter **nicht klar erkennbar** ist. Der Gutachter ist in diesem Fall nicht berechtigt, über den Vertragsinhalt eine Beweisaufnahme durchzuführen. Vielmehr hat er aus den vorliegenden schriftlichen Vereinbarungen der Parteien in erster Linie die Soll-Eigenschaften des Werkes zu prüfen. Geht aus den schriftlichen Vereinbarungen der Parteien die Soll-Beschaffenheit des Werks nicht eindeutig hervor, soll er nach dem Willen des

---

146) Vgl. hierzu insbesondere *Peters*, NZBau 2000, 169, 172 f.; *Kniffka*, ZfBR 2000, 227, 233; *Keldungs*, OLGR-Kommentar 2001, K 1, 2; *Seewald*, ZfBR 2000, 219; *Motzke*, NZBau 2000, 489, 495 (auch zur Abgrenzung zum selbstständigen Beweisverfahren); *Niemöller*, BauR 2001, 481, 487; *Kirberger*, BauR 2001, 492, 500; *von Craushaar*, BauR 2001, 471, 475; *Merkens*, BauR 2001, 515, 519. Zu den beabsichtigten Änderungen im Rahmen des Forderungssicherungsgesetzes vgl. *Peters*, NZBau 2004, 1, 7.

147) Insoweit ist es widersprüchlich, wenn die Begründung zum Gesetzesentwurf (BT-Drucksache 14/1246, S. 9) davon spricht, dass noch unbedeutende Restarbeiten fehlen können, weil dies dem Vorhandensein unwesentlicher Mängel gleichsteht, worauf *Kniffka*, ZfBR 2000, 227, 233, zu Recht hinweist; *Motzke*, NZBau 2000, 489, 500, vertritt unter Praktikabilitätsgesichtspunkten die Auffassung, dass eine Fertigstellungsbescheinigung auch bei geringfügigen Mängeln ausgestellt werden kann („denn der Praktiker weiß, dass es praktisch kein mangelfreies Bauwerk gibt").

148) **Herrschende Meinung;** vgl. für viele *Palandt/Sprau*, § 641 a BGB, Rdn. 5 u. *Ingenstau/Korbion/Oppler*, § 12/B, Rdn. 36. *Kniffka*, a. a. O., S. 234, verweist zu Recht auf die unklare Regelung zwischen § 640 Abs. 1 Satz 2 BGB einerseits und § 641 Abs. 1 Satz 2 BGB andererseits, woraus durchaus der Schluss gezogen werden könnte, dass die Abnahmefiktion des § 641 a BGB auch bei der Bescheinigung von nur unwesentlichen Mängeln gilt; **a. A.:** *Motzke*, NZBau 2000, 489, 496; *Bamberger/Roth/Voit*, § 641 a BGB, Rdn. 24.

## Fälligkeit des Werklohns

Gesetzgebers auf die einschlägigen technischen Normen zurückgreifen können. Das wird vor allem bei **mündlich abgeschlossenen** Bauverträgen die Regel sein.[149)] Insgesamt wird der Gutachter insoweit vielfach vor schwierige Aufgaben gestellt. Das gilt insbesondere immer dann, wenn er sich mit der Frage beschäftigen muss, ob die vorhandene Bauleistung von der geschuldeten abweicht, weil dies häufig – neben einer technischen Bewertung – eine Rechtsfrage darstellt.[150)]

Der Gutachter hat nach dem Wortlaut des § 641 a Abs. 1 BGB unter anderem zu bestätigen, dass das **Werk frei von Mängeln** ist, die für den Gutachter **bei der Besichtigung** feststellbar sind. Da sich in § 641 a Abs. 4 BGB der Auftraggeber verpflichtet, eine **Untersuchung** der Bauleistung durch den Gutachter zu gestatten, ist davon auszugehen, dass eine solche (ggf. **mit Eingriffen in die Bauleistung**) auch vom Sachverständigen vorgenommen werden kann, wenn die Besichtigung hierzu Anlass gibt.[151)] Die Prüfungspflicht des Gutachters beschränkt sich also im Einzelfall nicht nur auf die Besichtigung. **1361**

Soweit in § 641 a Abs. 1 BGB die Vermutung ausgesprochen wird, dass **ein Aufmaß** oder **eine Stundenlohnrechnung**, die der Unternehmer seiner Rechnung zu Grunde legt, zutreffen, wenn der Gutachter dies in der Fertigstellungsbescheinigung bestätigt, kann sich eine solche Bestätigung nur auf das Aufmaß beziehen. Bei den abgerechneten Stundenlöhnen wird er nur die Angemessenheit bestätigen können, da er ohne Beweisaufnahme die in Rechnung gestellten Stunden der Höhe nach nicht überprüfen kann.[152)] Damit wird das gesamte Verfahren des § 641 a BGB mit „abnahmefremden Themen"[153)] belastet und auch erschwert, was der erklärten Beschleunigungsabsicht des Gesetzgebers zuwiderläuft. **1362**

Wird der **Bauvertrag gekündigt,** findet § 641 a BGB ebenfalls Anwendung, soweit die Bauleistung nicht fertiggestellt ist.[154)] Das ergibt sich aus der neueren Rechtsprechung des BGH,[155)] nach der der Auftragnehmer nach Kündigung einen Anspruch gegen den Auftraggeber auf Abnahme hat, wenn die von ihm bis zur Kündigung erbrachte Leistung die Voraussetzungen für die Abnahmepflicht des Auftraggebers erfüllt (vgl. Rdn. 1340).

Da § 640 Abs. 2 BGB im Rahmen des Verfahrens nach § 641 a BGB nicht anwendbar ist, kann der Auftraggeber die Mängel, die trotz Kenntnis nicht in das Verfahren der Fertigstellungsbescheinigung eingeführt oder vorbehalten wurden, weiter verfolgen.

In Individualabreden wird man das Verfahren zur Erteilung der Fertigstellungsbescheinigung abbedingen können. Ob dies auch in **AGB** möglich ist, erscheint zwei- **1363**

---

149) Die in der **Literatur** vorherrschende Auffassung geht davon aus, dass die Fertigstellungsbescheinigung ohnehin nur bei schriftlichen Bauverträgen erteilt werden kann; vgl. *Kniffka*, a. a. O., 227, 234; *Motzke*, a. a. O., 496; *Palandt/Sprau*, § 641 a BGB, Rdn. 6; *Keldungs*, OLGR-Kommentar 2001, K 1, 2; wie hier: *Parmentier*, BauR 2001, 1813.
150) *Kniffka*, a. a. O., 227, 234.
151) Ebenso: *Motzke*, a. a. O., 496.
152) So auch: *Keldungs*, a. a. O.; *Kniffka*, a. a. O., 234.
153) Zutreffend: *Peters*, NZBau 2000, 169, 173.
154) *Kniffka*, a. a. O., 233; *Knychalla*, Jahrbuch Baurecht 2007, 1, 25.
155) BauR 2003, 689 = NJW 2003, 1450 = NZBau 2003, 265.

felhaft, weil der Gesetzgeber mit § 641 a BGB eine wesentliche **Neuerung mit Leitbildcharakter** (zur Beschleunigung fälliger Zahlungen) einfügen wollte.[156]

Für **Sachverständige** eröffnet sich mit dem Verfahren des § 641 a BGB einerseits ein **neues Aufgabenfeld.** Das ist aber andererseits für die Gutachter mit einem erheblichen **Haftungsrisiko** – insbesondere gegenüber seinem Auftraggeber (Unternehmer) – verbunden,[157] wenn er z. B. das in § 641 a BGB detailliert beschriebene Verfahren nicht einhält oder ein parteiisches oder unrichtiges Gutachten, das zur Grundlage eines Urteils im Rahmen eines sich anschließenden Urkundenprozesses gemacht wird, erstellt. Eine unrichtige Begutachtung kann in vielfacher Hinsicht erfolgen, wie z. B. durch Anwendung unzutreffender Regeln der Technik, insbesondere unzutreffender DIN-Normen, falsche Bewertungen, Übersehen von Mängeln, Rechenfehler, nicht ausreichende Auseinandersetzung mit den Vertragsunterlagen, Ungenauigkeiten oder sonstige Unvollständigkeiten usw. Unter diesem Vorzeichen ist jetzt schon abzusehen, dass viele Sachverständige nicht bereit sein werden, sich in solches Verfahren einbinden zu lassen, zumal die heftige Kritik an dem Verfahren zur Erteilung der Fertigstellungsbescheinigung den Berufsstand der Sachverständigen erheblich verunsichert hat.[158] Die Bundesarchitektenkammer[159] rät im Hinblick auf die kaum zu übersehenden Risiken ihren Mitgliedern sogar, Fertigstellungsbescheinigungen gemäß § 641 a BGB nicht zu erteilen.[160]

An der Praktikabilität des Gesamtverfahrens des neuen § 641 a BGB bestehen erhebliche Zweifel. Die vielen Rechtsfragen, die die neue Vorschrift des § 641 a BGB aufwirft, werden lange auf eine abschließende Beantwortung warten müssen, weil die Baupraxis wohl kaum von diesem verunglückten Verfahren Gebrauch machen wird.

Auch der Gesetzgeber ist lernfähig: Aufgrund der heftigen Kritik in der Literatur und des Umstandes, dass die Abnahme durch Erteilung der Fertigstellungsbescheinigung von der Baupraxis schlichtweg nicht angenommen worden war, soll die entsprechende Vorschrift des § 641 a BGB im Rahmen des geplanten **Forderungssicherungsgesetzes ersatzlos gestrichen werden.** In der Begründung[161] hierzu heißt es, dass sich das Institut der Fertigstellungsbescheinigung in der Praxis nicht bewährt hat und an zahlreichen strukturellen Schwächen leidet, die sich nicht durch Verbesserungen im Detail beheben lassen.

---

156) Vgl. *Niemöller*, BauR 2001, 481, 491 (bejahend); ähnlich: *Kniffka*, a. a. O., 236.
157) Vgl. *Maibaum*, DAB 2000, 588 sowie *Pohlmann/Behr*, DAB 2001, 22, die meinen, dass Regresse gegen den eingebundenen Sachverständigen „geradezu vorprogrammiert" sind, wenn sich seine Bescheinigung nach dem Urkundenprozess als falsch (zu Lasten des Unternehmers oder Auftraggebers) erweist; ähnlich *Seewald*, ZfBR 2000, 219, 225; *Motzke*, NZBau 2000, 489, 495 u. 501.
158) Zutreffend: *Keldungs*, OLGR-Kommentar 2001, K 1, 2 sowie *Leineweber*, Festschrift für Kraus, S. 129, 133.
159) Vgl. *Pohlmann/Behr*, a. a. O., 22.
160) *Peters*, NZBau 2004, 1, 5, hat ebenfalls heftige Kritik an dem „Koloss" des § 641 a BGB geäußert. Das in dieser Bestimmung geregelte Verfahren sei unseriös, wenn es den Gutachter auf die unvollständige vertragliche Basis der schriftlichen und unstreitigen mündlichen Vereinbarungen verweist und wenn es eine ziemlich beliebige Auswahl des Gutachters erlaubt, statt – mutatis mutandis – einen gesetzlichen Richter vorzusehen. Im Übrigen überfordere das Verfahren des § 641 a BGB jeden Gutachter, „wenn er denn zu einem gerüttelt Maß Juristisches klären muss, wozu er nicht vorgebildet ist".
161) BT-Drucksache 15/3594, S. 16.

**Fälligkeit des Werklohns** **Rdn. 1364**

## (5) Abnahme durch Fristablauf

*Literatur*

*Henkel*, Werkvertrag – Der abschließende Charakter der Abnahmefiktion in § 640 Abs. 1 S. 3 BGB, MDR 2003, 913.

Nach § 640 Abs. 1 Satz 3 BGB steht es der Abnahme gleich, wenn der **Auftraggeber die Bauleistung nicht innerhalb einer ihm vom Unternehmer bestimmten angemessenen Frist abnimmt**, obwohl er dazu verpflichtet ist. Damit wird – neben der Regelung des § 641 a BGB (Fertigstellungsbescheinigung) – eine **weitere Abnahmefiktion**[162] beim BGB-Bauvertrag begründet und der vom Willen der Vertragsparteien getragenen Abnahme gleichgestellt, sodass auch alle Abnahmewirkungen (vgl. Rdn. 1343 ff.) eintreten. Die neue gesetzliche Regelung entspricht der bisherigen Rechtsprechung[163] und gilt auch für den VOB-Bauvertrag.[164]   **1364**

Die Abnahmefiktion des § 640 Abs. 1 Satz 3 BGB hat folgende Voraussetzungen:

* Der **Unternehmer** muss zunächst **verpflichtet sein**, das Werk **abzunehmen**; das ist er, wenn die Bauleistung fertig gestellt ist und nur unwesentliche Mängel (§ 640 Abs. 1 Satz 2 BGB) aufweist (vgl. Rdn. 1339).
* Der **Auftraggeber** muss vom Unternehmer **zur Abnahme aufgefordert** worden sein.
* Die vom Unternehmer für die Abnahme **gesetzte angemessene Frist muss abgelaufen** sein; ist die Frist unangemessen, wird eine angemessene Frist in Lauf gesetzt. Bei der Angemessenheit der Frist ist zu berücksichtigen, dass bei komplizierteren, technischen Gewerken dem Auftraggeber **die Möglichkeit der Prüfung und Erprobung** gegeben werden muss (vgl. hierzu Rdn. 1355).

Bei der zuletzt genannten Voraussetzung stellt sich die vom Gesetzgeber nicht geregelte Frage, ob es einer Fristsetzung bedarf, wenn der Auftraggeber die **Abnahme** bereits endgültig vor der Aufforderung zur Abnahme zu Unrecht **verweigert hat** (vgl. zur Abnahmeverweigerung auch Rdn. 1366 ff.). Da alles andere ein Beharren auf einer Förmlichkeit wäre, ist die Fristsetzung in einer solchen Fallgestaltung entbehrlich.[165]

Maßgeblich für den Zeitpunkt der Abnahme ist hier der **Zeitpunkt der grundlosen Verweigerung der Abnahme**.[166] Dies ergibt sich aus dem der Vorschrift des § 162

---

162) Insbesondere *Motzke*, NZBau 2000, 489, 494 (bejahend) u. *Siegburg*, Rdn. 520 (verneinend) beschäftigen sich mit der Frage, ob der Gesetzgeber hier wirklich eine echte Abnahmefiktion schaffen wollte.
163) BGH, NJW-RR 1998, 1027; BauR 1996, 360; OLG Düsseldorf, OLGR 1994, 75; vgl. hierzu auch *Willebrand/Detzer*, BB 1992, 1801 u. BGH, BauR 2003, 236 = NZBau 2003, 33.
164) **Herrschende Meinung;** für viele *Kapellmann/Messerschmidt/Havers*, § 12/B, Rdn. 6.
165) So auch: Brandenburgisches OLG, IBR 2003, 470 – *Moufang*; *Henkel*, MDR 2003, 913, 914; *Motzke*, NZBau 2000, 489, 495 unter Hinweis auf BGH, NJW-RR 1986, 211 u. 883, sowie *Thode*, ZfBR 1999, 119; ferner: *Kniffka*, ZfBR 2000, 227, 230; *Siegburg*, Rdn. 522; *Niemöller*, S. 37; **a. A.:** *Palandt/Sprau*, § 640 BGB, Rdn. 8; vgl. hierzu BGH, BauR 2003, 236 = NZBau 2003, 33.
166) **Herrschende Meinung:** BGH, *Schäfer/Finnern*, Z 3.010 Bl. 20; OLG Hamm, *SFH*, Nr. 15 zu § 640 BGB = NJW-RR 1988, 147; *Willebrand/Detzer*, BB 1992, 1801, 1802; ferner: OLG Hamm, NJW-RR 1994, 474; *Ingenstau/Korbion/Oppler*, § 12/B, Rdn. 58; *Palandt/Sprau*, § 641 BGB, Rdn. 2; *Grimme*, S. 62, u. vor allem *Groß*, Festschrift für Locher, S. 53, 57.

BGB zu Grunde liegenden Gedanken (treuwidrige Verhinderung des Eintritts der Abnahmewirkung).[167]

Erhebt der Auftragnehmer Klage auf Vergütung, obwohl die Abnahmefiktion nach § 640 Abs. 1 Satz 3 BGB (z. B. wegen wesentlicher Mängel) nicht eingetreten ist, wird die Vergütung nicht – auch nicht teilweise – fällig, sodass die Klage als derzeit unbegründet abzuweisen ist.

Die **neue Abnahmefiktion** kann in Individual-Vereinbarungen, **nicht aber in AGB abbedungen werden**. Das Gleiche gilt für eine Änderung dieser Regelung, die dem gesetzlichen Leitbild des § 641 Abs. 1 Satz 3 BGB widerspricht.[168] Bei der Abnahmefiktion durch **Fristablauf** gilt die Regelung des § 640 Abs. 2 BGB nicht, sodass dem Auftraggeber alle Mängelansprüche erhalten bleiben.

### (6) Teilabnahme

**1365**  Nach § 641 Abs. 1 Satz 2 BGB sind auch Teilabnahmen möglich. Eine Pflicht hierzu besteht – im Gegensatz zu § 12 Nr. 2 VOB/B – jedoch nicht; vielmehr bedarf es insoweit der **ausdrücklichen Vereinbarung** der Parteien.[169] Voraussetzung für eine Teilabnahme ist, dass die Teilleistung in sich funktionsfähig ist.[170]

### dd) Die verweigerte Abnahme

**1366**  Nach **h. M.** konnte der Auftraggeber beim BGB-Bauvertrag bislang die Abnahme auch bei unwesentlichen Mängeln verweigern.[171] Dieses Abnahmeverweigerungsrecht entfiel nur, wenn sich der Auftraggeber auf einen ganz unbedeutenden Mangel stützte und sich deshalb die Verweigerung der Abnahme als ein Verstoß gegen Treu und Glauben darstellte.[172]

Nach § 640 Abs. 1 Satz 2 BGB, der durch das Gesetz zur Beschleunigung fälliger Zahlungen mit Wirkung zum 1.5.2000 eingefügt wurde, kann nunmehr die Abnahme „**wegen unwesentlicher Mängel**" nicht verweigert werden.

Angeblich aus Beweislastgründen hat der Gesetzgeber insoweit sprachlich eine doppelte Verneinung gewählt und nicht die Fassung des § 12 Nr. 3 VOB/B übernommen.[173] Aus der Geschichte des gesetzgeberischen Ablaufs wird allerdings, worauf Motzke[174] zu Recht verweist, erkennbar, dass das Abnahmeverweigerungsrecht auf das Vorhandensein wesentlicher Mängel beschränkt werden sollte. Aufgrund der unterschiedlichen Fassungen in § 640 BGB und § 12 VOB/B ist schon jetzt abzusehen, dass sich eine Diskussion über die Frage ergeben wird, ob die Begriffe „wesentlich" oder „nicht unwesentlich" dieselbe Bedeutung haben oder damit eine

---

167) *Kleine-Möller/Merl*, § 10, Rdn. 62.
168) *Niemöller*, a. a. O.
169) Vgl. hierzu *Marbach*, Jahrbuch Baurecht 1999, 92 ff.
170) BGH, BauR 1979, 159.
171) BGH, NJW 1973, 1792, 1793; NJW 1956, 627; OLG Hamm, NZBau 2002, 218; NJW-RR 1988, 147 = ZfBR 1987, 248 = *SFH*, Nr. 15 zu § 640 BGB; OLG Karlsruhe, MDR 1967, 669, 670; *Grimme*, S. 64; *Kaiser*, BauR 1982, 205, 209.
172) BGH, BauR 1996, 390 = NJW 1996, 1280; OLG Hamm, NZBau 2002, 218; NJW-RR 1990, 917; *Willebrand/Detzer*, BB 1992, 1801, 1803.
173) *Motzke*, NZBau 2000, 489, 493; *Kniffka*, ZfBR 2000, 227, 230; *P. Siegburg*, Rdn. 499.
174) NZBau 2000, 489, 493.

### Fälligkeit des Werklohns
**Rdn. 1366**

Abstufung[175] hinsichtlich der Gewichtung verbunden ist. Der Gesetzgeber hat es offensichtlich – was schon überraschend ist – hingenommen, dass über eine solche Frage möglicherweise ein – völlig unnötiger, weil wenig sinnvoller – Streit provoziert wird.

Bei der **Abgrenzung zwischen wesentlichem und unwesentlichem Mangel**[176] wird man – entsprechend den Anregungen von Groß[177] – von **folgenden Kriterien** auszugehen haben (vgl. auch Rdn. 1383):

* Umfang der Mängelbeseitigungsmaßnahmen, insbesondere Höhe der Mängelbeseitigungskosten[178]
* Auswirkung des Mangels auf die Funktionsfähigkeit der Gesamtwerkleistung[179]
* Maß der (möglicherweise auch nur optischen) Beeinträchtigung (Zumutbarkeitskriterium)

Darüber hinaus kann im Einzelfall als weiterer allgemeiner Maßstab nach der Rechtsprechung des BGH[180] der Grundsatz von Treu und Glauben herangezogen werden. Danach ist von einem unwesentlichen, weil unbedeutenden Mangel auszugehen, wenn das **Interesse des Auftraggebers** an einer **Beseitigung vor Abnahme nicht schützenswert** ist und sich seine Verweigerung der Abnahme deshalb als Verstoß gegen Treu und Glauben darstellt.

Die vorangegangenen Ausführungen gelten auch hinsichtlich eines **„unwesentlich unfertigen"** Werkes. Auch bei unwesentlichen Restarbeiten trifft den Auftraggeber eine Abnahmepflicht, weil eine vernünftige Differenzierung zwischen Unfer-

---

175) So *Motzke*, a.a.O., 493; *Peters*, NZBau 2000, 169, 171, der einen wesentlichen Mangel für „schlimmer" hält als einen nicht unwesentlichen.
176) Vgl. insbesondere BGH, BauR 1981, 284 = NJW 1981, 1448 = ZfBR 1981, 138, wonach „ein Mangel unwesentlich ist, wenn er an Bedeutung so weit zurücktritt, dass er unter Abwägung der beiderseitigen Interessen für den Auftraggeber zumutbar ist, eine zügige Abwicklung des gesamten Vertragsverhältnisses nicht mehr aufzuhalten und deshalb nicht mehr auf den Vorteilen zu bestehen, die sich ihm vor vollzogener Abnahme bieten"; ebenso: *Niemöller*, S. 35 u. *Cuypers*, B, Rdn. 17. Vgl. ferner: BGH, BauR 2000, 1482 = NJW 2000, 2818 = NZBau 2000, 507 = ZfBR 2000, 537 = MDR 2000, 1187 (Art und Umfang sowie Auswirkungen des Mangels als Abgrenzungskriterien) sowie OLG Hamburg, IBR 2004, 6 – *Weyer*. Vgl. auch OLG Hamm, IBR 2004, 415 – *Metzger* (Wesentlicher Mangel: Der in der Baubeschreibung versprochene „rollstuhlgerechte" Aufzug hält nicht die Mindestmaße nach DIN 15306 und DIN 18025 ein).
177) Festschrift für *Locher*, S. 53, 55, der allerdings auch „einen evtl. Verschuldensgrad des Auftragnehmers an dem Zustandekommen des Mangels" als Maßstab heranziehen will, wofür es allerdings bei einer notwendigerweise objektiven Bestimmung des Begriffs keinen Ansatz gibt; zum Begriff des wesentlichen Mangels *Ingenstau/Korbion/Oppler*, § 12 Nr. 3/B, Rdn. 2 ff. (mit Beispielen).
178) BGH, BauR 1981, 284, 286; BauR 2000, 1482 = NJW 2000, 2818 = NZBau 2000, 507 = ZfBR 2000, 537; *Cuypers*, B, Rdn. 17.
179) *Niemöller*, S. 35.
180) BauR 1996, 390; NJW 1981, 1448 = BauR 1981, 284 = ZfBR 1981, 130; vgl. hierzu auch OLG Dresden, BauR 2001, 949, wonach Abnahmereife vorliegt, „wenn vorhandene Restmängel nach allen Umständen des Einzelfalles an Bedeutung soweit zurücktreten, dass es unter Abwägung beiderseitiger Interessen dem Auftraggeber zumutbar ist, eine zügige Vertragsabwicklung nicht aufzuhalten und deshalb nicht mehr auf den Vorteilen zu bestehen, die sich ihm vor Abnahme bieten".

tigkeit und Mangelhaftigkeit kaum möglich ist, worauf Henkel[181] zutreffend hinweist.

Behauptet der Auftraggeber, dass ihm ein Abnahmeverweigerungsrecht i. S. d. § 640 Abs. 1 Satz 2 BGB aufgrund eines oder mehrerer Mängel zusteht, hat der **Unternehmer** die **Darlegungs- und Beweislast**, dass der oder die **Mängel unwesentlich** sind.[182] Eine **Vielzahl von unwesentlichen Mängeln** kann im Einzelfall allerdings zu einem wesentlichen Mangel gleichstehen. Darüber hinaus hat das OLG Hamm[183] zu Recht entschieden, dass ein Mangel, aus dem sich ein **erhebliches Gefahrenpotenzial** ergibt, auch dann zur Verweigerung der Abnahme berechtigt, wenn die **Mängelbeseitigungskosten nur gering sind** und dies die Fälligkeit des restlichen Vergütungsanspruches in vielfacher Höhe ausschließt.

**1367** Eine (an sich) berechtigte **Verweigerung** der Abnahme durch den Auftraggeber ist **nicht (mehr) möglich**, wenn dieser das nicht abgenommene Werk **veräußert**, dadurch weitere Nachbesserungen verhindert und damit zum Ausdruck bringt, dass er nur noch an einer abschließenden Regelung des Rechtsverhältnisses interessiert ist.[184] Dasselbe gilt, wenn der Auftragnehmer die Nacherfüllung wegen unverhältnismäßiger Kosten gemäß § 635 Abs. 3 BGB zu Recht verweigert; auch hier geht der Vertrag in das Abrechnungsstadium über.[185]

Die Abnahmewirkungen[186] treten damit auch ein, wenn der Bauherr die Abnahme grundlos endgültig verweigert:[187] maßgeblich für den **Zeitpunkt der Abnahme** ist hier der Zeitpunkt der grundlosen Verweigerung der Abnahme.[188] Dies ergibt sich aus dem der Vorschrift des § 162 BGB zu Grunde liegenden Gedanken (treuwidrige Verhinderung des Eintritts der Abnahmewirkungen).[189] Hat der Auftragnehmer aufgrund der unberechtigten **Nichtabnahme** des Auftraggebers **Mehraufwendungen**, kann der Auftragnehmer diese nach § 304 BGB unter dem Gesichtspunkt des Annahmeverzuges ersetzt verlangen. Etwaige Zinsschäden sind nach den Regeln des Schuldnerverzuges zu ersetzen.[190]

Kann der Auftraggeber die Abnahme zu Recht verweigern, wird die Vergütung nicht – auch nicht teilweise – fällig,[191] sodass die Werklohnklage als derzeit unbe-

---

181) MDR 2004, 361 mit einer Übersicht über den Meinungsstand.
182) *Peters,* a. a. O. 171.
183) BauR 2005, 731 (Fehlendes Geländer an einer Rampe eines Supermarktes) m. zustimmender Anm. *Kniffka.*
184) BGH, NJW-RR 1996, 883 sowie OLG Karlsruhe, OLGR 1998, 17, 19.
185) *Bamberger/Roth/Voit,* § 641 BGB, Rdn. 6 m. w. N.
186) Vgl. Rdn. 1343 ff.
187) OLG Düsseldorf, OLGR 1994, 75; vgl. hierzu auch *Siegburg,* ZfBR 2000, 507, 509; *Willebrand/Detzer,* BB 1992, 1801 ff.; *Henkel,* MDR 2003, 913. Vgl. im Einzelnen hierzu *Oppler,* Festschrift für Werner, S. 185.
188) **Herrschende Meinung:** BGH, *Schäfer/Finnern,* Z 3.010 Bl. 20; OLG Hamm, *SFH,* Nr. 15 zu § 640 BGB = NJW-RR 1988, 147; *Willebrand/Detzer,* BB 1992, 1801, 1802; ferner: OLG Hamm, NJW-RR 1994, 474; *Palandt/Sprau,* § 641 BGB, Rdn. 2; *Grimme,* S. 62, u. vor allem *Groß,* Festschrift für Locher, S. 53, 57.
189) *Kleine-Möller/Merl,* § 10, Rdn. 62.
190) So zutreffend *Oppler,* Festschrift für Werner, S. 185, 189.
191) OLG Karlsruhe, MDR 1967, 669 u. BauR 1995, 246; OLG Köln, *SFH,* Nr. 17 zu § 320 BGB; **a. A.:** *Siegburg,* Rdn. 382; *Ingenstau/Korbion/Wirth,* § 13/B, Rdn. 307.

## Fälligkeit des Werklohns

gründet abzuweisen ist.[192] Das kommt jedoch nicht in Betracht, wenn eine Nacherfüllung nicht (mehr) möglich ist oder die Nacherfüllung zu Recht abgelehnt werden kann (vgl. oben).

### b) Erteilung der Rechnung

*Literatur*

U. *Locher*, Die Rechnung im Werkvertragsrecht, 1990.

*Rother*, Die Bedeutung der Rechnung für das Schuldverhältnis, AcP 164, 97; *Peters*, Handwerkerrechnung und ihre Begleichung, NJW 1977, 552; *Junker*, Die Bindung an eine fehlerhafte Rechnung, ZIP 1982, 1158; *Grimme*, Rechnungserteilung und Fälligkeit der Werklohnforderung, NJW 1987, 468; *Grimme*, Rechnung und Quittung bei der Abwicklung von Schuldverhältnissen, JR 1988, 177.

**1368** Zweifelhaft ist, ob beim **BGB-Bauvertrag die Fälligkeit** des Werklohns neben der Abnahme auch **von der Erteilung einer Rechnung abhängig** ist. Beim VOB-Bauvertrag stellt sich das Problem nicht, da § 16 Nr. 3 Abs. 1 VOB/B als Fälligkeitsvoraussetzung ausdrücklich die Erteilung der Schlussrechnung nennt. Demgegenüber spricht § 641 BGB nur von dem Erfordernis der Abnahme. Überhaupt wird der Begriff der Rechnung in den Werkvertragsvorschriften des BGB nicht erwähnt. Die Beantwortung der hier gestellten Frage hat insbesondere für die Verjährung des Werklohns eine weit reichende Bedeutung: Wird als Fälligkeitsvoraussetzung auch beim BGB-Bauvertrag eine Schlussrechnung verlangt, liegt es grundsätzlich durch Erteilung der Schlussrechnung im Ermessen des Unternehmers, wann er die Fälligkeit eintreten und damit den Verjährungsablauf beginnen lassen will.

**1369** Nach Auffassung des **BGH**[193] wird der Vergütungsanspruch schon **mit der Abnahme** „fällig im Sinne des Verjährungsrechtes". Dabei weist der BGH darauf hin, dass auch die Interessenlage des Auftraggebers nicht verlangt, „den Beginn der Verjährung zusätzlich von der im Belieben des Unternehmers stehenden Erteilung einer Rechnung abhängig zu machen": Etwas anderes soll nur dann gelten, wenn die Vertragsparteien **ausdrücklich** oder stillschweigend[194] **vereinbart** haben, dass der Werklohn erst **nach Erteilung einer Rechnung** verlangt werden kann. Mit dieser Entscheidung klärt der BGH ausdrücklich nur eine Teilfrage („fällig im Sinne des Verjährungsrechtes"). Es ist jedoch davon auszugehen, dass der BGH dieselben Grundsätze für die Fälligkeit der Vergütung im Rahmen des § 641 BGB wiederholen wird.[195] Bei vereinbarten Voraus- oder Abschlagszahlungen in einem BGB-Werkvertrag hat allerdings der BGH[196] die vertragliche Verpflichtung des Unternehmers entnommen, seine Leistungen abzurechnen; der BGH rechtfertigt diese Verpflichtung

---

[192] OLG Nürnberg, OLGZ 67, 405; *Palandt/Sprau*, § 641 BGB, Rdn. 1; *Fischer*, BauR 1973, 210.
[193] BauR 1981, 199 m. zust. Anm. von *Weyer*, BauR 1981, 288 = DB 1981, 1133; BGH, BauR 1979, 62; ebenso: OLG Dresden, IBR 2007, 16 – *Dingler*; OLG Frankfurt, NJW-RR 2000, 755 = OLGR 1999, 309 = MDR 2000, 154, das darauf hinweist, dass es „unerträglich" wäre, „wenn es im Belieben des Werkunternehmers stünde, durch Rechnungserstellung den Fälligkeitszeitpunkt und damit den Verjährungsbeginn zu manipulieren".
[194] OLG Frankfurt, NJW-RR 2005, 169.
[195] So ist wohl auch die Entscheidung des BGH, BauR 2002, 938, 939 = NJW 2002, 1567 zu verstehen.
[196] BauR 2002, 938 = NJW 2002, 1567.

**Rdn. 1370**

des Unternehmers aus dem vorläufigen Charakter der Voraus- oder Abschlagszahlungen. Im Einzelfall kann sich aber ergeben, dass die Vertragsparteien die Erteilung einer Rechnung als Fälligkeitsvoraussetzung ansehen.[197]

**1370** Im **Schrifttum**[198] überwiegt die Meinung, dass grundsätzlich erst die Erteilung der Rechnung und nicht schon die Abnahme der Bauleistung den Werklohn fällig werden lässt. Das OLG Hamm,[199] der 21. Zivilsenat des OLG Düsseldorf,[200] der 13. Zivilsenat des OLG Köln[201] und das OLG Frankfurt/M.[202] sind ebenfalls dieser Meinung. Demgegenüber vertreten das OLG Celle,[203] das OLG Oldenburg,[204] das OLG Stuttgart,[205] und der 11. Zivilsenat des OLG Köln[206] die gegenteilige Auffassung. Der 22. Zivilsenat des OLG Düsseldorf[207] hat insoweit entschieden, dass es auf die Abreden und das Verhalten der Vertragsparteien ankommt, ob die Schlusszahlung von der Erteilung einer Schlussrechnung abhängig sein soll. Das OLG Bamberg[208] hält auch beim BGB-Bauvertrag eine Rechnung, die dem Auftraggeber eine Prüfung ermöglicht, für unverzichtbar; die Prüffähigkeit der Rechnung soll allerdings – anders als beim VOB-Vertrag – hier nicht Fälligkeitsvoraussetzung für den Werklohnanspruch des Auftragnehmers sein.

---

197) Vgl. hierzu BGH, NJW-RR 1989, 148 = BauR 1989, 90 (vgl. auch OLG München, NJW 1988, 270 zum Handelskauf).
198) *Bartmann*, BauR 1977, 16; *U. Locher*, BauR 1986, 358; *Kleine-Möller/Merl*, § 10, Rdn. 132; *Peters*, NJW 1977, 552 für die Fälle der üblichen Vergütung (§ 632 Abs. 2 BGB); so wohl auch: OLG Köln, NJW 1973, 2111; *Dähne*, BauR 1981, 233; *Locher*, Rdn. 58; *Rother*, AcP 164, 105; *Hochstein* in Anm. zu BGH, *SFH*, Nr. 14 zu § 16 Nr. 3 VOB/B; *Nicklisch/Weick*, § 14/B, Rdn. 1 (für Einheitspreisverträge); *Bamberger/Roth/Voit*, § 641 BGB, Rdn. 4, stellen auf die Üblichkeit der Rechnungserstellung ab; **a. A.:** *Grimme*, NJW 1987, 468 u. *Weyer*, BauR 1981, 288; *Ingenstau/Korbion/Locher*, § 14/B, Rdn. 7; Beck'scher VOB-Komm/*Motzke*, B Vor § 16, Rdn. 26 ff.; *Kaiser* (ZfBR 1982, 231, 232) meint, dass die Rechnungserteilung für den Eintritt der Fälligkeit nicht erforderlich, die Zahlungsverpflichtung des Auftraggebers aber „als aufschiebend bedingt (§ 158 Abs. 2 BGB) durch die Rechnungserteilung anzusehen" sei.
199) *SFH*, Nr. 8 zu § 641 BGB.
200) BauR 1997, 1052, wonach es aber jedenfalls zur schlüssigen Darlegung der Vergütung einer **nachvollziehbaren Berechnung** bedarf (ebenso: OLG Hamm, BauR 1997, 656; anders im U. v. 21.12.1982, JurBüro 1983, 1901 = MDR 1983, 403). Offen gelassen von OLG Düsseldorf (23. Zivilsenat), BauR 1980, 366, wonach es auf die Erteilung einer Rechnung für den Verjährungsbeginn jedenfalls dann nicht ankommt, „wenn diese Rechnung dem Besteller erst zu einem Zeitpunkt zugeht, in dem seit der Abnahme die Verjährungsfrist bereits abgelaufen ist".
201) U. v. 29.3.1978 – 13 U 151/77 – und U. v. 10.1.1979 – 13 U 10/78; **a. A.:** OLG Köln, U. v. 8.7.1980 – 9 U 10/80 – und v. 6.3.1979 – 15 U 168/78; **a. A.:** ebenfalls: LG Regensburg, *SFH*, Nr. 6 zu § 641 BGB mit abl. Anm. *Hochstein;* OLG Celle, NJW 1986, 327 = MDR 1986, 56.
202) BauR 1997, 856; anders jetzt derselbe Senat OLGR 1999, 309.
203) BauR 1986, 356 m. w. Nachw. und abl. Anm. *U. Locher* = NJW 1986, 327 = MDR 1986, 56; **a. A.:** aber offensichtlich auch OLG Celle, BauR 1999, 496.
204) OLGR 1999, 50.
205) NJW-RR 1994, 17 (mit der Folge, dass eine AGB-Klausel in einem BGB-Bauvertrag unwirksam ist, wonach die letzte Rate des Pauschalpreises mit der Erstellung der Schlussrechnung fällig werden soll).
206) BauR 1996, 725 = *SFH*, Nr. 13 zu § 641 BGB.
207) BauR 1999, 655 = OLGR 1999, 94 = NJW-RR 1999, 527.
208) BauR 2003, 1227.

**Fälligkeit des Werklohns**

Soll eine Forderung fällig sein, muss dem Schuldner auch die Höhe der Forderung **1371** bekannt sein. Mit der Abnahme der Bauleistung ist zwar die Höhe der Werklohnforderung bestimmbar, aber noch nicht bestimmt: So muss der Unternehmer z. B. im Rahmen eines Einheitspreisvertrages noch anhand eines Aufmaßes die tatsächlich angefallenen Mengen ermitteln, um über den vereinbarten Einheitspreis die Positionspreise feststellen zu können. Dasselbe gilt, wenn über § 632 Abs. 2 BGB die übliche Vergütung zu bestimmen ist. Erst mit Zugang einer prüffähigen Rechnung weiß der Auftraggeber, was von ihm gefordert wird; mit der Rechnung gibt der Auftragnehmer bekannt, welche Werklohnforderung er stellt. Dies gilt ebenso für den Stundenlohn- wie für den Pauschalpreisvertrag, wenn sich im Rahmen der Leistungsausführung Veränderungen gegenüber der vertraglich vorgesehenen Leistung ergeben.[209]

Von dem Erfordernis der Rechnungserstellung ist nur abzusehen, wenn im Zeitpunkt der Abnahme die Forderung des Unternehmers der **Höhe nach bestimmt** ist, z. B., weil die Parteien eine feste Preisabsprache im Rahmen eines Pauschalvertrages getroffen haben.[210]

Wird beim BGB-Werkvertrag die Erteilung der Rechnung durch den Auftragnehmer als Fälligkeitsvoraussetzung angesehen, so ist es folgerichtig zu fordern, dass die **Rechnung** auch **prüfbar** sein muss (vgl. hierzu Rdn. 1393 ff.), wobei der Auftraggeber mit dem **Einwand** fehlender Prüfbarkeit der Schlussrechnung ausgeschlossen ist, wenn er nicht **binnen zwei Monaten** nach dem Zugang der Schlussrechnung den Einwand erhoben hat. Das hat der BGH[211] nicht nur für den VOB-Werkvertrag, sondern auch für den BGB-Werkvertrag entschieden. Das OLG Düsseldorf[212] geht für diese Fallgestaltung davon aus, dass (entsprechend des § 14 Nr. 4 VOB/B) der Auftraggeber berechtigt sein kann, die Schlussrechnung auf Kosten des Unternehmers selbst zu erstellen, wenn dieser eine solche – vertraglich vorgesehene – Schlussrechnung nicht vorlegt.

Folgt man der Meinung, dass die Erteilung der Rechnung keine Fälligkeitsvoraussetzung darstellt, ist eine Werklohnklage nur schlüssig, wenn sich aus dem Vortrag des Auftragnehmers im Einzelnen ergibt, für welche vertraglich geschuldete und erbrachte Leistung Werklohn in welcher Höhe verlangt wird, weil nur dann der Auftraggeber den Werklohnanspruch im Einzelnen überprüfen kann.[213]

Die **Parteien** können sich ausdrücklich oder konkludent[214] darauf **einigen**, den **1372** Werklohn erst mit der **Erteilung einer Schlussrechnung**[215] oder mit einer „auf einem Aufmaß beruhenden Abrechnung"[216] **fällig werden zu lassen**. Erteilt der Unternehmer in diesem Fall die vereinbarte Schlussrechnung/Abrechnung nicht, tritt grundsätzlich keine Fälligkeit des Werklohns ein. Das OLG Düsseldorf[217] zieht aller-

---

209) Wie hier weitgehend: *Bartmann*, BauR 1977, 16 ff.; *Junker*, ZIP 1982, 1158, 1159; *U. Locher*, BauR 1986, 358; *Rother*, AcP 164, 97, 105.
210) So wohl auch *Peters*, NJW 1977, 552.
211) BauR 2007, 110 = NZBau 2006, 782.
212) BauR 1999, 655.
213) Vgl. OLG Hamm, BauR 1997, 656 = OLGR 1996, 113.
214) Vgl. hierzu OLG Bamberg, OLGR 2003, 132.
215) OLG Düsseldorf, BauR 1999, 655 = NJW-RR 1999, 527.
216) BGH, MDR 1989, 152.
217) BauR 1999, 655 = NJW-RR 1999, 527.

dings insoweit eine Fälligkeit für den Fall in Betracht, dass der Auftraggeber dem Unternehmer eine angemessene Frist zur Vorlage der Schlussrechnung gesetzt hat und der Unternehmer dieser Obliegenheit nicht nachkommt. Das erscheint bedenklich.

Wurde dem Auftragnehmer ein Auftrag für durchzuführende Arbeiten auf der Grundlage eines Angebots nach Einheitspreisen erteilt und sollten später in Auftrag gegebene Zusatzarbeiten nach Stundenlohn abgerechnet werden, ist nach einer zutreffenden Entscheidung des OLG Frankfurt[218] von einer stillschweigenden Einigung der Parteien dahingehend auszugehen, dass der Werklohnanspruch des Unternehmers erst mit der Vorlage einer prüfbaren Schlussrechnung fällig sein sollte: „Wenn aber Vertragsparteien übereinstimmend die letztendliche Höhe des Zahlungsanspruchs des Unternehmers und dementsprechend die Zahlungspflicht des Bestellers von den bei Abschluss des Vertrages noch nicht feststehenden tatsächlichen Umständen des Umfangs der Bauausführung abhängig machen, so setzen sie voraus, dass diese Umstände nach Abschluss der Arbeiten von dem Auftragnehmer ermittelt und dem Auftraggeber als Abrechnung mitgeteilt werden." Das OLG Frankfurt stützt seine Auffassung auch auf den Umstand, dass der Auftragnehmer mehrere Abschlagsrechnungen erstellt hatte, was auch dafür spreche, dass die Parteien davon ausgegangen sind, dass die Forderung des Auftragnehmers erst mit der Erteilung einer prüfbaren Schlussrechnung fällig werden sollte.

**1373** Da eine **Rechnungserteilung** keine Willenserklärung im rechtsgeschäftlichen Sinne darstellt, ist sie auch **nicht wegen Irrtums** nach § 119 BGB **anfechtbar**.[219] Der Auftragnehmer kann jedoch seine Schlussrechnung grundsätzlich korrigieren.

**1374** Der **Unternehmer** ist **an seine Schlussrechnung** auch dann **nicht gebunden**, wenn er diese in Kenntnis der für die Berechnung maßgebenden Umstände erstellt hat.[220] Die Grundsätze, die der BGH bisher für die Honorarschlussrechnung des **Architekten** aufgestellt hat,[221] sind auf die Schlussrechnung des Unternehmers nicht ohne weiteres übertragbar. Dies hat der BGH[222] auch für den **VOB-Vertrag** festgestellt und dabei betont, ein Unternehmer sei über die sich für Nachforderungen aus § 16 Nr. 3 Abs. 2 VOB/B ergebenden Beschränkungen hinaus grundsätzlich nicht an seine Schlussrechnung gebunden.[223] Zudem hat der BGH[224] zu „**Verzichtsklauseln**" („Die Schlussrechnung muss vollständig und abschließend aufgestellt werden, Nachforderungen sind ausgeschlossen, und der Auftraggeber/Unternehmer verzichtet ausdrücklich auf alle Ansprüche, die nicht in der Schlussrechnung geltend

---

218) OLGR 2004, 377.
219) *Ingenstau/Korbion/Locher*, § 14 Nr. 1/B, Rdn. 17 ff.; **a. A.:** *Peters*, NJW 1977, 552, 554.
220) OLG Hamm, OLGR 1997, 117; ebenso OLG Zweibrücken, NJW-RR 2003, 1023 = NZBau 2003, 440 = OLGR 2003, 258 (für den Fall, dass der Auftraggeber die Unvollständigkeit der Abrechnung „ohne weiteres erkennen" konnte). **A. A.:** OLG Frankfurt, NJW-RR 1993, 340 = BauR 1993, 374 (LS); *Stellmann/Schinköth*, ZfBR 2005, 3, 9. Vgl. hierzu auch *Kleine-Möller/Merl*, § 10, Rdn. 186.
221) Vgl. Rdn. 794.
222) BauR 1988, 217 = DB 1988, 440 = NJW 1988, 910 mit zahlreichen Nachw.
223) So auch OLG München, NJW-RR 1987, 598; anders noch WM 1984, 541.
224) BauR 1989, 461 = NJW 1989, 2124 = MDR 1989, 806; ebenso: Beck'scher VOB-Komm/*Cuypers*, B § 14, Rdn. 86.

gemacht werden") entschieden, dass diese – auch im kaufmännischen Verkehr – gemäß § 307 BGB – unwirksam sind. Dasselbe gilt für eine vom Auftraggeber gestellte AGB-Klausel: „Nachforderungen nach Einreichung der Schlussrechnung werden – gleichgültig aus welchem Grund – nicht mehr anerkannt."[225]

Bei zuviel gezahlten Beträgen (z. B. bei Abschlags- oder Vorauszahlungen) hat der Auftraggeber einen Anspruch auf Auszahlung des Saldoüberschusses; Anspruchsgrundlage ist insoweit die vertragliche Abrede, nicht dagegen § 812 Abs. 1 BGB.[226] Sowohl beim VOB- als auch beim BGB-Werkvertrag ist ein Unternehmer aus der Vereinbarung über Abschlags- oder Vorauszahlungen verpflichtet, seine Leistungen gegenüber dem Auftraggeber im Einzelnen abzurechnen.[227] **1375**

Der Unternehmer kann vor Fertigstellung der Bauleistung die Bezahlung des Werklohns verlangen, wenn der Auftraggeber die Erfüllung des Vertrages grundlos und endgültig ablehnt; der Unternehmer ist dann nicht auf die Rechte aus den §§ 642, 643, 645 BGB beschränkt.[228]

Zur Abrechnung eines Bauvertrages bei vorzeitiger Beendigung (z. B. durch Kündigung) vgl. Rdn. 1206 (Pauschalpreisvertrag) sowie Rdn. 1293 ff.

In Bauverträgen findet sich häufig die Klausel: „Zahlungen auf Schlussrechnungen werden bis zu 95% des Nettowertes geleistet. Der Rest ist durch eine kostenlose und befristete Gewährleistungsbürgschaft (Vorgabe der Befristung durch den AG) ablösbar". Eine solche Klausel hat der BGH[229] für unwirksam angesehen, weil der Zeitraum für den Einbehalt nicht geregelt ist und die Vertragsklausel dem Auftraggeber ermöglicht, die Bürgschaft nach seinem Belieben zu befristen.

## 2. VOB-Bauvertrag

*Literatur*

*Mantscheff*, Prüfungsfähige Rechnungen, BauR 1972, 205; *Duffek*, Fälligkeit der Schlusszahlung nach VOB/B, BauR 1976, 164; *Hochstein*, Die Abnahme als Fälligkeitsvoraussetzung des Vergütungsanspruchs beim VOB-Bauvertrag, BauR 1976, 168; *Schmalzl*, Ist im VOB-Vertrag die Abnahme der Bauleistung zusätzliche Voraussetzung für die Fälligkeit der Schlusszahlung?, MDR 1978, 619; *Brügmann*, Die ursprünglich vereinbarte und später nicht durchgeführte förmliche Abnahme nach VOB, BauR 1979, 277; *Weidemann*, Fälligkeit des Werklohns trotz fehlender Abnahme bei einem VOB-Vertrag, BauR 1980, 124; *Schmitz*, Abnahme, Schlussrechnung und Schlusszahlung nach der VOB, DB 1980, 1009; *Dähne*, Die Schlussrechnung des Auftraggebers nach § 14 Nr. 4 VOB/B, BauR 1981, 233; *Kahlke*, Die Abnahme ist Fälligkeitsvoraussetzung auch beim VOB-Vertrag, BauR 1982, 27; *Scholtissek*, Abschlagszahlungen beim BGB- und VOB/B-Vertrag, MDR 1994, 534; *Peters*, Fälligkeit und Verzug bei den Zahlungsansprüchen des Bauunternehmers nach der VOB/B, NZBau 2002, 305; *Voppel*, Schlussrechnung und Schlusszahlung beim VOB-Vertrag, BrBp 2004, 180.

---

225) BGH, BauR 1997, 1036 = NJW-RR 1997, 1513 = ZfBR 1998, 35 (Nichtannahmebeschluss zu OLG Hamburg, *SFH*, Nr. 10 zu § 3 AGB-Gesetz).
226) BGH, BauR 2002, 938; BauR 1999, 635 = ZfBR 1999, 196 = NJW 1999, 1867 = MDR 1999, 671; OLG Düsseldorf, BauR 1999, 1477 = NJW-RR 2000, 312 = NZBau 2000, 85.
227) BGH, BauR 2002, 938; vgl. hierzu aber OLG Karlsruhe, BauR 2002, 1704 (kein Anspruch des Auftraggebers insoweit bei längerem Zeitablauf nach Beendigung der Arbeiten).
228) BGH, DB 1968, 1215.
229) BauR 2003, 1385 = NZBau 2003, 493 = IBR 2003, 476 – *Schmitz* (zu § 9 AGB-Gesetz); vgl. hierzu auch OLG Hamm, BauR 2003, 1720 (Ablösung des Sicherheitseinbehalts von 5% durch Bürgschaft auf erstes Anfordern – AGB des öffentlichen Auftraggebers).

**1376** Beim VOB-Bauvertrag ist die Regelung der Fälligkeit differenzierter: Die VOB enthält verschiedene Einzelregelungen, die jeweils nach Art der in Betracht kommenden Zahlungen unterschiedliche Fälligkeitstermine ergeben.

* **Abschlagszahlungen**
Abschlagszahlungen sind gemäß § 16 Nr. 1 Abs. 1 und 3 VOB/B 18 Werktage nach Zugang einer Aufstellung über die geleisteten Arbeiten fällig (vgl. näher Rdn. 1218 ff.).

* **Vorauszahlungen**
Die Fälligkeit von Vorauszahlungen richtet sich gemäß § 16 Nr. 2 VOB/B ausschließlich nach den vertraglichen Vereinbarungen der Parteien.

* **Teilschlusszahlungen**
Die Fälligkeit von Teilschlusszahlungen ergibt sich aus § 16 Nr. 4 VOB/B: Es müssen also eine Teilabnahme und eine Teilschlussrechnung vorliegen, wobei eine Teilschlussrechnung nur bei Abgeschlossenheit der abgerechneten Bauteile zulässig ist.[230]

* **Stundenlohnvergütungen**
Die Fälligkeit richtet sich nach § 15 Nr. 4 in Verbindung mit § 16 VOB/B (vgl. näher Rdn. 1210 ff.). Es kommen verschiedene Fälligkeitsregelungen in Betracht, die sich nach der jeweiligen Art und Zahlung bestimmen. Grundlegend für den Eintritt der Fälligkeit ist die Vorlage der Stundenlohnrechnungen.
Wird mit den **Stundenlohnrechnungen** die gesamte Bauleistung abgerechnet, handelt es sich um eine Schlussrechnung, sodass die Fälligkeit nach § 16 Nr. 3 Abs. 1 VOB/B eintritt: Der Werklohn wird nach Beendigung der Prüfung der Schlussrechnung bzw. nach Ablauf der 2-Monats-Frist fällig. Werden die Stundenlöhne gemäß § 15 Nr. 4 in Abständen von 4 Wochen eingereicht, handelt es sich um Abschlagsrechnungen, sodass die Fälligkeit nach § 16 Nr. 1 Abs. 3 VOB/B eintritt: Der Werklohn ist spätestens nach Ablauf von 18 Werktagen nach Zugang der Rechnung fällig. Entsprechendes gilt, wenn Stundenlöhne im Rahmen von Teilschlussrechnungen abgerechnet werden; insoweit gilt § 16 Nr. 4 VOB/B. Bei Vorauszahlungen auf Stundenlöhne ist § 16 Nr. 2 VOB/B maßgebend.

* **Schlusszahlung**
Gemäß § 16 Nr. 3 Abs. 1 wird die Schlusszahlung des Auftraggebers grundsätzlich nach Abnahme der fertig gestellten Bauleistung sowie zusätzlich 2 Monate nach dem Zugang der Schlussrechnung des Unternehmers fällig; wird die Prüfung der Schlussrechnung vor Ablauf der 2-Monats-Frist abgeschlossen, ist die Schlusszahlung des Auftraggebers mit der Beendigung der Prüfung und Mitteilung des Prüfungsergebnisses an den Auftragnehmer fällig.[231]
Zur **vorbehaltlosen Annahme** der Schlusszahlung gemäß § 16 Nr. 3 VOB/B vgl. Rdn. 2285 ff.

### a) Abnahme

*Literatur*

*Hochstein*, Die Abnahme als Fälligkeitsvoraussetzung des Vergütungsanspruchs beim VOB-Werkvertrag, BauR 1976, 168; *Groß*, Die verweigerte Abnahme, Festschrift für Locher (1990), 53;

---

230) OLG Hamm, BauR 1997, 472 = OLGR 1997, 2.
231) Vgl. hierzu näher: BGH, BauR 1982, 377, 378.

## Fälligkeit des Werklohns

*Motzko/Schreiber*, Verweigerung der Bauabnahme bei einer Vielzahl kleiner Mängel – Möglichkeiten einer baubetrieblichen Bewertung –, BauR 1999, 24; *Niemöller*, Abnahme nach § 12 Nr. 4 VOB/B, Festschrift für Vygen (1999), S. 340; *Henkel*, Die ungeschriebenen Tatbestandsvoraussetzungen und die Rechtsnatur der „Abnahmefiktion" in § 12 Nr. 5 Abs. 1 und Abs. 2 VOB/B, Jahrbuch Baurecht 2003, 87.

Die Abnahme der Bauleistung ist auch vom VOB-Bauvertrag **Fälligkeitsvoraussetzung** für die Schlusszahlung.[232] Daher gelten auch hier die allgemeinen Grundsätze zur Abnahme (vgl. Rdn. 1339ff.). Auf die dort gemachten Ausführungen wird verwiesen. Insbesondere kann auch beim VOB-Vertrag die Abnahme sowohl **ausdrücklich** oder durch **schlüssiges Verhalten** erfolgen. Die neuen, mit dem **Gesetz zur Beschleunigung fälliger Zahlungen** eingefügten Abnahmevarianten des § 641 a BGB (Abnahmefiktion aufgrund einer **Fertigstellungsbescheinigung**)[233] und des § 640 Abs. 1 Satz 3 BGB (Abnahmefiktion bei **unberechtigter Verweigerung**)[234] gelten auch für den VOB-Bauvertrag (vgl. näher Rdn. 1357ff. und Rdn. 1366).[235] **1377**

Die **VOB** kennt darüber hinaus **besondere Abnahmeformen**, insbesondere die im BGB nicht geltende fiktive Abnahme gemäß § 12 Nr. 5 VOB/B. Im Übrigen bestimmt § 12 VOB/B einige Sonderregelungen für die Abnahme beim VOB-Bauvertrag, die über die allgemeinen Abnahmebestimmungen des BGB hinausgehen. Auch beim VOB-Bauvertrag stellt die Abnahme einer Leistung nur die **Anerkennung des Werks als eine der Hauptsache nach vertragsgemäße Erfüllung** dar; das Vorhandensein und die Rüge von Mängeln schließt die Abnahme daher grundsätzlich nicht aus. **1378**

Die **VOB** kennt folgende besondere **Arten der Abnahme:**
* Abnahme der Gesamtleistung
* Teilabnahme
* förmliche Abnahme
* fiktive Abnahme

Auf die Frage der Abnahme kommt es allerdings dann nicht entscheidend an, wenn der Bauherr gegenüber dem Werklohn des Auftraggebers einen **Schadensersatzanspruch** geltend macht. Damit gibt der Auftraggeber zu erkennen, dass er an einer weiteren Vertragserfüllung (Nacherfüllung) durch den Auftragnehmer nicht mehr interessiert ist, sodass eine endgültige Abrechnung über die erbrachte Bauleistung des **1379**

---

232) BGH, NJW 1981, 822 = BauR 1981, 201 = DB 1981, 1134; BGH, NJW 1981, 1448 = BauR 1981, 284; OLG Hamm, NJW-RR 1989, 1180; OLG Köln, *SFH*, Nr. 2 zu § 641 BGB; OLG München, *SFH*, Nr. 4 zu § 16 Nr. 3 VOB/B; vgl. im Übrigen vor allem: *Kahlke*, BauR 1982, 27; *Nicklisch/Weick*, § 12/B, Rdn. 23; *Schmitz*, DB 1980, 1009, 1010; *Weidemann*, BauR 1980, 124; *Hochstein*, BauR 1976, 168; **a. A.:** *Schmidt*, MDR 1965, 621, 622; *Fischer*, BauR 1973, 210, 211; *Duffek*, BauR 1976, 164; *Schmalzl*, MDR 1978, 619, 629.

233) Ebenso: *Niemöller*, S. 58, *Palandt/Sprau*, § 641 a BGB, Rdn. 18; *Motzke*, NZBau 2000, 489, 498; *Jaeger/Palm*, BB 2000, 1102, 1105; *Kniffka*, ZfBR 2000, 227, 236; *Schneider*, MDR 2001, 192; **a. A.:** *Kiesel*, NJW 2000, 1673, 1680.

234) So auch *Kraus*, BauR 2001, 513.

235) **Herrschende Meinung;** für viele *Kniffka*, ZfBR 2000, 227; *Ingenstau/Korbion/Oppler*, § 12/B, Rdn. 22; *Motzke*, NZBau 2000, 489; *Kapellmann/Messerschmidt/Havers*, § 12/B, Rdn. 6; **a. A.:** *Kiesel*, NJW 2000, 1673.

Auftragnehmers einerseits und dem Schadensersatzanspruch des Auftraggebers andererseits zu erfolgen hat.[236]

**1380** Wird das **Vertragsverhältnis vorzeitig,** also vor Fertigstellung der geschuldeten Bauleistung, gekündigt, hat der Auftragnehmer nach § 8 Nr. 6 VOB/B einen **Anspruch gegen den Auftraggeber auf Abnahme,** wenn die von ihm bis zur Kündigung erbrachte Leistung die Voraussetzung für die Abnahmepflicht des Auftraggebers erfüllt.[237]

**1381** **Die Abnahme der Gesamtleistung** findet auf Verlangen des Unternehmers nach Fertigstellung des Werkes statt. Der Bauherr hat die Abnahme dann innerhalb von 12 Werktagen gemeinsam mit dem Unternehmer durchzuführen (§ 12 Nr. 1 VOB/B). Allerdings können die Parteien eine andere Frist vereinbaren. Die **Abnahmefrist** darf jedoch in AGB oder Formularverträgen **nicht unangemessen weit hinausgeschoben** werden (vgl. Rdn. 1358, 1361); eine Verlängerung der Abnahmefrist auf 24 Werktage hat der BGH noch als angemessen und daher wirksam angesehen.[238] Eine Form für das Abnahmeverlangen des Unternehmers ist nicht vorgeschrieben. Mündliche Mitteilung reicht aus. Bei der Berechnung der Frist von 12 Werktagen zählen arbeitsfreie Samstage entsprechend § 193 BGB nicht mit, obwohl dies in der VOB nicht ausdrücklich gesagt ist.

**1382** Eine **Teilabnahme** kann vom Unternehmer nur in seltenen Fällen verlangt werden. Nach § 12 Nr. 2 VOB/B sind auf Verlangen des Unternehmers **in sich abgeschlossene Teile** der Leistung sowie andere Teile der Leistung abzunehmen, wenn sie durch die weitere Ausführung des Bauwerks der Prüfung und Feststellung entzogen werden.[239] Der Begriff des „in sich abgeschlossenen Teils" setzt voraus, dass die Teilleistung selbstständig funktionsfähig ist. Die Teilleistung muss damit soweit selbstständige Funktionen haben, dass unabhängig von anderen Leistungsteilen beurteilt werden kann, ob der betreffende Leistungsteil gebrauchsfähig ist (vgl. hierzu Rdn. 1218 ff.).[240]

**1383** Beim VOB-Bauvertrag kann der Auftraggeber die **Abnahme verweigern,** wenn noch **wesentliche Mängel** vorliegen (§ 12 Nr. 3 VOB/B). Wann ein Mangel als „wesentlich" anzusehen ist, hängt von den Umständen des Einzelfalles ab. Maßgebender Zeitpunkt ist der des Abnahmetermins.[241] Dabei sind Art und Umfang des Mangels (auch die voraussichtlichen Mängelbeseitigungskosten) sowie die Auswirkungen des Mangels zu berücksichtigen, wobei u. U. auch subjektive, erkennbare Vorstellungen einer Vertragspartei über die Bedeutung bestimmter Einzelheiten bei der Ausführung eine Rolle spielen können.[242]

---

236) BGH, NJW 1979, 549 = BauR 1979, 152 = BB 1979, 134 = DB 1979, 742; OLG Hamm, OLGR 1997, 74; OLGR 1998, 58; OLGR 1998, 184.
237) Vgl. hierzu auch Rdn. 1340.
238) NJW 1983, 816, 818 = BauR 1983, 161, 164; ferner: BGHZ 107, 75 = BauR 1989, 322; vgl. hierzu: *Bartsch*, ZfBR 1984, 1, 4.
239) BGH, BauR 1975, 423; OLG Düsseldorf, *SFH*, Nr. 14 zu § 12 VOB/B; vgl. auch OLG Düsseldorf, BauR 1996, 121 = NJW-RR 1996, 661 (zur **technischen Teilabnahme** nach bereits erfolgter rechtsgeschäftlicher Abnahme).
240) *Siegburg*, ZfIR 2000, 841, 844; *Nicklisch/Weick*, § 12 VOB/B, Rdn. 51.
241) BGH, BauR 1992, 627 = ZfBR 1992, 216; OLG Düsseldorf, BauR 1997, 842 = NJW-RR 1997, 1178 = OLGR 1997, 224.
242) OLG Hamm, BauR 1992, 240 = OLGR 1992, 6; NJW-RR 1990, 917 u. NJW-RR 1989, 1180; vgl. hierzu auch *Groß*, Festschrift für Locher, S. 53, 55 sowie *Willebrand/Detzer*, BB 1992, 1801, 1805.

Eine **zugesicherte Eigenschaft** kann, muss aber nicht einen wesentlichen Mangel darstellen.[243] Entsprechendes gilt für eine **vereinbarte Beschaffenheit** i. S. des § 633 Abs. 2 BGB n. F. Bei einer **Vielzahl von kleineren Mängeln**, die grundsätzlich als unwesentlich zu bezeichnen sind, kann aber im Einzelfall ein wesentlicher Mangel bei einer entsprechenden Gesamtschau angenommen werden.[244]

Beispiele aus der Rechtsprechung:

**Wesentlicher Mangel:** OLG Hamm, BauR 1989, 1180 (Gefälle eines Küchenbodens); BGH, NJW 1962, 1569 (Verarbeitung **anderer Holzart** als vereinbart); BGH, BauR 1992, 627 = NJW 1992, 2481 (**Risse** in Attika mit Auswirkung auf die Standsicherheit).

**Kein wesentlicher Mangel:** BGH, BauR 1981, 284 = ZfBR 1981, 139 (offene Fugenstellen in der Fassade); KG, BauR 1984, 529 (*kleine Unebenheiten* in einem Teppichboden); OLG Hamm, NJW-RR 1990, 957 (nicht ausreichend befestigte Dachziegel).

**1384** In § 12 Nr. 4 VOB/B sind die Voraussetzungen für die **förmliche Abnahme** enthalten, eine Besonderheit, die nur die VOB kennt. Die förmliche Abnahme findet nur statt, wenn eine Vertragspartei es verlangt. Der Auftraggeber darf die förmliche Abnahme jedoch nicht ungebührlich verzögern; im anderen Falle verliert er nach § 242 BGB das Recht, sich auf förmliche Abnahme zu berufen (vgl. auch Rdn. 1388).[245]

**1385** Eine weitere Besonderheit der VOB ist die **sog. fiktive Abnahme**. Sie ist nicht mit der Abnahme zu verwechseln, die durch konkludentes Verhalten des Auftraggebers zustande kommt und selbstverständlich auch beim VOB-Bauvertrag möglich ist (vgl. Rdn. 1350 und 1390). Hier nimmt der Bauherr die Bauleistung bewusst und mit Willen ab, wobei allerdings die Willenserklärung des Auftraggebers nicht ausdrücklich, sondern nur durch sein schlüssiges Verhalten erfolgt. Bei der so genannten fiktiven Abnahme i. S. des § 12 Nr. 5 VOB/B wird eine Abnahme fingiert; sie tritt also u. U. unabhängig vom wirklichen Willen des Auftraggbers ein.[246] Daher sind insoweit **strenge Anforderungen** zu stellen. Nach § 12 Nr. 5 VOB/B sind dies:

* Ein **Abnahmeverlangen** (gemäß § 12 Nr. 1 oder Nr. 4) einer Vertragspartei fehlt.
* Eine **Abnahmeverweigerung liegt nicht vor**.[247]
* Die Bauleistung ist **im Wesentlichen fertig** gestellt, also abnahmefähig.[248]
* Der Unternehmer **teilt** dem Auftraggeber die **Fertigstellung** der Bauleistung schriftlich **mit**. Eine ausdrückliche Erklärung ist insoweit jedoch nicht erforder-

---

243) BGH, BauR 1981, 284, 286 unter Hinweis auf BGH, NJW 1962, 1569 u. 1967, 388, 390.
244) KG, BauR 1984, 527; Beck'scher VOB-Komm/*Jagenburg*/*Marbach*, B § 12 Nr. 3, Rdn. 20. Zur **Beweislast:** *Wolter*, BauR 1998, 36, 50. Zur Bewertung einer Vielzahl kleiner Mängel: *Motzko*/*Schreiber*, BauR 1999, 24.
245) BGH, MDR 1989, 1094.
246) BGH, NJW 1975, 1701 = BauR 1975, 344. Vgl. hierzu *Henkel*, Jahrbuch Baurecht 2003, 87 ff.
247) BGH, NZBau 2002, 437, 439; NJW 1979, 549, 550; BGH, SFH, Nr. 11 zu § 16 Nr. 2 VOB/B; OLG Frankfurt, IBR 2004, 243; OLG Düsseldorf, NJW-RR 1997, 1178; OLG Hamburg, BauR 2003, 1590; OLG Celle, BauR 1997, 1049; OLG Hamm, NJW-RR 1989, 1180; OLG Köln, BauR 1998, 794, 797; *Ingenstau*/*Korbion*/*Oppler*, § 12/B, Rdn. 140; *Kapellmann*/ *Messerschmidt*/*Havers*, § 12/B, Rdn. 98; **a. A.:** *Henkel*, Jahrbuch Baurecht 2003, 89, 128, 130 mit einer Übersicht über den Stand in Rechtsprechung und Literatur, S. 99 ff.
248) BGH, NJW 1979, 650 = BauR 1979, 159; OLG Düsseldorf, BauR 1976. 433; *Kniffka*, ZfBR 1998, 113, 115; vgl. hierzu insbesondere *Henkel*, Jahrbuch Baurecht 2003, 89, 91 mit weiteren umfangreichen Nachweisen.

lich; so reicht z. B. die Übersendung der Schlussrechnung[249] aus, ebenso auch die Erklärung, dass die Baustelle nunmehr geräumt sei.[250] Erfolgt die Mitteilung gegenüber dem Architekten, muss er zur Abnahme bevollmächtigt sein.

* Der Auftraggeber lässt danach **12 Werktage verstreichen,** ohne dass er mit dem Unternehmer Verbindung wegen einer Abnahme aufnimmt. Wird die Abnahme fingiert, obliegt dem Auftraggeber die **Beweislast** dafür, dass eine Abnahme nicht verlangt worden ist.[251]

**1386** Eine **Abnahme** wird nach § 12 Nr. 5 Abs. 2 VOB/B schon nach Ablauf von **6 Werktagen fingiert,** wenn keine Abnahme verlangt wird (so nach Änderung durch die VOB 2002) und der Auftraggeber die Leistung oder einen Teil der Leistung **in Benutzung** genommen hat.[252] Der Fristablauf beginnt mit dem Beginn der Nutzung,[253] es sei denn, die Bauleistung weist grobe, ersichtliche Mängel auf oder die Nutzung (z. B. der Einzug) erfolgt aufgrund einer dem Auftragnehmer bekannten Zwangslage (vgl. Rdn. 1356).[254] Die Nutzung von Einzelteilen eines Bauwerkes zur Weiterführung des Baus gilt nicht als Abnahme. Bei nicht abnahmereifer und deswegen vom Bauherrn zurückgewiesener Bauleistung kommt eine fiktive Abnahme nicht in Betracht.[255] Dasselbe gilt für einen gekündigten VOB-Bauvertrag.[256] Wird die fiktive Abnahme formularmäßig ausgeschlossen, hält dies einer Überprüfung nach § 307 BGB stand.[257]

**1387** Vereinbaren die Parteien ausdrücklich eine **förmliche Abnahme,** kommt grundsätzlich eine **fiktive Abnahme** nach § 12 Nr. 5 VOB/B **nicht in Betracht.**[258] Dies gilt auch für die Fälle, in denen die Vertragsparteien auf die vereinbarte förmliche Abnahme bewusst oder unbewusst nicht zurückkommen (vgl. Rdn. 1175).[259] Kann hieraus im Einzelfall ein **Verzicht** der Vertragsparteien auf die Abnahmeförmlichkeiten geschlossen werden, soll nach teilweise vertretener Auffassung[260] die Abnahme-

---

249) OLG Düsseldorf, BauR 1997, 842 = NJW-RR 1997, 1178 = OLGR 1997, 224 (Übersendung einer Rechnung, aus der sich ergibt, dass der Auftragnehmer seine **gesamte** Leistung **abschließend** berechnen will); OLG Celle, BauR 1997, 844 („**Abschlagsrechnung**", mit der der Auftragnehmer seine **gesamte** Bauleistung abrechnet).
250) *Brandt*, BauR 1972, 69, 71; OLG Frankfurt, BauR 1979, 326 (Vermerk auf der Schlussrechnung).
251) Vgl. OLG Stuttgart, NJW-RR 1986, 898 (für **Urkundenprozess** über die Werklohnforderung).
252) Vgl. hierzu OLG Frankfurt, BauR 2004, 1004 m. kritischer Anm. *Vygen* (keine fiktive Abnahme durch Inbenutznahme nach ausdrücklicher Abnahmeverweigerung, wenn die Werkleistung mangelhaft ist).
253) Vgl. BGH, NJW 1962, 1569; NJW 1971, 838 = BauR 1971, 126; NJW 1975, 1701 = BauR 1975, 344; OLG Karlsruhe, Justiz 1980, 325 (**Weiterbenutzung** während des Um- oder Anbaues).
254) OLG Düsseldorf, NJW-RR 1994, 408.
255) OLG Düsseldorf, BauR 1976, 433.
256) BGH, BauR 2003, 689 = NJW 2003, 1450 = NZBau 2003, 265.
257) BGH, BauR 1997, 302 = NJW 1997, 394 = MDR 1997, 238 = BB 1997, 176 = ZfBR 1997, 73.
258) BGH, BauR 1984, 166, 167; BGH, *Schäfer/Finnern*, Z 2.331 Bl. 94; OLG Düsseldorf (23./24. ZS), *SFH*, Nr. 3 zu § 12 VOB/B; *Dähne*, BauR 1980, 223, 225, 226; OLG München, *SFH*, Nr. 7 zu § 12 VOB/B; **a. A.:** OLG Düsseldorf (23. ZS), *SFH*, Nr. 3 zu § 14 VOB/B.
259) *Brügmann*, BauR 1979, 277; *Dähne*, a. a. O.; *Hochstein*, BauR 1975, 221.
260) KG, BauR 1988, 230, 231; OLG Stuttgart, NJW-RR 1986, 898; OLG Düsseldorf (20. ZS), BauR 1981, 294; *Heiermann/Riedl/Rusam*, § 12/B, Rdn. 45.

**Fälligkeit des Werklohns** **Rdn. 1388–1389**

fiktion des § 12 Nr. 5 VOB/B wieder Anwendung finden. Dabei wird jedoch allgemein die Abnahmewirkung nicht schon nach Ablauf der kurzen Frist des § 12 Nr. 5 VOB/B angenommen. Vielmehr soll sich die Länge der Frist nach den Grundsätzen von Treu und Glauben unter Berücksichtigung der Umstände des Einzelfalles richten.[261]

Dieser Auffassung wird man bei besonders gelagerten Fällen nur im Ergebnis, nicht aber auf der Grundlage des § 12 Nr. 5 VOB/B folgen können. Wird zwischen Parteien eines Bauvertrages eine **förmliche Abnahme** vereinbart, wollen diese in aller Regel die strenge Abnahmefiktionswirkung der vorerwähnten Bestimmung, insbesondere unter Berücksichtigung der dort genannten kurzen Zeiten, ausschließen.[262] Kann aus ihrem späteren Verhalten ein **Verzicht auf die vereinbarte förmliche Abnahme** geschlossen werden (Rdn. 1354, 1355), kommt zunächst allenfalls die Möglichkeit einer **Abnahme durch schlüssiges Verhalten** (vgl. Rdn. 1350) in Betracht.[263] Vielfach kann auch aus dem späteren Verhalten der Vertragsparteien eine solche konkludente Abnahme gefolgert werden.[264] Wird in einem VOB-Bauvertrag grundsätzlich die förmliche Abnahme für alle Fälle vertraglich vereinbart, muss nach Auffassung des KG[265] keine Partei die Abnahme gem. § 12 Nr. 4 Abs. 1 VOB/B „verlangen": Wird dann innerhalb der Frist des § 12 Nr. 5 Abs. 1 VOB/B kein Abnahmetermin anberaumt und die Abnahme auch nicht ausdrücklich verweigert, ist davon auszugehen, dass auf die förmliche Abnahme verzichtet wird, sodass nach Ablauf von 12 Werktagen nach Erhalt der Schlussrechnung gem. § 12 Nr. 5 Abs. 1 VOB/B oder durch Inbenutznahme gem. § 12 Nr. 5 Abs. 2 VOB/B die Abnahme als erfolgt gilt. **1388**

Der **BGH**[266] hat dies z. B. für den Fall angenommen, dass der Auftragnehmer die Schlussrechnung übersendet, ohne die förmliche Abnahme zu fordern, da er hiermit erkennbar zum Ausdruck bringt, dass er auf eine förmliche Abnahme keinen Wert legt. Verlangt der Auftraggeber dann mehrere Monate nach Erhalt der Schlussrechnung seinerseits keine förmliche Abnahme, ist davon auszugehen, dass beide Parteien übereinstimmend von der zunächst vorgesehenen förmlichen Abnahme abgesehen haben. Darüber hinaus könnte man daran denken, dass sich ausnahmsweise derjenige, der zwar eine förmliche Abnahme vereinbart hat, hierauf aber über einen längeren Zeitraum nicht zurückkommt, nach den Grundsätzen von Treu und Glauben nicht auf ein Fehlen der Abnahme berufen kann.[267] Hieran sind aber strenge Anforderungen zu stellen.[268] **1389**

---

261) KG, BauR 1988, 230, 231.
262) So auch OLG Düsseldorf, *SFH*, Nr. 3 zu § 12 VOB/B; **a. A.:** KG, BauR 1988, 230, 231; *Ingenstau/Korbion/Oppler*, § 12 Nr. 5/B, Rdn. 5.
263) BGH, NJW 1993, 1063; OLG Düsseldorf, BauR 1997, 647; OLG Köln, BauR 1997, 309, 310; OLG München, *SFH*, Nr. 4 zu § 16 Nr. 3 VOB/B.
264) So auch im Falle des OLG Düsseldorf, BauR 1981, 294 (Vorlage der Schlussrechnung und Zahlung, sodass ein Rückgriff des Gerichts auf § 12 Nr. 5 VOB/B unnötig war).
265) OLGR 2006, 565 = IBR 2006, 324 – *Miernik*.
266) BB 1977, 869, 870.
267) Ebenso: BGH, NJW 1990, 43 = BauR 1989, 727 = ZfBR 1989, 251; OLG Düsseldorf, BauR 1997, 647, 648; siehe ferner: KG, BauR 1979, 256.
268) BGH, NJW 1993, 1063; *Nicklisch/Weick*, § 12/B, Rdn. 67.

**1390** Die **fiktive Abnahme** hat dieselben rechtlichen Folgen wie die ausdrücklich oder konkludent erklärte Abnahme[269] (vgl. Rdn. 1342). Gilt die Bauleistung gemäß § 12 Nr. 5 VOB/B als abgenommen, kann der Auftraggeber die Abnahme auch nicht wegen wesentlicher Mängel „verweigern" und damit den Eintritt der Fälligkeit verhindern. Sein Nachbesserungsverlangen führt nunmehr lediglich dazu, dass er zur Zahlung des Werklohns **Zug um Zug** gegen Beseitigung der Mängel verurteilt wird.[270] Will der Bauherr Gewährleistungsansprüche hinsichtlich von Mängeln, die ihm bekannt sind, oder eine verwirkte Vertragsstrafe geltend machen, muss er sich diese Rechte innerhalb der Frist von 12 bzw. von 6 Werktagen gegenüber dem Unternehmer vorbehalten (vgl. insoweit näher Rdn. 2272 ff.); u. U. kann es aber genügen, wenn eine kurz **zuvor geäußerte Mängelrüge in dem vorgenannten Zeitraum erkennbar aufrecht erhalten** wird. Andernfalls sind die vorgenannten Rechte des Bauherrn verwirkt. Eine Vertragsstrafe kann nun nicht mehr geltend gemacht werden; im Rahmen seines Gewährleistungsrechts kann der Bauherr nur noch Schadensersatz nach § 13 Nr. 7 VOB/B verlangen, nicht aber noch Nachbesserung oder Minderung.

**1391** Haben die Vertragsparteien anstelle der Abnahmefiktion des § 12 Nr. 5 VOB/B eine andere Regelung vereinbart, kann diese wiederum durch nachträgliches schlüssiges Verhalten (z. B. durch die vorbehaltlose Zahlung auf die Schlussrechnung) abbedungen werden.[271]

### b) Prüfbare Abrechnung

*Literatur*

*Schelle*, Bindung an die Schlussrechnung auch beim VOB-Bauvertrag, BauR 1987, 272; *Welte*, Verwirkung von Einwendungen gegen die Schlussrechnung nach Ablauf der Prüfungszeit von zwei Monaten oder beweisrechtliche Konsequenzen?, BauR 1998, 384; *Heinrich*, Zur Rechtskraftwirkung der Abweisung einer Klage auf Architektenhonorar oder Bauunternehmerwerklohn als „zurzeit unbegründet", BauR 1999, 17; *Deckers*, Zur Rechtskraft des die Architektenhonorarklage als „zurzeit unbegründet" abweisenden Urteils, BauR 1999, 987; *Knacke*, Ist der Auftraggeber nach Ablauf der Zwei-Monats-Frist des § 16 Nr. 3 Abs. 1 VOB/B mit Einwendungen gegen die Schlussrechnung des Auftragnehmers ausgeschlossen?, Festschrift für Vygen (1999), S. 214; *Zanner*, Zur Verwirkung von Einwendungen des Auftraggebers bei Überschreitung der Prüfungsfrist aus § 16 Nr. 3 Abs. 1 Satz 1 VOB/B, BauR 2001, 1186; *Reck*, Klage auf Erteilung der VOB-Schlussrechnung, ZfBR 2003, 640; *Stellmann/Schinköth*, Schlussrechnung und Schlusszahlung nach der VOB/B – Eine Orientierung für die Praxis –, ZfBR 2005, 3; *Moufang*, Zur rechtlichen Bedeutung der in § 16 Nr. 3 Abs. 1 VOB/B geregelten Zwei-Monats-Frist, BauRB 2005, 55.

**1392** **Fälligkeitsvoraussetzung** ist beim VOB-Vertrag weiterhin, dass eine **prüfbare Abrechnung** vorliegt; § 14 VOB/B stellt insoweit besondere Erfordernisse auf.[272]

---

269) BGH, BauR 1975, 344 u. BauR 1971, 51.
270) BGH, BauR 1980, 357; NZBau 2002, 437, 439.
271) OLG Düsseldorf, BauR 1993, 507 (LS) = OLGR 1993, 164.
272) BGH, BauR 1987, 329 = ZfBR 1987, 146 = DB 1987, 1348; unzutreffend: Beck'scher VOBKomm/*Cuypers*, B § 14 Nr. 1, Rdn. 6 u. § 14 Nr. 4, Rdn. 5 u. 6; zutreffend: Beck'scher VOBKomm/*Motzke*, B § 16 Rdn. 6. Hinsichtlich der Durchsetzbarkeit eines Werklohns ohne Schlussrechnung in der **Insolvenz** des Auftragnehmers vgl. BGH, IBR 2005, 5 – *Schmitz*.

### Fälligkeit des Werklohns
Rdn. 1393

Diese gelten auch für einen Pauschalpreis-[273] oder Festpreisvertrag.[274] Beim **Pauschalpreisvertrag** ist allerdings nur die Endsumme im Rahmen der Schlussrechnung zu kennzeichnen[275] und die Zahlung von Abschlagszahlungen zu berücksichtigen,[276] es sei denn, die Vertragsleistung hat sich geändert[277] oder der Pauschalpreisvertrag wird vorzeitig beendet, sodass nunmehr eine Abrechnung der Teilleistung (ggf. nach Aufmaß) zu erfolgen hat (vgl. Rdn. 1206).[278]

Der BGH[279] geht davon aus, dass für die **Fälligkeit des Werklohns** nach § 16 Nr. 2 Abs. 1 Satz 1 VOB/B der **Zeitpunkt maßgebend** ist, in welchem der Unternehmer die **Schlussrechnung erteilt hat,** nicht der – frühere – Zeitpunkt, in welchem er sie hätte erteilen können und müssen. Es kommt also stets auf die tatsächliche Erstellung der Schlussrechnung und nicht auf die Möglichkeit der Erstellung an. Dies gilt für alle Leistungsverträge.[280] Eine Rechnung ist für den Eintritt der Fälligkeit des Werklohns auch dann erforderlich, wenn der Auftraggeber vor Erteilung der Rechnung seine Zahlungsunwilligkeit ausdrücklich bekundet.[281]

Bei **vorzeitiger Beendigung** eines VOB-Bauvertrages (z. B. durch Kündigung oder einvernehmlicher Aufhebung des Vertrages) bedarf es ebenfalls zur Fälligkeit der Vergütung für erbrachte Leistung oder vergütungsgleiche Forderungen (z. B. entgangener Gewinn oder Entschädigung) der Erteilung einer Schlussrechnung gemäß § 16 Nr. 3 Abs. 1 Satz 1 VOB/B.[282] Haben die Vertragsparteien mehrere Bauverträge für ein Vorhaben abgeschlossen, kann der Auftragnehmer auch diese Einzelverträge gesondert abrechnen; es bedarf insoweit keiner zusammenfassenden Schlussrechnung.[283]

Zur **Abrechnung eines vorzeitig beendeten Bauvertrages**, vgl. im Einzelnen näher Rdn. 1294 ff. (Einheitspreisvertrag) und Rdn. 1206, 1294 ff. (Pauschalpreisvertrag). Zur **einheitlichen Fälligkeit sämtlicher (auch „vergessener") Forderungen** vgl. Rdn. 2368.

Was die VOB unter **„prüfbare Abrechnung"** versteht,[284] wird aus § 14 Nr. 1 Satz 2 bis 4 deutlich: Danach hat der Unternehmer die Rechnungen **übersichtlich** aufzustellen und dabei die **Reihenfolge der Posten entsprechend dem Auftrag einzuhalten** und die in den Vertragsbestandteilen enthaltenen Bezeichnungen zu ver-

1393

---

273) BGH, BauR 1989, 87 = NJW 1988, 836 = MDR 1989, 246; OLG München, BauR 1989, 749; OLG Hamm, BauR 1992, 516.
274) OLG Frankfurt, NJW-RR 1988, 983.
275) BGH, BauR 1979, 525 = DB 1979, 2369, 2370 = ZfBR 1979, 207, 208.
276) OLG Köln, NJW-RR 1990, 1171.
277) Vgl. OLG München, *Schäfer/Finnern*, Nr. 6 zu § 8 VOB/B.
278) OLG Köln, BauR 1994, 413 (LS).
279) BGH, BauR 1977, 354 = NJW 1977, 2075 (LS).
280) OLG Celle, BauR 1979, 433.
281) BGH, BauR 1970, 116.
282) BGH, BauR 1987, 95 = NJW 1987, 382; BauR 2000, 1191 = ZfBR 2000, 471; BauR 2001, 106 = MDR 2000, 1429 = ZfBR 2001, 33 = NZBau 2001, 19 (prüfbare Schlussrechnung auch bei endgültiger Leistungsverweigerung durch Auftraggeber); OLG Köln, BauR 1994, 413 (LS); LG Aachen, BauR 2001, 107; OLG Naumburg, NJW-RR 2000, 391; **a. A.:** OLG Köln, NJW-RR 1992, 1375 für den Fall, dass die vom Auftragnehmer erstellten Teilrechnungen alle ausgeführten Arbeiten enthalten.
283) BGH, BauR 2000, 1485 = NJW-RR 2000, 1469 = ZfBR 2000, 545.
284) Zur **Hinweispflicht** des Gerichts: BGH, BauR 1999, 635 = NJW 1999, 1867 = MDR 1999, 671.

wenden.[285] Nach OLG Düsseldorf[286] ist eine Rechnung eines Unternehmers auch prüfbar, wenn die Rechnungspositionen in Verbindung mit dem Leistungsverzeichnis die berechneten Leistungen angeben und für die Stundenlohnarbeiten dem Auftraggeber die Stundenlohnzettel zugegangen sind; auch der Preisansatz ist nicht zu beanstanden, wenn die Preise aus dem Leistungsverzeichnis und dem Verhältnis des Angebotsendpreises zum Pauschalpreis errechenbar sind. Ist eine Schlussrechnung nicht nach den Positionen des Leistungsverzeichnisses aufgestellt, sondern wird dort nur auf frühere Abschlagsrechnungen Bezug genommen, in denen aber die Leistungen prüfbar dargestellt sind, kann eine Prüffähigkeit der Rechnung ebenfalls nicht verneint werden.[287]

Umfasst ein Bauvorhaben mehrere Gebäude, denen jedoch getrennte Verträge zu Grunde liegen, bedarf es nach der Auffassung des BGH[288] keiner „zusammenfassenden Schlussrechnung", sondern jedes Gebäude kann für sich getrennt abgerechnet werden. Die zum Nachweis von Art und Umfang der Leistung erforderlichen Mengenberechnungen, Zeichnungen und andere **Belege sind beizufügen**.[289] **Bestandszeichnungen**, **Revisionspläne** usw. **gehören nicht** zu den nach § 14 geforderten **Abrechnungsunterlagen**; sie können aber zur vertraglich geschuldeten Leistung des Auftragnehmers gehören, wenn sich dies aus den einschlägigen DIN-Normen oder aber aus dem Bauvertrag selbst ergibt.[290] Änderungen und Ergänzungen des Auftrags sind in der Rechnung besonders kenntlich zu machen; sie sind auf Verlangen getrennt abzurechnen. Der substantiierte Nachweis des Leistungsumfanges in dieser Form ist grundsätzlich nur beim Einheitspreisvertrag, nicht aber beim Pauschalvertrag erforderlich (vgl. Rdn. 1179).[291]

Eine Schlussrechnung kann auch nur **teilweise nicht prüffähig** sein. Das hat nicht zur Folge, dass die gesamte Forderung nicht fällig ist. Vielmehr ist nach herrschender Auffassung der Teil der Forderung fällig, der prüfbar abgerechnet ist.[292]

Bei alledem ist zu berücksichtigen, dass nach BGH[293] eine Abrechnung bereits dann **prüffähig** ist, wenn der **Auftraggeber in die Lage versetzt wird**, die Forderung, gemessen an den vertraglichen Vereinbarungen, **zu überprüfen**. Der Auftrag-

---

285) Brandenburgisches OLG, BTR 2005, 128.
286) NJW-RR 2001, 808.
287) BGH, BauR 1999, 1185 = NJW-RR 1999, 1180 = MDR 1999, 1133 = ZfBR 1999, 319. Vgl. hierzu auch Brandenburgisches OLG, BauR 2000, 583 = NZBau 2000, 511, wonach die fehlende Übereinstimmung der Reihenfolge der Rechnungspositionen mit der Reihenfolge der Positionen im Leistungsverzeichnis unschädlich ist, wenn hierdurch die Überprüfung der Rechnung nicht wesentlich erschwert wird.
288) BauR 2000, 1485 = NJW-RR 2000, 1469 = ZfBR 2000, 545 = NZBau 2000, 508.
289) Brandenburgisches OLG, BTR 2005, 128; OLG Düsseldorf, *SFH*, Nr. 3 zu § 14 VOB/B; LG Hanau, *SFH*, Nr. 4 zu § 14 VOB/B; OLG München, BauR 1989, 749; ferner: OLG Frankfurt, OLGR 2000, 286; anders BauR 1980, 578 (Beifügung entbehrlich, wenn Auftraggeber selbst Bauleiter und umfassende Kenntnis hatte).
290) Vgl. OLG Düsseldorf, *SFH*, Nr. 3 zu § 14 VOB/B; OLG Celle, BauR 1995, 261.
291) BGH, BauR 1979, 525 = MDR 1980, 136 = DB 1979, 2369.
292) BGH, BauR 2006, 678, 680 = NZBau 2006, 231 = NJW-RR 2006, 455; BauR 2004, 316; ebenso KG, KGR 2000, 148 = NZBau 2000, 340; vgl. aber OLG Frankfurt, OLGR 2002, 133 (Schlussrechnung insgesamt nicht prüfbar, wenn einzelne nicht prüfbare Positionen „im Verhältnis zur Gesamtrechnungssumme Gewicht haben").
293) NJW-RR 2005, 1103.

**Fälligkeit des Werklohns** **Rdn. 1394**

geber ist mit Einwendungen gegen die Prüffähigkeit der Schlussrechnung sowie die Richtigkeit der von dem Auftragnehmer Mengen und Massen nach Treu und Glauben allerdings ausgeschlossen, wenn er selbst **ein eigenes Aufmaß** erstellt und gegenüber seinem Auftragnehmer die Leistungen des Auftragnehmer abgerechnet hat und dabei die von dem Auftragnehmer abgerechneten Mengenangaben seinem eigenem Aufmaß zugrunde gelegt hat.[294]

Da die **Prüfbarkeit** der Schlussrechnung **Fälligkeitsvoraussetzung** für den Werklohn ist,[295] sind insbesondere die Aufstellung und Vorlage des **Aufmaßes** beim Einheitspreisvertrag (vgl. Rdn. 1164 ff.) Voraussetzungen für die Fälligkeit des Vergütungsanspruches.[296] § 14 Nr. 2 VOB/B verlangt nicht zwingend ein **gemeinsames Aufmaß** (vgl. Rdn. 1165, 1399, 2033). Die Vorschrift gibt nur eine sinnvolle Empfehlung für die Vertragsparteien. Haben sich die Vertragsparteien aber ausdrücklich auf ein gemeinsames Aufmaß geeinigt, stellt sich die Frage, ob die Fälligkeit des Werklohns hiervon abhängig gemacht wird. Der BGH[297] verneint dies mit dem Hinweis, dass das gemeinsame Aufmaß den Zweck hat, den Umfang der tatsächlich erbrachten Leistungen nach Zahl, Maß und Gewicht festzustellen und diese Feststellungen dem Streit der Vertragsparteien zu entziehen: Wenn eine Partei die Beteiligung an dem gemeinsamen Aufmaß verweigert, begibt sich diese (nur) „der Vorteile, die ein von beiderseitigem Einverständnis getragenes Aufmaß hat".[298] Soweit ein **Aufmaß nicht mehr vorgenommen werden kann**, genügt der Unternehmer seiner Darlegungslast, wenn der Tatsachen vorträgt, die dem Gericht die Möglichkeit eröffnen, ggf. unter Mithilfe eines Sachverständigen die für die Ausführung angefallene **Mindestvergütung zu schätzen**; im Übrigen stellt ein angebotener Beweis für den Umfang der erbrachten Arbeiten durch Einvernahme eines Zeugen, der die Arbeit begleitet hat, **keinen unzulässigen Ausforschungsbeweis** dar.[299]

1394

Die VOB/B ermöglicht einem Auftragnehmer gemäß § 16 Nr. 4 auch die Erstellung einer **Teilschlussrechnung**. Voraussetzung ist allerdings, dass ein „**in sich abgeschlossener Teil der Leistung**" erbracht wurde und zudem eine Teilabnahme erfolgt ist. Teilschlussrechnungen sind der Praxis selten. Dies gilt umso mehr, als die Auslegung des Begriffs des „in sich abgeschlossenen Teils der Leistung" restriktiv ausgelegt wird (vgl. hierzu auch Rdn. 1218 a).[300] Dieselbe Formulierung, verbunden mit den gleichen Abgrenzungsschwierigkeiten findet sich im Übrigen in § 12 Nr. 2 VOB/B sowie dem neu geschaffenen § 632 a BGB. Sind die Voraussetzungen des § 16 Nr. 4 VOB/B gegeben, hat die Teilschlussrechnung dieselben Wirkungen wie

---

294) Brandenburgisches OLG, OLGR 2005, 222.
295) BGH, NJW-RR 1990, 1170 = BauR 1990, 605 = ZfBR 1990, 226; BauR 1979, 342, 343; OLG Celle, BauR 1996, 264; *Schmitz*, DB 1980, 1009, 1013; OLG München, *SFH*, Nr. 6 zu § 8 VOB/B = ZfBR 1982, 67, 68; LG Hanau, BauR 1979, 256.
296) Brandenburgisches OLG, BauR 2003, 542, 543; vgl. aber OLG Celle, BauR 1996, 264, wonach es dem Auftragnehmer gemäß § 242 BGB verwehrt ist, sich gegenüber einer prüfbaren Abrechnung nach mehr als einem Jahr noch auf das fehlende Aufmaß zu berufen; ähnlich: OLG Brandenburg, BauR 1998, 793.
297) BauR 1999, 1185 = NJW-RR 1999, 1180 = MDR 1999, 1133 = ZfBR 1999, 319.
298) Dem BGH folgen *Kniffka/Koeble*, Rdn. 156 sowie *Ingenstau/Korbion/Locher*, § 14 Nr. 2/B, Rdn. 6.
299) BGH, BauR 2006, 2040, 2041 = NZBau 2006, 777 = IBR 2006, 661 – *Schmitz*. Vgl. hierzu auch *Knychalla*, Jahrbuch Baurecht 2007, 1, 10.
300) Vgl. hierzu *Ingenstau/Korbion/Locher*, § 16 Nr. 4/B, Rdn. 1 ff.

die Schlussrechnung, insbesondere hinsichtlich der Fälligkeit und des Beginns der Verjährung der Forderung (vgl. Rdn. 1343).[301]

**Abschlagsrechnungen** können nach OLG Hamm[302] ausnahmsweise in ihrer Gesamtheit die Voraussetzungen der „Prüfbarkeit" im Sinne von § 14 Nr. 1 VOB/B erfüllen und als „Schlussrechnung genügen", wenn sie sämtliche vom Unternehmer ausgeführten Leistungen enthalten und sich deshalb eine weitere zusammenfassende Rechnung erübrigt.

**1395** Die Abrechnung muss nicht so erstellt werden, dass sie für jedermann verständlich ist. Die Prüfbarkeit der Abrechnung ist vielmehr dann gegeben, wenn sie derjenige prüfen kann, der die Bauleitung hatte. Sie muss also **für den Fachkundigen** (z. B. der Architekt des Auftraggebers) **prüfbar** sein.[303] Die Wahl eines falschen Abrechnungsverfahrens ändert nichts daran; eine hierauf basierende Rechnung ist prüffähig.[304] Für die Wirksamkeit einer Schlussrechnung bedarf es auch nicht der handschriftlichen Unterzeichnung durch den Auftragnehmer.[305] Eine nicht prüfbare Schlussrechnung kann auch nicht durch einen gerichtlichen Sachverständigen (z. B. durch eigene Berechnung nach Erfahrungssätzen) prüfbar gemacht werden.[306]

Der **BGH** hat im Übrigen in den letzten Jahren zu Recht **allgemein gültige Schranken hinsichtlich der Prüfbarkeit einer Schlussrechnung aufgebaut,** um zu verhindern, dass insoweit Prozesse von Auftragnehmern an zu hohen, abstrakt-objektiven Anforderungen scheitern. Dabei stellt der BGH[307] nunmehr – entsprechend der Rechtsprechung zur Abrechnung von Architektenleistungen (vgl. Rdn. 971 ff.) – im Wesentlichen auf den Empfängerhorizont und damit subjektive Elemente auf Seiten des Auftraggebers ab:

> „Die Prüfbarkeit einer nach diesen Grundsätzen aufgestellten Schlussrechnung ist nach der Rechtsprechung des Bundesgerichtshofs **kein Selbstzweck.** Die Anforderungen an die Prüfbarkeit ergeben sich vielmehr **aus den Informations- und Kontrollinteressen des Auftraggebers.** Diese bestimmen und begrenzen den Umfang der Differenzierung der für die Prüfbarkeit erforderlichen Angaben der Schlussrechnung. In welchem Umfang die Schlussrechnung aufgeschlüsselt werden muss, damit sie den Auftraggeber in die Lage versetzt, sie in der gebotenen Weise zu überprüfen, ist eine Frage des Einzelfalls, die abgesehen von den Besonderheiten der Vertragsgestaltung und der Vertragsdurchführung auch von den Kenntnissen und Fähigkeiten des Auftraggebers und seiner Hilfspersonen abhängt" (Urteil v. 29.4.1999 – VII ZR 127/98 –, BauR 1999, 1185 = ZfBR 1999, 319).

Will der Auftraggeber die **fehlende Prüfbarkeit der Schlussrechnung rügen**, hat dies in **substantiierter Form** zu erfolgen: Der Auftraggeber muss also im Einzelnen

---

301) *Messerschmidt* in Kapellmann/Messerschmidt, § 16, Rdn. 281, 282.
302) NJW-RR 1996, 593.
303) BGH, BauR 2002, 468 = ZfBR 2002, 248 = MDR 2002, 272 = NZBau 2002, 90; NJW 1967, 342; OLG Bamberg, OLGR 2003, 299 = NZBau 2003, 570; OLG Hamm, BauR 1997, 656 = OLGR 1997, 113; OLG Oldenburg, BauR 1997, 523 (LS); OLG München, BauR 1993, 346; OLG Celle, BauR 1995, 261; *Schmitz*, DB 1980, 1009, 1011; *Nicklisch/Weick*, § 14/B, Rdn. 5; OLG Düsseldorf, *SFH*, Nr. 3 zu § 14 VOB/B.
304) OLG Düsseldorf, BauR 1990, 609.
305) OLG Karlsruhe, OLGR 1998, 17.
306) OLG Bamberg, IBR 2003, 526 – *Miernik*.
307) BauR 2001, 251 = NJW 2001, 521 = NZBau 2001, 85 = ZfBR 2001, 102 = MDR 2001, 212; vgl. hierzu auch BGH, BauR 2002, 1403 u. BGH, BauR 2002, 1406; ferner Brandenburgisches OLG, BauR 2003, 542, 543.

vortragen, inwieweit ihm Informationen aus der Rechnung für eine Prüfbarkeit fehlen.[308]

Im Einzelfall kann der **Einwand** der fehlenden Prüffähigkeit der Schlussrechnung **rechtsmissbräuchlich** sein. Der BGH hat dies wiederholt zum Ausdruck gebracht. Das geschah zum Teil in Entscheidungen zur Honorarschlussrechnung des Architekten (vgl. Rdn. 971 b). Diese Grundsätze gelten entsprechend für die Schlussrechnung des Unternehmers. Danach stellt der Einwand der fehlenden Prüffähigkeit einen Rechtsmissbrauch des Auftraggebers dar,

* wenn er die **Rechnung geprüft** hat[309]
* wenn er die sachliche und rechnerische Richtigkeit der Schlussrechnung **nicht bestreitet**,[310] also z. B. Angaben zu anrechenbaren Kosten fehlen, der Auftraggeber diese Kosten jedoch nicht in Zweifel zieht[311]
* wenn ihm die **Überprüfung** trotz einzelner fehlender Angaben **möglich** war oder er die **notwendigen Kenntnisse** bereits anderweitig erlangt hat, sodass die Aufnahme in die Schlussrechnung „reine Förmelei" wäre[312]
* wenn er den Mangel der Prüffähigkeit **verspätet** rügt.[313]

Hinsichtlich der Rechtsmissbräuchlichkeit bei einem **verspäteten Einwand der Prüffähigkeit** der Schlussrechnung ist auf Folgendes hinzuweisen: Der BGH[314] hat diesen Grundsatz zunächst zur Prüffähigkeit einer Honorarschlussrechnung eines **Architekten** aufgestellt und dabei darauf hingewiesen, dass der Auftraggeber „den durch die Ausgestaltung der Prüffähigkeit als Fälligkeitsvoraussetzung eingeräumten Schutz verliert, wenn er seine Einwendungen gegen die Prüffähigkeit nicht in angemessener Frist erhebt". Es sei – so der BGH – „nach Treu und Glauben und dem auch nach Erbringung der Vorleistung des Werkunternehmers fortwirkenden Kooperationsgebot nicht zu vereinbaren, wenn der Auftraggeber die Beurteilung der Prüffähigkeit der Rechnung hinausschiebt, um diese später in Frage zu stellen". Nach dieser Entscheidung ist der Einwand der fehlenden Prüffähigkeit einer Rechnung nur dann rechtzeitig, wenn er binnen einer angemessenen Frist erfolgt, wobei es auf ein Verschulden des Auftraggebers nicht ankommt. Als angemessen für den Einwand der fehlenden Prüffähigkeit einer Honorarschlussrechnung hält der BGH einen Zeitraum von zwei Monaten seit Zugang der Schlussrechnung.

Der BGH[315] hat diese Erwägungen auch auf einen Bauvertrag übertragen, dem die VOB zugrunde liegt, weil im VOB-Vertrag ebenso wie nach § 8 Abs. 1 HOAI die Prüfbarkeit einer Schlussrechnung zur Fälligkeitsvoraussetzung erhoben wird:

---

308) *Kniffka/Koeble*, 9. Teil, Rdn. 42.
309) BGH, BauR 2002, 468 = NZBau 2002, 90 = NJW 2002, 676 = IBR 2002, 68 – *Weise*.
310) BGH, BauR 1997, 1065 = NJW 1998, 135 = ZfBR 1998, 25.
311) BGH, BauR 2000, 591 = NJW 2000, 808 = NZBau 2000, 204; BauR 2000, 124 = NJW 2000, 206 = NZBau 2000, 141.
312) BGH, BauR 2004, 316 = NZBau 2004, 216 = NJW-RR 2004, 445 = EWiR, § 18 HOAI 1/04, 559 mit Anm. *Wenner* = ZfIR 2004, 237 mit Anm. *Schwenker*, S. 232; BauR 2002, 468 = NZBau 2002, 90 = NJW 2002, 676 = IBR 2002, 68 – *Weise*; BauR 1999, 63, 64 = NJW-RR 1999, 95 = ZfBR 1999, 97.
313) BGH, BauR 2004, 316 = NZBau 2004, 216 = NJW-RR 2004, 445 = EWiR, § 18 HOAI 1/04, 559 mit Anm. *Wenner* = ZfIR 2004, 237 mit Anm. *Schwenker*, S. 232.
314) BGH, a. a. O.
315) BauR 2004, 1937 = ZfIR 2005, 22 m. Anm. *Schwenker*.

"Mit diesem Zweck ist es nicht vereinbar, wenn der Auftraggeber den **Einwand der fehlenden** Prüfbarkeit erst nach längerer Zeit erhebt. Ebenso wie beim Architektenvertrag hat der Einwand vielmehr binnen einer **Frist von zwei Monaten** nach Zugang der Schlussrechnung zu erfolgen. Versäumt der Auftraggeber die Frist, findet die Sachprüfung statt, ob die Forderung berechtigt ist. Er kann im Rahmen der Sachprüfung auch solche Einwendungen vorbringen, die er gegen die Prüfbarkeit der Rechnung hätte vorbringen können."[316] Ist also der Zeitraum von zwei Monaten nach Zugang der Schlussrechnung abgelaufen, ohne dass der Auftraggeber entsprechend Stellung genommen hat, kann er mit dem Einwand fehlender Prüfbarkeit nicht mehr gehört werden, auch wenn die Rechnung tatsächlich nicht prüfbar ist.[317] Die Frist von zwei Monaten gilt auch dann, wenn eine Schlussrechnung während eines laufenden Gerichtsverfahrens eingereicht wird.[318] Allerdings verliert der Auftraggeber damit nicht seine sachlichen Einwendungen gegen die Rechnung.

In diesem Zusammenhang weist der BGH[319] zur Darlegungslast des Auftraggebers darauf hin, dass allein die Rüge, die Rechnung sei nicht prüffähig, nicht ausreichend ist. Vielmehr hat der Auftraggeber die Teile der Rechnung und die Gründe zu bezeichnen, die nach seiner Auffassung zu dem Mangel der fehlenden Prüffähigkeit führen.

Diese Überlegungen des BGH sind in die **neue VOB/B (Ausgabe 2006)** eingeflossen. Nach § 16 Nr. 3 Abs. 1 Satz 2 VOB/B kann der Auftraggeber sich nicht mehr auf die fehlende Prüfbarkeit berufen, wenn seine Einwendungen gegen die Prüfbarkeit unter Angabe der Gründe hierfür nicht spätestens innerhalb von zwei Monaten nach Zugang der Schlussrechnung erhoben wurden.

Rügt der Auftraggeber die fehlende Prüfbarkeit der Rechnungen nicht, findet eine endgültige Klärung der Werklohnforderung nunmehr statt. Der BGH[320] verweist in diesem Zusammenhang darauf, dass die Rechtslage in diesem Fall derjenigen des Bürgerlichen Gesetzbuchs entspricht, nach dem die Erteilung einer prüfbaren Rechnung keine Fälligkeitsvoraussetzung ist.

Hält das Gericht eine Schlussrechnung für nicht prüffähig, hat es im Rahmen seiner **Hinweispflicht** – auch bei Vertretung des Auftragnehmers durch einen Prozessbevollmächtigten – hierauf unmissverständlich aufmerksam zu machen. Dabei müssen die entsprechenden Hinweise so präzise gestaltet sein, dass der Auftragnehmer hieraus die entsprechenden Schlussfolgerungen zur Ergänzung seines Sachvortrages und ggf. zur Korrektur seiner Rechnung ziehen kann.[321] Etwas anderes kann nur dann im Einzelfall gelten, wenn sich bereits aus dem substantiierten Vortrag der Gegenseite der fehlende Sachvortrag ergibt.

---

316) BGH, a. a. O.
317) BGH, BauR 2006, 517 = NZBau 2006, 179 = NJW-RR 2006, 454; BGH, BauR 2006, 678 = NZBau 2006, 231 = NJW-RR 2006, 455.
318) BGH, BauR 2006, 517 = NZBau 2006, 179 = NJW-RR 2006, 454.
319) BauR 2004, 316 = NZBau 2004, 216 = NJW-RR 2004, 445 = EWiR, § 18 HOAI 1/04, 559 mit Anm. *Wenner* = ZfIR 2004, 237 mit Anm. *Schwenker*, S. 232.
320) BauR 2007, 1577 = IBR 2007, 531 – *Vogel*.
321) BGH, BauR 1999, 635 = NJW 1999, 1867 = ZfBR 2000, 38 = MDR 1999, 671; OLG Koblenz, BauR 2001, 664. Zu den Auswirkungen auf das **Berufungsverfahren** nach neuem Recht: *Schwenker*, IBR 2002, 397, 399.

### Fälligkeit des Werklohns

Bei alledem ist stets vom Gericht und von den Parteien zwischen der **Prüffähigkeit** einer Rechnung und der **Richtigkeit** einer Rechnung zu unterscheiden, was häufig nicht geschieht:[322] So kann z. B. eine richtige Rechnung im Einzelfall nicht prüffähig, aber auch eine prüffähige Rechnung nicht richtig sein.

Ist die Schlussrechnung im vorerwähnten Sinne **nicht prüfbar**, ist eine darauf gestützte Klage nur **als zurzeit unbegründet** und nicht wegen fehlender Substantiierung endgültig **abzuweisen**.[323] Damit hat der Auftragnehmer nunmehr Gelegenheit, seinem Auftraggeber eine neue prüffähige Schlussrechnung vorzulegen, um diese dann in einem neuen Prozessverfahren durchzusetzen. Da es sich insoweit um denselben Streitgegenstand handelt,[324] ist stets im Einzelfall zu prüfen, ob in dem Vorprozess die Vergütungsklage tatsächlich als derzeit unbegründet abgewiesen worden ist. Obwohl ein entsprechender Hinweis aus Gründen der Klarstellung der Tragweite der gerichtlichen Entscheidung sinnvoll erscheint, wird dies häufig im Tenor des Urteils nicht zum Ausdruck gebracht. Das ist jedoch unschädlich; es reicht aus, wenn sich diese Einschränkung des Urteils aus den Gründen ergibt.[325]

Da die **Nutzung von Geräten, Gerüsten oder auf der Baustelle vorhandener anderer Einrichtungen** sowie von angelieferten Stoffen oder Bauteilen im Sinne des § 8 Nr. 3 Abs. 4 VOB/B erst **nach der Kündigung** erfolgt und sich unter Umständen über einen längeren Zeitraum erstreckt, wird die entsprechende Vergütungsforderung des gekündigten Auftragnehmers unabhängig von der Erteilung der Schlussrechnung fällig.[326] Sie ist ein selbstständiger Rechnungsposten und nach Beendigung der Nutzung gesondert in Rechnung zu stellen.

**1396** Nach dem (durch die **VOB 2002** geänderten) § 16 Nr. 3 Abs. 1 VOB/B wird der Anspruch auf die Schlusszahlung **alsbald nach Prüfung und Feststellung** der vom Auftragnehmer vorgelegten Schlussrechnung, **spätestens innerhalb von zwei Monaten nach Zugang fällig.** Im Hinblick auf § 286 Abs. 1 BGB ist nunmehr im Rahmen der **VOB 2002** klargestellt, dass der Zugang der Schlussrechnung sowie der Ablauf der Prüffrist Fälligkeitsvoraussetzungen sind. Ist die Prüfung **vor 2 Monaten** beendet, wird die Schlusszahlung mit der Mitteilung des Prüfungsergebnisses an den Auftragnehmer fällig.[327] Die Prüfungsfrist von 2 Monaten kann nur in besonders gelagerten Ausnahmefällen überschritten werden.[328] **Verzögert** sich die Prüfung der Schlussrechnung, ist nach § 16 Nr. 3 Abs. 1 VOB/B das **unbestrittene Guthaben als Abschlagszahlung** (sofort) zu zahlen.[329] Der BGH[330] nimmt ein sol-

---

322) Hierauf verweisen *Kniffka/Koeble*, 9. Teil, Rdn. 44 zu Recht.
323) BGH, BauR 2001, 106 = MDR 2000, 1429 = ZfBR 2000, 33 = NZBau 2001, 19; BauR 2000, 1191 = ZfBR 2000, 471 (keine endgültige Abweisung wegen fehlender Substantiierung); hierzu: *Heinrich*, BauR 1999, 17; *Deckers*, BauR 1999, 987 (beide zur Rechtskraftwirkung eines entsprechenden Urteils).
324) BGH, BauR 2000, 1191 = ZfBR 2000, 471; ferner: BauR 2001, 124 = ZfBR 2001, 34 (für die Architektenhonorarklage); NJW 1996, 3151.
325) BGH, BauR 2001, 124 = ZfBR 2001, 34; BauR 2000, 430 = NJW 2000, 653 = ZfBR 2000, 118.
326) BGH, BauR 2001, 245 = NJW 2001, 367 = MDR 2001, 152; hierzu: *Handschumacher*, BauR 2001, 872.
327) BGH, IBR 2006, 260 – *Vogel*; BauR 1982, 377, 378; NJW 1968, 1962; OLG München, *SFH*, Nr. 4 zu § 16 Nr. 3 VOB/B; OLG Düsseldorf, BauR 1981, 479.
328) Vgl. hierzu BGH, NJW 1969, 428.
329) BGH, BauR 1997, 468 = NJW 1997, 1444 = MDR 1997, 455. Vgl. hierzu *Nagel*, BrBp 2004, 418.
330) A. a. O.

ches „Guthaben" aber nicht schon an, wenn **einzelne Positionen** der Schlussrechnung **unstreitig** sind; prüfbar berechnete und sachlich begründete oder unstreitige Einzelpositionen der Schlussrechnung können jedoch isoliert geltend gemacht werden, sofern „die Gesamtabrechnung des Vertrages ein entsprechendes unstreitiges oder prüfbar berechnetes und sachlich begründetes Guthaben ergibt."

Im Rahmen der Überprüfung der Schlussrechnung durch den **Auftraggeber** trifft diesen nach OLG Nürnberg[331] eine **Mitwirkungspflicht:** Insbesondere hat der Auftraggeber die ihm übersandte Schlussrechnung nach Zugang unverzüglich daraufhin zu überprüfen, ob der Rechnung alle Unterlagen beiliegen, die für eine Prüfbarkeit notwendig sind. Soweit Unterlagen fehlen, hat er diese unverzüglich beim Auftragnehmer anzufordern. Andernfalls stellt sein Verhalten ein bewusstes Hinauszögern der Prüfung dar, sodass er sich nach Treu und Glauben nicht auf die mangelnde Fälligkeit der Schlussrechnung berufen kann, „wenn davon auszugehen ist, dass ihm die erforderlichen Unterlagen so rechtzeitig zugegangen wären, dass die Rechnungsprüfung im Rahmen der Zwei-Monats-Frist des § 16 Abs. 1 VOB/B hätte erfolgen können".

Ist der Auftragnehmer in der Lage, die Schlussrechnung prüffähig nur unter Verwendung von Unterlagen zu erstellen, die er dem Auftraggeber überlassen hat, kann er die **Herausgabe** der Unterlagen verlangen.[332]

Nach § 16 Nr. 3 Abs. 1 Satz 2 und 3 ist die **Prüfung der Schlussrechnung** nach Möglichkeit zu **beschleunigen,** also die 2-Monats-Frist abzukürzen. Vielfach ist dies bei einfach gestalteten Schlussrechnungen auch möglich. Wird bei solchen Fallgestaltungen die 2-Monats-Frist vom Auftraggeber durch späte Prüfung oder durch eine späte Mitteilung des schon länger vorhandenen Prüfungsergebnisses voll ausgeschöpft, tritt Fälligkeit nicht zu dem früheren Zeitpunkt ein, zu dem der Auftraggeber dem Auftragnehmer den geprüften Schlussrechnungsbetrag hätte mitteilen können.[333]

Nach einer Mindermeinung[334] kann ein Auftraggeber bei einem VOB-Bauvertrag nach den Grundsätzen von Treu und Glauben sein Recht verlieren, Einwendungen gegen das Abrechnungsverfahren des Auftragnehmers zu erheben, wenn er diese nicht innerhalb der Prüfungsfrist von 2 Monaten geltend gemacht hat. Dem kann nicht gefolgt werden, weil weder § 14 noch § 16 VOB/B eine solche rechtliche Konsequenz erkennen lassen. Der BGH[335] hat sich dieser Auffassung zwischenzeitlich angeschlossen, und darauf hingewiesen, dass nach den allgemeinen Grundsätzen der Verwirkung, die auch für Einwände gegen die Schlussrechnung maßgeblich sind,

---

331) BauR 1999, 1316 = NJW-RR 1999, 1619 = MDR 1999, 1261 = OLGR 1999, 348.
332) OLG Oldenburg, OLGR 2007, 178.
333) So aber *Hochstein* in Anm. zu BGH, *SFH*, Nr. 21 zu § 16 Nr. 3 VOB/B.
334) HansOLG Bremen, OLGR 2001, 79; OLG Düsseldorf, BauR 1990, 609 = NJW-RR 1991, 278 u. BauR 1997, 1051 = NJW-RR 1998, 376; LG Schweinfurt, BauR 2000, 113; OLG Celle, BauR 1996, 264; **a. A.:** Brandenburgisches OLG, NJW-RR 2000, 1338 = NZBau 2000, 513 = OLGR 2000, 344; LG Frankfurt, BauR 2000, 112; *Ingenstau/Korbion/Locher,* § 16 Nr. 3/B, Rdn. 26; *Knacke,* Festschrift für Vygen, S. 214 ff.; Beck'scher VOB-Komm/*Motzke,* B § 16 Nr. 3, Rdn. 40; *Nicklisch/Weick,* § 16 VOB/B, Rdn. 35 a; *Heiermann/Riedl/Rusam,* § 16/B, Rdn. 63; *Zanner,* BauR 2001, 1186.
335) BGH, BauR 2001, 784 = NZBau 2001, 314 = ZfBR 2001, 513 = NJW-RR 2001, 805 = NJW 2001, 1649 = MDR 2001, 746; ebenso OLG Celle, NZBau 2002, 675.

## Fälligkeit des Werklohns

der Einwand der Verwirkung nur dann begründet ist, „wenn der Auftragnehmer aufgrund des Zeitablaufs und weiterer auf dem Verhalten des Auftraggebers beruhenden Umstände darauf vertraut hat und darauf vertrauen durfte, dass der Auftraggeber seine Rechte nicht mehr geltend machen wird".

Verweigert der Auftraggeber grundlos die Entgegennahme der Schlussrechnung, gilt sie als zugegangen.[336] Nach Auffassung des OLG Koblenz[337] stellt eine Schlussrechnung des Unternehmers, die keine Unterschrift trägt, keine Quittung i. S. d. § 368 BGB dar. Im Übrigen dient eine Schlussrechnung, die Abschlagsforderungen aufführt und mit 0 EUR abschließt, nicht als Beweis für erbrachte Zahlungen. Eine solche Schlussrechnung führt auch nicht zu einer Beweislastumkehr dahin, dass nunmehr der Unternehmer die Nichterfüllung der Werklohnforderung beweisen müsste.

Legt der Auftragnehmer eine prüfbare Rechnung nicht vor, kann der Auftraggeber dem Auftragnehmer hierfür eine angemessene Frist setzen (§ 14 Nr. 4 VOB/B). Lässt der Auftragnehmer diese Frist verstreichen, kann der **Auftraggeber** die Rechnung **auf Kosten des Auftragnehmers** selbst **erstellen** lassen. Ein entsprechender Kostenerstattungsanspruch des Auftraggebers besteht jedoch nur, wenn sich die Rechnungserstellung durch den Auftraggeber an der vereinbarten Art der Vergütungsberechnung orientiert.[338] Erstellt der Auftraggeber die Rechnung, steht dem Auftragnehmer ebenfalls eine Prüfungsfrist von **zwei** Monaten zu.[339] Demgegenüber ist der BGH der Auffassung, dass die Fälligkeit der vom Auftraggeber abgerechneten Forderung schon zu dem Zeitpunkt eintritt, in dem die Rechnung dem Auftragnehmer zugeht.[340] Neben der Möglichkeit, selbst eine Schlussrechnung zu erstellen, kann der Auftraggeber auch **Klage auf Erteilung der VOB-Schlussrechnung** erheben.[341] § 14 Nr. 4 VOB/B steht dem nicht entgegen, weil es sich um eine Kann-Vorschrift handelt.[342] Zutreffend weist das OLG Celle[343] darauf hin, dass auch eine vom Auftraggeber nach § 14 Nr. 4 VOB/B selbst aufgestellte Schlussrechnung geeignet ist, die Wirkungen des § 16 Nr. 3 VOB/B (Schlusszahlungseinrede) auszulösen (vgl. hierzu Rdn. 2285 ff.).

Soweit ein Auftraggeber (Bauträger) in seinen **Allgemeinen Geschäftsbedingungen** den Beginn der Prüfungs- und Zahlungspflicht für die Schlussrechnung von der Vorlage der Abnahmeerklärung der **Erwerber** der Bauwerke abhängig macht, verstößt dies gegen § 307 BGB.[344] Auch in Individualverträgen sind solche Klauseln unwirksam, weil der Auftragnehmer auf die Abnahmeerklärungen der Erwerber kei-

---

336) **Herrschende Meinung;** *Palandt/Heinrichs*, § 130 BGB, 2 a, aa; *MünchKomm-Förschler*, § 130 BGB, Rdn. 31; **a. A.:** *Nicklisch/Weick*, § 16/B, Rdn. 36, die zusätzlich **Arglist** verlangen.
337) BauR 2006, 1315.
338) OLG Düsseldorf, BauR 1996, 740.
339) *Nicklisch/Weick*, § 16/B, Rdn. 36.
340) BGH, BauR 2002, 313 = NZBau 2002, 91 = ZfBR 2002, 245 = MDR 2002, 273.
341) **Herrschende Meinung;** OLG Köln, BauR 2001, 1788; OLG Dresden, BauR 2000, 103; OLG Jena, OLGR 1999, 193 m. w. Nachw.; LG Aachen, BauR 2001, 107; *Ingenstau/Korbion/U. Locher*, § 14/B, Rdn. 55; ablehnend *Reck*, ZfBR 2003, 640 mit einer Übersicht über den Meinungsstand.
342) OLG Dresden, a. a. O.; OLG München, NJW-RR 1987, 146.
343) IBR 2005, 523 – *Schwenker*.
344) LG München, *SFH*, Nr. 1 zu § 9 AGBG.

nerlei Einfluss nehmen kann (vgl. hierzu auch Rdn. 1340). Nach Auffassung des OLG Köln[345]) ist ein Zahlungsziel von 90 Tagen in den Allgemeinen Geschäftsbedingungen eines Auftraggebers eine unangemessene Benachteiligung des Auftragnehmers und daher unwirksam.

**1399** Gemäß § 14 Nr. 2 VOB/B sind die für die Abrechnung notwendigen Feststellungen dem Fortgang der Leistung entsprechend möglichst gemeinsam vorzunehmen. Damit wird ein gemeinsames Aufmaß des Unternehmers mit dem Auftraggeber oder dessen Bevollmächtigten empfohlen. Der Architekt ist zum Anerkenntnis eines Aufmaßes in aller Regel bevollmächtigt, wenn ihm die Objektüberwachung übertragen worden ist (vgl. näher Rdn. 1078). Bei einem gemeinsamen Aufmaß tritt nach herrschender Meinung eine rechtliche Bindung hinsichtlich der von beiden Parteien gemeinschaftlich gemachten tatsächlichen Feststellungen über den Umfang der ausgeführten Arbeiten ein (siehe Rdn. 2034). Grundsätzlich stellt aber das gemeinsame Aufmaß noch kein Schuldanerkenntnis des aus dem Aufmaß sich ergebenden Anspruches dar (vgl. Rdn. 2038).

**1400** Wie bereits hervorgehoben, kann der Auftraggeber im Einzelfall gemäß § 14 Nr. 4 VOB/B eine Rechnung erstellen.[346]) Eine Verpflichtung hierzu besteht nicht.

**1401** Auf eine Schlussrechnung als Fälligkeitsvoraussetzung für den Werklohn kann nur in ganz besonderen Ausnahmefällen nach Treu und Glauben verzichtet werden.[347]) Der Unternehmer kann im Übrigen die Erstellung seiner **Rechnung nicht wegen Irrtums anfechten** (vgl. Rdn. 1373). Allerdings ist er nach BGH[348]) nicht an die von ihm erteilte **Schlussrechnung gebunden** (vgl. Rdn. 1374). Zu **„Verzichtsklauseln"** in AGB vgl. Rdn. 1374.

Ist der Auftragnehmer aufgrund von Akontoleistungen überzahlt, hat der Auftraggeber einen Anspruch auf Auszahlung des Saldoüberschusses.[349]) Anspruchsgrundlage ist insoweit die vertragliche Abrede, nicht dagegen § 812 Abs. 1 BGB.[350])

Nach richtiger Auffassung des OLG Düsseldorf[351]) greift die **Rechtskraftwirkung** eines in einem Vorprozess ergangenen Urteils, durch das eine Werklohnklage mangels Fälligkeit wegen fehlender Prüfbarkeit der Rechnung abgewiesen wurde, ein, wenn in einem Folgeprozess eine identische Rechnung mit lediglich verändertem Datum vorgelegt wird.[352])

Damit ergeben sich für die Schlusszahlung folgende Fälligkeitsvoraussetzungen beim VOB-Bauvertrag:

1. Abnahme der Bauleistung
2. Prüfbare Schlussrechnung
3. Beendigung der Prüfung bzw. Ablauf der 2-Monats-Frist.

---

345) BauR 2006, 1477 = NZBau 2006, 317 = OLGR 2006, 271 = NJW-RR 2006, 670.
346) Vgl. hierzu näher: *Dähne*, BauR 1981, 233; OLG Düsseldorf, BauR 1996, 740 u. BauR 1987, 336 (insbesondere zu dem sich daraus ergebenden **Kostenerstattungsanspruch**) sowie OLG Düsseldorf, OLGR 1995, 56 = NJW-RR 1995, 535 = BauR 1995, 258 (zu den Rechtsfolgen).
347) Vgl. BGH, NJW 1967, 2553 = MDR 1968, 40.
348) BauR 1988, 217 = DB 1988, 440 = NJW 1988, 910 mit einer Übersicht über den Meinungsstand; ebenso: *Kleine-Möller/Merl*, § 10, Rdn. 188.
349) Vgl. hierzu im Einzelnen BGH, BauR 1999, 635 = NJW 1999, 1867 = ZfBR 2000, 38 = MDR 1999, 671.
350) BGH, a. a. O.; OLG Düsseldorf, BauR 1999, 1477; NJW-RR 2000, 312 = NZBau 2000, 85; **a. A.:** OLG Naumburg, BauR 1999, 915.
351) OLGR 1992, 6.
352) So auch OLG Naumburg, NJW-RR 2000, 391.

**Fälligkeit des Werklohns** **Rdn. 1401**

Bei der vorbehaltlosen Annahme einer Schlusszahlung sind Nachforderungen seitens des Unternehmers ausgeschlossen (vgl. Rdn. 2285 ff.). Das gilt auch für den Fall, dass eine nicht prüfbare Schlussrechnung erteilt wurde.[353]

Durch Vorlage **neuer Schlussrechnungen** (auch in einem Berufungsverfahren)[354] wird der **Streitgegenstand nicht geändert.**[355] Zum **Übergang vom Anspruch auf Abschlagszahlung zum Anspruch auf Schlusszahlung** vgl. Rdn. 1229.

---

353) BGH, BauR 1987, 329 = ZfBR 1987, 146 = DB 1987, 1348.
354) BGH, NJW-RR 2004, 526 = NZBau 2004, 272. **A. A.:** Brandenburgisches OLG, OLGR 2005, 21.
355) BGH, BauR 2005, 1959 = NJW-RR 2005, 1687; BauR 2004, 115 = MDR 2004, 148 = ZfBR 2004, 58 = IBR 2003, 705 = NZBau 2004, 98 = NJW-RR 2004, 167; NZBau 2002, 614 = BauR 2002, 1588 = NJW-RR 2002, 1569; BauR 2001, 124, 125 = NZBau 2001, 146 = ZfBR 2001, 34 = MDR 2001, 83; NJW-RR 2004, 526.

# KAPITEL 6
# Die Honorarklage des Sonderfachmannes

*Übersicht*

|  | Rdn. |  | Rdn. |
|---|---|---|---|
| I. Grundlagen | 1403 | 5. Leistungen bei der Technischen Ausrüstung | 1421 |
| II. Umfang des Honorars | 1415 | 6. Thermische Bauphysik | 1422 |
| 1. Städtebauliche Leistungen und landschaftsplanerische Leistungen | 1416 | 7. Schallschutz und Raumakustik | 1423 |
| 2. Leistungen bei Ingenieurbauwerken und Verkehrsanlagen | 1417 | 8. Bodenmechanik, Erd- und Grundbau | 1424 |
| 3. Verkehrsplanerische Leistungen | 1418 | 9. Vermessungstechnik | 1425 |
| 4. Tragwerksplanung | 1419 | III. Fälligkeit | 1426 |

*Literatur*

*Jebe/Vygen*, Der Bauingenieur in seiner rechtlichen Verantwortung, 1981; *Osenbrück*, Der Ingenieurvertrag, 1982; *Enseleit/Osenbrück*, HOAI, Anrechenbare Kosten für Architekten und Tragwerksplaner, 1989; *Motzke/Wolff*, Praxis der HOAI, 2. Auflage 1995.

*v. Lüpke*, Die Sonderfachleute im Bauwesen, BB 1968, 651; *v. Lüpke*, Die Rechtsstellung der Sonderfachleute im Bauwesen, BlGWB 1969, 41; *Maßmann*, Um die Beauftragung des Statikers durch den Architekten, DAB 1969, 39; *Kirchner*, Rechtliche Probleme bei Ingenieurverträgen, BB 1971, 67; *Schmalzl*, Zur Rechtsnatur des Statikervertrages, MDR 1971, 349; *Mantscheff*, Rohbaukosten als honorarfähige Baukostensumme für Statiker- und Prüfingenieurhonorare, BauR 1976, 311; *Locher*, Unzulässige Honorarminderungen in Ingenieurverträgen der öffentlichen Hand, BauR 1986, 643; *Hahn*, Projektierung technischer Anlagen: Kostenlos?, BauR 1989, 670; *Trapp/Trapp*, Der Vergütungsanspruch des Prüfingenieurs für Baustatik im Spannungsfeld zwischen Bauherrn und Bauaufsichtsbehörde, BauR 1995, 57; *Quack*, Probleme beim Anwendungsbereich der VOF. Was heißt eindeutig und erschöpfend beschreibbar?, BauR 1997, 899; *Schulte*, Schlanker Staat: Privatisierung der Bauaufsicht durch Indienstnahme von Bauingenieuren und Architekten als staatlich anerkannte Sachverständige, BauR 1998, 249; *Müller-Wrede*, Verdingungsordnung für freiberufliche Leistungen (VOF), BauR 1998, 470; *Hertwig*, Die neue Verdingungsordnung für freiberufliche Leistungen (VOF), MDR 1998, 194; *Lischka*, Honorierung von Leistungen bei der Technischen Ausrüstung gemäß HOAI, Teil IX, § 68 Anlagengruppe 6, Medizin- u. Labortechnik, BauR 2001, 29; *Seifert*, Zur Honorierung von neu hergestellten technischen Anlagen in Bestandsgebäuden, BauR 2001, 35; *Seifert*, Zur Honorarberechnung von selbstständigen Anlagen bei der Technischen Ausrüstung, Festschrift für Ganten (2007), 53.

Die Honorarklage des Sonderfachmannes (für Statik, Akustik, Vermessung, Heizung, Lüftung, Versorgungsanlagen usw.) gleicht in vielen Punkten der des **Architekten**, sodass im Folgenden weitgehend auf die Klage des Architekten (Rdn. 600 ff.) verwiesen werden kann. Der Sonderfachmann muss in seiner Honorarklage zunächst den **Abschluss eines entsprechenden Ingenieurvertrages** mit dem Bauherrn oder Architekten darlegen; darüber hinaus setzt die Schlüssigkeit der Klage die Behauptung voraus, dass das **Ingenieurwerk vertragsgemäß erbracht** und die **Fälligkeit** der vereinbarten oder sonst üblichen Vergütung eingetreten ist.

**1402**

## I. Grundlagen

**1403** Ob einem Sonderfachmann ein Honoraranspruch zusteht, beurteilt sich – wie beim Architekten – nach dem bürgerlichen Recht (**BGB**); der Ingenieurvertrag ist in aller Regel als **Werkvertrag** anzusehen.[1] Gleichwohl muss der Sonderfachmann im Rahmen einer **Klage** Inhalt und Umfang des Auftrags bekannt geben, um eine sichere rechtliche Einordnung des Vertragstyps zu ermöglichen. Zu beachten ist im Übrigen, dass in Verträgen über Ingenieur- und Statikerleistungen die **VOB** nicht zur Vertragsgrundlage gemacht werden kann.[2]

**1404** Die **Rechtsstellung** des Sonderfachmannes zum Bauherrn bzw. zum Architekten hängt von seiner Beauftragung ab. In der **Regel** werden die Sonderfachleute unmittelbar für den **Bauherrn** tätig und auch von ihm unmittelbar beauftragt. Besteht ein solches unmittelbares Vertragsverhältnis zwischen dem Bauherrn und dem Sonderfachmann, ist dieser nicht Erfüllungsgehilfe des Architekten.[3] Umgekehrt kann aber der Sonderfachmann Erfüllungsgehilfe des Bauherrn gegenüber dem Architekten und Unternehmer sein.[4]

Ist der Vertrag zwischen dem Bauherrn und dem Sonderfachmann unmittelbar zustande gekommen, liegt im Verhältnis zum Architektenvertrag ein zweiter selbstständiger Werkvertrag vor, der auf eine verschiedenartige Leistung gerichtet ist. Dementsprechend ist der Sonderfachmann in diesem Fall dem Architekten **neben-** und nicht untergeordnet.[5]

**1405** Häufig wird der **Sonderfachmann auch von dem Architekten beauftragt.** Dies kann einmal namens und im Auftrag des Bauherrn, zum anderen aber auch im eigenen Namen des Architekten erfolgen. Im ersten Fall bedarf es einer **Bevollmächtigung des Architekten** durch den Bauherrn; die originäre Architektenvollmacht umfasst nach herrschender Ansicht nicht die Beauftragung eines Sonderfachmannes (vgl. näher Rdn. 1072 ff.).[6] Hat der Architekt keine Vollmacht zur Beauftragung des Sonderfachmannes, haftet er als Vertreter ohne Vertretungsmacht.

Die **Vergabe von Sonderleistungen** im Namen und für Rechnung des **Architekten** ist im Baurecht durchaus üblich.[7] In diesem Fall besteht nur zwischen dem Archi-

---

1) Für den **Statikvertrag**: BGHZ 48, 257 = NJW 1967, 2259 u. BauR 1972, 180 = NJW 1972, 625 = MDR 1972, 408 sowie OLG München, MDR 1969, 48; für den **Vermessungsingenieur**: BGHZ 58 = NJW 1972, 901 = BauR 1972, 255; OLG Düsseldorf, BauR 1992, 665 u. BauR 1975, 68; siehe ferner: *Trapp/Trapp*, BauR 1995, 57 ff.; KG OLGR 1997, 23; OLG Düsseldorf, NJWRR 1996, 269 für den **öffentlich bestellten** Vermessungsingenieur; für einen **Ingenieurvertrag** betr. die Projektierung der Installation: OLG München, NJW 1974, 2238 m. Anm. *Ganten*, NJW 1975, 391 u. OLG Stuttgart, BauR 1980, 82; für den **Geologen**: BGH, NJW 1979, 214 = BauR 1979, 76 = DB 1979, 983; für den **Elektroingenieur**: OLG Hamm, BauR 1990, 104; ferner: *Enseleit/Osenbrück*, Rdn. 1 ff.; *Locher/Koeble/Frik*, Einl., Rdn. 221 ff.
2) Vgl. dazu OLG Hamm, BauR 1990, 104, 105 m. Nachw.
3) BGH, BauR 2002, 1719 = NJW-RR 2002, 1531 = NZBau 2002, 616 = MDR 2002, 1432; vgl. hierzu auch OLG Karlsruhe, BauR 2002, 1884; *Schäfer/Finnern*, Z 3.01 Bl. 403; BGH, VersR 1967, 260.
4) Vgl. OLG Düsseldorf, NJW 1974, 704 = BauR 1974, 357; OLG Oldenburg, BauR 1981, 399.
5) Für den Statiker: BGH, BauR 1970, 62; BauR 1971, 265.
6) Vgl. für den Statiker: BGH, *Schäfer/Finnern*, Z 3.01 Bl. 376; OLG Hamm, BauR 1992, 260; *Schmalzl*, MDR 1977, 622, 624; *Budnick*, S. 13.
7) BGH, NJW 1972, 625.

tekten und dem Sonderfachmann ein Vertragsverhältnis. Soweit sich der Architekt hier des Sonderfachmannes bedient, um eigene Vertragspflichten aus dem Vertrag gegenüber dem Bauherrn zu erfüllen, ist der Sonderfachmann als **Erfüllungsgehilfe des Architekten** anzusehen.[8]

Die **Darlegungslast** des Sonderfachmannes hinsichtlich des **Zustandekommens eines vergütungspflichtigen Ingenieurvertrages** ist nach den von der Rechtsprechung entwickelten Grundsätzen **erleichtert**: Derjenige, der sich der Dienste eines Sonderfachmannes bedient, schließt regelmäßig – zumindest stillschweigend – einen Ingenieurvertrag ab und muss daher mit einer Verpflichtung zur Zahlung eines Ingenieurhonorars rechnen. Insoweit wird auf die Ausführungen zum **Architektenvertrag** verwiesen (Rdn. 611 ff.), die uneingeschränkt auch auf die Beziehungen zwischen Bauherr und Ingenieur anwendbar sind. Das gilt auch für die Abgrenzung zwischen vertraglicher Bindung der Vertragsparteien einerseits und der honorarfreien **Akquisitionstätigkeit** des Ingenieurs andererseits (vgl. hierzu Rdn. 612 ff.). In diesem Zusammenhang hat das OLG Köln[9] zu Recht darauf hingewiesen, dass von einer **Akquisitionstätigkeit** des Sonderfachmannes auszugehen ist, wenn dieser auf Anforderung des Bauherrn ein Angebot unterbreitet, das im Wesentlichen zur **Ermittlung** des anfallenden Honorars bestimmt ist, selbst wenn zur Abgabe dieses Angebotes umfangreiche Vorarbeiten erforderlich sind. **1406**

Verstößt der **Ingenieurvertrag** gegen das so genannte **Koppelungsverbot** von Grundstückserwerb und Ingenieurbindung, ist der Vertrag **unwirksam**;[10] nach § 3 des Gesetzes zur Regelung von Ingenieur- und Architektenleistungen vom 4. November 1971 ist eine Vereinbarung unwirksam, durch die der Erwerber eines Grundstücks sich im Zusammenhang mit dem Erwerb verpflichtet, bei der Planung oder Ausführung eines Bauwerks auf dem Grundstück die Leistung eines bestimmten Ingenieurs in Anspruch zu nehmen. Der Ingenieurvertrag ist dagegen wirksam, wenn gegen die Höchst- oder Mindestsätze der HOAI (vgl. § 4 Abs. 2 und 3 HOAI) verstoßen wird (vgl. näher Rdn. 697 ff.).

Ist zwischen dem Sonderfachmann und dem Bauherrn oder Architekten eine bestimmte Vergütung ausdrücklich vereinbart, ist diese mündliche oder schriftliche Vereinbarung substantiiert darzulegen; ist der Ingenieurvertrag schriftlich abgeschlossen, reicht die Vorlage der Vereinbarung unter entsprechender Bezugnahme auf den Inhalt zur Substantiierung aus. **1407**

Im Einzelfall ist stets der **tatsächliche Umfang der Beauftragung** des Sonderfachmannes zu prüfen, da es keinen Anscheinsbeweis für einen Vollauftrag gibt (vgl. hierzu im Einzelnen Rdn. 773 ff.). Der Sonderfachmann muss also im Einzelnen darlegen und beweisen, in welchem Umfang er beauftragt worden ist; insoweit gelten die Ausführungen zum Architektenvertrag entsprechend (vgl. hierzu Rdn. 778 ff.). Daher hat das OLG Düsseldorf[11] zu Recht entschieden, dass ein Auftraggeber – im Stadium der beginnenden Zusammenarbeit bei der Grundlagenermittlung – einen Vermessungsingenieur regelmäßig nicht mit solchen Leistungen (wie z. B. der Erstel- **1408**

---

8) *Schmalzl*, MDR 1971, 350; *v. Lüpke*, BlGBW 1969, 41.
9) NJW-RR 1998, 309 = BauR 1998, 408 (LS).
10) BGH, BauR 1991, 114 = ZfBR 1991, 14; vgl. im Übrigen die Ausführungen zur **Architektenbindung** Rdn. **668** ff.
11) NJW-RR 1996, 269.

lung eines amtlichen Lageplanes) beauftragen will, „die erst bei der Verwirklichung des Bauvorhabens anfallen und rechtlich notwendig sind; eilt der Vermessungsingenieur dem Auftrag voraus, so arbeitet er auf eigenes Risiko".

Selbst wenn eine entsprechende Beauftragung vorliegt, kann auch ein **Sonderfachmann** – wie ein Architekt – mit seinen Leistungen **nicht „vorpreschen"**, sofern vorangegangene Leistungen noch nicht mit dem Bauherrn abgestimmt bzw. vom zuständigen Bauaufsichtsamt genehmigt worden sind: So darf z. B. ein Tragwerksplaner vor Erteilung der Baugenehmigung grundsätzlich nicht mit den Arbeiten der Leistungsphase 5 beginnen, es sei denn, dass er seinen Auftraggeber auf das damit verbundene Kostenrisiko ausdrücklich aufmerksam gemacht hat[12] (vgl. hierzu näher Rdn. 790 ff.).

**1409** Soweit ein Auftraggeber behauptet, ein Sonderfachmann habe nur **unvollständige Teilleistungen** erbracht, ist – wie beim Architektenvertrag – zu beachten, dass auch der Ingenieurvertrag grundsätzlich **erfolgsbezogen** und nicht zeit- oder tätigkeitsbezogen ist (vgl. hierzu Rdn. 785 ff.). Aus der Beschreibung der Leistungsbilder für die jeweiligen Sonderfachleute in der HOAI ist nicht abschließend zu entnehmen, welche Grundleistungen ein Sonderfachmann im Einzelfall zu erbringen hat, da diese Beschreibung nur allen denkbaren Aufgaben eines Sonderfachmannes Rechnung tragen soll.[13] Darüber hinaus verweist das OLG Düsseldorf[14] darauf, dass auch bei den Ingenieuren die einzelnen **Leistungsphasen aufeinander aufbauen**, sodass bei einer nachfolgenden Leistungsphase (z. B. Genehmigungsplanung) davon auszugehen ist, dass die vorausgegangenen Leistungsphasen (z. B. Vorplanung und Entwurfsplanung) ebenfalls von dem Sonderfachmann erbracht worden sind, weil sie „notwendig vorausgehende Entwicklungsschritte darstellen". Das gilt nur dann nicht, wenn die entsprechenden Vorarbeiten (vorangehende Leistungsphasen) ausnahmsweise bereits anderweitig erbracht worden sind.

Die HOAI umfasst folgende Ingenieurleistungen: **Städtebauliche** Leistungen (Teil V), **Landschaftsplanerische** Leistungen (Teil VI), Leistungen bei **Ingenieurbauwerken** und **Verkehrsanlagen** (Teil VII), **Verkehrsplanerische** Leistungen (Teil VII a), Leistungen bei der **Tragwerksplanung** (Teil VIII), Leistungen bei der **Technischen Ausrüstung** (Teil IX), Leistungen für **Thermische Bauphysik** (Teil X), Leistungen für **Schallschutz** und **Raumakustik** (Teil XI), Leistungen für **Bodenmechanik, Erd-** und **Grundbau** (Teil XII) sowie **Vermessungstechnische** Leistungen (Teil XIII).

Hinsichtlich des **sachlichen, persönlichen** und **räumlichen Anwendungsbereichs der HOAI** wird auf die Ausführungen unter Rdn. 601 ff. verwiesen.

**1410** Ist die HOAI Grundlage der Ingenieurgebühren, richtet sich zunächst das **Honorar** nach der **schriftlichen Vereinbarung**, die die Parteien **bei der Auftragserteilung** im Rahmen der durch die HOAI festgesetzten **Mindest- und Höchstsätze** getroffen haben (§ 4 Abs. 1 HOAI). Der Ingenieur als Kläger kommt daher seiner Darlegungs- und Beweislast für sein eingeklagtes Honorar durch Vorlage der entsprechenden Vereinbarungen nach.

---

12) OLG Hamm, BauR 1994, 795 = NJW-RR 1995, 786 = OLGR 1994, 230.
13) OLG Düsseldorf, BauR 1982, 597, 598 (für den Architektenvertrag).
14) OLGR 1998, 99 = NJW-RR 1998, 454; OLG Hamm, BauR 1998, 1277; ferner: KG, BauR 1996, 892; OLG Braunschweig, BauR 2002, 333 und Rdn. **783**.

## Grundlagen  Rdn. 1411–1414

**1411** Die HOAI legt grundsätzlich auch für Ingenieurleistungen **Mindest- und Höchstsätze** fest. Innerhalb der Mindest- und Höchstsätze sind die Vertragsparteien bei der Bestimmung der Honorarhöhe frei. Die in der HOAI festgesetzten **Mindestsätze** können nur **in Ausnahmefällen** durch **schriftliche Vereinbarung unterschritten** werden (§ 4 Abs. 2 HOAI). Im Übrigen hat die **HOAI Höchstpreischarakter**. Eine Überschreitung der in der HOAI festgelegten Höchstsätze ist nach § 4 Abs. 3 HOAI nur bei außergewöhnlichen oder ungewöhnlich lange dauernden Leistungen durch schriftliche Vereinbarung möglich (vgl. im Einzelnen Rdn. 716 ff. und 723 ff.).

Soweit von den in der HOAI festgelegten **Mindestsätzen abgewichen** werden soll, bedarf eine entsprechende Honorarvereinbarung der **Schriftform;** darüber hinaus muss die Honorarvereinbarung **bei Auftragserteilung** getroffen worden sein (vgl. näher zum Schriftformerfordernis Rdn. 735 ff. und zur Honorarvereinbarung bei Auftragserteilung Rdn. 740 ff.).

Wie die **anrechenbaren Kosten** als Grundlage zur Ermittlung des Honorars des Sonderfachmannes im Einzelnen anzusetzen sind, ergibt sich aus den jeweiligen Bestimmungen bei den entsprechenden Ingenieurleistungen. Beauftragt ein Ingenieur einen anderen **(Sub)ingenieur** mit Teilen seines Gesamtauftrages, so werden dessen Leistungen nach den anrechenbaren Kosten der **ihm** übertragenen Architektenleistungen berechnet; Bezugsgröße für das Honorar des (Sub)ingenieurs ist also das vorgegebene **Teil**gewerk, nicht dagegen die anteiligen anrechenbaren Kosten des Gesamtprojektes.[15]

**1412** Anstelle der Gebührensätze der HOAI kann für die Leistungen des Ingenieurs auch ein **Pauschalhonorar** vereinbart werden. Dabei haben die Parteien jedoch den Höchstpreischarakter der HOAI zu beachten (vgl. näher Rdn. 913). Die HOAI sieht darüber hinaus das sog. **Zeithonorar** in § 6 vor. Die Abrechnung nach Zeithonorar ist nur zulässig, wenn die HOAI frei vereinbart werden kann oder die HOAI ein Zeithonorar ausdrücklich zulässt. § 6 HOAI gibt damit den gebührenrechtlichen Rahmen für diejenigen Fälle, in denen eine Abrechnung nach Zeithonorar möglich ist (vgl. Rdn. 906 ff.). Die **Nebenkosten** können entsprechend § 7 HOAI berechnet werden (vgl. Rdn. 930 ff.).

**1413** § 9 HOAI stellt klar, dass der Ingenieur als Auftragnehmer Anspruch auf Ersatz der **Umsatzsteuer** hat, die auf sein nach der HOAI berechnetes Honorar und auf die nach § 7 HOAI berechneten Nebenkosten entfällt.

Bezüglich des **Zinsanspruches** vgl. Rdn. 937; zum Honorar bei **Kündigung** oder vorzeitiger Vertragsauflösung vgl. Rdn. 938 ff.; zum Honorar für **Vorarbeiten** vgl. Rdn. 629 ff. Zur Abrechnung von Sachverständigenleistungen der Architekten und Ingenieure für **Gutachten** gemäß § 33 HOAI und **Wertermittlungen** gemäß § 34 HOAI vgl. im Einzelnen *Schmidt*, BauR 1999, 462.

**1414** Soweit **andere** in der HOAI **nicht anerkannte** Ingenieurleistungen erbracht werden, gelten die zum Teil erheblich einschränkenden Bestimmungen der HOAI nicht, sodass die Vertragsparteien hinsichtlich der Vereinbarung einer Vergütung **frei** sind; sie sind insbesondere an die Mindest- und Höchstsätze der HOAI nicht gebunden.[16]

---

15) BGH, BauR 1994, 787 = NJW-RR 1994, 1295 = ZfBR 1994, 280.
16) Vgl. hierzu Rdn. **602**.

## II. Umfang des Honorars

**1415** Soweit der Sonderfachmann die Höhe der Vergütung darzulegen hat, muss er vor allem den **Berechnungsmodus substantiiert vortragen**. Ist ein **Pauschalhonorar** vereinbart, reicht es aus, wenn er die Pauschale vorträgt; er muss dann nicht noch irgendeine Spezifizierung vornehmen. Sinn der Pauschalvereinbarung ist es nämlich gerade, die sonst nach Einzelleistung vorzunehmende und oft recht schwierige Abrechnung zu vereinfachen und etwaige unerhebliche Mehr- oder Minderleistungen, die sich zwangsläufig bei der Abwicklung eines Auftrages ergeben und nicht immer im Einzelnen vorausbedacht werden können, außer Betracht zu lassen.[17]

Wird nach der **HOAI** abgerechnet, hat der Sonderfachmann innerhalb der einzelnen Leistungsbilder folgende **Grundangaben** darzulegen und zu beweisen:

### 1. Städtebauliche Leistungen und landschaftsplanerische Leistungen

**1416** Hierunter fallen entsprechend des Teils V und VI die Erarbeitung eines Flächennutzungsplanes (§ 37 HOAI), eines Bebauungsplanes (§ 40 HOAI) nebst den entsprechend zugeordneten Landschaftsplänen, Grünordnungsplänen und landschaftspflegerischen Plänen (§ 43 HOAI) sowie die Ausführung sonstiger städtebaulicher (§ 42 HOAI) und sonstiger landschaftsplanerischer (§ 50 HOAI) Leistungen. Das Honorar für die zuletzt genannten Leistungen kann von den Vertragsparteien frei vereinbart werden (§ 41 Abs. 2 und § 50 Abs. 2 HOAI).

Im Übrigen hat der Sonderfachmann folgende **Bewertungsmaßstäbe** zur Höhe seines Honorars grundsätzlich **darzulegen,** soweit er eine Vergütung für Grundleistungen geltend macht:

* den innerhalb der Von-Bis-Sätze vereinbarten **Honorarsatz** entsprechend den jeweils geltenden Verrechnungseinheiten – Flächen- oder Verrechnungseinheiten – (§§ 38, 41, 46 a, 47 a, 48 a, 48 b, 49 d HOAI)
* die jeweils geltende **Honorarzone** (§§ 36 a, 39 a, 45, 48, 49, 49 b) bzw. die bei Auftragserteilung schriftlich vereinbarte Schwierigkeitsstufe (§§ 46 a Abs. 5, 47 a Abs. 3)
* die vertraglich erbrachten **Grundleistungen** (§§ 37, 40, 45 a, 46, 47, 48 a, 49 a, 49 c HOAI)[18]

Hat der Sonderfachmann nur **Teilleistungen** vertraglich erbracht, gilt § 5 Abs. 1–3 HOAI. Für die neben den Grundleistungen möglichen **Besonderen Leistungen,** die in den jeweiligen Leistungsbildern beispielhaft aufgezählt sind, gilt § 5 Abs. 4 HOAI (vgl. näher Rdn. 887 ff.).

*Aus der Rechtsprechung:*

Kiesgrubenrekultivierungsplan als landschaftspflegerischer Begleitplan (OLG Düsseldorf, NZBau 2003, 47).

---

17) Vgl. BGH, BauR 1974, 141.
18) Zu § 40 HOAI: OLG Rostock, OLGR 1997, 120 (Planungsleistungen für einen Vorhaben- und Erschließungsplan umfassen die gleichen materiell-rechtlichen Anforderungen wie an einen Bebauungsplan).

## 2. Leistungen bei Ingenieurbauwerken und Verkehrsanlagen

Wenn der Sonderfachmann ein Honorar für Grundleistungen verlangt, hat er folgende **1417** Bezugsgrößen für sein Honorar vorzutragen, um seinen Anspruch schlüssig darzulegen:
* den vereinbarten **Honorarsatz**
* die **Honorarzone** (§§ 53, 54 HOAI)
* die **anrechenbaren Kosten** des Objekts (§ 52 Abs. 2 HOAI)
* die vertraglich erbrachten **Grundleistungen** (§ 55 HOAI)

Die Zuordnung zu einer bestimmten Honorarzone erfolgt nach § 53 HOAI, sofern die Objektliste in § 54 keine Klärung bringt. Die anrechenbaren Kosten sind nach § 52 Abs. 2–7 HOAI zu ermitteln. Die Bestimmungen entsprechen im Aufbau und in der Systematik dem § 10 HOAI (vgl. hierzu Rdn. 819 ff.).

Ist dem Sonderfachmann auch die **örtliche Bauüberwachung** übertragen worden, gilt § 57 HOAI. Die örtliche Bauüberwachung kann mit einem festen Prozentsatz vereinbart werden, der zwischen 2,1 % (als Mindestsatz) und 3,2 % der anrechenbaren Kosten nach § 52 Abs. 2, 3, 6 und 7 HOAI zu ermitteln ist. Es kann aber auch ein Festbetrag unter Zugrundelegung der anrechenbaren Kosten und der geschätzten Bauzeit vereinbart werden. Ein Satz, der über 2,1 % der anrechenbaren Kosten liegt, muss bei Auftragserteilung schriftlich vereinbart werden. Im Übrigen können für die Vorplanung und Entwurfsplanung als Einzelleistung (§ 58 HOAI), Umbauten und Modernisierung (§ 59 HOAI), Instandhaltungen und Instandsetzungen (§ 60 HOAI) und Bau- und landschaftsgestalterische Beratung (§ 61 HOAI) Honorare innerhalb der in den einzelnen Vorschriften gesetzten Rahmen ausgehandelt werden.

Soweit der Sonderfachmann nur **Teilleistungen** vertraglich erbracht hat, gilt § 5 Abs. 1–3 HOAI (vgl. Rdn. 879 ff.). Für die auch insoweit neben den Grundleistungen möglichen **Besonderen Leistungen,** die in § 55 HOAI beispielhaft aufgezählt sind, gilt § 5 Abs. 4 HOAI (vgl. näher Rdn. 887 ff.). Der Honorarzuschlag bei Umbauten und Modernisierung (§ 59) entspricht dem System des § 24 HOAI (vgl. Rdn. 861). Mit der 5. HOAI-Novelle ist für die Ingenieurbauwerke die **Kostenkontrolle** in den Leistungsphasen Entwurfsplanung, Mitwirkung bei der Vergabe und Bauoberleitung eingeführt worden (§ 55 Abs. 2 HOAI).

*Aus der Rechtsprechung:*
* Zuordnung eines Ingenieurbauwerkes zu einer bestimmten **Honorarzone** (OLG Karlsruhe, BauR 2002, 1570).
* **Getrennte Honorarabrechnung** für Abwasserentsorgungsanlagen einerseits und Lärmschutzwälle eines Autobahnabschnittes andererseits (KG, NZBau 2004, 620).
* Für eine Autobahn errichtete **Regenrückhaltebecken und Lärmschutzwälle** sind gesonderte Ingenieurbauwerke (§ 51 Abs. 1 HOAI) neben der Verkehrsanlage (§ 51 Abs. 2 HOAI) und sind dementsprechend getrennt von dieser abzurechnen (BGH, BauR 2004, 1963).
* Honorar für Planung der Straßenausstattung unterliegt der HOAI, § 51 Abs. 2 Nr. 1 (BGH, BauR 2006, 1010 = NZBau 2006, 384).

## 3. Verkehrsplanerische Leistungen

Mit der letzten Novellierung der HOAI wurde für diese Ingenieurleistungen im **1418** Rahmen des § 61 a ein Leistungskatalog geschaffen. Das Honorar hierfür kann **frei vereinbart** werden. Geschieht dies nicht schriftlich bei Auftragserteilung (vgl. hierzu Rdn. 735 ff. u. 740 ff.), ist das Honorar als Zeithonorar gemäß § 6 zu berechnen.

## 4. Tragwerksplanung

*Literatur*
Knüttel, Vergütung von Besprechungen für den Tragwerksplaner, BauR 2000, 356.

**1419** Der Tragwerksplaner (Statiker) hat folgende Bewertungsmaßstäbe zur Höhe seines Honorars darzulegen, soweit er eine Vergütung für Grundleistungen geltend macht:
* den vereinbarten **Honorarsatz**
* die **Honorarzone** (§ 63 HOAI)
* die **anrechenbaren Kosten** des Objekts (§ 62 Abs. 2–8 HOAI)
* die vertraglich erbrachten **Grundleistungen** (§ 64 HOAI)

**1420** Die **anrechenbaren Kosten** sind nach den Bestimmungen des § 62 Abs. 2–8 HOAI zu ermitteln. Die anrechenbaren Kosten für die in § 62 Abs. 6 HOAI genannten Leistungen sind **unabhängig** davon anrechenbar, ob sie im Einzelfall **statische Auswirkungen** haben; im Übrigen sind nur die Kosten solcher Leistungen anrechenbar, die in den entsprechenden DIN-Normen erfasst sind.[19] Mehrkosten für **Sonderausführungen** im Sinne des § 62 Abs. 7 Nr. 7 HOAI liegen nicht vor, wenn die zugrunde liegenden Maßnahmen vom Tragwerksplaner bei seiner Planung von vornherein berücksichtigt werden müssen, weil sie tragende Teile berühren oder ähnliche Bedeutung für die Statik haben.[20]

Soweit der Tragwerksplaner die für seine Abrechnung benötigten anrechenbaren Kosten nicht selbst ermitteln kann, hat er gegenüber seinem Auftraggeber einen **Auskunftsanspruch**, weil dieser die Kosten von seinem Architekten erfahren kann[21] (zum Auskunftsanspruch vgl. auch Rdn. 855 ff.).

Ermittelt der Statiker die anrechenbaren Kosten aufgrund eigener Schätzung und berechnet er hieraus sein Honorar, weil der Bauherr die Kosten trotz Auskunftsverlangens nicht vorlegt, kann der Rechnung nicht aus diesem Grund der Einwand der mangelnden Prüffähigkeit seitens des Auftraggebers entgegengesetzt werden.[22] Dies würde Treu und Glauben widersprechen, da der Auftraggeber der Kostenermittlung des Statikers die (richtige) Kostenberechnung entgegenhalten könnte.

Die Einordnung in eine **Honorarzone** erfolgt bei der Tragwerksplanung ausschließlich nach den Bewertungsmaßstäben des § 63 HOAI. Eine Objektliste gibt es nicht. Im Übrigen können die Parteien für einen Auftrag über mehrere Tragwerke und bei Umbauten (§ 66 HOAI) sowie für die Tragwerksplanung für Traggerüste bei Ingenieurbauwerken (§ 67 HOAI) ein Honorar innerhalb des in den vorerwähnten Vorschriften genannten Rahmens vereinbaren. Für die auch bei der Tragwerksplanung neben den Grundleistungen möglichen **Besonderen Leistungen,** die in § 64 HOAI beispielhaft aufgezählt sind, gilt § 5 Abs. 4 HOAI (vgl. näher Rdn. 887 ff.). Der **Umbauzuschlag** in § 66 Abs. 5 ist der Regelung in § 24 angepasst (vgl. Rdn. 861).

---

19) OLG Hamm, NJW-RR 1995, 658 = BauR 1995, 271 (Bauschild ja; Dränage und Dränplatten nein).
20) OLG Hamm, a. a. O. (Sichtmauerwerk, Attikaabdeckung und Mauerabdeckprofile: Keine Mehrkosten für Sonderausführungen; Sichtschalung: Mehrkosten für die Sonderausführung des Sichtbetons).
21) OLG Hamm, BauR 1994, 795 = NJW-RR 1995, 786. Zur Ermittlung der anrechenbaren Kosten durch einen von dem Tragwerkplaner eingeschalteten Sachverständigen: KG, BauR 2002, 1279.
22) OLG Hamm, NJW-RR 1991, 1430 u. BauR 1994, 795 = NJW-RR 1995, 786 = OLGR 1994, 230; vgl. hierzu auch OLG Düsseldorf, OLGR 1995, 34.

### Umfang des Honorars

**Rdn. 1420**

Mit der 5. HOAI-Novelle ist in § 64 HOAI ausdrücklich bestimmt, dass der Tragwerksplaner an der **Kostenkontrolle** im Rahmen der Leistungsphase Entwurfsplanung durch Vergleich der Kostenberechnung mit der Kostenschätzung mitzuwirken hat. Gleichzeitig ist in § 69 Abs. 3 HOAI die Dreiteilung der Kostenermittlung gemäß § 10 HOAI übernommen worden (vgl. hierzu Rdn. 824).

*Aus der Rechtsprechung:*

* **Genehmigung** der (ohne Vollmacht) vom Architekten erfolgten **Beauftragung** durch den Bauherrn bei Einreichung des Baugesuchs, wenn dieser die statische Berechnung beigefügt ist (OLG Celle, BauR 2000, 289).
* Anspruch des Statikers auf Honorar (Mindestsatz) nach den Grundsätzen der **ungerechtfertigten Bereicherung** (OLG Celle, BauR 2000, 289).
* Ein **Honorar für Besondere Leistungen**, die zu den Grundleistungen hinzutreten (z. B. Änderungsleistungen gemäß § 64 Abs. 3 Ziffer 5 HOAI), kann vom Statiker nur bei schriftlicher Vereinbarung berechnet werden (OLG Oldenburg, IBR 2005, 551 – *Fischer*).
* Zur **getrennten Abrechnung der Tragwerksplanung für mehrere Gebäude**, die mit einer **Tiefgarage** verbunden sind (OLG Köln, BauR 2007, 132).
* Ein (mündlicher) Auftrag, eine **überschlägige** statische Ermittlung vorzunehmen, betrifft allein das Leistungsbild „Entwurfsplanung" gemäß § 64 Abs. 3 Nr. 3 HOAI (KG, SFH, Nr. 1 zu § 62 HOAI).
* Ein Auftrag für die Tragwerksplanung gemäß **Leistungsphase** 4 des § 64 Abs. 3 HOAI umfasst grundsätzlich auch die vorausgehenden Leistungsphasen 1 bis 3, weil dies notwendig **vorausgehende Entwicklungsschritte** sind (OLG Düsseldorf, NJW-RR 1999, 1694 = OLGR 1999, 457; ebenso: OLG Hamm, BauR 1998, 1277); KG, BauR 1996, 892; OLG Braunschweig, BauR 2002, 333 (für den Architektenvertrag).
* Zur **Schätzung der anrechenbaren Kosten** bei der Tragwerksplanung, wenn der Bauherr seiner Auskunftspflicht über die Herstellungskosten nicht oder nicht ausreichend nachkommt (OLG Düsseldorf, NJW-RR 1999, 1694 = OLGR 1999, 457).
* **Honoraranfragen** an Statiker, die so gestaltet sind, dass Angebote unter Unterschreitung der Mindestsätze der HOAI nahe gelegt werden, sind **wettbewerbswidrig** (OLG Düsseldorf, BauR 2001, 274).
* Bei der Abgrenzung im Rahmen des § 66 HOAI ist entscheidend, ob eine **Einheit im Sinne baulicher Selbstständigkeit** vorliegt; ein Gebäude kann durchaus mehrere Tragwerke haben, ohne dass § 66 HOAI anwendbar ist (OLG Rostock, MDR 2000, 1008 = OLGR 2000, 248 = NZBau 2000, 391).
* **Prüffähigkeit** einer Statikerhonorar-Schlussrechnung, wenn diese auf den Angaben des Bauherrn hinsichtlich der Baukosten aufbaut (OLG Köln, OLGR 2001, 250 = BauR 2001, 1476 [LS] = ZfBR 2001, 549).
* Der mündliche Auftrag an einen Tragwerksplaner zur Erstellung der Entwurfsplanung gemäß § 64 Abs. 3 Nr. 3 HOAI umfasst in der Regel auch Leistungen der Grundlagenermittlung und der Vorplanung (KG, BauR 2002, 1279), vgl. hierzu auch Rdn. 783.
* Statikerhonorar für mehrere Häuser auf einer Grundplatte (KG, BauR 2002, 1730 = NZBau 2003, 46).
* Es ist **Aufgabe des Tragwerkplaners,** die **anrechenbaren Kosten** aufgrund der von dem Unternehmen eingereichten Rechnungen **zu ermitteln,** weil dies eine Voraussetzung für die dem Tragwerksplaner obliegende Rechnungslegung ist; der Bauherr ist daher nur verpflichtet, die zur Erstellung der Abrechnung erforderlichen Unterlagen dem Tragwerksplaner zugänglich zu machen (OLG Oldenburg, IBR 2004, 577).
* Die **statische Berechnung** des Tragwerkplaners muss so beschaffen sein, dass sie auch nach Erteilung der Baufreigabe und Baugenehmigung einer **Nachprüfung standhält** und keinen begründeten Anlass für ein baubehördliches Eingreifen gibt (OLG Dresden, IBR 2006, 37 – Schulze-Hagen).

## 5. Leistungen bei der Technischen Ausrüstung

*Literatur*

*Lischka*, Honorierung von Leistungen bei der Technischen Ausrüstung gemäß HOAI, Teil IX, § 68 Anlagengruppe 6, Medizin- u. Labortechnik, BauR 2001, 29; *Seifert*, Zur Honorierung von neu hergestellten technischen Anlagen in Bestandsgebäuden, BauR 2001, 35; *Schumann*, Neuere Entwicklung im Vertragsrecht des Anlagenbaus, BauR 2005, 293; *Seifert*, Zur Honorarabrechnung von selbstständigen Anlagen bei der Technischen Ausrüstung, Festschrift für Ganten (2007), 53.

**1421** Die Technische Ausrüstung umfasst insgesamt sechs Anlagengruppen, die in § 68 HOAI genannt sind. Soweit der Sonderfachmann für die entsprechenden Grundleistungen ein Honorar geltend macht, hat er folgende Bezugsgrößen schlüssig darzulegen:

* den vereinbarten **Honorarsatz**
* die **Honorarzone** (§§ 71 und 72 HOAI)
* die **anrechenbaren Kosten** der Anlagen einer Anlagengruppe (§ 69 Abs. 3–6 HOAI)
* die vertraglich erbrachten **Grundleistungen** (§ 73 HOAI)

Die Einordnung in eine **Honorarzone** erfolgt zunächst nach der Objektliste des § 72 HOAI. In Zweifelsfällen sind aber die Bewertungsmerkmale des § 71 HOAI maßgeblich. Soweit von dem Sonderfachmann **Besondere Leistungen,** die in § 73 HOAI beispielhaft aufgezählt sind, neben den Grundleistungen ausgeführt werden, gilt § 5 Abs. 4 HOAI (vgl. Rdn. 887 ff.). Im Übrigen gibt die HOAI zusätzlich noch Honorarmaßstäbe für die Vorplanung, Entwurfsplanung und Objektüberwachung als Einzelleistung (§ 75 HOAI) und für Zuschläge bei Umbauten und Modernisierungen (§ 76 HOAI) an, wobei die Regelung in § 76 der der Vorschrift des § 24 entspricht (vgl. Rdn. 861).

Der **Umbauzuschlag** gemäß § 76 HOAI setzt voraus, dass die vorhandene Technische Ausrüstung „umgebaut" wird. Der Umbau der vorhandenen Bausubstanz, also des Bauwerks als solches, in das die technischen Anlagen integriert werden, reicht insoweit nicht aus. Daher kommt ein **Umbauzuschlag nicht in Betracht,** wenn eine **völlig neue technische Anlage** im Rahmen des Umbaus eines Gebäudes geplant und ausgeführt wird.[23] Entsprechendes gilt für die Anwendung des § 10 Abs. 3 a HOAI (technische oder gestalterische Mitverarbeitung der vorhandenen Bausubstanz). Wird eine vorhandene Technische Gebäudeausrüstung nicht „mitverarbeitet", weil sie vollständig entfernt und erneuert wird, kommt es insoweit (mangels vorhandener technischer Masse) nicht zu der in § 69 Abs. 4 HOAI genannten sinngemäßen Anwendung. Durch den Hinweis auf eine sinngemäße Anwendung in der vorerwähnten Vorschrift soll deutlich gemacht werden, dass hier vorhandene TGA-Substanz gemeint ist.

Es ist stets zu prüfen, ob verschiedene technische Anlagen als **eine oder mehrere technische Anlagen** anzusehen sind. Das kann im Einzelfall schwierig sein.[24]

---

[23] Zutreffend: OLG Brandenburg, BauR 2000, 762 = NJW-RR 2000, 755 = OLGR 2000, 11 = NZBau 2000, 206; *Seifert*, BauR 2001, 35; **a. A.:** *Heymann*, BauR 2000, 1221 sowie *Locher/Koeble/Frik*, § 76 HOAI, Rdn. 2.

[24] Vgl. hierzu insbesondere OLG München, BauR 2005, 406; IBR 2005, 99 – *Seifert* sowie IBR 2005, 98 – *Seifert* (Wärmeversorgung einer Kasernenanlage – Bekohlungsanlage – Rauchgasentschwefelungsanlage).

## Umfang des Honorars

Auch der Sonderfachmann für Technische Ausrüstung hat einen Anspruch gegenüber seinem Auftraggeber auf Erteilung von **Auskunft** über die Höhe der **Herstellungskosten der betreffenden Anlagegruppen,** wenn er diese nicht selbst ermitteln kann. Gegebenenfalls sind dem Sonderfachmann die Baukosten im Einzelnen mitzuteilen und darüber hinaus Rechnungen vorzulegen; die bloße Angabe einer Summe der Herstellungskosten reicht insoweit nicht aus[25] (vgl. zum Auskunftsanspruch näher Rdn. 855 ff.). Wird der Sonderfachmann von dem Architekten unmittelbar im eigenen Namen beauftragt, richtet sich der Auskunftsanspruch gegen diesen.[26]

Bei größeren Bauvorhaben ist folgende Fallgestaltung in der Baupraxis bei der Technischen Ausrüstung nicht selten: Einem Ingenieur werden mehrere Anlagengruppen des § 68 HOAI im Rahmen eines Pauschalhonorars in Auftrag gegeben; liegen die anrechenbaren Kosten einer Anlagengruppe über dem letzten Tabellenwert (3.834.689 €) und ist damit das Honorar insoweit frei vereinbar, stellt sich die Frage, ob die Abrechnung der einzelnen, insbesondere übrigen Anlagengruppen getrennt erfolgen muss, um die Prüfung einer etwaigen Mindestsatzunterschreitung bei den in den Tabellenwerten liegenden Anlagengruppen zu ermöglichen.[27] Das ist jedoch nicht erforderlich, weil es die Vertragsparteien aufgrund der einheitlichen Pauschale in der Hand haben und hatten, einen etwaigen Verstoß gegen § 4 HOAI bei Vereinbarung des Honorars für die Anlagengruppen, deren anrechenbare Kosten innerhalb der Tabelle liegen, durch das unbeschränkte Honorar für die Anlagengruppe, deren anrechenbare Kosten über dem letzten Tabellenwert liegen, zu kompensieren. Solange also das Pauschalhonorar innerhalb des Mindestsatzes für die Anlagengruppen liegt, die den Parametern der HOAI unterfallen und für die Anlagengruppe, deren Honorar frei vereinbar ist, ein Resthonorar verbleibt, kann eine Mindestsatzunterschreitung nicht vorliegen. Eine Mindestsatzunterschreitung wäre nur dann denkbar, wenn das vereinbarte Pauschalhonorar der an die Mindestsätze gebundenen Anlagengruppe bereits unter den Mindestsätzen liegt.

*Aus der Rechtsprechung:*
* Planung von haustechnischen Anlagen in **mehreren selbstständigen Gebäuden,** wenn die Anlagen durch Kabel oder Leitungen miteinander verbunden sind: Berechtigung zur getrennten Abrechnung der Honorare für jede Anlage (KG, BauR 2001, 439 = KGR 2001, 26 = NZBau 2001, 338).
* Getrennte Honorarabrechnung bei **mehreren Anlagenteilen** oder Teilanlagen für verschiedene Gebäude: Die von einer zentralen Versorgungsanlage ausgehenden und dem Wärmetransport dienenden Netze sind nicht geeignet, die damit verbundenen Gebäude unter Abrechnungsgesichtspunkten zu einer Abrechnungseinheit zu verknüpfen; so versorgte Gebäude sind vielmehr selbstständig abzurechnen (OLG München, BauR 2005, 406 = IBR 2005, 99 – *Seifert*).
* Eine **Rauchgasentschwefelungsanlage** und eine **Bekohlungsanlage** sind **selbstständig** abrechnungsfähig (OLG München, BauR 2005, 406 = IBR 2005, 98 – *Seifert* u. IBR 2005, 1125 – *Seifert*; ebenso BGH, BauR 2006, 697 = IBR 2006, 210 – *Seifert*).
* **Mehrere Anlagen (Hausstationen an einem Fernheiznetz)** liegen dann vor, wenn jede für sich arbeiten kann, sofern sie mit der entsprechenden Energie versorgt wird (OLG Frankfurt, IBR 2005, 380 – *Seifert*).

---

25) OLG Düsseldorf, NJW-RR 1996, 1109 = OLGR 1996, 179.
26) OLG Düsseldorf, a. a. O.
27) Vgl. hierzu OLG Nürnberg, BauR 2001, 438 = MDR 2001, 152 (für den entsprechenden Fall eines Pauschalhonorars für Architekten- und Projektsteuerungsleistungen).

* Zur Abrechnung von Planungsleistungen für selbstständige und unselbstständige Teile einer **Wärmeversorgungsanlage** (BGH, BauR 2006, 697 = NZBau 2006, 251).
* Für die Frage, ob **mehrere Anlagen** i. S. von § 69 Abs. 7 i. V. m. § 22 Abs. 1 HOAI vorliegen, kommt es darauf an, ob die Anlagenteile nach funktionellen und technischen Kriterien zu einer Einheit zusammengefasst sind. Nicht entscheidend ist, ob die Leistung für mehrere Gebäude erfolgt (BGH, BauR 2002, 817; vgl. hierzu auch *Vogelheim*, NZBau 2003, 430). Mehrere Anlagen bei der Technischen Ausrüstung liegen dann vor, wenn sie getrennt an das öffentliche Netz angeschlossen und allein betrieben werden können (OLG Frankfurt, OLGR 2003, 411).
* Die in DIN 276 in der Kostengruppe 457 aufgeführten Datennetze sind Bestandteil der Anlagengruppe Elektrotechnik i. S. d. § 68 Nr. 3 HOAI (KG, KGR 2004, 243).
* **Datennetze** gehören zur Anlagengruppe Elektrotechnik, gemäß § 68 Nr. 3 HOAI; Datenendgeräte sind in die Ermittlung der anrechenbaren Kosten einzubeziehen, wenn sie integraler Bestandteil der Planungsleistungen des Beauftragten Ingenieurs sind (KG, BauR 2004, 1801).

### 6. Thermische Bauphysik

**1422**  Die Leistungen für thermische Bauphysik können **grundsätzlich frei vereinbart** werden; wird ein Honorar nicht bei Auftragserteilung schriftlich vereinbart, ist das Honorar als Zeithonorar nach § 6 HOAI zu berechnen, § 79 HOAI (vgl. hierzu Rdn. 734 ff., 740 ff. und 906 ff.).

Ausgenommen sind lediglich die Leistungen für den **Wärmeschutz** nach § 77 Abs. 2 Nr. 1 HOAI (Entwurf, Bemessung und Nachweis des Wärmeschutzes nach der Wärmeschutzverordnung und nach den bauordnungsrechtlichen Vorschriften). Für die zuletzt genannten Leistungen gibt § 78 HOAI bestimmte Bewertungsmaßstäbe an, nach denen das Honorar ermittelt werden kann. Das Honorar richtet sich nach den anrechenbaren Kosten des Gebäudes entsprechend § 10 HOAI, der Honorarzone, der das Gebäude nach den §§ 11 und 12 HOAI zuzurechnen ist, sowie nach dem zwischen den Parteien vereinbarten Prozentsatz gemäß § 78 Abs. 3 HOAI. Der Sonderfachmann hat also seinen Anspruch insoweit nach folgenden Kriterien darzulegen:

* den vereinbarten **Honorarsatz**
* die **Honorarzone,** der das Gebäude nach den §§ 11 und 12 HOAI zuzuordnen ist
* die **anrechenbaren Kosten** des Gebäudes nach § 10 HOAI
* die vertraglich **erbrachten Leistungen**

### 7. Schallschutz und Raumakustik

**1423**  In § 81 bzw. 86 HOAI wird ein Leistungskatalog für Bauakustik und raumakustische Planung und Überwachung angegeben. Das jeweilige Honorar richtet sich nach den **anrechenbaren Kosten** (§ 81 Abs. 2–5 bzw. § 86 Abs. 2–4 HOAI), der Honorarzone (§ 82, § 87, § 88 HOAI) und dem vereinbarten **Honorarsatz**. Entsprechend hat der Sonderfachmann vorzutragen, wenn er sein Honorar schlüssig darlegen will. Das Honorar für sonstige Leistungen (für Schallschutz und Raumakustik) kann, soweit sie von den Leistungskatalogen der §§ 81 und 86 HOAI nicht erfasst werden, **frei vereinbart** werden. Wird ein entsprechendes Honorar nicht bei Auftragserteilung schriftlich vereinbart, ist das Honorar als **Zeithonorar** nach § 6 HOAI zu berechnen, §§ 84, 90 HOAI (vgl. näher Rdn. 734 ff., 740 ff. und 906 ff.).

## 8. Bodenmechanik, Erd- und Grundbau

Das Honorar für die Baugrundbeurteilung und Gründungsberatung (§ 92 HOAI) richtet sich nach den jeweils übertragenen Leistungen entsprechend § 92 Abs. 1 HOAI, den **anrechenbaren Kosten** gemäß § 92 Abs. 2 i. V. m. § 62 Abs. 2–8 HOAI, der **Honorarzone**, der die Gründung nach § 93 HOAI zuzurechnen ist, und nach dem vereinbarten **Honorarsatz**. Soweit Leistungen nicht im Leistungskatalog des § 92 HOAI erfasst sind, kann das Honorar frei ausgehandelt werden. Wird ein Honorar nicht bei Auftragserteilung schriftlich vereinbart, ist das Honorar als Zeithonorar nach § 6 HOAI zu berechnen, § 95 HOAI (vgl. näher Rdn. 734 ff., 740 ff. und 906 ff.). **1424**

## 9. Vermessungstechnik

*Literatur*

*Holthausen*, Die Vergütung der Vermessungsingenieure, NZBau 2004, 479.

Zu den in der HOAI geregelten vermessungstechnischen Leistungen zählen die Entwurfsvermessung, die Bauvermessung und sonstige vermessungstechnische Leistungen. Während das Honorar für die zuletzt genannten Leistungen frei vereinbart werden kann (§ 100 Abs. 2), berechnet sich die Vergütung für die übrigen Leistungen in dem vorgegebenen Honorarrahmen (§ 99) nach dem vereinbarten Honorarsatz, dem übertragenen Leistungsumfang (§§ 97 b, 98 b), der jeweiligen Honorarzone (§§ 97 a, 98 a) und den anrechenbaren Kosten (§§ 97 Abs. 1–5, 98 Abs. 2 und 3). **1425**

Bei **öffentlich bestellten Vermessungsingenieuren** ist stets zwischen ihrer öffentlich-rechtlichen und privatrechtlichen Tätigkeit zu unterscheiden. Öffentlich-rechtlich werden sie nur in dem Rahmen tätig, in dem ihnen (z. B. durch die Berufsordnung) hoheitliche Aufgaben übertragen worden sind (z. B. die Anfertigung eines amtlichen Lageplanes nach den Vorschriften der Bauprüfungsverordnung Nordrhein-Westfalen).[28] Die privatrechtliche Tätigkeit des Vermessungsingenieurs unterliegt allein den Bestimmungen der HOAI.

## III. Fälligkeit

*Literatur*

*Koeble*, Die Prüfbarkeit der Honorarrechnung des Architekten und der Ingenieure, BauR 2000, 785.

Das Honorar des Sonderfachmannes wird nach § 8 Abs. 1 HOAI fällig, wenn folgende Voraussetzungen gegeben sind: **1426**

* **Vertragsgemäße Leistungserbringung**
* Erstellung einer **prüffähigen Honorarschlussrechnung**
* **Überreichung** dieser Rechnung

Im Einzelnen wird auf die Rdn. 960 ff. verwiesen. Soweit § 8 HOAI von einer prüffähigen Honorarschlussrechnung (vgl. hierzu Rdn. 967 ff.) ausgeht, liegt diese nur vor, wenn die vorerwähnten Bewertungsmaßstäbe von dem Sonderfachmann in sei-

---

[28] Vgl. hierzu OLG Düsseldorf, NJW-RR 1996, 269.

ner Schlussrechnung berücksichtigt worden sind.[29)] Der Prüffähigkeit der Rechnung eines Sonderfachmannes steht nicht entgegen, dass die maßgeblichen Bestimmungen der HOAI nicht genannt sind und die Rechnung wegen unrichtiger Zahlenangaben falsch ist.[30)] Zu **Abschlagszahlungen** vgl. Rdn. 980. Zum **Honorar bei Kündigung** und vorzeitiger Vertragsbeendigung vgl. Rdn. 938 ff.

Legt der Sonderfachmann eine Schlussrechnung vor, ist er aufgrund der neueren Rechtsprechung des BGH nur noch eingeschränkt nach Treu und Glauben an den Betrag gebunden, den er mit seiner in Kenntnis der Umstände aufgestellten Schlussrechnung gefordert hat[31)] (vgl. näher Rdn. 794 ff.). Eine **Bindung an die Schlussrechnung** ist grundsätzlich zu verneinen, wenn dem Sonderfachmann die für die Berechnung seines Honorars maßgeblichen Umstände, etwa die Rohbaukosten, nicht mitgeteilt worden sind, da die Kostenermittlung Bauherrenleistung ist.[32)]

---

29) Zur Prüffähigkeit der Honorarschlussrechnung vgl. auch OLG Düsseldorf, BauR 1987, 465 u. OLG Hamm, BauR 1985, 592 **(Statiker)**; OLG Stuttgart, BauR 1985, 587 m. Anm. *Beigel;* OLG Celle, BauR 1985, 591 **(anrechenbare Kosten)**.
30) OLG Hamm, NJW-RR 1995, 786.
31) OLG Düsseldorf, BauR 1995, 140 (LS) = OLGR 1995, 34 u. OLGR 1998, 99.
32) OLG Hamm, BauR 1994, 795 = NJW-RR 1995, 786 = OLGR 1994, 230.

# KAPITEL 7
## Die Honorarklage des Projektsteuerers

*Übersicht*

| | Rdn. | | Rdn. |
|---|---|---|---|
| 1. Die Leistungen des Projektsteuerers . | 1428 | 3. Das Honorar des Projektsteuerers... | 1430 |
| 2. Rechtsnatur des Projektsteuerungsvertrages....................... | 1429 | | |

*Literatur*

*Heinrich*, Der Baucontrollingvertrag, 2. Aufl. 1997; *Eschenbruch*, Recht der Projektsteuerung, 2. Auflage, 2002; *Schill*, Der Projektsteuerungsvertrag, 2000.

*Will*, Bauherrenaufgaben: Projektsteuerung nach § 31 HOAI contra „Baucontrolling", BauR 1984, 333; *Wagner*, Projektmanagement – Treuhandschaft – Immobiliendevelopment, BauR 1991, 665; *Stapelfeld*, Der Projektsteuerungsvertrag – juristische terra incognita?, BauR 1994, 693; *Kniffka*, Die Zulässigkeit rechtsbesorgender Tätigkeiten durch Architekten, Ingenieure und Projektsteuerer (Teil 2), ZfBR 1995, 10; *Quack*, Projektsteuerung ein Berufsbild ohne Rechtsgrundlage, BauR 1995, 27; *Wagner*, Kein generelles Verbot rechtsbesorgender Tätigkeit für Projektsteuerer, Treuhänder und Immobiliendeveloper, ZfBR 1996, 185; *Kämmerer*, Projektsteuerung und Grundgesetz: § 31 HOAI im Lichte des Verfassungsrechts, BauR 1996, 162; *Heiermann*, Die Tätigkeit der Projektsteuerer unter dem Blickwinkel des Rechtsberatungsgesetzes, BauR 1996, 48; *Kalusche*, Der Architekt als Projektsteuerer, DAB 1996, 1667; *Stemmer/Wierer*, Rechtsnatur und zweckmäßige Gestaltung von Projektsteuerungsverträgen, BauR 1997, 935; *Kochendörfer*, Entwicklungstendenzen im Projektmanagement oder: Kundenorientierung versus § 31 HOAI?, Jahrbuch Baurecht 1999, 267; *Eschenbruch*, Projektsteuerung im Fokus der BGH-Rechtsprechung, NZBau 2000, 409; *Schill*, Die Entwicklung des Rechts der Projektsteuerung seit 1998, NZBau 2002, 201; *Neyheusel*, Rechtsfragen bei der „Baubegleitenden Qualitätsüberwachung", BauR 2004, 401; *Röhrich*, Die Honorierung der baubegleitenden Qualitätskontrolle aus der Sicht des Sachverständigen, BauR 2004, 413; *Fischer* in Thode/Wirth/Kuffer, § 14; *Pause*, Baucontrolling – Baubegleitende Qualitätsüberwachung, BTR 2004, 72; *Eschenbruch*, Die Fortentwicklung der deutschen Projektmanagementpraxis, NZBau 2004, 362; *Quack*, Projektmanagement als vertragsjuristische Aufgabe, Festschrift für Thode (2005), 99; *Eschenbruch*, Die Haftung des Projektleiters, Festschrift für Werner (2005), 247.

Bei **größeren** Bauvorhaben werden zunehmend **Projektsteuerer** neben Architekten, Sonderfachleuten und Unternehmern von der Auftraggeberseite hinzugezogen; denn von einer bestimmten Größenordnung des Projektes an sind Bauherren wegen der vielfältigen und komplizierten Geschehensabläufe häufig nicht mehr in der Lage, sämtliche Steuerungsleistungen selbst zu übernehmen.[1] Projektsteuerer werden dabei zum Teil mit „originären" Architektenaufgaben, zum Teil mit weiteren, darüber hinausgehenden Leistungen beauftragt. **1427**

In der HOAI ist die Projektsteuerung lediglich durch die Vorschrift des **§ 31** erfasst. Dort wird in Absatz 1 die Leistung des Projektsteuerers dadurch definiert, dass dieser **„Funktionen des Auftraggebers bei der Steuerung von Projekten mit mehreren Fachbereichen"** übernimmt. Darüber hinaus werden beispielhaft mögliche Leistungen des Projektsteuerers aufgezählt; dabei stehen die **Termin- und Kostenkontrolle** sowie die **Koordinierung** des Gesamtprojektes einschließlich aller Projektbeteiligten im Vordergrund. In Absatz 2 werden dann bestimmte Anspruchsvoraussetzungen für das Honorar des Projektsteuerers genannt, die aller-

---

1) Bundesrats-Drucksache, 270/76, S. 39.

dings zwischenzeitlich vom BGH für unzulässig erklärt worden sind (vgl. näher Rdn. 1430).

Die Gerichte haben sich bislang kaum mit den Vorschriften des § 31 HOAI und der Haftung des Projektsteuerers beschäftigen müssen. Das liegt einmal daran, dass das **Honorar** des Projektsteuerers nach § 31 Abs. 2 HOAI der Höhe nach **frei vereinbart** werden kann, zum anderen an der Schwierigkeit, die Leistungen des Projektsteuerers begrifflich eindeutig, transparent und abschließend vertraglich einzugrenzen (vgl. Rdn. 1428).

Das hat dazu geführt, dass zwischen den Auftraggebern und den Projektsteuerern kaum oder gar nicht gestritten wird. Allerdings hat sich der BGH in zwei Entscheidungen zur **Rechtsnatur** des Projektsteuerungsvertrages und zum **Anwendungsbereich** des § 31 HOAI (vgl. Rdn. 1429) sowie zur Bestimmung des Absatzes 2 des § 31 HOAI geäußert (vgl. Rdn. 1430).

Projektsteuerungsleistungen können **isoliert** oder im Zusammenhang mit Architektenleistungen sowie Leistungen von Sonderfachleuten übertragen werden. Das hat der BGH[2] in seiner Entscheidung zu § 31 HOAI nunmehr klargestellt: Danach ist „der Anwendungsbereich von § 31 HOAI nicht auf den Fall beschränkt, dass ein Architekt oder Ingenieur neben preisrechtlich gebundenen Leistungen auch solche der Projektsteuerung übernimmt".

Eine Honorarklage des Projektsteuerers ist **schlüssig**, wenn dieser

* die vertraglich **vereinbarten** und von ihm **erbrachten Leistungen** (vgl. Rdn. 1428),
* das hierfür **vereinbarte Honorar** (vgl. Rdn. 1430),
* die **Fälligkeit des Honorars** (vgl. Rdn. 1430 a. E.)

vorträgt.

Ist der Projektsteuerungsvertrag **vorzeitig beendet** worden, wird hinsichtlich der Honorarermittlung und des entsprechenden Vortrags auf die Ausführungen zur Architektenhonorarklage verwiesen (vgl. Rdn. 938 ff.).

## 1. Die Leistungen des Projektsteuerers

**1428** § 31 Abs. 1 Satz 2 HOAI nennt Leistungen, die einem Projektsteuerer übertragen werden können. Die Aufzählung ist nur **beispielhaft** und damit nicht abschließend. Dem Projektsteuerer können also **weitere** Leistungen übertragen werden (z. B. die baubegleitende Qualitätskontrolle)[3]. Nach der Amtlichen Begründung[4] soll es insoweit entscheidend sein, „dass es sich um Funktionen des Auftraggebers handelt, nicht um Leistungen, die z. B. dem Architekten oder Ingenieur bereits nach dem Leistungsbild Objektplanung (§ 15) obliegen". Damit dürfte z. B. die Übertragung der **Objektüberwachung** bei Gebäuden (Leistungsphase 8 des § 15 HOAI) auf den **Projektsteuerer** ausscheiden, weil es sich insoweit um eine **originäre Architektentätigkeit** handelt. Die Praxis sieht allerdings häufig anders aus.

---

[2] BauR 1997, 497 = NJW 1997, 1694 = MDR 1997, 454 = BB 1997, 911.
[3] Vgl. hierzu *Neyheusel*, BauR 2004, 401; *Röhrich*, BauR 2004, 413; *Pause*, BTR 2004, 72; *Eschenbruch*, Rdn. 264 und 597 ff.
[4] Bundestags-Drucksache 270/76, S. 39.

## Die Leistungen des Projektsteuerers  Rdn. 1428

Rechtliche Bedenken gegen die Wirksamkeit der Übertragung einer solchen Architektenleistung (oder anderer) bestehen insoweit allerdings nicht.[5] Ob es jedoch sinnvoll und dem Gesamtprojekt dienlich ist, einem Projektsteuerer auch die Objektüberwachung zu übertragen, ist eine andere Frage. Der Aufgabenbereich eines Projektsteuerers als Bauherrenvertreter ist entscheidend durch die **Koordinierung**, aber auch **Überwachung/Kontrolle** aller Projektbeteiligten geprägt. Der **BGH**[6] nennt als **charakteristische Aufgaben** des Projektsteuerers die Übernahme der „steuernden, koordinierenden und kontrollierenden Bauherrenfunktion". Übernimmt der Projektsteuerer auch die Objektüberwachung, stellt dies ein der Auftraggeberseite nicht nützliches In-sich-Geschäft dar: Der Projektsteuerer kann sich nicht selbst kontrollieren; der **Interessenkonflikt** ist **offensichtlich**. Dasselbe gilt, wenn dem Architekten auch die Projektsteuerung übertragen wird.[7]

Daher ist die Amtliche Begründung zu § 31 HOAI,[8] soweit es die oben genannte Abgrenzung der Aufgaben des Projektsteuerers zu anderen Projektbeteiligten betrifft, nicht einleuchtend: Absatz 1 Satz 2 dieser Vorschrift nennt zahlreiche Leistungen, die dem Projektsteuerer übertragen werden können, aber grundsätzlich „originäre" Architektenaufgaben darstellen und auch als Grundleistung in § 15 HOAI genannt sind. Derartige – über die Objektüberwachung hinausgehende – Überschneidungen sind für ein Projekt nicht nur wenig nützlich, weil die betreffenden „Wertschöpfungen" doppelt honoriert werden, sondern insbesondere unter **haftungsrechtlichen** Gesichtspunkten auch **gefährlich**. Laufen z. B. die Kosten des Bauvorhabens „aus dem Ruder" und haben sowohl Projektsteuerer wie auch der Architekt die jeweiligen Kostenermittlungen und die Kostenkontrollen übernommen, wird die **Suche** nach dem insoweit **Verantwortlichen** in der Regel außerordentlich **erschwert**. Das gilt auch für andere Doppelbeauftragungen und damit Mehrfachkompetenzen, wie z. B. die Übernahme der Koordinierung aller Projektbeteiligten[9] oder der Zeitplanung.[10] Daher sollten die entsprechenden Tätigkeitsbereiche **klar getrennt** und eine **Personenidentität** zwischen Architekt und Projektsteuerer **vermieden** werden.

Zum Aufgabenbereich und zur Stellung des Projektsteuerers gibt es zwischenzeitlich in der **Literatur** eine Fülle von Stellungnahmen.[11] Gleichzeitig hat es wiederholt

---

5) *Locher/Koeble/Frik* (§ 31 HOAI, Rdn. 11) nehmen ebenfalls keine Nichtigkeit an, wenn typische Projektsteuerungsaufgaben einerseits und typische Architektenleistungen andererseits einem Auftragnehmer übertragen werden; ebenso *Fischer* in Thode/Wirth/Kuffer, § 19, Rdn. 65; **a. A.:** *Motzke/Wolff*, S. 482.
6) A. a. O.
7) Ebenso: *Locher/Koeble/Frik*, § 31 HOAI, Rdn. 5; unkritisch hierzu *Fischer* in Thode/Wirth/Kuffer, § 19, Rdn. 65.
8) Bundestags-Drucksache, 270/76, S. 39.
9) Einerseits im Sinne der Grundleistungen der Architekten in den verschiedenen Leistungsphasen des § 15 HOAI, andererseits im Sinne von § 31 Abs. 1 Satz 2 Nr. 4 HOAI „Koordinierung und Kontrolle der Projektbeteiligten" als Tätigkeitsbereich des Projektsteuerers.
10) Einerseits im Sinne der Aufstellung eines Balkendiagramms als Grundleistung des Architekten gemäß § 15 Abs. 2 Nr. 8 bzw. als Besondere Leistung oder andererseits im Sinne der „Aufstellung und Überwachung von Organisations-, Termin- und Zahlungsplänen" gemäß § 31 Abs. 1 Satz 2 Nr. 3 HOAI als Tätigkeitsbereich des Projektsteuerers.
11) Siehe die Literatur vor Rdn. 1427.

Bemühungen gegeben, § 31 HOAI auszuweiten, soweit es das Leistungsbild und das Honorar des Projektsteuerers betrifft. Insbesondere der Deutsche Verband der Projektsteuerer e. V. hat – allerdings bislang erfolglos – in der Vergangenheit wiederholt **Vorschläge** für ein **Leistungsbild** und eine Honorarordnung „Projektsteuerung" gemacht. Zuletzt hat eine Fachkommission „Projektsteuerung" der AHO (Ausschuss des Ingenieurverbandes und Ingenieurkammern für die Honorarordnung e. V.), dem auch der vorgenannte Verband angeschlossen war, einen umfangreichen **Entwurf** für eine „Leistungs- und Honorarordnung Projektsteuerung" vorgelegt.[12] Neben einem detaillierten Leistungsbild, das in fünf Projektstufen untergliedert ist (Projektvorbereitung, Planung, Ausführungsvorbereitung, Ausführung und Projektabschluss), werden hier vor allem Vorschläge für die Grundlagen der Honorarermittlung, der Einteilung in Honorarzonen und eine Honorartafel gemacht, wobei die Systematik der HOAI übernommen wurde.

Gerade aus dem zuletzt genannten Entwurf wird deutlich, mit welcher Fülle von Aufgaben ein Projektsteuerer im Einzelfall beauftragt werden kann. Darüber hinaus überschneiden sich die im Entwurf erwähnten Projektsteuerungsleistungen ebenfalls in vielfacher Hinsicht insbesondere mit den Aufgaben eines Architekten, aber auch mit denjenigen der Sonderfachleute, wie sie in den §§ 15, 55, 64 und 73 aufgelistet sind.[13]

In vielen Projektsteuerungsverträgen übernehmen die Projektsteuerer Aufgaben, die eindeutig einer **rechtsbesorgenden und rechtsberatenden Tätigkeit** zuzuordnen sind. Auch die Amtliche Begründung zu § 31 HOAI[14] geht hiervon aus, wenn es dort heißt, dass der Projektsteuerer „die Geschehensabläufe in technischer, rechtlicher und wirtschaftlicher Hinsicht zu koordinieren, zu steuern und zu überwachen hat". Zur rechtsbesorgenden Tätigkeit eines Projektsteuerers wird man insbesondere – neben anderen Aufgaben – das **Vertragsmanagement** und das **Nachforderungsmanagement** zu zählen haben. Dabei wird in der Regel der nach dem **Rechtsberatungsgesetz** (RBerG) **zulässige Rahmen** (Art. 1 § 5 Nr. 1 RBerG) **überschritten**, sodass der Projektsteuerer für diese Tätigkeit einer **behördlichen Erlaubnis** gemäß Art. 1 § 1 RBerG bedarf.[15]

Im Einzelfall[16] ist daher stets zu prüfen, ob sich der Projektsteuerer bei seiner rechtsberatenden und rechtsbesorgenden Tätigkeit – insbesondere im Hinblick

---

12) Siehe Schriftenreihe des AHO Nr. 9, Untersuchungen zum Leistungsbild des § 31 HOAI und zur Honorierung für die Projektsteuerung; abgedruckt auch bei *Locher/Koeble/Frik*, § 31 HOAI, Rdn. 12 ff.
13) So auch: *Korbion/Mantscheff/Vygen*, § 31 HOAI, Rdn. 1; *Jochem*, § 31 HOAI, Rdn. 11; **a. A.:** *Locher/Koeble/Frik*, § 31 HOAI, Rdn. 3, aber wenig überzeugend mit dem Hinweis, dass „die Leistungen der Projektsteuerung im Wesentlichen zu den Funktionen des Auftraggebers gehören", andererseits werden Überschneidungen im Einzelfall dann doch nicht ausgeschlossen.
14) Bundestags-Drucksache, 270/76, S. 39.
15) Vgl. hierzu insbesondere OLG Dresden, IBR 2000, 133; *Fischer* in Thode/Wirth/Kuffer, § 19, Rdn. 63; *Eschenbruch*, Rdn. 797 ff.; *Kniffka*, ZfBR 1995, 10; *Heiermann*, BauR 1996, 48; *Wagner*, ZfBR 1996, 185; *Locher/Koeble/Frik*, § 31 HOAI, Rdn. 18; *Möllers* in Korbion, Baurecht, Teil 14, Rdn. 50 ff.
16) Vgl. hierzu OLG Köln, IBR 2004, 632 – *Eschenbruch* (Schwerpunkt der Aufgabenstellung ist maßgeblich).

auf den Umfang dieser Tätigkeit – noch im erlaubten Rahmen des RBerG befindet; anderenfalls ist seine Tätigkeit unzulässig – mit der Folge, dass der entsprechende **Projektsteuerungsvertrag,** der die unzulässige Rechtsberatung zum Inhalt hat, gemäß § 134 BGB **nichtig** ist; ist die Leistung des Projektsteuerers allerdings – was in der Regel anzunehmen ist – teilbar, tritt Teilnichtigkeit des Vertrages ein, wobei § 139 BGB zu berücksichtigen ist.[17] Das OLG Köln[18] ist in diesem Zusammenhang der Auffassung, dass stets der **Schwerpunkt** der vereinbarten Tätigkeit des Projektsteuerers zu ermitteln ist. Übernimmt der Projektsteuerer auch das „Vertragsmanagement", überschreitet diese Tätigkeit nicht stets und zwingend den zulässigen Rahmen, den das Rechtsberatungsgesetz als erlaubnisfreie Tätigkeit zulässt, wenn die baufachliche und wirtschaftliche Betreuung mit Planungs-, Kontroll- und Koordinierungsaufgaben den Schwerpunkt der Tätigkeit des Projektsteuerers bildet.

*Rechtsprechung*

* Pflicht des Projektsteuerers bei Übernahme des **Baumanagements Mehrkosten** infolge einer Bauinsolvenz prüfbar **abzurechnen:** OLG München, BauR 2003, 415 = IBR 2002, 674 – *Schill.*
* **Bewertung** eines von der Projektvorbereitung bis zur Auftragsvergabe reichenden **Leistungsanteils** aus einem bis zum Bauabschluss reichenden Projektsteuerungsauftrag – Hinzuziehung des Entwurfs einer Honorarordnung für die Projektsteuerung (DVP): Ansatz von 66% des Auftragsumfanges (OLG Hamburg, NZBau 2003, 686).
* **Honorarabzüge** wegen nicht erbrachter einzelner Tätigkeiten kommen nicht in Betracht, wenn sich die erbrachte Leistung des Projektsteuerers **nicht als mangelhaft** erweist (OLG Hamburg, NZBau 2003, 686).
* Der Bauherr genehmigt den von einem vollmachtlosen Projektsteuerer abgeschlossenen Bauvertrag konkludent, wenn sein Verhalten im Rahmen der Bauabwicklung gegenüber dem Auftragnehmer zum Ausdruck bringt, dass er für die vertragliche Verpflichtung einstehen und die Vergütung entrichten will (BGH, IBR 2005, 459 – *Schill* = NZBau 2005, 592).
* Vereinbart der Projektentwickler, dem Vermittlung, Verschaffung von Planungsrecht und Erarbeitung von Vermarktungskonzepten übertragen worden ist, für den Fall des Nichtverkaufs des Grundstücks durch den Eigentümer ein Honorar in Höhe eines Anteils (hier: 30%) an der Wertsteigerung, kann dies zur **Beurkundungsbedürftigkeit** der Honorarvereinbarung führen (OLG Zweibrücken, IBR 2006, 622).

## 2. Rechtsnatur des Projektsteuerungsvertrages

Die Rechtsnatur des Projektsteuerungsvertrages ist bis heute nicht abschließend geklärt. Das ist nicht verwunderlich, weil es in der Baupraxis sehr unterschiedliche Projektsteuerungsverträge gibt. Dies ist wiederum auf die unterschiedlichen Tätigkeitsfelder und Vertragspflichten, die ein Projektsteuerer übernehmen kann, zurückzuführen, was bei der rechtlichen Auseinandersetzung häufig übersehen wird. Die rechtliche Zuordnung zum Dienst- oder Werkvertragsrecht ist insbesondere im Hinblick auf die **Haftung** des Projektsteuerers sowie die Kündigungsvoraussetzungen und die Kündigungsfolgen von wesentlicher Bedeutung.

1429

---

17) Vgl. hierzu *Heiermann,* BauR 1996, 48, 56; *Kniffka,* ZfBR 1995, 10, 14.
18) BauR 2005, 741.

Es ist **streitig**,[19] ob der Projektsteuerungsvertrag dem **Dienst-** oder dem **Werkvertragsrecht** zuzuordnen ist. Der **BGH**[20] hatte zunächst lediglich eine **negative** Abgrenzung in der Weise vorgenommen, dass allein aus der Vereinbarung eines Erfolgshonorars nicht geschlossen werden kann, dass ein Projektsteuerungsvertrag ein Werkvertrag ist.[21] Allerdings hat der BGH dabei gleichzeitig darauf hingewiesen, dass für die Einordnung in das Werkvertragsrecht „der Nachweis der Vereinbarung werkvertraglicher Erfolgsverpflichtung" gehört (z. B. Kosteneinsparungen).

Im Hinblick auf die unterschiedliche Ausgestaltung der Leistungsinhalte der Projektsteuerungsverträge wird man entsprechend der neueren Rechtsprechung des BGH[22] stets **im Einzelfall** zu prüfen haben, ob – bei einer **Gesamtbetrachtung** des Vertrages – die **tätigkeitsbezogenen** oder die **erfolgsorientierten** Elemente des Vertrages **überwiegen** (Schwerpunkttheorie). **Im Zweifel** wird man jedoch davon ausgehen können, dass in Projektsteuerungsverträgen die **werkvertragliche Komponente** überwiegt: Mit den wichtigsten Projektsteuerungsaufgaben, nämlich der Sicherung und Steuerung von Kosten, Terminen und Qualitäten durch eigene Planungsleistungen sowie der Gesamtkoordinierung und Gesamtorganisation des Bauprojektes (im Sinne eines Generalmanagements[23]) schuldet der Projektsteuerer nicht nur eine eigene erfolgsbezogene Tätigkeit, sondern auch einen beachtlichen Anteil an einer **erfolgreichen Realisierung des Gesamtprojektes**.

Im Einzelnen wird man u. a. folgende Grundsätze bei der rechtlichen Einordnung eines Projektsteuerungsvertrages zu beachten haben: **Reine** Beratungs-, Berichterstattungs- sowie Informationsleistungen haben **dienstvertraglichen** Charakter.[24] Dasselbe gilt für **reine** „Abstimmungsvorgänge" mit dem Auftraggeber oder „Unterstützungsmaßnahmen". Ein vielfach in Projektsteuerungsverträgen zu findendes Element der Leistungsbestimmung ist die **„Mitwirkung bei ..."** Dieses Leistungselement ist z. B. in dem von der Fachkommission „Projektsteuerung" der AHO vorgelegten Entwurf (vgl. oben Rdn. 1428) außerordentlich häufig zu finden (z. B. „Mitwirken bei der Erstellung der Grundlagen für das Gesamtprojekt hinsichtlich Bedarf nach Art und Umfang"; „Mitwirken beim Klären der Standortfragen"; „Mitwirken beim Festlegen des Rahmens für Investitions- und Baunutzungskosten"; „Mitwirken beim Durchsetzen von Vertragspflichten gegenüber den Beteiligten"; „Mitwirken beim Vertreten der Planungskonzeption mit bis zu fünf Erläuterungs- und Erörterungsterminen"; „Mitwirken bei Genehmigungsverfahren" usw.). Damit

---

19) Für **Dienstvertragsrecht:** OLG Celle, BauR 2004, 1347 (allerdings bei (nur) zeitlich befristeten, wirtschaftlichen und technischen Beratungsleistungen); *Motzke/Wolff*, S. 485 (Geschäftsbesorgungsvertrag mit Dienstvertragscharakter). Für **Werkvertragsrecht:** OLG Dresden, IBR 2003, 90 – *Eschenbruch; Heinrich*, S. 183; *Locher/Koeble/Frik*, § 31 HOAI, Rdn. 13; *Korbion/Mantscheff/Vygen*, § 31 HOAI, Rdn. 5; *Neuenfeld*, § 31 HOAI, Rdn. 15; *Eschenbruch*, Rdn. 294 ff. Differenzierend: *Stemmer/Wierer*, BauR 1997, 935, 939; *Hartmann*, § 31 HOAI, Rdn. 30.
20) BauR 1995, 572 = NJW-RR 1995, 855 = ZfBR 1995, 189 = MDR 1995, 573.
21) *Locher/Koeble/Frik*, § 31 HOAI, Rdn. 13 nennen diese Erkenntnis eine „Binsenwahrheit".
22) BauR 1999, 1317 = NJW 1999, 3118 = MDR 1999, 1260 = ZfBR 1999, 336; vgl. hierzu insbesondere *Eschenbruch*, NZBau 2000, 409, 410; ferner: BGH, BauR 2002, 315 u. NJW 2002, 3323 = ZfBR 2003, 24.
23) OLG Frankfurt, IBR 2007, 317 – *Eschenbruch* (auch bei Qualitätskontrolle).
24) OLG Düsseldorf, BauR 1999, 508 (für Beratungs-, Informations- und Koordinierungsleistungen); OLG Dresden, NJW-RR 2000, 652 (für Beratungs- und Kontrollleistungen); ebenso: *Hartmann*, § 31 HOAI, Rdn. 30; *Locher/Koeble/Frik*, § 31 HOAI, Rdn. 13.

## Rechtsnatur des Projektsteuerungsvertrages Rdn. 1429

werden der Leistungsumfang, die Verantwortlichkeit, aber auch die Zielrichtung der Tätigkeit des Projektsteuerers als Auftragnehmer weitgehend – sicherlich von dem Projektsteuerer auch gewollt – **offen gelassen.** Aufgrund dieses unbestimmten Leistungsbegriffes wird man insoweit kaum eine erfolgsbezogene Tätigkeit annehmen können, sondern diese Leistung jeweils der dienstvertraglichen Komponente des Projektsteuerungsvertrages zuzuordnen haben. Das wird auch für alle übrigen **„begleitenden Maßnahmen"** oder die **Dokumentationstätigkeit** des Projektsteuerers zu gelten haben.[25]

Die meist umfangreiche **Kontroll-** und **Überprüfungstätigkeit** des Projektsteuerers hat dagegen – entsprechend der Objektüberwachung des Architekten – **werkvertraglichen Charakter.**[26] Werkvertrag ist auch anzunehmen für folgende beispielhaft aufgeführte Leistungen des Projektsteuerers, weil es sich insoweit um eine ergebnis- und erfolgsorientierte Tätigkeit des Projektsteuerers handelt: die Erstellung und Fortschreibung eines **Organisationshandbuches,** die gesamte **Terminplanung,** die **Kostenermittlung** und **Kostenkontrolle,** die gesamte **Ablaufsteuerung,** die **Rechnungsprüfung** und die Durchführung der **Submission.** Dagegen ist die Vereinbarung eines bestimmten Zeitrahmens für die Tätigkeit des Projektsteuerers kein maßgebliches Kriterium für die rechtliche Zuordnung des Vertrages.[27] Entscheidend ist nicht, in welchem Zeitraum der Projektsteuerer für das Bauvorhaben tätig wird, sondern welche Leistungen der Projektsteuerer für den Auftraggeber übernimmt. Ist die „zentrale Aufgabe des Projektsteuerers" die technische Bauüberwachung (z. B. eines Generalübernehmers), ist nach BGH[28] **Werkvertragsrecht** anwendbar.

Unter den vorerwähnten Gesichtspunkten wird man den Projektsteuerungsvertrag als **Werkvertrag** anzusehen haben, wenn der Projektsteuerer beispielsweise **Leistungen,** die in **§ 31 Abs. 1 Satz 2 HOAI** aufgelistet sind, übernimmt.[29] Dasselbe hat wohl auch zu gelten, wenn dem Projektsteuerer alle Leistungen übertragen werden, die in dem Entwurf der Fachkommission „Projektsteuerung" der AHO (vgl. oben Rdn. 1428) enthalten sind, obwohl hier auch eine Fülle von reinen „Mitwirkungsleistungen" des Projektsteuerers genannt sind.

Bei alledem ist zu berücksichtigen, dass die Parteien eines Projektsteuerungsvertrages es selbst in der Hand haben, für klare Rechtsverhältnisse zu sorgen und dadurch Zweifelsfragen auszuräumen, indem sie den Vertrag den werkvertraglichen Bestimmungen der §§ 633 ff. BGB anpassen.[30] Dabei kommen insbesondere die Vorschriften über die Haftung, die Kündigung, die Fälligkeit der Vergütung und die Bestimmungen der §§ 648 und 648 a BGB in Betracht.

Handelt es sich bei dem Projektsteuerungsvertrag um einen Werkvertrag, steht der von dem Projektsteuerer erzielte Erfolg im Vordergrund: Deshalb können Honorar-

---

[25] Vgl.: OLG Düsseldorf, BauR 1999, 1049 = NJW 1999, 3129 = MDR 2000, 28 (Projektsteuerungsvertrag nach **DVP**-Modell ist **Dienstvertrag**).

[26] Ebenso: *Stemmer/Wierer,* BauR 1997, 935, 937; *Schill,* S. 61; *Eschenbruch,* Rdn. 299; *Wirth/Hebel/Engelmann,* X. Teil, Rdn. 143 ff.

[27] So aber *Stemmer/Wierer,* BauR 1997, 935, 938.

[28] BGH, BauR 1999, 1317 = NJW 1999, 3118 = MDR 1999, 1260 = ZfBR 1999, 336; BauR 2002, 315.

[29] Ebenso: *Hartmann,* § 31 HOAI, Rdn. 30; **a. A.:** *Korbion/Mantscheff/Vygen,* § 31 HOAI, Rdn. 5 (nur Geschäftsbesorgungscharakter). Offen gelassen von BGH, BauR 1999, 1317 = NJW 1999, 3118 = MDR 1999, 1260 = ZfBR 1999, 336.

[30] Vgl. hierzu LG Düsseldorf, IBR 2001, 267.

abzüge wegen möglicherweise nicht erbrachter Leistungen allenfalls dann in Betracht kommen, wenn trotz des eingetretenen Erfolgs wesentliche Leistungen nicht erbracht sind oder sich durch Weglassen einzelner Leistungen die Tätigkeit insgesamt als mangelhaft erweist (vgl. hierzu die Ausführungen zum Architektenvertrag Rdn. 788 ff.).[31]

Der BGH[32] hat sich mit den besonderen Charakteristika des Projektsteuerungsvertrages – im Zusammenhang mit einer **Kündigung** wegen Vertrauensstörung – beschäftigt.[33] Dabei hat er darauf hingewiesen, dass die Leistungen des Projektsteuerers „ein hohes Maß an Vertrauenswürdigkeit und Loyalität" erfordern: „Der Projektsteuerer übernimmt beratend oder handelnd die Wahrung der Qualitäts-, Termin- und Kostensicherung für den Auftraggeber. Er ist damit maßgeblich am Kernbereich der Investitionsentscheidung und des Investitionserfolges beteiligt. Für Leistungen dieser Art kann der Auftraggeber die Identifikation mit seinen Interessen, Loyalität und Vertrauenswürdigkeit erwarten". Unter diesen Voraussetzungen ist auch jeweils die Frage zu prüfen, ob der Projektsteuerungsvertrag vom Auftraggeber im Einzelfall aus **wichtigem Grund** gekündigt werden kann, wobei stets eine Abwägung der beiderseitigen Interessen der Vertragsparteien vorzunehmen ist: „Bei dieser Abwägung können u. a. bedeutsam sein der Zweck und die Art des Vertrages, insbesondere das Ausmaß an persönlichen Bindungen, das Erfordernis persönlichen Vertrauens in die Loyalität, Wahrheitsliebe, Leistungsfähigkeit und Leistungsbereitschaft des Vertragspartners. Ferner können zu berücksichtigen sein die Gefährdung von Vermögensinteressen und die Effektivität von Kontrollmöglichkeiten. Zu würdigen ist dabei nicht nur der gesetzliche Vertragstyp, sondern seine konkrete Ausgestaltung durch die Interessen und Vereinbarungen der Parteien."

### 3. Das Honorar des Projektsteuerers

*Literatur*

*Eschenbruch*, Die Anwendung des Preisrechts der HOAI auf Projektsteuerungsverträge, NZBau 2001, 308; *Baldringer*, Forderungsbegründung aus gekündigtem Projektsteuerungsvertrag, NZBau 2007, 421.

**1430** Gemäß § 31 Abs. 2, Hs. 1 HOAI dürfen Honorare für Projektsteuerungsleistungen nur berechnet werden, „wenn sie bei Auftragserteilung schriftlich vereinbart werden". Diese Bestimmung hat der **BGH**[34] für **nichtig** erklärt, weil sie nicht von der gesetzlichen Ermächtigung in Art. 10, §§ 1, 2 MRVG gedeckt ist. Die Entscheidung des BGH hat zur Folge, dass die in § 31 HOAI genannten einschränkenden Tatbestandselemente **„schriftlich"** und **„bei Auftragserteilung"** für die Honorarabrede der Vertragsparteien **ohne Bedeutung** sind. Der Projektsteuerer hat daher grundsätzlich einen Honoraranspruch, wenn ihm Projektsteuerungsleistungen übertragen

---

31) OLG Hamburg, NZBau 2003, 686 = NJW-RR 2003, 1670 = IBR 2003, 487 – *Eschenbruch*.
32) BauR 1999, 1469 = NZBau 2000, 29 = MDR 1999, 1377 = NJW 2000, 202; vgl. hierzu *Eschenbruch*, NZBau 2000, 409, 411 sowie OLG Karlsruhe, BauR 2005, 1661 (Fristlose Kündigung aus wichtigem Grund, weil Projektsteuerer sich gegenüber Dritten äußert, dass der Auftraggeber seine Auftraggeberpflichten gegenüber ihm und Dritten nicht einhält) = NZBau 2006, 50.
33) Vgl. hierzu auch *Fischer* in Thode/Wirth/Kuffer, § 19, Rdn. 66 f.; *Eschenbruch*, Rdn. 1058 ff.
34) BauR 1997, 497 = NJW 1997, 1694 = MDR 1997, 454 = BB 1957, 911; vgl. hierzu auch *Quack*, BauR 1995, 27 ff.; *Kämmerer*, BauR 1996, 162 ff.; ferner: *Locher/Koeble/Frik*, § 31 HOAI, Rdn. 20 ff.

werden und er diese erbringt. Damit hat die Bestimmung des § 31 Abs. 2, worauf Wenner[35] zu Recht verweist, ihren „Sinn verloren"; die allgemein geltende Vertragsfreiheit ist insoweit wiederhergestellt.

Der **Höhe** nach sieht die HOAI keine Preisregulierung vor. Nach § 31 Abs. 2 kann das **Honorar frei vereinbart** werden. Hartmann[36] und Stemmer/Wierer[37] geben – allerdings sehr differenzierend – Anhaltspunkte für die in der Baupraxis übliche Vergütung eines Projektsteuerers. Die Fachkommission „Projektsteuerung" der AHO (vgl. Rdn. 1428) hat zur Ermittlung des Honorars des Projektsteuerers eine **Honorartafel**[38] erarbeitet, die ebenfalls als **Orientierungshilfe** für das marktübliche Honorar herangezogen werden kann. Nach OLG Hamburg[39] ist es angemessen, den von der Projektvorbereitung bis zur Auftragsvergabe reichenden Leistungsteil aus einem bis zum Bauabschluss reichenden Projektsteuerungsauftrag in Anlehnung an den Entwurf einer Honorarordnung für die Projektsteuerung (DVP) mit insgesamt 66% des Auftragsumfanges anzusetzen.

In zahlreichen Projektsteuerungsverträgen finden sich heute neben der Honorarvereinbarung so genannte **Bonus-/Malus-Regelungen.**[40] Gegen derartige Vereinbarungen ist grundsätzlich nichts einzuwenden. Sie setzen jedoch sinnvollerweise voraus, dass die **Kostenermittlung,** die **Kostensteuerung** und die **Kostenkontrolle** weitgehend in der Hand des Projektsteuerers liegen. Eine Bonusregelung kann beispielsweise vorsehen, dass der Projektsteuerer einen abgestuften Bonus des vereinbarten Honorars zusätzlich erhält, sofern die tatsächlichen Baukosten gemäß der mit dem Auftraggeber abgestimmten Kostenberechnungen **unterschritten** werden;[41] werden sie **überschritten,** verringert sich das Honorar im Rahmen einer möglichen Malusregelung dann ebenfalls, abgestuft unter Berücksichtigung einer Toleranzgrenze.

Häufig werden **Projektsteuerungsleistungen zusammen mit Architektenleistungen** beauftragt und hierfür ein **einheitliches Pauschalhonorar** vereinbart, obwohl dies wenig sinnvoll ist (vgl. Rdn. 1428). So werden z. B. einem Projektsteuerer auch Vergabeleistungen (Leistungsphasen 6 und 7 des § 15 HOAI) oder Leistungen der Objektüberwachung (z. B. Prüfung von Rechnungen) übertragen. Dabei stellt sich dann die Frage, ob eine solche Abrede im Hinblick darauf wirksam ist, dass die entsprechenden Architektenleistungen dem Preisrecht der HOAI unterliegen, dagegen das Honorar für die Projektsteuerung frei vereinbart werden kann (vgl. Rdn. 1430). Soweit aber die Vertragsparteien ein Pauschalhonorar vereinbart haben, ist eine Überprüfung, ob sich das Honorar für den Architekten innerhalb der nach § 4 HOAI vorgegebenen preisrechtlichen Bestimmungen bewegt, nicht möglich. Ins-

---

35) EWiR, § 31 HOAI, 1/97, 413, 414.
36) § 31 HOAI, Rdn. 39.
37) BauR 1997, 935, 945.
38) Abgedruckt in Schriftenreihe des AHO Nr. 9 Untersuchungen zum Leistungsbild des § 31 HOAI und zur Honorierung für die Projektsteuerung, S. 21, sowie bei *Locher/Koeble/Frik*, § 31 HOAI, Rdn. 12.
39) NZBau 2003, 686 = NJW-RR 2003, 1670 = IBR 2003, 487.
40) Vgl. hierzu insbesondere die Beispiele für **Bonus-Malus-Regelungen** bei *Wirth/Eschenbruch*, IX. Teil, Rdn. 40 ff.; *Eschenbruch*, Rdn. 670 ff. Ferner *Fischer* in Thode/Wirth/Kuffer, § 19, Rdn. 60.
41) Vgl. z. B. BGH, BauR 1995, 572 = NJW-RR 1995, 855 = ZfBR 1995, 189.

besondere kann eine unwirksame Mindestsatzunterschreitung, eine nicht zulässige Mindestsatzüberschreitung (z. B. bei fehlender Schriftform) oder aber eine zu beanstandende Höchstsatzüberschreitung nicht festgestellt werden.

Das ist aber unerheblich, weil die Vertragsparteien es aufgrund der einheitlichen Pauschale in der Hand haben, einen denkbaren Verstoß gegen § 4 HOAI bei Vereinbarung des Honorars für die Architektenleistungen durch das unbeschränkte Honorar für die Projektsteuerung zu kompensieren. Eine zu beanstandende Pauschalhonorar-Vereinbarung kommt daher unter diesem Gesichtspunkt z. B. überhaupt nur in der ungewöhnlichen Fallgestaltung in Betracht, bei der bereits das vereinbarte Honorar für beide Leistungsbereiche unter dem Mindestsatz für die entsprechenden Architektenleistungen liegt. Daher ist der Auffassung des OLG Nürnberg[42] nicht zu folgen, wonach das Honorar bei der Abrechnung – trotz einheitlichen Pauschalhonorars für beide Leistungen – **getrennt** werden muss, weil nur so eine Umgehung des § 4 HOAI vermieden wird. Eine solche Trennung ist nur dann erforderlich, wenn die Parteien ausdrücklich kein Honorar vereinbart haben oder der Auftragnehmer das von ihm behauptete Pauschalhonorar nicht darlegen oder beweisen kann, weil in diesem Fall die übliche Vergütung[43] allein in Betracht kommt. Für die Architektenleistungen gelten insoweit die Mindestsätze als übliche Vergütung (vgl. Rdn. 764); für die Projektsteuerung ist die übliche Vergütung dann gesondert nach den allgemeinen, bürgerlich-rechtlichen Grundsätzen gemäß § 632 Abs. 2 BGB (vgl. Rdn. 769) zu ermitteln. In der **Praxis** werden derartige Leistungen entweder auf der Basis eines prozentualen Pauschalanteils (der Baukosten/Projektkosten) oder nach Aufwand, d. h. nach Stundensätzen, Tages- oder Monatspauschalen, vergütet.

Hinsichtlich der **Fälligkeit des Honorars** des Projektsteuerers ist der BGH[44] der Auffassung, dass insoweit **§ 8 HOAI nicht anwendbar ist**. Das wird damit begründet, dass die Preisvorschriften der HOAI nur auf natürliche und juristische Personen anwendbar sind, die Architekten- oder Ingenieuraufgaben erbringen, die in der HOAI beschrieben sind. Diese Voraussetzungen liegen – nach Meinung des BGH – beim Projektsteuerer nicht vor. Damit ist insbesondere die Prüffähigkeit der Schlussrechnung keine Fälligkeitsvoraussetzung für die Honorarforderung des Projektsteuerers; dennoch – so der BGH – „muss der Auftraggeber in die Lage versetzt werden, die in der Schlussrechnung vorgenommene Berechnung zu überprüfen. Dazu gehört vor allem, dass die erbrachten Leistungen hinreichend substantiiert abgerechnet werden". Nach der vorerwähnten Entscheidung des BGH richtet sich damit die Fälligkeit des Honorars des Projektsteuerers nach den allgemeinen Regeln des BGB (vgl. hierzu Rdn. 1337 ff. u. 1368 ff.).

Haben die Parteien ein Pauschalhonorar vereinbart, richtet sich die Abrechnung nach den Abrechnungsgrundsätzen eines gekündigten Pauschalvertrages (vgl. hierzu Rdn. 938).[45] Der Projektsteuerer hat daher die erbrachten Leistungen im Einzelnen

---

42) BauR 2001, 438 = MDR 2001, 152 = NZBau 2001, 337 = MDR 2001, 152; kritisch hierzu auch: *Eschenbruch*, NZBau 2001, 308.
43) Vgl. hierzu insbesondere: BGH, BauR 2001, 104 = NJW 2001, 151 = ZfBR 2001, 104 = MDR 2001, 372.
44) BauR 2007, 724 = NJW-RR 207, 596; **a. A.:** die Vorauflage sowie *Eschenbruch*, Rdn. 329 m. w. N. Vgl. hierzu *Baldringer*, NZBau 2007, 421.
45) BGH, a. a. O.

spezifiziert vorzutragen und von den nicht erbrachten Leistungen abzugrenzen. Eine zeitanteilige Ermittlung des Honorars kommt nur dann in Betracht, wenn eine entsprechende zeitanteilige Honorarvereinbarung ausdrücklich getroffen worden ist.[46]

---

[46] OLG Dresden, IBR 2003, 90 – *Eschenbruch*.

# KAPITEL 8
## Die Klage auf Mängelbeseitigung (Nachbesserung/Nacherfüllung)

*Übersicht*

|  | Rdn. |  | Rdn. |
|---|---|---|---|
| I. Einleitung | 1431 | III. Die Mängelbeseitigungsklage | 1542 |
| II. Der Baumangel | 1453 | | |

## I. Einleitung

*Literatur* bis 2005

*Samson-Himmelstjerna*, Gewährleistungsprobleme bei der Sanierung und Renovierung von Altbauten, Baurechtliche Schriften, Bd. 44, 1998; *Donus*, Der Fertighausvertrag, 1988.
*Koeble*, Die Rechtsnatur der Verträge mit Bauträgern (Baubetreuern), NJW 1974, 721; *Schmalzl*, Bauvertrag, Garantie und Verjährung, BauR 1976, 221; *Becker*, Zur Rechtsnatur der Verträge über Bausatzhäuser zum Selbstbauen, BauR 1980, 493; *Schmidt*, § 13 VOB/B im Bauträgervertrag, BauR 1981, 119; *Schlechtriem*, Haftung des Nachunternehmers gegenüber dem Bauherrn, ZfBR 1983, 101; *Kaiser*, Die handelsrechtliche Rügelast des Bestellers im Schnittpunkt zwischen HGB und privatem Baurecht, ZfBR 1983, 153; *Lück/Zimmermann*, Risiken der Gewährleistung und Garantie sowie deren rechtliche Problematik, Technologie und Recht (1983), Bd. 4, 217; *Koch*, Zur Gewährleistung im Bauträgervertrag nach der Verdingungsordnung im Baugewerbe (VOB/B), ZfBR 1983, 167; *Deckert*, Zur Haftung eines Baubetreuers im Bauherrenmodell, ZfBR 1984, 55; *Locher*, VOB/B und Bauträgervertrag, BauR 1984, 227; *Usinger*, Kann die Geltung der VOB/B im Bauträgervertrag vereinbart werden?, NJW 1984, 153; *Buschmann*, Die Anwendbarkeit der VOB und Allgemeiner Geschäftsbedingungen auf Bauträger, BlGBW 1984, 166; *Kaiser*, Nochmals: VOB/B und Bauträgervertrag, ZfBR 1984, 205; *Köhler*, Zur Rechtsnatur der Mängelhaftung bei der Veräußerung neuerrichteter Bauwerke, NJW 1984, 1321; *Müller*, Die Bedeutung der Funktionsgarantie im klimatechnischen Anlagebau, BauR 1985, 517; *Nicklisch*, Rechtsfragen des Subunternehmervertrages bei Bau- und Anlageprojekten im In- und Auslandsgeschäft, NJW 1985, 2361; *Brych*, VOB-Gewährleistung im Bauträgervertrag, NJW 1986, 302; *Kaiser*, System der schweizerischen und der deutschen werkvertraglichen Mängelhaftung im Rechtsvergleich, ZfBR 1986, 1; *von Craushaar*, Der Liefer- und Montagevertrag, Festschrift für Korbion (1986), 27; *Mauer*, Besonderheiten der Gewährleistungshaftung des Bauträgers, Festschrift für Korbion, 301; *Schmidt*, Ende der VOB/B im Bauträgervertrag, ZfBR 1986, 53; *Weinkamm*, Bauträgervertrag und VOB/B, BauR 1986, 387; *Koeble*, Zur Haftung des Treuhänders bei Baumodellen, Festschrift für Korbion, 215; *von Craushaar*, Risikotragung bei mangelhafter Mitwirkung des Bauherrn, ZfBR 1987, 14; *Brambring*, Sachmängelhaftung beim Bauträgervertrag und bei ähnlichen Verträgen, NJW 1987, 97; *Reithmann*, Das Generalübernehmer- und Architektenmodell im Bauträger-Recht, WM 1987, 61; *Ebert*, Der Haftungszyklus – Bilanz für die an „Bausünden" Beteiligten, BauR 1988, 394; *Grziwotz*, Vertragliche Gewährleistungsregelungen im Bauträgerrecht, NJW 1989, 193; *Sturmberg*, Die Veräußerung selbst genutzter oder leerstehender Häuser und Eigentumswohnungen – werkvertragliche Gewährleistung ohne Ende?, NJW 1989, 1832; *Brych*, Kaufrechtliche Gewährleistung für Grundstücksmängel beim Bauträgerkauf?, Festschrift für Locher (1990), 1 = BauR 1992, 167; *Hochstein*, Werkvertragliche Gewährleistung bei der Veräußerung „gebrauchter" oder für den privaten Eigenbedarf errichteter Immobilien?, Festschrift für Locher (1990), 77; *Medicus*, Kaufvertrag und Werkvertrag, JuS 1992, 273; *Riedl*, Rechtliche Probleme bei der Veräußerung eines, vor allem renovierten und sanierten, Altbaus, Festschrift für Soergel (1993), 247; *Hochstein*, Untergang von Gewährleistungsansprüchen durch Veräußerung des Gegenstandes der Werkleistung?, Festschrift für Heiermann (1995), 121; *von Sam-*

# Mängelbeseitigungsklage

*son*, Werkvertragliche Gewährleistung beim Kauf einer sanierten oder renovierten Altbauwohnung vom Bauträger, BauR 1996, 58; *Duffek*, Selbstbau – Bausatzvertrag, BauR 1996, 465; *Schlünder/Scholz*, Notarielle Verträge über neue Häuser nach der AGBG-Novelle, ZfBR 1996, 55; *Schlünder/Scholz*, Vereinbarung der VOB/B in notariellen Bauverträgen, ZfBR 1997, 168; *Kern*, Der Einkäufer im Baubetrieb – Das rechtliche Spannungsfeld von Kaufvertrag und Werkvertrag, Festschrift für von Craushaar (1997), 239; *Glöckner*, Vertragsqualifikation als Schlüssel zur Gewährleistung des Bauträgers beim Sanierungsmodell, Festschrift für von Craushaar, 349; *Koeble*, Mängelansprüche bei Veräußerung des Eigentums, Festschrift für Vygen (1999), 319; *Vogelheim*, Die Behandlung von Sonderwünschen beim Bauträgervertrag, BauR 1999, 117; *Thode*, Werkleistung und Erfüllung im Bau- und Architektenvertrag, ZfBR 1999, 116; *Pause*, Erwerb modernisierter, sanierter und ausgebauter Altbauten vom Bauträger, NZBau 2000, 234; *Michaelis des Vasconcellos*, Muss der Anlagenbauer alles wissen?, NZBau 2000, 361; *Adler/Everts*, Kündigungsrechte des Auftragnehmers trotz mangelhafter Werkleistung, BauR 2000, 1111; *Reithmann*, Mängelhaftung beim Sanierungs-Bauträgervertrag, ZfIR 2000, 602; *Meurer*, Baumängelprozess, Verfahrensvorbereitung und Auswahl der „richtigen Klageart", MDR 2000, 1041; *Grieger*, Die Kooperationspflicht der Bauvertragspartner im Bauvertrag: Anmerkung zu BGH, BauR 2000, 409 ff., BauR 2000, 969; *Kniffka*, Die Kooperationspflichten der Bauvertragspartner im Bauvertrag, Jahrbuch Baurecht 2001, 1; *Meurer*, Kooperationspflichten der Bauvertragsparteien, MDR 2001, 848; *Pause*, Die Entwicklung des Bauträgerrechts und der Baumodelle seit 1998, NZBau 2001, 603 (Teil 1) u. 661 (Teil 2); *Stamm*, Die Frage nach der Eigenschaft des Vorunternehmers als Erfüllungsgehilfe des Bauherrn im Verhältnis zum Nachunternehmer: Ein Problem der Abgrenzung von Schuldner- und Annahmeverzug, BauR 2002, 1; *Neuenfeld*, Die Rechtsprechung der Jahre 2000 und 2001 zum Architektenvertragsrecht, NZBau 2002, 13; *Leitzke*, Keine Gewährleistung bei ungeklärter Mängelursache? NZBau 2002, 394; *Schill*, Die Entwicklung des Rechts der Projektsteuerung seit 1998, NZBau 2002, 201; *Zerr*, Gesamtschuldverhältnisse im Bauwesen, NZBau 2002, 241; *Rodemann*, Sicherheitseinbehalt und Klage auf künftige Leistung, BauR 2002, 1477; *Ulbrich*, Rügepflicht nach HGB bei Anwendung von Werkvertragsrecht?, NZBau 2002, 600; *Kieserling*, Mangelverantwortlichkeit mehrerer Baubeteiligter, NZBau 2002, 263; *Schuhmann*, Kooperationspflichten des Anlagenvertrages: Rechtliche Substanz und praktische Konsequenzen, BauR 2003, 162; *Stamm*, Die Gesamtschuld auf dem Vormarsch, NJW 2003, 2940; *Pause*, Haftung bei Baucontrolling, BTR 2003, 185; *Schmeel*, Aktuelle Entwicklungen im Bauvertragsrecht – Gewährleistung und Haftung, MDR 2003, 601; *Quack*, Warum ein privater oder kommerzieller Auftraggeber die VOB/A gar nicht und die VOB/C nur mit Einschränkungen vereinbaren sollte, BauR 2003, 1290; *Hofmann/Joneleit*, Veräußerung bebauter Grundstücke: Rückkehr zu dogmatischen Abgrenzungskriterien, NZBau 2003, 641; *Lailach*, Kann der Auftraggeber vom Auftragnehmer die regelwidrige Ausführung verlangen?, BauR 2003, 1474; *Motzke*, Die Haftung des Bodengutachters, BTR 2004, 50; *Fuchs*, Der Schürmannbau-Beschluss: Der Anfang vom Ende der Kooperationspflichten der Bauvertragsparteien?, NZBau 2004, 65; *Schwarze*, Auswirkungen der bauvertraglichen Kooperationsverpflichtung, BauR 2004, 895; *Blecken/Sundermeier/Nister*, Gestaltungsvorschläge einer Vertragsordnung für Architekten und Ingenieure, BauR 2004, 916; *Greiner*, Mängelansprüche gegen den Bauträger, BTR 2004, 242; *Weber/Kesselring*, Die Entwicklung des BGB-Werkvertragsrechts- und Bauträgerrechts in den Jahren 2001 bis 2004, NJW 2004, 3469; *Neuenfeld*, Die Rechtsprechung der Jahre 2002 und 2004 zum Architekten- und Ingenieurvertragsrecht, NZBau 2004, 633 u. NZBau 2005, 15.

*Literatur* zum neuen Recht und ab 2005

*Pause*, Bauträgerkauf und Baumodelle, 4. Auflage 2004; *Grziwotz/Koeble*, Handbuch Bauträgerrecht, 2004; *Basty*, Der Bauträgervertrag, 5. Auflage 2005; *Hilgers/Buscher*, Der Anlagenbauvertrag, 2005; *Schmalzl/Lauer/Wurm*, Haftung des Architekten und Bauunternehmers, 5. Auflage 2006.

*Krebs*, Die große Schuldrechtsreform, Beilage Nr. 14/2000; *Schmidt-Räntsch*, Der Entwurf eines Schuldrechtsmodernisierungsgesetzes, ZIP 2000, 1639; *Gsell*, Kaufrechtsrichtlinie und Schuldrechtsmodernisierung, JZ 2001, 65; *Wetzel*, Das Schuldrechtsmodernisierungsgesetz – Der große Wurf zum 1.1.2002?, ZRP 2001, 117; *Raiser*, Das Werkvertragsrecht nach dem Regierungsentwurf eines Schuldrechtsmodernisierungsgesetzes, NZBau 2001, 598; *Brambring*, Schuldrechtsreform und

# Einleitung

Grundstückskaufvertrag, DNotZ 2001, 904; *Voit*, Die Änderungen des allgemeinen Teils des Schuldrechts durch das Schuldrechtsmodernisierungsgesetz und ihre Auswirkungen auf das Werkvertragsrecht, BauR 2002, 145; *Vorwerk*, Kaufrecht und Werklieferungsvertrag, BauR 2002, 165; *Teichmann*, Kauf- und Werkvertrag in der Schuldrechtsreform, ZfBR 2002, 13; *Sienz*, Die Neuregelungen im Werkvertragsrecht nach dem Schuldrechtsmodernisierungsgesetz, BauR 2002, 181; *Schudnagies*, Das Werkvertragsrecht nach der Schuldrechtsreform, NJW 2002, 396; *Peters*, Die Schuldrechtsmodernisierung und das private Baurecht, ZfBR 2002, 108; *Peters*, Das Baurecht im modernisierten Schuldrecht, NZBau 2002, 113; *Hertel*, Werkvertrag und Bauträgervertrag nach der Schuldrechtsreform, DNotZ 2002, 6; *Litzenburger*, Das neue Schuldrecht und der Bauträgervertrag, RNotZ 2002, 23; *Pfeiffer*, Systemdenken im neuen Leistungsstörungs- und Gewährleistungsrecht, ZGS 2002, 23; *Heinemann*, Mängelhaftung im Bauträgervertrag nach der Schuldrechtsreform, ZfIR 2002, 167; *Grziwotz*, Haftung für die Bebaubarkeit beim Grundstückskauf nach neuem Schuldrecht, ZfIR 2002, 246; *Preussner*, Das neue Werkvertragsrecht im BGB, BauR 2002, 231; *Schellhammer*, Die Haftung des Verkäufers für Sach- und Rechtsmängel – Neue Struktur und neuer Mangelbegriff, MDR 2002, 241; *Ott*, Neues Werkvertrags- und Darlehensrecht, MDR 2002, 361; *Gronstedt/Jörgens*, Die Gewährleistungshaftung bei Unternehmensverkäufen nach dem neuen Schuldrecht, ZIP 2002, 52; *Dauner-Lieb/Thiessen*, Garantiebeschränkungen in Unternehmenskaufverträgen nach der Schuldrechtsreform, ZIP 2002, 108; *Graf von Westphalen*, „Garantien" bei Lieferung von Maschinen und Anlagen – Todesstoß für Haftungsbeschränkungen durch §§ 444, 639 BGB, ZIP 2002, 545; *Ullmann*, Der Bauträgervertrag – quo vadit?, NJW 2002, 1073; *Litzenburger*, Das Ende des vollständigen Gewährleistungsausschlusses beim Kaufvertrag über gebrauchte Immobilien, NJW 2002, 1244; *Teichmann*, Schuldrechtsmodernisierung 2001/2002 – Das neue Werkvertragsrecht, JuS 2002, 417; *Thode*, Die wichtigsten Änderungen im BGB-Werkvertragsrecht: Schuldrechtsmodernisierungsgesetz und erste Probleme, NZBau 2002, 297 (Teil 1) u. 360 (Teil 2); *Acker/Konopka*, Schuldrechtsmodernisierung: Wandelung weicht Rücktritt im Werkvertragsrecht – Folgen für den Bauvertrag, BauR 2002, 1307; *Pause*, Auswirkungen der Schuldrechtsmodernisierung auf den Bauträgervertrag, NZBau 2002, 648; *Boldt*, Die Kündigung des Bauvertrags aus wichtigem Grund durch den Auftraggeber nach neuem Recht, NZBau 2002, 655; *Anker/Zacher*, Ist auf alte Werkverträge ab dem 1.1.2003 das neue Recht anzuwenden?, BauR 2002, 1772; *Voit*, Die außerordentliche Kündigung des Werkvertrages durch den Besteller, BauR 2002, 1776 (= Festschrift für Honsell, 2002, 415); *Vorwerk*, Mängelhaftung des Werkunternehmers und Rechte des Bestellers nach neuem Recht, BauR 2003, 1; *Mundt*, Baumängel und der Mängelbegriff des BGB-Werkvertragsrechts nach dem Schuldrechtsmodernisierungsgesetz, NZBau 2003, 73; *Böttcher*, Die Kündigung eines Werkvertrages aus wichtigem Grund nach dem Schuldrechtsmodernisierungsgesetz, ZfBR 2003, 213; *Mankowski*, Werkvertragsrecht – Die Neuerungen durch § 651 BGB und der Abschied vom Werklieferungsvertrag, MDR 2003, 854; *Kannowski*, Mangelfolgeschäden vor und nach der Schuldrechtsreform. Das Beispiel außergerichtlicher Anwaltskosten bei Baumängeln, BauR 2003, 170; *Göpfert*, Der Beginn der Bauplanerhaftung nach dem Schuldrechtsmodernisierungsgesetz, NZBau 2003, 139; *Ott*, Die Auswirkung der Schuldrechtsreform auf Bauträgerverträge und andere aktuelle Fragen des Bauträgerrechts, NZBau 2003, 233; *Pauly*, Der Bauträgervertrag – Aktuelle Entwicklungen durch das Schuldrechtsmodernisierungsgesetz, MDR 2004, 16; *Motzke*, Die Haftung des Bodengutachters, BTR 2004, 50; *Pause*, Baubeschreibung und Mängelhaftung bei Altbausanierungen, BTR 2004, 142; *Braun*, Gewährleistung und Haftung des Architekten, BTR 2004, 208 u. 250; *Greiner*, Mängelansprüche gegen den Bauträger, BTR 2004, 242; *Henkel*, Die Pflicht des Bestellers zur Abnahme des unwesentlich unfertigen Werks, MDR 2004, 361; *Englert*, „Baubehelf", „Bauhilfsgewerk" und „Hilfsbauwerk": Abgrenzung und Rechtsprobleme, BauR 2004, 233; *Oechsler*, Praktische Anwendungsprobleme des Nacherfüllungsanspruchs, NJW 2004, 1825; *Woitkewitsch*, Sofortiges Rücktrittsrecht bei mangelhafter Nacherfüllung innerhalb der Frist, MDR 2004, 862; *Schulze/Ebers*, Streitfragen im neuen Schuldrecht, JuS 2004, 462; *Miernik*, Die Anwendbarkeit der VOB/B auf Planungsleistungen des Bauunternehmers, NZBau 2004, 409; *Konopka/Acker*, Schuldrechtsmodernisierung: Anwendungsbereich des § 651 BGB im Bau- und Anlagenbauvertrag, BauR 2004, 251; *Derleder*, Der Bauträgervertrag nach der Schuldrechtsmodernisierung, NZBau 2004, 237; *Leineweber*, Die isolierte Klage auf Abnahme oder Feststellung des Eintritts der Abnahmewirkungen, Festschrift für Werner (2005), 177; *Pause*, Veräußerung sanierter Altbauten, BTR 2005, 72; *Wellensiek*, Fortführung des Bauvertrags nach Insolvenzantrag des Auftragnehmers und nach Eröffnung des Insolvenzverfahrens, BauR 2005, 186; *Soergel*, Die möglichen Gesamtschuldverhältnisse von Baubeteiligten, BauR 2005, 239; *Glöckner*, Ausgewählte Probleme der gesamtschuldnerischen Haftung Baubeteiligter wegen Leistungsstörungen bei der Erstellung des Bauwerks, BauR 2005, 251; *Kniffka*, Gesamtschuldnerausgleich im Baurecht, BauR 2005, 274; *Schuhmann*, Neuere Entwicklungen im Vertragsrecht des Anlagenbaus, BauR 2005, 293; *Meier/Stüting*, „Baubehelf", „Bauhilfsgewerk" und „Hilfsbauwerk": Die Diskussion geht weiter!, BauR 2005, 316; *Schonebeck*, Die Abtretung von Mängelansprüchen, BauR 2005, 934; *Neuenfeld*, Die Rechtsprechung des Jahres 2004 zum Architekten- und Ingenieurvertragsrecht, NZBau 2005, 657; *Fischer*, Verjährung der werkvertraglichen Mängelansprüche bei Gebäudearbeiten, BauR 2005, 1073; *Ulbrich/Ulbrich*, Probleme der kaufmännischen Rügepflicht bei Werklieferungsverträgen in Verbindung mit Bauwerken, Festschrift für Thode (2005), 181; *Blank*, Die rechtliche Einordnung des Veräußerungsvertrages über ein bereits hergestelltes Gebäude, ebenda, 233; *Grziwotz*, Neue Sachmängelhaftung beim Hauskauf?, ZfIR 2006, 77; *Zerhusen/Nieberding*, Der Muster-ARGE-Vertrag 2005 des Hauptverbandes der deutschen Bauindustrie e. V., BauR 2006, 296; *Vogel*, Auswirkungen und Einfluss des Gemeinschaftsrechts auf das private Baurecht, BauR 2006, 744; *Merl*, Mangelbegriff und Hinweispflicht des Auftragnehmers, Festschrift für Motzke (2006), 261; *Schulze-Hagen/Fuchs*, Die Verjährung des Anspruchs auf Schadensersatz beim hängengebliebenen Architektenvertrag, ebenda, 383; *Zirkel*, Sind Ausschlussfristen für erkennbare Mängel in AGB für werkvertragliche Leistungen passé?, NZBau 2006, 412; *Vetter*, Architektenhaftung und Bauwerksabdichtung, NZBau 2006, 682; *Englert/Fuchs*, Die Fundamentalnorm für die Errichtung von Bauwerken: DIN 4020, BauR 2006, 1047; *Leupertz*, Baustofflieferung und Baustoffhandel: Im juristischen Niemandsland, BauR 2006, 1648; *Zahn*, Darlegungs- und Beweislast bei der Geltendmachung von Mängelrechten, BauR 2006, 1823; *Hammacher*, Basic-Engineering vs. Detail-Engineering, BauR 2007, 149; *Voit*, Neue Versicherungsformen am Bau – Die Baufertigungs- und die Baugewährleistungsversicherung, BauR 2007, 235; *Voit*, Erfolg, Leistungsbeschreibung und Vergütung im Bauvertrag, ZfIR 2007, 157; *Fuchs*, Die Mängelhaftung des Bauträgers bei der Altbausanierung, BauR 2007, 264; *Krause-Allenstein*, Die Bau-ARGE – Haftung, Sicherheiten, Versicherung im Innen- und Außenverhältnis, BauR 2007, 617; *Forster*, Die Verjährung der Mängelansprüche beim Kauf von Baumaterialien, NZBau 2007, 479; *Seibel*, Technische Normen als Bestandteil eines Bauvertrages, ZfBR, 2007, 310; *Rohrmüller*, Erfüllungswahl des Insolvenzverwalters, NZBau 2007, 145; *Dickersbach*, Mindermengen als Mangel, Leistungsstörung oder ein Abrechnungsproblem?, BauR 2007, 592; *Mandelkow*, Technische Nachweise beim Bauen – Gesetzliche Verpflichtung statt inhaltsleerer Absichtserklärung!, BauR 2007, 1474; *Weise*, Der Riss in der Anspruchskette beim Nachunternehmereinsatz, NJW-Spezial 2007, 405.

**1431** Das **Gewährleistungsrecht(„Mängel")recht** steht naturgemäß im **Vordergrund** der meisten Bauprozesse, weil wohl kaum ein Bauvorhaben ohne kleinere oder größere Mängel abgeschlossen werden kann. Unter **„Gewährleistung"** ist ganz allgemein das Einstehenmüssen eines Baubeteiligten für die ordnungsgemäße und vertragsgerechte Erfüllung der Leistungspflichten zu verstehen; sie umfasst im weiteren Sinne die Nachbesserungspflicht gemäß §§ 633 Abs. 2 BGB a. F., 4 Nr. 7 VOB/B bzw. die **Nacherfüllung** nach neuem Recht (§ 635 BGB). Gewährleistung im engeren Sinne bedeutet, dass der Baubeteiligte für die **ordnungsgemäße und vertragsgerechte Beschaffenheit** des Werks zur Zeit der Abnahme einzustehen hat.

**1432** Die Gewährleistung ist von dem häufig verwandten Begriff der **„Garantie"** zu trennen, wenn auch die Garantiehaftung letztlich wie die Gewährleistung in Bezug zur mangelfreien Werkleistung steht. Der Begriff der **Garantie** wurde nach altem Recht verschieden gebraucht.[1]) Die Garantie konnte einmal der gewöhnlichen Zusi-

---

[1] Vgl. dazu BGH, *Schäfer/Finnern*, Z 2.10 Bl. 51; *Daub/Piel/Soergel/Steffani*, ErlZ B 13.608 ff.; Beck'scher VOB-Komm/*Ganten*, B Vor § 13, Rdn. 32 ff.; *Schmalzl*, BauR 1976, 221, 223/224; *Lück/Zimmermann*, Technologie u. Recht (1983), S. 217 ff.; *Müller*, BauR 1985, 517 ff.

cherung einer Eigenschaft der Werkleistung gleichkommen (§ 633 Abs. 1 BGB a. F.);[2] dann hatte die Garantie keine besondere rechtliche Tragweite. Die Übernahme der Garantie konnte aber auch bedeuten, dass das Werk die zugesicherten Eigenschaften **„unbedingt"** hat, sodass der Schuldner – wenn die entsprechenden Eigenschaften fehlen – diese auch **ohne Verschulden** zu vertreten hat und auf Schadensersatz haftet; in diesem Fall spricht man von einer **unselbstständigen Garantie**, die in aller Regel vorliegen wird.[3] Diese wird nunmehr in § 276 Abs. 1 Satz 1 BGB angesprochen. Durch die Übernahme einer solchen Garantie werden auch die gesetzlichen Verjährungsfristen nicht verlängert.[4]

**1433** Darüber hinaus kann die Garantie aber auch die Übernahme der Gewähr für einen über die Vertragsmäßigkeit hinausgehenden, noch von anderen Faktoren abhängigen wirtschaftlichen Erfolg bedeuten; ist dies in **Ausnahmefällen** gewollt, was ggf. durch Vertragsauslegung zu ermitteln ist, so haben die Parteien einen **selbstständigen** Garantievertrag abgeschlossen.[5] In diesem Fall ist die Haftung des Schuldners erheblich **erweitert**, denn es wird ein Erfolg garantiert, der über die vertragsgemäße Bauleistung hinausgeht. Erfüllt der Schuldner sein Garantieversprechen nicht, so haftet er auf **Erfüllung in Geld**,[6] **ausnahmsweise** aber auch auf die Erbringung weiterer Bauleistungen, sofern sich der versprochene Garantieerfolg auf diese Weise noch herbeiführen lässt.[7] Für einen solchen Anspruch aus Garantievertrag galt altrechtlich die regelmäßige Verjährungsfrist von 30 Jahren (§ 195 BGB).[8] Welche Bedeutung einer Garantieerklärung den Umständen nach zukam, unterlag stets der **tatrichterlichen** Auslegung und war demnach im Revisionsrechtszug nur beschränkt nachprüfbar.[9]

**1434** Das neue Recht erwähnt (im Werkvertragsrecht) die „Garantie" in § 639 BGB;[10] danach kann sich der Unternehmer auf einen **Haftungsausschluss** nicht berufen, wenn er „den Mangel arglistig verschwiegen oder **eine Garantie für die Beschaffenheit des Werkes übernommen** hat". Mit dieser Garantie kann, weil sie sich unzweifelhaft auf die Rechte aus § 634 BGB bezieht, eine **unselbstständige Garantie** gemeint sein;[11] das ist aber nicht unbestritten. Nach anderer Ansicht muss es sich um eine **unbedingte, verschuldensunabhängige Übernahme** eine „garantiemäßigen Zusicherungshaftung für die Beschaffenheit eines vom Unternehmer zu erstellen-

---

2) BGHZ, 65, 107 = NJW 1976, 43; OLG Hamm, BauR 2005, 1643. Es bleibt auch nach neuem Recht vor allem (nur) bei dem Schadensersatzanspruch nach §§ 280, 281, 634 Nr. 4 BGB.
3) Vgl. BGH, NJW 1979, 645 = *SFH*, Nr. 3 zu § 477 BGB = ZfBR 1979, 98 = BauR 1979, 427; BGHZ 75, 75 = NJW 1979, 2036 = BauR 1979, 511 = ZfBR 1979, 204 = WM 1979, 1100 (**Herstellergarantie**); BGH, BauR 1986, 437, 440 = NJW 1986, 1927 = *SFH*, Nr. 33 zu § 638 BGB; s. auch OLG Frankfurt, NJW-RR 1992, 280, 281.
4) BGHZ 75, 75 = BauR 1979, 511; OLG Hamm, BauR 2006, 1007, 1008.
5) Beispiel: OLG Stuttgart, NJW-RR 1989, 210 (**Garantie** für ordnungsgemäße Dachsanierung durch Fachingenieur).
6) *Heiermann/Riedl/Rusam*, Einf. zu § 13/B, Rdn. 24 b; *Kaiser*, Rdn. 66 g.
7) *Kleine-Möller/Merl*, § 12, Rdn. 225.
8) Vgl. BGH, WM 1977, 365, 366.
9) BGH, *Schäfer/Finnern*, Z 2.300 Bl. 22; Z 2.10 Bl. 51; BauR 1970, 107.
10) Siehe im Übrigen: §§ 276 Abs. 1 Satz 1, 442 Satz 2, 443, 444, 447 Abs. 1 BGB.
11) *Palandt/Sprau*, § 639, Rdn. 5; *Oblinger-Grauvogl*, in: Wirth/Sienz/Englert, Teil II, § 639, Rdn. 11.

den Werks handeln".[12] Wäre dies zutreffend, könnte nicht ohne Weiteres angenommen werden, dass eine **„zugesicherte Eigenschaft"** im Sinne des **alten** Rechts ausreicht; denn das Versprechen, für alle Folgen des Fehlens einer zugesicherten Eigenschaft ohne Weiteres einstehen zu wollen, war gerade für das Werkvertragsrecht nach der Rechtsprechung des BGH nicht erforderlich. Da der Gesetzgeber[13] aber in der „Zusicherung" einer (bestimmten) Eigenschaft nach **altem** Recht nunmehr eine **„Garantie"** sehen will, muss jedenfalls für § 639 BGB davon ausgegangen werden, dass eine **unselbstständige Garantie** bzw. eine zugesicherte Eigenschaft nach altem Recht ausreicht.

Im Übrigen lässt auch das **neue** Recht die **selbstständige Garantieübernahme** durch einen Baubeteiligten zu;[14] insoweit kann deshalb auf die bisherige Rechtsprechung und Literatur zurückgegriffen werden. Liegt eine solche **selbstständige Garantie** vor, sind die §§ 633 ff. BGB nicht anzuwenden.[15]

**1435** Die Vielfalt der tatsächlichen Vorgänge bei einem Bauvorhaben und der Umstand, dass ein Bauvorhaben ohne mehrere (selbstständige) Baubeteiligte (z. B. Architekt, Bauunternehmer und Sonderfachmann) nicht auskommt, bewirkt die große Schwierigkeit, bautechnische Vorgänge im nachhinein zu prüfen. Dies beginnt schon damit, dass unter Umständen bereits der **Bauschaden** erkennbar ist, nicht aber der eigentliche **Baumangel** ohne Weiteres festgestellt werden kann, weil insoweit verschiedene Möglichkeiten der **Schadensverursachung** in Betracht kommen.[16] Dies ist z. B. bei den häufig auftretenden **Feuchtigkeitsschäden** im Keller eines Bauvorhabens der Fall: Sie können auf eine mangelhafte Planung oder Isolierung, auf einen nicht einwandfreien Beton oder eine fehlerhafte Dränage usw. zurückzuführen sein.

**1436** Steht nach eingehender Überprüfung der eigentliche Baumangel fest, braucht damit noch nicht der hierfür **Verantwortliche** gefunden zu sein. Die Baubeteiligten selbst versuchen vielfach, ein Versagen am Bau in Abrede zu stellen oder einem Dritten anzulasten. Mit anderen Worten: In der Regel beruft sich der Unternehmer „auf Planungsfehler des Architekten", die Architekten und/oder Sonderfachleute werden sich wechselseitig verantwortlich machen oder auf „Ausführungsfehler des Unternehmers" verweisen. Der Bauherr als Nichtfachmann ist dann überfordert. So kann ein Baumangel in den Verantwortungsbereich zweier oder auch mehrerer Baubeteiligter als **Gesamtschuldner** (z. B. Architekt bzw. Sonderfachmann und Unternehmer bei Planungsfehler und Ausführungsfehler) fallen.[17] Ist dies der Fall, ist

---

12) In diesem Sinne: *Henssler/Graf von Westphalen*, Teil 6, § 639 BGB; *Graf von Westphalen*, ZIP 2002, 545, 547; wohl auch AnwKom-BGB/*Dauner-Lieb*, § 276, Rdn. 19; *Leupertz*, in: Prütting/Wegen/Weinreich, § 639 BGB, Rdn. 5.
13) Vgl. BT-Drucks. 14/6040, S. 132.
14) *Dauner-Lieb/Thiessen*, ZIP 2002, 108; *Haas*, BB 2001, 1313, 1319; *Palandt/Sprau*, § 634, Rdn. 26 u. § 639, Rdn. 5. Zur **selbstständigen** Garantie: BGH, ZfBR 2000, 98.
15) *Palandt/Sprau*, § 634, Rdn. 26. Zur Wirksamkeit von Freizeichnungsklauseln: *Graf von Westphalen*, ZIP 2001, 2107; ZIP 2002, 545 ff. (zu §§ 444, 639); *Gronstedt/Jörgens*, ZIP 2002, 52; *Dauner-Lieb/Thiessen*, ZIP 2002, 108 (zu § 444 BGB).
16) Gutes Beispiel: OLG Hamburg, BauR 2005, 1339 (Parkettboden auf Fußbodenheizung; für die sog. Blockabrisse und Parkettschollen kommen mehrere Ursachen in Betracht, die nicht alle dem Parkettleger zugerechnet werden können); s. auch: OLG Hamburg, BauR 2001, 1749 m. zust. Anm. *Wirth;* kritisch: *Leitzke*, BauR 2002, 394 ff.
17) Siehe hierzu grundlegend: *Stamm*, ZfBR 2007, 107 ff.; *Soergel*, BauR 2005, 239 ff.; *Glöckner*, BauR 2005, 251 ff. u. *Kniffka*, BauR 2005, 274 ff.; s. ferner Rdn. **1975** ff.

der Baugläubiger grundsätzlich bei der Auswahl des Schuldners, gegen den er vorgehen will, frei.[18] Bei einem prozessualen Vorgehen bieten sich aber auch folgende Möglichkeiten für den Bauherrn an:

* Es besteht die Möglichkeit, gegen **beide** Verursacher vorzugehen und diese **gesamtschuldnerisch** zu verklagen.[19] Dies ist vorteilhaft, wenn Unternehmer mit verschiedenen Gewerken jeweils fehlerhaft arbeiten und deren Mängel nur **einheitlich** beseitigt werden können.[20]

**1437**

* Der Bauherr kann aber auch **nur einen** der beiden Baubeteiligten verklagen; dieser kann dann den anderen Mitverantwortlichen durch eine **Streitverkündigung** in den Prozess einbeziehen und ggf. im Rahmen einer späteren **Ausgleichsklage** (vgl. Rdn. 1964 ff.) ganz oder teilweise in Regress nehmen. Zu beachten bleibt, dass eine zulässige Streitverkündung, „alternative" Schuldnerschaft **voraussetzt**; liegt eine gesamtschuldnerische Haftung von Architekt und Unternehmer vor, ist eine Streitverkündung unzulässig (vgl. Rdn. 553).[21]

Bei einer vertraglich **wirksam**[22] vereinbarten **Subsidiärhaftung** (vgl. Rdn. 2262 ff.) hat der Bauherr allerdings zunächst eine bestimmte Rangfolge bei seinem Vorgehen zu beachten.

Demgegenüber ist bei einer „**alternativen Schuldnerschaft**" die Entscheidung des Bauherrn, wie und gegen wen vorzugehen ist, schwieriger: Hier fällt der Baumangel nur **entweder** in den Verantwortungsbereich des einen Baubeteiligten **oder** des anderen (z. B. entweder Ausführungsfehler des Rohbauunternehmers oder des Schreiners; entweder Planungsfehler des Statikers oder des Architekten). Lässt sich aufgrund widerstreitender Behauptungen der Baubeteiligten die Frage der Verantwortlichkeit nicht ohne Weiteres im vorprozessualen Bereich klären, so kann der Bauherr auch hier zwischen **zwei Prozesswegen** wählen:

**1438**

* Er verklagt beide in Betracht kommende Verursacher; dabei geht er das Risiko ein, dass die Klage gegen einen der beiden Baubeteiligten mit Sicherheit kostenpflichtig abgewiesen wird; gleichzeitig bringt dieser Weg aber auch prozessuale Vorteile mit sich (z. B. Ausschaltung von Zeugen; schnellerer Abschluss des Verfahrens).
* Er erhebt Klage nur gegen einen der beiden Baubeteiligten; gleichzeitig **verkündet** er dem anderen den Streit, um dadurch wichtige Rechtspositionen (z. B. **Hemmung** der Verjährung) zu wahren, und geht später – bei ungünstigem Ausgang – gegen diesen in einem neuen Prozess vor (vgl. Rdn. 547 ff.).

Welchen Weg der Bauherr beschreiten soll, wird nur **im Einzelfall zu entscheiden** sein. Die zweite Alternative ist stets dann sinnvoll, wenn eine der Baubeteiligten mit größerer Wahrscheinlichkeit als Verantwortlicher in Betracht kommt.

Schließlich hat der Bauherr neben der Feststellung des Baumangels und des Verursachers die richtige Entscheidung über das im Klagewege geltend zu machende

**1439**

---

18) KG, BauR 2006, 400, 401.
19) Vgl. z. B. BGH, NJW-RR 2003, 1454 = BauR 2003, 1918.
20) BGH, BauR 2003, 1379 = NJW 2003, 2980 = NZBau 2003, 557 („gleichstufige Verbundenheit"); OLG Stuttgart, IBR 2004, 11; s. dazu auch *Stamm*, NJW 2003, 2940 ff.
21) BGH, BauR 1982, 514, 515; OLG Köln, NJW-RR 1991, 1535. Zur **Streitverkündungswirkung** im Bauprozess: OLG München, NJW 1986, 263 m. Anm. *Vollkommer*.
22) Zu den Rechtsfolgen einer **unwirksamen AGB**-Klausel: BGH, BauR 1998, 335 (im Anschluss an BGH, BauR 1995, 542 = ZfBR 1995, 202 = NJW 1995, 1675).

Gewährleistungsrecht im weiteren Sinne entsprechend dem abgeschlossenen VOB- oder BGB-Bauvertrag zu treffen sowie – ggf. – die Höhe des einzuklagenden **Schadensbetrages** festzulegen.

**1440** Für den Bauherrn, der sich auf das weite Feld der „Gewährleistung" begeben muss, kann dies angesichts der aufgezeigten Schwierigkeiten nur bedeuten, alle Möglichkeiten einer **vorprozessualen Aufklärung** und Beweissicherung zu ergreifen, um spätere Nachteile zu vermeiden. Dazu gehört z. B., dass der Bauherr oder sonstige Baubeteiligte bereits rechtzeitig vor Prozessbeginn durch **Privatgutachten** (vgl. Rdn. 148 ff.) oder **selbstständige Beweisverfahren** (vgl. Rdn. 1 ff.) die notwendigen Voraussetzungen für einen Bauprozess schafft.

**1441** Wie bei den Honorarklagen (vgl. Rdn. 600 ff.) hat der Bauherr bei einem prozessualen Vorgehen aus **Gewährleistung alle Tatsachen vorzutragen,** die den geltend gemachten Anspruch ausfüllen. Dazu gehört auch die Vorlage folgender **Unterlagen:**

* **Vertrag** mit Architekt, Bauunternehmer oder Sonderfachmann
* Sonstiger **Schriftverkehr** (wie z. B. Auftragsschreiben, Bestätigungsschreiben, die Vorkorrespondenz usw.), soweit er mit dem Vertragsschluss in sachlichem Zusammenhang steht und für die Gewährleistungsfrage von Bedeutung sein kann
* Gegebenenfalls **allgemeine** und **besondere Vertragsbestimmungen,** soweit sie Vertragsinhalt geworden sind
* **Leistungsverzeichnis** und u. U. Schlussrechnung des Gegners

**1442** Zum **Klagevorbringen** gehört ferner die Angabe, ob die **VOB/B** vereinbart worden ist (vgl. dazu Rdn. 1003 ff.).[23] Häufig wird gerade dieser Hinweis in einer Klageschrift unterlassen, sodass das Gericht oftmals aufgrund des unterschiedlichen Gewährleistungsrechts nicht prüfen kann, ob eine Gewährleistungsklage überhaupt schlüssig ist oder nicht.

Es ist zu beachten:

**Mängelansprüche** gegen

* einen **Bauunternehmer,** auch Generalunternehmer[24] oder eine (Dach)ARGE[25] beurteilen sich in aller Regel nach den §§ 631 ff. BGB. Der Bauvertrag ist **Werkvertrag,** nur ausnahmsweise **Werklieferungsvertrag** (§ 651 BGB);[26] die Vorschrift wurde durch das SchRModG neu gefasst.[27] Die Vorschrift bringt in der praktischen Anwendung Probleme, weil eine rein an sachenrechtlichen Gesichtspunkten orientierte **Auslegung** im Einzelfall (z. B. bei Scheinbestandteilen, § 95 Abs. 2

---

[23] Zur Einbeziehung der **nichttechnischen** Teile der DIN 18299 ff. **(VOB/C)** siehe *Tempel,* NZBau 2003, 465 ff. u. *Schwenker,* IBR 2003, 647; zur Einbeziehung der **VOB/C:** *Quack,* ZfBR 2005, 731.

[24] *Locher,* Rdn. 598 ff.

[25] Zur **Haftung** der ARGE im Außenverhältnis: *Krause-Allenstein,* BauR 2007, 617, 621 ff.; zur **Rechtsnatur** der Bau-Arge: *Thierau/Messerschmidt,* NZBau 2007, 129 ff. m. Nachw.

[26] Siehe zum **alten Recht:** BGH, BauR 2002, 315, 316 = NJW 2002, 749; *Staudinger/Peters,* § 651 BGB, Rdn. 1 ff.; *Medicus,* JuS 1992, 273 ff.; *Teichmann,* Gutachten A zum 55. Deutschen Juristentag, Bd. I, Teil A, 1984, A 33 ff.; *von Craushaar,* Festschrift für Korbion, S. 27 ff.

[27] Siehe hierzu *Leupertz,* BauR 2007, 1648 ff.; OLG Nürnberg, BauR 2007, 122 (Herstellung und Lieferung von Türen, auch nach speziellem Aufmaß, sind nach § 651 BGB zu beurteilen; auch zur Anwendung von §§ 377, 381 HGB bei beiderseitigem Handelsgeschäft; s. hierzu *Ulbrich/ Ulbrich,* Festschrift für Thode, S. 181 ff.; *Mankowski,* NJW 2006, 865 ff.).

BGB) zur Anwendung von Kaufrecht führen müsste.[28] Es ist jedoch davon auszugehen, dass sich die Zuordnung zum Kauf- oder Werkvertragsrecht maßgeblich – wie bisher – danach bestimmt, ob die erbrachte Unternehmerleistung der **Herstellung** und/oder **Veränderung eines Gebäudes** dient und die **Erfolgsbezogenheit** der Leistung damit im Vordergrund steht.

* einen **Architekten** richten sich ebenfalls in der Regel nach §§ 631 ff. BGB, nur **ausnahmsweise** finden die Vorschriften des Dienstvertragsrechts Anwendung.[29]
* einen **Sonderfachmann** (Bauingenieure usw.) sind nach §§ 631 ff. BGB zu beurteilen. Der Sonderfachmann wird im Rahmen eines Werkvertrages tätig.[30]
* gegen einen **Projektsteuerer** beurteilen sich nach Werkvertragsrecht, wenn bei einer Gesamtbetrachtung des Vertrages die tätigkeitsbezogenen oder erfolgsorientierten Elemente überwiegen.[31]

Werden Gewährleistungsansprüche gegen **Betreuungsunternehmen** geltend gemacht, kann die rechtliche Einordnung der einzelnen Vertragstypen in der Regel nur nach Vorlage der entsprechenden Verträge sicher beurteilt werden. **1443**

Soweit es sich um **Baubetreuungsverträge**[32] handelt, entsprechen die vertraglichen Leistungen des Baubetreuers weitgehend dem Leistungsbild des Architektenvertrages, sodass diese Vertragstypen grundsätzlich dem Werkvertragsrecht zuzuordnen sind.[33] Übernimmt ein Baubetreuer die Aufgaben eines Architekten, so haftet er auch wie ein Architekt.[34]

Bei **Vollbetreuung** ist daher das Werkvertragsrecht der §§ 631 ff. BGB maßgebend, wenn nicht im Einzelfall die VOB/B vereinbart wurde;[35] schuldet der Baubetreuer keine Bauleistungen, scheidet die Anwendung der VOB/B von vornherein aus (vgl. Rdn. 1017). Daneben hat der Baubetreuungsvertrag **Geschäftsbesorgungscharak-**

---

28) Siehe hierzu *Konopka/Acker*, BauR 2004, 251 ff. für den Bau- und Anlagenbauvertrag; *Palandt/Sprau*, § 651 BGB, Rdn. 4 ff.
29) BGH, BauR 1995, 731; BGH, BauR 1995, 572 (Projektsteuerungsvertrag); BGH, NJW 1960, 431; NJW 1973, 1458 = BauR 1973, 332; NJW 1974, 898 = BauR 1974, 211 = *Schäfer/Finnern*, Z 3.010 Bl. 9; BauR 1982, 79 = ZfBR 1982, 15; *Palandt/Sprau*, Einf. vor § 631, Rdn. 17. Für die Annahme eines **Dienstvertrages** bleibt nur Raum, wenn der Architekt nicht gestaltend an der Verwirklichung des Bauwerkes mitwirkt; *Schmalzl*, BauR 1977, 80, 83; s. ferner: *Leupertz*, in: Prütting/Wegen/Weinreich, Vor §§ 631 BGB, Rdn. 12; sowie Rdn. **653**.
30) Zum **Bodengutachter** siehe *Motzke*, BTR 2004, 50 ff.; zum Baugrund- und Gründungsgutachten: OLG Celle, BauR 2006, 402; zur Sachwaltereigenschaft eines **Tragwerkplaners**: OLG Bamberg, BauR 2005, 1792 = IBR 2006, 508 – *Hebel* sowie Rdn. **1534 ff.**
31) **Schwerpunkttheorie**; s. *Eschenbruch*, Rdn. 771 ff.; OLG Frankfurt, BauR 2007, 1107 (LS); *Schill*, NZBau 2005, 489, 491; *Weise*, NJW-Spezial 2007, 213 sowie oben Rdn. **1429**.
32) „Baubetreuung i.e.S."; dies ist in der Regel, wer gewerbsmäßig Bauvorhaben in **fremdem Namen** für fremde Rechnung wirtschaftlich vorbereitet oder durchführt (OLG Saarbrücken, BauR 2005, 890, 891 u. OLGR 2004, 210, 211). Das **Vertretungsverhältnis** ist also das kennzeichnende Merkmal: statt vieler: *Locher/Koeble*, Rdn. 13; *Locher*, Rdn. 615 ff.; *MünchKomm-Busche*, § 631 BGB, Rdn. 224.
33) BGH, BauR 1994, 776 = NJW 1994, 2825; *Koeble*, NJW 1974, 721; *Locher/Koeble*, Rdn. 18; BGH, WM 1969, 1139; OLG Celle, NJW 1970, 1191; OLG Nürnberg, NJW 1972, 2126; *Pfeiffer*, NJW 1974, 1430; *Nicklisch*, Sonderbeilage 10/BB 1974, S. 11; kritisch: *Deckert*, ZfBR 1984, 55 ff.
34) BGH, ZfBR 2000, 548 = BauR 2000, 1762; OLG Köln, IBR 2006, 157 – *v. Rintelen* (Überwachung der Bauausführung).
35) Zum Meinungsstand: OLG Saarbrücken, OLGR 2004, 210, 211 m. w. Nachw.

ter, sodass zusätzlich die Bestimmungen des Auftragsrechts Anwendung finden können.[36] Bei bloßer **Teilbetreuung** liegt ein **Werkvertrag** vor, wenn der Betreuer technische Leistungen erbringt.[37] Bei rein wirtschaftlicher Betreuung (sog. **finanzwirtschaftliche Baubetreuung**) ist dagegen ein **Dienstvertrag** mit Geschäftsbesorgungscharakter anzunehmen.[38] Kommt zu der wirtschaftlichen Teilbetreuung eine technische (z. B. planerische) Leistung hinzu, ist Werkvertragsrecht heranzuziehen, wenn das Schwergewicht der Leistungen auf dem technischen Bereich liegt.[39]

**1444** Die Rechtsnatur der **Bauträgerverträge** (auch Bau- und Erwerbervertrag genannt)[40] war demgegenüber für das **alte Recht** lange umstritten; zuletzt hatte sich die Ansicht durchgesetzt, dass auch diese Verträge, soweit es um die Errichtungsverpflichtung geht, dem **Werkvertragsrecht** zuzuordnen sind.[41] Dabei war auch ohne Bedeutung, dass die Parteien den Vertrag als Kaufvertrag und sich selbst als Käufer und Verkäufer bezeichnet haben.[42] Die Rechtsprechung, die den kaufrechtlichen Aspekt in den Vordergrund stellte,[43] war jedenfalls überholt, wenn auch nicht zu verkennen war, dass zunehmend nach **neuen Kriterien** gesucht wurde, um die werkvertragliche Gewährleistung wieder einzuschränken („gebrauchte" Immobilie).[44] Insgesamt kann für das **alte Recht** gesagt werden, dass der **Bauträgervertrag** als ein **einheitlicher Vertrag** angesehen wurde, der neben werk- und werklieferungsvertraglichen auch – soweit der Grundstückserwerb in Rede steht – kaufvertragliche Elemente sowie je nach den Umständen des Einzelfalles Bestandteile aus dem Auftrags- und Geschäftsbesorgungsrecht enthält. Das Entscheidende für die Sachmängelhaftung war, „dass sich

---

36) § 675 BGB; BGH, BauR 1994, 776 = NJW 1994, 2825; BGH, WM 1969, 1139; s. auch BGH, NJW 1975, 869.
37) *Locher/Koeble*, Rdn. 19. Zum **Umfang** der **Prüfungspflicht** des Baubetreuers (Überprüfung der Bauausführung mit den Flächenangaben im Prospekt): BGH, BauR 1991, 88 = NJW-RR 1991, 218 = *SFH*, Nr. 21 zu § 675 BGB.
38) BGH, BauR 2005, 1772, 1773 = NZBau 2005, 509, 510; OLG Saarbrücken, BauR 2005, 890, 892.
39) Zutreffend: *Locher/Koeble*, Rdn. 20 m. Nachw.
40) Der **Bauträger** bereitet (als Gewerbetreibender) das Bauvorhaben im eigenen Namen für eigene oder fremde Rechnung vor oder führt es entsprechend durch. Die Bereitstellung und Erschließung des Grundstücks erfolgt durch den Bauträger. Vgl. im Einzelnen: *Basty*, Rdn. 3 ff.; *Pause*, Rdn. 32 ff.; *Locher*, Rdn. 634 ff.; *Reithmann/Meichssner/von Heymann*, A, Rdn. 3 ff. Zur **Diskussion** um das „Aus" des Bauträgervertrages zutreffend: *Ullmann*, NJW 2002, 1073 ff.
41) Siehe u. a.: BGH, DB 1969, 346; BGHZ 60, 362 = NJW 1973, 1235 = JZ 1973, 735 m. Anm. *Weitnauer* = BauR 1973, 247; BGHZ 61, 369 = NJW 1974, 143; BGHZ 74, 204 = NJW 1979, 1406 = BauR 1979, 337; NJW 1982, 2243 = BauR 1982, 493 (Musterhaus); BauR 1985, 314 = NJW 1985, 1551 = ZfBR 1985, 132; BauR 1991, 85 = ZfBR 1991, 12 = NJW-RR 1991, 342.
42) Vgl. BGH, WM 1979, 839 = ZfBR 1979, 337 = BauR 1979, 420; BGH, NJW 1981, 2344 = BauR 1981, 571; BGH, BauR 1982, 58, 59; BGH, BauR 1991, 85; *Doerry*, ZfBR 1982, 189, 191; OLG Celle, BauR 1998, 805; OLG Hamm, NJW-RR 1998, 1031; OLG Düsseldorf, OLGR 1994, 74; anders: OLG München, MittBayNot 1976, 23 u. *Brych*, MDR 1978, 180, 184.
43) Vgl. z. B. RG, LZ 1910, 622; RG, Recht 1914, Nr. 2057; BGH, MDR 1965, 674; OLG Köln, NJW 1968, 2063; OLG Hamm, NJW 1969, 1438 m. abl. Anm. *Locher*; OLG Düsseldorf, NJW 1971, 1847.
44) Vgl. hierzu grundlegend: *Hochstein*, Festschrift für Locher, S. 77 ff.; *Medicus*, JuS 1992, 273, 276; *Klumpp*, NJW 1993, 372; aus der **Rspr.:** BGHZ 108, 156 = BauR 1990, 221 mit zust. Anm. *Schlemminger* (Umwandlung einer vor etwa 20 Jahren im sozialen Wohnungsbau errichteten Wohnanlage in Eigentumswohnungen) u. OLG Hamburg, NJW-RR 1989, 1497 (keine größeren Herstellungspflichten des Veräußerers); LG Landshut, NJW 1993, 407 (Sanierung eines 100 Jahre alten Hauses); LG Tübingen, BauR 1995, 561 (Verkauf „**von Privat an Privat**"); OLG Celle, NJW-RR 1996, 1416 (**Eigentumswohnung,** Anwendung von Kaufrecht).

aus Inhalt, Zweck und wirtschaftlicher Bedeutung des Vertrags sowie aus der Interessenlage der Parteien die Verpflichtung des Veräußerers zur mangelfreien Erstellung des Bauwerks ergibt; an diese Verpflichtung knüpft die Sachmängelhaftung nach Werkvertragsrecht an".[45] Das wies den Bauträgervertrag als **Vertrag eigener** Art aus.[46]

Ob die altrechtliche Beurteilung des Bauträgervertrags auch für das **neue Recht** zutreffend ist, ist in der **Literatur** zum Teil bestritten worden; das SchRModG hat in § 438 Abs. 1 Nr. 2 lit a BGB nämlich vorgesehen, dass die Rechte des Käufers auf Nacherfüllung sowie die Gewährleistungsrechte wegen eines Mangels „**bei einem Bauwerk**" wie in § 634a Abs. 1 Nr. 2 BGB in **fünf** Jahren verjähren. Damit soll nach der Begründung des Gesetzgebers der Rechtsprechung die Möglichkeit eröffnet werden, auf den Bauträgervertrag auch **Kaufvertragsrecht** anzuwenden.[47] Aus diesem Grund wird teilweise die Auffassung vertreten, auf den Erwerb eines (bereits errichteten) Bauträgerobjekts sei zukünftig nur noch das Kaufrecht anzuwenden.[48]

**1445**

Dem ist indes entgegenzuhalten, dass das SchRModG für die Bauträgerverträge keine „neue Regelung getroffen" hat.[49] Es ist daher zutreffend, dass die bisherige Rechtsprechung weiterhin Bestand hat; denn das Werkvertragsrecht bietet in jedem Fall Vorteile und es wird auch den **bauspezifischen Gegebenheiten** des Bauträgervertrages (Erfordernis einer körperlichen und willentlichen Abnahme; Kündigungsmöglichkeit; eingeschränkte Mitwirkung des Erwerbers; Regelung von Sonderwünschen,[50] Recht zur Selbstvornahme) besser gerecht. Der Bauträgervertrag hat durch seine **Herstellungs**verpflichtung eindeutig werkvertragliches Gepräge.[51] Die Anwendung von Werkvertragsrecht liegt im Interesse des Erwerbers, aber auch des Bauträgers, da dieser sich in aller Regel zahlreicher **Subunternehmer** bedienen muss. Eine Anwendung des Kaufrechts würde dem Bauträger sein **Wahlrecht** aus § 635 Abs. 1 BGB n. F. und damit letztlich auch ein Druckmittel gegenüber den Subunternehmer nehmen, was nicht im Sinne der Erwerber ist.

Nichts anderes gilt für den Erwerb von **Wohnungseigentum („Eigentumswohnung")**.[52] Zu beachten ist, das **mehrere** Unternehmer, die Eigentumswohnungen derselben Wohnungseigentumsanlage veräußert haben, hinsichtlich des Gemein-

**1446**

---

45) BGH, NJW 1981, 2344 = BauR 1981, 571; BGH, BauR 1982, 58, 60; NJW 1982, 2243 = BauR 1982, 493; BauR 1985, 314; BGH, BauR 1987, 686; BGH, BauR 1988, 461; OLG Saarbrücken, IBR 2006, 448 – *Thode* (für den Fall eines „Durchgangserwerbs"); OLG Hamm, NJW-RR 1998, 1031.
46) So BGH, NJW 1986, 925, 926 = BauR 1986, 208; OLG Zweibrücken, OLGR 2007, 439, 440.
47) *Teichmann*, ZfBR 2002, 13, 19.
48) Vgl. *Litzenburger*, RNotZ 2002, 23, 24; *Brambring*, DNotZ 2001, 904, 906; *Hertel*, DNotZ 2002, 6, 18; siehe ferner: *Ott*, NZBau 2003, 233 ff.; *Hoffmann/Joneleit*, NZBau 2003, 641 ff.; *Heinemann*, ZfIR 2002, 167, 168; s. hierzu (ablehnend): *Thode*, NZBau 2002, 297, 299.
49) So zutreffend: *Boldt*, Rdn. 75; siehe auch *Derleder*, NZBau 2004, 237 ff.
50) Siehe *Pause*, NZBau 2001, 603, 605.
51) *Palandt/Sprau*, § 675 BGB, Rdn. 14; *Leupertz*, in: Prütting/Wegen/Weinreich, Vor §§ 61 BGB, Rdn. 15; *Basty*, Rdn. 3 ff.; *Derleder*, NZBau 2004, 297, 299; *Thode*, NZBau 2002, 297, 299; *Teichmann*, a. a. O., S. 20, wenngleich dieser mehr auf die Unterscheidung „nicht fertiggestellt": Werkvertrag/„fertiggestellt": Kaufvertrag abstellt (in diesem Sinne auch *MünchKomm-Busche*, § 631 BGB, Rdn. 227).
52) BGH, BauR 1976, 133 = NJW 1976, 515; BGH, NJW 1981, 2344 = BauR 1981, 571; BauR 1982, 58 ff.

schaftseigentums nur den Erwerbern gegenüber als Gesamtschuldner haften, mit denen sie einen Erwerbsvertrag abgeschlossen haben.[53)] Übernimmt der Veräußerer in einem notariellen **Kaufvertrag** eine **Sanierungspflicht** (z. B. Erneuerung eines Terrassenbelages), gilt für diese Arbeiten Werkvertragsrecht.[54)]

Sachmängelansprüche des Erwerbers eines „neuerrichteten" Bauwerks richten sich daher auch nach **neuem Recht** nach Werkvertragsrecht; dabei kann nach ganz überwiegender Ansicht einem Bauträgervertrag nicht wirksam die VOB/B zugrunde gelegt werden.[55)] Nach zutreffender Ansicht des OLG Saarbrücken[56)] findet das Werkvertragsrecht auch dann Anwendung, wenn der Erwerb nicht unmittelbar von dem Bauträger, sondern von einem **Zwischenerwerber** erfolgt.

**Umstritten** war auch die Gewährleistungsverpflichtung beim Erwerb eines **sanierten** und **renovierten Altbaus** oder einer **Altbauwohnung**.[57)] Übernimmt z. B. ein Bauträger, was durch **Vertragsauslegung** zu ermitteln ist, **ausnahmsweise keine** Herstellungsverpflichtung, so unterliegt der Vertrag den kaufvertraglichen Regelungen.[58)] Meist wird von dem Veräußerer jedoch eine **Herstellung** geschuldet; dann ist **Werkvertragsrecht** anzuwenden, sofern vertraglich Bauleistungen übernommen werden, die insgesamt nach **Umfang** und **Bedeutung Neubauarbeiten vergleichbar** sind.[59)] Dabei ist zu beachten: Ist die Herstellungsverpflichtung des Veräußerers Neubauarbeiten **nicht** vergleichbar, finden die werkvertraglichen Gewährleistungsregeln nur insoweit Anwendung, als die **Herstellungsverpflichtung** besteht und Mängel hierauf beruhen. Auf Teile, auf die sie sich nicht bezieht,

---

53) BGH, BauR 1994, 105 = MDR 1994, 167.
54) OLG Hamm, NZBau 2002, 36 (gegen OLG Düsseldorf, NJW-RR 1998, 1354); OLG Hamburg, BauR 1995, 242; siehe aber OLG Celle, NJW-RR 1996, 1416.
55) Siehe hierzu: *Basty*, Rdn. 1002; *Locher*, Rdn. 653; *Pause*, Rdn. 163 ff.; ferner: OLG Bamberg, OLGR 1999, 134 (Generalunternehmervertrag); OLG Celle, BauR 1993, 476; OLG Celle, BauR 1998, 802 (§ 13 Nr. 5 Abs. 2 VOB/B); *MünchKomm-Busche*, § 631 BGB, 229 sowie Rdn. **1017**.
56) IBR 2006, 448 – *Thode*.
57) Zur Haftung des Bauträgers für die **unsanierte** Bausubstanz: OLG Düsseldorf, BauR 2003, 1911 = IBR 2004, 20 – *Vogel* u. BauR 2004, 1014 (Haftung für unterbliebene Isolierung der Kellerräume); OLG Karlsruhe, IBR 2006, 149. Zu den **Sanierungsmodellen**: *Glöckner*, Festschrift für von Craushaar, S. 349 ff.; *von Samson*, BauR 1996, 58 ff.; *Koeble*, BauR 1992, 569 ff.; *Riedl*, Festschrift für Soergel, S. 247 ff.; *Samson-Himmelstjerna*, S. 13 ff.
58) BGHZ 98, 100 = BauR 1986, 723, siehe auch OLG Hamburg, NJW-RR 1989, 1497 u. BGHZ 108, 156 = BauR 1990, 221. Zum **vollständigen Gewährleistungsausschluss** bei einem Kaufvertrag über eine **gebrauchte Immobilie** siehe *Litzenburger*, NJW 2002, 1244 ff.
59) Siehe hierzu: BGH, BauR 2007, 1407 = NZBau 2007, 507 = ZfIR 2007, 540 m. Anm. *Moufang/Koos*; BauR 2007, 1036, 1037 = NZBau 2007, 371, 372; BGH BauR 2005, 542, 544 = NZBau 2005, 216 = ZfBR 2005, 263 = ZfIR 2005, 134 m. Anm. *Vogel* (Fall einer **Totalsanierung**); BGHZ 164, 225 = BauR 2006, 99, 100 = NZBau 2006, 113, 114 = ZfIR 2006, 50 m. Anm. *Thode* (Fall einer **Teilsanierung**); ferner: BGHZ 100, 391 = BauR 1987, 439 = NJW 1988, 490; BGH, BauR 1988, 464 = NJW 1988, 1972; BGHZ 108, 164 = NJW 1989, 2748 = BauR 1989, 597; BGH, BauR 1990, 466 = ZfBR 1990, 276; OLG Karlsruhe, IBR 2007, 489 – *Locher*; OLG Nürnberg, BauR 2007, 413, 414; OLG Köln, OLGR 2000, 216 = ZfBR 2000, 336; OLG Frankfurt, NJW 1984, 2586 = BauR 1985, 323; OLG Hamm, BauR 1995, 846 = NJW-RR 1996, 213 u. BauR 2001, 1273; *Pause*, BTR 2005, 72 u. NZBau 2001, 603, 611 m. w. Nachw.

**Einleitung** **Rdn. 1447–1448**

findet das Kaufrecht Anwendung.⁶⁰⁾ Im Übrigen ist es **nicht** gerechtfertigt, etwa **Abstriche** bei dem technischen Standard anzuerkennen.⁶¹⁾

Bei dem „Kauf" eines **Fertighauses**⁶²⁾ gilt Folgendes: **1447**

Liefert der Fertighaushersteller nur die einzelnen Bauteile des Hauses an die Baustelle, ohne auch die Montage des Hauses selbst zu übernehmen, liegt ein reiner Kaufvertrag vor. Die Gewährleistungsansprüche beurteilen sich dann ausschließlich nach §§ 459 ff. BGB a. F./§ 437 BGB. Übernimmt der Hersteller dagegen auch die **Errichtungsverpflichtung,** handelt es sich regelmäßig um einen reinen **Werkvertrag,** auf den das (frühere) AbzG oder VerbrKrG (jetzt § 505 BGB) nicht anzuwenden ist.⁶³⁾ Übernimmt der Fertighaushersteller die Herstellung des Kellers („**Unterkellerung**"), ist ebenfalls Werkvertragsrecht anzuwenden. Insoweit kann auch die Anwendung der VOB/B als Ganzes vereinbart werden. In gleicher Weise ist der auf Lieferung und Errichtung eines **Ausbauhauses** gerichtete Vertrag ein Werkvertrag;⁶⁴⁾ ein Verbraucher kann auch einen solchen Vertrag weder nach §§ 505 Abs. 1 Nr. 1, 355 Abs. 1 BGB noch nach §§ 501 Satz 1, 499 Abs. 2, 495 Abs. 1, 355 Abs. 1 BGB widerrufen.⁶⁵⁾

Einen besonderen Stellenwert hat in der Vergangenheit die **Haftung** des **Treuhänders** bekommen. Der Treuhänder wird in **Bauherrenmodellen** oder in **Ersterwerbermodellen,** die im Wege der Bauträgerschaft durchgeführt werden, für den Erwerber (Betreuten) tätig. Der Aufgabenbereich ist je nach Vertragsgestaltung weit gefächert; in der Praxis hat man es in der Regel mit dem „**Basistreuhänder**" zu tun, der umfassende Vertragspflichten gegenüber dem Betreuten übernimmt.⁶⁶⁾ Der Basistreuhänder ist – dem Architekten vergleichbar – **Sachwalter** des Bauherrn/Erwerbers und steht in seinem Lager.⁶⁷⁾ Die Rechtsnatur des Treuhandvertrages richtet sich wesentlich nach dem übernommenen Aufgabenbereich; in aller Regel wird ein **Dienstvertrag mit Geschäftsbesorgungscharakter** vorliegen.⁶⁸⁾ **1448**

---

60) BGHZ, 164, 225 = BauR 2006, 99, 103; *Thode,* ZfIR 2006, 54, 55; *Fuchs,* BauR 2007, 264, 266 ff.
61) OLG Hamm (19. Senat), OLGR 1997, 241; **a. A.:** OLG Hamm (17. Senat), BauR 1995, 846 = NJW-RR 1996, 213 = ZfBR 1996, 96; *Jagenburg,* NJW 1997, 2362, 2364; s. ferner: OLG Düsseldorf, BauR 2003, 1911 (u. a. für Schallschutz) u. OLGR 1998, 337 (für fehlende Kellerisolierung).
62) Zur Anwendung des HausTWG (§§ 312 ff. BGB n. F.) auf den Fertighausvertrag: BGH, BauR 2000, 1194 = ZfBR 2000, 413.
63) BGHZ 87, 112 = NJW 1983, 1489 = BauR 1983, 266; BGH, BauR 2006, 1131 = NZBau 2006, 435 = NJW 2006, 2551 (Revision zu OLG Düsseldorf, BauR 2005, 1636); BGH, BauR 1983, 261 = ZfBR 1983, 125; OLG Frankfurt, OLGR 2006, 49, 50 (Vereinbarung der VOB/B ist wirksam); *Graba,* MDR 1974, 975 ff.
64) BGH, BauR 2006, 510 = NZBau 2006, 237 = ZfBR 2006, 240 = NJW 2006, 904 = ZfIR 2006, 576 m. Anm. *Moufang* (im Abschluss an BGHZ 87, 112); OLG Koblenz, IBR 2006, 449 – *Vogel* (Veräußerung eines gerade errichteten Ausbauhauses).
65) Eine andere Beurteilung ist angezeigt, wenn der Hausbausatz lediglich zum **Selbsteinbau** geliefert wird. Siehe hierzu auch OLG Düsseldorf, NJW-RR 2002, 14 = *SFH,* Nr. 68 zu § 631 BGB; zu einem Grundstückskauf mit einer Planung und Baugenehmigung s. LG Köln, BauR 2000, 735.
66) Vgl. im Einzelnen: *Brych,* Festschrift für Korbion, S. 1, 5; *Koeble,* Festschrift für Korbion (1986), S. 215 ff.; *Pause,* Rdn. 1130, 1140.
67) Vgl. *Kürchner,* ZfBR 1988, 2 ff.
68) Zum Meinungsstand siehe: OLG Saarbrücken, OLGR 2004, 210, 211; *Koeble,* Festschrift für Korbion (1986), S. 217.

Zu den **Mängeln** der Treuhänderleistung vgl. Rdn. 1539 ff.

**1449** Zu den Gewährleistungsansprüchen des Erwerbers bei Kauf eines **Erbbaurechts** samt den aufgrund dieses Rechts errichteten Gebäuden und Anlagen s. BGH, NJW 1978, 370.

**1450** Nicht selten werden Bauvorhaben ganz oder teilweise in **Schwarzarbeit** durchgeführt, obwohl dies nach dem Gesetz zur Bekämpfung der Schwarzarbeit[69] als Ordnungswidrigkeit mit hohen Geldbußen geahndet werden kann. Durch dieses Gesetz soll verhindert werden, dass Schwarzarbeiter überhaupt unter Begründung beiderseitiger Rechte und Pflichten zu einem Leistungsaustausch herangezogen werden (s. auch Rdn. 1044).[70] Dem dient auch das Gesetz zur Eindämmung illegaler Betätigung im Baugewebe vom 30. August 2001.[71] Es war lange **umstritten**, ob Schwarzarbeiterverträge zivilrechtlich wirksam sind oder nicht.[72] Wird Nichtigkeit des Werkvertrages angenommen, hat der **Schwarzarbeiter weder einen Anspruch auf Werklohn, noch kann der Bauherr Gewährleistungsansprüche gegen den Unternehmer wegen fehlerhafter Werkleistung erheben**.[73] Das OLG Düsseldorf[74] will allerdings vollzogene Leistungen nach den Grundsätzen der ungerechtfertigten Bereicherung ausgleichen, sofern dies der übergeordnete Grundsatz von Treu und Glauben erfordere.

**1451** Der BGH[75] nimmt bei einem **beiderseitigen Verstoß Nichtigkeit** des Vertrages an, versagt aber gleichwohl im Einzelfall die Berufung auf die Nichtigkeit des Vertrages, wenn dies Treu und Glauben erfordern (§ 242 BGB). Für den Fall der Übernahme einer Preisgarantie durch einen Baubetreuer begründet der BGH dies wie folgt:

„Der Beklagte hat als Baubetreuer das Bauvorhaben der Klägerin bis auf die Garage und die Anbringung der Türen weitgehend durch Schwarzarbeiter ausführen lassen, wie es von den Parteien geplant war. Die Klägerin hat an den Beklagten den vereinbarten ‚Festpreis' bis auf einen Betrag von 3949,50 DM bezahlt, der etwa dem Wert der nicht errichteten Garage und der nicht eingebau-

---

69) Gesetz zur Intensivierung der Bekämpfung der Schwarzarbeit und damit zusammenhängender Steuerhinterziehung vom 23. Juli 2004 (BGBl. 2004 I 1842).
70) Siehe OLG Düsseldorf, BauR 1993, 487; OLG Karlsruhe, NJW 1977, 2076 = Die Justiz 1977, 13; OLG Düsseldorf, BauR 1978, 412; zu den Verstoßtatbeständen: OLG Düsseldorf, BauR 1991, 631; LG Mainz, NJW-RR 1998, 48 (Nichteintragung in Handwerksrolle).
71) BGBl. I, S. 2267. Zur **Bauabzugssteuer** s. im Einzelnen: FG Berlin, NZBau 2002, 228 = NJW 2002, 1143; *Heidland*, NZBau 2002, 413; *Beck/Girra*, NJW 2002, 1079; *Eisolt*, NZM 2002, 1505 u. NZM 2001, 979; *Jebens*, NZBau 2001, 533.
72) **Verneinend:** *Schmidt*, MDR 1966, 463; *Wittmann*, BB 1964, 904; LG Karlsruhe, NJW 1975, 1420; OLG Koblenz, DB 1975, 2125; OLG Karlsruhe, NJW 1977, 2076, OLG Düsseldorf, BauR 1978, 412; **bejahend:** LG Mainz, NJW-RR 1998, 48; OLG Celle, JZ 1973, 246; OLG Köln, NJW-RR 1990, 251; OLG Hamm, MDR 1990, 243; s. auch *Sonnenschein*, JZ 1976, 497; *Tiedtke*, DB 1990, 2307; *Köhler*, JZ 1990, 466; zur Reform: *von Ebner*, ZRP 1978, 211.
73) OLG Brandenburg, BauR 2007, 1586; OLG Karlsruhe, NJW 1977, 2076; OLG Düsseldorf, BauR 1987, 562, 565; *Tiedtke*, NJW 1983, 713, 715; **a. A.:** OLG Celle, JZ 1973, 246 = NdsRpfl. 1973, 48. Das LG Bonn (NJW-RR 1991, 180) versagt auch bei nur einseitigem Verstoß einen Wertersatzanspruch des Unternehmers (bedenklich).
74) BauR 1978, 412. Zur Anwendung des **§ 817 Satz 2 BGB:** OLG Brandenburg, BauR 2007, 1586, 1587; LG Mainz, NJW-RR 1998, 48; LG Bonn, NJW-RR 1991, 180, 181; LG Kiel, NJW-RR 1995, 981, 982; *Köhler*, JZ 1990, 466, 468/469; BGH, BauR 1990, 721.
75) BGH, BauR 2001, 632; BauR 1990, 721 = ZfBR 1990, 271 = *SFH*, Nr. 11 zu § 134 BGB; BGHZ 85, 39 = ZfBR 1982, 246 = NJW 1983, 109 = MDR 1983, 222; kritisch: *Tiedke*, NJW 1983, 713 ff.

ten Türen entspricht. Der Vertrag ist also beiderseits fast vollständig erfüllt worden. Beide Parteien wollen auch nicht, dass die von ihnen erbrachten Leistungen zurückgewährt werden. Hätte der Beklagte in dieser Situation mit der Berufung auf die Nichtigkeit des Vertrags Erfolg, so könnte er das im Vertrag übernommene Risiko, den vereinbarten ‚Festpreis' einhalten zu können, auf die Klägerin abwälzen. Er würde also zu Lasten der Klägerin von einer ihn treffenden Verpflichtung befreit, obwohl der Vertrag im Übrigen beiderseits erfüllt wurde und es dabei auch bleiben soll. Dadurch könnte er die Nichtigkeit des Vertrages einseitig zu seinen Gunsten ausnutzen, obwohl auch er mit dessen Abschluss gegen das Gesetz zur Bekämpfung der Schwarzarbeit verstoßen hat."

Der nur **einseitige** Verstoß berührt die vertraglichen Ansprüche **des Auftraggebers** daher im Zweifel nicht.[76] Zu beachten ist, dass der Abschluss eines Werkvertrages mit einem nicht in die Handwerksrolle eingetragene „Unternehmer" allein noch nicht zur Nichtigkeit des Vertrages führt.[77] Ein Unternehmer, der seinem Auftraggeber auf Schadensersatz haftet, kann sich diesem gegenüber nicht deshalb auf ein Mitverschulden berufen, weil er ihn als „Schwarzarbeiter" beschäftigt habe.[78]

**1452**

---

[76] Vgl. BGH, NZBau 2002, 149; BauR 1985, 197 = ZfBR 1985, 116 = NJW 1985, 2403 m. Anm. *Canaris;* BGHZ 89, 369 = ZfBR 1984, 70 = NJW 1984, 1175 = BauR 1984, 290 = JR 1985, 148 m. Anm. *Schubert;* LG Mainz, NJW-RR 1998, 48; *Köhler,* JZ 1990, 466, 467, unter der Voraussetzung, dass der Auftragnehmer den Verstoß schuldlos oder fahrlässig **„nicht kennt".**

[77] *Palandt/Sprau,* § 134 BGB, Rdn. 18 m. Nachw.

[78] OLG Oldenburg, VersR 1998, 471 = IBR 1998, 335 – *Saerbeck.*

# Mängelbeseitigungsklage

## II. Der Baumangel

*Übersicht*

| | Rdn. | | Rdn. |
|---|---|---|---|
| 1. Zum Sachmangelbegriff nach altem und neuem Recht | 1453 | 5. Mängel des Unternehmerwerkes | 1513 |
| | | a) Mangelbegriff | 1513 |
| 2. Der Begriff der allgemein anerkannten Regeln der Baukunst/Technik | 1459 | b) Prüfungs- und Anzeigepflicht des Auftragnehmers | 1519 |
| 3. Zur Substantiierung des Mangels | 1471 | 6. Mängel der Werkleistung von Sonderfachleuten | 1534 |
| 4. Mängel des Architektenwerkes | 1475 | | |
| a) Planungsfehler | 1477 | 7. Mängel des Treuhänderwerkes | 1539 |
| b) Koordinierungsmängel | 1493 | 8. Mängel des Projektsteuerers | 1541 |
| c) Mangelhafte Objektüberwachung/Bauüberwachung | 1496 | | |

### 1. Zum Sachmangelbegriff nach altem und neuem Recht

*Literatur*

*Eimer*, Verschuldensunabhängige Schadensersatzhaftung des Werkunternehmers bei Fehlen zugesicherter Eigenschaften, NJW 1973, 590; *Kaiser*, Der Begriff des „Fehlers" und der „zugesicherten Eigenschaft" im gesetzlichen Werkvertragsrecht, BauR 1983, 19; *Knöpfle*, Zum Inhalt des Fehlers und der Zusicherung i. S. d. § 459 I, II BGB, NJW 1987, 801; *Knöpfle*, Mangelnde Baugenehmigung als Fehler, JuS 1988, 767; *Gross/Wittmann*, Technische Zuverlässigkeit als Gegenstand kaufvertraglicher Regelung, BB 1988, 1126; *Franke*, Die neue VOB und ihre Auswirkungen, ZfBR 1988, 204; *Rutkowsky*, Mängelgewährleistung nach § 13 VOB/B im Lichte der Rechtsprechung nach dem Blasbachtalbrückenurteil des OLG Frankfurt, NJW 1991, 86; *Ganten*, Der Baumangelbegriff – Standortbestimmung und Ausblick auf europarechtliche Entwicklungen, Festschrift für Soergel (1993), 35; *Kohler*, Werkmangel und Bestellerverantwortung, NJW 1993, 417; *Nierwetberg*, Die Beweislast für Sollbeschaffenheit und Qualitätsabrede im Sachmängelprozess, NJW 1993, 1745; *Coester-Waltjen*, Die Haftung für Mängel beim Werkvertrag, Jura 1993, 200; *E. Groß*, Beweislast bei in der Abnahme vorbehaltenen Mängeln, BauR 1995, 456; *Putzier*, Der Leistungsbegriff der VOB/B, Festschrift für von Craushaar (1997), 299; *Glatzel*, Bedeutung eines Qualitätssicherungssystems nach DIN EN ISO 9000 ff. beim Auftragnehmer eines Bauvertrages für Gewährleistungs- und Nebenpflichten, Festschrift für von Craushaar, 335; *Eichler*, Die Gewährleistung nach § 13 Nr. 3 VOB/B bei Anordnungen des Auftraggebers und der Verstoß dieser Klausel nach dem AGBG – neue Rechtsprechung, BauR 1997, 903; *Marbach/Wolter*, Die Auswirkung bei der förmlichen Abnahme erklärter Mängelvorbehalte auf die Beweislast, BauR 1998, 36; *Oswald*, Die Beurteilung von optischen Mängeln, Jahrbuch Baurecht 1998, 357; *Hattenbauer*, Stillschweigende Eigenschaftszusicherung und Mangelschaden, JuS 1998, 684.

*Literatur zum* **neuen Recht**

*Sienz*, Die Neuregelungen im Werkvertragsrecht nach dem Schuldrechtsmodernisierungsgesetz, BauR 2002, 181 *Preussner*, Das neue Werkvertragsrecht im BGB 2002, BauR 2002, 231; *Schellhammer*, Die Haftung des Verkäufers für Sach- und Rechtsmängel – Neue Struktur und neuer Mangelbegriff, MDR 2002, 241; *Grziwotz*, Haftung für die Bebaubarkeit beim Grundstückskauf nach neuem Schuldrecht, ZfIR 2002, 246; *Vorwerk*, Mängelhaftung des Werkunternehmers und Rechte des Bestellers nach neuem Recht, BauR 2003, 1; *Mundt*, Baumängel und der Mängelbegriff des BGB-Werkvertragsrechts nach dem Schuldrechtsmodernisierungsgesetz, NZBau 2003, 73; *Pause/Miehler*, Die Leistungsbeschreibung im Bauträger- und im Bauvertrag, BTR 2003, 162; *Putzier*, Symptomrechtsprechung und die Frage nach der Ursache eines Mangels – die Dreistufigkeit der Anspruchsvoraussetzungen für den Mängelbeseitigungsanspruch, BauR 2004, 1060; *Henkel*, Die Pflicht des Bestellers zur Abnahme des unwesentlich unfertigen Werks, MDR 2004, 361; *Miernik*, Vertragswidrige Leistung:

## Sachmangelbegriff nach altem und neuem Recht          Rdn. 1453

Herabsetzung des Werklohns nach § 2 VOB/B und/oder Minderung nach § 13 VOB/B?, BauR 2005, 1698.

**altes Recht:** Die Haftung eines Baubeteiligten setzt voraus, dass die erbrachte Bauleistung **mangelhaft** ist. Nach altem Recht (§ 633 BGB a. F.) war der Unternehmer verpflichtet, das Werk so „**herzustellen**", dass es die „**zugesicherten Eigenschaften**" hatte[1] und **nicht** mit Fehlern behaftet war, „die den **Wert** oder die **Tauglichkeit** zu dem gewöhnlichen oder dem nach dem **Vertrage vorausgesetzten Gebrauch** aufheben oder mindern". Der Baumangel setzte danach voraus, dass die **Istbeschaffenheit** der Werkleistung hinter der **Sollbeschaffenheit** zurückblieb und dadurch der Wert und/oder die Gebrauchstauglichkeit des Werks beeinträchtigt wurde.[2]

**1453**

Nach der Rechtsprechung des **BGH**[3] war der Begriff des Baumangels vor allem **subjektiv** zu verstehen, d. h. das Werk war fehlerhaft, wenn es nicht die **bei Vertragsschluss ausdrücklich** oder **stillschweigend vereinbarte Beschaffenheit** aufwies.[4] Genügte die Werkleistung nicht diesen Anforderungen, war sie mangelhaft, auch wenn die anerkannten Regeln der Technik im Übrigen eingehalten wurden.[5] Es musste deshalb für das **alte** Recht schon immer im **Einzelfall** geprüft werden,

---

1) Zum Begriff der **zugesicherten Eigenschaften** nach **altem** Recht: BGH (X. ZS), BauR 2004, 851; BauR 1997, 1032 = ZfBR 1997, 295 (Einhaltung von **Maßgenauigkeit**); BGH (VIII. ZS), BauR 1996, 278 = ZfBR 1996, 89 (**Fertigbeton**); BGH (X. ZS), BB 1996, 654 = BauR 1996, 436 (LS) = NJW-RR 1996, 783; BGH (V. ZS), NJW 1996, 2027 = DB 1996, 2276 („**Bewohnbarkeit**"); OLG Düsseldorf, OLGR 2002, 243; LG Dresden, BauR 2000, 1886 u. OLG Hamm, NJW-RR 1995, 1481 (**Wohnungsgröße**); SchlHOLG, OLGR 2004, 498 = BauR 2004, 1946 (Einhaltung der **Werksvorschrift** des Herstellers); Brandenburgisches OLG, NJW-RR 2000, 95 = BauR 2000, 108; OLG Bamberg, NJW-RR 2000, 97; BGH, NZBau 2000, 21 (**Bebaubarkeit**). Verspricht der Unternehmer, nur **Material** einer **bestimmten Marke** zu verwenden, sichert er eine Eigenschaft des Werkes zu (vgl. OLG Düsseldorf, BauR 2002, 1860 – **bestimmtes Fabrikat**; Fußbodenheizsystem; ferner: OLG Hamm, BauR 1993, 478; ebenso: OLG Dresden, BauR 2000, 1349 für Baustofflieferung; OLG Nürnberg, BauR 1998, 1013 = OLGR 1998, 250 für **bestimmte Mörtelgruppe**). In der **näheren Beschreibung, wie** eine Bauleistung ausgeführt werden soll, lag allerdings noch keine Zusicherung einer bestimmten Eigenschaft (BGH, NJW 1981, 1448; siehe auch OLG Düsseldorf, BauR 2007, 1254, 1255 und OLG Stuttgart, BauR 2007, 713 [aber **Mangel**]; OLG Düsseldorf, NJWRR 1996, 146 für eine **bestimmte Markenangabe** im Leistungsverzeichnis/Angebot. Dies war **anders**, „wenn der Besteller **erkennbar großen Wert auf die Leistungsbeschreibung** legt, weil es ihm darauf ankommt, dass das Werk nach der Leistungsbeschreibung gestaltet wird und der Unternehmer die Einhaltung verspricht" (BGH, NJW-RR 1994, 1134, 1135; Brandenburgisches OLG, BauR 2000, 108).
2) Zum **Fehlerbegriff**: BGH, BauR 2003, 533 (Verwendung von **minderwertigem Material**); BauR 2003, 236, 238 = NZBau 2003, 33; BauR 1989, 462 = NJW-RR 1989, 849, 850; OLG Köln, ZfBR 1993, 287 = BauR 1994, 119 (Nichtbeachtung von **Sonderwünschen**); OLG Oldenburg, 1999, 502 u. OLG Hamburg, NJW-RR 1995, 536 (**Gesundheitsgefährdung**); OLG Oldenburg, NJW-RR 2000, 545 (Löschwasserteich auf fremdem Grundstück).
3) BGH, BauR 1999, 254, 256 = ZfBR 1999, 153 (Ebenflächigkeit eines Fußbodens); BauR 1999, 37 = NJW 1998, 3707; BGH, NZBau 2004, 269 = BauR 2004, 847 (**Wohnfläche** als „zentrales Beschaffenheitsmerkmal").
4) Vgl. BGH, NZBau 2004, 672 = BauR 2004, 1941; BauR 1995, 230 = NJW-RR 1995, 472; BGH, BauR 1989, 462 = NJW-RR 1991, 849; BGHZ 91, 206 = NJW 1984, 2457; BGH, BauR 2000, 411 = NZBau 2000, 74; OLG Brandenburg, BauR 2006, 1472, 1473; OLG Celle, BauR 2003, 1408. Zur **Festlegung** des **Bau-Solls** erst **nach Abschluss** des Generalübernehmervertrages: OLG Düsseldorf, BauR 2003, 1572.
5) BGHZ 91, 206 = BauR 1984, 510; BGH, BauR 1989, 462 = ZfBR 1989, 213; BGH, BauR 1995, 120 = ZfBR 1995, 132 = NJW-RR 1995, 472 = MDR 1995, 354 = *SFH*, Nr. 102 zu § 633 BGB; BGH, NZBau 2006, 112 = BauR 2006, 375; OLG Brandenburg, BauR 2007, 1063, 1064; OLG München, BauR 1990, 362; OLG Hamm, BauR 1991, 756, 757.

**Rdn. 1454**

was der Unternehmer **nach dem Vertrag** im Hinblick auf die Bauleistung als Werkleistung **schuldete**.[6)] Es war dem Bauherrn nach der Rechtsprechung aber unbenommen, gegenüber einer DIN-Bestimmung **erhöhte** Anforderungen an die Werkleistung zu knüpfen.[7)]

**1454** Der Wert oder die Tauglichkeit zu dem „**gewöhnlichen Gebrauch**" bestimmte sich nach § 633 BGB a. F. dagegen **objektiv**, d. h. also danach, wie das **Werk** im Allgemeinen beschaffen sein muss, damit es den Ansprüchen eines **Durchschnittsbauherrn** genügt.[8)] Damit gewannen vor allem die allgemein anerkannten **Regeln der Baukunst** (§ 13 VOB: „**anerkannte Regeln der Technik**") eine überragende Bedeutung. War eine Bauleistung **nicht** entsprechend den allgemein anerkannten Regeln der Baukunst/Technik erbracht, war sie nach altem Recht **mangelhaft**,[9)] und dem Auftraggeber standen die Ansprüche auf Erfüllung oder Gewährleistung zu.

Seit der Entscheidung des OLG Frankfurt zur **Blasbachtalbrücke**[10)] ist in der Literatur[11)] **kontrovers** gewesen, ob ein nach den **zur Zeit seiner Ausführung** und **Abnahme** anerkannten Regeln der Technik entsprechendes und nach den Angaben des Auftraggebers (Bauherrn) ausgeführtes Werk gleichwohl mangelhaft sein kann. Das ist in der Literatur z. T. verneint worden. Demgegenüber hat der **BGH**[12)] in **ständiger Rechtsprechung** angenommen, dass ein Werk mangelhaft ist, wenn es von dem vertraglich vorausgesetzten Gebrauch abweicht, „**und zwar unabhängig davon, ob die anerkannten Regeln der Technik eingehalten sind**".

Der Unternehmer schuldete nach der ständigen Rechtsprechung des BGH daher in jedem Fall ein **dauerhaft mangelfreies, zweckgerechtes** Werk.[13)] Ließ sich das nicht mit der in der vertraglichen Baubeschreibung vorgesehenen Konstruktion erreichen, musste er ohne Aufpreis weitere aufwändigere Maßnahmen treffen.[14)]

---

6) BGH, BauR 1995, 230, 231 = ZfBR 1995, 132; BGH, NJW 1998, 2814 = BauR 1998, 872 u. OLG Stuttgart, BauR 1996, 718 (für **Schallschutzmaßnahme**), BGH, BauR 1997, 154 = ZfBR 1997, 74 (für Architekten- oder Ingenieurvertrag); OLG Hamburg, NJW-RR 1995, 536; OLG Stuttgart, BauR 1995, 850 (**unklare Planung**); OLG Düsseldorf, BauR 1996, 396 (**schlüsselfertige Einrichtung**); OLG Düsseldorf, BauR 1997, 653 (für **Bauträgervertrag**; Fertiggarage); OLG Karlsruhe, BauR 1997, 847 (Rohbauunternehmer und **Fertigbeton**); OLG Koblenz, BauR 1998, 345 (Verwendung von Anhydrit-Estrich).

7) Ebenso: OLG Köln, NJW-RR 1994, 602 für die öffentliche Hand. Die Vereinbarung von **geringeren** Anforderungen war allerdings auch möglich (*Staudinger/Peters*, § 633 BGB, Rdn. 38, Saarländisches OLG, NZBau 2001, 329 = OLGR 2001, 49).

8) Vgl. BGH, NZBau 2001, 551, 552 = BauR 2001, 1731 (Nutzbarkeit eines Ladenlokals); BGH, BauR 2000, 411 = NZBau 2000, 74 = ZfBR 2000, 121 (Lager- und Produktionshalle; Dacheindeckung); OLG Nürnberg, BauR 2006, 2077 (Steildach); OLG Düsseldorf, BauR 2002, 802 (Anstrich); OLG Stuttgart, BauR 1977, 129; OLG Köln, BauR 1991, 759, 765.

9) BGH, NJW 1998, 2814 = BauR 1998, 872; BGH, NJW-RR 1989, 849, 850; OLG Celle, IBR 2006, 404; OLG Hamm, IBR 2004, 8 (Einhaltung eines DIN-gerechten Sicherheitsfaktors); OLG Köln, NJW-RR 1994, 1431.

10) NJW 1983, 456 = BauR 1983, 156 = *SFH*, Nr. 2 zu § 13 Nr. 1 VOB/B (1973).

11) Vgl. dazu vor allem: *Festge*, BauR 1990, 322; ZfBR 1984, 6; *Marbach*, ZfBR 1984, 9; *Medicus*, ZfBR 1984, 155; *Kaiser*, ZfBR 1985, 55; *Rutkowsky*, NJW 1991, 86 jeweils m. w. Nachw.

12) Vgl. vor allem: *Obenhaus*, Technologie und Recht (1985), S. 14 Anm. 3 mit Hinweis auf BGHZ 48, 310, 311/312; BGH, NJW 1971, 92, 93; BauR 1972, 162. Siehe ferner: BGH, BauR 1974, 125; BauR 1989, 462; BGHZ 91, 206 = BauR 1984, 510; BGH, BauR 1985, 567 = ZfBR 1985, 276; BGH, BauR 1995, 230 = NJW-RR 1995, 472 = ZfBR 1995, 132.

13) BGH, BauR 1995, 230, 231 = NJW-RR 1995, 472, BGH (X. ZS), NJW-RR 1996, 340 u. NJWRR 1996, 789, 790; OLG Köln, *SFH*, Nr. 15 zu § 13 Nr. 3 VOB/B (1973); OLG Hamburg, NJW-RR 1995, 536; OLG Hamm, BauR 1988, 481.

14) Vgl. BGH, *SFH*, Nr. 17 zu § 13 Nr. 5 VOB/B (1973) = BauR 1987, 207; OLG Nürnberg, BauR 2007, 413, 416; OLG Hamm, IBR 2004, 554.

## Sachmangelbegriff nach altem und neuem Recht

Ausschlaggebend für die Beurteilung war nach altem Recht also, „dass der Leistungsmangel zwangsläufig den angestrebten Erfolg beeinträchtigt".[15] Der Unternehmer konnte dieser Sachlage nur durch eine **Haftungsfreizeichnung** („Risikoverschiebung") begegnen. Allerdings setzte dies eine **besondere Absprache** zwischen den Vertragsparteien voraus, sie war jedoch noch nicht darin zu sehen, dass der Bauherr aufgrund des Angebotes genau wusste, wie der Unternehmer sein Werk im Einzelnen ausgestalten wollte. Erforderlich war vielmehr eine **rechtsgeschäftliche Risikoübernahme** durch den Bauherrn, die dem AGB-Gesetz (§§ 305 ff. BGB) standhielt, oder eine bindende **Anweisung** des Bauherrn, die der Unternehmer im Einzelfall unbedingt befolgen musste (§§ 645 BGB, 13, Nr. 3 VOB/B).[16] Eine andere Frage war, ob und inwieweit der Bauherr (Auftraggeber) auf den Ersatz von **Sowiesokosten** haftete, wenn sich im Nachhinein die Fehlerhaftigkeit des Unternehmerwerks zeigte.[17]

**neues Recht:** Das SchRModG hat die Vorschrift des § 633 BGB a. F. geändert. Der Unternehmer hat nunmehr nach § 633 Abs. 1 „dem Besteller das Werk frei von **Sach-** und **Rechtsmängeln** zu verschaffen." Die **Gleichstellung** von Sach- und Rechtsmängeln gilt auch hinsichtlich der Rechtsfolgen.[18] Das Werk ist nach § 633 Abs. 3 BGB „frei von **Rechtsmängeln**, wenn Dritte in Bezug auf das Werk keine oder nur die im Vertrag übernommenen Rechte gegen den Besteller geltend machen können." Hat der Besteller die Rechte im Vertrag übernommen, liegt ein Rechtsmangel nicht vor.[19] Im Übrigen sind aber Rechte Dritter, die gegen den Besteller geltend gemacht werden können, auch dann ein „Rechtsmangel", wenn sie diesen in der (vereinbarten, nach dem Vertrag vorausgesetzten oder sogar gewöhnlichen) Verwendung **nicht** beeinträchtigen; dies ist allerdings nicht unbestritten.[20] Bloße Behauptungen Dritter reichen für die Annahme eines Rechtsmangels nicht aus.[21] „**Rechtsmängel**" werden im Werkvertragsrecht auch zukünftig **keine große Rolle** spielen; so sind Rechtsmängel an der Werkleistung selbst kaum denkbar.[22] Allein für das **Bauträgerrecht** werden sie eine gewisse Bedeutung haben.[23]

**1455**

---

15) BGH, BauR 2003, 236, 238; BauR 1985, 567 = *SFH*, Nr. 52 zu § 633 BGB; BGHZ 91, 206, 212/213 = BauR 1984, 510, 512; BGH, *SFH*, Nr. 17 zu § 13 Nr. 5 VOB/B (1973); BGH, BauR 1989, 462 = NJW-RR 1989, 849.
16) BGHZ 91, 206 = BauR 1984, 510; BGH, NJW 1973, 754, 755 = BauR 1973, 188; NJW 1977, 1966; BauR 1975, 421, 422; *Nicklisch*, Technologie und Recht (1985), S. 25 ff.; *Siegburg*, Festschrift für Korbion, S. 411 ff.; *Rutkowsky*, NJW 1991, 86, 87; OLG Köln, *SFH*, Nr. 15 zu § 13 Nr. 3 VOB/B (1973); OLG Düsseldorf, *SFH*, Nr. 5 zu § 4 Nr. 3 VOB/B (1973) u. NJW-RR 1988, 211; LG Hannover, *SFH*, Nr. 9 zu § 13 N. 3 VOB/B (1973).
17) Dazu vor allem BGHZ 91, 206 = BauR 1984, 510 sowie Rdn. **2468 ff.**
18) AnwKom-BGB/*Raab*, § 633, Rdn. 6; *Ott*, MDR 2002, 361, 362.
19) *Raab*, in: Dauner-Lieb u. a., Das neue Schuldrecht, § 9, Rdn. 37.
20) Wie hier: *Grauvogl*, in: Wirth/Sienz/Englert, Teil II, § 633, Rdn. 26 unter Hinweis auf die amtliche Begründung, BT-Drucks. 14/6040, S. 509 zu § 434 BGB; **a. A.:** AnwKom-BGB/*Raab*, a. a. O., Rdn. 24.
21) *Chr. Teichmann*, JuS 2002, 417, 419.
22) *Heinemann*, ZfIR 2002, 167, 168; OLG München, NZBau 2006, 578 (fehlende Grunddienstbarkeitssicherung in Bezug auf Versorgungsleitungen ist ein Werkmangel).
23) Siehe hierzu bereits: OLG Düsseldorf, WuM 2001, 240 = IBR 2001, 427 (dingliches **Sondernutzungsrecht** an einem Stellplatz); BGH, NJW 1997, 1778 (Fehlen von **Sondereigentum/** Sondernutzungsrecht); s. ferner: BGH, NJW 2004, 364 (Wohnnutzungsverbot für Speicher als Rechtsmangel); *Basty*, Rdn. 938 ff.

**1456** Bedeutender als die Gleichstellung von Rechts- und Sachmangel ist die **Betonung des subjektiven Fehlerbegriffs** im neuen Recht. Nach § 633 Abs. 2 BGB ist ein Werk zukünftig nur noch „frei von Sachmängeln, wenn es **die vereinbarte Beschaffenheit hat**". Soweit die Beschaffenheit „**nicht vereinbart ist**", ist das Werk mangelfrei,

* „wenn es sich für die nach dem Vertrag **vorausgesetzte**", sonst
* „für **die gewöhnliche Verwendung eignet** und eine Beschaffenheit aufweist, die bei Werken der gleichen Art **üblich** ist und die der Besteller nach der Art des Werkes **erwarten** kann."

Einem Sachmangel steht es gleich, wenn der Unternehmer ein anderes als das bestellte Werk oder das Werk in **zu geringer Menge** herstellt.[24] Damit hat das neue Recht einen **dreistufigen Mangelbegriff** vorgegeben.[25]

Es liegt nahe anzunehmen, dass sich in Folge des von dem **BGH** vertretenen **subjektiven Mangelbegriffs** im Kern an der bisherigen Rechtslage nichts geändert hat.[26] Das ist aber in dieser Form nicht zutreffend, denn die **Brisanz** der Änderung liegt in der **Betonung** des subjektiven Fehlerbegriffs durch den Gesetzgeber: Das **Vereinbarte**, das durch eine interessengerechte Auslegung der im Vertrag zum Ausdruck gebrachten gegenseitigen Vorstellungen zu ermitteln ist, hat zukünftig **höchste Priorität**,[27] und die mangelhafte Leistung bestimmt wesentlich den Begriff der „**Pflichtverletzung**" i. S. des § 280 BGB; denn eine Pflichtverletzung liegt vor, wenn sich der Schuldner **anders verhält,** als es seinen Pflichten aus dem Werk- oder Architektenvertrag entspricht. Nichts anderes gilt für den **Sonderfachmann**, für den **Projektsteurer** oder einen **Bauträger**.[28] Damit lässt sich feststellen, dass der Unternehmer (aber auch ein Architekt oder Sonderfachmann) **haftet,** wenn die – nach bisheriger Rechtsprechung – vereinbarte **Soll-** von der **Ist**beschaffenheit abweicht.[29] Es kommt nach neuem Recht **nicht** darauf an, ob die erbrachte Leistung mit der vereinbarten „gleichwertig" oder besser ist; und es muss noch **nicht** einmal die **Funktionstauglichkeit** des Werkes beeinträchtigt sein[30] oder gar ein Verschulden des Unternehmers vorliegen.[31] Allerdings kann der Werkunternehmer durch den

---

24) Zu den Abgrenzungen (Mengenabweichung/Mangelhaftigkeit der Leistung) siehe *Miernik*, BauR 2005, 1698 ff.; *Dickersbach*, BauR 2007, 592 ff. Zur Haftung auf Grund einer **fehlerhaften Montageanleitung**: OLG Hamm, BauR 2006, 1149 = IBR 2006, 253 – *Seibel*; zur Aufklärungspflicht des Verkäufers: BGH, IBR 2007, 487 – *Wenkebach*.
25) Siehe: *Mundt*, NZBau 2003, 73, 75 ff.
26) Vgl. *Schudnagies*, NJW 2002, 396, 397: „keine wesentlichen Änderungen in der Gesetzessystematik und -anwendung"; **a. A.** zu Recht: *Thode*, NZBau 2002, 297, 303.
27) S. auch: BGH, NZBau 2007, 574 = BauR 2007, 1570; OLG Brandenburg, IBR 2007, 305; OLG Nürnberg, OLGR 2005, 646; BGH, NZBau 2004, 672, 673 = BauR 2004, 1941, 1943; AnwKom-BGB/*Raab*, § 633, Rdn. 13; *MünchKomm-Busche*, § 631 BGB, Rdn. 64 ff.
28) BGH, BauR 2007, 1570 = NZBau 2007, 574 = IBR 2007, 473–475 – *Schwenker* (**Schallschutz**; s. hierzu: *Boldt*, NJW 2007, 2960 ff.); BGH, BauR 2005, 542, 544 (**Altbausanierung**); OLG Stuttgart, BauR 2003, 1394 u. OLG Hamm, BauR 2003, 1398 (für **Bauträger**).
29) OLG Stuttgart, BauR 2007, 713, 714; OLG Hamm, IBR 2007, 421; OLG Celle, OLGR 2003, 117; AnwKom-BGB/*Raab*, § 633, Rdn. 9; *Lorenz/Riehm*, Rdn. 635.
30) *Quack*, IBR 2001, 705, 706; BGH, NZBau 2002, 571 u. OLG Celle, BauR 2003, 1408 (für § 633 BGB a. F.); *Schmalzl/Lauer/Wurm*, Rdn. 76.
31) BGH, BauR 2006, 375 = NZBau 2006, 112 = NJW-Spezial 2006, 119 = ZfBR 2006, 153; *Palandt/Sprau*, § 633 BGB, Rdn. 5 (für nicht erkennbar mangelhafte Zulieferungsteile).

## Sachmangelbegriff nach altem und neuem Recht Rdn. 1457

Auftraggeber **nicht** zu einer **regelwidrigen,** den Vorgaben der Bauordnung und den technischen Regelwerken widersprechenden Ausführung angehalten werden.[32]

**Hat** das Werk die „vereinbarte Beschaffenheit", **fehlt** ihm aber gleichwohl die **Funktionstüchtigkeit,** so ist es allerdings auch nach neuem Recht nicht „mangelfrei"; denn zum einen kann das Tatbestandsmerkmal der „vereinbarten Beschaffenheit" nicht isoliert von den übrigen in § 633 Abs. 2 Satz 2 BGB aufgeführten Mangelkriterien gesehen werden. Aus ihnen ergibt sich eindeutig, dass das Werk für eine „gewöhnliche **Verwendung"** geeignet sein und eine Beschaffenheit aufweisen muss, die **„üblich"** ist und von dem Besteller „nach der Art des Werkes" **erwartet** werden kann.[33] Zum anderen stünde eine andere Auslegung des § 633 Abs. 2 Satz 1 BGB auch eklatant im Widerspruch zur bisherigen Rechtslage; da der Unternehmer ein **funktionsgerechtes** Werk schuldet, liegt ein Mangel vor, wenn die Funktionstüchtigkeit beeinträchtigt ist, insbesondere also die Werkleistung nicht den **anerkannten Regeln der Technik** entspricht.[34] Daher gilt für die „vereinbarte" Beschaffenheit, was schon für das alte Recht entscheidend ist: Der Unternehmer trägt grundsätzlich das **Erfüllungsrisiko** (§ 633 Abs. 1 BGB) für die versprochene Leistung, und zwar ohne Rücksicht auf den dafür erforderlichen Aufwand;[35] und diese Risikoverteilung wird durch die Ablieferung („Verschaffung") einer Leistung, die nicht zu einem funktionsgerechten und zweckentsprechenden Werk führt, in keiner Weise beseitigt oder beeinträchtigt. Maßstab für das objektive Interesse des Bestellers an der ordnungsgemäßen Erfüllung ist und bleibt „der vertraglich vereinbarte **oder** der nach dem Vertrag vorausgesetzte Gebrauch des Werkes."[36] Es ist deshalb zu vermuten, dass die Rechtsprechung im Einzelfall trotz des abgestuften Mangelbegriffs die in § 633 Abs. 2 BGB aufgeführten Mangelkriterien **kumulativ** heranziehen muss, um zu sachgerechten Ergebnissen zu gelangen.[37] Übertriebene Erwartungen oder Anforderungen des Bestellers an die geschuldete Werkleistung sind in der Praxis nicht auszuschließen; ihnen ist mit dem Einwand der **Unverhältnismäßigkeit** angemessen zu begegnen: Die Geltendmachung der Kosten für eine Nacherfüllung verstößt gegen Treu und Glauben, wenn diese im Verhältnis zum Schaden **grob unverhältnismäßig** sind.[38]

**1457**

---

32) **Anderer Ansicht:** OLG Dresden, BauR 2003, 1242 = NJW-RR 2003, 1314; siehe hierzu mit zutreffenden Erwägungen: *Lailach,* BauR 2003, 1474 ff.

33) Siehe hierzu: BGHZ 153, 279, 283 = BauR 2003, 533 = ZfBR 2003, 356 = NZBau 2003, 214 für § 13 Nr. 1 VOB/B; OLG Karlsruhe, BauR 2007, 557, 558 (für den Schallschutz; s. auch *Boldt,* NJW 2007, 2960, 2961); OLG Nürnberg, BauR 2006, 2077 (Befestigung von Dachziegeln bei einem Steildach).

34) Vgl. BT-Drucks. 14/6040, Seite 261: „Dass, soweit nicht etwas anderes vereinbart ist, die anerkannten Regeln der Technik einzuhalten sind, ist nicht zweifelhaft. Eine ausdrückliche Erwähnung bringt deshalb keinen Nutzen." Aus der Rechtsprechung: BGH, BauR 2006, 2040 = NJW 2006, 3413 = BauR 2007, 36, 38; s. dazu auch *Seibel,* ZfBR 2007, 310 ff.; *Schwenker,* ZfBR 2007, 15; *Reichelt,* BauR 2007, 1483 ff. Zum Anspruch auf **technische Nachweise** (zum Schall-, Wärme- und Brandschutz pp.): *Mandelkow,* BauR 2007, 1474 ff.

35) BGH, BauR 2002, 613, 616; BGH, NZBau 2000, 74 = BauR 2000, 411 = ZfBR 2000, 121.

36) BGH, NZBau 2004, 672, 673 = BauR 2004, 1941, 1943; s. ferner: OLG Celle, OLGR 2000, 114, 116 (für Ebenmäßigkeit eines Pflasters).

37) Siehe *Leupertz,* in: Prütting/Wegen/Weinreich, § 633 BGB, Rdn. 21; *Vorwerk,* BauR 2003, 1, 4.

38) Zutreffend: OLG Düsseldorf, NZBau 2001, 328, 329; s. ferner: *Kniffka,* IBR 2002, 173, 175; im Ergebnis ebenso: *Schmalzl/Lauer/Wurm,* Rdn. 69. Das OLG Stuttgart (BauR 2007, 713, 715) hält in diesen Fällen die Geltendmachung des Mängelrechts für treuwidrig (§ 242 BGB).

**1458** Im Ergebnis ist für die Praxis davon auszugehen, dass die Frage, ob eine Werkleistung mangelhaft ist, ausschließlich nach **§ 633 Abs. 2 Satz 1 und Satz 2 Nr. 1** BGB beurteilt wird. § 633 Abs. 2 Satz 2 Nr. 2 wird demgegenüber keine Bedeutung gewinnen, weil es Verträge ohne einen irgendwie definierten „Verwendungszweck" in aller Regel nicht gibt.[39] Zukünftig werden die vertraglichen Absprachen (**Beschaffenheitsvereinbarungen**), insbesondere damit die zur Grundlage des Vertrages gemachten **Leistungsverzeichnisse/Leistungsbeschreibungen** und **Baupläne** gemäß §§ 133, 157, 242 BGB dahin auszulegen sein, welcher „Verwendungszweck" vorgegeben und welcher Leistungserfolg (Qualitätsstandard) damit geschuldet war;[40] eine Leistung muss jedenfalls nicht bereits deshalb mangelfrei sein, weil sie der Leistungsbeschreibung des Auftraggebers entspricht.[41] Bei vermeintlichen **Widersprüchen** zwischen der **Baubeschreibung** und den **Plänen** hat eine an dem **objektiven Empfängerhorizont** orientierte **Vertragsauslegung** zu erfolgen; dem Wortlaut der Leistungsbeschreibung wird dabei gegenüber den Plänen Vorrang zukommen, wenn sie die Leistung im Einzelnen **genau** beschreibt und die Pläne insoweit keine weiteren Details enthalten.[42] Es ist Sache des **Bestellers**/Auftraggebers, die geschuldete **Soll**-Beschaffenheit **darzulegen** und im Streitfall zu **beweisen;** diese Darlegungs- und Beweislast gilt auch dann fort, wenn sich der Unternehmer darauf beruft, dass eine **Unterschreitung** des gewöhnlichen Standards verabredet worden sei.[43] Gibt ein **fachkundiger Besteller** ein **genaues Leistungsprogramm** vor, ist der Unternehmer im Einzelfall gehalten, auf Unzulänglichkeiten, die den Werkerfolg in Frage stellen, **hinzuweisen**.[44]

---

39) Zutreffend: *Grauvogl*, in: Wirth/Sienz/Englert, Teil II, § 633, Rdn. 22.
40) Siehe BGH, BauR 2007, 1570 = NZBau 2007, 574 = NJW 2007, 2983 (Schallschutz); BGH, BauR 2007, 1036, 1038 = NZBau 2007, 371, 372 (Kurzexposé mit beiliegender Baubeschreibung); BGH, BauR 2005, 542, 544 (Altbausanierung); BGH, JZ 1999, 797 m. Anm. *Teichmann/Schröder;* BGH, NZBau 2002, 324 = BauR 2002, 935 = ZfBR 2002, 482 (s. hierzu: *Motzke*, NZBau 2002, 641 ff.; *Quack*, ZfBR 2002, 641); ferner: OLG Hamm, IBR 2007, 421 – *Frank* (Abweichung von der Leistungsbeschreibung); OLG Karlsruhe, BauR 2007, 394, 395; OLG München, BauR 2006, 689 = NZBau 2007, 107 (Einbau von Kunststofffenstern); OLG Köln, OLGR 2002, 70 = BauR 2002, 834 (LS); OLG Hamm, MDR 2003, 1227 (Auslegung von **Bauplänen**); OLG München, BauR 2003, 396 (zum **Begriff** der „umfassenden Modernisierung und Renovierung eines Altbaus in erforderlichem Umfang"; s. auch OLG Nürnberg, BauR 2007, 413 – Trockenlegung des Kellers; OLG Düsseldorf, BauR 2004, 1014 sowie *Pause*, BTR 2004, 142; *Fuchs*, BauR 2007, 264, 270 ff.); OLG Stuttgart, BauR 2007, 713 (**Fabrikatvereinbarung**); OLG Dresden, BauR 2003, 882 (zum **Abweichen** einer Auftragsbestätigung vom Leistungsverzeichnis); OLG Bremen, OLGR 2002, 147 (interessengerechte **Auslegung** eines unrichtigen Hinweises auf eine DIN-Norm); OLG Celle, BauR 2003, 1040 = OLGR 2003, 224 = BauRB 2003, 137 (zur Auslegung eines Leistungsverzeichnisses und Bedeutung der **DIN**-Vorschriften der **VOB/C** für die Bestimmung des Bau-Solls); OLG München, IBR 2004, 356. Zur **Bedeutung** der Leistungsbeschreibung (kritisch): *Leitzke*, BauR 2007, 1643 ff.; zur **Auslegung**: OLG Koblenz, IBR 2007, 234 – *Althaus*; *Ohler*, BauRB 2003, 185 ff.
41) OLG Düsseldorf, BauR 2002, 802, 803 = IBR 2002, 245 – *Metzger*.
42) Vgl. BGH, BauR 2003, 388.
43) Saarländisches OLG, NZBau 2001, 329 = OLGR 2001, 49.
44) *Teichmann/Schröder*, JZ 1999, 799, 800.

# Regeln der Baukunst/Technik

Rdn. 1459

## 2. Der Begriff der allgemein anerkannten Regeln der Baukunst/ Technik

*Literatur*

*Marburger,* Die Regeln der Technik im Recht (1979); *Fischer,* Die Regeln der Technik im Bauvertragsrecht (1985); *Koch,* Grenzen der Rechtsverbindlichkeit technischer Regeln im öffentlichen Baurecht, 1986; *Bartis/Gusy,* Technische Normen im Baurecht, 1988; *Stammbach,* Verstoß gegen die anerkannten Regeln der Technik, 1997; *Locher-Weiß,* Rechtliche Probleme des Schallschutzes, 4. Auflage 2004.

*Hammann,* Der Begriff „allgemein anerkannte Regeln der Baukunst" im Licht der Musterbauordnung, DB 1961, 701; *Herschel,* Regeln der Technik, NJW 1968, 617; *Ringel,* Zum Problem der anerkannten Regeln der Technik, BlGBW 1971, 41; *Döbereiner,* Schallschutz im Hochbau: Regeln der Technik in Literatur und Rechtsprechung (unter Berücksichtigung der DIN 4109 Entwurf Februar 1979), BauR 1980, 296; *Nicklisch,* Technische Regelwerke und zulässige Abweichungen, BB 1982, 833; *Nicklisch,* Wechselwirkungen zwischen Technologie und Recht, NJW 1982, 2633; *Schellhoss,* Zur Verknüpfung bautechnischer Regelwerke und Rechtsvorschriften des Bauwesens in benachbarten westeuropäischen Staaten, ZfBR 1983, 67; *Kaiser,* Der richtige Beurteilungszeitpunkt bei einem Verstoß gegen die anerkannten Regeln der Technik, BauR 1983, 203; *Nicklisch,* Funktion und Bedeutung technischer Standards in der Rechtsordnung, BB 1983, 261; *Nicklisch,* Technische Regelwerke – Sachverständigengutachten im Rechtssinne?, NJW 1983, 841; *Jagenburg,* Verpflichtung zur Leistungserbringung nach dem Stand der Technik, neuesten Stand der Technik usw., Technologie und Recht (1983), Bd. 4, 137; *Weber,* Das Verhältnis von DIN-Normen zu zugesicherten Eigenschaften und den anerkannten Regeln der Technik, ZfBR 1983, 151; *Marburger,* Die haftungs- und versicherungsrechtliche Bedeutung technischer Regeln, VersR 1983, 597; *Winckler,* Zum Begriff „Stand der Technik", DB 1983, 2125; *Festge,* Die Blasbachtalbrücke und die VOB, ZfBR 1984, 6; *Marbach,* Auswirkungen des Urteils – OLG Frankfurt v. 27.5.1983 – zum sogenannten Blasbachtalbrückenfall, ZfBR 1984, 99; *Medicus,* Mängelhaftung trotz Beachtung der anerkannten Regeln der Technik beim Bauvertrag nach der VOB/B, ZfBR 1984, 155; *Bötsch/Jovicic,* Erhöhter Schallschutz und die anerkannten Regeln der Technik, BauR 1984, 564; *Börner,* Zum Spannungsfeld von Recht und Technik, DB 1984, 812; *Ossenbühl,* Zur Bindungswirkung technischer Regelwerke, BB 1984, 1901; *Kaiser,* Aktuelle Rechtsfragen im privaten Baurecht, ZfBR 1985, 55; *Siegburg,* Anerkannte Regeln der Bautechnik – DIN-Normen, BauR 1985, 367; *Berg,* Vom Wettlauf zwischen Recht und Technik, JZ 1985, 401; *Obenhaus,* Mängelhaftung, technischer Fortschritt und Risiken der technischen Entwicklung, Technologie und Recht (1985), Bd. 6, 13; *Nicklisch,* Umfang der Mängelhaftung – Ergebnis von Vertragsgestaltung und Kooperation während der Vertragsdurchführung, Technologie und Recht (1985), 25; *Sonnenberger,* Grundfragen des technischen Normwesens, Beilage BB 4/1985, 3; *Köhler,* Die haftungsrechtliche Bedeutung technischer Regeln, Beilage 4/1985, 10; *Eberstein,* Anerkannte Regeln der Technik und Allgemeine Technische Vorschriften für Bauleistungen (ATV/DIN-Normen), BB 1985, 1760; *Nicklisch,* Das Recht im Umgang mit dem Ungewissen in Wissenschaft und Technik, NJW 1986, 228; *Jagenburg,* Stand der Technik gestern, heute, morgen? Der für die anerkannten Regeln der Technik maßgebende Zeitpunkt, Festschrift für Korbion (1986), 179; *Groß/Riensberg,* Zweischaliges Mauerwerk für Außenwände nach DIN 1053 Teil 1 Abschnitt 5.2.1 mit „Kerndämmung" – Allgemein anerkannte Regeln der Technik und Haftungsrisiko?, BauR 1986, 533; *Kamphausen,* Zur Novellierung der TA Luft, DB 1986, 1267; *Motzke,* Regelwerksetzer im Kompetenzkonflikt, ZfBR 1987, 2; *Jarass,* Der rechtliche Stellenwert technischer und wissenschaftlicher Standards, NJW 1987, 1225; *Pieper,* Die Regeln der Technik im Zivilprozess, BB 1987, 273; *Glitza,* Zweischaliges Mauerwerk für Außenwände nach DIN 1053 Teil 1 Abschnitt 5.2.1 mit „Kerndämmung" – Allgemein anerkannte Regeln der Technik und Haftungsrisiko, BauR 1987, 388; *Lühr,* Zweischaliges Mauerwerk für Außenwände nach DIN 1053 Teil 1, Abschnitt 5.2.1 mit „Kerndämmung", BauR 1987, 390; *Reim/Kamphausen,* Nochmals: DIN-Normen, bauaufsichtliche Zulassungsbescheide, Allgemein anerkannte Regeln der (Bau-)Technik und Haftungsrisiko, BauR 1987, 629; *Groß/Riensberg,*

Zweischaliges Mauerwerk für Außenwände nach DIN 1053 Teil 1 Abschnitt 5.2.1 mit „Kerndämmung" – Stellungnahme zu den Ausführungen Glitza und Lühr in BauR 1987, 388, 390, BauR 1987, 633; *Festge*, Die anerkannten Regeln der Technik – ihre Deutung für den vertraglichen Leistungsumfang, die vertragliche Vergütung und die Gewährleistung, BauR 1990, 322; *Jansen*, Regeln der Baukunst – Erfahrungen eines Gerichtssachverständigen, BauR 1990, 555; *Cuypers*, Konterlattung und anerkannte Regeln der Technik, BauR 1991, 676; *Ertel*, Gewährleistet die DIN 4109 stets einen ordnungsgemäßen Schallschutz, Festschrift für Soergel (1993), 315; *Wirtsch/Kilian*, Veränderungen zum anerkannten Stand der Technik bezogen auf die Betonherstellung, BauR 1993, 664; *Kroitzsch*, Sicherheits-DIN-Normen und Anscheinsbeweis, BauR 1994, 673; *Dresenkamp*, Die allgemein anerkannten Regeln der Technik am Beispiel des Schallschutzes, SchlHA 1994, 165; *Langen/Kus*, Zivilrechtliche Auswirkungen der 3. Wärmeschutzverordnung vom 16. August 1994, BauR 1995, 161; *Hecht/Nawrath*, Sind allgemein anerkannte Regeln der Technik ein zeitgemäßer bautechnischer Qualitätsstandard?, ZfBR 1996, 179; *Parmentier*, Die anerkannten Regeln der Technik im privaten Baurecht, BauR 1998, 207; *Stammbach*, Einhaltung der anerkannten Regeln der Technik als Ersatz-Leistungsmaßstab, BauR 1998, 482; *Kilian*, Offenbarung eklatanter Lücken in den Regeln der Bautechnik durch den Schadensfall Schürmannbau, BauR 1998, 969. *Jagenburg/Pohl*, DIN 18 195 und anerkannte Regeln der Technik am Beispiel der Bauwerksabdichtung mit Bitumendickbeschichtungen, BauR 1998, 1075; *Schreiter*, Planung und Ausführung von Abdichtungen im Innen- und Außenbereich – Alternative Dichtung und Wahrheit, BauR 1998, 1082; *Singhof/Schneider*, Zweigeteilter Sicherheitsstandard in den Technischen Regeln für Überkopfverglasungen?, BauR 1999, 465; *Stammbach*, Qualitätssicherung und Mängelgewährleistung, BauR 1999, 523; *Dresenkamp*, Die allgemein anerkannten Regeln der Technik am Beispiel des Schallschutzes, BauR 1999, 1079; *Englert/Grauvogl*, Die Anwendung der VOB/C im Bauvertrag. ATV DIN 18 300 – Erdarbeiten, Jahrbuch Baurecht 1999, 287; *dies.*, Die Anwendung der VOB/C im Bauvertrag. ATV DIN 18 301 – Bohrarbeiten, Jahrbuch Baurecht 2000, 174; *Soergel*, Die Mangelverantwortung im Spannungsfeld zu den allgemein anerkannten Regeln der Technik, Festschrift für Mantscheff (2000), 193; *Jagenburg*, Anerkannte Regeln der Technik auf dem Prüfstand des Gewährleistungsrechts, Jahrbuch Baurecht 2000, 200; *Kappertz*, Die Schwierigkeiten des Sachverständigen bei der Anwendung des Begriffs der allgemein anerkannten Regeln der Technik, Festschrift für Mantscheff (2000), 241; *Kamphausen*, Zur Unverzichtbarkeit „anerkannter Regeln der Technik" – Testfall: Bitumendickbeschichtungen, Jahrbuch Baurecht 2000, 218; *Englert/Grauvogl*, Die Anwendung der VOB/C im Bauvertrag. ATV DIN 18 302 – Brunnenbauarbeiten, Jahrbuch Baurecht 2001, 263; *Kamphausen*, Die neue Abdichtungsnorm DIN 18 195 – eine „Bauprozess-Norm"?, BauR 2001, 545; *Quack*, Vertragsauslegung und Auslegungsvorgaben in technischen Regelwerken, ZfBR 2002, 641; *Maurer*, Die Anwendung der VOB/C im Bauvertrag – ATV DIN 18303 – Verbauarbeiten, Jahrbuch Baurecht 2002, 277; *Frank*, Baujurist und Technik: Zwei Welten treffen aufeinander?! – Die wichtigsten DIN-Normen im Überblick, BauRB 2003, 248; *Tempel*, Die Einbeziehung der VOB/B und VOB/C in den Bauvertrag, NZBau 2003, 465; *Goris*, Aktuelle nationale Normung im Betonbau, BrBp 2003, 246; *Lailach*, Kann der Auftraggeber vom Auftragnehmer die regelwidrige Ausführung verlangen?, BauR 2003, 1474; *Seibel*, „Stand der Technik", „allgemein anerkannte Regeln der Technik" und „Stand von Wissenschaft und Technik", BauR 2004, 266; *Schoch*, Allgemein anerkannte Regel der Technik im baulichen Schallschutz, BrBp 2004, 506; *Seibel*, Die Konkretisierung des Standes der Technik, BauR 2004, 774; *Locher-Weiss*, Schallschutz im Hochbau – Geplante Änderungen der DIN 4109 durch den Entwurf DIN 4109–10 (Juni 2000) und die Auswirkungen auf das Werkvertragsrecht, BauR 2005, 17; *Quack*, Was ist eigentlich vereinbart, wenn die VOB/C nicht wirksam in den Vertrag einbezogen wurde?, ZfBR 2005, 731; *Seibel*, Der europäische Rechtsbegriff „beste verfügbare Techniken" („best available techniques"), BauR 2005, 1109; *Steffen*, Schallschutz nach DIN 4109 oder erhöhter Schallschutz: Was ist geschuldet?, BauR 2006, 873; *Seibel*, Mangelhafte Bauleistung und „allgemein anerkannte Regeln der Technik" – dargestellt anhand einzelner Beispiele aus der Rechtsprechung, ZfBR 2006, 523; *Englert/Fuchs*, Die Fundamentalnorm für die Errichtung von Bauwerken: DIN 4020, BauR 2006, 1047; *Herchen*, Die Änderung der anerkannten Regeln der Technik nach Vertragsschluss

## Regeln der Baukunst/Technik
Rdn. 1459–1460

und ihre Folgen, NZBau 2007, 139; *Seibel*, Technische Normen als Bestandteil eines Bauvertrages?, ZfBR 2007, 310; *Seibel*, DIN-Normen und vertragliche Leistungspflicht: „Dachdeckergerüst" contra „Konsoltraggerüst"?, IBR 2007, 291; *Voit*, Erfolg, Leistungsbeschreibung und Vergütung im Bauvertrag, ZfIR 2007, 157; *Reichelt*, Abschied vom technischen Standard anerkannte Regel der Technik, BauR 2007, 1483; *Boldt*, Wann liegt eine mangelhafte Schalldämmung im modernen Wohnungsbau vor?, NJW 2007, 2960.

Der Begriff entstammt dem Strafrecht. Die allgemein anerkannten Regeln der Baukunst stellen die Summe der im Bauwesen anerkannten wissenschaftlichen, technischen und handwerklichen Erfahrungen dar, die durchweg bekannt und als richtig und notwendig anerkannt sind.[45] Das RG[46] hat in seiner bekannten und auch für das Zivilrecht maßgeblichen Entscheidung den Begriff der anerkannten Regeln der Baukunst dahin umschrieben, dass er nicht schon dadurch erfüllt sei, dass eine Regel bei völliger wissenschaftlicher Erkenntnis sich als richtig und unanfechtbar darstelle, sondern sie müsse auch allgemein anerkannt, d. h. durchweg in den Kreisen der betreffenden Techniker bekannt und als richtig anerkannt sein. **1459**

Es ist damit also stets eine **echte Anerkennung in der Theorie und Praxis erforderlich,** und zwar **abgestellt auf den jeweiligen Einzelfall.**[47] Die allgemein anerkannte Regel der Technik muss in der Wissenschaft anerkannt und damit theoretisch richtig sein; sie muss ausnahmslos wissenschaftlicher Erkenntnis entsprechen und sich in der Praxis restlos durchgesetzt haben.[48]

Es ist nicht erforderlich, dass die Regeln der Baukunst **schriftlich** niedergelegt sind.[49] Anerkannte Regeln der Baukunst/Bautechnik enthalten die: **1460**

---

45) Zum **Meinungsstand** im Einzelnen siehe *Stammbach*, S. 57 ff. m. Nachw.; zur rechtlichen Einordnung der **Begriffe** „Stand der Technik", „allgemein anerkannte Regeln der Technik" und „Stand von Wissenschaft und Technik" siehe *Seibel*, BauR 2004, 266 ff.
46) RGSt. 44, 76.
47) **Herrschende Meinung**; vgl. vor allem *Stammbach*, S. 87 ff.; *Daub/Piel/Soergel/Steffani*, ErlZ B 4.61 ff.; *Heiermann/Riedl/Rusam*, § 13/B, Rdn. 20 ff.; Beck'scher VOB-Komm/*Ganten*, B § 4 Nr. 2, Rdn. 29 ff.; *Kleine-Möller/Merl*, § 12, Rdn. 247 ff.; *Ringel*, BlGBW 1971, 41; *Tempel*, NZBau 2003, 465, 468; *Siegburg*, BauR 1985, 367, 372 ff.
48) Brandenburgisches OLG, BauR 2001, 283, 284; OLG Braunschweig, BauR 2000, 109, 110; OLG Hamm, NJW-RR 1998, 668, 669 u. BauR 1997, 309, 311 = OLGR 1996, 134, 135; OLG Celle, BauR 1984, 522 m. Anm. *Reim;* Zur Frage, ob die **3. WärmeschutzVO 1995,** die am 1.1.1995 in Kraft getreten ist, eine anerkannte Regel der Technik ist, siehe *Langen/Kus*, BauR 1995, 161 ff.
49) BGH, BauR 1986, 447, 448 = NJW-RR 1986, 755 = ZfBR 1986, 171.

**Rdn. 1461**                                          Mängelbeseitigungsklage

* **DIN-Normen** des Deutschen Instituts für Normung e. V.[50]
* einheitlichen technischen Baubestimmungen (ETB)[51]
* Bestimmungen des Deutschen Ausschusses für Stahlbeton
* Bestimmungen des Verbandes Deutscher Elektrotechniker (VDE)[52]
* Unfallverhütungsvorschriften der Berufsgenossenschaften[53]
* Bestimmungen des Deutschen Vereins des Gas- und Wasserfaches (DVGW)
* von den Bauaufsichtsbehörden eingeführten technischen Baubestimmungen des Deutschen Instituts für Normung e. V.

**1461**    Die **DIN-Normen** sind **keine Rechtsnormen,** sondern „private technische Regelungen mit Empfehlungscharakter";[54] sie geben wie die übrigen genannten Bestimmungen und Richtlinien nicht aus sich heraus die allgemein als gültig anerkannten Regeln der Technik wieder. Vielmehr geht der Begriff der allgemein anerkannten Regeln der Technik über die allgemeinen technischen Vorschriften (DIN-Nomen) hinaus, indem letztere den ersteren unterzuordnen sind. Ein Werkunternehmer oder der Architekt/Sonderfachmann muss deshalb immer über die „kodifizierten Festlegungen hinaus **die Gesamtheit der bewährten Konstruktionsgrundsätze** im Blick behalten und darf hiervon nicht grundlos in einer die Gefahr des Auftretens

---

50) **Rechtsprechung** zu **DIN-Normen:** BGH, BauR 2007, 1570 = NZBau 2007, 574 (Schallschutzstufen II und III der VDI-Richtlinie **4100**/1994; Beiblatt 2 zu DIN **4109**; s. auch OLG Karlsruhe, BauR 2007, 557 u. *Boldt*, NJW 2007, 2960 ff.); OLG Köln, BauR 2007, 887, 889 (**DIN 4014**; Anforderungen an die Erkundung des **Baugrundes**); OLG Frankfurt, BauR 2002, 324 (**DIN 4109**; Schallschutz für Wohnungseingangstüren); OLG Hamm, IBR 2004, 415 („rollstuhlgerechter" Aufzug; Mindestmaße nach DIN 15 306 u. DIN 18 025); LG Hamburg, BauR 2003, 394 (**DIN 4109**; Schallschutz bei saniertem und ausgebautem Altbau); OLG Stuttgart, NZBau 2006, 446, 447 (**DIN 4123**; Planung der Bauaushub- und Unterfangungsarbeiten); OLG Braunschweig, BauR 2000, 109 (**DIN 4095**; 1973); OLG Karlsruhe, BauR 2003, 98 (**DIN 18202** – Ebenheitstoleranzen); OLG Hamm, NJW-RR 1998, 668 (**DIN 18 352;** Vorbehandlung von Kalksandsteinmauerwerk); OLG Frankfurt, NJW-RR 1988, 669 (**DIN 1988** Teil 7 Nr. 3.3; Mischinstallation); BGH, BauR 2002, 627, 628 (**DIN 1988** Teil 8 Nr. 5 Abs. 2; Absperrung der Versorgungsleitung); OLG Düsseldorf, BauR 1997, 140 (DIN **18 560;** Nenndicke; Urt. aufgehoben durch BGH, BauR 1998, 123); OLG Schleswig, *SFH*, Nr. 126 zu § 633 BGB; OLG Bamberg, OLGR 1999, 134 = NJW-RR 1999, 962 = BauR 1999, 650 m. Anm. *Kamphausen; ders.*, BauR 2001, 545; BGH, BauR 2000, 1770 u. OLG Hamm, BauR 1997, 876 (**DIN 18 195;** drückendes Grundwasser; s. auch OLG Düsseldorf, NZBau 2005, 406 – **Altbau**); OLG Frankfurt, IBR 2003, 71 (**Abdichtung** „nach DIN"); OLG Celle, BauR 2003, 104 (**DIN 18 195** Teil 4); OLG Düsseldorf, NJW-RR 1996, 146 (**DIN 18 531;** Gebrauchstauglichkeitsnachweis); OLG Düsseldorf, OLGR 1996, 87 (**DIN 18 380,** Ausgabe 1988, Einregulieren einer **Heizung**); OLG Celle, BauR 2003, 912 (**DIN 18 356; Feuchtigkeitsmessung** des Estrichs durch Fußbodenverleger); OLG Celle, BauR 2003, 1592 (**DIN 68 368;** Holztreppe und Vereinbarung der Güteklasse I); OLG Nürnberg, IBR 2006, 567 – *Seibel* (**DIN 50930**); siehe ferner: *Frank*, BauRB 2003, 248 ff. Zu den **Änderungen** in der **VOB/C** im Jahre **2005:** NJW-Spezial 2004, 26.

51) Vgl. OLG Köln, BauR 1991, 759; *Siegburg*, Rdn. 107 ff.

52) OLG Hamm, BauR 1990, 104 ff. Zur Zulässigkeit der Verwendung von „Hakennägeln" zur Befestigung von Elektroleitungen: LG Duisburg, IBR 2007, 246 – *Heisiep*

53) OLG Köln, BauR 1999, 929; zur strafrechtlichen Verantwortlichkeit des Generalunternehmers für die Einhaltung der Unfallverhütungsvorschriften durch einen Subunternehmer s. OLG Karlsruhe, NJW 1977, 1930.

54) BGH, BauR 1998, 872, 873 = NJW 1998, 2814 = ZfBR 1998, 247. Zur urheberrechtlichen Stellung von DIN-Normen: *Schulze-Hagen/Fuchs*, BauR 2005, 1 ff.

## Regeln der Baukunst/Technik    Rdn. 1461

von Schäden begünstigenden Weise abweichen".[55] DIN-Normen sind anerkannte Regeln der Technik nur dann, wenn sie auch dem allgemeinen Prüfungsmaßstab standhalten.[56] DIN-Normen können deshalb, was im Einzelfall durch sachverständigen Rat zu überprüfen ist, die anerkannten Regeln der Technik widerspiegeln oder aber hinter ihnen zurückbleiben.[57] Deshalb kommt es nicht darauf an, welche DIN-Norm gerade gilt, sondern darauf, ob die erbrachte Werkleistung zur Zeit der Abnahme den anerkannten Regeln entspricht. Aus diesem Grund ist in der Praxis auch für Sachverständige oftmals schwierig, die anerkannten Regeln der Technik für ein bestimmtes Gewerk verbindlich zu bestimmen;[58] in keinem Fall darf aber die Prüfung unterlassen werden, ob die herangezogenen DIN-Normen (noch) den anerkannten Regeln der Technik entsprechen oder (schon) hinter diesen zurückbleiben.

Allerdings ist anerkannt, dass DIN-Normen die **Vermutung** für sich haben, die allgemeinen Regeln der Technik wiederzugeben.[59] Diese Vermutung bedeutet eine echte **Beweislaständerung** mit der Folge, dass derjenige, der eine DIN-Norm sozusagen zu Fall bringen will, beweispflichtig ist.[60]

Kodifizierte Normen bringen somit folgende **Beweislastregeln:** Wer sich mit seiner Bauleistung an ein technisches Regelwerk **hält,** kann die widerlegliche Tatsachenvermutung ordnungsgemäßer Arbeit für sich in Anspruch nehmen. Im Schadensfall hat der Geschädigte **(Bauherr)** zu beweisen, dass der Unternehmer trotz Einhaltung von DIN-Normen anerkannte Regeln der Technik verletzt hat.[61] Die Nichteinhaltung eines technischen Regelwerkes stellt demgegenüber grundsätzlich (aber auch widerlegbar) einen Mangel dar, wobei dies allerdings von den konkreten Vereinbarungen der Vertragsparteien abhängen kann.[62] Ist demnach z. B. eine Bauleistung nicht entsprechend den Vorgaben einer DIN-Norm ausgeführt worden, spricht der Beweis des ersten Anscheins für eine schuldhaft mangelhafte Leistung des Unterneh-

---

55) So zutreffend: OLG Celle, BauR 1990, 759, 760 m. Anm. *Reim* = NJW-RR 1991, 1175.
56) BVerwG, Beschl. v. 30.9.1996 – 4 B 175/96, IBR 1997, 149 – *Kniffka.*
57) BGHZ 139, 16 = BauR 1998, 972 = ZfBR 1998, 247; s. ferner: OLG Bamberg, BauR 1999, 650, 651 m. Anm. *Kamphausen* u. OLG Schleswig, BauR 1998, 1100 m. Anm. *Jagenburg,* BauR 2000, 1060 zum Problem der **Bitumendickbeschichtung;** *Dresenkamp,* BauR 1999, 1079.
58) Vgl. z. B.: *Kilian,* BauR 1993, 664 ff. für die **Betonherstellung;** OLG Hamm, BauR 1994, 246 für den **Trittschallschutz** von Holzdecken; OLG Bamberg, BauR 1999, 650 m. Anm. *Kamphausen;* ders., BauR 2001, 545 ff.; *Jagenburg/Pohl,* BauR 1998, 1075 ff.; *Schreiter,* BauR 1998, 1082 ff. zum Problem **bituminöser Abdichtungen;** OLG Düsseldorf, NJW-RR 1998, 1710 sowie OLG Köln, BauR 1997, 831 u. 1999, 426 zum **Hartlöten** von Kupferrohren bei problematischen Wasserverhältnissen; *Locher-Weiss,* BauR 2005, 17, 20 zum Entwurf DIN 4109–10 (Juni 2000) für den **Schallschutz.**
59) OLG Hamm, NJW-RR 1995, 17 = BauR 1994, 767; OLG Stuttgart, BauR 1977, 129; *Daub/Piel/Soergel/Steffani,* ErlZ B 4.87; *Bohl/Döbereiner/Keyserlingk,* Rdn. 66; *Fischer,* S. 71; *Korbion/Hochstein/Keldungs,* Rdn. 55; *Stammbach,* BauR 1998, 482, 489; ders., S. 190 ff.
60) Vgl. BGH, *Schäfer/Finnern,* Z 4.01 Bl. 50, 52; OLG München, NJW-RR 1992, 1523; OLG Stuttgart, BauR 1977, 129; *Ingenstau/Korbion,* § 4/B, Rdn. 162.
61) OLG Stuttgart, BauR 1977, 129; OLG Hamm, NJW-RR 1998, 668, 669; *Korbion/Hochstein/Keldungs,* Rdn. 55.
62) OLG Hamm, NJW-RR 1995, 17 = BauR 1994, 767 = OLGR 1994, 218; BGH, BauR 1991, 514 (LS); OLG Düsseldorf, NJW-RR 1999, 1731, 1732; *Kroitzsch,* BauR 1994, 673 ff.

mers; diesem obliegt es dann darzulegen und zu beweisen, dass eingetretene Schäden nicht auf der Verletzung der DIN-Norm beruhen.[63]

**1462** Technische **Regelwerke** können aus der Natur der Sache heraus **nicht vollständig sein und bleiben.** Gerade das Verhältnis der DIN-Normen zu den anerkannten Regeln der Technik ist dadurch gekennzeichnet, dass sich die DIN-Normen **erkennbar** nur bei einer förmlichen **Fortschreibung „verändern"**, demgegenüber die **Regeln der Technik** sich im Laufe der Zeit gleichsam **lautlos weiterentwickeln.** Die Regeln der Technik haben eine Eigendynamik. Das bedeutet, dass DIN-Normen nicht aus sich heraus Regeln der Technik darstellen, sondern nur dann und solange, wie sie deren Voraussetzungen erfüllen. So kann eine **veraltete** DIN-Norm, die über einen längeren Zeitraum nicht mehr fortgeschrieben wurde, unter Umständen auch nicht mehr als anerkannte Regel der Technik gelten; sie verliert ihre Bedeutung bei der Beurteilung der bautechnischen Vorgänge, da sie nicht mehr den Erkenntnissen von Theorie und Baupraxis entspricht.[64] Auf diesem Weg kann eine DIN-Norm aus dem Regelwerk ausscheiden. Daran ändert auch nichts, wenn DIN-Normen im Auftrage der obersten Bauaufsichtsbehörden als Einheitliche Technische Baubestimmungen ausgearbeitet und dann als Richtlinien eingeführt worden sind; denn baubehördliche Maßstäbe sind grundsätzlich nicht als Richtlinien dafür heranzuziehen, was zivilrechtlich eine anerkannte Regel der Baukunst/Technik darstellt. Bauaufsichtliche und zivilrechtliche Anforderungen an eine Bauleistung können nämlich von unterschiedlicher Qualität sein.[65]

**1463** Ist somit davon auszugehen, dass die technische Entwicklung und die wissenschaftliche Erkenntnis in einem **ständigen Fortschritt** begriffen sind, so **ändern sich die anerkannten Regeln der Baukunst/Technik laufend.**[66] Das müssen die Baubeteiligten einkalkulieren. Die bauausführenden Kreise müssen sich jeweils über die fortlaufenden Entwicklungen **orientieren**[67] und ihrem **Auftraggeber rechtzeitig** über moderne Baumaßnahmen, die sich am Markt durchgesetzt haben, **informieren.**[68] Gleichzeitig obliegt es ihnen aber auch, auf die **Risiken** einer wissenschaftlich noch nicht hinreichend gesicherten „Brauchbarkeit" eines **neuen Baustoffes** oder **-methode hinzuweisen** bzw. im Hinblick auf die fehlende jahrelange Bewährung der Methode oder des Materials dem **Einsatz** in der Praxis dann besondere Aufmerksamkeit zu **widmen.**[69]

---

63) Thüringer OLG, BauR 2006, 1902, 1903.
64) *Ingenstau/Korbion/Oppler*, § 4 Nr. 2/B, Rdn. 41; *Bohl/Döbereiner/Keyserlingk*, Rdn. 61.
65) *Bohl/Döbereiner/Keyserlingk*, Rdn. 65.
66) Vgl. die beiden „**Flachdach**"-Entscheidungen des BGH: BGHZ 48, 130 = NJW 1968, 43 u. BGHZ 54, 352 = NJW 1971, 92; ferner: BGH, BauR 2007, 1570 = NJW 2007, 2983 (Schallschutz; s. auch *Boldt*, NJW 2007, 2960, 2962); BGH, BauR 1995, 230 = NJW-RR 1995, 472 = ZfBR 1995, 132 (**Schallschutz**); OLG Köln, BauR 1997, 831 = *SFH*, Nr. 10 zu § 13 Nr. 1 VOB/B (1973) („**hartgelötete Kupferrohre**"); *Jagenburg/Pohl*, BauR 1998, 1075 ff.
67) Siehe dazu: OLG Zweibrücken, OLGR 2007, 439, 441 = IBR 2007, 291 – *Siegburg*; OLG Hamm, BauR 2003, 567, 568; OLG Köln, IBR 2004, 29 – *Weyer;* OLG Köln, BauR 1997, 831 = *SFH*, Nr. 10 zu § 13 Nr. 1 VOB/B (1973).
68) KG, NJW-RR 2001, 1385 = IBR 2002, 203 – *Wellensiek.*
69) Brandenburgisches OLG, BauR 2001, 283, 284; OLG Hamm, BauR 2006, 861 = IBR 2006, 152 (Materialwahl im Heizungsbau).

## Regeln der Baukunst/Technik

Rdn. 1464

Ist eine Bestimmung eines schriftlichen Regelwerks **überholt,** weil sie nicht mehr dem aktuellen Stand entspricht, muss der bauausführende Unternehmer, Architekt oder Sonderfachmann von der nunmehr anerkannten, aber noch nicht schriftlich niedergelegten Regel ausgehen.[70]

In der Baupraxis bleibt allerdings die **Schwierigkeit,** den **neuen technischen Erkenntnistand zuverlässig festzulegen,** wenn sich Fortschreibungen des (schriftlichen) Regelwerks verzögern oder ausbleiben.[71] Ein **DIN-Entwurf** (Gelbdruck) signalisiert in der Regel, dass **Vorsicht** hinsichtlich der Regeln der alten DIN-Norm geboten ist.

1464

Ein gutes Beispiel hierfür ist der **Schallschutz:** Die DIN 4109 aus dem Jahre 1962 entsprach schon in den 70 er und 80 er Jahren nach herrschender Ansicht[72] nicht mehr dem heutigen Stand der Technik: Waren nur deren Mindestanforderungen erfüllt, konnte die Bauleistung insgesamt nicht mehr als dem Stand der Technik/Baukunst entsprechend angesehen werden. In der Rechtsprechung vertraten z. B. die Oberlandesgerichte Frankfurt,[73] Köln,[74] Hamm,[75] Stuttgart,[76] Nürnberg[77] und Düsseldorf[78] sowie die Landgerichte Tübingen,[79] München[80] und Heilbronn[81] die Ansicht, dass die Mindestanforderungen der DIN 4109/1962 nicht mehr den modernen Wohnungsansprüchen entsprachen. Danach war die DIN 4109/1962 schon frühzeitig keine Regel der Technik mehr, obwohl sie über 25 Jahre nicht zurückgezogen worden war; teilweise wurde allerdings insoweit zwischen einfachem und **Komfort**-Wohnungsbau[82] sowie zwischen Luftschall-[83] und Trittschallschutz[84] unterschieden. Ein Gelbdruck der DIN 4109/1979 wurde bald nach dem Erscheinen zurückgezogen, weil insbesondere die Anforderungen hinsichtlich des Luftschallschutzes als zu hoch angesehen wurden.[85] Nach

---

70) So zutreffend: *Nicklisch*, BB 1982, 833, 835; s. schon BGH, BB 1978, 577 = *SFH*, Nr. 1 zu § 4 Ziff. 2 VOB/B (1952).
71) Zu den einzelnen Konkretisierungsmöglichkeiten siehe *Seibel*, BauR 2004, 774 ff.
72) Vgl. dazu ausführlich *Bohl/Döbereiner/Keyserlingk*, Rdn. 220 ff.; *Ingenstau/Korbion/Oppler*, § 4 Nr. 2/B, Rdn. 42; *Döbereiner*, BauR 1980, 296 ff.; *Bötsch/Jovicic*, BauR 1984, 564 ff.; *Bindhardt/Jagenburg*, § 4, Rdn. 6; OLG Karlsruhe, BauR 2007, 557, 559.
73) BauR 1980, 361; zum Problem auch BGH, BauR 1986, 447, 448 = ZfBR 1986, 171 sowie OLG Hamm, BauR 1988, 340 ff.
74) BauR 1981, 475.
75) OLG Hamm, BauR 2001, 1262; NJW-RR 1989, 602.
76) BauR 1977, 279.
77) BauR 1989, 740.
78) BauR 1991, 752; siehe ferner: OLG Düsseldorf, BauR 1993, 622 = NJW-RR 1994, 88.
79) *SFH*, Nr. 6 zu § 634 BGB.
80) Zitiert bei *Döbereiner*, BauR 1980, 296, 297.
81) Zitiert bei *Döbereiner*, a. a. O.
82) Vgl. dazu OLG München, BauR 1992, 517; LG München I, *SFH*, Nr. 5 zu § 13 Nr. 6 VOB/B (1973); LG Nürnberg-Fürth, NJW-RR 1989, 1106.
83) Vgl. OLG München, BauR 1992, 517 u. BauR 1985, 453, 454; OLG Hamm, NJW-RR 1989, 602; OLG Düsseldorf, BauR 1993, 622.
84) Vgl. dazu vor allem *Wietrzichowski*, DAB 1982, 843 ff.; *Bötsch/Jovicic*, BauR 1984, 564 ff.; OLG Düsseldorf, BauR 1984, 178; OLG München, BauR 1992, 517 u. BauR 1985, 453 m. Anm. *Locher* sowie OLG Hamm, BauR 1987, 569.
85) *Bötsch/Jovicic*, BauR 1984, 564, 565; *Locher*, BauR 1985, 455; vgl. auch OLG Hamm, BauR 1988, 340, 341.

**Rdn. 1465–1466**                        **Mängelbeseitigungsklage**

dem Entwurf DIN 4109/1984[86)] erfolgte dann erst durch die DIN 4109 Ausgabe 1989 eine Anpassung an die Regeln der Technik/Baukunst.[87)]

**1465** Ähnlich sind die Probleme bei der DIN 4108 (Wärmeschutz im Hochbau) hinsichtlich der geometrischen **Wärmebrücken** gelagert.[88)] Besonders kontrovers wurde bis vor kurzem die Frage der Zulässigkeit der Kerndämmung im Aufbau eines zweischaligen Mauerwerks diskutiert, da die Kerndämmung nicht durch die alte DIN 1053 gedeckt war, obwohl es eine große Zahl von Zulassungsbescheiden des Instituts für Bautechnik für entsprechende Dämmplatten gab (vgl. hierzu die Literatur vor Rdn. 1459); das OLG Hamm[89)] sah z. B. in einer Kerndämmung noch keinen Verstoß gegen die anerkannten Regeln der Technik (trotz fehlender Bestimmung in der DIN 1053), wohl aber in einer Außenwandkonstruktion aus glasierten Klinkern in Verbindung mit einer Kerndämmung. Zwischenzeitlich ist die Kerndämmung als zulässige Bauart in die neugefasste DIN 1053 aufgenommen.

**1466** Ein Werk ist schließlich auch fehlerhaft, wenn es dafür noch **keine** anerkannten Regeln der Technik gibt; für die Annahme eines Baumangels ist bereits ausreichend, dass eine **Ungewissheit** über die **Risiken** des **Gebrauchs** besteht.[90)] Wer deshalb **neue,** vom Stand der Technik **abweichende Wege beschreitet,** muss als Fachunternehmer prüfen, dass er den gestellten Anforderungen gerecht wird.[91)] Hierüber muss er auch den Auftraggeber **aufklären.**[92)] Eine Hinweispflicht besteht für den

---

86) *Bötsch/Jovicic*, a. a. O.; vgl. auch OLG München, BauR 1992, 517, 518 u. *Locher*, a. a. O.
87) Zum **erhöhten** Schallschutz (Schallschutzstufen II u. III): BGH, BauR 2007, 1570 = NZBau 2007, 574 = NJW 2007, 2983 = IBR 2007, 475 – *Schwenker* (**Doppelhaushälften**); s. auch OLG Koblenz, OLGR 2006, 6; OLG Karlsruhe, BauR 2007, 557; OLG Frankfurt, BauR 2005, 1327 („**hochwertiger Schalldämmwert**"); zu den Schallschutzanforderungen bei einem vom **Bauträger** sanierten und aufgestockten **Altbau:** LG Hamburg, BauR 2003, 394; zum Schallschutzmaßstab bei nachträglichem Dachgeschossausbau: BGH, IBR 2005, 57 – *Vogel;* zum Trittschallschutz von **Holzdecken:** OLG Hamm, BauR 2005, 743 u. OLG Naumburg, BauR 2000, 274 (**Planungsfehler** des Architekten); OLG Hamm, NJW-RR 1994, 282 = BauR 1994, 246 m. Anm. *Weiss,* S. 514, 515; zur Trittschalldämpfung im **Fertighaus:** OLG Düsseldorf, NJW-RR 1994, 341; zu den Schallschutzanforderungen bei sog. **Stadtvillen:** LG Berlin, *SFH*, Nr. 101 zu § 633 BGB; zum Mindestschallschutz von 57 dB bei **Wohnungstrennwänden:** OLG Stuttgart, BauR 1996, 718; zur Luftschallisolierung bei **Zweifamilienhaus** als **Wohnungseigentum;** Mindestschall-Dämmwert von 53 dB ausreichend: OLG Düsseldorf, NJW-RR 1998, 19 = BauR 1997, 1046; OLG München, IBR 2004, 197 u. BauR 1999, 399 (**zweischalige** Haustrennwände bei Reihenhäusern); OLG Hamm, BauR 2001, 1757 (**Reihenmittelhaus**); OLG Frankfurt, BauR 2002, 324 = OLGR 2001, 273 = IBR 2002, 11 (Schallschutzanforderungen bei einer **Wohnungseingangstür**); LG Stuttgart, BauR 2006, 550 (Doppelhaus in **einschaliger** Bauweise; Planungsfehler); *Boldt,* NJW 2007, 2960 ff.
88) OLG Hamm, BauR 1983, 173; s. ferner: OLG Köln, IBR 2004, 29 – *Weyer* (fehlerhafte Wärmeschutzberechnung; fehlendes Verschulden des Ingenieurs bei Änderung der DIN 4108); zur 3. WärmeschutzVO 1995 siehe *Langen/Kus,* BauR 1995, 161.
89) BauR 1991, 247 = NJW-RR 1991, 731 mit abl. Anm. von *Erich J. Groß,* BauR 1992, 262 ff.
90) OLG Düsseldorf, NJW-RR 1996, 146, 147; OLG München, BauR 1984, 637 (monovalente Heizungsanlage); OLG Hamm, BauR 2006, 861 (Korrosionsschäden im Heizungsbau; Grauguss und Messing als Werkstoff).
91) Vgl. BGH (X. ZS), NJW-RR 1996, 789 (Anlagenbau).
92) Vgl. BGH, BauR 1987, 681 (**neuartige,** noch nicht erprobte Anlage); BGH, IBR 2002, 301 – *Schulze-Hagen* (neuartiges **Produkt**); Brandenburgisches OLG, BauR 2001, 283, 284 = ZfBR 2001, 111; OLG Saarbrücken, NJW-RR 1998, 93 (Hinweispflicht des **Architekten**); OLG München, NJW-RR 1992, 1523; OLG Oldenburg, OLGR 1996, 253 (Hinweispflicht des **Architekten**).

## Regeln der Baukunst/Technik

Unternehmer auch, wenn eine Leistungsbeschreibung erkennbar gegen eine DIN-Norm verstößt.[93]

Es ist bisher ebenfalls heftig **umstritten** gewesen, welcher **Zeitpunkt** für die Beurteilung maßgebend ist, ob die allgemein anerkannten Regeln der Technik eingehalten wurden. So ist z. T. auf den Zeitpunkt der **Bauplanung,** des **Vertragsabschlusses,** der **Ausführung** („Herstellung"),[94] auf den Zeitpunkt der **Abnahme**[95] und Übergabe bzw. den **Tag der letzten mündlichen Verhandlung** im Baumängelprozess abgestellt worden.[96] **Spätere Erkenntnisse** der Bautechnik sollten nach überwiegender **Lehrmeinung** also nicht mehr berücksichtigt werden.[97] Diese Betrachtung entsprach nicht der ständigen Rechtsprechung des BGH.[98] Indes ist auch diese **Frage** für die Baupraxis weitgehend durch das Urteil des BGH vom 6. Mai 1985[99] erledigt, weil allein darauf abzustellen ist, ob innerhalb der Gewährleistungsfrist ein Mangel **erkennbar** wird. Für die Bewertung der Ordnungsmäßigkeit einer Werkleistung ist auf den Zeitpunkt **der Abnahme** abzustellen;[100] es sind aber „auch noch **nachträglich** erzielte **neuere** wissenschaftliche und/oder **technische Erkenntnisse** zu berücksichtigen".[101] Erweist sich auf Grund der **neueren Erkenntnis** die erbrachte Werkleistung als mangelhaft, so ist der Unternehmer seinem Auftraggeber gewährleistungspflichtig.[102] **Ändern sich nach einer Abnahme** die technischen Regeln (z. B. DIN-Normen), hat dies für den Unternehmer keine nachteiligen Folgen; seine bei Abnahme mangelfrei erbrachte Bauleistung bleibt es.[103] Vom Unternehmer danach erbrachte Leistungen stellen daher für den Auftraggeber vergütungspflichtige **Zusatzarbeiten** dar, die (ohne Vergütungsregelung) als Sowiesokosten zu erstatten wären.[104]

**1467**

Hat der Unternehmer **nach Vertragsschluss** und während der Bauausführung erkennen können, dass sich die allgemein anerkannten Regeln „geändert" haben, seine Leistung bei Abnahme deshalb nicht (mehr) dem Stand der Technik entsprechen

**1468**

---

93) Unzutreffend: OLG Koblenz, IBR 2007, 21 – *Weyer.*
94) *Stammbach*, S. 163.
95) Vgl. BGH, NJW 1998, 2814 = BauR 1998, 872 („im Allgemeinen"); OLG Nürnberg, BauR 2006, 2077, 2078 = OLGR 2005, 646, 647; OLG Hamm, NJW-RR 1989, 602, 603; OLG Stuttgart, BauR 1980, 82, 83; OLG Köln, *SFH*, Nr. 62 zu § 635 BGB; *Herchen*, NZBau 2007, 139; *Kapellmann/Messerschmidt/Weyer*, § 13/B, Rdn. 39; *Kaiser*, Rdn. 68 d.
96) Vgl. dazu vor allem *Jagenburg*, Technologie und Recht (1983). S. 137 ff. sowie Festschrift für Korbion, S. 179 ff.
97) Vgl. *Tempel*, Vahlen, S. 155, 194; *Locher*, BauR 1974, 293, 299; *Bindhardt/Jagenburg*, § 4, Rdn. 8; LG Köln, *SFH*, Nr. 13 zu § 635 BGB.
98) BGH, NJW 1971, 92 = BauR 1971, 58 („Flachdach II"); BGHZ 48, 310 = NJW 1968, 43 („Flachdach I").
99) BauR 1985, 567 = ZfBR 1985, 276 = WM 1985, 1077.
100) BGH, NJW 1998, 2814; OLG Nürnberg, BauR 2006, 2077, 2078; OLG Hamburg, BauR 2005, 1339, 1340.
101) Zutreffend: OLG Nürnberg, BauR 2006, 2077, 2078 („**nachträgliches Aufspüren**"); OLG Köln, BauR 1991, 759 = NJW-RR 1991, 1077; OLG Köln, IBR 2004, 29 – *Weyer;* OLG Hamm, BauR 2003, 567 (ungeeigneter Baustoff); OLG Frankfurt, *SFH*, Nr. 65 zu § 635 BGB.
102) Zum **mangelnden Verschulden** i. S. des § 635 BGB a. F.: OLG Hamm, BauR 2003, 567, 568; OLG Köln, IBR 2004, 29.
103) OLG Hamburg, BauR 2005, 1339, 1341; *Schmalzl/Lauer/Wurm*, Rdn. 72.
104) Siehe: OLG Hamburg, BauR 2005, 1339, 1341; *Herchen*, NZBau 2007, 139, 144; s. auch *Voit*, ZfIR 2007, 157, 158.

wird, muss er den Unternehmer auf diesen Umstand hinweisen.[105] Das gilt vor allem, wenn mit einer abgeänderten Bauausführung **Zusatzkosten** verbunden sind, die die Vertragsparteien nicht berücksichtigt haben.[106] In diesen Fällen scheidet ein Schadensersatzanspruch nach § 635 BGB a. F. bzw. §§ 634 Nr. 4, 280, 281 BGB n. F. aus, es sei denn, die Änderung der anerkannten Regel der Technik war **voraussehbar** und hätte deshalb (bereits) berücksichtigt werden müssen.[107] Ferner kommt eine Haftung in Betracht, wenn der Unternehmer einer (nach Abnahme entstandenen) Nachbesserungs(Nacherfüllungs)pflicht nicht nachkommt. Der Bauherr muss ihm daher stets Gelegenheit zur Nachbesserung/Nacherfüllung geben, es sei denn, es liegen die Voraussetzungen vor, die eine Fristsetzung entbehrlich machen (vgl. Rdn. 1657).

**1469** Ob eine anerkannte Regel der Baukunst/Technik verletzt ist, kann im Zweifelsfalle nur durch **Einholung** eines **Sachverständigengutachtens** geklärt werden.[108] Die **Zivilgerichte** sind an die technischen Regelwerke als **„antizipierte Sachverständigengutachten"** nicht gebunden.[109] Die Regelwerke können insoweit nur als Orientierungshilfe dienen.

**1470** In Zukunft wird die **europäische Baunormung** einen ganz erheblichen Einfluss auf die Regeln der Technik in Deutschland nehmen.[110] Auf vielen Gebieten des Bauwesens werden die zur Zeit gültigen nationalen Normen und Regelwerke ersetzt. Insoweit wird es jedoch eine **Übergangsphase** geben, weil es bislang nur grobe europäische Regelwerke gibt, die das über Jahrzehnte gewachsene nationale Regelwerk nicht ersetzen können. Immerhin wurde jedoch in Konsequenz der Beschlüsse zur Realisierung des europäischen Binnenmarktes bis zum 31. Dezember 1992 die so genannte **Bauproduktenrichtlinie** im Jahre 1988 verabschiedet; sie stellt die rechtliche Grundlage für die Harmonisierung technischer Regelwerke dar und liefert die Vorgaben mit ihren Anforderungen hinsichtlich der mechanischen Festigkeit und Standsicherheit: dem Brandschutz, der Hygiene, der Gesundheit und dem Umweltschutz, der Nutzungssicherheit, dem Schallschutz und der Energieeinsparung sowie dem Wärmeschutz im Bauwesen.

## 3. Zur Substantiierung des Mangels

*Literatur*

*Lange*, Zum Umfang der Substantiierungspflicht im Zivilprozess, DRiZ 1985, 247; *Heyers*, Wirksame Beweisführung im Bauprozess, Festschrift für Korbion (1986), 147; *Marly*, Die Aufnahme einer Ausschlussfrist für Mängelanzeigen in Allgemeinen Geschäftsbedingungen, NJW 1988, 1184; *Hansen*, Die Substantiierungslast, JuS 1991, 588; *Weise*, Die Bedeutung der Mangelerscheinung im Gewährleistungsrecht, BauR 1991, 19; *Putzier*, Symptomrechtsprechung und die Frage nach der Ursache eines Mangels – die Dreistufigkeit der Anspruchsvoraussetzungen für den Mängelbeseitigungsanspruch, BauR 2004, 1060; *Hebel*, Haftung des Objektüberwachers für Baumängel, BauR 2006, 221; *Zahn*, Darlegungs- und Beweislast bei der Geltendmachung von Mängelrechten, BauR 2006, 1823.

---

105) *Herchen*, NZBau 2007, 143; *Kapellmann/Schiffers*, Bd. 2, Rdn. 571.
106) Ob und in welchem Umfang der **Auftraggeber** verpflichtet ist, **Zusatzkosten** zu erstatten, ist unklar; siehe hierzu: *Herchen*, NZBau 2007, 139, 143 zum Meinungsstand.
107) Siehe auch: OLG Zweibrücken, OLGR 2007, 439, 441.
108) Ebenso: *Bindhardt/Jagenburg*, § 4, Rdn. 9; s. auch *Daub/Piel/Soergel/Steffani*, ErlZ B 4.70; *Dresenkamp*, BauR 1999, 1079, 1081 u. SchlHA 1994, 165, 167.
109) Vgl. insoweit zutreffend: *Siegburg*, BauR 1985, 367, 387/388; *Dresenkamp*, a. a. O.
110) Vgl. dazu *Ehm*, DIN-Mitt. 1988, 599 ff.; *Wischers*, DIN-Mitt. 1988, 602 ff. Zur Umgestaltung des deutschen Bauvertragsrechts durch EG-Initiativen s. vor allem *Locher*, BauR 1992, 293 ff.

## Zur Substantiierung des Mangels   Rdn. 1471–1472

Die Frage, ob ein Bau- oder Architektenmangel vorliegt, kann stets nur für den Einzelfall und für jeden Baubeteiligten gesondert beantwortet werden. Im Streitfall hat der **Bauherr darzulegen,** welcher Baumangel aufgetreten ist und beseitigt werden soll.[111] Die **äußeren** Mangelerscheinungen eines Bauwerkteils lassen nicht immer den Schluss auf das Vorhandensein eines **bestimmten** Baumangels zu.[112] **1471**

An die Darlegungslast werden aber in der **Praxis** immer wieder **zu strenge Anforderungen** gestellt. Allzu schnell wird das Vorbringen eines Bauherrn zum Vorhandensein von Mängeln als „**unsubstantiiert**" zurückgewiesen. Damit ist aber Vorsicht geboten; der **Umfang** der jeweils **erforderlichen Substantiierung** lässt sich stets nur „aus dem Wechselspiel von Vortrag und Gegenvortrag bestimmen".[113] Widersprüchliche Darlegungen genügen niemals den Anforderungen an einen substantiierten Sachvortrag.[114] Für die Substantiierung von **Baumängeln** jeder Art gilt daher:

Der **Bauherr** muss den Baumangel so genau bezeichnen, dass der in Anspruch genommene Unternehmer oder Architekt weiß, was ihm vorgeworfen und was von ihm als Abhilfe erwartet wird.[115] Das bedeutet aber nach der Rechtsprechung des BGH,[116] dass der Bauherr nur vorzutragen braucht, dass ein konkreter Baumangel vorhanden ist, für den der Unternehmer oder Architekt einzustehen hat (z. B.: „Die Platten haben sich gelöst"). Der Besteller genügt also im Allgemeinen seiner Darlegungspflicht, wenn er einen Mangel, aus dem er Rechte herleitet, in seinem **äußeren Erscheinungsbild behauptet** und **belegt (Symptomtheorie).**[117] Erforderlich ist somit nur eine hinreichend genaue Bezeichnung von Mangelerscheinungen, die einer fehlerhaften Leistung eines Baubeteiligten zugeordnet werden. Der Besteller ist nicht genötigt, auch die Gründe seiner Entstehung, also die Mängelursachen, im Einzelnen **anzugeben,**[118] zumal der Bauherr dem Unternehmer ohnehin nicht vorschreiben kann, wie dieser eine Nacherfüllung auszuführen hat. Dazu ist auch das **1472**

---

111) Vgl. BGHZ 62, 293, 295 = BauR 1974, 280; BGH, BauR 1982, 66, 67. Zu den Anforderungen an das Bestreiten eines Baumangels: BGH, BauR 2002, 85 = MDR 2002, 27. Zur Substantiierung der erforderlichen **Sanierungskosten:** BGH, BauR 2003, 385.
112) Vgl. OLG Düsseldorf, NJW-RR 1999, 1616 für behaupteten **Architektenfehler.**
113) BGH, BauR 1992, 265, 266 = *SFH,* Nr. 6 zu § 282 ZPO.
114) BGH, NJW-RR 1992, 848 = *SFH,* Nr. 18 zu § 632 BGB.
115) BGH, BauR 1998, 632, 633; BGH, BauR 1982, 66, 67; OLG Celle, MDR 2001, 686 (für die Zugum-Zug-Verurteilung).
116) Vgl. BGHZ 62, 293, 295 = *Schäfer/Finnern,* Z 2.415.2 Bl. 3; BGH, BauR 2003, 1247 = NZBau 2003, 501 = ZfBR 2003, 559; BauR 1999, 899 = ZfBR 1999, 255 = IBR 1999, 460 – *Weyer;* BauR 2000, 261 = ZfBR 2001, 216 = NZBau 2000, 73; BauR 2002, 613, 617; NJW 1972, 1280; BGH, *SFH,* Nr. 3 zu § 812 BGB; BGH, BauR 1980, 574, 576 (**Mängelliste);** BauR 1982, 66, 67; BauR 1985, 355, 357 = ZfBR 1985, 171; BGH, BauR 1988, 474; BGH, BauR 1989, 361 = (Aufsichtspflichtverletzung eines Architekten); BGH, BauR 1989, 603 ff. u. 606 ff.; BGH, BauR 1992, 500 = ZfBR 1992, 168 (bei **arglistigem Verschweigen** eines Mangels).
117) Vgl. BGH, BauR 2005, 1626 = NZBau 2005, 638 = ZfBR 2005, 785; BauR 2003, 1247; BauR 2003, 693, 694 = ZfBR 2003, 363, 364; BauR 2000, 261 = ZfBR 2000, 216 = NZBau 2000, 73; BauR 2002, 613, 617; ZfBR 1998, 25 = BauR 1997, 1065; BGH, BauR 1997, 1029 = ZfBR 1997, 297 = NJW-RR 1997, 1376; BGHZ 110, 99 = BauR 1990, 356 = ZfBR 1990, 172; OLG München, IBR 2007, 419 – *Seibel;* OLG Hamm, NZBau 2004, 393, 394 = BauR 2004, 102, 103; *Putzier,* BauR 2004, 1060 ff.; *Hebel,* BauR 2006, 221, 227 für Architektenmängel.
118) BGHZ 48, 108, 110; BGH, BauR 2002, 613, 617; BauR 2002, 784, 785; BauR 2000, 261 – ständig.

Gericht grundsätzlich nicht befugt.[119] Die Frage, ob die Ursache der beschriebenen Mangelerscheinung z. B. auf einem Ausführungs- oder Planungsfehler beruht, ist „Gegenstand des Beweises und kein Erfordernis des Sachvortrags" (BGH).[120] Dem wegen einer unzureichenden Bauüberwachung auf Schadensersatz in Anspruch genommenen Architekten obliegt im Einzelfall eine **sekundäre Darlegungslast** hinsichtlich der Ausführung und zum Umfang seiner Kontrollen.[121]

**1473** Der in der Praxis oftmals vorkommende richterliche Hinweis, der Bauherr möge „die angeblichen Mängel sowie die daraus hergeleiteten Rechte im Einzelnen spezifiziert darlegen", ist nur in Fällen angebracht, in denen ein Bauherr lediglich erklärt, eine Werkleistung sei mangelhaft, ohne aber die Mangelerscheinungen konkret zu umschreiben. Enthält eine Klage eine Sachdarstellung, die auf die Einzelheiten eingeht wie: die vertraglichen Grundlagen, Vertragsabwicklung, auf bestimmte Mängel und die zu ihrer Beseitigung erforderlichen Kosten, so ist eine solche Klage nicht „unsubstantiiert". Anders wäre es, wenn der Klagevortrag nicht erkennen lässt, ob eine bestimmte Voraussetzung eines geltend gemachten Anspruchs erfüllt ist, wie z. B. die Aufforderung zur Mängelbeseitigung, wenn Nachbesserungskosten verlangt werden.

**1474** Wichtig ist immer, dass der Kläger nicht nur auf alle Tatbestandsmerkmale seines Anspruchs eingeht, sondern sie auch durch den **Vortrag von Einzelheiten** ausreichend anschaulich macht. Maßstab hierfür sind: Verständlichkeit für Gericht und Prozessgegner und die Möglichkeit, streitiges Vorbringen in einer Beweisfrage zu formulieren. Die **Anforderungen** an den Umfang dieser Darlegungslast dürfen aber **nicht überspannt** werden.[122] Bezeichnet eine Partei den Mangel so genau, dass ein Unternehmer/Architekt in der Lage ist, die Ordnungsmäßigkeit seiner Leistung zu überprüfen, muss das Gericht den Bauherrn gemäß § 139 ZPO näher darüber aufklären, wenn es eine weitere Spezifizierung des Vorbringens wünscht.[123] Das Gericht muss in diesem Falle der Partei genau sagen, wo nach seiner Ansicht noch **Lücken** im Vorbringen bestehen, die geschlossen werden sollen.

### 4. Mängel des Architektenwerkes

*Literatur*

*Heinrich*, Der Baucontrollingvertrag, 2. Aufl. 1998; *Thode/Wirth/Kuffer* (Hrsg.), Praxishandbuch Architektenrecht, 2004; *Löffelmann/Fleischmann*, Architektenrecht, 5. Auflage 2007.

*Bindhardt*, Untersuchung der Baugrundverhältnisse – zur Abgrenzung der Verantwortung von Architekt und Statiker –, BauR 1974, 376; *Ganten*, Beratungspflichten des Architekten, BauR 1974, 78; *Hartmann*, Die Beratungs-, Hinweis- und Aufklärungspflichten des Architekten, BauR 1974, 168; *Trapp*, Die Beendigung der vertraglichen Leistungspflicht des planenden und bauleitenden Ar-

---

119) Vgl. BGH, BauR 1973, 313, 317.
120) BauR 2003, 1247 u. 2002, 613, 617; BGH, BauR 1999, 899 = ZfBR 1999, 55 = NZBau 1999, 460.
121) Vgl. OLG Naumburg, NZBau 2003, 389 u. Rdn. **2611**.
122) Vgl. BGH, BauR 1980, 574, 576; BauR 1985, 355, 357 = ZfBR 1985, 171; BGH, BauR 1988, 122; BGH, BauR 1992, 265 = NJW 1992, 278 = ZfBR 1992, 66.
123) Das gilt vor allem, wenn die (anwaltlich vertretene) Partei die Rechtslage ersichtlich falsch beurteilt; BGH, BauR 1990, 488, 490 = ZfBR 1990, 192; NJW 1989, 717 ff.; OLG Frankfurt, NJW 1989, 722.

chitekten, BauR 1977, 322; *Bindhardt*, Pflichten und Verantwortung des Architekten gegenüber den Nachbarn eines Bauherrn, BauR 1983, 422; *Vygen*, Rechtliche Beratungs- und Hinweispflichten des Architekten und Bauingenieurs beim Abschluss von Bauverträgen und bei der Vertragsabwicklung unter besonderer Berücksichtigung einer Vertragsstrafenvereinbarung im Bauvertrag, BauR 1984, 245; *Kamphausen/Reim*, Nochmals: Wärmebücken – neue Architektenpflichten?, BauR 1985, 397; *Beigel*, „Einheitsarchitektenvertrag": Stellungnahme zu den Empfehlungen der Bundesarchitektenkammer im Bundesanzeiger vom 10.4.1985, Nr. 29, BauR 1986, 34; *Heinrich*, Baumanagement und die §§ 15, 31 HOAI, BauR 1986, 524; *Weyer*, Die Beratungspflichten des Architekten – insbesondere rechtliche und wirtschaftliche Beratung vor Vertragsschluss und während der Leistungsphasen 1–4, BauR 1987, 131; *Will*, Zur Funktion des Bauherrn als oberster Projektmanager, BauR 1987, 370; *Preussner*, BauR 2001, 697; *Hoppmann*, Architektenhaftung in der Rechtsprechung seit 1986, ZfS 1993, 289; *Motzke*, Abgrenzung der Verantwortlichkeit zwischen Bauherrn, Architekt, Ingenieur und Sonderfachleuten, BauR 1994, 47; *Kniffka*, Kürzung des Architektenhonorars wegen fehlender Kostenkontrolle, BauR 1996, 773; *Glöckner*, Zur Subsidiärhaftung des Architekten bei konkurrierender Gewährleistungsverpflichtung eines Bauunternehmers? – BGH, Urteil vom 9.5.1996 – VII ZR 181/93, BauR 1997, 529; *Motzke*, Die Architektur des Architekten-/Planervertrages – Der Verlust eines Leitbildes?, BauR 1999, 1251; *Steeger*, Ist der Architekt seinem Auftraggeber zur Vorbereitung von Bauverträgen verpflichtet?, BauR 2001, 554; *Neuenfeld*, Die Rechtsprechung der Jahre 2000 und 2001 zum Architektenvertragsrecht, NZBau 2002, 13 (Teil 1) u. 80 (Teil 2); *Pause*, Haftung bei Baucontrolling, BTR 2003, 185; *Motzke*, Der Planervertrag – Auswirkungen der Schuldrechtsreform auf Pflichten- und Erfolgsbestimmung, BTR 2003, 57; *Motzke*, Die Haftung des Bodengutachters, BTR 2004, 50; *Knoche*, Weiße Wanne, Schwarze Wanne, Badewanne, BrBp 2004, 279; *Braun*, Gewährleistung und Haftung des Architekten, BTR 2004, 208 (Teil 1) u. 250 (Teil 2); *Putzier*, Wann beginnt die fünfjährige Gewährleistungsfrist für den Architekten?, NZBau 2004, 177; *Ziegler*, Vergütung des Architekten und Schadensersatz wegen Bauwerksmängeln und ihr Verhältnis zueinander, ZfBR 2004, 529; *Schwenker/Schramm*, Vergütungsprobleme bei nicht erbrachten Architektenleistungen, ZfIR 2004, 753; *Deckers*, Minderung des Architektenhonorars trotz plangerechter und mängelfreier Entstehung des Bauwerks, BauRB 2004, 373; *Lauer*, Verjährung des Mängelanspruchs und Sekundärhaftung im Architektenrecht, BauR 2004, 1639; *Motzke*, Architektenvertrag – Rechtspraxis und Parameter für eine Inhaltsvorgabe – Die Wende des BGH?, Festschrift für Werner (2005), 47; *Jochem*, Der geschuldete werkvertragliche Erfolg nach der Beschaffenheitsvereinbarung im Architektenvertrag, ebenda, 69; *Seifert*, Ermittlung des erbrachten Leistungsanteils des Architekten bei unvollständiger Objektüberwachung, ebenda, 145; *Motzke*, Die Mankohaftung im Planervertrag – die HOAI und der Planervertrag nach einer Wende der Rechtsprechung?, NZBau 2005, 361; Siemens, Architektenhonorarkürzung bei unvollständig erbrachten Teilleistungen, BauR 2005, 1843; *Knip*, Rechtsprobleme des dynamischen Planungsprozesses, Festschritt für Thode (2005), 451; *Rath*, Der Architekt schuldet das Entstehen eines mangelfreien Bauwerks – Kritische Anmerkungen zu einer Neubestimmung, ebenda, 487; *Messerschmidt*, Der dreigliedrige Beschaffenheitsbegriff im Architektenrecht: Planungsziele, Planungsschritte und Planungstechnik, Festschrift für Motzke (2006), 269; *Seifert*, Zu den Leistungspflichten des Architekten bei der Kostenplanung, ebenda, 393; *Pauly*, Die Honorierung des Architekten im Falle fehlender bzw. unvollständiger Teilleistungen, NZBau 2006, 295; *Brückl*, Die Minderung des Architektenhonorars bei der Nichterbringung von Teilleistungen, NZBau 2006, 491; *Ziegler*, Die Teilleistung beim Architektenvertrag, ZfBR 2006, 424; *Siemon*, Zur Bewertung der Einzelleistungen in den Leistungsphasen nach HOAI, BauR 2006, 905; *Preussner*, Die Leistungspflichten des Architekten, wenn eine konkrete Leistungsbeschreibung fehlt, BauR 2006, 898; *Scholtissek*, Die Schwierigkeiten der Teilabnahme beim Architektenwerk, NZBau 2006, 623; *Vetter*, Architektenhaftung und Bauwerksabdichtung, NZBau 2006, 682; *Hünnekens/Arnold*, Bauen in Überschwemmungsgebieten – Neuerungen durch das Hochwasserschutzgesetz, BauR 2006, 1232; *Jochem*, Architektenhaftung für Planungs- und Überwachungsfehler beim Bauen im Bestand, BauR 2007, 281; *Berding*, Haftung des Architekten für fehlerhafte Rechnungsprüfung, BauR 2007, 473; *Weise*, Typische Architektenleistungen keine Rechtsberatung, NJW-Spezial 2007, 165; *Scholtissek*, Rechtsberatung durch Architekt? (!), Festschrift für Ganten (2007), 65.

**1475** Da der Architektenvertrag in der Regel ein **Werkvertrag** ist,[124)] beurteilt sich die Frage, ob das Architektenwerk „**mangelhaft**" ist, nach den allgemeinen werkvertraglichen Bestimmungen, insbesondere aber nach den zwischen dem Auftraggeber und dem Architekten getroffenen **Vereinbarungen**;[125)] auf die in der HOAI geregelten **Leistungsbilder** kann dazu zurückgegriffen werden; diese stellen dann eine **Auslegungshilfe** zur Bestimmung der geschuldeten Leistung dar.[126)] Zu beachten ist, dass ein Architekt als geistiger Unternehmer jedoch nicht für jeden Mangel des Bauwerkes haftet; nach der Rechtsprechung ist nämlich das sogenannte **Architektenwerk** streng von dem „**Bauwerk" zu trennen,** wenn auch diese Trennung nicht immer klar genug gezogen wird. An dieser Betrachtung hat sich durch das SchRModG nichts geändert. Besteht somit die Leistung des Architekten in seinem „Architekten"werk, so haftet er grundsätzlich auch nur für Mängel **seines** Werkes; es muss also eine **mangelhafte Planung** oder **Bauleitung** vorliegen. Nichts anderes gilt, soweit es um eine **mangelhafte Teilleistung** im Rahmen des vom Architekten geschuldeten **Gesamterfolgs** geht; auch insoweit kommt es auf die interessengerechte Auslegung der durch den konkreten Architektenvertrag begründeten Pflichten des Architekten an.[127)] Hat der Auftraggeber danach, was die Regel ist, ein **berechtigtes Interesse** an den **Arbeitsschritten,** die der Architekt nach den Leistungsphasen des § 15 HOAI übernommen hat, und die z. B. als Vorgaben für die Unternehmer erforderlich sind, so sind die Arbeitsschritte auch als Teilerfolg **vereinbart** und geschuldet. Sie müssen dann auch grundsätzlich in den **Leistungsphasen** erbracht werden, denen sie in der HOAI zugeordnet sind.[128)] Erbringt der Architekt deshalb einen solchen Teilerfolg im Einzelfall nicht, ist das geschuldete Werk mangelhaft und führt u. a. zur Reduzierung oder zum Fortfall des Honoraranspruchs.[129)]

**Baumängel** sind deshalb nur dann (auch) **Mängel des Architektenwerkes,** wenn sie durch eine objektiv **mangelhafte Erfüllung der Architektenaufgaben** verursacht worden sind. Beanstandete **Einzel**leistungen des Architekten müssen also immer **zu**

---

124) Vgl. BGH, NJW 2002, 749 = ZfBR 2002, 243 = BauR 2002, 315; BGH, NJW 1966, 1713; 1976, 1175; BGH, ZfBR 1982, 15 = BauR 1982, 79 = MDR 1982, 313. Beispiel für einen **Dienstvertrag:** OLG Hamm, BauR 1995, 579. Zur Haftung bei **Gefälligkeit** (faktische Übernahme von Architektenleistungen): OLG Köln, NZBau 2006, 183, 184 = NJW-Spezial 2006, 121, 122 = IBR 2006, 38; OLG Celle, BauR 2002, 1427 = IBR 2002, 318 – *Schwenker*; s. auch Rdn. **1512**.
125) Zur Beschaffenheitsvereinbarung im Architektenvertrag s. *Jochem*, Festschrift für Werner, S. 69, 73 ff.; *Messerschmidt*, Festschrift für Motzke, S. 269, 276 ff.
126) BGH BauR 2007, 1761 = NZBau 2007, 653 = IBR 2007, 564 – *Buchholz* (s. aber: BGH, BauR 1997, 154 = ZfBR 1997, 74; BGH, BauR 1997, 488 = ZfBR 1997, 185 sowie *Motzke*, BauR 1999, 1251 ff.).
127) Zur Verpflichtung des Architekten, notwendige **Pläne** in **digitalisierter Form** zu erstellen, siehe *Quadbeck*, BauRB 2004, 57 ff. u. Rdn. **895**.
128) BGH, BauR 2005, 400, 405 = NZBau 2005, 158, 161.
129) BGH, BauR 2005, 400 = NZBau 2005, 158 = ZfBR 2005, 178 = ZfIR 2005, 190 m. Anm. *Averhaus*; BGH, BauR 2004, 1640 = NZBau 2004, 509 = IBR 2004, 513 = NJW 2004, 2588 = ZfBR 2004, 781 = ZfIR 2004, 753; OLG Karlsruhe, IBR 2007, 496 – *Götte*; OLG Hamm, IBR 2005, 506 = OLGR 2005, 368, 369; NZBau 2006, 584, 585; s. hierzu: *Motzke*, Festschrift für Werner, S. 47, 50 ff. u. NZBau 2005, 361 ff.; *Pauly*, NZBau 2006, 295 ff.; *Siemon*, BauR 2006, 905 ff.; *Brückl*, NZBau 2006, 491; *Schwenker/Schramm*, ZfIR 2004, 753 ff.; *Deckers*, BauRB 2004, 373 ff.; *Braun*, BTR 2004, 208, 210. Zur **Honorarkürzung** wegen nicht erbrachter **Grundleistungen** s. auch Rdn. **786 ff., 1670**.

## Mängel des Architektenwerkes

einem **Mangel des Architektenwerkes** geführt haben; das ist in der Rechtsprechung des **BGH**[130)] wiederholt ausgesprochen worden. Zur Substantiierung eines solchen Mangels des Architektenwerkes, der sich im Bauwerk „realisiert" hat, reicht es aus, wenn der Auftraggeber die am Bauwerk sichtbaren Mangelerscheinungen bezeichnet und diese einer vom Architekten geschuldeten Leistung zuordnet.[131)]

Es ist daher stets im Einzelfall zu prüfen, ob der Mangel des Bauwerkes auf einer **vertragswidrigen** Leistung des Architekten beruht. Das wiederum beurteilt sich ausschließlich nach dem **Inhalt** seiner **Leistungspflicht** und ist unabhängig von einer Haftung des Bauunternehmers.[132)] Nach dem **neuen Recht** (§ 633 BGB) hat (auch) der Architekt dem Bauherrn (Besteller) das Werk „frei von Sach- und Rechtsmängeln zu verschaffen", wobei es nach dem **subjektiven Fehlerbegriff** des § 633 BGB nunmehr vornehmlich auf die **„vereinbarte Beschaffenheit"** ankommt; diese hat „die höchste Priorität".[133)] Es ist nicht zu verkennen, dass dieser (vorrangige) subjektive Mangelbegriff im **Einzelfall** zu einer **Verringerung**,[134)] vor allem aber zu einer deutlichen **Verschärfung** der Architektenhaftung beitragen kann.[135)] Als Beispiel können die in der Baupraxis häufig vorkommenden Fälle der **Wohnflächenabweichung** genannt werden. Ein großzügiger „Toleranzrahmen" wird bei der Beurteilung dieser Fälle zukünftig nicht mehr zur Verfügung stehen; denn mit der Neuregelung wird auch für das Architektenrecht zu gelten haben, dass **jede Abweichung** von der **vertraglich vorgegebenen Soll-Beschaffenheit** einen Mangel der Architektenleistung beinhaltet. Nichts anderes gilt hinsichtlich von **ästhetischen** und **gestalterischen** Anforderungen, die der Besteller vorgibt. Es ist allerdings zu vermuten, dass Architektenverträge – wie bisher – den Inhalt der Architektenaufgabe nur unzureichend beschreiben werden; vor allem ist anzusetzen, dass sich die Architekten nicht bereit erklären werden, präzisere Angaben – etwa zu den voraussichtlichen Kosten des Bauvorhabens – zu machen. Daher wird bei der Beurteilung der Frage, ob eine Architektenleistung fehlerhaft erbracht ist, im Einzelfall auch auf § 633 Abs. 2 Satz 2 Nr. 1 BGB zurückzugreifen sein; danach ist das Architektenwerk mangelhaft, wenn es sich nicht **„für die nach dem Vertrag vorausgesetzte"** Verwendung eignet, **wobei auch hier die individuelle Zwecksetzung** entscheidend ist. Für den weiten Bereich der **Planungsmängel** ist allerdings davon auszugehen, dass sie dem **subjektiven Mangelbegriff** (§ 633 Abs. 2 Satz 1 BGB) **zuzuordnen** sind. Nach der ständigen Rechtsprechung des **BGH**[136)] schuldet der Architekt nämlich wie der Unternehmer ein **„mängelfreies und funktionstaugliches Werk"**. Das zweckentsprechende, funktionstaugliche Architektenwerk liegt

**1476**

---

130) Vgl. BGH, VersR 1969, 473; BGHZ 45, 372 = NJW 1966, 1713; BGHZ 42, 16 = NJW 1964, 1791; BGHZ 31, 224 = NJW 1960, 431; BGHZ 48, 257, 310; BGH, WM 1971, 1271; BGH, VersR 1974, 261 = BauR 1974, 63, 64; BGH, BauR 1982, 79 = ZfBR 1982, 15; BGH, BauR 1989, 97, 100; vgl. auch OLG Braunschweig, VersR 1974, 436.
131) BGH, BauR 2003, 1247.
132) BGH, ZfBR 2004, 160 = BauR 2004, 111 = ZfIR 2004, 470; OLG Köln, BauR 2007, 910, 911. Zum Umfang einer Bautenstandsermittlung: KG, IBR 2006, 454 – *Laux*.
133) AnwKom-BGB/*Raab*, § 633, Rdn. 13.
134) Vgl. BGH, BauR 1999, 1195 = NJW-RR 1999, 1105 für die **Genehmigungsplanung**.
135) Siehe bereits für das alte Recht: BGH, BauR 2002, 1536, 1539 – höhere Gründung eines Bauwerks.
136) BGH, NJW 2001, 1276 = BauR 2001, 823 (**Architekt**); BGH, BauR 2000, 411 = NZBau 2000, 74 (**Unternehmer**); s. ferner: BGH, BauR 2002, 114 (**vereinfachtes Genehmigungsverfahren**); OLG Düsseldorf, NJW-RR 2001, 454.

damit aber in der Natur der Sache und wird für den Planungsbereich unzweifelhaft immer von den Parteien (zumindest konkludent) vorausgesetzt, es sei denn, es wird ausdrücklich etwas anderes vereinbart.

Im Übrigen gilt auch für das **neue** Recht: **Vor** Abnahme des Architektenwerkes trägt der **Architekt** die **Darlegungs-** und **Beweislast** für ein **mangelfreies** Werk, **nach** der Abnahme hat der **Auftraggeber** das Vorhandensein eines **Mangels** darzulegen und zu beweisen. Kommt es infolge **Kündigung** (§ 649 BGB) oder **Rücktritt** (§§ 634, 636, 323 u. 326 Abs. 5 BGB) nicht zu einer Abnahme der bisher erbrachten Leistungen, ist es Sache des Architekten, die **Mangelfreiheit** des Architektenwerkes zu beweisen.[137] Die von der HOAI vorgegebene Aufteilung der Leistungsphasen bedeutet, dass die **Haftung** des Architekten bei einem **beschränkten** Planungsauftrag auch nur auf die **Leistungsphasen begrenzt** ist, deren Ausführung ihm **übertragen** worden ist.[138]

Nach dem **Leistungsbild** des Architekten kommen folgende Mängel in Betracht:[139]

### a) Planungsfehler

*Literatur*

*Neuenfeld*, Genehmigungen für Planungs- und Bauvorhaben, 1998.

*Schmalzl*, Das Planungsrisiko des Architekten in haftungs- und haftpflichtversicherungsrechtlicher Sicht, BauR 1977, 365; *Stötter*, Haftung des Bauherrn nach § 278 BGB für Planungsverschulden seines Architekten (im Verhältnis zum Bauunternehmer), BauR 1978, 18; *Maser*, Die Haftung des Architekten für die Genehmigungsfähigkeit der Planung, BauR 1994, 180; *Ortloff/Rapp*, Genehmigungsfreies Bauen: Neue Haftungsrisiken für Bauherren und Architekten, NJW 1996, 2346; *Schulte*, Die erweiterte Haftung für Architekten durch die Entwicklung im Bauordnungsrecht, BauR 1996, 599; *Löffelmann*, Zum Planungsbegriff des § 10 Abs. 4 und Abs. 5 HOAI, Festschrift für v. Craushaar (1997), 31; *Stefan*, Schadensersatz gegen Planer wegen fehlerhafter Baukostenermittlung und Verlust öffentlicher Förderung, BauR 1997, 62; *Eich*, Erweiterte Leistungserbringungsverpflichtung des Architekten durch in § 15 HOAI-'96 neu hinzugekommene Grundleistungen?, BauR 1997, 198; *Miegel*, Baukostenüberschreitung und fehlerhafte Kostenermittlung – Zwei neue Entscheidungen des Bundesgerichtshofes, BauR 1997, 923; *Wirth*, Das Zusammenspiel zwischen öffentlichem und privatem Baurecht dargestellt an der Haftung des Architekten im Bereich der öffentlich-rechtlichen Baufreigabe, Jahrbuch Baurecht 1998, 87; *Gralla*, Über die Notwendigkeit der Schaffung einer „VOAI" als rechtliche Grundlage für Planungsverträge, BauR 1998, 65; *Kesselring*, Anforderungen an die Genehmigungsfähigkeit der Architektenplanung – Grenzfälle, Festschrift für Jack Mantscheff (2000), 3; *Schmidt*, Welche Folgen haben Ausschreibungsfehler des Architekten oder Ingenieurs?, BauR 2000, 1266; *Neuenfeld*, Die Grundlagenermittlung nach der HOAI, NZBau 2000, 405; *Miersch*, Die Konsequenz einer verweigerten Baugenehmigung für Kauf- und Werkverträge, JuS 2001, 1083; *Preussner*, Das Risiko bauplanungsrechtlicher Änderungen nach Einreichung des Bauantrages, BauR 2001, 697; *Fuchs*, Gewährleistungsfristen für Planungsleistungen nach dem geplanten Schuldrechtsmodernisierungsgesetz, NZBau 2001, 465; *Schwenker*, Die Schuldrechtsreform – Auswirkungen auf die Tätigkeit des Architekten, DAB 2002, 47; *Ziegler*, Zu den Pflichten des Bauherrn und seinem Mitverschulden bei der Planung des Bauvorhabens und der Überwachung der bauausführenden Unternehmer, ZfBR 2003, 523; *U. Locher*, Die Haftung des Planers für eine nicht geneh-

---

137) BGH, BauR 1997, 1060 = NJW 1997, 3017 = *SFH*, Nr. 24 zu § 632 BGB.
138) OLG Celle, BauR 1983, 483, 484.
139) Zur Haftung aus sog. **Baukostenüberschreitung** siehe Rdn. 1774 ff.; zur **Sekundärhaftung** des Architekten Rdn. **1508**.

## Planungsfehler

migungsfähige Planung, BauR 2002, 1303; *v. u. z. Franckenstein*, Formale Anforderungen an Bauvoranfragen, ZfBR 2002, 648; *Motzke*, Der Planervertrag – Auswirkungen der Schuldrechtsreform auf Pflichten- und Erfolgsbestimmung, BTR 2003, 57; *Schwenker*, „Riskante Planung" und Honoraranspruch, DAB 2003, 35; *Bönker*, Der Architekt als Baujurist? – Haftung für genehmigungsfähige Planung, NZBau 2003, 80; *Pause*, Haftung bei Baucontrolling, BTR 2003, 185; *Hertwig*, Haftung für Planungsfehler des Architekten, des Bauingenieurs und der Planungsbehörde, NZBau 2003, 359; *Jacob*, Was schuldet der Architekt: die „dauerhaft genehmigungsfähige Planung"?, BauR 2003, 1623; *Quadbeck*, CAD-Planung: Weitergabe den Bauherren?, BauRB 2004, 57; *Diercks*, Leistungspflichten des Architekten und Ingenieurs bei Beauftragung durch öffentliche Auftraggeber, BauR 2004, 149; *Löffelmann*, Gesamtschuld zwischen bauleitendem und planendem Architekt, Festschrift für Werner (2005), 219; *Knipp*, Rechtsprobleme des dynamischen Planungsprozesses, Festschrift für Thode (2005), 451; *Ziegler*, Der vom Besteller gestellte Stoff und der Werkerfolg der genehmigungsfähigen Planung, ZfBR 2005, 523; *Kirberger*, Haftung des Objektüberwachers auch für Planungsfehler?, BauR 2006, 239; *Vetter*, Architektenhaftung und Bauwerksabdichtung, NZBau 2006, 682; *Troidl*, Die Haftung des Architekten für eine „haltbare" Planung – muss er klüger sein als das Bauordnungsamt?, BauR 2007, 12; *Jochem*, Architektenhaftung für Planungs- und Überwachungsfehler beim Bauen im Bestand, BauR 2007, 281; *Sienz*, Zu den Auswirkungen eines Planungsfehlers auf die Geltendmachung von Mängelrechten beim Bauvertrag, Festschrift für Ganten (2007), 219; *Spiegels*, Die Haftung des Architekten für die öffentlich-rechtliche Genehmigungsfähigkeit seiner Planung, NZBau 2007, 270.

**1477** Die Planungsaufgaben des Architekten sind in § 15 Abs. 2 Nr. 1 bis 7 **HOAI** umrissen. Die **Planungsphase** beginnt mit der **Grundlagenermittlung** (Phase 1).[140] In ihr sollen die Probleme, die sich aus der Bauaufgabe, den Planungsanforderungen und Zielvorstellungen ergeben, mit Hilfe der Grundleistungen und gegebenenfalls der Besonderen Leistungen untersucht, analysiert und geklärt werden.[141] Die **Beratungs-** und **Aufklärungstätigkeit** wird im Rahmen dieser Leistungsphase daher im Vordergrund stehen;[142] daraus folgt, dass der Architekt bereits in diesem frühen Stadium auf **Risiken** (z. B. hinsichtlich der Bebaubarkeit des Grundstücks und der Verwendung neuartiger Baustoffe) **hinweisen** muss.[143] Vor allem muss der Architekt sich um den **wirtschaftlichen Rahmen** und die Finanzierungsmöglichkeiten erkundigen.[144]

Hieran schließen sich die **Vorplanung** (Phase 2),[145] die **Entwurfsplanung** (Phase 3), die **Genehmigungsplanung** (Phase 4) und die **Ausführungsplanung**

---

140) Die Grundlagenermittlung bewegt sich nur in den Grenzen des erteilten Auftrags (OLG Dresden, IBR 2007, 254 – *Käseberg*).
141) Siehe: Thüringer OLG, IBR 2002, 320 – *Völlink; Locher/Koeble/Frik*, § 15 HOAI, Rdn. 27.
142) Vgl. hierzu: *Neuenfeld*, NZBau 2000, 405 u. NZBau 2002, 13, 16; *Weyer*, BauR 1987, 131, 141 ff. Zu den Anforderungen an die **Rechtskenntnisse** des Architekten: *Troidl*, BauR 2007, 12 ff.; KG, OLGR 2006, 604, 605; BGH, MDR 1992, 648; OLG Hamm, IBR 2005, 334 – *Kieserling*. Zur sog. **Sachwalterhaftung**: OLG Karlsruhe, OLGR 2007, 249 m. Nachw.
143) BGH, NJW-RR 1987, 1305 = BauR 1987, 681 = ZfBR 1987, 269; OLG Nürnberg, NZBau 2006, 320, 321 = BauR 2006, 2083 (Prüfung, ob grundsätzlich genehmigungsfähig); OLG München, OLGR 1992, 19, 20 = BauR 1992, 534; OLG Düsseldorf, BauR 1997, 159 u. BauR 1996, 287; LG Marburg, BauR 1996, 420 (**genehmigungsfähige Planung**).
144) BGH, BauR 2005, 400 = NZBau 2005, 158 = ZfBR 2005, 178; OLG Hamm, OLGR 2005, 368 (Kostenermittlung); LG Mönchengladbach, NZBau 2006, 318; *Locher/Koeble/Frik*, § 15 HOAI, Rdn. 29; *Löffelmann/Fleischmann*, Rdn. 106 ff.
145) Zur Mangelfreiheit eines **Vorentwurfs**: OLG Schleswig, IBR 2007, 498 – *Knipp*.

(Phase 5)[146] an. Das Planungsstadium endet mit der **Vorbereitung** der Vergabe[147] und **Mitwirkung bei der Vergabe** (Phase 6 und 7 HOAI).[148]

**1478** Zentrale Leistung im Rahmen der **Vorplanung** ist das Erarbeiten eines Planungskonzepts „einschließlich Untersuchung der alternativen Lösungsmöglichkeiten nach gleichen Anforderungen mit zeichnerischer Darstellung und Bewertung, zum Beispiel versuchsweise zeichnerische Darstellungen, Strichskizzen, gegebenenfalls mit erläuternden Angaben". Hinzu kommen das „Integrieren der Leistungen anderer an der Planung fachlich Beteiligter" sowie eine Kostenschätzung nach DIN 276. Haftungsrechtlich stehen damit vor allem die **Koordinierungs-** sowie die **Beratungspflicht** hinsichtlich der Kosten im Vordergrund.[149] Eine fehlerhafte **Kostenschätzung** kann bereits zu erheblichen Schadensersatzansprüchen gegen den Architekten führen; dies gilt erst Recht für eine mangelhafte **Kostenberechnung**, die in Leistungsphase 3 (Entwurfsplanung) angesprochen wird (vgl. im Einzelnen Rdn. 1783 ff.).[150]

**1479** Zu beachten ist jedoch, dass die Leistungen eines umfassend mit der Bauplanung betrauten Architekten „nicht unverbunden und insbesondere nicht losgelöst von der ihm obliegenden fortschreitenden Kostenermittlung" nebeneinander stehen. Vielmehr **bauen** die in § 15 aufgezählten **Teilleistungen, ineinander verzahnt,** im Wege fortschreitender Konkretisierung und Verfeinerung des Aussagegehaltes **eine auf der anderen auf.**[151] **Fehler** in den **ersten** Leistungsphasen werden vielfach in **spätere** Leistungsphasen „**eingeschleppt**" (BGH). Das bedeutet, dass ein bauplanender Architekt jedenfalls bis zur **endgültigen Erbringung aller übernommenen Einzelleistungen** dem Bauherrn verpflichtet bleibt, die **Richtigkeit** und **Vollständigkeit bereits erbrachter Teilleistungen zu überprüfen,** bevor er sie in die nächste Leistungsphase zur Weiterverarbeitung übernimmt.[152]

**1480** Weist die Planung einen Fehler auf, der bei der Verwirklichung zu einem Mangel am Bauwerk führt, so haftet dieser dem Architektenwerk unmittelbar an.[153] Nach der ständigen Rechtsprechung des BGH schuldet der Architekt eine **mängelfreie**

---

146) Zu den Anforderungen an eine **Ausführungsplanung**: OLG Celle, BauR 2007, 1602, 1603. Zur Ausführungsplanung bei einem **Teil-Abbruch**: OLG Stuttgart, NZBau 2006, 446.
147) Siehe z. B. OLG Karlsruhe, BauR 2006, 859 (Vertragsverletzung durch die Vergabe von Stundenlohnarbeiten).
148) Zur Haftung für einen **unzureichenden Vertragsentwurf** im Rahmen der Leistungsphase Vergabe: Brandenburgisches OLG, NZBau 2003, 684 = OLGR 2003, 522 = BrBp 2003, 299; zur Haftung wegen einer **unzureichenden Leistungsbeschreibung** (§ 9 VOB/A): OLG Celle, BauR 2004, 1971 = OLGR 2004, 547 = IBR 2004, 521 – *Schwenker*. Zur Haftung des Architekten für die Fehlplanung eines Sonderfachmannes (Heizungsanlage): OLG Karlsruhe, NZBau 2007, 451.
149) BGH, BauR 2005, 400, 402 (Kostenschätzung zur Unterstützung von Kredit- oder Förderanträgen).
150) Zur Kostenschätzung und Kostenberechnung s. auch *Steckel/Becker*, ZfBR 1989, 85, 86.
151) BGH, BauR 1986, 606 = ZfBR 1986, 235; s. auch BGH, BauR 2003, 1918 = NJW-RR 2003, 1454 = ZfBR 2003, 760.
152) BGH, a. a. O.; siehe aber BGH, BauR 1997, 1065 = ZfBR 1998, 25 für die **stufenweise** Beauftragung. Zur **unvollständigen** Ausführung von **Teilleistungen** siehe Rdn. **786 ff., 1670**.
153) BGH, BauR 2000, 128 = ZfBR 2000, 32.

## Planungsfehler

und **funktionstaugliche** Planung;[154) ein **Planungsfehler** liegt deshalb auch vor, „wenn die geplante Ausführung des Bauwerks notwendigerweise zu einem Mangel des Bauwerks führen muss".[155)] Aus diesem Grund setzt die Haftung des Architekten aus dem Gesichtspunkt eines Planungsverschuldens bereits frühzeitig ein.[156)] Viele Tatbestände, die man geneigt wäre, erst der Haftung wegen Verletzung der örtlichen Bauaufsicht (Objektüberwachung) zuzuordnen, fallen nach der Rechtsprechung bereits unter die Haftung wegen „Planungsverschuldens". Das ist bedeutsam, weil der Bauherr im Rahmen des Planungsverschuldens gemäß §§ 278, 254 BGB für seinen Architekten einzustehen hat, sodass sich seine Ansprüche gegen einen **Unternehmer** im Einzelfall wesentlich verkürzen können.[157)] Demgegenüber entfällt eine Haftung des Bauherrn über § 278 BGB für Fehler des Architekten bei der örtlichen Bauaufsicht; insoweit ist der Architekt nicht Erfüllungsgehilfe des Bauherrn (vgl. Rdn. 1985).[158)]

**1481** Der **Umfang** der vom Architekten zu erbringenden Planung ergibt sich stets aus dem zwischen Bauherr und Architekt abgeschlossenen Architektenvertrag sowie den **Anforderungen,** die erfüllt sein müssen, um ein zweckentsprechendes und funktionales Werk zu gewährleisten.[159)] Kann dies erkennbar nicht gelingen, so obliegt es dem **Architekten,** darauf nachhaltig **hinzuweisen.**[160)] Es hängt im Übrigen vom Einzelfall ab, wie **detailliert** die Planung des Architekten vorgenommen werden muss. Sind Details einer Bauausführung besonders **gefahrenträchtig,** müssen diese unter Umständen von dem Architekten im Einzelnen geplant und dem Unternehmer in einer jedes Risiko ausschließenden Weise verdeutlicht werden.[161)]

Die Planung des Architekten ist nach der ständigen Rechtsprechung daher **fehlerhaft,** wenn sie

---

154) BGH, BauR 2001, 823 = NJW 2001, 1276 = NZBau 2001, 270 = ZfBR 2001, 317.
155) *Schäfer/Finnern*, Z 3.01 Bl. 441 = NJW 1971, 92 m. abl. Anm. *Korbion*, BauR 1971, 59, 60.
156) Vgl. dazu *Stötter*, BauR 1978, 18 ff.; OLG Düsseldorf, NZBau 2005, 404, 405 (Mauerwerksabdichtung; s. hierzu auch *Vetter*, NZBau 2006, 682); OLG Köln, SFH, Nr. 9 zu § 635 BGB.
157) Zur Anwendung von §§ 254, 278 BGB bei der **selbstständigen** Beauftragung eines **Architekten** und eines **Sonderfachmannes:** BGH, BauR 2003, 1918 = NJW-RR 2003, 1454 = ZfBR 2003, 760.
158) Vgl. BGH, DB 1972, 184; BauR 1974, 205; BauR 1973, 190; *Schmalzl*, Haftung, Rdn. 52; *Stötter*, BauR 1978, 18, 19.
159) *Bönker*, NZBau 2003, 80, 81 ff.; *Schwenker/Schramm*, ZfIR 2004, 753, 758 ff.
160) OLG Düsseldorf, BauR 2005, 423 = NZBau 2006, 187 = NJW-Spezial 2006, 217 (Fehler eines Brandschutzgutachtens); OLG Düsseldorf, BauR 2000, 131 (vom Bauherrn vorgefertigte Planung); NZBau 2001, 35 = BauR 2000, 1515 (Risiken eines Bauantrages); *U. Locher*, BauR 2002, 1303, 1304.
161) BGH, BauR 2000, 1330 = NZBau 2000, 433 = ZfBR 2000, 484; s. auch: BGH, BauR 2000, 1217 = ZfBR 2000, 475 für **Altbausanierung;** OLG Stuttgart, NZBau 2006, 446, 447 (Teil-Abbruch und Sicherung des Restbauwerks erfordern eine schriftliche Planung); OLG Köln, NJW-RR 2002, 15 **(Hochwasserschutz);** OLG Düsseldorf, BauR 2002, 652 (**Bauwerksabdichtung** u. Drainagemaßnahmen); OLG Köln, BauRB 2003, 233 (zum Erfordernis einer besonders detaillierten Planung bei **Eigenleistungen** des Bauherrn).

**Rdn. 1482**                                                                              **Mängelbeseitigungsklage**

* nicht **genehmigungsfähig** ist[162]
* nicht den **Regeln der Baukunst/Technik** entspricht[163]
* **lückenhaft**[164] ist oder
* in **technischer** oder **wirtschaftlicher Hinsicht** nicht mit den vertraglichen Vereinbarungen übereinstimmt[165]

**1482**    Ein **Planungsfehler** liegt vor, wenn der Bauplan (Entwurf) **nicht genehmigungsfähig** ist, was der Architekt gegebenenfalls durch eine **Bauvoranfrage** klären muss;[166] denn der Architekt haftet von vornherein für die Einhaltung der geltenden bauordnungsrechtlichen und bauplanungsrechtlichen Vorschriften,[167] wenn nichts anderes vereinbart worden ist. Die Parteien eines Architektenvertrages können allerdings vereinbaren, „dass und in welchen Punkten der Auftraggeber das Risiko übernimmt, dass die vom Architekten zu erstellende Planung nicht genehmigungsfähig

---

162) BGH, BauR 2001, 667 = NZBau 2001, 211 = ZfBR 2001, 177; BauR 1999, 1195 = NJW-RR 1999, 1105 = ZfBR 1999, 315; BauR 2002, 114 = NZBau 2002, 41 = MDR 2002, 87 (**vereinfachtes Genehmigungsverfahren**); BGH, BauR 1998, 579; OLG Düsseldorf, NZBau 2005, 702 (Einbringung von Recyclingmaterial; Versagung einer **wasserrechtlichen** Genehmigung); KG, NZBau 2007, 316 (Erwirkung einer **naturschutzrechtlichen** Befreiung wirft schwierige Rechtsfragen auf; keine Haftung des Architekten); OLG Hamm, NJW-RR 2002, 747 (LS); OLG Nürnberg, NJW-RR 2002, 670; OLG Düsseldorf, BauR 1996, 287 = NJW-RR 1996, 403; OLG Düsseldorf, BauR 1997, 159 = NJW-RR 1996, 1234; OLG Stuttgart, BauR 1996, 438 [LS]; OLG Jena, OLG-NL 1995, 105; OLG München, BauR 1992, 534 = NJW-RR 1992, 788; LG Göttingen, BauR 1996, 139, 140; LG Marburg, BauR 1996, 420; *Locher/Koeble/Frik*, § 15 HOAI, Rdn. 86. Zum **Honoraranspruch** bei **versagter** Baugenehmigung: OLG Düsseldorf, IBR 2007, 255 – *Götte* und BauR 1986, 469; OLG Nürnberg, BauR 2002, 976; OLG Hamm, NJW-RR 2002, 747 (LS). Zur **erweiterten** Haftung des Architekten bei „**genehmigungsfreiem Bauen**": *Bönker*, NZBau 2003, 80, 81; *Ortloff/Rapp*, NJW 1996, 2346; *Schulte*, BauR 1996, 599; *Schmalzl/Lauer/Wurm*, Rdn. 439.

163) KG, NZBau 2002, 160 = ZfBR 2001, 474 = NJW-RR 2001, 1385; OLG Naumburg, BauR 2000, 274 (**Trittschallschutz**); OLG Koblenz, IBR 2005, 573 (Abdichtung gegen drückendes Wasser nach DIN 18195); LG Stuttgart, BauR 2006, 550 (Doppelhaus in einschaliger Bauweise).

164) BGH, BauR 2000, 1330 = NZBau 2000, 433 = ZfBR 2000, 484 (zum Erfordernis einer **Detailplanung** gegen drückendes Wasser); BGH, BauR 2003, 1918 = ZfBR 2003, 760 (Überprüfung des **Leistungsverzeichnisses** des **Generalunternehmers** auf grundlegende Planungsfehler; fehlende Abdichtung gegen drückendes Wasser).

165) BGH, BauR 2003, 1061 (Überschreitung der vereinbarten **Baukostenobergrenze**); BauR 1998, 356 = ZfBR 1998, 148; BGH, BauR 1998, 354 = NJW-RR 1998, 1064 (Beachtung der „**Wünsche**" oder „**Vorgaben**" des Bauherrn); OLG Dresden, BauR 2007, 726 (fehlerhafte Ausschreibung; Dispersionsklebstoff); OLG Hamm, BauR 2006, 861 = IBR 2006, 152 (**risikoreiche Verbindung von Werkstoffen**).

166) Vgl. OLG Karlsruhe, IBR 2006, 101 – *Eschenbruch* (zu den Folgen einer **Kündigung** durch den Auftraggeber); OLG Düsseldorf, BauR 1996, 287, 288; OLG Hamm, BauR 1996, 578, 580; OLG Köln, BauR 1993, 358; OLG Düsseldorf, *Schäfer/Finnern*, Z 3.01 Bl. 125; *Bönker*, NZBau 2003, 80, 83; *Maser*, BauR 1994, 180, 183; *Wussow*, BauR 1970, 65, 71; *Weyer*, NJW 1967, 1998; *Kretschmer*, NJW 1968, 534. Zu den Folgen eines **Verzichts** für den Bauherrn: OLG Celle, BauR 2002, 116.

167) BGH, BauR 2001, 667; OLG Oldenburg, IBR 2007, 255 – *Götte*; OLG Düsseldorf, BauR 1996, 287; OLG München, BauR 1992, 534 = NJW-RR 1992, 788; OLG Köln, IBR 2005, 568 – *Biebelheimer* (Architekt übernimmt Planungsfehler des Vorgängers); s. ferner: *U. Locher*, BauR 2002, 1303 ff.; *Bindhardt/Jagenburg*, § 6, Rdn. 66 ff.; *Groß*, Haftungsrisiken, S. 183 ff.

ist".¹⁶⁸⁾ Die Übernahme eines von dem Architekten zu tragenden Risikos durch den Auftraggeber bedarf jedoch eindeutiger Vereinbarung.¹⁶⁹⁾

Der Architekt ist dem Bauherrn gegenüber verpflichtet, auf die Erteilung einer rechtmäßigen und **bestandskräftigen** Baugenehmigung hinzuwirken¹⁷⁰⁾ sowie notwendige **Anpassungen** in der Planung **vorzunehmen,** die durch bauplanungsrechtliche Änderungen bedingt sind.¹⁷¹⁾ Das gilt auch, wenn die Baugenehmigung zu Unrecht erteilt und anschließend wirksam widerrufen wird; jede Planung ist so zu erstellen, dass keine Verwaltungsbehörde Anlass hat, die einmal erteilte Baugenehmigung aus wie immer gearteten Gründen zu widerrufen.¹⁷²⁾ Der Architekt schuldet daher stets eine **dauerhaft genehmigungsfähige** Planung;¹⁷³⁾ nur dann ist der von ihm geschuldete Erfolg erzielt und seine Architektenleistung abnahmefähig.¹⁷⁴⁾ Die **Unterschrift** des Auftraggebers unter den Plänen allein bedeutet noch **keine Abnahme** oder **Billigung** als vertragsgemäße Leistung.¹⁷⁵⁾ Im Ergebnis wird von dem Architekten viel abverlangt; nur sorgfältiges und auf umfassende Aufklärung bedachtes Handeln kann den Architekten im Einzelfall vor großem Schaden bewahren.¹⁷⁶⁾

Der Architekt muss seine Planung (auch nach einer Kündigung) im Einzelfall **nachbessern,**¹⁷⁷⁾ was jedoch Grenzen hat: So hält der **BGH**¹⁷⁸⁾ eine Nachbesserung (Nacherfüllung) für „**unmöglich,** wenn der Mangel durch die technisch und rechtlich möglichen Maßnahmen nicht behoben werden kann oder wenn die zur Beseitigung der Mangelfolgen geeignete Maßnahme die Grundsubstanz oder die Konzeption des Werkes nicht unwesentlich verändert". Nichts anderes gilt, wenn eine **Baugenehmigung** zwar erteilt, diese aber **mit erheblichen** und für den Bauherrn **unwirtschaft-**

---

168) BGH, NZBau 2003, 38 = BauR 2002, 1872, 1873 u. OLG Stuttgart, IBR 2004, 28 – *Büchner*; s. ferner: OLG Nürnberg, NZBau 2006, 320, 321; KG, BauR 2002, 111.
169) OLG Düsseldorf, BauR 2006, 1924, 1926.
170) BGH, VersR 1983, 980; vgl. auch BGH, NJW 1985, 1692; zur **Bindung** der Baugenehmigungsbehörde an einen **Vorbescheid:** *Werner/Pastor/Müller*, S. 849 ff. m. Nachw.
171) Vgl. hier im Einzelnen: *Preussner*, BauR 2001, 697 ff.; *Bönker*, NZBau 2003, 80.
172) BGH, BauR 1999, 934 = ZfBR 1999, 202 (**Anfechtung** durch Dritten); KG, OLGR 2006, 604, 605; OLG Celle, OLGR 2006, 357 = IBR 2006, 278 – *Baden*; OLG Düsseldorf, BauR 1997, 159 = NJW-RR 1996, 1234 = OLGR 1996, 239 (LS); OLG München, BauR 1992, 534 = NJW-RR 1992, 788.
173) BGH, NZBau 2003, 38 = BauR 2002, 1872, 1873; BauR 1999, 1195 = NJW-RR 1999, 1105 = ZfBR 1999, 315; BGH, BauR 2001, 785 = NZBau 2001, 261; OLG Nürnberg, BauR 2002, 976 = NZBau 2003, 39; OLG Düsseldorf, BauR 2000, 1515 = NZBau 2001, 35 u. BauR 1996, 287; zu den **Planerpflichten** zwischen Werkvertragsrecht und öffentlichem Recht grundlegend: *Jacob*, BauR 2003, 1623 ff.; *Spiegels*, NZBau 2007, 270 ff.; *Troidl*, BauR 2007, 12 ff.; KG, OLGR 2006, 604, 605; einschränkend: KG, BauR 2006, 1928 = NZBau 2007, 316; OLG Stuttgart, NZBau 2007, 319 = IBR 2006, 682 – *Throm*; OLG Zweibrücken, BauR 1998, 1036 (Architekt schuldet nicht die Beantwortung **schwieriger Rechtsfragen**); s. ferner: OLG Hamm, BauR 2000, 1361 = NZBau 2000, 243; KG, BauR 2002, 111, 112.
174) OLG Hamm, NZBau 2005, 527. Eine Honorarklage ist daher endgültig abzuweisen.
175) BGH, BauR 1999, 934 = NJW 1999, 2112 = ZfBR 1999, 202.
176) Siehe z. B. den Fall des OLG Celle, BauR 2006, 1163 = OLGR 2006, 357 = IBR 2006, 278 – *Baden* (grobes Fehlverhalten durch unzureichende Einsicht in den amtlichen Bebauungsplan).
177) BGH, BauR 2001, 1667 = NZBau 2001, 211 = ZfBR 2001, 177; OLG Celle, IBR 2007, 574 – *Knipp*.
178) BauR 2001, 785, 788 = NZBau 2001, 261; ebenso: OLG München, BauR 1992, 534 = NJW-RR 1992, 788.

lichen Auflagen versehen wird;[179] der Auftraggeber eines Architektenvertrages ist auch nicht verpflichtet, die vereinbarte Planung nachträglich in der Weise zu ändern, dass die geänderte Planung dauerhaft genehmigungsfähig ist.[180] Demgegenüber sind allgemein **übliche** Auflagen, die keine grundsätzliche Änderung der Gesamtplanung bedeuten, von dem Bauherrn hinzunehmen.

Wird die Baugenehmigung **versagt,** kann der Architekt **nicht** einwenden, sein Auftraggeber habe hiergegen ein **Rechtsmittel** einlegen müssen; eine solche Verpflichtung besteht nur, wenn die Baugenehmigung für den Auftraggeber erkennbar zu Unrecht versagt worden ist, also eine **deutliche Fehlentscheidung** vorliegt.[181] Kann der Architekt allerdings nachweisen, dass ein **Dispens** hätte erteilt werden müssen, kann von einer fehlerhaften Planung nicht gesprochen werden.[182] Den Architekten trifft deshalb im Einzelfall auch eine **konkrete Aufklärungs-** und **Hinweispflicht,** wenn **er** Bedenken gegen die Genehmigungsfähigkeit seiner Planung hat oder haben muss; denn er muss dem Auftraggeber Gelegenheit geben, sich rechtzeitig um anwaltlichen Rat zu bemühen.[183] Dies gilt auch für den Fall, dass die Planung des Architekten **eine Befreiung** von den **Festsetzungen eines Bebauungsplans**[184] nach § 31 Abs. 2 BauGB erfordert; denn diese werden nach der Rechtsprechung in aller Regel **restriktiv gehandhabt.** Für die **sachgerechte** und **den Umständen angepasste Aufklärung** des Auftraggebers trägt der **Architekt** die Darlegungs- und Beweislast.[185]

Eine Planung ist schließlich mangelhaft, wenn die Baugenehmigung nur nach einer **grundlegenden Umplanung** oder durch umfangreiche Änderungen erreicht werden kann;[186] ein Bauherr muss sich nämlich nicht damit abfinden, dass durch erhebliche Planveränderungen letztlich ein „anderes" Gebäude gebaut werden soll, was nicht seinen Vorstellungen entspricht.[187]

Ansprüche wegen fehlerhafter Planung sind zu **verneinen,** wenn sich der Bauherr mit der Planung und Ausführung **einverstanden** erklärt.[188] Dies setzt aber nach ständiger Rechtsprechung des BGH[189] voraus, „dass der Bauherr Bedeutung und Tragweite der Fehlerhaftigkeit der Planung erkannte. Das kann in der Regel nur angenommen werden, wenn der Architekt den Bauherrn aufgeklärt und belehrt hat".

---

179) BGH, BauR 1998, 579 = NJW-RR 1998, 952; OLG München, MDR 1998, 711; *Preussner*, BauR 2001, 697.
180) BGH, BauR 2002, 1872, 1874.
181) OLG Düsseldorf, BauR 1996, 287 = NJW-RR 1996, 403; *Maser*, BauR 1994, 180, 184, 186; *Bindhardt/Jagenburg*, § 6, Rdn. 77; *Kesselring*, Festschrift für Mantscheff, S. 3, 7.
182) Ebenso: *Locher/Koeble/Frik*, § 15 HOAI, Rdn. 187; **a. A.:** *Bindhardt/Jagenburg*, § 6, Rdn. 68.
183) Zutreffend: OLG Düsseldorf, NZBau 2001, 35 u. BauR 1997, 159, 160 = NJW-RR 1996, 1234; OLG Zweibrücken, OLGR 1998, 238. Zur **Hinweispflicht** bei **risikoreicher Planung:** *Kretschmar*, NJW 1968, 544; *Maser*, BauR 1994, 180, 183; *Wirth*, Jahrbuch Baurecht 1998, 87, 100; *U. Locher*, BauR 2002, 1303.
184) Siehe hierzu: *Werner/Pastor/Müller*, S. 290 ff.
185) OLG Düsseldorf, BauR 2000, 1515.
186) OLG Düsseldorf, BauR 1986, 469; *Schäfer/Finnern*, Z 3.01, Bl. 125; *Morlock*, DAB 1990, 945; *Locher/Koeble/Frik*, § 15 HOAI, Rdn. 87.
187) *Locher/Koeble/Frik*, § 15 HOAI, Rdn. 88.
188) BGH, BauR 1994, 533 = NJW-RR 1994, 916 = ZfBR 1994, 207; OLG Brandenburg, IBR 2006, 279. Der Abschluss einer **Haftpflichtversicherung** durch den **Auftraggeber** bedeutet keinen Haftungsausschluss für den Architekten (BGH, BauR 2006, 701 = IBR 2006, 214 – *Große*).
189) BGH, BauR 1996, 732 = NJW 1996, 2370.

## Planungsfehler

Ein Architekt haftet für einen Planungsfehler **nicht,** wenn endgültig feststeht, dass der Bauherr wegen des in Rede stehenden Planungsmangels **keinen Werklohn** an den Unternehmer **zahlen** muss; dann hat der Bauherr nämlich insoweit keinen Schaden erlitten.[190]

Schließlich scheiden Ansprüche aus, wenn Bauherr und Architekt **bewusst** eine **„riskante" Planung** (z. B. mit dem Ziel einer „Maximalbebauung")[191] **eingehen** und damit die Gefahr, einen ablehnenden Baubescheid zu erhalten, in Kauf nehmen.[192] In diesem Fall ist der Auftrag des Bauherrn „nur auf den Versuch, die Baugenehmigung zu erhalten, gerichtet".[193] Der Architekt erhält aber ein Honorar nur dann, wenn er seinen Auftraggeber hinreichend über die **Risiken** der Genehmigungsfähigkeit und die **Möglichkeit** einer **Bauvoranfrage** aufgeklärt hat; in diesem Fall übernimmt der Auftraggeber das Risiko eines ablehnenden Bescheids.[194]

Ein Planungsentwurf ist immer mangelhaft, wenn er **fehlerhafte Konstruktionen** aufweist, technisch also nicht einwandfrei ist. Das ist vor allem der Fall, wenn der Architektenplan gegen **anerkannte Regeln der Baukunst/Technik** verstößt.[195] Für die Beurteilung der Mangelhaftigkeit der Entwurfsplanung ist dabei auf den **Zeitpunkt** der Abnahme des Architektenwerks abzustellen; die Planung ist fehlerhaft, wenn sie zum Zeitpunkt der Abnahme gegen die allgemein anerkannten Regeln der Technik verstößt. Die Fehlerhaftigkeit wird allerdings in Einzelfällen oftmals erst innerhalb der Gewährleistungsfristen aufgrund neuer Erkenntnisse der Baubeteiligten festgestellt. **1483**

**Beispiele** für **Planungsfehler** im **technischen Bereich:** **1484**

* unzureichende **Abdichtung** gegen Bodenfeuchtigkeit (Vetter, NZBau 2006, 682; BGH, NZBau 2001, 270 = ZfBR 2001, 317; OLG Koblenz, IBR 2006, 573; OLG Hamm, ZfBR 2002, 257 u. BauR 1997, 876; OLG Düsseldorf, BauR 2005, 128 = OLGR 2004, 460; OLGR 2005, 192 = NZBau 2005, 406 (Altbau); BauR 2002, 652 = OLGR 2002, 63 u. BauR 2001, 1780 – **unzureichendes Abdichtungskonzept**)
* fehlende Abdichtung gegen **drückendes Wasser** (BGH, BauR 2003, 1918 = ZfBR 2003, 760; BauR 2001, 823 = NZBau 2001, 270 = ZfBR 2001, 317; BGH, NZBau 2000, 433 = ZfBR 2000, 484 = BauR 2000, 1330 m. Anm. Ulbrich, S. 1770; s. ferner: Kamphausen, BauR 2001, 545, 551; OLG Düsseldorf, NZBau 2005, 404; NZBau 2006, 54 (LS) = NJOZ 2005, 3924; OLG Celle, BauR 2001, 1778); zur Berücksich-

---

190) BGH, a. a. O.
191) OLG Köln, BauR 1993, 358; OLG Stuttgart, BauR 1997, 681, 682; *Kesselring,* a. a. O., S. 3, 10.
192) BGH, BauR 1999, 1195 = ZfBR 1999, 315; BGH, NJW 1985, 1692; OLG Düsseldorf, BauR 1986, 469; *Bönker,* NZBau 2003, 80, 82; *Maser,* BauR 1994, 180, 183; *Kretschmar,* NJW 1968, 534; *Korbion/Mantscheff/Vygen,* § 15 HOAI, Rdn. 110, *Locher/Koeble/Frik,* § 15 HOAI, Rdn. 87 ff.
193) OLG Düsseldorf, BauR 1996, 287 = NJW-RR 1996, 403.
194) OLG Düsseldorf, BauR 2000, 1515 = NZBau 2000, 35 u. BauR 1996, 287; OLG Oldenburg, IBR 2007, 255 – *Götte;* OLG Hamm, BauR 1996, 578; OLG Köln, BauR 1993, 358; s. auch Rdn. **790** ff.
195) OLG Naumburg, BauR 2000, 274 (mangelnder **Trittschallschutz**); OLG Düsseldorf, NZBau 2002, 43 = BauR 2001, 1468 **(Tragwerkplanung);** BauR 1996, 287 = NJW-RR 1996, 403; OLG Bamberg, OLGR 2004, 103 (Nichtbeachtung einer **DIN-Norm**).

tigung von **Sowiesokosten** bei einem Schadensersatzanspruch gegen den planenden Architekten (OLG Karlsruhe, BauR 2006, 2066, 2068)
* unterbliebene Prüfung der **Abstandsflächen** (OLG Hamm, BauR 2000, 918 = NZBau 2000, 434)
* mangelhafte **Ausführungsplanung** (OLG Celle, BauR 1991, 243; OLG Köln, BauR 1998, 585, 588 – Estrich)
* fehlerhafte **Ausschreibung** (OLG Koblenz, BauR 1998, 169 = NJW-RR 1998, 20; OLG Dresden, BauR 2007, 726)
* **Auswahl** der richtigen **Baumaterialien** (OLG Hamm, NJW-RR 1990, 523)
* unübliche und außergewöhnliche **Baukonstruktion** – Verbleib eines **Restrisikos** (OLG Celle, BauR 1990, 759)
* **Bitumendickbeschichtung** bei einer Hanglage des Gebäudes und/oder bindigem Boden als Planungsfehler (OLG Bamberg, BauR 1999, 650 = NJW-RR 1999, 962 = OLGR 1999, 134; jedoch kein Mangel **bei nichtdrückendem Wasser** mit mäßiger Beanspruchung im Sinne der DIN 18 195 (OLG Schleswig, BauR 1998, 1100 m. Anm. Jagenburg, BauR 2000, 1060; s. auch OLG Hamm, NJW-RR 2002, 1669)
* **unzureichende Bodenuntersuchungen** (vgl. BGH, BauR 1997, 488 = ZfBR 1997, 185 = NJW 1997, 2173; BGH, BauR 1996, 404 = NJW-RR 1996, 852 = ZfBR 1996, 198; ferner: OLG Karlsruhe, IBR 2007, 378; OLG Hamm, BauR 1997, 1069 = ZfBR 1997, 308; OLG Düsseldorf, BauR 2002, 652 = OLGR 2002, 63 u. OLGR 1992, 300 = BauR 1993, 124 [LS]; OLG Jena, IBR 2002, 320 – Völlink; OLG Oldenburg, BauR 1981, 399; LG Aachen, VersR 1986, 777; BGH, ZfBR 1980, 287; von Craushaar, Festschrift für Locher, S. 9 ff.
* Planungsfehler beim **Brandschutz** eines Gebäudes (BGH, BauR 1994, 367 = ZfBR 1994, 125)
* zu geringe **Dachneigung** (LG Düsseldorf, SFH, Nr. 81 zu § 635 BGB)
* **Fehlen** eine **Dampfsperre** (BGH, Schäfer/Finnern, Z 3.00 Bl. 165; OLG Koblenz, BauR 1997, 502)
* **unzureichende Dehnungsfugen** (OLG Düsseldorf, IBR 2007, 502 u. BauR 1973, 272; KG IBR 2006, 509 – Gleitfugen)
* Auswirkungen von **Deckenbewegungen** auf Dämm- und Dichtungsschichten (BGH, BauR 1986, 112 = ZfBR 1986, 17 = NJW-RR 1986, 182)
* Abdichtung mittels **Dickbeschichtung;** Erfordernis einer **Detailplanung** (BGH, BauR 2000, 1770 = NZBau 2000, 434)
* **mangelhafte Dränage** und Außenmauerwerk (OLG Hamm, BauR 1991, 788; OLG Düsseldorf, OLGR 2002, 63; NZBau 2005, 404, 405)
* unzureichendes Entwässerungskonzept (**Rigolenlösung;** OLG Düsseldorf, NJW-RR 2003, 14); fehlerhafte Entwässerung der Betonsohle (OLG Düsseldorf, BauR 1998, 582)
* unterbliebener Hinweis auf die Notwendigkeit der **Frostbeständigkeit** von Klinkern (OLG Hamm, NJW-RR 1991, 731 = BauR 1991, 247 mit Anm. Groß, BauR 1992, 262)
* fehlerhafte Konstruktion eines Flachdaches (BGH, Urt. vom 25.3.1963 – VII ZR 211/61; OLG Frankfurt, BauR 1987, 322)
* unzureichende Reinigungsmöglichkeit von **Glasflächen** (OLG München, IBR 2006, 154 – Groß)
* Klärung der **Grundwasserverhältnisse** (OLG Koblenz, IBR 2005, 573 – Krause-Allenstein; OLG Köln, BauR 1993, 756, 758 u. NJW-RR 1992, 1500; OLG Celle,

**Planungsfehler**                                                        Rdn. 1484

BauR 1983, 483; OLG Düsseldorf, NZBau 2005, 402; BauR 2001, 277, 279; BauR 2000, 1358 = NZBau 2000, 474 = OLGR 2000, 467; NJW-RR 1996, 1300 = OLGR 1996, 240 = BauR 1996, 757 [LS] u. NJW-RR 1992, 156 = BauR 1992, 536; BauR 1991, 791 u. BauR 1985, 341; OLG Hamburg, VersR 1965, 623; siehe auch BGH, Schäfer/Finnern, Z 2.414.0 Bl. 9) sowie NJW-RR 1992, 1104
* fehlerhafte **Höheneintragung** im Lageplan zur Genehmigungsplanung (BGH, BauR 2001, 983 = NZBau 2001, 332 = MDR 2001, 629 = ZfBR 2001, 316 = NJW-RR 2001, 787)
* höhere Gründung des Bauwerks als vereinbart (BGH, BauR 2002, 1536)
* keine Überprüfungspflicht bei Angaben der Gemeinde als Auftraggeber über die **Höhenlage** des städtischen Kanals (OLG Düsseldorf, NJW-RR 1999, 244 = OLGR 1999, 178); Höhenlage einer noch nicht gebauten Erschließungsstraße (OLG München, NZBau 2006, 123 = IBR 2007, 145 – Laux)
* **Holzkonstruktion** eines verglasten Wintergartens (OLG Düsseldorf, BauR 1997, 176 [LS])
* Verwendung glasierter Steine bei **Kerndämmung** (OLG Hamm, NJW 1991, 731 = BauR 1991, 247 mit Anm. Groß, BauR 1992, 262)
* Zu **geringe Kopfhöhe bei einer Spindeltreppe** zwischen Dachgeschoss und Spitzboden (OLG Düsseldorf, NJW-RR 1999, 960)
* nicht klare und eindeutige Bestimmung des zu verwendenden **Materials** im Leistungsverzeichnis (OLG Düsseldorf, OLGR 2001, 33 = NZBau 2001, 214 = BauR 2001, 281)
* **zu tiefe Lage** eines Bürogebäudes (OLG Hamm, BauR 1989, 501)
* **lückenhaftes Leistungsverzeichnis** (OLG Dresden, BauR 2000, 1341)
* abgeböschte **Lichtgräben** (OLG Düsseldorf, NZBau 2001, 398)
* **unzureichende lichte Höhe eines Wohnraums** (OLG Hamm, BauR 1993, 729)
* falsche **Materialauswahl** (OLG München, NJW-RR 1988, 85 – falsche Glaswahl; hierzu auch OLG Hamm, NJW-RR 1988, 1174; OLG Dresden, BauR 2007, 726, 727 – ungeeigneter Dispersionsklebstoff; OLG Hamm, BauR 2006, 861 = IBR 2006, 152 – Korrosionsschäden im Heizungsbau)
* unzureichende Beachtung der **Nachbarbelange** (OLG Koblenz, OLGR 2003, 146)
* **Nachbargebäude** (Setzungen; OLG Düsseldorf, BauR 2004, 1026)
* **Nutzungsänderung** während der Bauerrichtung; Hinweispflicht bezüglich des **Schallschutzes** (OLG Stuttgart, IBR 2003, 145 – Löffelmann)
* Einbau von nicht genehmigungsfähigem **Recyclingmaterial** als Untergrundbefestigung (OLG Düsseldorf, NZBau 2005, 702)
* Nichteinbau eines **Rückstauventils** (OLG Hamm, NJW-RR 1993, 549)
* **unzureichende Schalldämmung** (BGH, Schäfer/Finnern, Z 3.01 Bl. 41; OLG Hamm, BauR 2005, 743; OLG Köln, OLGR 2002, 326 = BauR 2002, 1752 [LS]; OLG Düsseldorf, BauR 1993, 622 = NJW-RR 1994, 88; OLG Düsseldorf, BauR 1995, 137 [LS]; OLG Köln, OLGR 2002, 350; LG Stuttgart, BauR 2006, 550; LG Hannover, IBR 2003, 207)
* Prüfung der Anwendbarkeit des **Schmalseitenprivilegs** (OLG Hamm, BauR 1999, 1204 = NJW-RR 2000, 22 = OLGR 2000, 22; s. ferner: Boeddinghaus, BauR 2002, 1027 ff.)
* Trinkwasserversorgung (verzinkte Stahlrohre; OLG Nürnberg, IBR 2006, 567 – Seibel)

- mangelnder **Trittschallschutz** in Wohngebäude als Planungsfehler (OLG Naumburg, BauR 2000, 274)
- **Überprüfung** der vom Bauherrn überreichten **Unterlagen**/Planung (OLG Düsseldorf, NJW-RR 1992, 156 u. BauR 2000, 131)
- **unzureichende Wärmedämmung** (BGH, WM 1981, 683 = BauR 1981, 395 = SFH, Nr. 27 zu § 635 BGB; OLG Köln, BauR 1987, 460 = SFH, Nr. 7 zu § 278 BGB; OLG Hamm, BauR 1983, 183 [„**Wärmebrücken**-Urteil"] m. Anm. Kamphausen; dazu Mantscheff, BauR 1983, 435; Knüttel, BauR 1985, 54, 59; Kamphausen/Reim, BauR 1985, 397 ff.; ferner: OLG Celle, NJW-RR 1991, 1175; OLG Frankfurt, BauR 1991, 785 – Wärmedämmungsmaßnahmen bei **tragenden Bauteilen** fallen in den Verantwortungsbereich des **Statikers**)
- unzureichende **Wärmebedarfsberechnung** (Sonnenstudio; OLG Hamm, BauR 2003, 276)
- Hinweispflichten des Architekten zur Isolierung von **Wasserrohren wegen Frostgefahr** (OLG Hamburg, NJW-RR 2001, 1534)
- nicht ausreichend wärmegedämmte Dachelemente eines **Wintergartens** (OLG Düsseldorf, NJW-RR 1998, 810; zur Haftung bei **Schäden** eines **Wintergartens** s. ferner: OLG Köln, NJW-RR 2001, 1458; BGH, NZBau 2000, 525 = NJW-RR 2000, 1468)
- Auftrag über **schlechtere Verglasung,** als in der Baubeschreibung vorgesehen (OLG Hamm, NJW-RR 1988, 1174; Jagenburg, NJW 1990, 93, 96)
- Zementestrich **ohne Zusätze** für frei bewitterte Dachfläche ungeeignet (OLG Bamberg, OLGR 2004, 103).

**1485** Ein Entwurf des Architekten ist ferner mangelhaft, wenn er nicht den zur Grundlage des Vertrages gemachten **wirtschaftlichen Voraussetzungen** entspricht;[196] dazu zählt auch, wenn der Bauherr mit **unnötigen Leistungen** belastet wird.[197] Ob ein Planungsmangel vorliegt, entscheidet sich auch hier vornehmlich nach den vertraglichen Vereinbarungen.[198]

**1486** **Beispiele** für **Planungsfehler** im **wirtschaftlichen** Bereich:
- **Ausfall** von **Steuervergünstigungen** (OLG Bremen, VersR 1973, 1050; OLG Köln, BauR 1993, 756 = NJW-RR 1993, 1493 = ZfBR 1993, 280: **Verlust** von Steuervorteilen durch Überschreitung einer bestimmten **Wohnflächenhöchst-**

---

[196] BGH, BauR 1996, 570 = ZfBR 1996, 208 = NJW 1996, 1889 = *SFH*, Nr. 45 zu § 631 BGB; OLG Düsseldorf, BauR 2004, 1024 = NZBau 2004, 453; OLG Naumburg, BauR 1998, 361 m. Anm. *Haß;* OLG Köln, BauRB 2003, 232 u. OLG Bamberg, OLGR 1998, 71 **(öffentliche Fördermittel)**; OLG Hamm, BauR 2003, 923 (Krankenhausumbau; Einhaltung der Fördermittel-Richtlinien); BGH, BauR 1988, 734, 735 = ZfBR 1988, 261, 262; OLG Naumburg, BauR 1996, 889 = ZfBR 1996, 322; OLG Köln, BauR 1993, 756, 757 = ZfBR 1993, 380; BGH, BauR 1984, 420 = ZfBR 1984, 190; OLG Hamm, BauR 1987, 464.

[197] Siehe dazu: OLG Düsseldorf, BauR 1980, 376; OLG Saarbrücken, NJW 1967, 2359 sowie *Bindhardt/Jagenburg*, § 6, Rdn. 80 ff. Zur Pflicht des Architekten, frühzeitig den wirtschaftlichen Rahmen der Planung abzustecken: BGH, NJW-RR 1991, 664 = BauR 1991, 366.

[198] Vgl. OLG Karlsruhe, OLGR 2001, 411 = IBR 2002, 83 – *Lauer* (zum Auftrag des Architekten, eine **Rendite-** und **Wohnflächenoptimierung** zu erreichen) u. OLGR 2003, 397 (keine Verpflichtung des Architekten zu einer „bestmöglichen Planung"); OLG München, BauR 2004, 1806 = OLGR 2004, 349 = IBR 2004, 516 (keine Verpflichtung zur „kostengünstigsten Lösung" bei größerer Wohnanlage).

## Planungsfehler    Rdn. 1487–1488

**grenze**; zur steuerlichen Anerkennung einer Einliegerwohnung: OLG Düsseldorf, NJW-RR 1990, 90 = BauR 1990, 493 – **Beratungspflicht** des Architekten; vgl. hierzu auch BGH, NJW 1978, 322)
* fehlende Eigenmittel (OLG Düsseldorf, Schäfer/Finnern, Z 3.01 Bl. 133)
* Verwendungszweck einer Garage (BGH, NJW 1962, 1764) oder einer Lagerhalle (BGH, MDR 1971, 1271; OLG Köln, SFH, Nr. 23 zu § 635 BGB)
* **Mietertragswünsche** des Bauherrn (BGH, VersR 1962, 641)
* **Rentabilität** eines Mehrfamilienhauses (BGH, NJW 1975, 1657 = Schäfer/Finnern, Z 3.007 Bl. 3 = BauR 1975, 434; BGH, BauR 1984, 420 = ZfBR 1984, 190 = SFH, Nr. 9 zu § 675 BGB)
* unsachgemäße Einbindung eines Gebäudes in die Umgebung (fehlende „**Repräsentationsfunktion**"; OLG Hamm, NJW-RR 1989, 470)
* **falsches Sicherungskonzept** (einbruchsicheres Schaufenster; OLG München, SFH, Nr. 58 zu § 635 BGB = NJW-RR 1988, 85)
* Fehlplanung hinsichtlich **Wohnfläche** (OLG Celle, BauR 2000, 1082; OLG Schleswig, BauR 2000, 1220 = MDR 2000, 1071; OLG Bremen, VersR 1973, 1050; OLG München, BauR 1973, 122; OLG Frankfurt, OLGZ 1984, 366; LG Stuttgart, BauR 1990, 496; s. auch OLG Hamm, BauR 2001, 984 (Haftung gegenüber dem Bauträger) u. NJW-RR 1997, 1551 – Berechnung nach **DIN 283**; OLG Düsseldorf, NJW 1981, 1445 zur **Berechnung** der Minderung)
* Überprüfung der Forderung des Unternehmers nach **zusätzlicher Vergütung** (BGH, MDR 1982, 48 = WM 1981, 903)
* **Vergabe** der Rohbauarbeiten im Stundenlohn (OLG Karlsruhe, IBR 2006, 405 – Roos)

Hierher gehört auch das **schuldhafte Überschreiten** der von dem Architekten **veranschlagten Kosten**; allerdings kann es im Einzelfall schwierig sein, den Spielraum (Toleranzgrenze) zu bestimmen, bei dessen Überschreitung die mangelhafte Planung „beginnt" (vgl. näher Rdn. 1774 ff.).[199] Ein Mangel des Architektenwerks kann aber selbst dann vorliegen, wenn die Planung technisch funktionstauglich ist und den vom Architekten genannten Kostenrahmen einhält; wird nämlich – gemessen an der vertraglichen Leistungsverpflichtung – **ein übermäßiger Aufwand getrieben** „oder die geschuldete Optimierung der Nutzbarkeit (beispielsweise: Nutzflächen/Verkehrsflächen) nicht erreicht", liegt ein Mangel vor, weil **Vorgaben** des Bauherrn, selbst wenn sie während des Planungsprozesses erfolgen, stets für den Architekten verbindlich sind.[200]    **1487**

Der Architekt darf in seiner **Planung** nur eine **Konstruktion** vorsehen, bei der er völlig sicher ist, dass sie den zu stellenden **Anforderungen genügt**;[201] er hat grundsätzlich auch das beim Bau verwendete Material auf dessen Brauchbarkeit zu überprüfen und ggf. Bedenken gegenüber dem Bauherrn anzumelden. Allerdings ist die Verwendung von in der Praxis **noch nicht bewährten Baustoffen** nicht von vornherein ausgeschlossen; erforderlich ist nur, dass der Architekt das den Umständen nach ihm Zumutbare unternimmt, um zu klären, ob das ihm angebotene Material die für    **1488**

---
199) Vgl. hierzu: BGH, BauR 1997, 494 = ZfBR 1997, 195 = NJW-RR 1997, 850; OLG Stuttgart, BauR 1977, 426 u. BauR 1987, 462.
200) BGH, BauR 1998, 354 = NJW 1998, 1064 = ZfBR 1998, 149; BGH, NJW-RR 1998, 668.
201) OLG Hamm, BauR 1997, 876.

den Bau unerlässlichen Eigenschaften besitzt.[202] Entsprechendes gilt, wenn der planende Architekt feststellt, dass für seine spezielle Planung weder DIN-Normen noch technische Regeln oder Literatur existieren, die seine Planung in technischer Hinsicht stützen; auch hier muss der Architekt seinen Auftraggeber darüber aufklären, dass er „außerhalb bautechnisch gesicherter Erkenntnisse plant".[203] Die **Belehrungspflicht** des Architekten hat aber hier **Grenzen:** Weist der Architekt den Bauherrn nachdrücklich auf die in einer bestimmten (meist kostengünstigeren) Konstruktion liegenden Risiken hin, besteht der Bauherr aber dann gleichwohl auf dieser Durchführung des Bauvorhabens, sind die nachteiligen Folgen nicht auf den Architekten abwälzbar.[204] Das KG[205] fordert im Übrigen von einem Architekten, dass er seinen Auftraggeber auch dann über moderne (kostengünstige) Baumaßnahmen, die behördlich genehmigt sind und sich am Markt durchgesetzt haben, informiert, wenn er Bedenken gegen diese Technik hat und deshalb an der herkömmlichen (kostenintensiveren) Maßnahme festhalten will.

**1489** Das **Unterlassen** der erforderlichen Planung steht der fehlerhaften Planung gleich, wenn es dadurch zu Baumängeln kommt.[206] Das gilt insbesondere für vom Architekten zu erbringende **Detailplanungen.**[207] Ob ein Architekt eine **schriftliche** Detailplanung vornehmen muss, hängt allerdings von den Umständen des Einzelfalles ab. Muss ein Architekt z. B. mit Versorgungsleitungen im Erdreich rechnen, so hat er dies bei seiner **Planung** zu berücksichtigen. Tut er dies nicht, und fallen deshalb zusätzliche Kosten (z. B. durch einen Verbau) an, ist seine Planung mangelhaft. Es kann aber ausreichen, wenn der Architekt die erforderlichen planerischen Detailanweisungen den Unternehmern an Ort und Stelle **mündlich** erteilt.[208]

Ein Planungsfehler liegt nicht vor, wenn die von dem Architekten erbrachte Planungsarbeit nicht die objektiv günstigste ist. Entscheidend ist vielmehr allein, ob die **planerische Leistung des Architekten brauchbar („sachgerecht")** ist.[209] Das ist eine Frage des Einzelfalles. So ist der vom Architekten erstellte Bauplan nicht „brauchbar", wenn er bei der Planung den zum Nachbarn erforderlichen Grenzabstand nicht eingehalten hat[210] oder einem Bürogebäude eine gewisse Repräsenta-

---

202) BGH, BauR 1976, 66; OLG Hamm, BauR 2006, 861 = IBR 2006, 152 – *Saerbeck* (Heizungsbau); KG, NZBau 2002, 160; *Schmalzl*, BauR 1977, 365 ff.; ferner: *Clasen*, BlGBW 1976, 152; *Schmidt*, WM 1977, 1102, 1114.
203) OLG Saarbrücken, NJW-RR 1998, 93 (Unterlassen dieser Aufklärung kann zum Verlust des Architektenhaftpflichtversicherungsschutzes führen); OLG Zweibrücken, IBR 1999, 523 – *Sienz*; OLG Oldenburg, OLGR 1996, 218.
204) Vgl. BGH, ZfBR 1980, 287 = BauR 1981, 76; BGH, NJW 1981, 2243 = BauR 1981, 479 = MDR 1982, 48.
205) NJW-RR 2001, 1385 = ZfBR 2001, 474 = NZBau 2002, 160 (Brandschutz mittels Deckenschotts statt Brandschutzklappen).
206) *Schmidt*, WM 1974, 294, 300; BGH, BauR 1974, 63 = VersR 1974, 261; OLG Bamberg, *SFH*, Nr. 59 zu § 635 BGB.
207) BGH, BauR 2000, 1330 = NZBau 2000, 433 = ZfBR 2000, 484; BGH, NJW-RR 1988, 275; OLG Celle, BauR 1992, 801 (Planung von Abdichtungsmaßnahmen); OLG Köln, NJW-RR 2002, 15; OLG Düsseldorf, OLGR 2002, 63; OLG Hamm, NJW-RR 1993, 549 (Nichteinbau eines Rückstauventils).
208) OLG Köln, VersR 1993, 1229 = *SFH*, Nr. 84 zu § 635 BGB.
209) Siehe hierzu: OLG Karlsruhe, BauR 2001, 1933 = OLGR 2001, 411 = IBR 2002, 83 – *Lauer*.
210) Vgl. OLG Düsseldorf, *Schäfer/Finnern*, Z 3.01 Bl. 125.

tionsfunktion fehlt.[211] Von einem in diesem Sinne unbrauchbaren Plan kann aber noch nicht ausgegangen werden, wenn es sich nur um jene **kleineren und unbedeutenden Mängel** handelt, die öfters von den Bauämtern aus öffentlich-rechtlicher Sicht beanstandet werden. Ein Architektenplan ist deshalb nur dann nicht brauchbar, wenn es sich um einen **gravierenden Verstoß** handelt.

Bei einer **stufenweisen Beauftragung** des Architekten (vgl. Rdn. 666, 774) ist die Mangelhaftigkeit der Architektenleistung im Rahmen der **jeweiligen Vertragsstufe** zu prüfen, weil der Architekt insoweit einen **selbstständigen Werkerfolg** schuldet. Die Mangelhaftigkeit der Leistung einer Stufe besagt grundsätzlich noch nichts über die einer anderen (vorangegangenen oder späteren) Stufe. Folgerichtig hat der BGH[212] daher auch entschieden, dass der Architekt bei einer entsprechenden stufenweisen Beauftragung ein Honorar für eine mangelfreie Entwurfsplanung („hinreichende Genehmigungsaussicht") verlangen kann, auch wenn ihm die Erstellung einer genehmigungsfreien Planung nicht gelingt. Allerdings ist ein solcher Sachverhalt in der Baupraxis kaum vorstellbar. Die maßgebliche, geistige Planungsleistung wird von einem Architekten in der Vor- und Entwurfsplanung erbracht. Die Genehmigungsplanung baut sodann auf diesen Leistungen auf, was auch aus den in § 15 Abs. 1 Nr. 4 HOAI genannten Grundleistungen für die Genehmigungsplanung deutlich wird. Daher ist davon auszugehen, dass eine nicht genehmigungsfähige Planung in aller Regel eine mangelhafte Entwurfsplanung indiziert.

**1490** Hat der Architekt für einen Planungsfehler einzustehen, kann er sich dem Bauherrn gegenüber nicht darauf berufen, dass ein Unternehmer die fehlerhaft geplante Bauleistung obendrein nicht fachgerecht ausgeführt hat.[213] Die Verantwortung des Architekten wird auch nicht dadurch eingeschränkt, dass der **Bauherr fachkundig** ist; so wie sich ein Unternehmer bei Ausführungsfehlern nicht darauf berufen kann, dass der Architekt ihn nicht ausreichend überwacht hat (Rdn. 1975), kann sich auch ein Architekt nicht mit dem Hinweis ganz oder teilweise entlasten, er sei nicht ausreichend von dem fachkundigen Bauherrn überprüft worden. Dies ist anders, wenn der Bauherr den Planungsmangel erkennt und die Umplanung an sich zieht.[214]

Schaltet der **Bauherr** (von sich aus) einen **Sonderfachmann** ein, um eine **fachspezifische** Frage abzuklären, scheidet eine Haftung des Architekten grundsätzlich aus, wenn dieser Fachbereich nicht zum (allgemeinen) Wissensstand des Architekten gehört.[215] Allerdings gilt (insoweit einschränkend) Folgendes: Die Einschaltung eines Sonderfachmannes entbindet den Architekten nicht von der eigenen Verantwortlichkeit; so kann eine **Haftung** des Architekten für die **Auswahl** und **Überprüfung** der Leistungen des Sonderfachmannes „nach dem Maß der von ihm als Architekten zu erwartenden Kenntnisse" in Betracht kommen.[216] Hat der **Architekt**

---

211) OLG Hamm, NJW-RR 1989, 470.
212) BauR 1997, 1065 = ZfBR 1998, 25 = *SFH*, Nr. 26 zu § 634 BGB.
213) BGH, VersR 1970, 744 = BauR 1970, 244.
214) Vgl. hierzu BGH, NJW-RR 1989, 86.
215) BGH, BauR 1997, 488; OLG Köln, BauR 1999, 429 = NJW-RR 1998, 176 = OLGR 1998, 226 u. BauR 1994, 801 (LS); s. auch BGH, BauR 1996, 404 = NJW-RR 1996, 852 = ZfBR 1996, 198 u. Rdn. **1505, 1999 ff.; 2463 ff.**
216) BGH, BauR 2001, 823 = NZBau 2001, 270 = ZfBR 2001, 317 = NJW 2001, 1276; OLG Bamberg, IBR 2004, 151 – *Büchner;* OLG Dresden, IBR 2003, 486 – *Hunger.*

die bautechnischen Fachkenntnisse oder sind sie von ihm zu erwarten,[217] begründet dies seine **(Mit-)haftung;** deshalb ist im Einzelfall stets darauf abzustellen, ob dem Architekten die Prüfung der Leistung des Sonderfachmannes möglich war und ihm sich dabei Bedenken aufdrängen mussten. Nach der Rechtsprechung ist dies z. B. bei der Planung von Dehnungsfugen[218] oder bei der Beurteilung von Boden- und Gründungsgutachten[219] der Fall. Im Einzelfall wird der Architekt auch verpflichtet sein, dem Bauherrn die Einschaltung eines Sonderfachmannes **anzuraten.**[220]

Zieht der **Architekt** (ausnahmsweise) zur Erfüllung seiner **eigenen** vertraglichen Pflichten einen **Sonderfachmann** hinzu, ist dieser **sein Erfüllungsgehilfe,** mit der Folge, dass er auch für dessen Fehler haftet. Dies ist anders, wenn die Leistung des Sonderfachmanns nicht zu den primären Leistungspflichten des Architekten gehört, die ihm in Auftrag gegeben wurden.[221] In diesen Fällen kommt aber eine **Pflichtverletzung** (früher: positive Vertragsverletzung) in Betracht, sofern die fehlerhafte Leistung des Sonderfachmanns auf unzureichenden Vorgaben des Architekten beruht, so etwa, wenn er einen **unzuverlässigen Sonderfachmann auswählt** oder Mängel, die für ihn nach den zu erwartenden Kenntnissen erkennbar waren, unbeanstandet lässt.[222]

**1491** Da der Architekt grundsätzlich verpflichtet ist, einen **Bauherrn auf die negativen Konsequenzen** eines für die Planung **geäußerten Wunsches hinzuweisen,** muss er im Streitfall beweisen, das sich der Bauherr auch im Fall eines Hinweises für die tatsächlich realisierte Planung entschieden hätte.[223] Berät der Architekt den Bauherrn nicht, und kommt es zu einem Planungsfehler, der bei ordnungsgemäßer Beratung und Aufklärung des Bauherrn unterblieben wäre, so trifft den Architekten stets die **volle** Haftung. Nur wenn der Bauherr sich trotz fachkundiger Aufklärung durch den Architekten mit der Planung und Ausführung einverstanden erklärt, scheidet eine Haftung des Architekten wegen Planungsverschulden aus.[224] In gleicher Weise entfällt eine Haftung des Architekten, wenn der Bauherr selbst (fehlerhafte) Planungsmaßnahmen vornimmt, der Architekt aber seine Haftung hierfür ausdrücklich ablehnt.[225]

**1492** Der Schadensersatzanspruch des Bauherrn gegen den Architekten wegen eines Planungsfehlers ist grundsätzlich auf **Geld** gerichtet; seine Geltendmachung setzt **nicht** das fruchtlose Setzen einer **Nachfrist** voraus, wenn sich der **Planungsfehler bereits in dem Bauwerk verkörpert** hat und durch Nachbesserung der Planung nicht mehr ungeschehen gemacht werden kann.[226]

---

217) OLG Köln, NJW-RR 1994, 1110 (Schäden an Fußbodenheizung); vgl. auch OLG Köln, OLGR 1998, 226 (mangelhaftes hydrologisches Gutachten).
218) LG Stuttgart, BauR 1997, 137.
219) BGH, BauR 1996, 404 = NJW-RR 1996, 852 = ZfBR 1996, 198.
220) Zur Notwendigkeit der Einschaltung eines **Vermessungsingenieurs:** OLG Frankfurt, OLGR 2001, 336 = BauR 2002, 678 (LS).
221) BGH, BauR 2001, 823 = NZBau 2001, 270 = ZfBR 2001, 317 = NJW 2001, 1276; BGH, BauR 1997, 488 = NJW 1997, 2173 = MDR 1997, 542.
222) BGH, a. a. O.
223) Zutreffend: OLG Hamm, NJW-RR 1989, 470.
224) OLG München, NJW-RR 1988, 336; s. auch BGH, ZfBR 1980, 287 = BauR 1981, 76.
225) Vgl. hierzu: BGH, BauR 1989, 97 = NJW-RR 1989, 86 ff.
226) Vgl. BGH, MDR 1981, 836 = BauR 1981, 395; OLG Hamm, BauR 1997, 876, 880; *Schmidt,* MDR 1982, 706, 709.

Zu den **Beratungs-, Hinweis-** und **Auskunftspflichten** siehe Rdn. 1761 ff.; zur Abgrenzung der Haftung von **Architekt** und **Sonderfachmann** auch Rdn. 1975; zur **Sekundärhaftung** des Architekten Rdn. 1508.

### b) Koordinierungsmängel

Der Architekt muss – wie der Auftraggeber/Bauherr[227] – das Bauvorhaben koordinieren; er muss in **technischer, wirtschaftlich-kostenmäßiger** und vor allem **zeitlicher** Hinsicht für den reibungslosen Ablauf des Baugeschehens Sorge tragen.[228] Er hat dementsprechend das harmonische **Zusammenwirken** der verschiedenen Unternehmer und den zeitlich **richtigen Ablauf** der einzelnen **Baumaßnahmen sicherzustellen.**[229] Das ist in der Rechtsprechung wiederholt ausgesprochen worden;[230] daran wird auch im Schrifttum nicht gezweifelt.[231] Zu beachten ist, dass die Koordinierungspflicht bereits **im Planungsstadium** besteht, aber dort ihre Grenze findet, wo es sich um die Abstimmung der Leistungen von mehreren Sonderfachleuten (Spezialunternehmern) handelt, deren Fachbereiche der Architekt nicht zu beherrschen braucht.[232]

1493

Daneben besteht die Koordinierungspflicht **auch** bei der **Bauüberwachung (Bauaufsicht).**[233] Ob eine mangelhafte Koordinierung dem Planungsbereich oder der örtlichen Bauführung (Bauaufsicht) zuzuordnen ist, kann im Einzelfall von großer Bedeutung sein: Fällt nämlich die unzureichende Koordinierung schon in den Bereich der Planung, hat sich der Bauherr ein Verschulden des Architekten gemäß §§ 278, 254 BGB gegenüber der bauausführenden Unternehmern anrechnen zu lassen.[234] Demgegenüber sind Fehler bei der Bauaufsicht **nicht** zulasten des Bauherrn zu berücksichtigen;[235] Gleiches gilt für die Fehler anderer Unternehmer.[236]

1494

---

227) Vgl. OLG Köln, NJW-RR 2002, 15 = OLGR 2001, 268; OLG Hamm, NJW-RR 1999, 319 u. OLG Düsseldorf, NJW-RR 1999, 1543 (**Koordinierungspflichten** des Bauherrn).
228) Vgl. dazu OLG Celle, BauR 2006, 137 (verfrühte Anordnung zur Verlegung der Fliesen); OLG Celle, BauR 2004, 1173 = OLGR 2004, 320; OLG Köln, BauR 2003, 1730 (Hinwirken auf Frostschutzmaßnahmen); ferner: OLG Köln, BauR 1999, 768 u. OLGR 1994, 242 (Koordinierungspflichten des Architekten beim Auftreten von **Grundwasser** in der Baugrube); OLG Hamm, NZBau 2001, 691 = BauR 2001, 1761 = IBR 2001, 531 – *Kieserling* (Koordinierung der Gewerke des Fensterbauers und des Dachdeckers); OLG Koblenz, BauR 1997, 482 (**Inbetriebnahme** einer **Heizung** zum Zwecke des weiteren Ausbaus bei winterlichen Temperaturen).
229) Zur Terminhaftung: OLG Frankfurt, BauR 1991, 370.
230) Vgl. BGH, VersR 1970, 280 = WM 1970, 354; WM 1971, 1125 = NJW 1971, 1800; BGH, NJW 1972, 447 = BauR 1972, 112; NJW 1978, 322 = BauR 1978, 60.
231) Statt vieler: *Bindhardt/Jagenburg*, § 6, Rdn. 94 ff. m. Nachw.
232) BGH, BauR 1976, 138; *Pott/Frieling*, Rdn. 446.
233) Vgl. BGHZ 31, 224, 227 = NJW 1960, 431; BGHZ 68, 169, 174, 178 = NJW 1977, 898; BGH, VersR 1961, 751; 1962, 762; BauR 1976, 138, 139; NJW 1978, 322; OLG Stuttgart, NZBau 2007, 591, 592; OLG Köln, BauR 1999, 768 u. ZfBR 1989, 184.
234) OLG Hamm, NZBau 2001, 691 = BauR 2001, 1761 (dazu: *Kieserling*, NZBau 2002, 263); OLG Köln, NJW-RR 2002, 15 = OLGR 2001, 268; OLG Köln, *SFH*, Nr. 9 zu § 635 BGB.
235) Vgl. BGH, NJW 1972, 447; BGH, BauR 1989, 97 = NJW-RR 1989, 86 (ständig).
236) OLG Hamm, NZBau 2001, 691.

**1495** Im Einzelfall mag es schwierig sein zu beurteilen, ob der Koordinierungsfehler des Architekten schon oder noch dem Planungsbereich zuzuordnen ist. Hochstein[237] meint, es komme entscheidend darauf an, ob der Unternehmer seine Leistungen bereits abgeschlossen habe, bevor der Architekt die daran anschließenden Arbeiten freigebe. Dem kann nicht gefolgt werden: Koordinierungsmängel sind rechtlich nicht danach zu beurteilen, was der Unternehmer tatsächlich erbracht hat, sondern ausschließlich daran zu messen, was dem Auftraggeber bzw. seinem Architekten gegenüber den bauausführenden Unternehmer obliegt. So schuldet der **Bauherr/Auftraggeber** dem Auftragnehmer/Unternehmer im Rahmen der Koordinierungspflicht, die in aller Regel der eingeschaltete Architekt übernimmt, dass **brauchbare** und **zuverlässige Pläne** zur Verfügung gestellt sowie **die notwendigen Entscheidungen** getroffen werden, die für einen **reibungslosen Bauablauf unentbehrlich** sind.[238] Sind einem Architekten deshalb **Planungsleistungen** übertragen, liegt ein Planungsverschulden auch dann vor, wenn ein Unternehmer seine Arbeiten „beendet" hat und es erst im Weiteren zu einem Fehlverhalten eines **Nachfolgeunternehmers** kommt. Ein Bauaufsichtsfehler ist gegeben, wenn der Architekt mit dem planerischen Bereich überhaupt nichts zu tun hat oder wenn sich die Koordinierungspflichtverletzung nur auf eine bestimmte Bauleistung eines einzelnen Unternehmers auswirkt.

### c) Mangelhafte Objektüberwachung/Bauüberwachung

*Literatur*

*Clasen*, Inwieweit haftet der mit der Bauleitung beauftragte Architekt für Planungsfehler, insbesondere bei Verwendung neuer Baustoffe?, BlGBW 1976, 152; *Neuenfeld*, Probleme der Leistungsphasen 8 und 9 des § 15 HOAI, BauR 1981, 436; *Jagenburg*, Umfang und Grenzen der Haftung des Architekten und Ingenieurs bei der Bauleitung, Aachener Bausachverständigentage, 1985, 9; *Olshausen*, Zur Leistungsverpflichtung des Objektplaners im Zusammenhang mit der Überwachung und Abnahme der Bewehrungsarbeit, BauR 1987, 365; *Motzke*, Überwachung und Abnahme der Bewehrung – Eine Aufgabe des Architekten?, BauR 1988, 534; *Glück/Wietsch*, Nochmals zum Thema Überwachung und Abnahme der Bewehrungsarbeiten, BauR 1988, 550; *Locher*, Schadensersatzansprüche gegen den Architekten wegen Nichtauflistung von Gewährleistungsfristen, BauR 1991, 135; *Lenzen*, Der bauleitende Architekt als Haftpflichtversicherer des planenden Architekten?, BauR 2000, 816; *Leitzke*, Die Pflichten des Architekten hinsichtlich der Mangelhaftung des Unternehmers, BauRB 2003, 241; *Lotz*, Der Bauleiter und Fachbauleiter im Sinne der Landesbauordnungen, BauR 2003, 957; *Neyheusel*, Rechtsfragen bei der „Baubegleitenden Qualitätsüberwachung", BauR 2004, 401; *Vogel*, Neue Tendenzen in der Rechtsprechung zur Haftung des Architekten – Nachweis der Verletzung der Bauaufsichtspflicht des Architekten durch Anscheinsbeweis?, ZfBR 2004, 424; *Lauer*, Verjährung des Mängelanspruchs und Sekundärhaftung im Architektenrecht, BauR 2004, 1639; *Seifert*, Ermittlung des erbrachten Leistungsanteils des Architekten bei unvollständiger Objektüberwachung, Festschrift für Werner (2005), 145; *Hormann*, Die Sekundärhaftung des Architekten, BTR 2005, 205; *Löffelmann*, Zum Umfang der „Planprüfungspflicht" des nur objektüberwachenden Architekten, Festschrift für Motzke (2006), 229; *Vetter*, Architektenhaftung und Bauwerksabdichtung, NZBau 2006, 682; *Hebel*, Haftung des Objektüberwachers für Baumängel, BauR 2006, 221; *Kirberger*, Haftung des Objektüberwachers auch für Planungsfehler?, BauR 2006, 239; *Jochem*, Architektenhaftung für Planungs- und Überwachungsfehler beim Bauen im Bestand,

---

[237] Anm. zu OLG Köln, *SFH*, Nr. 9 zu § 635 BGB; zustimmend offenbar *Bindhardt/Jagenburg*, § 6, Rdn. 105.
[238] OLG Köln, NJW-RR 2002, 15, 16; BGH, NJW 1972, 447, 448.

BauR 2007, 281; *Berding*, Haftung des Architekten für fehlerhafte Rechnungsprüfung, BauR 2007, 473.

Die Haftung des Architekten wegen mangelhafter „Objektüberwachung" (**Bau- 1496 überwachung;** vgl. § 15 Nr. 8 HOAI) richtet sich nach den im Einzelfall **getroffenen Vereinbarungen,**[239)] nicht nach der Höhe des Honorars.[240)] Behauptete Mängel und/ oder Schäden beruhen insoweit immer auf der Verletzung einer vertraglichen **Hauptpflicht.**[241)] Diese basiert auch bei einem isolierten Bauüberwachungsvertrag auf einem Werkvertrag.[242)]

Von der Objektüberwachung ist die Tätigkeit des Architekten als **verantwort- 1497 licher Bauleiter** nach den Landesbauordnungen zu unterscheiden; insoweit nimmt der Architekt die öffentlichen Pflichten gegenüber der Baurechtsbehörde wahr.[243)]

Die **Objektüberwachung** umfasst vor allem das Überwachen der Ausführung des 1498 Objekts auf Übereinstimmung mit der **Baugenehmigung,** den **Ausführungsplänen** und den **Leistungsbeschreibungen** mit den anerkannten **Regeln der Baukunst/ Technik**[244)] und den einschlägigen Vorschriften sowie das **Koordinieren**[245)] der an dem Baugeschehen fachlich Beteiligten. Der bauleitende Architekt hat daher die ihm zur Verfügung gestellten Planungs- und Ausschreibungsunterlagen auf **Fehler und Widersprüche zu überprüfen;**[246)] das betrifft z. B. statische Unterlagen, insbesondere die Überwachung und Abnahme der Bewehrung entsprechend den Bewehrungsplänen des Statikers.[247)] Ferner hat er sich zu vergewissern, ob bei Erstel-

---

239) Vgl. z. B. BGH, NJW 2002, 749 = MDR 2002, 214 (gutachterliche Erfassung von Baumängeln); BauR 2002, 1112 = NZBau 2002, 456; BauR 1998, 869; OLG Hamm, BauR 2003, 273 (für Bauüberwachung nur **„auf Anforderung"** des Auftraggebers); OLG Köln, BauR 1997, 343, 344 (unzureichende Prüfung von **Abschlagsrechnungen** i. R. der Objektüberwachung). Zur Haftung bei einer Objektüberwachung aus **Gefälligkeit:** OLG Celle, IBR 2002, 318 = BauR 2002, 1427; OLG Köln, NZBau 2006, 183. Zur Bindungswirkung eines **deklaratorischen Anerkenntnisses** des Haftpflichtversicherers im Prozess gegen den Architekten: LG Berlin, BauR 2003, 417.
240) OLG Oldenburg, IBR 2007, 380 – *Fischer*; OLG Naumburg, BauR 2005, 1796.
241) OLG Düsseldorf, BauR 2004, 1331, 1335 = NZBau 2004, 454; OLG Stuttgart, BauR 2002, 1894; LG Deggendorf, BauR 2002, 340.
242) OLG Naumburg, BauR 2006, 2089.
243) Vgl. hierzu: *Lotz*, BauR 2003, 957 ff.; *Werner/Pastor/Müller*, S. 781; zum Begriff des „**Fachbauleiters**"; OLG Hamm, BauR 2001, 1782.
244) BGH, BauR 2000, 1513 = ZfBR 2000, 544 = NZBau 2000, 525; BauR 1978, 498 = ZfBR 1978, 17; BGH, BauR 1999, 187; OLG Celle, IBR 2007, 436 (Überprüfung der Werkplanung); OLG Naumburg, BauR 2006, 2089, 2090; OLG Frankfurt, BauR 2004, 1329; Brandenburgisches OLG, BauR 2001, 283, 285; OLG Bamberg, BauR 1996, 284 u. BauR 1991, 791; OLG Köln, BauR 1997, 505 = NJW-RR 1997, 597; s. auch OLG Hamm, NJW-RR 1991, 1045 (Beachtung von Regelwerken außerrechtlicher Institute, die „mit einem gewissen Nachdruck publiziert" werden, wie z. B. die Regeln des Zentralverbandes des Baugewerbes).
245) Vgl. OLG Köln, BauR 2004, 1730 (Frostschäden an Kaltwasserleitung); OLG Celle, OLGR 2004, 320.
246) OLG Karlsruhe, BauR 2004, 363; OLG Celle, IBR 2004, 26 – *Schwenker;* OLG Düsseldorf, BauR 2005, 423 (Brandschutzgutachten eines Sonderfachmanns); OLG Frankfurt, BauR 2004, 1329, 1330; OLG Hamm, NJW-RR 1991, 410 = BauR 1991, 368; OLG Düsseldorf, BauR 1998, 200 (LS) = NJW-RR 1998, 741.
247) OLG Hamm, NJW-RR 1990, 915 = ZfBR 1991, 26; OLG Stuttgart, NJW-RR 1989, 1428; vgl. auch BGH, VersR 1962, 762 u. VersR 1963, 878 sowie Rdn. **1999.**

lung dieser Unterlagen von den gegebenen tatsächlichen Verhältnissen ausgegangen worden ist.[248] Dagegen gilt das nicht hinsichtlich etwaiger Unterlagen (z. B. Gutachten), die lediglich als Grundlage für die Erstellung der Planungsunterlagen gedient haben.[249]

Der **bauleitende** Architekt kann, wenn er seine Leistungspflichten verletzt, sich gegenüber dem Bauherrn **nicht** auf ein mitwirkendes Verschulden des **planenden** Architekten berufen; denn dieser ist **nicht** als **Erfüllungsgehilfe** des Bauherrn anzusehen.[250]

Bei der Tätigkeit als örtlicher Bauführer kommt im Übrigen die **Sachwalterstellung** des Architekten besonders deutlich zum Ausdruck. Als örtlicher Bauführer muss er die Baustelle und die dort tätigen Unternehmer oder Handwerker **im Griff** haben.[251] Er muss die Arbeiten **gezielt überwachen** und **koordinieren,** um zu erreichen, dass das **Bauwerk frei von Mängeln und wie geplant durchgeführt** wird;[252] von der **Zeitplanung** wird der bauaufsichtsführende Architekt deshalb nur entlastet, wenn diese von einem Projektsteuerer oder von einem Sonderfachmann tatsächlich übernommen wird.[253] Besondere Aufmerksamkeit hat der Architekt auch solchen Baumaßnahmen zu widmen, bei denen sich im Verlauf der Bauausführung **Anhaltspunkte für Mängel** ergeben.[254] Geäußerten Bedenken gegen die Bauausführung muss er nachgehen. Deshalb darf sich der Architekt nicht auf gelegentliche Baustellenbesuche beschränken, sondern er muss die **Überwachung** der Bauleistungen **regelmäßig** und **in angemessener,** jedoch auch **zumutbarer Weise** vornehmen.[255] Dabei hat er sich durch häufige Kontrollen zu vergewissern, ob seinen Anweisungen auch sachgerecht gefolgt wird.[256] Der **Umfang** der Bauaufsichtspflicht, also insbesondere die Häufigkeit der Baustellenbesuche, kann weder sachlich noch zeitlich generell bestimmt werden, sondern richtet sich nach den Umständen des **Einzelfalles**.[257]

---

248) OLG Frankfurt, NJW-RR 1990, 1496.
249) OLG Hamm, NJW-RR 1991, 410 = BauR 1991, 368.
250) BGH, BauR 1989, 97, 102; OLG Celle, IBR 2004, 26 – *Schwenker;* OLG Karlsruhe, BauR 2003, 1921, 1922.
251) Vgl. im Einzelnen: *Neuenfeld,* BauR 1974, 17 ff.; BGH, BB 1956, 739; VersR 1965, 191; BauR 1971, 131; BauR 1971, 205; BauR 1974, 66; *Tempel,* Vahlen, S. 165; *Bindhardt/Jagenburg,* § 6, Rdn. 106 ff.
252) Vgl. u. a. BGHZ 39, 261, 262; BGH, WM 1971, 680, 681 = BauR 1971, 206; BGH, BauR 1978, 498; BauR 1977, 428; BGH, BauR 1985, 229; OLG Naumburg, BauR 2005, 1796 (Altbausanierung; Beseitigung von **Hausschwamm**); OLG Naumburg, NZBau 2007, 453 (Natursteinverlegung; Abdichtungsarbeiten im Bad); OLG Karlsruhe, BauR 2004, 363; OLG Celle, BauR 2003, 104 (DIN 18195 Teil 4; **Abdichtung** gegen Erdfeuchte); KG, NJW-RR 2000, 756 (**Wärmedämmung;** Dach); OLG Düsseldorf, OLGR 1997, 191 (Dach); BauR 1998, 582 (**Feuchtigkeit** im Wandbereich der Kelleraußentreppe) u. BauR 2002, 336 (**Isolierung**); OLG Köln, OLGR 2002, 165 (**Notdach**).
253) OLG Celle, BauR 2004, 1173, 1175 = OLGR 2004, 320.
254) BGHZ 125, 111 = BauR 1994, 392 = NJW 1994, 1276 = ZfBR 1994, 131 = *SFH*, Nr. 92 zu § 635 BGB.
255) OLG Celle, BauR 2003, 104, 105.
256) BGH, BauR 2001, 273 = ZfBR 2001, 106 = NZBau 2001, 213.
257) BGH, BauR 1994, 392; BGHZ 68, 169 = NJW 1977, 898; OLG München, NJW-RR 1988, 336 = *SFH,* Nr. 57 zu § 635 BGB; OLG Stuttgart, NZBau 2006, 446 = BauR 2006, 1772 (Abbruch- und Unterfangungsarbeiten); OLG Rostock, BauR 2006, 2092 (Sanierungsarbeiten an einem **Altbau**); OLG Schleswig, IBR 1998, 304 – *Horschitz* (Errichtung einer Stahlhalle).

Die Überwachungspflicht eines Architekten wird nicht dadurch gemindert, dass er einen Teil der Arbeiten nicht selbst vergeben hat.[258)]

**Handwerkliche Selbstverständlichkeiten** bei allgemein üblichen, gängigen und 1499 einfachen Bauarbeiten, deren Beherrschung durch den Bauunternehmer vorausgesetzt werden kann, sind im Zweifel nicht von dem Architekten zu überwachen;[259)] insoweit darf er sich zu einem gewissen Grade auf die Zuverlässigkeit und ordnungsgemäße unternehmerische Bauausführung verlassen.[260)] Bei einfachen, gängigen Tätigkeiten werden deshalb (wenige) **Stichproben** während der Bauausführung und eine Kontrolle an deren Ende im Zweifel ausreichen.[261)] Das ist anders, wenn es sich erkennbar um unzuverlässige, wenig sachkundige oder erkennbar unsichere Bauunternehmer handelt.[262)] Erhöhte Aufmerksamkeit ist von dem Architekten zu erwarten, wenn die Arbeiten nicht nach seiner eigenen Planung, sondern nach den Vorgaben eines Dritten ausgeführt werden.[263)]

Handwerkliche **Selbstverständlichkeiten** sind z. B.:
* Putzarbeiten (LG Köln, VersR 1981, 1191, anders LG Itzehoe, BauR 2006, 408, 409, wenn Putz abdichtende Funktion hat)
* Eindecken eines Daches mit Dachpappe (BGH, VersR 1969, 473)
* Säubern von Schleifstaub vor Verlegung von Platten (BGH, VersR 1966, 488)
* Malerarbeiten (KG, KGR 2001, 162 = NJW-RR 2001, 1167)
* Verlegung von Platten (OLG Hamm, NJW-RR 1990, 158 = ZfBR 1990, 141 = BauR 1990, 638)
* Errichtung einer Klärgrube (BGH, VersR 1974, 436).

In jedem Falle hat der Architekt aber die **wichtigen Bauabschnitte,** von denen das 1500 Gelingen des ganzen Werkes abhängt, **persönlich** oder durch einen **erprobten Erfüllungsgehilfen** unmittelbar zu überwachen oder sich sofort nach der Ausführung der Arbeiten von deren Ordnungsmäßigkeit zu überzeugen;[264)] je höher die Qualitätsanforderungen an das Baumaterial und an die Bauausführung sind, desto größer ist

---

258) BGH, BauR 2001, 273 (**Ausschachtung** und **Verbau**); BGH, BauR 2000, 1217 = NZBau 2000, 386 = ZfBR 2000, 475 (**Altbausanierung**).
259) OLG Köln, IBR 2007, 86 – *Baden* (Rohrdurchführungen); OLG Naumburg, NZBau 2003, 389, 390; OLG Hamm, BauR 2003, 273, 275 u. NJW-RR 1990, 158 = MDR 1990, 338.
260) *Neuenfeld*, BauR 1981, 441; OLG München, NJW-RR 1988, 336, 337.
261) OLG Hamm, BauR 2005, 897; BGH, BauR 1994, 392, 393.
262) OLG München, NJW-RR 1988, 336, 337; s. auch OLG Düsseldorf, BauR 1998, 810, 811.
263) OLG Naumburg, BauR 2006, 554, 555 = IBR 2006, 36 – *Laux* (Pflasterarbeiten für Supermarkt; zu hoher Feinkornanteil der Tragschicht).
264) BGH, BauR 2000, 1513 = NZBau 2000, 525; BauR 1994, 392; BGHZ 68, 169 = BauR 1977, 428; OLG Hamm, BauR 2005, 897, 888 (**Spezialfußboden**; Punktbelastung durch Hochregale); KG, IBR 2006, 153 – *Großkopf* (vorgehängte Natursteinfassade); OLG Hamm, IBR 2002, 149 – *Kieserling* (**Ringdränage**); BauR 2000, 757 (**Dachdeckerarbeiten**); OLG Hamm, IBR 2002, 149 (**Bitumendickbeschichtung**); OLG Celle, BauR 2003, 104 (**Abdichtung**); LG Krefeld, IBR 2004, 152 (Montage einer abgehängten Decke); OLG Köln, BrBp 2004, 167 (Horizontal- und Vertikalisolierung am Gebäudesockel); KG, BauR 2000, 1362; OLG Nürnberg, BauR 1997, 874 (**Einmessung** der Baugrube); OLG München, NJW-RR 1988, 336, 337; OLG Düsseldorf, BauR 1998, 810 (**Dacharbeiten**).

auch das Maß an Überwachung, das der Architekt aufbringen muss. Dies hat der BGH[265] ausdrücklich festgestellt; dem folgt die Literatur.[266]

Im Rahmen der Objektüberwachung ist es auch Aufgabe des Architekten zu prüfen, ob die vom Unternehmer eingesetzten **Baustoffe** die notwendige **Qualität** für eine ordnungsgemäße Erfüllung der entsprechenden Bauleistung aufweisen.[267] Ist der Einsatz **bestimmter** Baustoffe vereinbart, hat er festzustellen, ob diese auch tatsächlich auf der Baustelle verwendet werden.[268] Ferner hat der Architekt zu **untersuchen,** ob die vom Unternehmer erbrachte Bauleistung (z. B. Betonarbeiten) für den Aufbau weiterer Leistungen (z. B. Einbringen von Estrich) geeignet ist. Dieser Pflicht kommt er in aller Regel durch Betrachten (z. B. auch von Herstellerangaben auf der Verpackung der Baustoffe), Nachmessen, Befühlen (z. B. Körnung eines Pflastersandes) oder einer normalen Belastungsprobe nach. Nur im **Einzelfall** kann eine **erhöhte Prüfungspflicht** des Architekten in Betracht kommen. Stellt der Architekt z. B. anhand von Zeitablauf und äußerem Erscheinungsbild des Betons fest, dass dieser Belegreife aufweist, ist er seiner Prüfungsverpflichtung nachgekommen; zu weiteren Prüfungen, insbesondere **Kernbohrungen,** ist er grundsätzlich nicht verpflichtet. Stellt er jedoch Feuchtigkeit am Beton fest, ist allerdings eine Prüfung durch ein Feuchtigkeitsgerät und dann ggf. weiteres Zuwarten oder ein Hinweis an den Auftraggeber, Betonproben (z. B. durch Kernbohrung) zu ziehen, notwendig. Bei der Überprüfung, ob ein Estrich für die Verlegung eines Teppichs oder eines Parketts geeignet ist, wird eine Besichtigung und ggf. eine Nagelprobe ausreichen, um die notwendige Festigkeit (kein Absanden) festzustellen.[269] In gleicher Weise ist ein Architekt nicht verpflichtet, die Bewehrung von Betonfertigteil-Fassadenplatten mithilfe eines Bewehrungssuchgerätes auf den richtigen Sitz der im Inneren der Platten eingebrachten Armierung zu untersuchen.[270]

**1501** Der Architekt muss sein Augenmerk vor allem auf **schwierige** oder **gefahrenträchtige Arbeiten** richten; **typische Gefahrenquellen** und **kritische Bauabschnitte** müssen besonders beobachtet und überprüft werden.[271]

---

265) Vgl. BGH, BauR 1974, 66.
266) *Locher*, Rdn. 408; *Pott/Frieling*, Rdn. 462; *Korbion/Mantscheff/Vygen*, § 15 HOAI, Rdn. 166 ff.
267) OLG Celle, BauR 2007, 729 (**Wärmedämmstoff**); KG, IBR 2006, 215 (Brandschutz; eingebautes **Dämmmaterial**); OLG Naumburg, BauR 2006, 554 = IBR 2006, 36 (**Unterbaumaterial** für Pflasterarbeiten); OLG Brandenburg, BauR 2001, 283 (**Folie** für Schwimmbad); *Hebel*, BauR 2006, 221, 226.
268) LG Itzehoe, BauR 2006, 408, 409.
269) Vgl. hierzu OLG Oldenburg, BauR 1999, 1476 = NJW-RR 2000, 21 = OLGR 2000, 34; OLG Bamberg, BauR 2007, 893, 894 („**Gitterritzprüfung**" nach Fertigstellung von Estricharbeiten vor Beginn der anschließenden Parkettverlegung; zur **Tauglichkeit** dieser Prüfung s. auch OLG Karlsruhe, BauR 2007, 393 = IBR 2007, 304 – *Steiger*); siehe auch OLG Stuttgart, BauR 2001, 671.
270) Zutreffend: OLG Stuttgart, BauR 1990, 385 = NJW-RR 1989, 1428.
271) BGH, BauR 2001, 273; BauR 1994, 392 = NJW 1994, 1276 = ZfBR 1994, 131; OLG Saarbrücken, IBR 2006, 341 (**Glassonderkonstruktion**); OLG Hamm, BauR 2005, 897 (**Spezialfußboden**); OLG Stuttgart, BauR 2001, 671; OLG Celle, OLGR 1995, 170; *Schmalzl/Lauer/Wurm*, Rdn. 461 ff.; *Locher/Koeble/Frik*, § 15 HOAI, Rdn. 203 ff.; *Löffelmann/Fleischmann*, Rdn. 518 ff.

## Objektüberwachung

Rdn. 1501

Als schwierige bzw. gefährliche Arbeiten gelten u. a.:
* **Betonierungsarbeiten** einschließlich der Bewehrungsarbeiten[272]
* **Ausschachtungsarbeiten**[273]
* **Abbruch-** und **Unterfangungsarbeiten**[274]
* **Isolierungs-** und **Abdichtungsarbeiten**[275]
* **Dränagearbeiten**[276]
* **Dachdeckerarbeiten**[277]
* **Estricharbeiten**[278]
* Verarbeitung **neuer Baustoffe** und **vorgefertigter Bauteile**[279]
* Verfüllung des Mauerwerks[280]
* **Dacharbeiten,**[281] insbesondere **Verankerung** des Daches[282]
* Außenputzarbeiten bei **Porenbeton-Mauerwerk**[283]
* **Sanierungsarbeiten,**[284] insbesondere an **Altbauten**[285]
* Schall- und Wärmeisolierungsarbeiten[286]

Bei **eigenmächtigem Abweichen** des Bauherrn von den planerischen Vorgaben muss der Architekt auf bestehende Bedenken hinweisen.[287] Bei einer **geänderten Planung** muss er sicherstellen, dass sie bei der Bauwerkserrichtung „**umgesetzt**" wird.[288]

---

272) BGH, BauR 1973, 255; BauR 1974, 66; WM 1971, 1056; *Schäfer/Finnern*, Z 3.01 Bl. 205 u. Z 3.01 Bl. 189; OLG Düsseldorf, NJW-RR 1999, 244 = OLGR 1999, 178 (Herstellung des Kellers eines Neubaus als „**weiße Wanne**"); LG Stuttgart, Urt. v. 16.6.1993 – 13 O 34/93 (s. hierzu DAB 1994, 64).
273) BGH, BauR 2001, 273; OLG Köln, NJW-RR 1994, 89 = ZfBR 1994, 22.
274) OLG Stuttgart, NZBau 2006, 446, 449 = BauR 2006, 1772, 1777.
275) BGH, BauR 2000, 1330 = NJW 2000, 299 = NZBau 2000, 433 = ZfBR 2000, 484; OLG Hamm, BauR 1990, 638; OLG Düsseldorf, *Schäfer/Finnern*, Z 2.01, Bl. 218; BauR 2001, 1780 = NZBau 2002, 45; NZBau 2002, 575; OLG Hamm, BauR 2002, 1882 = ZfBR 2002, 257, 263 (Mauerwerksabdichtung; **Bitumendickbeschichtung**); OLG München, BauR 2003, 278 (Überprüfung einer weißen Wanne auf Dichtigkeit); *Vetter*, NZBau 2006, 682 ff.
276) OLG Hamm, BauR 1995, 269.
277) BGH, BauR 2000, 1513, 1514 (**Traufe** eines Glasdaches); OLG Celle, BauR 2007, 1602 (**Dachkonstruktion**) KG, NJW-RR 2000, 756 (**Wärmedämmungsarbeiten** am Dach); OLG Düsseldorf, OLGR 1997, 191.
278) OLG Bamberg, BauR 2007, 893, 894 (**Gitterritzprüfung** veranlasst; s. aber OLG Karlsruhe, BauR 2007, 393); OLG Stuttgart, BauR 2001, 671 (**Austrocknung** des Estrichs).
279) BGH, BauR 1976, 66.
280) BGH, BauR 1970, 62.
281) OLG Düsseldorf, BauR 1998, 810.
282) BGH, BauR 1970, 62.
283) LG Itzehoe, BauR 2006, 408.
284) OLG Rostock, BauR 2006, 2092 = IBR 2007, 144 – *Ziller*; OLG Hamm, NJW-RR 1990, 915 = ZfBR 1991, 26.
285) BGH, BauR 2000, 1217 = NZBau 2000, 386 = ZfBR 2000, 473; OLG Naumburg, BauR 2005, 1796 (Beseitigung von **Hausschwamm**).
286) KG, BauR 2000, 1362 = NJW-RR 2000, 756 = KGR 2000, 139; *Locher/Koeble/Frik*, § 15 HOAI, Rdn. 208.
287) OLG Hamm, BauR 1995, 269, 270.
288) OLG Hamm, BauR 1993, 729, 730.

Die Bauaufsichtspflicht des Architekten **verschärft** sich demnach, wenn ein besonderes „**Signal**" vorliegt.[289)] Dies kann beispielsweise der Fall sein

* bei **unvorhergesehenen Schwierigkeiten** bei der Bauausführung[290)]
* bei **Nachbesserungsarbeiten** oder
* bei Arbeiten, die **erfahrungsgemäß Mängel** mit sich bringen können[291)]
* bei Ausführung des Bauwerks nach den **Vorgaben eines Dritten,** nicht aber nach den eigenen Angaben des Architekten.[292)]

**1502** Daneben hat der Architekt eine **Koordinierungspflicht** hinsichtlich der Bauarbeiten (vgl. Rdn. 1493).[293)] Er muss im Übrigen den Bauherrn unmissverständlich darauf hinweisen, wenn er bei fortbestehendem Vertrag seine Bauaufsicht – aus welchen Gründen auch immer – einstellen will.[294)]

**1503** Weitere **Rechtsprechung** zur Objektüberwachung/Bauüberwachung:

* **Abbrucharbeiten** (Haftung des Bauleiters; OLG Frankfurt, BauR 1991, 377 und OLG Oldenburg, BauR 1992, 258 = NJW-RR 1992, 409)
* keine **Abdichtung** gegen **drückendes Wasser** (BGH, BauR 2000, 1330 = NZBau 2000, 433 = ZfBR 2000, 484)
* **Abdichtung** gegen Grund- und Schichtenwasser (OLG Düsseldorf, OLGR 1994, 130)
* **Abriss von Schornsteinen** an Altbau bei Anordnung, einzelne Schornsteinzüge von dem Abriss auszunehmen (KG, BauR 1999, 421)
* Überprüfung der **Abschlagsrechnungen** darauf, ob sie fachtechnisch und rechnerisch richtig, die zugrunde gelegten Leistungen tatsächlich erbracht sind und den vertraglichen Vereinbarungen entsprechen (BGH, NZBau 2002, 456 = ZfBR 2002, 564)
* Abstützung einer **Baugrube** (BGH, Schäfer/Finnern, Z 4.01 Bl. 31 = VersR 1960, 1116)
* kein Fehler in der Objektüberwachung bei **ästhetischen Bedenken** des Bauherrn gegen die Höhe von Heizkörpern, die aber den Regeln der Technik entsprechen (OLG Frankfurt, BauR 2000, 598)
* **Auflagerung** von **Stahlträgern** (OLG Stuttgart, BauR 1975, 431)
* **Ausschachtungsarbeiten** (BGH, Schäfer/Finnern, Z 2.414.2 Bl. 63)
* fehlerhaft aufgebrachter **Außenputz** (OLG Hamm, BauR 2000, 757; s. auch OLG Brandenburg, IBR 2007, 379 – Außenputz auf Porenbeton)
* Überwachungspflicht für neuartige, noch **nicht erprobte Baustoffe** (BGH, BauR 1970, 177; OLG Bamberg, BauR 1996, 284 – Putz; OLG Köln, BauR 1990, 103)

---

289) *Bindhardt/Jagenburg*, § 6, Rdn. 114; *Jagenburg*, NJW 1990, 93, 97; LG Köln, VersR 1981, 1191; LG Amberg, *SFH*, Nr. 3 zu § 4 Nr. 3 VOB/B (1973).
290) Vgl. z. B. OLG Düsseldorf, OLGR 1999, 155 (Verzicht des planenden Architekten auf eine Konterlattung bei einem Ziegeldach; besondere Überwachungspflicht bei Einbringen der Unterspannbahn und der Wärmedämmung zwischen den Sparren).
291) BGH, BauR 2001, 273; BGH, BauR 1994, 392 = NJW 1994, 1276; OLG Düsseldorf, OLGR 1994, 130 = BauR 1994, 546 (LS) u. OLGR 1992, 188.
292) BGH, BauR 2001, 273; BauR 2000, 1513 = NZBau 2000, 525.
293) Vgl. BGHZ 31, 224, 227 = NJW 1960, 431; BGHZ 68, 169, 174, 178 = NJW 1977, 898; BGH, VersR 1961, 751; 1962, 762; BauR 1976, 138, 139; NJW 1978, 322.
294) BGH, BauR 1985, 229 = *SFH*, Nr. 48 zu § 633 BGB.

* **Isolierung** von **Balkonen** und **Loggien** (BGH, SFH, Nr. 46 zu § 635 BGB = BauR 1986, 112); OLG Hamm, BauR 2000, 757)
* Überwachung des **Baugrubenaushubs** hinsichtlich der Beeinträchtigung der Standfestigkeit des Nachbarhauses (OLG Köln, ZfBR 1994, 22 = OLGR 1993, 317)
* Überwachung von **Betonnachbehandlung** (OLG München, NJW-RR 1988, 336)
* zur Überwachung und Abnahme der **Bewehrung** (OLG Stuttgart, NJW-RR 1989, 1428; ferner: Motzke, BauR 1988, 534 und Glück/Witsch, BauR 1988, 550)
* **(keine)** Prüfungspflicht bei (mangelhaft bewehrten) **Betonfertigteil-Fassadenplatten** (OLG Stuttgart, BauR 1990, 384; vgl. hierzu aber LG Ulm, VersR 1989, 144)
* **Bitumendickbeschichtung** (OLG Hamm, BauR 2003, 273)
* **Dachrinne** (BGH, Schäfer/Finnern, Z 3.01 Bl. 172)
* **Dränage** (OLG Hamm, ZfBR 2002, 257)
* Befestigung abgehängter Decken (BGH, BauR 1971, 131, 132)
* **Dehnungsfugen** (OLG Düsseldorf, BauR 1973, 252; LG Stuttgart, BauR 1997, 137)
* **Einmessung** der Baugrube (OLG Nürnberg, NZBau 2007, 701 u. BauR 1997, 874)
* **Fachwerksanierung** (keine kraftschlüssige Herstellung von Bauteilen; OLG Hamm, NJW-RR 1990, 915 = ZfBR 1991, 26)
* **Frostschäden** (OLG Köln, BauR 2004, 1730 u. OLG Hamburg, NJW-RR 2001, 1534; Hinweis auf geeignete Frostschutzmaßnahmen)
* Überprüfung der **Einbindetiefe des Fundaments** gemäß DIN 1054 im gewachsenen Boden (OLG Düsseldorf, OLGR 1994, 144 = NJW-RR 1995, 532)
* Überprüfung der Schraubverbindungen eines **Gerüstes** (BGH, NJW 1984, 360 = BauR 1984, 77)
* **Granitfußboden** (erhebliche technische und optische Mängel; erhöhte Überwachungspflicht des isoliert mit der Objektüberwachung beauftragten Architekten; OLG Naumburg, BauR 2006, 2089)
* **Grundkenntnisse** des Bauordnungsrechts, des Werkvertragsrechts und der VOB (BGH, NJW 1973, 1457; BGH, NJW 1978, 322)
* Bauvorhaben in **grundwassergefährdetem** Bereich (OLG Düsseldorf, BauR 1991, 791; OLG Köln, NJW-RR 1992, 1500)
* Einbau eines Heizöltanks (OLG Stuttgart, VersR 1970, 531 mit Anm. Ganten, S. 823)
* **Hochwasserschäden;** Gefahrenvorsorge (OLG Köln, IBR 2003, 146)
* Hinweis auf **fehlerhafte Bauausführung** durch den Unternehmer (BGH, Schäfer/Finnern, Z 3.01 Bl. 141)
* Überwachung von **Kellerabdichtung** (OLG Hamm, NJW-RR 1990, 158 = BauR 1990, 638 = MDR 1990, 338 = ZfBR 1990, 141)
* Überprüfung der **Leistungsbeschreibung** LG Würzburg, NJW-RR 1992, 89)
* Zum **Mitverschulden** des Auftraggebers (Bauträgers) bei **eigenem** Planungsverschulden (OLG Celle, BauR 2003, 104, 105)
* Beaufsichtigung von **Nachbesserungsarbeiten** während der Bauausführung (BGH, BauR 1971, 205 = VersR 1971, 516)
* **Planungsfehler** (Überprüfung durch den **bauüberwachenden** Architekten; OLG Bamberg, NJW-RR 1992, 91)
* **Plasterarbeiten** – unzureichendes Material für die Tragschicht (OLG Naumburg, BauR 2006, 554 = IBR 2006, 36 – Laux)

- Mangelhafte **Rechnungsprüfung** (BGH, BauR 2002, 1112 u. BauR 1998, 869 = ZfBR 1998, 248; OLG Köln, BauR 1997, 543)
- zur Haftung des Architekten wegen Fehlens eines **Rückstauventils** (LG Kaiserslautern, BauR 1998, 824)
- Einbringen von **Stahlmatten** (BGH, NJW 1963, 1401)
- Aufsicht hinsichtlich der **Umsetzung der Statikerpläne** (OLG Hamm, NJW-RR 1990, 915 = ZfBR 1991, 26)
- Überwachung der **Traufe** des Glasdaches eines Wintergartens als besonders schadensträchtiges Detail (BGH, BauR 2000, 1513 = NJW-RR 2000, 1468 = NZBau 2000, 525 = ZfBR 2000, 544)
- Überprüfung der **Befestigung** eine **Unterkonstruktion** der abgehängten Decke in sog. doppelter T-Form (OLG Celle, OLGR 1995, 170)
- Überprüfung der Gewerke auf qualitative „**Ausreifung**", damit andere Gewerke darauf aufbauen können (OLG Hamm, NJW-RR 1991, 1045)
- Überwachung der **Einhaltung des Leistungsverzeichnisses** durch den **Unternehmer** und Fertigung der Abrechnung (OLG München, Schäfer/Finnern, Z 3.01 Bl. 98 = BB 1958, 897)
- Verdichtung von Mörtel (OLG Düsseldorf, BauR 1984, 201)
- **Vermessung** des Gebäudes auf dem Grundstück (OLG Köln, MDR 1968, 1007; s. auch OLG Nürnberg, NZBau 2005, 701)
- unzureichende Baugrubenplanung (**Leitungsschäden** bei Ausschachtungsarbeiten; OLG Hamm, IBR 2004, 506)
- Verfüllen einer Öltankgrube (OLG Stuttgart, BauR 1973, 253)
- Einbringung der **Wärmedämmung** (KG, NJW-RR 2000, 756 = KGR 2000, 139 = NZBau 2000, 347)
- Besondere Überwachungspflichten bei Herstellung des Kellers eines Neubaus als „**weiße Wanne**" (OLG Düsseldorf, NJW-RR 1999, 244 = OLGR 1999, 178)
- Überwachung der Qualität eines **Zementestrichs** (BGH, BauR 1994, 392 = NJW 1994, 1276).

**1504** Allerdings darf die Überwachungspflicht des Architekten nicht überspannt werden; sie endet dort, wo ein **Spezialist** am Werk ist.[295] Nach gefestigter Rechtsprechung hängt das **Ausmaß der Überwachungspflicht,** die den Architekten als „Objektüberwacher" trifft, auch insoweit **von den Umständen des Einzelfalles** ab und dabei insbesondere davon, ob der Architekt den **Unternehmer** oder den Spezialisten als **zuverlässig** kennt, sodass er ihnen in gewissem Umfang vertrauen darf.[296]

**1505** Beauftragt der Bauherr einen **wenig sachkundigen Unternehmer,** so hat der Architekt einen besonderen Anlass, seine Arbeiten sorgsam zu überwachen. Er kann sich dann seiner Aufsichtspflicht nicht dadurch entziehen, dass er dem Bauherrn einfach mitteilt, er könne für die Arbeiten des Handwerkers keine Verantwortung

---

295) Vgl. BGH, DB 1970, 15 für **Statikerarbeiten;** auch OLG Stuttgart, VersR 1975, 69; BGH, BauR 1976, 138; OLG Nürnberg, BauR 1990, 492; *Bindhardt/Jagenburg,* § 6, Rdn. 130 ff.; *Neuenfeld,* BauR 1981, 426, 441.
296) BGHZ 39, 261, 262 = NJW 1963, 1401; BGHZ 68, 169, 174 = NJW 1977, 898; BGH, LM § 909 Nr. 4 a; BGH, BauR 1971, 205 = WM 1971, 680; OLG Naumburg, BauR 2006, 2089.

übernehmen. Vielmehr muss der Architekt dann darauf hinwirken, dass auch von diesem Unternehmer eine mangelfreie Arbeit erbracht wird.[297]

Hat der Auftraggeber für einen konkreten fachspezifischen Bereich oder ein bestimmtes Gewerk einen **Sonderfachmann** mit der Objektüberwachung beauftragt, scheidet eine Haftung des Architekten in der Regel aus; allerdings kann im **Einzelfall** eine Haftung des Architekten in Betracht kommen, wenn z. B. Mängel für ihn offensichtlich werden oder das jeweilige Gewerk oder die betreffende Ausführung (z. B. Dehnungsfuge) auch in seinen Wissensbereich fällt oder die Überprüfung einer fachgerechten oder „leistungsverzeichniskonformen"[298] Ausführung keine besonderen Kenntnisse erfordert. Darüber hinaus hat das OLG Köln[299] zu Recht darauf hingewiesen, dass „auch das grundsätzlich berechtigte Vertrauen in die Kompetenz des Spezialisten" den bauleitenden Architekten nicht der Verpflichtung zur eigenverantwortlichen Kontrolle im Rahmen seiner Bauüberwachung enthebt; soweit Pläne Dritter (Spezialisten) zur Ausführung gelangen, „darf er diese nicht kritiklos übernehmen, soweit Kritik ihm möglich und zumutbar ist". **Fehlen** dem Architekten **bestimmte Unterlagen** zur Überprüfung einer Bauleistung (z. B. Herstellerrichtlinien), muss er diese ggf. anfordern und im Falle fehlender Vorlage den Bauherrn auf das damit verbundene Risiko hinweisen oder seine Tätigkeit einstellen.[300]

**1506** Nimmt der Architekt die Überwachungsaufgaben nicht persönlich vor, kann er sich nur durch einen **geeigneten Erfüllungsgehilfen** vertreten lassen.[301] Setzt sich der „Objektüberwacher" nicht mit seinen Anordnungen durch, muss er ggf. den Bauherrn informieren.[302]

Führt der **Auftraggeber** bestimmte Bauarbeiten in **Eigenleistung** aus, bleibt grundsätzlich die Pflicht des Architekten zur Überwachung auch **dieser** Leistung bestehen.[303] Allerdings darf der Architekt nach OLG Hamm[304] darauf vertrauen, dass der Bauherr die erforderlichen Kenntnisse und Fähigkeiten für das von ihm in Eigenleistung übernommene Gewerk besitzt; fehlt diese Fachkenntnis, und ist deshalb von einer Bauüberwachungspflicht des Architekten auszugehen, kommt diese im Einzelfall nur dann in Betracht, wenn der Auftraggeber dem Architekten „durch entsprechende Mitteilung und Aufforderung zur Anwesenheit konkret Gelegenheit" gibt, diese Bauaufsicht auszuüben.

**1507** Zu den Pflichten des aufsichtsführenden Architekten gehört gemäß § 15 Nr. 8 HOAI jetzt auch die **technische Abnahme** der Bauleistungen. Abweichungen und

---

297) BGH, NJW 1978, 322 = BauR 1978, 60 = *SFH*, Nr. 1 zu § 631 BGB = WM 1978, 33; s. aber OLG Hamm, BauR 2003, 273 = NJW-RR 2002, 1669 = OLGR 2002, 419 (bei Einsatz von Schwarzarbeitern und der Durchführung von Eigenleistungen).
298) Vgl. OLG München, BauR 2003, 278.
299) OLGR 1994, 161; ebenso: OLG Koblenz, BauR 1997, 502, 504 sowie Brandenburgisches OLG, BauR 2001, 283, 286 = ZfBR 2001, 111.
300) OLG Naumburg, BauR 2005, 1796, 1797.
301) BGH, BauR 1973, 255; WM 1973, 1324; *Schmidt*, WM 1974, 294, 300.
302) *Buschmann*, BlGBW 1966, 205, 207; *Neuenfeld*, BauR 1974, 17, 18.
303) OLG Düsseldorf, NZBau 2005, 408, 409. Zur Auslegung einer **Haftungsbeschränkungsklausel**: OLG Celle, OLGR 2006, 478.
304) OLGR 1996, 206.

**Mängel** muss der Architekt feststellen und dem Bauherrn unverzüglich **mitteilen**.[305] Die Beseitigung der bei der Abnahme festgestellten Mängel hat er zu überwachen; dabei muss er die Mängelursachen im Einzelnen aufklären und den verantwortlichen Unternehmer rechtzeitig zur Mängelbeseitigung auffordern. Die Tätigkeitspflicht in diesem Bereich endet, wenn der Architekt die betreffenden Unternehmer mit **Fristsetzung zur Mängelbeseitigung** aufgefordert hat.[306]

**1508** Der Architekt kann bei der Mängelüberwachung in einen echten **Interessenkonflikt** geraten: Vielfach wird er nämlich feststellen müssen, dass es bei den festgestellten Mängeln um solche geht, für die er selbst (ebenfalls) einzustehen hat. Der BGH[307] verpflichtet den Architekten, den Bauherrn über diesen Tatbestand nachhaltig aufzuklären (sog. **Sekundärhaftung** des Architekten):

> „Das entgegenstehende Interesse des Architekten, sich eigener Haftung möglichst zu entziehen, vermag das Unterlassen zutreffender Unterrichtung des Bauherrn nicht zu rechtfertigen. Die dem Architekten vom Bauherrn eingeräumte Vertrauensstellung gebietet es vielmehr, diesem im Verlaufe der Mängelursachenprüfung auch Mängel des eigenen Architektenwerks zu offenbaren, sodass der Bauherr seine Auftraggeberrechte auch gegen den Architekten rechtzeitig vor Eintritt der Verjährung wahrnehmen kann."

Deshalb hat der umfassend beauftragte Architekt dem Bauherrn noch **nach** der Beendigung seiner eigentlichen Tätigkeit bei der Behebung von Baumängeln zur Seite zu stehen. Im Rahmen seiner Betreuungsaufgaben hat „er nicht nur die Auftraggeberrechte gegenüber den Bauunternehmern zu wahren; ihm obliegt auch die objektive Klärung der Mängelursachen, selbst wenn hierzu eigene Planungs- oder Aufsichtsfehler gehören. Als **Sachwalter** des Bauherrn schuldet er die unverzügliche und umfassende Aufklärung der Ursachen sichtbar gewordener Baumängel sowie die sachkundige Unterrichtung des Bauherrn vom Ergebnis der Untersuchung und von der sich daraus ergebenden Rechtslage."[308] Im Übrigen setzt die Sekundärhaftung nicht voraus, dass dem Architekten auch die Leistungsphase 9 im Sinne des § 15 HOAI übertragen worden ist.[309] Die Erfüllung dieser Pflicht betrifft allerdings nicht die Herstellung des eigentlichen Architektenwerkes, sondern lediglich eine **Nebenverpflichtung** des Architekten.[310] Der Anspruch umfasst vor allem den

---

305) Zur **Auflistung** von Gewährleistungsfristen: OLG Stuttgart, IBR 2002, 428 – *Löffelmann*; AG Mülheim a. d. R., IBR 2006, 511; s. ferner: *Bindhardt/Jagenburg*, § 6, Rdn. 140.

306) Str.; wie hier: *Bindhardt/Jagenburg*, § 6, Rdn. 155; a. A.: *Locher/Koeble/Frik*, § 15 HOAI, Rdn. 214.

307) BGHZ 71, 144 = BauR 1978, 235; BGH, BauR 2007, 423, 424 = NZBau 2007, 108 = NJW-Spezial 2007, 121; BauR 2004, 1171, 1172 (ständig); OLG Stuttgart, BauR 2003, 1062, 1063 = OLGR 2003, 398; KG, BauR 1981, 79; s. hierzu: *Hebel*, BauR 2006, 221, 236; *Lauer*, BauR 2004, 1639 ff.

308) BGH, BauR 1985, 97 = NJW 1985, 238. Zur sog. „**Sachwalterhaftung**" s. OLG Karlsruhe, NZBau 2007, 451, 453 = OLGR 2007, 249, 250; *Schmalzl/Lauer/Wurm*, Rdn. 529 ff.

309) OLG Hamm, BauR 2006, 704 = NZBau 2006, 324, 326 m. Hinw. auf BGH, BauR 1996, 418 = NJW 1996, 1278.

310) BGH, BauR 2007, 423, 424 = NZBau 2007, 108, 109; BGH, BauR 1986, 112 = ZfBR 1986, 17; BauR 1985, 232 = *SFH*, Nr. 42 zu § 635 BGB; OLG Celle, BauR 1984, 647; *Jagenburg*, NJW 1985, 2797, 2780; **a. A.:** *Lauer*, BauR 2004, 1639, 1641 ff. (Haftung nach §§ 634, 634 a BGB). Zum **Ausgleichsanspruch** des Architekten gegen den Unternehmer bei Inanspruchnahme: OLG Zweibrücken, BauR 1993, 625; OLG Oldenburg, BauR 2002, 1866; *Kniffka*, BauR 2005, 274, 281; *Dammert*, Festschrift für Ganten, S. 3, 10.

**Ersatz unnützer Kosten,** die der Bauherr aufgewendet hat (z. B. Kosten eines Beweissicherungsverfahrens oder eines Vorprozesses gegen einen nicht verantwortlichen Unternehmer).

Eine wichtige Grundleistung im Rahmen der Objektüberwachung ist auch die **Rechnungsprüfung;**[311] insoweit ist es Aufgabe des Architekten, Akonto- und Schlussrechnungen der Unternehmer insbesondere darauf zu überprüfen, ob

* die **eingesetzten** Preise mit den **vereinbarten** übereinstimmen
* die **eingesetzten** Mengen mit den **ausgeführten** bzw. denen des **Aufmaßes** in Einklang stehen
* **zusätzlich** berechnete Leistungen nicht bereits vom Hauptauftrag erfasst sind[312]
* **Sonderkonditionen** (wie Rabatte, Skonti usw.) berücksichtigt wurden
* die **abgerechneten** Werkleistungen **ordnungsgemäß erbracht** sind und den vertraglichen Vereinbarungen entsprechen.[313]

Der Architekt muss daher in jedem Fall vor Freigabe von Akontozahlungen (aber auch der Schlusszahlung) im Einzelnen prüfen, ob die abgerechneten Werkleistungen ordnungsgemäß erbracht und vertragsgemäß sind.[314] Vor einer Inanspruchnahme des Architekten wegen fehlerhafter Rechnungsprüfung (Schadensersatzanspruch) ist grundsätzlich eine Aufforderung zur Nacherfüllung mit Fristsetzung erforderlich,[315] da es sich insoweit um eine Verletzung einer vertraglichen Hauptpflicht handelt.[316] Das setzt jedoch voraus, dass eine „Nachbesserung" der fehlerhaften Rechnungsprüfung noch korrigierbar ist. Ist der Auftragnehmer aufgrund der mangelhaften Rechnungsprüfung bereits überzahlt, scheidet eine Nacherfüllung durch den Architekten infolge Unmöglichkeit aus; er ist dann zum Ersatz des entstandenen Vermögensschaden verpflichtet.[317] Der Bauherr hat **nach** Beendigung der Objektüberwachung bzw. nach Fertigstellung des Bauvorhabens gegenüber dem Architekten keinen Anspruch auf Herstellung von Ausführungsplänen, die dem tatsächlichen Stand der Ausführung (nach etwaigen Änderungen) entsprechen.[318]

Mit der 4. HOAI-Novelle 91 hat die frühere **„künstlerische Oberleitung"** der GOA als Einzelleistung wieder Eingang in die Gebührenordnung für Architekten

---

311) BGH, BGH, BauR 2002, 1112 = NZBau 2002, 456 u. BauR 1998, 869; OLG Naumburg, BauR 2007, 453, 455; OLG Köln, BauR 1997, 543; LG Fulda, BauR 1990, 642 (LS) = MDR 1988, 965; *Berding,* BauR 2007, 473 ff.; *Löffelmann/Fleischmann,* Rdn. 574 ff. Zur **Verjährung** von Ansprüchen: BGH, BauR 2006, 396 = NZBau 2006, 122 = ZfBR 2006, 148. Zur Haftung aus einem **Prüfvermerk**: BGH, ZfIR 2002, 446 m. Anm. *Portz.* Die **fachtechnische** Überprüfung von Architektenleistungen durch ein anderes Architektenbüro stellt **keine** unerlaubte Rechtsberatung dar (BGH, BauR 2007, 576 = NZBau 2007, 182 = ZfBR 2007, 256).
312) BGH, BauR 1982, 185; BauR 1981, 482 = NJW 1981, 2182.
313) *Berding,* BauR 2007, 473.
314) BGH, BauR 2002, 1112 = NZBau 2002, 456 = NJW-RR 2002, 1174; OLG Celle, BauR 2000, 1897.
315) OLG Düsseldorf, BauR 1973, 255; *Berding,* BauR 2007, 473, 474.
316) *Korbion/Mantscheff/Vygen,* § 15 HOAI, Rdn. 177.
317) *Berding,* a. a. O., weist zutreffend darauf hin, dass der Schadensersatzanspruch nicht davon abhängig ist, ob ein Rückzahlungsanspruch gegenüber dem Unternehmer realisierbar ist; insoweit ist § 255 BGB anzuwenden; ebenso: *Löffelmann/Fleischmann,* Rdn. 725.
318) OLG Hamm, NJW-RR 1999, 96 = BauR 1998, 1110 = MDR 1998, 1283.

gefunden:³¹⁹⁾ Nach § 15 Abs. 3 HOAI kann das Überwachen der Herstellung des Objekts hinsichtlich der Einzelheiten der Gestaltung an einen Architekten als gesonderte und zusätzlich honorarpflichtige Leistung in Auftrag gegeben werden. Da die Überwachungstätigkeit des Architekten insoweit bei der künstlerischen Oberleitung ganz auf den gestalterischen Bereich beschränkt ist, kann auch nur eine Haftung hinsichtlich dieses Aufgabenkreises in Betracht kommen, was jedoch selten der Fall sein wird.

**1511** Übernimmt der Architekt die **Leistungsphase 9** des § 15 HOAI, so hat er die Ansprüche des Bauherrn während der Gewährleistungsfristen gegenüber den Unternehmern nachhaltig zu wahren, jedoch längstens bis zum Ablauf von 5 Jahren seit der Abnahme der Bauleistungen. Übernimmt ein Architekt die Objektbetreuung gemäß § 15 Abs. 2 **Nr. 9** HOAI, so besteht die Pflicht, eine Objektbegehung durchzuführen, nicht während des gesamten Gewährleistungszeitraums, sondern grundsätzlich nur einmal kurz vor Ablauf der Gewährleistungspflicht.³²⁰⁾ Im Übrigen geht die Tätigkeit des Architekten nach der Leistungsphase 9 dahin, **Ansprüche** des **Auftraggebers** während der Gewährleistungsfrist gegenüber dem Unternehmer **festzustellen** und die Beseitigung von **Mängeln** zu veranlassen und zu überwachen; dies schließt eine **beratende Tätigkeit** gegenüber dem Auftraggeber ein.³²¹⁾ Die **Überwachung** der Mängelbeseitigung zielt auf eine **dauerhafte** und **vollständige Mängelbeseitigung** ab, weshalb der Architekt im Einzelfall auch gehalten ist, Sonderfachleute heranzuziehen, um die Erfüllung dieser Verpflichtung zu gewährleisten.³²²⁾ Notfalls muss er für die Einleitung eines **selbstständigen Beweisverfahrens** sorgen. Die Verletzung dieser in Leistungsphase 9 aufgeführten Leistungen bewirkt Ansprüche aus § 635 BGB a. F. bzw. §§ 634 Nr. 4, 636, 280, 281 BGB, weil es sich auch insoweit um Hauptleistungen des Architektenwerkes handelt.³²³⁾ Beruft sich deshalb ein **Unternehmer** gegenüber dem Auftraggeber mit Erfolg auf die Einrede der Verjährung, hat der Architekt zumindest die Verpflichtung zur Tragung der Nachbesserungs-/Nacherfüllungskosten.³²⁴⁾

**1512** Auch wenn dem Architekten nur die **Planung,** nicht aber die Objektüberwachung übertragen worden ist, kann er sich während der Bauausführungsphase gegenüber dem Auftraggeber schadensersatzpflichtig machen. Das kann insbesondere der Fall sein, wenn sich der Architekt – ohne Auftrag – „**viel** um die Durchführung des Bauwerkes **kümmert**",³²⁵⁾ der Architekt „dem Bauherrn während der Bauausführung auf Befragen **Ratschläge erteilt**"³²⁶⁾ oder in anderer Weise – z. B. durch **Hinweise** bei Baustellenbesuchen oder **Anweisungen** gegenüber Handwerkern – in das Baugeschehen eingreift. Insoweit führt der Architekt eine „**faktische**" Objektüber-

---

319) Siehe hierzu: *Geldmacher*, BauR 2003, 1294 ff.
320) OLG Hamm, BauR 2003, 567, 570.
321) Zu den Anforderungen an ein ordnungsgemäßes **Auflisten** der Gewährleistungsfristen: AG Mülheim a.d.R., IBR 2006, 511 – *Hunger*.
322) OLG Stuttgart, BauR 2003, 1062, 1063 = NZBau 2003, 446, 447 m. w. Nachw.
323) Siehe: OLG Stuttgart, IBR 2002, 428 – *Löffelmann; Korbion/Mantscheff/Vygen*, § 15 HOAI, Rdn. 215; *Locher/Koeble/Frik*, § 15 HOAI, Rdn. 234; *Locher*, BauR 1991, 135; **a. A.:** *Putzier*, NZBau 2004, 177, 179 (Dienstvertrag).
324) *Korbion/Mantscheff/Vygen*, § 15 HOAI, Rdn. 180; OLG Stuttgart, a. a. O., S. 1063.
325) OLG Hamm, *Schäfer/Finnern*, Z 2.414 Bl. 37, 39.
326) BGH, VersR 1959, 904.

wachung aus. Das hat zur Folge, dass ihn als „faktischen Bauleiter" auch **Beratungs- und Hinweispflichten** treffen, insbesondere wenn er gravierende Ausführungsfehler auf der Baustelle **erkennt;** andernfalls haftet er unter dem Gesichtspunkt der Verletzung einer sich aus dem Hauptvertrag (Planungsvertrag) ergebenden **Nebenpflicht.**[327]

Allerdings sind hier die Umstände des Einzelfalles stets besonders zu beachten: Eine Haftung des Architekten kann insoweit nur eingeschränkt und bei **schwerwiegenden** Verstößen in Betracht kommen. So hat der Architekt zwar aufgrund seiner Beratungspflicht auf die von ihm **erkannten** Mängel hinzuweisen, er hat aber nicht für Mängel einzustehen, „die er bloß hätte erkennen können".[328]

## 5. Mängel des Unternehmerwerkes

*Literatur* (Technik)

*Ihle,* Klimatechnik mit Kältetechnik, 4. Auflage 2006; *Dierks/Wormuth,* Baukonstruktion, 6. Auflage 2007; *Pistohl,* Handbuch der Gebäudetechnik, 6. Auflage 2007.

*Muth,* Dränung zum Schutze erdberührter Bauteile, ZSW 1980, 251; *Grünbeck,* Milliardenschäden durch Korrosionen, ZSW 1981, 33; *Musewald,* Interne und externe Einflüsse auf die Entstehung von Rissen in Stahlbetonbauwerken, ZSW 1981, 49; *Pastuska,* Probleme bei der Beurteilung von Flachdachschäden, erläutert an einigen Eigenschaften der Polymerwerkstoffe, ZSW 1981, 127; *Rogier,* Grundsätze zur Ermittlung der Wasserbeanspruchung und der Auswahl von Abdichtungsmaßnahmen bei erdberührten Bauteilen, ZSW 1981, 236, 267; *Ruffert,* Ist der Stahlbeton eine risikoreiche Bauweise?, ZSW 1981, 30; *Ruffert,* Die Analyse von Betonschäden, ZSW 1981, 279; *Witt,* Fehler beim Anodisieren von Aluminium (Eloxalfehler) für das Bauwesen und deren Begutachtung, ZSW 1981, 7; *Musewald,* Probleme bei der Ermittlung der Beton-Druckfestigkeit, ZSW 1982, 7; *Grunau,* Fugenabdichtungen im Hochbau, ZSW 1982, 194, 224; *Witt,* Bitumenkorrosion an Dachentwässerungssystemen, ZSW 1983, 36; *Weber,* Mauerfeuchtigkeit und deren Beseitigung, ZSW 1983, 202, 221; *Asendorf,* Die Behandlung von Rissen in Betonbauwerken, ZSW 1983, 273; *Körecke,* Beton- und Bauwerkssanierung, ZSW 1984, 169; *Buss,* Planungs- und Ausführungsmängel im konstruktiven Mauerwerksbau, ZSW 1984, 241; *Fischer,* Wärmeschutz- und Wärmebrücken, ZSW 1985, 28; *Sauerbrunn,* Dämmstoffe für den baulichen Wärmeschutz, ZSW 1985, 49, 73; *Knüttel,* Wärmebrücken – technisch und rechtlich, BauR 1985, 54; *Pilny,* Mechanismus und Erfassung der Rißbildung, Aachener Bausachverständigentage, 1985, 38; *Oswald,* Rissebildung in Oberflächenschichten – Beeinflussung durch Dehnungsfugen und Haftverbund, Aachener Bausachverständigentage, 1985, 49; *Schubert,* Rißbildung in Leichtmauerwerk – Ursachen und Planungshinweise zur Vermeidung, Aachener Bausachverständigentage, 1985, 68; *Ruffert,* Ursachen, Vorbeugung und Sanierung von Sichtbetonschäden, Aachener Bausachverständigentage, 1985, 100; *Groß/Riensberg,* Zweischaliges Mauerwerk für Außenwände nach DIN 1053 Teil 1 Abschnitt 5.2.1 mit „Kerndämmung" – Allgemein anerkannte Regeln der Technik und Haftungsrisiko?, BauR 1986, 533 (dazu auch *Glitza,* BauR 1987, 388; *Lühr,* BauR 1987, 390; *Groß/Riensberg,* BauR 1987, 633); *Kamphausen,* Zur Novellierung der TA Luft, DB 1986, 1267; *Grunau,* Verblendschalen, ZSW 1986, 124; *Brüning,* Verblendschalen, ZSW 1987, 29; *Grunau,* Nochmals: Verblendschalen, ZSW 1987, 57; *Heinemann,* Metall-Dachdeckung, ZSW 1987, 145; *van Oeteren,* Feuerverzinkung plus Beschichtung = Duplex-System, ZSW 1987, 113; *Engelfried,* Schadensdiagnose und Berechnungen als Entscheidungshilfen

---

327) BGH, a. a. O.; vgl. auch BGH, BauR 1996, 418 = ZfBR 1996, 155 = NJW 1996, 1278 = MDR 1996, 687; OLG Hamm, BauR 2003, 273, 275. Zur Haftung bei „**Gefälligkeit**": OLG Köln, NZBau 2006, 183 = IBR 2006, 38 – *Biebelheimer;* OLG Celle, BauR 2002, 1427.

328) BGH, VersR 1959, 904, 905; OLG Köln, OLGR 2003, 77, 78 = BauR 2003, 771 (LS); OLG Hamm, BauR 2003, 273, 275.

für Betonsaniermaßnahmen, ZSW 1988, 10, 34; *Grunau*, Typische Schäden am Verblendmauerwerk und deren Beseitigung, ZSW 1988, 29; *Grunau*, Rostflecken in Marmorfliesen, ZSW 1988, 72; *Kötz*, Der bauliche Schallschutz in der Praxis. Was bieten Neubauten an Innenschallschutz?, ZSW 1988, 89, 117; *Grunau*, Fehler bei der Instandsetzung von Stahlbetonpfeilern, ZSW 1989, 1; *Grunau*, Instandsetzung von Balkonen, ZSW 1989, 29; *Schwedler*, Schimmelpilzbildung ist selten eine Folge falschen Lüftens, BauR 1990, 664; *Ertel*, Gewährleistet die DIN 4109 stets einen ordnungsgemäßen Schallschutz?, Festschrift für Soergel (1993), 315; *Kilian*, Haftung für Bauwerksmängel und -schäden bedingt durch verwässerten Transportbeton, BauR 1995, 646; *Schwedler*, Schimmelpilzbildung – Falsches Wohnverhalten oder geschädigte Bausubstanz?, BauR 1996, 345; *Zimmermann*, Wohnungseingangstüren mit Stahlumfassungszargen – fehlerhafter Einbau, DAB 1997, 575; *Ertel/Finkenberger*, Schalldämmung von Türen, DAB 1997, 371; *Roeke*, Wärmedämmende Ziegel für Außenmauerwerk, DAB 1997, 218; *Singhof/Schneider*, Zweigeteilter Sicherheitsstandard in den Technischen Regeln für Überkopfverglasungen?, BauR 1999, 465; *Kamphausen*, Zur Unverzichtbarkeit „anerkannter Regeln der Technik" – Testfall: Bitumendickbeschichtungen, Jahrbuch Baurecht 2000, 218; *Kamphausen*, Die neue Abdichtungsnorm 18 195 – eine „Bauprozess-Norm"?, BauR 2001, 545; *Goris*, Aktuelle Normung im Betonbau, BrBp 2003, 246; *Schubert/Leupertz*, Mauermörtel – Aufgaben, Arten, Anforderungen, Anwendung, BrBp 2004, 23 (Teil 1) u. 66 (Teil 2: Schäden und deren Vermeidung); *Schießer*, Flächenberechnung bei Bauwerken, MDR 2003, 1401; *Heine*, Dicht oder nicht dicht, das ist hier die Frage, BauR 2004, 874; *Schoch*, Allgemein anerkannte Regel der Technik im baulichen Schallschutz, BrBp 2004, 506; *Zöller*, Sind weiße Wannen ohne zusätzliche Abdichtung stets mangelhaft? – Nein!, IBR 2006, 7 (Interview zu LG Berlin, IBR 2006, 23); *Schwedler*, Schimmelpilzbildung – Falsches Wohnverhalten oder geschädigte Bausubstanz?, BauR 2006, 1514.

*Literatur* (Recht)

*Döbereiner*, Schallschutz im Hochbau; Regeln der Technik in der Literatur und Rechtsprechung (unter Berücksichtigung der DIN 4109 Entwurf Februar 1979), BauR 1980, 296; *Mantscheff*, Unzureichender Wärmeschutz – Ansätze für eine Minderwert-Berechnung, BauR 1982, 435; *Bötsch/Jovicic*, Erhöhter Schallschutz und die anerkannten Regeln der Technik, BauR 1984, 564; *Postelt*, Die Warmwasser-Fußbodenheizung – ein technisches und rechtliches Risiko, BauR 1985, 365; *Kamphausen/Reim*, Nochmals: Wärmebrücken – neue Architektenpflichten?, BauR 1985, 397; *Hahn*, Verschleiß und Abnutzung im Bauvertragsrecht, BauR 1985, 521; *Mantscheff*, Die Bestimmungen der VOB/C und ihre vertragsrechtliche Bedeutung, Festschrift für Korbion (1986), 295; *Siegburg*, Baumängel aufgrund fehlerhafter Vorgaben des Bauherrn, Festschrift für Korbion, 411; *von Craushaar*, Risikotragung bei mangelhafter Mitwirkung des Bauherrn, BauR 1987, 14; *Mantscheff*, Ansätze zur methodischen Ermittlung von Mietminderungen bei Wohnungsmängeln, BauR 1989, 44; *Micklitz*, Holzschutzmittelprozesse: Stand der Rechtsprechung, NJW 1989, 1076; *Motzke*, Haftungsfragen in Sachen Schimmelpilz, ZMR 1989, 281 (Erwiderung von *Köneke*, ZMR 1989, 456); *Schwedler*, Wer trägt die Verantwortung für Schimmelpilzbildung?, BauR 1990, 415; *Weise*, Die Bedeutung der Mangelerscheinung im Gewährleistungsrecht, BauR 1991, 19; *Kohler*, Werkmangel und Bestellerverantwortung, NJW 1993, 417; *Ganten*, Der Baumangelbegriff – Standortbestimmung und Ausblick auf europarechtliche Entwicklungen, Festschrift für Soergel (1993), 35; *Kniffka*, Aufklärungspflicht des Bauunternehmers nach der Abnahme – Zur Sekundarhaftung des Unternehmers, Festschrift für Heiermann (1995), 201; *Kamphausen*, Der optische Bau- und Wohnungsmangel, BauR 1995, 343; *Groß*, Beweislast bei in der Abnahme vorbehaltenen Mängeln, BauR 1995, 456; *Kilian*, Haftung für Bauwerksmängel und -schäden bedingt durch verwässerten Transportbeton, BauR 1995, 646; *Bügel/Tünnesen-Harmes*, Asbestsanierung von Gebäuden, BauR 1997, 373; *Eichler*, Die Gewährleistung nach § 13 Nr. 3 VOB/B bei Anordnungen des Auftraggebers und der Verstoß dieser Klausel nach dem AGBG – neue Rechtsprechung, BauR 1997, 903; *Klaft/Maxem*, Die Gewährleistung des Unternehmers für die Tauglichkeit von ihm verwendeter Baustoffe oder Produkte bei Anordnung des Bestellers nach § 13 Nr. 3 VOB/B, BauR 1999, 1074; *Siegburg*, Verantwortlichkeit des Auftraggebers für Baumängel bei fehlerhafter Vorunternehmerleistung – de lege lata et de lege ferenda, ZfBR 2001, 291; *Blank*, Wohn- und Nutzflächenangaben im Bauträgervertrag, ZfIR 2001, 781; *Schellhammer*, Die Haftung des Verkäufers für Sach- und Rechtsmängel – Neue Struktur und neuer Mangelbegriff,

## Mängel des Unternehmerwerkes

MDR 2002, 241; *Thode*, Die wichtigsten Änderungen im BGB-Werkevertragsrecht: Schuldrechtsmodernisierungsgesetz und erste Probleme, NZBau 2002, 297; *Maurer*, Die Anwendung der VOB/C im Bauvertrag – ATV 18303 – Verbauarbeiten, Jahrbuch Baurecht 2002, 277; *Vorwerk*, Mängelhaftung des Werkunternehmers und Rechte des Bestellers nach neuem Recht, BauR 2003, 1; *Stamm*, Die Gesamtschuld auf dem Vormarsch, NJW 2003, 2941; *Lailach*, Kann der Auftraggeber von dem Auftragnehmer die regelwidrige Ausführung verlangen?, BauR 2003, 1474; *Miernik*, Die Anwendbarkeit der VOB/B auf Planungsleistungen des Bauunternehmers, NZBau 2004, 409; *von Wietersheim*, Erfolgshaftung des Auftragnehmers auch entgegen Leistungsbeschreibung, BauRB 2004, 381; *Locher-Weiss*, Schallschutz im Hochbau – Geplante Änderungen der DIN 4109 durch den Entwurf DIN 4109–10 (Juni 2000) und die Auswirkungen auf das Werkvertragsrecht, BauR 2005, 17; *Motzke*, Abbaubedingte Setzungsrisiken einer Deponie – technische Risiken und ihre rechtliche Bewertung – ein Anwendungsfall des Baugrund- oder Systemrisikos?, Jahrbuch Baurecht 2005, 71; *Hankammer/Krause-Allenstein*, Der Einfluss wartungsbedingter Bauteile auf die Gewährleistung des Unternehmers – Haftung für Abnutzung und Verschleiß?, BauR 2007, 955; *Motzke*, Der optische Mangel – Beurteilungsfragen im Gemenge von Technik- und Rechtsfragen, Festschrift für Ganten (2007), 175.

### a) Mangelbegriff

Der **Bauunternehmer** hat wie der Architekt **seine Bauleistung** vertragsgemäß zu erbringen; er schuldet ein **mängelfreies** und **funktionstaugliches** Werk.[329] Die Gewährleistungspflicht des Werkunternehmers für einen objektiv festgestellten Mangel setzt lediglich voraus, dass dieser Mangel **dem Werk des Unternehmers anhaftet,** d. h. also, **aus seinem Verantwortungsbereich herrührt** und nicht von außen, insbesondere auf von Dritten gesetzten Ursachen beruht.[330] Der Unternehmer muss vor allem auch die **anerkannten Regeln der Technik** beachten.[331] Daran hat auch das SchRModG (§ 633 BGB) nichts geändert (vgl. Rdn. 1457).[332] Für den **VOB-Vertrag** gilt über den Verweis in §§ 1 Nr. 1 Satz 2, 13 Nr. 1 VOB/B das Einhalten der allgemein anerkannten Regeln der Technik als vertraglich vereinbarte Leistungspflicht.[333] Der Verstoß gegen die Regeln der Technik bedeutet auch ohne einen Schadenseintritt einen Mangel.[334] Zeigt sich aufgrund **späterer** Erkenntnisse, dass eine im Zeitpunkt der **Bauabnahme** als zutreffend angenommene Regel der Technik doch **unrichtig** war, ist die Werkleistung mangelhaft und muss innerhalb der Gewährleistungsfrist von ihm nachgebessert („nacherfüllt") werden, weil der Unternehmer ein **dauerhaft mangelfreies** Werk schuldet (Rdn. 1454 ff.). Lässt

1513

---

329) BGH, BauR 2006, 375 = NZBau 2006, 112 = ZfBR 2006, 153; BauR 2000, 411 = ZfBR 2000, 121 = NJW-RR 2000, 465; BauR 2001, 823 – ständig. Zur Haftung für Bauleistungen, die ohne Vergütung (zusätzlich) erbracht werden: OLG Schleswig, IBR 2006, 134 – *Steiger*.
330) OLG Frankfurt, NJW-RR 1992, 280 u. BauR 1983, 156; s. auch OLG Hamm, NJW-RR 1992, 155 für Beratungspflicht als Gegenstand der Werkleistung (Nachbehandlung von Bodenplatten mit Pflegemilch).
331) BGH, BauR 1981, 577, 579 = WM 1981, 1108; BGH, BauR 1989, 462 = NJW-RR 1989, 849; OLG Nürnberg, BauR 2006, 2077, 2078; OLG Hamm, NJW-RR 1995, 17 = BauR 1994, 767; OLG Düsseldorf, NJW-RR 1996, 146 u. NJW-RR 1994, 1431; OLG Koblenz, BauR 1995, 554, 555; *Stammbach*, S. 201; einschränkend für sanierten **Altbau**: OLG Hamm, BauR 1995, 846 = NJW-RR 1996, 213 = ZfBR 1996, 96; **a. A.:** OLG Hamm, OLGR 1997, 241.
332) Vgl. *Mundt*, NZBau 2003, 73, 75 ff.
333) *Teichmann/Schröder*, JZ 1999, 799, 800.
334) OLG Düsseldorf, NJW-RR 1996, 146; s. aber OLG Nürnberg, MDR 2002, 1309 = OLGR 2002, 451 (kein Mangel, wenn mit dem Verstoß „ein tatsächlich nachweisbares Risiko nicht verbunden ist").

sich dies mit der in der vertraglichen Baubeschreibung vorgesehenen Konstruktion nicht erreichen, muss der Unternehmer ohne Aufpreis weitere aufwändigere Maßnahmen treffen.[335] Entspricht seine Leistung nicht diesen Anforderungen, so ist sie fehlerhaft, unabhängig davon, ob die anerkannten Regeln der Technik eingehalten wurden. Maßgebend ist allein, ob der Leistungsmangel den **angestrebten Erfolg beeinträchtigt** (vgl. Rdn. 1456).[336] Ein Werk ist ferner mangelhaft, wenn es dafür noch keine anerkannte Regel der Technik gibt. Für die Annahme eines Mangels ist ausreichend, dass eine **Ungewissheit** über die **Risiken des Gebrauchs** besteht.[337] Bei der Ausführung seiner Leistung hat der Unternehmer im Übrigen die **behördlichen Bestimmungen (Baugenehmigung, Auflagen** usw.) zu beachten.[338]

**1514** Im Übrigen ist jeweils nach dem **Einzelfall** zu beurteilen, ob eine Bauleistung des Unternehmers mangelhaft ist oder nicht. **Schönheitsfehler**[339] können ebenso einen Mangel darstellen, wenn sie die „Wertschätzung" des Hauses berühren,[340] wie der bloße **Verdacht,** ein Mangel könne auch über seinen **sichtbaren Bereich hinaus** vorliegen.[341] Das Letztere wird vor allem in Betracht zu ziehen sein, wenn eine **Ungewissheit** über die **Risiken** des **Gebrauchs** besteht oder von dem Unternehmer

---

335) BGHZ 139, 244 = BauR 1999, 37 = NJW 1998, 3707 = JZ 1999, 797 m. Anm. *Teichmann/ Schröder;* BGH, BauR 1987, 207 = *SFH,* Nr. 17 zu § 13 Nr. 5 VOB/B; OLG Celle, BauR 1998, 801 für **schlüsselfertige** Herstellung (Kellerabdichtung). Ein Unternehmer kann deshalb auch nie mit dem Einwand gehört werden, er habe „**den Werklohn zu niedrig kalkuliert**" (vgl. BGH, BauR 1974, 125 = *Schäfer/Finnern,* Z 2.414.3 Bl. 8).

336) Vgl. BGHZ 91, 206 = BauR 1984, 510; BGH, BauR 1985, 567; BGH, BauR 1996, 702 = ZfBR 1996, 255 = NJW 1996, 2372 = *SFH,* § 13 Nr. 3 VOB/B **(fehlerhaftes Baumaterial);** BGH (X. ZS), NJW-RR 1997, 688; OLG Frankfurt, NJW 1983, 456 = BauR 1983, 156.

337) BGH, BauR 2003, 533 = ZfBR 2003, 356 (Verwendung von minderwertigem Material); BGH, BauR 2006, 382 = NZBau 2006, 177 = IBR 2006, 131 (Funktionsbeeinträchtigung eines **Straßenbelags);** OLG Nürnberg, BauR 2006, 2077, 2078; OLG Oldenburg, BauR 1999, 502 = NJW-RR 1999, 241 (Schadstoffbelastung der Raumluft durch Parkett); OLG Düsseldorf, NJW-RR 1996, 146, 147; OLG Düsseldorf, OLGR 1997, 42 (LS); OLG München, BauR 1984, 637 = ZIP 1984, 76; OLG Köln, NJW-RR 1991, 1077 = BauR 1991, 759 für eine „Finishlackierung", die die Ausdünstung von **Formaldehyd** „minimieren oder sogar ausschließen" kann; OLG Celle, BauR 1990, 759 = NJW-RR 1991, 1175 (**Wärmedämmung** an der Innenseite der tragenden Deckenkonstruktion); BGH, NJW-RR 1987, 1415 (Verkauf eines früher mit **Schwamm** befallenen Hauses); OLG Hamm, BauR 1992, 122 LS (Verfüllung einer Baugrube mit **Müllverbrennungsasche);** KG, OLGR 1993, 21 (für eine **elastische Verkittung** zwischen Hauswand und Anbau); OLG Koblenz, BauR 1995, 554, 555; *Postelt,* BauR 1985, 265, 268.

338) BGH, BauR 1998, 397 = NJW-RR 1998, 738 = MDR 1998, 530.

339) BGH, BauR 1981, 577 = ZfBR 1981, 265; *Kamphausen,* BauR 1995, 343 ff.; s. auch OLG Frankfurt, IBR 2007, 20 – *Probst* (Algenbildungen an Dachziegeln).

340) BGH, BauR 2002, 613, 616; OLG Köln, IBR 2001, 501 – *Baden* (**optische** und **ästhetische** Beeinträchtigungen als Planungsmangel); OLG Düsseldorf, BauR 1991, 749, 750; OLG Hamm, NJW-RR 1991, 277 (**hässlicher Anblick** durch misslungene Verklinkerung); OLG Düsseldorf, BauR 1996, 712 (scheckiges Aussehen des **Granitplattenbelages);** OLG Celle, BauR 1996, 259, 260 (verneinend für gebrauchstauglichen **Industriefußboden);** OLG Celle, IBR 2003, 411 (verneinend für Neuverfugung eines Giebels); OLG München, OLGR 1996, 86 (Gelbfärbung eines **Carrara-Marmors);** OLG Hamm, OLGR 1997, 241 (Verschmutzung eines Fußbodens).

341) Vgl. BGH (V. ZS), BauR 1995, 844 **(Altlastenverdacht);** ferner: OLG Oldenburg, BauR 1999, 502 = NJW-RR 1999, 241 **(Schadstoffbelastung);** BGH, DB 1969, 877; DB 1972, 1476; *Schäfer/Finnern,* Z 2.10 Bl. 51, 53.

## Mängel des Unternehmerwerkes                                    Rdn. 1515

nicht hinreichend ausgeräumt werden kann.[342] Stellt die Bauausführung („Konstruktion") z. B. eine **Neuentwicklung** dar, deren Dauerhaftigkeit erst über längere Zeit erprobt werden muss, so muss sich ein Bauherr mit solchen Risiken und Unwägbarkeiten nicht ohne weiteres abfinden.

Normale **Abnutzung** oder **Verschleiß** ist dagegen nur ausnahmsweise ein Baumangel, so etwa, wenn eingebaute Teile innerhalb der Gewährleistungsfrist infolge von Verschleiß oder Abnutzung nicht mehr **voll funktionsfähig** sind und deshalb den erstrebten Werkerfolg infrage stellen.[343]

**Beispiele** für Unternehmermängel aus der Rechtsprechung:                    1515

* unzureichende Sorgfalt bei **Abbrucharbeiten** (OLG Düsseldorf, NJW-RR 1999, 1468)
* waagerechte **Abdichtung** von Wänden gegen aufsteigende Feuchtigkeit aus Sperrmörtel (OLG Celle, BauR 1984, 522 u. IBR 2002, 406 – Groß)
* **Abdichtung** gegen drückendes Wasser (OLG Düsseldorf, BauR 2001, 1780); Abdichtung einer Durchführung in der Kelleraußenwand (Pfingsthochwasser; OLG München, NZBau 2002, 575)
* mangelhafte **Abriebfestigkeit** eines Bodens (BGH, BauR 1998, 123; Revisionsentscheidung zu OLG Düsseldorf, BauR 1997, 140)
* **Abtrennung** von Reihen-Fertiggaragen durch Drahtgitter statt massiver Wände – kein Mangel (OLG Düsseldorf, OLGR 1997, 173 = NJW-RR 1997, 1039)
* Verwendung von **Anhydrit-Estrich** (OLG Zweibrücken, BauR 1998, 345; s. auch OLG Bamberg, BauR 2007, 893, 894 zur notwendigen **Austrocknungszeit**)
* abredewidrige **Anschlussarbeiten** eines Handwerkers (OLG Frankfurt, OLGR 1996, 3)
* die Bauausführung verstößt gegen die **Arbeitsstättenverordnung** sowie die **Arbeitsstättenrichtlinien** (OLG Naumburg, BauR 2005, 1796, 1797.
* Zur Mangelhaftigkeit von **Recyclingmaterial** bei geringfügiger Konzentration mit **Asbest** (Brandenburgisches OLG, BauR 2004, 1313 = IBR 2004, 244 – Miernik)
* **Ausbesserungsarbeiten am Dach** – Schutz des Eigentums des Auftraggebers (OLG Hamm, BauR 1993, 349)
* Ausblühungen am Giebel (OLG Celle, BauR 2003, 915)
* Übel riechende **Ausgasungen** (Teppichbodenkleber; OLG Frankfurt, NJW-RR 2000, 1188 = NZBau 2000, 380)
* fehlerhafte **Ausschachtung** (OLG Hamm, BauR 1992, 78; OLG Düsseldorf, OLGR 1993, 43 = BauR 1993, 254 [LS])
* fehlerhafte **Außendämmung** (OLG Stuttgart, BauR 1995, 850)
* **Balkonaufbau** (OLG Hamm, BauR 1995, 852; Flachdachrichtlinien u. DIN 18 195)
* zur **Brandschutzeigenschaft** bei Doppelhäusern (SchlHOLG, OLGR 1997, 254)
* Nichteinbau einer **Bewegungsfuge** in der Betonsohle beim Übergang vom Altbau zum Neubau (OLG Düsseldorf, NJW-RR 1995, 339)
* Mangel einer **Biofilter-Abluftreinigungsanlage** (OLG Oldenburg, OLGR 1999, 254)

---

342) OLG Köln, BauR 2005, 151 (LS). Deshalb kann den **Veräußerer** eines Hauses auch eine besondere Aufklärungspflicht treffen, siehe z. B. BGH, NJW-RR 1987, 1415 für ein früher mit **Schwamm** befallenes Gebäude.
343) Vgl. dazu *Hahn*, BauR 1985, 521, 523; *Brych*, ZfBR 1989, 237.

* **Bitumendickbeschichtung** – Mangel bei einer Hanglage des Gebäudes und/oder bindigem Boden (OLG Bamberg, BauR 1999, 650 = NJW-RR 1999, 962 = OLGR 1999, 134; s. auch OLGR 2003, 407); kein Mangel bei nichtdrückendem Wasser mit mäßiger Beanspruchung i. S. der DIN 18 195 (OLG Schleswig, BauR 1998, 1100 m. Anm. Jagenburg, BauR 2000, 1060; siehe ferner: BGH, BauR 2000, 1330 = NJW 2000, 2991 = NZBau 2000, 433; OLG Celle, BauR 2001, 1778 sowie Jagenburg/Pohl, BauR 1998, 1975 u. Schreiter, BauR 1998, 1082)
* Sorgfaltspflichten eines Dachdeckers bei **Bitumenschweißarbeiten** (OLG Hamm, OLGR 1997, 45)
* Verlegung eines dampfdichten **Bodenbelags** auf einer ohne ausreichende Dampfsperre ausgeführten, nicht unterkellerten Betonsohle (OLG Düsseldorf, NJW-RR 1996, 305 = BauR 1995, 848)
* mangelhafte Verlegung von **Bodenfliesen;** Hohllagen und geringfügige Abplatzungen im Randbereich (Thüringisches OLG, BauR 2001, 1124)
* mangelhafte **Bodenverfestigung** (LG Essen, BauR 1984, 642)
* Verwendung einer **Dachbahn** ohne Gebrauchstauglichkeitsnachweis gemäß DIN 18 531 (OLG Düsseldorf, NJW-RR 1996, 146)
* mangelhafte mechanische Befestigung der **Dacheindeckung** (OLG Düsseldorf, BauR 1994, 245 = NJW-RR 1994, 281)
* **Dachkonstruktion** (BGH, NZBau 2000, 74 = BauR 2000, 141)
* **Dachisolierung** mittels Unterschäumen (OLG Düsseldorf, BauR 1990, 610); Mineralwolle statt Dämmstoff (OLG Hamm, NZBau 2002, 218)
* **Dachöffnung,** Sorgfaltspflichten des Dachdeckers (OLG Frankfurt, NJW 1989, 233)
* **Dachsanierung** (OLG Hamm, BauR 1991, 756; BayObLG, MDR 1990, 552; zu Schutzpflichten des **Dachdeckers** gegen **Wassereinbruch:** OLG Celle, IBR 2003, 121; OLG Düsseldorf, BauR 2000, 1344)
* Beeinträchtigung der Stabilität des **Dachstuhls** durch das Ansägen der Mittelpfette (OLG Düsseldorf, BauR 1996, 260)
* Mangel (**Dampfsperre** für eine Gewässerschutzbeschichtung in Lagerhalle) bei unvollständiger Leistungsbeschreibung durch den Auftragnehmer (OLG Düsseldorf, OLGR 1994, 214)
* Fehlen einer ausreichenden **Dampfsperre** des Warmdachs einer Lagerhalle (OLG Düsseldorf, BauR 1997, 355 [LS] = NJW-RR 1997, 976); Kondensatbildung bei einem **Umkehrdach** (OLG München, IBR 2006, 551 – Frank)
* Fehlende **Dehnungsfugen** (LG Stuttgart, BauR 1997, 137)
* Zu den Mängeln einer **Deponieentgasungsanlage** (setzungsbedingte Störungen; OLG München, NZBau 2004, 274 = BauR 2004, 680 = IBR 2004, 7 – Schulze-Hagen)
* **Dichtigkeitsprüfung** eines Wasserleitungssystems (LG Rostock, BauR 2000, 105)
* Mangel bei vereinbarter besonderer **Ebenflächigkeit eines Industriebodens,** die nur zu 99% erreicht wurde (BGH, BauR 1999, 254 = NJW-RR 1999, 381 = ZfBR 1999, 153)
* **Einbaumöbel** – Geruchsbelästigung (LG Nürnberg-Fürth, BauR 1987, 214)
* **Energiedach**/Latentspeicher-Einrichtung (OLG München, BauR 1984, 637)
* ordnungsgemäße **Entwässerung;** schlüsselfertige Errichtung verpflichtet zur Einholung der notwendigen Informationen (BGH, NZBau 2001, 446)

## Mängel des Unternehmerwerkes                                  Rdn. 1515

* das **Fehlen** eines vertraglich vorgesehenen **Entsorgungsnachweises** (Asbestwellplatten; BGH, BauR 2002, 613, 618)
* Beschädigung von **Fernmeldeanlagen** durch Tiefbauarbeiten (OLG Frankfurt, BauR 1994, 264)
* **Estrich** – mangelnde Verlegereife; Verantwortung von Estrichleger, Parkettleger und Architekten (OLG Bamberg, BauR 2007, 893)
* falsche statische Berechnung eines Unternehmers bei der Herstellung und Lieferung von **Fertigbauteilen** (OLG Hamm, BauR 1994, 633)
* nicht **farbbeständige** Betonsteine (OLG Köln, ZfBR 2002, 256 = BauR 2002, 801 = OLGR 2002, 24)
* **Fenstereinbau** (OLG Hamm, OLGR 2001, 828)
* **Fertigbauweise** eines verkauften Hauses – kein Mangel (OLG Düsseldorf, NJW 1989, 2001)
* **Fertighaus** – fehlerhafte Planung des Kellergeschosses; Abdichtung gegen drückendes Wasser (OLG Frankfurt, OLGR 2006, 49, 50)
* **Flachdach** (OLG Frankfurt, BauR 1987, 322; SFH, Nr. 65 zu § 635 BGB)
* Nichtbeachtung der **Fließrichtung des Oberflächenwassers** bei der Anlage eines Gartenteiches (OLG Köln, NJW-RR 1994, 917)
* **Fogging-Effekt** (Schwarzfärbung von Tapeten; OLG Celle, NZBau 2004, 442 = OLGR 2004, 319)
* **Formaldehyd** (OLG Brandenburg, BauR 2007, 1063, 1064 (Vereinbarung über formaldehydfreie Spanplatten); OLG Köln, SFH, Nr. 89 zu § 633 BGB = NJW-RR 1991, 1077 = BauR 1991, 759 u. OLG Düsseldorf, NJW-RR 1991, 1495 – verneinend, wenn die Ausgasungen zu keinem höheren Grenzwert als 0,1 ml/m³ Formaldehyd in der Raumluft führen); **Formaldehyd- und Lindanausdünstungen** eines Fertighauses (OLG Nürnberg, NJW-RR 1993, 1300; OLG Bamberg, OLGR 2000, 48 = MDR 2000, 97 = NZBau 2000, 338 [LS])
* **Fugenabriss** bei einem Pitchpine-Dielenboden (OLG Düsseldorf, BauR 1998, 1011)
* mangelhafte Einbindung von **Fundamenten** (OLG Düsseldorf, OLGR 1994, 144 = NJW-RR 1995, 532)
* Fußbodenheizung u. **fehlerhafte Estrichkonstruktion** (OLG Celle, BauR 1998, 802)
* Minderbreite einer **Einzelgarage** (OLG Frankfurt, OLGR 2000, 206)
* zu geringe **Geschosshöhe** bei Wiederaufbau (OLG Celle, BauR 2001, 1122)
* kein Werkmangel einer an der **Grundstücksgrenze errichteten Garage** bei Nachbarwiderspruch gegen die erteilte Baugenehmigung (OLG Düsseldorf, NJW-RR 2000, 310 = OLGR 2000, 69)
* Streifen in **Glasscheiben** bei direkter Sonneneinstrahlung (LG Nürnberg-Fürth, IBR 2007, 480 – Seibel); **spontan brechendes Einscheiben-Sicherheitsglas** (OLG Stuttgart, IBR 2007, 361 – Knickenberg)
* **Grenzabstand**; dieser muss vom Unternehmer auch gegen die Weisung des Architekten eingehalten werden (OLG Oldenburg, IBR 2004, 495 – Fischer)
* mangelhafter **Granitplattenbelag** (OLG Düsseldorf, BauR 1996, 712)
* **Hartlöten von Kupferrohren** bei problematischen Wasserverhältnissen – Lochfraßrisiko (OLG Köln [11. Senat], BauR 1997, 831 = OLGR 1997, 76 = SFH, Nr. 10 zu § 13 Nr. 1 VOB/B [1973] u. OLG Köln [16. Senat], SFH, Nr. 15 zu § 13 VOB/B [1973])

## Rdn. 1515 Mängelbeseitigungsklage

* **Lösungsmittelgeruch** (OLG Köln, OLGR 2003, 62 = BauRB 2003, 43 = BauR 2003, 771 [LS] – Parkettversiegelung)
* **Hausschwammbefall** infolge verlorener Schalung im Kriechkeller (OLG Düsseldorf, NJW-RR 1994, 1240 = BauR 1995, 131)
* **Haustrennwände** – Schallschutz – (OLG Düsseldorf, BauR 1991, 752; OLG Hamm, BauR 1989, 735)
* Anschluss einer nicht komplett installierten **Heizung** an ein Fernheizsystem (BGH, BauR 1997, 306 = ZfBR 1997, 88 = SFH, Nr. 108 zu § 633 BGB) sowie das **Einfrieren** einer neu installierten Heizung (OLG Koblenz, BauR 1997, 482 = NJW-RR 1997, 782)
* **Einregulierung** einer **Heizungsanlage** (OLG Düsseldorf, OLGR 1996, 87; OLG Celle, BauR 1998, 802, 803; BGH, BauR 1998, 632; zum ordnungsgemäßen **Auf-** und **Abheizen** eines **Estrichs** (OLG Hamm, BauR 2001, 1120, 1121; OLG Düsseldorf, OLGR 1999, 267)
* zum **Frostschutz** der Heizungsrohre gegen **Einfrieren** (OLG Hamm, BauR 2002, 635)
* unzureichende Leistung einer **Heizungsanlage** (KG, KGR 2001, 160)
* fehlender Holzschutznachweis (OLG Rostock, NJW-RR 1995, 1422)
* **Hochdruckinjektionsverfahren** bei Isolierung eines Bauwerkes (OLG Köln, OLGR 1993, 17 = SFH, Nr. 85 zu § 635 BGB)
* fehlende **Imprägnierung** (Dachsparren; OLG Köln, OLGR 2001, 222)
* Anforderungen an Konstruktion einer **Industrieabwasserbehandlungsanlage** (BGH, NJW-RR 1996, 340)
* **Isolierung** eines Bauwerkes gegen **aufsteigende Feuchtigkeit** durch ein Hochdruckinjektionsverfahren (OLG Köln, BauR 1993, 375 [LS] = NJW-RR 1994, 981)
* Unzureichende **Kabelverlegung** (OLG Hamm, BauR 1994, 371)
* fehlerhafter **Kachelofen** – Haftung gemäß §§ 635, 638 BGB (OLG Koblenz, NJW-RR 1995, 655; s. auch OLG Hamm, NJW-RR 2000, 651 – Unternehmerbescheinigung)
* Kanalsanierungsarbeiten mit einer **T-Punkt-Fräse** (OLG Hamm, BauR 1999, 915)
* **Kantenaufwölbungen** eines **Fertigparkettbodens** (OLG Düsseldorf, BauR 1998, 126 = NJW-RR 1997, 1450; s. auch OLG Bamberg, BauR 2007, 893)
* **Kellerausgangstür** geht nach außen auf (OLG Koblenz, NJW-RR 1996, 1299 = BauR 1996, 719 = MDR 1996, 257)
* **Kerndämmung** ohne Luftschicht (OLG Hamm, BauR 1991, 247 m. Anm. Groß, BauR 1992, 262)
* **Lötfehler** (Wassermehrverbrauch; OLG Saarbrücken, NJW-RR 2002, 1313)
* **Luftschallisolierung** bei Zweifamilienhaus als Wohnungseigentum (OLG Düsseldorf, BauR 1997, 1046 = NJW-RR 1998, 19)
* **Müllverbrennungsasche** – fehlerhafte Verfüllung eines Hallenbodens (OLG Düsseldorf, NZBau 2005, 105)
* nicht volle **Nutzungsfähigkeit** eines Gebäudes – Büro im Keller nicht ganztägig nutzbar (BGH, BauR 1989, 219)
* **Oberflächenbeschichtung** (OLG Düsseldorf, BauR 1994, 762)
* **Optische Beeinträchtigung** bei punktuellen **Farbveränderungen** einer Schieferfassade (OLG Düsseldorf, NJW-RR 1994, 342); Haustürpodest aus Naturstein in

## Mängel des Unternehmerwerkes  Rdn. 1515

  kleinen statt großen Steinen (optischer Mangel, nur Minderung: OLG Hamm, BauR 2003, 1403)
* Verlegung der Dachsteine in **Pappdocken** bei wärmegedämmten Dächern (OLG Schleswig, BauR 2000, 1486)
* **Parkettverlegung** mit Ökokleber (OLG Koblenz, BauR 1996, 868 = NJW-RR 1996, 919)
* **Parkettverlegung; Schadstoffbelastung** der Raumluft (OLG Oldenburg, BauR 1999, 502 = NJW-RR 1999, 241); zur Parkettverlegung auf **Fußbodenheizung;** Fugenbreite/Aufheizprotokolle (OLG Hamm, BauR 2001, 1120); Blockabriss und Parkettschollen; zur **Darlegungsfrist** des Auftraggebers bei ungeklärter Ursache (OLG Hamburg, BauR 2005, 1339)
* **Pflasterklinker** (OLG Braunschweig, BauR 1991, 635)
* mangelhafter **Pflastersand** aufgrund nicht ausreichender Körnung (OLG Brandenburg, BauR 2001, 102)
* die **nicht DIN-gerechte Pflasterung** (OLG Celle, OLGR 2006, 509 = IBR 2006, 404 – Schwenker)
* **pilzresistentes** Fugenmaterial (LG Bonn, BauR 1992, 80)
* mangelhaftes Verbundsystem von hergestellten **Plattenfassaden** (OLG Düsseldorf, BauR 1997, 175 [LS])
* fehlende Rohrverbindung zwischen Innen- und Außenentwässerung (OLG Düsseldorf, BauR 1995, 854 = NJW-RR 1995, 1108)
* **Putzrisse** im Bereich von Rollladenkästen (OLG Hamm, BauR 1987, 720 [LS])
* fehlende **Rückstausicherung** (Kellerüberflutung; OLG Hamm, OLGR 2003, 4 = NZBau 2002, 678 = NJW-RR 2002, 1673)
* **Schallbrücken** bei der Ausführung von Fliesenarbeiten durch schwimmenden Estrich sowie bei der Installation von Sanitäreinrichtungen (OLG Köln, NJW-RR 1994, 470; OLG Düsseldorf, NJW-RR 1994, 1046)
* Mängel im **Schallschutz** (BGH, BauR 2007, 1570 = NZBau 2007, 574 – **Doppelhäuser**); bei sog. **Stadtvillen** (LG Berlin, SFH, Nr. 101 zu § 633 BGB), **Wohnungseingangstüren** (OLG Frankfurt, BauR 2002, 324 = OLGR 2001, 273), Reihenhäusern ohne Realteilung des Grundstückes in der Rechtsform von Wohnungseigentum (OLG München, BauR 1999, 399), bei Nachbar-Reihenhäusern (OLG Hamm, BauR 2001, 1262 = NJW-RR 2001, 1460)
* **Schallschutzmangel** bei einer **Doppelhaushälfte** (BGH, BauR 2007, 1570; hierzu: Boldt, NJW 2007, 2960); bei einer **Wohnungstreppe** (BGH, BauR 1995, 230 = SFH, Nr. 102 zu § 633 BGB); nicht **schallentkoppeltes Rollgittertor** (LG Hamburg, BauR 1997, 839 = NJW-RR 1997, 917); mangelhafter Luftschallschutz (BGH, BauR 1998, 872 = ZfBR 1998, 247)
* „**Schönheitsfehler**" (Gelbverfärbung des Marmors) als Mangel des Werks (OLG München, OLGR 1996, 86)
* Versottung eines **Schornsteins** – Pflichten des Heizungsbauers (LG Wiesbaden, BauR 1990, 364)
* **Schornsteinsanierung** (OLG Hamm, BauR 1989, 480)
* Anforderungen an **Schritt- und Trittsicherheit** (OLG Zweibrücken, BauR 1997, 153)
* **Shading-Befall** von Teppichboden (OLG Düsseldorf, NJW-RR 1991, 223)
* zur schlüssigen Darlegung einer fehlerhaften **Sprengung** (OLG Düsseldorf, BauR 1998, 569 u. 573)

- Tragschicht aus **Müllverbrennungsasche** (OLG Hamm, OLGR 2002, 419)
- Verwendung thermisch nicht getrennter **Trägerprofile** für eine Atriumüberdachung zur Schaffung zusätzlichen Wohnraums (OLG Düsseldorf, BauR 1994, 522)
- übel riechende Ausgasungen bei Verkleben eines **Teppichbodens** (OLG Frankfurt, NZBau 2000, 380)
- **teerölgetränkte Holzschwellen** (OLG Hamburg; NJW-RR 1995, 536)
- **Terrassenplatten** auf unzureichend befestigtem Untergrund (OLG Köln, NJW-RR 1995, 19 = OLGR 1995, 20)
- **Tiefbau;** Beschädigung von Kabeln (OLG Braunschweig, BauR 1999, 416)
- „**Tiroler Warmluftofen**" (OLG Frankfurt, NJW-RR 1994, 530)
- **Tiefgarage** (OLG Frankfurt, BauR 2003, 1591 = IBR 2003, 410; Anstoßgefahr)
- **Trinkwasserleitung** aus Kupfer (OLG Hamm, BauR 1991, 343); **Wasserleitungssystem aus Stahl** und **Messing** (OLG Frankfurt, NJW-RR 1998, 669; OLG Nürnberg, BauR 2006, 2087 = IBR 2006, 567 – verzinkte Stahlrohre)
- Einhaltung des richtigen **Trittschalldämmwertes** (OLG Hamm, BauR 1994, 246 m. Anm. Weiss, BauR 1994, 513 = NJW-RR 1994, 282 sowie OLG Düsseldorf, NJW-RR 1994, 341 = BauR 1994, 146 [LS])
- mangelhafte **Materialkombination bei Mischinstallation** (OLG Frankfurt, NJW-RR 1998, 669)
- **Veralgung** der Terrasse (OLG Koblenz, BauR 2003, 96)
- **Vertikalabdichtung** einer Kellerwand (OLG Hamm, OLGR 1998, 166)
- **Versorgungsleitungen** (Sorgfaltspflichten des Unternehmers; OLG Hamm, IBR 2004, 506 – Saerbeck)
- Notwendigkeit der Erstellung einer „**weißen" Wanne,** wenn ein Bauwerk wegen der Grundwasserhöhe gegen drückendes Wasser geschützt werden muss (OLG Düsseldorf, OLGR 1998, 362)
- Anforderungen an **Wärmedämmung** (OLG Stuttgart, BauR 1989, 474; zu den Wärmedamm-Verbundsystemen s. Heinlein, IBR 2007, 227 u. Probst, IBR 2007, 229)
- **Wärmedämmung** der Außenwände (OLG Düsseldorf, BauR 1997, 175 [LS] = OLGR 1997, 41 [LS]
- Verlauf von **Wasserleitungen**: Anforderungen an Überprüfung durch Tiefbauunternehmen (OLG Brandenburg, BauR 1999, 1041)
- **Wasserdichtigkeit** von Kelleraußenwänden (OLG Düsseldorf, IBR 1997, 195)
- **Weiße Wanne** (WU-Beton-Konstruktion) bei hochwertiger Nutzung; zusätzliche Abdichtung erforderlich? (LG Berlin, IBR 2006, 21; hierzu Zöller, IBR 2006, 7 ff.); zur Anrechnung von **Sowiesokosten** bei einem Planungsfehler des Architekten (OLG Karlsruhe, BauR 2006, 2068)
- nicht ausreichend gedämmte Dachelemente eines **Wintergartens** (OLG Düsseldorf, NJW-RR 1998, 810); **Beratungspflicht** des Unternehmers hinsichtlich der Nutzung eines Wintergartens (OLG Düsseldorf, OLGR 1998, 318)
- Fehlerhaftigkeit eines **Wintergartens** bei Verwendung massiven Bauholzes (OLG Düsseldorf, OLGR 1997, 142; s. ferner: OLG Köln, NJW-RR 2001, 1458; OLG Dresden, NJW-RR 2002, 1314 – fehlende Dachentlüftung)
- Vorhandensein einer bestimmten **Wohnfläche** (BGH, BauR 1999, 648 = NJW 1999, 1859 = ZfBR 1999, 153: Wohnfläche von 53 m² statt vereinbarter 65 m²; BGH, NJW-RR 1998, 1169: Wohnflächenverminderung durch Schallschutznach-

## Mängel des Unternehmerwerkes

besserungen; LG Dresden, BauR 2000, 1886: Wohnflächenangabe als zugesicherte Eigenschaft; BGH, BauR 1997, 2874: **10% kleiner** als geschuldet; BGH, BauR 1991, 230. Zur **Hinweispflicht** und zur Bemessung des Schadens: OLG Düsseldorf, BauR 1997, 477 = OLGR 1997, 42; siehe ferner: OLG Celle, BauR 1999, 663: **10% Abweichung** nur Fehler, wenn Wohnfläche zugesichert war; **mehr als 10%** stellt Mangel dar: OLG Celle, BauR 1998, 805 = NJW-RR 1999, 816: OLG Nürnberg, BauR 2000, 1883 = NZBau 2001, 316: keine Minderung bei Minderfläche von **8%** und „**ca.-Zusatz**" bei Wohnfläche. Zur **Auslegung** des Begriffs „**Wohnfläche**": OLG Rostock, OLGR 2000, 305; OLG Schleswig, BauR 2000, 1220: **exakte** Angabe einer Wohnfläche); zur Haftung des Architekten bei fehlerhafter Wohnflächenberechnung und deren Übernahme in den **Werbeprospekt** des Bauträgers: Saarländisches OLG, BauR 2001, 1936. Zur **Berechnung** der Minderung: OLG Köln, NZBau 2000, 562.

* Unterschreitung der geplanten **Raumhöhe** bei „**ca.-Klausel**" im Bauträgervertrag (LG Mainz, IBR 2001, 549 – Gallois).

**Vor** der Abnahme hat der **Unternehmer**[344] die Mangelfreiheit, **nach** der Abnahme der **Bauherr** das Vorhandensein eines Mangels zu beweisen.[345] Hat ein Unternehmer mangelhaft gearbeitet, so kann er sich nicht darauf berufen, der Architekt des Bauherrn habe ihn besser beaufsichtigen müssen; insoweit ist nämlich der Architekt nicht Erfüllungsgehilfe des Bauherrn.[346] Der Unternehmer kann von dem Bauherrn nicht verlangen, dass dieser ihn bei den Bauarbeiten überwacht oder überwachen lässt.[347] Gleichwohl kann ein **Auftraggeber** im Einzelfall verpflichtet sein, den Unternehmer auf besonders gefahrenerhöhende Umstände, die sich bei der Baudurchführung ergeben können, rechtzeitig **hinzuweisen**.[348]

**1516** Für Mängel haftet der Unternehmer, unabhängig davon, auf welchem Umstand der Mangel beruht. Auch wenn er auf einen **Wunsch** des Bestellers zurückzuführen ist, ist die Haftung an sich gegeben: Die Tatsache, dass ein Mangel vorliegt, genügt zur Begründung der Haftung.[349]

**1517** Dieser **Grundsatz** erfährt jedoch **Einschränkungen.** Beruht der Mangel auf einer **ausdrücklichen Anweisung des Bauherrn** oder seines **Architekten**,[350] so haftet der Unternehmer nicht, wenn er den Besteller (Bauherrn) auf die mit der Ausführung der Anweisung **vorhandenen Nachteile hingewiesen hat** (vgl. auch § 13 Nr. 3

---

344) BGH, BauR 1997, 129 = NJW-RR 1997, 339 = ZfBR 1997, 75 (auch im Falle einer berechtigten Verweigerung der Abnahme oder des Vorbehaltes gemäß § 640 Abs. 2 BGB).
345) BGH, BauR 1998, 172 = ZfBR 1998, 26.
346) Vgl. BGH, WM 1971, 449; WM 1974, 200 u. Rdn. **1994**.
347) Vgl. *Huhn*, Vahlen, 123, 133, Anm. 28 m. w. Nachw.; *Daub/Piel/Soergel/Steffani*, ErlZ B 10.144.
348) Vgl. auch OLG Düsseldorf, BauR 2001, 264.
349) BGH, BauR 2005, 1314, 1316; BGH, JZ 1957, 442; BGH, BauR 1981, 577, 579; Brandenburgisches OLG, BauR 2003, 1054, 1055; LG Hanau, NJW-RR 1987, 1104; s. auch: OLG Karlsruhe, IBR 2002, 306 – *Rosse*.
350) Zur **Auslegung** einer Anordnung: BGH, BauR 1996, 735 = ZfBR 1996, 258 = NJW-RR 1996, 1044.

VOB/B).³⁵¹⁾ Für den Unternehmer ist zwar in erster Linie der Wille des Bauherrn maßgebend, gleichwohl hat er für die erforderliche Sachkunde einzustehen.³⁵²⁾ Das bedeutet, dass nach der Vorschrift des § 13 Nr. 3 VOB/B die Haftung des Unternehmers **nur in dem Maße eingeschränkt** werden soll, in dem es **„bei wertender Betrachtung gerechtfertigt ist"**.³⁵³⁾ Aus diesem Grunde kann z. B. „nicht jegliche Anordnung des Auftraggebers zu Baustoffen, aus denen sich ein Mangel ergibt, (bewirken), dass der Auftragnehmer umfassend von der Gewährleistung für diesen Mangel frei wird" (BGH); wenn von dem Auftraggeber **nichts Konkretes** festgelegt wird, bleibt die Haftung des Unternehmers bestehen.³⁵⁴⁾ Schlägt der Auftraggeber daher z. B. nur einen bestimmten Baustoff vor oder ist er mit der Verwendung durch den Unternehmer einverstanden, fehlt es an einer bindenden Anweisung.³⁵⁵⁾ Darüber hinaus stellt eine generelle, „an sich geeignete Anordnung" des Auftraggebers noch keine **Risikoverlagerung** i. S. des § 13 Nr. 3 VOB/B dar. Der BGH hat insoweit wiederholt darauf hingewiesen, dass eine „die gesetzliche Risikoverteilung beim Werkvertrag abändernde Risikoübernahme eine **rechtsgeschäftliche Vereinbarung**" zwischen den Vertragsparteien voraussetzt.³⁵⁶⁾ **Übernimmt** allerdings der Auftraggeber/Besteller ausdrücklich oder stillschweigend das **Risiko** eines Mangeleintritts, **entfällt** die Prüfung- und Hinweispflicht.³⁵⁷⁾

Die **Hinweispflicht** aus § 4 Nr. 3 VOB/B wird durch die Rechtsprechung des BGH nicht berührt, sondern ist entsprechend angepasst:³⁵⁸⁾ Der Auftraggeber muss in jedem Fall über alle möglichen Nachteile aufgeklärt werden, wenn und soweit er selbst nicht sachverständig ist.³⁵⁹⁾ Erkennbar fehlerhafte Anordnungen, mögen sie auch noch so „speziell" sein, entlasten den Unternehmer nicht; sie verpflichten ihn zur Prüfung und Mitteilung, unter Umständen sogar zur Weigerung, diese Anordnung zu befolgen.³⁶⁰⁾ Nur wenn der Unternehmer der größeren Fachkenntnis des

---

351) Zur Problematik ausführlich *Siegburg*, Festschrift für Korbion, S. 411 ff.; *Eichler*, BauR 1997, 903 ff.; *Klaft/Maxem*, BauR 1999, 1074 ff.; aus der **Instanzrechtsprechung:** Brandenburgisches OLG, BauR 2003, 1054; OLG Hamm, BauR 2003, 1570 (untauglicher Baustoff); OLG München, NZBau 2004, 274; OLG Dresden, BauR 2001, 424; OLG Düsseldorf, *SFH*, Nr. 5 zu § 4 Nr. 3 VOB/B (1973); OLG Köln, *SFH*, Nr. 7 zu § 13 Nr. 3 VOB/B (1973); OLG Düsseldorf, BauR 1988, 478 = NJW-RR 1988, 211; OLG Frankfurt, BauR 1983, 156; LG Hamburg, *SFH*, Nr. 9 zu § 13 Nr. 3 VOB/B (1973); OLG Stuttgart, BauR 1989, 475; OLG Köln, *SFH*, Nr. 15 zu § 13 Nr. 3 VOB/B (1973).
352) BGH, ZfBR 1987, 269 = WM 1987, 1303; NJW 1956, 787; LG Hanau, NJW-RR 1987, 1104.
353) BGH, BauR 1996, 702 = ZfBR 1996, 255 = NJW 1996, 2372 = ZIP 1996, 1305 (in Abweichung von BGH, BauR 1973, 188) – „**Ausreißer**"; OLG Karlsruhe, OLGR 2005, 692, 693.
354) Zum **Mitverschulden** des Auftraggebers bei fehlerhafter Vorgabe: OLG Dresden, BauR 2001, 424, 425.
355) BGH, BauR 2005, 1314, 1316 = NZBau 2005, 456, 457; OLG Nürnberg, IBR 2006, 251 – *Knychalla* (Freigabe nach Bemusterung); OLG Düsseldorf, IBR 2007, 73 – *Lichtenberg*.
356) BGH, BauR 2005, 1314, 1317; BGHZ 91, 206, 213 = BauR 1984, 510.
357) Vgl. OLG Köln, IBR 2007, 242 – *Bolz*.
358) *Eichler*, BauR 1997, 903, 907 unter Hinweis auf BGH 1997, 131 = ZfBR 1997, 32 = NJW-RR 1997, 148.
359) Vgl. RGZ 64, 295; RG, Recht 1909 Nr. 2384; OLG München, HRR 1938, Nr. 1164; LG Köln, MDR 1954, 545; BGH, LM Nr. 3 zu § 633 BGB.
360) BGH, BauR 2005, 1314, 1316; BauR 2002, 946 (Bedenken gegen die Eignung des verwendeten Baustoffs); s. ferner: BGH, NJW 1956, 787; *Schäfer/Finnern*, Z 2.414 Bl. 129; Z 2.401 Bl. 21; Z 2.400 Bl. 33; VersR 1964, 517; BauR 1985, 77; OLG Düsseldorf, NZBau 2001, 401, 402.

ihn Anweisenden vertrauen darf, ist er von der Verpflichtung zu eigener Prüfung und Mitteilung etwaiger Bedenken frei.[361]

Beharrt der Auftraggeber trotz des ausdrücklichen und nachhaltigen Hinweises auf **1518** die möglichen Nachteile auf der Erfüllung seiner Wünsche, so fällt im Regelfall für den Unternehmer die Haftung für Mängel, die sich aus der Anweisung ergeben, weg; denn insoweit liegt kein Werk des Unternehmers vor, die eingetretenen nachteiligen Folgen sind vielmehr allein durch den Bauherrn verursacht, nicht anders, als hätte er die schädlichen Maßnahmen durch eigene Tätigkeit herbeigeführt.[362] Hierfür muss er auch selbst einstehen; für eine Anwendung des § 254 BGB ist in einem solchen Falle kein Raum. Zu beachten ist, dass dem Unternehmer im Einzelfall ein **Leistungsverweigerungsrecht** zusteht, wenn die weitere Durchführung der Bauarbeiten eine Gefahr für Leib und Leben beinhaltet.[363]

Nicht erforderlich ist, dass der Unternehmer auch auf die in Betracht kommenden Abhilfemaßnahmen hinweist oder diese anrät. Der Hinweis auf mögliche nachteilige Folgen stellt vielmehr bereits klar, dass der Unternehmer die Verantwortung für die Folgen ablehnt und kein eigenes Werk, sondern das des Bestellers herstellen will und herstellt. Der Hinweis des Unternehmers schließt für sich allein die Mängelhaftung aus.[364] Das Einverständnis des Bauherrn in eine bestimmte Art der Nachbesserung rechtfertigt noch nicht die entsprechende Anwendung des § 13 Nr. 3 VOB/B, es bedeutet vor allem noch **keinen Verzicht** auf bestehende Mängelansprüche.[365] Unterbreitet der Unternehmer – über die bloße Bedenkenanmeldung hinaus – einen **Änderungsvorschlag,** der zu einem Mangel führt, kommt eine Haftung aus **Planungsverschulden** in Betracht.[366]

### b) Prüfungs- und Anzeigepflicht des Auftragnehmers

*Literatur*

*Rehbein*, Auftraggeberanordnung und Risikoverteilung beim BGB-Bauwerkvertrag und VOB-Vertrag, Baurechtliche Schriften, Bd. 64, 2007.
*Hochstein*, Zur Systematik der Prüfungs- und Hinweispflichten des Auftragnehmers im VOB-Bauvertrag, Festschrift für Korbion (1986), 165; *Clemm*, Die rechtliche Einordnung der Prüfungs- und Hinweispflicht des Auftragnehmers im Bauvertrag (§ 4 Nr. 3 VOB/B) und die Rechtsfolgen ihrer Verletzung, BauR 1987, 609; *Grieger*, Verspätete oder mangelhafte Vorunternehmerleistung – Wer hat sie zu vertreten?, BauR 1990, 406; *Bühl*, Grenzen der Hinweispflicht des Bieters, BauR 1992, 26; *Tomic*, Funktionsteilung zwischen Planung und Ausführung: Gibt es sie noch?, BauR 1992, 34; *Piel*, Mitteilungen von Bedenken (§ 4 Nr. 3 VB/B) und Beratung, Festschrift für Soergel (1993), 237; *Weidemann*, Die neue Wärmeschutzverordnung (WSVO) und die Anzeigepflicht des Werkunternehmers nach § 4 Nr. 3 VOB/B, BauR 1995, 770; *Böhme*, (Teil-)Identische Nachbesserungspflichten von Vor- und Nachunternehmer, Festschrift für v. Craushaar (1997), 327; *Eichler*, Die

---

361) BGH, WM 1977, 1172.
362) Vgl. OLG Köln, IBR 2006, 438 – *Schulze-Hagen* (für möglicherweise falschen Hinweis auf einen Ausschreibungsfehler).
363) OLG Karlsruhe, BauR 2005, 729, 731 (Verbauwand mit Hilfe einer sog. **Bodenvernagelung**).
364) So OLG Celle, NJW 1960, 102; vgl. hierzu auch *Piel*, Festschrift für Soergel, S. 240 m.w. Nachw. in Anm. 7.
365) BGH, NJW 2002, 748, 749 = BauR 2002, 472 = NZBau 2002, 149; BauR 1997, 131, 132 = ZfBR 1997, 32 = *SFH*, Nr. 9 zu § 13 Nr. 1 VOB/B (1973); *Notthoff*, WiB 1997, 375.
366) OLG Celle, BauR 2000, 1073.

Gewährleistung nach § 13 Nr. 3 VOB/B bei Anordnungen des Auftraggebers und der Verstoß dieser Klausel gegen AGBG – neue Rechtsprechung, BauR 1997, 903; *Klaft/Maxem*, Die Gewährleistung des Unternehmers für die Tauglichkeit von ihm verwendeter Baustoffe oder Produkte bei Anordnung des Bestellers nach § 13 Nr. 3 VOB/B, BauR 1999, 1074; *von Craushaar*, Konkurrierende Gewährleistung von Vor- und Nachunternehmer?, Jahrbuch Baurecht 1999, 115; *Brößkamp*, Der Schutz der erbrachten Leistung durch Nachunternehmer bei der Abwicklung eines Generalunternehmervertrages, Festschrift für Vygen (1999), 285; *Siegburg*, Verantwortlichkeit des Auftraggebers für Baumängel bei fehlerhafter Vorunternehmerleistung – de lege lata et de lege ferenda, ZfBR 2001, 291; *Kieserling*, Rechtsprobleme beim Zusammentreffen empfindlicher Gewerke: Parkett auf feuchtem Untergrund, NZBau 2001, 485; *Leitzke*, Nochmals: Rechtsprobleme beim Zusammentreffen empfindlicher Gewerke, NZBau 2001, 672; *Korbion*, Die Prüfungs- und Anzeigepflicht des Auftragnehmers nach § 4 Nr. 3 VOB/B, BauRB 2003, 182; *Merl*, Mangelbegriff und Hinweispflicht des Auftragnehmers, Festschrift für Motzke (2006), 261.

**1519** Die **Prüfungs- und Anzeigepflicht** des Auftragnehmers ist beim **VOB-Bauvertrag** vorgeschrieben (**§ 4 Nr. 3 VOB/B**),[367] beim BGB-Vertrag folgte diese Verpflichtung bisher aus § 242 BGB;[368] nach **neuem Recht** stellt die Prüfungs- und Hinweispflicht eine leistungsbezogene Verpflichtung dar und folgt unmittelbar aus der **Herstellungs-** bzw. **Verschaffungspflicht** der §§ 631 Abs. 1, 633 Abs. 1 BGB.[369] Hierbei handelt es sich um eine **vertragliche Hauptpflicht**,[370] deren Erfüllung der Unternehmer im Streitfalle zu **beweisen** hat.[371] Der **Auftraggeber** hat allerdings zu beweisen, dass die Voraussetzungen für die Prüfungs- und Anzeigepflicht vorgelegen haben.[372] Durch eine Verletzung der Hinweispflichten verliert der Unternehmer seinen Vergütungsanspruch für erbrachte Mehrleistungen allerdings noch nicht;[373] er ist indes Mängelrechten des Auftraggebers ausgesetzt (§§ 634 ff. BGB; §§ 4 Nr. 7, 13 VOB/B).[374]

Der Bauunternehmer hat die **Bedenken** gegen die vorgesehene Art der Ausführung, gegen die **Güte** und **Brauchbarkeit**[375] der vom Auftraggeber gelieferten Stof-

---

[367] Eine weitere Prüfungs- und Hinweispflicht enthält **§ 3 Nr. 3 Satz 2 VOB/B**, wonach der Unternehmer auf etwaige **Unstimmigkeiten** in den Ausführungsunterlagen sowie auf entdeckte oder vermutete **Mängel** hinzuweisen hat. Zur zeitlichen und sachlichen **Abgrenzung** s. *Leinemann/Schoofs*, § 3 VOB/B, Rdn. 27; *Zanner/Keller*, in: Franke/Kemper/Zanner/Gründhagen, § 3 VOB/B, Rdn. 29 ff.; OLG Köln, IBR 2006, 438 – *Schulze-Hagen* (Hinweis auf Ausschreibungsfehler).
[368] OLG Bremen, BauR 2001, 1599 = NJW-RR 2001, 1462 = IBR 2001, 664 – *Metzger*; OLG Hamm, NZBau 2001, 691; OLG Düsseldorf, BauR 1998, 126, 127 = NJW-RR 1997, 1450 u. OLGR 1999, 49.
[369] *Merl* (Festschrift für Motzke, S. 262) spricht von „Ausfluss seiner Gewährleistungsverpflichtung".
[370] OLG Karlsruhe, BauR 2003, 1593, 1594; *Ingenstau/Korbion/Keldungs*, § 4 Nr. 3 VOB/B, Rdn. 4; *Jagenburg*, NJW 1998, 2494, 2499; *Locher*, Rdn. 191; *Kaiser*, Rdn. 48; *Bühl*, BauR 1992, 26; **a. A.:** OLG Frankfurt, BauR 1979, 326; *Clemm*, BauR 1987, 609, 612; s. auch BGH, BauR 2003, 1898, 1900 („Anspruch aus positiver Vertragsverletzung").
[371] BGH, BauR 1973, 313 = NJW 1973, 1792; NJW 1974, 188 = BauR 1974, 128; *Leinemann/Schlieman*, § 13/B, Rdn. 74; *Nicklisch/Weick*, § 4/B, Rdn. 70; *Merl*, a. a. O., S. 263.
[372] *Kaiser*, Rdn. 58; *Korbion*, Baurecht, Teil 15, Rdn. 160.
[373] Brandenburgisches OLG, NJW-RR 2000, 1338.
[374] *Merl*, a. a. O., S. 264.
[375] BGH, BauR 1993, 79, 80; BGH, BauR 1987, 681 = NJW-RR 1987, 1305 = ZfBR 1987, 269.

## Prüfungs- und Hinweispflichten Rdn. 1519

fe[376]) oder Bauteile oder gegen die Leistungen **anderer** Unternehmer[377]) **unverzüglich** – möglichst schon vor Beginn der Arbeiten – **und schriftlich**[378]) **mitzuteilen.** Der Prüfungs- und Hinweispflicht kann der Unternehmer im Einzelfall auch dadurch nachkommen, indem er dem Auftraggeber ein **Nachtragsangebot** unterbreitet, das alle notwendigen Ergänzungen/Änderungen für eine ordnungsgemäße Werksherstellung enthält. Lehnt der Auftraggeber, der fachkundig (etwa durch ein Architekturbüro) vertreten ist, das Nachtragsangebot ab, kann der Unternehmer (u. U. auch wegen eines überwiegenden Mitverschulden des Auftraggebers) von einer Haftung befreit sein.[379]) Beim **VOB**-Vertrag sind darüber hinaus aber auch **mündliche Hinweise** nicht schlechthin unbeachtlich, sondern können im Einzelfall bei Nichtbefolgung ein **mitwirkendes Verschulden** des Auftraggebers begründen.[380])

Kommt der Unternehmer einer bestehenden Prüfungs- und Hinweispflicht **nicht (schriftlich) nach, so ist seine Werkleistung mangelhaft;** der Auftraggeber ist alsdann berechtigt, ihn auf Gewährleistung in Anspruch zu nehmen.[381]) Die Prüfungs- und Hinweispflicht betrifft indes nur die von **dritter** Seite (z. B. Bauherr[382]), Architekt/Sonderfachmann[383]) oder andere Unternehmer[384]) vorgesehene oder durchgeführte Art der Ausführung, auf die sein Werk aufbaut, also vor allem **Vorarbeiten,**[385]) **nicht die eigene Arbeit** des Unternehmers;[386]) für die eigenen Leistungen haftet er bereits

---

376) BGH, NJW 2000, 280 = BauR 2000, 262 = ZfBR 2000, 42 (vom **Besteller** angelieferte Sachen); LG Osnabrück, IBR 2007, 244 – *Schalk* (Baugrund beim **Brunnenbau**); OLG Bremen, BauR 2001, 1599 = IBR 2001, 664 (**Bodenaustausch**); Brandenburgisches OLG, BauR 2001, 102 (vom **Hauptunternehmer** beigestellte Baustoffe).
377) Vgl. OLG Hamm, NZBau 2001, 502, 503 (Parkettleger muss Aufheizprotokolle des Heizestrichs überprüfen).
378) Vgl. BGH, NJW 1975, 1217; BauR 1973, 190 = NJW 1973, 518; NJW 1973, 1792; OLG Hamm, BauR 1995, 852 = NJW-RR 1996, 273; *Kaiser,* NJW 1974, 445. Beim **BGB-Vertrag,** bei dem die Prüfungs- und Hinweispflicht derjenigen der VOB entspricht, reicht der nur **mündliche** Hinweis aus (vgl. *Kleine-Möller/Merl*, Handbuch, § 12, Rdn. 132).
379) Vgl. OLG Brandenburg, BauR 2003, 1054, 1056.
380) Siehe BGH, NJW 1975, 1217; OLG Koblenz, BauR 2004, 1728, 1729 = NZBau 2003, 681, 682 m. w. Nachw. u. Rdn. **1524.**
381) BGH, BauR 1983, 70 = ZfBR 1983, 16 = *SFH,* Nr. 2 zu § 4 Nr. 3 VOB/B (1973) = NJW 1983, 875; BGH, BauR 1985, 561, 563; OLG Hamm, BauR 2003, 1052 u. BauR 1995, 852; OLG Koblenz, BauR 1995, 395, 396; OLG Düsseldorf, BauR 1994, 762, 763.
382) Vgl. OLG Düsseldorf, BauR 1998, 340 (**Abstecken** der Hauptachsen) u. BauR 2002, 802 (Anstrich); OLG Celle, IBR 2004, 12 (**Planung** durch Bauherrn; Diplom-Ingenieur).
383) BGH, BauR 1997, 131 = ZfBR 1997, 32 = NJW-RR 1997, 148 (fehlerhafte Wärmedämmung); OLG Stuttgart, BauR 2005, 878 (Verstoß gegen DIN-Norm; lichte Höhe im Geräteraum); OLG Bamberg, BauR 2002, 1708 (fehlerhafte Treppenanlage); OLG Celle, BauR 2002, 812 (Sonderfachmann).
384) OLG Karlsruhe, IBR 2006, 88 – *Metzger* (zur Hinweispflicht gegenüber einem **Generalunternehmer,** der die Vorarbeiten fehlerhaft erbracht hat); OLG Düsseldorf, BauR 2001, 638 = NZBau 2001, 407 (Hinweispflicht des Generalunternehmers gegenüber dem Bauherrn bei Bedenken des Subunternehmers).
385) OLG Düsseldorf, BauR 1993, 374 (LS) = NJW-RR 1993, 405; AG Nürnberg, NJW-RR 1993, 406; OLG Köln, OLGR 1995, 20. Wer erkennt, dass eine Vorleistung nicht plangerecht erbracht ist, muss sich frühzeitig um eine **Abstimmung** mit den anderen Handwerkern bemühen (OLG München, NZBau 2007, 107 = NJW-Spezial 2007, 120).
386) BGH, WM 1987, 140 = BauR 1987, 79; OLG Düsseldorf, BauR 1997, 475 mangelhafte **Planung** durch Unternehmer.

nach § 4 Nr. 2 VOB/B, § 633 BGB. Ein Unternehmer muss auch keine Bedenken anmelden, wenn die von dem Bauherrn oder Architekten vorgesehene Ausführung geeignet ist, den Bauerfolg zu gewährleisten, er aber über einen besseren Lösungsvorschlag verfügt.[387]

**1520** Die Prüfungs- und Anzeigepflicht nach § 4 Nr. 3 VOB/B hat in der Praxis große Bedeutung.[388] Der **Umfang** der Prüfungspflicht hängt entscheidend von den Umständen des **Einzelfalles** ab.[389] Prüfungs- und Hinweispflichten werden dabei durch Regelungen in den DIN-Normen keineswegs abschließend umschrieben.[390] Deshalb kommt es konkret nicht nur auf die **Sachkenntnis** an, die von dem Auftragnehmer selbst erwartet werden kann, sondern auch darauf, ob sich dieser auf eine (im Einzelfall sogar besondere) Sachkunde des Auftraggebers oder seines Architekten verlassen und deshalb eigene Überprüfungen unterlassen bzw. nur eingeschränkt durchführen kann.[391] Zu beachten ist, dass die Prüfungs- und Hinweispflicht des Unternehmers aber **nicht** schon deshalb entfällt, weil sich der Auftraggeber die Sachkunde seines Bauleiters im Ergebnis zurechnen lassen muss.[392] Wird die Bauleistung von **Fachfirmen** mit besonderen Spezialkenntnissen ausgeführt, so **verstärkt** sich die Prüfungspflicht.[393] Wird der Bauherr von einem Architekten oder einer sonstigen fachkundigen Person (z. B. Fachingenieur) vertreten, so **mindert** sich u. U. die Pflicht des Auftragnehmers zur Nachprüfung, entbunden wird der Unternehmer von seiner

---

387) OLG Düsseldorf, BauR 1992, 122 (LS).
388) Siehe hierzu: *Heiermann/Riedl/Rusam*, § 4/B, Rdn. 46 ff.; *Nicklisch/Weick*, § 4/B, Rdn. 51 ff.; *Zanner/Keller*, in: Franke/Kemper/Zanner/Grünhagen, § 4 VOB/B, Rdn. 140; *Schmalzl/Lauer/Wurm*, Rdn. 393 ff.; *Korbion/Hochstein/Keldungs*, Rdn. 220 ff.; *Siegburg*, Rdn. 1385 ff.; *Hochstein*, Festschrift für Korbion, S. 165 ff.; *Korbion*, BauRB 2003, 182 ff.; *Clemm*, BauR 1987, 609 ff.; *Motzke*, ZfBR 1988, 244 ff.
389) Vgl. OLG Frankfurt, OLGR 2006, 332 (Prüfungspflicht eines Fertighausherstellers; Tragfähigkeit des Kellers); OLG Koblenz, IBR 2005, 13 – *Weyer* (ungeeigneter Estrich; Hinweispflicht des Fliesenlegers); OLG Düsseldorf, IBR 2006, 552 – *Hunger* (Betonbodenplatte; Hinweispflicht des Rohbauers auf Risiken durch Temperaturwechsel); OLG Brandenburg, BauR 2002, 1709; OLG Hamm, BauR 2003, 406 = NJW-RR 2003, 82 (keine allgemeine Untersuchung auf Asbestbelastung bei Hausumbau); OLG Celle, NJW-RR 2002, 594 (Prüfungspflicht des Zimmermanns hinsichtlich der Geschossdeckenstatik); OLG Hamm, BauR 2003, 1052 (Wärmedämmung betreffend Warmwasser-Behälter); OLG München, NZBau 2004, 274 (setzungsbedingte Störungen einer Deponieentgasungsanlage); OLG Düsseldorf, BauR 2002, 323 = NZBau 2002, 275; OLG Celle, BauR 2002, 812; OLG Bremen, BauR 2001, 1599 = NJW-RR 2001, 1464; OLG Hamm, NZBau 2001, 502.
390) OLG Köln, IBR 2006, 323 – *Bolz*.
391) OLG Koblenz, OLGR 2003, 237, 239; OLG Düsseldorf, BauR 2002, 323, 324; Brandenburgisches OLG, BauR 2001, 102, 105; OLG Celle, NZBau 2001, 98; OLG Bremen, BauR 2001, 1599 = NJW-RR 2001, 1463; LG Hamburg, IBR 2002, 413 – *Weyer*; LG Amberg, *SFH*, Nr. 3 zu § 4 Nr. 3 VOB/B; BGH, BauR 1987, 79, 80 = NJW 1987, 643; BGH, BauR 1989, 467 = NJW-RR 1989, 721 = ZfBR 1989, 164 (zur Prüfungs- und Hinweispflicht des Auftragnehmers, wenn der Architekt des Auftraggebers seine Planungsvorgaben mit statischen Erfordernissen begründet).
392) BGH, BauR 2001, 622, 623 = MDR 2001, 502, NZBau 2001, 200; BGH, BauR 1977, 420, 421.
393) OLG Köln, BauR 2007, 887, 889 = IBR 2007, 420 – *Bolz* (für **Unternehmen**, die auf die Herstellung von Pfahlbauten **spezialisiert** sind).

## Prüfungs- und Hinweispflichten

Prüfungspflicht in der Regel jedoch nicht.[394] Die Prüfungspflicht des Unternehmers ist grundsätzlich begrenzt durch den Rahmen der vertraglichen Leistungspflicht und der nach objektiven Gesichtspunkten zu beurteilenden Sachkenntnis; dabei wird von dem Auftragnehmer nur das dem neuesten Stand der Technik entsprechende **Normalwissen** verlangt.[395] Nimmt der Bauherr **vorgesehene** Leistungen teilweise wieder **aus dem Vertrag heraus,** muss der Unternehmer prüfen, ob der nach wie vor geschuldete Werkerfolg auch mit dem reduzierten Leistungsumfang noch erreicht werden kann. Andernfalls hat er dem Bauherrn seine Bedenken mitzuteilen.[396] Darüber hinaus muss der **Unternehmer** auf die **Folgen** des **Wegfalls** einer **ursprünglich vereinbarten Bauleistung hinweisen,** wenn hierzu ein hinreichender Anlass besteht und z. B. erkennbar ist, dass der Bauleiter des Auftraggebers die aus dem Fehlen der Bauleistung erwachsenden **Gefahren** nicht erkannt und/oder nicht bedacht hat.[397] In diesem Fall ist der Unternehmer gehalten, sich ggf. unmittelbar an den Auftraggeber zu wenden und ihn auf die Gefahren, die durch das Nichtausführen der (herausgenommenen) Arbeiten entstehen können, nachhaltig hinzuweisen.[398]

Werden von dem Auftraggeber **Baustoffe oder Bauteile geliefert,** ist der Auftragnehmer verpflichtet, sich darüber Gewissheit zu verschaffen, dass diese zur Herstellung eines mangelfreien Werkes geeignet sind;[399] nichts anderes gilt hinsichtlich des **Baugrundes,** auf dem das Bauwerk errichtet wird.[400] Der BGH[401] macht diese Prüfungspflicht nicht davon abhängig, ob der Auftragnehmer dem Bauherrn vor der Anlieferung der Baustoffe oder Bauteile einen Hinweis über die notwendige Beschaffenheit gegeben hat; das Gleiche gilt, wenn der Bauherr es selbst „übernommen hatte, sich um die nötige Beschaffenheit zu kümmern". Der BGH spricht in diesem Zusammenhang von einer **originären Pflicht** des Werkunternehmers und einer entsprechenden Hinweispflicht des Auftragnehmers, wenn sich die Eignung der Baustoffe oder Bauteile nicht hinreichend zuverlässig feststellen lässt.

Der Auftragnehmer ist jedoch nicht verpflichtet, bei vom Auftraggeber angelieferten Baustoffen und Bauteilen Laboranalysen oder ähnliche umfangreiche Untersuchungen vorzunehmen. Allerdings kann es bei vorhandenen Bedenken seine Pflicht sein, den Auftraggeber auf die Notwendigkeit einer eingehenden Materialprüfung aufmerksam zu machen; das gilt insbesondere bei **neuen Baustoffen** oder -**teilen.**[402]

---

394) BGH, BauR 2001, 622 = NZBau 2001, 200 = ZfBR 2001, 265; LG Berlin, BauR 1976, 130; OLG Saarbrücken, BauR 1970, 109, 110; **a. A.:** OLG Düsseldorf, NJW-RR 1995, 82 = BauR 1994, 764, wonach die Prüfungs- und Hinweispflicht des Auftragnehmers im Hinblick auf eine unklare oder widersprüchliche Leistungsbeschreibung „ohne Bedeutung" sei, wenn die Leistungsbeschreibung von einem **Fachingenieur** stamme.
395) BGH, BauR 2002, 945, 946; BauR 1970, 57, 58; s. auch Brandenburgisches OLG, BauR 2003, 1054, 1055; OLG Karlsruhe, BauR 1989, 793.
396) OLG Frankfurt, BauR 1985, 448.
397) BGH, BauR 2001, 622 = NZBau 2001, 200 = NJW-RR 2001, 520; BGH, BauR 1977, 420, 421.
398) OLG Köln, OLGR 2001, 268, 271 = NJW-RR 2002, 15.
399) BGH, BauR 2002, 262 = ZfBR 2000, 42 = NZBau 2000, 196; Brandenburgisches OLG, BauR 2002, 1709; zur Prüfungspflicht des Subunternehmers bei vom Hauptunternehmer beigestellten Baustoffen s. Brandenburgisches OLG, BauR 2001, 102.
400) OLG München, NZBau 2004, 274, 276 = BauR 2004, 680, 682 (für setzungsbedingte Störungen); s. auch LG Osnabrück, IBR 2007, 244 – *Schalk* (Brunnenbau).
401) BGH, a. a. O.
402) Siehe hierzu: BGH (X. ZS), BauR 2002, 945; *Leineweber,* Rdn. 252.

Im Übrigen ist die Prüfungspflicht des Auftragnehmers durch die Erkennbarkeit aufgrund der eigenen Fachkunde beschränkt; daher reicht in der Regel die Prüfung durch Betrachten (z. B. auch von Herstellerangaben auf der Verpackung der Baustoffe), das Nachmessen (z. B. der Fenster), Befühlen (z. B. der Körnung eines Pflastersandes)[403] oder die normale Belastungsprobe aus.[404] Eine erhöhte Prüfungs- und Mitteilungspflicht kann allerdings im Einzelfall begründet sein.[405]

**1521** Die Prüfungspflicht **entfällt,** wenn die Parteien die Pflichten aus § 4 Nr. 3 VOB/B wirksam **abbedungen** haben[406] oder der **Auftraggeber** im Verlauf der Bauausführung darauf **verzichtet,** dass die Bauleistung einer vereinbarten Qualität entspricht. Wichtig sind dabei wiederum die Fälle, bei denen der **Auftraggeber** das **Risiko** für eine bestimmte Bauausführung **übernimmt.**[407] Dies kann durchaus auch stillschweigend geschehen.[408]

**1522** Die Prüfungs- und Anzeigepflicht erstreckt sich auf die **gesamte Bauausführung einschließlich der Planung.**[409] Das hat für die Haftung des Unternehmers u. U. erhebliche Konsequenzen. Der Auftragnehmer (Unternehmer) muss die **Planungen** und **sonstigen Ausführungsunterlagen** grundsätzlich als Fachmann prüfen und Bedenken mitteilen: er hat stets im Rahmen seiner vertraglichen Leistungspflicht und seiner Möglichkeiten zu fragen, „ob die Planung zur Verwirklichung des geschuldeten Leistungserfolgs geeignet ist".[410] Bedient sich der Auftragnehmer eigener **Subunternehmer,** wird er im Rahmen seiner Prüfungs- und Hinweispflicht ggf. auf deren weitgehendes Fachwissen zurückgreifen müssen.[411] Auf **Widersprüche** in den ihm übergebenen **Architekten-** und **Statikerplänen** hat er ebenfalls hinzuweisen.[412] Das hat aber seine **Grenzen.** So gehört es nicht

---

403) Brandenburgisches OLG, BauR 2001, 102 = NZBau 2001, 322.
404) *Ingenstau/Korbion/Oppler,* § 4 Nr. 3/B, Rdn. 40.
405) Vgl. BGH, BauR 1987 = NJW 1987, 643.
406) *Korbion,* BauRB 2003, 182, 183; *Kaiser,* BauR 1981, 311, 313 m. Nachw.
407) Vgl. BGH, VersR 1972, 457; BGHZ 91, 206 = BauR 1984, 510; OLG Düsseldorf, *SFH,* Nr. 3 zu § 12 VOB/B; *Kaiser,* a. a. O.; s. ferner: OLG Düsseldorf, BauR 2002, 323 = NZBau 2002, 275.
408) Vgl. OLG Hamm, BauR 2003, 1570, 1571 (für verbindliche Vorgabe eines generell untauglichen Baustoffs; s. auch OLG Brandenburg, IBR 2007, 550 – *Bolz*); OLG Düsseldorf, BauR 2004, 99, 100; OLG Frankfurt, BauR 2004, 1727, 1738.
409) Vgl. BGH, ZfBR 2003, 352 = BauR 2003, 690; NJW 1973, 518; BauR 1975, 420, 421; *SFH,* Nr. 13 zu § 16 Nr. 3 VOB/B (1973) = ZfBR 1981, 82; BauR 1998, 397 (Erkundigung bezüglich Baugenehmigung und etwaiger Auflagen); OLG Oldenburg, BauR 2004, 1972 = NZBau 2005, 48 (Planungsfehler; Unterschreiten der Grenzabstände); OLG Koblenz, IBR 2005, 12 – *Büchner;* OLG Dresden, BauR 2003, 262 **(Planung);** BauR 2000, 1341 = NZBau 2000, 333 (Hinweis auf **unvollständiges Leistungsverzeichnis**); OLG Hamburg, NJW-RR 2001, 1534 (Erfordernis von **Frostschutzmaßnahmen**). Es besteht **keine** Hinweispflicht zum **Pflegeaufwand** (OLG Hamm, OLGR 1997, 66, 67) oder zur „**Servicefreundlichkeit**" (OLG Düsseldorf, NJW-RR 1997, 1283; Klimageräte). Zur Haftung trotz Bedenkenanzeige: KG, IBR 2002, 247 – *Bach.*
410) BGH, BauR 1991, 79, 80 = ZfBR 1991, 61; OLG Koblenz, OLGR 2003, 237, 239; OLG Köln, BauR 2007, 887, 889 (Baugrundverhältnisse); OLG Brandenburg, OLGR 2002, 182; OLG Düsseldorf, OLGR 1996, 140 (Überprüfung einer **Teilleistung;** Elektroinstallation).
411) Vgl. OLG Dresden, BauR 2003, 262, 264.
412) OLG Stuttgart, BauR 1995, 850, 851 (Die Werkpläne des Architekten sehen eine Außendämmung vor, die Schalpläne des Statikers dagegen nicht); s. auch OLG Düsseldorf, BauR 2000, 1339.

## Prüfungs- und Hinweispflichten

zum Pflichtenkreis des Unternehmers, die Erkenntnisse des **Architekten** oder **Sonderfachmannes** auf ihre Richtigkeit zu überprüfen, es sei denn, „ein Fehler springt ins Auge".[413] **Erkannte** Mängel müssen den Unternehmer veranlassen, die Planungsunterlagen auf **weitere** Mängel „besonders sorgfältig zu überprüfen" (BGH). Unterlässt er in diesen Fällen den Hinweis auf die von ihm erkannten Mängel, haftet er **allein** und kann sich nicht auf ein mitwirkendes Verschulden des Auftraggebers oder seines Architekten berufen.[414] Eine Quotierung (§ 254 BGB) kommt daher nur in Betracht, wenn der Unternehmer seiner allgemeinen Hinweispflicht **fahrlässig** nicht nachgekommen ist.[415]

Allerdings betrifft die Prüfungs- und Anzeigepflicht aus § 4 Nr. 3 VOB/B nach richtiger Ansicht nur solche mangelhaften **Vorleistungen anderer** Unternehmer, die die **eigenen** Leistungen des **anzeigepflichtigen** Unternehmers berühren;[416] zwischen der Vorleistung und der eigenen Leistung des Unternehmers muss deshalb ein **natürlicher Sachzusammenhang** bestehen.[417] Dieser reicht aber auch aus.[418]

1523

Die Anzeige hat schriftlich zu erfolgen. Allerdings sind nur **mündlich geäußerte Bedenken nicht unbeachtlich:** Der Unternehmer kann sich, wenn der Bauherr trotz zuverlässiger mündlicher Belehrung seine Hinweise nicht befolgt, hinsichtlich der darauf beruhenden Mängel auf ein **mitwirkendes Verschulden** des Bauherrn berufen. Das ist einhellige Auffassung.[419] Im Einzelfall können mündliche Bedenken die Haftung des Unternehmers für Baumängel zum Teil oder in Ausnahmefällen ganz ausschließen,[420] aber nur dann, wenn die Bedenken gegenüber dem **richtigen Adressaten** und so **eindeutig** geltend gemacht werden, dass diesem **die Tragweite einer Nichtbefolgung klar** wird; auch das ist unbestritten.[421] Darüber hinaus wird im Einzelfall stets zu prüfen sein, ob der Bauherr die ihm **zumutbare Sorgfalt** zum **Schutze eigener Interessen** (§ 4 Nr. 3 Halbsatz 2 VOB/B) angewendet, ins-

1524

---

413) OLG Köln, BauR 2007, 887, 889 = OLGR 2007, 75, 76; OLG Brandenburg, BauR 2002, 1709 = OLGR 2002, 181, 182; OLG Düsseldorf, BauR 2004, 99, 100; OLG Bamberg, IBR 2001, 111 – *Luz*; OLG Celle, BauR 2002, 812 = OLGR 2002, 37 u. 2001, 1 = NZBau 2001, 98 (Beschränkung auf „offenkundige" Fehler); OLG Düsseldorf, OLGR 1994, 267 u. BauR 1995, 247, 249; OLG Hamm, BauR 1994, 632, 633.

414) Vgl. OLG Bamberg, BauR 2002, 1708. Bedenken äußert *Tomic*, BauR 1992, 34 ff.; im Ergebnis anderer Ansicht auch OLG Köln, BauR 1990, 729, 730.

415) OLG Hamm, BauR 1990, 731, 732 = NJW-RR 1989, 982.

416) Vgl. BGH, MDR 2001, 985 = NJW-RR 2001, 1102 u. OLG Koblenz, IBR 2005, 13 – *Weyer* (Fliesenleger); NJW 1974, 747 = BauR 1974, 202; BauR 1987, 79; OLG Koblenz, NZBau 2003, 681 = BauR 2004, 1728; OLG Düsseldorf, BauR 2000, 1339 = NJW-RR 2000, 1411 = NZBau 2000, 435; OLG Hamm, BauR 1997, 309 = OLGR 1997, 134 (Dachdecker); OLG Rostock, OLGR 1997, 37; OLG Oldenburg, BauR 1985, 449; vgl. auch *Jagenburg*, NJW 1986, 3118, 3128.

417) Vgl. z. B.: OLG Düsseldorf, BauR 2000, 421 = OLGR 2000, 100 u. NJW-RR 1993, 405; *Kaiser*, BauR 1981, 311, 315.

418) Im Ergebnis daher auch unzutreffend: OLG Köln (OLGZ 1980, 9), das eine Prüfungspflicht des Fliesenlegers bezüglich der Putz-Vorarbeiten verneint.

419) BGH, WM 1978, 218; BauR 1975, 278, 279 = NJW 1975, 1217; OLG Koblenz, BauRB 2003, 132; OLG Hamm, NJW-RR 1996, 273 u. BauR 1995, 852; OLG Düsseldorf, BauR 1994, 245 u. *SFH*, Nr. 3 zu § 12 VOB/B; OLG Frankfurt, BauR 1979, 326; *Kaiser*, BauR 1981, 311, 317.

420) BGH, BauR 1978, 54; WM 1978, 218.

421) BGH, BauR 1975, 286 = NJW 1975, 1217; BGH, BauR 1978, 54; OLG Hamm, BauR 1995, 852; OLG Düsseldorf, BauR 2004, 99, 100 u. BauR 1996, 260 = NJW-RR 1996, 401.

besondere vorhandene Informationen sinnvoll ausgewertet hat. Setzt sich ein Bauherr z. B. über ein Fachgutachten mit bestimmten Empfehlungen hinweg, kann das ein so schwerwiegendes Planungsverschulden darstellen, dass der beauftragte Unternehmer – selbst bei unterbliebener oder unzureichender Belehrung – billigerweise nicht allein für den Baumangel verantwortlich gemacht werden kann.[422] Verstößt ein Unternehmer in grober Weise gegen seine Prüfungs- und Hinweispflicht, kann er sich **im Einzelfall** allerdings nicht auf ein mitwirkendes Verschulden des Auftraggebers mit der Begründung berufen, dieser habe ebenfalls die Vorleistung nicht überprüft.[423]

**1525** Der **Bauherr** als Auftraggeber ist immer der richtige Adressat.[424] Auch der **Architekt** ist im Regelfall bevollmächtigt, eine solche Erklärung entgegenzunehmen; denn er vertritt in den die technischen Angelegenheiten betreffenden Dingen den Bauherrn gegenüber dem Unternehmer. **Anders** ist es aber, wenn es sich um Fehler handelt, die der Architekt selbst begangen hat oder wenn er sich den **berechtigten Einwendungen** des Unternehmers **verschließt**. Dann muss sich der Unternehmer an den Auftraggeber selbst wenden.[425] Unterlässt er dies, läuft er im Streitfall Gefahr, nicht nachweisen zu können, dass der Auftraggeber hinreichend um das Mängelrisiko wusste. Nichts anderes gilt, wenn der Unternehmer mit einem bevollmächtigten Bauleiter zu tun hat.[426]

**1526** Die Prüfungs- und Anzeigepflicht des **Nachunternehmers** gilt ganz allgemein und immer, nicht nur beim VOB-Bauvertrag.[427] Wird sie verletzt, so ist die **Leistung des Bauunternehmers mangelhaft** und kann zu Gewährleistungsansprüchen führen (vgl. § 13 Nr. 5 VOB/B),[428] **auch wenn der Mangel nur durch die Vorleistung** bewirkt worden ist. Der BGH[429] hat dies wie folgt ausgedrückt: Wenn der Bauunternehmer die Prüfungs- und Hinweispflicht verletzt, „dann macht das seine an sich ordnungsgemäße Werkleistung mangelhaft, falls er den Mangel der Vorleistung erkennen konnte". Für die **Vorleistung eines anderen Unternehmers,** der von dem Unternehmer unabhängig gearbeitet hat, haftet dieser nur, wenn ein Fachmann den Mangel der **Vorarbeit erkennen** konnte.[430] Die Hinweis- und die Prüfungspflichten sind damit von

---

422) BGH, ZfBR 1984, 173 = BauR 1984, 395.
423) OLG Düsseldorf, BauR 2000, 421 = OLGR 2000, 100.
424) Vgl. auch OLG Köln, MDR 1983, 226; siehe aber OLG Celle, BauR 2002, 93 (Hinweis gegenüber dem **Baubetreuer** reicht aus).
425) BGH, BauR 1978, 139; BGH, BauR 1978, 54; BGH, NJW 1969, 653, 655; BGH, BauR 1989, 467, 469 = NJW-RR 1989, 721; BGH, BauR 1997, 301 = ZfBR 1997, 150; OLG Düsseldorf, NZBau 2001, 401, 402 = BauR 2001, 638 u. BauR 1995, 244, 245; OLG Frankfurt, NJW-RR 1999, 461; OLG Oldenburg, OLGR 1998, 124; LG Amberg, *SFH*, Nr. 4 zu § 4 Nr. 3 VOB/B; *Kaiser*, NJW 1974, 445.
426) BGH, NZBau 2004, 150, 152 = BauR 2004, 78, 82.
427) Sie gilt auch im Hinblick auf Ansprüche des Auftraggebers aus § 4 Nr. 7 VOB/B (OLG Celle, BauR 2003, 912).
428) Vgl. OLG Köln, NJW-RR 1994, 1045; OLG Hamm, NJW-RR 1990, 523 (Kosten der Ersatzvornahme); OLG Stuttgart, BauR 1997, 850.
429) BauR 1970, 57, 58; ferner: BauR 1983, 70 = ZfBR 1983, 16; BGH, BauR 1987, 79; *Merl*, Festschrift für Motzke, S. 261, 262.
430) BGH NJW 1957, 442 = *Schäfer/Finnern*, Z 2.41 Bl. 1; BGH, LM Nr. 3 zu § 633 BGB; BGH, *Schäfer/Finnern*, Z 2.410 Bl. 31; BGH, NJW 1960, 1813; OLG Celle, BauR 2003, 912; OLG Düsseldorf, OLGR 1999, 45. Zum Umfang der Prüfungspflicht: BGH, MDR 2001, 985 (Fliesenleger).

vornherein **begrenzt;** es ist z. B. nicht die Aufgabe des Nachunternehmers, die ordnungsgemäße **Umsetzung** eine Plankonzeption in Bezug auf die Vorleistung zu überprüfen.[431] Er hat auch nicht die Pflicht, fehlerhafte Vorleistungen anderer Unternehmer **nachzubessern.**[432] Soweit in **DIN-Normen** Prüfungspflichten gegenüber Vorleistungen anderer Unternehmer enthalten sind, ist zu beachten, dass es sich durchweg nicht um abschließende Regelungen, sondern um beispielhafte Aufzählungen handelt.[433]

**1527** Zwischen dem Unternehmer der Vorleistung und dem nachfolgenden Unternehmer besteht im Allgemeinen **keine Gesamtschuld.**[434] Dies ist **anders,** wenn Vor- und Nachunternehmer wegen Mängel gewährleistungspflichtig sind, die ihre Ursache zumindest teilweise in **beiden** Gewerken haben und die wirtschaftlich sinnvoll nur auf eine einzige Weise beseitigt werden können; bei „**gleichstufiger Verbundenheit**" der beiden Unternehmer im Rahmen ihrer Gewährleistungspflicht ist im Ergebnis ein „**einheitlicher Erfolg**" geschuldet und damit **Gesamtschuld** gegeben.[435] Der Vorunternehmer ist im Verhältnis zum Nachfolgeunternehmer auch **kein Erfüllungsgehilfe des Bauherrn;** Fehler des Vorunternehmers können dem Bauherrn deshalb in aller Regel nicht zugerechnet werden.[436] Dies gilt nicht, wenn aufgrund besonderer Umstände davon auszugehen ist, dass der Bauherr dem Nachfolgeunternehmer gerade für die mangelfreie Erbringung der Vorleistungen einstehen will,[437] oder beide Unternehmer eine **Zweckgemeinschaft** bilden, die darauf gerichtet ist, eine einheitliche Bauleistung zu erbringen.[438] Hieran ist zu denken, wenn die Unternehmer nicht exakt voneinander trennbare Arbeitsabläufe schulden. Zu beachten ist, dass der Hauptunternehmer gegenüber seinem Subunternehmer für das Planungsverschulden des **Architekten** seines Auftraggebers (Bauherrn) einstehen muss; ein Planungsverschulden des Architekten schlägt also nach § 278 BGB über „den eigentlichen Bauherrn und über den Hauptunternehmer bis auf den Subunternehmer haftungsmindernd durch".[439]

**1528** Ist der Nachunternehmer wegen Verletzung der Anzeigepflicht gemäß § 4 Nr. 3 VOB/B gewährleistungspflichtig, so hat er bei einem Mängelbeseitigungsverlangen

---

431) Zutreffend: OLG Celle, BauR 1996, 259 (für Estrichleger; mangelhafter Unterboden) sowie OLG Düsseldorf BauR 1997, 840 = NJW-RR 1998, 20 = *SFH*, Nr. 14 zu § 13 Nr. 3 VOB/B (1973) = OLGR 1998, 4 LS (für Putzer; zu feuchtes Eichenholz; Fachwerk).
432) OLG Koblenz, IBR 2005, 13; OLG München, BauR 1996, 547; *Korbion*, BauRB 2003, 182, 184 m. Nachw.
433) BGH, NJW-RR 2001, 1102 = NZBau 2001, 495 = ZfBR 2001, 457.
434) § 421 BGB; vgl. BGH, BauR 1975, 130; OLG Oldenburg, OLGR 2004, 6; OLG Hamm, BauR 1995, 852, 853 = NJW-RR 1996, 273, 274; *MünchKomm-Busche*, § 631 BGB, 40; **a. A.:** OLG Hamm, BauR 2003, 101, 104 (Haftung „jedenfalls wie Gesamtschuldner").
435) BGH, BauR 2003, 1379, 1380 = NJW 2003, 2980; s. ferner: *Stamm*, NJW 2003, 2940 ff.; OLG Oldenburg, BauR 2007, 717 = NZBau 2007, 104, 106 (zur Haftung des Estrich- und Fliesenlegers).
436) Vgl. *MünchKomm-Busche*, § 631 BGB, Rdn. 42 m. w. Nachw. in Anm. 96. Ebenso ist der **Nach**unternehmer kein Erfüllungsgehilfe des Auftraggebers gegenüber dem **Vor**unternehmer (OLG Karlsruhe, BauR 2003, 99, 100).
437) **Str.;** so BGH, BauR 1985, 561 = ZfBR 1985, 282 = *SFH*, Nr. 3 zu § 6 Nr. 6 VOB/B (1973) mit krit. Anm. *Hochstein*.
438) OLG Hamm, BauR 1995, 852, 853 = NJW-RR 1996, 273; siehe auch Rdn. **1969**.
439) BGH, NJW 1987, 644 = BauR 1987, 86; OLG Hamm, BauR 2003, 1570, 1571; OLG Stuttgart, BauR 1997, 850.

des Bauherrn allerdings nur seine **eigenen** Bauleistungen nachzubessern; eine Nachbesserungsverpflichtung hinsichtlich der von ihm nicht angezeigten fehlerhaften **Vorleistung** besteht nicht.⁴⁴⁰⁾ Dementsprechend kann er bei einem Schadensersatzanspruch auch nur mit solchen Kosten belastet werden, die seine eigene Leistung betreffen;⁴⁴¹⁾ ihm können nicht Kosten für Leistungen aufgebürdet werden, zu denen er vertraglich gar nicht verpflichtet war. Zu ersetzen sind aber unter Umständen Kosten, die mit der Vorarbeit sachlich zusammenhängen und erst durch die unterbliebene Anzeige zum Tragen kommen. Das trifft vor allem für zwischenzeitliche Preissteigerungen zu, die der Nachunternehmer zu tragen hat, wenn die Beseitigung der Mängel des Vorunternehmers bei unverzüglicher Mitteilung billiger hätte ausgeführt werden oder ausgeführt werden können.⁴⁴²⁾

**1529** Der Unternehmer haftet auch nicht dafür, dass auf seine Werkleistung eine mangelhafte Bauleistung **aufgebracht** wird, sodass das gesamte Bauwerk nicht brauchbar wird.⁴⁴³⁾ Der Unternehmer muss aber seine Leistung immer so erbringen, dass sie eine **geeignete Grundlage** für die darauf aufzubauende weitere Leistung ist.⁴⁴⁴⁾ Ein Unternehmer kann aber davon ausgehen, dass ein **Nachfolgeunternehmer,** der auf seiner Werkleistung aufbaut, diese ebenfalls nach den anerkannten Regeln der Baukunst/Technik vornimmt. Nichts anderes gilt, wenn der **Bauherr selbst die Nachfolgearbeiten** ausführt; auch in diesem Falle kann der Unternehmer im Zweifel darauf vertrauen, dass der Bauherr die Arbeiten nach den Regeln der Technik vornimmt. Nur in **Ausnahmefällen** wird der Unternehmer daher verpflichtet sein, die Arbeiten des Bauherrn zu überprüfen.⁴⁴⁵⁾ Die Werkleistung des Unternehmers ist nur mangelhaft, wenn sie überhaupt nicht geeignet ist, die nach den anerkannten Regeln der Bautechnik ausgeführte, darauf aufgebaute Werkleistung des anderen Auftragnehmers zu tragen.⁴⁴⁶⁾

**1530** Hat der Vorunternehmer allerdings **Anhaltspunkte** dafür, dass die Nachfolgearbeiten nicht einwandfrei ausgeführt werden oder ausgeführt werden können, ist er verpflichtet, den nachfolgenden Handwerker oder den Architekten darauf hinzuweisen, wie bei den nachfolgenden Arbeiten verfahren werden muss.⁴⁴⁷⁾ Der

---

440) BGH, WM 1972, 800, 801; OLG Koblenz, IBR 2005, 13 – *Weyer*; OLG Karlsruhe, NJW-RR 2003, 963 = OLGR 2003, 133; OLG Hamm, BauR 1995, 852, 853 = NJW-RR 1996, 273; OLG München, BauR 1996, 547 u. NJW-RR 1988, 20; auch *Kaiser*, BauR 1981, 311, 317.

441) OLG Koblenz, IBR 2005, 13 – *Weyer* (dazu zählen Sachverständigenkosten); OLG Hamm, BauR 1994, 371, 372.

442) Zum **Umfang** des Ersatzanspruchs s. auch OLG Düsseldorf, *Schäfer/Finnern*, Z 2.0 Bl. 11 und OLG München, NJW-RR 1988, 20.

443) BGH, BauR 1983, 70 = ZfBR 1983, 16; WM 1970, 354; OLG Oldenburg, OLGR 1995, 98 für Kanalisationsarbeiten; OLG Köln, BauR 1990, 729 für mangelhafte Estricharbeiten; OLG Stuttgart, OLGR 2000, 171; *Schmidt*, Beilage Nr. 4/WM 1972, S. 2.

444) Vgl. BGH, VersR 1970, 280, 281; BauR 1975, 341, 342; OLG Oldenburg, OLGR 2007, 12, 13 (unzureichender Verbund zwischen Verlegemörtelschicht und Granitplatten durch Verwendung einer ungeeigneten Spachtelmasse); OLG Köln, NJW-RR 1994, 1045, 1046.

445) Zutreffend: OLG Oldenburg, OLGR 1995, 98, 99.

446) BGH, BauR 1970, 57.

447) Zutreffend: OLG Oldenburg, BauR 2007, 717, 718 = NZBau 2007, 104, 105 u. OLG Bamberg, BauR 2007, 893, 894 (für den **Estrichleger**); OLG Karlsruhe, BauR 1971, 56; OLG Oldenburg, OLGR 1995, 98, 99.

BGH[448] hat jedoch hierzu bemerkt, dass die Pflicht des ersten Unternehmers nur **„ausnahmsweise"** bestehe, auf die Beschaffenheit seiner Vorleistung hinzuweisen. Ein solcher Hinweis könne nach Treu und Glauben nur verlangt werden, wenn erkennbar die Gefahr bestehe, dass der zweite Unternehmer auch bei Anwendung der anerkannten Regeln der Technik nicht zu erkennen vermöge, ob die Vorleistung des anderen Unternehmers für ihn eine geeignete Arbeitsgrundlage sei und in welcher Weise er seine eigene Leistung fachgerecht der Vorleistung anzupassen habe, um Mängel zu vermeiden. Es ist allerdings in der Regel nicht die Aufgabe des Vorunternehmers, auf eine hinreichende **Koordinierung** der nachfolgenden Arbeiten hinzuwirken.[449] Dies ist anders, wenn der Vorunternehmer mit eventuellen **Risiken** rechnen muss, weil dem nachfolgenden Unternehmer nicht hinreichend bekannt ist, welche Materialien von dem Vorunternehmer verwandt worden sind.[450]

Baut ein **Auftraggeber** selbst auf dem Gewerk **seines Auftragnehmers** auf und erbringt er weitere Bauleistungen, können Ersatzansprüche des Auftraggebers wegen Mängel gemäß § 254 Abs. 2 BGB **beschränkt** sein; denn er verletzt die ihm obliegende eigene Sorgfaltspflicht, wenn er die Leistungen seines Auftragnehmers „ungeprüft übernimmt".[451]

**1531** Hat der Unternehmer einmal auf Mängel aufmerksam gemacht, und ist die **Planung** daraufhin **geändert** worden, so muss er erneut prüfen, ob nach der nunmehr vorgesehenen Art der Ausführung das Bauwerk mangelfrei erstellt werden kann; andernfalls kann die Werkleistung des nachfolgenden Unternehmers trotz der einmal geäußerten Bedenken mangelhaft sein.[452]

**1532** Hat der Unternehmer pflichtgemäß auf Bedenken gegen die vorgesehene Ausführung hingewiesen, hat er keinen Anspruch darauf, dass der Bauherr auch seinen Bedenken Rechnung trägt.[453] **Verzögert** allerdings der **Bauherr** die (nunmehr) von ihm zu treffenden Entscheidungen, wird dem Unternehmer ein **Kündigungsrecht** nach § 9 Nr. 1 a VOB/B zustehen, wenn mit an Sicherheit grenzender Wahrscheinlichkeit feststeht, dass wegen der Vormängel die Werkleistung des Unternehmers mangelhaft sein wird oder zu einem erheblichen Schadenseintritt führt.[454] Dem **Bauherrn** steht **kein Kündigungsrecht** aus wichtigem Grunde zu, wenn ein **Unternehmer** (auch unberechtigt) seiner Hinweispflicht nachkommt[455] und abwartet, wie sich der Auftraggeber verhält.[456]

**1533** **Beispiele** für die **Prüfungs- und Hinweispflicht** des Auftragnehmers aus der Rechtsprechung:

* Zur Pflicht des Unternehmers, bei einem Hausumbau auf **Asbestbelastung** zu achten (OLG Hamm, BauR 2003, 406 = NJW-RR 2003, 82)

---

448) BauR 1983, 70, 72 = NJW 1983, 875; BauR 1975, 341, 342.
449) OLG Köln, BauR 1990, 729, 730; ebenso: *Tomic*, BauR 1992, 34.
450) OLG Oldenburg, OLGR 2007, 12, 14; s. auch OLG Bamberg, NJW-RR 2006, 891 = NJW-Spezial 2006, 359.
451) BGH, BauR 2003, 1213, 1215 = NZBau 2003, 495 = NJW-RR 2003, 1238 = ZfBR 2003, 560.
452) Vgl. BGH, NJW 1974, 188 = BauR 1974, 128.
453) Vgl. OLG Düsseldorf, NJW-RR 1988, 211 = BauR 1988, 478.
454) Vgl. *Ingenstau/Korbion/Oppler*, § 4 Nr. 3/B, Rdn. 79.
455) Zutreffend: OLG Düsseldorf, BauR 1995, 247, 248 (auch zu den Ausnahmen) u. BauR 1992, 381.
456) OLG Dresden, BauR 1998, 565, 566.

**Rdn. 1533**                                                                             **Mängelbeseitigungsklage**

* Prüfungspflicht des mit der Herstellung des **Oberbelages auf Außenbalkonen** beauftragten Unternehmers im Hinblick darauf, ob der vorhandene Aufbau der Balkonflächen die erforderliche **Abdichtung** gegen Niederschläge gewährleistet und als Grundlage des herzustellenden Oberbelages taugt (OLG Düsseldorf, BauR 1994, 281 [LS])
* Zur Aufklärungs- und Hinweispflicht bei Ausführung von **Abdichtungsarbeiten** (Bitumendickbeschichtung; OLG Hamm, BauR 2003, 273, 275 für Bauüberwachung durch Architekt)
* Bodengutachten (Unternehmer muss Widerspruch zwischen textlicher Bewertung und Diagrammermittlungen erkennen; OLG Celle, IBR 2004, 184 – Bolz)
* **Betonbodenplatte**; Risiken aus Temperaturwechseln (OLG Düsseldorf, IBR 2006, 552 – Hunger)
* Zum notwendigen **Hinweis** auf den **Einbau** einer in den Plänen nicht vorgesehenen **Dränage** (OLG Frankfurt, NJW-RR 1999, 461); zum Hinweis auf ein **fehlendes Gefälle** der **Dichtungsschicht** eines Balkons (OLG Düsseldorf, BauR 2000, 421 = OLGR 2000, 100)
* Prüfungs- und Hinweispflicht des Auftragnehmers bei der Verwendung thermisch **nicht getrennter Trägerprofile** für eine Atriumüberdachung zur Schaffung zusätzlichen Wohnraums (OLG Düsseldorf, BauR 1994, 522)
* Prüfungs- und Anzeigepflicht des Unternehmers trotz Planung der Ausführung des Werkes durch einen vom Auftraggeber beauftragten Fachingenieur (OLG Düsseldorf, BauR 1994, 545 [LS])
* Umfang der Prüfungs- und Hinweispflicht bei einem unklaren und widersprüchlichen Leistungsverzeichnis über **lüftungstechnische Anlagen,** das von einem Fachingenieur erstellt worden ist (OLG Düsseldorf, BauR 1994, 669 [LS] = NJW-RR 1995, 82)
* Zur **Quotierung** beim Zusammentreffen eines Planungsfehlers des Architekten mit der Nichtanmeldung von Bedenken nach § 4 Nr. 3 VOB/B durch den Unternehmer (OLG Bamberg, BauR 2002, 1708; OLG Karlsruhe, NZBau 2003, 102; OLG Köln, NZBau 2003, 103; OLG Naumburg, IBR 2004, 519 u. NZBau 2003, 391 = OLGR 2003, 312; OLG Hamm, BauR 1994, 145)
* Zu den Pflichten eines **Tiefbauunternehmers,** sich vor der Durchführung von Erdarbeiten über Existenz und Verlauf unterirdisch verlegter Versorgungsleitungen zu erkundigen, insbesondere bei Vorhandensein privater Leitungen (OLG Köln, BauR 1998, 1987 [LS])
* Prüfungs- und Hinweispflichten des Auftragnehmers bei der Planung und Ausführung einer „alternativen" **Wärmegewinnung** für ein Einfamilienhaus (BGH, BauR 1993, 79 = NJW-RR 1993, 26 = ZfBR 1993, 20)
* Ein Unternehmer, der einen **Terrassenbelag** aufbringen soll, ist nicht verpflichtet, mit einer **Sonde** zu prüfen, ob das Erdreich unter der Terrasse ordnungsgemäß nach der Aufschüttung verdichtet worden ist; jedoch ist ihm eine Grobprüfung mittels einer Eisenstange oder eines sog. Frosches zumutbar (AG Nürnberg, NJW-RR 1993, 406 = BauR 1993, 373 [LS]; ferner: OLG Köln, NJW-RR 1995, 19)
* Prüfungs- und Hinweispflicht bezüglich der **Vorbehandlung des Untergrundes** vor Aufbringung eines Anstriches (OLG Köln, NJW-RR 1994, 533 = OLGR 1994, 93; vgl. auch OLG Köln, NJW-RR 1994, 1045)
* **Beschichtung** eines Stahldaches; **Mithaftungsquote,** wenn der Auftraggeber die Art des Anstrichs vorgegeben hat (OLG Dresden, BauR 2001, 425)

## Prüfungs- und Hinweispflichten

* Keine Prüfungs- und Hinweispflicht eines Nachfolgeunternehmers, wenn die **Überprüfung des Vorgewerkes** nur mit technischen Hilfsmitteln möglich ist und diese nicht zur Verfügung stehen – Risse im Putz der Gefache eines Fachwerkbaues durch zu feuchtes Eichenholz (OLG Düsseldorf, BauR 1997, 840 = NJW-RR 1998, 20)
* Überprüfungspflicht ob die **Unterkonstruktion** (Dachsparren aus gewöhnlichem Bauholz) für die Aufnahme dem Unternehmer in Auftrag gegebener Überdachungen (in Leichtmetallprofile einzufassende Glasscheiben) geeignet ist (OLG Düsseldorf, NJW-RR 1993, 405 = OLGR 1993, 194)
* **Plattenbehandlung** (OLG Hamm, NJW-RR 1992, 155)
* Prüfungs- und Hinweispflicht des **Pflasterers** (Brandenburgisches OLG, BauR 2001, 102 sowie OLG Düsseldorf, BauR 2001, 638)
* **Klinkerfassade**; Hinweis auf die Gefahr von Farbunterschieden (**Fugenglattstrich**; OLG Düsseldorf, NZBau 2002, 275 = BauR 2002, 323)
* Aufklärungspflicht des Unternehmers beim Einbau eines **Treppen- bzw. Behindertenlifts** (OLG Nürnberg, NJW-RR 1993, 694)
* Keine Hinweispflicht des Auftragnehmers bei einem nicht erkannten und nicht bekannten **Systemfehler** eines vom Auftraggeber vorgeschriebenen Baustoffes – Schalungssteine (OLG Düsseldorf, NJW 1993, 1433)
* Keine Prüfungspflicht des Auftragnehmers hinsichtlich der **Geeignetheit von vorgegebenen Materialien** im Rahmen von technischen Versuchen oder sonstigen Materialprüfungsmethoden (OLG Karlsruhe, BauR 1988, 598 = NJW-RR 1988, 405)
* Zur Hinweispflicht des Auftragnehmers auf **denkmalpflegerische Gesichtspunkte** – Erneuerung von Fenstern (OLG Köln, BauR 1986, 581; s. auch OLG Frankfurt, BauR 1990, 90 = NJW-RR 1989, 981)
* Hinweispflicht des Auftragnehmers hinsichtlich der Auswirkung einer **baulichen Umgestaltung** (LG Berlin, BauR 1983, 462)
* Hinweispflicht des Auftragnehmers auf **alternative Sanierungsmöglichkeiten** (OLG Hamm, OLGR 1994, 257)
* Prüfungs- und Hinweispflicht des **Fliesenlegers** bezüglich der Vorarbeiten (BGH, BauR 2001, 1414 = NZBau 2000, 495; OLG Hamm, BauR 1990, 731)
* Prüfungs- und Hinweispflicht von **Heizungsbauer** und **Estrichleger** (OLG Köln, BauR 1990, 729)
* Hinweispflicht bei der **Verwendung neuer Werkstoffe** – Lichtbetonelemente für Fassaden (OLG Hamm, NJW-RR 1990, 523)
* Aufklärungspflicht des Auftragnehmers über **fehlende Fachkenntnisse** (KG, OLGR 1994, 229)
* Hinweispflicht des Auftragnehmers auf ungeeignetes **Fremdmaterial** (Bauschutt) bei **Arbeitsraumverfüllung** (OLG Düsseldorf, NJW-RR 1995, 214 = BauR 1995, 244)
* Hinweispflicht des Auftragnehmers, wenn er erkennt, dass die ihm in Auftrag gegebene **Werkleistung** als Grundlage für **Folgeleistungen** anderer Unternehmer **nicht geeignet** ist (OLG Köln, SFH, Nr. 40 zu § 631 BGB; s. ferner: OLG Oldenburg, BauR 2007, 717 = NZBau 2007, 104 für **Estrichleger**; **Unverträglichkeit** von Spachtelmasse und Verlegemörtel)
* Hinweispflicht des **Dachdeckers** hinsichtlich der von anderen Unternehmern vorgenommenen **Abdichtung der Kehlbereiche** (OLG Hamm, BauR 1997, 309 = OLGR 1996, 134)

* Prüfungspflicht des **Parkettlegers** auf Restfeuchte im Estrich (OLG Celle, BauR 2003, 912; OLG Düsseldorf, BauR 1998, 126 = NJW-RR 1997, 1450; s. auch OLG Bamberg, BauR 2007, 893, 894)
* Lastannahme der Statik (Bedenkenhinweis durch den **Zimmerer**; OLG Celle, BauR 2002, 812 = OLGR 2002, 37).

### 6. Mängel der Werkleistung von Sonderfachleuten

**1534** Baumängel sind dann zugleich Mängel der Werkleistung eines Sonderfachmannes, wenn sie durch eine objektiv mangelhafte Erfüllung der Aufgaben des Sonderfachmannes verursacht worden sind.[457] Insoweit ergibt sich keine grundlegende Abweichung zu den Mängeln des Architektenwerkes; denn nicht jeder Bauwerksmangel ist zugleich ein Mangel des Werkes des Architekten oder Sonderfachmannes (**eingeschränkte Werkvertragstheorie;** vgl. Rdn. 1476). Ob ein Mangel der Werkleistung des Sonderfachmannes vorliegt, beurteilt sich (auch nach dem **neuen Recht**) **nicht** nach den Vorschriften der **HOAI;** diese enthalten öffentliches Preisrecht und daher auch **keine** „normativen Leitbilder für den Inhalt von Architekten- und Ingenieurverträgen".[458] **Beurteilungsmaßstab** sind daher vornehmlich die ggf. durch Auslegung zu ermittelnden **vertraglichen** Vereinbarungen sowie die **bautechnischen Anforderungen,** die erfüllt sein müssen, um ein **dauerhaft mangelfreies** und **funktionstaugliches Werk** zu erhalten. Deshalb obliegt es auch dem Sonderfachmann, die jeweils gültigen **anerkannten Regeln der Baukunst/Technik** zu beachten.[459] Für **ästhetische** und **gestalterische** Gesichtspunkte ist der Sonderfachmann in aller Regel dagegen nicht zuständig.[460]

**1535** Als Grundsatz lässt sich somit feststellen, dass der **Sonderfachmann** (z. B. ein Tragwerkplaner oder ein Bodengutachter) in seinen **maßgeblichen Pflichten** und **in seiner Haftung einem Architekten gleichgestellt** ist;[461] so hat der Bauingenieur, der mit der Planung und örtlichen Bauaufsicht für den mit öffentlichen Mitteln geförderten Ausbau einer Straße betraut worden ist, wie ein Architekt auf die im öffentlichen Bauwesen bestehenden wirtschaftlichen Vorgaben Rücksicht zu nehmen. Er muss deshalb Mengen und Baukosten möglichst genau ermitteln. Versäumt er dies, kommt eine Haftung aus §§ 634 Nr. 4, 636, 280, 281 BGB in Betracht.[462] Übernimmt

---

457) Vgl. OLG Celle, IBR 2007, 572 – *Baden* (Sonderfachmann für **Wärmeschutz**); OLG Düsseldorf, BauR 2002, 506 u. OLG Karlsruhe, BauR 2002, 1884 (Tragwerkplanung); OLG Frankfurt, BauR 2000, 598; *Schmidt,* Beilage Nr. 4/WM 1972, S. 29.
458) BGH, BauR 2003, 1918, 1919 = NJW-RR 2003, 1454, 1455; BauR 1999, 187, 188 = ZfBR 1999, 92.
459) Zum hohen Haftungsrisiko bei fehlerhafter Beurteilung siehe OLG Dresden, IBR 2006, 37 – *Schulze-Hagen.*
460) OLG Frankfurt, a. a. O., für zu groß geplante Heizkörper.
461) BGH, BauR 2003, 1918 **(Bodengutachter);** BGH, BauR 1988, 734 = DB 1988, 2454 = NJW-RR 1988, 1361; OLG Dresden, IBR 2006, 37 – *Schulze-Hagen* (unterlassener Standsicherheitsnachweis durch Tragwerkplaner); OLG Düsseldorf, IBR 2006, 455 – *Krause-Allenstein* (Ingenieur; Planung eines Sondervorschlages im Rahmen des Vergabeverfahrens); OLG Düsseldorf, BauR 2002, 506 **(Tragwerkplaner);** BauR 1997, 685 (**Hinweispflicht** des Tragwerkplaners) u. BauR 1994, 395 (zum **Verschulden**); OLG Hamm, BauR 2000, 293.
462) BGH, a. a. O.

## Mängel der Werkleistung von Sonderfachleuten

ein Bauingenieur Architektenleistungen (trotz fehlender Eintragung in die Architektenliste), muss er dies bei den Vertragsverhandlungen offenbaren.[463]

In der Praxis bestehen allerdings **Schwierigkeiten,** im Einzelfall den **Pflichtenkreis** zwischen dem Architekten und einem Sonderfachmann zutreffend **abzugrenzen.**[464] So gehört es z. B. nach dem LG Aachen[465] zu den Aufgaben des Architekten und nicht des Statikers (Tragwerkplaners) zu überprüfen, ob der Statiker von den tatsächlich gegebenen **Bodenverhältnissen** ausgegangen ist.[466] Das OLG Köln[467] meint, nicht der Tragwerkplaner, sondern der Architekt habe die **Wärmedämmung** zu planen. Auf der anderen Seite muss der Tragwerkplaner die ihm überlassenen **Architektenpläne** genauestens **beachten** und mangelfrei **umsetzen.**[468] Auf erkannte **Fehler** der Architektenplanung muss er **hinweisen.**[469] Dagegen ist die vom BGH für das Architektenrecht entwickelte sog. **Sekundärhaftung** (Rdn. 1508) auf den Tragwerkplaner nicht ohne weiteres anwendbar; dieser hat nämlich in aller Regel keine Aufgaben, „die die gesamte Koordinierung und Überwachung sowie Betreuung des Bauvorhabens betreffen".[470] Dies ist **anders,** wenn er **vertraglich besondere Betreuungs-** und **Aufklärungspflichten** übernimmt; das gilt auch für jeden anderen Sonderfachmann.[471]

1536

Richtig ist, dass eine **Prüfung** der Planung (Ausführungsplanung) **durch den Prüfingenieur** den Architekten nicht von seiner Verantwortung für einen Planungsfehler entbindet.[472] Auf der anderen Seite braucht der Architekt aber auch den Sonderfachmann im Allgemeinen nicht zu überprüfen.[473] Wird z. B. der Statiker (Tragwerkplaner) im Auftrag des Bauherrn tätig, so haftet der Architekt nicht für die Richtigkeit der statischen Berechnungen, weil er sich auf die Fachkenntnisse des Sonderfachmannes verlassen darf; statische **Spezialkenntnisse** werden von einem Architekten nicht erwartet.[474] Nur dort, wo der Architekt die bautechnischen Fachkenntnisse (auch)

1537

---

463) OLG Naumburg, IBR 2005, 457 – *Götte*.
464) *Locher/Koeble/Frik*, Einl., Rdn. 250 ff.; siehe ferner Rdn. **2463**.
465) VersR 1986, 777; s. auch OLG Karlsruhe, OLGR 2007, 747; OLG Stuttgart, BauR 1996, 748, 749 bei Verletzung der **Koordinierungspflichten**.
466) Vgl. auch OLG Köln; *SFH*, Nr. 55 zu § 635 BGB, das u. U. von dem Architekten die Zuziehung eines Sonderfachmannes verlangt. Siehe aber OLG Karlsruhe, BauR 2002, 1884 (Eine fachgerechte Tragwerksplanung ist nur unter Berücksichtigung der Baugrundverhältnisse möglich, über die sich der Tragwerkplaner ggf. sachgerechte Informationen besorgen muss). Zu den Pflichten des Tragwerkplaners im Rahmen der **Genehmigungsplanung** (§ 64 Abs. 3 Nr. 4 HOAI) s. OLG Koblenz, BauR 2005, 422. Zur Haftung von Architekt und Bodengutachter bei **Feuchtigkeitsschäden:** BGH, BauR 2003, 1918 = NJW-RR 2003, 1454.
467) BauR 1987, 460; vgl. aber OLG Frankfurt, BauR 1991, 785 u. OLG Stuttgart, BauR 1996, 748 für ein Unternehmen, das die Statik erstellt.
468) Vgl. z. B.: OLG Düsseldorf, BauR 2002, 506 (Befestigung einer Wellblechfassadenverkleidung); OLG Hamm, BauR 2000, 293 (Ausführungsplanung des Architekten).
469) OLG Frankfurt, BauR 2000, 598, 599.
470) BGH, BauR 2002, 108 = ZfBR 2002, 61 = NZBau 2002, 42 = MDR 2002, 86; **a. A.:** OLG Bamberg, BauR 2005, 1792, 1794 = IBR 2006, 508 – *Hebel* (für einen Tragwerkplaner, der auch eine **Bewehrungsabnahme** schuldet); ebenso *Kleine-Möller/Merl*, § 12 Rdn. 1251.
471) Vgl. insoweit OLG Karlsruhe, BauR 2005, 893, 896 für umfassenden Ingenieurvertrag.
472) BGH, *Schäfer/Finnern*, Z 3.01 Bl. 400; OLG Düsseldorf, NJW-RR 1997, 1312.
473) OLG Köln, BauR 1988, 241, 243.
474) LG Stuttgart, BauR 1997, 137, 138; OLG Köln, BauR 1998, 585, 586; OLG Köln, BauR 1998, 812, 813 für Bodengutachter.

haben muss (z. B. Anordnung und Ausbildung von Dehnungsfugen),[475)] wird ein **„Mitdenken"** von dem Architekten erwartet werden können. Gehört deshalb die bautechnische Frage zum Wissensbereich eines Architekten, wird dieser sich im Einzelfall **vergewissern** müssen, ob der Sonderfachmann entsprechend den örtlichen Gegebenheiten **zutreffende bautechnische Vorgaben** gemacht hat.

Ein Auftraggeber des Sonderfachmannes haftet nur ausnahmsweise für Fehler seines Architekten; das ist z. B. der Fall, wenn es zu den Pflichten des Bauherrn gehört, dem Tragwerkplaner Unterlagen über die Beschaffenheit des Baugrundstückes zur Verfügung zu stellen und dies fehlerhaft durch den Architekten geschieht. In diesem Fall kann der Architekt als Erfüllungsgehilfe des Bauherrn angesehen werden.[476)]

**1538 Rechtsprechungsübersicht**

**Vermessungsfehler** eines Vermessungsingenieurs (BGH, BauR 1972, 255 = NJW 1972, 901; KG, KGR 1996, 164; OLG Hamm, BauR 1992, 78; OLG Düsseldorf, NJW-RR 1996, 269; OLG Hamm, NZBau 2006, 788); unzureichende **Bewehrungsabnahme** durch den Tragwerkplaner (OLG Bamberg, BauR 2005, 1793, 1794 = IBR 2006, 508 – *Hebel*); Risse an zwei Außenwänden; angebliche Fehler der statischen Berechnung (BGHZ 48, 257 = NJW 1967, 2259); **Verteuerung** des Bauvorhabens (OLG Stuttgart, BauR 1971, 63); **besondere Gründungsmaßnahmen** aufgrund des Architektenplanes, fehlerhafte statische Berechnung (BGH, BauR 1971, 265); zur Untersuchung der **Baugrundverhältnisse** (OLG Koblenz, BauR 2005, 422 = IBR 2005, 705; OLG Rostock, IBR 2005, 225; LG Dresden, BauR 2003, 925; OLG Karlsruhe, BauR 2002, 1884; OLG Stuttgart, BauR 1996, 748 u. BauR 1973, 124; BGH, *Schäfer/Finnern*, Z 3.01 Bl. 403; BGH, WM 1971, 682; BGH, VersR 1970, 825; OLG Köln, *SFH*, Nr. 55 zu § 635 BGB; ferner: *Locher/Koeble/Frik*, § 15 HOAI, Rdn. 91; *Bindhardt*, BauR 1974, 376 ff.); **Dehnungsfugen** (OLG Düsseldorf, BauR 1973, 252; OLG Köln, BauR 1988, 241; OLG Nürnberg, NJW 1990, 1357; BGH, BauR 1971, 265; s. aber OLG Düsseldorf, BauR 1973, 252; OLG Karlsruhe, VersR 1969, 355 – Aufgabe des Architekten); allgemein zu den vertraglichen **Pflichten des Tragwerkplaners** (OLG Dresden, IBR 2006, 37 – statische Berechnung; **Standsicherheitsnachweis**; IBR 2006, 628 – Prüfung der **Haftzugfestigkeit** des Betons; OLG Düsseldorf, BauR 1997, 685; OLG Stuttgart, BauR 1973, 64); **untragbare Verteuerung des Baues** (BGH, Urt. v. 28.2.1966 VII 287/63); **Mängel der Schal- und Bewehrungspläne** als unmittelbarer Folgeschaden der mangelhaften Statik (OLG Stuttgart, BauR 1973, 259); **Giebelmauer** in das Nachbargrundstück (BGH, *Schäfer/Finnern*, Z 3.01 Bl. 421); **Grundstücksvertiefung** – Schaden am Nachbargrundstück (OLG Düsseldorf, BauR 1975, 71); **falsche Gründung** des Bauwerks, Statiker als **Erfüllungsgehilfe** des Bauherrn (OLG Oldenburg, BauR 1981, 399); **keine Verpflichtung zur Überprüfung** der Architektenplanung auf allgemeine **Gebrauchsfähigkeit** (OLG Köln, NJW-RR 1986, 183); **fehlerhafte statische Berechnungen** (OLG Nürnberg, *SFH*, Nr. 56 zu § 635 BGB); Garantie eines Fachingenieurs für die ordnungsgemäße Durchführung einer **Dachsanierung** (OLG Stuttgart, NJW-RR 1989, 210); **fehlender Hinweis** eines Statikers bezüglich der Verletzung seiner **Planungsvorgaben** (OLG Hamm, NJW-RR 1990, 91); **fehlerhafte Mengen- und Kostenermittlung** (BGH, NJW-RR 1988, 1362); **Risse** in Wänden eines Überlaufbeckens (OLG Nürnberg, NJW-RR 1990, 1357); fehlerhafte **Wärmeschutzplanung** (OLG Celle, IBR 2007, 572 – *Baden*); mangelhafte **Wärmedämmaßnahmen** (OLG Frankfurt, BauR 1991, 785); fehlerhafte **Wärmeschutzberechnung** (OLG Köln, IBR 2004, 29); Haftung des **Elektroingenieurs** (OLG Hamm, BauR 1990, 104); Hinweispflicht des Statikers (nur) hinsichtlich konstruktiver Belange (OLG Hamm, NJW-RR 1992, 1302); statische Überprüfung der **konstruktiven Verbindung** nichttragender und tragender Teile – mit **Kragplatten** starr verbundene Fassadenteile (OLG Düsseldorf, BauR 1994, 395 = NJW-RR 1994, 477); mangelhafte Überprüfung der verwandten **Baustoffe** durch den bauüberwachenden **Ingenieur** (OLG Bamberg, BauR 1996, 284); Überprüfung der **vorhandenen**

---

475) Zur **gesamtschuldnerischen** Haftung von Architekt und Tragwerkplaner für das Fehlen von Dehn(Gleit)fugen: KG, IBR 2006, 509 – *Fischer*.
476) OLG Karlsruhe, BauR 2002, 1882, 1885 m. Nachw.

Bausubstanz durch **Tragwerkplaner** (OLG Düsseldorf, BauR 1997, 685); **Planungsmängel** des Sonderfachmannes bei einer Raumluftanlage für eine Wäscherei; fehlerhafte **Wärmerückgewinnungsanlage** (OLG Düsseldorf, NJW-RR 1996, 17); mangelhafte Informationsbeschaffung durch **Bodengutachter** (OLG Köln, BauR 1998, 411 [LS]); zur **Hinweispflicht** des Tragwerkplaners bei fehlerhaftem Baugrundgutachten (Thüringer OLG, OLGR 1998, 453; Planung und Berechnung einer **Sohlplatte** durch den Tragwerkplaner bei schwierigen Bodenverhältnissen (OLG Düsseldorf, OLGR 1998, 362); **Lochfraß** in Kupferrohren (OLG Köln, BauR 1999, 426); verzinkte Stahlrohre für **Trinkwasserversorgung** (OLG Nürnberg, IBR 2006, 567); Prüfung des **Schmalseitenprivilegs**, § 6 Abs. 6 BauO NRW, ist **nicht** Aufgabe des Vermessungsingenieurs (OLG Hamm, BauR 1999, 1204 = NJW-RR 2000, 22); zu große Heizkörper (OLG Frankfurt, BauR 2000, 598 – kein Planungsfehler des Sonderfachmanns, wenn diese den Regeln der Technik entsprechen); zum **fehlerhaften Vergabevorschlag** und dadurch bedingte Zuschusskürzung (OLG München, BauR 2001, 981); zur Haftung des Tragwerkplaners bei Planung einer **Bodenplatte** mit Entwässerungsrinnen und Dehnungsfugen (OLG Düsseldorf, BauR 2001, 1468 = NZBau 2002, 42); zum Beginn der **Verjährungsfrist** für Ansprüche gegen den Tragwerksplaner (OLG Bamberg, BauR 2005, 1792, 1793 u. OLG Stuttgart, IBR 2004, 150 – *Maser*).

## 7. Mängel des Treuhänderwerkes

*Literatur*

*Pause*, Bauträgerkauf und Baumodelle, 4. Auflage 2004; *Basty*, Der Bauträgervertrag, 5. Auflage 2005.

*Koeble*, Zur Haftung des Treuhänders bei Baumodellen, Festschrift für Korbion (1986), 215; *Mauer*, Besonderheiten der Gewährleistungshaftung des Bauträgers, Festschrift für Korbion, 301; *Vogelheim*, Die Behandlung von Sonderwünschen beim Bauträgervertrag, BauR 1999, 117; *Pause*, Die Entwicklung des Bauträgerrechts und der Baumodelle seit 1998, NZBau 2001, 603 (Teil 1) u. 661 (Teil 2).

Der **Treuhänder** im Bauherren oder Ersterwerbermodell hat eine dem Architekten vergleichbare Stellung, sein Aufgabenbereich ist weit gefächert.[477] Gerade dem **Basistreuhänder** obliegen in der Regel **umfassende Vertragspflichten** gegenüber dem Betreuten; so hat er meist den Abschluss der Verträge vorzunehmen und ist im Zweifel mit der gesamten rechtsgeschäftlichen Abwicklung des Bauherrenmodells für den Erwerber („Bauherrn") beauftragt.[478] In dieser Funktion ist der Basistreuhänder – dem Architekten vergleichbar – **Sachwalter** des Bauherrn und steht in seinem Lager.[479]

Der Treuhänder ist nach ständiger Rechtsprechung des BGH[480] verpflichtet, „die **Interessen der Erwerber (Treugeber) gewissenhaft zu wahren"**. In Bezug auf die **technische** Bauwerkserrichtung übernimmt der Treuhänder allerdings keine eigenen Verpflichtungen; er kann also auch nicht – neben dem Architekten oder Unternehmer – aus Sachmängelhaftung wegen Baumängel in Anspruch genommen werden.[481]

---

477) Vgl. *Brych*, Festschrift für Korbion, S. 1, 5; *Koeble*, Festschrift für Korbion, S. 215 ff.; *Pause*, Rdn. 1137, 1176 ff.; *Wirth/Kromik*, VII. Teil, Rdn. 116 ff. Zur Anwendung des **RBerG** auf den umfassenden Treuhandvertrag: BGH, IBR 2005, 56 – *Eschenbruch*.

478) Vgl. dazu vor allem *Pause*, Rdn. 1139.

479) Vgl. *Kürschner*, ZfBR 1988, 2 ff.

480) Vgl. BGH, BauR 2002, 621; NJW-RR 1989, 1102; BGHZ 102, 220 = NJW 1988, 1663 = ZfBR 1988, 79 = BauR 1988, 103; BGH, BauR 1988, 502 = NJW-RR 1988, 915 = *SFH*, Nr. 17 zu § 675 BGB; BGH, BauR 1988, 99; *Kürschner*, ZfBR 1988, 2, 3 m. w. Nachw.

481) Vgl. *Koeble*, a. a. O., S. 220; *Pause*, Rdn. 1228 ff. m. Nachw.

Es treffen den Treuhänder jedoch vor allem während der Bauphase umfassende **Beratungs-, Aufklärungs-** und **Hinweispflichten.** So gehört es nach der Rechtsprechung des BGH[482] zu den vertraglichen Pflichten des Treuhänders, den Bauherrn rechtzeitig über **nachteilige Entwicklungen** des Bauvorhabens zu **unterrichten**, insbesondere über Schwierigkeiten, das Bauwerk wie geplant zu errichten. Der Treuhänder muss daher stets durch entsprechende Aufklärung, Beratung und Hinweise die Planverwirklichung sicherstellen.[483] Deshalb kann z. B. eine Haftung des Treuhänders in Betracht kommen, wenn sich Minderflächen der Eigentumswohnungen[484] in der Bauphase abzeichnen, der Treuhänder trotz Kenntnis von diesem Umstand aber nichts unternimmt, insbesondere den Bauherrn nicht unterrichtet, sodass ihm ein Schaden[485] entsteht. Des Weiteren ist der Treuhänder verpflichtet, alles in seiner Macht Stehende zu tun, um **Kostenüberschreitungen** zu verhindern.[486]

**Rechtsprechung:**

* **Prüfungs-** und **Hinweispflichten** des Treuhänders im Bauherrenmodell (BGH, NJW 1990, 2664 = BauR 1990, 749 = ZfBR 1990, 238; BauR 1991, 88 = NJW-RR 1991, 218 – Flächenangaben im Prospekt)
* Zur Pflicht des Treuhänders/Baubetreuers, bei der Abnahme **Mängel** zu rügen und den Bauherrn hiervon zu unterrichten (OLG Saarbrücken, OLGR 2004, 210 = BauRB 2004, 162)
* Pflicht zur Wahrung **steuerlicher Vorteile** (BGH, NJW-RR 1991, 660 = ZfBR 1991, 112)
* Pflichtverletzung des Treuhänders bei **Weiterleitung** des Kaufpreises (BGH, NJW 1992, 2221 = BauR 1992, 523 = SFH, Nr. 26 zu § 675 BGB)
* Haftung des Treuhänders bei **Gewährleistungsausschluss** ohne sachverständige Prüfung des Bauzustandes (OLG Köln, BauR 1991, 626)
* zur **gesamtschuldnerischen** Haftung von **Baubetreuer** und **Treuhänder** (OLG Düsseldorf, NJW-RR 1992, 914 = BauR 1992, 653)
* zur **Aufklärungspflicht** eines Bautreuhänders, der vor Erfüllung der vertraglich festgelegten Voraussetzungen den Baubeginn veranlasst (BGH, BauR 1994, 380 = NJW 1994, 1864)
* zur Haftung des Treuhänders bei Einsatz eines **fachlich** und **finanziell ungeeigneten Generalübernehmers** (BGH, BauR 1994, 639)
* Haftung des Baubetreuers für unzureichende Beratung zur **Verjährungsvereinbarung** (LG Oldenburg, NJW-RR 1992, 154)

---

482) Vgl. BGH, NJW-RR 1988, 915; OLG Karlsruhe, WM 1988, 1068 = ZIP 1988, 1258; s. auch: OLG Köln, BauR 1991, 626 (Kauf eine **Altbauimmobilie**); OLG Stuttgart, NJW-RR 1988, 276; OLG Frankfurt, NJW-RR 1988, 618; OLG Köln, NJW-RR 1989, 529.
483) OLG Köln, Urt. v. 20.9.1988 – 15 U 67/88; OLG Köln, BauR 1997, 314 (Einbau einer in der Baubeschreibung vorgesehenen Deckenkonstruktion).
484) Ist die **Wohnfläche** einer Eigentumswohnung ca. 10% kleiner als im Vertrag angegeben, liegt nach KG, NJW-RR 1989, 459 ein Fehler vor, der zur Minderung des Erwerbspeises berechtigt; vgl. ferner: OLG Düsseldorf, NJW 1981, 1455 (**Berechnung** des Minderwertes); OLG München, ZMR 1978, 365 sowie BGH, BauR 1991, 356 = NJW-RR 1991, 662 = SFH, Nr. 22 zu § 675 BGB.
485) Zum Beispiel, der Generalunternehmer wird insolvent; siehe auch BGH, NJW-RR 1988, 915 = SFH, Nr. 17 zu § 675 BGB.
486) BGH, BauR 1988, 103.

## Projektsteuerung

* Pflichten des Baubetreuers bei der **wirtschaftlichen Betreuung** eines Bauvorhabens (OLG Köln, OLGR 1996, 261)
* Unzulässige **Änderung der Zweckbestimmung** eines Bauherrenmodells (OLG Köln, NJWRR 1996, 469 = OLGR 1996, 2)
* **Aufklärungspflichten** und **Prospekthaftung** des Treuhänders im Bauherrenmodell (OLG Köln, OLGR 1996, 237 u. OLGR 2005, 5 (Bauträgermodell); zur **Prospekthaftung** beim Bauherrenmodell: BGH, BauR 2001, 253 = NJW 2001, 436 – Bauträgermodell; NJW 1990, 2461 = BauR 1990, 612; NJW 1994, 2226 = BauR 1994, 635; zur Berechung des Steuerschadens: BGH, ZfBR 1996, 201)
* Haftung des Baubetreuers **wie ein Architekt,** wenn er entsprechende Aufgaben übernimmt (BGH, BauR 2000, 1762 = NJW-RR 2000, 1547 = ZfBR 2000, 548; s. auch: OLG München, BauR 1999, 399)
* Zur Reichweite und den Auswirkungen eine summenmäßigen **Haftungsbeschränkung** (BGH, BauR 2002, 621 = NZBau 2002, 94 = MDR 2002, 80).

### 8. Mängel des Projektsteuerers

*Literatur*

*Kapellmann*, Juristisches Projektmanagement, 2. Auflage 2007.

*Schill*, Die Entwicklung des Rechts der Projektsteuerung seit 1998, NZBau 2002, 201; *Eschenbruch*, Die Haftung des Projektleiters, Festschrift für Werner (2005), 247; *Schill*, Die Entwicklung des Rechts der Projektsteuerung seit 2002, NZBau 2005, 489; *Weise*, Neues vom Projektsteuerungsvertrag, NJW-Spezial 2007, 213; *Baldringer*, Forderungsbegründung aus gekündigtem Projektsteuerungsvertrag, NZBau 2007, 421.

Projektsteuerer finden insbesondere bei Großprojekten immer mehr Betätigungsfelder (Rdn. 1427 ff.);[487] gleichwohl hielt sich die Anzahl der einschlägigen Entscheidungen zum Recht des Projektmanagements in Grenzen,[488] was sich indes in den letzten Jahren geändert hat.[489]

Die **Haftung** des Projektsteuerers hängt von seinem (vertraglich) übernommenen oder (durch seinen Tätigkeitsbereich) objektiv bestimmten **Pflichtenkreis** ab (Rdn. 1428).[490] Danach bestimmt sich wesentlich auch die rechtliche **Einordnung** als Dienst- oder Werkvertrag (Rdn. 1429).[491] Überwiegt die werkvertragliche Komponente seiner Tätigkeit (z. B. bei Kontroll- und Überwachungsleistungen), gelten die allgemeinen Haftungsregeln des Werkvertragsrechts.[492] Damit sind Fehlverhalten an dem (neuen) Mangelbegriff des § 633 BGB zu messen. Auch insoweit gilt aber,

1541

---

487) Instruktiv: *Eschenbruch*, BauR 2004, 1 ff.
488) Vgl. u. a. *Korbion/Möllers*, Baurecht, Teil 14, Rdn. 11 m. Nachw. in Anm. 6.
489) Zur Entwicklung: *Eschenbruch*, NZBau 2004, 362 ff. Zur Anwendung der **HOAI**: *Baldringer*, NZBau 2007, 421 ff. m. w. Nachw.
490) Zur Haftung eines bei der Projektentwicklung tätigen **Projektmanagers**: OLG Düsseldorf, IBR 2006, 458 – *Eschenbruch*.
491) Zur Rechtsnatur: BGH, BauR 2007, 724, 725 = NZBau 2007, 315, 316; OLG Celle, NZBau 2004, 684; OLG Frankfurt, BauR 2007, 1107 (LS); *Fischer*, in: Thode/Wirth/Kuffer, § 19 Rdn. 55 ff.; *Korbion/Mantscheff/Vygen*, § 1 HOAI, Rdn. 21; *Schill*, NZBau 2002, 201; *Eschenbruch*, Rdn. 754 ff.; *Korbion/Möllers*, a. a. O., Rdn. 62 ff. Zur Anwendung des **RBerG**: BGH, IBR 2005, 56 – *Eschenbruch*; OLG Köln, BauR 2004, 1994 (LS); *Eschenbruch*, Rdn. 797 ff.
492) *Eschenbruch*, Rdn. 1128 ff. u. 1197 ff. u. Festschrift für Werner, S. 249, 254 ff.

wie für Architekten, dass der Mangelbegriff des § 633 BGB auch durch die Vorschrift des § 31 HOAI bestimmt werden kann (Rdn. 1475).

Zu beachten ist, dass es im Einzelfall zu **Überschneidungen** mit dem Leistungsbild anderer an dem Bauvorhaben Beteiligter kommen kann; das ist vor allem der Fall, wenn in Bezug auf die **plan-** und **ausführungsgerechte Verwirklichung** des Bauvorhabens **gleichartige** Vereinbarungen von dem Auftraggeber getroffen werden. Es liegt deshalb auf der Hand, dass das Berufsbild des Projektsteuerers, das ohne scharfe Konturen ausgestattet ist, im Einzelfall schwierige **Abgrenzungsfragen** birgt. Gerade die Haftungsfragen der Baubeteiligten bedingen daher, dass das Leistungsbild der Beteiligten **konkret** vereinbart oder doch jedenfalls umschrieben wird. **Unzulänglichkeiten** oder Ungereimtheiten gehen im Zweifel zu Lasten des **Auftraggebers,** weil es ihm obliegt, die Leistungsbereiche hinreichend konkret abzustecken. Im Streitfall ist es an ihm, die vertragswidrige und damit mangelhafte Werkleistung **darzulegen** und/oder zu **beweisen.** Fällt eine Schadensursache dagegen in den Verantwortungsbereich des Projektsteuerers, hat er zu beweisen, dass er die Pflichtverletzung nicht zu vertreten hat.[493]

Übernimmt der Projektsteuerer „**ein Bündel**" von verschiedenen Aufgaben und überwiegen dabei die erfolgsorientierten, so schuldet er einen werkvertraglichen „Erfolg". Die Bündelung eröffnet damit aber auch über den Begriff der **Zweckgemeinschaft** ein Argument für eine **gesamtschuldnerische Haftung** mit anderen Baubeteiligten (Baubetreuer, Architekt, Sonderfachmann). Handelt der Projektsteuerer „wie ein Architekt", so haftet er auch entsprechend.[494] Eine haftungsrechtliche Gesamtschuldnerschaft mit dem planenden und/oder bauüberwachenden Architekten/Sonderfachmann ist deshalb denkbar.[495]

---

[493] OLG München, IBR 2006, 458 – *Eschenbruch.*
[494] Vgl. BGH, BauR 2000, 1762 = ZfBR 2000, 548 = NZBau 2000, 523; *Eschenbruch,* Rdn. 1130.
[495] Siehe *Soergel,* BauR 2005, 239, 249 ff.; *Eschenbruch,* Rdn. 1182 ff. m. Nachw.; **a. A.:** *Korbion/Möllers,* a. a. O., Rdn. 118 ff.

## III. Die Mängelbeseitigungsklage

*Übersicht*

|  | Rdn. |  | Rdn. |
|---|---|---|---|
| 1. Begriffsbestimmungen | 1543 | c) Die Abrechnung des Vorschusses | 1605 |
| 2. Die Klage des Auftraggebers auf Nacherfüllung nach dem BGB | 1550 | 9. Die Klage des Auftraggebers auf Nacherfüllung nach der VOB | 1610 |
| a) Die Klage gegen den Unternehmer vor Abnahme | 1550 | a) Die Klage gegen den Unternehmer vor Abnahme der Bauleistung | 1610 |
| b) Die Klage gegen den Unternehmer nach Abnahme; der typische Nacherfüllungsfall | 1559 | b) Die Klage des Auftraggebers nach Abnahme | 1622 |
| 3. Mitverschulden des Auftraggebers und seine Zuschusspflicht (Sowiesokosten) | 1562 | 10. Die Klage auf Nacherfüllung gegen den Architekten | 1634 |
| 4. Umfang der Nacherfüllung | 1565 | a) Der Neuherstellungsanspruch des Auftraggebers gegen den Architekten | 1637 |
| 5. Die Kosten der Nacherfüllung | 1569 | b) Der Anspruch auf Nacherfüllung (§ 635 BGB) | 1638 |
| 6. Die verweigerte Nacherfüllung („unverhältnismäßige Kosten") | 1574 | c) Zum Nacherfüllungsrecht des Architekten | 1642 |
| 7. Die Selbstvornahme (§ 637 Abs. 1 BGB) | 1579 | d) Fristsetzung | 1645 |
| 8. Der Kostenvorschussanspruch (§ 637 Abs. 3 BGB) | 1587 | e) Die Mitwirkungspflicht des Architekten bei der Nacherfüllung durch den Unternehmer | 1646 |
| a) Voraussetzung und Umfang | 1587 |  |  |
| b) Vorschuss und Verjährung | 1598 |  |  |

*Literatur*

*Blaese*, Der Erfüllungsanspruch und seine Konkretisierung im Werkvertrag, 1988.
*Frotz*, Regressverlust durch Gläubigerhandeln, VersR 1965, 212; *Neumann-Duesberg*, Die Beweislast im Werkmängelprozess, BlGBW 1967, 125; *Fischer*, Werklohnklage und Nachbesserungsanspruch beim Bauvertrag, BauR 1973, 210; *Kaiser*, Die Haftung des Auftragnehmers vor der Abnahme, BlGBW 1976, 101, 121; *Brych*, Die vertragliche Gestaltung der Gewährleistung des Bauträgers bei der Veräußerung von Eigentumswohnungen, MDR 1978, 180; *Schmitz*, Die Mängelbeseitigung vor Abnahme nach dem BGB, BauR 1979, 195; *Jakob*, Nichterfüllung und Gewährleistung beim Werkvertrag, Festschrift Beitzke (1979), 67; *Jagenburg*, Die Abnahme des Architektenwerkes und die Tätigkeitspflicht des Architekten bei Mängeln, BauR 1980, 406; *Eisenmann*, Ersatzansprüche nach Werk- und Kaufvertragsrecht bei Verwendung mangelhafter Baumaterialien, DB 1980, 433; *Kaiser*, Rechtsbehelfe des Werkbestellers vor der Abnahme bei Nachbesserungspflichtverletzungen durch den Unternehmer, ZfBR 1980, 109; *Baumgärtel*, Die Beweislastverteilung für die Haftung des Unternehmers und des Architekten, ZfBR 1981, 1; *Brandt*, Zum Leistungsumfang beim schlüsselfertigen Bauen nach Baubeschreibung in Bezug auf technisch notwendige, aber nicht ausdrücklich vereinbarte Teilleistungen, insbesondere bei der Nachbesserung, BauR 1982, 524; *Soergel*, Mängelansprüche bei vorzeitiger Vertragsbeendigung wegen höherer Gewalt, Festschrift für Korbion (1986), 427; *Clemm*, Abgrenzung zwischen (kostenloser) Nachbesserung und (entgeltlichem) Werkvertrag, BB 1986, 616; *Seidel*, Das „Nachbesserungsrecht" des Unternehmers beim Werkvertrag, JZ 1991, 391; *Coester-Waltjen*, Die Haftung für Mängel beim Werkvertrag, Jura 1993, 200; *Merl*, Folgen unzureichender und unzutreffender Mängelbeseitigungsverlangen, Festschrift für Soergel (1993), 217; *Peters*, Der Einwand des Mitverschuldens gegenüber Erfüllungsansprüchen, JZ 1995, 754; *Kniffka*, Abnahme und Gewährleistung nach Kündigung des Werkvertrages, Festschrift v. Craushaar (1997), 359; *Unruh*, Zur Rechtsnatur des Nachbesserungsanspruchs nach BGB und VOB, Festschrift v. Craushaar, 367; *Kniffka*, Abnahme und Abnahmewirkungen nach der Kündigung des Bauvertrages, ZfBR 1998, 113; *Thode*, Werkleistung und Erfüllung im Bau- und Architektenvertrag,

ZfBR 1999, 116; *Koeble,* Mängelansprüche bei Veräußerung des Eigentums, Festschrift für Vygen (1999), 319; *Oppler,* Fristsetzung zur Mangelbeseitigung, Selbstbeseitigungsrecht und Nachbesserungsbefugnis, Festschrift für Vygen, 344; *Putzier,* Wann muss der Bauherr für die Mängelbeseitigungsklage die Mangelursachen ermitteln?, Festschrift für Vygen, 353; *Quack,* Vom Interesse des Bestellers an der Nachbesserung, Festschrift für Vygen, 368; *Motzke,* Nachbesserung – Auswirkung von Auftragsumfang, Abschnittsbildungen und Kompetenzzuweisung auf Inhalt und Umfang der Mängelbeseitigung sowie Kostenvorschuss/erstattung, Jahrbuch Baurecht 2000, 22; *Leitzke,* Nochmals: Rechtsprobleme beim Zusammentreffen empfindlicher Gewerke, NZBau 2001, 672; *Leitzke,* Keine Gewährleistung bei ungeklärter Mängelursache?, BauR 2002, 394; *Voit,* Die Änderungen des allgemeinen Teils des Schuldrechts durch das Schuldrechtsmodernisierungsgesetz und ihre Auswirkungen auf das Werkvertragsrecht, BauR 2002, 145; *Preussner,* Das neue Werkvertragsrecht im BGB 2002, BauR 2002, 231; *Teichmann,* Schuldrechtsmodernisierung 2001/2002 – Das neue Werkvertragsrecht, JuS 2002, 417; *Thode,* Die wichtigsten Änderungen im BGB-Werkvertragsrecht: Schuldrechtsmodernisierungsgesetz und erste Probleme, NZBau 2002, 297 (Teil 1) u. 360 (Teil 2); *Wagner,* Leistungsstörung im Baurecht nach der Schuldrechtsmodernisierung, ZfIR 2002, 353; *Reinkenhof,* Das neue Werkvertragsrecht, Jura 2002, 433; *Vygen,* Rechtliche Probleme der baubegleitenden Qualitätsüberwachung mit und ohne Fertigstellungsbescheinigung, Festschrift für Jagenburg (2002), 933; *Pause,* Haftung bei Baucontrolling, BTR 2003, 185; *Gross,* Gewährleistungsmanagement in der Baupraxis, BauRB 2003, 154; *Brügmann/Kenter,* Abnahmeanspruch nach Kündigung von Bauverträgen, NJW 2003, 2121; *Preussner,* Die Auswirkungen des Schuldrechtsmodernisierungsgesetzes auf das Baurecht, Festschrift für Kraus (2003), 179; *Sienz,* Das Gewährleistungsrecht des Werkvertrags nach der Schuldrechtsreform, ebenda, 237; *Koeble,* Einzelfragen des Architekten- und Ingenieurrechts nach dem Schuldrechtsmodernisierungsgesetz, ebenda, 389; *Derleder,* Der Wechsel zwischen den Gläubigerrechten bei Leistungsstörungen und Mängeln, NJW 2003, 998; *Braun,* Gewährleistung und Haftung des Architekten, BTR 2004, 208; *Kenter/Brügmann,* Dominierendes Bestimmungsrecht des Auftraggebers, BauR 2004, 395; *Suffel,* Baustoffkauf bei Händler oder Hersteller – unterscheiden sich die Mängelansprüche?, BrBp 2004, 480; *Oechsler,* Praktische Anwendungsprobleme des Nacherfüllungsanspruchs, NJW 2004, 1825; *Woitkewitsch,* Sofortiges Rücktrittsrecht bei mangelhafter Nacherfüllung innerhalb der Frist, MDR 2004, 862; *Knütel,* Wider die Ersatzfähigkeit „fiktiver" Mängelbeseitigungskosten, BauR 2004, 591; *Henkel,* Die Pflicht des Bestellers zur Abnahme des unwesentlich unfertigen Werks, MDR 2004, 361; *Muffler,* Das Mängelbeseitigungsrecht des Werkunternehmers und die Doppelsinnigkeit der Nacherfüllung, BauR 2004, 1356; *Grams,* Zum (Schuld-)Anerkenntnis im Baurecht, BauR 2004, 1513; *Göbel,* Streitverkündung und Aussetzung in Baumängelprozessen, BauR 2004, 1533; *Weber/Kesselring,* Die Entwicklung des BGB-Werkvertrags- und Bauträgerrechts in den Jahren 2001 bis 2004, NJW 2004, 3469; *Schneeweis,* Das Baustellenverbot und seine rechtlichen Auswirkungen, BrBp 2005, 9; *Pott,* Prozessuale Präklusion von Baumängelrechten, NZBau 2005, 680; *Hildebrandt,* Aufgedrängte Abnahme – Keine Abnahme gegen den Willen des Auftragnehmers vor Fertigstellung des Werkes, BauR 2005, 788; *Schonebeck,* Die Abtretung von Mängelansprüchen, BauR 2005, 934; *Jansen,* Das Recht des Auftragnehmers zur Mängelbeseitigung/Nacherfüllung, BauR 2005, 1089; *Mundt,* Zur angemessenen Nachbesserungsfrist bei witterungsabhängigen Nachbesserungsarbeiten, BauR 2005, 1397; *Weyer,* Das Mängelbeseitigungs-, Nacherfüllungs-„Recht" des Auftragnehmers – nicht nur ein Problem der Terminologie, BauR 2006, 1665; *Sienz,* Das Dilemma des Werkunternehmers nach fruchtlosem Ablauf einer zur Mängelbeseitigung gesetzten Frist, BauR 2006, 1816; *Zahn,* Darlegungs- und Beweislast bei der Geltendmachung von Mängelrechten, BauR 2006, 1823; *Moufang/Koos,* Unberechtigte Mängelrügen nach Abnahme: Untersuchungspflicht und Ansprüche des Unternehmers, BauR 2007, 300; *Rohrmüller,* Erfüllungswahl des Insolvenzverwalters, NZBau 2007, 145; *Pause/Vogel,* Die Auswirkungen der WEG-Reform auf die Geltendmachung von Mängeln am Gemeinschaftseigentum, BauR 2007, 1298; *Kniffka,* Die gemeinschaftliche Durchsetzung der Rechte wegen Mängeln am Gemeinschaftseigentum, Festschrift für Ganten (2007), 125.

**1542** Die auf **Mängelbeseitigung** gerichtete Klage des Bauherrn steht unter dem besonderen Gebot, durch einen ausreichend substantiierten Klagevortrag dem Gericht die

**Begriffe** **Rdn. 1543–1545**

Tatsachen zu vermitteln, die erforderlich sind, um das auf Beseitigung von Baumängeln gerichtete Klagebegehren rechtlich richtig einordnen zu können; denn der Anspruch auf Mängelbeseitigung kann verschiedene rechtliche und damit tatsächliche Voraussetzungen haben, die die prozessuale Darstellung des Klagevorbringens beeinflussen.

## 1. Begriffsbestimmungen

„Mängelbeseitigung" ist ein **Oberbegriff**, der allgemein jede Behebung eines Baumangels umfasst. Das alte Werkvertragsrecht benutzt diesen Ausdruck in § 633 Abs. 2 Satz 1 („kann der Besteller die Beseitigung des Mangels verlangen"), in § 633 Abs. 3 („der Beseitigung des Mangels"), in § 634 und § 638 BGB a. F. Auch die VOB/B (2006) spricht von „Beseitigung des Mangels" (§ 13 Nr. 5 Satz 1 VOB/B). Der Begriff „Beseitigung des Mangels" gibt für die rechtliche Einordnung des Verlangten allerdings noch nichts her. Dies gilt auch für den altrechtlichen Begriff „Nachbesserung", der sich durchgesetzt hat und trotz des neurechtlichen Begriffs der „Nacherfüllung" auch heute noch vielfach benutzt wird. Das alte Werkvertragsrecht kannte darüber hinaus noch den Begriff der „**Herstellung** des versprochenen Werkes", den das neue Recht zwar in § 631 Abs. 1 BGB in Bezug auf die „Herstellung des versprochenen Werkes" übernimmt; im Übrigen heißt es in § 633 Abs. 1 nunmehr, der Unternehmer habe das Werk frei von Sach- und Rechtsmängeln „**zu verschaffen**". Es entsprach altrechtlich herrschender Meinung, dass der **(Neu)herstellungsanspruch** und der **Mängelbeseitigungsanspruch** begrifflich streng zu trennen waren;[1] nichts anderes gilt aber für das neue Recht: Verlangt der Besteller „Nacherfüllung", „so kann der Unternehmer nach seiner Wahl den Mangel beseitigen oder ein neues Werk herstellen" (§ 635 Abs. 1 BGB). **1543**

Die Trennung zwischen dem Neuherstellungs- und dem Nacherfüllungsanspruch ist auch für den **VOB-Bauvertrag** bedeutsam; die VOB/B hat allerdings dem (verschuldensunabhängigen) Mängelbeseitigungsanspruch in § 4 Nr. 7 Satz 1 und § 13 Nr. 5 im Gegensatz zum BGB nach h. A. eine andere rechtliche Ausgestaltung gegeben. Ist der Nachbesserungs(Nacherfüllungs)anspruch nach dem BGB grundsätzlich als Erfüllungsanspruch anzusehen, der Ausfluss des Rechts des Bestellers auf Erfüllung des Vertrages gemäß § 631 Abs. 1 BGB ist,[2] wird im Rahmen der VOB/B nur der Mängelbeseitigungsanspruch des § 4 Nr. 7 Satz 1 VOB/B als Erfüllungsanspruch angesehen, während § 13 Nr. 5 VOB/B demgegenüber einen echten Gewährleistungs(Mängel)- anspruch (vgl. Rdn. 1622 ff.) enthalten soll, der ebenfalls auf Nachbesserung/Nacherfüllung, d. h. auf Mängelbeseitigung, ausgerichtet ist.[3] **1544**

Damit ergibt sich nach herrschender Ansicht folgende **Einteilung**: **1545**

**Mängelbeseitigung** ist allgemein die Herstellung eines vertragsgemäßen Zustandes eines Bauwerkes, und zwar entweder durch **Erfüllung** der ursprünglich durch den Bauvertrag übernommenen Herstellungs-/Verschaffungspflicht (§§ 631 Abs. 1,

---

1) Vgl. statt vieler: *Soergel/Siebert/Ballerstedt*, § 633 BGB, Rdn. 2 ff.; *Staudinger/Peters*, § 633 BGB, Rdn. 158 ff.; *Teichmann*, Gutachten A zum 55. Deutschen Juristentag, Bd. I, Teil A, 1984, A 48 ff.
2) Vgl. *Ganten*, BauR 1971, 161; *Kaiser*, NJW 1973, 1911; BGH, WM 1971, 685 = NJW 1971, 838, 839; BGH, NJW 1958, 706; NJW 1963, 805; *Schmalzl*, BauR 1971, 172.
3) *Muffler*, BauR 2004, 1356, 1357.

633 Abs. 1 BGB) oder ausnahmsweise im Rahmen der **Gewährleistung** als sekundäre Herstellungspflicht.

Die Klage des Bauherrn, die auf Mängelbeseitigung gemäß §§ 634 Nr. 1, 635 Abs. 1 BGB und gemäß § 4 Nr. 7 Satz 1 VOB/B gerichtet ist, stellt sich damit im eigentlichen Sinne als eine **„Erfüllungs"-Klage** dar. Zu beachten ist, dass ein **Erfüllungsanspruch** schon nach dem **alten** Recht nicht bereits dadurch erlosch, dass der Auftraggeber die Abnahme verweigert und Schadensersatz wegen „Mangelhaftigkeit" verlangt; solange die Werkleistung nicht abgenommen ist, besteht der Anspruch auf Erfüllung, sodass auch Schadensersatz wegen Nichterfüllung nach **§ 326 Abs. 1 BGB a. F.** – neben den werkvertraglichen Ansprüchen aus §§ 634 ff. BGB a. F. – verlangt werden kann.[4] Nichts anderes gilt für den **gekündigten** Bauvertrag; auch sein „Erfüllungsstadium" endet erst mit der **Abnahme**.[5] Befindet sich der **Unternehmer** mit seiner Leistungsverpflichtung in **Verzug**, kann der Besteller daher die in den §§ 326 Abs. 1 und 634 Abs. 1 BGB a. F. vorgesehene Frist mit Ablehnungsandrohung setzen, ohne sich vorher für eine der beiden Anspruchsgrundlagen entscheiden zu müssen.[6] Macht der Besteller wegen einer nicht rechtzeitigen Fertigstellung des Bauwerkes Schadensersatz wegen Nichterfüllung nach § 326 BGB a. F. geltend, muss der Unternehmer darlegen und beweisen, dass ihn kein Verschulden trifft.[7] Die Beweislast für Ersparnisse des Gläubigers trägt grundsätzlich der Schuldner.[8]

Nichts anderes gilt für das **neue** Recht: **Bis** zur Abnahme besteht der Erfüllungsanspruch, sodass sich die Rechte des Bestellers nach dem **allgemeinen Leistungsstörungsrecht** richten. Der Besteller muss deshalb die Bauleistung nicht abnehmen und/oder die Mängelrechte nach § 634 BGB geltend machen, sondern er kann (nach Fristsetzung zur Fertigstellung und anschließend zur Mängelbeseitigung) unmittelbar auf die Vorschriften der §§ 280, 281, 323 BGB zurückgreifen.[9] Der Ablauf der Fristen bewirkt auch keinen Untergang des Erfüllungsanspruchs, sondern erst das Verlangen eines Schadensersatzes (§ 281 Abs. 4 BGB). Dann gehen allerdings auch bestellte Sicherheiten verloren.[10] Der Besteller kann auf seinen Erfüllungsanspruch und die daraus folgenden Rechte jedoch verzichten und sich auf die Rechte aus § 634 BGB beschränken.[11]

---

[4] BGH (X. ZS), ZfBR 1997, 35 = NJW 1997, 50; OLG Hamm, BauR 2003, 106, 107. Zur **Beweislast** des Unternehmers für den Nichtablauf einer angemessenen Herstellungsfrist: BGH, NZBau 2004, 155 = ZfBR 2004, 157. Zum **Schadensersatzanspruch** des Auftraggebers aus positiver Vertragsverletzung **vor** Eintritt der Fälligkeit: BGH, NZBau 2003, 274; zur **Anwaltshaftung** (wegen unterbliebener Ablehnungsandrohung im Mahnschreiben): BGH, BauR 2006, 2045 = NZBau 2006, 712 (LS).

[5] BGH, BauR 2003, 689 = NZBau 2003, 265 = BauRB 2003, 68 – *Frank*.

[6] BGH (X. ZS), BauR 1999, 760 = MDR 1999, 1127; OLG Düsseldorf, NJW-RR 2001, 2531, 1532.

[7] BGH, BauR 2001, 946 = NJW-RR 2001, 806; zum Umfang des Anspruchs: BGH, ZfBR 2000, 168.

[8] BGH, BauR 2001, 1903 = NJW 2001, 3535.

[9] Vgl. *Palandt/Sprau*, Vorb. vor § 633 BGB, Rdn. 7; *Schmalzl/Lauer/Wurm*, Rdn. 121; *Leupertz*, in: Prütting/Wegen/Weinreich, § 633 BGB, Rdn. 4 m. Nachw.

[10] *Brambring*, DNotZ 2001, 590, 614.

[11] *Palandt/Sprau*, Vorb. vor § 633 BGB, Rdn. 7; BGH, NJW 1999, 2046. Zur Anwendung der **Mängelrechte** aus § 634 BGB **vor** Abnahme s. ferner: *Kleine-Möller/Merl*, § 12, Rdn. 317; *Vorwerk*, BauR 2003, 1, 8 ff.; *Schmalzl/Lauer/Wurm*, Rdn. 124; *Leupertz*, a. a. O., Rdn. 6 ff. m. Nachw.

## Begriffe

Im Ergebnis ist damit die Position des Auftraggebers nach **neuem** Recht gestärkt; die Fristsetzung allein bewirkt nunmehr bereits das, was die Fristsetzung mit Ablehnungsandrohung nach altem Recht bewirken sollte: Der Unternehmer muss jetzt nach dem Fristablauf bereits damit **rechnen**, dass der Auftraggeber von den ihm zustehenden Möglichkeiten (Bestehen auf Erfüllung oder Ausweichen auf die Mängelrechte) Gebrauch macht. Auf der anderen Seite muss diese Rechtssituation noch kein Nachteil sein; denn der Unternehmer kann die Erfüllung solange noch herbeiführen, bis der Auftraggeber darauf **verzichtet** und auf die Mängelrechte aus § 634 BGB zurückgreift.[12]

Entscheidendes Kriterium für die **Anspruchsänderung** ist damit nach altem und neuem Recht in jedem Falle die **Abnahme** der Werkleistung. Hierdurch tritt eine Konkretisierung des Leistungsgegenstandes ein, was für den Fortbestand des Neuherstellungsanspruches von Bedeutung ist. Im Übrigen erlischt nach altem Recht der ursprüngliche, auf Nachbesserung ausgerichtete Erfüllungsanspruch, wenn der Bauherr sich seines Nachbesserungsanspruches durch Ablehnung der Erfüllung gemäß § 634 Abs. 1 oder Abs. 2 BGB begeben hat; in diesem Falle ist er auf die Gewährleistungsansprüche beschränkt.[13] Nach neuem Recht erlischt der **Nacherfüllungsanspruch**, sobald der Besteller mit der Selbstvornahme (§ 637 BGB) beginnt, Schadensersatz nach §§ 634 Nr. 4, 636, 280, 281 BGB von dem Unternehmer verlangt oder von seinen Gestaltungsrechten (**Rücktritt** bzw. **Minderung**) Gebrauch macht.[14]

**1546**

Das in der Praxis oftmals ausgesprochene „**Baustellenverbot**" des Bestellers muss noch **keinen Verlust** des Nacherfüllungsanspruchs begründen; **kündigt** der Auftraggeber z. B. das Vertragsverhältnis und verweist er den Unternehmer von der Baustelle, bleiben die Nacherfüllungspflicht des Unternehmers und das Recht des Auftraggebers, die Vergütung bis zur Mängelbeseitigung zu verweigern (§ 320 BGB), bestehen.[15] Beruft sich der Auftraggeber auf sein **Leistungsverweigerungsrecht**, so gibt er damit dem Unternehmer zu erkennen, dass „er zum Zweck der Mängelbeseitigung das Betreten der Baustelle zulässt."[16] Eine vertragswidrige Weigerung des Auftraggebers, die Nacherfüllung zuzulassen, erfüllt allein noch nicht die Voraussetzungen der Verwirkung;[17] und auch das **Angebot** einer Minderung im Rahmen eines (später gescheiterten) Vergleichsgesprächs führt nicht zum Verlust des Mängelbeseitigungsrechts.[18] Verweigert der Auftraggeber die **Besichtigung** der gerügten Mängel, gerät er in **Annahmeverzug**, verliert dadurch allerdings noch nicht sein Nacherfüllungsrecht.[19] Daher kann er sich auch auf ein Leistungsverweigerungsrecht berufen.

---

12) Vgl. hierzu: *Westermann/Schultz*, S. 47 ff.
13) OLG Hamm, MDR 1977, 842; *Kaiser*, ZfBR 1980, 109, 112 m. Nachw.
14) Vgl. AnwKom-BGB/*Raab*, § 634 BGB, Rdn. 13.
15) OLG Brandenburg, IBR 2006, 554 – *Putzier*; s. auch OLG Hamm, IBR 2007, 306 – *Miernik*.
16) BGH, ZfBR 2005, 49 = BauR 2004, 1616 = NZBau 2004, 611 = IBR 2004, 494 – *Hildebrandt*; zu den **Auswirkungen** des **Baustellenverbots**: *Schneeweiss*, BrBp 2005, 9 ff. u. *Schrader*, BrBp 2005, 27 ff.
17) BGH, BauR 2003, 1892, 1898.
18) BGH, BauR 2004, 670 = NZBau 2004, 210. Der Auftraggeber kann keine Nacherfüllung verlangen, wenn er nur ein Parteigutachten vorlegt, obwohl mit dem Unternehmer die Einholung eines **Schiedsgutachtens** vereinbart war (OLG Celle, BauR 2004, 113, 115).
19) BGH, BauR 2004, 1616.

**1547** Der **Besteller** verliert seinen Mängelbeseitigungsanspruch auch nicht dadurch, dass er zunächst einen (erfolglosen) eigenen Nachbesserungsversuch unternimmt, es sei denn, die sachgerechte Nacherfüllung durch den Unternehmer wird dadurch unmöglich gemacht oder wesentlich erschwert; werden die Mängelansprüche des Unternehmers gegen seinen **Subunternehmer** an den Auftraggeber **abgetreten**, geschieht dies in der Regel nur erfüllungshalber und führt deshalb nicht zum Erlöschen des Mangelbeseitigungsanspruchs gegen den Unternehmer.[20]

**1548** Wichtig ist, dass dem Anspruch des Bestellers auf Nacherfüllung somit ein **Mängelbeseitigungs„recht"** des Unternehmers gegenübersteht.[21] Dieser hat die vertragliche Befugnis, die Nacherfüllung selbst und aufgrund seiner eigenen fachmännischen Entschließung vornehmen zu können.[22] Der Unternehmer entscheidet somit, welche Maßnahmen zur Herstellung des vertraglich geschuldeten Werks zu unternehmen sind, und er hat die **Wahl** „zwischen allen geeigneten Maßnahmen".[23] Dies wird für das neue Recht jetzt in § 635 BGB ausdrücklich festgeschrieben, was sachgerecht ist; denn der Unternehmer kann in der Tat leichter als der Auftraggeber entscheiden, ob ein Mangel besser durch Nacherfüllung oder Neuherstellung beseitigt werden kann.[24] Schlägt der Unternehmer nach Aufforderung zur Nacherfüllung eine geeignete Mängelbeseitigung vor, verhält sich der Besteller widersprüchlich, wenn er deren Ausführung nicht zulässt, was wiederum Auswirkungen auf seine Mängelansprüche haben kann.[25]

Im **Einzelfall** kann der Unternehmer jedoch auch **zu einer bestimmten Nacherfüllung** verpflichtet sein, wenn nur durch diese der Mangel nachhaltig beseitigt und der vertraglich geschuldete Zustand erreicht werden kann.[26] **Einigen** sich die Vertragsparteien auf eine **bestimmte Nacherfüllung**, bedeutet dies noch nicht den Verzicht auf bestehende Gewährleistungsansprüche;[27] verlangt der Auftraggeber eine **untaugliche** Beseitigungsmaßnahme, also eine solche, die den bestehenden Zustand nicht verbessert, so hat dies auf die Verpflichtung des Unternehmers zur Nacherfüllung ebenfalls noch keinen Einfluss; dieser haftet – bis hin zur Neuherstellung – auch weiterhin auf Mängelbeseitigung.[28] Dem Unternehmer wird allerdings

---

20) OLG Frankfurt, NJW-RR 1992, 280, 281.
21) Zur rechtlichen Qualität dieses „Rechts": OLG Hamm, IBR 2007, 306 – *Miernik*; *Jansen*, BauR 2005, 1089, 1091; *Weyer*, BauR 2006, 1665, 1667.
22) So zutreffend: *Seidel*, JZ 1991, 391, 392 m. Nachw.; *Muffler*, BauR 2004, 1356, 1357.
23) BGH, BauR 1998, 123, 124 = NJW 1998, 2051 = ZfBR 1998, 77; KG, BauR 2006, 1757 = OLGR 2006, 884 (Abdichtung einer Tiefgarage); *Weyer* (IBR 2006, 548) hält die Entscheidung des KG zutreffend für nicht überzeugend, soweit dem Besteller der Ersatz **höherer Wartungskosten** versagt wird.
24) Vgl. *Raiser*, NZBau 2001, 598, 599 u. *Preussner*, BauR 2002, 231, 234, der zutreffend darauf hinweist, dass der Auftraggeber die von dem Unternehmer gewählte Art der Nacherfüllung **zurückweisen** kann, wenn dies für ihn **unzumutbar** ist.
25) BGH, BauR 2004, 501, 502.
26) BGH, BauR 1997, 638 = ZfBR 1997, 249 (für **Schallschutzmängel**); BGH, NZBau 2002, 266 = BauR 2002, 794; OLG Hamm, BauR 2006, 850, 851 = OLGR 2006, 224 (Entfernung eines fehlerhaften Deckenputzes u. Herstellung tapezierfähiger glatter Unterschichten).
27) BGH, BauR 2002, 472 = NZBau 2002, 149; zum **„Verzicht"** des Bauherrn auf eine vertraglich geschuldete Leistung: OLG Köln, BauR 1997, 314.
28) BGH, BauR 1998, 123 = ZfBR 1998, 77 (Abänderung der Vorinstanz: OLG Düsseldorf, BauR 1997, 140).

ein Leistungsverweigerungsrecht einzuräumen sein, wenn er seinen Mängelbeseitigungsarbeiten wegen der dem Auftraggeber obliegenden Vorleistungen oder wegen des Fehlens von bauseitigen Voraussetzungen nicht sinnvoll nachkommen kann und dadurch die Schaffung eines mangelfreien Zustands nicht erreicht werden könnte.[29]

Im Übrigen ist immer auf die schutzwürdigen Interessen des Auftragebers abzustellen, insbesondere, wenn die Nacherfüllung von dem Unternehmer ungebührlich verzögert wird. Das Recht des Unternehmers auf Nacherfüllung wird im Regelfall entfallen, wenn er die ihm gesetzte Frist zur Mängelbeseitigung verstreichen lässt.[30]

Auf der anderen Seite ist auch der Auftraggeber nicht berechtigt, dem Unternehmer das Nacherfüllungsrecht (grundlos) zu versagen; stellt z. B. der Unternehmer nach Vorlage eines Privatgutachtens durch den Bauherrn die Mängel und die Verpflichtung zur Nacherfüllung nicht infrage, bietet er vielmehr deren umgehende Beseitigung an, so ist der Auftraggeber verpflichtet, die Nacherfüllung hinzunehmen, sofern dies nicht im Einzelfall **unzumutbar** erscheint. Die unberechtigte Verweigerung der Nacherfüllung lässt jedenfalls die **Vor**leistungspflicht des Unternehmers entfallen.[31] Lehnt der Bauherr die Mängelbeseitigung „definitiv" ab, reicht das wörtliche Angebot des Unternehmers aus, um einen Annahmeverzug des Bauherrn zu begründen.[32] Im Übrigen kann der **Unternehmer** auf Werklohn **nach Empfang der Gegenleistung klagen**, sofern die Parteien über die **Art** der angebotenen Nacherfüllung streiten.[33]

Streiten sich die Vertragsparteien über eine Gewährleistungspflicht, kann im Einzelfall ein **entgeltlicher Werkvertrag** zu Stande kommen, z. B. wenn der Bauherr dem (vermeintlich verantwortlichen) Unternehmer einen entsprechenden Auftrag zur Mängelbeseitigung erteilt (Rdn. 1046).[34] Einen solchen Nachweis wird der Unternehmer aber nur selten führen können; handelt es sich eindeutig um Mängelbeseitigungsarbeiten, die der Herstellung eines vertragsgemäßen Zustandes dienen, kommt eine Doppelvergütung grundsätzlich nicht in Betracht.[35] In einem vorbehaltlosen neuen Auftrag kann deshalb nur in Ausnahmefällen ein **Verzicht** auf etwaige

---

29) Zutreffend: OLG Düsseldorf, BauR 2004, 99, 101.
30) BGH, BauR 2003, 693; KG, BauR 1990, 472 = MDR 1990, 339; s. hierzu: *Sienz*, BauR 2006, 1816 ff.; *Kenter/Brügmann*, BauR 2004, 395 ff.
31) Vgl. dazu: BGH, BauR 2004, 1616; BauR 2004, 1891; OLG Düsseldorf, BauR 1998, 1011, 1013 = NJW-RR 1998, 1030; OLG Koblenz, NJW-RR 1996, 1299; OLG Hamm, BauR 1996, 123.
32) Siehe für das alte Recht: OLG Düsseldorf, a. a. O. u. OLG Hamm, NJW-RR 1992, 667.
33) BGH, NZBau 2002, 266 = BauR 2002, 794 = MDR 2002, 512 = NJW 2002, 1262.
34) Vgl. dazu: *Malotki*, BauR 1998, 682 ff.; OLG Celle, BauR 2003, 265 = IBR 2003, 240 – *Groß*; OLG Karlsruhe, BauR 2003, 1241 = OLGR 2003, 327 = IBR 2003, 353 – *Lott*; OLG Düsseldorf, BauR 2001, 1608. Zur **Abgrenzung** einer **zusätzlichen** Leistung zu einem bestehenden Werkvertrag von einem selbstständigen Auftrag: BGH, ZfBR 2002, 350 = BauR 2002, 618 = NZBau 2002, 215. Zur **Schadensersatzpflicht** des Bauherrn wegen **unberechtigter** Inanspruchnahme eines Baubeteiligten auf Mängelbeseitigung: OLG Düsseldorf, NJW-RR 1999, 746; s. hierzu auch *Moufang/Koos*, BauR 2007, 300 ff.; LG Leipzig, IBR 2006, 137 – *Bolz*. Zur **Vergütungspflicht** eines (vermeintlichen) Zusatzauftrages über Mängelbeseitigungsarbeiten: OLG Celle, BauR 2005, 106.
35) BGH (X. ZS), BauR 2005, 1317, 1319 m. Anm. *Quack* = NZBau 2005, 453, 454; Urt. v. 10.6.2003 – X ZR 86/01 = IBR 2003, 600.

Gewährleistungsansprüche aus dem ursprünglichen Werkvertrag gesehen werden.[36] Der Anspruch des Auftraggebers auf Ersatz der für die Mängelbeseitigung erforderlichen Kosten **erlischt** im Übrigen mit der Veräußerung des Grundstücks;[37] das ist nach der neueren Rechtsprechung des BGH[38] jedoch dann nicht der Fall, wenn der Anspruch „spätestens mit Wirksamwerden der Eigentumsübertragung an den Erwerber des Grundstücks **abgetreten** wird."

**1549** In der Praxis sind auch **Sanierungsvereinbarungen** zwischen Auftraggeber und gewährleistungspflichtigem Unternehmer nicht selten.[39] Wird in einer solchen Sanierungsabrede **eine bestimmte Art und Weise der Mängelbeseitigung** festgelegt,[40] kann der Auftraggeber von dieser Vereinbarung gemäß § 323 BGB zurücktreten, wenn der Unternehmer seinen übernommenen Verpflichtungen nicht fristgerecht oder nur unzureichend nachkommt. In diesem Falle leben die ursprünglichen Mängelansprüche wieder auf.[41] Zeigen sich weitere, bislang nicht bekannte Mängel, die das Konzept der Sanierungsvereinbarung infrage stellen, entfällt die **Geschäftsgrundlage** (§ 313 BGB), sodass auf die Mängelrechte zurückgegriffen werden kann.[42] Zu beachten ist, dass Sanierungsvereinbarungen im Einzelfall im Rahmen eines **Insolvenzverfahrens** als anfechtbare Rechtshandlungen gewertet werden können; so kann nach der Rechtsprechung des BGH[43] ein inkongruentes Deckungsgeschäft vorliegen, wenn sich Auftraggeber und Unternehmer unter Verzicht auf eine Nacherfüllung auf eine Ermäßigung des Werklohns verständigen, die außerhalb des objektiv erforderlichen Mängelbeseitigungsaufwandes liegt.

---

36) OLG Düsseldorf, BauR 1995, 254, 256 = NJW-RR 1995, 402 **(Erlassvertrag)**; dazu auch *Malotki*, BauR 1998, 682, 683.

37) So OLG Köln, BauR 1993, 734 = ZfBR 1993, 231 = NJW-RR 1993, 1367 (bedenklich); siehe grundlegend: *Hochstein*, Festschrift für Heiermann, S. 121 ff.

38) Vgl. BGH, BauR 2002, 779, 780; BGH, BauR 2001, 1437 = NZBau 2001, 493 für den Schadensersatzanspruch.

39) Vgl. BGH, NJW-RR 2003, 737 (Nachbesserungsvereinbarung nach Erklärung der Wandelung); zu einer Nachbesserungsvereinbarung unter Vorbehalt der **Kostentragung**: BGH, BauR 1999, 252 = NJW 1999, 416; zu einer Vereinbarung zwischen **gleichgeschalteten** Unternehmern: OLG Nürnberg, NZBau 2002, 218 u. LG Regensburg, BauR 2002, 642; zu einer Vereinbarung zwischen **Haupt-** und **Subunternehmer**: OLG Düsseldorf, NJW-RR 1999, 1249; zur Wirksamkeit eines **Vergleichs** einzelner Wohnungseigentümer mit dem Bauträger: OLG Hamm, ZfBR 2001, 475 = MDR 2001, 1110 = IBR 2002, 262 – *Kieserling*; zur **Unwirksamkeit** eines **Prozessvergleichs**: OLG Hamm, BauR 2000, 1231 (ein Sachverständigengutachten muss als Anlage zum Protokoll genommen werden).

40) Zum Beispiel: Aufbringung eines zweilagigen Außenputzes einschließlich Gewebeeinlage auf eine mangelhafte, weil nicht schlagregendichte Klinkerfassade; vgl. OLG Düsseldorf, BauR 1994, 373.

41) Zutreffend für das alte Recht: OLG Düsseldorf, BauR 1994, 373 = NJW-RR 1994, 719.

42) OLG Bamberg, BauR 1998, 1117 (LS) = IBR 1998, 341 – *E. J. Groß*.

43) BGH, BauR 2004, 1448, 1451 = NZBau 2004, 504 = ZfBR 2004, 679.

## 2. Die Klage des Auftraggebers auf Nacherfüllung nach dem BGB

### a) Die Klage gegen den Unternehmer vor Abnahme

*Literatur*

*Schmitz*, Die Mängelbeseitigung vor Abnahme nach dem BGB, BauR 1979, 195; *Kaiser*, Rechtsbehelfe des Werkbestellers vor der Abnahme bei Nachbesserungspflichtverletzungen durch den Unternehmer, ZfBR 1980, 109; *Clemm*, Abgrenzung zwischen (kostenloser) Nachbesserung und (entgeltlichem) Werkvertrag, BB 1986, 616; *Kaiser*, Aktuelle Rechtsfragen im Privaten Baurecht, ZfBR 1986, 252; *Böhme*, (Teil-)Identische Nachbesserungspflichten von Vor- und Nachunternehmer, Festschrift v. Craushaar (1997), 327; *Malotki*, Die unberechtigte Mangelbeseitigungsaufforderung; Anspruch des Unternehmers auf Vergütung, Schadens- oder Aufwendungsersatz, BauR 1998, 682; *Huber*, Der Nacherfüllungsanspruch im neuen Kaufrecht, NJW 2002, 1004; *Brügmann/Kenter*, Abnahmeanspruch nach Kündigung von Bauverträgen, NJW 2003, 2121; *Acker/Roskosny*, Die Abnahme beim gekündigten Bauvertrag und deren Auswirkungen auf die Verjährung, BauR 2003, 1279; *Moufang/Koos*, Unberechtigte Mängelrügen nach Abnahme: Untersuchungspflicht und Ansprüche des Unternehmers, BauR 2007, 300.

**1550** Der Mängelbeseitigungsanspruch des Bauherrn gegen seinen Unternehmer[44] hat in der Baupraxis große Bedeutung, weil sich meist bereits bei der Bauausführung Mängel zeigen. **Bis** zur Abnahme der Bauleistung kann der Bauherr nach altem Recht gemäß §§ 631 Abs. 1, 633 Abs. 2 Satz 1 BGB a. F. die **Herstellung** des mangelfreien Bauwerks beanspruchen. Der Unternehmer hat den Bauvertrag erst erfüllt, wenn seine Bauleistung („das Werk") den Anforderungen des § 633 Abs. 1 BGB a. F. entspricht;[45] das gilt auch für den **gekündigten** Bauvertrag.[46] Der Unternehmer muss deshalb auch immer die Ursachen der Mängel abklären und dauerhaft beseitigen, er darf sich nicht nur mit der Beseitigung von Folgeerscheinungen begnügen.[47] Eine Nacherfüllung muss mit anderen Worten dem geschuldeten Vertragserfolg entsprechen.[48] Ist das nicht der Fall, gerät der Besteller nicht in Annahmeverzug und kann nach Ablauf der Frist zur Selbstvornahme schreiten. Übernimmt der Unternehmer bei der Vertragsausführung Aufgaben, die er nach dem Vertrag nicht schuldet, so kann er gleichwohl haften.[49] Nichts anderes gilt für den **Nacherfüllungsanspruch** des Bestellers nach **neuem** Recht (§§ 634 Nr. 1, 635 BGB).

**1551** Die Ursachen der Mängel sind unerheblich;[50] eine mangelfreie Herstellung ist nicht schon deshalb „unmöglich", wenn sie mit Schwierigkeiten verbunden ist. Leistungserschwernisse, die von vornherein erkennbar sind, fallen deshalb immer in den

---

[44] Zur **Passivlegitimation** infolge Vertrauenshaftung: BGH, BauR 1987, 82 = ZfBR 1987, 30 u. BGH, BauR 1990, 209.

[45] Zur Nachbesserungsverpflichtung von **Vor-** und **Nach**unternehmer: *Böhme*, Festschrift v. Craushaar, 1997, S. 327 ff.; OLG Düsseldorf, NJW-RR 1998, 527.

[46] BGH, BauR 2003, 689 = NZBau 2003, 265; s. hierzu auch *Brügmann/Kenter*, NJW 2003, 2121; *Acker/Roskosny*, BauR 2003, 1279.

[47] BGH, BauR 2006, 1468 = NZBau 2006, 641 = ZfIR 2006, 621 m. Anm. *Thode* = IBR 2006, 487 – *Schwenker* (**Schimmelpilzbefall**); OLG Brandenburg, IBR 2007, 70 – *Merl* (**Austausch** von formaldehyd-belasteten Bauteilen); OLG Düsseldorf, BauR 2002, 1564, 1565.

[48] OLG Frankfurt, IBR 2006, 198 – *Fries* (Asphaltbelag mit Blasenbildung).

[49] Vgl. BGH, BauR 1996, 418, 419 = NJW 1996, 1278 = ZfBR 1996, 155 (für **Architekten**); zur Haftung bei **Gefälligkeit**: OLG Celle, BauR 2002, 1427 = IBR 2002, 318 – *Schwenker;* OLG Oldenburg, BauR 2002, 1715 (für Deliktsansprüche); SchlHOLG, IBR 1997, 20 – *Baden*.

[50] *Staudinger/Peters*, § 633 BGB, Rdn. 130 m. Nachw.

Risikobereich des Unternehmers.[51] Die **Zurechnung** des Mangels entfällt jedoch, wenn dieser auf die Leistungsbeschreibung des Bauherrn,[52] auf die von diesem gelieferten Stoffe oder Bauteile oder die Beschaffenheit der **Vorleistung** eines anderen Unternehmers zurückzuführen ist und der Unternehmer seine Prüfungs- und Hinweispflicht erfüllt hat (vgl. Rdn. 1519 ff.). Die **Erheblichkeit** des Mangels spielt ebenfalls keine Rolle,[53] wenn auch die Beseitigung im **Einzelfall** wegen eines unverhältnismäßigen Kostenaufwandes verweigert werden kann (Rdn. 1754 ff.).

**1552** Es lässt sich daher sagen, dass der **Mängelbeseitigungsanspruch** des Auftraggebers, soweit er seine Grundlage in § 633 Abs. 2 Satz 1 BGB a. F. hat, zwar Erfüllungsanspruch ist, weil er „Ausfluss"[54] des Anspruchs nach § 631 Abs. 1 ist, dass er sich aber speziell auf die **Beseitigung von Mängeln** ausrichtet, demnach also stets eine Verwirklichung der Bauleistung voraussetzt.[55] Der Mängelbeseitigungsanspruch des § 633 Abs. 2 Satz 1 BGB a. F. ergänzt demnach den Anspruch auf mangelfreie Herstellung; er ist mit ihm durchaus „teilidentisch".[56] Aus der Verschiedenheit des Leistungsgegenstandes folgt jedoch der Grundsatz, dass **beide Ansprüche nebeneinander bestehen** können.[57]

**1553** Die Rechtsprechung hatte sich dem (Neu)herstellungsanspruch nach altem Recht selten zugewandt;[58] in der Baupraxis ist in der Regel auf Ansprüche aus § 635 oder § 633 Abs. 3 BGB a. F. ausgewichen worden.[59] Dies kann sich jedoch für das **neue Recht** ändern; denn der Unternehmer kann nunmehr wählen. Die **Neuherstellung** ist eine **Alternative** zur Mängelbeseitigung, wobei die Abgrenzung im Einzelfall schwierig ist. Das Risiko, hier die richtige Wahl zu treffen, liegt allerdings beim Unternehmer. Es versteht sich indes, dass der Unternehmer bei seiner Entscheidung die **Interessen** des **Auftraggebers** angemessen berücksichtigen muss. Er ist deshalb auch im Einzelfall gehalten (§ 242 BGB), auf eine **Neuherstellung** zu verzichten, wenn eine Mängelbeseitigung („Nachbesserung") ausreicht und der Auftraggeber mit guten Gründen darauf besteht.

**1554** Kann eine Werkleistung dagegen nicht durch eine bloße Nacherfüllung zur mangelfreien Werkleistung gebracht werden, muss der Unternehmer auch nach **neuem Recht** die Kosten einer **Neuherstellung** auf sich nehmen.[60] Die Grenze ist auch hier die **Zumutbarkeit**; eine Neuherstellung kann (nur) verweigert werden, wenn der Vorteil, der sie im Einzelfall gewährt, gegenüber dem erforderlichen Kostenauf-

---

51) OLG Düsseldorf, NJW-RR 1999, 894 = BauR 1999, 918.
52) Siehe hierzu: OLG Düsseldorf, NZBau 2002, 274 = BauR 2002, 644.
53) *Staudinger/Peters*, § 633 BGB, Rdn. 130.
54) Der BGH (BauR 1998, 332, 334; *Schäfer/Finnern*, Z 2.10 Bl. 32) spricht vom „**modifizierten Erfüllungsanspruch**"; siehe auch: *Leupertz*, in: Prütting/Wegen/Weinreich, § 635 BGB, Rdn. 4; *Palandt/Sprau*, § 634 BGB, Rdn. 3 für den **Nacherfüllungsanspruch**.
55) Vgl. *Ganten*, BauR 1971, 161, 166.
56) *Kaiser*, NJW 1973, 910, 911; *Kaiser*, BlGBW 1974, 17; *Staudinger/Peters*, § 633 BGB, Rdn. 159 ff.
57) *Soergel/Siebert/Ballerstedt*, § 633 BGB, Rdn. 2.
58) Vgl. aber RGZ 107, 339 ff. und BGHZ 96, 111 = BGH, BauR 1986, 93 = NJW 1986, 711.
59) Ganten, BauR 1971, 161, 163 Anm. 18.
60) OLG Frankfurt, IBR 2006, 198 – *Fries*; OLG Brandenburg, BauR 2002, 1562, 1563; OLG Dresden, BauR 1998, 787, 790 = NJW-RR 1998, 882.

wand geringwertig ist.⁶¹⁾ Und dies wird in der Praxis fast immer die Ausnahme sein.

Wird der Bauvertrag vorzeitig durch **Kündigung** beendet, bleibt der Unternehmer grundsätzlich verpflichtet, aber auch berechtigt, Mängel an dem von ihm erstellten Teilbauwerk zu beseitigen.⁶²⁾ Der Unternehmer trägt die **Darlegungs-** und **Beweislast** dafür, dass sein bis zur Kündigung erbrachtes Werk mangelfrei ist.⁶³⁾ Ist die Mängelbeseitigung nur durch eine **Neuherstellung** möglich, scheidet eine Mängelbeseitigung aus.⁶⁴⁾ **1555**

Einigen sich die Parteien eines Werkvertrages in einem außergerichtlichen **Vergleich** über die von dem Unternehmer geschuldete Nacherfüllung, hat diese Vereinbarung in der Regel keine „umschaffende Wirkung"; der Anspruch auf Nachbesserung/Nacherfüllung unterliegt daher weiterhin der **Verjährung** nach den einschlägigen Vorschriften des BGB bzw. der VOB/B.⁶⁵⁾

Erweist sich sowohl eine Neuherstellung als auch die Mängelbeseitigung durch Nacherfüllung nach altem Recht als **objektiv unmöglich**, können die allgemeinen Vorschriften der §§ 323 bis 325 BGB a. F. **bis** zum Zeitpunkt der Abnahme herangezogen werden; danach werden sie durch die §§ 633 Abs. 3, 634, 635 BGB a. F. verdrängt.⁶⁶⁾ Der Auftraggeber kann einen Schadensersatzanspruch aus schuldhafter Verletzung der Nachbesserungspflicht geltend machen;⁶⁷⁾ der Anspruch umfasst alle Schäden, die durch das Unterbleiben der Nachbesserung entstehen.⁶⁸⁾ Der Auftraggeber braucht deshalb ausstehenden Werklohn nicht mehr zu zahlen, erbrachte Vergütungen kann er von dem Unternehmer zurückverlangen.⁶⁹⁾ Ist das Bauwerk während der Zeit der vom Unternehmer vorgenommenen Mängelbeseitigung nicht benutzbar und entgeht dem Auftraggeber deswegen ein **Gewinn**, so kann Schadensersatz allerdings nur nach § 635 BGB a. F. beansprucht werden; dieser besteht dann aber neben der Nachbesserungspflicht.⁷⁰⁾ **1556**

Nach **neuem Recht** kann der Unternehmer die Nacherfüllung unbeschadet des § 275 Abs. 2 und 3 BGB verweigern, wenn sie nur mit unverhältnismäßigen Kosten möglich ist (§ 635 Abs. 3 BGB); die Vorschrift versteht sich als eine **Erweiterung** der nach allgemeinem Schuldrecht bestehenden Einreden.⁷¹⁾ Während die Regelung

---

61) Vgl. BGH, *SFH*, Nr. 70 zu § 633 BGB („nur optische Beeinträchtigung eines Hallenfußbodens"); OLG Düsseldorf, BauR 1977, 418, 419; **a. A.:** *Mandelkow*, BauR 1996, 656, 659.
62) BGH, BauR 1987, 689 = ZfBR 1987, 238 (im Anschluss an BauR 1985, 456); OLG Brandenburg, IBR 2006, 554 – *Putzier*; OLG Hamm, BauR 1995, 397 = OLGR 1995, 88; OLG Düsseldorf, NJW-RR 1995, 155; OLG Dresden, BauR 1998, 787, 789 = NJW-RR 1998, 882, 883; *Kniffka*, ZfBR 1998, 113, 117. Zur **Kündigung** eines Bauträgervertrages und **Abrechnung** bei verweigerter Mängelbeseitigung durch die Eigentümergemeinschaft: OLG Saarbrücken, OLGR 2002, 67.
63) OLG Celle, BauR 1995, 393 (für Kündigung nach § 8 Nr. 3 VOB/B); BGH, BauR 1993, 469, 472.
64) OLG Dresden, BauR 1998, 787, 790 = NJW-RR 1998, 882.
65) Zum **alten** Recht: BGH, BauR 1987, 692; BGH, BauR 1997, 131 = ZfBR 1997, 32 = NJW-RR 1997, 148; zur Verjährung nach **fehlgeschlagenem** Nachbesserungsversuch: OLG Celle, IBR 2006, 492 – *Schwenker*; zum **Neubeginn** der Verjährung nach Beseitigung des Mangels: LG Koblenz, NJW-RR 2007, 272, 273; zu den Wirkungen eines **gerichtlichen** Vergleichs: OLG Köln, BauR 1993, 744, 745 (Gesamtwirkung, wenn der Vergleich mit dem im Innenverhältnis allein haftenden Gesamtschuldner abgeschlossen wird).
66) BGH, NJW 1973, 1792; BGH, ZfBR 1997, 35; BGH, BauR 1999, 760 für § 326 BGB a. F.
67) BGH, BauR 1978, 224.
68) BGH, NJW 1976, 234; LM § 635 Nr. 4; BGH, BauR 1978, 224, 226.
69) BGH, NJW 1970, 383, 384.
70) BGH, BauR 1979, 159; OLG Koblenz, BauRB 2003, 70.
71) *Westermann/Maifeld*, S. 259. Zur **Unmöglichkeit** der Leistung: *Wagner*, ZfIR 2002, 353, 355.

des § 275 Abs. 2 die gleiche Struktur wie § 635 Abs. 3 aufweist, erfasst § 275 Abs. 3 BGB die Fälle, in denen sich der Unternehmer persönlich zur Leistung verpflichtet hatte, sie aber unter Abwägung der eingetretenen Leistungshindernisse und dem Leistungsinteresse des Auftraggebers nicht mehr zumutbar ist. Die Vorschrift ist nicht auf das Bauwesen zugeschnitten und sie wird deshalb auch keine Bedeutung gewinnen.

**1557** Zur Mängelbeseitigung gehören auch solche **Sanierungsmaßnahmen**, die dem Auftraggeber zumutbar sind und die die Grundsubstanz des erbrachten Werkes erhalten.[72] Deshalb darf beispielsweise der Unternehmer eine fehlerhaft gebaute Decke nachträglich durch Unterzüge tragfähig machen;[73] ebenso ist das Anbringen eines Innenputzes bei nicht fachgerechter Isolierung eine Maßnahme zur Mängelbeseitigung.[74]

**1558** Der Auftraggeber, der vor der Abnahme auf Beseitigung von Mängeln klagen will, muss nur das Vorhandensein eines Mangels schlüssig dartun (Rdn. 1471 ff.). Hierbei kann er sich bereits auf einen **Prima-facie-Beweis** stützen: Durch den Hinweis auf ein mangelhaftes Ergebnis der Arbeit, den Mangel des Bauwerkes, hat der Kläger seiner **Darlegungslast** genügt.[75] Hiervon ist zu trennen, dass der Unternehmer die Erfüllung des Bauvertrages beweisen muss; denn der Auftraggeber, der behauptet, das Bauwerk sei mangelhaft, macht die Nichterfüllung des Werkvertrages geltend.[76] Daraus folgt, dass der Auftraggeber zwar die Mangelhaftigkeit der Werkleistung in seiner Klage behaupten muss, der Unternehmer aber im Streitfall den Nachweis für die Mangelfreiheit des hergestellten Werkes zu führen hat. Dies gilt ohne Ausnahme **bis** zur Abnahme des Werkes durch den Auftraggeber und zwar auch, wenn dieser auf Nacherfüllung, Rücktritt oder Minderung klagt.[77]

### b) Die Klage gegen den Unternehmer nach Abnahme; der typische Nacherfüllungsfall

*Literatur*

*Clemm*, Abgrenzung zwischen (kostenloser) Nachbesserung und (entgeltlichem) Werkvertrag, BB 1986, 616; *Kohler*, Werkmangelrechte, Werkleistungsanspruch und allgemeines Leistungsstörungsrecht, BauR 1988, 278; *Malotki*, Die unberechtigte Mängelbeseitigungsaufforderung; Anspruch des Unternehmers auf Vergütung, Schadens- oder Aufwendungsersatz, BauR 1998, 682; *Gross*, Gewährleistungsmanagement in der Baupraxis, BauRB 2003, 154.

**1559** Mit der **Abnahme** der Bauleistung tritt ein Erlöschen des **Erfüllungsanspruches** gemäß § 631 Abs. 1 BGB ein. Der Anspruch auf Nacherfüllung besteht unverändert fort, ist aber in seiner rechtlichen Qualität gemindert: Es kann nach der Abnahme nur noch Beseitigung des Mangels verlangt werden. Der Mängelbeseitigungsanspruch beschränkt sich damit auf das abgenommene Werk,[78] wenngleich dem Unternehmer eine **Neuherstellung** nicht versagt werden kann, soweit berechtigte Interessen des

---

72) So zutreffend: KG, BauR 1981, 380, 381; RGRK-*Glanzmann*, § 633 BGB, Rdn. 18.
73) BGHZ 58, 30 = BauR 1972, 176.
74) BGH, NJW 1970, 421 = BauR 1970, 48; KG, a. a. O.
75) BGH, BauR 2002, 784 = NZBau 2002, 335; BGH, BauR 1985, 355 = ZfBR 1985, 171.
76) *Neumann-Duesberg*, BlGBW 1967, 125.
77) *Neumann-Duesberg*, a. a. O.
78) BGH, NJW 1973, 1792 = BauR 1973, 313.

Bestellers nicht entgegenstehen.[79] Allerdings kann der **Nacherfüllungsanspruch** des Bestellers auch nach der Abnahme des Werks auf Neuherstellung gerichtet sein, wenn nur auf diese Weise die Mängel nachhaltig zu beseitigen sind (vgl. Rdn. 1553).[80] Das ergibt sich für das **neue** Recht aus dem **Wahlrecht** des Unternehmers nach § 635 Abs. 1 BGB. Die Neuherstellung eines Leistungsteils gilt nur als „Nachbesserung",[81] die Teilerneuerung kommt nicht in Betracht, wenn Gefahr besteht, dass die vorhandenen Fehler auf bisher nicht betroffene Teile des Werks übergreifen.[82] Im Übrigen kann eine Neuherstellung von dem Unternehmer verweigert werden, wenn sie einen unverhältnismäßigen Aufwand erfordert (§ 635 Abs. 3 BGB).[83]

Der Bauherr ist gemäß § 640 Abs. 1 BGB verpflichtet, die von dem Unternehmer als fertiggestellt angebotene Bauleistung abzunehmen, oder eindeutig darzulegen, aus welchen Gründen er sie nicht als vertragsgemäß abnimmt. Der Bauherr, der gegen den Unternehmer auf Nacherfüllung von Werkmängeln klagt, muss nach der Abnahme neben dem Baumangel auch den Nachweis führen, dass er sich das Recht auf Nacherfüllung bei der Abnahme vorbehalten hat, § 640 Abs. 2 BGB (vgl. Rdn. 2272).

Zu beachten ist, dass, abweichend von § 13 Nr. 5 Abs. 1 Satz 3 VOB/B,[84] das BGB **keine** Abnahme der **Mangelbeseitigungsleistungen** kennt. § 640 Abs. 2 BGB kann insoweit also keine Anwendung finden.[85]

Der Unternehmer, der den Mangel eines Werkes beseitigen muss, trägt die hierfür notwendige Aufwendungen (§ 635 Abs. 2 BGB); er ist deshalb auch verpflichtet, die Schäden zu beheben, die dadurch eintreten, dass zur **Vorbereitung** der Nacherfüllung Sachen des Auftraggebers beschädigt werden; dabei handelt es sich nicht um einen Schadensersatzanspruch. Vielmehr gehört die Verpflichtung zu den Erfüllungspflichten des Unternehmers. Der BGH[86] hat z. B. insoweit bereits für das alte Recht ausgeführt, dass die Wiederherstellung von aufgeschlagenen Badezimmerwänden der dem Unternehmer durch § 633 Abs. 2 Satz 1 BGB a. F. auferlegten Nachbesserungspflicht entspreche. Der Unternehmer muss deshalb bei einer Nacherfüllung stets jede Beeinträchtigung beseitigen, die dem Eigentum des Auftraggebers zugefügt werden muss, um die Behebung des Werkmangels zu ermöglichen.[87] Das schließt die Verpflichtung ein, im Einzelfall Drittunternehmer einzuschalten, um die vertragswidrige Leistung in Ordnung zu bringen; den dadurch entstehenden Kostenaufwand hat der Unternehmer ebenso zu tragen wie die Kosten für die Behebung der eigenen mangelhaften Werkleistung.[88] Zu diesen zählen vor allem auch diejenigen Kosten, die der Unternehmer aufbringen muss, um den Mangel in seinen Ursachen abzuklären – wie z.B.: Aufstellen einer Abfangkonstruktion, großflächiges Herausschneiden

---

79) *Palandt/Sprau*, § 634 BGB, Rdn. 3 für die **Nacherfüllung**.
80) BGHZ 96, 111 = BauR 1986, 93 = ZfBR 1986, 23.
81) Vgl. RGZ 95, 329.
82) BGH, BauR 1984, 510 = ZfBR 1984, 222 = NJW 1984, 2457.
83) OLG Düsseldorf, BauR 1998, 126 = NJW-RR 1997, 1450; *Palandt/Sprau*, § 634 BGB, Rdn. 3; a. A.: *Raab* in: Dauner-Lieb u. a., Das neue Schuldrecht, § 9, Rdn. 39.
84) Vgl. dazu BGH, *SFH*, Nr. 15 zu § 13 Nr. 4 VOB/B (1973).
85) Vgl. OLG München, MDR 1984, 141.
86) NJW 1963, 805; BGH, BauR 1978, 402, 403; BauR 1979, 333 = NJW 1979, 2095; BGH (X. ZS), NJW-RR 1999, 813, 814.
87) OLG Karlsruhe, BauR 2005, 1485, 1487 = OLGR 2005, 571, 572.
88) *MünchKomm-Busche*, § 635 BGB, Rdn. 13; OLG Karlsruhe, a. a. O.

von schadhaften Stellen, Gutachten eines Materialprüfungsamtes.[89] Die Voraussetzungen der §§ 634 Nr. 4, 636, 280, 281 BGB müssen deshalb nicht vorliegen.[90]

### 3. Mitverschulden des Auftraggebers und seine Zuschusspflicht (Sowiesokosten)

*Literatur*

*Früh*, Die „Sowieso-Kosten", 1991; *Haerendel*, Sowieso-Kosten und weitere zusätzliche Kosten infolge Fehlplanung, Baurechtliche Schriften, Bd. 47, 1999.
*Laum*, Zur Zuschusspflicht des mitverantwortlichen Bauherrn bei der Nachbesserung, BauR 1972, 140; *Bühl*, Der Kostenzuschussanspruch des Auftragnehmers, BauR 1985, 502; *Früh*, Die Kostenbeteiligungspflicht des Bauherrn bei der Mängelbeseitigung unter besonderer Berücksichtigung der sogenannten „echten Vorteilsausgleichung" (Abzug „neu für alt"), BauR 1992, 160.

**1562** Beruht der Mangel auf einer **ausdrücklichen Anweisung** des Auftraggebers bei der Bauausführung,[91] ist der Unternehmer nicht zur Nacherfüllung verpflichtet, wenn er den Auftraggeber auf die nachteiligen Folgen **hingewiesen** hat (vgl. Rdn. 1517 ff.). Eine Aufklärung ist dem Unternehmer geboten, wenn der Auftraggeber erkennbar nicht sachverständig ist.[92] Beharrt der Auftraggeber bei der Bauausführung auf die Erfüllung seiner Wünsche, ist der Unternehmer nach dem Auftreten von Baumängeln nicht zur Nacherfüllung verpflichtet, weil es sich insoweit nicht um ein „Werk des Unternehmers" handelt. Für eine Anwendung von § 254 BGB ist deshalb kein Raum.[93]

Hat der Besteller/Auftraggeber selbst oder sein Architekt/Sonderfachmann als **Erfüllungsgehilfe** (§ 278 BGB) die Entstehung des Mangels mitverursacht, kann der Unternehmer einen **Zuschuss** zu den Kosten der Nacherfüllung verlangen.[94]

**1563** Dieser Zuschussanspruch erwächst dem Unternehmer auch, wenn im Zuge der Nacherfüllung Leistungen erforderlich werden, die er nach dem Vertrag nicht zu erbringen hatte, dann aber, weil sie zur ordnungsgemäßen Ausführung nötig sind, zusätzlich doch erbringen muss.[95] Der BGH kürzt den Aufwendungs- bzw. Schadensersatzanspruch des Auftraggebers stets um die **(Mehr)kosten**, um die die Bauleistung (das Werk) bei einer ordnungsgemäßen Ausführung von vornherein teurer gewesen wäre. Bei der Bezifferung dieser **„Sowiesokosten"** (vgl. Rdn. 2474) sind diejenigen Mehraufwendungen zu ermitteln, die bei Befolgung des „jetzt vorgesehenen Konzepts entstanden wären".[96] Keinen Anspruch auf Mehrkosten hat der Unternehmer, wenn er nach dem Vertrag einen bestimmten Erfolg zu einem bestimmten Preis versprochen hat und sich die vertraglich vorgesehene Ausführungsart später als unzu-

---

89) BGH, NJW-RR 1999, 813, 814; OLG Hamm, BauR 1995, 109.
90) *Palandt/Sprau*, § 635 BGB, Rdn. 6 m. Nachw.
91) Sie setzt stets eine **eindeutige** Aufforderung des Bauherrn voraus, die Werkleistung in bestimmter Weise auszuführen (*Heiermann/Riedl/Rusam*, § 4/B, Rdn. 17 mit Hinweis auf BGH, NJW 1973, 754 u. BauR 1975, 421, 422; s. ferner: OLG Hamm, BauR 1992, 123 [LS]).
92) Vgl. RGZ 64, 295; OLG Köln, MDR 1954, 545; BGH, JZ 1957, 442.
93) Vgl. OLG Celle, NJW 1960, 102 m. Nachw.
94) BGHZ 90, 344; BGH, NJW 1999, 416; *Palandt/Sprau*, § 635 BGB, Rdn. 7.
95) *Palandt/Sprau*, § 635 BGB, Rdn. 7.
96) BGH, BauR 1993, 722; BGH, BauR 1984, 510 = ZfBR 1984, 222.

## Umfang der Nacherfüllung

reichend darstellt.[97] Der Unternehmer kann sich also auf diese Weise nicht aus der Verantwortung stehlen.[98] Deshalb ist in solchen Fällen immer sorgfältig der Vertragsinhalt, vor allem anhand des Leistungsverhältnisses des Auftraggebers festzustellen; dann können auch bei nur pauschalen Leistungen durchaus Abzüge wegen Sowiesokosten in Betracht kommen.[99]

Die Zuschusspflicht des Auftraggebers führt dazu, dass der Bauherr **vorprozessual** auf Verlangen des Unternehmers eine **Sicherheitsleistung** (z. B. Bankbürgschaft) stellen muss;[100] der Auftraggeber muss den Zuschussbetrag vor Durchführung der Mängelbeseitigung also nicht zahlen. Bietet der Unternehmer die Mängelbeseitigung vorprozessual ordnungsgemäß an, so kommt der Bauherr in **Annahmeverzug**, wenn er dem berechtigten Verlangen nach einer Zuschusszahlung in einer Form einer Sicherheitsleistung nicht nachkommt. Lässt der Auftraggeber die Mängel in diesen Fällen durch einen **Drittunternehmer** beseitigen, steht ihm ein Ersatzanspruch gegen den gewährleistungspflichtigen Unternehmer nicht (mehr) zu.[101] 1564

In einem Rechtsstreit erfolgt dagegen eine **doppelte Zug-um-Zug-Verurteilung** (vgl. Rdn. 2447, 2742 ff.).[102] Nach der Entscheidung des OLG Hamm[103] soll der Zuschussanspruch des Unternehmers im Prozess einer besonderen Geltendmachung bedürfen, sei es durch Klage, Aufrechnung oder Verrechnung.

Erlangt der Besteller/Auftraggeber durch die Nacherfüllung einen (sonstigen) Vorteil (z. B. „Wertverbesserung"), der durch die bestehende Vertragspflicht des Unternehmers nicht gedeckt ist, greifen die Grundsätze der **Vorteilsausgleichung** ein (vgl. Rdn. 2468 ff.).[104]

### 4. Umfang der Nacherfüllung

Dem Unternehmer ist es überlassen, in welchem Umfang und auf welche Weise er einen Baumangel beseitigen will. Er trägt das Risiko seiner Arbeit, und er muss daher grundsätzlich auch allein entscheiden können, auf welche Weise er die Mängel dauerhaft beseitigen will.[105] Dieses Recht schließt im Einzelfall die Verpflichtung des Unternehmers ein, zusätzliche Maßnahmen zu ergreifen, um den Werkerfolg sicherzustellen.[106] Ein Unternehmer muss sich daher nur ausnahmsweise, wenn Treu und 1565

---

97) Vgl. BGH, BauR 1987, 207; OLG Karlsruhe, NJW-RR 1999, 1694.
98) BGH, BauR 1990, 84 = ZfBR 1990, 16; BGH, BauR 1990, 360 (für Sanierung einer Hangbefestigung); BGH, BauR 1989, 462, 467.
99) OLG Düsseldorf, BauR 1991, 747 = NJW-RR 1992, 23, 24 (für senkrechte Isolierung des Kellermauerwerks bei einem Pauschalvertrag).
100) BGH, BauR 1984, 395 = ZfBR 1984, 173; OLG Nürnberg, BauR 2000, 273; OLG Hamm, NJW-RR 1996, 272 u. BauR 1991, 756.
101) OLG Hamm, BauR 1991, 756, 759.
102) BGH, NJW 1984, 1679 = BauR 1984, 401; *Früh*, S. 96/97.
103) NJW-RR 1996, 272, 273 u. BauR 1979, 247, 248; s. auch *Bühl*, BauR 1985, 502 ff.
104) OLG Karlsruhe, OLGR 2005, 571, 573.
105) Vgl. BGH, BauR 1976, 430, 432; siehe auch BGH, NZBau 2004, 153 = IBR 2004, 64 – *Miernik* (Vorlage eines Sanierungskonzepts); *Boldt*, NJW 2007, 2960, 2963 (Schallschutz).
106) OLG Hamm, NZBau 2004, 393, 394 = BauR 2004, 102, 104.

Glauben dies erfordert, **Weisungen** von Seiten des Auftraggebers unterwerfen.[107)] Das ist beispielsweise der Fall, wenn der Unternehmer eine völlig **unzureichende** Nacherfüllung plant, bei der von vornherein abzusehen ist, dass sie nicht zu einer nachhaltigen Mängelbeseitigung führen kann. Auf untaugliche Nachbesserungsversuche braucht sich der Auftraggeber also nie einzulassen. Ein weiteres Beispiel wäre das Anbieten einer nicht DIN-gerechten Lösung durch den Unternehmer. Erklärt sich der Bauherr mit einer bestimmten Art der Nachbesserung **einverstanden**, liegt darin in der Regel noch kein Verzicht auf bestehende Mängelansprüche, insbesondere bei Fehlschlagen der Nacherfüllung auf den Anspruch auf **Neuherstellung**.[108)]

**1566** Im Regelfall kann der Auftraggeber aber nicht auf die Vornahme **bestimmter** Mängelbeseitigungsarbeiten klagen. Hiervon macht das OLG Köln[109)] eine Ausnahme: Ist zwischen den Parteien streitig, ob eine Nacherfüllung durch **Ausbesserung** oder nur durch **Auswechseln** von mangelhaften Bauteilen erfolgen kann, soll der Auftraggeber „auf Auswechseln" klagen können; dieser muss in diesem Falle allerdings nachweisen, dass ein Ausbessern unzureichend wäre.

**1567** Etwas anderes gilt auch, wenn sich der Besteller/Auftraggeber bereit erklärt, den Unternehmer aus seiner Haftung für den Baumangel zu entlassen, soweit er sich an die **Nacherfüllungswünsche** des Bestellers im Einzelnen gehalten hat.[110)] Der Umfang der Nachbesserung durch den Unternehmer kann im Übrigen nur so weit gehen, wie dieser für den Baumangel verantwortlich ist. Dabei ist niemals der vereinbarte Werklohn für den Umfang der Nachbesserungspflicht maßgebend, sondern die anerkannten Regeln der Baukunst/Technik.[111)]

**1568** Der Auftraggeber muss in seiner Klage den Werkmangel so **genau bezeichnen**, dass ihn der Bauunternehmer beseitigen kann[112)] (vgl. Rdn. 1471 ff.).

Die Beifügung von Anordnungen im Urteilstenor, wie die Beseitigung technisch von dem Unternehmer vorzunehmen ist, hat zu unterbleiben (vgl. Rdn. 2750). Die Beifügung solcher Anordnungen ist jedoch unschädlich, wenn der Unternehmer mit der Beseitigung des Baumangels auf bestimmte Weise einverstanden ist.[113)] Verlangt der Auftraggeber entgegen diesen Grundsätzen mit seinem Klageantrag **bestimmte** Mängelbeseitigungsarbeiten, ist das unbeachtlich und hat auf die Zulässigkeit oder Begründetheit der Klage keinen Einfluss. Die im Klageantrag des Klägers aufgenommenen Mängelbeseitigungsmaßnahmen sind vielmehr nur als **Anregung** zu werten, die das Gericht unbeachtet lässt. Im Urteilstenor wird daher grundsätzlich nur die allgemeine Verpflichtung des Beklagten, einen näher beschriebenen Baumangel zu beseitigen, aufgenommen. Streiten die Parteien im Rahmen eines Mängelbeseitigungsbegehrens, **welche** Maßnahmen zur Mängelbeseitigung erforderlich sind,

---

107) Siehe OLG Koblenz, BauRB 2005, 291 = IBR 2005, 368 – *Biebelheimer* (Vorlage eines **Bauzeitenplans** und Bereitschaft zur Nachtarbeit bei Mängelbeseitigungsarbeiten in einem Krankenhaus).
108) BGH, BauR 2002, 472, 473 = NJW 2002, 748; BGH, BauR 1997, 131 = ZfBR 1997, 32.
109) BauR 1977, 275, 276.
110) BGH, Urt. v. 5.5.1969 – VII ZR 26/69; Urt. v. 19.3.1964 – VII ZR 137/62; zitiert bei *Schmidt*, Beilage Nr. 4/WM 1972, S. 3.
111) Vgl. z. B. OLG Düsseldorf, BauR 1971, 262, betreffend die Vorbehandlung des Untergrundes bei Anstreicherarbeiten.
112) BGH, BauR 1988, 474.
113) BGH, BauR 1973, 313 = WM 1973, 1598; *Schmidt*, WM 1974, 294.

dann kann der Urteilsausspruch die erforderlichen Mängelbeseitigungsmaßnahmen benennen.[114)]

## 5. Die Kosten der Nacherfüllung

Die **Kosten** der **Nacherfüllung** trägt der Unternehmer (§ 635 Abs. 2 BGB). Das sind zunächst alle Kosten, die für die Behebung eines Baumangels selbst **erforderlich** werden; dazu zählen auch die für die Mängelbeseitigung erforderlichen Kosten von Vor- und Nebenarbeiten.   1569

Der **BGH**[115)] hat den Umfang der Nacherfüllung/Nachbesserung wie folgt beschrieben:

„Der zur Mängelbeseitigung verpflichtete Unternehmer hat aber nicht nur die dazu erforderlichen **Aufwendungen**, insbesondere Transport-, Wege-, Arbeits- und Materialkosten, zu tragen; er muss auch **Schäden** am sonstigen Eigentum des Bestellers beheben, die im Zuge der Nachbesserung zwangsläufig entstehen (BGHZ 72, 33 = *SFH*, Nr. 6 zu § 635 BGB). So hat der Bundesgerichtshof die Mauer-, Putz-, Steinemaillier-, Maler-, Reinigungs- und Architektenarbeiten, die im Zusammenhang mit der Nachbesserung einer fehlerhaft verlegten Abflussleitung notwendig geworden waren, zu den Aufwendungen gerechnet, die, wie sich aus dem **Umfang** der Nachbesserungspflicht ergebe, vom Unternehmer zu tragen seien (NJW 1963, 80, 806). Als **Mängelbeseitigungskosten** hat der Senat demgemäß in einem Falle, in dem der Unternehmer Isolierungsarbeiten nachzubessern hatte, auch die Aufwendungen für die hierzu erforderlichen **Nebenarbeiten** bezeichnet, insbesondere für den Ausbau der Kellertüren, der Ölheizung, der Öltanks, der Kellertreppen, Abmontieren und Wiederanbringen der Elektroanschlüsse sowie Anpassen und Wiedereinbau der Kellertüren (Urteil vom 29.11.1971 – VII ZR 101/70 = WM 1972, 800, insoweit in NJW 1972, 47 nicht abgedruckt). Zu den vom Unternehmer zu ersetzenden Kosten hat der Senat ferner die Aufwendungen gezählt, die **bei der Nachbesserung** von Rohrleitungen durch folgende **Nebenarbeiten entstanden** waren: Aufspüren der Schadstellen, Freilegung der Leckstellen der Rohre durch Entfernen der Isolierung, Verfüllen des Rohrgrabens, Verdichten des Erdreichs und Wiederherstellung der im Zuge der Mängelbeseitigung aufgerissenen Straßendecke (BGHZ 58, 332, 339 = *Schäfer/Finnern*, Z 2.414 Bl. 281). Entsprechend hat er in einem Fall entschieden, in dem Asphaltschichten zum Zwecke der Mängelbeseitigung entfernt und im Anschluss an die Nachbesserung der Fahrbahnisolierung wieder aufgetragen werden mussten (BGH, Urteil vom 16.5.1974 – VII ZR 35/72 = BauR 1975, 130, 133).

Zur vollständigen Mängelbeseitigung hätte deshalb hier gehört, dass die Beklagte alle Arbeiten entweder selbst oder durch andere Unternehmer ausführte, die zur **Wiederherstellung** des vor Beginn der Nachbesserung bestehenden Zustandes erforderlich waren. Die Beklagte schuldete also außer den vom Berufungsgericht für notwendig gehaltenen Maßnahmen (Entfernung des Teppichbodens, Aufstemmen des Estrichs und Ausräumen der Perlite-Schüttung) auch den **Abtransport** des Bauschutts sowie die Verlegung des neuen Estrichs und des neuen Teppichbodens. Sie schuldete ferner die Herstellung des Zementestrichs in Heizraum und Flur sowie die Malerarbeiten, soweit diese durch die Nachbesserung veranlasst waren, etwa weil der bei der Entfernung des alten Estrichs aufgewirbelte Staub auch die Tapeten und Decken der Räume in Mitleidenschaft gezogen hatte. Die Beklagte schuldete weiter die **Reinigung** des Teppichbodens, sofern dieser, wie der Kläger behauptet hat, bei der Schadensbeseitigung beschmutzt worden ist. Sie schuldete schließlich den Ersatz der **Nebenkosten**, soweit diese – etwa aufgrund von Telefongesprächen mit Handwerkern – zur Vorbereitung und Durchführung der Nachbesserung erforderlich geworden waren."

---

114) OLG Hamm, NZBau 2004, 393, 395 = BauR 2004, 102, 104; LG Aachen, NJW-RR 1988, 1176.
115) NJW 1979, 2095; BGH, NJW-RR 1999, 813.

**1570** Fraglich ist, ob zu den Kosten der Nacherfüllung auch der **Verdienstausfall** des Auftraggebers oder **Vergütungen** zählen, die **ihm** bei der Durchführung der Nachbesserung bzw. Nacherfüllung entstehen. Ein Besteller, der eine mangelhafte Werkleistung feststellt, wird daran interessiert sein, bereits frühzeitig seinen **Architekten**, einen **Privatgutachter** oder auch einen **Rechtsanwalt** einzuschalten, der ihm bei der Durchsetzung der Nacherfüllungsansprüche behilflich ist.

Der BGH[116] hat klargestellt, dass der Anspruch auf Ersatz des in der Zeit **bis** zur Nacherfüllung und während derselben entstandenen **Verdienstausfalls** seine Grundlage nur in der altrechtlichen Vorschrift des § 635 BGB finde; das gelte auch für den Anspruch auf Ersatz der **Gutachterkosten**. Es handle sich um einen Schaden, der durch die Nacherfüllung nicht verhindert werde und dieser „nicht zugänglich" sei. Der Anspruch auf Ersatz dieser Schäden stehe deshalb von vornherein neben dem Anspruch auf Nachbesserung (Nacherfüllung) und sei nicht davon abhängig, ob der Besteller die zur Herbeiführung der sonstigen Rechtsfolgen der §§ 634 635 BGB a. F. vorgeschriebene Frist gesetzt habe. An dieser Rechtslage hat das **neue Recht** nichts geändert.[117]

**1571** Nicht anderes kann für **Vergütungen** gelten, die der Auftraggeber einem **Architekten** zahlt, der bei der Nacherfüllung mitwirkt (vgl. Rdn. 1508). Allerdings ist dabei zu beachten: Hat der Architekt den Mangel mitverursacht, und schaltet der Auftraggeber deshalb einen anderen Architekten ein, können insoweit entstandene Kosten nur dem verantwortlichen (ersten) Architekten, nicht aber auch dem zur Nacherfüllung verpflichteten Unternehmer angelastet werden. Nach der HOAI gehört das Überwachen der Beseitigung von Mängeln entweder zu den Grundleistungen der Objektüberwachung (§ 15 Abs. 2 Nr. 8 HOAI) oder zu den Grundleistungen der Objektbetreuung und Dokumentation (§ 15 Abs. 2 Nr. 9 HOAI). Diese Tätigkeit ist daher bei einem umfassenden Architektenvertrag nicht gesondert zu vergüten.

**1572** Für eine Klage des Auftraggebers auf Erstattung der Kosten ist wichtig, dass dieser sich in jedem Falle auf einen Anscheinsbeweis hinsichtlich der Erforderlichkeit der Einschaltung eines Architekten bei der Mängelbeseitigung berufen kann: Mitwirkung bei der Mängelbeseitigung durch einen Architekten ist im Zweifel stets **weitere** Bauleitung durch den Architekten. Die werkvertragliche Bauleistung des Unternehmers wurde weitgehend während der Bauausführung bereits unter der Bauleitung des Architekten vorgenommen; umso mehr muss sie es, wenn die Werkleitung des Unternehmers mangelhaft ist und dies sich erst nach der Abnahme herausstellt. Es ist deshalb in aller Regel Sache des Unternehmers, die Notwendigkeit der durch Einschaltung eines Architekten bei der Bauleitung entstandenen Kosten substantiiert infrage zu stellen.

**1573** Der Unternehmer muss demgegenüber alle für seine Nacherfüllungsarbeiten notwendigen eigenen sowie fremden **Aufwendungen** tragen, die der **unmittelbaren Mängelbeseitigung** dienen. Dies gilt für Gutachterkosten ebenso wie für Honorare, die er z. B. im Rahmen einer notwendigen Umplanung an einen Architekten oder Sonderfachmann entrichten muss.

---

116) BGH, BauR 1985, 83, 84 = ZfBR 1985, 33 = NJW 1985, 381; OLG Düsseldorf, BauR 1996, 112, 113 = OLGR 1995, 221 u. BauR 1998, 126, 128.
117) *Palandt/Sprau*, § 635 BGB, Rdn. 6.

## 6. Die verweigerte Nacherfüllung ("unverhältnismäßige Kosten")

*Literatur*

*Mandelkow*, Die Unverhältnismäßigkeit der Nachbesserung, BauR 1996, 656; *Maultzsch*, Zum zeitlichen Anwendungsbereich der kauf- und werkvertraglichen Mängelrechte am Beispiel der §§ 439 Abs. 3, 635 Abs. 3 BGB, ZGS 2003, 411; *Weyer*, Werkvertragliche Mängelhaftung nach neuem Recht: Probleme bei Minderung und Schadensersatz, Jahrbuch Baurecht 2004, 245.

Der **Unternehmer** ist nach altem Recht gemäß § 633 Abs. 2 Satz 3 BGB a. F. berechtigt, die Beseitigung des Mangels zu verweigern, wenn sie einen **unverhältnismäßigen Aufwand** erfordert; dies muss von dem Unternehmer erklärt und begründet werden.[118] Ist der Einwand berechtigt, stehen dem Besteller nach altem Recht die Gewährleistungsansprüche aus § 634 oder § 635 BGB a. F. ohne weitere Fristsetzung zu.[119]

**1574**

Was unter einem **unverhältnismäßigem** Aufwand zu verstehen ist, hat der BGH[120] wie folgt beschrieben:

„Unverhältnismäßig sind die Aufwendungen für die Beseitigung eines Werkmangels dann, wenn der damit in Richtung auf die Beseitigung des Mangels erzielte Erfolg oder Teilerfolg bei Abwägung aller Umstände des Einzelfalles in keinem vernünftigen Verhältnis zur Höhe des dafür gemachten Geldaufwandes steht. In einem solchen Falle würde es Treu und Glauben (§ 242 BGB) widersprechen, wenn der Besteller diese Aufwendungen dem Unternehmer anlasten könnte. Das wäre für den Unternehmer nicht zumutbar."

Nach **neuem** Recht darf die Nacherfüllung gemäß § 635 BGB verweigert werden, wenn sie unter den Voraussetzungen der Bestimmungen in § 275 Abs. 2, 3 BGB nicht zugemutet werden kann oder wenn sie im vorstehenden Sinne mit „**unverhältnismäßigen Kosten**" verbunden wäre. Trotz der sprachlichen Neufassung des § 635 Abs. 3 BGB entspricht er sachlich § 633 Abs. 2 Satz 3 BGB a. F.,[121] sodass die hierzu ergangene (umfangreiche) Rechtsprechung ohne weiteres herangezogen werden kann. Bemerkenswert ist, dass die Instanzgerichte die klaren Vorgaben des BGH vielfach ignoriert haben mit der Folge, dass der BGH nach wie vor mit dem Problem der „Unverhältnismäßigkeit" beschäftigt wird.[122]

**1575**

Die Frage der „Verhältnismäßigkeit" kann weder allein aufgrund der Höhe der Mängelbeseitigungskosten noch aufgrund einer Relation dieser Kosten zu den Her-

---

118) OLG Düsseldorf, BauR 1987, 572, 573 = NJW-RR 1987, 1167.
119) Vgl. BGH, DB 1973, 67.
120) BGHZ 59, 365 = BauR 1973, 112; BGH, BauR 2002, 613 = ZfBR 2002, 345; BauR 1996, 858 = ZfBR 1996, 313; BauR 1997, 638 = ZfBR 1997, 249; s. ferner: OLG Celle, OLGR 2007, 281 = IBR 2007, 132 – *Steiger* (Fehlen einer frostsicheren Gründung); OLG Frankfurt, IBR 2007, 20 – *Probst* (grünlich verfärbte Dachziegel); OLG Düsseldorf, NZBau 2005, 105, 106 (Verfüllung eines Hallenbodens mit Müllverbrennungsasche); OLG Karlsruhe, BauR 2007, 394, 397 = OLGR 2005, 692 (ungenügende Vertikaleinfederung von Straßenbahnschienen); OLG Schleswig, IBR 2006 – *Steiger* (Unebenheiten eines Fußbodens); OLG Celle, OLGR 2006, 509 (Pflasterarbeiten; langsamer Abfluss von Regenwasser); OLG Celle, IBR 2003, 15 – *Kamphausen* (Pflasterarbeiten; Farbabweichungen); OLG Hamm, NJW-RR 2003, 965 (optischer Mangel an Türschwellen); OLG Oldenburg, OLGR 2000, 114, 115; OLG Düsseldorf, BauR 1998, 126, 127; OLG Celle, BauR 1998, 401; OLG Hamm, BauR 1993, 729, 731.
121) *Leupertz*, in: Prütting/Wegen/Weinreich, § 645 BGB, Rdn. 8 m. Nachw.
122) BGH, BauR 2006, 377 = NZBau 2006, 110 = ZfBR 2006, 154 = IBR 2006, 85 – *Sienz*; BGH, BauR 2006, 382 = NZBau 2006, 177 = IBR 2006, 131 – *Vogel*.

stellungskosten der mangelhaften Bausache entschieden werden.[123] Der Einwand der **Unverhältnismäßigkeit** ist nach der Rechtsprechung des BGH deshalb nur „dann gerechtfertigt, wenn das Bestehen auf ordnungsgemäßer Vertragserfüllung mit Rücksicht auf das objektive Interesse des Bestellers an der ordnungsgemäßen Erfüllung im Verhältnis zu dem dafür erforderlichen Aufwand unter Abwägung aller Umstände ein Verstoß gegen Treu und Glauben ist."[124] Maßgebend ist deshalb auf die Umstände des **Einzelfalles** abzustellen; besteht nur ein objektiv **geringes Interesse** des Bestellers an einer mangelfreien Vertragsleistung und steht diesem ein ganz erheblicher und deshalb (vergleichsweise) unangemessener Kostenaufwand gegenüber, kann von einer „Unverhältnismäßigkeit" gesprochen werden. Ein objektiv berechtigtes Interesse an der vertragsgemäßen Erfüllung wird demgegenüber einem Einwand der Unverhältnismäßigkeit auch dann entgegenstehen, wenn die Nachbesserung hohe Kosten verursacht.[125] So werden **Verstöße** gegen die anerkannten Regeln der Technik im Zweifel keine Mängelbeseitigungsverweigerung wegen Unverhältnismäßigkeit rechtfertigen.[126] Im Rahmen der **Abwägung** ist zu Lasten des Unternehmers auch zu berücksichtigen, ob und in welchem Ausmaß er die Mängel verschuldet hat.[127]

**Beispiele** für Unverhältnismäßigkeit sind: geringfügige Messdifferenzen an Bauteilen, die ohne technischen Nachteil bleiben;[128] unerhebliche Farbabweichungen,[129] überhaupt geringfügige **Schönheitsfehler**, die nur das ästhetische Empfinden und nicht die „Wertschätzung" des Hauses berühren.[130] So führen Florverwerfungen oder Florverkantungen („Shadding") nicht zu Haltbarkeitsbeeinträchtigungen, sondern nur zu einem optischen Mangel.[131] Wird dagegen die Bauleistung durch die beabsichtigte Nachbesserung in ihrem Charakter verändert (z. B. die feinkörnige Oberflächenstruktur eines Edelkratzputzes geht durch einen nachträglichen Anstrich verloren), so muss der Bauherr dies nicht hinnehmen;[132] überhaupt hängt die

---

123) BGH, BauR 1995, 540, 541; OLG Düsseldorf, BauR 1998, 126, 127 = NJW-RR 1997, 1450.
124) BGH, BauR 2002, 613, 616 = ZfBR 2002, 345 = NZBau 2002, 338; OLG Hamm, BauR 2001, 1262, 1265 = NJW-RR 2001, 1460 (**Schallschutz**); OLG Düsseldorf, BauR 2001, 1922 (**Wärmedämmung**); OLG Nürnberg, IBR 2001, 607 – *Groß*.
125) BGH, BauR 2006, 377, 378.
126) OLG Schleswig, IBR 2002, 406 – *Groß* (Verwendung einer zu dünnen Kunststofffolie im Abdichtungssystem); bedenklich daher z. B. OLG Celle, OLGR 2004, 85 (Unzumutbarkeit trotz mangelhafter Gründung).
127) BGH, BauR 2002, 613, 616; BGH, BauR 1995, 540 = ZfBR 1995, 197.
128) *Kaiser*, Rdn. 88.
129) BGH, *SFH*, Nr. 70 zu § 633 BGB (optische Beeinträchtigung eines **Hallenbodens**); OLG Frankfurt, NJW-RR 1994, 1340 (**Einbauküche**).
130) OLG Hamm, NJW-RR 2003, 965; OLG Celle, IBR 2003, 411 – *Quack;* OLG Düsseldorf, BauR 1998, 126, 127; NJW-RR 1994, 342; BauR 1993, 733 u. BauR 1991, 749, 750; OLG Celle, BauR 1998, 401, 402; kritisch: *Mandelkow*, BauR 1996, 656, 657; unzutreffend: OLG Karlsruhe, IBR 1997, 65 – *Weyer* = BauR 1997, 356 (LS) (für optische Mängel eines Parkettfußbodens bei einem angenommenen Wertverlust von 30%).
131) OLG Düsseldorf, NJW-RR 1991, 223 = MDR 1991, 250.
132) Wie hier: OLG Hamm, BauR 2005, 1324, 1327 (Kunstharzputz statt mineralischer Kratzputz).

**Verweigerte Nacherfüllung** Rdn. 1576

Verweisung des Bauherrn auf eine Minderung anstelle von Nacherfüllung wesentlich auch von der **konkreten Nutzung** des Bauwerks ab.[133)]

Ein Unternehmer kann also nicht einwenden, die ordnungsgemäße Mängelbeseitigung werde für ihn zu teuer, insbesondere ist nicht entscheidend, wie sich die erforderlichen Mängelbeseitigungskosten zur Höhe seines Werklohns verhalten.[134)] Überhaupt kann der Unternehmer den Einwand des unverhältnismäßig hohen Mängelbeseitigungsaufwandes nicht erheben, wenn der Baumangel infolge einer **groben Fahrlässigkeit** verursacht worden ist.[135)] Der Unternehmer kann „billigerweise den Schutz dieser Vorschrift und eine Rücksichtnahme des Bestellers auf seine eigenen wirtschaftlichen Belange nicht für sich in Anspruch nehmen, wenn er selbst in ungewöhnlich grobem Maße die erforderliche Sorgfalt verletzt und Regeln missachtet, die er in jedem Falle hätte beachten müssen" (OLG Düsseldorf). Aus diesem Grunde ist auch die Entscheidung des OLG Köln[136)] abzulehnen, das bei erheblichen Mängeln der **Schallisolierung** nur einen Minderungsanspruch gewährt. Hat der Bauherr, was für den Schallschutz ohne weiteres anzusetzen ist, ein berechtigtes Interesse an einer ordnungsgemäßen Erfüllung des Vertrages, weil die **Funktionsfähigkeit** des **Werkes spürbar** beeinträchtigt ist, kann von einer Unverhältnismäßigkeit der Nachbesserungskosten nicht ausgegangen werden.[137)]

1576

Im Übrigen ist für das **neue Recht** von Bedeutung: Der Unternehmer kann die Nacherfüllung „unbeschadet des § 275 Abs. 2 und 3 verweigern, wenn sie nur mit unverhältnismäßigen Kosten möglich ist." Die Vorschrift des § 275 Abs. 1 wird in § 635 Abs. 3 nicht erwähnt; es ist aber unzweifelhaft, dass der Anspruch auf Nacherfüllung entfällt, wenn die Beseitigung des Mangels **objektiv** oder **subjektiv unmöglich** ist.[138)] Die Vorschrift des § 275 Abs. 2 BGB entspricht wiederum der bisherigen Regelung des § 633 Abs. 2 Satz 3 und sie begründet für den Unternehmer ein Leistungsverweigerungsrecht, während § 635 Abs. 3 BGB n. F. im Übrigen bestimmt, dass die Nacherfüllung verweigert werden kann, wenn sie nur **mit unverhältnismäßigen Kosten möglich** ist. Mit dieser Formulierung wird aber nicht hinreichend deutlich, welcher Anwendungsbereich § 635 Abs. 3 neben § 275 Abs. 2 noch verbleibt.[139)]

---

133) BGH, BauR 1995, 540, 541; OLG Köln, OLGR 1991, 58, 59 für **Geräuschentwicklung** im Dach einer Lagerhalle; OLG Hamm, BauR 1993, 729 für zu **kleine Wohnfläche** und zu **niedrige Deckenhöhe**; OLG Köln, ZfBR 1993, 287 für nicht berücksichtigte **Sonderwünsche**; OLG Düsseldorf, NJW-RR 1994, 341 für Trittschallverbesserung um 8 dB; OLG Nürnberg, NJW 1993, 1300 für **Formaldehyd-** und **Lindanausdünstungen**; OLG Hamm, OLGR 1994, 98 für **lichte Breite** einer Flurnische; OLG Celle, BauR 1998, 401 für optische Beeinträchtigung einer Marmortreppe im **Treppenhaus**; OLG Celle, OLGR 2006, 509 für nicht DIN-gerechte Herstellung der Pflasterung.
134) *Mandelkow*, BauR 1996, 656 m. Nachw.
135) OLG Düsseldorf, BauR 2001, 1922, 1923; BauR 1993, 82, 85 u. BauR 1987, 572 = NJW-RR 1987, 1167; unzutreffend: OLG Köln, BauR 1995, 100, 101 (für den Fall einer arglistigen Täuschung durch Unternehmer).
136) *SFH*, Nr. 4 zu § 13 Nr. 6 VOB/B (1973); vgl. auch OLG München, BauR 1985, 453, 454; **a. A.:** OLG Stuttgart, BauR 1996, 718.
137) BGH, BauR 1996, 858 = ZfBR 1996, 313; BGH, BauR 1997, 638, 639 = ZfBR 1997, 249.
138) *Raab*, in: Dauner-Lieb u. a., Das neue Schuldrecht, § 9, Rdn. 42 unter Hinweis auf die BT-Drucks. 14/6040, S. 265; *Canaris*, JZ 2001, 499, 501.
139) *Raab*, in: Dauner-Lieb u. a., Das neue Schuldrecht, § 9, Rdn. 46.

**1577** Lehnt der Unternehmer die Nacherfüllung zu Unrecht ab,[140] bedarf es nicht mehr der besonderen Aufforderung des Auftraggebers oder einer Fristsetzung i. S. des § 634 BGB a. F./§§ 634 Nr. 4, 636, 280, 281 BGB.[141] Vielmehr kann dieser nach altem Recht sofort Wandelung, Minderung oder Schadensersatz verlangen. Nach neuem Recht ersetzt der Rücktritt die Wandelung. In den übrigen Fällen muss der Auftraggeber jedoch vorher eine angemessene Frist zur Nacherfüllung setzen.[142] Hat der Auftraggeber dem Unternehmer eine Frist gesetzt, so ist er hieran auch zunächst gebunden; er muss also das tatsächliche Ergebnis der Mängelbeseitigung (Nacherfüllung) abwarten und kann nicht in hypothetischer Betrachtung eines zu erwartenden Misserfolges dem Unternehmer weitere Bemühungen um Beseitigung des Mangels verweigern.[143] Einem an sich zuverlässigen Unternehmer muss die Gelegenheit gegeben werden, gegebenenfalls auch **zwei** oder **drei Versuche** zu unternehmen, um die Mängel zu beseitigen.[144]

**1578** Der **Auftraggeber** kann eine Mängelbeseitigung nur bei **Unzumutbarkeit** verweigern. Lehnt dieser die Mängelbehebung „wegen unverhältnismäßigen Aufwands" ab, verliert er seine Mangelansprüche.[145] Der Auftraggeber hat auch keinen Anspruch auf Nacherfüllung, wenn er zuvor notwendige **Vorarbeiten** anderer Unternehmer nicht ausführen lässt oder es ablehnt, insoweit anfallende **Ohnehinkosten** den nachbesserungspflichtigen Unternehmern zu ersetzen.[146]

### 7. Die Selbstvornahme (§ 637 Abs. 1 BGB)

*Literatur*

Hesse, Ersatz unnötiger Nachbesserungskosten, BauR 1972, 197; *Blomeyer*, Die Kosten erfolgloser Nachbesserungsversuche des Auftraggebers, ZfBR 1985, 155; *Greiner*, Genügt ein fristbewehrtes Nachbesserungsverlangen des Bestellers für das Entstehen des Ersatzvornahmerechts gem. § 633 Abs. 3 BGB?, ZfBR 2000, 295; *Knütel*, Zur „Selbstvornahme" nach § 637 Abs. 1 BGB n. F., BauR 2002, 689; *Kenter/Brügmann*, Dominierendes Bestimmungsrecht des Auftraggebers, BauR 2004, 395; *Harms*, Die „doppelte" Fristsetzung zur Mängelbeseitigung – Wirksames Instrument oder rechtliches nullum?, BauR 2004, 745; *Katzenstein*, Kostenersatz bei eigenmächtiger Selbstvornahme der Mängelbeseitigung nach § 326 Abs. 2 Satz 2 BGB, ZGS 2004, 144; *Dötsch*, Rechte des Käufers nach eigenmächtiger Mängelbeseitigung, MDR 2004, 975; *Dauner-Lieb/Dötsch*, § 326 II 2 BGB (analog) bei der Selbstvornahme?, NZBau 2004, 233; *Weise*, Ersatzansprüche nach eigenmächtiger Selbstvornahme der Nacherfüllung?, NJW-Spezial 2005, 261; *Mundt*, Zur angemessenen Nachbesserungsfrist bei witterungsabhängigen Nachbesserungsarbeiten, BauR 2005, 1397.

**1579** Ist der Unternehmer mit der Beseitigung des Mangels in **Verzug**, so kann der Auftraggeber nach altem Recht (§ 633 Abs. 3 BGB) den Mangel selbst beseitigen (**Ersatzvornahme**) und den Ersatz der erforderlichen Aufwendungen verlangen (**Kostenerstattungsanspruch**). Voraussetzung des Selbsthilferechts ist altrechtlich ein bestehender, von dem Unternehmer aber nicht rechtzeitig erfüllter Mängelbesei-

---

140) Vgl. dazu OLG Frankfurt, NJW 1970, 1084; OLG Stuttgart, BB 1971, 239.
141) BGH, *Schäfer/Finnern*, Z 3.003.3 Bl. 5; Z 2.414.1 Bl. 8 betreffend § 13 Nr. 5 Abs. 2 VOB/B.
142) Zu den Ausnahmefällen s. Rdn. **1657**.
143) OLG Frankfurt, MDR 1983, 755.
144) Vgl. BGH, BauR 1985, 83, 84.
145) *MünchKomm-Soergel*, § 633 BGB, Rdn. 137.
146) OLG München, BauR 2003, 720.

## Selbstvornahme

tigungsanspruch gemäß § 633 Abs. 2 Satz 1 BGB a. F.;[147)] wird ein (noch) bestehendes Nachbesserungsrecht des Unternehmers durch eine unberechtigte („voreilige") Ersatzvornahme ausgeschaltet, besteht kein Anspruch auf Ersatz der Mängelbeseitigungskosten.[148)] Die für das **neue Recht** diskutierte (analoge) Anwendung von § 326 Abs. 2 Satz 2 BGB bei eigenmächtiger Selbstvornahme[149)] wird sich angesichts der klaren Rechtsprechung des BGH nicht durchsetzen.[150)] Es besteht kein Anlass, **ersparte Aufwendungen** des Unternehmers auf dessen Vergütungsanspruch anzurechnen; ebenso wenig können Erstattungsansprüche aus Geschäftsführung ohne Auftrag oder Bereicherungsrecht geltend gemacht werden.[151)]

Ist ein Mangel dem Unternehmer nicht anzurechnen, ist die Behebung des Mangels sogar objektiv nicht oder nur mit einem unverhältnismäßigen Kostenaufwand möglich, scheidet auch altrechtlich eine Selbstvornahme aus. Dies gilt auch für den Fall, dass die Abnahme noch nicht erfolgt ist.[152)] In der **Ankündigung** und **Durchführung** einer Ersatzvornahme liegt jedenfalls nicht ohne weiteres eine Abnahme der Bauleistung,[153)] was für die Frage der Beweislast von erheblicher Bedeutung ist.[154)]

Die Ersatzvornahme setzt nach altem Recht einen **Verzug** des Unternehmers voraus. Der Verzug tritt insoweit nur unter den Voraussetzungen der §§ 284, 285 BGB a. F. ein, die der Auftraggeber **darlegen** muss. Dementsprechend muss der Unternehmer den konkret[155)] abgemahnten Mangel nicht fristgerecht beseitigt haben. Mit der Aufforderung zur Mängelbeseitigung muss der Unternehmer allerdings nicht besonders auf die Möglichkeit des Selbsthilferechts des Auftraggebers hingewiesen werden.[156)]

**1580**

Nach **neuem Recht** muss der Unternehmer dagegen **nicht** mehr **in Verzug gesetzt** werden; das „Selbstvornahmerecht" nach § 637 Abs. 1 BGB entsteht, wenn der Unternehmer die ihm gesetzte angemessene Nacherfüllungsfrist fruchtlos verstreichen lässt.[157)] Es kommt nicht darauf an, ob die Nacherfüllung schuldhaft unterblieben ist. Nach dem fruchtlosen Ablauf der Nacherfüllungsfrist muss der

**1581**

---

147) *MünchKomm-Soergel*, § 633 BGB a. F., Rdn. 139; OLG Jena, OLGR 2007, 626, 628.
148) *Kniffka*, ZfBR 1998, 113, 117 m. Hinweis auf BGH, BauR 1983, 459 = ZfBR 1983, 230; BGH, BauR 1988, 82 = ZfBR 1988, 38; BGH, BauR 2005, 1021 m. Anm. *Kniffka*.
149) Vgl. hierzu u. a.: *Katzenstein*, ZGS 2004, 144 ff.; *Dauner-Lieb/Dötsch*, NZBau 2004, 233 ff.
150) *Schwenker*, IBR 2004, 497; BGH, BauR 2005, 1021, 1023 für das Kaufrecht.
151) OLG Jena, OLGR 2007, 626, 628; s. aber *Weise*, NJW-Spezial 2005, 261 u. *Bamberger/Roth/ Voit*, § 637 BGB, Rdn. 17, die allerdings ersparte Aufwendungen anrechnen wollen.
152) BGH, BauR 1996, 386 = NJW 1996, 1749; BGH, NJW 1994, 942 = BauR 1994, 242, 244; OLG Düsseldorf, BauR 1988, 607, 608; *Kaiser*, Rdn. 80 b.
153) BGH, BauR 1994, 242, 244.
154) Zur **Beweislast** durch den Auftraggeber nach Kündigung oder Aufhebung des Werkvertrages und Ersatzvornahme: KG, NZBau 2003, 36 = MDR 2003, 319.
155) Zu den Anforderungen an ein hinreichend bestimmtes Mängelbeseitigungsverlangen: BGH, BauR 2000, 261 = ZfBR 2000, 116; BGH, BauR 2002, 784 = NZBau 2002, 335 (ständig).
156) Vgl. auch OLG Hamm, NJW-RR 1996, 272. Zur **Schadensersatzpflicht** des Subunternehmers wegen **Verzugs** mit der Mängelbeseititgung: OLG München, BauR 2001, 964 (**Werklohnausfall** des Hauptunternehmers).
157) Eine **zu kurz** bemessene Frist setzt eine im Einzelfall angemessene in Gang. Verlangt der Besteller mit der Fristsetzung sachlich „zu viel" an Mängelbeseitigung, so sind die **Grundsätze** zur Unwirksamkeit von **Mahnungen** bei Zuvielforderung entsprechend anzuwenden (BGH, BauR 2006, 524 = NZBau 2006, 116 = NJW 2006, 769).

Auftraggeber auch nicht mehr das Angebot des Unternehmers zur Mängelbeseitigung annehmen,[158] es sei denn, der Auftraggeber verhält sich widersprüchlich.[159] Ist die Nacherfüllung von dem Unternehmer zu Recht **verweigert** worden, z. B. weil sie unmöglich ist (§ 275 Abs. 1 BGB) oder einen unverhältnismäßigen Aufwand erfordert (§ 635 Abs. 3 BGB), ist auch das Recht des Auftraggebers auf Selbstvornahme und von dem Unternehmer den Ersatz unverhältnismäßig hoher Aufwendungen zu verlangen ausgeschlossen.[160] Eine **Fristsetzung** ist unter den Voraussetzungen der §§ 637 Abs. 2, 323 Abs. 2 BGB im Einzelfall entbehrlich. Die **Unzumutbarkeit** der Nacherfüllung kann sich im Falle des § 637 BGB nur auf die Nacherfüllung gerade durch den Unternehmer beziehen.[161] Das sind die Fälle, in denen das **Vertrauen** des Auftraggebers in den **Erfolg** der Nacherfüllung oder an die **Zuverlässigkeit** des Unternehmers nachhaltig erschüttert ist.[162] Liegen die Voraussetzungen des § 637 Abs. 1 und 2 BGB nicht vor, besteht kein Anspruch auf Kostenerstattung.[163]

**1582** Dem Unternehmer ist grundsätzlich eine **angemessene Frist** für die **Mängelbeseitigung** einzuräumen,[164] es sei denn, dass der Auftragnehmer die Mängelbeseitigung ablehnt oder andere Gründe vorliegen, die eine Fristsetzung entbehrlich machen (vgl. hierzu Rdn. 1657).[165] Die Dauer dieser Frist muss sich nach dem Einzelfall ausrichten.[166] Zu berücksichtigen sind jeweils: die **Vorbereitungszeit** für die Materialbeschaffung, für die Einholung eines sachverständigen Rates, für die Einrichtung der Baustelle sowie für die Koordinierung notwendiger Arbeiten anderer Unternehmer. Daneben ist das **Interesse des** Auftraggebers an der zügigen und nachhaltigen Mangelbehebung angemessen zu werten. Ist das Bauwerk noch nicht abgeschlossen oder drohen Folgeschäden, so wird die dem Unternehmer zu gewährende Zeitspanne für die Mängelbeseitigung geringer sein als bei einem fertiggestellten Gebäude. Entscheidendes Gewicht hat jeweils die **Art** des Mangels. Handelt es sich bei der erforderlichen Mangelbehebung um **umfangreiche** und **schwierige Arbeiten**, bei denen noch weitere Baumängel zutage treten können, muss von einem Unternehmer erwartet und verlangt werden, dass er bei einer entsprechenden Aufforderung des Auftraggebers, die Nacherfüllungsarbeiten in Angriff zu nehmen, „schleunigst, jedenfalls binnen zumutbarer Frist, mit der Nachbesserung beginnt und sie zügig vollendet"[167].

**1583** **Reagiert** der Unternehmer – etwa nach Vorlage des den Werkmangel aufzeigenden Sachverständigengutachtens und der mehrfachen Aufforderung, mit der Nacherfül-

---

158) BGH, BauR 2004, 501, 503 = NZBau 2004, 153, 155; BauR 2003, 693 = NZBau 2003, 267.
159) BGH, BauR 2004, 501, 503 = ZfBR 2004, 252 (erneute Aufforderung zur Nachbesserung nach Fristablauf).
160) Westermann/Maifeld, S. 260.
161) AnwKom-BGB/Raab, § 637 BGB, Rdn. 7; Westermann/Maifeld, S. 261.
162) AnwKom-BGB/Raab, a. a. O.
163) Siehe für das **Kaufrecht**: BGH, BauR 2005, 1021 m. Anm. Kniffka; für den **VOB/B-Vertrag**: OLG Naumburg, IBR 2007, 241 – Heiland; OLG Jena, OLGR 2007, 626 = IBR 2007, 128 – Heiland (auch zum Vergütungsanspruch des Unternehmers).
164) Zur Bedeutung der Frist als **Vornahmefrist** siehe: OLG Düsseldorf, BauR 2002, 1564, 1565; Knütel, BauR 2002, 689 ff.
165) Vgl. BGH (X. ZS), NZBau 2002, 332, 334 = BauR 2002, 940, 943.
166) BGH, NZBau 2007, 506 = BauR 2007, 1410; Mundt, BauR 2005, 1397 ff.; Schmalzl/Lauer/Wurm, Rdn. 179.
167) BGH, ZfBR 1982, 211, 212 = BauR 1982, 496 (Undichtigkeit eines Daches).

## Selbstvornahme

lung zu beginnen – **nicht**, ist es dem Auftraggeber in der Regel **nicht zuzumuten**, noch eine – in ihrer Angemessenheit kaum abschätzbare – „**Vornahmefrist**" zu setzen und diese erst ablaufen zu lassen, bevor zur Selbsthilfe gegriffen und Klage auf Kostenvorschuss erhoben wird.[168] Der Auftraggeber kann in diesem Fall berechtigten Anlass zur Sorge haben, der Unternehmer werde sich seiner Pflicht zur Mängelbeseitigung entziehen.[169] Das Selbstvornahmerecht aus § 637 Abs. 1 BGB besteht deshalb immer schon dann, wenn der Bauherr nicht mehr das erforderliche Vertrauen zu dem Unternehmer haben kann (vgl. Rdn. 1657). Das ist auch der Fall, wenn der Auftraggeber davon ausgehen muss, der Unternehmer werde die erforderlichen Nachbesserungen nicht ordnungsgemäß durchführen.[170] Der nach § 637 Abs. 1 BGB gegebene Kostenerstattungsanspruch entsteht aber erst, wenn der Unternehmer der Vertrauensverlust eingetreten ist.[171] Einigen sich die Parteien nach Fristsetzung auf einen bestimmten Abzug von der Werklohnforderung und stellt sich danach heraus, dass weitere („zusätzliche") Mängelbeseitigungskosten erforderlich werden, muss der Auftraggeber den Unternehmer vor der Ersatzvornahme erneut mit Fristsetzung zur Nacherfüllung auffordern.[172]

In der Baupraxis empfiehlt sich eine „doppelte Fristsetzung";[173] sie ist vor allem angebracht, wenn die Gefahr besteht, dass der Unternehmer seiner Nacherfüllungspflicht nur schleppend oder gar nicht nachkommen will. Das Anschreiben kann etwa dahin gehen:

„(Der Bauherr)
Köln, den 26.10.2007

Sehr geehrter Herr (Unternehmer)!

Sie haben an dem Haus ... die Rohbauarbeiten ausgeführt. Inzwischen haben sich an dem Haus folgende gravierende Mängel gezeigt, die in Ihren Verantwortungsbereich fallen:

...

Wir fordern Sie auf,

bis zum

### 26. November 2007

(hier eingehend), die verbindliche Erklärung abzugeben, dass Sie die vorbenannten Mängel und Ihre Gewährleistungsverpflichtung für diese Mängel anerkennen und innerhalb der gleichen Frist geeignete Vorschläge für die Mangelbehebung unterbreiten.

Für die Mängelbeseitigung selbst setzen wir Ihnen eine Frist bis zum

### 4. Dezember 2007.

Sollten Sie der Ansicht sein, dass Ihnen eine Mangelbeseitigung bis zum 4.12.2007 nicht möglich ist, bitten wir Sie, uns bis zum 19.11.2007 ebenfalls mitzuteilen, bis zu welchem Zeitpunkt die Mangelbehebung erfolgen kann.

---

168) Siehe hierzu insbesondere *Knütel*, BauR 2002, 689 ff.
169) BGH, BauR 1975, 137; BGH, ZfBR 1982, 211, 212.
170) Vgl. BGHZ 46, 242 = NJW 1967, 388; BGH, *Schäfer/Finnern*, Z 2.414.1 Bl. 8; *Kaiser*, BlGBW 1974, 17.
171) BGH, NJW 1972, 526, 527; *Kaiser*, NJW 1973, 176, 177; *Kaiser*, BlGBW 1974, 17.
172) OLG Düsseldorf, BauR 1997, 851, 854 (für § 633 Abs. 3 BGB a. F.).
173) Siehe: OLG Stuttgart, BauR 2007, 1417; *Knütel*, BauR 2002, 689, 690; zustimmend auch *Harms*, BauR 2004, 745 ff.; *Schmalzl/Lauer/Wurm*, Rdn. 177, Anm. 644; kritisch: *Kapellmann/Messerschmidt/Weyer*, § 13/B, Rdn. 257.

> Sollten Sie die Erklärung über die Mängelbeseitigung nicht bis zum 19.11.2007 abgeben oder die Mängelbeseitigung selbst nicht bis zum 4.12.2007 durchgeführt haben, werden wir die vorhandenen Mängel im Wege der Selbstvornahme (§§ 634 Nr. 2, 637 Abs. 1 BGB) beseitigen lassen und gegebenenfalls einen Vorschuss verlangen (§ 637 Abs. 3 BGB)."

**1584** Der **Kostenerstattungsanspruch** aus § 637 Abs. 1 BGB, dessen Anspruchsvoraussetzungen der Auftraggeber im Streitfall darlegen und beweisen muss, ist ein Folgeanspruch des Mängelbeseitigungsanspruchs; er erlischt, wenn das Gebäude zwangsversteigert wird.[174] Zu den **Kosten**, die der Unternehmer **erstatten** muss, gehören die **eigenen Aufwendungen** des Auftraggebers,[175] die Kosten für die Feststellung der Mängel durch einen Drittunternehmer[176] sowie die angefallene Mehrwertsteuer.[177] Ein **entgangener Gewinn** wird demgegenüber von dem Aufwendungserstattungsanspruch nach § 637 Abs. 1 BGB nicht erfasst.[178]

Es dürfen immer nur die „**erforderlichen**" Aufwendungen in Rechnung gestellt werden.[179] Das beurteilt sich nach objektiven Gesichtspunkten, doch dürfen hieran nicht zu enge Voraussetzungen geknüpft werden, weil der Unternehmer „als doppelt vertragsuntreuer Auftragnehmer" (Korbion) nur in begrenztem Maße schutzwürdig ist.[180] Deshalb kommt dem Besteller/Auftraggeber bei einer klageweisen Durchsetzung seines Erstattungsanspruchs aus § 637 BGB hinsichtlich der Höhe des Anspruchs wiederum ein **Anscheinsbeweis** zugute: Die Erforderlichkeit der aufgewandten Kosten[181] ist nach der Erfahrung der täglichen Baupraxis zu beurteilen und als richtig zu unterstellen, sodass es dem Unternehmer zunächst obliegt, das Gegenteil darzulegen und gegebenenfalls zu beweisen.[182] Ein Besteller ist auch nicht gehalten, im Interesse des säumigen oder nachbesserungsunwilligen Unternehmers besondere Anstrengungen zu unternehmen, um den preisgünstigsten Drittunternehmer zu finden; er muss nicht mehrere Angebote einholen oder gar eine Ausschreibung vornehmen.[183] Über den Anspruch auf Ersatz der Mängelbeseitigungskosten kann nicht durch Teilurteil entschieden werden, wenn der Anspruchsgrund für die Gesamtforderung streitig ist und daher die Gefahr eines dem Teilurteil widersprechenden Schlussurteils besteht.[184]

---

174) OLG Bremen, MDR 1990, 339 = NJW-RR 1990, 218 (dann nur Anspruch nach § 635 BGB).
175) BGHZ 59, 328 = NJW 1973, 46; *Schmalzl/Lauer/Wurm*, Rdn. 193; *Schmidt*, WM 1974, 294.
176) OLG Frankfurt, BauR 1983, 156 = NJW 1983, 456; OLG Köln, NJW-RR 1995, 211 (für Ausschachtungsarbeiten).
177) Ist der Bauherr zum **Vorsteuerabzug** berechtigt, umfasst der Aufwendungsersatzanspruch **nicht** die Mehrwertsteuer (OLG Hamm, OLGR 1996, 207; OLG Düsseldorf, BauR 1996, 396, 398 = NJW-RR 1996, 532).
178) OLG Dresden, BauR 2001, 424, 425 m. w. Nachw.
179) BGH, BauR 1991, 329 = NJW-RR 1991, 789; BGH, BauR 1989, 97; OLG Celle, IBR 2004, 129 – *Rosse*; OLG Köln, *SFH*, Nr. 34 zu § 633 BGB; *Blomeyer*, ZfBR 1985, 155 u. OLG Düsseldorf, NJW-RR 1998, 527 = OLGR 1998, 219 LS (Kosten der **erfolglosen** Nachbesserung durch den Bauherrn).
180) Ebenso: OLG Düsseldorf, BauR 1996, 151 (LS) u. IBR 1996, 60 – *Groß* (Ein bis zu 50% höherer Preis des Ersatzunternehmers ist nicht zu beanstanden); OLG Dresden, NZBau 2000, 333, 336 u. BauR 2001, 809, 811.
181) Zum Beispiel: Stundenlohnvergütungen, Materialkosten, Nebenkosten.
182) OLG Dresden, NZBau 2000, 333, 336; OLG Düsseldorf, BauR 1996, 396, 398; OLG Hamm, OLGR 1997, 85, 87.
183) OLG Köln, *SFH*, Nr. 27 zu § 633 BGB.
184) Saarländisches OLG, OLGR 2001, 49.

Zu beachten ist, dass auch für den Anspruch aus § 637 Abs. 1 BGB eine Vorteilsausgleichung („**Sowiesokosten**") stattfindet, wobei auch steuerliche Vergünstigungen zu berücksichtigen sind.[185]

Beginnt der Unternehmer fristgerecht mit der Mängelbeseitigung, stellt er die Arbeiten aber nicht fertig oder verzögert er die Mängelbeseitigung, muss der Bauherr den Unternehmer nach Auffassung des OLG Celle[186] **(erneut)** in Verzug setzen bzw. eine neue angemessene Frist setzen. **1585**

Die **Art** der Nacherfüllung darf der Auftraggeber grundsätzlich dem **Drittunternehmer** überlassen. Der Unternehmer kann deshalb auch nicht einwenden, der Drittunternehmer habe so und nicht anders verfahren dürfen.[187] Der zum Ersatz der Kosten verpflichtete Unternehmer muss gegebenenfalls auch die Kosten für eine wegen anderer Materialwahl um ein Drittel teurere Mängelbeseitigung tragen.[188] Die Aufwendungsersatzpflicht des Unternehmers endet demnach erst dort, wo die **Grenze der Erforderlichkeit eindeutig** und **unzweifelhaft** überschritten wird;[189] in diesen Fällen kann sich der Auftraggeber nicht auf einen Anscheinsbeweis stützen. Macht der Unternehmer geltend, der Bauherr habe „im Wege der Mängelbeseitigungsarbeiten" nicht eine durchschnittliche (**übliche**), sondern eine **weit überdurchschnittliche** Leistung ausgeführt, so trägt er hierfür die **Darlegungs-** und **Beweislast**.[190] **1586**

## 8. Der Kostenvorschussanspruch (§ 637 Abs. 3 BGB)

*Literatur*

*Ehrhardt-Renken*, Kostenvorschuss zur Mängelbeseitigung, 1986; *Achilles-Baumgärtel*, Der Anspruch auf Kostenvorschuss im Gewährleistungsrecht, 1998.

*Kaiser*, Kostenerstattungs- und Vorschussanspruch des Bauherrn wegen Mängelbeseitigungskosten, BlGBW 1974, 17; *Renkl*, Die Abrechnung des Vorschusses in Bausachen, BauR 1984, 472; *Grunsky*, Prozessuale Probleme bei Geltendmachung des Vorschussanspruchs zur Mängelbeseitigung, NJW 1984, 2545; *Mantscheff*, Zur Abrechnung des Vorschusses auf die Mängelbeseitigungskosten, zugleich zu BGH, BauR 1984, 406, BauR 1985, 389; *Kniestedt*, Nochmals: Zinsen auf Kostenvorschüsse gemäß § 633 III BGB und § 13 Nr. 5 VOB/B?, DRiZ 1986, 342; *Kohler*, Kostenvorschuss und Aufrechnung oder Zurückbehaltungsrecht als Verteidigung gegen Werkvergütungsansprüche, BauR 1992, 22; *Haase*, Kann ein Auftraggeber mit seinem Anspruch auf Zahlung eines Kostenvorschusses zur Mängelbeseitigung gegen den Werklohnanspruch seines Auftraggebers aufrechnen?, ZfBR 1998, 173; *Mauer*, Zur Abrechnung des Vorschussanspruchs nach Werkvertragsrecht, Festschrift für Mantscheff (2000), 123; *Motzke*, Kostenvorschuss nach Laune des säumigen Unternehmers, Festschrift für Mantscheff, 137; *Achilles-Baumgärtel*, Keine Klageänderung beim Übergang vom Kostenvorschuss- zum Schadensersatzanspruch, BauR 2001, 1953; *Gross*, Die Wirkungen des Kostenvorschussurteils im Abrechnungsrechtsstreit, Festschrift für Jagenburg (2002), 253; *Koeble*, Rückforderung des Vorschusses? Ein Märchen!, ebenda, 371; *Enaux*, Der Vorschussanspruch

---

185) OLG Düsseldorf, BauR 1996, 396, 398.
186) BauR 1983, 260, 261.
187) OLG Düsseldorf, BauR 1974, 61; s. auch OLG Brandenburg, IBR 2007, 551 – *Seibel* (untaugliche Nachbesserungsmaßnahme).
188) Vgl. OLG Frankfurt, NJW-RR 1988, 918.
189) OLG Bamberg, OLGR 2005, 408, 409; OLG Karlsruhe, NJW-RR 2005, 248 = NJW-Spezial 2005, 120, 121; OLG Düsseldorf, BauR 1996, 151 (LS) u. 1974, 61; OLG Köln, OLGR 1992, 35, 36; zur Anwendung des § **254 BGB** siehe OLG Köln, *SFH*, Nr. 27 zu § 633 BGB.
190) BGH, BauR 1992, 758 = NJW-RR 1992, 1300.

nach der Schuldrechtsreform, Festschrift für Kraus (2003), 15; *Hochstadt*, Umsatzsteuerliche Probleme bei der Abwicklung von Bauverträgen, BauR 2003, 626; *Weller*, Der Kostenvorschussanspruch gegen den Architekten, BauR 2003, 1816.

### a) Voraussetzung und Umfang

**1587** Ist der Bauherr berechtigt, Mängel[191] des Bauwerkes auf Kosten des Unternehmers[192] selbst oder durch Dritte beseitigen[193] zu lassen, kann er von dem nachbesserungspflichtigen Unternehmer einen die **voraussichtlichen Mängelbeseitigungskosten deckenden Vorschuss** verlangen. Dieser zunächst für § 13 Nr. 5 Abs. 2 VOB/B entwickelte Grundsatz gilt uneingeschränkt auch für den BGB-Vertrag und war für das alte Recht aus §§ 242, 669 BGB a. F. herzuleiten.[194] Das SchRModG hat den Vorschussanspruch in § 637 Abs. 3 BGB **kodifiziert**. Es besteht Einigkeit, dass § 637 Abs. 3 BGB die bisherige Rechtslage **bestätigt**, wenn auch nach neuem Recht ein Verzug des Unternehmers mit der Nacherfüllung nicht mehr erforderlich ist. Auf die von der Rechtsprechung entwickelten altrechtlichen Grundsätze zum Vorschussanspruch kann deshalb uneingeschränkt zurückgegriffen werden.[195]

Der Vorschussanspruch des Bauherrn wird nicht dadurch berührt, dass der Bauauftrag **vor** Abnahme der Werkleistung wegen Verweigerung der Mängelbeseitigung wirksam **entzogen** wird.[196] Der Vorschussanspruch steht auch einem Hauptunternehmer gegen seinen Subunternehmer zu.[197]

Der Kostenvorschussanspruch umfasst die „mutmaßlichen Nachbesserungskosten";[198] das sind die voraussichtlich **erforderlichen Mängelbeseitigungs-** oder **Neuherstellungskosten**, gegebenenfalls mit einem 20%igen Fremdunternehmerzuschlag bei Abrechnung auf Gutachterbasis.[199] In die Berechnung des Kostenvorschusses sind weiter einzubeziehen: **Regiekosten**, sofern sie spezifiziert begründet werden,[200]

---

191) Mangelfolgeschäden nach **altem** Recht reichten nicht; so OLG Düsseldorf, BauR 1996, 121 = OLGR 1995, 235.
192) Zum Kostenvorschussanspruch wegen eines Architektenfehlers gegen den **Generalunternehmer** s. OLG Düsseldorf, NZBau 2003, 445.
193) Kommt eine Mangelbeseitigung nur durch **Neuherstellung** in Betracht (Rdn. **1553, 1559**), stand dies schon nach altem Recht einem Vorschussanspruch nicht entgegen (BGH, NJW 1992, 3297 = BauR 1993, 96).
194) Vgl. BGH, ZfBR 1993, 25 = BauR 1993, 96 (auch im Kaufrecht; siehe ferner: OLG Nürnberg, NZBau 2003, 614; OLG Düsseldorf, BauR 2004, 1630; OLG Köln, BauR 2002, 826, 827 = MDR 2002, 716, 717; OLG Hamburg, BauR 1995, 242 für **Sanierungsvereinbarung**); BGH, BauR 1998, 620, 623; BGH, BauR 1989, 201, 202 = ZfBR 1989, 60; BGH, BauR 1990, 358 = ZfBR 1990, 175.
195) AnwKom-BGB/*Raab*, § 637, Rdn. 10; *Palandt/Sprau*, § 637, Rdn. 8 ff.
196) BGH, BauR 1989, 462 = ZfBR 1989, 213; Beck'scher VOB-Komm/*Kohler*, B § 13 Nr. 5, Rdn. 123.
197) BGH, NJW 1990, 1475 = BauR 1990, 358; OLG Schleswig, NJW-RR 1988, 1105.
198) BGH, BauR 2001, 789 = NZBau 2001, 313 = ZfBR 2001, 319; BGH, BauR 1997, 129 = ZfBR 1997, 75; OLG Frankfurt, OLGR 2000, 102; OLG Hamm, BauR 1998, 1019, 1020.
199) SchlHOLG, OLGR 1997, 254, 25; zustimmend: *Korbion/Frank*, Baurecht, Teil 20, Rdn. 172.
200) SchlHOLG, a. a. O.; OLG Köln, OLGR 2000, 39, 41. Das OLG Celle (IBR 2007, 260 – *Wolber*) beschränkt die **Regiekosten**, indem sie bei Einschaltung eines Architekten oder Ingenieurs eine Erstattung nur nach Maßgabe der **HOAI** zulässt; anders das OLG München (IBR 2007, 261 – *Röder*), das insoweit eine **Pauschale** von 10%–15% für denkbar hält.

## Kostenvorschussanspruch

Kosten notwendiger **Vor-** und **Nacharbeiten**,[201)] Kosten für eine sachgerechte **Untersuchung** und **Feststellung** der vorhandenen Mängel, insbesondere also Sachverständigenkosten. Ein merkantiler **Minderwert** ist dagegen **nicht** einzubeziehen.[202)]

Voraussetzung für die Durchsetzbarkeit des Kostenvorschussanspruchs ist zunächst, dass der Bauherr sein Recht auf Nacherfüllung (§ 635 BGB) noch nicht verloren hat.[203)] Hat der Bauherr die Mängel vorbehaltlos abgenommen (§ 640 Abs. 2 BGB)[204)] oder hat er nach altem Recht dem Unternehmer eine Frist zur Mängelbeseitigung gesetzt und damit die Erklärung verbunden, nach dem fruchtlosen Ablauf der Frist werde er die Mängelbeseitigung durch ihn ablehnen (§ 634 Abs. 1 Satz 3 letzter Halbsatz BGB a. F.), so ist der Nachbesserungsanspruch verloren. Es entfällt dann auch das Selbstvornahmerecht mit der daraus resultierenden Pflicht des Unternehmers, einen Vorschuss zu leisten. In diesem Fall hat der Bauherr nur noch die sich aus § 634 BGB ergebenden Mängelrechte, er kann also die Kosten einer Nacherfüllung nur noch als **Schadensersatz** verlangen.[205)] Erhebt der Auftraggeber in diesem Fall gleichwohl eine „Vorschussklage", wird das Gericht einen Hinweis gemäß § 139 ZPO dahin erteilen, dass nur eine Schadensersatzklage möglich ist.[206)] Will der Bauherr einen **Vorschuss** haben, wird er dem Unternehmer deshalb stets nur eine Frist zur Mängelbeseitigung setzen; auch einer (vorherigen) **Mängelanzeige** bedarf es nach neuem Recht nicht.[207)] Ebenso wenig ist die Fristsetzung zur Nacherfüllung erforderlich, wenn sie auch sonst aus besonderen Gründen entbehrlich wäre (vgl. Rdn. 1657).[208)] In diesem Fall **entfällt** das Selbstvornahmerecht und damit der Kostenvorschussanspruch erst, wenn der Auftraggeber Schadensersatz von dem Auftragnehmer **verlangt**.[209)]

Nach **Fristablauf** oder nach einer Verurteilung zur Vorschusszahlung bieten Unternehmer oftmals an, ihrer Nachbesserungsverpflichtung nunmehr nachzukommen.[210)] Richtig ist, dass das Nacherfüllungsrecht beim BGB-Vertrag erst nach erfolg-

---

201) OLG Düsseldorf, NJW-RR 1997, 274.
202) BGH, BauR 1997, 129, 131 = ZfBR 1997, 75, 76 = NJW-RR 1997, 339; *Bamberger/Roth/Voit*, § 637 BGB, Rdn. 12.
203) *Raab*, in: Dauner-Lieb u. a., Das neue Schuldrecht, § 9, Rdn. 53; *Palandt/Sprau*, § 637, Rdn. 11.
204) Vgl. OLG Hamm, NJW-RR 1996, 213, 214.
205) BGHZ 74, 258, 260 = BauR 1979, 420, 421; BGH, BauR 1987, 209; OLG Köln, OLGR 2002, 24, 25 u. OLGR 2001, 222; OLG Düsseldorf, BauR 1995, 854. Die Parteien können **nach Ablauf** einer zur Nacherfüllung gesetzten Frist jederzeit eine neue vereinbaren, sodass auch für diese **weitere** Nachbesserungsverpflichtung eine Vorschusszahlung in Betracht kommen kann (vgl. OLG Düsseldorf, BauR 1994, 249 u. OLG Köln, NJW-RR 2001, 1386 für das alte Recht).
206) BGH, BauR 2004, 1477, 1478.
207) OLG Stuttgart, BauR 1996, 717 = NJW-RR 1997, 149.
208) BGH, BauR 2000, 1479 = NZBau 2000, 421 (für VOB-Vertrag); OLG Düsseldorf, BauR 2001, 645, 646 u. 1996, 260 = NJW-RR 1996, 401; OLG Koblenz, NJW-RR 1999, 603 (bei Mängelverweisung durch Generalunternehmer); OLG Köln, OLGR 2000, 39, 41; OLG Celle, BauR 1994, 250, 251.
209) Vgl. insoweit für das alte Recht: OLG Köln, NJW-RR 2001, 1386, 1387; für das neue Recht: *Enaux*, Festschrift für Kraus, S. 15, 23.
210) Vgl. OLG Koblenz, NJW-RR 1996, 1299; OLG Köln, OLGR 2000, 39, 42; siehe hierzu grundlegend: *Motzke*, Festschrift für Mantscheff, S. 137 ff.

loser Fristsetzung mit Ablehnungsandrohung entfällt.[211)] Für den VOB-Vertrag ist ebenfalls anerkannt, dass das einmal entstandene Selbstvornahmerecht des Auftraggebers nicht deshalb entfällt, weil sich der Unternehmer doch noch nachträglich zur Mängelbeseitigung bereit erklärt.[212)] Nichts anderes gilt für das **neue Recht**; hat der Unternehmer die Frist zur Nacherfüllung (fruchtlos) verstreichen lassen, ist der Auftraggeber nach Rechtsprechung des BGH[213)] nicht (mehr) verpflichtet, das Angebot des Auftragnehmers zur Nacherfüllung anzunehmen.

**1589** Ein Vorschuss scheidet aus, soweit die Mängelbeseitigung durch einen Fremdunternehmer **vorgenommen** und von ihm **abgerechnet** wurde[214)] oder wenn Grund zu der Annahme besteht, das der Auftraggeber die Mängel nicht beseitigen will, sondern in Wirklichkeit eine Minderung der Vergütung oder Schadensersatz anstrebt, obwohl deren weitergehende Voraussetzungen möglicherweise nicht gegeben sind.[215)] Der Vorschuss ist ferner zu versagen, wenn der Auftraggeber die Mängelbeseitigungsarbeiten nicht in einer überschaubaren Zeit ausführen[216)] oder sogar auf eine ausreichende Sicherheit des Unternehmers zurückgreifen kann; hat der Auftraggeber den Werklohn **zurückbehalten** und reicht dieser aus, um die vorhandenen Baumängel sachgerecht zu beseitigen, ist er auf die Möglichkeit der **Aufrechnung** mit dem Vorschussanspruch zu verweisen.[217)] Dies gilt auch, wenn der Vergütungsanspruch des Unternehmers bereits verjährt ist.[218)] Reicht die Aufrechnung mit dem Vergütungsanspruch nicht aus, um die Mängelbeseitigungskosten abzudecken, kann der Auftraggeber nach Verrechnung den erforderlichen Restvorschuss gegebenenfalls einklagen.[219)] Zu beachten bleibt, dass der Auftraggeber allerdings nicht auf einen **Sicherheitseinbehalt** (§ 17 VOB/B)[220)] oder eine **Gewährleistungsbürgschaft verwiesen** werden kann; die Gewährleistungsbürgschaft soll den Auftraggeber nämlich in aller Regel während der gesamten Gewährleistungsfrist absichern;[221)] für eine **Vertragserfüllungsbürgschaft**[222)] gilt im Rahmen ihres Anwendungsbereichs nichts anderes.

---

211) OLG Oldenburg, OLGR 1999, 134 m. Nachw.
212) OLG Düsseldorf, BauR 1980, 75; KG, NJW-RR 1990, 217.
213) BauR 2003, 693.
214) BGH, BauR 1982, 66, 67; OLG Koblenz, NJW-RR 1990, 981, 982; BGH, NJW 1990, 1475 für das Verhältnis von Haupt- zu Subunternehmer.
215) Vgl. BGH, BauR 1984, 406 = ZfBR 1984, 185 = NJW 1984, 2456; OLG Celle, BauR 2001, 1753; OLG Düsseldorf, BauR 1988, 607, 608; OLG Köln, BauR 1988, 483.
216) OLG Nürnberg, NZBau 2003, 614; OLG Düsseldorf, BauR 2004, 1630, 1631.
217) BGHZ 54, 244, 246 = BauR 1970, 237, 238; BGH, BauR 2000, 881, 885; BGH, BauR 1989, 199; BGHZ 47, 272, 273; OLG Karlsruhe, BauR 2006, 540, 542; OLG Hamm, OLGR 1998, 90, 91; OLG Oldenburg, BauR 1994, 371 = NJW-RR 1994, 529; OLG Düsseldorf, BauR 1993, 736.
218) OLG Hamm, OLGR 1997, 117, 118.
219) OLG Karlsruhe, OLGR 1983, 464; *Locher/Koeble*, Rdn. 197.
220) Zutreffend: *Kleine-Möller/Merl*, § 12, Rdn. 398.
221) OLG Hamm, OLGR 1996, 126 = NJW-RR 1996, 1046; vgl. auch BGH (IX. ZS), BauR 1998, 332 = MDR 1998, 400.
222) Zur Abgrenzung von der Gewährleistungsbürgschaft: OLG Karlsruhe, OLGR 1998, 117 = NJW-RR 1998, 533; OLG Düsseldorf, OLGR 1998, 89.

## Kostenvorschussanspruch Rdn. 1590–1593

**1590** Der Vorschuss ist somit im Wege der **Klage, Widerklage** oder **Aufrechnung**,[223] nicht aber durch einstweilige Verfügung geltend zu machen.[224] Er ist von dem Unternehmer bei Verzug oder Rechtshängigkeit zu verzinsen,[225] und zwar (in der Regel) nach §§ 288 Abs. 1, 291 BGB oder § 352 HGB.[226] Verzugszinsen können aber nur verlangt werden, wenn der Unternehmer auch zur Zahlung des Vorschusses angemahnt worden ist. Es reicht nicht aus, wenn lediglich die Nachbesserungsfrist abgelaufen ist.[227]

**1591** Ist das Werk nicht nachbesserungsfähig, kommt vielmehr nur eine **Neuherstellung** in Betracht (vgl. Rdn. 1559), können über den Vorschuss die Kosten der Neuherstellung beansprucht werden; das folgt aus der Gleichwertigkeit der beiden Ansprüche.

**1592** Eine **Gewährleistungsbürgschaft** kann nach dem mit ihr verfolgten Sicherungszweck den Anspruch des Auftraggebers auf Leistung eines Vorschusses für die voraussichtlichen Mängelbeseitigungskosten umfassen.[228] Der Vorschussanspruch ist **abtretbar**,[229] setzt aber im Weiteren nicht voraus, dass der Abtretungsempfänger etwa eine Mängelbeseitigung durchführen lassen will. Maßgebend ist, ob der Auftraggeber des Unternehmers das Werk nachbessern will und kann.[230] Die Aufrechnung mit einem abgetretenen Vorschussanspruch ist zulässig.[231]

**1593** Herrscht zwischen den Parteien Streit, wie eine Nacherfüllung vorgenommen werden muss, ist dies **im Vorschussprozess** auszutragen. Eine Vorschusszahlung scheidet von vornherein aus, wenn die Maßnahmen, für die der Auftraggeber einen Vorschuss begehrt, überhaupt nicht geeignet sind, den geschuldeten Werkerfolg herbeizuführen.[232] Im Übrigen ist die Frage, wie die Nachbesserung vorzunehmen ist, für die Höhe des auszuurteilenden Vorschusses durchaus wesentlich.[233] Der Auftraggeber, der insoweit darlegungspflichtig ist, kann sich zur Spezifizierung seines Vorbringens auf **Kostenvoranschläge** oder **Privat-** bzw. **Beweissicherungsgutachten** berufen. Im Übrigen ist aber zu beachten, dass an die Darlegung der Höhe eines Vorschussanspruchs nicht die gleich strengen Anforderungen zu stellen sind wie bei den Kosten einer Ersatzvornahme. Die **Höhe** der voraussichtlichen Mängelbeseitigungskosten muss von dem Auftraggeber nicht etwa durch ein vorprozessuales Sachverständigengutachten ermittelt werden.[234] Es reicht aus, wenn er die Kosten schätzt und bei Bestreiten ein Sachverständigengutachten als Beweis anbietet.[235] Kann der Auftraggeber ohne eine sachverständige Beratung die ungefähre Höhe des angemessenen Vorschusses nicht angeben oder seriös schätzen, ist er sowohl zur Erhebung einer

---

223) *Str.*; vgl. dazu im Einzelnen: *Kohler*, BauR 1992, 22 ff.; wie hier: BGH, BauR 1993, 96, 98 = ZfBR 1993, 25; OLG Celle, BauR 1994, 250; BGH, BauR 1989, 199; OLG Düsseldorf, BauR 1984, 543; LG München, NJW-RR 1990, 30 (Erwerb einer Eigentumswohnung).
224) Vgl. OLG Düsseldorf, BauR 1972, 323, 324.
225) Vgl. BGHZ 77, 60 = WM 1980, 958; BGH, WM 1983, 759.
226) OLG München, BauR 1996, 547, 548.
227) BGHZ 77, 60.
228) BGH, BauR 1984, 406 = ZfBR 1984, 185.
229) Vgl. BGH, BauR 1989, 199, 200 = ZfBR 1989, 98 m. Nachw.
230) *Kaiser*, Rdn. 79; *Achilles-Baumgärtel*, S. 99.
231) BGH, BauR 1989, 199, 200.
232) Vgl. OLG Frankfurt, BauR 1997, 481 = OLGR 1997, 40.
233) Vgl. z. B.: BGH, BauR 2002, 86, 87 (Dachsanierung).
234) BGH, BauR 2001, 789 = NZBau 2001, 313 = ZfBR 2001, 319 = IBR 2001, 254 – *Weyer*.
235) BGH, a. a. O., mit Hinw. auf BGH, BauR 1999, 631, 632 = ZfBR 1999, 193.

unbezifferten **Leistungsklage** wie auch zur Einreichung einer **Feststellungsklage** befugt.[236)] Im Übrigen wird das Gericht in aller Regel den angemessenen Kostenvorschuss nach § 287 ZPO festsetzen.[237)]

**1594** Der Auftraggeber, der von dem Unternehmer den Vorschuss beansprucht, muss sich das Fehlverhalten seines Architekten bei der Planung oder Koordinierung als **Mitverschulden** (§§ 254, 278 BGB) anrechnen lassen.[238)] Der Gesichtspunkt der **Vorteilsausgleichung** ist ebenfalls zu berücksichtigen (vgl. Rdn. 2468 ff.); „**Sowieso**"-Kosten (Rdn. 1563) führen zu einer Anspruchsminderung und beschränken von vornherein den Kostenvorschuss.[239)] Daraus folgt aber zugleich, dass über ihre Höhe im Regelfall erst dann abschließend befunden werden kann, wenn endgültig feststeht, welche Maßnahmen zur Mängelbehebung erforderlich sind.[240)]

**1595** Gegenüber einem (berechtigten) Kostenvorschussanspruch des Auftraggebers kann der Unternehmer kein Leistungsverweigerungsrecht mit der Begründung geltend machen, dieser müsse zunächst notwendige **Vorarbeiten** ausführen lassen; denn diese Vorarbeiten gehen kostenmäßig zu Lasten des Auftraggebers und berühren daher auch nicht die Vorschusspflicht des gewährleistungspflichtigen Unternehmers.[241)]

**1596** Verlangen mehrere Wohnungseigentümer die Zahlung eines Vorschusses (an den Verwalter), kann der beklagte Bauträger nach der Entscheidung des BGH vom 26. September 1991[242)] nicht mit restlichen Vergütungsansprüchen aufrechnen (vgl. auch Rdn. 485).

**1597** Der Auftraggeber muss nachweisen, dass er den ihm gezahlten Vorschuss zur Mängelbeseitigung benötigt hat.[243)] Wird der Vorschuss nicht, zweckwidrig oder auch nur teilweise verbraucht, ist er sofort zurückzuzahlen.[244)]

### b) Vorschuss und Verjährung

**1598** Im Wesen des Vorschusses liegt, dass er einer umfassenden Mängelbeseitigung dienen soll, dann aber auch nichts Endgültiges sein kann. Es entspricht seinem Zweck, dass der Bauherr eine **Nachzahlung** beanspruchen darf, wenn der gezahlte oder im Wege der Verrechnung einbehaltene Vorschuss für eine Nachbesserung nicht ausreicht. Fordert der Auftraggeber eine Nachzahlung, wird der Unternehmer u. U. versuchen, Einwendungen gegen den Vorschussanspruch vorzubringen, die bisher noch

---

236) Wie hier weitgehend: OLG Hamm, BauR 1998, 1019, 1020; Beck'scher VOB-Komm/*Kohler*, B § 13 Nr. 5, Rdn. 146; einschränkend: *Renkl*, BauR 1984, 476 u. *Kaiser*, Rdn. 84 e.
237) *Vygen*, Rdn. 547; Beck'scher VOB-Komm/*Kohler*, B § 13 Nr. 5, Rdn. 136.
238) OLG Köln, NJW-RR 2002, 15 = OLGR 2001, 268; OLG Düsseldorf, MDR 1984, 756.
239) BGH, BauR 2002, 86, 88; OLG Karlsruhe, BauR 2005, 1485, 1487 = OLGR 2005, 571, 573 u. NJW-RR 1999, 1694 = BauR 1999, 1032; OLG Düsseldorf, NJW-RR 1996, 532, 533; *Achilles-Baumgärtel*, S. 74.
240) Vgl. insoweit BGH, BauR 1988, 468.
241) OLG Celle, BauR 1994, 773, 774.
242) BGH, BauR 1992, 88 = NJW 1992, 435; OLG Karlsruhe, BauR 1990, 622 für **Schadensersatzansprüche** der Wohnungseigentümer.
243) BGHZ 47, 272 = NJW 1967, 1366; OLG Köln, *SFH*, Nr. 4 zu § 13 Nr. 7 VOB/B (1952).
244) BGH, BauR 1984, 406, 408; ferner: BGH, BauR 1977, 271, 274; OLG Düsseldorf, BauR 1980, 75, 77; OLG Köln, *SFH*, Nr. 2 zu § 4 Ziff. 2 VOB/B (1952); *Kaiser*, Rdn. 84 a.

## Kostenvorschussanspruch

nicht zur Sprache gekommen sind. Das betrifft vor allem den Einwand der **Rechtskraft** eines (ersten) Vorschussurteils wie die Einrede der **Verjährung**.

Der Vorschussanspruch selbst unterliegt den allgemeinen Verjährungsbestimmungen, verjährt also nach dem alten Recht entsprechend dem Nachbesserungsrecht.[245] Nichts anderes gilt nach neuem Recht; die Vorschrift des § 634a BGB erfasst alle Mängelrechte des Bestellers gemäß § 634 BGB, und darunter fällt, auch wenn er nicht besonders erwähnt wird, der **Vorschussanspruch** nach § 637 Abs. 3 BGB.[246] Die gerichtliche Geltendmachung des Vorschusses bewirkt indes (nach altem Recht) im Weiteren eine Unterbrechung in Höhe der gesamten Beseitigungskosten, unabhängig davon, wie hoch der Vorschuss zunächst geltend gemacht wurde.[247] Aus diesem Grunde war eine Feststellungsklage zum Zwecke der Verjährungsunterbrechung in der Regel entbehrlich[248] (vgl. Rdn. 453). Der Bauherr konnte nach altem Recht somit im Rechtsstreit (z. B. in der Berufung) den Vorschussbetrag erhöhen oder auch erst in einem zweiten Vorschussprozess einen weiteren Vorschuss einklagen, ohne Gefahr zu laufen, dass die Verjährungseinrede des Unternehmers durchgreift. Für das **neue Recht** wird dagegen sorgfältig zu überwachen sein, wann die **Hemmung** einer auf Zahlung eines Vorschusses gerichteten Klage **beendet** ist, sofern auf die Erhebung einer (zusätzlichen) Feststellungsklage hinsichtlich etwaiger weiterer Kostenvorschussansprüche verzichtet wird. Rechnet der Bauherr im Werklohnprozess des Unternehmers mit einem Kostenvorschussanspruch auf, werden die die Werklohnforderung übersteigenden Gewährleistungsansprüche durch die Aufrechnung nicht unterbrochen bzw. gehemmt.[249]

Darüber hinaus ist zu beachten, dass sich die hemmende Wirkung des Vorschusses immer nur auf **denselben Mangel** beziehen kann. Die Nachforderung („Erhöhung") muss stets die Beseitigung des Mangels betreffen, für den der Vorschuss von dem Unternehmer gezahlt worden ist.[250] Die Hemmungswirkung scheidet aus, wenn die Nachforderung einen **anderen** Mangel betrifft, der nicht Gegenstand des ersten Vorschussbegehrens war.[251] Allerdings richtet sich die Tragweite einer Hemmung der Verjährung – wie bei einem Mängelbeseitigungsverlangen und einem selbstständigen Beweisantrag (vgl. Rdn. 100) – nicht nach den jeweils näher bezeichneten Mangelerscheinungen, sondern nach den der Werkleistung anhaftenden Mängeln selbst, soweit sie Ursache der angeführten Mangelerscheinungen sind (**Symptomtheorie**).[252]

---

245) Vgl. BGH, BauR 1976, 205 = NJW 1976, 956; *Achilles-Baumgärtel*, S. 113.
246) Vgl. *Palandt/Sprau*, § 634a, Rdn. 5.
247) BGHZ 66, 138 = NJW 1976, 956 = BauR 1976, 205; OLG Koblenz, OLGR 2004, 174, 176; OLG München, *SFH*, Nr. 4 zu § 209 BGB.
248) Vgl. aber BGH, BauR 1986, 345 = NJW-RR 1986, 1026 u. BGH, BauR 1989, 81 = ZfBR 1989, 54 für die den Vorschuss übersteigenden Mängelbeseitigungskosten.
249) Vgl. BGH, BauR 1986, 576 = MDR 1987, 47 = *SFH*, Nr. 9 zu § 209 BGB; AnwKom-BGB/*Mansel*, § 204 BGB, Rdn. 14; *Palandt/Heinrichs*, § 204, Rdn. 20.
250) BGH, a. a. O.; *Mantscheff*, BauR 1985, 389.
251) Vgl. *Kaiser*, Festschrift für Locher, S. 109, 113.
252) BGH, BauR 1998, 632; BauR 1997, 1029 = ZfBR 1997, 297; BGH, BauR 1997, 1065 = ZfBR 1998, 25 (für Architektenvertrag).

Ob die Nachforderung denselben Mangel betrifft, ist im Einzelfall nach dem Sachvortrag der Parteien und einer evtl. veranlassten Sachverständigenbegutachtung zu beurteilen.

**1601** Zweifelhaft ist die **Rechtskraftwirkung** eines Vorschussurteils.[253]

Nach § 322 Abs. 1 ZPO ist ein Urteil insoweit der Rechtskraft fähig, als darin über den durch Klage oder Widerklage erhobenen „Anspruch" entschieden ist. Maßgebend für den Umfang der Rechtskraft ist somit der **Streitgegenstand**.[254] Dieser wird von dem Grund des zur Entscheidung gestellten Anspruchs und dem zugehörigen Lebenssachverhalt bestimmt, aus dem dieser Anspruch hergeleitet wird. Lässt die Urteilsformel den Streitgegenstand und damit den Umfang der Rechtskraft nicht erkennen, sind Tatbestand und Entscheidungsgründe, erforderlichenfalls auch das Parteivorbringen, ergänzend heranzuziehen.[255]

Unterscheidet sich der Streitgegenstand des neuen Prozesses von dem des Vorprozesses, wird also ein seinem Wesen nach anderer Sachverhalt vorgetragen, steht der neuen Klage – auch wenn das Klageziel äußerlich unverändert geblieben ist – die materielle Rechtskraft des Urteils im früheren Rechtsstreit nicht entgegen.[256] Stellt der Kläger dagegen im neuen Prozess denselben prozessualen Anspruch zur Entschei-dung, handelt es sich also um den Streitgegenstand des Vorprozesses, ist das Gericht durch die Rechtskraft des früheren Urteils an einer (anderen) Sachentscheidung gehindert.[257]

**1602** Für das Vorschussrecht folgt daraus:

**Vorschuss** und **Schadensersatz** betreffen jeweils einen **anderen Lebenssachverhalt** (Streitgegenstand). Macht ein Auftraggeber Schadensersatz geltend, hat das Gericht deshalb keine Möglichkeit, diesem Begehren unter dem Aspekt eines Vorschusses stattzugeben, der Übergang von einem zum anderen Anspruch ist immer eine **Klageänderung**.[258]

Auf der anderen Seite folgt bereits aus der Natur des Vorschusses, dass ein Vorschussurteil nur eine begrenzte Rechtskraftwirkung haben kann, soweit es um den **Betrag** selbst geht. Der Vorschussbetrag kann und soll durch die Rechtskraft des Urteils nicht endgültig festgeschrieben werden.[259] Macht der Auftraggeber bei seiner Klagebegründung deutlich, dass es sich um **eine Vorschussklage** handelt, ist er grundsätzlich nicht gehindert, eine weitere Nachzahlung zu fordern, auch wenn sich die erste Vorschussklage ausdrücklich nur auf einen Teil der an sich erforder-

---

253) Siehe hierzu: *Groß*, Festschrift für Jagenburg, S. 253 ff.; *Grunsky*, NJW 1984, 2545; OLG München, *SFH*, Nr. 4 zu § 209 BGB; BGH, BauR 1987, 235; OLG München, BauR 1986, 729.
254) BGHZ 85, 367, 374.
255) BGH, NJW 1981, 2306; 1983, 2032 m. Nachw.
256) BGH, NJW 1981, 2306.
257) BGH, WM 1975, 1181; BGH, DB 1986, 109 = BauR 1986, 117.
258) BGH, BauR 1998, 369 = ZfBR 1998, 89; OLG Köln, BauR 2002, 826 = OLGR 2002, 55; BauR 1996, 548; OLG Koblenz, NJW-RR 1997, 1299; OLG Zweibrücken, BauR 1992, 770; **a. A.:** Brandenburgisches OLG, BauR 2001, 1938 = NZBau 2001, 325; zustimmend: *Achilles-Baumgärtel*, BauR 2001, 1953 ff.
259) Vgl. *Hochstein*, Anm. zu OLG München, *SFH*, Nr. 4 zu § 209 BGB; OLG Düsseldorf, NZBau 2000, 381; OLG München, BauR 1994, 516, 517 = NJW-RR 1994, 785; siehe auch BGH, BauR 2001, 789, 790 = NZBau 2001, 313; *Groß*, Festschrift für Jagenburg, S. 254; *Mauer*, Festschrift für Mantscheff, S. 128.

## Kostenvorschussanspruch

lichen Mängelbeseitigungskosten bezog. Das ist anders, wenn der Begrenzung des Anspruchs auf einen Teil der Mängelbeseitigungskosten die Bedeutung eines Verzichts auf weiteren Vorschuss beikommt; dafür müssen aber besondere Anhaltspunkte vorliegen.[260]

Eine andere Frage ist, ob dem Unternehmer **Einwendungen** abgeschnitten werden können, die in dem ersten Vorschussprozess nicht vorgetragen wurden. **1603**

Es gilt: Die Rechtskraft des (ersten) Vorschussurteils lässt die Berücksichtigung von Einwendungen des Unternehmers, die das Bestehen des festgestellten Vorschussanspruchs betreffen und sich auf vorgetragene Tatsachen stützen, die schon zur Zeit der letzten Tatsachenverhandlung vorgelegen haben, nicht zu.[261] So kann der Unternehmer z. B. nicht damit gehört werden, eine von dem Auftraggeber nach einem bestimmten Kostenanschlag in Aussicht genommene Nacherfüllung sei „unangemessen", wenn er sich zu dem im Prozess vorgelegten Kostenanschlag nicht weiter geäußert hat; beanstandet der Unternehmer im Vorschussprozess eine bestimmte Nachbesserungsmethode und den darauf abgestimmten Kostenanschlag eines Drittunternehmers nicht, kann er später – im Abrechnungsprozess – nicht mit dem Einwand gehört werden, die Mängelbeseitigungskosten seien „zu hoch".[262] Er kann auch nicht mehr vortragen, der Anspruch auf Nacherfüllung habe von vornherein „nicht bestanden", etwa, weil eine Abnahme erfolgt und dabei Mängel nicht vorbehalten worden seien (§ 640 Abs. 2 BGB), sodass der Auftraggeber nur noch Schadensersatz fordern könne. Nichts anderes gilt, wenn der Auftraggeber zulässigerweise vom Vorschuss- zum Schadensersatzanspruch übergegangen ist.[263]

Die Rechtskraft des Vorschussurteils kann sich dagegen nicht auf „**neue Umstände**" erstrecken. Der BGH[264] hat bestätigt, dass neue Umstände jedenfalls nach dem **Rechtsgedanken des § 767 Abs. 2 ZPO** zu berücksichtigen sind. „Neue" Umstände sind in jedem Fall: Erfüllung, Erlass oder Verzicht nach Urteilserlass, aber auch Einwendungen zur Angemessenheit der vorgenommenen Mängelbeseitigung im Rahmen eines Abrechnungsprozesses, wenn der Vorschuss nur auf einer Schätzung des Gerichts nach § 287 ZPO basierte.[265] Nichts anderes gilt für Sowiesokosten, die anspruchsmindernd zu berücksichtigen sind.[266] Mit dem Einwand, der Auftraggeber habe nach dem „Vorschussurteil" treuwidrig das (nachträgliche) Mängelbeseitigungsangebot zurückgewiesen, wird ein Unternehmer nur in Ausnahmefällen gehört werden können.[267] **1604**

---

260) Im Ergebnis unzutreffend daher: OLG München, *SFH*, Nr. 4 zu § 209 BGB.
261) OLG Köln, OLGR 2005, 250, 251 = BauRB 2005, 232; OLG Düsseldorf, OLGR 1993, 163 = BauR 1993, 508 (LS); *Groß*, Festschrift für Jagenburg, S. 253, 261 ff.
262) LG Hannover, MDR 1984, 229.
263) OLG Düsseldorf, OLGR 1993, 163.
264) BauR 1985, 569, 570; OLG Köln, a. a. O.
265) Vgl. LG Hannover, MDR 1984, 229.
266) Vgl. BGH, BauR 1988, 468.
267) Vgl. dazu OLG Koblenz, BauR 1998, 845 = OLGR 1997, 212 = NJW-RR 1997, 1176 sowie Rdn. **1588**.

## c) Die Abrechnung des Vorschusses

**1605** Da der Vorschuss nichts Endgültiges ist, muss er **abgerechnet** werden. Der Auftraggeber muss deshalb dem Unternehmer vollständig Auskunft über die Verwendung des Vorschusses geben;[268] der Unternehmer kann entsprechend § 259 BGB **Rechenschaftslegung** verlangen und auch darauf klagen.[269] Der Auftraggeber muss nachweisen, dass er den Vorschuss zur zweckentsprechenden Nacherfüllung verwendet hat; den nicht benötigten Teil des Vorschusses muss er dem Unternehmer zurückzahlen. Der Rückzahlungsanspruch folgt aus dem vertraglichen Charakter des Vorschussanspruchs, er ist nicht aus § 812 BGB herzuleiten.[270] Für die Abrechnung gelten die gleichen Grundsätze wie zum Kostenerstattungsanspruch: **Eigenleistungen** des Auftraggebers sind bei der Abrechnung zu berücksichtigen.

**1606** Zweifelhaft ist, in welcher Zeit der Auftraggeber die Nacherfüllung vornehmen und eine Abrechnung erteilen muss. Korbion[271] spricht hier insoweit von einem „Richtwert", den er bei einem halben, „äußerstenfalls bei einem Jahr" ansiedelt. Maßgebend werden aber allein die Umstände des Einzelfalls sein:[272] So hat der Auftraggeber kleinere oder einfache Nachbesserungen unverzüglich ausführen zu lassen; umfängliche oder schwierige Mängelbeseitigungen, die u. U. sogar einer Beratung oder ergänzenden Planung durch einen Architekten bedürfen, können dagegen noch nach dem von Korbion genannten Zeitraum in Angriff genommen werden. Ferner dürfen Witterungseinflüsse bei der Mängelbeseitigung ebenso einkalkuliert werden wie die Terminplanung des Drittunternehmers, den der Bauherr beauftragen will. Nur Verzögerungen, die von dem Auftraggeber in vertretbarer Weise verursacht werden, gehen zu seinen Lasten[273] und sind bei der Abrechnung zu berücksichtigen. Macht der Auftraggeber den Vorschussanspruch im Wege einer Aufrechnung (gegen den Vergütungsanspruch des Unternehmers) geltend, muss er nicht sofort zur Mängelbeseitigung schreiten, sondern kann zunächst den rechtskräftigen Abschluss des Rechtsstreits (über die Aufrechnung) abwarten.[274]

**1607** Der **Rückzahlungsanspruch**[275] des Unternehmers setzt keine Kündigung oder Fristsetzung voraus; er entsteht vielmehr entsprechend der Zweckbindung des Vorschusses nach Ablauf der angemessenen Frist für seine Verwendung.[276] Hat der Auftraggeber den Vorschuss verspätet verwendet, so hat er ihn nur mit den Kosten

---

268) Zum Auskunftsanspruch: *Achilles-Baumgärtel*, S. 41, 91; *Mauer*, Festschrift für Mantscheff, S. 126.
269) Vgl. AG Bonn, BauR 1995, 857.
270) OLG Schleswig, NJW-RR 1988, 1105; *Mauer*, Festschrift für Mantscheff, S. 124, 125; *Mantscheff*, BauR 1985, 389, 395; *Achilles-Baumgärtel*, S. 101; **a. A.:** *Renkl*, BauR 1984, 472, 475; *Kaiser*, Rdn. 84 a, u. Festschrift für Locher, S. 109, 113: § 812 BGB.
271) *Ingenstau/Korbion* (13. Aufl.), § 13/B, Rdn. 555; OLG Nürnberg, NZBau 2003, 614.
272) Vgl. BGH, BauR 1984, 406; OLG Braunschweig, BauR 2003, 1234, 1235; OLG Celle, IBR 2002, 308; KG, ZfBR 1984, 132 = BauR 1984, 527; AG Bonn, BauR 1995, 857, 859.
273) Vgl. auch OLG Frankfurt, BauR 1983, 156, 161 = NJW 1983, 456.
274) OLG Celle, BauR 1994, 250, 251.
275) Zum Rückzahlungsanspruch des Nachunternehmers gegen den **Generalunternehmer**: OLG Düsseldorf, IBR 2006, 436 – *Schröder* (kein Anspruch, wenn Generalunternehmer den Vorschuss an den Bauherrn weiterleitet).
276) *Achilles-Baumgärtel*, S. 80/81; *Mantscheff*, BauR 1985, 389, 396.

der Mängelbeseitigung abzurechnen, die bei rechtzeitiger Verwendung entstanden wären.

Mit der Geltendmachung und Erfüllung des Vorschussanspruches ist der Auftraggeber keineswegs endgültig gebunden und auf diesen Anspruch beschränkt.[277] Die Entgegennahme des Vorschusses führt nicht zu einer Konzentration seiner Rechte auf den Nacherfüllungsanspruch unter Ausschluss aller übrigen Mängelrechte; der Auftraggeber ist daher nicht gehindert, gegenüber einem Rückgewähranspruch des Unternehmers mit einem Schadensersatzanspruch gemäß §§ 634 Nr. 4, 280, 281 BGB **aufzurechnen**.[278]

**1608** Verbraucht der Auftraggeber den Vorschuss nicht vollständig zur Mängelbeseitigung, ist er deshalb auch nicht gehindert, den überschießenden Betrag zurückzuhalten, wenn sich nach der Vorschussanforderung weitere Mängel zeigen. Der überschießende Vorschuss kann zwar nicht „automatisch" für die weitere Mängelbeseitigung verwendet werden, der Auftraggeber kann sich aber gegenüber einem evtl. Rückzahlungsbegehren des Bauunternehmers auf ein **Leistungsverweigerungsrecht** (§ 320 BGB) berufen.[279] Der Auftraggeber muss, wenn eine Einigung über die Verwendung des überbezahlten Vorschusses mit dem Unternehmer nicht zu erzielen ist, sich einen Titel auf Vorschuss wegen der weiteren Mängel besorgen. Bis dahin darf er den einbehaltenen Vorschuss nicht zur Mängelbeseitigung verwenden (Gesichtspunkt der Zweckgebundenheit des gezahlten Vorschusses).

**1609** Die auf einen Kostenvorschuss gezahlten Verzugs- (§§ 284 Abs. 1, 286 Abs. 1 BGB) oder Prozesszinsen (§§ 291, 288 Abs. 1 Satz 2 BGB, § 352 Abs. 1 HGB[280]) bleiben bei der Abrechnung des Kostenvorschusses nach Mängelbeseitigung grundsätzlich außer Betracht.[281] Dies gilt nicht, wenn der Vorschuss wegen zweckwidriger Verwendung von dem Unternehmer zurückgefordert werden kann oder sich im Nachhinein ergibt, dass der Vorschuss zu hoch war. Zur Abklärung vermeintlicher Rückforderungsansprüche kann der Unternehmer auf Auskunft und Rechnungslegung klagen (§ 666 BGB analog). Es empfiehlt sich, eine Stufenklage einzureichen. Ist der Unternehmer im Besitz aller notwendigen Informationen, um seinen Rückzahlungsanspruch zu beziffern, kann er sofort auf Rückzahlung klagen. Wendet der Auftraggeber ein, er habe in der Vergangenheit nicht nacherfüllen können, so trägt er hierfür die Beweislast.

## 9. Die Klage des Auftraggebers auf Nacherfüllung nach der VOB

*Literatur*

*Wussow*, Die Baumängelhaftung nach der VOB, NJW 1967, 953; *Dähne*, Der Übergang vom Erfüllungs- zum Gewährleistungsanspruch in der VOB, BauR 1972, 136; *Ehe*, Die Bauleitung für Nachbesserungsarbeiten nach § 13 VOB, BB 1972, 1387 = BlGBW 1973, 46; *Kaiser*, Abnahmeverweigerung des Auftraggebers nur bei einem wesentlichen Mangel (§ 12 Nr. 3 VOB/B)?, ZfBR 1983, 1;

---

277) BGH, BauR 1988, 592 = NJW 1988, 2728; BGH, BauR 1989, 201 = NJW-RR 1989, 405.
278) BGH, BauR 1989, 201 = NJW-RR 1989, 405.
279) Der BGH (BGHZ 54, 244 = NJW 1970, 2019 = BauR 1970, 237) hat anerkannt, dass die Leistungsverweigerung aus § 320 BGB neben dem Anspruch auf Vorschuss denkbar ist. Die Vorschusszahlung beendet die Vorleistungspflicht des Bauunternehmers noch nicht.
280) OLG Karlsruhe, BauR 2006, 540, 543 = IBR 2006, 135 – *Metzger*.
281) BGHZ 94, 330 = BauR 1985, 569; BGH, BauR 1988, 592, 594; **a. A.:** KG, BauR 1983, 468.

*Baden*, Die Befugnis des Unternehmers zur Mängelbeseitigung beim BGB- und VOB-Vertrag. Zur Funktion der Ablehnungsandrohung auch bei § 13 Nr. 5 Abs. 2 VOB/B, BauR 1986, 28; *Clemm*, Mängelbeseitigung auf Kosten des Auftragnehmers vor der Abnahme des Bauwerks nach der VOB/B, BauR 1986, 136; *Müller-Foel*, Ersatzvornahme beim VOB-Bauvertrag vor Abnahme auch ohne Kündigung?, NJW 1987, 1608; *Unruh*, Zur Rechtsnatur des Nachbesserungsanspruchs nach BGB und VOB, Festschrift von Craushaar (1997), 367; *Kaiser*, Der Anspruch auf Ersatz der Fremdnachbesserungskosten nach §§ 4 Nr. 7; 8 Nr. 3 VOB/B, ZfBR 1999, 64; *Grauvogl*, Die Erstattung von Kosten der Ersatzvornahme vor der Abnahme beim VOB-Bauvertrag, Festschrift für Vygen (1999), 291; *Rintelen*, Die Nachbesserungsbefugnis des Unternehmers nach Fristablauf gem. § 13 Nr. 5 Abs. 2 VOB/B, Festschrift für Vygen, 374; *Schneider*, VOB-Vertrag – Anwendbarkeit des § 641 a BGB, MDR 2001, 192; *Tempel*, Die Einbeziehung der VOB/B und VOB/C in den Bauvertrag, NZBau 2003, 465; *Brügmann/Kenter*, Abnahmeanspruch nach Kündigung von Bauverträgen, NJW 2003, 2121; *Acker/Roskosny*, Die Abnahme beim gekündigten Bauvertrag und deren Auswirkungen auf die Verjährung, BauR 2003, 1279; *Kenter/Brügmann*, Dominierendes Bestimmungsrecht des Auftraggebers, BauR 2004, 395; *Miernik*, Die Anwendbarkeit der VOB/B auf Planungsleistungen des Bauunternehmers, NZBau 2004, 409; *Hildebrandt*, Aufgedrängte Abnahme – Keine Abnahme gegen den Willen des Auftragnehmers vor Fertigstellung des Werkes, BauR 2005, 788; *Tomic*, Verjährung des Kostenerstattungsanspruchs (§§ 4 Nr. 7, 8 Nr. 3 VOB/B), BauR 2006, 441; *Sienz*, Das Dilemma des Werkunternehmers nach fruchtlosem Ablauf einer zur Mängelbeseitigung gesetzten Frist, BauR 2006, 1816.

### a) Die Klage gegen den Unternehmer vor Abnahme der Bauleistung

**1610** Die VOB/B kennt **drei Arten** von Mängelbeseitigungsansprüchen:

§ 4 Nr. 6 enthält zunächst einen **vorweggenommenen Mängelbeseitigungsanspruch**. Stoffe oder Bauteile, die dem Vertrag oder den Proben nicht entsprechen, sind auf Anforderung des Auftraggebers innerhalb einer von ihm bestimmten (angemessenen) Frist von der Baustelle zu entfernen. Geschieht es nicht, hat der Bauherr ein **Selbsthilferecht**; er kann die Stoffe oder Bauteile auf Kosten des Unternehmers entfernen oder für dessen Rechnung veräußern. Das Selbsthilferecht des Bauherrn ist von einem **Verzug** des Unternehmers nicht abhängig.[282] Die Beseitigungspflicht besteht nur bis zum Einbau der Baumaterialien;[283] danach hat der Auftraggeber die Rechte aus § 4 Nr. 7 VOB/B.

**1611** In § 4 Nr. 7 Satz 1 VOB/B wird vorgesehen, dass der Auftragnehmer (Unternehmer) Leistungen, „die schon während der Ausführung als mangelhaft oder vertragswidrig erkannt werden, auf eigene Kosten durch mangelfreie zu ersetzen" hat. Daneben enthält § 13 Nr. 5 Abs. 1 Satz 1 VOB/B einen auf Mängelbeseitigung ausgerichteten Anspruch. Während die Nacherfüllung (§§ 634 Nr. 1, 635 BGB) nach dem BGB vor und nach der Abnahme stets unmittelbarer Inhalt der Erfüllungspflicht ist, hat die VOB/B für die Zeit vor und nach der Abnahme unterschiedliche Anspruchsgrundlagen geschaffen: Für die Zeit **vor** der Abnahme ist die Nachbesserungspflicht des Unternehmers Erfüllungspflicht, **nach** der Abnahme echte Gewährleistungspflicht. Das ist einhellige Auffassung.[284]

---

[282] *Heiermann/Riedl/Rusam*, § 4/B, Rdn. 76; *Nicklisch/Weick*, § 4/B, Rdn. 85.

[283] *Kapellmann/Messerschmidt/Merkens*, § 4/B, Rdn. 131; *Nicklisch/Weick*, § 4/B, Rdn. 82; *Korbion/Hochstein/Keldungs*, Rdn. 526.

[284] Vgl. BGH, BauR 2005, 383, 384; BauR 1982, 277; BGH, NJW 1971, 838 = BauR 1971, 126; BGHZ 51, 275; *Hereth*, NJW 1959, 483; *Huhn*, S. 123, 145; *Dähne*, BauR 1972, 136, 137; *Jagenburg*, NJW 1971, 1425, 1426.

## Nacherfüllung nach VOB

**§ 4 Nr. 7 Satz 1 VOB/B** erfasst demnach alle Fälle, die nach dem Beginn der Bauausführung und vor der Abnahme des Bauwerks als mangelhaft oder vertragswidrig erkannt werden. Ob der Bauherr und/oder der Unternehmer diese Kenntnis erlangen, spielt keine Rolle.[285]

Der Begriff des **Mangels** entspricht dem des § 13 Nr. 1 VOB/B. Die Vorschrift des § 13 Nr. 1 ist dem Wortlaut des § 633 BGB n. F. angepasst worden.[286] Beim Mangelbegriff der VOB/B steht wie für das BGB nunmehr die **Parteivereinbarung** im Vordergrund;[287] die Vorschrift des § 13 Nr. 1 enthält eine Definition der mangelhaften Leistung, die auch für § 4 Nr. 7 VOB/B gilt. Ist die Beschaffenheit nicht vereinbart, so ist die Leistung zur Zeit der Abnahme frei von Mängeln, a) wenn sie sich für die **nach dem Vertrag vorausgesetzte**, sonst b) für die **gewöhnliche Verwendung eignet** und eine Beschaffenheit aufweist, die bei Werken der gleichen Art **üblich** ist und die der Auftraggeber nach der Art der Leistung **erwarten** kann.

Eine Werkleistung ist demnach in erster Linie vertragswidrig, wenn sie nicht dem Vereinbarten entspricht (Rdn. 1456 ff.). Die vertragswidrige Leistung ist damit in aller Regel auch eine mangelhafte.[288] Der Mangel oder die Vertragswidrigkeit muss dem Unternehmer jedoch stets zuzurechnen sein, wobei der Prüfungs- und Hinweispflicht besondere Bedeutung zukommt (vgl. Rdn. 1519 ff.). Zu beachten ist auch für die Neufassung des § 13 Nr. 1 VOB/B, dass eine Beeinträchtigung des „nach dem Vertrag vorausgesetzten Gebrauch" vorliegt, wenn die mit der vertraglich geschuldeten Ausführung erreichbaren **technischen** Eigenschaften, die für die Funktion des Werkes von Bedeutung sind, durch die vertragswidrige Ausführung nicht erreicht werden und damit die **Funktion** des Werkes gemindert wird.[289]

Mit der **Abnahme** tritt dann eine Anspruchsänderung ein.[290] Das gilt auch für den gekündigten Bauvertrag.[291] Dann ist der Bauherr auf die Mängelansprüche aus § 13 Nr. 5 VOB/B beschränkt, was für die Verjährung von Bedeutung wird. Das gilt auch dann, wenn sich der Bauherr bei der Abnahme Ansprüche wegen Mängel nach § 4 Nr. 7 VOB/B vorbehalten hat.[292] Sie wirken nicht fort, sondern wandeln sich in einen Mängelanspruch nach § 13 Nr. 5 VOB/B um.[293] In der Kündigung selbst liegt noch keine (konkludente) Abnahme durch den Auftraggeber; der Auftragneh-

---

285) *Korbion/Hochstein/Keldungs*, Rdn. 534; *Kaiser*, Rdn. 23 d.
286) Siehe hierzu: *Jung*, ZGS 2003, 68; *Weyer*, BauR 2003, 613, 615.
287) Vgl. OLG Celle, OLGR 2006, 509 = IBR 2006, 404 – *Schwenker* (Vereinbarung einer „DIN-gerechten Ausführung").
288) BGH, BauR 2004, 1941, 1943; BGHZ 153, 279, 283 = BauR 2003, 533, 534 = NZBau 2003, 214, 215.
289) Vgl. BGH, BauR 2003, 533, 534 für § 13 Nr. 1 VOB/B a. F.
290) **Herrschende Ansicht**; vgl. BGH, BauR 1982, 277; *Kleine-Möller/Merl*, § 12, Rdn. 756. Nach BGHZ 50, 160 = NJW 1968, 1524 ist als Endzeitpunkt die „**Abnahmereife**" maßgebend. Ist die Leistung des Unternehmers noch mit wesentlichen Mängeln (vgl. dazu BGH, *SFH*, Nr. 6 zu § 12 VOB/B 1973; OLG Hamm, BauR 1992, 210; OLG Stuttgart, BauR 1979, 432) behaftet, so kann der Bauherr die Abnahme verweigern und weiterhin die Ansprüche aus § 4 Nr. 7 VOB/B geltend machen.
291) BGH, BauR 2003, 690, 692 = NJW 2003, 1450 = ZfBR 2003, 352; s. hierzu: *Brügmann/Kenter*, NJW 2003, 2121 ff.; *Acker/Roskosny*, BauR 2003, 1279 ff.
292) Zum Vorbehalt vgl. BGH, BauR 1975, 344; *Jagenburg*, BauR 1974, 361.
293) BGH, BauR 1982, 277, 279 = NJW 1982, 1524; BGH, NZBau 2003, 265, 266 = BauR 2003, 689, 691 = ZfBR 2003, 352.

mer hat aber einen Anspruch auf Abnahme, wenn die von ihm bis zur Kündigung erbrachten Leistungen die Voraussetzungen für eine Abnahmepflicht des Auftraggebers erfüllen, also keine wesentlichen Mängel vorliegen.[294]

**1613** Der Auftraggeber, der noch während der Bauausführung auf „Mängelbeseitigung" klagt, braucht nur vorzutragen, dass eine Abnahme noch nicht erfolgt ist und Mängel vorliegen, die das Gesamtziel der vertraglichen Leistung gefährden oder unmöglich machen. Den beanstandeten Baumangel muss der Auftraggeber in seiner Klageschrift allerdings hinreichend bestimmt beschreiben, damit der in Anspruch genommene Unternehmer weiß, inwieweit seine Bauleistung mangelhaft sein soll. Hieran dürfen allerdings keine zu strengen Anforderungen gestellt werden (**Symptomtheorie**);[295] denn der Bauunternehmer ist bei entsprechenden Hinweisen auf eine angebliche mangelhafte Werkleistung gehalten, die Ordnungsgemäßheit seiner Leistung selbst zu überprüfen (vgl. oben Rdn. 1471 ff.).

**1614** Im Streitfall ist es Sache des beklagten Unternehmers, eine ordnungsgemäße Vertragserfüllung darzutun und zu beweisen.[296] Kann er diesen Beweis nicht führen, wird er zur Mängelbeseitigung zu verurteilen sein. Auch insoweit ist dem Unternehmer zu überlassen, wie er den Baumangel beseitigen will. Dass er evtl. zur Neuherstellung der gesamten Werkleistung verpflichtet ist, entspricht der herrschenden Ansicht[297] und auch dem neuen Recht. Dieser Verpflichtung kann er im Einzelfall nur unter den von ihm zu beweisenden Voraussetzungen des § 635 Abs. 3 BGB, der analoge Anwendung findet,[298] entgehen (vgl. Rdn. 1574 ff.). Der Auftraggeber hat in diesem Fall ein Recht zur **Minderung** der Vergütung oder bei Verschulden des Unternehmers Anspruch auf Schadensersatz nach § 4 Nr. 7 Satz 2 VOB/B.[299]

**1615** Im Übrigen ergeben sich bei der Klage auf Mängelbeseitigung nach § 4 Nr. 7 Satz 1 keine Abweichungen gegenüber dem Nacherfüllungsanspruch (§ 635 BGB).[300] Es muss aber im Einzelfall eine mangelhafte oder vertragswidrige **Leistung** des Unternehmers vorliegen. Die vertragswidrige Leistung muss dem geschuldeten Werk selbst anhaften, sodass die verspätete Fertigstellung allein noch nicht unter § 4 Nr. 7 VOB/B fällt.[301]

**1616** Beseitigt der Unternehmer den schon während der Bauausführung erkannten oder gerügten Mangel nicht, kann ihm der Auftraggeber gemäß § 4 Nr. 7 Satz 3 eine **angemessene Frist** mit der Androhung setzen, ihm nach deren fruchtlosem Ablauf den

---

294) Vgl. BGH, ZfBR 2003, 352, 354 = BauR 2003, 689, 692.
295) Vgl. im Einzelnen: *Weise*, BauR 1991, 19 ff. sowie Rdn. **1472**, Anm. 107.
296) Vgl. BGHZ 23, 288; *Groß*, BauR 1995, 456; vgl. aber OLG Köln, *Schäfer/Finnern*, Z 2.414.1 Bl. 22, wo der Bauherr den Unternehmer vor Abnahme der Bauleistung wie einen Dritten mit der Mängelbeseitigung beauftragt hat und nicht nach § 4 Nr. 7 vorgegangen ist: Hier hat der Bauherr die Beweislast.
297) Vgl. OLG Karlsruhe, BauR 1995, 246 (**Estrich**); OLG München, OLGZ 1971, 8; *Ingenstau/Korbion*, § 4/B, Rdn. 339; *Nicklisch/Weick*, § 4/B, Rdn. 97; vgl. im Einzelnen Rdn. **1559**.
298) **Bestr.**; anders: *Kaiser*, Rdn. 26, der § 242 BGB heranziehen will.
299) *Nicklisch/Weick*, § 4/B; Rdn. 99; *Heiermann/Riedl/Rusam*, § 4/B, Rdn. 141; *Vygen*, Rdn. 491; Beck'scher VOB-Komm/*Kohler*, B § 4 Nr. 7, Rdn. 74.
300) Siehe daher zum **Umfang** der Nacherfüllung Rdn. **1565** ff.; zum Mitverschulden und zur **Zuschusspflicht** (Sowiesokosten) des Auftraggebers Rdn. **1652** ff.; zur **Selbstvornahme** Rdn. **1579** ff. und zu den **Kosten** der Nacherfüllung Rdn. **1569** ff.
301) *Kaiser*, Rdn. 23 e.

## Nacherfüllung nach VOB

Auftrag zu entziehen. Ohne Einhaltung des in § 4 Nr. 7 Satz 3 VOB/B vorgeschriebenen Weges ist der Auftraggeber nicht befugt, die Mängel auf Kosten des Auftragnehmers durch einen anderen Unternehmer beseitigen zu lassen.[302] Eine zu kurz bemessene Frist ist nicht wirkungslos, sondern setzt eine den Verhältnissen entsprechende Frist in Gang.[303] Der Auftraggeber muss dem Unternehmer auch die Möglichkeit einräumen, die Nachbesserung in der angemessenen Frist vorzunehmen (Vornahmerecht des Unternehmers).[304] Hat der Unternehmer in diesen Fällen die ihm gesetzte Frist fruchtlos verstreichen lassen, ist der Bauherr zur Entziehung des Auftrags berechtigt, was rechtlich eine **Kündigung** des Bauvertrages bedeutet (§ 8 Nr. 3 VOB/B).

Die **Auftragsentziehung** nach §§ 4 Nr. 7, 8 Nr. 3 VOB/B setzt voraus, dass eine solche auch **angedroht** worden ist. Setzt der Bauherr nur eine Frist zur Mängelbeseitigung, droht er ihm jedoch nicht an, ihm den Auftrag nach fruchtlosem Ablauf der Frist zu entziehen, kann eine „Auftragsentziehung" nur als Kündigung nach § 8 Nr. 1 Abs. 1 VOB/B, § 649 BGB gewertet werden.[305] Die Kündigungsvorschriften der §§ 4 Nr. 7, 4 Nr. 8, 5 Nr. 4 VOB/B sehen – im Gegensatz zum neuen Werkvertragsrecht – eine **Ablehnungsandrohung** (vor der Kündigung) vor. Im Beschluss des Vorstandes des Deutschen Vergabe- und Vertragsausschusses wird insoweit darauf verwiesen, dass „die Regelung der ‚Leistungsablehnungsandrohung' die **Umsetzung** des im Bauvertragsrecht geltenden **Grundsatzes von Treu und Glauben**" und „außerdem **Ausdruck** des im Bauvertragsrecht zwischen den Parteien bestehenden **Kooperationsverhältnisses**" sei.

**1617**

Im Übrigen kann der Auftraggeber auch bei einem **Verzug** des Unternehmers mit der Mängelbeseitigung gemäß § 4 Nr. 7 VOB/B den **Ersatz** von Fremdnachbesserungskosten nur verlangen, wenn er den Auftrag nach § 8 Nr. 3 VOB/B entzogen hat.[306] Das entspricht praktischem Bedürfnis; denn der Sinngehalt der VOB-Vorschriften macht deutlich, dass Streitigkeiten zwischen altem und neuem Unternehmer vermieden werden sollen. Bei der Bauabwicklung soll nichts „ineinandergehen".[307] Von der Einhaltung des vollständigen Weges nach §§ 4 Nr. 7, 8 Nr. 3 VOB/B ist der Auftraggeber befreit, wenn der Unternehmer eine Nacherfüllung bereits ernsthaft und endgültig verweigert hat oder wenn die Nacherfüllung gerade durch den (beauftragten) Unternehmer für den Bauherrn unzumutbar ist.[308] Eine Nachfristsetzung ist in diesem Fall entbehrlich. Allerdings muss auch in diesen Fällen der Auftrag „entzogen" werden, bevor die Mängelbeseitigung durch einen anderen Unternehmer vorgenommen werden kann.[309]

**1618**

---

302) OLG Koblenz, BauR 2004, 1012.
303) OLG Celle, BauR 1984, 409; *Kaiser*, Rdn. 31.
304) OLG Frankfurt, MDR 1984, 755.
305) BGH, BauR 1987, 689 = NJW 1988, 140; BGH, BauR 1988, 82; OLG Celle, BauR 2003, 1406 (**Anrechnung** der Drittnachbesserungskosten als ersparte Aufwendungen analog § 8 Nr. 1 Abs. 2 VOB/B).
306) BGH, BauR 1997, 1027 = ZfBR 1998, 31; BGH, BauR 1986, 573 = ZfBR 1986, 226; OLG Düsseldorf, BauR 1994, 369, 370; **a. A.:** *Nicklisch/Weick*, § 4/B, Rdn. 113 b und c; OLG Koblenz, IBR 2005, 16 – *Bolz;* OLG Celle, BauR 1984, 409, 410.
307) BGH, BauR 1986, 573, 575; ebenso: OLG Düsseldorf, BauR 1994, 369, 370.
308) BGH, BauR 1986, 573, 575.
309) OLG Düsseldorf, BauR 1994, 369, 370.

**1619** Der Auftraggeber kann von dem Unternehmer **nach** der Auftragsentziehung auch **einen Kostenvorschuss** auf die voraussichtlichen Mängelbeseitigungskosten verlangen (vgl. im Einzelnen Rdn. 1587 ff.).[310]

**1620** Ansprüche des Auftraggebers aus Mängeln der erbrachten Werkleistungen bestehen auch nach einer Auftragsentziehung/Kündigung weiter, wobei es keinen Unterschied macht, ob diese auf §§ 8 Nr. 1 Abs. 1 VOB/B, 649 BGB oder auf §§ 8 Nr. 3 Abs. 1, 4 Nr. 7, 5 Nr. 4 VOB/B gestützt ist; der **Unternehmer** ist daher auch bei einer Auftragsentziehung gemäß §§ 4 Nr. 7, 8 Nr. 3 Abs. 1 VOB/B verpflichtet, Mängel an dem von ihm erstellten Teilwerk zu beseitigen.[311] Behauptet er, sein (bis dahin fertiggestelltes) Gewerk sei mangelfrei, trägt er hierfür die Darlegungs- und Beweislast.[312] Wird dem Unternehmer, obwohl er nachbesserungsbereit ist oder sogar schon mit der Nacherfüllung begonnen hat, „**Baustellenverbot**" erteilt, kann die Vorleistungspflicht des Unternehmers entfallen, sodass er sofort auf (uneingeschränkte) Zahlung des Werklohns klagen kann.[313]

**1621** Die **Kündigung** des Bauvertrages nach § 8 Nr. 3 VOB/B kann wirksam erst nach dem fruchtlosen Ablauf der Mängelbeseitigungsfrist ausgesprochen werden. Sie muss schriftlich erfolgen.[314] Fristsetzung, Androhung der Auftragsentziehung und Auftragsentziehung selbst (Kündigung des Bauvertrages) können nicht in demselben Schreiben vorgenommen werden; denn das Kündigungsrecht entsteht erst mit dem fruchtlosen Ablauf der Frist.[315]

In Ausnahmefällen bedarf es der Fristsetzung und Beseitigungsaufforderung nicht. Das ist der Fall, wenn die Beseitigung des Mangels unmöglich, von dem Unternehmer ernsthaft und endgültig verweigert worden oder durch die mangelhafte Leistung eine Gefährdung des Vertragszweckes eingetreten ist (vgl. Rdn. 1657 ff.).[316] Ob der Auftraggeber das Kündigungsrecht im Übrigen nur hat, wenn der Bauunternehmer seiner Mängelbeseitigungspflicht schuldhaft nicht nachgekommen ist, ist umstritten.[317]

### b) Die Klage des Auftraggebers nach Abnahme

**1622** Nach der **Abnahme** der Bauleistung ist der Auftraggeber auf den **Mängelanspruch** aus § 13 Nr. 5 Satz 1 VOB/B beschränkt, wenn er von dem Unternehmer **die Beseitigung** eines Baumangels verlangt. Nach richtiger Ansicht ist § 13 Nr. 5

---

310) BGH, BauR 1989, 462 = ZfBR 1989, 213 = NJW-RR 1989, 849; OLG Celle, BauR 1994, 250; *Achilles-Baumgärtel*, S. 64 zum Meinungsstand.
311) BGH, BauR 1987, 689 = NJW 1988, 140; OLG Jena, OLGR 2007, 626, 628.
312) OLG Celle, BauR 1995, 394; *Groß*, BauR 1995, 456, 457.
313) OLG Düsseldorf, NJW-RR 1995, 155 = OLGR 1994, 190; OLG Dresden, BauR 1998, 787, 789; s. ferner Rdn. **1546**.
314) OLG Celle, BauR 1973, 49.
315) BGH, NJW 1973, 1463 = BauR 1973, 319.
316) BGH, BauR 2000, 1479 = ZfBR 2000, 479 = NZBau 2000, 421; BGH, NZBau 2002, 28, 30 = ZfBR 2002, 49, 55; OLG Hamm, BauR 2004, 1958, 1959.
317) Vgl. *Dähne*, BauR 1982, 279 (verneinend); *Anderson*, BauR 1972, 65 (bejahend). Siehe ferner: *Kaiser*, Rdn. 32; KG, ZfBR 1984, 132, 134 = BauR 1984, 527; *Nicklisch/Weick*, § 4/B, Rdn. 111 m. Nachw.

## Nacherfüllung nach VOB

Satz 1 VOB/B ein echter Mängelanspruch,[318] der im Übrigen mit der Veräußerung des Grundstücks untergehen soll.[319]

Der Auftraggeber muss die vertragswidrige – d. h. mangelhafte – Werkleistung des Unternehmers in seiner Klageschrift darlegen und beweisen, wobei sich die Unaufklärbarkeit der Ursachen nach der erfolgten Abnahme im Einzelfall zu seinen Lasten auswirken kann.[320] Auch insoweit kann sich aber das Klagevorbringen durch das Bestehen eines **Anscheinsbeweises** erheblich für den Auftraggeber verkürzen:[321] Durch den konkreten Hinweis auf ein mangelhaftes Ergebnis der Unternehmerleistung hat der Auftraggeber seiner Darlegungslast hinreichend genügt (vgl. Rdn. 1471 ff. und 2596 ff.).

1623

Der Mängelbeseitigungsanspruch aus § 13 Nr. 5 Satz 1 VOB/B setzt entgegen dem Wortlaut der Vorschrift nicht voraus, dass der Auftraggeber die Beseitigung der Mängel **schriftlich** verlangt.[322] Die Schriftform ist nur bedeutsam, wenn sich der Auftraggeber seine Mängelansprüche auch nach dem Eintritt der Verjährung erhalten will.[323] Zu beachten ist, dass nach § 13 Nr. 5 Abs. 1 Satz 2 der Anspruch auf Beseitigung der gerügten Mängel in **2** Jahren, gerechnet vom Zugang des schriftlichen Verlangens an, jedoch nicht vor Ablauf der Regelfristen nach Nr. 4 oder der an ihrer Stelle vereinbarten Frist verjährt. Satz 3 bestimmt, dass nach der Abnahme der Mängelbeseitigungsleistung für diese Leistung eine Verjährungsfrist von 2 Jahren neu beginnt, die jedoch nicht vor Ablauf der Regelfristen nach Nr. 4 oder der an ihrer Stelle vereinbarten Frist endet. Damit kann (höchstens) eine Verjährungsfrist von **sechs** Jahren erreicht werden; bei einer **isolierten** Inhaltskontrolle verstößt diese Regelung gegen § 309 Nr. 8 b ff BGB.[324]

1624

Die **Aufforderung** zur Mängelbeseitigung muss **hinreichend bestimmt** sein; denn der Auftragnehmer muss zweifelsfrei ersehen können, was er im Einzelnen nachbessern soll.[325] Der Auftraggeber muss also den Mangel so genau bezeichnen, dass er beseitigt werden kann. An die Pflicht des Auftraggebers zur Bezeichnung des Mangels dürfen aber keine allzu strengen Anforderungen gestellt werden; so reicht es aus, wenn die Mangelerscheinungen hinreichend genau bezeichnet werden (**Symptomtheorie**).[326] Und schließlich muss die Aufforderung zur Mängelbeseitigung

1625

---

318) **Bestr.**: wie hier: OLG Düsseldorf, NZBau 2001, 562, 563; *Schmalzl/Lauer/Wurm*, Rdn. 174; Beck'scher VOB-Komm/*Kohler*, B § 13 Nr. 5, Rdn. 12 ff.; **a. A.**: *Kaiser*, Rdn. 71, 71 a, 75; *Nicklisch/Weick*, § 13/B, Rdn. 13: modifizierter Erfüllungsanspruch.
319) So OLG Köln, BauR 1993, 734 = ZfBR 1993, 231 = NJW-RR 1993, 1367 (bedenklich); vgl. hierzu auch grundlegend: *Hochstein*, Festschrift für Heiermann, S. 121 ff.
320) Vgl. hierzu: HansOLG Hamburg, BauR 2001, 1749 m. Anm. *Wirth* = IBR 2001, 180 – *Putzier*; *Leitzke*, BauR 2002, 394 ff. Zur Frage, ob dies auch für die bei der Abnahme **vorbehaltenen** Mängel gilt: *Groß*, BauR 1995, 456 ff.; *Marbach/Wolter*, BauR 1998, 36 ff.
321) Vgl. z. B. OLG Koblenz, NJW-RR 1988, 532 (für Wasserrohrbruch durch Frostschaden).
322) **Bestr.**: vgl. *Ingenstau/Korbion/Wirth*, § 13 Nr. 5/B, Rdn. 90; *Kapellmann/Messerschmidt/Weyer*, § 13/B, Rdn. 191; *Schmalzl/Lauer/Wurm*, Rdn. 174; *Nicklisch/Weick*, § 13/B, Rdn. 118; **a. A.**: *Clasen*, BlGBW 193, 28, 29; *Huhn*, S. 146 jeweils m. w. Nachw.
323) Vgl. für das alte Recht: BGH, NJW 1974, 1188 = BauR 1974, 280; *Kaiser*, Rdn. 72.
324) *Kiesel*, NJW 2002, 2064, 2068. Siehe auch *Schwenker/Heinze*, BauR 2002, 1143, 1151.
325) OLG Düsseldorf, BauR 2002, 963, 965 u. BauR 2001, 645; Brandenburgisches OLG, NJW-RR 2000, 1620, 1621.
326) BGH, BauR 1998, 632; BGH, NJW 1998, 135 = ZIP 1997, 1967 (für **Architektenmangel**); BGH, BauR 1997, 1029 = NJW-RR 1997, 1376; BGH, BauR 1989, 603 = ZfBR 1989, 202.

innerhalb der gesetzten Frist klar und unmissverständlich sein. Die Aufforderung an den Unternehmer, seine „Bereitschaft zur Mängelbeseitigung zu erklären", reicht nicht aus;[327] auch eine Streitverkündung vermag ein konkretes Mänbelbeseitigungsverlangen nach § 13 Nr. 5 VOB/B nicht zu ersetzen.[328]

**1626** Eine Aufforderung nach § 13 Nr. 5 Abs. 1 Satz 1 VOB/B kann im Einzelfall entbehrlich sein (vgl. im Einzelnen Rdn. 1657); sie ist es z. B., wenn der Auftraggeber aus dem Verhalten des Unternehmers zweifelsfrei erkennen muss, dass der Unternehmer einer Aufforderung zur Mängelbeseitigung nicht nachkommen wird[329] oder diese bereits eindeutig abgelehnt hat.[330] Die Aufforderung zur Mängelbeseitigung entfällt schließlich, wenn sich der Unternehmer als völlig unzuverlässig erwiesen hat und mit Sicherheit zu erwarten ist, dass ihm eine ordnungsgemäße Mängelbeseitigung nicht gelingt. Das alles hat der Auftraggeber zu beweisen, sofern der Unternehmer dies im Prozess bestreiten sollte. Der Auftraggeber kann einer Werklohnklage des Unternehmers seinen Anspruch auf Nacherfüllung nicht mehr entgegenhalten, wenn er während des Laufs der von ihm zur Nacherfüllung gesetzten Frist erklärt hat, er wünsche keine Nacherfüllung mehr; dann entfällt auch die Möglichkeit, mit dem Anspruch auf Vorschuss der Mängelbeseitigungskosten aufzurechnen.[331]

**1627** Dem Unternehmer bleibt es überlassen, wie er die Mängel beseitigt (vgl. Rdn. 1565); er ist jedoch gehalten, alle notwendigen Maßnahmen zu ergreifen, um das Werk in allen Einzelheiten und in seiner Gesamtheit dauerhaft so zu erstellen, wie es nach dem Bauvertrag von ihm geschuldet wird.[332] Dazu kann im Einzelfall gehören, dass der Unternehmer zu einer vollständigen Neuherstellung seiner Werkleistung verpflichtet ist, wenn nur auf diese Weise Mängel nachhaltig beseitigt werden können.[333] Der Unternehmer hat im Rahmen der Mängelbeseitigung/Neuherstellung auch alle **Schäden** zu beheben, die dem Auftraggeber an seinem sonstigen Eigentum zwangsläufig entstehen.[334]

Der Unternehmer hat alle Kosten zu tragen, die im Rahmen einer Nacherfüllung anfallen (vgl. Rdn. 1569); dazu zählen auch Kosten, die ihm durch die Einschaltung eines Architekten oder Privatgutachters entstehen (vg. Rdn. 1573). Zum Mitverschulden und zur Zuschusspflicht des Auftraggebers vgl. Rdn. 1562 ff.

**1628** Kommt der Unternehmer der Aufforderung des Auftraggebers zur Nacherfüllung nicht in einer angemessenen Frist nach,[335] kann der Bauherr die Mängel auf Kosten des vertragswidrigen Unternehmers beseitigen („Eigennachbesserung"/„Selbstvornahmerecht"). Im Gegensatz zum alten Recht (§ 633 Abs. 3 BGB a. F.) ist ein **Verzug**

---

327) OLG Düsseldorf, BauR 2002, 963, 965.
328) OLG Oldenburg, IBR 2004, 199 – *Miernik*.
329) BGHZ 46, 242; BGH, WM 1974, 932.
330) OLG Düsseldorf, BauR 2001, 645, 646; BauR 2002, 963, 965.
331) OLG Hamburg, BauR 1979, 331, 332.
332) BGH, BauR 1978, 402; BGH, ZfBR 1979, 150 = BauR 1979, 333; OLG Düsseldorf, NJW-RR 1993, 477.
333) BGHZ 96, 111 = BauR 1986, 93; OLG Karlsruhe, BauR 2007, 394, 397; OLG München, NJW 1987, 1234 (Estricharbeiten).
334) BGH, NJW 1963, 805, 806; BGH, BauR 1978, 402, 403. Schäden an **anderen Gewerken** können im Wege des Schadensersatzes nach § 13 Nr. 7 VOB/B geltend gemacht werden (auch ohne Fristsetzung nach § 13 Nr. 5); vgl. BGH, BauR 1986, 211.
335) Vgl. dazu vor allem OLG Düsseldorf, BauR 1982, 587, 589 u. Rdn. **1521**, **1616**.

## Nacherfüllung nach VOB

des Unternehmers mit der Nachbesserung **nicht** mehr erforderlich; es reicht nunmehr, wie in § 13 Nr. 5 Abs. 2 VOB/B bestimmt, aus, dass der Auftraggeber zur Mängelbeseitigung auffordert, eine angemessene Frist setzt und diese erfolglos abgelaufen ist. Daher kommt es auch nicht auf ein Verschulden des Unternehmers an.[336] Es bedarf auch keiner Ablehnungsandrohung.[337] Zur Angemessenheit der Mängelbeseitigungsfrist vgl. Rdn. 1521.

§ 13 Nr. 5 Abs. 2 VOB/B ist eine abschließende Regelung: Lässt der Auftraggeber die Mängel des Bauwerkes ohne eine vorherige Nachbesserungsaufforderung selbst vorschnell beseitigen, steht ihm ein **Kostenerstattungsanspruch** unter keinem rechtlichen Gesichtspunkt zu,[338] insbesondere sind Ansprüche aus ungerechtfertigter Bereicherung[339] (§§ 812 ff. BGB; vgl. Rdn. 1904 ff.) und aus Geschäftsführung ohne Auftrag[340] ausgeschlossen. Dabei ist der Rückgriff auf solche Ansprüche auch insoweit ausgeschlossen, als sie Kosten des Auftraggebers betreffen, die er mangels Mahnung und Fristsetzung nicht als Schaden wegen Nichterfüllung geltend machen kann.[341] Dem Auftraggeber steht es daher auch nicht frei, im Falle eines Streites über seine Kostenbeteiligung („**Zuschusspflicht**"; vgl. Rdn. 1563, 2158 ff., 2405 ff.) unverzüglich zur Fremdnachbesserung zu schreiten und die Abrechnung einer späteren gerichtlichen Auseinandersetzung zu überlassen.

**1629**

Diese Grundsätze gelten aber nicht uneingeschränkt: Werden durch die mangelhafte Arbeit des Unternehmers Schäden an einem **anderen Gewerk** verursacht, so erstreckt sich die Pflicht des Unternehmers auf Nacherfüllung aus § 13 Nr. 5 VOB/B hierauf nicht. Diese Schäden können nur Gegenstand eines verschuldensabhängigen Schadensersatzanspruches sein (§ 13 Nr. 7 Abs. 1 VOB/B).[342]

**1630**

Die **Fristsetzung** zur Nacherfüllung ist nur in Ausnahmefällen entbehrlich[343] (vgl. im Einzelnen Rdn. 1657). Verweigert der Unternehmer z. B. ernsthaft und endgültig eine Nacherfüllung, so kann er das damit begründete Recht des Auftraggebers, die Mängelbeseitigung nunmehr selbst auf Kosten des Unternehmers durchzuführen, nicht dadurch zum Erlöschen bringen, dass er eine nachträgliche Bereitschaft zur Mängelbehebung erklärt; der Auftraggeber muss sich hiermit schon einverstanden erklären.[344] In gleicher Weise erlischt das Nachbesserungsrecht des Unternehmers, wenn er die ihm gemäß § 13 Nr. 5 Abs. 2 VOB/B gesetzte angemessene Frist zur Mängelbeseitigung verstreichen lässt.[345]

**1631**

---

336) *Kaiser*, Rdn. 80 b m. w. Nachw. in Anm. 13.
337) KG, MDR 1990, 339 = NJW-RR 1990, 217; *Kaiser*, Rdn. 80 b, Anm. 11.
338) **Herrschende Meinung;** vgl. BGH, BauR 1977, 350; BGH, NJW 1966, 39; BGH, BauR 1986, 211; OLG Düsseldorf, BauR 1982, 587, 590; *Festge*, BauR 1973, 274.
339) BGH, LM § 812 BGB Nr. 68.
340) BGH, LM § 633 BGB Nr. 14.
341) BGH, BauR 1977, 350, 351 betr. die Räumung von Bauschutt und Aufräumung des Bauplatzes.
342) Vgl. BGH, BauR 1986, 211 = NJW 1986, 922.
343) BGH, BauR 1985, 198 = WM 1985, 287; BauR 1983, 258 = NJW 1983, 1731; ZfBR 1982, 211, 212 = BauR 1982, 496; BGH, WM 1974, 932 = BauR 1975, 137; OLG Düsseldorf, BauR 1980, 75; OLG Frankfurt, NJW-RR 1989, 409, 410.
344) OLG Düsseldorf, BauR 1980, 75, 76. Zum Eigennachbesserungsrecht des Bauherrn bei einer zunächst „überzogenen" Mängelbeseitigungsaufforderung: OLG Frankfurt, NJW-RR 1989, 409.
345) KG, MDR 1990, 339 = NJW-RR 1990, 217.

**1632** Hält sich der Auftraggeber an § 13 Nr. 5 VOB/B, kann er alle Kosten erstattet verlangen, die ihm selbst oder durch die Einschaltung eines Drittunternehmers bei der Mängelbeseitigung erwachsen sind.[346] Der Auftraggeber kann auch die Erstattung des Wertes seiner eigenen Arbeitsleistung verlangen.[347] Der Anspruch auf Ersatz der Kosten einer Mängelbeseitigung ist im Übrigen nicht von der Vorlage einer prüffähigen Rechnung durch den Auftraggeber abhängig.[348]

**1633** Dem Auftraggeber steht ferner ein **Kostenvorschussanspruch** gegen den Unternehmer zu (vgl. näher Rdn. 1587 ff.). Bis zur Mängelbeseitigung hat der Auftraggeber im Übrigen gegenüber dem Vergütungsanspruch des Unternehmers ein **Leistungsverweigerungsrecht** (vgl. Rdn. 2503 f.).

## 10. Die Klage auf Nacherfüllung gegen den Architekten

*Literatur*

*Brandt*, Pflichten des Architekten nach Fertigstellung und Übergabe des Bauwerks, BlGBW 1969, 109; *Brandt*, Die Mängelhaftung beim sog. Architektenwerk, BauR 1970, 25; *Bindhardt*, Zur Beseitigung des Mangels am Bauwerk durch den Architekten, BauR 1970, 29; *Ganten*, Neue Ansätze im Architektenrecht, NJW 1970, 687; *Kaiser*, Mängelbeseitigungspflicht des Architekten, NJW 1973, 1910; *Ganten*, Gibt es doch eine gesetzliche Subsidiärhaftung des bauleitenden Architekten?, BauR 1975, 177; *Ganten*, Recht und Pflicht des Architekten zur Nachbesserung seines (mangelhaften) Werkes, Festschrift für Korbion (1986), 85; *Braun*, Gewährleistung und Haftung des Architekten, BTR 2004, 208 (Teil 1) u. 250 (Teil 2); *Weller*, Der Kostenvorschussanspruch gegen den Architekten, BauR 2003, 1816; *Oechsler*, Praktische Anwendungsprobleme des Nacherfüllungsanspruchs, NJW 2004, 1825; *Schwenker/Schramm*, Vergütungsprobleme bei nicht erbrachten Architektenleistungen, ZfIR 2004, 753; *Preussner*, Architekt und Nacherfüllung, Festschrift für Ganten (2007), 37.

**1634** Ist der Architektenvertrag ausnahmsweise rechtlich als Dienstvertrag anzusehen (vgl. Rdn. 653),[349] scheidet eine Haftung des Architekten nach §§ 631 ff. BGB aus; die Pflicht zur Beseitigung von Architektenmängeln kann dann nach altem Recht nur nach den Grundsätzen über die positive Forderungsverletzung (nach neuem Recht: als Pflichtverletzung) beurteilt werden. Das entspricht der ständigen Rechtsprechung und ist auch anerkannte Lehrmeinung.[350] Es kommt demnach nur eine Schadensersatzverpflichtung nach §§ 611, 325/326 (analog), 249 BGB nach altem Recht bzw. §§ 280 Abs. 1, 3, 281, 249 BGB nach neuem Recht in Betracht.

**1635** Dem Bauherrn kommt bei einem Prozess eine wichtige Erleichterung der Beweisführung zugute: Bei feststehendem Eintritt der Schadensursache im Bereich des Architekten hat dieser den Beweis für seine Schuldlosigkeit zu führen; denn Schlechterfüllung bedeutet bei einem Dienstvertrag (nach altem Recht) eine positive Forderungsverletzung, auf die der Rechtsgedanke der §§ 282, 285 BGB Anwendung

---

346) OLG Düsseldorf, NJW-RR 1993, 477; *Kaiser*, Rdn. 83 ff.
347) BGH, MDR 1973, 129.
348) BGH, NJW-RR 2000, 19 = NZBau 2000, 14.
349) Vgl. OLG Celle, BauR 2004, 1800 (Wirtschaftliche Beratung und technische Betreuung). Für die **Abgrenzung** von Dienst- und Werkvertrag ist der im Vertrag zum Ausdruck kommende **Wille** der Parteien maßgebend (BGH, ZfBR 2003, 24, 25 für Forschungs- und Entwicklungsleistungen).
350) Vgl. z. B. BGHZ 28, 251 = NJW 1959, 34; BGH, NJW 1957, 262 (LS); *Tempel*, JuS 1964, 346, 351.

**Klage auf Nacherfüllung gegen den Architekten**        Rdn. 1636–1638

findet, wonach der Schuldner, wenn objektiv eine Vertragsverletzung gegeben ist, sich hinsichtlich seines Verschuldens entlasten muss (für das neue Recht: § 280 Abs. 1 Satz 2). Dem Bauherrn kann nicht zugemutet werden, über Fragen Beweis zu führen, die seinem Gefahrenkreis und seiner Sachkenntnis völlig entzogen sind. Der Architekt hat in aller Regel die Sachkenntnis, nicht der Bauherr.

Der Architektenvertrag ist nach gefestigter Rechtsprechung in der Regel jedoch **Werkvertrag**,[351)] sodass auf die Haftung grundsätzlich auch die Vorschriften der §§ 631 ff. BGB uneingeschränkte Anwendung finden. Gleichwohl hat sich bisher gezeigt, dass die Nachbesserungspflicht des Architekten nicht die gleiche praktische Bedeutung hat wie die Nachbesserung des Unternehmers: Der Architekt haftet nach herrschender Ansicht nur **ausnahmsweise** auf Nachbesserung.[352)] Ein **Kostenvorschussanspruch** des Auftraggebers ist daher, wenn sich der Architektenfehler bereits im Bauwerk „verwirklicht" hat, ausgeschlossen; eine gleichwohl erhobene „Vorschussklage" kann sinnvoll nur als Klage auf Zahlung von Schadensersatz verstanden werden.[353)]

**1636**

### a) Der Neuherstellungsanspruch des Auftraggebers gegen den Architekten

Die Vorschrift des § 633 BGB ist uneingeschränkt anwendbar, solange die Architektenleistung noch nicht im Bauwerk verwirklicht worden ist. Bei fehlerhafter Architektenleistung kann der Auftraggeber demnach so lange von dem Architekten Herstellung einer fehlerfreien Arbeit verlangen, wie der Unternehmer noch nicht mit der Ausführung des Bauvorhabens begonnen hat. Das entspricht der herrschenden Ansicht.[354)] Im Gegensatz zum Unternehmerrecht ist hier also nicht die Abnahme der Architektenleistung, sondern die **Umsetzung** der Architektenleistung in die gegenständliche Bauleistung durch den Unternehmer der entscheidende Zeitpunkt für das Erlöschen des Herstellungsanspruches.

**1637**

### b) Der Anspruch auf Nacherfüllung (§ 635 BGB)

Da der übliche Architektenvertrag als Werkzeug anzusehen ist, sollte angenommen werden, dass der Architekt grundsätzlich wie der Unternehmer zur Nachbesserung („Mängelbeseitigung") verpflichtet ist, wenn Mängel am Bauwerk eintreten. Eine Nachbesserungspflicht des Architekten hat der BGH[355)] auch zunächst angenommen, seine Rechtsprechung dann jedoch grundlegend geändert:

**1638**

---

351) BGHZ 31, 224 = NJW 1960, 431; BauR 1974, 211 = NJW 1974, 898; BGHZ 82, 100 = BauR 1982, 79 = ZfBR 1982, 15; OLG Düsseldorf, NJW-RR 1998, 741 (für Leistungsphasen 7–9 des § 15 HOAI); OLG Bamberg, BauR 1996, 284 (bauüberwachender Ingenieur); KG, BauR 1988, 624, 625 (für Teilplanung); OLG Düsseldorf, NZBau 2003, 445 = OLGR 2003, 115 für Generalunternehmer, deren Architekten-(Planung und Bauüberwachung) und Unternehmerleistungen „in einer Hand" obliegen.

352) Die Fragen der **Nachbesserung** durch einen Architekten werden **kritisch** betrachtet von *Hess*, Haftung, S. 69 ff.; *Kaiser*, NJW 1973, 1920; *Ganten*, NJW 1970, 687, 691; Pflichtverletzung, S. 95 ff.; Festschrift für Korbion, S. 85 ff.; *Bindhardt/Jagenburg*, § 4, Rdn. 32 ff.

353) BGH, BauR 2004, 1477, 1478 = ZfBR 2004, 777 = NZBau 2004, 512.

354) Vgl. OLG Bamberg, BauR 1996, 284, 285 (**Ingenieurvertrag** für Bauoberleitung und örtliche Bauleitung); OLG München, NJW-RR 1988, 336.

355) VersR 1960, 738, 739; ebenso: *Frotz*, VersR 1965, 212, 213 Anm. 6.

Der BGH[356]) geht in ständiger Rechtsprechung davon aus, dass das Ziel der gesamten Tätigkeit eines Architekten zwar ist, das „Bauwerk zu erstellen". Der Architekt haftet – als „geistiger Unternehmer" – jedoch nicht für alle Mängel des Bauwerkes; er schuldet das Bauwerk nicht als körperliche Sache. Nicht jeder Mangel am Bauwerk stellt sich daher als Mangel des Architektenwerks dar; nur diejenigen Mängel, die auf einer vertragswidrigen Erfüllung der dem Architekten obliegenden Aufgaben zurückzuführen sind, können Mängelansprüche begründen.[357]) Nach der Rechtsprechung des BGH ist daher **das Bauwerk** von dem (geistigen) **Architektenwerk** begrifflich scharf zu **trennen** (vgl. Rdn. 1476).[358])

**1639** Deshalb soll auch der Architekt nach der Rechtsprechung des BGH grundsätzlich nicht verpflichtet sein, die Mängel am Bauwerk nachzubessern; denn eine Beseitigung der Baumängel am Bauwerk selbst kann nicht eine Nachbesserung des Architektenwerkes sein.[359]) Es ist deshalb nicht die Aufgabe des Architekten, entsprechend § 633 Abs. 2 Satz 1 BGB a. F. „die Mängel des Bauwerks körperlich zu beseitigen". Die „geistige" Leistung des Architekten lässt sich nach der Verwirklichung des Bauwerks nicht mehr beheben,[360]) eine Nacherfüllung kommt deshalb nur insoweit in Betracht, als noch nicht nach dem fehlerhaften Plan gebaut worden ist. Dann ist nach altem Recht eine Aufforderung zur Mängelbeseitigung mit Fristsetzung und Ablehnungsandrohung erforderlich.[361]) Ist dagegen nach einem fehlerhaften Plan gebaut worden, ist eine Änderung des Entwurfs für den Auftraggeber grundsätzlich nutzlos; in diesem Falle bedurfte es auch nach altem Recht keiner Fristsetzung mit Ablehnungsandrohung, um einen **Schadensersatzanspruch** nach § 635 BGB a. F. geltend machen zu können.[362])

**1640** Dasselbe gilt für eine mangelhafte **Bauüberwachung** (vgl. Rdn. 1496). Auch diese Tätigkeiten können, wenn sie nicht einwandfrei erbracht werden, nicht nachgeholt werden.[363]) Eine Nacherfüllung durch den Architekten scheidet ebenfalls aus, wenn der Bauunternehmer die Mangelbehebung endgültig verweigert[364]) oder aus Rechts-

---

356) BGHZ 31, 224, 227 = NJW 1960, 431; *Kaiser*, NJW 1973, 1910, 1911.
357) OLG Naumburg, NZBau 2003, 389.
358) Vgl. BGH, NJW 1962, 390; NJW 1962, 1499; NJW 1964, 1791; BGHZ 43, 230 = NJW 1975, 1175.
359) Vgl. BGH, BauR 1996, 735, 737 = NJW-RR 1996, 1044; BGH, NJW 1962, 390; NJW 1963, 1401; BGHZ 42, 16 = NJW 1964, 1791; BGHZ 48, 257 = NJW 1967, 2259; WM 1971, 1372 = BauR 1972, 62; NJW 1974, 367 = BauR 1974, 137; OLG Bamberg, BauR 1996, 284, 285.
360) Vgl. BGHZ 42, 16, 18; BGHZ 48, 257, 261 ff.; BGH, BauR 1996, 735, 737 = ZfBR 1996, 258; BGH, BauR 1988, 592; BGH, BauR 1989, 97, 100 = ZfBR 1989, 24; OLG Düsseldorf, BauR 1998, 582, 583 = OLGR 1998, 236, 237.
361) Vgl. OLG Düsseldorf, BauR 1988, 237, 240; OLG Hamm, BauR 1992, 78, 79 u. BauR 1995, 413 = ZfBR 1995, 142; *Lauer*, BauR 1991, 401, 404 (für fehlerhafte Architektenplanung, die zu einer vertragswidrigen Bausummenüberschreitung führt; unzutreffend insoweit: OLG Hamm, BauR 1987, 464, 465; zutreffend dagegen: OLG Hamm, BauR 1995, 413 = ZfBR 1995, 142 = NJW-RR 1995, 724).
362) OLG Hamm, BauR 1990, 104, 106 (für fehlerhafte Ausschreibung eines Elektroingenieurs).
363) OLG Bamberg, BauR 1996, 284, 285; OLG Oldenburg, *SFH*, Nr. 10 zu § 8 HOAI; OLG München, NJW-RR 1988, 336 = *SFH*, Nr. 57 zu § 635 BGB.
364) *MünchKomm-Soergel*, § 633 BGB a. F., Rdn. 135.

gründen hierzu selbst nicht mehr verpflichtet ist.[365] Der Rechtsprechung des BGH hat sich das Schrifttum weitgehend angeschlossen,[366] wenngleich zunehmend die Auffassung vertreten wird, dass der Architekt im Einzelfall verpflichtet sein kann, durch eine Änderung seine Pläne die Voraussetzung für eine erfolgreiche Nachbesserung durch den Unternehmer zu schaffen.[367]

Das SchRModG hat gegenüber dem alten Rechtszustand nur insoweit eine Änderung gebracht, als eine **Ablehnungsandrohung** als Voraussetzung für eine Selbstvornahme- bzw. ein Mängelrecht (Schadensersatz, Minderung oder Rücktritt) nicht erforderlich ist. Der Besteller muss daher, solange die Planung sich noch nicht im Bauwerk verwirklicht hat, nur eine Frist zur Nacherfüllung setzen. Diese ist (wie auch sonst) entbehrlich, wenn die Nacherfüllung der Architektenleistung objektiv und subjektiv unmöglich ist (§ 275 Abs. 1 BGB), faktische Unmöglichkeit vorliegt (§ 275 Abs. 3 BGB) oder unzumutbar ist (§ 275 Abs. 3 BGB) sowie nur mit unverhältnismäßigem Kostenaufwand erbracht werden kann.

1641

### c) Zum Nacherfüllungsrecht des Architekten

*Literatur*

*Locher*, Das Schadensbeseitigungsrecht des Architekten und Ingenieurs, Festschrift von Craushaar (1997), 21; *Achilles-Baumgärtel*, Zum Nachbesserungs-/Schadensbeseitigungsrecht der Architekten nach Bauwerksverwirklichung, BauR 2003, 1125.

Hat sich die mangelhafte Architektenleistung noch nicht im Bauwerk verwirklicht, ist sie also nachholbar („nachbesserungsfähig"), steht dem Mangelbeseitigungsanspruch des Auftraggebers ein Recht des Architekten auf Nacherfüllung gegenüber (vgl. Rdn. 1639). Dieses Recht erlischt grundsätzlich, wenn die Architektenleistung nicht mehr korrigierbar ist. Gleichwohl kommen Rechtsprechung und Schrifttum in **Ausnahmefällen** auch insoweit noch zu einem Nacherfüllungsrecht des Architekten:

1642

In „besonderen Fällen" soll nämlich der Architekt berechtigt sein, im Rahmen seiner Schadensersatzverpflichtung (§§ 635 BGB a. F., 634 Nr. 4, 280, 281 BGB n. F.) selbst für die Mängelbeseitigung (Nachbesserung/Nacherfüllung) zu sorgen.[368] Zu einem Nachbesserungs-/Nacherfüllungs**recht** kommt die herrschende Ansicht über eine Anwendung des § 254 BGB. So soll der auf Schadensersatz in Anspruch genommene Architekt dem Bauherrn ein Mitverschulden in Form eines Verstoßes gegen die Schadensminderungspflicht (§ 254 Abs. 2 BGB) entgegenhalten können, wenn der Auftraggeber dem Architekten nicht Gelegenheit gegeben hat, selbst für die Mängelbeseitigung zu sorgen.[369] Das Mitverschulden des Auftraggebers kann sich allerdings

---

365) Siehe aber *Kaiser*, Rdn. 250 in Anm. 50.
366) Vgl. *Kaiser*, BlGBW 1974, 221, 222; *Bindhardt*, BauR 1970, 29; *Brandt*, BauR 1970, 25, 27; kritisch: *Ganten*, NJW 1970, 687, 691; Pflichtverletzung, S. 95 ff.
367) *Locher*, Festschrift v. Craushaar, S. 21 ff.; *Daub/Piel/Soergel/Steffani*, ErlZ B 13.30; vgl. auch OLG Hamm, MDR 1978, 225, soweit **Dispensantrag möglich** ist; *Kaiser*, Rdn. 270.
368) Vgl. *Achilles-Baumgärtel*, BauR 2003, 1125; *Locher*, Festschrift v. Craushaar, S. 21, 23.
369) Vgl. BGHZ 43, 227 = NJW 1965, 1175; BGH, NJW 1978, 1853 = BauR 1978, 498; BGH, BauR 1996, 735, 737 = ZfBR 1996, 258; OLG Braunschweig, BauR 2002, 333, 334; OLG Hamm, BauR 1995, 413 = ZfBR 1995, 142 (für den Fall der Kündigung); siehe auch LG Kiel, BauR 1999, 427, 428.

praktisch nur auf die Höhe des Schadensersatzanspruches auswirken;[370] der Architekt muss nachweisen, dass er in der Lage gewesen wäre, die Baumängel mit einem wesentlich geringeren Kostenaufwand zu beseitigen.[371] Ein weiterer Ausnahmefall soll vorliegen, wenn der Architekt seine Haftung anerkennt, sich zur Beseitigung des Mangels bereit erklärt und jemanden an der Hand hat, der die Mängel vorschriftsmäßig und preiswert beseitigt.[372]

**1643** Dieser Auffassung des BGH zum Nacherfüllungsrecht des Architekten in Ausnahmefällen ist zuzustimmen.[373] Rechtlich handelt es sich hierbei nicht um einen Anspruch des Auftraggebers auf Nacherfüllung, der einklagbar wäre, sondern nur um ein Recht des Architekten. Hess[374] bezeichnet dieses Recht des Architekten als ein „dem Architekten gemäß § 242 BGB gegenüber dem Schadensersatzbegehren zuzubilligenden Einwand der unzulässigen Rechtsausübung". Die von dem Architekten vorgeschlagenen Mängelbeseitigungsmaßnahmen müssen nach der Rechtsprechung erfolgversprechend sein;[375] dabei spielt die Frage der **Zumutbarkeit** für den Auftraggeber eine große Rolle.[376]

**1644** Ein **vertraglich** ausgestaltetes Nachbesserungsrecht des Architekten sah früher § 12 Nr. 1 Satz 2 des Muster-Architektenvertrages vor,[377] jedoch enthalten zum Teil auch neuere Formular-Architektenverträge durchaus solche Nachbesserungsrechte.[378] In dem inzwischen von der Bundesarchitektenkammer zurückgezogenen Einheitsarchitektenvertrag (1994) hieß es: „Wird der Architekt wegen eines Schadens am Bauwerk auf Schadensersatz in Geld in Anspruch genommen, kann er vom Bauherrn verlangen, dass ihm die Beseitigung des Schadens übertragen wird." Der BGH[379] hat bereits früher festgestellt, dass der Bauherr den Architekten auf dieses Recht nur **hinzuweisen** braucht;[380] es ist dann Sache des Architekten, sein Wahlrecht (Schadensersatz oder Nachbesserung) auszuüben. Das Nachbesserungsrecht des Architekten gibt dem Bauherrn nicht die Befugnis, selbst die Schadensbeseitigung

---

370) *Locher*, Festschrift v. Craushaar, S. 21, 23; *Wussow*, JB 1967, 93 ff.; *Bindhardt*, BauR 1970, 29, 30.
371) Vgl. BGH, *Schäfer/Finnern*, Z 3.01 Bl. 378; *Bindhardt/Jagenburg*, § 4 Rdn. 48.
372) Vgl. BGH, VersR 1968, 152; s. auch KG, NZBau 2004, 337, 338.
373) *Bohl/Döbereiner/Keyserlingk*, Rdn. 88; *Locher/Koeble*, Rdn. 189; s. aber *Preussner*, Festschrift für Ganten, S. 37, 43; *Schmalzl/Lauer/Wurm*, Rdn. 162 ff.
374) Haftung, S. 77.
375) BGH, BauR 1972, 62.
376) Zu weitgehend *Achilles-Baumgärtel*, BauR 2003, 1125, 1127, wonach der Architekt „es entsprechend einem Bauunternehmer in der Hand haben muss, die Art der Mängelbeseitigung vorzugeben".
377) Vgl. dazu KG, BauR 1972, 384.
378) Vgl. z. B. OLG Celle, BauR 1999, 676 für eine **formularmäßige** Klausel, nach der der Architekt verlangen kann, „mit der Beseitigung der Schäden/Mängel ganz oder teilweise" beauftragt zu werden. Zum Nachbesserungsrecht des Architekten nach **§ 5.5 AVA** zum Einheitsarchitektenvertrag (1992) siehe OLG Hamm, BauR 1995, 269; KG, NZBau 2004, 337, 338; zur AGB-rechtlichen Überprüfung von **Schadensbeseitigungsklauseln** siehe *Locher*, Festschrift v. Craushaar, S. 21, 24 ff.
379) BauR 1981, 395 = ZfBR 1981, 173; OLG Hamm, BauR 1995, 269.
380) Siehe auch OLG Celle, BauR 1999, 676, 677 (dem Architekten ist Gelegenheit zu geben, von seinem Wahlrecht auf Selbsteintritt Gebrauch zu machen); anders: OLG Hamm, NJW-RR 1992, 467 = BauR 1992, 800 (Nachfrist i. S. des § 634 Abs. 1 BGB a. F. erforderlich).

## Klage auf Nacherfüllung gegen den Architekten

durch den Architekten **fordern** zu können mit den sich aus § 637 Abs. 1. BGB ergebenden Folgen.[381]

### d) Fristsetzung

Vor der Ausführung des Bauwerks muss der Bauherr dem Architekten nach altem Recht unter Fristsetzung mit Ablehnungsandrohung Gelegenheit geben, die als fehlerhaft erkannten Pläne nachzubessern (§ 633 Abs. 2 BGB a. F.); er kann also nicht einfach von einem anderen Architekten andere Pläne anfertigen lassen und dann dem Architekten die Vergütung versagen.[382] Nach **neuem Recht** ist eine Ablehnungsandrohung nicht mehr erforderlich. Ist die Architektenleistung jedoch bereits in das Bauwerk eingeflossen, bedarf es auch nach altem Recht nicht der sonst nach § 634 Abs. 1 BGB a. F. erforderlichen Fristsetzung.[383] Zu beachten ist, dass derjenige Schaden, der von vornherein neben dem Mangel der Architektenleistung entsteht, (immer) ohne Fristsetzung (mit Ablehnungsandrohung) geltend gemacht werden kann. Im Übrigen kann die Fristsetzung – wie auch sonst – im Einzelfall entbehrlich sein (vgl. Rdn. 1657).

1645

Nichts anderes gilt im Falle der **Kündigung** des Architektenvertrages: Durch die Kündigung des Architektenvertrages verliert der Architekt grundsätzlich noch nicht sein Nacherfüllungsrecht; der Bauherr muss ihm deshalb eine Frist setzen, solange das Architektenwerk (Planung) noch nacherfüllungsfähig ist.[384] Für Mängel seiner Planung, die sich bereits im Bauwerk verkörpert haben, haftet er allerdings auch ohne Fristsetzung.[385]

### e) Die Mitwirkungspflicht des Architekten bei der Nacherfüllung durch den Unternehmer

Die Mitwirkungspflicht des Architekten, die von dem Bauherrn einklagbar ist, beruht, auch wenn der Architekt den Mangel nicht verursacht hat, auf dem Gesichtspunkt der Nachwirkung des Architektenvertrages. Somit handelt es sich um einen vertraglichen Erfüllungsanspruch des Bauherrn, der seine Grundlage in §§ 631 Abs. 1, 633 Abs. 1 BGB a. F. fand und nunmehr aus dem Begriff der mangelfreien „Verschaffung" (§ 633 Abs. 1 BGB) abzuleiten ist.

1646

Es ist anerkannt, dass der Architekt im Rahmen seiner vertraglichen Verpflichtung von dem Auftraggeber auf Mitwirkung bei der Nacherfüllung durch den Unternehmer in Anspruch genommen werden kann.[386] Ganten[387] weist insbesondere auf den

---

381) BGH, BauR 1987, 343, 348 = ZfBR 1987, 135.
382) BGH, *Schäfer/Finnern*, Z 3.01 Bl. 342; BGH, *Schäfer/Finnern*, Z 3.01 Bl. 348; OLG Hamm, OLGR 1995, 87 = BauR 1995, 413; OLG Düsseldorf, BauR 1988, 237, 240.
383) BGH, BauR 2001, 667, 669 = NJW-RR 2001, 383; Saarländisches OLG, NZBau 2002, 98, 99.
384) BGH, BauR 2001, 667 = NZBau 2001, 211; OLG Düsseldorf, NZBau 2002, 686, 687 = BauR 2002, 1583, 1585; *Neuenfeld*, NZBau 2002, 13, 17; OLG Hamm, BauR 1995, 413 = OLGR 1995, 87 = NJW-RR 1995, 724.
385) BGH, BauR 2001, 667, 669, der im Übrigen darauf hinweist, dass eine Fristsetzung entbehrlich ist, „wenn sie reine Förmelei wäre."
386) Vgl. dazu: *Bindhard/Jagenburg*, § 7, Rdn. 2 ff.
387) NJW 1970, 687, 691.

**1647** Der BGH[388)] hat die Mitwirkungspflicht des Architekten anerkannt, wenn er ausführt, dass der Architekt nach der Fertigstellung des Bauwerkes und Abnahme seines Architektenwerkes aufgrund der nachvertraglichen Verpflichtung gehalten sei, den Unternehmer durch Fristsetzung zur Mängelbeseitigung anzuhalten.[389)] Dem OLG Düsseldorf[390)] zuzustimmen, dass die Mitwirkungspflicht des Architekten in dem Augenblick endet, wo der Unternehmer endgültig die Mängelbeseitigung verweigert.

Fall hin, dass Unternehmer und Architekt einen Konstruktionsfehler verursacht haben. Hier wird der Unternehmer oftmals nicht in der Lage sein, die Nacherfüllung allein vorzunehmen. Er wird dann der Beratung durch einen Architekten bedürfen.

**1648** Die „Mitwirkungspflicht" des Architekten ist im Übrigen in der Leistungsphase 9 des § 15 erfasst: sie stellt danach unzweifelhaft eine (leistungsbezogene) Hauptpflicht des Architekten dar.[391)] Für Fehler, die ihm bei dieser Tätigkeit unterlaufen, haftet er gemäß § 634 BGB.[392)]

---

388) NJW 1973, 1457 = BauR 1973, 321 m. krit. Anm. *Locher*.
389) Vgl. dazu vor allem *Brandt*, BlGBW 1969, 109 ff.; zu den Kosten, die durch die Tätigkeit des Architekten im Rahmen der Mängelbeseitigung entstehen: OLG Nürnberg, BauR 1974, 69 m. Nachw.
390) BauR 1972, 385.
391) *Lauer*, BauR 2003, 1639, 1641; *Ganten*, Festschrift für Korbion, S. 85, 89.
392) *Lauer*, a. a. O.; s. auch Rdn. **1511**.

# KAPITEL 9
# Die Gewährleistungsklage (Mängelrechte) des Bauherrn

## I. Die Mängelrechte des Bauherrn nach BGB

*Übersicht*

|   | Rdn. |   | Rdn. |
|---|---|---|---|
| 1. Das Verhältnis der Mängelrechte zueinander | 1652 | 5. Die Klage auf Schadensersatz wegen Nichterfüllung (§ 635 BGB a. F.) und statt der Leistung (§§ 634 Nr. 4, 636, 280, 281 BGB) | 1674 |
| 2. Notwendiger Vortrag bei allen Gewährleistungsklagen | 1656 | a) Der Schadensersatzanspruch nach altem Recht (§ 635 BGB a. F.) | 1674 |
| 3. Die Klage auf Wandelung (§ 634 BGB a. F.) und der Rücktritt (§§ 634 Nr. 3, 323 BGB) | 1660 | b) Schadensersatz nach neuem Recht (§§ 634 Nr. 4, 636, 280, 281 BGB) | 1697 |
| 4. Die Minderung | 1665 | | |

*Literatur*

*Hauger*, Fischen 1998: Die Rechte des Wohnungseigentümers auf Wandelung, Minderung und Schadensersatz bei Baumängeln, NZM 1999, 536; *Meurer*, Baumängelprozess – Verfahrensvorbereitung und Auswahl der „richtigen Klageart", MDR 2000, 1041; *Achilles-Baumgärtel*, Keine Klageänderung beim Übergang vom Kostenvorschuss- zum Schadensersatzanspruch, BauR 2001, 1953; *Roth*, Die Reform des Werkvertragsrechts, JZ 2001, 543; *Schudnagies*, Das Werkvertragsrecht nach der Schuldrechtsreform, NJW 2002, 396; *Teichmann*, Schuldrechtsmodernisierung 2001/2002 – Das neue Werkvertragsrecht, JuS 2002, 417; *Wagner*, Leistungsstörung im Baurecht nach der Schuldrechtsmodernisierung, ZfIR 2002, 353; *Voppel*, Das Gesetz zur Modernisierung des Schuldrechts und das Leistungsstörungsrecht beim Werkvertrag, BauR 2002, 843; *Rodemann*, Sicherheitseinbehalt und Klage auf künftige Leistung, BauR 2002, 1477; *Ganten*, Pflichtverletzung und Beschaffenheitsvereinbarung als Kriterien einer Vergütungskürzung bei unvollständiger Architektenleistung, Festschrift für Jagenburg (2002), 215; *Reinkenhof*, Das neue Werkvertragsrecht, Jura 2002, 433; *Brügmann*, Einige Aspekte der Rechtsstellung des Auftragnehmers bei Leistungsstörungen nach der Schuldrechtsmodernisierung, Festschrift für Jagenburg (2002), 63; *Merl*, Schuldrechtsmodernisierungsgesetz und werkvertragliche Gewährleistung, Festschrift für Jagenburg, 597; *Acker/Konopka*, Schuldrechtsmodernisierung: Wandelung weicht Rücktritt im Werkvertragsrecht – Folgen für den Bauvertrag, BauR 2002, 1307; *Vorwerk*, Mängelhaftung des Werkunternehmers und Rechte des Bestellers nach neuem Recht, BauR 2003, 1; *Wertenbruch*, Die Anwendung des § 275 BGB auf Betriebsstörungen beim Werkvertrag, ZGS 2003, 53; *Kannowski*, Mangelfolgeschäden vor und nach der Schuldrechtsreform. Das Beispiel außergerichtlicher Anwaltskosten bei Baumängeln, BauR 2003, 170; *Hochstadt*, Umsatzsteuerliche Probleme bei der Abwicklung von Bauverträgen, BauR 2003, 628; *Schmeel*, Aktuelle Entwicklungen im Bauvertragsrecht – Gewährleistung und Haftung, MDR 2003, 601; *Acker/Gracia-Scholz*, Die Ansprüche des Auftragnehmers bei Beschädigung der Werkleistung vor Abnahme, BauR 2003, 1457; *Derleder*, Der Wechsel zwischen den Gläubigerrechten bei Leistungsstörungen und Mängeln, NJW 2003, 998; *Henkel*, Die Pflicht des Bestellers zur Abnahme des unwesentlich unfertigen Werks, MDR 2004, 361; *Gsell*, Deliktsrechtlicher Eigentumsschutz bei „weiterfressendem" Mangel, NJW 2004, 1913; *Suffel*, Baustoffkauf bei Händler oder Hersteller – unterscheiden sich die Mängelansprüche, BrBp 2004, 480; *Braun*, Gewährleistung und Haftung des Architekten, BTR 2004, 208 u. 265; *Hildebrandt*, Aufgedrängte Abnahme – Keine Abnahme gegen den Willen des Auftragnehmers vor Fertigstellung des Werkes, BauR 2005, 788; *Schonebeck*, Die Abtretung von Mängelansprüchen, BauR 2005, 934; *Fischer*, Verjährung der werkvertraglichen Mängelansprüchen bei Gebäudearbeiten, BauR 2005, 1073; *v. Hartmann*, Das Ende der Fälligkeit des Werklohnanspruches ohne Abnahme?, ZfBR 2006, 737; *Pott*, Prozessuale Präklusion von Baumängeln, NZBau 2006, 680; *Zahn*, Darlegungs- und Beweislast bei Geltendmachung von Mängelrechten, BauR 2006, 1823; *Thürmann*, Der Ersatzanspruch des Käufers für Aus- und Einbaukosten einer mangelhaften Kaufsache, NJW 2006, 3457; *Moufang/Koos*, Unberechtigte Mängelrügen nach Abnahme: Untersuchungspflicht und Ansprüche des Unternehmers, BauR 2007, 300; *Putzier*, Welche rechtliche Qualität haben die bei der Abnahme erklärten Mängelvorbehalte?, Festschrift für Ganten (2007), 203; *Sienz*, Zu den Auswirkungen eines Planungsfehlers auf die Geltendmachung von Mängelrechten beim Bauvertrag, ebenda, 219; *Feldhahn*, Vertragliche Sicherheiten vs. Mängelrechte des Auftraggebers, BauR 2007, 1466; *Schulze-Hagen*, Die Ansprüche des Erwerbers gegen den Bauträger wegen Mängel am Gemeinschaftseigentum, ZWE 2007, 113; *Wenzel*, Die Zuständigkeit der Wohnungseigentümergemeinschaft bei der Durchsetzung von Mängelrechten der Ersterwerber, NJW 2007, 1095; *Pause/Vogel*, Auswirkungen der WEG-Reform auf die Geltendmachung von Mängeln am Gemeinschaftseigentum, BauR 2007, 1298; *Forster*, Die Verjährung der Mängelansprüche beim Kauf von Baumaterialien, NZBau 2007, 479; *Schneider/Katerndahl*, Ein- und Ausbaukosten mangelhafter Kaufsachen im unternehmerischen Rechtsverkehr, NJW 2007, 2215.

**1649** Neben Erfüllung (Klage auf Neuherstellung oder Mängelbeseitigung) standen dem Auftraggeber (Besteller) nach altem Recht beim BGB-Bauvertrag der Anspruch auf Wandelung, Minderung oder Schadensersatz wegen Nichterfüllung wahlweise zur Verfügung. Nach **neuem Recht** tritt an die Stelle der Wandelung der **Rücktritt** (§§ 634 Nr. 3, 636, 323 und § 326 Abs. 5 BGB), und **Schadensersatz** kann nicht mehr nach der alt vertrauten Vorschrift des § 635 BGB a. F. verlangt werden, sondern dieses **Mängelrecht** (§ 634 Nr. 4 BGB) beurteilt sich nach dem allgemeinen Leistungsstörungsrecht (§§ 280, 281, 283 sowie § 311a BGB); darüber hinaus kann anstelle des Schadensersatzes auch der Ersatz **„vergeblicher Aufwendungen"** verlangt werden (§§ 634 Nr. 4, 284 BGB).[1]

**1650** Im Prozess hat der Auftraggeber/Bauherr, wenn er sich auf Mängelrechte beruft, im Einzelnen darzulegen, woraus er diese ableitet; da sich ein Bauherr oftmals auf verschiedene Baumängel stützt, kommen u. U. auch unterschiedliche Gewährleistungsrechte in Betracht.[2] Deshalb ist es Aufgabe des Bauherrn, hinreichend vorzutragen, welches Gewährleistungsrecht er bei dem jeweiligen Baumangel geltend macht; dies kann im Einzelfall im Hinblick auf die konkreten Angaben zu den erforderlichen **Sanierungskosten** von Bedeutung sein.[3]

**1651** Das Gericht ist gehalten, im Rahmen des § 139 ZPO auf **Unzulänglichkeiten** im Parteivorbringen **hinzuweisen;** es darf eine Partei nicht an dem buchstäblichen Sinn eines Wortes festhalten, sondern muss gerade in Bezug auf das geltend gemachte Gewährleistungsrecht den wirklichen Parteiwillen erforschen, wobei allerdings dem gestellten **Antrag** immer besondere Bedeutung beizumessen ist.[4]

---

1) Zum **Wechsel** zwischen den Gläubigerrechten: *Derleder*, NJW 2003, 998, 1003.
2) BGH, NJW 1991, 2630, 2632.
3) BGH, BauR 2003, 385.
4) Siehe hierzu instruktiv: BGH, BauR 2000, 423 = MDR 2001, 267 (zur Auslegung einer als „Vorschussklage" bezeichneten Klage gegen einen Architekten); siehe ferner: BGH, NZBau 2005, 585, 586 = ZfIR 2005, 734 m. Anm. *Schwenker* (die auf Ersatz von Mängelbeseitigungskosten gerichtete Schadensersatzklage wird als **Aufwendungsersatz** gemäß § 633 Abs. 3 BGB a. F. zugesprochen).

**Elektive Konkurrenz** Rdn. 1652–1653

## 1. Das Verhältnis der Mängelrechte zueinander

Der Besteller hat kein Wahlrecht zwischen der Klage auf Herstellung bzw. Mängelbeseitigung einerseits und der Gewährleistungsklage andererseits, da der Anspruch auf Nacherfüllung im Rahmen des BGB noch keinen Gewährleistungsanspruch darstellt.[5] Der Anspruch auf Nachbesserung/Nacher**füllung** und die Ansprüche auf **Schadensersatz** oder aus einer **Wandelung** (nach altem Recht) bzw. diejenigen aus **Rücktritt** (nach neuem Recht) und **Minderung** schließen sich gegenseitig aus und können deshalb nicht gleichzeitig und gleichrangig geltend gemacht werden.[6] Die Gewährleistungsvorschriften des Werkvertragsrechts sind daher **Sonderregelungen**.[7] Allerdings erlischt der **Nacherfüllungsanspruch** (nach der Abnahme) nach neuem Recht erst, wenn der Besteller von seinem **Mängelrecht Gebrauch** macht, also sein Rücktritts- oder Minderungsrecht **ausübt** oder Schadensersatz **verlangt**.[8]

1652

Demgegenüber kann der Besteller für ein prozessuales Vorgehen **innerhalb der einzelnen Mängelrechte frei wählen** (elektive Konkurrenz, § 262 BGB).[9] Er kann sich also für Wandelung (Rücktritt), Minderung oder für Schadensersatz entscheiden und bei mehreren Mängeln den jeweils in Betracht kommenden Anspruch geltend machen.

Darüber hinaus kann der Besteller aber auch noch grundsätzlich nach einer Klageerhebung und der damit stattgefundenen Entscheidung für ein Gewährleistungsrecht auf ein anderes überwechseln, sofern dessen Voraussetzungen im Einzelfall erfüllt sind. Er kann also z. B. altrechtlich von der Klage auf Nachbesserung zu den Gewährleistungsansprüchen (§§ 634, 635 BGB a. F.) bzw. von der Klage auf Wandelung zur Klage auf Minderung oder Schadensersatz übergehen. Allerdings handelt es sich dann um eine **Klageänderung**,[10] die jedoch stets – also auch ohne Einwilligung des Gegners – als zulässig, weil **sachdienlich**, anzusehen ist.[11] Änderungen bei den Rechnungsposten bedeuten dagegen nur eine veränderte Begründung desselben Anspruchs.[12]

1653

---

5) BGH, MDR 1963, 382; NJW 1971, 838 = BauR 1971, 126; OLG Frankfurt, NJW-RR 1987, 979 (für Nachbesserung und Minderung); OLG Köln, BauR 2002, 826 = OLGR 2002, 55, 56 (für Schadensersatz und Kostenvorschuss; § 637 Abs. 3 BGB).
6) Siehe für das **alte** Recht: BGH, NJW 1976, 143 = MDR 1976, 213; OLG Dresden, NJW-RR 2000, 1337; für das **neue** Recht: *Palandt/Sprau*, Vorb. vor § 633 BGB, Rdn. 6 ff.
7) Zur (ausnahmsweisen) Anwendung der §§ 634 ff. BGB **vor** Gefahrübergang s. *Palandt/Sprau*, Vorb. vor § 633 BGB, Rdn. 7; *Lauer/Schmalzl/Wurm*, Rdn. 124.
8) Zum **Erlöschen** des Nacherfüllungsanspruchs unter den Voraussetzungen der §§ 275 Abs. 2, 3 und § 635 Abs. 3 BGB Rdn. **1556, 1576**.
9) *Palandt/Sprau*, § 634 BGB, Rdn. 2.
10) OLG Karlsruhe, BauR 2006, 540 (Übergang vom Vorschussanspruch auf Schadensersatz); OLG Düsseldorf, BauR 2004, 1813, 1814; OLG Dresden, NJW-RR 2000, 1337; *Kaiser*, Rdn. 18 k; LG Mönchengladbach, NJW-RR 1992, 1524; **a. A.:** Brandenburgisches OLG, NJW-RR 2001, 386 (Abweichung von BGH, BauR 1998, 369 = NJW-RR 1998, 1006); zustimmend: *Achilles-Baumgärtel*, BauR 2001, 1953 ff. Zum Übergang von Vorschuss auf Kostenerstattung in der **Berufung**: BGH, BauR 2006, 717.
11) Vgl. *Staudinger/Peters*, § 462 BGB, Rdn. 8 für den Wechsel von Minderung auf Wandelung; *Schmalzl/Lauer/Wurm*, Rdn. 133; OLG Hamm, BB 1978, 64, 65 für den Wechsel vom Wandelungsbegehren zum Schadensersatz wegen Nichterfüllung. Die Zulässigkeit der Klageänderung im **Berufungsverfahren** beurteilt sich nach §§ 529 Abs. 1 Nr. 2, 531 Abs. 2 Nr. 3 ZPO.
12) BGH, BauR 1996, 427 = ZfBR 1996, 137.

Zu beachten ist, dass der Auftraggeber mit der Geltendmachung und Erfüllung des **Kostenvorschussanspruchs** nicht endgültig gebunden und auf diesen Anspruch beschränkt wird; ihm bleiben vielmehr weitergehende Gewährleistungsrechte, insbesondere also Schadensersatzansprüche wegen eventueller Mangelfolgeschäden erhalten.[13] Ausgeschlossen sind in diesem Fall allerdings Rücktritt und Minderung, da die Beseitigung des Mangels den Rechtsgrund für diese Mängelrechte entfallen lässt.[14]

**1654** Nach der **rechtskräftigen Abweisung** einer Wandelungsklage (nach altem Recht) kann der Bauherr z. B. nunmehr erneut eine Minderungsklage oder eine Klage auf Schadensersatz erheben und umgekehrt. Aus der rechtskräftigen Abweisung der Klage, die nur auf ein Gewährleistungsrecht gestützt ist, kann noch nicht eine Einrede gegen die prozessuale Geltendmachung eines anderen Gewährleistungsrechts hergeleitet werden,[15] weil es sich insoweit um verschiedene Ansprüche handelt. Hat der Bauherr im Vergütungsprozess des Unternehmers oder des Architekten die Einrede der Wandelung (nach altem Recht) erhoben, kann er in einem späteren Prozess noch Schadensersatz wegen Nichterfüllung verlangen, wenn die Wandelung nicht in Natur, sondern nur in einem Wertausgleich vollzogen werden kann.[16] Für das **Rücktrittsrecht** sieht § 325 BGB für das neue Recht ausdrücklich vor, dass der Besteller nach erklärtem Rücktritt immer noch auf den Schadensersatz statt der (ganzen) Leistung gemäß §§ 634 Nr. 4, 280, 281 übergehen kann.[17]

**1655** Der Bauherr kann schließlich die Gewährleistungs- bzw. Mängelrechte nach altem und neuem Recht prozessual im **Eventualverhältnis (Haupt- und Hilfsantrag)** geltend machen.[18] Dies muss der Bauherr im Rahmen seines Vortrags deutlich zum Ausdruck bringen und das Eventualverhältnis im Einzelnen erläutern (z. B. wird mit dem Hauptantrag Mängelbeseitigung und mit dem Hilfsantrag Schadensersatz verlangt).[19]

## 2. Notwendiger Vortrag bei allen Gewährleistungsklagen

**1656** Der Auftraggeber muss grundsätzlich, gleich welchen Gewährleistungsanspruch er nach altem Recht bzw. welches Mängelrecht nach neuem Recht verfolgt, zunächst die allen Ansprüchen/Rechten gemeinsamen Voraussetzungen vortragen.

Nach **neuem** Recht bedarf es in Abweichung von § 634 Abs. 1 Satz 1 BGB a. F. **keiner Fristsetzung mit Ablehnungsandrohung** mehr. **Rücktritt, Minderung** und **Schadensersatz statt der Leistung** setzen nur noch voraus, dass „dem Schuldner erfolglos eine angemessene Frist zur Leistung oder Nacherfüllung bestimmt" worden ist (§ 323 Abs. 1 BGB). Die Fristsetzung muss **eindeutig** und **angemessen** sein.[20]

---

13) *Palandt/Sprau*, § 634 BGB, Rdn. 4.
14) *Leupertz*, in: Prütting/Wegen/Weinreich, § 634 BGB, Rdn. 4.
15) RG, JW 1911, 592.
16) Vgl. RGZ 147, 390 u. BGHZ 29, 148.
17) *Leupertz*, a. a. O., Rdn. 5; AnwKom-BGB/*Dauner-Lieb*, § 325, Rdn. 2.
18) BGH, *Schäfer/Finnern*, Z 2.414 Bl. 128; *Palandt/Sprau*, § 634 BGB, Rdn. 11; *Locher*, Rdn. 790.
19) Zur **einredeweise** Geltendmachung der Gewährleistungsansprüche des Bauherrn: BGH, DB 1963, 12, 13; *Siegburg*, BauR 1992, 419 ff.
20) *Palandt/Grüneberg*, § 323 BGB, Rdn. 14; BGH, BauR 2006, 979, 982 = NZBau 2006, 371, 372 = IBR 2006, 322 – *Schulze-Hagen*; BGH, BauR 2007, 1410 = NZBau 2007, 506 (zur Angemessenheit nach Annahmeverzug).

Eine **zu kurze Frist** ist wie nach altem Recht nicht unwirksam, sondern sie setzt eine dem Einzelfall angepasste angemessene Frist in Lauf.[21)]

Einer **Fristsetzung** zur Nachbesserung bzw. Nacherfüllung (§ 635 BGB n. F.) und damit eines entsprechenden Vortrages in der Klageschrift **bedarf** es in folgenden Fällen **nicht**: **1657**

altrechtlich:

* soweit es um **Mängelschäden** geht, die von vornherein einer Nachbesserung/Nacherfüllung nicht zugänglich sind. Das sind die so genannten Mangelfolgeschäden, die auch durch eine (rechtzeitige) Nachbesserung/Nacherfüllung nicht verhindert werden können.[22)]
* wenn die Beseitigung des Mangels **objektiv unmöglich** ist (§ 634 Abs. 2 erste Alternative BGB a. F.), wie z. B. bei **Planungs-** und/oder **Überwachungsfehlern** des Architekten **nach Errichtung** des Baues.[23)] Unmöglichkeit liegt vor, wenn die Mangelbeseitigung aus bautechnischen[24)] oder rechtlichen Gründen nicht durchführbar ist. Nach OLG Bremen[25)] ist dies bei Veräußerung des Gebäudes ohne Abtretung der Gewährleistungsansprüche und bei einer **Zwangsversteigerung** der Fall. Objektive Unmöglichkeit liegt noch nicht vor, wenn es nur dem konkreten Unternehmer nicht möglich ist, den Mangel zu beheben, generell aber eine solche Möglichkeit durchaus besteht;[26)] dies gilt auch für den Fall der **Insolvenz**[27)] wie der **Betriebsaufgabe**.[28)] Da der Unternehmer grundsätzlich nicht selbst nachbessern muss[29)] und auch bei einer Betriebsaufgabe davon auszugehen ist, „dass er nicht ohne weiteres einen Dritten mehr finden" kann, um einer ihn noch treffenden Nachbesserungspflicht nachzukommen, wird der Bauherr ihm oder nach einer Insolvenzeröffnung dem Insolvenzverwalter eine angemessene Frist setzen müssen.
* wenn der Unternehmer die Mängelbeseitigung bereits **ernsthaft** oder **entschieden abgelehnt** hat (§ 634 Abs. 2 zweite Alternative BGB a. F.).[30)] Es ist ohne Bedeutung, ob die Ablehnung („Erfüllungsverweigerung") zu Recht erfolgt oder nicht;[31)] eine ernste und endgültige Verweigerung kann im Einzelfall auch in dem Klage-

---

21) AnwKom-BGB/*Dauner-Lieb*, § 323 BGB, Rdn. 11 m. Hinw. auf die BT-Drucks. 14/6040, S. 138.
22) BGH, BauR 2001, 667 = MDR 2001, 385; BauR 1991, 212 (entgangener Gewinn); BGH, BauR 2000, 1190 (Mietausfall).
23) BGHZ 43, 227, 232; BGH, BauR 2001, 667 = NJW-RR 2001, 383; Saarländisches OLG, NZBau 2002, 98, 99; OLG Celle, OLGR 1998, 201, 202.
24) OLG Düsseldorf, BauR 1995, 848, 849 = NJW-RR 1996, 305, 306 (unbrauchbarer Bodenbelag); OLG Rostock, BauR 1997, 654, 656 (Tragekonstruktion).
25) MDR 1990, 339 = NJW-RR 1990, 218.
26) So zutreffend: *MünchKomm-Soergel*, § 634 BGB a. F., Rdn. 14.
27) Vgl. OLG Düsseldorf, BauR 2005, 1342 (Insolvenz des **Generalunternehmers**); Celle, BauR 1995, 856; OLG Hamm, BauR 1984, 537; OLG Düsseldorf, NJW-RR 1993, 1110; zur „Unzumutbarkeit" einer Nacherfüllung bei **Insolvenz** des **Generalunternehmers**: BGH, BauR 2006, 1884 = NZBau 2006, 635 = ZfBR 2006, 776 = IBR 2006, 559 – *Schmitz*.
28) BGH, BauR 1985, 198 = ZfBR 1985, 79.
29) BGHZ 88, 240, 247.
30) Vgl. BGH, BauR 2002, 1399, 1400; NJW-RR 1990, 786 = BauR 1990, 466.
31) OLG Frankfurt, NJW-RR 1992, 602.

abweisungsantrag des Unternehmers gesehen werden,[32] wie überhaupt die gesamte prozessuale Einlassung des Unternehmers kritisch zu würdigen ist.[33] Zeigt der Unternehmer „Gesprächsbereitschaft", liegt im Zweifel eine endgültige Verweigerung der Nachbesserung noch nicht vor.[34] Verweigert dagegen der Unternehmer **ernsthaft** und **endgültig** eine Nachbesserung, so kann er das damit begründete Recht des Bauherrn, die Mängelbeseitigung nunmehr selbst auf Kosten des Unternehmers durchzuführen, nicht dadurch zum Erlöschen bringen, dass er eine nachträgliche Bereitschaft zur Mängelbehebung erklärt; der Bauherr muss sich hiermit schon einverstanden erklären.[35]

* wenn das **Vertrauen** des Bauherrn auf ordnungsgemäße Durchführung der Nachbesserung (z. B. wiederholte erfolglose Nachbesserung oder schwerste Mängel) **erschüttert** ist und er ein **besonderes Interesse** daran hat, dass entweder eine Nachbesserung durch einen anderen Unternehmer vollzogen oder dass unmittelbar der Anspruch auf Wandelung oder Minderung oder Schadensersatz geltend gemacht wird.[36] Zu beachten ist allerdings, dass die **Unbrauchbarkeit** der Werkleistung allein noch nicht den zwingenden Schluss rechtfertigt, die Frist sei entbehrlich.[37] Beruft sich der Unternehmer auf geäußerte Bedenken gegen die Bauausführung (§§ 4 Nr. 3, 13 Nr. 3 VOB/B), ist dieser Einwand nur beachtlich, wenn der Hinweis schriftlich erfolgte; mündliche Hinweise reichen nur, wenn sie inhaltlich klar und vollständig waren.[38]

* wenn die Mängelbeseitigung in einer angemessenen Frist durch den Unternehmer nicht möglich oder **Gefahr** im Verzug ist.[39]

* wenn es um den Ersatz von Schäden an Gewerken anderer Handwerker geht.[40]

* wenn der Unternehmer unzumutbare Bedingungen stellt[41] oder nur **ungeeignete** Mängelbeseitigung anbietet.[42]

* wenn der Unternehmer den Baumangel oder seine Gewährleistungspflicht entschieden bestreitet, weil hierin die Verweigerung der Mängelbeseitigung liegt.[43]

* wenn der Unternehmer die Nachbesserung von einer **Zuschusszahlung** (Sicherheitsleistung) des Bauherrn abhängig machen will, die den Bauherrn treffende Be-

---

[32] BGH, NZBau 2003, 149, 150 = BauR 2003, 386; BGH, BauR 1984, 181; OLG Düsseldorf, BauR 2002, 963, 965 sowie *Fischer*, BauR 1995, 452, 454.

[33] BGH, BauR 2002, 310, 311 = NZBau 2002, 89, 90; BGH, BauR 1982, 496, 497; OLG Hamm, BauR 2004, 1958, 1959.

[34] OLG Düsseldorf, NJW-RR 1999, 1396.

[35] OLG Hamm, BauR 1995, 140, 241 = NJW-RR 1995, 213; OLG Düsseldorf, BauR 1980, 75, 76.

[36] Vgl. BGH, DB 1951, 1009; BGHZ 42, 242, 245; BGH, NJW-RR 1998, 1268 (zahlreiche Nachbesserungsversuche).

[37] *Kniffka*, ZfBR 1998, 113, 177; OLG Koblenz, BauR 2002, 1110 („dilettantische" Schreinerarbeit).

[38] OLG Düsseldorf, BauR 1996, 260; siehe aber: OLG Düsseldorf, OLGR 1998, 319, 320 u. BauR 1997, 312, 313 = NJW-RR 1997, 20, 21 (Fristsetzung entbehrlich, wenn sich der Unternehmer „bei der Bauausführung als derart unzuverlässig erwiesen hat, dass [dem Bauherrn] die Vornahme der Mängelbeseitigung durch diese[n] nicht zugemutet werden kann").

[39] OLG Düsseldorf, NJW-RR 1993, 447.

[40] OLG Hamm, NZBau 2001, 691, 693.

[41] Vgl. KG, OLGR Berlin 1996, 109 (LS).

[42] OLG Celle, BauR 1994, 250 = NJW-RR 1994, 1174.

[43] BGH, BauR 1983, 258 = ZfBR 1983, 123; OLG Düsseldorf, BauR 1997, 312, 313; OLG Rostock, BauR 1998, 552; *Fischer*, BauR 1995, 452, 453.

lastung (Sowiesokosten; Mitverursachungsquote) aber nicht substantiiert darlegt und sich auf Verlangen des Bauherrn weigert, seinen Zuschussanspruch durch ein Sachverständigengutachten zu untermauern. Findet sich der Unternehmer dazu nicht bereit, kann der Bauherr ohne weitere Fristsetzung auf Kosten des Unternehmers zur Fremdnachbesserung übergehen.[44]

**neurechtlich:**

Die Fristsetzung als Voraussetzung für die in § 634 BGB vorgesehenen Mängelrechte ist in bestimmten Fällen entbehrlich; dies folgt aus §§ 635 Abs. 3, 636 BGB sowie aus der allgemeinen Vorschrift des § 323 Abs. 2 Nr. 1–3 BGB. Danach ist eine Fristsetzung u. a. **entbehrlich:**

* wenn der Unternehmer von seinem Leistungsverweigerungsrecht aus § 635 Abs. 3 BGB Gebrauch macht, was ernsthaft und endgültig geschehen muss.[45] Es reicht, wenn der Unternehmer sich zu Unrecht auf § 635 Abs. 3 BGB beruft.[46]
* die Nacherfüllung für den Auftraggeber **unzumutbar** oder **fehlgeschlagen** ist (§ 636 BGB). Ein Fehlschlagen der Nacherfüllung liegt erst vor, wenn die Mängelbeseitigung des Unternehmers nicht zu einem **dauerhaften** Erfolg führt.[47]
* die Leistung **ernsthaft** und **endgültig** verweigert wird (§§ 636, 281 Abs. 2, 323 Abs. 2 Nr. 1 BGB). Hier wäre eine Fristsetzung eine nutzlose Förmelei.[48] An das Vorliegen der endgültigen Leistungsverweigerung sind jedoch wie bisher strenge Anforderungen zu stellen.[49] Bloße Meinungsverschiedenheiten allein genügen in der Regel nicht.[50]
* wenn besondere Umstände vorliegen, die unter Abwägung der beiderseitigen Interessen die sofortige Geltendmachung des Schadensersatzanspruches rechtfertigen (§§ 281 Abs. 2 2. Alt., 323 Abs. 2 Nr. 3 BGB).
* wenn es sich um den Ersatz von Schäden handelt, die durch eine Nacherfüllung von vornherein nicht hätten verhindert werden können, ihr also nicht zugänglich waren.[51]

Stützt sich der Auftraggeber auf Fallgestaltungen, in denen es nach altem und neuem Recht einer Fristsetzung **nicht** bedarf, ist neben den übrigen Voraussetzungen für die Entstehung eines Gewährleistungsanspruches die Entschließung des Auftraggebers erforderlich, statt Nachbesserung/Nacherfüllung Schadensersatz zu verlangen. Diese Entschließung muss dem Unternehmer mitgeteilt werden.[52]

Erklärt sich ein Unternehmer deshalb „entgegen seiner anfänglichen Haltung ernsthaft zur Nachbesserung" bereit, so ist auch eine Fristsetzung nicht (mehr) entbehrlich; in diesem Falle muss der Bauherr vielmehr eine Frist nach § 634 Abs. 1 BGB a. F./§§ 634 Nr. 4, 636, 280, 281 Abs. 1 Satz 1 BGB n. F. setzen, wenn er einen Scha-

---

44) BGH, BauR 1984, 395, 400.
45) AnwKom-BGB/*Raab*, § 636 BGB, Rdn. 10 ff.
46) AnwKom-BGB/*Raab*, § 636 BGB, Rdn. 11.
47) Die **Anzahl** der Nacherfüllungsversuche hängt entscheidend vom Einzelfall ab (*Palandt/Sprau*, § 636, Rdn. 15; *Schmalzl/Lauer/Wurm*, Rdn. 184).
48) OLG Rostock, BauR 2006, 1481.
49) BGH, NJW 1986, 661; *Palandt/Heinrichs*, § 281 BGB, Rdn. 14.
50) *Preussner*, in: Thode/Wirth/Kuffer, § 9, Rdn. 108.
51) BGH, BauR 2000, 1189, 1190 = NZBau 2000, 329; siehe Rdn. **1676**.
52) BGH, NJW 1976, 143 = BauR 1976, 57; BGH, BauR 1990, 725, 726 = ZfBR 1990, 275.

densersatzanspruch durchsetzen will.[53] Im Übrigen ist der Auftraggeber auch nach neuem Recht vor Fristablauf berechtigt, Schadensersatz statt der Leistung zu verlangen, sofern feststeht, dass die dem Auftragnehmer gesetzte angemessene Frist von diesem nicht eingehalten wird; in diesem Fall ist ein weiteres Zuwarten dem Auftraggeber nicht zumutbar.[54] Eine (unterbliebene) Fristsetzung muss nicht nachgeholt werden, wenn der Unternehmer die Nacherfüllung in der Klageerwiderung endgültig verweigert.[55]

**1659** Die **Beweislast** für eine angemessene Fristsetzung, die Ablehnungsandrohung nach altem Recht und den ergebnislosen Fristablauf trägt der **Auftraggeber;** trägt er vor, dass es keiner Fristsetzung bedurfte, ist er ebenfalls beweispflichtig.[56] Wendet der Unternehmer ein, er habe fristgemäß den unstreitigen Baumangel ordnungsgemäß beseitigt, so ist er beweispflichtig. Durch eine Sicherungsabtretung verliert der Zedent regelmäßig noch nicht die Befugnis, dem Unternehmer eine Fristsetzung mit Ablehnungsandrohung zu setzen.[57]

### 3. Die Klage auf Wandelung (§ 634 BGB a. F.) und der Rücktritt (§§ 634 Nr. 3, 323 BGB)

*Literatur*

*Stark*, Die Durchführung der Wandelung beim Bauwerkvertrage, JW 1929, 1727; *Peters*, Die Wandlung des Werkvertrages, JR 1979, 267; *Brych*, Kein Ausschluss des Wandlungsrechts im Bauträgervertrag, ZfBR 1979, 222; *Klaft/Maxem*, Die gegenseitigen Ansprüche der Vertragsparteien nach vollzogener Wandlung von Bauträgerverträgen, BauR 2000, 477; *Gaier*, Das Rücktritts(folgen)recht nach dem Schuldrechtsmodernisierungsgesetz, WM 2002, 1; *Kohler*, Das Rücktrittsrecht in der Reform, JZ 2001, 325; *Arnold*, Das neue Recht der Rücktrittsfolgen, Jura 2002, 154; *Wagner*, Leistungsstörung im Baurecht nach der Schuldrechtsmodernisierung, ZfIR 2002, 353; *Acker/Konopka*, Schuldrechtsmodernisierung: Wandelung weicht Rücktritt im Werkvertragsrecht – Folgen für den Bauvertrag, BauR 2002, 1307; *Brügmann*, Einige Aspekte der Rechtsstellung des Auftragnehmers bei Leistungsstörungen nach der Schuldrechtsmodernisierung, Festschrift Jagenburg (2002), 63; *Voit*, Die außerordentliche Kündigung des Werkvertrages durch den Besteller, BauR 2002, 1776 (= Festschrift für Honsell, 2002, 415); *Böttcher*, Die Kündigung eines Werkvertrages aus wichtigem Grund nach dem Schuldrechtsmodernisierungsgesetz, ZfBR 2003, 213; *Arnold*, Rücktritt und Schadensersatz, ZGS 2003, 427; *Lorenz*, Arglist und Sachmangel – Zum Begriff der Pflichtverletzung in § 323 V 2 BGB, NJW 2006, 1925; *Drasdo*, Anrechnung der Nutzungsvorteile beim großen Schadensersatz, NJW-Spezial 2006, 529; *Kleine/Scholl*, Das Konkurrenzverhältnis primärer und sekundärer Gläubigerrechte – Pflichtverletzungen im Allgemeinen Schuldrecht, NJW 2006, 3462; *Weyer*, Nochmals: Freistellung des Bauträgers bei käuferseitiger Wandlung im VOB-Bereich, NZBau 2007, 281.

**1660** – altrechtlich:

Die Klage auf Wandelung[58] – wie sie vom BGB verstanden wird – hatte im Baurecht bisher nur **geringe Bedeutung**, weil es in der Baupraxis in der Regel nicht möglich ist,

---

53) BGH, BauR 1990, 725 = ZfBR 1990, 275.
54) BGH, BauR 2002, 1847, 1848 = NZBau 2002, 668 = ZfBR 2003, 30 unter Hinweis auf den Rechtsgedanken des § 323 Abs. 4 BGB n. F.
55) Vgl. BGH, BauR 2003, 386 für das alte Recht.
56) *Kaiser*, Rdn. 81, Anm. 29 m. Nachw.
57) BGH, NZBau 2002, 331 = ZfBR 2002, 472 = BauR 2002, 792 = IBR 2002, 243 – *Weyer*.
58) Zu den (gefährlichen) Rechtsfolgen einer nachträglich vereinbarten Wandelung: OLG Koblenz, IBR 2005, 145 – *Heinrich*; zur Vereinbarung eines „kostenlosen Rücktrittsrechts": LG München, BauR 1996, 399.

die erbrachte Werkleistung zurückzugewähren.[59)] Das galt insbesondere für die Rückabwicklung des Bauvertrages mit dem **Unternehmer** nach §§ 634 Abs. 4, 467, 346 ff. BGB a. F. Die Rückgewähr eines Bauwerkes oder eines Teils davon ist tatsächlich meist unmöglich.[60)] Dasselbe gilt hinsichtlich des sich im Bauwerk verkörpernden **Architektenwerkes,** wenn der Architekt mit sämtlichen Architektenleistungen beauftragt und das Bauwerk ganz oder zum Teil errichtet worden ist. Dennoch hielt die herrschende Ansicht[61)] die Wandelung beim **BGB**-Bauvertrag für uneingeschränkt zulässig. Eine praktische Bedeutung hatte dagegen die Wandelung im **Bauträgerrecht;**[62)] dort wurde sie sogar sehr oft formularmäßig ausgeschlossen, was gegen § 11 Nr. 10 lit. b AGB-Gesetz verstieß.[63)] Ferner werden Verträge über **Einbauküchen** gewandelt; haben diese Klagen Erfolg, ist die Berechnung der **Nutzungsentschädigung,** die im Wege der Aufrechnung geltend zu machen ist, im Einzelfall nicht unproblematisch.[64)]

Erhob der Bauherr trotz der vorgenannten tatsächlichen Unmöglichkeit des Rückaustausches der Leistungen die Wandelungsklage nach altem Recht, so kam neben der Rückgabe der **ausbaufähigen** Materialien nur ein **Wertausgleich** durch gegenseitige Verrechnung der Leistungen in Betracht.[65)] Damit führt die Wandelung des Bauherrn nach altem Recht zum gleichen wirtschaftlichen Erfolg wie die Minderung.[66)] Ist das Werk infolge erheblicher Mängel für den Bauherrn wertlos („unbrauchbar"), kann der Werklohnanspruch des Unternehmers in vollem Umfang entfallen. Für die Höhe des Wertausgleichs ist der Bauherr **darlegungs-** und **beweispflichtig.**[67)]

Etwas anderes gilt nur z. B. für den **Sonderfachmann** oder für den **Architekten,** **1661** der lediglich mit der Planung beauftragt ist und dessen Planung noch nicht – auch

---

59) Siehe zum **alten** Recht: Thüringer OLG, BauR 2003, 260 (mangelhafter **Fenstereinbau**); KG, OLGR 1994, 220 (mangelhafte Fertigteillaube); OLG Koblenz, NJW-RR 1989, 336 (**mangelhafte Hoftoranlage**); OLG München, BauR 1984, 637 (**mangelhafte Heizung**); OLG Braunschweig, OLGR 1996, 133 (Wandelung einer **Küche** wegen Farbabweichungen; Anrechnung von **Gebrauchsvorteilen**).
60) Zur **Wandelung** eines Vertrages über die Lieferung und Anbringung einer **Leuchtreklame**: OLG Hamm, BauR 1995, 240 = NJW-RR 1995, 213 = OLGR 1994, 217; eines Kaufvertrages über **Innentüren**: OLG Düsseldorf, NJW-RR 1998, 1038; eines Werkvertrages über **Möbel**: OLG Koblenz, BauR 2002, 1110; einer Fensteranlage: Thüringer OLG, BauR 2003, 260.
61) Vgl. dazu *Peters,* JR 1979, 265, 266 Anm. 10 m. w. Nachw.
62) Zur Wandelung eines **Bauträgervertrages**: OLG Karlsruhe, BauR 2007, 155 LS (zur Berechnung des **Nutzungsvorteils** des Erwerbers; s. hierzu auch BGH, BauR 2006, 103; großer Schadensersatzanspruch); OLG Celle, BauR 2007, 720 = NZBau 2007, 175 = OLGR 2006, 621 (zum **Freistellungsanspruch** des Bauträgers gegen den verantwortlichen Unternehmer von dem Wandelungsanspruch des Erwerbers; s. hierzu auch *Schnapp,* NZBau 2007, 177 u. *Weyer,* NZBau 2007, 281); OLG Rostock, IBR 2004, 510 (Rückabwicklung im Wege des großen Schadensersatzes); LG Tübingen, SFH, Nr. 6 zu § 634 BGB; OLG Köln, BauR 1986, 219 = NJW 1986, 330; OLG Düsseldorf, BauR 2001, 1605 = NJW-RR 2001, 1462 (zum Ersatz von Mangelfolgeschäden nach der Wandelung des Bauträgervertrages); *Klaft/Maxem,* BauR 2000, 477 ff. Zur **Abrechnung** eines **gekündigten** Bauträgervertrages: Saarländisches OLG, OLGR 2002, 67.
63) Vgl. BGH, BauR 2007, 111 = NZBau 2007, 781; BauR 2006, 1747 = NZBau 2006, 706 = ZfBR 2006, 770; NZBau 2002, 89 = BauR 2002, 310 = ZfBR 2002, 244; *Blank,* ZfIR 2002, 350, 352 ff.
64) Vgl. hierzu: OLG Köln, OLGR 2002, 69 (LS).
65) BGH, BauR 2007, 571, 573 = NZBau 2007, 180, 182 = ZfBR 2007, 253, 255 (h. M.).
66) So richtig: *Schmalzl,* NJW 1965, 129, 130; s. auch Thüringer OLG, BauR 2003, 260, 262.
67) *Kleine-Möller/Merl,* § 19 Rdn. 347.

nicht teilweise – im Bauvorhaben verwirklicht wurde und dessen geistige Leistung dem Bauwerk also noch nicht zugute gekommen ist.[68] Hier ist eine Rückgabe, z. B. der planerischen Arbeiten einerseits und des Honorars andererseits, ohne weiteres möglich;[69] mit der Rückgabe der Unterlagen muss es dann „sein Bewenden haben".[70] **Nutzungsvorteile,** die der Bauherr zieht, sind auszugleichen;[71] eine **Nutzungsausfallentschädigung** kommt dagegen in aller Regel nicht in Betracht.[72]

**1662** Trotz der vorgenannten tatsächlichen Schwierigkeiten kann altrechtlich nicht davon ausgegangen werden, dass eine Wandelungsklage bei Bauverträgen stillschweigend zwischen den Parteien ausgeschlossen ist.[73] Die Wandelungsklage ist allerdings ausgeschlossen, wenn der Baumangel den Werk oder die Tauglichkeit des Bauwerks nur unerheblich mindert; § 634 Abs. 3 BGB a. F. (z. B. geringfügige Maßdifferenzen). Wendet der Unternehmer oder Architekt die Unerheblichkeit des Baumangels ein, so muss er dies beweisen.[74] Ein Verschulden des Unternehmers oder Architekten für den Baumangel ist nicht erforderlich und gehört damit auch nicht zum Vortrag des Bauherrn. Ist die Bauleistung allerdings vom Bauherrn bei Kenntnis des Baumangels abgenommen, so muss er vortragen und ggf. beweisen, dass er sich bei Abnahme sein Recht auf Wandelung vorbehalten hat, § 640 Abs. 2 BGB; eine vorbehaltlose Abnahme trotz Mangelkenntnis ist von Amts wegen zu berücksichtigen und führt zum Verlust des Anspruchs auf Wandelung.

**1663** Der **Antrag** bei der Wandelungsklage lautet auf **Zug-um-Zug-Verurteilung** gegen Rückgewähr der empfangenen Leistungen. Bei der meist in Betracht kommenden Unmöglichkeit der Rückgewähr und dem damit verbundenen reinen Wertausgleich der Leistungen ist ein reiner **Zahlungsantrag** zu stellen.

Zu beachten ist, dass aus dem Wandelungsrecht keine Pflicht zur **Beseitigung** und **Wegnahme** eines mangelhaften Werkes erwächst. Eine Beseitigungspflicht lässt sich aus dem in § 364 BGB a. F. verankerten Prinzip einer Rückabwicklung des Leistungsaustausches auch dann nicht folgern, wenn der Besteller ein besonderes Interesse an der Wegnahme des Werkes hat.[75] Die **Entfernung** des misslungenen Werkes kann deshalb altrechtlich z. B. entweder nach § 635 BGB a. F.[76] oder nach § 1004 BGB verlangt werden.[77] Hindert der Besteller allerdings den Unternehmer an dem Ausbau des eingebauten Materials (z. B. der gelieferten Fenster und Türen), kann nach OLG Koblenz[78] eine Wandelungsabsprache wirkungslos werden.

---

68) Vgl. OLG Düsseldorf, Der Architekt 1967, 276.
69) Vgl. *Hess*, Haftung, S. 79; *Bindhardt/Jagenburg*, § 4 Rdn. 37; *Kaiser*, Rdn. 277.
70) BGH, BauR 2007, 571, 573 = NZBau 180, 182 = ZfBR 2007, 253, 255 = IBR 2007, 143 – *Vogel* (für Wandelung eines Ingenieurvertrages).
71) Vgl. OLG Braunschweig, OLGR 1996, 133, 134; OLG Köln, OLGR 2002, 69 (Wandelung einer Küche; Ermittlung der Nutzungsvorteile).
72) Vgl. OLG Düsseldorf, NJW-RR 1998, 1038 (Kaufvertrag über Innentüren).
73) So aber OLG Koblenz, NJW 1972, 741; **a. A.:** *Koller*, BB 1974, 2385 Anm. 2; s. auch OLG Koblenz, NJW-RR 1998, 1031.
74) *Kaiser*, Rdn. 92 a.
75) Zutreffend: OLG Hamm, BB 1978, 64, 65 = NJW 1978, 1060; **a. A.:** OLG Bremen, OLGR 2006, 37; OLG Frankfurt, BauR 1990, 473, 474. Schäden, die der Unternehmer **beim Vollzug** der Wandelung (z. B. Ausbau von Fenstern) verursacht, sind nach altem Recht nach den Grundsätzen der positiven Vertragsverletzung zu ersetzen (vgl. OLG Hamm, BauR 1984, 524, 525).
76) LG Nürnberg-Fürth, BauR 2000, 277; OLG Hamm, NJW 1978, 1060 m. Anm. *Kornmeier*, S. 2035.
77) *Kaiser*, Rdn. 92 b; *Kleine-Möller/Merl*, § 12, Rdn. 488 für den Rücktritt.
78) IBR 2005, 145 – *Heinrich*.

– **neurechtlich:**

**1664**

Das SchRModG hat die Wandelung durch das (verschuldensunabhängige) Gestaltungsrecht des **Rücktritts ersetzt;** bei einer nicht vertragsgemäßen Leistung kann der Auftraggeber, insbesondere also der Erwerber einer Eigentumswohnung[79] oder eines Hauses, unter den Voraussetzungen der §§ 634 Nr. 3, 636, 323 BGB bzw. §§ 634 Nr. 3, 636, 326 Abs. 5 BGB vom Vertrag **zurücktreten.** Nichts anderes gilt für einen Architektenvertrag. Voraussetzung für den Rücktritt ist (nur) eine erfolglos gebliebene „allgemessene Frist zur Leistung oder Nacherfüllung". Wie die Wandelung nach altem Recht kann auch der **Rücktritt** (vor allem in Bauträgerverträgen) durch eine Individualvereinbarung **ausgeschlossen** werden; demgegenüber ist dies – vor allem in den Erwerberverträgen – nicht durch Allgemeine Geschäftsbedingungen möglich.[80]

Ob das **Rücktrittsrecht,** das im Werkvertragsrecht wenig sinnvoll erscheint, zukünftig eine größere Rolle spielen wird als der Wandelungsanspruch, bleibt abzuwarten. Vor allem sind die **Folgen** eines Rücktritts vom Vertrag zu **bedenken;**[81] so führt der Verlust des Erfüllungsanspruchs auch zum Verlust aller akzessorischen Sicherheiten.[82] Ohne Zweifel ist im Einzelfall das Gestaltungsrecht des Rücktritts aber ein **größeres Druckmittel** als die Wandelung; denn zukünftig bleibt dem Auftraggeber die **Wahl** zwischen Rücktritt und Schadensersatz erhalten (§ 325 BGB).[83] Zudem geht nach der Rechtsprechung des BGH[84] auch das einmal begründete Rücktrittsrecht nicht dadurch unter, dass der Gläubiger zunächst weiterhin eine Erfüllung verlangt; gleichwohl ist denkbar, dass die Ausübung des Rücktrittsrecht im Einzelfall nach § 242 BGB ausgeschlossen ist, weil sie zur Unzeit erfolgt.

Erklärt der Auftraggeber den Rücktritt, beseitigt die Vorschrift des § 325 BGB nicht nur (für den Anwalt eine böse) Regressfalle,[85] sondern sie ermöglicht dem Auftraggeber nach dem Rücktritt noch die Geltendmachung eines **Schadensersatzes statt der Leistung** (§§ 280 Abs. 1, 3, 281, 283 BGB).[86] Demgegenüber waren nach altem Recht zwar Ansprüche aus culpa in contrahendo denkbar, ein Schadensersatz wegen Nichterfüllung nach § 635 BGB schied nach dem Rücktritt indes aus.[87] Ein weiterer Vorteil besteht für den Auftraggeber: Er kann den Rücktritt (mit der Fristsetzung) androhen oder nach Fristablauf erklären, auch wenn den Unternehmer oder Architekten kein Verschulden an der mangelhaften Leistung trifft. Der Rücktritt ist nur ausgeschlossen, wenn bei erbrachter Leistung „die Pflichtverletzung unerheblich ist" (§ 323 Abs. 5 Satz 2 BGB). Für das Kaufrecht hat der BGH[88] entschieden, dass

---

79) Vgl. LG/OLG Oldenburg, BauR 2004, 1950. Zum Rücktritt vom Vertrag über die Errichtung eines **Wintergartens:** OLG Bremen, IBR 2006, 196 – *Vogel.*
80) BGH, BauR 2007, 111 = NZBau 2007, 781.
81) Zu den **Risiken** eines Rücktritts vom Architektenvertrag: *Preussner,* in: Thode/Wirth/Kuffer, § 9, Rdn. 113 ff.
82) *Kniffka/Koeble,* 7. Teil, Rdn. 13; s. ferner: *Boldt,* Rdn. 214 ff.
83) Siehe hierzu: *Arnold,* ZGS 2003, 427, 428.
84) BGH (V. ZS), BauR 2006, 1134 = IBR 2006, 230 – *Schwenker.*
85) Vgl. BGH, NJW 1995, 451; OLG Düsseldorf, BauR 2003, 266.
86) *Kleine/Scholl,* NJW 2006, 3462, 3464. Der Auftraggeber kann trotz Rücktritt auch den sog. kleinen Schadensersatz geltend machen (bestr.; *Derleder,* NJW 2003, 998; *Palandt/Grüneberg,* § 325 BGB, Rdn. 2; **a. A.:** *Gsell,* JZ 2004, 643; *Kleine/Scholl,* a. a. O., S. 3465).
87) Vgl. OLG Düsseldorf, NJW-RR 2001, 1462, 1463 = BauR 2001, 1605.
88) BauR 2006, 1137, 1139 = NJW 2006, 1960, 1961; **a. A.:** mit beachtlichen Gründen: *Lorenz,* NJW 2006, 1925.

eine Unerheblichkeit im Sinne der Vorschrift „in der Regel zu verneinen ist, wenn dem Verkäufer arglistiges Verhalten zur Last fällt". Demgegenüber wird man auch für das Werkvertragsrecht nicht auf den „Verstoß gegen Verhaltenspflichten", „sondern auf die objektive Störung, also den Mangel" abzustellen haben.[89] Entsprechend § 281 Abs. 1 Satz 3 BGB ist eine umfassende Interessenabwägung, die die Bedeutung des Mangels und seinen Beseitigungsaufwand berücksichtigt, erforderlich. Es wird deshalb auch immer der Einzelfall entscheiden, sodass mit an den Mängelbeseitigungskosten geknüpften festen Prozentsätzen nicht gearbeitet werden kann.

Der **Rücktritt** ist weiterhin **ausgeschlossen,** wenn der Auftraggeber für den Umstand, der ihn zum Rücktritt berechtigen würde, allein oder überwiegend verantwortlich ist.[90] Nach der amtlichen Begründung muss demnach die Verantwortlichkeit des Auftraggebers so überwiegen, dass § 254 BGB – im Falle eines Schadensersatzverlangens – den Anspruch ausschließen würde.[91] Das wäre bei einer Verantwortungsquote von (mindestens) 80% der Fall. Ein Rücktritt scheidet ebenfalls aus, wenn dem Auftraggeber mangelnde Vertragstreue vorzuwerfen ist,[92] er insbesondere also gegen die ihm obliegende **Kooperationspflicht** verstößt.[93]

Die **Wirkungen** des Rücktritts regeln die §§ 346, 347 BGB. Der Rücktritt wandelt das bisherige Vertragsverhältnis in ein **Rückgewähr-** und **Abwicklungsverhältnis** um; Werklohn- und Honoraransprüche entfallen. Erbrachte Vergütungen, Abschlags- oder Honorarzahlungen sind von dem Unternehmer/Architekten/Sonderfachmann zurückzuzahlen.[94] Erbrachte Bauleistungen sind, soweit dies technisch problemlos möglich ist, **abzubauen** und zu **entfernen**.[95] Eine „Rückgewähr" kommt nach § 346 Abs. 1 BGB indes nicht in Betracht, soweit diese „oder die Herausgabe nach der Natur des Erlangten ausgeschlossen ist". Das kann für Bau- oder Architektenleistungen, die sich bereits im Bauwerk verkörpern, ohne weiteres angesetzt werden. Deshalb sind alle Werkleistungen, die ohne Zerstörung nicht zurückgegeben

---

89) Siehe hierzu: BGH (VIII. ZS), IBR 2007, 417 – *Schwenker* (Autokauf); KG, IBR 2007, 363 – *Karczewski* (unbehebbare **optische Mängel** einer Einbauküche; OLG Nürnberg, NJW 2005, 2019, 2020; OLG Celle, BauR 2007, 729, 731 (für eine unzureichende **Bauüberwachung**); *Preussner*, in: Thode/Wirth/Kuffer, § 9, Rdn. 107. Zum Rücktrittsrecht nach Erbringung von Teilleistungen (Anwendung von § 323 Abs. 5 Satz 1 BGB): KG, IBR 2007, 383 – *Vogel* (Rücktritt von einem Architektenvertrag wegen **verspäteter Planvorlage**).

90) Beispiele: schuldhaft **fehlerhafte** Anordnungen und Vorgaben des Bestellers; Planungsfehler des Architekten (§ 278 BGB), sofern im Einzelfall das Verschulden des Bestellers deutlich im Rahmen der Abwägung (§ 254 BGB) überwiegt; *Leupertz*, in: Prütting/Wegen/Weinrich, § 634 BGB, Rdn. 10 m. Nachw.

91) *Palandt/Grüneberg*, § 323 BGB, Rdn. 29.

92) *Palandt/Grüneberg*, a. a. O.

93) BGH, NJW 2000, 807 = NZBau 2000, 130 = ZfBR 2000, 170; BGHZ 133, 44 = NJW 1996, 2158; OLG Köln, NJW-RR 2002, 15; OLG Düsseldorf, NZBau 2000, 427 = IBR 2002, 161 – *Niepmann*.

94) OLG Celle, BauR 2007, 729, 731 (Rückzahlung des auf die mangelhafte Objektüberwachung entfallenden Honorarteils).

95) OLG Bremen, IBR 2006, 196 – *Vogel* (**Wintergarten**). Zur Erstattung der **Aus-** und **Einbaukosten gekaufter** und mangelhafter Baumaterialien: OLG Karlsruhe, MDR 2005, 135; OLG Köln, BauR 2006, 687 = OLGR 2006, 143 = IBR 2006, 140 – *Seibel*; LG Deggendorf, IBR 2007, 426 – *Schmitz* = BauR 2006, 1457 (LS); *Schneider/Katerndahl*, NJW 2007, 2215 ff. *Thürmann*, NJW 2006, 3457 ff., geht zutreffend davon aus, dass der Käufer den Ersatz der Aus- und Einbaukosten nur nach **Schadensersatzrecht** beanspruchen kann.

werden können, im Zweifel durch **Wertersatz** auszugleichen, der sich an der **Gegenleistung** (des Unternehmers oder Architekten) orientiert (§ 346 Abs. 2 Satz 2 BGB). Das kann bei Vorliegen mangelhafter Werkleistung zu Unbilligkeiten führen; es wird daher auch ein differenzierender Maßstab anzulegen sein:[96] Mangelhafte Werkleistungen sind unter Abzug des Mängelbeseitigungsaufwandes oder des Minderwertes bei der Wertberechnung einzustellen. Hat die Leistung des Werkunternehmers deshalb keinen Wert, ist auch kein Ersatz durch den Auftraggeber zu leisten.[97]

Mit der Ausübung des Gestaltungsrechts durch den Besteller ist dieser an seine Wahl gebunden. Der Anspruch auf Erfüllung erlischt. Nacherfüllung und Minderung können nicht mehr geltend gemacht werden; und auch eine Selbstvornahme scheidet aus. Unberührt bleibt der **Schadensersatzanspruch** statt der Leistung (§§ 281, 283, 311 a BGB), und zwar nach zutreffender Ansicht in Form des kleinen oder großen Schadensersatzes.[98] Wählt der Besteller den Schadensersatz statt der Leistung, so ist er so zu stellen, wie er bei einer ordnungsgemäßen Ausführung des Bauvorhabens gestanden hätte. Dieser Anspruch umfasst im Einzelfall daher: den Abriss der mangelhaften Bauleistungen, die Kosten für die Einholung eines Privatgutachtens sowie den Ersatz der fiktiven Kosten für die Neuerrichtung des mangelhaften Bauwerkteils. Verlangt der Besteller Schadensersatz statt der ganzen Leistung („**großer**" Schadensersatzanspruch), erfolgte eine Rückabwicklung (§§ 281 Abs. 5, 346 ff. BGB).[99]

### 4. Die Minderung

*Literatur*

*Aurnhammer*, Verfahren zur Bestimmung von Wertminderungen bei (Bau-)Mängeln und (Bau-)Schäden, BauR 1978, 356; *Schmidt-Morsbach*, Wertminderung bei Betonflächen, BauR 1982, 328; *Mantscheff*, Unzureichender Wärmeschutz – Ansätze für eine Minderwert-Berechnung, BauR 1982, 435; *Schulz*, Ermittlung von Mietminderungen, BauR 1990, 151; *Cuypers*, Zur Berechnung des Minderungsbetrages beim Bauvertrag, BauR 1993, 541; *Kamphausen*, Der optische Bau- und Wohnungsmangel, BauR 1995, 343; *Mortensen*, Das Ermitteln von Wertminderungen für eine spezielle Gruppe von Baumängeln, BauR 1998, 73; *Oswald*, Die Beurteilung von optischen Mängeln, Jahrbuch Baurecht 1998, 357; *Isenmann*, Wohnflächenberechnung, NZM 1998, 749; *Knüttel*, Minderwertberechnungen, Festschrift für Vygen (1999), 311; *Blank*, Wohn- und Nutzflächenangaben im Bauträgervertrag, ZfIR 2001, 781; *Gaier*, Die Minderungsberechnung im Schuldrechtsmodernisierungsgesetz, ZRP 2001, 336; *Pauly*, Zur Frage der Berechnung des Minderungsbetrages und des Minderwertes beim Bauvertrag am Beispiel von Schallschutzmängeln, BauR 2002, 1321; *Schießer*, Flächenberechnung bei Bauwerken, MDR 2003, 1401; *Blank*, Wohnflächenberechnung nach neuem Recht, ZfIR 2004, 320; *Schwenker/Schramm*, Vergütungsprobleme bei nicht erbrachten Architektenleistungen, ZfIR 2004, 753; *Weise*, Architektenhonorar bei Nichterfüllung einer geschuldeten Teilleistung, NJW-Spezial 2004, 213; *Deckers*, Minderung des Architektenhonorars trotz plangerechter und mängelfreier Entstehung des Bauwerks, BauRB 2004, 373; *Orlowski*, Minderung des Architektenhonorars bei Minderleistungen, BauRB 2005, 279; *Miernik*, Vertragswidrige Leistung:

---

96) AnwKom-BGB/*Hager*, § 346 BGB, Rdn. 41.
97) AnwKom-BGB/*Hager*, a. a. O.
98) Palandt/*Sprau*, § 634 BGB, Rdn. 5; *Preussner*, in: Thode/Wirth/Kuffer, § 9, Rdn. 110.
99) Zur **Rückabwicklung** im Wege des **großen** Schadensersatzes (Anrechnung der Nutzungsvorteile) s. *Drasdo*, NJW-Spezial 2006, 529; BGH, BauR 2006, 828 = NZBau 2006, 312; BGH (V. ZS), BauR 2006, 983 (Wert der Eigennutzung); BGH, BauR 2006, 1736 = NZBau 2006, 642 = ZfBR 2006, 668 (zum **Ausschluss** des großen Schadensersatzanspruchs wegen Unverhältnismäßigkeit der Aufwendungen).

Herabsetzung des Werklohns nach § 2 VOB/B und/oder Minderung nach § 13 VOB/B?, BauR 2005, 1698; *Siemens,* Architektenhonorarkürzung bei unvollständig erbrachten Teilleistungen, BauR 2005, 1843; *Motzke,* Die Mankohaftung im Planervertrag – die HOAI und der Planervertrag nach einer Wende der Rechtsprechung?, NZBau 2005, 361; *Motzke,* Architektenvertrag – Rechtspraxis und Parameter für eine Inhaltsvorgabe – Die Wende des BGH?, Festschrift für Werner (2005), 47; *Ziegler,* Die Teilleistung beim Architektenvertrag, ZfBR 2006, 424; *Dickersbach,* Mindermenge als Mangel, Leistungsstörung oder ein Abrechnungsproblem?, BauR 2007, 592.

**1665** Die **Minderung** führt zur **Herabsetzung** der **Vergütung** des Unternehmers oder Architekten[100] (§§ 634, 472 ff. BGB a. F./§§ 634 Nr. 3, 638 BGB). Nach altem Recht besteht bei Vorliegen der Voraussetzungen ein **Anspruch** auf Minderung; demgegenüber hat das SchRModG diesen (bisherigen) Anspruch durch ein (verschuldensunabhängiges) einseitiges **Gestaltungsrecht** des Bestellers ersetzt. Durch die Bezugnahme auf das Rücktrittsrecht in § 638 Abs. 1 Satz 1 BGB ist klargestellt, dass sämtliche **Voraussetzungen des Rücktrittsrechts** vorliegen müssen, bevor der Auftraggeber die Vergütung oder das Architektenhonorar mindern kann.[101] Im Gegensatz zum Rücktritt (§ 323 Abs. 5 Satz 2 BGB) ist die **Minderung** – wie bisher – auch **bei unerheblichen Mängeln** möglich. Im Übrigen setzt die Minderung nach altem und neuem Recht in der Regel voraus, dass dem Unternehmer erfolglos eine angemessene **Frist** (nach altem Recht: mit Ablehnungsandrohung) zur Nachbesserung bzw. Nacherfüllung gesetzt worden ist. Die Fristsetzung ist **entbehrlich,** wenn sie es auch für den Rücktritt wäre; ein Auftraggeber wird daher ohne Fristsetzung mindern können, wenn eine Nacherfüllung für ihn **unzumutbar** ist.[102] Eine Minderung bietet sich in der Regel vor allem an, wenn ein Haus oder die Eigentumswohnung nicht die vereinbarte **Wohnfläche**[103] ausweist oder **Schallschutzmängel**[104] vorhanden sind.

---

100) Zu den Voraussetzungen siehe BGH, BauR 2004, 1640 = NZBau 2004, 509 = NJW 2004, 2588 sowie Rdn. **1475.**

101) AnwKom-BGB/*Raab,* § 638 BGB, Rdn. 4; *Westermann/Maifeld,* S. 263; *Voppel,* BauR 2002, 843, 852; *Teichmann,* JuS 2002, 417, 420. **Mindert** der Besteller, kann er **Schadensersatz statt der Leistung** bzw. einen **Aufwendungsersatzanspruch** aus § 284 BGB nicht mehr geltend machen, weil eine dem § 325 BGB entsprechende Vorschrift fehlt (*Palandt/Sprau,* § 634 BGB, Rdn. 5 m. Nachw.).

102) Zum Begriff der „**Unmöglichkeit**" siehe Rdn. 1710 ff. Zur **Unzumutbarkeit** vgl. OLG Celle, *Schäfer/Finnern,* Z. 2.414 Bl. 88; LG München, *SFH,* Nr. 5 zu § 13 Nr. 6 VOB/B.

103) BGH, NZBau 2004, 269 = BauR 2004, 1640 = ZfIR 2004, 324 m. Anm. *Basty* u. *Vogel* (vereinbarte Wohnfläche als zentrales **Beschaffenheitsmerkmal**); BGH, BauR 1991, 230; BGH, NJW 1997, 129 (Wohn- u. Nutzfläche); OLG Koblenz, BauR 2006, 1758, 1760; OLG Karlsruhe, BauR 2007, 1459 (LS); OLG Düsseldorf, NJW 1981, 1455 = BauR 1981, 475 (**zu klein ausgeführtes Dachgeschoss;** siehe auch OLG Düsseldorf, BauR 1997, 477, 478 = NJW 1997, 853 – Schadensersatzanspruch aus Verschulden bei Vertragsschluss gegen **Bauträger;** BGH, BauR 1997, 1030, 1031 – eine Abweichung von **10%** ist ein Mangel; s. ferner: OLG Celle, BauR 1998, 805, 807 = NJW-RR 1999, 816 u. BauR 1999, 663); s. ferner: OLG Celle, BauR 2001, 1753, 1755 (zum **Minderungsanspruch** des Sondereigentümers); OLG Celle, BauR 2001, 1122 (zu geringe Geschosshöhe); OLG Nürnberg, BauR 2000, 1883 (Minderfläche von 8%); BGH, WM 1984, 941 (Minderung wegen unzutreffender vertraglicher Flächenangabe); OLG Düsseldorf, *SFH,* Nr. 4 zu § 13 Nr. 1 VOB/B (1973) (Minderung für Abweichung von Baubeschreibung). Zum Begriff „Wohnfläche" im **Prospekt** s. BGH, NJW-RR 1991, 1120; OLG Hamm, BauR 2001, 984; *Blank,* ZfIR 2001, 781.

104) Zur **Minderung** bei **Schallschutzmängeln:** LG Berlin, *SFH,* Nr. 101 zu § 633 BGB (5–7,5% des Kaufpreises); zum **Schadensersatzanspruch** wegen einer Wohnflächenminderung infolge von Schallschutznachbesserungen: BGH, NJW-RR 1998, 1169.

**Minderung** **Rdn. 1666–1667**

Für die **Berechnung** der Minderung ist beim **BGB**-Bauvertrag nach altem Recht **1666**
der Zeitpunkt der Abnahme maßgebend.[105)] Der BGH[106)] hat dies für den BGB-Vertrag zwar offengelassen, für den **VOB**-Vertrag hat er aber auf den Zeitpunkt der Abnahme abgestellt. Liegt eine Abnahme nicht vor, ist der Zeitpunkt maßgebend, für den die vertragsgemäße Erfüllung geschuldet war; eine Erhöhung des Aufwands, die sich aus späteren Baukostensteigerungen ergibt, geht deshalb schon nach altem Recht nicht zu Lasten des Unternehmers.[107)] Das **neue Recht** hat eine wesentliche (und für das Bauwesen unglückliche) Regelung gebracht; nach § 638 Abs. 3 Satz 1 BGB ist nunmehr auf den Zeitpunkt „des Vertragsschlusses" abzustellen, sodass die im Gesetz ausdrücklich erwähnte **Schätzung** der Minderung (§ 638 Abs. 3 Satz 2 BGB) naturgemäß größere Bedeutung als bisher gewinnen wird.[108)] Der Umfang der Minderung kann von dem Auftraggeber nach neuem Recht meistens nur noch geschätzt werden. Es muss daher zukünftig in aller Regel für die Höhe des Minderwertes ein **Sachverständigengutachten** eingeholt werden; denn eine gerichtliche Schätzung (§ 287 ZPO) muss erkennen lassen, in welcher Weise z. B. die notwendigen Mängelbeseitigungskosten bei der Schätzung des Minderungsbetrages berücksichtigt worden sind.[109)]

Das Bauherr hat bei der Minderungsklage alle Umstände vorzutragen, aus denen **1667**
sich der Minderwert der Bau- oder Architektenleistung berechnet. Die Höhe des Minderungsanspruches ergibt sich nach der Rechtsprechung des BGH[110)] in aller Regel aus

* den **Kosten** der etwaigen **Mängelbeseitigung**
* zuzüglich eines etwaigen verkehrsmäßigen (merkantilen)[111)]

und eines ggf. verbleibenden technischen **Minderwertes**[112)] (vgl. Rdn. 1726)

Kann die Nacherfüllung ausnahmsweise wegen Unmöglichkeit oder „**Unverhältnismäßigkeit**" des Aufwandes[113)] von dem Unternehmer verweigert werden, sollen

---

105) Bestr.: wie hier: OLG Düsseldorf, NJW 1981, 1455; *MünchKomm-Soergel*, § 634 BGB a. F., Rdn. 34; **a. A.:** *Soergel/Siebert/Ballerstedt*, § 634 BGB, Rdn. 18, die auf den Abschluss des Vertrages abstellen.
106) NJW 1972, 821 = BauR 1972, 242.
107) BGH, BauR 1995, 540, 542.
108) Zum Teil wird weiterhin auf den Zeitpunkt der **Abnahme** oder denjenigen, zu dem der Unternehmer die Werkleistung zu erfüllen hat, abgestellt (vgl. *Reinkenhof*, Jura 2002, 433, 436 m. w. Nachw.), was indes nicht mehr möglich ist (zutreffend: *Palandt/Sprau*, § 638 BGB, Rdn. 5).
109) BGH, NJW-RR 1997, 688, 689 = BauR 1997, 700 (LS).
110) BGHZ 58, 181, 184 = NJW 1972, 821 = BauR 1972, 242; BGH (X. ZS), NJW-RR 1997, 688, 689; OLG Oldenburg, BauR 2007, 1428, 1429.
111) BGH, BauR 2003, 533, 535 m. Nachw; zur **Bemessung** und **Schätzung** eines **merkantilen** Minderwertes s. auch OLG Hamm, BauR 2006, 113; zur Abgrenzung vom Schadensersatz für die Beeinträchtigung der Sachsubstanz: OLG Saarbrücken, BauR 2007, 738, 740.
112) Vgl. OLG Düsseldorf, BauR 1989, 126, 128 = NJW-RR 1997, 1450 (**Parkettboden**); OLG Hamm, NJW-RR 1989, 602 = BauR 1989, 735 u. OLG Nürnberg, BauR 1989, 740 (**Schallschutz**); LG Nürnberg-Fürth, NJW-RR 1989, 1106 (**Schallschutz**); OLG Celle, *Schäfer/Finnern*, Z 2.414 Bl. 88; OLG Braunschweig, BauR 1981, 70; **a. A.:** OLG Düsseldorf, BauR 1993, 733 (**nur** Minderwert, wenn die Mängelbeseitigung wegen unverhältnismäßigen Aufwandes nach § 633 Abs. 2 Satz 3 BGB verweigert wird).
113) *Thode* (ZfIR 2006, 621, 622) weist nachdrücklich darauf hin, dass dieser Einwand zu oft und unrichtig von den Instanzgerichten zugelassen wird. Siehe hierzu Rdn. **1574** ff.

die Kosten der Mängelbeseitigung unberücksichtigt bleiben;[114] der Minderwert wäre dann auf andere Weise zu berechnen, etwa anhand des sog. Zielbaumverfahrens[115] oder einer Nutzwertanalyse.[116]

**1668** Während sich also der Wert der mangelfreien Leistung im Zweifel mit dem vereinbarten Werklohn deckt, ist der Wert der mangelhaften Leistung nach altem Recht in der Regel nach den notwenigen Mängelbeseitigungskosten im Zeitpunkt der Abnahme zu bestimmen. Die Differenz ist der Minderungsbetrag. Die Kosten der Mängelbeseitigung kann der Auftraggeber in jedem Fall verlangen, auch wenn er den Mangel nicht beseitigen lässt.[117] Abbruchkosten, die vor einer Mängelbeseitigung erforderlich werden (z. B. Entfernung unbrauchbarer Teile des Daches vor einer Nachbesserung), sind notwendige Teile der Mängelbeseitigung.[118] Dem Minderungsbetrag ist die **Mehrwertsteuer** nur dann zuzuschlagen, wenn der Minderung die Kosten für eine **Mängelbeseitigung** zu Grunde gelegt werden.[119]

Die Vorschrift des § 638 Abs. 3 Satz 1 BGB übernimmt für das **neue Recht** hinsichtlich der **Berechnung** des Minderungsbetrages die bisher gemäß §§ 634 Abs. 4, 472 Abs. 1 BGB a. F. geltende Regelung; nach neuem Recht ist daher – wie bisher – „die Vergütung in dem Verhältnis herabzusetzen, in welchem zur Zeit des Vertragsschlusses der Wert des Werkes in mangelfreiem Zustand zu dem wirklichen Wert gestanden haben würde." Die Nacherfüllungskosten werden daher auch zukünftig weiterhin **Maßstab** der Minderungsberechnung bleiben. **Korrekturen** sind nur angebracht, wenn ein **auffälliges Missverhältnis** zum Gesamtwert besteht oder **erhebliche Preissteigerungen** gegenüber dem Zeitpunkt des Vertragsschlusses zu verzeichnen sind.[120] Hat der Auftraggeber im Einzelfall mehr „als die geminderte Vergütung" gezahlt, besteht ein (vertraglicher) **Rückzahlungsanspruch** (§ 638 Abs. 4 Satz 1 BGB).

**1669** Ist eine Werkleistung für den Bauherrn **wertlos,** kann er im Wege der Minderung die Rückzahlung der gesamten Vergütung verlangen; ist bei **völliger Unbrauchbarkeit** des Werkes noch keine Vergütung gezahlt, mindert sich der Vergütungsanspruch

---

114) OLG Zweibrücken, BauR 2006, 690, 691; OLG Celle, BauR 1998, 401, 402.
115) *Aurnhammer,* BauR 1978, 356; hiergegen zu Recht **kritisch:** *Schmalzl / Lauer / Wurm,* Rdn. 225. Zur Anwendung des **Aurnhammerschen Zielbaumverfahrens** in der Rechtsprechung: SchlHOLG, BauR 2000, 1486; OLG Stuttgart, BauR 1989, 611 m. Anm. *Kamphausen;* OLG Karlsruhe, BauR 1994, 378 m. Anm. *Kamphausen;* s. ferner: *Zehfeld,* Festschrift für Vygen (1999), S. 380 ff.
116) OLG Zweibrücken, a. a. O., für Natursteinfliesen; OLG Celle, a. a. O., für **optische** Beeinträchtigungen eines Marmorbodens im Treppenhaus; OLG Celle, IBR 2003, 15 für optische Mängel einer Hofpflasterung. Zur **Berechnung** einer Minderung bei Unterschreiten der **Wohnfläche:** BGH, NZBau 2004, 269 = BauR 2004, 847 = ZfIR 2004, 324 m. Anm. *Basty* u. *Vogel;* OLG München, NJW-RR 1996, 1417; OLG Hamburg, BauR 1980, 469; LG Berlin, BauR 2004, 1022 (zur Berechnung der Wohnfläche; Anwendung der **DIN 283**); OLG Celle (13. Senat), NJW-RR 1999, 816 Nr. 15 u. (6. Senat), BauR 1998, 805 = NJW-RR 1999, 816 Nr. 16 (Dachgeschoss).
117) Zur Berechnung des Minderwertes, wenn die Funktions- und Gebrauchstüchtigkeit des Bauwerks **nicht** beeinträchtigt ist: OLG Braunschweig, BauR 1981, 70; *Schmitz-Morsbach,* BauR 1982, 328 ff. u. kritisch: *Kamphausen,* BauR 1995, 343, 349.
118) BGH, NJW 1972, 821 = BauR 1972, 242; OLG Düsseldorf, BauR 1994, 762, 764.
119) OLG München, BauR 2004, 1806, 1807.
120) *Palandt / Sprau,* § 638 BGB, Rdn. 4.

**Minderung** **Rdn. 1670**

auf Null.[121] Dem steht z. B. nicht entgegen, dass die Wandelung nach altem Recht vertraglich ausgeschlossen ist.[122] Ist eine Mängelbeseitigung nicht möglich und können daher ihre Kosten auch nicht bestimmt werden, ist die Vergütung in dem Verhältnis herabzusetzen, in dem der Wert der mangelfreien Leistung zum Wert der mangelhaften Leistung steht. Es ergibt sich dabei folgende **Relation:**[123] Wert des mangelfreien Bauwerkes: Wert des mangelhaften Bauwerkes = voller Vergütungsanspruch: geminderten Werklohn.

Schwieriger sind die Dinge, wenn es um die Kürzung von Honoraransprüchen eines **Architekten** geht, der nach Auffassung seines Auftraggebers „**Teilleistungen**" nicht erbracht haben soll.[124] Nach der neueren Rechtsprechung des BGH[125] sind Inhalt und Umfang der durch den konkreten Architektenvertrag **geschuldeten „Arbeitsschritte"**, die für den von dem Architekten geschuldeten Werkerfolg erforderlich sind, durch interessengerechte **Auslegung** zu ermitteln. In der Regel handelt es sich um solche, die den Auftraggeber in die Lage versetzen zu überprüfen, ob der **Architekt** dem Unternehmer oder Sonderfachmann die für eine **vertragsgerechte Umsetzung** der **Planung** notwendigen Vorgaben gemacht hat.[126] Defizite der so ermittelten Architektenleistung führen zu einer Reduzierung des Honorars, wenn die allgemeinen Voraussetzungen der Gewährleistungshaftung (§§ 634 BGB a. F., § 638 BGB) vorliegen. Es ist deshalb Sache des Auftraggebers, im Einzelfall darzulegen, welche „**Arbeitsschritte**" als Teilerfolg geschuldet, welche nicht erbracht und wie diese zu bewerten sind.[127] Und solange eine **Nacherfüllung** durch den Architekten in Betracht kommt, wird ihm hierzu Gelegenheit gegeben werden müssen. Im Übrigen hat der BGH[128] aber klargestellt, dass eine **Fristsetzung** als Voraussetzung für die Minderung entbehrlich ist, wenn der Besteller „das Interesse an der Leistung deshalb verloren hat, weil die Leistung ihren vertraglich vorgesehenen Zweck nicht mehr erfüllen kann"; und das treffe für **Kostenschätzungen, Kostenberechnungen** und **Kostenanschläge**, die erst nach Durchführung des Bauvorhabens aus Anlass der Honorarberechnung vorgelegt würden, ohne weiteres zu. Die **Bewertung** eines im Einzelfall fehlenden Arbeitsschrittes ist schwierig und noch ohne gesicherte rechtliche Konturen. Die HOAI selbst enthält hierzu keine Berechnungen; gegen die

**1670**

---

121) BGH, NJW 1965, 152; OLG Köln, NJW-RR 1991, 1077 (bei Formaldehydemission, ebenso: OLG Nürnberg, NJW-RR 1993, 1300, 1303; OLG Hamm, OLGR 1994, 39, 40); OLG Saarbrücken, NJW 1970, 1192 = BauR 1970, 109; OLG Köln, NJW-RR 1993, 666: Minderung auf **Null,** wenn die im wesentlichen auf die Ästhetik zielende Restaurierung einer älteren Hausfassade völlig misslingt; OLG Nürnberg, IBR 1998, 334 – *Schulze-Hagen* (fehlgeschlagene vorläufige Asbestsanierung).
122) BGH, BauR 1972, 185, 188 = NJW 1972, 526. Zum gleichzeitigen Ausschluss von Wandelung und Minderung: BGH, *SFH,* Nr. 19, 20 zu § 634 BGB.
123) Berechnungsbeispiele bei OLG Frankfurt, BauR 1974, 139.
124) Siehe hierzu u. a.: *Locher/Koeble/Frik,* § 5 HOAI, Rdn. 10 ff.; *Löffelmann/Fleischmann,* Rdn. 826 ff.; *Preussner,* in: Thode/Wirth/Kuffer, § 9, Rdn. 35 ff.; *Schmalzl/Lauer/Wurm,* Rdn. 585 ff. sowie die Literatur vor Rdn. **1665**.
125) BGHZ 159, 376 = BauR 2004, 1640 = NZBau 2004, 509 = NJW 2004, 2588; BGH, BauR 2005, 400 = NZBau 2005, 158 = ZfBR 2005, 178.
126) *Schwenker/Schramm,* ZfIR 2004, 753, 759.
127) OLG Celle, BauR 2006, 1161, 1162.
128) BauR 2005, 400 = NZBau 2005, 158 = ZfIR 2005, 190 m. Anm. *Averhaus.*

Anwendung der Steinfort-Tabelle werden grundlegende Bedenken erhoben.[129] Und auch die übrigen veröffentlichten **Bewertungstabellen**[130] sind zwar Orientierungshilfen, erforderlich ist aber letztlich die Erstellung einer objektbezogenen Punktezuteilung, die die geschuldeten Teilerfolge nach ihrer Bedeutung gewichtet.[131]

**1671** Bei der Minderung handelt es sich um eine Verrechnungsart, nicht dagegen um eine Aufrechnung: Die Minderung betrifft die gesamte Werklohnforderung, sie zielt dagegen nicht nur auf den eingeklagten Teilbetrag ab. Dies hat zur Folge, dass sich der Bauherr gefallen lassen muss, wenn ein Minderungsanspruch zunächst von dem nicht eingeklagten Teil der Werklohnforderung des Unternehmers oder Architekten abgesetzt wird.[132] Der Bauherr kann daher nicht verlangen, dass eine Minderung gerade auf den eingeklagten Teil der Werklohnforderung einwirkt.

**1672** Wird die Bauleistung des Unternehmers oder Architekten trotz Kenntnis von Baumängeln abgenommen, gehört zum Vortrag des Bauherrn, dass er sich sein Minderungsrecht **vorbehalten** hat. Dieser Vorbehalt des Bauherrn ist als Einwendung von Amts wegen zu prüfen (vgl. Rdn. 2277).

Der Bauherr kann seinen wegen eines Werkmangels bestehenden Anspruch auf Minderung an einen Dritten **abtreten**.[133]

**1673** Dem Bauherrn kann auch bei einer Minderung entgegengehalten werden, dass dieser oder sein Architekt den Baumangel **mitverursacht** hat. Das folgt zwar nicht aus einer unmittelbaren Anwendung des § 254 BGB, ergibt sich aber über § 242 BGB als Ausfluss des Grundsatzes von Treu und Glauben (vgl. Rdn. 2444 ff.). **Sowiesokosten** und die Grundsätze der **Vorteilsausgleichung** sind bei der Berechnung einer Minderung (zugunsten des gewährleistungspflichtigen Unternehmers) zu berücksichtigen (vgl. Rdn. 2468 ff.).

### 5. Die Klage auf Schadensersatz wegen Nichterfüllung (§ 635 BGB a. F.) und statt der Leistung (§§ 634 Nr. 4, 636, 280, 281 BGB)

*Literatur* zum **alten Recht**

*Schmalzl*, Die Gewährleistungsansprüche des Bauherrn gegen den Unternehmer, NJW 1965, 129; *Schmalzl*, Die Gewährleistungsansprüche des Bauherrn gegen den Architekten, NJW 1967, 12; *Grimm*, Zur Abgrenzung der Schadensersatzansprüche aus § 635 BGB und aus positiver Vertragsverletzung, NJW 1968, 14; *Hesse*, Schadensersatz für entgangene Gebrauchsvorteile wegen schuldhafter Verletzung des Bauvertrages, BauR 1974, 300; *Schubert*, Der Anwendungsbereich der §§ 635, 638 BGB, JR 1975, 179; *Bulla*, Zum Umfang der Schadensersatzpflicht des Verkäufers und Unternehmers wegen mangelhafter Leistungen, BB 1975, 445; *Schlenger*, Mangel und Mangelfolgeschäden in der Rechtsprechung des Bundesgerichtshofs, ZfBR 1978, 6; *Littbarski*, Die Abgrenzung der Scha-

---

129) Locher/Koeble/Frik, § 5 HOAI, Rdn. 23; für Anwendung: OLG Hamm, BauR 2007, 1773; OLG OLG Celle, BauR 2005, 1790 im Anschluss an BGH, BauR 2005, 588.
130) Hinweise bei *Löffelmann/Fleischmann*, Rdn. 925.
131) *Löffelmann/Fleischmann*, Rdn. 95, 96. Zu den Leistungsbeschreibungen mit **Bewertung** der **Teilleistungen** s. grundlegend: *Wingsch*, 2. Auflage 2007. Siehe zur Kürzung des Architektenhonorars wegen „fehlender" Leistungen u. a.: OLG Celle, BauR 2006, 1161 (kein **Bautagebuch**: Minderung um 0,5%); OLG Hamm, BauR 2006, 1766 = IBR 2006, 506 – *Seifert* u. BauR 2005, 1350 (unterbliebene **Kostenermittlung**; s. ferner: BGH, BauR 2005, 400).
132) BGH, NJW 1971, 1800 = BauR 1971, 260.
133) BGH, BauR 1985, 686 = ZIP 1985, 1141 = NJW 1985, 2822.

## Schadensersatz wegen Nichterfüllung (§ 635 BGB a. F.)

densersatzansprüche aus Werkmängeln – ein offenbar unlösbares Rechtsproblem, JZ 1979, 552; *Peters*, Schadensersatz wegen Nichterfüllung und Verzug beim gegenseitigen Vertrag, NJW 1979, 688; *Peters*, Zum Problem der Drittschadensliquidation, AcP 80, Bd. 180, 329; *Locher/Löffelmann*, Drittschadensliquidation bei der Verletzung bauvertraglicher Pflichten?, NJW 1982, 970; *Steding*, Die Drittschadensliquidation, JuS 1983, 29; *Feudner*, Generalunternehmer/Drittschadensliquidation, BauR 1984, 257; *Dunz*, Schadensersatz für entgangene Sachnutzung, JZ 1984, 1010; *Joswig*, Zur Erstattungsfähigkeit von Gutachterkosten, NJW 1985, 1323; *Götz*, Schadensersatzanspruch wegen Nichtbenutzbarkeit eines Werks während der Nachbesserung? JuS 1986, 14; *Usinger*, Die Eigentumsübertragung – ein anspruchsvernichtender Tatbestand?, NJW 1986, 229; *Littbarski*, Die Auswirkungen der Rechtsprechung zu den „weiterfressenden Mängeln" auf das Haftpflicht- und Haftpflichtversicherungsrecht, Festschrift für Korbion (1986), 269; *Schmalzl*, Die Bedeutung des Anspruchs auf Schadensersatz wegen Nichterfüllung im Sinne des § 635 BGB für die Haftpflichtversicherung des Architekten und des Bauunternehmers, Festschrift für Korbion (1986), 371; *Ott/Schäfer*, Begründung und Bemessung des Schadensersatzes wegen entgangener Sachnutzung, ZIP 1986, 613; *Rauscher*, Abschied vom Schadensersatz für Nutzungsausfall?, NJW 1986, 2011; *Ganten*, Erstattung von sog. „Regiekosten" als Schadensersatz, BauR 1987, 22; *Schellen*, Ermittlung des kleinen Schadensersatzanspruchs gemäß § 635 BGB, BauR 1988, 42; *Schiemann*, Luxusvilla auf schwankendem Grund: Der Nutzungsschaden an Wohneigentum, JuS 1988, 20; *Kamphausen*, Die Ermittlung von Nutzungsausfallschäden bei eigengenutzten Häusern und Wohnungen, BauR 1988, 48; *Kaiser*, Nutzungsentgang als Vermögensschaden im privaten Baurecht – Aktuelle Rechtsfragen, BauR 1988, 133; *Medicus*, Das Luxusargument im Schadensersatzrecht, NJW 1989, 1889; *Locher*, Schadensersatzansprüche gegen den Architekten wegen Nichtauflistung von Gewährleistungsfristen, BauR 1991, 135; *Cuypers*, Bauvertrag und § 635 BGB, BauR 1993, 163; *Hochstein*, Untergang von Gewährleistungsansprüchen durch Veräußerung des Gegenstandes der Werkleistung?, Festschrift für Heiermann (1995), 121; *Kniffka*, Kürzung des Architektenhonorars wegen fehlender Kostenkontrolle, BauR 1996, 773; *Locher*, Das Schadensbeseitigungsrecht des Architekten und Ingenieurs, Festschrift von Craushaar (1997), 21; *Kniffka*, Die Durchstellung von Schadensersatzansprüchen des Auftraggebers gegen den auf Werklohn klagenden Subunternehmer – Überlegungen zum Schaden des Generalunternehmers und zum Zurückbehaltungsrecht aus einem Freistellungsanspruch –, BauR 1998, 55; *Lenzen*, Die Haftung des Architekten für die Kosten des Vorprozesses gegen den Unternehmer, BauR 1998, 62; *Anker/Adler*, Die echte Bausummenüberschreitung als ein Problem des Schadensrechtes, BauR 1998, 465; *Malotki*, Die unberechtigte Mangelbeseitigungsaufforderung; Ansprüche des Unternehmers auf Vergütung, Schadens- oder Aufwendungsersatz, BauR 1998, 682; *Thode*, Werkleistung und Erfüllung im Bau- und Architektenvertrag, ZfBR 1999, 116; *Kniffka*, Honorarkürzung wegen nicht erbrachter Architektenleistung – Abschied vom Begriff der zentralen Leistung, Festschrift für Vygen (1999), 20; *Schubert*, Die Kalkulation als Bewertungshilfe zur Schadensberechnung, Festschrift für Vygen, 277; *Kieserling*, Mangelverantwortlichkeit mehrerer Baubeteiligter, NZBau 2002, 263; *Stamm*, Die Gesamtschuld auf dem Vormarsch, NJW 2003, 2940; *Brügmann/Kenter*, Abnahmeanspruch nach Kündigung von Bauverträgen, NJW 2003, 2121; *Klein*, Mietminderungen und Baumängel: Ein alltägliches Problem, BauR 2004, 1069; *Weise*, Der Riss in der Anspruchskette beim Nachunternehmereinsatz, NJW-Spezial 2007, 405; *Schiemann*, Vorteilsanrechnung beim werkvertraglichen Schadensersatz, NJW, 2007, 3037.

### a) Der Schadensersatzanspruch nach altem Recht (§ 635 BGB a. F.)

Die Klage des Bauherrn auf **Schadensersatz wegen Nichterfüllung** gemäß § 635 BGB hatte von allen Gewährleistungsklagen die größte Bedeutung, wenn sie auch gegenüber der **Vorschussklage** erheblich an Boden verlor. Nach wie vor betreffen aber viele veröffentlichte Entscheidungen die Vorschrift des § 635 BGB a. F. Für den neurechtlichen **Schadensersatz statt der Leistung** (§§ 634 Nr. 4, 636, 280, 281 BGB n. F.) bleibt abzuwarten, ob er eine vergleichbare Bedeutung gewinnt.

**1674**

**1675** Beruht der **Mangel** einer Bauleistung („des Werkes") auf einem Umstand, den der Unternehmer, Architekt oder Sonderfachmann zu vertreten hat, so kann der Besteller nach altem Recht – statt Wandelung oder Minderung – **Schadensersatz wegen Nichterfüllung** verlangen (§ 635 BGB a. F.). Da dieser Schadensersatzanspruch „die Fortsetzung des Anspruchs aus § 633 Abs. 2 Satz 1 auf Nachbesserung darstellt,"[134] kommt er nur für solche Schäden in Betracht, deren Ursachen dem **Leistungsbild** des Auftragnehmers entstammen; nur der dem Unternehmer, Architekten oder sonstigen Baubeteiligten **zurechenbare Mangel** kann Grundlage eines Ersatzanspruchs nach § 635 BGB a. F. sein.

**1676** Zum Vortrag des Bauherrn bei einem Vorgehen aus § 635 BGB a. F. gehören deshalb in der Regel:

* der Eintritt eines Schadens, der auf einen dem Schuldner **zuzurechnenden Mangel** zurückzuführen ist.[135]
* die Voraussetzung des § 634 BGB a. F.:
Der Bauherr muss daher grundsätzlich dem Unternehmer eine Frist zur Mängelbeseitigung mit Ablehnungsandrohung setzen. Dabei muss unzweideutig zum Ausdruck kommen, dass nach Fristablauf die Annahme der Leistung verweigert wird.[136] Indes gelten die **Ausnahmen** des § 634 Abs. 2 BGB a. F. (Rdn. 1657), so bedarf es z. B. keiner Nachfrist, wenn sich der **Planungs-** oder **Überwachungsmangel** des Architekten bereits im Bauwerk verkörpert hat und durch Nachbesserung der Planung nicht mehr beseitigt werden kann; der Architekt haftet dann auch ohne Fristsetzung auf Schadensersatz.[137] In gleicher Weise muss eine (unterbliebene) Fristsetzung mit Ablehnungsandrohung nicht nachgeholt werden, wenn der Unternehmer eine Mängelbeseitigung mit der **Klageerwiderung** endgültig verweigert.[138] Lagen die Voraussetzungen, unter denen eine Fristsetzung ausnahmsweise entbehrlich ist, zwar anfänglich vor, sind sie dann jedoch wieder entfallen, bevor der Schadensersatzanspruch geltend gemacht wird, ist eine Fristsetzung erforderlich.[139]

Ferner kann Schadensersatz immer ohne Fristsetzung mit Ablehnungsandrohung verlangt werden, wenn es um den Ersatz von Schäden geht, die durch eine Nachbesserung nicht hätten verhindert werden können, ihr also nicht zugänglich waren.[140] Hierzu zählen u. a. Produktionsausfälle, Gutachterkosten und der Anspruch auf den entgangenen Gewinn. Außerdem bedarf es keiner Fristsetzung, wenn der Schaden an einem anderen Gewerk (als dem des nachbesserungspflichtigen Unternehmers) entstanden ist.[141]

---

134) So zutreffend: *Lepp*, Grundstrukturen des Baurechts, 2. Auflage 1989, S. 76.
135) Schadensersatz kann auch bei einer nur **unerheblichen** Wert- oder Tauglichkeitsminderung gefordert werden, sofern nicht im Einzelfall Treu und Glauben (§ 242 BGB) entgegensteht (OLG Düsseldorf, BauR 1996, 712, 713).
136) BGHZ 142, 278 = BauR 2000, 98; BGH, BauR 2001, 1731, 1732; BGH, NZBau 2004, 153, 154; OLG Düsseldorf, NJW-RR 1999, 1396; OLG Köln, BauR 1996, 725, 727.
137) BGH, WM 1981, 683; OLG Hamm, BauR 2005, 897, 898; OLG Celle, OLGR 1998, 201, 202; OLG Düsseldorf, NJW-RR 1998, 741.
138) BGH, BauR 2003, 386.
139) BGH, NJW-RR 1990, 1300 = BauR 1990, 725 = ZfBR 1990, 275.
140) BGHZ 92, 308 = BauR 1985, 83 = ZfBR 1985, 33; BGH, BauR 2000, 1189, 1190 = NZBau 2000, 329 = ZfBR 2000, 403 (**Mietausfall**); BGH, BauR 1990, 466; BGH, BauR 1991, 212 = ZfBR 1991, 99.
141) BGHZ 96, 221 = BauR 1986, 211; BGH, BauR 1989, 469 = ZfBR 1989, 161.

## Schadensersatz wegen Nichterfüllung (§ 635 BGB a. F.)     Rdn. 1676

* die **Abnahme** der Werkleistung[142] oder zumindest eine Ausführung (§ 640 BGB a. F.); indes kann auch ohne eine Abnahme Schadensersatz wegen Nichterfüllung verlangt werden, wenn der Besteller „die Abnahme des mangelhaften Werks" nicht unberechtigt und ohne Verstoß gegen § 242 BGB endgültig abgelehnt hat.[143] Liegt ein nicht mehr nachbesserungsfähiger Mangel eines Architektenwerkes vor, kann der Auftraggeber Schadensersatz nach § 635 BGB a. F. verlangen; der Anspruch setzt keine Abnahme voraus.[144] Im Übrigen sind Schäden während der Ausführung nach den Regeln der positiven Vertragsverletzung zu ersetzen.[145] Deckt sich ein Vertrauensschaden adäquat kausal mit dem Schaden, den § 635 BGB a. F. erfasst, scheidet die Haftung aus Verschulden bei Vertragsschluss aus.[146]

* die **Kausalität** zwischen Baumangel und Schaden:[147]

  Der Schädiger hat im Rahmen des § 635 BGB a. F. grundsätzlich für den gesamten durch seine pflichtwidrige Handlung verursachten Schaden einzustehen;[148] übernimmt er bei der Vertragsausführung Aufgaben, die nach dem Vertrag nicht geschuldet sind, so hat er gleichwohl für die dabei schuldhaft verursachten Schäden einzustehen.[149] Dies gilt – trotz eines kausalen Zusammenhangs – jedoch nicht für Schäden, die erst „durch ein völlig ungewöhnliches und unsachgemäßes Verhalten einer anderen Person ausgelöst" wurden. In diesen Fällen kann eine Zurechnung des Schadens ausscheiden.[150] Einen solchen Fall behandelt das OLG Düsseldorf:[151] Verursacht der mit der Mängelbeseitigung (hier: Beseitigung eines defekten Estrichs) beauftragte Drittunternehmer durch ein ungewöhnlich grobes Fehlverhalten einen Schaden (z. B. Zerstörung der unter dem Estrich befindlichen Folie), ist der durch das unsachgemäße Verhalten des Drittunternehmers verursachte Schaden von dem ersatzpflichtigen Unternehmer nicht zu erstatten.

* die Berechnung des Schadens, der unmittelbar mit dem Baumangel zusammenhängen muss.[152]

---

142) **Streitig;** vgl. BGH, NJW 1969, 838, 839; VersR 1974, 261, 262 = BauR 1974, 63; **a. A.:** BGH, NJW 1994, 942 = BauR 1994, 242; OLG Nürnberg, MDR 1985, 763.
143) So BGH (X. ZS), BauR 1996, 386, 389 = NJW 1996, 1749.
144) BGH, BauR 2000, 128 = NJW 2000, 133.
145) OLG Hamm, NJW-RR 1989, 601. Das OLG Düsseldorf (OLGZ 1978, 202) zieht §§ 323 ff., 280 BGB heran.
146) OLG Düsseldorf, BauR 1992, 104, 105.
147) BGH, BauR 2003, 1753 = ZfBR 2003, 763 (Kausalität der **Pflichtverletzung** eines Architekten bei einer Kellerundichtigkeit); BGH, BauR 1997, 306 = ZfBR 1997, 88 (**Kausalität** einer unterlassenen Heizungsdruckprobe für **verzögert eingetretenen Schaden**); BGH, BauR 1997, 494 = ZfBR 1997, 195 (Kausalität bei **Bausummenüberschreitung** durch Architekten); OLG Düsseldorf, NJW-RR 1998, 89 (**Mietausfallschaden**). Zum **Ausschluss** einer **Reserveursache:** OLG Oldenburg, NJW-RR 1999, 312 = BauR 1999, 781 (Einsturz einer Lagerhalle); zu **Unterbrechung** des Kausalzusammenhangs: BGH, MDR 2000, 262.
148) OLG Köln, BauR 1996, 548, 551.
149) BGH, BauR 1996, 418, 419.
150) BGH, BauR 1991, 745 = NJW-RR 1991, 1428.
151) BauR 1993, 739.
152) OLG Düsseldorf, NJW-RR 1999, 1616; BGH, BauR 2001, 793 = NJW-RR 2001, 663 (Schadensersatzanspruch des **General**unternehmers gegen den **Sub**unternehmer nach Prozessvergleich mit Auftraggeber).

- dass der **Schaden** nach Art und Entstehungsweise unter den Schutzzweck der verletzten Norm fällt; es muss sich demnach um einen Nachteil handeln, der aus dem Bereich der Gefahren stammt, zu deren Abwendung die verletzte Norm erlassen oder die verletzte Vertragspflicht übernommen worden ist.[153]
- ein **Verschulden** des Unternehmers, Architekten oder Sonderfachmannes am Werkmangel. Zu beachten ist, dass der Bauherr nach herrschender Ansicht nur die „Schlechterfüllung" nachweisen muss; ist die mangelhafte Werkleistung bewiesen, liegt insbesondere eine Abweichung von den anerkannten Regeln der Technik vor, ist es Sache des Unternehmers, Architekten oder Sonderfachmannes, darzulegen und zu beweisen, dass ihn kein Verschulden trifft.[154]

**1677** Schadensersatz wegen Nichterfüllung kann nicht zusätzlich zur Wandelung oder Minderung verlangt werden; möglich ist aber, den Schadensersatzanspruch **hilfsweise** neben der Wandelung oder Minderung zu fordern oder einem Werklohnanspruch entgegenzusetzen.[155]

**1678** Schadensersatz kann auch bei **unerheblichen** Baumängeln verlangt werden; § 634 Abs. 3 BGB a. F. trifft nur für die Wandelung zu. Der Anspruch auf Schadensersatz ist nicht davon abhängig, dass die Mängelbeseitigung tatsächlich von dem Bauherrn veranlasst wird.[156] Dem Bauherrn steht es vielmehr grundsätzlich frei, ob er den zur Mängelbeseitigung erforderlichen Betrag wirklich diesem Zweck zuführen oder ihn anderweitig verwenden will.[157]

**1679** Der Schadensersatzanspruch aus § 635 BGB a. F. erlischt auch nicht, wenn der Bauherr das Grundstück, auf dem sich das mangelhafte Bauwerk befindet, veräußert, bevor er den zur Mängelbeseitigung erforderlichen Geldbetrag erhalten hat.[158] Nichts anderes gilt, wenn das Hausgrundstück vor einer Nachbesserung zwangsversteigert wird.[159]

**1680** Der Besteller hat bei Mängeln grundsätzlich ein **Wahlrecht**, das er noch während des Rechtsstreits ausüben kann:[160] Er kann einmal die Werkleistung behalten und den durch den Mangel verursachten Schaden verlangen (**„kleiner"** Schadensersatzanspruch). Zum anderen kann er das Werk zurückweisen und den durch die Nichterfüllung des ganzen Vertrages eingetretenen Schaden fordern.[161] In diesem Falle ist er so zu stellen, als wenn der Vertrag nicht geschlossen worden wäre (**„großer"**

---

153) Vgl. OLG Bamberg, BauR 1996, 284, 286.
154) BGHZ, 48, 310, 312 = NJW 1968, 43; BGH, BauR 1982, 514, 516.
155) BGH, *Schäfer/Finnern*, Z 2.414 Bl. 127.
156) BGHZ 61, 28 = NJW 1973, 1457; BGHZ 99, 81 = BauR 1987, 89.
157) BGHZ 66, 239, 241; BGH, NJW 1977, 1819 m. Anm. *Schlechtriem*.
158) BGH, ZfBR 2005, 50 = BauR 2004, 1617, 1618; BGH, BauR 1996, 735, 736 = MDR 1996, 1117; BGHZ 99, 81 = BauR 1987, 89 = NJW 1987, 645.
159) OLG Bremen, MDR 1990, 339 = NJW-RR 1990, 218.
160) BGH (VII. ZS), BauR 2002, 1385, 1389; BGH (X. ZS), BauR 1996, 386; BGH (VII. ZS), BauR 1991, 744 = NJW-RR 1991, 1429.
161) BGH, BauR 2006, 1736 = NZBau 2006, 642 = NJW 2006, 2912; BGH, BauR 2006, 828 = NZBau 2006, 312; *MünchKomm-Soergel*, § 635 BGB, Rdn. 29 ff. sowie *Schellen*, BauR 1988, 42 ff. (zur Ermittlung des kleinen Schadensersatzanspruches).

## Schadensersatz wegen Nichterfüllung (§ 635 BGB a. F.)        Rdn. 1681

Schadensersatzanspruch). Kann dieser Anspruch erfolgreich vor der Abnahme geltend gemacht werden, führt dies zum Untergang des Werklohnanspruchs.[162)]

* Verlangt der Bauherr Schadensersatz wegen Nichterfüllung des **ganzen** Vertrages, so verweigert er damit die Vergütung; eine bereits gezahlte kann er zurückfordern.[163)] Ferner hat der Bauherr Anspruch auf Ersatz des (weiteren) Schadens, der ihm durch den Vertrag und seine Nichterfüllung entstanden ist. Dies kann im Einzelfall die komplette **Entfernung** des errichteten Gebäudes sowie die Erstattung der **Mehrkosten** für die Neuerrichtung umfassen, es sei denn, diese Aufwendungen sind unter entsprechender Anwendung des § 251 Abs. 2 BGB unverhältnismäßig.[164)] Bei nur unbedeutenden Mängeln kann dem Bauherrn gemäß § 242 BGB auch nach altem Recht der Anspruch auf großen Schadensersatz im Einzelfall versagt sein.[165)] Macht der Bauherr den „großen" Schadensersatzanspruch geltend, sind bei der Rückabwicklung auch die vom Besteller erlangten **Nutzungsvorteile** auszugleichen.[166)]
* In der Praxis wird der Bauherr meistens jedoch das Bauwerk abnehmen und Schadensersatz wegen mangelhafter Erfüllung verlangen. In diesem Fall ist der Bauherr so zu stellen, wie er bei mangelfreier Arbeit stehen würde.[167)] Er kann daher grundsätzlich die Erstattung aller Aufwendungen verlangen, die ihm bei einer ordnungsgemäßen Vertragserfüllung nicht entstanden wären. Hieran ändert auch eine wirksame **Kündigung** des Bauherrn nichts, denn diese lässt einen bereits entstandenen Schadensersatzanspruch in jeder Hinsicht unberührt.
* Die Grundsätze der **Vorteilsausgleichung** sind bei der Ermittlung des ersatzfähigen Schadens stets zu berücksichtigen; dies folgt aus der strikten Anwendung der Differenzhypothese, die ein schadensersatzrechtliches Bereicherungsverbot statuiert.[168)] Dies kann, wie im BGH-Fall dargelegt, zu einem Haftungsausschluss im Rahmen einer werkvertraglichen Leistungskette führen.

Der Bauherr kann deshalb, wenn er Schadensersatz wegen **mangelhafter Erfüllung** (kleiner Schadensersatz) verlangt, grundsätzlich die zum Zeitpunkt der Sanierung tatsächlich erforderlichen Kosten oder den mangelbedingten Minderwert        **1681**

---

162) BGH, BauR 2006, 1736, 1737; *Staudinger/Peters*, § 634 BGB, Rdn. 127, 130.
163) Vgl. BGH, BauR 2006, 828; OLG Hamm, NJW-RR 1998, 1031 (für **Rückabwicklung** eines **Bauträgervertrages** über § 635 BGB); OLG Düsseldorf, NJW-RR 1996, 305 (Rückabwicklung eines Werkvertrages über einen Bodenbelag); OLG Hamm, BauR 2003, 1733 (Rückabwicklung eines Werklieferungsvertrages; Wärmepumpenanlage); OLG Karlsruhe, IBR 2002, 314 – *Schulze/Hagen*.
164) BGH, BauR 2006, 1736, 1738 m. Nachw.
165) BGH, NJW 1972, 526.
166) Siehe BGH, BauR 2006, 828 = NZBau 2006, 312 (Anrechnung der durch Vermietung erzielten Einnahmen; unzutreffend insoweit daher OLG Karlsruhe, IBR 2006, 149 – *Harder*); BGH, BauR 2006, 983 (Wert Eigennutzung; Heranziehung des üblichen Miet- und Pachtzinses); OLG Hamm, BauR 2003, 1722, 1734.
167) BGH (X. ZS), BauR 2006, 1488, 1489 = NZBau 2006, 638, 640; OLG Düsseldorf, BauR 1996, 387, 388; LG Marburg, BauR 1996, 420 (für nicht genehmigungsfähigen Bauplan); KG, BauR 2006, 1757, 1758 = OLGR 2006, 884, 885 (bedenklich, soweit der Ersatz von anfallenden Mehrkosten bei der Wartung verneint wird).
168) BGH, BauR 2007, 1564, 1565 = NZBau 2007, 578, 579 = NJW 2007, 2695, 2696 m. w. Nachw.; *Weise*, NJW-Spezial 2007, 405; *Schiemann*, NJW 2007, 3037 ff.

geltend machen.[169] Der Schadensersatzanspruch ist auch nicht begrenzt; wird eine völlig unzureichende Werkleistung abgeliefert, umfasst der Schadensersatzanspruch auch die Kosten einer vollständigen **Neuherstellung**.[170] Wird der Schadensersatz bereits vor diesem Zeitpunkt zuerkannt, ist auf den Zeitpunkt der letzten mündlichen Verhandlung abzustellen.[171] Der Unternehmer hat daher auch kein Recht darauf, etwa „abzuwarten, ob sich der erforderliche Aufwand durch eine spätere Entwicklung billiger gestaltet oder aus besonderen Gründen erübrigt".[172] Der Schaden bemisst sich daher immer nach den zur (nachträglichen) Herstellung des vertragsgerechten Zustandes **erforderlichen** (Mehr)kosten und ist auch nicht davon abhängig, ob der Bauherr die notwendigen Arbeiten ausführen lässt.[173] Das gilt auch für notwendige Hotelkosten, die bei einer Mängelbeseitigung anfallen.[174] Steht allerdings endgültig fest, dass der Bauherr dem **Unternehmer** wegen eines Mangels keinen Werklohn entrichten muss, hat er keinen Schaden mehr; er kann seinen **Architekten,** der fehlerhaft geplant oder überwacht hat, nicht mehr auf Schadensersatz in Anspruch nehmen.[175]

**1682** Zu den nach § 635 BGB a. F. „erforderlichen" Mängelbeseitigungskosten zählen auch solche Kosten, die zur **Vorbereitung** der eigentlichen Mängelbeseitigung und zur **Wiederherstellung** des ursprünglichen Zustandes nach Abschluss der Mängelbeseitigung erforderlich sind;[176] ferner sind solche Aufwendungen zu ersetzen, die der geschädigte Bauherr aufgrund eines (u. U. sogar fehlerhaften) Sachverständigengutachtens für erforderlich halten durfte.[177] Trifft den Bauherrn bei der Auswahl des Sachverständigen kein Verschulden, so hat der Unternehmer Schadensersatz Zug um Zug gegen Abtretung der Ansprüche des Bauherrn gegen den Sachverständigen zu leisten.[178] Kann ein Auftraggeber auf die Richtigkeit eines Gutachtens vertrauen, geht das mit dieser Beurteilung verbundene Risiko zu Lasten des Unternehmers.

**1683** Schadensersatz kann der Bauherr bereits **vor** der Mängelbeseitigung beanspruchen; das gilt auch für den Anspruch des Bauherrn gegen den Architekten, sodass

---

169) BGH, BauR 1991, 744 = NJW-RR 1991, 1429; BGHZ 59, 365 = BauR 1973, 112; OLG Karlsruhe, OLGR 2002, 187, 188; OLG Düsseldorf, BauR 1998, 126, 128 = NJW-RR 1997, 1450 **(mangelhafte Unternehmerleistung)** u. BauR 1993, 241 (für mangelhafte **Bauaufsicht** durch den Architekten); OLG Düsseldorf, BauR 1992, 106; LG Konstanz, NJW-RR 1997, 722 (Kosten für die „Suche" nach den Ursachen des Mangels).
170) Zutreffend: OLG Bamberg, IBR 2006, 197 – *Frank* (funktionsuntüchtige Dachkonstruktion).
171) OLG Hamm, BauR 1993, 738. Zum maßgeblichen Zeitpunkt für die Schadensberechnung bei einer unzureichenden Kostenermittlung durch den Architekten: BGH, BauR 1997, 335 = ZfBR 1997, 145; zum **Schaden:** OLG Celle, OLGR 1996, 158 u. BauR 1998, 1030 (Ersatz **zusätzlicher Finanzierungskosten**); zum Zeitpunkt für die Feststellung eines **merkantilen** Minderwertes eines Gebäudes: OLG Karlsruhe, NJW-RR 1997, 1247.
172) BGH, BauR 1994, 106, 107 (für Schadensersatzanspruch nach § 283 BGB).
173) OLG Köln, BauR 1994, 119, 120 = ZfBR 1993, 287; OLG Koblenz, NJW-RR 1995, 655, 656 (für Ansprüche nach Explosion eines unzureichend entlüfteten Kachelofens).
174) BGH, BauR 2003, 1211, 1213 = NZBau 2003, 375 = ZfBR 2003, 462; hierzu kritisch: *Knütel,* BauR 2004, 591 ff.
175) BGH, NJW 1996, 2370.
176) OLG Karlsruhe, BauR 2003, 98, 99 = OLGR 2002, 187.
177) BGH, BauR 2003, 1209, 1211 = NZBau 2003, 433, 434; OLG Celle, BauR 2004, 1018.
178) OLG Frankfurt, BauR 1991, 777 (Privatgutachterkosten).

## Schadensersatz wegen Nichterfüllung (§ 635 BGB a. F.)

grundsätzlich neben dem Schadensersatzanspruch aus § 635 BGB a. F. kein Anspruch auf Vorschuss besteht.[179] Der Ersatzanspruch ist aber nicht nach dem Betrag zu bemessen, den der Bauherr benötigt, um die vorhandenen Mängel zu beseitigen, sondern nach dem Unterschied zwischen der Vermögenslage, in der ein Bauherr bei einer ordnungsgemäßen Erfüllung gewesen wäre, und derjenigen, in die er durch die mangelhafte Erfüllung geraten ist. Der Schadensersatzanspruch kann sich deshalb auch nicht auf die geringeren Kosten einer vom Unternehmer bevorzugten Ersatzlösung beschränken, die den vertraglich geschuldeten Erfolg nicht herbeiführen könnte.[180] Im Ergebnis muss der Bauherr, wenn er noch keine Aufwendungen für die Mängelbeseitigungen gemacht hat, immer so in die Lage versetzt werden, dass er die vorhandenen Mängel mit dem ihm zur Verfügung gestellten oder gerichtlich zugesprochenen Betrag ohne eigene Vermögenseinbuße beseitigen kann.[181] Ein Unternehmer wird deshalb auch im Wege des Schadensersatzes zu **„flankierenden"** Maßnahmen verpflichtet sein, wenn seine (dem Bauherrn angebotene Methode der) Problemlösung nicht zum Erfolg führen kann.[182] Darüber hinaus gehören die weitere Schadensfolgen (z. B. technischer und merkantiler Minderwert) zum Ersatzanspruch (vgl. Rdn. 1726).[183] Der Ersatz der Verkehrswertminderung kann trotz erfolgter Nachbesserung verlangt werden.[184] Der für die Mängelbeseitigung erforderliche Betrag wird sich in der Regel mit Hilfe eines Sachverständigen ermitteln lassen; im Übrigen ist dem Gericht nach Maßgabe des § 287 ZPO eine **Schätzung** erlaubt.[185] Der Auftraggeber ist jedenfalls nicht verpflichtet, die Höhe der Sanierungskosten durch ein Privatgutachten (vorab) zu ermitteln.[186]

Wenn der Unternehmer die Beseitigung des Mangels gemäß § 633 Abs. 2 Satz 3 BGB a. F. **verweigern** darf, kann der Bauherr gleichwohl seinen Schadensersatzanspruch nach den für die Mängelbeseitigung erforderlichen Aufwendungen berechnen.[187] Der Bauherr ist nicht auf die Geltendmachung eines merkantilen Minderwertes beschränkt.[188] In diesen Fällen kann jedoch eine entsprechende Anwendung des § 251 Abs. 2 BGB in Betracht kommen; diese Vorschrift ist jedoch nur ausnahmsweise analog heranzuziehen, nämlich dann, wenn es für den Unternehmer unzumutbar wäre, die von dem Bauherrn in nicht sinnvoller Weise gemachten

**1684**

---

179) BGHZ 59, 365 = NJW 1973, 138; BGH, BauR 1979, 420, 426; OLG Düsseldorf, BauR 1996, 121, 122 = OLGR 1995, 235.
180) BGH, BauR 2003, 1209 = ZfBR 2003, 555 = NZBau 2003, 433.
181) BGH, NZBau 2003, 375; OLG Celle, BauR 2004, 1018 = NZBau 2004, 445.
182) OLG Köln, NJW-RR 1993, 285 (für Hochdruckinjektionsverfahren).
183) BGH, BauR 1995, 388, 389; BGH, BauR 1991, 744 = NJW-RR 1991, 1429; OLG Düsseldorf, BauR 1998, 126, 128; OLG Stuttgart, BauR 1989, 611, 614 mit Anm. *Kamphausen*.
184) BGH, *Schäfer/Finnern*, Z 2.510 Bl. 12; BGH, *SFH*, Nr. 4 zu § 634 BGB.
185) BGH, BauR 2003, 1211, 1213 = NZBau 2003, 375 = ZfBR 2003, 462; BGH, BauR 2004, 1290 = NZBau 2004, 389.
186) BGH, BauR 2003, 385 = NZBau 2003, 152, 153; BGH, BauR 2003, 1247 = NZBau 2003, 501.
187) BGHZ 59, 365, 367 = MDR 1973, 210; BGH, BauR 2002, 1539, 1540; OLG Zweibrücken, BauR 2006, 690, 691; OLG Karlsruhe, BauR 2003, 98, 100.
188) Vgl. OLG Düsseldorf, BauR 1998, 126, 128 = NJW-RR 1997, 1450; **a. A.:** OLG Düsseldorf, BauR 1993, 733.

Aufwendungen tragen zu müssen. Der BGH[189)] hat den Begriff der „unverhältnismäßigen Aufwendungen" i. S. der §§ 251 Abs. 2, 635 BGB a. F. wie folgt umschrieben: „Unverhältnismäßig sind die Aufwendungen für die Beseitigung eines Werkmangels dann, wenn der damit in Richtung auf die Beseitigung des Mangels erzielte Erfolg oder Teilerfolg bei Abwägung aller Umstände des Einzelfalles in keinem vernünftigem Verhältnis zur Höhe des dafür gemachten Geldaufwandes steht." Es kommt also nicht allein auf die Höhe der entstehenden Kosten an, sondern darauf, in welchem Verhältnis diese Aufwendungen zu dem Vorteil stehen, den der Bauherr durch die Mängelbeseitigung erlangt.

**1685** Der Schadensersatzanspruch aus § 635 BGB a. F. ist – abweichend von § 249 Satz 1 BGB – in aller Regel auf Entschädigung in Geld gerichtet.[190)] Nur in Ausnahmefällen kann eine Entschädigung in Natur verlangt werden, da andernfalls der Schadensersatzanspruch mit dem Erfüllungs- und Nachbesserungsanspruch gleichgesetzt würde.[191)] In der Rechsprechung[192)] wird daher dem **Architekten** nur ausnahmsweise das Recht eingeräumt, Schadensersatz nach § 635 BGB a. F. durch Mängelbeseitigung zu leisten (vgl. Rdn. 1642). Ist dem Architekten ein vertragliches Schadensbeseitigungsrecht (vgl. z. B. § 7.6 Satz 1 des Einheitsarchitektenvertrages 1994)[193)] eingeräumt, wird der Schadensersatzanspruch des Bauherrn nach § 635 BGB a. F. nicht ausgeschlossen; dieser muss nach Meinung des OLG Hamm[194)] aber dem Architekten zunächst eine angemessene Frist mit der Erklärung setzen, „dass er (Bauherr) die Herstellung (Mängelbeseitigung) nach dem Ablauf der Frist ablehne".

**1686** Will der Architekt von einem solchen Schadensbeseitigungsrecht Gebrauch machen, muss der Erfolg der Behebungsmaßnahmen außer Zweifel stehen;[195)] der Architekt muss deshalb auch alle Maßnahmen anbieten, die erforderlich sind, um die Mängelbeseitigung durchzuführen. Er muss daher alle **Vorbereitungs-** und **Folgekosten** (dazu zählen z. B. Gartenbauarbeiten) tragen.

**1687** Ob einem Bauherrn (Eigentümer) ein Schadensersatzanspruch für entgangene Gebrauchsvorteile (**„Nutzungsausfallentschädigung"**) zustehen kann, ist im Einzelfall zweifelhaft. Der Große Senat des BGH hat durch Beschluss vom 9. Juli 1986[196)] entschieden, dass die vorübergehende Nutzungsbeeinträchtigung (Gebrauchsverlust) infolge eines deliktischen Eingriffs jedenfalls bei einem vom Eigentümer selbst

---

189) BGHZ 59, 365 = BauR 2003, 1209, 1211; BauR 2006, 1736, 1738 = NZBau 2006, 642, 643; BauR 2002, 613, 616; OLG Zweibrücken, BauR 2006, 690, 691; OLG Köln, BauR 2005, 689, 690 u. *SFH*, Nr. 34 zu § 633 BGB; OLG Karlsruhe, BauR 2003, 98, 100; OLG Oldenburg, OLGR 2000, 114, 115; OLG Hamm, OLGR Hamm 1992, 312; *Mandelkow*, BauR 1996, 656 ff.
190) BGH, NJW 1987, 645 = BauR 1987, 89; DB 1973, 2512 = BauR 1974, 59 = NJW 1974, 143; BauR 1973, 112 = NJW 1973, 138; OLG Hamm, BauR 1972, 123. Zum Anspruch des Bestellers auf **Demontage** und **Entfernung** eines **misslungenen** Werkes: LG Nürnberg-Fürth, BauR 2000, 277; OLG Hamm, NJW 1978, 1060.
191) *Palandt/Sprau*, 61. Aufl., § 635 BGB, Rdn. 7; *Bulla*, BB 1975, 445.
192) Vgl. BGH, NJW 1978, 1853 = ZfBR 1978, 17 = *SFH*, Nr. 7 zu § 635 BGB in Abweichung von BGH, NJW 1962, 390; kritisch: *Ganten*, NJW 1978, 2593.
193) Von der Bundesarchitektenkammer zurückgezogen.
194) OLG Hamm, NJW-RR 1992, 467.
195) BGH, *Schäfer/Finnern*, Z 3.00 Bl. 5, 216.
196) BGHZ 98, 212 = NJW 1987, 50 m. Anm. *Rauscher* = BauR 1987, 312; dazu *Medicus*, NJW 1989, 1889.

## Schadensersatz wegen Nichterfüllung (§ 635 BGB a. F.) Rdn. 1688

bewohnten Hauses einen ersatzfähigen Vermögensschaden darstellen kann. Es ist jedoch **nach wie vor** zweifelhaft, ob und inwieweit die Grundsätze des Großen Senats des BGH auch auf das bauvertragliche Schadensersatzrecht übertragen werden können. Der für Bausachen zuständige VII. Zivilsenat des BGH hat im Fall der mangelbedingten, vorübergehenden Unbenutzbarkeit eines Schwimmbades einen Vermögensschaden verneint,[197] er billigt aber dem Erwerber eines Hauses oder einer Eigentumswohnung mit einem Kraftfahrzeugabstellplatz in einer Tiefgarage eine Entschädigung für den Nutzungsausfall zu.[198] Der V. Zivilsenat des BGH[199] bejaht einen Vermögensschaden nur, wenn die Wohnung/das Haus für die eigenwirtschaftliche Lebenshaltung von „zentraler Bedeutung" ist. Das ist für die Räume einer Wohnung problemlos anzusetzen; dagegen wird eine Garage im Regelfall nicht dazu zählen.[200] Können Räume (z. B. Hobby- oder Kinderspielkeller) nach den Bestimmungen der Landesbauordnung nur zeitweilig genutzt werden, scheidet ein Vermögensschaden von vornherein aus.[201] In gleicher Weise scheidet ein Nutzungsausfall für eine nicht genutzte Terrasse und einen nicht nutzbaren Garten aus.[202] Der Bauherr muss die Wohnung/das Haus auch stets selbst bewohnen wollen; es reicht deshalb nicht aus, wenn Angehörige oder Besucher des Bauherrn die Räumlichkeiten nicht benutzen können.[203] Im Übrigen muss sich ein Bauherr grundsätzlich um eine „baldmögliche" Behebung des Baumangels bemühen, wenn er wegen eines mangelbedingten Nutzungsausfalls Schadensersatz verlangt.[204]

Der Bauherr kann sich bei einer Klage aus § 635 BGB a. F. nur auf Schäden stützen, die der Werkleistung unmittelbar anhaften, weil sie „infolge des Mangels unbrauchbar, wertlos oder minderwertig ist".[205] Damit ist die altrechtlich wichtige Frage der Abgrenzung von Gewährleistung und positiver Vertragsverletzung (vgl. Rdn. 1751 ff.) bei **Mangelfolgeschäden** angesprochen. Die Abgrenzung zwischen den unmittelbaren Schäden am Bauwerk und den sog. **„entfernteren Mangelfolgeschäden"** ist bis zum SchRModG umstritten und ungeklärt geblieben, obwohl die Frage, insbesondere im Hinblick auf die unterschiedliche Verjährung, von größter Bedeutung war.

**1688**

---

197) BGH, BauR 1980, 271 = JR 1981, 14 m. krit. Anm. *Hommelhoff*. Ebenso: OLG Köln, OLGR 1992, 173 für die nur vorübergehende Beeinträchtigung eines Hauses „infolge Einsicht vom Nachbarhaus"; s. ferner: OLG Saarbrücken, BauR 2007, 738 = OLGR 2007, 4 = NJW-RR 2006, 1528 = IBR 2006, 670 – Lichtenberg (kein Nutzungsausfall bei Abriss des Balkons).
198) BauR 1986, 105 = ZfBR 1986, 26 = DB 1986, 530 = NJW 1986, 427.
199) ZfBR 1993, 183, 184; NJW 1992, 1500; BGH, BauR 1987, 318 = NJW 1987, 771; BGH, NJW 1988, 251 (Ferienhaus); OLG Köln, OLGR 2003, 62 (Lösungsmittelgeruch nach Parkettversiegelung); OLG Stuttgart, NJW-RR 2000, 1617 = BauR 2001, 643 (Nutzungsentschädigung bei **Schallschutzmängeln** eines Neubaus).
200) BGH, ZfBR 1993, 183, 184.
201) OLG Düsseldorf, BauR 1992, 96, 97; OLG Düsseldorf, ZfBR 2000, 184 (kein Nutzungsausfall für Hobbyraum bei Nichtbenutzbarkeit infolge wiederholter Überschwemmungen – Fehlen eines Rückstauventils).
202) OLG Hamm, BauR 2006, 113; *Kniffka/Koeble*, Teil 6, Rdn. 210.
203) BGHZ 117, 260 = NJW 1992, 1500; OLG Düsseldorf, NJW-RR 1998, 89, 91 (für Stahlhalle).
204) BGH, BauR 1995, 692 = MDR 1995, 795; BGH, BauR 1974, 205; OLG Düsseldorf, NJW-RR 1998, 89, 91.
205) BGH, NJW 1969, 1710.

**1689** Nach der Rechtsprechung des BGH[206] muss es sich um Schäden – auch Folgeschäden – handeln, die eng und unmittelbar mit dem Mangel zusammenhängen. So genannte **entferntere Mangelfolgeschäden** werden von der Vorschrift des § 635 BGB a. F. nicht erfasst, sondern unterliegen der Haftung aus positiver Forderungsverletzung. Das gilt auch, wenn der Schaden durch Verletzung einer Hauptleistungspflicht entsteht.[207]

**1690** Nach **altem** Recht fallen u. a. als **nächste Schadensfolgen** unter § 635 BGB a. F.:
* **Planungs-** und/oder **Überwachungsfehler** des **Architekten** (BGHZ 37, 341 = NJW 1962, 1764)
* **Planungsfehler** des Wohnungsbauträgers (BGH, DB 1975, 1263) und **Überwachungsfehler** des technischen Baubetreuers (BGH, BauR 1991, 88) oder des **Sonderfachmanns** (OLG Bamberg, BauR 1996, 285)
* Schäden, die dadurch entstehen, dass der Bauherr das mangelhafte Haus nicht vermieten sowie selbst nicht bewohnen kann und deshalb eine Ersatzwohnung mieten muss (BGHZ 46, 238 = NJW 1967, 340)
* **der entgangene** Gewinn, z. B. die erwähnten **Miet-** und sonstigen **Nutzungsausfälle** (OLG Hamm, BauR 2003, 1417 u. Klein, BauR 2004, 1069 ff.; BGH, BauR 2003, 1900, 1901 = ZfBR 2004, 51 = NZBau 2003, 667; HansOLG Hamburg, MDR 1973, 314 – **Gewinnausfall** des Bauherrn bei mangelhafter Bauleistung des Unternehmers und sich daraus ergeben-der Kündigung des Wartungsvertrages eines Kunden des Bauherrn; BGH, NJW 1978, 1626 – **Verdienstausfall** durch Schließen einer Bowlingbahn während der Nachbesserungsarbeiten)
* **Zinsverluste** (BGH, NJW 1967, 340, 341; Saarländisches OLG, NZBau 2002, 98, 100; siehe ferner: Klaft/Maxem, BauR 2000, 477, 479)
* **der technische** (OLG Düsseldorf, BauR 1998, 126, 128 = NJW-RR 1997, 1450) und **merkantile Minderwert des Gebäudes** (Brandenburgische OLG, BauR 2007, 425)
* Kosten für die Einholung eines **Privatgutachtens** über Bauwerksmängel (BGH, BauR 2002, 86, 87; Saarländisches OLG, NZBau 2002, 98, 100) sowie alle sonstigen Kosten im Rahmen der Untersuchung der mangelhaften Werkleistung (OLG Hamm, OLGR 1993, 50 – Fotografien zur Beweissicherung)
* **Mehrkosten** durch mangelhafte Bauleistung (BGH, NJW 1969, 1710; BGHZ 46, 238); z. B. für einen Architekten im Rahmen der Nachbesserungsarbeiten („**Regiekosten**") oder **Zwischenfinanzierungskosten** aufgrund der Nachbesserungskosten (OLG Düsseldorf, BauR 1972, 117) oder **Gerüst-** oder Abstützungskosten (BGH, NJW 1969, 1710)

**1691** Dagegen fallen nicht unter § 635 BGB a. F. **entferntere Mangelfolgeschäden,** die außerhalb der Werkleistung liegen. Das sind z. B.:
* Schäden aus Unfällen, die aus Mängeln am Gebäude hervorgehen, wie z. B. **Körperverletzungen** durch Sturz auf einer mangelhaften Treppe (BGH, NJW 1972, 625, 626)
* der Schaden, dass jemand von einem **Dritten** in Anspruch genommen wird (BGH, DB 1969, 523; BGH, NJW-RR 1994, 601)

---

[206] BGHZ, 35, 130 = NJW 1961, 1256; BGHZ 37, 341 = NJW 1962, 1764 (**Architekt**); BGHZ 48, 257 = NJW 1967, 2259 (**Statiker**); BGHZ 58, 225 = NJW 1972, 901 (**Vermessungsingenieur**); BGHZ 58, 305 = BauR 1972, 309; BGHZ 67, 1 = NJW 1976, 1502; BGH, NJW 1979, 1651 = BauR 1979, 321; BGHZ 115, 32 = NJW 1991, 2418; BGH, NJW 1993, 923.

[207] BGH, BauR 2002, 630 = NZBau 2002, 216 = ZfBR 2002, 348.

## Schadensersatz wegen Nichterfüllung (§ 635 BGB a. F.)   Rdn. 1692–1693

* Brandschäden (BGHZ 58, 305 = NJW 1972, 1195; BGH, NJW 1982, 2244)
* Wasserschäden, die nach einer von einem Dritten durchgeführten Probeheizung auftraten (BGH, VersR 1962, 460)
* Schäden, die nach der fehlerhaften Montage einzelner Rohrteile durch auslaufendes Öl verursacht wurden (BGH, BauR 1972, 127; vgl. aber OLG Köln, OLGR 1997, 61 u. OLG München, BauR 1990, 736 für durch ausfließendes Öl verseuchtes Erdreich und Grundwasser)
* Schäden am Fußboden und an tragenden Deckenbalken infolge fehlerhafter Installationsarbeiten (OLG Bamberg, BauR 1995, 394)
* Nutzungsausfall, der erst durch entferntere Mangelfolgeschäden entstanden ist (BGH, BauR 1982, 489 = NJW 1982, 2244 = SFH, Nr. 34 zu § 635 BGB)
* Einbruchschaden, der durch eine mangelhafte Überwachungsanlage verursacht wird (BGHZ 115, 32 = NJW 1991, 2418 = ZfBR 1991, 260; vgl. aber OLG München, NJW-RR 1988, 85: § 635, 638 BGB)
* Wassermehrverbrauch, der auf einem Leck der fehlerhaft verlegten Wasserleitung beruht (Saarländisches OLG, OLGR 2002, 41)

Der Schadensersatzanspruch aus § 635 BGB a. F. kann grundsätzlich nur den Schaden erfassen, der dem Ersatzberechtigten selbst entstanden ist. Schäden, die einem Dritten entstehen, fallen nicht unter § 635 BGB a. F. Insoweit kommt jedoch ein **Freistellungsanspruch** für den ersatzberechtigten Besteller der Werkleistung in Betracht. Ein **Beispiel** soll dies verdeutlichen:[208] **1692**

> Ein Architekt baut schlüsselfertig. Er schließt mit einem „Bauherrn" einen Vertrag über die schlüsselfertige Herstellung, und er verpflichtet sich, das Haus zunächst in eigenem Namen und für eigene Kosten erstellen zu lassen. Dementsprechend vergibt der Architekt („der Besteller") die Bauarbeiten an einen Generalunternehmer, der mangelhaft baut, Nachbesserungsansprüche des Architekten aber grundlos ablehnt.

In diesem Beispielsfall bestehen Rechtsverhältnisse zwischen dem „Bauherrn" und dem Architekten sowie zwischen dem Architekten und dem Generalunternehmer.[209] Der Architekt kann über § 635 BGB a. F. seinen Schaden gegenüber dem Generalunternehmer geltend machen. Sofern infolge der mangelhaften Werkleistung Schäden bei dem „Bauherrn" entstanden sind, kann sich dieser nur an den Architekten halten. In diesem Falle kann der Architekt von seinem Vertragspartner, dem Generalunternehmer, verlangen, dass dieser ihn von den Ansprüchen des Dritten („Bauherrn") freistellt. Mit diesem **Freistellungsanspruch** kann der Architekt **nicht gegenüber dem Werklohnanspruch des Generalunternehmers aufrechnen,** weil es insoweit an der Gleichartigkeit i. S. des § 387 BGB fehlt. Will der Architekt **aufrechnen,** müsste er zuvor eine Verrechnung mit dem „Bauherrn" vornehmen, sodass der Schaden nunmehr bei ihm läge.[210] **1693**

Der Weg über die Freistellung hat in der Praxis deutliche Vorteile: Zum Wesen des Freistellungsanspruchs gehört es nämlich, von seinem Vertragspartner auch unbegründete Ansprüche des Dritten abzuwehren. Und eine Verletzung der Freistellungs-

---

208) Siehe auch: OLG Celle, NZBau 2007, 175 = BauR 2007, 720 (Freistellungsanspruch des Bauträgers); OLG Hamm, BauR 2002, 635.
209) Vgl. auch *Kniffka*, BauR 1998, 55 ff.
210) Zur Frage, ob sich ein Architekt oder Unternehmer gegenüber dem Generalunternehmer **Vorteile** aus einer **Abgeltungsvereinbarung mit dem Bauherrn anrechnen lassen** muss, siehe OLG Koblenz, NJW-RR 1998, 453 u. *Kniffka*, BauR 1998, 55, 56.

verpflichtung führt nicht dazu, dass der Freizustellende auf seine Gefahr zu prüfen hat, ob die Ansprüche des Dritten zu Recht bestehen. Die Gefahr des Missgriffes trägt vielmehr der Schädiger. Verweigert also der zur Freistellung Verpflichtete die Freistellung und überlässt er damit dem Freizustellenden die Entscheidung der Frage, ob dem Dritten Ansprüche zustehen oder nicht, so muss er die daraufhin getroffene Entscheidung hinnehmen. Der zur Freistellung Verpflichtete kann dann gegenüber dem Anspruch des Freizustellenden nicht mehr unter nachträglicher Aufrollung der Frage, ob der Anspruch des Dritten berechtigt ist, einwenden, dass die Forderung des Dritten zu Unrecht befriedigt worden sei.[211] Der BGH verlangt aber, dass dem Freistellungsschuldner Gelegenheit gegeben worden ist, seiner Freistellungsverpflichtung durch Verhandlungen mit dem Drittgläubiger nachzukommen.

**1694** Demgegenüber kann bei der sog. **Drittschadensliquidation** von dem Schädiger eingewandt werden, dem Dritten sei ein Schaden überhaupt nicht entstanden. Inwiefern die Grundsätze der Drittschadensliquidation bei der Verletzung bauvertraglicher Pflichten aber überhaupt zur Anwendung kommen können, ist eine im Einzelfall schwierige Frage.[212] Locher/Löffelmann[213] haben sich damit beschäftigt. Sie bejahen im Ergebnis zutreffend nur in **Ausnahmefällen** die Anwendung der Grundsätze über die Drittschadensliquidation, da in der Regel „keine Diskrepanz zwischen dem aus dem Vertrag berechtigten Gläubiger und dem Träger des geschützten Interesses" bestehe. In der Tat ist der normale Werk- oder Architekten-/Statikervertrag nur jeweils im Interesse des Vertragspartners geschlossen,[214] sodass auch die wechselseitigen Verpflichtungen nicht drittbezogen sein können. Bei einem Generaloder Bauträgervertrag ist die Sachlage nicht anders.[215] Auch der Nachfolgeunternehmer ist nicht Träger des durch den Vertrag zwischen Bauherr und Vorunternehmer geschützten Interesses.[216]

**1695** Der Bauherr, der nach § 635 BGB Schadensersatz verlangt, hat den Mangel **zu beweisen**. Dies ergibt sich aus dem allgemeinen Grundsatz, dass jeder die Tatsachen zu beweisen hat, aus denen er ein Recht ableitet. Demgegenüber hat der Unternehmer oder der Architekt zu beweisen, dass der Mangel ausnahmsweise nicht in ihren Verantwortungsbereich fällt und sie ihn daher nicht zu vertreten haben.[217] Selbst eine wirksame Freizeichnung von der Haftung für einfache Fahrlässigkeit ändert hieran nichts; der Unternehmer muss das „Nichtvorliegen von Vorsatz und grober Fahrlässigkeit beweisen".[218]

---

211) Vgl. BGH, NJW 2002, 2382; BGH, NJW 1970, 1594, 1596. Zum Freistellungsanspruch bei Belastung mit einem Gewährleistungsanspruch des Bauherrn: BGH, NJW-RR 1989, 1043, 1044.
212) Siehe hierzu: OLG Hamm, BauR 2002, 635 (für Ansprüche des Estrichlegers gegen den Heizungsbauer); LG Regensburg, BauR 2002, 642 (Beschädigung der Werkleistung durch einen anderen Unternehmer).
213) NJW 1982, 970; vgl. auch *Kaiser*, Rdn. 97 a m. w. Nachw.
214) *Locher/Löffelmann*, a. a. O., lehnen daher zu Recht LG Freiburg, BauR 1980, 467, ab.
215) Vgl. *Feudner*, BauR 1984, 257; anders: *Werth*, BauR 1976, 80, 89; *Nicklisch/Weick*, § 13/B, Rdn. 62. Zur **Drittschadensliquidation** nach **Abtretung** durch den Besteller: OLG Dresden, BauR 2007, 555, 556; OLG Köln, *SFH*, Nr. 11 zu § 286 ZPO; zur Drittschadensliquidation bei Schadensersatzansprüchen unter **nachgeschalteten** Bauhandwerkern: OLG Düsseldorf, NJW-RR 1996, 591; OLG Hamm, BauR 2002, 635 (Drittschadensliquidation des Estrichlegers gegen den Heizungsbauer).
216) BGH, BauR 1985, 561, 564 m. Nachw.
217) BGHZ 23, 288; 28, 251; 48, 310; BGH, NJW 1964, 1791; OLG Düsseldorf, BauR 1996, 112, 113.
218) OLG Düsseldorf, BauR 1996, 112, 113.

Bei § 635 BGB a. F. ist § 254 BGB uneingeschränkt anwendbar.[219] So darf z. B. der Bauherr bei **1696** einem Mietausfall wegen mangelhafter Leistung nicht auf unabsehbare Zeit dem Anwachsen des Schadens tatenlos zusehen, sondern muss sich um baldmöglichste Mängelbeseitigung und Vermietbarkeit bemühen. Er darf aber zuwarten, bis durch das Gutachten eines gerichtlichen Sachverständigen die Ungewissheit ausgeräumt ist, welche Maßnahmen zur Mängelbeseitigung erforderlich sind.[220]

### b) Schadensersatz nach neuem Recht (§ 634 Nr. 4, 636, 280, 281 BGB)

*Literatur* zum **neuen Recht**

*Medicus*, Der Regierungsentwurf zum Recht der Leistungsstörungen, ZfBR 2001, 507; *Raiser*, Das Werkvertragsrecht nach dem Regierungsentwurf eines Schuldrechtsmodernisierungsgesetzes, NZBau 2001, 598; *Kaiser*, Rückkehr zur strengen Differenzmethode beim Schadensersatz wegen Nichterfüllung?, NJW 2001, 2425; *Voit*, Die Änderungen des allgemeinen Teils des Schuldrechts durch das Schuldrechtsmodernisierungsgesetz und ihre Auswirkungen auf das Werkvertragsrecht, BauR 2002, 145; *Sienz*, Die Neuregelungen im Werkvertragsrecht nach dem Schuldrechtsmodernisierungsgesetz, BauR 2002, 181; *von Wilmowsky*, Pflichtverletzungen im Schuldverhältnis, JuS 2002, Beil. 1/2002; *Preussner*, Das neue Werkvertragsrecht im BGB 2002, BauR 2002, 231; *Schudnagies*, Das Werkvertragsrecht nach der Schuldrechtsreform, NJW 2002, 396; *Peters*, Die Schuldrechtsmodernisierung und das private Baurecht, ZfBR 2002, 108; *Peters*, Das Baurecht im modernisierten Schuldrecht, NZBau 2002, 113; *Pfeiffer*, Systemdenken im neuen Leistungsstörungs- und Gewährleistungsrecht, ZGS 2002, 23; *Zimmer*, Das neue Recht der Leistungsstörungen, NJW 2002, 1; *Schwarze*, Unmöglichkeit, Unvermögen und ähnliche Leistungshindernisse im neuen Leistungsstörungsrecht, Jura 2002, 73; *Otto*, Die Grundstrukturen des neuen Leistungsstörungsrechts, Jura 2002, 1; *Krause*, Die Leistungsverzögerung im neuen Schuldrecht, Jura 2002, 217 u. 299; *Mattheus*, Schuldrechtsmodernisierung 2001/2002 – Die Neuordnung des allgemeinen Leistungsstörungsrechts, JuS 2002, 209; *Recker*, Schadensersatz statt der Leistung – oder: Mangelschaden und Mangelfolgeschaden, NJW 2002, 1247; *Mayerhöfer*, Die Integration der positiven Forderungsverletzung in das BGB, MDR 2002, 549; *Wagner*, Mangel- und Mangelfolgeschäden im neuen Schuldrecht?, JZ 2002, 475; *von Olshausen*, Einrede- und Aufrechnungsbefugnisse bei verjährten Sachmängelansprüchen, JZ 2002, 385; *Voppel*, Das Gesetz zur Modernisierung des Schuldrechts und das Leistungsstörungsrecht beim Werkvertrag, BauR 2002, 843; *Wagner*, Leistungsstörung im Baurecht nach der Schuldrechtsmodernisierung, ZfIR 2002, 353; *Münch*, Die „nicht wie geschuldet" erbrachte Leistung und sonstige Pflichtverletzungen, Jura 2002, 361; *Reinkenhof*, Das neue Werkvertragsrecht, Jura 2002, 433; *Grunewald*, Schadensersatz für Mangel- und Mangelfolgeschäden, in: Dauner-Lieb u. a. (Das neue Schuldrecht in der Praxis, 2003), 313; *Gsell*, Aufwendungsersatz nach § 284 BGB, ebenda, 321; *Heinrichs*, Die Pflichtverletzung, ein Zentralbegriff des neuen Leistungsstörungsrechts, Festschrift für Honsell, 2003, 503; *Kannowski*, Mangelfolgeschäden vor und nach der Schuldrechtsreform. Das Beispiel außergerichtlicher Anwaltskosten bei Baumängeln, BauR 2003, 170; *Mankowski*, Wie setzt man eine Nachfrist richtig?, ZGS 2003, 451; *Reim*, Der Ersatz vergeblicher Aufwendungen nach § 284 BGB, NJW 2003, 3662; *Gieseler*, Die Strukturen des Leistungsstörungsrechts beim Schadensersatz und Rücktritt, JR 2004, 133; *Lorenz*, Schadensersatz statt der Leistung, Rentabilitätsvermutung und Aufwendungsersatz im Gewährleistungsrecht, NJW 2004, 26; *Kohler*, Nutzungsvergütung in Fällen der §§ 439 Abs. 4 und 635 Abs. 4 BGB?, ZGS 2004, 48; *Klein*, Mietminderung und Baumängel: Ein alltägliches Ärgernis, BauR 2004, 1069; *Ziegler*, Vergütung des Architekten und Schadensersatz wegen Bauwerksmängeln und ihr Verhältnis zueinander, ZfBR 2004, 529; *Putzier*, Wann beginnt die fünfjährige Gewährleistungsfrist für den Architekten?, NZBau 2004, 177; *Knütel*, Wider die Ersatzfähigkeit „fiktiver" Mängelbeseitigungskosten, BauR 2004, 591; *Kna-*

---

219) Zur Hinweispflicht des Bestellers auf die Gefahr eines ungewöhnlich hohen Schadenseintritts: BGH, BauR 2005, 522 (Deckenabsturz).
220) Vgl. BGH, WM 1974, 200 = BauR 1974, 205.

*cke*, Vae victis – oder die Haftung des Architekten auf Ersatz der Prozesskosten des Bauherrn wegen falscher Empfehlung, BauR 2004, 1852; *Weyer*, Werkvertragliche Mängelhaftung nach neuem Recht: Weitere Probleme beim Schadensersatz, Jahrbuch Baurecht 2005, 1; *Kuhn*, Die Verteilung der Darlegungs- und Beweislast bei der Geltendmachung von Schadensersatzansprüchen aufgrund falsch abgerechneter Stundenlohnarbeiten, ZfBR 2006, 733; *Moufang/Klein*, Unberechtigte Mängelrügen nach Abnahme: Untersuchungspflicht und Ansprüche des Unternehmers, BauR 2007, 300; *Jansen*, Die Begrenzung des „kleinen Schadensersatzanspruchs", BauR 2007, 800; *Weise*, Der Riss in der Anspruchskette beim Nachunternehmereinsatz, NJW-Spezial 2007, 405.

**1697** Das **SchRModG** hat mit der Schaffung des zentralen Begriffs der „**Pflichtverletzung**" den Haftungstatbestand des § 635 BGB a. F. beseitigt. Schadensersatzansprüche des **Bestellers** richten sich nunmehr, soweit sie ihre Grundlage in Werk-, Architekten- oder Erwerberverträge haben, die nach dem 31.12.2001 geschlossen wurden, nur noch nach dem **allgemeinen Leistungsstörungsrecht** (§ 634 Nr. 4 BGB). Durch die Einbindung des werkvertraglichen Schadensersatzrechts in das allgemeine Leistungsstörungsrecht sollen vor allem die **Abgrenzungsschwierigkeiten**, wie sie § 635 BGB a. F. zu den Ansprüchen aus positiver Vertragsverletzung bereitete, endgültig beseitigt werden,[221] wenngleich gerade dies nicht ohne Grund bezweifelt wird.[222] Zu beachten ist, dass die Unterscheidung zwischen **Mangel-** und **Mangelfolgeschaden** auch für das neue Recht beachtlich ist; letztere richten sich nach § 280 Abs. 1 BGB.

Der **Grundtatbestand** der Leistungsstörung ist die „Pflichtverletzung", die die Fälle der **Unmöglichkeit**, des **Verzugs**, der **Mangel-** und **Mangelfolgeschäden** und der sonstigen (bislang als positive Vertragsverletzung behandelten) Fallgruppen erfasst.[223] Demgegenüber gilt für die Ansprüche wegen **anfänglicher Unmöglichkeit** bzw. **anfänglichem Unvermögen** die eigenständige Regelung des § 311a BGB;[224] **Verspätungsschäden** wiederum werden nur unter den Voraussetzungen des Verzugs ersetzt (§§ 280 Abs. 2, 286 BGB).

Die werkvertragliche Vorschrift des § 634 Nr. 4 BGB verweist für den „**Schadensersatz**" auf §§ 280, 281, 283 und § 311a BGB sowie für den Ersatz „**vergeblicher Aufwendungen**" auf § 284 BGB. Zu beachten ist, dass sich diese Verweisungen nur auf Ansprüche wegen der Herstellung („Verschaffung") eines **mangelhaften Werkes** beziehen. Daraus folgt, dass **Sach-** und **Rechtsmängel** i. S. des § 633 BGB **stets** eine Pflichtverletzung darstellen. Die Vorschrift des § 634 Nr. 4 BGB will indes den Anwendungsbereich wegen „anderer" Pflichtverletzungen nicht einschränken;[225] hat man es mit solchen zu tun, sind Schadensersatzansprüche insoweit vielmehr **direkt** aus §§ 280, 281 BGB herzuleiten.

**1698** Geht es dagegen (wie bei § 635 BGB a. F.) um eine **mangelhafte Werk-** oder **Architektenleistung** i. S. des § 633 BGB, so folgt der Schadensersatzanspruch wegen des Mangels stets aus §§ 634 Nr. 4, 636, 280, 281, 249 BGB.[226] Sofern nicht die Ausnah-

---

221) Vgl. *Voppel*, BauR 2002, 843, 852; *Chr. Teichmann*, JuS 2002, 417, 421; *Jaeger*, ZGS 2002, 236 m. w. Nachw.
222) Siehe hierzu: *Wagner*, JZ 2002, 475, 481; *von Caemmerer*, Schuldrechtsmodernisierung 2002, S. XXVIII.
223) *A. Teichmann* (BB 2001, 1485, 1486) bezeichnet daher die Pflichtverletzung zutreffend als „terminologischen Oberbegriff".
224) *Canaris*, JZ 2001, 499, 507; s. ferner: *Schwarze*, Jura 2002, 73, 80; *Mattheus*, JuS 2002, 209, 213.
225) *Preussner*, BauR 2002, 231, 237.
226) Zur Anwendung des § 249 Abs. 2 Satz 2 BGB: *Weyer*, Jahrbuch Baurecht 2005, 1, 4 ff.

men der §§ 281 Abs. 2, 636 BGB eingreifen,[227)] setzt ein erfolgreiches Vorgehen gegen den Unternehmer oder Architekten zunächst eine **angemessene Fristsetzung** (ohne Ablehnungsandrohung) voraus; denn einem Unternehmer oder Architekten soll – wie nach altem Recht (§ 634 Abs. 1 Satz 1 BGB a. F.) – zunächst die **Möglichkeit** gegeben werden, seinen Leistungspflichten **vertragsgemäß** nachzukommen. Kommt der Unternehmer/Architekt aufgrund der ihm gesetzten Frist seiner Nacherfüllungspflicht nach, so bleibt ein dem Auftraggeber (gleichwohl) entstandener Schaden nach § 280 BGB ausgleichspflichtig, es sei denn, es handelt sich um Sowiesokosten.

Liegt in der Erbringung der mangelhaften Werkleistung nach neuem Recht die „Pflichtverletzung", so obliegt es dem **Auftraggeber**, diese substantiiert darzulegen und zu beweisen; dem **Unternehmer/Architekten** obliegt es dagegen, den Nachweis zu führen, dass er den Mangel nicht zu vertreten hat (§ 280 Abs. 1 Satz 2 BGB).[228)]

In der mangelhaften Werkleistung wird ein Auftraggeber in aller Regel auch eine **„verzögerte"** Werkleistung sehen; gleichwohl kann Schadensersatz wegen „Verzögerung" der Werkleistung nur unter den (weiteren) Voraussetzungen des § 286 BGB verlangt werden.[229)] Im Übrigen ist zu beachten: Solange der Auftraggeber den Schadensersatz aus §§ 634 Nr. 4, 636, 280, 281 BGB nicht geltend gemacht hat, besteht der **Erfüllungsanspruch** und damit auch die Erfüllungsmöglichkeit aus §§ 631, 633 BGB fort. Der Erfüllungsanspruch erlischt, wenn der Auftraggeber den Schadensersatz statt der Leistung verlangt (§ 281 Abs. 4 BGB), was aber eine eindeutige Erklärung gegenüber dem Unternehmer/Architekten voraussetzt. Dieser muss unzweifelhaft **erkennen** können, dass **nur noch** Schadensersatz statt der Leistung **geltend gemacht** wird. Hat der Auftraggeber zunächst einen **„Rücktritt"** erklärt, hindert dies ihn allerdings nicht, gleichwohl noch auf Schadensersatz statt der Leistung zu wechseln (§ 325 BGB), was nach altem Recht nicht möglich war.

Verlangt der Auftraggeber wegen der **mangelhaften** Werk- oder Architektenleistung Schadensersatz statt der Leistung (§ 281 Abs. 1 Satz 1 BGB), so handelt es sich um den **kleinen Schadensersatzanspruch**. Dabei ist zu beachten, dass zwischen dem eigentlichen Mangelschaden und dem Mangelfolgeschaden, der an **anderen Rechtsgütern** des Auftraggebers entsteht, auch weiterhin zu unterscheiden ist. Letztere sind nach zutreffender Ansicht[230)] nämlich nicht nach § 281 BGB zu ersetzen, sondern §§ 634 Nr. 4, 280 Abs. 1 Satz 1 BGB zu beurteilen. Dieser Ersatzanspruch tritt folglich **neben** den Anspruch auf Nacherfüllung, sodass er – wie nach altem Recht – auch keiner vorherigen Fristsetzung bedarf. Nichts anderes gilt für diejenigen Schäden, die durch eine Nacherfüllung nicht beseitigt werden können. Somit erfasst der Schadensersatz statt der Leistung als sog. kleiner Schadensersatzanspruch die Mangelschäden, die in der Sache selbst liegen und bei einer gelungenen Nacherfüllung dem Auftrag-

---

227) Die Vorschrift des § 283 BGB wird demgegenüber wahrscheinlich geringere Bedeutung haben.
228) Der Entlastungsbeweis entfällt, wenn eine **Garantie** oder ein **Beschaffungsrisiko** von dem Unternehmer übernommen worden ist.
229) Vgl. statt vieler: *Westermann/Maifeld*, S. 267; *Bamberger/Roth/Voit*, § 636 BGB, Rdn. 61.
230) Anw-Kom-BGB/*Raab*, § 636 BGB, Rdn. 32; *Palandt/Heinrichs*, § 280 BGB, Rdn. 18; *Heinrichs*, Festschrift für Schlechtriem, S. 512; *Kannowski*, BauR 2003, 170, 179; *Erman/Westermann*, § 280 BGB, Rdn. 3, 14 ff. m. Nachw.

geber nicht entstanden wären.²³¹⁾ Das sind in aller Regel die **Mängelbeseitigungskosten** sowie der eingetretene technische und merkantile **Minderwert**.

**1700** Das neue Recht kennt darüber hinaus – wie das alte Recht – aber auch noch den **großen** Schadensersatzanspruch; er heißt nunmehr Schadensersatz statt der ganzen Leistung (§ 281 Abs. 1 Satz 2 und 3 BGB). In der Praxis hat der große Schadensersatzanspruch vor allem im Bauträgerrecht Bedeutung; vielfach versuchen Erwerber bei gravierenden Mängeln den Erwerbervertrag im Wege des großen Schadensersatzes rückabzuwickeln. Das ist vielfach erfolgreich, weil dieser große Schadensersatzanspruch nicht durch AGB ausgeschlossen werden kann.

Verlangt der Auftraggeber Schadensersatz statt der ganzen Leistung, so läuft dies auf die **Rückzahlung erbrachter** Vergütungen/Honorare sowie auf den **Ersatz** von **Mehrkosten** hinaus. Bei diesem Schadensersatzanspruch wird demnach das **Gesamtwerk** von dem Auftraggeber **zurückgewiesen** und statt dessen der Ersatz des durch die Pflichtverletzung entstandenen Schadens geltend gemacht. Indes hat das SchRModG die Möglichkeit des großen Schadensersatzes erheblich eingeschränkt; nach § 281 Abs. 1 Satz 3 kann Schadensersatz statt der ganzen Leistung nur verlangt werden, wenn die Pflichtverletzung und damit der Mangel **erheblich** ist. Liegt nur eine „**Teilleistung**" vor, so kommt dieser Schadensersatz nur in Betracht, wenn der Auftraggeber „an der Teilleistung kein Interesse hat", was er nur in den seltensten Fällen wird nachweisen können. Eine (bloß) mangelhafte Leistung ist noch keine „Teilleistung" i. S. des § 281 Abs. 1 Satz 2 BGB.²³²⁾

Für die **Schadensberechnung** ist zu beachten, dass Vorteile auf den Schaden anzurechnen sind;²³³⁾ dies gilt vor allem für den Wert der Nutzung. Ist das Bauobjekt vermietet, sind die tatsächlichen Mieteinnahmen abzüglich des Erhaltungsaufwandes maßgebend.²³⁴⁾ Bei der eigengenutzten Wohnung muss der Vorteil in ein Verhältnis zum Wert der mit dem Erwerb getätigten Investition gesetzt und zeitanteilig linear ermittelt werden.²³⁵⁾

---

231) *Palandt/Sprau*, § 634 BGB, Rdn. 8 m. w. Nachw.
232) Siehe: *Palandt/Heinrichs*, § 281 BGB, Rdn. 36; OLG Köln, NJW-RR 2002, 15.
233) *Drado*, NJW-Spezial 2006, 529.
234) BGH, NJW 1982, 1279; *Vogel*, ZfIR 2006, 12.
235) BGH, IBR 2006, 32.

## II. Die Mängelrechte des Bauherrn nach der VOB

*Übersicht*

|  | Rdn. |  |  | Rdn. |
|---|---|---|---|---|
| 1. Das Verhältnis der Mängelrechte zueinander | 1703 | aa) | Der kleine Schadensersatzanspruch nach § 13 Nr. 7 Abs. 3 Satz 1 VOB/B | 1724 |
| 2. Die Minderung (§ 13 Nr. 6 VOB/B) | 1710 | bb) | Der große Schadensersatzanspruch nach § 13 Nr. 7 Abs. 3 Satz 2 VOB/B | 1733 |
| 3. Der Schadensersatzanspruch aus § 13 Nr. 7 bzw. § 4 Nr. 7 Satz 2 VOB/B | 1719 | b) | Der Schadensersatzanspruch aus § 4 Nr. 7 Satz 2 VOB/B | 1738 |
| a) Der Anspruch aus § 13 Nr. 7 VOB/B | 1719 | | | |

*Literatur*

*Kuhn*, Zur Frage der Wandlung bei Bauleistungen nach VOB, NJW 1955, 412; *Heyers*, Zur Divergenz und Realisierung der Schadensersatzansprüche des Auftraggebers aus Zeitverlust im Rahmen der VOB, BauR 1974, 24; *Nicklisch*, Mitwirkungspflichten des Bestellers beim Werkvertrag, insbesondere beim Bau- und Industrieanlagenvertrag, BB 1979, 533; *Hesse*, Vereinbarung der VOB für Planungsleistungen, ZfBR 1980, 259; *Schmidt*, § 13 VOB/B im Bauträgervertrag, BauR 1981, 119; *Kaiser*, Die Prüfungs- und Anzeigepflichten des Auftragnehmers nach § 4 VOB, BauR 1981, 311; *Kahlke*, Zum Verzug des aus Mängelbeseitigung Verpflichteten gem. §§ 538, 633, 634 BGB und § 13.5 Abs. 2 VOB/B, BauR 1981, 516; *Heinrich*, Die Einwirkung der VOB auf den BGB-Bauvertrag im Bereich des Mängelrechts, BauR 1982, 224; *Baden*, Die Befugnis des Unternehmers zur Mängelbeseitigung beim BGB- und VOB-Vertrag. Zur Funktion der Ablehnungsandrohung auch bei § 13 Nr. 5 Abs. 2 VOB/B, BauR 1986, 28; *Clemm*, Mängelbeseitigung auf Kosten des Auftragnehmers vor der Abnahme des Bauwerks nach der VOB/B, BauR 1986, 136; *Müller-Foell*, Ersatzvornahme beim VOB-Bauvertrag vor Abnahme auch ohne Kündigung?, NJW 1987, 1608; *Böhme*, (Teil-)Identische Nachbesserungspflichten von Vor- und Nachunternehmer, Festschrift von Craushaar, 327; *Unruh*, Zur Rechtsnatur des Nachbesserungsanspruchs nach BGB und VOB, Festschrift v. Craushaar (1997), 367; *Kniffka*, Abnahme und Abnahmewirkungen nach der Kündigung des Bauvertrages – Zur Abwicklung des Bauvertrages nach der Kündigung unter besonderer Berücksichtigung der Rechtsprechung des Bundesgerichtshofes, ZfBR 1998, 113; *Thode*, Werkleistung und Erfüllung im Bau- und Architektenvertrag, ZfBR 1999, 116; *Adler/Everts*, Kündigungsrechte des Auftragnehmers trotz mangelhafter Werkleistung, BauR 2000, 1111; *Kiesel*, Die VOB 2002 – Änderungen, Würdigung, AGB-Problematik, NJW 2002, 2064; *Quack*, VOB/B als Ganzes und die Modernisierung des Schuldrechts, ZfBR 2002, 428; *Siegburg*, Der Baumangel nach der geplanten VOB/B 2002, Festschrift für Jagenburg (2002), 837; *Kratzenberg*, Der Beschluss des DVA-Hauptausschusses zur Neuherausgabe der VOB 2002 (Teile A und B), NZBau 2002, 177; *Tempel*, Ist die VOB/B noch zeitgemäß?, NZBau 2002, 465 (Teil 1) u. 532 (Teil 2); *Kemper*, Die Neuregelung der Mängelansprüche in § 13 VOB/B – 2002, BauR 2002, 1613; *Voppel*, Die AGB-rechtliche Bewertung der VOB/B nach dem neuen Schuldrecht, NZBau 2003, 6; *Weyer*, § 13 VOB/B 2002: Viele Änderungen und was wirklich Neues? BauR 2003, 613; *Brügmann/Kenter*, Abnahmeanspruch nach Kündigung von Bauverträgen, NJW 2003, 2121; *Miernik*, Die Anwendbarkeit der VOB/B auf Planungsleistungen des Bauunternehmers, NZBau 2004, 409; *Moufang/Klein*, Die Bedeutung der VOB/C für die Leistungspflichten der Bauvertragspartner, Jahrbuch Baurecht 2004, 71; *Weyer*, Werkvertragliche Mängelhaftung nach neuem Recht: Probleme bei Minderung und Schadensersatz, ebenda, 245; *Gebauer*, Die AGB-rechtlich entprivilegierte VOB/B, BauR 2004, 1843; *Mundt*, Zur angemessenen Nachbesserungsfrist bei witterungsabhängigen Nachbesserungsarbeiten, BauR 2005, 1397; *Tomic*, Verjährung des Kostenerstattungsanspruchs (§§ 4 Nr. 7, 8 Nr. 3 VOB/B), BauR 2006, 441; *Zahn*, Darlegungs- und Beweislast bei der Geltendmachung von Mängelrechten, BauR 2006, 1823; *Knychalla*, Abnahme nach Kündigung des Bauvertrages, Jahrbuch Baurecht 2007, 1; *Zeitler*, § 12 VOB/B „in Ordnung"? – Inhaltskontrolle der Mängelvorbehaltsklausel des § 12 Nr. 5 Abs. 3 VOB/B, ebenda, 115; *Schwenker*, Ist die VOB/B auch in Verbraucherverträgen privilegiert?, ZfBR 2007, 529.

**1701** Das System der Gewährleistungsrechte innerhalb der VOB hat sich schon immer in wesentlichen Punkten von dem des BGB unterschieden; das gilt auch nach dem SchRModG und für die **VOB/B 2006**. Diese enthält insoweit eine abschließende Regelung; so ist u. a. nach herrschender Ansicht im Anwendungsbereich der VOB die **Wandelung** (nach altem Recht) ausgeschlossen.[1] Die **VOB/B** kennt auch kein **Rücktrittsrecht** wie das neue Werkvertragsrecht; vielmehr sehen die Vorschriften der **VOB/B** für den Fall der **Leistungsstörung** (nach Fristsetzung mit Leistungsablehnungs-[Auftragsentziehungs-]Androhung) **Kündigung** und **Schadensersatz** vor. Hiergegen bestehen aber keine durchgreifenden Bedenken, weil das Regelungsziel, nämlich die Beendigung des Vertrags und die Abrechnung der erbrachten Leistungen auf der Basis der Vertragspreise, in beiden Systemen identisch ist.[2]

Als Mängelansprüche kommen beim VOB-Bauvertrag daher auch zukünftig nur in Betracht:

* der Anspruch auf Mängelbeseitigung (**Nacherfüllung**) (§ 13 Nr. 5 Satz 1 VOB/B),[3] bzw. **Ersatzvornahme** (§ 13 Nr. 5 Abs. 2 VOB/B)
* das Recht auf **Minderung** (§ 13 Nr. 6 VOB/B)
* der Anspruch auf **Schadensersatz** (§ 13 Nr. 7; § 4 Nr. 7 Satz 2 VOB/B)

Bei dem Anspruch aus § 4 Nr. 7 Satz 1 VOB/B auf Mängelbeseitigung vor Abnahme der Bauleistung handelt es sich allerdings nicht um einen Gewährleistungs-, sondern um einen echten Erfüllungsanspruch; erst die **Abnahme** beendet – auch nach einer Kündigung – das Erfüllungsstadium. Damit hat die Abnahme u. a. die wichtige Konsequenz, dass dem Auftraggeber statt der Ansprüche aus § 4 Nr. 7 nur noch die umgewandelten Ansprüche aus § 13 Nr. 5 bis 7 Abs. 1–3 VOB/B zustehen.[4] Somit ist nach Abnahme auch ein Zurückgreifen auf die allgemeinen Vorschriften über die Leistungsstörung ausgeschlossen.[5]

**1702** Wie bei der Gewährleistungsklage aufgrund eines BGB-Bauvertrages hat der Auftraggeber auch hier im Rahmen seiner Klage genau zu differenzieren und im Einzelnen anzugeben, **welche** Ansprüche er gegenüber dem Unternehmer verfolgt, da die Voraussetzungen innerhalb der einzelnen Mängelrechte unterschiedlich sind. Der allgemeine Hinweis, Mängelansprüche geltend zu machen, reicht nicht aus. Bei mehreren Baumängeln ist jeweils anzugeben, welcher Mangelanspruch bei dem einzelnen Baumangel geltend gemacht wird.

---

1) OLG Karlsruhe, BauR 1971, 55; OLG Koblenz, NJW 1962, 741; *Weyer*, in: Kapellmann/Messerschmidt, § 13 VOB/B, Rdn. 334; offen gelassen von BGHZ 42, 232 = NJW 1965, 152; **a. A.:** *Kuhn*, NJW 1955, 412, der annimmt, dass das Wandelungsrecht (grundsätzlich) neben den Bestimmungen der VOB/B weitergelte. Zum Ausschluss der Wandelung in einem **Bauträgervertrag** durch Vereinbarung der VOB: OLG Hamm, NJW-RR 1998, 1031, 1032; OLG Koblenz, NJW-RR 1995, 1004; OLG Köln, BauR 1986, 219 = NJW 1986, 330.
2) *Kratzenberg*, NZBau 2002, 177, 179; kritisch: *Kiesel*, NJW 2002, 2064, 2067; **a. A.:** *Donner*, in: Franke/Kemper/Zanner/Grünhagen, § 13 VOB/B, Rdn. 207.
3) Zwar entspricht die Vorschrift im Wesentlichen § 637 BGB, gilt aber ausschließlich für die Zeit nach Abnahme und stellt nach (bestrittener) Ansicht einen echten **Gewährleistungsanspruch** dar (s. Rdn. 1622).
4) BGH, BauR 2003, 689, 692.
5) OLG Düsseldorf, NZBau 2001, 562 = NJW-RR 2001, 1387, 1388 für § 13 Nr. 5 Abs. 2 VOB/B.

# Die Mängelrechte

## 1. Das Verhältnis der Mängelrechte zueinander

Im Gegensatz zum BGB-Werkvertragsrecht kann der Auftraggeber bei einem prozessualen Vorgehen innerhalb der einzelnen Gewährleistungsrechte nicht frei wählen. Vielmehr besteht eine **bestimmte Rangfolge**. **1703**

Grundsätzlich stellt das Gewährleistungsrecht der VOB den Mangelbeseitigungsanspruch des Auftraggebers gegenüber dem Unternehmer in den Vordergrund: Der Unternehmer soll durch eine Nacherfüllung die Möglichkeit erhalten, den durch ihn verursachten Mangel selbst zu beheben und damit einen vertragsgemäßen Zustand dauerhaft herbeizuführen (§ 4 Nr. 7 Satz 1, § 13 Nr. 5 Satz 1 VOB/B; vgl. Rdn. 1610 ff.). Nur ausnahmsweise steht dem Bauherrn das „Ersatzrecht" auf Minderung zu, wenn die Beseitigung des Mangels **unmöglich** oder **unzumutbar** ist oder einen **zu hohen Kostenaufwand** erforderlich macht. Der **Mangelbeseitigungs-(Nacherfüllungs-)anspruch** und das Recht auf Minderung stehen also dem Auftraggeber nicht wahlweise, sondern (zunächst) nur alternativ zu.[6] **1704**

Neben den beiden vorgenannten Mängelrechten kann der Auftraggeber außerdem **Schadensersatz** gemäß § 13 Nr. 7 VOB/B vom Unternehmer verlangen, wenn sein Schaden nicht durch Nacherfüllung oder Minderung abgedeckt ist. Es handelt sich dann um eine Art Zusatzanspruch; der Schadensersatzanspruch ergänzt die beiden übrigen Mängelrechte der VOB.[7] Dabei ist zu berücksichtigen, dass ein Nacherfüllungs- und Minderungsanspruch nur den Mangel an der geschuldeten **Bauleistung** selbst betreffen kann, während der Schadensersatzanspruch des § 13 Nr. 7 VOB/B auch dann zum Zuge kommt, wenn daneben noch ein Schaden an einem bauwerksfremden Rechtsgut eingetreten ist (vgl. Rdn. 1719 ff.). **1705**

Es ist deshalb denkbar und in der Praxis auch fast die Regel, dass der Auftraggeber wegen desselben Baumangels auf mehrere Mängelrechte zurückgreifen muss. Dies kann der Fall sein, wenn eine Nachbesserung nur **teilweise** erfolgt ist. Dann kann der Auftraggeber bezüglich des Teils des Baumangels Minderung verlangen, dessen Beseitigung unmöglich ist. Ferner kann er wegen weitergehender Schäden, die sich aus dem Baumangel ergeben, im Rahmen des § 13 Nr. 7 VOB/B Schadensersatz beanspruchen.[8] Liegen im Einzelfall mehrere (abgrenzbare) Mängel vor, kann für jeden einzelnen Mangel ein anderes Mängelrecht in Erwägung zu ziehen sein. **1706**

Die **Schadensersatzansprüche** aus § 13 Nr. 7 VOB/B und § 4 Nr. 7 Satz 2 VOB/B schließen sich ebenfalls gegenseitig aus; sie können also nur **alternativ** in Betracht kommen. Der Schadensersatzanspruch aus § 4 Nr. 7 Satz 2 VOB/B stellt (nach altem Recht) einen Schadensersatzanspruch aus positiver Vertragsverletzung dar und nicht einen solchen wegen Nichterfüllung.[9] Die Sonderregelung des § 4 Nr. 7 Satz 2 VOB/B betrifft im Gegensatz zu § 13 Nr. 7 VOB/B Schadensersatzansprüche für noch **nicht** abgenommene oder noch nicht fertiggestellte Werkleistungen. Er kann also nur **bis** zur Abnahme geltend gemacht werden; **nach** der Abnahme kommen **1707**

---

6) Beide Ansprüche stehen nebeneinander, soweit trotz ordnungsgemäßer Nacherfüllung ein Minderwert verbleibt.
7) BGH, BauR 1980, 461 = NJW 1980, 1953; *Kleine-Möller/Merl*, § 12, Rdn. 989.
8) *Weyer*, Jahrbuch Baurecht 2004, 245, 262.
9) BGH, BauR 1972, 172; BGH, BauR 1978, 306; *Kniffka*, ZfBR 1998, 113, 118; *Dähne*, BauR 1973, 268; *Heyers*, BauR 1974, 24.

grundsätzlich nur Ansprüche aus § 13 Nr. 7 VOB/B in Betracht.[10] Hiervon wird jedoch eine Ausnahme gemacht: Ist der Baumangel, der den Schaden verursacht hat, bereits vor der Abnahme beseitigt worden, und ist der damit verbundene weitere Schaden noch nicht ausgeglichen, so kann dieser Schaden gemäß § 4 Nr. 7 Satz 2 VOB/B auch noch nach der Abnahme klageweise geltend gemacht werden.[11]

**1708** Da die Mängelrechte innerhalb der VOB keinen gleichrangigen Charakter haben, ist ein **Wechsel** von einem Gewährleistungsanspruch zum anderen nach Klageerhebung oder im Berufungsverfahren in jedem Fall eine **Klageänderung** (§ 263 ZPO).[12] Sie kann aber im Einzelfall, also auch ohne Einwilligung des Gegners, **sachdienlich** sein: Verlangt der Auftraggeber zunächst Nacherfüllung, stellt sich später jedoch die Unmöglichkeit einer Mängelbeseitigung heraus, und begehrt der Auftraggeber nunmehr eine Minderung, ist der Wechsel von dem Nacherfüllungs- zum Minderungsanspruch als sachdienlich anzusehen, weil damit der Streit um den geltend gemachten Bauschaden beendet werden kann, ohne dass ein neuer Prozess geführt werden muss.

**1709** Dasselbe gilt für den Wechsel vom Nacherfüllungsanspruch oder Minderungsrecht zum Schadensersatzanspruch: Allerdings ist ein derartiger Wechsel bezüglich **desselben** Schadens nicht denkbar, weil sich der Schadensersatzanspruch nach § 13 Nr. 7 VOB/B nur auf solche Schäden bezieht, die nicht schon durch eine Nachbesserung oder eine Minderung ausgeglichen sind oder ausgeglichen werden können. Da aber derselbe Baumangel Ausgangspunkt aller drei Gewährleistungs-(Mängel-)ansprüche ist, wird bei einem entsprechenden Wechsel kein völlig neuer Streitstoff zur Entscheidung gestellt. Allerdings wird es im Einzelfall maßgeblich darauf ankommen, ob für die Entscheidung über den neuen Anspruch auf Schadensersatz auch eine neue Beweiserhebung notwendig wird, während im Übrigen der Prozess ohne Klageänderung entscheidungsreif wäre. Im letzteren Fall kann der Wechsel der Gewährleistungs(Mängel)rechte und damit der Klageänderung unter Umständen nicht als sachdienlich angesehen werden.

### 2. Die Minderung (§ 13 Nr. 6 VOB/B)

*Literatur*

*Kaiser*, Die Minderung nach § 13 Nr. 6 VOB/B – Grundsätzliche Rechtsfragen, ZfBR 1991, 87; *Cuypers*, Zur Berechnung des Minderungsbetrages beim Bauvertrag, BauR 1993, 541; *Lorenz*, Rechtsgrundlagen des Anspruchs „aus Minderung", JuS 1993, 727; *Mandelkow*, Die Unverhältnismäßigkeit der Nachbesserung, BauR 1996, 656; *Mortensen*, Das Ermitteln von Wertminderungen für eine spezielle Gruppe von Baumängeln, BauR 1998, 73; *Isenmann*, Wohnflächenberechnung, NZM 1998, 749; *Knüttel*, Minderwertberechnungen, Festschrift für Vygen (1999), 311; *Pauly*, Zur Frage der Berechnung des Minderungsbetrages und des Minderwertes beim Bauvertrag am Beispiel von Schallschutzmängeln, BauR 2002, 1321; *Weyer*, Werkvertragliche Mängelhaftung nach neuem Recht: Probleme bei Minderung und Schadensersatz, Jahrbuch Baurecht 2004, 245; *Miernik*, Vertragswidrige

---

10) BGH, BauR 1998, 332, 333; BGHZ 51, 275, 276; OLG Oldenburg, OLGR 2000, 114, 115; OLG Düsseldorf, *Schäfer/Finnern*, Z 2.50 Bl. 15; *Dähne*, BauR 1973, 272.
11) Vgl. näher *Dähne*, BauR 1973, 268; *Heyers*, BauR 1974, 24.
12) OLG Karlsruhe, BauR 2006, 540 (Übergang vom Vorschussanspruch auf Schadensersatz); s. aber: Brandenburgisches OLG, NJW-RR 2001, 386 (Abweichung von BGH, BauR 1998, 369 = NJW-RR 1998, 1006).

## Schadensersatz (§ 4 Nr. 7 Satz 2 VOB/B)   Rdn. 1739

Der Schadensersatzanspruch aus § 4 Nr. 7 Satz 2 VOB/B richtet sich nach § 249 ff. BGB.[82] Der Auftraggeber kann deshalb gemäß § 252 BGB **bei aufrechterhaltenem Vertrag** für die Verzugszeit als entgangenen Gewinn auch Mietausfälle verlangen.[83]

Der Anspruch setzt **adäquate Ursächlichkeit** zwischen Schaden und Mangel oder Vertragswidrigkeit sowie ein **Verschulden** des Unternehmers voraus. Der Anspruch ist im Gegensatz zu § 13 Nr. 7 VOB/B im Umfang nicht begrenzt.[84] Hat der Unternehmer vor Abnahme den Mangel beseitigt, ist aber der dem Bauherrn dennoch verbliebene Schaden nicht ausgeglichen, so wird allerdings der nach § 4 Nr. 7 Satz 2 VOB/B bestehende Schadensersatzanspruch der **kurzen** Verjährungsfrist des § 13 Nr. 4 VOB/B unterworfen.[85] Der Anspruch aus § 4 Nr. 7 Satz 2 VOB/B besteht auch, wenn die Beseitigung des Baumangels wegen eines unverhältnismäßig hohen Kostenaufwandes von dem Bauherrn nicht verlangt werden kann (vgl. Rdn. 1714).

**1739**

Das SchRModG hatte auf § 4 Nr. 7 Satz 2 VOB/B keinen Einfluss; eine Änderung dieser Vorschrift war nicht angezeigt und ist auch nicht vorgenommen worden. Da der Gesetzgeber auch für das neue Werkvertragsrecht des BGB die **Kündigung** beibehalten hat (§ 649 BGB), ist gegen das „Kündigungsmodell" der VOB/B nichts einzuwenden.

---

[82] BGH, BauR 2000, 1189; BGH, NJW 1966, 1524; *Heiermann/Riedl/Rusam*, § 4/B, Rdn. 90.
[83] BGH, a. a. O.
[84] BGHZ 48, 78; 50, 160 = NJW 1968, 1524 = MDR 1968, 750; *Kaiser*, Rdn. 28 b, Anm. 3 m. Nachw.
[85] BGHZ 54, 352 = NJW 1971, 99.

# KAPITEL 10
# Besondere Fallgestaltungen außerhalb der Gewährleistung

*Übersicht*

|  |  | Rdn. |  |  | Rdn. |
|---|---|---|---|---|---|
| I. | Die Einbeziehung Dritter (§ 328 BGB) ................ | 1740 | V. | Zum Anwendungsbereich deliktsrechtlicher Vorschriften (§§ 823 ff. BGB) .............. | 1839 |
| II. | Positive Vertragsverletzung/ Pflichtverletzungen im Sinne von §§ 280 Abs. 1, 241 Abs. 2 BGB ... | 1751 | VI. | Verschulden bei Vertragsschluss (§ 311 Abs. 2 BGB) und Dritthaftung (§ 311 Abs. 3 S. 2 BGB) .. | 1878 |
| III. | Die Baukostenüberschreitung durch den Architekten .......... | 1774 | VII. | Geschäftsführung ohne Auftrag .. | 1896 |
| IV. | Verzögerte Bauausführung/ Behinderungen ................ | 1807 | VIII. | Ungerechtfertigte Bereicherung .. | 1904 |

## I. Die Einbeziehung Dritter (§ 328 BGB)

*Literatur*

*Bayer*, Der Vertrag zugunsten Dritter – Neuere Dogmengeschichte – Anwendungsbericht – dogmatische Strukturen (1995); *Sutschet*, Der Schutzanspruch zugunsten Dritter (1999); *Haferkamp*, Der Vertrag mit Schutzwirkung für Dritte nach der Schuldrechtsreform – ein Auslaufmodell? (in: Dauner-Lieb u. a., Das neue Schuldrecht in der Praxis), 2003, 171.

*Heiseke*, Zur Schutzwirkung eines Schuldvertrages gegenüber dritten Personen, NJW 1960, 77; *Larenz*, Zur Schutzwirkung eines Schuldvertrages gegenüber dritten Personen, NJW 1960, 78; *Lorenz*, Die Einbeziehung Dritter in vertragliche Schuldverhältnisse – Grenzen zwischen vertraglicher und deliktischer Haftung, JZ 1960, 108; *Zunft*, Wie ist das Vorliegen eines echten Vertrages zugunsten Dritter mit Schutzwirkung für Dritte festzustellen?, MDR 1960, 543; *Böhmer*, Zur Frage der Einbeziehung Dritter in vertragliche Schuldverhältnisse, MDR 1960, 807; *Medicus*, Zur Verantwortlichkeit des Geschädigten für seine Hilfspersonen, NJW 1962, 2081; *Berg*, Verträge mit Drittschutzwirkung und Drittschadensliquidation, JuS 1977, 363; *Ziegler*, Personale Abgrenzungskriterien beim Vertrag mit Schutzwirkung zugunsten Dritter, JuS 1979, 327; *Steding*, Die Drittschadensliquidation, JuS 1983, 29; *Lewer*, Die Haftung des Werkbestellers nach Dienstleistungsrecht gem. den §§ 618, 619 BGB, JZ 1983, 36; *Motzer*, Schutzpflichtverletzung und Leistungsunmöglichkeit, JZ 1983, 884; *Feudner*, Generalunternehmer/Drittschadensliquidation, BauR 1984, 257; *Bindhardt*, Zur Haftung des Architekten für Drittschaden, BauR 1984, 581; *Assmann*, Grundfälle zum Vertrag mit Schutzwirkung für Dritte, JuS 1986, 885; *Sass*, Die Zurechnung von Mitverschulden des Vertragsgläubigers bei der Schadensentstehung zu Lasten des in den Schutzbereich eines Vertrages einbezogenen Dritten nach §§ 254 Abs. 2 S. 2, 278 BGB, VersR 1988, 768; *Steinmeyer*, Der Vertrag mit Schutzwirkung für Dritte und die Produzentenhaftung, DB 1988, 1049; *Müssig*, Falsche Auskunftserteilung und Haftung, NJW 1989, 1697; *Hübner*, Vertrag mit Schutzwirkung für Dritte und Ersatz von Vermögensschäden, VersR 1991, 497; *Dahm*, Vorvertraglicher Drittschutz, JZ 1992, 1167; *Canaris*, Schutzwirkungen zugunsten Dritter bei „Gegenläufigkeit" der Interessen, JZ 1995, 441; *Wienands*, Haftungsfragen beim echten Vertrag zugunsten Dritter – zugleich ein Beitrag zu § 278 BGB, JABl. 1995, 854; *Martiny*, Pflichtenorientierter Drittschutz beim Vertrag mit Schutzwirkung für Dritte – Eingrenzung uferloser Haftung, JZ 1996, 19; *Bayer*, Die dogmatischen Strukturen des vertraglichen Drittschutzes, JuS 1996, 473; *von Schroeter*, Die Haftung für Drittschäden, Jura 1997, 343; *Neuner*, Der Schutz und die Haftung Dritter nach vertraglichen Grundsätzen, JZ 1999, 126; *Coester-Waltjen*, Der Dritte und das Schuldverhältnis, Jura 1999, 656; *Vogel*, Das magische Dreieck – die Freigabeerklärung der Globalbank des Bauträgers und der Schutz des Erwerbers in der Bauträgerinsolvenz, BauR 1999, 992; *Saar*, Grenzen des „vertraglichen Drittschutzes" – BGH, NJW 1996, 2927, JuS 2000, 220; *Eckebrecht*, Vertrag mit Schutzwirkung für Dritte – Die Auswirkungen der Schuldrechtsreform, MDR 2002, 425; *Rohfing*, Drittbezogenheit und Dritthaftung – Die Rechtsprechung des BGH im Überblick, MDR 2002, 254; *Westermann*, Vertragliche Dritthaftung im neuen Schuldrecht, Festschrift für Honsell (2002), 137; *Medicus*, Die „Identität des Schadens" als Argument für den Ersatz von Drittschäden, Festschrift für Schlechtriem (2003), 613; *Finn*, Zur Haftung des Sachverständigen für fehlerhafte Wertgutachten gegenüber Dritten, NJW 2004, 3752; *Kamphausen*, Expertenhaftung für mangelhafte Energieausweise nach der neuen EnEV 2006, BauR 2006, 1208.

### 1. Vertrag zu Gunsten Dritter

**1740**  Echte Verträge zu Gunsten Dritter (§ 328 BGB), durch den dieser einen eigenen **originären** Anspruch gegen den Schuldner erwirbt,[1] sind auch im Bauwesen denkbar; so ist im Einzelfall durch **Vertragsauslegung** (§§ 133, 157, 242 BGB) zu ermitteln, ob ein in diesem Sinne „echter" Vertrag zu Gunsten Dritter vorliegt. Dabei ist unter Heranziehung der Auslegungsregel des § 328 Abs. 2 BGB auf die Umstände des Einzelfalles abzustellen, wobei insbesondere auch der Zweck der einschlägigen Vereinbarungen miteinbezogen werden muss.

So kann der Kaufvertrag zwischen einer Wohnungsbaugesellschaft und einem Käufer, in dem die Verpflichtung des Käufers aufgenommen ist, das Haus nur bis zu einer bestimmten Höhe zu bauen,[2] als Vertrag zu Gunsten Dritter (z. B. **Nachbar** des Käufers) angesehen werden.[3]

An einen Vertrag zu Gunsten Dritter ist immer zu denken, wenn einem Käufer eines Grundstücks **Auflagen** hinsichtlich der **Baugestaltung** gemacht werden (z. B. keine Mauer zum Nachbargrundstück, sondern nur einen Drahtzaun zu errichten oder eine Sträucherhecke zu pflanzen).

Auch in der **Herstellergarantie** kann ein Vertrag zu Gunsten Dritter liegen.[4] Der **Vergleich,** den ein Bauherr mit einem Unternehmer **über** bestehende **Gewährleistungsansprüche** abschließt, stellt noch keinen Vertrag zu Gunsten des Architekten dar.[5]

### 2. Vertrag mit Schutzwirkung zu Gunsten Dritter

**1741**  Der große Unterschied bei der Haftung für Hilfspersonen im Vertragsrecht (§ 278 BGB) und im Recht der unerlaubten Handlung (§ 831 BGB) rechtfertigt in Bau-

---

1) Siehe hierzu: BGH, NJW 2006, 1434; NJW 2005, 3778.
2) BGH, NJW 1975, 344, 345 = MDR 1975, 305.
3) **Weitere Beispiele:** OLG Karlsruhe, NJW 1956, 913 – **Siedlungsvertrag:** LG Bonn, NJW 1970, 1083 – **Unterlassung** der Weitergabe einer Bauhandwerkerbindung an den Grundstücksverkäufer; s. auch BGH, *Schäfer/Finnern*, Z 4.01 Bl. 72; OLG Koblenz, *Schäfer/Finnern*, Z 2.10 Bl. 38 für eine **Zahlungsvereinbarung;** OLG Hamm, NJW-RR 1996, 627 – Maklervertrag; OLG Koblenz, BauR 1997, 1054, 1055 – Vereinbarung über **Mängelabgeltung** zwischen Bauherr und Subunternehmer. Zur **Baufortschrittsanzeige** als Vertrag zu Gunsten Dritter s. *Schwenker*, in: Thode/Wirth/Kuffer, § 4, Rdn. 152. Zur **Bürgschaftsverpflichtung** als Vertrag zu Gunsten Dritter s. *Hildebrandt*, BauR 2007, 203, 212 ff.
4) Vgl. BGHZ 75, 75 = ZfBR 1979, 204 = BauR 1979, 511 = NJW 1979, 2036 (Herstellergarantie betreffend **Spezial-Fensterglas**).
5) OLG Hamm, MDR 1990, 338.

## Vertrag mit Schutzwirkung zu Gunsten Dritter

sachen vielfach die Annahme, dass die Vertragschließenden bei Schadensfällen auch **unbeteiligten Dritten** die weitergehenden Vertragsrechte zugute kommen lassen wollen. Die Rechtsprechung hat sich dementsprechend in der Vergangenheit auch wiederholt mit dem Problem auseinandergesetzt, ob dem **Werkvertrag** oder dem **Architektenvertrag** eine **Schutzwirkung zu Gunsten unbeteiligter Dritter** zukommt. Die Bejahung dieser Frage hatte für den geschädigten Dritten den Vorteil, dass er seine Schadensersatzansprüche als **eigenen vertraglichen Schadensersatzanspruch** aus dem Gesichtspunkt der positiven Forderungsverletzung geltend machen konnte, sodass die für ihn günstigen Normen der §§ 278, 282 BGB zur Anwendung kam. Auch hinsichtlich der Verjährung war seine Rechtsposition günstiger; die 30-jährige Verjährungsfrist des § 195 BGB fand uneingeschränkt Anwendung.[6]

**1742** Für das **neue Recht** ist die Ansicht vertreten worden, dass die Grundsätze über den Vertrag mit Schutzwirkung zu Gunsten Dritter nunmehr von § 311 Abs. 3 Satz 2 BGB erfasst werden bzw. werden sollten.[7] Dem ist nicht zu folgen.[8] Der Gesetzgeber hat die Rechtsfigur des Vertrages zu Gunsten Dritter (z. B. in der Regierungsbegründung) nicht weiter angesprochen.[9] Nach den Vorstellungen des Gesetzgebers soll durch §§ 311 Abs. 3, 241 Abs. 2 – basierend auf dem bisherigen Richterrecht[10] – vor allem **die Inanspruchnahme besonderen Vertrauens durch einen Vertreter** oder **Handlungsgehilfen**, die sog. **Eigenhaftung** des **Vertreters** auf Grund eines **eigenen wirtschaftlichen Interesses**, sowie die **Sachwalterhaftung** geregelt werden.[11] Im Hinblick auf die neuere Rechtsprechung des BGH,[12] wonach eine Einbeziehung Dritter in den Schutzbereich eines Vertrages auch dann in Betracht kommt, wenn ein „Vertrauenstatbestand" im Einzelfall nicht vorliegt, ist anzunehmen, dass die Vorschrift des § 311 Abs. 3 BGB über den vom Gesetzgeber angesprochenen Bereich hinaus nicht auch die Rechtsfigur des Vertrages mit Schutzwirkung zu Gunsten Dritter ausgedehnt wird.[13] Deshalb sind die bisherigen Grundsätze uneingeschränkt weiterhin gültig.

**1743** Grundsätzlich steht die vertraglich geschuldete Leistung nur allein dem **Gläubiger** des Vertrages zu. In Rechtsprechung und Lehre ist aber allgemein anerkannt, dass auch Dritte, an einem Vertrag nicht unmittelbar beteiligte Personen in den **Schutzbereich des Vertrages** einbezogen werden können. Ihnen ist der Schuld-

---

6) Vgl. OLG Düsseldorf, *Schäfer/Finnern*, Z 5.1 Bl. 31; **a. A.:** *Kaiser*, Rdn. 97 b.
7) Siehe hierzu grundlegend: *Westermann*, Festschrift für Honsell, S. 137 ff.; *Haferkamp* in: Dauner-Lieb u. a., Das neue Schuldrecht in der Praxis, S. 171, 177 ff.; *Medicus*, Festschrift für Schlechtriem, S. 613, 622 ff.; *Eckebrecht*, MDR 2002, 425 ff.; *Teichmann*, DB 2001, 1485, 1492; *Canaris*, JZ 2001, 499, 520; *Muthers*, in: Henssler/Graf von Westphalen, Teil 3, § 311, Rdn. 26; *Lieb*, in: Dauner-Lieb u. a., Das neue Schuldrecht, § 3, Rdn. 43 ff.; *Kamphausen*, BauR 2006, 1208, 1213.
8) Vgl. auch BGH, NJW 2006, 830, 835, der insoweit von „Schadensersatzansprüchen aus § 280 Abs. 1 BGB nach den Grundsätzen der Rechtsprechung über den Vertrag mit Schutzwirkung zu Gunsten Dritter" spricht.
9) *Lieb*, a. a. O.
10) *Sienz*, in: Wirth/Sienz/Englert, Teil I, Rdn. 192.
11) *Sienz*, a. a. O.; *Muthers*, a. a. O.
12) BauR 2002, 814 = *SFH*, Nr. 8 zu § 328 BGB = NJW 2002, 1196; BauR 2001, 426 = NJW 2001, 514; OLG Hamm, OLGR 2004, 93, 94 m. w. Nachw.
13) In diesem Sinne: *Westermann*, a. a. O., S. 148/149; *Medicus*, a. a. O., S. 623.

**1744** In diesem Zusammenhang hat auch die Vorschrift des § 618 BGB in Bausachen eine besondere Bedeutung: Stellt ein Bauherr (Besteller) dem Unternehmer **Arbeitsgeräte** zur Verfügung (z. B. Gerüste, Baumaschinen und dgl. mehr), so ist auf einen solchen Bauvertrag die Vorschrift des § 618 BGB sinngemäß anzuwenden.[15] Dem Bauherrn obliegt in diesen Fällen die Pflicht, dem Werkunternehmer ein verkehrssicheres Arbeitsgerät zur Verfügung zu stellen. Das bedeutet aber wiederum nach der Rechtsprechung, dass nicht nur der unmittelbare Vertragsgegner (Unternehmer), sondern auch Dritte, die das von dem Bauherrn gestellte Arbeitsgerät benutzen, wie z. B. die **Arbeitnehmer** des Unternehmers, in den Schutzbereich des Bauvertrages einbezogen sind; denn in diesen Fällen ist der Unternehmer für diese Dritte in aller Regel auch verantwortlich, weil deren Schädigung ihn selbst trifft.[16]

vorangehender Absatz beginnt mit: ner dann zwar nicht zur Leistung, wohl aber u. U. zum **Schadensersatz** verpflichtet.[14]

**1745** Aus § 618 BGB ist ganz allgemein der Grundsatz herauszulesen, dass auch der Bauherr (Besteller) alles zu unternehmen hat, damit die **Arbeitnehmer des Unternehmers** auf dem Baugelände gefahrlos arbeiten können. Verletzt der Bauherr diese seine Fürsorgepflicht, haben die Arbeitnehmer des Unternehmers einen vertraglichen Schadensersatzanspruch gegen den Bauherrn (§§ 280, 282 BGB).[17] Unter den geschützten Personenkreis fallen auch die von dem Unternehmer eingeschalteten **Subunternehmer;**[18] allerdings kann ihnen gegenüber, sofern sie selbstständige Unternehmer sind, eine Ersatzpflicht wirksam ausgeschlossen werden.

Im Übrigen stellte sich aber unabhängig von § 618 BGB bei jedem Bauvertrag die Frage, ob nicht stets der „normale" **Werkvertrag,** auch derjenige nach der VOB, grundsätzlich als **Vertrag mit Schutzwirkung zu Gunsten Dritter** anzusehen ist.

**1746** Ein **Vertrag** mit **Schutzwirkung zu Gunsten Dritter** wird allgemein angenommen, „wenn die Auslegung des Vertrags zwischen dem Schuldner und dem Gläubiger ergibt, dass nach seinem Sinn und Zweck und nach Treu und Glauben der Gläubiger den Dritten in die ihm dem Schuldner gegenüber obliegende Schutzpflicht einbeziehen wollte, weil er für dessen 'Wohl und Wehe' verantwortlich ist und wenn dieses Interesse des Gläubigers dem Schuldner erkennbar oder gar bekannt war".[19] Ein

---

14) Vgl. BGHZ 49, 450, 453; BGH, BauR 2002, 814 = ZfBR 2002, 485 = ZfIR 2002, 446 m. Anm. *Portz* (Bautenstandsbestätigung; Haftung des Architekten); KG, BrBp 2004, 80 – *Bereska*; OLG Koblenz, OLGR 1999, 459 (Ansprüche des **Nachbarn** bei Schäden am Nachbargrundstück); OLG Hamm, BauR 2004, 864, 865 (Architektenvertrag).

15) BGHZ 5, 62 = NJW 1952, 458; 26, 365, 370 = NJW 1958, 710; BGH, VersR 1963, 1076; BGH, BauR 1995, 731; OLG Düsseldorf, *SFH*, Nr. 3 zu § 847 BGB u. NJW-RR 1995, 403; OLG Stuttgart, NJW 1984, 1904; dazu *Schünemann*, JuS 1984, 927; ferner: *Heiermann/Riedl/Rusam*, § 10/B, Rdn. 6; *Lewer*, JZ 1983, 336 ff.

16) Vgl. insoweit BGHZ 56, 269 = NJW 1971, 1931; BGH, VersR 1955, 740; NJW 1956, 1193; NJW 1959, 1676; s. auch RGZ 164, 397, 399.

17) Nach altem Recht aus positiver Vertragsverletzung; s. BGH, VersR 1970, 831. Zum Anspruch des **Unternehmers:** OLG Stuttgart, NJW 1984, 1904 (kein Ersatz bloßer „Reflexschäden").

18) BGHZ 56, 269; hierzu auch OLG Düsseldorf, NJW-RR 1995, 403.

19) BGHZ 56, 269 = NJW 1971, 1931, 1932; vgl. auch BGH, NJW 1975, 867 = VersR 1975, 522; NJW 1959, 1676; LM § 254 (E) BGB Nr. 2; BGHZ 33, 247 = NJW 1961, 211; NJW 1964, 33; NJW 1965, 1757 u. 1955; NJW 1968, 1929; BGH, NJW-RR 1986, 484 (Auskunftsvertrag); NJW 1996, 2927; OLG Düsseldorf, BauR 2006, 1054.

## Vertrag mit Schutzwirkung zu Gunsten Dritter　　　　　Rdn. 1747

solcher Vertrag mit Schutzwirkungen zu Gunsten Dritter ist aber auch dann anzunehmen, wenn sich aus den **Umständen** des Falles **konkrete Anhaltspunkte** für einen auf den Schutz des Dritten gerichteten **Parteiwillen** ergeben; denn **es steht den Parteien frei,** ausdrücklich oder stillschweigend den Schutzbereich des Vertrages auch auf Dritte **zu erstrecken.**[20] Nach neuerer Rechtsprechung sind in die Schutzwirkungen eines Vertrages im Wege der **ergänzenden Vertragsauslegung** auch Dritte einbezogen, wenn der Gläubiger an deren Schutz **ein besonderes Interesse** hat und wenn Inhalt und Zweck des Vertrages erkennen lassen, dass diesem Interesse Rechnung getragen werden soll, und die Parteien daher den Willen haben, zu Gunsten dieses Dritten eine **Schutzpflicht** des Schuldners zu begründen.[21]

In diesem Sinne kann auch der „normale" **Werk-** oder **Architektenvertrag**[22] Schutzwirkungen zu Gunsten Dritter haben. Besondere Schwierigkeiten bestehen indes in der **Abgrenzung des Personenkreises,** der geschützt werden soll: Zwar kommt ein Vertrag mit Schutzwirkungen für Dritte auch in Betracht, wenn die zu schützenden Personen nicht „bekannt" sind; vorausgesetzt wird nämlich nur, dass der **zu schützende Personenkreis objektiv abgrenzbar** oder **bestimmbar** ist.[23] Es kann aber keineswegs der Sinn des Bauvertrages sein, allen beliebigen Dritten, denen aus der unsorgsamen Ausführung der dem Vertragsschuldner obliegenden Leistungspflichten ein Schaden entsteht, aus dem Vertrag einen Ersatzanspruch zu geben. Dies hieße, die besondere Verantwortlichkeit des Vertragsschuldners zu einer Haftung gegenüber jedermann auszuweiten.[24] Die Rechtsprechung des BGH[25] hat dementsprechend auch wiederholt hervorgehoben, dass Ausweitungen der Vertragswirkungen nur **in mehr oder weniger engen Grenzen** in Betracht kommen können. An einer **Schutzbedürftigkeit** eines Dritten wird es in der Regel **fehlen,** wenn der Dritte

**1747**

---

20) BGH, ZfBR 2005, 40 (Schutzbereich eines **Wertermittlungsvertrages**); BauR 1985, 571, 572 = ZfBR 1985, 215; s. ferner: BGH, BauR 2002, 814 = NZBau 2002, 229 = NJW 2002, 1196 = ZfIR 2002, 446 m. Anm. *Portz* u. BGH, BauR 2005, 1052 = NZBau 2005, 397 = IBR 2005, 333 (**Bautenstandbestätigung** eines Architekten); BauR 2001, 426 = ZfBR 2001, 164 = NJW 2001, 514 (**Bodengutachten**); BGH, U. v. 14.12.2006 – III ZR 303/05 (**Abwasserkanalisation**; Verletzung von Schutz- und Obhutspflicht bei Bauarbeiten; Schutz des Mieters); KG, BrBp 2004, 80 (Bauvertrag über **Vertiefungsarbeiten**); OLG Stuttgart, BauR 2000, 427 = OLGR 2000, 67; OLG Rostock, BauR 2001, 1127, 1128; OLG Koblenz, OLGR 1999, 459 = NJW-RR 2000, 544 (Schäden am Nachbargrundstück); OLG Celle, BauR 2000, 580 = NJW-RR 1999, 1693; AG Dülmen, NZBau 2002, 395 = NJW-RR 2001, 1596 (**Doppelhaushälfte**).
21) BGHZ 138, 257, 261 = NJW 1998, 1948; BGH, ZfBR 2005, 40, 41; BGH, NJW 1987, 1758, 1759; OLG Düsseldorf, BauR 2005, 1054, 1056.
22) Vgl. OLG Hamm, BauR 2004, 864 (**verneinend** für einen Schadensersatzanspruch des Erwerbers gegen den Subunternehmer des Bauträgers) u. BauR 2004, 528, 529 = NZBau 2004, 161 = OLGR 2004, 93, 94 (**bejahend** für Architektenvertrag; Schutzwirkung zugunsten des Bauherrn bei besonderem Interesse); OLG Celle, BauR 2006, 133 (**bejahend** für Werkvertrag; Schutzwirkung zugunsten des Bestellers und seiner Mitarbeiter).
23) BGH, BauR 1998, 189, 193; BGH, BauR 1990, 501 = ZfBR 1990, 178; BauR 1985, 704 (auch zur **Beweislast**) u. NJW 1984, 355; OLG Oldenburg, OLGR 1997, 103, 104; OLG Düsseldorf, BauR 1996, 276 = NJW-RR 1996, 591; OLG Hamm, NJW-RR 1987, 725; *Kaiser*, Rdn. 97 b; LG Kaiserslautern, *SFH*, Nr. 4 zu § 328 BGB; LG Tübingen, BauR 1990, 497.
24) *Martiny*, JZ 1996, 19 ff.; *Larenz*, NJW 1956, 1193; *Littbarski*, Rdn. 187.
25) Vgl. BGHZ 51, 91, 96 = NJW 1969, 269; BGH, ZfBR 2005, 40, 42 = BauR 2005, 122, 125 = NJW 2004, 3035 (hierzu: *Finn*, NJW 2004, 3752); BGH, *SFH*, Nr. 1 zu § 328 BGB; BGH, BauR 1984, 189 = NJW 1984, 355 = *SFH*, Nr. 3 zu § 328 BGB; BGH, NJW 1996, 2927.

wegen des Sachverhalts, aus dem er seinen Anspruch herleitet, einen inhaltsgleichen Anspruch gegen den Gläubiger hat.[26]

**1748** Nach der Rechtsprechung fallen **unter den Schutzbereich** des Werkvertrages:

* die **Familienangehörigen des Bestellers** (Bauherrn) (BGH, MDR 1956, 534 = VersR 1956, 500 – 6-jährige **Tochter** des Bauherrn, offengelassen vom BGH, BauR 1990, 501, 502 = ZfBR 1990, 1078 = MDR 1990, 808 = NJW-RR 1990, 726; BGH, Schäfer/Finnern, Z 4.01 Bl. 40 – **Ehemann**; siehe ferner: BGH, BauR 1994, 621 = ZfBR 1994, 209 = NJW 1994, 2231; OLG Nürnberg, MDR 1974, 401 – **Eigentümerin** des Grundstücks **bei Auftragsvergabe durch Ehemann**).
Voraussetzung der Haftung ist allerdings, dass der Dritte „gerade in seiner Eigenschaft als Familienangehöriger des Auftraggebers mit der Bauleistung des Auftragnehmers in Berührung kommt" (BGH, BauR 1994, 621 = NJW 1994, 2231 = ZfBR 1994, 209 mit Hinweis auf BGH, BauR 1990, 501 = ZfBR 1990, 178).

* die **Mieter** des Bauherrn sowie deren Angehörige (BGH, VersR 1979, 1009; OLG Stuttgart, VersR 1983, 891 – für **Brandschaden** durch Schweißarbeiten; AG Köln, VersR 1984, 1179 – Schornsteinfegervertrag; **Rußschäden** eines Mieters; kritisch Herding/Schmalzl, Haftung, S. 507; BGH, NJW 1964, 33 – offengelassen; OLG Köln, BB 1976, 669 – **Heizungswartungsvertrag**; verneinend: OLG Hamm, NJW-RR 1987, 725, wenn die Mängelansprüche des Mieters im Mietvertrag beschränkt worden sind; BGH, VersR 1987, 159 = BauR 1987, 116, wenn Haftung des Architekten gegenüber dem Bauherrn für Folgeschäden ausgeschlossen ist, sowie BGH, BauR 1990, 501 = ZfBR 1990, 178 für einen gewerblichen Mieter. Dieser sei durch seine vertraglichen Ansprüche gegen den Vermieter (§ 538 BGB) ausreichend geschützt (ebenso: BGH, BauR 1994, 621, 622 = NJW 1994, 2231 = ZfBR 1994, 209). Siehe ferner: OLG Oldenburg, OLGR 1997, 103 – kein Anspruch des Mieters, wenn Elektroarbeiten in Räumen ausgeführt werden, die **neben** dem Mietobjekt liegen, und diese Arbeiten dem Mieter auch **nicht zugute kommen**; BGH, NJW 1996, 2927 – kein Vertrag zu Gunsten Dritter, wenn **gleichgeschaltete Werkverträge** mehrerer Auftraggeber vorliegen; OLG Stuttgart, BauR 2000, 427 = OLGR 2000, 67 – kein Anspruch, wenn vertragliche Ansprüche aus § 538 BGB gegenüber dem Vermieter zur Seite stehen.

* die **Hausangestellten** (RGZ 127, 224)

* der **Vermieter** (BGH, NJW 1954, 874 = VersR 1954, 223 = Schäfer/Finnern, Z 4.01 Bl. 14)

* der **Grundstückseigentümer** (KG, NJW 1958, 185 – bei Trümmerbeseitigung; verneinend: BGH, VersR 1962, 86 bei Rohrverlegung; zust. Böhmer, VersR 1962, 518; s. auch: OLG Celle, BauR 2000, 580 = NJW-RR 1999, 1693 – **Subunternehmervertrag** hat Schutzwirkung zu Gunsten des Bauherrn/Eigentümers)

* die **Arbeitnehmer** des Bestellers (BGHZ 55, 11, 18)

* der **Nachbar** (AG Dülmen, NZBau 2002, 395 – fehlerhafte Dacharbeiten bei einer Doppelhaushälfte; KG, BrBp 2004, 80 – für Vertrag über **Vertiefungsarbeiten**; wohl unzutreffend, weil sich Ersatzansprüche für den Nachbarn unmittelbar aus §§ 823 Abs. 2, 909 BGB herleiten lassen; das gilt auch für OLG Koblenz, OLGR 1999, 459 = NJW-RR 2000, 544 = NZBau 2000, 292; OLG Düsseldorf, NJW 1965, 539 – bei fehlerhafter Herstellung eine Kommunmauer; a. A. Hodes, in Anm. das.)

---

26) Zutreffend: OLG Köln, NZBau 2003, 101, 102 = OLGR 2002, 403.

## Vertrag mit Schutzwirkung zu Gunsten Dritter            Rdn. 1749

* die **Betriebsangehörigen** eines Unternehmers (BGH, LM Nr. 5 zu § 157 [D] BGB = BB 1965, 1107 m. zust. Anm. Köpke)

Ferner fallen unter den Schutzbereich:

* der **Kreditgeber** (BGH, BauR 2005, 122 = ZfBR 2005, 40; BauR 1998, 189; BGH, ZfBR 1982, 159; vgl. auch BGH, BauR 1984, 189 = NJW 1984, 355 = VersR 1984, 85; hierzu vor allem Littbarski, NJW 1984, 1667 ff.; auch Müssig, NJW 1989, 1697 ff.; BGH, ZfBR 1985, 121 sowie OLG Frankfurt, NJW-RR 1989, 337), der **Käufer** (BGH, ZfBR 1995, 75; s. hierzu auch OLG Düsseldorf, BauR 2005, 1054 u. BGH, BauR 2001, 431) und auch der **Bürge** (BGH, BauR 1998, 189) bei einem unrichtigen **Wertgutachten** (s. ferner: OLG Hamm, OLGR 1992, 323 für **Baugrundgutachten;** verneinend: OLG Dresden, NJW-RR 1997, 1456 = BB 1997, 1556 für einen nicht öffentlich vereidigten und bestellten Sachverständigen), ferner: ein **Bauträgerunternehmen** (BGH, BauR 2001, 426 = ZfBR 2001, 164 für ein **Bodengutachten**), der **Auftraggeber** (BGH, BauR 2002, 814 = SFH, Nr. 8 zu § 328 BGB = NJW 2002, 1196 bei einer Bautenstandbestätigung durch einen Architekten gegenüber einer Baubetreuungsgesellschaft, die ihn entgeltlich damit beauftragt hat; ebenso BGH, BauR 2005, 1052 = ZfBR 2005, 460 = NZBau 2005, 397 = IBR 2005, 333 – Weyer; s. auch Vogel, BauR 1999, 992 ff.)
* der **Ersteller von Bauzeichnungen,** die er unter Verwendungsvorbehalt dem Auftragnehmer des Bauherrn überlassen hat (BGH, BauR 1985, 571 = SFH, Nr. 2 zu § 3 VOB/B)
* der **Erwerber im Bauherrenmodell** (zur Haftung des Architekten, der als Sachverständiger mit der **Zwischen-** und **Schlussabnahme** der **Wohnungen** beauftragt wird: LG Kaiserslautern, SFH, Nr. 4 zu § 328 BGB)

Es fallen **nicht unter den Schutzbereich:**                                1749

* andere Bauunternehmer (LG Stuttgart, MDR 1961, 936 LS; BGH, NJW 1970, 38, 40; Acker/Garcia-Scholz, BauR 2003, 1457, 1464; s. ferner: BGH, NJW 1971, 753 betreffend **Architektenvertrag;** OLG Düsseldorf, BauR 1996, 276, 277 = NJW-RR 1996, 591 für Unternehmervertrag; OLG Köln, VersR 1969, 810 – örtliche Bauaufsicht eines Architekten; KG, BauR 1973, 116)
* der Bauherr aus einem **Subunternehmervertrag** (OLG Hamm, BauR 2007, 561; OLG Rostock, IBR 2003, 22 – Schulze-Hagen; Feudner, BauR 1984, 247, 258/259; für Einbeziehung: Schlechtriem, ZfBR 1983, 101, 103; Kaiser, Rdn. 97 b)
* der Erwerber aus dem Auftrag zur Erstattung eines **Baugrundgutachtens** durch den Verkäufer (OLG Hamm, OLGR 1992, 323)
* der **Erwerber** aus dem von dem **Bauträger** beauftragten **Unternehmer** (OLG Hamm, OLGR 2004, 78)
* der **Ersteigerer** bei der Beauftragung eines Sachverständigen zur Erstellung eines Wertgutachtens im **Zwangsversteigerungsverfahren** (s. BGH, BauR 2003, 1599 = NJW 2003, 2825; OLG Celle, BauR 2004, 1481; LG Marburg, BauR 2000, 765 m. Anm. Bandte; OLG Frankfurt, BauR 2000, 1521 m. Anm. Turner sowie Anm. Bandte, BauR 2001, 128; s. ferner: OLG Stuttgart, BauR 2006, 712 m. Anm. Klöters)
* Besucher des Bauherrn oder des Mieters (Herding/Schmalzl, Haftung, S. 507)
* der Gewerbebetrieb, der von der Beschädigung eines Stromkabels betroffen ist (BGH, SFH, Nr. 1 zu § 328 BGB = BB 1977, 1419 = BauR 1977, 435 sowie OLG Köln, VersR 1984, 340).

**1750** Fällt der Dritte nach der bisherigen Rechtsprechung in den Schutzbereich des Vertrages, so erwächst ihm auch ein **unmittelbarer Schadensersatzanspruch** gegen den Unternehmer (Auftragnehmer);[27] der Anspruch bemisst sich nach §§ 249 ff. BGB.[28] Ein geschädigter Dritter muss sich jedoch ein eigenes Mitverschulden sowie Mitverschulden des Vertragspartners des Schädigers gemäß § 254 BGB anrechnen lassen,[29] auch wenn der Vertragspartner nicht gesetzlicher Vertreter oder Erfüllungsgehilfe des Geschädigten ist. **Abweichende** Vereinbarungen sind insoweit aber möglich.[30]

Der geschädigte Dritte muss sich jedoch nicht alle Nachteile entgegenhalten lassen, die sich aus dem Verhalten des **Vertragsgläubigers** ergeben können. Der Rechtsgedanke des § 334 BGB, der auf den Vertrag mit Schutzwirkung zu Gunsten Dritter entsprechende Anwendung findet, kann vor allem in Fällen nicht zum Tragen kommen, in denen die Interessen des **Dritten** und des **Vertragspartners „gegenläufig"** sind.[31]

Die Haftung des Schädigers erstreckt sich auf **Personen- und Sachschäden**,[32] und zwar insoweit auch auf **Vermögensschäden**.[33] Bei Verletzung eines der durch § 253 Abs. 2 BGB geschützten Rechtsgüter kann auch ein **Schmerzensgeldanspruch** bestehen.[34]

---

27) BGH, NJW 1976, 712, 713; OLG Oldenburg, OLGR 1997, 103, 104; s. oben Anm. 7.
28) BGH, BauR 2001, 426, 428 = ZfBR 2001, 164 (Bodengutachten).
29) BGH, BauR 1998, 189, 191 (ständig).
30) BGHZ 127, 378, 384; BGH, BauR 1998, 189, 192 = NJW 1998, 1059 = *SFH*, Nr. 7 zu § 328 BGB („**konkludente Abbedingung** von § 334 BGB").
31) Vgl. hierzu BGH, ZfBR 1995, 75 = BB 1995, 170 = NJW 1995, 392 für den Fall, dass der **Verkäufer** eines Hauses die **Unrichtigkeit** des Wertgutachtens **arglistig herbeigeführt** hat; ferner: *Canaris*, JZ 1995, 441 ff.
32) BGH, VersR 1965, 997, 998; BGHZ 49, 350, 355; BGH, *Schäfer/Finnern*, Z 4.01 Bl. 40.
33) Vgl. BGH, BauR 1994, 621, 622 = ZfBR 1994, 209 = NJW 1994, 2231; NJW 1970, 38, 40; **a. A.**: *Herding/Schmalzl*, Haftung, S. 262.
34) *Palandt/Heinrichs*, § 253 BGB, Rdn. 8.

## II. Positive Vertragsverletzung/Pflichtverletzungen im Sinne von §§ 280 Abs. 1, 241 Abs. 2 BGB

*Übersicht*

| | Rdn. | | Rdn. |
|---|---|---|---|
| 1. Positive Vertragsverletzung nach altem Recht | 1751 | b) Altrechtliche Nebenpflichten des Bauunternehmers | 1770 |
| 2. Die Verletzung von „Nebenpflichten" nach neuem Recht | 1761 | c) Altrechtliche Nebenpflichten des Bauherrn | 1773 |
| a) Altrechtliche Nebenpflichten des Architekten | 1764 | | |

*Literatur*

*Grunewald*, Schadensersatz für Mangel- und Mangelfolgeschäden (in: Dauner-Lieb u. a., Das neue Schuldrecht in der Praxis, 2003, 313).

*Grimm*, Zur Abgrenzung der Schadensersatzansprüche aus § 635 BGB und aus positiver Vertragsverletzung, NJW 1968, 14; *Weyer*, Zum Schadensersatzanspruch des Unternehmers wegen Beschädigung seines Werkes, BlGBW 1970, 206; *Schlechtriem*, Regress und Gewährleistung, NJW 1972, 1554; *Ganten*, Beratungspflichten des Architekten, BauR 1974, 78; *Hartmann*, Die Beratungs-, Hinweis- und Aufklärungspflichten des Architekten, BauR 1974, 168; *Schlenger*, Mangel- und Mangelfolgeschäden in der Rechtsprechung des Bundesgerichtshofes, ZfBR 1978, 6; *Schmalzl*, Die Bedeutung des Anspruchs auf Schadensersatz wegen Nichterfüllung im Sinne des § 635 BGB für die Haftpflichtversicherung des Architekten und des Bauunternehmers, Festschrift für Korbion (1986), 371; *Hebemann*, Zur Abgrenzung von nächsten und entfernteren Mangelfolgeschäden im Werkvertragsrecht, NJW 1988, 801; *Knöpfle*, Zum Verhältnis zwischen Gewährleistungsansprüchen und Ansprüchen aus culpa in contrahendo oder positiver Vertragsverletzung, NJW 1990, 2497; *v. Craushaar*, Werkvertragsrecht im Umbruch – Vorschläge der Schuldrechtskommission zur Änderung des Werkvertragsrechts, Festschrift für Soergel (1993), 11; *Doerry*, Vertrag, Leistungspflicht und Haftung des Architekten in der Rechtsprechung des Bundesgerichtshofs, Festschrift für Heiermann (1995), 49; *Volkmann*, die Abgrenzung von § 635 BGB und positiver Vertragsverletzung in der Rechtsprechung des BGH, BauR 1998, 963; *Putzier*, Wann muss der Bauherr für die Mangelbeseitigungsklage die Ursachen ermitteln?, Festschrift für Vygen (1999), 353; *Kaiser*, Das allgemeine Leistungsstörungsrecht als Kernpunkt des Diskussionsentwurfs eines Schuldrechtsmodernisierungsgesetzes, ZfBR 2001, 147; *Medicus*, Der Regierungsentwurf zum Recht der Leistungsstörungen, ZfBR 2001, 507; *Canaris*, Die Reform des Rechts der Leistungsstörungen, JZ 2001, 499; *Peters*, Das Baurecht im modernisierten Schuldrecht, NZBau 2002, 113; *Recker*, Schadensersatz statt der Leistung – oder: Mangelschaden und Mangelfolgeschaden, NJW 2002, 1247; *Wagner*, Mangel- und Mangelfolgeschäden im neuen Schuldrecht?, JZ 2002, 475; *Mayerhöfer*, Die Integration der positiven Forderungsverletzung in das BGB, MDR 2002, 549; *Jaeger*, Naher und entfernter Mangelfolgeschaden beim Werkvertrag nach der Schuldrechtsreform, ZGS 2002, 236; *Kannowski*, Mangelfolgeschäden vor und nach der Schuldrechtsreform. Das Beispiel außergerichtlicher Anwaltskosten bei Baumängeln, BauR 2003, 170.
Siehe auch die Literatur bei **Verjährung**.

### 1. Positive Vertragsverletzung nach altem Recht

Eine Schadensersatzhaftung aus **positiver Vertragsverletzung** ist nach dem **alten** Recht gegeben, wenn Leistungsstörungen vorliegen, die weder von den Vorschriften über die Unmöglichkeit noch von denen über den Verzug erfasst werden. Ansprüche aus positiver Vertragsverletzung sind deshalb ausgeschlossen, soweit der Anwendungs-   1751

**Rdn. 1752–1755**      Pflichtverletzungen nach altem und neuem Recht

bereich der §§ 635 BGB a. F., 13 VOB/B reicht.[1] Die positive Vertragsverletzung hatte im Baurecht vor allem Bedeutung, soweit es um den Ersatz entfernter Mangelfolgeschäden oder von Schäden aus der Verletzung einer vertraglichen Nebenpflicht ging.

**1752**    Für Schadensersatzansprüche, die auf einen **Bauwerksmangel** zurückzuführen sind, kommen nach altem Recht als Anspruchsgrundlage § 635 BGB, § 13 VOB/B **oder** die Regeln über die positive Vertragsverletzung in Betracht.

**1753**    Die **Abgrenzung** zwischen beiden Anspruchsgrundlagen war immer umstritten und auch nie befriedigend gelöst; sie war indes im Hinblick auf die **Verjährung** von erheblicher Bedeutung.[2] Auch bestanden andere Anspruchsvoraussetzungen: Die positive Vertragsverletzung kann nach altem Recht ohne die Voraussetzungen des § 634 Abs. 1 BGB **wahlweise** neben der Minderung und Wandelung geltend gemacht werden.[3] Schadensersatzansprüche aus positiver Vertragsverletzung fallen im Gegensatz zu Ansprüchen aus § 635 BGB unter die allgemeinen **Haftpflicht-** und **Bauwesenversicherungen**.[4] Schließlich betreffen die Haftungsbeschränkungen in Musterverträgen in aller Regel nur die unmittelbaren Schäden des § 635 BGB, nicht aber Schadensersatzansprüche aus positiver Vertragsverletzung.[5]

**1754**    Von der positiven Vertragsverletzung wurden nach ständiger Rechtsprechung nur die **Folgeschäden** erfasst, die nicht mehr eng mit dem Baumangel zusammenhängen, sondern sich als sog. **entferntere Mangelfolgeschäden** darstellen. Es musste sich also stets um Nachteile handeln, die dem Bauherrn als **weitere** Folge des Mangels, also **außerhalb der Werksleistung** erwachsen sind.[6] Die **Abgrenzung** war fließend und konnte nur im **Einzelfall** bestimmt werden. Eine allgemein gültige Festlegung nach abstrakten Kriterien kam nach der Rechtsprechung des BGH[7] nicht in Betracht:

> „Vielmehr bedarf es jeweils der näheren Begründung und Wertung aus der **Eigenart des Sachverhalts**, ob ein enger Zusammenhang zwischen Mangel und Mangelfolgeschaden anzunehmen ist. Dabei ist zu berücksichtigen, dass gerade im Bereich des Werkvertrages nicht selten noch nach Ablauf der kurzen Verjährungsfristen des § 638 BGB Mängelfolgen auftreten, die in ihren **Folgen unverhältnismäßig schwer** sind. Derartige Schäden werden vom Zweck der in den §§ 635, 638 BGB getroffenen Regelung nicht erfasst, sondern sind nach den Grundsätzen der positiven Vertragsverletzung und der für sie maßgeblichen allgemeinen Verjährungsvorschrift des § 195 BGB zu beurteilen" (vgl. auch Rdn. 1688 ff.).[8]

**1755**    In der **Literatur**[9] ist u. a. die Auffassung vertreten worden, der Anwendungsbereich des § 635 BGB sei auf diejenigen Schäden zu begrenzen, die dem Werk unmittelbar anhaften; alle übrigen mit-

---

1) Vgl. *Staudinger/Peters*, § 635 BGB, Rdn. 47; OLG Karlsruhe, BauR 2003, 1593, 1594.
2) Vgl. z. B. OLG Düsseldorf, BauR 1994, 769, 770.
3) *Palandt/Sprau*, Rdn. 23 vor § 633 B m. w. Nachw.
4) BGHZ 46, 238; BGH, NJW 1981, 1780 = VersR 1981, 771 = BR 1981, 229; LG Tübingen, *SFH*, Nr. 4 zu § 4 AHB; s. *Eiselt/Trapp*, NJW 1984, 899 ff.; *Littbarski*, Rdn. 384 ff.; *Doerry*, Festschrift für Heiermann, S. 49, 60.
5) KG, MDR 1970, 844; OLG Düsseldorf, *Schäfer/Finnern*, Z 3.01 Bl. 213, 370; BGH, VersR 1969, 60; NJW 1971, 11130, 1840 u. NJW 1972, 526; *Dostmann*, BauR 1973, 159, 162.
6) OLG Bamberg, BauR 1995, 394 („an einem anderen Rechtsgut").
7) Vgl. BGHZ 37, 341, 343; BGHZ 58, 85 = WM 1972, 352; BGH, WM 1991, 1680 = NJW 1991, 2418 = BB 1991, 1741.
8) So BGH, BauR 1982, 489 = NJW 1982, 2244 = ZfBR 1982, 205.
9) Vgl. *Grimm*, NJW 1968, 14; *Hess*, Haftung, S. 81 ff.; *Diederichsen*, AcP 165, 150, 164; *Finger*, NJW 1973, 81; *Littbarski*, JZ 1979, 552 ff.; *Ehlen/Blatt*, Festschrift für Korbion, S. 69 ff.; *Michalski*, NJW 1988, 793; *Hehemann*, NJW 1988, 801.

## Positive Vertragsverletzung nach altem Recht

telbaren und unmittelbaren, nahen und entfernteren Mangelfolgeschäden sollten von der positiven Vertragsverletzung erfasst werden. Der BGH[10] ist jedoch aus Gründen der „interessengerechten Rechtsanwendung" stets dabei geblieben, nächste Folgeschäden in die Sachmängelhaftung aus § 635 BGB einzubeziehen.[11]

Nach der Rechtsprechung des **BGH**[12] ist somit für das alte Recht in jedem Einzelfall der „enge und unmittelbare Zusammenhang" zwischen Baumangel und Schaden zu prüfen. Zu der Problematik, wie dieser „enge Zusammenhang" zu ermitteln ist, hat der BGH[13] „auf die Notwendigkeit einer die Eigenart des jeweiligen Sachverhalts berücksichtigenden Begründung und ‚Wertung' verwiesen; wie auch sonst bei Generalklauseln kann sich im Verlauf der Rechtsprechung **eine Typenbildung** nach Tatbestandsgruppen ergeben". Entscheidend sei daher **„eine an Leistungsobjekt sowie Schadensart orientierte Güter- und Interessenabwägung,** die das Verjährungsrisiko für Mangelfolgeschäden angemessen zwischen Besteller und Werkunternehmer verteilt".[14]

Dieses Unmittelbarkeitskriterium der **„falladäquaten Lösung"**[15] stellte für alle Baubeteiligten eine unsichere und wenig vorhersehbare Basis dar. Die Schwäche der vom BGH entwickelten Formel lag darin, dass sie **zuviel Ermessensspielraum** in der jeweiligen Entscheidung ließ[16] und das Prozessrisiko damit im Hinblick auf eine mögliche Verjährung des Schadensersatzanspruches nicht unbeträchtlich war.[17] Der BGH[18] warnte daher selbst vor einer formelhaften und schematischen Anwendung seiner von ihm selbst geschaffenen Abgrenzungskriterien.

**Entferntere** Mangelfolgeschäden sind nach dem bisherigen Recht in aller Regel über den Werkmangel hinausgehende Einbußen, die der Bauherr an seinen sonstigen Rechtsgütern erleidet[19] und die nicht unmittelbar mit dem Baumangel zusammenhängen.[20]

Der Begriff der „nächsten Folgeschäden" war **weit** zu ziehen; damit wurden **Schadensersatzansprüche** im Zusammenhang mit einem Baumangel fast überwiegend von § 635 BGB erfasst. Unter das Rechtsinstitut der **positiven Vertragsverletzung** fielen demgegenüber z. B. folgende **Fallgestaltungen**:

**Brandschäden** aufgrund mangelhafter Werkleistung an einem Haus, das nicht Gegenstand der Bauleistungen war und daher ein „anderes Rechtsgut" darstellt;[21] der **Freistellungsanspruch** des

---

10) NJW 1972, 625.
11) Vgl. BGH, BauR 1976, 354 der sich sehr eingehend mit der Kritik an seiner Rechtsprechung auseinandergesetzt hat.
12) Vgl. BGHZ 67, 1 = NJW 1976, 1502 = BauR 1976, 354; BGH, NJW 1986, 2307; BGH, BauR 1979, 321; BGH, ZfBR 1981, 223 = BauR 1981, 482; BGH, NJW 1972, 1280, 1282 = BauR 1972, 311; NJW 1972, 1195 = BauR 1972, 309; NJW 1972, 625 = BauR 1972, 182; OLG Köln, OLGR 1997, 61; OLG Bamberg, BauR 1995, 394; OLG München, BauR 1990, 736; OLG Düsseldorf, NJW 1972, 58.
13) NJW 1982, 2244 = BauR 1982, 489.
14) BGHZ 67, 1, 6 u. 8 = NJW 1976, 1502, 1503.
15) BGH, NJW 1981, 2182 = BauR 1981, 482.
16) *Schlechtriem*, NJW 1972, 1554; *Peters*, NJW 1978, 665, 666.
17) *Schubert*, JR 1975, 179.
18) NJW 1972, 625.
19) OLG Bamberg, BauR 1995, 394; *Finger*, NJW 1973, 81.
20) *Palandt/Sprau*, Vor § 633 BGB, Rdn. 22; *Soergel/Teichmann*, § 635 BGB, Rdn. 15 ff. m. w. Nachw.
21) BGH, NJW 1972, 1195 = BauR 1972, 309 = MDR 1972, 685; BGH; BauR 1982, 489 = NJW 1982, 2244.

Bauherrn gegen den Statiker **wegen Schäden am Nachbarhaus** infolge mangelhafter Statik und damit verbundener Ersatzansprüche des Nachbarn;[22] alle Aufwendungen wegen eindringenden Wassers aufgrund mangelhafter Bauleistungen;[23] Unfälle, die durch Mängel an Gebäuden verursacht werden und zu **Körper-** und **Sachschäden** führen;[24] der Diebstahl, der durch eine mangelhafte Überwachungsanlage ermöglicht wird;[25] Mangelfolgeschäden aus einem Untersuchungsbericht.[26] Ferner kommen im Rahmen der positiven Vertragsverletzung auch Schäden in Betracht, die nur **gelegentlich** bei Ausführung der vertraglichen Aufgaben durch den Unternehmer entstehen. Schmalzl[27] bringt folgende Beispielsfälle: Der Architekt zeigt dem Unternehmer die Baustelle, dieser stürzt in eine nicht abgedeckte Luke; der Architekt lässt zu viele Bäume fällen, der Architekt bestellt zu große Fensterscheiben, die nicht zurückgenommen werden.

**1758** Beim **VOB-Bauvertrag** kommen (bisher) als **entferntere Mangelfolgeschäden** nur solche in Betracht, für die nach § 13 Nr. 7 Abs. 2 VOB/B a. F. Schadensersatz zu leisten ist.[28] Der „darüber hinausgehende Schaden" in § 13 Nr. 7 Abs. 2 VOB/B a. F. wird nach h. M. nur als der außerhalb des mangelhaften Werks am sonstigen Vermögen entstehende Mangelfolgeschaden angesehen. Danach bleibt im Rahmen des VOB-Bauvertrages für das Rechtsinstitut der positiven Vertragsverletzung außerhalb des § 13 Nr. 7 Abs. 2 VOB/B a. F. nur noch Raum für Verletzung vertraglicher Nebenpflichten.[29]

**1759** Soweit der Bauherr/Auftraggeber seinen Anspruch auf eine positive Vertragsverletzung seines Vertragspartners stützte, hatte er die **Darlegungs- und Beweislast** hinsichtlich der objektiven Pflichtverletzung sowie des eingetretenen Schadens als ursächliche Folge.[30] Dagegen hatte er nicht die Beweislast hinsichtlich des Verschuldens. Hatte der Bauherr die Pflichtverletzung und den dadurch eingetretenen entfernteren Mängelfolgeschaden bewiesen, griff zu seinen Gunsten nach h. M. eine Umkehr der Beweislast ein: Der Gegner hatte die Beweislast hinsichtlich seiner Schuldlosigkeit.[31] Wurde das Verschulden im Rahmen von Allgemeinen Geschäftsbedingungen eingeschränkt, war § 11 Nr. 7 des AGB-Gesetzes zu berücksichtigen.

**1760** Der zweite Anwendungsbereich der positiven Vertragsverletzung war die Verletzung vertraglicher **Nebenpflichten.** Der Kreis der insoweit in Betracht kommenden Nebenpflichten hing vom jeweiligen **Vertragstypus** und den Umständen des Einzelfalles ab.

---

22) BGH, *Schäfer/Finnen*, Z 3.01 Bl. 421; vgl. auch BGH, BauR 1989, 469 = NJW 1989, 1922 = ZfBR 1989, 161.
23) Vgl. aber OLG München, BauR 1990, 736 (die Beseitigung des durch auslaufendes Öl verunreinigten Erdreichs gehört zu dem nach § 635 BGB zu ersetzenden Schaden) sowie OLG Köln, NJW-RR 1994, 917 = OLGR 1994, 129 für Überschwemmungsschäden durch fehlerhaften Gartenteich.
24) BGH, NJW 1972, 625, 626.
25) BGH, NJW 1991, 2418 = WM 1991, 1680.
26) OLG Hamm, OLGR 1992, 98 = NJW-RR 1992, 530.
27) Haftung, Rdn. 80.
28) BGH, BauR 1992, 504; NJW 1970, 421 = BauR 1970, 48 = MDR 1970, 317; BGH, NJW 1973, 1752; Beck'scher VOB-Komm/*Kohler*, B § 13 Nr. 7, Rdn. 36.
29) LG Köln, BauR 1970, 51, 53 m. Nachw.
30) Zur Beweisführung s. OLG Bremen, OLGR 1996, 49, 50.
31) BGH, BauR 1977, 202, 203; BGH, NJW-RR 1995, 684, 685. Zur Beweislastverteilung bei **Mangelfolgeschäden** s. insbesondere *Baumgärtel*, Festschrift für Baur (1981), 207, 218 ff., und: Handbuch der Beweislast, § 635 BGB, Rdn. 26 m. Nachw.

Dabei handelte es sich stets um Nebenpflichten mit der Zielrichtung, im Zusammenwirken mit dem anderen Partner die Voraussetzungen für die ordnungsgemäße Durchführung des Vertrages zu schaffen und etwaige Hindernisse zu beseitigen (**Mitwirkungs- und Beratungspflichten**) sowie die andere Partei vor der Verletzung ihrer Person, ihres Eigentums oder anderer Rechtsgüter bei der Abwicklung des Bauvorhabens zu schützen (**Schutzpflichten;** Verletzung des **Integritätsinteresses**); ferner gehörten hierher die **Aufklärungs-, Hinweis- und Auskunftspflichten** der Baubeteiligten gegenüber ihrem Vertragspartner sowie die Pflicht, den Vertragszweck und den Leistungserfolg nicht zu gefährden oder sonst zu beeinträchtigen.[32] Der Auftraggeber konnte dementsprechend einen Vertrag wegen positiver Vertragsverletzung **fristlos aufkündigen,** sofern durch das schuldhafte Fehlverhalten des Vertragspartners der Vertragszweck nachhaltig gefährdet wurde.[33]

## 2. Die Verletzung von „Nebenpflichten" nach neuem Recht

Da auch im Werkvertragsrecht nunmehr das **allgemeine Leistungsstörungsrecht** im Mittelpunkt steht, wird der Begriff der „positiven Vertragsverletzung" mit seiner gängigen Unterscheidung zwischen Haupt- und Nebenpflichten nicht mehr benutzt werden können. Maßgebend ist allein noch der Begriff der „**Pflichtverletzung**" (§ 280 Abs. 1 Satz 1 BGB), der alle Leistungsstörungen von der **Unmöglichkeit** bis zur **Verletzung leistungsbezogener oder leistungsbegleitender „Nebenpflichten"** abdeckt.[34] Die Vorschrift des § 280 unterscheidet nicht zwischen Haupt- und Nebenpflichten. Letztere gibt es allerdings auch nach neuem Recht. Die **Schwierigkeit** wird zukünftig darin bestehen, diese von den eigentlichen „Hauptpflichten" abzugrenzen, die dem **Mängelhaftungsrecht** zuzuordnen sind.[35] Es ist unverkennbar, dass die neuere Rechtsprechung des BGH den Bereich der „Hauptpflichten" deutlich erweitert hat.[36] Der **mangelbedingte** Schadensersatzanspruch des Auftraggebers ist über § 634 Nr. 4 BGB in den Vorschriften der §§ 280, 281 BGB geregelt; zugleich werden aber auch die Verletzungen **leistungsbezogener** (Neben)Pflichten in den §§ 280, 281 BGB zusammengefasst. Hat demnach ein Bauschuldner die **fehlerhafte Werkleistung** oder die **Verletzung** einer **leistungsbezogenen Pflicht** zu vertreten, so hat der Besteller einen Schadensersatzanspruch aus §§ 280, 281 BGB, die den früheren § 635 BGB a. F. ersetzen. Für diese Fallgruppen ist zu beachten, dass dem Unterneh-

1761

---

[32] Vgl. OLG Saarbrücken, IBR 2004, 375 (zur Verpflichtung des **Treuhänders/Baubetreuers,** den Bauherrn über Mängel und die drohende Verjährung zu unterrichten); LG Berlin, NJWRR 1997, 852 (Beratungspflicht bei Abschluss eines **Fertighausvertrages** bei aussichtsloser Finanzierungsmöglichkeit durch Kunden); OLG Hamm, ZfBR 1995, 313 (fehlerhafte Beratung durch **Lieferanten** über die Verarbeitung eines Dichtungsmittels für Kelleraußenwände); OLG Hamm, BauR 1997, 859 (fehlerhafter Sanierungsvorschlag); OLG Dresden, NJW-RR 1998, 373 (Nebenpflicht des Subunternehmers zur **Weitergabe** einer **Haftpflichtversicherungsleistung**); BGH, ZfBR 1998, 91 (Hinweispflicht des **Hausverwalters** gegenüber den Eigentümern über Planungs- und Ausführungsfehler bei der Errichtung des Bauwerks).
[33] Vgl. z. B. BGH, BauR 1996, 704 = ZfBR 1996, 267 = NJW-RR 1996, 1108.
[34] *Dauner-Lieb*, Das neue Schuldrecht, § 2, Rnd. 12; *Oechsler*, Schuldrecht Besonderer Teil, 2003, Rdn. 668.
[35] Zutreffend: *Ingenstau/Korbion/Wirth*, Vor § 13 VOB/B, Rdn. 176, 177; *Preussner*, in: Thode/Wirth/Kuffer, § 9, Rdn. 39 (für das Leistungsbild des Architekten).
[36] *Ingenstau/Korbion/Wirth*, a. a. O., Rdn. 176.

mer/Architekt oder Sonderfachmann immer erfolglos eine angemessene Frist zur Leistung/Nacherfüllung gesetzt werden muss, es sei denn, sie ist im Einzelfall gemäß § 281 Abs. 2 1. Halbsatz entbehrlich oder der Schaden, der durch die Pflichtverletzung endgültig entstanden ist, wäre durch eine rechtzeitige Nacherfüllung nicht beseitigt worden.[37]

**1762** Der Begriff der „Pflicht" aus dem Schuldverhältnis (§ 280 Abs. 1 BGB) umfasst indes nicht nur die angesprochenen leistungsbezogenen Pflichten, sondern auch **sonstige Pflichten**; damit ist die **nicht mit der werkvertraglichen Gewährleistung zusammenhängende Fallgruppe** angesprochen.[38] Deshalb ist Raum für eine Haftung aus (altrechtlicher) positiver Vertragsverletzung nach **neuem** Recht nur insoweit, als es um **die Verletzung nicht leistungsbezogener Pflichten**, insbesondere aber um die Verletzung sog. **Schutzpflichten** (§ 241 Abs. 2 BGB) geht.[39] Rechtsfolge einer solchen Pflichtverletzung ist ein Schadensersatzanspruch (direkt) aus § 280 Abs. 1 Satz 1 BGB, wobei sich der Umfang der Ersatzpflicht nach §§ 249 ff. BGB richtet. Zu beachten ist, dass nicht jede Verletzung einer „Nebenpflicht" i. S. des § 241 Abs. 2 BGB zu einer **Beendigung** des Vertrages führen soll; vielmehr sind nach § 282 BGB insoweit strenge Anforderungen zu stellen. Ein **Rücktritt** vom Vertrag kommt nur unter den Voraussetzungen des § 324 BGB in Betracht.

Zu den „**Schutzpflichten**" i. S. des § 241 Abs. 2 BGB, die nach altem Recht (ebenfalls) unter dem Rechtsinstitut der positiven Vertragsverletzung erfasst wurden, gehören nach neuem Recht **nicht** die **Beratungs- und Aufklärungspflichten**, wenn sie den **leistungsbezogenen** bzw. **leistungsbegleitenden Pflichten zuzuordnen** sind.[40] Dies mag **anders** sein, wenn sie sich (zugleich) auf das **Integritätsinteresse** i. S. des § 241 Abs. 2 BGB beziehen und damit dem Schutzzweck der Norm unterfallen.[41] Demgegenüber fallen die eigentlichen **Schutzpflichten** (nach altem Recht) unzweifelhaft unter § 241 Abs. 2 BGB und lösen bei einer Pflichtverletzung den Ersatzanspruch aus §§ 280, 241 Abs. 2, 282 BGB aus. Hierzu zählt nunmehr auch die **Verkehrssicherungspflicht**, sodass sich nach neuem Recht im Einzelfall für den Geschädigten auch ein **vertraglicher** Schadensersatzanspruch ergeben kann.[42] Die **Abgrenzung** zwischen den **leistungsbezogenen** und den **nicht leistungsbezogenen Nebenpflichten** kann im Einzelfall durchaus schwierig sein. In der Regel wird eine leistungsbezogene Nebenpflicht im Sinne des § 281 BGB vorliegen, wenn eine **Fristsetzung** sachgerecht und damit eine letzte Warnung für den Schuldner **möglich** und **sinnvoll** ist.[43]

---

37) Schadensersatz **neben** der Leistung; *Palandt/Heinrichs*, § 280 BGB, Rdn. 18.
38) *Schmalzl/Lauer/Wurm*, Rdn. 250.
39) *Löffelmann/Fleischmann/Ihle*, Rdn. 1992; *Schmalzl/Lauer/Wurm*, Rdn. 250. Zum Rücksichtnahmegebot des § 241 Abs. 2: *Preussner*, in: Thode/Wirth/Kuffer, § 9, Rdn. 182 m. Nachw.
40) *Bamberger/Roth/Grüneberg*, § 280 BGB, Rdn. 17, der zutreffend darauf verweist, dass z. B. die **Erhaltungs-, Obhuts-** und **Mitwirkungspflichten** zu den **leistungsbezogenen** Nebenpflichten zählen.
41) *Bamberger/Roth/Grüneberg*, § 241 BGB, Rdn. 89; s. auch *Leupertz*, in: Prütting/Wegen/Weinreich, § 634, Rdn. 15.
42) OLG Celle, BauR 2006, 133 = IBR 2005, 558 – *Hänsel*; *Palandt/Heinrichs*, § 280 BGB, Rdn. 28.
43) *Bamberger/Roth/Grüneberg*, § 281 BGB, Rdn. 9; *Leupertz*, a. a. O., Rdn. 16; *Schmalzl/Lauer/Wurm*, Rdn. 256 a. E.

# Nebenpflichten des Architekten  Rdn. 1763-1764

Die Rechtsprechung zur **altrechtlichen** positiven Vertragsverletzung wird bei der **1763** Beurteilung neurechtlicher Baurechtsfälle nur noch eingeschränkt aussagekräftig sein. Unbedenklich erscheint die Heranziehung nur bei den **Obhuts-** und **Fürsorgepflichten**. Die nachfolgenden Randnummern können deshalb – bezogen auf die einzelnen Baubeteiligten – nur noch einen Überblick denkbarer „Nebenpflichtverletzungen" geben. In vergleichbaren Sachverhalten wird es zukünftig entscheidend darauf ankommen, ob eine **mit einem Mangel zusammenhängende Pflichtverletzung** in Rede steht; ist dies der Fall, wird es sich im Einzelfall nicht mehr um eine positive Vertragsverletzung im klassischen Sinne handeln, sondern schlicht um ein werkvertragliches Haftungsproblem, das über die Verweisungsnorm des § 634 BGB zu lösen ist. Nichts anderes gilt für die leistungsbezogenen, also in einem unmittelbar mit der Werkleistung in Zusammenhang zustehenden (Neben)Pflichten.[44]

## a) Altrechtliche Nebenpflichten des Architekten

*Literatur*

*Bindhardt,* Pflichten und Verantwortung des Architekten gegenüber den Nachbarn seines Bauherrn, BauR 1983, 422; *Vygen,* Rechtliche Beratungs- und Hinweispflichten des Architekten und Bauingenieurs beim Abschluss von Bauverträgen und bei der Vertragsabwicklung unter besonderer Berücksichtigung einer Vertragsstrafenvereinbarung im Bauvertrag, BauR 1984, 245; *Prinz zu Hohenlohe-Öhringen,* Die Rechtsprechung zur Auskunftshaftung, BB 1986, 894; *Müssig,* Falsche Auskunftserteilung und Haftung, NJW 1989, 1697; *Knacke,* Aufklärungspflicht des Architekten über die Vergütungspflicht und das Honorar seiner Leistungen, BauR 1990, 395; *Locher,* Schadensersatzansprüche gegen den Architekten wegen Nichtauflistung von Gewährleistungspflichten, BauR 1991, 135.

Grundsätzlich reichen nach altem Recht alle vertraglichen Nebenpflichten des **1764** Architekten nur so weit, wie dies die mangelfreie Erbringung des Architektenwerkes selbst erfordert.[45] Daraus folgt, dass etwaige Schadensersatzansprüche aus einer Verletzung von Nebenpflichten in der **Gewährleistung aufgehen, soweit sie sich mit dieser decken**.[46]

Im Vordergrund der vertraglichen **Nebenpflichten** des Architekten stehen nach altem Recht **Beratungs-** und **Hinweispflichten:**[47] So hat der Architekt seinem (unkundigen) Bauherrn **alle notwendigen Hinweise** über die mit dem Bauvorhaben zusammenhängenden Fragen erschöpfend zu erteilen. Der Architekt ist von seiner Beratungspflicht gegenüber dem **Bauherrn nur befreit,** wenn dieser selbst die erforderliche Sachkunde besitzt **(„sachkundiger Bauherr")** oder erklärt, einen sachkundigen Dritten (z. B. Sachverständigen) mit der Wahrnehmung seiner Interessen zu betrauen.[48]

Ob die Verletzung dieses weiten Aufgabenkreises zu einer Haftung aus „Nebenpflichtverletzung" führt oder aber Gewährleistungsansprüche nach § 635 BGB auslöst, war nach altem Recht eine im **Einzelfall** schwierige Frage. Betraf die Einhaltung des Pflichtenkatalogs die **Herstellung des eigentlichen Architektenwerks,** berührte sie also dessen **Kernbereich,** war **nur eine Haftung**

---

44) Vgl. OLG Hamm, NZBau 2007, 178 (Haftung für Schlüsselverlust).
45) BGH, DB 1973, 180.
46) BGH, BauR 1972, 379; BGH, ZfBR 1985, 119 = *SFH,* Nr. 42 zu § 635 BGB.
47) Siehe hierzu auch *Hebel,* in: Thode/Wirth/Kuffer, § 15, Rdn. 6 ff.
48) BGHZ 61, 28 = NJW 1973, 1457; BGH, BauR 1987, 343, 345 = *SFH,* Nr. 54 zu § 635 BGB; OLG Köln, BauR 1991, 649, 650.

aus § 635 BGB in Betracht zu ziehen.⁴⁹⁾ Es war deshalb in jedem Schadensersatzfall zunächst zu prüfen, ob es sich um die Verletzung von **Hauptleistungspflichten** handelte; solche waren „objektiv wichtige Pflichten, die den Vertragstypus kennzeichnen, oder auch solche Leistungspflichten, die nach dem Willen der Parteien so wesentliche Bedeutung haben sollen, dass ohne ihre Erfüllung die Durchführung des Vertrages sinnlos erscheint".⁵⁰⁾

**1765** * **Hinweispflichten nach altem Recht**

Hinweispflicht des Architekten bei Bedenken gegen die **Genehmigungsfähigkeit** des Bauvorhabens vor Beginn der Planungsarbeiten (BGH, WM 1972, 1457; s. ferner: LG Dortmund, MDR 1964, 232; OLG Saarbrücken, NJW 1967, 2359; LG Essen, MDR 1969, 220 = VersR 1969, 360; OLG Düsseldorf, Der Architekt 1968, 468; BGH, Schäfer/Finnern, Z 3.01 Bl. 385; Maser, BauR 1994, 180 ff.; Weyer, NJW 1967, 19998); Hinweispflicht über die Möglichkeiten einer **zweckmäßigen Bauausführung** (OLG Köln, MDR 1963, 132; BGH, Schäfer/Finnern, Z 3.00 Bl. 134); Hinweispflicht bei Bedenken, ob der **Statiker** von den richtigen tatsächlichen Voraussetzungen bei seiner statischen Berechnung ausgegangen ist (BGH, VersR 1967, 260); Hinweispflicht über die Vermeidung **unnötiger Kosten** (BGH, Schäfer/Finnern, Z 3.01 Bl. 111); Hinweispflicht bei Verwendung **neuartiger,** nicht erprobter **Baustoffe** (BGH, BauR 1970, 179; auch BGH, BauR 1976, 66 = Schäfer/Finnern, Z 3.01 Bl. 1); Hinweispflicht über das **Architektenhonorar** (OLG Köln, NJW-RR 1994, 340 = BauR 1994, 271 = ZfBR 1994, 88; ferner: Schäfer/Finnern, Z 3.01 Bl. 114 = DB 1959, 568 = MDR 1959, 660; BGH, NJW 1964, 1024; OLG Düsseldorf, Schäfer/Finnern, Z 3.01 Bl. 159; OLG Stuttgart, BauR 1989, 630 = NJW 1989, 2402; dazu: Hebel, in: Thode/Wirth/Kuffer, § 15, Rdn. 11 ff.; Knacke, BauR 1990, 395 ff.); Hinweispflicht bei drohender **Kostenüberschreitung** durch **Sonderwünsche** des Bauherrn (s. Rdn. 1794); Hinweispflicht bei Beginn „neuer Arbeitsstufen" (OLG Düsseldorf, VersR 1973, 1150); Hinweispflicht des Architekten an den Bauherrn, dass ein **Vertragsstrafenvorbehalt** bei der Abnahme nicht versehentlich unterbleibt (BGH, NJW 1979, 1499 = BauR 1979, 345 = SFH, Nr. 3 zu § 341 BGB m. krit. Anm. Ganten, NJW 1979, 2513); Hinweispflicht bei zu erwartenden **Kostensteigerungen** (BGH, BauR 1997, 1067 = SFH, Nr. 117 zu § 635 BGB).

**1766** * **Beratungspflichten nach altem Recht**

Beratungspflicht des Architekten **über Grundzüge** des Bauordnungsrechts, des **Werkvertragsrechts** sowie des Nachbarrechts (BGH, NJW 1973, 1457); Beratungspflicht bei **Auswahl** der **Unternehmer** und der Baustofflieferanten (BGH, Schäfer/Finnern, Z 3.01 Bl. 318 = VersR 1965, 800); Beratungspflicht bei der Durchführung von **Rechtsstreitigkeiten** gegen andere Baubeteiligte, insbesondere fachliche (technische) Ratschläge (BGH, Schäfer/Finnern, Z 3.01 Bl. 253; BGH, BauR 1973, 321; BGH ZfBR 1985, 119 = SFH, Nr. 42 zu § 635 BGB; OVG Münster, NJW 1966, 2232; OVG Lüneburg, NJW 1972, 840); Beratungspflicht auch **nach Beendigung des Bauvorhabens** (OLG Düsseldorf, Schäfer/Finnern, Z 2.414 Bl. 124; BGH, BauR 1970, 177; BauR 1971, 131; *Bindhardt*, BauR 1972, 202). Beratungspflicht über **Schallschutzmaßnahmen** (BGH, Schäfer/Finnern, Z 3.01 Bl. 41). Beratungspflicht über **Architektenhonorar** (OLG Hamm, MDR 1970, 76 = VersR 1970, 1136; OLG Saarbrücken, BauR 1970, 189 = MDR 1970, 677; OLG Köln, BauR 1994, 271 = ZfBR 1994, 88 = OLGR 1994, 79 = NJW-RR 1994, 340). Haftung des Architekten für fehlerhafte **Wohnflächenberechnung** (OLG München, BauR 1973, 122); zur Nebenpflicht des **Statikers** vgl. BGH, Schäfer/Finnern, Z 3.01 Bl. 483; Haftung des Architekten für unverzügliche und umfassende Aufklärung der **Mängelursachen** (BGH, SFH, Nr. 11 zu § 633

---

49) Zutreffend: OLG Hamm, BauR 1997, 1069 (unterlassener Hinweis auf die Notwendigkeit einer Baugrunduntersuchung, § 635 BGB); s. ferner: BGH, NJW 1997, 2173 = MDR 1997, 542 = BB 1997, 912 = BauR 1997, 488 (Haftung des Architekten für fehlerhaftes [von ihm in Auftrag gegebenes] Bodengutachten); BGH, ZfBR 1998, 148 = BauR 1998, 356 („Bauwünsche" des Auftraggebers); BGH, ZfBR 1998, 149 = NJW 1998, 1064 („übermäßiger Aufwand"; fehlende Optimierung der Nutzbarkeit).

50) So zutreffend: *Locher*, BauR 1991, 135, 136; zur Abgrenzung: *Koeble*, Festschrift für Locher, S. 117 ff.

BGB = BauR 1978, 235); OLG Frankfurt, SFH, Nr. 65 zu § 635 BGB; OLG Bamberg, BauR 1981, 79; OLG Köln, BauR 1991, 649, 650 (verneinend für einen Statiker), und zwar auch **nach** Beendigung seiner eigentlichen Tätigkeit (BGH, BauR 1985, 97 = ZfBR 1985, 84 = NJW 1985, 328 = SFH, Nr. 40 zu § 635 BGB; BGH, BauR 1996, 418 = ZfBR 1996, 155 = NJW 1996, 1278; BGH, ZfBR 1985, 119 = BauR 1985, 232; BGH, BauR 1986, 112; BGH, BauR 1987, 343; LG München I, BauR 1996, 737, 738); Beratungspflicht hinsichtlich **der Verwendung von Baustoffen** (OLG Köln, BauR 1991, 103); zur Haftung des Architekten wegen **unwirksamer Vertragsstrafenvereinbarung** im Bauvertrag (OLG Oldenburg, OLGR 1994, 332); zur Haftung bei Einholung eines **fehlerhaften Bodengutachtens** (BGH, BauR 1997, 488 = NJW 1997, 2173 = MDR 1997, 452); zur Hinweispflicht des Architekten auf einen **Vorbehalt** der **Vertragsstrafe** (OLG Düsseldorf, NZBau 2002, 457).

Sehr umfangreich kann auch die **Auskunftspflicht** des Architekten über alle Tatsachen sein, die ein Bauherr zur **Beurteilung** des Baugeschehens benötigt.[51] Der Architekt ist insbesondere verpflichtet, ständig Mitteilung über den **Stand des Baues** und über den **Zeitpunkt der zu erwartenden Fertigstellung** zu machen. Gibt er eine unrichtige **Baufortschrittsanzeige** ab, von der er sogar weiß, dass sie zur Kreditbeschaffung dient, so haftet er aus einem stillschweigend geschlossenen **Auskunftsvertrag**.[52]

**1767**

Ob und inwieweit der **Architekt** nach altem Recht bei **Auskünften** auch **Dritten** (z. B. Kreditgebern, Erwerbern) gegenüber haftet, ist eine Frage des Einzelfalles.[53] Grundsätzlich begründet die Erteilung einer Auskunft noch **keine** Schadensersatzverpflichtung für den Auskunftserteilenden, wenn sie **aus bloßer Gefälligkeit** ohne Rechtsbindungswillen abgegeben wird. Nur in engen **Ausnahmefällen** wird der Auskunftserteilende **mit Rechtsbindungswillen** eine Auskunft erteilen, zumal wenn vorher noch keine vertraglichen Beziehungen zwischen ihm und dem Auskunftsempfänger bestanden haben. Das mit nach der ständigen Rechtsprechung des BGH indes nur der Fall, wenn es dem Auskunftsempfänger – für den Auskunftserteilenden erkennbar – gerade auf seine Auskunft ankommt und er diese offensichtlich zur Grundlage von wesentlichen Entscheidungen und Maßnahmen machen will.[54] Für das Zustandekommen eines **Auskunftsvertrages** ist demnach nach altem Recht erforderlich, dass der Gehalt der Auskunft über den **bisher bekannten Stoff** der Verhandlungen der Vertragsparteien hinausgeht, etwa indem dieser durch die **Auskunft ergänzt**, **vervollständigt** oder **klargestellt** wird. Der Auskunftsgeber muss also kraft seiner sachkundigen Vertrauenswürdigkeit Gang und Ziel der Verhandlungen maßgeblich beeinflussen, d. h., es wird ein fachliches **Gefälle** zwischen der Sachkunde des auskunftserteilenden Experten (Architekten) und der Unkenntnis der den Vertrag schließenden Laien vorausgesetzt.[55]

**1768**

---

51) Vgl. KG, NZBau 2006, 582 (Auskunftspflicht über den **Schriftwechsel** mit den am Bau beteiligten Firmen); OLG Koblenz, NJW-RR 1998, 20 (**fehlerhafte Ausschreibung, die zum Verlust öffentlicher Fördermittel führt**); zur Auskunftspflicht des nur „gefälligkeitshalber" bei der Bauausführung mitwirkenden Architekten: OLG Köln, BauR 1995, 870. Zur Haftung des Herstellers, der auf die „Bitte um Überprüfung" per Telefax antwortet: LG Düsseldorf, IBR 2007, 136 – *Wenekebach*.
52) OLG Frankfurt, NJW-RR 1989, 337; OLG Köln, NJW-RR 1988, 335 u. NJW-RR 1986, 1922; OLG Hamm, NJW-RR 1987, 209; OLG Karlsruhe, NJW-RR 1987, 912. Zur Haftung aus einer **Freigabeerklärung** s. vor allem: *Vogel*, BauR 1999, 992 u. BGH, BauR 2002, 814 = NJW 2002, 1196 = *SFH*, Nr. 8 zu § 328 BGB.
53) Zur Haftung des Architekten gegenüber **Erwerbern** des Bauwerks: OLG Düsseldorf, IBR 2005, 224 – *Miernik*; s. ferner: OLG Frankfurt, IBR 2007, 503 – *Ulrich* (Wertermittlung); *Bindhardt*, BauR 1983, 422 ff.; *Schulze*, JuS 1983, 81 ff.; *Lammel*, AcP 179, 337 ff.
54) BGH, NJW 1979, 1449; BGH, ZfBR 1985, 121.
55) BGH, BB 1982, 329, 330; zum Auskunfts- und Beratungsvertrag ferner: LG Tübingen, BauR 1990, 497, 499.

**1769** Damit konnte grundsätzlich nur dann von einem **Auskunftsvertrag** gesprochen werden, wenn der Auskunftssuchende wegen seiner mangelnden Sachkunde gerade auf den fachlichen Rat des Auskunftserteilenden angewiesen war; denn andernfalls könnte der Auskunftssuchende aus Kostenersparnisgründen z. B. anstelle einer eigenen Überprüfung der Angaben seines Vertragspartners einfach die Auskunft eines Dritten einholen und somit die Risiken seiner vertraglichen Verbindung auf diesen abwälzen.[56] Wer **vertragswidrig** eine unrichtige Auskunft erteilt, muss den Vertragspartner nicht so stellen, als wäre die Auskunft richtig (Garantie), sondern so, als hätte er die richtige Auskunft erteilt.[57]

### b) Altrechtliche Nebenpflichten des Bauunternehmers

*Literatur*

*Hochstein*, Zur Systematik der Prüfungs- und Hinweispflichten des Auftragnehmers im VOB-Vertrag, Festschrift für Korbion (1986), 165; *Motzke*, Prüfungs-, Aufklärungs- und Überwachungspflichten des Unternehmers, ZfBR 1988, 244; *Straube*, Zum Inhalt der Warnpflicht des Bauunternehmers nach österreichischem Recht, Festschrift für Locher (1990), 245.

**1770** Den Unternehmer treffen auch nach altem Recht verschiedene Nebenpflichten gegenüber dem Bauherrn, insbesondere hat er **Fürsorge-** und **Obhutspflichten**, um die Verletzung der Rechtsgüter des Bauherrn zu verhindern.[58] Ihn können aber auch **Beratungs-, Hinweis-, Anzeige- und Aufklärungspflichten** treffen. In der VOB/B sind zahlreiche Nebenpflichten des Unternehmers ausdrücklich erwähnt, z. B. in § 15 Nr. 3 (Anzeigepflicht vom Beginn der Ausführung von Stundenlohnarbeiten), § 6 Nr. 1 (Anzeigepflicht bei Behinderung und Unterbrechung der Bauausführung), in § 6 Nr. 3 (Pflicht zur Weiterführung der Arbeiten trotz Behinderung im Rahmen der Möglichkeiten), in § 4 Nr. 9 (Anzeigepflicht anlässlich einer Entdeckung), in § 4 Nr. 8 (Subunternehmerverbot), in § 4 Nr. 5 (Allgemeine Schutzpflichten des Unternehmers), § 4 Nr. 1 Abs. 4 (Überprüfungspflicht des Unternehmers bei Anordnungen des Bauherrn).

**1771** Die vorgenannten, in der VOB beschriebenen Nebenpflichten des Unternehmers sind lediglich Regelungen des Grundsatzes von **Treu und Glauben,** sodass auch beim BGB-Bauvertrag dem Unternehmer diese Pflichten grundsätzlich zukommen. Daneben bestehen weitere Nebenpflichten, die in der VOB nicht niedergelegt sind.

**1772** \* **Rechtsprechungsübersicht**

Hinweispflicht über mögliche **Folgen der Bauarbeiten auf andere Gewerke** (OLG München, DB 1974, 1227); Haftung des Unternehmers gegenüber Sub-

---

56) BGHZ 7, 371, 376/377; BGH, BB 1982, 329, 330; OLG Köln, OLGR 1970, 317, 320/321.
57) Vgl. BGH, NJW-RR 1991, 1125; OLG Köln, OLGR 1993, 97 (Beitritt zu einer Bauherrengemeinschaft); zur **Vorteilsausgleichung** s. BGH (IX. ZS), ZfBR 1998, 93.
58) Vgl. OLG Zweibrücken, BauR 2004, 351 (**nachvertragliche** Sorgfaltspflichten); OLG Koblenz, NZBau 2004, 444 u. OLG Celle, BauR 2003, 550 = IBR 2003, 121 (**Schutzpflichten;** Dach); OLG Naumburg, BauR 2003, 910; OLG Hamm, NJW-RR 1998, 91 = OLGR 1996, 242 (Haftung des **Generalunternehmers** gegenüber einem **Erwerber** für zu niedrigen Ansatz des Festpreises durch den bauausführenden Subunternehmer); OLG Düsseldorf, NJW-RR 1997, 975 (**Schalungsbrand** infolge von Erhitzung durch Abgasrohr); OLG Düsseldorf, BauR 1992, 377 = NJW-RR 1992, 1236 m. Nachw.; zur Berechnung des Vertrauensschadens aus einer unzutreffenden Auskunft: BGH, NJW 1998, 982.

## Nebenpflichten des Unternehmers  Rdn. 1772

unternehmer wegen mangelhafter **Absicherung der Baustelle** (BGH, VersR 1975, 41); Schutzpflicht vor Eingriffen Unbefugter (BGH, Schäfer/Finnern, Z 4.01 Bl. 54); **Schutzpflicht vor Schadensersatzansprüchen anderer Personen** (BGH, Schäfer/Finnern, Z 4.13 Bl. 126); Hinweispflicht auf die Notwendigkeit einer **Isolierung alten Mauerwerks** (OLG Düsseldorf, Schäfer/Finnern, Z 2.0 Bl. 11); Beratungspflicht über technisch einwandfreie **Verlegung eines Fußbodens** (OLG Karlsruhe, Schäfer/Finnern, Z 2.303 Bl. 12); Obhutspflicht gegenüber dem **Eigentum des Bauherrn** (BGH, VersR 1966, 1154); Sorgfaltspflichten bei **Schweißarbeiten** (BGH, BauR 1976, 142); Haftung des Lieferanten von **unreinem Sand** (BGH, WM 1978, 328); Haftung des Unternehmers bei Zurverfügungstellung von **untauglichem Reinigungsmittel** (OLG Frankfurt, MDR 1983, 315); Hinweispflicht bezüglich **Nachfolgearbeiten** (BGH, BauR 1983, 70); Hinweispflicht bei zu erwartender wesentlicher **Überschreitung des Kostenanschlags** (§ 650 BGB; OLG Frankfurt, SFH, Nr. 1 zu § 650 BGB = OLGR 1984, 198 = BauR 1985, 207); fortlaufende Bauverzögerungen als positive Vertragsverletzung (OLG Karlsruhe, BauR 1987, 448); Hinweispflicht des Dachdeckers über die Notwendigkeit von besonderen **Sicherungsmaßnahmen** zur Vermeidung von Wasserschäden (OLG Hamm, NJW 1989, 233); Hinweispflicht des Unternehmers über den **Baustoffnachweis** (Verbundsicherheitsglas; LG Heidelberg, NJW-RR 1992, 668); Beratungspflicht des Lieferanten eines Garagentors (Reduzierung der Durchfahrtshöhe; OLG Köln, NJW-RR 1993, 1432); unrichtige **Finanzierungsberatung** (OLG Hamm, BauR 1993, 482); Hinweispflicht des Unternehmers auf **alternative Sanierungsmöglichkeiten** (OLG Hamm, OLGR 1994, 256); zur Prüfungs- und Hinweispflicht des Unternehmers hinsichtlich **nachfolgender Arbeiten** – Einbau eine Rückstauklappe (OLG Oldenburg, OLGR 1995, 98 – verneinend; s. auch OLG Köln, NJW-RR 1994, 1045 – Anwendung von § 635 BGB); zur **Räumungsverpflichtung** des Unternehmers nach Fertigstellung (OLG Celle, BauR 1995, 713); Haftung des Generalunternehmers für Inanspruchnahme eines **Drittunternehmers** (OLG Hamm, NJW-RR 1998, 91 = OLGR 1996, 242); Verletzung einer (unechten) **technischen Teilabnahme** (OLG Düsseldorf, BauR 1996, 121); unterbliebene Absperrung einer eingefrorenen Wasserleitung und unzureichende Aufklärung des Auftraggebers (OLG Oldenburg, OLGR 1997, 222); **Schalungsbrand** infolge von Erhitzung durch Abgasrohr (OLG Düsseldorf, NJW-RR 1997, 975); **Kontrolle** der Funktionstüchtigkeit eines Heizungssystems (OLG Düsseldorf, OLGR 1996, 410); zum **Mitverschulden** des Bauherrn bei Selbstgefährdung seines Eigentums (KG, KGR 1996, 123); zum Schadensersatzanspruch des Hauptunternehmers gegen seinen Subunternehmer – **Kosten** eines **selbstständigen Beweisverfahrens** (OLG Düsseldorf, BauR 1996, 129); zum Anspruch des Hauptunternehmers gegen seinen Subunternehmer auf **Auszahlung** einer **Haftpflichtversicherungsleistung** nach **Behebung** der Schäden (OLG Dresden, NJW-RR 1998, 373); zur **Schutzpflicht** des Auftragnehmers vor der Abnahme (LG Rostock, BauR 2000, 105); zur Nebenpflicht des Unternehmers, das **Eigentum** des Bestellers vor Schaden zu bewahren und alle zumutbaren Vorkehrungen zum Schutz des Eigentums vor **Beschädigungen** und **Zerstörung** zu treffen (OLG Naumburg, BauR 2003, 910).

### c) Altrechtliche Nebenpflichten des Bauherrn

*Literatur*

*Nicklisch*, Mitwirkungspflichten des Bestellers beim Werkvertrag, insbesondere beim Bau- und Industrieanlagenvertrag, BB 1979, 533; *Lachmann*, Die Rechtsfolgen unterlassener Mitwirkungshandlungen des Werkbestellers, BauR 1990, 409.

**1773** Schließlich kommen auch auf den Bauherrn verschiedene Nebenpflichten, wie z. B. **Mitwirkungspflichten,**[59] **Fürsorge- und Obhutspflichten** sowie **Hinweispflichten** zu. So hat der Bauherr insbesondere alles ihm Zumutbare und Mögliche zu unternehmen, um den Unternehmer bei der Erfüllung seiner Vertragspflichten vor Schäden zu bewahren, und zwar auch vor solchen an dem **Arbeitsgerät** des Unternehmers.[60] Die allgemeine Mitwirkungspflicht des Bauherrn bei der Durchführung eines Bauvorhabens ist an sich Ausfluss des Grundsatzes von Treu und Glauben, aber auch in § 642 BGB und § 9 Nr. 1 a VOB/B ausdrücklich niedergelegt. Eine Verletzung der Mitwirkungspflicht kann nach altem Recht im Einzelfall Ansprüche des Unternehmers aus positiver Vertragsverletzung unabhängig von § 642 BGB und § 9 VOB/B auslösen.[61] Die Mitwirkungspflicht des Bauherrn kann vielfältiger Natur sein; hier wird es stets auf den Einzelfall ankommen. So hat er sich z. B. selbst vor Abschluss des Vertrages mit dem Architekten oder Unternehmer über die Bebaubarkeit des Grundstücks rechtzeitig zu informieren.[62] In der VOB sind weitere Nebenpflichten des Bauherrn festgelegt, wie z. B. § 4 Nr. 1 Abs. 2 (Verletzung des Geschäftsgeheimnisses) sowie in § 4 Nr. 1 Abs. 1 (Pflicht zur Aufrechterhaltung der Ordnung auf der Baustelle und Koordinierungspflicht). Ein Bauherr kann schließlich nach altem Recht eine positive Vertragsverletzung begehen, wenn er eine **Bürgschaft auf erstes Anfordern** für eine Forderung in Anspruch nimmt, die nach Wortlaut und Sinngehalt durch den vereinbarten **Sicherungszweck nicht gedeckt** ist.[63]

---

[59] OLG Düsseldorf, BauR 1996, 123, 127 (bei Nachbesserung; **Zinsanspruch** des Unternehmers).
[60] BGH, BauR 1975, 64; *MünchKomm-Busche*, § 631 BGB, Rdn. 110.
[61] Änderungsanordnungen und das Verlangen von zusätzlichen Leistungen durch den Bauherrn begründen nicht den Vorwurf einer positiven Vertragsverletzung: BGH, BauR 1996, 300.
[62] BGH, *Schäfer/Finnern*, Z 2.414 Bl. 270 = VersR 1972, 457.
[63] Vgl. OLG Düsseldorf, OLGR 1996, 249.

## III. Die Baukostenüberschreitung durch den Architekten

*Übersicht*

| | Rdn. | | Rdn. |
|---|---|---|---|
| 1. Baukostengarantie................ | 1777 | c) Das Recht des Architekten auf Nachbesserung/Nacherfüllung .. | 1791 |
| 2. Baukostenüberschreitung.......... | 1780 | d) Verschulden des Architekten.... | 1793 |
| a) Vorgabe eines bestimmten Baukostenbetrages............ | 1781 | e) Der Schaden des Bauherrn/ Auftraggebers................ | 1795 |
| b) Pflichtverletzung des Architekten | 1783 | | |

*Literatur*

*Lauer*, Die Haftung des Architekten bei Bausummenüberschreitung (1993); *Miegel*, Die Haftung des Architekten für höhere Baukosten sowie für fehlerhafte und unterlassene Kostenermittlungen (1995); *Budnick*, Architektenhaftung für Vergabe-, Koordinierungs- und Baukostenplanungsfehler, 1988; *Seifert*, Praxis des Baukostenmanagements, 2000; *Krause-Allenstein*, Die Haftung des Architekten für Bausummenüberschreitung und sein Versicherungsschutz, Baurechtliche Schriften, Bd. 55, 2001.

*Locher*, Die Haftung des Architekten für Bausummenüberschreitung, NJW 1965, 1696; *Koenig*, Wann haftet der Architekt für eine Überschreitung der veranschlagten Bausumme?, VersR 1968, 237; *Hesse*, Honorarabrechnung und vom Architekten verschuldete Mehrkosten, BauR 1970, 148; *Beeg*, Kosten- und Termingarantie durch den Architekten, BauR 1973, 71; *Dostmann*, Die fehlerhafte Schätzung der Baukosten durch den Architekten, BauR 1973, 159; *Schniewind*, Baukostenüberschreitung beim Bauherrenmodell, BB 1983, 2196; *Steinert*, Schadensberechnung bzw. Vorteilsausgleichung bei der schuldhaften Bausummenüberschreitung des Architekten. Zur Ermittlung des Verkehrswertes bebauter Grundstücke, bei denen die Eigennutzung im Vordergrund steht, BauR 1988, 552; *Littbarski*, Die Überschreitung von Vor- und Kostenanschlägen aus deckungsrechtlicher Sicht, Festschrift für Locher (1990), 167; *Lauer*, Zur Haftung des Architekten bei Bausummenüberschreitung, BauR 1991, 401; *Werner*, Die Haftung des Architekten und Ingenieure wegen Baukostenüberschreitung, Schriftenreihe der Deutschen Gesellschaft für Baurecht, Band 20 (1993), 36; *Gauch*, Die Haftung des Architekten für die Überschreitung seines Kostenvoranschlages, Festschrift für Heiermann (1995), 79; *Hartmann*, Zur Legende vom Toleranzrahmen bei Kostenermittlungen des Architekten, BauR 1995, 151; *Stefan*, Schadensersatz gegen Planer wegen fehlerhafter Baukostenermittlung und Verlust öffentlicher Förderung, BauR 1997, 62; *Miegel*, Baukostenüberschreitung und fehlerhafte Kostenermittlung – Zwei neue Entscheidungen des Bundesgerichtshofs, BauR 1997, 923; *Jochem*, Die Kostenplanung im Leistungsbild des Architekten, Festschrift von Craushaar (1997), 1; *Anker/Adler*, Die echte Bausummenüberschreitung als ein Problem des Schadensrechtes, BauR 1998, 465; *Schwenker*, Die Haftung des Architekten im Kostenbereich, DAB 2003, 35; *Böhme*, Einige Überlegungen zum vereinbarten Kostenlimit. Wie wirkt es sich auf das geschuldete Honorar aus – und warum?, BauR 2004, 397; *Quack*, Baukosten als Beschaffenheitsvereinbarung und die Mindestsatzgarantie der HOAI, ZfBR 2004, 315; *Eichberger*, Die Haftung des Architekten bei Bausummenüberschreitung, BrBp 2004, 236; *Seifert*, Zu den Leistungspflichten des Architekten bei der Kostenplanung, Festschrift für Motzke (2006), 394.

Die Praxis zeigt, dass Architekten und Ingenieure der **Kostenermittlung** in der **Planungsphase** sowie der **Kostenkontrolle** während der **Ausführungsphase** nicht immer die notwendige Aufmerksamkeit schenken. Das ist umso erstaunlicher, als sich hieraus ergebende Ansprüche des Auftraggebers in der Regel von der Haftpflichtversicherung nicht gedeckt sind.[1]

1774

---

1) Vgl. hierzu BGH, BauR 1986, 606; OLG Celle, IBR 2003, 332 – *Baden; Krause-Allenstein*, S. 269 ff. (insb. zur Ausschlussklausel nach Zf. IV 2 BBR).

Nicht selten wird von Bauherren in **Bauprozessen** vorgetragen, der Architekt habe die **geschätzten Baukosten** erheblich überschritten, weshalb er auf Schadensersatz hafte. Das Vorbringen reicht allerdings in den meisten Fällen nicht aus; denn in der Regel fehlt es an einer eingehenden und differenzierten Sachdarstellung des Bauherrn.

Es ist **unbestritten,** dass eine fehlerhafte Ermittlung und die Einhaltung bestimmter Baukosten durch den Architekten – auch ohne verbindliche Zusage der Bausumme – im Einzelfall zum Schadensersatz verpflichten kann.[2] **Bisher** war allerdings **zweifelhaft,** ob diese Fälle von der positiven Vertragsverletzung oder durch § 635 BGB a. F. erfasst wurden. Diese Frage hat durch das **SchRModG** an Bedeutung verloren; nur für Architektenverträge, die **vor** dem 1.1.2002 abgeschlossen worden sind, stellt sie sich weiterhin.[3]

**1775** Nach der **Neuordnung des Leistungsstörungsrechts** durch das **SchRModG** wird es in Zukunft nur noch auf die Pflichtverletzung des Architekten als solche ankommen, ohne dass es (grundsätzlich) einer Differenzierung zwischen der Verletzung von Hauptpflichten und Nebenpflichten bedarf. Seinen Schadensersatzanspruch gegen den Architekten kann der Bauherr bei einer entsprechenden Pflichtverletzung nunmehr auf §§ 634 Nr. 4, 636, 280 BGB stützen.[4]

**1776** Nach der **HOAI** hat der Architekt gemäß § 15 die **Kosten nach dem jeweiligen Leistungsstand** entsprechend der DIN 276 **zu ermitteln** (vgl. näher Rdn. 820 ff.). Er hat dabei zu fertigen[5]:

* eine **Kostenschätzung** im Rahmen der Vorplanung (Leistungsphase 2)
* eine **Kostenberechnung** im Rahmen der Entwurfsplanung (Leistungsphase 3)
* einen **Kostenanschlag** im Rahmen der Mitwirkung bei der Vergabe (Leistungsphase 7)
* eine **Kostenfeststellung** im Rahmen der Objektüberwachung (Leistungsphase 8).

Daraus ergibt sich, dass die **Kostenermittlung** nach § 15 HOAI **um so genauer** und **sorgfältiger** sein muss, **je weiter das Bauvorhaben fortgeschritten** ist. Während nach der DIN 276 die Kostenschätzung nur zur überschlägigen Ermittlung der Gesamtkosten dient, sind im Rahmen der Kostenberechnung bereits die angenäherten Gesamtkosten zu ermitteln; der Kostenanschlag dient dann zur genauen Ermittlung der tatsächlich zu erwartenden Kosten. Die Kostenfeststellung selbst ist das Ergebnis der tatsächlich entstandenen Kosten und kann zur Feststellung einer Bausummenüberschreitung dienen.

Im Übrigen hat der Architekt eine ständige **Kostenkontrolle** vorzunehmen (vgl. Rdn. 1784).

---

2) Zur Haftung im Kostenbereich siehe allgemein: *Groß*, Haftungsrisiken, S. 238 ff.; *Schmalzl*, Rdn. 82 ff.; *Löffelmann/Fleischmann*, Rdn. 2122 ff.; *Pott/Frieling*, Rdn. 479 ff.; *Locher*, Rdn. 277 ff.; *Locher/Koeble*, Rdn. 252 ff.; *Miegel*, S. 3 ff.; *Jochem*, Festschrift v. Craushaar, S. 1, 12 ff.; *Krause-Allenstein*, S. 47 ff.; *Budnick*, S. 52 ff.; *Schwenker*, DAB 2003, 35 ff.

3) Vgl. hierzu die Vorauflage Rdn. 1775 sowie insbesondere BGH, BauR 2006, 1012 = NZBau 2006, 383.

4) *Schmalzl/Lauer/Wurm*, Rdn. 486.

5) Vgl. zu den Leistungspflichten des Architekten bei der Kostenplanung *Seifert*, Festschrift für Motzke, S. 393.

## Baukostenüberschreitung

Im Einzelfall ist unter Berücksichtigung aller **Gesamtumstände** zu prüfen, **ob** und mit **welchem „Verbindlichkeitsgrad"** eine Kostenabrede getroffen worden ist;[6] hierbei ist zu unterscheiden die

* Vereinbarung einer **Baukostengarantie** (Rdn. 1777 ff.)
* Absprache über eine **Kostenobergrenze** (Rdn. 1786)
* Einigung über einen **Kostenrahmen** als „Orientierung" (Rdn. 1781, 1786).

### 1. Baukostengarantie

Von dem Fall der Bausummenüberschreitung ist zunächst die **Baukostengarantie** (Vorgabe einer **Bausummenhöchstgrenze**)[7] streng zu trennen. Übernimmt ein Architekt eine **ausdrückliche Garantie** bezüglich der Einhaltung der veranschlagten Baukosten, haftet er stets auf **Erfüllung** seiner vertraglichen Zusagen. Dabei ist unerheblich, ob ihn ein Verschulden an der Überschreitung trifft oder nicht. Für alle Mehrkosten, die z. B. durch eigene Fehlkalkulation oder Preissteigerungen entstehen, haftet er mit der Einschränkung, dass geänderte Wünsche, Zusatzwünsche oder ein sonstiges Verhalten des Bauherrn, das zu einer Überschreitung der Garantiesumme führt, auch zu seinen Lasten geht.

Bei einer Baukostengarantie übernimmt der Architekt nicht eine Garantie für die Erfüllung eigener Leistung, sondern er **garantiert die Einhaltung der Kosten fremder Leistungen,** nämlich der der Unternehmer, Baustofflieferanten usw.[8] Dies ist von erheblicher Bedeutung: Der Bauherr haftet dann bei Überschreitung der Bausumme im Außenverhältnis gegenüber den Unternehmern, Baustofflieferanten usw., während er im Innenverhältnis dem Architekten gegenüber einen Anspruch auf Erfüllung des übernommenen Garantieversprechens hat.[9] Da es sich insoweit um einen Erfüllungs- und keinen Schadensersatzanspruch handelt, kommen auch die Grundsätze über die Vorteilsausgleichung (vgl. Rdn. 1797 ff.) nicht zum Zuge.

1777

Ob ein **echter Garantievertrag** vorliegt, ist **Auslegungsfrage.**[10] Verspricht der Architekt gegenüber dem Bauherrn, für die Einhaltung einer bestimmten Bausumme einzustehen, kann seine Erklärung einen unterschiedlichen Inhalt haben, der stets im Einzelfall festzustellen ist.[11] Der echte Garantievertrag wird aufgrund der damit für den Architekten verbundenen Risiken nur in seltenen **Ausnahmefällen** gegeben sein.[12] Zur Annahme eines Garantievertrages bedarf es einer **klaren** und **unmissver-**

1778

---

6) Vgl. OLG Düsseldorf, BauR 1993, 356 = NJW-RR 1993, 285.
7) OLG Düsseldorf, BauR 1996, 293, 295; OLG Celle, BauR 1998, 1030.
8) Zum selbstständigen Garantieversprechen: BGH, NJW 1999, 1542 u. OLG Stuttgart, OLGR 2000, 422.
9) BGH, BauR 1971, 270, 272; BauR 1987, 225 = NJW-RR 1987, 337; OLG Nürnberg, JR 1962, 181.
10) BGH, VersR 1971, 1041, 1042; OLG Koblenz, NZBau 2002, 231; *Locher,* NJW 1965, 1696.
11) BGH, NJW 1960, 1567; OLG Düsseldorf, BauR 1996, 293, 295 u. BauR 1993, 356; OLG Celle, OLGR 1998, 1030.
12) Ebenso: OLG Celle, IBR 2003, 260 – *Weyer;* OLG Hamm, BauR 1993, 628 = NJW-RR 1994, 211; NJW-RR 1995, 1109, 1110; vgl. ferner: *Miegel,* S. 21; *Bindhardt/Jagenburg,* § 6, Rdn. 200 ff.; *Beeg,* BauR 1973, 71.

**ständlichen** Vereinbarung der Vertragsparteien.[13] Eine Baukostengarantie muss sich inhaltlich immer auf ein bestimmtes Bauvorhaben „mit einem bestimmten Bauvolumen (beziehen), die sie konstituiert".[14] Deshalb kann z. B. aus der Bezifferung der „geschätzten Herstellungskosten" in der Honorarvereinbarung allein noch nicht die „Garantie" des Architekten zur Einhaltung eines Baukostenlimits entnommen werden.[15] Wegen den erheblichen Folgen, die sich aus einer Baukostengarantie ergeben können, spricht die Nichterwähnung einer solchen „Garantie"verpflichtung im Architektenvertrag entscheidend gegen deren Vereinbarung.[16] Dasselbe gilt hinsichtlich der Mitteilung des Architekten, für das Bauvorhaben werde ein bestimmter €-Betrag ausreichen, oder mit dem Betrag könne das Bauwerk mit Sicherheit erstellt werden.[17]

Allgemein wird zwischen einer **selbstständigen** (totalen) **und einer unselbstständigen** (beschränkten) **Baukostengarantie** unterschieden.[18] Von einer selbstständigen Garantie wird gesprochen, wenn der Architekt auch für unvorhersehbare Geschehensabläufe haften will; bei der unselbstständigen Bausummengarantie will der Architekt zwar auch verschuldensunabhängig, aber nur für typische Geschehensabläufe einstehen.

**1779** Da der Architekt bei einem echten Garantievertrag für die Überschreitung der Baukosten haftet, kann er sein **Honorar** auch nur von der vereinbarten Bausumme berechnen, nicht dagegen von den (tatsächlichen) Baukosten.[19]

Eine **Haftung** des Architekten für die Überschreitung eines Baukostenlimits **entfällt** allerdings auch bei Vorliegen eines echten Garantievertrages, wenn der Bauherr die Überschreitung der Baukosten anerkennt; dies kann etwa durch die **Unterschrift** unter sämtliche Bauvorlagen, insbesondere der **Neuberechnung** der Baukosten, erfolgen.[20] In gleicher Weise wird eine Baukostengarantie **gegenstandslos,** wenn die ursprüngliche Planung einvernehmlich **geändert** und in erweitertem Umfang ausgeführt wird.[21]

## 2. Baukostenüberschreitung

**1780** Liegt eine vertragliche Baukostengarantie nicht vor, kommt eine **Haftung** des Architekten unter dem Gesichtspunkt der „Überschreitung der Baukosten" (Rdn. 1775) in Betracht; der Auftraggeber kann den Architektenvertrag aber auch

---

13) OLG Düsseldorf, BauR 2003, 1604; LG Köln, BauR 1999, 270; OLG Celle, OLGR 1998, 1030; OLG Düsseldorf, BauR 1996, 293; OLG Karlsruhe, BauR 1993, 109; OLG Frankfurt, BauR 1993, 626; LG Konstanz, IBR 1998, 32 – *Preussner.* Zur Baukostengarantie des **Baubetreuers** vgl. BGH, NJW-RR 1987, 274 sowie *Locher/Koeble*, Rdn. 392 ff.
14) OLG Düsseldorf, BauR 1995, 411, 412.
15) OLG Düsseldorf, NJW-RR 1993, 285 = BauR 1993, 356.
16) Zutreffend: OLG Düsseldorf, BauR 1996, 293, 295.
17) Vgl. OLG Koblenz, NZBau 2002, 231; *Bindhardt/Jagenburg*, § 6, Rdn. 202; *Miegel*, S. 21.
18) Vgl. hierzu BGH, BauR 1970, 107; *Locher*, Rdn. 274; *MünchKomm-Soergel*, § 635 BGB, Rdn. 102; *Miegel*, S. 20 ff.
19) BGH, DB 1970, 1685. Das ist **anders,** wenn der Auftraggeber eine Bausummenhöchstgrenze nicht substantiiert darlegen oder nachweisen kann; OLG Düsseldorf, BauR 1996, 293, 295.
20) Vgl. LG Dortmund, BauR 1971, 277.
21) OLG Düsseldorf, BauR 1995, 411 = NJW-RR 1995, 1361 (geänderte Raumaufteilung; Verlegung von Küche und Bad; Schaffung neuer Sanitärräume und Errichtung eines Wintergartens).

**Baukostenüberschreitung**                           **Rdn. 1781**

aus wichtigem Grund **kündigen,** wenn ihm ein Festhalten am Vertrag nicht mehr zuzumuten ist.[22] Bei einer Baukostenüberschreitung kann der Architekt im Übrigen sein **Honorar** nur nach den **veranschlagten** Baukosten (ggf. zuzüglich Toleranzrahmen, vgl. Rdn. 1786) berechnen (Rdn. 1805).[23]

Bei der gerichtlichen Durchsetzung eines Schadensersatzanspruches wegen „Baukostenüberschreitung" muss der Bauherr folgende **„Hürden"** beachten, wenn er gegenüber seinem Architekten erfolgreich sein will:

* **Vorgabe** eines bestimmten **Baukostenbetrages**
* **Pflichtverletzung** des Architekten
* **Nacherfüllungsrecht** des Architekten
* **Verschulden** des Architekten
* eingetretener **Schaden.**

### a) Vorgabe eines bestimmten Baukostenbetrages

Der Auftraggeber muss daher zunächst vortragen,[24]                        **1781**

* dass die Parteien die bestimmte **Kostengrenze** als „Beschaffenheit des Architektenwerkes" vereinbart haben[25]

oder

* dass dem Architekten eine entsprechende **Vorgabe** seitens des Auftraggebers gemacht wurde[26]

oder

* das der Auftraggeber eine für den Architekten erkennbare **konkrete Kostenvorstellung** hat[27]

oder

* dass bei beiden Parteien eine **gemeinsame Kostenvorstellung oder -vorgabe** darüber bestand, mit welchen Baukosten das Bauvorhaben verwirklicht werden soll.

---

22) Vgl. hierzu OLG Naumburg, BauR 1996, 889 = OLGR 1996, 191 = ZfBR 1996, 322 u. NJW-RR 1996, 1302 = ZfBR 1996, 213; OLG Köln, BauR 1997, 1080 (LS); *Miegel*, S. 82 ff.
23) OLG Naumburg, a. a. O.; OLG Köln, a. a. O.
24) BGH, BauR 1997, 494 = NJW-RR 1997, 850; OLG Stuttgart, BauR 2000, 1893 = OLGR 2000, 422; OLG Düsseldorf, OLGR 1998, 317; **a. A.,** jedoch unzutreffend: OLG München, NJW-RR 1996, 341 = OLGR 1996, 41, wonach den Architekten die Beweislast dafür treffen soll, dass eine vom Auftraggeber behauptete Kostenobergrenze **nicht** vorgegeben wurde.
25) BGH, BauR 2003, 566 = NZBau 2003, 381 = MDR 2003, 453 = NJW-RR 2003, 593; vgl. hierzu *Böhme*, BauR 2004, 397, *Quack*, ZfBR 2004, 315, *Matuschak*, DAB 2004, 58 und *Schwenker*, EWiR, § 631 BGB 1/04; ferner BGH, BauR 2003, 1061 = IBR 2003, 315 – *Quack* = NZBau 2003, 388 = ZfIR 2003, 1035 m. Anm. *Gsell;* BauR 1999, 1319 = NJW 1999, 3554 = ZfBR 2000, 28 = MDR 1999, 1438; BauR 1997, 494 = NJW-RR 1997, 850; OLG Frankfurt, IBR 2007, 573 – *Krause-Allenstein* (Kostenermittlung angepasst an Finanzierungsvorgabe des Bauherrn); OLG Braunschweig, BauR 2003, 1066, 1068; OLG Stuttgart, BauR 2000, 1893 = OLGR 2000, 422; vgl. auch Brandenburgisches OLG, BauR 1999, 1202 = OLGR 1999, 257; *Wirth/Hebel/Engelmann*, 1. Buch, X. Teil, Rdn. 316 ff.; *Schmalzl/Lauer/Wurm*, Rdn. 487.
26) OLG Dresden, IBR 2003, 556 – *Leupertz* = OLGR 2003, 551; OLG Naumburg, OLGR 2001, 410.
27) BGH, BauR 1999, 1319 = NJW 1999, 3554 = ZfBR 2000, 28 = MDR 1999, 1438; **a. A.:** *Krause-Allenstein*, S. 66.

Der Auftraggeber, der Ansprüche wegen einer Baukostenüberschreitung gegenüber dem Architekten geltend machen will, hat zunächst darzulegen und zu beweisen, dass es die **Vorgabe eines bestimmten Baukostenbetrages** im Architektenvertrag oder außerhalb des Architektenvertrages gibt. Ergibt sich die Vorgabe bestimmter Baukosten nicht aus dem Architektenvertrag, spricht nach zutreffender Ausführung des Saarländischen OLG[28] die Vermutung der Vollständigkeit und Richtigkeit einer Privaturkunde gegen eine solche Vorgabe im Sinne einer Vereinbarung.

Wie diese Kostenvorstellung oder -vorgabe zum Ausdruck kam, ist unerheblich; entscheidend ist, dass Bauherr und Architekt von eine **bestimmten Kostenbasis ausgegangen** sind und dies auch zur Grundlage ihres Vertrages gemacht haben. Das wird immer wieder übersehen.

Eine gemeinsame Kostenvorstellung ist allerdings nicht **nur** in einer (konkret) ermittelten Bausumme zu sehen („Baukosten: 1.520.000 €"), sondern kann vor allem **in der Vorgabe eines bestimmten Kostenrahmens** liegen („verfügbare Mittel für den Hausbau: 430.000 €"). Ein solcher Kostenrahmen kann sich dabei vor allem aus den **Finanzierungsmöglichkeiten** des Bauherrn oder dem **Verwendungszweck** des Bauwerks ergeben.[29] Findet eine Kostenermittlung nicht statt, oder kann der Bauherr auch sonst nicht nachweisen, dass ein gemeinsamer Kostenrahmen vorgegeben war, scheidet ein Ersatzanspruch von vornherein aus.[30] Das hat der BGH[31] erst kürzlich bestätigt.

**Beispielsfälle** für eine Kostenvorgabe:

* der Auftraggeber gibt dem Architekten den Auftrag, ein Haus mit einer **bestimmten** Wohnfläche zu einem „**maximalen**" Preis von X € im Sinne einer Kostenobergrenze oder eines verbindlichen Kostenrahmens (vgl. Rdn. 1786) zu bauen;[32]
* der Auftraggeber stimmt einer Vorplanung eines Architekten mit entsprechender **Kostenschätzung** zu; auf dieser Basis wird dann der Architektenvertrag abgeschlossen;
* im **Architektenvertrag** wird ein **Zirkabetrag** hinsichtlich der Baukosten ausdrücklich erwähnt (vgl. aber Rdn. 1782);[33]
* der Architekt gibt ein **Honorarangebot** ab, in dem die Baukosten im Einzelnen angegeben sind; daraufhin erteilt der Auftraggeber dem Architekten den Planungsauftrag;[34]
* eine (möglicherweise gemeinsame) Kostenvorstellung manifestiert sich in der **Korrespondenz** zwischen Architekt und Auftraggeber (z. B. vom Auftraggeber beabsichtigte Investitionen).[35]

---

28) BauR 2005, 1957 = IBR 2005, 691 – *Knipp*.
29) OLG Hamm, BauR 1987, 464, 465; *Löffelmann/Fleischmann*, Rdn. 2139.
30) OLG Celle, BauR 2004, 359.
31) BauR 1997, 494 = NJW-RR 1997, 850.
32) Vgl. OLG Düsseldorf, NJW-RR 1999, 1696; BauR 1988, 237; Brandenburgisches OLG, BauR 1999, 1202 = OLGR 1999, 257.
33) BGH, BauR 2003, 566 = NZBau 2003, 281 = MDR 2003, 453; vgl. hierzu *Böhme*, BauR 2004, 397.
34) Mit Recht weist das OLG Stuttgart (OLGR 2000, 422) darauf hin, dass Baukostenangaben in Abschlagsrechnungen keinen Hinweis auf einen Kostenrahmen geben, weil diese „einzig und allein der Festlegung" des bis dahin entstandenen Architektenhonorars dienen.
35) OLG Naumburg, BauR 1996, 889 = OLGR 1996, 191; vgl. hierzu auch BGH, BauR 1994, 268 = NJW 1994, 856 = ZfBR 1994, 119.

## Baukostenüberschreitung                                           Rdn. 1782

* Die Kostenermittlungen des Architekten **im Rahmen der Planung** (Kostenschätzung, Kostenberechnung, Kostenanschlag) und Freigabe des Auftraggebers für den weiteren Planungsschritt.[36]

Angaben zu einem Kostenrahmen oder gar einer vereinbarten Baukostenobergrenze können allerdings nicht einem **Bauantrag** entnommen werden, weil der Bauantrag anderen Zwecken als einer Vereinbarung eines Kostenrahmens dient und im Übrigen mit dem Bauantrag der Architekt keine für den Bauherrn bestimmte Willenserklärung abgibt.[37]

Wie **verbindlich der Kostenrahmen** im Einzelfall zwischen den Vertragsparteien sein sollte, ist im Rahmen des Vortrages des Auftraggebers hinsichtlich der Pflichtverletzung des Architekten zu prüfen (Rdn. 1786).[38]   **1782**

In Rechtsprechung und Literatur wurde eine Kostenvereinbarung rechtlich unterschiedlich beurteilt: Zum Teil wurde die Meinung vertreten, dass es sich insoweit um **eine zugesicherte Eigenschaft** im Sinne des § 633 BGB a. F. handelt, teilweise wurde sie als **Beschaffenheitsvereinbarung** angesehen. Nachdem auf den Begriff der zugesicherten Eigenschaft im Rahmen der Definition eines Sachmangels durch das **SchRModG** (Neufassung des § 633 Abs. 2 BGB) verzichtet wurde, braucht auf diesen Abgrenzungsstreit nicht mehr eingegangen zu werden, zumal sich der BGH[39] schon früh für die Rechtsfigur der Beschaffenheitsvereinbarung im Sinne der Neufassung des § 633 BGB entschieden hatte.

Der BGH[40] geht davon aus, dass auch bei einer Abrede einer „**Circa-Bausumme**" eine Beschaffenheitsvereinbarung vorliegt. Gleichzeitig weist er darauf hin, dass damit die vereinbarte Bausumme „die Obergrenze der anrechenbaren Kosten" für die Honorarberechnung darstellt (vgl. Rdn. 1805). Dem kann nicht gefolgt werden: Der BGH übersieht zunächst, dass die Bausumme und die anrechenbaren Kosten streng zu trennende Begriffe darstellen. Darüber hinaus lässt die Vereinbarung einer „Circa-Bausumme" schon vom Wortlaut her einen nicht unerheblichen Spielraum zu (sicherlich von 10 bis 20%), der natürlich auch bei der Honorarberechnung zu Gunsten des Architekten zu berücksichtigen ist.

---

36) *Schmalzl/Lauer/Wurm*, Rdn. 490.
37) BGH, BauR 2003, 566 m. Anm. *Böhme*, BauR 2004, 397 = NZBau 2003, 281 = MDR 2003, 453; BGH, BauR 1997, 494 = NJW-RR 1997, 850; vgl. hierzu aber OLG Köln, BauR 2002, 978; OLG Hamm, NJW-RR 1986, 1150 = BauR 1987, 464 sowie OLG Stuttgart, BauR 2000, 1893 = OLGR 2000, 422, 424 (Baukosten im Bauantrag nur „Indiz" für gewissen Kostenrahmen).
38) Vgl. BGH, BauR 1997, 494 = NJW-RR 1997, 850; *Miegel*, S. 53 ff., will (zur Rechtslage vor dem SchRModG) entgegen der herrschenden Meinung eine Haftung für eine Bausummenüberschreitung nur bejahen, wenn zwischen Bauherr und Architekt eine „Kostenvereinbarung" im Sinne einer Eigenschaftszusicherung (jetzt Beschaffenheitsvereinbarung) getroffen wurde. Folgerichtig verneint er gleichzeitig jeglichen Toleranzrahmen zugunsten des Architekten (vgl. Rdn. 1787). Die Auffassung von *Miegel* ist nicht praxisgerecht: Mit dieser Mindermeinung werden nur die Fallgestaltungen im Sinne eines Kostenlimits/Kostenobergrenze (vgl. Rdn. 1786) gelöst, nicht aber die in der Baupraxis viel häufiger vorkommenden Fälle, in denen die Vertragsparteien gemeinsame Vorstellungen über einen Kostenrahmen im Sinne der vorerwähnten Beispiele haben und dies auch zur Grundlage ihres Vertrages machen.
39) BauR 1997, 494 = NJW-RR 1997, 850; BauR 1999, 1319 = NJW 1999, 3554 = ZfBR 2001, 28 = MDR 1999, 1438; vgl. hierzu insbesondere: OLG Schleswig, OLGR 2002, 272.
40) BauR 2003, 566 = NZBau 2003, 381 = MDR 2003, 453 = NJW-RR 2003, 593; vgl. hierzu *Böhme*, BauR 2004, 397; *Quack*, ZfBR 2004, 315 und *Schwenker*, EWiR, § 631 BGB 1/04.

Auch wenn es die Pflicht des Architekten ist, die wirtschaftlichen Belange des Auftraggebers während der Planung und Ausführung zu beachten, ist es grundsätzlich nicht seine Sache, sondern die des **Auftraggebers, bestimmte Baukosten** im Rahmen eines Kostenrahmens **vorzugeben;** will der Auftraggeber dem Architekten ein „Kostenkorsett" anlegen, muss **er** und nicht der Architekt initiativ werden.[41]

Gibt der Auftraggeber dem Architekten im Rahmen eines Planungsauftrages einen bestimmten Kostenrahmen vor, ist der Auftrag im vereinbarten Leistungsumfang (z. B. Leistungsphasen 1 bis 5 des § 15 HOAI, Grundlagenermittlung bis Ausführungsplanung) wirksam zu Stande gekommen und steht nicht unter einer aufschiebenden Bedingung.[42]

### b) Pflichtverletzung des Architekten

**1783** Zu den wichtigsten Aufgaben des Architekten gehört es, die Kosten des Bauvorhabens im Planungsverfahren richtig zu ermitteln und diese Kostenermittlung dann auch im Rahmen der Bauausführung so umzusetzen, dass es nicht zu unvertretbar hohen Kostenüberschreitungen kommt. Dabei hat der Architekt stets die wirtschaftlichen Belange des Auftraggebers zu beachten. **Erhöhte** Aufmerksamkeit muss der Architekt den Kosten widmen, wenn das Bauvorhaben erkennbar als **Renditeobjekt** geplant wird.[43]

Der Architekt bewegt sich damit – auch ohne ausdrückliche Vereinbarung eines Kostenrahmens oder einer Kostenobergrenze – **nicht in einem wirtschaftlich freien Raum.** Vielmehr gehört es zu den grundlegenden Aufgaben des Architekten, auch von sich aus **frühzeitig** (ggf. schon bei der Grundlagenermittlung[44]) den Kostenrahmen der Planung abzustecken[45] und den Bauherrn zutreffend über die voraussichtlichen Baukosten zu beraten.[46] Er muss also von Beginn an die Planung und Bauausführung des Bauvorhabens auf die wirtschaftlichen Interessen des Auftraggebers ausrichten, auch wenn er nach der Rechtsprechung des BGH[47] „allgemein" nicht verpflichtet ist, in jeder Hinsicht die Vermögensinteressen des Bauherrn wahrzunehmen und unter Berücksichtigung aller Umstände „so kostengünstig wie möglich" zu bauen.

Erstellt der Architekt **Kostenschätzungen zu besonderen Zwecken** (z. B. zur Unterstützung von Kreditanträgen oder zur Sicherung von Förderungsmöglichkeiten), hat der Architekt nach

---

41) *Werner*, Schriftenreihen der Dt. Gesellschaft für Baurecht, Band 20, S. 36, 44; vgl. auch *Miegel*, S. 17.
42) Zutreffend: OLG Düsseldorf, NJW-RR 1999, 1696; wenn es allerdings offenbar davon ausgeht, dass sich der Auftrag in einem solchen Fall zunächst auf die Leistungsphasen 1 und 2 erstreckt, kann dem nicht gefolgt werden. Kann der Architekt den Kostenrahmen nicht einhalten, so stellt dies eine Nichterfüllung seiner Leistungspflicht (mit den sich daraus ergebenden rechtlichen Konsequenzen) dar.
43) OLG Naumburg, BauR 1996, 889 = OLGR 1996, 191 = ZfBR 1996, 322; vgl. ferner BGH, BauR 1975, 434 u. BauR 1984, 420.
44) LG Mönchengladbach, NZBau 2006, 318.
45) BGH, BauR 2005, 400 = NZBau 2005, 158; BauR 1991, 366 = NJW-RR 1991, 664 = ZfBR 1991, 104; OLG Düsseldorf, IBR 2004, 435 – *Franz;* BauR 1998, 880.
46) BGH, BauR 2005, 400 = NZBau 2005, 158 = NJW-RR 2005, 318.
47) BauR 1996, 570, 571; BauR 1973, 120.

## Baukostenüberschreitung

der Rechtsprechung des BGH[48] den Auftraggeber im Rahmen seiner Beratungspflicht darüber aufzuklären, dass diese keine geeignete Grundlage für die Investitionsentscheidung als solche sein können, weil sie unter Umständen großzügig, fehlerhaft oder ungenau sein können; das betrifft auch die Kostenangabe im Bauantrag. Das gilt nur dann nicht, wenn der Auftraggeber „positive Kenntnis von den aufzuklärenden Umständen hat und auch in der Lage ist, die Konsequenzen für die weitere Planung und Durchführung des Bauvorhabens selbstständig zu erkennen, sodass er einer Beratung durch den Architekten nicht bedarf".

Wie erwähnt (vgl. Rdn. 1776 u. 819 f.), hat der **Architekt** im Rahmen des Planungs- und Ausführungsablaufs des Bauvorhabens **vier Kostenermittlungen nach DIN 276 zu erstellen,** um auf diese Weise den Auftraggeber – je nach Stand des Bauvorhabens – über die Baukosten zu unterrichten und ihm die Möglichkeit von Korrekturen zu eröffnen.

**1784** Diesen Sinn verfolgt auch die durch die fünfte Änderungsverordnung in den § 15 HOAI neu eingeführte Grundleistung der „**Kostenkontrolle**" des Architekten; danach hat der Architekt in folgenden Leistungsphasen Kostenkontrollen durchzuführen:

* **Leistungsphase 3** (Entwurfsplanung): Kostenkontrolle durch Vergleich der Kostenberechnung mit der Kostenschätzung
* **Leistungsphase 7** (Mitwirkung bei der Vergabe): Kostenkontrolle durch Vergleich des Kostenanschlags mit der Kostenberechnung
* **Leistungsphase 8** (Objektüberwachung): Kostenkontrolle durch Überprüfen der Leistungsabrechnung der bauausführenden Unternehmen im Vergleich zu den Vertragspreisen und dem Kostenanschlag.

Auch durch diese (in der HOAI nunmehr festgeschriebenen) Überprüfung der Kostenentwicklung wird die Forderung an den Architekten deutlich, stets die wirtschaftlichen Belange des Auftraggebers im Auge zu behalten und die Planung und Bauausführung danach auszurichten.[49] Dazu war der Architekt allerdings bereits vor der Änderung der HOAI ohnehin verpflichtet.

Im Einzelfall ist aber **sorgfältig zu prüfen, worauf** sich die Kostenermittlung des Architekten, soweit sie erfolgte, in der Sache bezogen hat. Da der **Architekt** immer nur **die zum Zeitpunkt der Kostenermittlung realistischen Kosten zu ermitteln** braucht,[50] ist den Absprachen der Baubeteiligten, insbesondere also den **Planvorgaben** (z. B. „**Ausbaustandards**") des Bauherrn, besonderes Gewicht beizumessen.[51] **Bestehen** in Bezug auf die (tatsächlichen) Planvorgaben bei dem **Architekten** allerdings **Unklarheiten,** so gehört es zu seinen Aufgaben, „schon **zur Ermittlung der Grundlagen den Leistungsbedarf abzuklären und zur Vorplanung die Grundlagen zu analysieren und die Zielvorstellungen abzustimmen**".[52]

**1785** Die Pflichtverletzung des Architekten selbst kann in Folgendem liegen:

* ungünstige Vertragsabschlüsse mit Unternehmern;
* teurere Ausführung aus ästhetischen Gründen ohne Aufklärung des Bauherrn über die Verteuerung;

---

48) BauR 2005, 400 = NZBau 2005, 158.
49) Vgl. hierzu BGH, BauR 1998, 354; OLG Stuttgart, OLGR 2000, 422.
50) OLG Köln, NJW-RR 1993, 986 = OLGR 1993, 146.
51) Vgl. BGH, BauR 1991, 366; OLG Düsseldorf, BauR 1995, 411; OLG Köln, NJW-RR 1993, 986.
52) BGH, BauR 1991, 366 = NJW-RR 1991, 664 = ZfBR 1991, 104.

* Vergessen von Einzelpositionen im Leistungsverzeichnis oder sonstige Ausschreibungsfehler;[53]
* unterlassene Kostenermittlung und/oder Kostenkontrolle;[54]
* mangelhafte Kostenermittlung (z. B. zu niedrig berechnete Kubatur,[55] zu niedrig angesetzter Kubikmeterpreis,[56] im Rahmen der Kostenschätzung oder Kostenberechnung;[57]
* eine Planung, die nach bestehenden baurechtlichen Vorschriften keine Aussicht auf Erfolg hat;
* mangelhafte Bodenuntersuchungen und dadurch verursachte spätere Mehrkosten für Tiefergründungen; unzureichende Berücksichtigung geländebedingter Schwierigkeiten, z. B. rutschgefährdete Hanglage;[58]
* unnötiger, übermäßiger Aufwand im Rahmen der Planung (z. B. Missverhältnis von Nutzflächen zu Verkehrsflächen).[59]

Häufig geben Auftraggeber dem Architekten neben einem Kostenrahmen auch ein **Raum- und Funktionsprogramm** vor. Bemüht sich nun der Architekt, dieses Programm im Rahmen der Leistungsphasen 1 und 2 des § 15 HOAI (Grundlagenermittlung und Vorplanung) umzusetzen, muss er dabei aber nach Beendigung der Vorplanung aufgrund der Kostenschätzung feststellen, dass der vorgegebene Kostenrahmen auf der Basis des gewünschten Raumprogramms nicht eingehalten werden kann, kann von einer pflichtwidrigen Kostenüberschreitung nicht gesprochen werden;[60] dies ergibt sich aus folgender Überlegung: Die **Kostenschätzung** ist die letzte Grundleistung im Rahmen der Vorplanung (als erster Planungsschritt). Erst jetzt kann der Architekt feststellen, ob das gewünschte **Raum- und Funktionsprogramm** auf der Basis des vorgegebenen Kostenrahmens umgesetzt werden kann. Ein früheres Eingreifen des Architekten ist unter Kostengesichtspunkten nicht denkbar, weil sich erst aus der Planung und damit der Umsetzung des gewünschten Raum- und Funktionsprogramms die Kubatur ergibt, die wiederum Basis für die Kostenschätzung nach DIN 276 ist (überschlägige Ermittlung der Gesamtkosten z. B. auf der Basis des Kostenrichtwertes €/m³ anhand möglichst genauer Bedarfsangaben wie z. B. Flächen, Nutzeinheiten, Rauminhalten und Planungsunterlagen). Gibt also der Auftraggeber ein bestimmtes Raum- und Funktionsprogramm vor, ergeben sich folgende **Prioritäten** des **Vorgehens:** Zunächst die Umsetzung dieses Programms und sodann die Ermittlung der sich aus dieser Umsetzung ergebenden Baukosten. Damit kann der **Auftraggeber** nunmehr das **weitere** (planerische) **Vorgehen bestimmen:** Dabei kann er gegebenenfalls das zunächst geforderte Raum- und Funktionsprogramm „herunterfahren", um dadurch das Ziel der Einhaltung des Kostenrahmens zu erreichen, oder aber unter Aufrechterhaltung des vorerwähnten Programms sein Budget **aufstocken** und einen neuen Kostenrahmen vorgeben. Verringert der Auftraggeber das zunächst geforderte Raum- und Funktionsprogramm, hat der Architekt zudem

---

[53] OLG Hamm, BauR 2005, 130.
[54] OLG Naumburg, OLGR 2001, 410.
[55] OLG Köln, NJW-RR 1994, 981.
[56] BGH, BauR 1997, 494 = NJW-RR 1997, 850.
[57] BGH, a. a. O. („absolut unrealistischer" Kubikmeterpreis).
[58] LG Tübingen, *Schäfer/Finnern*, Z 3.005 Bl. 3.
[59] BGH, BauR 1998, 354.
[60] OLG Stuttgart, BauR 1977, 426, 428.

einen Anspruch darauf, dass seine bisherige Leistung (Grundlagenermittlung und Vorplanung) auf der Basis des umfangreicheren Raum- und Funktionsprogramms und der damit verbundenen anrechenbaren Kosten honoriert wird.[61]

Bei **verteuernden Sonder- und Änderungswünschen** des Bauherrn ist der Architekt u. U. verpflichtet, den Bauherrn über anfallende Mehrkosten und damit die Überschreitung der bisherigen Kostenermittlung aufzuklären. Ist eine (im Einzelfall gebotene) Aufklärung unterblieben, kann eine Entlastung des Architekten nur angesetzt werden, wenn er beweist, dass der Bauherr trotz einer entsprechenden Aufklärung weitergebaut und nicht auf die Sonder- oder Änderungswünsche verzichtet hätte. Durch eine **richtige Beratung** im Rahmen der Kostenermittlung muss dem Bauherrn die Möglichkeit gegeben werden, eine einfachere Bauausführung durchzuführen oder das Bauvorhaben sogar fallen zu lassen, wenn die Ermittlung der Baukosten ergibt, dass über die finanziellen Möglichkeiten des Bauherrn hinausgegangen wird.[62] Die vorerwähnte **„Warnpflicht"** des Architekten ist aber immer **eingeschränkt oder besteht nicht,** wenn sich die Verteuerung des Bauvorhabens bereits aus den **Gesamtumständen der Auftragsvergabe ergibt,** insbesondere also dem **Bauherrn ohne Weiteres erkennbar** ist.[63] Dies wird bei **grundlegenden** baulichen Änderungen oder Qualitätsverbesserungen, die der Bauherr gegenüber dem ursprünglichen Ausbaustandard veranlasst, immer der Fall sein. Zu Recht hat auch das OLG Braunschweig[64] darauf hingewiesen, dass die Pflichtverletzung eines Architekten „durch Unterlassung von baubegleitenden Kostenermittlungen" noch nicht den Anspruch des Auftraggebers auf Schadensersatz rechtfertigt; vielmehr muss der Auftraggeber beweisen, „dass er nicht oder jedenfalls billiger gebaut hätte, wenn ihm die zur Schätzzeit realistischen Baukosten mitgeteilt worden wären". Nach Auffassung des Gerichts „verbietet sich dabei eine typisierende Betrachtungsweise, wonach davon auszugehen ist, dass sich der Auftraggeber bei der geschuldeten Aufklärung sachgerecht verhalten hätte". Das OLG Hamm[65] hat in diesem Zusammenhang entschieden, dass die **Vermutung beratungsgerechten Handelns** beim Streit darüber nicht gilt, ob der Bauherr das Bauvorhaben bei rechtzeitiger Information über drohende Kostenüberschreitung abgebrochen hätte.

Rechtsprechung und Literatur billigen im Übrigen dem Architekten bei der Ermittlung der voraussichtlichen Baukosten einen gewissen **Spielraum** zu, **bevor eine objektive Pflichtverletzung des Architekten angenommen** wird. Dabei wird berücksichtigt, dass jedes Bauvorhaben mit vielen Unsicherheitsfaktoren und Unwägbarkeiten verbunden ist. Unter diesem Gesichtspunkt sind auch die Kostenprognosen eines Architekten aufgrund seiner Kostenermittlungen zu betrachten.[66] Schon der meist längere Zeitablauf bei einem Bau kann zu unvermeidbaren Mehrkos-

---

61) So zutreffend auch KG, KGR 2003, 222.
62) OLG Köln, NJW-RR 1993, 986, 987, OLG Stuttgart, BauR 1987, 462, 463; OLG Düsseldorf, BauR 1995, 411; *Lauer*, BauR 1991, 401, 412.
63) OLG Köln, NZBau 2005, 467, 470; vgl. hierzu auch OLG Düsseldorf (NJW-RR 1999, 1696), das zu Recht darauf hinweist, dass der Architekt erst auf der Grundlage der **Leistungsphase 2** (Vorplanung) im Rahmen einer Kostenschätzung die voraussichtlichen Kosten überschlägig ermitteln kann.
64) OLGR 2003, 227.
65) BauR 2005, 130 = NZBau 2004, 560. Vgl. hierzu BGH, BauR 1997, 494, 497.
66) BGH, BauR 1997, 494 = NJW-RR 1997, 850.

ten führen: So können z. B. DIN-Vorschriften während eines Bauvorhabens geändert werden und einen aufwändigeren Bau notwendig machen; auch unvorhersehbare Mehrpreis- und Lohnsteigerungen können zu einer Verteuerung führen. Streiks, ungünstige Wetterverhältnisse oder nachbarrechtliche Probleme können ebenfalls eine Unterbrechung des Baus und damit Mehrkosten verursachen. Deshalb ist man sich einig, dass Kostenermittlungen des Architekten **bis zu einer angemessenen Grenze** überschritten werden dürfen, ohne dass von einer Fehleinschätzung des Architekten gesprochen werden kann (Toleranzrahmen).[67]

Allerdings ist immer zu prüfen, ob sich die Vertragsparteien auf eine **bestimmte/ strikte Kostengrenze**[68] im Sinne einer „**Beschaffenheitsvereinbarung**" („Kostenobergrenze", „Kostenhöchstgrenze", „Baukosten nicht mehr als ... €" usw.) **konkret geeinigt** haben oder ob die angesetzten Baukosten nur einen gewissen Kostenrahmen als **Orientierung** darstellen sollten, also dem Architekten ein gewisser Spielraum eingeräumt wurde. **Nur im letzten Fall** kommt für den Architekten ein **Toleranzrahmen** in Betracht, während die Überschreitung einer **konkret vereinbarten Kostenobergrenze** (Kostenlimits) bereits als **Pflichtverletzung** des Architekten anzusehen ist.[69] In diesem Zusammenhang hat der BGH[70] darauf hingewiesen, dass eine Kostenangabe in einem **Bauantrag** noch nicht als eine „Bestimmung des vom Architekten einzuhaltenden Kostenrahmens" anzusehen ist, weil der Bauantrag anderen Zwecken dient als der Vereinbarung einer konkreten Kostengrenze. Deshalb kann auch eine zunächst niedrigere vertragliche Kostenvorgabe nicht durch einen im **Bauantrag** aufgeführten höheren Betrag „abgelöst" werden (vgl. Rdn. 1781 a. E.).[71] Macht der Auftraggeber während der Planungsphase **wechselnde Kostenvorgaben**, ohne sich auf eine davon festzulegen, wird in aller Regel nur von einem Kostenrahmen, nicht aber von einer Kostenobergrenze auszugehen sein.[72] Dasselbe gilt, wenn die Parteien sich zunächst auf eine Obergrenze der einzuhaltenden Baukosten einigen, sich aber später im Rahmen weiterer Kostenermittlungen auf **neue Baukosten** einigen, **ohne dass der Hinweis auf eine Obergrenze** erfolgt. In diesem Fall ist nicht mehr von einer Beschaffenheitsvereinbarung auszugehen, sondern von einem Kostenrahmen, der eine Toleranzgrenze zulässt. Daher spricht nach zutreffender Auffassung des OLG Celle[73] gegen die Vereinbarung einer festen Kostenobergrenze

---

67) So auch BGH, BauR 1988, 734, 736 = NJW-RR 1988, 1361; OLG Stuttgart, OLGR 2000, 422, 424; *Budnick*, S. 118.
68) Vgl. hierzu OLG Düsseldorf, BauR 1994, 133 = NJW-RR 1994, 18; BauR 1993, 356 = NJW-RR 1993, 285; OLG Frankfurt, BauR 1993, 628.
69) So zutreffend: BGH, BauR 1997, 494 = NJW-RR 1997, 850 (anders noch: BGH, BauR 1994, 268 = NJW-RR 1994, 856 = ZfBR 1994, 119); ebenso OLG Düsseldorf, BauR 2006, 547; OLG Köln, OLGR 2007, 402; vgl. hierzu OLG Naumburg, IBR 2005, 31 (mit der Folge, dass ein Honorar für erbrachte Leistungen nicht verdient ist); OLG Schleswig, OLGR 2002, 272; *Krause-Allenstein*, S. 110 ff.; *Miegel*, BauR 1997, 923, 926; OLG Düsseldorf, NJW-RR 1999, 1496.
70) BauR 1997, 494 = NJW-RR 1997, 850; BauR 2003, 1061 = IBR 2003, 315 – *Quack*. Ebenso OLG Celle, IBR 2006, 626 – *Schwenker* = OLGR 2007, 39 (auch keine Kostenobergrenze).
71) BGH, BauR 2003, 1061 = IBR 2003, 315 – *Quack;* BauR 1999, 1319 = NJW 1999, 3554 = ZfBR 2000, 28 = MDR 1999, 1438; BauR 1997, 494 = NJW-RR 1997, 850. Vgl. hierzu auch OLG Celle, IBR 2006, 626 – *Schwenker* = OLGR 2007, 39.
72) OLG Dresden, IBR 2003, 556 – *Leupertz;* OLGR 2003, 551.
73) IBR 2003, 626.

## Baukostenüberschreitung      Rdn. 1787

in einem Architektenvertrag, dass der Auftraggeber einer nachfolgenden höheren Kostenschätzung nicht entgegentrat, sondern diese akzeptiert.

Im Übrigen darf der Architekt aus der **Überschreitung** einer vereinbarten Baukostenobergrenze **keine Vorteile für seine Honorarberechnung** ziehen.[74]

Ob die Vertragsparteien wirklich eine Kostenobergrenze im vorgenannten Sinn vereinbart haben, kann nur unter Berücksichtigung aller Umstände (Vertrag, Schriftverkehr usw.) festgestellt werden.[75] Wegen der Bedeutung einer solchen Vereinbarung ist jedoch davon auszugehen, dass diese grundsätzlich schriftlich (z. B. im Architektenvertrag) getroffen wird. Daher wird man im Zweifelsfall (ohne eine eindeutige Absprache) nur die Vereinbarung eines Kostenrahmens ansetzen können. Nach Auffassung des OLG München[76] trifft **den Architekten die Beweislast** dafür, dass **eine bestimmte Obergrenze** für die Baukosten **nicht vereinbart** worden ist oder die Obergrenze höher lag, wenn der Bauherr eine bestimmte Obergrenze behauptet. Bei einer noch unklaren Aufgabenstellung bestimmt die Vorgabe einer Baukostenobergrenze nach LG Mönchengladbach[77] den Inhalt der von dem Architekten zu erbringenden Leistungen auch bei einem Vollarchitekturvertrag, sodass sich der Auftrag zunächst nur auf die Leistung bis zur Vorplanung erstreckt.

Die **Abgrenzung** zwischen einer **Baukostengarantie** (vgl. Rdn. 1777) und der Vereinbarung einer **festen Kostenobergrenze** kann im Einzelfall schwierig sein, weil auch diese einen garantieähnlichen, weil erfolgsbezogenen Aspekt hat;[78] dennoch handelt es sich um rechtlich zu differenzierende Abreden, deren Verletzungen auch zu unterschiedlichen Folgen führen: Werden die Baukosten nicht eingehalten, führt die Garantiehaftung zu einem Erfüllungsanspruch (vgl. Rdn. 1777), die Vereinbarung eines Kostenlimits zur werkvertraglichen Haftung gemäß §§ 634, 636, 280 BGB, was im Hinblick auf die Grundsätze über die Vorteilsausgleichung von erheblicher Bedeutung sein kann.

Bevor Überlegungen hinsichtlich des Toleranzrahmens angestellt werden, sind die tatsächlichen Baukosten um diejenigen Beträge zu bereinigen, die auf **Sonder- und Änderungswünsche** des Bauherrn, **nicht vorhersehbare Mehrkosten** (z. B. teurere Gründungsmaßnahmen, mit denen nicht gerechnet werden konnte) usw., entfallen.[79]

Wann die dem Architekten eingeräumte **Toleranzgrenze** überschritten wird, ist schwer zu sagen. **Rechtsprechung** und **Literatur** geben hier verschiedene „Faustregeln" an.[80]

1787

---

[74] OLG Hamm, BauR 2006, 1766 = IBR 2006, 570 – *Moufang*. Ebenso OLG Köln, NZBau 2004, 467.

[75] Vgl. hierzu OLG Düsseldorf, BauR 1993, 356 = NJW-RR 1993, 285; OLG Karlsruhe, BauR 1993, 109.

[76] NJW-RR 1996, 341; ebenso LG Mönchengladbach, NZBau 2006, 318.

[77] NZBau 2006, 318; ebenso OLG Düsseldorf, NJW-RR 1999, 1696.

[78] Hierauf verweist zu Recht *Miegel*, S. 19.

[79] BGH, BauR 1997, 494 = NJW-RR 1997, 850; OLG Schleswig, OLGR 2002, 272; OLG Stuttgart, OLGR 2000, 422; OLG Köln, NJW-RR 1993, 986.

[80] Vgl. hierzu insbesondere *Budnick*, S. 120 ff.

Der **BGH** hat die Fehleinschätzung eines Architekten von **27,7%**[81] und **16%**[82] noch als für den Bauherrn „tragbar" bezeichnet; bei einer Bausummenüberschreitung von **104%** bejaht der BGH dagegen die Pflichtverletzung des Architekten.[83] Das LG Freiburg[84] hat sogar eine Überscheitung von **58%** noch als hinnehmbar betrachtet; das OLG Zweibrücken[85] sieht eine Kostenüberschreitung von etwa **35%** gegenüber der von dem Architekten im Rahmen der Vorplanung erstellten Kostenschätzung bei einer **Altbausanierung** noch innerhalb der Toleranzgrenze. Derselben Meinung ist das OLG Hamm[86] bei einer Baukostenüberschreitung von **14,86%**.

Das LG Tübingen[87] stellt demgegenüber eine positive Vertragsverletzung bei einer Überschreitung des Kostenansatzes um etwa **140%** fest. Schmalzl[88] und das OLG Stuttgart[89] stellen als Faustregel die Grenze von **30%** auf. Glaser[90] und Dostmann[91] wollen bei einer Überschreitung des Kostensatzes von **40 bis 50%** eine Pflichtverletzung annehmen, Locher[92] bei einer Überschreitung von mehr als **20 bis 30%**. Bindhardt/Jagenburg[93] wollen auf den Einzelfall abstellen.

**1788** Bei der Festlegung der Toleranzgrenze ist darauf abzustellen, „**mit welchem Verbindlichkeitsanspruch sich der Architekt** zur Kostenvoraussicht **geäußert** hat".[94] Bei einer überschlägigen, nur als vorläufig bezeichneten vorvertraglichen **Kostenprognose (Kostenüberschlag oder Grobkostenschätzung)** kommt eine objektive Pflichtverletzung des Architekten nur im Falle einer **besonders groben** Fehleinschätzung in Betracht, die sicherlich deutlich **über 30%** liegen muss,[95] weil hier das eigentliche Planungskonzept noch nicht vorliegt, sondern nur allgemeine Wünsche und

---

81) VersR 1957, 298. *Doerry* (Festschrift für Heiermann, S. 49, 53) weist zutreffend darauf hin, dass dieses Urteil „einen ganz besonders gelagerten Fall, nämlich den einer offensichtlich ganz überschlägigen Schätzung", betraf. Vgl. auch BGH, NJW-RR 1987, 337.
82) BauR 1994, 268 = ZfBR 1994, 119 = NJW 1994, 856.
83) BGH, VersR 1971, 1041, 1042 = NJW WM 1971, 1371; BGH, NJW 1971, 1840 (mehr als 100%); ebenso: OLG Hamm, NJW-RR 1986, 1150 = BauR 1987, 464.
84) MDR 1955, 151; dagegen zu Recht *Locher*, Rdn. 279 u. *Bindhardt/Jagenburg*, § 1 Rdn. 181; vgl. auch OLG Hamm, DB 1986, 1172: Überschreitung der Kostenschätzung von 660.000 DM auf 920.000 DM laut Kostenanschlag lässt noch nicht auf einen Fehler des Architektenwerks oder eine Pflichtverletzung des Architekten schließen (auch kein Kündigungsgrund).
85) BauR 1993, 375 (LS).
86) BauR 1991, 246.
87) *Schäfer/Finnern*, Z 3.005 Bl. 3.
88) Haftung, Rdn. 86.
89) BauR 1977, 426.
90) Der Architekt 1960, 383.
91) BauR 1973, 159, 161.
92) Rdn. 279; *Locher/Koeble*, Rdn. 256.
93) § 6, Rdn. 182 ff.
94) So zutr. *Ganten*, BauR 1974, 78, 83.
95) BGH, NJW 1971, 1840, 1842; BGH, *Schäfer/Finnern*, Z 3.01 Bl. 70; BGH, BauR 1987, 225, 227. Vgl. hierzu insbesondere KG, KGR 2003, 322 (bei einer **Grobkostenschätzung** – ohne Kostenvorgabe, verbindlichen Kostenrahmen oder feste Kostenobergrenze – als Anhaltspunkt für einen Kostenrahmen [zur Orientierung] ist einem Architekten ein erheblicher Toleranzrahmen bei seiner Planung zuzubilligen). Das OLG Stuttgart (OLGR 2000, 422) ist der Auffassung, dass Kostenangaben im Baugesuch und in den Abschlagsrechnungen des Architekten als „vorläufig" angegebene Kosten keinen zuverlässigen Hinweis auf die Vereinbarung eines Kostenrahmens geben.

## Baukostenüberschreitung	Rdn. 1789–1790

Erwartungen des Auftraggebers bestehen. Im Übrigen sind die oben erwähnten, von der **HOAI** in § 15 genannten Kostenermittlungsarten der DIN 276 zu berücksichtigen. Danach wird die **Kostenschätzung** bereits im Rahmen der Vorplanung, also in einem frühen Stadium des Bauvorhabens erstellt und dient in erster Linie als vorläufige Grundlage für Finanzierungsüberlegungen. Hier ist der Architekt gezwungen, besonders vorausschauend tätig zu werden, ohne differenzierte Basiswerte zu haben, da sich das Bauvorhaben erst abzuzeichnen beginnt. Aus diesem Grund wird man **keine zu hohen Anforderungen an** die Genauigkeit dieser Kostenermittlungsart stellen können.[96] Andererseits wird jedoch vom Architekten zu verlangen sein, dass der dem Bauherrn die „Risikospanne" innerhalb seiner Kostenschätzung deutlich macht und diese dem Bauherrn mitteilt, damit er seinen Finanzierungsplan – jedenfalls in groben Zügen – hierauf abstellen kann. Den Toleranzrahmen wird man daher im Bereich der **Kostenschätzung** bei etwa **30%** ansiedeln können.

Etwas anderes gilt jedoch bei der **Kostenberechnung** innerhalb der Entwurfsplanung und insbesondere dem Kostenanschlag bei der Mitwirkung bei der Vergabe. Der Genauigkeitsgrad hat bei diesen beiden Kostenermittlungsarten gegenüber der Kostenschätzung **wesentlich höher** zu liegen. Sie müssen besonders sorgfältig erstellt werden, zumal nunmehr dem Architekten nähere Kenntnisse über die Bauabwicklung zur Verfügung stehen. Bei der **Kostenberechnung** wird im Allgemeinen von einem **Toleranzrahmen** von **20 bis 25%** und bei dem **Kostenanschlag** von **10 bis 15%** auszugehen sein.[97] **1789**

Somit wird deutlich, dass **der Genauigkeitsgrad der Kostenermittlungsart dem Baufortschritt entsprechend zuzunehmen** hat. Im Übrigen wird sich die dem Architekten zuzubilligende Toleranzgrenze nach dem **Einzelfall** zu richten haben;[98] dabei sind alle Umstände, wie z. B. die Art des Bauvorhabens (Großbauvorhaben oder Einfamilienhaus)[99] oder Leistungsfähigkeit des Bauherrn, zu berücksichtigen. Dagegen wird man bei einem **Umbau**[100] oder einer Altbausanierung[101] einem Architekten eine eher großzügige Toleranzgrenze einräumen können, weil mit ihm viele Unwägbarkeiten verbunden sind.[102] Angemessen erscheinen **30 bis 35%**. **1790**

Der BGH[103] differenziert hinsichtlich des Toleranzrahmens neuerdings nach der **Schwere** der vom Architekten zu vertretenden Pflichtverletzung: Danach können dem Architekten Toleranzen „jedenfalls nicht für **grobe** Fehler, wie die vergessene Mehrwertsteuer und unrealistische Kubikmeterpreise" zugestanden werden. Im Einzelfall ist deshalb auch die Pflichtverletzung des Architekten bei der Einräumung eines Toleranzrahmens zu bewerten.

---

96) Im Ergebnis ebenso: BGH, BauR 1988, 734 = NJW-RR 1988, 1361; *Lauer*, BauR 1991, 401, 403.
97) Zutreffend: OLG Köln, BauR 2002, 978; *Locher/Koeble/Frik*, Einl. Rdn. 99; s. auch *Jochem*, Festschrift von Craushaar, S. 1, 15.
98) BauR 1997, 494 = NJW-RR 1997, 850.
99) BGH, BauR 1988, 734.
100) Darauf verweisen auch: *Locher/Koeble/Frik*, Einl., Rdn. 99.
101) Ebenso OLG Dresden, IBR 2003, 556 – *Leupertz* (keine Pflichtverletzung im Rahmen einer Altbausanierung bei einer Überschreitung der Obergrenze des Kostenrahmens von 31%) = OLGR 2003, 551.
102) Ebenso: OLG Stuttgart, OLGR 2000, 422; *Lauer*, S. 21; **a. A.:** *Miegel*, S. 99.
103) BauR 1997, 335 = NJW-RR 1997, 402; ebenso: OLG Köln, BauR 2002, 978.

## c) Das Recht des Architekten auf Nachbesserung/Nacherfüllung

**1791** Liegt eine Pflichtverletzung des Architekten vor, so kann dem Auftraggeber ein Schadensersatzanspruch aus §§ 634, 636, 280 f. BGB (wegen einer Bausummenüberschreitung) im Einzelfall nur zustehen, wenn er dem Architekten **zuvor** gemäß § 635 BGB eine Frist zur Nacherfüllung (Nachbesserung) gesetzt hat.[104] Dem Architekten muss also stets Gelegenheit gegeben werden, durch **neue** planerische Bemühungen die Baukosten auf den vorgegebenen oder ins Auge gefassten Betrag zu „senken".

Das wird in der Praxis oftmals übersehen; solange eine „**Korrektur**", also eine Umplanung, zu einer **mangelfreien (kostendeckenden)** Bauerrichtung führen kann, ist eine „Nachbesserungs"aufforderung durch den Auftraggeber nicht entbehrlich. Behauptet der Auftraggeber, eine „Nachbesserung" der Planung sei „**nicht mehr möglich**", trägt er hierfür die Darlegungs- und Beweislast.[105]

Kennt der Auftraggeber sämtliche Umstände der Kostenentwicklung, muss er deshalb mindestens **bis** zur Leistungsphase 7 – möglicherweise sogar noch in der Leistungsphase 8 des § 15 HOAI – dem Architekten Gelegenheit geben, die Planung zu ändern und den beiderseits erwarteten („machbaren") Baukosten anzupassen. Kosteneinsparungen können nämlich durch verschiedene Maßnahmen erreicht werden: durch **Umplanung,** Einholung anderer (weiterer) **Kostenangebote** und vor allem durch Verzicht auf eine aufwändige Ausstattung.

**1792** Will der Auftraggeber diesen Weg nicht gehen, sondern seinem Architekten (aus wichtigem Grund) **kündigen,** so muss er ebenfalls zuvor dem Architekten Gelegenheit geben (§ 635 BGB), eine mangelfreie Planung vorzulegen, die zur Einhaltung des (beiderseits) vorgegebenen Kostenlimits führen kann, es sei denn, es liegen im Einzelfall ausnahmsweise die Voraussetzungen des § 280 Abs. 2 BGB vor (vgl. Rdn. 1657).[106]

## d) Verschulden des Architekten

**1793** Hat der Bauherr die objektive Pflichtverletzung des Architekten (unter Berücksichtigung der Überschreitung der Toleranzgrenze) dargelegt und bewiesen, hat dieser nunmehr den Beweis zu führen, dass ihn ein Verschulden an der Bausummenüberschreitung nicht trifft, da die der Pflichtverletzung und dem Schaden zu Grunde liegende Kostenermittlung aus seinem Verantwortungsbereich entstanden sind.[107] Der **Architekt** hat also das aufgrund der objektiven Pflichtverletzung vermutete **Verschulden** im Rahmen der Beweislastumkehr **zu widerlegen** (z. B. Änderungs- und Zusatzwünsche des Bauherrn; Insolvenzen von Bauunternehmen; nicht vorherseh-

---

104) OLG Celle, BauR 2004, 359; OLG Köln, BauR 2002, 978; OLG Schleswig, OLGR 2002, 272; OLG Stuttgart, OLGR 2000, 422; OLG Düsseldorf, BauR 2002, 1583 = NZBau 2002, 686 = IBR 2003, 85; BauR 1988, 237; OLG Hamm, BauR 1995, 413 = ZfBR 1995, 142 = NJW-RR 1995, 724; *Miegel*, S. 80.
105) OLG Düsseldorf, BauR 1994, 133 = NJW-RR 1994, 18.
106) OLG Düsseldorf, BauR 2002, 1583 = NZBau 2002, 686 = IBR 2003, 85; BauR 1988, 237; OLG Hamm, BauR 1987, 464 = NJW 1986, 1150 u. DB 1986, 1172.
107) BGH, VersR 1971, 1041, 1042; WM 1970, 1139; LG Tübingen, *Schäfer/Finnern*, Z 3.005 Bl. 6; vgl. hierzu auch OLG Düsseldorf, OLGR 1998, 317 (**keine** Verantwortlichkeit des Architekten, wenn der Bauherr Unternehmeraufträge **selbst** unterschrieben hat); *Dostmann*, BauR 1973, 159, 161; *Lauer*, BauR 1991, 401, 405; **a. A.:** *Locher*, BauR 1974, 293, 296 sowie Rdn. 280.

## Baukostenüberschreitung

bare Änderungen des Standes der Technik; nicht zu verantwortende Bauzeitverzögerungen; nicht voraussehbare Lohn- und Materialpreiserhöhungen; Auflagen des Bauamtes; nicht vereinbarte Eigenleistungen des Bauherrn und damit verbundene Verzögerungen des Baus usw.).

Bei **verteuernden Sonder- und Änderungswünschen** des Bauherrn ist der Architekt u. U. verpflichtet, den Bauherrn über anfallende Mehrkosten und damit die Überschreitung der bisherigen Kostenermittlung **aufzuklären**. Eine entsprechende Hinweis- und Warnpflicht des Architekten entfällt, wenn sich die Verteuerungen für den Bauherrn erkennbar bereits aus den Gesamtumständen ergeben.[108] Ist eine (im Einzelfall gebotene) Aufklärung unterblieben, kann eine Entlastung des Architekten nur angesetzt werden, wenn er beweist, dass der Bauherr trotz einer entsprechenden Aufklärung weitergebaut und nicht auf die Sonder- und Änderungswünsche verzichtet hätte.[109] Durch eine **richtige Beratung** im Rahmen der Kostenermittlung muss dem Bauherrn die Möglichkeit gegeben werden, eine einfachere Bauausführung durchzuführen oder das Bauvorhaben sogar fallen zu lassen, wenn die Ermittlung der Baukosten ergibt, dass über die finanziellen Möglichkeiten des Bauherrn hinausgegangen wird.[110]

**1794**

### e) Der Schaden des Bauherrn/Auftraggebers

Die **eigentliche Problematik** der durch den Architekten schuldhaft verursachten Bausummenüberschreitung liegt **in der Schadensermittlung**. Dem wird in aller Regel zu wenig Beachtung geschenkt.

**1795**

Worin bei Baukostenüberscheitungen der Schaden des Bauherrn besteht oder bestehen kann, ist in Rechtsprechung und Literatur umstritten.[111]

Der **Schaden** besteht zunächst in der Höhe der **über** der Toleranzgrenze liegenden **Baukosten**, es sei denn die Parteien haben eine bestimmte Kostengrenze im Sinne einer Beschaffenheitsvereinbarung festgelegt (vgl. Rdn. 1786), sowie abzüglich der vom Architekten nicht zu verantwortenden Mehrkosten (vgl. Rdn. 1793). Daher sind **nicht** die später **tatsächlich entstandenen Kosten** mit den **veranschlagten Kosten** (nebst Toleranzrahmen) zu vergleichen, sondern mit den zum Zeitpunkt der Kostenermittlung zu **erwartenden realistischen** Kosten.[112] Ferner kann der Schaden die durch die Bausummenüberscheitung notwendig werdende Aufnahme eines **Zusatzkredites** mit der damit verbundenen **Zinsbelastung** angesehen werden (Finanzierungsmehraufwand).[113] Ein Schaden kann, worauf Locher[114] zutreffend verweist, dann nicht angenommen werden, wenn der Bauherr „bei rechtzeitiger Kenntnis der späteren Bausummenüberschreitung keine Maßnahme getroffen hätte und der

**1796**

---

108) OLG Köln, NJW-RR 1993, 986.
109) So zutr. *Locher*, Rdn. 435.
110) OLG Stuttgart, BauR 1977, 426, 428.
111) Hierzu vor allem: *Steinert*, BauR 1988, 552; *Lauer*, BauR 1991, 401, 405 ff.; *Anker/Adler*, BauR 1998, 465 ff.
112) OLG Köln, NJW-RR 1993, 986.
113) Vgl. *Locher/Koeble*, Rdn. 260; *Dostmann*, BauR 1973, 159; siehe aber OLG Celle, OLGR 1998, 158 (LS).
114) Rdn. 435; ebenso OLG Stuttgart, BauR 1971, 63; OLGR 2000, 422, 425; OLG Köln, OLGR 1993, 146 = NJW-RR 1993, 986.

Bau genauso fortgeführt worden wäre, wie dies tatsächlich geschehen ist".[115] Auf die **Vermutung eines beratungsgerechten Verhaltens** kann sich der Bauherr allerdings insoweit **nicht stützen**.[116] Vielmehr trägt er die Beweislast, dass er bei richtiger und rechtzeitiger Aufklärung nicht oder billiger gebaut hätte.[117]

**1797** Ein „Schaden" des Bauherrn ist nach der ständigen Rechtsprechung des **BGH**[118] jedoch zu **verneinen,** wenn „der dort zu seinen Lasten gehende Mehraufwand zu einer **Wertsteigerung** des Objekts geführt hat". Dieser Grundsatz gilt auch für die Kosten der **Finanzierung** zusätzlicher Baukosten. Der Schaden besteht deshalb nicht ohne Weiteres in dem Zinsbetrag, den der Bauherr aufwenden muss. „Vielmehr ist ebenso wie bei dem zusätzlichen Aufwand selber zu prüfen, ob den Finanzierungskosten Vorteile gegenüberstehen, die es ganz oder teilweise ausschließen, einen Schaden anzunehmen."[119]

**1798** Im Ergebnis muss der Bauherr sich daher im Zweifel **alle Wertvorteile** auf seinen Schaden anrechnen lassen, soweit sie für ihn einen **echten „Vorteil"** darstellen; insoweit gelten die Regeln der **Vorteilsausgleichung**[120] (vgl. Rdn. 2468 ff.). In welcher Höhe der Bauherr den Wertzuwachs gegen sich gelten lassen muss, wird ganz von den Umständen des **Einzelfalles** abhängen.

**1799** Die **Steigerung des Verkehrswertes** wird in der Regel der „Vorteil" sein, den der Bauherr bei seiner Schadensberechnung zu seinen Lasten in Abzug bringen muss. Anerkannt ist, dass der gestiegene Verkehrswert des Objekts immer der **Gesamtbaumaßnahme** gegenübergestellt werden muss, sodass nicht etwa nur der Betrag der behaupteten „Kostenüberschreitung" heranzuziehen ist.[121] Unter Berücksichtigung der Funktion der Vorteilsausgleichung, einen gerechten Ausgleich zwischen den bei einem Schadensfall widerstreitenden Interessen von Schädiger und Geschädigten herbeizuführen,[122] wird die **Wertsteigerung des Gesamtaufwandes von dem dem Architekten anzulastenden Mehraufwand abzuziehen** sein.

**1800** Ein Bauherr wird in der Regel auch nicht geltend machen können, die Anwendung der Grundsätze über die Vorteilsausgleichung scheide aus, weil die Gesamtbaumaßnahme **so nicht gewollt** und für ihn deshalb auch **nicht „von Nutzen"** gewesen

---

115) *Budnick*, S. 136, ordnet diese Fallgestaltung dem „Einwand des rechtmäßigen Alternativverhaltens" zu.
116) BGH, BauR 1997, 494 = NJW-RR 1997, 850 = ZfBR 1997, 195 („Wie sich ein Bauherr, der von seinem Architekten pflichtgemäß über die Höhe der zu erwartenden Baukosten aufgeklärt wird, verhält, entzieht sich jeder typisierenden Betrachtung"); OLG Hamm, NZBau 2004, 560.
117) *Miegel*, S. 65. Anders die Vorauflage.
118) BGH, BauR 1997, 335 = NJW-RR 1997, 402; BauR 1997, 494 = NJW-RR 1997, 850; BauR 1994, 268, 270 = NJW 1994, 856 = MDR 1994, 275; BGH, BauR 1979, 74; OLG Köln, NZBau 2005, 467, 470; OLG Celle, BauR 1998, 1030, 1031; OLG Hamm, NJW-RR 1994, 211 = BauR 1993, 628; OLG Köln, NJW-RR 1993, 986; kritisch: *Lauer*, BauR 1991, 401, 410.
119) BGH, BauR 1994, 268, 270; vgl. auch *Anker/Adler*, BauR 1998, 465, 467 m. w. Nachw. in Anm. 13; OLG Celle, OLGR 1998, 158 (LS).
120) BGH, BauR 1997, 335 = NJW-RR 1997, 402; BauR 1997, 494 = NJW-RR 1997, 850; vgl. hierzu auch *Miegel*, BauR 1997, 923, 926 u. S. 68 ff.; **a. A.:** *Lauer*, S. 62 ff.; *Anker/Adler*, BauR 1998, 465, 468.
121) BGH, BauR 1979, 74; OLG Hamm, NJW-RR 1994, 212 a. E.; OLG Köln, NJW-RR 1993, 986, 987.
122) BGH, NJW 1990, 2360.

## Baukostenüberschreitung    Rdn. 1801–1802

sei:[123] Die Anrechnung der eingetretenen (Wert)vorteile verbietet sich nach einhelliger Auffassung **nur,** wenn der Bauherr den ihm zufallenden Vermögenszuwachs **finanziell nicht tragen kann** oder er sich durch eine notwendig gewordene Mehrfinanzierung **in einer die Opfergrenze übersteigenden Weise persönlich einschränken** müsste.[124] Das ist nicht der Fall, wenn der Bauherr die durch die Auftragsvergabe verursachten „Mehr"kosten problemlos durch eine weitere Finanzierung auffangen kann.

Der BGH[125] will **unbillige,** möglicherweise auch **unerträgliche Ergebnisse,** die sich aus der Anwendung des Rechtsgedankens der Vorteilsausgleichung ergeben, über die Grundsätze von **Treu und Glauben korrigieren,** weil auch die Vorteilsausgleichung auf diesen Grundsätzen beruhe: „Dementsprechend findet ein Vorteilsausgleich dort seine Grenzen, wo das Ergebnis dem Zweck des Ersatzanspruchs zuwiderläuft, d. h. dem Geschädigten nicht mehr zuzumuten ist und den Schädiger unangemessen entlastet."

Bei der Bemessung des Verkehrswertes ist im Übrigen von dem **Ertragswert** auszugehen, sofern das Gebäude im engeren Sinne zur **Ertragserzielung** (z. B. bei einer Vermietung oder Verpachtung) bestimmt ist;[126] daneben ist jedoch auch der **Sachwert** (insbesondere bei einem selbst genutzten **Einfamilienhaus**) zu berücksichtigen.[127] Bei der Beantwortung der Frage nach einer etwaigen Wertsteigerung des Hauses durch die unerwarteten Mehrkosten werden das Gericht und die Parteien nicht auf das Urteil eines **Sachverständigen** verzichten können, der dann den Wert des Bauwerks im Verhältnis zu den Gesamtbaukosten festzustellen hat.    **1801**

Soll die **Wertsteigerung** eines Gebäudes **nach Umbaumaßnahmen** ermittelt werden, muss nach der Rechtsprechung des BGH[128] der Wert des von der früheren Bebauung weiter verwendeten Teiles errechnet und vom Gesamtwert abgezogen werden. Damit wird der Bauherr bei **Umbauten, Modernisierungen, Instandsetzungen** wie der Sachverständige vor eine kaum lösbare Aufgabe gestellt. In diesem Zusammenhang hat der BGH[129] darauf hingewiesen, dass es keinen Erfahrungssatz gibt, wonach ein Umbau regelmäßig mehr Kosten als Wertsteigerung mit sich bringt.

Die vorgenannten Grundsätze gelten auch für die Kosten der **Finanzierung** zusätzlicher Baukosten (vgl. Rdn. 1796).[130] Gegenüber einem „Finanzierungsschaden" des Bauherrn wird von dem Architekten oftmals geltend gemacht, dieser müsse sich (etwaige) **Steuervorteile** anrechnen lassen. Hierzu ist zu bemerken: Steuervorteile – wie die Abzugsfähigkeit von Schuldzinsen nach dem EStG – sind im Wege    **1802**

---

123) *Miegel,* S. 76, ist der Auffassung, dass bei nicht notwendigen Mehrkosten, die vom Architekten eigenmächtig veranlasst und vom Bauherrn nicht gewollt waren, eine Anrechnung der Vorteile nicht erfolgen darf.
124) OLG Hamm, NJW-RR 1994, 211, 212; OLG Köln, NJW-RR 1993, 986, 987; *Locher,* Rdn. 284 m. w. Nachw.
125) BauR 1997, 335 = NJW-RR 1997, 402 mit Hinweis auf BauR 1984, 510.
126) BGH, BauR 1970, 246; BauR 1979, 74; OLG Düsseldorf, BauR 1974, 356, 358.
127) BGH, a. a. O.; OLG Stuttgart, BauR 2000, 1893 = OLGR 2000, 422, 425; OLG Celle, BauR 1998, 1030, 1031; OLG Koblenz, NZBau 2002, 231.
128) BauR 1997, 494 = NJW-RR 1997, 850; OLG Köln, NZBau 2005, 467, 470.
129) A. a. O.
130) BGH, BauR 1994, 268, 270; OLG Celle, BauR 1998, 1030, 1031.

des **Vorteilsausgleichs** regelmäßig schadensmindernd **zu berücksichtigen**.[131)] Allerdings muss bei einer Anrechnung geprüft werden, ob der Bauherr einen (verbleibenden) Schadensersatz (in gleicher Höhe) nachversteuern muss.

**1803** Ob der Bauherr schließlich eine „Wertsteigerung" im Einzelfall aus dem Gesichtspunkt der **„aufgedrängten Bereicherung"** abwehren kann, ist zweifelhaft.[132)]

Von einer aufgedrängten Bereicherung mit der Folge, dass der Wertzuwachs dem Bauherrn nicht anzurechnen ist, wird man sprechen können, wenn der Bauherr in finanzieller Hinsicht nicht in der Lage ist, die Mehrbelastungen, insbesondere die Finanzierung der Mehrkosten, zu tragen (vgl. Rdn. 1800).[133)] Dasselbe wird in der Regel gelten, wenn feststeht, dass der Bauherr bei Kenntnis der verteuernden Maßnahmen oder Umstände eine einfachere Bauausführung gewählt, einsparende Maßnahmen eingeleitet oder sogar das Bauvorhaben fallengelassen hätte.[134)]

**1804** Fraglich ist, welcher **Zeitpunkt** für die Festlegung der **Wertsteigerung** gilt, weil es grundsätzlich im Rahmen von gerichtlichen Auseinandersetzungen für die Feststellung der Schadenshöhe auf den Zeitpunkt der letzten mündlichen Verhandlung (in der Tatsacheninstanz) ankommt. Das kann jedoch bei längeren Verfahren mit mehreren Instanzen dazu führen, dass ein zunächst vorhandener Schaden durch zwischenzeitlich erfolgte Baukostensteigerungen und damit verbundenen Wertsteigerungen des Gebäudes auf Null sinken kann. Der BGH[135)] sieht darin jedoch keinen Grund, „von dem eine Schadensberechnung allgemein zu Grunde gelegten Schluss der letzten mündlichen Verhandlung in Schadensfällen" abzurücken, weil „bei jeder Schadensberechnung mit Vorteilsausgleich sich die am Ende verbleibende Schadenssumme im Verlaufe eines Gerichtsverfahrens vergrößern oder verkleinern kann".

Steht fest, dass eine Wertsteigerung vom **Auftraggeber** zu berücksichtigen ist, trägt er die **Darlegungs- und Beweislast,** dass die tatsächlich aufgewendeten **Baukosten höher** als die ermittelte **Wertsteigerung** sind und daher eine Vorteilsausgleichung nicht in Betracht kommt.[136)]

Darüber hinaus trifft den Auftraggeber auch die Darlegungs- und Beweislast, dass die Pflichtverletzung des Architekten den eingetretenen Schaden **verursacht** hat.[137)] Der BGH verkennt nicht, dass der Auftraggeber dabei vor Schwierigkeiten gestellt werden kann, weil der erforderliche Nachweis jedenfalls teilweise nur über die Darstellung eines hypothetischen Ablaufs erfolgen kann (z. B. Vortrag und Nachweis tatsächlich nicht getroffener Entscheidungen zur Gestaltung des Bauvorhabens bei früherer Information durch den Architekten über die voraussichtlichen Kosten); dennoch sind insoweit ein spezifizierter Vortrag und entsprechender Nachweis notwendig. Im Einzelfall wird man mit Plausibilitätsüberlegungen helfen können. Das OLG

---

131) Vgl. BGH, NJW 1989, 3150.
132) Vgl. OLG Hamm, BauR 1993, 628; OLG Köln, NJW-RR 1993, 986; *Löffelmann/Fleischmann*, Rdn. 2168, 2169; *Locher*, NJW 1965, 1696, 1698 u. Rdn. 283.
133) Vgl. hierzu: OLG Hamm, NJW-RR 1994, 211, 212; *Locher*, Rdn. 283; *Locher/Koeble*, Rdn. 268.
134) OLG Stuttgart, BauR 1977, 426, 428; siehe aber BGH, BauR 1979, 74, 76 u. OLG Köln, NJWRR 1993, 986, 988.
135) BauR 1997, 335 = NJW-RR 1997, 402 = ZfBR 1997, 145 mit einer Übersicht über den Meinungsstand in der übrigen Rechtsprechung und Literatur.
136) BGH, BauR 1997, 494 = NJW-RR 1997, 850.
137) BGH, a. a. O.; OLG Hamm, BauR 2005, 130; *Stefan*, BauR 1997, 62, 67.

Stuttgart[138]) hat in diesem Zusammenhang zu Recht darauf hingewiesen, dass ein Schadensersatzanspruch des Bauherrn an der Ursächlichkeit der mangelhaften Kostenkontrolle für die erhöhten Kosten scheitert, wenn der Bauherr „trotz Kenntnis der davonlaufenden Kosten einfach an der Fertigstellung des Bauvorhabens in der bisherigen Art" festhält und sogar noch weitere unnötige Kosten verursacht.

**1805** Haftet der Architekt für die überschrittenen Baukosten, kann er auch nur von den veranschlagten Baukosten (zuzüglich Toleranzrahmen) sein **Honorar** berechnen. Dies ist eine natürliche Folge seiner Haftung für die von ihm verschuldete Überschreitung der zunächst veranschlagten oder limitierten Baukosten.[139])

Der Fall ist **anders,** wenn der Architekt seine **Kostenkontrollpflichten** – z. B. bei der Entwurfsplanung („Kostenkontrolle durch Vergleich der Kostenberechnung mit der Kostenschätzung") und der Mitwirkung bei der Vergabe („Kostenkontrolle durch Vergleich des Kostenanschlags mit der Kostenberechnung") – **rechtzeitig** erfüllt, insbesondere den Bauherrn über erhöhte Baukosten ausreichend informiert und damit „gewarnt" hat. Nach vielen Formularverträgen trifft im Übrigen den Architekten ausdrücklich eine „Auskunftspflicht"; danach hat der Architekt den Bauherrn unverzüglich zu unterrichten, wenn erkennbar ist, dass die ermittelten Baukosten überschritten werden. Die **Erwartung,** dass die Kostenberechnung „nicht zutreffe und das Bauvorhaben mit geringeren Kosten zu erstellen sei", ist im Übrigen nicht schutzwürdig.[140])

**1806** **Kündigt** der Bauherr den Architektenvertrag, weil das geplante Bauwerk nur mit wesentlicher Überschreitung der veranschlagten Baukosten auszuführen wäre, so ist der Architekt, wenn er die Kostenüberschreitung **nicht** zu vertreten und auch keine Kostengewähr übernommen hat, nicht auf die Vergütung für das von ihm bereits Geleistete beschränkt (vgl. Rdn. 938 ff.); § 650 BGB ist in einem solchen Fall nicht entsprechend anwendbar.[141])

Besteht der Schaden des Auftraggebers aufgrund der Baukostenüberschreitung in der **Nichtverwendbarkeit** der Planung, so hat der Architekt seinen Auftraggeber allerdings im Wege des Schadensersatzes von seiner Honorarforderung freizustellen.[142])

---

138) OLGR 2000, 422; ebenso: OLG Köln, NJW-RR 1993, 986 sowie OLG Karlsruhe, BauR 1993, 109.
139) BGH, BauR 2003, 566 = NZBau 2003, 281 = MDR 2003, 453; BGH, BauR 1970, 246; vgl. ferner OLG Köln, NZBau 2005, 467; OLG Hamm, OLGR 2006, 496; OLG Hamm, BauR 1995, 415 = NJW-RR 1995, 1109; *Hesse,* BauR 1970, 148; OLG Köln, BauR 1997, 1080 (LS); *Jochem,* Festschrift v. Craushaar, S. 1, 17; **a. A.,** aber abzulehnen: *Miegel,* S. 85.
140) OLG Hamm, BauR 1995, 415, 416.
141) BGH, NJW 1973, 140 = BauR 1973, 119 = DB 1973, 127.
142) OLG Frankfurt, BauR 1993, 626.

## IV. Verzögerte Bauausführung/Behinderungen

*Übersicht*

| | Rdn. | | Rdn. |
|---|---|---|---|
| 1. Ansprüche des Bauherrn/ Auftraggebers | 1808 | a) Bauzeitverlängerung | 1820 |
| a) BGB-Bauvertrag | 1809 | b) Schadensersatz | 1821 |
| b) VOB-Bauvertrag | 1815 | c) Vergütungsanpassung | 1838 |
| 2. Ansprüche des Unternehmers/ Auftragnehmers | 1819 | | |

**1807** Bauvorhaben werden – vor allem in Zeiten einer Hochkonjunktur – vielfach vom Unternehmer, Architekten, Sonderfachmann oder Baubetreuer **zeitlich verzögert**; aber auch der Auftraggeber kann für eine Bauverzögerung verantwortlich sein. Die Gründe hierfür sind mannigfach. Entweder werden **vertraglich vereinbarte Termine** verschleppt[1] oder angemessene Fristen nicht eingehalten, oder es kommt infolge **verspäteter** oder **mangelhafter Vorunternehmerleistungen** (vgl. Rdn. 1519 ff.) zu erheblichen Bauverzögerungen. Es liegt in der Natur der Sache, dass durch Bauverzögerungen erhebliche Schäden (z. B. erhöhte Zinsbelastung, Lohnkosten, Mietausfälle) drohen, aber auch in der Regel entstehen, die niemand tragen will. Bruns[2] hat sich mit der Bauzeit als Rechtsproblem ausführlich auseinandergesetzt. Dabei weist er zutreffend darauf hin, „dass die rechtliche Würdigung von bauzeitrelevanten Sachverhalten ohne Informationen aus baubetrieblicher Zusammenarbeit kaum zu bewältigen ist", andererseits aber „der Baubetrieb nur aufgrund klarer rechtlicher Vorgaben überhaupt in der Lage ist, diese Zusammenarbeit zu erbringen".

Bezüglich etwaiger **Honoraransprüche** des **Architekten/Sonderfachmannes bei verlängerter Bauzeit** vgl. Rdn. 730 u. 874.

### 1. Ansprüche des Bauherrn/Auftraggebers

*Literatur*

*Vygen/Schubert/Lang*, Bauverzögerung und Leistungsänderung, 4. Aufl. 2002.
*Säcker*, Die Haftung des Bauunternehmers für Mietausfall bei nicht termingerechter Fertigstellung des Hauses, NJW 1967, 1403; *Anderson*, Zur Problematik des § 8 Ziff. 3 VOB/B (Entziehung des Auftrags durch den Auftraggeber), BauR 1972, 65; *Kutschmann*, Wenn der Bauhandwerker den Bau liegen lässt, BauR 1972, 133; *Kaiser*, Umfang der Schadensersatzhaftung wegen Verzuges des Auftragnehmers nach der VOB Teil B, NJW 1974, 1310; *Peters*, Schadensersatz wegen Nichterfüllung und Verzug beim gegenseitigen Vertrag, NJW 1979, 688; *Huber*, Rücktritt vom Vertrag und Ersatz des Verzugsschadens, JZ 1984, 409; *Wunner*, Zielkonflikte bei der Anwendung des § 286 I BGB neben dem Rücktritt, NJW 1985, 825; *Kreikenbohm*, Verzug des Unternehmers im Werkvertragsrecht, BauR 1993, 647; *Benicke*, Schadensersatz wegen Nichterfüllung bei Schuldnerverzug, JuS 1996, 196; *S. Kapellmann*, Der Schaden des Auftraggebers bei Verzug des Auftragnehmers mit der Fertigstellung eines Mietobjektes, BauR 1 × 997, 48; *Schimmel/Buhlmann*, Schuldnerverzug nach der Schuldrechtsmodernisierung – Tatbestandsvoraussetzungen und Rechtsfolgen, MDR 2002,

---

[1] Zur Auslegung „zugesicherter" Fristen beim Kauf einer Eigentumswohnung s. OLG Hamm, MDR 1981, 844 = BauR 1982, 67; zur Bedeutung der Rubrik „Gewünschter Termin bzw. Montagetermin: sofort": OLG München, DB 1975, 1789.
[2] ZfIR 2006, 153 u. 235.

## Ansprüche des Bauherrn/Auftraggebers   Rdn. 1808

609; *Rodde/Bauer/Stassen*, Gemeinkosten in vertraglicher Mehrleistung und Bauzeitennachtrag: Doppelvergütungsrisiko für Bauherren ZfBR 2005, 634; *Duve/Richter*, Kausalitätsfragen bezüglich eines gestörten Bauablaufs, BauR 2006, 608; *Bruns*, Bauzeit als Rechtsproblem, ZfIR 2006, 153 u. 235; *Zanner*, Bauzeitüberschreitung als Sachmangel beim Bauvertrag, Baumanagement und Bauökonomie (2007), S. 325; *Vogel*, Fertigstellungstermine im Bau- und Bauträgervertrag, BTR 2007, 54.

Wird die **vereinbarte**[3] Ausführungsfrist oder die angemessene Leistungszeit[4] **von dem Auftragnehmer** nicht eingehalten, so bietet sowohl das BGB als auch die VOB/B dem **Auftraggeber/Bauherrn** mehrere Rechtsbehelfe wahlweise an.[5] Der **Bauherr** kann zunächst **Klage auf Erfüllung des Bauvertrages** erheben. Er kann dann mit dem Urteil nach § 281 BGB vorgehen bzw. das Urteil nach § 887 ZPO vollstrecken. Diesen Weg wird der Bauherr aber nur beschreiten, wenn das Bauvorhaben zum Erliegen gekommen ist und er ein besonderes Interesse an der Vertragserfüllung hat, was jedoch selten der Fall sein wird. In der Regel werden bei verzögerter Fertigstellung deshalb **Schadensersatzansprüche** und **Vertragsstrafen** (vgl. Rdn. 2056 ff.) für den Bauherrn im Vordergrund der Überlegung stehen.   **1808**

Ist eine **Frist** für den **Beginn** des vertraglich geschuldeten Bauwerkes und/oder eine Fertigstellungsfrist **nicht** von den Vertragsparteien **vereinbart**, hat der Unternehmer im Zweifel nach Vertragsschluss mit der Herstellung **alsbald zu beginnen** und sie **in angemessener Zeit zügig zu Ende** zu führen, § 271 BGB.[6] Mit Ablauf einer angemessenen Fertigstellungsfrist tritt dann Fälligkeit der Leistung ein.[7]

Streiten die Parteien, ob die Werkleistung fällig ist, nachdem der Auftraggeber die Leistung verlangt hat, ist es nach der Rechtsprechung des BGH[8] Sache des Auftragnehmers, „darzulegen und im Bestreitensfalle zu beweisen, dass aufgrund einer rechtsgeschäftlichen Festlegung oder der Umstände des Falles erst zu einem bestimmten späteren Zeitpunkt zu leisten ist; dies trifft auch bei Streit zu, wann im konkreten Fall die angemessene Fertigstellungsfrist tatsächlich abgelaufen und deshalb Fälligkeit eingetreten ist".

Ein **Architekt** kann nicht nur verantwortlich gemacht werden, wenn er **mit seiner Planung** in Verzug kommt; er ist auch verpflichtet, im Rahmen der **Objektüberwachung** dafür zu sorgen, dass das Bauvorhaben in der vorgesehenen Zeit **realisiert** wird. Deshalb gehört eine **Terminplanung** in der Planungsphase und vor allem das Aufstellen und ggf. Fortschreiben des Zeitplanes (Balkendiagramms) in der Bauphase zu seinen wichtigen Aufgaben. In der HOAI wird allein das **„Balkendiagramm"** als **Grundleistung** in § 15 Abs. 2 Nr. 8 HOAI erwähnt; es ist jedoch allgemeine Meinung, dass der Architekt im Rahmen seiner Koordinierungspflichten während der gesamten Planungs- und Ausführungsphase **umfassende Terminplanungen** zu erbringen hat, weil nur auf diese Weise ein **ordnungsgemäßer Bauablauf gewährleistet** ist.[9] Dies ist anders, wenn die Zeitplanung von einem

---

3) Vgl. hierzu OLG Celle, BauR 2005, 1176 (Die Angabe „Fertigstellungstermin Ende Mai" keine verbindliche Vertragsfrist, weil zu ungenaue zeitliche Einordnung). Eine verbindliche „Ausführungsfrist" kann **nicht einseitig** von dem **Auftraggeber** neu festgesetzt werden: OLG Köln, BauR 1997, 318 = OLGR 1996, 174. Zur Ermittlung einer Bauzeitverzögerung vgl. insbesondere *Sundermeier* in Würfele/Gralla, Rdn. 1559.
4) Eine Zeitangabe mit dem Zusatz „und je nach Witterung" ist nicht hinreichend bestimmt: OLG Düsseldorf, NJW-RR 1998, 89.
5) Vgl. im Einzelnen *Vygen/Schubert/Lang*, Rdn. 87 ff.
6) BGH, BauR 2001, 946 = NZBau 2001, 389 = ZfBR 2001, 322 = NJW-RR 2001, 806 = MDR 2001, 864.
7) BGH, NJW-RR 1990, 442, 444; NJW-RR 1997, 622, 624.
8) BauR 2004, 331 = NZBau 2004, 155.
9) Vgl. hierzu im Einzelnen Beck'scher VOB-Komm/*Motzke*, B Vor § 5, Rdn. 12 ff.

durch den Bauherrn beauftragen **Projektsteuerer** (Rdn. 1427 ff.) oder **Sonderfachmann** übernommen wird.

Häufig vereinbaren die Vertragsparteien für den **Baubeginn** eine bestimmte Frist. Das kann auch im Rahmen einer Bauverpflichtung des Eigentümers mit Rückübertragungsanspruch bei Verletzung dieser Bauverpflichtung der Fall sein.[10] Bloße Vorbereitungsmaßnahmen für den Bau (wie z. B. das Freimachen und Herrichten des Baugrundstücks, das Einzäunen des Grundstücks, die Einrichtung der Baustelle, das Lagern von Geräten, Baumaterial und Ähnlichem) können nicht als Baubeginn angesehen werden.[11] Dagegen wird man den Aushub einer Baugrube als Baubeginn ansehen können.[12] Dasselbe gilt, wenn für das konkrete Bauwerk bestimmte Fertigteile (Maßfenster, -türen, -gauben etc.) hergestellt werden.[13]

Verstreicht der vertraglich vereinbarte Fertigstellungstermin ohne Verschulden des Auftragnehmers, tritt ein Verzug des Auftragnehmers grundsätzlich erst nach einer entsprechenden Mahnung durch den Auftraggeber ein.[14] Ist dem Auftragnehmer eine angemessene Frist erfolglos gesetzt worden, lässt der Auftraggeber aber nach Ablauf der gesetzten Frist weitere Arbeiten des Auftragnehmers erbringen, ohne in unmittelbarem Anschluss an die abgelaufene Frist die Kündigung zu erklären, ist eine erneute Fristsetzung nach zutreffender Auffassung des OLG Saarbrücken[15] notwendig. Haben die Vertragspartner eine bestimmte Bauzeit zwar vereinbart, beginnt aber der Auftragnehmer mit seinen Bauleistungen vorzeitig, kann er nach einer Entscheidung des OLG Düsseldorf[16] wegen einer sich daraus ergebenden Unterbrechung infolge noch nicht fertig gestellter, notwendiger Vorunternehmerleistungen weder einen Schadensersatzanspruch gemäß § 6 Nr. 6 VOB/B noch einen Entschädigungsanspruch gemäß § 642 BGB geltend machen.

Für den VOB-Bauvertrag nennt § 5/B bestimmte Regelungen für den Beginn und die Ausführung des Bauwerks (vgl. Rdn. 1815 ff.).

Als **Schaden** kann der Auftraggeber alle verzögerungsbedingten Mehraufwendungen geltend machen (z. B. erhöhte Baukosten, Nutzungsausfallentschädigungen, Zinsausfallschäden, entgangene Fördermittel bzw. Steuervergünstigungen, erhöhte Finanzierungskosten, zusätzliches Architektenhonorar, Gutachterkosten, höhere Materialkosten usw.).[17]

### a) BGB-Bauvertrag

**1809** Beim **BGB-Bauvertrag** kann der Bauherr bei einer verzögerten Bauausführung nach § 323 BGB **zurücktreten**. Eine Bauleistung ist ganz oder zum Teil nicht rechtzeitig hergestellt, wenn Fälligkeit der Leistung eingetreten, das Werk aber noch nicht vollständig hergestellt und noch nicht abgeliefert ist.[18]

---

10) OLG Zweibrücken, ZfIR 2002, 988.
11) A. A.: *Bruns*, ZfIR 2006, 153, 155.
12) OLG Zweibrücken, a. a. O.
13) Zutreffend *Bruns* ZfIR 2006, 153, 155.
14) BGH, BauR 2003, 1215 = NJW-RR 2003, 1238 = NZBau 2003, 498.
15) NZBau 2003, 673.
16) MDR 2002, 1432.
17) Vgl. hierzu *Bruns*, ZfIR 2006, 235 ff., 238.
18) *MünchKomm-Soergel*, § 636 BGB, Rdn. 4.

## Ansprüche des Bauherrn/Auftraggebers

Im Einzelnen ist zu beachten:

* Ein Rücktritt vom Bauvertrag ist erst berechtigt, wenn dem Unternehmer **eine angemessene Frist** zur Leistung oder Nacherfüllung gesetzt worden ist.
* Eine Fristsetzung ist nur in den in § 323 Abs. 2 BGB genannten Ausnahmefällen entbehrlich, insbesondere wenn der Unternehmer die Leistung endgültig und ernsthaft verweigert[19] oder der Unternehmer seine Vertragspflichten in einem Maße schlecht erfüllt hat, dass dem Bauherrn ein Festhalten am Vertrag nicht mehr zugemutet werden kann oder schließlich die Herstellung in einer angemessenen Frist aufgrund der gegebenen Umstände überhaupt nicht mehr möglich ist.[20] Hat eine teilweise Erfüllung des Vertrages für den Bauherrn kein Interesse, so kann er von dem **ganzen** Vertrag zurücktreten.[21] Der Bauherr trägt für diese Ausnahmefälle die **Beweislast**.[22]
* Ein **Verschulden** an der Fristüberschreitung (nicht rechtzeitigen Bauerrichtung) wird nicht vorausgesetzt.
* Das Rücktrittsrecht **entfällt** gemäß § 242 BGB bei **unerheblichen** Verzögerungen;[23] ferner dann, wenn der Bauherr die Verzögerungen selbst zu vertreten hat.[24]
* Der Rücktritt vom Vertrag steht dem Anspruch auf Ersatz des bis zum Rücktritt entstandenen Verzugsschadens nicht entgegen.[25]

Das **Rücktrittsrecht**[26] hat in der Baupraxis allerdings nur eine geringe Bedeutung; da eine Rückabwicklung der erbrachten Bauleistungen in aller Regel **nicht möglich** und auch **nicht sachdienlich** ist, wird es kaum in Betracht kommen.

Für Verträge, die **vor Inkrafttreten des SchRModG** (1.1.2002) abgeschlossen wurden, eröffnet § 326 Abs. 1 Satz 2 BGB dem Bauherren eine sachgerechte Alternative: Ist der Unternehmer mit seiner Vertragsleistung in Verzug, kann der Bauherr bei fehlender Abnahme einen Schadensersatzanspruch wegen Nichterfüllung geltend machen. Gerät der Unternehmer in Verzug, bleiben also die allgemeinen Rechte nach §§ 320 ff. BGB a. F. (§ 636 Abs. 1 Satz 2 BGB a. F.) erhalten, was auch für die Verjährung von Bedeutung war: § 638 BGB a. F. war nicht entsprechend anwendbar.[27]

Bei Verträgen, die **nach Inkrafttreten des SchRModG** (1.1.2002) abgeschlossen wurden, kann der Bauherr im Falle des Verzuges des Unternehmers entweder Schadensersatz (§§ 280, 281 BGB), Rücktritt vom Vertrag (§ 323 BGB) oder aber Schadensersatz und Rücktritt gleichzeitig (§ 325 BGB) anstreben. Im Gegensatz zur bisherigen Regelung in § 326 BGB a. F. muss sich also der Auftraggeber nicht entscheiden, ob er Schadensersatz wegen Nichterfüllung geltend machen oder vom Vertrag zurücktreten will.

---

[19] BGH, WM 1969, 399, 400; s. auch BGH, WM 1985, 392; BGH, BauR 1985, 450; OLG Düsseldorf BauR 1985, 452 (zu abweichenden AGB).
[20] Vgl. BGH, NJW-RR 1992, 1141.
[21] BGH, WM 1973, 1020.
[22] *Baumgärtel*, Beweislast, § 636 BGB, Rdn. 2.
[23] BGH, NJW 1974, 360; s. auch OLG Köln, *SFH*, Nr. 7 zu § 8 VOB/B (1973).
[24] Vgl. BGH, NJW-RR 1992, 1141; BGH, BauR 1978, 139 = WM 1978, 218.
[25] BGHZ 88, 46 = WM 1983, 1054 = NJW 1984, 42; dazu auch *Tiedtke*, NJW 1984, 767.
[26] Wie auch das frühere Wandelungsrecht des § 634 BGB a. F.
[27] BGH, NJW 1997, 50, 51.

Im Übrigen ist für die Anwendung des § 323 BGB zu beachten:

* Der Unternehmer muss mit einer Leistung in **Verzug** geraten sein.[28] Dabei ist es nach Inkrafttreten des SchRModG **unerheblich,** ob es sich um die nicht rechtzeitige Erfüllung einer **Hauptleistungs- oder Nebenleistungspflicht** handelt. Bei der Verletzung einer Nebenpflicht (§ 241 Abs. 2 BGB) ist § 324 BGB zu berücksichtigen; hier ist ein Rücktritt nur möglich, wenn dem Bauherrn ein Festhalten am Vertrag nicht mehr zuzumuten ist. Schon vor Inkrafttreten des SchRModG war es nach Auffassung des BGH[29] für die Berechtigung zum Rücktritt bei verspäteter Herstellung des Werkes nicht maßgeblich, ob der Unternehmer eine Hauptleistungspflicht oder (nur) eine Nebenleistungspflicht nicht rechtzeitig erfüllt hatte. Allerdings schränkte der BGH diese Aussage ein: Das Rücktrittsrecht soll – unabhängig von der Einordnung als Haupt- oder Nebenleistungspflicht – hinsichtlich der gesamten, noch nicht erbrachten Werkleistungen jedenfalls dann bestehen, „wenn ein werkvertraglich geschuldete Leistung nicht rechtzeitig erbracht wird, auf der vom Unternehmer geschuldete weitere Leistungen aufbauen und infolge der nicht rechtzeitig erbrachten Leistung der Eintritt des vertragsgemäß geschuldeten Erfolges gefährdet ist".

* Der Auftraggeber muss dem Unternehmer eine **angemessene Frist zur Vertragserfüllung** setzen. Entgegen dem bisherigen Recht ist nach § 323 BGB eine **Ablehnungsandrohung nicht mehr erforderlich.** Für Altverträge muss allerdings der Auftraggeber neben der angemessenen Nachfrist zur Vertragserfüllung gleichzeitig androhen, dass er die Annahme der Leistung nach Fristablauf ablehnt; eine solche Fristsetzung mit Ablehnungsandrohung ist nur ausnahmsweise entbehrlich, so z. B. bei ernsthafter und endgültiger Erfüllungsverweigerung[30] (Rdn. 1657) oder wenn die Vertragserfüllung für den Auftraggeber infolge des Verzuges nicht mehr von Interesse ist, was jedoch in der Baupraxis selten der Fall sein wird.

* Der **Auftraggeber** muss sich **selbst vertragsgetreu** verhalten haben.[31]

Ein Auftragnehmer kommt allerdings dann nicht in Verzug, wenn ihm ein Zurückbehaltungsrecht zusteht, weil der Auftraggeber z. B. berechtigte Abschlagszahlungen nicht geleistet hat.

§ 323 BGB gibt dem Bauherrn damit die Möglichkeit, den Bauvertrag mit dem Unternehmer zu beenden („zu liquidieren"),[32] d. h. in ein Abwicklungsverhältnis umzuwandeln und Schadensersatz wegen Nichterfüllung zu verlangen. Befindet sich der Unternehmer im Schuldnerverzug (§ 286 BGB) kann der Bauherr seinen Verzugsschaden auf zwei Wegen geltend machen: Er kann diesen Schaden als Rechnungsposten in den „Nichterfüllungsschaden" einbeziehen[33] oder gemäß § 280 Abs. 2 BGB geltend machen.[34]

**1811** Der **Regelfall** ist, dass der **Bauherr** bei einem Verzug des Auftragnehmers **einen anderen Unternehmer** mit der Fertigstellung **betraut** und alsdann von dem in Verzug geratenen Unternehmer den eingetretenen Schaden ersetzt verlangt, der sich

---

28) *MünchKomm-Emmerich*, § 326 BGB, Rdn. 15 m. Nachw.; OLG Düsseldorf, BauR 2002, 484 (kein Verzug des Auftragnehmers, wenn der Auftraggeber trotz einer Leistungsänderung durch Änderung des Bauentwurfes diese bestreitet sowie eine Preisänderung grundsätzlich ablehnt und der Auftragnehmer deshalb die Arbeiten nicht fortführt).
29) BauR 2001, 1256 = ZfBR 2001, 401 = NZBau 2001, 391.
30) BGH, NJW 1997, 50, 51.
31) BGH, NJW-RR 1991, 898; BGH, NJW-RR 1996, 853; OLG Düsseldorf, BauR 1998, 341.
32) *Palandt/Heinrichs*, § 326 BGB, Rdn. 1 sowie *MünchKomm-Emmerich*, § 326 BGB, Rdn. 66.
33) So schon RGZ 94, 206; 105, 281; ferner BGH, NJW 1975, 1740; NJW 1953, 337; OLG Hamm, NJW 1983, 1332.
34) BGH, *SFH*, Nr. 1 zu § 284 BGB.

## Ansprüche des Bauherrn/Auftraggebers

meist auf die **Erstattung erhöhter Baukosten** sowie des **entgangenen Gewinns** in Form von Zinsverlusten oder verspäteter Nutzungsmöglichkeit erstreckt.[35]

Solange eine **Baugenehmigung**[36] nicht erteilt ist, kann der Unternehmer mit der Erfüllung seiner Bauleistungen allerdings nicht in Verzug geraten, weil der Anspruch des Bauherrn auf Herstellung des Werkes noch nicht fällig ist; dabei ist unerheblich, ob der Unternehmer von dem Fehlen der Baugenehmigung Kenntnis hatte oder nicht.[37] Gleiches gilt, wenn der Bauherr die ihm nach dem Vertrag obliegenden Vorleistungen noch nicht erbracht hat.[38]

**1812**

Zu beachten ist, dass eine Bauleistung nicht nach dem Kalender[39] bestimmt ist, § 286 BGB, wenn sich ein vertraglich vereinbarter Fertigstellungstermin infolge einer von dem Bauherrn zu vertretenden Arbeitsunterbrechung oder durch Zusatzaufträge[40], Änderungsleistungen, Mehrmengen usw., die dem Risikobereich des Auftraggebers zuzuordnen sind, verschiebt. Ist die Baustelle von dem Unternehmer unzureichend besetzt, hat der Auftraggeber ihn ebenfalls durch ein hinreichend bestimmtes Abhilfeverlangen in Verzug zu setzen.[41] Der Unternehmer kommt dann erst wieder durch eine Mahnung des Bauherrn in Verzug.

**1813**

Ein Verzug mit der **Kostenvorschusszahlung** tritt nicht schon mit dem Ablauf der zur Mängelbeseitigung gesetzten Frist ein, sondern erst nach einer entsprechenden Mahnung zur Zahlung des Vorschusses.[42]

Bei Verzugseintritt kann der Bauherr gegenüber dem Vergütungsanspruch des Unternehmers die Einrede des nichterfüllten Vertrages erheben (vgl. Rdn. 2524).

**1814**

Die vorerwähnten Grundsätze gelten nicht nur für das Vertragsverhältnis Bauherr/Unternehmer, sondern auch für die **vertraglichen Beziehungen** zwischen dem **Bauherrn und seinem Architekten** oder Sonderfachmann.

### b) VOB-Bauvertrag

Für den **VOB-Bauvertrag** gelten bei einer nicht rechtzeitigen Erfüllung der Leistungspflicht durch den Unternehmer ausschließlich die §§ 5, 6 Nr. 6 und 8 Nr. 3 VOB/B; das Rücktrittsrecht nach § 323 BGB insoweit **ausgeschlossen.**[43] Das setzt jedoch voraus, dass die VOB auf die entsprechende Leistung, die der Unternehmer

**1815**

---

35) Zum Verzugsschaden des Käufers einer **Eigentumswohnung** s. BGH, NJW 1978, 1805 = BB 1978, 1034 = DB 1978, 1733; zur **Anrechnung ersparter Aufwendungen:** BGH, WM 1983, 790 = BauR 1983, 465; zum **Verzugsschaden** bei Fertigstellung eines **Miethauses** s. BGH, NJW-RR 1990, 980 u. BGH, BauR 1993, 600 sowie hierzu *S. Kapellmann*, BauR 1997, 48.
36) Zur Bedeutung der Baugenehmigung für den Bauvertrag: *Pöhner*, Baurechtl. Schriften, Bd. 35, 1997.
37) BGH, BauR 1974, 274; auch BGH, WM 1985, 392; *Ingenstau/Korbion/Döring*, § 5 Nr. 1–3/B, Rdn. 9.
38) Zur Anwendung von § 278 BGB in diesem Falle: *Walzel*, BauR 1984, 569 ff.
39) Soll eine in einem Bauvertrag vereinbarte Ausführungsfrist erst ab dem tatsächlichen Arbeitsbeginn laufen, ist die Leistung nicht „nach dem Kalender" bestimmt; BGH, NJW 1986, 2049.
40) OLG Düsseldorf, BauR 2000, 1336 = NZBau 2000, 430 = OLGR 2000, 397.
41) OLG Düsseldorf, a. a. O.
42) BGH, BauR 1980, 359 = BB 1980, 862.
43) BGH, *Schäfer/Finnern*, Z 2.13 Bl. 26; OLG Köln, *SFH*, Nr. 7 zu § 8 VOB/B (1973); OLG Düsseldorf, BauR 1992, 541 (LS).

nicht rechtzeitig erfüllt hat, überhaupt anwendbar ist; das trifft z. B. auf – vom Unternehmer übernommene – **Planungsleistungen** nicht zu, sodass § 326 BGB zur Anwendung kommt.[44] Danach kann der Bauherr aus einer verzögerten Bauausführung nur dann Rechte herleiten, wenn eine der folgenden Voraussetzungen erfüllt ist:

* Der Unternehmer **verzögert den Beginn** der Bauausführung. Das ist immer dann gegeben, wenn der Unternehmer eine Vertragsfrist gemäß § 5 Nr. 1 nicht einhält oder gemäß § 5 Nr. 2 trotz Aufforderung nicht fristgerecht mit der Bauausführung beginnt.[45]
* Der Unternehmer gerät mit der **Vollendung** der Ausführung in **Verzug**.[46] Er trägt im Übrigen die Beweislast, dass er den Verzug nicht zu vertreten hat (§ 286 Abs. 4 BGB) während der Bauherr die Voraussetzungen für den Verzug nach § 286 BGB i. V. mit § 5 Nr. 1 bis 3 VOB/B nachweisen muss.[47] Dabei ist zu berücksichtigen, dass der Unternehmer nicht in Verzug geraten kann, wenn der Bauherr seiner **Vorleistungspflicht** (z. B. Zahlung einer Werklohnrate) nicht nachkommt; das **Bestehen** eines Leistungsverweigerungsrechts hindert in jedem Fall den Eintritt des Verzugs, auch wenn sich der Unternehmer hierauf nicht berufen hat.[48]
* Der Unternehmer schafft trotz Aufforderung durch den Bauherrn **keine Abhilfe**, obwohl **Arbeitskräfte, Geräte, Gerüste, Stoffe oder Bauteile so unzureichend** sind, dass die Ausführungsfristen offenbar nicht eingehalten werden können.

**1816** In diesen Fällen hat der **Bauherr/Auftraggeber** folgende Möglichkeiten:

* Er kann einmal – bei Aufrechterhaltung des Bauvertrages – **Schadensersatz** gemäß § 6 Nr. 6 VOB/B verlangen.[49] Insoweit kann er den nachweislich entstandenen Schaden, den entgangenen Gewinn aber nur bei Vorsatz oder grober Fahrlässigkeit des Unternehmers geltend machen.[50]

Die Beschränkung des Schadensersatzes unter Ausschluss des entgangenen Gewinns entfällt, wenn die Bauverzögerung auf einen **Baumangel** zurückzuführen ist, die Voraussetzungen des § 4 Nr. 7 Satz 2 oder § 13 Nr. 7 VOB/B also gegeben sind.[51] **Entgangener Gewinn** kann auch geltend gemacht werden, wenn der Unternehmer die Erfüllung des Bauvertrages ernsthaft und endgültig verweigert, ohne hierzu berechtigt zu sein: In diesem Falle verzögert der Unternehmer den Bau nicht,

---

44) BGH, BauR 1996, 544 = NJW-RR 1996, 853.
45) Vgl. hierzu OLG Koblenz, NJW-RR 1989, 1503 sowie *Vygen/Schubert/Lang*, Rdn. 30 ff.
46) Vgl. OLG Frankfurt, NJW-RR 1994, 1361. Der BGH (BauR 1997, 1036 = NJW-RR 1997, 1513 = ZfBR 1998, 35) hat daher folgende vom Auftraggeber gestellte **Klausel** für **unwirksam** erklärt: „Befindet sich der Auftragnehmer während seiner vorgegebenen Bauzeiten so offensichtlich im Rückstand mit der Ausführung seiner Leistungen, dass nach Lage der Dinge erwartet werden muss, dass die gesetzten Termine nicht erfüllt werden, ist der Auftraggeber berechtigt, auf Kosten des Auftragnehmers durch Verstärkung durch Fremdfirmen die Erfüllung der den Auftragnehmer obliegenden Verpflichtungen zu sichern"; vgl. auch OLG Saarbrücken, BauR 1998, 1010 (kein Kündigungsrecht des Auftraggebers, wenn dieser seine Mitwirkungspflichten verletzt).
47) *Ingenstau/Korbion/Döring*, § 5 Nr. 4/B, Rdn. 12; **a. A.:** Beck'scher VOB-Komm/*Motzke*, B § 5, Rdn. 43, der insoweit § 636 Abs. 2 BGB im Rahmen des § 5 Nr. 4 VOB/B auf alle dort genannten Fälle anwenden will.
48) BGH, BauR 1996, 544 = NJW-RR 1996, 853.
49) Vgl. hierzu OLG Düsseldorf, NJW-RR 2000, 231.
50) Hinsichtlich der Darlegungslast vgl. OLG Düsseldorf, BauR 2001, 812 = NJW-RR 2001, 1028.
51) BGH, BauR 1976, 126 = DB 1976, 620; BGH, NJW 1975, 1701, 1703 = BauR 1975, 344, 346.

## Ansprüche des Bauherrn/Auftraggebers

sondern sucht ihn zu vereiteln;[52] das gilt auch dann, wenn der Bauherr am Vertrag festhält und die Erfüllung durch den Unternehmer durchsetzt, anstatt Schadensersatz wegen Nichterfüllung zu verlangen. Auch bei grob fahrlässigem oder vorsätzlichem Verhalten des Unternehmers kommt eine Haftungsbegrenzung nicht in Betracht.

Als **Verzugsschaden** kommen alle mittelbaren und unmittelbaren Schäden in Betracht, die auf schuldhaft verzögerliche Bauleistung des Unternehmers zurückzuführen sind (z. B. höhere Materialkosten, zusätzliches Architektenhonorar, Gutachterkosten usw.). Ob dem Bauherrn/Auftraggeber ein Schadensersatzanspruch für entgangene Gebrauchsvorteile („Nutzungsausfallentschädigung") zusteht, ist nach wie vor durchaus zweifelhaft.[53]

**1817**

Behauptet der Unternehmer, dass er seine Bauleistung rechtzeitig hergestellt habe, trifft ihn die Beweislast.

§ 5 Nr. 4 VOB/B gewährt dem Bauherrn/Auftraggeber wahlweise neben dem Anspruch auf Schadensersatz ein **Kündigungsrecht,** dessen Voraussetzungen (vgl. Rdn. 1815) jedoch nicht mit denen des Schadensersatzanspruchs bei Aufrechthaltung des Vertrages identisch sind.[54] Der Bauherr muss dem Unternehmer eine **angemessene Nachfrist**[55] zur Vertragserfüllung mit dem Hinweis setzen, dass er ihm nach fruchtlosem Fristablauf den Auftrag entziehe (§ 8 Nr. 3 VOB/B).[56] Fristsetzung und **Kündigungsandrohung** müssen dabei verbunden sein. Einer Fristsetzung bedarf es auch hier in den oben genannten Fällen (Rdn. 1809) nicht. Erst nach Ablauf der Frist ist die Kündigung **schriftlich** auszusprechen;[57] die Schriftform ist bei Übersendung eines **Telefax** gewahrt.[58] Andernfalls ist sie wirkungslos. Das Kündigungsrecht kann bei geringfügigen Verzögerungen nach § 242 BGB entfallen.[59] Dem Auftraggeber steht ein Kündigungsrecht nicht zu, wenn der Auftragnehmer zu Recht eine **Vergütungsanpassung** (z. B. gemäß §§ 2 Nr. 5, 6 Nr. 6 VOB/B) verlangen kann, der Auftraggeber dies aber (endgültig) **verweigert**.[60]

**1818**

Nach Kündigung des Auftrags ist der Bauherr gemäß § 8 Nr. 3 VOB/B berechtigt, den noch **nicht vollendeten Teil** der Leistung zu Lasten des Unternehmers durch einen Dritten ausführen zu lassen, wobei die Ansprüche des Bauherrn auf Ersatz des etwa entstehenden **weiteren Schadens** bestehen bleiben. Bei der Beauftragung des **Dritten** ist der Bauherr lediglich durch § 254 BGB eingeschränkt; so ist er z. B. nicht verpflichtet, mit dem Dritten denselben Vertragstyp (z. B. Einheitspreis- oder

---

52) BGH, BauR 1976, 126 = NJW 1976, 517; BGH, ZfBR 1980, 229 = BauR 1980, 465.
53) Vgl. dazu die Nachweise in Rdn. 1687.
54) *Vygen/Schubert/Lang*, Rdn. 100; *Ingenstau/Korbion/Döring*, § 5 Nr. 4/B, Rdn. 16.
55) Vgl. hierzu OLG Koblenz, NJW-RR 1989, 1503 (angemessene Nachfrist für den Beginn der Arbeiten).
56) Zu den Voraussetzungen der Kündigung und zu dem Umfang des Ersatzanspruches im Einzelnen: OLG Köln, *SFH*, Nr. 4 zu § 8 VOB/B (1973); KG, ZfBR 1984, 132 (zum Kostenvorschussanspruch); OLG Karlsruhe, BauR 1987, 448 (fortlaufende Bauverzögerung als positive Vertragsverletzung); OLG Düsseldorf, *SFH*, Nr. 1 zu § 8 VOB/B; OLG Düsseldorf, BauR 1995, 706 m. Anm. *Knacke*, BauR 1996, 119.
57) BGH BauR 1973, 319.
58) OLG Düsseldorf, NJW 1992, 1050.
59) BGH, NJW 1974, 360.
60) OLG Düsseldorf, BauR 1996, 115 = NJW-RR 1996, 730 = OLGR 1995, 271 (LS).

Pauschalpreisvertrag), der Grundlage der Vertragsbeziehungen mit dem Vorgänger war, zu wählen. Er ist auch **nicht** gehalten, etwa eine **Ausschreibung** vorzunehmen oder sich für den **billigsten** Anbieter zu entscheiden, sondern er kann jeweils den Unternehmer beauftragen, den er für den geeignetsten im Hinblick auf dessen Leistungsfähigkeit hält.[61]

Will der Bauherr die durch die Einschaltung des Drittunternehmers entstandenen Mehrkosten geltend machen, hat er **eine prüfbare Abrechnung** vorzulegen, die einerseits die Kosten berücksichtigt, die bei der Auftragsdurchführung durch den Erstunternehmer entstanden **wären,** andererseits aber die Kosten aufführt, die durch den Drittunternehmer angefallen sind.[62]

* Der Bauherr ist im Übrigen gemäß § 8 Nr. 3 Abs. 2 Satz 2 VOB/B berechtigt, auf die weitere Ausführung zu verzichten und Schadensersatz wegen Nichterfüllung zu verlangen, wenn er an der Ausführung aus Gründen, die zur Kündigung geführt haben, kein Interesse mehr hat. § 8 Nr. 3 VOB/B stellt eine **abschließende** Regelung dar und schließt deshalb einen Rücktritt nach § 323 BGB aus.[63]
* Ein Sonderkündigungsrecht gewährt § 6 Nr. 7 VOB/B: Dauert eine Unterbrechung des Bauvorhabens länger als drei Monate, so kann der Auftraggeber (wie auch der Auftragnehmer) nach Ablauf dieser Zeit den Vertrag schriftlich kündigen.[64]

Die vorgenannten Rechte hat der Bauherr nicht, wenn die Voraussetzungen des § 6 Nr. 1, 2, 4 (Behinderung des Unternehmers) und des § 9 VOB/B (Kündigungsrecht des Unternehmers) vorliegen.[65] Auch beim VOB-Bauvertrag bleibt im Übrigen dem Bauherrn die Einrede des nichterfüllten Vertrages (Rdn. 2524 ff.) erhalten. Bei einer Unterbrechung von länger als 3 Monaten besteht ein Kündigungsrecht gemäß § 6 Nr. 7 VOB/B.[66]

## 2. Ansprüche des Unternehmers/Auftragnehmers

*Literatur bis 1989*

*Born*, Systematische Erfassung und Bewertung der durch Störungen im Bauablauf verursachten Kosten, 1980.
*Dähne*, Gerätevorhaltung und Schadensersatz nach § 6 Nr. 6 VOB/B – ein Vorschlag zur Berechnung, BauR 1978, 429; *Heiermann*, Die Spezialregelung des § 6 VOB/B bei Behinderungen und Unterbrechungen der Ausführung von Bauleistungen, BB 1981, 876; *Vygen*, Behinderungen des Auftragnehmers und ihre Auswirkungen auf die vereinbarte Bauzeit, BauR 1983, 210; *Vygen*, Behinderungen des Bauablaufs und ihre Auswirkungen auf die vereinbarte Bauzeit, BauR 1983, 210; *Vygen*, Behinderungen des Bauablaufs und ihre Auswirkungen auf den Vergütungsanspruch des Unternehmers, BauR 1983, 414; *Walzel*, Zur Frage der Haftung des Auftraggebers aus § 278 BGB bei Bauzeitverzögerung eines Auftragnehmers, BauR 1984, 569; *Grieger*, Endlich ein Urteil, das

---

61) Beck'scher VOB-Komm/*Motzke*, B § 8, Nr. 3, Rdn. 38.
62) Vgl. hierzu OLG Celle, NJW-RR 1996, 343.
63) OLG Düsseldorf, *SFH*, Nr. 1 zu § 8 VOB/B.
64) Vgl. hierzu OLG Köln, NJW-RR 2000, 389 = OLGR 2000, 1; *Franke/Kemper/Zanner/Grünhagen*, § 6 VOB/B, Rdn. 120 ff.
65) Vgl. z. B. OLG Saarbrücken, BauR 1998, 1010; *Heiermann/Riedl/Rusam*, § 5/B, Rdn. 14; *Korbion/Hochstein*, Rdn. 96.
66) Vgl. hierzu BGH, BauR 2004, 1285 = EWiR 2004, 887 (Kündigungsrecht auch vor Beginn der Arbeiten auf der Baustelle und bei Unzumutbarkeit des Festhaltens am Vertrag).

## Ansprüche des Unternehmers/Auftragnehmers　　　　　　　　　　　　Rdn. 1818

zu der Art und Weise der Schadensberechnung nach § 6 Nr. 6 VOB/B Stellung nimmt, BauR 1985, 524; *Clemm*, Erstattung der Mehrkosten des Auftragnehmers bei Planlieferverzug des Auftraggebers nach der VOB/B, DB 1985, 2597; *Kraus*, Ansprüche des Auftragnehmers bei einem durch Vorunternehmer verursachten Baustillstand, BauR 1986, 17; *Heiermann*, Der Schadensersatzanspruch des Unternehmers nach § 6 Nr. 6 VOB/B wegen Behinderung durch verspätet gelieferte und fehlerhafte Schal- und Bewehrungspläne, Die Bauwirtschaft 1986, 1091; *Kapellmann/Schiffers*, Die Ermittlung der Ersatzansprüche des Auftragnehmers aus vom Bauherrn zu vertretenden Behinderungen (§ 6 Nr. 6 VOB/B), BauR 1986, 615; *Olshausen*, Planung und Steuerung als Grundlage für einen zusätzlichen Vergütungsanspruch bei gestörtem Bauablauf, Festschrift für Korbion (1986), 323; *Piel*, Zur Abgrenzung zwischen Leistungsänderung (§ 1 Nr. 3, 2 Nr. 5 VOB/B) und Behinderung (§ 6 VOB/B), Festschrift für Korbion (1986), 349; *Kapellmann/Langen/Schiffers*, Bemessung von Vertragsstrafen für verzögerte Baufertigstellung in AGB, BB 1987, 560; *von Craushaar*, Risikotragung bei mangelhafter Mitwirkung des Bauherrn, BauR 1987, 14; *Ganten*, Die Erstattung von sog. „Regiekosten" als Schadensersatz, BauR 1987, 22; *Grieger*, § 6 Nr. 6 VOB/B – Nachlese zum Urteil des BGH vom 20.2.1986 – VII ZR 286/84 – (BauR 1986, 347), BauR 1987, 378; *Vygen*, Behinderung des Auftragnehmers durch verspätete oder mangelhafte Vorunternehmerleistungen, BauR 1989, 387; *Heiermann*, Mögliche Abwälzung des Haftungs- und Vergütungsrisikos auf den Auftragnehmer durch ZTV, BauR 1989, 543.

*Literatur bis 1999*

*Kapellmann/Schiffers*, Vergütung, Nachträge und Behinderungsfolgen beim Bauvertrag, Band 1, 4. Auflage 2000; *Vygen/Schubert/Lang*, Bauverzögerung und Leistungsänderung, 4. Auflage 2002; *Plum*, Sachgerechter und prozessorientierter Nachweis von Behinderungen und Behinderungsfolgen beim VOB-Vertrag, Baurechtl. Schriften, Bd. 37, 1997.

*Grieger*, Verspätete oder mangelhafte Vorunternehmerleistung – Wer hat sie zu vertreten?, BauR 1990, 406; *Weyer*, Bauzeitverlängerung aufgrund von Änderungen des Bauentwurfs durch den Auftraggeber, BauR 1990, 138; *Baden*, Nochmals: Hat der Bauherr im Verhältnis zum Unternehmer die Verspätung oder Mangelhaftigkeit der Arbeiten des Vorunternehmers zu vertreten?, BauR 1991, 30; *Ágh-Ackermann/Kuen*, Technisch-wirtschaftliche Aspekte des Bauvertrages – Die Behinderung, BauR 1991, 542; *Hagen*, Ein Verfahren zur Berechnung von Gerätestillstands- und Geräteübernahmekosten, BauR 1991, 284; *Nicklisch*, Sonderrisiken bei Bau- und Anlagenverträgen, BB-Beilagen 15 u. 20/1991; *Kapellmann*, § 645 BGB und die Behinderungshaftung für Vorunternehmer, BauR 1992, 433; *Schiffers*, Ausführungsfristen – ihre Festlegung und ihre Fortschreibung bei auftraggeberseitig zu vertretenden Behinderungen, Jahrbuch Baurecht 1998, 275; *Diederichs*, Schadensabschätzungen nach § 287 ZPO bei Behinderungen gemäß § 6 VOB/B, BauR, Beil. zu Heft 1/1998; *Lang*, Baubetrieblicher Nachweis von Behinderungen/Störungen und Nachweis der daraus resultierenden Bauzeitverzögerungen, Festschrift für Vygen (1999), S. 220; *Waas*, Zum Anwendungsbereich des § 278 BGB im Verhältnis von Werkunternehmer und Besteller, VersR 1999, 1202; *Drittler*, Behinderungsschaden des Auftragnehmers nach § 6 Nr. 6 VOB/B – gehören allgemeine Geschäftskosten dazu?, BauR 1999, 825; *v. Craushaar*, Der Vorunternehmer als Erfüllungsgehilfe des Auftraggebers, Festschrift für Vygen (1999), S. 154.

*Literatur ab 2000*

*Rathjen*, Probleme der Haftung für den Erfüllungsgehilfen, BauR 2000, 170; *Kaiser*, Die konkurrierende Haftung von Vor- und Nachunternehmer – Besprechung des Urteils des Oberlandesgerichts Düsseldorf v. 29.6.1999 (– 21 U 127/98 –), BauR 2000, 177; *Siegburg*, Vorunternehmer als Erfüllungsgehilfe des Auftragnehmers, BauR 2000, 182; *v. Gehlen*, Haftung des Auftraggebers bei einem durch seinen Vorunternehmer verursachten Baustillstand, ZfBR 2000, 291; *Kraus*, Bauverzögerung durch Vorunternehmer, BauR 2000, 1105; *Kleine-Möller*, Die Haftung des Auftraggebers gegenüber einem behinderten Nachfolge-Unternehmer, NZBau 2000, 401; *I. Jagenburg*, Vorunternehmer – Kein Erfüllungsgehilfe des Auftraggebers, Festschrift für Mantscheff (2000), 99; *Reister*, Baubetriebliche Abwägung zur Arbeitseinstellung beim Bauvertrag, NZBau 2001, 1; *Kemper*, Nachträge und ihre mittelbaren Bauzeitauswirkungen, NZBau 2001, 238; *Oberhauser*, Formelle Pflichten des Auftragnehmers bei Behinderungen, BauR 2001, 1177; *Siegburg*, Verantwortlichkeit des Auftraggebers für Baumängel bei fehlerhafter Vorunternehmerleistung, ZfBR 2001, 291; *Diehr*, Zum Verhältnis von Vergütungs- und Schadensersatzanspruch des Auftragnehmers wegen Bauzeitstörungen nach der VOB/B, BauR 2001, 1507; *Stamm*, Die Frage nach der Eigenschaft des Vorunternehmers als Erfüllungsgehilfe des Bauherrn im Verhältnis zum Nachunternehmer: Ein Problem der Abgrenzung von Schuldner- und Annahmeverzug – Zugleich eine Besprechung von BGH, BauR 1985, 561 ff., und BGH, BauR 2000, 722 ff., BauR 2002, 1; *Leineweber*, Mehrkostenforderungen des Auftragnehmers bei gestörtem Bauablauf, Jahrbuch Baurecht 2002, 107; *Roquette*, Praktische Erwägungen zur Bauzeit bei Vertragsgestaltung und baubegleitender Beratung, Jahrbuch Baurecht 2002, 33; *Döring*, Die Vorunternehmerhaftung und § 642 BGB, Festschrift für Jagenburg (2002), 111; *Lang-Rasch*, Allgemeine Geschäftskosten bei einer Verlängerung der Bauzeit, Festschrift für Jagenburg (2002), 417; *Leineweber*, Sachwalterpflichten des Architekten beim gestörten Bauablauf, Festschrift für Jagenburg (2002), 477; *Heilfort*, Praktische Umsetzung bauablaufbezogener Darstellungen von Behinderungen als Grundlage der Schadensermittlung nach § 6 Nr. 6 VOB/B, BauR 2003, 457; *von Craushaar*, Die Bedeutung des § 645 BGB für die Rechtsstellung des Nachfolgeunternehmers, Festschrift für Kraus (2003), 3; *Heilfort*, Besonderheiten der Entstehung, Auswirkung und Darstellung von Bauablaufstörungen in leistungsflexiblen Gewerken – dargestellt am Beispiel Trockenbau – zugleich Anm. zu BGH, BauR 2003, 531, BauR 2003, 1646; *Thode*, Nachträge wegen gestörtem Bauablaufs im VOB/B-Vertrag – eine kritische Bestandsaufnahme, ZfBR 2004, 214; *Meier*, Planungs- und Planungsbehinderungsnachträge beim VOB/B-Bauvertrag, BauR 2004, 729; *Zanner/Keller*, Das einseitige Anordnungsrecht des Auftraggebers zu Bauzeit und Bauablauf und seine Vergütungsfolgen, NZBau 2004, 353; *Schlösser*, Zivilrechtliche Folgen nach prüfungsbedingter Bauzeitverschiebung, -verlängerung und -materialpreiserhöhung, ZfBR 2005, 733; *Reister*, Bauzeitnachträge nach § 2 Nr. 5 VOB/B, § 6 Nr. 6 VOB/B und § 642 BGB, Festschrift für Thode (2005), 125; *Roquette/Laumann*, Dichter Nebel bei Bauzeitclaims – Navigationshilfen zur Darlegungs- und Beweislast sowie zur Schätzung, BauR 2005, 1829; *Boldt*, Bauverzögerungen aus Verantwortungsbereich des Auftraggebers: Ist § 6 Nr. 6 VOB/B bedeutungslos?, BauR 2006, 185; *Duve/Richter*, Kausalitätsfragen bezüglich eines gestörten Bauablaufes, BauR 2006, 608; *Jochem*, Der Planungsstopp des Auftraggebers und seine Rechtsfolgen für den Architektenvertrag, Festschrift für Motzke (2006), 137; *Scheube*, Die rechtliche Einordnung der Auftraggebermitwirkung im VOB/B-Bauvertrag und ihre Folgen, Jahrbuch Baurecht 2006, 83; *Vygen*, Bauablaufstörungen: Sachnachträge – Zeitnachträge, BauR 2006, 166; *Niemöller*, Mehrvergütungsanspruch für Bauzeitverlängerungen durch Leistungsänderungen und/oder Zusatzleistung beim VOB/B-Bauvertrag, BauR 2006, 170; *Wirth/Würfele*, Bauzeitverzögerung: Mehrvergütung gemäß § 2 Nr. 5 VOB/B oder Schadensersatz gemäß § 6 Nr. 6 VOB/B, Jahrbuch Baurecht 2006, 119; *Kapellmann*, Der Anspruch auf Bauzeitverlängerung und auf Mehrvergütung bei verschobenen Zuschlag – und, was „recht und billig" ist, NZBau 2007, 401; *Krebs/Schuller*, Die „Kosten der Nachtragsbearbeitung" bei bauzeitbezogenen Ansprüchen, BauR 2007, 636; *Rothfuchs*, Der Anspruch auf bauzeitverlängerungsbedingte Mehrvergütung trotz vereinbarten neuen Preises den zugrunde liegenden technischen Nachtrag betreffend und diesbezüglich nicht erklärten Vorbehalts, BauR 2007, 469; *Roquette*, Der Streit um des Kaisers Bart – Sind Bauzeitclaims noch justiziabel? in Baumanagement und Bauökonomie (2007), 305; *Schilder*, Die Liquidation von „Behinderungsschäden" über § 642 BGB, BauR 2007, 450; *Zanner*, Die Bauzeitüberschreitung als Sachmangel beim Bauvertrag, in Baumanagement und Bauökonomie (2007), 325.

**1819** Bauverzögerungen, für die der Auftraggeber einzustehen hat, können auf verschiedenen Gründen beruhen:

* Fehlen von öffentlich-rechtlichen **Genehmigungen,**
* **keine, unvollständige oder verspätete Übergabe** bzw. Freigabe von Ausführungsplänen, Montage- und Werkstattzeichnungen oder Detailplänen sowie der Statik,[67]

---

67) OLG Saarbrücken, BauR 1998, 1010; OLG Celle, BauR 2005, 1483; vgl. hierzu: BGH, BauR 2002, 1249 = NZBau 2002, 381.

## Ansprüche des Unternehmers/Auftragnehmers Rdn. 1819

* **Planänderungen** des Auftraggebers,[68)]
* **keine oder verspätete Bereitstellung eines baureifen Grundstückes** oder einer entsprechenden Zufahrt oder bestimmter bauseits zu liefernder Baumaterialien oder bauseits zu erbringender Vorleistungen,
* **mangelhafte Koordination der Baustelle** und des gesamten Bauvorhabens,
* **Baustopp** durch Nachbareinsprüche,
* **nicht rechtzeitige oder nur verzögerlich beschaffte Nachtragsbaugenehmigung** während der Bauarbeiten,[69)]
* **keine oder verspätete Erfüllung von Mitwirkungsverpflichtungen** des Auftraggebers[70)] (z. B. verspätetes Abstecken der Hauptachse des Bauwerks[71)] oder nicht rechtzeitige Entscheidung nach Bemusterung bzw. über die Ausführung von Bedarfspositionen oder Alternativausführungen),
* **Zusatzaufträge,**
* **Planungsstopp** des Auftraggebers,[72)]
* **Bauzeitverschiebung** durch **Vergabenachprüfungsverfahren,**[73)]
* **keine (aber notwendige) Anordnungen** zur **vertragsgemäßen** Ausführung,
* unrichtige Erfassung von Mengen.

Einen Unterfall der Behinderung stellt die **Verletzung einer gebotenen Mitwirkungspflicht** des Auftraggebers dar; in diesem Fall stehen dem Auftragnehmer Ansprüche aus den §§ 642, 643 BGB zu: Der Auftragnehmer kann eine **angemessene Entschädigung** verlangen und/oder – nach Fristsetzung und bei entsprechender Erklärung i. S. d. § 643 BGB – kündigen.[74)] Die Verletzung der Mitwirkungspflicht des Auftraggebers i. S. d. § 642 BGB stellt nach allgemeiner Meinung lediglich eine sogenannte **Gläubigerobliegenheit** dar.[75)] Kann eine Mitwirkungspflicht darüber hinaus auch als **Vertragspflicht** des Auftraggebers angesehen werden, löst ihre Verletzung Ansprüche des Unternehmers aus Pflichtverletzung gemäß §§ 280 ff. BGB n. F. aus, die durch §§ 642, 643 BGB nicht ausgeschlossen sind. Bei der Übernahme einer Vertragspflicht durch den Auftraggeber (über die Zahlung des Werklohns und die Abnahme hinaus) können vom Auftragnehmer auch Ansprüche unter dem Gesichtspunkt des Schuldnerverzuges gemäß §§ 284 ff. BGB geltend gemacht werden.[76)] Ist der Auftraggeber in Annahmeverzug, kommen schließlich auch Ansprüche nach §§ 293, 304 BGB in Betracht. Bauverzögerungen werden vor allem aber dadurch verursacht, dass **Behinderungen** und/oder **Unter-**

---

68) OLG Frankfurt, BauR 1999, 49; OLG Nürnberg, BauR 2001, 409 = NZBau, 2000, 518 = OLGR 2000, 116 = MDR 2000, 227.
69) Vgl. BGH, BauR 1974, 247; BauR 1976, 128; OLG Hamm, BauR 2003, 1042; *Vygen/Schubert/Lang*, Rdn. 132.
70) OLG Düsseldorf, BauR 1998, 341.
71) OLG Düsseldorf, BauR 1998, 340 = NJW-RR 1998, 739.
72) Vgl. hierzu *Jochem*, Festschrift für Motzke, S. 137 ff.
73) Vgl. hierzu OLG Jena, BauR 2005, 1161 (Kooperationsverpflichtung der Vertragsparteien zur Anpassung der Vertragstermine).
74) Für den VOB-Bauvertrag vgl. *Scheube*, Jahrbuch Baurecht 2006, 83.
75) *Palandt/Heinrichs*, § 642 BGB, Rdn. 1.
76) Vgl. hierzu *Leineweber*, Jahrbuch Baurecht 2002, 107, 112 ff.

brechungen in der **Bauausführungsphase** eintreten, die dem Bauherrn zuzurechnen sind.[77]

Behinderungen sind alle Ereignisse, die auf die Ausführung der Leistung verzögernd einwirken;[78] der Begriff hindernde Umstände ist weit zu fassen: Es macht keinen Unterschied, ob sie von „außen" kommen oder ob der Vertragspartner selbst, der auf Schadensersatz in Anspruch genommen wird, die Ursache hierfür gesetzt hat.[79]

Ein Anspruch aus einer Behinderung setzt voraus, dass die **Bauzeit sich verlängert** hat. Häufig werden keine konkreten Bauzeiten in Werkverträgen vereinbart. Ohne Festlegung einer Bauzeit gilt die für die **Erstellung notwendige Zeit**, die in jedem Einzelfall zu ermitteln ist, wobei eine angemessene Fertigstellungsfrist stets in Ansatz zu bringen ist.[80]

Treten Verzögerungen in der (ordnungsgemäßen) Bauausführung ein, können dem Unternehmer/Auftragnehmer Ansprüche erwachsen auf:

* **Bauzeitverlängerung**
* **Schadensersatz**
* **Vergütungsanpassung**.

Daneben können **Kündigungsrechte** bei einer längeren Unterbrechung in Betracht kommen, wie dies z. B. § 6 Nr. 7 VOB/B bei einer Unterbrechung von länger als drei Monaten vorsieht.[81] Der Ausschluss des Kündigungsrechts nach dieser Vorschrift ist in AGB unwirksam.[82] Ein Kündigungsrecht des Auftragnehmers gemäß § 9 Nr. 1 a VOB/B kommt auch dann in Betracht, wenn der Auftraggeber die ihm obliegende Nebenpflicht verletzt, dem Auftragnehmer auf Anfrage eine nach Treu und Glauben für beide Vertragsparteien zumutbare Frist für die Ausführung des Bauvorhabens zu nennen.[83]

### a) Bauzeitverlängerung

*Literatur*

*Weyer*, Bauzeitverlängerungen aufgrund von Änderungen des Bauentwurfs durch den Auftraggeber, BauR 1990, 138.

**1820** Für den VOB-Bauvertrag bestimmt § 6 Nr. 2 VOB/B, in welchen Fällen vertraglich vereinbarte **Ausführungsfristen verlängert** werden, wenn der Auftragnehmer

---

77) Beispiele: OLG Köln, BauR 1986, 582 = NJW 1986, 71 (Verschiebung von Bauzeiten; Planungsverschulden des Sonderfachmannes); OLG Koblenz, NJW-RR 1988, 851 (in Auftrag gegebene Nachtragsleistungen); OLG Düsseldorf, BauR 1988, 487 (Baustopp). OLG Düsseldorf, BauR 2000, 1336 = NZBau 2000, 430 = OLGR 2000, 397 (Zusatzaufträge).
78) BGHZ 48, 78, 81 = NJW 1967, 2262.
79) OLG Koblenz, NJW-RR 1988, 851.
80) Vgl. hierzu *Bruns*, ZfIR 2006, 153, 154 (auch zur Bestimmung des Baubeginns).
81) Vgl. hierzu BGH, BauR 2004, 1285 = EWiR 2004, 887 (Kündigungsrecht auch vor Beginn der Arbeiten auf der Baustelle und bei Unzumutbarkeit des Festhaltens am Vertrag). OLG Köln, OLGR 2000, 1 = NJW-RR 2000, 389; LG Bonn, NJW-RR 1999, 458.
82) OLG Frankfurt, BauR 1999, 774.
83) OLG Celle, OLGR 2003, 343.

in der ordnungsgemäßen Ausführung seiner Leistung behindert ist.[84] Gemäß § 6 Nr. 4 VOB/B wird die Bauzeitverlängerung nach der **Dauer der Behinderung**, jedoch mit einem **Zuschlag** für die **Wiederaufnahme** der Arbeiten und die etwaige Verschiebung in eine ungünstigere Jahreszeit berechnet.

Können die Vertragsfristen nach § 6 Nr. 4 VOB/B – insbesondere bei kleineren oder zeitlich klar abgrenzbaren und damit bestimmbaren Behinderungszeiträumen – **fortgeschrieben** werden, ist eine gesonderte Vereinbarung neuer Ausführungsfristen nicht erforderlich.[85] Das folgt aus § 6 Nr. 2 und 4 VOB/B, die grundsätzlich eine solche erneute Einigung der Vertragsparteien nicht vorsehen. Etwas anderes kann gelten, wenn Behinderungen dazu führen, dass der **gesamte Zeitplan völlig umgeworfen** und daher eine **durchgreifende Neuordnung** des Bauablaufes- und Zeitplanes **notwendig** wird: In diesem Fall fällt die vereinbarte Ausführungsfrist mit der Folge weg, dass die Vertragsparteien neue vertragliche Ausführungsfristen vereinbaren müssen. Eine entsprechende Verpflichtung ergibt sich aus der so genannten **Kooperationspflicht** beider Vertragsparteien.

In der Baupraxis stehen Verlängerungen der Bauzeit durch Zusatzaufträge, Änderungsleistungen oder Mengenmehrungen, die dem Risikobereich des Auftraggebers zuzuordnen sind, im Vordergrund. Ist von den Vertragsparteien die Ausführungsfrist vertraglich **kalendermäßig** bestimmt und kommt es durch die vorerwähnten oder ähnliche Vorgänge zu einer Verzögerung des Bauvorhabens, tritt nach der richtigen Auffassung des OLG Düsseldorf[86] Verzug mit Folge von Schadensersatzansprüchen (z. B. § 6 Nr. 6 VOB/B) erst durch Mahnung nach Fälligkeit ein, weil die kalendermäßig bestimmte Ausführungsfrist nicht mehr gilt.

Da die VOB-Regelungen insoweit allgemein gültige Rechtsgrundsätze wiedergeben, können die Bestimmungen des § 6 Nr. 2 und 4 VOB/B auch auf den **BGB-Bauvertrag** entsprechend angewendet werden.[87]

### b) Schadensersatz

*Literatur*

*Reister*, Bauzeitnachträge nach § 2 Nr. 5 VOB/B, § 6 Nr. 6 VOB/B und § 642 BGB, Festschrift für Thode (2005), S. 125; *Roquette/Laumann*, Dichter Nebel bei Bauzeitclaims – Navigationshilfen zur Darlegungs- und Beweislast sowie zur Schätzung, BauR 2005, 1829; *Boldt*, Bauverzögerungen aus dem Verantwortungsbereich des Auftraggebers: Ist § 6 Nr. 6 VOB/B bedeutungslos?, BauR 2006, 185; *Roskosny/Bolz*, Die Rechtsnatur des Entschädigungsanspruchs aus § 642 BGB und seine Berechnung, BauR 2006, 1804; *Scheube*, Die rechtliche Einordnung der Auftraggebermitwirkung im

---

84) Vgl. im Einzelnen *Ingenstau/Korbion/Döring*, § 6 Nr. 2/B, Rdn. 1 ff.; *Heiermann/Riedl/Rusam*, § 6/B, Rdn. 11; *Vygen/Schubert/Lang*, Rdn. 123 ff. (insbesondere zur Frage des Verschuldens des Auftraggebers als Voraussetzung).
85) So auch: OLG Düsseldorf, BauR 1997, 1041 = NJW-RR 1997, 1516; Beck'scher VOB-Komm/*Motzke*, B § 6, Rdn. 8 ff.; *Heiermann/Riedl/Rusam*, § 6/B, Rdn. 24; **a. A.:** *Ingenstau/Korbion/Döring*, § 6 Nr. 4/B, Rdn. 6 ff., wonach stets eine neue Ausführungsfrist vereinbart werden muss.
86) BauR 2000, 1336 = NZBau 2000, 430 = OLGR 2000, 397; ferner: BauR 1997, 1041 = NJW-RR 1997, 1516.
87) So auch *Vygen/Schubert/Lang*, Rdn. 123.

VOB/B-Bauvertrag und ihre Folgen, Jahrbuch Baurecht 2006, 83; *Schrammel*, Der Anspruch des Auftragnehmers auf seine Beschleunigungsvergütung bei Verletzung von Mitwirkungshandlungen des Auftraggebers, Festschrift für Motzke (2006), 367; *Wirth/Würfele*, Bauzeitverzögerung: Mehrvergütung gemäß § 2 Nr. 5 VOB/B oder Schadensersatz gemäß § 6 Nr. 6 VOB/B, Jahrbuch Baurecht 2006, 119.

**1821** Die Baupraxis zeigt, dass es für einen Auftragnehmer sehr **schwierig** ist, die Voraussetzungen für einen Schadensersatzanspruch wegen Behinderung erfolgreich darzulegen und zu beweisen. Meist scheitern entsprechende Verfahren bereits an einem nicht ausreichend substantiierten Vortrag des Auftragnehmers hinsichtlich der konkreten Darstellung der jeweiligen Behinderung.[88]

Für den VOB-Bauvertrag gibt § 6 VOB/B die Vorgaben für einen Schadensersatzanspruch wegen Behinderung und Unterbrechung der Ausführung: Ein Schadensersatzanspruch nach § 6 Nr. 6 VOB/B[89] kann nur dann mit Erfolg durchgesetzt werden, wenn der Auftragnehmer als Kläger im Einzelnen vortragen und nachweisen kann, dass

* über den vom Auftraggeber geltend gemachten **Zeitraum** eine **Behinderung** tatsächlich vorgelegen und diese Behinderung als Folge eine **Verzögerung** der Arbeiten des Auftragnehmers (ggf. im gesamten Bauablauf) bewirkt hat.[90]
* diese Behinderung nach § 6 Nr. 1 VOB/B vom Auftragnehmer unverzüglich schriftlich **angezeigt** worden ist oder dem Auftraggeber **offenkundig** bekannt war[91]
* die hindernden Umstände vom **Auftraggeber** im Sinne einer schuldhaften Verletzung einer Mitwirkungspflicht (nicht Verletzung einer nur Mitwirkungsobliegenheit[92]) **zu vertreten** sind[93]
* die Behinderung einen **Schaden** des Auftragnehmers **verursacht** hat.[94]

**1822** Häufig haben Auftragnehmer bereits große Schwierigkeiten, die erste der vorgenannten Voraussetzungen substantiiert vorzutragen, weil es an einer entsprechenden **Dokumentation über die behindernden Umstände** (z. B. verspätete Übergabe von Ausführungsplänen) und vor allem **deren Folgen**, also Auswirkungen

---

88) Vgl. hierzu: BGH, BauR 2002, 1249 = NZBau 2002, 381 = NJW-RR 2002, 2716; OLG Celle, OLGR 2002, 28. Zur Berechnung der Anspruchshöhe aus Bauzeitverzögerung vgl. insbesondere *Sundermeier* in Würfele/Gralla, Rdn. 1827 ff.
89) Ob § 6 Nr. 6 VOB/B selbst eine Anspruchsgrundlage darstellt oder lediglich anspruchsbestätigenden Charakter eines Schuldnerverzuges und einer Vertragsverletzung hat, ist **bestritten**; vgl. hierzu näher Beck'scher VOB-Komm/*Motzke*, B § 6 Nr. 6, Rdn. 35 sowie *Franke/Kemper/Zanner/Grünhagen*, § 6 VOB/B, Rdn. 79.
90) Vgl. hierzu auch OLG Hamm, BauR 2004, 1304 = NZBau 2004, 439 = IBR 2004, 237 – *Kieserling*.
91) Vgl. im Einzelnen Rdn. 1824.
92) Vgl. hierzu *Scheube*, Jahrbuch Baurecht 2006, 83 (insbesondere zu den Abgrenzungskriterien).
93) Vgl. BGH, BauR 1997, 1021 = DB 1997, 2481 = NJW 1998, 456; OLG Düsseldorf, BauR 1991, 337 u. BauR 1995, 706. Vgl. hierzu ferner OLG Düsseldorf, BauR 2002, 1551 = MDR 2002, 1432 (kein Schadensersatz wegen Behinderung noch nicht fertiggestellter Vorunternehmerleistungen bei vorzeitigem Baubeginn durch den Auftragnehmer).
94) OLG Hamm, BauR 2004, 1304 = NZBau 2004, 439 = IBR 2004, 237 – *Kieserling*.

## Ansprüche des Unternehmers/Auftragnehmers                                Rdn. 1822

(Bauzeitverlängerung) fehlt.[95] In diesem Zusammenhang weist das OLG Düsseldorf[96] zu Recht darauf hin, dass zur Darlegung eines Schadensersatzanspruches gemäß § 6 Nr. 6 VOB/B die Angabe des geplanten und des tatsächlichen Baubeginns nicht ausreicht; vielmehr sind der gesamte geplante und der tatsächliche Zeitablauf gegenüberzustellen. Damit sind die Soll-Bauabläufe vor der Behinderung mit den Ist-Bauabläufen konkret zu vergleichen.

Nicht selten wird von den Auftragnehmern allein aus der verlängerten Bauzeit auf eine „Behinderung" geschlossen; eine verlängerte Bauzeit kann jedoch immer verschiedene Ursachen haben, wobei die „Behinderung" des Unternehmers nur eine der denkbaren Möglichkeiten ist.

Der BGH hat erst kürzlich unter Hinweis auf seine bisherige Rechtsprechung[97] in diesem Zusammenhang noch einmal den insoweit notwendigen Vortrag des Auftragnehmers wie folgt zusammengefasst:[98]

> „Der Auftragnehmer hat in einem Prozess unter anderem schlüssig darzulegen, dass er durch eine Pflichtverletzung des Auftraggebers behindert worden ist. Der Senat hat bereits in seinem ersten Urteil in dieser Sache darauf hingewiesen, dass es grundsätzlich nicht ausreicht, eine oder mehrere Pflichtverletzungen vorzutragen. Der Auftragnehmer muss vielmehr substantiiert zu den dadurch entstandenen Behinderungen seiner Leistung vortragen. Dazu ist in der Regel eine konkrete, bauablaufbezogene Darstellung der jeweiligen Behinderung unumgänglich. Demjenigen Auftragnehmer, der sich durch Pflichtverletzungen des Auftraggebers behindert fühlt, ist es zuzumuten, eine aussagekräftige Dokumentation zu erstellen, aus der sich die Behinderung sowie deren Dauer und Umfang ergeben. Ist ein Auftragnehmer mangels einer ausreichenden Dokumentation der Behinderungstatbestände und der sich daraus ergebenden Verzögerungen zu einer den Anforderungen entsprechenden Darstellung nicht in der Lage, geht das grundsätzlich nicht zulasten des Auftraggebers (BGH, Urt. v. 21.3.2002 – VII ZR 224/00, BauR 2002, 1249 = NZBau 2002, 381 = ZfBR 2002, 562, dazu EWiR 2002, 639 (Schwenker))."

Darüber hinaus hat er zutreffend klargestellt, dass es sich bei der Frage, ob eine Pflichtverletzung des Auftraggebers zu einer Behinderung des Auftragnehmers geführt hat, die haftungsbegründende Kausalität und damit den konkreten Haftungsgrund betrifft, sodass insoweit § 287 ZPO nicht anwendbar ist.[99] Vielmehr kann

---

95) Vgl. hierzu: BGH, BauR 2002, 1249 = NZBau 2002, 381 („Konkrete bauablaufbezogene Darstellung der jeweiligen Behinderungen unumgänglich") m. Anm. *Heilfort*, BauR 2003, 457 (zur praktischen Umsetzung bauablaufbezogener Darstellungen von Behinderungen; OLG Hamm, IBR 2004, 237 – *Kieserling*; *Grieger*, BauR 1987, 378, 379 sowie *Plum*, Sachgerechter und prozessorientierter Nachweis von Behinderungen und Behinderungsfolgen beim VOB-Vertrag, Baurechtl. Schriften, Bd. 37, 1997, S. 81 ff. Eine systematische Zusammenstellung von denkbaren Behinderungsfolgen ist bei *Kapellmann/Schiffers*, Bd. 1, Rdn. 1419, zu finden. Vgl. zum Nachweis der Auswirkungen von Verzögerungen auch *Reister*, Festschrift für Thode, S. 125, 128. Zur Dokumentation der Bauausführung vgl. insbesondere *Sundermeier/Bielefeld* in Würfele/Gralla, Rdn. 2386.
96) NJW-RR 1998, 671 = OLGR 1998, 255.
97) BGH, BauR 2002, 1249 = NZBau 2002, 381 = NJW-RR 2002, 2716.
98) BGH, BauR 2005, 857 = NJW 2005, 1653 = MDR 2005, 922 = IBR 2005, 246 – *Schulze-Hagen*. *Roquette/Laumann* (BauR 2005, 1829 ff.) haben zur Darlegungs- und Beweislast bei Bauzeitenclaims des Auftragnehmers, zu den Hinweispflichten des Gerichts und zur Frage, in welchem Umfang eine Schadensschätzung nach § 287 ZPO möglich ist, umfangreiche Ausführungen gemacht.
99) BGH, a. a. O.; ferner OLG Nürnberg, BauR 2001, 401 = NZBau 2000, 518 = OLGR 2000, 227.

der Auftragnehmer Darlegungs- und Beweiserleichterungen nach § 287 ZPO nur in Anspruch nehmen, soweit es um die nicht mehr dem Haftungsgrund zuzuordnenden Folgen einer Behinderung, z. B. für den weiteren Bauablauf geht (vgl. näher Rdn. 1831).[100]

Auf der Klägerseite wird oftmals der Versuch unternommen, im Nachhinein aus dem vorhandenen, meist lückenhaften Schriftverkehr, den Bautagebüchern oder Besprechungsprotokollen die hindernden Umstände und die damit verbundene zeitliche Verzögerung nachzuweisen. Dabei werden dann allgemeinübliche „**Reibungsverluste**", insbesondere auf Großbaustellen, mit **tatsächlichen Behinderungen verwechselt.** Oder es werden die Folgen etwaiger hindernder Umstände für den gesamten Bauablauf (wie z. B. Kosten wegen Leerlaufzeit, Wartezeiten, Stillstandszeiten, Mehrkosten wegen verlängerter Bauzeit, Beschleunigungskosten usw.) in nicht ausreichendem Maße vorgetragen. Gerade insoweit kommen Auftragnehmer vielfach in Darlegungs- und Beweisnot.

**1823** **Viele hindernde Umstände** können vor allem auf **Großbaustellen** in irgendeiner Form vom Auftragnehmer durch Umstellung des Bauablaufs **abgefangen oder ausgeglichen** werden – wie es auch § 6 Nr. 3 VOB/B verlangt –, sodass die Behinderung tatsächlich keine Verzögerung des Bauablaufs und in der Regel auch keine Mehrkosten als Folge auslöst: Wird eine Putzerfirma bei einem mehrstöckigen Hochhaus in einem Stockwerk behindert und kann das Unternehmen ohne Weiteres auf ein anderes Stockwerk ausweichen, hat die unstreitige Behinderung keine Folgen für den Auftragnehmer. Mit Recht weist daher auch der BGH[101] darauf hin, dass gerade auf Großbaustellen häufig noch andere Einsatzmöglichkeiten für Personal und Gerät bestehen, weshalb nicht jede Behinderung zwangsläufig zu entsprechenden Produktionseinbußen führen muss.

**1824** Vielfach fehlt es an der **Offenkundigkeit einer Behinderung** oder einer entsprechenden **Anzeige** des Auftragnehmers im Sinne des § 6 Nr. 1 VOB/B. Als eine Behinderungsanzeige kann nur eine schriftliche oder auch mündliche[102] Mitteilung gegenüber dem Auftraggeber oder dem bauaufsichtsführenden Architekten[103] angesehen werden, in der der Auftraggeber mit hinreichender Klarheit über die

---

100) BGH, a. a. O. sowie BGH, BauR 2005, 861 = NJW 2005, 1650 = IBR 2005, 247 – *Vogel*; vgl. *Roquette*, in Baumanagement und Bauökologie, S. 305, 310, 313 sowie hierzu *Roquette/Laumann*, BauR 2005, 1829 ff. Zu Kausalitätsfragen bezüglich eines gestörten Bauablaufs vgl. *Duve/Richter*, BauR 2006, 608 sowie *Reister*, Festschrift für Thode, S. 125, 129 und *Bruns*, ZfIR 2006, 153, 172.

101) BauR 1986, 347, 348 = ZfBR 1986, 130 = NJW 1986, 1684; vgl. auch OLG Düsseldorf, NJWRR 1998, 671 = OLGR 1998, 255 (Überstunden); ferner BGH, BauR 2002, 1249 = NZBau 2002, 381. Vgl. hierzu auch *Reister*, Festschrift für Thode, S. 125, 129.

102) **Herrschende Meinung**; OLG Koblenz, NJW-RR 1988, 851; OLG Köln, BauR 1981, 472; *Ingenstau/Korbion/Döring*, § 6 Nr. 1/B, Rdn. 5; *Nicklisch/Weick*, § 6 Rdn. 19; *Kapellmann/Schiffers*, Bd. 1, Rdn. 1217; *Heiermann/Riedl/Rusam*, § 6/B, Rdn. 7; *Staudinger/Peters*, § 636 BGB, Rdn. 63.

103) Ob eine Behinderungsanzeige auch gegenüber dem Architekten des Auftraggebers abgegeben werden kann, ist **streitig,** aber abzulehnen; wie hier: *Pott/Frieling*, Rdn. 370; *Groß*, Haftungsrisiken des Architekten, S. 89; *Nicklisch/Weick*, § 6/B, Rdn. 19; Kaiser, NJW 1974, 445; vgl. auch LG Köln, *Schäfer/Finnern*, Z 2.411, Bl. 78; **a. A.:** *Ingenstau/Korbion/Döring*, § 6 Nr. 1/B, Rdn. 8 f.; *Jagenburg*, BauR 1978, 180, 186; differenzierend: OLG Köln, *SFH*, Nr. 1 zu § 6 Nr. 1 VOB/B.

## Ansprüche des Unternehmers/Auftragnehmers

**Gründe** und die **Art der Verzögerung** bzw. der **Behinderung** sowie über die **Auswirkungen für die Zukunft (Bauzeit) konkret informiert wird:** Die Regelung des § 6 Nr. 1 VOB/B verfolgt nämlich den Zweck, dem Auftraggeber Kenntnis von bevorstehenden oder bereits eingetretenen hindernden Umständen, die den zeitlichen Ablauf des Bauvorhabens betreffen, zu verschaffen und ihm die Möglichkeit der Abhilfe und Ausübung seiner Befugnisse nach § 4 Nr. 1 Satz 1 VOB/B zu geben. Der Auftragnehmer hat also z. B. Angaben darüber zu machen, ob und wann genau Arbeiten, die nach dem konkreten Bauablauf angestanden hätten, nicht wie vorgesehen ausgeführt oder Geräte und Arbeiter in bestimmtem oder bestimmbarem Umfang wegen der angegebenen Behinderung nicht oder nur mit verminderter Intensität eingesetzt werden konnten. Eine solche konkrete Anzeige unterbleibt meist aufgrund der Hektik es Baugeschehens. Die Anzeige braucht sich dagegen nicht auf den ungefähren Umfang bzw. die ungefähre Höhe der zu erwartenden Ersatzansprüche zu erstrecken.[104]

Der BGH[105] hat diese strengen Maßstäbe an den Inhalt der Behinderungsanzeige bestätigt und dabei auf den Zweck dieser Anzeige verwiesen:

> „Diese Anzeige dient dem Schutz des Auftraggebers. Sie dient der Information des Auftraggebers über die Störung. Der Auftraggeber soll ferner gewarnt und ihm die Möglichkeit eröffnet werden, Behinderungen abzustellen. Er soll zugleich vor unberechtigten Behinderungsansprüchen geschützt werden. Die rechtzeitige und korrekte Behinderungsanzeige erlaubt ihm nämlich, Beweise für eine in Wahrheit nicht oder nicht im geltend gemachten Umfang bestehende Behinderung zu sichern. Nur wenn die Informations-, Warn- und Schutzfunktion im Einzelfall keine Anzeige erfordert, ist die Behinderungsanzeige wegen Offenkundigkeit entbehrlich."

Fehlt eine Behinderungsanzeige, hat der Auftragnehmer substantiiert vorzutragen, dass die hindernden Umstände **offenkundig** waren. An den Vortrag und den Nachweis sind strenge Anforderungen zu stellen, da es sich um einen **Ausnahmetatbestand** handelt.[106] Insoweit reicht allerdings der Wahrnehmungsstand des bauaufsichtsführenden Architekten oder eines anderen vom Auftraggeber mit der Wahrnehmung seiner Interessen beauftragten Dritten aus.[107]

**Offenkundigkeit** ist immer gegeben,[108]

* wenn der Auftraggeber über die Behinderung und ihre Auswirkungen auf den Baufortschritt mit der erforderlichen Sicherheit unterrichtet ist
* oder die hindernden Umstände so in Erscheinung getreten sind, dass sie für einen im Bauwesen Tätigen oder sogar in Bausachen unerfahrenen Laien nicht verborgen bleiben konnten, also allgemeinkundig waren, d. h. einer beliebig großen Zahl von Menschen bekannt oder ohne weiteres zuverlässig wahrnehmbar waren.[109]

Fehlt die Voraussetzung der Offenkundigkeit und wird die Anzeigepflicht vom Auftragnehmer verletzt, kann er keine eigenen Rechte aus einer Behinderung geltend

---

104) BGH, NJW-RR 1990, 403 = BauR 1990, 210 = ZfBR 1990, 138; *Nicklisch/Weick*, § 6, Rdn. 20; **a. A.:** OLG Koblenz, NJW-RR 1988, 851.
105) BauR 2000, 722 = NJW 2000, 1336 = NZBau 2000, 187 = ZfBR 2000, 248 = MDR 2000, 578.
106) *Vygen/Schubert/Lang*, Rdn. 148; *Ingenstau/Korbion/Döring*, § 6 Nr. 11/B, Rdn. 11.
107) *Ingenstau/Korbion*, § 6/B, Rdn. 21; *Vygen/Schubert/Lang*, Rdn. 148.
108) Vgl. OLG Koblenz, NJW-RR 1988, 852; *Ingenstau/Korbion/Döring*, § 6 Nr. 1/B, Rdn. 11 ff.
109) Vgl. OLG Düsseldorf, BauR 1988, 487, 488 (Baustopp wegen Fehlens der Baugenehmigung).

machen. Allerdings **bleibt dem Auftragnehmer bei der Abwehr von Ansprüchen des Auftraggebers** (z. B. Schadensersatzansprüche aus Verzug) der **Einwand erhalten, dass er keine Ursache** für die Behinderung gesetzt oder diese **nicht verschuldet** hat, wenn er seine Anzeigepflicht nicht nachgekommen ist.[110] Für die Verteidigung gegenüber Ansprüchen des Auftraggebers sieht § 6 Nr. 1 VOB/B erkennbar keine Anzeigepflicht vor.

**1826** Der Auftraggeber haftet sowohl für eigenes **Verschulden** wie auch das Verschulden eines Erfüllungsgehilfen (§§ 276, 278 BGB).[111] Ob ein Verschulden des Auftraggebers an der Behinderung vorliegt, ist jeweils im Einzelfall zu prüfen.[112] Als vom Auftraggeber zu verantwortende Bauablaufstörungen kommen z. B. in Betracht: verspätete Planübergaben, Planungsänderungen, verspätete Freigabe der Baustelle, notwendige, aber nicht vorgesehene Arbeiten auf dem Grundstück, die im Einflussbereich des Auftraggebers liegen.[113] Für höhere Gewalt (z. B. durch Hochwasser/außergewöhnliche Regenfälle überflutete Baugrube oder Baustelle) haftet der Auftraggeber nicht.[114] Da der Auftraggeber dem Auftragnehmer keine Bauaufsicht schuldet (vgl. Rdn. 1985), kann der Auftragnehmer aus einer unterlassenen oder unzureichenden Bauaufsicht keine Vertragsverletzung des Auftraggebers herleiten.[115]

Nach h. A. trifft den anspruchstellenden **Auftragnehmer** die **Darlegungs- und Beweislast** für die objektiven Voraussetzungen der Behinderung oder Unterbrechung, während der **Auftraggeber,** in dessen Sphäre das Hindernis liegt, darlegen und beweisen muss, dass ihn **kein Verschulden** trifft.[116]

Zwar verbleibt eine **Vertragsstrafe** aufgrund ihres akzessorischen Charakters grundsätzlich bei dem jeweiligen Vertragsverhältnis; ein General-(Haupt-)Unternehmer kann jedoch die verwirkte Strafe als Verzugsschaden gemäß § 6 Nr. 6 VOB/B gegenüber seinem Subunternehmer geltend machen, wenn der Verzug darauf zurückzuführen ist, dass der Subunternehmer eine vertragliche Pflicht schuldhaft verletzt hat[117] (vgl. hierzu näher Rdn. 2050).

---

110) OLG Saarbrücken, BauR 1998, 1010; *Heiermann/Riedl/Rusam*, § 6/B, Rdn. 9; Beck'scher VOB-Komm/*Motzke*, B § 6 Nr. 1, Rdn. 18; *Nicklisch/Weick*, § 6/B, Rdn. 21; *Oberhauser*, BauR 2001, 1177, 1180; **a. A.:** *Kapellmann*, Festschrift für Vygen, S. 194, 206.
111) *Vygen/Schubert/Lang*, Rdn. 254 ff.; OLG Düsseldorf, BauR 1996, 862, 864; BauR 1991, 337 (die Zurechnung der Behinderung zur Risikosphäre des Auftraggebers reicht nicht aus); ferner: BauR 1992, 765.
112) BGH, BauR 1997, 1021 = NJW 1998, 546 = DB 1997, 2481 (Verstoß des Auftraggebers gegen eine dem Auftragnehmer gegenüber bestehende vertragliche Schutzpflicht – Hochwasserschutz). Vgl. im Einzelnen vor allem *Kapellmann/Schiffers*, Bd. 1, Rdn. 1344 ff. Zur Arbeitsbehinderung durch Grundwasser: OLG Köln, NJW-RR 1995, 19; zur Behinderung durch Bodenerschwernisse: OLG Hamm, NJW-RR 1994, 406.
113) Vgl. hierzu OLG Düsseldorf, BauR 1999, 491 (Asbestentsorgung als Behinderung des Auftragnehmers bei fehlender Ausschreibung der Asbestummantelung, mangelhafte Koordinierung auf der Baustelle).
114) *Vygen/Schubert/Lang*, Rdn. 127; vgl. auch OLG Köln, BauR 1995, 243 (Grundwasser).
115) BGH, BauR 1997, 1021 = NJW 1998, 546 = DB 1997, 2481.
116) OLG Düsseldorf, BauR 1999, 491; BauR 1997, 646 = OLGR 1997, 174; *Ingenstau/Korbion/Döring*, § 6 Nr. 6/B, Rdn. 25; *Kniffka/Koeble*, Rdn. 337.
117) BGH, BauR 1998, 330.

## Ansprüche des Unternehmers/Auftragnehmers       Rdn. 1827

Der **Voruntennehmer** ist nach Auffassung des BGH[118]) grundsätzlich **nicht der** **1827**
**Erfüllungsgehilfe des Auftraggebers,** sodass sich dieser ein **Verschulden** des **Vorunternehmers im Verhältnis zum Nachfolgeunternehmer** nicht als eigenes Verschulden anrechnen lassen muss. Die Entscheidung des BGH ist in der Literatur vielfach auf Kritik gestoßen.[119]) Etwas anderes gilt nur, wenn den Auftraggeber insoweit ein Koordinierungsverschulden trifft oder den Architekten des Auftraggebers in anderer Weise eine schuldhafte Pflichtverletzung trifft[120]) oder der Auftraggeber dem Nachfolgeunternehmer ausnahmsweise für die mangelfreie Erbringung der Vorleistungen einstehen will.[121]) Eine **Einstandspflicht des Auftraggebers** kommt ausnahmsweise im vorerwähnten Sinne in Betracht, wenn dieser sich verpflichtet, die **Vorleistung** zu einem bestimmten Zeitpunkt in geeigneter Form **zur Verfügung zu stellen,** dabei reicht aber die Vereinbarung von Vertragsfristen allein hierfür noch nicht aus.[122])

Trotz der Kritik hält der BGH grundsätzlich an seiner Rechtsprechung heute noch fest. Allerdings hat der BGH seine ebenfalls früher vertretene Ansicht nunmehr aufgegeben, dass eine Haftung des Auftraggebers gegenüber dem Nachunternehmer bei (auch mangelbedingter) Verzögerung der Arbeiten des Vorunternehmers auch aus § 642 BGB[123]) nicht in Betracht kommt.[124]) Der **BGH** gesteht dem Nachunternehmer damit zumindest den **verschuldensunabhängigen Entschädigungsanspruch aus**

---

118) BGH, BauR 2000, 722 = NJW 2000, 1336 = NZBau 2000, 187 = MDR 2000, 578; vgl. hierzu insbesondere *Döring,* Festschrift für Jagenburg, S. 111 ff.; ferner BGH, BauR 1985, 561 = NJW 1985, 2475; vgl. zu diesen Entscheidungen des BGH insbesondere *Stamm,* BauR 2002, 1 f.; ebenso: OLG Düsseldorf (5. Zivilsenat), BauR 2001, 264 = OLGR 2001, 38; OLG Celle, OLGR 2001, 102; OLG Frankfurt, OLGR 1996, 212; OLG Nürnberg, BauR 1994, 517 m. Anm. *Dähne; Kapellmann/Schiffers,* Bd. 1 Rdn. 880 ff.; OLG Köln, U. v. 10. Januar 1992 – 20 U 71/91 –; *Kraus,* BauR 1986, 17, 26; **a. A.:** OLG Düsseldorf (21. Zivilsenat), BauR 1999, 1309 = NJW-RR 1999, 1543 = MDR 2000, 153 = OLGR 1999, 483 (m. Anm. *Kniffka* sowie *Kaiser,* BauR 2000, 177 sowie *Siegburg,* BauR 2000, 182); OLG Celle, BauR 1994, 629 m. zustimmender Anm. *Vygen;* OLG Köln, BauR 1986, 582 = NJW 1986, 71; *Vygen,* BauR 1989, 387 ff.; *Grieger,* BauR 1990, 406 ff.; *Baden,* BauR 1991, 30 ff.; *Vygen/Schubert/Lang,* Rdn. 263 ff.
119) Vgl. hierzu *Kaiser,* BauR 2000, 177; *v. Craushaar,* Festschrift für Vygen, S. 154 ff.; *Stamm,* BauR 2002, 1; *Vygen/Schubert/Lang,* Rdn. 263 ff. sowie *Kapellmann/Schiffers,* Bd. 1 Rdn. 1367 ff. und Fußnote 1377; *ders.,* BauR 1992, 433 sowie *Heiermann/Riedl/Rusam,* § 6/B, Rdn. 44; siehe auch Beck'scher VOB-Komm/*Motzke,* B § 6 Nr. 6, Rdn. 47 u. 85 ff.
120) So auch BGH, BauR 1985, 561 = NJW 1985, 2475; *Kapellmann/Schiffers,* Bd. 1, Rdn. 1363.
121) BGH, BauR 2000, 722 = NJW 2000, 1336 = NZBau 2000, 187 = MDR 2000, 578; vgl. hierzu *Kraus,* BauR 2000, 1105 ff.; *Kleine-Möller,* NZBau 2000, 401 ff.; *v. Gehlen,* ZfBR 2000, 291 ff.; *I. Jagenburg,* Festschrift für Mantscheff, S. 99 ff.
122) BGH, a. a. O. mit Hinweis auf OLG Celle, BauR 1994, 629 („Behelfsbrücke") u. BGH, ZfBR 1992, 31 („Deponieverwaltung"). In beiden Fällen hatte der BGH die vertragliche Verpflichtung des AG gegenüber dem Nachunternehmer zu einer bestimmten Vorleistung (im OLG-Celle-Fall durch Nichtannahme der Revision) bejaht.
123) Zu Ansprüchen aus § 642 BGB bei Bauverzögerungen vgl. im Einzelnen *Boldt,* BauR 2006, 185 sowie *Schilder,* BauR 2007, 450.
124) BGH, BauR 2000, 722 = NJW 2000, 1336 = NZBau 2000, 187 = MDR 2000, 578; BauR 2003, 531; vgl. hierzu *Döring,* Festschrift für Jagenburg, S. 111, 112; *Franke/Kemper/Zanner/Grünhagen,* § 6/B, Rdn. 90 ff.; *Stamm,* BauR 2002, 1, 4; *Boldt,* BauR 2006, 185.

§ 642 BGB bei Gläubigerverzug zu:[125] Danach kann der Nachunternehmer zwar keinen Anspruch auf Schadensersatz, jedoch einen Anspruch auf angemessene Entschädigung fordern, wenn der Auftraggeber durch das Unterlassen einer bei Herstellung der Bauleistung erforderlichen Mitwirkungshandlung (als nicht selbstständig einklagbare Gläubiger-Obliegenheit)[126] in Annahmeverzug[127] kommt.[128] Dabei hat der BGH klargestellt, dass Annahmeverzug immer dann vorliegt, wenn

* der Auftraggeber seine Leistung nicht oder nicht rechtzeitig erbringt,
* der Unternehmer seinerseits leisten darf, zur Leistung bereit und im Stande ist und seine Leistung wie geschuldet anbietet.

Zu einem „ordnungsgemäßen Angebot" des Nachunternehmers gehört bei einem VOB-Bauvertrag auch, dass dieser gemäß § 6 Nr. 1 VOB/B anzeigt, dass er wegen hindernder Umstände zur Leistungserbringung nicht im Stande ist. Dabei hat der Nachunternehmer seine Behinderung konkret schriftlich anzuzeigen (vgl. Rdn. 1824). Allerdings erfasst der Anspruch auf angemessene Entschädigung gemäß § 642 BGB nach der Entscheidung des BGH nicht Wagnis und entgangenen Gewinn.[129]

Mit seiner neuerlichen Rechtsprechung hat der BGH einen auch für die Baupraxis begrüßenswerten Weg geöffnet, unbillige Ergebnisse im Verhältnis Auftraggeber – Nachunternehmer, die sich aus der Nichtanwendung des § 278 BGB ergeben, über § 642 BGB zu korrigieren. Da § 6 Nr. 6 VOB/B nach Auffassung des BGH[130] keine abschließende Regelung von Leistungsstörungen, die zu Verzögerungen führen, darstellt, kann der Anspruch aus § 642 BGB beim VOB-Bauvertrag bei aufrecht erhaltenem Vertrag auch neben etwaigen Ansprüchen aus § 6 Nr. 6 VOB/B geltend gemacht

---

125) Vgl. hierzu im Einzelnen *Roskosny/Bolz*, BauR 2006, 1804 (Rechtsnatur und die Berechnung des Entschädigungsanspruchs aus § 642 BGB) sowie *Roquette*, in Baumanagement und Bauökologie, S. 305 ff., 311. Ferner zum Umfang und zur Berechnung des Entschädigungsanspruches vgl. *Döring*, Festschrift für Jagenburg, S. 111, 116; ferner *von Craushaar*, Festschrift für Kraus, S. 3 ff.; *Vygen/Schubert/Lang*, Rdn. 321 ff.; OLG Braunschweig, BauR 2004, 1621; OLGR 2004, 434 (Anspruch aus § 642 Abs. 1 BGB umfasst nicht Wagnis und Gewinn – Gerätestillstandskosten können im Rahmen dieses Anspruchs nicht unter Ansatz der Baugeräteliste ermittelt werden) = IBR 2004, 364 – *Leitzke*; OLG Köln, IBR 2004, 411 – *Maloki* (kein Anspruch aus § 642 BGB für den Ersatz von Mehrkosten infolge Überstundenableistung wegen gestörten Bauablaufs) = OLGR 2004, 263.
126) **Herrschende Meinung:** BGH, a. a. O.; ferner *Palandt/Heinrichs*, § 642 BGB, Rdn. 1; vgl. hierzu insbesondere *Kleine-Möller*, NZBau 2000, 401, 402 sowie *I. Jagenburg*, Festschrift für Mantscheff, S. 99 ff.; *Scheube*, Jahrbuch Baurecht 2006, 83.
127) Nach BGH, BauR 2003, 531 = MDR 2003, 502 = NZBau 2003, 325, reicht für ein „wörtliches Angebot" nach § 295 BGB aus, dass der Auftragnehmer seine Mitarbeiter auf der Baustelle zur Verfügung hält und zu erkennen gibt, dass er bereit und in der Lage ist, seine Leistung zu erbringen.
128) Ob dem Nachunternehmer daneben auch Ansprüche aus § 2 Nr. 5 VOB/B zustehen, wird vom BGH (a. a. O.) zu Recht nicht angesprochen, weil es in dem entschiedenen Fall an einer Anordnung im Sinne des § 2 Nr. 5 VOB/B fehlte, was auch in ähnlichen Fallkonstellationen die Regel sein wird.
129) **Anderer Ansicht** hinsichtlich des entgangenen Gewinns: *Kleine-Möller*, NZBau 2000, 401, 404.
130) BGH, a. a. O.; OLG Braunschweig, BauR 2001, 1739; **a. A.:** OLG Rostock, BauR 1999, 402, 403.

## Ansprüche des Unternehmers/Auftragnehmers

werden.[131)] Das gilt ganz allgemein und nicht nur für das Verhältnis Auftraggeber – Nachunternehmer.[132)]

Im Rahmen der **Ausgabe 2006** der VOB/B ist mit § 6 Nr. 6 Satz 2 VOB/B klargestellt worden, dass dem Auftragnehmer der Anspruch auf angemessene Entschädigung nach § 642 BGB grundsätzlich verbleibt. Voraussetzung ist allerdings, dass die Anzeige nach § 6 Nr. 1 Satz 1 VOB/B erfolgt ist oder Offenkundigkeit nach Nr. 1 Satz 2 gegeben ist. Damit wird allerdings der Anspruch aus § 642 BGB entsprechend eingeschränkt.

Erhebliche **Mengenmehrungen, Zusatzaufträge** oder **Änderungsleistungen** können zu Bauzeitverlängerungen führen. Kommt es dadurch zu Behinderungen des Bauablaufes, ist es umstritten, ob neben Ansprüchen aus § 2 Nr. 3, 5 und 6 VOB/B auch Schadensersatzansprüche gemäß § 6 Nr. 6 VOB/B in Betracht kommen. Der BGH[133)] und die h. M.[134)] in der übrigen Rechtsprechung und in der Literatur gehen von einer **alternativen Anwendung der §§ 6 Nr. 6 und 2 Nr. 3, 5 und 6 VOB/B** aus und verneinen daher eine Anspruchskonkurrenz.[135)]

1828

Nachträge werden in der Regel vorwiegend auf § 2 Nr. 3, 5 und 6 VOB/B gestützt. Im Hinblick auf die vorerwähnten Ausführungen erscheint es für Auftragnehmer ratsam, bei Abgabe ihrer Nachtragsangebote klarzustellen, ob damit – neben der leistungsbezogenen Mehrvergütung – auch etwaige bauzeitbedingte Mehrkosten erfasst sind oder erst später gesondert geltend gemacht werden,[136)] da die Auswirkungen auf die Bauzeit im Zeitpunkt der Nachtragsbeauftragung meist noch nicht überschaubar sind. Wird ein solcher Vorbehalt nicht erklärt, kann im Einzelfall in der Regel davon ausgegangen werden, dass das Nachtragsangebot sämtliche Mehrleistungen umfasst und damit zusätzliche, bauzeitbezogene Kosten durch einen späteren Nachtrag nicht mehr nachgeschoben werden können.[137)]

Bei den **Kosten einer Nachtragsbearbeitung** bei bauzeitbezogenen Ansprüchen handelt es sich nicht um Schadensersatz, sondern um ein Vergütungsproblem[138)]. Sie sind in die Preise der Nach-

---

131) Ist der Vertrag gekündigt, ergibt sich dies aus § 9 Nr. 3 VOB/B, der ausdrücklich auf § 642 BGB verweist.
132) Vgl. hierzu insbesondere *Boldt*, BauR 2006, 185; ferner *Reister*, Festschrift für Thode, S. 125, 132.
133) BauR 1985, 561, 564 = NJW 1985, 2475 = ZfBR 1985, 382; BauR 1971, 202, 203.
134) OLG Braunschweig, BauR 2001, 1739; OLG Nürnberg, BauR 2001, 409 = NZBau 2000, 518 = OLGR 2000, 116 = MDR 2000, 227; OLG Düsseldorf, BauR 2000, 1336, 1337 = NZBau 2000, 430; OLG Koblenz, NJW-RR 1988, 851; LG Hamburg, IBR 2004, 412 – *Schwenker*; *Zanner/Keller*, NZBau 2004, 453; *Nicklisch/Weick*, § 2/B, Rdn. 65 a; Beck'scher VOB-Komm/*Jagenburg*, § 2/B, Rdn. 36 ff.; Beck'scher VOB-Komm/*Motzke*, § 6/B, Rdn. 118; Ingenstau/Korbion/*Keldungs*, § 2 Nr. 5/B, Rdn. 8; *Roquette*, Jahrbuch Baurecht 2002, 33, 64; **a. A.:** *Kapellmann/Schiffers*, Bd. 1, Rdn. 1097, 1327; *Vygen/Schubert/Lang*, Rdn. 178, 223; *Kapellmann* in Kapellmann/Messerschmidt, § 6/B, Rdn. 57; vgl. hierzu auch: *Leineweber*, Jahrbuch Baurecht 2002, 107 ff., 135; *Piel*, Festschrift für Korbion, S. 349 u. *Vygen*, Festschrift für Locher, S. 263, 272, sowie zum Meinungsstand *Kemper*, NZBau 2001, 238, 239.
135) Vgl. hierzu vor allem *Thode*, ZfBR 2004, 225 mit einem Überblick zum Meinungsstand; ferner *Zanner/Keller*, NZBau 2004, 453.
136) So richtig: *Kemper*, NZBau 2001, 238, 241, sowie *Vygen/Schubert/Lang*, Rdn. 226 und *Koppmann*, IBR 2006, 599.
137) So OLG Düsseldorf, BauR 1996, 267, u. *Roquette*, Jahrbuch Baurecht 2002, 33, 64 sowie *Bruns*, ZfIR 2006, 153, 163.
138) *Kapellmann/Schiffers*, Band 1, 5. Auflage 2006, Rdn. 1108 f.; **a. A.:** *Krebs/Schuller*, BauR 2007, 636.

tragsaufträge einzukalkulieren¹³⁹⁾. Schadensersatzansprüche können im Einzelfall nur dann in Betracht kommen, wenn der Auftraggeber den Auftragnehmer mit Erstellung von Nachträgen für zusätzliche Leistungen „überschüttet", die entsprechenden Nachtragsaufträge aber dann nicht erteilt.

Hat der **Auftragnehmer die objektiven Voraussetzungen** der Behinderung dargelegt und bewiesen, trägt der **Auftraggeber nunmehr seinerseits die Darlegungs- und Beweislast,** dass ihn **kein Verschulden** trifft.¹⁴⁰⁾ Ist die Behinderung oder Unterbrechung von **beiden** Vertragsparteien **zu vertreten,** gilt § 6 Nr. 6 VOB/B entsprechend, wobei eine Abwägung des Verschuldens- und Verursachungsbeitrages nach **§ 254 BGB**¹⁴¹⁾ gemäß § 287 ZPO geschätzt werden.

**1829** Die Darstellung und der Nachweis des eingetretenen Schadens stellt den Auftragnehmer in der Regel, insbesondere im Hinblick auf die Rechtsprechung des BGH, vor große Schwierigkeiten. Die Literatur beschäftigt sich schon seit längerem mit der Problematik des Schadensnachweises im Falle der Behinderung.¹⁴²⁾

**1830** Nach § 6 Nr. 6 VOB/B ist der **nachweislich entstandene unmittelbare Schaden** zu ersetzen, **nicht aber der entgangene Gewinn**¹⁴³⁾ (dieser nur bei Vorsatz oder grober Fahrlässigkeit).¹⁴⁴⁾ Die infolge des Verzugs angefallenen **Finanzierungskosten** sind nichtdem entgangenen Gewinn zuzuordnen, sondern stellen einen nach § 6 Nr. 6 VOB/B ersatzfähigen Verzögerungsschaden dar.¹⁴⁵⁾ Nach der Rechtsprechung des BGH¹⁴⁶⁾ muss der Auftragnehmer den **Schaden konkret darlegen** und unter Beweis stellen. Der **BGH** hat die **abstrakte Schadensberechnung** für § 6 Nr. 6 VOB/B (z. B. durch baubetriebswirtschaftliche Gutachten unter Berücksichtigung allgemeiner Erfahrungssätze) ausdrücklich **abgelehnt.** Mit Recht weist der BGH darauf hin, dass auch die Verhältnisse auf Großbaustellen es von vornherein nicht unmöglich machen, einen Behinderungsschaden konkret darzulegen, weil im Rahmen der dort ohnehin üblichen **Dokumentation** des Bauablaufs in Form von Tages-

---

139) So zutreffend *Marbach,* BauR 2003, 1794, 1799.
140) OLG Düsseldorf, BauR 1997, 646 = OLGR 1997, 174; BauR 1988, 487; BauR 1991, 774; OLG Köln, BauR 1986, 582 = NJW 1996, 71; *Vygen,* BauR 1983, 414, 420; vgl. hierzu auch: BGH, BauR 1979, 324 = ZfBR 1979, 724.
141) BGH, BauR 1993, 600 = NJW 1993, 2674 = ZfBR 1993, 214.
142) Vgl. hierzu: *Diederichs,* BauR, Beilage zu Heft 1/1998; *Grieger,* BauR 1985, 524, 525; *Vygen/ Schubert/Lang,* Rdn. 280 ff.; *Kapellmann/Schiffers,* BauR 1986, 615 ff.; *Schubert/Lang,* Bauwirtschaft 1985, 1011 ff. und 1045 ff.; *Olshausen,* Festschrift für Korbion, S. 323; *Kapellmann/Schiffers,* Bd. 1, Rdn. 980 ff.; *Ingenstau/Korbion/Döring,* § 6 Nr. 6/B, Rdn. 40 ff.; § 6/B, Rdn. 125 ff.; *Lang,* Festschrift für Vygen, S. 220, der darauf verweist, dass auch der Sachverständige „oftmals" bei behinderten und gestörten Bauabläufen vor die fast unlösbare Aufgabe gestellt wird, fachlich fundiert die Ursachen und die baubetrieblichen und finanziellen Folgen aufzuzeigen.
143) BGH, NJW 1993, 2674 = BauR 1993, 600 (Finanzierungskosten für ein zur Vermietung bestimmtes Gebäude fallen nicht unter den Begriff des entgangenen Gewinns).
144) Nach *Staudinger/Peters* (§ 636 BGB, Rdn. 100, 101) trifft den Unternehmer die Beweislast dafür, dass sein Verschulden kein grobes war.
145) BGH, BauR 2000, 1188 = NJW-RR 2000, 1186 = NZBau 2000, 387 = ZfBR 2000, 466.
146) BGHZ 97, 163 = NJW 1986, 1684 = BauR 1986, 347 = ZfBR 1986, 130; OLG Nürnberg, BauR 2001, 409 = NZBau 2000, 518 = OLGR 2000, 116 = MDR 2000, 227; OLG Braunschweig, BauR 2001, 1739, 1745 („ganz konkreter Nachweis"); OLG Karlsruhe, BauR 1995, 113; OLG Düsseldorf, NJW-RR 1998, 670; dazu vor allem *Kapellmann/Schiffers,* BauR 1986, 615 ff.; *Ganten,* BauR 1987, 22 ff.; *Grieger,* BauR 1987, 378 ff.; *Vygen/Schubert/Lang,* Rdn. 301 ff.; *Heiermann/Riedl/Rusam,* § 6/B, Rdn. 49.

## Ansprüche des Unternehmers/Auftragnehmers Rdn. 1831

berichten und dergleichen die Behinderungen und die sich hieraus ergebenden Folgen, wie etwa Leerarbeit und Leerkosten, mit festgehalten werden können.147) Gleichzeitig hält der BGH die so genannte Äquivalenztheorie (Gegenüberüberstellung des vom Auftragnehmer bei der Kalkulation zugrunde gelegten ungestörten Bauablaufs – Soll 1 – und dem so genannten störungsmodifizierten Bauablauf – Soll 2 –)148) für den Schadensnachweis nur für bedingt geeignet, weil es sich insoweit um eine sehr verallgemeinernde, vom Einzelfall losgelöste, weitgehend auf fiktive Elemente beruhende Berechnungsmethode handelt.149)

Fehlt eine solche (umfassende) Dokumentation der Behinderungs-Sachverhalte und deren Folgen, sind entsprechende Ansprüche kaum erfolgreich durchzusetzen.

Weil die Dokumentation von so erheblicher Bedeutung ist, schlägt *Lang*150) vor, auf größeren Baustellen eine zusätzliche Stelle nach dem Vorbild des englischen Quantity Surveyor (QS) zu schaffen, der sich von Beginn eines gestörten Bauablaufs an „schließlich mit dieser Thematik befasst". Zu Recht weist er daraufhin, dass lediglich über eine „qualitativ hochwertige Dokumentation der Behinderungs-/Störungssachverhalte" Schadensforderungen erfolgreich durchgesetzt werden können. Die exakte Tiefe des Nachweises von Bauzeitverzögerungen richtet sich dabei nach dem Einzelfall. Auf jeden Fall muss die Dokumentation so gestaltet sein, dass die behaupteten Behinderungen/Störungen und deren Folgen nachgewiesen und belegt werden können. Er resümiert: Da häufig eine entsprechende umfassende Dokumentation fehlt, werden Sachverständige „oftmals bei behinderten und gestörten Bauabläufen vor die fast unlösbare Aufgabe gestellt, fachlich fundiert die Ursache und die baubetrieblichen und finanziellen Folgen aufzuzeigen", im Übrigen zeigt er Möglichkeiten der baubetrieblichen Nachweise von Behinderungen/Störungen (sehr konkret) auf.

Allerdings kann nach der Rechtsprechung des BGH151) die Vorschrift des § 287 ZPO dem Auftragnehmer die **Darlegungslast erleichtern:** Denn danach darf die Klage „nicht wegen lückenhaften Vorbringens abgewiesen werden, wenn der Haftungsgrund ... unstreitig oder bewiesen, ein Schadenseintritt zumindest wahrscheinlich ist und greifbare Anhaltspunkte für eine **richterliche Schadensschätzung** vorhanden sind". **1831**

Das hat der BGH erst kürzlich noch einmal bestätigt:152)

„Dagegen unterliegen weitere Folgen der konkreten Behinderung der Beurteilung nach § 287 ZPO, soweit sie nicht mehr zum Haftungsgrund gehören, sondern dem durch die Behinderung erlittenen Schaden und damit dem Bereich der haftungsausfüllenden Kausalität zuzuordnen sind. Es unterliegt deshalb der einschätzenden Bewertung durch den Tatrichter, inwieweit eine konkrete Behinderung von bestimmter Dauer zu einer Verlängerung der gesamten Bauzeit geführt hat, weil sich Anschlussgewerke verzögert haben. Auch ist § 287 ZPO anwendbar, soweit es darum geht, inwieweit verschiedene Behinderungen Einfluss auf eine festgestellte Verlängerung der Gesamtbauzeit genommen haben. Aus diesem Grund hat der Senat eine Schätzung nach § 287 ZPO für möglich gehalten, inwieweit ein Verhalten des Auftragnehmers einerseits und das-

---

147) Vgl. zur notwendigen Dokumentation insbesondere *Reister*, NZBau 2001, 1 ff., sowie *Lang*, Festschrift für Vygen, S. 220.
148) Vgl. hierzu auch *Vygen/Schubert/Lang*, Rdn. 291 ff. sowie Beck'scher VOB-Komm/*Motzke*, B § 6 Rdn. 104.
149) Vgl. hierzu *Ingenstau/Korbion/Döring*, § 6 Nr. 6/B, Rdn. 42.
150) Festschrift für Vygen, S. 220, 222.
151) BauR 1986, 347 = NJW 1986, 1684 = ZfBR 1986, 130; OLG Düsseldorf, BauR 1996, 862, 865 m. Anm. *Kapellmann*; vgl. hierzu auch *Diederichs*, BauR, Beil. zu Heft 1/1998; *Vygen/Schubert/Lang*, Rdn. 298 ff., 313 ff., 424.
152) BauR 2005, 861 = NJW 2005, 1650 = IBR 2005, 247 – *Vogel*; vgl. hierzu insbesondere *Roquette/Laumann*, BauR 2005, 1829 ff.

jenige des Auftraggebers andererseits einen auf eine Bauzeitverzögerung zurückzuführenden Schaden verursacht hat.

bb) Die Darlegungserleichterung aus § 287 ZPO führt nicht dazu, dass der Auftragnehmer eine aus einer oder mehreren Behinderungen abgeleitete Bauzeitverlängerung nicht möglichst konkret darlegen muss. Vielmehr ist auch insoweit eine baustellenbezogene Darstellung der Ist- und Sollabläufe notwendig, die die Bauzeitverlängerung nachvollziehbar macht. Zu diesem Zweck kann sich der Auftragnehmer der Hilfe graphischer Darstellungen durch Balken- oder Netzpläne bedienen, die ggf. erläutert werden. Eine nachvollziehbare Darstellung einer Verlängerung der Gesamtbauzeit kann jedoch nicht deshalb als unschlüssig zurückgewiesen werden, weil einzelne Teile dieser Darstellung unklar oder fehlerhaft sind. Denn sie bleibt in aller Regel trotz der Unklarheit oder Fehlerhaftigkeit in einzelnen Teilen eine geeignete Grundlage, eine Bauzeitverlängerung ggf. mit Hilfe eines Sachverständigen zu schätzen. Auf dieser Grundlage hat die Klägerin zwar die aus den jeweiligen Behinderungen abgeleitete Verzögerung der Gesamtbauzeit möglichst konkret darzulegen. Ihr kommen jedoch die Erleichterungen des § 287 ZPO zugute."

Häufig kann ein **Auftragnehmer** einen **Behinderungszeitraum** zeitlich **wieder ausgleichen** und dadurch auch die vorgegebene Bauzeit einhalten. Daraus ergeben sich aber keine höheren Anforderungen an die Darlegungslast hinsichtlich des Schadens. Zu Recht weist der BGH[153]) insoweit darauf hin, dass auch dann, wenn durch Behinderungen verloren gegangene Zeit wieder aufgeholt wird, dies meist nur durch Einsatz zusätzlicher Arbeitskräfte, Maschinen und Geräte möglich ist; wird dies von einem Auftragnehmer behauptet, dann ist damit grundsätzlich auch ein entsprechender Schaden schlüssig dargetan.

**1832** Als **störungsbedingte Schadensposten**[154]) kommen in Betracht:

* **Stillstandskosten**[155]) (z. B. Baustellensicherung, An- und Abtransport abziehbarer Geräte, Instandhaltung, Vorhaltung und Wartung nicht abziehbarer Geräte[156]) bzw. Neueinrichtung der Baustelle, Kosten des Wiederanlaufens der Baustelle, Kosten für nicht anderweitig einsetzbares Personal, Akkordausfallentschädigungen[157]) usw.)
* **Mehrkosten wegen verlängerter Bauzeit** (z. B. zeitabhängige Gemeinkosten der Baustelle; Vorhaltekosten für Geräte, Schalung, Baustellenunterkünfte und Maschinen[158]) sowie Preiserhöhungen bei Subunternehmerleistungen oder sonstiger Mehraufwand[159])

---

153) A. a. O.; *Kapellmann/Schiffers*, Bd. 1, Rdn. 1476 ff., machen in diesem Zusammenhang zu Recht darauf aufmerksam, dass ein einmal entstandener Schaden nachträglich nicht mehr „wegfallen" könne; Stillstandszeiten seien – z. B. durch Nichtanfall von einkalkulierten Schlechtwettertagen – aufholbar, „einmal entstandene Stillstandskosten bleiben bestehen".

154) Vgl. hierzu insbesondere *Plum*, Sachgerechter und prozessorientierter Nachweis von Behinderungen und Behinderungsfolgen beim VOB-Vertrag, Baurechtl. Schriften, Bd. 37, S. 105 ff. sowie *Reister*, NZBau 2001, 1 ff. und *Vygen/Schubert/Lang*, Rdn. 429 ff.

155) Vgl. hierzu BGH, BauR 1997, 1021 = NJW, 1998, 546 = DB 1997, 2481.

156) Vgl. hierzu *Hager*, BauR 1991, 284; *Kapellmann/Schiffers*, Bd. 1, Rdn. 1084 ff.

157) OLG Düsseldorf, BauR 1996, 862, 865 m. Anm. *Kapellmann*.

158) BGH, BauR 1976, 128 = MDR 1976, 392; OLG Düsseldorf, BauR 1988, 487; BauR 2003, 892 = OLGR 2003, 215 = IBR 2003, 238 – *Leitzke* (Schätzung nach der Baugeräteliste möglich); KG, ZfBR 1984, 129, 131; *Hagen*, BauR 1991, 284; *Dähne*, BauR 1978, 429; vgl. hierzu *Lang-Rasch*, Festschrift für Jagenburg, S. 417 ff.

159) OLG Düsseldorf, NJW-RR 1998, 739 (Mehraufwand durch Veränderung der Grundlagen der Vergütung).

* zusätzliche allgemeine **Geschäftskosten**[160] sowie Wagnis und Gewinn; Löhne und Gehälter,[161] Lohn- und Materialpreissteigerungen
* durch den Verzug angefallene **Finanzierungskosten**[162]
* **Sonstige Nebenkosten** (z. B. Sachverständigenkosten).

**Einseitige Beschleunigungsmaßnahmen**[163] des Auftragnehmers (z. B. Einsatz zusätzlicher Arbeitskräfte, Überstundenzuschläge, Umstellung auf andere Bauverfahren, zusätzliche Geräte- und Energiekosten usw.), die über die in § 6 Nr. 3 VOB/B enthaltene allgemeine Schadensminderungspflicht hinausgehen und mit Mehrkosten verbunden sind, können grundsätzlich ebenfalls als Schaden im Einzelfall in Betracht kommen. Allerdings geht § 2 Nr. 8 VOB/B (Leistung ohne Auftrag) als Vergütungsregelung der Bestimmung des § 6 Nr. 6 VOB/B vor.[164] Soweit die Beschleunigungsmaßnahmen auf Veranlassung/Anordnung des Auftraggebers erfolgen, ist § 2 Nr. 5 VOB/B die Anspruchsgrundlage für etwaige Mehrkosten des Auftragnehmers.[165]

**Zeitunabhängige Kosten** (wie z. B. Steuern, Versicherung, sonstige Abgaben) können nicht als Schaden geltend gemacht werden, da sie durch eine Veränderung der Bauzeit keine Erhöhung erfahren. Nach § 287 ZPO ist eine **Schadensschätzung** nach üblichen Kalkulationskosten (z. B. für Maschinen und Geräte) nicht ausgeschlossen;[166] dabei kann auch die so genannte **Baugeräteliste** herangezogen werden.[167] Das setzt jedoch bei Baugeräten usw. die Darlegung und den Nachweis voraus, dass ohne das Schadensereignis eine andere Nutzung erfolgt wäre.[168]

1833

Das OLG Braunschweig hat in diesem Zusammenhang zu Recht darauf hingewiesen, dass der Auftragnehmer, der einen „**Gerätestillstandsschaden**" geltend macht, im Einzelnen darzulegen hat, „bis zu welchem Zeitpunkt bei störungsfreiem Ablauf jedes Gerät gebraucht worden wäre, ob und wo es anschließend eingesetzt worden wäre und wie lange es infolge des Stillstandes auf der Baustelle tatsächlich eingesetzt

---

160) **Bestr.**; wie hier; BGH, BauR 1976, 128, 130; KG, ZfBR 1984, 129, 132; Beck'scher VOB-Komm/*Motzke*, B § 6 Rdn. 100; *Ingenstau/Korbion/Döring*, § 6 Nr. 6/B, Rdn. 40; **a. A.**: und alle allgemeinen Geschäftskosten als Schaden einbeziehend: OLG Düsseldorf, BauR 1988, 487, 490; OLG München, BauR 1992, 74, 76; *Drittler*, BauR 1999, 825; *Kapellmann/Schiffers*, Bd. 1, Rdn. 1423 ff.; vgl. hierzu auch *Lang/Rasch*, Festschrift für Jagenburg, S. 417 ff.; widersprüchlich: *Vygen/Schubert/Lang*, Rdn. 307 und 433.
161) KG, ZfBR 1984, 129, 131; **a. A.**: *Kapellmann/Schiffers*, Bd. 1, Rdn. 986, 987.
162) BGH, BauR 2000, 1188 = NJW-RR 2000, 1186 = NZBau 2000, 387 = ZfBR 2000, 466.
163) Zu den Mitwirkungshandlungen des Auftraggebers an den vereinbarten, beschleunigten Bauablauf vgl. *Schrammel*, Festschrift für Motzke, S. 367.
164) *Kapellmann/Schiffers*, Bd. I, Rdn. 1472, weisen allerdings zu Recht daraufhin, dass Beschleunigungsmaßnahmen dem mutmaßlichen Willen des Auftraggebers nicht entsprechen, wenn die Beschleunigungskosten höher als die Kosten bei verlängerter Bauzeit sind.
165) OLG Jena, IBR 2005, 658 – *Schultz*; *Kapellmann* in Kapellmann/Messerschmidt, § 6/B, Rdn. 32; OLG Köln, IBR 2005, 583 – *Eschenbruch*. Vgl. hierzu auch OLG Koblenz, IBR 2007, 237 – *Althaus*.
166) OLG Düsseldorf, BauR 1988, 487, 489; kritisch *Grieger*, BauR 1987, 378.
167) Vgl. hierzu OLG Hamm, IBR 2004, 237 – *Kieserling*; OLG Düsseldorf, BauR 1988, 487; KG, ZfBR 1984, 129, 131; *Ingenstau/Korbion/Döring*, § 6 Nr. 6/B, Rdn. 44; *Kapellmann/Schiffers*, BauR 1986, 620 ff.; *Clemm*, DB 1985, 2599; *Vygen/Schubert/Lang*, Rdn. 312; *Olshausen*, Festschrift für Korbion, S. 334; *Dähne*, BauR 1978, 429.
168) KG, ZfBR 1984, 129, 131; *Dähne*, BauR 1978, 429; *Heiermann/Riedl/Rusam*, § 6/B, Rdn. 49.

wurde und eingesetzt werden musste und welche Folgen dies für den nachfolgend geplanten Geräteeinsatz hatte".[169]

**1834** Sind sowohl der Auftragnehmer als auch der Auftraggeber für die Verzögerung verantwortlich, so ist der dadurch entstandene Verzögerungsschaden entsprechend dem jeweiligen Verschuldens- und Verursachungsbeitrag gemäß § 254 BGB zu teilen, wobei im Einzelfall § 287 ZPO für die Beurteilung der Verursachungsbeiträge heranzuziehen ist.[170] Im Übrigen trifft den Auftragnehmer stets die Pflicht zur Schadensminderung.[171]

**1835** **Mehrwertsteuer** kann der Auftragnehmer auf seinen Schadensersatzanspruch nach § 6 Nr. 6 VOB/B nicht verlangen[172] (vgl. im Einzelnen Rdn. 1275).

**1836** Die vorgenannten Grundsätze über einen Schadensersatzanspruch des Auftragnehmers wegen Behinderung nach § 6 Nr. 6 VOB/B gelten grundsätzlich auch für einen **BGB-Werkvertrag**. Allerdings entfallen insoweit die VOB-spezifischen Besonderheiten: zum einen die schriftliche und unverzügliche Anzeigepflicht des Auftragnehmers bei einer Behinderung und damit auch die Folgen ihrer Unterlassung gemäß § 6 Nr. 1 VOB/B,[173] zum anderen die Einschränkungen des Schadensersatzanspruches gemäß § 6 Nr. 6 VOB/B (entgangener Gewinn bei Vorsatz oder grober Fahrlässigkeit).[174] Dem Auftraggeber muss aber der behindernde Umstand bekannt gemacht worden oder bekannt gewesen sein, weil dem Auftraggeber die Möglichkeit der Abhilfe gegeben sein muss; dabei kann auch der Grundsatz der Offenkundigkeit herangezogen werden. Neben § 6 Nr. 6 VOB/B kann eine angemessene Entschädigung sowohl beim BGB- wie auch beim VOB-Bauvertrag in Betracht kommen.[175]

Das KG[176] hatte sich mit einer Fallgestaltung zu beschäftigen, bei der als **Position** in einem **Leistungsverzeichnis** ein Einheitspreis für jeden **Monat der Bauzeitverlängerung** abgefragt worden war. Das KG hat dies **nicht als Bedarfsposition** angesehen, weil eine Bauzeitverlängerung aufgrund tatsächlicher Umstände und nicht durch eine entsprechende Zusatzbeauftragung entsteht, sodass die Abrede des Einheitspreises für jeden Monat der Bauzeitverlängerung als unbedingt vereinbart anzusehen ist.

---

169) BauR 1994, 667 = OLGR 1994, 195.
170) BGH, BauR 1993, 600 = NJW 1993, 2674.
171) BGH, BauR 1997, 1021.
172) Beck'scher VOB-Komm/*Motzke*, B § 6 Nr. 6, Rdn. 115; *Heiermann/Riedl/Rusam*, § 6/B, Rdn. 52; *Vygen/Schubert/Lang*, Rdn. 99 u. 318; **a. A.:** *Kapellmann*, BauR 1985, 123, 124; *Dähne*, BauR 1978, 429, 433; vgl. hierzu auch *Ingenstau/Korbion/Döring*, § 6 Nr. 6/B, Rdn. 46, die im Hinblick auf die steuerrechtliche Rechtsprechung nur eine Feststellungsklage für zulässig halten; ebenso: OLG Düsseldorf, BauR 1997, 646.
173) Vgl. hierzu näher Beck'scher VOB-Komm/*Motzke*, B Vor § 6, Rdn. 4 ff., der allerdings die Anzeigeverpflichtung als allgemeine, leistungssichernde Nebenpflicht ansieht und daher nach dem Grundsatz von Treu und Glauben (§ 242 BGB) auch auf den BGB-Werkvertrag anwenden will.
174) Ebenso: *Vygen/Schubert/Lang*, Rdn. 24.
175) BGH, BauR 2000, 722 = NJW 2000, 1336 = NZBau 2000, 187 = MDR 2000, 578; **anderer Ansicht:** *Döring*, Festschrift für Jagenburg, S. 111, 114.
176) IBR 2004, 482 – *Schulze-Hagen*.

**1837** Soweit in **Formularverträgen oder Allgemeinen Geschäftsbedingungen** der Schadensersatzanspruch des Auftragnehmers eingeschränkt oder ausgeschlossen wird, werden entsprechende Klauseln in aller Regel gegen § 307 BGB verstoßen.[177]

Zur **Abgrenzung der Ansprüche aus § 2 Nr. 5 VOB/B** einerseits und **§ 6 Nr. 6 VOB/B** andererseits vgl. im Einzelnen Rdn. 1149.

### c) Vergütungsanpassung

**1838** Neben dem vorgenannten Schadensersatzanspruch können weitere vertragliche Ansprüche in Betracht kommen, die eine Anpassung der Vergütung zum Ziel haben:[178] z. B. Ansprüche aus § 2 Nr. 3, 4, 5 oder 6 VOB/B oder unter dem Gesichtspunkt der Störung der Geschäftsgrundlage (§ 313 BGB). Allerdings ist im Einzelfall stets zu prüfen, ob die entsprechenden Anspruchsvoraussetzungen gegeben sind. Behinderungsbedingte Mehraufwendungen (Mehrvergütungen) des Auftragnehmers können daher von den vorerwähnten Vorschriften nur dann erfasst werden, wenn die entsprechenden Voraussetzungen erfüllt sind; im Übrigen fallen sie grundsätzlich nur unter § 6 Nr. 6 VOB/B.[179] Die **Abgrenzung von § 6 Nr. 6 und § 2 Nr. 5 VOB/B** ist deshalb von großer Bedeutung, weil die Anwendung der zuletzt genannten Vorschrift von **keinem Verschulden** des Auftraggebers abhängig ist, während dies bei § 6 Nr. 6 VOB/B der Fall ist. Eine **Anordnung** im Sinne des § 2 Nr. 5 VOB/B kann beispielsweise dann angenommen werden, wenn der Auftraggeber Anordnungen erlässt, die den **zeitlichen Bauablauf** betreffen (Anordnung eines späteren Baubeginns, eines Baustopps, der Bearbeitung nur eines Teilbereiches, des Verlassens der Baustelle, der Verringerung der Baustellenbesetzung), vgl. hierzu Rdn. 1149.[180] Eine Leistungsänderung ist bei solchen ausdrücklichen Eingriffen des Auftraggebers in den zeitlichen Bauablauf nicht erforderlich.[181]

---

177) Vgl. im Einzelnen hierzu Beck'scher VOB-Komm/*Motzke*, B § 6 Rdn. 120; *Kapellmann/Schiffers*, Bd. 1, Rdn. 1645 ff.; OLG München, BauR 1987, 554, 556; *Glatzel/Hofmann/Frikell*, S. 134 ff. m. w. Nachw.

178) Hierzu im Einzelnen vor allem *Vygen/Schubert/Lang*, Rdn. 158 ff.; siehe ferner *Seufert*, Bauzeitverzögerungen und Mehrforderungen der Unternehmer an die kommunalen Auftraggeber nach § 6 Nr. 6 VOB/B, 1987.

179) So die **herrschende Meinung**; vgl. für viele: Beck'scher VOB-Komm/*Motzke*, B § 6 Nr. 6, Rdn. 26; a. A.: *Nicklisch/Weick*, § 6 Rdn. 51. *Nicklisch* weist hier darauf hin, dass die herrschende Meinung im Ergebnis dazu führt, „dass der Auftragnehmer eine Vergütung für Mehrarbeiten, die über den vertraglich vereinbarten Leistungsumfang hinausgeht, nur dann fordern kann, wenn ihm durch diese Mehrarbeit ein darüber hinausgehender, nachweisbarer innerbetrieblicher Verlust entstanden ist, der ihm ohne den Eintritt der Behinderung nicht entstanden wäre". Hiermit werde die von den Parteien bei Vertragsabschluss vereinbarte Risikoverteilung nachträglich zu Lasten des Auftragnehmers verschoben. Diese Überlegungen sind sicherlich beachtlich; dennoch wird man mit der herrschenden Meinung fordern müssen, dass die §§ 2 Nr. 5 und 6 VOB/B insoweit nur dann in Betracht kommen, wenn die Tatbestandsvoraussetzungen erfüllt sind.

180) BGH, BauR 1985, 561 = NJW 1985, 2475; KG, BauR 2001, 407; *Diehr*, BauR 2001, 1507 m. w. Nachw.

181) So auch *Piel*, Festschrift für Korbion, S. 351 und *Vygen/Schubert/Lang*, Rdn. 173 sowie *Diehr*, BauR 2001, 1507, 1508.

Ändert der Auftraggeber den **Bauinhalt** durch Anordnungen oder durch zusätzliche, im Vertrag nicht vorgesehene Leistungen, sind grundsätzlich nur die Bestimmungen des § 2 Nr. 5 bzw. Nr. 6 VOB/B anwendbar,[182] weil diese Vorschriften alle mit einer Änderungsanordnung oder zusätzlichen Leistung verbundenen Mehrkosten erfassen. Insoweit kann neben den vorerwähnten Anspruchsgrundlagen nur ausnahmsweise ein Anspruch aus § 6 Nr. 6 VOB/B geltend gemacht werden, wenn der Auftragnehmer – für den Auftraggeber erkennbar – nicht die mit der Bauzeitverlängerung entstehenden Mehrkosten in den neuen Preis (§ 2 Nr. 5 VOB/B) oder die besondere Vergütung (§ 2 Nr. 6 VOB/B) einbezogen hat, sondern sich diesen bauzeitbezogenen Mehrkostenanspruch vorbehalten hat (vgl. Rdn. 1828).[183]

Da Leistungsänderungen oder Anordnungen des Auftraggebers in der Regel nicht die üblichen Ursachen für eine Behinderung des Auftragnehmers sind, wird die Anwendung des § 2 Nr. 5 VOB/B und damit eine entsprechende Vergütungsanpassung häufig ausscheiden.[184]

Eine **Vergütungsanpassung** im Sinne einer vorzeitigen Abrechnung sieht § 6 Nr. 5 VOB/B bei einer **voraussichtlichen längeren Unterbrechung** vor, ohne dass die Leistung dauernd unmöglich wird. In diesem Fall sind die ausgeführten Leistungen nach den Vertragspreisen abzurechnen und außerdem die Kosten zu vergüten, die dem Auftragnehmer bereits entstanden und in den Vertragspreisen des nicht ausgeführten Teils der Leistung enthalten sind. Dauert die Unterbrechung länger als drei Monate, hat jeder Vertragsteil nach § 6 Nr. 7 VOB/B die Möglichkeit der Kündigung.

Das LG Hamburg[185] hat zu Recht folgende vom Auftragnehmer gestellte **Klausel für unangemessen** (weil gegen den Grundsatz von Treu und Glauben verstoßend) und deshalb für unwirksam erklärt: „Sollte sich der Baubeginn aus Gründen verzögern, die der Auftragnehmer nicht zu vertreten hat, hat er das Recht, die Festpreisbindung um maximal 2% zu erhöhen, ohne dass es eines Nachweises bedarf." Damit werden einseitig die Interessen des Auftragnehmers berücksichtigt: Die Klausel nimmt keinerlei Bezug zu einer konkreten Kostensteigerung und berücksichtigt auch nicht, dass die Verzögerung durch Dritte verursacht sein kann.

---

182) So richtig *Kapellmann/Schiffers*, Rdn. 1324 ff.; siehe auch OLG Düsseldorf, BauR 1995, 706 m. Anm. *Knacke*, BauR 1996, 119.
183) Vgl. hierzu näher *Kemper*, NZBau 2001, 238 m. w. Nachw.
184) BGH, BauR 1985, 561 = ZfBR 1985, 282; OLG Celle, BauR 1995, 552; vgl. im Einzelnen *Nicklisch/Weick*, § 6, Rdn. 51; *Vygen/Schubert/Lang*, Rdn. 155 ff.; *Piel*, Festschrift für Korbion, S. 349; *Clemm*, DB 1985, 2597; *Kapellmann/Schiffers*, Bd. 1, Rdn. 1332 ff.
185) BauR 1996, 553 u. 867.

**Mangelhafte Werkleistung** **Rdn. 1839**

## V. Zum Anwendungsbereich deliktsrechtlicher Vorschriften (§§ 823 ff. BGB)

*Übersicht*

| | Rdn. | | Rdn. |
|---|---|---|---|
| 1. Mangelhafte Werkleistung als Eigentumsverletzung | 1839 | c) Die Verkehrssicherungspflicht des Architekten | 1858 |
| 2. Verletzung der Verkehrssicherungspflicht | 1844 | 3. Gesetz zur Sicherung von Bauforderungen (GSB) | 1865 |
| a) Die Verkehrssicherungspflicht des Bauunternehmers | 1846 | 4. Produkthaftung | 1872 |
| b) Die Verkehrssicherungspflicht des Bauherrn | 1852 | | |

### 1. Mangelhafte Werkleistung als Eigentumsverletzung

*Literatur*

Leenen, Die Verjährung von Mängelansprüchen (in: Dauner-Lieb u. a., Das neue Schuldrecht in der Praxis, 2003, 105); *Wagner*, Schuldrechtsreform und Deliktsrecht, ebenda, 303; *Greeve/Leipold*, Handbuch des Baustrafrechts, 2004.

*Literatur bis 2001*

*Wilts*, § 635 BGB und Deliktansprüche, VersR 1967, 817; *Schlechtriem*, Gewährleistung und allgemeine Verantwortlichkeit des Werkunternehmers, JZ 1971, 449; *Ganten*, Gedanken zum Deliktsrisiko des Architekten, BauR 1973, 148; *Freund/Barthelmess*, Eigentumsverletzung durch Baumängel, NJW 1975, 281; *Schleyhing*, Die Haftung der Baubeteiligten gegenüber Grundpfandgläubigern, JZ 1976, 706; *Möschel*, Der Schutzbereich des Eigentums nach § 823 I BGB, JuS 1977, 1; *Rathjen*, Haftung des Architekten wegen Gefährdung der Sicherheit von Grundpfandrechten durch Abbruch- oder Umbaumaßnahmen?, DB 1977, 389; *Schmidt-Salzer*, Delikthaftung des Herstellers für Schäden an der gelieferten Sache, BB 1983, 534; *Brüggemeier*, Die vertragsrechtliche Haftung für fehlerhafte Produkte und der deliktsrechtliche Eigentumsschutz nach § 823 Abs. 1 BGB, VersR 1983, 501; *Schlechtriem*, Haftung bei „weiterfressendem" Mangel, JA 1983, 255; *Ganter*, Die Anwendung von Deliktsrecht neben kaufrechtlichen Gewährleistungsansprüchen, JuS 1984, 592; *Nickel*, Deliktsrechtliche Handlung und kaufrechtliche Gewährleistung des Herstellers teilmangelbehafteter Sachen, VersR 1984, 318; *Deutsch*, Die neuere Entwicklung der Rechtsprechung zum Haftungsrecht, JZ 1984, 308; *Reinicke/Tiedtke*, Stoffgleichheit zwischen Mangelunwert und Schäden im Rahmen der Produzentenhaftung, NJW 1986, 10; *Littbarski*, Die Auswirkungen der Rechtsprechung zu den „weiterfressenden Mängeln" auf das Haftpflicht- und Haftpflichtversicherungsrecht, Festschrift für Korbion (1986), 269; *Groß*, Die Einbeziehung des Herstellers in die Haftung des Ausführenden, BauR 1986, 127; *Merkle*, „Weiterfressende Mängel" ohne Ende?, NJW 1987, 358; *Grunewald*, Eigentumsverletzungen im Zusammenhang mit fehlerhaften Werkleistungen, JZ 1987, 1098; *Schwenzer*, Sachgüterschutz im Spannungsfeld deliktischer Verkehrspflichten und vertraglicher Leistungspflichten, JZ 1988, 525; *Steffen*, Die Bedeutung der „Stoffgleichheit" mit dem „Mangelunwert" für die Herstellerhaftung aus Weiterfresserschäden, VersR 1988, 977; *Steinmeyer*, Deliktische Eigentumsverletzung bei weiterfressenden Mängeln an der Kaufsache?, DB 1989, 2157; *Jagenburg*, Deliktshaftung auf dem Vormarsch – Zur Haftung des Werkunternehmers wegen Eigentumsverletzung durch Baumängel, Festschrift für Locher (1990), 93; *Kniffka*, Die deliktische Haftung für durch Baumängel verursachte Schäden, ZfBR 1991, 1; *Bottke/Mayer*, Krankmachende Bauprodukte, ZfBR 1991, 183 und 233; *Schlechtriem*, Außervertragliche Haftung für Bearbeitungsschäden und weiterfressende Mängel bei Bauwerken, ZfBR 1992, 95; *Foerste*, Deliktische Haftung für Schlechterfüllung?, NJW 1992, 27; *Hinsch*, Eigentumsverletzungen an neu hergestellten und an vorbestehenden Sachen durch mangelhafte Einzelteile, VersR 1992, 1053;

### Rdn. 1839    Zum Anwendungsbereich deliktsrechtlicher Vorschriften

*Graf von Westphalen*, Das Kondensator-Urteil des BGH – Mangelbeseitigungsaufwendungen und Versicherungsschutz, ZIP 1992, 532; *Diehl*, Schadensersatzansprüche und deren Nachweis bei Submissionsabsprachen, ZfBR 1994, 105; *Rutkowsky*, Der Nachweis eines Vermögensschadens bei Submissionsabsprachen, ZfBR 1994, 257; *Peters*, Werkverträge über bestellerfremde Sachen, JR 1996, 133; *Otto*, Submissionsbetrug und Vermögensschaden, ZRP 1996, 300; *Katzenmeier*, Produkthaftung und Gewährleistung des Herstellers teilmangelhafter Sachen, NJW 1997, 486; *Heiermann*, Zivilrechtliche Aspekte einer Auftragssperre, Festschrift für von Craushaar (1997), 99; *Hinsch*, Ausweitung der deliktsrechtlichen Zuliefererhaftung durch das Transistor-Urteil?, VersR 1998, 1353; *Singhof/Schneider*, Zweigeteilter Sicherheitsstandard in den Technischen Regeln für Überkopfverglasungen?, BauR 1999, 465.

*Literatur ab 2001*
*Koch*, Neues zur Produzentenhaftung bei der Errichtung von Gebäuden, NZBau 2001, 649; *Haß*, Schadensersatz und Schmerzensgeld wegen Baumängeln, NZBau 2001, 122; *Foerste*, Unklarheiten im künftigen Schuldrecht: Verjährung von Kaufmängel-Ansprüchen in zwei, drei oder 30 Jahren?, ZRP 2001, 342; *Mansel*, Die Neuregelung des Verjährungsrechts, NJW 2002, 89; *Schudnagies*, Das Werkvertragsrecht nach der Schuldrechtsreform, NJW 2002, 396; *Staudinger*, Das Schicksal der Judikatur zu „weiterfressenden Mängeln" nach der Schuldrechtsreform, ZGS 2002, 145; *Boisserée*, Gebäudeschäden wegen mangelhaftem Baugrund – zur Eigentumsverletzung im Rahmen einer deliktischen Haftung des Bodenveräußerers bei Bauwerkserrichtung durch den Erwerber, Festschrift für Jagenburg (2002), 45; *Landrock*, Das Produkthaftungsrecht im Lichte neuerer Gesetzgebung und Rechtsprechung, JA 2003, 981; *Acker/Garcia-Scholz*, Die Ansprüche des Auftragnehmers bei Beschädigung der Werkleistung vor Abnahme, BauR 2003, 1457; *Armbrüster*, Eigentumsschutz durch den Beseitigungsanspruch nach § 1004 I 1 BGB und durch Deliktsrecht, NJW 2003, 3087; *Gsell*, Deliktischer Eigentumsschutz bei „weiterfressendem" Mangel, NJW 2004, 1913; *Koepfer*, Asbest: Rechtliche Risiken und Verantwortlichkeiten, BauR 2005, 28; *Lange*, Beschädigung von Nachbargrundstücken durch Tiefbauarbeiten, BauRB 2005, 92.

**1839**    **Umstritten** ist, ob bei Baumängeln neben vertraglichen Gewährleistungsansprüchen zugleich auch Ansprüche aus § 823 Abs. 1 BGB begründet sein können. Die Frage ist im Einzelfall besonders bedeutsam, wenn vertragliche Gewährleistungs-/Mängelansprüche **verjährt** sind. Dann verspricht häufig nur noch eine auf § 823 Abs. 1 BGB gestützte Klage wegen des günstigeren Verjährungsbeginns (§ 199 BGB) Erfolg. In der Tat waren in der Vergangenheit in den Fällen, in denen sich die Rechtsprechung mit dem Problem beschäftigt hat, die Voraussetzungen einer Vertragshaftung erfüllt,[1] die Ansprüche aber verjährt (§ 638 BGB a. F.). Nach der ständigen Rechtsprechung des BGH bestand in diesen Fällen im Hinblick auf die unterschiedlichen Verjährungsfristen jedoch eine **Anspruchskonkurrenz** (§§ 638, 852 BGB a. F.). Daraus folgt: Wegen des gleichen Rangverhältnisses von Delikts- und Vertragsrecht ist **jeder Anspruch** nach seinen Voraussetzungen, seinem Inhalt und seiner Durchsetzung **selbstständig** zu beurteilen; er folgt also seinen eigenen Regeln.[2] Die Anspruchskonkurrenz kann und darf im Einzelfall aber **nicht zu einer Aushöhlung** vorrangiger vertraglicher Regelungen führen.[3]

Es ist die Ansicht vertreten worden, dass die Praxis an ihrer alten Linie der freien Anspruchskonkurrenz nach der **Schuldrechtsreform** nicht mehr festhalten kön-

---

1) Vgl. BGH, BauR 1992, 388 = NJW 1992, 1225; OLG München, OLGR 1995, 2; LG Kaiserslautern, BauR 1998, 824; *Ganten*, BauR 1973, 148, 152 m. w. Nachw.
2) BGH (X. ZS), BauR 2005, 96 = ZfBR 2005, 176 = IBR 2005, 79 – *Saerbeck*.
3) BGHZ 96, 221 = BauR 1986, 211; BauR 2005, 96, 97; *Kapellmann/Messerschmidt/Weyer*, § 13 VOB/B, Rdn. 407; *Palandt/Heinrichs*, § 195 BGB, Rdn. 18.

## Mangelhafte Werkleistung                                                                Rdn. 1839

ne.⁴⁾ Dem ist mit der (überwiegenden) Meinung jedoch nicht zu folgen.⁵⁾ Der Gesetzgeber hat die Frage ausdrücklich der Rechtsprechung überlassen; es zeigt sich jedoch, dass die konkurrierenden Ansprüche nicht nur **verschiedene Pflichtenkreise** abdecken,⁶⁾ sondern vor allem bei den so genannten **„weiterfressenden"** Mängeln durch den Fortfall der langfristigen Verjährung für Ansprüche auf Ersatz entfernterer Mangelfolgeschäden **Lücken** im Rechtsschutz entstehen.⁷⁾

Nach h. A. sind Ansprüche aus § 823 Abs. 1 BGB gegen einen Unternehmer oder Architekten wegen mangelhafter **Bauwerkserrichtung** nicht gegeben.⁸⁾ Eine unerlaubte Handlung liegt vielmehr nach der Rechtsprechung des **BGH** nur vor, wenn durch die fehlerhafte Bauleistung in eine bereits vorhandene und vorher **unversehrt** gewesene Sache des Bauherrn oder eines Dritten (z. B. Mieter)⁹⁾ eingegriffen wird. Die **mangelhafte Errichtung** eines Bauwerks selbst ist also nach h. A. für **sich allein** noch **keine Eigentumsverletzung;** denn „darin erweist sich lediglich ihr Mangelunwert".¹⁰⁾ Das ist ständige Rechtsprechung des BGH.¹¹⁾ Nach seiner Ansicht liegt nur ein **Vermögensschaden** vor.¹²⁾

---

4) Siehe: AnwKom-BGB/*Mansel*, § 195, Rdn. 50 ff.; *Mansel*, NJW 2002, 89, 98; *Mansel/Budzikiewicz*, Das neue Verjährungsrecht (2002), § 5 B VIII 1; ferner: *Geiger*, JZ 2001, 473, 474; *Foerste*, ZRP 2001, 342; *Roth*, JZ 2001, 543, 544.
5) *Gsell*, NJW 2004, 1913, 1915; *Wagner* (in: Dauner-Lieb u. a., Das neue Schuldrecht in der Praxis), S. 203, 210 ff.; *Zimmermann/Leenen/Mansel/Ernst*, JZ 2001, 684, 692; *Palandt/Heinrichs*, § 195 BGB, Rdn. 10; *Landrock*, JA 2003, 981, 986; *Heinrichs*, BB 2001, 1417, 1421; *Lenkeit*, in: Wirth/Sienz/Englert, § 634 a BGB, Rdn. 7; *Schudnagies*, NJW 2002, 396, 400; AnwKom-BGB/*Raab*, § 634 a BGB, Rdn. 3.
6) Zutreffend: *Henssler/Graf von Westphalen*, § 438 BGB, Rdn. 15.
7) In diesem Sinne: *Schudnagies*, NJW 2002, 396, 400; *Zimmermann/Leenen/Mansel/Ernst*, JZ 2001, 684, 692; *Haas*, BB 2001, 1313, 1319; *Staudinger*, ZGS 2002, 145, 146; *Locher*, Rdn. 740.
8) BGHZ 162, 86 = BauR 2005, 705 = NZBau 2005, 287 = ZfBR 2005, 366 = IBR 2005, 220 (für **Architektenhaftung**; s. auch BGH, BauR 2004, 1798); BGH, NJW 1970, 38, 41; BGHZ 96, 221 = BauR 1986, 211, 214; OLG Bamberg, BauR 1987, 211; OLG Koblenz, BauR 1998, 351; Beck'scher VOB-Komm/*Ganten*, B Vor § 13, Rdn. 203 m. Nachw.; OLG Koblenz, BauR 1998, 351 (für Haftung des **Subunternehmers**).
9) Vgl. hierzu vor allem: BGH, BauR 1990, 501 = NJW-RR 1990, 726 = ZfBR 1990, 178 (für Haftung des **Unternehmers**); BGH, NJW 1991, 562 = SFH, Nr. 24 zu § 823 BGB = ZfBR 1991, 17 = BauR 1991, 111 u. ZfBR 1987, 75 = NJW 1987, 1013 (für Haftung des **Architekten**); s. ferner: BGH, BauR 2001, 800 = NZBau 2001, 266 (zur Haftung des **Voreigentümers** wegen Grundstücksauffüllung mit Schlacke); OLG Oldenburg, BauR 2001, 647 = NJW-RR 2001, 459 (Haftung des Lackherstellers gegenüber Fensterhersteller); OLG Koblenz, MDR 1998, 591.
10) BGH, BauR 1992, 388, 391; OLG München, OLGR 1995, 2, 3; *Graf von Westphalen*, ZIP 1992, 532.
11) Grundlegend: BGHZ 39, 366 = MDR 1963, 754 = NJW 1963, 1827 = LM § 823 (Bb) BGB Nr. 6 m. Anm. *Rietschel*; BGHZ 96, 221 = BauR 1986, 211 = ZfBR 1986, 67 = NJW 1986, 922 = JZ 1986, 397 m. Anm. *Stoll*; BGHZ 105, 346, 355 („Fischfutter"); BGH, NJW 1990, 908 („Weinkorken"); BGH, BauR 1992, 388 = NJW 1992, 1225 = ZIP 1992, 485 („Kondensator").
12) Vgl. BGH, NJW 1965, 534; BGHZ 55, 392, 395 = NJW 1971, 1131; BGH, VersR 1972, 274 = BauR 1972, 114 = MDR 1972, 316.

**Rdn. 1840**  Zum Anwendungsbereich deliktsrechtlicher Vorschriften

Nach der Rechtsprechung des **BGH**[13] liegt aber eine Eigentumsverletzung vor, wenn auf Sachen eingewirkt wird, „**die überhaupt nicht in das auszuführende Werk einbezogen waren**". Der Mangel muss sich also gerade auf die **schon vorhandenen, bis dahin unversehrt gewesenen Teile** des zu behandelnden Gegenstandes ausgewirkt und diese dadurch beschädigt haben. Eine Eigentumsverletzung ist auch zu bejahen, wenn nur ein **selbstständig abgrenzbares Einzelteil** mit Gesamtfunktion mangelhaft ist und zu einem Schaden an der im Übrigen einwandfreien Gesamtanlage führt.[14]

Nichts anderes gilt, wenn **in ein Bauwerk** (z. B. in einen nur teilweise – aber mangelfrei – errichteten Rohbau) **mangelhafte Teile eingefügt** werden.[15] Werden auf diese Weise einwandfreie Teile mit mangelbehafteten verbunden und dabei durch einen Mangel andere Teile oder sogar die gesamte neue Sache beschädigt oder unbrauchbar, so liegt für denjenigen, in dessen Eigentum bisher die einzelnen (unversehrten) Teile standen, eine Eigentumsverletzung an diesen Teilen **und an der neuen Sache** vor.[16]

**1840** In der Praxis bleiben aber **erhebliche Abgrenzungsschwierigkeiten**.[17] Dies wird besonders deutlich, wenn es um so genannte „**weiterfressende**" Mängel geht. Dabei handelt es sich um Fehler, die erst durch das Hinzutreten weiterer Umstände (z. B. Gebrauch, Witterungseinflüsse oder ein falsches Produkt)[18] auf zuvor mangelfreie Teile der baulichen Anlage übergreifen.[19] Nach der neueren Rechtsprechung des

---

13) BauR 1973, 381 = NJW 1973, 1752 = WM 1973, 1139 = *Schäfer/Finnern*, Z 4.01 Bl. 77; vgl. auch BGH, ZfBR 2004, 549; BauR 1972, 379, 380; BauR 1977, 277 = JR 1978, 59 m. Anm. *Schubert;* BGH, WM 1978, 328 = *SFH*, Nr. 1 zu § 823 BGB; BGH, *SFH*, Nr. 5 zu § 477 BGB; BGH, NJW 1981, 2248; BGH, BauR 1985, 102. **Wie der BGH haben entschieden:** OLG Rostock, OLGR 2003, 22 – *Schulze-Hagen;* OLG Koblenz, BauR 1998, 351 = NJW-RR 1998, 374 = OLGR 1998, 99 (Beschädigung der Außenisolierung durch Beifüllarbeiten); OLG München, OLGR 1955, 2; OLG Köln, NJW-RR 1995, 337, 338; OLG Düsseldorf, OLGR 1994, 120 (LS) u. LG Hannover, VersR 1994, 552 (für Verschmutzungen); OLG Karlsruhe, NJW 1956, 913; OLG München, NJW 1977, 438 m. Anm. *Freund/Barthelmess;* LG Koblenz, NJW 1977, 812; OLG Bamberg, BauR 1987, 211.

14) Vgl. BGH, DB 1978, 1878 sowie *Kaiser*, Mängelhaftungsrecht, Rdn. 162 u. *Schlechtriem*, ZfBR 1992, 95, 100. Zur Eigentumsverletzung durch Beeinträchtigung der „bestimmungsgemäßen Brauchbarkeit" eine Sache: BGH, BauR 1994, 358 = VersR 1994, 319; BGH, BauR 1995, 401.

15) BGH, BauR 1992, 388 = NJW 1992, 1225 mit Hinweis auf BGH, NJW 1981, 2250 = BauR 1981, 495 u. BGH, BauR 1985, 102.

16) So ausdrücklich BGH, BauR 1992, 388, 392 = NJW 1992, 1225; OLG Köln, NJW-RR 1995, 337, 338, das eine Eigentumsverletzung für den Fall annimmt, dass der Unternehmer einen erkannten oder erkennbaren Mangel nicht beseitigt.

17) Vgl. *Littbarski*, Festschrift für Korbion, S. 269 ff.; *Kaiser*, Rdn. 161 ff.; *Schlechtriem*, ZfBR 1992, 95 ff.; *Kniffka*, ZfBR 1991, 1 ff.; Beck'scher VOB-Komm/*Ganten*, B Vor § 13, Rdn. 209 ff.

18) Vgl. z. B.: OLG Oldenburg, BauR 2001, 647 = NJW-RR 2001, 459 (**untaugliches Grundierungsmittel;** Zerstörung des gesamten Endprodukts durch Holzschäden); OLG Düsseldorf, NZBau 2000, 431 (mit Nichtannahmebeschluss des BGH); BGH, NJW 2001, 1346 (Elektroofenschlacke); s. hierzu: *Landrock*, JA 2003, 981 ff.; *Koch*, NZBau 2001, 649 ff.; *Kullmann*, NJW 2002, 30 ff.

19) BGH MDR 1998, 842 m. Anm. *Lenz* = ZIP 1998, 865 = IBR 1998, 302 – *Groß; Littbarski*, a. a. O.; *Kaiser*, Rdn. 161 b; *Steffen*, VersR 1988, 977.

## Mangelhafte Werkleistung  Rdn. 1841

BGH[20]) kommt es entscheidend auf das **Nutzungs- und Äquivalenzinteresse** an. Ist (nur) dieses betroffen, sind deliktische Ersatzansprüche nicht gegeben.[21]) Deckt sich der geltend gemachte Schaden „mit dem Unwert, welcher die Sache wegen ihrer Mangelhaftigkeit von Anfang an schon bei ihrem Erwerb anhaftet, dann ist er allein auf **enttäuschte Vertragserwartungen** zurückzuführen."[22]) Das Nutzungs- und Äquivalenzinteresse ist nach der Rechtsprechung des BGH von dem sog. **Integritätsinteresse** zu unterscheiden, das allein nach § 823 Abs. 1 BGB geschützt wird.[23])

Deliktische Ansprüche werden daher nur in Betracht zu ziehen sein, wenn der zu ersetzende Schaden **nicht** mit dem bloßen Unwert der Sache **stoffgleich ist**.[24]) Ist die Sache wegen des Mangels von vornherein (völlig) wertlos oder kann der Mangel in wirtschaftlich vertretbarer Weise behoben werden, geht die (vertragliche) Mängelhaftung nach BGB oder VOB/B als speziellere Regelung vor.[25]) Deshalb scheidet ein Anspruch aus § 823 Abs. 1 BGB aus, wenn mit ihm ausschließlich Kosten für die Mängelbeseitigung geltend gemacht werden sollen.[26]) Allerdings liegt eine Eigentumsverletzung vor, wenn bei der (erforderlichen) **Mangelbeseitigung** Teile, die im Eigentum des Bestellers sind, **zerstört** werden müssen; „damit liegt hinsichtlich der **fehlerfreien Teile** eine Eigentumsverletzung vor" (BGH).

Im Ergebnis muss deshalb im Einzelfall immer bedacht werden, dass **vorrangige** 1841 vertragliche Regelungen nicht ausgehöhlt werden. Ein Bauherr, der die Voraussetzungen für den werkvertraglichen Anspruch auf Ersatz von Fremdnachbesserungskosten oder auf Schadensersatz nicht erfüllt (z. B., weil er dem Unternehmer keine Gelegenheit zur Nacherfüllung gegeben hat), kann nicht auf dem Umweg des § 823 BGB zum Schadensersatz kommen.[27])

Das Schrifttum hat sich überwiegend der Rechtsprechung angeschlossen.[28])

---

20) BGHZ 67, 359 = JZ 1977, 343 m. Anm. *Lieb* u. *Rengier* (Schwimmschalter); BGH, NJW 1978, 2241 (Hinterreifen); BGH, NJW 1983, 812 (Hebebühne); BGH, NJW 1985, 2420 = BB 1985, 1280 (Kompressor); BGH, BauR 1992, 388 = NJW 1992, 1225 (Kondensator); BGH, BauR 1994, 258 = NJW 1994, 517 (Gewindeschneidemittel); BGH, NJW 1998, 1942 (Transistor); BGH, NZBau 2001, 432 (Nichtannahmebeschluss; Müllverbrennungsasche); BGH, NJW 2001, 1346 (Elektroofenschlacke); BGH, NJW 2004, 1032; ablehnend: LG Karlsruhe, NJW-RR 1987, 1511.
21) BGHZ 117, 183, 187 = BauR 1992, 388, 391 = MDR 1992, 559; BGH, MDR 1998, 842.
22) BGH, a. a. O.; BGH, BauR 2005, 705, 708.
23) BGH, BauR 2005, 705, 708.
24) BGH, BauR 2001, 800, 801 = NJW 2001, 1346, 1347; BauR 1992, 388 = NJW 1992, 1225; BauR 1985, 595, 596; MDR 1998, 842 m. Anm. *Lenz*; s. auch: *Boisserée*, Festschrift für Jagenburg, 45, 49 ff.; *Graf von Westphalen*, MDR 1998, 805 ff.; OLG München, OLGR 1995, 2; LG Hagen, NJW-RR 1988, 1179.
25) Zutreffend: *Landrock*, JA 2003, 981, 985; *Koch*, NZBau 2001, 649, 652; *Kaiser*, Rdn. 162; *Littbarski*, Rdn. 219; *Graf von Westphalen*, ZIP 1992, 532 m. Nachw.
26) BGH, BauR 2005, 705, 708.
27) BGH, BauR 1986, 211 = ZfBR 1986, 67; *Heiermann/Riedl/Rusam*, Einf. zu § 13/B, Rdn. 9; OLG Bamberg, BauR 1987, 211.
28) Vgl. *Koch*, NZBau 2001, 649 ff.; *Freund/Barthelmess*, NJW 1975, 281, 282 Anm. 11 m. Nachw.; *Littbarski*, Rdn. 212 ff. sowie Festschrift für Korbion, S. 269 ff.; *Schlechtriem*, ZfBR 1992, 95 ff.; *Jagenburg*, Festschrift für Locher, 1990, S. 93 ff.; siehe auch *Schwenzer*, JZ 1988, 521, 527 ff.

## Rdn. 1842–1843  Zum Anwendungsbereich deliktsrechtlicher Vorschriften

Eine andere Auffassung als der BGH vertritt vor allem das OLG Stuttgart,[29] das in der Aufbringung eines fehlerhaften Bauteils (hier: Dachplatten) eine Schädigung des Eigentums am Teilrohbau erblickt. Ebenso bejahen Freund/Barthelmess[30] einen Anspruch aus § 823 Abs. 1 BGB, wenn eine mangelhafte Werkleistung erbracht wird. Nach ihrer Ansicht wird in bestehendes Eigentum schon dann eingegriffen, wenn ohne eine Substanzverletzung der Wert oder die Nutzbarkeit (Gebrauchsfähigkeit/Brauchbarkeit) des Bauwerkes durch die mangelhafte Werkleistung beeinträchtigt werde. Nur „bloße Schönheitsfehler" (ohne Beeinträchtigung der Nutzbarkeit) stellen keine unerlaubte Handlung i. S. des § 823 Abs. 1 BGB dar. Sie geben damit einem Bauherrn nicht nur – wie Wilts[31] und OLG Stuttgart – einen Anspruch auf Ersatz der Kosten für eine Mängelbeseitigung, sondern über § 249 BGB grundsätzlich einen Anspruch auf eine ordnungsgemäße Herstellung des mangelhaften Bauwerkes, der folgende Kosten einschließen soll: Beseitigungskosten, Neuherstellungskosten, Ersatz von Folgeschäden.

**1842** Der Rechtsprechung des **BGH** ist der **Vorzug** zu geben; sie allein entspricht dem Gesetz. Die Gegenansicht höhlt über die Anwendung des § 823 Abs. 1 BGB die vertragliche Gewährleistungsfrist aus.[32] Das kann aber nicht als vom Gesetz gewollt unterstellt werden. Ist deshalb einmal von einer unerlaubten Handlung i. S. des § 823 Abs. 1 bei mangelhafter Werkleistung auszugehen,[33] so verjährt der Anspruch des Geschädigten nach altem Recht gemäß § 852 BGB bzw. §§ 195, 199 BGB n. F. und nicht nach § 638 BGB a. F./634 a BGB n. F.; § 638 BGB a. F./634 a BGB n. F. verdrängt nicht den § 852 BGB a. F.[34] Für den Bereich der VOB (§ 13 Nr. 7 Abs. 1 und 2) gilt nichts anderes.[35]

**1843** Besteht ein deliktischer Ersatzanspruch nach § 823 Abs. 1 BGB, so **beschränkt sich der Ersatzanspruch** auf den Betrag, der zur **Herstellung** des **ursprünglichen Zustandes erforderlich** ist; dieser Anspruch ist **kein Vorschussanspruch,** der nach Schadensbeseitigung abzurechnen ist.[36] Der Ersatzanspruch nach § 823 Abs. 1 BGB ist immer von dem im Rahmen des Gewährleistungsrechts bestehenden Schadensersatzanspruch nach § 635 BGB a. F./§§ 634 Nr. 4, 280 BGB n. F. abzugrenzen: Sind z. B. die Kosten für die Wiederherstellung einer infolge von Auffüllarbeiten beschädigten Außenisolierung zu ersetzen, so umfasst der Anspruch aus § 823 Abs. 1 BGB die Kosten, die durch das Freilegen der Baugrube, das Säubern der Kellerwände sowie durch die Reparatur der Außenisolierung entstanden sind, während die Kosten der erneuten Beifüllarbeiten i. R. der Gewährleistung erstattungsfähig bleiben.[37]

---

29) NJW 1967, 572; zustimmend: *Schwenzer*, a. a. O., S. 528.
30) NJW 1975, 281 ff.; NJW 1977, 438, 439; zustimmend: *Bindhardt/Jagenburg*, § 13 Rdn. 10.
31) Vgl. *Wilts*, VersR 1967, 817, 820; *Ganten*, NJW 1971, 1804; *Schlechtriem*, NJW 1972, 1554; *Ganten*, BauR 1973, 148, 156 ff.; *Finger*, DB 1972, 1219; *ders.*, NJW 1973, 2104.
32) Ebenso: *Kaiser*, Rdn. 161, 162.
33) Beispiel: BGH, LM § 830 BGB Nr. 4; BGH, MDR 1972, 316; BGH, *Schäfer/Finnern*, Z 2.414 Bl. 160 (Gesundheitsschaden des Bauherrn).
34) **Herrschende Meinung:** BGH, WM 1971, 687 = NJW 1971, 1131; BGHZ 61, 203 = NJW 1973, 1752; *Freund/Barthelmess*, NJW 1975, 281, 287 Anm. 57 m. Nachw.; BGH, NJW 1975, 1315; NJW 1976, 1505; BauR 1977, 277 = JR 1978, 59 m. Anm. *Schubert*, S. 61; *Kaiser*, Rdn. 163.
35) **Bestr.;** wie hier: *Kaiser*, Rdn. 164; *Heiermann/Riedl/Rusam*, Einf. zu § 13/B, Rdn. 9 a. E.; *Jagenburg*, Festschrift für Locher, S. 93, 103.
36) BGH, BauR 1997, 324.
37) Zutreffend: OLG Koblenz, BauR 1998, 351.

Besteht (ausnahmsweise) ein Ersatzanspruch nach § 823 Abs. 1 BGB, so gilt für diesen die **regelmäßige** Verjährungsfrist des § 195 BGB n. F. Der **Fristbeginn** richtet sich nach § 199 Abs. 1 und 3 BGB.[38]

## 2. Verletzung der Verkehrssicherungspflicht

*Literatur*

*Siegburg*, Haftung von Architekt und Bauherr für Bauunfälle, 1997; *Freifrau von Berchem*, Die neue Baustellenverordnung, 2000; *Kollmer*, Baustellenverordnung, Kommentar, 2. Auflage 2004; *Kesselring*, Verkehrssicherungspflichten am Bau, Baurechtliche Schriften, Bd. 57, 2002.

*König*, Wer haftet für Unfälle auf der Baustelle: der Architekt, der Bauunternehmer, der Bauherr oder alle?, VersR 1971, 701; *von Bar*, Entwicklungen und Entwicklungstendenzen im Recht der Verkehrs(sicherungs)pflichten, JuS 1988, 169; *Riedmaier*, Die neuere Rechtsprechung zur Verkehrssicherungspflicht, VersR 1990, 1315; *Benike*, Deliktische Haftung mehrerer nach § 830 BGB, Jura 1996, 127; *Deckert*, Die Verkehrssicherungspflichten, Jura 1996, 348; *Möllers*, Verkehrspflichten gegenüber Kindern, VersR 1996, 153; *Littbarski*, Zu den Rechtsproblemen der Baustellensicherheitsrichtlinie, DAB 1996, 1672; *Hötzel*, Baukontrollen zur Erfüllung der Verkehrssicherungspflicht, NJW 1997, 1757; *Kollmer*, Die neue Baustellenverordnung, NJW 1998, 2634; *Kleinhenz*, Die Verordnung über Sicherheit und Gesundheitsschutz auf Baustellen (Baustellenverordnung), ZfBR 1999, 179; *Moog*, Von Risiken und Nebenwirkungen der Baustellenverordnung, BauR 1999, 795; *Rozek*, Zur Rechtsstellung des Sicherheitskoordinator nach der Baustellenverordnung, BauR 1999, 1394; *Schmidt*, Die Baustellenverordnung – Leistungen, rechtliche Einstufung der Tätigkeit und Honorar des S + G-Koordinators, ZfBR 2000, 3; *Meyer*, Die Haftung des Sicherheits- und Gesundheitsschutzkoordinators nach der Baustellenverordnung, NZBau 2003, 607; *Motzke*, Verkehrssicherheit in Fußballstadien, NZBau 2004, 297; *Kesselring*, Der SiGeKo nach der Baustellenverordnung, BTR 2005, 99; *Heil*, Die strafrechtliche Verantwortung der Sicherheits- und Gesundheitsschutzkoordinatoren oder: „Die üblichen Verdächtigen", NZBau 2005, 545; *von Wietersheim*, Die Baustellenverordnung, BauRB 2005, 303; *Meyer*, Obergerichtliche Rechtsprechung zur Baustellenverordnung, BauR 2006, 597.

Bauarbeiten eröffnen ein weites Feld von Gefahrenquellen für Dritte.[39] Das hat zur Folge, dass alle Baubeteiligten aus dem Gesichtspunkt der Verkehrssicherungspflicht **Schutzmaßnahmen** ergreifen müssen, damit Schäden von **Personen** und **Sachen** verhindert werden. Diesem Ziel dient auch die Richtlinie **89/391/EWG** „über die Durchführung von Maßnahmen zur Verbesserung der Sicherheit und des Gesundheitsschutzes der Arbeitnehmer bei der Arbeit" (sog. **Rahmenrichtlinie**)[40] sowie vor allem die Richtlinie **92/57/EWG** vom 24. Juni 1992 „über die auf zeitlich begrenzte oder ortsveränderliche Baustellen anzuwendenden Mindestvorschriften für die Sicherheit und den Gesundheitsschutz (Achte Einzelrichtlinie im Sinne des Art. 16 Abs. 1 der Richtlinie 89/391/EWG)".[41] Diese „**Baustellensicherheitsrichtlinie**" war Gegenstand scharfer Kritik;[42] sie führte im Rahmen der nationalen Umsetzung zur **Baustellenverordnung** vom 10.6.1998.[43] Diese basiert auf § 19

**1844**

---

38) *Staudinger*, ZGS 2002, 145, 146. Bei Verletzung eines höchstpersönlichen Rechtsgutes gilt § 199 Abs. 2 BGB.
39) Zum Ersatz eines Brandschadens durch **Schweißarbeiten:** OLG Oldenburg, BauR 2002, 1715.
40) ABl. EG Nr. L 183 vom 12. Juni 1989, S. 1.
41) ABl. EG Nr. L 245 vom 26. August 1992, S. 6 ff.; abgedruckt bei *Siegburg*, S. 73 ff.
42) Vgl. hierzu insbesondere *Littbarski*, DAB 1996, 1672 ff.
43) BGBl. I, 1281; s. hierzu u. a.: *Meyer*, BauR 2006, 597 ff.; *Hebel*, in: Thode/Wirth/Kuffer, § 17, Rdn. 44 ff.; *Kollmer*, NJW 1998, 2634 ff.; *Rozek*, BauR 1999, 1394 ff.; *Moog*, BauR 1999, 795 ff.; *Schmidt*, ZfBR 2000, 3 ff.

### Rdn. 1845  Zum Anwendungsbereich deliktsrechtlicher Vorschriften

Arbeitsschutzgesetz und dient dementsprechend der Verbesserung des **Arbeitsschutzes** auf Baustellen, bei denen die voraussichtliche Dauer der Arbeiten mehr als 30 Arbeitstage beträgt und auf der mehr als 20 Beschäftigte gleichzeitig tätig werden oder der Umfang der Arbeiten voraussichtlich 500 Personentage überschreitet.[44] Ansprüche aus der Verletzung von Verkehrssicherungspflichten kommen danach vor allem in Betracht, wenn der **Sicherheits-** und **Gesundheitsschutzkoordinator** schuldhaft gebotene Sicherungspflichten verletzt.[45]

Im **nationalen** Recht hat sich in jahrzehntelanger Rechtsentwicklung der Grundsatz der (allgemeinen) Verkehrssicherungspflicht herausgebildet; ihm liegt der Gedanke zu Grunde, dass derjenige, der eine **Gefahrenquelle** schafft, d. h. sie selbst schafft oder andauern lässt, auch für die daraus entstehenden Schäden einzustehen hat, wenn er nicht die ihm zumutbaren Sicherungsvorkehrungen zum Schutze anderer Personen oder Sachen getroffen hat.[46] Grundlage dieser allgemeinen Rechtspflicht ist § 823 BGB. Die Verletzung der Verkehrssicherungspflicht setzt **schuldhaftes Verhalten** und eine entsprechende **Ursächlichkeit** hinsichtlich des eingetretenen Schadens voraus.[47] Die Verkehrssicherungspflicht verlangt im Einzelfall sogar „**ein Mehr**" an Sorgfalt, als z. B. nach einer behördlichen Genehmigung verlangt wird.[48] Für verfassungsmäßig berufene **Vertreter** kann die Haftung der Verkehrssicherungspflichten, auch für einen Organisationsmangel, problemlos aus § 31 BGB begründet werden. Im Übrigen wird nach § 831 BGB auch für die **Verrichtungsgehilfen** gehaftet, wobei sich der Baubeteiligte dadurch entlasten kann, dass er eine sorgfältige Auswahl und eine regelmäßige Überwachung des Verrichtungsgehilfen nachweist.[49]

**1845** Die Vielfalt der Einzelfallentscheidungen in der Rechtsprechung zeigt, dass es außerordentlich schwer ist, die **Grenzen** einer Verkehrssicherungspflicht im Allgemeinen und für das Bauwesen im Besonderen zu ziehen. Eine rechtlich gebotene Verkehrssicherung umfasst nach der ständigen Rechtsprechung des **BGH** immer „diejenigen Maßnahmen, die ein **umsichtiger** und **verständiger, in vernünftigen Grenzen** vorsichtiger Mensch **für notwendig** und **ausreichend hält**, um andere

---

44) Die Baustellenverordnung gilt ferner für Baustellen, auf denen Beschäftigte mehrerer Arbeitgeber tätig werden und besonders gefährliche Arbeiten i. S. des Anhangs II der Baustellenverordnung ausgeführt werden; *Freifrau von Berchem*, S. 1, 2.
45) Siehe hierzu: OLG Celle, BauR 2006, 133 = IBR 2005, 558 – *Hänsel*; OLG Bamberg, NZBau 2003, 615 = NJW-RR 2003, 238 = IBR 2004, 143 – *Langenecker*; *Meyer*, NZBau 2003, 607 ff.; *Freifrau von Berchem*, S. 42 ff., die zutreffend insoweit auf die zur (allgemeinen) Verkehrssicherungspflicht entwickelten Rechtsgrundsätze verweist. Zur Rechtsnatur des Vertrages: OLG Köln, IBR 2004, 628 (Dienstleistungsvertrag; **str.**; siehe die Nachw. bei *Meyer*, BauR 2006, 597, 604 in Anm. 31); zur **drittschützenden Wirkung**: OLG Celle, IBR 2005, 558 – *Hänsel*; s. hierzu auch *Meyer*, a. a. O., S. 601.
46) BGHZ 5, 378, 380; 34, 206, 209; FamRZ 1975, 29; BGH, ZfBR 1997, 85 = BauR 1997, 148. Zur Verkehrssicherungspflicht bei der Gestaltung von **Treppen** (Gerichtsgebäude): OLG Stuttgart, NJW-RR 2004, 21; zur Verkehrssicherungspflicht für **Treppenhäuser** in öffentlichen Gebäuden: OLG Karlsruhe, OLGR 2003, 407; bei größeren **Schwimmbadrutschen**: OLG Celle, NJW-RR 2004, 20.
47) Zur Kausalität und deren **Unterbrechung**: OLG Nürnberg, BauR 1999, 419 (Dacheinsturz); zum **Anscheinsbeweis**: BGH, NJW 1994, 945.
48) OLG Karlsruhe, BauR 2007, 569, 571.
49) Vgl. BGH, *Schäfer/Finnern*, Z 4.13 Bl. 65, 114; Z 4.01 Bl. 27, 67. Zum Begriff des „**Verrichtungsgehilfen**": OLG Düsseldorf BauR 1996, 136 u. BauR 1998, 351.

vor Schäden zu bewahren".[50] Darin liegt eingeschlossen, dass nicht „jeder abstrakter Gefahr vorbeugend begegnet werden kann" (BGH). Dies gilt auch für das Bauwesen; deshalb müssen auch hier immer nur solche Vorkehrungen getroffen werden, die im Einzelfall geeignet sind, eine Schädigung anderer „tunlichst abzuwenden".[51] Des Weiteren steht im Bauwesen die Schwierigkeit im Vordergrund, den insoweit tatsächlich Verantwortlichen unter den Baubeteiligten festzustellen und insbesondere die Verantwortungsbereiche zwischen Unternehmer, Subunternehmer,[52] Bauherr[53] und Architekt sachgerecht abzugrenzen: Die Verkehrssicherungspflicht trifft bei einem Bauvorhaben im Grundsatz denjenigen, der die Baustelle „beherrscht" und dadurch unmittelbar in der Lage ist, Gefahren zu sehen und sie gleichzeitig abzuwenden.

Zu beachten ist, dass die Verletzung einer (deliktischen) Verkehrssicherungspflicht nach dem SchRModG im Einzelfall auch zugleich die Verletzung einer vorvertraglichen Pflicht i. S. des § 311 Abs. 2 in Verbindung mit § 241 Abs. 2 BGB darstellen kann;[54] denn geschützt werden von § 311 Abs. 2 Nr. 2 BGB nicht nur „Interessen" des anderen Teils, sondern vor allem auch „Rechte" und „Rechtsgüter" i. S. des § 823 Abs. 1 BGB. Allerdings wird eine solche vorvertragliche Haftung nur in Betracht zu ziehen sein, wenn tatsächlich ein rechtsgeschäftlicher Bezug vorlag. Ein rein sozialer Kontakt reicht insoweit noch nicht aus.[55]

### a) Die Verkehrssicherungspflicht des Bauunternehmers

*Literatur*

*Wussow*, Schadensersatzanspruch des Tiefbauunternehmers bei Beschädigung öffentlicher, unterirdischer Versorgungsleitungen – Versicherbarkeit des Risikos, BauR 1972, 270; *Berr*, Grundsätze der Baustellenabsicherung an Straßen aus rechtlicher Sicht, DAR 1984, 6; *Maurer*, Beschädigung von Versorgungsleitungen bei Tiefbauarbeiten – Rechtsprechung und Haftungsquoten, BauR 1992, 437; *Saller*, Die Haftung des Baugeräteunternehmers für Schäden an Erd- und Freileitungen, BauR 1995, 762; *Schulze*, Die Beschädigung von Erdkabeln und sonstigen Erdleitungen der Energieversorgungsunternehmen durch unerlaubte Handlungen Dritter, insbesondere durch Tiefbauunternehmen, VersR 1998, 12; *Dausner*, Die Leistungsbeschreibung und VOB – Pflichten des Auftraggebers zur Vermeidung von Schäden an Leitungen –, BauR 2001, 713; *Lange*, Beschädigung von Leitungen und Sparten im Tiefbau, BauRB 2005, 29; *Dressler*, Die Baustelle als „gemeinsame Betriebsstätte" – die Entwicklung der Rechtsprechung des Bundesgerichtshofs zur Haftungsprivilegierung nach § 106 Abs. 3, 3. Alt. SGB VII, Festschrift für Thode (2005), 521; *Steffen*, Der Kabelschaden und die Beschädigung anderer Versorgungsleitungen, BauR 2007, 966.

In Rechtsprechung und Literatur ist man sich einig, dass nach Baubeginn in erster Linie den Unternehmer[56] die Verkehrssicherungspflicht trifft, da er mit seinen

**1846**

---

50) BGH, NZBau 2007, 309; BauR 2006, 829 = NZBau 2006, 235 (zur Erkundungspflicht über Versorgungsleitungen auf einem Privatgrundstück).
51) BGH, a. a. O., unter Hinweis auf BGH, MDR 1979, 216; NJW-RR 2003, 1459 u. NJW 2006, 610.
52) Vgl. OLG Köln, BauR 2004, 1321; KG, BauR 2000, 118.
53) Vgl. OLG Hamm, BauR 2002, 1552 (**Richtfest**).
54) AnwKom-BGB/*Krebs*, § 311 BGB, Rdn. 25.
55) Vgl. *Henssler/Graf von Westphalen/Muthers*, § 311 BGB, Rdn. 19.
56) Auch **Subunternehmer**: OLG Frankfurt, BauR 1992, 258 ff. Zur Haftung der (untergeordneten) **Arbeitskräfte**: OLG Hamm, NJW-RR 1999, 1324 ff.

**Rdn. 1847** Zum Anwendungsbereich deliktsrechtlicher Vorschriften

Bauarbeiten die Gefahrenquelle unmittelbar schafft und auch die tatsächliche Verfügungsgewalt hat, um die notwendigen und zumutbaren Sicherungsmaßnahmen zu treffen und für geordnete Verhältnisse auf der Baustelle zu sorgen; ihn trifft die Hauptverantwortung für die Sicherheit auf der Baustelle („**primäre**" Verkehrssicherungspflicht).[57] Diese Pflicht legt ihm nochmals ausdrücklich die VOB/B in § 4 Nr. 2 Abs. 1 auf. Der Unternehmer kann zwar seine Verkehrssicherungspflicht im Einzelfall **delegieren;** dies setzt jedoch stets eine **klare Absprache** voraus, die „eine Ausschaltung von Gefahren zuverlässig sicherstellt".[58] Gleichwohl bleiben auch dann dem Unternehmer **Kontroll- und Überwachungspflichten,** die sich darauf richten, ob der übernehmende Unternehmer die übertragenen Sicherungsmaßnahmen auch tatsächlich (zuverlässig) ausführt.[59]

**1847** Die Verkehrssicherungspflicht des Unternehmers bezieht sich sowohl auf die eigenen **Betriebsangehörigen,**[60] den **Eigentümer,**[61] den **Besitzer** oder **Erbbauberechtigten** eines Grundstücks wie auch auf den Schutz **Dritter** (Fußgänger,[62] Radfahrer,[63] vor allem **Kinder,**[64] Baustellenbesucher,[65] Baustofflieferanten,[66] die übrigen **Bauhandwerker,**[67] den **Mietern** des Bauherrn[68] sowie die Nachbarn[69]). Art und Umfang der Verkehrssicherungspflicht richten sich jeweils nach den tatsächlichen Gegebenheiten auf der Baustelle, der Größe der Verkehrsgefahr und den von

---

57) BGH, NJW 1970, 2290, 2291; BlGBW 1971, 129; BauR 1991, 111; OLG Celle, BauR 2006, 388, 389; SchlHOLG, BauR 1999, 1485; OLG Düsseldorf, OLGR 1998, 28; OLG Düsseldorf, NJW-RR 1995, 403, 404; OLG Bamberg, VersR 1971, 233.
58) Zutreffend: Brandenburgisches OLG, BauR 2003, 119, 120; s. auch OLG Celle, BauR 2006, 133, 135 = IBR 2005, 558 – *Hänsel* (für Einschaltung eines Sicherheits- und Gesundheitskoordinators; Haftung des **Unternehmers** nach § 278 BGB).
59) BGHZ 110, 114, 121; BGH, NJW 1996, 2646; Brandenburgisches OLG, a. a. O., S. 120 (auch zum **Umfang** der Kontroll- u. Überwachungspflicht).
60) BGH, *Schäfer/Finnern*, Z 4.13 Bl. 117.
61) Vgl. OLG Düsseldorf, BauR 2001, 633 (Einbau **kontaminierten Bodens** in einen Golfplatz).
62) SchlHOLG, OLGR 1995, 35 (Tiefbaufirma).
63) Vgl. OLG Karlsruhe, IBR 2005, 202 – *Böhme*.
64) Vgl. BGH, ZfBR 1997, 85 = BauR 1997, 148 = NJW 1997, 582 (nicht umfriedeter **Löschwasserteich**); VersR 1965, 877 u. 453; 1957, 805; 1975, 87; ferner: OLG Rostock, MDR 2000, 764; OLG Stuttgart, MDR 1975, 841; VersR 1977, 64; OLG Hamm, VersR 1984, 244 (Sicherung des **Rohbaues** gegen unbefugtes Klettern); OLG München, VersR 1988, 961; OLG Nürnberg, BauR 1991, 781 (Absicherung eines **Gerüstes** gegenüber Passanten).
65) Siehe BGH, NJW 1985, 1078 = BauR 1985, 237; auch OLG Bamberg, VersR 1974, 552; OLG Hamm, BauR 1992, 658 u. OLGR 2002, 190 (Richtfest).
66) BGH, DB 1975, 1792.
67) BGH, VersR 1974, 272; Brandenburgisches OLG, BauR 2003, 119 u. BauR 2001, 656; OLG Koblenz, BauR 1999, 182 = NJW-RR 1999, 1617; OLG Celle, BauR 1992, 251. Zu den **unfallversicherungsrechtlichen Haftungsprivilegien** der §§ 104 ff. **SGB VII**, insbesondere zu betrieblicher Tätigkeit „**auf einer gemeinsamen Betriebsstätte**" (§ 106 Abs. 3, 3. Alt. SGB VIII): *Dressler*, Festschrift für Thode, S. 521 ff.; BGH, BauR 2007, 1267, 1270 = NZBau 2007, 449; BauR 2006, 108 = NZBau 2005, 576; VersR 2003, 1260; OLG Celle, BauR 2006, 133, 136 = IBR 2005, 558 – *Hänsel*; OLG Hamm, OLGR 2006, 683, 684; OLG Brandenburg, IBR 2006, 501 – *Völkel*.
68) Vgl. BGH, BauR 1990, 501 = NJW-RR 1990, 726; BGH, BauR 1991, 111 = ZfBR 1991, 17; OLG Hamm, NJW-RR 1999, 1324 sowie *Kniffka*, ZfBR 1991, 1 ff. m. Nachw.
69) BGH, *Schäfer/Finnern*, Z 4.01 Bl. 31.

## Verkehrssicherungspflicht des Unternehmers   Rdn. 1847

dem einzelnen Unternehmer auszuführenden Arbeiten.[70] Wer aber die zum Schutz Dritter **notwendigen,** nach den allgemeinen Sicherungserwartungen **geeigneten Maßnahmen getroffen** hat, um bestehende Gefahren abzuwehren, muss **nicht** auch mit einer ausgesprochenen **fernliegenden Verhaltensweise** anderer **rechnen.**[71] Die **Grenze** zwischen abhilfebedürftigen Gefahrenquellen und hinzunehmenden Erschwernissen wird entscheidend von den **Sicherungserwartungen** des Verkehrs bestimmt, soweit sie sich im Vernünftigen halten. Abhilfebedürftig sind deshalb auch immer nur solche Gefahren, die für einen die normale Sorgfalt beachtenden Benutzer nicht oder nicht rechtzeitig erkennbar sind und auf die er sich nicht oder nicht rechtzeitig einzustellen vermag.[72] Eine Haftungserweiterung durch eine Bauvertragsklausel ist im Zweifel unangemessen.[73]

**Maßstab** für Art und Umfang von Verkehrssicherungspflichten sind damit vor allem die einschlägigen **DIN-Normen,** wie z. B. die DIN 4420 für Leitergerüste,[74] oder die betreffende **Unfallverhütungsvorschrift der Berufsgenossenschaft;**[75] die Verletzung von DIN-Normen oder Unfallverhütungsvorschriften kann im Einzelfall auf die Verletzung von Verkehrssicherungspflichten hindeuten.[76] **Unfallverhütungsvorschriften** konkretisieren die im Verkehr erforderliche Sorgfalt und begründen bei ihrer Verletzung deshalb auch einen **Anscheinsbeweis** für die Ursäch-

---

70) BGH, VersR 1967, 752 = *Schäfer/Finnern*, Z 4.13 Bl. 117; VersR 1967, 393; BGH, NJW 1971, 1213; OLG Köln, IBR 2004, 568 – *Büchner* (Verkehrssicherungspflicht des Generalunternehmers gegenüber Mitarbeitern des Subunternehmers); Brandenburgisches OLG, BauR 2001, 656 (zur Verkehrssicherungspflicht des Dachdeckers gegenüber einem Dritten, der das unfertige Dach für **Abgabe eines Angebots** betritt); KG, VerkMitt. 1977, 59; OLG Düsseldorf, OLGR 1998, 28 u. OLG Köln, OLGR 1996, 94 (**Benutzer** eines Gerüsts); OLG Hamm, BauR 1986, 479 (für Gewerke, die nach einem Konkurs von dem Unternehmer **übernommen** werden).
71) Zutreffend: SchlHOLG, OLGR 1995, 35, 36; auch LG Karlsruhe, NJW-RR 1996, 1239 (vorhandene Schwelle).
72) Zutreffend: OLG Hamm, BauR 1999, 1325 (Höhendifferenz einer Treppenstufe in einem noch **nicht fertiggestellten Neubau**); OLG Düsseldorf, BauR 2001, 658 (**Gerüst**).
73) LG Frankfurt, BauR 2001, 635, 636.
74) OLG Stuttgart, NJW-RR 2000, 752 u. OLG Düsseldorf, OLGR 1998, 28 (DIN 4420). Zur Konkretisierung der Verkehrssicherungspflicht auf Grund der **Kabelschutzanweisung:** BGH, NJW 1971, 1314; OLG Bremen, BauR 2004, 524; AG München, BauR 2003, 744 (Beschädigung einer Telekommunikationsanlage).
75) Vgl. BGH, BauR 1997, 148 = ZfBR 1997, 85 (für **DIN 14 240**); BGH, *Schäfer/Finnern*, Z 4.13 Bl. 93, 123; BGH, NJW 1985, 1078 = BauR 1985, 237; BGH, BauR 1989, 109 = NJW-RR 1989, 339; BGH, BauR 1996, 558, 561; OLG Hamm, OLGR 2006, 683 (Pionier-Aufzug; Befestigung von Lasten gemäß § 34 UVV **BGV D 7**); OLG Köln, BauR 2004, 1321 (zum Verhältnis von General- zum Subunternehmer) u. BauR 2003, 723 (Schutzmaßnahmen für Arbeiten in einer Umspannstation; DIN 57105); SchlHOLG, BauR 2001, 974; OLG Düsseldorf, OLGR 1999, 30; OLG Karlsruhe, VersR 1997, 1155 m. Anm. *Otto* (**DIN 18 920** – „Schutz von Bäumen, Pflanzenbeständen und Vegetationsflächen bei Baumaßnahmen"); Brandenburgisches OLG, BauR 2003, 119 u. 1231 = NZBau 2003, 441 (Absturzsicherung; UVV **VBG 37**); OLG Celle, *SFH*, Nr. 36 zu § 823 BGB; OLG Schleswig, BauR 1991, 487; OLG Frankfurt, BauR 1992, 255 u. 1989, 237; OLG Karlsruhe, VersR 1985, 297; OLG Saarbrücken, VersR 1973, 182; OLG Stuttgart, VersR 1973, 28; BGH, VersR 1970, 344; OLG Karlsruhe, VersR 1988, 1071; LG Göttingen, BauR 1992, 528.
76) Brandenburgisches OLG, BauR 2003, 119, 120; SchlHOLG, BauR 1999, 1485, 1487; BGH, NJW 1997, 582, 584.

### Rdn. 1848 Zum Anwendungsbereich deliktsrechtlicher Vorschriften

lichkeit.[77]) Allerdings begründet nach der Rechtsprechung des BGH[78]) nicht jeder Verstoß schon für sich eine schwere Verletzung der Sorgfaltspflicht; entscheidend ist, ob es sich um eine Unfallverhütungsvorschrift handelt, die sich mit Vorrichtungen zum Schutz der Arbeiter vor tödlichen Gefahren befasst und somit elementare Sicherungspflichten zum Inhalt hat. Darüber hinaus sind nach der neueren Rechtsprechung des BGH[79]) „sowohl auf die Werkleistungen des Architekten als auch auf diejenigen des Bauunternehmers **haftungsrechtlich im Kern dieselben Grundsätze anzuwenden, die für die Herstellung und den Vertrieb von Produkten gelten,** welche zur Abwehr bestimmter Gefahren in den Verkehr gegeben, in dieser Funktion aber untauglich sind." Es wird daher im Einzelfall zu prüfen sein, ob der (Bau)Leistung auch die Aufgabe zukommt, Gefahren von absolut geschützten Rechtsgütern abzuwenden. Schließlich kann eine Haftung auf § 823 Abs. 2 BGB **(Verletzung eines Schutzgesetzes)** gestützt werden, soweit Vorschriften der Landesbauordnungen die allgemeine Verkehrssicherungspflicht näher ausgestalten.[80]) Im Einzelfall ist auch an eine Haftung nach **§§ 836, 837 BGB** zu denken.[81])

**1848** Neben dem Unternehmer kann auch ein **Angestellter oder Arbeiter** des Unternehmers verkehrssicherungspflichtig sein, wenn dieser am Bau eine solche **Leitungsfunktion** ausübt, dass er dadurch in seinem Arbeitsbereich praktisch den Unternehmer ersetzt (vgl. § 831 Abs. 2 BGB); als solcher kommt z. B. der **Bauleiter**,[82]) der **Polier** des Rohbauunternehmers oder der **Schachtmeister** in Betracht, wenn sie den Bau in eigener Verantwortung leiten.[83]) Im Übrigen gilt aber, dass sich der (primär) Verkehrssicherungspflichtige seiner Verantwortung **nicht** durch die Einschaltung einer **Hilfsperson,** für die er nur nach § 831 BGB haftet, **entziehen** kann.[84]) Der **Entlastungsbeweis** nach § 831 Abs. 1 Satz 2 BGB gelingt in der Praxis zudem selten; so ist das Maß der bei der Auswahl des Verrichtungsgehilfen zu beachtenden Anforderungen **nach dem Gefahrenpotenzial** der Verrichtung **zu bestimmen.**[85])

---

77) OLG Stuttgart, NJW-RR 2000, 752, 753.
78) BGH, BauR 2001, 968.
79) So BGH, BauR 1990, 501, 503. Zu diesem Gesichtspunkt siehe vor allem auch *Jagenburg*, Festschrift für Locher, S. 93 ff. m. Nachw.
80) Siehe z. B. BayObLG, NJW-RR 1996, 657 (zur Anbringung eines Treppengeländers nach der Bayerischen BauO).
81) Vgl. BGH, BauR 1999, 1035 = NJW 1999, 2593; BauR 1997, 673 = ZfBR 1997, 241 = NJW 1997, 1853 = *SFH*, Nr. 5 zu § 836 BGB **(Gerüst);** OLG Koblenz, BauR 2003, 1595 **(Gerüst);** OLG Hamm, BauR 1996, 408 **(Turmdrehkran).** § 836 BGB eröffnet aber im Einzelfall keine über § 823 BGB hinausgehende Haftung (OLG Celle, BauR 2006, 388, 391).
82) Vgl. AG Erfurt, IBR 2004, 604 – *Hugger.*
83) BGH, DB 1975, 1792; *Schäfer/Finnern*, Z 4.01 Bl. 67, 70; zur Haftung für **Verrichtungsgehilfen** s. ferner: OLG Naumburg, NZBau 2005, 108 (zu den Anforderungen an einen Entlastungsbeweis gemäß § 831 Abs. 1 Satz 2 BGB); Brandenburgisches OLG, BauR 2002, 1553 **(Generalunternehmer);** OLG Braunschweig, BauR 1999, 416, 417; OLG Koblenz, NJW-RR 1999, 1617; OLG Frankfurt, BauR 1999, 1324, 1325; LG Osnabrück, NZBau 2001, 214; OLG Rostock, BauR 2001, 1127, 1128; OLG Düsseldorf, BauR 2001, 269; BayObLG, DAR 1976, 301. Zur Anwendung des **§ 831 Abs. 2** auf den **Geschäftsführer** einer GmbH: OLG Frankfurt, BauR 1991, 377, 378; OLG Hamm, OLGR 2006, 683, 684; OLG München, BauR 1999, 1037. Zur Anwendung von **§ 31 BGB:** OLG Frankfurt, BauR 1992, 255, 256.
84) Vgl. OLG Nürnberg, OLGR 2000, 349; OLG Stuttgart, NJW-RR 2000, 752, 754 = BauR 2000, 748, 750.
85) Vgl. OLG Köln, BauR 2004, 1321, 1324 (Kranführer).

Darüber hinaus ist von dem Geschäftsherrn zu erwarten, dass er im Einzelfall konkret darlegt, in welcher Weise der Verrichtungsgehilfe über den Einsatz der Arbeiten **unterrichtet** und **überwacht** worden ist. Im Einzelfall wird es auch der Darlegung bedürfen, inwieweit der Verrichtungsgehilfe in der Lage war, die **Bedeutung** und das **Gefahrenpotenzial** der von ihm vorzunehmenden Arbeiten **zu erkennen**. Der **Subunternehmer,** der zur Durchführung der Bauarbeiten eingeschaltet wird, ist im Allgemeinen **kein Verrichtungsgehilfe** des Bauunternehmers.[86]

Verkehrssicherungspflichten hat der von dem Unternehmer bestellte **„Bauleiter"** im Sinne der Landesbauordnungen; denn er muss insbesondere auf den sicheren bautechnischen Betrieb achten.[87]

**1849** Die Verkehrssicherungspflicht **endet** grundsätzlich mit dem **ordnungsgemäßen** Abschluss der Arbeiten („Räumen der Baustelle");[88] wer eine Baustelle verlässt, muss daher dafür sorgen, dass bestehende Gefahrenquellen hinreichend abgesichert werden.[89] Nichts anderes gilt bei einem vorzeitigen Abbruch der Bautätigkeit, auch wenn dies im Einverständnis des Bauherrn/Auftraggebers geschieht. Damit endet eine Verkehrssicherungspflicht des Unternehmers bei **Fortbestehen** der von ihm geschaffenen Gefahrenquellen erst dann, wenn die Verpflichtung von einem anderen tatsächlich und ausdrücklich übernommen wird.[90] Die **Abnahme** (oder die Begleichung der Werklohnforderung) durch den Bauherrn/Auftraggeber ändert für sich allein deshalb noch nichts an der (weiterbestehenden) Verkehrssicherungspflicht des Unternehmers oder Architekten;[91] nur ein wirksamer **Haftungsausschluss** kann daher den Unternehmer gegenüber dem Bauherrn von der Verkehrssicherungspflicht befreien.[92]

**1850** **Wer einen von mehreren Beteiligten** (z. B. Bauherr, Architekt, Bauunternehmer) aus dem Gesichtspunkt des § 830 Abs. 1 Satz 2 BGB für einen Schaden **verantwortlich machen will,** ist nicht von dem Nachweis befreit, dass der in Anspruch genommene zumindest auch eine Gefahrenquelle gesetzt hat, die den Schaden verursacht oder mitverursacht haben kann;[93] nur wenn mindestens zwei Schädiger vorhanden sind und jeder von ihnen eine Verkehrssicherungspflichtverletzung begangen hat, greift die Vermutung des § 830 Abs. 1 Satz 2 BGB.

---

86) BGH, NJW 1994, 2756 = ZfBR 1994, 270; KG, BauR 2000, 118.
87) OLG Düsseldorf, IBR 2005, 258 – *Wittmann*; Brandenburgisches OLG, BauR 2003, 119, 122; LG Frankfurt, IBR 2005, 204 (keine Haftung gegenüber den Baubeteiligten für Mangelfreiheit des Bauwerks).
88) OLG Düsseldorf, OLGR 2000, 310; OLG Bremen, VersR 1978, 873; OLG München, VersR 1980, 240; OLG Schleswig, MDR 1982, 318; OLG Hamm, BauR 1992, 658; OLG Köln, NZV 1995, 22; OLG Celle, *SFH*, Nr. 36 zu § 823 BGB.
89) Vgl. OLG München, IBR 2005, 203 – *Böhme*.
90) BGH, BauR 1997, 148 = ZfBR 1997, 85, 87; OLG Köln, BauR 1996, 730 = NJW-RR 1996, 151 (Überlassung zur zeitweisen Benutzung); OLG Düsseldorf, NJW-RR 1996, 1362 (unzureichend gesicherte Schachtöffnung); OLG Köln, BauR 1974, 359 = OLGZ 1973, 210; OLG Hamm, BauR 1992, 658.
91) BGH, ZfBR 1997, 85, 87 = BauR 1997, 148, 151.
92) Vgl. OLG Koblenz, BauR 1979, 176.
93) BGH, VersR 1975, 714; OLG Düsseldorf, BauR 2001, 633, 635; OLG Bamberg, BauR 2001, 661, 662.

**1851** Rechtsprechungsübersicht zur Verkehrssicherungspflicht des Unternehmers
- Zu den Anforderungen an eine hinreichende **Absturzsicherung** (Brandenburgisches OLG, BauR 2003, 119 u. 1231, 1232)
- Freigabe einer unfertigen **Außentreppe** (OLG Hamm, BauR 2003, 127)
- Bauarbeiten an einer **Bahnstrecke** (BGH, VersR 2002, 330)
- Verkehrssicherungspflicht gegenüber **Baustellenbesuchern,** denen der Bauherr den Zugang zum Bau gestattet (BGH, NJW 1985, 1078 = BauR 1985, 237 u. OLG Hamm, OLGR 2002, 190 – Richtfest)
- Zur **Beweislast** s. BGH, VersR 1965, 1055; OLG Stuttgart, NJW-RR 2000, 752 = BauR 2000, 748 (Anscheinsbeweis); OLG Frankfurt, VersR 1972, 105; BGH, MDR 1974, 217 u. 263 (Anscheinsbeweis); KG, VRS 83, 167
- Zur Verkehrssicherungspflicht bei **Brennschneidearbeiten** an Steigleitungen: OLG Brandenburg, OLG-NL 1999, 152
- Zur Verkehrssicherungspflicht eines **Bauträgers:** OLG München, BauR 1999, 1037
- Verkehrssicherungspflicht bei **Anlieferung** von Baumaterialien – Standsicherheit einer LKW-Abkippstelle (OLG Brandenburg, BauR 1996, 562); zur Haftung des **Baustofflieferanten:** OLG Koblenz, BauR 2003, 1740
- Zur Übertragung von Verkehrssicherungspflichten durch den **Baulastträger:** OLG Celle, NVwZ-RR 1997, 81
- Verkehrssicherungspflicht gegenüber Dritten auch bei **Einverständnis** des Bauherrn in die mangelhafte Bauleistung (OLG Düsseldorf, NJW 1973, 249 = VersR 1973, 259)
- Zur Sorgfaltspflicht des Tiefbauunternehmers bei **Erkundungsbohrungen** (OLG Bamberg, IBR 2003, 418 – Ulbrich)
- Erschließungsarbeiten; **Kellerüberflutung** bei Fehlen einer Rückstausicherung (OLG Hamm, NZBau 2002, 678)
- Zur Sorgfaltspflicht des **Tiefbauunternehmers:** BGH, BauR 2006, 829 = NZBau 2006, 235 (Versorgungsleitung auf **Privatgrundstück**); BGH, BauR 1983, 95; NJW 1971, 1313; NJW 1968, 1279; OLG Hamm, BauR 2006, 2080 (zur Übernahme der **Erkundungspflicht** durch Subunternehmer); OLG Hamm, BauR 2005, 418 (**Wasserleitung**); OLG Karlsruhe, IBR 2005, 202 – Böhme (Bauarbeiten im öffentlichen Straßenraum); OLG München, IBR 2005, 203 – Böhme (Pflichten eines **Subunternehmers**); OLG Naumburg, NZBau 2005, 108 = IBR 2004, 569 = BauRB 2004, 326 (**Gasleitung**); OLG Koblenz, IBR 2005, 672 – Miernik (Leitungsschäden durch Bohrarbeiten); OLG Bremen, BauR 2004, 524 = IBR 2004, 507 (Versorgungskabel); Brandenburgisches OLG, MDR 2003, 747 (Stromkabel), OLG Koblenz, BauR 2002, 1412; OLG Nürnberg, NJW-RR 1997, 19 (Subunternehmer); OLG Hamm, IBR 2007, 24 – Saerbeck u. OLG Köln, NJW-RR 1992, 983 (Tiefbauarbeiten auf einem **Privatgrundstück**); LG Köln, VersR 1970, 664; OLG Saarbrücken, VersR 1973, 182; OLG Hamm, NJW-RR 1987, 1507; VersR 1972, 1147; LG Essen, VersR 1970, 357; OLG Düsseldorf, BauR 1995, 721 u. VersR 1969, 1051; BGH, Schäfer/Finnern, Z 4.13 Bl. 93; Z 4.01 Bl. 7; Z 4.13 Bl. 7; OLG Düsseldorf, BauR 1998, 808 (Fernmeldekabel); OLG Düsseldorf, NJW-RR 1998, 674 (Elektrokabel); OLG Brandenburg, BauR 1999, 1041 (Wasserleitungen)
- Umfang der Sorgfaltspflicht bei **Abbrucharbeiten:** OLG Düsseldorf BauR 1994, 267; OLG Frankfurt, VersR 1980, 634 u. BauR 1991, 377 (zur Haftung eines Bau-

## Verkehrssicherungspflicht des Unternehmers  Rdn. 1851

leiters); OLG Köln, SFH, Nr. 10 zu § 823 BGB (Arbeiten an einem Bach); OLG Braunschweig, BauR 1991, 486 (Staubanfall); **Fischsterben** infolge von Wasserverunreinigung – s. dazu auch BGH, VersR 1986, 92 (Anwendung von § 22 WHG)

* Zur Sorgfaltspflicht beim Austausch von **Fassadenplatten:** OLG Nürnberg, OLGR 2000, 349
* **Freibad;** Sicherungspflicht des Betreibers für eine **Rutsche** (OLG Celle, NJW 2006, 3284)
* Zur Sicherungspflicht bei der **Fundamenterstellung:** OLG Hamm, BauR 2003, 1233 = OLGR 2003, 182
* Verkehrssicherungspflicht bei **Gerüstbau:** BGH, Schäfer/Finnern, Z 4.13 Bl. 34, Bl. 99 u. Z 4.12 Bl. 1; BGH, BauR 1999, 1035 = NJW 1999, 2593 u. 1997, 1853 = SFH, Nr. 5 zu § 836 BGB = ZfBR 1997, 241 = BauR 1997, 673 (Anwendung der **§§ 836, 837 BGB**); OLG Koblenz, BauR 1997, 328 (fehlende Bügelsicherung); KG, BauR 1996, 884; OLG Frankfurt, BauR 1993, 614 u. BauR 1992, 255; OLG Nürnberg, BauR 1991, 781 (gegenüber Passanten); OLG Stuttgart, NJW-RR 2000, 752 (unzureichende Fangbreite); BauR 1990, 112; OLG Düsseldorf, BauR 2001, 658; OLGR 1998, 28 u. OLG Köln, OLGR 1996, 94 (Benutzer), LG Hanau, ZfS 1993, 255; LG Osnabrück, BauR 1985, 709
* Zur Verkehrssicherungspflicht eines **Dachdeckers:** OLG Hamm, OLGR 2006, 683 (Benutzung eines Anlegeaufzugs/„**Pionieraufzug**"); OLG Brandenburg, BauR 2001, 656; OLG Düsseldorf, VersR 1987, 414; zu **Abdeckmaßnahmen** an Dachöffnungen: OLG Celle, BauR 1992, 251; zur Abdeckung eines **Deckendurchbruchs:** OLG Koblenz, NJW-RR 1999, 1617
* Verkehrssicherungspflicht bei **noch nicht fertig gestelltem Treppenhausfenster:** BGH, Schäfer/Finnern, Z 4.13 Bl. 102; bei noch **offenem Treppenloch:** OLG Celle, SFH, Nr. 36 zu § 823 BGB
* **Turmdrehkran;** Entlastungsbeweis des Unternehmers: BGH, Schäfer/Finnern, Z 4.13 Bl. 114
* Zur Verkehrssicherungspflicht nach **Arbeitsschluss:** BGH, Schäfer/Finnern, Z 4.01 Bl. 54 und Bl. 60
* **Lagerung** von Baumaterialien: OLG Hamm, Schäfer/Finnern, Z 4.13 Bl. 21; s. auch OLG Hamm, OLGR 2001, 276 (Abstellen eines Baufahrzeugs; Walze)
* Haftung bei **Warnschild** für unbefugtes Betreten: BGH, Schäfer/Finnern, Z 4.13 Bl. 42 = NJW 1957, 499; OLG Hamm, BauR 1992, 658
* Verkehrssicherungspflicht (des Tiefbauunternehmers) gegenüber **witterungsbedingten Gefahren:** OLG Bamberg, VersR 1974, 552 sowie OLG Stuttgart, BauR 1995, 720 **(Hochwasser)**
* **Versorgungsleitungen:** BauR 2006, 829 = NZBau 2006, 235 u. ZfBR 1996, 85 = BauR 1996, 131 = NJW 1996, 387 (private Versorgungsleitung – **Antennenkabel**); OLG Hamm, BauR 2003, 920 (Einsatz einer **Erdrakete**); OLG Bremen, BauR 2004, 524 (Öldruckkabel); OLG Bamberg, IBR 2003, 418 (Erkundungsbohrungen); OLG Braunschweig, BauR 1999, 416 (maschinelles Einpflügen von Elektrokabeln); OLG Düsseldorf, BauR 2002, 326 u. BauR 2001, 269 (Kabelschaden); OLG Brandenburg, BauR 1999, 1041 (Wasserleitungen); OLG Koblenz, OLGR 2000, 184 (Erdarbeiten in einem Waldgebiet; keine Erkundigungspflicht des Unternehmers); OLG Hamm, BauR 2005, 418 (**Wasserleitung**; Haftungsverteilung bei unzureichender Architektenplanung u. Unternehmerhaftung); OLG Düsseldorf, BauR 1998, 808 **(Fernmeldekabel)**; OLG Hamm, BauR 1996, 407 = ZfBR 1996,

218 (private Ver- und Entsorgungsleitungen im öffentlichen Straßengrund); BGH, BauR 1983, 95 = ZfBR 1983, 124 = SFH, Nr. 13 zu § 823 BGB; BauR 1985, 706 = SFH, Nr. 18 zu § 823 BGB; BGH, NJW-RR 1990, 1172; OLG Köln, BauR 1995, 122; OLG Düsseldorf, BauR 1995, 721 u. OLGR 1996, 216 (**Gasleitung**); BauR 1993, 486; OLG Frankfurt, BauR 1994, 388; OLG Frankfurt, NJW-RR 1996, 276 u. BauR 1993, 264; OLG Naumburg, NJW-RR 1994, 784; OLG Hamburg, BauR 1990, 376; OLG Köln, SFH, Nr. 41 zu § 823 BGB u. VersR 1987, 513 sowie Maurer, BauR 1992, 437 ff.; Saller, BauR 1995, 762 ff.; Schulze, VersR 1998, 12 ff. u. Steffen, BauR 2007, 966 ff.

* **Fahrbahnverschmutzungen:** BGH, VersR 1975, 714; OLG Köln, NJW-RR 1990, 862 = DAR 1990, 267 = MDR 1990, 629 (Haftung des Unternehmers bei vertraglicher Übernahme der Reinigung des Baustellenbereichs)
* **Richtfest:** OLG Hamm, BauR 2003, 918 = BauR 2002, 1552 (Generalunternehmer)
* Verkehrssicherungspflicht bei Anlage eines **Schwimmbeckens:** OLG Köln, BauR 1974, 359
* Zur Sicherungspflicht des Unternehmers bei provisorischem Hochlegen eines Stahlträgers: OLG Karlsruhe, VersR 1985, 297
* Zur Haftung bei **Schweißarbeiten** und **Brand:** BGH, VersR 1974, 705; BGH, BauR 1979, 266 = NJW 1979, 864; OLG Frankfurt, BauR 2001, 971; OLG Oldenburg, BauR 1993, 100; OLG Düsseldorf, BauR 1996, 280 u. BauR 1993, 233; OLG Celle, BauR 1990, 626 (Schweißarbeiten bei starkem Wind)
* Schutzpflichten bei der **Anlieferung** von Baumaterial: BGH, MDR 1975, 1011; siehe auch OLG Düsseldorf, BauR 1990, 110 (zur Instruktionspflicht bei Fertigkaminen; Verursachung eines **Brandschadens**)
* Zur Haftung des Unternehmers bei **Lagerung von Baumaterialien** auf einem Nachbargrundstück: OLG Düsseldorf, BauR 1993, 506 (LS) = OLGR 1993, 130; siehe ferner: LG Saarbrücken, NVZ 1993, 236
* Zur schlüssigen Darlegung einer fehlerhaften **Sprengung:** OLG Düsseldorf, OLGR 1998, 51 (LS)
* Zu den Anforderungen an die Schritt- und Trittsicherheit eines **Parkettbodens** in einem Konzertsaal: OLG Zweibrücken, BauR 1997, 153
* Zur Anwendung der §§ **836, 837 BGB:** BGH, BauR 1999, 1035 = NJW 1999, 2593 u. BauR 1997, 673 = ZfBR 1997, 241 (**Gerüst**); OLG München, BauR 2001, 973 u. OLG Hamm, BauR 1996, 408 (**Turmdrehkran**); OLG Koblenz, NJW-RR 1998, 673 (Schaufensterscheibe)
* Verkehrssicherungspflicht des **Straßenbauunternehmers:** OLG Düsseldorf, OLGR 2000, 310; OLG Celle, VersR 1989, 157; OLG Nürnberg, MDR 1975, 319; OLG Frankfurt, VersR 1982, 170 (Rissebildung in alten Häusern durch Kanalisationsarbeiten); KG, VRS 65, 167 (Bodenwelle); OLG Stuttgart, BauR 1995, 720 (**Hochwasserschaden**)
* Haftung bei **falscher Beschilderung** einer Baustelle: OLG Karlsruhe, VersR 1976, 668
* **Überschwemmungsschäden** durch Baustelleneinrichtung: BGH, BauR 1976, 291 = VersR 1976, 776; durch Lagerung von Bauaushub: BGH, BauR 1983, 285; ferner: BGH, BauR 1985, 593 (Erdarbeiten); OLG Karlsruhe, BauR 2001, 663 (keine Haftung für Schäden durch Rückstau)

**Verkehrssicherungspflicht des Bauherrn** Rdn. 1852

* Sicherungsvorkehrungen bei Verlegen von Kunststoffböden mittels **feuergefährlicher** Klebstoffe: OLG Köln, VersR 1976, 1163
* Benutzung von Ladenräumen durch **Mieter,** bevor Bauarbeiten vollständig beendet sind: OLG Celle, VersR 1977, 479
* Zur Verkehrssicherungspflicht bei **Malerarbeiten** in einem Treppenhaus: OLG Düsseldorf, BauR 1993, 617 = NJW-RR 1993, 1309
* Verkehrssicherungspflicht des Unternehmers für den Ladeplatz von Schiffen, die zur Abfuhr von Aushubmaterial eingesetzt werden: BGH, Schäfer/Finnern, Z 2.20 Bl. 25 = BauR 1977, 432
* Sicherung des **Straßenverkehrs:** KG, VerkMitt. 1977, 59; OLG Karlsruhe, VersR 1979, 383; BGH, VersR 1982, 576; OLG Düsseldorf, DAR 1983, 356 u. BauR 1992, 121 (LS)
* Sicherungspflicht des Unternehmers gegenüber den am Bau tätigen Dachdeckern (Anbringung von „**Flatterleinen**"): BGH, BauR 1979, 531 = VersR 1970, 1107
* Zur Haftung gegenüber **Subunternehmern:** OLG Düsseldorf, NJW-RR 1995, 403 = BauR 1995, 139 (LS)
* Zur Verkehrssicherungspflicht des Unternehmers, der in einer **Baugrube** Schalenbretter abstellt: OLG Hamm, BauR 1988, 247
* Zur Haftung für **Verrichtungsgehilfen:** OLG Düsseldorf, BauR 1998, 351 u. 1996, 136; LG Göttingen, VersR 1981, 760 m. Anm. Bar; OLG Braunschweig, BauR 1999, 416; OLG Frankfurt, BauR 1999, 1324
* Zur Sicherung der **Baugrube:** OLG Zweibrücken, BauR 1993, 615; OLG München, BauR 1989, 763; LG Heidelberg, VersR 1989, 1106 (Aufstellen von Leitkegeln)
* Verwendung von **Stahlabdeckungen:** OLG Karlsruhe, NZV 1990, 230 (LS)
* Einsatz einer **Vibrationswalze:** OLG Hamm, NJW-RR 1991, 601 = BauR 1991, 632
* Zum Anspruch auf eine pauschale **Wertminderung** bei einem (Strom)Kabelschaden: AG Meinerzhagen, IBR 2004, 109 – Thesenvitz

### b) Die Verkehrssicherungspflicht des Bauherrn

*Literatur*

*Otto,* Die Haftung des Bauherrn, BlGBW 1973, 181; *Otto,* Zur Verkehrssicherungspflicht des Architekten, BauR 1974, 179; *Maaß,* Anmerkungen zu der Verkehrssicherungspflicht des Hauseigentümers bei sogenannten Dachlawinen, DAR 1983, 313; *Birk,* Ersatzpflicht für Dachlawinenschäden, NJW 1983, 2911; *Kullmann,* Die außervertragliche Haftung des Bauherrn in der Rechtsprechung des Bundesgerichtshofes, Festschrift für Korbion (1986), 235; *Möllers,* Verkehrspflichten gegenüber Kindern, VersR 1996, 153; *Dausner,* Die Leistungsbeschreibung und VOB – Pflichten des Auftraggebers zur Vermeidung von Schäden an Leitungen, BauR 2001, 713; *Müller,* Verkehrssicherungspflichten des Bauherrn und Haftung für Drittschäden aus § 823 Abs. 1 BGB, BauR 2002, 1789.

In der Rechtsprechung und Literatur ist man sich weitgehend einig, dass grundsätzlich **zunächst** jeder **Bauherr** selbst verkehrssicherungspflichtig ist,[94] da er Ver- **1852**

---

[94] BGH, BauR 2002, 627, 629 (Wasserversorgungsunternehmen); NJW 1961, 600; BB 1954, 175; NJW 1958, 627, 629; BauR 1976, 441, 442; OLG Bamberg; NJOZ 2006, 1198 = BauR 2007, 448 (LS); OLG Celle, BauR 2006, 388; Brandenburgisches OLG, BauR 2002, 1555, 1556; SchlHOLG, BauR 1999, 1485, 1486; OLG Koblenz, BauR 2000, 907; OLG Hamm, NJW-RR 1996, 1362 = VersR 1997, 124; OLG München, NJW-RR 1994, 1241; *Müller,* BauR 2002, 1789 ff.; *Gaisbauer,* BlGBW 1970, 129; *Schmalzl,* BauR 1981, 505 ff.

anlasser der Baumaßnahmen ist und damit auch die Gefahrenquellen schafft;[95] Anspruchsgrundlage für einen Ersatzanspruch ist insoweit § 823 Abs. 1 BGB. Der Bauherr bleibt verkehrssicherungspflichtig auch in den Fällen, in denen er die Bauarbeiten **in eigener Regie** durchführt, er also keine Unternehmer heranzieht, sondern den Bau selbst oder mit Hilfe von Bekannten, Verwandten oder Nachbarn erstellt.[96] Der Bauherr, der in eigener Verantwortung arbeitet, muss demnach dafür sorgen, dass Dritte und insbesondere die ihm helfenden Personen keinen Schaden erleiden, der seine Ursache in einer nicht sachgemäßen und gefährlichen Bauausführung hat. Darüber hinaus umfasst die Verkehrssicherungspflicht grundsätzlich auch solche Gefährdungen, die sich aus dem unsachgemäßen Verhalten oder vorsätzlichen Eingreifen **Dritter** ergeben können.[97]

Schaltet der Bauherr **Unternehmer ein** und überlässt er ihnen z. B. ein von ihm oder durch ein Drittunternehmen erstelltes **Gerüst**, so entbindet dies allerdings den Unternehmer nicht von der **(eigenen)** Verpflichtung, **zuvor** die Standsicherheit des Gerüsts zu überprüfen (Nr. 9.1 der Unfallverhütungsvorschriften DIN 4420).[98] Zudem sind die Unternehmer für die Beachtung der Unfallverhütungsvorschriften stets selbst verantwortlich.[99] Im Übrigen beurteilen sich **Inhalt** und **Umfang** der dem Bauherrn im Einzelfall obliegenden Verkehrssicherungspflicht nach der **Erkennbarkeit** der Gefahr und nach der **Sach- und Fachkunde** des jeweiligen Bauherrn bzw. des Geschädigten.[100]

**1853** Von den seltenen Fällen der Baumaßnahmen in Eigenregie abgesehen, kann der Bauherr grundsätzlich durch Beauftragung eines als **zuverlässig** geltenden und **sachkundigen Unternehmers** oder eines kompetenten **Architekten** von einer **Schadensersatzpflicht befreit** sein, weil im Allgemeinen keine (weiteren) Aufsichtspflichten mehr für ihn bestehen.[101] Mehr kann nämlich einem unkundigen Bauherrn nicht zugemutet werden. Er kann als Laie in der Regel nicht erkennen, ob alle Vorsichtsmaßnahmen getroffen worden sind. Vielmehr muss er sich grundsätzlich darauf verlassen können, dass der Unternehmer, der die erforderlichen Spezialkenntnisse hat, schon von sich aus alle notwendigen Sicherheitsvorkehrungen auf der Baustelle ergreift. So braucht auch ein Bauherr seine Baustelle nicht laufend zu kontrollieren, um beispielsweise festzustellen, ob das Grundstück nach Beendigung der Arbeiten von dem Unternehmer stets ordnungsgemäß abgesichert wird. Dies ist allein Sache des Unternehmers, der insoweit auch grundsätzlich die alleinige **Verantwortung** für etwaigen Schaden tragen wird.[102] Eine Haftung aus § 831 Abs. 1 BGB lässt sich in der Praxis nicht begründen; denn die mit der Bauplanung, Bauausführung und

---

95) OLG Düsseldorf, BauR 1973, 395; OLG Düsseldorf, OLGR 1998, 28 (**Gerüst**).
96) Beispielsfall: BGH, BauR 2001, 968; s. auch SchlHOLG, BauR 2001, 974, 977.
97) BGH, BauR 2002, 627, 629.
98) OLG Düsseldorf, OLGR 1998, 28.
99) OLG Düsseldorf, BauR 1999, 185 = NJW-RR 1999, 318; BGHZ 68, 175, 176.
100) OLG Köln, BauR 2003, 723, 724; *Müller*, BauR 2002, 1789, 1791 m. Nachw.
101) BGH, BauR 1982, 399; VersR 1960, 824; BauR 1976, 441 = NJW 1976, 954; OLG Celle, BauR 2006, 388, 389; SchlHOLG, BauR 2001, 974, 976; OLG Koblenz, BauR 2000, 907; OLG Düsseldorf, NJW 1961, 1925; OLG Köln, VersR 1959, 113, 114; OLG Hamm, NJW-RR 1996, 1362 = VersR 1997, 124; VersR 1985, 481; NJW 1969, 2211 u. BauR 1992, 658, 659; LG Düsseldorf, *Schäfer/Finnern*, Z 4.13 Bl. 25; *Müller*, a. a. O., S. 1792.
102) Vgl. OLG Zweibrücken, BauR 2003, 1742; zu den **Grenzen** der Sicherungspflicht des Unternehmers vgl. LG Aachen, VersR 1972, 449; KG, VerkMitt. 1972, 43.

## Verkehrssicherungspflicht des Bauherrn

Bauüberwachung beauftragten Personen gelten **nicht** als Verrichtungsgehilfen des Bauherrn; sie erbringen ihre Leistungen selbstständig.[103)]

Eine **Verantwortung** (und damit Ersatzpflicht) bleibt aber **dann aufrechterhalten,** wenn der Bauherr **Anlass zu Zweifeln** haben muss, ob der Unternehmer den Gefahren und Sicherungsanforderungen an der Baustelle in gebührender Weise Rechung getragen hat.[104)] Selbstverständlich bedarf es keiner eingehenden Überprüfung; hier sind keine allzu hohen Anforderungen an den Bauherrn zu stellen.[105)] Besucht ein Bauherr seine Baustelle nur selten, so belastet dies allein noch nicht; der Bauherr bleibt aber nur stets dann zum Eingreifen verpflichtet, wenn ihm der verkehrsunsichere Zustand der Baustelle – auch bei einem gelegentlichen Besuch – ohne weiteres hätte auffallen müssen. In diesem Falle muss er den Unternehmer unverzüglich auffordern, die Gefahrenquelle umgehend zu beseitigen. Zumutbare Sicherungsmaßnahmen muss er an Ort und Stelle selbst vornehmen. Im Einzelfall muss von ihm durch geeignete **Stichproben** überprüft werden, ob der Unternehmer seiner Verkehrssicherungspflicht hinreichend nachgekommen ist, insbesondere, wenn er zuvor auf eine unzureichende Absicherung hingewiesen worden ist.[106)]

1854

Der Bauherr ist deshalb stets zu **persönlichem Eingreifen** verpflichtet, wenn bei Tätigkeiten, die mit **besonderen Gefahren** verbunden sind, diese auch von ihm erkannt und durch eigene Anweisungen abgestellt werden können.[107)] Es entlastet dabei einen Bauherrn auch nicht ohne weiteres, dass der öffentlichen Hand (z. B. Baugenehmigungsbehörde, Straßenbaubehörde, Amt für Agrarordnung und dgl.) ihrerseits Fehler oder Versäumnisse unterlaufen.[108)]

1855

Um sein erhebliches Haftungsrisiko einzuschränken, muss sich jeder Bauherr vor der Bauausführung sorgfältig um einen sachkundigen Unternehmer, Bauingenieur und Architekten bemühen. Sorgt er hierfür nicht oder lässt er eine ihm bekannte oder erkennbare Gefahrenquelle nicht rechtzeitig beseitigen, ist er dem Geschädigten gegenüber ersatzpflichtig und haftet neben den Bauausführenden auf Schadensersatz. Ihm steht dann nur noch die Möglichkeit offen, sich im Innenverhältnis an seinem Unternehmer oder Architekten schadlos zu halten.

1856

**Rechtsprechungsübersicht** zur Verkehrssicherungspflicht des **Bauherrn:**

1857

* **Abwassergrube:** OLG Düsseldorf, NJW-RR 2002, 306

---

103) Vgl. OLG Celle, BauR 2006, 388, 390; *Müller,* BauR 2002, 1789 m. w. Nachw. in Anm. 5.
104) Zum Beispiel schnelle Baudurchführung: enge räumliche und verkehrstechnisch schwierige Verhältnisse an der Baustelle; vgl. OLG Düsseldorf, NJW 1961, 1925; BGH, BauR 1981, 302 u. BauR 1982, 399 = VersR 1982, 595 (§ 909 BGB); OLG Zweibrücken, BauR 2003, 1742; Brandenburgisches OLG, BauR 2002, 1555, 1557 (bezüglich Gerüstweiterung); OLG Hamm, VersR 2003, 473 = OLGR 2003, 181 u. OLG Hamm, BauR 1992, 658, 659; OLG Hamm, NJW-RR 1996, 1362 = ZfS 1996, 6 (unzureichend gesicherte Schachtöffnungen).
105) OLG Celle, BauR 2006, 388, 390 (keine Überprüfungspflicht hinsichtlich Statik eines Gerüsts); zu strenge Anforderungen stellt das OLG Düsseldorf (BauR 1973, 395; ablehnend: *Bindhardt,* BauR 1973, 396; ähnlich aber *Otto,* BauR 1974, 179). Besitzt der Bauherr **besondere** Fähigkeiten, kann von ihm auch eine **gesteigerte** Sorgfalt verlangt werden (BGH, BauR 1994, 646, 648).
106) Vgl. insoweit OLG Hamm, NJW-RR 1996, 1362, 1363 = VersR 1997, 124; OLG Frankfurt, BauR 1998, 153 (für **Architekten**).
107) OLG Zweibrücken, BauR 2003, 1742; SchlHOLG, BauR 2001, 974, 976 m. Nachw.
108) BGH, BauR 1981, 302, 303; OLG Köln, *SFH,* Nr. 10 zu § 823 BGB.

**Rdn. 1857**     **Zum Anwendungsbereich deliktsrechtlicher Vorschriften**

* Haftung bei **Abbrucharbeiten:** OLG Frankfurt, VersR 1980, 634; OLG Karlsruhe, VersR 1994, 446 (Entfernung des Geländers eine Tribüne); OLG Frankfurt, BauR 1991, 377 (Haftung des Bauleiters)
* Haftung bei einem unzureichend gesicherten **Bauzaun** (OLG Hamm, OLGR 2003, 181 = VersR 2003, 473)
* Haftung bei ungesicherten Abdeckrosten: BGH, VersR 1976, 294; BGH, NJW 1990, 1236
* Zur Haftung bei **Dacharbeiten:** SchlHOLG, BauR 2001, 974
* Zur Verkehrssicherungspflicht hinsichtlich **Dachlawinen:** LG Koblenz, VersR 1986, 351; OLG Karlsruhe, NJW-RR 1986, 1404; LG Hannover, ZMR 1987, 226; LG München I, DAR 1987, 56; OLG Hamm, NJW 1987, 412; OLG Dresden, OLGR 1997, 121
* Zur Haftung eines Energieversorgungsunternehmens (OLG Köln, BauR 2003, 723 – Malerarbeiten in einer **Umspannstation**)
* Verkehrssicherungspflicht der **Deutschen Bahn:** BGH, BauR 2002, 951 = ZfBR 2002, 353 u. BauR 1994, 263; der Deutschen **Telekom:** OLG Karlsruhe, NJW 1994, 1291
* Verkehrssicherungspflicht bei schwierigen **Unterfangungsarbeiten:** BGH, MDR 1976, 1010 = BauR 1976, 441 = Schäfer/Finnern, Z 2.20 Bl. 222 = VersR 1976, 954
* Verkehrssicherungspflicht bei Schaufensterbeleuchtung vor Baubeendigung: OLG München, NJW-RR 1994, 1241
* Zur Haftung der **Wohnungseigentümer untereinander:** OLG Frankfurt, OLGR 1993, 33
* Verkehrssicherungspflicht für **Glaswände** im Fußgängerbereich: OLG Köln, SFH, Nr. 32 zu § 823 BGB; für Treppenhausverglasung aus **gewöhnlichem Fensterglas:** BGH, NJW 1994, 2232 = ZfBR 1994, 211 = BauR 1994, 646
* Zur Haftung bei **leerstehendem** Haus (Brandstiftung): OLG Hamm, NJW-RR 1987, 1315
* Rutschgefahr durch Bodenfliesen im **Hallenbad:** OLG Hamm, NJW-RR 1989, 736
* Verkehrssicherungspflicht für **Hallen-Parkettfußboden:** OLG Hamm, OLGR Hamm 1993, 53
* Haftung für Erschütterungen durch Baustellenverkehr mit Schwertransportern: BGH, BauR 1981, 302; BGH, BauR 1982, 399; VersR 1982, 595 (Schäden am Nachbargrundstück durch Einsatz einer Rüttelwalze)
* Zur Verkehrssicherungspflicht bei privaten Grundstücken: OLG Düsseldorf, VersR 1982, 47 (Schlammablagerung); OLG Bamberg, BauR 2001, 661 (Lagerung von Pflastersteinen).
* Zur Haftung für scharfkantig abgesetzte **Niveauunterschiede** von mehr als 2 cm im Gehwegbereich: OLG Hamm, VersR 1988, 467 = NJW-RR 1987, 412; zur Haftung eines Supermarktes für die auf dem Boden einer Tiefgarage angeschraubte dunkelfarbige Holzleiste: OLG Köln, BauR 1991, 783
* **Richtfest:** BGH, BauR 1983, 387 u. OLG Hamm, BauR 2003, 918 (= BauR 2002, 1552)
* Zur Haftung für die durch **Steinschlag** ausgehenden Gefahren: OLG Köln, NJW-RR 1990, 539 = MDR 1990, 340
* Zerstörung eines **Stromkabels:** OLG Düsseldorf, SFH, Nr. 19 zu § 254 BGB
* Gefährdung durch **Gartenteich:** OLG Hamburg, OLGR 1996, 38 (LS); OLG Koblenz, NJW-RR 1995, 1426, OLG Oldenburg, FamRZ 1994, 1454; OLG Karls-

ruhe, MDR 1990, 339; zur Verkehrssicherungspflicht in Bezug auf ein in den Erdboden eingelassenes **Schwimmbecken:** OLG Köln, SFH, Nr. 30 zu § 823 BGB; zur Gefährdung durch nichtumfriedeten **Löschwasserteich:** BGH, ZfBR 1997, 85 = BauR 1997, 148 = SFH, Nr. 46 zu § 823 BGB = NJW 1997, 582
* **Treppen** in Gaststätten: OLG Hamm, VersR 1994, 1081
* Haftung der Gemeinde für **Überschwemmungsschäden** aus Abwasserkanalisation: OLG Karlsruhe, BauR 2001, 120
* Ungenügende Absicherung eines **Treppenschachtes:** BGH, BauR 2001, 968
* Keine Hinweispflicht auf Gefahren durch **Hochspannungsleitungen** bei Dachdeckerarbeiten: OLG Hamm, BauR 1992, 793
* Für die Einhaltung der **Unfallverhütungsvorschriften** ist der Unternehmer verantwortlich: OLG Düsseldorf, OLGR 1999, 30
* Zur Haftung des Warenhausbetreibers (**Rutschgefahr** durch PVC-Belag?): OLG Düsseldorf, BauR 2007, 1591
* Haftung des Wasserversorgungsunternehmens (**Absperrung** der Versorgungsleitung): BGH, BauR 2002, 627

### c) Die Verkehrssicherungspflicht des Architekten

*Literatur*

*Schmalzl,* Die Haftung des „verantwortlichen Bauleiters" im Sinne der Landesbauordnung, NJW 1970, 2265; *Bindhardt,* Folgt eine Verkehrssicherungspflicht des Architekten aus der Übernahme der örtlichen Bauführung?, VersR 1972, 901; *Ganten,* Gedanken zum Deliktsrisiko des Architekten, BauR 1973, 148; *Bindhardt,* Über die Rechtsprechung des BGH zur Verkehrssicherungspflicht des Architekten, BauR 1975, 376; *Kullmann,* Zur Verkehrssicherungspflicht eines mit der örtlichen Bauführung oder der Bauleitung betrauten Architekten, BauR 1977, 84; *Schmalzl,* Die Verkehrssicherungspflicht des Architekten, NJW 1977, 2041; *Reuter,* Die Haftung des Architekten bei Schädigung Dritter, DAB 1997, 1689.

Nicht einheitlich wird die Verkehrssicherungspflicht des **Architekten** in Rechtsprechung und Literatur[109] behandelt. Dies beruht vor allem darauf, dass der Architekt weder auf der Baustelle den Verkehr eröffnet noch dort die unmittelbare (tatsächliche) Verfügungsgewalt hat. Die HOAI hat im Hinblick auf die Verkehrssicherungspflicht des Architekten keine neuen Gesichtspunkte erbracht; vielmehr bleiben die alten Streitfragen offen.[110]

**1858**

Einig ist man sich darin, dass der Architekt in der Regel nicht verkehrssicherungspflichtig ist, wenn ihm nur die **Planbearbeitung** und die **Oberleitung** übertragen wurden.[111] Es gibt jedoch **Ausnahmen;** so hat Schmalzl[112] bereits darauf hingewiesen, dass auch der nur planende Architekt jedenfalls dann verkehrssicherungspflichtig wird, wenn er auf der Baustelle Maßnahmen **anordnet,** die für **Dritte** gefährlich werden. Darüber hinaus ist ein Architekt jedoch dann als „verkehrssicherungspflichtig" anzusehen, wenn **von seiner Planung** erkennbar **Gefahren** ausgehen können; diesen muss er **vorbeugen** und/oder sie gegebenenfalls **abwehren.**[113] Das galt uneinge-

**1859**

---

109) Vgl. dazu vor allem *Schmalzl,* NJW 1977, 2041 ff.; *Siegburg,* S. 14 ff.
110) So auch *Schmalzl,* NJW 1977, 2041 ff.; *Neuenfeld,* BauR 1981, 436, 445.
111) Vgl. *Locher,* Rdn. 452; *Groß,* Haftungsrisiken des Architekten, S. 112; *Neuenfeld,* BauR 1981, 436, 444; *Siegburg,* S. 17, 19.
112) BauR 1981, 505, 508.
113) Vgl. OLG Frankfurt, BauR 1997, 330, 332 (Planung für **Hanggrundstück**).

### Rdn. 1860–1861   Zum Anwendungsbereich deliktsrechtlicher Vorschriften

schränkt schon für den Anwendungsbereich der GOA; dies ist nach dem Leistungsbild „Objektplanung" nach § 15 HOAI nicht anders.

**1860**   Demgegenüber hat der Architekt eine Verkehrssicherungspflicht, wenn er als **„verantwortlicher Bauleiter"** im Sinne der Landesbauordnung tätig wird.[114] Das ist allerdings keine inhaltlich gesteigerte Verkehrssicherungspflicht.[115]

**1861**   Zweifelhaft war, ob den Architekten eine Verkehrssicherungspflicht traf, wenn ihm nach der GOA die **technische Oberleitung und/oder die örtliche Bauaufsicht** übertragen wurde. Die herrschende Meinung[116] ging davon aus, dass den Architekten insoweit keine generelle („primäre") Verkehrssicherungspflicht gegenüber Dritten trifft. Der BGH[117] sprach zunächst nur von einer „gewissen Verkehrssicherungspflicht" des Architekten, hat dann aber durch die Entscheidung vom 10. März 1977[118] die Verkehrssicherungspflicht des mit der örtlichen Bauaufsicht betrauten Architekten wie folgt beschrieben:

„Darüber hinaus hat der BGH wiederholt entschieden, dass eine Haftung des mit der örtlichen Bauaufsicht beauftragten Architekten auch wegen Verletzung von Verkehrssicherungspflichten (§ 823 I BGB) und Schutzgesetzen (§ 823 II BGB) in Betracht kommt. Zwar hat zunächst der Bauherr dafür zu sorgen, dass von seinem Bauvorhaben keine Gefahren ausgehen, durch die Dritte Schäden erleiden können, und er wird von seiner Verantwortlichkeit nicht immer schon dadurch befreit, dass er Bauplanung, Bauaufsicht und Bauausführung einem bewährten Architekten sowie einem zuverlässigen und leistungsfähigen Bauunternehmer überträgt (BGH, BauR 1976, 441 [442]). Mit der Übernahme der Bauführung trifft aber auch den Architekten die Pflicht, nicht nur seinen Auftraggeber, sondern auch Dritte vor solchen Schäden zu bewahren, die im Zusammenhang mit der Errichtung des Bauwerks entstehen können. Der BGH hat demgemäß in einem Fall, in dem der Bauherr dem bekl. Architekten Bauleitung und Bauführung übertragen hatte und die Brandmauer des auf dem Nachbargrundstück stehenden Hauses infolge unsachgemäßer Bodenvertiefung (vgl. § 909 BGB) eingestürzt war, die unzureichende örtliche Bauaufsicht, nicht die Bauleitung als entscheidenden Haftungsgrund angesehen (LM § 909 BGB Nr. 4 a).

Im Regelfall braucht der Architekt allerdings nur diejenigen Verkehrssicherungspflichten zu beachten, die dem Bauherrn als dem mittelbaren Veranlasser der aus der Bauausführung fließenden Gefahren obliegen (OLG Köln, VersR 1969, 810 [811]). In erster Linie ist der Unternehmer verkehrssicherungspflichtig: Er hat für die Sicherheit der Baustelle zu sorgen, die Unfallverhütungsvorschriften wenden sich nur an ihn (BGH, VersR 1956, 31; 358 [360]). Selbst verkehrssicherungspflichtig wird der mit der örtlichen Bauaufsicht beauftragte Architekt indessen, wenn Anhaltspunkte dafür vorliegen, dass der Unternehmer in dieser Hinsicht nicht genügend sachkundig oder zuverlässig ist, wenn er Gefahrenquellen erkannt hat oder wenn er diese bei gewissenhafter Beobachtung der ihm obliegenden Sorgfalt hätte erkennen können. Der als Bauführer tätige Architekt muss also gewisse Gefahren auch bemerken; er darf seine Augen nicht verschließen, um auf diese Weise jeglichem Haftungsrisiko aus dem Wege zu gehen (so mit Recht *Ganten*, BauR 1973, 153; vgl. auch *Korbion/Scherer*, Gesetzliches BauhaftungsR, Anm. B 80 ff.). Die vom

---

114) Vgl. BGH, BauR 1984, 77 = NJW 1984, 360 = ZfBR 1984, 79; NJW 1977, 898 = BauR 1977, 428; VersR 1968, 470; NJW 1970, 2290, 2291; Brandenburgisches OLG, BauR 2003, 119, 122; OLG Karlsruhe, BauR 1997, 675; OLG Köln, NJW-RR 1995, 156 = OLGR 1994, 160 = MDR 1994, 687; LG Frankenthal, MDR 1958, 337 = VersR 1958, 811; OLG Hamm, BauR 1980, 378; OLG Koblenz, BauR 1979, 176.
115) BGH, NJW 1977, 898 = BauR 1977, 428.
116) Siehe dazu *Kullmann*, BauR 1977, 84 m. w. Nachw.
117) BGH, *Schäfer/Finnen*, Z 4.13 Bl. 102 = VersR 1964, 279; BGH, DB 1975, 1792.
118) BGHZ 68, 169 = NJW 1977, 898 = BauR 1977, 428; siehe ferner: BGH, ZfBR 1997, 85, 87/88 = BauR 1997, 148, 152; BGH, BauR 1991, 111 = NJW 1991, 562 = ZfBR 1991, 17.

## Verkehrssicherungspflicht des Architekten   Rdn. 1862

BerGer. getroffene Unterscheidung in ‚primäre' Verkehrssicherungspflichten und ‚sekundäre' Kontrollpflichten (*Bindhardt*, S. 165; *Schmalzl*, Die Haftung des Architekten und des Bauunternehmers, Rdn. 81) hilft hier nicht weiter.

Diese Wahrnehmungspflicht des bauführenden Architekten besteht freilich nur dort, wo es um die Einhaltung der für die **Herstellung des Bauwerks** maßgeblichen technischen Regeln und behördlichen Vorschriften geht. Dazu **können** auch Unfallverhütungsvorschriften gehören, nämlich insoweit, als sie der Sache nach zu den Regeln der Baukunst gehören (BGH, VersR 1962, 358 [360]); *Scherer*, Bau und Bauindustrie – Baubetriebswirtschaft Baurecht – 1965, 17 f.). Wenn beispielsweise § 44 der Unfallverhütungsvorschriften der Südwestlichen Bau-Berufsgenossenschaft Karlsruhe (Ausgabe 1955) bestimmt, dass neben Bauwerken neue tiefergehende Grundmauern und der Bodenaushub stückweise und erst nach Vornahme der nötigen Absteifungen und sachgemäßer Sicherung der Bauwerke auszuführen sind, sowie dass das Unterfangen (Unterfahren) von Wänden nur in Abschnitten von nicht ehr als 1,25 m Länge erfolgen darf, so handelt es sich hierbei auch um eine technische Regel i. S. des § 19 IV GOA. Der Senat hat demgemäß erst kürzlich einen Architekten schon aufgrund eines Planungsverschuldens als mitverantwortlich dafür angesehen, dass ein Gebäude infolge von Ausschachtungsarbeiten einstürze, bei denen jene Sicherungsvorkehrungen nicht beachtet worden waren (Urteil v. 27.1.1977 – VII ZR 301/75).

Innerhalb des derart durch vertrags- und deliktsrechtliche Pflichten gezogenen Kreises ist der bauführende Architekt dem Bauherrn gegenüber auch für die Einhaltung des Bauordnungsrechts verantwortlich. Er hat dafür zu sorgen, dass das Bauaufsichtsamts den Bauherrn nicht deshalb in Anspruch nimmt, weil etwa technische Regeln der Baukunst oder im Bauschein erteilte Auflagen missachtet worden sind. Auch insoweit hat der Architekt daher als Vertreter des Bauherrn das Recht und die Pflicht, dem Unternehmer Weisungen zu erteilen und sich bei Gefahr im Verzuge unmittelbar an die einzelnen Arbeiter und Angestellten zu wenden (vgl. § 4 Nr. 1 III VOB/B). Wird aufgrund seines Verschuldens gegen den Bauherrn eine Geldbuße verhängt oder wird die Bauausführung deshalb vorübergehend oder sogar endgültig eingestellt, so hat der Architekt dem Bauherrn Schadensersatz wegen positiver Vertragsverletzung zu leisten."

Der mit der Objektüberwachung (**Bauüberwachung**) betraute[119] Architekt ist verpflichtet, die **konkret erkannten Gefahren** auf der Baustelle zu beseitigen (**sekundäre** Verkehrssicherungspflicht).[120] Deshalb wird der Architekt selbst verkehrssicherungspflichtig, wenn **Anhaltspunkte** dafür vorliegen, dass ein Unternehmer nicht genügend sachkundig oder zuverlässig ist; der als örtlicher Bauführer tätige Architekt muss demnach gewisse Gefahren auch bemerken, er darf insbesondere seine Augen nicht verschließen, um auf dieser Weise jeglichem Haftungsrisiko aus dem Weg zu gehen.[121] Diese Pflicht kann für ihn erst enden, wenn er seine Pflicht aus der Phase

**1862**

---

119) Eine für den Bauherrn honorarpflichtige Tätigkeit des Architekten ist nicht Voraussetzung einer Haftung; es genügt, dass der Architekt die Überwachung eines zu errichtenden Objekts **gefälligkeitshalber** übernimmt (OLG Stuttgart, BauR 2006, 1493, 1494; OLG Hamm, BauR 2002, 1427, 1428).
120) Siehe BGH, BauR 2007, 1267, 1268 = NZBau 2007, 449; BauR 1984, 77 = NJW 1984, 360; OLG Stuttgart, NZBau 2007, 591 592; OLG Hamm, NZBau 2003, 161 (Außentreppe; unzureichendes **Geländer**); KG, BauR 1999, 421 (**Abriss** von Schornsteinen); OLG Frankfurt, BauR 1999, 1324 (Baggereinsatz bei Gebäudeabriss) u. BauR 1999, 1488 (**Beschädigung** des Gebäudes); OLG Stuttgart, BauR 2006, 1493 u. NJW-RR 2000, 752 (**Gerüstunfall**); OLG Nürnberg, ZfBR 1996, 43 = BauR 1996, 135 (Abschweißen von Stahlträgern); OLG Hamm, BauR 1992, 658, 660; OLG Frankfurt, BauR 1998, 152 m. abl. Anm. *Vogel/Vogel*; OLG Stuttgart, BauR 1990, 112 (Baugerüst); OLG Düsseldorf, BauR 1996, 731 (lose Kabelverlegung) u. NJW-RR 1995, 403, 404 (**Begehbarkeit** einer Verschalung); *Locher/Koeble/Frik*, § 15 HOAI, Rdn. 34; *Neuenfeld*, BauR 1981, 436, 443 ff.; *Siegburg*, S. 20 ff.
121) Zutreffend: OLG Stuttgart, NJW-RR 2000, 752, 754 = BauR 2000, 748 m. Nachw.

### Rdn. 1863–1864 Zum Anwendungsbereich deliktsrechtlicher Vorschriften

9 auf der Baustelle wahrgenommen hat.[122] Es ist grundsätzlich die Aufgabe der Bauleitung, die aus dem Ablauf und der Verkettung der Bauvorgänge resultierenden Gefahren zu beherrschen; das ist nicht die Aufgabe der einzelnen Bauarbeiter.[123]

Zu beachten ist, dass den nur mit der örtlichen Bauaufsicht betrauten Architekten **„primäre"** Verkehrssicherungspflichten treffen, wenn **er selbst Maßnahmen** an der Baustelle **veranlasst,** die sich als Gefahrenquellen erweisen können, sei es, dass die Auftragserteilung schon unmittelbar Gefahren für andere begründen kann oder dass solche Gefahren nicht von vornherein ausgeschlossen sind.[124] Die Verkehrssicherungspflicht des bauaufsichtführenden Architekten besteht deshalb immer dort, wo es gilt, besonders gefahrträchtige Fehler des Bauunternehmers zu verhindern.[125]

**1863** Besondere Beachtung ist der deliktischen Verantwortlichkeit des Architekten zu schenken, wenn es nicht nur um die Erfüllung der gegenüber dem Bauherrn zu erfüllenden Vertragspflichten geht, sondern es sich um diejenigen Verkehrspflichten gegenüber **Dritten** handelt, die mit dem Bauwerk **bestimmungsgemäß in Berührung** kommen; denn diese können im Regelfall (ebenfalls) darauf vertrauen, dass der Architekt seine – auch ihrem Schutz – dienenden Aufgaben ordnungsgemäß erfüllt.[126]

**1864** **Rechtsprechung** zur Verkehrssicherungspflicht des **Architekten:**

Sturz auf einer fehlerhaften Wendeltreppe (BGH, DB 1970, 2215); unterbliebene Einholung eines **statischen Gutachtens** über Haltbarkeit einer Kupole-Decke (OLG Stuttgart, BauR 1974, 352 sowie BGH, VersR 1964, 1250; NJW 1971, 1130 = VersR 1971, 644); Sturz in eine Baugrube (OLG Hamm, BauR 1980, 389); **Feuchtigkeitsschäden** an Sachen von Mietern des Bauherrn (BGH, NJW 1987, 1013 = BauR 1987, 116; BGH, ZfBR 1991, 17 = BauR 1991, 111 = NJW 1991, 562; Verkehrssicherungspflicht für im Kircheninnern aufgestelltes **Gerüst;** Haftung des für die Kirchengemeinde tätigen Bauingenieurs (BGH, NJW-RR 1989, 921 = ZfBR 1989, 249); Haftung für einen **Gerüstaufbau** (OLG Frankfurt, BauR 1992, 255 u. OLG Stuttgart, BauR 1990, 112; s. auch BGH, BauR 1997, 673); Haftung für einen unzulänglich gesicherten Pumpenschacht (OLG Hamm, BauR 1992, 658); Schutz der Eigentümer und Nutzer des Nachbargrundstückes vor schädigenden Auswirkungen des Bauwerks – verantwortlicher Bauleiter (OLG Köln, OLGR 1994, 160 = NJW-RR 1995, 156); Abrutschen eines Hangs durch Aushub der Baugrube; **fehlender Standsicherheitsnachweis** (OLG Frankfurt, BauR 1997, 330 = VersR 1997, 360); **Beschädigung** eines Vordaches mit Auswirkungen auf dessen Tragfähigkeit (OLG Frankfurt, BauR 1999,

---

122) *Neuenfeld,* BauR 1981, 436, 445 für den Fall der Überwachung von Nachbesserungsarbeiten des schon genutzten Gebäudes.
123) OLG Hamm, BauR 1999, 60, 61; s. auch OLG Celle, BauR 2001, 1925.
124) BGH, BauR 2007, 1267, 1268 = NZBau 2007, 449, 450; BauR 1984, 77 = NJW 1984, 360 (Veränderung eines von einem Fachunternehmer erstellten **Gerüsts** durch einen Hilfspolier); SchlHOLG, BauR 1999, 1485, 1487; OLG Düsseldorf, BauR 1996, 731; zu den Anforderungen an die Sicherheit eines **Gerüsts** vgl. BGH, BauR 1989, 504; BGH, BauR 1997, 673 = NJW 1997, 1853; OLG Koblenz, BauR 1997, 328; KG, BauR 1996, 884 (erhöhte Anforderung durch Wind); OLG Frankfurt, BauR 1992, 255; OLG Nürnberg, BauR 1991, 781.
125) Vgl. vor allem KG, BauR 1999, 421 (Abriss von Schornsteinen während der **Heizperiode**).
126) BGH, NJW 1987, 1013 = BauR 1987, 116; BGH, NJW 1991, 562; OLG Frankfurt, BauR 1997, 330 **(fehlender Standsicherheitsnachweis);** OLG Stuttgart, NZBau 2007, 591 591; OLG München, BauR 1998, 152, 153; OLG Hamm, NJW-RR 1993, 594, 595 (Wassereinbruch); OLG Köln, OLGR 1994, 160 (Anschluss eines Regenfallrohrs an das Kanalanschlussrohr).

# Sicherung von Bauforderungen (GSB)

1488); zur **Ursächlichkeit** einer Pflichtverletzung (OLG Düsseldorf, BauR 2002, 509); zur Haftung bei Leitungsschäden infolge von Ausschachtungsarbeiten (OLG Hamm, IBR 2004, 506 – Saerbeck); **unfertige Verschalungsarbeiten** auf dem Dach; unverschlossene Stelle wird mit Dachpappe abgedeckt (BGH, BauR 2007, 1267).

## 3. Gesetz zur Sicherung von Bauforderungen (GSB)

*Literatur*

*Hagenloch*, Handbuch zum Gesetz über die Sicherung von Bauforderungen (GSB), 1991; *Stammkötter*, Gesetz über die Sicherung von Bauforderungen, Kommentar, 2. Aufl. 2003; *Busch*, Delikte nach dem Gesetz über die Sicherung der Bauforderungen (GSB), in: Greeve/Leipold, Handbuch des Baustrafrechts, 2004.

*Lüdtke-Handjery*, Die Sicherung von Geldforderungen des Bauunternehmers, DB 1972, 2193; *Schlenger*, Schadensersatz bei zweckfremder Verwendung von Baugeld, ZfBR 1983, 104; *Korsukewitz*, Das GSB – Eine vergessene Anspruchsgrundlage, BauR 1986, 383; *Maritz*, Das GSB – eine beschränkte Sicherheit für Bauunternehmen, BauR 1990, 401; *Scorl*, Eigenart und zivilrechtliche Bedeutung des Gesetzes über die Sicherung von Bauforderungen, Festschrift für von Craushaar (1997), 317; *Stammkötter*, Das Gesetz über die Sicherung der Bauforderungen – eine schlafende Chance, BauR 1998, 954; *Stammkötter/Heerdt*, Rechtsfolgen der Verletzung der Baubuchführungspflicht des § 2 des Gesetzes über die Sicherung der Bauforderungen, BauR 1999, 1362; *Bruns*, Wer ist Baugeldempfänger nach dem Gesetz über die Sicherung der Bauforderungen?, NZBau 2000, 180; *Schmidt*, Ansprüche des Auftragnehmers aus dem Gesetz über die Sicherung von Bauforderungen, BauR 2001, 150; *Liepe*, Vergütung mit Hilfe des Staatsanwaltes – zivilrechtliche Anspruchsverfolgung im strafrechtlichen Adhäsionsverfahren, BauR 2001, 157; *Bruns*, Zur haftungsrechtlichen Bedeutung des Gesetzes über die Sicherung der Bauforderungen, Jahrbuch Baurecht 2001, 49; *Schmid*, Das Gesetz über die Sicherung von Bauforderungen, BauRB 2003, 93; *Heerdt*, Der Schutz des Erwerbers beim Bauträgervertrag nach dem Gesetz über die Sicherung der Bauforderungen, BauR 2004, 1661; *Möller*, Die Haftung des Generalunternehmers nach dem GSB als unmittelbare Haftung des Geschäftsführers/Vorstandes, BauR 2005, 8; *Stammkötter/Reichelt*, Das GSB und die Haftung der Banken, ZfBR 2005, 429; *Drasdo*, Die Sicherung von Baugeldforderungen, NJW-Spezial 2006, 97; *Kainz*, Der Schutz der Bauhandwerkerforderung – ein Jahrhunderte langes Dauerthema am Beispiel des Gesetzes über die Sicherung der Bauforderungen (GSB) und hierzu denkbarer anderer Alternativen, Festschrift für Motzke (2006), 145; *Vogel*, Einige Überlegungen zur Schadenshaftung von Organen bei Verstößen gegen die Baugeldverwendungspflicht, ebenda, 409.

**1865** Das Gesetz über die Sicherung von Bauforderungen vom 1. Juni 1909[127] ist ein wenig bekanntes, jedoch **„neuentdecktes"** Gesetz, dessen zivilrechtliche Bedeutung nicht unterschätzt werden sollte. Vor allem in der **Insolvenz** eines Generalunternehmers ist die durch die Rechtsprechung begründete Haftung der gesetzlichen Vertreter, die persönlich haftbar sind, oftmals die einzige Chance, den ausstehenden Werklohn zu erhalten; in aller Regel fallen **Subunternehmer** in der Insolvenz des Generalunternehmers aus. Nur ein Schadensersatzanspruch nach §§ 823 Abs. 2 BGB, 1, 5 GSB gegen die vertretungsberechtigten Organe des Generalunternehmers kann im Einzelfall dann noch helfen.[128] Zu beachten ist auch, dass dem **„Baugeld"** im Sinne des GSB noch keine echte Treuhandeigenschaft zukommt. Ist das Baugeld **ausgezahlt** und nicht auf einem besonderen Treuhandkonto verbucht, unterliegt es auch der **Pfändung** durch andere Gläubiger.[129] Hieraus folgt das OLG

---

127) RGBl. S. 449; zuletzt geändert durch Art. 6 Einführungsgesetz zur InsO vom 5.10.1994 (BGBl. I 2911).
128) *Möller*, BauR 2005, 8, 9; s. auch *Korsukewitz*, BauR 1986, 383, 387.
129) BGH, NJW 1988, 263, 265; OLG Hamm, OLGR 2007, 159, 160.

## Rdn. 1866 Zum Anwendungsbereich deliktsrechtlicher Vorschriften

Hamm[130]) zu Recht, dass der Insolvenzverwalter die **Verwendungspflicht** des § 1 Abs. 1 GSB **nicht im eröffneten Insolvenzverfahren** beachten müsse; diese ende oder ruhe vielmehr mit der Eröffnung.[131])

Die wichtigste und für die Praxis allein bedeutsame Vorschrift ist **§ 1 GSB über die Verwendung von Baugeldern.**[132]) Die Vorschrift enthält selbst keine Strafandrohung,[133]) sie ist jedoch **Schutzgesetz** im Sinne des § 823 Abs. 2 BGB.[134]) § 1 GSB statuiert die Verpflichtung des Empfängers von **Baugeld**, dieses Geld zur Befriedigung solcher Personen zu verwenden, die an der **Herstellung** des Baues auf Grund eines Werk-, Dienst- oder Lieferungsvertrags beteiligt sind.[135]) Handelt der Empfänger des Baugeldes dieser Verpflichtung – **vorsätzlich**[136])–zuwider, so ist er den am Bau beteiligten Unternehmen u. U. nach § 823 Abs. 2 BGB zum Schadensersatz verpflichtet.[137])

**1866** Der **Begriff** des Baugeldes ist in § 1 Abs. 3 GSB definiert: Danach muss es sich um Geldbeträge handeln, „die zum Zwecke der Bestreitung der Kosten eines Baues in der Weise gewährt werden, dass zur Sicherung der Ansprüche des Geldgebers eine Hypothek oder Grundschuld an dem zu bebauenden Grundstück dient oder die Übertragung des Eigentums an dem Grundstück erst nach gänzlicher oder teilweiser Herstellung des Baues erfolgen soll. Als Geldbeträge, die zum Zweck der Bestreitung der Kosten eines Baues gewährt werden, gelten insbesondere solche, deren Auszahlung ohne nähere Bestimmung des Zweckes der Verwendung nach Maßgabe des Fortschreitens des Baues erfolgen soll."[138])

---

130) OLG Hamm, OLGR 2007, 159 (Aktenzeichen der Revision: BGH, IX ZR 1/07).
131) Ob etwas anderes gilt, wenn der Insolvenzverwalter die **Erfüllung** des Bauvertrags nach § 103 Abs. 1 InsO **wählt**, ist offen; das OLG Hamm meint unter Hinweis auf BGH, NZI 2001, 533, 536, der BGH „neige" dazu.
132) Zum **Einsichtsrecht** des Auftragnehmers in das **Baubuch** (§ 2 GSB): LG Hamburg, BauR 2004, 692 m. Anm. *Buscher*.
133) Zum **Straftatbestand** (§ 5 GSB): BGH, NZBau 2001, 445; *Busch*, in: Greeve/Leipold, 10. Teil, Rdn. 33 ff.
134) Vgl. BGH, BauR 1991, 237; OLG Hamburg, BauR 2003, 1058; OLG Dresden, BauR 2002, 486 u. BauR 2000, 585; OLG Naumburg, OLGR 2001, 97; OLG Düsseldorf, NJW-RR 1996, 1363; OLG Frankfurt, BauR 1998, 152 m. abl. Anm. *Vogel/Vogel;* OLG Hamburg, BauR 1994, 123; OLG Karlsruhe, BB 1980, 233; BGH, ZfBR 1982, 75, 76 = BauR 1982, 193; BauR 1991, 237; LG Schwerin, BauR 2002, 806; *Hagenloch*, Rdn. 279 m. Nachw.
135) Mit dem OLG Dresden (BauR 2005, 1649, 1650 m. zust. Anm. *Orlowski*; ablehnend: *Handschumacher*, S. 1650, 1651) ist davon auszugehen, dass die **Verwendungspflicht** des § 1 Abs. 1 Satz 1 GSB wegen des Schutzcharakters des Gesetzes auch bei einem **unwirksamen** Vertrag besteht.
136) BGH, ZfBR 1996, 257 = BauR 1996, 709; ZfBR 1982, 75; OLG Bamberg, BauR 2003, 1056; OLG Hamburg, BauR 1994, 123, 126.
137) Zu den Voraussetzungen eines **Arrestverfahrens:** OLG Celle, BauR 2002, 1869. Zur **Verjährung** der Ansprüche: OLG Düsseldorf, IBR 2004, 317 – *Stammkötter;* s. dazu (zutreffend): OLG Dresden, IBR 2007, 79 – *Stammkötter* (i. S. des § 852 BGB a. F. ist auch die **Kenntnis** über das Vorliegen und die Verwendung des Baugeldes erforderlich; nichts anderes gilt für § 199 Abs. 1 Nr. 2 BGB).
138) Vgl. BGH, ZfBR 1996, 257 = BauR 1996, 709; NJW-RR 1991, 728, 729; BGH, NJW 1988, 263 = BauR 1988, 107; s. ferner: OLG Hamburg, BauR 2003, 1058, 1059; LG Bielefeld, BauR 2003, 398 (zum „Baugeldkonto"); OLG Dresden, BauR 2002, 486, 487 u. NZBau 2002, 393; *Schmid*, BauRB 2003, 93, 94.

## Sicherung von Bauforderungen (GSB)

Der Begriff des Baugeldes ist damit wesentlich durch **die besondere Sicherung des Geldgebers** und den der **Kredithingabe** zugrunde liegenden **Absprachen** gekennzeichnet.[139] Nicht jeder aus Anlass des Bauvorhabens gewährte Betrag ist „Baugeld". Geldmittel, die nur zum Erwerb des Grundstücks zur Verfügung gestellt werden, fallen ebenso wenig unter den Begriff des Baugeldes wie Betriebsmittelkredite.[140] Die von einem Kreditgeber aus Anlass eines Bauvorhabens bereit gestellten Mittel sind nur dann Baugeld, wenn sie zur Bestreitung der Kosten des Baues bestimmt sind, die Vereinbarungen in dem (dinglich gesicherten) Kreditvertrag also (ausdrücklich oder schlüssig) vorsehen, dass der Kredit gewährt wird, damit der Darlehnsnehmer seine Verbindlichkeiten gegenüber Personen tilgen kann, die an der Herstellung des Baues aufgrund eines Werk- oder Werklieferungsvertrags beteiligt sind.[141] Die **Herstellungskosten** sind damit „Baugeld";[142] im Streitfall muss der **Baugeldanteil** gegebenenfalls mit Hilfe eines Sachverständigen **konkret** ermittelt werden. Gezahlte **Guthabenzinsen** können Baugeld sein, nicht dagegen Umsatzsteuererstattungen.[143] Auch der grundbuchmäßig abgesicherte **Überziehungskredit** stellt in Höhe des nicht abgerufenen Betrages Baugeld dar und ist ebenso wie **Kaufpreiszahlungen** der Erwerber zu berücksichtigen.[144] Demgegenüber sind wiederum öffentliche Fördermittel, die als verlorene Zuschüsse gewährt werden, selbst kein Baugeld.[145] Der Baugeldqualität steht nicht entgegen, **wann** die Grundschuld im Grundbuch eingetragen wird; entscheidend ist nur, dass sich der Darlehensnehmer (Erwerber/Bauherr) mit der Bank in den Darlehensverträgen über die Absicherung des Darlehns durch eine Grundschuld oder Hypothek geeinigt hat.[146] Die Baugeldeigenschaft wird auch **nicht** dadurch aufgehoben, dass die zur Sicherheit des Baudarlehens eingetragene **Grundschuld** nachträglich **gelöscht** wird.[147]

Kosten eines Baues im Sinne des § 1 Abs. 3 GSB sind aber nicht nur die Aufwendungen für die Errichtung eines **Neubaues** (vgl. § 2 Abs. 2 GSB), sondern auch Kosten für **Um-** und **Ausbau** sowie Sanierung eines bereits errichteten Gebäudes.[148] In diesem Zusammenhang ist aber zu beachten, dass unter den Schutz des § 1 Abs. 1 GSB nur solche Gläubiger fallen, deren Leistungen einen unmittelbaren Beitrag zur Herstellung des Baues bilden, was sich in der Regel in der Schaffung von Mehrwert äußert;[149] hierzu zählen u. a. auch die Anfertigung von Plänen, die Bauaufsicht

---

139) Zur „**Vermutung**" im Sinne des § 1 Abs. 3 Satz 2 GSB: OLG Celle, OLGR 2006, 738, 739 = IBR 2007, 29 – *Schwenker*.
140) BGH, NZBau 2001, 445, 446.
141) BGH, NZBau 2001, 455, 446; OLG Hamburg, BauR 2003, 1058, 1059; OLG Karlsruhe, BauR 1990, 630; OLG Frankfurt BauR 2000, 1507.
142) OLG Stuttgart, IBR 2005, 325 – *Stammkötter*; OLG Bremen, BauR 1993, 235; OLG Dresden, BauR 2000, 585, 586; BGH, BauR 2000, 1505, 1506 = ZfBR 2000, 482 = MDR 2000, 1243; BGH, NZBau 2001, 445, 446 u. OLG Dresden, BauR 2007, 1067 zum **modifizierten Baugelddarlehen**.
143) OLG Frankfurt, BauR 2000, 1507.
144) OLG Hamm, BauR 2006, 123 = IBR 2006, 444 – *Stammkötter*.
145) BGH, BauR 2000, 1505 = ZfBR 2000, 482 = NZBau 2000, 426 = MDR 200, 1243 (Bestätigung von OLG Dresden, OLGR 1999, 380).
146) BGH, NJW-RR 1991, 728, 729; *Hagenloch*, Rdn. 26 m. Nachw.
147) KG, IBR 2004, 425 – *Stammkötter*.
148) OLG Hamburg, BauR 1994, 123, 124 m. Nachw.
149) OLG Celle, BauR 2007, 410 = OLGR 2006, 738, 739 = IBR 2007, 29 – *Schwenker*.

## Rdn. 1868     Zum Anwendungsbereich deliktsrechtlicher Vorschriften

und Bauleitung des Gebäudes, nicht aber die Herstellung von Außenbereich und Außenanlagen.[150]

**1868** Das GSB hat in der Baupraxis vor allem Bedeutung, wenn **Empfänger** des Baugeldes eine **juristische Person** (z. B. GmbH) ist, bei der „nichts mehr zu holen" ist. In diesen Fällen hat es für den Auftragnehmer (Unternehmer) großes Gewicht, dass – neben der Gesellschaft – grundsätzlich auch die **Geschäftsführer** oder Vorstandsmitglieder der Gesellschaft **persönlich** haften.[151] Zu beachten ist, dass **Baugeldempfänger** nicht nur der **Bauherr** selbst ist,[152] der sich grundpfandrechtlich gesicherte Geldbeträge zum Zwecke der Bauerrichtung auszahlen lässt, sondern auch solche **Unternehmen**, die der Bauherr, was die Regel ist, zur Durchführung des Bauvorhabens einschaltet.[153] Wer Baugeldempfänger ist, bestimmt allein die durch den Schutzzweck des GSB gebotene **wirtschaftliche** Betrachtung.[154] Der BGH[155] hat jedoch klargestellt, dass der lediglich mit einem **Teil des Baues beauftragte Unternehmer** oder **Subunternehmer nicht** Empfänger von Baugeld ist; er unterliegt hinsichtlich seines Werklohns nicht der Verwendungspflicht des § 1 Abs. 1 Satz 1 GSB. Dies ist vor allem für Subunternehmer bedeutsam, die ihrerseits von solchen Unternehmern gewerksbezogen beauftragt worden sind. Damit erstreckt sich der Schutzbereich des § 1 Abs. 1 GSB zwar nach der Rechtsprechung des BGH auch auf „Nachmänner", denen als **Subunternehmer** die Herstellung des Gebäudes oder von Teilen des Gebäudes übertragen wurde;[156] allerdings reicht dieser Schutz „nur so weit, als der Generalunternehmer, von dem der Subunternehmer seinen Auftrag erhielt, seinerseits Anspruch auf das Baugeld hat" (BGH).

Im Ergebnis ist § 1 GSB somit nicht nur auf **Generalunternehmer**,[157] sondern vor allem auch auf **Bauträger** und **Generalübernehmer** anzuwenden.[158] Darüber hinaus wird der **Fertighaushersteller** (als Verkäufer von so genannten schlüsselfertigen Häusern) ebenfalls als Baugeldempfänger eingestuft, weil er über den Erwerber („Käufer") oder unmittelbar von einem Kreditinstitut entsprechend dem Baufortschritt Baugelder erhält. Es ist unerheblich, inwiefern der Fertighaushersteller selbst

---

150) OLG Celle, a. a. O., S. 412.
151) Vgl. u. a. BGH, NJW-RR 1990, 914 = BauR 1990, 241; OLG Stuttgart, OLGR 2004, 298 = IBR 2004, 424 – *Rosse*; OLG Bamberg, BauR 2003, 1056; OLG Hamburg, BauR 2003, 1058; OLG Dresden, BauR 2000, 585; OLG Düsseldorf, NJW-RR 1996, 1363; OLG Hamburg, OLGR 1997, 68, 69.
152) Siehe hierzu: OLG Dresden (3. Senat), NZBau 2002, 393 u. (6. Senat), BauR 2002, 1871.
153) OLG Düsseldorf, BauR 1989, 234, 235 m. Anm. *Zange*; *Bruns*, NZBau 2000, 180.
154) So zutreffend: *Bruns*, a. a. O.; OLG Celle, BauR 2006, 685 = OLGR 2006, 45, 46; OLG Stuttgart, OLGR 2004, 298; KG, OLGR 2001, 290, 291.
155) BGH, BauR 2000, 573 = ZfBR 2000, 178 = NZBau 2000, 129 = MDR 2000, 325 = NJW 2000, 956; KG, a. a. O., S. 291.
156) BGH, NJW-RR 1990, 342 = BauR 1990, 246; OLG Dresden, BauR 2002, 486, 487.
157) Vgl. OLG Hamm, BauR 2006, 123, 124; OLG Stuttgart, IBR 2005, 325 – *Stammkötter*.
158) BGH, NJW-RR 1991, 141 = BauR 1991, 96, 97; BGH, NJW-RR 1990, 342; OLG Celle, BauR 2006, 685 = OLGR 2006, 45, 46 u. BauR 2002, 1869; OLG Hamburg, BauR 2003, 1058, 1059; OLGR 1997, 68, 69 u. BauR 1994, 123, 124; OLG Düsseldorf, NJW-RR 1996, 1363, 1364; *Korsukewitz*, BauR 1986, 383, 384. Zum Schutz des **Erwerbers** beim Bauträgervertrag: *Heerdt*, BauR 2004, 1661 ff.

## Sicherung von Bauforderungen (GSB)

an der Herstellung des Fertighauses beteiligt ist.[159)] Schließlich unterliegt auch der von dem Auftraggeber **bevollmächtigte Baubetreuer** der Baugeldverwendungspflicht.[160)]

Der Schadensersatzanspruch aus §§ 1, 5 GSB, § 14 StGB, § 823 Abs. 2 BGB richtet sich in der Regel gegen den **Geschäftsführer** der Baugesellschaft.[161)] Daneben kommt die gesamtschuldnerische Haftung **Dritter** in Betracht, die sich an der Zweckentfremdung von Baugeld durch den Geschäftsführer einer GmbH beteiligt haben (§§ 823 Abs. 2 BGB, 5 GSB, 27 StGB).[162)] Ein kreditgebendes **Bankinstitut** macht sich allerdings nicht der Beihilfe zur zweckwidrigen Verwendung von Baugeld schuldig, wenn es **weisungsgemäß** über das Baugeldkonto hereingegebene Zahlungsaufträge ausführt.[163)] Eine zweckwidrige Verwendung von Baugeld liegt aber vor, wenn **auf Veranlassung** der kontoführenden **Bank** von einem im Soll stehenden Baugeldkonto eine Überweisung auf das im Soll stehende **Geschäftskonto** des Bauträgers vorgenommen wird und der Bank bekannt ist, das Baugeldkonto durch anstehende Zahlungen der Erwerber auf den vereinbarten Kaufpreis ausgeglichen wird;[164)] eigenmächtiges Handeln ist der Bank nicht erlaubt.

**1869**

Der **Baugläubiger** hat einen Verstoß gegen die Verwendungspflicht des § 1 Abs. 1 GSB **darzulegen** und zu **beweisen**.[165)] Zur **Substantiierung** seiner auf § 823 Abs. 2 i. V. mit §§ 1, 5 GSB gestützten Schadensersatzklage gehört daher die Behauptung, das Baugeld sei **vorsätzlich zweckwidrig** verwendet worden und es liege auch „Baugeld" i. S. des § 1 Abs. 3 GSB vor.[166)] In der Regel genügt jedoch bereits der Nachweis, dass der Verwendungspflichtige Baugeld in mindestens der Höhe der Forderung des Baugläubigers empfangen hat und von diesem Geld nichts mehr vorhanden ist, ohne dass eine fällige Forderung des Gläubigers befriedigt worden ist;[167)] zudem genießt

**1870**

---

159) BGH, VersR 1986, 167; *Korsukewitz*, BauR 1986, 383, 384; *Scorl*, Festschrift für v. Craushaar, S. 317, 325; *Stammkötter*, BauR 1998, 954, 957; OLG Düsseldorf, OLGR 1996, 141 (LS).
160) OLG Düsseldorf, IBR 2004, 505 – *Stammkötter.* Eine solche Regelung sieht auch der Entwurf des **FoSiG** ausdrücklich vor.
161) BGH, NJW-RR 1990, 280; OLG München, BauR 2005, 884 = IBR 2005, 257 – *Vogel* u. BauR 2002, 1107; OLG Stuttgart, OLGR 2004, 298; OLG Bamberg, BauR 2003, 1056, 1057; OLG Dresden, NZBau 2000, 136 u. BauR 2002, 486; OLG Düsseldorf, NJW-RR 1996, 1363; OLG Hamburg, BauR 1994, 123, 126; OLG Karlsruhe, BauR 1992, 791.
162) Vgl. OLG Karlsruhe, BauR 1992, 791, 792 = ZfBR 1992, 277; OLG Frankfurt, BauR 1992, 813 (LS) sowie *Jagenburg*, NJW 1995, 91, 104 für Haftung des **Bauherrn**.
163) Zutreffend: OLG Karlsruhe, IBR 2004, 140 – *Stammkötter;* OLG Frankfurt, BauR 2000, 1507; s. auch OLG München, NJW-RR 1991, 279 = BauR 1991, 482; BGH, BauR 1990, 108; zur **Haftung der Banken** (insbesondere aus Vertrag mit Schutzwirkung zugunsten Dritter): *Stammkötter/Reichelt*, ZfBR 2005, 429 ff.; s. hierzu auch die Anmerkung von *Vogel*, IBR 2005, 490.
164) LG Bielefeld, BauR 2003, 398.
165) Zum Recht auf **Grundbucheinsicht** zur Vorbereitung einer Schadensersatzklage: LG Stuttgart, BauR 2001, 1294. Der Entwurf des **FoSiG** sieht für das GSB eine **eigenständige** Beweislastregelung vor (§ 1 Abs. 4: „Ist die Baugeldeigenschaft oder die Verwendung des Baugeldes streitig, so trifft die Beweislast den Empfänger").
166) BGH, BauR 1996, 709 = ZfBR 1996, 257 = NJW-RR 1996, 976; OLG Stuttgart, OLGR 2004, 298; *Drasdo*, NJW-Spezial 2006, 97, 98 m. w. Nachw.
167) BGH, NZBau 2002, 392 = MDR 2002, 513 = BauR 2002, 620; OLG Stuttgart, OLGR 2004, 298, 299; OLG Hamburg, BauR 2003, 1058, 1060; OLG Dresden, BauR 2000, 585, 587; BauR 2002, 486, 488; = NZBau 2002, 493; LG Schwerin, BauR 2002, 806; s. ferner (kritisch): *Möller*, BauR 2005, 8, 12 ff.

## Rdn. 1870  Zum Anwendungsbereich deliktsrechtlicher Vorschriften

der Unternehmer eine Beweiserleichterung, wenn **kein Baubuch** geführt worden ist oder die **Vermutungsregelung** des § 1 Abs. 3 Satz 2 Nr. 1 GSB Anwendung findet.[168] Es ist dann die Sache des **Baugeldempfängers,** die (anderweitige) ordnungsgemäße Verwendung des Baugeldes, d. h. seine Auszahlung an andere Baugläubiger oder den (hälftigen angemessenen) Wert der **Eigenleistungen** (§ 1 Abs. 2 Satz 1 GSB),[169] darzulegen.[170] In der Praxis geschieht dies in der Regel nur pauschal, indem behauptet wird, die Gelder seien z. B. „direkt von den Banken" an Subunternehmer gezahlt worden. **Erforderlich** ist stets eine **substantiierte Darlegung** und **Aufschlüsselung** dahin, welche Zahlungen auf das Bauwerk geleistet worden sind und in welcher Art und Weise empfangenes Baugeld an die jeweiligen Bauhandwerker weitergeleitet worden ist. Zu beachten ist, dass es eine Verpflichtung, das Baugeld oder Teile hiervon anteilig oder nach einer bestimmten Rangordnung zu verwenden, nach dem GSB nicht gibt; das GSB schützt vielmehr insoweit alle Baugläubiger ohne Rücksicht auf die Zuordnung ihrer Leistung zu einer bestimmten Zahlungsrate.[171] Wird das Bauvorhaben von dem Bauherrn **teils mit Eigenmitteln, teils mit Baugeld** i. S. von § 1 Abs. 3 GSB finanziert, sind die weiteren Baugeldempfänger nicht verpflichtet, Baugläubiger vorrangig aus den erhaltenen Eigenmitteln zu befriedigen und das Baugeld zurückzuhalten, um die vollständige Befriedigung aller Baugläubiger zu gewährleisten.[172]

Nach zutreffender Ansicht muss im Zeitpunkt der missbräuchlichen Verwendung des Baugeldes auch eine **fällige** (Bau)Forderung (des Geschädigten) vorliegen.[173]

Für die Darlegung einer ordnungsgemäßen Verwendung des Baugeldes reicht es auch nicht aus, den Ausfall eines Baugläubigers mit der Behauptung zu begründen, dieser (und ein eingetretener Konkurs) beruhe ausschließlich „auf einer fehlerhaften Kalkulation" – etwa infolge einer unzutreffenden Einschätzung der Bodenverhältnisse; denn aus einem solchen Vortrag ergibt sich noch nicht, „dass zum Zeitpunkt der Fälligkeit der Forderung (des ausgefallenen Baugläubigers) alle Baugelder zulässigerweise an andere Bauhandwerker ausgekehrt und somit verbraucht gewesen sind."[174]

---

168) OLG Stuttgart, IBR 2005, 325 – *Stammkötter*.
169) Siehe hierzu: OLG Dresden, BauR 2007, 1067, 1070 u. NZBau 2000, 136, 137. Zu den **Eigenleistungen** zählen die von dem Baugeldempfänger selbst erbrachten **Architekten-, Tragwerks-** und sonstigen Bauleistungen einschließlich die hierauf entfallende Umsatzsteuer. Zu den Voraussetzungen des § 1 Abs. 2 GSB s. im Übrigen: OLG Dresden, BauR 2002, 486, 488 ff.
170) Vgl. BGH, BauR 2002, 620, 621; NJW-RR 1991, 141, 142 = BauR 1991, 96, 98 = ZfBR 1991, 59, 60; OLG Celle, OLGR 2006, 45, 47; OLG Stuttgart, OLGR 2004, 298, 299; OLG Bamberg, BauR 2003, 1056, 1057 = NJW-RR 2003, 960; OLG Hamburg, BauR 2003, 1058, 1060; OLG Celle, BauR 2002, 1869; OLG München, BauR 2002, 1107; OLG Dresden, NJW-RR 1999, 1469 = NZBau 2000, 341 (LS); BauR 2002, 486, 488 u. NZBau 2002, 393, 394; OLG Hamburg, BauR 1994, 123, 125; OLG Düsseldorf, NJW-RR 1996, 1363, 1364.
171) BGH, BauR 1990, 241 = NJW-RR 1990, 914.
172) OLG Dresden, NZBau 2000, 136, 138 m. Nachw.; BauR 2002, 486, 489; *Hagenloch,* Rdn. 305.
173) Vgl. BGH, BauR 1991, 96 = NJW-RR 1991, 141; OLG Dresden, BauR 2005, 1346, 1348 u. BauR 2002, 1871; weitergehender: OLG Hamburg, OLGR 1997, 68, 69.
174) So zutreffend: OLG Hamburg, BauR 1994, 123, 126; siehe ferner: OLG Bremen, BauR 1993, 235.

## Sicherung von Bauforderungen (GSB)

**1871** Der Verstoß gegen § 1 GSB muss **vorsätzlich** erfolgen; ein **bedingter** Vorsatz reicht aus.[175] Im Einzelfall wird es darauf ankommen, **konkrete** Umstände darzulegen, aus denen der Schluss gezogen werden kann, dass dem Baugeldempfänger Anhaltspunkte dafür vorlagen, dass es sich bei dem von dem Bauherrn empfangenen Geldern um Fremdmittel handelte, die durch eine Grundschuld oder Hypothek an dem zu bebauenden Grundstück gesichert waren.[176] Wird ein **Geschäftsführer** der GmbH (Baugeldempfängerin) in Anspruch genommen, liegt ein **bedingter** Vorsatz bereits dann vor, wenn dieser das Vorliegen von Baugeld billigend in Kauf nimmt; das ist der Fall, wenn er sich keine näheren Kenntnisse darüber verschafft, wie der Geldgeber (Bauherr) die Mittel zur Bestreitung der Baukosten aufgebracht hat. Sind z. B. an die GmbH **hohe Beträge** geflossen, muss der Geschäftsführer die Begründung von Baugeld als wahrscheinlich in Betracht ziehen; denn ab einer gewissen Größenordnung ist bei nahezu allen Bauvorhaben ernsthaft mit der Inanspruchnahme von (dinglich gesicherten) Fremdmitteln zu rechnen.[177] Ein (bedingt) vorsätzliches Handeln liegt auch darin, wer in Kenntnis von empfangenem Baugeld einen Verstoß gegen die Verwendungspflicht billigend in Kauf nimmt oder sich zumindest damit abfindet.[178]

Voraussetzung für einen Schaden ist, dass der Unternehmer mit seiner fälligen Forderung gegen seinen Auftraggeber ausgefallen ist; ein ersatzfähiger Schaden liegt daher nur vor, wenn die Werklohnforderung **wegen der zweckwidrigen Verwendung von Baugeld nicht erfüllt** wird bzw. nicht mehr erfüllt werden kann. Der Baugläubiger muss also seine Forderung nicht mehr realisieren können.[179] Im Übrigen richtet sich der Schadensersatzanspruch betragsmäßig nach den §§ 249 ff. BGB; daraus ergibt sich zwangsläufig, dass **Mängel** der erbrachten Leistung den Schaden **mindern**.[180] In gleicher Weise führt ein berechtigter **Sicherheitseinbehalt** zu einer Reduzierung der Ersatzforderung.[181] Dies gilt erst recht für ein Mitverschulden des Baugläubigers.[182] Ein Ersatzanspruch **verjährt** nach §§ 195, 199 BGB; maßgebend ist demnach die Kenntnis von den anspruchsbegründenden Umständen und der Person des Schädigers.[183]

---

175) BGH, ZfBR 2002, 349 = MDR 2002, 513 = IBR 2002, 127; OLG Celle, BauR 2006, 685 = OLGR 2006, 45, 47; OLG Stuttgart, OLGR 2004, 298, 300; OLG Bamberg, BauR 2003, 1056, 1058 = NJW-RR 2003, 960; OLG Hamburg, BauR 2003, 1058, 1060; OLG München, BauR 2002, 1107; OLG Dresden, BauR 2000, 585, 587.

176) OLG Celle, BauR 2006, 685 = OLGR 2006, 45, 47; OLG Hamburg, BauR 2003, 1058, 1060; OLG Brandenburg, OLG-NL 1999, 241.

177) Zutreffend: OLG Stuttgart, OLGR 2004, 298, 300; OLG Hamburg, BauR 2003, 1058, 1060; OLG Dresden, BauR 2007, 1067, 1071; BauR 2000, 585, 587 u. BauR 2001, 486, 490; *Hagenloch*, Rdn. 306 u. BGH, IBR 2002, 127 – *Schulze-Hagen*.

178) BGH, NJW-RR 1989, 1045; OLG Celle, BauR 2007, 410, 412 = OLGR 2006, 738, 740.

179) OLG Dresden, BauR 2002, 1871 m. w. Nachw.

180) OLG München, BauR 2005, 884 = IBR 2005, 257 – *Vogel* (für Schadensersatzanspruch nach §§ 823 Abs. 2 BGB, 1, 5 GSB).

181) OLG Celle, BauR 2006, 685 = OLGR 2006, 45, 48.

182) OLG Dresden, BauR 2005, 1346, 1348 (unterlassene Anmeldung der Forderung im Insolvenzverfahren).

183) Zur **Verjährung** grundlegend: OLG Dresden, BauR 2007, 1067, 1071 m. w. Nachw.

**Rdn. 1872**      **Zum Anwendungsbereich deliktsrechtlicher Vorschriften**

## 4. Produkthaftung

*Literatur*

*Klein*, Produkthaftung bei Baustoffen und Bauteilen, Baurechtliche Schriften, Bd. 18, 2. Auflage 1990.

*Keilholz*, Die Bedeutung der EG-Produkthaftpflichtrichtlinie 1985 für das private Baurecht, BauR 1987, 259; *Micklitz*, Holzschutzmittelprozesse: Stand der Rechtsprechung, NJW 1989, 1076; *Jagenburg*, Delikthaftung auf dem Vormarsch – Zur Haftung des Werkunternehmers wegen Eigentumsverletzung durch Baumängel, Festschrift für Locher (1990), 235; *Bottke/Maer*, Krankmachende Bauprodukte, ZfBR 1991, 183 u. 233; *Kullmann*, Die Rechtsprechung des BGH zum Produkthaftungspflichtrecht in den Jahren 1991/92, NJW 1992, 2669; *Kullmann*, Aktuelle Rechtsfragen zur Produkthaftung bei Baustoffen, BauR 1993, 153; *Ganten*, Der Baumangelbegriff – Standortbestimmung und Ausblick auf europarechtliche Entwicklungen, Festschrift für Soergel (1993), 35; *Kullmann*, Die Rechtsprechung des BGH zum Produkthaftpflichtrecht in den Jahren 1992 bis 1994, NJW 1994, 1698; *Wandt*, Produkthaftung mehrerer und Regress, BB 1994, 1436; *Franke*, Qualitätsmanagement und Bauvertrag, Festschrift für Heiermann (1995), 63; *Portz*, Qualitätssicherung für Freie Berufe am Beispiel des Architekten – Überlegungen zu Möglichkeiten und Grenzen, Festschrift für Heiermann 251; *Honsell*, Produkthaftungsgesetz und allgemeine Delikthaftung, JuS 1995, 211; *Littbarski*, Herstellerhaftung ohne Ende – ein Segen für den Verbraucher?, NJW 1995, 217; *Fuchs*, Die deliktische Haftung für fehlerhafte Bauprodukte, BauR 1995, 747; *Michalski*, Das Produkthaftungsgesetz, Jura 1995, 505; *Wieckhorst*, Vom Produzentenfehler zum Produktfehler des § 3 ProdHaftG, VersR 1995, 1005; *Kullmann*, Die Rechtsprechung des BGH zum Produkthaftpflichtrecht in den Jahren 1994–1995, NJW 1996, 18; *Niebling*, Gewährleistung und Produkthaftung bei fehlender CE-Kennzeichnung, DB 1996, 80; *Johannsen/Rademacher*, Produkthaftungsrisiken im Handel und Lösungsansätze, BB 1996, 2636; *Katzenmeier*, Produkthaftung und Gewährleistung des Herstellers teilmangelhafter Sachen, NJW 1997, 486; *Büge/Tünnesen-Harmes*, Braucht die Baustoffindustrie (zertifizierte) Qualitätssicherungssysteme?, BauR 1997, 250; *Kullmann*, Die Rechtsprechung des BGH zum Produkthaftpflichtrecht in den Jahren 1995–1997, NJW 1997, 1746; *Graf von Westphalen*, Neue Aspekte der Produzentenhaftung, MDR 1998, 805; *Michalski*, Produktbeobachtung und Rückrufpflicht des Produzenten, BB 1998, 961; *Bremenkamp/Buyten*, Deliktische Haftung des Zulieferers für Produktionsschäden?, VersR 1998, 1064; *Kullmann*, Die Rechtsprechung des BGH zum Produkthaftpflichtrecht in den Jahren 1997–1998, NJW 1999, 96; *Müller*, Verkehrspflichten des Händlers beim Vertrieb von gefährlichen Produkten, JZ 1999, 24; *Koch*, Neues zur Produzentenhaftung bei der Errichtung von Gebäuden, NZBau 2001, 649; *Kullmann*, Die Rechtsprechung des BGH zum Produkthaftpflichtrecht in den Jahren 2000 und 2001, NJW 2002, 30; *Landrock*, Das Produkthaftungsrecht im Lichte neuerer Gesetzgebung und Rechtsprechung, JA 2003, 981; *Kullmann*, Die Rechtsprechung des BGH zum Produkthaftpflichtrecht in den Jahren 2003–2005, NJW 2005, 1907.

**1872**    Es kommt immer wieder vor, dass **Mängel** der werkvertraglichen Leistung **nicht in Fehlern** des Unternehmers oder Architekten zu suchen sind, sondern durch ein **mangelhaftes Produkt** verursacht werden. Die Folge sind meistens **erhebliche** Mängelaufwendungen. Zuweilen kommt es aber auch vor, dass durch die verwandten Bauprodukte **gesundheitliche Schäden** bei dem **Endverbraucher** (Bauherr, Familienangehörige oder Mieter) auftreten; in diesem Zusammenhang sind vor allem **Asbest** und **Holzschutzmittel** in die Diskussion geraten.[184] Die **krankmachenden** oder sonst **belastenden Bauprodukte,** die unter dem Begriff „**sick-building-Syndrom**" erörtert werden,[185] stellen einen bedeutenden **Teilaspekt** der Produkthaftung dar.

---

[184] Vgl. dazu *Micklitz*, NJW 1989, 1076 ff.; OLG Düsseldorf, NZBau 2000, 383 = NJW-RR 2000, 610 u. NJW-RR 1999, 32. Zum Schmerzensgeldanspruch nach § 8 ProdHaftG n. F.: *Jaeger/Luckey*, S. 70 ff.

[185] *Botke/Mayer*, ZfBR 1991, 183 ff., 233 ff.; *Kullmann*, BauR 1993, 153 ff.

**Produkthaftung** Rdn. 1873–1875

Die Rechtsprechung hat sich gerade in den letzten Jahren immer öfter mit der Haftung für **fehlerhafte Bauprodukte** beschäftigt.[186)]

Die **Produkthaftung** will immer (nur) einen Ausgleich schaffen für **sozialadäquate** „Warengefahren", damit also für jene Rechtsgutverletzungen, die ihren Ursprung in einer „abnormen" Beschaffenheit der Waren haben; die Produkthaftung dient damit dem Schutz des Bestellers vor einer Rechtsgutverletzung **außerhalb** der Vertragsleistung. Das ist wichtig, weil eine **vertragliche** „Produkthaftung"[187)] auch nach neuem Schuldrecht kaum an Bedeutung gewinnen kann.[188)] Grundlage der Haftung sind vor allem das **Produkthaftungsgesetz** vom 15. Dezember 1989,[189)] das **Bauproduktengesetz** vom 15. August 1992,[190)] das aufgrund der EG-Produkthaftungs-Richtlinie vom 25. Juli 1985[191)] erlassen wurde, sowie (daneben) die Vorschrift des **§ 823 BGB**. Während die **Vertragshaftung** (§§ 433 ff.; §§ 631 ff. BGB) in erster Linie das Interesse des Auftraggebers (Bauherrn) „an der Gebrauchstauglichkeit eines Produkts" schützen soll, geht es bei der **Produkthaftung** (Deliktshaftung) „in erster Linie um das **Integritätsinteresse**".[192)] 1873

Die Haftung des „**Herstellers**" (Produzenten, Baustofflieferanten)[193)] kommt aus produktionsrechtlichen Gesichtspunkten immer nur in Betracht, wenn das Rechtsgut durch ein **Verhalten** des **Herstellers kausal** und **widerrechtlich** ausgelöst worden ist, „also durch das von ihm in den Verkehr gegebene Produkt".[194)] 1874

Dem Produkthersteller obliegt die Pflicht, nur solche Produkte in den Verkehr zu bringen, die von der Konstruktion und Zusammensetzung her die Gewähr dafür bieten, dass sie gefahrlos „verwendet" werden können. Der Benutzer muss deshalb auf die Gefahren durch entsprechende **Hinweise** aufmerksam gemacht werden.[195)] Der 1875

---

186) OLG Celle, BauR 2003, 396 (**Unterspannbahn**); OLG Stuttgart, VersR 2001, 465 (**Holzschutzmittel**); OLG Düsseldorf, NZBau 2000, 431 (Müllverbrennungsasche) u. BauR 1991, 104 = NJW-RR 1991, 288 (**Fertigputz**); OLG Köln, OLGR 2002, 189 (**Pflasterfugenmörtel**) u. BauR 1991, 108 = NJW-RR 1991, 285 (**Bolzen** von Hebeankern für Fertigbetonteile); OLG Karlsruhe, NJW-RR 1992, 285 (**Brandschutzmörtel**); BGH, BauR 1994, 258 u. BGH, BauR 1995, 401 (**Gewindeschneidemittel**); BGH, BauR 1995, 524 (**Zementlack**); OLG Karlsruhe, BauR 1994, 525 (**Kabelstrumpf**); LG Berlin, NJW-RR 1996, 501 (**Teppichboden**); BGH, NJW 1996, 2507 (**Lack**); OLG Oldenburg, NJW-RR 1997, 1520 m. Anm. *Lenz*, WiB 1997, 1159, u. OLG Frankfurt, NJW-RR 1997, 1519 (**Rohrreinigungsmittel**).
187) Zum Beispiel aus §§ 437 Nr. 3, 440, 280 ff. BGB bzw. aus Verletzung vertraglicher Schutz- und Nebenpflichten nach §§ 280, 241 Abs. 2 BGB.
188) *Landrock*, JA 2003, 981.
189) BGBl. I 2198; zuletzt geändert durch das 2. Gesetz zur Änderung schadensersatzrechtlicher Vorschriften vom 19.7.2002, BGBl. I 2674.
190) BGBl. I 1495.
191) Hierzu vor allem *Keilholz*, BauR 1987, 259 ff.; EuGH, EuZW 2002, 574.
192) BGH, BauR 1994, 258, 259; *Palandt/Sprau*, § 3 ProdHaftG, Rdn. 1; *Locher*, Rdn. 744.
193) Vgl. hierzu: *Koch*, NZBau 2001, 649, 653 m. w. Nachw. in Anm. 36.
194) *Kullmann*, BauR 1993, 153, 154. Zur Haftung des **Quasi-Herstellers** (§ 4 Abs. 1 Satz 2 ProdHaftG): OLG Celle, BauR 2003, 396; zur **Beweislast**: BGH, NJW 1999, 1028 u. NJW 1996, 2507 = ZIP 1996, 1436.
195) OLG Düsseldorf, NJW 1997, 2333; OLG Oldenburg, NJW-RR 1997, 1520 m. Anm. *Lenz*, WiB 1997, 1159; OLG Karlsruhe, BauR 1994, 525, 528; BGH, NJW 1994, 932 = BB 1994, 597 = ZIP 1994, 374; zur **Instruktionspflicht** des Herstellers über die sachgemäße Verwendung von Stahlnägeln: OLG Düsseldorf, NJW-RR 1996, 20; zum ungenügenden Hinweis auf die ätzende Wirkung eines Rohrreinigungsmittels: OLG Oldenburg, NJW-RR 1997, 1520; OLG Köln, Urt. vom 23.6.2004 – 11 U 136/03 (Schleierbildung durch Pflasterfugenmörtel).

### Rdn. 1876–1877 Zum Anwendungsbereich deliktsrechtlicher Vorschriften

Hersteller muss sein Produkt in der Praxis **überprüfen** und **sicherstellen,** dass bisher unbekannte Gefahren und Risiken unterbleiben bzw. rechtzeitig dem Benutzer bekannt werden; so reicht es nicht aus, (nur) „DIN-Normen zu erfüllen, wenn die technische Entwicklung darüber hinausgegangen ist."[196]

**1876** Zu beachten ist, dass das **Produkthaftungsgesetz** vom 15. Dezember 1989 die von der Rechtsprechung entwickelte Haftung nach § 823 Abs. 1 und 2 BGB nicht verdrängt (§ 15 Abs. 2 ProdHaftG).[197] Das Gesetz selbst gilt im Übrigen nicht für Schäden, die an **gewerblichen** Bauwerken hervorgerufen werden.[198] Der Herstellerbegriff nach § 4 ProdHaftG betrifft nur den **Unternehmensträger,** in der Regel also eine juristische Person oder Personengesellschaft, ausnahmsweise eine natürliche Person als Einzelunternehmer. Eine Haftung von Organpersonen (z. B. Geschäftsführer) oder Mitarbeiter scheidet aus.

**1877** Das „**Produkt**" i. S. des Produkthaftungsgesetzes ist (stets) eine **bewegliche** Sache, mag sie auch wesentlicher Bestandteil des Bauwerks werden (§ 2 ProdHaftG);[199] die (werkvertragliche) **Unternehmerleistung** selbst ist aber kein „Produkt" i. S. dieses Gesetzes.[200] Ansprüche kommen daher von vornherein nur gegen den Hersteller von **Baustoffen, Bauteilen** sowie von **Bauzubehör** in Betracht. Die Ersatzpflicht nach dem Produkthaftungsgesetz betrifft schließlich nur solche Schäden, die durch das fehlerhafte Baumaterial kausal verursacht werden, demnach den **Sekundärschaden.** Vom Geltungsbereich des Produkthaftungsgesetzes sind somit Schäden an der (gelieferten) Sache selbst ausgeschlossen.[201] Das ist nicht unbestritten. Da nach dem Wortlaut des § 2 ProdHaftG ein Produkt auch ein Teil einer anderen Sache sein kann, wird z. T. die Auffassung vertreten, dass der Hersteller des fehlerhaften Teils auch für Schaden an dem Gesamtprodukt haftet, weil es sich insoweit um eine „andere Sache" handele. Nach dieser Meinung ist die Rechtsprechung des BGH zu den **„weiterfressenden"** Schäden damit auch auf § 1 Abs. 1 Satz 2 ProdHaftG übertragbar.[202] Nicht zu ersetzen ist der Schaden, der darin besteht, dass etwa das fehlerhafte Bauteil im Wege des Austauschs **ersetzt** werden muss.

Ansprüche auf Schadensersatz können von dem **Eigentümer**, einem **Leasingnehmer,**[203] aber auch von einem **Besitzer** (z. B. Mieter)[204] geltend gemacht werden.

---

196) BGH, NJW 1994, 3349; zur **Produktbeobachtungspflicht:** BGH, BauR 1995, 401, 403; OLG Frankfurt, NJW-RR 1999, 25 u. NJW-RR 1997, 1519 (Rohreinigungsmittel); *Kunz*, BB 1994, 450 ff.
197) **Herrschende Ansicht:** OLG Oldenburg, BauR 2001, 647 = NJW-RR 2001, 459 (Haftung aus dem Gesichtspunkt des „weiterfressenden Fehlers"); *Heiermann/Riedl/Rusam*, Einf. zu § 13/B, Rdn. 11 ff.; Rdn. 14 ff.; *Wirth/Kortz*, 1. Buch, VIII, Rdn. 57; *Locher*, Rdn. 740; *Klein*, S. 4 ff., 34 ff.; *Soergel*, Festschrift für Locher, S. 235.
198) *Locher*, a. a. O.; *Klein*, S. 20 ff.
199) Siehe u. a.: BGH, NJW 1985, 194; NJW 1992, 41; BauR 1994, 524.
200) Zutreffend: *Soergel*, Festschrift für Locher, S. 235, 238.
201) § 1 Abs. 1 Satz 2 ProdHaftG; siehe *Klein*, S. 22; *Soergel*, Festschrift für Locher, S. 239.
202) Vgl. *Landrock*, JA 2003, 981, 982 m. w. Nachw. in Anm. 17; **a. A.:** *MünchKomm-Cahn*, § 1 ProdHaftG, Rdn. 10; *Tiedke*, NJW 1990, 2961.
203) BGHZ 116, 22 = MDR 1992, 234.
204) OLG Köln, OLGR 2002, 189 = IBR 2003, 77 – *Weyer*.

## VI. Verschulden bei Vertragsschluss (§ 311 Abs. 2 BGB) und Dritthaftung (§ 311 Abs. 3 BGB)

*Übersicht*

| | Rdn. | | Rdn. |
|---|---|---|---|
| 1. Verschulden bei Vertragsschluss (§§ 311 Abs. 2, 241 Abs. 2, 280 BGB) | 1878 | 3. Dritthaftung (§ 311 Abs. 3 BGB)... | 1893 |
| 2. Fallgestaltungen ................ | 1882 | 4. Die Rechtsfolgen................ | 1894 |

### 1. Verschulden bei Vertragsschluss (§§ 311 Abs. 2, 241 Abs. 2, 280 BGB)

*Literatur*

*Rieble*, Die Kondifikation der culpa in contrahendo (in: Dauner-Lieb u. a., Das neue Schuldrecht in der Praxis), 2003, 137; *Irmer*, Sekundärrechtsschutz und Schadensersatz im Vergaberecht, 2004. *Littbarski*, Das Verhältnis der Ansprüche aus culpa in contrahendo zu den Ansprüchen aus den §§ 633 ff. BGB, JZ 1978, 3; *Stoll*, Tatbestände und Funktionen der Haftung für culpa in contrahendo, Festschrift v. Caemmerer (1978), 433; *Hahn*, Haftung aus „culpa in contrahendo" bei der Vergabe im Baurecht, BauR 1978, 426; *Hundertmark*, Die Behandlung des fehlkalkulierten Angebots bei der Bauvergabe nach VOB/A, BB 1982, 16; *Basedow*, Preiskalkulation und culpa in contrahendo, NJW 1982, 1030; *Scheffler*, Haftung des Baubetreuers gegenüber seinen Geschäftspartnern bei Nichtzustandekommen einer Bauherrengemeinschaft?, DB 1982, 633; *Schulze*, Grundprobleme der Dritthaftung bei Verletzung von Auskunfts- und Beratungspflichten in der neueren Rechtsprechung, JuS 1983, 81; *Koeble*, Zur Haftung des Treuhänders bei Baumodellen, Festschrift für Korbion (1986), 215; *Lampe-Helbig/Zeit*, Die Anwendung der zivilrechtlichen Haftung aus culpa in contrahendo auf die Vergabe von Bauleistungen nach der VOB/A durch die öffentliche Hand, BauR 1988, 659; *Feber*, Schadensersatzansprüche aus culpa in contrahendo bei VOB/A-Verstößen öffentlicher Auftraggeber, BauR 1989, 553; *Wettke*, Die Haftung des Auftraggebers bei lückenhafter Leistungsbeschreibung, BauR 1989, 292; *Tiedtke*, Der Inhalt des Schadensersatzanspruches aus Verschulden beim Vertragsabschluss wegen fehlender Aufklärung, JZ 1989, 369; *Grunewald*, Aufklärungspflichten ohne Grenzen?, AcP Bd. 190, 609; *Küpper*, Schadensersatz aus culpa in contrahendo beim gescheiterten Abschluss eines formbedürftigen Vertrages, DB 1990, 2460; *Weber*, Haftung für in Aussicht gestellten Vertragsabschluss, AcP 1992 (Bd. 192), 390; *Mandelkow*, Qualifizierte Leistungsbeschreibung als wesentliches Element des Bauvertrages, BauR 1996, 31; *Cuypers*, Leistungsbeschreibung, Ausschreibung und Bauvertrag, BauR 1997, 24; *v. u. z. Franckenstein*, Pauschalpreis, Leistungsverzeichnis, c. i. c. und deren Ungereimtheiten am Beispiel von Mengenänderungen am Bau, BauR 1997, 551; *Lange*, Zur Bedeutung des Anspruchs aus culpa in contrahendo bei unvollständigen, unklaren oder fehlerhaften Leistungsbeschreibungen, z. B. bei unzureichend beschriebenem Baugrund, Festschrift von Craushaar (1997), 271; *Gehrlein*, Das Zusammenspiel vorvertraglicher Ansprüche und einer Haftung aus Culpa in contrahendo, VersR 1997, 928; *Schuhmann*, Das Vergütungsrisiko des Subunternehmers im Anlagenbau bei konkretisierungsbedürftiger Leistungsbeschreibung, BauR 1998, 228; *Quack*, Über die Verpflichtung des Auftraggebers zur Formulierung der Leistungsbeschreibung nach den Vorgaben von § 9 VOB/A, BauR 1998, 381; *Dähne*, Auftragnehmeransprüche bei lückenhafter Leistungsbeschreibung, BauR 1999, 289; *Schelle*, Schadensersatz wegen rechtswidriger Aufhebung einer Ausschreibung, BauR 1999, 1233; *Lorenz*, Haftungsausfüllung bei der culpa in contrahendo: Ende der „Minderung durch c. i. c."?, NJW 1999, 1001; *Leonhard*, Der Ersatz des Vertrauensschadens im Rahmen der vertraglichen Haftung, AcP 1999, Bd. 199, 660; *Canaris*, Die Vertrauenshaftung im Lichte der Rechtsprechung des Bundesgerichtshofs, Festgabe 50 Jahre BGH, 2000, Bd. I, 129; *Pauly*, Architektenrecht – Aufklärungspflichten des Architekten bezüglich der Vergütungspflicht seiner Leistungen? BauR 2000, 808; *Roquette*, Vollständigkeitsklauseln: Abwälzung des Risikos unvollständiger oder unrichtiger Leistungsbeschreibungen auf den Auftragnehmer, NZBau 2001, 57; *Canaris*, Die Reform des Rechts der Leistungsstörungen, JZ 2001,

499; *Diehr*, Die Ansprüche des Werkunternehmers gegen den öffentlichen Auftraggeber wegen verzögerten Zuschlages infolge eines von einem Konkurrenten eingeleiteten Vergabe-Nachprüfungsverfahrens, ZfBR 2002, 316; *Kraus*, Die Leistungsbeschreibung im Wandel des Vergaberechts – Überprüfung und Rechtsfolgen von Verstößen gegen § 9 VOB/A, Festschrift für Jagenburg (2002), 403; *Lederer/Niebuhr*, Ist ein Verstoß gegen § 9 VOB/A nach Auftragserteilung sanktionslos? – Welche zivilrechtlichen Ansprüche hat der Auftragnehmer, bei einem offensichtlichen Verstoß gegen § 9 Nr. 1 oder Nr. 2 VOB/A?, Festschrift für Jagenburg, 455; *Bruns*, Zur Dritthaftung aus culpa in contrahendo, ZfBR 2002, 644; *Quack*, Das ungewöhnliche Wagnis im Bauvertrag, BauR 2003, 26; *Quack*, Warum § 9 VOB/A keine Anspruchsgrundlage für vertragliche Kompensationsansprüche des erfolgreichen Bieters sein kann, ZfBR 2003, 107; *Häublein*, Der Beschaffenheitsbegriff und seine Bedeutung für das Verhältnis der Haftung aus culpa in contrahendo zum Kaufrecht, NJW 2003, 388; *Oberhauser*, Die Bedeutung des § 9 VOB/A für das Bauvertragsrecht – dargestellt am Bauen im Bestand, BauR 2003, 1110; *Dähne*, Sekundärer Rechtsschutz gegen Vergabeverstöße – Welcher Schaden ist zu ersetzen?, NZBau 2003, 489; *Markus*, Ansprüche des Auftragnehmers nach wirksamer Zuschlagserteilung bei „unklarer Leistungsbeschreibung" des Auftraggebers, Jahrbuch Baurecht 2004, 1 (= BauR 2004, 180); *Prieß*, Die Leistungsbeschreibung – Kernstück des Vergabeverfahrens, NZBau 2004, 20 (Teil 1) u. 87 (Teil 2); *Erdl*, Unklare Leistungsbeschreibung des öffentlichen Auftraggebers im Vergabe- und im Nachprüfungsverfahren, BauR 2004, 166; *Roquette/Paul*, Pauschal ist Pauschal!, BauR 2004, 736; *Quack*, Enthält die VOB/A wegen Verweisung auf sie in der VergabeVO Normen des Bauvertragsrechts?, BauR 2004, 1492. *Wertenbruch*, Zur Haftung aus culpa in contrahendo bei Abbruch von Vertragsverhandlungen, ZIP 2004, 1525; *Noch*, Die Leistungsbeschreibung im Spannungsverhältnis zwischen Dispositionsfreiheit der Vergabestelle und subjektiven Rechten der Bieter, BauRB 2005, 344; *Wagner*, Haftung der Bieter für Culpa in contrahendo in Vergabeverfahren, NZBau 2005, 436; *Horn/Graef*, Vergaberechtliche Sekundäransprüche, NZBau 2005, 505; *Englert*, Die Ausschreibungsvorgaben zum Baugrund für den öffentlichen Auftraggeber nach § 9 VOB/A, Festschrift für Thode (2005), 3; *Quack*, Ist § 9 VOB/A wirklich rigoros bieterschützend oder vielleicht doch nicht so sehr?, BauR 2005, 1080; *Franz/Kaminsky*, Änderung der Ausführungsplanung bei Großbauvorhaben vom bauausführenden Auftragnehmer einzukalkulieren?, BauR 2005, 1209; *Theisen*, Rechtsfolgen eines Schadensersatzanspruchs aus culpa in contrahendo, NJW 2006, 3102.

**1878** Bei jedem Bauvorhaben finden im **Vorfeld** des Vertragsabschlusses zwischen allen Baubeteiligten vielfach Verhandlungen statt, die u. U. trotz des noch nicht abgeschlossenen Bauvertrages rechtserheblich sein können. Bei Anbahnung von Vertragsverhandlungen sind die Partner aus dem zwischen ihnen bestehenden Vertrauensverhältnis verpflichtet, von sich aus ungefragt solche Tatsachen und Verhältnisse anzuzeigen, die für die Entschlüsse des anderen Vertragspartners offensichtlich von Bedeutung sein können.

Jeder Vertragspartner hat damit schon vor Abschluss des Vertrages **bestimmte Sorgfaltspflichten,** wie z. B. **Mitteilungs-, Offenbarungs-** und **Hinweispflichten,** vor allem in Hinblick auf solche Tatsachen, die den **Vertragszweck gefährden** können. Verhält sich ein Vertragspartner in diesem Sinne pflichtwidrig, kann er sich schon vor Abschluss des Vertrages aus dem Gesichtspunkt des Verschuldens bei Anbahnung von Vertragsverhandlungen oder bei Vertragsschluss (**„culpa in contrahendo") schadensersatzpflichtig** gemacht haben; dabei ist unbedeutend, ob es später tatsächlich zu einem wirksamen Vertragsabschluss kommt oder nicht. Enttäuschtes Vertrauen in das Verhalten des anderen Partners ist dabei die Grundlage des Schadensersatzanspruchs wegen **Verschuldens bei Vertragsschluss.**[1]

---

1) BGH, NJW 1966, 499; BGH, ZfBR 1981, 66 = WM 1981, 308. Zur Anwendung der c. i. c. auf den Vertrag zu Gunsten Dritter (§ 328 BGB): BGH, NJW 2005, 3778.

## Verschulden bei Vertragsschluss und Dritthaftung   Rdn. 1879–1881

Die **„culpa in contrahendo"**, ein in langer Rechtsentwicklung bewährtes Rechtsinstitut, ist durch das **SchRModG** kodifiziert worden (§§ 311 Abs. 2, 241 Abs. 2, 280 BGB), und zwar deshalb, weil der Gesetzgeber hierfür im Hinblick auf das zukünftige europäische Schuldrecht einen besonderen Bedarf sah.[2] Die Regelung selbst ist kritisiert worden,[3] weil sie wenig konkrete Inhalte hat. So wird in § 311 Abs. 2 BGB nur das **Entstehen** des Schuldverhältnisses ganz allgemein geregelt, und auch die durch Verweisung heranzuziehende Vorschrift des § 241 Abs. 2 BGB stellt letztlich nur ein **„ausfüllungsbedürftiges Blankett"** zur Verfügung.[4] Darüber hinaus bestimmt § 311 Abs. 3, dass ein Schuldverhältnis mit Pflichten nach § 241 Abs. 2 BGB auch zu Personen entstehen kann, die **nicht selbst Vertragspartei** werden sollen. Ein solches Schuldverhältnis ist dabei insbesondere anzunehmen, „wenn der **Dritte in besonderem Maße Vertrauen für sich in Anspruch nimmt** und dadurch die Vertragsverhandlungen oder den Vertragsschluss **erheblich beeinflusst"** (sog. Dritthaftung). Damit bleibt festzustellen, dass nach den heranzuziehenden **Paragraphenketten**, nämlich §§ 280, 311 Abs. 2, 3, 241 Abs. 2, 249 BGB, vieles offen bleibt. **1879**

Es war allerdings nicht die Absicht des Gesetzgebers, die c. i. c. neu zu schreiben; deshalb kann die **bisherige Rechtsprechung** und Literatur zum alten Recht bedenkenfrei herangezogen werden, wobei im Einzelfall die Zuordnung **der bekannten Fallgruppen** zu den Ziffern Nr. 1–3 des § 311 Abs. 2 problematisch sein kann.[5] Die Rechtsprechung wird daher, so steht zu vermuten, im Zweifelsfall auf eine konkrete Zuordnung zu einer der Ziffern des § 311 Abs. 2 BGB verzichten und diese Vorschrift in ihrem Gesamtzusammenhang zitieren; das wird auch nicht weiter zu beanstanden sein, weil die Tatbestände des § 311 Abs. 2 Nr. 1–3 durchaus ineinander übergehen können.[6] **1880**

Auch für das „neue" Recht gilt aber: Ansprüche aus §§ 280, 311 Abs. 2, 3, 241 Abs. 2, 249 BGB scheiden aus, sofern sie sich auf einen (späteren) **Mangel** des Werkes stützen. Die Gewährleistungsvorschriften nach altem und neuem Recht sind nämlich **Sondervorschriften,** sofern die **vorvertraglichen Verstöße zu einem Mangel** des Werkes **geführt** haben.[7] Ein **Rücktritt** vom Vertrag hindert den Auftraggeber dagegen nicht, Ansprüche aus c. i. c. geltend zu machen.[8] **1881**

---

2) BT-Drucks. 14/6040, S. 162; *Lieb*, in: Dauner-Lieb u. a., Das Neue Schuldrecht, § 3, Rdn. 3; AnwKom-BGB/*Krebs*, § 311, Rdn. 4.

3) Siehe: *Rieble*, in: Das neue Schuldrecht in der Praxis, S. 137, 138 m. w. Nachw.; *Eberl-Borges*, MDR 18/2001, R 1; *Lieb*, a. a. O., Rdn. 36; *Dauner-Lieb*, in: Ernst/Zimmermann, S. 316.

4) AnwKom-BGB/*Krebs*, § 241, Rdn. 6.

5) So weist *Lieb* (a. a. O., Rdn. 36) zutreffend darauf hin, dass „die Konstellationen mit Drittbeteiligten wahrscheinlich in die Dritthaftungsregelung des Abs. 3 ausgelagert" werden; s. auch: *Canaris*, JZ 2001, 511, 520. Zu den Rechtsfolgen vor und nach der Schuldrechtsreform s. *Theisen*, NJW 2006, 3102, 3103 m. Nachw.

6) Siehe hierzu vor allem: *Rieble*, in: Das neue Schuldrecht in der Praxis, S. 137, 140 ff.; AnwKom-BGB/*Krebs*, § 311, Rdn. 17 ff. sowie *Lieb*, a. a. O., Rdn. 37.

7) Für das **alte** Recht: BGH, BauR 1976, 59; *Rieble*, a. a. O., S. 152; *Heiermann/Riedl/Rusam*, Einf. zu § 13/B, Rdn. 7; *Nicklisch/Weick*, Vor § 13 VOB/B, Rdn. 31 m. w. Nachw.
Für das **neue** Recht: *Lieb*, a. a. O., Rdn. 40; AnwKom-BGB/*Krebs*, § 311, Rdn. 33; *Häublein*, NJW 2003, 388 (für den Kaufvertrag). Die Entscheidung des BGH (BauR 2001, 1433 = NJW 2001, 2875) hinsichtlich der Konkurrenz bei **Rechtsmängeln** trifft für das neue Recht nicht zu (s. Palandt/*Heinrichs*, § 311 BGB, Rdn. 16).

8) BGH, DB 1976, 958.

## 2. Fallgestaltungen

**1882** Enttäuschtes Vertrauen gibt es in allen Baubereichen,[9] wie die nachfolgende **Rechtsprechungsübersicht** belegt:

* Verletzung einer **vorvertraglichen Offenbarungspflicht** durch einen **Architekten** (OLG Düsseldorf, BauR 1970, 119); unterbliebener Hinweis eines Architekten auf fehlende **Architekteneigenschaft** (vgl. OLG Naumburg, ZfBR 1996, 322, 323; OLG Hamburg, OLGR 1996, 306; OLG Köln, BauR 1980, 372; OLG Düsseldorf, BauR 1993, 630; BauR 1982, 86; BauR 1970, 119; BauR 1973, 239); zur Täuschung eines Architekten über den **Auslandssitz** des (Schein-)Auftraggebers (BGH, BauR 2002, 1396 = NZBau 2002, 569 = NJW-RR 2002, 1309); unterbliebene Aufklärung über **Architektenhonorar** bei Konkurrenzangebot (OLG Karlsruhe, BauR 1984, 538); Aufklärungspflicht des Architekten über die **Entgeltlichkeit** seiner Tätigkeit (OLG Stuttgart, BauR 1989, 630; = NJW 1989, 2402; vgl. hierzu Knacke, BauR 1990, 395); unterlassene Aufklärung des Architekten über die Voraussetzung einer wirksamen Pauschalhonorarvereinbarung, die die **Mindestsätze** unterbietet, und zum **Schaden** (BGH, BauR 1997, 1062, 1064 = NJW-RR 1997, 1448)
* Zur umfänglichen Hinweispflicht einer **Bank**: Diese muss den kreditsuchenden **Kunden** beim Erwerb einer Eigentumswohnung auf eine erkannte **Sittenwidrigkeit** der Kaufpreisvereinbarung sowie auf eine erkannte **arglistige Täuschung** des Verkäufers ungefragt hinweisen (BGH, ZfBR 2007, 248, 249)
* Unrichtige **Auskunft** des **Verkäufers** über die Bodenfestigkeit (BGH, ZfBR 1981, 66 = WM 1981, 308 = SFH, NR. 6 zu § 249 BGB); unterlassene Aufklärung des Verkäufers über schikanöses Nachbarverhalten und **Hellhörigkeit** des Gebäudes (BGH, DB 1991, 1374); Aufklärungspflicht über Gefahren bei einer Vertragsdurchführung – Erklärung über **undurchlässige Bodenschicht** (BGH, WM 1977, 756); Aufklärung über **Geruchsbelästigung** durch Klärwerk (BGH, NJW-RR 1988, 10); Aufklärung über die Notwendigkeit des Einbaus einer **Feuerleiter** vor dem einzigen Fenster der Wohnung (BGH, BauR 1989, 216 = NJW 1989, 1793; dazu Tiedtke, JZ 1989, 569); zur Haftung des **Käufers,** wenn sein Verhandlungsgehilfe ohne sein Wissen den Eindruck eines **Scheingeschäfts** erweckt (OLG München, NJW-RR 1993, 1168 = MDR 1993, 535); Hinweis auf die **Anzeigebedürftigkeit** eines Fensteraustausches (OLG Frankfurt, NJW-RR 1989, 981); Hinweis des Auftragnehmers darüber, dass er mit dem Baubetreuer des Auftraggebers

---

9) Zur Haftung aus Verschulden bei Vertragsschluss bei sog. **Bauherrenmodellen** s. ausführlich *Rosenberger*, ZfBR 1981, 253, 255 ff. und *Scheffler*, DB 1982, 633 (bei Nichtzustandekommen einer Bauherrengemeinschaft). Zur sog. **Prospekthaftung** bei **Bauherrenmodellen:** *Kniffka/Koeble*, Teil 11, Rdn. 298 ff.; BGH, BauR 2004, 330 = ZfBR 2004, 163 = NZBau 2004, 98 = BauRB 2004, 62 (**Verjährungsfrist** beim Bauträgermodell); BGH, IBR 2006, 473, 474 – *Thode* (Anrechnung von Steuervorteilen); BGH, BauR 2001, 253 = NJW 2001, 436 (Bauträgermodell); BGH, NJW 1995, 1025 = WM 1995, 344 (zu den Prospektverantwortlichen); BGH, NJW 1990, 2461; BGH, BauR 1991, 91 = ZfBR 1991, 24 u. NJW 1992, 228 = WM 1991, 2092 (zur Haftung der **Initiatoren**); OLG Hamm, IBR 2005, 639 – *Graßnack* (Hausprospekt eines Hotels); OLG Köln, *SFH*, Nr. 59 zu § 276 BGB u. BGH, NJW 2001, 1203 (**geschlossener Immobilienfond**). Zur Haftung eines **Kreditinstituts:** BGH, NJW 1992, 2146 = ZfBR 1992, 266 u. NJWRR 1992, 373 = ZfBR 1992, 267 = NJW 1992, 2148; BGH, NJW 1993, 2433 (**Anlageberatung;** dazu auch *Hoppmann*, VersR 1994, 1037); BGH, BauR 2004, 997 (prospektierte Kapitalanlage; **Immobilienfond**). Zur Prospekthaftung ferner: *Lux*, ZfBR 2003, 633 ff.

# Fallgestaltungen                                                                Rdn. 1882

eine **Provisionsabsprache** getroffen hat (BGH, DB 1991, 1322); zur Haftung bei falschen Angaben über Erschließungskosten (BGH, NJW-RR 1994, 76 = WM 1993, 2220); unterbliebener Hinweis auf erhöhte Deponiegebühren durch Gemeinde (OLG Stuttgart, BauR 1997, 855 = NJW-RR 1997, 1241); unterbliebener Anbau eines Außenfahrstuhls nach Besitzübergang (BGH, NZM 2001, 427); zur Aufklärungspflicht des Verkäufers einer Eigentumswohnung (BGH, BauR 2001, 1428); zu den Aufklärungspflichten beim Verkauf einer Heizungsanlage als Selbstbausatz (OLG Nürnberg, MDR 2001, 1104); zur Haftung des Grundstücksverkäufers für falsche Angaben eines **Maklers**, der die Vertragsverhandlungen geführt hat (OLG Hamm, BauR 2002, 1563)

* Zur Aufklärungspflicht **des Unternehmers** bei Abschluss eines **Hausbauvertrages** (OLG Celle, BauR 2003, 884) und des **Bauträgers** über die Genehmigungsfähigkeit von **Sonderwünschen** (BGH, ZfIR 2002, 975)
* Vorvertragliche **Aufklärungspflicht** des Unternehmers hinsichtlich der technischen Möglichkeiten einer bestimmten Konstruktion (OLG Köln, NJW-RR 1993, 1432 = SFH, Nr. 41 zu § 276 BGB)
* **Öffentlich-rechtliche Körperschaften** unterliegen der Haftung aus Verschulden bei Vertragsverhandlungen für das Fehlverhalten ihrer Organe (BGHZ 92, 164 = NJW 1985, 1778; BGH, BauR 2005, 1918 = NZBau 2006, 171 = NJW 2006, 60 = IBR 2006, 10 – Schulze-Hagen; Haftung aus unterbliebenem Hinweis auf die für die Stadt geltenden **Vertretungsregelungen**); s. ferner: OLG Brandenburg, IBR 2005, 330 – Bormann (zum Verstoß gegen Formvorschriften der Gemeindeordnung; unwirksamer Architektenvertrag)
* Verkauf von angeblichem Bauland durch eine **Gemeinde** (OLG Köln, MDR 1965, 482)
* Ansprüche wegen **faktischer Bausperre** (BGH, MDR 1979, 36)
* Ansprüche bei **Dissens** (Thüringer OLG, NZBau 2004, 438)
* Ansprüche wegen einer **Verkaufszusage** (BGH, BB 1977, 1018 = BauR 1978, 218 – Bebauungsentwürfe)
* **Ausschreibung** einer Baumaßnahme („schlüsselfertiges Hallenbad") **ohne gesicherte Finanzierung** (OLG Düsseldorf, NJW 1977, 1064)
* Schadensersatz wegen **unrichtiger Finanzierungsberatung** (Ausbauhaus; OLG Hamm, BauR 1993, 482; siehe auch OLG Köln, OLGR 1996, 261)
* Ersatzansprüche aus einem **Architektenwettbewerb** (OLG Düsseldorf, BauR 1998, 163; OLG Nürnberg, BauR 1998, 360; OLG Hamm, OLGR 1996, 29)
* Zum Schutz **nicht urheberrechtsgeschützter** Bauzeichnungen unter dem Gesichtspunkt der culpa in contrahendo: Nestler, BauR 1994, 589 ff.
* Fehlerhafter Baukostenvoranschlag (LG Tübingen, VersR 1978, 554)
* Verschulden bei Vertragsschluss bei **öffentlich-rechtlichem Vertrag** (BGH, WM 1978, 1082 – Folgelastenvertrag; BGH, MDR 1980, 653 – Erschließungsvertrag)
* Aufklärungspflicht über **Genehmigungsbedürftigkeit** von Bauvorhaben (OLG Stuttgart, BauR 1980, 67; s. auch BGH, BauR 1979, 447 u. NVwZ 1982, 145 – Hinweis auf Bedenken gegen die planungsrechtliche Zulässigkeit eines Bauvorhabens; zum **Denkmalschutz:** OLG Frankfurt, NJW-RR 1989, 981)
* Schadensersatzpflicht einer öffentlich-rechtlichen Körperschaft für Erklärungen von Verhandlungsvertretern **ohne Beachtung der öffentlich-rechtlichen Form- und Zuständigkeitsvorschriften** (OLG Frankfurt, OLGR 1994, 110)
* Schadensersatzpflicht wegen eines unterlassenden Hinweises auf die **fehlende Passivlegitimation** (BGH, BauR 2001, 1421)

**Rdn. 1883** Verschulden bei Vertragsschluss und Dritthaftung

* Das Verschweigen der Zahlung vom **Schmiergeld** durch den **Unternehmer** (OLG Stuttgart, BauR 2007, 420)
* **Steuernachteil** wegen fehlgeschlagenes **Abschreibungsgeschäft** (OLG München, OLGZ 1983, 461 – Anspruch verneint)
* Kosten der Angebotsausarbeitung bei **Aufhebung** eines **Ausschreibungsverfahrens** (BGH, WM 1981, 654 = ZfBR 1981, 182 = SFH, Nr. 2 zu § 26 VOB/A [1973]; s. auch OLG Düsseldorf, BauR 1982, 53; OLG Nürnberg, NJW 1986, 437)
* **Rechenfehler** im Angebot (OLG Düsseldorf, NJW-RR 1997, 1452 u. BauR 1980, 474 – Anwendung der VOB/A war ausgeschlossen; vgl. auch OLG Köln, NJW 1985, 1475); **Kalkulationsirrtum** und Hinweispflicht des Auftraggebers (BGH, NJW 1998, 3192; BauR 1980, 63 = NJW 1980, 180; dazu kritisch: Hundertmark, BB 1982, 16 ff.; siehe ferner: OLG Naumburg, IBR 2005, 41; AG Brandenburg, BauR 2002, 478, 479; OLG Koblenz, OLGR 2002, 90, 92; OLG Köln, NJW 1985, 1475 – c. i. c. bei Zuschlag trotz Hinweis auf Kalkulationsfehler); ferner: BGH, BauR 1983, 368 u. OLG Köln, BauR 1995, 98 = OLGR 1994, 285 sowie 1985, 1475; kein Festhalten an fälschlich angegebenem Preis (LG Aachen, NJW 1982, 1106); kein Festhalten an stark unterkalkuliertem Angebot (LG Siegen, BauR 1985, 213)
* Zur Haftung aus **culpa in contrahendo bei Vergabeverstößen**: BGH, BauR 2007, 120, 121 = NZBau 2007, 58, 59 (zum **Anwendungsbereich** der c. i. c. und des eigenständigen Anspruchs aus § 126 Satz 1 GWB); BGH, BauR 2006, 1140 = NZBau 2006, 456 = ZfBR 2006, 501 = IBR 2006, 408 (Der **private** Anbieter haftet wie ein öffentlicher Auftraggeber, sofern die Ausschreibung nach den Regeln der VOB/A durchführt); BGH, NZBau 2001, 637 (Schadensersatz bei fehlerhaftem Vergabeverfahren); BGH, BauR 2000, 254 (**kein** Ersatzanspruch, wenn **Aufhebungsgrund** nach § 26 Nr. 1 VOB/A gegeben ist); BGH, 1998, 1232 (Aufhebung einer Ausschreibung **ohne** Aufhebungsgrund verpflichtet Schadensersatz, sofern Bieter bei Fortsetzung des Verfahrens den Zuschlag erhalten hätte); BauR 1998, 1232; BGH, BauR 1997, 636 = ZfBR 1997, 244 = NJW-RR 1997, 1106 (Einwand des **rechtmäßigen Alternativverhaltens**); BGH, BauR 1993, 214 = NJW 1993, 520 (Ersatz des **positiven Interesses** bei VOL/A-widriger Auftragsvergabe); BGHZ 60, 221 = Schäfer/Finnern, Z 2.13 Bl. 43; OLG Koblenz, OLGR 2004, 1 (**Verjährung**) u. NJW-RR 1999, 747; OLG Hamm, BauR 2003, 538 (Vergabe durch den **Landschaftsverband**; Haftung der Bundesrepublik Deutschland); OLG Jena, IBR 2002, 433 – Dähne; OLG Oldenburg, BauR 2002, 1268; OLG Schleswig, NZBau 2000, 207; Brandenburgisches OLG, OLGR 2000, 192; OLG Köln, NJW-RR 1999, 316; OLG Nürnberg, BauR 1997, 825 = NJW-RR 1997, 854 (unzulässiges **Nachverhandeln**; s. auch OLG Celle, ZfBR 1997, 40 m. Anm. Höfler = BauR 1996, 860); OLG Düsseldorf, BauR 1996, 98 = OLGR 1995, 207 (**unzulässige Herausnahme** einzelner Teile aus den Angeboten); LG Leipzig, NZBau 2007, 59 (ungerechtfertigter **Verfahrensausschluss** eines Bieters; Anwaltskosten sind erstattungsfähiger Schaden); LG Köln, BauR 2005, 1044 (unzulässige Preisverhandlung des Projektsteuerers des öffentlichen Auftraggebers)
* Zum Schadensersatzanspruch wegen **erzwungener Zusatzaufträge** (keine Vergütungspflicht des Auftraggebers): KG, NZBau 2004, 100.

**1883** Im Einzelnen ist Folgendes zu beachten:

Errechnet der **Architekt** fahrlässig zu niedrige Gesamtbaukosten und veranlasst er dadurch den Bauherrn zum Abschluss des Architektenvertrages und zur Errichtung

## Fallgestaltungen Rdn. 1884-1885

des Bauwerkes, so haftet der Architekt aus Verschulden bei Vertragsschluss auf Ersatz des **Vertrauensschadens;** die in Musterverträgen übliche Klausel, dass sich die Haftung des Architekten auf den Ersatz des unmittelbaren Schadens am Bauwerk beschränkt, gilt nicht für diesen Fall.[10] Der Bauherr kann deshalb verlangen, so gestellt zu werden, als wenn er den Vertrag nicht geschlossen hätte. Entspricht der Wert des Hauses den Baukosten, fehlt ein ersatzfähiger Schaden.[11]

Auch zwischen **Auftraggeber**/Bauherr und **Unternehmer** bestehen im **Vorfeld** **1884** **des Bauvertrages** zahlreiche Sorgfaltspflichten, die von beiden Personen zu beachten sind.[12] Dies gilt namentlich für **öffentliche Auftraggeber**,[13] wenn diese die ihnen aufgrund der VOB Teil A sowie des **§ 97 Abs. 7 GWB** obliegenden Pflichten im Rahmen der **Vergabe von Bauarbeiten** gegenüber Anbietern (Unternehmern) verletzen; dabei ist eine Fülle von Verletzungstatbeständen denkbar, da bei dem Ausschreibungsverfahren der **Grundsatz der Gleichbehandlung** stets gewahrt bleiben muss. Nach § 97 Abs. 7 GWB hat ein Unternehmer „Anspruch darauf, dass der Auftraggeber die Bestimmungen über das Vergabeverfahren einhält". Die subjektiven Rechte der Bewerber nach § 97 Abs. 7 GWB sind europarechtlich zu verstehen.[14] Zu beachten ist, dass die §§ 97 ff. GWB jedoch nur für die Vergabe von **öffentlichen** Aufträgen gelten, die den **Schwellenwert** überschreiten.

Nach der ständigen Rechtsprechung des BGH[15] „kommt durch **eine den Regeln** **1885** **der VOB/A folgende Ausschreibung** und **die Beteiligung eines Bieters am Ausschreibungsverfahren** zwischen den Verhandlungspartnern ein vertragsähnliches Vertrauensverhältnis zustande, das zu gegenseitiger Rücksichtnahme verpflichtet und auf beiden Seiten Sorgfaltspflichten begründet, deren schuldhafte Verletzung zu Schadensersatzansprüchen" unter dem Gesichtspunkt des Verschuldens bei Vertragsschluss führen kann. Spätestens mit der **Anforderung** der Ausschreibungsunterlagen durch den Bieter wird zwischen diesem und dem Ausschreibenden ein vorvertragliches Vertrauensverhältnis begründet.[16] Ein **übergangener Bieter** erleidet bei unkorrekter Bauvergabe indes nur dann einen Anspruch auf **entgangenen Gewinn,** wenn er **bei ordnungsgemäßer Durchführung** des Ausschreibungs-(Vergabe-)Verfahrens **auch den Zuschlag erhalten** hätte, was er darlegen und beweisen muss.[17]

---

10) BGH, NJW 1971, 1840 = *Schäfer/Finnern*, Z 3.00 Bl. 208.
11) LG Freiburg, *Schäfer/Finnern*, Z 3.01 Bl. 23.
12) Siehe hierzu ausführlich *Bühl*, BauR 1992, 26, 28 ff.
13) BGH, NZBau 2007, 523; NZBau 2004, 517 = IBR 2004, 635 – *Quack;* BGH, NJW 2001, 3698; BauR 2000, 254 **(Vergabeverfahren);** BGH, ZfBR 1992, 269 (für **Missachtung von Formvorschriften);** OLG Hamm, BB 1972, 243; BGH, WM 1978, 1082 **(Folgelastenvertrag);** BGH, MDR 1979, 36 **(faktische Bausperre);** BGH, MDR 1980, 653 **(Erschließungsvertrag);** LG Weiden, NJW 1985, 1476 **(rechtswidrige Aufhebung einer Ausschreibung).**
14) *Kraus*, BauR 2000, 1545, 1553; Brandenburgisches OLG, BauR 1999, 1175.
15) BauR 2000, 254 = NJW 2000, 661; BauR 1998, 1232 = NJW 1998, 3636; BauR 1997, 636 = BB 1997, 1608 = NJW-RR 1997, 1106; BauR 1994, 236; s. ferner: *Verfürth*, in: Kulartz/Kus/Portz, § 126 GWB, Rdn. 42 ff.
16) BGH, BauR 2000, 254, 255 m. Nachw.; OLG Koblenz, OLGR 2002, 90, 92.
17) BGHZ 120, 281 = BauR 1993, 214; BGH, ZfBR 2003, 145; BGH, BauR 1998, 1232; BGH, BauR 1985, 75 = ZfBR 1985, 74; BGH, BauR 1984, 631 = ZfBR 1984, 225; OLG Celle, BauR 2005, 712; OLG Hamm, OLGR 2006, 105, 106; OLG Düsseldorf, IBR 2006, 349 – *Weihrauch;* OLG Stuttgart, BauR 2003, 1420, 1421; OLG Dresden, IBR 2004, 264 – *Wittchen;* OLG Celle, ZfBR 1997, 40 m. Anm. *Höfler*= BauR 1996, 860 = NJW-RR 1997, 662; OLG Köln, BauR 1998, 118.

**1886** Im Falle einer **unzulässigen Aufhebung** der Ausschreibung (Vergabe) durch den öffentlichen Auftraggeber kann der **Bieter** Schadensersatz ebenfalls nur verlangen, wenn ihm mit hinreichend hoher Wahrscheinlichkeit ohne die unzulässige Aufhebung der Zuschlag erteilt worden wäre.[18] Hebt der öffentliche Auftraggeber die Ausschreibung auf und **belässt** er es in der Folgezeit bei dem **bisherigen Zustand,** kommt ein Schadensersatzanspruch für einen Bieter im Zweifel nicht in Betracht.[19]

Ein Ersatzanspruch scheidet für den **Bieter** von vornherein **aus,** wenn er sich als **unzuverlässig** i. S. des § 25 Nr. 2 Abs. 1 VOB/A erwiesen hat. Das ist z. B. der Fall, wenn er durch **Manipulationen** einen unzulässigen (Wettbewerbs)vorsprung zu erreichen sucht.[20] Ebenso entfällt ein Anspruch, wenn der Bieter zwar das niedrigste Angebot unterbreitet, dies aber unter Berücksichtigung der tatsächlich auszuführenden Mengen nicht mehr der Fall ist.[21] Keinen Ersatzanspruch hat der Bieter, der trotz des preislich niedrigsten Angebots der wiederholten Aufforderung, seine **Qualifikation** nachzuweisen, nicht nachkommt.[22]

**1887** Nicht jede Pflichtverletzung des öffentlichen Auftraggebers löst einen Schadensersatzanspruch des Bieters aus culpa in contrahendo aus; **erforderlich** ist stets, dass **der Verstoß** im Einzelfall **gerade zu einem Schaden des übergangenen Bieters geführt** hat.[23] Bei der Beantwortung dieser Frage kann vor allem die **Berufung** des öffentlichen Auftraggebers („Schädigers") **auf ein rechtmäßiges Alternativverhalten „beachtlich"** sein.[24]

Dieser Einwand des Schädigers geht in der Sache dahin, dass der Schaden auch bei einem rechtmäßigen Verhalten „entstanden wäre". Die Erheblichkeit dieses Einwands, für den der **öffentliche Auftraggeber darlegungs-** und **beweispflichtig** ist, muss immer nach dem **Schutzbereich** der jeweils verletzten Norm beurteilt werden;[25] der Einwand ist nur erheblich, wenn der Grund (z. B. für eine Aufhebung der Ausschreibung) dem öffentlichen Auftraggeber **nachträglich bekannt** geworden ist. Es schadet nicht, wenn er den Grund **vor** Beginn der Ausschreibung (nur) „hätte erkennen können". Als Schadensersatz kann das **negative,** aber auch das **positive Interesse,** also der entgangene Gewinn, beansprucht werden.[26] Dem **öffentlichen Auftraggeber,** der einen Bieter wegen Unzuverlässigkeit ausschließt,

---

[18] BGH, BauR 1998, 1238 = NJW 1998, 3640; s. auch: BGH, BauR 2003, 240; OLG Stuttgart, BauR 2003, 1420; OLG Celle, BauR 2003, 709 = OLGR 2003, 100 u. OLG Düsseldorf, BauR 2002, 808 (für den **entgangenen Gewinn**).

[19] BGH, BauRB 2004, 170 = IBR 2004, 262 – *Dähne*.

[20] BGH, BauR 1994, 98; s. ferner: BGH, BauR 2002, 1236; OLG Oldenburg, BauR 2002, 1268.

[21] OLG Düsseldorf, NJW-RR 1994, 224 = BauR 1994, 240.

[22] OLG Düsseldorf, NJW-RR 1993, 1046.

[23] BGH, BauR 1997, 636 = ZfBR 1997, 244; BGH, BauR 2002, 1082 m. w. Nachw.

[24] BGH, a. a. O. unter Berufung auf BGHZ 120, 281 = BauR 1993, 214; s. auch: OLG Düsseldorf, BauR 1996, 98.

[25] BGHZ 120, 281 = BauR 1993, 214, 216; BauR 1997, 244.

[26] Siehe BGH, NZBau 2007, 523, 524; BauR 1998, 1232; BGH, BauR 1993, 214; OLG Zweibrücken, BauR 2004, 1454, 1455; OLG Jena, IBR 2002, 433 – *Dähne*; OLG Düsseldorf, BauR 1986, 107 u. BauR 1996, 98, 99; *MünchKomm-Busche,* § 631 BGB, Rdn. 137. Zum Schadensersatzanspruch aus §§ 823, 826 BGB: *Verfürth,* in: Kulartz/Kus/Portz, § 126 GWB, Rdn. 66 ff.

steht gegen diesen **kein Schadensersatzanspruch** in Form eines Differenzausgleichs zu.[27]

Darüber hinaus gewährt **§ 126 Satz 1 GWB** eine weitere (**eigenständige**) Anspruchsgrundlage. Anspruchsgegner können insoweit **alle** Auftraggeber i. S. des § 98 GWB sein; anspruchsberechtigt sind alle Unternehmen, die den Zuschlag nicht erhalten haben.[28] Die Vorschrift erweitert den Kreis der Anspruchsberechtigten; damit sind bereits Bieter mit „echter Chance" erfasst und nicht nur diejenigen, die bei einer ordnungsgemäß durchgeführten Ausschreibung den Zuschlag erhalten hätten.[29] Voraussetzung für einen Schadensersatzanspruch aus § 126 Satz 1 ist jedoch, dass der Bieter ohne den Vergaberechtsverstoß eine **echte Chance gehabt** hätte, den Zuschlag zu erhalten. An einer echten Chance fehlt es jedoch, „wenn die Leistungsbeschreibung fehlerhaft war und es deshalb an einer Vergleichbarkeit der abgegebenen Angebote und damit an einer Grundlage für die Beurteilung der echten Chance fehlt" (BGH). Letztlich hat jeder Bieter, der bei Geltung der VOB/A **nicht in die engere Wahl** nach **§ 25 Nr. 3 Abs. 3 VOB/A** gekommen wäre, keine echte Chance auf die Erteilung des Zuschlags gehabt. Dann scheiden Ersatzansprüche von vornherein aus.

**1888**

Nicht nur bei **Großbauten** kommt es oftmals zu Meinungsverschiedenheiten über das vertraglich geschuldete „**Leistungsbild**" des Unternehmers; **Mehrforderungen** werden von dem Auftragnehmer dann vielfach mit dem Argument begründet, die **Ausschreibungsunterlagen** („Leistungsbeschreibung") des Auftraggebers seien „**lückenhaft**" (unvollständig) oder „**unklar**"; aus diesem Grunde seien die erbrachten „**Zusatzleistungen**" entweder nach **§ 2 Nr. 5** oder **§ 2 Nr. 6 VOB/B** zu vergüten[30] oder aber – als Schadensersatz – **aus culpa in contrahendo** zu bezahlen (siehe auch Rdn. 1128 ff.).

**1889**

Solche Klagen sind in der Vergangenheit durchaus erfolgreich gewesen;[31] denn **rechtlicher Ansatzpunkt** war, worauf Quack[32] zutreffend aufmerksam macht, die vielfach vertretene,[33] indes **un-**

---

27) BGH, BauR 2002, 79; s. auch OLG Naumburg, IBR 2005, 41 – *Weyand* (kein Anspruch bei Kalkulationsirrtum und unterbliebenem Zuschlag). *Wagner* (NZBau 2005, 436 ff.) hält Ansprüche aus c. i. c. gegen den Bieter für möglich. Zur Pflichtverletzung des Bieters, der trotz bindenden Vertragsangebots sich weigert, sich hieran festhalten zu lassen: BGH, BauR 2006, 514 = NZBau 2006, 390.
28) *Verfürth*, in: Kulartz/Kus/Portz, § 126 GWB, Rdn. 2.
29) Siehe BGH, BauR 2007, 120, 121 = NZBau 2007, 58, 59.
30) Vgl. z. B.: OLG Frankfurt, BauR 2007, 124 (Ausschreibung von Gerüstpositionen; Vorhaltezeit); LG Köln, IBR 2007, 544 (Gerüstbauarbeiten); KG, BauR 2006, 836, 837 = NZBau 2006, 241, 242 = IBR 2007, 189 – *Barth* (OlympiaStadion; Risikoabwälzung bei vorhandenen Kontaminationen); LG Arnsberg, BauR 2005, 1335; OLG Brandenburg, BauR 2005, 575; OLG Hamm, BauR 2005, 1183 (Pauschalvertrag); OLG Köln, BauRB 2004, 65 („**konkludente** Anordnung"); KG, BauR 2003, 1902 u. OLG Celle, BauR 2005, 1776 u. BauR 2003, 710 („**unklare**" Leistungsbeschreibung); Thüringer OLG, BauR 2003, 714 (**Baugrundrisiko**); LG Rostock, IBR 2005, 136 – *Zanner* (unzureichende Ausschreibung einer Stahlskelettkonstruktion).
31) Siehe hierzu: *Dähne*, BauR 1999, 289 ff.; *Lange*, Festschrift von Craushaar, S. 271, 273 ff.; *Kraus*, Festschrift für Jagenburg, S. 403 ff.; OLG Koblenz, BauR 1998, 169 (fehlerhafte Ausschreibung durch Architekten).
32) BauR 1998, 381 ff.; BauR 2005, 1080 ff. u. BauR 2003, 26 ff.
33) Vgl. *v. u. z. Frankenstein*, BauR 1997, 551, 552 unter Hinweis auf BGH, *Schäfer/Finnern*, Z 3.01 Bl. 353 = VersR 1966, 488.

**Rdn. 1889**                    **Verschulden bei Vertragsschluss und Dritthaftung**

richtige Auffassung, wonach den Auftraggeber in Bezug auf die Leistungserbringung des Unternehmers eine Art „Beschreibungspflicht" treffe. Das wird in der neueren Rechtsprechung des BGH so aber nicht vertreten,[34] weil die Vorschrift des § 9 VOB/A **kein zwingendes Vertragsrecht** enthält.[35]

Es ist deshalb immer nach den allgemeinen (Vertrags)grundsätzen zu entscheiden, ob die Leistung des Unternehmers von dem Auftraggeber „**hinreichend bestimmbar**" festgelegt worden ist. Das bedeutet:

Die Erklärungen der Vertragsparteien bedürfen stets der **Auslegung** nach §§ 133, 157, 242 BGB. Beruhen die Vereinbarungen z. B. aufgrund eines **öffentlichen Vergabeverfahrens,** ist die Ausschreibung des Auftraggebers so auszulegen, wie sie die potenziellen Bieter **objektiv** verstehen mussten.[36] Alles, was sich bei einer vertragsgerechten Auslegung dabei als Vertragspflicht („**Bausoll**") des Unternehmers aus den Ausschreibungsunterlagen des Auftraggebers **objektiv** „**herauslesen**" **lässt, ist** Vertragsinhalt und bestimmt das Leistungsbild des Unternehmers.[37]

Mit anderen Worten: Ist der **Vertragsinhalt** für den Unternehmer „**bestimmbar**" festgelegt worden, kann der Unternehmer jedenfalls eine mit § 9 VOB/A „unvereinbare Ausschreibungstechnik" nicht geltend machen, sofern z. B. die Auslegung der **funktionalen Leistungsbeschreibung eindeutig zu einer Risikoverlagerung** zu Lasten des **Unternehmers** führt.[38] Der Unternehmer „als Fachmann" (BGH) kann sich auch **nicht** darauf **berufen**, „dass er die Risiken, die mit der funktionalen Beschreibung der Leistung verbunden sind, **nicht erkannt**" hat.[39] Die Darlegungen von Quack belegen, dass die Instanzgerichte zukünftig sorgfältig prüfen müssen, ob der Auftraggeber überhaupt vorvertragliche Sorgfaltspflichten in Bezug auf die Leistungsbeschreibung verletzt hat; **Ersatzansprüche** werden nach der neueren Rechtsprechung des BGH nur in Betracht kommen können, wenn der **Unternehmer die Ausschreibung** („**Leistungsbeschreibung**") „**als VOB/A-gemäß**" (Quack) verste-

---

34) *Quack*, a. a. O., verweist auf BGH, BauR 1992, 759 = NJW-RR 1992, 1046 = ZfBR 1992, 211; BGH, BauR 1994, 236 = ZfBR 1994, 115 = NJW 1994, 850; BGH, BauR 1997, 126 = ZfBR 1997, 29 = NJW 1997, 61; BGH, BauR 1997, 464 = ZfBR 1997, 181.
35) BGH, BauR 1997, 126 = NJW 1997, 61. Siehe ferner: BGH, BauR 2002, 1394 = NJW-RR 2002, 1096; OLG Düsseldorf, BauR 2004, 504 = OLGR 2004, 298 = BauRB 2004, 161; OLG Celle, BauR 2003, 710.
36) BGH, BauR 2002, 935 = NZBau 2001, 324; BauR 2002, 1394; NJW 1999, 2432 = NZBau 1999, 300; BauR 1994, 236, 237; BauR 1993, 595; KG, BauR 2006, 836, 838 = IBR 2006, 189 – *Barth* (**Olympia-Stadion**); KG, BauR 2005, 1179 (**Lehrter Bahnhof**); OLG Frankfurt, BauR 2007, 124, 125 = IBR 2007, 15 – *Stemmer*; OLG Schleswig, IBR 2007, 12 – *Schulze-Hagen*; OLG Karlsruhe, IBR 2006, 664 – *Asam*; OLG Celle, IBR 2005, 520 – *Schwenker*; OLG Koblenz, NZBau 2001, 633; OLG Düsseldorf, BauR 1998, 1025; *Haß*, NZBau 2001, 613 ff. sowie *Keldungs, Quack* u. *Asam*, BauR 2002, 1247 ff. u. *Ohler*, BauRB 2003, 185.
37) Vgl. BGH, NJW 1999, 2432, 2433; OLG Koblenz, OLGR 1999, 349.
38) BGH, BauR 1997, 126, 128; BGH, BauR 1997, 464; KG, BauR 2006, 836, 839; OLG Köln, IBR 2002, 347 – *Putzier.*
39) BGH, BauR 1997, 464, 465; s. auch KG, BauR 2005, 1179, 1183; OLG Hamm, BauR 2005, 1183, 1184 = IBR 2005, 244 – *Zanner*; OLG München, BauR 1998, 800 = BauR 1998, 561 m. Anm. *Putzier*; OLG Koblenz, IBR 2003, 181 – *Schulze-Hagen.* Zur Risikoverteilung bei sog. **Vollständigkeitsklauseln:** *Roquette*, NZBau 2001, 57 ff.

## Fallgestaltungen
**Rdn. 1890–1891**

hen durfte und dabei in schutzwürdigem Vertrauen enttäuscht worden ist.[40] In der Praxis werden Zusatzkosten, die im Zuge der Bauausführung anfallen, in den seltensten Fällen nach den Grundsätzen über Verschulden aus Vertragsverhandlungen (c. i. c.) von dem Auftraggeber zu erstatten sein.[41]

Der **Unternehmer** ist grundsätzlich verpflichtet, mit dem **Eigentum des Bauherrn,** das in seinen Gewahrsam gelangt oder seiner Einwirkung unmittelbar ausgesetzt ist, **sorgfältig umzugehen** und es vor Schaden zu bewahren.[42] Dies gilt sowohl vor als auch **nach** Abschluss eines Werkvertrages.[43] Verletzt der Unternehmer vor Abschluss des Bauvertrages seine insoweit bestehenden **Obhuts-** und **Fürsorgepflichten,** so kann der Bauherr Schadensersatz aus dem Gesichtspunkt des Verschuldens bei Vertragsverhandlungen geltend machen. **1890**

Die **Ablehnung des Vertragsabschlusses** eines Baubeteiligten **nach Vorverhandlungen** hat grundsätzlich noch keine Schadensersatzpflicht zur Folge. Dies gilt auch dann, wenn der Partner, der die Vertragsverhandlungen abbricht, weiß, dass der andere Partner bereits in der Hoffnung auf einen Vertragsabschluss Aufwendungen gemacht hat;[44] ein Schadensersatzanspruch kann jedoch dann bestehen, wenn der den Vertragsabschluss ablehnende Teil schuldhaft **Vertrauen** auf das spätere zustande kommen des Bau- oder Architektenvertrages bei seinem Gesprächspartner erweckt hat, z. B. durch übertriebene Zusicherung im Rahmen der Vertragsverhandlungen.[45] Ein Architekt, der im Vertrauen auf die mündliche Zusage eines anderen fest mit dem käuflichen Erwerb eines Grundstücks rechnet und in dieser Erwartung Pläne für die Bebauung des Grundstückes entwirft, kann – falls der andere seine Zusage nicht ein- **1891**

---

40) Vgl. BGH, BauR 2007, 120, 121 = NZBau 2007, 58, 59; BauR 2002, 1394, 1396; BGH, BauR 1997, 466 = ZfBR 1997, 188 = NJW 1997, 1577; KG, BauR 2006, 836, 839 (der Auftragnehmer muss in schutzwürdiger Weise darauf vertraut haben, „dass bestimmte Risiken ausgeschlossen sind"); OLG Koblenz, OLGR 2006, 941 (Auslegung einer Leistungsbeschreibung); OLG Düsseldorf, BauR 2004, 504, 505; KG, BauR 2003, 1903; LG Berlin, BauR 2003, 1905 m. Anm. *Wirth;* s. auch BGH, NJW-RR 1992, 1046; BGH, BauR 2003, 1884. Zum **„bieterschützenden"** Charakter des § 9 VOB/A (Haftung aus §§ 823 Abs. 2 in Verbindung mit § 9 VOB/A): *Ingenstau/Korbion/ Kratzenberg,* § 9 VOB/A, Rdn. 11; *Lederer/Niebuhr,* Festschrift für Jagenburg, S. 455, 463 ff.; *Markus,* Jahrbuch Baurecht 2004, 1, 40; *Erdl,* BauR 2004, 166, 170; *Quack,* BauR 2003, 26, 27; *Freise,* BauR 2003, 1791; *Wirth,* BauR 2003, 1909, 1910; *Roquette/Paul,* BauR 2004, 736, 744.
41) Siehe insoweit u. a.: KG Berlin, BauR 2006, 836, 840; BauR 2005, 1179, 1183 = IBR 2005, 244 – *Zanner;* OLG Hamm, BauR 2005, 1183, 1184; OLG Frankfurt, BauR 2007, 124, 126; OLG Brandenburg, BauR 2005, 575, 576; LG Arnsberg, BauR 2005, 1335, 1336.
42) BGH, VersR 1973, 1069; s. ferner zu den **Schutzpflichten:** OLG Düsseldorf, BauR 2001, 1760 (Notabdichtung eines Daches); BauR 2000, 1344; LG Rostock, BauR 2000, 105 (§ 4 Nr. 5 VOB/B); OLG Hamburg, NJW-RR 2001, 1534 (§ 4 Nr. 3 VOB/B).
43) BGH, NJW 1977, 376 = BauR 1977, 202 = BB 1977, 121.
44) BGH, BauR 2001, 623, 624 = NJW-RR 2001, 381, 382; NJW-RR 1989, 627; BauR 2001, 623; NJW 1967, 2199; BGH, DB 1989, 1022; OLG Dresden, ZIP 2001, 604; OLG Köln, OLGR 1999, 169; OLG Koblenz, NJW-RR 1997, 974; OLG Hamburg, MDR 1980, 494.
45) Vgl. hierzu vor allem: BGH, WM 1962, 936, 937 = BB 1962, 816 unter II 1; BGH, WM 1967, 1010, 1011 = NJW 1967, 2199; BGH, WM 1972, 772; NJW 1975, 1774 = BB 1975, 1128 unter I 3; BGH, NJW-RR 1988, 988; NJW-RR 1989, 627 = ZIP 1989, 514, 515; BGH, NJW 1996, 1884 = BB 1996, 1238; *Weber,* Haftung für in Aussicht gestellten Vertragsabschluss, AcP 192 (1992), S. 390 ff.; *Gehrlein,* VersR 1997, 928, 929. Zum Ersatzanspruch bei einem sog. **Schwarzkauf:** LG Hannover, MDR 1978, 1021; bei **formbedürftigem** Vertrag: OLG Hamburg, MDR 1980, 494; OLG Koblenz, OLGR 1998, 52 (LS).

hält und die Arbeit sich deshalb als vergeblich erweist – nur dann unter dem Gesichtspunkt des Verschuldens bei Vertragsverhandlungen Schadensersatzansprüche geltend machen, wenn er nachweist, dass er seine Arbeitskraft sonst anderweitig gewinnbringend hätte einsetzen können.[46]

In gleicher Weise kommen Schadensersatzansprüche des **Architekten** in Betracht, wenn er bei einem „**Architektenwettbewerb**" (Siehe Rdn. 638 ff.) zu Unrecht **ausgeschlossen** oder als „**Preisträger**" bei der Verwirklichung des Bauvorhabens nicht berücksichtigt wird.[47]

**1892** Da es sich bei der Haftungsgrundlage des Verschuldens bei Vertragsschluss um ein vertragsähnliches Vertrauensverhältnis handelt, wird von den Parteien auch für das Verschulden von **gesetzlichen Vertretern** oder **Erfüllungsgehilfen** gehaftet, § 278 BGB.[48] Dieser Grundsatz trifft im Baurecht vor allem den Fall, dass der Architekt Vertragsverhandlungen im Auftrag des Bauherrn führt und hierbei schuldhaft Nebenpflichten gegenüber einem Bauhandwerker verletzt. Da der Architekt bei der Begründung des Vertragsverhältnisses als Interessenvertreter seines Auftraggebers, des Bauherrn, auftritt, kann er selbst nicht – sondern nur der Bauherr – für etwaige Versäumnisse bei Abschluss des Vertrages verantwortlich gemacht werden.

Handelt ein **Architekt ohne Vollmacht** (§ 179 BGB), kommt u. U. eine Haftung des Bauherrn aus culpa in contrahendo in Betracht, wenn er mit eigenen, gegenüber dem Unternehmer geäußerten Wünschen in die Vertragsbeziehungen zwischen Architekt und Unternehmer eingreift.[49] Handelt der Architekt ohne Wissen des Bauherrn und ohne dazu bevollmächtigt zu sein, scheidet eine Haftung aus culpa in contrahendo in der Regel aus.[50]

Die **Verletzung** des vertragsähnlichen Vertrauensverhältnisses muss **schuldhaft** erfolgen. Wird das Verschulden im Rahmen von **Allgemeinen Geschäftsbedingungen** eingeschränkt, ist § 309 Nr. 7 b BGB n. F. (§ 11 Nr. 7 AGB-Gesetz) zu berücksichtigen: Danach ist der Ausschluss einer Begrenzung der Haftung für einen Schaden, der auf einer grob fahrlässigen Verletzung von Pflichten bei den Vertragsverhandlungen durch den Verwender oder auf einer vorsätzlichen oder grob fahrlässigen Pflichtverletzung eines gesetzlichen Vertreters oder Erfüllungsgehilfen des Verwenders beruht, unwirksam.

---

46) BGH, *Schäfer/Finnern*, Z 3.010 Bl. 29 = BB 1977, 1018.
47) Vgl. hierzu u. a. BGH, NJW 1983, 442 (Ausschluss von **Teilnahme** am **Architektenwettbewerb**); OLG Dresden, IBR 2005, 261 – *Diesch* (zur **Verjährung** eines Schadensersatzanspruchs); OLG Düsseldorf, BauR 1998, 163 m. Anm. *von Rintelen;* OLG Nürnberg, BauR 1998, 360; OLG Köln, BauR 1982, 396 (Ausschluss vom **Architektenwettbewerb**); OLG Hamm, NJW-RR 1996, 662 (**Preisträger**); BGH, NJW 1987, 2369 u. BGHZ 88, 343 = NJW 1984, 1533 (**Preisträger**) sowie *Weinbrenner/Jochem*, Der Architektenwettbewerb, 1988, S. 170 ff.; zu den Voraussetzungen der **Abstandnahme** von einer Absichtserklärung, weitere Architektenleistungen zu übertragen: BGH, BauR 2004, 1326 = NZBau 2004, 450 = BauRB 2004, 265 (Fortführung von BGHZ 88, 373 u. NJW 1987, 2369); s. hierzu: *Schudnagies*, BauR 2005, 1244 ff. (ablehnend hierzu: *Müller-Wrede*, IBR 2005, 559).
48) BGH, NJW 1984, 1505.
49) Vgl. LG Göttingen, *Schäfer/Finnern*, Z 2.13 Bl. 1.
50) OLG Köln, BauR 1993, 243.

## 3. Dritthaftung (§ 311 Abs. 3 BGB)

*Literatur*

*Westermann*, Vertragliche Dritthaftung im neuen Schuldrecht, Festschrift für Honsell (2002), 137; *Bruns*, Zur Dritthaftung aus culpa in contrahendo, ZfBR 2002, 644.

Die Haftung aus Verschulden bei Vertragsschluss trifft grundsätzlich nur die Parteien des angebahnten Vertrages. Nach der ständigen Rechtsprechung des BGH haftet der **Vertreter** oder Verhandlungsgehilfe aber **ausnahmsweise** persönlich, wenn er an dem Vertragsschluss ein unmittelbares **eigenes wirtschaftliches Interesse** hat oder wenn er ein **besonderes persönliches Vertrauen** in Anspruch genommen und hierdurch die Vertragsverhandlungen oder den Vertragsschluss **wesentlich beeinflusst** hat.[51] Diese an strenge Anforderungen orientierte Rechtsprechung des BGH greift das SchRModG in § 311 Abs. 3 BGB auf. Die Vorschrift spricht zwar insoweit nur von der Inanspruchnahme **besonderen Vertrauens;** es ist indes unbestritten,[52] dass auch die bisherige Fallgestaltung des „**eigenen wirtschaftlichen Interesses**" von der Regelung erfasst wird. Damit kann auch weiterhin auf die Grundsätze zurückgegriffen werden, die der BGH[53] in ständiger Rechtsprechung vertritt; danach ist eine Haftungserstreckung „wegen besonderen wirtschaftlichen Eigeninteresses" nur dann angezeigt, wenn „der Vertreter eine so enge Beziehung zum Vertragsgegenstand hat, dass er wirtschaftlich gleichsam in eigener Sache handelnd erscheint" (BGH). Das ist vor allem bei einem **Scheingeschäft** denkbar.

**1893**

Ob die Regelung des § 311 Abs. 3 BGB zukünftig im Baurecht eine größere Rolle als bisher haben wird, ist zweifelhaft und kaum anzusetzen; wohl bietet die Vorschrift etlichen Raum für die Diskussion, welche anderen „Rechtsfiguren" noch in der Vorschrift „untergebracht" werden können.[54]

## 4. Die Rechtsfolgen

Ansprüche aus Verschulden bei Vertragsschluss werden in aller Regel zu einer **Schadensersatzklage** führen (§§ 280 Abs. 1, 241 Abs. 2, 249 BGB). Ein Anspruch auf **Anpassung** des Vertrages besteht nicht.[55] Dagegen kann eine **vor**vertragliche

**1894**

---

51) Vgl. für das **alte** Recht: BGHZ 14, 318; 56, 81, 83 = NJW 1971, 1309; BGH, BauR 2002, 1396; BGH, BauR 1972, 246 = NJW 1972, 942 = *Schäfer/Finnern*, Z 2.414 Bl. 274; BGH, *SFH*, Nr. 1 zu § 278 BGB; NJW 1986, 586; NJW-RR 1991, 1242; BGH, NJW 1997, 1233; OLG Zweibrücken, BauR 2004, 1454; OLG Hamm, BauR 2004, 1472, 1474; OLG Braunschweig, BauR 2004, 1784 = NZBau 2004, 676; OLG Celle, IBR 2002, 255 – *Metzger;* OLG Bremen, OLGZ 1985, 322 (für Vermittler bei einem Bauherrenmodell); OLG Hamm, NJW-RR 1996, 39 (Verhandlungsgehilfen).

52) *Palandt/Heinrichs*, § 311, Rdn. 61; *Henssler/Graf von Westphalen*, § 311, Rdn. 26; *Langenecker* in: Wirth/Sienz/Englert, § 311, Rdn. 8; *Canaris*, JZ 2001, 499, 520; *Bruns*, ZfBR 2002, 644.

53) BGH, BauR 2002, 1396, 1397 = ZfBR 2002, 681, 682 = NZBau 2002, 569.

54) Vgl. hierzu: *Lieb* in: Dauner-Lieb u. a., § 3, Rdn. 42 ff. (Haftung von **Sachverständigen** gegenüber Dritten; **Vertrag mit Schutzwirkung zugunsten Dritter**); AnwKom-BGB/*Krebs*, § 11, Rdn. 51 ff.; *Palandt/Grüneberg*, § 311 BGB, Rdn. 60; s. auch Rdn. **1750**.

55) BGH, BauR 2006, 1740 mit krit. Anm. *Ganten* = NJW 2006, 3139 = NZBau 2006, 573; s. hierzu auch *Theisen*, NJW 2006, 3102 ff.; OLG Nürnberg, BauR 2007, 882, 885.

Schutzpflichtverletzung zu einem **Rücktrittsrecht** nach § 324 BGB führen, wenn der Geschädigte diese erst **nach** Vertragsschluss entdeckt.[56]

Der **Schadensersatzanspruch** aus §§ 280 Abs. 1, 241 Abs. 2, 249 BGB geht (wie bisher) grundsätzlich nur auf das sogenannte **negative Vertrauensinteresse**.[57] Der Geschädigte ist also so zu stellen, als wenn die begonnenen Vertragsverhandlungen nicht geführt oder der Vertrag nicht abgeschlossen worden wäre. Wird z. B. eine falsche **Auskunft** erteilt,[58] so kann Befreiung von dem im Vertrauen auf die Richtigkeit der Auskunft geschlossenen Kaufvertrag und Ersatz der nutzlos erbrachten Aufwendungen verlangt werden.[59] Wird bei dem Abschluss eines Architektenvertrages mit einem Architekturbüro der klärende Hinweis unterlassen, dass die Sachbearbeiterin des Projekts **keine** Architektin ist, scheidet ein **Vergütungsanspruch** über § 249 Abs. 1 Satz 1 BGB aus.[60] Kommt eine Haftungserstreckung wegen besonderen wirtschaftlichen Eigeninteresses in Betracht, so sind u. U. die Kosten eines Vorprozesses und der Wert von nicht vergüteten Bauleistungen als **ersatzfähiger Schaden** anzuerkennen.[61]

Das sog. **Erfüllungsinteresse** kann nur verlangt werden, wenn der Geschädigte nachweisen kann, dass der Bauvertrag ohne das Verschulden des anderen Partners bei der Vertragsanbahnung **wirksam** zustande gekommen wäre. Er ist dann so zu stellen, als wäre der Bauvertrag wirksam abgeschlossen worden; insoweit trifft den **Geschädigten** aber die volle **Darlegungs-** und **Beweislast.** Häufig geht das Erfüllungsinteresse auch auf Ersatz des **entgangenen Gewinns,** der allerdings nur schwerlich nachzuweisen sein wird.[62]

**1895** Der Anspruch aus Verschulden bei Vertragsschluss **verjährte** nach **altem** Recht in 30 Jahren.[63] Deckte sich allerdings der Anspruch mit denjenigen aus § 13 VOB/B bzw. §§ 633 ff. BGB a. F., galten deren **kürzere** Verjährungsfristen.[64] Das **SchRModG** bringt demgegenüber eine deutliche Veränderung: Für die Verjährung gelten die §§ 195, 199 BGB. Damit ist die Verjährung für Ansprüche aus Verschulden bei Vertragsschluss länger als die des § 634 a BGB.

---

56) AnwKom-BGB/*Krebs*, § 311, Rdn. 38. Es bedarf deshalb auch nicht der Konstruktion einer **Vertragsauflösung** über § 249 BGB (so: *Langenecker*, in: Wirth/Sienz/Englert, § 311, Rdn. 9); im Übrigen ist allerdings auch ungelöst, ob es nach neuem Recht überhaupt noch mittels der c. i. c. über § 249 BGB in Form der **Naturalrestitution** zu einer **Vertragsauflösung** kommen kann (*Theisen*, NJW 2006, 3102, 3103).

57) BGH, BauR 2006, 1740, 1743 = NJW 2006, 3141; NJW 2001, 2875, 2876 = BauR 2001, 1433, 1436; NJW 1957, 193; VersR 1962, 562; BB 1981, 996; OLG Nürnberg, BauR 2007, 882, 883 (zum Differenzschaden bei durchgeführten BGB-Werkvertrag).

58) Zum Beispiel: Falsche Auskunft über die Bodenfestigkeit (BGH, ZfBR 1981, 66).

59) BGH, NJW 1962, 1196, 1198; NJW 1974, 849, 852.

60) OLG Naumburg, ZfBR 1996, 322, 324; OLG Köln, BauR 1980, 372.

61) Vgl. BGH, BauR 2002, 1396, 1398 = ZfBR 2002, 681, 683.

62) BGH, NJW 1964, 661; *Gehrlein*, VersR 1997, 929, 930.

63) Vgl. aber BGH, NJW 1969, 1710; NJW 1972, 95 = BauR 1972, 109 = LM Nr. 13 zu § 195 BGB.

64) BGH, NJW 1969, 1710; OLG Düsseldorf, OLGR Düsseldorf, 1991, 6 = BauR 1991, 798 (LS).

## VII. Geschäftsführung ohne Auftrag

*Literatur*

*Gold*, GoA bei nichtigen Werkverträgen?, JABl. 1994, 205; *Hofmann*, VOB-Fassung 1996: Die rätselhafte Änderung des § 2 Nr. 8 VOB/B, BauR 1996, 640; *Einsele*, Geschäftsführung ohne Auftrag bei nichtigen Verträgen?, JuS 1998, 401; *Malotki*, Die unberechtigte Mängelbeseitigungsaufforderung; Ansprüche des Unternehmers auf Vergütung, Schadens- oder Aufwendungsersatz, BauR 1998, 682; *Locher*, Die Abwicklung des unwirksamen Architektenvertrags, Festschrift für Vygen (1999), 28; *Joussen*, Die Abwicklung fehlerhafter/nichtiger Bauverträge, Festschrift für Vygen, 182; *Kemper/ Schaarschmidt*, Die Vergütung nicht bestellter Leistungen nach § 2 Nr. 8 VOB/B, BauR 2000, 1651; *Leupertz*, Der Anspruch des Unternehmers auf Bezahlung unbestellter Bauleistungen beim BGB-Bauvertrag, BauR 2005, 775; *Oberhauser*, Ansprüche des Auftragnehmers auf Bezahlung nicht „bestellter" Leistungen beim Bauvertrag auf der Basis der VOB/B, BauR 2005, 919; *Moufang/Koos*, Unberechtigte Mängelrügen nach Abnahme: Untersuchungspflicht und Ansprüche des Unternehmers, BauR 2007, 300.

In der Rechtsprechung mehren sich die Fallgestaltungen, in denen Unternehmer, Architekten oder Sonderfachleute auf das Rechtsinstitut der Geschäftsführung ohne Auftrag (GoA) zurückgreifen, um **Vergütungen** für erbrachte Leistungen durchzusetzen.[1] Die Vorschriften über die GoA (§§ 677 ff. BGB) können immer dann herangezogen werden, wenn Baubeteiligte Leistungen erbringen, zu denen sie weder (wirksam) beauftragt noch in anderer Weise verpflichtet waren.[2] Ist dies der Fall, kann ein **Aufwendungsersatzanspruch** erfolgreich nach §§ 683, 670 BGB geltend gemacht werden, sofern die Übernahme der Geschäftsführung, also die Erbringung der Bauleistung, dem **Interesse und dem wirklichen oder mutmaßlichen Willen des Bauherrn** entsprachen. Das ist stets eine Frage des Einzelfalles.[3] Besteht ein solcher Anspruch, scheiden Ansprüche aus ungerechtfertigter Bereicherung (§§ 812 ff. BGB) aus, weil die berechtigte GoA den rechtlichen Grund für die entsprechende Leistung bzw. den Eingriff darstellt.[4]

1896

Ein „Interesse" des Bauherrn ist in der Regel zu bejahen, wenn die Geschäftsbesorgung nützlich (sachlich **vorteilhaft**) ist,[5] z.B. der Abriss einer baufälligen Kommunmauer[6] oder die Fortführung eines Baues bei unwirksamem Werkvertrag

1897

---

1) Zum Erstattungsanspruch des Unternehmers bei einer unberechtigten **Mängelrüge** des Auftraggebers: *Moufang/Koos*, BauR 2007, 300 ff. (keine Ansprüche aus GoA).
2) Siehe hierzu grundlegend: *Leupertz*, BauR 2005, 7755 ff. (**BGB**-Bauvertrag); *Oberhauser*, BauR 2005, 919 ff. (**VOB/B**-Vertrag); ferner: OLG Düsseldorf, BauR 1996, 270, 271 = NJW-RR 1996, 592 für (echte) Zusatzleistungen; s. ferner: BGH, ZfBR 2005, 56, 58 (fehlende Vollmacht); BGH, BauR 2001, 1412 für Ersatzanspruch eines vollmachtlosen Architekten; OLG Hamburg, BauR 2003, 253 für Aufwendungsersatzanspruch des Erwerbers gegen den Bauträger.
3) Vgl. hierzu näher *Kapellmann/Messerschmidt*, § 2 VOB/B, Rdn. 309 ff.; *MünchKomm-Seiler*, § 683 BGB, Rdn. 2 ff.; ferner: OLG Hamburg, a.a.O., S. 255; OLG Frankfurt, BauR 2003, 1045 = NZBau 2003, 378 = OLGR 2003, 360 (für **eilbedürftige** und **notwendige** Arbeiten); OLG Naumburg, BauR 1999, 915 (Erstattung von Sanierungsarbeiten); OLG Koblenz, BauR 1995, 254, 256.
4) BGH, BauR 1994, 110 = NJW 1993, 3196 = ZfBR 1994, 15; *Palandt/Sprau*, Einf. v. § 677 BGB, Rdn. 10.
5) *Palandt/Sprau*, § 683 BGB, Rdn. 4; *MünchKomm-Seiler*, § 683 BGB, Rdn. 4.
6) BGHZ 16, 12.

("Investitionsruine").[7] Dem „mutmaßlichen" Willen geht ein tatsächlich (ausdrücklich oder konkludent) geäußerter Wille vor.[8] Unter dem mutmaßlichen Willen wird derjenige verstanden, den der Geschäftsherr bei objektiver Beurteilung aller Umstände im Zeitpunkt der Übernahme des Geschäftes geäußert haben würde.[9] Dabei wird in aller Regel der dem Interesse des Geschäftsherrn entsprechende Wille maßgeblich sein.[10] Tätigkeiten in der **Akquisitionsphase** rechtfertigen in aller Regel keinen Anspruch aus GoA, wenn die Hoffnung auf Abschluss eines Vertrages enttäuscht wird.[11]

**1898** Auch bei **Nichtigkeit** eines **Bau- oder Architektenvertrages** (z. B. wegen Verstoßes gegen die guten Sitten oder gegen ein gesetzliches Verbot) kann der Rechtsprechung des BGH[12] „unbeschränkt auf die Grundsätze der §§ 677 ff. BGB zurückgegriffen werden, wenn ihre sonstigen Voraussetzungen gegeben sind". Darüber hinaus hat der BGH zu Recht darauf hingewiesen, dass die Anwendbarkeit der vorerwähnten Vorschriften nicht allein deshalb ausscheidet, weil sich der Geschäftsführer zur Geschäftsführung für verpflichtet hält. Gemäß §§ 683, 670 BGB kann der Unternehmer bei nichtigem Vertrag, aber berechtigter GoA, **die übliche Vergütung verlangen,** soweit der Vertragspreis nicht niedriger ist.[13]

**1899** Entsprechendes gilt für den Vergütungsanspruch des Architekten und Sonderfachmannes unter Berücksichtigung der HOAI-Vorschriften. Nach herrschender Rechtsauffassung kann allerdings der Architekt oder Sonderfachmann eine Vergütung für Besondere Leistungen auch nicht über das Rechtsinstitut der GoA verlangen, wenn die Voraussetzungen des § 5 Abs. 4 Satz 1 HOAI nicht gegeben sind.[14]

**1900** **§ 2 Nr. 8 VOB/B** sieht für den **VOB-Bauvertrag eine Sonderregelung** vor. Nach dieser Bestimmung werden Bauleistungen des Unternehmers, die dieser **ohne Auftrag** oder unter **eigenmächtiger Abweichung** vom Bauvertrag ausführt, **nicht vergütet.** Der Auftragnehmer hat sie auf Verlangen innerhalb einer angemessenen Frist zu beseitigen; sonst kann es auf seine Kosten geschehen. Ferner haftet der Auftragnehmer für andere Schäden, die dem Auftraggeber hieraus entstehen.

Einen Vergütungsanspruch hat der Unternehmer nach § 2 Nr. 8 Abs. 2 VOB/B nur, wenn der Bauherr die Leistungen nachträglich anerkennt[15]

---

[7] BGH, WM 1996, 2159; siehe ferner: OLG Düsseldorf, BauR 1996, 270 = NJW-RR 1996, 592 (Vergütung zusätzlicher Leistungen).
[8] Vgl. OLG Hamm, NJW-RR 1991, 730; BauR 1992, 519.
[9] OLG München, NJW-RR 1988, 1013; *MünchKomm-Seiler*, § 683 BGB, Rdn. 10 m. w. Nachw.
[10] BGH, NJW-RR 1989, 970; NJW 1971, 609, 612.
[11] OLG Nürnberg, NJW-RR 1987, 405 (für Initiator eines Bauherrenmodells).
[12] BGH, BauR 1994, 110 = NJW 1993, 3196 = ZfBR 1994, 15; OLG Dresden, IBR 2003, 424 – *Handschumacher;* vgl. *Gold,* JAB. 1994, 205; ferner: BGH, NJW 2000, 1107 = WM 2000, 973; BauR 1993, 98 = NJW-RR 1993, 200 u. BauR 1992, 761; OLG Köln, WM 1985, 983 (Haftung des Treuhänders gegenüber Bauherrengemeinschaft bei nichtigem Treuhandvertrag); OLG Jena, OLGR 2003, 65, 66.
[13] BGH, BauR 1994, 110 = NJW 1993, 3196 = ZfBR 1994, 15; OLG Frankfurt, MDR 1987, 234 (Haftung einer Gemeinde bei **nichtigem** Werkvertrag).
[14] Vgl. OLG Hamm, BauR 1997, 507, 508 u. BauR 1993, 761 u. 633 = ZfBR 1993, 255; OLG Düsseldorf, BauR 1993, 758.
[15] Dies kann auch durch schlüssiges Verhalten geschehen; *Ingenstau/Korbion/Keldungs,* § 2 Nr. 8/B, Rdn. 22; BGH, NZBau 2002, 153, 154 = BauR 2002, 465, 466; ferner: BGH, *SFH,* Nr. 3 zu § 2 Nr. 8 VOB/B (1990).

## Geschäftsführung ohne Auftrag

oder wenn die Leistungen für die Erfüllung des Vertrages **notwendig** waren, dem **mutmaßlichen Willen** des Auftraggebers entsprachen und ihm **unverzüglich angezeigt** wurden (§ 2 Nr. 8 Abs. 2 Satz 2).[16]

Bei der Ausnahme in Abs. 2 Satz 2, die an drei Voraussetzungen geknüpft ist, handelt es sich um einen vertraglichen **Vergütungsanspruch eigener Art**.[17] Dieser Vergütungsanspruch hat aber in der Praxis durch die im Jahre 1996 erfolgte Einfügung des § 2 Nr. 8 Abs. 3 keine große Bedeutung; nach Abs. 3 bleiben nämlich die Vorschriften des BGB über die **Geschäftsführung ohne Auftrag** (§§ 677 ff. BGB) „unberührt". Im Ergebnis läuft dies darauf hinaus, dass man über die Vorschriften der GoA – bei geringeren Anspruchsvoraussetzungen – praktisch zum selben Ergebnis wie nach § 2 Nr. 8 Abs. 2 Satz 2 VOB/B gelangt.[18]

Der Anspruch aus § 2 Nr. 8 Abs. 3 Satz 2 VOB/B hat drei Voraussetzungen: Die Leistung muss für die Erfüllung des Vertrages notwendig sein. „**Notwendig**" ist eine Leistung nach allgemeiner Meinung, wenn der Erfolg der entsprechenden Bauleistung nur durch die durchgeführte Maßnahme fachgerecht erreicht werden kann.[19] Dabei sind objektive Gesichtspunkte maßgebend, wobei eine enge Auslegung geboten ist.[20] Die Leistung muss darüber hinaus auch dem „**mutmaßlichen Willen**" des Auftraggebers entsprechen und ihm **unverzüglich angezeigt** worden sein. „**Mutmaßlich**" ist nach der Rechtsprechung[21] „derjenige Wille des Auftraggebers, der bei objektiver Beurteilung aller gegebenen Umstände von einem verständigen Betrachter vorauszusetzen ist". Eine Bauleistung, die eine Erfüllung des Vertrages lediglich erleichtert oder verbessert, reicht nicht aus.[22] Erfolgt keine **unverzügliche Anzeige** der Bauleistung gegenüber dem Auftraggeber oder Architekten,[23] entfällt der Vergütungsanspruch.[24] **Streitig** ist, wann die **Frist** zur **unverzüglichen Mitteilung** beginnt. Insoweit werden die Auffassungen vertreten, dass die Frist mit der Ausführung der Bauleistung,[25] dem Entschluss zur Ausführung[26] oder der Möglichkeit der Mitteilung[27] beginnt. Eine Anzeige ist nach Treu und Glauben entbehrlich,

**1901**

---

16) Zur Entbehrlichkeit der Ankündigung: OLG Düsseldorf, IBR 2005, 2 – *Stern*.
17) *Nicklisch/Weick*, § 2/B, Rdn. 103.
18) *Kapellmann/Messerschmidt*, § 2 VOB/B, Rdn. 304.
19) Vgl. für viele: *Korbion/Hochstein/Keldungs*, Rdn. 795; *Heiermann/Riedl/Rusam*, § 2/B, Rdn. 168; *Kemper/Schaarschmidt*, BauR 2000, 1651, 1655; *Nicklisch/Weick*, § 2/B, Rdn. 104; OLG Frankfurt, BauR 2003, 1045 = NJW-RR 2003, 964 = MDR 2003, 1413 (eilbedürftige und notwendige Arbeiten); BGH, *Schäfer/Finnern*, Z 2.310 Bl. 28 (notwendige Arbeiten zur verkehrssicheren Herstellung einer Straße); AG Brandenburg, BauR 2002, 478, 481.
20) Kein Anspruch, wenn ein Unternehmer i. R. seiner **Gewährleistungsverpflichtung** tätig wird und hierbei Mängel beseitigt, die vor der Abnahme durch einen Dritten verursacht wurden (OLG Hamm, NJW-RR 1998, 163 = BauR 2002, 345).
21) BGH, ZfBR 2004, 256 = BauR 2004, 495 = NZBau 2004, 207.
22) *Heiermann/Riedl/Rusam*, § 2/B, Rdn. 166 a.
23) Eine Anzeige gegenüber dem nur mit der **Bauüberwachung** betrauten Architekten reicht **nicht** aus: OLG Düsseldorf, NZBau 2001, 334; s. aber OLG Hamm, BauR 1978, 146; OLG Stuttgart, BauR 1977, 291, 292.
24) BGH, NJW 1978, 1631 = BauR 1978, 314; *Leinemann/Schliemann*, § 2/B, Rdn. 344 m. w. Nachw.
25) Vgl. *Korbion/Hochstein/Keldungs*, Rdn. 795; *Nicklisch/Weick*, § 2/B, Rdn. 106.
26) *Daub/Piel/Soergel/Steffani*, Erl. Z B 2162.
27) *Heiermann/Riedl/Rusam*, § 2/B, Rdn. 168; *von Craushaar*, BauR 1984, 311, 322.

wenn der Auftraggeber von der bevorstehenden Durchführung oder Verwirklichung der Arbeiten bereits anderweitig Kenntnis erlangt hat.[28]

**1902** Nach § 2 Nr. 8 Abs. 3 bleiben die Vorschriften über die Geschäftsführung ohne Auftrag (§§ 677 ff. BGB) **unberührt;** bei einem BGB-Bauvertrag sind die Vorschriften (direkt) anwendbar.[29] Für den VOB-Vertrag verbleibt das Rechtsinstitut der Geschäftsführung ohne Auftrag als **Auffangtatbestand** vor allem für diejenigen Fälle, in denen der Auftragnehmer die **unverzügliche Anzeige** nach § 2 Nr. 8 Abs. 2 Satz 2 **versäumt** hat.[30] Zu beachten ist, dass Aufwendungsersatzansprüche aus Geschäftsführung ohne Auftrag gegenüber einem **Dritten** ausscheiden, wenn ein wirksam geschlossener Bauvertrag vorliegt, der die Entgeltfrage umfassend regelt.[31]

**1903** Einzelfälle aus der Rechtsprechung:

* Zum Vergütungsanspruch des Unternehmers für **Zusatzleistungen** aus berechtigter Geschäftsführung ohne Auftrag: OLG Jena, OLGR 2003, 65; OLG Köln, NJW-RR 1999, 526
* Kein Anspruch des **Architekten** für eine **Bauvoranfrage** („isolierte" Besondere Leistung) aus §§ 677 ff., 812 BGB bei fehlender schriftlicher Honorarvereinbarung (OLG Hamm, BauR 1997, 507; ebenso: OLG Schleswig, BauR 1997, 509 für künstlerische Oberleitung, § 15 Abs. 3 HOAI)
* Zum **Umfang** eines Ersatzanspruchs aus §§ 684, 812, 818 Abs. 2 BGB: BGH, BauR 2001, 1412, 1414
* Anspruch des **Nießbrauchers** gegen den Eigentümer bei Sanierung des Flachdaches ohne Einholung seines Einverständnisses (OLG Koblenz, NJW-RR 1995, 15 = MDR 1994, 1115)
* **Mutmaßlicher Wille einer Gemeinde** bei nicht wirksamer Vertretung im Rahmen der Vergabe einer (weiteren) Bauleistung (BGH, WM 1974, 600; vgl. auch OLG Düsseldorf, OLGR 1992, 5, 7)
* GoA gegenüber eine **Wohnungseigentümergemeinschaft** (OLG Karlsruhe, BauR 1990, 611 u. OLG Köln, ZfBR 1995, 141 – Einbau neuer Fenster ohne Zustimmung der übrigen Eigentümer und des Verwalters; s. ferner: BayObLG NZM 2000, 299 – Instandsetzungsmaßnahme durch einen Wohnungseigentümer)
* Keine GoA bei **Akquisitionstätigkeit eines Betreuers** (OLG Düsseldorf, BauR 1992, 413, 414; OLG Nürnberg, NJW-RR 1987, 405 für Initiator eines Bauherrenmodells)

---

[28] *Heiermann/Riedl/Rusam*, § 2/B, Rdn. 168.

[29] Zur „Sperrwirkung" des § 2 Nr. 8 VOB/B bei **unterbliebener** Anzeige siehe *Leinemann/Schliemann*, § 2/B, Rdn. 238; *Kapellmann/Messerschmidt*, § 2/B, Rdn. 304; *Ingenstau/Korbion/Keldungs*, § 2 Nr. 8/B, Rdn. 39.

[30] Zu den **Voraussetzungen** der Geschäftsführung ohne Auftrag s. *Kemper/Schaarschmidt*, BauR 2000, 1651, 1660 ff.; *Kapellmann/Messerschmidt*, § 2/B, Rdn. 309 ff.; BGH, BauR 2004, 333, 335 = ZfBR 2004, 154 = NZBau 2004, 34 = NJW-RR 2004, 81; ferner: OLG Düsseldorf, NZBau 2001, 334, 336 = NJW-RR 2001, 14 = OLGR 2001, 65, das Ansprüche aus GoA bei unterlassener Anzeige nicht ausschließt; OLG Hamm, NJW-RR 1998, 163 für Ansprüche des Unternehmers gegen den Auftraggeber, wenn gleichzeitig Mängel eines **Folgeunternehmers** beseitigt werden.

[31] BGH, NZBau 2004, 387 = BauR 2004, 1151 = ZfBR 2004, 554 = IBR 2004, 355 – *Hildebrandt*; BGH, NZBau 2004, 34 = BauR 2004, 333; OLG Hamm, BauR 2004, 865; OLG Celle, BauR 2004, 1302; OLG Oldenburg, OLGR 2003, 263.

## Geschäftsführung ohne Auftrag

* Anspruch auf Ersatz von **Aufwendungen eines Architekten,** die von ihm nicht zu vertreten sind (BGH, BauR 1992, 26)
* Kein Anspruch des Auftraggebers aus GoA bei **voreiliger Nachbesserung,** ohne dem Auftragnehmer vorher Nachbesserung zu ermöglichen (OLG Frankfurt, NJW-RR 1987, 979)
* Der **Erbbauberechtigte** haftet weder aus ungerechtfertigter Bereicherung noch Geschäftsführung ohne Auftrag, noch aus § 951 BGB, wenn eine Fertighausfirma aufgrund Vertrages mit einem Dritten ein Haus auf dem der Erbbauberechtigten gehörenden Grundstück errichtet (OLG Hamm, NJW-RR 1992, 1105)
* Dem **Bauhandwerker,** der aufgrund vermeintlicher Vertragsbeziehungen mit dem Bauherrn Bauleistungen erbringt, kann ein Anspruch aus Geschäftsführung ohne Auftrag gegen diesen zustehen, selbst wenn sich der Bauherr darauf beruft, die Bauleistungen seien aus seiner Sicht von einem Dritten (Bauträger) erbracht worden (OLG Hamm, NJW-RR 1991, 1303 = OLGR 1991, 8; **a. A.:** OLG Oldenburg, OLGR 2000, 263 = MDR 2000, 1373 für den Fall, dass der Handwerker seine Werkleistungen auf Veranlassung eines Dritten erbringt, dem eine Vollmacht zur Verpflichtung des Bauherrn fehlte; s. auch BGH, IBR 2004, 299 – Bolz)
* Zum **Aufwendungsersatzanspruch** des Unternehmers bei einer **unberechtigten Mängelbeseitigungsaufforderung** des Bauherrn: Malotki, BauR 1998, 682 ff.; OLG Düsseldorf, IBR 2007, 479 – Bolz; BauR 2001, 1608 u. NJW-RR 1999, 746 (zum Schadensersatzanspruch)
* Hat eine **Wohnungsverwaltungsgesellschaft** in Unkenntnis der Tatsache, dass die Wohnungseigentümergemeinschaft bei Abschluss des Verwaltervertrages nicht rechtswirksam vertreten war, die Hausverwaltung besorgt, steht ihr aus Geschäftsführung ohne Auftrag gegen die Wohnungseigentümergemeinschaft ein Anspruch auf Aufwendungsersatz zu (BGH, NJW-RR 1989, 970)
* Der **Initiator eines Bauherrenmodells** erhält seine auf die Gründung einer Bauherrengemeinschaft zielende und in der Vorbereitung und Förderung des Bauvorhabens bestehende Tätigkeit vom Bauherrn weder unter dem Gesichtspunkt der GoA noch unter dem der ungerechtfertigten Bereicherung eine Vergütung, wenn er entgegen seiner Erwartung nicht zu einem Funktionsträger im Rahmen des Bauherrenmodells bestellt wird (OLG Nürnberg, NJW-RR 1987, 405)
* Der vom Bauherrn auf Nachbesserung/Gewährleistung in Anspruch genommene **Vorunternehmer** kann vom Nachunternehmer aus Geschäftsführung ohne Auftrag Zahlung in Höhe des Betrages verlangen, in dem der Nachunternehmer zur Mängelbeseitigung verpflichtet war und durch die Nachbesserung/Gewährleistung des Vorunternehmers befreit wird (OLG Hamm, NJW-RR 1992, 849 = BauR 1992, 519 u. NJW-RR 1991, 730)
* **§ 13 Nr. 5 VOB/B** enthält eine **abschließende Regelung** des Anspruches des Bauherrn auf Ersatz der Mängelbeseitigungskosten. Daneben bestehen keine Ansprüche aus Bereicherung oder Geschäftsführung ohne Auftrag (BGH, BauR 1977, 351; OLG Köln, SFH, Nr. 34 zu § 13 Nr. 5 VOB/B)
* Das Ausführen einer **Eventualposition** ohne Anordnung des Auftraggebers stellt eine auftragslose Leistung dar. Solche Leistungen werden gemäß § 2 Nr. 8 Abs. 1 Satz 1 VOB/B grundsätzlich nicht vergütet. Führt der Auftragnehmer ohne Auftrag eine Eventualposition aus, so kann er – wenn die VOB/B nicht als Ganzes vereinbart ist – Ansprüche aus § 677 BGB oder § 812 BGB geltend machen (OLG Karlsruhe, BauR 1993, 506 [LS])

* Zum Schadensausgleich zwischen dem Auftraggeber und zwei Werkunternehmern („**Nebenschuldnern**"), wenn beide Gewerke mangelhaft sind und einer der Unternehmer die Mängel beseitigt, siehe OLG Hamm, BauR 1994, 371
* Zum Anspruch eines **Trägers öffentlicher Verwaltung** auf Ersatz von **Sanierungskosten** zur **Absicherung** eines **Hanggrundstückes** gegen einen planenden Architekten siehe OLG Frankfurt, BauR 1997, 330.

# VIII. Ungerechtfertigte Bereicherung

*Übersicht*

|  | Rdn. |
|---|---|
| 1. Fallgestaltungen/Übersicht | 1904 |
| 2. Zu den bereicherungsrechtlichen Voraussetzungen | 1906 |
|    a) Bereicherungsausgleich bei unwirksamem Architektenvertrag | 1910 |
|    b) Ausgleich von Überzahlungen | 1918 |
|    c) Rückzahlungsanspruch des öffentlichen Auftraggebers | 1920 |
|    d) Bereicherungsausgleich bei „Schwarzarbeit" | 1921 |
| 3. Der Bau auf fremdem Grund und Boden | 1923 |
| 4. Schaffung eines Familienwohnheimes und Vermögensausgleich nach der Scheidung | 1933 |

*Literatur*

*Dähne*, Rückforderungen im Bauvertragsrecht, 1986.

*Breetzke*, Der Bau auf dem Mietgrundstück als Verwendung, NJW 1954, 171; *Zeiß*, Leistung, Zuwendungszweck und Erfüllung, JZ 1963, 7; *Klauser*, Aufwendungsersatz bei Neubauten und werterhöhenden Verwendungen auf fremdem Grund und Boden, NJW 1965, 513; *Jakobs*, Die Begrenzung des Verwendungsersatzes, AcP 167, 350; *Huber*, Bereicherungsansprüche beim Bau auf fremdem Boden, JuS 1970, 342 und 515; *Koppensteiner*, Probleme des bereicherungsrechtlichen Wertersatzes, NJW 1971, 588 und 1769; *Klinkhammer*, Die Rückabwicklung einverständlich vorgenommener Verwendungen beim Bau auf fremdem Boden, DB 1972, 2385; *Pikart*, Die Rechtsprechung des Bundesgerichtshofs zum Eigentumserwerb durch Verbindung, Vermischung und Verarbeitung, WM 1974, 650; *Koller*, Aufgedrängte Bereicherung und Wertersatz bei der Wandlung im Werkvertrags- sowie Kaufrecht, DB 1974, 2385 und 2458; *Weitnauer*, Die bewusste und zweckgerichtete Vermehrung fremden Vermögens, NJW 1974, 1729; *Dähne*, Die Verwirkung von Rückzahlungsforderungen im Bauvertrag der öffentlichen Hand, BauR 1974, 163; *Fiedler*, Abschied vom Leistungsbegriff?, JR 1975, 314; *Peters*, Die Handwerkerrechnung und ihre Begleichung, NJW 1977, 552; *Rengier*, Wegfall der Bereicherung, AcP 77 (Bd. 177), 418; *Weitnauer*, Die Leistung, Festschrift von Caemmerer (1978), 255; *Liebs*, Bereicherungsanspruch wegen Misserfolgs und Wegfall der Geschäftsgrundlage, JZ 1978, 697; *Weitnauer*, Zum Stand von Rechtsprechung und Lehre zur Leistungskondiktion, NJW 1979, 2008; *Dauner*, Der Kondiktionsausschluss gemäß § 817 Satz 2 BGB, JZ 1980, 495; *Honsell*, Die Saldotheorie – Erweiterung oder Restriktion des § 818 III BGB?, JZ 1980, 802; *Hüffer*, Die Eingriffskondiktion, JuS 1981, 263; *Weyer*, Gründe für eine Nichtigkeit des Architektenvertrages und dessen Abwicklung, BauR 1984, 324; *Beigel*, Ersatzansprüche des vollmachtlos handelnden Architekten gegen den Bauherrn, BauR 1985, 40; *Kern*, Der Bereicherungsanspruch bei skontierten Überzahlungen von Abschlagszahlungen nach der VOB/B, BB 1985, 1494; *Dähne*, Der Rückforderungsanspruch des öffentlichen Bauherrn, Festschrift für Korbion (1986), 39; *Beuthien*, Leistung und Aufwendung im Dreiecksverhältnis, JuS 1987, 841; *Hahn*, Verzinsung von Rückforderungsansprüchen, BauR 1989, 143; *Kern*, Der geprellte Schwarzarbeiter, JuS 1993, 193; *Wesel*, Bereicherungsrecht, NJW 1994, 2594; *Schnauder*, Der Stand der Rechtsprechung zur Leistungskondiktion, JuS 1994, 537; *Canaris*, Das Verhältnis der §§ 994 ff. BGB zur Aufwendungskondiktion nach § 812 BGB, JZ 1996, 344; *Eidenmüller*, Wertersatz für rechtsgrundlos erbrachte Bauleistungen, JZ 1996, 889; *Deutsch*, Das Recht der ungerechtfertigten Bereicherung und der unerlaubten Handlung nach 100 Jahren, VersR 1996, 1309; *Lachmann/Amenda*, Rückforderung wegen unzulässiger Abwälzung der Umsatzsteuer – dargestellt am Beispiel der „Wendebauten", BauR 1997, 223; *Hoffmann*, Die Saldotheorie im Bereicherungsrecht, Jura 1997, 416; *Kupisch*, Rechtspositivismus im Bereicherungsrecht, JZ 1997, 213; *Malotki*, Die unberechtigte Mängelbeseitigungsaufforderung: Ansprüche des Unternehmers auf Vergütung, Schadens- oder Aufwendungsersatz, BauR 1998, 682; *Joussen*, Die Abwicklung fehlerhafter/nichtiger Bauverträge, Festschrift für Vygen, 1999, 182; *Wilhelm*, Die Kondiktion der Zahlung des Bürgen oder Garanten „auf erstes Anfordern" im Vergleich zur Zession, NJW 1999, 3519; *Heindl*, Aktive Korruptionsbekämpfung, NZBau 2002, 487; *Busz*, Der Vergütungsanspruch aus einem durch Submissionsbetrug erlangten Auftrag, NZBau 2003, 65; *Armgardt*, Der Kondiktionsausschluss des § 817 S. 2 BGB im Licht der neuesten Rechtsprechung des BGH, NJW 2006, 2070; *Armgardt*, Rückforderungsansprüche bei Überzahlung auf eine abgetretene Werklohnforderung, BauR 2006, 1834; *Hildebrandt*, Zur Unwirksamkeit vertraglicher Sicherungsabreden und zu den Möglichkeiten einer Verwertung der Sicherheit trotz unwirksamer Sicherungsabrede, BauR 2007, 203; *Moufang/Koos*, Unberechtigte Mängelrügen nach Abnahme: Untersuchungspflicht und Ansprüche des Unternehmers, BauR 2007, 300.

## 1. Fallgestaltungen/Übersicht

**1904** Bereicherungsrechtliche Gesichtspunkte spielen in Bauprozessen durchaus eine Rolle, vor allem in folgenden **Fallgestaltungen:**

* Ein **Bauvertrag** ist nicht zustande gekommen,[1] wegen **Dissenses** über die Höhe der Vergütung **nichtig**[2] oder einfach **sittenwidrig**.[3]
* Der Bauvertrag ist nichtig, weil er gegen ein **gesetzliches Verbot** verstößt (§ 134 BGB).[4] In der Praxis sind das vor allem: Verstoß gegen das Gesetz zur Bekämpfung der **Schwarzarbeit**[5] oder das **Arbeitnehmerüberlassungsgesetz**.[6]
* Eine vertragliche **Sicherungsabrede** ist unwirksam.[7]
* Eine Lohngleitklausel ist nicht nach § 3 WährG genehmigt ("Pfennigklausel").[8]
* Ein Bauvertrag kann nach § 311 b Abs. 1 BGB, 125 Satz 1 BGB nichtig sein; Vereinbarungen, die für sich allein nicht formbedürftig sind, müssen dann **notariell beurkundet werden,** wenn sie mit dem Grundstücksvertrag eine **rechtliche Ein-**

---

1) Vgl. OLG Koblenz, OLGR 1999, 234 (gekündigter **Fertighausvertrag**); OLG Hamm, BauR 1974, 420 („fehlender" Bauvertrag); siehe auch BGH, BauR 1994, 651 (**form-nichtiger** Wirtschaftsvertrag nach *DDR*-Recht) mit kritischer Anm. von *Bultmann*, BauR 1995, 335 ff.
2) OLG Koblenz, NJW-RR 1995, 156 = BauR 1995, 252; OLG Düsseldorf, BauR 2001, 1608 (Reparaturauftrag).
3) OLG Oldenburg, OLGR 1996, 63 (**„umweltschädigender"** Werkvertrag); OLG Rostock, BauR 2007, 417 (**Schmiergeldzahlung**); LG Nürnberg-Fürth, BB 1973, 777 (**Wucher**); zur Nichtigkeit wegen eine **unzulässigen Provisionsabrede:** OLG Düsseldorf, BauR 1990, 618; *Eidenmüller*, JZ 1996, 889, 890 m. w. Nachw. in Anm. 1.
4) Zur **Nichtigkeit** von **Abschlagszahlungsvereinbarungen** in einem **Bauträgervertrag** siehe Rdn. 1230. Zahlungen entgegen § 3 MaBV können nach § 817 Satz 1 BGB zurückverlangt werden (OLG Koblenz, NJW-RR 1999, 671 = IBR 1999, 363 – *Basty*; s. aber OLG Stuttgart, NZBau 2006, 508 = OLGR 2006, 333: kein Anspruch, wenn das Bauvorhaben abgenommen und der Erwerbspreis insgesamt fällig geworden ist). Zur Anwendung von **§ 813 Abs. 2 BGB** bei einer „vorfälligen" Zahlung durch einen Erwerber: BGH, IBR 2007, 428 – *Basty*; OLG Stuttgart, IBR 2005, 329 – *Basty* u. BauR 2007, 406 m. Anm. *Koch*; zur Anwendung des § 813 Abs. 2 BGB bei einem Grundstückskauf und separatem Bauvertrag: BGH, BauR 2007, 1235.
5) Siehe Gesetz zur Intensivierung der Bekämpfung der Schwarzarbeit und damit zusammenhängender Steuerhinterziehung vom 23. Juli 2004 (BGBl. I, 1842); KG, BauR 2007, 762 (LS); OLG Brandenburg, BauR 2007, 1586; s. auch Rdn. 1040.
6) BGH, BauR 1980, 186 = ZfBR 1980, 77. Zum Umfang des Anspruchs des **Verleihers:** BGH, NJW 2000, 1557; NJW 2000, 785; BGH, BauR 1984, 519 = ZfBR 1984, 122; OLG Naumburg, BauR 2005, 447 (LS); OLG Celle, BauR 2004, 1010, 1012; OLG Karlsruhe, BauR 1990, 482, 483.
7) Zu den **Rechtsfolgen** (u. a. Rückgabe der Bürgschaft, Bereicherungseinrede nach §§ 812 Abs. 1 Satz 1, 821 BGB) siehe *Hildebrandt*, BauR 2007, 203 ff.
8) OLG Dresden, BauR 2007, 400 (auch zur Verwirkung).

**Fallgestaltungen** Rdn. 1904

heit bilden.[9)] Das schließt bei einem **Bauträgervertrag** alle Abreden ein, die Gegenstand der vertraglichen Pflichten der Parteien werden sollen. Eine **Baubeschreibung**, die Vertragsinhalt ist, muss daher beurkundet werden.[10)]

* Zur bereicherungsrechtlichen Rückabwicklung eines wegen Verstoßes gegen das **kartellrechtliche Schriftformerfordernis** (§ 34 GWB) unwirksamen Lizenzvertrages siehe BGH, BauR 1997, 868 = SFH, Nr. 4 zu § 818 BGB.
* Zum Bereicherungsanspruch des (**öffentlichen**) Auftraggebers bei Zahlung des Werklohns aufgrund einer unwirksamen Lohngleitklausel siehe OLG Köln, OLGR 2000, 481; zum Beginn der dreijährigen **Verjährungsfrist** siehe OLG Dresden, IBR 2007, 67 – Müller.
* Schließlich sind die Fälle praktisch bedeutsam, in denen der **Bau-**[11)] oder **Architektenvertrag**[12)] erfolgreich wegen Irrtums, arglistiger Täuschung oder widerrechtlicher Drohung **angefochten** wird.
* Ein **wichtiger Fall** der Nichtigkeit ist der Verstoß des **Architektenvertrages** gegen das so genannte **Koppelungsverbot (unzulässige Architektenbindung)**.[13)]
* Der **Architekten-** oder **Projektsteuerungsvertrag** ist nichtig, wenn ein Verstoß gegen das **Rechtsberatungsmissbrauchsgesetz** vorliegt.[14)]
* Der Architekt, Bauunternehmer oder Baubetreuer ist (z.B. aufgrund von Abschlagszahlungen) **überbezahlt,** es werden deshalb Rückzahlungsansprüche geltend gemacht.[15)]

---

9) BGH, ZfBR 1994, 14, 15 = BauR 1994, 110; OLG Köln, OLGR 2000, 459; OLG Düsseldorf, OLGR 2001, 335, 336; s. ferner Rdn. 1000.

10) BGHZ 162, 157 = NZBau 2005, 278 = BauR 2005, 866 = ZfBR 2005, 370. Ist der Bauträgervertrag **nichtig**, hat der Erwerber einen Bereicherungsanspruch gegen die finanzierende **Bank** auf Rückzahlung des Betrages, den er an diese gezahlt hat, um entsprechend deren **Freistellungserklärung** lastenfreies Eigentum zu erwerben.

11) Vgl. z. B. OLG Saarbrücken, OLGZ 1981, 248 (arglistige Täuschung durch Angebot zu überhöhten Preisen); OLG Hamm, NJW-RR 1990, 523 (Anfechtung wegen Nichteintragung in Handwerksrolle; OLG Köln, BauR 2001, 1271 (unterbliebener Hinweis auf die **fehlende Sach-** und **Fachkunde**).

12) Vgl. OLG Düsseldorf, BauR 1982, 86; OLG Nürnberg, BauR 1998, 1273 = NJW-RR 1998, 1713 u. OLG Stuttgart, BauR 1979, 259 (arglistige Täuschung über **fehlende Architekteneigenschaft**).

13) Vgl. LG Kiel, NJW-RR 1995, 981; OLG Köln, *SFH*, Nr. 22 zu Art. 10 § 3 MRVG; OLG Hamm (25. Senat), BauR 1986, 710 u. OLG Hamm (26. Senat) BauR 1986, 711 = NJW-RR 1986, 449; OLG Düsseldorf, BauR 1975, 138; *SFH*, Nr. 6 zu Art. 10 § 3 MRVG; BGH, BauR 1982, 83 = *SFH*, Nr. 9 zu Art. 10 § 3 MRVG; s. auch *Jagenburg*, BauR 1979, 91, 92/93; *Bindhardt/Jagenburg*, § 2 Rdn. 109–111 u. *Weyer*, BauR 1984, 324 ff.

14) Grundlegend: *Kniffka*, ZfBR 1994, 253 ff. u. ZfBR 1995, 10 ff.; *Heiermann*, BauR 1996, 48 ff.; siehe ferner: BGH, BauR 2007, 576 = NZBau 2007, 182; OLG Düsseldorf, NZBau 2006, 517; BGH, BauR 1998, 193 (Projektentwicklung zur Umwandlung von Mietobjekten in Eigentumswohnungen); BGHZ 37, 258 = NJW 1962, 2010; BGH, BauR 1995, 727; BGH, NJW 1978, 322 = BauR 1978,

15) Vgl. BGH, NZBau 2005, 41 = ZfBR 2005, 63 = BauR 2004, 1940 (**Akontozahlung**); BGH, BauR 2002, 1257 = NZBau 2002, 390 (Ausgleich von **Nutzungsvorteilen**); ferner: OLG Düsseldorf, BauR 1994, 272 u. OLG Köln, BauR 1995, 583 (**Architekt**); OLG Düsseldorf, OLGR 1996, 263, 264 (**Unternehmer**); KG, BauR 1998, 348 = KGR 1998, 41 u. OLG Brandenburg, IBR 1998, 108 – *Horschitz* (Abwicklung eines **Pauschalvertrages**); siehe ferner: *Peters*, NJW 1977, 552; *Kern*, BB 1985, 1494 (skontierte Überzahlung).

* Ein Architekt wird erfolgreich aus § 179 BGB als **vollmachtloser** Vertreter in Anspruch genommen und macht einen **Ersatzanspruch** aus §§ 684, 812, 818 Abs. 2 BGB geltend.[16)]
* Der Unternehmer beseitigt **vermeintliche** Mängel, für die er aber nicht gewährleistungspflichtig ist[17)] oder er verlangt nach einer unberechtigten Mängelrüge die Erstattung der ihm entstandenen Kosten.[18)]
* Es wird ein Ausgleichsanspruch wegen **„Bauens auf fremdem Grund und Boden"** geltend gemacht: So errichtet z. B. der Kläger auf dem Grundstück des Beklagten ein Gebäude in der Erwartung, das Grundstück zu Eigentum erwerben zu können; diese Erwägung erfüllt sich aber nicht, sodass der Kläger Ersatzansprüche be-gehrt.[19)] Dazu gehören im Weiteren auch die Fälle, die besonders in Zeiten von Rezessionen die Gerichte beschäftigen: Der **Lieferant von Baustoffen** versucht, von dem Grundstückseigentümer die Begleichung der Baustofflieferungen zu erlangen, weil sein Vertragspartner und Abnehmer der Materialien (z. B. von Fertigbeton, Bewehrungseisen, Bausteine pp.), nämlich der Bauunternehmer, diese zwischenzeitlich verbaut hat, infolge von Zahlungsunfähigkeit aber nichts mehr von ihm zu holen ist.[20)]
* Bereicherungsrechtliche Gesichtspunkte können aber auch bei anderen Rechtsverhältnissen – z. B bei einem **Mietverhältnis** – aktuell werden. So entstehen vor allem bei längerfristigen Mietverhältnissen oftmals Meinungsverschiedenheiten, wenn ein Mieter während der Vertragszeit **bauliche Änderungen** vorgenommen hat, für die er nunmehr einen Wertausgleich beansprucht.[21)] Erhebliche Beträge können auch in Rede stehen, wenn ein Mieter mit einer **„Ankaufsmöglichkeit"** Wert erhaltende oder Wert erhöhende Baumaßnahmen auf fremdem Grund und Boden durchführt.[22)]
* Ein Bereicherungsanspruch (**„Rückforderungsanspruch"**) besteht für den Bürgen **(Bank)**, der aufgrund einer Gewährleistungsbürgschaft **„auf erstes Anfor-

---

16) BGH, BauR 2001, 1412, 1414.
17) OLG Düsseldorf, BauR 2001, 1608, 1609, s. auch OLG Düsseldorf, NJW-RR 1999, 746 (kein Schadensersatzanspruch) sowie *Malotki*, BauR 1998, 682 ff.
18) Siehe hierzu *Moufang/Koos*, BauR 2007, 300, 302.
19) Vgl. BGH, NZBau 2001, 553; BGH, ZfBR 1996, 36 = NJW 1996, 52 = BauR 1996, 133; BGH, DB 1966, 262; BGH, NJW 1970, 136; BGH, *Schäfer/Finnern*, Z 3.00 Bl. 70; OLG Schleswig, SchlHA 1995, 319; OLG Hamm, NJW-RR 1992, 1105 **(Erbbaurecht)**; vgl. auch *Huber*, JuS 1970, 520; *Klinkhammer*, DB 1972, 2385.
20) Vgl. BGHZ 40, 272 = NJW 1964, 399; BGH, BauR 1991, 93 = NJW-RR 1991, 343 **(verlängerter Eigentumsvorbehalt)** sowie OLG Hamm, MDR 1974, 313. Zum Anspruch des Unternehmers gegen den **Grundstückseigentümer,** der sein Grundstück an den Bauherrn **verkauft,** aber noch **nicht aufgelassen** hat: OLG Nürnberg, NJW-RR 1998, 1171.
21) Vgl. OLG Düsseldorf, OLGR 2000, 280 (verlorener Baukostenzuschuss); OLG München, NJW-RR 1997, 650 = ZMR 1997, 236; OLG Hamburg, MDR 1974, 584; zu den **Aufbauleistungen des Meisters** s. BGH, WM 1970, 1142; NJW 1967, 2255 (Umbau einer Gaststätte); OLG Hamm, WM 1970, 1359 (Gaststätte); BGHZ 41, 157 = NJW 1964, 1125 – dazu: *Eichler*, JuS 1965, 479 ff.; BGH, NJW 1967, 1223; *Huber*, JuS 1970, 518.
22) BGH, ZfBR 1996, 36 = BauR 1996, 133 = NJW 1996, 52; s. auch BGH, NZBau 2001, 553.

**Fallgestaltungen**  Rdn. 1905

dern" (vgl. dazu Rdn. 367 ff.) auf Zahlung in Anspruch genommen worden ist.[23]

* Eine Bereicherung ist nicht ohne weiteres gegeben, wenn der **Verwalter** ohne vorherige Herbeiführung eines Eigentümerbeschlusses auf Kosten der Eigentümergemeinschaft an der Wohnung eines Eigentümers Wert verbessernde Baumaßnahmen (hier: Schallschutztür) vornehmen lässt.[24]
* Ein Handwerker, der Arbeiten an einem Gebäude in der vagen Aussicht ausführt, von dem Grundeigentümer als **Erbe** eingesetzt zu werden, hat keine Bereicherungsansprüche, wenn sich diese Aussicht zerschlägt.[25]
* Ein Bauherr baut nach den Plänen eines nicht von ihm beauftragten Architekten.[26]
* Bereicherungsausgleich für **Nutzungsvorteile** vor Kenntnis des Wandelungsrechts.[27]
* Ein Bereicherungsausgleich nach §§ 951 Abs. 1, 812 Abs. 1, 818 Abs. 2 BGB kommt in Betracht, wenn eine **halbscheidige Giebelwand** vom Nachbarn als „Abschlusswand" genutzt wird; errichtet der Nachbar eine „völlig eigenständige" Mauer, scheidet ein Bereicherungsanspruch indes aus.[28]
* Ein Bereicherungsanspruch ist bei einer „Störer"haftung **(Bodenkontamination)** nicht ausgeschlossen (BGH, NJW-RR 1996, 845).
* Die Herausgabe **gemeinschaftsbezogener** Minderungsanteile durch einen Wohnungseigentümer an die Eigentümergemeinschaft kann aus § 816 Abs. 1 Satz 1 BGB begründet sein (KG, NZBau 2004, 437).

Hat ein **Bauträger** seine **Mängelansprüche** gegenüber den von ihm beauftragten Unternehmern an den Erwerber des von ihm erstellten Bauwerks (wirksam) **abgetreten** und hat er dann auf Verlangen des Erwerbers die Mängelbeseitigung doch selbst in die Hand genommen, kann der Bauträger Bereicherungsansprüche nach den §§ 267, 812 BGB gegen den verantwortlichen Unternehmer geltend machen. Ein Bereicherungsanspruch setzt jedoch voraus, dass der Bauträger mit der Mängelbeseitigung  1905

---

23) BGH, BauR 1989, 342 = NJW 1989, 1606 (auch zur Darlegungs- und Beweislast); OLG Hamm, BauR 2001, 967 **(Vertragserfüllungsbürgschaft);** OLG Hamm, BauR 1994, 775 = ZfBR 1994, 223 = NJW-RR 1994, 1073 (Rückforderung wegen **Verjährung** der Gewährleistungsansprüche); zum **Aussonderungsrecht** bezüglich eines Herausgabeanspruchs einer Bürgschaftsurkunde siehe LG Bremen, NJW-RR 2004, 168. Zum Rückforderungsanspruch des **Unternehmers** nach Inanspruchnahme einer Bürgschaft auf erstes Anfordern: OLG Celle, BauR 2004, 1794.
24) BayObLG, MDR 1978, 936.
25) KG, MDR 1984, 492; OLG Koblenz, VersR 1996, 238 (zur **Vererblichkeit** eines Bereicherungsanspruchs); vgl. aber BGH, NJW-RR 1986, 155 (Ausgleichsanspruch bei nahen **Verwandten**) u. OLG Karlsruhe, NJW 1990, 126 (Bereicherungsanspruch des **Sohnes** wegen Verbesserungsarbeiten am bereits veräußerten Haus der Mutter). Für den **Vater,** der auf dem Grundstück des **Verlobten** seiner Tochter Arbeitsleistungen erbracht hat, besteht nach Auflösung des Verlöbnisses kein Bereicherungsanspruch (LG Gießen, NJW-RR 1994, 1410; anders: OLG Düsseldorf, NJW-RR 1996, 517; OLG Oldenburg, NJW 1994, 1539 u. OLG Köln, NJW 1994, 1540 für **Geldzuwendung** durch **Schwiegereltern).**
26) Es sei denn, der Bauherr erlangt die Befugnis, auf der Grundlage der genehmigten Bauvorlage zu bauen, durch Zuschlag im Zwangsversteigerungsverfahren (vgl. hierzu OLG Karlsruhe, GRUR 1985, 534).
27) Siehe dazu OLG Braunschweig, OLGR 1996, 133, 134 (Einbauküche).
28) Vgl. OLG Köln, OLGR 1996, 43 = *SFH*, Nr. 2 zu § 951 BGB.

nicht nur eine (möglicherweise) eigene Schuld gegenüber den Unternehmern (z. B. wegen mangelhafter Planung oder Bauaufsicht) erfüllt und erfüllen will; vielmehr muss er zumindest auch die Verbindlichkeiten des Unternehmers gegenüber den Erwerbern aus den diesen abgetretenen, ursprünglich dem Bauträger zustehenden Mängelansprüchen erfüllen wollen. Da der Bereicherungsanspruch auf Herausgabe dessen gerichtet ist, was der Unternehmer erlangt, also erspart hat, weil er durch den Bauträger von den Mängelansprüchen der Erwerber befreit worden ist, setzt der entsprechende Anspruch voraus, dass im Zeitpunkt der Mängelbeseitigung durch den Bauträger auch die materiellen Voraussetzungen der Mängelrechte erfüllt waren.[29]

## 2. Zu den bereicherungsrechtlichen Voraussetzungen

**1906** Bei der bereicherungsrechtlichen Beurteilung bauspezifischer Rechtsvorgänge müssen die **Kondiktionstatbestände** stets sorgfältig beachtet werden; gerade die Unterscheidung zwischen der **Leistungs-** und **Nichtleistungs(Eingriffs)kondiktion** ist bei der Lösung baurechtlicher Streitfälle im Einzelfall von großer Bedeutung. Dabei ist immer von dem **Vorrang** der Leistungskondiktion auszugehen.[30]

Die sog. **Nichtleistungs-** oder **Eingriffskondiktion** kommt in Bausachen in Betracht, sofern der Bereicherungsschuldner in sonstiger Weise etwas auf Kosten eines anderen erlangt hat. Etwas erlangt hat derjenige, der einen **Vermögensvorteil** erworben hat. Ein solcher Vorteil kann vor allem in dem **Verbrauch** einer fremden Sache[31] liegen, wenn der Verbraucher dadurch eigene Aufwendungen erspart hat. In der Praxis ist aber stets darauf zu achten, auf wessen Kosten der Vorteil erlangt worden ist; nur dieser kann den Bereicherungsanspruch geltend machen. Bei der Nichtleistungs- oder Eingriffskondiktion darf der Kondiktionsgegenstand dem Bereicherungsschuldner nicht auf dem Umweg über das Vermögen eines Dritten zugeflossen sein, sondern muss sich bis zum kondiktionsauslösenden Vorgang **im Vermögen** des **Bereicherungsgläubigers** befunden haben; insoweit dient nach der Rechtsprechung des BGH[32] das Kriterium der **Unmittelbarkeit** der **Vermögensverschiebung** u. a. dazu, die **Parteien** der Eingriffskondiktion **festzulegen**.

Demgegenüber ist nach der Rechtsprechung unter **Leistung** i. S. des § 812 Abs. 1 BGB eine **bewusste** und **zweckgerichtete Vermehrung** fremden Vermögens zu verstehen.[33] Die jeweilige **Zweckbestimmung**[34] richtet sich dabei, wenn die Zweckvorstellungen des Zuwendenden und des Zuwendungsempfängers auseinandergehen, nicht nach dem inneren Willen des Zuwendenden; maßgebend ist vielmehr, als wessen Leistung sich die Zuwendung bei objektiver Betrachtungsweise

---

29) BGH, BB 1978, 582 = DB 1978, 1073.
30) BGH, NJW 1964, 399; NJW 1999, 1393; KG, NZBau 2004, 619; OLG Hamm, BauR 2004, 865, 866 = OLGR 2004, 79, 80; *Palandt/Sprau*, § 812 BGB, Rdn. 43; *Berg*, NJW 1964, 720; *Festge*, BauR 1973, 274, 277.
31) BGH, BauR 2002, 775 (Bauwasser).
32) BGHZ 94, 160, 195.
33) BGHZ 40, 272, 277; BGHZ 58, 184, 188; BGHZ 105, 365; BGH, BauR 2005, 866, 867 = ZfBR 2005, 370, 371 = NZBau 2005, 278 (**Bauträgervertrag**); BauR 2002, 1245, 1246 = NZBau 2002, 562, 563; BauR 1998, 1113 m. Anm. *Kaiser*, BauR 1999, 901.
34) Zur Rechtsnatur im Einzelnen: *Schnauder*, JuS 1994, 537, 539 m. Nachw.

## Anspruchsvoraussetzungen          Rdn. 1907–1908

aus der **Sicht des Zuwendungsempfängers** darstellt.³⁵⁾ Deshalb hat der von einem vollmachtlosen Vertreter beauftragte Unternehmer keinen Bereicherungsanspruch gegen den Bauherrn, wenn der vollmachtlose Vertreter dem Bauherrn gegenüber zur Erbringung der Bauleistung vertraglich verpflichtet war.³⁶⁾

Stets muss auf Seiten des Beklagten eine **Bereicherung** vorliegen. Das muss der **1907** Kläger dartun. Dazu reicht z. B. nicht ein Vorbringen nach dem Motto, die Bauarbeiten seien für den Beklagten „wertvoll, weil erbracht". Vielfach wird auf den **Wert des Grundstücks** in seinem Zustand vor dem Beginn der Bauarbeiten des Klägers mit dem Wert abgestellt, den das Grundstück zu dem Zeitpunkt hatte, als der Kläger seine Bauarbeiten einstellte oder abschloss.³⁷⁾ Das kann aber dazu führen, dass der begonnene, aber noch nicht abgeschlossene Umbau eines Einfamilienhauses **keine** Bereicherung des Grundstückseigentümers darstellt.³⁸⁾ Die Rechtsprechung des **BGH** stellt bei dem Bau auf fremdem Grund und Boden zwar auch auf eine objektiv zu bemessende **Steigerung** des **Verkehrswertes** des Grundstücks ab. Das ist aber nicht immer der Fall: Entspricht z. B. die dem Auftraggeber als Grundstückseigentümer **erbrachte** Leistung seiner **Planung** und **nutzt** er sie, so muss er auch **die ersparten Aufwendungen** erstatten. Er wird dann grundsätzlich (in diesen Fällen) dasjenige als Wertersatz zu leisten haben, was er bei einer **wirksamen** (oder im Fall des § 179: **eigenen**) **Auftragsvergabe** für die Arbeiten hätte aufwenden müssen.³⁹⁾ Steht eine rechtsgrundlos erbrachte **Architekten-** oder **Ingenieurleistung** in Rede, liegt eine Bereicherung gegebenenfalls darin, dass der Bauherr die Leistungen **verwertet** und damit **Aufwendungen erspart** hat.⁴⁰⁾ Wird ein **Fertighausvertrag** gekündigt, ist die Klausel „Bestellung trotz Kündigungsvorbehalt ... kein Rückforderungsrecht, wenn Bauvorhaben nicht durchgeführt" unwirksam, wenn die für die Planungsleistungen gezahlte Vergütung das nach der HOAI tatsächlich geschuldete Honorar um ein Vielfaches übersteigt; dem Erwerber steht deshalb ein Bereicherungsanspruch zu.⁴¹⁾

Bereicherungsansprüche sind **ausgeschlossen** in Fällen, die abgeschlossen geregelt **1908** sind:

* § 2 Nr. 6 VOB/B (Vergütung für **zusätzliche** Leistungen). Sind seine Voraussetzungen nicht erfüllt, besteht auch kein Anspruch aus §§ 812 ff. BGB.⁴²⁾

---

35) **Herrschende Meinung:** BGHZ 122, 46 = NJW 1993, 1578; BGH, BauR 2005, 866, 867; NJW 1999, 1393; NJW 1974, 1132 u. ZfBR 1978, 82; KG, NZBau 2004, 619; *Kaiser*, BauR 1999, 901, 903; *Schnauder*, JuS 1994, 537, 539; *Sieg*, BB 1993, 1746; *Nicolai*, JZ 1993, 1118; *Weitnauer*, NJW 1974, 1729; **a. A.:** OLG Hamm, MDR 1975, 53, 54 für den Fall, dass es „an jedem Schutzbedürfnis" für den Leistungsempfänger fehle.
36) OLG Nürnberg, MDR 1964, 55.
37) Im Ergebnis ebenso: OLG Karlsruhe, NJW 1990, 126; **a. A.:** *Eidenmüller*, JZ 1996, 889, 892 (nur, wenn Nichtigkeit des Vertrages auf einem Gesetzes- und Sittenverstoß beruht); offen gelassen von OLG Koblenz, BauR 1995, 252, 254 (Berechnung des Wertes von Malerarbeiten **alternativ** nach der Werterhöhung des Grundstücks und dem **Wert** der **üblichen Vergütung**).
38) Vgl. OLG Hamburg, MDR 1970, 926. Zur Bereicherung für Wertverbesserung des Schallschutzes s. BayObLG, MDR 1978, 936.
39) BGH, BauR 2002, 1245, 1247 = NZBau 2002, 562 = ZfBR 2002, 565; BauR 2001, 1412 = ZfBR 201, 455 = NZBau 2001, 571.
40) Vgl. OLG Nürnberg, BauR 1998, 1273 = NJW-RR 1998, 1171.
41) OLG Koblenz, OLGR 1999, 238, 239.
42) *Ingenstau/Korbion/Keldungs*, § 2 Nr. 6/B, Rdn. 16.

* § 2 Nr. 8 VOB/B (**nicht bestellte** Leistungen).
* § 13 Nr. 5 VOB/B (Ersatz von Mängelbeseitigungskosten). Auch insoweit handelt es sich um eine abschließende Regelung.[43]
* Minderungsansprüche nach BGB und VOB.[44]

**1909** Soweit bereicherungsrechtliche Ansprüche – wie aus der Zusammenfassung deutlich wird – in aller Regel einen nichtigen Vertrag voraussetzen, ist zu berücksichtigen, dass ein **unwirksamer Vertrag** nicht schon bei jedem **Verstoß gegen eine Rechtsnorm** vorliegt:

* Erlangt der **Auftragnehmer** einen Bauauftrag **durch Submissionsbetrug,** ist die vertragliche **Preisvereinbarung nichtig,** während der übrige Vertrag wirksam bleibt; der Anspruch des Auftragnehmers auf Vergütung seiner erbrachten Leistung soll nach OLG München[45] deshalb auch auf den **hypothetischen Wettbewerbspreis** beschränkt sein.
* Ein Bauvertrag ist nicht schon deshalb nach § 134 BGB nichtig, weil die öffentliche Baugenehmigung fehlt (vgl. Rdn. 1042).
* Ein Verstoß gegen die Vorschriften der Baupreisordnung führt ebenfalls nicht zur Nichtigkeit des gesamten Bauvertrages (vgl. näher Rdn. 1041).
* Ein Werkvertrag, den ein nicht in der **Handwerksrolle** eingetragener Unternehmer abschließt, ist nicht gemäß § 134 BGB unwirksam;[46] dem Auftraggeber bleibt nur die Möglichkeit einer Irrtumsanfechtung.[47]

### a) Bereicherungsausgleich bei unwirksamem Architektenvertrag

*Literatur*

*Bultmann,* Zur „Entreicherung" des Bauherrn bei Architektenleistungen aufgrund nichtigen Vertrags gemäß § 818 Abs. 3 BGB, BauR 1995, 335; *Locher,* Die Abwicklung des unwirksamen Architektenvertrags, Festschrift für Vygen (1999), 28.

**1910** Ist ein **Architekten-** oder **Ingenieurvertrag unwirksam,** kommt ein **Bereicherungsanspruch** des Architekten **nur in Betracht,** wenn nicht im Einzelfall auf die Grundsätze der **Geschäftsführung ohne Auftrag** (§ 677 ff. BGB) zurückgegriffen werden kann (vgl. Rdn. 1896 ff.); in diesem Fall scheidet eine bereicherungsrechtliche Rückabwicklung aus.[48]

Richten sich die Ausgleichsansprüche nach den §§ 812 ff. BGB, ist (für den Architektenvertrag) Folgendes zu beachten:

**1911** Bei der Abwicklung eines unwirksamen Architektenvertrages muss eine **Verrechnung** der beiderseitig erbrachten Leistungen erfolgen **(Saldotheorie).**[49] Den Honorarzahlungen des Auftraggebers ist somit der **Wert** der vom Architekten erbrachten Leistungen gegenüberzustellen. Der Wert der Architektenleistung bestimmt sich

---

43) Vgl. BGH, NJW 1966, 39, 40, *Schäfer/Finnern,* Z 2.414 Bl. 146; Z 3.13 Bl. 49; Z 2.414.3 Bl. 19; *Ingenstau/Korbion/Wirth,* § 13 Nr. 5/B, Rdn. 126; § 13/B, Rdn. 465 u. *Festge,* BauR 1973, 274.
44) *Festge,* a. a. O.
45) NZBau 2002, 509; s. hierzu: *Heindl,* NZBau 2002, 487 u. *Busz,* NZBau 2002, 65 ff.
46) So aber LG Mainz, NJW-RR 1998, 48 (**kein** Werklohnanspruch).
47) Vgl. OLG Hamm, NJW-RR 1990, 523 sowie Rdn. 1045.
48) BGH, BauR 1994, 110 = *SFH,* Nr. 23 zu § 812 BGB = NJW 1993, 3196; OLG Koblenz, BauR 1995, 252, 254 = NJW-RR 1995, 156.
49) BGH, BauR 1997, 868, 871; OLG Nürnberg, BauR 1998, 1273 = NJW-RR 1998, 1171.

dabei nach der insoweit **üblichen** bzw. **angemessenen** Vergütung.[50] Hat der Architekt Leistungen erbracht, so kann sein Anspruch aus ungerechtfertigter Bereicherung insoweit nicht höher sein als der Betrag, der ihm bei Wirksamkeit des Vertrages zustehen würde.[51] Darüber hinaus muss der **Auftraggeber** aber infolge der Architektenleistungen entsprechende (eigene) **Auslagen erspart** haben. Dies hat der **BGH**[52] zunächst für den Fall eines Verstoßes gegen Art. 1 §§ 1, 5 RBerG entschieden und dies später auf einen Verstoß gegen das sog. Koppelungsverbot (Art. 10 § 3 MRVG) übertragen.[53] In der Entscheidung vom 23. Juni 1994[54] hat der BGH diese Grundsätze bekräftigt und wie folgt zusammengefasst: „Nach ständiger Rechtsprechung kann ein Architekt, der aufgrund eines nichtigen Vertrages Leistungen erbracht hat, vom Auftraggeber nach Bereicherungsgrundsätzen den Wert der von ihm erbrachten Leistungen ersetzt verlangen, sofern der Auftraggeber entsprechende Auslagen erspart hat. Dem Architekten steht mangels Bereicherung des Auftraggebers kein Bereicherungsanspruch zu, wenn die erbrachten Architektenleistungen vom Auftraggeber nicht verwertet wurden und dieser entsprechende Auslagen auch nicht erspart hat."

Liegt eine „Bereicherung" auf Seiten des Auftraggebers vor, ist die Ermittlung des Ausgleichsbetrages zuweilen schwierig: Allerdings ist die „Bereicherung" des Architekten einfach zu ermitteln: Sie besteht regelmäßig in den Zahlungen des Bauherrn. Demgegenüber ist die **Bereicherung des Bauherrn** im Einzelfall schwieriger festzustellen, da im Zweifel der Wert (§ 818 Abs. 2 BGB) der von dem Architekten erbrachten Leistungen zu bestimmen ist. Die Bereicherung richtet sich somit zunächst danach, was der Architekt für den Bauherrn erbracht hat. Hat der Bauherr z. B. aufgrund der Planung des Architekten eine **Baugenehmigung** erhalten, so ist er um diese Leistung bereichert, weil die Baugenehmigung „regelmäßig nur aufgrund eines wirksamen, eine Vergütungspflicht begründenden Vertrages zu erhalten ist".[55] Der Bauherr hat daher im Zweifel die Kosten erspart, die er einem anderen Architekten aufgrund eines wirksamen Vertrages hätte zahlen müssen; das sind z. B. nach § 15 Leistungsphase 1–4 HOAI 27% des Gesamthonorars. Erbringt der Architekt Leistungen darüber oder darunter, so ist entsprechend zu verfahren, wobei jedoch stets zu berücksichtigen ist, ob die Architektenleistungen für den Bauherrn **brauchbar** sind. Weisen die Arbeiten des Architekten **Mängel** auf, sind sie für den Bauherrn also **wertlos**, liegt eine Bereicherung überhaupt nicht vor.[56] Macht der Bauherr Aufwendungen, um eine mangelhafte Arbeit des Architekten doch noch zu verwirklichen, so entfällt insoweit eine Bereicherung (§ 818 Abs. 3 BGB). Der Einwand des Bauherrn, er habe mit einem anderen Architekten anders gebaut, reicht aber

1912

---

50) Ein Architekt, dessen Tätigkeit über das **Akquisitionsstadium** nicht hinausgeht, kann deshalb keinen Bereicherungsanspruch haben (insoweit zutreffend: OLG Celle, OLGR 2006, 435, 436).
51) OLG Nürnberg, a. a. O.
52) BGH, NJW 1978, 322 = BauR 1978, 60; OLG Düsseldorf, *SFH*, Nr. 6 zu Art. 10 § 3 MRVG; *Bindhardt/Jagenburg*, § 2, Rdn. 109.
53) BGH, BauR 1982, 83 = *SFH*, Nr. 9 zu Art. 10 § 3 MRVG = DB 1992, 644.
54) BauR 1994, 651, 653 = DtZ 1994, 339; siehe hierzu auch (kritisch): *Bultmann*, BauR 1995, 335 ff.
55) Vgl. BGH, BauR 1982, 83, 85 = MDR 1982, 480; OLG Düsseldorf, *SFH*, Nr. 6 zur Art. 10 § 3 MRVG.
56) Vgl. BGH, BauR 1982, 83, 86 (eine **unbrauchbare** Leistung bewirkt keine Bereicherung); ebenso: BGH, BauR 1998, 193, 198; OLG Hamm, BauR 1986, 710.

noch nicht aus, um eine Bereicherung nachträglich entfallen zu lassen; insoweit bedarf es vielmehr im Einzelfall der genauen Darlegung, dass ein anderer Architekt die gesamten Leistungen erneut erbracht hat, dass eine weitere Baugenehmigung erteilt worden ist und der Bauherr die von dem Architekten geforderten Gebühren ohnehin hätte bezahlen müssen.[57]

**1913** Der Wert der vom Architekten erbrachten Leistungen ist nach der Höhe der üblichen bzw. angemessenen Vergütung zu bestimmen.[58] Deshalb ist bei einem nichtigen Architektenvertrag auf die **Mindestsätze** des § 4 Abs. 4 HOAI zurückzugreifen,[59] weil sie als „übliche" und auch angemessene Vergütung anzusehen sind (vgl. Rdn. 763). In der Praxis bedeutet dies, dass bei Vereinbarung der Mindestsätze in einem Architektenvertrag offen bleiben kann, ob der Architektenvertrag wirksam ist oder nicht: Für die Vergütungspflicht ist die Frage der Wirksamkeit ohne Bedeutung, da der Architekt in jedem Falle bei der Wertermittlung die übliche Vergütung für seine erbrachten Architektenleistungen in Ansatz bringen kann.[60] Allerdings sind im Rahmen des § 818 Abs. 3 BGB die durch die unzulässige Architektenverbindung **zunächst vereitelten Vorteile des Bauherrn auszugleichen;** der Bauherr muss stets nur die Kosten des Architekten ersetzen, die er auch ohne die unzulässige Architektenbindung gehabt hätte.[61]

**1914** Haben die Parteien demgegenüber ein **höheres Honorar** als die Mindestsätze **vereinbart,** ist der Architektenvertrag aber wegen Koppelungsverbots unwirksam, so ist nur der Wert der entsprechenden **Mindestsätze** zu berücksichtigen, weil die übliche Vergütung maßgebend ist. In gleicher Weise braucht sich auch der Architekt nur die Mindestsätze entgegenhalten zu lassen, wenn der Bauherr etwa einen anderen Architekten zur Fertigstellung herangezogen hat und dessen (höhere) Honorierung bereicherungsmindernd (§ 818 Abs. 3 BGB) einbringen will.[62] Eine Ausnahme wird man zulassen müssen, wenn der Bauherr den Nachweis erbringt, dass die Leistungen des eingeschalteten zweiten Architekten nur bei Vereinbarung der höheren Gebührensätze zu erhalten waren.

**1915** Vereinbaren die Parteien das **Unterschreiten der Mindestsätze** (vgl. Rdn. 716 ff.), ist der Architektenvertrag aber unwirksam, so sind bei der Wertermittlung nunmehr ebenfalls die Mindestsätze gemäß § 4 Abs. 4 HOAI als übliche Vergütung heranzuziehen.[63]

---

57) BGH, BauR 1982, 83, 86. Nach der Entscheidung des BGH können Kosten eines Änderungsantrages oder der Umplanung jedoch bereicherungsmindernd geltend gemacht werden.
58) OLG Düsseldorf, *SFH*, Nr. 6 zu Art. 10 § 3 MRVG; ebenso: *Bindhardt/Jagenburg*, § 2 Rdn. 109.
59) OLG Celle, OLGR 2000, 323 = IBR 2000, 128 – *Schwenker;* OLG Dresden, IBR 2003, 424; OLG Hamm, BauR 1986, 710; NJW-RR 1986, 449 = BauR 1986, 711 sowie BauR 1992, 271 (LS): Mindestsätze; siehe auch: *Weyer*, BauR 1984, 324, 331 m. w. Nachw. in Anm. 77.
60) Im Ergebnis ebenso: BGH, BauR 1982, 83 = ZfBR 1982, 20.
61) So zutreffend: OLG Hamm, NJW-RR 1986, 449 = BauR 1986, 711 (für Architektenleistungen, die ohne die Architektenbindung von Verwandten des Bauherrn **kostenlos** erbracht worden wären).
62) Vgl. dazu auch Rdn. **723** ff.
63) Vgl. *Locher/Koeble/Frik*, § 4 HOAI, Rdn. 10. Zur Frage, ob der Architekt im Einzelfall bei Fehlen einer schriftlichen Honorarvereinbarung an einen gewährten Nachlass **gebunden** ist, siehe OLG Düsseldorf, BauR 1982, 390 = NJW 1982, 1451 u. Rdn. **794**.

## Bereicherungsausgleich beim Architektenvertrag

**1916** In der Praxis wird jedoch zunehmend die Frage bedeutsam, ob einem Bereicherungsausgleich – vor allem zugunsten des Architekten – die Vorschrift des **§ 817 Satz 2** BGB entgegensteht;[64] denn in der heutigen Baupraxis ist die **Kenntnis** von dem **Koppelungsverbot** und seinen Folgen bei den Architekten weitgehend **vorauszusetzen.** Nach ständiger Rechtsprechung des BGH genügt für die Anwendung des § 817 BGB nicht schon der objektive Verstoß gegen ein gesetzliches Verbot; der Architekt muss sich vielmehr auch des Verstoßes bewusst gewesen sein und ihn trotzdem gewollt haben.[65] Daran konnte man bisher die Anwendung des § 817 Satz 2 BGB scheitern lassen.[66] Der BGH[67] hat aber darüber hinaus ausdrücklich offen gelassen, ob § 817 BGB überhaupt bei einem Koppelungsverbot anzuwenden ist.

Das wird im Ergebnis zu verneinen sein, weil § 817 von seiner Zielrichtung her schon nicht eingreift: Das Rückforderungsverbot des § 817 Satz 2 bezieht sich nur auf das, „was aus den vom Gesetz missbilligten Vorgängen geschuldet" wird. Dagegen bleiben Bereicherungsansprüche unberührt, die sich „aus nicht zu beanstandenden Leistungen ergeben, selbst wenn sie demselben tatsächlichen Verhältnis entstammen".[68] Das Koppelungsverbot, das für den Architekten keinen Strafcharakter haben soll, will den Käufer nur in der freien Wahl seines Architekten oder Ingenieurs nicht behindern; es sollen möglichst die wirtschaftlichen Nachteile, die sich aus einer Architektenverbindung für den Erwerber ergeben können, verhindert werden. Dann genügt es, wenn der Architektenvertrag nichtig ist, sodass der Architekt nicht zum Zuge kommen und auch keinen Gewinn **aus dem Koppelungsgeschäft** erzielen kann. Hat der Architekt bereits Leistungen erbracht, besteht jedoch keine Veranlassung, dem Architekten einen Bereicherungsausgleich für dasjenige zu versagen, was der Bauherr dadurch erspart hat, dass er sonst einen anderen, dazu **befugten** Architekten mit **denselben** Arbeiten hätte betrauen müssen und diesem auch eine entsprechende Vergütung gezahlt hätte.[69]

**1917** Unabhängig von den vorgenannten Erwägungen ist bei einem Verstoß gegen das gesetzliche **Koppelungsverbot** stets zu prüfen, ob dem Bauherrn gegen den Architekten ein Schadensersatzanspruch aus dem Gesichtspunkt des **Verschuldens bei Vertragsschluss** zusteht, der dazu führen kann, dass der Bauherr vom Architekten den vollen Honorarvorschuss (trotz erbrachter Leistungen durch den Architekten) zurückverlangen kann. Das Verschulden des Architekten kann darin gesehen werden, dass er den Bauherrn darauf hinweisen musste, dass eine Koppelung von Grundstücksvertrag und Architektenvertrag rechtswidrig ist.[70]

---

64) Zur Anwendung der Vorschrift bei „**Schmiergeldzahlungen**": OLG Rostock, BauR 2007, 417, 419.
65) Vgl. BGHZ 75, 299, 302 = BauR 1980, 186, 187; BGHZ 50, 90, 92.
66) Vgl. z.B. OLG Düsseldorf, SFH, Nr. 6 zu Art. 10 § 3 MRVG; BGH, BauR 1982, 83. Für Anwendung: LG Kiel, NJW-RR 1995, 981, 982; *Locher/Koeble/Frik*, § 4 HOAI, Rdn. 9; *Werner*, Festschrift für Locher, 1990, S. 289, 299; **a.A.:** *Korbion/Mantscheff/Vygen*, § 4 HOAI, Rdn. 117.
67) BGH, BauR 1982, 83 ff.
68) BGHZ 75, 299 ff.; BGHZ 50, 90, 92.
69) Ebenso: *Weyer*, BauR 1984, 324, 331; *Korbion/Mantscheff/Vygen*, § 3 Art. 10 MRVG, Rdn. 36; **a.A.:** LG Kiel, NJW-RR 1995, 981, 982.
70) OLG Düsseldorf, BauR 1975, 138, 141.

## b) Ausgleich von Überzahlungen

**1918** **Vorschuss-, Abschlags- oder Vorauszahlungen,** die zu Überzahlungen führen, sind, wie der BGH[71] klar gestellt hat, nicht nach §§ 812 ff. BGB auszugleichen, vielmehr ergibt sich der **Zahlungsanspruch** aus der **vertraglichen Abrede** selbst.[72] Dieser besteht in Höhe der Überzahlung. Hinsichtlich der **Darlegungs- und Beweislast** ist dabei Folgendes zu beachten:

**1919** Hat die **Forderung** des Bauunternehmers vor der Zahlung des Bauherrn **bereits festgestanden oder** sollte die Zahlung des Bauherrn **die Anerkennung** – sei es der Forderung, sei es des Teils der Forderung, die bezahlt werden sollte – darstellen, so handelt es sich bei dem Rückforderungsbegehren des Bauherrn materiell um die Rückforderung eines zur Erfüllung einer Verbindlichkeit gezahlten Betrages. In diesem Falle ist der **Bauherr** beweispflichtig für den Rückforderungsanspruch.[73] Stand die **Forderung** des Bauunternehmers **zur Zeit der Zahlung** jedoch **noch nicht fest,** sollte die Zahlung des Bauherrn auch keine Anerkennung enthalten, so ist auf eine erst **noch festzustellende Forderung** gezahlt worden. Der Bauherr fordert damit also einen Betrag zurück, den er in Erwartung der Feststellung der Forderung (etwa durch prüfbare Schlussrechnung), aber nicht in ihrer Anerkennung gezahlt hat. Mit dem BGH[74] ist hinsichtlich der **Darlegungslast** Folgendes zu beachten: Liegt eine **Schlussrechnung** des Unternehmers **nicht** vor und wird sie auch trotz angemessener Fristsetzung (§ 14 Nr. 4 VOB/B) von dem Unternehmer nicht erstellt, kann die Überzahlung durch den **Auftraggeber/Bauherrn** mit einer **eigenen** Berechnung **begründet** werden; denn eine Pflicht, selbst eine prüffähige Rechnung zu erstellen, besteht nicht. Es ist dann Sache des **Unternehmers** oder **Achitekten**[75] darzulegen und zu beweisen, „dass die Feststellung zu seinen Gunsten ausgefallen ist oder ausfallen müsste".[76] Nichts anderes gilt, wenn ein Einheits- oder Pauschalpreisvertrag vorzeitig durch **Kündigung** beendet wird und nunmehr der Bauherr erbrachte **Akontozahlungen** (oder einen Teil hiervon) **zurückverlangt;** streiten die Parteien über den **Umfang** („Wert") der erbrachten Bauleistungen, so obliegt dem Unternehmer/Architekten die Darlegungs- und Beweislast, dass der Wert seiner Leistungen und/oder sein Werklohnanspruch (gemäß § 649 Satz 1 BGB) **höher** ist als die ins-

---

[71] BGH (VII. ZS), ZfBR 2005, 63 = BauR 2004, 1940 = NZBau 2005, 41; BGH (X. ZS), BauR 2002, 1257, 1259; BGH (VII. ZS), BauR 2002, 1407 = ZfBR 2002, 673 = NZBau 2002, 562; BauR 2002, 938 = NZBau 2002, 329 = ZfBR 2002, 479; OLG Düsseldorf, NZBau 2000, 85; OLG Dresden, OLGR 2000, 265. Zu beachten ist, dass der Auftraggeber des Architekten Vorschüsse nur zurückverlangen kann, wenn die (von dem Architekten geschuldete) Abrechnung eine **Überzahlung** ergibt; BGH, BauR 1990, 379, 381. Zur Rückforderung überhöhter Abschlagszahlungen für Ingenieurleistungen s. KG, NZBau 2001, 636.

[72] Wurde die Werklohnforderung **abgetreten** und erfolgte die Überzahlung an den Zessionar, richtet sich der (vertragliche) Rückzahlungsanspruch (weiterhin) gegen den Vertragspartner/Zedenten (OLG Jena, BauR 2005, 767 LS; s. hierzu *Armgardt*, BauR 2006, 1834 ff.).

[73] Vgl. BGH, BauR 1999, 635, 640; KG, NZBau 2001, 636, 637 u. BauR 1998, 348, 350 = KGR 1998, 41, 43; zu den Anforderungen an die Beweisführung s. auch BGH, BauR 1991, 223.

[74] BGH, BauR 1999, 635, 640; OLG Düsseldorf, BauR 2003, 1587.

[75] OLG Dresden, OLGR 2000, 265, 266; OLG Köln, BauR 1995, 583; OLG Düsseldorf, OLGR 1998, 340 = BauR 1998, 887.

[76] RG, Deutsches Recht 1943, 1068; BGH, NJW 1989, 161; OLG Karlsruhe BauR 2007, 1770; OLG Düsseldorf, BauR 1994, 272, 273; OLG Köln, Urt. v. 11. November 1976 – 18 U 219/75.

# Überzahlungen

gesamt erbrachten Voraus- und/oder Abschlagszahlungen des Bauherrn.[77] Legt der Unternehmer bei einem VOB-Vertrag oder der Architekt eine prüffähige Schluss- bzw. Honorarrechnung nicht vor, wird dem Zahlungsanspruch des Auftraggebers im Zweifel daher stattzugeben sein.[78]

## c) Rückzahlungsanspruch des öffentlichen Auftraggebers

**Abrechnungen mit öffentlichen Auftraggebern stehen** in aller Regel **unter dem vertraglichen Vorbehalt einer Rückforderung.**[79] Ist ein solcher Vorbehalt vertraglich nicht vereinbart, kann der öffentliche Auftraggeber bei späterer Feststellung der **Überzahlung** durch die zuständige **Rechnungsprüfungsbehörde** eine Rückforderung aus dem Gesichtspunkt der **ungerechtfertigten Bereicherung** geltend machen.[80] Die frühere 30-jährige **Verjährungsfrist** ist mit Inkrafttreten des SchRModG am 1.1.2002 auf drei Jahre **verkürzt** worden. Hat der Auftraggeber die Rechnungsprüfung einem **Dritten** übertragen, muss er sich im Hinblick auf § 199 BGB das **Wissen** oder die grobfahrlässige Unkenntnis des Beauftragten **zurechnen** lassen.[81]

1920

Zu beachten ist, dass nicht jede „andere Berechnung" der Rechnungsprüfungsbehörde einen bereicherungsrechtlichen Rückzahlungsanspruch zu begründen vermag. So liegt eine bereicherungsrechtlich auszugleichende „Überzahlung" nicht schon dann vor, wenn die vergütete Leistung „nicht oder nicht vollständig erbracht wurde"; vielmehr ist nach OLG Hamburg[82] „**Voraussetzung, dass die in Rede stehende Vergütung nicht geschuldet** ist, weil die damit bezahlte Leistung von einer anderen Position mitumfasst ist, sie nach den Vereinbarungen **nicht berechenbar** bzw. bei richtiger Vertragsauslegung anders zu berechnen oder überhaupt nicht vertraglich vereinbart ist (vgl. BGH, NJW-RR 1992, 727)."

---

77) Vgl. BGH, BauR 2003, 337, 338 (Widerlegung durch eine prüfbare Schlussrechnung); BauR 2002, 938 = NZBau 2002, 329; BGHZ 140, 365 = BauR 1999, 635, 640; BGH, BauR 1997, 468 = ZfBR 1997, 186; OLG Frankfurt, BauR 2001, 1748; OLG Naumburg, BauR 1999, 915 = IBR 1999, 576 – *Weyer;* Brandenburgisches OLG, IBR 1998, 108 – *Horschitz;* KG, BauR 1998, 348 = KGR 1998, 41; **a. A.:** OLG Düsseldorf, BauR 1977, 64; s. auch *Peters,* NJW 1977, 552, 556. Zur Darlegungs- und Beweislast hinsichtlich einer **unter Vorbehalt** geleisteten Zahlung: OLG Düsseldorf, BauR 1989, 336.
78) Zutreffend: OLG Köln, BauR 1995, 583 (bei fehlender Abrechnung des Architekten); ebenso: OLG Düsseldorf, BauR 1994, 272, 273 u. OLG Düsseldorf, BauR 1998, 887 = OLGR 1998, 340; **a. A.:** LG Berlin, BauR 2000, 294.
79) Vgl. hierzu näher *Ingenstau/Korbion/Locher,* § 16 Nr. 3/B, Rdn. 43 ff.; *Hahn,* S. 16 ff.
80) BGH, NJW-RR 1992, 727 = BauR 1992, 371; BauR 1975, 424 = BB 1975, 990; BGH, BauR 1980, 180 = NJW 1980, 880 = WM 1980, 135; BGH, BauR 1992, 760, 763; OLG Karlsruhe, BauR 2003, 1244; OLG Frankfurt, BauR 2000, 1062 (Erdarbeiten) u. BauR 1997, 323 = NJW-RR 1997, 526; OLG Köln, BauR 1979, 252 = *SFH,* Nr. 8 zu § 242 BGB. Siehe ferner: OLG Köln, OLGR 2000, 481 (unwirksame **Lohngleitklausel**); BGH, BauR 1988, 92; *Hahn,* BauR 1989, 143; OLG München, BauR 1986, 702 u. LG München, BauR 1989, 486 (zum Anspruch auf **Verzinsung**); LG Tübingen, BauR 1989, 487 (zur Darlegungs- und Beweislast hinsichtlich der Berechtigung von **Skontoabzügen**).
81) OLG Düsseldorf, BauR 2007, 1753 = NZBau 2007, 648 m. Anm. *Moufang/Koos;* s. ferner: OLG Dresden, IBR 2007, 67 – *Müller.* Zur **Verwirkung** s. Rdn. **2323**.
82) OLGR 1996, 113, 115.

Einem Bereicherungsanspruch steht auch ein gemeinsames **Aufmaß** der Vertragsparteien nicht entgegen, weil Einwendungen dieser Art von vornherein nicht vom Zweck eines Aufmaßes erfasst werden;[83] ebenso bedeutet die **Rücksendung** der geprüften Schlussrechnung mit dem **Vermerk** „rechnerisch richtig – fachtechnisch richtig – sachlich richtig" **kein Anerkenntnis**, das den öffentlichen Auftraggeber bindet. Die der Schlusszahlung des öffentlichen Auftraggebers zu Grunde liegende „Prüfung" steht vielmehr unter dem **Vorbehalt** der nach öffentlichem Haushaltsrecht gebotenen staatlichen Rechnungsprüfung.[84]

Ein Bereicherungsanspruch des öffentlichen Auftraggebers kann im Einzelfall nach **§ 814 BGB** ausgeschlossen sein; für die Kenntnis des Nichtbestehens eines Rechtsgrundes i. S. des § 814 BGB kommt es stets auf das Wissen des Mitarbeiters des öffentlichen Auftraggebers an, der die Zahlungen veranlasst hat.[85] Darüber hinaus kann ein Rückforderungsanspruch des öffentlichen Auftraggebers **verwirkt** sein.[86] Das hat jedoch auch für den Rückforderungsanspruch eines privaten Bauherrn zu gelten. Nach Auffassung des BGH setzt dies jedoch die Schaffung eines bestimmten Vertrauenstatbestandes voraus (vgl. näher Rdn. 2320 ff.).

### d) Bereicherungsausgleich bei „Schwarzarbeit"

**1921** Es ist zweifelhaft, ob und inwieweit ein Bereicherungsausgleich bei einem wegen Verstoßes gegen das **Schwarzarbeitsgesetz**[87] nichtigen Werkvertrag erfolgen kann. Da hier in der Regel ein bewusster Verstoß gegen das Gesetz vorliegt, könnte ein Bereicherungsanspruch des Unternehmers an § 817 Satz 2 BGB scheitern.[88]

Der BGH[89] hat indes schon für die frühere Fassung des Gesetzes betont, dass das Gesetz „in erster Linie nicht den Schutz eines oder beider Vertragspartner, vielmehr vor allem die Wahrung öffentlicher Belange" verfolge; die Gewährung eines bereicherungsrechtlichen Ausgleichs stehe der „generalpräventiven Wirkung" des Gesetzes demnach **nicht** entgegen.

**1922** Der **Bereicherungsanspruch** kann – bei nichtigem Vertrag – **nicht über das hinausgehen**, was „**als Entgelt vereinbart**" worden ist.[90] In der Regel sind jedoch

---

[83] BGH, BauR 1992, 371 = NJW-RR 1992, 727; vgl. auch OLG Düsseldorf, NJW-RR 1992, 217.
[84] Zutreffend: OLG Frankfurt, BauR 1997, 323, 324 = NJW-RR 1997, 526 m. w. Nachw.
[85] OLG Köln, OLGR 2000, 481, 484; OLG Hamm, OLGR 1995, 209 = NJW-RR 1996, 1312; s. auch OLG Stuttgart, IBR 2006, 541 – *Stemmer*.
[86] Vgl. hierzu: BGH, BauR 1980, 180; BGH, BauR 1975, 424; BGH, *Schäfer/Finnern*, Z 2.212 Bl. 17; OLG Köln, *Schäfer/Finnern*, Z 3.022 Bl. 6; BauR 1979, 252; LG Landshut, BauR 2002, 966; LG Düsseldorf, BauR 1998, 1106 = NJW-RR 1999, 315; LG München, NJW-RR 1989, 852; LG Köln, *SFH*, Nr. 4 zu § 242 BGB; AG Hamburg, *SFH*, Nr. 16 zu § 242 BGB; *Ingenstau/Korbion*, § 16/B, Rdn. 145 ff.; *Peters*, NJW 1977, 552, 556; *Dähne*, BauR 1974, 164; BGH, BauR 1982, 283 = ZfBR 1982, 113.
[87] Vgl. oben Rdn. 1904, Anm. 5. Zur Verfassungsmäßigkeit des SchwArbG: OLG Celle, NJW 2004, 2396.
[88] So OLG Köln, NJW-RR 1990, 251; LG Bonn, NJW-RR 1991, 180; OLG Koblenz, DB 1975, 2125; OLG Düsseldorf, BauR 1978, 412; siehe hierzu auch *Armgardt*, NJW 2006, 2070 ff.
[89] BGH, BauR 1990, 721 = ZfBR 1990, 271; KG, BauR 2007, 1419 = IBR 2007, 182 – *Karczewski*; OLG Düsseldorf, BauR 1993, 487, 489 = NJW-RR 1993, 884; **a. A.:** LG Mainz, NJW-RR 1998, 48 (**kein** Werklohnanspruch).
[90] BGH, a. a. O.; OLG Nürnberg, NJW-RR 1998, 1713.

erhebliche **Abschläge** zu machen, insbesondere, weil Gewährleistungsansprüche des Auftraggebers nicht bestehen. Sind bereits Mängel **sichtbar** geworden, sind sie „im Rahmen der Saldierung in die Ausgleichsrechnung einzubeziehen" (BGH); das OLG Düsseldorf[91] gewährt darüber hinaus einen mindestens **15%igen** Abschlag.

## 2. Der Bau auf fremdem Grund und Boden

*Literatur*
*Stürner/Heggen*, Der fehlgeschlagene Bau auf fremdem Boden – OLG Stuttgart, NJW-RR 1998, 1171, JuS 2000, 328.

Der Vorrang der Leistungskondiktion ist besonders von Bedeutung bei dem **Einbau von Materialien** durch einen Unternehmer.[92] Der lediglich die Eingriffsdiktion ausgleichende § 951 BGB ist in der Regel subsidiär gegenüber einem Bereicherungsanspruch aus Leistungskondiktion.[93] Daneben können auch Ansprüche aus §§ 951, 812 BGB vor allem durch mündliche Absprachen über Änderungen oder Ergänzungen des Bauvertrags bei vereinbarter Schriftform („Mehrleistungen sollen nach Einheitspreisen bezahlt werden, sofern ein entsprechender schriftlicher Auftrag erteilt wird") wirksam abbedungen werden.[94]  **1923**

Problematisch sind beim Bau auf fremdem Grund und Boden vor allem die Fallgestaltungen, bei denen **drei Personen** beteiligt sind.  **1924**

**Beispiel** nach *Huber* (JuS 1970, 342, 343): Der Unternehmer verspricht dem Grundeigentümer G, ihm ein schlüsselfertiges Haus zu einem Festpreis zu errichten. Der Unternehmer beauftragt den Dachdecker M, das Dach zu decken. Nachdem das Dach gedeckt und bevor es bezahlt ist, fällt der Unternehmer in Konkurs.

In diesem Falle kann M weder den Wert seiner Arbeit noch den Wert der Dachziegel gemäß §§ 951, 812 von G kondizieren.[95] M muss sich an den Unternehmer halten, d. h., er hat nur noch eine Konkurs-(Insolvenz-)Forderung.

Umstritten ist, ob M sich an den Grundeigentümer G halten kann, wenn sowohl die Leistung des M an den Unternehmer wie auch diejenige des Unternehmers an G ohne Rechtsgrund erfolgt ist **(sog. Doppelmangel)**.[96] Nach der Auffassung des RG[97] und des BGH[98] wird ein „Durchgriff" bei einem Doppelmangel in der Bereicherungskette für zulässig gehalten. Die h. A. geht aber dahin, dass jeder den Wert seiner  **1925**

---

91) BauR 1993, 487; das KG, BauR 2007, 1419, 1421 setzt einen Abschlag von 7,5% an.
92) Zum **Schadensersatzanspruch** aus § 823 Abs. 1 BGB wegen des Einbaus von unter **Eigentumsvorbehalt** gelieferten Baumaterialien: OLG Stuttgart, NJW-RR 1998, 740; zur Ersatzpflicht des Unternehmers, der wegen drohender **Insolvenz** eingebautes Material wieder **entfernt**: OLG Düsseldorf, *SFH*, Nr. 52 zu § 823 BGB.
93) Vgl. *Palandt/Bassenge*, § 812 BGB, Rdn. 2; BGH, NZBau 2001, 553 (Bereicherungsansprüche eines Mieters; condictio ob rem); OLG Stuttgart, NJW-RR 1998, 1171 (Anspruch gegen Grundstückseigentümer wegen Bebauung des dem **Auftraggeber** noch **nicht aufgelassenen** Grundstücks); OLG Hamm, NJW-RR 1992, 1105.
94) LG Hamburg, BauR 1974, 344.
95) **Herrschende Meinung:** vgl. *Palandt/Bassenge*, § 951 BGB, Rdn. 6; *Huber*, JuS 1970, 342, Anm. 7 m. Nachw.
96) Vgl. *Palandt/Bassenge*, a. a. O.; *Huber*, a. a. O., S. 344.
97) RGZ 86, 343; JW 1932, 835.
98) BGHZ 36, 30.

Leistung bei seinem Vertragspartner kondizieren muss; eine Durchgriffskondiktion findet nicht statt.[99]

**1926** Nicht anders ist zu entscheiden, wenn ein Unternehmer Baumaterialien eines Dritten mit dessen Einverständnis bei dem Bauherrn einbaut. Fraglich ist nur, ob diese Grundsätze auch gelten, wenn der Bauherr (Grundeigentümer) das Eigentum an dem Material gemäß § 946 BGB erwirbt, und zwar gegen den Willen des Baustofflieferanten.[100] Dabei sind vor allem die Fallgestaltungen schwierig, in denen der Unternehmer **gestohlenes, verlorengegangenes** oder **sonst abhanden gekommenes Baumaterial** eines Dritten aufgrund eines Bauvertrages bei dem Bauherrn (Grundeigentümer) einbaut.[101]

Wird der Grundeigentümer von dem Dritten gemäß §§ 951, 812 BGB auf Ausgleich in Anspruch genommen, muss er bei seinem Vertragspartner (Unternehmer) aufgrund von Rechtsmängelgewähr Rückgriff nehmen.

Hat der Grundeigentümer das Eigentum an den Baumaterialien gemäß §§ 932 ff., 816 Abs. 1 BGB **gutgläubig** erworben, scheitert eine Kondiktion gemäß §§ 951, 946 BGB.[102] „Gutgläubigkeit" kann ausscheiden, wenn der Grundstückseigentümer eine im Einzelfall (während der Bauphase) begründete **Erkundungspflicht** hinsichtlich der Baustoffe schuldhaft **verletzt** hat.[103]

**1927** Häufig sind die bereits oben (vgl. Rdn. 1924) angesprochenen Fälle, in denen ein Materialeigentümer (M) unter Vermittlung eines Dritten (Unternehmer, Architekt[104] oder Baugesellschaft)[105] Baumaterialien für ein Haus des Grundeigentümers E liefert, dabei aber unklar ist, wer als Leistungsempfänger anzusehen ist.

*1. Beispiel:*[106] U hat dem G versprochen, auf dem Grundstück des G ein schlüsselfertiges Haus zu bauen. U beauftragt mit den Bauarbeiten den M, wobei er aber den Werkvertrag mit M fälschlich als Vertreter des G abschließt. U fällt in Konkurs. M möchte bei G den Wert des aufgewendeten Materials und der geleisteten Arbeit kondizieren.

*2. Beispiel:* Der Architekt A bestellt, ohne dass er hierfür eine Vollmacht des Bauherrn (G) hat, bei dem Unternehmer (M) andere als die vertraglich vorgesehenen Arbeiten (z. B. sehr teure Fliesen). Kann M bei G kondizieren, oder muss er sich an den Architekten (§ 179 BGB) halten?

Da nach der Rechtsprechung auf den so genannte **Empfängerhorizont** abzustellen ist,[107] kommt im Zweifel ein Bereicherungsanspruch des M gegen den Grundstücks-

---

99) Vgl. *Huber*, a. a. O., Anm. 12 m. Nachw.; *Palandt/Bassenge*, § 951 BGB, Rdn. 6 m. Nachw., vgl. auch BGHZ 48, 70 = JZ 1967, 492.
100) Vgl. auch im Einzelnen: *Huber*, a. a. O., S. 344 ff.; BGH, BauR 1991, 93 = NJW 1991, 343 (**verlängerter Eigentumsvorbehalt**).
101) Vgl. dazu vor allem *Palandt/Bassenge*, § 951 BGB, Rdn. 8 m. Nachw.; *Weitnauer*, NJW 1974, 1729, 1732; auch BGH, BauR 1991, 93 = NJW 1991, 343.
102) Vgl. *Huber*, a. a. O., S. 346 m. Nachw. in Anm. 25 u. BGH, BauR 1991, 93 = NJW-RR 1991, 343.
103) BGH, a. a. O.; siehe auch: OLG Hamm, NJW-RR 1992, 1105, 1106.
104) Vgl. z. B. LG Bonn, MDR 1960, 762.
105) Vgl. BGHZ 36, 30.
106) BGHZ 36, 30 = NJW 1961, 2251 = JZ 1962, 280 m. Anm. *Flume*; auch Anm. *Berg*, NJW 1962, 101 sowie *Zeiß*, JZ 1963, 7 ff.
107) OLG Hamm, NJW-RR 1992, 1105; LG Bonn, NJW-RR 1991, 1360.

**Bau auf fremdem Grund und Boden** Rdn. 1928–1931

eigentümer G nicht in Betracht.[108] Diese Rechtsprechung des BGH ist trotz Kritik der Lehre bis heute unverändert geblieben.[109]

Soweit ein Fall von § 179 BGB vorliegt, schließen die Ansprüche gegen den Vertreter ohne Vertretungsmacht aus § 179 BGB allerdings noch nicht einen Bereicherungsanspruch gegen den Grundeigentümer G aus.[110] Ein Bereicherungsanspruch besteht aber nach h. A. dann nicht, wenn der vertretene Bauherr G seinerseits aufgrund eines wirksamen Vertrages gegenüber dem Vertreter (z. B. Architekt, Baugesellschaft) einen Anspruch auf das von dem Dritten (M) Geleistete hatte und dementsprechend dem Vertreter zur Gegenleistung verpflichtet war.[111] **Überschreitet** deshalb der **Architekt** seine **Vollmacht,** ohne dass er selbst dem Bauherrn zur Erbringung der von dem Dritten erbrachten Bauleistungen verpflichtet war, so kann der Dritte (M) bei dem Bauherrn (G) gemäß §§ 951, 812 BGB kondizieren. § 179 BGB schließt also allein noch nicht den Anspruch auf §§ 951, 812 BGB aus.[112] Das auf § 179 BGB beruhende Rechtsverhältnis (zu M) schafft noch keine Ermächtigung für den Architekten, das teurere Material bei dem Bauherrn G zu verbauen. Für den Bauherrn verbleibt in diesen Fällen nur die Möglichkeit, ggf. über die Grundsätze der so genannten „aufgedrängten Bereicherung" einen Bereicherungsanspruch des M abzuwehren (vgl. Rdn. 2580 ff.). **1928**

Demgegenüber wird in den Fällen, in denen ein Unternehmer oder eine Baugesellschaft einem Dritten (Baustofflieferanten) beauftragt, ein Bereicherungsanspruch im Zweifel ausscheiden; denn der Bauherr (Grundeigentümer) kann im Zweifel die „Leistungen" des Dritten eben als „Leistungen" seines Vertragspartners (Unternehmer/Baugesellschaft) ansehen. **1929**

Umstritten ist, welcher **Zeitpunkt** für die Ermittlung des **Bereicherungsausgleichs** anzusetzen ist.[113] Für die Wertermittlung ist wiederholt auf die Vollendung (Fertigstellung) des Bauwerkes oder eines Teils davon abgestellt worden.[114] Die Rechtsprechung des BGH hat aber nicht in allen Fällen, insbesondere bei Bauten auf fremdem Grund und Boden, diesen Zeitpunkt als allein maßgebend angesehen.[115] **1930**

Der Umfang des Anspruchs ist ebenfalls umstritten.[116] Grundsätzlich ist die Bereicherung in Höhe des Wertes gegeben, den das Gebäude als wirtschaftliche Einheit **1931**

---

108) Vgl. BGHZ 40, 272 = NJW 1964, 399 („Elektrogeräte"); BGH, ZfBR 2002, 565, 566; OLG Hamm, NJW-RR 1992, 1105 (Fertighausbau); *Baur/Wolf,* JuS 1966, 393; *Huber,* NJW 1968, 1905; *Ehmann,* NJW 1969, 398 u. NJW 1971, 612.
109) Vgl. BGHZ 56, 229; BGH, BauR 1991, 93 = NJW-RR 1991, 343; OLG Hamm, MDR 1974, 313.
110) Zum **Ersatzanspruch** eines erfolgreich aus § 179 BGB in Anspruch genommenen **Architekten** gegen den **Bauherrn:** BGH, BauR 2001, 1412, 1414.
111) BGHZ 36, 30 = NJW 1961, 2251; OLG Nürnberg, MDR 1964, 55; OLG Stuttgart, BauR 1972, 388.
112) Vgl. RG, JW 1919, 715 m. Anm. *Oertmann;* BGHZ 36, 30; vgl. im Einzelnen auch *Beigel,* BauR 1985, 40 ff.; siehe aber LG Bonn, NJW-RR 1991, 1360; OLG Oldenburg, OLGR 2000, 263 = MDR 2000, 1373.
113) Vgl. dazu *Koppensteiner,* NJW 1971, 588.
114) Vgl. dazu *Palandt/Bassenge,* § 951 BGB, Rdn. 16.
115) Vgl. BGHZ 35, 356, 358; NJW 1954, 266; LM § 946 BGB Nr. 6; MDR 1963, 120; NJW 1970, 136, 137; DB 1966, 262; MDR 1961, 591; vgl. auch *Breetzke,* NJW 1954, 171.
116) Vgl. dazu vor allem *Palandt/Bassenge,* § 951 BGB, Rdn. 15; LG Bonn, NJW-RR 1991, 1360, 1361.

hat.[117] Der BGH[118] erkennt „nach dem gemeinen Wert des Gebäudes" (**Verkehrswert**), der im Wesentlichen von der Ertragsfähigkeit des bebauten Grundstücks abhängt. Hat der Grundstückseigentümer das Gebäude selbst mit dem fremden Material errichtet, sind dem Materialeigentümer auch nur die Materialkosten zu ersetzen. Der Unternehmergewinn wird von § 951 BGB nicht erfasst.

**1932** Der Grundstückseigentümer braucht auch keinen Ersatz für Nutzungen zu leisten, die er aus dem Bauwerk in der Zeit zwischen Rechtserwerb und Zahlung der Vergütung gezogen hat. § 818 Abs. 1 ist nicht anwendbar.[119] § 818 Abs. 3 und 4 gilt dagegen.[120]

### 3. Schaffung eines Familienwohnheimes und Vermögensausgleich nach der Scheidung

*Literatur* (Auswahl)
*Schmidt*, Ehegatten-Miteigentum oder „Eigenheim-Gesellschaft"?, AcP 82 (Bd. 182), 481; *Tiedtke*, Güterrechtlicher und schuldrechtlicher Ausgleich bei Scheidung der Ehe, DNotZ 1983, 161; *Frank*, Gesellschaften zwischen Ehegatten und Nichtehegatten, FamRZ 1983, 541; *Diederichsen*, Die nichteheliche Lebensgemeinschaft im Zivilrecht, NJW 1983, 1017; *Rogalski*, Rechtsfragen der nichtehelichen Lebensgemeinschaft, AnwBl. 1983, 358; *Joost*, Zuwendungen unter Ehegatten und Bereicherungsausgleich nach der Scheidung, JZ 1985, 10; *Steinert*, Vermögensrechtliche Fragen während des Zusammenlebens und nach Trennung Nichtverheirateter, NJW 1986, 683; *Schlüter/Belling*, Die nichteheliche Lebensgemeinschaft und ihre vermögensrechtliche Abwicklung, FamRZ 1986, 405; *Graba*, Das Familienheim beim Scheitern der Ehe, NJW 1987, 1721; *Morhard*, Unbenannte Zuwendungen zwischen Ehegatten – Rechtsfolgen und Grenzen der Vertragsgestaltung, NJW 1987, 1734; *Koch*, Schuldentilgung nach Auflösung einer nichtehelichen Lebensgemeinschaft, FamRZ 1987, 240; *Battes*, Neue Rechtsprechung zum nichtehelichen Zusammenleben, JZ 1988, 908; *Weber*, Die vermögensrechtliche Auseinandersetzung nichtehelicher Lebensgemeinschaften, JR 1988, 309; *Knoche*, Sind nichteheliche Lebensgemeinschaften im Privatrecht wie Familien zu behandeln?, MDR 1988, 743; *Coester-Waltjen*, Die Lebensgemeinschaft – Strapazierung des Parteiwillens oder staatliche Bevormundung?, NJW 1988, 2085; *Krause*, Abwicklungsprobleme bei der nichtehelichen Lebensgemeinschaft, JuS 1989, 455; *Schotten*, Die ehebedingte Zuwendung – ein überflüssiges Rechtsinstitut?, NJW 1990, 2841; *Nickl*, Der familienrechtliche Verteilungsmaßstab beim Gesamtschuldnerausgleich, NJW 1991, 3124; *Jaeger*, Zur rechtlichen Deutung ehebezogener (sog. unbenannter) Zuwendungen und zu ihrer Rückabwicklung nach Scheitern der Ehe, DNotZ 1991, 431; *Tiedtke*, Güterrechtlicher Ausgleich bei Zuwendungen von Ehegatten untereinander und Wegfall der Geschäftsgrundlage bei Scheidung der Ehe, JZ 1992, 334; *Schreiber*, Vertragsgestaltungen in der nichtehelichen Lebensgemeinschaft, NJW 1993, 624; *Kollhosser*, Ehebezogene Zuwendungen und Schenkungen unter Ehegatten, NJW 1994, 2313; *Meincke*, Zuwendungen unter Ehegatten, NJW 1995, 2769; *Langenfeld*, Ehebezogene Zuwendungen an Schwiegerkinder, ZEV 1995, 289; *Wever*, Die Vermögensauseinandersetzung der Ehegatten: schuldrechtliche Ausgleichsansprüche, FamRZ 1996, 905; *Weimar*, Ausgleichsansprüche bei Auflösung nichtehelicher Lebensgemeinschaften?, MDR 1997, 713; *Grziwotz*, „Unbedachte" Zuwendungen unter Ehegatten und nichtehelichen Partnern, MDR 1998, 129; *Mayer*, Hausbau durch nichteheliche Lebenspartner auf dem Grundstück eines Partners – ein Grundfall der Vertragsgestaltung, ZEV 1999, 384; *Langenfeld*, Abgrenzung von

---

117) BGHZ 10, 171, 179; NJW 1954, 265; RGZ 130, 313; s. auch BGH, DB 1966, 262 u. NJW 1955, 1106.
118) NJW 1962, 2293; s. auch: BGH, BauR 2001, 1412, 1414 (Es ist auf „eine objektiv zu bemessende Steigerung des Verkehrswertes des Grundstücks" abzustellen).
119) BGH, BB 1961, 112; *Koppensteiner*, NJW 1971, 588, 592.
120) *Palandt/Bassenge*, § 951 BGB, Rdn. 17.

ehebezogenen Zuwendungen und Leistungen innerhalb einer Ehegatteninnengesellschaft, ZEV 2000, 14.

Die **Anschaffung** eines **Familienwohnheimes** oder einer **Eigentumswohnung** stellt nicht nur in der **Ehe,** sondern auch in der **nichtehelichen Lebensgemeinschaft** einen bedeutenden wirtschaftlichen Faktor dar. Es ist deshalb verständlich, wenn **nach dem Scheitern** der Ehe oder der Lebensgemeinschaft Ausgleichsansprüche von demjenigen geltend gemacht werden, der wesentlich zu der Schaffung des Familienheimes durch Arbeit und Geld beigetragen hat.[121] Rechtsprechung und Literatur zu diesem Themenkreis sind sehr umfänglich. Die rechtlichen Probleme können, zumindest soweit es die nichteheliche Lebensgemeinschaft betrifft, noch nicht als befriedigend geklärt gelten. **1933**

Die **Rechtsprechung** hat zunächst versucht, **Zuwendungen** unter **Eheleuten** nach der Scheidung über **Bereicherungsansprüche** auszugleichen.[122] Zum Teil wurden Bereicherungsansprüche aber auch nicht in Erwägung gezogen, sondern auf die Grundsätze über den **Wegfall (Störung) der Geschäftsgrundlage** zurückgegriffen.[123] Beide Anspruchsgrundlagen sind indes heute in den Hintergrund gedrängt. Entweder ist im Einzelfall eine **Innengesellschaft** zwischen den Eheleuten anzunehmen.[124] Dann braucht der Vermögensinhaber bei Auflösung dieser Innengesellschaft den anderen Beteiligten, seinen Ehepartner, auch nur in Geld abzufinden.[125] Oder der BGH hilft im Einzelfall mit einem **familienrechtlichen Vertrag besonderer Art,** der nach dem Scheitern der Ehe einen **Ausgleichsanspruch** wegen **Wegfalls (Störung) der Geschäftsgrundlage** gewährt.[126] Dieser Ausgleichsanspruch besteht auch im Güterstand der Zugewinngemeinschaft.[127] In dem Scheitern der Ehe liegt der Wegfall der Geschäftsgrundlage.[128] Haben **Verlobte** vor der Eheschließung erhebliche Aufwendungen zur Schaffung eines Familienheimes erbracht, so können, wenn später die zwischenzeitlich geschlossene Ehe scheitert, Ausgleichsansprüche bestehen.[129] Die **1934**

---

121) Zuwendungen der **Schwiegereltern** an Kinder und Schwiegerkinder zum **Erwerb** eines Familienheims sind nach dem Scheitern der Ehe auszugleichen; OLG Düsseldorf, NJW-RR 1996, 517; OLG Oldenburg, NJW 1994, 1539; OLG Köln, NJW 1994, 1540; OLG Köln, Urt. v. 7.2.2001–13 U 125/00 (NJWE-FER 2001, 275; s. auch BGH, NJW 1999, 353).
122) Vgl. BGH, NJW 1968, 245 = FamRZ 1968, 23 (bejahend); BGH, NJW 1972, 580; NJW 1974, 1554; BGHZ 82, 227; BGH, FamR 1982, 910 (verneinend); vgl. dazu im Einzelnen auch: *Joost*, JZ 1985, 10 ff.; *Meincke*, NJW 1985, 2769; *Wever*, FamRZ 1996, 905.
123) Vgl. BGH, NJW 1972, 580; NJW 1974, 1554; *Joost*, JZ 1985, 10, 11 m. w. Nachw. in Anm. 10.
124) Vgl. BGH, NJW 1995, 3383 = WM 1995, 1365; BGH, NJW-RR 1988, 260; BGH, NJW 1982, 170 = DB 1982, 109; BGH, NJW 1983, 840; NJW 1983, 2375; siehe ferner: *Lothmann*, BB 1987, 1014.
125) BGH, NJW 1983, 2375.
126) BGH, FamRZ 1982, 910.
127) BGHZ 65, 320; 68, 299; 82, 227.
128) BGH, NJW 1972, 580; NJW 1974, 1554; zuletzt: BGHZ 82, 227. Zum **Ausgleichsanspruch nach § 426 BGB:** BGH, NJW-RR 1993, 1474 (Erlösverteilung eines zur Zwangsversteigerung anstehenden Grundstücks); BGH, NJW 1988, 133; BGH, NJW-RR 1986, 1196 = FamRZ 1986, 881; OLG Köln, NJW-RR 1994, 899 u. NJW-RR 1992, 1286; LG Hildesheim, NJW-RR 1992, 1285; LG Frankfurt, NJW-RR 1990, 1412; OLG Hamm, NJW-RR 1990, 1413; OLG Schleswig, FamRZ 1990, 165; OLG Düsseldorf, FamRZ 1991, 945 u. 1443; OLG Celle, FamR 1991, 948.
129) Vgl. dazu BGH, NJW 1992, 427; OLG Köln, FamRZ 1991, 816 (Anwendung von § 812 BGB nicht ausgeschlossen).

Klage aus Ausgleich wegen der Kosten eines gemeinsamen Hauses ist zwischen getrennt lebenden Ehegatten **keine Familiensache**.[130]

**1935** Ausgleichsansprüche können auch bei Scheitern der **nichtehelichen Lebensgemeinschaft** bestehen.[131] Kann im Einzelfall von einer auf **vertragsähnlicher Grundlage erbrachten Leistung** eines Lebenspartners ausgegangen werden, besteht nach dem Scheitern der Lebensgemeinschaft ein Anspruch aus dem Gesichtspunkt des Wegfalls (Störung) der Geschäftsgrundlage.[132] Schließen die Parteien **bei** oder **nach** Auflösung der nichtehelichen Lebensgemeinschaft eine **Vereinbarung** über den Ausgleich von erbrachten Geld- und/oder Bauleistungen, so besteht dagegen ein vertraglicher Ausgleichsanspruch, der im Streitfall nach der Wertsteigerung des Grundstücks zu bemessen sein wird. Nichts anderes gilt, wenn (ausnahmsweise) gesellschaftsrechtliche Grundsätze zur Anwendung gelangen können.[133]

**1936** ∗ **Rechtsprechungsübersicht**

BGH, NJW 1974, 1554 (**Geldzuwendung** zum Erwerb des Grundstücks); BGH, NJW 1982, 1093 (Schaffung eines Familienheims; Anwendung der Grundsätze über den Wegfall der Geschäftsgrundlage); BGH, NJW 1983, 1055 (Bezahlung von **Handwerkerrechnung** nach Trennung); BGH, NJW 1985, 313 = ZMR 1985, 44 = FamRZ 1985, 150 = MDR 1985, 666 (Aufwendungen eines Ehegatten für Haus der Schwiegermutter); BGH, FamRZ 1983, 791 (**Lebensgemeinschaft;** Zuwendung von **Bausparguthaben** und **Arbeitsleistungen** zum Bau); BGH, FamRZ 1983, 1213 (**Lebensgemeinschaft;** Zurverfügungstellung von Umbaumitteln); BGH, WM 1985, 1268 – Schaffung von Renditeobjekten; BGH, NJW-RR 1991, 1154 (Bereicherungsanspruch der **Eltern** nach Zwangsversteigerung des Hauses); OLG Oldenburg, NJW 1992, 1461 (Zuschüsse durch **Eltern;** Rückzahlungsanspruch nach den Grundsätzen über den **Wegfall der Geschäftsgrundlage**); LG Düsseldorf, NJW 1993, 541 (**Verjährung** des Ausgleichsanspruchs wegen unbenannter Zuwendung); BGH, NJW-RR 1993, 774 (Lebensgemeinschaft; Erwerb von Grundvermögen durch einen Partner); SchlHOLG, OLGR 1997, 60 (zum Bereicherungsausgleich geschiedener Ehegatten nach einer **Teilungsversteigerung**).

---

130) OLG Köln, JMBl. NRW 1992, 137.
131) Vgl. hierzu u. a. *Grziwotz*, MDR 1998, 129 ff.; *Weimar*, MDR 1997, 713 ff.; *Rogalski*, AnwBl. 1983, 366 ff., jeweils m. w. Nachw.
132) Vgl. BGH, NJW 1997, 3371; BGH, NJW 1996, 2727 = WM 1996, 1496; BGH, NJW-RR 1996, 1473; OLG Stuttgart, NJW-RR 1993, 1975 u. Justiz 1985, 201 (§ 812 Abs. 1 Satz 2 BGB); BGH, NJW 1992, 906; 1986, 51 = WM 1985, 1268; BGH, NJW-RR 1993, 774 = FamRZ 1993, 993 (entsprechende Anwendung der §§ 730 ff. BGB); OLG Hamm, FamRZ 1990, 625 = NJW-RR 1990, 1233 (**kein** Ausgleichsanspruch; ebenso LG Essen, MDR 1990, 243); siehe ferner: *Steinert*, NJW 1986, 683, 688; OLG Oldenburg, NJW 1986, 1817 (Kreditaufnahme); LG Aachen, NJW-RR 1988, 450 (kein Ersatzanspruch gegen den Nachlass); OLG Köln, NJW 1995, 2232 (Ausgleichsanspruch nur nach § 426 BGB).
133) Siehe hierzu: BGH, MDR 2003, 1233, 1234.

# KAPITEL 11
# Besondere Klagearten

*Übersicht*

|  | Rdn. |  | Rdn. |
|---|---|---|---|
| I. Die Klage aus Urheberrecht des Architekten. | 1937 | IV. Die Klage auf Vertragsstrafe | 2045 |
| II. Die Ausgleichsklage der Baubeteiligten nach § 426 BGB | 1964 | V. Die Nachbarklage | 2086 |
| III. Anerkenntnisse im Baurecht | 2014 | VI. Die Duldungsklage des Bauherrn gegen den Mieter | 2129 |

## I. Die Klage aus Urheberrecht des Architekten

*Übersicht*

|  | Rdn. |  | Rdn. |
|---|---|---|---|
| 1. Urheberrechtsschutz des Architekten | 1938 | 4. Umfang des Anspruchs bei Urheberrechtsverletzungen | 1961 |
| 2. Verwertungsrecht des Bauherrn | 1946 |  |  |
| 3. Änderung der Planung und des Bauwerkes | 1956 |  |  |

*Literatur*

*Beigel*, Urheberrecht des Architekten 1984; *Prinz*, Urheberrecht für Ingenieure und Architekten, 2001; *Binder/Kostenhon*, Urheberrecht für Architekten und Ingenieure 2003.
*Hesse*, Urheberrecht des Architekten, BauR 1971, 209; *Ulmer*, Die Werke der Baukunst in urheberrechtlicher Sicht, Der Architekt 1969, 77; *Neuenfeld*, Aktuelle urheberrechtliche Probleme der Architektenschaft, Der Architekt 1969, 82; *Neuenfeld*, Ausgewählte Fragen des Urheberrechts für Architekten, BauR 1975, 365; *Gerlach*, Das Urheberrecht des Architekten und die Einräumung von Nutzungsrechten nach dem Architektenvertrag, GRUR 1976, 613; *Ern*, Urheberrechtliche Ansprüche des Architekten wegen Verwendung seiner Planung, ZfBR 1979, 136; *Wolfensberger*, Leistungsverzeichnis und Urheberrecht, BauR 1979, 457; *Neuenfeld*, Die Ansprüche des Architekten im Konkurs des Auftraggebers, BauR 1980, 230; *Meyer/Reimer*, Architektenwettbewerbe und Urheberrecht, BauR 1980, 291; *Nordemann*, Ersatz des immateriellen Schadens bei Urheberrechtsverletzungen, GRUR 1980, 434; *v. Gamm*, Der Architekt und sein Werk – Möglichkeiten und Grenzen des Urheberrechts, BauR 1982, 97; *Schack*, Geistiges Eigentum contra Sacheigentum, GRUR 1983, 56; *Herold*, Der Urheberschutz im Bauwesen, BlGBW 1984, 225; *Walchshöfer*, Der persönlichkeitsrechtliche Schutz der Architektenleistung, ZfBR 1988, 104; *Berg*, Der Schutz der Leistungen der Architekten und Projektanten im Urheberrecht der DDR, Festschrift für Locher (1990), 393; *Nestler*, Der Schutz nichturheberrechtsfähiger Bauzeichnungen, BauR 1994, 589; *Heath*, Verwertungsverträge im Bereich der Baukunst, Urhebervertragsrecht, Festgabe für Schricker (1995), 459; *Pepe*, Aktuelle Tendenzen in der Entwicklung des Urhebervertragsrechts, NJW 1996, 1394; *Erdmann*, Sacheigentum und Urheberrecht, Festschrift für Piper (1996), S. 655; *Wedemeyer*, Änderung von Werken der Baukunst – zu Ansprüchen des Urhebers, Festschrift für Piper (1996), S. 787; *Schweer*, Zum Vertrags- und Urheberrecht des Architekten bei gestalterischen Änderungswünschen des Bauherrn, BauR 1997, 401; *Göpfert*, Der Architekt als „technischer Zeichenstift"? Das Urheberrecht des Architekten contra das Urheberrecht des Bauherrn, BauR 1999, 312; *Locher*, Überlegungen zu drei neueren Entscheidungen zum Urheberrecht des Architekten, Festschrift für Mantscheff (2000), S. 15; *Bruns*, Das Zurückbehaltungsrecht des Architekten an den von ihm gefertigten Plänen, BauR 1999, 529; *Lauer*, Herausgabe der für den Weiterbau erforderlichen Pläne und Zurückbehaltungsrecht des Architekten, BauR 2000, 812; *Schulze*, Vernichtung von Bauwerken, Festschrift für Dietz (2001), 177; *Werner*, Gedanken zu aktuellen Themen des Urheberrechts des Architekten, Festschrift für Kraus (2003), 403; *Werner*, Ästhetische Architektur –

Eine Voraussetzung für den Urheberrechtsschutz?, BauR 2004, 750; *v. Schildt-Lutzenburger*, Können auch Gebäudeteile und Gebäudekomplexe Urheberrechte eines Architekten begründen?, BTR 2004, 202; *Werner*, Abriss eines Bauwerks: Eingriff in das Urheberrecht des Architekten?, BauR 2004, 1675; *Schulze*, Urheberrecht des Architekten – Teil I, NZBau 2007, 537, Teil II NZBau 2007, 611.

**1937** Wird das **Urheberrecht** eines **Architekten** durch den Bauherrn oder einen Dritten verletzt, kann der Architekt bei objektiv widerrechtlichen Verletzungen **Beseitigung** der Beeinträchtigung verlangen oder bei Wiederholungsgefahr auf **Unterlassung** klagen; liegen eine fahrlässige oder vorsätzliche Urheberrechtsverletzung vor, kann der Architekt außerdem **Schadensersatz** geltend machen (§ 97 UrhG). Diese Ansprüche setzen jedoch voraus, dass der Architekt darlegen und beweisen kann, dass seine Leistung durch das Urheberrechtsgesetz geschützt ist. In aller Regel wird er dieses nur mit Hilfe eines Sachverständigengutachtens nachweisen können, es sei denn, dass sich das Gericht selbst in der Lage sieht, die urheberrechtliche Schutzfähigkeit zu beurteilen.[1]

Urheberrechtliche **Ansprüche des Architekten** setzen daher voraus, dass
* ein **urheberrechtlich geschütztes Werk** des Architekten vorliegt und
* eine **Verletzung** dieses Urheberrechts gegeben ist.

Für diesen Vortrag trägt der **Architekt** die **Beweislast**.[2]

Besteht kein Urheberrechtsschutz, können Schadens- oder Abwehransprüche des Planverfassers bzw. Werkherstellers nur nach den Vorschriften des UWG und unter Umständen auch nach den §§ 823, 826, 1004 BGB[3] oder aufgrund vertraglicher Abreden (auch Auslobungsbedingungen)[4] in Betracht kommen. Neuenfeld[5] vertritt die Auffassung, dass es nur ein „Gerechtigkeitsgebot" sei, „wenn jemand durch Verwendung einer fremden Leistung Kosten sparen will, diesen ungerechtfertigten Vorteil abzuschöpfen". Er bejaht damit grundsätzlich einen Anspruch des Architekten aus ungerechtfertigter Bereicherung nach § 812 BGB gegenüber dem „Nachahmer".

Bei diesem Bemühen, zu einem für Architekten wünschenswerten Ergebnis zu gelangen, wird übersehen, dass die **Nachahmung fremder Leistungen grundsätzlich nicht rechtswidrig** ist, es sei denn, Sonderschutzrechte wie das Urheberrechtsgesetz verbieten dies. Fortschritt und Fortentwicklung basieren stets auf der Übernahme vorhandener Erkenntnisse Dritter. Auch deshalb ist die Nachahmung fremder sonderrechtlich nicht geschützter Werkleistungen grundsätzlich nicht zu beanstanden. Nach herrschender Auffassung sind Nachbauten, die Kopie von Plänen, der Umbau von Bauwerken, die keinen Schutz nach dem Urheberrechtsgesetz haben, erlaubt und frei.[6]

---

1) Vgl. OLG Karlsruhe, GRUR 1985, 534; OLG München, GRUR 1987, 290; ferner: BGH, GRUR 1980, 853.
2) Vgl. hierzu *Nestler*, BauR 1994, 589 ff.; *v. Gamm*, BauR 1982, 97, 106; ferner BGH, NJW 1982, 108.
3) Vgl. hierzu OLG Celle, BauR 2000, 1069 (kein Schadensersatzanspruch eines Bauunternehmers, der nicht urheberrechtlich geschützte Planungsleistungen erbringt, die von einem Dritten verwertet werden); ferner *Nestler*, BauR 1994, 589 ff. sowie *Locher*, BauR 1995, 146, 150.
4) *Weinbrenner/Jochem/Neusüß*, S. 226 zu 7.3.2 GRW.
5) Handbuch des Architekten, Bd. 1 III, Rdn. 121.
6) Vgl. hierzu OLG Düsseldorf, GRUR 1999, 72 = OLGR 1999, 14 ff.; LG München I, WRP 1978, 571.

## Urheberrecht des Architekten

Die Auffassung von Neuenfeld würde darauf hinauslaufen, grundsätzlich alle fremden Arbeitsergebnisse, die „mit Mühe und Kosten" errungen wurden und die der Nachahmer entsprechend erspart, zu schützen. Es ist aber eine in der Vergangenheit gewachsene Erkenntnis in Rechtsprechung und Literatur, dass allein „Mühen und Kosten" keinen Anspruch auf Rechtsschutz geben.[7] Mit Recht weist daher auch Hefermehl[8] in diesem Zusammenhang darauf hin, dass „nicht die Arbeit als solche schutzwürdig ist, sondern das Arbeitsergebnis". Überdies würde der direkte Weg über § 812 BGB zu einer Umgehung aller Sonderschutzrechte, die insoweit in Betracht kommen (hier in erster Linie das Urheberrechtsgesetz), führen.

Ansprüche des Planverfassers bzw. Werkerstellers nach den Vorschriften der §§ 823, 826, 1004 BGB gegen eine Nachahmung eines urheberrechtlich nicht geschützten Werkes werden nur selten gegeben sein.[9] Der Schutz über die Vorschriften des UWG ist erheblich eingeschränkt: Rechtsprechung und Literatur gehen von dem **wettbewerblichen Grundsatz der Nachahmungsfreiheit** aus.[10] Die Nachahmungsfreiheit basiert auf dem im UWG normierten Gedanken der Wettbewerbsfreiheit, die nur durch Sondergesetze, wie durch das Urheberrechtsgesetz, eingeschränkt werden kann. Die Grenze der Nachahmungsfreiheit und damit die Schwelle zum unlauteren Wettbewerb ist nur dann erreicht, wenn besondere – außerhalb des urheberrechtlichen Tatbestandes liegende – Umstände hinzutreten, die **das Verhalten des Nachahmers als sittenwidrig** erscheinen lassen.[11] Nach allgemeiner Meinung unterliegt aus den vorgenannten Gründen auch die **sklavische Nachahmung** – ein schöner, aber wenig aussagekräftiger Begriff – im Sinne des sklavischen Nachbaus grundsätzlich keinem Sonderschutz. Es müssen vielmehr weitere Umstände gegeben sein, um auch hier ein Verhalten annehmen zu können, das den Tatbestand einer unlauteren Wettbewerbshandlung erfüllt. Grundsätzlich ist auch der sklavische Nachbau als solcher also nicht unlauter.[12] In der Baupraxis sind Fallgestaltungen, die einen Verstoß gegen das UWG darstellen, zwar denkbar, aber äußerst selten vorzufinden: Hierzu kann man beispielsweise das Erschleichen oder die sonstige widerrechtliche Verschaffung der zum Nachbau erforderlichen Unterlagen und sonstigen Erkenntnisse z. B. durch Bestechung eines Mitarbeiters eines anderen Architekturbüros[13] oder die Behinderung durch systematisches Nachahmen usw. zählen.[14]

Das OLG Karlsruhe[15] hat einen wettbewerbswidrigen Verstoß bei der Weitergabe und damit weiteren Verwendung von Architektenplänen bejaht, die mit einem sog. **Vertraulichkeitsvermerk** versehen waren. Unter einem Vertraulichkeitsvermerk versteht man einen schriftlichen Hinweis auf Zeichnungen, dass diese geistiges Eigen-

---

7) Vgl. hierzu OLG Düsseldorf, WRP 1995, 1032.
8) In *Baumbach/Hefermehl*, 20. Aufl., § 1 UWG, Rdn. 440.
9) Vgl. hierzu *Nestler*, BauR 1994, 589 ff.
10) Vgl. hierzu OLG Düsseldorf, WRP 1995, 1032 ff.; *Schricker*, Urheberrecht, Einl. Rdn. 43.
11) *Schricker*, a. a. O., Einl. Rdn. 40; *Binder/Kosterhon*, Rdn. 417 ff.
12) *Baumbach/Hefermehl*, § 1 UWG, Rdn. 441; *Schricker*, a. a. O., Einl. Rdn. 42.
13) BGH, GRUR 1961, 40; vgl. hierzu *Binder/Kosterhon*, Rdn. 439 ff. u. 472 ff. („Vorlagenfreibeuterei").
14) Vgl. weitere Beispiele bei *Baumbach/Hefermehl*, § 1, Rdn. 576, sowie *Schricker*, a. a. O., Einl. Rdn. 43.
15) WRP 1986, 632; zum Vertraulichkeitsvermerk vgl. auch *Binder/Kosterhon*, Rdn. 420 und 450 ff. sowie Rdn. 483 ff.

tum des Planherstellers sind und die Verwertung dieser Unterlagen für ein anderes Bauvorhaben seiner schriftlichen Genehmigung bedarf.

Wegen des kaum wirksamen Schutzes urheberrechtlich nicht geschützter Pläne empfehlen deshalb Binder/Kosterhon[16], auf Pläne einen solchen Vertraulichkeitsvermerk einzutragen oder eine solche Vertraulichkeit zu vereinbaren. Auch der Versuch, der teilweise in der Literatur vorgenommen wird,[17] ein Abwehrrecht gegen Nachahmung über das allgemeine Persönlichkeitsrecht zu schaffen, wird in der Praxis kaum zum Erfolg führen.

## 1. Urheberrechtsschutz des Architekten

**1938** Die **Schutzfähigkeit** einer architektonischen Leistung bestimmt sich nach dem Werkbegriff des § 2 Abs. 1 Nr. 4 und 7 UrhG. Danach können Bauwerke („Werke der Baukunst") sowie Zeichnungen, Pläne, Skizzen usw. für Bauwerke urheberrechtlich geschützt sein. Ein solcher Schutz kommt aber nur in Betracht, wenn die entsprechende Leistung des Architekten eine „persönliche geistige Schöpfung" darstellt (§ 2 Abs. 2 UrhG).[18] Das kann insbesondere auch schon im Rahmen einer Vorplanung in Betracht kommen, weil hier in der Regel bereits die kreativen, eigenschöpferischen Leistungen des Architekten weitestgehend erbracht werden.[19]

**1939** **Bauwerke, Baupläne, Entwürfe** oder technische **Konstruktionszeichnungen** genießen Urheberrechtsschutz, wenn sie eine **originelle eigenschöpferische Darstellungsweise** erkennen lassen. Bei der Beurteilung von Plänen, Zeichnungen etc. ist unbeachtlich, ob das Bauwerk als solches ein einfaches, unkünstlerisches Bauvorhaben darstellt.[20] Reine **Leistungsbeschreibungen** sind dagegen in aller Regel urheberrechtlich nicht geschützt.[21] Etwas anderes kann nur gelten, wenn eine von der üblichen Ausdrucksweise (vorbekannten Formenschatz) deutlich abweichende, **eigenschöpferische Formulierung (individuelle Darstellung)** zu bejahen ist und/oder ein **besonderer, origineller Aufbau** (Einteilung, Anordnung, Form des Leistungsverzeichnisses) gegeben ist.[22] Daran wird es aber meist fehlen, da Ausschreibungsunterlagen durchweg eine reine Zusammenstellung von technischen Angaben, Beschreibungen und Anweisungen darstellen. Der wissenschaftliche oder technische Inhalt der Darstellung ist ohnehin bei der Prüfung der Individualität

---

16) Rdn. 484 („Sämtliche vom Auftragnehmer an den Auftraggeber überlassenen Unterlagen dürfen ohne vorherige Genehmigung des Auftragnehmers weder veröffentlicht, vervielfältigt, geändert noch für einen anderen als den in diesem Vertrag vereinbarten Zweck genutzt werden").
17) Vgl. *Prinz*, 34.
18) Zur Verletzung des Persönlichkeitsrechts des Architekten bei **nicht** urheberrechtlich geschützten Werken: *Walchshöfer*, ZfBR 1988, 104 ff.
19) OLG Jena, BauR 1999, 672.
20) OLG Hamm, GRUR 1967, 608; vgl. ferner BGH, GRUR 1979, 464, 465 (**Flughafenpläne**); OLG Karlsruhe, BauR 1980, 374; BGH, NJW 1955, 1918 (**Pläne** für die Aufteilung und Bebauung eines Siedlungsgeländes); OLG Hamm, BauR 1981, 300 (**Grundrissplan**).
21) BGH, NJW 1985, 1631 = ZfBR 1984, 234 = BauR 1984, 423 = DB 1984, 2028 = GRUR 1984, 659 m. Anm. *Rojahn; Wolfensberger*, BauR 1979, 457; **a. A.:** *Bindhardt/Jagenburg*, § 13, Rdn. 89.
22) BGH, a. a. O.; ferner BGH, ZUM-RD 2002, 578 (Urheberrechtsschutz für technisches Regelwerk); vgl. hierzu *Prinz*, S. 6 ff.

nicht zu berücksichtigen, da er nach dem Urheberrechtsgesetz keinen Schutz genießt.

In einer grundlegenden und immer wieder herangezogenen Entscheidung stellt der BGH[23] hinsichtlich der Urheberschutzfähigkeit folgende **Grundsätze** auf: **1940**

> „... ist unter ‚Kunstwerk' eine eigenpersönliche, geistige Schöpfung zu verstehen, die mit Darlegungsmitteln der Kunst durch formgebende Tätigkeit hervorgebracht ist und deren ästhetischer Gehalt einen solchen Grad erreicht hat, dass nach den im Leben herrschenden Anschauungen noch von Kunst gesprochen werden kann, und zwar ohne Rücksicht auf den höheren oder geringeren Kunstwert und ohne Rücksicht darauf, ob das Bauwerk neben dem ästhetischen Zweck noch einem praktischen Zweck dient."

Daraus wird deutlich, dass nicht jedes Werk eines Architekten durch das Urheberrechtsgesetz geschützt ist. Entscheidend ist stets, ob im Einzelfall ein **künstlerisch gestalteter Bau** vorliegt und das Bauwerk neben der **originellen, eigenschöpferischen (individuellen)** Darstellung eine gewisse **Gestaltungshöhe** (Schöpfungshöhe) aufweist. Das Bauwerk muss sich also **von der Masse des durchschnittlichen, üblichen und alltäglichen Bauschaffens abheben** und nicht nur das Ergebnis eines rein handwerklichen routinemäßigen Schaffens darstellen.[24] Entscheidend für die urheberrechtliche Beurteilung ist damit die **Originalität** und die **Individualität** des Architektenwerks.

Löwenheim[25] stellt mit dem neuen Schrifttum infrage, ob die Gestaltungshöhe ein Merkmal der Schutzfähigkeit darstellt, weil die Gestaltungshöhe lediglich „den quantitativen Aspekt der Individualität" beschreibt. Neben der Individualität komme daher der Gestaltungshöhe keine selbstständige schutzbegründende Funktion zu. Allerdings misst er andererseits der Gestaltungshöhe eine Bedeutung hinsichtlich des Schutzumfanges eines Werkes bei.

Dagegen wird für den urheberrechtlichen Schutz nicht verlangt, dass das Bauwerk künstlerischen Zwecken zu dienen bestimmt ist; der **Gebrauchszweck** schließt den Urheberrechtsschutz nicht aus.[26] Deshalb können auch technische **Zweckbauten** (Wohnheime, Wohnhäuser, Brücken, Schwimmbäder usw.) geschützt sein,[27] was jedoch bei reinen Zweckbauten selten der Fall sein wird.[28] Zu Recht weist Heath[29] darauf hin, dass „das Schöne sich auch mit dem Nützlichen paaren darf, ohne des urheberrechtlichen Schutzes entraten zu müssen". Stets muss sich aber im Bauwerk ein persönliches schöpferisches Schaffen des Architekten offenbaren.[30] Es muss eine besondere geistige und individuelle Leistung des Architekten vorliegen, wobei es auf den **Gesamteindruck** und die gesamte Gestaltung des Bauwerks ankommt.[31] Auf einen höheren oder geringeren Kunstwert kommt es nicht an.[32]

---

23) BGHZ 24, 55, 63; vgl. auch OLG Karlsruhe, GRUR 1985, 534.
24) OLG Hamm, ZUM 2006, 641, 643; LG München I, NZBau 2007, 49; LG Leipzig, BauR 2005, 1502, 1506 mit Hinweis auf *Schricker*, § 2, Rdn. 98; OLG Stuttgart, IBR 1996, 470.
25) *Schricker/Löwenheim*, § 2, Rdn. 24 u. 25.
26) OLG Hamm, BauR 1981, 300.
27) BGHZ 24, 53; OLG Schleswig, GRUR 1980, 1972; vgl. hierzu OLG Karlsruhe, GRUR 1985, 534.
28) OLG Celle, BauR 2000, 1069.
29) Festgabe für Schricker, S. 459, 462.
30) Vgl. OLG Hamm, BauR 1997, 507 = OLGR 1997, 64.
31) Zum **angestellten** Architekten als Urheber vgl. *Locher*, Rdn. 556 m. w. Nachw.
32) BGH, GRUR 1959, 289, 290; *Beigel*, a. a. O., Rdn. 41; OLG München, GRUR 1987, 290.

**1941** Wann ein Bauwerk gleichzeitig ein Kunstwerk i. S. des Urheberrechtsgesetzes ist, kann nicht mit einer Formel beantwortet werden. Dabei sind vielfältige Kriterien maßgebend. Die Gerichte werden insoweit vor eine nicht immer leichte Aufgabe gestellt.[33]

Locher[34] verlangt eine **„gewisse Gestaltungshöhe"**; die Individualität, „die Handschrift" des Architekten, müsse im Bauwerk Gestalt gewonnen haben. Hesse[35] weist darauf hin, dass nicht der Wille und die Absicht des Architekten maßgeblich sind, sondern allein das Ergebnis seiner Arbeit, wobei eine Gesamtbetrachtung des geschaffenen Gegenstandes vorzunehmen ist; auch ein Teil eines Bauwerks kann Kunstschutz genießen. Auch Reihen-Typen-Bauwerke können schutzfähig sein.[36] v. Gamm[37] meint, dass die Grenze zur Urheberrechtsschutzfähigkeit bei einem Bauwerk erst dann überschritten wird, wenn „ein bedeutendes Überragen der Durchschnittsgestaltertätigkeit" durch eine eigenschöpferische Prägung gegeben ist. Löwenheim[38] weist auf die Rechtsprechung des BGH hin, wonach die Frage, ob die erforderliche Gestaltungshöhe vorliegt, die zum Urheberrechtsschutz führt, in zwei Schritten zu beurteilen ist. Zunächst ist „der Gesamteindruck der konkreten Formgestaltung mit den vorbestehenden Gestaltungen" zu vergleichen und zu prüfen, ob diese Formgestaltung überhaupt individuelle Züge aufweist. Ist eine solche schöpferische Individualität zu bejahen, ist in einem zweiten Schritt zu fragen, ob diese die erforderliche Gestaltungshöhe hat, um einen Urheberrechtsschutz anzunehmen.

Locher[39] plädiert dafür, dass es an der Zeit sei, bei der Begriffsbestimmung eines baukünstlerischen Werkes auf die **Ästhetik** ganz **zu verzichten**, weil heute eine Reihe von Künstlern (auch Architekten) gerade keinen „ästhetischen Gehalt" ihrer Arbeit zu erreichen suchen. Entscheidend sei nur die gewisse Gestaltungshöhe und Individualität des Bauwerks. Die Einführung des Begriffs „ästhetischer Gehalt" in der Definition des „Kunstwerkes", wie es der BGH (s. o.), aber auch die neuere Rechtsprechung[40] fordere, sei „unglücklich und unscharf". Darüber hinaus könne der ästhetische Wert einer (möglicherweise „schrecklichen") Architektur „gleich Null sein"; soweit hier eine eigenschöpferische, individuelle Arbeit vorläge, könne trotzdem Urheberrechtsschutz bestehen. Den Ausführungen von Locher kann beigepflichtet werden, weil mit der Berücksichtigung der Ästhetik gleichzeitig eine künstlerische, subjektive Bewertung verbunden ist und damit doch – entgegen der zitierten Auffassung des BGH – eine Einordnung in ein „höheres" oder „geringeres" Kunstwerk erfolgt.

Es gibt keine objektiven, allgemein-gültigen Anwendungsbedingungen für den Begriff der Ästhetik. Kunst und Ästhetik sind keine Synonyme. Kunst ist nicht in jedem Falle ästhetische Kunst, wenn man bei Letzterem nur von „schöner Kunst" augeht, deren Ziel ausschließlich das Hervorrufen angenehmer Empfindungen ist. Schönheit ist nicht konstitutiv für eine ästhetische Kunst.[41] Hesse[42] hat

---

33) Siehe Rdn. 1937.
34) Rdn. 357.
35) BauR 1971, 209, 213.
36) *Locher*, Rdn. 543; *Hesse*, BauR 1971, 209, 215.
37) BauR 1982, 97, 102 mit Hinweis auf BGH, GRUR 1959, 289.
38) § 2, Rdn. 28 mit Nachw. aus der Rechtsprechung des BGH; ebenso: OLG Düsseldorf, NZBau 2000, 88 = IBR 2000, 181.
39) Festschrift für Mantscheff, S. 15, 16; ebenso *Prinz*, S. 16.
40) Vgl. z. B. OLG Hamm, ZUM 2006, 641; OLG Hamm, BauR 1999, 1198; OLG Jena, BauR 1999, 672; OLG Saarbrücken, GRUR 1999, 420; KG, ZUM 2002, 590, 591; LG Leipzig BauR 2002, 818.
41) Vgl. hierzu *Werner*, BauR 2004, 750.
42) BauR 1971, 209, 211 f.

schon früher darauf hingewiesen, dass die Begriffe „künstlerisch" und „ästhetisch" nicht synonym sind und „die Kunst den Bereich der Ästhetik nicht erschöpft, wie sich andererseits Kunst nicht stets aus der Begriffswelt der Ästhetik erschöpfend erfassen lässt". Auch Ahlberg[43] lehnt vehement die Ästhetik als Wertungsfaktor für den Urheberrechtsschutz mit dem Hinweis ab, dass sich die Ästhetik in einem ständigen Entwicklungsprozess befindet. Unter diesen Vorgaben sollte auf den Begriff der Ästhetik im Zusammenhang mit Baukunst verzichtet werden, jedenfalls solange in Rechtsprechung und Literatur keine Einigkeit über die Zuordnung des Begriffs „Ästhetik" in der Baukunst besteht. Nur wenn man das Ziel der Kunstästhetik dahingehend definiert, dass es dabei um das Begreifen und Erklären der Eigentümlichkeit des Kunstwerkes einerseits sowie andererseits das vom Künstler provozierte Hervorrufen von sinnlichen – angenehmen wie unangenehmen – Empfindungen geht, kann der Begriff „ästhetisch" beibehalten werden. So ist es nur folgerichtig, dass manche Gerichte, wie z. B. das OLG Karlsruhe[44], das OLG Celle[45] und das OLG München[46] auf den ästhetischen Gehalt als Voraussetzung für die Schutzfähigkeit erkennbar verzichten und zu Recht nur darauf abstellen, dass sich in dem Bauwerk eine hinreichende schöpferische, individuelle Gestaltungskraft verwirklicht hat. Auch beim BGH ist ein Umdenken erkennbar: Für den Computer-Programmbereich hat er darauf hingewiesen, dass „ein ästhetischer Gehalt in einer den Schönheitssinn ansprechenden Bedeutung" von § 2 Abs. 2 UrhG nicht verlangt wird.[47]

Soweit zum Teil in Literatur und Rechtsprechung die Auffassung vertreten wird, dass man die **Handschrift des Architekten erkennen muss,** also Ähnlichkeitsbedingungen vorausgesetzt werden, gibt es bei Erstlingswerken eines Architekten insoweit Probleme. Die persönliche Handschrift bei einem Bauwerk zeigt sich frühestens beim zweiten verwirklichten Projekt, weil das Erstlingswerk mit nichts als mit sich selbst verglichen werden kann. Damit müsste jedes Erstlingswerk eines Architekten urheberrechtlich unerkannt bleiben und nur bei der Wiederholung in gleicher Manier das erste Artefakt posthum als urheberrechtlich geschütztes Werk bewertet werden können. Daher sollte auf diese Voraussetzung neben der Individualität eines Bauwerks verzichtet werden. Andernfalls würde man auch jedem Architekten die Freiheit nehmen, sich weiter zu entwickeln und seine Gestaltungskraft durchaus unterschiedlich zum Ausdruck zu bringen.

Die originelle, eigenschöpferische Darstellungsweise kann sich einmal aus der **Gesamtgestaltung** des Bauwerks, zum anderen aber auch aus **Einzeldetails** des Bauwerks,[48] wie z. B. der Fassadengestaltung,[49] dem Dachaufbau, dem Grundriss, Anordnung der Fenster,[50] der Innengestaltung eines Treppenhauses[51] oder einer Kirche,[52] der Zuordnung und Differenzierung bestimmter Baumaterialien oder Gebäudeteile, der Einordnung in die Umgebung oder eines Erdgeschossgrundrisses,[53] ergeben.[54] Allein die Zusammenfügung bekannter Elemente für die Gestaltung eines

**1942**

---

43) In *Möhring/Nicolini*, § 2, Rdn. 84.
44) GRUR 1985, 534 und OLGR 1998, 151.
45) OLGR 1994, 199.
46) GRUR 1977, 555, 556.
47) BGHZ 94, 276, 286.
48) LG Leipzig, BauR 2005, 1502, 1506. Vgl. hierzu auch *v. Schildt-Lutzenburger*, BTR 2004, 202.
49) BGH, BauR 1989, 348 unter Hinweis auf BGHZ 61, 88, 94 = GRUR 1973, 663 – Wählamt; RGZ 82, 333, 336 – **Fassadengestaltung;** OLG Jena, BauR 1999, 672 („burgenartiger Charakter" einer Fassade).
50) BGH, BGHZ 61, 88 = GRUR 1973, 663 – Wählamt.
51) BGH, BauR 1999, 272 = NJW 1999, 790 = MDR 1999, 623.
52) BGH, GRUR 1982, 107, 109 – Kircheninnenraumgestaltung.
53) BGH, GRUR 1988, 533 – Vorentwurf II – u. BGH, BauR 1989, 348 – **Bauaußenkante.**
54) Vgl. hierzu vor allem *v. Gamm*, BauR 1982, 97, 102, 103; *Beigel*, a. a. O., Rdn. 43; *Prinz*, S. 13 ff.

Hauses stellt dagegen noch keine eigenständige schöpferische Leistung dar.[55]) Dagegen kann schon die Zuordnung von Einzelgebäuden (z. B. Reihenhausanlage) oder Baukörpern i. S. eines **„Ensembles"** urheberrechtsschutzfähig sein.[56]) Auch die Verwendung allgemein bekannter, „gemeinfreier" Gestaltungselemente kann urheberrechtsschutzfähig sein, wenn dadurch eine besondere eigenschöpferische Wirkung und Gestaltung erzielt wird.[57]) Dabei kann z. B. die Anpassung an die unmittelbar umgebende Landschaft von Bedeutung sein.[58])

v. Schildt-Lutzenburger[59]) hat sich mit dem urheberrechtlichen Schutz von **Gebäudekomplexen** sehr eingehend auseinandergesetzt. Sie weist – unter Zusammenstellung der Literatur und Rechtsprechung zu dieser Frage – darauf hin, dass ein Urheberrechtsschutz nur dann zu bejahen ist, wenn die Verbindung einer Vielzahl von Gebäuden zu einem einheitlichen, zusammengehörigen Werk, also einem übergeordneten Ganzen geführt hat; die jeweiligen Gebäude müssen somit integrierende Teile eines Gesamtkonzeptes und nicht ein „ungeordnetes Sammelsurium" sein: „Es muss vielmehr ein ‚geschlossenes System der Verweisung', eine ‚innere Verbindung' erzeugt werden, bei der sich die einzelnen Gebäude stimmig aufeinander beziehen und bei der die Umgebung eines jeden Gebäudes durch das Vorhandensein des anderen mitbestimmt wird."

**1943** Das OLG Schleswig[60]) ist der Auffassung, dass an die Anforderungen, die ein Bauwerk als schöpferisch eigentümlich kennzeichnen und ihm mithin den **Rang einer persönlich geistigen Schöpfung** geben, regelmäßig ein **strenger Maßstab** anzulegen ist. Demgegenüber weist Goldmann[61]) zu Recht darauf hin, dass nach der Rechtsprechung keine zu überzogenen „Anforderungen an die Individualität und Schöpfungshöhe bei Bauwerken gestellt werden dürfen" und der Kunstschutz eher großzügig bejaht werden sollte. In aller Regel ist davon auszugehen, dass Pläne und Bauwerke eines Architekten nicht urheberrechtlich geschützt sind. Vielfach liegt eine entsprechend zu schützende Individualität der architektonischen Leistung nicht vor, da insbesondere bei **Wohnhäusern, Bürohäusern** und **öffentlichen Bauten** die reine **Funktionalität** im Vordergrund steht. Dadurch kann der Architekt durchweg seine eigenschöpferische Gestaltungskraft und seine künstlerische Individualität nicht entfalten, sodass seine rein funktionsbezogenen Bauwerke keinen Urheberrechtsschutz genießen.[62]) Im Übrigen ist der Architekt auch nicht verpflichtet, ein urheberrechtsschutzfähiges Bauwerk zu planen und ausführen zu lassen.[63])

Haben mehrere Architekten Beiträge an einem urheberrechtlichen Gesamtwerk geleistet, ist jeder Beitrag isoliert durch das UrhG geschützt (z. B. Planung eines Bauwerks und einer Außenanlage). Lassen sich allerdings die einzelnen Werkanteile i. S. des UrhG nicht gesondert verwerten, so sind sie als **Miturheber** des Werkes anzu-

---

55) OLG Schleswig, GRUR 1980, 1082; OLG Karlsruhe, GRUR 1985, 534.
56) OLG München, ZUM 2001, 339; LG München I, NZBau 2007, 49, 50; *Beigel*, a. a. O., Rdn. 38; *v. Schildt-Lutzenburger*, BTR 2004, 202, 205.
57) BGH, GRUR 1988, 690, 692 – Kristallfiguren; BGH, BauR 1989, 348.
58) Vgl. BGHZ 24, 55, 66 ff. – **Ledigenheim.**
59) BTR 2004, 202, 205.
60) GRUR 1980, 1072, wonach für die Frage der Urheberrechtsfähigkeit nicht die Auffassung der Fachleute, sondern die „der kunstempfänglichen Laien" maßgebend sei.
61) GRUR 2005, 639, 640 u. *Fahse*, GRUR 1996, 331, 335 sowie *Neuenfeld*, Handbuch des Architekten, Band 1, III Rdn. 16 ff.
62) *Gerlach*, GRUR 1976, 613, 614; *Korbion/Mantscheff/Vygen*, § 4 HOAI, Rdn. 64; *Schricker-Löwenheim*, § 2 UrhG, Rdn. 153.
63) *v. Gamm*, BauR 1982, 97, 108.

sehen; ihre Rechte ergeben sich dann aus § 8 UrhG. Bei der gemeinsamen Planung eines Bauwerks (z. B. im Rahmen eines Wettbewerbes) wird die letzte Alternative und damit die Miturheberschaft die Regel sein.[64]

Bei der Beurteilung, ob ein urheberrechtlich geschütztes Werk vorliegt, bedarf es nicht unbedingt der Hinzuziehung eines **Sachverständigen**;[65] sofern das Gericht die notwendige Beurteilungserfahrung hat, darf es sich auch auf seinen eigenen Eindruck verlassen.[66]

**1944**

* **Rechtsprechung** zur Urheberrechtsfähigkeit von Architektenleistungen:
OLG Hamm, BauR 1981, 300 (**Grundrissplan**); OLG Hamm, GRUR 1967, 608 (**Entwürfe** für Bauvorhaben des **öffentlich geförderten** Wohnungsbaus); OLG München, OLGZ 1969, 430 (Entwürfe für **Einfamilienhäuser**); BGH, BauR 1982, 178 = GRUR 1982, 107 (**Innenraumgestaltung einer Kirche**); OLG Hamburg, UFITA 1977, Bd. 79, 343 (**Bauentwürfe**); OLG München, GRUR 1974, 484 (Betonstrukturplatten zur Verkleidung von **Fassaden**); OLG Schleswig, GRUR 1980, 1072; BGH, NJW 1955, 1918 (**Pläne** für die Aufteilung und Bebauung eines **Siedlungsgeländes**); BGH, GRUR 1979, 464, 465 (**Flughafenpläne**); BGH, BauR 1984, 423 = DB 1984, 2028 = GRUR 1984, 659 = NJW 1985, 1631 (**Ausschreibungsunterlagen** für den Bau einer Pipeline); OLG Karlsruhe, GRUR 1985, 534 (**Bauplan**); OLG Hamm, MDR 1986, 150 (keine Schutzfähigkeit einer **Aufbauanleitung** für ein Stahlrohrgerüst – Darstellungsschema); OLG Frankfurt, BauR 1986, 446 = DB 1986, 691 = GRUR 1986, 244 (**Verwaltungsgebäude**); OLG München, GRUR 1987, 290 (**Pläne einer Wohnanlage**); LG Hannover, BauR 1987, 584 und OLG Celle, BauR 1986, 601 (bei vorzeitiger **Beendigung der Architektenverträge**); BGH, GRUR 1988, 533 = NJW-RR 1988, 1204 = SFH, Nr. 4 zu § 2 UrhG (**Erdgeschossgrundriss** im Rahmen eines Vorentwurfs); BGH, BauR 1989, 348 = SFH, Nr. 5 zu § 2 UrhG (**Baufluchtlinie, Bauaußenkante**); OLG Düsseldorf, GRUR 1990, 189, 191 (**Grünskulptur/ Garten- und Parkanlagen**); OLG München, OLGR 1992, 24 (**schlüsselfertige Häuser**); LG Gera, BauR 1995, 866 = SFH, Nr. 4 zu § 97 UrhG (Erstellung eines Bebauungsplans und anschließende Planung einer Wohnanlage); KG, KGR 1997, 3 (**Planerische Gestaltung des Innenraums** zwischen einem Altbau und einer ellipsenförmigen Mediothek); BGH, BauR 1999, 274 = NJW 1999, 790 = MDR 1999, 623 (**Änderung der Treppenhausgestaltung** eines Dienstleistungszentrums durch **Einbindung einer Skulptur** – wesentlicher Eingriff in die vorgegebene Werkgestalt); OLG Jena, BauR 1999, 672 („**burgenartiger Charakter**" **einer Fassade**).
OLG Düsseldorf, NZBau 2000, 88 = IBR 2000, 181 (**Hotelneubau**: Grundriss in der Form eines Andreaskreuzes noch keine innovative Schöpfung, da Kreuz-, H- oder X-Formen immer wieder verwandt werden); OLG Hamm, BauR 1999, 1198 (Urheberrechtsschutz für **Einfamilienhaus**); BGH, BauR 2000, 438 =

**1945**

---

64) OLG Hamburg, BauR 2007, 1086 = NZBau 2007, 381. Zur Bedeutung des Architektenvermerks für Urheberschaft vgl. BGH, BauR 2003, 561 („Staatsbibliothek") = NZBau 2003, 158 = IBR 2003, 83 – *Werner* = GRUR 2003, 231. Vgl. auch OLG Hamburg, IBR 2007, 147 – *Putzier*.
65) LG Nürnberg-Fürth, IBR 2004, 325 – *Werner*.
66) OLG Hamm, ZUM 2006, 641, 643; OLG München, GRUR 1987, 290; vgl. ferner BGH, GRUR 1980, 853 u. LG Hannover, BauR 1987, 584.

NJW-RR 2000, 185 = MDR 2000, 596 (Urheberrechtsschutz an **technischen Zeichnungen und Ausschreibungstexten**); OLG Celle, BauR 2000, 1069 (kein Urheberrechtsschutz für reine **Zweckbauten**); OLG München, ZUM 2001, 339 (Geplanter Abriss eines **Kirchenschiffs als Bestandteil eines Pfarrzentrums**); KG, ZUM 2001, 590 = IBR 2003, 139 – Werner (Urheberrechtsschutz für **Gartenanlage**); LG Leipzig, BauR 2002, 818 = ZUM 2002, 11 (Urheberrechtsschutz für eine **WC-Anlage** an einer Autobahn-Rastanlage); OLG München, ZUM-RD 2003, 257 = NZBau 2003, 449 (Urheberrechtsschutz für ein **Zweifamilienhaus**); OLG München, IBR 2003, 547 – Werner (kein Urheberrechtsschutz, wenn Planung zu einem **neuen Gesamteindruck** führt); LG München, IBR 2003, 482 – Keller (Urheberrechtsschutz für **Lagerhalle** mit doppelt geschwungenem Dach) = ZUM-RD 2003, 556 = NZBau 2004, 52; Österreichischer Oberster Gerichtshof, ZUM-RD 2003, 415 (nicht ein Architektur-Stil genießt Schutz, sondern der jeweilige Gegenstand, den dieser Stil prägt – **Miturheberschaft am „Hundertwasser-Haus"**). LG München I, ZUM-RD 2003, 556 (zur Beurteilung, ob eine **zulässige freie Benutzung** [§ 24 UrhG] oder eine **abhängige Bearbeitung** vorliegt); LG Nürnberg-Fürth, IBR 2004, 326 – Werner (Urheberrechtsschutz auch für **nicht realisierte Planung**); LG Leipzig, BauR 2005, 1502, 1506 (Kein urheberrechtlicher Schutz eines **Teils des Bauwerkes**, das als solches diesen genießt – Parkettbelag in einem Bauteil); LG München I, ZUM 2006, 490 (Kein Urheberrechtsschutz für **übliche Wohnhauspläne**); OLG Hamm, ZUM 2006, 641 (Urheberrechtsverletzung durch **Umgestaltung eines Kircheninnenraums**); BGH, BauR 2006, 2051 (Kein Urheberrecht für **Vergabehandbuch**; § 5 Abs. 1 UrhG); LG Hamburg, NZBau 2007, 50 (Reichweite des Architektenurheberrechts bei **Teilabriss eines Hochhauses – „Astra-Hochhaus"**). LG Köln, IBR 2007, 438 – Schüller (Urheberrechtsschutz auch für Entwurfspläne 1 : 500).

- **Weitere Rechtsprechung zum Urheberrecht**
**Zugangsbefugnis** des Urheberarchitekten zwecks Herstellung von Fotografien (LG Düsseldorf, BauR 1980, 86); Recht auf **Anbringung der Urheberbezeichnung** am Werk (BGH, GRUR 1995, 245); Schulergänzungsbau als Entstellung des Architektenwerks – „Strehle-Schulzentrum" (LG München I, NZBau 2007, 49 = IBR 2007, 148 – Werner); Recht des Urhebers auf unveränderte Errichtung seines Entwurfs/LG Berlin, NZBau 2007, 324 = IBR 2007, 253 – Werner = ZUM 2007, 424.

## 2. Verwertungsrecht des Bauherrn

*Literatur*

Heath, Verwertungsverträge im Bereich der Baukunst, Urhebervertragsrecht, Festgabe für Schricker (1995), 459; *Schulze*, Vernichtung von Bauwerken, Festschrift für Dietz (2001), 177.

**1946** Mit Abschluss des Architektenvertrages überträgt der Architekt grundsätzlich nicht sein **Urheberrecht** an den Bauplänen oder dem Bauwerk auf seinen Auftraggeber (Bauherrn), weil das Urheberrecht gemäß § 29 Satz 2 UrhG nicht übertragbar ist.

**1947** Dagegen ist anzunehmen, dass der Architekt mit Abschluss des Architektenvertrages in aller Regel die **urheberrechtlichen Nutzungsbefugnisse** an seiner Planung auf den Bauherrn **überträgt,** soweit diese zur Errichtung des Bauwerks benötigt wer-

## Verwertungsrecht des Bauherrn    Rdn. 1948

den,[67)] es sei denn, dem Architekten ist nur die Vorplanung übertragen worden[68)] (vgl. näher Rdn. 899 ff.). Dies gilt grundsätzlich **auch bei Abbruch der vertraglichen Beziehungen** zwischen Architekt und Bauherr vor Vollendung des Bauwerkes.[69)] Eine vom Auftraggeber gestellte Klausel, wonach der Architekt dennoch bei diesen Fallgestaltungen entsprechende Verwertungs- und Nutzungsrechte auf den Bauherrn überträgt, stellt eine unangemessene Benachteiligung des Architekten dar und ist daher gemäß § 307 BGB unwirksam. Fehlt eine ausdrückliche Abrede über die Einräumung urheberrechtlicher Nutzungsrechte, ist die Übertragung im Übrigen stets eine Frage der richterlichen Vertragsauslegung (vgl. näher Rdn. 899 ff.).[70)] Aus der Teilnahme eines Architekten an einem **Architekten-Wettbewerb** ergibt sich noch keine Übertragung von Nutzungsrechten, es sei denn, in den von den Architekten akzeptierten Wettbewerbsbedingungen ist die Nutzungseinräumung ausdrücklich vorgesehen.[71)] Allerdings verstoßen formularmäßige Nutzungseinräumungen in den Teilnahmebedingungen des Auslobers grundsätzlich gegen § 307 Abs. 2 BGB, es sei denn, dass eine angemessene Vergütung hierfür vorgesehen wird.[72)]

Ist von der Übertragung des urheberrechtlichen Nutzungsrechtes auszugehen, kann der Architekt die **Herausgabe** von Plänen (und Bauunterlagen), die für die Durchführung eines Bauvorhabens dringend erforderlich sind, **nicht von der Begleichung** einer dem Bauherrn übersandten (Abschlags-)Rechnung **abhängig** machen; ein **Leistungsverweigerungs-** oder **Zurückbehaltungsrecht** steht ihm nicht zu, weil er hinsichtlich der Nutzungsbefugnis seiner Pläne **vorleistungspflichtig** ist.[73)] Er ist deshalb verpflichtet, seinem Auftraggeber **Mutterpausen** zur Verfügung zu stellen, wenn er an den Originalunterlagen ein Urheberrecht beansprucht.[74)]

In manchen Allgemeinen Vertragsbestimmungen zum Architektenvertrag findet sich die Regelung, wonach der Bauherr grundsätzlich nicht berechtigt ist, das Bauwerk ohne Mitwirkung des    **1948**

---

67) BGH, NJW 1984, 2818 = BauR 1984, 416 = ZfBR 1984, 194; OLG Köln, OLGR 1998, 138, 139 = NJW-RR 1998, 1097; OLG Nürnberg, NJW-RR 1989, 407; vgl. hierzu auch OLG München, NJW-RR 1995, 474 (mit einer Übersicht zum Meinungsstand, insbesondere bei Kündigung des Architektenvertrages) sowie *Schweer*, BauR 1997, 401, 408.
68) So BGH, NJW 1975, 1165 = BauR 1975, 363; vgl. ferner BGH, BauR 1981, 298; ebenso OLG Nürnberg, NJW-RR 1989, 407; LG Köln, *SFH*, Nr. 1 zu § 97 UrhG; *Pott/Frieling*, Rdn. 617; *Korbion/Mantscheff/Vygen*, § 4 HOAI, Rdn. 68; vgl. auch OLG Frankfurt, BauR 1982, 295; **a. A.:** *Schulze*, NZBau 2007, 537, 541, der die Auffassung vertritt, dass Nutzungsrechte grundsätzlich auch nicht stillschweigend eingeräumt werden, da der Architekt in der Regel das von ihm entworfene Bauwerk selbst fertig stellen will; etwas anderes soll gelten, wenn der Auftrag eindeutig auf den Entwurf mit Genehmigungsplanung beschränkt ist, sodass es Sinn und Zweck dieser Vereinbarung entspricht, den genehmigten Plan auch nutzen zu dürfen.
69) **Bestr.;** wie hier: BGH (7. ZS), BauR 1975, 363; OLG Köln, OLGR 1998, 138, 139; OLG Frankfurt, BauR 1982, 295; OLG Nürnberg, a. a. O.; *Locher*, Rdn. 362; *Gerlach*, GRUR 1976, 616, 624 ff.; **a. A.:** BGH (1. ZS), GRUR 1973, 663, 665; *Nordemann*, GRUR 1975, 446; *v. Gamm*, BauR 1982, 97, 112; *Ern*, ZfBR 1979, 136, die alle im Falle eines Architektenwechsels bezüglich der Übertragung von Nutzungsrechten auf den jeweiligen **Baufortschritt** abstellen wollen.
70) OLG München, GRUR 1987, 290 (Architektenpläne).
71) *Fromm/Nordemann*, §§ 31/32, Rdn. 51; kritisch hierzu *Meyer/Reimer*, BauR 1980, 291, 296; vgl. hierzu z. B. 7.3.2 GRW.
72) So auch *Schulze* in Dreier/Schulze, Vor § 31, Rdn. 270.
73) OLG Frankfurt, BauR 1982, 295; OLG Köln, BauR 1999, 189 = OLGR 1998, 138, 139 = NJWRR 1998, 1097.
74) OLG Köln, BauR 1999, 189 = OLGR 1998, 138, 139 = NJW-RR 1998, 1097.

Architekten zu beenden.[75] Hat der Architekt die Vertragsbeendigung nicht zu vertreten, kann der Architekt nach dieser vertraglichen Bestimmung (trotz Übertragung des Nutzungsrechtes auf den Bauherrn) von diesem verlangen, dass er entweder den Weiterbau nach den Plänen des Architekten ohne seine Beteiligung unterlässt (§ 1004 BGB) oder ihn am Weiterbau beteiligt.[76]

**1949** Der Architekt kann für die **Übertragung des Nutzungsrechtes grundsätzlich kein Entgelt** verlangen (vgl. Rdn. 899 ff.).[77]

**1950** Das **Verwertungsrecht des Auftraggebers,** das ihm vom Architekten ausdrücklich oder stillschweigend übertragen wurde, hat in der Regel seine Schranken in der **einmaligen Realisierung** der Planung. Eine **Nachbaubefugnis** – im Sinne einer Vervielfältigung – steht dem **Bauherrn** daher ohne Einwilligung des Architekten grundsätzlich **nicht** zu (§ 53 Abs. 4 UrhG).[78] Dies gilt auch für **Erweiterungsbauten,** die bei der Planung der Erstbauten nur allgemein einbezogen waren,[79] wenn die Erweiterung unter Übernahme der vorhandenen Gestaltungsmerkmale des Hauptgebäudes, die die Urheberrechtsfähigkeit begründen, erfolgt.[80] Dieser Grundsatz des Verbotes des Nachbaus kommt ausnahmsweise nicht in Betracht, wenn aus Sinn und Zweck des Architektenvertrages, insbesondere aber aus der Honorierung, erkennbar wird, dass die Planung sich nicht auf ein Bauvorhaben, sondern auf eine Reihe von Bauwerken bezieht.[81] Nach der **Zweckübertragungstheorie**[82] überträgt der Urheber im Zweifel nicht mehr an Rechten, als der Vertragspartner benötigt, um sein Vertragsziel zu erreichen (vgl. Rdn. 899).

**1951** Der **Architekt** selbst ist grundsätzlich **zum Nachbau befugt** (§ 16 UrhG – **Vervielfältigungsrecht**). Nur im Einzelfall können vertragliche Belange des Auftraggebers unter Berücksichtigung von Treu und Glauben dem entgegenstehen.[83] Hat beispielsweise ein Architekt ein Einfamilienhaus besonders individuell gestaltet, wäre es in aller Regel treuwidrig, wenn er das gleiche Haus in unmittelbarer Nachbarschaft nochmals errichtet.[84]

**1952** Der **Architekt** hat auch gem. § 12 Abs. 1 UrhG allein das Recht, zu bestimmen, ob und wie sein Werk zu **veröffentlichen** ist. Nur ihm steht das Recht zu, Abbildungen des Bauwerks zu verbreiten (§§ 16, 17 UrhG).[85] Etwas anderes kann sich aus § 59 UrhG ergeben (Bauwerke an öffentlichen Plätzen). In vielen Architekten-Formularverträgen ist der Bauherr zwar zur Veröffentlichung des vom Architekten geplanten Bauwerks berechtigt, er hat dabei jedoch den Namen des Architekten anzugeben.

---

75) Vgl. hierzu OLG Nürnberg, BauR 1980, 486 u. *Beigel*, a. a. O., Rdn. 78.
76) OLG Nürnberg, BauR 1980, 486.
77) OLG München, NJW-RR 1995, 474.
78) *Gerlach*, GRUR 1976, 613, 619; *v. Gamm*, BauR 1982, 97, 116; *Fromm/Nordemann*, §§ 31, 32 UrhG, Rdn. 46; *Prinz*, S. 57 f.; vgl. auch BGH, GRUR 1982, 369 (**Nachbaurecht bei Kündigung**).
79) BGH, BauR 1981, 298 = ZfBR 1981, 30. Ferner LG Hannover, BauR 2006, 410.
80) So zutreffend LG Hannover, BauR 2006, 410 = IBR 2005, 693 – *Schröder* (bestätigt durch Beschluss des OLG Celle vom 2.2.2005 – 13 U 317/04).
81) *Hesse*, BauR 1971, 209, 219; vgl. hierzu auch *Fromm/Nordemann*, §§ 31, 32 UrhG, Rdn. 46.
82) BGH, NJW 1995, 3252 = ZfBR 1996, 81.
83) Vgl. hierzu näher *Gerlach*, GRUR 1976, 613, 619, 620.
84) *Hesse*, BauR 1971, 209, 219; *v. Gamm*, BauR 1982, 97, 116; *Locher*, Rdn. 361.
85) Zur Anerkennung der Urheberschaft gemäß § 13 UrhG: *Beigel*, Rdn. 140 ff.

## Verwertungsrecht des Bauherrn

**1953** Das Recht auf **Anbringung** einer **Urheberbezeichnung** an dem Bauwerk steht jedem planenden Architekten zu, sofern es sich bei dem von ihm geplanten Bauwerk um ein ureberrechtlich geschütztes Werk der Baukunst i. S. des § 2 Abs. 1 Nr. 4 UrhG handelt.[86] Dieses Recht kann jedoch im Einzelfall durch Vertrag zwischen Architekt und Bauherr **eingeschränkt** werden; „soweit sich **Verkehrsgewohnheiten** oder **allgemeine Branchenübungen** gebildet haben, ist davon **auszugehen,** dass **diese** beim Abschluss von Verwertungsverträgen mangels abweichender Abreden **stillschweigend** zugrunde gelegt werden" (BGH). Bei der Prüfung dieser Frage sind keine zu geringen Anforderungen zu stellen.

Der BGH setzt der Architekten-Urheberbezeichnung nach § 13 Satz 2 UrhG im Übrigen **deutliche Grenzen,** soweit es um die **Art, Form** und **Ausgestaltung** geht: „Bei der gebotenen Berücksichtigung der Interessen des Bauherrn ist davon auszugehen, dass dieser **keine reklamehafte Ausgestaltung** der Urheberbezeichnung zu dulden braucht; dies vor allem dann, wenn die Ausgestaltung angesichts ihres Werbecharakters einen Verstoß gegen § 1 UWG darstellt."

**1954** Aus dem Urheberrecht des Architekten kann sich auch ein **Zugangsrecht** zum Bauwerk nach Fertigstellung ergeben. § 25 UrhG schränkt dieses Recht jedoch auf bestimmte Maßnahmen ein.[87] Daher soll nach OLG Düsseldorf dem Architekten nicht das Recht zustehen, das vollendete Bauwerk zu betreten, um Eingriffe des Bauherrn in das Bauwerk und damit verbundene Urheberrechtsverletzungen zu überprüfen.[88] Man wird aber im Einzelfall eine solche Zugangsbefugnis als nachvertragliches Recht des Architekten bejahen müssen, um auf diese Weise Schadensersatzansprüche aus § 97 UrhG vorbereiten zu können. Bei Vereinbarung des (von der Bundesarchitektenkammer „zurückgezogenen") Einheits-Architektenvertrages (1994) hat der Architekt ein allgemeines Zugangsrecht. Nach § 5 (Urheberrecht) ist der Architekt berechtigt, auch nach Beendigung des Vertrages das Bauwerk oder die bauliche Anlage in Abstimmung mit dem Bauherrn zu betreten, um fotografische oder sonstige Aufnahmen zu fertigen.[89]

**1955** Wird das Bauwerk später **zerstört** oder **beschädigt,** steht dem Bauherrn das Recht zu, das Werk nach den **alten Plänen unverändert wiederherzustellen.** Dabei ist eine erneute Hinzuziehung des Architekten nach überwiegender Meinung nicht erforderlich.[90] Die **Wiederherstellungsbefugnis** ohne Beauftragung des Urheber-Architekten schließt auch die (erneute) Zahlung einer Nutzungsvergütung aus. Aus der Übertragung des Eigentums an einem Grundstück, für das ein Architekt Baupläne erstellt hat, kann im Zweifel noch nicht geschlossen werden, dass der Erwerber das Verwertungsrecht (Nachbaurecht) erhalten soll.[91] Nur in Ausnahmefällen soll nach OLG Karlsruhe[92] auch ohne den ausdrücklich erklärten Willen des Urheber-

---

86) BGH, BauR 1994, 784 = NJW 1994, 2631 = ZfBR 1994, 268 = WRP 1994, 754 = BB 1994, 1654; OLG München, NJW-RR 1995, 474.
87) Vgl. hierzu LG Düsseldorf, BauR 1980, 86 (**Zugangsrecht** des Architekten zur **Herstellung einer Fotoserie**).
88) BauR 1979, 260; vgl. hierzu *Beigel*, Rdn. 150.
89) Vgl. OLG Hamburg, *Schulze*, OLGZ Nr. 174.
90) Vgl. zum Meinungsstand vor allem *Gerlach*, GRUR 1976, 613, 620 sowie *Fromm/Nordemann*, §§ 31, 32 UrhG, Rdn. 48.
91) BGHZ 24, 55, 70.
92) BauR 1980, 374 = DB 1980, 1380.

Architekten seine Zustimmung zur Übertragung des Nutzungsrechtes i. S. des § 34 Abs. 1 UrhG anzunehmen sein.[93]

### 3. Änderung der Planung und des Bauwerkes

*Literatur*

*Nahme*, Veränderungen an urheberrechtlich geschützten Werken der Baukunst und Gebrauchskunst, GRUR 1966, 474; *Grohmann*, Das Recht des Urhebers, Entstellungen und Änderungen seines Werks zu verhindern, Diss. Erlangen, 1971; *Movsession*, Darf man Kunstwerke vernichten?, UFITA Bd. 95 (1983), 77; *v. Gamm*, Der Architekt und sein Werk – Möglichkeiten und Grenzen des Urheberrechts, BauR 1982, 97; *Bindhardt*, Erweiterung und Veränderung des Bauwerks und Urheberrecht des Architekten, BauR 1989, 412; *Neuenfeld*, Die Zulässigkeit von Eingriffen in das Urheberrecht des Architekten, Festschrift für Locher (1990), 403; *Schweer*, Zum Vertrags- und Urheberrecht des Architekten bei gestalterischen Änderungswünschen des Bauherrn, BauR 1997, 401; *Schricker*, Die Einwilligung des Urhebers in entstellende Änderungen des Werkes, Festschrift für Hubmann, 409; *Schilcher*, Der Schutz des Urhebers gegen Werkänderungen, Diss. München, 1988; *Schöfer*, Die Rechtsverhältnisse zwischen dem Urheber eines Werkes der bildenden Kunst und dem Eigentümer des Originalwerkes, Diss. München, 1984; *Erdmann*, Sacheigentum und Urheberrecht, Festschrift für Piper (1996), 655; *Wedemeyer*, Änderung von Werken der Baukunst – zu Ansprüchen des Urhebers, Festschrift für Piper (1996), 787; *Schulze*, Vernichtung von Bauwerken, Festschrift für Dietz (2001), 177; *Werner*, Gedanken zu aktuellen Themen des Urheberrechts des Architekten, Festschrift für Kraus (2002), 366; *Goldmann*, Urheberpersönlichkeitsrechte des Architekten im Konflikt mit Umbauvorhaben, GRUR 2005, 639.

**1956** Der Urheber einer Planung oder eines Bauwerks hat – wie jeder Urheber – „grundsätzlich ein Recht darauf, dass das von ihm geschaffene Werk, in dem seine individuelle künstlerische Schöpferkraft ihren Ausdruck gefunden hat, der Mit- und Nachwelt in seiner unveränderten individuellen Gestaltung zugänglich gemacht wird (§§ 11, 14 UrhG)", wie es der BGH[94] zum Ausdruck gebracht hat. Daher ist der Urheberarchitekt durch § 14 UrhG gegen eine **Entstellung** oder eine **andere Beeinträchtigung** seines Werks geschützt; dabei muss die Beeinträchtigung geeignet sein, seine berechtigten geistigen oder persönlichen Interessen am Werk zu gefährden. Darüberhinaus verbietet § 39 Abs. 1 UrhG grundsätzlich eine Änderung des geschützten Werkes eines Architekten; nach Absatz 2 dieser Bestimmung sind lediglich Änderungen zulässig, zu denen der Architekt als Urheber seine Einwilligung nach Treu und Glauben nicht versagen kann.[95] Beide vorerwähnten Bestimmungen stehen als Schutzvorschriften zugunsten des Architekten selbstständig nebeneinander. Ihr Unterschied besteht nach der Auffassung des BGH darin, „dass das Recht gegen Änderungen sich gegen eine Verletzung des Bestandes und der Unversehrtheit des Werkes selbst in seiner konkret geschaffenen Gestaltung, dagegen das urheberpersönlichkeitsrechtlich ausgestaltete Recht gegen Entstellung sich gegen eine

---

93) Zu Fragen des Urheberrechts des Architekten im Konkurs (bzw. der Insolvenz) des Bauherrn: *Beigel*, a. a. O., Rdn. 83 u. *Neuenfeld*, BauR 1980, 230 ff. Zur Verwendung von Planungsunterlagen aus einem **Angebotsverfahren** ohne Einwilligung des Verfassers siehe LG Stuttgart, BauR 1994, 650 u. *Nestler*, BauR 1994, 589 ff.
94) BauR 1999, 272 = NJW 1999, 790 = MDR 1999, 623.
95) Zum Recht des Auftraggebers, Änderungen eines urheberrechtlich geschützten Werkes während der Planung oder nach Beendigung der Planung zu verlangen, vgl. *Schweer*, BauR 1997, 401 ff.

## Änderung der Planung und des Bauwerkes    Rdn. 1957

Beeinträchtigung der geistigen und persönlichen Urheberinteressen auch durch Form und Art der Werkwiedergabe und -nutzung richtet".[96]

**Entstellung** stellt **jede Verzerrung** oder **Verfälschung** der **Wesenszüge** des Werkes dar (vgl. näher Rdn. 1959).[97] Der Begriff der Werksänderung i. S. des § 39 UrhG setzt im Gegensatz zu § 14 UrhG grundsätzlich einen **Eingriff in die Bausubstanz** voraus.[98] Als solche kommen vor allem Umbauten,[99] Erweiterungen[100] oder Verkleinerungen, ferner Farbänderungen z. B. an der Fassade, Korrekturen der Oberflächenstruktur der Fassade, Reklame-Installationen usw.,[101] nicht aber der Abriss (vgl. näher Rdn. 1960 a. E.),[102] in Betracht. Gemeinsam ist den Vorschriften, dass sie das Spannungsverhältnis der urheberrechtlichen Interessen des Architekten und der Eigentumsrechte des Auftraggebers zum Inhalt haben: Einerseits sollen die **berechtigten Belange des Urheber-Architekten** an der **Erhaltung** des von ihm geschaffenen Werkes geschützt werden, andererseits sollen auch die meist wirtschaftlichen Interessen des Auftraggebers und sein Recht, sein **Eigentum** grundsätzlich frei zu nutzen, nicht unberücksichtigt bleiben.[103] Nach h. M. gibt es keine Vorrangigkeit der Interessen des Eigentümers, noch denen des Urhebers.[104] Welcher Interessensphäre in diesem Spannungsverhältnis der Vorrang zu geben ist, bleibt eine Frage des Einzelfalles. Meist ist es sehr schwierig, hier die richtige Entscheidung zu treffen. Stets ist eine **Interessenabwägung** vorzunehmen,[105] um den Konflikt zwischen den Urheber- und den Eigentümerbelangen zu lösen.[106] Das gilt sowohl im Rahmen des § 14 wie auch des § 39 UrhG.[107] Unerheblich ist bei der Abwägung, ob die Veränderung des Werks eine Verbesserung oder Verschlechterung des Werkeindrucks mit sich gebracht hat; daraus folgt, dass der Urheber die Veränderung nicht notwendig hin-

1957

---

96) NJW 1983, 639, 640 = BauR 1982, 178, 181 = GRUR 1982, 107; zum Entstellungsverbot vgl. auch *Neuenfeld*, Festschrift für Locher, S. 403, 408, 409.
97) LG München, NJW 1982, 655; vgl. hierzu *Beigel*, a. a. O., Rdn. 21, sowie *Fromm/Nordemann*, § 14 UrhG, Rdn. 2.
98) BGH, a. a. O., unter Hinweis auf BGH, NJW 1974, 1381 = BauR 1974, 428 = GRUR 1974, 675. Ebenso LG Leipzig, ZUM 2005, 487, 493.
99) Vgl. hierzu LG München, a. a. O.; LG Berlin, UFITA 3, 258.
100) Vgl. BGH, NJW 1974, 1381 = BauR 1974, 428 = GRUR 1974, 675 **(Schulerweiterung)** u. BGH, BauR 1981, 298 **(Werkshallenerweiterung)**; *Fromm/Nordemann*, §§ 31, 32 UrhG, Rdn. 48 u. § 39 UrhG, Rdn. 7, weitere Nachweise bei *Mestmäcker/Schulze*, § 39, UrhG 2.
101) Vgl. hierzu *Wandtke/Bullinger*, § 14, Rdn. 29 f.
102) **Herrschende Meinung;** anders: *Walchshöfer*, ZfBR 1988, 104, 106; zur Werkvernichtung allgemein: *Schricker-Dietz*, § 14 UrhG, Rdn. 37.
103) Vgl. hierzu OLG Hamm, BauR 1984, 298 (Veränderung der **Fassade** eines **Zweckbaues** durch Sonnenschutz-Jalousetten) sowie OLG Frankfurt, GRUR 1986, 244 = BauR 1986, 466 (Änderung des **Daches** und der **Fassade** eines **Verwaltungsgebäudes**); LG Hamburg BauR 1991, 645 **(Einbau neuer Fenster)**; LG Gera, BauR 1995, 866 **(Wohnanlage)**; KG, OLGR Berlin 1997, 3, 6 (planerische Veränderung eines **Aufzugsschachtes**).
104) BGH, ZUM 1999, 146 – Treppenhausgestaltung; OLG Hamm, ZUM, 641, 646.
105) Vgl. hierzu KG, OLGR Berlin 1997, 3, 6 und insbesondere *Prinz*, S. 35 ff. sowie *Wandtke/Bullinger*, § 14, Rdn. 31 ff. Zur Veränderung der vom Architekten geplanten **Farbgebung:** KG, *Schulze*, KGZ Nr. 45; *Schulze* in Dreier/Schulze, § 39, Rdn. 25 u. § 14, Rdn. 37.
106) BGH, BauR 1999, 272 = NJW 1999, 790 = MDR 1999, 623 = JZ 1999, 577 m. Anm. *Sack*. Vgl. hierzu *Goldmann*, GRUR 2005, 639, 642.
107) *Schulze* in Dreier/Schulze, § 39, Rdn. 3.

nehmen muss, auch wenn die Veränderung ihrerseits urheberrechtlichen Schutz genießt[108].

**1958** Hesse[109] weist zu Recht darauf hin, dass der Architekt solche Änderungen dulden muss, „wenn sie durch den ursprünglichen Zweck, durch gesetzliche Vorschriften, durch die technische und soziale Entwicklung (Wohnkomfort) geboten sind". Als solche zulässige technisch bedingte Änderung nennt er den „Einbau zusätzlicher Anlagen für Heizung, Beleuchtung, Aufzüge, Klimaanlagen, soziale Einrichtung".

Locher[110] meint, dass dem Urheberrecht des Architekten nur dann der Vorrang zu geben ist, wenn seine urheberrechtlichen Interessen „ernsthaft gefährdet" seien; bestehen verschiedene zumutbare Gestaltungsmöglichkeiten, so soll es dem Eigentümer grundsätzlich zumutbar sein, diejenige zu wählen, „die das Bauwerk am wenigsten berührt und in das Urheberrecht des Architekten am geringsten eingreift". Im Übrigen dürfe das Urheberrecht des Architekten „nicht dazu führen, Bauwerke vom technischen Fortschritt auszuschließen".

Gerlach[111] und Möhring/Nicolini[112] sind der Auffassung, das zunächst einmal das Recht des Urhebers auf Erhalt der Werksintegrität bei der Interessenabwägung Vorrang hat, weil bei Werkänderungen sein zentrales urheberpersönlichkeits-rechtliches Interesse, das Wesen seiner individuellen Werkschöpfung, infrage stehe. Im Übrigen kommt es nach Gerlach[113] auf den Rang des Werks einerseits und die Tragweite wie die Dringlichkeit der Änderung andererseits an: „Je geringer die künstlerische Individualität des Werks ist, je weniger dessen charakteristische Züge von der Änderung betroffen werden, je nötiger sich diese erweist, desto eher ist sie zulässig. Und diese Änderung muss grundsätzlich gerade durch das Gebrauchsinteresse, den Gebrauchszweck bestimmt sein, also zu dessen Erhalt, Sicherung oder Verbesserung dienen. Dabei spielt dann allerdings auch die Wirtschaftlichkeit der Gebrauchs- und (Be-)Nutzungsmöglichkeit eine Rolle. Insofern kommen etwa infolge veränderter Anforderungen modernisierende Umbauten, desgleichen Ausbauten und Erweiterungen in Betracht, beispielsweise zur Schaffung angemessener Wohnverhältnisse bei einem Wohngebäude, zur Steigerung der Rationalisierung der Produktion bei einem Fabrikgebäude, zur ausreichenden Erfüllung der quantitativ und qualitativ gesteigerten Versorgungsaufgaben bei Einrichtungen der öffentlichen Hand (Schulen usw.)."

Bei der jeweiligen **Abwägung der Interessen** des Urheberarchitekten einerseits und den Interessen des Auftraggebers andererseits sind daher insbesondere **folgende Kriterien zu berücksichtigen:** Künstlerischer Rang des Bauwerks, qualitative und quantitative Stärke des Eingriffs in das Bauwerk, technische Notwendigkeit des Eingriffs im Hinblick auf den Gebrauchszweck des Bauwerks (Mängelbehebung, Erweiterung, Anpassung an den technischen Fortschritt usw.), Art des Bauwerks (Wohnhaus, Fabrik- oder Bürogebäude) sowie Dringlichkeit der Änderung.

Der BGH[114] hat für eine Schule, die wegen gestiegenen Raumbedarfs erweitert werden musste, Änderungen auch ohne die Einschaltung des Architekten und ohne Berücksichtigung der früheren Architektenpläne erlaubt, sofern keine „**Entstellung**" des Gebäudes bewirkt wird und die Änderung

---

108) BGH, ZUM 1999, 146 – Treppenhausgestaltung; OLG Hamm, ZUM 2006, 641, 645; *Schricker-Dietz*, § 14 UrhG, Rdn. 23.
109) BauR 1971, 209, 220 m. w. Nachw.
110) Rdn. 359; ebenso: LG Hamburg, BauR 1991, 645.
111) GRUR 1976, 613, 622 m. w. Nachw.; im Ergebnis ebenso: *Bindhardt*, BauR 1989, 412, 413.
112) § 39 UrhG, Anm. 9.
113) A. a. O., ebenso: *Schricker/Dietz*, § 14 UrhG, Rdn. 36.
114) BGHZ 62, 331, 335, ähnlich: OLG Frankfurt, BauR 1986, 466 = DB 1986, 691 = GRUR 1986, 244 (Verwaltungsgebäude); OLG Hamburg, UFITA 81/1978, 263, 269 (Bautechnische Änderungen an Reihenhäusern); OLG München, ZUM 1996, 165, 167 (Nachträgliche Veränderung von Dachgauben im Zuge eines Dachausbaus); vgl. hierzu *Neuenfeld*, Festschrift für Locher, S. 403 m. w. Nachw.

## Änderung der Planung und des Bauwerkes

auch unter Abwägung der Interessen von Architekt und Eigentümer zumutbar erscheint. Schricker/Dietz[115)] und Schack[116)] weisen darauf hin, dass in der Regel die wirtschaftlichen Interessen des Eigentümers, nicht dagegen rein ästhetische Gesichtspunkte die Änderung des Bauwerks rechtfertigen können.

Ist unter der vorgenannten Interessenabwägung oder aufgrund einer Einwilligung des Architekten das Recht des Auftraggebers zu einer Änderung des urheberrechtlich geschützten Werkes zu bejahen, endet dieses bei einer **Entstellung** des Werkes.[117)] Diese Grenze darf also grundsätzlich vom Auftraggeber bei der Änderung oder Ergänzung des Werkes nicht überschritten werden. **Entstellung** stellt jede **Verzerrung oder Verfälschung** der **Wesenszüge des Werkes** dar. Ist unter der vorgenannten Interessenabwägung oder aufgrund einer Einwilligung des Architekten das Recht des Auftraggebers zu einer Änderung des urheberrechtlich geschützten Werkes zu bejahen, endet dieses auch nach Auffassung des BGH[118)] bei einer Entstellung des Werkes.

**1959**

Dass die – vom Urheberarchitekten im Einzelfall hinzunehmende – **Grenze einer zu duldenden Beeinträchtigung** (auch bei einer schlüssig oder ausdrücklich erteilten Änderungsgenehmigung) bei einer **Werkentstellung grundsätzlich überschritten** wird, ist weiteren Entscheidungen des BGH[119)] zu entnehmen. Insbesondere in seiner Entscheidung aus dem Jahre 1985[120)] hat der BGH sehr deutlich zum Ausdruck gebracht, dass das Recht gegen Entstellungen nach § 14 UrhG zu den „unverzichtbaren urheberpersönlichkeitsrechtlichen Befugnissen" gehört. Das gilt – so der BGH[121)] – vor allem bei „gröblichen Entstellungen".

Die Urheberrechte des Architekten sind im Übrigen vor allem bei **Instandsetzungen** und **Reparaturen** weitgehend eingeschränkt.[122)] Einen Anspruch auf einen Wiederaufbau eines zerstörten Bauwerks hat der Architekt nicht.[123)] Sind in der Planung bauliche Details, die zur Fertigstellung des Bauwerks notwendig sind, nicht oder noch nicht ausgearbeitet, ist der Architekt nur im Ausnahmefall berechtigt, die Ausführung der Details in einer bestimmten, vom Bauherrn gewünschten Weise zu untersagen.[124)]

---

115) § 14 UrhG, Rdn. 36; vgl. auch OLG Frankfurt, NJW 1976, 677, 679.
116) Rdn. 357.
117) LG München, NZBau 2007, 49 = IBR 2007, 148 – *Werner*; LG Hamburg, NZBau 2007, 50; LG Berlin, NZBau 2007, 324 (Hauptbahnhof Berlin) = IBR 2007, 253 – *Werner* = ZUM 2007, 424; LG München I, IBR 2005, 610 – *Fuchs*; LG Hannover, Urteil vom 14.2.2007 – AZ 18 O 384/05; *Schulze*, NZBau 2007, 611, 612, 614, 616; *Fromm/Nordemann*, § 14 UrhG, Rdn. 2; *Plankemann*, DAB, 2007, 52; *Neuenfeld*, Festschrift für Locher, S. 403, 409; a. A.: *Goldmann*, GRUR 2005, 639, 642 (Entstellungsverbot steht unter dem Vorbehalt der Güterabwägung zwischen den Interessen des Urhebers und Werknutzungsberechtigten oder Dritten).
118) BGH, BauR 1974, 428, 429 = NJW 1974, 1381 = BGHZ 62, 331, 335; ebenso LG München, IBR 2005, 610 – *Fuchs* u. 611 – *Gribel*; a. A.: wohl *Hesse*, BauR 1971, 209, 220.
119) BauR 1999, 272, 275 = NJW 1999, 790; NJW 1987, 1404, 1405 = MDR 1986, 731 = GRUR 1986, 458 – Oberammergauer Passionsspiele.
120) NJW 1987, 1404, 1405 = MDR 1986, 731 = GRUR 1986, 458 – Oberammergauer Passionsspiele; ebenso LG München I, NZBau 2007, 49, 50.
121) GRUR 1971, 269, 271.
122) OLG Frankfurt, GRUR 1986 = BauR 1986, 466; OLG Hamm, BauR 1984, 298; *Hesse*, BauR 1971, 209, 219; *v. Gamm*, § 14 UrhG, Rdn. 13; *Barta/Markiewicz*, GRUR Int. 1986, 705 (zur Restaurierung von Bauwerken).
123) *Möhring/Nicolini*, § 39 UrhG, Anm. 11 m. w. Nachw. Zum Recht der **Zerstörung** vgl. LG München I, NJW 1983, 1205; zum **Wiederaufbau**: *Beigel*, a. a. O., Rdn. 100.
124) OLG Düsseldorf, BauR 1979, 260; vgl. ferner BGHZ 55, 77, 80 (Hausanstrich).

Ein Eingriff i.S. des § 14 UrhG (Entstellung oder andere Beeinträchtigung) in das urheberrechtlich geschützte Werk des Architekten kann auch durch eine rein ästhetische (also nicht nutzungsbedingte) Umgestaltung eines Gebäudes erfolgen. Auch davor ist der Urheberarchitekt geschützt, sodass er bauliche Veränderungen unter diesem Gesichtspunkt verhindern kann. Der BGH[125] hat in diesem Zusammenhang darauf hingewiesen, dass sich der Schutz des Urhebers durch das urheberrechtliche Änderungsverbot nicht nur gegen künstlerische Verschlechterung richtet, „sondern auch gegen andere Verfälschungen der Wesenszüge des Werkes in der Form wie es anderen dargeboten wird. Daraus kann sich auch ein Anspruch gegen Umgestaltungen ergeben, die für sich genommen als Schaffung eines neuen urheberrechtlich schutzfähigen Werkes anzusehen sind." Zu Recht weist der BGH allerdings darauf hin, dass auch in einem solchen Fall die Interessen des Urheberarchitekten einerseits und die Interessen des Eigentümers an der Erhaltung des neuen Werkes gegeneinander abzuwägen sind.

**1960** **Urheberrechtsverletzungen** kommen häufig vor, wenn das **Vertragsverhältnis** mit einem Architekten **nach Vollendung der Planung beendet** wird (z. B. durch Kündigung wegen erkennbarer Baukostenüberschreitung) und ein anderer Architekt mit der Erstellung des Bauwerks aufgrund der vorhandenen Planung beauftragt wird, dieser aber nunmehr (z. B. zur Einsparung von Kosten) Detailänderungen in der Planung vornimmt.[126] Hier kann nicht unberücksichtigt bleiben, dass Änderungen dringend geboten (Einhaltung des gesteckten Kostenrahmens) und vom Urheberarchitekten auch zu verantworten (Kostenüberschreitung) sind.[127]

Ansprüche des Architekten wegen **Entstellung** seines urheberrechtlich geschützten Werkes sind allerdings **während des Planungszeitraums eingeschränkt;** insoweit kann der Architekt Ansprüche im Einzelfall nur geltend machen, wenn seine Planung vom Auftraggeber genehmigt, damit also zur Realisierung freigegeben und als abgeschlossen anzusehen ist, was der Architekt im Einzelfall darzulegen und zu beweisen hat.[128] Das folgt aus der Überlegung, dass ein Bauherr durchaus das Recht hat, auf die Planung des Architekten Einfluss zu nehmen; können sich der Architekt und der Bauherr z. B. **nicht** auf eine **bestimmte** Detailplanung **einigen,** hat der Architekt keinen Anspruch darauf, dass das entsprechende Detail nach seiner Planung ausgeführt wird.[129] Eine Entstellung scheidet daher schon begrifflich während der laufenden Planungsphase aus, denn es kann nichts „entstellt" werden, was noch nicht (abschließend) entstanden ist.

Der **Architekt** genießt aber im Rahmen seiner Planung grundsätzlich „**Gestaltungsfreiheit**", die seiner künstlerischen Individualität entspricht,[130] zumal diese in der Regel auch Anlass für den Auf-

---

125) BauR 1999, 272 = NJW 1999, 790 = MDR 1999, 623 (Änderung der Treppenhausgestaltung eines Dienstleistungszentrums durch Einbindung einer Skulptur – Wesentlicher Eingriff in die vorgegebene Werkgestalt). Vgl. hierzu insbesondere: *Locher*, Festschrift für Mantscheff, S. 15, 19.
126) BGH, GRUR 1980, 853 (zur Frage, ob das für Urheberrecht zuständige Gericht aus eigener Sachkunde eine etwaige Urheberrechtsverletzung – bei einem Architektenwechsel – beurteilen kann); vgl. ferner OLG Nürnberg, BauR 1980, 486.
127) Vgl. hierzu *Gerlach*, GRUR 1976, 613, 627.
128) KG, OLGR Berlin 1997, 3, 5; LG Berlin, IBR 2007, 253 – *Werner* (Hauptbahnhof Berlin) = NZBau 2007, 324 = ZUM 2007, 424.
129) BGH, NJW 1971, 556; KG, OLGR Berlin 1997, 3; OLG Köln, *Schäfer/Finnern*, Z 3.01 Bl. 81.
130) BGHZ 19, 382.

traggeber war, gerade ihn zu beauftragen. Eine Konfliktsituation in gestalterischer Hinsicht kann der Auftraggeber dadurch vermeiden, dass er sich vor der Beauftragung des Architekten „mit dessen künstlerischen Eigenarten und dessen Auffassung vertraut" macht.[131] Die Gestaltungsfreiheit des planenden Architekten hat jedoch **Grenzen: Vertragliche Absprachen** oder vom Auftraggeber bei Vertragsabschluss geäußerte Vorstellungen hinsichtlich der Gestaltung des Gebäudes haben stets **Vorrang;**[132] und auch während der Planung ist der Auftraggeber grundsätzlich nicht verpflichtet, sich stets den künstlerischen Vorstellungen des Architekten unterzuordnen, weil allein ihm das Recht zusteht, Planungsvorgaben – auch in gestalterischer Hinsicht – zu machen.[133] Etwas anderes kann gelten, wenn sich die Vertragsparteien auf eine bestimmte Planung geeinigt haben, weil damit nur noch diese geschuldet wird.[134]

Der Architekt kann seine **Einwilligung** in die Entstellung seines urheberrechtlich geschützten Werkes geben; ob dies im Rahmen einer pauschalen Vorabeinwilligung oder nur im konkreten Einzelfall möglich ist, ist zweifelhaft. Individualrechtlich wird eine solche Einwilligung als zulässig anzusehen sein,[135] während gegen eine entsprechende vom Auftraggeber gestellte Klausel Bedenken bestehen.

Nach herrschender Rechtsauffassung hat der **Urheberarchitekt keinen Anspruch** gegenüber dem Eigentümer (Bauherrn) auf die **Erhaltung seines Gebäudes.** Er kann sich zwar gegen entstellende Veränderungen, z. B. durch Anbauten, wehren. Die Vernichtung durch **Abriss** ist aber nach herrschender Meinung durch das Urheberrechtsgesetz nicht geschützt.[136] Wie bei anderen Kunstwerken (Gemälden, Skulpturen usw.) gibt es auch bei Bauwerken **kein Vernichtungsverbot.**

*Wandtke/Bullinger*[137] weisen zutreffend darauf hin, dass der Gesetzgeber trotz der beeinträchtigenden Wirkung der Werkvernichtung zu Lasten des Urheberarchitekten kein Verbot in § 14 UrhG mit aufnehmen wollte; der Eigentümer eines Bauwerks ist daher auch nicht verpflichtet, ein Werk zu erhalten oder zu restaurieren. So kann er beispielsweise auch ein Werk verfallen lassen, ohne dass sich der Urheberarchitekt dagegen wehren kann. Insbesondere *Locher*[138] hat die Erhaltungsverpflichtung des Eigentümers eines urheberrechtlich geschützten Bauwerkes mit dem Hinweis verneint, dass das Eigentum bei der Abwägung der beiderseitigen Interessen stets vorrangig sei. Eine andere Ansicht würde auf die Devise hinauslaufen: „Einmal gebaut, immer gebaut". Im Übrigen diene das Werk des Urheberarchitekten in den Fällen des Abrisses zwar einerseits nicht mehr seiner Imagebildung und Darstellung seiner Fähigkeiten, es werde aber auch andererseits nicht verfälscht. *Locher* weist ferner zu Recht darauf hin, dass es nicht von ungefähr sei, dass es keine veröffentlichte Entscheidung in der Rechtsprechung gebe, die „in einem Abriss eines – aufgrund urheberrechtlich geschützter Pläne eines Architekten gebauten – Bauwerkes durch den Eigentümer eine Urheberrechtsverletzung" sieht. *Schulze*[139] weist ebenfalls zutreffend darauf hin, dass sich der Urheberrechtsschutz nur dort auswirken kann, „wo noch etwas Schutzfähiges vorhanden ist".

---

131) BGH, a. a. O.
132) *Schweer*, BauR 1997, 401, 407; *MünchKomm-Soergel*, § 631 BGB a. F., Rdn. 134.
133) *MünchKomm-Soergel*, a. a. O.
134) Vgl. hierzu *Schweer*, BauR 1997, 401, 403.
135) **Anderer Ansicht:** *Schricker*, Festschrift für Hubmann, S. 409, 417.
136) RGZ, 79, 397, 401 (Fresco-Gemälde); KG, GRUR 1981, 742, 743; LG Hamburg, NZBau 2007, 50, 52. *Wandtke/Bullinger*, § 14 Rdn. 21 ff. u. Rdn. 32; *Beigel*, Rdn. 123; *Dreier/Schulze*, § 14, Rdn. 28; *Neuenfeld*, Handbuch des Architekten, Band 1, III, Rdn. 94, mit w. Nachw.; *Locher*, Festschrift für Mantscheff, S. 15, 21; *Heath*, Festschrift für Schricker, S. 459, 472; *Schack*, Rdn. 360; vgl. hierzu *Werner*, Festschrift für Kraus, S. 403, 404.
137) § 14, Rdn. 22 sowie 41 ff.
138) A. a. O.
139) Festschrift für Dietz, S. 177, 210.

Lediglich eine Mindermeinung in der juristischen Literatur[140] vertritt insoweit eine einschränkende Rechtsmeinung. Danach ist die Vernichtung zwar keine Entstellung, aber eine besonders starke Form der anderen Beeinträchtigung i. S. des § 14 UrhG. Allerdings wird auch von dieser Mindermeinung eingeräumt, dass eine Vernichtung jedenfalls dann möglich ist, wenn besondere wirtschaftliche Interessen des Eigentümers bestehen und diese gegenüber den Interessen des Urheberarchitekten an der Erhaltung des Bauwerks überwiegen.

Prinz[141] ist der Meinung, dass „die im Urheberrechtsgesetz geschützte Reputation des Urhebers aufgrund einer Werkzerstörung in Mitleidenschaft gezogen werden kann". Er stützt sich dabei auf die Verletzung des allgemeinen, vom **Grundgesetz geschützten Persönlichkeitsrechts des Architekten.** Das Bundesverfassungsgericht hatte sich erst kürzlich mit einer entsprechenden Fallgestaltung zu beschäftigen, bei der der Bauherr entschieden hatte, ein im Bau begriffenes Gebäude nicht zu vollenden, sondern die bereits vorhandenen Bauteile abzureißen. Darin sah der Architekt eine ehrverletzende Rufschädigung. Im Beschluss vom 24.11.2004 hat das Bundesverfassungsgericht[142] entschieden, dass der Abriss eines Gebäudes sowie die Ablehnung des Bauherrn, das Gebäude zu vollenden, in der Regel nicht zu einer Verletzung des Persönlichkeitsrechts eines Architekten führt; dabei weist das Gericht darauf hin, dass die in diesem Zusammenhang behauptete Ehrverletzung und die angeblich damit verbundene Grundrechtsverletzung vom Architekten nicht ausreichend dargetan worden ist. Ob in einem anders gelagerten Fall ausnahmsweise eine Verletzung des Persönlichkeitsrechts möglich ist, hat das Gericht ausdrücklich offen gelassen.

Allerdings sind zwei Ausnahmen denkbar, bei denen der Weg für einen Abriss versperrt sein kann. So ist zunächst eine Vernichtung eines urheberrechtlich geschützten Bauwerkes dann nicht möglich, wenn dieses gleichzeitig dem **Denkmalschutz** unterliegt.[143] Zum anderen – und das ist die weitaus gewichtigere Alternative – kann ein Verbot der Vernichtung in Betracht kommen, wenn das Bauwerk Teil eines urheberrechtlich geschützten Gesamtwerkes ist und nur eine **Teilzerstörung** vom Eigentümer beabsichtigt ist und dadurch die Integrität oder optische Kontinuität des Gesamtwerkes berührt wird.[144] Häufig haben mehrere Bauwerke eine **Ensemblewirkung,** sodass sie (möglicherweise) nicht nur als Einzelgebäude Urheberrechtsschutz genießen, sondern **Elemente eines geschützten Gesamtwerkes** darstellen, weil die kompositorische Anordnung bzw. Zuordnung der Einzelgebäude und/oder ihre eigentümliche, ungewöhnliche Einfügung in die Landschaft eine individuelle, eigenschöpferische Architektenleistung darstellt.[145]

---

140) *Weißhöfer*, ZfBR 1988, 104; *Fromm/Nordemann*, § 14 Rdn. 18; *Schricker/Dietz*, § 14, Rdn. 38; *Prinz*, S. 32 ff. u. 45 ff.; *Erdmann*, Festschrift für Piper, S. 655, 673; *Hertin* in Fromm/Nordemann, § 14, Rdn. 18.
141) S. 45.
142) IBR 2005, 22 – *Werner* (Architekt Peter Zumthor „Internationales Besucher- und Dokumentationszentrum Berlin – Topographie des Terrors").
143) Vgl. hierzu *Moench*, BauR 1993, 420.
144) LG Hamburg, NZBau 2007, 50 („Bleiben durch Abrissmaßnahmen lediglich die konstruktive Grundkonstruktion des Kernelements und die von diesem auskragenden Geschossdecken erhalten, liegt kein urheberrechtlich geschütztes Bauwerk mehr vor").
145) Vgl. BGH, ZUM 1988, 245, 246 m. Hinw. auf BGHZ 24, 55, 64 ff. – *Ledigenheim*.

## Änderung der Planung und des Bauwerkes　　　　　　　　　　Rdn. 1960

Ist eine solche **schützenswerte Ensemblewirkung** eines Gesamtwerkes bestehend aus mehreren Bauwerken zu bejahen, ist bei einem beabsichtigten Teilabriss eines oder mehrerer Gebäude stets zu prüfen, ob dadurch die urheberrechtlich geschützte Gesamtkonzeption, also die verwirklichte, schützenswerte Idee der Gesamtanlage beeinträchtigt wird.[146] Das ist immer dann der Fall, wenn den verbliebenen Gebäuden noch eine Aussagekraft zukommt, die an das ursprüngliche, geschützte Gesamtwerk erinnert. Von einer unzulässigen **Teilvernichtung** ist also stets auszugehen, wenn der verbleibende Rest des Ensembles durch bestimmte Merkmale auf das frühere Werk verweist.[147] Entsprechendes gilt für die Teilvernichtung eines einzelnen Bauwerks.[148]

Ist der Bauherr berechtigt, Änderungen vorzunehmen, braucht er den Urheberarchitekten weder mit den entsprechenden Aufgaben zu beauftragen noch ihm ein Sonderhonorar für die Änderungsbefugnis zu zahlen. Ein **Mitwirkungsrecht** des Architekten besteht insoweit nicht.[149]

Ob im Einzelfall eine Entstellung eines urheberrechtlich geschützten Werkes anzunehmen ist, wird ein Architekt in der Regel nur mit Hilfe eines **Sachverständigengutachtens** darlegen und nachweisen können.[150]

Nach § 8 Abs. 2 Satz 3 UrhG ist **jeder Miturheber allein** befugt, sich **gegen Änderungen** oder **Entstellungen** zu wehren. Nach § 28 UrhG geht das Urheberrecht auf die **Erben** des Urhebers über. Dies gilt insbesondere für das Urheberpersönlichkeitsrecht und damit auch das Änderungsverbot.[151] Bei einer **Erbengemeinschaft** sind die §§ 2032 ff. BGB zu berücksichtigen, insbesondere § 2038 Abs. 2 BGB, wonach eine gemeinschaftliche Verwaltung des Nachlasses durch alle Miterben stattfindet. Damit sind Miterben nur gemeinsam klagebefugt. Das OLG Hamm[152] nimmt eine Klagebefugnis eines einzelnen Miterben zutreffend jedoch dann an, wenn es sich „lediglich um die Aktualisierung der bestehenden Herrschaftslage" geht, also z. B. den Rückbau eines geänderten, urheberrechtlich geschützten Bauwerks. Die Klagebefugnis der oder des Miterben wird auch nicht dadurch beeinträchtigt, dass seit dem Tode des Urheberarchitekten ein gewisser Zeitraum der Schutzdauer des Urheberrechts nach § 64 UrhG verstrichen ist, weil grundsätzlich das Urheberrecht erst 70 Jahre nach dem Tode des Urhebers erlischt und bis dahin also ungeschmälert fortbesteht (64 UrhG) wie das OLG Hamm[153] zutreffend zum Ausdruck gebracht hat.

Auftraggeber vereinbaren mit Architekten in der Regel, dass sie ohne Zustimmung des Architekten Um- oder Erweiterungsbauten oder sonstige Änderungen an dem

---

146) Vgl. hierzu *Werner*, Festschrift für Kraus, S. 403, 406.
147) OLG München, ZUM 2001, 339 (geplanter Abriss eines Kirchenschiffes als Bestandteil eines preisgekrönten Pfarrzentrums, das sich aus verschiedenen Gebäuden zusammensetzt).
148) Vgl. hierzu LG Hamburg, NZBau 2007, 50, 52 (Teilabriss des „Astra-Hochhauses" in Hamburg bis auf die statische Konstruktion des Kernelements und der auskragenden Geschossdecken – zulässige Teilvernichtung, weil nichts mehr auf das frühere Gebäude verweist).
149) **Herrschende Meinung**; *Gerlach*, GRUR 1976, 613, 623 m. w. Nachw.; *Hesse*, BauR 1971, 209; *Pott/Frieling*, Rdn. 626; *Bindhardt/Jagenburg*, § 13 Rdn. 94; **a. A.:** *Neuenfeld*, BauR 1975, 373; *Ulmer*, Der Architekt 1969, 81.
150) KG, OLGR Berlin 1997, 3, 5.
151) BGH, ZUM 1989, 84 – Oberammergauer Passionsspiele II.
152) ZUM 2006, 641, 648.
153) ZUM 2006, 641, 647.

Bauwerk vornehmen dürfen. Eine solche vertragliche Bestimmung ist wirksam, deckt jedoch entstellende Änderungen nicht (vgl. Rdn. 1959).[154]

Ob ein solches Änderungsrecht auch in Formularverträgen ohne Verstoß gegen die §§ 305 ff. BGB vereinbart werden kann, ist umstritten, jedoch zu bejahen.[155]

### 4. Umfang des Anspruchs bei Urheberrechtsverletzungen

*Literatur*
*Wedemayer*, Änderung von Werken der Baukunst – zu Ansprüchen des Urhebers, in Festschrift für Piper (1996), 787.

**1961** Wird das Urheberrecht des Architekten verletzt, hat dieser gemäß § 97 UrhG folgende Möglichkeiten, gegen den Verletzer vorzugehen.[156] Er kann:

* vom Verletzer die Beseitigung der Beeinträchtigung verlangen (**Beseitigungsanspruch**)
* bei Wiederholungsgefahr auf Unterlassung klagen (**Unterlassungsanspruch**)
* den Verletzer auf Schadensersatz in Anspruch nehmen, wenn diesem Vorsatz oder Fahrlässigkeit nachgewiesen werden kann (**Schadensersatzanspruch**), wobei ein Rechtsirrtum nicht entschuldigt;[157] dieser Anspruch umfasst auch den Ersatz des Nichtvermögensschadens, soweit dies der Billigkeit entspricht
* anstelle des Schadensersatzanspruches vom Verletzer die Herausgabe des Gewinns, den der Verletzer durch die Verletzung des Urheberrechts erlangt hat, und Rechnungslegung über diesen Gewinn verlangen (**Herausgabeanspruch**).

**1962** § 97 UrhG weist in Absatz 3 ausdrücklich darauf hin, dass andere gesetzliche Vorschriften unberührt bleiben. In Betracht kommen daher vor allem Ansprüche aus den §§ 812 ff. BGB (ungerechtfertigte Bereicherung), da Ansprüche aus den §§ 823 ff. BGB, § 1004 BGB, §§ 687 ff. BGB und dem UWG in der Regel von § 97 UrhG mitumfasst sind.[158]

**1963** Im Rahmen des Schadensersatzes kann der Architekt nach allgemeiner Meinung entweder seinen Schaden (Honorar) konkret nach § 249 BGB unter Einschluss des entgangenen Gewinns berechnen[159] oder eine angemessene **Lizenzgebühr** verlangen.[160] Beide Wege werden in aller Regel zum selben Ergebnis führen. Der Schaden

---

154) BGH GRUR 1999, 230, NJW 1999, 790 – Treppenhausgestaltung.
155) Vgl. hierzu im Einzelnen *Goldmann*, GRUR 2005, 639, 645, 646.
156) Vgl. hierzu im Einzelnen *Delahaye*, GRUR 1986, 217.
157) BGH, GRUR 1988, 533, 535.
158) Zutreffend: *Fromm/Nordemann*, § 97 UrhG, Rdn. 56; vgl. auch *Nestler*, BauR 1994, 589 ff.
159) OLG München, GRUR 1987, 290, 292.
160) BGH, GRUR 1988, 533, 535; BGH, GRUR 1990, 1008 – **Lizenzanalogie:** vgl. auch BGH, BauR 2000, 438 = NJW-RR 2000, 185 = MDR 2000, 596 (angemessene Lizenzgebühr wegen der Verletzung der Urheberrechte an technischen Zeichnungen und Ausschreibungstexten); LG Köln, IBR 2007, 438 – *Schüller*; OLG Jena, BauR 1999, 672, 675 (Lizenzanalogie; HOAI-Honorar abzüglich 40% für ersparte Aufwendungen); ebenso *Löwenheim/Schulze*, § 71 Rdn. 54 sowie *Dreier/Schulze*, Vor § 31, Rdn. 266. Vgl. hierzu auch OLG Frankfurt, ZUM 2007, 306. *Goldmann*, GRUR 2005, 639, 644, weist darauf hin, dass die Anwendung der Lizenzanalogie als Methode der Schadensersatzermittlung bei der Verletzung von Urheberpersönlichkeitsrechten umstritten ist, wenn der Urheber in die Änderung keinesfalls eingewilligt hätte; dabei wird insbesondere auf *Wedemayer*, Festschrift für Piper (S. 787, 799) verwiesen. OLG Nürnberg, BauR 1998, 168 (Urheberrechtsverletzung bei **Fertighausplanung**); *Locher*,

## Umfang des Anspruchs bei Urheberrechtsverletzungen  Rdn. 1963

(oder die Lizenzgebühr) ist auf der Grundlage der **HOAI** zu berechnen,[161] wobei die Honorarsätze der HOAI nicht unmittelbar übernommen werden können.[162] Dabei sind nur diejenigen Teilleistungen zu beachten, die unter Berücksichtigung des Urheberrechts des Architekten zu übertragen waren; dies wird meist die gesamte Planung (einschließlich der künstlerischen Oberleitung)[163] sein.[164] Hinsichtlich der anzusetzenden anrechenbaren Kosten ist allerdings nach Auffassung des OLG Jena[165] nur die Nettobausumme zu berücksichtigen, die dem schutzfähigen Werkteil zuzuordnen ist; ist also das Werk des Urheberarchitekten nicht in seiner Gesamtheit urheberrechtschutzfähig, ist nur ein entsprechender Anteil in Ansatz zu bringen. Abzuziehen ist jeweils die Eigenersparnis des Architekten.[166]

Sind die Nutzungsrechte einem Dritten (Eigentümer oder sonstigen Dritten) übertragen worden, reicht diese Rechtsstellung noch nicht aus, etwaige Ansprüche aus § 97 UrhG (z. B. wegen Verletzung des Änderungsverbotes) geltend zu machen, es sei denn, dem Dritten ist die Befugnis zur Geltendmachung der entsprechenden urheberpersönlichkeitsrechtlichen Ansprüche erteilt worden.[167]

---

Rdn. 554; *Pott/Frieling*, Rdn. 269; vgl. hierzu *Delahaye*, a. a. O. **A. A.:** LG München, IBR 2005, 610 – *Fuchs* (keine Lizenzanalogie, weil Schmerzensgeld, das nach § 287 Abs. 1 ZPO der Billigkeit entsprechend festzulegen ist).

161) LG Nürnberg-Fürth, IBR 2004, 326 – *Werner;* vgl. hierzu *Plankemann*, DAB 2004, 48. *Wedemayer*, Festschrift für Piper, S. 787, 803.
162) OLG Hamm, BauR 1999, 1198; OLG Nürnberg, BauR 1998, 168.
163) OLG Hamm, BauR 1999, 1198 (5% aus der Leistungsphase 8 des § 15 HOAI).
164) OLG Köln, BauR 1991, 657; OLG Jena, BauR 1999, 672, 675; LG Hannover, BauR 2006, 410, das sogar die Leistungsphase 8 des § 15 HOAI als urheberrechtlich relevant ansieht und daher bei der Lizenzgebühr berücksichtigt; vgl. hierzu OLG Nürnberg, BauR 1998, 168; ferner: *Locher*, a. a. O.; *Pott/Frieling*, Rdn. 269; *Beigel*, a. a. O., Rdn. 168.
165) OLG Jena, BauR 1999, 672, das sich auch insoweit mit den Entscheidungen des BGH, GRUR 1973, 663, 666 – *Wählamt* – und GRUR 1988, 533, 535 = BauR 1988, 361 – *Vorentwurf II* – im Einzelnen auseinandersetzt; vgl. hierzu auch OLG Nürnberg, NJW-RR 1998, 47.
166) BGH, DB 1973, 1745 = NJW 1973, 1696; OLG Jena, a. a. O.; OLG Hamm, BauR 1974, 432; OLG Köln, a. a. O.; OLG Hamburg, BauR 1991, 645; *Locher*, Rdn. 364; zur Schadensberechnung vgl. auch *Ern*, ZfBR 1979, 136, 139.
167) BGH, BauR 1999, 272 = NJW 1999, 790 = MDR 1999, 623.

## II. Die Ausgleichsklage der Baubeteiligten nach § 426 BGB

*Übersicht*

|   | Rdn. |   | Rdn. |
|---|---|---|---|
| 1. Gleichrangige Haftung der verantwortlichen Baubeteiligten | 1964 | d) Gesamtschuld von planendem und bauleitendem Architekten | 1989 |
| 2. Das Gesamtschuldverhältnis als Voraussetzung für den Ausgleichsanspruch | 1968 | e) Gesamtschuld von Architekt und Sonderfachmann | 1991 |
| a) Gesamtschuld mehrerer Unternehmen | 1969 | f) Gesamtschuld mehrerer Sonderfachleute | 1996 |
| b) Gesamtschuld von Architekt und Unternehmer | 1972 | g) Weitere Gesamtschuldverhältnisse | 1997 |
| c) Gesamtschuld von Architekt, Sonderfachmann und Unternehmer | 1988 | 3. Der Ausgleichsanspruch | 1998 |
|  |  | 4. Haftungsbegünstigung eines gesamtschuldnerisch haftenden Baubeteiligten und Gesamtschuldnerausgleich | 2004 |

*Literatur*

*Glöckner*, Gesamtschuldvorschriften und Schuldnermehrheiten bei unterschiedlichen Leistungsinhalten, 1997.

*Wussow*, Die Grenzen gesamtschuldnerischer Haftung bei der Bauausführung, VersR 1964, 805; *Ganten*, Gibt es doch eine gesetzliche Subsidiaritätshaftung des bauleitenden Architekten, BauR 1975, 177; *Kaiser*, Struktureigenschaften der Gesamtschuld, BauR 1984, 82; *Beigel*, Gesamtschuldnerschaft von Architekt und Bauherr gegenüber dem Bauunternehmer?, BauR 1987, 626; *Preißer*, Grundfälle zur Gesamtschuld im Privatrecht, JuS 1987, 208; *Maurer*, Beschädigung von Versorgungsleitungen bei Tiefbauarbeiten – Rechtsprechung und Haftungsquoten, BauR 1992, 437; *Vens-Cappell/Wolf*, Zur haftungs- und versicherungsrechtlichen Problematik des § 10 Nr. 2 Abs. 2 VOB/B, BauR 1993, 275; *Motzke*, Abgrenzung der Verantwortlichkeit zwischen Bauherrn, Architekt, Ingenieur und Sonderfachleuten, BauR 1994, 47; *Diehl*, Gesamtschuld und Gesamtschuldausgleich im Baurecht, Festschrift für Heiermann (1995), 37; *Soergel*, Die quotenmäßige Mangelverantwortung der Bauvertragsparteien, Festschrift für Heiermann (1995), 309 = ZfBR 1995, 165 (Nachdruck); *Eberz*, Die gesamtschuldnerische Haftung des Architekten und des Bauunternehmers aufgrund eines von ihnen gemeinsam zu vertretenden Baumangels, BauR 1995, 442; *Kamphausen*, Die Quotierung der Mangel- und Schadensverantwortlichkeit Baubeteiligter durch technische Sachverständige, BauR 1996, 174; *Glöckner*, Zurück zur Subsidiärhaftung des Architekten bei konkurrierender Gewährleistungsverpflichtung eines Bauunternehmers?, BGH, Urteil vom 9.5.1996 – VII ZR 181/93, BauR 1997, 529; *Zerr*, Gesamtschuldverhältnis im Bauwesen, NZBau 2002, 241; *Soergel*, Die möglichen Gesamtschuldverhältnisse von Baubeteiligten, BauR 2005, 239; *Glöckner*, Ausgewählte Probleme der gesamtschuldnerischen Haftung Baubeteiligter wegen Leistungsstörungen bei der Erstellung des Bauwerks, BauR 2005, 251; *Kniffka*, Gesamtschuldnerausgleich im Baurecht, BauR 2005, 274; *Reichelt/Staab*, Zur Entstehung des Gesamtschuldnerausgleichsanspruchs und zu einer Verjährung am Beispiel der Architektenhaftung, BTR 2006, 11; *Klein/Moufang*, Die Haftung des Architekten in der Gesamtschuld, Jahrbuch Baurecht 2006, 165; *Peters*, Die zeitlichen Dimensionen des Ausgleichs zwischen mehreren für einen Baumangel verantwortlichen Personen, NZBau 2007, 337; *Dammert*, Haftungsverbund zwischen Bauunternehmer und Planer, Festschrift für Ganten (2007), 3.

### 1. Gleichrangige Haftung der verantwortlichen Baubeteiligten

**1964** Baumängel können in den Verantwortungsbereich verschiedener Baubeteiligter fallen. Folgende Fallgestaltungen sind denkbar:

## Die Ausgleichsklage der Baubeteiligten nach § 426 BGB   Rdn. 1965-1966

* Zwei oder mehrere **Unternehmer** haben einen Schaden am Bauwerk zu vertreten[1] (vgl. Rdn. 1969 ff.).
* Sowohl der **Architekt** als auch der **Unternehmer** haben ein und denselben Baumangel verschuldet, z. B., wenn der Architekt mangelhaft plant und der Unternehmer nach dem Planungsfehler – in Kenntnis oder schuldhafter Unkenntnis – arbeitet (vgl. Rdn. 1972) oder wenn der Unternehmer eine mangelhafte Leistung erbracht und der Architekt dies im Rahmen seiner Bauaufsicht schuldhaft nicht erkannt hat (vgl. Rdn. 1983).
* Für einen Baumangel sind der **Architekt** und ein **Sonderfachmann** verantwortlich[2] (vgl. Rdn. 1991).
* Sowohl der **Unternehmer,** der **Architekt** als auch ein **Sonderfachmann** haften für den eingetretenen Baumangel[3] (vgl. Rdn. 1988).
* Für einen Baumangel haften **zwei** Architekten/Sonderfachleute, nämlich der **planende** und der **bauleitende Architekt/Sonderfachmann**[4] (vgl. Rdn. 1989).
* Für einen Baumangel sind mehrere Sonderfachleute verantwortlich (vgl. Rdn. 1996).
* **Baubetreuer** und **Treuhänder** wirken zusammen und begehen gemeinsam eine Pflichtverletzung gegenüber dem Bauherrn[5] (vgl. Rdn. 1997).

Die Gesamtschuldnerschaft von Baubeteiligten hat zur Folge, dass jeder Schuldner im Außenverhältnis für den Gesamtschaden haftet – unabhängig vom Gewicht des eigenen Verursachungsbeitrages.[6] Etwas anderes gilt nur dann, wenn sich ein Gesamtschuldner auf ein mitwirkendes Verschulden des Auftraggebers gemäß § 254 BGB berufen kann. **1965**

Im Übrigen steht es im freien Ermessen des Bauherrn, an wen er sich wegen des eingetretenen Schadens hält. Eine rechtliche **Rangordnung** dergestalt, dass sich der Bauherr zunächst an einen bestimmten Baubeteiligten als Verursacher des Schadens wenden muss, gibt es **nicht**.

Es folgt auch nicht aus „der Natur der Sache", dass der Architekt neben dem Unternehmer nur subsidiär haftet[7] (zur sog. **Subsidiaritätsklausel** im Architektenvertrag vgl. Rdn. 2262 ff.). Es besteht auch kein überzeugender Grund dafür, dass der Unternehmer als der Ausführende grundsätzlich **vor** dem Architekten als Planendem oder/und Überwachendem haftet.[8] Der zeitliche Abschluss der einzelnen Verträge des **1966**

---

1) Vgl. BGH, BauR 1975, 130; OLG Hamm, NJW 1996, 273; BauR 1992, 519 u. NJW-RR 1991, 730; ferner *Weise*, BauR 1982, 685.
2) Vgl. BGH, VersR 1971, 667; OLG Karlsruhe, MDR 1971, 45; OLG Düsseldorf, BauR 1973, 252; OLG Köln, MDR 1986, 408; LG Aachen, VersR 1986, 777. Zur gesamtschuldnerischen Haftung des baubegleitenden Qualitätsüberwachers neben anderen Baubeteiligten vgl. *Vygen*, Festschrift für Jagenburg, S. 933, 947.
3) Für starke Rissebildungen vgl. z. B. BGH, BauR 1971, 265 = WM 1971, 682; OLG Düsseldorf, BauR 1974, 357; für fehlende Dehnungsfuge: LG Stuttgart, BauR 1997, 137.
4) OLG Köln, NJW-RR 1997, 597 = OLGR 1997, 58; OLG Bamberg, NJW-RR 1992, 91.
5) OLG Düsseldorf, NJW-RR 1992, 914.
6) KG, BauR 2006, 400 = IBR 2006, 156 – *Großkopf*; *Glöckner*, BauR 2005, 251.
7) **Herrschende Meinung:** BGH, IBR 2007, 571 – *Schwenker*; NJW 1962, 1499 = VersR 1962, 742; MDR 1963, 669; *Schäfer/Finnern*, Z 3.01 Bl. 208; *Soergel*, BauR 2005, 239, 243; *Wussow*, NJW 1974, 10; **a. A.:** *Tempel*, JuS 1965, 262; dazu *Ganten*, BauR 1975, 177.
8) BGH, IBR 2007, 571 – *Schwenker*; VersR 1968, 152; *Schäfer/Finnern*, Z 3.01 Bl. 378; *Soergel*, BauR 2005, 239 ff., 243.

**Rdn. 1967**  Die Ausgleichsklage der Baubeteiligten nach § 426 BGB

Bauherrn mit dem Architekten, dem Unternehmer oder auch dem Sonderfachmann hat auf die Frage des Vorliegens eines Gesamtschuldverhältnisses keinen Einfluss.[9] Auch unter dem Gesichtspunkt von Treu und Glauben, wie er in § 254 BGB seinen Ausdruck findet, kann nichts anderes gelten. Der BGH[10] hat zwar festgestellt, dass der Bauherr dem Architekten gegenüber gegen seine Schadensminderungspflicht aus § 254 Abs. 2 Satz 1 BGB verstoßen kann, wenn er vom Architekten Schadensersatz verlangt, „ohne zuvor gegen den Unternehmer einen außer Zweifel stehenden Erfolg versprechenden Nachbesserungsanspruch (§ 633 Abs. 2 BGB) geltend zu machen" (jetzt § 635 BGB). Doch kann diesen Entscheidungen nicht mehr gefolgt werden. Der BGH verneinte seinerzeit die Gesamtschuld von Architekt und Unternehmer; nur auf dieser inzwischen nicht mehr aufrechterhaltenen Grundlage werden die Ausführungen des BGH verständlich. Allerdings hat der BGH[11] kürzlich ähnlich entschieden: Er weist darauf hin, dass der Auftraggeber ausnahmsweise gehindert ist, „einen Architekten wegen eines Bauaufsichtsfehlers in Anspruch zu nehmen, wenn und soweit er auf einfachere, inbesondere billigere Weise von dem Unternehmer die Beseitigung des Mangels verlangen kann".

Aus den vorerwähnten Gründen kann daher z. B. der wegen mangelhafter Bauaufsicht in Anspruch genommene Architekt dem Auftraggeber nicht entgegenhalten, dass er – trotz Kenntnis von Baumängeln – Zahlungen an den Unternehmer geleistet und Sicherheiten freigegeben hat; dies kann nur dann im Einzelfall gelten, wenn sich das Verhalten des Auftraggebers als treuwidrig darstellt und damit den Einwand der Arglist begründet.[12]

**1967** Besteht ein Gesamtschuldverhältnis, kann der Gesamtschuldner den anderen nach Befriedigung des Gläubigers im Rahmen seines Ausgleichsanspruchs (vgl. Rdn. 1998) in Rückgriff nehmen (**Rückgriffsklage**); es besteht aber auch schon vor der Leistung an den Gläubiger für den Gesamtschuldner die Möglichkeit, den anderen Gesamtschuldner auf anteilige Mitwirkung an der Befriedigung des Gläubigers in Anspruch zu nehmen (**Freistellungsklage**). Das setzt allerdings die Fälligkeit der Schuld gegenüber dem Gläubiger voraus.[13]

## 2. Das Gesamtschuldverhältnis als Voraussetzung für den Ausgleichsanspruch

*Literatur*

*Menhardt*, Nochmals zur gesamtschuldnerischen Haftung von Architekt und Bauunternehmer, NJW 1966, 1699; *Thiele*, Gesamtschuld und Gesamtschuldnerausgleich, JuS 1968, 149; *Brügmann*, Die gesamtschuldnerische Haftung der Baubeteiligten gegenüber dem Bauherrn – und die Regelung im Innenverhältnis, BauR 1976, 383; *Kaiser*, Die gesamtschuldnerische Haftung des Architekten neben anderen Baubeteiligten, ZfBR 1985, 101; *Schmalzl*, Die Auswirkungen des § 278 BGB im Verhältnis des Bauherrn zu den anderen Baubeteiligten, Festschrift für Locher (1990), 225; *Weise*, Regress zwischen Bauunternehmern und Regressbehinderung durch den Auftraggeber, BauR 1992,

---

9) BGH, VersR 1965, 804.
10) NJW 1962, 1499 u. NJW 1963, 1401. **A. A.:** *Glöckner*, S. 239 u. BauR 1997, 529, 537. Vgl. hierzu *Kniffka*, BauR 2005, 274 ff., 281.
11) IBR 2007, 571 – *Schwenker*.
12) KG, BauR 2006, 400 = IBR 2006, *Großkopf*; *Hebel*, BauR 2006, 221, 232.
13) BGH, NJW 1986, 978.

## Die Ausgleichsklage der Baubeteiligten nach § 426 BGB  Rdn. 1968–1970

685; *Lenzen*, Der bauleitende Architekt als Haftpflichtversicherer des planenden Architekten, BauR 2000, 816; *Stamm*, Die Gesamtschuld auf dem Vormarsch, NJW 2003, 2940. *Glöckner*, Ausgewählte Probleme der gesamtschuldnerischen Haftung Baubeteiligter wegen Leistungsstörungen bei der Erstellung des Bauwerks, BauR 2005; 251; *Soergel*, Die möglichen Gesamtschuldverhältnisse von Baubeteiligten, BauR 2005, 239; *Reichelt/Staab*, Zur Entstehung des Gesamtschuldnerausgleichsanspruchs und zu seiner Verjährung am Beispiel der Architektenhaftung, BTR 2006, 11.

Nimmt der Bauherr einen Baubeteiligten wegen eines Bauschadens in Anspruch, kann dieser u. U. im Rahmen einer Haftungsausgleichsklage über **§ 426 BGB** nur dann Rückgriff bei dem anderen Baubeteiligten nehmen, wenn die Voraussetzungen eines **Gesamtschuldverhältnisses** gegeben sind. Dies ist im Einzelfall unter den von der Rechtsprechung und Literatur entwickelten Grundsätzen zu prüfen. **1968**

### a) Gesamtschuld mehrerer Unternehmen

Keine größeren Schwierigkeiten ergeben sich in aller Regel für den Fall, dass **mehrere Unternehmer** für einen Baumangel haften. Ein Gesamt-schuldverhältnis ist hier nur dann anzunehmen, wenn diese eine **Zweckgemeinschaft** im Sinne einer Erfüllungsgemeinschaft (hinsichtlich ihrer gleichen primären Leistungspflichten) bilden, die darauf gerichtet ist, **ein und dieselbe Bauleistung** zu erbringen. Dabei ist bei der Abgrenzung, ob einheitliche oder unterschiedliche Bauleistungen vorliegen, großzügig zu verfahren.[14] Grundsätzlich wird ein **Gesamtschuldverhältnis von mehreren Bauunternehmern** oder Bauhandwerkern **selten anzunehmen** sein, da sie **in aller Regel voneinander getrennte Bauleistungen** erbringen, ohne dass eine zweckgerichtete Verbindung ihrer Bauleistungen besteht.[15] Allerdings nimmt der BGH[16] eine gesamtschuldnerische Haftung eines Vor- und Nachunternehmers an, die wegen **Mängel** gewährleistungspflichtig sind, die **ihre Ursache zumindest teilweise in beiden Gewerken** haben und die wirtschaftlich sinnvoll **nur auf eine einzige Weise beseitigt werden können.** Dabei weist der BGH darauf hin, dass das maßgebliche Kriterium in der gleichstufigen Verbundenheit der beiden Unternehmer im Rahmen ihrer Gewährleistungspflicht zu sehen ist, gemeinsam und in vollem Umfang für die von ihnen mitverursachten Mängel einstehen zu müssen, sofern nur eine Sanierungsmöglichkeit in Betracht kommt. Damit schulden Vor- und Nachunternehmer einen einheitlichen Erfolg.[17] Das war bislang umstritten. **1969**

Von einem Gesamtschuldverhältnis kann auch nicht ausgegangen werden, wenn verschiedene **Bauleistungen nur aufeinander aufbauen** und damit schon zeitlich nacheinander geschuldet werden **(Vor- und Nachunternehmer)**,[18] es sei denn, die **1970**

---

14) OLG Hamm, NJW-RR 1996, 273 (gemeinsame Nachbesserung eines Werkmangels).
15) Vgl. OLG Hamm, BauR 1990, 643 (LS); ferner insbesondere *Glöckner*, S. 60 ff.; *Weise*, BauR 1992, 685, 689.
16) BGH, BauR 2003, 1379 = NZBau 2003, 557 = IBR 2003, 468 – *Kapellmann;* vgl. hierzu *Stamm*, NJW 2003, 2940 und *Glöckner*, BauR 2005, 251, 263 sowie *Schmalz/Lauer/Wurm*, Rdn. 609; OLG Frankfurt, IBR 2005, 473 – *Kimmich;* OLG Stuttgart, IBR 2004, 11 – *Wellensiek*.
17) Vgl. zum Meinungsstand in der Literatur BGH, a. a. O.
18) OLG Düsseldorf, NJW-RR 1998, 527 = BauR 1998, 199 [LS] (kein Gesamtschuldverhältnis mehrerer Unternehmer bei nacheinander erbrachten, abgrenzbaren Teilleistungen); *Ingenstau/Korbion/Oppler*, § 4 Nr. 3/B, Rdn. 58; *Diehl*, Festschrift für Heiermann, S. 37, 45, 47; vgl. auch Rdn. **1527. A. A.:** *Kniffka*, BauR 2005, 274, 275, soweit sich die Mängelbeseitigungsarbeiten decken.

vorerwähnte, vom BGH entschiedene Fallgestaltung (vgl. Rdn. 1969) oder eine Verletzung von **Prüfungs-** und **Hinweispflichten** des Bauunternehmers gegenüber der Vorleistung[19] (vgl. Rdn. 1519 ff.) liegt vor. Aus diesem Grund können auch Fehler eines Vorunternehmers dem Auftraggeber im Verhältnis zum Nachfolgeunternehmer regelmäßig nicht zugerechnet werden, weil insoweit der Vorunternehmer nicht Erfüllungsgehilfe des Auftraggebers ist (vgl. hierzu im Einzelnen Rdn. 1827).[20]

**1971** Ein **Gesamtschuldverhältnis** besteht auch **nicht** zwischen **Haupt-** und **Nachunternehmer**.[21] Der Hauptunternehmer hat zwar das Verschulden des Nachunternehmers als seines Erfüllungsgehilfen zu vertreten; jedoch sind beide für ihre Gewährleistung nicht Gesamtschuldner des Bauherrn oder anderer Baubeteiligter. Der Nachunternehmer haftet lediglich dem Hauptunternehmer, dieser wiederum dem Bauherrn. Im Übrigen muss sich der **Hauptunternehmer** regelmäßig das Planungsverschulden des Architekten seines Auftraggebers gegenüber seinem **Subunternehmer** anrechnen lassen.[22] Tritt ein **Bauherr** im Rahmen eines Veräußerungsvertrages seine Gewährleistungsansprüche gegenüber Dritten an den **Erwerber** ab und werden von diesem später Mängel geltend gemacht, sind die Voraussetzungen einer Gesamtschuld zwischen Bauherr (Veräußerer) und seinen Auftragnehmern (Dritten) zweifelhaft.[23] Ein Gesamtschuldverhältnis kann dagegen nicht zwischen Unternehmer und **Baustofflieferant,**[24] der im Auftrag des Bauherrn Baumaterial anliefert, konstruiert werden. Eine Zweckgemeinschaft kann insoweit nicht angenommen werden, da der Baustofflieferant grundsätzlich keinen unmittelbaren vertraglichen Einfluss auf die zu verwirklichende Bauleistung hat.[25] Etwas anderes kann für das Verhältnis des bauausführenden Unternehmers und des **Baustoffherstellers gelten,** also beim Zusammentreffen produkthaftungsrechtlicher sowie vertraglicher Schadensersatzansprüche.[26]

### b) Gesamtschuld von Architekt und Unternehmer

*Literatur*

*Braun*, Gesamtschuldnerausgleich im Baurecht bei Überwachungs- und Ausführungsverschulden, Festschrift für Motzke (2006), 23; *Oppler*, Zu den Planlieferpflichten des Auftraggebers, Festschrift für Motzke (2006), 315; *Klein/Moufang*, Die Haftung des Architekten in der Gesamtschuld, Jahrbuch Baurecht 2006, 165.

**1972** Ein Gesamtschuldverhältnis ist zwischen **planendem Architekten** und **Unternehmer** anzunehmen, wenn der Baumangel auf einen Planungsfehler des Architekten

---

19) BGH, BauR 1975, 130; *Kniffka*, BauR 2005, 274, 275; *Korbion/Hochstein*, Rdn. 84; *Soergel*, BauR 2005, 239, 248.
20) BGH, BauR 2000, 722 = NJW 2000, 1336 = NZBau 2000, 187 = MDR 2000, 578; NJW 1985, 2475 = BauR 1985, 561; vgl. hierzu *Weise*, BauR 1992, 685, 686.
21) BGH, BauR 1981, 383 = DB 1981, 1924 = WM 1981, 773 = ZfBR 1981, 169; vgl. hierzu *Knacke*, BauR 1985, 270, 273; *Glöckner*, S. 70.
22) BGH, BauR 1987, 88 = *SFH*, Nr. 59 zu § 633; OLG Stuttgart, BauR 1997, 850.
23) Vgl. hierzu *Blaesing* in Anm. zu OLG Düsseldorf, ZfBR 1983, 92, 93.
24) Wie hier: *Klein/Moufang*, Jahrbuch Baurecht 2006, 165, 179; *Brügmann*, BauR 1976, 383, 389; *Ingenstau/Korbion/Wirth*, § 13/B, Rdn. 309. Vgl. hierzu: *Wirth*, Rechtsfragen des Baustoffhandels, 1994.
25) *Soergel*, BauR 2005, 239, 249.
26) *Soergel*, BauR 2005, 239, 249.

und einem Ausführungsfehler des Unternehmers zurückzuführen ist. Nach der Rspr. des BGH ist ferner davon auszugehen, dass auch der **bauleitende Architekt** und der **Unternehmer** trotz verschiedener vertraglicher Verpflichtungen – also fehlender Leistungsidentität (im Sinne gleicher, primärer Leistungspflichten) – gegenüber dem Bauherrn **Gesamtschuldner** i. S. des § 421 BGB sind, soweit sie für einen **Mangel** am Bauwerk haften; das ist immer der Fall, wenn einerseits der Unternehmer eine mangelhafte Werkleistung erbringt, andererseits der Architekt seine vertraglichen Pflichten bei der Beaufsichtigung des Bauvorhabens verletzt hat.[27] Dabei ist stets zu beachten, dass der Unternehmer im Verhältnis zum bauleitenden Architekten grundsätzlich nicht Erfüllungsgehilfe des Bauherrn ist (vgl. näher Rdn. 1183).

Die Annahme eines Gesamtschuldverhältnisses und damit eine Ausgleichspflicht zwischen Architekt und Unternehmer ist nicht davon abhängig, **welche Erfüllungs- oder Gewährleistungsrechte** im Einzelnen dem Bauherrn aus den §§ 634 ff. BGB oder den entsprechenden Bestimmungen der VOB gegenüber dem Unternehmer oder Architekten zustehen. Ein Gesamtschuldverhältnis wird von der Rechtsprechung für alle Fallmöglichkeiten angenommen, in denen Architekt und Unternehmer wechselseitig zur Nacherfüllung (Nachbesserung), Wandelung, Minderung oder zum Schadensersatz wegen Nichterfüllung verpflichtet sind.[28] Der Zweck dieser Gemeinschaft ist es, dass Architekt und Unternehmer **jeder auf seine Art** – bei einer Leistungsstörung – für die Beseitigung desselben Schadens einzustehen haben, den der Bauherr dadurch erleidet, dass jeder von ihnen seine vertraglich geschuldeten Pflichten mangelhaft erfüllt.[29] **1973**

Ein Gesamtschuldverhältnis ist daher auch anzunehmen, wenn der **Architekt** aufgrund eines Baumangels auf **Schadensersatz** wegen Nichterfüllung in Anspruch genommen wird, während der **Bauunternehmer** wegen desselben Baumangels an sich zunächst nur **nachbesserungspflichtig** (§ 635 BGB; §§ 4 Nr. 7, 13 Nr. 5 VOB/B) und nur unter bestimmten weiteren Voraussetzungen schadensersatzpflichtig gemacht werden kann.[30] Trotz dieser rechtlich verschiedenen Haftungsverhältnisse bei Architekt und Unternehmer und trotz der sicherlich insoweit zu Recht bestehenden rechtsdogmatischen Bedenken wird auch hier ein Gesamtschuldverhältnis zwischen Architekt und Bauunternehmer angenommen, weil beide Haftungsverhältnisse „hart an der Grenze zur inhaltlichen Gleichheit" liegen.[31] Dem Unternehmer kann auf diese Weise sein grundsätzliches Nachbesserungsrecht entzogen werden, wenn der Bauherr seine Gewährleistungsrechte beim Architekten sucht und sich dieser dann erst an den Unternehmer im Rahmen der Ausgleichsmöglichkeiten nach **1974**

---

27) So grundlegend: BGHZ 43, 227 = NJW 1965, 1175; vgl. auch OLG Hamm, BauR 2000, 1363; OLG Braunschweig, BauR 1991, 355 sowie OLG Düsseldorf, NJW-RR 1994, 1240. *Glöckner* (S. 54 ff. u. BauR 1997, 529 ff.) meint allerdings, der BGH habe durch die Entscheidung vom 9.5.1996 (BauR 1996, 732 = ZfBR 1996, 264 = NJW 1996, 2370 = WM 1996, 1819) die Grundsatzentscheidung (BGHZ 43, 227) „ohne Begründung oder Auseinandersetzung rückgängig gemacht".
28) BGH, NJW 1969, 653 = VersR 1969, 331; OLG Rostock, IBR 2005, 226 – *Baden*; *Soergel*, BauR 2005, 239, 242.
29) Vgl. *Soergel*, BauR 2005, 239 ff., 241; *Glöckner*, BauR 2005, 251 ff., 262 („Haftungsgesamtschuld" bzw. „Schadensersatz-Gesamtschuld").
30) Ebenso *Soergel*, BauR 2005, 239 ff., 242.
31) BGH, NJW 1965, 1175; BauR 1971, 60; ferner BGH, BauR 2002, 1536 = NJW 2002, 3543; **a. A.**: *Tempel*, Vahlen, S. 214; zweifelnd *Ganten*, BauR 1975, 182; OLG Zweibrücken, BauR 1993, 625.

§ 426 BGB wendet. In diesem Fall wird die vom Unternehmer an sich nur geschuldete Mängelbeseitigung, die begrifflich auf eine Naturalleistung geht, im Rahmen der Verwirklichung des Ausgleichsanspruchs aus § 426 Abs. 1 BGB in eine Geldleistung umgewertet. Eine gesamtschuldnerische Verpflichtung zwischen Architekt und Bauunternehmer fehlt, wenn die Schadensersatzpflicht des Architekten allein darauf beruht, dass er es pflichtwidrig unterlassen hat, die Gewährleistungsansprüche des Bauherrn gegen den Unternehmer **rechtzeitig** durchzusetzen.[32]

**1975** Der **planende** Architekt ist stets **Erfüllungsgehilfe des Bauherrn** gegenüber dem **Unternehmer**. Daher kann der in Anspruch genommene Unternehmer dem Bauherrn ggf. ein mitwirkendes Verschulden gemäß § 254 BGB entgegenhalten, weil der Bauherr verpflichtet ist, dem Unternehmer eine mangelfreie Planung für die Bauausführung zur Verfügung zu stellen.[33] Hinsichtlich der Haftung des planenden Architekten und des ausführenden Unternehmers sowie eines entsprechenden prozessualen Vorgehens ist wie folgt zu differenzieren

**1976** Ist ein Baumangel ausschließlich auf **Planungsfehler** des Architekten zurückzuführen, die für den **Bauunternehmer nicht erkennbar** sind, besteht keine Grundlage für eine gesamtschuldnerische Haftung von Unternehmer und Architekt gegenüber dem Bauherrn.[34] Der Bauherr kann Ansprüche wegen Baumängeln, die allein – ohne ein mitwirkendes Verschulden des Unternehmers – in den planerischen Verantwortungsbereich des Architekten fallen, nicht gegenüber dem Bauunternehmer geltend machen.

**1977** Etwas anderes gilt, wenn Ursache des Baumangels neben der **fehlerhaften Bauplanung** auch der Umstand ist, dass der **Unternehmer den Planungsfehler fahrlässig nicht erkannt hat oder zwar erkennt,** aber z. B. eine **entsprechende Mitteilung gemäß § 4 Nr. 3 VOB/B unterlässt**.[35] Hier sind sowohl der Architekt als auch der Unternehmer Schadensverursacher und haften als Gesamtschuldner:[36]

**1978** * Zieht der **Bauherr** in diesem Fall den **Architekten** zur Verantwortung, haftet dieser in vollem Umfang; er kann sich auf eine Mitverantwortung des Unternehmers nicht stützen, weil der Bauunternehmer im Verhältnis zum planenden Architekten nicht Erfüllungsgehilfe des Bauherrn ist.[37] Der Architekt kann sich dann aber im Rahmen des internen Ausgleichs an den Unternehmer halten, wobei allerdings die unten erörterten Grundsätze über die Haftungsverteilung gerade in derartigen Fallgestaltungen zu berücksichtigen sind (vgl. Rdn. 1984 ff.).

**1979** * Wendet sich dagegen der **Bauherr** zunächst an den **Bauunternehmer**, entsteht das Problem der Ausgleichspflicht zwischen planendem Architekten und Unternehmer

---

32) OLG Zweibrücken, NJW-RR 1993, 1237 = ZfBR 1993, 222 = BauR 1993, 625; OLG Oldenburg, BauR 2002, 1866: *Glöckner*, BauR 2005, 251, 262.
33) Vgl. hierzu *Oppler*, Festschrift für Motzke, S. 315.
34) OLG Frankfurt, NJW 1974, 62; s. auch *Wussow*, NJW 1974, 9, 16 u. *Kaiser*, BauR 1984, 32, 37.
35) BGH, NJW 1969, 653 u. BGH, NJW 1991, 276 = BauR 1991, 79 = WM 1991, 201 = BB 1991, 24; OLG Koblenz, IBR 2005, 12 – *Büchner*; OLG Oldenburg, BauR 2004, 1972; OLG Düsseldorf, OLGR Düsseldorf 1992, 5 (keine Mitverantwortung des Unternehmers, wenn er die mangelhafte Planung des Architekten „für geeignet, wenn auch nicht für die beste Lösung" hält); OLG Köln, BauR 1993, 744.
36) Vgl. hierzu *Kaiser*, BauR 1984, 32, 37, 38.
37) *Locher/Koeble/Frik*, Einl. Rdn. 112; *Soergel*, BauR 2005, 239 ff., 244; *Schmalzl/Lauer/Wurm*, Rdn. 607

## Die Ausgleichsklage der Baubeteiligten nach § 426 BGB    Rdn. 1980–1981

praktisch nicht: Der **Bauunternehmer** kann im Prozess des Bauherrn gegen ihn einwenden, dass sich der Bauherr gemäß §§ 254, 278 BGB das **planerische Fehlverhalten des Architekten als seines Erfüllungsgehilfen anrechnen** lassen muss[38] (vgl. näher Rdn. 2458 ff.). Nach st. Rspr. des BGH gehört es – wie bereits erwähnt – zu den Pflichten des Bauherrn gegenüber dem Unternehmer, diesem einwandfreie Pläne und Unterlagen zur Verfügung zu stellen.[39] Der Bauunternehmer kann deshalb – wenn überhaupt – nur mit dem Teil des Schadens zur Verantwortung gezogen werden, der auch von ihm im Innenverhältnis zum Architekten zu tragen ist, sodass der Bauunternehmer später vom Architekten auch keinen Ausgleich verlangen kann.[40] Der bauleitende Architekt ist dagegen kein Erfüllungsgehilfe des Bauherrn gegenüber dem ausführenden Unternehmer (vgl. hierzu Rdn. 1983).

**1980** Die gesamtschuldnerische Haftung von planendem Architekt und Unternehmer hindert also nicht daran, dem Bauherrn wegen des mitwirkenden Verschuldens des Architekten einen Anspruch auf Ersatz des vollen Schadens gegenüber dem Bauunternehmer zu versagen.[41] Der Unternehmer kann also nicht auf seinen Ausgleichsanspruch gegen den Architekten außerhalb des Rechtsstreits zwischen Bauherr und Bauunternehmer verwiesen werden.[42] Der **Unternehmer** haftet hier von vornherein nur mit einer **Quote**, und die **gesamtschuldnerische** Haftung besteht dann **in Höhe dieser Quote**[43]: der Bauherr muss sich wegen des weiteren Schadens an seinen Architekten halten, wobei der mit der Quote in Anspruch genommene Unternehmer nach Auffassung des OLG Bremen[44] sowie Glöckner[45] keinen Ausgleichsanspruch mehr gegenüber dem Architekten geltend machen kann. Kniffka[46] ist anderer Meinung.

**1981** Bei der Abwägung der Verantwortungsbeiträge bei dieser Fallgestaltung (mangelhafte Planung des Architekten) ist die Prüfungs- und Bedenkenhinweispflicht des Unternehmers zu berücksichtigen. Darauf hat auch der BGH[47] hingewiesen: Nimmt also der Auftraggeber den ausführenden Unternehmer wegen einer mangelhaften Ausführung des Bauwerks, die auf eine vertragswidrige Planung seines Architekten zurückzuführen ist, auf Gewährleistung in Anspruch, muss „bei der Bewertung der beiderseitigen Verursachungsbeiträge der Bedeutung der Verpflichtung des Unternehmers Rechnung getragen werden, über die Vertragswidrigkeit der Planung aufzuklären". Allerdings wird in diesen Fällen im Rahmen der tatrichterlichen Würdigung dem Auftraggeber die überwiegende Verantwortung auferlegt werden können und

---

38) BGH, BauR 1984, 395, 397; BauR 1971, 265, 269; BGH, BauR 1978, 405 = NJW 1978, 2393; OLG Karlsruhe, OLGR 2002, 291; OLG Düsseldorf, BauR 1994, 281 (LS).
39) BGH, NJW 1972, 447; OLG Frankfurt, NJW 1974, 62; siehe auch *Kaiser*, a. a. O.
40) OLG Bremen, BauR 1988, 744 m. Anm. *Meschede;* vgl. hierzu auch *Schmalzl*, Festschrift für Locher, S. 225, 229.
41) BGH, BauR 1970, 57, 59 = VersR 1970, 280.
42) *Bindhardt/Jagenburg*, § 9, Rdn. 18.
43) BGH, a. a. O.; ferner: BauR 1971, 265, 270; OLG Karlsruhe, IBR 2007, 418 – *Horschitz*; OLG Bremen, BauR 1988, 744 m. Anm. *Meschede*; OLG Düsseldorf, BauR 1994, 281 (LS); vgl. auch OLG Frankfurt, NJW-RR 1999, 461.
44) BauR 1988, 744.
45) BauR 2005, 251, 268.
46) BauR 2005, 274, 290 (auch zur Bindungswirkung einer Streitverkündung in diesem Fall).
47) BauR 2005, 1016 = NJW-RR 2005, 891 = IBR 2005, 306 – *Hildebrandt* = NZBau 2005, 400; ferner BauR 1991, 79, 80. Vgl. hierzu auch *Kniffka*, BauR 2005, 274, 277.

**Rdn. 1982**  **Die Ausgleichsklage der Baubeteiligten nach § 426 BGB**

müssen, da der Architekt mit der fehlerhaften Planung die eigentliche Ursache für den Mangel gesetzt hat und der Auftraggeber sich das Planungsverschulden des Architekten als seines Erfüllungsgehilfen anrechnen lassen muss.

Führt allerdings der Unternehmer den fehlerhaften Plan eines Architekten aus, obwohl er genau **erkennt,** dass der Planungsfehler mit Sicherheit zu einem Mangel des Bauwerks führen muss, ohne den Auftraggeber selbst darauf hingewiesen zu haben, kann er sich nach Treu und Glauben gegenüber dem Bauherrn auf ein mitwirkendes Verschulden des Architekten als Erfüllungsgehilfe des Bauherrn in der Regel nicht berufen (vgl. auch Rdn. 1986).[48]

**1982** Werden bei dieser Fallgestaltung Architekt und Unternehmer als Gesamtschuldner in einem Verfahren verklagt, ist also der Architekt in vollem Umfang, der Unternehmer eingeschränkt (entsprechend der verbleibenden Quote zu seinen Lasten) als Gesamtschuldner zu verurteilen. Wird der Bauunternehmer auf **Schadensersatz** in Anspruch genommen, verringert sich seine Haftung auf einen **Geldbetrag,** der seinem Haftungsanteil **quotenmäßig** entspricht. Wird vom Unternehmer Nacherfüllung verlangt, hat er in Höhe der quotenmäßigen Mithaftung des Bauherrn/Architekten einen sog. **Zuschussanspruch.**[49] Dieser führt dazu, dass der Bauunternehmer nur zur Mängelbeseitigung Zug um Zug gegen Zahlung des betreffenden Kostenzuschusses zu verurteilen ist.[50] Im außerprozessualen Bereich hat der nachbesserungsbereite Bauunternehmer insoweit grundsätzlich nur einen Anspruch auf Sicherheitsleistung in angemessener Höhe.[51] Fallen **Planungsfehler des Architekten** sowie **Ausführungsmängel des Unternehmers** zusammen und **scheidet aber eine Aufteilung** der Mängelbeseitigungskosten **nach Verursachungsbeiträgen** aus, so haften Architekt und Unternehmer für die gesamten Kosten als Gesamtschuldner.[52] Eine solche Konstellation liegt vor, wenn der Ausführungsfehler auch ohne den Planungsmangel und umgekehrt zum vollen Schaden geführt hat.[53] Mit einem solchen Fall hatte sich das OLG Dresden[54] zu befassen: Hier war der gesamte Schaden bei Dachdeckerarbeiten sowohl durch einen Planungsfehler des Architekten (falsche Holzart) als auch durch einen Ausführungsfehler des Unternehmers (falsche Trägerart) entstanden, sodass eine Quotenhaftung nicht in Betracht kam. Etwas anderes gilt dann, wenn z. B. der Planungsfehler des Architekten zum vollen, der Ausführungsfehler des Unternehmers aber nur teilweise zum Schaden geführt hat.

Die vorerwähnten Grundsätze gelten entsprechend, wenn eine **mangelhafte Planungsleistung** eines **Sonderfachmannes** (Statiker, Bodengutachter usw.) als Erfüllungsgehilfe des Auftraggebers vorliegt und der **Unternehmer** den **Planungsfehler fahrlässig nicht erkannt** oder zwar festgestellt, aber einen entsprechenden Hinweis gegenüber dem Auftraggeber unterlassen hat.[55]

---

48) BGH, BauR 1973, 190; OLG Karlsruhe, OLGR 2005, 124 m. w. N.; OLG Rostock, IBR 2005, 226 – *Baden*; *Kniffka*, BauR 2005, 274, 277.
49) Vgl. BGH, BauR 1984, 395.
50) BGH, BauR 1984, 401, 404; OLG Düsseldorf, BauR 1979, 246; **a. A.:** OLG Hamm, BauR 1979, 247.
51) BGH, BauR 1984, 395.
52) BGH, BauR 1995, 231 = ZfBR 1995, 83.
53) *Ingenstau/Korbion/Wirth*, § 13/B, Rdn. 318.
54) NJW-RR 1999, 170 = OLGR 1999, 27; zustimmend: *Siegburg*, Rdn. 1485.
55) Vgl. z. B. OLG Hamm, BauR 1992, 78 (fehlerhafte Vermessungsarbeit – fehlerhafte Ausschachtung).

## Die Ausgleichsklage der Baubeteiligten nach § 426 BGB   Rdn. 1983–1984

Der **bauleitende** Architekt ist – im Gegensatz zum planenden Architekten – kein Erfüllungsgehilfe des Bauherrn gegenüber dem ausführenden Unternehmer. Eine **quotenmäßige Haftungsverteilung** im Erstprozess des Bauherrn gegen den Unternehmer **kommt daher nicht in Betracht,** wenn der Baumangel auf einen **Ausführungsfehler** des Bauunternehmers und eine **Aufsichtspflichtverletzung** des **Architekten** zurückzuführen ist. Der Unternehmer kann aus der mangelhaften Bauaufsicht des Architekten kein zu Lasten des Bauherrn gehendes mitwirkendes Verschulden herleiten. Der Architekt erfüllt mit der Ausübung der Bauaufsicht nicht eine dem Bauunternehmer obliegende Pflicht; der Unternehmer kann vom Bauherrn nicht verlangen, dass dieser ihn bei den Bauarbeiten überwacht und überwachen lässt.[56)] Wird im Erstprozess der bauleitende Architekt vom Bauherrn zur Verantwortung gezogen, kann der Architekt ebenfalls nicht auf die Mängelverursachung durch den Unternehmer verweisen und damit eine quotenmäßige Haftungsverteilung erreichen, weil dieser im Verhältnis zum **bauleitenden Architekten nicht Erfüllungsgehilfe des Bauherrn ist**.[57)]  **1983**

Für eine **Quotierung,** soweit eine solche in Betracht kommt, oder für das **Innenverhältnis** zwischen **planendem/aufsichtsführendem Architekten** und **ausführenden Bauunternehmer** gilt Folgendes:  **1984**

Bei der Abgrenzung, wer der eigentliche Schadensverursacher ist, ist als **Orientierungshilfe** zu berücksichtigen, dass **Planungsfehler** grundsätzlich in den Verantwortungsbereich des **Architekten und Sonderfachmannes, Ausführungsfehler** dagegen in den Verantwortungsbereich des **Unternehmers** fallen. So kann der Architekt, der durch einen Planungsfehler die eigentliche Schadensursache gesetzt hat, gegenüber dem Bauunternehmer voll bzw. überwiegend ausgleichspflichtig sein.[58)] Ist der Baumangel dagegen auf einen **Ausführungsfehler des Unternehmers** zurückzuführen, den der **Architekt** im Rahmen **seiner Bauaufsicht lediglich nicht erkannt** hat, so trifft den **Unternehmer** grundsätzlich die **zumindest überwiegende, wenn nicht gar im Einzelfall die alleinige Haftung,**[59)] denn der Unternehmer kann – wie bereits erwähnt – weder dem Bauherrn noch dessen Architekten gegenüber einwenden, er sei bei seinen Arbeiten nicht ausreichend beaufsichtigt worden.

Ein Unternehmer ist für den von ihm verursachten Mangel grundsätzlich immer **selbst** verantwortlich. Eine andere Bewertung ist allerdings angebracht, „wenn der Aufsichtsführende kraft einer besseren, von dem Auftragnehmer nicht zu erwarten-

---

56) BGH, BauR 1997, 1021, 1025; BauR 1973, 190, 191; OLG Köln, BauR 1996, 548; OLG Stuttgart, VersR 1970, 531; BGH, NJW 1972, 447 = VersR 1972, 275; LG Tübingen, NJW-RR 1989, 1504; *Soergel*, BauR 2005, 239, 244.
57) *Zerr*, NZBau 2002, 243; *Soergel*, BauR 2005, 239, 243.
58) BGH, BauR 2005, 1016 = NJW-RR 2005, 891 = IBR 2005, 306 – *Hildebrandt* = NZBau 2005, 400; NJW 1969, 653 = MDR 1969, 385; *Soergel*, BauR 2005, 239, 244; *Diehl*, Festschrift für Heiermann, S. 37, 45; vgl. auch OLG Düsseldorf, BauR 1995, 131 sowie *Braun*, Festschrift für Motzke, S. 23, 35.
59) BGH, NJW 1971, 752 = MDR 1971, 381; OLG Stuttgart, IBR 2006, 283 – *Knipp* = NZBau 2006; OLG Koblenz, IBR 2005, 221 – *Maas*; *Braun*, Festschrift für Motzke, S. 23 ff., 33; vgl. hierzu auch BGH, BauR 2002, 1423; ferner: OLG Köln, BauR 1993, 744, 745; LG Tübingen, NJW-RR 1989, 1504; *Schmalzl*, Haftung, Rdn. 242 m. w. Nachw.; vgl. auch OLG Düsseldorf, BauR 1984, 201; a. A.: *Ganten*, BauR 1978, 187, 195; *Hebel*, Baur 2006, 221, 234. Vgl. zur Quotierung nach Verursachungsanteilen und bei mehreren Gesamtschuldnern, *Kniffka*, BauR 2005, 274, 276 sowie Braun, Festschrift für *Motzke*, S. 23, 29.

den Sachkunde die Mangelhaftigkeit allein oder jedenfalls besser feststellen konnte als dieser, was vor allem für den Bereich der Ausführung von für die Gesamtbaumaßnahme wichtigen, besonders schadensanfälligen Bauteilen gilt."[60] Das OLG Stuttgart[61] bejaht eine Mithaftung des überwachenden Architekten bei Ausführungsmängeln im Innenverhältnis, wenn es sich um besonders schwerwiegende Aufsichtsfehler oder um besonders fehlerträchtige Bauabschnitte handelt.

**1985** Daher trifft im Innenverhältnis die Haftung nicht immer den für die Entstehung des Baumangels primär Verantwortlichen. Im Einzelfall kann eine **quotenmäßige Haftungsverteilung** oder gar in besonderen Fällen die alleinige Haftung des sekundär Verantwortlichen in Betracht kommen;[62] daran ist zu denken, wenn dessen vertragliche Pflichtverletzung **besonders schwerwiegend** ist.[63] Zu beachten ist auch, dass der befriedigende Gesamtschuldner sich bei den anderen Gesamtschuldnern nur in Höhe ihrer Quote schadlos halten kann, weil es keine „Innengesamtschuld" gibt.[64]

**1986** Führt z. B. ein **Unternehmer den fehlerhaften Plan oder eine mangelhafte Ausschreibung eines Architekten** aus, obwohl er genau **erkennt, dass der Planungs- oder Ausschreibungsfehler,** der dem Architekten unterlaufen ist, mit Sicherheit zu einem Mangel des Bauwerks führen muss, ohne den Bauherrn selbst vorher darauf hingewiesen zu haben, kann in diesem besonderen Fall unter Umständen den Bauunternehmer im Innenverhältnis die alleinige oder zumindest die überwiegende Schadensersatzverpflichtung treffen.[65] Erkennt der Unternehmer zwar die fehlerhafte Planung im Rahmen der Bauausführung nicht, hätte er sie aber pflichtgemäß erkennen können, trifft ihn hier zumindest ein Haftungsanteil, wenn auch der Architekt in der Regel den größten Anteil zu tragen hat, z. B., wenn der Planungsfehler besonders offenkundig war.[66] Der Auftragnehmer ist daher nur entlastet, wenn er auf Planungen und Ausführungsunterlagen vertraut hat und auch vertrauen durfte.[67]

**1987** Wussow[68] bringt weitere Beispiele: Handelt es sich bei der entscheidenden Ursache des Baumangels um einen Ausführungsfehler, „der sich auf der Baustelle ständig wiederholte oder über einen längeren Zeitraum erstreckte, sodass er von dem Architekten bei ordnungsgemäßer Aufsichtsführung ohne Mühe bemerkt werden konnte, erscheint es gerechtfertigt, den Architekten mit einem Teil des Schadens im Innenverhältnis zu belasten. Hat der Architekt den Ausführungsfehler positiv

---

60) So OLG Braunschweig, BauR 1991, 355.
61) IBR 2006, 283 – Knipp = NZBau 2006, 446.
62) Vgl. *Wussow*, NJW 1974, 9, 15; OLG Hamm, OLGR Hamm 1992, 291.
63) LG Tübingen, BauR 1990, 497, 498.
64) Beck'scher VOB-Komm/*Ganten*, Vor § 13/B, Rdn. 151; *Kniffka*, BauR 2005, 274, 278.
65) BGH, BauR 1991, 79 = NJW-RR 1991, 276; NJW 1973, 518 = BauR 1973, 190; vgl. im Einzelnen hierzu u. zum Nachstehenden: *Soergel*, Festschrift für Heiermann, S. 309, 311 = ZfBR 1995, 165, 166; ferner OLG Karlsruhe, OLGR 2002, 291.
66) Vgl. hierzu z. B. OLG Naumburg, NZBau 2003, 391 = OLGR 2003, 312 (Planungsfehler des Architekten bei der Ausschreibung einer **„Mönch-Nonne-Deckung"** und Verletzung der Prüfungs- und Hinweispflicht durch den Dachdecker); OLG Hamm, BauR 1992, 78 (vom Vermessungsingenieur offensichtlich fehlerhaft festgelegtes **Schnurgerüst** – unzureichende Ausschachtung der Baugrube); OLG Stuttgart, BauR 1992, 806 (Verletzung der Hinweis- und Prüfungspflicht durch Unternehmer bei Planungsfehlern des Architekten) sowie *Soergel*, a. a. O. (Planungsfehler: 70%; Verletzung der Mitteilungspflicht: 30%).
67) BGH, BauR 1991, 79 = NJW-RR 1991, 276 m. w. Nachw.
68) NJW 1974, 9, 15; vgl. hierzu *Bindhardt/Jagenburg*, § 9, Rdn. 28.

festgestellt, und ist er nicht eingeschritten, obwohl er sehen konnte, dass der Ausführungsfehler vom Unternehmer nicht bemerkt worden war, so wird man möglicherweise im Innenverhältnis allein den Architekten mit dem Schaden belasten müssen."

Bei einem Zusammentreffen eines Planungsfehlers mit einem Ausführungsfehler[69] unterscheidet Wussow mit Recht wie folgt: „Sowohl der Planungsfehler als auch der Ausführungsfehler hätten, jeweils für sich genommen, einen Baumangel verursacht. Hier ließe sich feststellen, welche Mängelbeseitigungskosten in einem solchen Fall der Planungsfehler und der Ausführungsfehler, jeweils für sich genommen, verursacht hätten. Nach dem Verhältnis dieser Beträge ließen sich die tatsächlichen Kosten der Beseitigung des Baumangels im Innenverhältnis zwischen Architekt und Bauunternehmer aufteilen. Der Baumangel ist nur durch das Zusammenwirken von Planungsfehler und Ausführungsfehler denkbar, d. h., Planungsfehler und Ausführungsfehler, jeweils für sich genommen, hätten nicht zu einem Baumangel geführt. In einem solchen Fall dürfte sich eine Schadensteilung im Ausgleichsverhältnis anbieten."

### c) Gesamtschuld von Architekt, Sonderfachmann und Unternehmer

Eine gesamtschuldnerische Haftung kommt auch in Betracht, wenn **Bauunternehmer, Architekt** und **Sonderfachmann** einen Mangel verursachen, der jeweils aus ihrem **Verantwortungsbereich** stammt.[70] Insoweit gelten die vorgenannten Grundsätze entsprechend.

Dabei ist insbesondere zu berücksichtigen, dass es dem Bauunternehmer nicht verwehrt ist, dem Bauherrn die Pflichtverletzung von Architekt und Sonderfachmann entgegenzuhalten, weil diese Erfüllungsgehilfen des Bauherrn sind, soweit eine mangelhafte Planung vorliegt: Der Bauherr ist verpflichtet, dem ausführenden Unternehmer eine einwandfreie Planung vorzulegen. Geschieht dies nicht, kann er bei Inanspruchnahme den Einwand des mitwirkenden Verschuldens nach § 254 BGB erheben, sodass er nur in Höhe einer Quote haftet. Das gilt nicht, wenn Ausführungsfehler und eine mangelhafte Bauaufsicht zusammenfallen (vgl. näher Rdn. 1983).

Soweit der **Projektsteuerer** Verantwortung hinsichtlich der Mangelfreiheit der Planung/Bauausführung (zum Beispiel durch eine entsprechende Qualitätskontrolle) übernimmt, kann eine gesamtschuldnerische Haftung mit den Planern sowie Unternehmern in Betracht kommen.[71]

### d) Gesamtschuld von planendem und bauleitendem Architekten

*Literatur*

*Löffelmann*, Gesamtschuld zwischen bauleitendem und planendem Architekten, Festschrift für Werner (2005), 219; *Löffelmann*, Zum Umfang der „Planprüfungspflicht" des nur objektüberwachenden Architekten, Festschrift für Motzke (2006), 229.

---

69) *Soergel* (ZfBR 1995, 165, 167) weist darauf hin, dass viele Bausachverständige in der Regel die Quote zwischen Auftraggeber (bei einer von diesem nach § 278 BGB zu verantwortenden fehlerhaften Planung) einerseits und dem Auftragnehmer (bei Verletzung der Prüfungs- und/oder Hinweispflicht) andererseits im Verhältnis 70%: 30% festlegen. *Siegburg* (ZfBR 2001, 291, 295 und Rdn. 1517 ff.) merkt hierzu an, dass auch die forensische Praxis in einem solchen Fall zumindest ein überwiegendes Mitverschulden des Auftraggebers annimmt, sodass dieser die größere Quote zu tragen hat.
70) Vgl. insoweit BGH, BauR 1971, 265; OLG Karlsruhe, MDR 1969, 49 u. MDR 1971, 45; *Ingenstau/Korbion/Oppler*, § 4 Nr. 2/B, Rdn. 15; *Brügmann*, BauR 1976, 383, 389.
71) Ebenso *Soergel*, BauR 2005, 239 ff., 249.

**Rdn. 1989**  **Die Ausgleichsklage der Baubeteiligten nach § 426 BGB**

**1989**  Eine rechtliche **Zweckgemeinschaft** ist auch zwischen **planendem und bauleitendem Architekten** anzunehmen, sodass auch sie als Gesamtschuldner haften, soweit sie für den Baumangel aufgrund der Planung bzw. Objektüberwachung verantwortlich sind.[72] Der Auftraggeber muss sich dabei das **planerische** Fehlverhalten des Architekten als seines Erfüllungsgehilfen gegenüber dem **bauleitenden** Architekten anrechnen lassen (§§ 254, 278 BGB), weil es Aufgabe des Bauherrn ist, dem bauleitenden Architekten einwandfreie Pläne und Unterlagen zur Verfügung zu stellen.[73] Das ist jedoch umstritten.[74] Soweit die Gegenmeinung[75] der Auffassung ist, dass der bauplanende Architekt nicht als Erfüllungsgehilfe des Auftraggebers angesehen werden kann, dessen Verschulden die Schadensersatzpflicht des bauleitenden Architekten nach § 254 BGB beschränkt, kann dem nicht gefolgt werden.[76] Insbesondere ist die Begründung für diese Auffassung, dass nämlich den Auftraggeber keine Verpflichtung trifft, dem bauleitenden Architekten mangelfreie Pläne zur Verfügung zu stellen, um Baumängel zu verhindern, nicht nachvollziehbar. Darauf verweist auch Löffelmann[77] zu Recht. Selbstverständlich ist ein Auftraggeber verpflichtet, nicht nur dem ausführenden Unternehmer, sondern auch dem bauleitenden Architekten die für die Realisierung des Bauvorhabens notwendigen Pläne (also insbesondere die Ausführungspläne, aber auch die Baugenehmigungspläne) zur Verfügung zu stellen, weil nur so gewährleistet werden kann, dass das Bauvorhaben i. S. des Auftraggebers und der von ihm in Auftrag gegebenen Pläne auch tatsächlich realisiert wird. Das bestätigt auch die in § 15 Abs. 2 Nr. 8 HOAI festgelegte Grundleistung: „Überwachen der Ausführung des Objekts auf Übereinstimmung mit der Baugenehmigung oder Zustimmung, den Ausführungsplänen und den Leistungsbeschreibungen ...". Zu Recht weisen daher auch Klein/Moufang[78] darauf hin, dass es auch folgerichtig ist, den bauleitenden Architekten hinsichtlich der Grundlagen seiner Überwachungstätigkeiten nicht schlechter zu stellen als den bauausführenden Unternehmer hinsichtlich der planerischen Vorgaben seiner Werkleistung (vgl. Rdn. 1975). Nach ganz herrschender Meinung (vgl. Rdn. 1975 ff.) gehört es zu den Pflichten des Auftraggebers gegenüber dem ausführenden Unternehmer, diesem einwandfreie Pläne und Unterlagen zur Verfügung zu stellen. Warum dies gegenüber dem Objektüberwacher anders sein soll, ist nicht einsichtig. Dass die dem bauleitenden Architekten zu übergebenden Pläne mangelfrei sein müssen, weil nur so Baumängel verhindert werden können, bedarf ebenfalls keiner besonderen Erwähnung.

---

72) BGH, BauR 1989, 97 = NJW-RR 1989, 86; OLG Köln, NJW-RR 1997, 597 = OLGR 1997, 58; *Locher/Koeble/Frik*, Einl. Rdn. 112; *Kleine-Möller/Merl*, § 12, Rdn. 1010.

73) Wie hier: OLG Celle, BauR 2003, 104; *Klein/Moufang*, Jahrbuch Baurecht 2006, 165, 176; *Locher/Koeble/Frik*, Einl. Rdn. 112; *Lenzen*, BauR 2000, 816, 819; *Löffelmann*, Festschrift für Werner, S. 219, 228 und Festschrift für Motzke, S. 229, 233; *Soergel*, BauR 2005, 239, 246; *Löffelmann/Fleischmann*, Rdn. 553; *Kleine-Möller/Merl*, § 12, Rdn. 1010.

74) Vgl. hierzu insbesondere *Löffelmann*, Festschrift für Werner, S. 219 ff.

75) OLG Karlsruhe, BauR 2003, 1921; NJW-RR 2004, 815 = OLGR 2004, 23; OLG Stuttgart, NZBau 2003, 446, 447; OLG Bamberg, NJW-RR 1992, 91; OLG Düsseldorf, BauR 1998, 582 = NJW-RR 1998, 741; OLG Köln, NJW-RR 1997, 597 = OLGR 1997, 58; *Glöckner*, BauR 2005, 251, 269, *Schmalz/Lauer/Wurm*, Rdn. 475; Vgl. hierzu auch *Lenzen*, BauR 2000, 816.

76) Zu Recht meint *Motzke*, IBR 1997, 207, dass dieses Ergebnis „nicht befriedigt".

77) Festschrift für Werner, S. 219 ff., 228.

78) Jahrbuch Baurecht 2006, 165, 175.

## Die Ausgleichsklage der Baubeteiligten nach § 426 BGB

Die **gesamtschuldnerische Haftung** des planenden sowie des bauleitenden Architekten besteht dann auch nur in Höhe dieser Quote.[79] Die **Höhe der Quote,** mit der der bauleitende Architekt haftet, richtet sich nach dem Umfang seiner Pflichtverletzung. Dabei gelten die von Rechtsprechung und Literatur aufgestellten Grundsätze zur Haftung des planendenArchitekten und ausführenden Bauunternehmers für Planungs- und Ausführungsfehler entsprechend (vgl. hierzu Rdn. 1983).

Folgt man der hier vertretenen Auffassung, dass sich der Auftraggeber das planerische Fehlverhalten des Architekten als seines Erfüllungsgehilfen gegenüber dem bauleitenden Architekten anrechnen lassen muss, ergibt sich folgende prozessuale Situation für den Erstprozess:

* Zieht der Auftraggeber den bauleitenden Architekten zur Verantwortung, kann dieser einwenden, dass sich der Auftraggeber gemäß §§ 254, 278 BGB das Fehlverhalten des planenden Architekten als seines Erfüllungsgehilfen anrechnen lassen muss. Der bauleitende Architekt haftet hier von vornherein nur mit einer Quote und die gesamtschuldnerische Haftung (mit dem planenden Architekten) besteht dann in Höhe dieser Quote – wie bereits erwähnt; der Auftraggeber muss sich wegen des weiteren Schadens dann an den planenden Architekten halten.

* Verklagt der Auftraggeber den planenden Architekten, haftet dieser in vollem Umfang. Der planende Architekt kann nämlich gegenüber den Ansprüchen seines Auftraggebers im Außenverhältnis nicht den Einwand erheben, dass der Mangel seiner Planung bei ordnungsgemäßer Bauüberwachung durch den bauleitenden Architekten verhindert worden wäre (vgl. Rdn. 1983); insoweit ist der bauleitende Architekt nicht Erfüllungsgehilfe des Auftraggebers gegenüber dem planenden Architekten, da seine Verpflichtung, erkannte oder erkennbare Planungsfehler umgehend anzuzeigen, nur gegenüber dem Auftraggeber, nicht auch gegenüber dem vom Auftraggeber beauftragten planenden Architekten besteht.[80] Demgegenüber muss sich der Auftraggeber ein Fehlverhalten des bauleitenden Architekten gegenüber dem planenden Architekten nicht anrechnen lassen. Insoweit ist der bauleitende Architekt nicht Erfüllungsgehilfe des Auftraggebers: Der planende Architekt kann daher – wie der Unternehmer (vgl Rdn. 1983) – aus der mangelhaften Bauaufsicht des bauleitenden Architekten kein zu Lasten des Auftraggebers gehendes mitwirkendes Verschulden herleiten.

Die vorerwähnten Grundsätze gelten entsprechend, wenn eine **mangelhafte Planungsleistung** eines **Sonderfachmannes** (Statiker, Bodengutachter usw.) als Erfüllungsgehilfe des Auftraggebers vorliegt und der **Unternehmer** den **Planungsfehler fahrlässig nicht erkannt** oder zwar festgestellt, aber einen entsprechenden Hinweis gegenüber dem Auftraggeber unterlassen hat.[81]

---

79) *Kleine-Möller/Merl,* § 12 Rdn. 1010.
80) BGH, BauR 1989, 97 = NJW-RR 1989, 86; *Soergel,* BauR 2005, 239, 246; vgl. hierzu *Schmalzl,* Festschrift für Locher, 1990, S. 225, 229; *Kleine-Möller/Merl,* § 12, Rdn. 1010.
81) Vgl. z. B. OLG Hamm, BauR 1992, 78 (fehlerhafte Vermessungsarbeit – fehlerhafte Ausschachtung).

### e) Gesamtschuld von Architekt und Sonderfachmann

**1991** Im Einzelfall kann auch ein Gesamtschuldverhältnis von Architekt und Sonderfachmann gegeben sein, wenn beide mangelhafte Planungsleistungen erbringen und diese zu einem Mangel am Bauwerk führen. Insoweit gilt Folgendes:

Der Architekt haftet **nicht** für Bereiche, die dem **Sonderfachmann in Auftrag** gegeben wurden, und wenn „die konkrete fachspezifische Frage nicht zum Wissensbereich des Architekten gehört"; denn von einem **Architekten** kann eine „**Mit**"**prüfung** – neben dem Sonderfachmann – **nur** dort **erwartet** werden, wo er **über die notwendigen fachspezifischen Kenntnisse verfügt**;[82] eine Haftung kann allerdings dann in Betracht kommen, wenn das Erkennen eines Mangels, der von einem Sonderfachmann verursacht wurde, keine fachspezifischen Kenntnisse erfordert.[83] Dies gilt entsprechend für das Verhältnis Sonderfachmann–Architekt (Rdn. 2463 ff.). Es ist daher im Einzelfall entscheidend darauf abzustellen, ob dem Architekten eine Überprüfung der Leistungen des Sonderfachmannes (und umgekehrt) überhaupt möglich und zumutbar ist und ob sich ihm dabei Bedenken aufdrängen mussten.[84]

**1992** Im Übrigen sind – nach Auffassung des BGH[85] – sowohl der Architekt wie der Sonderfachmann keine **Erfüllungsgehilfen** des Auftraggebers. Ein **Verschulden** des einen wie des anderen muss sich **der Auftraggeber daher nicht anrechnen** lassen, wenn er gegen den Architekten oder Sonderfachmann vorgeht: So muss sich beispielsweise der Auftraggeber seinem Architekten gegenüber ein Verschulden des Statikers bei der Anfertigung einer mangelhaften Statik nicht zurechnen lassen (vgl. näher Rdn. 2463). Entsprechendes gilt, wenn mangelhafte Planungsleistungen und/oder Koordinierungsleistungen von **verschiedenen** Sonderfachleuten vorliegen. Der **BGH** geht damit grundsätzlich davon aus, dass **Statiker und Architekt gesamtschuldnerisch in voller Höhe** haften, wenn mit ihnen selbstständige Verträge abgeschlossen worden sind. Er räumt jedoch ein, dass im Einzelfall der Statiker „ausnahmsweise" Erfüllungsgehilfe des Architekten sein kann.[86] Das hat der BGH[87] auf alle Sonderfachleute ausgedehnt: Danach ist der Sonderfachmann regelmäßig nicht Erfüllungsgehilfe des Auftraggebers in dessen Verhältnis zum Architekten, wenn der Bauherr einen Architekten und einen Sonderfachmann in selbstständigen Verträgen beauftragt; Entsprechendes soll für den Architekten im Vertragsverhältnis zwischen Bauherr und Sonderfachmann gelten. Der überwiegende Teil der Recht-

---

82) BGH, BauR 2001, 823 = NZBau 2001, 270 = ZfBR 2001, 317 = NJW 2001, 1276; OLG Bremen, OLGR 2007, 37; OLG Köln, NJW-RR 1994, 1110 (Schäden an einer Fußbodenheizung); OLG Brandenburg, IBR 2005, 222 – *Knipp* (Architekt – Baugrundgutachter); vgl. hierzu auch *Ingenstau/Korbion/Oppler*, § 4 Nr. 2/B, Rdn. 20 ff.; *Kleine-Möller/Merl*, § 12, Rdn. 1006 ff. OLG Karlsruhe, NZBau, 2007, 451, 453 (Überprüfung der Planung eines Sonderfachmannes durch den Architekten „bezieht sich lediglich auf offensichtliche Fehler").
83) OLG München, NZBau 2002, 575, 576. Vgl. hierzu BGH, NZBau 2003, 567.
84) BGH, BauR 1996, 404 = NJW-RR 1996, 852 = ZfBR 1996, 198 für **Gründungsgutachten**.
85) BauR 2002, 1719 = NJW-RR 2002, 1531 = NZBau 2002, 616 = MDR 2002, 1432; BauR 1971, 265; ebenso: KG, IBR 2006, 509 – *Fischer*; OLG Köln, *SFH*, Nr. 55 zu § 635 BGB sowie *Schmalzl*, Festschrift für Locher, S. 225, 231; ferner: OLG München, IBR 1997, 205 – *Weyer*.
86) BGH, BauR 2002, 1719 = NJW-RR 2002, 1531 = NZBau 2002, 616 = MDR 2002, 1492; ebenso OLG Köln, BauR 2007, 910, 911 = IBR 2007, 205 – *Bolz*.
87) BauR 2003, 1918 = NZBau 2003, 567 = NJW-RR 2003, 1454 = ZfIR 2003, 902 m. zustimmender Anm. *Wenner*. Vgl. hierzu: *Glöckner*, BauR 2005, 251, 270.

sprechung[88] und des Schrifttums[89] ist nicht dieser Auffassung. Allerdings hat der BGH ausdrücklich darauf hingewiesen, dass die Parteien durchaus etwas Anderes vereinbaren können: Die Parteien können also bestimmen, dass ein Sonderfachmann durchaus als Erfüllungsgehilfe des Auftraggebers tätig wird. Daran könnte vor allem der Architekt als Auftragnehmer Interesse haben.[90] Nach Auffassung des OLG Frankfurt[91] ist der **Vermessungsingenieur** nicht Erfüllungsgehilfe des Bauherrn im Verhältnis zum Bauunternehmer.

Auch die Abgrenzung zwischen den **Verantwortungsbereichen des Architekten** und des **Statikers** (Tragwerksplaner) im Rahmen des § 426 BGB ist nicht immer einfach (vgl. auch Rdn. 2463).[92] Als Gesamtschuldner sind sie im Übrigen nur dann anzusehen, wenn sie vom Bauherrn selbstständig beauftragt worden sind (vgl. Rdn. 1403 ff.) und durch die fehlerhafte Erfüllung ihrer besonderen Vertragspflichten einen Baumangel verursacht haben (vgl. hierzu Rdn. 1522). **1993**

Dabei ist zu berücksichtigen, dass vom Architekten z. B. die zur Überprüfung einer statischen Berechnung erforderlichen **Spezialkenntnisse** nicht zu erwarten sind.[93] Wenn auch demnach den Architekten keine besondere Prüfungspflicht trifft, so ist er dennoch verpflichtet, die statischen Berechnungen einzusehen und festzustellen, ob der Statiker von den gegebenen tatsächlichen Verhältnissen und den entsprechenden technischen Vorgaben ausgegangen ist.[94] Stellt er dabei Fehler fest, hat er seine Bedenken gegenüber dem Bauherrn anzumelden.[95]

Bei einer Quotierung bzw. im **Innenverhältnis** wird man auch hier davon auszugehen haben, dass **Fehler in der Statik** grundsätzlich in den Verantwortungsbereich des **Tragwerkplaners** fallen und ihn daher unter Umständen voll ausgleichspflichtig gegenüber dem Architekten machen.[96] So hat der Statiker insbesondere die Konstruktionsart und die Stärken aller tragenden Teile im Rahmen der Architektenpläne verbindlich festzulegen und rechnerisch nachzuweisen, um **1994**

---

88) OLG Frankfurt, NJW-RR 1990, 1496; OLG Celle, BauR 1985, 244; OLG Düsseldorf, BauR 2001, 277, 281; BauR 1981, 399 u. NJW 1974, 704 = BauR 1974, 357; OLG Oldenburg, VersR 1981, 541 = BauR 1981, 399; LG Stuttgart, BauR 1997, 137, 139; BAG, DB 1974, 1679. Vgl. hierzu OLG Karlsruhe, BauR 2002, 1884 (Statiker ist Erfüllungsgehilfe des Bauherrn, wenn sich dieser verpflichtet hat, dem Architekten Unterlagen über die Beschaffenheit des Baugrundstückes zur Verfügung zu stellen).

89) *Soergel*, BauR 2005, 239, 247; *Löffelmann/Fleischmann*, Rdn. 684; *Ingenstau/Korbion/Oppler*, § 4 Nr. 2/B, Rdn. 31; ferner die von OLG Düsseldorf, BauR 1971, 399 u. *Schmalzl*, Festschrift für Locher, S. 225, 231, zitierte Literatur.

90) So zutreffend *Wenner*, ZfIR 2003, 905.

91) OLGR 2006, 89.

92) Vgl. hierzu OLG Köln, BauR 1988, 241; OLG Köln, BauR 1986, 717 = NJW-RR 1986, 1083 = MDR 1986, 408; LG Aachen, BauR 1986, 603; OLG Celle, BauR 1985, 244; OLG Nürnberg, BauR 1990, 492; OLG Stuttgart, BauR 1973, 64; OLG München, VersR 1977, 380; OLG Düsseldorf, BauR 1974, 357; OLG Frankfurt, BauR 1991, 785 (bei Wärmedämmmaßnahmen); OLG Hamm, NJW-RR 1992, 1302; *Ingenstau/Korbion/Oppler*, § 4 Nr. 2/B, Rdn. 19.

93) BGH, BauR 1971, 265, 267.

94) BGH, BauR 1970, 62; BauR 1971, 265, 267; OLG Koblenz, NJW-RR 1997, 595; LG Stuttgart, BauR 1997, 137; OLG Frankfurt, ZMR 1994, 321 sowie NJW-RR 1990, 1496; vgl. hierzu auch *Knacke*, BauR 1985, 270, 272.

95) Vgl. *Ingenstau/Korbion/Oppler*, § 4 Nr. 2/B, Rdn. 22; *Kleine-Möller/Merl*, Rdn. 1006 ff.

96) OLG Köln, BauR 1988, 241.

die Standsicherheit der baulichen Anlage zu gewährleisten;[97] dabei haftet er auch für die Einhaltung des von ihm angegebenen Stahlbedarfs.[98] Demgegenüber ist die Untersuchung der **Baugrundverhältnisse** – als Voraussetzung für die Erstellung einer richtigen Statik – in aller Regel Sache des Architekten, nicht des Statikers.[99] Bei begründeten Zweifeln trifft allerdings den Statiker eine Hinweispflicht.[100]

1995 Die vorerwähnten Ausführungen gelten für das Verhältnis zwischen **Architekt** und den übrigen **Sonderfachleuten** entsprechend;[101] der Architekt darf sich daher grundsätzlich auf die Fachkenntnisse des vom Auftraggeber eingeschalteten Sonderfachmannes verlassen. Eine Mitprüfung ist von dem Architekten nur zu erwarten, wenn er selbst die konkreten fachspezifischen Kenntnisse besitzt oder jedenfalls haben muss.[102]

#### f) Gesamtschuld mehrerer Sonderfachleute

1996 Auch mehrere Sonderfachleute können als Gesamtschuldner für einen Bauschaden in Betracht kommen, der aufgrund fehlerhafter Planung oder Bauaufsicht entsteht. Hier gelten die vorgenannten Überlegungen entsprechend.[103]

#### g) Weitere Gesamtschuldverhältnisse

1997 Auch zwischen **Baubetreuer** und **Treuhänder** wird in der Regel z. B. bei Abwicklung eines Bauherrenmodells ein Gesamtschuldverhältnis vorliegen.[104] Ein Gesamtschuldverhältnis zwischen Baubeteiligten ist ferner anzunehmen, wenn sie gegenüber dem Bauherrn oder einem **Dritten** (z. B. Nachbarn) außerhalb der Gewährleistung haften. Als Anspruchsgrundlage kommen hier z. B. die §§ 823 ff. (z. B. Verletzung der Verkehrssicherungspflichten), 830, 840, 909 BGB, eine Vertragsverletzung oder der Verzug in Betracht.[105]

---

97) Vgl. hierzu OLG Stuttgart, BauR 1973, 64.
98) BGH, WM 1972, 424.
99) BGH, VersR 1967, 260; OLG Düsseldorf, BauR 2001, 277 = NJW-RR 2002, 1262 = OLGR 2000, 398; OLG Oldenburg, BauR 1981, 399; LG Aachen, BauR 1986, 603 = VersR 1986, 777; ferner: OLG Celle, BauR 1983, 483 sowie OLG Köln, BauR 1987, 460 (zur Abgrenzung zwischen Architekten- und Statikerleistung bei mangelhafter Planung einer **Wärmedämmung**).
100) BGH, BauR 1971, 265, 268; LG Aachen, a. a. O.; OLG Stuttgart, BauR 1973, 124.
101) OLG Hamm, IBR 2005, 30 – *Biebelheimer*.
102) OLG Köln, NJW-RR 1994, 1110 (Verhältnis Architekt und Sonderfachmann für **Heizung**); vgl. auch OLG Hamm, NJW-RR 1992, 1302 sowie OLG Düsseldorf, OLGR 1994, 267 (Überprüfung der Vorgaben hinsichtlich des **Trittschallschutzes**).
103) Vgl. hierzu OLG Frankfurt, IBR 2001, 434.
104) Vgl. OLG Düsseldorf, NJW-RR 1992, 914 (enge Verzahnung der Aufgaben) = BauR 1992, 653.
105) Vgl. LAG Rheinland-Pfalz, NZA 1984, 163 (gesamtschuldnerische Haftung eines Unternehmers aus Vertrag und seines Bauarbeiters aus unerlaubter Handlung gegenüber dem Bauherrn) sowie BGH, BauR 1994, 621 (gesamtschuldnerische Haftung von Bauunternehmer und Vermieter gegenüber Mieter).

## 3. Der Ausgleichsanspruch

*Literatur*

*Wussow*, Der Ausgleich zwischen Architekt und Bauunternehmer gemäß § 426 BGB, NJW 1974, 9; *Aurnhammer*, Ein Versuch zur Lösung des Problems der Schadensquote, VersR 1974, 1060; *Ganten*, Grundsätzliche Fragen zur Schadensquotierung (§ 426 Abs. 1 Satz 1 BGB), BauR 1978, 187; *Schulz*, Ermittlung der Schadensquote durch Bausachverständigen, BauR 1984, 40; *Knacke*, Die Ausgleichspflicht unter Gesamtschuldnern, BauR 1985, 270; *Motzke*, Abgrenzung der Verantwortlichkeit zwischen Bauherrn, Architekt, Ingenieur und Sonderfachleuten, BauR 1994, 47; *Soergel*, Die quotenmäßige Mangelverantwortung der Bauvertragsparteien, Festschrift für Heiermann (1995), 309 = ZfBR 1995, 165; *Kamphausen*, Die Quotierung der Mangel- und Schadensverantwortlichkeit Baubeteiligter durch technische Sachverständige, BauR 1996, 174; *Kieserling*, Mangelverantwortlichkeit mehrerer Baubeteiligter, NZBau 2002, 263.

Der **Ausgleichsanspruch** gem. § 426 Abs. 1 BGB ist ein **selbstständiger Anspruch und verjährt in 3 Jahren gemäß § 195 BGB**. Vor Inkrafttreten des **SchRModG** (1.1.2002) betrug die Verjährungsfrist insoweit 30 Jahre.[106] Damit hat sich die Frist für die Geltendmachung des Ausgleichsanspruches erheblich verkürzt. Insoweit ist – insbesondere anwaltliche – Vorsicht geboten (zu den Überleitungsvorschriften vgl. Rdn. 2344). Dies gilt insbesondere deshalb, weil nach der Rechtsprechung des BGH der Ausgleichsanspruch bereits mit der Begründung der Gesamtschuld (in Verbindung mit den Voraussetzungen nach § 199 BGB) entsteht, worauf Kniffka[107] zutreffend verweist.

Der zahlende Gesamtschuldner kann neben dem eigenen Ausgleichsanspruch gemäß § 426 Abs. 1 BGB (gesetzlicher Ausgleichsanspruch) aus übergegangenem Recht gemäß § 426 Abs. 2 BGB gegen einen weiteren Gesamtschuldner vorgehen. Dieser Anspruch des zahlenden Gesamtschuldners verjährt in der Frist, die für den übergegangenen Anspruch gilt, also in der Regel in fünf Jahren gemäß § 634a BGB, wenn keine andere vertragliche Regelung getroffen worden ist.

Die Verjährungsfristen gemäß § 426 Abs. 1 BGB und § 426 Abs. 2 BGB können also durchaus unterschiedlich sein, sodass Vorsicht geboten ist. Das gilt insbesondere unter dem Gesichtspunkt, dass im Rahmen der Architektenhaftung und der Unternehmerhaftung unterschiedliche Verjährungsabläufe (z. B. bezüglich des Beginns der Verjährung) in Betracht kommen. Darüber hinaus hat die rechtlich unterschiedliche Beurteilung des Anspruchs aus § 426 Abs. 1 BGB einerseits und § 426 Abs. 2 BGB andererseits unter einem anderen Gesichtspunkt wesentliche Bedeutung: Geht der zahlende Gesamtschuldner nach § 426 Abs. 2 BGB vor, erfolgt nicht nur ein gesetzlicher Forderungsübergang, sondern mit dem Übergang der Forderung gehen auch akzessorische Sicherheiten auf ihn über (§ 401 BGB). Ist beispielsweise der Anspruch des Auftraggebers gegen den Auftragnehmer durch eine Bürgschaft abgesichert, geht der Anspruch gegen den Bürgen ebenfalls auf den zahlenden Gesamtschuldner über. Der zahlende Gesamtschuldner kann daher nunmehr auch den Bürgen in Anspruch nehmen. Das hat z. B. für den Fall Bedeutung, dass der weitere Gesamtschuldner insolvent geworden ist.

---

106) St. Rspr.; BGH, BauR 1971, 60; BGH, NJW 1972, 942 = BauR 1972, 246. Vgl. hierzu: *Glöckner*, BauR 2005, 251.

107) BauR 2005, 274, 286, 287 m. N.

**Rdn. 1999**   **Die Ausgleichsklage der Baubeteiligten nach § 426 BGB**

Ein Ausgleichsanspruch zwischen **Gesamtschuldnern** besteht auch, wenn z. B. Gewährleistungsansprüche gegen **einen Gesamtschuldner verjährt** sind.[108] Sind allerdings die Ansprüche des Bauherrn gegen die Baubeteiligten (z. B. Unternehmer und Architekt) verjährt, kann der Bauherr auch nicht mittels einer Abtretung des Ausgleichsanspruchs aus § 426 Abs. 1 BGB gegen einen der Baubeteiligten erfolgreich vorgehen; denn die Abtretung des Ausgleichsanspruchs aus § 426 Abs. 1 BGB durch einen Baubeteiligten kann nicht zu dem Ergebnis führen, dass der andere Baubeteiligte, der dem Bauherrn wegen Verjährungseintritts (§ 634 a BGB; § 13 Nr. 4 VOB/B) ebenfalls nicht mehr unmittelbar haftet, dennoch über den Ausgleichsanspruch aus § 426 Abs. 1 BGB in Anspruch genommen werden kann. Dies folgt aus der entsprechenden Anwendung des § 399 BGB. Für die Voraussetzungen des Ausgleichsanspruchs ist derjenige **beweispflichtig,** der ihn gegen den anderen Gesamtschuldner verfolgt.[109]

**1999** Ein **Ausgleichsanspruch** gegen den anderen Gesamtschuldner besteht nur, wenn ein Gesamtschuldner den Bauherrn **über die ihm zurechenbare Quote** im Rahmen des § 426 BGB hinaus **befriedigt.**[110] Der vom geschädigten Bauherrn mit einer Klage in Anspruch genommene Architekt oder Unternehmer hat wegen der ihm auferlegten **Prozesskosten** keinen Ausgleichsanspruch gegen den anderen Gesamtschuldner.[111] An diesem Grundsatz kann sich auch dann nichts ändern, wenn die Gesamtschuldner gemeinsam verklagt und deshalb auch gemäß § 100 Abs. 4 ZPO gesamtschuldnerisch zu den Kosten des Rechtsstreits verurteilt worden sind.[112] Unter besonderen Voraussetzungen (z. B. Verzug hinsichtlich der Befreiungspflicht) kann jedoch ein Schadensersatzanspruch bestehen.[113] Für Verzugsschäden eines Gesamtschuldners besteht grundsätzlich kein Ausgleichsanspruch gegenüber einem anderen Gesamtschuldner; kommt ein Gesamtschuldner (z. B. der ausführende Unternehmer) mit seiner Mängelbeseitigungspflicht in **Verzug,** haftet er für die dadurch entstehenden Folgeschäden allein, ohne dass er einen Rückgriff bei den übrigen Gesamtschuldnern nehmen kann.[114]

**Leistet ein Gesamtschuldner,** der mit einer anderen Partei zur Zahlung verurteilt ist, nach Schluss der letzten mündlichen Verhandlung und vor Einlegung eines Rechtsmittels den Urteilsbetrag, stellt sich die Frage der **Beschwer der anderen Parteien,** wenn diese sich in dem Verfahren gegen die Inanspruchnahme gewehrt hat und deshalb Rechtsmittel gegen das Urteil einlegen will. Das hat der BGH[115] mit dem Hinweis bejaht, dass die Zahlung des einen Gesamtschuldners grundsätzlich nicht geeignet ist, den Rechtsstreit zwischen dem Kläger und dem anderen Gesamtschuld-

---

108) BGH, BauR 1972, 246 = NJW 1972, 942 = MDR 1972, 596.
109) BGH, VersR 1965, 804.
110) OLG München, MDR 1972, 239; *Kniffka*, BauR 2005, 274; 278; *Ingenstau/Korbion/Wirth*, § 13/B, Rdn. 328; *Ganten*, BauR 1978, 187, 189.
111) BGH, BauR 2003, 1379, 1380 = NZBau 2003, 557; vgl. hierzu *Stamm*, NJW 2003, 2940, 2943 u. *Vorwerk* in Thode/Wirth/Kuffer, § 20, Rdn. 70.
112) BGH, NJW 1974, 693.
113) OLG Neustadt, NJW 1963, 494; *Kniffka*, BauR 2005, 274, 279; vgl. hierzu *Knacke*, BauR 1985, 270, 275.
114) *Kleine-Möller/Merl*, Rdn. 1012.
115) BauR 2000, 771 = NJW 2000, 1120 = MDR 2000, 471.

ner zu erledigen. Dem ist insbesondere auch unter dem Gesichtspunkt einer möglichen Inanspruchnahme des anderen Gesamtschuldners gemäß § 426 BGB zu folgen. Ob auf den Bürgen eines Gesamtschuldners, der den Gläubiger befriedigt, der Ausgleichsanspruch nach § 426 Abs. 2 BGB übergeht, ist bestritten. Nach herrschender Meinung ist dies nicht der Fall, weil § 426 BGB nur das Rechtsverhältnis unter den Gesamtschuldnern regelt. Der BGH[116] hat insoweit aber zutreffend eine ergebnisorientierte Lösung gefunden: Befriedigt ein Bürge, der sich für einen Gesamtschuldner verbürgt hat, gehen die Ansprüche des ursprünglichen Gläubigers gegen die Gesamtschuldner nicht unter, sondern bleiben erhalten und gehen im Wege der cessio legis nach § 774 BGB i. V. m. § 401 Abs. 1 Satz 1 BGB auf den Bürgen über, soweit der Schuldner, für den die Bürgschaft übernommen worden war, von den übrigen Gesamtschuldnern Ausgleich verlangen kann.

Nach § 426 Abs. 1 Satz 1 BGB sind **Gesamtschuldner** im Verhältnis zueinander grundsätzlich zu **gleichen Teilen** verpflichtet. § 426 Abs. 1 Satz 1 BGB ist jedoch nur eine Grundregelung (Quotierung nach Kopfteilen) und gilt nur dort, wo ein anderer Verteilungsmaßstab nicht in Betracht kommt. Der Umfang der Ausgleichspflicht hängt im Einzelfall stets von den jeweiligen Umständen – insbesondere von dem jeweiligen **Aufgaben-** und **Verantwortungsbeitrag** – ab. Dabei ist entsprechend § 254 BGB (vgl. Rdn. 2444 ff.) zu prüfen, inwieweit der Schaden unter Berücksichtigung des jeweiligen Aufgabenbereichs vorwiegend von dem Architekten, Bauunternehmer, dem Sonderfachmann oder einem Dritten als Gesamtschuldner verursacht bzw. verschuldet worden ist.[117] Bezüglich einer etwaigen Quotierung im Außenverhältnis bzw. im Innenverhältnis wird auf die obigen Ausführungen im Rahmen der einzelnen Gesamtschuldverhältnisse verwiesen.

2000

Die **Verteilung und das Maß der Verantwortlichkeit** für den Schaden im Rahmen des § 254 BGB gehören dem Gebiet der **tatrichterlichen Würdigung** an. Die Prüfung kann beispielsweise zu dem Ergebnis führen, dass eine Quotierung unter den Gesamtschuldnern erfolgt oder aber der eine Gesamtschuldner von jeder Haftung frei wird, während dem anderen der Schaden ganz auferlegt wird.[118] Das gilt beispielsweise für die Fallgestaltung, dass der vorsätzlich handelnde Gesamtschuldner im Verhältnis zu dem Gesamtschuldner, der nur fahrlässig handelte, allein haftet.[119]

2001

*Aurnhammer*[120] und *Kamphausen*[121] haben versucht, das Problem der Schadensquote durch Aufstellen verschiedener Schemata zu lösen. Die Vielfalt der möglichen Schadensursachen und Verantwortungsbereiche bei Bauvorhaben lässt jedoch eine Schematisierung der Schadensquote nicht zu. Es wird stets im Einzelfall zu entscheiden sein, in welchem Maße einzelne Beteiligte für einen eingetretenen Bauschaden herangezogen werden können.

---

116) NJW 1966, 1612; NJW 1976, 2135; dem BGH folgend insbesondere *Staudinger/Horn*, § 774 BGB, Rdn. 17; *Brödermann* in Prütting/Wegen/Weinreich, § 774 BGB, Rn. 13; *Mühl* in Soergel, § 774 BGB, Rdn. 2; *Palandt/Sprau*, § 774 BGB, Rdn. 8. Vgl. hierzu kritisch auch *Reinecke*, NJW 1966, 2141; *Schlechtriem*, Festschrift für Caemmerer, S. 1013, 1029 f.; *Münch-Komm-Habersack*, § 765 BGB, Rdn. 108. Vgl. ferner auch OLG Hamm, OLGZ 90, 336, 338 m. w. N. sowie *Erman/Seiler*, § 774 BGB, Rdn. 6.
117) BGH, NJW 1969, 653 = MDR 1969, 385.
118) Vgl. BGH, NJW 1971, 752 = MDR 1971, 381; ferner OLG Düsseldorf, NJW-RR 1994, 1240.
119) Vgl. hierzu Braun, Festschrift für Motzke, S. 23, 27.
120) VersR 1974, 1060; s. auch *Ganten*, BauR 1978, 187 ff.
121) BauR 1996, 174 ff.

### Rdn. 2002–2003   Die Ausgleichsklage der Baubeteiligten nach § 426 BGB

**2002**   In einigen **Architektenformularverträgen** findet sich hinsichtlich der Haftung mehrerer Baubeteiligter (einschließlich des Architekten) folgender Passus:

„Wird der Architekt für einen Schaden in Anspruch genommen, für den auch ein Dritter einzutreten hat, so haftet er nur in dem Umfang, in dem er im Verhältnis zu dem Dritten haftbar ist."

Mit dieser Formulierung wird praktisch eine gesamtschuldnerische Haftung des Architekten ausgehöhlt.[122] Der Anspruch des Bauherrn gegen den Architekten wird von vornherein auf die Höhe seines Verantwortungsbeitrages (im Innenverhältnis der Gesamtschuldner zueinander) auch dem Bauherrn gegenüber gekürzt. Der Bauherr wird daher in diesen Fällen stets gezwungen sein, den mitverantwortlichen Unternehmer allein oder zusätzlich zu verklagen, um nicht zwei Gerichtsverfahren anhängig machen zu müssen. Zur Wirksamkeit solcher Klauseln vgl. Rdn. 2262 ff.

Aufgrund der rechtlichen Bedenken zu dieser Klausel wird nunmehr häufig folgender Passus verwandt (vgl. hierzu Rdn. 2267):

„Wird der Architekt wegen eines Schadens in Anspruch genommen, für den auch ein Dritter einzustehen hat, kann er verlangen, dass der Bauherr gemeinsam mit ihm sich außergerichtlich erst bei dem Dritten ernsthaft um die Durchsetzung seiner Ansprüche auf Nachbesserung und Gewährleistung bemüht."

Der BGH[123] hat folgende Klausel in AGB-Formularverträgen des Auftraggebers für unwirksam erklärt: „Kommt neben dem Auftragnehmer auch ein Dritter als Schadensverursacher in Betracht, haftet dennoch der Auftragnehmer gegenüber dem Auftraggeber als Gesamtschuldner". Durch diese Regelung wird dem Auftragnehmer der Einwand genommen, dass **andere** Personen das Allein- oder Mitverschulden trifft; das Haftungsrisiko wird dementsprechend in **unzumutbarer Weise** einseitig zum Nachteil des Auftragnehmers verschoben (Verstoß gegen § 9 AGB-Gesetz/jetzt § 307 BGB).[124] Soweit in **Allgemeinen Geschäftsbedingungen** (Formularverträgen) vom Auftraggeber ein **Verzicht** des Auftragnehmers enthalten ist, bei mangelhafter Bauleistung Ausgleichsansprüche gegen den Architekten oder andere Erfüllungsgehilfen des Auftraggebers geltend zu machen, ist eine solche Klausel nach § 307 BGB unwirksam;[125] wenn in AGB vereinbart ist, dass im Rahmen der Gewährleistung der Architekt oder der Unternehmer nur **subsidiär** haften soll, ist die Verbotsnorm des § 309 Nr. 8 b BGB zu beachten.

**2003**   Wegen des möglichen Ausgleichsanspruchs ist es angebracht, dass der verklagte Gesamtschuldner jeweils dem (im Einzelfall nicht mitverklagten) anderen Gesamtschuldner den **Streit verkündet,** um die materiell-rechtlichen und prozessualen Folgen der Streitverkündung auszulösen.[126] Dadurch wird der spätere Ausgleichsanspruch zwischen dem Architekten und dem Unternehmer als Gesamtschuldner erleichtert (vgl. Rdn. 549).

**Beispiele** aus der Rechtsprechung für eine **Haftungsverteilung** der Baubeteiligten:

∗ Zur Haftungsverteilung zwischen Bauherr und Bauunternehmer bei **Eindringen von drückendem Wasser im Keller:** Bauherr zu einem Viertel wegen Planungsfehler seines Architekten, Unternehmer zu drei Viertel wegen Verletzung der Hinweispflicht und Weiterbau trotz Kenntnis des Wassereintritts ohne Verständigung des Architekten (OLG Karlsruhe, BauR 2003, 917).

---

122) Vgl. OLG München, NJW-RR 1988, 336, 338.
123) BauR 1997, 1036, 1038 (Nichtannahmebeschluss zu OLG Hamburg, *SFH*, Nr. 10 zu § 3 AGB-Gesetz).
124) OLG Hamburg, a. a. O.
125) *Frikell/Glatzel/Hofmann*, K 13.17 ff.; *Ingenstau/Korbion/Wirth*, § 13/B, Rdn. 330.
126) Zur Zulässigkeit bei Gesamtschuldnerschaft vgl. *Glöckner*, BauR 2005, 251, 253. Ferner *Reichelt/Staab*, BTR 2006, 11, 16.

# Die Ausgleichsklage der Baubeteiligten nach § 426 BGB    Rdn. 2003

* **Überwiegende Verantwortung eines Architekten,** der eine „Mönch-Nonne-Deckung" ausschreibt, weil eine solche mit einem besonders hohen Risiko des Wassereintritts verbunden ist (2/3) – Mitverantwortung des Dachdeckers (1/3) wegen Verletzung der Prüfungs- und Hinweispflicht (OLG Naumburg, NZBau 2003, 391 = OLGR 2003, 312).
* Der Bauunternehmer haftet für von ihm verursachte Mängel grundsätzlich allein. In Ausnahme dazu kommt eine **Mithaftung des überwachenden Architekten** in Betracht. Bei **besonders schwerwiegenden Aufsichtsfehlern** und dem Rahmen der Überwachung besonders fehlerträchtiger Bauabschnitte (OLG Stuttgart, BauR 2006, 1172).
* Bei **Schalungsbrand** in der Nähe eines Abgasrohres: Hälftige Schadenteilung zwischen Unternehmer wegen eines Ausführungsmangels und Architekt wegen eines Planungsmangels (OLG Düsseldorf, NJW-RR 1997, 975).
* Bei **eingestürzter Spundwand** aufgrund einer falschen Einschätzung der Boden- und Grundwasserverhältnisse: 40%-Anteil des Gutachters wegen seines mangelhaften Gutachtens, 40%-Anteil des Statikers aufgrund seiner Kenntnisse der stark wechselnden Bodenverhältnisse und der damit verbundenen „Sachnähe", 20%-Anteil des Architekten wegen eines Koordinierungsverschuldens – zu kurzer Zeitabschnitt zwischen Durchführung der Probebohrungen des Gutachters einerseits und der Einbringung der Spundwand andererseits (OLG Stuttgart, BauR 1996, 748).
* Quotenmäßige Verantwortlichkeit von Bauunternehmer, Architekt und Statiker bei **fehlender Dehnungsfuge** (LG Stuttgart, BauR 1997, 137, 139).
* Bei **Straßenschäden** durch **planerische Unterdimensionierung,** Anlieferung eines Sandes **falscher Körnung** durch den Auftraggeber und eine **mangelhafte Verdichtung** dieses Bausandes durch den Unternehmer entfällt auf die fehlerhafte Planung eine Quote von 30% und auf die beiden anderen Ursachen jeweils eine von 35% für den entstandenen Schaden (OLG Brandenburg, NZBau 2001, 322).
* **Zusammentreffen von Planungsfehler des Architekten** (Anordnung von Kellerfensteröffnungen – entgegen DIN 18 195 – nicht 30 cm über dem höchsten zu erwartenden Grundwasserstand) und **Ausführungsfehler des Unternehmers** (Anlegung der Kellerfensteröffnungen um weitere 17 cm tiefer): Haftung von Architekt und Unternehmer zu jeweils 50% (OLG Hamm, BauR 2001, 828).
* Haftung des **Gartenbauunternehmers,** der mit der Gestaltung der Lichtgräben-Böschungen, deren Abstützung durch Kantsteine und der Kiesabdeckung des Raumes zwischen Kantsteinen und Kellerwand beauftragt worden ist, aber seinen Auftraggeber nicht auf die (für ihn leicht erkennbar) fehlerhafte Architektenplanung (Böschungsanlage im Souterrain-Bereich ohne Wasser-Versickerungsmöglichkeiten) und die Verfüllung der Arbeitsräume mit nicht sickerfähigem Material hinweist, wobei sich der **Auftraggeber das Planungsverschulden seines Architekten zu 50%** anrechnen lassen muss (OLG Düsseldorf, NZBau 2001, 398).
* Haftungsverteilung für **Planungsverschulden** des Architekten 100%, für **Verletzung der Hinweispflicht** 0% (OLG Celle, IBR 2004, 12, mit kritischer Anmerkung von *Weyer*).
* **Unzureichende Tragfähigkeit der Pflasterung einer Gebäudeumfahrung:** Planungsfehler des Architekten und Verletzung der Prüfungs- und Hinweispflicht des Unternehmers wiegen gleich schwer (OLG Düsseldorf, BauR 2001, 638, 642).
* Macht sich der Planer wegen eines **Verstoßes gegen die Abstandsvorschriften** der Bauordnung gegenüber seinem Auftraggeber schadensersatzpflichtig, kann er bei dem Bauunternehmer Rückgriff nehmen, der den **Verstoß erkannt** und dennoch ordnungswidrig gebaut hat: Hier 50% (OLG Oldenburg, NZBau 2005, 48 = OLGR 2004, 1972).
* Ein **offensichtlicher Verstoß eines Architekten gegen die anerkannten Regeln der Baukunst** (hier: Die Verlegung der Fliesen angeordnet zu haben, als der Estrich dafür noch nicht trocken genug sein konnte) wiegt soviel schwerer als ein etwaiger Verstoß des Fliesenlegers, dass dessen Haftung im Ergebnis ausscheidet (OLG Celle, BauR 2006, 137).
* Haftung des Architekten bei **Planungsfehler zu 1/3** und des **ausführenden Unternehmens zu 2/3,** wenn der **Unternehmer bei ordentlicher Prüfung den Planungsfehler hätte** erkennen und durch einen Hinweis sowie die anschließende ordnungsgemäße Ausführung den Mangel hätte

vermeiden können (OLG Kralsruhe, OLGR 2005, 121 m. w. N.; ebenso schon BGH, BauR 1991, 79; vgl. hierzu auch BGH, NJW-RR 2005, 891).
* **Haftungsverteilung zu 50%** zwischen **Architekt und Bauunternehmer bei einem Planungsfehler**, den der Unternehmer erkannt hat und trotzdem der Bauausführung zugrunde gelegt hat (OLG Oldenburg, NZBau 2005, 48).
* Bei **unzureichender Aufklärung** des Architekten des Auftraggebers über die **örtlichen Gegebenheiten und Rahmenbedingungen** seiner Arbeit einerseits und Ausführungsschaden des Unternehmers andererseits ist die Quote von ³⁄₄ zu Lasten des Auftraggebers, der sich das Verschulden des Architekten anlasten lassen muss, anzusetzen (OLG Koblenz, BauR 2006, 1160).
* Zur Haftungsverteilung **zwischen planendem** und **bauaufsichtführendem** Architekten im Innenverhältnis: Der planende Architekt als Primärschädiger hat den Schaden intern allein zu tragen (OLG Frankfurt, BauR 2004, 1329).
* Gesamtschuldnerausgleich zwischen **Architekt** (Verletzung der Koordinationspflicht) und **Gerüstbauer** (unzureichender Gerüstbau) nach Gerüstunfall (OLG Stuttgart, NZBau 2007, 591).

## 4. Haftungsbegünstigung eines gesamtschuldnerisch haftenden Baubeteiligten und Gesamtschuldnerausgleich

*Literatur*

*Glöckner*, Gesamtschuldvorschriften und Schuldnermehrheiten bei unterschiedlichen Leistungsinhalten, 1997.

*Medicus*, Haftung, Haftungsbefreiung und Gesamtschuldnerausgleich, JZ 1967, 399; *Hesse*, Haftungsbeschränkungen in Architektenverträgen, BauR 1970, 193; *Wussow*, Auslegung der Subsidiaritätsklausel in Architektenverträgen, NJW 1970, 113; *Wacke*, Der Erlass oder Vergleich mit einem Gesamtschuldner, AcP 1970, 42; *Wurm*, Das gestörte Gesamtschuldverhältnis, JA 1986, 177; *Burgert/Kirchdörfer*, Der doppelt gestörte Gesamtschuldnerausgleich, JuS 1988, 341; *Hager*, Das Mitverschulden von Hilfspersonen und gesetzlichen Vertretern des Geschädigten, NJW 1989, 1640; *Schwab*, Neues zum gestörten Gesamtschuldnerausgleich, JuS 1991, 18; *Muscheler*, Die Störung der Gesamtschuld: Lösung zu Lasten des Zweitschädigers?, JR 1994, 441; *Zerr*, Gesamtschuldverhältnisse im Bauwesen, NZBau 2002, 241; *Stamm*, Neue Lösungsansätze zur Bewältigung der gestörten Gesamtschuld im Verhältnis zwischen Bauunternehmer und Architekt, BauR 2004, 240; *Stamm*, Die Bewältigung der „gestörten Gesamtschuld", NJW 2004, 811.

**2004**  Architekten- und Bauverträge unterscheiden sich bezüglich der Haftung häufig in wesentlichen Punkten. Der gesamtschuldnerische Ausgleichsanspruch zwischen Architekt und Unternehmer kann daher **zu rechtlichen Schwierigkeiten** führen, wenn der Bauherr entweder mit dem Architekten oder dem Unternehmer **besondere Vereinbarungen** trifft, die eine **Erleichterung** oder gar den **Ausschluss** der Haftung eines dieser Baubeteiligten betreffen.[127] Dann ergibt sich die Frage, wie sich derartige **haftungsbefreiende** oder **haftungserleichternde Abreden** des Bauherrn mit einem Gesamtschuldner auf den Ausgleichsanspruch des anderen (nicht begünstigten) Gesamtschuldners auswirken. Diese Frage stellt sich auch, wenn bei einem der beiden Vertragsverhältnisse (Bauherr und Architekt einerseits, Bauherr und Unternehmer andererseits) gesetzliche Haftungsbeschränkungen oder Haftungsausschlüsse gelten.

**2005**  Im Baurecht kommen insoweit z. B. folgende Tatbestände **in Betracht:**
* die Vereinbarung, dass die Haftung für Mängel am Bauwerk auf einen geringeren Zeitraum als die gesetzlichen Verjährungsfristen beschränkt wird;

---

[127] Grundlegend hierzu *Glöckner*, S. 105 ff. sowie *Klein/Moufang*, Jahrbuch Baurecht 2006, 165, 193 und *Dammert*, Festschrift für Ganten, S. 3.

- die vertragliche Freistellung oder Beschränkung eines gesamtschuldnerisch haftenden Baubeteiligten von der Haftung, ohne dass die Haftung des anderen Baubeteiligten dadurch berührt werden soll;
- der Abschluss eines Vergleichs oder Erlassvertrages, der einen gesamtschuldnerisch haftenden Baubeteiligten gegenüber den Übrigen erheblich begünstigt;[128]
- die vielfach in den Architektenverträgen enthaltene Absprache:
  a) dass der Architekt gegenüber dem Bauherrn nur subsidiär haften soll (Subsidiaritätsklausel, vgl. Rdn. 2262);
  b) dass sich die Haftung nur auf den Ersatz des unmittelbaren Schadens am Bauwerk beschränkt (vgl. Rdn. 2257);
  c) dass die Haftung sich auf Schäden beschränkt, die der Architekt dem Grunde und der Höhe nach durch Versicherung seiner gesetzlichen Haftpflicht gedeckt hat oder innerhalb der von der Versicherungsaufsichtsbehörde genehmigten allgemeinen Versicherungsbedingungen bei einem deutschen Versicherer zu tarifmäßigen, nicht auf außergewöhnliche Verhältnisse abgestellten Prämien und Prämienzuschlägen hätte decken können;
  d) dass der Architekt für Schäden, die nicht versicherbar sind, nur bis zu Höhe des Honorars für die Leistungsphase haftet, in die die Pflichtversicherung fällt;
- die Haftungsfreistellung des Unternehmers nach § 104 SGB VII;
- die Vereinbarung einer vom Gesetz abweichenden Beweislastverteilung zugunsten eines Gesamtschuldners, aber zuungunsten der anderen gesamtschuldnerisch haftenden Baubeteiligten.

In all diesen Fällen hat einer der gesamtschuldnerisch haftenden Baubeteiligten aufgrund einer vertraglichen Vereinbarung mit dem Bauherrn oder aufgrund gesetzlicher Bestimmungen Haftungsvorteile vor den anderen Baubeteiligten. Der BGH[129] spricht in diesem Zusammenhang von einem **„gestörten** oder **hinkenden Gesamtschuldnerausgleich"**.

Bei der Beantwortung der Frage, welchen Einfluss diese Haftungsvorteile auf den Ausgleichsanspruch des nicht begünstigten Gesamtschuldners haben, sind von Rechtsprechung und Literatur **verschiedene Lösungswege** erarbeitet worden.

Grundsätzlich wird zunächst allgemein zu Recht die Erwägung abgelehnt, dass der nicht privilegierte und an der Verantwortung nur teilweise beteiligte Gesamtschuldner den vollen Schaden tragen soll, ohne sich an den anderen haftungsbegünstigten Gesamtschuldner gem. § 426 BGB halten zu können. Haftungsbegünstigte Vereinbarungen des Gläubigers mit einem Gesamtschuldner dürfen nicht zu Lasten Dritter gehen.[130] Ferner besteht Einigkeit, dass grundsätzlich eine irgendwie geartete Haftungsbegünstigung nur zwischen den Parteien wirkt, die ihn abgeschlossen haben; etwas anderes kann nur dann gelten, wenn die Vertragsschließenden erkennbar etwas anderes gewollt haben. In diesem Zusammenhang vertritt das OLG Dresden[131] die

---

128) Vgl. hierzu OLG Hamm, BauR 1990, 638 = ZfBR 1990, 141 = MDR 1990, 338 sowie NJWRR 1988, 1174 (Prüfung der Drittwirkung eines **Vergleichs**); OLG Köln, OLGR 1992, 169 u. BauR 1993, 744.
129) NJW 1973, 1648 = VersR 1973, 836 = JR 1974, 150; NJW 1987, 2669; hierzu: *Wurm*, JA 1986, 177 ff.; *Glöckner*, S. 106 und BauR 2005, 251, 272.
130) BGH, NJW 1986, 1097; NJW 1989, 2386; OLG Hamm, BauR 1997, 1056; *Kniffka*, BauR 2005, 274, 280; *Eberz*, BauR 1995, 442, 444.
131) BauR 2005, 1954 = IBR 2005, 472 – *Schulze-Hagen*.

Auffassung, dass z. B. einem Vergleich zwischen Auftraggeber und Unternehmer dann Gesamtwirkung zugunsten des bauüberwachenden Architekten beizumessen ist, wenn der Unternehmer im Innenverhältnis mit dem Architekten allein verpflichtet ist, den Schaden zu tragen. Das entspricht der herrschenden Meinung.[132]

**2008** Im Übrigen gehen jedoch die Meinungen in Rechtsprechung und Literatur auseinander.[133] Der BGH vertritt die Auffassung, dass ein Ausgleichsanspruch des zahlenden Gesamtschuldners nach § 426 Abs. 1 BGB auch dann besteht, wenn der andere Gesamtschuldner dem Geschädigten (Bauherrn) selbst wegen eines vertraglichen oder gesetzlichen Haftungsausschlusses oder einer Haftungserleichterung nicht – oder nicht mehr – haftet.[134] Diesen Grundsatz hat der BGH bisher ausdrücklich auf folgende Fallgestaltungen angewandt: **Verjährungseintritt** bei einem Gesamtschuldner,[135] nachträglicher **Erlass** gegenüber einem Gesamtschuldner,[136] **Vergleich** mit einem Gesamtschuldner,[137] im **Voraus getroffene Abreden** über einen **Haftungsverzicht** oder eine **Haftungsbeschränkung** (z. B. im Architektenvertrag).[138] Der BGH misst damit gesetzlichen oder vertraglich vereinbarten Haftungsvorteilen eines Gesamtschuldners nur **Wirkungen im Außenverhältnis,** also zwischen den Vertragsparteien, bei, während er im Innenverhältnis zwischen den Gesamtschuldnern eine Ausgleichspflicht des haftungsbegünstigten Gesamtschuldners trotz der vertraglich ihm zustehenden Haftungsvorteile bejaht.

**2009** Die Literatur lehnt zum überwiegenden Teil diese Auffassung des BGH ab und schlägt eine andere Lösungsmöglichkeit vor:[139] Danach soll sich der Anspruch des Bauherrn gegen den nicht privilegierten Gesamtschuldner um den Verantwortungsteil des haftungsbegünstigten Gesamtschuldners mindern.[140] Dadurch hat der Bauherr gegen den nicht haftungsbegünstigten Gesamtschuldner einen Anspruch nur insoweit, als im Innenverhältnis eine Leistungspflicht zwischen den Gesamtschuldnern besteht. Der Schadensersatzanspruch des Bauherrn wird also von vornherein auf die Höhe

---

132) BGH, NJW 2000, 1942 ff., 1943; OLG Köln, BauR 1993, 744; *MünchKomm-Bydlinski*, § 323 BGB, Rdn. 4.
133) Siehe im Einzelnen *Stamm*, BauR 2004, 240; *Glöckner*, S. 108 ff. sowie BauR 2005, 251 ff., 272 sowie *Kniffka*, BauR 2005, 274, 279 ff.
134) BGHZ 58, 216 = NJW 1972, 942 = BauR 1972, 246; *Kniffka*, BauR 2005, 274, 280. Etwas anderes kann u. U. gelten, wenn die Haftungsbegrenzung zwischen den Gesamtschuldnern selbst ausgehandelt wurde; vgl. hierzu OLG Hamm, BauR 1990, 638; OLG Düsseldorf, ZfBR 1983, 92 m. Anm. *Blaesing* sowie BGH, NJW 1989, 2386 u. BGH, NJW 1990, 1361.
135) BGH, BauR 1971, 60 = WM 1971, 101; vgl. hierzu BGH, NZBau 2001, 195, 196 sowie *Kniffka*, BauR 2005, 274, 280 (auch bei verjährungsverkürzenden Vereinbarungen).
136) BGHZ 47, 376, 379.
137) BGH, *Schäfer/Finnern*, Z 3.01 Bl. 325; *Kniffka*, BauR 2005, 274, 282; siehe aber OLG Köln, OLGR 1992, 169 (für einen Darlehensvertrag). Vgl. hierzu *Dammert*, Festschrift für Ganten S. 3, 13.
138) BGHZ 58, 216 = NJW 1972, 942. Etwas anderes gilt nur, wenn die Vertragsschließenden das ganze Schuldverhältnis aufheben wollten (BGHZ 155, 265 ff.).
139) Hierzu insbesondere *Glöckner*, S. 110 ff. sowie *Kniffka*, BauR 2005, 274, 279 ff. Offen gelassen von *Vorwerk* in Thode/Wirth/Kuffer, § 20, Rdn. 73 f. Trotz Bedenken dem BGH zustimmend *Schmalzl/Lauer/Wurm*, Rdn. 624 ff.
140) Vgl. hierzu OLG Hamm, BauR 1997, 1056, das allerdings auf den Einzelfall abstellt; danach ist es jeweils eine **Frage der Auslegung** der Vereinbarung, „ob die Haftungsbeschränkung entsprechend § 423 BGB auch in der Weise zugunsten anderer Gesamtschuldner wirken soll, dass der Gläubiger ihnen gegenüber nicht mehr den Forderungsanteil geltend machen kann, der im Innenverhältnis der Gesamtschuldner auf den begünstigten Schuldner entfällt".

des Verantwortungsanteils des nicht privilegierten Gesamtschuldners gekürzt, sodass eine Ausgleichspflicht des anderen Gesamtschuldners nicht mehr in Betracht kommt.[141] Die Auffassung der Literatur wird mit einer ergänzenden Auslegung der Haftungsbegünstigung oder der Haftungsfreistellung begründet, die als pactum de non petendo zugunsten des Zweitschädigers aufgefasst werden kann.

**2010** Der in der Literatur überwiegend vertretenen Meinung ist zuzustimmen. Die Lösung des BGH lässt etwaige haftungsbegünstigende Vereinbarungen zwischen dem Bauherrn und einem anderen gesamtschuldnerisch haftenden Baubeteiligten zu Unrecht unberücksichtigt. Sie unterläuft sozusagen diese Vereinbarungen im Rückgriffwege,[142] weil im Innenverhältnis der Schaden unter den Gesamtschuldnern doch nach Quoten verteilt werden soll und damit der an sich vom Bauherrn bewusst begünstigte Baubeteiligte dennoch zur Haftung herangezogen werden kann. Darüber hinaus ist nicht einzusehen, aus welchen Gründen z. B. der haftungsbegünstigte Unternehmer, wenn er den Baumangel gemeinsam mit dem Architekten verschuldet, schlechter stehen soll als bei alleiniger Verantwortung;[143] im letzteren Fall könnte sich der Unternehmer voll auf die mit dem Bauherrn vertraglich vereinbarte oder gesetzliche Haftungsbegünstigung berufen, während ihm dies bei einem Mitverschulden des Architekten nicht möglich sein soll.

**2011** Die Auffassung des BGH führt damit zu unbefriedigenden Ergebnissen. Dagegen bringt die Kürzung des Schadensersatzanspruches des Bauherrn auf die dem Verantwortungsbeitrag des haftungsbegünstigten Gesamtschuldners entsprechende Quote eine sachgerechte und billige Lösung: Die gesetzliche oder vertraglich vereinbarte Haftungsbegünstigung eines Gesamtschuldners wird – ohne unbillige Rückbelastung – respektiert, der Geschädigte wird nicht, obwohl er unter Umständen mit einem Gesamtschuldner eine haftungserleichternde Vereinbarung getroffen hat, dadurch besser gestellt, dass noch ein anderer Schädiger mitverantwortlich ist, und schließlich der Zweitschädiger nicht dadurch benachteiligt, dass einem anderen mitverantwortlichen Schädiger eine Haftungsbegünstigung zukommt, obwohl er unter Umständen nur in geringem Maße mitverantwortlich ist.

**2012** Im Übrigen hat der BGH seine Auffassung für den Fall der gesetzlichen Haftungsfreistellung eines Gesamtschuldners selbst durchbrochen und sich für diesen Fall der Literatur angeschlossen.[144] Danach kann der Geschädigte einen außerhalb des Sozialversicherungsverhältnisses stehenden Zweitschädiger insoweit nicht auf Schadensersatz in Anspruch nehmen, als der für den Unfall mitverantwortliche Unternehmer ohne seine Haftungsfreistellung (§ 104 SGB VII) im Verhältnis zu dem Zweitschädiger (§§ 426, 254 BGB) für den Schaden aufkommen müsste. Der BGH billigt damit also für den Fall, dass ein Bauarbeiter auf der Baustelle einen Unfall erleidet und die Haftung seines

---

141) So z. B.: *Kaiser*, ZfBR 1985, 101, 107; *Medicus*, JZ 1967, 398; *Keuk*, AcP 168, 175 u. JZ 1972, 528; *Haase*, JR 1972, 376; *Thiele*, JuS 1968, 149; *Palandt/Heinrichs*, § 426 BGB, Rdn. 17; **a. A.:** *Zerr*, NZBau 2002, 241, 244; *Wussow*, Haftung, S. 169; *Bindhardt/Jagenburg*, § 9, Rdn. 13 ff.; *Pott/Frieling*, Rdn. 585; *MünchKomm-Selb*, § 426 BGB, Rdn. 20; *Knacke*, BauR 1985, 270, 277; *Ingenstau/Korbion/Wirth*, § 13/B, Rdn. 321; s. ferner: *Hager*, NJW 1989, 1640, 1642; *Muscheler*, JR 1994, 441 u. *Diehl*, Festschrift für Heiermann, S. 37, 46.
142) *Erman/Westermann*, § 426 BGB, Rdn. 11.
143) Hierauf weist *Palandt/Heinrichs*, § 426 BGB, Rdn. 16 zu Recht hin; ebenso: *Keuk*, JZ 1972, 528 u. *Hager*, NJW 1989, 1642.
144) BGH, NJW 1990, 1361; NJW 1973, 1648 = VersR 1973, 836 = JR 1974, 150 m. Anm. *Gitter*, ferner: BGHZ 54, 177 = NJW 1970, 1546; NJW 1976, 1975; NJW 1987, 2669; vgl. hierzu auch BGH, NZBau 2005, 576; ebenso OLG Karlsruhe, BauR 2002, 1555.

Arbeitgebers, des Unternehmers, nach § 104 SGB VII ausgeschlossen ist, z. B. dem Architekten, der als Zweitschädiger in Anspruch genommen wird, keinen Ausgleichsanspruch gegen den haftungsbegünstigten Unternehmer zu;[145] dabei weist der BGH selbst darauf hin, dass andernfalls „der Schutzzweck der Privilegierungsvorschriften vereitelt würde, die auf eine endgültige Freistellung der privilegierten Personen abzielen".[146] Gleichzeitig kürzt der BGH den Anspruch des geschädigten Bauarbeiters gegen den Zweitschädiger um den dem Verantwortungsbeitrag des privilegierten Schädigers (Unternehmers) entsprechenden Anteil; der Zweitschädiger haftet also nur in Höhe der Schadensquote, die sich aus seinem Mitverschulden ergibt. Aus welchen Gründen der BGH den Fall eine gesetzlichen Freistellung eines Gesamtschuldners nach § 104 SGB VII anders beurteilt als die Fälle einer vertraglichen oder sonstigen gesetzlichen Haftungsbegünstigung eines Gesamtschuldners, ist nicht einzusehen.[147]

**2013** Die hier vertretene Auffassung gilt auch für den Fall einer vertraglich vereinbarten **Subsidiaritätsklausel** im Rahmen eines Architektenvertrages (vgl. Rdn. 2262). Eine derartige Vereinbarung stellt eine Haftungsbeschränkung zugunsten des Architekten dar. Wird der Unternehmer in Anspruch genommen, so wird der Ersatzanspruch des Geschädigten von vornherein auf das verkürzt, was der Unternehmer ohne die Haftungsbeschränkung des Architekten im Innenverhältnis zu tragen hätte, nämlich auf die Höhe seines Verantwortungsbeitrags zu dem Bauschaden.[148] Der BGH hat diesen Fall noch nicht entschieden. Er würde aber wohl bei Fortsetzung seiner bisherigen Rechtsprechung den Unternehmer ebenfalls voll haften lassen und ihm einen Ausgleichsanspruch gegen den Architekten zubilligen und dadurch die Subsidiaritätsklausel im Innenverhältnis unberücksichtigt lassen.

---

[145] So schon BGH, NJW 1967, 982 = VersR 1967, 250; *Palandt/Heinrichs*, § 426 BGB, Rdn. 20.
[146] BGH, NJW 1973, 1648.
[147] Ebenso: *Gitter*, JR 1974, 152.
[148] **Anderer Ansicht** *Wussow*, NJW 1974, 9, 14, der grundsätzlich den Unternehmer ohne rechte Begründung voll haften lassen will.

## III. Anerkenntnisse im Baurecht

*Übersicht*

|  | Rdn. |  | Rdn. |
|---|---|---|---|
| 1. Allgemeines | 2014 | c) Der Anerkenntnisvermerk des Bauherrn unter der Honorarrechnung des Architekten | 2028 |
| 2. Rechtliche Formen des Anerkenntnisses | 2015 | d) Der Prüfvermerk unter der Schlussrechnung des Bauunternehmers | 2030 |
| 3. Einzelfälle | 2021 | e) Das gemeinsame Aufmaß als Anerkenntnis | 2033 |
| a) Das Anerkenntnis zur Mängelbeseitigung | 2022 | f) Sonstige Fälle | 2040 |
| b) Die Anerkennung von Stundenlohnarbeiten | 2023 | 4. Rechtsprechungsübersicht | 2043 |

### 1. Allgemeines

In Bauprozessen wird vielfach das „Anerkenntnis" des Bauherrn als **sekundäre** Anspruchsgrundlage für den Werklohnanspruch des Unternehmers oder für das Honorar des Architekten vorgetragen. Meist beschränkt sich der Vortrag allerdings auf den Hinweis, der Bauherr habe „im Übrigen auch den Werklohn des Unternehmers oder das Honorar des Architekten anerkannt". Dabei wird dann das **gemeinsame Aufmaß** zwischen Unternehmer und Bauherr (oder dessen Architekt), der **Prüfvermerk** auf der Schlussrechnung des Architekten und auch, soweit es um Stundenlohnarbeiten geht, die **Unterschriftsleistung** unter den Stundenlohnzetteln als Grundlage des „Anerkenntnisses" angeführt. Auf „Anerkenntnis" wird vielfach schließlich der Mängelbeseitigungsanspruch gestützt; es wird dann vorgetragen, der Unternehmer habe eine **Zusage** gemacht, die Bauschäden auf seine Kosten zu beseitigen. Eine nähere Erläuterung, insbesondere eine rechtliche Subsumtion, erfolgt in der Regel nicht. **2014**

### 2. Rechtliche Formen des Anerkenntnisses

*Literatur*

*Crezelius*, Konstitutives und deklaratorisches Anerkenntnis, DB 1977, 1541; *Grams*, Zum (Schuld) Anerkenntnis im Baurecht, BauR 2004, 1513.

Das Anerkenntnis kommt auch im Bauwesen in verschiedenen Formen vor. Zunächst kann ein Anerkenntnis in Form eines **rein tatsächlichen Verhaltens** eines der Baubeteiligten gegenüber den Gläubigern einer Bauforderung (z. B. wiederholte **Nachbesserungsversuche** des Unternehmers)[1] abgegeben werden (vgl. hierzu Rdn. 2429 u. 2432); das sind die Fälle des § 212 BGB. Hier sind nicht rechtsgeschäftliche Handlungen des Schuldners gegenüber dem Gläubiger gemeint, vielmehr rein **tatsächliche** Verhaltensformen, die unzweifelhaft darauf schließen lassen, dass der Schuldner selbst von dem Bestehen der Forderung unzweideutig ausgeht. Sie führen zu einem **Neubeginn** (früher Unterbrechung) **der Verjährung** (vgl. hierzu Rdn. 2429 ff.). Als Fallgestaltungen kommen insoweit z. B. in Betracht: **Stundungsbegehren, Zinszahlungen,** Angebot einer bestimmten Verrechnungsform, **Ab- 2015**

---

[1] BGH, NJW-RR 1994, 373 = BauR 1994, 103 = WM 1994, 307.

schlagszahlungen,[2] u. U. auch Vergleichsangebote,[3] **Sicherheitsleistungen**.[4] Die Erklärung der Aufrechnung mit einer bestimmten Bauforderung gegen eine unbestrittene Bauforderung enthält allerdings nach Auffassung des BGH[5] grundsätzlich kein die Verjährung unterbrechendes Anerkenntnis der letzteren i. S. des § 208 BGB a. F. Der Gesetzgeber des **SchRModG** hat daher auch **nicht die Aufrechnung** als Unterfall des Anerkenntnisses in § 212 BGB n. F. **erwähnt** (vgl. hierzu Rdn. 2434).

**2016** Das Bewusstsein des Verpflichteten hinsichtlich des Bestehens der Schuld wird durch **Vorbehalt** (z. B. bei einer Abschlagszahlung) „ohne Anerkennung einer Rechtspflicht" nicht ohne Weiteres ausgeschlossen, soweit andere Umstände dafür sprechen.[6] Rein tatsächliche Verhaltensformen stellen in der Regel auch keine Willenserklärungen dar, sodass sie nicht wegen Irrtums anfechtbar sind. Erreicht ein Vertragspartner das „Anerkenntnis" durch arglistiges Verhalten, wird er sich auf dieses Anerkenntnis allerdings nicht stützen können.

**2017** Daneben kommt das Anerkenntnis als **rechtsgeschäftliche Handlung** in Betracht, und zwar in Form des sog. **deklaratorischen** und **konstitutiven** Schuldanerkenntnisses. Welche Rechtsform gegeben ist, hängt vom Willen der Parteien im Einzelfall ab und ist Auslegungssache.[7]

**2018** Das **konstitutive Schuldanerkenntnis** ist in § 781 BGB geregelt und bedarf grundsätzlich der Schriftform.[8] Hier wird ein neuer, **selbstständiger Rechtsgrund** geschaffen, der neben die Forderung eines Baubeteiligten tritt; die neue Schuld ist unabhängig von dem bisherigen Verpflichtungsgrund (Bauvertrag oder Architektenvertrag) und wird damit zu einer besonderen Anspruchsgrundlage. Das konstitutive Schuldanerkenntnis setzt voraus, dass die Parteien sich über Streitpunkte oder Ungewissheiten einigen wollten und geeinigt haben, die aus ihrer Sicht nach den Umständen des Einzelfalles klärungs- und regelungsbedürftig waren.[9] Das konstitutive Schuldanerkenntnis ist von den Parteien nur selten gewollt[10] und bedarf daher im Einzelfall einer sorgfältigen Prüfung aller Umstände.[11]

**2019** Zum anderen kann das Anerkenntnis nur die Bedeutung haben, dass das Entstehen oder Bestehen der geltend gemachten Forderung des Architekten oder Bauunternehmers „bestätigend anerkannt" wird (sog. **deklaratorisches Schuldanerkenntnis**). Ist nach dem Willen der Parteien nur die bloße Bestätigung einer Schuld im bisherigen Umfang gewollt, bedarf dies keiner besonderen Form. Eine nicht bestehende Schuld wird durch ein schuldbestätigendes Anerkenntnis nicht begründet. Das deklaratorische Schuldanerkenntnis ist der Regelfall in der baurechtlichen Praxis.

---

2) Siehe auch OLG Köln, OLGR 1994, 269 (Übersendung eines **Verrechnungsschecks**).
3) Vgl. BGH, VersR 1965, 958 u. WM 1970, 549.
4) Siehe *Palandt/Heinrichs*, ErgB, § 212 BGB, Rdn. 3 ff.
5) BauR 1972, 179; BGH, NJW 1969, 1108 u. OLG Koblenz, KTS 1980, 105 **für Mangeleinwand**.
6) BGH, VersR 1969, 567 u. 1972, 398; vgl. aber OLG Köln, VersR 1967, 463.
7) Vgl. BGH, *Schäfer/Finnern*, Z 2.223 Bl. 4; zur Abgrenzung s. BGH, NJW 1980, 1158 sowie *Grams*, BauR 2004, 1513 ff. (zu den Auslegungsgesichtspunkten 1517/1518).
8) Wird das abstrakte Schuldanerkenntnis aufgrund einer Abrechnung oder im Wege des Vergleichs oder von einem Kaufmann abgegeben, ist die Erklärung ausnahmsweise formfrei (§ 782 BGB, § 350 HGB).
9) BGH, BauR 2003, 1892, 1897 = NZBau 2004, 31 = ZfBR 2004, 37.
10) Vgl. BGH, NJW-RR 1986, 649.
11) BGH, BauR 1995, 726 = ZfBR 1995, 263 = NJW-RR 1995, 1361; OLG Hamm, BauR 2002, 1105.

Die **rechtlichen Wirkungen** des deklaratorischen Schuldanerkenntnisses richten sich nach dem Willen der Parteien. In der Regel ist allerdings Zweck dieses Schuldanerkenntnisses, die Schuld dem Streit der Parteien zu entziehen und festzulegen;[12] damit werden dem Anerkennenden alle – auch rechtshindernde und rechtsvernichtende – **Einwendungen abgeschnitten,** die er bei Abgabe seiner Erklärung kannte oder mit denen er zumindest rechnete;[13] dagegen bleiben die Einwendungen bestehen, die ihm unbekannt waren.[14]

Allein die **Zahlung des Werklohns** auf eine geprüfte Rechnung rechtfertigt nach BGH[15] noch **nicht** die Annahme eines **deklaratorischen Schuldanerkenntnisses**.

2020 In jedem Fall bewirkt ein deklaratorisches Schuldanerkenntnis eine **Umkehr der Beweislast:** Der Bestätigende trägt nunmehr die Beweislast dafür, dass der Gläubiger keinen Anspruch gegen ihn hat und das ihm dies nicht bekannt war.[16]

Das bestätigende Anerkenntnis ist auch als einseitiges, nicht vertragsgemäßes Anerkenntnis denkbar; es hat dann aber nur den Charakter eines Beweismittels.[17] Schließlich kann ein Schuldanerkenntnis aufgrund einer Abrechnung oder im Wege des Vergleichs (§ 779 BGB) erteilt werden;[18] hierzu bedarf es keiner besonderen Form.

### 3. Einzelfälle

2021 Die Feststellung des Inhalts eines Anerkenntnisses und seine Auslegung sind jeweils Sache des **Tatrichters**.[19] Typische Fallgestaltungen sind:

#### a) Das Anerkenntnis zur Mängelbeseitigung

2022 Bei Auftreten von Baumängeln werden zwischen den Baubeteiligten vielfach zunächst Verhandlungen darüber geführt, welche Ursachen die Mängel haben und wer hierfür verantwortlich ist. Dabei kommt es dann vor, dass einer der Baubeteiligten, um dem Streit ein Ende zu bereiten, eine verbindliche **Zusage** macht, die Schäden auf seine Kosten zu beseitigen. Später will er sich dann von seiner Zusage mit dem Hinweis distanzieren, der eingetretene Schaden sei nicht auf seine mangelhafte Bauleistung zurückzuführen.

Die Erklärung eines Unternehmers gegenüber dem Bauherrn, einen Baumangel auf seine Kosten zu beheben,[20] stellt durchweg ein **deklaratorisches Anerkenntnis** dar, wenn nicht besondere Umstände im Einzelfall eine andere Beurteilung (Nachbesse-

---

[12] BGH, BauR 1999, 1021, 1022 und BauR 1999, 1308 = MDR 1999, 1191; ferner JZ 1968, 633 = WM 1968, 472; BauR 1977, 138; BauR 1995, 232 = ZfBR 1995, 82 = NJW 1995, 960; OLG Naumburg, NJW-RR 1995, 154 (die **Absetzung** einer **Vertragsstrafe** in der Schlussrechnung ist als deklaratorisches Schuldanerkenntnis zu werten).
[13] BGH, MDR 1968, 485; KG, *Schäfer/Finnern*, Z 2.412 Bl. 16 u. NJW 1971, 1219.
[14] BGH, NJW 1971, 220; BauR 1977, 138.
[15] BauR 2007, 700 = NJW-RR 2007, 530.
[16] RGZ 67, 262; BGH, *Schäfer/Finnern*, Z 2.414 Bl. 198.
[17] *Palandt/Thomas*, § 781 BGB, Rdn. 3 ff.
[18] Zum so genannten einfachen Anerkenntnis ohne Rechtsfolgewillen vgl. *Grams*, BauR 2004, 1513, 1516.
[19] BGH, BauR 1974, 356.
[20] Zur Tragweite einer solchen Verpflichtung: BGH, BauR 1990, 356 = ZfBR 1990, 172; ferner OLG Düsseldorf, NJW-RR 1994, 1362; OLG Köln, NJW-RR 1995, 211.

rung aus Kulanz oder zur gütlichen Beilegung eines Streits) notwendig machen.[21] Dies hat zur Folge, dass aus einer „Zusage" zur Mängelbeseitigung kein selbstständiger Anspruch hergeleitet werden kann, wenn der Unternehmer nicht ohnehin für die Kosten des eingetretenen Schadens haftet. Aufgrund des Anerkenntnisses trifft ihn jedoch im Prozess die **Beweislast,** dass der Bauschaden nicht auf einer mangelhaften Werkleistung beruht. Der Unternehmer muss also den Beweis erbringen, dass der Bauherr keinen Anspruch auf Mängelbeseitigung besitzt und ihm dies auch bewusst war, als er das Anerkenntnis des Unternehmers entgegennahm. Diese Beweislastverteilung kann gerade bei den im Bauprozess vielfach auftretenden Beweisschwierigkeiten von ausschlaggebender Bedeutung sein. Darüber hinaus hat ein solches Anerkenntnis den Neubeginn der Verjährung zur Folge (vgl. Rdn. 2429 u. 2432). Das gilt auch für den Fall der wiederholten **Nachbesserungsversuche.**[22]

### b) Die Anerkennung von Stundenlohnarbeiten

**2023** Der Stundenlohnvertrag (vgl. Rdn. 1210 ff.) ist in der Baubranche seltener. Erbringt der Unternehmer Werkarbeiten im **Stundenlohn,** ist es üblich und sinnvoll, dass er dem Bauherrn Stundenlohnzettel einreicht und sich diese von dem Bauherrn unterschrieben lässt.

Beim VOB-Bauvertrag gilt insoweit § 15 VOB/B, insbesondere Nr. 3: Danach muss jeder Unternehmer die Ausführung von Stundenlohnarbeiten **vor Beginn anzeigen.** Über die geleisteten Arbeitsstunden und die dabei verwendeten, besonders zu vergütenden Stoffe, Bauhilfs- und Betriebsstoffe, Geräte, Gerüste, Werkzeuge und dergleichen sind, wenn nichts anderes vereinbart ist, je nach der Verkehrssitte werktäglich oder wöchentlich Listen (**Stundenlohnzettel**) einzureichen. Beim VOB-Bauvertrag ist also die Einreichung von Stundenlohnzetteln für den Unternehmer Pflicht. Der Bauherr muss dann seinerseits die Stundenlohnzettel mit der Unterschrift versehen an den Unternehmer unverzüglich zurückgeben.

Werden die Stundenlohnzettel von dem Bauherrn **unterschrieben** zurückgereicht, so hat er die Leistungen des Unternehmers anerkannt. Beanstandungen gegen die auf den Zetteln vermerkten Leistungen des Unternehmers kann der Bauherr auf den zurückgegebenen Stundenlohnzetteln vermerken. Der Bauherr kann aber seine Beanstandungen auch dem Unternehmer gesondert schriftlich mitteilen. Reicht der Bauherr die Stundenlohnzettel nach Ablauf von 6 Werktagen nach der Einreichung nicht zurück, und erhebt er auch keine schriftlichen Einwendungen innerhalb dieser Frist, so gelten die Stundenlohnzettel als anerkannt.

**2024** Es ist jedoch zu beachten, dass Tagelohnzettel die durchgeführten Arbeiten **nachvollziehbar beschreiben** müssen, sodass ein bloßer Vermerk **„Arbeit nach Angabe"** nicht ausreicht; nicht nachvollziehbare Tagelohnzettel sind auch dann nicht zu berücksichtigen, wenn der Architekt sie unterzeichnet hat (vgl. hierzu auch Rdn. 1215).[23]

**2025** Die Gefahr und die Schwierigkeiten der durch Unterschriftsleistung erfolgten „Anerkennung" der Stundenlöhne durch den Bauherrn sind von der Rechtsprechung lange Zeit nicht erkannt worden: Dem Bauherrn oder seinem Bevollmächtigten ist, wenn sie nicht ständig auf der Baustelle anwesend sind, eine echte Kontrolle der tat-

---

[21] BGH, *Schäfer/Finnern,* Z 2.414 Bl. 198; OLG Hamm, MDR 1991, 243; *Weise,* BauR 1991, 19, 28.
[22] Vgl. zur früheren Rechtslage (Unterbrechung der Verjährung): BGH, NJW-RR 1994, 373 = BauR 1994, 103; NJW-RR 1988, 684 = BauR 1988, 465 = ZfBR 1988, 213.
[23] OLG Karlsruhe, BauR 1995, 114.

**Einzelfälle** **Rdn. 2026–2027**

sächlich erbrachten Stunden nicht möglich; der Bauherr und auch sein Architekt sind überfordert, wenn sie vor Unterschriftsleistung unter den Stundenlohnzetteln feststellen sollen, ob ein **Missverhältnis** zwischen den **geleisteten Stunden** und der **erbrachten Bauleistung** gegeben ist oder ob die Stunden tatsächlich erbracht sind. So werden dann die Stundenlohnzettel häufig ohne größere Kontrollmöglichkeit unterschrieben, und erst bei der Abrechnung entstehen Zweifel, ob das Verhältnis zwischen den berechneten Stundenlöhnen und der erbrachten Gesamtleistung angemessen ist.

Der BGH[24] hat diesen Schwierigkeiten Rechnung getragen: **Unterschreibt der Bauherr die Zettel,** so hat dies nicht die rechtliche Wirkung, dass dem Bauherrn nunmehr alle Einwendungen gegen die Richtigkeit der Stundenlöhne in Zukunft genommen sind. Es wird also **keine selbstständige Verbindlichkeit** zwischen Unternehmer und Bauherr in der Weise geschaffen, dass sich der Bauherr nunmehr durch die Unterschrift unter die Stundenlohnzettel verpflichtet, die ausgewiesenen Lohnarbeiten unabhängig von dem Bestehen eines Schuldgrundes i. S. des § 781 BGB zu bezahlen. Vielmehr handelt es sich nur um ein **bestätigendes Schuldanerkenntnis.**[25] Deshalb ist der **Bauherr** an die **unterschriebenen Stundenlohnzettel grundsätzlich gebunden,** es sei denn, er kann **beweisen,** dass die Zettel **unrichtig** sind **und** dass er deren **Unrichtigkeit oder Unangemessenheit bei der Unterzeichnung nicht erkannt hat.**[26] Dies gilt auch für den Fall des Anerkenntnisses gemäß § 15 Nr. 3 VOB/B.[27] 2026

Die **unterschriebenen Stundenlohnzettel** haben deshalb die Wirkung einer **Beweislastumkehr** (vgl. auch Rdn. 1214): Nicht der Unternehmer muss die von ihm erbrachten Stunden beweisen, sondern der **Bauherr** muss den Beweis für die **Unrichtigkeit** der beanstandeten Stundenlohnzettel erbringen.[28] Der Unternehmer genügt seiner Beweislast durch Vorlage der unterschriebenen Stundenlohnzettel. Der Bauherr kann gegenüber von ihm unterschriebenen Stundenlohnzetteln u. U. durch ein Aufmaß der erbrachten Leistungen oder durch ein Sachverständigengutachten den Nachweis erbringen, dass die Angaben in den Stundenlohnzetteln übersetzt sind.[29] Insoweit bedarf es jedoch eines substantiierten Vortrages hinsichtlich der Unrichtigkeit der Höhe der vom Unternehmer angesetzten Stunden; es genügt 2027

---

24) NJW 1970, 2295 = BauR 1970, 239.
25) OLG Bamberg, OLGR 2004, 169; OLG Celle, NJW-RR 2003, 1243 = OLGR 2003, 361 = IBR 2003, 290 – *Schwenker;* vgl. auch BGH, NJW 1958, 1553; Hans. OLG Hamburg, BauR 2000, 141; *Nicklisch/Weick,* § 15/B, Rdn. 29.
26) Ebenso: KG, BauR 2003, 726; OLG Düsseldorf, BauR 2000, 1383 (LS) = NZBau 2000, 378 = OLGR 2000, 367 (Stundenlohnarbeiten können nur mit der Stundenanzahl abgerechnet werden, die bei einer Ausführung „mit durchschnittlichem Arbeitstempo" angefallen wären) u. OLGR 1994, 215; OLG Celle, NZBau 2002, 675, 677; ferner OLG Celle, NJW-RR 2003, 1243 = OLGR 2003, 261 = IBR 2003, 290 – *Schwenker* (Werkunternehmer trägt die Darlegungs- und Beweislast dafür, „dass die Stunden im Rahmen einer wirtschaftlichen Betriebsführung erbracht wurden und einen wirtschaftlich vertretbaren Aufwand an Arbeitszeit darstellen"); *Ingenstau/Korbion/Keldungs,* § 15 Nr. 3/B, Rdn. 21; *Korbion/Hochstein,* Rdn. 637.
27) BGH, *Schäfer/Finnern,* Z 2.303 Bl. 4.
28) BGH, BauR 2000, 1196 = NJW 2000, 1107 = MDR 2000, 1001; BauR 1994, 760; BauR 1970, 239; OLG Oldenburg, IBR 2005, 415 – *Putzier; Franke/Kempe/Zanner/Grünhagen,* § 15/B, Rdn. 34; *Ingenstau/Korbion/Keldungs,* § 15 Nr. 3/B, Rdn. 21; **a. A.:** wohl OLG Hamm, BauR 2002, 319 mit abl. Anm. *von Keldungs.*
29) OLG Hamm, BauR 2002, 319, 321; OLG Düsseldorf, OLGR 1994, 215, 216.

nicht, der durch Stundenlohnzettel zugestandenen Gesamtstundenzahl eine andere Gesamtstundenzahl gegenüber zu stellen.[30]

Allerdings hat der BGH[31] auch entschieden, dass die Abzeichnung von Stundenlohnzetteln und die damit verbundene Anerkennungswirkung nur **Art und Umfang der erbrachten Leistungen** betreffen; sieht der Bauvertrag keine Stundenlohnarbeiten vor, kann eine nachträgliche stillschweigende Vereinbarung solcher Arbeiten in der Regel nicht allein aus der Unterzeichnung von Stundenlohnnachweisen hergeleitet werden,[32] jedenfalls nicht ohne entsprechende Vertretungsmacht des Unterzeichnenden; die bloße **Ermächtigung** eines Bauleiters, die Stundenlohnnachweise abzuzeichnen, reicht insoweit noch nicht aus.

Auch beim Stundenlohnvertrag ist der Auftragnehmer verpflichtet, auf eine **wirtschaftliche Betriebsführung** zu achten.[33] Deshalb trägt nach zutreffender Auffassung des OLG Hamm[34] der **Auftragnehmer** auch bei unterschriebenen Stundenlohnzetteln die **Beweislast für die Angemessenheit der aufgewandten Stunden** (vgl. näher Rdn. 1215 ff.).

### c) Der Anerkenntnisvermerk des Bauherrn unter der Honorarrechnung des Architekten

**2028** Der vom Bauherrn unterzeichnete Anerkenntnisvermerk unter einer Honorarrechnung des Architekten kann verschiedene Bedeutung haben; auch insoweit ist der Parteiwille entscheidend. Der BGH[35] hat einem entsprechenden Vermerk des Bauherrn den Charakter eines **deklaratorischen Anerkenntnisses** zugesprochen. Die Bedeutung des Vermerks kann sich in der Bestätigung der Forderung erschöpfen; in diesem Fall folgt aus dem Anerkenntnis nur eine **Umkehrung der Beweislast.** Der Vermerk wird aber auch – wie in aller Regel – bedeuten, dass dem Bauherrn sämtliche bisher entstandenen Einwendungen abgeschnitten werden mit Ausnahme solcher, von denen er nichts gewusst oder mit denen er nicht gerechnet hat.

**2029** Da die HOAI Höchstpreischarakter (vgl. Rdn. 723) hat, ist allerdings ein Anerkenntnis über die zulässigen Honorarsätze hinaus unwirksam: Trotz Anerkenntnis kann der Architekt in diesem Fall vom Bauherrn nur die Höchstgrenze verlangen.[36] Etwas anderes gilt lediglich dann, wenn der Bauherr das überhöhte Honorar anerkennt und auch zahlt, obwohl ihm der Verstoß gegen den Höchstpreischarakter bekannt ist; dann kann er das anerkannte und gezahlte überhöhte Honorar nach § 817 Satz 2 BGB nicht zurückverlangen (vgl. Rdn. 1916 ff.).

---

30) KG, KGR 2002, 361; OLG Karlsruhe, BauR 2003, 737.
31) BauR 2003, 1892, 1896 = NZBau 2004, 31 = ZfBR 2004, 37 = NJW-RR 2004, 92; BauR 1994, 760 = ZfBR 1995, 15 = NJW-RR 1995, 80; OLG Celle, NZBau 2002, 675, 678; OLG Düsseldorf, OLGR 1994, 215.
32) **Anderer Ansicht:** Hans. OLG Hamburg, BauR 2000, 1491 m. abl. Anm. *Vogel.*
33) OLG Celle, BauR 2003, 1224 = NZBau 2004, 41 = NJW-RR 2003, 1243 = OLGR 2003, 261 = IBR 2003, 290 – *Schwenker;* OLG Düsseldorf, NJW-RR 2003, 455, 456; vgl. hierzu auch KG, KGR 2002, 361; OLG Karlsruhe, BauR 2003, 737; OLG Bamberg, BauR 2004, 1623 = OLGR 2004, 169.
34) BauR 2002, 319; ebenso *Messerschmidt* in Kapellmann/Messerschmidt, § 15/B, Rdn. 63.
35) BauR 1974, 356 = WM 1974, 410.
36) *Locher/Koeble/Frik,* § 4 HOAI, Rdn. 5.

## d) Der Prüfvermerk unter der Schlussrechnung des Bauunternehmers

*Literatur*
*Hochstein*, Der Prüfvermerk des Architekten auf der Schlussrechnung, BauR 1973, 333.

Dem **Prüfvermerk** unter der Schlussrechnung des Unternehmers kann verschiedene rechtliche Bedeutung zukommen.[37] Meist lauten die Prüfvermerke auf der Schlussrechnung: „Sachlich und rechnerisch richtig. Festgestellt auf ... €." Hochstein[38] hat sich mit diesem Prüfvermerk eingehend befasst; auf seine zutreffenden Ausführungen kann verwiesen werden. Danach stellt der Prüfvermerk als **Wissenserklärung** grundsätzlich nur den Nachweis für die durchgeführte **rechnerische Prüfung** und **Feststellung der Einzelpositionen** (Mengen- und Einheitspreise) und des Gesamtergebnisses dar; dagegen kommt dem Prüfvermerk kein rechtsgeschäftlicher Erklärungswert zu.[39] Dies gilt auch, wenn die Schlussrechnung mit dem Prüfvermerk dem Unternehmer zugesandt wird.[40] Der BGH[41] hat daher insoweit entschieden, dass der Auftraggeber grundsätzlich auch dann nicht daran gehindert ist, „die von dem Auftragnehmer einseitig ermittelten Massen im Prozess zu bestreiten, wenn er zuvor die in der Schlussrechnung des Auftragnehmers abgerechneten Massen durch einen Prüfvermerk bestätigt hat".

**2030**

Etwas anderes gilt, wenn die besonderen Umstände des **Einzelfalls** (z. B. die Form und der Inhalt des Prüfvermerks, die Vorkorrespondenz usw.) ausnahmsweise darauf schließen lassen, dass die Parteien über die tatsächlichen Feststellungen hinaus rechtsgeschäftliche Erklärungen (z. B. im Sinne eines kausalen Schuldanerkenntnisses) haben abgeben wollen.[42]

**2031**

Wurde der **Prüfvermerk von dem Architekten** auf die Schlussrechnung nach erfolgter Prüfung gesetzt, gelten die vorgenannten Grundsätze: Mit der Prüfung der Schlussrechnung erfüllt der Architekt lediglich eine Aufgabe, zu der er gegenüber dem Bauherrn verpflichtet ist;[43] der Unternehmer kann hieraus in aller Regel nichts herleiten.[44] Das gilt auch dann, wenn der Auftraggeber die von dem Architekten

**2032**

---

37) Vgl. OLG Bamberg, *Schäfer/Finnern*, Z 2.412 Bl. 3, das in dem Vermerk „Anerkannt: fachtechnisch richtig und festgestellt auf DM ..." ein selbstständiges Schuldanerkenntnis i. S. des § 781 BGB sieht; vgl. hierzu auch *Hochstein*, BauR 1973, 333, 334.
38) *Hochstein*, BauR 1973, 333, 334.
39) BGH, BauR 2006, 2040 = NZBau 2006, 777; BauR 2005, 94, 96 = NZBau 2005, 148; BauR 2002, 613 = NZBau 2002, 338; OLG Düsseldorf, BauR 2003, 887 = NJWRR 2003, 455; OLG Karlsruhe, BauR 1998, 403 = IBR 1998, 286 – *Weyer;* OLG Hamm, OLGR 1996, 136 (Prüfvermerk auf **Zwischenrechnung**).
40) *Hochstein*, BauR 1973, 333, 336.
41) BauR 2003, 1892, 1897 = NZBau 2004, 31 = ZfBR 2004, 37; vgl. hierzu auch OLG Düsseldorf, NJW-RR 2003, 455.
42) Siehe hierzu: BGH, BauR 2003, 1892, 1897 = ZfBR 2004, 37 = NZBau 2004, 31; BauR 2002, 814 = NZBau 2002, 229 = ZfIR 2002, 446 m. Anm. *Portz* (Prüfvermerk und Haftung i. R. eines Vertrages mit Schutzwirkung zu Gunsten Dritter); OLG Karlsruhe, BauR 1998, 403 = IBR 1998, 286 – *Weyer*.
43) OLG Düsseldorf, BauR 2001, 806; *Ingenstau/Korbion/Keldungs*, § 2 Nr. 8/B, Rdn. 23; *Bindhardt/Jagenburg*, § 6, Rdn. 154 m. w. Nachw.
44) BGH, BauR 2005, 94 (reine Wissensklärung des Architekten gegenüber seinem Auftraggeber) = NJW-RR 2005, 246 = NZBau 2005, 148 = IBR 2005, 74 – *Völkel*; OLG Hamm, BauR 1996, 739 = OLGR 1996, 136.

geprüfte und abgezeichnete Schlussrechnung an den Auftragnehmer weiterleitet.[45] Im Übrigen kann grundsätzlich **nicht** davon ausgegangen werden, dass der Architekt bevollmächtigt ist, für den Bauherrn verbindliche **rechtsgeschäftliche** Erklärungen im Rahmen von Schuldanerkenntnissen oder Vergleichen abzugeben. Hakt der Bauherr oder der Architekt die einzelnen Positionen der Schlussrechnung ab, liegt darin weder ein konstitutives noch ein deklaratorisches Anerkenntnis.[46] Allerdings kann nach der Rechtsprechung des BGH[47] der Prüfvermerk eines vom Auftraggeber beauftragten Bauleiters hinsichtlich der **Darlegungs- und Beweislast bedeutsam** sein: Hat der Auftraggeber die einseitig vom Unternehmer ermittelten Massen, z. B. durch einen Prüfvermerk seines Bauleiters, bestätigt und ist aufgrund nachfolgender Arbeiten eine Überprüfung dieser Mengen nicht mehr möglich, muss der Auftraggeber zum Umfang der von ihm zugestandenen Mengen vortragen und beweisen, dass diese nicht zutreffen.

Die Mitteilung eines **öffentlichen Auftraggebers** über das Ergebnis der Prüfung und Feststellung der Schlussrechnung gemäß § 16 Nr. 3 Abs. 1 VOB/B stellt ebenfalls **kein** Schuldanerkenntnis hinsichtlich des mitgeteilten Schlusszahlungsbetrages dar, da dieser Kreis von Auftraggebern nach öffentlichem Haushaltsrecht der staatlichen Rechnungsprüfung unterliegt.[48]

Die vorgenannten Ausführungen gelten entsprechend, wenn eine dem Auftraggeber zugegangene Rechnung durch dessen Architekten beanstandungslos geprüft wird, aber kein Prüfvermerk erfolgt. Auch aus der Prüfung einer Abschlagsrechnung durch den Architekten des Auftraggebers ergibt sich kein Anerkenntnis oder eine Beweislastumkehr.[49]

### e) Das gemeinsame Aufmaß als Anerkenntnis

*Literatur*

*Voit*, Die Bedeutung der Bestätigung von Aufmaß und Stundenlohnzetteln, Festschrift für Motzke (2006), 421.

**2033** Das gemeinsam erstellte und anerkannte **Aufmaß** von Bauherr oder Architekt einerseits und Unternehmer andererseits dient dazu, den Umfang der **tatsächlich** ausgeführten Bauleistungen festzustellen (vgl. § 14 Nr. 2 VOB/B). Dadurch können unterschiedliche Auffassungen schon an Ort und Stelle geklärt werden. Den Wunsch nach einem gemeinsamen Aufmaß kann sowohl der Unternehmer als auch der Bauherr stellen. Der Unternehmer ist bei besonderen Leistungen (z. B. Verfüllung einer Baugrube) auch hierzu verpflichtet, wenn das Aufmaß bei Weiterführung der Arbeiten nur noch schwer feststellbar ist.[50] Von einem **gemeinsamen** Aufmaß kann nur gesprochen werden, wenn **beide Vertragsparteien** (oder ihre Bevollmächtigten) an dem Aufmaß **mitwirken.** Führt nur eine Vertragspartei in Anwesenheit der anderen Partei das Aufmaß durch und behält sich diese eine Überprüfung vor, stellt dies kein gemeinsames Aufmaß dar. Einigen sich die Parteien auf ein gemeinsames Aufmaß zur Festlegung bestimmter Bauleistungen **vor** Beginn der Arbeiten,

---

45) BGH, BauR 2005, 94 = NJW-RR 2005, 246 = NZBau 2005, 148.
46) OLG Frankfurt, AnwBl. 1975, 163; OLG Köln, DB 1977, 1739.
47) BGH, BauR 2006, 2040 m. Hinw. auf BGH, BauR 2003, 1892, 1897 = ZfBR 2004, 37 = NZBau 2004, 31.
48) OLG Celle, BauR 1999, 1457 = OLGR 1999, 203; OLG Frankfurt, BauR 1997, 323 = NJW-RR 1997, 526 = OLGR 1996, 243; *Dähne*, Festschrift für Korbion, S. 39, 43 ff.
49) OLG Düsseldorf, BauR 2001, 806 (vgl. hierzu auch Rdn. 2041).
50) Vgl. OLG Köln, NJW 1973, 2111.

ist grundsätzlich davon auszugehen, dass auch dieses Aufmaß der endgültigen Abrechnung dienen soll.[51]

Beim Aufmaß werden in erster Linie die Leistungen nach Zahl, Maß und Gewicht festgestellt; darüber hinaus wird aber auch der leistungsmäßige Wert des Objektes (z. B. Mauersteinqualität usw.) überprüft. Dagegen **umfasst das Aufmaß nicht die Prüfung,** ob die **Leistung vertragsgemäß** ist. Diese Prüfung erfolgt im Rahmen der Abnahme. Sie setzt nach zutreffender Ansicht des OLG Hamm[52] nicht eine „körperliche Aufmaßnahme vor Ort" voraus, sondern es genügt, wenn sich die Parteien z. B. anhand von Aufmaßplänen darüber einig sind, dass eine bestimmte Leistung nach Maß, Zahl und Gewicht erbracht ist.

**2034** Bei einem gemeinsamen Aufmaß tritt nach h. M. grundsätzlich eine **rechtliche Bindung** hinsichtlich der von beiden Parteien gemeinschaftlich gemachten tatsächlichen Feststellungen über den **Umfang der ausgeführten Arbeiten** ein.[53] Eine Vertragspartei kann daher später grundsätzlich nicht mehr einwenden, dass die tatsächlich ausgeführten Mengen den Feststellungen des gemeinsamen Aufmaßes nicht entsprechen. Das gilt auch für den Fall, dass die Parteien **vor Beginn der Arbeiten** ein gemeinsames Aufmaß nehmen.[54] Die Bindungswirkung des gemeinsamen Aufmaßes kann nur noch dadurch ausgeräumt werden, dass eine Vertragspartei (wie bei unterzeichneten Stundenlohnzetteln) nachweist, dass die Feststellungen **unrichtig** sind und sie die Unrichtigkeit bzw. die insoweit in Betracht kommenden Tatsachen bei Vornahme des Aufmaßes **nicht gekannt** hat.[55] Aus diesem Grund ist eine Klausel in **AGB/Formularverträgen unwirksam** (§ 307 BGB), nach der sich der Auftraggeber (Bauherr) die **Nachprüfung** eines Aufmaßes (ausdrücklich) **vorbehält,** „auch wenn das gemeinsame Aufmaß von beiden Vertragspartnern unterschrieben ist".

**2035** Die rechtliche Einordnung des gemeinsamen Aufmaßes ist im Einzelnen streitig. Jedenfalls enthält das einverständliche Aufmaß rechtlich einen **Vertrag,** die Aufmaßfeststellungen als Rechtsgrundlage anzuerkennen.[56] Sind allerdings die in Betracht kommenden **Aufmessungsbestimmungen** (DIN-Vorschriften) nicht berücksichtigt und ist daher ein falsches Ergebnis erzielt worden, kommt ggf. eine Bindung an das gemeinsame Aufmaß nicht in Betracht.[57] Voraussetzung ist aber, dass der Vertragspartei, die sich vom Aufmaß lösen will, das Abweichen von den Aufmaßbestimmungen nicht bekannt war.

**2036** Auch der **öffentliche Auftraggeber** ist an ein **gemeinsames Aufmaß gebunden;** die staatliche Rechnungsprüfungsbehörde kann daher gemeinsame Aufmessungen

---

51) OLG Braunschweig, BauR 2001, 412 = OLG 2000, 296.
52) NJW-RR 1991, 1496.
53) BGH, NJW 1974, 646 = BauR 1974, 210; BGH, *Schäfer/Finnern,* Z 2.302 Bl. 22; OLG Oldenburg, BauR 1997, 523 (LS); vgl. auch BGH, BauR 1999, 1185 = NJW-RR 1999, 1180 = ZfBR 1999, 226 = MDR 1999, 1133; OLG Düsseldorf, BauR 1991, 772; KG, *Schäfer/Finnern,* Z 2.302 Bl. 6; OLG Köln, MDR 1968, 148; OLG Karlsruhe, BauR 1972, 381; *Nicklisch/Weick,* § 14/B, Rdn. 21.
54) OLG Braunschweig, BauR 2001, 412 = OLGR 2000, 296.
55) OLG Hamm, NJW-RR 1991, 1496; *Nicklisch/Weick,* § 2/B, Rdn. 21; *Ingenstau/Korbion/U. Locher,* § 14 Nr. 2/B, Rdn. 9; *Voit,* Festschrift für Motzke, S. 421 ff.
56) Zur **Bindungswirkung** s. auch OLG Stuttgart, BauR 1972, 317; BGH, *Schäfer/Finnern,* Z 2.310 Bl. 4; *Heiermann/Riedl/Rusam,* § 14/B, Rdn. 38; *Franke/Kemper/Zanner/Grünhagen,* § 14/B, Rdn. 34.
57) BGH, BauR 1975, 211; OLG München, NJW-RR 1987, 1500.

nicht einseitig abändern.[58] Deshalb ist die Klausel in den von der öffentlichen Hand durchweg verwandten „Zusätzlichen Vertragsbedingungen der Finanzverwaltung für die Ausführung von Bauleistungen" (ZVB) bedenklich, wonach die Schlussrechnung zu berichtigen ist, wenn nach Annahme der Schlusszahlung Fehler, auch Aufmaßfehler, in den Unterlagen der Abrechnung festgestellt werden.[59] Abrechnungen mit einem öffentlichen Auftraggeber stehen allerdings stets unter dem vertraglichen **Vorbehalt der Überprüfung durch die staatliche Rechnungsprüfung**; daher wird dem öffentlichen Auftraggeber „durch ein gemeinsames Aufmaß nicht der Einwand abgeschnitten, die Leistung sei von einer anderen Position mitumfasst, sei nach den Vereinbarungen nicht berechenbar, bei richtiger Vertragsauslegung anders zu berechnen oder sei überhaupt nicht vertraglich vereinbart".[60]

**2037** In dem gemeinsamen Aufmaß muss im Übrigen noch **kein Anerkenntnis** des aus dem Aufmaß sich ergebenden **Anspruchs** liegen.[61] Daher bleiben grundsätzlich dem Bauherrn Einwendungen gegen den Werklohnanspruch des Unternehmers erhalten, soweit sie nicht die gemeinsam festgestellten Aufmaßwerte betreffen.

**2038** Im Übrigen kommt es auf die Umstände des **Einzelfalles** an: Nur in besonders gelagerten Fällen kann es sich bei einem gemeinsamen Aufmaß z. B. um ein Schuldanerkenntnis aufgrund eines **Vergleichs** i. S. der §§ 782, 781 BGB handeln.[62] Je nach Fallgestaltung kann hier auch ein **deklaratorisches Schuldanerkenntnis** mit der Folge der **Beweislastumkehr** und u. U. mit der Wirkung vorliegen, dass Einwendungen tatsächlicher und rechtlicher Art für die Zukunft ausgeschlossen sind, soweit diese bekannt waren oder zumindest mit ihnen gerechnet werden musste.[63] Nach Auffassung des BGH[64] lässt sich allein aus der Vereinbarung, gemeinsam das Aufmaß zu nehmen, noch nicht schließen, dass damit die Parteien auch eine Vereinbarung über die Fälligkeit des Werklohns getroffen haben; das erscheint bedenklich (vgl. hierzu näher Rdn. 1394).

**2039** Wird das gemeinsame Aufmaß von dem Architekten und dem Unternehmer erstellt, ist es ebenfalls für den Bauherrn in dem erwähnten Umfang bindend; die „originäre" Vollmacht des Architekten umfasst grundsätzlich die für den Bauherrn rechtsverbindliche Feststellung der Aufmaßwerte, also der tatsächlichen vom Unternehmer erbrachten Leistungen, nicht dagegen das Anerkenntnis des sich aus dem Aufmaß ergebenden Anspruchs (vgl. Rdn. 1077).

Da es sich bei den gemeinsamen Feststellungen innerhalb eines Aufmaßes um rechtsgeschäftliche Willenserklärungen handelt, können sie wegen Irrtums nach § 119 BGB angefochten werden.[65]

---

58) BGH, BauR 1975, 211; *Ingenstau/Korbion/U. Locher*, § 14 Nr. 2/B, Rdn. 10.
59) Vgl. hierzu BGH, BauR 1975, 424 = MDR 1975, 836; ferner: OLG München, NJW-RR 1987, 1500; *Ingenstau/Korbion/U. Locher*, § 14 Nr. 2/B, Rdn. 11, die (allerdings nur in der 13. Auflage) bei einer solchen Vertragsklausel nicht bereits einen Verstoß gegen § 9 AGB-Gesetz (jetzt § 307 BGB n. F.) ansetzen, „da sich eine solche Regelung in gleicher Weise zum Vorteil oder zum Nachteil sowohl des Auftraggebers als auch des Auftragnehmers auswirken kann, soweit es die bloße Berichtigung tatsächlicher Aufmaßfehler betrifft".
60) BGH, NJW-RR 1992, 727 = BauR 1992, 371, 372 = ZfBR 1992, 162.
61) BGH, NJW 1974, 646; vgl. hierzu auch *Grams*, BauR 2004, 1513, 1520; **a. A.:** *Huhn*, Vahlen, S. 138.
62) Vgl. OLG Bamberg, *Schäfer/Finnern*, Z 2.412 Bl. 3; OLG Stuttgart, BauR 1972, 317.
63) OLG Karlsruhe, BauR 1972, 381; KG, *Schäfer/Finnern*, Z 2.412 Bl. 16; OLG Düsseldorf, BauR 1991, 772; OLG Hamm, NJW-RR 1991, 1496.
64) BauR 1999, 1185 = NJW-RR 1999, 1180 = MDR 1999, 1133.
65) *Nicklisch/Weick*, § 14/B, Rdn. 23; *Ingenstau/Korbion/U. Locher*, § 14 Nr. 2/B, Rdn. 15.

## f) Sonstige Fälle

Beim VOB-Bauvertrag werden Leistungen, die der Unternehmer ohne Auftrag oder unter eigenmächtiger Abweichung vom Vertrag ausführt, nicht vergütet. Etwas anderes gilt nach § 2 Nr. 8 Abs. 2 VOB/B, wenn der Bauherr diese Leistungen nachträglich anerkennt. Ob aber ein Anerkenntnis vorliegt, ist aus den Umständen des Einzelfalls zu entnehmen. Das Anerkenntnis bedarf nicht der Form des § 781 BGB, sondern kann auch mündlich oder durch schlüssige Handlungen erfolgen.[66]

**Abschlagszahlungen** stellen grundsätzlich **kein Anerkenntnis** des Gesamtwerklohns dar, wenn eine Schlussrechnung noch nicht vorliegt.[67] Auch eine **Beweislastumkehr** zugunsten des Auftragnehmers kann hieraus **nicht gefolgert** werden.[68] Eine Abschlagsrechnung stellt grundsätzlich eine **vorläufige Rechnung** dar; sie stellt die erbrachten Leistungen (noch) nicht abschließend fest. Deshalb ist auch die Zahlung auf eine entsprechende Abschlagsrechnung nur vorläufig, sodass hieraus von dem Auftragnehmer keine rechtlichen Konsequenzen gezogen werden können. Mit einer Abschlagszahlung behält sich der Auftraggeber daher das Recht vor, Rückzahlung zu verlangen, wenn das Ergebnis der Schlussrechnung ihn dazu berechtigt. Werden **Zusatzarbeiten,** für die ein Auftrag nicht erteilt war, von dem Auftragnehmer in Rechnung gestellt, stellt die Zahlung von Abschlagsrechnungen ebenfalls noch **kein** Anerkenntnis i. S. des § 2 Nr. 8 Abs. 2 Satz 1 VOB/B dar; allerdings kann ein solches dadurch erfolgen, dass der Auftraggeber das Bauvorhaben einschließlich der Zusatzarbeiten **abnimmt** und die Zusatzarbeiten im **Abnahmeprotokoll aufgeführt** sind.[69] Im Übrigen ist ein Anerkenntnis auch nicht anzunehmen, wenn ein Bauherr zum Zeitpunkt der Zahlung noch nicht wusste, dass die Schlussrechnung auf einem vertragswidrigen Aufmaß beruhte.[70] Auch aus der beanstandungslosen Prüfung einer Abschlagsrechnung durch den Architekten des Auftraggebers kann kein Anerkenntnis der Rechnungspositionen oder eine entsprechende Beweislastumkehr zugunsten des Auftragnehmers gefolgert werden.[71] Dasselbe gilt für den Fall, dass der Auftraggeber einen Sachverständigen oder Architekten (nur) mit der Prüfung der Abrechnung von Leistungen i. S. des § 2 Nr. 8 Abs. 2 Satz 1 VOB/B beauftragt.[72] Nach zutreffender Auffassung des OLG Köln[73] stellt allerdings die **Zahlung auf eine Abschlagsrechnung** des Auftragnehmers ein deklaratorisches Schuldanerkenntnis dar: Das Schuldanerkenntnis des zahlenden Auftraggebers hat zum Inhalt, dass er sich selbst als Vertragspartner des Auftragnehmers sieht, wobei zugleich anerkannt ist, dass ein Auftrag besteht, der über die in den Abschlagsrechnungen aufgeführten Werkleistungen hinausgeht.

---

66) *Ingenstau/Korbion/Keldungs,* § 2 Nr. 8/B, Rdn. 22.
67) BGH, BauR 2004, 1940 = IBR 2004, 676 – *Ganten;* KG, BauR 2005, 1179, 1182; OLG Düsseldorf, BauR 2001, 806; OLG Hamm, BauR 2002, 1105 (Das gilt auch für die Zusage einer Abschlagszahlung); *Ingenstau/Korbion/U. Locher,* § 16/B, Rdn. 6, 44; *Nicklisch/Weick,* § 14/B, Rdn. 21.
68) OLG Düsseldorf, BauR 2001, 806.
69) OLG Hamburg, OLGR 1996, 18.
70) KG, *Schäfer/Finnern,* Z 2.410 Bl. 63.
71) OLG Düsseldorf, BauR 2001, 806.
72) BGH, BauR 2002, 465 = NZBau 2002, 153 = ZfBR 2002, 254.
73) OLGR 2006, 597 = IBR 2006, 609 – *Biebelheimer.*

Die Begleichung einer Rechnung **ohne Vorbehalt** stellt ein (bestätigendes) Anerkenntnis dar, wenn die Umstände darauf schließen lassen.[74] Der BGH[75] ist unter Bezugnahme auf eine ältere Entscheidung jedoch der Auffassung, dass die Prüfung einer Rechnung, die Bezahlung einer Rechnung oder auch die Bezahlung nach Prüfung für sich genommen nicht erlauben, ein deklaratorisches Schuldanerkenntnis anzunehmen. Eine Begründung für diese Auffassung gibt der BGH allerdings nicht. Allerdings bedeutet die vorbehaltlose Zahlung **mehrerer** Rechnungen nicht, dass damit **Einwendungen** hinsichtlich **zukünftiger** Rechnungen ausgeschlossen sind; dies gilt selbst dann, wenn die berechneten Arbeiten sachlich zusammenhängen.[76]

**2042** Behält sich der Bauherr bei der Abnahme Vertragsansprüche zu Protokoll vor, und wird das Protokoll von **beiden** Parteien unterzeichnet, so erkennt der Unternehmer mit seiner Unterschrift nicht das rechtswirksame Bestehen der Vertragsstrafenansprüche an.[77] Erteilt der Bauherr nach Vorlage der Schlussrechnung durch den Bauunternehmer selbst Schlussabrechnung – u. U. auf eigenen „Schlussabrechnungs"-Formularen – kann hierin im Einzelfall ein deklaratorisches Schuldanerkenntnis gesehen werden.[78] Eine Bestätigung des Auftraggebers, die von ihm gerügten Mängel seien ordnungsgemäß beseitigt worden, schließt im Übrigen weitere Gewährleistungsansprüche nicht aus.[79]

### 4. Rechtsprechungsübersicht

**2043** Ein Anerkenntnis ist zu **verneinen** (vgl. auch Rdn. 2431):
* wenn eine Zahlung aufgrund einer **Verurteilung** erfolgt (BGH, NJW 1972, 1043, 1044).
* wenn gegen eine unbestrittene Forderung mit einer bestrittenen Forderung **aufgerechnet** wird (BGH, NJW 1972, 525 = BauR 1972, 179 u. BGH, NJW 1989, 2469).
* wenn der Auftraggeber **erklärt,** er wolle die Schlussrechnung auf ihre **Richtigkeit prüfen** und feststellen, ob er sie **bezahlen kann** (OLG Hamburg, OLGE 24, 273), es sei denn, die Prüfung der Rechnung wird auf die Höhe beschränkt (RGZ 135, 9, 11).
* wenn sich der Bauherr bei der Abnahme **Vertragsstrafenansprüche** im Protokoll vorbehält und das Protokoll von beiden Parteien unterzeichnet wird. Damit erkennt der Unternehmer nicht das rechtswirksame Bestehen von Vertragsstrafenansprüchen an (OLG Koblenz, *Schäfer/Finnern*, Z 2.411 Bl. 52).
* bei reinen **Vergleichsverhandlungen,** die in der Regel unter Aufrechterhaltung der gegenseitigen Rechtsstandpunkte geführt werden (BGH, WM 1970, 548, 549).
* wenn der Verpflichtete zusagt, nach Mängelbeseitigung den restlichen Werklohn zu zahlen (BGH, NJW 1969, 1108).
* wenn der Auftraggeber lediglich auf eine geprüfte Rechnung den Werklohn zahlt (BGH, BauR 2007, 700).
* wenn Vertragspartnern der **öffentlichen Hand** nach Überprüfung der Schlussrechnung Zahlungen angewiesen werden. Die den Unternehmern in aller Regel bekannte Tatsache, dass die behördliche Tätigkeit durch Rechnungsprüfungsbehörden überwacht wird, spricht entscheidend dafür, dass Dienststellen der öffentlichen Hand im Zusammenhang mit der Überprüfung von Rechnungen und der Anweisung von Zahlungen in aller Regel weder Vergleiche abschließen noch Schuld-

---

74) BGH, NJW 1995, 3311, 3312 = BauR 1995, 889 (LS).
75) BauR 2007, 700 = NZBau 2007, 242 = IBR 2007, 120 – *Schulze-Hagen*.
76) BGH, a. a. O.
77) OLG Koblenz, *Schäfer/Finnern*, Z 2.411 Bl. 52.
78) LG Köln, *Schäfer/Finnern*, Z 2.50 Bl. 28.
79) OLG München, MDR 1984, 141.

anerkenntnisse geben wollen, insbesondere nicht durch schlüssiges Verhalten (BGH, BauR 1982, 283; BauR 1979, 249 = ZfBR 1979, 109; LG Tübingen, BauR 1989, 487; vgl. hierzu Dähne, Festschrift für Korbion [1986], S. 39, 43 ff.).
* wenn aus „**Kulanzgründen**" eine Nachbesserung erfolgt (BGH, WM 1978, 36). Im Übrigen ist jedoch bei einer Durchführung der Nachbesserung von einem Anerkenntnis der Schadensverantwortlichkeit auszugehen (vgl. hierzu BGH, NJW 1988, 254; OLG Hamm, MDR 1990, 243; Thamm, BB 1988, 1477).
* wenn Zahlung unter **Vorbehalt** erfolgt (OLG Düsseldorf, BauR 1989, 336, 337).
* wenn dem **Auftragnehmer** durch den öffentlichen Auftraggeber das Ergebnis der **Schlussrechnungsprüfung mitgeteilt** wird (OLG Frankfurt, OLGR 1996, 244).

Ein Anerkenntnis ist **anzunehmen** (vgl. auch Rdn. 2430):  **2044**
* wenn der **Bauherr** nach Vorlage der Schlussrechnung durch den Bauunternehmer selbst **Schlussabrechnung** erteilt (LG Köln, Schäfer/Finnern, Z 2.50 Bl. 28).
* wenn eine Rechnung **ohne Einwendungen bezahlt** wird, wobei für ein (bestätigendes) Schuldanerkenntnis die jeweiligen Umstände des Einzelfalles zu berücksichtigen sind (BGH, NJW 1979, 1306 [LS] = WM 1979, 694, 695; NJW-RR 1986, 324; NJW 1995, 3311, 3312).
* wenn der Auftraggeber den Unternehmer bezüglich der **Zahlung „auf spätere Zeiten vertröstet"** (MünchKomm-Feldmann, § 208 BGB, Rdn. 12). Im Übrigen ist hier je nach Lage des Falles zu unterscheiden.
* wenn ein **Vergleich angeboten** wird, mit dem die grundsätzliche Haftung des Verpflichteten nicht in Frage gestellt wird (BGH, VersR 1965, 958, 959; zu Vergleichsverhandlungen vgl. BGH, VersR 1969, 328, 330).
* wenn die **Haftpflichtversicherung** des Architekten die Verantwortlichkeit des Architekten dem Grunde nach anerkennt – deklaratorisches Anerkenntnis der Versicherung zu Lasten des Architekten gemäß § 5 Nr. 7 AHB (OLG Hamm, BauR 2000, 757; LG Berlin, BauR 2003, 417).
* wenn um **Stundung** gebeten oder eine entsprechende **Stundungsvereinbarung** getroffen wird (BGH, NJW 1978, 1914; MünchKomm-Feldmann, § 208 BGB, Rdn. 11).
* wenn sich der Unternehmer nach **Mängelbeseitigung zur jährlichen neuen Feststellung** des Schadens bereit erklärt (BGH, WPM 1969, 1085, 1087).
* wenn der Anspruch dem **Grunde nach anerkannt** wird. Hier liegt ein Anerkenntnis bezüglich der gesamten Forderung vor, auch wenn die Anerkennung der Höhe nach ausdrücklich vorbehalten wird (vgl. hierzu BGH, VersR 1960, 831; VersR 1974, 571). Etwas anderes gilt nur bei ausdrücklichem Teilanerkenntnis.
* wenn der Auftragnehmer „um **wohlwollende Prüfung** der wirtschaftlichen Lage bittet" (Palandt/Heinrichs, § 208 BGB, Rdn. 4).
* wenn der Auftraggeber anderweitig **Verrechnung anbietet.**
* wenn der **Auftraggeber** anhand der vom Auftragnehmer erteilten Schlussrechnung **seinerseits eine Abrechnung** erstellt und nach Abschluss seiner Prüfung daraufhin vorbehaltlos eine Zahlung leistet oder eine Schlusszahlung in bestimmter Höhe nach Mängelbeseitigung ankündigt (OLG Düsseldorf, BauR 1997, 1025 = NJW-RR 1998, 376 = OLGR 1998, 71 [LS] = *SFH*, Nr. 60 zu § 16 Nr. 3 VOB/B) oder der Auftraggeber in einem Prüfvermerk vorprozessual bestätigt, dass die Schadensersatzforderung im Umfang des nach der Prüfung festgestellten Betrages als berechtigt angesehen und nicht bestritten werde (offen gelassen OLG Zweibrücken, BauR 2002, 1857: Erklärung des Auftraggebers gegen sich selbst mit der prozessualen Wirkung der Umkehr der Beweislast unter Hinweis auf BGH, BauR 1977, 138).

## IV. Die Klage auf Vertragsstrafe

*Übersicht*

| | Rdn. | | Rdn. |
|---|---|---|---|
| 1. Vertragsstrafe für nicht erfüllte Bauleistung | 2056 | 3. Der Vorbehalt der Vertragsstrafe | 2060 |
| 2. Vertragsstrafe für nicht ordnungsgemäße Bauleistung | 2058 | 4. Die Höhe der Vertragsstrafe | 2068 |
| | | 5. Prozessuales | 2085 |
| | | 6. Weitere Rechtsprechung | 2085 a |

*Literatur*

*Bschorr/Zanner*, Die Vertragsstrafe im Bauwesen, 2003; *Niebuhr*, Vertragsstrafe, Schadensersatz und Entschädigung bei Bauverzögerungen, 2006.

*Kleine-Möller*, Die Vertragsstrafe im Bauvertrag, BB 1976, 442; *Wolfensberger/Langbein*, Die Anwendung des § 11 Nr. 1 VOB/B auf Vollkaufleute, BauR 1982, 20; *Reinicke*, Heilung eines formnichtigen Vorvertrages und ihre Wirkung auf die Vertragsstrafe, NJW 1982, 1430; *Kapellmann/Langen/Schiffers*, Bemessung von Vertragsstrafen für verzögerte Baufertigstellung in AGB, BB 1987, 560; *Schlünder*, Vertragsstrafen-Klauseln in Bauverträgen, ZfBR 1995, 281; *Börgers*, Zur sogenannten „Hinfälligkeit" von Vertragsstrafenvereinbarungen, BauR 1997, 917; *Greiner*, Die „Auftragssumme" bei Vereinbarung einer Vertragsstrafe, ZfBR 1999, 62; *v. Wietersheim*, Den letzten beißen die Hunde oder: Geltendmachung von Vertragsstrafen aus dem Verhältnis Generalunternehmer/Bauherr im Verhältnis zwischen Generalunternehmer und Subunternehmer, BauR 1999, 526; *Roquette/Knolle*, Eine vom Generalunternehmer an den Bauherrn zu zahlende Vertragsstrafe kann als Verzugsschaden gegenüber dem Subunternehmer geltend gemacht werden, BauR 2000, 47; *Kemper*, Die Vereinbarung von Vertragsstrafe bei Fristüberschreitung in Allgemeinen Geschäftsbedingungen, BauR 2001, 1015; *Leinemann*, Vertragsstrafe – Der einzig sichere Weg zum Gewinn am Bau?, BauR 2001, 1472; *Oberhauser*, Kann sich der bewusst nach dem AGB-Gesetz taktierende Kunde auf die Unwirksamkeit einer formularmäßigen Klausel berufen?, BauR 2002, 15; *Sohn*, „Die durchgereichte Vertragsstrafe", Festschrift für Jagenburg (2002), 853; *Lau*, Die Vertragsstrafenabrede in BGB-Werkverträgen und VOB-Bauverträgen. Ein stumpfes Schwert?, Jahrbuch Baurecht 2003, 53; *Kreikenbohm*, Nachträge und Vertragsstrafen, BauR 2003, 315; *Kirberger*, Die „durchgereichte" Vertragsstrafe, Festschrift für Kraus (2003), 101; *Frerick*, Vertragsstrafenklauseln in auftraggeberseitigen Allgemeinen Geschäftsbedingungen, ZfBR 2003, 536; *Roquette/Laumann*, AGB-Vertragsstrafen dürfen 5% der Auftragssumme nicht überschreiten – Vertrauensschutz für Altfälle orientiert sich an der Auftragssumme – Besprechung des BGH-Urteils vom 23.1.2003, BauR 2003, 1271; *Wolter*, Neue Obergrenze für Vertragsstrafe in AGB – Anmerkung zu dem Versäumnisurteil des Bundesgerichtshofs vom 23.1.2003, BauR 2003, 1274; *Vogel*, Die Vertragsstrafe des privaten Baurechts, ZfIR 2005, 373; *Oberhauser*, Vertragsstrafe und Regressmöglichkeiten gegenüber Dritten, BauR 2006, 219.

**2045** In einem Bauvertrag oder gesondert von diesem kann eine **Vertragsstrafe** als **zusätzliche Leistung** für den Fall vereinbart werden, dass der Vertragspartner seine vertragliche Leistung überhaupt **nicht** oder **nicht in gehöriger Weise** erbringt. Die Vertragsstrafe stellt ein rechtmäßiges **Druckmittel** dar, um die Erfüllung der vertraglichen Bauleistungen zu erreichen.[1] Gleichzeitig wird dem Auftraggeber der **Nachweis eines Schadens** in Höhe der Vertragsstrafe **erspart**.

Gesetzliche Grundlage der Vertragsstrafe sind die §§ 339 bis 345 BGB; beim VOB-Bauvertrag gilt grundsätzlich § 11 VOB/B. Die Regelungen im BGB und in der VOB sind bis auf die Fristberechnung für den Fall, dass die Vertragsstrafe nach Tagen berechnet wird (vgl. Rdn. 2075), identisch.

---

[1] OLG Dresden, BauR 2001, 949 m. Anm. *Althoff*; OLG Köln, OLGR 1995, 177 für Vertragsstrafe im Bauträgervertrag.

**2046** Die Vertragsstrafe ist vom **pauschalierten Schadensersatz** zu unterscheiden.[2] Dabei ist die Bezeichnung nicht maßgeblich; vielmehr kommt es auf die **Zielrichtung** an, die mit der Vereinbarung verfolgt wird. Während bei der Vertragsstrafe der Druck auf die ordnungsgemäße Erfüllung im Vordergrund steht, wird mit einer **Schadensersatzpauschalierung** eine vereinfachte Durchsetzung eines als bestehend vorausgesetzten Schadensersatzanspruches beabsichtigt. Ein pauschalierter Schadensersatz setzt damit voraus, dass überhaupt ein Schaden vorhanden ist, wobei dann die Schadenshöhe von dem Gläubiger nicht bewiesen werden muss. Eine Vertragstrafe ist demgegenüber auch dann verwirkt, wenn ein Schaden nicht eingetreten ist.

Die Vertragsstrafe ist von dem **selbstständigen Strafversprechen** zu trennen;[3] bei diesem fehlt eine erzwingbare Hauptverbindlichkeit. Hier wird die Strafe vielmehr für den Fall versprochen, dass eine **bestimmte Handlung vorgenommen** oder **unterlassen** wird, ohne dass sich der Versprechende zu dieser Handlung oder Unterlassung verpflichtet. Auf das selbstständige Strafversprechen sind die §§ 339 ff. BGB – mit Ausnahme von §§ 343 Abs. 2 und 344 BGB – nicht anwendbar.[4]

**2047** Eine Vertragsstrafe kann nur geltend gemacht werden, wenn sie **ausdrücklich vereinbart** ist. Einer besonderen Form bedarf es grundsätzlich nicht. Die Vertragsstrafe kann für den Fall der Nichterfüllung oder der nicht gehörigen, insbesondere verspäteten Erfüllung vereinbart werden. Sie ist **bei Verzug verwirkt** (§ 339 BGB). Behauptet der Auftragnehmer, er habe den Verzug nicht zu vertreten, trifft ihn insoweit die Darlegungs- und Beweislast.[5] Nimmt der Bauherr die Leistung des Bauunternehmers ab, kann er die **Vertragsstrafe** nur geltend machen, wenn er sich das Recht dazu bei der Abnahme **vorbehält** (§ 341 Abs. 3 BGB, § 11 Nr. 4 VOB/B; vgl. hierzu Rdn. 2066). Abweichende Regelungen können von den Vertragsparteien grundsätzlich in Individualvereinbarungen getroffen werden; dies gilt nicht für § 343 BGB (Herabsetzung einer verwirkten Vertragsstrafe durch Urteil).[6]

**2048** Die Vertragsstrafe muss **klar** und **unmissverständlich vereinbart** werden: Enthalten der Text des Bauvertrages und der Inhalt der zusätzlich vereinbarten Vertragsbedingungen Widersprüchliches zum Inhalt und zur Höhe der vereinbarten Vertragsstrafe und ist durch Auslegung keine Klärung herbeizuführen, ist der Vertragsstrafenanspruch in aller Regel ausgeschlossen.[7]

---

[2] Zur **Abgrenzung** von **pauschaliertem Schadensersatz und Vertragsstrafe** vgl. *Beuthien*, Festschrift für Larenz, 1973, S. 459 ff.; OLG Köln, NJW 1974, 1953; BGHZ 49, 84, 88; BGH, NJW 1970, 29, 32; BayObLG, DB 1981, 1615; *Nicklisch/Weick*, § 11/B, Rdn. 9. Zur Abgrenzung zwischen Vertragsstrafe und „**Wagnispauschale**" vgl. OLG Düsseldorf, NJW-RR 1993, 667.

[3] Vgl. hierzu OLG Köln, OLGR 2004, 45; OLG Hamm, BauR 1995, 548 m. abl. Anm. *Rieble*; Beck'scher VOB-Komm/*Bewersdorf*, B Vor § 11, Rdn. 14 ff.

[4] BGH, NJW 1982, 759; BGH, NJW 1970, 1915, 1960; NJW 1971, 93, 94; NJW 1971, 557 u. NJW 1980, 1622, 1623.

[5] BGH, BauR 1999, 645 = NJW 1999, 1108 = MDR 1999, 540 = ZfBR 1999, 188.

[6] *Kleine-Möller*, BB 1976, 442, 444.

[7] LG Baden-Baden, BauR 1995, 138 (LS); vgl. auch OLG München, OLGR 1998, 181 (Verfallklausel ist keine Vertragsstrafe). Zur Verfallklausel (Verwirkungsklausel) vgl. *Bschorr/Zanner*, 22.

Die **Vereinbarung** einer Vertragsstrafe bedarf grundsätzlich **keiner Form**. Soweit die Hauptverbindlichkeit einem Formzwang unterliegt, gilt dieser auch für die Vertragsstrafenvereinbarung.[8]

**2049** Eine Vereinbarung, wonach die Vertragsstrafe auch dann verwirkt sein soll, wenn die Leistung des Vertragspartners aus Gründen unterbleibt, die **von seinem Willen unabhängig (auch verschuldensunabhängig)** sind, ist zulässig.[9] Eine solche Vereinbarung kommt einer Garantie gleich; mit ihr wird § 339 Satz 1 BGB (Verzug des Auftragnehmers als Voraussetzung) abbedungen.[10] Um eine entsprechende garantieähnliche Abrede annehmen zu können, muss jedoch eine inhaltlich klare und eindeutige Absprache verlangt werden; wenn allerdings eine verschuldensunabhängige Regelung in **Allgemeinen Geschäftsbedingungen** enthalten ist,[11] verstößt sie – auch im kaufmännischen Verkehr – gegen § 307 BGB.[12] Vereinbaren die Parteien eine Vertragsstrafe ohne Bezug auf ein Verschulden (z. B. für die Überschreitung der Ausführungsfrist durch den Unternehmer), wird aber gleichzeitig die VOB/B vereinbart, ist mit der Einbeziehung der VOB/B in den Vertrag regelmäßig eine verschuldensabhängige Vertragsstrafen-Abrede getroffen worden.[13]

Im Einzelfall kann eine – auch individuell vereinbarte – Vertragsstrafe **sittenwidrig** sein.[14]

**2050** Die Verpflichtung zum **Vorbehalt** der Vertragsstrafe bei Abnahme kann abbedungen werden (vgl. näher Rdn. 2066). Nach Auffassung des OLG Zweibrücken[15] ist eine **Berufung auf eine Vertragsstrafe rechtsmissbräuchlich**, wenn der Auftragnehmer wegen fehlender oder zu spät zur Verfügung gestellter Planunterlagen, zahlreicher Änderungsanordnungen des Auftraggebers und aufgrund der Vielzahl sonstiger zusammentreffender Umstände, welche vom Auftraggeber verursacht sind, Arbeitsabläufe ständig umstellen muss. Der Umstand, dass eine Vertragsstrafe vereinbart worden ist, ohne dass die Voraussetzungen des § 12 Nr. 1 Satz 1 VOB/A objektiv vorlagen, rechtfertigt es nicht, der vereinbarten Vertragsstrafe ihre Wirkung zu nehmen.[16]

---

8) BGH, NJW 1970, 1916; NJW 1980, 1622; *Palandt/Heinrichs*, § 344 BGB, Rdn. 2 m.w.N.; *Kapellmann/Messerschmidt/Langen*, § 11/B, Rdn. 13.
9) BGH, BauR 2002, 1086, 1087; NJW-RR 1997, 686 = MDR 1997, 439 = WM 1997, 560; BauR 1975, 209, 210; OLG Düsseldorf, IBR 2005, 8 – *Oberhauser;* OLG Köln, BauR 2001, 1105; *Kleine-Möller*, BB 1976, 442, 444; OLG Naumburg, OLGR 1995, 217.
10) Vgl. hierzu OLG Düsseldorf, BauR 1975, 57.
11) Vgl. OLG Hamm, OLGR 1997, 16 (unklare formularmäßige Regelung, die die Vertragsstrafe allein an die Fristüberschreitung knüpft).
12) OLG Frankfurt, BauR 1999, 51; OLG Oldenburg, OLGR 2000, 113 = BauR 2001, 812; OLG Düsseldorf, BauR 1997, 1041 = NJW-RR 1997, 1516 u. NJW-RR 1997, 1378, 1380; *Nicklisch/Weick*, § 11/B, Rdn. 4; *Ingenstau/Korbion/Döring*, § 11 Nr. 1/B, Rdn. 3; § 11/B, Rdn. 6; *Oberhauser*, BauR 2002, 15; **a. A.:** *Wolf/Horn/Lindacher*, § 23, Rdn. 281; *Palandt/Heinrichs*, § 339 BGB, Rdn. 3 (bei „wichtigem Grund" möglich); ebenso: OLG Celle, NJW-RR 1988, 946; OLG Hamm, OLGR 1997, 16 (Voraussetzung für Wirksamkeit: Vorliegen eines „rechtfertigenden Grundes"); OLG Düsseldorf, NJW-RR 1997, 1378, 1380; OLG Köln, OLGR 1998, 127.
13) BGH, BauR 2004, 1611; BauR 2002, 1086; BauR 2002, 782; OLG Celle, BauR 2003, 1413.
14) Vgl. hierzu OLG Celle, BauR 2001, 1108.
15) IBR 2006, 246 – *Dausner.*
16) BGH, BauR 2006, 1128.

## Vertragsstrafe  Rdn. 2050

Eine Vertragsstrafenabrede ist nach OLG Düsseldorf[17] unwirksam, wenn eine **Ausführungsfrist erst nach Ablauf der Frist** vereinbart wird, weil eine Vertragsstrafe in erster Linie als Druckmittel die Erfüllung der hauptsächlichen Verpflichtung des Schuldners sichern soll. Nach Auffassung des Thüringer OLG Jena[18] ist ein **öffentlicher Auftraggeber** nach Treu und Glauben gehindert, sich auf eine Vertragsstrafenvereinbarung zu berufen, wenn er nicht darlegen kann, dass ihm durch die Überschreitung der vereinbarten Vertragsfrist tatsächlich erhebliche **Nachteile** entstehen. Das begründet das Gericht damit, dass öffentliche Auftraggeber verpflichtet sind, sich an die Vorschriften der VOB/A zu halten; nach § 12 Abs. 1 Satz 1 VOB/A sind aber Vertragsstrafen für die Überschreitung von Vertragsfristen nur dann auszubedingen, wenn die Überschreitung erhebliche Nachteile verursachen kann. In diesem Zusammenhang hat der BGH[19] darauf hingewiesen, dass ein Verstoß gegen § 12 Abs. 1 Satz 1 VOB/A der Geltendmachung der Vertragsstrafe nach den Grundsätzen von Treu und Glaube nur entgegensteht, wenn der Auftragnehmer das Verhalten des Auftraggebers bei Abgabe des Angebots als widersprüchlich werten durfte und er in seinem schutzwürdigen Vertrauen darauf, dass der Auftraggeber sich an diese Regelung halten werde, enttäuscht worden ist.

Da die Vertragsstrafe **akzessorischen** Charakter hat, verbleibt sie auch grundsätzlich bei dem jeweiligen Vertragsverhältnis. Ist beispielsweise im **Auftragsverhältnis Auftraggeber–Generalunternehmer** eine Vertragsstrafe vereinbart worden, kann diese bei Verwirkung nicht ohne weiteres an den **Subunternehmer** „weitergereicht" werden, wenn dieser für die Verwirkung verantwortlich ist.[20] Der General-(Haupt-)Unternehmer kann die verwirkte Strafe nur als **Verzugsschaden** gemäß § 6 Nr. 6 VOB/B bzw. §§ 280 Abs. 2, 286 BGB gegenüber seinem Subunternehmer geltend machen, sofern der Verzug darauf zurückzuführen ist, dass der Subunternehmer seine vertraglichen Pflichten schuldhaft verletzt hat.[21] Allerdings kann der General-(Haupt-)Unternehmer im Einzelfall verpflichtet sein, seinen Subunternehmer „auf die Gefahr eines für den Subunternehmer ungewöhnlich hohen Schadens wegen einer auf den Hauptunternehmer bei Vertragsausführung zukommenden Vertragsstrafe aufmerksam zu machen" (§ 254 Abs. 2 BGB).[22] Ein rein **formularmäßiges „Durch-**

---

[17] BauR 1979, 153.
[18] BauR 2001, 1446.
[19] IBR 2006, 385.
[20] BGH, BauR 1998, 330 = NJW 1998, 1493; vgl. hierzu v. Wietersheim, BauR 1999, 526, Roquette/Knolle, BauR 2000, 47 sowie Oberhauser, BauR 2006, 210.
[21] BGH, a. a. O.; ferner: BGH, BauR 2000, 1050 (auch wenn die Vertragsstrafe fast 70% des Vergütungsanspruchs erreicht) = NJW-RR 2000, 684 = ZfBR 2000, 259 = NZBau 2000, 195; vgl. ferner BGH, BauR 2002, 1086, 1088 (bei Vergleich zwischen Generalunternehmer und Auftraggeber); OLG Düsseldorf, IBR 2005, 8 – Oberhauser (nur bei wirksamer Vertragsstrafenvereinbarung); OLG Naumburg, OLGR 1998, 313; ebenso: Siegburg in EWiR, § 286 Abs. 1 BGB, 1/96, 1111; a. A.: OLG Dresden, NJW-RR 1997, 83 = ZfBR 1997, 89 = OLGR 1997, 36; OLG Frankfurt, OLGR 1997, 91 u. OLGR 1996, 242; Vygen/Schubert/Lang, Rdn. 121. Vgl. hierzu Sohn, Festschrift für Jagenburg, S. 855 m. w. Nachw. sowie Kirberger, Festschrift für Kraus, S. 101 ff.
[22] BGH, BauR 1998, 330 = NJW 1998, 1493; BauR 2000, 1050 = NJW-RR 2000, 684 = ZfBR 2000, 259 = NZBau 2000, 195; hierzu insbesondere: Roquette/Knolle, BauR 2000, 47, 49 u. Sohn, Festschrift für Jagenburg, S. 855, 862 sowie Oberhauser, BauR 2006, 210 ff., 214.

stellen" oder die „Übernahme"[23] einer im Auftragsverhältnis Auftraggeber – General-(Haupt-)Unternehmer vereinbarten Vertragsstrafe wird grundsätzlich gegen § 307 BGB verstoßen.[24] Zur Schadensminderungspflicht des General-(Haupt-)Unternehmers gehört es auch, das Notwendige zu veranlassen, dass die verwirkte, aber unverhältnismäßig hohe Vertragsstrafe auf einen angemessenen Betrag herabgesetzt wird (§ 343 Abs. 1 BGB).

**2051** In **Allgemeinen Geschäftsbedingungen** sind nach h. A. **Vertragsstrafenversprechen grundsätzlich als zulässig anzusehen**.[25] **Der BGH**[26] hat dies ausdrücklich bestätigt. Allerdings ist bei Vertragsstrafenversprechen in Formularverträgen oder in AGB § 309 Nr. 6 BGB zu beachten: Danach ist eine Bestimmung unwirksam, durch die dem Verwender für den Fall der Nichtabnahme oder verspäteten Abnahme der Leistung, des Zahlungsverzugs oder für den Fall, dass der andere Vertragsteil sich vom Vertrag löst, Zahlung einer Vertragsstrafe versprochen wird.

**2052** Die Bestimmungen der §§ 305 ff. BGB verbieten damit formularmäßige Vertragsstrafenversprechen nur in beschränktem Umfang. Darüber hinaus können jedoch Vertragsstrafenversprechen wegen Verstoßes gegen die Generalklausel in § 307 BGB (Unangemessene Benachteiligung des Vertragspartners des Verwenders entgegen den Geboten von Treu und Glauben) unwirksam sein. Dies ist dem jeweiligen Einzelfall zu entnehmen.[27] **Unwirksam** ist nach der Auffassung des KG[28] eine Klausel, die die Verwirkung einer Vertragsstrafe für den Fall vorsieht, dass der Unternehmer ohne Zustimmung des Auftraggebers **Nachunternehmer** einsetzt.[29] Eine Vertragsstrafe ist dagegen auch dann wirksam vereinbart, wenn die Voraussetzungen des § 12 Nr. 1 Satz 1 VOB/A nicht objektiv vorlagen.[30]

**2053** Die **Nichtigkeit einer Vertragsstrafenklausel** in Allgemeinen Geschäftsbedingungen ist insbesondere anzunehmen, wenn die Vertragsstrafe **unangemessen hoch** ist (vgl. Rdn. 2070 ff.).

**2054** § 340 Abs. 2 und § 341 Abs. 2 BGB sind formularmäßig oder in Allgemeinen Geschäftsbedingungen nicht abdingbar: Der Verwender muss sich daher die Vertragsstrafe auf einen etwaigen Schadensersatzanspruch anrechnen lassen.[31] Dies gilt

---

23) KG, BauR 2004, 1162 = KGR 2004, 259.
24) Offen gelassen von OLG Dresden, NJW-RR 1997, 83 = ZfBR 1997, 89 = OLGR 1997, 36. Vgl. hierzu KG, BauR 2004, 1162 = KGR 2004, 259.
25) OLG Düsseldorf, BauR 1979, 153 (unter Vollkaufleuten). *Heiermann/Riedl/Rusam* (§ 11/B, Rdn. 4) sind allerdings der Meinung, dass die entsprechende Vertragsstrafenklausel im Bauvertrag oder in den Vertragsbedingungen so hervorgehoben werden muss, dass sie „unschwer festgestellt werden kann".
26) BGH, BauR 1998, 1084 = NJW 1998, 3488 = MDR 1998, 1339 = ZfBR 1998, 308; NJW 1983, 385 = BauR 1983, 80 = ZfBR 1983, 78; BGH, BauR 1976, 279; vgl. auch OLG Köln, BauR 1995, 708.
27) Zu einer Vertragsstrafe in „Bewerbungsbedingungen für die Vergabe von Bauleistungen": OLG Frankfurt, BauR 1987, 324 = ZfBR 1987, 152.
28) KGR 2001, 380 = BauR 2002, 101 [auch zur unangemessenen Höhe der Vertragsstrafe von 3%].
29) Zur Vertragsstrafe bei **Wettbewerbsabreden** vgl. OLG Frankfurt, BauR 1987, 325 und *Kapellmann/Messerschmidt/Langen*, § 11/B, Rdn. 20.
30) BGH, BauR 2006, 1128 = NZBau 2006, 504.
31) BGH, NJW 1975, 163; OLG Düsseldorf, BauR 2003, 94; OLG Karlsruhe, BB 1983, 725.

auch im kaufmännischen Verkehr.[32] In Rechtsprechung[33] und Schrifttum[34] wird darüber hinaus darauf hingewiesen, dass Vertragsstrafen für **geringste** Vertragsverletzungen sowie verschuldensunabhängige Vertragsstrafen[35] grundsätzlich unter dem Verdacht der Unwirksamkeit nach § 307 BGB stehen. Dagegen lässt der BGH eine Bestimmung in Allgemeinen Geschäftsbedingungen zu, wonach der Auftraggeber sich eine Vertragsstrafe nicht schon bei der Abnahme vorbehalten muss, sondern sie noch bis zur Schlusszahlung geltend machen darf (vgl. Rdn. 2066).[36]

Eine **Bürgschaft** für die Ausführung aller in einem Bauvertrag übernommenen Verpflichtungen des Unternehmers (Hauptschuldners) umfasst auch einen Anspruch des Auftraggebers auf eine Vertragsstrafe, wenn der Unternehmer sich nicht nur zur Durchführung bestimmter Bauarbeiten, sondern auch zur Einhaltung fester Termine unter Absprache einer Vertragsstrafe bei deren Nichteinhaltung verpflichtet hat.[37] Dies gilt nicht, wenn die Bürgschaft ausdrücklich „für die Herstellung und etwaige Gewährleistungsansprüche" bei einem Bauwerk übernommen wurde;[38] dann ist das Risiko der Vertragsstrafe von der Bürgschaft nicht abgedeckt. **2055**

### 1. Vertragsstrafe für nicht erfüllte Bauleistung

Ist eine Vertragsstrafe für den Fall versprochen, dass die Bauleistung oder eine andere Handlung[39] nicht erfüllt wird, so kann die Vertragsstrafe statt der Erfüllung, aber nicht neben der Erfüllung des Bauvertrages verlangt werden (§ 340 Abs. 1 BGB). Eine Bauleistung ist nicht erfüllt, wenn sie nicht abnahmefähig, also mit wesentlichen **Mängeln** behaftet ist (Rdn. 1343, 1383).[40] Hat sich der Bauherr für die Vertragsstrafe entschieden und diese verlangt, ist der Anspruch auf Erfüllung ausgeschlossen. **2056**

Hat der Bauherr einen Anspruch auf Schadensersatz wegen Nichterfüllung (aus Verzug, verschuldeter Unmöglichkeit oder sonstiger Pflichtverletzung), kann er die verwirkte **Strafe als Mindestbetrag des Schadens** verlangen. Die Geltendmachung eines weiteren Schadens ist nicht ausgeschlossen (§ 340 Abs. 2 BGB). Dies gilt nur, wenn die vereinbarte Vertragsstrafe in Geld besteht; ist eine andere Form als Vertrags- **2057**

---

32) BGH, NJW 1985, 53, 56.
33) Vgl. BGH, DB 1984, 1673.
34) *Schlosser/Coester-Waltjen/Graba*, § 11 Nr. 6 AGB-Gesetz, Rdn. 19; *Frieling*, Klauseln im Bauvertrag, Kap. 11, Rdn. 58.
35) Sowohl beim **BGB-** wie auch beim **VOB**-Bauvertrag; vgl. hierzu: OLG Frankfurt, BauR 1999, 51; OLG Hamm, BauR 1997, 661 = OLGR 1996, 145 u. BauR 1997, 663 = OLGR 1997, 16; BGH, NJW 1979, 105; *Kemper*, BauR 2001, 1015, 1016; **a. A.:** für den **VOB**-Bauvertrag: OLG Frankfurt, BauR 1999, 789.
36) NJW 1979, 212 = BauR 1979, 50 = BB 1979, 69 = ZfBR 1979, 15; **a. A.:** OLG Köln, *Schäfer/Finnern*, Z 2.414.1 Bl. 22.
37) BGH, NJW 1982, 2305 = BauR 1982, 506 = ZfBR 1982, 216.
38) BGH, NJW 1980, 1459 = WM 1980, 741 (für den Fall einer **Überzahlung**).
39) Thüringer OLG Jena, OLGR 1999, 193 (Vertragsstrafe wegen nicht rechtzeitiger Erteilung der Schlussrechnung).
40) OLG München, BauR 2007, 1055; KG, BauR 1984, 529; *Ingenstau/Korbion/Döring*, § 11 Nr. 1/B, Rdn. 13; *Kleine-Möller*, BB 1976, 442, 446; OLG Naumburg, NZBau 2000, 139 (keine Vertragsstrafe für verzögerte Baufertigstellung bei nur kleineren Mängeln, wenn die Parteien die Bezugsfertigkeit dahin definiert haben, dass geringfügige Mängelbeseitigungsarbeiten ihr nicht entgegenstehen).

strafe vereinbart worden, ist der Anspruch auf Schadensersatz ausgeschlossen, wenn die Vertragsstrafe verlangt wird (§ 342 BGB).

## 2. Vertragsstrafe für nicht ordnungsgemäße Bauleistung

**2058** Ist die Vertragsstrafe für den Fall einer nicht gehörigen Erfüllung der vertraglichen Pflicht verabredet – z. B. einer **nicht fristgerechten Erfüllung,** eine Schlechterfüllung oder nur teilweisen Erfüllung –, kann die **Vertragsstrafe neben der Erfüllung** verlangt werden (§ 341 Abs. 1 BGB).[41] Werden etwaige sonstige Schadensersatzansprüche begehrt, so kann die Vertragsstrafe ebenfalls als Mindestbetrag des Schadens (wie im Fall der Nichterfüllung) geltend gemacht werden; darüber hinaus kann dann der weitere Schaden verlangt werden. Die verwirkte Strafe muss sich der Auftraggeber jedoch grundsätzlich auf seinen möglicherweise höheren Schadensersatzanspruch wegen Nichterfüllung anrechnen lassen.[42] Eine Klausel in **AGB/Formularverträgen,** nach der Schadensersatzansprüche wegen Nichterfüllung durch die Vertragsstrafe nicht berührt werden, ist unwirksam, soweit damit die Anrechnung ausgeschlossen sein soll.[43] Das gilt auch für Klauseln, nach denen neben der Vertragsstrafe Schadensersatz wegen Nichterfüllung verlangt werden kann.[44] Die Erteilung der Schlussrechnung ist im Übrigen nicht Voraussetzung für den Anspruch auf Vertragsstrafe.[45]

**2059** Gemäß § 339 Satz 1 BGB, § 11 Nr. 2 VOB/B ist die **Vertragsstrafe verwirkt,** wenn der Auftragnehmer mit der ordnungsgemäßen Bauleistung in **Verzug** kommt (vgl. zur nicht fristgemäßen Erfüllung auch Rdn. 1807 ff.). Eine Vertragsstrafe wegen nicht rechtzeitiger Erfüllung setzt voraus, dass zwischen den Parteien **feste, verbindliche Termine** vereinbart worden sind.[46] Dies gilt vor allem hinsichtlich des Endes einer etwaigen Frist; werden nur unverbindlich festgelegte Fristen überschritten, ist die Vertragsstrafe nicht verwirkt. Das OLG Düsseldorf[47] hat bei einer Vertragsklausel, wonach „die Arbeiten in der Zeit vom ... bis ... ausgeführt werden sollen", eine Verbindlichkeit der vereinbarten Frist verneint. Dagegen soll eine Vertragsstrafe wegen Verzuges auch ohne Mahnung bereits dann verwirkt sein, wenn die Vertragspartner im Bauvertrag einen bestimmten Kalendertag für den Beginn der Bauausführung und eine Fertigstellungsfrist von 30 Arbeitstagen für die Erstellung des Gewerks vereinbart haben, der Unternehmer aber das Gewerk nicht zu dem sich daraus nach dem Kalender ergebenden Endtermin (§ 284 Abs. 2 BGB) abnahmereif fertiggestellt hat.[48]

Soweit die Vertragsstrafe an die **Fertigstellung** der Leistung anknüpft, ist diese verwirkt, wenn sich die Leistung zum vereinbarten Zeitpunkt **nicht als abnahmereif**

---

41) *Staudinger/Rieble*, § 340 BGB, Rdn. 51 („Im Grundsatz gilt: Strafe für Nichterfüllung gibt es ‚neben' Verzögerungsschaden, Verzögerungsstrafe gibt es neben Nichterfüllungsschaden").
42) *Ingenstau/Korbion/Döring*, § 11 Nr. 1/B, Rdn. 12.
43) BGH, NJW 1975, 163 = MDR 1975, 223.
44) BGH, a. a. O.; OLG Hamm, NJW-RR 1987, 468.
45) OLG Düsseldorf, NZBau 2002, 226.
46) Vgl. hierzu BGH, BauR 2002, 782.
47) BauR 1982, 582.
48) OLG Düsseldorf, *SFH*, Nr. 10 zu § 11 VOB/B.

darstellt.[49] Ist die Vertragsstrafe an die **Bezugsfertigkeit** des Gebäudes gekoppelt, ist maßgeblich, ob zum vereinbarten Zeitpunkt ein Bezug des Objektes zumutbar ist (vgl. hierzu näher Rdn. 1235).

Häufig werden im Bauvertrag selbst keine Fristen für den Beginn und die Fertigstellung der Bauleistung genannt. Entweder wird auf einen den sonstigen Bauunterlagen beigefügten **Bauzeitenplan** oder einen zukünftig noch einvernehmlich zu erstellenden Bauzeitenplan verwiesen. Die in solchen Bauzeitenplänen enthaltenen Einzelfristen sind dann Vertragsfristen und damit für die Vertragsstrafe verbindlich, wenn dies ausdrücklich im Vertrag vereinbart ist.[50]

Eine Klausel in **AGB- oder Formularverträgen,** nach der eine Vertragsstrafe schon bei bloßer **Verspätung** oder Überschreitung der Ausführungsfrist, also **ohne Verzug** des Auftragnehmers, fällig wird, verstößt gegen § 309 Nr. 4 u. § 307 BGB.[51] In Allgemeinen oder Besonderen Vertragsbedingungen der öffentlichen Hand findet sich häufig die Klausel, wonach der Auftragnehmer eine Vertragsstrafe von 3% des Auftragswertes zu zahlen hat, wenn er Leistungen ohne Zustimmung des Auftraggebers an Nachunternehmer vergibt. Das Kammergericht[52] ist zu Recht der Auffassung, dass eine solche Regelung als überraschende Klausel gemäß § 305 c BGB nichtig ist, insbesondere wenn sie in dem gesamten Klauselwerk versteckt positioniert ist; darüber hinaus benachteiligt die Klausel den Auftragnehmer unangemessen und ist deshalb gemäß § 307 BGB unwirksam, weil die Klausel verschuldensunabhängig ist, überdies den gemäß § 339 BGB erforderlichen Verzug nicht vorsieht und schließlich die Höhe der Strafe unangemessen erscheint. Ist die Vertragsstrafe für den Fall des Verzuges vereinbart worden, kann diese nur für den Zeitraum verlangt werden, in dem der Erfüllungsanspruch besteht. Setzt der Auftraggeber dem Auftragnehmer daher eine Frist zur Erfüllung mit dem Hinweis, dass er nach Ablauf dieser Frist die Erfüllung ablehne, ist das vertragliche Erfüllungsverhältnis in ein Abwicklungsverhältnis umgewandelt, sodass die Vertragsstrafe nur bis zum Ablauf der gesetzten Frist zu berechnen ist.[53]

### 3. Der Vorbehalt der Vertragsstrafe

*Literatur*

*Reinicke/Tiedtke,* Der Vorbehalt des Rechts auf die bereits erlangte Vertragsstrafe, DB 1983, 1639.

Die Vertragsstrafe kann bei dieser letzten Fallgestaltung (nicht ordnungsgemäße Bauleistung) nur verlangt werden, wenn der Bauherr sich diese **bei der Abnahme** (Annahme) der Bauleistung **vorbehalten** hat (vgl. hierzu auch Rdn. 2278 ff.); ein entsprechender Vortrag gehört zur schlüssigen Begründung eines Vertragsstrafenanspruchs.[54] Dies gilt sowohl für den BGB-Bauvertrag (§ 341 Abs. 3 BGB) als auch für den VOB-

**2060**

---

49) BGH, BauR 1999, 645, 648; OLG Dresden, BauR 2001, 949; OLG München, IBR 2007, 187 – *Frank*; *Kapellmann/Messerschmidt/Langen,* § 11/B, Rdn. 24.
50) OLG Köln, BauR 1997, 818; vgl. hierzu auch *Bschorr/Zanner,* S. 42.
51) OLG Hamm, BauR 1997, 663 = OLGR 1997, 16 (auch mit Zusatz „Bauseitige Verzögerungen haben nur aufschiebende Wirkung"); OLG Bamberg, BauR 1990, 475 (selbst wenn der Vertragspartner des Verwenders **Kaufmann** ist).
52) BauR 2001, 1101 m. Anm. *Leinemann.*
53) Vgl. hierzu OLG Düsseldorf, BauR 2003, 259 = OLGR 2003, 97.
54) OLG Frankfurt, OLGR 2005, 893.

Bauvertrag (§ 11 Nr. 4 VOB/B). Die beiden vorgenannten Vorschriften werden allgemein eng ausgelegt.[55] Der Vorbehalt muss **bei der Abnahme** der Leistung ausgesprochen werden, nicht vorher und nicht nachher; andernfalls entfällt der Anspruch auf die Vertragsstrafe.[56] Das hat der BGH[57] noch einmal hervorgehoben. Es reicht daher auch nicht aus, dass der Bauherr mit seinem Vertragsstrafenanspruch **zunächst aufrechnet,** sich aber dann bei der Abnahme später seinen entsprechenden Anspruch wegen der verwirkten **Vertragsstrafe nicht vorbehält**.[58]

Bei einer **Teilabnahme** ist ein Vorbehalt der Vertragsstrafe nur dann zu erklären, wenn sich die Vertragsstrafenvereinbarung auf den von der Teilabnahme erfassten Teil der Gesamtleistung bezieht. Ist dagegen die Vertragsstrafe **für die nicht rechtzeitige Erbringung** der Gesamtleistung vereinbart worden, ist der Vorbehalt bei der Abnahme der letzten Teilleistung zu erklären.[59] Erst zu diesem Zeitpunkt steht fest, ob und in welcher Höhe eine Vertragsstrafe angefallen ist.[60] Auch wenn eine sog. Vorabnahme in der Baubranche häufig vertraglich vorgesehen und durchgeführt wird, bedarf es dabei noch keines Vorbehaltes, weil das Gesetz eine solche Abnahmeform nicht vorsieht.[61]

**2061** Der **Architekt** des Bauherrn benötigt zur wirksamen Erklärung des Vorbehalts eine ausdrückliche **Vollmacht** (vgl. Rdn. 1077).[62] In Fällen, in denen dem Architekten die Vereinbarung einer Vertragsstrafe bekannt ist oder bekannt sein muss, gehört es nach Auffassung des BGH[63] zu seinen Beratungs- und Betreuungspflichten, „durch nachdrückliche Hinweise an den Bauherrn sicherzustellen, dass bei einer förmlichen Abnahme oder bis zum Ablauf der Fristen aus § 12 Nr. 5 Abs. 1 und 2 VOB/B oder sonstiger für die Abnahme vereinbarter Fristen der erforderliche Vertragsstrafenvorbehalt nicht etwa versehentlich unterbleibt". Im Übrigen ist zur Abgabe der Vorbehaltserklärung und zu ihrer Entgegennahme im Zweifel jeder zur Durchführung der förmlichen Abnahme bevollmächtigte Vertreter der Vertragspartner befugt.[64]

**2062** Der Vorbehalt der Vertragsstrafe ist auch bei der **fiktiven Abnahme** (§ 12 Nr. 5 VOB/B) notwendig. Gerade in diesen Fällen wird der Vorbehalt der Vertragsstrafe

---

55) BGH, NJW 1971, 883 = MDR 1971, 473; OLG Düsseldorf, BauR 1977, 281.
56) St. Rspr.; BGH, NJW 1983, 385 = BauR 1983, 80; NJW 1977, 897 = BauR 1977, 280; BauR 1974, 206; ferner: LG Köln, BauR 1972, 57 m. Anm. *Jagenburg;* OLG Hamm, BauR 1976, 63.
57) BauR 1997, 640 = NJW 1997, 1982 = ZIP 1997, 1034 = EWiR 1997, 489 (m. Anm. *Rieble;* a. A.: OLG Düsseldorf, BauR 2001, 112 = NZBau 2001, 91 = OLGR 2001, 29, das bereits einen „zeitnahen" Vorbehalt ausreichen lassen will (ein bis zwei Tage vor Abnahme).
58) BGH, BauR 1983, 77 = WM 1983, 90; vgl. hierzu *Reinicke/Tiedtke,* DB 1983, 1639; ferner: OLG Celle, MDR 1972, 142; *Ingenstau/Korbion/Döring,* § 11 Nr. 4/B, Rdn. 3.
59) OLG Düsseldorf, *SFH,* Nr. 6 zu § 11 VOB/B; *MünchKomm-Söllner,* § 341 BGB, Rdn. 9.
60) Vgl. auch OLG Köln, OLGR 1996, 177 = BauR 1995, 708 für die nicht rechtzeitige Fertigstellung von **Außenanlagen**.
61) OLG Düsseldorf, BauR 2001, 112, 113 = NZBau 2001, 91.
62) Vgl. auch OLG Stuttgart, BauR 1975, 432; *Ingenstau/Korbion/Döring,* § 11 Nr. 4/B, Rdn. 12.
63) NJW 1979, 1499 m. Anm. *Ganten,* S. 2513 = BauR 1979, 345; vgl. hierzu: OLG Düsseldorf, BauR 2002, 1420 = NJW-RR 2002, 1098 (anders bei eigener Sachkunde des Auftraggebers).
64) BGH, BauR 1987, 92 = NJW 1987, 380 = MDR 1987, 309.

**Vorbehalt der Vertragsstrafe**                                                            **Rdn. 2063–2064**

häufig nicht beachtet (vgl. Rdn. 1385). Nach Auffassung des OLG Düsseldorf[65] genügt es für die Annahme eines wirksamen Vorbehalts der Vertragsstrafe bei einer fiktiven Abnahme der Werkleistung gemäß § 12 Nr. 5 Abs. 2 VOB/B durch Inbenutznahme, wenn der Auftraggeber wenige Tage vor dem Einzug und der Fertigstellung der Leistung die Geltendmachung der Vertragsstrafe dem Auftragnehmer gegenüber schriftlich angekündigt hat. Erfolgt die Abnahme durch **schlüssiges Verhalten,** muss der Vorbehalt „bei dem Verhalten, das der Billigung der Leistung angesehen werden kann", erklärt werden.[66]

Der Auftraggeber muss den Vorbehalt der Vertragsstrafe auch in dem Verfahren der **Fertigstellungsbescheinigung** gemäß § 641 a BGB (vgl. Rdn. 1357) – und zwar bis zum Zugang dieser Bescheinigung – erklären, da die Abnahmefiktion des § 641 a BGB einer Abnahme gleichgestellt ist.[67] Das gilt auch für die weitere Abnahmefiktion des § 640 Abs. 1 Satz 3 BGB – **Abnahme durch Fristablauf** – (vgl. Rdn. 1364).

Wird über die **Abnahmeverhandlungen** eine **Niederschrift** gefertigt, so reicht es **2063** aus, dass in diesem Protokoll der Vorbehalt der Rechte auf die Vertragsstrafe durch den Bauherrn zum Ausdruck kommt, da die Niederschrift **und** die Unterschriftsleistung einen Teil der Abnahme darstellen.[68] Allerdings kann dies wohl nur dann gelten, wenn die Baustellenbesichtigung und die Fertigung der Niederschrift in einem engen zeitlichen Zusammenhang stehen.[69] Das LG Tübingen[70] steht in diesem Zusammenhang sogar auf dem Standpunkt, dass bei einer **förmlichen Abnahme** i. S. des § 12 Nr. 4 VOB/B eine vorbehaltene Vertragsstrafe nur dann wirksam ist, wenn sie in das Abnahmeprotokoll aufgenommen wurde; ein in das Abnahmeprotokoll nicht aufgenommener Vorbehalt soll rechtlich keine Wirkung haben.[71] Behält sich der Bauherr im Abnahmeprotokoll seine Vertragsstrafenansprüche vor, erkennt der Unternehmer mit seiner Unterschrift unter das Protokoll noch nicht das rechtswirksame Bestehen der Ansprüche an.[72] Kommt der Bauherr nach Fertigstellung nicht mehr auf die förmliche Abnahme zurück und treten unter Berücksichtigung des Gesetzes von Treu und Glauben die **Abnahmewirkungen** nach § 12 Nr. 5 VOB/B ein,[73] läuft er Gefahr, berechtigte Vertragsstrafenansprüche zu verlieren, wenn er sie nicht bis zum Eintritt der Abnahmewirkung nach § 12 Nr. 5 VOB/B vorbehalten hat.[74]

Der Vorbehalt einer Vertragsstrafe kann auch in eine formularmäßig vorbereitete **2064** **Abnahmeniederschrift** aufgenommen und mit deren Unterzeichnung erklärt werden.[75] Hat zwischen den Vertragsparteien eine förmliche Abnahme stattgefunden,

---

65) BauR 1985, 327; anders: OLG Düsseldorf, NJW-RR 1994, 408, wonach bei einer Abnahme gem. § 12 Nr. 5 Abs. 2 VOB/B durch Bezug des errichteten Hauses der Vorbehalt wegen einer Vertragsstrafe **innerhalb** von sechs Werktagen nach Beginn der Benutzung erklärt werden muss; ein vorher ausgesprochener Vorbehalt soll wirkungslos sein.
66) So zutreffend: *Heiermann/Riedl/Rusam,* § 11/B, Rdn. 29.
67) *Niemöller,* BauR 2001, 481, 488; *Kniffka,* ZfBR 2000, 227, 233.
68) BGH, BauR 1974, 206.
69) BGH, a. a. O.; BauR 1987, 92 = NJW 1987, 380 = MDR 1987, 309; OLG Düsseldorf, BauR 1982, 582 = *SFH,* Nr. 7 zu § 11 VOB/B.
70) NJW 1973, 1875; ebenso: *MünchKomm-Söllner,* § 341 BGB, Rdn. 10.
71) Ebenso: *Ingenstau/Korbion/Döring,* § 11 Nr. 4/B, Rdn. 10.
72) OLG Koblenz, *Schäfer/Finnern,* Z 2.411 Bl. 52.
73) Vgl. dazu *Ingenstau/Korbion/Oppler,* § 12 Nr. 5/B, Rdn. 4.
74) KG, BauR 1988, 230, 231; *Ingenstau/Korbion/Oppler,* § 12 Nr. 5/B, Rdn. 5.
75) BGH, BauR 1987, 92 = NJW 1987, 380 = MDR 1987, 309.

über die ein Abnahmeprotokoll erst zwei Wochen später erstellt und dann von beiden Parteien unterzeichnet wird, so ist nach Meinung des OLG Düsseldorf[76] in der Regel davon auszugehen, dass die in dem Protokoll enthaltenen Erklärungen, auch der Vorbehalt der Vertragsstrafe, **bei** der Abnahmeverhandlung abgegeben worden sind.

**2065** Hat nach der **Kündigung** des Auftraggebers gem. § 8 Nr. 3 VOB/B ein anderer Unternehmer das Werk fertiggestellt, und ist dieses dann durch Benutzung gem. § 12 Nr. 5 Abs. 2 VOB/B abgenommen worden, bedarf es zur Erhaltung einer vom ersten Auftragnehmer geschuldeten Vertragsstrafe keines Vorbehalts gem. § 11 Nr. 4 VOB/B bei dieser Abnahme.[77] Ein Vorbehalt ist aber erforderlich bei einer vom Auftragnehmer nach § 8 Nr. 6 VOB/B erwirkten Abnahme.

Wird eine vorbehaltslose Annahme vom Auftraggeber erklärt, kann er sie wegen Irrtums gem. § 119 BGB nicht anfechten, weil der Rechtsverlust nicht infolge der falschen Erklärung, sondern kraft Gesetzes eingetreten ist.[78]

**2066** Die Verpflichtung zum Vorbehalt einer Vertragsstrafe ist durch Individualvereinbarungen, **nicht aber in Allgemeinen Geschäftsbedingungen, vollständig abdingbar.**[79] Dies gilt auch gegenüber **Kaufleuten.**[80] Deshalb ist eine Bestimmung in Allgemeinen Geschäftsbedingungen, wonach eine Vertragsstrafe schon bei bloßer Verspätung oder Überschreitung der Ausführungsfristen fällig wird, unwirksam.[81] Der **Zeitpunkt,** in dem die Vertragsstrafe geltend gemacht werden muss, kann jedoch auch in Allgemeinen Geschäftsbedingungen **verschoben** werden.[82] So kann vereinbart werden, dass sich der Auftraggeber eine Vertragsstrafe nicht schon bei der Abnahme vorbehalten muss, sondern sie noch bis zur **Schlusszahlung** geltend machen darf.[83] Allerdings wird man das nur in diesem zeitlichen Rahmen als zulässig ansehen können. In Rechtsprechung[84] und Literatur[85] wird insoweit die Meinung

---

76) BauR 1986, 457.
77) BGH, *SFH*, Nr. 3 zu § 8 VOB/B.
78) So richtig *Vogel*, ZfIR 2005, 373, 384; ebenso *Bschorr/Zanner*, 106.
79) BGH, BauR 1997, 1036 = NJW-RR 1997, 1513 = ZfBR 1998, 35; BGH, NJW 1983, 385 = BauR 1983, 80; NJW 1971, 883 = BauR 1971, 122; **für AGB:** OLG Düsseldorf, BauR 1994, 414 (LS): KG, BauR 1988, 230; OLG Köln, *Schäfer/Finnern*, Z 2.424.1 Bl. 22; OLG Hamm, BB 1975, 853; OLG Karlsruhe, BB 1980, 600; *Ingenstau/Korbion/Döring*, § 11 Nr. 1/B, Rdn. 19; *Nicklisch/Weick*, § 11, Rdn. 25 m. w. Nachw.
80) BGH, a. a. O.
81) OLG Düsseldorf, BauR 1985, 327.
82) OLG Düsseldorf, NJW-RR 2001, 1387 = OLGR 2001, 427.
83) BGH, BauR 2000, 1758 = NJW-RR 2000, 1468 = NZBau 2000, 509 = ZfBR 2000, 551; BauR 2003, 870 = NJW 2003, 1805 = ZfIR 2003, 411, 415 = NZBau 2003, 321; NJW 1983, 385 = BauR 1983, 80; NJW 1979, 212 = BauR 1979, 56 = ZfBR 1979, 15 = BB 1979, 69 = *SFH*, Nr. 2 zu § 341 BGB; OLG Hamm, NJW-RR 1987, 468; *Ingenstau/Korbion/Döring*, § 11 Nr. 1/B, Rdn. 15; **a. A.:** LG München I, *SFH*, Nr. 1 zu § 9 AGB-Gesetz; OLG Hamm, BB 1975, 852; *Ulmer/Brandner/Hensen*, Anh. §§ 9–11, Rdn. 727.
84) KG, BauR 2000, 575; OLG Düsseldorf, NJW-RR 2001, 1387 = OLGR 2001, 427; **a. A.:** offensichtlich der BGH, a. a. O., der den Begriff „Schlusszahlung" bislang ohne diese Einschränkung verwendet hat.
85) *Kapellmann/Messerschmidt/Langen*, § 11/B, Rdn. 115; *Ingenstau/Korbion/Döring*, § 11/B, Rdn. 15; Beck'scher VOB-Komm/*Bewersdorf*, B, § 11 Nr. 4, Rdn. 40; *Vygen/Schubert/Lang*, Rdn. 54; *Kemper*, BauR 2001, 1015, 1020; *Bschorr/Zanner*, S. 105.

vertreten, dass unter „Schlusszahlung" jeweils die **Fälligkeit der Schlusszahlung** zu verstehen ist; andernfalls hätte der Auftraggeber in der Hand, den Auftragnehmer lange Zeit im Ungewissen zu lassen. Dagegen verstößt eine Bestimmung, wonach die Vertragsstrafe ohne vorherigen Vorbehalt noch bis zum Ablauf der Gewährleistungsfrist geltend gemacht werden kann, gegen § 307 BGB.[86] Dasselbe gilt – auch für den kaufmännischen Verkehr – hinsichtlich einer Klausel in Allgemeinen Geschäftsbedingungen, wonach die verwirkte Vertragsstrafe „der Einfachheit halber von der Schlussrechnung abgezogen" werden kann.[87]

Eines **Vorbehaltes** bei der Abnahme der Leistung **bedarf es nicht**, wenn in diesem Zeitpunkt der **Anspruch im Prozessweg** verfolgt wird.[88] Der BGH begründete dies zu Recht damit, dass nicht einzusehen sei, „wie der Gläubiger sich den Strafanspruch noch deutlicher vorbehalten sollte, als indem er um diesen Anspruch prozessiert". Ein **Vorbehalt** ist auch bei einer **Kündigung** des Bauvertrages **nicht erforderlich**.[89] Unterwirft sich ein Schuldner in einer notariellen Urkunde wegen einer Vertragsstrafe der sofortigen Zwangsvollstreckung, so ist damit in der Regel nicht stillschweigend das Erfordernis eines Vorbehalts nach § 341 BGB abbedungen.[90]

Wird die **Abnahme** vom Auftraggeber zu Recht oder zu Unrecht **verweigert**, bedarf es nicht eines entsprechenden Vorbehalts.[91] Auch bei einer Ersatzvornahme nach § 637 BGB ist die Erklärung des Vorbehalts zur Wahrung des Rechts auf die Vertragsstrafe nicht erforderlich.[92]

### 4. Die Höhe der Vertragsstrafe

*Literatur*

*Kapellmann/Langen/Schiffers*, Bemessung von Vertragsstrafen für verzögerte Baufertigstellung in AGB, BB 1987, 560; *Weyer*, Verteidigungsmöglichkeiten des Unternehmers gegenüber einer unangemessen hohen Vertragsstrafe, BauR 1988, 28; *Greiner*, Die „Auftragssumme" bei Vereinbarung einer Vertragsstrafe, ZfBR 1999, 62; *Minuth*, Das Verhältnis von Tagessatz zu Obergrenze als neues Kriterium bei der AGB-Prüfung einer Vertragsstrafenklausel?, NZBau 2000, 322; *Kemper*, Die Vereinbarung von Vertragsstrafe bei Fristüberschreitung in Allgemeinen Geschäftsbedingungen, BauR 2001, 1015; *Pauly*, Zur Problematik der Vertrauensschutzgrenze bei alten Bauvertragsstrafenklauseln – Zugleich Besprechungen des BGH-Urteils v. 8.7.2004 – VII ZR 24/03 –, BauR 2005, 1229.

Die **Höhe** der Vertragsstrafe kann grundsätzlich zwischen den Vertragsparteien **frei vereinbart** werden,[93] doch kann das Gericht auf Antrag des Unternehmers die Vertragsstrafe auf einen angemessenen Betrag herabsetzen, wenn die verwirkte Strafe unverhältnismäßig hoch ist (§ 343 BGB). Diese Vorschrift ist zwingendes Recht und

---

86) OLG Nürnberg, MDR 1980, 398.
87) BGH, BauR 1984, 643 = ZfBR 1984, 272.
88) BGH, BauR 1975, 55 in Abweichung von RG, JW 1911, 400 Nr. 8; OLG Düsseldorf, *SFH*, Nr. 6 zu § 11 VOB/B.
89) *Ingenstau/Korbion/Vygen*, § 8 Nr. 7/B, Rdn. 2; BGH, BauR 1981, 373.
90) BGH, DB 1979, 883 = WM 1979, 555.
91) BGH, BauR 1997, 640 = NJW 1997, 1982 = ZIP 1997, 1034 = EWiR 1997, 489 (m. Anm. *Rieble*).
92) BGH, a. a. O.
93) Die Grenze bestimmt sich nach § 138 BGB; vgl. hierzu *Weyer*, BauR 1988, 28, 29.

nicht abdingbar. Ob eine Vertragsstrafe unangemessen hoch ist, hängt von den Umständen des jeweiligen Einzelfalles ab, insbesondere von der wirtschaftlichen Lage der Vertragsparteien, dem Grad des Verschuldens des Unternehmers,[94)] der Höhe des eingetretenen oder zu erwartenden Schadens. Darüber hinaus setzt § 443 BGB ein wirksames Vertragsstrafenversprechen voraus. Ein solches ist nicht gegeben, wenn z. B. die vereinbarte Vertragsstrafe im Hinblick auf die Höhe sittenwidrig ist.[95)] Die Vorschrift des § 343 BGB findet keine Anwendung bei Kaufleuten (§§ 348, 351 HGB).[96)]

**2069** Eine Vertragsstrafe kann in Form eines **pauschalen Geldbetrages** oder eines **prozentualen Anteils der Auftragssumme vereinbart** werden. Ist eine Vertragsstrafe in Höhe eines Prozentsatzes vereinbart und kommt der Unternehmer lediglich mit einem bestimmten Teil der Gesamtleistung in Verzug, so errechnet sich die verwirkte Vertragsstrafe nach der vereinbarten Gesamtvergütung und nicht nur von demjenigen Teil der gesamten Vergütung, der dem verspätet fertiggestellte Anteil an der Gesamtleistung entspricht.[97)] Meist wird jedoch eine Abrede zwischen den Parteien getroffen, dass die Vertragsstrafe nach Tagen (bis zur endgültigen Fertigstellung der Bauleistung) bemessen sein soll („je Tag verspäteter Fertigstellung gilt eine Vertragsstrafe in Höhe von 100 € bis zur endgültigen Fertigstellung als vereinbart").

**2070** Nach der Rechtsprechung des BGH[98)] hält eine Vertragsstrafenklausel der Inhaltskontrolle nicht Stand,

* wenn die Vertragsstrafen-Abrede **keine Begrenzung nach oben** (Gesamthöhe) aufweist

oder

* wenn der vereinbarte **Tagessatz** der Vertragsstrafe **unangemessen hoch** ist

oder

* wenn der vereinbarte **Tagessatz im Verhältnis zu der festgelegten Gesamthöhe** der Vertragsstrafe unangemessen ist.

Nach BGH muss jede in **AGB** enthaltene Vertragsstrafe, deren Höhe sich nach einem bestimmten Vomhundertsatz der Auftragssumme je Kalender-, Werk- oder Arbeitstag richtet (auch wenn der Vomhundertsatz verhältnismäßig niedrig ist, z. B.: **0,15% je Werktag**) eine **Begrenzung nach oben** aufweisen.[99)] Eine angemes-

---

94) Vgl. LG Berlin, NJW 1996, 1142.
95) Vgl. hierzu OLG Celle, BauR 2001, 1108 (**individuell** vereinbarte Vertragsstrafe von 15% der Vertragssumme **sittenwidrig,** wenn aufgrund der konkreten vertraglichen Ausgestaltung mit einer Verwirkung zwangsläufig gerechnet werden muss).
96) **Herrschende Meinung;** vgl. *Weyer,* BauR 1988, 28, 32 (auch beim VOB-Bauvertrag); *Ingenstau/Korbion/Döring,* § 12/A, Rdn. 16.
97) *Ingenstau/Korbion/Döring,* § 12/A, Rdn. 20; § 12/A, Rdn. 18; **a. A.:** OLG München, *Schäfer/ Finnern,* Z 2.411 Bl. 59.
98) Vgl. hierzu *Kemper,* BauR 2001, 1015.
99) BauR 2000, 1049 = NJW 2000, 2106 = ZfBR 2000, 331 = MDR 2000, 827 = NZBau 2000, 327; BauR 1989, 327 = NJW-RR 1989, 527 = ZfBR 1989, 102; BauR 1989, 459 = NJW-RR 1989, 916; BauR 1988, 86 = NJW-RR 1988, 146 = DB 1988, 108; OLG Brandenburg, BauR 2007, 897; OLG Hamm, OLGR 1995, 52; OLG Oldenburg, OLGR 1994, 332 (auch zur Haftung des Architekten bei unwirksamer Vereinbarung).

## Höhe der Vertragsstrafe

sene Grenze nach oben[100] ist schlechthin, also nicht nur bei größeren,[101] sondern auch bei **kleineren**[102] Bauaufträgen **unverzichtbar**. Das gilt auch dann, wenn der Vertragspartner des Verwenders Kaufmann ist.[103]

Unter diesem Gesichtspunkt hat der BGH[104] eine Klausel mit einem **Tagessatz** von **0,1%** sowie **0,2%** bei einer **Obergrenze** von **10%** der Angebotssumme bislang (vgl. zur neuen Obergrenze Rdn. 2071/2) als wirksam angesehen.[105] Auch **Tagessätze** von **0,15%**[106], **0,2%**[107] und **0,3%**[108] wurden vom BGH – in z. T. älteren Entscheidungen – grundsätzlich nicht beanstandet. Dagegen wurden Tagessätze von 1,5% (ohne Obergrenze)[109] sowie 0,5% (trotz Obergrenze)[110] für unwirksam erachtet.

Da es nach der Rechtsprechung keine verbindlichen Prozentsätze gibt, ist stets auf die Umstände des **Einzelfalles** bei der Beurteilung der Angemessenheit der Vertragsstrafe abzustellen. Insoweit hat der BGH[111] allerdings grundlegende Ausführungen gemacht:

**2071**

---

100) Vgl. hierzu LG München, ZfBR 1990, 117 (Unwirksamkeit einer Klausel in AGB, wonach der Auftragnehmer bei Verzug eine Vertragsstrafe von **0,5%** der Auftragssumme je Kalendertag, höchstens jedoch 20% der Auftragssumme, zu zahlen hat); OLG Hamm, OLGR 1992, 276 (Beschränkung auf **40%** der Bruttovergütung); OLG Zweibrücken, BauR 1994, 509 = NJWRR 1994, 1363 (Unwirksamkeit einer AGB-Klausel, die eine Vertragsstrafe von **0,2%** der Vertragssumme pro Werktag bei einer Höchstgrenze von 20% der Vertragssumme inklusive Mehrwertsteuer vorsieht); OLG Saarbrücken, NJW-RR 2001, 1030 (Unwirksamkeit einer Vertragsstrafe in AGB mit Obergrenze von 12% der Auftragssumme – insbesondere bei öffentlichem Auftraggeber).
101) BGH, BauR 1988, 86 = NJW-RR 1988, 146 = DB 1988, 108.
102) BGH, ZfBR 1989, 102 = BauR 1989, 327 = NJW-RR 1989, 527; ferner: BGH, BauR 1989, 459 = NJW-RR 1989, 916; OLG Bamberg, BauR 1990, 475, 477 (Begrenzung nach oben auch bei „auffallend niedriger" Vertragsstrafe).
103) BGH, BauR 1988, 86 = NJW-RR 1988, 146; OLG Nürnberg, BB 1983, 1307.
104) BauR 1987, 92 = NJW 1987, 380 = MDR 1987, 309; BauR 2001, 791 = NZBau 2001, 257; ebenso OLG Düsseldorf, NZBau 2002, 226.
105) *Kapellmann/Langen/Schiffers*, BB 1987, 560, sind der Meinung, dass die Grenze „nach oben" bei 20% der Nettoabrechnungssumme gezogen werden sollte, wenn die Vertragsstrafe höher als 0,1% je Arbeitstag ist. Bei geringeren Vertragsstrafen sollte es nach ihrer Auffassung keine Höchstgrenze geben. Im Übrigen differenzieren sie hinsichtlich des angemessenen Prozentsatzes je Arbeitstag auch im Hinblick auf die Nettoabrechnungssumme und geben insoweit genaue Prozentsätze an, obwohl der BGH darauf hingewiesen hat, dass eine allgemein gültige Bestimmung der zulässigen Strafhöhe nicht möglich ist, sondern vielmehr entscheidend darauf abgestellt werden muss, welche Sachverhalte die jeweilige Strafklausel erfasst (BGH, BauR 1983, 80, 83 = NJW 1983, 385, 387; vgl. auch *Weyer*, BauR 1988, 28, 30; *Korbion/Locher*, Rdn. 159).
106) BauR 1988, 86 = NJW-RR 1988, 146 (aber beanstandet, wegen fehlender Begrenzung).
107) BauR 1976, 279 (allerdings ohne Obergrenze).
108) BauR 1979, 56 = NJW 1979, 212 (auch ohne Obergrenze); ebenso: Thüringer OLG, OLGR 1999, 193; **a. A.:** OLG Dresden, BauR 2001, 949 mit Anm. *Althoff*.
109) BGH, BauR 1981, 374 = ZfBR 1981, 182.
110) BGH, BauR 2002, 1086 = NJW-RR 2002, 806 = NZBau 2002, 383; ebenso BGH, NZBau 2002, 385 sowie Brandenburgisches OLG, BauR 2003, 1404.
111) BauR 2000, 1049 = NJW 2000, 2106 = ZfBR 2000, 331 = MDR 2000, 827 = NZBau 2000, 327; **a. A.:** OLG Dresden, BauR 2000, 1881, 1882. Kritisch hierzu: *Minuth*, NZBau 2000, 322.

"Die zulässige Ausgestaltung einer in Allgemeinen Geschäftsbedingungen vereinbarten Vertragsstrafe lässt sich allgemein gültig nicht bestimmen. Es gibt jedoch einen Rahmen für wirksame Strafklauseln. Dieser ergibt sich aus dem doppelten Zweck der Vertragsstrafe. Sie soll als Druckmittel den Schuldner anhalten, seine Leistung ordnungsgemäß zu erbringen. Zugleich soll sie den Gläubiger in den Stand setzen, sich bei Verletzung der sanktionierten Vertragspflichten jedenfalls bis zur Höhe der Vertragsstrafe ohne Einzelnachweis schadlos zu halten. (Vgl. BGH, Urteil v. 18.11.1982 – VII ZR 305/81 –, BauR 1983, 80 = BGHZ 85, 305, 312 m. w. N.)

Die Druckfunktion erlaubt durchaus eine spürbare Vertragsstrafe. Mit ihr kann deutlich gemacht werden, welches Gewicht sowohl dem Termin als auch der Dauer seiner Überschreitung beigemessen wird, und entschieden darauf hingewirkt werden, dass Verzögerungen unterbleiben oder in Grenzen gehalten werden. Das Maß der Vertragsstrafe muss nach den in Betracht kommenden Auswirkungen bestimmt werden (BGH, a. a. O., 314, 315; Urteil v. 12.3.1981 – VII ZR 293/79 –, BauR 1981, 374). Gerade bei Bauverträgen mit hoher Auftragssumme ist darauf zu achten, dass sich die Vertragsstrafe in wirtschaftlich vernünftigen Grenzen hält. (BGH, Urteil v. 22.10.1987 – VII ZR 167/86 –, BauR 1988, 86).

Der weitere Zweck, dem Gläubiger den Einzelnachweis eines Schadens zu ersparen, weist in dieselbe Richtung. Die Vertragsstrafe muss sich innerhalb voraussichtlicher Schadensbeträge halten. Entgegen der Auffassung des Berufungsgerichts kommt es nicht auf den individuellen Schaden des Vertragsstrafengläubigers an. Die Inhaltskontrolle nach § 9 Abs. 1 AGBG beruht auf einer allgemeinen Interessenabwägung. Maßgeblich ist eine überindividuell-generalisierende, von den konkreten Umständen des Einzelfalles absehende Betrachtungsweise. (Vgl. *Ulmer/Brandner/Hensen*, AGBG, 8. Aufl., § 9 Rdn. 78; *Wolf/Horn/Lindacher*, AGBG, 3. Aufl., § 9 Rdn. 51, jeweils m. w. N.) Dementsprechend kommt es darauf an, ob allgemein bei Verträgen der von den Parteien geschlossenen Art Nachteile zu erwarten sind, welche die Ausgestaltung der Vertragsstrafe als angemessen erscheinen lassen.

Diese Grundsätze sind nicht nur für die Beurteilung der in der Strafklausel vorgesehenen Gesamthöhe maßgeblich, sondern ebenso für den Tagessatz. Dieser bestimmt das Zeitmaß: Ein hoher Tagessatz lässt die Vertragsstrafe schneller anwachsen und die Obergrenze erreichen als ein niedriger Tagessatz. Die Bemessung der Zeitspanne, in der eine ansonsten unproblematische Vertragsstrafe ganz oder teilweise verfällt, kann dazu führen, dass die Zwecke der Vertragsstrafe verfehlt werden und diese den Zusammenhang mit den Verzugsauswirkungen verliert. Eine solche Folge ist unzulässig."

**2072** Dementsprechend hat der BGH[112] eine Vertragsstrafe von **0,5%, höchstens jedoch 5%** der Auftragssumme für **unwirksam** erklärt. Dabei hat er darauf hingewiesen, dass hier die Obergrenze schon nach 10 Tagen erreicht wird und deshalb dem Auftragnehmer aufgrund des schnellen Fristablaufs keine Möglichkeit bleibt, zu reagieren und die Verwirkung der vollen Vertragsstrafe durch erhöhten Arbeitsaufwand zu vermeiden („Die bei einer angemessen gestalteten Vertragsstrafenklausel mit jedem Tag des Verzuges steigende Dringlichkeit der Erledigung kann nicht entstehen"). Ähnlich hat das OLG Naumburg[113] entschieden und eine Vertragsstrafenklausel in Höhe von **1% der Abrechnungssumme pro Werktag** für unwirksam erklärt, auch wenn in einem solchen Fall eine Obergrenze von 10% der Abrechnungssumme festgelegt wurde. Das Schleswig-Holsteinische OLG[114] hat eine Vertragsstrafe von 0,3% je Werktag mit Obergrenze 10% ebenfalls als unangemessen und daher unwirksam angesehen.

---

112) BGH, a. a. O.; ebenso: BGH, BauR 2002, 791 bei einer Obergrenze von 10% („Der Tagessatz von 0,5% der Auftragssumme übt einen wirtschaftlich nicht mehr vertretbaren Druck auf den Auftragnehmer aus").
113) OLGR 1999, 297.
114) BauR 2005, 1641.

## Höhe der Vertragsstrafe                                                              Rdn. 2073

Wie aus den vorangegangenen Ausführungen (insbesondere der Rspr. des BGH) deutlich wird, hat der BGH bislang eine Obergrenze von 10% mit einem Auftragsvolumen bis zu ca. 13 Mio. DM grundsätzlich unbeanstandet gelassen,[115] es sei denn, dass die Tagessätze zu hoch angesetzt waren. Der BGH[116] hat zwischenzeitlich diese Rechtsprechung aufgegeben und entschieden, dass eine in **Allgemeinen Geschäftsbedingungen** des Auftraggebers enthaltene Vertragsstrafenklausel in einem Bauvertrag den Auftragnehmer unangemessen benachteiligt, wenn sie eine **Höchstgrenze von über 5%** der Auftragssumme vorsieht; er begründet seine Auffassung damit, dass sich die Druck- und Kompensationsfunktion der Vertragsstrafe in wirtschaftlich vernünftigen Grenzen halten muss. Sollte die Höchstgrenze von 5% der Auftragssumme im Einzelfall nicht ausreichen, bleibe es den Parteien unbenommen, individuell eine höhere Obergrenze zu vereinbaren.

Wegen des berechtigten Vertrauensschutzes in die bisherige Rspr. hat der BGH in dieser Entscheidung erneut[117] einen Übergangszeitraum angegeben: danach besteht grundsätzlich Vertrauensschutz hinsichtlich der Zulässigkeit einer Obergrenze von bis zu 10% für Verträge mit einer Auftragssumme von bis zu ca. 13 Mio. DM, die vor dem Bekanntwerden dieser Entscheidung geschlossen worden sind.[118] Zwischenzeitlich hat der BGH[119] ferner entschieden, dass eine in AGB des Auftraggebers enthaltene Vertragsstrafenklausel mit einer Obergrenze von 10% in einem Bauvertrag mit einer für die Vertragsstrafe maßgeblichen Abrechnungssumme ab 15 Mio. DM auch dann unwirksam ist, wenn der Vertrag vor dem Bekanntwerden der vorerwähnten Entscheidung geschlossen worden ist. Bei Verträgen unterhalb einer Abrechnungssumme von 15 Mio. DM kann Vertrauensschutz nur für Verträge in Anspruch genommen werden, die bis zum 30.6.2003 geschlossen worden sind.

Eine Vertragsstrafenregelung in AGB-Formularverträgen des Auftraggebers, die bei einem Bauvertrag Vertragsstrafen an die **Überschreitung von Zwischenfristen** knüpft, kann nach einer Entscheidung des OLG Bremen[120] unwirksam sein, „wenn durch zahlreiche Zwischenfristen bei einer Überschreitung der ersten Frist eine sehr hohe Vertragsstrafe erreicht werden kann". Auch der BGH[121] hat „Bedenken" gegen die **Kumulierung von Einzelvertragsstrafen für Zwischenfristen** angemeldet, selbst

2073

---

115) Vgl. BGH, BauR 2001, 791; BauR 2000, 1049 = NJW 2000, 2106; BauR 1987, 92, 98 = ZfBR 1987, 35.
116) BauR 2003, 870 = NZBau 2003, 321 = MDR 2003, 804 = NJW 2003, 1805 = ZfIR 2003, 411 m. Anm. *Schwenker;* vgl. hierzu auch *Frerick,* ZfBR 2003, 536; *Roquette/Laumann,* BauR 2003, 1271; *Wolter,* BauR 2003, 1274. Ebenso OLG Oldenburg, BauR 2005, 887 = OLGR 2005, 71.
117) Wie schon in der Entscheidung zur ergänzenden Vertragsauslegung bei unwirksamen Formularklauseln, vgl. BGH, BauR 2002, 1533 = NJW 2002, 3098 = MDR 2002, 1365 = NZBau 2002, 559 = IBR 2000, 543.
118) Entscheidungsdatum: 23.1.2003. Vgl. hierzu die insoweit ablehnende Anmerkung von *Schwenker,* ZfIR 2003, 417, 419.
119) BauR 2004, 1609 = IBR 2004, 561 – *Vogel.*
120) NJW-RR 1987, 468; ebenso: OLG Jena, BauR 2003, 1416; OLG Hamm, BauR 2000, 1202 = OLGR 2000, 149 = MDR 2000, 881; OLG Koblenz, BauR 2000, 1338 = NJW-RR 2000, 1042 = NZBau 2000, 330. Vgl. hierzu auch *Kemper,* BauR 2001, 1015, 1018.
121) BauR 1999, 645 = NJW 1999, 1108 = MDR 1999, 540 = ZfBR 1999, 188; BauR 2001, 791 = NZBau 2001, 257; ferner: BGH, BauR 2001, 945 = NJW 2001, 1346 = NZBau 2001, 257 = ZfBR 2001, 316; vgl. auch OLG Jena, OLGR 2002, 334 = MDR 2002, 1245 = NJW-RR 2002, 1178. Vgl. hierzu auch *Kapellmann/Messerschmidt/Langen,* § 11/B, Rdn. 77 ff.

wenn der jeweils vereinbarte Tagessatz (z. B. 0,3%) für die Bemessung der Vertragsstrafe als angemessen anzusehen ist (sog. **Kumulierungsverbot**). Der BGH begründet seine berechtigten Bedenken damit, dass bei nur geringfügigen Verzögerungen innerhalb des vereinbarten und mit einer Vertragsstrafe bewehrten Bauzeitenplans die gesamte Vertragsstrafe (z. B. in Höhe von 5%) unabhängig davon verwirkt ist, ob der Endtermin eingehalten wird. Eine solche Vertragsstrafenregelung kann nur dann wirksam sein, wenn der Vereinbarung der Zwischenfristen eine über die Absprache hinausgehende Bedeutung zukommt. Das kann beispielsweise der Fall sein, wenn innerhalb eines Bauvorhabens die Durchführung der Nachfolgegewerke von der schrittweisen und durch Zwischentermine abgesicherten Leistungserbringung der Vorgewerke abhängig ist.[122] Im Übrigen ist aber davon auszugehen, dass eine solche Vertragsstrafe unwirksam ist, wenn die vom BGH genannte Konsequenz nicht vertraglich abbedungen oder abgeschwächt wird. Ferner berührt nach Ansicht des BGH[123] die Unwirksamkeit der vorerwähnten Vertragsstrafenklauseln nicht die Wirksamkeit der hiervon trennbaren Vertragsstrafenklausel zur Überschreitung des Termins zur Fertigstellung des gesamten Werkes. Die Vertragsstrafenregelung in AGB für eine Bauzeitüberschreitung, die dem Auftragnehmer das Schlechtwetterrisiko zuweist, bei nachträglichen Sonderwünschen keine Bauzeitverlängerung vorsieht und auch keine Begrenzung der Höhe enthält, ist nach Auffassung des OLG Köln[124] mit § 9 AGB-Gesetz (jetzt § 307 BGB) unvereinbar.

**2074** Nach dieser Rechtsprechung wird man Vertragsstrafenvereinbarungen in Allgemeinen Geschäftsbedingungen/Formularverträgen nur noch dann – auch im kaufmännischen Verkehr – als wirksam betrachten können,

* wenn die Vertragsstrafe eine **vertretbare Höhe** unter Berücksichtigung der Umstände des jeweiligen Einzelfalles aufweist oder
* wenn die Vertragsstrafe **betragsmäßig** oder prozentual nach oben angemessen **begrenzt** wird[125] (z. B. „höchstens bis zu X € oder Y% der Auftragssumme") oder
* wenn die Vertragsstrafe **zeitlich angemessen begrenzt** wird (z. B. „höchstens bis zu X Arbeitstagen Verzug").

Eine „geltungserhaltende Reduktion" in der Weise, dass Unwirksamkeit einer Klausel nur eintritt, wo Unangemessenheit vorliegt, wird vom BGH[126] ausdrücklich abgelehnt. Der BGH weist zu Recht darauf hin, dass aufgrund der Unwirksamkeit unangemessen hoher Vertragsstrafenklauseln eine richterliche Herabsetzung gemäß § 343 BGB nicht in Betracht kommen kann.

---

[122] Zum Kumulierungsverbot bei verschiedenen Bauabschnitten vgl. BGH, BauR 2003, 870, 875 = NZBau 2003, 321 = ZfIR 2003, 411 m. Anm. *Schwenker*, sowie BGH, BauR 1999, 645, 646 = ZfBR 1999, 18.

[123] BauR 2001, 791 = NZBau 2001, 257 = NJW-RR 2001, 738.

[124] NJW-RR 1988, 654.

[125] Vgl. OLG Hamm, NJW-RR 1992, 1206 (0,5% der Bruttoauftragssumme je Kalendertag, beschränkt auf 40% der Bruttovergütung; unangemessene Höhe der absoluten Begrenzung); ebenso: OLG Oldenburg, OLGR 1998, 271; ferner: OLG Düsseldorf, BauR 1982, 582, 583; OLG Düsseldorf, BauR 1985, 327 (200 DM je Kalendertag ohne Obergrenze); OLG Frankfurt, CR 1994, 355; OLG Zweibrücken, BauR 1994, 509, 511 = NJW-RR 1994, 1362 (Obergrenze von 20% der Bruttovertragssumme unangemessen).

[126] BGH, BauR 1981, 374 = DB 1981, 1663 = ZfBR 1981, 182 = WM 1981, 523 sowie BGH, NJW 1983, 385 = BauR 193, 80.

## Höhe der Vertragsstrafe

Vorformulierte Vertragsbedingungen eines Bauvertrages bleiben im Übrigen auch dann Allgemeine Geschäftsbedingungen i. S. der §§ 305 ff. BGB (früher AGB-Gesetz), wenn der Verwender die im Formular zunächst offen gelassene Höhe der Vertragsstrafe vor Vertragsschluss ausfüllt („1%"), es sei denn, dass die auf diese Weise eingefügte Vertragsbedingung zwischen den Vertragsparteien im Einzelnen ausgehandelt wurde.[127]

Hängt die Höhe der prozentual festgelegten Vertragsstrafe von der Brutto-Schlussrechnungssumme ab, scheitert eine Berechnung nicht an einer fehlenden Schlussrechnung, wenn die Parteien einen Pauschalfestpreis vereinbart haben und damit die Brutto-Schlussrechnungssumme von vornherein feststeht.[128] Im Übrigen steht es den Parteien frei, die **Bezugsgröße** der Vertragsstrafe zu bestimmen. Haben die Parteien insoweit keine ausdrückliche Vereinbarung getroffen, richtet sich die Vertragsstrafe nach der beauftragten (Netto-)Gesamtvergütung, nicht dagegen nach dem Anteil der noch nicht ausgeführten Leistung der Vergütung.[129]

Für die **Berechnung der Frist** gilt Folgendes: **2075**

Beim BGB-Bauvertrag werden grundsätzlich die **Sonn-** und **Feiertage** sowie **Samstage** mitgerechnet. Stets kommt es aber auf die Abrede im Einzelfall an, da die Bemessungsgrundlage der Vertragsstrafe nach Arbeitstagen, nach Werktagen oder nach Kalendertagen einvernehmlich erfolgen kann. Kapellmann/Langen/Schiffers[130] halten allerdings die Anknüpfung der Vertragsstrafe an Kalendertage in AGB oder Formularverträgen für unbillig i. S. von § 307 BGB, weil die Vertragsstrafe hier auch an Sonn- und Feiertagen verwirkt wird, obwohl der Unternehmer – von Sondererlaubnissen abgesehen – an diesen Tagen gar nicht arbeiten darf.

Im Übrigen gelten die §§ 187 ff. BGB. Ist die VOB vereinbart, so zählen bei der **2076** Berechnung der Vertragsstrafe nur die Werktage, nicht dagegen die Sonn- und Feiertage, wenn die Vertragsstrafe nach Tagen bemessen ist (§ 11 Nr. 4 VOB/B). Arbeitsfreie Samstage zählen insoweit allerdings als Werktage, sodass sie bei der Berechnung der Vertragsstrafe mitzuzählen sind;[131] dies geht aus § 11 Nr. 3 VOB/B eindeutig hervor, da die VOB von einer 6-Tage-Woche spricht. In § 11 Nr. 3, 2. Halbsatz ist nämlich die Regelung getroffen, dass bei einer Bemessung der Vertragsstrafe nach Wochen jeder Werktag einer angefangenen Woche „als $1/6$ Woche gerechnet" wird.

In der Regel wird in Bauverträgen eine Vertragsstrafe für die **nicht fristgerechte** **2077** **Vertragserfüllung** vereinbart. Entweder wird dann ein Zeitplan nach Kalendertagen, -wochen oder -monaten (z. B. „Fertigstellung 6 Monate nach Baugenehmigung" oder „11 Wochen nach Baubeginn") oder nach Datum („Fertigstellung bis zum...") abgesprochen. Verzögert sich dann der Beginn oder der Ablauf des Bauvorhabens, kommt es meist zwischen den Vertragsparteien zu einer Auseinandersetzung, ob die Vertragsstrafenabrede überhaupt noch eingreift bzw. in welcher Höhe sie zu berechnen ist.

---

127) OLG Nürnberg, BB 1983, 1307.
128) So zutreffend: OLG Düsseldorf, NJW-RR 2001, 1597.
129) *Bschorr/Zanner*, S. 61; *Vogel*, ZfIR 2005, 373, 378.
130) BB 1987, 560, 561.
131) Sofern nicht das Ende der Frist auf einen Samstag fällt (§ 193 BGB); BGH, WM 1979, 1045; BGH, BauR 1978, 485 = DB 1978, 2313 = ZfBR 1978, 75; *Ingenstau/Korbion/Döring*, § 11 Nr. 3/B, Rdn. 3; **a. A.:** *Brügmann*, BauR 1978, 22.

**2078** Insoweit gelten folgende **Grundsätze:**

Wird der **gesamte Zeitplan** durch Umstände völlig **umgeworfen,** die vom Auftragnehmer nicht zu vertreten sind, **entfällt** ein Anspruch auf die **Vertragsstrafe** ganz.[132] Insoweit kommen z. B. in Betracht: umfangreiche **Sonderwünsche, verzögerte Baugenehmigung,** umfangreiche Nachträge, **Baustopp** durch Architektenwechsel oder Bauaufsichtsbehörde, Unterbrechung des Bauvorhabens auf Wunsch des Bauherrn, **Planungsänderungen,** berechtigte **Einstellung der Arbeiten** durch den Unternehmer, **Änderungsanordnungen** des Auftraggebers über die zu verwendenden Materialien,[133] **Behinderungen** des Auftragnehmers (vgl. § 6 Nr. 2 VOB/B). Den Auftragnehmer trifft die Darlegungs- und Beweislast für seine Behauptung, dass der Zeitplan z. B. durch die vorerwähnten Umstände so gestört wurde, dass ein Anspruch auf Vertragsstrafe nicht (mehr) in Betracht kommt.[134] Dabei hat der Unternehmer nach OLG Köln[135] „konkrete, zeit- und mengenmäßig fassbare, durch die Verschiebung verursachte Behinderungen vorzutragen". Der völlige Wegfall einer vereinbarten Vertragsstrafe setzt allerdings voraus, dass die vom Auftragnehmer nicht zu vertretenden Umstände zu einer **erheblichen zeitlichen Beeinträchtigung** der Bauabwicklung geführt haben.[136]

**2079** Im Übrigen hat die Verletzung der Pflicht zur Anzeige einer Behinderung gem. § 6 Nr. 1 VOB/B zur Folge, dass die Ausführungsfrist nicht verlängert und eine vereinbarte Vertragsstrafe verwirkt wird.[137] Beim **VOB**-Bauvertrag ist ferner § 6 Nr. 2 u. 4 VOB/B zu berücksichtigen; die dort angegebenen Fallgestaltungen für die Verlängerung von Ausführungsfristen gelten auch für den **BGB**-Bauvertrag, weil es sich insoweit um die Wiedergabe eines allgemein gültigen Rechtsgedankens handelt.[138] Die Beeinträchtigung muss immer so gravierend sein, dass sie sich für den Auftragnehmer „fühlbar" ausgewirkt hat und dieser zu einer durchgreifenden Neuordnung des ganzen Zeitablaufs gezwungen wird.[139] Ob dies vorliegt, ist stets eine Frage des Einzel-

---

132) BGH, BauR 1999, 645, 648 = NJW 1999, 1108 = MDR 1999, 540 = ZfBR 1999, 188; BauR 1974, 206 sowie NJW 1966, 971 = MDR 1966, 495; OLG Düsseldorf, BauR 1983, 582; *Ingenstau/Korbion/Döring,* § 11 Nr. 3/B, Rdn. 9; *Heiermann/Riedl/Rusam,* § 11/B, Rdn. 12; *Weyer,* BauR 1988, 28, 32; *Kemper,* BauR 2001, 1015, 1019; OLG Hamm, OLGR 1997, 16, 18, das darauf hinweist, dass eine Klausel (wie z. B. „Bauseitige Verzögerungen haben nur aufschiebende Wirkung") unwirksam ist, weil es Treu und Glauben widerspricht, den Auftragnehmer in einem solchen Fall an der Vertragsstrafenvereinbarung festzuhalten; a. A.: *Börgers,* BauR 1997, 917, 921; *Kapellmann/Messerschmidt/Langen,* § 11/B, Rdn. 27 ff.; Beck'scher VOB-Komm/*Bewersdorf,* B, § 11 Nr. 1, Rdn. 40 ff.
133) OLG Hamm, BauR 1996, 392 = NJW-RR 1996, 1364 (Aufrechterhaltung der Materialänderungsanordnung trotz Anzeige des Auftragnehmers, dass er wegen der Lieferfristen des neuen Materials den vereinbarten Fertigstellungstermin nicht einhalten kann). Vgl. hierzu insbesondere *Vogel,* ZfIR 2005, 373, 380.
134) BGH, BauR 1999, 645 = NJW 1999, 1108 = MDR 1999, 540 = ZfBR 1999, 188; OLG Köln, OLGR 2001, 143.
135) BauR 2001, 454 (LS) = OLGR 2001, 143.
136) OLG Düsseldorf, BauR 1975, 57; OLG Hamm, OLGR 1995, 52, 53; vgl. hierzu *Börgers,* BauR 1997, 917.
137) OLG Rostock, IBR 2006, 15 – *Oberhauser.*
138) So auch Beck'scher VOB-Komm/*Motzke,* B Vor § 6, Rdn. 8.
139) BGH, NJW 1966, 971 = MDR 1966, 495; BGH, MDR 1969, 1019 = BB 1969, 1058; BGH, *Schäfer/Finnern,* Z 2.411 Bl. 24; OLG Hamm, a. a. O.

## Höhe der Vertragsstrafe   Rdn. 2080–2082

falls, die auch unter Berücksichtigung des Grundsatzes von Treu und Glauben zu beurteilen ist.

Dabei ist auch zu berücksichtigen, dass **gewisse Terminverschiebungen im Baugewerbe nicht ungewöhnlich** sind (z. B. wegen ungünstiger Witterungsbedingungen) und sich der Unternehmer möglicherweise hierauf einstellen muss.[140] Andererseits haben Verzögerungen auf einer Baustelle, insbesondere bei größeren Bauunternehmern mit mehreren Baustellen zu gleicher Zeit, Eingriffe in den ganzen Organisationsplan des Unternehmers zur Folge. Kommt es beispielsweise zu einer Bauunterbrechung auf einer Baustelle, ist der Unternehmer gezwungen, die Baustelle zu räumen und seine Mitarbeiter auf die anderen vorhandenen Baustellen zu verteilen. Kann dann wieder weitergearbeitet werden, kann der Bauherr nicht erwarten, dass dies unverzüglich geschieht, weil sich der Unternehmer nunmehr hierauf einstellen muss und seine gesamte Organisation erneut ändern muss. So können im Einzelfall auch kurzfristige Bauunterbrechungen, die nicht im Verantwortungsbereich des Auftragnehmers liegen, zu einem Wegfall der Vertragsstrafe führen; dies gilt insbesondere dann, wenn im Zeitpunkt der Unterbrechung nicht abzusehen ist, wann weitergearbeitet werden kann. Bei nachträglich vereinbarten zusätzlichen Leistungen oder Mengenüberschreitungen, die ins Gewicht fallen, sowie umfangreichen Nachtragsaufträgen wird eine Vertragsstrafenabrede in aller Regel ebenfalls nicht mehr zum Zuge kommen.[141]

2080

Sind die **Umstände,** die zu dieser **Verzögerung des Zeitplanes** geführt haben und nicht vom Auftragnehmer zu vertreten sind, **nicht so einschneidend,** aber doch erheblich, verlängert sich lediglich die Frist für die Berechnung der Vertragsstrafe entsprechend.[142] Dies gilt auch für Fälle, bei denen der Unternehmer von vornherein mit einer Verzögerung des Bauvorhabens rechnen und sich hierauf auch einrichten konnte (z. B. angekündigte Auftragserweiterung).[143] Dies setzt jedoch voraus, dass die Umstände, die zu einer zeitlichen Verzögerung geführt haben, zeitlich überhaupt einzuordnen sind, sodass die entsprechenden Zeiten ausgeklammert werden können. Ist dies nicht möglich, entfällt der Vertragsstrafenanspruch ganz. Bleibt dagegen die Vertragsstrafe unter dem vorerwähnten Gesichtspunkt (keine erhebliche, sondern überschaubare Verschiebung des Zeitplanes) bestehen, kommt der Auftragnehmer nach BGH[144] allerdings nicht schon mit Ablauf des vertraglich vereinbarten Fertigstellungstermines in Verzug, sondern erst bei einer entsprechenden Mahnung durch den Auftraggeber.

2081

Im Übrigen wird man bei einer Unterbrechung des Bauvorhabens vom Bauherrn verlangen müssen, dass er nach Wegfall der für die Unterbrechung verantwortlichen Umstände dem Unternehmer förmlich mitteilt, dass nunmehr wieder weitergearbeitet werden kann. Nur so ist gewährleistet, dass der Unternehmer auch Kenntnis vom Ende der Behinderung erlangt und erneut an die vereinbarte Ausführungsfrist gebunden wird.[145] Darüber hinaus ist dem Bauunternehmer ein angemessener **Zeit-**

2082

---

140) Vgl. BGH, BauR 1973, 48 u. OLG Düsseldorf, BauR 1971, 263.
141) BGH, MDR 1969, 655; BGH, BauR 1974, 206, 207.
142) OLG Düsseldorf, BauR 1997, 1041 = NJW-RR 1997, 1516; OLG Köln, BauR 2001, 1105 = OLGR 2001, 143.
143) BGH, BauR 1973, 48.
144) BauR 1999, 645, 648 = NJW 1999, 1108 = MDR 1999, 540 = ZfBR 1999, 188.
145) Vgl. hierzu OLG Hamm, OLGR 1997, 16, 18.

zuschlag für die **Wiederaufnahme der Arbeiten** einzuräumen (entsprechend § 6 Abs. 4 und § 5 Abs. 2 VOB/B).[146] Die für die Vertragsstrafe maßgeblichen Ausführungsfristen verlängern sich also nicht nur um die tatsächliche Dauer der Behinderung **(Ausfallzeit)**, sondern um eine weitere Frist, in der sich der Unternehmer auf den Neubeginn einstellen kann **(Vorbereitungszeit)**.

**2083** **Vereinbaren** die Parteien eine Vertragsstrafe unter Berücksichtigung einer bestimmten **Ausführungsfrist** und **verändern** sie später einvernehmlich diese **Ausführungsfristen** ohne erneute Abrede einer Vertragsstrafe, hängt es von den Umständen des Einzelfalles ab, ob die Parteien die Vertragsstrafe – nun im Hinblick auf die neuen Termine – aufrecht erhalten wollen; davon wird man dann nicht ausgehen können, wenn die alten Ausführungstermine bereits verstrichen waren, als die Vereinbarung erfolgte.[147] Nach Auffassung des OLG Celle[148] ist im Zweifel davon auszugehen, dass die ursprünglich vereinbarte Vertragsstrafe nicht aufrecht erhalten werden soll, wenn die Parteien eines Bauvertrages ohne eine Bezugnahme oder Wiederholung der im Bauvertrag vereinbarten Vertragsstrafe die vertraglichen Ausführungsfristen verlängern. Etwas anderes kann gelten, wenn die Parteien zwar einerseits neue Termine vereinbaren, andererseits aber vertraglich festlegen, dass im Übrigen alle Bestimmungen des Vertrages weiterhin gelten sollen, weil in diesem Fall klargestellt ist, dass es bei der vereinbarten Vertragsstrafe verbleiben soll.

Entsprechendes gilt für eine Verschiebung des Baubeginns. Auch insoweit ist jeweils zu prüfen, ob die Vertragsparteien trotz veränderten Baubeginns den übrigen Vertragsinhalt und damit insbesondere die Vertragsstrafenvereinbarung unverändert lassen wollten.[149] Bei der vorerwähnten Fallkonstellation empfiehlt sich daher stets eine vertragliche Erneuerung oder eine Bezugnahme auf die alte Vertragsstrafenvereinbarung. Soweit in einer vom Auftraggeber gestellten Klausel die Vertragsstrafenvereinbarung auch für möglicherweise später zwischen den Parteien veränderte Ausführungsfristen gelten soll, ergeben sich im Hinblick auf § 307 BGB rechtliche Bedenken.[150]

**2084** Die Verletzung der Pflicht zur Anzeige einer Behinderung hat zur Folge, dass die Ausführungsfrist nicht verlängert und eine vereinbarte Strafe verwirkt wird.[151]

Beim **VOB-Bauvertrag** kann eine wegen Verzugs verwirkte, nach Zeit bemessene Vertragsstrafe nur für die Zeit bis zum Tag der **Kündigung** des Vertrages gefordert werden (§ 8 Nr. 7 VOB/B). Dies gilt **auch für den BGB-Bauvertrag**.

Die Parteien eines Bauvertrages können zwar die Herabsetzung einer vereinbarten Vertragsstrafe durch das Gericht gemäß § 343 BGB verlangen; sie können aber nicht von vornherein die Festsetzung der Vertragsstrafe dem Gericht übertragen.[152]

---

146) Ebenso: OLG Düsseldorf, NJW-RR 1997, 1516.
147) Ebenso OLG Celle, BauR 2004, 1307 = IBR 2004, 236 – *Schwenker* = OLGR 2004, 292; KG, IBR 2005, 470 – *Bormann*.
148) BauR 2006, 1478 = OLGR 2006, 360 = IBR 2006, 245 – *Schwenker*.
149) Vgl. hierzu OLG Köln, BauR 2001, 1105 = OLGR 2001, 143 (Aufrechterhaltung der vereinbarten Vertragsstrafen bei einer nach Monaten bemessenen Fertigstellungsfrist).
150) *Kemper*, BauR 2001, 1015, 1019.
151) OLG Rostock, IBR 2006, 15 – *Oberhauser*.
152) BAG, BB 1981, 302.

## 5. Prozessuales

Der Vorbehalt des Vertragsstrafenanspruches gehört zum schlüssigen Vortrag des Bauherrn (vgl. hierzu Rdn. 2060 ff. u. 2278 ff.). Es ist daher vom Gericht nicht erst auf den Einwand des Unternehmers zu prüfen, ob ein rechtswirksamer Vorbehalt vorliegt. **2085**

Die **Beweislast** für die **Voraussetzungen** des Vertragsstrafenanspruches (Vereinbarung, Höhe, Fälligkeit) trägt der **Bauherr,** insbesondere ist er für den rechtzeitigen Vorbehalt des Vertragsstrafenanspruches beweispflichtig.[153] Dagegen hat der Bauunternehmer die Beweislast für die vertragsmäßige Erfüllung, wenn er die Verwirkung der Vertragsstrafe mit dem Hinweis bestreitet, dass er seine Verpflichtung aus dem Bauvertrag erfüllt habe (§ 345 BGB).[154] Verlangt der Auftragnehmer nach § 343 BGB eine **Herabsetzung** der Vertragsstrafe, ist er bezüglich der Unverhältnismäßigkeit der Höhe der Vertragsstrafe **darlegungs-** und **beweispflichtig**.

## 6. Weitere Rechtsprechung

* Unwirksamkeit einer Vertragsstrafenklausel für **ungenehmigten Nachunternehmereinsatz** in Höhe von 3% des Auftragswertes (KG, BauR 2001, 1101 – unwirksam nach § 307 BGB/§ 9 AGBG, weil unangemessen hoch und verschuldens- sowie verzugsunabhängig). **2085 a**
* Ein **öffentlicher Auftraggeber** kann sich auf ein Vertragsstrafeversprechen nicht berufen, wenn ihm durch die Fristüberschreitung **kein erheblicher Nachteil** entstanden ist (OLG Jena, BauR 1998, 639 (LS); LG Lüneburg, IBR 2001, 106).
* Das **Fehlen einer Behinderungsanzeige** im Zusammenhang mit einem geltend gemachten Anspruch auf Vertragsstrafe ist unerheblich (BGH, BauR 1999, 645).
* Ein fehlender Plan eines Architekten ist nicht ursächlich für eine Verzögerung, wenn der Auftragnehmer selbst in Verzug ist (OLG Rostock, IBR 2006, 15 – Oberhauser).
* Unwirksamkeit einer Klausel eines Auftraggebers, wonach die Vertragsstrafe auch dann aufrechterhalten bleibt, wenn sich die ursprünglich vorgesehenen **Ausführungsfristen wesentlich ändern** und ein **völlig neuer Zeitplan** aufgestellt wird (LG München, Urteil v. 10.8.1989, A. Z. 7 O 7763/89).
* Eine **Vertragsstrafe** ist auch dann **verwirkt,** wenn einem öffentlichen Auftraggeber durch die Überschreitung der Vertragsfrist keine erheblichen Nachteile i. S. des § 12 VOB/A entstanden sind (KG, KGR 2003, 263; a. A.: OLG Jena, BauR 2001, 1446 – vgl. hierzu Kapellmann/Messerschmidt/Langen, § 11/B, Rdn. 64 f.).

---

153) BGH, NJW 1977, 897 = BauR 1977, 280; LG Köln, BauR 1972, 57.
154) OLG Hamm, OLGR 1995, 52, 53.

## V. Die Nachbarklage

*Übersicht*

| | Rdn. | | Rdn. |
|---|---|---|---|
| 1. Zum zivilrechtlichen Nachbarschutz | 2086 | 3. § 909 BGB – Vertiefung und Baugrundrisiko | 2101 |
| 2. § 906 BGB – Bau- und immissionsschutzrechtliche Probleme | 2091 | 4. §§ 912 ff. BGB – Überbau | 2119 |

*Literatur*

*Grziwotz/Lüke/Saller*, Praxishandbuch Nachbarrecht, 2005; *Boisserée/Fuchs*, Handbuch Baunachbarrecht, 2006.

*Wiethaupt*, Die Rechtsprechung zum Baustellen-, Betriebs- und Fabriklärm, BB 1969, 333; *Grunsky*, Neue Rechtsprechung und Literatur zum Nachbarrecht, JurA 1970, 407; *Mattern*, Die neue Rechtsprechung des BGH zum Nachbarrecht, WM 1972, 1410; *Mühl*, Die Ausgestaltung des Nachbarrechtsverhältnisses in privatrechtlicher und öffentlich-rechtlicher Hinsicht, Festschrift Raiser (1974), 159; *Bindhardt*, Zur Haftung des Bauherrn gegenüber seinem Nachbar, VersR 1974, 530; *Weimar*, Muss der Nachbar die Aufstellung von Gerüsten auf seinem Grundstück dulden? BauR 1975, 26; *Glaser*, Die gemeinschaftliche Giebelmauer, JR 1976, 495; *Bindhardt*, Pflichten und Verantwortung des Architekten gegenüber den Nachbarn seines Bauherrn, BauR 1983, 422; *Brox*, Zur Lösung nachbarlicher Interessenkollision, JA 1984, 182; *Jauernig*, Zivilrechtlicher Schutz des Grundeigentums in der neueren Rechtsentwicklung, JZ 1986, 605; *Peine*, Öffentliches und privates Nachbarrecht, JuS 1987, 169; *Pechstein*, Der einstweilige Rechtsschutz des Nachbarn im Baurechtsstreit, JuS 1989, 194; *Redeker*, Neuordnung der Verfahrensabläufe bei nachbarlichen Rechtsbehelfen im Baurecht, BauR 1991, 525; *Weber/Weber*, Zu den Abwehransprüchen des Nachbarn, VersR 1993, 22; *Vieweg*, Nachbarrecht und Naturschutz, NJW 1993, 2570; *Schmidt-Preuß*, Nachbarschutz des Mieter-Eigentümers, NJW 1995, 27; *Fritzsche*, Die Durchsetzung nachbarschützender Auflagen über zivilrechtliche Abwehransprüche, NJW 1995, 1121; *Meier*, Das nachbarrechtliche Gemeinschaftsverhältnis – ein gesetzliches Schuldverhältnis, JABl. 1995, 978; *Lorenz*, Zu den privatrechtlichen Folgen der nachbarrelevanten Baulast, NJW 1996, 2612; *Ortloff*, Verwaltungsrechtsschutz zwischen Privaten?, NVwZ 1998, 932; *Birk*, Sportanlagen im Bebauungsplanverfahren, VBlBW 2000, 97; *Hök*, Zum nachbarrechtlichen Ausgleichsanspruch bei Bauschäden durch Baumaßnahmen und dem Regress gegenüber dem Unternehmer, ZfBR 2000, 376; *Elshorst*, Ersatzansprüche benachbarter Grundstücksbesitzer gegen Bauherren bei Beeinträchtigungen durch Baumaßnahmen, NJW 2001, 3222; *v. u. z. Franckenstein*, Die richtige Nachbarschaftsvereinbarung, BauR 2002, 1041; *Armbrüster*, Eigentumsschutz durch den Beseitigungsanspruch nach § 1004 I 1 BGB und durch Deliktsrecht, NJW 2003, 3087; *Otto*, Finanzielle Sicherheit für den Nachbarn beim Bauen an der Grenze, BauR 2004, 927; *Hüting/Hopp*, Absicherung des Nebeneinanders konfligierender baurechtlicher Nutzungen, BauR 2004, 931; *Seidel/Fries*, Nachbarrecht – Untersagung einer Kranaufstellung durch den Grundstücksnachbarn im Wege der einstweiligen Verfügung, BauRB 2004, 217; *Otto*, Ausdehnung des Nachbarrechtsschutzes durch Berufung auf Gemeinschaftsrecht, ZfBR 2005, 21; *Koepfer*, Asbest: Rechtliche Risiken und Verantwortlichkeiten, BauR 2005, 28; *Lange*, Beschädigung von Nachbargrundstücken durch Tiefbauarbeiten, BauRB 2005, 92; *Seibel*, Die Harmonisierung von öffentlichem und privatem Nachbarrecht, dargestellt am Beispiel des § 906 BGB, BauR 2005, 1409; *Schidlowski/Duikers*, Mobilfunk und Gesundheitsschutz – zur bauplanungsrechtlichen Zulässigkeit von Mobilfunksendeanlagen, BauR 2007, 1503; *Maaß*, Nachbarrechtliche Probleme bei der Baudurchführung, BauR 2007, 1650.

### 1. Zum zivilrechtlichen Nachbarschutz

**2086** Bauvorhaben greifen nicht selten mittelbar oder unmittelbar in die Interessensphäre des Nachbarn ein. Die öffentlich-rechtliche Baugenehmigung gibt dem Bauherrn noch nicht das Recht, auf das Eigentum des Nachbarn einzuwirken. Viel-

# Die Nachbarklage  Rdn. 2087

mehr kann der Baunachbar trotz Baugenehmigung seine Rechte im **Zivilrechtsweg** uneingeschränkt geltend machen, soweit diese vom Bauherrn oder anderen Baubeteiligten verletzt werden.[1] Dabei kommt den nachbarrechtlichen Vorschriften der §§ 906 ff. BGB[2] sowie den **Nachbarrechtsgesetzen** der **Länder**[3] besonderes Gewicht zu. Das Landesrecht kann im Einzelfall weitere Beschränkungen des Eigentümers oder Miteigentümers vorsehen,[4] es kann aber nicht das BGB ändern.[5]

Nachbarrechtlichen Vorschriften ist gemeinsam, dass jedem Eigentümer bestimmte **2087** **Rücksichtspflichten** gegenüber seinem Nachbarn aufgebürdet werden. Darüber hinaus hat die Rechtsprechung im Laufe der Jahrzehnte aus dem allgemeinen Grundsatz von Treu und Glauben (§ 242 BGB) das so genannte **nachbarliche Gemeinschaftsverhältnis**[6] entwickelt und aus ihm zahlreiche gegenseitige Rücksichtspflichten abgeleitet. Für das **öffentliche** Nachbarrecht[7] gilt jedoch wie für das **private**, dass es nicht nur unter dem Gesichtspunkt der **Verwirkung**[8] scheitern, sondern vor allem auch aus anderen Gründen gegen Treu und Glauben verstoßen kann. Wer sich zu seinem früheren Verhalten treuwidrig in Widerspruch setzt, verdient keinen Rechtsschutz im Nachbarrecht.[9] Abwehransprüche, insbesondere Unterlassungsansprüche gegen Immissionen, können darüber hinaus im Einzelfall in begrenztem Umfang durch eine **Verzichtserklärung** des Nachbarn ausgeschlossen sein.[10]

Neben den §§ 906 ff. BGB können Ansprüche des Nachbarn bei einem Bauvorhaben aus § 328 BGB[11], §§ 823 Abs. 1 und 2, 1004 BGB[12] sowie aus §§ 861 ff. BGB in Betracht kommen. Dabei ist im Einzelnen zwischen

---

1) Siehe z. B. OLG Brandenburg, IBR 2006, 115 (Beseitigungsanspruch bei Verletzung des **Abstandsrechts**); BayObLG, NJW-RR 1991, 19.
2) Die Vorschrift gewinnt durch ihre analoge Anwendung auf vergleichbare Tatbestände immer größere Bedeutung; vgl. BGH, BauR 2001, 1587 (**Besitzstörung** eines **Mieters** und Ausgleichsanspruch aus § 906 Abs. 2 Satz 2 BGB analog); s. Rdn. **2095**.
3) Vgl. hierzu die Nachweise bei *Boisserée/Fuchs*, Anhang II, S. 369 ff.; *Palandt/Bassenge*, Art. 124 EGBGB, Rdn 1; *Englert/Bauer*, Rechtsfragen zum Baugrund, 2. Aufl., S. 25 ff.
4) Vgl. z. B. LG Kassel, BauR 1996, 565 m. Anm. *Lindner* (Einbau von **Dachschrägfenstern** in Altbauten).
5) *Palandt/Bassenge*, a. a. O., Rdn. 1.
6) BGH, MDR 2004, 30, 31; MDR 2003, 624 = NJW 2003, 1392. Es hat nur **subsidiäre Bedeutung**, sofern die wechselseitigen Rechte und Pflichten in den Nachbarrechtsgesetzen **abschließend** geregelt sind; es begründet auch kein Schuldverhältnis i. S. der §§ 280, 278 BGB (str.; *Palandt/Bassenge*, § 903 BGB, Rdn. 13; *Englert/Grauvogl/Maurer*, Rdn. 570; *Grziwotz/Lüke/Saller*, 1. Teil, Rdn. 66 ff.).
7) Zum **Nachbarbegriff** im **öffentlichen** Baurecht BVerwG, NJW 1983, 1507; Saarländisches OVG, BauR 2004, 821; *Boisserée/Fuchs*, Darmstädter Baurechtshandbuch, XVII, Rdn. 26 ff.
8) OVG NRW, BauR 2005, 1766 = OLGR 2005, 636 – *Maser*; BGH, U. v. 21.10.2005 – V ZR 169/04 (§ 906 BGB).
9) Vgl. z. B.: OLG Nürnberg, BauR 2003, 732; OVG NW, BauR 2004, 62.
10) Zum „Verzicht" im Rahmen einer **Nachbarschaftsvereinbarung**: *Hüting/Hopp*, BauR 2004, 930, 936 ff.; *v. u. z. Franckenstein*, BauR 2002, 1041 ff.
11) Vgl. OLG Koblenz, NJW-RR 2000, 544 = OLGR 1999, 459; KG, BrBp 2004, 80 – *Bereska* (Schäden am Nachbargrundstück; Anspruch aus dem Gesichtspunkt des **Vertrages mit Schutzwirkung** zu Gunsten Dritter). Zur **Einbeziehung** des Nachbarn in den **Schutzbereich** eines Vertrages s. ferner *Boisserée/Fuchs*, a. a. O., Rdn. 296 ff. sowie Rdn. **1747**.
12) Die Verletzung des **Abstandsrechts** ist auch ohne Überbau eine Eigentumsverletzung i. S. des § 823 BGB (OLG Brandenburg, IBR 2006, 115 – *Fuchs*).

**Rdn. 2088**  Die Nachbarklage

* dem **nachbarlichen Abwehranspruch** (§§ 862, 823, 905, 906, 907, 908, 909, 912, 917, 922 in Verbindung mit § 1004 BGB)[13]
* dem **Schadensersatzanspruch** (§§ 226, 823 Abs. 1 und 2, 826 BGB)
* dem Schadensersatzanspruch aus positiver Vertragsverletzung (nach **altem** Recht) bzw. aus §§ 280, 241 Abs. 2 BGB (nach neuem Recht)[14] in Verbindung mit § 328 BGB sowie
* dem **Ausgleichsanspruch** aufgrund einer nachbarrechtlichen Duldungspflicht (§ 906 Abs. 2 Satz 2, § 912 BGB)

zu unterscheiden. Daneben sind aber auch Ersatzansprüche nach §§ 683, 684 BGB oder § 812 Abs. 1 Satz 1 2. Alt. BGB denkbar, wenn der (geschädigte) Nachbar die Beeinträchtigung selbst beseitigt.[15]

**2088** Der **Abwehr(„Unterlassungs")anspruch nach § 1004 BGB** geht auf **Beseitigung** der vorhandenen Beeinträchtigung und/oder von künftigen **Beeinträchtigungen**.[16] Eine bestimmte Art der Beseitigung kann dabei in aller Regel nicht verlangt werden, weil der Störer als Schuldner unter mehreren möglichen Beseitigungsmaßnahmen

---

13) Vgl. z. B. OLG Celle, BauR 2005, 1653 (zum Störungsbeseitigungsanspruch aus §§ 1004 Abs. 1, 906; **Erschütterungsimmissionen** durch Stadtbahnbetrieb); OLG Nürnberg, BauR 2003, 732 = IBR 2004, 623 – *Fuchs;* OLG Frankfurt, BauR 2004, 1796; OLG Frankfurt, OLGR 2004, 397 (zur Schutzpflicht bei **Abbruch** einer Doppelhaushälfte).
14) Da es im Nachbarrecht vornehmlich um die Verletzung von **Schutzpflichten** geht, ist der Schadensersatzanspruch im Zweifelsfall aus §§ 280, 241 Abs. 2 BGB abzuleiten.
15) Vgl. BGH, IBR 2005, 711 – *Müggenborg.*
16) Zum Anspruch des Nachbarn auf **Beseitigung** oder **Veränderung** eines **Gebäudes** siehe: LG Gießen, BauR 1995, 405 **(Stützmauer);** OLG Brandenburg, IBR 2006, 115 (Verletzung der **Abstandsfläche;** Vogelvoliere); OLG Hamm, BauR 1994, 782 **(Dachüberstand);** LG Gießen, NJW-RR 2000, 1255 **(Anpflanzung);** OLG Koblenz, OLGR 1999, 302 (Brennholzstapel); OLG München, BauR 1993, 620 **(überhöhte Grenzgarage);** OLG Köln, DWW 1994, 184 = ZMR 1994, 115 (Einbau von **Fenstern);** zum Beseitigungsanspruch des Eigentümers auf Beseitigung von **Kabeln** der Post: BGH, BauR 1994, 383; zum Anspruch des Eigentümers auf Erstattung von **Kosten** der Beseitigung: BGH, BauR 1995, 120; zum **Beseitigungsanspruch** nach § 922 S. 3, § 1004 Abs. 1 BGB: OLG Köln, OLGR 1996, 259 = *SFH,* Nr. 14 zu § 1004 BGB **(Zustandsstörung** an einer **Kommunmauer** nach **Abriss** eines Gebäudes); zum Beseitigungsanspruch bei einer **Bodenkontamination:** BGH, NJW 1996, 845; zum Beseitigungsanspruch nach § 905 BGB bezüglich eines **die Grenze** überragenden **Flachdachabschlusses:** OLG Celle, OLGR 1998, 32; zum Wiederherstellungsanspruch nach §§ 922 S. 3, 823, 249 betreffend eine **Grenzeinrichtung:** LG Aachen, MDR 1998, 591; zum Beseitigungsanspruch hinsichtlich von Wurzeln: BGHZ 135, 235 = NJW 1997, 2234 sowie *Vollkommer,* NJW 1999, 3539 (analoge Anwendung von § 867 Satz 2 BGB); zum Ersatzanspruch bei Zerstörung einer Grenzeinrichtung **(Abholzen):** BGH, MDR 2000, 150. Zum verschuldensunabhängigen Beseitigungsanspruch nach § 1004 Abs. 1 Satz 1 siehe *Armbrüster,* NJW 2003, 3087 ff.
Zur **Reichweite** eines nachbarrechtlichen **Unterlassungsanspruchs:** Saarländisches OLG, MDR 2000, 152 **(Geräuschimmissionen);** BGH, BauR 2001, 1587 (Besitzstörung; Abwehranspruch des Mieters); OLG Frankfurt, NJW-RR 2000, 1542 (Errichtung einer **Windenergieanlage);** BGH, NJW 2004, 1317; OLG Düsseldorf, MDR 2002, 755; BVerfG, NJW 2002, 1638; BGH, BauR 2005, 74 u. 104; OLG Frankfurt, OLGR 2006, 183 (Nachbarrechte gegen eine **Mobilfunksendeanlage);** *Seidel/Fries,* BauRB 2004, 217 ff. (zur Untersagung einer **Kranaufstellung).**

# Die Nachbarklage

selbst wählen kann.[17] **Anspruchsgegner** des Abwehranspruches nach § 1004 BGB ist nicht nur der **unmittelbare** Störer, sondern auch derjenige, der die Entwicklung **mittelbar** verursacht; es reicht aus, dass die Störung auf seinem Willen beruht und er zur Beseitigung der Einwirkung in der Lage ist.[18] Der Beseitigungsanspruch aus § 1004 BGB kann im Einzelfall auf einen Rechtsnachfolger übergehen.[19] Er unterlag nach **altem Recht** einer 30-jährigen Verjährungsfrist;[20] nunmehr gilt die **Regelverjährung** der §§ 195, 199 BGB.[21]

Das **Rechtsschutzinteresse** für die Klage auf Beseitigung eines baurechtswidrigen Zustandes **entfällt nicht deshalb,** weil bereits eine bestandskräftige **Abrissverfügung** ergangen ist.[22] Zu beachten ist, dass auf den (nachbarrechtlichen) **Beseitigungsanspruch,** der die Wiederherstellung des ursprünglichen Zustandes umfasst, die Vorschrift des **§ 254 BGB entsprechend anzuwenden** ist mit der Folge, dass sich der beeinträchtigte Eigentümer in Höhe seiner Haftungsquote an den Kosten der Beseitigung beteiligen muss.[23]

Ein **Schadensersatzanspruch** des Nachbarn nach § 823 Abs. 1 BGB kommt in aller Regel nur in Betracht, wenn eine schuldhafte Verletzung des Eigentums oder der Gesundheit des Nachbarn durch einen Baubeteiligten (z. B. durch **Immissionen**[24] oder durch Einwirkung auf die Grundstückssubstanz im Verlauf von baulichen Veränderungen) vorliegt.[25] Im Einzelfall kann ein nachbarrechtlicher Anspruch auch auf Verletzung der allgemeinen **Verkehrssicherungspflicht** gestützt werden.[26] Aus § 823 Abs. 2 BGB kann ein Ersatzanspruch des Nachbarn nur hergeleitet werden, wenn **Schutzgesetze** zugunsten des Nachbarn verletzt worden sind. Im Privatrecht sind dies insbesondere die §§ 858 ff. und §§ 906, 909 BGB. Ob **öffentlich-recht-**

**2089**

---

17) BGH, NJW 2004, 1035, 1037; BGHZ 120, 239, 248 = NJW 1993, 925; NJW 1977, 146; OLG Nürnberg, BauR 2003, 732, 735. Die Verurteilung zu einer **konkreten** Maßnahme steht dann nichts im Wege, wenn nur sie den Nichteintritt der drohenden Beeinträchtigung gewährleistet (BGH, NJW 2004, 1035, 1037).
18) BGH, IBR 2006, 298 – *Schmid*; BGH, WM 1973, 358 u. 846; AG Arnsberg, MDR 1980, 879; LG Kiel, BauR 1991, 380 (Eigentumsstörung durch **Baukran**). Siehe ferner: BGH, MDR 2001, 25 zur Störereigenschaft eines späteren Eigentümers.
19) BGH, IBR 2006, 173 – *Baden* (Rechtsübergang auf den Erwerber auf Grund eines früheren Vergleichs; der Titel kann gemäß § 727 ZPO umgeschrieben werden).
20) BGH, BauR 1994, 383; OLG Köln, ZMR 1994, 115.
21) AnwKomm-BGB/*Mansel*, § 197, Rdn. 32 ff.; *Grziwotz/Lüke/Saller*, 5. Teil, Rdn. 55. Bei einem **Unterlassungsanspruch** wird jede (erneute) Zuwiderhandlung eine neue Verjährungsfrist in Gang setzen (*Zimmermann/Leenen/Mansel/Ernst*, JZ 2001, 684, 688).
22) OLG Köln, ZfBR 1995, 90.
23) BGH, NJW 1997, 2234 = ZIP 1997, 1196 (später gebaute Tennisplätze werden durch Wurzeln einer vorhandenen Pappelreihe eines Nachbargrundstücks beschädigt).
24) Vgl. BGH, BauR 1983, 177 = ZfBR 1983, 87 = *SFH*, Nr. 2 zu § 906 BGB (Rüttelarbeiten auf der Grundstücksgrenze zum Nachbarn bei Errichtung der die Baugrube abstützenden Stahlspundwand); OLG Düsseldorf, OLGR 2002, 90 (Mobilfunksendeanlage); OLG Rostock, NJW 2006, 3650 (Immissionen von **Herbiziden** auf Bio-Anbauflächen).
25) Im Einzelfall können Ansprüche aus § 823 Abs. 1 und §§ 823 Abs. 2, 906 BGB nebeneinander bestehen; vgl. OLG Düsseldorf, OLGR 2002, 90; *Roth*, JuS 2001, 1161 ff. Zu den Voraussetzungen der Inanspruchnahme eines Baubeteiligten nach **§ 830 Abs. 1 Satz 2 BGB**: OLG Düsseldorf, OLGR 2000, 30.
26) Vgl. *Bindhardt*, VersR 1974, 530.

liche **Baunormen** als Schutzgesetze zugunsten des Nachbarn anzusehen sind, ist in jedem Einzelfall zu prüfen.[27] Dies kann z. B. für Bestimmungen über den **Grenzabstand**,[28] die Anordnung von Stellplätzen und Garagen[29] sowie für Vorschriften, die der Verhütung von Bränden sowie von Schall- und Geruchsbelästigungen dienen,[30] gelten. Kann der Schutzgesetzcharakter solcher Normen bejaht werden, so ist bei Verletzung der Nachbarn u. U. auch berechtigt, die Beseitigung des Bauwerks zu verlangen, wobei § 251 Abs. 2 BGB dem nicht entgegensteht.[31] Bei einer Nachbarklage sind die für den Bauherrn günstigen Rechtsänderungen zu berücksichtigen, die seit der Erteilung der Baugenehmigung ergangen sind.[32]

Neben dem Schadensersatzanspruch aus § 823 BGB, der Verschulden voraussetzt, kommen heute aber vermehrt auch Ansprüche auf Schadensersatz im Rahmen der Gefährdungshaftung, also ohne Verschulden, in Betracht.[33]

**2090** Der nachbarrechtliche **Ausgleichsanspruch**[34] kommt in Betracht, wenn der betroffene Nachbar gehindert war, von unmittelbaren rechtlichen Abwehrmöglichkeiten Gebrauch zu machen (z. B. Beeinträchtigungsklage nach § 1004 BGB oder einstweilige Verfügung).[35]

Neben den vorerwähnten Anspruchsgrundlagen können sich auch aus dem jeweiligen **Nachbarrecht** der einzelnen **Bundesländer** Ansprüche des Nachbarn oder gegen den Nachbarn ergeben (z. B. zur Duldung von Bauarbeiten auf dem Nachbargrundstück – **Stützkonstruktion**).[36]

---

[27] Vgl. auch *Uechtritz*, BauR 1992, 1 ff. (zum vorläufigen Rechtsschutz); *Werner/Pastor/Müller*, Baurecht von A–Z, 7. Aufl. 2000, Stichwort „Nachbarrecht". Zu den Voraussetzungen eines **Schadensersatzanspruchs** aus §§ 823 Abs. 2, 1004 BGB analog: OLG Frankfurt, BauR 2004, 1796, 1797.

[28] Vgl. für das Hessische Baurecht: BGH, WM 1970, 793; siehe ferner: *Palandt/Bassenge*, § 903 BGB, Rdn. 17 m. w. Nachw.

[29] **Str.**; OVG Lüneburg, BauR 1979, 489 (bejahend), BaWüVGH, DÖV 1981, 293 (verneinend).

[30] BayObLG, NJW-RR 1994, 781; *Fritzsche*, NJW 1995, 1121, 1123; *Palandt/Bassenge*, § 903 BGB, Rdn. 17.

[31] Vgl. BGH, NJW 1970, 1180; BGH, DB 1974, 673.

[32] Vgl. BVerwG, NVwZ-RR 1996, 628.

[33] Siehe hierzu *Grziwotz/Lüke/Saller*, 5. Teil, Rdn. 102 ff.

[34] Vgl. BGH, NJW 1990, 3195; VersR 1984, 655; VersR 1985, 740; s. ferner: *Hök*, ZfBR 2000, 376 ff. Zum **öffentlich-rechtlichen** Ausgleichsanspruch: OLG Koblenz, OLGR 2000, 182, 183 **(Wassereinbruch)**; ferner: *Kreft*, WM 1977, Sonderbeilage 2; BGH, WM 1970, 1486; *Mattern*, WM 1979, 34, 35; *Palandt/Bassenge*, § 906 BGB, Rdn. 37 ff.

[35] Vgl. BGH, IBR 2005, 54 – *Fuchs* (§ 29 BNatSchG); BGH, BauR 2000, 1766 (Behinderung des Zugangs zum Nachbargrundstück durch die Drogenszene); BGH, NJW 2001, 1865 (bei **Besitzstörung**); BGH, NJW 1990, 3195; NJW 1992, 2884; NJW 1979, 164 = BauR 1979, 80, 82 = ZfBR 1979, 70; BGH, VersR 1985, 740 (Bruch einer Wasserleitung); OLG Zweibrücken, BauRB 2004, 264 (**Kanalbauarbeiten**); OLG Koblenz, OLGR 2000, 107 = IBR 2000, 277 – *Maurer* (Nachbarschäden durch öffentliche **Kanalbauarbeiten**); OLG Koblenz, OLGR 2000, 182 (**Wassereinbruch** durch Erschließungsstraße).

[36] Vgl. OLG Schleswig, BauR 1984, 83; OLG Hamm, BauR 2003, 1743 (zur **Unterfangung** einer Giebelwand und zur **Sicherheitsleistung** nach § 17 NachbG NW; hierzu auch *Otto*, BauR 2004, 927 ff.); BGH, NJW 2004, 1037, 1038 (Kürzen von Kiefern; §§ 53, 54 NdsNachbG).

## 2. § 906 BGB – Bau- und immissionsschutzrechtliche Probleme

*Literatur*
*Schack*, Bürgerlich-rechtlicher und öffentlich-rechtlicher Entschädigungsanspruch bei Immissionen, NJW 1968, 1914; *Döbereiner*, Der enteignende Eingriff bei Immissionen, NJW 1968, 1916; *Wagner*, Ortsüblichkeit bei Immissionen, insbesondere bei Bauarbeiten, NJW 1971, 595; *Gehrmann*, Die Rechtsprechung des BGH zu § 906 BGB (n. F.), BauR 1972, 333; *Brähmer*, Schadensersatz oder Duldungspflicht bei negativen Einwirkungen auf ein Grundstück, BauR 1973, 77; *Mittenzwei*, Umweltverträglichkeit statt Ortsüblichkeit als Tatbestandsvoraussetzung des privatrechtlichen Immissionsschutzes, MDR 1977, 99; *Deutsch*, Nachbarrecht und Sportstätte, VersR 1984, 1001; *Johlen*, Bauplanungsrecht und privatrechtlicher Immissionsschutz, BauR 1984, 134; *Gelzer*, Zivilrechtliche und öffentlich-rechtliche Probleme bei der Nutzung von Spiel- und Sportanlagen in Wohngebieten, Festschrift für Korbion (1986), 117; *Vieweg*, Sportanlagen und Nachbarrecht, JZ 1987, 1104; *Gaentzsch*, Sport im Bauplanungs- und Immissionsschutzrecht, Festschrift für Gelzer (1991), 29; *Wagner*, Wesentlichkeit = Erheblichkeit?, NJW 1991, 3247; *Schmitz*, Privat- und öffentlich-rechtliche Abwehransprüche gegen Sportlärm, NVwZ 1991, 1126; *Stange*, Bau- und immissionsschutzrechtliche Probleme beim Sportstättenbau in Wohngebieten, NWVBl. 1992, 154; *Ketteler*, Die Bedeutung der Sportanlagenlärmschutzverordnung im Spannungsfeld zwischen Sport und Wohnen, BauR 1992, 459; *Schink*, Bau- und immissionsschutzrechtliche Probleme beim Sportstättenbau in Wohngebieten, DVBl. 1992, 515; *Berkemann*, Sportstättenbau in Wohngebieten – Alte und neue bau- und immissionsschutzrechtliche Probleme, NVwZ 1992, 817; *Vieweg*, Nachbarrecht und Naturschutz, NJW 1993, 2570; *Krähe*, Sport als Nachbar, SpuRt 1994, 81; *Dury*, Zur Anwendbarkeit der Sportanlagen-Lärmschutz-Verordnung im zivilrechtlichen Nachbarstreit, NJW 1994, 302; *Kregel*, Änderung von § 906 I BGB im Rahmen des Sachenrechtsänderungsgesetzes, NJW 1994, 2599; *Hagen*, Privatrechtlicher Immissionsschutz – aus der Rechtsprechung des Bundesgerichtshofes, ZfBR 1995, 61; *Fritzsche*, Die Durchsetzung nachbarschützender Auflagen über zivilrechtliche Abwehransprüche, NJW 1995, 1121; *Dury*, Von Sportanlagen ausgehender Lärm, SpuRt 1995, 102; *Fritz*, Das Verhältnis von privatem und öffentlichem Immissionsschutzrecht nach der Ergänzung des § 906 I BGB, NJW 1996, 573; *Herrmann*, Natureinflüsse und Nachbarrecht (§§ 1004, 906 BGB – drei Entscheidungen), NJW 1997, 153; *Ketteler*, Die Anwendbarkeit der 18. BImSchV (SportanlagenlärmschutzVO) und der BauNVO auf Bolzplätze und vergleichbare Anlagen zur sportlich-spielerischen Betätigung, BauR 1997, 959; *Hinz*, Ideelle und negative Einwirkungen im Nachbarrecht, JR 1997, 137; *Horst*, Ausgewählte Fragen zum nachbarlichen Grundstücksgebrauch, MDR 1998, 685; *Klindt*, Die behördliche Anordnung lärmmindernder Baumaßnahmen und ihre Behandlung als Preisfaktor nach VOB/B, BauR 1998, 1185; *Feldhaus*, Einführung in die TA Lärm, UPR 1999, 1; *Friege*, Die Regelung der TA Lärm 1998 im Überblick, ThürVBl. 1999, 245; *Hagen*, Immissionsrechtlicher Nachbarschutz vor den Zivilgerichten, ZfIR 1999, 413; *Sparwasser/von Komorowski*, Die neue TA Lärm in der Anwendung, VBlBW 2000, 348; *Johlen*, Weitere Annäherung von privatem und öffentlich-rechtlichem Immissionsschutz, BauR 2001, 1848; *Roth*, Zur Bedeutung des § 906 BGB für deliktische Schadensersatzansprüche – BGH, NJW-RR 2001, 1208, JuS 2001, 1161; *Bitzer*, Die Bedeutung der Grenz- und Richtwerte im privaten Immissionsschutzrecht, BauR 2002, 1019; *Stüer/Middelbeck*, Sportlärm bei Planung und Vorhabenzulassung, BauR 2003, 38; *Berger*, Lärmsanierung an Schienenwegen: Privatrechtliche Sanierungsansprüche und das Lärmsanierungsprogramm der Bundesregierung, ZfBR 2003, 11; *Armbrüster*, Eigentumsschutz durch den Beseitigungsanspruch nach § 1004 I 1 BGB und durch Deliktsrecht, NJW 2003, 3087; *Hüting/Hopp*, Absicherung des Nebeneinanders konfligierender baulicher Nutzung, BauR 2004, 930; *Seibel*, Die Bedeutung allgemeiner Verwaltungsvorschriften für die gerichtliche Beurteilung unbestimmter Rechtsbegriffe, BauR 2004, 1245; *Wenzel*, Der Störer und seine verschuldensunabhängige Haftung im Nachbarrecht, NJW 2005, 241; *Seibel*, Die Harmonisierung von öffentlichem und privatem Nachbarrecht – dargestellt am Beispiel des § 906 BGB, BauR 2005, 1409; *Fickert*, Zum Einfluss der in Deutsches Recht umgesetzten Umgebungslärm-Richtlinie der EU auf die Lärmsituation in den Gemeinden und auf die Bürger, BauR 2006, 920; *Stühler*, Zur Änderung der Sportanlagenlärmschutzverordnung, BauR 2006, 1671.

**2091** Bei Bauarbeiten ist meist unvermeidlich, dass es zu **Immissionen** (Lärm,[37] Erschütterungen,[38] Staubentwicklung, Gerüche[39] usw.) i. S. des § 906 BGB kommt. Diese wird der Nachbar – zumindest für eine gewisse Zeit – in der Regel hinnehmen.[40] Anders ist dies jedoch zunehmend mit **Sportanlagen** (wie z. B. **Tennisplätzen**), die mit erheblichen Lärmbeeinträchtigungen verbunden sein können, wenn sie **in Wohngebieten** betrieben werden.[41]

**2092** **Sportlärm** wird besonders deshalb als „Störung" empfunden, weil er häufig auffällige Pegeländerungen bzw. Impulse enthält (z. B. Aufprallgeräusch von Bällen). Zur Lösung dieses Spannungsverhältnisses soll vor allem die 18. BImSchV (**„Sportanlagenlärmschutzverordnung"**)[42] beitragen.[43] Diese Verordnung hat sich zum Ziel gesetzt, im Spannungsfeld zwischen Sport und Umwelt im Interesse der Rechtssicherheit und der Gleichbehandlung Maßstäbe für die Beurteilung der von Sportanlagen ausgehenden schädlichen Umwelteinwirkungen durch Geräusche zu setzen.[44] Die **Zulässigkeit** von Sportanlagen in **allgemeinen Wohngebieten** ist nach der Novellierung der Baunutzungsverordnung nunmehr erheblich **erweitert** worden. Diese sind in allgemeinen Wohngebieten jetzt **generell zulässig**.

Zu beachten ist, dass nach § 5 Abs. 4 SportanlagenlärmschutzVO bei vorhandenen Sportanlagen von „einer Festsetzung von Betriebszeiten abgesehen werden (soll), wenn die Immissionsrichtwerte um jeweils weniger als 5 dB (A) überschritten werden". Diese Regelung verbessert den Bestands-

---

[37] Es können die **„TA Lärm"** von 1998 u. die **VDI-Richtlinie 2058** („Beurteilung von Arbeitslärm in der Nachbarschaft") als **Orientierungshilfe** herangezogen werden (LG Aachen, NJW-RR 1986, 818; OLG Köln, NVwZ 1989, 290; OLG Frankfurt, OLGR 1997, 254; OLG Düsseldorf, OLGR 1997, 205). Zur Einordnung der TA Lärm 1998 als „normkonkretisierende Verwaltungsvorschrift" siehe OVG NW, BauR 2004, 472 u. BauR 2003, 517 (Windenergieanlage); s. ferner: BGH, BauR 2005, 104.

[38] Vgl. BGH, NJW 1999, 1029 = MDR 1999, 351 (**sprengungsbedingte** Erschütterungen); OLG Düsseldorf, BauR 2000, 147 (LS) = IBR 2000, 80 – *Oblinger-Grauvogel* (Rammarbeiten); OLG Düsseldorf, Urt. vom 13. 6. 1997 – 22 U 259/96, NJWE-MietR 1997, 271 (zur DIN 4150); OLG Celle, OLGR 1995, 244 (**Rammarbeiten**) sowie *Bodanowitz*, NJW 1997, 2351 ff.

[39] Vgl. BGH, NJW 1999, 356 (**Schweinemästerei**; VDI-Richtlinie 3471 – Emissionsminderung Tierhaltung/Schweine); OLG Köln, OLGR 1996, 56 (Einfriedung aus gebrauchten **Bahnschwellen**, von denen gesundheitsgefährdende **Ausdünstungen** ausgehen).

[40] Zu den Nachbarrechten gegen eine **Mobilfunksendeanlage**: BGH, BauR 2005, 74 u. 104; OLG Frankfurt, OLGR 2006, 183, 184; BGH, NJW 2004, 1317 m. Nachw. Zum Ausgleichsanspruch bei berechtigter **Mietminderung** durch den Mieter: LG Hamburg, NJW-RR 1999, 378 = NZM 1999, 169. Zur **zeitlichen Priorität** bei vorhandener Immissionsquelle: BGH, NJW 2001, 3119 = BauR 2001, 1859; s. hierzu auch *Bitzer*, BauR 2002, 1019.

[41] Vgl. BVerwG, BauR 2000, 234 = ZfBR 2000, 128; OVG NW, BauR 2004, 304 (Lärmimmissionen eines **Freibades**); *Ketteler*, BauR 1997, 959 ff. u. 1992, 459 ff.; *Palandt/Bassenge*, § 906 BGB, Rdn. 8 sowie die vor Rdn. **2091** genannte **Literatur**.

[42] Vom 18. Juli 1991, BGBl. I 1991, S. 1588; zur Änderungsverordnung vom 9.2.2006 (BGBl. 2006, Teil I, S. 324 ff.) s. *Stühler*, BauR 2006, 1671 ff.

[43] Siehe hierzu *Stüer/Middelbeck*, BauR 2003, 38 ff.; *Werner/Pastor/Müller*, Baurecht von A–Z, 7. Aufl., Stichwort: Sportanlagen, S. 714 ff.

[44] *Ketteler*, BauR 1997, 959 u. BauR 1992, 459, 461; VGH Baden-Württemberg, VBl. BW 1996, 105 = IBR 1996, 387 – *Lauer*.

schutz bei bestehenden Sportanlagen, denn vielfach würden (behördliche) Festlegungen von Spielzeiten faktisch zu einer Einstellung des Sportbetriebes führen.[45]

Es war **umstritten,** ob die Sportanlagenlärmschutzverordnung nur für den Bereich des öffentlichen Rechts galt oder auch zivilrechtliche Unterlassungsansprüche aus §§ 1004, 906 BGB einschränkte.[46] Diese Frage ist durch die **Neufassung des § 906 Abs. 1 BGB** geklärt; nach § 906 Abs. 1 Satz 2 und 3 ist eine **Harmonisierung** von öffentlichem und privatem Immissionsschutzrecht bewirkt worden, an die der **Zivilrichter gebunden** ist. Private „**Umweltstandards**" (also z. B. DIN-, VDI-Richtlinie[47]), die nicht in Verwaltungsvorschriften im Sinne des § 48 BImSchG enthalten sind, begründen keine Regelfälle, die Einhaltung hat aber Indizwirkung.[48] Im Übrigen hat die **Einhaltung** der festgelegten Grenz- und Richtwerte Einfluss auf die **Darlegungs- und Beweislast.** Da die Einhaltung der in § 906 Abs. 1 Satz 2 und 3 BGB genannten Grenzwerte die „**Unwesentlichkeit**" einer Beeinträchtigung indiziert,[49] muss derjenige, der die Indizwirkung **erschüttern** will, dies darlegen und ggf. beweisen.[50] Dies wird jedoch in den wenigsten Fällen gelingen; spricht z. B. der aktuelle Forschungsstand gegen eine wesentliche Beeinträchtigung, wird das Gericht nicht verpflichtet sein, den aktuellen wissenschaftlichen Erkenntnisstand durch Sachverständigengutachten zu überprüfen.[51] Vorbeugende Unterlassungsklagen sind deshalb auch ohne Beweisaufnahme abzuweisen.[52]

Für die Bewertung von Sportlärm muss auf die **in der SportanlagenlärmschutzVO vorgegebenen Richtwerte** und **Bewertungsmethoden** zurückgegriffen werden. Hierbei werden aber auch jeweils die Besonderheiten des Einzelfalles zu berücksichtigen sein, was sich aus der Formulierung „in der Regel" ergibt.[53] Bei der Beurteilung einer Beeinträchtigung als „wesentlich" wird deshalb immer die „realistische" Nutzung der Sportanlage im Vordergrund stehen müssen.[54]

---

45) Einen „Abschlag" von 5 dB (A) zugunsten des Sportstättenbetreibers hat z. B. das OLG Zweibrücken, NJW 1992, 1242, 1243, nicht vorgenommen.
46) Verneinend: OLG Koblenz, NVwZ 1993, 301; *Kettler*, a. a. O.; bejahend: OLG Zweibrücken, NJW 1992, 1242; OLG Celle, OLGR 1994, 220 = *SFH*, Nr. 6 zu § 906 BGB; OLG Frankfurt, SpuRt 1995, 127; OLG Saarbrücken, SpuRt 1995, 129; *Dury*, NJW 1994, 2599.
47) Zur (neuen) **VDI-Richtlinie 3770** und deren Berücksichtigung: Niedersächsisches OVG, BauR 2004, 469, 470.
48) Siehe BGH, NJW 2005, 660; OLG Düsseldorf, NJW-RR 1997, 272; LG München II, NJW-RR 1997, 465; *Palandt/Bassenge*, § 906 BGB, Rdn. 17; s. ferner: *Hagen*, ZfBR 1995, 61 ff.
49) Umgekehrt indiziert das **Überschreiten** der Werte die Wesentlichkeit; BGH, NJW 2004, 1317.
50) BGH, MDR 2005, 328; NJW 2004, 1317, 1318; OLG Frankfurt, OLGR 2006, 183, 185; *Palandt/Bassenge*, § 906 BGB, Rdn. 15.
51) BVerfG, NJW 2002, 1638, 1639.
52) OLG Frankfurt, OLGR 2006, 233 (LS); OLGR 2006, 183, 185.
53) *Palandt/Bassenge*, § 906 BGB, Rdn. 17; *Kregel*, NJW 1994, 2599, 2600.
54) Bei einer **Tennisanlage** darf daher z. B. nicht nur auf schlagstarke Spieler oder reines „Frauentennis" abgestellt werden; ein Sachverständiger muss bei der Begutachtung immer eine der **üblichen Nutzung angenäherte Situation** zugrunde legen. Zur unzulässigen Lärmbelästigung durch Tennisplatz s. BGH, NJW 1983, 751 = BauR 1983, 181; OLG Köln, VersR 1988, 805; SchlHOLG, NJW-RR 1991, 715; OLG Celle, NJW 1988, 424 (Nachbarschutz durch Spielzeiteinschränkung).

**2094**  Nur bei übermäßiger, nicht ortsüblicher[55] Einwirkung hat der Nachbar deshalb in der Regel einen **Beseitigungs- bzw. Unterlassungsanspruch** aus § 1004 BGB.[56] Ob eine Beeinträchtigung „wesentlich" ist, hängt nach der ständigen Rechtsprechung des BGH[57] von dem Empfinden eines verständigen Durchschnittsmenschen und davon ab, was diesem auch unter Würdigung anderer öffentlicher und privater Belange billigerweise nicht mehr zuzumuten ist. Dies ist immer eine Frage des Einzelfalles, die das Gericht nach eigenem pflichtgemäßen Ermessen und Empfinden zu entscheiden hat.[58] Beruht die Störung auf Ausübung hoheitlicher Gewalt, oder erfolgt die Bautätigkeit zwar auf privatwirtschaftlicher Grundlage, dient sie aber einer im allgemeinen Interesse liegenden öffentlichen Aufgabe, ist auch hier ein Abwehranspruch ausgeschlossen.[59]

Darüber hinaus ist einem möglichen **Widerstreit** von privatrechtlichem Nachbarschutz und öffentlichem Recht besondere Beachtung zu schenken; so kann nicht nur der **Naturschutz**[60] im Einzelfall in die Überlegungen einzubeziehen sein, sondern auch das allgemeine **Bauordnungs-** sowie das **Städtebaurecht** (Bauplanungsrecht).[61]

---

55) Zur Frage der **Ortsüblichkeit** von erheblichen Lärm verursachenden **Bauarbeiten** vgl. BGH, MDR 1967, 913; s. auch LG Konstanz, BauR 1990, 754 = NJW-RR 1991, 916; LG Bielefeld, MDR 1974, 670; BGH, NJW 1971, 94, 96 (Ortsüblichkeit beim **Straßenbau**); BGH, WM 1976, 1116 („Porta Nigra" – Ortsüblichkeit bei **Restaurierungsarbeiten**); BGH, BB 1969, 333 (Ortsüblichkeit bei **Abbrucharbeiten**); OLG München, NJW-RR 1991, 1492 (Radiogeräusche); OLG Karlsruhe, NJW-RR 1991, 1491 (**Wasserinstallation**); *Michalski*, DB 1991, 1365 (**kontaminierter Boden**); LG Bochum, BauR 1992, 100 (**Mülltonne**); BGH, BauR 2001, 1859 (**Industrielärm** einer Hammerschmiede; s. auch *Bitzer*, BauR 2002, 1019).

56) Vgl. OLG Frankfurt, OLGR 2006, 183, 184 (zur Beeinträchtigung durch elektromagnetische Felder – **Mobilfunksendeanlage**); BGH, MDR 1999, 351 u. NJW 1996, 845 (**Bodenkontamination**); BGH, NJW 1964, 396; BGH, NZM 2001, 1046 = BauR 2002, 134 (LS) zum Unterlassungsanspruch bei **späterer Wohnbebauung;** zum öffentlich-rechtlichen Unterlassungsanspruch: VGH Kassel, NJW 1993, 3088 (Fußballplatz); VGH Mannheim, NJW 1985, 2354 (LS); NJW 1985, 2352; OVG Münster, NJW 1985, 2350; VGH München, NVwZ 1987, 986 = NJW 1988, 278 u. NVwZ 1993, 1006 = ZMR 1993, 298 (Geräuschbelästigung von Bolzplatz); OVG Hamburg, BauR 1986, 73.

57) BGH, NJW 2004, 1317 = MDR 2004, 742; OLG Frankfurt, OLGR 2006, 183, 184; OLG Celle, BauR 2005, 1653, 1654; *Boisserée/Fuchs*, Rdn. 133.

58) BGH, NJW 1968, 1133; BGH, NJW 1967, 1907; zum nachbarrechtlichen **Ausgleichsanspruch** bei Ramm- u. Verdichtungsarbeiten an öffentlichen Straßen: BGH, NJW 1979, 164 = BauR 1979, 80, 81 = ZfBR 1979, 70. Zum Ausgleichsanspruchs eines Hoteliers für **Ertragsverluste** durch Bauarbeiten: BGH, NJW-RR 1988, 1291; zur Höhe der Entschädigung bei Geruchsimmissionen (Klärwerk): OLG Celle, NJW-RR 1988, 1040; zum Ausgleichsanspruch für berechtigte **Mietminderungen:** LG Hamburg, NJW-RR 1999, 378 = NZM 1999, 169; zum Entschädigungsanspruch bei **Baulärm:** OLG Celle, OLGR 2000, 83.

59) Vgl. BGH, VersR 1970, 57.

60) BGH, NJW 2004, 3701 = IBR 2005, 54 (naturgeschützter **Baum**; § 906 Abs. 2 Satz 2; Abgrenzung zu NJW 1993, 925 **Frösche**); LG Hechingen, NJW 1995, 971 (Schwalbenkunstnester); *Vieweg*, NJW 1993, 2570.

61) Vgl. insoweit z. B. BGHZ 121, 248 = NJW 1993, 1656 (Jugendzeltplatz) u. BGH, NJW 1993, 1580 (Ballettschule); *Fritzsche*, NJW 1995, 1121 ff.

§ 906 BGB

Rdn. 2095

Unter Umständen besteht aber ein **Entschädigungsanspruch**.[62] Einen **Entschädigungsanspruch** hat der Nachbar bei einer von ihm zu duldenden übermäßigen, aber ortsüblichen Einwirkung (§ 906 Abs. 2 Satz 2 BGB), wenn es dem Störer in diesem Fall wirtschaftlich unzumutbar ist, technisch mögliche Maßnahmen zur Verhinderung der Störung zu treffen. Der nachbarrechtliche Ausgleichsanspruch setzt stets voraus, dass der Anspruchsgegner auch als **Störer** zu qualifizieren ist.[63] Im Rahmen des § 906 BGB kommt es auf die zeitliche Priorität nicht an; sind Bauarbeiten zu einem Zeitpunkt bereits im Gange, zu dem der Nachbar sein Grundstück erst erwirbt, ist er dennoch nach § 906 BGB vor Beeinträchtigungen geschützt.[64] § 906 Abs. 2 Satz 2 verlangt für den Ausgleichsanspruch Störungen bestimmter Art, die in der Vorschrift beispielhaft aufgezählt sind.

2095

Die Bestimmung wird von der Rechtsprechung aber **analog** auch auf andere Fälle nachhaltiger Einwirkungen und Behinderungen angewandt.[65] Danach erfasst § 906 Abs. 2 Satz 2 BGB als nachbarrechtlicher Ausgleichsanspruch nicht nur Immissionen, sondern „alle von einem Grundstück auf ein benachbartes Grundstück ausgehenden Einwirkungen, die das zumutbare Maß einer entschädigungslos hinzunehmenden Beeinträchtigung übersteigen", sofern der davon betroffene Eigentümer aus besonderen Gründen gehindert war, diese Einwirkungen gem. § 1004 Abs. 1 BGB rechtzeitig zu verhindern; der BGH zieht daher § 906 Abs. 2 Satz 2 auch für Ansprüche wegen Schäden aus Ausschachtungsarbeiten („**Vertiefungen**" i. S. des § 909 BGB) heran.[66] Wird auf Schadensersatz gemäß §§ 823 Abs. 2, 909 BGB geklagt und ist ein **Verschulden** des Anspruchsgegners (Bauherrn/Unterneh-

---

62) Vgl. BGH, MDR 1999, 1132 = VersR 1999, 1139 (Brandschaden durch Nachbargrundstück); BGH, WM 1978, 1414 (Beeinträchtigung der Standfestigkeit eines Hauses); BGH, NJW 1987, 2810, 2811; BGH, NJW 1967, 1858; BGH, ZMR 1977, 19 („Porta Nigra"); BGH, WM 1978, 92 = DB 1978, 294 (Beeinträchtigung durch eine Großbaustelle) u. BauR 1979, 80; *Roth*, Der bürgerlich-rechtliche Aufopferungsanspruch, 2001, S. 7 ff.; *Schack*, NJW 1968, 1914; *Döbereiner*, NJW 1968, 1960; zum **öffentlich-rechtlichen** Entschädigungsanspruch (Wasseransammlung auf Erschließungsstraße): OLG Koblenz, OLGR 2000, 182, 183.
63) BGH, IBR 2006, 298 – *Schmid* (keine Haftung des Eigentümers/Vermieters für seinen Mieter).
64) BGH, VersR 1970, 57; WM 1976, 571.
65) BGH, BauR 2001, 1587, 1590 = ZfIR 2001, 1002 (Besitzstörung des Mieters und vermögenswerte Nachteile des Gewerbebetriebs); BGH, WM 1974, 901 (**Baustellenverkehr** zum Nachbargrundstück vor Ladengeschäft); vgl. ferner: OLG Zweibrücken, OLGR 2004, 395 (Rissschäden am Nachbargrundstück durch Kanalbauarbeiten); BGH, WM 1976, 538 (**Rissschäden** durch Sprengungen auf benachbarten Grundstücken); BGH, NJW 1984, 2207 sowie BGH, Urt. v. 18.11.1994 – V ZR 98/93 (**Rußimmissionen** eine Brauerei); AG Darmstadt, MDR 1998, 647, 648 (Schäden auf Nachbargrundstück durch **Einstürzen** der **Giebelwand** infolge eines **Brandes**); BGH, VersR 1985, 740 (Bruch einer Wasserleitung). Der reine **Wasserzufluss** ist dagegen keine Immission i. S. des § 906 BGB: BGHZ 90, 255, 258; OLG Koblenz, BauR 2000, 907, 908; s. aber OLG Düsseldorf, OLGR 2000, 320 für Übertritt von wild abfließendem Niederschlagswasser auf Nachbargrundstück. Keine Haftung bei Übergreifen eines **Brandstiftungsfeuers** auf Nachbarhaus: OLG Hamm, NJW-RR 1987, 1315.
66) BGH, ZfBR 1997, 299, 300 = BauR 1997, 1058, 1059 = *SFH*, Nr. 7 zu § 906 BGB = MDR 1997, 1021 = VersR 1997, 1496; BGH, NJW-RR 1988, 136 (Zur Anwendung von § 254 BGB); BGH, BauR 1983, 177 = ZfBR 1983, 87 = *SFH*, Nr. 2 zu § 906 BGB; OLG Koblenz, BauR 2004, 107, 108 = NJW-RR 2003, 1457 = BauRB 2003, 194; OLG Köln, OLGR 2004, 263; OLG Zweibrücken, OLGR 2004, 395; OLG Düsseldorf, NJW-RR 1997, 146 u. OLGR 1995, 133, 134 für den „**Berliner Verbau**".

mers/Architekten oder Sonderfachmanns) im Rechtsstreit **nicht** festgestellt, muss der geltend gemachte Ersatzanspruch – ohne dass sich der Kläger hierauf beziehen muss – auch unter dem Gesichtspunkt des verschuldensunabhängigen nachbarrechtlichen Ausgleichsanspruchs aus § 906 Abs. 2 Satz 2 BGB analog geprüft werden.[67] Der Ausgleichsanspruch bestimmt sich nach den Grundsätzen der **Enteignungsentschädigung** und ist auf Beseitigung der durch die unzumutbare Beeinträchtigung hervorgerufenen Vermögenseinbuße gerichtet;[68] er kann im Einzelfall aber auch auf den „vollen Schadensersatz gehen".[69] In diesem Fall können die zur **Schadensbeseitigung** erforderlichen Beträge einschließlich der **Planungskosten** sowie der Ersatz eines verbleibenden **Minderwertes** verlangt werden;[70] allerdings sind die Gesichtspunkte der **überholenden Kausalität** und der **Vorteilsausgleichung** zu beachten.[71] Der **schadensanfällige Zustand** des betroffenen Grundstückes wie auch ein schuldhafter oder schuldloser Mitverursachungsbeitrag des Eigentümers des geschädigten Grundstücks sind ebenfalls **anspruchsmindernd** zu berücksichtigen.[72] Es ist deshalb im Einzelfall stets zu prüfen, ob der geschädigte Nachbar aus **tatsächlichen** und/oder **rechtlichen** Gründen **gehindert** war, die Arbeiten auf dem Nachbargrundstück **rechtzeitig** durch eine **Klage** oder einen Antrag auf Erlass einer **einstweiligen Verfügung** zu unterbinden[73] oder er von der Ergreifung solcher Maßnahmen abgehalten oder (z. B. auf Grund einer Nachbarschaftsvereinbarung) entbunden war.[74]

**2096** So genannte **ideelle Einwirkungen** fallen im Übrigen aber nicht unter § 906 BGB; dazu zählt insbesondere der Anblick, der das ästhetische Empfinden des Nachbarn verletzt, wie z. B. der Lagerplatz für Baumaterialien und Baugeräte in einer Wohngegend.[75] Ferner ist auch die Entziehung von Licht und Luft durch ein Bauwerk auf dem Nachbargrundstück von § 906 BGB nicht umfasst.[76]

**2097** **Anspruchsberechtigter** ist der, der in der Nutzung des Grundstücks beeinträchtigt ist;[77] dies ist in aller Regel der Eigentümer, kann im Einzelfall aber auch der Besitzer sein.[78]

---

67) BGH, IBR 2005, 54 – *Fuchs*; BGH, BauR 1997, 1058 = ZfBR 1997, 299; OLG Koblenz, BauR 2004, 107, 108.
68) Vgl. BGHZ 85, 375, 384 = MDR 1983, 567; BGH, NJW 2001, 1865, 1867; OLG Zweibrücken, OLGR 2004, 395, 398.
69) BGH, BauR 1997, 1058 mit Hinweis auf BGHZ 28, 255; 57, 359, 368; 58, 149, 160; BGH, NJW 1990, 3195, 3197; OLG Zweibrücken, OLGR 2004, 395, 398; OLG Düsseldorf, NJW-RR 1997, 146.
70) BGH, NJW 1992, 2884; BGH, ZfBR 1997, 299, 300 = BauR 1997, 1058, 1059.
71) Zutreffend: OLG Zweibrücken, OLGR 2004, 395, 398 m. Nachw.
72) BGH, NJW 1988, 136 = *SFH*, Nr. 4 zu § 906 BGB.
73) BGH, ZfBR 1997, 299, 300 = BauR 1997, 1058, 1059; OLG Köln, OLGR 2004, 263; OLG Düsseldorf, NJW-RR 1997, 146, 147 mit w. Nachw.
74) OLG Köln, OLGR 2004, 263.
75) BGHZ 51, 396 = NJW 1969, 1208; BGH, NJW 1975, 168 m. Anm. *Loewenheim*, NJW 1975, 826; anders: OLG Hamm, NJW 1975, 1035 für das Landesrecht.
76) OLG Celle, *Schäfer/Finnern*, Z 4.14 Bl. 1; OLG Düsseldorf, MDR 1991, 57 = OLGZ 1991, 106 (Blendwirkung durch Anstrich); OLG Köln, OLGR 1992, 173; OLG Frankfurt, BauR 2004, 1796 = IBR 2005, 55 – *Fuchs* = BauRB 2005, 8 **(Schattenwurf)**.
77) *Mattern*, WM 1979, 34, 38.
78) BGH, WM 1976, 1116; LG Kempten, NJW 1995, 970 **(Mieter)**.

**Anspruchsgegner** des Baunachbarn ist der die Störung verursachende Baubeteiligte. Als solcher kommt z. B. der **Bauherr**,[79] sein **Architekt** oder der **Unternehmer** in Betracht. Gegen sie ist der Abwehranspruch aus § 1004 BGB bzw. (bei Verschulden) der **Schadensersatzanspruch** aus § 823 Abs. 1 oder Abs. 2 BGB i. V. m. § 906 BGB zu richten.[80] Der **Ausgleichsanspruch** nach § 906 Abs. 2 Satz 2 BGB kann dagegen **nur gegen den Bauherrn,** nicht aber gegen den Unternehmer erhoben werden, „denn nicht der Umstand, dass ein Unternehmer tätig wird, zwingt den Baunachbarn zum Nachgeben, sondern lediglich der ortsübliche Charakter der vom Bauherrn in seinem eigenen Interesse durchgeführten Grundstücksbebauung".[81] Maßgebend ist, wer die Bauarbeiten, die zu Immissionen geführt haben, veranlasst hat.[82] Das kann also auch der nur **mittelbar Einwirkende** sein, soweit die Beeinträchtigung auf seinem maßgeblichen Willen beruht.[83]

2098

Der Ausgleichsanspruch geht auf eine „angemessene" Entschädigung. Für die Bewertung des nach § 906 Abs. 2 Satz 2 BGB zu zahlenden Ausgleichs besteht kein Unterschied zur Enteignungsentschädigung.[84] Der nachbarrechtliche Ausgleichsanspruch **verjährte** nach altem Recht in 30 Jahren,[85] nach der **Schuldrechtsreform** in der Regelfrist des § 195 BGB.

2099

Bei der Bemessung des Ausgleichs ist vor allem zu berücksichtigen, „wenn das beeinträchtigte Grundstück sich in einem mangelhaften Zustand befunden hat, ohne den der Schaden nicht oder nicht in dem tatsächlich erlittenen Umfang eingetreten wäre".[86] Deshalb ist auch ein Abzug **„neu für alt"** nicht ausgeschlossen.

Der Nachbar ist für sein Eigentum (bzw. seinen Besitz) und dessen Störung durch den Beklagten beweispflichtig.[87] Hierzu gehört auch die Ursächlichkeit des Vorgehens des Beklagten für die eingetretene Beeinträchtigung.[88] Dass die Immissionswirkung die Benutzung des Grundstückes nur unwesentlich beeinträchtigt, ist dagegen vom Störer darzulegen und zu beweisen;[89] dasselbe gilt hinsichtlich der Ortsüblichkeit und der Unvermeidbarkeit.[90]

2100

### 3. § 909 BGB – Vertiefung und Baugrundrisiko

*Literatur*

*Englert/Bauer*, Rechtsfragen zum Baugrund, 2. Auflage 1991; *Englert/Grauvogl/Maurer*, Handbuch des Baugrund- und Tiefbaurechts, 3. Auflage 2004; *Rybicki*, Bauausführung und Bauüberwachung, 2. Auflage 1995; *Lange*, Baugrundhaftung und Baugrundrisiko, Baurechtl. Schriften,

---

79) Vgl. BGH, *Schäfer/Finnern*, Z 4.141 Bl. 30; OLG Rostock, BauR 2001, 1127 (Einrütteln metallener **Spunddielenwände**).
80) Vgl. dazu auch BGH, NJW 1984, 2207.
81) BGH, NJW 1966, 42; vgl. auch BGH, WM 1968, 1106, der mehr auf die Person des Störers abstellt.
82) BGH, NJW 1979, 164 = BauR 1979, 80, 84 = ZfBR 1979, 70.
83) BGH, IBR 2006, 298 – *Schmid*; *Mattern*, WM 1979, 34, 39.
84) BGH, NJW 1992, 2884.
85) BGH, NJW 1995, 714.
86) BGH, NJW 1992, 2884, 2885; NJW 1971, 750; NJW-RR 1988, 136.
87) BGH, WM 1970, 1460.
88) BGH, WM 1970, 492.
89) BGH, DB 1970, 2264 = WM 1970, 1460.
90) *Mattern*, WM 1972, 1414.

Bd. 35, 1997; *Boisserée*, Die Haftung der Baubeteiligten für Schäden an Nachbargebäuden, Baurechtliche Schriften, Bd. 55, 2002.

*Bindhardt*, Wer trägt die Verantwortung hinsichtlich des Baugrundes, der Architekt oder der Statiker oder beide?, DAB 1976, 276; *Bindhardt*, Untersuchung der Baugrundverhältnisse – zur Abgrenzung der Verantwortung von Architekt und Statiker, BauR 1974, 376; *Wiegand*, Bauvertragliche Bodenrisikoverteilung im Rechtsvergleich, ZfBR 1990, 2; *v. Caushaar*, Die Rechtsprechung zu Problemen des Baugrundes, Festschrift für Locher (1990), 9; *Quack*, Baugrundrisiken in der Rechtsprechung des Bundesgerichtshofes, BB 1991, Beil. 20, 9; *Heuchemer*, Das Baugrundrisiko in der internationalen Vertragspraxis, BB 1991, Beil. 20, 12; *Englert*, Das Baugrundrisiko – ein normierungsbedürftiger Rechtsbegriff?, BauR 1991, 537; *Englert*, AGB Spezialtiefbau, BauR 1992, 170; *Schottke*, Das Baugrundrisiko bei dem VOB-Vertrag, BauR 1993, 407 u. 565; *Englert*, „Systemrisiko" – terra incognita des Baurechts?, Zur Abgrenzung von Erfolgs-, Baugrund- und Systemrisiko, BauR 1996, 763; *Englert*, Das „Systemrisiko" bei der Ausführung von Tiefbauarbeiten, Festschrift v. Craushaar (1997), 203; *Englert/Grauvogl*, Die Anwendung der VOB/C im Bauvertrag ATV DIN 18 301 – Bohrarbeiten, Jahrbuch Baurecht 2000, 174; *Lange*, Das Baugrundrisiko – Begriff und Pflichten der am Bau Beteiligten, BauRB 2003, 118; *Lange*, Beschädigung von Nachbargrundstücken durch Tiefbauarbeiten, BauRB 2005, 92.

**2101** Die Vorschrift des **§ 909 BGB** hatte in der Baupraxis schon immer große Bedeutung; so sind bei vielen Bauvorhaben größere **Ausschachtungen** erforderlich, die häufig bis an die Grenze des Nachbargrundstücks heranreichen.[91] Werden die Ausschachtungs- und damit verbundene Unterfangungsarbeiten nicht fachgerecht ausgeführt, drohen erhebliche Schäden und schwierige Prozesse.

**2102** Nach § 909 BGB darf ein Grundstück nicht in der Weise vertieft werden, dass der Boden des Nachbargrundstücks die erforderliche Stütze verliert, es sei denn, dass für eine genügende anderweitige Befestigung gesorgt ist. Der **Schutzzweck** des § 909 BGB umfasst nur die Festigkeit des Bodens des **Nachbargrundstückes,** nicht dagegen den der weiter in der näheren Umgebung liegenden Grundstücke.[92] Wird daher dem Boden eines Nachbargrundstückes die erforderliche Stütze durch Vertiefung genommen, hierdurch das auf dem Nachbargrundstück aufstehende Gebäude verkantet und als weitere Folge einer solchen Verkantung ein Gebäude auf einem anderen Grundstück beschädigt, so ist dieser letztere Schaden nicht von dem durch § 909 BGB bezweckten Schutz umfasst.[93]

**2103** § 909 BGB wird von der Rechtsprechung entsprechend **extensiv ausgelegt.**[94] Entscheidend ist in erster Linie, dass das Nachbargrundstück die erforderliche Stütze verliert; Erderschütterungen allein reichen nicht aus.[95] Wesentlich ist dabei, ob auf das Nachbargrundstück so eingewirkt wird, dass hierdurch der Boden des Nachbargrundstückes in den Senkrechten den Halt verliert oder die unteren Bodenschichten in ihrem waagerechten Verlauf beeinträchtigt werden.[96] Nicht notwendig ist dage-

---

[91] Zu den **technischen** Problemen (Baugruben mit und ohne **Verbau, Verpressanker,** Gebäudesicherung und **Unterfangung;** chemische Verfestigung) siehe vor allem *Rybicki*, 2. Aufl. 1995, S. 164 ff.; *Englert/Grauvogl/Maurer*, Rdn. 1356 ff.

[92] BGHZ 12, 75, 77 ff. = NJW 1954, 539; vgl. auch OLG Düsseldorf, OLGR 1995, 133 für Ansprüche beim Berliner Verbau.

[93] BGH, BauR 1979, 355 = WM 1979, 469.

[94] Vgl. hierzu *Wussow*, Haftung, S. 24 ff.; *Englert/Bauer*, Rdn. 24 ff.

[95] OLG Rostock, BauR 2001, 1127.

[96] BGH, NJW 1983, 872 = BauR 1983, 177 = ZfBR 1983, 87 = *SFH*, Nr. 2 zu § 906 BGB; BGHZ 44, 130; 63, 176; BGH, NJW 1978, 1051; BGH, BauR 1980, 89, 90; BGH, NJW 1987, 2810; Brandenburgisches OLG, BauR 2001, 1129 (Soilcrete-Verfahren); LG Freiburg, NJW-RR 1987, 141; OLG Köln, BauR 1987, 472.

## § 909 BGB

gen, dass die Vertiefung des Baugrundstückes durch Entnahme von Bodenbestandteilen erfolgt. Es reicht eine durch den **Druck** des Neubaus bewirkte Vertiefung aus.[97] Ferner wird nach der Rechtsprechung des BGH ein Grundstück dann i. S. des § 909 BGB vertieft, wenn sich sein Niveau ohne Entnahme von Bodenbestandteilen infolge von Auflagerung gewichtiger Stoffe (z. B. Auskippen von Bauschutt und Erdaushub) senkt, der dabei auf das tiefer liegende Erdreich ausgeübte Druck seitlich in den Boden des Nachbargrundstückes hinüberwirkt und dieses dadurch seinen Halt verliert.[98] § 909 BGB findet bei dem Abbruch **unterirdischer** Gebäudeteile Anwendung, sofern durch das Entfernen dem benachbarten Boden die Befestigung entzogen wird.[99] Den Abbruch **oberirdischer** Gebäudeteile sowie die Enttrümmerung von Grundstücken erfasst § 909 BGB nicht.[100]

Ebenso ist § 909 BGB nicht auf **Bodenerhöhungen** anwendbar.[101] Andererseits schützt § 909 BGB nicht nur die Festigkeit des oberen Erdreichs, sondern auch die der unteren Bodenschichten, wobei zur Stütze auch **Grund-** oder **Regenwasser** gehören kann; ein Absinken des Grundwasserstandes oder sonstige Austrocknung des Nachbargrundstückes (z. B. durch Tiefbauarbeiten, Dränagearbeiten) wird daher auch von § 909 BGB erfasst.[102] Auch eine Grundwasserabsenkung, die zu einer ungleichmäßigen Setzung („Bodendrehung") führt, reicht aus.[103]

**Rechtswidrig** ist eine Vertiefung i. S. des § 909 BGB auch dann, wenn sie zu einer Beeinträchtigung der Standfestigkeit des Nachbarhauses nur deshalb führt, weil das Haus schon durch **Alter** oder Kriegseinwirkung **schadensanfällig** und damit in besonderem Maße gefährdet ist.[104] Eine Berufung auf eine vorhandene Schadensanlage kommt daher grundsätzlich nicht in Betracht.[105]

Wird das Baugrundstück im Einzelfall und in unzulässiger Weise vertieft, hat der Eigentümer des Nachbargrundstückes einen **Anspruch nach § 1004 BGB auf Unterlassung,** wenn die Vertiefung noch nicht ausgeführt worden ist; ein **Beseitigungsanspruch** besteht, wenn die unzulässige Vertiefung bereits durchgeführt worden ist.[106] Daneben kann u. U. bei Verschulden ein **Schadensersatzanspruch** nach § 823 Abs. 1 (aus Eigentumsverletzung) oder Abs. 2 i. V. m. § 909 BGB (Verletzung

---

97) Vgl. BGHZ 44, 130 = NJW 1965, 2099.
98) Vgl. BGH, NJW 1971, 935; ferner: BGH, BauR 2005, 577, 578 = NZBau 2005, 227; BGH, WM 1972, 388.
99) *Englert/Grauvogl/Maurer*, Rdn. 1095 mit Hinweis auf BGH, VersR 1980, 48 u. NJW 1980, 224 = *SFH*, Nr. 4 zu § 909 BGB.
100) BGH, VersR 1962, 572; *Englert/Grauvogl/Maurer*, Rdn. 1102.
101) BGH, NJW 1976, 1840, 1841 u. NJW 1971, 53, 54; LG Gießen, BauR 1995, 405, 406.
102) BGH, WM 1978, 645; BGH, ZfBR 1979, 208; BGHZ 57, 375 = WM 1972, 257; *Englert/Bauer*, Rdn. 31; *Englert/Grauvogl/Maurer*, Rdn. 1099.
103) OLG München, OLGR 1999, 183, 184; BayObLG, ZfBR 2000, 185.
104) BGH, NJW 1983, 872 = BauR 1983, 177 = ZfBR 1983, 87 = *SFH*, Nr. 2 zu § 906 BGB; BGH, NJW 1987, 2810, 2811; OLG Düsseldorf, NJW-RR 1997, 146; OLG Koblenz, BauR 1989, 637, 638.
105) *MünchKomm-Säcker*, § 909 BGB, Rdn. 22.
106) Siehe LG Passau, IBR 2004, 508 – *Englert.* Zum Beseitigungsanspruch und seinem **Untergang:** OLG Hamm, BauR 1998, 159 (**Veräußerung** des geschädigten Grundstückes). Zum Klageantrag s. *Boisserée/Fuchs*, 4. Kap. D, Rdn. 52 ff.

eines Schutzgesetzes) geltend gemacht werden;[107] so stellt das Einbringen von **Beton zum Unterfangen von Fundamenten** des **auf dem Nachbargrundstück** stehenden Gebäudes eine widerrechtliche Eigentumsverletzung i. S. des § 823 Abs. 1 BGB dar, sofern eine Einwilligung des Nachbarn nicht vorliegt und von einer landesrechtlichen Duldungspflicht nicht ausgegangen werden kann.[108]

Im Übrigen umfasst der Schadensersatzanspruch aus §§ 909, 823 Abs. 2 BGB den Ersatz aller Schäden, die durch die **unzulässige Vertiefung** verursacht worden sind, wie z. B. Sicherungskosten, Befestigungskosten, Aufräumkosten, Wiederaufbaukosten usw.[109] Muss ein Gebäude aufgrund der Vertiefungsschäden **neu errichtet** werden,[110] so ist auch bei **völliger Neuherstellung** von eine „Wiederherstellung" i. S. des § 249 S. 2 BGB auszugehen, sofern „das neue Gebäude dem früheren Bauwerk baulich-technisch und wirtschaftlich-funktionell gleichwertig ist".[111] Dieser Ersatzanspruch ist **kein Vorschussanspruch,** also auch nicht abzurechnen; demgegenüber sind die Grundsätze der **Vorteilsausgleichung** zu berücksichtigen (Rdn. 2468). Ein Mitverschulden des Nachbarn an der unzulässigen Vertiefung kommt nur in Ausnahmefällen in Betracht.[112]

**2107** Hat ein Grundstückseigentümer sein Grundstück so abgeschachtet, dass der Boden des Nachbargrundstückes die erforderliche Stütze verliert, muss die Klage, mit der die Herstellung einer genügenden anderweitigen Befestigung verlangt wird, die Angabe der vor der Abschachtung vorhandenen Festigkeit des beeinträchtigten Grundstückes enthalten, wenn sie den Anforderungen des § 253 Abs. 2 Nr. 2 ZPO entsprechen will.[113] Dagegen ist der Kläger nicht verpflichtet, eine bestimmte zur

---

107) BGH, BauR 2005, 577 = NZBau 2005, 227 = IBR 2005, 29 – *Hildebrandt*; BGH, NJW 1969, 2140; BGH, NJW 1970, 608 = *Schäfer/Finnern*, Z 4.142 Bl. 70; BGH, WM 1975, 82. Es wird allerdings die Auffassung vertreten, dass § 823 Abs. 1 BGB neben §§ 823 Abs. 2, 909 BGB keine selbstständige Bedeutung zukomme, vgl. BayObLG, ZfBR 2000, 185; OLG Hamm, BauR 1998, 159, 161; LG Köln, VersR 1970, 644, 676. Aus der vom LG Köln herangezogenen Entscheidung des BGH, NJW 1965, 2099, 2100 = VersR 1965, 1050, kann dies jedoch nicht herausgelesen werden. Vgl. hierzu auch OLG Stuttgart, OLGR 1998, 198, 199; OLG Köln, ZfBR 1994, 22 = NJW-RR 1994, 89; OLG Düsseldorf, BauR 1993, 351; *Hagen*, WM 1984, 677, 687 u. *Brox*, JA 1984, 182, 184. Zur Haftung des **planenden** Architekten nach § 823 Abs. 1 BGB: OLG Rostock, BauR 2004, 1026, 1027.
108) BGH, NJW 1997, 2595, 2596 = BauR 1997, 860 = *SFH*, Nr. 14 zu § 909 BGB (Ersatz der eingetretenen **Wertminderung**); vgl. aber OLG Braunschweig, OLGR 1995, 207, 208 (Anwendung des § 904 Satz 1 BGB, sofern „Einsturzgefahr" für das Nachbarhaus besteht); *Boisserée/Fuchs*, 5. Kap. C, Rdn. 19.
109) Zum Beseitigungsanspruch des Nachbarn bei Abbruch des Nachbarhauses (**Feuchtigkeitsschäden** infolge der [nunmehr] unverputzten Giebelwand): OLG Köln, NJW-RR 1987, 529 u. OLGR 1993, 76 = VersR 1993, 1241; ferner: OLG Hamm, NJW-RR 1991, 851 (für Bereich der Kellerisolierung). Für Schäden durch **unzulässige Bodenerschütterungen** kommt nur § 823 Abs. 1 BGB in Betracht. Voraussetzung dafür wäre u. a. die – nach § 906 BGB zu beurteilende – Rechtswidrigkeit dieser Immissionen (BGHZ 90, 225 = NJW 1984, 2207; BGH, NJW 1987, 2810, 2811; siehe ferner: OLG Hamm, NJW-RR 1991, 601 für Einsatz eine **Vibrationswalze**).
110) Zum Beispiel infolge eines erheblichen Hangabrutsches.
111) BGH, BauR 1997, 324, 325. Zur Anwendung des § 251 Abs. 2 BGB: OLG Frankfurt, IBR 2005, 594 – *Moufang*.
112) *MünchKomm-Säcker*, § 909 BGB, Rdn. 27.
113) BGH, BauR 1978, 502 = WM 1978, 734.

Erfüllung der Befestigung geeignete Maßnahme anzuregen.114) Im Übrigen hat der Beklagte bezüglich des Beseitigungsanspruches ein **Wahlrecht,** ob er den früheren Zustand wieder herstellen oder für eine andere ausreichende Befestigung sorgen will.115)

**Anspruchsberechtigter** ist der Beeinträchtigte, u. U. also auch der Besitzer des Nachbargrundstückes116) sowie der Käufer nach Eintragung einer Auflassungsvormerkung.117) **Passivlegitimierter** ist der **Störer;** das Verbot des § 909 BGB, dem Nachbargrundstück die Stütze zu entziehen, richtet sich **gegen jeden,** der an der Vertiefung mitwirkt.118) Bei einem Bauvorhaben kommt deshalb vor allem der Eigentümer/Besitzer,119) der **Bauherr,**120) der **Architekt,**121) der **Bauunternehmer**122) oder der **Tragwerkplaner** (Statiker)123) als „Anspruchsgegner" in Betracht. Jeden trifft eine **eigene Prüfungspflicht.** Auch der Rechtsnachfolger des Störers kann in Anspruch genommen werden.124) Sind mögliche Ursachen der Beeinträchtigung eines Grundstückes die Vertiefung **mehrerer** Nachbargrundstücke oder von diesen ausgehende Bodenerschütterungen, so greift die Risikoverteilung (Verursachungsvermittlung) nach § **830 Abs. 1 Satz 2 BGB** auch dann ein, wenn einer der möglichen Schadensverursacher aus unerlaubter Handlung (§ 823 BGB) haftet, ein anderer aufgrund eines nachbarrechtlichen Ausgleichsanspruchs angemessenen Ausgleich schuldet (§ 906 Abs. 2 Satz 2 BGB).125)

**2108**

---

114) *MünchKomm-Säcker,* § 909 BGB, Rdn. 19.
115) *MünchKomm-Säcker,* a. a. O.
116) Zu den Ansprüchen des (gewerblichen) **Mieters:** BGH, BauR 2001, 1587 ff.
117) BGH, NJW 1991, 2019; *Jagenburg,* NJW 1991, 3006, 3017; *Englert/Grauvogl/Maurer,* Rdn. 1087. Wird das Eigentum an dem beschädigten Grundstück verkauft, so erlischt der auf §§ 909, 823, 249 S. 2 BGB gestützte Anspruch dann nicht, wenn er spätestens mit Wirksamwerden der Eigentumsübertragung an den Erwerber abgetreten wird (BGH, MDR 2001, 986).
118) BGH, BauR 2005, 577 = NZBau 2005, 227; BauR 1996, 877 = NJW 1996, 3205 = ZfBR 1996, 320 = *SFH,* Nr. 13 zu § 909 BGB (für Unternehmer, der **nur** mit den Sicherungsmaßnahmen betraut wird); OLG Stuttgart, OLGR 1998, 198, 199 (Errichtung einer **Spundwand**).
119) BGHZ 85, 375 = NJW 1983, 872 = BauR 1983, 177 = ZfBR 1983, 87 = *SFH,* Nr. 2 zu § 906 BGB; OLG Hamm, BauR 1998, 159; OLG Düsseldorf, OLGR 1995, 133; *Englert/Bauer,* Rdn. 138 ff.
120) *Englert/Bauer,* Rdn. 168 ff.; *Englert/Grauvogl/Maurer,* Rdn. 1120.
121) BGHZ 85, 375, 378 = BauR 1983, 177; BGH, BauR 2005, 577 = NZBau 2005, 227 = IBR 2005, 29 – *Hildebrandt;* BGH, BauR 1996, 404 = ZfBR 1996, 198 = *SFH,* Nr. 12 zu § 909 BGB = NJW-RR 1996, 852; BGH, NJW 1993, 872; OLG Rostock, BauR 2004, 1026, 1027; OLG Düsseldorf, BauR 1998, 1271; OLG Köln, ZfBR 1994, 22 = NJW-RR 1994, 89 = *SFH,* Nr. 11 zu § 909 BGB (insbesondere zu den **Anforderungen** an die **Planungs-** und **Aufsichtspflichten** des Architekten bei Grundstücksvertiefungen; ferner: BGH, NJW 1987, 2808; BGH, *Schäfer/Finnern,* Z 4.142 Bl. 8; BGH, *Schäfer/Finnern,* Z 4.142 Bl. 37; BGH, *Schäfer/Finnern,* Z 4.142 Bl. 40; BGH, BauR 1970, 123.
122) BGH, BauR 1996, 877 = NJW 1996, 3205 = VersR 1997, 119; BGH, VersR 1961, 636; BGH, LM § 909 BGB Nr. 4 a; OLG Dresden, IBR 2004, 18; OLG München, BauRB 2003, 226 = IBR 2003, 602; OLG Rostock, BauR 2001, 1127; LG Köln, VersR 1970, 644; OLG Koblenz, BauR 1989, 637; OLG Düsseldorf, BauR 1993, 351 **(Subunternehmer);** OLG Celle, OLGR 1995, 244, 245 **(Arge);** OLG Stuttgart, OLGR 1998, 198, 199 **(Spundwand).**
123) BGH, BauR 1996, 877, 878; OLG Düsseldorf, BauR 1975, 71; OLG Köln, BauR 1987, 472.
124) Vgl. BGH, NJW 1968, 1237.
125) BGH, NJW 1987, 2810.

**2109** Die Schadensersatzansprüche können vom Nachbarn nur geltend gemacht werden, wenn er nachweist, dass die Einwirkung auf sein Grundstück z. B. von dem Bauherrn und/oder einem **Baubeteiligten** „ausgegangen" ist;[126] dessen „**Beitrag an der Vertiefung**" muss „**pflichtwidrig und schuldhaft**" sein.[127]

Wer die Gefahr einer Schädigung nicht bedenkt, hat die im Verkehr erforderliche Sorgfalt, die sich jeweils an den berufsspezifischen Kenntnissen und Erfahrungen des Anspruchsgegners (z. B. des Architekten oder Statikers) ausrichtet, vorwerfbar außer Acht gelassen (§ 276 Abs. 1 Satz 2 BGB). Hierbei ist **unerheblich**, ob sich die bauausführenden Beteiligten, insbesondere also Architekten oder Unternehmer, gegenüber ihrem Vertragspartner **vertragswidrig** verhalten haben; denn bei der Haftung nach §§ 823 Abs. 2, 909 BGB geht es um die Verletzung einer allgemeinen, gegenüber jedermann bestehende Verhaltenspflicht, „die durch § 909 BGB oder sonst vielfach durch allgemeine Verkehrssicherungspflichten bestimmt und konkretisiert werden".[128] Bestehende Problemlagen müssen daher **erkannt** und notfalls durch Einschaltung von **Sonderfachleuten gelöst** werden. Wird ein Verschuldensnachweis geführt, hat sich der in Anspruch Genommene hinsichtlich seines **Verschuldens**[129] zu entlasten.[130]

Der **Eigentümer/Besitzer** kommt als Passivlegitimierter in Betracht, wenn er trotz Kenntnis eine unzulässige Vertiefung **duldet,** da er für eine genügende Befestigung verantwortlich ist. Eine **verschuldensunabhängige** Haftung des **Eigentümers** kann sich im Einzelfall aus § **906 Abs. 2 Satz 2 BGB** ergeben (vgl. Rdn. 2095).[131] Hat der Eigentümer des beeinträchtigten Grundstückes das benachbarte Grundstück selbst abgegraben und eine Stützmauer gebaut, kann grundsätzlich auch sein Rechtsnachfolger gegen den Eigentümer des vertieften Grundstückes keine Ansprüche auf der Grundlage des § **909 BGB** erheben.[132]

**2110** Der **Architekt,** der **Statiker** und der **Unternehmer** müssen in gleicher Weise wie ein Bauherr die Erd- und Bauarbeiten immer so einrichten, dass die nachbarrecht-

---

126) BGH, NJW 1977, 763; *Englert/Grauvogl/Maurer*, Rdn. 1091; OLG Köln, ZfBR 1994, 22.

127) BGH, BauR 2005, 577, 579 (**Architektenverschulden**); BauR 1996, 877, 878 = ZfBR 1996, 320. Zum Verschulden bei einer **Grundwasserabsenkung**: BGH, *Schäfer/Finnern*, Z 2.210 Bl. 21 = NJW 1977, 763; BGH, VersR 1979, 768 = BauR 1979, 768 u. ZfBR 1980, 290, 291.

128) BGH, BauR 2005, 577, 579; BGH, BauR 1996, 404, 405 = ZfBR 1996, 198.

129) Vgl. dazu vor allem BGH, a. a. O.; BGH, NJW 1977, 763 = *Schäfer/Finnern*, Z 2.210 Bl. 21; BGH, ZfBR 1980, 290; OLG Köln, ZfBR 1994, 22 = NJW-RR 1994, 89; OLG Düsseldorf, NJW-RR 1997, 146 u. BauR 1993, 351 (Grundstücksvertiefung neben einem **alten** Gebäude).

130) Vgl. OLG Hamm, BauR 1998, 159, 161; OLG Düsseldorf, NJW-RR 1997, 146; BGH, NJW 1973, 2207, 2208.

131) Vgl. BGH, NJW 1987, 2810, 2811: Sind die Einwirkungen i. S. des § 909 BGB „rechtmäßig oder rechtswidrig-schuldlos, aber aus rechtlichen oder tatsächlichen Gründen nicht zu verhindern gewesen, so (kann) ein Anspruch auf angemessenen Ausgleich in Geld (nachbarrechtlicher Ausgleichsanspruch) nach § 906 Abs. 2 Satz 2 BGB oder analog dieser Vorschrift gegeben sein". Siehe hierzu ferner: OLG Koblenz, BauR 2004, 107, 108; NJW-RR 2003, 1457 = IBR 2003, 479; OLG Zweibrücken, OLGR 2004, 395 (Kanalbauarbeiten); OLG München, OLGR 1999, 183, 185.

132) BGH, NJW 1984, 2643 (kein Anspruch auf Herstellung einer genügenden anderweitigen Befestigung nach Einsturz der alten Stützmauer).

§ 909 BGB

lichen Interessen nicht verletzt werden.[133]) Dabei ist zu berücksichtigen, dass derjenige, der an einem Grundstück Veränderungen vornimmt, mit einem schlechten Fundament des bereits vorhandenen Nachbarhauses wie auch mit der Möglichkeit späterer Erweiterung der Nutzung des Nachbargrundstückes **rechnen** muss.[134]) Es muss deshalb nicht nur **vor,** sondern vor allem auch **während der Bauausführung** stets sorgfältig geprüft werden, welche Schutzmaßnahmen (gegebenenfalls durch Anker oder Stützen) notwendig sind.[135]) In der Baupraxis werden vor allem **Architekten** und Unternehmer im Hinblick auf die erheblichen Gefahren, die von Vertiefungsarbeiten ausgehen, auf die **Einholung** eines **Boden- und Gründungsgutachtens** durch den Auftraggeber (Bauherrn) bestehen. Wird ihnen ein solches Gutachten **vorgelegt** und enthält es (detaillierte) **Vorgaben** für den Aushub und die Absicherung der Baugrube, wird einem Unternehmer und/oder planenden und bauleitenden Architekten kein Vorwurf zu machen sein, wenn er den gutachterlichen Ausführungen folgt.[136]) Er muss jedoch, um einem Schuldvorwurf zu entgehen, die **Feststellungen** und **Schlussfolgerungen** des Gutachtens stets **selbst überprüfen;** denn er ist nur entlastet, sofern er aufgrund der ihm möglichen und zumutbaren Überprüfung keinen Anlass hatte, diesem Gutachten zu misstrauen.[137]) Lehnt der Auftraggeber (Bauherr) die Einholung eines Boden- und Gründungsgutachtens ab, wird sich ein Architekt und/oder Unternehmer, der sich gleichwohl auf die Vertiefungsarbeiten einlässt, nicht entlasten können. In gleicher Weise wird man dem **Eigentümer/Bauherrn** einen Schuldvorwurf machen können.[138])

**2111** Anerkannt ist allerdings, dass der „Vertiefende" nach § 909 BGB auch dann haftet, wenn die Baumaßnahmen selbst, die eine Vertiefung bewirken, etwa entsprechend den **Regeln der Baukunst** vorgenommen worden sind. Hat der Vertiefende im Augenblick der Vornahme seiner Baumaßnahmen **vorausgesehen,** dass das Nachbargrundstück seine **Stütze verlieren kann, so darf er entweder nicht bauen oder aber er muss den eingetretenen Schaden** tragen.[139]) Dabei wird der Vorwurf der fahrlässigen Unkenntnis (Regelfall) dann erhoben werden können, wenn es für den Handelnden bei Anwendung der im Verkehr erforderlichen Sorgfalt erkennbar war, dass das benachbarte Grundstück seinen Halt verlieren konnte, dieses mithin vorhersehbar

---

133) BGH, BauR 2005, 577 = NZBau 2005, 227; Brandenburgisches OLG, BauR 2001, 1129, 1131; OLG Köln, ZfBR 1994, 89 u. BauR 1987, 472; OLG Düsseldorf, BauR 1993, 351; OLG Koblenz, BauR 1989, 637; *Mattern,* WM 1972, 1415, 1416; *von Craushaar,* Festschrift für Locher, S. 9, 21.
134) BGHZ 63, 167 = WM 1975, 82; BGH, BauR 1996, 877 = ZfBR 1996, 320 = NJW 1996, 3205; OLG Düsseldorf, BauR 1993, 351 (für ein im Jahre 1880 errichtetes Wohnhaus).
135) OLG Düsseldorf, BauR 1993, 351, 352.
136) Siehe hierzu: OLG München, BauRB 2003, 226 = IBR 2003, 602 (Ein Unternehmer kann sich auf den Gründungsvorschlag des von dem Bauherrn bestellten **Sachverständigen** verlassen); s. aber OLG Dresden, IBR 2004, 18 (Haftung des Unternehmers, auch wenn der **Bauherr** ihm die Sicherungsmaßnahmen **vorenthält,** die der Statiker vorgeschlagen hat).
137) Vgl. vor allem BGH, BauR 1996, 404 = ZfBR 1996, 198 = NJW-RR 1996, 852 = WM 1996, 1093 = *SFH,* Nr. 12 zu § 909 BGB m. w. Nachw.
138) Zutreffend: Brandenburgisches OLG, BauR 2001, 1129, 1132; OLG Düsseldorf, BauR 1996, 881.
139) RG, JW 1910, 330; BGH, *SFH,* Nr. 5 zu § 823 BGB; OLG Düsseldorf, NJW-RR 1997, 146, 147.

war.¹⁴⁰⁾ Im Einzelfall wird deshalb zu fragen sein, ob die Handelnden bei Anwendung der im Verkehr erforderlichen Sorgfalt (§ 276 Abs. 1 Satz 2 BGB) erkennen konnten, die Baumaßnahmen würden auch den Stützverbund im Grundstück des Nachbarn so verändern, dass dieses davon Nachteile zu erwarten hatte.¹⁴¹⁾ Das ist jeweils ausschließlich nach Umständen des Einzelfalles zu beurteilen.¹⁴²⁾ Man kann jedoch sagen, dass die Handelnden im Rahmen der allgemeinen technischen Erfahrung stets die Kenntnisse anwenden müssen, die die **sichere Bewältigung** der gestellten Aufgabe erfordert; sie dürfen keine Baumaßnahmen ausführen, deren Auswirkungen auf benachbarte Erdmassen sich nicht nach allgemeiner Erfahrung beurteilen lassen.

**2112** Eine besondere Fallkonstellation kann sich bei Arbeiten stellen, die gemäß **DIN 4123** durchgeführt werden.¹⁴³⁾ Die DIN 4123 befasst sich mit Gebäudesicherungen im Bereich von Ausschachtungen, Gründungen und Unterfangungen. In Ziff. 2 der DIN-Norm wird darauf hingewiesen, dass Maßnahmen nach dieser Norm geringfügige Bewegungen der bestehenden Gebäudeteile im Allgemeinen nicht verhindern, sodass je nach dem Zustand der Bauten Risse auftreten können.

Die vorerwähnte DIN-Norm geht damit davon aus, dass selbst bei Anwendung der entsprechenden DIN-Vorschriften **Setzrisse** vor allem an der bestehenden Nachbargiebelwand nicht ausgeschlossen werden können. Treten solche Risse bei ordnungsgemäßer Durchführung der Bauarbeiten nach DIN 4123 auf, besteht also die Gefahr, dass den am Bau Beteiligten entgegengehalten wird, sie hätten das Auftreten der Setzrisse voraussehen können, da die DIN-Norm ja gerade auf entsprechende Gefahren und Risiken hinweist. Zieht man diesen Schluss, führt das dazu, dass die am Bau Beteiligten, die z. B. Unterfangungsarbeiten nach DIN 4123 durchführen bzw. durchführen lassen, für dabei auftretende Setzrisse an Nachbarhäusern in jedem Fall haften, obwohl es hinsichtlich der in der DIN-Norm beschriebenen Art der Unterfangung keine gleichwertige und wirtschaftlich vertretbare Ersatzlösung gibt und es sich im Übrigen um eine althergebrachte Bauweise handelt. Damit haben die Baubeteiligten nur die Wahl, entweder die Risiken bewusst in Kauf zu nehmen oder die Baumaßnahmen nicht unter Anwendung der DIN 4123 durchzuführen, sondern zusätzliche, u. U. völlig unwirtschaftliche Maßnahmen zu ergreifen oder aber sich vorher einer Zustimmung der Nachbarn zu versichern.¹⁴⁴⁾

**2113** Ein **Bauherr** wird deshalb zum Schadensersatz herangezogen werden können, wenn er die Vertiefung in eigener Regie vorgenommen hat.¹⁴⁵⁾ Zieht er einen **Bauunternehmer** und/oder einen **Architekten** hinzu, so haftet er grundsätzlich nur für ein **Auswahlverschulden**,¹⁴⁶⁾ weil sich ein Bauherr zur Lösung bautechnischer

---

140) **Herrschende Meinung:** RGZ 144, 170, 172; 145, 107, 115 ff.; BGH, *Schäfer/Finnern*, Z 4.142 Bl. 74; BGH, NJW 1977, 763, 764 = *Schäfer/Finnern*, Z 2.210 Bl. 21; BGH, *SFH*, Nr. 5 zu § 823 BGB; BGH, WM 1979, 469, 470; OLG Koblenz, NJW 1989, 637, 638; OLG Köln, ZfBR 1994, 22 = NJW-RR 1994, 89.
141) BGH, NJW 1977, 763.
142) RGZ 132, 58.
143) Zu den Anforderungen an die Einhaltung der DIN 4123 durch den bauplanenden und ausführenden Architekten: OLG Stuttgart, OLGR 2006, 463; OLG Düsseldorf, BauR 1998, 1271.
144) Vgl. hierzu: OLG Koblenz, BauR 1989, 637; OLG Köln, BauR 1987, 472 sowie BGH, NJW 1983, 872 = ZfBR 1983, 88; s. ferner *Englert/Grauvogl/Maurer*, Rdn. 1091. Zu dem DIN-Normenwerk „Baugrund" siehe im Einzelnen: *Englert/Bauer*, Rdn. 76 ff.
145) Vgl. OLG Düsseldorf, OLGR 1996, 203, 204 (LS) für **Koordinierung** der Arbeiten durch den Bauherrn.
146) Vgl. BGH, BauR 1997, 1058 = ZfBR 1997, 299 = NJW-RR 1997, 1374 m. Nachw.; OLG Celle, BauR 2004, 105, 106 (im Verhältnis von General- zu Subunternehmer); OLG Düsseldorf, OLGR 1995, 133; *Brox*, JA 1984, 182, 185.

## § 909 BGB

Aufgaben und ihrer sachgemäßen technischen Durchführung im Allgemeinen sorgfältig ausgewählter Bauunternehmer und Architekten bedienen darf.[147] Für schadensbegründende Nachlässigkeit der Architekten oder des Unternehmers braucht der Bauherr auch **nicht** über § 278 BGB oder § 831 BGB zu haften; denn durch das nachbarliche Verhältnis allein wird noch keine quasi-vertragliche Beziehung begründet, die eine Haftungszurechnung nach § 278 BGB ermöglicht. Die Anwendung des § 831 BGB scheidet aus, weil Architekten oder Unternehmer **keine** Verrichtungsgehilfen des Bauherrn sind (Rdn. 2115).

Die **sorgfältige Auswahl** der mit den Bauarbeiten befassten Fachkräfte reicht nach der Rechtsprechung des BGH[148] allerdings nicht aus, „wenn erkennbar eine **erhöhte Gefahrenlage** gegeben war" (BGH). Dementsprechend können dem Bauherrn auch **Überprüfungspflichten** erwachsen, wenn Anlass zu Zweifeln besteht, ob die Fachkräfte den besonderen Gefahren und Sicherungserfordernissen ausreichend Rechnung tragen.[149] Diese Überprüfung hat aber in einem für den Bauherrn zumutbaren Rahmen zu erfolgen; die Anforderungen dürfen insoweit nicht überspannt werden.[150] Hat der Bauherr mit der Durchführung des Bauvorhabens **anerkannte Fachleute** beauftragt, und bestehen keine begründeten Bedenken hinsichtlich der mangelnden Sorgfaltspflicht, kann der Nachbar keine Ersatzansprüche aus § 823 Abs. 1 BGB wegen Verletzung der Verkehrssicherungspflicht geltend machen.[151] Es ist Sache des **Bauherrn,** darzulegen und zu beweisen, dass er seiner Auswahl- und Überprüfungspflicht hinreichend nachgekommen ist.[152]

**2114** Wer als Bauherr, Unternehmer oder Architekt das Gebäude des Nachbargrundstückes unterfängt, handelt grundsätzlich schuldhaft, wenn er sich nicht zuvor des Einverständnisses des Nachbarn vergewissert.[153] Wird ein Haus **abgebrochen,** kann sich die Ersatzpflicht des Baubeteiligten unter dem Gesichtspunkt der Verletzung der **allgemeinen Verkehrssicherungspflichten** gemäß § 823 Abs. 1 BGB ergeben; in Sonderfällen ist dann auch eine Schadenshaftung des Bauherrn denkbar.[154]

**2115** Der Bauherr haftet insoweit **nicht** gemäß § 278 BGB für das Verschulden von Architekt, Unternehmer oder Statiker. Das entspricht h. A.[155] Auch eine Haftung des Bauherrn für Verschulden des Unternehmers nach § 831 Abs. 1 Satz 2 BGB kommt in der Regel nicht in Betracht; denn § 831 BGB ist auf den **selbstständigen**

---

147) BGHZ 147, 45 = BauR 2001, 1587, 1588; BGH, 1979, 208, 209; OLG Koblenz, BauR 2004, 107 = NJW-RR 2003, 1457.
148) BGH, BauR 1997, 1058, 1059; BGH, NJW 1969, 2140, 2141 u. BauR 1987, 712; OLG Köln, OLGR 2004, 263.
149) BGH, BauR 2001, 1587, 1588; OLG Düsseldorf, BauR 1996, 881, 882; OLG Hamm, BauR 1998, 159, 161; BGH, BauR 1997, 1058, 1059.
150) BGH, a. a. O.; OLG Bamberg, VersR 1984, 338; *Brox*, JA 1984, 182, 185; *MünchKomm-Säcker*, § 909 BGB, Rdn. 26 m. w. Nachw.
151) BGH, *Schäfer/Finnern*, Z 5.0 Bl. 36; OLG Düsseldorf, OLGR 1995, 133, 134.
152) OLG Hamm, BauR 1998, 159, 162.
153) BGH, *Schäfer/Finnern*, Z 4.142 Bl. 70; zum Nachweis der Erlaubnis s. OLG Köln, JMBl. NRW 1975, 112.
154) BGH, *Schäfer/Finnern*, Z 4.14 Bl. 9; BGH, NJW 1987, 2810; OLG Köln, NJW-RR 1987, 529.
155) OLG Koblenz, BauR 2004, 107, 108; *Schäfer/Finnern*, Z 5.0 Bl. 36; OLG Düsseldorf, OLGR 1995, 133; *Brox*, JA 1984, 185, 186 m. w. Nachw.

Bauunternehmer nicht anzuwenden.¹⁵⁶⁾ Ausnahmen gelten nur für den Fall, dass der Bauunternehmer bei der technischen Ausführung der Arbeiten den Anweisungen des Bauherrn zu folgen hat.¹⁵⁷⁾

Allerdings kommt die Rechtsprechung teilweise doch zu einer Anwendung des § 831 BGB,¹⁵⁸⁾ weil sie dem Bauherrn die Pflicht auferlegt, den bauaufsichtsführenden Architekten oder sogar den Unternehmer zu **überwachen**. Insoweit hat vor allem das OLG Düsseldorf¹⁵⁹⁾ sehr strenge Anforderungen gestellt. Der BGH¹⁶⁰⁾ hat ausgeführt, dass der Bauherr nicht einfach alles seinem Architekten oder Unternehmer überlassen dürfe. Liege etwa in den Gründungsverhältnissen des nahe gelegenen Nachbargebäudes eine **besondere Gefahrenlage** vor, auf die der Bauherr zuvor (durch den Nachbarn, einen Statiker oder durch Hinweise und Anordnungen der Baupolizei) aufmerksam gemacht worden sei, und könne die Gefahr auch von einem Nichtfachmann unter den gegebenen Umständen erkannt und abgestellt werden, so bleibe der Bauherr im Hinblick auf diese Gefahrenlage zur Aufsicht und notfalls **zum Eingreifen** verpflichtet.¹⁶¹⁾ Der Bauherr muss also dann im Einzelfall sogar auf eine Untersuchung der Bodenverhältnisse bestehen; eine gleiche Pflicht trifft u. a. auch den Architekten und Statiker.¹⁶²⁾

**2116** Der BGH hat diese Rechtsprechung sogar für den Fall der Beauftragung einer **Spezialfirma** bestätigt: „Bei Vertiefung einer Baugrube bis etwa 4,5 m mit Grundwasserabsenkung musste sich der Beklagte jedoch auch bei der Beauftragung eines Unternehmers für Spezialtiefbau und Grundwasserabsenkung vergewissern, dass die ihr obliegende Pflicht aus § 909 BGB durch dieses Unternehmen berücksichtigt und wirklich erfüllt werde."¹⁶³⁾ Der **Bauherr** hat ggf. **darzulegen** und zu **beweisen**, dass er diesen hohen Anforderungen der Rechtsprechung an seine Aufsichtspflicht durch eigenes Eingreifen entsprochen hat.¹⁶⁴⁾ Die Anforderungen an den Bauherrn sollten allerdings nicht überspannt werden.

**2117** Es ist ggf. Aufgabe desjenigen, an den sich das Verbot des § 909 BGB richtet, im Einzelnen Tatsachen zu behaupten und zu beweisen, aus denen sich eine genügende anderweitige Abstützung ergibt.¹⁶⁵⁾ Der **Unternehmer** oder **Architekt** haftet für

---

156) Vgl. RG, HRR 33, 371; RGZ 170, 1, 8; RGZ 86, 424, 432; RG, JW 1910, 747, Nr. 4; BGH, BauR 2001, 1587, 1588; BGH, NJW 1994, 2756, 2757; OLG Koblenz, BauR 2004, 107, 108; Brandenburgisches OLG, BauR 2002, 1553, 1554; OLG Rostock, BauR 2001, 1127; OLG Düsseldorf, OLGR 1995, 133.
157) RG, HRR 33, Nr. 371; BGH, VersR 1956, 504; BGH, VersR 1964, 46, 47; anders nur bei erkennbar falscher Anweisung.
158) Vgl. z. B. OLG Bremen, MDR 1960, 405.
159) BauR 1973, 395; ebenso: OLG Köln, OLGR 2004, 263; kritisch: *Bindhardt*, VersR 1974, 530.
160) NJW 1969, 2140 = BB 1969, 1457.
161) Vgl. auch BGH, VersR 1954, 364, 365.
162) Vgl. BGH, BauR 1971, 265 = *Schäfer/Finnern*, Z 3.00 Bl. 197; Brandenburgisches OLG, BauR 2001, 1129, 1131.
163) BGH, BauR 1979, 533 = ZfBR 1979, 208, 210.
164) OLG Köln, OLGR 2004, 263; OLG Düsseldorf, BauR 1996, 881, 833.
165) Vgl. LG Köln, VersR 1970, 644, 676. Zur Anwendung des § 830 Abs. 1, 2 BGB bei Beeinträchtigungen durch Vertiefung **mehrerer** Nachbargrundstücke: BGH, NJW 1987, 2810, 2812.

seine **Gehilfen** i. R. des § 831 BGB.[166)] Bei einem schuldhaften Verhalten mehrerer am Bau Beteiligter können diese als Gesamtschuldner in Anspruch genommen werden.[167)] Sind **Eigentümer/Bauherr** einerseits und **Architekt, Statiker, Unternehmer** usw. andererseits für ein und dieselbe Schadensursache **verantwortlich,** haften sie auch dann als **Gesamtschuldner** (§ 840 BGB), wenn den Eigentümer/Bauherrn eine nachbarrechtliche (verschuldensunabhängige) Ausgleichspflicht und nur den Architekten usw. eine Haftung aus unerlaubter Handlung trifft.[168)] Ob und inwieweit die **Gesamtschuldner** einander zum Ausgleich verpflichtet sind (§ 426 BGB), ist jeweils nach der **Vertragsgestaltung**[169)] und den Umständen des **Einzelfalles** zu beurteilen. Zu beachten ist, dass der Ausgleichsanspruch aus § 426 BGB nicht mehr in 30 Jahren verjährt, sondern nach dem **SchRModG** in der **Regelfrist** des § 195 BGB; die Frist beginnt für den eigenständigen Ausgleichsanspruch nach § 426 Abs. 1 BGB daher entsprechend § 199 Abs. 1 Nr. 1 und 2 BGB nach Entstehen und Kenntnis bzw. grob fahrlässiger Unkenntnis des Ausgleichsberechtigten von den den Anspruch begründenden Umständen und der Person des ausgleichspflichtigen Gesamtschuldners.[170)]

Im Übrigen ist auch die Vorschrift des **§ 830 Abs. 1 Satz 2** BGB anwendbar, was vor allem bei so genannten **Anteilszweifeln** von Bedeutung sein kann.[171)] Das Gericht ist jedoch nicht der Prüfung entzogen, ob der einzelne „Tatbeitrag" überhaupt für den Vertiefungsschaden ursächlich werden konnte und in welchem Umfang. Ist ein Unternehmer z. B. nur mit der Baugrubensicherung betraut und kann nicht ausgeschlossen werden, dass die Vertiefung selbst bei bestmöglicher Grubensicherung den Schaden herbeigeführt hatte, ist § 830 Abs. 1 Satz 2 BGB nicht anwendbar.[172)] In gleicher Weise scheidet eine Anwendung von § 830 Abs. 1 Satz 2 BGB aus, wenn der Verursachungsanteil einem Beteiligten zu **100%** zuzurechnen ist.[173)]

* **Weitere Rechtsprechung:**

Zum nachbarrechtlichen **Ausgleichsanspruch** gegen den Fiskus bei Ausschachtung an öffentlicher Straße: BGH, NJW 1979, 164 = BauR 1979, 80 (s. auch OLG Zweibrücken, OLGR 2004, 395 u. OLG Köln, OLGR 2004, 263); **Abbruch** eines Kellers als Grundstücksvertiefung: BGH, BauR 1980, 89; vom Bauherrn vorgeschriebenes **Füllmaterial,** das zu Setzrissen führt: BGH, *SFH,* Nr. 8 zu § 823 BGB = ZfBR 1980, 290; Beeinträchtigung der Standfestigkeit eines Hauses durch **Austrocknung** des Nachbargrundstückes: BGH, VersR 1978, 420; **Minderung**

---

166) Vgl. OLG Düsseldorf, *Schäfer/Finnern,* Z 4.10 Bl. 18 bei Stemmarbeiten am Giebel; BGH, BauR 1996, 877, 879 = ZfBR 1996, 320 = NJW 1996, 3205; BGH, *Schäfer/Finnern,* Z 4.142 Bl. 13 bei Vertiefung eines Grundstückes.
167) BGH, WM 1971, 897; LG Itzehoe, *Schäfer/Finnern,* Z 4.142 Bl. 28.
168) BGH, NJW 1983, 872 = BauR 1983, 177 = ZfBR 1983, 87 = *SFH,* Nr. 2 zu § 906 BGB; Brandenburgisches OLG, BauR 2001, 1129, 1132; OLG Düsseldorf, BauR 1993, 351, 352.
169) So kann sich bei einem **VOB-Vertrag** eine andere Haftungsverteilung aus § 10 Nr. 2 und 3 ergeben; hierzu ausführlich: Brandenburgisches OLG, BauR 2001, 1129, 1132.
170) So zutreffend: *Henssler/Graf von Westphalen/Beresa,* Teil 2, § 199 BGB, Rdn. 63 ff.; **a. A.:** AnwKom-BGB/*Mansel,* § 195, Rdn. 17, der ersichtlich auf die Zahlung an den Gläubiger abstellt.
171) BGH, BauR 1996, 877, 880 = ZfBR 1996, 320 = NJW 1996, 3205.
172) BGH, a. a. O.
173) Zutreffend: OLG Celle, OLGR 1995, 244, 245.

### 3. §§ 912 ff. BGB – Überbau

*Literatur*

*Scherer*, Die Rechtsprechung des Bundesgerichtshofs zum Überbau, DRiZ 1962, 314; *Eichler*, Der unentschuldigte Überbau, JuS 1965, 479; *Neumann-Duesberg*, Das Eigentümer-Besitzer-Verhältnis bei unentschuldigtem Überbau, BlGWB 1965, 101; *Klempt*, Eigentumsverhältnisse bei nichtentschuldigtem Überbau, JZ 1969, 223; *Schmalzl*, Zum Tatbestand des Bauens über die Grenze (§§ 912 ff. BGB), BauR 1981, 328; *Weitnauer*, Die Tiefgarage auf dem Nachbargrundstück, ZfBR 1982, 97; *Röll*, Grenzüberbau, Grunddienstbarkeiten und Wohneigentum, ZfBR 1983, 201; *Demharter*, Wohnungseigentum und Überbau, Rpfleger 1983, 133; *Ludwig*, Überbaurente und Parteivereinbarung, DNotZ 1984, 541; *Glaser*, Der Grenzüberbau, ZMR 1985, 145; *Horst*, Grenzüberbau – Anspruch des belasteten Grundstückseigentümers, MDR 2000, 557.

**2119** Bei einem **Überbau**,[174] also einem Bauen über die Grenze zum Nachbargrundstück, richtet sich der Anspruch des Nachbarn gem. § 912 BGB danach, ob ihn eine Pflicht zur Duldung des Überbaus trifft. Die **Duldungspflicht** des Nachbarn hängt wiederum davon ab, ob ein entschuldigter, rechtmäßiger oder unentschuldigter Überbau vorliegt und ggf. ein Widerspruch gegen den Überbau rechtzeitig erfolgte. Im Einzelnen gilt:

* Der Nachbar hat einen **Beseitigungsanspruch** und einen Anspruch auf Ersatz des darüberhinaus gehenden Schadens gem. § 823 BGB, wenn der Eigentümer eines Grundstückes mit Vorsatz oder grober Fahrlässigkeit (**unentschuldigter Überbau**) über die Grenze baut.[175]
* Der Nachbar hat lediglich einen finanziellen **Ausgleichsanspruch** bei gleichzeitiger Verpflichtung zur Duldung des Überbaus, wenn der Eigentümer eines Grundstückes ohne Verschulden im vorerwähnten Sinne (**entschuldigter Überbau**) über die Grenze baut. Dasselbe gilt grundsätzlich, wenn der Nachbar seine Zustimmung zum Überbau (**rechtmäßiger Überbau**) gegeben hat. Der Entschädigungsanspruch richtet sich gegen den **Eigentümer** des Nachbargrundstückes oder seinen Rechtsnachfolger, **nicht** jedoch gegen den **Unternehmer** oder seinen **Subunternehmer**.[176]
* Einen **Beseitigungsanspruch** hat der Nachbar auch, wenn er bei einem entschuldigten Überbau vor oder sofort nach der Grenzüberschreitung **Widerspruch** erhoben hat.

---

174) Zum **Eigengrenzüberbau** s. BGH, BauR 2002, 318 = NZBau 2002, 27; NJW 1988, 1078 = MDR 1988, 394; BauR 1990, 373; OLG Frankfurt, OLGR 2006, 860 (historischer Gebäudeteil); OLG Hamm, BauR 1997, 862; OLG Frankfurt, MDR 1980, 229 (Die Rechte und Pflichten aus § 912 BGB **ruhen**, solange das Eigentum in einer Hand **vereinigt** bleibt; nach einer **Trennung** fallen sie dem jeweiligen Eigentümer zu).

175) Zum Ersatz des **Verzugsschadens** gemäß § 990 Abs. 2 in Verb. mit § 286 Abs. 1 BGB a. F.: BGH, BauR 2004, 344, 345 = NJW 2003, 3621.

176) OLG Koblenz, BauR 1996, 410, 412.

## §§ 912 ff. BGB　　　　　　　　　　　　　　　　　　　　　　　Rdn. 2120–2121

Die **Beweislast** für den Überbau und einen rechtzeitigen Widerspruch trägt der **2120** Nachbar, der vom Überbau beeinträchtigt worden ist.[177] Dagegen trifft ihn nicht die Beweislast für einen Vorsatz oder eine grobe Fahrlässigkeit des Überbauenden. Vielmehr obliegt dem Überbauenden die negative Beweislast, dass er weder vorsätzlich noch grob fahrlässig überbaut hat; dieser hat sich also zu entlasten.[178]

Ein **Überbau** liegt **tatbestandlich** immer vor, wenn ein auf einem Grundstück **2121** errichtetes Gebäude in den **Boden** (z. B. durch Fundamente) oder **Luftraum** (z. B. durch Balkone) des nachbarlichen Grundstückes hinübergreift.[179] Ein Überbau ist besonders häufig bei der Errichtung von **Giebelmauern**.[180] Die Verlegung einer Rohrleitung oder die Errichtung einer bloßen Mauer zur Einfriedigung fallen nicht unter § 912 BGB.[181] Demgegenüber bejaht das OLG Koblenz[182] einen Überbau, wenn die **Isolierung** und **Dränage** eines Gebäudes auf das Nachbargrundstück übergreift. Ein einfundamentierter **Palisadenzaun**[183] ist aber ebenso wenig ein „Überbau" wie ein **Carport**.[184]

Eine Duldungspflicht gem. § 912 BGB kommt nur bis zum Abschluss des Errichtungsvorganges in Betracht: Spätere Erweiterungen, Aufstockungen usw. können eine entsprechende Duldungspflicht des Nachbarn nicht mehr zur Folge haben,[185] ein entschuldigter Überbau darf also nach Kenntnis des Überbaus nur ohne dessen Vergrößerung abgeschlossen werden.[186] Bestritten ist, ob § 912 BGB anwendbar und eine mit dieser Vorschrift ggf. verbundene Duldungspflicht zu bejahen ist, wenn nicht (entsprechend dem Wortlaut dieser Vorschrift) der Eigentümer des Nachbargrundstückes, sondern ein Besitzer den Überbau errichtet.[187] Im Übrigen ist nicht

---

177) Dies kann im Einzelfall schwierig sein; vgl. OLG Frankfurt, OLGR 2006, 860 (LS) zur Beurteilung eines historischen Gebäudeteils.
178) **Herrschende Meinung;** BGHZ 39, 5, 14 u. 42, 63, 68; BGH, *SFH*, Nr. 1 zu § 912 BGB; *Schmalzl*, BauR 1981, 328, 330.
179) Vgl. näher *MünchKomm-Säcker*, § 912 BGB, Rdn. 8; *Weitnauer*, ZfBR 1982, 97 ff.; aus der Rechtsprechung: OLG Koblenz, OLGR 2006, 713 (zur eigentumsrechtlichen Zuordnung von über die Grundstücksgrenzen hinweg genutzten Geschossflächen; **Fachwerkhaus**); OLG Celle, OLGR 1998, 32, 33 (verneinend für einen die Grenze überragenden **Flachdachabschluss**). Die Vorschriften der §§ 912 ff. sind **entsprechend anzuwenden**, wenn sich z. B. die Grenzmauer eines Gebäudes erst **nach** der Errichtung über die Grenze neigt (BGH, DB 1986, 1669).
180) Zum Miteigentum zweier Giebelmauern bei **fehlender Standfestigkeit** einer der beiden Mauern: BGH, BauR 2001, 1733 = *SFH*, Nr. 1 zu § 921 BGB = NJW-RR 2001, 1528 (Vorinstanz: OLG Köln, OLGR 2000, 329).
181) *Schmalzl*, BauR 1981, 328, 330.
182) BauR 1996, 410, 412.
183) OLG Koblenz, a. a. O.
184) OLG Karlsruhe, NJW-RR 1993, 665.
185) BGH, NJW 1977, 1447; OLG Braunschweig, OLGR 2003, 162 für nachträglich erstellten Eingang mit Umfassung; *Mattern*, WM 1979, 34, 44 m. Nachw. aus der Rspr. sowie *MünchKomm-Säcker*, § 912 BGB, Rdn. 7.
186) BGH, WM 1979, 644.
187) Zum Meinungsstand: *Boisserée/Fuchs*, 3. Kap. C, Rdn. 191; *Grziwotz/Lüke/Saller*, 2. Teil, Rdn. 250; *Schmalzl*, BauR 1981, 328, 330 u. *MünchKomm-Säcker*, § 912 BGB, Rdn. 10, der im Hinblick auf die Werterhaltungsfunktion von § 912 BGB die analoge Anwendbarkeit bejaht.

maßgeblich, wer rein handwerklich den Überbau vornimmt, sondern wer der Bauherr, also der eigentliche Veranlasser, ist.[188]

**2122** Der **Widerspruch** hat vor oder sofort nach der Grenzüberschreitung zu erfolgen. Einer Form bedarf er nicht. Der Widerspruch muss so rechtzeitig vorgetragen werden, dass der Überbau ohne größere technische und wirtschaftliche Schwierigkeiten beseitigt werden kann.[189] Ob dem Nachbarn die Grenzüberschreitung bekannt war oder nicht, ist unerheblich, da es auf ein schuldhaftes Zögern des widerspruchsberechtigten Nachbarn nicht ankommt.[190]

**2123** Das **Verschulden** des Überbauenden ist Tatfrage.[191] Grundsätzlich hat jeder Bauherr vor Festlegung der Außenmauern eines Gebäudes mit Sorgfalt die vorhandenen Grundstücksgrenzen zu überprüfen und ggf. einen Vermessungsingenieur hinzuzuziehen.[192] Die irrige Annahme, der Nachbar gestatte einen Überbau, kann dann nicht vom Vorwurf grober Fahrlässigkeit entlasten, wenn der Irrtum die Folge einer besonders schweren Verletzung der im Verkehr erforderlichen Sorgfalt ist.[193] Der **Überbauende** muss sich im Übrigen das **Verschulden** des **Architekten, nicht** aber das des **Bauunternehmers** oder **anderer Hilfspersonen zurechnen** lassen.[194] Bei der Frage, ob den Überbauenden ein Verschulden trifft, ist auf den Zeitpunkt der Grenzüberschreitung abzustellen;[195] spätere positive Kenntnis des Überbaus ist unerheblich.

**2124** Ein **Beseitigungsanspruch entfällt,** wenn der Nachbar seine **Zustimmung zum Überbau** gegeben hat, da dann ein rechtmäßiger Überbau vorliegt.[196] Ob ein entsprechendes Einverständnis gegeben ist, muss stets im Einzelfall geprüft werden.[197] Die widerspruchslose Unterzeichnung der Niederschrift über die Grenzverhandlung kann, sie muss aber nicht eine Gestattung des Überbaus darstellen.[198] Ist der Nachbar mit dem Überbau einverstanden, so liegt auch hier ein Überbauverhältnis mit der grundsätzlichen Folge eines Anspruchs auf eine Überbaurente vor.[199] Etwas anderes gilt nur, wenn sich aus dem Einverständnis, z. B. im Rahmen einer Verein-

---

188) BGH, NJW 1974, 794 = MDR 1974, 572.
189) NJW 1972, 1750.
190) *MünchKomm-Säcker*, § 912 BGB, Rdn. 25; *Horst*, MDR 2000, 494, 496.
191) **Vorsätzlich** handelt, wer weiß, dass er die Grenze ohne Befugnis überbaut (*Grziwotz/Lüke/Saller*, 2. Teil, Rdn. 255). **Grobe** Fahrlässigkeit liegt vor, wenn der Überbauende ein besonders unsorgfältiges Verhalten an den Tag legt, das in irgendeiner Weise für die Überschreitung der Grenze kausal war (*Boisserée/Fuchs*, a. a. O., Rdn. 192).
192) Siehe BGH, BauR 2004, 344, 345 = NJW 2003, 3621 = ZfIR 2004, 19.
193) BGH, *SFH*, Nr. 1 zu § 912 BGB.
194) BGH, a. a. O., *Mattern*, WM 1979, 34, 44; *Schmalzl*, BauR 1981, 328, 331; *Boisserée/Fuchs*, 3. Kap. C, Rdn. 193; *Grziwotz/Lüke/Saller*, 2. Teil, Rdn. 258; **a. A.**: *MünchKomm-Säcker*, § 912 BGB, Rdn. 18 ff. (mit einem Überblick über den Meinungsstand), der mit einem Teil der Literatur den überbauenden Nachbarn gem. § 278 BB auch für – von ihm – eingeschaltete Hilfspersonen haften lassen will.
195) BGH, NJW-RR 1989, 1039, 1040; OLG Karlsruhe, NJW-RR 1988, 524, 525; OLG Düsseldorf, OLGR 1998, 95, 97.
196) OLG Düsseldorf, OLGR 1998, 95, 97.
197) BGH, WM 1974, 540 u. 1976, 213.
198) BGH, *SFH*, Nr. 1 zu § 912 BGB.
199) OLG Frankfurt, MDR 1980, 229; *Horst*, MDR 2000, 494, 496.

barung, gleichzeitig ein Verzicht auf eine Rente ergibt.[200] Dies ist im Einzelfall aber gesondert zu prüfen und meist eine Auslegungsfrage.

Ein Beseitigungsanspruch kann im Einzelfall **verwirkt** sein.[201] Darüber hinaus kann der Anspruch auf Beseitigung u. U. immer dann nicht in Betracht kommen, wenn die Beseitigung mit einem unverhältnismäßig hohen Aufwand verbunden ist oder auch sonst unbillig wäre.[202] Dann kann ein entsprechendes Verlangen des Nachbarn ausnahmsweise **rechtsmissbräuchlich** sein.

2125

Der entschuldigte sowie der rechtmäßige Überbau fällt in das **Eigentum des überbauenden Grundstückseigentümers.**[203] Die Grundsätze über das Eigentum an einem Überbau greifen jedoch nur ein, wenn ein **einheitliches Gebäude** über die Grundstücksgrenze gebaut worden ist; entscheidend wird dabei auf die einheitliche Konstruktion, die Gestaltung des Gebäudes und die funktionale Einheit (z. B. Bürogebäude) abzustellen sein.[204] Ein entschuldigter Überbau auf einem zur Bebauung gekauften Grundstück stellt keinen Rechtsmangel dar, er kann aber ein Sachmangel sein.[205]

2126

Der **Rentenanspruch** nach § 912 Abs. 2 BGB ist ein Wertausgleich für den Verlust der Bodennutzung, er schließt im Übrigen Ansprüche auf Schadensersatz nach anderen Anspruchsgrundlagen aus.[206] Schadensersatzansprüche gegen Drittschädiger bleiben dagegen erhalten.[207] Ist der Überbau von dem benachbarten Grundstückseigentümer **gestattet** worden, sind die §§ 912 ff. und deren Rechtsfolgen – die Entschädigungspflicht nach § 912 Abs. 2 BGB und das Recht, die Abnahme der überbauten Fläche zu verlangen (§ 915 BGB) – **nicht unmittelbar anwendbar;** ob dem Eigentümer eine Entschädigung (Rente) zusteht, ist vielmehr nach dem Inhalt der zwischen den Nachbarn getroffenen **Vereinbarung** zu bestimmen.[208]

2127

Die **Höhe der Überbaurente** richtet sich nach dem **Verkehrswert** der überbauten Bodenfläche zur Zeit der Grenzüberschreitung.[209] Ein höherer Ausgleichsanspruch kann nur im Ausnahmefall in Betracht kommen, wenn z. B. der betroffene Nachbar bereits konkrete Bebauungspläne hatte und diese nunmehr beeinträchtigt werden.[210] Weitere Einzelheiten der Überbaurente regeln die §§ 913 ff. BGB.[211]

2128

---

200) Siehe hierzu: BGHZ 62, 141 = MDR 1974, 572; WM 1983, 451; OLG Frankfurt, MDR 1980, 229; *MünchKomm-Säcker*, § 912 BGB, Rdn. 47 m. Nachw.
201) BGH, *SFH*, Nr. 1 zu § 912 BGB.
202) BGH, a. a. O., u. WM 1974, 780; OLG Koblenz, BauR 1996, 410, 412; OLG Frankfurt, OLGR 1998, 189.
203) BGH, NJW 1982, 756; BGHZ 41, 179; BGH, BauR 1990, 373 = NJW 1990, 1791 = *SFH*, Nr. 7 zu § 912 BGB; OLG Düsseldorf, OLGR 1998, 95, 97; *Mattern*, WM 1979, 34, 43 m. Nachw.
204) BGH, NJW-RR 1988, 458; BGH, BauR 1989, 631 = NJW-RR 1989, 1039 = *SFH*, Nr. 6 zu § 912 BGB; OLG Düsseldorf, OLGR 1998, 95, 97 **(Tiefgarage)**. Zum Überbau durch **Aufteilung** des bebauten Grundstücks: BGH, MDR 1988, 394.
205) BGH, *SFH*, Nr. 2 zu § 912 BGB = ZfBR 1981, 124.
206) BGH, NJW 1972, 201 = BGHZ 57, 304, 408.
207) BGH, NJW 1958, 1288.
208) BGH, MDR 1974, 794; OLG Düsseldorf, OLGR 1998, 95, 98; OLG Frankfurt, MDR 1980, 229.
209) BGHZ 65, 395 = NJW 1976, 699; BGH, DB 1986, 1669.
210) BGH, a. a. O.
211) Zum Verhältnis von § 912 BGB zu den landesrechtlichen Regelungen vgl. *MünchKomm-Säcker*, § 912 BGB, Rdn. 56.

## VI. Die Duldungsklage des Bauherrn gegen den Mieter

*Literatur*

*Schopp*, Bedeutung und Grenzen von § 541 a BGB, ZMR 1965, 193; *Weimar*, Erhaltungs- und Modernisierungsarbeiten bei Mietshäusern, ZMR 1976, 33; *Weimar*, Wohnungsmodernisierung und Duldungspflicht des Mieters, DB 1977, 619; *Schulz*, Zur Frage der Zumutbarkeit von Modernisierungsmaßnahmen – § 541 a Abs. 2 BGB – § 20 Abs. 1 ModEnG, BlGBW 1979, 193; *Kahlen*, Duldungspflichten des Mieters bei Verbesserungs- und Erhaltungsmaßnahmen nach altem und neuem Recht, ZMR 1983, 82; *Marscholleck*, Keine Mitwirkungspflicht aus § 541 a BGB, ZMR 1985, 1 (dazu Stellungnahme *Schläger*, ZMR 1985, 193; *Marscholleck*, ZMR 1986, 346; *Schläger*, ZMR 1986, 348); *Horst*, Modernisierung – Durchsetzung, Abwehr und Rechtsfolgen, NZM 1999, 193; *Harsch*, Mietermodernisierung – Rechte und Pflichten bei der Durchführung, MDR 2001, 67.

**2129**   Mancher Bauherr ist gezwungen, seine Baumaßnahmen gegen den Willen dritter Personen durchzusetzen. Soweit der Bauherr zu dem Dritten in keinem Vertragsverhältnis steht, kommen nur die Grundsätze des Baunachbarrechts zur Anwendung (vgl. Rdn. 2086 ff.). Steht der Bauherr dagegen zu dem Dritten in einem Vertragsverhältnis, so können sich für diesen **Duldungspflichten** ergeben. § 554 BGB (früher: §§ 541 a, 541 b) sieht solche Duldungspflichten für den **Mieter** vor, während § 554 a BGB nunmehr auch **dem Vermieter** bauliche Veränderungen oder „sonstige Einrichtungen" zumutet, die für eine behindertengerechte Nutzung der Mietsache oder den Zugang zu ihr erforderlich sind.

**2130**   Nach § 554 Abs. 1 BGB hat der Mieter „Maßnahmen zur Verbesserung der Mietsache, zur Einsparung von Energie oder Wasser oder zur Schaffung neuen Wohnraums" zu dulden. § 554 Abs. 1 BGB will dem Vermieter ermöglichen, seine Gewährleistungspflicht aus § 536 BGB zu erfüllen und das Gebäude zu verbessern und zu modernisieren.[1]

**2131**   Unter § 554 Abs. 1 BGB fallen nur **Einwirkungen,** die zur **Erhaltung** des Raumes oder des Gebäudes, in dem der Mietraum liegt, **erforderlich** sind. Ist dies der Fall, muss der Mieter alle Eingriffe und Handlungen dulden, die der Vermieter nach verständiger Würdigung unter Berücksichtigung aller Umstände zur Erhaltung des Hauses oder des Mietraumes für gerechtfertigt halten kann. Dazu zählen auch **Besichtigungen** der Wohnung durch **Architekten,** Bauunternehmer, Handwerker, um die notwendigen Baumaßnahmen festzulegen, zu kontrollieren oder auch abzunehmen. Daneben sind Einwirkungen auch solche nach § 906 BGB: Geräusche, Gerüche, Schmutz, Staub, Erschütterungen, das Aufstellen eines Gerüstes sowie die damit verbundenen Unannehmlichkeiten und Gefahren.[2] Insoweit obliegt dem Mieter eine unbedingte, sofortige Duldungspflicht bei dringend notwendigen Arbeiten.[3] Der Mieter darf die Vornahme der Arbeiten nicht davon abhängig machen, dass der Eigentümer (Vermieter) erklärt, er werde für mögliche Schäden aufkommen und die Kosten der Wiederherstellung übernehmen.[4]

**2132**   Daneben sieht das Gesetz in § 554 Abs. 2 BGB Duldungspflichten für Maßnahmen zur **Verbesserung** und **Modernisierung** vor. Maßnahmen zur Verbesserung der Mietsache, zur Einsparung von Energie oder Wasser oder zur Schaffung neuen

---

[1] Vgl. *Palandt/Weidenkaff*, § 554 BGB, Rdn. 1.
[2] So zutreffend: *MünchKomm-Voelskow*, § 541 a BGB, Rdn. 16 m. w. Nachw.
[3] *Palandt/Weidenkaff*, § 554 BGB, Rdn. 6; LG Frankfurt, MDR 1968, 328.
[4] AG Neuss, NJW-RR 1986, 891; *Palandt/Weidenkaff*, § 554 BGB, Rdn. 6.

## Duldungsklage des Bauherrn gegen den Mieter  Rdn. 2133–2136

Wohnraums hat der Mieter zu **dulden,** es sei denn, dass die Maßnahmen „für ihn, seine Familie oder einen anderen Angehörigen seines Haushalts eine Härte bedeuten würde, die auch unter Würdigung der berechtigten Interessen des Vermieters und anderer Mieter in dem Gebäude nicht zu rechtfertigen ist" (§ 554 Abs. 2 Satz 2 BGB). Dabei sind „insbesondere die vorzunehmenden Arbeiten, die baulichen Folgen, vorausgegangene Verwendungen des Mieters und die zu erwartende Erhöhung des Mietzinses zu berücksichtigen" (§ 554 Abs. 2 Satz 3 BGB).

Die Duldungspflicht des Mieters gegenüber solchen Baumaßnahmen aus § 554 Abs. 2 soll dem Vermieter und Bauherrn auch gegen den Willen des Mieters die Modernisierung seines Hausbesitzes und eine Anpassung an die Anforderungen der Zeit ermöglichen. Solche Verbesserungen soll der Mieter nach § 554 Abs. 2 nicht verhindern können, soweit die Baumaßnahmen und deren Durchführung für ihn **„zumutbar"** sind.  **2133**

Der Bauherr (Vermieter) kann demnach gegen seinen Mieter einen vertraglichen **Duldungsanspruch** geltend machen. Die Vollstreckung richtet sich nach § 890 ZPO.[5] In dem Klageantrag ist bei der Duldungsklage im Einzelnen aufzuführen, welche Baumaßnahmen der Mieter dulden soll; das **Rechtsschutzinteresse** für eine solche Klage ist in aller Regel gegeben, wenn der Mieter den vom Vermieter vorgesehenen Arbeiten **widersprochen** hat.[6]  **2134**

∗ **Beispiele** aus der Rechtsprechung:  **2135**

RG, HRR 1926, Nr. 561 (Erneuerung eines **Fensters** durch Einsetzen eines neuen); OLG Oldenburg, NiedersRpfl. 1953, 202 (Erneuerung des **Dachstuhls**); LG Saarbrücken, NJW 1956, 637 (Einziehung einer **Kellerdecke** und Erneuerung der damit verbundenen Verputz- und Umbauarbeiten); LG Frankenthal, MDR 1957, 42 (**Ausbau** des Dachgeschosses mit Mansardenwohnungen); LG Braunschweig, ZMR 1962, 10 (Einbau von **Toilette** und **Badezimmer**); AG Münster, WM 1969, 57, 111 (**Zentralheizung**); LG Düsseldorf, MDR 1970, 848 (**Aufstockung** eines Hauses); LG Düsseldorf, MDR 1970, 931 (Einbau einer **Nachtstromspeicheranlage**); AG Köln, BlGBW 1975, 777 (Einbau neuer **Fenster**); LG Hamburg, DWW 1976, 214 (Einbau eines **Duschbades** und Verlegung der Toilettenanlage); LG Berlin, MDR 1983, 580 (Einbau **isolierverglaster Fenster**); LG Hamburg, MDR 1983, 1026 (**Heizungsradiatoren**); LG Berlin, MDR 1984, 669 (Arbeiten an der **Brandmauer**); AG Berlin-Schöneberg, NJW 1986, 2059 (**Türschließanlage**); LG Tübingen, NJW-RR 1986, 694; BGH, NJW 1991, 1750; KG, NJW 1985, 2001 (**Breitbandkabelnetz**); LG Fulda, ZMR 1992, 393 (Einbau von **Toiletten** und Badezimmer sowie **Zentralheizung**); LG Berlin, WuM 1996, 93 (Einbau von **Schallschutz-/Isolierglasfenstern**); LG Berlin, NJW-RR 1997, 520 (Errichtung eines **Anbaus** für einen **Fahrstuhl**); LG Berlin, NJW-RR 1998, 300 = NZW 1998, 189 (**Umbau** eines Balkons in einen **Wintergarten**); LG Hamburg, WuM 2002, 375 (Einbau einer **Fernheizung** statt der Gasetagenheizung); LG Berlin, ZMR 2004, 193 (**Anbau** eines Balkons); BGH, NJW 2005, 2995 (**Breitbandkabelnetz**).

Die Verurteilung, die unter § 890 ZPO fällt, muss somit einen hinreichend **bestimmten Anspruch** enthalten. Der Vermieter kann den Duldungsanspruch selbst **nicht** mittels **einstweiliger Verfügung** geltend machen.[7] Der Bauherr (Vermieter) kann allerdings auch einen **Unterlassungstitel** erwirken, durch den dem Mieter aufgegeben wird, bestimmte Behinderungen zu unterlassen. Wird dem Mieter z. B. durch einstweilige Verfügung untersagt, die Bauhandwerker an dem Betreten der Mietwoh-  **2136**

---

5) Vgl. dazu auch LG Mannheim, DWW 1976, 261; AG Berlin-Wedding, DGVZ 1987, 63.
6) LG Berlin, NJW-RR 1997, 520.
7) *Palandt/Weidenkaff*, § 554 BGB, Rdn. 35; *Horst*, NZM 1999, 193, 195; AG Görlitz, WuM 1993, 390.

nung zu hindern,[8] so mag dies im Einzelfall für die Durchsetzung der Erhaltungs- oder Verbesserungsmaßnahmen des Vermieters ausreichend sein. Es ist jedoch für den Vermieter sinnvoller, wenn er sich einen Duldungstitel verschafft, soweit bestimmte Baumaßnahmen vorgenommen werden sollen.

**2137** Bei der Duldungsklage ist nicht erforderlich, dass der Mieter den Eingriff in die Mietsache zu verhindern sucht. Der Vermieter kann also insoweit seine Klage einfacher begründen als bei der Unterlassungsklage. Eine Kombination von Unterlassungs- und Duldungsklage scheidet für den Bereich § 554 Abs. 2 BGB im Zweifel aus. Sie wird nur dort in Betracht kommen, wo die Unterlassung **bestimmter** Behinderungen über das hinausgeht, was von dem Duldungsanspruch erfasst wird.

---

[8] Vgl. LG Mannheim, BlGBW 1975, 73.

# KAPITEL 12
## Die Einwendungen der Baubeteiligten im Bauprozess

*Übersicht*

| | | Rdn. | | | Rdn. |
|---|---|---|---|---|---|
| I. | Vertragliche Haftungsfreizeichnungen | 2138 | VII. | Die Vorteilsausgleichung | 2478 |
| II. | Der unterlassene Vorbehalt | 2271 | VIII. | Störung (Wegfall) der Geschäftsgrundlage | 2444 |
| III. | Die Verwirkung | 2320 | IX. | Das Zurückbehaltungs- und Leistungsverweigerungsrecht | 2503 |
| IV. | Anfechtung und Organisationsverschulden | 2325 | X. | Die Aufrechnung | 2545 |
| V. | Die Verjährung | 2343 | XI. | Der Einwand der aufgedrängten Bereicherung | 2580 |
| VI. | Einwand des mitwirkenden Verschuldens (§ 254 BGB) | 2444 | | | |

## I. Vertragliche Haftungsfreizeichnungen

*Übersicht*

| | Rdn. | | Rdn. |
|---|---|---|---|
| 1. Einleitung | 2138 | b) Haftungsausschluss bei gleichzeitiger Abtretung der Mängelansprüche | 2196 |
| 2. Haftungsfreizeichnungen in AGB/Formularverträgen | 2141 | c) Beschränkung auf Nacherfüllung | 2207 |
| a) Abgrenzung der Individualverträge von AGB/Formularverträgen in der Baupraxis | 2142 | d) Haftungsbegrenzungen bei zugesicherten Eigenschaften | 2223 |
| b) Beweislast | 2173 | e) Beschränkung der Höhe nach | 2226 |
| c) Kollision von AGB | 2177 | f) Zeitliche Begrenzung | 2239 |
| d) Anwendung der §§ 305 ff. BGB auf Unternehmer/öffentlich-rechtliche Kunden in der Baupraxis | 2178 | g) Haftung nur bei Verschulden | 2248 |
| | | h) Abänderung der Beweislast | 2252 |
| 3. Einzelfälle | 2182 | i) Beschränkung auf unmittelbaren Schaden | 2257 |
| a) Vollständiger Haftungsausschluss | 2184 | k) Subsidiaritätsklausel | 2262 |

*Literatur*

*Markus/Kaiser/Kapellmann*, AGB-Handbuch Bauvertragsklauseln, 2004; *Glatzel/Hofmann/Frikell*, Unwirksame Bauvertragsklauseln, 10. Aufl. 2003; *Korbion/Locher/Sienz*, AGB-Gesetz und Bauerrichtungsverträge, 4. Auflage 2006; *Frieling*, Klauseln im Bauvertrag, 1993; *Schlünder*, AGB Prüfung und Gestaltung, 1994; *Knychalla*, Inhaltskontrolle von Architektenformularverträgen, 1987; *Kienmoser*, Unzulässige Vertragsklauseln geprüft von A–Z, 2. Auflage 1999.

*Jagenburg*, Der Einfluss des AGB-Gesetzes auf das private Baurecht, Baurecht-Sonderheft 1/1977; *Schippel/Brambring*, AGB-Gesetz und notariell beurkundete Formularverträge, DNotZ 1977, 131, 197; *Wagner*, Die Anwendung des AGB-Gesetzes im Bauherrenmodell, BB 1984, 1757; *Erkelenz*, Bauvertragsklauseln in Allgemeinen Geschäftsbedingungen, ZfBR 1985, 201, ZfBR 1986, 7; *Brych*, VOB-Gewährleistung im Bauträgervertrag, NJW 1986, 302; *Schmidt*, Ende der VOB/B im Bauträgervertrag, ZfBR 1986, 53; *Weick*, Allgemeine Geschäftsbedingungen oder Verkörperung von Treu und Glauben, Festschrift für Korbion (1986), 451; *Bunte*, Die Begrenzung des Kompensationseinwandes bei der richterlichen Vertragskontrolle, Festschrift für Korbion (1986), 17; *Canaris*, Die Unabwendbarkeit des Verbots der geltungserhaltenden Reduktion, ergänzenden Auslegung und Umdeutung von AGB bei den Kunden begünstigenden Klauseln, NJW 1988, 1243; *Grziwotz*, Vertragliche Gewährleistungsregelungen im Bauträgervertrag, NJW 1989, 193; *Hartmann*, Gewährleistung und Haftung nach den Architektenvertragsmustern der Bundesarchitektenkammer im Spiegel des AGB-Rechts, Festschrift für Locher (1990), 337; *Englert*, AGB Spezialtiefbau, BauR 1992, 170; *Glatzel*, Die Überprüfung von Allgemeinen Geschäftsbedingungen im Bauwesen durch Wirtschaftsverbände nach § 13 AGB-Gesetz, Festschrift für Soergel (1993), 49; *Frieling*, Die EG-Richtlinie über missbräuchliche Klauseln in Verbraucherverträgen und ihr Einfluss auf das private Bau- und Architektenrecht, BauR 1994, 154; *Ramming*, Überlegungen zur Ausgestaltung von Nachunternehmerverträgen durch AGB, BB 1994, 518; *Heinrichs*, Umsetzung der EG-Richtlinie über missbräuchliche Klauseln in Verbraucherverträgen durch Auslegung – Erweiterung des Anwendungsbereichs der Inhaltskontrolle, NJW 1995, 153; *Schlünder*, Gestaltung von Nachunternehmerverträgen in der Praxis, NJW 1995, 1057; *Lerch*, Die richterliche Inhaltskontrolle von notariell beurkundeten Bauverträgen, BauR 1996, 155; *Kraus*, Der Anwendungsbereich des neuen § 24a AGBG, Festschrift von Craushaar (1997), 139; *Peters*, Die Wirksamkeit vertraglicher Regelungen zum Baugrundrisiko, BauR 1998, 215; *Schuhmann*, Die AGB-rechtliche Beurteilung von Anlagenverträgen, ZfBR 1999, 246; *Schulz*, Das Vielzahlkriterium nach § 1 AGBG und die Ausschreibung unter dem Vorbehalt der Vergabe nach Teillosen, NZBau 2000, 317; *Oberhauser*, Kann sich der bewusst mit dem AGB-Gesetz taktierende Kunde auf die Unwirksamkeit einer formularmäßigen Klausel berufen?, BauR 2002, 15; *Artz*, Schuldrechtsmodernisierung 2001/2002 – Integration der Nebengesetze in das BGB, JuS 2002, 528; *Voppel*, Die AGB-rechtliche Bewertung der VOB/B nach dem neuen Schuldrecht, NZBau 2003, 6; *Deckers*, Die Privilegierung der VOB/B, BauRB 2003, 23; *Barth*, Partnerschaftsgesellschaft und Haftungsbeschränkung: Eine Haftungsfalle für Architekten?, NZBau 2003, 409; *Tempel*, Die Einbeziehung der VOB/B und VOB/C in den Bauvertrag, NZBau 2003, 465; *Schulze-Hagen*, Übermäßige AGB-Klauseln: Kassation oder Reduktion?, BauR 2003, 785; *Wolter*, Neue Obergrenze für Vertragsstrafe in AGB, BauR 2003, 1274; *Langenecker*, Die Kontrolle von Musterbauarbeitsverträgen nach AGB-rechtlichen Gesichtspunkten, NZBau 2004, 121; *v. Gehlen*, Rechtssicherheit bei Bauverträgen – VOB/B quo vadis?, NZBau 2004, 313; *Deger*, Die Gestaltung des Bauvertrages durch den Auftraggeber unter insolvenzrechtlichen Gesichtspunkten, BrBp 2004, 141; *Lange*, Auslegung, Unklarheitenregel und Transparenzklausel, ZGS 2004, 208; *Thode*, Transparenzgebot und Bauträgervertrag – Baubeschreibung und Vergütung, ZNotP 2004, 131; *Virneburg*, Die Verlängerung der Verjährungsfrist für Werkmängelansprüche durch Auftraggeber-AGB – Die Rechtslage nach altem und neuem Recht, Festschrift für Thode, 2005, 201; *Schmidt*, Die Möglichkeit vertraglicher Regelungen in Architektenverträgen (Verträge ohne Auslandsbeziehungen), ebenda, 497; *Pfeiffer*, Das Verhältnis zwischen dem Europäischen Gerichtshof und den nationalen Gerichten bei der Kontrolle missbräuchlicher Vertragsklauseln, ebenda, 615; *Schuhmann*, Neuere Entwicklungen im Vertragsrecht des Anlagenbaus, BauR 2005, 293; *Kretschmann*, Hindern Schuldrechtsreform und nachträgliche Änderungen der VOB/B deren Privilegierung?, Jahrbuch Baurecht 2005, 109; *Wirth/Müller*, Mehrfachverwendung von Allgemeinen Geschäftsbedingungen, Festschrift für Werner, 2005, 87; *Korbion*, Klauseln in Subplanerverträgen, ebenda, 111; *Schonebeck*, Die Abtretung von Gewährleistungsansprüchen gegen die am Bau beteiligten Unternehmer im Vertrag des Bauträgers mit dem Erwerber von Wohnungseigentum, BauR 2006, 1394; *Zirkel*, Sind Ausschlussfristen für erkennbare Mängel in AGB für werkvertragliche Leistungen passé?, NZBau 2006, 412; *Kaufmann*, Die Unwirksamkeit der Nachtragsklauseln der VOB/B nach §§ 305 ff. BGB, Jahrbuch Baurecht 2006, 35; *Hofmann*, Allgemeine Geschäftsbedingungen zu § 648a und Abwicklungsfragen in der Insolvenz, BauR 2006, 763; *Graf v. Westphalen*, AGB-Recht im Jahr 2005, NJW 2006, 2228; *Zeitler*, § 12 VOB/B „in Ordnung"? – Inhaltskontrolle der Mängelvorbehaltsklausel des § 12 Nr. 5 Abs. 3 VOB/B, Jahrbuch Baurecht 2007, 115; *Weyer*, § 13 Nr. 5 Absatz 2 VOB/B: Entstehungsgeschichte, Wirkung und rechtliche Einordnung sowie deren Bedeutung für die isolierte Inhaltskontrolle, Jahrbuch Baurecht 2007, 177; *Voit*, Gedanken zum gesetzlichen Leitbild des Bauvertrags bei der AGB-Kontrolle, Festschrift für Ganten (2007), 261; *Seifert*, Die AGB-rechtliche Privilegierung der VOB/B unter Beschuss, NZBau 2007, 563.

# Haftungsfreizeichnungen

## 1. Einleitung

Die **Schadensanfälligkeit** in der Baubranche führt dazu, dass die Baubeteiligten ihre **Haftung** in aller Regel einschränken und vom Gesetz oder von der VOB abweichende Regelungen treffen wollen. Die Vielfalt der Möglichkeiten einer Haftungsfreizeichnung hat zur Folge, dass häufig unklare und rechtlich zweifelhafte **Haftungsausschlüsse** bzw. **beschränkungen** zwischen den Vertragsparteien getroffen werden. Beruft sich in diesen Fällen eine der Vertragsparteien auf eine „Freizeichnungsklausel", so obliegt es nunmehr im Prozess dem Gericht, im Wege der **Auslegung** und **Wirksamkeitskontrolle** festzustellen, ob die Haftungsfreizeichnung durchgreift. Die **Beweislast** für eine wirksam vereinbarte Haftungsfreizeichnung trifft denjenigen, der sich hierauf beruft. **2138**

Vertragliche Haftungsbeschränkungen sind grundsätzlich im Rahmen der bestehenden **Vertragsfreiheit** zulässig, soweit sie nicht gegen gesetzliche Vorschriften verstoßen; gesetzliche Grenzen finden sich nach der Schuldrechtsmodernisierung u. a. in den §§ 138, 202, 242, 276 Abs. 3, 278 Satz 2, 444, 639 und 826 BGB. Haftungsbeschränkungen können stillschweigend[1] oder ausdrücklich in Individualvereinbarungen,[2] Formularverträgen oder Allgemeinen Geschäftsbedingungen (AGB) vereinbart werden.

Freizeichnungsklauseln sind nach allgemeiner Meinung als **Ausnahmeregelungen eng** und bei Unklarheiten gegen den **auszulegen,** der sie verfasst hat oder zu dessen Gunsten die Haftung beschränkt werden soll.[3] Handelt es sich dagegen um eine eindeutig vereinbarte, wenn auch weitreichende, aber zulässige Freizeichnungsklausel, darf diese nicht einschränkend ausgelegt werden.[4] Freizeichnungsklauseln können Drittwirkungen haben.[5] **2139**

Auch **formularmäßige Haftungsbeschränkungen** können wirksam sein; sie finden sich vielfach in **Erwerberverträgen,** in den „Allgemeinen" oder „Besonderen" **Geschäftsbedingungen** (AGB) der **Unternehmer,** aber auch in **Architektenformularverträgen.**[6] Formularmäßige Haftungsbegrenzungen unterlagen in der Vergangenheit den Schranken des AGB-Gesetzes. Dieses Gesetz hatte sich nicht zuletzt durch die konsequente Rechtsprechung des BGH weitgehend bewährt. Mit dem Schuldrechtsmodernisierungsgesetz, das zum 1.1.2002 in Kraft trat, wurde das AGB-Gesetz mit seinem Inhalt in das BGB integriert. Es gelten nunmehr die §§ 305 bis 310 BGB; dabei wurde in Umsetzung der Rechtsprechung des EuGH[7] das Transparenzgebot in § 307 Abs. 1 Satz 2 BGB ausdrücklich aufgenommen. **2140**

---

1) BGH, *Schäfer/Finnern*, Z 2.413.3 Bl. 8.
2) BGHZ 164, 225 = BauR 2006, 99 = NZBau 2006, 113 (Erwerb eines sanierten **Altbaus**; Ausschluss der Sachmängelhaftung).
3) Vgl. hierzu näher BGH, BauR 1972, 185, 186; NJW 1970, 386; *Wussow*, Haftung, S. 261.
4) BGH, NJW 1967, 32.
5) Vgl. hierzu *Schmidt-Salzer*, NJW 1969, 289, 292.
6) LG Bayreuth, BauR 2006, 139 **(Quotenhaftungsklausel)**; OLG Celle, NZBau 2006, 651 = IBR 2006, 403 (individuell vereinbarte Haftungsbeschränkung für erbrachte **Eigenleistungen** des Bauherrn).
7) NJW 2001, 224.

## 2. Haftungsfreizeichnungen in AGB/Formularverträgen

**2141** Der zulässige Rahmen für Haftungsfreizeichnungen in Allgemeinen Geschäftsbedingungen oder Formularverträgen wird – neben den allgemeinen Vorschriften des BGB – durch die §§ 305 ff. BGB abgesteckt. Wann Allgemeine Geschäftsbedingungen vorliegen, richtet sich nach der Begriffsbestimmung des § 305 Abs. 1 Satz 1 BGB. Danach sind **AGB**

* alle für eine **Vielzahl von Verträgen vorformulierten Vertragsbedingungen**
* **Vertragsbedingungen, die eine Vertragspartei (Verwender) der anderen Vertragspartei** bei Abschluss eines Vertrages **stellt**.

Dabei ist für die **Charakterisierung von AGB** nach § 305 Abs. 1 Satz 2 BGB **unerheblich**,

* ob die Bestimmungen einen **äußerlich gesonderten Bestandteil** des Vertrages bilden **oder in die Vertragsurkunde selbst aufgenommen** werden
* **welchen Umfang** sie haben
* **in welcher Schriftart** sie verfasst sind und
* **welche Form** der Vertrag hat.

§ 305 Abs. 1 Satz 3 BGB stellt noch einmal klar, dass Allgemeine Geschäftsbedingungen nicht vorliegen, wenn die Vertragsbedingungen zwischen den Vertragsparteien **im Einzelnen ausgehandelt** sind. § 305 Abs. 2 BGB bestimmt, wann Allgemeine Geschäftsbedingungen **Bestandteil** eines Vertrages werden. Zur Einbeziehung der VOB siehe Rdn. 1005 ff.

### a) Abgrenzung der Individualverträge von AGB/Formularverträgen in der Baupraxis

*Literatur*

*Graf von Westphalen*, Grenzziehung zwischen Allgemeinen Geschäftsbedingungen und Individualverträgen, DB 1977, 943; *Löwe*, Voraussetzung für ein Aushandeln von AGB, NJW 1977, 1328; *Schippel/Brambring*, AGB-Gesetz und notariell beurkundete Formularverträge, DNotZ 1977, 131, 197; *Petev*, Inhaltskontrolle und Individualabrede nach dem AGB-Gesetz, JR 1978, 4; *Garrn*, Zur Abgrenzung von Aushandlungsvereinbarungen im Sinne des § 1 II AGBG, JZ 1978, 302; *Jaeger*, „Stellen" und „Aushandeln" vorformulierter Vertragsbedingungen, NJW 1979, 2235; *Brambring/ Schippel*, Vertragsmuster des Notars und Allgemeine Geschäftsbedingungen, NJW 1979, 1802; *Locher*, AGB-Gesetz und Subunternehmerverträge, NJW 1979, 2235; *Garrn*, Zur richterlichen Inhaltskontrolle notarieller Verträge, NJW 1980, 2782; *Ulmer*, Notarielle Vertragsmuster und AGB-Inhaltskontrolle, DNotZ 1981, 84; *Kramer*, Nichtausgehandelter Individualvertrag, notariell beurkundeter Vertrag und AGBG, ZHR 146 (1982) 105; *Bunte*, Zur Teilunwirksamkeit von AGB-Klauseln, NJW 1982, 2298; *Ulmer*, Auf dem Wege zur Inhaltskontrolle notarieller Einzelverträge?, DNotZ 1982, 587; *Lindacher*, Reduktion oder Kassation übermäßiger AGB-Klauseln?, BB 1983, 154; *Bunte*, Inhaltskontrolle notariell beurkundeter Verträge, ZIP 1984, 1313; *Rieder*, Zur richterlichen Inhaltskontrolle notarieller Einzelverträge im Rahmen des AGB-Gesetzes bzw. des § 242 BGB, DNotZ 1984, 226; *Hager*, Die gesetzeskonforme Aufrechterhaltung übermäßiger Vertragspflichten, JuW 1985, 264; *Bartsch*, Der Begriff des „Stellens" Allgemeiner Geschäftsbedingungen, NJW 1986, 28; *Roth*, Die Inhaltskontrolle nichtausgehandelter Individualverträge im Privatrechtssystem, BB 1987, 977; *Graf von Westphalen*, Subunternehmerverträge bei internationalen Bauverträgen – Unangemessenheitskriterium nach § 9 AGB-Gesetz?, Festschrift für Locher (1990), 375; *Leverenz*, Inhaltskontrolle von Freizeichnungen in notariell beurkundeten Verträgen, Jura 1993, 266; *Wellkamp*, Der Gewährleistungsausschluss in notariellen Verträgen, DB 1995, 813; *Lerch*,

## AGB und Formularverträge

Die richterliche Inhaltskontrolle von notariell beurkundeten Bauverträgen, BauR 1996, 155; *Hager*, Der lange Abschied vom Verbot der geltungserhaltenden Reduktion, JZ 1996, 175; *Schlünder/ Scholz*, Notarielle Verträge über neue Häuser nach der AGBG-Novelle, ZfBR 1997, 55; *Schulz*, Das Vielzahlkriterium nach § 1 AGBG und die Ausschreibung unter dem Vorbehalt der Vergabe von Teillosen, NZBau 2000, 317; *Wackerbarth*, Unternehmer, Verbraucher und die Rechtfertigung der Inhaltskontrolle vorformulierter Verträge, AcP 2000 (Bd. 200), 45; *Pfeiffer*, Die stillschweigende Unterlegung von AGB durch Individualabreden, ZGS 2003, 378; *Reinelt*, AGB-Klausel oder Individualvereinbarung? Zum Begriff „Aushandeln", BrBp 2004, 90; *Volmer*, Klauselkontrolle am Beispiel der MaBV-Bürgschaft, ZfIR 2004, 460; *Moufang/Bischofberger*, AGB-Klauseln über Gewährleistungssicherheiten im Bauvertrag, BauRB 2005, 341.

§ 305 BGB ist für die **Abgrenzung** von **AGB** und **Individualvereinbarungen** von zentraler Bedeutung. Die **EG-Richtlinie** 93/13/EWG des Rates vom 5. April 1993 über missbräuchliche Klauseln in Verbraucherverträgen stimmt insoweit mit dem geltenden deutschen Recht überein, da sie in Art. 3 Abs. 1 ebenfalls von Vertragsklauseln spricht, „die nicht im Einzelnen ausgehandelt" wurden. EG-Recht wie deutsches Recht gehen deshalb übereinstimmend davon aus, dass es darauf ankommt, dass der Verbraucher keinen Einfluss auf den Inhalt einer Klausel nehmen konnte.[8] Für die **Baupraxis** wird es deshalb auch weiterhin von Bedeutung sein, dass nicht nur „Allgemeine Vertragsbedingungen", „Besondere" oder „Zusätzliche Vertragsbedingungen" **AGB** i. S. der §§ 305 ff. BGB sind, sondern auch **Formularverträge**, soweit sie die Merkmale des § 305 BGB erfüllen.[9]

**2142**

**Formularverträge** unterscheiden sich von **AGB** dadurch, dass Standardbedingungen in ihnen selbst enthalten sind und deshalb nicht erst durch eine Einbeziehungsabrede Vertragsinhalt werden. Mit den AGB haben sie in aller Regel gemeinsam, dass sie für eine bestimmte Vielzahl von Verträgen vorformuliert sind und dass die Vertragspartei, die das Formular gebraucht, die vertragliche Leistung zu erbringen nur bereit ist, wenn der Vertrag unter Verwendung des Formulars abgeschlossen wird.

**2143**

In der **Baubranche** werden **Formularverträge** insbesondere in der Form von Architektenverträgen, Betreuungsverträgen, aber auch Eigenheim-Erwerberverträgen, Generalunternehmerverträgen, Generalübernehmerverträgen, Subunternehmerverträgen usw. sehr häufig abgeschlossen. Dabei werden einem Vertragspartner vorformulierte, meist gedruckte oder sonst vervielfältigte Formulare mit standardisierten Bestimmungen vor gelegt. Sie haben damit das nach Entstehung und Inhalt sowie nach dem äußeren Erscheinungsbild typische Gepräge von AGB.[10] Hier ist vor allem auf die **Architekten-Formularverträge** hinzuweisen, die von verschiedenen Verlagen herausgegeben und vom Architekten dem Bauherrn zum Abschluss des Architektenvertrages unterbreitet werden (z. B. der von der Bundesarchitektenkammer herausgegebene Einheitsarchitektenvertrag – Fassung 1994).[11] Dasselbe gilt bei dem Erwerb von Eigenheimen oder Eigentumswohnungen von **Bauträgern:** Insoweit werden von Bauträgern bzw. Verkäufern für das einzelne Bauprojekt umfangreiche Vertragswerke gleichlautend vorformuliert und dann den zahlreichen Erwerbern zur Unter-

**2144**

---

8) Zur Entscheidungskompetenz über missbräuchliche Klauseln in Verbraucherfragen (Sache des nationalen Gerichts): EuGH, Urt. v. 1.4.2004 – Rs C – 237/02, BauR 2004, 1139 = NZBau 2004, 321 = ZfIR 2004, 463; s. hierzu: *Volmer*, ZfIR 2004, 460 ff.
9) BGH, NJW 1977, 624.
10) BGH, a. a. O.
11) Veröffentlicht in DAB 1994, 1635; von der Bundesarchitektenkammer zurückgezogen.

schrift vorgelegt, wobei sich die Erwerber in aller Regel ohne größere Erörterungen dem meist umfangreichen Klauselwerk unterwerfen.[12]

**2145** Ähnliches gilt auch für die **Bauverträge zwischen Bauunternehmern und öffentlichen Auftraggebern.** Hier legen Letztere ihren Vertragspartnern vielfach umfangreiche, sehr detailliert vorformulierte Vertragsbedingungen im Rahmen von Formularverträgen vor, denen sich der Bauunternehmer meist nicht widersetzen kann; eine echte Verhandlungschance, Änderungen des Vertrages entsprechend seinen Vorstellungen durchzusetzen, hat er in der Regel nicht. Dazu ist die Position des öffentlichen Auftraggebers zu stark; indes bleibt in diesen Fällen der öffentliche Auftraggeber **Verwender** der in sein Angebot aufgenommen Vertragsbedingungen. Eine Inhaltskontrolle der Klauseln zu seinen Gunsten kommt dann nicht in Betracht.[13]

**2146** Ein **wirtschaftliches Abhängigkeitsverhältnis** ist in allen Bereichen des Bauwesens vorhanden, wenn auf der Auftraggeber- oder Auftragnehmerseite die stärkere wirtschaftliche Macht steht und daher die Verträge auch „diktiert" werden können. Dabei ist z. B. an die vielfach vorhandene Abhängigkeit vieler kleiner **Subunternehmer** von Generalunternehmern oder Generalübernehmern zu denken, aber auch an die Abhängigkeit vieler Auftragnehmer von starken privaten Auftraggebern mit großer Bautätigkeit (z. B. Versicherungen, Banken usw.). Eine Einwirkung auf die Vertragsgestaltung ist dem wirtschaftlich Abhängigen und damit Schwächeren meist nicht – insbesondere in Zeiten schwieriger Konjunktur – möglich; die bereits von der anderen Seite vorformulierten Vertragstexte werden bedingungslos unterzeichnet. Daraus folgt, dass **in der Baubranche der Verwender von AGB/Formularverträgen** u. U. **einmal auf der Auftraggeber- und einmal auf der Auftragnehmerseite stehen** kann. Vielfach wird der Verwender in der Bauwirtschaft sogar – im Gegensatz zu den übrigen Wirtschaftsbereichen – der **Auftraggeber** sein.[14]

**2147** Merkmal Allgemeiner Geschäftsbedingungen oder Formularverträge ist, dass die Vertragsbedingungen für eine **Vielzahl von Verträgen vorformuliert** sind (§ 305 Abs. 1 Satz 1 BGB).[15] Dabei wird eine unbestimmte Vielzahl (im Sinne eines Massengeschäftes) nicht gefordert.[16] Es reicht aus, dass die Bedingungen für eine bestimmte Mehrzahl von Anwendungsfällen vorformuliert worden sind. Das ist vor allem der Fall, wenn die beanstandeten Klauseln in **„Besonderen"** oder **„Weiteren** besonderen Vertragsbedingungen"** enthalten sind.[17]

---

12) Zu beachten ist, dass Vertragsklauseln, die auf Standardformulierungen eines **Notars** beruhen, allein deshalb noch keine AGB darstellen (BGH, BauR 2001, 1895, 1896; BGH, NJW 1991, 843; *Pause*, Rdn. 148). Ob und inwieweit **Kaufverträge** über **Grundstücke** von der EG-Richtlinie erfasst werden, ist unklar und umstritten; vgl. *Heinrichs*, NJW 1995, 153, 159; *Pause*, Rdn. 157; *Schmidt-Salzer*, NJW 1995, 1641, 1645 (bejahend); **a. A.:** *Kappus*, NJW 1994, 1847, 1848.
13) BGH, BauR 2006, 1012, 1013 = NZBau 2006, 383, 384 = IBR 2006, 204 – *Schwenker*; BGH, NJW 1997, 2043; s. auch OLG Jena, IBR 2005, 478 – *Kammerbauer* (unwirksame Einbeziehung der VOB/B).
14) *Heiermann/Linke*, S. 60.
15) BGH, BauR 2006, 106 = ZfBR 2005, 678; BauR 1997, 123.
16) *Palandt/Heinrichs*, § 305 BGB, Rdn. 9.
17) OLG Stuttgart, NJW-RR 1998, 312. Zum **AGB-Charakter** von **Leistungsverzeichnissen** s. BGH, NZBau 2005, 453, 454 = IBR 2005, 357 – *Schwenker*; zu den in einer Ausschreibung enthaltenen **„Vorbemerkungen**/Baustelleneinrichtung" s. BGH, BauR 2006, 514 = NZBau 2006, 390 = ZfBR 2006, 232 = IBR 2006, 30 – *Schwenker*; s. ferner unten Rdn. **2171**.

# AGB und Formularverträge

**2148** Wann von einer „Vielzahl" von Verträgen gesprochen werden kann, ist im Einzelfall unter Berücksichtigung aller Umstände zu prüfen.[18] Die h. M. bejaht den Begriff der „Vielzahl von Verträgen", wenn **mindestens drei Vertragsabschlüsse** erfolgt sind[19] oder (auch nur) die **Absicht der Mehrfachverwendung** vorliegt.[20] Unerheblich ist daher, ob die vorformulierten Bedingungen tatsächlich schon in einer (solchen) Vielzahl von Verträgen Eingang gefunden haben. Die entsprechende **Zweckbestimmung** reicht aus, sodass die Bedingungen ggf. auch schon im ersten Anwendungsfall als AGB gelten, es sei denn, die Vertragsbedingungen für einen **Einzelvertrag** sind ohne die Absicht der Mehrfachverwendung vorformuliert.[21] Dagegen liegen Allgemeine Geschäftsbedingungen auch dann vor, wenn sie von einem **Dritten** für eine **Vielzahl** von Verträgen **vorformuliert** sind, „selbst wenn die Vertragspartei, die die Klauseln stellt, sie nur in einem einzigen Vertrag verwenden will".[22] Im Übrigen sind nach der Rechtsprechung des BGH[23] im Einzelfall immer alle **„Begleitumstände"** zu würdigen: „Zu ihnen gehört eine gewisse Planmäßigkeit im Vorgehen des Verwenders in dem Sinne, dass er seine Geschäftspraxis erkennbar an der Absicht wiederholter Verwendung ausrichtet. Wird eine Klausel dagegen allein für einen konkreten Einzelvertrag vorformuliert, sodass von AGB zunächst nicht die Rede sein kann, dann bleibt es bei dieser Beurteilung, selbst wenn später die Vertragsbedingung in weitere Verträge Eingang findet und dort als AGB einzustufen ist."

**2149** In diesem Zusammenhang ist allerdings § 310 Abs. 3 BGB, der für Verträge zwischen einem Unternehmer und einem Verbraucher gilt, zu berücksichtigen. Diese Vorschrift bringt eine wichtige **Ausnahme** für **Verbraucherverträge:** Danach sind die wichtigsten Bestimmungen der Gestaltung rechtsgeschäftlicher Schuldverhältnisse durch Allgemeine Geschäftsbedingungen (§§ 305 c, 306 und 307 bis 309 BGB) auf vorformulierte Vertragsbedingungen auch dann anzuwenden, „wenn diese nur zur einmaligen Verwendung bestimmt sind und soweit der Verbraucher nur aufgrund der Vorformulierung auf ihren Inhalt keinen Einfluss nehmen konnte" (sog. **Einzelvertragsklauseln**); Letzteres muss der Verbraucher gegebenenfalls darlegen und beweisen.

**2150** Werden **Muster-Formularverträge,** wie z. B. die im Handel erhältlichen Architekten-Formularverträge oder andere standardisierte Musterverträge/-bedingungen, verwandt, so ist das **Merkmal „Vielzahl" bereits erfüllt,** ohne dass weitere Anwendungsfälle des Verwenders vorliegen müssen bzw. die Absicht der mehrfachen Verwendung nachgewiesen ist, weil hier schon vom **äußeren Erscheinungsbild** der

---

18) BGH, BauR 2001, 1895; BauR 1997, 123 = NJW 1997, 135 = MDR 1997, 140. Vgl. hierzu: *Schulz*, NZBau 2000, 317.
19) BGH, BauR 2002, 83 = NJW-RR 2002, 13 = NZBau 2002, 25 = ZfBR 2002, 63; BGH, BauR 2001, 1895 u. BauR 1985, 93, 94 = ZfBR 1985, 40; *Graf von Westphalen*, ZfBR 1985, 252, 254.
20) Vgl. BGH, NZBau 2004, 215 = BauR 2004, 674, 675 = ZfBR 2004, 267 = NJW 2004, 1454; BGH, BauR 2002, 83 = ZfBR 2002, 63; BGH, ZfBR 2002, 56, 57. Zur **Absicht** wiederholter Verwendung s. auch *Schulz*, NZBau 2000, 317.
21) BGH, NJW 1988, 410 u. BB 1988, 13 = ZfBR 1988, 29.
22) BGH, BauR 2006, 106 = ZfBR 2005, 678 = NZBau 2005, 590 (LS) = ZIP 2005, 1604; BauR 1997, 123 = NJW 1997, 135 = MDR 1997, 140 = ZfBR 1997, 33.
23) A. a. O.

Charakter von AGB anzunehmen ist.[24] Verwendet eine Vertragspartei Formularverträge oder AGB, die von einem **Dritten** erstellt worden sind, gilt dasselbe.[25] Für **Bauträgerverträge** war der BGH[26] sogar noch einen Schritt weiter gegangen: Hier soll der **erste Anschein** (sog. Mehrfachverwendungsanschein) dafür sprechen, dass ein vom Bauträger verwendeter Vertrag einen Formularvertrag darstellt, wenn dieser „nach seiner inhaltlichen Gestaltung aller Lebenserfahrung nach für eine mehrfache Verwendung entworfen wurde und vom Bauträger gestellt worden ist". Dies gilt aber jetzt grundsätzlich.[27]

Ob ein Vertragswerk AGB-Charakter hat, entscheidet sich im Übrigen nicht an dem Vertragswerk insgesamt; vielmehr können auch **einzelne** Klauseln, die in einem Individualvertrag enthalten sind, als AGB angesehen werden;[28] und der Bewertung, dass Allgemeine Geschäftsbedingungen vorliegen, steht nicht entgegen, wenn der Vertrag in Teilen individuelle, auf das konkrete Bauvorhaben bezogene Vereinbarungen enthält.[29]

**2151** Die eigentliche Problematik bei der Abgrenzung von Individualabsprachen einerseits und AGB oder Formularverträgen andererseits stellt sich im Rahmen der Frage, ob die Vertragsbestimmungen von der einen Partei der anderen im Sinne des § 305 Abs. 1 Satz 1 BGB **gestellt (dann AGB)** oder im Sinne des § 305 Abs. 1 Satz 3 BGB zwischen den Parteien **ausgehandelt** worden sind **(dann Individualabsprache)**. Hier liegt nach wie vor viel „Zündstoff", zumal der BGH die Voraussetzungen eines unwirksamen **„Aushandelns"** zwischenzeitlich weiter erhöht hat.[30]

**2152** Nach Auffassung des **BGH**[31] ist eine **individualvertragliche Abrede** jedenfalls dann anzunehmen, „wenn und soweit die eine **Vertragspartei zur Abänderung der Bedingungen bereit und dies dem Geschäftspartner bei Vertragsabschluss**

---

24) *Heinrichs*, NJW 1977, 1506; *Löwe/Graf von Westphalen/Trinkner*, § 1, Rdn. 9; *Heiermann/Linke*, S. 64.
25) BGH, BauR 2006, 106; NJW 1991, 843; BauR 1992, 622, 625 = ZfBR 1992, 219.
26) BauR 2004, 488 = NZBau 2004, 146 = NJW 2004, 502; BauR 2002, 1544 = ZfBR 2002, 782 = NZBau 2002, 561; BGHZ 118, 229, 238 = BauR 1992, 622, 625 = ZfBR 1992, 219 m. w. Nachw.
27) Vgl. BGH, BauR 2006, 514, 516 = NZBau 2006, 390, 391 = ZfBR 2006, 232, 233 (für „Vorbemerkungen/Baustelleneinrichtung"); BGH, BauR 2006, 106 (für eine vorformulierte Sicherungsabrede in einem von einem **Anwalt** entworfenen Vertrag). *Graf von Westphalen* (NJW 2006, 2228) spricht insoweit bereits vom „Tod" der anwaltlichen Datenbanken, „weil sie dann alle AGB enthalten".
28) BGH, BauR 1997, 123 = NJW 1997, 135 = MDR 1997, 140; OLG Celle, BauR 2003, 1040 (**VOB/C-Abrechnungsbestimmungen als AGB**); BGH, NZBau 2004, 384 = IBR 2004, 365 u. OLG Celle, BauR 2003, 1050 = IBR 2003, 239 (**ZTV-Asphalt-StB 94**; unwirksame Klausel über Abzüge vom Werklohn).
29) BGHZ 157, 102, 106 = NZBau 2004, 146, 147; BGH, BauR 2006, 514, 516 = NZBau 2006, 390, 391.
30) BGH, NJW 2005, 2543; *Graf von Westphalen*, NJW 2006, 2228; s. auch OLG Oldenburg, IBR 2005, 305 – *Vogel* (für den kaufmännischen Rechtsverkehr).
31) NJW-RR 1986, 54 = WM 1985, 1208 = DB 1986, 1666; NJW 1977, 624 unter Berufung auf die Begründung der Bundesregierung zum Entwurf des AGB-Gesetzes, Bundestags-Drucks. 7/3919, S. 17; ferner: NJW 1979, 367 = WM 1978, 1384; BGH, NJW 1982, 2309 = BauR 1982, 486; NJW 1988, 410; NJW 1994, 2825; *Heinrichs*, NJW 1995, 1395, 1396; ebenso: *Brambring*, NJW 1978, 777, 783; *Falkenhausen*, BB 1977, 1127; *Jaeger*, NJW 1979, 1569.

bewusst gewesen ist", die einzelnen Vertragsbestimmungen also „ausgehandelt" wurden. „Aushandeln" bedeutet dabei stets mehr als (nur) ein „Verhandeln". Deshalb **genügt** für die Feststellung, der Vertrag oder einzelne Klauseln seien „ausgehandelt", **nicht,** dass das gestellte Formular dem Vertragspartner **bekannt** war und **nicht auf Bedenken gestoßen** ist oder dass der Inhalt „erläutert" oder „erörtert" wurde und den Vorstellungen des Partners entsprach.[32]

Von einem „**Aushandeln**" kann nur gesprochen werden,[33] „wenn der Verwender den in seinen Allgemeinen Geschäftsbedingungen enthaltenen ‚gesetzesfremden' Kerngehalt, also die den wesentlichen Inhalt der gesetzlichen Regelung ändernden oder ergänzenden **Bestimmungen** inhaltlich ernsthaft **zur Disposition stellt** und dem Verhandlungspartner Gestaltungsfreiheit zur Wahrung eigener Interessen einräumt mit zumindest der realen Möglichkeit, die inhaltliche Ausgestaltung der Vertragsbedingungen zu beeinflussen. Er muss sich also deutlich und ernsthaft zur gewünschten Änderung einzelner Klauseln bereit erklären."

Damit wird nicht verlangt, dass im Einzelfall tatsächlich eine Abänderung der jeweiligen Vertragsklauseln oder des Vertragsformulars durch **aktive Einflussnahme** des anderen Vertragspartners erfolgt.[34] Auch wenn ein vielfach verwendeter Formularvertrag nicht an irgendeiner Stelle äußerlich sichtbar abgeändert oder ergänzt worden ist, kann somit **im Einzelfall** ein Individualvertrag gegeben sein. Allerdings kann dies nur **ausnahmsweise** gelten,[35] da sich eine Änderungsbereitschaft des Verwenders in aller Regel in **Änderungen** des vorformulierten Textes **niederschlägt.** Schon der erste Anschein (keine Ergänzungen, keine Veränderungen sowie das äußere Erscheinungsbild) spricht bei einem völlig unverändert gebliebenen Formularvertrag gegen eine Individualabsprache. Davon geht auch der BGH aus: Er stellt maßgeblich darauf ab, ob der andere Vertragspartner eine **echte Verhandlungschance** hatte, die Vertragsbedingungen also wirklich (ernsthaft) zur Disposition gestellt wurden,[36] auch wenn es letztendlich bei der „gestellten Klausel" verbleibt,[37] also eine tatsächliche Abänderung der jeweiligen Vertragsklauseln oder des Vertragsformulars durch aktive Einflussnahme des anderen Vertragspartners im Einzelfall nicht erfolgt ist.[38]

**2153**

---

32) BGH, NJW 2000, 1110, 1111; OLG Celle, IBR 2004, 1 – *Schmitz;* OLG Dresden, BauR 2003, 255, 257, unzutreffend: OLG Köln, BauR 2001, 1105, wonach bei bewusstem Akzeptieren einer (hier Vertragsstrafen-)Klausel die AGB-Eigenschaften entfallen sollen, wenn der Vertragspartner des Verwenders die rechtliche Relevanz der vorformulierten Vertragsstrafenklausel vor Abschluss des Bauvertrages erkannt hat (s. kritisch hierzu auch: *Oberhauser,* BauR 2002, 15 ff.). Kritisch auch: *Reinelt,* BrBp 2004, 90 ff.

33) BGH, NJW-RR 1996, 783, 787 im Anschluss an BGH, NJW 1992, 1107; s. ferner: BGH, BauR 2005, 1154, 1155 = NZBau 2005, 460 = IBR 2005, 460 – *Kaufmann;* BGH, BauR 2003, 870; KG, OLGR 2005, 729 = IBR 2005, 319; OLG Stuttgart, IBR 2005, 320 – *Schmitz;* OLG Celle, BauR 2005, 1944; OLG Köln, IBR 2006, 247 – *Kimmich* u. OLGR 2002, 267, 269; OLG Düsseldorf, BauR 1994, 128 sowie NJW-RR 1997, 659.

34) BGH, NJW-RR 1988, 57; s. ferner: LG Frankfurt, NZBau 2004, 44; *MünchKomm-Kötz,* § 1 AGB-Gesetz, Rdn. 19; *Korbion/Locher,* Rdn. 11; *Pause,* Rdn. 150.

35) OLG Düsseldorf, BauR 1985, 341, 344; *Jagenburg,* BauR-Sonderheft 1/1977, S. 7.

36) BGH, NJW 2000, 1010; NJW-RR 1987, 144 (Zum „Aushandeln" einzelner Bestimmungen eines Architektenvertrages); BGH, BauR 1992, 794 = NJW 1992, 2759; OLG Köln, IBR 2006, 247 – *Kimmich*; OLG Koblenz, BB 1993, 2183.

37) BGH, NJW 1991, 1107 u. 1678.

38) BGH, NJW-RR 1988, 57; NJW-RR 1987, 144.

Der Verwender trägt die **Beweislast,** dass die Vertragsklauseln tatsächlich zur Disposition standen.[39)]

**2154** Nach allgemeiner Meinung **reicht für die Annahme von Individualvereinbarungen** im Übrigen **nicht aus,** dass die Vertragsklauseln dem anderen Vertragspartner (u. U. auch von einem Dritten: **Notar**) **verlesen** werden[40)] oder dieser lediglich über Bedeutung und Tragweite der vorformulierten Vertragsbedingungen **belehrt** worden ist, ohne dass ein Aushandeln[41)] oder die Abzeichnung jeder einzelnen Seite eines Formularvertrages erfolgte.[42)] Es genügt auch nicht, dass der andere Vertragspartner **nur die Wahl zwischen mehreren vorformulierten Klauseln** hatte.[43)] Unzureichend ist, wenn der andere Vertragspartner eine **Erklärung unterschreibt, die Vertragsklauseln seien ausgehandelt,** ohne dass dies der Fall war,[44)] oder wenn der Formulartext lediglich die Aufforderung enthält, nichtgewollte Teile zu streichen.[45)] Dasselbe gilt, wenn dem Vertragspartner lediglich die **Möglichkeit** eingeräumt wird, einige **Lücken** im Formular individuell auszufüllen.[46)]

**2155** Dagegen ist ein Individualvertrag anzunehmen, wenn ein Dritter (z. B. Notar) den Vertrag nach einem von ihm erarbeiteten Muster (u. U. mit vielen Standardbestimmungen) entworfen und den Vertragspartnern als Vorschlag unterbreitet; denn hier werden die Vertragsbestimmungen nicht von einer Partei der anderen Partei „gestellt".[47)]

**2156** Dabei ist jedoch die Rechtsprechung des **BGH** zur **Inhaltskontrolle von notariellen Formularbedingungen** zu beachten (vgl. Rdn. 2164 ff.). Haben zwei Vertragsparteien zunächst eine Individualabsprache getroffen, so reicht es für das Zustandekommen einer solchen Individualvereinbarung bei einem weiteren Vertragsabschluss unter denselben Vertragsparteien grundsätzlich nicht aus, wenn der Verwender den gleichen Text erneut benutzt, ohne ihn zur Verhandlung zu stellen.[48)]

**2157** Allerdings ist nach § 310 Abs. 3 Nr. 1 BGB für Verträge zwischen einem **Unternehmer** und einem **Verbraucher** insoweit eine wichtige **Ausnahme** zu beachten: Nach dieser Vorschrift **gelten** Allgemeine Geschäftsbedingungen **als vom Unternehmer gestellt;** deshalb sind die Bestimmungen

---

39) *MünchKomm-Kötz*, § 1 AGB-Gesetz, Rdn. 19 u. 25.
40) *MünchKomm-Kötz*, § 1 AGB-Gesetz, Rdn. 19; *Löwe/Graf von Westphalen/Trinkner*, § 1, Rdn. 24; *Heiermann/Linke*, S. 68; *Dittmann/Stahl*, § 1 Rdn. 49.
41) BGH, 1986, 54 = WM 1985, 1208 = DB 1986, 166; NJW 1977, 624, 625.
42) OLG Bremen, NJW-RR 1987, 468.
43) *Wolf*, NJW 1977, 1937, 1941; *Heinrichs*, NJW 1977, 1505.
44) BGH, NJW 1977, 624, 625; BauR 1987, 308 = NJW 1987, 1634; zum freiwilligen Einverständnis (Zustimmung) des anderen Vertragspartners mit den gestellten AGB: *Wolf*, NJW 1977, 1937, 1940.
45) BGH, NJW 1987, 2011.
46) BGH, BauR 1999, 1290, 1291 = NJW 1999, 3260; BauR 1987, 113 = NJW-RR 1987, 144 (**Lücke** im Architekten-Formularvertrag); OLG Köln, NJW-RR 1988, 654; OLG Stuttgart, WM 1987, 114; ferner: OLG Frankfurt, BauR 1999, 51 (Lückenausfüllung für Prozentsatz der Vertragsstrafe je angefangene Woche); OLG Hamm, BauR 2000, 728 (Eintragung des Prozentsatzes für eine Umlageklausel als notwendige, aber unselbstständige Ergänzung einer Klausel); OLG Dresden, OLGR 1998, 427; OLG Nürnberg, BB 1983, 1307 (offengelassene Lücke in AGB für die Höhe der Vertragsstrafe); OLG Köln, BB 1984, 1388 (offengelassene Lücke für die Dauer des Kündigungsrechts und Vertragsdauer).
47) BGH, NJW 1991, 843; *Markus/Kaiser/Kapellmann*, Rdn. 13; s. auch unten Rdn. **2161** ff.
48) BGH, NJW 1979, 367 = DB 1979, 159.

der §§ 305 ff. BGB auch dann anzuwenden, wenn Vertragsklauseln auf Vorschlag eines Dritten (z. B. Notar, Makler) zum Inhalt des Vertrages gemacht werden (sog. **Drittklauseln**).[49] § 310 Abs. 3 BGB ist grundsätzlich auf Verbraucherverträge nur anwendbar, wenn die Vertragsklauseln für eine Vielzahl von Verträgen vorformuliert worden sind,[50] wobei allerdings die Ausnahmeregelung des § 310 Abs. 3 Nr. 2 BGB zu berücksichtigen ist. Die Fiktion des § 310 Abs. 3 BGB greift nicht ein, wenn die vorformulierten Klauseln durch den Verbraucher **selbst** in den Vertrag eingeführt werden. Was bei einem **beiderseitigen** Einbeziehungsvorschlag gilt, ist in § 310 Abs. 3 BGB nicht geregelt; man wird jedoch annehmen können, dass die Bestimmung nicht zur Anwendung kommt, weil der Verbraucher an der Einbeziehung mitgewirkt hat und daher nicht besonders geschützt werden muss.[51]

**Unerheblich** ist im Übrigen bei der Differenzierung von Individualabsprachen einerseits und Formularvertrag oder AGB andererseits, **wer** die Vertragsbedingungen **formuliert** hat,[52] ob eine **wirtschaftliche oder/und intellektuelle Unterlegenheit** zwischen Verwender und der anderen Vertragspartei vorhanden ist,[53] welchen **Umfang die Formularverträge** haben, welche persönlichen Eigenschaften die Vertragsparteien haben (Behörde, Kaufmann, Wirtschaftsunternehmen usw.) sowie **welches Ergebnis das Aushandeln gebracht hat**.[54] Auch **einzelne Klauseln** können in sonst individuell gestalteten Verträgen als AGB anzusehen sein.[55]  **2158**

Die §§ 305 ff. BGB finden keine Anwendung, wenn **beide Vertragsparteien die Einbeziehung** bestimmter Vertragsbedingungen (z. B. der VOB) **wünschen;** diese Bedingungen sind dann nicht im Sinne des § 305 Abs. 1 Satz 1 BGB von einer Vertragspartei gestellt.[56] Werden einzelne Klauseln eines Vertragswerkes ausgehandelt, so können die übrigen Bedingungen u. U. den Charakter von AGB haben; dies folgt aus dem Wortlaut („soweit") des § 305 Abs. 1 Satz 3 BGB.[57] Werden einer Vertragspartei in einem Formularvertrag lediglich Wahlmöglichkeiten eingeräumt, kann hierzu noch nicht auf eine Individualvereinbarung geschlossen werden.[58]  **2159**

Bei **Bauherrenmodellen** kann im Einzelfall zweifelhaft sein, **wer** als **Verwender** der zahlreichen Vertragswerke anzusehen ist. Dies gilt insbesondere für den Fall, dass der Treuhänder selbst – u. U. vor Abschluss des Treuhandvertrages mit dem Bauherrn – für den späteren Vertragspartner des Bauherrn Vertragswerke (z. B. den Finanzierungsvermittlungsvertrag) ausgearbeitet hat.[59]  **2160**

Da die Form der Vertragsbedingungen für die Abgrenzung unerheblich ist, können auch **notariell beurkundete Verträge** unter die Bestimmungen der §§ 305 ff. BGB fallen (vgl. Rdn. 2154), wenn sie die Merkmale des § 305 Abs. 1 BGB aufweisen, also „nach Entstehung und Inhalt das typische Ge-  **2161**

---

49) Siehe zum **Bauträgerrecht:** *Pause*, Rdn. 157 m. Nachw.
50) *Ulmer/Brandner/Hensen*, § 24 a, Rdn. 36.
51) **Anderer Ansicht:** *Ulmer/Brandner/Hensen*, § 24 a, Rdn. 38.
52) BGH, BauR 2006, 106 **(Anwalt)**; LG Bayreuth, BauR 2006, 139 = IBR 2006, 629 – *Moufang*.
53) *Schlosser/Coester-Waltjen/Graba*, § 1 Rdn. 28; *Ulmer/Brandner/Hensen*, § 1 Rdn. 52.
54) *Heinrichs*, NJW 1977, 1507.
55) BGH, BauR 1997, 123 = NJW-RR 1997, 135 = MDR 1997, 140; *Wolf/Horn/Lindacher*, § 1, Rdn. 18 u. 37.
56) LG Bayreuth, BauR 2006, 139; *Palandt/Heinrichs*, § 305 BGB, Rdn. 13; *Locher*, NJW 1977, 1801.
57) *Löwe/Graf von Westphalen/Trinkner*, § 1, Rdn. 21; vgl. hierzu auch *MünchKomm-Kötz*, § 1 AGB-Gesetz, Rdn. 20.
58) *Locher/Koeble*, Rdn. 101 m. Nachw.
59) Vgl. hierzu BGH, NJW 1985, 2477 = DB 1985, 1525 = MDR 1985, 653; WM 1984, 240 = BB 1984, 564 sowie *Bartsch*, NJW 1986, 28 ff.

präge Allgemeiner Geschäftsbedingungen haben".[60] Dabei ist unerheblich, dass diese als notariell beurkundeten Verträge unter die besondere Prüfungs- und Belehrungspflicht des Notars fallen.[61] Das war schon h. A. vor Inkrafttreten des AGB-Gesetzes; hieran hat sich nichts geändert.[62] So hat der BGH[63] zu Recht als Abgrenzungskriterium auch für notariell beurkundete Verträge angesehen, dass der Vertrag „nicht als Ergebnis freien gegenseitigen Aushandelns beider Vertragsparteien erscheint, sondern einseitig vom Veräußerer allein nach seinem Interesse und in erheblicher Abweichung von der gesetzlichen Regelung festgelegt" ist. Dies wird bei den formularmäßigen Kaufverträgen von Baugesellschaften (Eigenheim- und Betreuerverträgen) in der Regel der Fall sein. Insbesondere eine Vertragsbestimmung mit einschneidenden Rechtsfolgen bedarf nach Auffassung des BGH „der eingehenden vorherigen Erörterung zwischen den Vertragsparteien und sich daran anschließender eindeutiger Niederlegung im Vertrag, wenn sie als Individualvereinbarung gelten soll".[64]

**2162** Viele **Baugesellschaften** stellen den Notaren **selbstentworfene Vertragsmuster** zur Rationalisierung des Vertragsabschlusses zur Verfügung. Sie sind damit die Urheber der Vertragsmuster. Diese Verträge werden dann den Erwerbern eines Eigenheimes oder einer Eigentumswohnung vorgelegt und meist unverändert beurkundet; auch solche Verträge sind an den Vorschriften der §§ 305 ff. BGB zu messen.[65] Dasselbe gilt, wenn **Notare** z. B. als Rechtsbetreuer des Bauträgers gemäß § 24 BNotO oder als Berater der Bauträger (sog. „Hausnotar") die entsprechenden Musterformular-Verträge für die Baugesellschaften oder andere Verwender entwerfen, die sodann ihren Vertragsparteien die entsprechenden Verträge „stellen"; auch in diesen Fällen werden die Formularverträge über den Notar als Abschlussgehilfen verwendet und den Käufern (Erwerbern) einseitig auferlegt.[66] Als AGB sind daher stets solche Vertragsformulare anzusehen, die einem Notar für den Vertragsabschluss **von einer Partei** zur Verfügung gestellt werden[67] oder die er **im Auftrag einer Partei** entwickelt hat.[68] Darüber besteht kein Meinungsstreit. Ob dies anders zu beurteilen ist, wenn der Notar die streitigen Klauseln selbst – etwa aufgrund eines von ihm (intern) als Vorlage herangezogenen Vertragsmusters – in den notariellen Vertrag einstellt, ist umstritten (vgl. auch Rdn. 2164).[69]

**2163** **Zweifelhaft** kann im Einzelfall sein, ob Verträge AGB-Charakter haben, wenn es sich um **Vertragsmuster des Notars** handelt, die dieser **beiden Vertragsparteien** vorlegt, da nach dem Wortlaut des Gesetzes die Vertragsbedingungen von einer Vertragspartei „gestellt" werden müssen. Legt der Notar von sich aus das Vertragsmuster oder entsprechende Klauseln der Parteien vor, so werden diese nicht von einer Partei

---

60) BGH, NJW 1979, 1406 = BauR 1979, 337 = DNotZ 1979, 741; BGH, DB 1975, 682 = BB 1975, 441 u. NJW 1974, 1135 = BauR 1974, 278; OLG Celle, IBR 2004, 374 – *Hildebrandt*.
61) So BGH, a. a. O.; *Jagenburg*, NJW 1972, 1222; *Wabnitz*, NJW 1972, 1397, 1398; *Garrn*, NJW 1980, 2782; **a. A.:** OLG München, BauR 1973, 387 m. abl. Anm. von *Groß*.
62) *Palandt/Heinrichs*, § 305 BGB, Rdn. 17; *Ulmer/Brandner/Hensen*, § 1, Rdn. 69.
63) BGH, DB 1975, 682, 683.
64) NJW 1979, 1406 = BauR 1979, 337 = DNotZ 1979, 741.
65) BGH, NJW 1979, 1406 = BauR 1979, 337; vgl. auch BGH, BauR 1994, 776 = ZfBR 1994, 273 = NJW 1994, 2825 m. Nachw.; OLG Düsseldorf, NJW-RR 1997, 659.
66) BGH, BauR 1994, 776 = NJW 1994, 2825; OLG Frankfurt, OLGR 1994, 61; OLG Köln, NJW 1994, 59; OLG München, NJW 1981, 2472 = BauR 1982, 64.
67) BGH, NJW 1982, 1035; vgl. auch BGH, NJW 1984, 2094.
68) BGH, BauR 1992, 622, 625 = ZfBR 1992, 219; NJW 1991, 843; BauR 1985, 93, 94.
69) Verneinend: OLG Düsseldorf, NJW-RR 1997, 659; bejahend: OLG Köln, OLGR 1998, 193; siehe dazu auch *Heinrichs*, NJW 1998, 1447, 1449 m. w. Nachw.

einseitig in den Vertrag eingeführt; die Parteien einigen sich vielmehr auf den Vertragsentwurf des Notars, also eines „Dritten".[70]

**2164** In der **Literatur**[71] wird die Gleichstellung der von einem Notar vorformulierten und vielfach verwendeten Vertragsklauseln mit AGB überwiegend abgelehnt. Es wird, um das Tatbestandsmerkmal des „Stellens" bejahen zu können, verlangt, dass die Einführung der vorformulierten Bedingungen in den notariellen Vertrag einer Vertragspartei in irgendeiner Form „zuzurechnen" sei, wobei es u. U. genügen soll, dass ein Notar auf Veranlassung einer Partei ein von ihm vielfach benutztes Vertragsmuster benutzt oder entsprechende Klauseln in den Vertrag einführt, sich also einer Partei der vorformulierten Klauseln „gleichsam mittelbar bedient".[72]

**2165** Nach der Rechtsprechung des BGH[73] erhält eine Individualvereinbarung, die nach einem in der Praxis eines Notars gebräuchlichen Muster entworfen wird, dadurch noch nicht die „Qualität einer AGB": „Denn dann ‚stellt' die Vertragspartei nicht im Sinne von § 1 Abs. 1 AGB-Gesetz eine formularmäßige Vertragsbedingung, sondern sie macht sich bei dem Abschluss des Vertrages nur den vom Notar für diesen Einzelfall vorgeschlagenen Regelungswortlaut zu eigen."[74]

**2166** In ständiger Rechtsprechung vertritt der BGH[75] allerdings die Auffassung, dass auch die **auf Vorschlag des Notars** in einen Vertrag übernommenen formularmäßigen Klauseln einer **auf § 242 BGB gestützten Inhaltskontrolle** unterliegen können, selbst wenn sie noch keine AGB im Sinne des § 305 Abs. 1 BGB sind.

**2167** Diese Rechtsprechung ist zu den häufig in Notarverträgen vorkommenden **formelhaften Freizeichnungsklauseln** ergangen (vgl. Rdn. 2179 ff.) und soll nach der Meinung des BGH auch hierauf beschränkt bleiben.[76] Der gleichförmige Wortlaut in der notariellen Praxis hat danach grundsätzlich keine rechtlichen Auswirkungen: Es wäre „sachwidrig, die Wirksamkeit einer Klausel, welche rechtlich eindeutig ist und unmissverständlich dem entspricht, was die Beteiligten vereinbaren wollen, allein deswegen in Frage zu stellen, weil es sich um eine Standardformulierung des Notars handelt".

**2168** Entspricht eine **Formularklausel** nicht den Vorschriften der §§ 305 ff. BGB, so ist sie **unwirksam,** der **übrige Formularvertrag** aber wirksam (§ 306 Abs. 1 BGB). Die im Vertrag entstandene Lücke ist durch die entsprechenden **gesetzlichen** Vorschriften zu schließen (§ 306 Abs. 2 BGB). **Bestritten** ist dagegen, ob bei einem nur **teilweisen Verstoß einer Formularklausel** gegen die Vorschriften der §§ 305 ff. BGB bzw. des AGB-Gesetzes (sog. Übermaßverstoß) grundsätzlich die ganze Klausel oder nur im Umfang des Verstoßes unwirksam ist, also auf einen angemessenen Umfang nach Lage des Einzelfalles zurückzuführen ist (sog. **geltungserhaltende Reduktion**).[77]

---

70) OLG Köln, OLGR 1998, 193.
71) *MünchKomm-Kötz,* § 1 AGB-Gesetz, Rdn. 8; *Wolf/Horn/Lindacher,* § 1, Rdn. 28 und 55; *Peters,* NJW 1979, 1820; *Brambring/Schippel,* NJW 1979, 1802.
72) *MünchKomm-Kötz,* § 1 AGB-Gesetz, Rdn. 8 („Hausnotar ist nicht mehr neutraler Dritter"); s. auch *Pause,* Rdn. 156.
73) BGH, NJW-RR 1991, 843; BGH, NJW-RR 1989, 1038.
74) BGH, NJW-RR 1991, 843.
75) BGH, BauR 1987, 686 = NJW 1988, 135; BauR 1988, 464 = NJW 1988, 1972; BGH, BauR 1987, 552 = NJW-RR 1987, 1035; OLG Düsseldorf, BauR 1994, 128.
76) BGH, NJW-RR 1991, 843.
77) Zum Meinungsstand: *Schulze-Hagen,* BauR 2003, 785 ff.; *Ulmer/Brandner/Hensen,* § 6, Rdn. 14 ff.; *Bunte,* NJW 1987, 921, 927.

**2169** Der BGH[78] ist der Auffassung, eine geltungserhaltende Reduktion sei **unzulässig,** wenn sie dazu führe, dass Teile einer an sich nach den §§ 305 ff. BGB bzw. dem AGB-Gesetz unwirksamen Klausel rechtsverbindlich blieben („noch zulässiger Kern"). Dabei weist der BGH darauf hin, es laufe dem Zweck des Gesetzes zuwider, „wenn es zugelassen würde, dass der Verwender bei der Aufstellung seiner Konditionen unbedenklich über die Grenzen des Zulässigen hinausgehen dürfte, ohne mehr befürchten zu müssen, als dass das Gericht die Benachteiligung seines Geschäftspartners auf ein gerade noch zulässiges Maß zurückführen wird".

**2170** Allerdings versucht der BGH[79] im Einzelfall über den Weg der **ergänzenden Vertragsauslegung** (§§ 157, 133 BGB), die Lücke in einem Vertrag, der durch die Unwirksamkeit einer Klausel in Allgemeinen Geschäftsbedingungen entsteht, zu schließen und einen gerechten Ausgleich zu finden, wenn konkrete gesetzliche Regelungen zur Ausfüllung der Lücke nicht zur Verfügung stehen und die ersatzlose Streichung der unwirksamen Klausel nicht zu einer angemessenen, den Interessen der beiden Vertragsparteien Rechnung tragenden Lösung führt. Dies hat nicht nur Zustimmung gefunden.[80] Sogenannte **salvatorische Klauseln,** wonach anstelle der unwirksamen Vorschrift eine Bestimmung tritt, die unter Berücksichtigung des übrigen Vertragsinhalts der ursprünglich beabsichtigten Regelung am nächsten kommt, sind unter den vorerwähnten Gesichtspunkten bedenklich, wenn sie in Formularverträgen angewandt werden. Allgemein werden sie insoweit für unwirksam gehalten.[81]

Darüber hinaus gilt:[82] Geltungserhaltende Reduktion ist denkbar, wenn „**inhaltlich voneinander trennbare, einzeln aus sich heraus verständliche Regelungen** in AGB einer **gesonderten Wirksamkeitsprüfung zugänglich** (sind), und zwar auch dann, wenn sie einem äußeren sprachlichen Zusammenhang mit anderen – unwirksamen – Klauseln stehen. Nur wenn der als wirksam anzusehende Rest im Gesamtgefüge des Vertrages nicht mehr sinnvoll, insbesondere der als unwirksam beanstandete Klauselteil von so einschneidender Bedeutung ist, dass von einer gänzlich neuen, von der bisherigen völlig abweichenden Vertragsgestaltung gesprochen werden muss, ergreift die Unwirksamkeit der Teilklausel die Gesamtklausel."

**2171** Die Parteien können im Rahmen der Vertragsfreiheit Art und Umfang der (gegenseitigen) **vertraglichen Leistungspflichten** grundsätzlich frei regeln. Daher unterliegt die **Leistungsbeschreibung** innerhalb eines Werkvertrages **nicht der Kontrolle** durch die §§ 305 ff. BGB.[83] Das gilt auch für vertragliche Preisabreden, die in aller Regel individualrechtlich vereinbart werden. Dagegen sind so genannte **Preisnebenabreden,** die nur eine mittelbare Auswirkung auf den Preis sowie die Leistung

---

78) NJW 1989, 1796, 1798; NJW 1989, 831, 833; NJW 1986, 1610 = DB 1986, 480; NJW 1985, 319 = DB 1985, 225; NJW 1984, 48; NJW 1984, 2687; BGH, NJW-RR 1996, 783, 788 u. NJW 1996, 1407, 1408.
79) BGH, NJW 1996, 2092, 2093; NJW 1986, 1610. Zur ergänzenden Vertragsauslegung bei einer unwirksamen Abrede über eine **Gewährleistungssicherheit**: BGH, BauR 2005, 539 = NZBau 2005, 219 u. BauR 2005, 1154 = NZBau 2005, 460 = IBR 2005, 423 – *Kaufmann* m. w. Nachw.
80) Vgl. hierzu *Bunte,* NJW 1984, 1145 ff.; *Trinkner,* BB 1984, 490; *Löwe,* BB 1984, 492; *Hager,* JuS 1985, 264.
81) Vgl. hierzu: BGH, NJW-RR 1996, 783, 788; *Ulmer/Brandner/Hensen,* § 6, Rdn. 38 ff.; *Staudinger/Schlosser,* § 9 Anm. 14; LG Dortmund, AGBE I, § 6 Nr. 11.
82) BGH, NJW 1997, 394, 395 = BauR 1997, 302 = BB 1997, 176 = MDR 1997, 238 unter Hinweis auf NJW 1993, 1133, 1135 u. NJW 1989, 3215 (der in einer Klausel geregelte Ausschluss der fiktiven Abnahme ist unwirksam, während der in derselben Klausel geregelte Abnahmezeitpunkt nach §§ 9, 10 Nr. 1 AGB-Gesetz unwirksam ist); vgl. ferner BGH, NJW 1995, 1085 u. 2219.
83) BGH, BauR 1997, 123 = NJW 1997, 135 = MDR 1997, 140 = ZfBR 1997, 33; s. ferner: BGH, NZBau 2005, 453, 454 = IBR 2005, 357 – *Schwenker;* KG, IBR 2006, 434 – *Schwenker; Kaiser,* in: AGB-Handbuch, Rdn. 30 ff.

haben, der **Inhaltskontrolle** durch die §§ 305 ff. BGB unterworfen; liegt ein entsprechender Verstoß vor, tritt an ihre Stelle dispositives Gesetzesrecht, was bei reinen Preisabreden nicht möglich ist.[84] Stets ist daher zu prüfen, ob die entsprechende Klausel innerhalb eines Werkvertrages unmittelbar ein Teil der Leistungsbeschreibung oder der eigentlichen Preisabrede ist. Im Einzelfall sind daher

* die „kontrollfreien" preis- und leistungsbestimmenden AGB-Bestandteile des Vertrages von
* den „kontrollierbaren" Nebenabreden

abzugrenzen. Das kann auf Schwierigkeiten stoßen. Darüber hinaus wird vielfach Anlass zu der Prüfung bestehen, ob Verstöße gegen das **Transparenzgebot** (§ 307 Abs. 3 Satz 2 BGB) vorliegen.[85]

Der BGH[86] hat der „kontrollfreien" **Leistungsbeschreibung** – im Rahmen eines Vertrages über die schlüsselfertige Erstellung eines umfangreichen Bauvorhabens – z. B. folgende **Klauselabreden** zugeordnet: die Übernahme aller Erschließungs- und Baunebenkosten i. S. der DIN 276 und gegebenenfalls deren Bezahlung an Dritte (z. B. Anschlussgebühren, Brief- und Abnahmegebühren) sowie alle Kosten und Gebühren, die durch die Erfüllung der gesamten Leistung notwendig werden. Nicht kontrollfähig sind damit alle Regelungen, die die Hauptleistung und den Preis unmittelbar bestimmen. Als Teil einer „kontrollfreien" Preisabrede hat der BGH[87] auch folgende **„Bauwasser-Klausel"** angesehen, weil mit der dort genannten Preispauschale nur das Entgelt für die Lieferung von Bauwasser geregelt wird: „In der Schlussrechnung werden die Verbrauchskosten und etwaige Kosten für Messer und Zähler in Höhe von 1,2% des Endbetrages der Schlussrechnung ... abgesetzt". Eine AGB-Klausel, wonach der Auftraggeber eine **Bauwesenversicherung** abschließt und die anteilige Prämie mit einem bestimmten Promillesatz von der Schlusssumme in Abzug gebracht wird, stellt nach der Auffassung des BGH[88] ebenfalls keine Preisnebenabrede dar.

**2172**

Dagegen sind z. B. der Kontrolle durch die §§ 305 ff. BGB unterworfen:[89] **Klauseln** über Änderungen und Erhöhungen des vereinbarten Preises sowie die Zahlungsbedingungen, Regelungen über Liefertermine und den Lieferort, über Mengen-, Gewichts- und Qualitätstoleranzen, Fahrtkostenklauseln,[90] Baureinigungsklauseln,[91] Klauseln über Zuschläge oder Abschläge, Skonti und Fahrtkosten, soweit sie nicht zur unmittelbaren Preisabsprache gehören.

---

84) BGH, BauR 1999, 1290 = NJW 1999, 3260 = MDR 1999, 1379 = ZfBR 2000, 27; s. ferner: OLG Celle, BauR 2004, 1955.
85) Siehe hierzu: *Thode*, ZNotP 2004, 131 ff.; *Schwenker*, IBR 2005, 21; *Korbion/Locher/Sienz*, M Rdn. 63 ff.; *Berger*, in: Prütting/Wegen/Weinreich, § 307, Rdn. 14 ff.
86) BGH, BauR 1997, 123 = NJW 1997, 135 = MDR 1997, 140 = ZfBR 1997, 33.
87) BauR 1999, 1290 = NJW 1999, 3260 = MDR 1999, 1379 = ZfBR 2000, 27. Ebenso: OLG Hamm, BauR 2000, 728 für eine Umlageklausel für Baustrom, Bauwasser, Baureinigung sowie Bauwesenversicherung.
88) BauR 2000, 1756 = NJW 2000, 3348 = NZBau 2000, 466 = ZfBR 2000, 546 = MDR 2000, 1312.
89) Vgl. hierzu *Ulmer/Brandner/Hensen*, § 8, Rdn. 20 ff.
90) BGH, NJW 1984, 2160.
91) BGH, BauR 2000, 1756 = NJW 2000, 3348 = NZBau 2000, 466 = ZfBR 2000, 546.

## b) Beweislast

**2173** Nach allgemeiner Auffassung[92] trifft denjenigen, der sich auf den Schutz des AGB-Rechts beruft, die **Darlegungs- und Beweislast, dass im Einzelfall AGB** im Sinne des § 305 Abs. 1 BGB vorliegen; es gelten aber **Beweiserleichterungen** im Hinblick auf die **äußere Form** der Vertragsbestimmungen: Bei Vertragsmustern, standardisierten Bedingungen, gedruckten oder in anderer Weise vervielfältigten Formularverträgen (z. B. Architektenverträgen) spricht eine **Vermutung**/Anschein für die Annahme von AGB.[93] Den Beweis, dass der Vertrag AGB-Charakter hat, kann der Vertragspartner des Verwenders insbesondere dadurch führen, dass er gleichlautende Verträge vorlegt, die der Verwender mit anderen Parteien abgeschlossen hat.[94]

**2174** Behauptet der Bauunternehmer, Architekt oder Bauherr **als Verwender** eines Klauselwerks, dass die Vertragsbedingungen **ausgehandelt** worden sind, trägt er hierfür die Darlegungs- und Beweislast, weil § 305 Abs. 1 Satz 3 BGB den Ausnahmetatbestand darstellt.[95] Der BGH[96] hat darauf hingewiesen, dass „der Vertragsteil, der sein Angebot unter Verwendung von AGB oder eines Vertragsformulars abgibt oder sonst das von ihm vielfach verwendete Klauselwerk in die Vertragsverhandlungen einführt, damit – vorbehaltlich anderslautender Erklärungen – nach allgemeiner Verkehrsanschauung zu verstehen gibt, er sei nicht bereit, von seinen vorgedruckten, abschließend formulierten Konditionen abzuweichen und sie eventuell den gegenläufigen Interessen des Partners anzupassen oder sie zu ergänzen".

**2175** Bei der Beweisführung hinsichtlich des **Aushandelns** von Klauseln reicht die Vorlage einer Bestätigung, wonach die Vertragsbedingungen ausgehandelt sind, nicht aus. Aber auch hier können **Beweiserleichterungen** in Betracht kommen: hand- oder maschinenschriftliche Eintragungen, Ergänzungen oder Änderungen von Vertragsbedingungen[97] sowie auch notariell beurkundete Verträge, soweit solche nicht die Form eines Musterformular-Vertrages aufweisen[98] (vgl. Rdn. 2159 ff.), sprechen dafür, dass die Klauseln ausgehandelt wurden.[99] Dies kann aber nicht ohne weiteres für vorformulierte **Besondere Vertragsbedingungen** zu einem Bauvertrag gelten, es sei denn, die äußere Form spricht für einen Aushandlungsprozess.[100]

**2176** Für **Verbraucherverträge** gilt Folgendes: Der **Unternehmer** trägt aufgrund der Fiktion des § 310 Abs. 3 Nr. 1 BGB (vormals: § 24 a Nr. 1 AGB-Gesetz) die **Beweislast,** dass die Vertragsbedingungen im Einzelnen ausgehandelt worden sind und/oder dass es sich um eine vom Verbraucher eingeführte Klausel handelt. Bei Einzelvertragsklauseln (§ 310 Abs. 3 Nr. 2 BGB, vormals: § 24 a Nr. 2 AGB-Gesetz) hat der **Verbraucher** zu beweisen, dass er aufgrund der Vorformulierung der Klausel

---

92) BGH, BauR 2004, 488 = ZfBR 2004, 258 = NZBau 2004, 146 = NJW 2004, 502; BGHZ 118, 229, 238 = BauR 1992, 622; OLG München, BauR 2003, 553; *MünchKomm-Kötz*, § 1 AGB-Gesetz, Rdn. 25; *Korbion/Locher/Sienz*, A Rdn. 15.
93) OLG München, BauR 2003, 553, 554; *Markus/Kaiser/Kapellmann*, Rdn. 42.
94) *Locher/Koeble*, Rdn. 102.
95) BGH, NJW-RR 1987, 144; OLG Celle, IBR 2004, 1 – *Schmitz*.
96) NJW 1977, 624, 625; s. ferner: BGH, IBR 2002, 46; BGH, NJW 2000, 1110.
97) *Löwe/Graf von Westphalen/Trinkner*, § 1, Rdn. 30; *Schlosser/Coester-Waltjen/Graba*, § 1, Rdn. 31; *Wolf/Horn/Lindacher*, § 1, Rdn. 42.
98) LG Nürnberg-Fürth, DNotZ 1984, 590.
99) *Schippel/Brambring*, DNotZ 1977, 131, 159.
100) Wie hier: *Heiermann*, DB 1977, 1733; **a. A.:** *Korbion*, VersR 1977, 681.

# Unternehmer und Kaufleute

keinen Einfluss auf ihren Inhalt nehmen konnte. Heinrichs[101] verweist zu Recht darauf, dass sich der Verbraucher dabei meist auf die Grundsätze des Beweises des ersten Anscheins – insbesondere bei umfangreichen und komplizierten Texten – berufen kann.

## c) Kollision von AGB

*Literatur*

*Ebel*, Die Kollision Allgemeiner Geschäftsbedingungen, NJW 1978, 1033; *Niebling*, Übereinstimmende und kollidierende Vertragsbedingungen, BauR 1981, 227.

Das Problem des Zusammentreffens kollidierender AGB ist weder im AGB-Gesetz noch in den §§ 305 ff. BGB besonders geregelt worden. Bisher sind für diese Fälle verschiedene Lösungsmöglichkeiten angeboten worden.[102] Die alte „Theorie des letzten Wortes" wird allgemein nicht mehr aufrechterhalten.[103] Der BGH[104] hat nach den allgemeinen Vorschriften des BGB (§§ 150 II, 151, 154, 155 BGB) entschieden, ob und mit welchem Inhalt ein Vertrag zustande gekommen ist. Daran ist auch durch § 305 Abs. 2 BGB nichts geändert worden; vielmehr sollen die beim Zusammentreffen sich widersprechender AGB entstandenen Fragen weiterhin nach den Vorschriften des BGB in einer den Besonderheiten des Einzelfalles gerecht werdenden Weise beurteilt werden.[105] AGB, die sich widersprechen, werden insbesondere dann häufig gestellt, wenn sich zwei Unternehmer (z. B. Generalunternehmer und Subunternehmer) gegenüberstehen. Sind sich die Vertragsparteien über die wesentlichen Bedingungen des Vertrags einig, ist von einem wirksamen Vertragsabschluss auszugehen (§§ 154, 155 BGB). In erster Linie gelten dann die individualvertraglichen Absprachen. Entsprechen sich die AGB ganz oder teilweise, gelten diese;[106] soweit sie sich widersprechen, gilt das Gesetz.[107] Im Übrigen kommt es stets auf den Einzelfall an. Dabei spielt es auch eine Rolle, ob in den jeweiligen AGB so genannte Ausschließlichkeitsklauseln oder Abwehrklauseln[108] enthalten sind.

2177

## d) Anwendung der §§ 305 ff. BGB auf Unternehmer/öffentlich-rechtliche Kunden in der Baupraxis

*Literatur*

*Schmitz*, Die Vereinbarung der VOB/B in Verträgen mit Nichtkaufleuten, ZfBR 1979, 184; *Ebenroth/Autenrieth*, Der Kaufmann im Baugewerbe, BauR 1980, 211; *Alisch*, Zur Kontrolle von Allgemeinen Geschäftsbedingungen bei Verwendung im rein kaufmännischen Geschäftsverkehr, JZ 1982, 706; *Rabe*, Die Auswirkungen des AGB-Gesetzes auf den kaufmännischen Verkehr, NJW 1987, 1978; *Hensen*, Die Auswirkungen des AGB-Gesetzes auf den kaufmännischen Verkehr,

---

101) NJW 1996, 2190, 2193.
102) *Ulmer/Brandner/Hensen*, § 2, Rdn. 92 ff. mit einer Übersicht über den Meinungsstand.
103) Vgl. *Palandt/Heinrichs*, § 305 BGB, Rdn. 55.
104) BB 1974, 1136; ferner: BGH, WM 1977, 451.
105) Saarländisches OLG, OLGR 1998, 73 mit dem Hinweis, dass in diesem Fall auch „ein den Klauseln zu entnehmender Minimalkonsens maßgeblich" sein soll.
106) BGH, NJW 1985, 1838.
107) BGH, DB 1982, 1001; vgl. *Niebling*, BauR 1981, 227, 230; OLG Köln, DB 1980, 924; OLG Koblenz, WuW 1984, 1005.
108) Vgl. BGH, NJW-RR 1986, 984 u. NJW 1985, 1838, 1839.

NJW 1987, 1986; *Paulusch*, Haftung und Haftungsbegrenzung im kaufmännischen Geschäftsverkehr, DWiR 1992, 182; *Hommelhoff/Wiedenmann*, AGB gegenüber Kaufleuten und unausgehandelte Klauseln in Verbraucherverträgen, ZIP 1993, 562; *Fischer*, Praktische Probleme der Einbeziehung von AGB unter Kaufleuten, insbesondere bei laufenden Geschäftsverbindungen, BB 1995, 2491; *Graf von Westphalen*, Die Nutzlosigkeit von Haftungsfreizeichnungen und Haftungsbegrenzungsklauseln im kaufmännischen Verkehr, DB 1997, 1805; *Schuhmann*, Waisenkind des AGB-Gesetzes: Der Mustervertrag im kaufmännischen Individualgeschäft, JZ 1998, 127; *Grziwotz*, Schuldrechtsmodernisierung und Gestaltung von Verträgen im öffentlichen Recht und Städtebaurecht, BauR 2001, 1839.

**2178** § 310 BGB entspricht mit seinen Ausnahmeregelungen fast wörtlich dem bisherigen §§ 23 und 24 AGB-Gesetz. § 310 Abs. 1 BGB bestimmt unter Berücksichtigung der Neuregelung des Handelsrechtsreformgesetzes, dass die beiden Klauselkataloge der §§ 308 und 309 BGB auf Allgemeine Geschäftsbedingungen

1. die gegenüber einer Person verwendet werden, die bei Abschluss des Vertrages in Ausübung ihrer gewerblichen oder selbstständigen beruflichen Tätigkeiten handelt **(Unternehmer)**,
2. die gegenüber einer **juristischen Person des öffentlichen Rechts** oder einem öffentlich-rechtlichen **Sondervermögen** verwendet werden,

**keine** Anwendung finden;[109] das gilt auch – neben § 305 Abs. 3 BGB – insbesondere für die **Hinweis-** und **Kenntnisverschaffungspflicht** gemäß § 305 Abs. 2 BGB. § 310 Abs. 1 BGB stellt (wie vormals § 24 Satz 1 Abs. 1 AGB-Gesetz) nunmehr auf den Begriff des **Unternehmers** einschließlich des Freiberuflers (anstelle des Begriffs des Kaufmanns) ab. Das hat für die Baubranche weitreichende Bedeutung, weil damit von § 310 Abs. 1 BGB grundsätzlich alle Bauunternehmen, Handwerksbetriebe, aber auch alle Freiberufler (wie z. B. Architekten, Sonderfachleute) erfasst werden.

**2179** Das beruht auf Änderungen durch das **Handelsreformgesetz** (1998);[110] wichtigster Bestandteil der Reform ist die Modernisierung des **Kaufmannsbegriffes** gemäß §§ 1 ff. HGB. Die Differenzierung zwischen „Musskaufmann" gemäß § 1 HGB a. F. und „Sollkaufmann" gemäß § 2 HGB a. F. gibt es nicht mehr, was für die Beurteilung der Kaufmannseigenschaft von Bauunternehmern und Bauhandwerkern von erheblicher Bedeutung ist. Nach dem neugefassten § 1 Abs. 2 HGB ist jeder Gewerbebetrieb ein Handelsgewerbe, „es sei denn, dass das Unternehmen nach Art oder Umfang einen in kaufmännischer Weise eingerichteten Geschäftsbetrieb nicht erfordert". Nach dieser Vorschrift gilt also die (allerdings widerlegbare) Vermutung, dass bei Vorliegen eines Gewerbes auch von der Eigenschaft als Handelsgewerbe und damit von der Kaufmannseigenschaft auszugehen ist.[111]

**2180** Wer behauptet, dass sein Gewerbebetrieb in nichtkaufmännischer Weise betrieben wird, trägt die entsprechende Darlegungs- und Beweislast. Mit § 2 HGB wurde gleichzeitig der **„Kannkaufmann"** geschaffen; danach gilt ein Gewerbebetrieb, der nicht schon nach § 1 Abs. 2 Handelsgewerbe ist, als Handelsgewerbe im Sinne des HGB, wenn die Firma des Unternehmens in das Handelsgewerbe eingetragen ist.

---

109) Zur Frage, ob privatrechtliche städtebauliche Verträge, soweit sie Allgemeine Geschäftsbedingungen enthalten, einer Inhaltskontrolle nach §§ 307 bis 309 BGB unterliegen, siehe: BGH, BauR 2003, 703, 705. Zur Inhaltskontrolle eines **VOB/B-Vertrages** eines öffentlichen Auftraggebers (kein Sonderrecht): BGH, BauR 2007, 1404 = IBR 2007, 412 – *Schulze-Hagen*.
110) BGBl. I, 1998, 1477; vgl. hierzu insbesondere *Schmidt*, NJW 1998, 2161; *Schaefer*, DB 1998, 1269.
111) *Schaefer*, DB 1998, 1269, 1270.

**Einzelfälle** **Rdn. 2181–2182**

Da § 310 Abs. 1 Satz 2 BGB die Generalklauseln des § 307 Abs. 1 und 2 BGB „insoweit" für anwendbar erklärt, „als dies zur Unwirksamkeit der in den §§ 308 und 309 BGB genannten Vertragsbestimmungen führt", sind rechtliche Schwierigkeiten im Einzelfall vorprogrammiert: So stellt sich nicht nur die Frage, ob der Begriff der **„unangemessenen Benachteiligung"** i. S. des § 307 BGB im **unternehmerischen** Rechtsverkehr restriktiver auszulegen ist, sondern auch, ob die Klauselkataloge der §§ 308 und 309 BGB über § 307 BGB auf den **unternehmerischen Rechtsverkehr** ohne weiteres „übertragen" werden können.[112] Zu beachten ist ferner, dass § 305 Abs. 2 und 3 BGB nicht anzuwenden ist; jedoch bedarf es auch im kaufmännischen Rechtsverkehr stets einer **rechtsgeschäftlichen Einbeziehung** der Allgemeinen Geschäftsbedingungen nach den allgemeinen bürgerlich-rechtlichen Grundsätzen.[113] Nach OLG Düsseldorf[114] soll es ausreichen, wenn der Verwender auf seine AGB verweist und sich bereit erklärt, seine AGB auf Wunsch zu übersenden. **2181**

Damit ist für den Kreis der Unternehmer die **Generalklausel des § 307 BGB** die **entscheidende Vorschrift** für die Frage der Wirksamkeit von AGB oder Formularverträgen.

### 3. Einzelfälle

*Literatur*

*Gnad*, Auswirkungen des AGB-Gesetzes auf die künftige Gestaltung von Architektenverträgen, Schriftenreihe der Deutschen Gesellschaft für Baurecht, Bd. 11, 5; *Graf von Westphalen*, Bauvertrag und AGB-Gesetz, Schriftenreihe der Deutschen Gesellschaft für Baurecht, Bd. 11, 45.
*Heiermann*, Auswirkungen des Gesetzes zur Regelung des Rechts der Allgemeinen Geschäftsbedingungen auf das Bauvertragswesen, DB 1977, 1733; *Kaiser*, Die Bedeutung des AGB-Gesetzes für vorformulierte vertragliche Haftungs- und Verjährungsbedingungen im Architektenvertrag, BauR 1977, 313; *Beise*, Gewährleistungsvereinbarung und AGB-Gesetz, DB 1978, 286; *Brambring*, AGB-Gesetz und Gewährleistungsregelung im Bauträgervertrag, NJW 1978, 777; *Brych*, Die vertragliche Gestaltung der Gewährleistung des Bauträgers bei der Veräußerung von Eigentumswohnungen, MDR 1978, 180; *Recken*, Streitfragen zur Einwirkung des AGBG auf das Bauvertragsrecht, BauR 1978, 417; *Schlechtriem*, Summenmäßige Haftungsbeschränkungen in Allgemeinen Geschäftsbedingungen, BB 1984, 1177; *Wagner*, Die Anwendung des AGB-Gesetzes im Bauherrenmodell, BB 1984, 1757; *Brych*, Inhaltskontrolle von Bauherrenmodell-Verträgen, BB 1985, 158; *Erkelenz*, Bauvertragsklauseln in Allgemeinen Geschäftsbedingungen, ZfBR 1985, 201, ZfBR 1986, 7; *Walchshöfer*, Annahmefristen in Allgemeinen Geschäftsbedingungen, WM 1986, 1041; *Brambring*, Sachmängelhaftung beim Bauträgervertrag und bei ähnlichen Verträgen, NJW 1987, 97; *Grziwotz*, Vertragliche Gewährleistungsregelungen im Bauträgervertrag, NJW 1989, 193; *Wellkamp*, Der Gewährleistungsausschluss in notariellen Verträgen, DB 1995, 813; *Derleder*, Der Bauträgervertrag nach der Schuldrechtsmodernisierung, NZBau 2004, 237.

Die inhaltliche Bestimmung der Grenzen von **formularmäßigen Haftungsfreizeichnungsklauseln** kann grundsätzlich nicht allgemeingültig festgelegt werden. Stets wird es auf eine sachgerechte, richterliche Wertung der Freizeichnungsklauseln **im Einzelfall** unter Abwägung aller Umstände ankommen, wobei darauf abzustellen **2182**

---

112) Siehe hierzu vor allem *Paulusch*, DRiW 1992, 182 ff.
113) Vgl. OLG München, NJW 1995, 733, 734.
114) VersR 1996, 1394. Bei einer **Ausschreibung** kann auf den AGB-Abdruck im Ministerialblatt verwiesen werden (SchlHOLG, NJW 1995, 2858; OLG Celle, BauR 1996, 711; *Markus/Kaiser/Kapellmann*, Rdn. 24.

ist, ob die Haftungsbegrenzung unter Berücksichtigung des konkreten Sachverhalts unbillig ist und berechtigten Belangen des anderen Vertragspartners widerspricht.

**2183** Die **Darlegungs-** und **Beweislast** hinsichtlich der Voraussetzungen eines Gewährleistungsausschlusses trägt der Auftragnehmer.[115]

**Haftungsbegrenzungen** sind im Baurecht unter verschiedenen Gesichtspunkten denkbar:

### a) Vollständiger Haftungsausschluss

*Literatur*
*Klumpp*, AGB-Gewährleistungsausschluss für „alte" Neubauten, NJW 1993, 372; *Schlünder/Scholz*, Notarielle Verträge über neue Häuser nach der AGBG-Novelle, ZfBR 1997, 55.

**2184** In der Baubranche wird immer wieder der **Versuch** unternommen, die Haftung **ganz** oder **doch überwiegend** auszuschließen.[116] Im Rahmen einer **Individualvereinbarung** ist ein (vollständiger) Haftungsausschluss des Auftragnehmers (Unternehmers, Architekten, Bauträgers) oder Auftraggebers (Hauptunternehmers, Bauherrn) grundsätzlich möglich. Diese Fallgestaltungen sind jedoch in der Baupraxis selten, weil sich im Zweifel kein Vertragspartner auf eine solche Regelung einlässt. Zudem wird ein individuell vereinbarter Haftungsausschluss bedenklich, wenn hierdurch die Erreichung des Vertragszweckes **gefährdet** und/oder wesentliche Rechte oder Pflichten, die sich aus der Natur des Vertrages ergeben, **eingeschränkt** werden.[117] Darüber hinaus kann auch ein individuell vereinbarter Haftungsausschluss im Einzelfall unwirksam sein, wenn eine notwendige **Aufklärung** über die Rechtsfolgen des Gewährleistungsausschlusses **unterblieben** ist. Nach der Rechtsprechung des BGH[118] ist ein „**formelhafter Ausschluss** der Gewährleistung für Sachmängel beim Erwerb **neu errichteter** oder **noch zu errichtender** Eigentumswohnungen und Häuser auch in einem **notariellen Individualvertrag** gemäß § 242 BGB unwirksam, wenn die Freizeichnung nicht mit dem Erwerber unter **ausführlicher** Belehrung über die einschneidenden Rechtsfolgen eingehend erörtert worden ist". Das gilt nicht bei einer Altbausanierung für die **unberührt** gebliebene Altbausubstanz, weil insoweit kein Unterschied zu einem Vertrag über den Verkauf eines Altbaus ohne jede Herstellungsverpflichtung besteht.

**2185** Durch das **Schuldrechtsmodernisierungsgesetz** ist die alte Vorschrift des § 637 BGB (arglistiges Verschweigen eines Baumangels) durch § 639 BGB ersetzt worden. Danach kann sich ein Unternehmer auf eine Vereinbarung über eine Haftungsbegrenzung nicht berufen, soweit der Unternehmer den **Mangel arglistig verschwiegen** oder „eine **Garantie für die Beschaffenheit des Werkes** übernommen hat". Für die

---

115) *Baumgärtel*, ZfBR 1988, 112.
116) Vgl. z. B. BGH, BauR 2002, 315 u. OLG München, BauR 2003, 553 (zum Haftungsausschluss bei einem **Ingenieurvertrag** über Mängelerfassung); OLG Koblenz, IBR 2004, 144 (**Generalübernehmermodell**); BGHZ 164, 225 = BauR 2006, 99 = NZBau 2006, 113; BGH, BauR 2007, 111 = NZBau 2006, 781 (Wohnungseigentum; formularmäßiger Wandelungsausschluss); OLG Hamm, NJW-RR 2002, 415 (**Altbausanierung**); BGH, BauR 1982, 493 = ZfBR 1982, 152 (Erwerb eines **Musterhauses**).
117) OLG Celle, IBR 2006, 403 – *Quack*; OLG München, BauR 2003, 553, 555.
118) BGHZ 164, 225 = BauR 2006, 99 = NZBau 2006, 113 – ständig; nichts anderes gilt für ein neu errichtetes Ausbauhaus (OLG Koblenz, IBR 2006, 449 – *Vogel*).

entsprechende Garantieübernahme bestätigt damit § 639 BGB nur das allgemeingültige Verbot widersprüchlichen Verhaltens. Im Gegensatz zu § 637 BGB a. F. ordnet der Gesetzgeber für die beiden vorerwähnten Fallgestaltungen nicht die Nichtigkeit der Vereinbarung an; vielmehr wird als Rechtsfolge lediglich geklärt, dass sich der Unternehmer auf eine derartige Vereinbarung nicht berufen kann. Damit will der Gesetzgeber verhindern, dass eine etwaige Unwirksamkeit der Vereinbarung über den Gewährleistungsausschluss auch zur Unwirksamkeit des gesamten Werkvertrages führt. Diese Vorschrift kann für den **Anlagenbau** von großer Bedeutung sein und zu erheblichen Konsequenzen führen, weil die Übernahme von Garantien sowie deren Beschränkung der Höhe nach in diesem Baubereich nicht nur üblich, sondern vielmehr die Regel ist.[119]

Es muss im **Einzelfall** sorgfältig geprüft werden, ob eine „Garantie" für die Beschaffenheit des Werkes übernommen worden ist; denn insoweit ist eine Freizeichnung oder Begrenzung der Haftung auch in einem Individualvertrag nicht möglich. Gleichwohl obliegt es der **Parteifreiheit**, den **Umfang** der Garantie und damit die Einstandspflicht des Verantwortlichen, die über den gesetzlichen Rahmen hinausgeht, selbstständig zu bestimmen.[120]  **2186**

Der Gesetzgeber hat im Regierungsentwurf[121] klargestellt, dass die Übernahme einer **Garantie** für das Vorhandensein einer Eigenschaft das **Versprechen** darstellt, für alle Folgen ihres Fehlens (ohne weiteres Verschulden) **einzustehen**. Eine Eigenschaftszusicherung in Form einer Garantie (z. B. für die **Kapazität** einer Industrieanlage) kann nunmehr stets zu einer verschuldensunabhängigen Haftung des zusichernden Unternehmers gemäß §§ 280, 281 BGB führen.

Nicht jede Zusicherung einer Eigenschaft muss aber eine vom Verschulden unabhängige Garantieübernahme bedeuten. Stets ist die **Reichweite** der jeweiligen Zusicherung **festzustellen** und zu **klären,** ob wirklich ein entsprechender **unbedingter Einstandswille** des Unternehmers im Sinne einer Garantie gegeben ist. Bei bloßen Leistungsbeschreibungen sind nach wie vor Haftungsbeschränkungen möglich.  **2187**

Im **Einzelfall** ist zu prüfen,

* ob der Unternehmer nur die Gewähr im Sinne einer schlichten Eigenschaftsvereinbarung/Beschaffenheitsvereinbarung übernehmen wollte (**zugesicherte Eigenschaft**)[122]
  oder
* ob der Unternehmer das Vorhandensein einer bestimmten Eigenschaft in dem Sinne versprochen hat, dass er für alle Folgen auch ohne Verschulden einstehen werde (**unselbstständige Garantie**)
  oder
* ob darüber hinaus eine Garantie übernommen wird, die einen über die Vertragsmäßigkeit der Werkleistung hinausgehenden Erfolg (unabhängig von Mangelhaftigkeit und Verschulden) beinhaltet (**selbstständige Garantie**).

Der BGH unterzieht **Individualverträge** der **gerichtlichen Inhaltskontrolle,** wenn es zum **Schutz** eines Beteiligten erforderlich ist. Nach dieser nunmehr ständi-  **2188**

---

119) Siehe hierzu grundlegend: *Schuhmann*, BauR 2005, 293, 295 u. NZBau 2003, 602 ff.; *Lotz*, ZfBR 2003, 424 ff.
120) *Palandt/Sprau*, § 639 BGB, Rdn. 5. Zur Auslegung einer „**Eigenschaftszusicherung**" beim Hauskauf: OLG Hamm, BauR 2005, 1643.
121) BT-Drucks. 14/6040, S. 132.
122) Der Begriff der Garantie i. S. des § 639 BGB ist sachlich „mehr" als der frühere Begriff der „zugesicherten Eigenschaft"; zutreffend: *Fuchs*, in: Englert/Motzke/Wirth, § 639 BGB, Rdn. 5.

gen Rechtsprechung,[123] die im Schrifttum[124] Zustimmung, aber auch Kritik gefunden hat, gilt Folgendes:

Der **formelhafte Ausschluss** der Gewährleistung für Sachmängel beim Erwerb **neu errichteter** oder **noch zu errichtender Eigentumswohnungen** und **Häuser** ist in einem **Individualvertrag** – auch in einem notariellen Individualvertrag – gemäß **§ 242 BGB unwirksam,** wenn die Freizeichnung nicht mit dem Erwerber unter ausführlicher Belehrung[125] über die einschneidenden Rechtsfolgen eingehend erörtert worden ist. Das gilt auch für den Erwerb einer **Eigentumswohnung,** die durch Umwandlung eines Altbaus, sowie für den Erwerb einer Eigentumswohnung, die durch Umwandlung eines Bungalows in ein Haus mit zwei Eigentumswohnungen geschaffen worden ist.[126]

**2189** Dabei liegt eine **formelhafte Klausel** nach Auffassung des BGH immer dann vor, wenn diese üblicherweise in Formularverträgen zu finden und nicht auf den Individualvertrag zugeschnitten ist.[127] Eine solche formelhafte Freizeichnung stellt z. B. die Vereinbarung dar, dass „für alle **erkennbaren** Mängel" jegliche Gewährleistung ausgeschlossen ist.[128] Eine entsprechende Klausel ist auch „die Freizeichnung für **sichtbare** Sachmängel".[129] Die besondere Schutzbedürftigkeit des Erwerbers sieht der BGH darin, „dass solche in einem Individualvertrag aufgenommenen Klauseln den Anschein der Rechtmäßigkeit, Vollständigkeit und Ausgewogenheit verbreiten, deren Sinn und Rechtsfolgen sich die Beteiligten jedoch nicht ausreichend bewusst machen"; in diesen Fällen soll die „Richtigkeitsgewähr des Vertrages" typischerweise beeinträchtigt sein.[130]

**2190** Die Grenzen für Haftungsausschlussklauseln in **AGB oder Formularverträgen** ziehen nunmehr die Vorschriften der §§ 305 ff. BGB. § 309 Nr. 8 b bb BGB enthält Verbote, die vor der Beschneidung oder Aushöhlung gesetzlicher oder vertraglicher Gewährleistungsansprüche schützen sollen.[131] Dabei wird der **völlige Ausschluss** von Gewährleistungsrechten – etwaige Nacherfüllungsansprüche inbegriffen – als **unangemessen** angesehen. Dem Kunden soll als **Mindestrechtsschutz** wenigstens ein **Recht auf Nacherfüllung, Minderung, Rücktritt, Selbstvornahme** oder Scha-

---

123) Vgl. BGH, BauR 1987, 552 = NJW-RR 1987, 1035; BauR 1987, 686 = NJW 1988, 135; BauR 1988, 464 = NJW 1988, 1972; OLG Frankfurt, *SFH*, Nr. 50 zu § 635 BGB.
124) Vgl. hierzu die Zusammenstellung in BGH, BauR 1987, 686 = NJW-RR 1987, 1035.
125) BGH, BGHZ 164, 225 = BauR 2006, 99 = NZBau 2006, 113; BauR 1990, 466, 467; NJW 1989, 2748 (mit Anm. *Lüke*, JR 1990, 239) = BauR 1989, 597 = ZfBR 1989, 245; zur beschränkten Haftung bei Bauträgerverträgen s. OLG Koblenz, OLGR 2004, 311 (LS). Hinsichtlich der **Beweislast** für die ordnungsgemäße Aufklärung über die Rechtsfragen der Freizeichnung: *Baumgärtel*, ZfBR 1988, 101.
126) BGH, BauR 1989, 597 = NJW 1989, 2748 = ZfBR 1989, 245; BauR 1988, 464 = NJW 1988, 1972.
127) BGH, BauR 2006, 99; BGHZ 101, 350 = BauR 1987, 686 = NJW 1988, 135; OLG Düsseldorf, OLGR 1998, 337; vgl. die weiteren Beispiele bei *Schlünder/Scholz*, ZfBR 1997, 55, 57.
128) BGH, BauR 1987, 345 = NJW-RR 1986, 1026 = ZfBR 1986, 120.
129) BGH, BauR 1987, 686 = NJW 1988, 135.
130) BGH, a. a. O.
131) Begründung des Reg.-Entwurfs zum AGB-Gesetz, BT-Drucks. 7/3919, S. 33; vgl. auch BGH, BauR 2002, 315 = NJW 2002, 749 = ZfBR 2002, 243 = MDR 2002, 214 = ZfIR 2002, 133 m. Anm. *Siegburg* (Unwirksamkeit eines vollständigen Haftungsausschlusses zu Gunsten des Ingenieurs bei der Übernahme „nur stichprobenartiger Kontrollen des Bauvorhabens" und einer entsprechenden gutachterlichen Erfassung von Mängeln).

densersatz verbleiben.¹³²⁾ Zulässig ist allerdings die Beschränkung auf **ein** Gewährleistungsrecht (z. B. Minderung).¹³³⁾ Läuft das eingeräumte Recht wegen der Besonderheit der Fallgestaltung oder des Vertragsverhältnisses „leer", ist die Beschränkung unwirksam; dies gilt insbesondere für die Einräumung des Nacherfüllungsrechts (vgl. Rdn. 2210 ff.).¹³⁴⁾

§ 309 Nr. 8 b BGB bezieht sich allerdings nur auf „**neu** hergestellte Sachen". Wird eine Eigentumswohnung oder ein Einfamilienhaus von einem Bauträger zunächst kurzfristig genutzt oder vermietet und dann erst verkauft, handelt es sich nach der Rechtsprechung weiterhin um eine „**neue Sache**".¹³⁵⁾ Der Umstand, dass Eigentumswohnungen oder Einfamilienhäuser längere Zeit leer stehen und erst dann verkauft werden können, ändert also nichts an der Tatsache, dass sie „neu hergestellt" wurden.¹³⁶⁾ **2191**

Ein vollständiger formularmäßiger Haftungsausschluss verstößt auch gegen § 309 Nr. 7 BGB. Danach kann die Haftung insbesondere für **vorsätzliche** und **grob schuldhafte** Vertragsverletzungen des Verwenders, seines gesetzlichen Vertreters oder Erfüllungsgehilfen nicht ausgeschlossen oder eingeschränkt werden, § 309 Nr. 7 b BGB. Für vorsätzliche und grob schuldhafte Vertragsverletzung wird für jede Art des Schadens und der Höhe nach unbegrenzt gehaftet. Die Gewährleistung kann auch nicht für das **arglistige Verschweigen** von Mängeln bzw. das arglistige Vorspiegeln von Eigenschaften oder vom Nichtvorhandensein bestimmter Mängel ausgeschlossen werden. Ein entsprechender Ausschluss ist nicht aus einer Klausel „unter Ausschluss jeder Gewährleistung" zu folgern.¹³⁷⁾ **2192**

Unzulässig ist der völlige oder teilweise Ausschluss der Gewährleistung nicht nur hinsichtlich der Bauleistung insgesamt, sondern auch hinsichtlich **einzelner Teile**, § 309 Nr. 8 b aa BGB. Dabei ist zu berücksichtigen, dass ein Ausschluss der Gewährleistung bezüglich einzelner Teile der Bauleistung nicht nur dann vorliegt, wenn die Gewährleistung auf einzelne reale Teile der Bauleistung beschränkt wird, sondern auch, wenn sie nur für **bestimmte Arten** oder **bestimmte Ursachen von Mängeln** (bestimmte Fehlerkategorien, z. B. Konstruktionsfehler) gewährt wird.¹³⁸⁾ Wird in den AGB eines Vertrages, der „nur stichprobenartige Kontrollen des Bauvorhabens und die gutachterliche Erfassung von Mängeln" beinhaltet, ein völliger Haftungsausschluss für „Schadensersatzanforderungen jedweder Art in Folge nicht erkannter, verdeckter oder sonstiger Mängel" vereinbart, ist eine solche Abrede nach BGH¹³⁹⁾ unwirksam gemäß § 307 BGB. **2193**

Eine Klausel in Allgemeinen Geschäftsbedingungen, wonach die Gewährleistung eines Werkunternehmers für den Fall von **Nacharbeiten durch Dritthandwerker** ausgeschlossen ist, wird ebenfalls von § 309 Nr. 8 b aa BGB erfasst und ist daher **2194**

---

132) Vgl. näher Rdn. **2209** ff.
133) OLG Karlsruhe, ZIP 1983, 1091; *Wolf/Horn/Lindacher*, § 11 Nr. 10 a, Rdn. 15 ff.
134) BGH, DB 1980, 153; siehe auch BGH, NJW 1998, 677 u. NJW 1998, 679.
135) Vgl. BGH, ZfBR 1995, 202; BGH, BauR 1982, 58; *Schlünder/Scholz*, ZfBR 1997, 55, 56; s. ferner: *Derleder*, NZBau 2004, 237, 243 ff.
136) *Palandt/Grüneberg*, § 309 BGB, Rdn. 55.
137) *Wolf/Horn/Lindacher*, § 11 Nr. 10, Einl., Rdn. 23.
138) OLG Karlsruhe, ZIP 1983, 1091; *MünchKomm-Kötz*, § 11 AGBG, Rdn. 83.
139) BGH, BauR 2002, 315 = ZfBR 2002, 243 = NZBau 2002, 150 = NJW 2002, 749; s. auch OLG München, BauR 2003, 553.

unwirksam, weil mit dieser Klausel dem Auftraggeber der Nachweis, dass dem Werk ein Mangel von vornherein anhaftete und nicht Folge der späteren Arbeiten war, abgeschnitten wird.[140] Unzulässig ist ein Gewährleistungsausschluss ferner, wenn eine Beschränkung auf **„verschuldete Mängel"** erfolgt, da das Gewährleistungsrecht grundsätzlich verschuldensunabhängig ausgestaltet ist und die Klausel daher in der Regel zum vollen Gewährleistungsausschluss führt.[141] Dasselbe gilt für die Beschränkung auf die **bei der Übergabe/Abnahme** festgestellten bzw. im Abnahmeprotokoll enthaltenen **Mängel** sowie auf die vom Auftragnehmer **„anerkannten" Mängel**. In all diesen Fällen ist der Verwender hinsichtlich der später auftretenden bzw. nicht anerkannten Mängel aus der Gewährleistung entlassen, sodass hier ein Gewährleistungsausschluss vorliegt.[142]

Ein vollständiger Haftungsausschluss kann in AGB auch nicht für den Fall wirksam vereinbart werden, dass eine **unverzügliche Mängelanzeige** unterbleibt.[143]

**2195** Auch gegenüber **Unternehmern** ist der völlige Ausschluss von Gewährleistungsansprüchen einschließlich von Nachbesserungsrechten gemäß § 307 BGB nach allgemeiner Meinung nicht zulässig.[144]

§ 10 Nr. 2 Abs. 2 VOB/B regelt einen besonderen Fall des Haftungsausschlusses zugunsten des Auftraggebers im Rahmen eines VOB-Bauvertrages. Diese Vorschrift bestimmt in ihrer Neufassung (VOB 2002), dass der Auftragnehmer im Verhältnis zum Auftraggeber einen Schaden, der einem Dritten im Zusammenhang mit der Bauleistung entsteht, allein trägt, „soweit er ihn durch Versicherung seiner gesetzlichen Haftpflicht gedeckt hat oder durch eine solche zu tarifmäßigen, nicht auf außergewöhnliche Verhältnisse abgestellten Prämien und Prämienzuschläge bei einem im Inland zum Geschäftsbetrieb zugelassenen Versicherer hätte decken können". Der BGH[145] hat keine Bedenken, dass diese Bestimmung einer isolierten Inhaltskontrolle nach dem AGB-Recht standhält, wobei er allerdings die Regelung dahin versteht, dass eine Alleinhaftung des Auftragnehmers nicht in Frage kommt, wenn der Auftraggeber grob fahrlässig oder vorsätzlich gehandelt hat.

### b) Haftungsausschluss bei gleichzeitiger Abtretung der Mängelansprüche

*Literatur*

*Brych*, Abtretung von Gewährleistungsansprüchen an Bauwerken und Einrede nach § 320 BGB, NJW 1972, 896; *Groß*, Die Abtretung von Sachmängelgewährleistungsansprüchen durch Wohnungsunternehmen an Erwerber von Eigenwohnraum, BauR 1972, 325; *Jagenburg*, Haftungsbeschränkungen durch Abtretung von Gewährleistungsansprüchen, NJW 1972, 1222; *Ludewig*, Abtretung von Gewährleistungsansprüchen an Bauwerken und Einrede nach § 320 BGB, NJW 1972, 516; *Brambring*, AGB-Gesetz und Gewährleistungsregelung im Bauträgervertrag, NJW 1978, 777; *Hahn*, Abtretung von Gewährleistungsansprüchen, BauR 1978, 80; *Doerry*, Die Rechtsprechung des Bundesgerichtshofs zur Gewährleistung beim Haus- und Wohnungsbau unter besonderer Berücksichtigung von Bauträgerschaft und Baubetreuung, ZfBR 1982, 189; *Schonebeck*, Die Abtretung von Mängelansprüchen, BauR 2005, 934; *Graßnack*, Die Abtretung von Gewährleistungs-

---

140) OLG Karlsruhe, ZIP 1983, 1091 unter Hinweis auf BGH, BB 1980, 388 ff.
141) *Ulmer/Brandner/Hensen*, § 11 Nr. 10, Rdn. 14.
142) BGH, NJW 1974, 1322.
143) Siehe hierzu: BGH, BauR 2005, 383 = NZBau 2005, 149 (**Ausschlussfristen** für erkennbare Mängel bei Abnahme bzw. nach Erkennbarkeit; siehe hierzu *Zirkel*, NZBau 2006, 412 ff.); BGH, NJW 1999, 1031, 1032; NJW-RR 2000, 648.
144) BGH, NZBau 2002, 150; vgl. *Paulusch*, DWiR 1992, 182 ff.; siehe auch BGH, BauR 1985, 317 = ZfBR 1985, 173; OLG Saarbrücken, NJW-RR 1995, 117.
145) BauR 1999, 414 = NJW 1999, 942 = MDR 1999, 478 = ZfBR 1999, 140 zu § 10 Abs. 2 VOB/B.

ansprüchen gegen die am Bau beteiligten Unternehmer im Vertrag des Bauträgers mit dem Erwerber von Wohnungseigentum, BauR 2006, 1394; *Blank*, Zur Wirksamkeit von Abtretungsklauseln in Bauträgerverträgen, wenn sie mit Klauseln verbunden sind, die die Gewährleistung des Bauträgers einschränken, Festschrift für Ganten (2007), 97.

Vielfach schließen Veräußerer (z. B. Baugesellschaften oder Bauträger) eines neu errichteten oder noch zu errichtenden Bauwerks oder einer Eigentumswohnung ihre Gewährleistungspflicht gegenüber dem Erwerber aus; gleichzeitig werden – um die Erwerber nicht schutzlos zu stellen – die **Mängelrechte** des Veräußerers gegenüber den Baubeteiligten (Architekt, Unternehmer, Lieferant usw.) **an den Erwerber abgetreten.**[146] Die Haftungsfreizeichnung des Veräußerers durch Abtretung ist dabei in aller Regel auf die nach der Abnahme auftretenden Mängel oder auf die im Abnahmeprotokoll nicht enthaltenen Mängel beschränkt.[147] **2196**

Zweifel an der rechtlichen Wirksamkeit solcher Vertragsbestimmungen ergeben sich immer dann, wenn die Mängelansprüche gegenüber den Baubeteiligten nicht durchgesetzt werden können, das Risiko der **Schadloshaltung** also **fehlschlägt**. Dann stellt sich die Frage, ob die Wirkung der Freizeichnung durch den Veräußerer entfällt. **2197**

Für den Bereich der **Individualverträge** hat der BGH[148] entschieden, dass die Wirkung der Freizeichnung (zugunsten des Veräußerers) nicht ohne weiteres entfällt, wenn die Gewährleistungsansprüche gegen die Baubeteiligten nicht durchgesetzt werden können, da ein Verkäufer seine Gewährleistungspflicht auch gänzlich ausschließen dürfe, ohne irgendwelche Ansprüche gegen Dritte an den Käufer abzutreten. Dann könne sich aber ein Verkäufer auch freizeichnen und Ansprüche gegen Dritte an den Erwerber abtreten, ohne auch das Risiko des Fehlschlagens übernehmen zu müssen. Es werden jedoch unter dem Gesichtspunkt von Treu und Glauben (§ 242 BGB) **Einschränkungen** vorgenommen werden müssen: Hat der Veräußerer ihm bekannte Mängel **arglistig** verschwiegen, ist eine Freizeichnung unwirksam, wenn sich der Erwerber bei den betreffenden Mängelverursachern nicht schadlos halten kann. **2198**

Rechtsprechung und Literatur haben sich seit **vielen Jahren** mit der **Wirksamkeit des formularmäßigen Haftungsausschlusses unter gleichzeitiger Abtretung der Gewährleistungsansprüche** auseinandergesetzt.[149] Der BGH hat dabei (bisher) folgende **Grundsätze** über die **Auslegung** und **Wirksamkeit** solcher **Dritthaftungsklauseln** aufgestellt: **2199**

Danach waren solche formularmäßigen Klauseln zunächst dahin auszulegen, dass die Eigenhaftung des Veräußerers nur insoweit abbedungen war, als sich der Erwerber aus den abgetretenen Ansprüchen auch tatsächlich schadlos halten konnte; das Risiko, dass diese Schadloshaltung fehl-

---

146) Zu den Voraussetzungen einer wirksamen **Abtretung**: *Schonebeck*, BauR 2005, 934, 935; *Graßnack*, BauR 2006, 1394, 1397; *Blank*, Festschrift für Ganten, S. 98 ff.
147) Vgl. BGH, BauR 2002, 1385; OLG Düsseldorf, NJW-RR 1997, 659.
148) NJW 1976, 1975 = BauR 1976, 432.
149) Vgl. BGH, NJW 1971, 838 = BauR 1971, 126; BGHZ 62, 251 = DB 1974, 964; BGHZ 67, 101, 103 = DB 1976, 1862; BGH, NJW 1976, 1975; BGH, BauR 1975, 133; BGH, DB 1975, 632 = BauR 1975, 206; BGH, DB 1978, 439 = WM 1978, 163; BGH, DB 1978, 1073; s. ferner OLG München, BauR 1973, 387; OLG Köln, MDR 1974, 930; *Jagenburg*, NJW 1972, 1222; *Löwe*, NJW 1974, 1108; *Brych*, NJW 1972, 1397; *Ludewig*, NJW 1972, 516; *Locher/Koeble*, Rdn. 312 ff.

schlug, blieb damit beim Veräußerer.[150] War der Unternehmer, der für den Mangel verantwortlich war, **zahlungsunfähig,** oder konnten die abgetretenen Gewährleistungsansprüche aus anderen Gründen (z. B. vereinbarter Haftungsausschluss oder Haftungsvergleich) nicht durchgesetzt werden, oder waren diese Ansprüche **verjährt,** ohne dass dies den Erwerbern zum Vorwurf gemacht werden konnte, so haftete der Veräußerer selbst. **Die Haftung des Veräußerers lebte also in diesem Falle wieder auf.**[151] Waren mehrere Baubeteiligte für den Bauschaden verantwortlich, so trat eine völlige Haftungsbefreiung des Veräußerers nur ein, wenn der Veräußerer seine Gewährleistungsansprüche an alle in Betracht kommenden Baubeteiligten abgetreten hatte.[152]

**2200** Zu beachten waren weiterhin die **Auslegungsregeln,** die der BGH zu den Dritthaftungsklauseln aufgestellt hat: So kommt eine **subsidiäre Haftung des Veräußerers nicht für eigene Leistungen** in Betracht. Dementsprechend bleibt die Haftung des Veräußerers in jedem Falle für die Mängel bestehen, die überhaupt nicht im Leistungs- und Verantwortungsbereich eines Handwerkers, sondern allein in dem des Veräußerers liegen, z. B. bei **Planungsmängeln, Koordinierungs-** und **Aufsichtsfehlern.**[153] Trat ein Bauträger „seine Ansprüche gegen die am Bau beteiligten Bauunternehmer, Bauhandwerker und sonstige Dritte" ab, betraf die Abtretung im Zweifel **nicht den planenden oder die Bauaufsicht führenden Architekten.**[154] Dies führte dazu, dass die Erwerber die Trägergesellschaft unmittelbar in Anspruch nehmen konnten.

**2201** Hatte sich der Veräußerer (Bauträger) von der Eigenhaftung bei gleichzeitiger Abtretung der Gewährleistungsansprüche wirksam freigezeichnet, blieb den Erwerbern gegenüber dem Bauträger die **Einrede des nichterfüllten Vertrages** erhalten.[155]

**2202** Hatte ein Bauträger sich unter Abtretung der ihm zustehenden Gewährleistungsansprüche formularmäßig freigezeichnet und waren dem **Erwerber bei dem Versuch,** diese **Ansprüche gegenüber dem Unternehmer** oder sonst am Bau Beteiligten **durchzusetzen, Kosten entstanden,** die er von dem in erster Linie zur Gewährleistung Verpflichteten später nicht ersetzt bekam, so waren diese Aufwendungen von dem Bauträger nach den Vorschriften über den **Auftrag zu ersetzen.**[156]

**2203** Der BGH hat durch das Urteil vom 21. März 2002[157] die bisherige Rechtsprechung ausdrücklich aufgegeben. Danach sind **Subsidiaritätsklauseln** zur Haftungsprivilegierung (z. B. eines Bauträgers) „gemäß § 9 Abs. 2 Nr. 2 AGB-Gesetz" (jetzt § 307 Abs. 2 Nr. 2 BGB) unwirksam. Das müssen die Baubeteiligten, vor allem aber auch die Gerichte für die **noch nicht entschiedenen Fälle** beachten. Die Änderung der Rechtsprechung wird bewirken, dass künftig Subsidiaritätsklauseln keine große Bedeutung mehr haben; **einzelvertragliche** Regelungen werden, wenn sie denn wirk-

---

150) BGH, NJW 1984, 2573 = BauR 1984, 634; NJW 1982, 1690 = BauR 1982, 61 = DB 1982, 277.
151) BGH, BauR 1989, 211 = *SFH*, Nr. 79 zu § 633 BGB; NJW 1980, 282 = BauR 1980, 71; BGH, BauR 1979, 420, 425; BGH, DB 1975, 682; NJW 1974, 1135 = BauR 1974, 278 = JZ 1974, 613 m. krit. Anm. Locher = BB 1974, 761 m. Anm. *Schmidt;* ebenso *Jagenburg,* NJW 1972, 1222; *Wabnitz,* NJW 1972, 1397, 1399; *Brych,* NJW 1972, 1583, 1589; **a. A.:** OLG München, WM 1973, 90.
152) BGH, BauR 1975, 133 = *Schäfer/Finnern,* Z 7.22 Bl. 4.
153) Vgl. u. a. BGH, NJW 1974, 1135 = BauR 1974, 278; NJW 1973, 1235; so auch *MünchKomm-Kötz,* § 11 AGB-Gesetz, Rdn. 88; *Groß,* BauR 1975, 12, 17.
154) BGH, NJW 1980, 2800 = BauR 1980, 568 = DB 1980, 2337; NJW 1978, 1375 = BauR 1978, 308 = DB 1978, 1073 = BB 1978, 582; BGH, BB 1978, 220 = BauR 1978, 136 = *SFH,* Nr. 1 Vor § 145 BGB = DB 1978, 439; OLG Hamm, BauR 1992, 107.
155) Vgl. hierzu BGH, NJW 1982, 169 = BauR 1982, 61 = DB 1982, 277; BGH, BauR 1978, 136; *Diederich,* BauR 1978, 344; *Locher/Koeble,* Rdn. 316, 336 sowie unten Rdn. 2541 ff.
156) BGH, NJW 1984, 2573 = BauR 1984, 634.
157) BauR 2002, 1385 = NZBau 2002, 495 = ZfBR 2002, 661 = MDR 2002, 1060 = NJW 2002, 2470 = IBR 2002, 418 – *Schwenker.*

**Einzelfälle** Rdn. 2204

sam sind, weiterhin (zumindest) die Grundsätze zu beachten haben, die der BGH mit seiner früheren Rechtsprechung aufgestellt hat.

Die Abkehr von seiner bisherigen Rechtsprechung begründet der BGH wie folgt: **2204**

„(1) Nach der bisherigen Rechtsprechung des *BGH* kann eine Subsidiaritätsklausel in einem Bauträgervertrag wirksam sein, wenn sie weder von dem Erwerber die gerichtliche Verfolgung der abgetretenen Ansprüche verlangt, noch ihm auf Grund ihrer sprachlichen Fassung den Eindruck vermittelt, er müsse die anderen am Bau Beteiligten gerichtlich ohne Erfolg in Anspruch genommen haben, bevor der Bauträger haftet (*BGH*, NJW 1995, 1675 = LM H. 8/1995 § 11 Ziff. 10 a AGBG Nr. 3 = BauR 1995, 542 = ZfBR 1995, 202; NJW 1998, 904 = NZM 1998, 201 = LM H. 9/1998 § 11 Ziff. 10 a AGBG = BauR 1998, 335 = ZfBR 1998, 143). Daran gemessen wäre eine Klausel, welche den Erwerber auf zumutbare Bemühungen um eine außergerichtliche Durchsetzung der abgetretenen Ansprüche gegen die Bauhandwerker verweist, nicht zu beanstanden.

(2) An dieser Rechtsprechung hält der *BGH* nicht fest. Die Subsidiaritätsklausel benachteiligt den Erwerber entgegen Treu und Glauben nach § 9 II Nr. 2 AGBG unangemessen. Nach dieser Regelung sind Vertragsklauseln unwirksam, wenn sie wesentliche Rechte und Pflichten des Klauselgegners, die sich aus der Natur des Vertrags ergeben, so einschränken, dass die Erreichung des Vertragszwecks gefährdet ist. Die Subsidiaritätsklausel erfüllt diese Voraussetzungen.

Der Vertrag über den Erwerb vom Bauträger wird im Unterschied zu einer Bauerrichtung auf Grund mehrerer Verträge mit am Bau Beteiligten dadurch bestimmt, dass der Erwerber einen Vertrag mit einem Generalunternehmer abschließt. Damit soll die Durchführung und Abwicklung des Vertrags durch einen Vertragspartner des Erwerbers gewährleistet sein. Diese Vertragsgestaltung und die damit verbundenen Vorteile werden durch die Subsidiaritätsklausel für den Zeitraum, in dem der Erwerber sich um die Durchsetzung gegenüber den anderen am Bau Beteiligten bemühen muss, zu seinen Lasten weit gehend aufgehoben. Die Klausel begründet für den Erwerber die Unsicherheit, in welchem Umfang er sich darum bemühen muss, etwaige Ansprüche gegen andere am Bau Beteiligte geltend zu machen. Ihm obliegt es, auf Grund der Verträge des Bauträgers mit den einzelnen Unternehmern zu prüfen, welche Ansprüche gegen sie bestehen und wann sie verjähren. Für den Erwerber besteht das Risiko, dass er in Auseinanderstzungen mit dem Bauträger über die Frage verwickelt wird, ob er sich angemessen um die außergerichtliche Durchsetzung von Gewährleistungsansprüchen gegenüber den anderen am Bau Beteiligten bemüht hat.

Der Erwerber wird gezwungen, etwaige Mangelerscheinungen konkreten Mangelursachen zuzuordnen, damit er den Unternehmer in Anspruch nehmen kann, der für die Mängel verantwortlich ist. Unter Umständen wird er erst mit Hilfe eines Sachverständigengutachtens in der Lage sein, die Verantwortlichkeit eines bestimmten Unternehmers zu klären. Das widerspräche dem Sinn und Zweck des vom *BGH* entwickelten Grundsatzes, dass der Besteller sich gegenüber seinem Vertragspartner darauf beschränken kann, die Symptome eines Mangels zu rügen und vorzutragen, und dass er nicht verpflichtet ist, die Mängelursachen durch ein Sachverständigengutachten klären zu lassen. Diese Grundsätze zum notwendigen und hinreichenden Sachvortrag sollen dem Besteller die Durchsetzung seiner Gewährleistungsansprüche außergerichtlich und im Prozess erleichtern (st. Rspr., vgl. etwa *BGH*, NJW-RR 2002, 743 = NZBau 2002, 335 = LM H. 6/2002 § 633 BGB Nr. 123; NJW-RR 2001, 1102 = NZBau 2001, 495 = LM H. 1/2002 § 631 BGB Nr. 99 = GE 2001, 1128 = BauR 2001, 1414 = ZfBR 2001, 457; NJW-RR 2000, 309 = NZBau 2000, 73 = BauR 2000, 261 = ZfBR 2000, 116; NJW 1999, 1330 = GE 1999, 313 = LM H. 6/1999 § 633 BGB Nr. 110 = BauR 1999, 391 = ZfBR 1999, 135). Lassen sich die Symptome nicht zweifelsfrei zuordnen, besteht für den Erwerber die Gefahr, dass er sich mit erheblichem Zeitaufwand vergeblich bemüht, seine Ansprüche durchzusetzen, weil die Unternehmer jeweils ihre Verantwortlichkeit bestreiten und auf andere Unternehmer verweisen. Der dafür erforderliche Zeitaufwand verschlechtert die Beweislage des Erwerbers und begründet für ihn das Risiko, dass der Bauträger zahlungsunfähig oder insolvent wird."

Die BGH-Entscheidung hat auch Bedeutung, soweit sog. **Altfälle** noch nicht entschieden sein sollten; sie gilt auch im **unternehmerischen** Verkehr.[158]

**2205** Zweifelhaft ist, ob die Unwirksamkeit der Subsidiaritäts- und Freizeichnungsklauseln auch die **Abtretung selbst** erfasst. Da der BGH[159] anerkennt, dass durch die Abtretung von Mängelansprüchen (auch) vor dem Insolvenzrisiko geschützt werden soll, spricht vieles dafür, dass die Abtretung selbst von der Unwirksamkeit der Klausel nicht erfasst wird.[160] Dies wird über eine interessengerechte Auslegung des § 306 Abs. 3 BGB begründet. Die Stellung des Erwerbers wird indes bei dieser Konstellation nicht wesentlich verbessert.[161]

**2206** Ob ein Bauträger dem Erwerber durch **Abtretung** oder vor allem durch eine „**Sicherungsabtretung**" eine gestärkte Rechtsposition verschaffen kann, ist zweifelhaft. Tritt der Bauträger seine (eigenen) Mängelrechte an den Erwerber ab, verliert er seine Verfügungsbefugnis über die abgetretenen Ansprüche, was sich im Fall einer Insolvenz des Bauträgers für den Erwerber nachteilig auswirken kann;[162] auch bei einer Sicherungsabtretung ist die Nützlichkeit einer solchen Vertragsgestaltung zweifelhaft.[163]

### c) Beschränkung auf Nacherfüllung

**2207** In **Individualvereinbarungen** ist eine Beschränkung der Gewährleistungsrechte auf das Recht der Nacherfüllung uneingeschränkt **möglich**.

**2208** In **AGB** ist eine Beschränkung der Gewährleistungsrechte auf das Recht der Nacherfüllung gemäß § 635 BGB (Mängelbeseitigung oder Neuherstellung nach Wahl des Unternehmers) nach den §§ 305 ff. BGB grundsätzlich **zulässig**. Der BGH[164] hatte schon vor Inkrafttreten des AGB-Gesetzes das Problem der Beschränkung der Gewährleistungsrechte auf **Nachbesserung** beschrieben und dabei die Grundsätze zusammengefasst, die für die §§ 305 ff. BGB beachtlich bleiben. Danach halten

> „Allgemeine Geschäftsbedingungen, durch die ein Werkunternehmer seine Gewährleistung für Sachmängel auf Nachbesserung oder Ersatzlieferung unter Ausschluss von Wandelung, Minderung und Schadensersatz beschränkt, der nach § 242 BGB vorzunehmenden Inhaltskontrolle nur stand, wenn der Besteller nicht praktisch rechtlos gestellt ist, falls die Nachbesserung möglich ist, verweigert wird oder scheitert. Denn es wäre unerträglich und daher mit Treu und Glauben nicht zu vereinbaren, wenn der Besteller das mangelhafte Werk behalten und dafür auch noch die volle Vergütung zahlen müsste."

**2209** Werden deshalb im Rahmen eines Bauvertrages der **Rücktritt**, die **Selbstvornahme**, die **Minderung** und der **Schadensersatz** für Baumängel ausgeschlossen, muss dem Auftraggeber zumindest der **Nacherfüllungsanspruch** eingeräumt sein. Aller-

---

158) *Schonebeck*, BauR 2005, 934, 939.
159) BGH, BauR 2007, 1221, 1225 = IBR 2007, 374 – *Schulze-Hagen*.
160) Ebenso: *Schonebeck*, BauR 2005, 934, 935; *Graßnack*, BauR 2006, 1394; *Blank*, Festschrift für Ganten, S. 97, 98 ff.
161) Siehe hierzu: *Blank*, a. a. O. S. 97, 107 m. Nachw.
162) *Schonebeck*, BauR 2005, 940, 941.
163) *Basty*, Rdn. 970 m. w. Nachw.
164) BauR 1978, 224 = BB 1978, 325; vgl. hierzu auch BGH, NJW 1990, 1141 = WM 1990, 1339.

**Einzelfälle**

dings ist diese Beschränkung nach § 309 Nr. 8 b bb BGB nur wirksam, wenn **für den Fall des Fehlschlagens der Nacherfüllung das Minderungsrecht** (als subsidiäres Mängelrecht) **bestehen bleibt**.[165] Bauvertragliche Gewährleistungsklauseln, in denen das **Minderungsrecht** für den Fall des Fehlschlagens schlechterdings **(endgültig) ausgeschlossen** wird, sind unwirksam.[166] Die Gewährung eines Rücktrittsrechtes gleicht diesen Nachteil nach Auffassung des BGH[167] nicht aus. Diese Grundsätze gelten auch im **unternehmerischen** Geschäftsverkehr.[168]

Deshalb kann der Unternehmer bei einer Beschränkung der Gewährleistungsansprüche auf die Nacherfüllung den Folgen des § 309 Nr. 8 b bb BGB nur entgehen, wenn er dem Auftraggeber (Bauherrn) für den Fall des Fehlschlagens der Nacherfüllung das Recht auf Herabsetzung der Vergütung ausdrücklich einräumt. **2210**

Wird in AGB die Gewährleistungspflicht des Unternehmers auf Nacherfüllung beschränkt, und werden allgemein **weitere Ansprüche**, insbesondere solche auf **Schadensersatz, ausgeschlossen,** so erfasst eine solche Klausel nicht ohne weiteres die Schadensfolgen, die sich aus einer schuldhaften Verletzung der Nacherfüllungspflicht ergeben.[169] Grundsätzlich können aber auch entsprechende Schadensersatzansprüche ausgeschlossen werden, da der Anspruch auf Schadensersatz durch § 309 Nr. 8 b aa und bb BGB nicht geschützt wird; ein solcher Ausschluss kann aber gegen § 309 Nr. 7 BGB sowie § 307 BGB verstoßen.[170] Im Einzelfall kann auch der formularmäßige Ausschluss der Haftung für **entferntere Mängelfolgeschäden** unwirksam sein.[171] **2211**

Nach BGH[172] ist der formularmäßige **Ausschluss der Wandelung** (Rücktritt) in **Bauträgerverträgen** gemäß § 309 Nr. 8 b bb BGB **unwirksam**, weil Bauträger keine „Bauleistungen" i. S. der vorerwähnten Vorschrift erbringen. Der BGH weist ferner darauf hin, dass mit der genannten gesetzlichen Vorschrift (nur) die Fälle erfasst werden, „in denen die Rückgängigmachung des Vertrages typischerweise die Zerstörung wirtschaftlicher Werte zur Folge hätte". Das ist aber bei der Rückgängigmachung eines Bauträgervertrages nicht der Fall. Nach Inkrafttreten des SchRModG gelten die entsprechenden Ausführungen nunmehr für den **Rücktritt vom Vertrag**. **2212**

---

165) *Graf von Westphalen* (NJW 2002, 12, 24) ist trotz des klaren Wortlauts des § 309 Nr. 8 b bb BGB der Ansicht, dass der für die genannten Fälle zumindest „einzuräumende Rechtsbehelf, vom Vertrag zurückzutreten oder den Vertragspreis zu mindern, nicht abschließend ist; vielmehr muss dem Auftraggeber auch das Recht auf Schadensersatz eingeräumt werden". Er folgert dies allerdings zu Unrecht aus § 636 BGB, der lediglich den Tatbestand der entbehrlichen Fristsetzung für Rücktritt und Schadensersatz in den dort genannten Fällen betrifft.
166) BGH, NJW 1985, 623; NJW 1990, 1141 = WM 1990, 1339; NJW 1994, 1004.
167) BGH, NJW 1991, 2630 = ZfBR 1991, 262.
168) BGH, a. a. O.; OLG Saarbrücken, NJW-RR 1995, 117.
169) BGHZ 48, 263, 267; BGH, NJW 1976, 234 = *Schäfer/Finnern*, Z 2.10 Bl. 58; BGH, WM 1978, 324 = BB 1978, 325 = BauR 1978, 224.
170) Vgl. zum Ausschluss von Schadensersatzansprüchen insbesondere BGH, NJW 1991, 2630 = ZfBR 1991, 262.
171) BGH, BauR 1985, 317 (bei besonderem Vertrauensschutz); vgl. ferner OLG Bamberg, NJW 1984, 424.
172) BGH, BauR 2007, 111 = NZBau 2006, 781; BGH, BauR 2002, 310 = NZBau 2002, 89 = ZfBR 2002, 244.

**2213** Im Übrigen können AGB, die **Schadensersatzansprüche bei schuldhaft versäumter Nacherfüllung** ausschließen, trotz eines stattdessen eingeräumten Rücktrittsrechts – wie bereits erwähnt – unwirksam sein, wenn hiervon Gebrauch zu machen für den Besteller nach den Umständen praktisch nicht in Betracht kommt; dies kann etwa der Fall sein, wenn der Besteller zur wirtschaftlichen Nutzung des eine längere Vorbereitungs- und Bauzeit erfordernden Werks hierüber schon frühzeitig eine langfristige Bindung eingehen muss oder die Rückabwicklung mit unübersehbaren Schwierigkeiten und Risiken verbunden ist.[173] In diesem Fall reicht das dem Vertragspartner vom Unternehmer eingeräumte Rücktrittsrecht als Schutz nicht aus. Eine unzulässige Einschränkung des Nacherfüllungsrechts stellt eine formularmäßige Klausel dar, nach der bei einer Bauleistung die Gewährleistung sofort nach dem Eingriff durch den Bauherrn oder einen von ihm beauftragten Dritten erlischt.[174]

**2214** Will der Unternehmer in seinen AGB die Mängelrechte des Auftraggebers auf die Nacherfüllung beschränken, so müssen seine AGB genau **dem Inhalt des § 309 Nr. 8 b bb BGB entsprechen,** d. h., dem Auftraggeber muss **in verständlicher Form und ausdrücklich gesagt** werden, **welche Rechte** ihm bei einem Fehlschlagen der Nachbesserung zustehen.[175] Die haftungseinschränkende Klausel muss ausdrücklich klarstellen, dass der Erwerber nach Fehlschlagen der Nacherfüllung eine Herabsetzung der Vergütung verlangen kann; dazu gehört auch, dass der Inhalt der in § 309 Nr. 8 b bb BGB festgelegten subsidiären Rechte des Kunden vollständig, richtig und für den Kunden verständlich wiedergegeben wird, sodass dieser auch ohne Inanspruchnahme einer Rechtsauskunft seine Ansprüche erkennen und verfolgen kann. Das OLG Hamm[176] hat deshalb die Verwendung des früheren Begriffs der „Wandelung" und des Begriffs der „Minderung" im AGB als einen Verstoß gegen § 11 Nr. 10 b AGB-Gesetz angesehen, es sei denn, dass diese Begriffe zusätzlich mit den Worten des Gesetzes (Rückgängigmachung des Vertrages, Herabsetzung der Vergütung) erläutert werden.

**2215** Erfüllen die AGB diese Voraussetzung des Gesetzes nicht, ist die Beschränkung auf Nacherfüllung (Mängelbeseitigung oder Neuherstellung) unwirksam, und sämtliche Gewährleistungsansprüche sind dann wahlweise gegeben. Eine geltungserhaltende Reduktion kommt nicht in Betracht. Daher sind Klauseln für unwirksam erklärt worden, in denen das Recht auf Minderung ausdrücklich ausgeschlossen und der Verkäufer lediglich auf Nacherfüllung verwiesen wird, „bei deren ordnungsgemäßen Ausführungen alle weiteren Ansprüche des Käufers entfallen".[177] Ebenso soll nach Auffassung des LG München I eine Klausel unwirksam sein, wonach der Unternehmer berechtigt ist, „den Anspruch des Bauherrn nach Wahl durch Nachbesserung oder durch eine angemessene Wertminderung zu befriedigen".[178] Dasselbe soll hinsichtlich einer Klausel gelten, wonach „die Erfüllung von Gewährleistungspflichten bei Mängeln und Fehlen zugesicherter Eigenschaften ausschließlich durch Ersatzlieferung erfolgt. Für den Fall der Unmöglichkeit dieser Nacherfüllung ihres Fehl-

---

173) BGH, BauR 1980, 73 = ZfBR 1980, 30 = DB 1980, 153.
174) Vgl. BGH, NJW 1980, 831.
175) BGH, NJW 1981, 867/868; NJW 1981, 1501 = BB 1981, 815 = DB 1981, 1515; NJW-RR 1990, 1141 = WM 1990, 1339 sowie BGH, NJW 1998, 679.
176) NJW 1982, 187; vgl. auch BGH, NJW 1982, 331 = WM 1982, 9 und BGH, DB 1982, 2028; **a. A.:** OLG Saarbrücken, BB 1979, 1064 u. OLG Frankfurt, BB 1980, 1550.
177) Vgl. die Rspr.-Nachweise nach dem AGB-Register bei *Creutzig*, DB 1979, 151, 154, Anm. 77.
178) LG München I, zitiert bei *Creutzig*, a. a. O., Anm. 78.

schlagens oder Unterbleibens steht dem Kunden nur ein Rücktrittsrecht zu. Schadensersatzansprüche im Zusammenhang mit dem Gewährleistungsrecht sind ausgeschlossen."[179] Das OLG Stuttgart[180] hat eine Klausel für unzulässig erklärt, wonach die Gewährleistungsansprüche für den Fall wieder aufleben, dass die Nacherfüllung oder Ersatzlieferung fehlschlägt. Ebenso ist eine Klausel unwirksam, die eine Nacherfüllung davon abhängig macht, dass zunächst ein Sachverständiger verbindlich feststellt, ob überhaupt ein Mangel vorliegt. Eine unzulässige Beschränkung und damit unwirksame Klausel ist auch dann anzunehmen, wenn die Minderung nicht bei allen Fallgestaltungen des Fehlschlagens der Nachbesserung zugelassen wird, sondern nur bei einigen von ihnen.[181]

Ein **Fehlschlagen der Nacherfüllung** i. S. d. § 309 Nr. 8 b bb BGB liegt vor, wenn die Nacherfüllung **scheitert** („misslingt") oder wenn sie **unmöglich**,[182] **unzumutbar** bzw. **unzumutbar verzögert**[183] oder **unberechtigt, aber auch berechtigt** (§§ 275 Abs. 2 und 3, 635 Abs. 3 BGB) **verweigert** wird,[184] „kurzum, wenn sie nicht realisiert werden kann" (vgl. Rdn. 1657).[185] Eine unzumutbare Verzögerung liegt insbesondere vor, wenn der Auftragnehmer (Verwender) trotz Aufforderung nicht in angemessener Frist (vgl. Rdn. 1581 ff.) nacherfüllt hat. **Wie viele Nacherfüllungsversuche** der Bauherr (Besteller) hinzunehmen hat, richtet sich nach dem jeweiligen **Einzelfall;** entscheidend ist auf den Gesichtspunkt der **Zumutbarkeit** weiterer Nachbesserungsversuche **abzustellen.**[186] Wird insoweit in AGB des Unternehmers eine Regelung vorgesehen, so sind **Auswüchse** nach § 307 BGB zu korrigieren. Als **Regel** gilt, dass mindestens **zwei Nachbesserungsversuche** hingenommen werden müssen.[187] Auf eine aussichtslose Nachbesserung braucht sich der Bauherr (Kunde, Erwerber) niemals einzulassen. **2216**

Für das „Wiederaufleben der Gewährleistungsansprüche" bedarf es im Falle der nicht fristgerechten Erfüllung der Nacherfüllung einer **angemessenen Fristsetzung.**[188] Die Mängelansprüche leben daher erst auf, wenn der Unternehmer (AGB-Verwender) die Frist versäumt hat. Einer Fristsetzung bedarf es nicht, wenn dies nur eine reine Förmlichkeit bedeuten würde (vgl. Rdn. 1657). Daher kann der Verwender (Bauträger) in seinen AGB für die Nachbesserung bestimmte **Form- und Fristerfordernisse** aufstellen.[189] **2217**

Nach dem Fehlschlagen kann der Bauherr (Besteller) grundsätzlich zwischen den gesetzlichen Mängelansprüchen wählen, sofern nicht eine zulässige Beschränkung vorliegt. **2218**

---

179) LG München I, zitiert bei *Creutzig*, a. a. O., Anm. 79.
180) OLG Stuttgart, WRP 1980, 444.
181) BGH, NJW 1998, 677.
182) Vgl. BGH, NJW 1994, 1005; WM 1973, 219, 220; WM 1974, 843.
183) Vgl. BGHZ 22, 90, 96; NJW 1963, 1148; OLG Hamm, NJW 1974, 909; OLG Köln, NJW-RR 1992, 1147.
184) BGH, WM 1974, 843.
185) Vgl. den Bericht des Rechtsausschusses, Bundestags-Drucks. 7/5422, S. 9.
186) Vgl. BGH, NJW 1960, 667, 669.
187) BGH, BauR 1982, 493, 495 m. w. Nachw.
188) Str.; vgl. *Löwe/Graf von Westphalen/Trinkner*, § 11 Nr. 10 b, Rdn. 18; *Ulmer/Brandner/Hensen*, § 11 Nr. 10, Rdn. 48 ff. (verneinend); *Locher/Koeble*, Rdn. 327.
189) *MünchKomm-Kötz*, § 11 AGB-Gesetz, Rdn. 93.

**2219** Dem **kaufmännischen Besteller (Unternehmer)** muss für den Fall des Fehlschlagens der Nacherfüllung in den AGB ebenfalls mindestens das Recht auf Minderung gewährt werden;[190] der endgültige Ausschluss des Minderungsrechtes ist auch gegenüber einem kaufmännischen Vertragspartner gemäß § 307 BGB unwirksam.[191]

**2220** Nach § 309 Nr. 8 b cc BGB kann die Verpflichtung des gewährleistungspflichtigen Verwenders, die Aufwendungen zu tragen, die **zum Zwecke der Nacherfüllung erforderlich** werden,[192] **weder ausgeschlossen noch beschränkt** werden. Damit ist die Bestimmung des § 635 Abs. 2 BGB jeder Einschränkung in AGB entzogen. Das Gesetz erwähnt beispielhaft Transport-, Wege-, Arbeits- und Materialkosten. Der Rechtsgedanke des § 309 Nr. 8 b cc BGB gilt über § 307 BGB auch im **unternehmerischen** Handelsverkehr.[193] § 309 Nr. 8 b dd BGB regelt schließlich, dass ein Klauselverwender die Mängelbeseitigung nicht von der vorherigen Zahlung des Entgelts oder eines unter Berücksichtigung des Mangels unverhältnismäßig hohen Teils des Entgelts abhängig machen darf. Eine **Zug-um-Zug-Regelung** wird dadurch jedoch nicht ausgeschlossen.[194] Im Übrigen sind auf der Auftraggeberseite die Grundsätze zum Leistungsverweigerungsrecht (vgl. Rdn. 2503 ff.) zu beachten.

**2221** § 309 Nr. 8 b cc und dd BGB gilt grundsätzlich auch im **kaufmännischen/unternehmerischen Verkehr**.[195]

**2222** Soweit in manchen Formularverträgen dem Architekten ein **Selbstbeseitigungsrecht** für Schäden einräumt, werden damit Schadensersatzansprüche gemäß §§ 634, 280, 281 BGB nicht ausgeschlossen; vielmehr wird dem Architekten ein Recht zur Naturalrestitution eingeräumt.[196] Gegen eine solche Klausel bestehen daher keine Bedenken.[197]

### d) Haftungsbegrenzungen bei zugesicherten Eigenschaften

**2223** Der Sachmangelbegriff ist durch das SchRModG neu definiert worden. In § 633 Abs. 2 BGB ist der Begriff der „zugesicherten Eigenschaft" (§ 633 BGB a. F.) nicht mehr zu finden. § 11 Nr. 11 AGB-Gesetz ist folgerichtig ebenfalls aufgehoben worden bzw. in der Vorschrift des § 639 BGB aufgegangen.

Bezüglich der alten Rechtslage vor dem 1.1.2002 gilt Folgendes:

In **Individualverträgen** ist auch bezüglich zugesicherter Eigenschaften eine Haftungsbegrenzung oder ein Haftungsausschluss möglich. Die Grenzen ergeben sich aus den allgemeinen bürgerlich-rechtlichen Vorschriften.

**2224** § 11 Nr. 11 AGB-Gesetz verbietet Bestimmungen in AGB oder Formularverträgen, durch die Schadensersatzansprüche nach § 635 BGB a. F. wegen **Fehlens zugesicherter Eigenschaften** gegen

---

190) BGH, NJW 1981, 1501 = BB 1981, 815 = DB 1981, 1515.
191) Für § 9 AGB-Gesetz: BGH, NJW 1991, 2630 = ZfBR 1991, 262 = *SFH*, Nr. 20 zu § 634 BGB.
192) BGH, NJW 1981, 1510 = BauR 1981, 378 = DB 1981, 1719 = ZfBR 1981, 272.
193) BGH, NJW 1981, 1510 = BauR 1981, 378.
194) *Heiermann/Linke*, S. 149.
195) *Bestr.;* wie hier: *Palandt/Grüneberg*, § 309 BGB, Rdn. 66 u. 70.
196) OLG Hamm, NJW-RR 1992, 467 m. w. Nachw.
197) *Korbion/Locher*, Rdn. 187; *Knychalla*, S. 82; **a. A.:** *Hartmann*, Festschrift für Locher, 1990, S. 337, 343; vgl. hierzu auch OLG Celle (BauR 1999, 676), das insoweit zumindest in der Auslegung keine Bedenken hat, dass der Architekt berechtigt ist, die Mängelbeseitigungsarbeiten Dritter zu überwachen.

den Klauselverwender ausgeschlossen oder eingeschränkt werden. Die Vorschrift bezieht sich nur auf Schadensersatzansprüche aus § 635 BGB a. F., nicht auf solche aus positiver Vertragsverletzung, sodass vor allem die bekannte Abgrenzungsproblematik zu beachten bleibt (vgl. Rdn. 1688 ff.). Im Einzelfall ist stets zunächst zu prüfen, ob eine zugesicherte Eigenschaft i. S. des § 633 BGB a. F. und ggf. mit welchem Umfang gegeben ist oder z. B. lediglich eine Beschreibung des Vertragsgegenstandes vorliegt. In aller Regel wird die Zusicherung einer Eigenschaft sich nicht auf die Absicherung von Mängelfolgeschäden beziehen.[198] Der Schutzgedanke des § 11 Nr. 11 AGB-Gesetz ist über § 9 AGB-Gesetz auch im **kaufmännischen** Geschäftsverkehr entsprechend anzuwenden.[199]

Der Rechtsgedanke des § 11 Nr. 11 AGB-Gesetz findet sich nach Inkrafttreten des SchRModG in veränderter Ausgestaltung in § 639 BGB wieder. Danach kann sich ein Unternehmer dann nicht auf eine Vereinbarung über den Ausschluss oder die Beschränkung der Rechte des Auftraggebers berufen, wenn er eine **Garantie für die Beschaffenheit** des Werkes (im Sinne einer unselbstständigen Garantie) übernommen hat; damit stellt die **Garantie** eine **qualifizierte Form der Beschaffenheitsvereinbarung** dar. **2225**

### e) Beschränkung der Höhe nach

*Literatur*

*Schmidt-Salzer*, Formularmäßige Haftungsfreizeichnungen und Anspruchspauschalierungen, NJW 1969, 289; *Hensen*, Zur Darlegungslast bei der Schadenspauschalierung in AGB, DB 1977, 1689; *Frank/Werner*, Die Pauschalierung von Schadensersatzansprüchen nach dem AGBG, DB 1977, 2171; *Reich*, Zur Pauschalierung von Schadensersatzansprüchen bei Werkverträgen, NJW 1978, 1570; *Graf von Westphalen*, Die Wirksamkeitsgrenzen von Haftungsfreizeichnungs- und Haftungsbegrenzungsklauseln bei leichter Fahrlässigkeit gem. § 9 AGB-Gesetz, WM 1983, 974; *Schlechtriem*, Summenmäßige Haftungsbeschränkungen in Allgemeinen Geschäftsbedingungen, BB 1984, 1177; *Hartmann*, Gewährleistung und Haftung nach den Architektenvertragsmustern der Bundesarchitektenkammer im Spiegel des AGB-Rechts, Festschrift für Locher (1990), 337; *Locher*, AGBG-rechtliche Aspekte der Versicherbarkeit von Bauverträgen, Festschrift für Soergel, 1993, 181; *Kohlndorfer*, Pauschalierter Schadensersatz als prozentuale Quote des Bruttokaufpreises zulässig?, ZfS 1994, 37.

In **Individualverträgen** ist eine Haftungsbegrenzung der Höhe nach **unbedenklich,** soweit die Grenzen, die durch das BGB gezogen sind, eingehalten werden. Dabei ist insbesondere § 639 BGB zu berücksichtigen (vgl. Rdn. 2179). **2226**

**Formularmäßige Haftungsbegrenzungen** auf eine bestimmte Summe[200] sind dagegen nur in beschränktem Rahmen möglich; dies gilt auch für Klauseln, die die Haftung auf eine nicht bestimmte, aber berechenbare Summe beschränken.[201] Die **Grenzen** für Haftungsbegrenzungsklauseln in AGB oder Formularverträgen werden vor allem durch § 309 Nr. 5 BGB (**Pauschalierung** von Schadensersatzansprüchen) und § 309 Nr. 7 BGB (**Haftung** bei grobem Verschulden) gezogen. **2227**

Danach ist eine formularmäßige Begrenzung der Höhe nach zunächst nur für die Haftung wegen **leichter Fahrlässigkeit** zulässig, da anderenfalls ein Verstoß gegen **2228**

---

198) Vgl. BGH, NJW 1968, 1622.
199) *MünchKomm-Kötz*, § 11 AGB-Gesetz, Rdn. 126; *Wolf/Horn/Lindacher*, § 11 Nr. 11, Rdn. 15.
200) Zu einer **Quotenhaftungsklausel** (Architekt) s. LG Bayreuth, BauR 2006, 139 = IBR 2006, 629 – *Moufang*.
201) BGH, WM 1993, 24 = MDR 1993, 212; BGHZ 89, 363 = WM 1984, 477; BGH, NJW 1985, 3016; OLG Düsseldorf, MDR 1954, 170, 171.

§ 309 Nr. 7 BGB vorliegt. Nach dieser Vorschrift haftet der Verwender bei grober Fahrlässigkeit und Vorsatz in vollem Umfang und für jede Art des Schadens, ohne dass eine Haftungsbegrenzung möglich ist. Damit ist eine **generelle betragsmäßige Haftungsbeschränkung** in AGB oder Formularverträgen **unwirksam**.[202] Da eine geltungserhaltende Reduktion nicht in Betracht kommt (vgl. Rdn. 2165 ff.), haftet der Verwender in diesem Fall in vollem Umfang und für jede Art des Verschuldens. Im Übrigen stellt nunmehr § 309 Nr. 7 a BGB klar, dass die Haftung für Körperschäden auch bei leichter Fahrlässigkeit nicht eingeschränkt werden kann. Das entspricht der bisherigen Rechtslage bei einer richtlinienkonformen Auslegung der Nr. 1 a des Anhangs der Richtlinie 93/13/EWG.[203]

**2229** Ob eine Haftungsbegrenzungsklausel für **leichte** Fahrlässigkeit im Einzelfall wirksam ist, richtet sich nach der Generalklausel des § 307 BGB. Unwirksam sind derartige Klauseln vor allem, wenn sie nicht ausreichend eindeutig und verständlich sind;[204] dasselbe gilt, wenn durch die Festlegung einer völlig **unzureichenden Haftungssumme** der Geschädigte praktisch schutzlos gestellt ist oder die Haftungsbegrenzung der Höhe nach auf einen Haftungsausschluss hinausläuft. Die **Haftungshöchstsumme** muss daher dem Umfang des Bauvorhabens **angemessen** sein und einem voraussehbaren Schaden entsprechen.[205]

**2230** Die Fassung der Allgemeinen Vertragsbestimmungen (AVA) zum **Einheits-Architektenvertrag (1992)**[206] enthält erhebliche Haftungsbeschränkungen der Höhe nach. So sieht § 5 Abs. 3 der AVA für **versicherbare Schäden** eine Beschränkung in **Fällen leichter Fahrlässigkeit** auf die zwischen den Vertragsparteien vereinbarte **Deckungssumme,** bei fehlender Vereinbarung auf die in § 5 Abs. 3 Satz 2 der AVA genannten Deckungssummen vor. Diese Haftungsbeschränkung wird in der Literatur für wirksam angesehen, weil insbesondere auch die Vertragsmuster der öffentlichen Hand eine solche Begrenzung der Haftung vorsehen.[207] Für **nicht versicherbare Schäden** (also insbesondere im Rahmen des Kostenbereichs), die nicht Personenschäden darstellen, wird in § 5 Abs. 4 der AVA (bei Fällen leichter Fahrlässigkeit) eine entsprechende Begrenzung vorgenommen, „jedoch nicht über das vertragliche Honorar hinaus". Allgemein wird diese Bestimmung gemäß § 9 AGB-Gesetz/§ 307 BGB (Transparenzgebot) zu Recht für **unwirksam** gehalten, weil keine Aufzählung der nicht versicherbaren Schäden erfolgt und die Beschränkung auf die Honorarhöhe völlig unangemessen ist.[208] Die Angemessenheit ist insbesondere deshalb zu verneinen, weil gerade die

---

202) Vgl. hierzu OLG Stuttgart, VersR 1984, 450.
203) Vgl. hierzu *Schmidt-Räntsch*, Rdn. 1129.
204) Vgl. *Graf von Westphalen*, WM 1983, 974 ff.; *Beigel*, BauR 1986, 34, 36, 37 für § 5.2 u. 3 AVA (1985) u. *Locher*, Festschrift für Soergel, S. 181 ff.
205) *Korbion/Locher*, Teil II, Rdn. 23 ff.
206) Zwischenzeitlich von der Bundesarchitektenkammer zurückgezogen.
207) Vgl. hierzu: *Budnick*, S. 38 ff.; *Beigel*, BauR 1986, 34, 36, 37; *Knychalla*, S. 48; *Hartmann*, Festschrift für Locher, 1990, S. 337, 339; *Osenbrück*, RBBau, Rdn. 141 ff.; **a. A.:** OLG Stuttgart, U. v. 10.10.1991 – 13 U 190/90 – zitiert und besprochen von *Morlock* in DAB 1992, 732: Das OLG Stuttgart hält die Klausel für unwirksam, weil aus ihr nicht deutlich wird, was versicherbar (und nicht versicherbar) ist. Zur formularmäßigen Haftungsbeschränkung für fahrlässig herbeigeführte Nichtpersonenschäden auf insgesamt 150.000 DM in einem Architektenvertrag siehe auch BGH, SFH, Nr. 46 zu § 635 BGB mit Hinweis auf BGH, WM 1984, 1224 unter III 2.
208) Wie hier: OLG Stuttgart, a. a. O.; *Knychalla*, S. 51 (Verstoß auch gegen die Überraschungsklausel des § 3 AGB-Gesetz); *Korbion/Locher*, Teil II, Rdn. 25; vgl. auch *Bindhardt/Jagenburg*, § 10, Rdn. 3; *Locher*, Festschrift für Soergel, S. 181 ff.

**Einzelfälle**  Rdn. 2231-2233

nicht versicherbaren Schäden (wie Kostenüberschreitungen und Verzugsschäden aus Überschreitung der Bauzeit) besonders „schadensträchtig" sind.[209] Die neue, von der **Bundesarchitektenkammer** empfohlene Fassung eines Einheits-Architektenvertrages[210] (beim Bundeskartellamt angemeldet, aber nicht im Bundesanzeiger veröffentlicht) sieht ebenfalls für Schäden, die nicht Personenschäden sind, eine **Haftungsbeschränkung** der Höhe nach für Fälle **leichter** Fahrlässigkeit vor, wobei darauf hingewiesen wird, dass der Betrag der Haftungssumme angemessen sein muss und als Orientierungshilfe die Deckungssumme der Haftpflichtversicherung in Betracht kommen kann.

Umstritten ist, ob im **unternehmerischen Geschäftsverkehr** die Haftung für grobes Verschulden des Verwenders und seiner Erfüllungsgehilfen in AGB oder Formularverträgen der Höhe nach begrenzt oder ausgeschlossen werden kann; der BGH[211] hat hierzu noch nicht abschließend Stellung genommen.  **2231**

In zahlreichen Bauverträgen, insbesondere in Verträgen von **Bauträgern** und **Fertighausherstellern,**[212] finden sich Bestimmungen, in denen etwaige **Vergütungs-** und/oder **Schadensersatzansprüche** mit **Pauschalen** abgegolten werden. Solche pauschalen Ersatzansprüche sind grundsätzlich sowohl in Individual- wie auch in Formularverträgen oder AGB wirksam.[213]  **2232**

Vergütungs- und/oder Ersatzansprüche in AGB oder Formularverträgen zugunsten der Verwender müssen sich jedoch in den **Grenzen** halten, die ihnen durch §§ 308 Nr. 7, 309 Nr. 5 BGB gezogen sind. Diese Vorschriften spiegeln im Wesentlichen die Rechtsprechung zur Zulässigkeit von Schadenspauschalierungen in AGB wider.[214] Da das BGB zwischen **Vertragsstrafe** § 309 Nr. 6 BGB und **Schadenspauschale** § 309 Nr. 5 BGB[215] unterscheidet, ist der alte Streit, ob es sich insoweit um verschiedene Rechtsinstitute handelt, als durch den Gesetzgeber in diesem Sinne beantwortet anzusehen.[216]

Im Übrigen ist nach dem Sinngehalt der Klausel zu ermitteln, ob es sich um eine (pauschale) **Vergütungsregelung** handelt oder um eine Pauschalierung von Schadensersatzansprüchen. Handelt es sich um eine Regelung für den Fall der **Kündigung** oder des Rücktritts, wird trotz der Wortwahl „Schadensersatz" im Zwei-  **2233**

---

209) So richtig: *Ulmer/Brandner/Hensen*, Anh. §§ 9–11, Rdn. 114.
210) Veröffentlicht bei *Löffelmann/Fleischmann*, Anhang XI.
211) Vgl. BGH, NJW 1984, 1350 mit einer Übersicht über den Meinungsstand; kritisch: *Kötz*, NJW 1984, 2247. Vgl. hierzu im Einzelnen *Wolf/Horn/Lindacher*, § 11 Nr. 7, Rdn. 44 ff.
212) Vgl. BGH, BauR 2006, 1031 m. Anm. *Wellensiek* = NZBau 2006, 435 = ZfBR 2006, 557 = IBR 2006, 382 – *Wolff* u. BauR 1995, 199 = BauR 1995, 546 für einen **Fertighausvertrag;** OLG Rostock, NJW-RR 1998, 310; OLG Brandenburg, OLGR 1995, 18 („pauschale Entschädigung"); OLG München, NJW 1995, 733 = OLGR 1995, 13 (pauschalierter Schadensersatz – 3% der Auftragssumme – bei einer unzulässigen **Submissionsabrede**); OLG Koblenz, BauR 2000, 419 = NJW-RR 2000, 872 (Pauschale von 5% bei Kündigung eines Fertighausvertrages – verbunden mit der Klausel des Fertighausherstellers, „sofern er oder der Bauherr nicht im Einzelfall andere Nachweise erbringen").
213) BGHZ 87, 112, 120; BGH, ZfBR 1995, 199; BGH, BauR 1996, 384 = MDR 1996, 792 = ZIP 1996, 508; OLG Rostock, NJW-RR 1998, 310, 311.
214) *Löwe/Graf von Westphalen/Trinkner*, § 11 Nr. 5, Rdn. 2.
215) Zur **Abgrenzung** von Vertragsstrafe und Schadenspauschalierung: OLG München, OLGR 2007, 3, 4; *Frank/Werner*, DB 1977, 2171; *Beuthien*, Pauschalierter Schadensersatz und Vertragsstrafe, Festschrift für Larenz, 1973, 495 ff.; *Reich*, NJW 1978, 1570.
216) *Frank/Werner*, DB 1977, 2171, 2172.

fel eine pauschalierte Vergütung abzüglich ersparter Aufwendungen anzunehmen sein.[217]

**2234** Nach § 309 Nr. 5 BGB ist die Vereinbarung eines pauschalierten Anspruchs des Verwenders auf **Schadensersatz** oder Ersatz einer **Wertminderung** unwirksam, wenn die Pauschale den in den geregelten Fällen nach dem gewöhnlichen Lauf der Dinge zu erwartenden Schaden oder die gewöhnlich eintretende Wertminderung übersteigt oder dem anderen Vertragsteil nicht ausdrücklich **der Nachweis gestattet** wird, ein Schaden oder eine Wertminderung sei überhaupt nicht entstanden oder wesentlich niedriger als die Pauschale. § 309 Nr. 5 BGB bringt damit eine Veränderung zu der früheren Rechtslage nach § 11 Nr. 5 AGB-Gesetz: Eine Klausel ist nunmehr nur dann wirksam, wenn sie den **Nachweis** eines geringeren Schadens **ausdrücklich zulässt.** Der damit stets mögliche **Gegenbeweis** führt dazu, dass der zunächst vom Verwender abstrakt berechnete Schadensbetrag in dem Maße verringert werden kann, wie die Reduzierung dem anderen Vertragspartner gegenbeweislich gelingt.[218] Dem Verwender bleibt es im Einzelfall unbenommen, trotz der Unwirksamkeit der Klausel seinen Schaden konkret **darzulegen** und zu beweisen.[219]

**2235** Eine **Pauschale** muss immer so **festgesetzt** sein, dass sie den „nach dem gewöhnlichen Lauf der Dinge" zu erwartenden **Durchschnittsschaden** (durchschnittliche Wertminderung) **nicht übersteigt.** Andernfalls ist – bei einem Missverhältnis – die Klausel unwirksam. Die Schadenspauschale kann eine branchenübliche Gewinnspanne gemäß § 252 Satz 2 BGB einbeziehen.[220] Das Gericht kann eine neue, zulässige Pauschale festsetzen, die den Anforderungen des § 309 Nr. 5 BGB genügt.[221]

**2236** Die **Beweislast** für die **Angemessenheit der Pauschale** trägt der **Verwender.**[222] Hieran sind aber nicht zu hohe Anforderungen zu stellen, da andernfalls der Sinn der Pauschalierungsabrede verlorenginge.[223] Es reicht der Nachweis des branchenüblichen Gewinns aus; im Einzelfall kann es jedoch erforderlich sein, dass der Verwender seine **Kalkulation** offenlegt.[224]

**2237** Für den **unternehmerischen Verkehr** gelten die vorgenannten Grundsätze über § 307 BGB entsprechend.[225]

**2238** Schadenspauschalen für den Fall des **Rücktritts** oder der **Kündigung** vom Vertrag durch den Vertragspartner des Verwenders richten sich ebenfalls nach § 309 Nr. 5 BGB.

---

217) BGH, BauR 2006, 1131, 1132 (**10%** des zur Zeit der freien Kündigung vereinbarten Gesamtpreises sind **angemessen**; s. auch Vorinstanz: OLG Düsseldorf, BauR 2005, 1636); s. ferner BGH, BauR 1985, 79 = NJW 1995, 632 (**18%** sind **unangemessen**).
218) Vgl. hierzu BGH, NJW 1982, 2316 mit Anm. *Fischer*, JR 1983, 65.
219) BGH, NJW 2006, 1056, 1059.
220) *Palandt/Grüneberg*, § 309 BGB, Rdn. 26; *Heiermann/Linke*, S. 132.
221) *MünchKomm-Kötz*, § 11 AGB-Gesetz, Rdn. 39.
222) BGH, WM 1977, 55, 57; s. ferner *Reich*, NJW 1978, 1570, 1571; *Hensen*, DB 1977, 1689.
223) Vgl. LG München, AGBE IV (1983), § 10 Nr. 41 (Pauschale von **40%** des Gesamtbetrages bei Kündigung wirksam).
224) OLG Rostock, NJW-RR 1998, 310, 311.
225) OLG München, NJW 1995, 733 für eine pauschalierte Schadensersatzabrede zum Schutz gegen **Submissionsbetrug;** siehe dazu (einschränkend) auch OLG Frankfurt, BauR 1993, 101; siehe ferner: BGH, NJW-RR 1993, 335; BGH, BauR 1996, 384 = MDR 1996, 792 = ZIP 1996, 508 (**Submissionsabsprache**).

# Einzelfälle

## f) Zeitliche Begrenzung

**In Individualverträgen** kann die Gewährleistungsfrist grundsätzlich gegenüber **2239**
den gesetzlichen Vorschriften des BGB zeitlich eingeschränkt werden.[226]

Die nach dem BGB im Werkvertragsrecht geltenden **Gewährleistungsfristen** **2240**
können dagegen nach § 309 Nr. 8 b ff nicht mehr in **AGB oder formularmäßig** verkürzt werden. Die früher (vor Inkrafttreten des AGB-Gesetzes) übliche formularmäßige Abkürzung der Verjährungsfrist für die Gewährleistungsansprüche des Bauherrn gegen den Architekten auf zwei Jahre[227] ist nicht mehr möglich. Es bleibt also grundsätzlich bei der **fünfjährigen** Verjährungsfrist des § 634 a Abs. 1 Nr. 2 BGB.[228]

**Unzulässig** ist nicht nur die unmittelbare formularmäßige Verkürzung der jeweiligen Verjährungsfrist, sondern auch jede **mittelbare Verschlechterung** im Hinblick auf den Verjährungsablauf.[229] Unzulässig ist daher auch die formularmäßige Festlegung eines von den gesetzlichen Vorschriften abweichenden früheren **Verjährungsbeginns** (z. B. **vor** Abnahme).[230] Unter diesem Gesichtspunkt sind auch Klauseln in Architekten-Formularverträgen unzulässig, in denen der Verjährungsbeginn zu dem Zeitpunkt festgesetzt wird, in dem der Bauherr das Bauwerk des **Unternehmers** abnimmt, obwohl der Architekt damit noch nicht seine eigenen Leistungen abschließend erfüllt hat und daher auch noch keine Abnahme seiner Leistungen erfolgt ist.[231] Eine unzulässige Verkürzung der Verjährungsfrist kann auch in der Weise erfolgen, dass sachwidrig ein anderer **Vertragstyp** mit kürzerer Verjährung vereinbart wird.[232] Eine Klausel in einem Architekten-Formularvertrag, wonach Ansprüche des Bauherrn gegen den Architekten „zwei Jahre nach Bezugsfertigkeit des Gebäudes" verjähren, verstößt ebenfalls gegen § 309 Nr. 8 b ff BGB und ist damit unwirksam.[233] **2241**

Enthalten Formularverträge Klauseln, nach denen Verjährungsfristen nicht durch **2242**
eine Nachbesserung oder Mangelprüfung ebenso wenig wie durch Garantieleistungen verlängert werden, können diese ebenfalls unwirksam sein, weil sie gegen den

---

226) Verjährungsverlängerungen durch AGB sind an der Generalklausel des § 307 BGB zu messen; s. auch BGH, IBR 2006, 204 – *Schwenker*.
227) Vgl. z. B. OLG Hamm, NJW 1974, 2290; OLG Braunschweig, BauR 1973, 195; LG Nürnberg-Fürth, BauR 1974, 426.
228) Deshalb sind die von kommunalen Auftraggebern oftmals benutzten Allgemeinen Vertragsbedingungen für Architekten-Ingenieurleistungen (AVB), die eine 5jährige Verjährungsfrist vorsehen, die an die Bauwerksübergabe anknüpft, wirksam (BGH, NZBau 2006, 383, 384 = BauR 2006, 1012, 1013 unzutreffend daher OLG Rostock, IBR 2006, 284 – *Biebelheimer*).
229) Vgl. BGH, BauR 1995, 234 = NJW 1995, 526 für **Abnahmeklausel** im Subunternehmervertrag; siehe auch OLG Düsseldorf, BauR 1995, 111 = OLGR 1994, 266 = NJW-RR 1994, 1298 für eine Klausel, wonach die Gewährleistungsfrist in dem VOB-(Subunternehmer-)Vertrag 2 Jahre und 4 Wochen beträgt und mit der **Gesamtabnahme** des Bauwerks durch den Bauherrn beginnt.
230) BGH, BauR 1987, 113 = NJW-RR 1987, 144, 146.
231) BGH, BauR 1987, 113 = NJW-RR 1987, 144, 146; OLG Düsseldorf, NJW-RR 1992, 1174 = OLGR 1992, 285.
232) BGH, NJW-RR 1987, 144, 146.
233) BGH, NJW 1992, 2759 = ZfBR 1992, 275 = BauR 1992, 794.

Grundgedanken der §§ 203 BGB (Verhandlungen über den Anspruch) sowie § 212 Abs. 1 Nr. 1 BGB (Anerkenntnis des Anspruchs) verstoßen.[234]

**2243** Ebenso sind Klauseln in AGB oder Formularverträgen unwirksam, durch die der Klauselverwender dem Besteller für die **Anzeige nicht offensichtlicher Mängel** eine **Ausschlussfrist** setzt, die kürzer ist als die Verjährungsfrist für den Gewährleistungsanspruch (§ 309 Nr. 8 b ee BGB).

**2244** Eine **Ausnahme** vom Verbot, Verjährungsfristen in AGB oder Formularverträgen zu verkürzen, gilt gemäß § 309 Nr. 8 b ee BGB für Bauverträge, denen die **VOB/B** zu Grunde liegt, wenn diese **als Ganzes** vereinbart wurde: Hier bleibt es nach dem Willen des Gesetzgebers bei der vierjährigen Verjährungsfrist gemäß § 13 Nr. 4 VOB/B. Die **vierjährige** VOB-Verjährungsfrist gilt damit nur dann, wenn die VOB ohne Einschränkungen vereinbart worden ist (vgl. Rdn. 1018 ff.).[235] Zur Frage der Vereinbarung der VOB in **Bauträgerverträgen** vgl. Rdn. 1017 ff., 2405 ff. Zur **Verlängerung** von Gewährleistungsfristen in AGB oder Formularverträgen vgl. Rdn. 2354.

**2245** Der dem § 309 Nr. 8 b ff BGB zu Grunde liegende Rechtsgedanke ist über § 307 BGB auch im **unternehmerischen Handelsverkehr** anwendbar.[236]

**2246** Soweit die Verjährungsfristen anderer Ansprüche als Gewährleistungsansprüche entgegen den gesetzlichen Vorschriften in AGB oder Formularverträgen verkürzt werden, unterliegen sie der Angemessenheitskontrolle nach § 307 BGB.[237]

**2247** In **Subunternehmerverträgen** kann unter Umständen ein Generalunternehmer ein berechtigtes Interesse haben, seine eigene **Gewährleistung** (gegenüber dem Bauherrn) mit der seines Subunternehmers **deckungsgleich** zu vereinbaren. Deshalb wird man es als zulässig ansehen können, wenn in AGB oder Formularverträgen die Gewährleistungsfrist gegenüber dem Subunternehmer im begrenzten Rahmen verlängert wird (vgl. Rdn. 1058).[238]

### g) Haftung nur bei Verschulden

**2248** Wird die Haftung in **Individualverträgen** auf einen schuldhaft verursachten Schaden begrenzt, so ist dies zwar bedenklich, aber **zulässig.** Bedenken bestehen deshalb, weil das Gewährleistungsrecht grundsätzlich von einem Verschulden unabhängig ist, sodass die Wirksamkeit solcher Vertragsbestimmungen besonders unter dem Gesichtspunkt von Treu und Glauben (§ 242 BGB) zu prüfen bleibt. Da aber eine völlige Haftungsfreizeichnung in Individualverträgen möglich ist (vgl. Rdn. 2179 ff.), wird man auch solche Klauseln als zulässig ansehen können,[239] allerdings ist dabei § 276 BGB (keine Freizeichnung bei Vorsatz und Übernahme einer Garantie oder eines Beschaffungsrisikos) zu beachten.

---

234) Zu der Regelung des § 639 Abs. 2 BGB a. F. (Hemmung der Verjährung bei einvernehmlicher Prüfung des Vorhandenseins des Mangels oder der Beseitigung des Mangels): BGH, NJW 1981, 867, dazu kritisch: *Kornmeier*, NJW 1982, 793 ff. und Rdn. **2413**.
235) BGH, BauR 2004, 668 = NZBau 2004, 267; BGH, BauR 2004, 1142.
236) BGH, NJW 1984, 1750 = BauR 1984, 390 = DB 1984, 1341 = ZfBR 1984, 186; BGH, NJW 1981, 1510 = BauR 1981, 378 = DB 1981, 1719 = ZfBR 1981, 172.
237) Vgl. OLG Stuttgart, NJW-RR 2000, 1551 = NZBau 2000, 573.
238) Zur Gestaltung von Subunternehmerverträgen durch AGB siehe vor allem *Schlünder*, NJW 1995, 1057 ff.; *Ramming*, BB 1994, 518 ff.
239) *Locher/Koeble*, Rdn. 276.

## Einzelfälle

**Rdn. 2249–2253**

Für **AGB oder Formularverträge** ist in diesem Zusammenhang § 309 Nr. 8 b aa BGB zu berücksichtigen (vgl. Rdn. 2182 ff.). Danach ist ein **völliger oder partieller Gewährleistungsausschluss** in AGB oder Formularverträgen **unwirksam.**[240] Werden Ansprüche des Bauherrn gegenüber dem Bauunternehmer/Sonderfachmann/Architekten von einem Verschulden abhängig gemacht, so sind Mängelansprüche, die verschuldensunabhängig sind (wie z. B. die Ansprüche auf Nacherfüllung, Minderung), ausgeschlossen. Darin liegt aber ein Verstoß gegen die vorerwähnte Bestimmung des § 309 BGB.[241] Ist lediglich der Schadensersatzanspruch (nicht dagegen der Nacherfüllungs- oder Minderungsanspruch) von einem Verschulden abhängig gemacht worden, bestehen hingegen grundsätzlich keine Bedenken, da dies mit §§ 634, 280 BGB (§ 635 BGB a. F.) in Einklang steht.[242]

**2249**

Unter § 309 Nr. 8 b aa BGB fällt auch die Klausel in Architekten-Formularverträgen, wonach der Architekt nur für **„nachweislich schuldhaft verursachte Schäden"** haftet; diese Klausel ist unwirksam, weil der Architekt damit seine Haftung für alle von einem Verschulden unabhängige Ansprüche wegen mangelhafter Leistung ausschließen will (vgl. Rdn. 2254).[243]

**2250**

Da die Haftungsbegrenzung eines Werkunternehmers auf schuldhaft mangelhafte Leistung auch den in § 307 BGB genannten Grundsätzen widerspricht, sind entsprechende verschuldensabhängige Haftungsklauseln auch gegenüber **Unternehmern unwirksam.**

**2251**

### h) Abänderung der Beweislast

*Literatur*

*Thamm*, Umformulierung von Haftungsbegrenzungen in AGB wegen beweislastverändernden Klauseln, BB 1996, 653.

Die Beweislast kann unter den Vertragsparteien eines Bau- oder Architektenvertrages grundsätzlich **frei vereinbart** werden. Dies gilt jedoch nur für **Individualverträge.** Hier ist die Grenze für die Abänderung der Beweislast allein der Grundsatz von Treu und Glauben nach § 242 BGB.

**2252**

**Formularmäßige** oder **in AGB enthaltene Beweislastregelungen** sind dagegen nach § 309 Nr. 12 BGB zu bewerten. Danach ist eine Bestimmung in Formularverträgen oder AGB **unwirksam,** durch die der Verwender die Beweislast zum Nachteil des anderen Vertragsteils ändert, insbesondere indem er diesem **die Beweislast für Umstände auferlegt, die im Verantwortungsbereich des Verwenders liegen,** oder den anderen Vertragsteil bestimmte Tatsachen bestätigen lässt. § 309 Nr. 12 BGB entspricht im Wesentlichen der **bisherigen Rechtsprechung des BGH,**[244] wonach eine Beweislastveränderung nach den Grundsätzen von Treu und Glauben unwirksam ist, wenn einem Vertragspartner die Beweislast für Umstände auferlegt wird, die in der Sphäre und dem Verantwortungsbereich des anderen Vertragspartners

**2253**

---

240) *Kaiser*, BauR 1977, 319; *Jagenburg*, BauR-Sonderheft 1/1977, S. 28; *Gnad*, a. a. O., S. 10.
241) OLG München, NJW-RR 1990, 1358 = BauR 1990, 471.
242) Vgl. hierzu aber OLG München, NJW-RR 1990, 1358 = BauR 1990, 471 (Beschränkung auf Vorsatz und grobe Fahrlässigkeit unwirksam; s. auch BGH, NJW-RR 1993, 560, 561).
243) BGH, NJW-RR 1990, 856 = BauR 1990, 488 = ZfBR 1990, 192 = WM 1990, 1421; siehe auch *Knychalla*, S. 5 ff. und 17 ff.
244) BGH, NJW 1973, 1173; NJW 1964, 1123; VersR 1967, 402; *Hesse*, BauR 1970, 196.

liegen. Ein Verstoß gegen § 309 Nr. 12 BGB liegt nicht nur bei einer Beweislastumkehr vor, sondern bereits dann, wenn der Verwender versucht, die Beweisposition seines Vertragspartners zu verschlechtern.[245]

**2254** In **Architekten-Formularverträgen** war früher häufig noch die Klausel zu finden, dass der Architekt nur für die von ihm „**nachweislich schuldhaft verursachten Schäden**" zu haften hat. Diese Klausel **widerspricht** § 309 Nr. 12 BGB und ist **daher nichtig**.[246] Mit dieser Klausel wird nämlich dem Bauherrn stets die Beweislast für ein Verschulden des Architekten aufgebürdet, obwohl ein Verschulden für eine Schadensursache in der Sphäre des Architekten liegt. Die Klausel widerspricht ferner ausdrücklichen Beweisregeln des Gesetzes;[247] danach hat bei Unmöglichkeit und Verzug der Schuldner die Beweislast für fehlendes Verschulden (vgl. Rdn. 2250).

**2255** Entsprechendes gilt für den Schadensersatzanspruch. Der Bauherr trägt gemäß § 280 BGB die **Beweislast** für die objektive Pflichtverletzung und die Ursächlichkeit, während den Architekten die Beweislast für sein Nichtverschulden trifft. Soweit die Haftung mit der vorgenannten Klausel überdies von einem Verschulden abhängig gemacht wird, ist sie nach § 309 Nr. 8 b aa BGB unwirksam (vgl. Rdn. 2249).

**2256** Die vorgenannten Ausführungen gelten auch für die Verwendung von AGB oder Formularverträgen gegenüber **Unternehmern**.

### i) Beschränkung auf unmittelbaren Schaden

**2257** Eine Haftungsbegrenzung kann individualrechtlich in der Weise wirksam erfolgen, dass die Haftung auf den Ersatz des **unmittelbaren** Bauschadens beschränkt wird.[248]

Damit wird die Haftung für so genannte **mittelbare Folgeschäden** ausgeschlossen.

**2258** Die **Abgrenzung** zwischen unmittelbarem und mittelbarem Schaden ist nicht immer einfach zu vollziehen (vgl. Rdn. 1688 ff.). Als mittelbare Schäden sind von der Haftung ausgeschlossen: Mietausfälle,[249] Kleiderschäden aufgrund einer durch schuldhaftes Verhalten des Architekten herabstürzenden Decke,[250] Verlust von Gewährleistungsansprüchen gegen Bauhandwerker,[251] jeglicher entgangene Gewinn.[252] Von der Unmittelbarkeitsklausel werden dagegen die Schäden nicht miterfasst, die sich nicht mittelbar oder unmittelbar am **Bauwerk** niederschlagen, also z. B. reine Vermögensschäden, die sich aus der Verletzung vertraglicher Nebenpflichten oder aus Verzug ergeben.[253] Die Unmittelbarkeitsklausel bezieht sich daher nur auf Fälle,

---

245) OLG Düsseldorf, BauR 1996, 112 = BB 1996, 658 = OLGR 1995, 221; siehe ferner: OLG Brandenburg, IBR 2006, 89 – *Seibel*.
246) Ebenso: *Jagenburg*, BauR-Sonderheft 1/1977, S. 28; *Gnad*, a. a. O., S. 12; *Kaiser*, BauR 1977, 319; *Bindhardt/Jagenburg*, § 2, Rdn. 33; *Knychalla*, S. 17 ff.
247) Hierauf verweist auch *Gnad*, a. a. O., S. 11, 12.
248) BGH, WM 1974, 219.
249) BGH, NJW 1972, 526; OLG Köln, BauR 1971, 134.
250) BGH, NJW 1971, 1130.
251) OLG Düsseldorf, BauR 1970, 185.
252) Vgl. *Hesse*, BauR 1970, 193, 198.
253) BGH, BauR 1972, 185; BGH, NJW 1971, 1840 für fehlerhafte **Kostenschätzung**; BGH, NJW 1971, 1130 = BauR 1971, 131 für fehlerhafte **Beratung**; BGH, NJW 1994, 2228 für haftungsbeschränkende **Treuhänderklausel** (Zinsmehraufwand ist nicht nur ein „mittelbarer" Schaden); OLG Düsseldorf, BauR 1970, 185; KG, MDR 1970, 844; **a. A.:** wohl *Hesse*, BauR 1975, 80, 85.

**Einzelfälle** **Rdn. 2259–2261**

in denen durch eine fehlerhafte Bau- oder Architektenleistung ein Bauwerksmangel eingetreten ist.[254)]

Wirkt sich eine Vertragsverletzung nicht in einem Bauwerksmangel aus und kann es daher auch nicht zu Folgeschäden eines solchen Mangels kommen, hat die haftungsbegrenzende Klausel keine Wirkung. Die Klausel findet insbesondere keine Anwendung, wenn ein Planungsfehler nicht zu einem Bauwerksmangel geführt hat, weil überhaupt nicht oder nicht nach den Plänen des Architekten gebaut wurde.[255)] Dasselbe gilt bei einem Koordinierungsversagen des Architekten, das nicht zu einem Mangel am Bauwerk geführt hat.[256)] Die Unmittelbarkeitsklausel ist auch nicht anwendbar auf den Fall, dass der Architekt nach Fertigstellung und Inbenutznahme des Bauwerks und nach Abschluss des Architektenwerks vom Bauherrn wegen eines gefahrdrohenden Zustandes, den er durch Verletzung der Bauaufsichtspflicht herbeigeführt hat, um Rat gefragt wird und durch falsche Beratung einen Schaden verursacht, der sonst vermieden worden wäre.[257)] Die vorgenannte Haftungsbeschränkung lässt schließlich auch eine Delikthaftung unberührt, da sie sich nur auf die vertragliche Haftung bezieht.[258)] 2259

Erfolgt in **Architekten- oder Bau-Formularverträgen** eine Haftungsbegrenzung auf den unmittelbaren Schaden, verstößt diese Klausel gegen § 309 Nr. 7 b BGB und ist damit nichtig, soweit sie **auch bei grober Fahrlässigkeit** die Haftung beschränkt.[259)] Für Schäden, die ein Unternehmer, Handwerker, Bauträger, Architekt oder Sonderfachmann grob fahrlässig bzw. vorsätzlich oder die ein gesetzlicher Vertreter oder Erfüllungsgehilfe (z. B. Subunternehmer) des vorgenannten Kreises vorsätzlich oder grob fahrlässig verursacht, ist ein Ausschluss oder eine Begrenzung der Haftung nicht möglich. Bei grob fahrlässiger bzw. vorsätzlich schuldhafter Vertragsverletzung (auch unter dem Gesichtspunkt des Verschuldens bei Vertragsabschluss) haftet der vorgenannte Personenkreis als Verwender von AGB oder Formularverträgen daher für jede Art des Schadens, gleich ob mittelbarer oder unmittelbarer Schaden.[260)] Nimmt der Verwender als **Spezialfirma** das Vertrauen seines Kunden besonders in Anspruch, indem er sich für die Durchführung der vertraglich übernommenen Arbeiten als „besonders geeignet" bezeichnet, kann er die Haftung für **entferntere Mängelfolgeschäden** nicht formularmäßig oder in AGB ausschließen.[261)] 2260

Die vorgenannten **Ausführungen** gelten nach § 307 BGB auch für den **unternehmerischen Verkehr**. 2261

---

254) BGH, BauR 1972, 185.
255) BGH, NJW 1972, 526.
256) BGH, NJW 1977, 714 = DB 1977, 624.
257) BGH, BauR 1971, 131.
258) BGH, BauR 1975, 286.
259) *Kaiser*, BauR 1977, 313, 317; *Jagenburg*, BauR-Sonderheft 1/1977, S. 28; *Gnad*, a. a. O., S. 19, 20.
260) *Knychalla*, S. 37 ff.
261) BGH, BauR 1985, 317.

## k) Subsidiaritätsklausel

*Literatur*
Winter, Subsidiaritätsklauseln und AGB-Gesetz, VersR 1991, 527.

**2262** In Architektenverträgen war vielfach die Klausel zu finden, dass der Architekt im Hinblick auf nachweislich ungenügende Aufsicht und Prüfung für fehlerhafte Bauausführung des Unternehmers nur im Falle dessen Unvermögens in Anspruch genommen werden kann (sog. Subsidiaritätsklausel). Eine solche Bestimmung ist in **Individualverträgen rechtswirksam**.[262] Die Klausel gilt jedoch nur für Fehler des Architekten in der Bauaufsicht und Überwachungspflicht, nicht dagegen für reine Planungsfehler oder andere Pflichtverletzungen.[263]

**2263** Das **Unvermögen** des Unternehmers ist im Sinne dieser Klausel rechtlich als eine **aufschiebende Bedingung** anzusehen; die Bedingung tritt ein, wenn das Unvermögen feststeht.[264] Das Unvermögen ist wirtschaftlich und nicht technisch zu werten.[265] Es liegt vor bei festgestellter Mittellosigkeit des Unternehmers, insbesondere also bei Konkurs (Insolvenz), fruchtloser Pfändung oder längerem Auslandsaufenthalt des Unternehmers. Ein Unvermögen liegt dagegen nicht vor, wenn der Unternehmer fachlich nicht in der Lage ist, die Werkleistung ordnungsgemäß zu erbringen. Eine Klage und Zwangsvollstreckung gegen den Unternehmer ist nicht Voraussetzung für den Nachweis des Unvermögens; der Nachweis kann auch auf andere Weise erbracht werden.[266]

**2264** Ist der Anspruch gegen den Unternehmer verjährt, so greift die Subsidiaritätsklausel ein, wenn den Bauherrn ein Verschulden bezüglich des Verjährungseintritts trifft.[267] Droht der Anspruch des Bauherrn gegen den Architekten zu verjähren, so kann der Bauherr eine Feststellungsklage erheben; Inhalt dieser Feststellungsklage ist, dass der Architekt im Falle des Eintritts der Bedingung schadensersatzpflichtig ist.[268] Der Architekt kann sich nicht auf die Subsidiaritätsklausel berufen, wenn die Inanspruchnahme des Unternehmers im Einzelfall ein unzumutbares Risiko darstellt oder aus anderen Gründen unzumutbar ist.[269] Hieran sind jedoch strenge Maßstäbe anzulegen.

**2265** Die **Beweislast** für das Unvermögen des Unternehmers trägt im Übrigen der Bauherr.

**2266** Soweit Subsidiaritätsklauseln heute noch in **Architekten-Formularverträgen** (wie früher üblich) verwandt werden, ist § 309 Nr. 8 b aa BGB zu berücksichtigen: Danach ist es **unzulässig,** die Haftung des Architekten von einer **vorherigen gerichtlichen Inanspruchnahme eines Dritten** (meist Bauunternehmers) **abhängig** zu machen. Eine solche Klausel in Architekten-Formularverträgen wäre **unwirksam**.[270]

---

262) BGH, BauR 1971, 270; BauR 1971, 131; *Hesse,* BauR 1970, 193, 196, 202. Nach OLG Schleswig (IBR 2007, 203 – *Esch*) kann auch in AGB-Verträgen die Subsidiarität der Haftung eines Architekten für Ausführungsmängel vereinbart werden, wenn diese auf einfache Fahrlässigkeit beschränkt ist.
263) BGH, BauR 1981, 479, 481; BGH, BauR 1970, 244; OLG Celle, MDR 1969, 391.
264) BGH, BauR 1971, 270, 273; *Kaiser,* BlGBW 1974, 221, 226.
265) OLG Köln, VersR 1968, 653, 654; *Hesse,* BauR 1970, 193, 197.
266) Vgl. *Hesse,* BauR 1970, 193, 197; OLG Düsseldorf, *Schäfer/Finnern,* Z 3.01 Bl. 136.
267) *Schmalzl,* Haftung, 4. Aufl. 1980, Rdn. 247.
268) BGH, BauR 1971, 270, 273.
269) *Hesse,* BauR 1970, 193, 197; BGH, VersR 1965, 45.
270) BGH, *SFH,* Nr. 24 zu § 675 BGB (für einen Treuhandvertrag); *Knychalla,* S. 22 ff.; *Kaiser,* BauR 1977, 313, 318; *Jagenburg,* BauR-Sonderheft 1/1977, S. 28; *Gnad,* Schriftenreihe d. Dt. Gesellschaft f. Baurecht, Bd. 11, S. 14, 15; *Budnick,* S. 81, Anm. 302. Vgl. zur subsidiären Gewährleistungshaftung in einem Bauträgervertrag OLG Celle, BauR 2000, 1212.

## Einzelfälle

**2267** Dagegen kann der Bauherr auch heute noch in Architekten-Musterverträgen verpflichtet werden, seine Forderungen zunächst **außergerichtlich** gegenüber dem mithaftenden Dritten geltend zu machen. Dem Architekten wird daher bei Verwendung von Formularverträgen nur die Möglichkeit eingeräumt, den Bauherrn auf die Inanspruchnahme des leistungsfähigen und leistungsbereiten Bauunternehmers zu verweisen.

**2268** Hat der Architekt seine Haftung im vorgeschriebenen Sinne wirksam eingeschränkt, ist dem Bauherrn gegenüber der Honorarforderung des Architekten die **Einrede des nichterfüllten Vertrages** zunächst versagt.[271] Im Übrigen ist der Architekt verpflichtet, seinen Vertragspartner (Bauherrn) rechtzeitig auf die Geltendmachung von Gewährleistungsansprüchen und einen etwaigen Ablauf von Verjährungsfristen aufmerksam zu machen; andernfalls kann er sich auf eine sonst wirksame Subsidiaritätsklausel nicht berufen.[272]

Ist eine **subsidiäre Haftung** des Architekten wirksam vereinbart, **beginnt die Verjährungsfrist** für etwaige Mängelansprüche des Bauherrn gegen den Architekten mit dem **Zeitpunkt des Fehlschlagens der Schadloshaltung,** da der Anspruch (subsidiäre Haftung des Architekten) insoweit aufschiebend bedingt ist und die Bedingung eintritt, wenn das Unvermögen des ausführenden Unternehmers feststeht.[273]

**2269** Gegenüber **Unternehmern** wird man auch in Formularverträgen eine **Subsidiaritätsklausel** – entsprechend der bisherigen Rechtsprechung – **zulassen** können.[274]

**2270** Da grundsätzlich einer nur eingeschränkt möglichen Subsidiaritätsklausel keine größere Rechtswirkung mehr zukommt, ist sie durchweg in den üblichen Architekten-Musterverträgen gestrichen worden.

---

271) Eine wirksam geregelte **vorrangige** Inanspruchnahme des (Mit-)Haftenden ist dem Bauherren zumutbar und sachgerecht (OLG Schleswig, IBR 2007, 203 – *Esch*).
272) BGH, NJW 1967, 2011; 1973, 1458; 1978, 1311; *Fritz*, Rdn. 142.
273) BGH, BauR 1987, 343 = NJW 1987, 274 = ZfBR 1987, 135; OLG Köln, *SFH*, Nr. 2 zu § 198 BGB; BGH, NJW 1981, 2342 = BauR 1981, 469.
274) *Gnad*, a. a. O., S. 16.

## II. Der unterlassene Vorbehalt

*Übersicht*

| | Rdn. | | Rdn. |
|---|---|---|---|
| 1. Der unterlassene Vorbehalt bei der Abnahme trotz Mängelkenntnis | 2272 | 3. Der unterlassene Vorbehalt bei der Schlusszahlung | 2285 |
| 2. Der unterlassene Vorbehalt einer Vertragsstrafe bei der Abnahme | 2278 | | |

**2271** In Bauprozessen wird vielfach der Einwand erhoben, dass sich einer der Baubeteiligten einen bestimmten Rechtsanspruch im Rahmen der Abwicklung des Bauvorhabens nicht vorbehalten habe und daher dieses Anspruches verlustig gegangen sei. Diese Einwendung des „vergessenen" Vorbehalts kann in drei Fallgestaltungen von Bedeutung sein: bei der Abnahme trotz **Mängelkenntnis**, bei der Geltendmachung einer **Vertragsstrafe** sowie bei der **Schlusszahlung** des Bauherrn (Auftraggebers).

### 1. Der unterlassene Vorbehalt bei der Abnahme trotz Mängelkenntnis

*Literatur*

*Jagenburg*, Geldersatz für Mängel trotz vorbehaltloser Abnahme?, BauR 1974, 361; *Hochstein*, Die „vergessene" förmliche Abnahmevereinbarung und ihre Rechtsfolgen im Bauprozess, BauR 1975, 221; *Peters*, Schadensersatz wegen Nichterfüllung bei vorbehaltloser Abnahme einer als mangelhaft erkannten Werkleistung, NJW 1980, 750; *Festge*, Führt die vorbehaltlose Abnahme einer als mangelhaft erkannten Werkleistung doch zum Verlust von Schadensersatzansprüchen wegen der Mängel?, BauR 1980, 432; *Zeitler*, § 12 VOB/B „in Ordnung"? – Inhaltskontrolle der Mängelvorbehaltsklausel des § 12 Nr. 5 Abs. 3 VOB/B, Jahrbuch Baurecht 2007, 115; *Putzier*, Welche rechtliche Qualität haben die bei der Abnahme erklärten Vorbehalte? Festschrift für Ganten (2007), 203.

**2272** Die Rechte auf Nacherfüllung, Selbstvornahme (und Ersatz der erforderlichen Aufwendungen), Rücktritt und Minderung gemäß § 634 Nr. 1 bis 3 BGB/§ 13 Nr. 5 und 6 VOB/B verliert der Auftraggeber, wenn er die Bauleistung des Unternehmers oder Architekten trotz Kenntnis der vorhandenen Mängel abnimmt, **§ 640 Abs. 2 BGB.** Dies gilt auch für den VOB-Bauvertrag, da die VOB/B in § 12 Nr. 5 Abs. 3[1]) den Vorbehalt wegen bekannter Mängel erwähnt und im Übrigen zu § 640 Abs. 2 BGB keine abweichende Regelung trifft.[2]) In gleicher Weise wird der im Einzelfall gegebene **Neuherstellungsanspruch** (vgl. Rdn. 1553, 1559) durch § 640 Abs. 2 BGB ausgeschlossen, sofern die Abnahme in Kenntnis des Mangels erfolgt.

**2273** Von dem **Rechtsverlust** werden **nicht Schadensersatzansprüche** nach § 634 Nr. 4 BGB/§ 13 Nr. 7 VOB/B **erfasst,** auch soweit es sich um die Mängelbeseitigungskosten handelt.[3]) Dabei ist zu berücksichtigen, dass auch die eigentlichen Nachbesserungskosten von § 634 Nr. 4 BGB und von § 13 Nr. 7 VOB/B erfasst werden (vgl.

---

1) Zur Wirksamkeit des § 12 Nr. 5 Abs. 3 VOB/B vgl. *Zeitler*, Jahrbuch Baurecht 2007, 115.
2) BGH, NJW 1980, 1952 = BauR 1980, 460 = ZfBR 1980, 191; *Kaiser*, Rdn. 137 m. Nachw.
3) BGH, a. a. O.; BGH, NJW 1974, 143 = BauR 1974, 59 OLG Köln, NJW-RR 1993, 211; KG, BauR 1973, 244; OLG Düsseldorf, BauR 1974, 346; *Ingenstau/Korbion/Oppler*, § 12/B, Rdn. 64; *Vygen*, Rdn. 462; *Nicklisch/Weick*, § 12/B, Rdn. 28; *Festge*, BauR 1980, 432; **a. A.:** *Jagenburg*, BauR 1974, 361; *Peters*, NJW 1980, 750; *Kaiser*, Rdn. 136 b.

## Unterlassener Vorbehalt  Rdn. 2274–2277

Rdn. 1721). Der auch ohne Vorbehalt verbleibende Schadensersatzanspruch besteht jedoch nur noch in einem Geldanspruch.[4)]

Erklärt der Auftraggeber nach Durchführung von Mängelbeseitigungsarbeiten, diese „seien ordnungsgemäß", schließt das die Geltendmachung weiterer Gewährleistungsansprüche nicht aus. § 640 Abs. 2 BGB ist auf die Mängelbeseitigung selbst nicht anwendbar.[5)] **2274**

Der Vorbehalt muss grundsätzlich bei der **Abnahme** erfolgen, nicht früher und nicht später.[6)] Das gilt auch für die **konkludente** Abnahme, z. B. durch die bestimmungsgemäße Ingebrauchnahme (Benutzung/Bezug); als Zeitraum für den Vorbehalt ist hier die entsprechende Prüfungsfrist anzusetzen (vgl. hierzu Rdn. 1351). Wird der Vorbehalt vor der Abnahme erklärt, bleiben Mängelansprüche nur erhalten, wenn der bereits erklärte Vorbehalt bei der Abnahme erkennbar aufrechterhalten wird.[7)] Bei einer **förmlichen Abnahme** im Rahmen eines VOB-Bauvertrages ist der Vorbehalt gemäß § 12 Nr. 4 Abs. 1 Satz 4 VOB/B in das **Protokoll** aufzunehmen.[8)] Die schriftliche Niederlegung des Abnahmebefundes stellt regelmäßig eine Wirksamkeitsvoraussetzung der förmlichen Abnahme dar.[9)] Nicht die Begehung allein, sondern erst die Abfassung der Niederschrift und deren Unterzeichnung durch die Beteiligten beenden die förmliche Abnahme; die **Unterschriftsleistung** ist ein Teil der Abnahme.[10)] Darin liegt begründet, dass jedenfalls **bis zur Unterzeichnung** des Abnahmeprotokolls noch Vorbehalte aufgenommen oder erklärt werden können.[11)] **2275**

Ein Vorbehalt muss auch bei der **fiktiven Abnahme** gemäß § 640 Abs. 1 Satz 3 BGB/§ 12 Nr. 5 VOB erklärt werden;[12)] unter Umständen kann es aber auch hier genügen, wenn eine kurz zuvor geäußerte Mängelrüge in dem entsprechenden Zeitraum erkennbar aufrecht erhalten wird.[13)] Bei der Abnahme durch eine **Fertigstellungsbescheinigung** (§ 641 a BGB) ist § 640 Abs. 2 BGB nicht anwendbar, § 641 a Abs. 1 Satz 3 BGB. **2276**

Im Rahmen der Gewährleistungsklage trägt der Unternehmer die **Darlegungs- und Beweislast** für die Mängelkenntnis des Auftraggebers, während dieser für den erfolgten Vorbehalt beweispflichtig ist.[14)] Eines Vorbehalts bei der Abnahme der **2277**

---

4) **Herrschende Meinung**; vgl. OLG Köln, *Schäfer/Finnern*, Z 2.414.1 Bl. 17; *Kaiser*, Rdn. 136 b, Anm. 13; Beck'scher VOB-Komm/*I. Jagenburg*, B Vor § 12, Rdn. 117 ff.; *Vygen* (Rdn. 464) u. *Ingenstau/Korbion/Oppler*, § 12/B, Rdn. 65 sind zu Unrecht der Auffassung, der Auftraggeber sei gleichwohl verpflichtet, eine ihm angebotene Nachbesserung anstelle des Schadensersatzes in Geld hinzunehmen.
5) Vgl. insoweit zutreffend: OLG Düsseldorf, MDR 1984, 141.
6) *Nicklisch/Weick*, § 12/B, Rdn. 27 m. Nachw.
7) BGH, NJW 1975, 1701 = BauR 1975, 344; *Nicklisch/Weick*, a. a. O.
8) Vgl. hierzu BGH, BauR 1973, 192, 193 (Vorbehalt der Vertragsstrafe bei **förmlicher** Abnahme); wie hier: Beck'scher VOB-Komm/*I. Jagenburg*, B Vor § 12, Rdn. 111; *Siegburg*, Gewährleistung, Rdn. 619; *Nicklisch/Weick*, § 12/B, Rdn. 71.
9) *Nicklisch/Weick*, § 12/B, Rdn. 66.
10) BGH, BauR 1974, 206, 207.
11) Im Ergebnis ebenso: *Ingenstau/Korbion/Oppler*, § 12 Nr. 4/B, Rdn. 16.
12) Vgl. BGH, NJW 1975, 1701 = BauR 1975, 344; OLG Köln, NJW-RR 1993, 211; *Hochstein*, BauR 1975, 221 ff.; **a. A.**: *Palandt/Sprau*, § 640 BGB, Rdn. 13.
13) BGH, a. a. O.
14) *Palandt/Sprau*, § 640 BGB, Rdn. 6; *Kaiser*, Rdn. 137 d.

Leistung bedarf es **nicht,** wenn in diesem Zeitpunkt der Mängelbeseitigungs- oder Minderungsanspruch im Prozessweg verfolgt wird.[15] Das gilt auch, wenn die Mängel zum Zeitpunkt der Abnahme Gegenstand eines **selbstständigen Beweisverfahrens** sind, an dem die Parteien als Antragsteller und Antragsgegner beteiligt sind.[16]

Ob ein Vorbehalt gemacht wurde, ist **von Amts wegen** zu prüfen.

## 2. Der unterlassene Vorbehalt einer Vertragsstrafe bei der Abnahme

**2278**  Ist zwischen den Parteien eine **Vertragsstrafe** für den Fall einer nicht ordnungsgemäßen Bauleistung (z. B. einer nicht fristgerechten Erfüllung) vereinbart, kann der Bauherr die Vertragsstrafe nur verlangen, wenn er sich diese **bei der Abnahme vorbehält,** § 640 Abs. 2 BGB/§ 11 Nr. 4 in Verbindung mit § 12 Nr. 5 Abs. 3 VOB/B (vgl. hierzu auch Rdn. 2060 ff.). Beim VOB-Bauvertrag sind insoweit alle in § 12 VOB/B genannten Abnahmezeitpunkte zu beachten (vgl. Rdn. 1378 ff.). Deshalb ist **der Vorbehalt** der Vertragsstrafe **auch bei der fiktiven Abnahme** (§ 12 Nr. 5 VOB/B) notwendig.[17] Ein vor oder nach der Abnahme erfolgter Vorbehalt ist wirkungslos.[18] Keine Wirkungen hat auch eine vor der Abnahme erklärte **Aufrechnung** mit dem Vertragsstrafenanspruch; sie macht einen späteren Vorbehalt bei der Abnahme nicht entbehrlich.[19] Eines Vorbehalts bei der Abnahme der Leistung bedarf es nicht, wenn der Anspruch bereits im Prozesswege verfolgt wird[20] oder der Schuldner der Vertragsstrafe gegenüber dem Gläubiger erklärt hat, dass er die bereits verwirkte Vertragsstrafe im Rahmen der Abrechnung gegen sich gelten lassen will.[21] Zum Vorbehalt bei einer **förmlichen Abnahme** vgl. Rdn. 2063 und 2275.[22] Bei der **konkludenten** Abnahme durch bestimmungsgemäße Ingebrauchnahme (Benutzung/Bezug) kommt für den Zeitraum, in dem der Vorbehalt erklärt werden muss, die Prüfungszeit in Betracht, die dem Auftragnehmer insoweit eingeräumt wird (vgl. näher Rdn. 1355).[23]

Der Auftraggeber muss den Vorbehalt der Vertragsstrafe auch in dem Verfahren der **Fertigstellungsbescheinigung** gemäß § 641 a BGB (vgl. Rdn. 1357) – und zwar bis zum Zugang dieser Bescheinigung – erklären, da die Abnahmefiktion des § 641 a

---

15) BGH, BauR 1975, 55; *Kaiser,* Rdn. 137 c.
16) OLG Köln, BauR 1983, 463, 464.
17) Vgl. dazu OLG Düsseldorf, NJW-RR 1994, 408 u. BauR 1985, 327; bei vereinbarter **förmlicher** Abnahme: KG, BauR 1988, 230; OLG Düsseldorf, BauR 1986, 457; LG Mannheim, BauR 1992, 233. Zum Vorbehalt bei „Abnahme" durch einen **Sachverständigen:** BGH, BauR 1992, 232.
18) BGH, NJW 1977, 897 = BauR 1977, 280; BGHZ 85, 309 = NJW 1983, 385; OLG Düsseldorf, BauR 1977, 281 m. w. Nachw.
19) So zu Recht: OLG Celle, BauR 2000, 278 u. MDR 1972, 142; BGHZ 85, 240 = NJW 1983, 384 = BauR 1973, 77 = ZfBR 1983, 75 = WM 1983, 90; s. auch BGH, NJW 1983, 385; s. ferner: *Nicklisch/Weick,* § 11/B, Rdn. 24 m. Nachw.
20) BGH, BauR 1975, 55.
21) OLG Celle, BauR 2000, 278.
22) Zum Vorbehalt der Vertragsstrafe bei einer fehlenden oder vergessenen förmlichen Abnahme: KG, BauR 1979, 256; s. auch OLG Frankfurt, *SFH,* Nr. 9 zu § 11 VOB/B (1973); bei einer **Teilabnahme:** OLG Düsseldorf, *SFH,* Nr. 6 zu § 11 VOB/B (1973).
23) Beck'scher VOB-Komm/*I. Jagenburg,* B Vor § 12, Rdn. 125.

**Unterlassener Vorbehalt**            **Rdn. 2279–2281**

BGB einer Abnahme gleich gestellt ist.[24] Das gilt auch für die weitere Abnahmefiktion des § 640 Abs. 1 Satz 3 BGB (**Abnahme durch Fristablauf**).[25]

Die **originäre Vollmacht** eines **Architekten** umfasst nicht die rechtsgeschäftliche **2279** Abnahme einer Werkleistung eines Unternehmers (vgl. auch Rdn. 1077). Der BGH[26] hat jedoch entschieden, dass jeder zur Durchführung der förmlichen Abnahme **bevollmächtigte Vertreter** befugt ist, eine **Vorbehaltserklärung abzugeben** oder sie für den Vertragspartner entgegenzunehmen. Ist dem Architekten allerdings die Vereinbarung einer Vertragsstrafe bekannt oder müsste sie ihm bekannt sein, gehört es zu seinen **Beratungs- und Betreuungspflichten**, „durch nachdrückliche Hinweise an den Bauherrn sicherzustellen, dass bei einer förmlichen Abnahme oder bis zum Ablauf der Fristen aus § 12 Nr. 5 Abs. 1 und 2 VOB/B oder sonstiger für die Abnahme vereinbarter Fristen der erforderliche Vertragsstrafenvorbehalt nicht etwa versehentlich unterbleibt".[27] **Empfangsbevollmächtigter** einer Vorbehaltserklärung ist – neben dem Auftragnehmer oder dessen Vertreter – auch derjenige, der vom Auftragnehmer zu einem mit dem Auftraggeber vereinbarten Abnahmetermin entsandt wird.[28]

Ein Vorbehalt ist immer nur erforderlich, wenn der Auftraggeber die Leistung **2280** abnimmt (§ 11 Nr. 4 VOB/B; § 341 Abs. 3 BGB). Deshalb ist ein Vorbehalt bei einer **Kündigung** des Bauvertrages grundsätzlich nicht erforderlich, wenn nicht gleichzeitig eine Abnahme erfolgt. Hat daher nach Kündigung des Auftraggebers ein anderer Unternehmer das Werk fertig gestellt und ist dieses dann durch Benutzung abgenommen worden, so bedarf es zur Erhaltung einer vom ersten Auftragnehmer geschuldeten Vertragsstrafe keines Vorbehalts bei dieser Abnahme; ein Vorbehalt ist aber erforderlich bei einer vom Auftragnehmer nach § 8 Nr. 6 VOB/B erwirkten Abnahme.[29] Wird die Abnahme vom Auftraggeber zu Recht oder zu Unrecht **verweigert**, bedarf es nicht eines entsprechenden Vorbehaltes; das gilt auch für den Fall einer Ersatzvornahme nach § 637 BGB.[30] Ist eine Vertragsstrafe für den Fall einer nicht fristgerechten Fertigstellung der Leistung vereinbart, muss zwar der Gläubiger bei der Abnahme/Annahme der Leistung den Vorbehalt erklären; dies setzt aber voraus, dass die nicht gehörige Erfüllung dabei schon festgestellt werden kann.[31]

Wird ein Vorbehalt **ohne** wirksame Vollmacht erklärt, kann diese Erklärung als **2281** einseitiges Rechtsgeschäft durch nachträgliche Genehmigung gemäß §§ 180 Satz 2, 177 Abs. 1 BGB nur geheilt werden, wenn die Vertretungsmacht bei Erklärung des Vorbehalts nicht beanstandet wird oder der Empfänger der Erklärung damit einverstanden war, dass der Vertreter ohne Vertretungsmacht handelte.[32] Das Gleiche gilt, wenn die Erklärung des Vorbehalts gegenüber einem hierzu nicht Bevollmächtigten – aber mit dessen Einverständnis – erfolgte (§ 180 Satz 3 BGB).

---

24) *Niemöller*, BauR 2001, 481, 488; *Kniffka*, ZfBR 2000, 227, 233.
25) **Anderer Ansicht:** *Palandt/Sprau*, ErgB, § 640 BGB, Rdn. 13.
26) Vgl. BGH, NJW 1987, 380 = BauR 1987, 92.
27) BGH, BauR 1979, 345 = NJW 1979, m. Anm. *Ganten; Nicklisch/Weick*, § 11/B, Rdn. 23; **a. A.:** *Vygen*, Rdn. 659 u. BauR 1984, 245; einschränkend: *Kaiser*, Rdn. 406.
28) BGH, NJW 1987, 380, BauR 1987, 92.
29) BGH, BauR 1981, 373 = DB 1981, 1878 = ZfBR 1981, 180 = WM 1981, 775.
30) BGH, BauR 1997, 640 = NJW 1997, 1982.
31) OLG Köln, BauR 1995, 708.
32) So auch LG Leipzig, NJW-RR 1999, 1183. Vgl. hierzu *Vogel*, ZfIR 2005, 373, 384.

**2282** Die **Darlegungs-** und **Beweislast** für den Vorbehalt der Vertragsstrafe trägt der **Auftraggeber**.[33] Der Vorbehalt ist **von Amts wegen zu prüfen**.

**2283** Ein Schadensersatzanspruch wegen verspäteter Fertigstellung wird im Übrigen nicht dadurch ausgeschlossen, dass eine dafür ausbedungene Vertragsstrafe mangels Vorbehalts bei der Abnahme nicht mehr gefordert werden kann.

**2284** Die Verpflichtung zum Vorbehalt einer Vertragsstrafe bei Abnahme der Bauleistung ist in **Individualvereinbarungen abdingbar**.[34] In **AGB oder Formularverträgen** kann der nach § 341 Abs. 3 BGB erforderliche Vorbehalt einer Vertragsstrafe dagegen **nicht vollständig** abbedungen werden.[35] Durch § 341 Abs. 3 BGB sollen unbillige Härten für den Schuldner vermieden werden; deshalb soll der Gläubiger nach dem Sinn des Gesetzes grundsätzlich im Zeitpunkt der Abnahme und unter dem Eindruck der abgenommenen Leistung die Entscheidung treffen, ob er die Vertragsstrafe verlangt oder nicht. Allerdings ist eine Bestimmung zulässig, wonach der Gläubiger sich eine Vertragsstrafe nicht schon bei der Abnahme vorbehalten muss, sondern sie noch bis zur Schlusszahlung geltend machen darf (vgl. Rdn. 2066).[36] Als „Schlusszahlung" in diesem Sinne ist nach KG[37] allerdings die Fälligkeit der Schlusszahlung anzunehmen, da andernfalls es der Auftraggeber in der Hand hätte, den Auftragnehmer lange Zeit im Ungewissen zu lassen, ob eine Vertragsstrafe geltend gemacht wird (vgl. hierzu Rdn. 2066).

Zum Vorbehalt der Vertragsstrafe vgl. auch Rdn. 2060 ff.

### 3. Der unterlassene Vorbehalt bei der Schlusszahlung

*Übersicht*

|  | Rdn. |  | Rdn. |
|---|---|---|---|
| a) Bedeutung der Schlusszahlungseinrede | 2286 | bb) Schlusszahlung | 2298 |
| b) Voraussetzungen der Ausschlusswirkung | 2294 | cc) Schriftlicher Hinweis | 2305 |
| | | dd) Vorbehalt | 2307 |
| aa) Schlussrechnung | 2295 | ee) Frist | 2312 |
| | | ff) Adressat | 2315 |

*Literatur*

*Kaiser*, Bedeutung und Wirkung der vorbehaltlosen Abnahme der Schlusszahlung des Bauherrn durch den Bauunternehmer, NJW 1973, 884; *Kaiser*, Rechtsfragen der vorbehaltlosen Abnahme der Schlusszahlung (§ 16 Nr. 3 Abs. 2 VOB/B), BauR 1976, 232; *Trapp*, Die Aufrechnung mit ausgeschlossenen Gegenforderungen nach vorbehaltloser Annahme der Schlusszahlung (§ 390 Satz 2 BGB), BauR 1979, 271; *Leineweber*, Die Grenzen der Ausschlusswirkung des § 16 Nr. 3 Abs. 2 VOB/B im Hinblick auf das Bestimmtheitserfordernis der Schlusszahlung und des Vorbehalts, BauR 1980, 303; *Schmitz*, Abnahme, Schlussrechnung und Schlusszahlung nach der VOB, DB 1980, 1009; *Lenzen*, Die ‚vorbehaltlose' Erteilung der Schlussrechnung, BauR 1982, 23; *Raudszus*, Rückwirkung der Zustellung beim Schlusszahlungsvorbehalt durch Klage oder Mahnbescheid?, NJW 1983, 667; *Peters*, Die vorbehaltlose Annahme der Schlusszahlung und das AGB-Gesetz, NJW 1983,

---

[33] BGH, NJW 1977, 897 = BauR 1977, 280.
[34] BGH, NJW 1971, 883 = BauR 1971, 122; BGH, WM 1983, 87 = *SFH*, Nr. 4 zu § 341 BGB = BauR 1983, 80 = NJW 1983, 385; OLG Köln, *Schäfer/Finnern*, Z 2.414.1 Bl. 22.
[35] BGH, BauR 1984, 643; KG, BauR 1988, 230; *Nicklisch/Weick*, § 11/B, Rdn. 25; *Korbion/Locher*, Teil I, Rdn. 160.
[36] BGH, NJW 1979, 212 = BauR 1979, 56 = DB 1979, 1740 = BB 1979, 69.
[37] BauR 2000, 575 = KGR 2000, 190.

## Schlusszahlung

798; *Weyer,* Die gefährdete Einrede aus § 16 Nr. 3 Abs. 2 Satz 1 VOB/B, BauR 1984, 553; *Hundertmark,* Fälligkeit und Verjährung des Anspruchs auf die Schlusszahlung (§ 16 Nr. 3 VOB/B), BlGBW 1984, 81; *Friehe,* Schlusszahlungserklärung gegen den Konkursverwalter?, BauR 1984, 562; *Heiermann,* Die vorbehaltlose Annahme der Schlusszahlung im VOB-Bauvertrag, NJW 1984, 562; *Heiermann,* Die vorbehaltlose Annahme der Schlusszahlung im VOB-Bauvertrag, NJW 1984, 2489; *Usinger,* Schlusszahlung gemäß § 16 Nr. 3 II VOB/B im Bauträgervertrag, NJW 1985, 32; *Berkenbrock,* Vorbehaltserklärung nach § 16 Nr. 3 Abs. 2 VOB/B durch gerichtliche Geltendmachung der Mehrforderung und Folgen der Klagerücknahme, BauR 1985, 633; *Losert,* Der Adressat der Schlusszahlungserklärung nach § 16 Nr. 3 VOB/B bei einer abgetretenen Werklohnforderung, ZfBR 1988, 65; *Losert,* Die Ausschlusswirkung einer vorbehaltlosen Annahme der Schlusszahlung und ihr Umfang (§ 16 Nr. 3 Abs. 2 VOB/B), ZfBR 1990, 51; *Unterluggauer,* Zur Frage der Schlusszahlungs- und Vorbehaltserklärung im Falle einer abgetretenen Baulohnforderung, BauR 1990, 412; *Losert,* Die Änderungen der VOB/B in der Ausgabe Juli 1990, ZfBR 1991, 7; *Langen,* Verstößt § 16 Nr. 3 Abs. 2–6 VOB/B a. F. gegen das AGB-Gesetz?, BauR 1991, 151; *Bergmann,* Grundlagen der Vergütungsregelung nach BGB und § 16 VOB/B, ZfBR 1998, 59; *Groß,* Vorbehaltsbegründung bei Schlusszahlungen, BauR 2000, 342: *Stellmann/Schinköth,* Schlussrechnung und Schlusszahlung nach der VOB/B – Eine Orientierung für die Praxis, ZfBR 2005, 3.

Für die Schlusszahlung sieht die VOB in § 16 Nr. 3 Abs. 2 Regelungen vor, die für den Bauherrn und den Unternehmer von Bedeutung werden können; das beweist die Vielzahl der höchstrichterlichen Entscheidungen, die **bisher** zum Schlusszahlungseinwand des Auftraggebers ergangen sind. Allerdings ist **kaum anzunehmen,** dass der Schlusszahlungseinwand **in Zukunft noch eine große Rolle spielen** wird; denn nach der ab Juli 1990 geltenden Neufassung des § 16 Nr. 3 Abs. 2 setzt dieser Einwand die **schriftliche Unterrichtung** des Auftragnehmers „über die Schlusszahlung" und gleichzeitig den **Hinweis** „auf die Ausschlusswirkung" dieser Schlusszahlung voraus. Diese Annahme hat sich zwischenzeitlich bestätigt, da es kaum noch neuere Entscheidungen zum unterlassenen Vorbehalt bei der Schlusszahlung gibt.

**2285**

### a) Bedeutung der Schlusszahlungseinrede

Nimmt der **Unternehmer** eine **Schlusszahlung des Auftraggebers** im Rahmen eines VOB-Bauvertrages **vorbehaltlos** an, so kann der Unternehmer grundsätzlich keine Nachforderungen mehr geltend machen (§ 16 Nr. 3 Abs. 2 VOB/B). Die **Ausschlusswirkung** dieser Vorschrift erfasst **alle Ansprüche** des Unternehmers **aus dem Bauvertrag.**[38] Entscheidend ist dabei allein, ob die Forderungen im Bauvertrag ihre Grundlage haben. Ausgeschlossen werden deshalb alle **Zusatz-**[39] **und Nachtragsaufträge**[40] sowie Forderungen aus Pflichtverletzungen und Verzug.[41] Auch **früher gestellte,** aber **unerledigte Forderungen** werden ausgeschlossen, wenn sie nicht nochmals vorbehalten werden (§ 16 Nr. 3 Abs. 4 VOB/B). Das gilt auch für Ansprüche aus § 649 BGB nach einer Kündigung. Die Ausschlussfristen gelten „nicht für ein

**2286**

---

38) OLG Frankfurt, BauR 1994, 251; OLG Köln, BauR 1994, 634 = ZfBR 1994, 224; OLG Celle, *Schäfer/Finnern,* Z 2.330.2 Bl. 12; vgl. aber BGH, NJW-RR 1987, 978 für die auf eine bestimmte Rechnung bezogene Schlusszahlungserklärung.
39) Vgl. hierzu OLG München, NJW-RR 1987, 598; OLG Hamm, *SFH,* Nr. 43 zu § 16 Nr. 3 VOB/B (1973) = NJW-RR 1987, 599.
40) OLG Düsseldorf, BauR 1973, 396 u. NJW 1977, 1298; OLG Hamm, NJW-RR 1987, 599.
41) *Ingenstau/Korbion/U. Locher,* § 16 Nr. 5/B, Rdn. 85; *Kaiser,* NJW 1973, 884; s. auch BGH, BauR 1974, 132, 133; OLG München, OLGZ 76, 464 für Verzugszinsen.

Verlangen nach Richtigstellung der Schlussrechnung und -zahlung wegen Aufmaß-, Rechen- und Übertragungsfehlern" (§ 16 Nr. 3 Abs. 6 VOB/B).[42]

**2287** Der Vorbehalt muss innerhalb von 24 Werktagen nach Zugang der Mitteilung gemäß § 16 Nr. 3 Abs. 2 und 3 VOB/B über die Schlusszahlung erklärt, und innerhalb weiterer 24 Werktage muss eine prüfbare Rechnung über die vorbehaltenen Forderungen eingereicht oder, wenn das nicht möglich ist, der Vorbehalt eingehend begründet werden (§ 16 Nr. 3 Abs. 5 VOB/B). Allerdings ist insoweit **großzügig zu verfahren**. Ist die vorbehaltene Forderung z. B. aus der **prüfbaren Rechnung erkennbar** oder ist der Bauherr sonst über die streitige Forderung informiert, bedarf es keiner weiteren Aufklärung.[43] Will der Unternehmer – im Gegensatz zu dem Auftraggeber – lediglich bei den in die prüfungsfähige Schlussrechnung eingestellten Positionen verbleiben, bedarf es ebenfalls keiner weiteren Begründung des Vorbehalts.[44] Dies ist anders, wenn der **Auftraggeber** die Schlussrechnung gemäß § 14 Nr. 4 VOB/B **selbst** erstellt hat.[45]

**2288** Der durch § 16 Nr. 3 Abs. 2 VOB/B statuierte Verlust ist so gravierend, dass er nur bei uneingeschränkter Geltung der VOB/B zu rechtfertigen ist, auch wenn der Auftragnehmer durch das Schriftformerfordernis, die Hinweispflicht und die Verlängerung der Vorbehaltsfrist erheblich geschützt ist.[46]

**2289** Durch die vorbehaltlose Annahme der Schlusszahlung gemäß § 16 Nr. 3 Abs. 2 VOB/B geht der verspätet geltend gemachte Anspruch nicht unter, vielmehr schließt sie nur dessen **Durchsetzbarkeit** aus.[47] Bei dem Einwand der vorbehaltlosen Annahme der Schlusszahlung handelt es sich daher um eine **Einrede** mit der Folge, dass sich der **Auftraggeber** im Prozess **ausdrücklich** auf die mangelnde Durchsetzbarkeit des Anspruchs **berufen** muss.[48] Die Einrede kann im Rahmen eines Prozesses noch **bis zum Schluss der mündlichen Verhandlung** in der **Tatsacheninstanz** geltend gemacht werden.[49] Sie kann deshalb in der Revisionsinstanz nicht nachgeholt werden.[50]

**2290** Das auf eine Restforderung trotz mangelnden Vorbehalts vom Auftraggeber Geleistete, kann dieser nicht aus ungerechtfertigter Bereicherung (entsprechend

---

42) Siehe hierzu vor allem *Losert*, ZfBR 1991, 7, 8.
43) BGH, BauR 1985, 576 = ZfBR 1985, 216; NJW 1965, 536; BGH, BauR 1980, 178 = ZfBR 1980, 33; OLG Düsseldorf, BauR 1984, 184; *Ingenstau/Korbion/U. Locher*, § 16 Nr. 5/B, Rdn. 141.
44) BGH, BauR 1984, 645 = ZfBR 1984, 286 sowie OLG München, WM 1984, 541, 542.
45) OLG Oldenburg, BauR 1992, 83.
46) BGH, BauR 1998, 614, 615 = MDR 1998, 710 = ZfBR 1998, 193; ebenso: OLG München, BauR 1996, 871, 872 = NJW-RR 1996, 1235 = OLGR 1996, 210; OLG Koblenz, OLGR 1997, 192, 193; *Langen*, BauR 1991, 151, 156; *Losert*, ZfBR 1990, 7, 8; *Nicklisch/Weick*, § 16/B, Rdn. 42; Beck'scher VOB-Komm/*Motzke*, B § 16 Nr. 3, Rdn. 8; *Bergmann*, ZfBR 1998, 59, 62/63.
47) BGH, NJW 1981, 1784 = WM 1981, 774, BauR 1974, 132 = NJW 1974, 236; OLG Frankfurt, BauR 1994, 251, 253; OLG Celle, BauR 1973, 249; *Schmidt*, MDR 1965, 621, 624; *Schmidt*, Die Vergütung für Bauleistungen, 1969, S. 76; OLG Hamm, NJW 1976, 1268 (LS); BGH, BauR 1978, 312, 313.
48) BGHZ 62, 15, 18; BGHZ 75, 307, 314; OLG Düsseldorf, BauR 1979, 436; OLG Celle, BauR 1973, 249; Beck'scher VOB-Komm/*Motzke*, B § 16 Nr. 3, Rdn. 7; *Kaiser*, BauR 1976, 232, 238.
49) *Ingenstau/Korbion/U. Locher*, § 16 Nr. 3/B, Rdn. 68.
50) BGH, *SFH*, Nr. 3 zu § 9 AGB-Gesetz.

## Schlusszahlung

§ 813 Abs. 1 Satz 2) zurückfordern.[51] Hat der Unternehmer die Schlusszahlung vorbehaltlos angenommen, kann er dennoch analog § 215 BGB mit seiner Einrede behafteten Forderung gegenüber etwaigen Ansprüchen des Auftraggebers **aufrechnen**.[52] Das folgt aus dem oben erwähnten Umstand, dass die vorbehaltlose Annahme der Schlusszahlung nicht unmittelbar zum Wegfall der Mehrforderung führt, sondern – wie bei einer verjährten Forderung – nur dazu, dass der Unternehmer die Zahlung der Restforderung nicht mehr durchsetzen kann.

Die gegenteiligen Ausführungen des OLG Düsseldorf[53] überzeugen nicht. Das OLG Düsseldorf meint, Ziel und Zweck der Regelung des § 16 Nr. 3 Abs. 2 VOB/B bestehe nach der Rechtsprechung des Bundesgerichtshofes gerade darin, „durch eine vertraglich verschärfte Regelung hinsichtlich der Durchsetzbarkeit der Vergütungsforderung umgehend Rechtsklarheit und Rechtsfrieden zu schaffen". Dieses angestrebte Ziel werde nicht erreicht, wenn die Aufrechnung wie bei einer verjährten Forderung trotz vorbehaltloser Annahme der Schlusszahlung für zulässig erachtet werde. Auch § 214 BGB (Verjährungseinrede) hat das erklärte Ziel, Rechtsklarheit und Rechtsfrieden nach Ablauf der Verjährungsfrist herbeizuführen; gleichwohl eröffnet § 215 BGB die Aufrechnung mit der verjährten Forderung. Beide Tatbestände sind daher gleichwertig, sodass nicht einzusehen ist, warum sie verschiedenartig behandelt werden sollen. Die Analogie zu § 215 BGB ist daher angebracht.

**2291** Der Auftraggeber ist für die Tatsache einer Schlusszahlung, der Unternehmer für einen etwaigen fristgerechten und ordnungsgemäßen Vorbehalt entsprechend § 363 BGB **darlegungs-** und **beweispflichtig**.[54] Der unterlassene Vorbehalt ist grundsätzlich wegen Irrtums nicht anfechtbar, da das Unterlassen einer Willenserklärung nicht angefochten werden kann.[55]

**2292** Die Ausschlusswirkung des § 16 Nr. 3 Abs. 2 VOB/B ist auch auf die Fälle entsprechend anzuwenden, in denen es zu einer Schlusszahlung des Auftraggebers nicht kommt, sondern wegen **Überzahlung** eine sog. Schlussrückzahlung des Unternehmers aufgrund des Abrechnungsergebnisses erfolgt.[56]

**2293** Bei der **Abtretung der Werklohnforderung** ist Folgendes zu berücksichtigen: Die Schlusszahlung wirkt – sofern sie unwidersprochen bleibt – wie ein Gestaltungsrecht, das erst durch die Erklärung begründet wird. Gestaltungsrechte dieser Art können deshalb nach § 404 BGB nur dann entgegengehalten werden, wenn sie vor der Abtretung erklärt worden sind.[57] Nach der Abtretung ist die Schlusszahlungserklärung gegenüber dem jeweiligen **Zessionar** abzugeben.[58] Eine andere Frage ist, wer **nach** der Abtretung der Werklohnforderung gegenüber dem Schlusszahlungseinwand

---

51) BGH, BauR 1974, 132 = NJW 1974, 236; s. ferner *Trapp*, BauR 1979, 271.
52) BGH, NJW 1982, 2250 = BauR 1982, 499 = ZfBR 1982, 202 m. Anm. *Dähne*, BauR 1983, 478 ff.; OLG Hamm, BauR 1976, 434; *Dähne*, BauR 1974, 163, 167; *Palandt/Heinrichs*, ErgB, § 215 BGB, Rdn. 2; **a. A.**: OLG Düsseldorf, BauR 1977, 360.
53) BauR 1977, 360, 361 für den Fall der prozessualen **Hilfsaufrechnungen** mit einer gem. § 16 Nr. 3 Abs. 2 VOB/B einredebehafteten Vergütungsforderung.
54) BGH, NJW 1972, 2267 = BauR 1972, 382 = MDR 1973, 130.
55) OLG Hamm, *Schäfer/Finnern*, Z 2.330.2 Bl. 32; **a. A.**: *Losert*, ZfBR 1990, 51, 53.
56) BGH, NJW 1977, 1293 = BauR 1977, 287.
57) LG Köln, BauR 1978, 493.
58) Wie hier: OLG Frankfurt, BauR 1994, 251, 253 = NJW-RR 1994, 1241; *Unterluggauer*, BauR 1990, 412, 415; Beck'scher VOB-Komm/*Motzke*, B § 16 Nr. 3, Rdn. 79; **a. A.**: *Losert*, ZfBR 1988, 65, der Abgabe gegenüber Zedenten und Zessionar fordert.

einen wirksamen Vorbehalt erklären kann. Nach Auffassung des OLG Frankfurt[59] kann auch der **Zessionar** den Vorbehalt wirksam erklären, weil es sich bei seiner Geltendmachung nicht um ein einseitiges Gestaltungsrecht handelt, das einer besonderen Abtretung bedarf.

Wird ein **Architekt** als **vollmachtloser Vertreter** gemäß § 179 Abs. 1 BGB von dem Unternehmer auf Erfüllung in Anspruch genommen, stehen ihm sämtliche Rechte aus dem Vertrag zu; dazu gehört neben dem Leistungsverweigerungsrecht wegen bestehender Mängel auch die Einrede der vorbehaltlosen Annahme der Schlusszahlung.[60] Da die vorbehaltlose Annahme der Schlusszahlung erhebliche wirtschaftliche Folgen für den Auftragnehmer haben kann, ist die Regelung des § 16 Nr. 3 Abs. 2 VOB/B „mit Zurückhaltung auszulegen und anzuwenden".[61]

### b) Voraussetzungen der Ausschlusswirkung

**2294**  Wenn auch die **Neufassung** der VOB/B eine wesentliche Verbesserung für den Auftragnehmer gebracht hat, so bleibt doch nach wie vor – für den **Unternehmer und seinen Anwalt** – Vorsicht geboten: Sehr schnell kann der Unternehmer berechtigte Ansprüche verlieren, wenn er nicht die wichtigen Grundsätze beachtet, die die Rechtsprechung zum Einwand der vorbehaltlosen Annahme der Schlusszahlung erarbeitet hat. Der **erfolgreiche** Schlusszahlungseinwand des Auftraggebers ist an folgende **Voraussetzungen** gebunden:

* an das Vorliegen einer **Schlussrechnung**
* an eine **Schlusszahlung** des **Auftraggebers** und an eine **schriftliche Unterrichtung** hiervon
* an einen schriftlichen **Hinweis auf die Ausschlusswirkung** sowie
* an den **unterlassenen** oder **verspäteten Vorbehalt** des **Unternehmers**.

Zu beachten ist, dass die **Abnahme** in jedem Fall **Fälligkeitsvoraussetzung** für die Schlussrechnung (Restwerklohn) bleibt.[62]

#### aa) Schlussrechnung

**2295**  Eine mit der **Ausschlusswirkung** des § 16 Nr. 3 Abs. 2 VOB/B verbundene Schlusszahlung setzt die **Erteilung einer Schlussrechnung voraus;**[63] diese muss von dem Unternehmer nicht handschriftlich unterzeichnet sein.[64] Ohne Schlussrechnung gibt es keinen Schlusszahlungseinwand; denn erst durch die Schlussrechnung gibt der Unternehmer dem Auftraggeber zu erkennen, welchen Werklohn er ins-

---

59) BauR 1994, 251 = NJW-RR 1994, 1241; ebenso: *Unterluggauer*, a. a. O.; **a. A.:** LG Frankfurt, NJW-RR 1989, 1181.
60) OLG Düsseldorf, *SFH*, Nr. 32 zu § 16 Nr. 3 VOB/B (1973).
61) BGH, BauR 1999, 396 = NJW 1999, 944 = MDR 1999, 416.
62) BGHZ 79, 180 = BauR 1981, 201 = ZfBR 1981, 82; Beck'scher VOB-Komm/*Motzke*, B § 16 Nr. 3, Rdn. 32, 41.
63) BGH, NJW 1975, 1833 = BauR 1975, 349; BauR 1979, 342 = ZfBR 1979, 159 = WM 1979, 727; BGH, BauR 1979, 525 = DB 1979, 2369; *Nicklisch/Weick*, § 16/B, Rdn. 32; Beck'scher VOB-Komm/*Motzke*, B § 16 Nr. 3, Rdn. 13. Zur Schlussabrechnung durch **mehrere Teilrechnungen:** OLG Köln, MDR 1985, 496.
64) OLG Karlsruhe, OLGR 1998, 17, 18.

gesamt für seine Leistungen fordert. Legt der Unternehmer keine Schlussrechnung vor, so kann der Auftraggeber diese unter den in § 14 Nr. 4 VOB/B geregelten Voraussetzungen ersetzen und sodann die Schlusszahlung leisten.[65] In diesem Falle muss der Auftraggeber die selbst aufgestellte Schlussrechnung dem Unternehmer mitteilen, um bei dessen Schweigen auf die Schlusszahlung die Wirkung der vorbehaltlosen Annahme herbeizuführen.[66] In diesem Fall löst eine Schlussrechnung, die der Auftraggeber selbst erstellt hat, die Wirkungen des § 16 Nr. 3 VOB/B aus.[67] Allerdings reicht die Erstellung einer Schlussrechnung mit einem Überschussergebnis allein nicht aus, wenn der entsprechende Hinweis auf die Ausschlusswirkung nicht schriftlich erfolgt.[68]

Eine **vor** Erteilung der Schlussrechnung erklärte Zahlungsverweigerung des Auftraggebers kann niemals eine Schlusszahlung i. S. des § 16 Nr. 3 Abs. 2 VOB/B bewirken.[69]

An die Schlussrechnung können, soweit es um den **Schlusszahlungseinwand** geht, indes keine zu großen Anforderungen gestellt werden: Schlussrechnung stellt insoweit jede abschließende Abrechnung des Unternehmers gegenüber dem Auftraggeber dar. Es reicht aus, wenn der Unternehmer dem Auftraggeber mitteilt, welche restlichen Forderungen er aus dem Bauvertrag noch geltend macht.[70] Die Schlussrechnung bedarf auch **keiner näheren Begründung;** es braucht also dem Empfänger nicht der Grund für vorgenommene Kürzungen mitgeteilt zu werden.[71]

**2296**

Erteilt der Unternehmer (nur) eine **nicht prüfbare** Schlussrechnung, so kann der Bauherr/Auftraggeber gleichwohl mit den sich aus § 16 Nr. 3 Abs. 2 VOB/B ergebenden Folgen eine Schlusszahlung leisten oder endgültig weitere Zahlungen ablehnen. Der Meinung, die das Vorliegen einer prüfbaren Schlussrechnung verlangt,[72] ist der BGH nicht gefolgt.[73]

**2297**

### bb) Schlusszahlung

Die nach Einreichung der Schlussrechnung vorgenommene Schlusszahlung des Auftraggebers hat für den Unternehmer weitreichende Folgen, wenn er sie vorbehaltlos annimmt. Stets muss es sich aber bei der Zahlung des Auftraggebers um eine **Schlusszahlung** und nicht bloß um eine Abschlagszahlung handeln.

**2298**

Eine **Schlusszahlung** liegt vor, wenn der Auftraggeber entweder ausdrücklich oder den Umständen nach zu erkennen gibt, dass er die nach seiner Meinung noch bestehende Restverbindlichkeit befriedigen und keine weiteren **Zahlungen** mehr

**2299**

---

[65] OLG Schleswig, BauR 1980, 477; *Dähne*, BauR 1981, 233, 237; Beck'scher VOB-Komm/ *Motzke*, B § 16 Nr. 3, Rdn. 13.
[66] So schon für die frühere Fassung der VOB: *Kaiser*, BauR 1976, 232.
[67] OLG Celle, IBR 2005, 523 – *Schwenker*.
[68] Zutreffend: Beck'scher VOB-Komm/*Motzke*, B § 16 Nr. 3, Rdn. 13.
[69] BGH, BauR 1979, 342, 343 = WM 1979, 727.
[70] Vgl. auch LG Hamburg, BauR 1995, 399.
[71] OLG Frankfurt, NJW 1983, 459; s. auch LG Freiburg, NJW-RR 1989, 1297.
[72] OLG Düsseldorf, BauR 1982, 383 = MDR 1982, 407; OLG Celle, BauR 1979, 433; OLG Köln, *SFH*, Nr. 11 zu § 16 Nr. 3 VOB/B (1973).
[73] BGH, BauR 1999, 396, 397 = NJW 1999, 944 = MDR 1999, 416; NJW 1987, 2582 = ZfBR 1987, 146 = BauR 1987, 329; OLG Frankfurt, BauR 1988, 615.

leisten will.[74] Die Schlusszahlung ist somit die **abschließende Bezahlung** des Unternehmers aus dem Bauvertrag[75] durch den Auftraggeber. Ob eine Zahlung als Schlusszahlung gelten soll, bestimmt der **Auftraggeber,** der dies dem Unternehmer gegenüber klar zum Ausdruck bringen muss.[76] Es ist allerdings nicht erforderlich, dass dabei das Wort „Schlusszahlung" gebraucht wird;[77] jedoch ist die Schlusszahlung **eindeutig** und **zweifelsfrei als solche** zu **kennzeichnen.**[78] So liegt z. B. eine hinreichende Kennzeichnung vor, wenn der Auftraggeber (oder sein Architekt) die Schlussrechnung mit seinem Vermerk über die von ihm anerkannten Positionen und Beträge versieht, den danach zu zahlenden Betrag berechnet, gegen diese Forderung mit einer Gegenforderung teilweise aufrechnet, den dann verbleibenden Restbetrag überweist und seine Abrechnung dem Unternehmer gleichzeitig mitteilt.[79]

Die Erklärung, nichts mehr zu zahlen, reicht aus; sie braucht auch nicht weiter begründet zu werden,[80] sie muss nur **eindeutig** sein.[81] Wegen der „einschneidenden Folgen" der vorbehaltlosen Annahme der Schlusszahlung verlangt der BGH[82] zu Recht hohe Anforderungen an die „Klarheit und Eindeutigkeit" der Schlusszahlungserklärung (aber auch einer schlusszahlungsgleichen Erklärung).[83] Unerheblich ist, ob eine gegebene Begründung zutreffend ist oder nicht.[84] Eine Schlusszahlung liegt auch vor, wenn der Auftraggeber auf die Schlussrechnung einen durch Kürzung verschiedener Rechnungsposten ermittelten Restbetrag zahlt und zusätzlich erklärt, über eine außerdem einbehaltene Summe werde er später gesondert abrechnen.[85]

**2300** Von den **Unternehmern** wurde früher schon **übersehen,** das nicht nur eine echte (Teil)zahlung, Geldüberweisung oder Scheckhingabe die Bedeutung einer „Schlusszahlung" haben konnte, sondern dass auch in dem **sonstigen Verhalten des Auftraggebers eine Schlusszahlungsanzeige** gesehen werden konnte, die die Ausschlusswirkung des § 16 Nr. 3 Abs. 2 VOB/B nach sich zog. § 16 Nr. 3 Abs. 3 VOB/B weist **jetzt** ausdrücklich darauf hin, dass es „einer Schlusszahlung gleich(steht), wenn der Auftraggeber unter Hinweis auf geleistete Zahlungen weitere

---

74) BGH, NJW 1970, 1185 = BauR 1970, 240 = MDR 1970, 670; zur Annahme einer Schlusszahlung bei Fehlbuchungen mittels elektronischer Datenverarbeitung: BGH, DB 1978, 837 = BauR 1978, 227; zur **irrtümlich** gut geschriebenen Abschlagszahlung: BGH, WM 1985, 894 = BauR 1985, 458; zur Schlusszahlung bei **Divergenz** zwischen Überweisungsträger („a conto") und Begleitschreiben („Schlusszahlung"): OLG Stuttgart, NJW-RR 1987, 83.
75) Zur Frage, wann sich die Schlusszahlung auf einen **konkreten** Bauvertrag **bezieht:** OLG Hamburg, BauR 1979, 163.
76) BGH, NJW 1972, 51; BGHZ 68, 38, 39 = BauR 1977, 135.
77) BGH, BauR 1979, 527, 528 = WM 1979, 1045 = NJW 1979, 2310 = ZfBR 1979, 206.
78) BGH, ZfBR 1982, 123, 124; BGHZ 68, 38, 39.
79) BGH, ZfBR 1982, 123; s. auch OLG Karlsruhe, BauR 1989, 208, 209.
80) BGH, BauR 1998, 614, 616 = MDR 1998, 710, 711 = ZfBR 1998, 199; OLG München, BauR 1996, 871, 872; OLG München, *SFH*, Nr. 7 zu § 16 Nr. 3 VOB/B (1952); OLG Frankfurt, NJW 1983, 459 = ZfBR 1983, 187; **a. A.,** aber abzulehnen: *Hochstein* in Anm. zu BGH, BauR 1980, 178.
81) OLG Köln, NJW-RR 1997, 213 = BauR 1997, 320 = OLGR 1996, 186; OLG München, BauR 1996, 871, 872 = OLGR 1996, 210.
82) BGH, BauR 1999, 396 = NJW 1999, 944 = MDR 1999, 416.
83) Vgl. hierzu auch *Nicklisch/Weick*, § 16 Rdn. 44.
84) Ebenso: OLG Frankfurt, BauR 1988, 615, 617.
85) BGH, BauR 1979, 525.

## Schlusszahlung

Zahlungen endgültig und schriftlich ablehnt." Die **mündliche** Ablehnung reicht auch in diesem Falle nicht.

Der Schlusszahlung steht nach § 16 Nr. 3 Abs. 3 VOB/B gleich, wenn der Auftraggeber (Bauherr) schriftlich **Rückzahlungsansprüche** wegen einer Überzahlung geltend macht oder wenn er gegenüber der Vergütungsforderung die **Aufrechnung mit Gegenansprüchen** (z. B. mit einer Vertragsstrafe oder mit Mängelansprüchen) erklärt.[86] Die Gegenforderung muss nicht aus demselben rechtlichen Verhältnis stammen.[87] Im Falle der Aufrechnung muss der Unternehmer dieser widersprechen.[88] Erstellt der Auftraggeber gemäß § 14 Nr. 4 VOB/B die Schlussrechnung selbst und übersendet er diese dem Auftragnehmer mit dem Bemerken, es liege eine „Überzahlung" vor, so liegt darin ebenfalls eine Schlusszahlung.[89] Der Schlusszahlung steht weiterhin nach § 16 Nr. 3 Abs. 3 VOB/B gleich, wenn der Auftraggeber von dem an sich anerkannten Restwerklohn einen Teilbetrag wegen eines Schadensersatzanspruchs einbehält und dies schriftlich anzeigt.[90] 2301

Von einer Schlusszahlung kann dagegen nicht gesprochen werden, wenn der Bauherr im Rahmen einer Abrechnung **nur von einem Zurückbehaltungsrecht** Gebrauch macht. Auch die Berufung auf ein Zurückbehaltungsrecht wegen eines **in der Entwicklung befindlichen** und daher noch nicht bezifferbaren **Vermögensschadens** reicht als Schlusszahlungsersatz nicht aus.[91] 2302

Die nach geprüfter Schlussrechnung schriftlich erfolgte Ankündigung des Auftraggebers, dass ein vereinbarter **Sicherheitseinbehalt** erst nach Vorlage einer Bankbürgschaft ausbezahlt werde, steht der Annahme einer endgültigen Zahlungsverweigerung durch den Auftraggeber indes nicht entgegen.[92] Aber auch insoweit wird es Sache des Einzelfalles sein, ob wirklich eine Schlusszahlung vorliegt. Der Unternehmer muss jedenfalls den **Gesamtumständen** eindeutig entnehmen müssen, dass der Auftraggeber eine nach seiner Vorstellung noch bestehende Restschuld tilgen und weitere Zahlungen nicht mehr leisten werde.[93] Hierzu ist die Erklärung des Auftraggebers nach Treu und Glauben (§ 242 BGB) **auszulegen**. Ein deutlicher Vermerk auf einem **Überweisungsträger** kann jedenfalls ausreichend sein.[94] 2303

Nach BGH[95] liegt bei einem gerichtlichen **Mahnverfahren** in dem Widerspruch des Auftraggebers noch keine der Schlusszahlung gleichstehende Zahlungsablehnung, wenn der **Widerspruch** mit dem Antrag auf Klageabweisung und dem Zusatz verbunden ist, dieser Antrag werde begründet 2304

---

86) BGH, NJW 1977, 1294 = BauR 1977, 282 (vgl. hierzu aber für den Fall der Insolvenz BGH, IBR 2007, 486); OLG Koblenz, OLGR 1997, 192; OLG Düsseldorf, NJW-RR 1995, 532; *Nicklisch/Weick*, § 16/B, Rdn. 45; *Kleine-Möller/Merl*, § 10, Rdn. 270 ff.
87) OLG Stuttgart, BauR 1976, 60; OLG Hamburg, BauR 1979, 163, 164; KG, NJW-RR 1988, 582.
88) BGH, NJW 1977, 1294 = DB 1977, 1457; BGH, NJW 1980, 455 = DB 1980, 443; s. auch *Schmidt*, DB 1980, 1009, 1012.
89) OLG Düsseldorf, BauR 1995, 258 = NJW-RR 1995, 535.
90) BGH, NJW 1970, 706 = BauR 1970, 117; vgl. ferner BGH, BauR 1979, 525; OLG Stuttgart, BauR 1976, 60 u. *Kaiser*, BauR 1976, 232, 234 (zum Mängeleinbehalt).
91) So zutreffend: KG, NJW-RR 1988, 582 u. BGH, BauR 1991, 84 = NJW-RR 1991, 275.
92) OLG München, WM 1984, 1450.
93) Vgl. BGH, BauR 1983, 476; LG Mainz, *SFH*, Nr. 35 zu § 16 Nr. 3 VOB/B (1973); *Heiermann*, NJW 1984, 2489, 2491, Anm. 32 m. Nachw.
94) OLG Frankfurt, NJW 1983, 828; anders: OLG Frankfurt (5. Senat), NJW 1983, 459.
95) BauR 1980, 177 = ZfBR 1980, 76.

werden, sobald die geltend gemachte Forderung begründet worden sei; insoweit fehlt es an einer endgültigen Aussage des Auftraggebers über seine weitere Zahlungsbereitschaft.[96]

Die an eine vorbehaltlose Annahme der Schlusszahlung geknüpfte Rechtsfolge, nämlich der Ausschluss von Nachforderungen, entfällt nicht deshalb, weil sich ein **öffentlicher Auftraggeber** schriftlich Rückzahlungsansprüche für den Fall vorbehalten hat, dass sich bei einer späteren Nachprüfung eine Überzahlung herausstellen sollte.[97]

Zu beachten ist, dass eine Schlusszahlung selbst nicht innerhalb der in § 16 Nr. 3 Abs. 1 bestimmten Frist erfolgen muss, um die Schlusszahlungswirkung herbeizuführen.[98]

### cc) Schriftlicher Hinweis

**2305** Nach der Neufassung der VOB/B muss der Auftraggeber **schriftlich** auf die **Ausschlusswirkung** seiner Schlusszahlung hinweisen. Diese schriftliche Unterrichtung des Unternehmers ist **Wirksamkeitsvoraussetzung** für einen Schlusszahlungseinwand.[99] Inhaltlich muss der Auftraggeber auf die Schlusszahlung sowie darauf hinweisen, dass eine vorbehaltlose Annahme dieser Schlusszahlung den Ausschluss der Forderung bewirken kann; dabei ist der Hinweis auch auf die Rechtsfolgen aus § 16 Nr. 3 Abs. 4 und 5 zu erstrecken:[100] Der schriftliche Hinweis auf die **Ausschlusswirkung** reicht nicht aus; er muss sich auch auf die **Fristen** und **Maßnahmen erstrecken**, die der Unternehmer ergreifen muss, um seine Rechte zu wahren.[101] Die enge textliche Anlehnung an § 16 Nr. 3 Abs. 2, 4 und 5 VOB/B oder ein entsprechender sinngemäßer Hinweis auf die Ausschlusswirkung bei vorbehaltloser Annahme der Schlusszahlung[102] wird aber ausreichen. Der **schriftliche Hinweis** auf die Ausschlusswirkung muss auch im Falle einer schlusszahlungsgleichen Erklärung (vgl. Rdn. 2299) erfolgen.[103]

**2306** Der **Hinweis** auf die Schlusszahlung und die Rechtsfolgen einer vorbehaltlosen Annahme muss **nicht in einem Schreiben** erfolgen;[104] § 16 Nr. 3 Abs. 5 VOB/B

---

96) Zum Schlusszahlungseinwand im **Beklagtenschriftsatz:** OLG Köln, *SFH*, Nr. 4 zu § 13 Nr. 7 VOB/B; OLG Düsseldorf, NJW 1978, 1387; *Nicklisch/Weick*, § 16/B, Rdn. 46.
97) OLG Hamm, *Schäfer/Finnern*, Z 2.330 Bl. 32; **a. A.:** OLG Düsseldorf, *Schäfer/Finnern*, Z 2.330 Bl. 21.
98) **Herrschende Ansicht;** OLG Hamburg, BauR 1979, 163, 164; OLG München, BauR 1979, 436, 438; *Korbion/Hochstein*, Rdn. 363; OLG München, *SFH*, Nr. 7 zu § 16 Nr. 3 VOB/B (1952); **a. A.:** offensichtlich: OLG Köln, *Schäfer/Finnern*, Z 2.330.2 Bl. 32.
99) BGH, BauR 1999, 396 = NJW 1999, 944 = MDR 1999, 416; OLG Naumburg, NZBau 2001, 139; OLG München, BauR 1996, 871, 874 = OLGR 1996, 210; OLG Celle, OLGR 1995, 82 = NJW-RR 1995, 915.
100) Vgl. *Nicklisch/Weick*, § 16/B, Rdn. 49.
101) Ebenso: *Ingenstau/Korbion/U. Locher*, § 16 Nr. 3/B, Rdn. 94; Beck'scher VOB-Komm/ *Motzke*, B § 16 Nr. 3, Rdn. 67.
102) KG, BauR 2000, 575 = KGR 2000, 190.
103) BGH, BauR 1999, 396 = NJW 1999, 944 = MDR 1999, 416.
104) *Ingenstau/Korbion/U. Locher*, § 16 Nr. 3/B, Rdn. 94; Beck'scher VOB-Komm/*Motzke*, B § 16 Nr. 3, Rdn. 67; *Nicklisch/Weick*, § 16/B, Rdn. 49; **a. A.:** *Heiermann/Riedl/Rusam*, § 16/B, Rdn. 90 a; *Losert*, ZfBR 1991, 7; OLG Köln, BauR 1994, 634 = ZfBR 1994, 224 = OLGR 1994, 183 = NJW-RR 1994, 1501 sowie OLG Dresden, BauR 2000, 279 = NJW-RR 1999, 1399 = MDR 1999, 479 und wohl auch *Stellmann/Schinköth*, ZfBR 2005, 3, 5.

geht zwar ersichtlich von einem Schreiben aus, Wirksamkeitsvoraussetzung ist das aber nicht. Für den **Fristbeginn** nach Abs. 5 ist allerdings erst der Zugang der **letzten** Erklärung maßgebend.[105]

### dd) Vorbehalt

Nimmt der Unternehmer die Schlusszahlung oder eine gleichstehende Erklärung des Auftraggebers **vorbehaltlos** an, so werden dadurch sämtliche Nachforderungen ausgeschlossen, die mit dem Bauvertrag in engem Zusammenhang stehen.[106] Eines „Vorbehalts" bedarf es aber **nur,** wenn eine Schlusszahlung oder eine ihr gleichstehende eindeutige Erklärung des Auftraggebers **tatsächlich vorliegt;** nimmt der Unternehmer irrtümlich an, der Auftraggeber habe eine „Schlusszahlung" vorgenommen, handelt es sich bei einem von ihm erklärten „Widerspruch" hiergegen nicht um einen Vorbehalt i. S. des § 16 Nr. 3 Abs. 5 Satz 1 VOB/B, „sondern um eine sonstige Erklärung, für welche keine Begründungspflicht nach § 16 Nr. 3 Abs. 5 Satz 2 VOB/B besteht."[107]

2307

An die nach § 16 Nr. 3 Abs. 5 VOB/B erforderliche Vorbehaltserklärung des Unternehmers dürfen im Hinblick auf den drohenden Rechtsverlust im Übrigen **keine allzu strengen Anforderungen** gestellt werden.[108] So bedarf der Vorbehalt schon keine besonderen Form; er kann mündlich oder fernmündlich erklärt werden.[109] Es genügt eine Erklärung des Unternehmers, mit der er zu erkennen gibt, dass er mit dem vom Auftraggeber als Schlusszahlung gedachten Betrag seine Forderungen aus dem Bauvertrag nicht als getilgt ansieht. So reicht z. B. als Vorbehalt die Erklärung aus, „auf voller Bezahlung der Rechnung zu bestehen"[110] oder „er halte vorbehaltlich einer näheren Prüfung an der Forderung fest".[111] Der bei der Hinnahme eines Schecks erfolgte Hinweis des Unternehmers oder seiner Frau, der Scheckbetrag stimme nicht mit dem vom Architekten errechneten restlichen Werklohn überein, stellt ebenfalls einen ausreichenden Vorbehalt dar.

Im Übrigen genügt **ein** ordnungsgemäßer Vorbehalt; weitere von dem Auftraggeber als „Schlusszahlungen" gekennzeichnete Zahlungen können nicht mehr den Ausschluss der nicht beglichenen, vorbehaltenen Forderungen bewirken.[112]

Früher gestellte, aber unerledigte Forderungen sind dagegen ausgeschlossen, wenn sie nicht nochmals in der **24-Werktage-Frist** vorbehalten werden.[113] **Früher**

2308

---

105) *Nicklisch/Weick*, § 16/B, Rdn. 49; *Kleine-Möller/Merl*, § 10, Rdn. 269.
106) OLG Düsseldorf, NJW 1977, 1298; *Schmitz*, DB 1980, 1009, 1013. Vgl. hierzu KG, BauR 2001, 108.
107) So zutreffend: OLG München, BauR 1996, 871, 873 = OLGR 1996, 210.
108) BGH, BauR 2002, 1253 = MDR 2002, 1188; NJW 1970, 706 = BauR 1970, 117; BGH, ZfBR 1982, 123, 124 = BauR 1982, 282; BauR 1983, 476; OLG Hamburg, BauR 1983, 371; OLG Karlsruhe, BauR 1989, 208, 209; OLG Frankfurt, NJW-RR 1988, 601; *Stellmann/Schinköth*, ZfBR 2005, 3, 6.
109) BGH, BB 1977, 1020; Beck'scher VOB-Komm/*Motzke*, B § 16 Nr. 3, Rdn. 94.
110) BGH, ZfBR 1982, 123, 124.
111) BGH, BauR 2002, 1253 = MDR 2002, 1188.
112) BGH, a. a. O.
113) Zum **Fristbeginn** bei einer Überweisung auf Bankkonto: BGH, NJW 1984, 368 u. NJW 1987, 493; LG Hanau, *SFH*, Nr. 46 zu § 16 Nr. 3 VOB/B (1973).

erklärte Vorbehalte müssen also erneuert werden.[114] Die vor der Annahme der Schlusszahlung erfolgte **Streitverkündung** des Unternehmers an den Auftraggeber macht einen Vorbehalt bei Annahme der Schlusszahlung ebenfalls nicht entbehrlich.[115] Lässt der Unternehmer durch **Anwaltsschreiben** mit Fristsetzung und **Klageandrohung** eine bis dahin im Wesentlichen unbestrittene Restforderung geltend machen und nimmt der Auftraggeber daraufhin zu dieser erstmals substantiiert in dem Sinne Stellung, dass unter Berücksichtigung seiner Kürzungen und Gegenansprüche der Unternehmer bereits überzahlt sei, so muss der Unternehmer bzw. sein Anwalt dem unverzüglich widersprechen, andernfalls er mit seiner Forderung ausgeschlossen ist.[116] Durch die Erhebung einer **Zahlungsklage** oder die **Einleitung des Mahnverfahrens** bringt der Unternehmer aber im Übrigen ausreichend zum Ausdruck, dass er auf seiner Restforderung besteht; der Einwand der Schlusszahlung kann dann nicht durchgreifen.[117] Der mit Erhebung der Klage oder Zustellung eines Mahnbescheides rechtzeitig erklärte Vorbehalt verliert nicht seine Wirkung, wenn die Klage später (wieder) zurückgenommen wird.[118]

**2309** Die Vorbehaltserklärung ist eine **empfangsbedürftige Willenserklärung**, die mit dem Zugang wirksam wird.[119] Erfolgt die Vorbehaltserklärung durch Klageerhebung, so muss die Klage nicht nur rechtzeitig innerhalb der 24-Werktage-Frist des § 16 Nr. 3 Abs. 5 eingereicht, sondern auch „**demnächst**" (§ 270 Abs. 3 ZPO) dem Auftraggeber zugestellt werden, um die Durchsetzbarkeit der Vergütungsansprüche zu erhalten.[120] Zwischen der Annahme der Schlusszahlung und der Erklärung des Vorbehalts muss demnach ein enger zeitlicher Zusammenhang vorliegen. Der Unternehmer muss **beweisen**, dass er diesen nach § 16 Nr. 3 Abs. 5 VOB/B erforderlichen Vorbehalt bei Annahme der Schlusszahlung **rechtzeitig erklärt** hat.[121]

**2310** Nur in **Ausnahmefällen** ist ein **Vorbehalt entbehrlich.**[122] So wird der vertraglich vorgesehene **Sicherheitseinbehalt** von der Schlusszahlungseinrede nicht betroffen;[123] eines Vorbehaltes bedarf es nicht. Vielmehr ist es Sache des Auftraggebers, bei Eintritt der Fälligkeit des Sicherheitsbetrages die etwaigen Gegenansprüche im Einzelnen darzulegen und zu beweisen. Ein **Vergleich** oder eine Vereinbarung über den Zahlungsmodus geht immer der Schlusszahlungseinrede vor.[124] Dagegen liegt ein Verzicht auf die Geltendmachung der Ausschlusswirkung noch nicht in **späteren Vergleichsverhandlungen.**[125] Jedoch kann ein Verzicht auf die Einrede der Verjäh-

---

114) Einen **Ausnahmefall** behandelt BGH, BauR 1970, 240.
115) BGH, NJW 1977, 1293 = BauR 1977, 287.
116) OLG Köln, *Schäfer/Finnern*, Z 2.330 Bl. 7; OLG München, *SFH*, Nr. 7 zu § 16 Nr. 3 VOB/B (1952); KG, BauR 1978, 56, 57; *Jagenburg*, BauR 1975, 356.
117) So auch: BGH, NJW 1977, 531 = BauR 1977, 135 = DB 1978, 493; vgl. aber auch OLG Frankfurt, BauR 1983, 372.
118) BGH, BauR 1987, 329 = NJW 1987, 2582 = ZfBR 1987, 146.
119) Siehe BGH, NJW 1978, 1631.
120) BGHZ 75, 307 = NJW 1980, 455 = DB 1980, 443 = BauR 1980, 174.
121) BGH, DB 1972, 2156 = NJW 1972, 2267.
122) Vgl. dazu BGH, *SFH*, Nr. 1 zu § 16 Nr. 3 VOB/B (1973); *Heiermann/Riedl/Rusam*, § 16/B, Rdn. 103.
123) Vgl. BGH, BauR 1979, 525; OLG Düsseldorf, ZIP 1983, 342.
124) BGH, BauR 1981, 204 = WM 1981, 246 = NJW 1981, 1040.
125) OLG Hamburg, BauR 1979, 163, 165.

## Schlusszahlung

rung auch den Verzicht auf die Einrede des § 16 Nr. 3 Abs. 2 VOB/B mitumfassen.[126] Insgesamt gilt der **Grundsatz,** dass ein Vorbehalt entbehrlich ist, wenn der Auftragnehmer (Unternehmer) in engem zeitlichem Zusammenhang mit dem Eingang der Zahlung erklärt, er bestehe auf der Bezahlung der vollen Werklohnforderung, sodass dem Auftraggeber bei der Schlusszahlung klar erkennbar war, dass der Auftragnehmer seine Forderung voll aufrechterhalten wolle.[127]

Ein Vorbehalt wird **hinfällig,** wenn der Unternehmer nicht innerhalb von weiteren **24 Werktagen** eine prüfbare Rechnung über die vorbehaltenen Forderungen eingereicht oder, wenn das nicht möglich ist, der Vorbehalt eingehend **begründet** wird (§ 16 Nr. 3 Abs. 5 VOB/B).[128] Die VOB geht hier nur auf den Fall ein, dass die Forderungen des Unternehmers nicht in der bereits eingereichten prüffähigen Schlussrechnung enthalten waren. In diesem Fall muss also eine prüfbare Rechnung bezüglich der vorbehaltenen Ansprüche nachgereicht werden oder eine eingehende Begründung des Vorbehalts erfolgen. Ist der Auftraggeber dagegen aufgrund der bereits **eingereichten prüfbaren Schlussrechnung** umfassend über sämtliche Forderungen des Unternehmers informiert, kürzt er aber diese Schlussrechnung, so genügt die Erklärung des Vorbehalts, ohne dass nun nochmals eine prüfbare Rechnung über die vorbehaltenen Vergütungsansprüche oder eine eingehende Begründung des Vorbehalts erforderlich wird.[129]

Hat der Unternehmer die von dem Auftraggeber gemäß § 14 Nr. 4 VOB/B ermittelte Schlusszahlung erhalten, so läuft von da ab für ihn die Einspruchsfrist.

### ee) Frist

*Literatur*

*Mohns*, Der Beginn der Vorbehaltsfrist bei der Schlusszahlung, NJW 1978, 2543; *Kainz*, Hat der Auftragnehmer stets 36 Werktage Zeit, um seinen Vorbehalt nach § 16 Nr. 3 Abs. 2 VOB/B zu begründen?, BauR 1981, 239.

Die Vorbehaltserklärung des Unternehmers muss innerhalb der Frist von **24 Werktagen nach Zugang der schriftlichen Mitteilung** gemäß § 16 Nr. 3 Abs. 5 VOB/B dem Auftraggeber zugehen; für die Berechnung der Frist sind die §§ 186 ff. BGB maßgebend. Bei einem Vorbehalt durch Einreichung einer Klage muss die Vorschrift des § 270 Abs. 3 ZPO beachtet werden.[130] Sofern nicht das Ende der Frist auf einen Samstag fällt (§ 193 BGB), sind bei den nach der VOB/B einzuhaltenden Fristen die **Samstage mitzurechnen.**[131] Im Übrigen beginnt die Vorbehaltsfrist erst nach Ablauf des Tages, an dem der Unternehmer von der Schlusszahlung und dem schriftlichen

---

126) Vgl. BGH, BauR 1978, 312, 313 = NJW 1978, 1485 = MDR 1978, 745.
127) Vgl. BGH, NJW 1970, 1185 = BauR 1970, 240 = MDR 1970, 670; BGH, NJW 1979, 2310; OLG Hamburg, BauR 1979, 163, 165.
128) Vgl. hierzu im Einzelnen insbesondere *Groß*, BauR 2000, 342. Zur **Begründungspflicht** s. auch OLG Hamm, MDR 1985, 845.
129) Vgl. BGH, BauR 1998, 613, 614; BGH, BauR 1977, 135; BGH, BauR 1985, 576 = NJW 1986, 2049; BGH, BauR 1980, 178; OLG München, BauR 1996, 871, 873 = OLGR 1996, 210; OLG Karlsruhe, BauR 1989, 208; *Leinemann*, Die Bezahlung der Bauleistung, S. 79; zu den Anforderungen an die Begründung des Vorbehalts im Falle des § 14 Nr. 4 s. *Dähne*, BauR 1981, 233, 238.
130) Vgl. BGHZ 75, 307 = BGH, ZfBR 1980, 34; **a. A.:** *Raudszus*, NJW 1983, 667.
131) Vgl. BGH, NJW 1978, 2594; BGH, BauR 1979, 527 = WM 1979, 1045.

**2313** Bestätigt ein Unternehmer den Eingang einer als **Restbetrag** aus mehreren Teilrechnungen bezeichneten Zahlung und legt er dabei „Einspruch" gegen diese Zahlung ein, den er noch begründen werde, so fehlt es an einem wirksamen Vorbehalt, wenn diese Begründung ausbleibt.[132]

**2314** Die Frist von **24 Werktagen** (§ 16 Nr. 3 Abs. 5 Satz 2 VOB/B) schließt sich an die Erklärungsfrist von 24 Werktagen an. Nach herrschender Ansicht[133] ist diese Frist vom Ablauf der 24-Tage-Frist an zu berechnen, während Ingenstau/Korbion[134] zutreffend unter Hinweis auf Wortlaut und Sinn der Bestimmung die Meinung vertreten, die Frist beginne mit dem Tage, der auf den Eingang des Vorbehalts bei dem Bauherrn folge.

### ff) Adressat

**2315** Der Vorbehalt ist als empfangsbedürftige Willenserklärung grundsätzlich vom Bauunternehmer gegenüber dem **Auftraggeber** selbst zu erklären. Ob der vom Auftraggeber bestellte **Architekt** zur Entgegennahme des Vorbehalts befugt ist, wird von den Umständen des Einzelfalles abhängen.[135] In der Regel ist jedoch davon auszugehen, dass er zur Entgegennahme des Vorbehalts bevollmächtigt ist.[136]

**2316** Nach Auffassung des BGH[137] ist der vom Auftraggeber bestellte Architekt jedenfalls dann der richtige Empfänger für die Vorbehaltserklärung, „wenn er mit der Bauabrechnung befasst ist und mit Wissen und Wollen des Bauherrn oder zumindest unter dessen Duldung **unmittelbar** mit den Bauhandwerkern die Auseinandersetzung über deren Werklohnforderung führt". Der Architekt bleibt so lange die maßgebliche Stelle für die Vorbehaltserklärung, bis der Auftraggeber unmissverständlich klar stellt, dass er dem Architekten diese Aufgabe für die weitere Abrechnung entzieht.[138]

**2317** Zu beachten ist, dass auch der Anwalt des Unternehmers **Adressat der Schlusszahlungserklärung** des Auftraggebers sein kann. Leitet z. B. ein Anwalt des Unternehmers die Schlussrechnung für diesen dem Auftraggeber zu und verlangt er die Zahlung „auf unser Anderkonto", so muss er auch für den Unternehmer rechtzeitig bei einer Schlusszahlungsanzeige des Auftraggebers der Schlusszahlung widersprechen und den Vorbehalt erklären.[139] Allerdings ist der Schlusszahlungsvermerk auch dann wirksam wenn er nur dem Vertragspartner und nicht auch den ihn vertretenden Anwälten übersandt wird.[140]

---

132) OLG Hamm, MDR 1985, 845.
133) *Kaiser*, BlGBW 1975, 161; *Heiermann/Riedl/Rusam*, § 16/B, Rdn. 107; Beck'scher VOB-Komm/*Motzke*, B § 16 Nr. 3, Rdn. 99; *Kleine-Möller/Merl*, § 10, Rdn. 287; *Kainz*, BauR 1981, 239 ff.
134) § 16/B Rdn. 244.
135) Vgl. dazu OLG Düsseldorf, BauR 1975, 429 u. 431; LG Tübingen, Bau 1976, 282, 283.
136) Vgl. vor allem BGH, NJW 1987, 380 = BauR 1987, 92; auch *Kaiser*, BauR 1976, 235.
137) BGH, NJW 1977, 1634 = BauR 1977, 356 sowie BGH, *SFH*, Nr. 5 zu § 16 Ziff. 2 VOB/B (1952).
138) BGH, BauR 1978, 314 = NJW 1978, 1631.
139) Siehe OLG Hamburg, BauR 1980, 163, 164; OLG München, BauR 1980, 476, 477; OLG Köln *Schäfer/Finnern*, Z 2.330.2 Bl. 7.
140) Vgl. OLG Hamm, NJW-RR 1991, 792.

## Schlusszahlung

**2318** Hat der für den Unternehmer bestellte **Sequester** die Schlussrechnung erstellt und dem Auftraggeber zugeleitet, so ist er als **Sequester** und späterer **Konkurs-(Insolvenz-)Verwalter** der richtige Empfänger für eine Schlusszahlung und der richtige Adressat für eine Schlusszahlungsanzeige.[141]

**2319** Zum richtigen Adressaten bei Abtretung der Werklohnforderung vgl. Rdn. 2293.

---

141) OLG Düsseldorf, ZIP 1983, 342; BGH, ZfBR 1987, 146 = BauR 1987, 329 = NJW 1987, 2582.

## III. Die Verwirkung

*Literatur*
*Hahn*, Rückforderungen im Bauvertragsrecht, 1986.

*Dähne*, Die Verwirkung von Rückzahlungsforderungen im Bauauftrag der öffentlichen Hand, BauR 1974, 163; *Hahn*, Verwirkung von Rückzahlungsansprüchen der öffentlichen Hand, ZfBR 1982, 139; *Dähne*, Der Rückforderungsanspruch des öffentlichen Bauherrn, Festschrift für Korbion (1986), 39; *de Vivie/Barsuhn*, Die verwaltungsgerichtliche Rechtsprechung zur Verwirkung nachbarlicher Abwehrrechte im Baurecht, BauR 1995, 492; *Welte*, Verwirkung von Einwendungen gegen die Schlussrechnung nach Ablauf der Prüfungszeit von 2 Monaten oder beweisrechtliche Konsequenzen?, BauR 1998, 384; *Horschitz*, Verwirkung des VOB-Werklohnanspruchs – Die Verjährung des Mangelrechts als Maßstab, Festschrift für Ganten (2007), 169.

**2320** Die Ansprüche oder Rechte (vor allem Gestaltungsrechte) eines Baubeteiligten können im Einzelfall verwirken. Der Einwand der Verwirkung ist keine Einrede im Sinne des bürgerlichen Rechts, die der Geltendmachung durch den Einredeberechtigten bedarf; er ist vielmehr, wenn er mit dem zugrundeliegenden Sachverhalt ordnungsgemäß vorgetragen ist, wie jeder Einwand aus § 242 BGB **von Amts wegen** im Bauprozess zu berücksichtigen.[1] Beruft sich deshalb ein Beklagter z. B. auf Verjährung, so kann im Einzelfalle die Frage der Verjährung des Klageanspruchs offen bleiben, wenn dieser ohnehin verwirkt ist.[2] Der Einwand der Verwirkung ist insoweit logisch vorrangig.

### 1. Grundsätze

**2321** Die Verwirkung ist ein Fall der **unzulässigen Rechtsausübung**.[3] Ein baurechtlicher Anspruch oder ein Recht eines Baubeteiligten ist verwirkt,

* wenn seit der Möglichkeit seiner Geltendmachung längere Zeit verstrichen ist (**Zeitmoment**) und
* wenn besondere Umstände hinzutreten, aufgrund derer die verspätete Geltendmachung gegen Treu und Glauben verstößt (**Vertrauenstatbestand**).[4]

Das Zeitmoment der Verwirkung ist stets vom Einzelfall abhängig; nach der Rechtsprechung des BGH[5] gilt jedoch der Grundsatz, „das um so seltener Raum für eine Verwirkung sein wird, je kürzer die Verjährungsfrist ist". Eine Verwirkung **vor** Ablauf der Verjährungsfrist ist nur unter besonderen Umständen anzuerkennen.

**2322** Neben dem reinen Zeitablauf hat damit die Verwirkung zur Voraussetzung, „dass der Schuldner sich infolge der Untätigkeit des Gläubigers darauf einrichten durfte und eingerichtet hat, dieser werde seinen Anspruch nicht mehr geltend machen, und dass deswegen die spätere Geltendmachung des Anspruchs gegen Treu und Glauben verstößt".[6] Der Verstoß liegt also in einer illoyalen Verspätung der Geltend-

---

1) BGH, LM Nr. 2 zu § 164 BGB; BGH, NJW 1966, 343, 345; KG, NJW-RR 1986, 598, 600.
2) Vgl. BGH, *Schäfer/Finnern*, Z 2.320 Bl. 1.
3) **Herrschende Meinung;** RGZ 155, 151, 152; BGH, WM 1965, 799, 800 u. WM 1984, 818.
4) BGH, BauR 2004, 316, 322; RGZ 131, 228; 155, 151, 152; BGHZ 43, 289, 290, 292; BGH, NJW 1980, 880 = BauR 1980, 180; BGH, BauR 1982, 283, 284; LG München, I, NJW-RR 1989, 852.
5) BauR 2003, 379 = NJW 2003, 824 = NZBau 2003, 213; NJW-RR 1989, 818; vgl. hierzu auch *Dähne*, Festschrift für Korbion, S. 39, 47 u. *Schubert*, JR 1989, 280.
6) BGH, BauR 1975, 424, 426; ferner BGH, BauR 2003, 379 = NJW 2003, 824 sowie BauR 2004, 316, 322.

## Verwirkung

machung eines Rechts.[7] Die bloße Untätigkeit des Bauberechtigten während eines längeren, zur Verjährung nicht ausreichenden Zeitraums kann allein niemals zum Erlöschen eines Anspruchs führen. Handelt es sich demnach z. B. um die Geltendmachung von **Gewährleistungsansprüchen** durch einen Baubeteiligten, kommt es für die Frage der Verwirkung unter anderem darauf an, ob bei einer objektiven Beurteilung der Unternehmer dem Verhalten des Bauherrn entnehmen durfte, dieser wolle sein Recht nicht mehr geltend machen.[8] Die Verwirkung setzt überdies voraus, dass der Verpflichtete (Schuldner) nicht selbst gegen Treu und Glauben verstoßen und dadurch eine frühere Geltendmachung des Rechts verhindert hat.[9]

Ein Auftraggeber verliert bei einem VOB-Bauvertrag nicht sein Recht, **Einwendungen** gegen das **Abrechnungsverfahren** des Auftragnehmers zu erheben, wenn er diese nicht innerhalb der Prüfungsfrist von zwei Monaten geltend gemacht hat (vgl. hierzu Rdn. 1396 ff.).[10] Das OLG Düsseldorf[11] hatte insoweit angenommen, dass der Auftraggeber sein „Einwendungsrecht" verwirkt habe. Dem hat sich der BGH nicht angeschlossen und darauf hingewiesen, dass der Einwand der Verwirkung nur dann begründet ist, „wenn der Auftragnehmer aufgrund des Zeitablaufs und weiterer auf dem Verhalten des Auftraggebers beruhender Umstände darauf vertraut hat und darauf vertrauen durfte, dass der Auftraggeber seine Recht nicht mehr geltend machen wird".[12]

Die Verwirkung ist im Bauwesen für alle Ansprüche und Rechte denkbar, sie wird wegen der strengen Voraussetzungen jedoch nur selten durchgreifen.

**2323**

Der BGH hatte kürzlich Gelegenheit, sich mit der **Verwirkung einer nicht prüffähigen Schlussrechnung** zu beschäftigen. In diesem Zusammenhang hat der BGH darauf hingewiesen, dass eine Architektenforderung dann verwirkt ist, „wenn sich der Auftraggeber nach Erteilung einer nicht prüffähigen Schlussrechnung nach einem gewissen Zeitraum bei objektiver Betrachtung darauf einrichten durfte und eingerichtet hat, dieser werde sein Recht nicht mehr geltend machen".[13] Dabei bestätigt der BGH nochmals, dass zu dem Zeitablauf noch besondere, auf dem Verhalten des Architekten beruhende Umstände hinzutreten müssen, die das Vertrauen des Auftraggebers rechtfertigen, der Architekt werde seinen Anspruch nicht mehr geltend machen.[14] Als Beispiel für Letzteres nennt der BGH[15] eine (erfolglose) Fristsetzung durch den Auftraggeber gegenüber dem Architekten, eine prüffähige Rechnung zu erstellen.

---

7) Vgl. BGHZ 25, 47, 51 = DB 1957, 746; BGH, WM 1968, 916, 918; BGH, DB 1969, 302; OLG Frankfurt, BauR 1989, 210.
8) Vgl. BGHZ 25, 47, 52; BGH, DB 1963, 1707 = WM 1963, 1029, 1032.
9) BGH, *Schäfer/Finnern*, Z 2.411 Bl. 76.
10) BGH, BauR 2001, 784 = NZBau 2001, 314 = ZfBR 2001, 313 = NJW-RR 2001, 805 = NJW 2001, 1649 = MDR 2001, 746; OLG Celle, NZBau 2002, 675.
11) BauR 1990, 609 = NJW-RR 1991, 278 u. BauR 1997, 1052 = NJW-RR 1998, 376; dazu *Welte*, BauR 1998, 384 ff.; ebenso: OLG Bremen, OLGR 2001, 79.
12) BGH, a. a. O.
13) BauR 2004, 316, 322.
14) BauR 2003, 379 = NZBau 2003, 313 = ZfBR 2003, 147 = IBR 2003, 61.
15) BauR 2004, 316, 322 m. Hinw. auf BGH, BauR 2000, 589 = NZBau 2000, 202 = ZfBR 2000, 172 = IBR 2000, 125.

**Rdn. 2323**

Beispiele aus der Rechtsprechung zur **Verwirkung** eines
* **Beseitigungsanspruchs** beim Überbau (BGH, SFH, Nr. 1 zu § 912 BGB)
* **Gewährleistungsrechts** (BGH, NJW 1969, 1108)
* **Rücktrittsrechts** des Baubetreuers (BGH, BGB 1969, 384)
* **Rückzahlungsanspruchs** eines **öffentlichen Auftraggebers** wegen überzahlten Werklohns (vgl. hierzu BGH, BauR 1982, 283 = ZfBR 1982, 113; BGH, BauR 1980, 180 = ZfBR 1980, 22; BGH, SFH, Nr. 1 zu § 779 BGB; BGH, Schäfer/Finnern, Z 2.212 Bl. 17; LG Düsseldorf, BauR 1998, 1106 = NJW-RR 1999, 315; OLG Köln, Schäfer/Finnern, Z 3.022 Bl. 6 u. BauR 1979, 252 = SFH, Nr. 8 zu § 242; BGH, SFH, Nr. 17 zu § 242 BGB; OLG Celle, BauR 1974, 418; LG Landshut, BauR 2002, 966 = NJWRR 2002, 744; LG München I, NJW-RR 1989, 852; LG Köln, SFH, Nr. 4 zu § 242 BGB; Hahn, S. 79 ff.; Dähne, BauR 1974, 163 u. Festschrift für Korbion, S. 39; Peters, NJW 1977, 552, 556; Hahn, ZfBR 1982, 139, 142 ff.; Heiermann/Riedl/Rusam, § 16/B, Rdn. 129.
Bei der **Berechnung** der Zeitspanne ist auf den Eingang der Schlusszahlung abzustellen (BGH, BauR 1982, 282, 284; AG Hamburg, SFH, Nr. 16 zu § 242 BGB); von da ab beginnt die Verwirkungsfrist zu laufen. Von einem „Vertrauenstatbestand" kann nicht die Rede sein, wenn der öffentliche Auftraggeber „immer wieder deutlich macht, dass er an seinem Rückforderungsverlangen festhält" (BGH, BauR 1980, 180 = NJW 1980, 880 = ZfBR 1980, 22). Wegen der Praxis der Rechnungshöfe kommt eine Verwirkung deshalb immer nur **nach Ablauf längerer Fristen** in Betracht. Verwirkung nehmen LG Düsseldorf, BauR 1998, 1106 = NJW-RR 1999, 315), OLG Köln (Schäfer/Finnern, Z 3.022 Bl. 6) und LG Köln (SFH, Nr. 4 zu § 242 BGB) **nach 4, 6** bzw. **7 Jahren** an (a. A.: BGH, BauR 1990, 880 für 6¼ **Jahre** u. OLG München, BauR 1982, 603 für **7 Jahre**; Bedenken hiergegen bei Palandt/Heinrichs, § 242 BGB, Rdn. 99, weil von der öffentlichen Hand eine zügige Rechnungsprüfung erwartet werden müsse). Zur Rückforderung von Umsatzsteuer durch den öffentlichen Auftraggeber s. OLG München, BauR 1982, 603.
* **Vergütungsanspruchs** (BGH, BauR 2004, 316, 322 = NZBau 2004, 216 = NJWRR 2004, 445; KG, BauR 1971, 264; vgl. dazu auch BGH, BauR 1984, 182, 185)
* Besonders strenger Maßstab an den Vertrauenstatbestand, wenn eine Anspruchsverwirkung vor Ablauf einer besonders kurzen Verjährungsfrist (zwei Jahre) geltend gemacht wird (HansOLG Hamburg, OLGR 1999, 167).
* **Werklohnanspruches** vor Ablauf der Verjährungsfrist (OLG Hamm, NJW-RR 2003, 81 = OLGR 2003, 56)
* **Architektenhonoraranspruches** (BGH, BauR 2004, 316, 322 = NZBau 2004, 216 = NJW-RR 2004, 445); ferner BauR 2003, 379 = NZBau 2003, 213 = ZfBR 2003, 147 = IBR 2003, 61; BauR 2000, 589 = NZBau 2000, 202 = ZfBR 2000, 172 = IBR 2000, 125).
* Beruft sich der Käufer eines **Koppelungsgeschäftes** (vgl. hierzu Rdn. 668 ff.) mehr als acht Jahre nach Vertragsschluss auf die Unwirksamkeit des Geschäfts, liegt in der Regel ein Verstoß gegen das Gebot von Treu und Glauben (§ 242 BGB) vor (LG Oldenburg, IBR 2004, 323 – Jasper).
* Das **Recht auf Preisanpassung** gemäß § 2 Nr. 3 VOB/B kann nach den allgemeinen Grundsätzen verwirkt werden (BGH, BauR 2005, 1152).
* Nach mehr als 17 Jahren ist der **Anspruch** des Auftraggebers auf **Auflistung der Gewährleistungsfristen**, der systematischen **Zusammenstellung der Ergebnisse** des Bauobjekts und der **Schlussabrechnung** des Bauvorhabens verwirkt (OLG Hamm, BauR 2007, 737).

* Verweigert der Auftraggeber einer Bauleistung (zu Unrecht) schon die Aufklärung der Frage, ob überhaupt Mängel vorliegen, so verwirkt er zwar seinen evtl. Mängelbeseitigungsanspruch materiell-rechtlich nicht, wohl aber im Prozess des Unternehmers auf Werklohnzahlung sein Zurückbehaltungsrecht im Sinne einer Verwirkung (OLG Celle, OLGR 2004, 521)
* **Nachbesserungsanspruch:** Ein nach einer Kündigung des Bauvertrages ausgesprochenes **Baustellenverbot** begründet allein keine Verwirkung des Nachbesserungsanspruches, sondern allenfalls einen Annahmeverzug des Auftraggebers (BGH, BauR 2004, 1616 = IBR 2004, 494 – Hildebrandt).

## 2. Beweislast

Grundsätzlich trägt derjenige die Beweislast für die Verwirkung, der sich auf sie beruft.[16] Es ist jedoch Folgendes zu beachten:[17]

**2324**

Dem Schuldner obliegt die Behauptungs- und Beweislast dafür, dass der Gläubiger längere Zeit mit der Geltendmachung seiner Forderung oder Rechte zugewartet hat. Gegenüber einer solchen Behauptung des Schuldners ist es die Aufgabe des Gläubigers, substantiiert zu bestreiten und darzulegen, wann und ggf. unter welchen Umständen er die Forderung oder sein Recht in der zurückliegenden Zeit geltend gemacht hat. Für die weitaus meisten Fälle bedeutet dies, dass bei einem nicht aufklärbaren Widerstreit der beiderseitigen Parteibehauptungen in erster Linie die Parteivernehmung des Gläubigers und nicht die des Schuldners in Betracht kommt. Bei widerstreitenden Zeugenaussagen geht das Non-liquet hinsichtlich eines bestimmten Vorgangs zu Lasten des Schuldners.[18]

---

16) *Siebert*, Verwirkung und Unzulässigkeit der Rechtsausübung, 1934, S. 150; *Baumgärtel/Strieder*, Beweislast, § 242 BGB, Rdn. 10; *Dähne*, Festschrift für Korbion, S. 39, 54.
17) Vgl. BGH, NJW 1958, 1188, 1189 = MDR 1958, 584 = WM 1958, 777; *Baumgärtel/Strieder*, a. a. O., m. w. Nachw. in Anm. 24.
18) BGH, a. a. O.

## IV. Anfechtung und Organisationsverschulden

### 1. Arglistige Täuschung/widerrechtliche Drohung eines Baubeteiligten

*Literatur*

*Hoffmann*, Arglist des Unternehmers aus der Sicht für ihn tätiger Personen, JR 1969, 372; *Otto*, Gewährleistungsansprüche bei arglistigem Verschweigen von Mängeln durch den Bauunternehmer, ZSW 1981, 194; *Schelle*, Anfechtungstatbestände nach §§ 119, 120 BGB im Bauvertragswesen, BauR 1985, 511; *Gassner*, Die Verjährung baurechtlicher Gewährleistungsansprüche bei arglistigem Verschweigen, BauR 1990, 312; *Waltermann*, Arglistiges Verschweigen eines Fehlers bei der Einschaltung von Hilfskräften, NJW 1993, 889; *Moufang/Kupjetz*, Zur rechtlichen Bindungswirkung von abgeschlossenen Nachtragsvereinbarungen, BauR 2002, 1629; *Derleder*, Sachmängel- und Arglisthaftung nach neuem Schuldrecht, NJW 2004, 969.

**2325** Zum Verteidigungsvorbringen in Bauprozessen gehört nicht selten der Einwand, von dem Vertragspartner „**arglistig getäuscht**" worden zu sein. Vor allem im Zusammenhang mit **Gewährleistungsausschlüssen**[1] und **Verjährungsfragen** spielte dieser Gesichtspunkt häufig eine prozessentscheidende Rolle. Konnte ein Baubeteiligter erfolgreich einwenden, arglistig getäuscht worden zu sein, galt nach altem Recht die 30jährige Verjährungsfrist. Die **Schuldrechtsreform** hat indes eine grundlegende Neugestaltung des Verjährungsrechts gebracht.[2] So gilt die **Regelfrist** von drei Jahren auch, wenn Mängel **arglistig verschwiegen** werden (§§ 634 a Abs. 3 Satz 1, 195, 199 BGB). § 634 a Abs. 3 Satz 2 BGB sieht allerdings eine besondere **Ablaufhemmung** vor, die verhindert, dass der arglistige Unternehmer kürzer haftet als der nicht arglistige.[3] Bei einem **Bauwerksmangel** tritt die Verjährung deshalb nicht vor Ablauf der fünfjährigen Verjährungsfrist, beginnend mit der Abnahme, ein.[4]

**2326** Wer sich auf eine arglistige Täuschung beruft, muss deren **Voraussetzungen darlegen und beweisen**.[5] Auf einen **Anscheinsbeweis** kann sich der Anfechtende in der Regel **nicht** berufen; denn der Beweis auf erste Sicht setzt voraus, dass es sich stets um einen **typischen** Geschehensablauf handelt. Ob aber jemand durch arglistige Täuschung z. B. zum Abschluss eines Bauvertrags bestimmt worden ist, hängt von den Umständen des **Einzelfalles** ab.[6] Da Arglist ein vorsätzliches Handeln voraussetzt, ist der Nachweis an sich nur schwer zu erbringen; indes hat die Rechtsprechung Grundsätze entwickelt, die diese Beweisführung erleichtern. Wer z. B. bei Abschluss eines Vertrages einen **Mangel** des Gebäudes **kennt** oder ihn zumindest **für möglich hält** und **billigend in Kauf nimmt,** dass seinem Vertragspartner dieser Fehler/Mangel nicht bekannt ist und dieser bei Offenlegung den Vertrag nicht oder nicht mit dem

---

1) Arglistiges Verhalten führt zur **Unwirksamkeit:** BGH, NJW-RR 1996, 1332; BGH, WM 1987, 1285, 1286.
2) Es ist vor allem auch die **Übergangsregelung** des Art. 229 § 6 Abs. 1 Satz 1 EGBGB zu beachten!
3) *Mansel*, in: Dauner-Lieb u. a., Das Neue Schuldrecht, § 1, Rdn. 176.
4) *Leitzke*, in: Thode/Wirth/Kuffer, § 29, Rdn. 22.
5) BGH, NJW 2001, 64; BGH, ZfBR 1992, 168 mit Hinweis auf BGH, BauR 1975, 419 = WM 1975, 525; OLG Düsseldorf, OLGR 2004, 294, 296; OLG Hamm, BauR 2002, 1706, 1707 (hinsichtlich einer unzureichenden Bauaufsicht des Architekten); zur **Substantiierung** der Behauptung des arglistigen Verschweigens eines Mangels: BGH, NJW 1996, 1826.
6) Vgl. BGH, NJW 1968, 2139; auch BGH, NJW 1958, 177 m. Nachw.

**Arglistige Täuschung**            **Rdn. 2327–2328**

vereinbarten Inhalt geschlossen hätte, handelt arglistig.[7] Erklärungen „**ins Blaue hinein**" deuten ebenso auf arglistiges Fehlverhalten hin.[8] Dem Geschädigten kann nicht entgegengehalten werden, er habe seinen „Irrtum" bei größerer Aufmerksamkeit „vermeiden" können.[9]

Klassischer Anwendungsbereich der arglistigen Täuschung in Bausachen sind zunächst die Fälle, in denen **das Vorhandensein** von (vertraglich geforderten) **Eigenschaften**[10] oder die **Mangelfreiheit** (arglistig) **behauptet** wird (Täuschung durch ein **aktives Tun**); daneben hat vor allem aber das **„Verschweigen"** eines Fehlers **bei** der Abnahme von Bauwerken eine wichtige Rolle gespielt, nachdem der **BGH** durch seine Entscheidung vom 12. März 1992[11] für **Erleichterungen** bei der **Darlegungs-** und **Beweislast** gesorgt hat (s. Rdn. 2333).      **2327**

Ein **arglistiges Verschweigen** eines Mangels liegt zunächst vor, wenn der Unternehmer/Verkäufer den Mangel **kennt**,[12] ihn für erheblich bezüglich des Bestandes und der Benutzung des Bauwerkes hält, den Mangel aber dennoch **nicht** mitteilt oder ihn beseitigt,[13] obwohl er nach Treu und Glauben, insbesondere im Hinblick auf die Bedeutung des Manels, zur **Offenbarung verpflichtet** gewesen wäre.[14] Sehr oft werden auch bekannte Schäden zwar erwähnt, in ihrer Bedeutung aber **verharmlost**; auch dies kann Arglist bedeuten.[15] Eine **Schädigungsabsicht** oder **Vorteilserlangung** ist **nicht** erforderlich. Arglistig kann aber auch derjenige täuschen, dem – wie er weiß – jegliche zur sachgemäßen Beurteilung des Erklärungsgegenstandes **erforderliche Kenntnis fehlt** und **dies** verschweigt; der gute Glaube an die Richtigkeit des Erklärten schließt in einem solchen Fall die Arglist nicht aus.[16] Darüber hinaus handelt ein Unternehmer arglistig, wenn er **bei Auftragserteilung** nicht auf seine fehlende **Sach-** und **Fachkunde** hinweist; wer entgegen der eindeutig erkenn-      **2328**

---

7) BGH, BauR 1986, 215 = ZfBR 1986, 69 = NJW-RR 1996, 1332; BGH, WM 1983, 990; BGH, NJW 1986, 980; OLG München, BauR 2005, 1493 = OLGR 2005, 320 = IBR 2005, 316 – *Vogel* (zur **Abgrenzung** von Arglist und Fahrlässigkeit; mangelhafte Abdichtung eines Kellers gegen Grundwasser); OLG Düsseldorf, NZBau 2005, 402 (**Planungsfehler**; unzureichende Abdichtung gegen **drückendes Wasser**); OLG Koblenz, OLGR 2006, 527 (§ 444 BGB); zur **Beweislast** hinsichtlich der **Ursächlichkeit** für den Vertragsabschluss: BGH, NJW 1990, 42 m. Nachw.
8) Siehe hierzu: BGH, NJW 2001, 2326 = NZBau 2001, 494 = BauR 2001, 1431; OLG München, BauR 1998, 129; BGH, BauR 1981, 864.
9) BGH, NJW 1997, 1845.
10) Vgl. BGH, JZ 1963, 596; BGH, BauR 1970, 244 = *Schäfer/Finnern*, Z 3.01 Bl. 435 (Täuschung durch **Architekt**); OLG Köln, NJW-RR 1995, 881 (Vortäuschung einer „Verklinkerung").
11) BGHZ 117, 318 = BauR 1992, 500 = ZfBR 1992, 168 = ZIP 1992, 773 = LM § 638 BGB Nr. 77 m. Anm. *Koeble* = NJW 1992, 1754.
12) BGH, BauR 2007, 114, 115 = NZBau 2007, 96 = ZfBR 2007, 47 = IBR 2006, 667 – *Vogel*; BGH, BauR 2005, 1624 = NZBau 2005, 684 = ZfBR 2005, 787 = IBR 2005, 526 – *Vogel*; BGH (X.ZS), BauR 2005, 550 = IBR 2005, 80 – *Vogel*; OLG Celle, IBR 2007, 549 – *Knychalla*; OLG München, BauR 2005, 1493, 1494; OLG Rostock, IBR 2006, 276 – *Biebelheimer*.
13) OLG Karlsruhe, BauR 1979, 335; OLG Stuttgart, BauR 1972, 315.
14) BGH, BauR 1970, 244 = WM 1970, 964; BB 1986, 351 = DB 1986, 533; BGH, BauR 2004, 1476 (arglistiges Verschweigen vertraglich geschuldeter, aber **unterlassener Bauüberwachung** durch Architekten; s. ferner OLG Rostock, IBR 2006, 276 – *Biebelheimer*; KG, IBR 2006, 277 – *Preussner*; LG Berlin, BauR 2005, 746); *Neuhaus*, MDR 2002, 131, 133.
15) OLG Koblenz, IBR 2003, 226 – *Müggenborg*; BGH, NJW 2001, 96.
16) BGH, *SFH*, Nr. 2 zu § 123 BGB; *Neuhaus*, MDR 2002, 131, 133.

baren Erwartung des Bauherrn/Auftraggebers nicht die für die ordnungsgemäße Erbringung der in Auftrag gegebenen Bauleistung die notwendige Kenntnis hat und das verschweigt, setzt sich dem Vorwurf der Arglist aus.[17]

Verwendet der Unternehmer **planwidriges** oder **untaugliches Material,** so genügt er seiner Mitteilungspflicht gegenüber dem Besteller/Erwerber nach Auffassung des BGH[18] nicht allein dadurch, dass er ihm die Verwendung dieses Baustoffes durch Hinweis oder Besichtigung bekannt werden lässt: „Er muss dann auch auf den schon in der Verwendung dieses Baustoffes liegenden Mangel und das damit verbundene erhebliche Risiko hinweisen, um dem Vorwurf arglistigen Verschweigens zu entgehen. Dass in Fällen vorliegender Art ein solches Risiko für die Entschließung des Vertragspartners erheblich ist, liegt auf der Hand."

Diese Grundsätze gelten uneingeschränkt auch beim VOB-Bauvertrag.

**2329** **Problematisch** ist, ob eine Anfechtung wegen arglistiger Täuschung auch dann in Betracht kommt, wenn nicht der Unternehmer selbst, sondern seine **Erfüllungsgehilfen** die Baumängel oder vorhandenen Eigenschaften **arglistig verschweigen** oder vorspiegeln. Mit diesem Problem hatte sich u. a. das KG[19] beschäftigt. Der BGH stellt in ständiger Rechtsprechung entscheidend darauf ab, ob die Mitarbeiter des Unternehmers bei der **Erfüllung der Offenbarungspflicht** gegenüber dem Bauherrn/Auftraggeber **tätig geworden** sind.[20] Liegen die Voraussetzungen eines „arglistigen Verschweigens" des Mangels bei einer Hilfsperson vor, muss sich der Unternehmer (aber auch ein Verkäufer) im Übrigen deren Kenntnis nur dann **zurechnen** lassen, wenn er sich des Gehilfen gerade **zur Erfüllung** seiner Offenbarungspflicht gegenüber dem Vertragspartner bedient hat.[21] Der Erfüllungsgehilfe muss also von dem Baubeteiligten gerade für ein Aufgabengebiet eingesetzt worden sein, zu dem es auch gehört, dem Besteller derartige Mängel zu offenbaren.[22] Das trifft nach Ansicht des KG[23] für eine Putzerkolonne, die dem Außenputz Gips beigemengt hat, nicht zu. Dem ist der BGH gefolgt.[24] Der BGH verlangt im Einzelfall „einen Erfüllungsgehilfen des Unternehmers bei der Offenbarungspflicht". Ein **Polier** scheidet nach Ansicht des BGH deshalb aus.[25]

Demgegenüber ist der „**örtliche Bauleiter**" des Unternehmers grundsätzlich als der auf der Baustelle oberste verantwortliche Mann des Unternehmers anzusehen;

---

17) OLG Köln, BauR 2001, 1271 = ZfBR 2001, 327 = OLGR 2001, 185.
18) BGH, BauR 1986, 215 = ZfBR 1986, 69 = BB 1986, 351 = DB 1986, 533; s. ferner: BGH, BauR 2002, 1401 **(nicht erprobter Baustoff)**; LG Hamburg, IBR 2004, 309 – *Tafelsky* (Einbau anderer als vereinbarter **Baustoffe**); unzutreffend: LG Verden, IBR 2007, 25 – *Hufer*).
19) MDR 1970, 1010 = BauR 1970, 242.
20) BGHZ 62, 63 = BauR 1974, 130 = MDR 1974, 482; BGHZ 66, 43 = MDR 1976, 485; BGH, BauR 2004, 1476 (für freien Mitarbeiter des Architekten); *Neuhaus*, MDR 2002, 131, 133.
21) BGH, BauR 2005, 1624 = NZBau 2005, 684 = IBR 2005, 526 – *Vogel*; BGH (X.ZS), BauR 2005, 550 = IBR 2005, 80 – *Vogel*; *Walther*, BauR 1996, 455, 457.
22) BGH, ZfBR 1992, 168 = NJW 1992, 1754 = BauR 1992, 500; siehe ferner: OLG Köln, OLGR 2001, 357 u. BauR 1984, 525 = *SFH*, Nr. 4 zu § 278 BGB m. Anm. *Hochstein*; KG, MDR 1970, 1010, 1011; kritisch: *Jagenburg*, NJW 1971, 1425, 1426; **a. A.:** auch *Hoffmann*, JR 1969, 372.
23) MDR 1970, 1010.
24) Vgl. BGHZ 62, 63 = NJW 1974, 553 = BauR 1974, 130; BGH, NJW 1976, 516 = BauR 1976, 131.
25) Ebenso: OLG Köln, BauR 1984, 525.

**Arglistige Täuschung**

sein arglistiges Schweigen über Mängel muss sich der Unternehmer daher in der Regel zurechnen lassen.[26] Dies gilt auch dann, wenn der Unternehmer nur durch das Wissen und die Mitteilung seines Erfüllungsgehilfen in der Lage ist, seiner Offenbarungspflicht gegenüber dem Bauherrn nachzukommen. Das gilt namentlich für einen **Subunternehmer,** der die Arbeiten eigenverantwortlich für den Hauptunternehmer ausführt.[27] Der Hauptunternehmer wird nämlich nur durch die Kenntnis und die Mitteilungen des Subunternehmers in den Stand versetzt, seiner Offenbarungspflicht gegenüber dem Bauherrn nachzukommen. Aus diesem Grunde gebieten nach Ansicht des BGH[28] Treu und Glauben, dass sich der Hauptunternehmer das arglistige Verschweigen eines verborgenen Werkmangels durch den Subunternehmer als eigenes Verhalten zurechnen lassen muss, „wie er seinerseits den Subunternehmer deswegen in Anspruch nehmen kann". Im Einzelfall muss daher immer geprüft werden, ob trotz einer **„einwandfreien Organisation der Bauüberwachung"** durch den (unmittelbaren) Vertragspartner gleichwohl „die Kenntnis seines Subunternehmers oder seiner bzw. dessen für die Prüfung der Leistung verantwortlichen Mitarbeiter zuzurechnen ist" (BGH).

**2330** Handelt es sich **nicht** um einen Erfüllungsgehilfen, sondern wird die arglistige Täuschung von einem **Vertreter** des Unternehmers oder Architekten oder sonstigen Baubeteiligten verübt, gelten folgende Grundsätze:[29]

Wird die arglistige Täuschung nicht von der Vertragspartei selbst, sondern von dem **Vertreter bei Vertragsabschluss** verübt, haftet dafür die vertretene Vertragspartei nach den Grundsätzen des **Verschuldens bei Vertragsschluss** (§§ 280, 241 Abs. 2, 311 Abs. 2, 278 BGB[30]) oder wegen einer unerlaubten Handlung mit der Entlastungsmöglichkeit nach § 831 BGB.[31]

Tritt die Person des **Vertreters** in besonderem Maße in den **Vordergrund** und die des Vertretenen zurück, so kann das eine Mithaftung des Vertreters begründen, etwa wenn er wirtschaftlich in eigener Sache handelt und aus dem Geschäftsabschluss persönlichen Nutzen erstrebt.[32] Dies trifft vor allem für **Architekten** und Baubetreuungsgesellschaften zu, die im Namen eines Bauherrn auftreten; dieser Tatbestand der **Dritthaftung** ist nunmehr ausdrücklich in §§ 280 Abs. 1, 311 Abs. 2 Nr. 1, Abs. 3, 241 Abs. 2 BGB geregelt.[33]

**2331** Eine arglistige Täuschung liegt häufig darin, dass sich ein Planer als „Architekt" bezeichnet, obwohl er nach den betreffenden landesrechtlichen Vorschriften zur

---

26) BGH, BauR 2007, 114, 116; BauR 1974, 130; OLG Karlsruhe, BauR 1979, 335 u. OLG Köln, BauR 1984, 525.
27) BGH, BauR 2007, 1140; NZBau 2007, 96 = ZfBR 2007, 47 = IBR 2007, 667 – *Vogel*.
28) BGH, BauR 2007, 114, 116; NZBau 2007, 96, 97; BGHZ 62, 63, 69 = BauR 1974, 130; BGHZ 66, 43, 45 = NJW 1976, 516 = BauR 1976, 131; dazu auch *Otto*, ZSW 1981, 194 ff.; OLG Celle, IBR 2007, 19 – *Kimmich*; LG Karlsruhe, BauR 2007, 565, 566 u. OLG Köln, OLGR 2001, 357.
29) Vgl. BGH, NJW 1974, 1505.
30) Vgl. auch AnwKom-BGB/*Krebs*, § 311 BGB, Rdn. 37.
31) Vgl. dazu BGHZ 45, 311, 313 = NJW 1966, 1807.
32) BGH, LM Nr. 49 zu § 278 BGB.
33) Vgl. dazu *Canaris*, JZ 2001, 499, 520; *Lieb* in: Dauner-Lieb u. a., Das Neue Schuldrecht, § 3, Rdn. 42 ff.; *Wirth/Sienz/Engler/Langenecker*, § 311 BGB, Rdn. 8 sowie Rdn. **1893**.

Führung der Berufsbezeichnung „Architekt" überhaupt nicht berechtigt ist.[34] Übernimmt aber ein Architekt besondere Planungsarbeiten, ohne hierzu die notwendige Erfahrung zu besitzen, trifft ihn u. U. eine **Offenbarungspflicht** gegenüber dem Bauherrn; entzieht er sich dieser Pflicht, kann eine arglistige Täuschung vorliegen.[35] Nach einer wirksamen Anfechtung durch den Bauherrn/Auftraggeber sind die entsprechenden Verträge über § 812 BGB abzuwickeln (vgl. Rdn. 1910 ff.). Verschweigt der Vertragspartner des Bauherrn bei Abschluss eines „Architektenvertrages" seine fehlende **Architekteneigenschaft**, ist diese Fallgestaltung auch wiederholt über das Rechtsinstitut des **Verschuldens bei Vertragsabschluss** gelöst worden.[36] Allerdings wurden z. T. auch Ersatzansprüche verneint, sofern schützenswerte Interessen des Auftraggebers nicht betroffen waren.[37]

**2332**
Ist ein **Handwerker** unter Verletzung der Handwerksordnung **nicht in die Handwerksrolle eingetragen,** ist der Werkvertrag gleichwohl wirksam;[38] u. U. kommt aber in diesen Fällen eine Anfechtung wegen arglistiger Täuschung („Meisterbetrieb") oder eine Anfechtung nach § 119 BGB in Betracht.[39] Dabei ist jedoch im Einzelfall zu prüfen, ob der Auftraggeber gerade davon ausgegangen ist, dass der Auftragnehmer die berufsrechtlichen Voraussetzungen für die handwerkliche Tätigkeit besitzt, oder es ihm in erster Linie darauf ankam, dass der Auftragnehmer die nötige Sachkunde und Zuverlässigkeit aufweist.[40]

## 2. Das Organisationsverschulden

*Literatur*
*Siegburg*, Dreißigjährige Haftung des Bauunternehmers aufgrund Organisationsverschuldens, Baurechtliche Schriften, Band 32, 1995; *Dellen/Uhlmann*, Qualitätsmanagement für Bauunternehmer und Planer, 1996; *Vogel*, Arglistiges Verschweigen des Bauunternehmers aufgrund Organisationsverschuldens, Baurechtliche Schriften, Band 43, 1998.
*Rutkowsky*, Organisationsverschulden des Bauunternehmers als Arglist i. S. von § 638 BGB?, NJW 1993, 1748; *Kniffka*, Dreißigjährige Gewährleistung des Bauunternehmers bei pflichtwidriger Organisation der Überwachung und Prüfung eines Werkes nach dem Urteil des Bundesgerichtshofes VII 5/91 vom 12.3.1992, ZfBR 1993, 255; *Wirth*, Dreißigjährige Gewährleistungshaftung des Unternehmers – Wird der Bundesgerichtshof unzutreffend interpretiert?, BauR 1994, 33; *Rutkowsky*, Zum Organisationsverschulden des Bauunternehmers als Arglist i. S. von § 638 BGB, ZfBR 1994, 201; *Kniffka*, Aufklärungspflicht des Bauunternehmers nach der Abnahme – Zur Sekundärhaftung

---

34) OLG Naumburg, IBR 2005, 457 – *Götte* (Bauingenieur); OLG Nürnberg, BauR 1998, 1273, 1274 = NJW-RR 1998, 1713; OLG Düsseldorf, NJW-RR 1993, 1173 = BauR 1993, 630; *Weyer*, BauR 1984, 324, 329 m. w. Nachw.; *Korbion/Mantscheff/Vygen*, § 1 HOAI, Rdn. 39.
35) OLG Stuttgart, BauR 1979, 259.
36) OLG Köln, BauR 1980, 372; OLG Düsseldorf, BauR 1970, 119 u. 1973, 329.
37) Vgl. OLG Naumburg, IBR 2006, 457 – *Götte*; OLG Hamburg, OLGR 1996, 305 = IBR 1996, 517 – *Beigel*; OLG Hamm, BauR 1987, 583; OLG Düsseldorf, BauR 1982, 86.
38) BGH, NZBau 2002, 149; BGHZ 88, 240 = NJW 1984, 230 = BauR 1984, 58 = DB 1984, 767.
39) BGH, a. a. O., sowie KG, BauR 2007, BauR 2007, 1419 = IBR 2007, 182; OLG Nürnberg, BauR 1985, 322 u. OLGR 2001, 47. Zur Möglichkeit eines **vergaberechtlichen** Ausschlusses nach § 25 Nr. 2 Abs. 1 VOB/A: OLG Celle, NZBau 2002, 518, 519.
40) So richtig: BGH, a. a. O.; s. ferner: OLG Nürnberg, a. a. O.; OLG Hamm, NJW-RR 1990, 523 (auch zur Unverzüglichkeit einer Anfechtung).

des Unternehmers, Festschrift für Soergel (1995), 201; *Portz,* Qualitätssicherung für Freie Berufe am Beispiel des Architekten – Überlegungen zu Möglichkeiten und Grenzen, Festschrift für Heiermann (1995), 251; *Schlechtriem,* Organisationsverschulden als zentrale Zurechnungskategorie, Festschrift für Heiermann, 281; *Anker/Sinz,* Die rechtliche Bedeutung der Normenreihe DIN EN ISO 9000–9004 unter besonderer Berücksichtigung der 30-jährigen Gewährleistungshaftung wegen arglistig verschwiegener Mängel, BauR 1995, 629; *Walther,* Zur Arglist des Inhabers eines Großbetriebs im Werkvertragsrecht, BauR 1996, 455; *Meyer,* Die tatsächlichen und rechtlichen Folgerungen aus der Entscheidung des Bundesgerichtshofes zum Organisationsverschulden vom 12.3.1992, BauR 1996, 461; *Glatzel,* Bedeutung eines Qualitätssicherungssystems nach DIN EN ISO 9000 ff. beim Auftragnehmer eines Bauvertrages für seine Gewährleistungs- und Nebenpflichten, Festschrift von Craushaar (1997), 335; *Anker/Adler,* Die 30-jährige Gewährleistungshaftung des Werkunternehmers und ihre Bewältigung in der Praxis, ZfBR 1997, 110; *Holzberger/Puhle,* Das Organisationsverschulden des Bauunternehmers in der Rechtsprechung der Instanzgerichte, BauR 1999, 106; *Jansen,* Die dreißigjährige Gewährleistung des Werkunternehmers wegen Organisationsverschuldens, OLGReport Kommentar, 14/1999, K 5; *Jagenburg,* Organisationsverschulden für Jack Mantscheff (2000), 107; *Brößkamp,* Organisationsanforderungen an den Generalunternehmer und deren vertragliche Regelung, Jahrbuch Baurecht 2000, 137; *Neuhaus,* 30 Jahre Gewährleistungshaftung im Baurecht – Vor und nach der Schuldrechtsmodernisierung, MDR 2002, 131; *Acker/Bechtold,* Organisationsverschulden nach der Schuldrechtsreform, NZBau 2002, 529; *Kainz,* Verjährung von arglistigem Verschweigen und Organisationsverschulden nach neuem Recht, Festschrift für Kraus (2003), 85; *Thiessen,* Endet die Flucht in die Arglist? – Schuldrechtsreform und Wissenszurechnung (in: Dauner-Lieb u. a., Das neue Schuldrecht in der Praxis, 2003), 253; *Ganten,* Arglist und Organisationsverschulden beim Unternehmer und beim Architekten; Zurechnung des Architektenverschuldens, BrBp 2005, 31; *Knipp,* Organisationsverschulden und Arglisthaftung – eine Bestandsaufnahme, BauR 2007, 944.

**2333** Einen in der Baupraxis wichtigen, wenn auch umstrittenen Tatbestand für die (bisherige) 30-jährige Haftung eines Baubeteiligten hat der **BGH** mit dem sog. **Organisationsverschulden** geschaffen. In seiner Entscheidung vom 12. März 1992[41)] hat der BGH betont, „dass sich der Unternehmer seiner vertraglichen Offenbarungspflicht bei Ablieferung des fertigen Werkes nicht dadurch entziehen (kann), dass **er sich unwissend hält oder sich keiner Gehilfen bei der Pflicht bedient,** Mängel zu offen-

---

41) BGHZ 117, 318 = BauR 1992, 500 = ZfBR 1992, 168 = NJW 1992, 1754 = MDR 1992, 675. Die obergerichtliche Rechtsprechung ist dem gefolgt: Thüringer OLG, BauR 2001, 1124; Brandenburgisches OLG, BauR 1999, 1191; OLG Frankfurt, BauR 1999, 283 (LS) = NJW-RR 1999, 24; OLG Düsseldorf, BauR 1998, 1021 = NJW-RR 1998, 1315; OLG München, BauR 1998, 129; OLG Celle, NJWRR 1995, 1486 **(mangelhafte Aufsicht durch Architekt);** OLG Köln, BauR 1995, 107 = NJW-RR 1995, 180 **(Ausführungsmangel durch Unternehmer);** OLG Oldenburg, BauR 1995, 105; OLG Stuttgart, BauR 1997, 317 **(Überwachungsfehler);** anders: OLG München, BauR 1998, 129 = NJW-RR 1998, 529, wenn der Unternehmer durch eine neutrale Stelle **(Prüfinstitut)** sein Werk **untersuchen** lässt und dies geeignet war, vorhandene Mängel aufzudecken; ebenso: OLG Celle, NZBau 2000, 145 **(Subunternehmer);** OLG Frankfurt, NJW-RR 1999, 171; LG Verden, IBR 1996, 57 – *Schilling* (kritisch), sofern der Auftraggeber während der Bauphase die Möglichkeit besaß, die Ausführungsmängel festzustellen und auf deren Beseitigung hinzuwirken; siehe ferner: OLG Hamm, *SFH,* Nr. 65 zu § 638 BGB; OLG Oldenburg, OLGR 1997, 213 **(Sanierungsarbeiten)** u. OLGR 2002, 26 **(Generalunternehmer);** LG Aurich, BauR 2003, 743 **(gravierende Mängel);** OLG Düsseldorf, BauR 2003, 913 = IBR 2003, 129 – *Hunger* (Bausatzvertrag); OLG Naumburg, IBR 2004, 563 (mangelhafte Kellerabdichtung im **Hochwassergebiet);** AG Fürstenfeldbruck, NJW-RR 2004, 96 (fehlerhafte Aufbringung des Oberputzes). Nach OLG Hamm (BauR 2001, 1126 ff.) sind die Grundsätze dagegen nicht auf einen **Kaufvertrag** über eine Eigentumswohnung mit Gewährleistungsausschluss anwendbar.

baren". Nach diesem Urteil muss der Unternehmer deshalb immer **die organisatorischen Voraussetzungen** dafür schaffen, dass sachgerecht überprüft werden kann, „**ob** das Bauwerk bei Ablieferung **mangelfrei** ist". Nimmt er diese Überprüfung nicht selbst vor, so muss jedenfalls der von ihm eingesetzte Erfüllungsgehilfe etwaige Mängel „erkennen können".[42] Dies führt im Ergebnis dazu, dass **der Unternehmer** den **Herstellungsprozess selbst oder durch seine Erfüllungsgehilfen angemessen überwachen** und das Werk **vor** Abnahme überprüfen muss. Nichts anderes gilt im Prinzip für einen arbeitsteilig organisierten **Architekten**[43] oder die Gewährleistungshaftung eines Baubetreuers.[44]

Von dem Organisationsverschulden des Architekten ist seine „**Sekundärhaftung**" zu unterscheiden; der Architekt schuldet als Sachwalter des Bauherrn die unverzügliche und umfassende **Aufklärung** der Ursache sichtbar gewordener Baumängel sowie die sachkundige **Unterrichtung** des Bauherrn vom Ergebnis der Untersuchung und von der daraus sich ergebenden Rechtslage.[45] Der Schadensersatzanspruch des Bauherrn bewirkt, dass sich der Architekt im Ergebnis **nicht** auf den Eintritt der Verjährung **berufen** kann.[46] Allerdings soll dieser Ersatzanspruch nach OLG Düsseldorf[47] mit dem Eintritt der Primärverjährung einer (weiteren) 5-jährigen Verjährungsfrist unterliegen.

Die **Bedeutung** der BGH-Entscheidung zum „Organisationsverschulden" liegt daher darin, dass der **Alleinunternehmer** haftungsmäßig nicht schlechter gestellt werden soll als der „arbeitsteilig organisierte" Unternehmer;[48] zugunsten des **Auftraggebers** wird dadurch auch eine Gleichstellung erreicht: Der arbeitsteilig operierende Unternehmer muss in jedem Falle für die fehlende oder unzureichende Organisation seines Betriebs einstehen, die bewirkt, dass ein (besonders) gravierender Mangel nicht entdeckt wird. Niemand soll oder darf sich bewusst unwissend halten.[49] Das geschieht aber, wenn er die Organisation der Bauüberwachung schon so gestaltet, dass es dem insoweit Verantwortlichen **unmöglich** ist, die ihm obliegende Verantwortung sachgerecht zu erfüllen.[50]

---

42) BGH, BauR 2007, 114, 116.
43) Vgl. OLG Düsseldorf, IBR 2007, 35 – *Vogel;* OLG Naumburg, NZBau 2007, 522 (Architekten GmbH) = IBR 2007, 146; OLG Hamm, BauR 2002, 1706, 1708; OLG Celle, NJW-RR 1995, 1486 = OLGR 1995, 170; LG Verden, IBR 2002, 153 – *Vogel;* OLG Celle, OLGR 1999, 284; **unzutreffend**: LG Mönchengladbach, NZBau 2006, 52; OLG Düsseldorf, IBR 2006, 155 u. OLGR 2004, 294, 296, die die Grundsätze des Organisationsverschuldens auch dann anwenden, wenn der Architekt die Bauüberwachung nicht arbeitsteilig organisiert, „sondern selbst wahrnahm".
44) LG Frankfurt, BauR 2002, 1558 m. Anm. *Moufang.*
45) BGH, BauR 2007, 423 = NZBau 2007, 108 = ZfBR 2007, 250; BauR 2002, 1718 = NJW-RR 2002, 1531; OLG Düsseldorf, BauR 2004, 1331 = OLGR 2004, 294, 297; *Kniffka/Koeble*, 2. Teil, Rdn. 508.
46) Vgl. u. a. BGH, BauR 2002, 108, 110; BGHZ 71, 144, 148; OLG Hamm, NZBau 2006, 324, 326.
47) OLGR 2004, 294, 298; ebenso: LG Deggendorf, BauR 2002, 339, 341.
48) *Kniffka*, ZfBR 1993, 255, 256; *Wirth*, BauR 1994, 33, 35.
49) OLG München, BauR 2005, 1493, 1495; OLG Celle, BauR 2007, 563 = OLGR 2006, 900 = IBR 2006, 669 – *Büschner; Schmalzl/Lauer/Wurm*, Rdn. 646 m. w. Nachw.
50) BGH, BauR 2007, 114, 116.

## Organisationsverschulden
Rdn. 2334–2335

Die **Auswirkungen** der Entscheidung vom 12. März 1992 sind z. T. überbewertet worden.[51] Ob es z. B. notwendig sein wird, dass der Unternehmer oder ein Architekt, der mehrere Mitarbeiter in seinem Büro beschäftigt, ein **„dokumentiertes Qualitätssicherungssystem"** nachweist, ist doch sehr zweifelhaft.[52] Zu Recht spricht Kniffka[53] davon, dass den Bauwerkunternehmen **„keine materielle Dokumentationspflicht"** trifft. Nicht abwegig ist es jedoch, dem Bauwerkunternehmer, also auch dem Architekten oder Sonderfachmann, bei **schwierigen** und/oder **schadensträchtigen** Bauarbeiten eine **umfassende** und **sorgfältige Dokumentation der Planungs- und Herstellungsphasen anzuraten,** um eventuellen Beweisschwierigkeiten vorzubeugen.[54] Es **kann** ausreichend sein, wenn der Bauwerkunternehmer die Maßstäbe beachtet, die in den **DIN-EN-ISO-Normen 9000 ff.** niedergelegt sind und den aktuellen Stand der Technik in Bezug auf Qualitätssicherung und Qualitätsmanagement widerspiegeln.[55] Keineswegs lässt sich aber sagen, dass „de facto" ein Qualitätsmanagement verlangt wird, wenn der Auftragnehmer sich auf die Regelverjährung berufen will.[56] **2334**

Zu beachten ist, dass die Entscheidung des BGH vom 12. März 1992 für den Bauherrn zunächst gewisse **Erleichterungen** hinsichtlich seiner **Darlegungs-** und **Beweislast** gebracht hat: **2335**

Der Auftraggeber soll nämlich seiner **Darlegungslast** bereits genügen, „wenn er Tatsachen vorträgt, nach denen entweder der Unternehmer selbst oder die von diesem zur Erfüllung seiner Offenbarungspflicht eingesetzten Gehilfen den Mangel erkannt, aber nicht offenbart haben" (BGH). Ist die **Art des Mangels ein so überzeugendes Indiz für eine fehlende oder nicht richtige Organisation,** so wird es deshalb zunächst einer weiteren Darlegung vonseiten des Auftraggebers nicht bedürfen. In diesen Fällen ist vielmehr nach der Rechtsprechung des BGH der **Unternehmer** gehalten vorzutragen, **wie** er seinen im Betrieb im Einzelnen organisiert hatte, um den Herstellungsprozess zu überwachen und das Werk vor Ablieferung zu überprüfen.[57] Ein **non-liquet** wird in solchen Fällen also zu Lasten des Unternehmers gehen, was zumindest im Ergebnis auf eine deutliche Haftungserweiterung hinauslaufen kann.

Die **Instanzgerichte** haben sich schwer getan, diese Vorgaben des BGH sachgerecht in die Praxis umzusetzen.[58] Hatten zu Beginn Klagen der Auftraggeber durchaus im Einzelfall Erfolg, ist die Rechtsprechung jedoch schnell bestrebt gewesen, die Haftung wegen „Organisationsverschuldens" einzuschränken. So ist nach OLG

---

51) Vgl. *Rutkowsky*, NJW 1993, 1748 u. ZfBR 1994, 201; *Derleder*, JZ 1992, 1021; siehe hierzu: *Koeble*, LM § 638 BGB Nr. 77 Bl. 4; *Wirth*, BauR 1994, 33 ff.; *Kniffka*, ZfBR 1993, 255; *Schlechtriem*, Festschrift für Heiermann, S. 281 ff.; *Siegburg*, S. 23 ff.; *Meyer*, BauR 1996, 461 ff.
52) *Portz*, Festschrift für Heiermann, S. 262 spricht von einem „absoluten Muss".
53) ZfBR 1993, 255, 257; ebenso: *Siegburg*, S. 37.
54) Zutreffend: *Kniffka*, a. a. O.; *Meyer*, BauR 1996, 461, 465.
55) Siehe dazu *Portz*, NJW 1993, 2145, 2151; Festschrift für Soergel, S. 260; *Kniffka*, ZfBR 1993, 255, 358; *Siegburg*, S. 44 ff.; *Anker/Sinz*, BauR 1995, 629 ff.; *Glatzel*, Festschrift für v. Craushaar, S. 335 ff.; Beck'scher VOB-Komm/*Motzke*, B § 13 Nr. 4, Rdn. 354 ff.
56) So aber *Portz*, NJW 1993, 2145, 2152.
57) OLG Oldenburg, OLGR 2002, 26; OLG Frankfurt, NJW-RR 1999, 24 = MDR 1999, 90; Brandenburgisches OLG, BauR 1999, 1194 = IBR 1999, 414 – *Schick;* OLG Stuttgart, BauR 1997, 317; OLG Oldenburg, BauR 1995, 105; LG Aurich, BauR 2003, 743.
58) Vgl. insoweit instruktiv: *Jagenburg*, a. a. O., S. 113 ff.

Hamm[59)] derjenige Unternehmer, der einen **Bauleiter** zur Leitung und Überwachung der Bauarbeiten einsetzt, nicht verantwortlich, weil „darüber hinaus" organisatorische Maßnahmen „nicht geboten" seien.

Im Übrigen scheitern die meisten Klagen aber heute bereits an der fehlenden Darlegung eines Organisationsverschuldens. Gelingt es dem Auftraggeber/Bauherrn nicht, bereits einen besonders **„krassen"**[60)] bzw. **„gravierenden"** Mangel an einem besonders gewichtigen Gewerk oder einen besonders „auffälligen" Mangel[61)] an weniger wichtigen Bauteilen vorzutragen, steht es um seine Klage von vornherein schlecht; denn nur solche Mängel sollen nach der Rechtsprechung eine **„Indizwirkung"** für das Vorhandensein eines Organisationsverschulden haben.[62)] Die Haftung wegen Organisationsverschuldens kommt schließlich nur dann in Betracht, wenn der Mangel bei **richtiger** Organisation **entdeckt** worden wäre.[63)] Erkennt der Auftraggeber während der **normalen** Gewährleistungsfrist den Mangel, **wartet** er dann aber mehrere Jahre zu, scheidet ein Ersatzanspruch aus.[64)] In gleicher Weise scheidet der Gesichtspunkt des Organisationsverschuldens aus, wenn die Parteien nach der Abnahme über Mängel verhandeln und einen umfassenden Vergleich mit einer Ausgleichsklausel schließen.[65)]

Zusammenfassend ist festzuhalten, dass der **BGH** das sog. **Organisationsverschulden** dem Bereich des arglistigen Verschweigens **gleichstellt**[66)]. Hieran hat sich für das neue nichts geändert.[67)] Das bedeutet verjährungsrechtlich, dass nicht mehr maximal 30 Jahre lang, sondern – wenn keine Körperschäden vorliegen – nur noch **10 Jahre** (ab Schadenseintritt) gehaftet wird.[68)]

---

59) BauR 1999, 767 = IBR 2000, 166 m. kritischer Anm. *Kamphausen;* s. auch OLG Naumburg, IBR 2007, 478 – *Knychalla* (zur **Darlegungslast** des Auftraggebers); KG, IBR 2005, 615 – *Bolz* (kein Organisationsverschulden bei Einschaltung eines Fachüberwachers); OLG Hamm, NJW-RR 1999, 171 = IBR 1999, 53 – *Vogel;* OLG Düsseldorf, BauR 1998, 1021 = NJW 1998, 1315; OLG Celle, NZBau 2000, 145.

60) OLG Hamm, NJW-RR 1999, 767.

61) OLG Naumburg, NZBau 2007, 522, 523.

62) **Kein** gewichtiges Werk in diesem Sinne: OLG Celle, BauR 2007, 563 = OLGR 2006, 900 = IBR 2006, 669 (**defekter Innenputz**); OLG Düsseldorf, IBR 2006, 668 – *Busch* (unterbliebene **Gitterritzprobe**); SchlHOLG, NZBau 2004, 442 = OLGR 2004, 300 = IBR 2004, 308 – *Büchner* (mangelhafte Dachdämmung); OLG Hamm, BauR 2002, 1706, 1707 = IBR 2003, 11 (Ausführungsfehler an **Verblendfassade**); s. ferner: OLG Karlsruhe, BauR 2002, 647; OLG Düsseldorf, OLGR 2004, 294, 296 u. BauR 2002, 1752 (LS) = OLGR 2002, 317; OLG Oldenburg, OLGR 2002, 26; OLG München, IBR 2002, 10 – *Vogel;* LG Karlsruhe, BauR 2007, 565 (unzulässige Kupfer-Zink-Mischinstallation); LG Verden, IBR 2002, 153 (für Architekten); LG Ulm, IBR 2001, 548 – *Keller;* Brandenburgisches OLG, BauR 1999, 1194 = IBR 1999, 414 – *Schick.*

63) OLG Düsseldorf, BauR 1998, 1021, 1022 u. BauR 2003, 913, 914; *Jansen,* OLGReport Kommentar, 14/1999, K 5.

64) OLG Hamm, NJW-RR 1999, 171; *Neuhaus,* MDR 2002, 131, 135.

65) Vgl. OLG Köln, OLGR 2001, 108 = ZfBR 2001, 187.

66) OLG Düsseldorf, BauR 2007, 1748; OLG Hamm, BauR 1999, 767, 768.

67) Zutreffend: *Acker/Bechtold,* NZBau 2002, 529, 531; **a. A.:** *Schudnagies,* NJW 2002, 400.

68) *Mansel,* NJW 2002, 196, 199; *Moufang,* BauR 2002, 1560, 1561; *Lenkeit,* in: Wirth/Sienz/Englert, § 634 a BGB, Rdn. 22; s. aber *Kainz,* a. a. O., S. 85, 88 ff.; *Acker/Bechtold,* NZBau 2002, 529, 531; *Motzke,* in: Englert/Motzke/Wirth, § 634 a BGB, Rdn. 18; unzutreffend: *Neuhaus,* MDR 2002, 131, der von „wahrscheinlich" 5 Jahren ausgeht.

**Organisationsverschulden** Rdn. 2336

Weitere Rechtsprechung 2336
* **Verschweigen** der Ausführung schwächerer Fundamente gegenüber Entwurf durch **Architekt** (BGH, Schäfer/Finnern, Z 3.01 Bl. 230)
* Arglistig verschwiegener Mangel bei **Verkauf** einer Eigentumswohnung durch einen Architekten (OLG Stuttgart, BauR 2003, 110)
* Arglistige Täuschung des **Unternehmers** bei **Angebot** zu wesentlich überhöhten Preisen – Verzicht des Bauherrn auf Einholung von Konkurrenzangeboten wegen längerer Geschäftsbeziehungen und dem Versprechen eines „ordentlichen Preises" (OLG Saarbrücken, OLGZ 1981, 248)
* Täuschung eines **Bieters** (OLG Bamberg, BauR 2007, 538)
* Zur Zusicherung der in der Ausschreibung geforderten Eigenschaften (BGH, NJW 1981, 222)
* Zur Anfechtung eines Baubetreuungsvertrages wegen Verschweigens **steuerrechtlicher Bedenken** der Finanzbehörde (OLG Düsseldorf, NJW-RR 1996, 320)
* Arglist bei einer ohne tatsächliche Grundlagen **ins Blaue hinein** gemachten Zusicherung – **steuerliche Abschreibungsvorteile** (BGH, NJW-RR 1986, 700)
* Verkauft eine **Gemeinde** ein Grundstück, das mit einem Fehler behaftet ist, so ist für die Frage des arglistigen Verschweigens das Wissen eines **Sachbearbeiters** des mit dem Verkauf nicht befassten **Bauaufsichtsamtes** nicht zuzurechnen (BGH, BB 1992, 456 = BauR 1992, 412 LS)
* Keine Aufklärungspflicht, dass Baumaßnahmen **in Selbsthilfe** durch den Einsatz von **Schwarzarbeitern** durchgeführt worden sind, es sei denn, dass sie in besonders schwerwiegender Weise fehlerhaft sind (OLG Köln, BauR 1988, 223 mit Hinweis auf BGH, NJW 1979, 2243 u. OLG Schleswig, MDR 1980, 399)
* Verschweigen wiederholter **Wassereinbrüche** während der Bauzeit (OLG Celle, MDR 1987, 407 u. BGH, NJW 1990, 42 – Eindringen von Grundwasser)
* Kein Maklerlohn bei Wandelung infolge eines arglistig verschwiegenen Mangels (BGH, NZBau 2001, 260)
* **Zur Haftung eines Verkäufers:**
Aufklärung über massive **Fundamentreste** OLG Köln, NJW-RR 2000, 1264); **Fäulnisbefall** (BGH, SFH, Nr. 1 zu § 123 BGB = MDR 1978, 1009); **Altlastenverdacht** (OLG Düsseldorf, NJW 1996, 3284); Auftreten von **Feuchtigkeitsschäden** infolge von Mängeln der Fassadenelemente (BGH, NJW-RR 1995, 1332); Durchführung von **genehmigungsbedürftigen Arbeiten** ohne eine solche Genehmigung (BGH, BauR 1979, 447); Veräußerung eines Hauses mit ohne Baugenehmigung ausgebauten Wohnungen (OLG Hamm, NJW-RR 1997, 47); verschwiegener **Denkmalschutz** (OLG Saarbrücken, NJW-RR 1996, 692); Verschweigen **mangelhafter Reparaturen** (OLG Schleswig, MDR 1980, 399); **Verwendungsmöglichkeit** (BGH, NJW-RR 1988, 394 – Anbaurecht für einen Kamin); **Schadstoffbelastung** eines Grundstückes (BGH, NJW 1994, 293); **Lärmbelastungen** durch Lebensmittelgeschäft (OLG Frankfurt, OLGR 1994, 61); defekte Abflussleitungen (OLG Koblenz, DB 1990, 38); Fehler des Gemeinschaftseigentums (BGH, NJW 1989, 2534 = BauR 1990, 221); Verkauf von Frischbeton (OLG Brandenburg, NJW-RR 1996, 624); Villengrundstück im **Landschaftsschutzgebiet** (OLG Karlsruhe, BauR 1994, 378); Mängel, die einer Besichtigung zugänglich bzw. **erkennbar** sind (BGH, NJW-RR 1994, 907); Mängel nach Fassadenrenovierung (BGH, BauR 1993, 373); arglistige Täuschung über einen **gering-**

werten Mangel und Kausalität für den Kaufentschluss (OLG Celle, OLGR 1998, 69); Mangel einer Kaminanlage (OLG Hamm, BauR 2000, 736); zur Vorteilsausgleichung bei **mehreren Schadensursachen** (BGH, BauR 2004, 1772).

**2337** Eine Anfechtung wegen **widerrechtlicher Drohung** (§ 123 BGB) wird nur ausnahmsweise in Betracht kommen. Der BGH hat sich in zwei Entscheidungen mit einer solchen Fallgestaltung auseinandergesetzt. Im ersten Fall wurde eine widerrechtliche Drohung bejaht:[69] Der Erwerber hatte die angeforderten Beträge „unter Vorbehalt" bezahlt, die Übergabe des Hauses wurde im Weiteren davon abhängig gemacht, dass „alle bisherigen Rechnungen und Zahlungsanforderungen (durch den Veräußerer) dem Grund und der Höhe nach als berechtigt" anerkannt wurden. Hierzu war der Veräußerer nicht befugt, weil auch die Zahlung „unter Vorbehalt" bereits eine wirksame Erfüllung darstellte. Im zweiten Fall wurde eine widerrechtliche Drohung aus tatsächlichen Gründen verneint.[70]

### 3. Anfechtung nach § 119 BGB

*Literatur*

*Loewenheim* Irrtumsanfechtung bei Allgemeinen Geschäftsbedingungen, AcP 80, 433; *Locher*, Zur Anfechtung wegen Irrtums über die Einbeziehungsvoraussetzungen und über den Inhalt einzelner Klauseln in AGB, BB 1981, 818; *John*, Auslegung, Anfechtung, Verschulden beim Kalkulationsirrtum, JuS 1983, 176; *Heiermann*, Der Kalkulationsirrtum des Bieters beim Bauvertrag, BB 1984, 1836; *Schelle*, Anfechtungstatbestände nach §§ 119, 120 BGB im Bauvertragswesen, BauR 1985, 511; *Pawlowski*, Die Kalkulationsirrtümer: Fehler zwischen Motiv und Erklärung, JZ 1997, 741; *Brandhofer*, Nachträgliche Kaufpreisanpassung wegen gemeinschaftlichen Irrtums über den Ertragswert einer vom Bauträger erworbenen Immobilie in den neuen Bundesländern, NZBau 2002, 78; *Moufang/Kupjetz*, Zur rechtlichen Bindungswirkung von abgeschlossenen Nachtragsvereinbarungen, BauR 2002, 1629.

**2338** Die Irrtumsanfechtung nach § 119 BGB kommt in Bausachen vor allem in Betracht, soweit **wesentliche Eigenschaften** einer Person infrage stehen: Dazu zählen in Bausachen vor allem die **Sachkunde, Vertrauenswürdigkeit** und **Zuverlässigkeit** eines Baubeteiligten.[71] Bedeutsam können auch Erklärungsirrtümer nach § 119 BGB sein.[72]

Allerdings können bestimmte Vorgänge in Bausachen **nicht** angefochten werden. So scheidet z. B. die technische **Abnahme** einer Werkleistung selbst aus, während die rechtsgeschäftliche Abnahmeerklärung in einem Übergabeprotokoll durchaus angefochten werden kann.[73] Ebenso ist die vorbehaltlose **Annahme einer Schlusszahlung** nicht anfechtbar.[74] Auch die **Rechnungserteilung** kann im Falle des Ver-

---

69) BGH, *SFH*, Nr. 3 zu § 123 BGB. Zu Drohung mit einem „**Baustopp**" und dem Einwand des **Mitverschuldens** des Auftraggebers siehe BGH, BauR 2002, 89.
70) BGH, BauR 1983, 77 = ZfBR 1983, 75 (Anfechtung eines **Abnahmeprotokolls**).
71) Vgl. etwa BGH, WM 1970, 906 (Baubetreuungsvertrag); ferner: OLG Nürnberg BauR 1985, 322 („**Fachbetrieb**"); OLG Hamm, NJW-RR 1990, 523 („**Meisterbetrieb**").
72) Zu einem Erklärungsirrtum im **Angebot**: OLG Brandenburg, IBR 2005, 300 – *Müller-Stoy* (auch zur Unverzüglichkeit einer hierauf gestützten Anfechtung); OLG Frankfurt, BauR 1980, 578; *Schelle*, BauR 1985, 511 ff. Zur Anfechtung einer **Auftragserteilung**: LG Lüneburg, BauR 1999, 936.
73) BGH, BauR 1983, 77 = ZfBR 1983, 75 = *SFH*, Nr. 4 zu § 123 BGB.
74) Vgl. OLG Hamm, *Schäfer/Finnern*, Z 2.330 Bl. 32.

## Anfechtung (§ 119 BGB)

rechnens oder der Unvollständigkeit nicht wegen Irrtums angefochten werden, da eine Abrechnung keine Willenserklärung im rechtsgeschäftlichen Sinne ist. Demgegenüber soll das **Aufmaß** anfechtbar sein, insbesondere wenn nicht erkannte Mess- oder Berechnungsfehler vorliegen.[75]

Eine **Anfechtung** nach § 119 BGB scheidet aus, wenn der Unternehmer nur einen sog. reinen (verdeckten oder **internen**) **Kalkulationsirrtum** (Motivirrtum) geltend macht, da hier nur ein Fehler in der Willensbildung, nicht aber ein Irrtum bei der Willenserklärung vorliegt.[76] Grundsätzlich trägt nämlich derjenige, der „aufgrund einer für richtig gehaltenen, in Wirklichkeit aber unzutreffenden Berechnungsgrundlage einen bestimmten Preis oder eine Vergütungsforderung ermittelt und seinem Angebot zugrunde legt, auch das Risiko dafür, dass seine Kalkulation zutrifft".[77] Der Kalkulationsirrtum berechtigt den Unternehmer selbst dann **nicht** zur Anfechtung, wenn der **Auftraggeber** diesen **erkannt** oder die Kenntnisnahme **treuwidrig vereitelt** hat; dem Auftraggeber obliegt in diesem Fall aber eine **Hinweispflicht**.[78]

**2339**

Etwas anderes gilt, wenn die **Kalkulation** (gemeinsame) **Geschäftsgrundlage** des Vertrages geworden ist (**externer** Kalkulationsirrtum, vgl. Rdn. 1127 ff.).[79] Bei einem **Pauschalpreisvertrag** ist dies, wie der BGH betont, allerdings selten der Fall. In **Ausnahmefällen** ist mit den Grundsätzen der **Störung der Geschäftsgrundlage** (§ 313 BGB) zu helfen.[80] In den Fällen des externen Kalkulationsirrtums muss aber die dem Preisangebot zu Grunde liegende Kalkulation immer in einer für den jeweiligen Vertragspartner erkennbaren Weise zum Gegenstand des Vertrages bzw. der Vertragsverhandlungen gemacht werden.[81] Zum Problem der unvollständigen Ausschreibungsunterlagen vgl. Rdn. 1882 ff.

**2340**

Im Übrigen hat der BGH[82] zu Recht darauf hingewiesen, dass dem Auftragnehmer, der einem Preis- oder Kalkulationsirrtum unterliegt, die Möglichkeit bleibt, im Wege der Anfechtung den „auf einem **Verschreiben** oder **Versprechen** beruhenden Irrtum zu korrigieren und den Vertrag, der ihn aufgrund des Irrtums unter Umständen stark belastet, wieder rückgängig zu machen. Ebenso kann er sich von dem Vertrag dann wieder lösen, wenn der Vertragspartner einen erkannten Kalkulationsirrtum bewusst ausnutzt oder wenn – wie im Fall der gemeinsamen Berechnungsgrundlage – auch der Vertragspartner sich geirrt hat", also ein **mitveranlasster** Kalkulationsirrtum vorliegt. Das bewusste Ausnutzen eines – im Übrigen

**2341**

---

75) Vgl. BGH, *Schäfer/Finnern*, Z 2.302 Bl. 22; OLG Stuttgart, BauR 1972, 318; OLG Karlsruhe, BauR 1972, 381; *Heiermann/Riedl/Rusam*, § 14/B, Rdn. 39, 40.
76) Vgl. dazu vor allem BGH, NJW 1983, 1671 = BauR 1983, 368 = *SFH*, Nr. 8 zu § 9 AGB-Gesetz; OLG Nürnberg, NJW-RR 1998, 595 (Kalkulationsirrtum eines Bieters bei einer öffentlichen Ausschreibung); OLG Köln, BauR 1995, 98 = *SFH*, Nr. 4 zu § 119 BGB; *Heiermann*, BB 1984, 1836; *John* JuS 1983, 176; *Jagenburg*, NJW 1971, 1425, Anm. 3.
77) BGH, BauR 1986, 334 = NJW-RR 1986, 569 = ZfBR 1986, 128.
78) BGHZ 139, 177 = BauR 1998, 1089 = NJW 1998, 3192 = ZfBR 1998, 302; *Kniffka/Koeble*, 6. Teil, Rdn. 126.
79) *Heiermann*, a. a. O.; *Wieser*, NJW 1972, 708; *Schelle*, BauR 1985, 511, 514.
80) Vgl. BGH, BauR 1995, 842, 843 = ZfBR 1995, 302 = NJW-RR 1995, 1360 = *SFH*, Nr. 17 zu § 157 BGB; SchlHOLG, BauR 2005, 1186; OLG Jena, IBR 2002, 62; *Brandhofer*, NZBau 2002, 78, 79.
81) BGH, BauR 1986, 334 = NJW-RR 1986, 569 = ZfBR 1986, 128; *Heiermann*, BGB 1984, 1836, 1837. Zur Preisanpassung im Einzelfall: OLG Celle, BauR 1998, 1265.
82) BGH, BauR 1983, 368 = NJW 1983, 1671 = *SFH*, Nr. 8 zu § 9 AGB-Gesetz; OLG Brandenburg, IBR 2005, 300 – *Müller-Stoy* (**Übertragungsfehler**).

rechtlich grundsätzlichen unbeachtlichen – Kalkulationsirrtums wäre unzulässige Rechtsausübung, also treuwidrig.[83]

Ob bei einem „**Doppelirrtum**" eine Anfechtung des Vertrages in Betracht kommt, war bereits vor der **Schuldrechtsreform** umstritten.[84] Die Vorschrift des § 313 Abs. 2 BGB n. F. sieht es nunmehr als Störung der Geschäftsgrundlage an, „wenn wesentliche Vorstellungen, die zur Grundlage des Vertrags geworden sind, sich als falsch herausstellen". Damit soll klargestellt werden, dass die Fälle des **Doppelirrtums** einen **Anwendungsfall** der Störung der Geschäftsgrundlage (§ 313 BGB) darstellen.[85]

**2342** In **AGB oder Formularverträgen** kann im Übrigen nicht wirksam vereinbart werden, dass der Einwand eines Preis- oder Kalkulationsirrtums auf Seiten des Auftragnehmers ausgeschlossen ist; denn damit wäre dem Auftragnehmer verwehrt, auch einen von dem Vertragspartner erkannten Kalkulationsirrtum geltend zu machen und sich auf eine unzulässige Rechtsausübung zu berufen. Das aber wäre unangemessen.[86]

---

83) BGH, NJW 1980, 180 u. NJW-RR 1986, 569 = BauR 1986, 334 = ZfBR 1986, 128; OLG Frankfurt, OLGR 1998, 38.
84) Vgl. BGH, NJW 1983, 1671 = BauR 1983, 368; *Heiermann*, BGB 1984, 1836, 1837; *John*, JuS 1983 176, 178.
85) *Arnold* in: Dauner-Lieb u. a., Das Neue Schuldrecht, § 3 Rdn. 67, der es deshalb als zweifelhaft ansieht, ob eine Anfechtung nach § 119 Abs. 2 noch möglich ist; **a. A.:** AnwKom-BGB/*Krebs*, § 313 BGB, Rdn. 11, der – entgegen BT-Drucks. 14/6040, S. 176 – die Anfechtungsbestimmungen weiterhin für anwendbar hält. Siehe ferner: *Langenecker*, in: *Wirth/Sienz/Englert*, § 313 BGB, Rdn. 8.
86) BGH, a. a. O., **a. A.:** OLG Düsseldorf, VersR 1982, 1147.

## V. Die Verjährung

*Übersicht*

| | Rdn. |
|---|---|
| 1. Neuregelung des Verjährungsrechts | 2343 |
| 2. Allgemeine Grundsätze im Verjährungsrecht | 2345 |
|     a) Einrede der Verjährung | 2345 |
|     b) Vereinbarungen über die Verjährung | 2347 |
|         aa) Verzicht auf die Einrede der Verjährung | 2348 |
|         bb) Abkürzung der Verjährungsfristen | 2349 |
|         cc) Verlängerung der Verjährungsfristen | 2354 |
| 3. Die Verjährung von Vergütungsansprüchen | 2359 |
|     a) Werklohnansprüche des Bauunternehmers | 2359 |
|         aa) Beim BGB-Bauvertrag | 2362 |
|             (1) nach altem Recht (bis 31.12.2001) | 2362 |
|             (2) nach neuem Recht (ab 1.1.2002) | 2363 |
|         bb) Beim VOB-Bauvertrag | 2365 |
|     b) Honoraransprüche des Architekten und Sonderfachmannes | 2370 |
|         aa) Nach altem Recht (bis 31.12.2001) | 2374 |
|         bb) Nach neuem Recht (ab 1.1.2002) | 2375 |
|     c) Vergütungsanspruch des Bauträgers | 2376 |
|         aa) Nach altem Recht (bis 31.12.2001) | 2376 |
|         bb) Nach neuem Recht (ab 1.1.2002) | 2376 |
| 4. Die Verjährung von Gewährleistungsansprüchen des Bauherrn (Auftraggeber) | 2377 |
|     a) Grundsätze | 2377 |
|     b) Ansprüche des Bauherrn (Auftraggeber) gegen den Bauunternehmer beim BGB-Bauvertrag | 2378 |
|         aa) Nach altem Recht (bis 31.12.2001) | 2378 |
|         bb) Nach neuem Recht (ab 1.1.2002) | 2383 |
|     c) Ansprüche des Bauherrn (Auftraggeber) gegen den Bauunternehmer beim VOB-Bauvertrag | 2386 |
|     d) Ansprüche des Bauherrn (Auftraggeber) gegen den Architekten und Sonderfachmann | 2395 |
|     e) Ansprüche des Bauherrn (Auftraggeber) gegen den Bauträger | 2405 |
| 5. Die Verjährung sonstiger Ansprüche | 2409 |
| 6. Hemmung und Unterbrechung/Neubeginn der Verjährung | 2411 |
|     a) Hemmung der Verjährung | 2412 |
|         aa) Rechtslage nach altem Recht (bis 31.12.2001) | 2412 |
|         bb) Rechtslage nach neuem Recht (ab 1.1.2002) | 2416 |
|     b) Unterbrechung/Neubeginn der Verjährung | 2419 |
|         aa) Rechtslage nach altem Recht (bis 31.12.2001) | 2419 |
|         bb) Rechtslage nach neuem Recht (ab 1.1.2002) | 2434 |
|     c) Mängelanzeige nach § 13 Nr. 5 VOB/B | 2436 |

*Literatur*

*Siegburg*, Verjährung im Baurecht, Baurechtl. Schriften, Band 24, 1993; *Mansel/Budzikiewicz*, Das neue Verjährungsrecht, 2002.

*Schultz*, Verjährung und Fälligkeit, JZ 1973, 718; *Schmalzl*, Bauvertrag, Garantie und Verjährung, BauR 1976, 221; *Röll*, Wandlungen im Verjährungsrecht, WM 1977, 1214; *Kaiser*, Die Bedeutung des AGB-Gesetzes für vorformulierte vertragliche Haftungs- und Verjährungsbedingungen im Architektenvertrag, BauR 1977, 313; *Heinrichs*, Reform des Verjährungsrechts, NJW 1982, 2021; *Dilcher*, Verjährungsrecht, JZ 1983, 825; *Schubert*, Einheitsverjährung oder Beibehaltung besonderer Gewährleistungsfristen, JR 1984, 315; *Zimmermann*, Die Verjährung, JuS 1984, 409; *Festge*, Gewährleistungsfristen und Verjährungsfristen für Werkmängel, BauR 1989, 140; *Rabe*, Verjährung, NJW 1992, 2395; *Coester-Waltjen*, Ausschluss, Verjährung und Konkurrenzen werkvertraglicher Gewährleistungsansprüche, Jura 1993, 540; *Lang*, Bauvertragsrecht im Wandel, NJW 1995, 2063.

*Literatur zum neuen Recht*
*Schmalzl/Lauer/Wurm*, Haftung des Architekten und Bauunternehmers, 5. Auflage, 2006; *Zimmermann/Leenen/Mansel/Ernst*, Finis litium? Zum Verjährungsrecht nach dem Regierungsentwurf eines Schuldrechtsmodernisierungsgesetzes, JZ 2001, 684; *Leenen*, Die Neuregelung der Verjährung, JZ 2001, 552; *Eidenmüller*, Zur Effizienz der Verjährungsregeln im geplanten Schuldrechtsmodernisierungsgesetz, JZ 2001, 283; *Mansel*, Die Neuregelung des Verjährungsrechts, NJW 2002, 89; *Lenkeit*, Das modernisierte Verjährungsrecht, BauR 2002, 196; *Heß*, Das neue Schuldrecht – In-Kraft-Treten und Übergangsregelungen, NJW 2002, 253; *Schudnagies*, Das Werkvertragsrecht nach der Schuldrechtsreform, NJW 2002, 396; *Witt*, Schuldrechtsmodernisierung 2001/2002 – Das neue Verjährungsrecht, JuS 2002, 105; *Gsell*, Schuldrechtsreform: Die Übergangsregelungen für die Verjährungsfristen, NJW 2002, 1297; *Wagner*, Mangel- und Mangelfolgeschäden im neuen Schuldrecht, JZ 2002, 475; *Weyer*, § 639 II BGB a. F. durch § 203 BGB n. F. ersetzt, nicht ersatzlos weggefallen, NZBau 2002, 366; *Ott*, Das neue Schuldrecht – Überleitungsvorschriften und Verjährung, MDR, Sonderheft, 1 ff.; *Werner*, Das Neue Verjährungsrecht aus dem Blickwinkel des Baurechts, Festschrift für Jagenburg (2002), 1097; *Grams*, Zur neuen Regelverjährung des Erfüllungsanspruchs auf die Bauleistung, BauR 2002, 1461; *Niemöller*, Verjährungsrecht nach der Schuldrechtsreform, Festschrift für Kraus (2003), 137; *Kainz*, Verjährung von arglistigem Verschweigen und Organisationsverschulden nach neuem Recht, Festschrift für Kraus (2003), 85; *Sohn*, Einrede der Verjährung erstmals in der Berufungsinstanz, BauR 2003, 1933; *Vogel*, „Verjährung und Insolvenzverfahren" – am Beispiel der Insolvenz des Auftraggebers, BauR 2004, 1365; *Gay*, Der Beginn der Verjährungsfrist bei Bürgschaftsforderungen, NJW 2005, 2585; *Schulte-Nölke/Hawxwell*, Zur Verjährung von vor der Schuldrechtsreform entstandenen Ansprüchen, NJW 2005, 2117; *Rohlfing*, Grob fahrlässige Unkenntnis und Beginn der Regelverjährung bei Alt- bzw. Überleitungsfällen, MDR 2006, 721; *Tomic*, Verjährung des Kostenerstattungsanspruchs (§§ 4 Nr. 7, 8 Nr. 3 VOB/B), BauR 2006, 441.

## 1. Neuregelung des Verjährungsrechts

**2343** Die **Verjährung dient** auch im Bauwesen vornehmlich dem **Rechtsfrieden** und der **Sicherheit des Rechtsverkehrs**; sie begründet eine Einrede (Leistungsverweigerungsrecht, § 214 Abs. 1 BGB). Das Verjährungsrecht, das bereits seit längerer Zeit in besonderer Weise als reformbedürftig galt, ist durch das **Schuldrechtsmodernisierungsgesetz (SchRModG)** erheblich verändert worden. Schwerpunkte der Neugestaltung des Verjährungsrechts sind dabei insbesondere die grundsätzliche **Neuordnung der Verjährungsfristen,** die **Vereinheitlichung der Fristen** und die **Einführung des sog. Kenntnis- oder Erkennbarkeitskriteriums** im Rahmen des Beginns der Verjährung. Eng verbunden damit ist die gleichzeitige **Neuordnung der Unterbrechungs- sowie Hemmungstatbestände.**

In der Begründung zum Regierungsentwurf[1] wird zutreffend darauf hingewiesen, dass sich das alte Verjährungsrecht „durch eine außerordentliche Vielzahl unterschiedlicher Verjährungsfristen für gleiche oder ähnliche Tatbestände" innerhalb des BGB auszeichnet. Insbesondere stelle das Verjährungsrecht kein in sich geschlossenes System dar; darüber hinaus seien einzelne Vorschriften veraltet oder würden zu kurze oder zu lange Verjährungsfristen (vor allem die regelmäßige Verjährungsfrist von 30 Jahren gemäß § 195 BGB a. F.) vorsehen. Ferner wird zu Recht darauf hingewiesen, dass es in der Vergangenheit bei den gewohnheitsrechtlich entwickelten Ansprüchen aus Verschulden bei Vertragsanbahnung, aus positiver Vertragsverletzung und wegen Wegfalls der Geschäftsgrundlage erhebliche Abgrenzungsschwierigkeiten gegeben hat.[2] Ein Beispiel für die notwendige Korrektur des Verjährungsrechts sei die (völlig unnötige) Unterscheidung im bisherigen Recht zwi-

---

1) BT-Drucksache 14/6040, S. 90.
2) A. a. O.

**Neuregelung** **Rdn. 2343**

schen unmittelbarem Mangelschaden und entfernterem Mangelfolgeschaden sowie zwischen Verletzung einer Hauptpflicht und einer Nebenpflicht mit der Folge der unterschiedlichen Verjährungsfristen. Bei Verletzung einer Hauptpflicht und bei einem Mangelfolgeschaden, der eng mit dem Bauwerksmangel zusammenhängt, galt eine 5-Jahres-Frist nach §§ 635, 638 BGB a. F.; bei Verletzung einer Nebenpflicht sowie eines entfernteren Mangelfolgeschadens galt eine 30-jährige Verjährungsfrist aufgrund des Rechtsinstituts der positiven Vertragsverletzung. Diese Unterscheidung war ein „Dauerthema" in Rechtsprechung und Literatur, zu dem – so die Begründung zum Regierungsentwurf – „Ströme wissenschaftlicher Tinte geflossen sind, ohne dass eine klare, plausible und vor allem praktikable Lösung geschaffen wurde".[3] Auch der BGH hat sich fleißig, aber bis zuletzt erfolglos an der Abgrenzung zwischen den (geschriebenen) Gewährleistungsansprüchen und den (ungeschriebenen) Ansprüchen aus positiver Vertragsverletzung beteiligt. Schließlich habe auch – so die Begründung zum Regierungsentwurf – „Überarbeitungsbedarf" bei den Unterbrechungs- und Hemmungstatbeständen im Verjährungsrecht bestanden, weil hier meist sachlich ungerechtfertigte Unstimmigkeiten bestanden hätten.

Unter diesen Vorzeichen ist mit dem **SchRModG** zunächst eine **neue (kürzere) regelmäßige Verjährungsfrist** von **drei Jahren** (anstatt 30 Jahren) eingeführt worden (§ 195 BGB). Gemäß § 199 Abs. 1 BGB **beginnt die regelmäßige Verjährungsfrist** mit dem Schluss des Jahres, in dem

1. der Anspruch entstanden ist

und

2. der Gläubiger von den den **Anspruch begründenden Umständen** und der **Person des Schuldners Kenntnis** erlangt oder ohne grobe Fahrlässigkeit erlangen müsste.

Die bei der regelmäßigen Verjährung nunmehr geltende **Ultimoverjährung** (§ 199 BGB) soll den Nachweis für den Beginn der Verjährung erleichtern. Das aus § 852 Abs. 1 BGB a. F. entwickelte Merkmal der Kenntniserlangung ist im Rahmen des § 199 BGB um die grobfahrlässige Unkenntnis erweitert worden. Aufgrund des eingeführten sog. **Kenntnis- oder Erkennbarkeitskriteriums** war es notwendig, für Schadensersatzansprüche eine zeitliche Begrenzung in das Gesetz einzubauen. Das ist durch § 199 Abs. 3 und 4 BGB geschehen. Danach verjähren **Schadensersatzansprüche** grundsätzlich

1. **ohne Rücksicht auf die Kenntnis oder grobfahrlässige Unkenntnis** in **zehn Jahren** von ihrer Entstehung

und

2. ohne Rücksicht auf ihre Entstehung und die Kenntnis oder grobfahrlässige Unkenntnis in **30 Jahren** von der **Begehung der Handlung,** der **Pflichtverletzung** oder dem sonstigen, den Schaden **auslösenden Ereignis** an.

Maßgeblich ist dabei die früher endende Frist. Nach § 199 Abs. 4 BGB verjähren andere Ansprüche als Schadensersatzansprüche ohne Rücksicht auf die Kenntnis oder grobfahrlässige Unkenntnis in zehn Jahren von ihrer Entstehung an.

Damit erfolgte eine grundsätzliche Absage an die bisherige 30-jährige Verjährungsfrist. Eine Ausnahme gilt zunächst bei Verletzung absoluter Rechtsgüter, wie bei Verletzung des Lebens, des Körpers, der Gesundheit und der Freiheit: Hier gilt als Grenze die 30-Jahres-Frist von der Begehung der Handlung, der Pflichtverletzung oder dem sonstigen, den Schaden auslösenden Ereignis an (ohne Berücksichtigung

---

[3] A. a. O., S. 84.

des Kenntnis- bzw. Erkennbarkeitskriteriums). Die 30-jährige Verjährungsfrist gibt es ferner nur bei den in § 197 BGB genannten Ausnahmetatbeständen.

Der Lauf der vorerwähnten Maximalfristen des § 192 Abs. 2 bis 4 BGB beginnt mit der Entstehung des Anspruches bzw. mit dem Schaden auslösenden Ereignis; hier gilt also nicht die vorerwähnte Ultimo-Verjährung.

Die neue kurze Regelverjährung verkürzt insbesondere die Verjährungsfrist für alle **Erfüllungsansprüche**, die früher der 30-jährigen Verjährung unterlagen.

Neben dieser grundsätzlichen Neugestaltung der regelmäßigen Verjährungsfrist erfolgte, wie im Einzelnen aus den nachstehenden Kapiteln deutlich wird, eine **grundsätzliche Neuordnung und Vereinheitlichung der Verjährungsfristen bei Werklohn- und Gewährleistungsansprüchen** (vgl. Rdn. 2362 ff. und 2378 ff.).

Ferner hat der Gesetzgeber im Rahmen des SchRModG einen Schlussstrich unter das Nebeneinander von gesetzlich geregelten und ungeschriebenen, von der Rechtsprechung entwickelten Ansprüchen wegen Leistungsstörung (Verschulden bei Vertragsschluss, Wegfall der Geschäftsgrundlage und positive Vertragsverletzung) gezogen, weil dieses Nebeneinander „in der gerichtlichen Praxis zu mancherlei Unklarheiten und Ungereimtheiten geführt hat".[4] Die Rechtsinstitute des Verschuldens bei Vertragsschluss und der Änderung bzw. des Wegfalls der Geschäftsgrundlage wurden als gefestigtes Richterrecht nunmehr in § 311 Abs. 2 BGB und § 313 BGB kodifiziert. Für die entsprechenden Ansprüche gilt damit nun ebenfalls die regelmäßige Verjährungsfrist von drei Jahren (anstatt der bisherigen 30-Jahres-Frist), § 195 BGB.

Durch die Einführung der **Pflichtverletzung als zentralen Haftungsbegriff** im Rahmen der §§ 280 ff. BGB und die damit verbundene grundsätzliche **Aufgabe einer Differenzierung nach Art der verletzten Pflicht (Hauptpflicht/Nebenpflicht)** wurde für eine erfreuliche Klärung insbesondere im Verjährungsrecht gesorgt. Die **frühere positive Vertragsverletzung** hat, soweit es die Berücksichtigung von Nebenpflichtverletzungen betrifft, Eingang in das BGB durch die Einführung des § 241 Abs. 2 BGB gefunden. Ansprüche aus einer entsprechenden Pflichtverletzung unterfallen nunmehr – wie bei Ansprüchen aus Verletzung von Hauptpflichten – der regelmäßigen Verjährung von drei Jahren gemäß § 195 BGB, wenn die Verletzung der entsprechenden Nebenpflicht **nicht zu einem Werkmangel**, sondern zu sonstigen Schäden geführt hat; ist dagegen der **Mangel eine Folge einer verletzten Nebenpflicht,** gelten die Verjährungsfristen des § 634 a BGB. Auch die Abgrenzung zwischen Mangelfolgeschäden, die mit einem Werkmangel eng zusammenhängen, und solche, die mit ihm nur entfernt etwas zu tun haben, ist in Zukunft nicht mehr erforderlich, da beide Schadensfolgen unter die vorerwähnten Vorschriften zu subsumieren sind.[5]

Schließlich wurden die bisherigen **Unterbrechungs- und Hemmungstatbestände** in den §§ **203 ff. BGB völlig neu geordnet** (vgl. im Einzelnen Rdn. 2411 ff.). Die Rechtsfolgen der Verjährung richten sich im Einzelnen nach den §§ 214–218 BGB, die durch das **SchRModG** nur geringfügig geändert wurden.

**2344** Art. 229, § 6 EGBGB stellt die **Überleitungsvorschrift** zum Verjährungsrecht[6] nach dem **Schuldrechtsmodernisierungsgesetz** dar. Danach finden auf die am

---

4) So die Begründung zum Regierungsentwurf, BT-Drucksache 14/6040, S. 84.
5) Kritisch hierzu: *Wagner*, JZ 2002, 475, 480 f.
6) Vgl. hierzu *Heß*, NJW 2002, 253, 256 sowie *Gsell*, NJW 2002, 1297 ff.

## Allgemeine Grundsätze

1.1.2002 bestehenden und noch nicht verjährten Ansprüche die Vorschriften des Bürgerlichen Gesetzbuches über die Verjährung in der seit dem 1. Januar 2002 geltenden Fassung Anwendung. Das gilt auch für Ansprüche aus vor dem 1.1.2002 begründeten Schuldverhältnissen, wenn diese Ansprüche später entstehen oder fällig geworden sind.[7] Für die am 1.1.2002 bereits verjährten Ansprüche gilt daher nach wie vor das alte Verjährungsrecht. Im Übrigen bringen Abs. 3 und 4 des § 6 EGBGB – im Rahmen der Überleitung – **Ausnahmeregelungen** für die Fälle, in denen **nach altem und neuem Recht unterschiedliche Verjährungsfristen** bestehen.

* Ist die **neue Verjährungsfrist länger** als die alte, verbleibt es – unter dem Gesichtspunkt des Schuldnerschutzes – bei der **alten (kürzeren) Verjährung** des BGB a. F., § 6 Abs. 3 EGBGB. Diese Überleitungsvorschrift hat im Baurecht insbesondere grundsätzliche Bedeutung für die Verjährung von Werklohn- und Honorarforderungen (vgl. Rdn. 2362 ff. u. Rdn. 2374 ff.) sowie für die Verjährung werkvertraglicher Mängelansprüche bei Arbeiten am Grundstück (vgl. Rdn. 2384). Am 1.1.2002 bestehende und noch nicht verjährte Werklohn- sowie Honoraransprüche und Mängelansprüche aus Arbeiten an einem Grundstück verjähren daher weiterhin (grundsätzlich) in der kürzeren zwei- bzw. einjährigen Frist.
* Ist die **neue Verjährungsfrist kürzer** als die alte, läuft die **neue Frist ab dem 1.1.2002** (§ 6 Abs. 4 S. 1 EGBGB). Liegt allerdings das Ende der alten Frist vor Ende der neuen Frist, gilt ausnahmsweise die alte Frist (§ 6 Abs. 4 S. 2 EGBGB).

Als Faustregel kann insoweit festgehalten werden, dass eine Vergleichsberechnung der Frist nach altem sowie neuem Recht vorzunehmen ist: **Unter dem Gesichtspunkt des Schuldnerschutzes** gilt stets die **kürzere Verjährungsfrist**.

In den Fristenvergleich ist bei der Regelverjährung der konkrete im Einzelfall gegebene Zeitpunkt der Kenntnis im Sinne des § 199 Abs. 1 Nr. 2 BGB maßgebend und nicht allein der Stichtag 1.1.2002.[8] Hatte der Gläubiger Kenntnis vor dem 1.1.2002 beginnt die Frist am 1.1.2002 und nicht erst am 31.12.2002.[9]

### 2. Allgemeine Grundsätze im Verjährungsrecht

#### a) Einrede der Verjährung

Die Verjährung eines Anspruches begründet eine **Einrede** und damit ein **Leistungsverweigerungsrecht**, § 214 Abs. 1 BGB. Eine Partei, die sich auf Verjährung berufen will, muss deren Voraussetzungen darlegen und beweisen. Das gilt auch für den Zeitpunkt, zu dem die Verjährung eingetreten sein soll. Die Verjährungseinrede muss im Prozess nur einmal erhoben werden; einer ausdrücklichen Wiederholung der Einrede in der nächsten Instanz bedarf es nicht.[10] Allerdings ist zu beachten, dass nach wohl herrschender Rechtsauffassung (selbst beim BGH herrscht insoweit keine Einigkeit) die erstmals in der **Berufungsinstanz erhobene Ver-

---

7) BGH, NJW 2006, 44 = IBR 2006, 11 – *Wellensiek*; BGH, NJW 2005, 739; LG Osnabrück, BauR 2007, 160 = IBR 2006, 78 – *Schwenker*; OLG Celle, OLGR 2007, 352.
8) BGH, BauR 2007, 871; OLG Braunschweig, OLGR 2006, 157; *Schmidt*, NJW 2007, 2447; *Rohlfing*, MDR 2006, 721.
9) OLG Karlsruhe v. 21.12.2006, AZ: 12 U 198/06, ibr-online; *Schulte-Nölke/Hawxwell*, NJW 2005, 2117.
10) BGH, NJW 1990, 326.

**Rdn. 2346**

jährungseinrede vom Berufungsgericht nach den neuen ZPO-Bestimmungen der §§ 529 Abs. 1 Nr. 2 und 531 Abs. 2 ZPO vom Berufungsgericht **nur zu berücksichtigen** ist, wenn sie auf unstreitigem Sachverhalt basiert.[11]

Die Ausübung der Verjährungseinrede kann im Einzelfall unzulässig sein, wenn sie gegen Treu und Glauben (§ 242 BGB) verstößt.[12] Der Einwand der **unzulässigen Rechtsausübung** ist begründet, wenn der Gläubiger aus dem gesamten, sei es auch unbeabsichtigten Verhalten des Schuldners das Vertrauen schöpfte und auch schöpfen durfte, dieser werde die Einrede der Verjährung nicht geltend machen und sich vielmehr nur auf sachliche Einwendungen berufen. Ein Verstoß gegen § 242 BGB liegt vor allem vor, wenn der Schuldner dem Berechtigten Anlass gegeben hat, von einer Unterbrechung oder Hemmung der Verjährung abzusehen.[13] Das kann unabsichtlich geschehen, wenngleich bloßes Schweigen eines Schuldners allein nicht ausreicht.[14]

Dem Schuldner ist die Erhebung der Verjährungseinrede nur so lange versagt, wie die Berufung auf die Verjährung gegen Treu und Glauben verstoßen würde. **Fallen** die den Einwand der unzulässigen Rechtsausübung begründeten Tatsachen für den Gläubiger erkennbar **fort, so beginnt die Verjährung**, die nicht gehemmt war, **nicht von neuem zu laufen.** Vielmehr muss der **Gläubiger** in diesem Fall „innerhalb einer **angemessenen, nach Treu und Glauben zu bestimmenden Frist seinen Anspruch gerichtlich geltend machen.**"[15] In der Regel wird die dem Gläubiger einzuräumende „**Überlegungsfrist**" nur wenige Wochen betragen.[16]

**2346** Nach Eintritt der Verjährung ist gemäß § 215 BGB die Aufrechnung und die Geltendmachung eines Zurückbehaltungsrechtes nicht ausgeschlossen, wenn der Anspruch in dem Zeitpunkt noch nicht verjährt war, in dem erstmals aufgerechnet oder die Leistung verweigert werden konnte. Sind Gewährleistungsansprüche verjährt, verbleibt dem Auftraggeber ein Zurückbehaltungsrecht an der ihm übergebenen Gewährleistungsbürgschaft, wenn er die Mängel vor Eintritt der Verjährung gerügt hat.[17]

Für Mängelansprüche, die nach Erfüllungsverweigerung des Insolvenzverwalters nur noch Rechnungsposten bei Ermittlung des dem Auftraggeber insgesamt entstan-

---

11) BGH, NJW-RR 2006, 630; BGH, NJW 2005, 291 = IBR 2005, 180 – *Schwenker*; OLG Köln, IBR 2007, 165 – *von Berg*; OLG Celle, NJW-RR 2006, 1530; OLG Naumburg, IBR 2005, 650 – *Moufang*; OLG Karlsruhe, MDR 2005, 412; OLG Nürnberg, MDR 2003, 1133; *Noethen*, MDR 2006, 1024; *Sohn*, BauR 2003, 1933; **a. A.:** BGH, MDR 2006, 766; OLG Frankfurt, BauR 2004, 560; OLG München, BauR 2004, 1982; Brandenburgisches OLG, BauR 2003, 1256; KG, KGR 2003, 392; *Siegburg*, BauR 2003, 766.
12) Vgl. dazu BGH, NJW 2002, 3110; BGH, BauR 1990, 86, 87 = NJW-RR 1991, 1033, 1034 = NJW 1990, 1231; BGH, BauR 1991, 215, 216; BGH, BauR 1977, 346; BGH, DB 1977, 2443; BGH, VersR 1982, 444; BGH, NJW 1988, 265; OLG Köln, BauR 2000, 134; OLG Hamm, OLGR 1995, 160, 161; OLG Celle, NJW 1975, 1603; BAG, DB 1975, 1464; OLG Köln, VersR 1976, 71; *Palandt/Heinrichs*, Überbl. Vor § 194, Rdn. 17; *Schalhorn*, JurBüro 1975, 584 m. Nachw.
13) OLG Köln, SFH, Nr. 69 zu § 242 BGB (der Schuldner hält den Gläubiger von der rechtzeitigen Klageerhebung ab).
14) BGH, BauR 1990, 86, 87; BGH, NJW 1988, 265, 266; KG, IBR 2007, 123 – *Waldmann*.
15) BGH, BauR 1991, 215, 216.
16) OLG Köln, BauR 1991, 618, 620 m. w. Nachw.
17) KG, BauR 2007, 547; OLG Köln, BauR 2005, 1368; OLG Köln, BB 1993, 1831 = BauR 1993, 746 = NJW-RR 1994, 16; *Ripke*, IBR 2006, 2; Einschränkend *Maxem*, NZBau, 2007, 72, der für das neue Recht nicht nur eine Mängelrüge, sondern eine erfolglose Fristsetzung für erforderlich hält.

## Allgemeine Grundsätze

denen Schadens bilden, läuft keine selbstständige Verjährungsfrist. Lehnt es daher der Insolvenzverwalter ab, einen vom Gemeinschuldner und vom Auftraggeber bei Insolvenzeröffnung nicht vollständig erfüllten Bauvertrag zu erfüllen, kann sich der Auftraggeber innerhalb des an die Stelle des Vertrages getretenen Abrechnungsverhältnisses grundsätzlich auf Mängel der Teilleistungen ohne Rücksicht auf die sonst für Gewährleistungsansprüche maßgebende Verjährung berufen.[18]

### b) Vereinbarungen über die Verjährung

*Literatur*

*Kainz*, Verjährungsvereinbarungen auf dem Prüfstand, BauR 2004, 1696; *Virneburg*, Die Verlängerung der Verjährungsfrist für Werkmängelansprüche durch Auftraggeber-AGB-die Rechtslage nach altem und neuem Recht, Festschrift für Thode (2005), 201.

Für den Bereich der Verjährung sind zunächst die Vertragsabsprachen der Parteien von besonderer Bedeutung: Die Verjährungsfristen sowie der Beginn der Verjährung können grundsätzlich individuell bestimmt werden. Das hat auch Vorrang gegenüber Allgemeinen Geschäftsbedingungen.[19] **2347**

Allerdings sind folgende Beschränkungen nach altem und neuem Verjährungsrecht zu berücksichtigen:

### aa) Verzicht auf die Einrede der Verjährung

Ein Verzicht auf die Einrede der Verjährung **vor Verjährungseintritt war nach § 225 BGB a. F. unwirksam,** weil die Verjährung durch Rechtsgeschäft weder ausgeschlossen noch erschwert werden konnte;[20] eine dem widersprechende Vereinbarung war nichtig (§ 134 BGB).[21] Dagegen war der einseitige oder zweiseitige, zeitlich begrenzte oder unbefristete Verzicht nach Ablauf der Verjährungsfrist möglich.[22] Allerdings war Voraussetzung eines wirksamen Verzichts, dass „der Schuldner bei Abgabe der Erklärung" wusste oder zumindest für möglich hielt, dass die Verjährungsfrist schon abgelaufen und die Wirkung der Verjährung bereits eingetreten war.[23] **2348**

---

[18] BGH, DB 1986, 1012.
[19] Vgl. BGH, BauR 1990, 231 = NJW-RR 1990, 371; BGH, BauR 1991, 458 = NJW-RR 1991, 980 = ZfBR 1991, 200.
[20] BGH, BauR 1991, 215 = MDR 1991, 902, BauR 1991, 618; OLG Hamm, BauR 1996, 297 (LS), wonach allerdings „bei einem solchen Verzicht die Verjährungseinrede nach Treu und Glauben unzulässig (ist), bis der Schuldner den Verzicht eindeutig widerruft oder die Verhandlungen scheitern".
[21] BGH, NJW 1998, 202; NJW 1991, 974. Allerdings begründete nach der Rechtsprechung des BGH auch ein ungültiger Verzicht auf die Verjährungseinrede Vertrauensschutz: Solange der Schuldner den Eindruck erweckt, er werde seine Verzichtszusage einhalten, verstößt die von ihm erhobene Verjährungseinrede gegen Treu und Glauben, § 242 BGB.
[22] BGH, BauR 1997, 510, 513; NJW 1973, 1690: OLG München, NJW-RR 1994, 536; OLG Köln, BauR 1991, 618; *Palandt/Heinrichs*, § 202 BGB, Rdn. 7.
[23] BGH, BauR 1997, 510, 513; BauR 1982, 377, 380 = NJW 1982, 1815 = MDR 1982, 842; OLG Hamm, NJW-RR 1995, 1495; ebenso: *Staudinger/Peters*, § 222 BGB, Rdn. 30; **a. A.:** *Palandt/Heinrichs*, § 202 BGB, Rdn. 7.

Das **SchRModG** hat insoweit eine Änderung gebracht, weil sich „das starre Verbot einer rechtsgeschäftlichen Verjährungserschwernis als wenig praktikabel erwiesen" hat.[24] In der Begründung zum Regierungsentwurf[25] wird zutreffend darauf hingewiesen, dass es im Interesse beider Vertragsparteien liegen kann, die Verjährungsfristen zu verlängern oder den Eintritt der Verjährung zu erschweren bzw. hinauszuschieben. Das gilt insbesondere für kurze Gewährleistungsfristen. Daher sind nunmehr **Verjährungserschwernisse** und damit insbesondere **verjährungsverlängernde Abreden** grundsätzlich **wirksam**. Die Vertragsfreiheit wird allerdings dadurch eingeschränkt, dass die Verjährungsfrist durch Rechtsgeschäft **nicht über eine Verjährungsfrist von 30 Jahren** ab dem gesetzlichen Verjährungsbeginn **hinaus erschwert werden** kann (§ 202 Abs. 2 BGB). Ein rechtsgeschäftlicher Verzicht auf die Einrede der Verjährung ist daher innerhalb der vorgenannten Frist von 30 Jahren möglich. Ein **zeitlich unbegrenzt ausgesprochener Verzicht** dauert nur so lange an, wie der Gläubiger gemäß § 242 BGB erwarten kann, dass der Schuldner aufgrund der Umstände des Einzelfalles die Verjährungseinrede nicht erheben wird.[26] Erklärt der Schuldner sich an einen erklärten Verzicht nicht mehr halten zu wollen, muss der Gläubiger in angemessener Frist seinen Anspruch gerichtlich verfolgen.[27]

Die **Erklärung des Verzichts ist formfrei** und kann auch **konkludent** erfolgen.[28] Ein Anerkenntnis, das nicht in der Form des § 781 BGB abgegeben wurde, kann unter Umständen als Verzicht auf die Einrede der Verjährung ausgelegt werden.[29] Der Verzicht ist nicht frei widerruflich.

Erfolgt der Verzicht zeitlich begrenzt, gilt die vereinbarte oder vom Schuldner bestimmte Frist. Mit Ablauf der Frist ist die Forderung verjährt; allerdings sind insoweit die Bestimmungen der §§ 693 Abs. 2, 270 Abs. 3 ZPO entsprechend anwendbar.[30] Erklärt eine Partei in erster Instanz den Verzicht auf die Verjährungseinrede, widerspricht es nach OLG Koblenz[31] Treu und Glauben, wenn sich die Partei dann im Berufungsverfahren bezüglich desselben Anspruches auf die Einrede der Verjährung beruft.

### bb) Abkürzung der Verjährungsfristen

**2349** In der Regel sind Unternehmer, Architekten oder Baugesellschaften an einer vertraglichen Abkürzung der Verjährungsfristen interessiert. Nach § 225 Satz 2 BGB a. F. war die **Abkürzung** von Verjährungsfristen **zulässig,** soweit dies durch Indivi-

---

[24] Begründung zum Regierungsentwurf, BT-Drucksache 14/6040, S. 110.
[25] A. a. O.
[26] BGH, BauR 1991, 215 = NJW 1991, 974; NJW 1998, 1259; OLG Oldenburg, IBR 2007, 68 – *Müller-Stoy*.
[27] BGH, BauR 2007, 429.
[28] BGH, BauR 1997, 510, 513.
[29] BGH, DB 1974, 2005; *Staudinger/Peters*, § 222 BGB, Rdn. 31; *Palandt/Heinrichs*, § 202 BGB, Rdn. 7.
[30] BGH, BauR 1986, 351 – auch zum Einwand der Arglist, wenn der Schuldner befristet auf die Verjährungseinrede verzichtet und nach Ablauf der Frist diese erhebt; hierzu auch: OLG Köln, BauR 1991, 618.
[31] NJW-RR 2000, 467.

## Allgemeine Grundsätze

dualvereinbarung geschah.[32] Das **gilt nunmehr auch gemäß § 202 Satz 1 BGB n. F.**, allerdings mit der Einschränkung, dass verjährungserleichternde Vereinbarungen, also insbesondere Verkürzungen von Verjährungsfristen, bei **Haftung wegen Vorsatzes** im Voraus durch Rechtsgeschäft **nicht zulässig** sind. Das ist eine Konsequenz, die sich aus der neuen Vorschrift des § 276 Abs. 3 BGB ergibt, wonach die Haftung wegen Vorsatzes dem Schuldner nicht im Voraus erlassen werden kann, weil so verhindert wird, dass die zuletzt genannte Vorschrift nicht ausgehöhlt und damit bedeutungslos wird.

In **AGB** besteht dagegen für eine formularmäßige Abkürzung der gesetzlichen Gewährleistungsfristen **keine Möglichkeit**, § 309 Nr. 8 b Doppelbuchstabe ff BGB[33] (vgl. auch Rdn. 2240 ff.).[34] Daher ist z. B. eine (durch AGB des Unternehmers erfolgte) Verkürzung der Verjährungsfrist für Gewährleistungsansprüche bei Arbeiten an Bauwerken, die gemäß § 634 a BGB fünf Jahre beträgt, auf sechs Monate als unwirksam anzusehen, selbst wenn der Auftraggeber Unternehmer ist.[35] Dasselbe gilt für die Verkürzung der Gewährleistungsfrist in einem Architekten- oder Ingenieurvertrag über die Planung von Bauwerksleistungen auf sechs Monate[36] oder zwei Jahre.[37]

§ 309 Nr. 8 b Doppelbuchstabe ff BGB betrifft nur die Gewährleistungsfristen, nicht die Verjährung solcher Ansprüche, die mit den Gewährleistungsansprüchen in Anspruchskonkurrenz stehen. Das Verbot dieser Vorschrift erfasst auch nicht Ansprüche des Auftragnehmers gegen den Bauherrn, wie z. B. Werklohnansprüche, deren Verjährungsfrist daher grundsätzlich verkürzt werden kann, wobei jedoch die Schranken des § 307 BGB gelten. Das OLG Düsseldorf[38] hält in diesem Zusammenhang eine Klausel, nach deren Inhalt Ansprüche gegen den Auftraggeber, insbesondere Ansprüche auf Vergütung, in 6 Monaten verjähren, wegen eines Verstoßes gegen § 307 BGB – auch unter Kaufleuten – jedenfalls dann für unzulässig, wenn der Auftraggeber es für seine eigenen Ansprüche bei der Verjährungsregelung des BGB belässt.

Eine unzulässige **Abkürzung der Gewährleistungsfrist** in Allgemeinen Geschäftsbedingungen oder durch Formularvertrag kann dadurch vorgenommen werden, dass der **Beginn** der Verjährungsfrist in Abweichung der gesetzlichen Regelung **vorverlagert** wird (z. B. vor Abnahme),[39] dies ist häufig bei Bauträgerverträgen vorgesehen (vgl. Rdn. 2241 u. 2407). Grundsätzlich kann eine AGB-Klausel den **Verjährungsbeginn** ohne zeitliche genaue Begrenzung nicht in die Zukunft verschieben, 

**2350**

---

32) Für den **Architektenvertrag:** LG Aachen, BauR 1989, 225; für **Unternehmervertrag:** OLG München, OLGR 1992, 163. Eine **Abkürzung** durch Bestimmung des Vertragstyps ist nicht möglich: BGH, NJW 1979, 2207 = ZfBR 1979, 163 für den Erwerb vom **Bauträger.**

33) *Lenkeit*, BauR 2002, 196 ff., 222, hält diese Vorschrift wegen Verstoßes gegen das Verfassungsrecht (Art. 80 GG) und wegen des Verstoßes gegen höherrangiges europäisches Recht für unwirksam.

34) BGH, BauR 2000, 1330 = NJW 2000, 2991 = NZBau 2000, 433 = ZfBR 2000, 484 = MDR 2000, 1243.

35) OLG Düsseldorf, NJW-RR 1987, 563.

36) BGH, BauR 1999, 670 = MDR 1999, 737 = ZfBR 1999, 187 = NJW 1999, 2434; vgl. hierzu auch OLG Stuttgart, NJW-RR 2000, 1551 (Verkürzung bei „Mängelfolgeschaden") = NZBau 2000, 573 = MDR 2000, 1424.

37) OLG Celle, BauR 2000, 759.

38) BauR 1988, 222 = NJW-RR 1988, 147 (zu § 9 AGBG); ebenso: *Wolf/Horn/Lindacher*, § 11 Nr. 10 f, Rdn. 17.

39) Zutreffend: OLG Düsseldorf, OLGR 1994, 74; LG Aachen, BauR 1989, 225 u. OLG Düsseldorf, OLGR 1992, 285 (für den **Architektenvertrag**); OLG Frankfurt, NJW-RR 1990, 281 (für ein **Erwerbermodell**).

da sie andernfalls von der Vorschrift des § 199 BGB abweicht, die den Verjährungsbeginn unter anderem auf den Zeitpunkt der Entstehung des Anspruchs festschreibt.[40]

**2351** Die in den früheren Allgemeinen Vertragsbestimmungen (AVA) zum Einheitsarchitektenvertrag enthaltene Klausel, nach der „die Verjährung mit der Abnahme des Bauwerks" begann und die Abnahme mit der Ingebrauchnahme als „erfolgt" galt, war eine unzulässige Verkürzung der gesetzlichen Gewährleistungsfrist aus § 638 BGB a. F.;[41] in dem Einheits-Architektenvertrag 1994[42] heißt es: „Die Verjährung beginnt mit der Abnahme der nach diesem Vertrag zu erbringenden Leistung, spätestens mit Abnahme der in Leistungsphase 8 (Objektüberwachung) zu erbringenden Leistung (Teilabnahme). Für Leistungen, die danach noch zu erbringen sind, beginnt die Verjährung mit Abnahme der letzten Leistung" (vgl. dazu Rdn. 2400).

**2352** Wird die **VOB** vereinbart, enthält § 13 Nr. 4 eine zulässige Abkürzung der gesetzlichen Verjährungsfrist von 5 Jahren bei Bauwerken, Holzerkrankungen und wartungsbedürftigen Anlagen sowie Feuerungsanlagen. Dies gilt jedoch nur, wenn die **VOB als Ganzes vereinbart** ist (vgl. Rdn. 1018 ff.); die Privilegierung des § 13 Nr. 4 durch § 309 Nr. 8 b Doppelbuchstabe ff BGB greift nicht ein, wenn **nur** eine „**isolierte**" Vereinbarung der Gewährleistungsregelung nach § 13 VOB/B vertraglich vorgesehen wird.[43]

**2353** Eine **isolierte Vereinbarung** des § 13 oder § 13 Nr. 4 („Gewährleistung nach VOB/B") ist danach grundsätzlich unwirksam (vgl. Rdn. 2390).[44] Etwas anderes gilt nur, wenn der **Bauherr** selbst die „isolierte" Vereinbarung der Gewährleistungsregelung der VOB/B wünscht, weil hier kein Anlass zum Schutz vor den von ihm selbst in den Vertrag eingeführten Bestimmungen besteht.[45] Zulässig ist auch eine Klausel, in der zwar für die Gewährleistung § 13 VOB/B gilt, jedoch die Verjährungsfrist 5 Jahre beträgt, weil eine solche Klausel keine für den Auftraggeber ungünstige Regelung darstellt.[46] Dagegen ist eine formularmäßige Klausel, wonach die Gewährleistungsfrist nach § 634 a Abs. 1 Nr. 2 BGB 5 Jahre beträgt, gleichzeitig aber die Unterbrechung (Neubeginn) der Verjährung durch Mängelanzeige nach § 13 Nr. 5 VOB/B möglich sein soll und zudem der Beginn der Verjährungsfrist auf die bauaufsichtliche Gebrauchsabnahme oder „auf die Gesamtabnahme des Bauwerks durch den Bauherrn" im Rahmen von Subunternehmerverträgen hinausgeschoben wird, wegen Verstoßes gegen § 307 BGB unwirksam.[47] Gegen das Transparenzgebot des § 307 BGB verstößt auch eine AGB-Regelung, wonach sich die Gewährleistungsfrist nach der VOB und darüber hinaus auch nach dem BGB richten soll; sie ist daher

---

40) LG Hanau, NJW-RR 1987, 1104; OLG Karlsruhe, BGB 1983, 728.
41) BGH, NJW 1985, 731 = BauR 1985, 200; *Gnad*, Schriftenreihe der Deutschen Gesellschaft für Baurecht, Bd. 11, S. 5, 28.
42) Abgedruckt im DAB 1994, 1635; zwischenzeitlich von der Bundesarchitektenkammer „zurückgezogen".
43) BGH, NJW-RR 1991, 342; BGH, BauR 1986, 89 = NJW 1986, 315; BauR 1986, 98 = NJW 1986, 713; BauR 1987, 205 = NJW 1987, 837; BauR 1987, 438 = NJW 1987, 2373 = DB 1987, 1988; BGH, BauR 1987, 439 = NJW-RR 1987, 1046; BGH, MDR 1989, 154; OLG Nürnberg, BB 1985, 1881 m. Anm. *Reithmann*, und NJW-RR 1986, 1346; OLG Bamberg, NJW-RR 1988, 1049; ferner: *Grziwotz*, NJW 1989, 193.
44) OLG Koblenz, NJW-RR 1997, 1179.
45) BGH, NJW 1987, 837 = BauR 1987, 205 = MDR 1987, 397 = ZfBR 1987, 73.
46) BGH, BauR 1989, 322; OLG Hamm, OLGR 1996, 28.
47) LG Frankfurt, NJW-RR 1988, 917; OLG Düsseldorf, NJW-RR 1994, 1298.

**Allgemeine Grundsätze** Rdn. 2354–2357

unwirksam mit der Folge, dass für die Mängelverjährung ausschließlich das BGB gilt.[48]

### cc) Verlängerung der Verjährungsfristen

Da sich Baumängel oftmals erst nach geraumer Zeit zeigen, sah § 638 Abs. 2 BGB a. F. – abweichend von § 225 BGB a. F. – die Möglichkeit der Verlängerung werkvertraglicher Gewährleistungsfristen vor. Allerdings war ein völliger Ausschluss der Verjährung für Gewährleistungsansprüche gemäß § 225 BGB a. F. unwirksam. Eine entsprechend unwirksame Vereinbarung des Ausschlusses der Verjährung kann nicht im Wege der Auslegung in eine wirksame Vereinbarung umgedeutet werden; vielmehr gilt dann die gesetzliche Verjährungsregelung. **2354**

Nach § 202 Abs. 2 BGB n. F., der sich auf alle Verjährungsfristen bezieht, ist die Verlängerung werkvertraglicher Gewährleistungsfristen ebenfalls grundsätzlich möglich: Sie ist aber durch das Verbot, die Verjährungsfristen über einen Zeitraum von mehr als 30 Jahren (ab dem gesetzlichen Verjährungsbeginn) zu verlängern, eingeschränkt.

Einigen sich die Parteien eines Werkvertrags in einem Vergleich über die vom Auftragnehmer geschuldete Nachbesserung, hat dies in der Regel keine „schuldumschaffende" Wirkung mit der Folge einer Verjährungsverlängerung.[49] **2355**

Ist zwischen den Vertragsparteien eine „**Garantiefrist**" vereinbart worden (vgl. hierzu Rdn. 1432), die länger als die (jeweilige) Verjährungsfrist ist, gelten folgende Grundsätze:[50] Die Verjährung beginnt mit der Entdeckung des Mangels, wenn diese innerhalb der Garantiefrist erfolgt, sodass die Verjährungsfrist über das Ende der Garantiefrist hinauslaufen kann; wird der Mangel schon kurz nach Ablieferung der Sache/Abnahme des Werks entdeckt, kann die Garantie für diesen Mangel – je nach Verjährungsdauer – schon vor Ablauf der Garantiefrist enden. **2356**

Gegenstand einer entsprechenden Verjährungsvereinbarung können nicht nur die Länge der Verjährungsfrist, sondern auch der Beginn, die Hemmung, die Ablaufhemmung sowie der Neubeginn und der Verjährungsverzicht sein.[51]

Eine Verlängerung von Gewährleistungsfristen kann auch in AGB oder Formularverträgen erfolgen, da § 309 Nr. 8 b Doppelbuchstabe ff BGB ein Klauselverbot nur für die Verkürzung vorsieht.[52] Eine Verlängerung der Gewährleistungsfrist kann ferner in der Weise erfolgen, dass der **Beginn** der Verjährungsfrist **hinausgeschoben** wird (z. B. auf die bauaufsichtliche Gebrauchsabnahme);[53] insoweit ist jedoch stets § 307 BGB zu berücksichtigen.[54] Der BGH hält die formularmäßige Vereinbarung einer Verjährungsfrist von **10 Jahren** und 1 Monat für **Flachdacharbeiten** mit **2357**

---

[48] OLG Celle, NJW-RR 1997, 82.
[49] BGH, BauR 1987, 692 = NJW-RR 1987, 1426.
[50] Vgl. hierzu OLG Hamm, BauR 2006, 1006; OLG Köln, NJW-RR 1994, 120; OLG Saarbrücken, NJW-RR 1997, 1423.
[51] *Mansel*, NJW 2002, 89, 96 mit Hinweis auf *Palandt/Heinrichs*, § 225 BGB, Rdn. 4.
[52] OLG Hamm, OLGR 1996, 28.
[53] Vgl. hierzu LG Frankfurt, NJW-RR 1988, 917; ferner: OLG Celle, BauR 1996 = NJW-RR 1997, 82.
[54] Vgl. hierzu *Korbion/Locher*, Rdn. 111; OLG Düsseldorf, BauR 1987, 451 („Verjährungsbeginn ab **mängelfreier Abnahme**"); LG Frankfurt, NJW-RR 1988, 917 (Hinausschieben des Zeitpunktes der Abnahme auf die bauaufsichtliche Gebrauchsabnahme); OLG Düsseldorf, NJW-RR 1994, 1298.

§ 307 BGB für vereinbar, weil für den Auftraggeber ein erhöhtes Bedürfnis an einer ausreichenden Verjährungsfrist besteht.[55]

Nach Auffassung des LG Hanau[56] verstößt die Vereinbarung einer Gewährleistungsfrist von **30 Jahren** für Innenputzarbeiten in AGB des Auftraggebers nicht gegen § 307 BGB, wenn sich die gegenüber § 634 a Abs. 1 BGB verlängerte Frist auf **verdeckte Mängel** beschränkt; die Regelung wird als angemessen angesehen, „weil ein solcher Verputz – im Gegensatz etwa zu Malerarbeiten an der Außenfassade oder an der Außenseite von Tür- und Fensterrahmen – üblicherweise eine Lebensdauer von mindestens 30 Jahren hat". Eine so weit reichende Fristverlängerung erscheint jedoch bedenklich, auch wenn es richtig ist, dass bei der Frage, ob eine unangemessene Benachteiligung des Auftragnehmers vorliegt, stets die Eigenart des jeweiligen Gewerks zu berücksichtigen ist.[57] Nach OLG Celle[58] verstößt eine Klausel in einem Generalübernehmervertrag, wonach die Gewährleistungsfrist erst beginnt, wenn alle Mängel ordnungsgemäß beseitigt sind, gegen § 307 BGB, da sie den Auftragnehmer unangemessen benachteiligt. Eine solche Regelung widerspricht dem Grundgedanken des § 640 BGB: Danach ist der Auftraggeber zur Abnahme bereits dann verpflichtet, wenn die Bauleistung im Wesentlichen mangelfrei erstellt ist. Nach Ansicht von Virneburg[59] sind Regelungen zur Verlängerung der Gewährleistungsfrist einer Prüfung nach den AGB-Bestimmungen entzogen, da es sich um eine Bestimmung des Leistungssolls handele.

Häufig wird in Verträgen die Verlängerung des Gewährleistungszeitraums von dem Abschluss eines **Wartungsvertrages** abhängig gemacht. Dagegen bestehen keine Bedenken.[60] Wird dann der Wartungsvertrag vorzeitig beendet, kann sich nach einer Entscheidung des OLG Düsseldorf[61] die Gewährleistungsfrist im Wege der ergänzenden Vertragsauslegung wieder verkürzen.

**2358** In einem VOB-Bauvertrag kann eine **von der Regelfrist abweichende längere Verjährungsfrist ebenfalls vereinbart** werden. In § 13 Nr. 4 Satz 1 VOB/B ist dies ausdrücklich vorgesehen. Eine solche Abrede kann auch in AGB oder Formularverträgen erfolgen.[62] Eine Änderung der Verjährungsfrist führt aber zur Inhaltskontrolle nach §§ 305 ff. BGB.[63] Die schriftliche Mängelanzeige des § 13 Nr. 5 VOB/B

---

55) BGH, BauR 1996, 707 = NJW 1996, 2155 = MDR 1996, 791(zu § 9 AGBG).
56) NJW-RR 1987, 1104 (zum alten Recht).
57) Insoweit zutreffend: LG Hanau, a. a. O.; ebenso: *Korbion/Locher*, a. a. O.; vgl. auch BGH, BauR 1996, 707 = NJW 1996, 2155 = MDR 1996, 791.
58) BauR 2001, 259 (zu §9 AGBG).
59) Festschrift für Thode, S. 201.
60) OLG Düsseldorf, BauR 2004, 97.
61) A. a. O.
62) BGH, BauR 1989, 322 = NJW 1989, 1602; BauR 1987, 84 = NJW 1987, 381 = DB 1987, 379 u. BauR 1987, 445; OLG Düsseldorf, NJW-RR 1994, 1298; *Siegburg*, Rdn. 84 u. 605 ff.; **a. A.:** OLG München, NJW-RR 1986, 382 = MDR 1986, 408 = DB 1986, 739 (für eine **Klausel:** „Die Art der Gewährleistung bestimmt sich nach VOB/B, die Verjährungsfrist für diese Ansprüche beträgt jedoch 5 Jahre"); ferner: OLG München, BauR 1988, 596 = NJW-RR 1988, 786 u. NJWRR 1987, 661, 663 (dazu *Beigel*, BauR 1988, 142) sowie *Kaiser*, BauR 1987, 617; OLG Köln, BauR 1989, 376 = ZfBR 1989, 141 (**Verlängerung** der Gewährleistungsfrist für Dachdeckerarbeiten auf 7 Jahre).
63) Vgl. BGH, BauR 2004, 668; OLG Naumburg, BauR 2007, 551; *Franke/Kemper/Zanner/Grünhagen*, § 13 VOB/B, Rdn. 243.

hat eine verjährungsverlängernde Wirkung, führt aber nur zu einer einmaligen Verlängerung der Verjährungsfrist des § 13 Nr. 4 VOB/B (vgl. näher Rdn. 2436 ff.). Das OLG Düsseldorf[64] hat eine Klausel in den AGB des Auftraggebers für unwirksam erklärt (Verstoß gegen § 307 BGB), wonach eine auf fünf Jahre und einen Monat vereinbarte Verjährungsfrist durch vor ihrem Ablauf erhobene Mängelrüge immer wieder neu in Lauf gesetzt wird.

### 3. Die Verjährung von Vergütungsansprüchen

#### a) Werklohnansprüche des Bauunternehmers

*Literatur*
*Kaiser*, Fälligkeit und Verjährung des Vergütungsanspruchs des Bauunternehmers nach BGB und VOB, ZfBR 1982, 231; *Otto*, Zur Frage der Verjährung von Abschlagsforderungen des Architekten und des Werkunternehmers, BauR 2000, 350; *Neuhaus*, Dreißig Jahre Gewährleistungshaftung im Baurecht – Vor und nach der Schuldrechtsmodernisierung, MDR 2002, 131; *Werner*, Das neue Verjährungsrecht aus dem Blickwinkel des Baurechts, Festschrift für Jagenburg (2002), 1097; *Motzke*, Fälligkeit, Verjährungsbeginn und Abnahme beim gekündigten Bauvertrag, BTR 2007, 2.

Voraussetzung für den Lauf der Verjährung des Werklohnanspruchs ist seine Fälligkeit.

Fällig i. S. des Verjährungsrechts wird der Vergütungsanspruch grundsätzlich sowohl beim BGB – wie beim VOB-Bauvertrag mit der **Abnahme** (vgl. Rdn. 1339 ff.); Abnahmereife reicht nicht aus.[65] Der Erteilung einer **Rechnung** durch den Unternehmer bedarf es nach Auffassung des BGH beim BGB-Bauvertrag **nicht** (vgl. näher Rdn. 1368);[66] die Verjährung beginnt hier auch **unabhängig** davon, ob der Werklohnanspruch **bezifferbar** ist und mit einer Leistungsklage geltend gemacht werden kann.[67] Dagegen ist beim **VOB-Bauvertrag** neben der Abnahme weitere Fälligkeitsvoraussetzung die **Vorlage einer prüffähigen Schlussrechnung** (vgl. Rdn. 1392) durch den Auftragnehmer; nach § 16 Nr. 3 VOB/B wird der Anspruch auf die Schlusszahlung alsbald nach Prüfung und Feststellung der vorgelegten Rechnung fällig, **spätestens** jedoch innerhalb von **2 Monaten nach Zugang** (vgl. Rdn. 2365).

**Ohne eine Abnahme** ist eine Werklohnforderung fällig, wenn der Auftraggeber zwar einerseits behauptet, die Bauleistungen des Auftragnehmers seien noch nicht mangelfrei fertig gestellt und deshalb von ihm auch nicht abgenommen worden, er aber andererseits ausdrücklich weder Fertigstellung noch Mängelbeseitigung, sondern ausschließlich **Schadensersatz und Minderung verlangt.**[68] Die Verjährungsfrist beginnt in diesem Fall zu dem Zeitpunkt zu laufen, zu dem der Auftraggeber erstmals ausschließlich die vorgenannten Gewährleistungsansprüche geltend macht.

---

[64] OLG Düsseldorf, BauR 1998, 199 (LS)(zu § 9 AGBG).
[65] Saarländisches OLG, BauR 2004, 867.
[66] BGHZ 79, 176 = NJW 1981, 814 = WM 1981, 245 = BauR 1981, 199 m. Anm. *Weyer*, S. 288; OLG Stuttgart, BauR 1994, 121, 122; OLG Celle, NJW 1986, 327; s. ferner: BGH, BauR 1979, 62; AG Köln, OLG Düsseldorf, BauR 1980, 366 u. JurBüro 1983, 1901.
[67] BGH BauR 1979, 62.
[68] OLG Düsseldorf, BauR 1999, 494.

Ist ein **Anspruch** aufschiebend **bedingt,** tritt die Fälligkeit und damit der Beginn der Verjährungsfrist erst mit **Eintritt der Bedingung** ein.[69]

Wird das Vertragsverhältnis **vorzeitig,** also vor Fertigstellung der geschuldeten Bauleistung **aufgelöst oder gekündigt,** stellt sich die Frage, ob eine **Abnahme** des unvollendet gebliebenen Teilwerkes für die Fälligkeit des Werklohnanspruches grundsätzlich **erforderlich** ist. Das ist bislang von der herrschenden Rechtsauffassung verneint worden.[70] Zwischenzeitlich hat der BGH[71] jedoch entschieden, dass nach der Kündigung eines Bauvertrages der Auftragnehmer einen Anspruch gegen den Auftraggeber auf Abnahme hat, wenn die von ihm bis zur Kündigung erbrachte Leistung die Voraussetzung für die Abnahmepflicht des Auftraggebers erfüllt. Diese Entscheidung war zunächst für die Verjährungsfristen für Mängelansprüche nach § 13 Nr. 4 VOB/B oder nach § 13 Nr. 7 Abs. 3 VOB/B ergangen. Nunmehr hat der BGH seine frühere Rechtsprechung aufgegeben und verlangt auch nach Kündigung eines Werkvertrages die Abnahme der bis dahin erbrachten Leistungen als Fälligkeitsvoraussetzung für den Werklohn.[72] Der Auftraggeber, der für die Voraussetzungen der Verjährung darlegungs- und beweispflichtig ist, muss die Tatsachen vortragen, aus denen sich die Voraussetzungen für die behauptete Abnahme ergeben sollen. Die reine Behauptung, die Abnahme habe zu einem bestimmten Zeitpunkt stattgefunden, ist insoweit nicht hinreichend.[73]

Die Parteien können die Fälligkeit des Vergütungsanspruchs vertraglich bei BGB-Bauvertrag **abweichend** von § 641 Abs. 1 Satz 1 BGB regeln,[74] so kann die Fälligkeit des Werklohns von der Vorlage einer (prüfbaren) **Schlussrechnung** oder eines **Aufmaßes**[75] abhängig gemacht werden. Das wird vielfach stillschweigend geschehen.[76] In AGB oder Formularverträgen ist insoweit jedoch § 307 BGB zu beachten. Nach der Auffassung des OLG Hamm[77] ist das **Hinausschieben** der Fälligkeit eines Vergütungsteils (z. B. des Sicherheitseinbehaltes in Höhe von 5% des Werklohns) auf 5 Jahre ab Fertigstellung gemäß §§ 305 ff. BGB unwirksam, weil damit dem Auftragnehmer ein erheblicher Zinsverlust entgegen § 641 Abs. 2 BGB und § 17 Nr. 6 Abs. 1 Satz 4 i. V. mit Nr. 5 Satz 2 VOB/B aufgebürdet wird.

Der Anspruch des Auftragnehmers für **Nachforderungen,** die in der Schlussrechnung nicht erfasst sind, verjährt **einheitlich** mit der berechneten Hauptforderung; das gilt insbesondere für den Anspruch aus § 649 BGB/§ 8 VOB/B, für den Mehrvergütungsanspruch bei Leistungsänderungen oder zusätzlichen Leistungen (vgl. hierzu Rdn. 2368).

---

69) OLG Hamm, OLGR 1998, 37.
70) BGH, BauR 1993, 469 = ZfBR 1993, 189; OLG Oldenburg, OLGR 2003, 440; OLG Hamm, BauR 1981, 376; a. A.: *Kniffka,* Festschrift für v. Craushaar, S. 359 ff.
71) BauR 2003, 689 = NJW 2003, 1450 = NZBau 2003, 265 (Abnahme beendet erst das Erfüllungsstadium des gekündigten Vertrages); BauR 2003, 1208; vgl. hierzu *Brügmann/Kenter,* NJW 2003, 2121; ferner: *Acker/Roskosny,* BauR 2003, 1279.
72) BGH, BauR 2006, 1294 = NJW 2006, 2475 = NZBau 2006, 569; kritisch *Motzke,* BTR 2007, 2 der ein Vergütungsverlangen des Auftragnehmers für die Fälligkeit als ausreichend erachtet.
73) So für die Verjährung von Gewährleistungsansprüchen OLG Düsseldorf; BauR 2001, 638, 642.
74) BGH, OLG Düsseldorf, BauR 1982, 168.
75) Vgl. aber BGH, BauR 1979, 62.
76) BGH, BauR 1989, 90 = NJW-RR 1990, 148.
77) BauR 1988, 731 = MDR 1988, 583 (zum alten Recht).

**Abschlagsforderungen** können selbstständig verjähren.[78] Fordert der Unternehmer nach erbrachten Teilleistungen Abschlagszahlungen, so laufen für die jeweiligen angeforderten Teilbeträge mehrere Verjährungsfristen, die er beobachten muss. Allerdings ist der Unternehmer nicht gehindert, verjährte **Abschlagsforderungen als Rechnungsposten in die Schlussrechnung einzustellen** und damit weiterhin geltend zu machen.[79]

**2360**

Bei der Verjährung der Werklohnansprüche des Unternehmers sind die Änderungen zu berücksichtigen, die durch das **SchRModG**, das zum 1.1.2002 in Kraft getreten ist, erfolgten. Nachstehend wird die Länge der Verjährungsfrist der Werklohnansprüche des Unternehmers nach altem und neuem Recht dargestellt. Dabei sind jedoch die **Überleitungsvorschriften** nach Art. 229, § 6 EGBGB zu beachten (vgl. hierzu Rdn. 2349).

**2361**

### aa) Beim BGB-Bauvertrag

### (1) Nach altem Recht (bis 31.12.2001)

Der Vergütungsanspruch des Unternehmers verjährt beim BGB-Bauvertrag in 2 Jahren (§ 196 Abs. 1 Nr. 1 BGB).[80] Das gilt auch, wenn der Unternehmer weder Kaufmann i. S. der §§ 1 ff. HGB ist noch selbst handwerksmäßig in seinem Betrieb mitarbeitet, sondern nur die Oberaufsicht über seinen Betrieb ausübt.[81] Die kurze Verjährung des § 196 Abs. 1 Nr. 1 ist auch heranzuziehen, wenn sich der Veräußerer eines Grundstücks in dem Vertrag zugleich zur Errichtung des Einfamilienhauses verpflichtet und ein einheitliches Entgelt für beide Leistungsteile vereinbart wird.[82] Die Aufspaltung des Vertragswerks in einen „Kaufanwartschaftsvertrag" mit Errichtungsverpflichtung und einen Grundstückskaufvertrag vermag daran nichts zu ändern.[83] Kann ein Unternehmer ausnahmsweise eine Vergütung für die Ausarbeitung eines Angebots verlangen (vgl. Rdn. 1105 ff.), richtet sich die Verjährung ebenfalls nach § 196 Abs. 1 Nr. 1 BGB.[84]

**2362**

Gemäß § 196 Abs. 2 verjähren die Ansprüche des Unternehmers jedoch in **4 Jahren,** wenn die Leistungen für den **Gewerbebetrieb des Schuldners** erbracht sind.[85] Dabei ist unerheblich, ob Bauleistungen auch gleichzeitig für das private Wohnhaus des Gewerbetreibenden erbracht werden und welche Nutzung (Gewerbebetrieb/privates Wohnhaus) überwiegt.[86] Ob ein **öffentlicher Auftrag-**

---

78) BGH, BauR 1999, 267 = NJW 1999, 713 = MDR 1999, 221 – Kritisch hierzu *Otto*, BauR 2000, 250. Die Entscheidung des BGH betrifft Abschlagsrechnungen nach § 8 Abs. 2 HOAI; es ist aber davon auszugehen, dass der BGH für Abschlagsforderungen des Unternehmers dieselbe Auffassung vertritt.
79) BGH, a. a. O.; vgl. hierzu *v. Rintelen*, Jahrbuch Baurecht 2001, 25 ff., 35.
80) Vgl. hierzu auch *Ingenstau/Korbion/Keldungs*, § 2/B, Rdn. 48; *Schmalzl*, NJW 1971, 2015.
81) BGH, NJW 1963, 1398.
82) Vgl. BGHZ 72, 229 = BauR 1979, 59; BGH, OLG Hamm, NJW-RR 1991, 89 = BauR 1991, 620; *Jagenburg*, NJW 1991, 3006, 3008.
83) BGH, BauR 1992, 500 = ZfBR 1992, 168 = NJW 1992, 1754 = NJW 1981, 273 = MDR 1981, 219 = WM 1980, 1391; ferner: *Gassner*, BauR 1990, 312 ff.
84) BGH, NJW 1980, 447 = WM 1980, 112 = ZfBR 1980, 21 = BauR 1980, 172.
85) Vgl. dazu BGH, BauR 1979, 434; BauR 1980, 172; NJW 1981, 1665 = BauR 1981, 390; BauR 1982, 377; BGH, BauR 1976, 209; ferner: OLG Schleswig, MDR 1983, 53; OLG Bremen, NJW 1972, 910; OLG Frankfurt, DB 1982, 895 u. OLG Saarbrücken, NJW-RR 1988, 1297; OLG Hamm, MDR 1990, 336 = NJW-RR 1990, 315 (für 80%ige gewerbliche Nutzung); OLG Celle, BauR 1999, 764; OLG Düsseldorf, OLGR 1999, 401.
86) BGH, BauR 2000, 1053 = NJW-RR 2000, 1187 = NJW 2000, 1940 = ZfBR 2000, 333 = MDR 2000, 825 = NZBau 2001, 463.

geber (z. B. öffentlich-rechtliche Körperschaft) einen Gewerbebetrieb unterhält, hängt davon ab, ob er eine geschäftliche Tätigkeit ausübt, die auf die Erzielung dauernder Einnahmen gerichtet ist.[87] Bestellt ein Gewerbetreibender Bauarbeiten, so besteht die **widerlegbare Vermutung,** dass die Leistungen für den Gewerbebetrieb des Schuldners erfolgen sollen.[88] Ist die Tätigkeit eines Gewerbebetriebes „von geistigen, wissenschaftlichen oder künstlerischen Leitgedanken bestimmt" (z. B. Arztpraxis), gilt die zweijährige Verjährungsfrist.[89] Allerdings verjährt eine Werklohnforderung, die sich gegen einen Architekten richtet, der gewerbsmäßig Häuser baut, in vier Jahren, weil hier auf seine unternehmerische Tätigkeit abzustellen ist.[90]

Die 2- bzw. 4-jährige **Verjährungsfrist** einer Werklohnforderung des Unternehmers gemäß § 196 Abs. 1 Nr. 1 BGB **beginnt** nach § 201 BGB **am Schluss des Jahres,** in dem die Werklohnforderung **fällig** wird (vgl. Rdn. 1336 ff.).

Ist der Werkvertrag **unwirksam** (Rdn. 1040 ff.), gilt für den aus § 812 BGB erwachsenen Erstattungsanspruch des Unternehmers die kurze Verjährungsfrist des § 196 BGB.[91]

## (2) Nach neuem Recht (ab 1.1.2002)

**2363**  Das **SchRModG** hat auch hinsichtlich des Werklohnanspruchs des Unternehmers erhebliche Änderungen mit sich gebracht. Der Vergütungsanspruch des Unternehmers verjährt nunmehr einheitlich beim BGB-Bauvertrag in der **regelmäßigen Verjährungsfrist von drei Jahren,** § 195 BGB. Die bisher geltende (grundsätzliche) Verjährungsfrist von zwei Jahren ist damit auf drei Jahre verlängert worden. Mit der Einführung der Drei-Jahres-Frist ist es unerheblich, ob der Unternehmer Leistungen für den Gewerbebetrieb des Schuldners erbracht hat (vgl. Rdn. 2362). Die bisherige Differenzierung (§ 196 Abs. 1 und 2 BGB a. F.), die vielfach Probleme – insbesondere bei Einrichtungen der öffentlichen Hand – mit sich gebracht hat, ist aufgegeben worden.

Der **Beginn der Verjährung** des Vergütungsanspruches richtet sich nach § 199 Abs. 1 BGB. Danach beginnt die regelmäßige Verjährungsfrist von drei Jahren mit dem Schluss des Jahres in dem

1. der Anspruch **entstanden** ist
   und
2. der Unternehmer (Gläubiger) von den den Anspruch begründenden Umständen und der Person seines Schuldners **Kenntnis** erlangt oder **ohne grobe Fahrlässigkeit** erlangen müsste.

Die Entstehung des Anspruches i. S. des § 199 Abs. 1 Nr. 1 BGB ist – entsprechend der bisherigen allgemeinen Rechtsauffassung – mit der Fälligkeit gleichzusetzen.[92]

---

[87] BGHZ 33, 321 = MDR 1961, 313; OLG Karlsruhe, OLGR 1998, 249 (Badisches Landesmuseum als Auftraggeber); OLG Saarbrücken, OLGR 2002, 215 (Entsorgungsverband kein Gewerbebetrieb); OLG Celle, OLGR 2002, 298 (frühere Deutsche Bundespost: kein Gewerbebetrieb).

[88] OLG Köln, MDR 1972, 865; BGH, BauR 1974, 350 = WM 1974, 777; vgl. hierzu aber OLG Saarbrücken, NJW-RR 1988, 1297 (Errichtung zur reinen Kapitalanlage).

[89] BGH, BauR 2000, 1053 = NJW-RR 2000, 1187 = NJW 2000, 1940 = ZfBR 2000, 333 = MDR 2000, 825 = NZBau 2001, 463.

[90] OLG Nürnberg, 1972, 318.

[91] *Palandt/Heinrichs,* § 196 BGB, Rdn. 3.

[92] BGH, BauR 1990, 95 = MDR 1990, 323; *Mansel,* NJW 2002, 89, 91; *Lenkeit,* BauR 2002, 196 ff., 199; *Bereska* in Henssler/Graf v. Westphalen, § 199, Rdn. 44; *Dahns,* BRAK-Mitt. 2001, 272, 274.

Daher wird die Vergütung nach wie vor gemäß § 641 Abs. 1 BGB, der von dem SchRModG verschont geblieben ist, mit der Abnahme fällig (vgl. Rdn. 1341 ff.).

Im Übrigen bleibt es bei der **Ultimo-Verjährung,** sodass die Verjährung der Werklohnforderung des Unternehmers am Schluss des Jahres beginnt, in dem die Werklohnforderung fällig wird, § 199 Abs. 1 BGB (vgl. hierzu Rdn. 1336 ff.).[93]

Das mit § 199 Abs. 1 Nr. 2 BGB eingeführte sog. **Kenntnis- bzw. Erkennbarkeitskriterium** (vgl. Rdn. 2343) wird beim Werklohnanspruch des Unternehmers kaum Bedeutung erlangen, da ein Auftragnehmer (als Gläubiger) seinen Auftraggeber (als Schuldner) in der Regel aufgrund des Vertragsabschlusses kennt und die Fertigstellung sowie die Abnahme der Leistung ihm ebenfalls nicht unbekannt bleiben kann. Dabei ist auch zu beachten, dass nach allgemeiner Auffassung nur auf die **Kenntnis der Anspruch begründenden Tatsachen,** nicht aber auf die zutreffende rechtliche Würdigung abzustellen ist.[94] Insoweit kann die Rechtsprechung des BGH zu § 852 BGB a. F. herangezogen werden. Das gilt auch hinsichtlich der Grundsätze der Wissenszurechnung des rechtlichen Vertreters, wie sie von der Rechtsprechung zu § 852 BGB a. F. entwickelt worden sind.[95]

2364

Der positiven Kenntnis wird in § 199 Abs. 1 Nr. 2 BGB die **grob fahrlässige Unkenntnis** gleichgestellt. In der Begründung zum Regierungsentwurf[96] wird darauf hingewiesen, dass nach herrschender Rechtsauffassung die grobe Fahrlässigkeit dann vorliegt, „wenn die im Verkehr erforderliche Sorgfalt in ungewöhnlich großem Maße hier verletzt worden ist, ganz nahe liegende Überlegungen nicht angestellt oder beiseite geschoben wurden und dasjenige unbeachtet geblieben ist, was im gegebenen Fall jedem hätte einleuchten müssen". Der positiven Kenntnis ist auch die rechtsmissbräuchliche Unkenntnis gleichzusetzen.[97] Das sind nach der Begründung zum Regierungsentwurf[98] die Fälle, „in denen der Gläubiger es versäumt, eine gleichsam auf der Hand liegende Erkenntnismöglichkeit wahrzunehmen und deshalb letztlich das Sichberufen auf Unkenntnis als Förmelei erscheint, weil jeder andere in der Lage des Gläubigers unter denselben konkreten Umständen die Kenntnis gehabt hätte". Hat der Gläubiger z. B. Probleme mit der Anschrift des Schuldners, kann er sich hierauf nicht berufen, wenn er nicht zumindest beim Einwohnermeldeamt eine entsprechende Auskunft zur Feststellung der Anschrift des Schuldners einholt.[99]

Im Falle des § 641 Abs. 2 BGB **(Durchgriffsfälligkeit)** beginnt die Verjährungsfrist mit Ablauf des Jahres, in welchem die Voraussetzungen der vorerwähnten Vorschrift gegeben sind, also insbesondere Kenntnis des Auftragnehmers von der Zahlung an seinen Auftraggeber vorliegt oder grob fahrlässige Unkenntnis anzunehmen ist.

Im Übrigen verbleibt es bei den unter den vorstehenden Rdn. 2369 und 2360 genannten allgemeinen Grundsätzen zur Verjährung des Werklohnanspruches des Unternehmers.

---

93) Ebenso: *Lenkeit*, BauR 2002, 196, 202.
94) BGH, NJW 1996, 117, 118 m. w. N.; *Bereska*, a. a. O., Rdn. 49.
95) BGH, NJW 1989, 2323; NJW 1976, 2344; NJW-RR 1994, 806, 807.
96) BT-Drucksache 14/6040, S. 108 m. Hinw. auf BGHZ 10, 14, 16; 89, 153, 161; NJW-RR 1994, 1469, 1471; NJW 1992, 3235, 3236.
97) BGH, NJW 2001, 1721, 1722; NJW 2000, 99, 423, 953.
98) A. a. O.; m. Hinw. auf BGHZ 133, 192, 199; BGH, NJW 2000, 953; NJW 1999, 423, 425; NJW 1994, 3092, 3094. Vgl. hierzu: *Mansel*, NJW 2002, 89, 91 sowie BGH, IBR 2002, 9 – *Schwenker*.
99) So zutreffend *Bereska*, a. a. O., Rdn. 61.

## bb) Beim VOB-Bauvertrag

*Literatur*

Schmalzl, Zur Verjährung des Vergütungsanspruchs des Bauhandwerkers nach der VOB, NJW 1971, 2015; *Kahlke*, Die Abnahme ist Fälligkeitsvoraussetzung auch beim VOB-Werkvertrag, BauR 1982, 27; *Wacke*, Verjährungsbeginn nicht vor Rechnungserteilung?, Festschrift für Jagenburg (2002), 949.

**2365** Der Vergütungsanspruch des Unternehmers verjährt beim VOB-Bauvertrag ebenfalls

* nach **altem Recht** gemäß § 196 Abs. 1 Nr. 1 BGB a. F. in **zwei** Jahren; werden die Bauleistungen für den Gewerbebetrieb des Schuldners erbracht, gilt die **vierjährige** Verjährungsfrist gemäß § 196 Abs. 1 BGB a. F.[100] (vgl. Rdn. 2362).
* nach Inkrafttreten des SchRModG gemäß § 195 BGB in **drei** Jahren.

Der Unternehmer ist auch im VOB-Bauvertrag grundsätzlich vorleistungspflichtig, sein Werklohn kann also auch nur **nach** einer **Abnahme** der Bauleistung (vgl. Rdn. 1339 ff. und 1377 ff.) fällig werden.[101] Im Gegensatz zum BGB-Bauvertrag setzt die VOB/B neben der Abnahme die Vorlage einer prüffähigen Rechnung (vgl. im einzelnen Rdn. 1392) voraus:

Die endgültige Begleichung der Werklohnforderung (sog. Schlusszahlung) ist innerhalb von zwei Monaten nach Einreichung der **prüfbaren,** den Anforderungen des § 14 Nr. 1 VOB/B entsprechenden **Schlussrechnung** zu leisten (§ 16 Nr. 2 VOB/B).[102] Spätestens **mit dem Ablauf dieser Frist** ist der gesamte Werklohn in voller Höhe **fällig**.[103] Macht der Auftraggeber von der Möglichkeit des § 14 Nr. 4 VOB/B Gebrauch und erstellt er eine eigene Schlussrechnung (vgl. Rdn. 1397), tritt Fälligkeit der vom Auftraggeber abgerechneten Forderung nach Auffassung des BGH[104] in dem Zeitpunkt ein, in dem die Rechnung dem Auftragnehmer zugeht.

Der Auftraggeber kann sich auf eine fehlende Prüffähigkeit der Schlussrechnung und somit auf die fehlende Fälligkeit der Werklohnforderung nur berufen, wenn er innerhalb der Prüfungsfrist von 2 Monaten zum einen die fehlende Prüffähigkeit gerügt und zum anderen mitgeteilt hat, weshalb die Rechnung für ihn nicht prüfbar ist (jetzt VOB/B 2006, § 16 Nr. 3 Abs. 1 Satz 2)[105]. Daraus folgt, dass die Verjährung des Werklohnanspruchs (die Abnahme vorausgesetzt) am Ende des Jahres beginnt, in dem die 2-monatige Prüfungsfrist ohne Rüge der mangelnden Prüffähigkeit verstrichen ist auch, wenn die Rechnung den Anforderungen des § 14 Nr. 1 VOB/B nicht entsprach. Rügt der Auftraggeber erst nach Ablauf der 2-monatigen Prüfungsfrist die mangelnde Prüffähigkeit und erteilt daraufhin der Auftragnehmer eine neue prüffähige Rechnung, bleibt die bereits laufende Verjährungsfrist davon unberührt.

---

100) BGH, BauR 1984, 182, 183.
101) BGH, BauR 1982, 201 = NJW 1981, 822.
102) BGH, BauR 1984, 182; BGH, BauR 1990, 605 = NJW-RR 1990, 1170; OLG Köln, NJW-RR 1990, 1171 für **Pauschalpreisvertrag**.
103) Vgl. OLG Frankfurt, NJW-RR 1988, 983 **(Festpreisvertrag)**; BGH, BauR 1989, 87 = NJW 1989, 836 = BB 1989, 22; LG Stuttgart, NJW 1988, 1036 u. OLG Köln; NJW-RR 1991, 89 (zum **Pauschalvertrag**).
104) BauR 2003, 313 = NZBau 2002, 91 = ZfBR 2002, 245 = MDR 2002, 273.
105) BGH; BauR 2006, 678 = NJW-RR 2006, 455; BGH, BauR 2006, 17; BauR 2004, 1937.

**Vergütungsansprüche** Rdn. 2366–2367

Wird der Bauvertrag durch **Kündigung** vorzeitig beendet, ist die Fälligkeit der Vergütung gleichwohl von der Erteilung einer prüfbaren Schlussrechnung abhängig.[106] Das ist nach Ansicht des OLG Köln[107] jedoch nicht der Fall, wenn die von dem Unternehmer erstellten **Teil**rechnungen **sämtliche ausgeführten Arbeiten** enthalten.

Die Fälligkeit der Schlusszahlung, mit der der Verjährungsbeginn verknüpft ist, kann aber auch schon **vor** Ablauf der Prüfungsfrist von zwei Monaten eintreten.[108] So tritt die den Verjährungsbeginn bestimmende Fälligkeit der Schlusszahlung ein, wenn der Bauherr die Schlussrechnung abschließend prüft, den aus seiner Sicht berechtigten Rechnungsbetrag feststellt und dem Unternehmer mitteilt. Die Verjährung beginnt dann mit dem Schluss des Jahres, in dem die **Mitteilung dem Auftragnehmer** zugeht.[109] 2366

Die Verjährungsfrist **beginnt** auch beim VOB-Bauvertrag erst mit **dem Ende des Jahres** zu laufen, in dem der **Fälligkeitszeitpunkt** liegt,[110] § 199 BGB, vgl. Rdn. 1336 ff.; dies gilt auch dann, wenn der Auftragnehmer die Schlussrechnung nicht innerhalb der Frist der VOB/B oder anderer, vertraglich vereinbarter abweichender Fristen vorlegt.[111] Die in der **Schlussrechnung enthaltenen** und die in ihr **nicht aufgeführten Forderungen** (vgl. Rdn. 2368) des Unternehmers für die Ausführung der Bauleistung **verjähren einheitlich**.[112] Der Bauherr kann daher bei einer vom Unternehmer vertragswidrig nicht oder verspätet eingereichten Schlussrechnung nur dann eine Vorverlegung der Verjährung bewirken, wenn er von der Befugnis des § 14 Nr. 4 VOB/B Gebrauch macht,[113] also selbst eine Schlussrechnung aufstellt. 2367

∗ **Berechnungsbeispiele** für die Verjährung von Werklohnansprüchen nach Inkrafttreten des **SchRModG**:

(a) **Rechnung vom 1.2.2005**; Zugang beim Auftraggeber am 3.2.2005. Vergütung spätestens fällig am 4.4.2005. Verjährungsbeginn am 31.12.2005; Verjährung tritt ein am 31.12.2008.

(b) **Rechnung vom 1.12.2004**; Zugang beim Auftraggeber am 3.12.2004. Vergütung spätestens fällig am 4.2.2005. Verjährungsbeginn am 31.12.2005; Verjährung tritt ein am 31.12.2008.

(c) **Rechnung vom 15.1.2005**; Zugang beim Auftraggeber am 18.1.2005. Mitteilung der Rechnungsprüfung durch den Auftraggeber am 15.2.2005. Verjährungsbeginn am 31.12.2005; Verjährung tritt ein am 31.12.2008.

---

106) BGH, NJW 1987, 382 = BauR 1987, 95.
107) ZfBR 1993, 27 = NJW-RR 1992, 1375.
108) BGH, BauR 1982, 377 = ZfBR 1982, 154 = NJW 1982, 1815 = WM 1982, 827; BauR 1984, 182 = ZfBR 1984, 74 = NJW 1984, 1757.
109) BGH, a. a. O.
110) **Herrschende Meinung**; BGH, ZfBR 1982, 154, 156; **a. A.:** *Wacke*, Festschrift für Jagenburg, S. 953.
111) Vgl. BGH, BauR 1984, 182 = ZfBR 1984, 74 = NJW 1984, 1757; BauR 1977, 354 = NJW 1977, 2075 = WM 1977, 1053.
112) BGH, BauR 1970, 113; BGH, BauR 1982, 377, 379 = NJW 1982, 1815; OLG Bamberg, OLGR 2003, 267; *Stellmann/Schinköth*, ZfBR 2005, 3, 4.
113) Vgl. BGH, BauR 1984, 182 = ZfBR 1984, 74 = NJW 1984, 1757; BGH.

**2368** Nach Auffassung des BGH[114] können **Abzahlungsforderungen selbstständig verjähren**; allerdings ist der Unternehmer nicht gehindert, **verjährte Abschlagsforderungen** als **Rechnungsposten in die Schlussrechnung einzustellen** und damit weiterhin geltend zu machen. Der BGH hat allerdings diese Meinung für Abschlagsforderungen des Architekten vertreten. Da es jedoch keinen Unterschied zu Abschlagsforderungen des Unternehmers gibt, ist davon auszugehen, dass der BGH entsprechend entscheiden wird. Etwas anderes kann für **Vorauszahlungen** gemäß § 16 Nr. 2 VOB/B gelten, weil es sich insoweit nicht um Abrechnung erbrachter Leistungen, sondern lediglich um Vorschüsse für noch nicht erbrachte Leistungen handelt.[115]

Im Einzelfall kann sich aber eine Abschlagsrechnung aus der Sicht des Auftraggebers als abschließend darstellen oder in eine Schlussrechnung umzudeuten seien. In diesem Fall ist die Abschlagsrechnung und nicht eine später gestellte, als Schlussrechnung bezeichnete Rechnung für die Verjährungsberechnung maßgebend.[116]

Zweifelhaft ist, ob eine **Zusatzforderung** (für Änderungsleistungen, zusätzliche Leistungen, entgangenen Gewinn usw.), oder **sonstige „vergessene" Forderungen,** die in der Schlussrechnung nicht berechnet wird, aber berechnet werden könnte, ebenfalls mit der berechneten Hauptforderung verjährt; das bejahen der BGH[117], das OLG Celle[118] wie auch das OLG Bamberg,[119] weil die mit der Hauptleistung verbundenen Zusatzaufträge mit der Schlussrechnung einheitlich fällig werden. Bei der Erstellung einer Schlussrechnung ist deshalb Vorsicht geboten, soweit es insbesondere um Ansprüche des Auftragnehmers aus § 2 Nr. 3, 5 und 6 VOB/B geht.

**2369** Der Anspruch auf Auszahlung eines einbehaltenen **Sicherheitsbetrages** verjährt, wenn die Sicherheitsleistung ganz oder teilweise nicht in Anspruch genommen worden ist, nach den für die Verjährung des Vergütungsanspruches maßgebenden Vorschriften. Die Verjährungsfrist beginnt jedoch erst mit dem Schluss des Jahres, in dem die Sicherheitsleistung zurückzugewähren ist. Gemäß § 17 Nr. 8 VOB/B ist dies entweder der zwischen den Parteien vereinbarte Zeitpunkt oder spätestens der Zeitpunkt des Ablaufs der Verjährungsfrist für die Gewährleistung. Macht der Auftragnehmer von seinem Recht Gebrauch den Sicherheitseinbehalt durch Stellung einer Gewährleistungsbürgschaft abzulösen, wird der Vergütungsanspruch auch in Höhe des Sicherheitseinbehalts fällig und die Verjährung beginnt am Ende des Jahres, in dem die Austauschsicherheit gestellt wurde.[120]

---

114) BGH, BauR 1999, 267 = NJW 1999, 713 = MDR 1999, 221 (für Abschlagsforderungen des Architekten); *Kniffka/Koeble,* 6. Teil., Rdn. 189. Vgl. hierzu vor allem *Otto,* BauR 2000, 350 ff.; **a. A.:** die Vorauflage; *Ingenstau/Korbion/U. Locher,* § 16/B, Rdn. 25 a. E.; *Heiermann/Riedl/Rusam,* § 16/B, Rdn. 3; Beck'scher VOB-Komm/*Motzke,* § 16 Nr. 1/B, Rdn. 61; *Siegburg,* Rdn. 42 ff.
115) *Otto,* BauR 2000, 350, 352.
116) OLG Dresden; IBR 2005, 304 – *Uterwedde;* OLG Köln, IBR 2001, 264 – *Baden.*
117) BGH, BauR 1982, 377, 379 = NJW 1982, 1815; BauR 1970, 113 = NJW 1970, 938; ebenso: *Ingenstau/Korbion/U.Locher,* § 16 Nr. 3/B, Rdn. 12; Beck'scher VOB-Komm/*Jagenburg,* B § 12 Nr. 6, Rdn. 115.
118) OLGR 1996, 267; ebenso: *Stellmann/Schinköth,* ZfBR 2005, 3, 4.
119) IBR 2003, 525 – *Putzier* = MDR 2003, 1350.
120) OLG Frankfurt; OLGR 2006, 7.

## b) Honoraransprüche des Architekten und Sonderfachmannes

*Literatur*

*Schmalzl*, Zur Verjährung des Vergütungsanspruchs des Architekten, NJW 1972, 1173; *Ganten*, Zum Vertrauensschutz bei der Verjährung von Honoraransprüchen der Architekten, NJW 1973, 1165; *Lauer*, Prüffähige Schlussrechnung nach § 8 HOAI und Verjährung der Honorarforderung, BauR 1989, 665; *Meiski*, Die Verjährung des Architektenhonoraranspruchs, BauR 1993, 23; *Haesler*, Kurze Verjährung des Vergütungsanspruchs des Prüfingenieurs für Baustatik gemäß oder analog § 196 I Nr. 15 BGB?, DB 1994, 1606; *Schwartmann*, Neue Verjährung nicht abgenommener Architektenleistungen, NZBau 2000, 60; *Otto*, Zur Frage der Verjährung von Abschlagsforderungen des Architekten und des Werkunternehmers, BauR 2000, 350; *Rath*, Fälligkeit und Verjährung der Architektenhonorarforderung, Festschrift für Vygen (1999), S. 55; *Wacke*, Verjährungsbeginn nicht vor Rechnungserteilung, Festschrift für Jagenburg (2002), 953; *Hartung*, Prüffähigkeit der Architektenschlussrechnung, Fälligkeit und Verjährung, NZBau 2004, 249; *Herchen*, Wann beginnt die Verjährung von Honorarschlussrechnungen des Architekten?, NZBau 2007, 473.

Gemäß § 8 HOAI gehören zur Fälligkeit einer Architektenhonorarforderung und damit zum Verjährungsbeginn **2370**

* die **vertragsgemäße Erbringung** der **Architektenleistung** (Rdn. 962 ff.)
* die Erstellung einer **prüffähigen Honorarschlussrechnung** (Rdn. 967 ff.) sowie
* die **Überreichung** dieser Rechnung (Rdn. 997).

**Zusatzforderungen** des Architekten (z. B. für Besondere Leistungen, zusätzliche Leistungen, Zuschläge, entgangenen Gewinn usw.) verjähren einheitlich mit der Hauptforderung[121] (vgl. Rdn. 2368 u. 2359).

Die Architektenleistungen müssen nur **vertragsgemäß erbracht,** also „**abnahmefähig**" sein; das reicht zur Fälligkeit nach § 8 HOAI und damit zum Verjährungsbeginn aus (Rdn. 962). Die **Abnahme** der Architektenleistung ist daher für den Verjährungsbeginn **nicht** erforderlich.[122] Zum Zeitpunkt der vertragsgemäßen Leistungserbringung, wenn der Architekt sich auch verpflichtet hat, die Leistungsphase 9 des § 15 HOAI (Objektbetreuung und Dokumentation) zu übernehmen vgl. Rdn. 964.

Mit der Erteilung der prüffähigen Schlussrechnung hat es der Architekt daher in der Hand, den Eintritt der Fälligkeit und damit auch den Beginn der Verjährung **hinauszuschieben**.[123] Der BGH[124] hat jedoch auf folgende Möglichkeit für den Auftraggeber hingewiesen, auch ohne Rechnungserstellung die Verjährung des Honoraranspruchs des Architekten beginnen zu lassen: Er kann dem säumigen Architekten eine angemessene Frist zur Rechnungserteilung setzen; lässt dieser die Frist fruchtlos verstreichen, so muss sich der Architekt im Hinblick auf die Verjährung seines Anspruchs gemäß §§ 162 Abs. 1, 242 BGB so behandeln lassen, als habe er die Schlussrechnung binnen angemessener Frist erteilt.[125] Selbstverständlich beginnt keine neue Verjährungsfrist zu laufen, wenn der Architekt eine inhaltsgleiche **zweite** **2371**

---

121) Für das **Unternehmerrecht:** BGH, BauR 1982, 377 = NJW 1982, 1815; BauR 1970, 113 = NJW 1970, 938; OLG Celle, OLGR 1996, 267.
122) BGH, BauR 1986, 596, 597 = NJW-RR 1986, 1297; BGH, BauR 1991, 489.
123) A. A. LG Karlsruhe, BauR 2006, 1014.
124) BGH, BauR 1986, 596 = NJW-RR 1986, 1279 = ZfBR 1986, 232; BGH, BauR 2000, 589, 591 = NJW-RR 2000, 386 = NZBau 2000, 202 = ZfBR 2000, 172 = MDR 2000, 206 sowie *Locher/Koeble/Frik*, § 8 HOAI, Rdn. 36.
125) Ebenso: KG, BauR 1988, 624, 629 = NJW-RR 1988, 21; OLG Oldenburg, OLGR 2004, 4.

Schlussrechnung erteilt.[126] Nach einer Entscheidung des KG[127] soll auch in der Übersendung einer Honorarschlussrechnung, die als **Vorschlag** bezeichnet wird, die Überreichung der Honorarschlussrechnung mit der Folge zu sehen sein, dass mit dem Zugang die Verjährung zu laufen beginnt.

**2372** Nach § 8 Abs. 2 HOAI ist der Architekt berechtigt, **Abschlagszahlungen** zu verlangen. Nach erbrachter Teilleistung beginnt daher mit der Anforderung des Teilbetrages für die jeweilige Abschlagszahlung am Schluss des Jahres der Anforderung die Verjährungsfrist zu laufen[128] (vgl. hierzu näher Rdn. 982 ff.). Der Architekt ist jedoch nicht gehindert, die **verjährte Abschlagsforderung** als Rechnungsposten **in die Schlussrechnung einzustellen** und insoweit geltend zu machen.[129]

**2373** Der BGH[130] vertritt die Auffassung, dass die **Prüfbarkeit der Schlussrechnung** Voraussetzung der Fälligkeit und damit auch des **Verjährungsbeginns** ist; bei nur teilweise prüffähiger Honorarrechnung beginnt die Verjährung der Honorarforderung grundsätzlich erst mit der Erteilung einer insgesamt prüffähigen Schlussrechnung.[131] Nichts anderes soll nach BGH auch unter dem Gesichtspunkt von Treu und Glauben gelten, weil weder die Vorlage einer nicht prüfbaren Rechnung noch die späte Vorlage einer prüfbaren Rechnung für sich alleine ein treuwidriges Verhalten des Architekten bedeuten. Etwas anderes soll nur gelten, wenn zusätzliche Umstände gegeben sind, die geeignet sind, aus Gründen von Treu und Glauben rechtliche Folgen der Fälligkeit für einen Zeitpunkt anzunehmen, in dem eine prüfbare Honorarschlussrechnung noch nicht vorgelegen hat.

Die Literatur vertritt demgegenüber überwiegend die Meinung, dass die Verjährung auch dann zu laufen beginnt, wenn der Architekt/Sonderfachmann eine nicht prüfbare Rechnung erstellt.[132] Dem ist zuzustimmen, da sich das Verhalten des Architekten als rechtsmissbräuchlich darstellt (§ 242 BGB), wenn er eine Schlussrechnung erteilt, gleichwohl aber im Prozess den Rechtsstandpunkt vertritt, sein Honorar sei „mangels Prüffähigkeit" nicht fällig geworden und deshalb auch nicht verjährt.

Ob eine Schlussrechnung eines Architekten prüffähig ist oder nicht, hängt insbesondere nach der neueren Rechtsprechung des BGH von objektiven (HOAI-

---

126) OLG Celle, OLGR 2004, 51.
127) IBR 2005, 603 – *Schill*.
128) So jetzt auch BGH, BauR 1999, 267 = NJW 1999, 713 = MDR 1999, 221; hierzu kritisch *Otto*, BauR 2000, 350.
129) BGH, BauR 1999, 267 = NJW 1999, 713 = MDR 1999, 221 – Kritisch hierzu *Otto*, BauR 2000, 250.
130) BauR 2004, 316 = NZBau 2004, 216 = NJW-RR 2004, 445 = IBR 2004, 79, 80 – *Ulbrich;* BauR 2001, 1610 = NZBau 2001, 574 = NJW-RR 2001, 1383 = ZfBR 2001, 461; BauR 2000, 589 = NJW-RR 2000, 386 = ZfBR 2000, 172 = MDR 2000, 206 = NZBau 2000, 202; ebenso OLG Düsseldorf, OLGR 1994, 176; BauR 1996, 422, 424; so auch *Herchen*, NZBau 2007, 473.
131) BGH, BauR 2004, 316 = NZBau 2004, 216 = NJW-RR 2004, 445 = IBR 2004, 79, 80 – *Ulbrich*.
132) *Locher/Koeble/Frik*, § 8 HOAI, Rdn. 37; *Jagenburg*, BauR 1988, 155, 162; *Korbion/ Mantscheff/Vygen*, § 8 HOAI, Rdn. 70; *Lauer*, BauR 1989, 665 ff.; *Kniffka/Koeble*, 9. Teil, Rdn. 117; vgl. auch LG Dortmund, BauR 1996, 744 (für den Fall, dass der Architekt die Erstellung einer prüffähigen Schlussrechnung ablehnt und sich auf die Prüffähigkeit der von ihm vorgelegten Rechnung stützt). Vgl. zur BGH-Rechtsprechung auch *Rath*, Festschrift für Vygen, S. 54 ff.

## Vergütungsansprüche
### Rdn. 2373

Bestimmungen), aber auch von subjektiven (Empfängerhorizont) Kriterien ab (vgl. näher Rdn. 967 ff.). Damit besteht bei der Beantwortung dieser Frage, wie die umfangreiche Rechtsprechung hierzu zeigt, sehr häufig Unsicherheit. Auch der Gesichtspunkt der Rechtssicherheit rechtfertigt daher eine Gleichbehandlung einer prüffähigen mit einer nicht prüffähigen Schlussrechnung, weil nur so eine verlässliche Bestimmung des Beginns der Verjährung des Honoraranspruchs möglich ist.

Allerdings hat der BGH[133] zwischenzeitlich seine Auffassung eingeschränkt: Danach kann der Auftraggeber den **Einwand der fehlenden Prüffähigkeit** nur dann erheben, wenn dieser **binnen einer angemessenen Frist** erfolgt. Geschieht dies nicht, ist er mit dem Einwand fehlender Prüffähigkeit ausgeschlossen – mit der Folge, dass die Fälligkeit der Honorarforderung eintritt. Für den Zeitpunkt des Eintritts der Fälligkeit nennt der BGH den Zeitpunkt, „zu dem der Auftraggeber das Recht verliert, sich auf die fehlende Prüffähigkeit zu berufen". Als angemessene Frist für die Erhebung des Einwandes fehlender Prüffähigkeit gibt der BGH nunmehr einen Zeitraum von **zwei Monaten** seit Zugang der Schlussrechnung an. Danach beginnt die Verjährung einer nicht prüffähigen Rechnung nach dieser Rechtsprechung des BGH, wenn die Frist von zwei Monaten ohne Rüge der fehlenden Prüffähigkeit durch den Auftraggeber abgelaufen ist.[134]

Der BGH weist in dieser überraschenden Entscheidung ferner darauf hin, dass für den Einwand der fehlenden Prüffähigkeit nicht allein die Rüge ausreicht, die Rechnung sei nicht prüffähig: „Vielmehr muss die Rüge den Auftragnehmer in die Lage versetzen, die fehlenden Anforderungen an die Prüffähigkeit nachzuholen. Erforderlich ist deshalb eine Rüge, mit der die Teile der Rechnung und die Gründe bezeichnet werden, die nach Auffassung des Auftraggebers zu dem Mangel der fehlenden Prüffähigkeit führen." Darüber hinaus soll es nach Meinung des BGH auf ein Verschulden des Auftraggebers bezüglich eines nicht erfolgten oder verspäteten Einwandes der fehlenden Prüffähigkeit nicht ankommen: „Der Einwand geht also sowohl in den Fällen verloren, in denen der Auftraggeber die fehlende Prüffähigkeit erkennt und nicht reagiert, als auch in den Fällen, in denen er, häufig ebenso wie der Auftragnehmer, von der Prüffähigkeit ausgeht."

Hat damit der Auftraggeber innerhalb der vom BGH nunmehr gesetzten Frist von zwei Monaten substantiiert den Einwand gegen die Prüffähigkeit der Honorarrechnung erhoben, beginnt damit die Verjährung nicht, „wenn die Rechnung materiell nicht prüffähig ist und der Auftraggeber nicht ausnahmsweise nach Treu und Glauben gehindert ist, sich auf die fehlende Prüffähigkeit zu berufen. In den Fällen, in denen der Auftraggeber ausnahmsweise gehindert ist, sich nach Treu und Glauben auf die fehlende Prüffähigkeit zu berufen, er sich aber gleichwohl innerhalb der Frist von zwei Monaten auf die fehlende Prüffähigkeit berufen hat, beginnt die Verjährung, wenn die Umstände, die den Verstoß gegen Treu und Glauben begründen, nach außen treten, sodass auch für den Architekten erkennbar ist, dass er die Forderung durchsetzen kann und deshalb die Verjährung beginnt."

Die neue Rechtsprechung des BGH zur Fälligkeit und damit zum Verjährungsbeginn einer nicht prüffähig abgerechneten Honorarforderung ist grundsätzlich zu begrüßen. Sie ist sicherlich nicht zuletzt auf die vorgenannte Kritik in der Literatur zurückzuführen. Der Zeitraum von zwei Monaten, den der BGH für den Einwand der fehlenden Prüffähigkeit einer Rechnung fordert, ist zwar einerseits willkürlich[135] angesetzt, andererseits aber durchaus angemessen.

Haben die Parteien ein **unter den Mindestsätzen** liegendes Honorar (z. B. Pauschalhonorar) vereinbart, muss der Architekt für die Prüffähigkeit der Rechnung keine Schlussrechnung nach den Mindestsätzen erteilen, wenn er nur das vereinbarte

---

133) BauR 2004, 316, 320 = NZBau 2004, 216 = NJW-RR 2004, 445 = IBR 2004, 79, 80 – *Ulbrich*.
134) So auch OLG Dresden, BauR 2005, 1500.
135) Der BGH stützt sich dabei auf den in § 16 Nr. 3 Abs. 1 VOB/B geregelten Zeitraum.

Honorar verlangt, sodass die Übergabe der entsprechenden Honorarrechnung den Verjährungsbeginn auslöst.[136)]

Bei **Kündigung** oder einvernehmlicher vorzeitiger Beendigung des Vertragsverhältnisses ist für den Verjährungsbeginn ebenfalls die Erteilung einer prüffähigen Schlussrechnung maßgebend[137)] (vgl. hierzu Rdn. 1392). Das gilt insbesondere für Ansprüche gemäß § 649 BGB.

Die HOAI gilt nur für die dort genannten Leistungen eines Architekten (vgl. Rdn. 601 ff.). Damit gilt die HOAI und insbesondere § 8 HOAI auch für die in der HOAI erwähnten Architektenleistungen, bei denen eine **freie Honorarvereinbarung** möglich ist.[138)] Werden dagegen von einem Architekten andere, **in der HOAI nicht genannte Leistungen** erbracht, ist für die Frage der Verjährung zu beachten, dass diese unabhängig von einer Rechnungserteilung mit der Abnahme des Architektenwerkes gilt, weil die Vorschrift des § 8 HOAI insoweit nicht anwendbar ist.[139)]

Die vorerwähnten Ausführungen gelten entsprechend für den Honoraranspruch des **Sonderfachmannes** und des **Projektsteuerers**.

Hinsichtlich der Verjährungsfristen ist aufgrund des SchRModG wie folgt nach altem und neuem Recht zu unterscheiden:

### aa) Nach altem Recht (bis 31.12.2001)

**2374**  Honoraransprüche des **Architekten** verjähren nach § 196 Abs. 1 **Nr. 7** BGB in **zwei Jahren**; die Verjährungsfrist beginnt gemäß §§ 198, 201 BGB mit dem Schluss des Jahres, in dem das Architektenhonorar fällig geworden ist.[140)] Dies gilt auch für den Fall, dass die Leistungen des Architekten für den **Gewerbebetrieb** eines Kaufmanns erbracht werden; die vierjährige Verjährungsfrist nach § 196 Abs. 2 BGB kommt daher insoweit nicht zur Anwendung.[141)]

Etwas anderes gilt nur, wenn Architektenleistungen von einem **Kaufmann** (§ 196 Abs. 1 Nr. 1 BGB) erbracht werden. Hier gilt die **4-jährige Verjährung** gemäß § 196 Abs. 2 BGB bei Leistungen für den **Gewerbebetrieb des Auftraggebers**.[142)] Dabei ist unerheblich, ob Leistungen auch gleichzeitig für das private Wohnhaus des Gewerbetreibenden erbracht werden und welche Nutzung

---

136) Zutreffend: OLG Düsseldorf, BauR 1997, 163 = NJW-RR 1996, 1421; OLG München, BauR 1997, 882.
137) BGH, BauR 1986, 596 = NJW-RR 1986, 1279 = ZfBR 1986, 232; OLG Stuttgart, BauR 1991, 491, 492; *Locher/Koeble/Frik*, § 8 Rdn. 34.
138) **Anderer Ansicht:** OLG Schleswig, BauR 2000, 1886; wie hier *Locher/Koeble/Frik*, § 8, Rdn. 36.
139) *Neuenfeld/Baden/Dohna/Groscurth*, Handbuch des Architektenrechts, Bd. 1 II, Rdn. 159.
140) BGH, BauR 1982, 187, 188; BGH, NJW 1977, 375 = JR 1977, 323 Anm. *Schubert* = DB 1977, 581; BGH, NJW 1972, 1799; BGH, NJW 1973, 364 = BauR 1973, 125; OLG Hamm, OLGR 1998, 126 (Ansprüche des nebenberuflich tätigen Architekten); OLG Düsseldorf, BauR 1996, 422, 423; LG Hamburg, BauR 1991, 490; OLG Stuttgart, BauR 1991, 491 **(Pauschalvereinbarung)**; OLG Saarbrücken, BauR 1971, 275; *Schmalzl*, NJW 1972, 1173.
141) Vgl. auch BGH, BauR 1983, 170 = ZfBR 1983, 77; **a. A.:** *Siegburg* (Verjährung im Baurecht, Rdn. 97 ff.), der § 196 Abs. 2 BGB analog auf die Fälle des § 196 Abs. 1 Nr. 7 BGB anwendet, sofern es sich um Vergütungsansprüche von Baubeteiligten (Architekt/Unternehmer) handelt, die bei der Errichtung oder Änderung von Bauwerken mitwirken und ihre Leistungen für den Gewerbebetrieb ihres Auftraggebers erbringen.
142) BGH, NJW 1980, 447 = ZfBR 1980, 21; *Locher/Koeble/Frik*, § 8 HOAI, Rdn. 33.

## Vergütungsansprüche

(Gewerbebetrieb/privates Wohnhaus) überwiegt.[143] Ist die Tätigkeit des Gewerbebetriebes allerdings „von geistigen, wissenschaftlichen oder künstlerischen Leitgedanken bestimmt", ist die zweijährige Verjährungsfrist anzuwenden.[144] Fordert ein **Kaufmann** als Grundstücksveräußerer von dem Erwerber neben dem Kaufpreis zusätzlich eine **Abstandssumme** für **Architekten- und Ingenieurleistungen**, verjährt dieser Anspruch gemäß § 196 Abs. 1 Nr. 1 BGB in zwei Jahren.[145]

Gesetzliche Grundlage für die Verjährungsfrist der Honoraransprüche des Sonderfachmanns ist auch hier § 196 Abs. 1 Nr. 7 BGB und nicht § 196 Abs. 1 Nr. 1 BGB, sodass die Honorarforderung eines Sonderfachmannes auch dann in der Zweijahresfrist verjährt, wenn er für den Gewerbebetrieb seines Vertragspartners tätig geworden ist. Dies hat der BGH ausdrücklich festgestellt.[146]

Nach Auffassung des OVG Nordrhein-Westfalen[147] verjährt der Honoraranspruch des **Prüfingenieurs für Baustatik** ebenfalls nach den Regeln des BGB

### bb) Nach neuem Recht (ab 1.1.2002)

Auch hinsichtlich der Verjährung des Honoraranspruchs des Architekten hat das SchRModG erhebliche Änderungen mit sich gebracht. Der Honoraranspruch des Architekten verjährt nunmehr in der **regelmäßigen Verjährungsfrist von drei Jahren**, § 195 BGB. Die bisher geltende (grundsätzliche) Verjährungsfrist von zwei Jahren ist damit auf drei Jahre verlängert worden. Mit der Einführung der Drei-Jahres-Frist ist es unerheblich, ob der Architekt Leistungen für den Gewerbebetrieb seines Auftraggebers erbracht hat: Die bisherige Differenzierung zwischen der Zwei- und Vier-Jahres-Frist (§ 196 Abs. 1 und 2 BGB a. F.) ist aufgegeben worden.

**2375**

Der **Beginn** der Verjährung des Honoraranspruches richtet sich nach § 199 Abs. 1 BGB. Danach beginnt die regelmäßige Verjährungsfrist von drei Jahren mit dem Schluss des Jahres in dem

1. der Anspruch **entstanden** ist

und

2. der Architekt (Gläubiger) von den den **Anspruch begründenden Umständen** und der Person seines Schuldners **Kenntnis erlangt** oder **ohne grobe Fahrlässigkeit erlangen müsste.**

Die Entstehung des Anspruches i. S. des § 199 Abs. 1 Nr. 1 ist – entsprechend der bisherigen allgemeinen Rechtsauffassung – mit der **Fälligkeit** gleichzusetzen.[148] Daher wird das Honorar des Architekten nach wie vor gemäß § 8 HOAI fällig. Insoweit gelten die Ausführungen unter Rdn. 2370 ff. auch für die neue Rechtslage.

Die sog. **Ultimo-Verjährung** gilt nach wie vor, sodass der Honoraranspruch des Architekten am Schluss des Jahres beginnt, in dem die Honorarforderung fällig wird, § 199 Abs. 1 BGB.

Zu dem mit § 199 Abs. 1 Nr. 2 BGB eingeführten sog. **Kenntnis- bzw. Erkennbarkeitskriterium** wird auf Rdn. 2364 verwiesen; die Ausführungen gelten entspre-

---

143) BGH, BauR 2000, 1053 = NJW-RR 2000, 1187 = NJW 2000, 1940 = ZfBR 2000, 333 = MDR 2000, 825 = NZBau 2001, 463.
144) BGH, a. a. O. (z. B. für Ärzte, nicht aber für Heilpraktiker).
145) BGH, NJW 1995, 2547 = BauR 1995, 699 = ZfBR 1995, 261.
146) BGH, BauR 1983, 170 = ZfBR 1983, 77 = NJW 1983, 870.
147) BauR 2002, 76; vgl. hierzu *Trapp*, BauR 2002, 38 (für das alte Recht).
148) BGH, BauR 1990, 95 = MDR 1990, 323; *Palandt/Heinrichs*, § 199 BGB, Rdn. 3; *Lenkeit*, BauR Sonderheft 1 a, 2002, 196 ff., 199; *Bereska* in Henssler/Graf v. Westphalen, § 199, Rdn. 44.

chend. Im Übrigen verbleibt es bei den unter Rdn. 2370 ff. genannten allgemeinen Grundsätzen zur Verjährung des Honoraranspruchs des Architekten, insbesondere hinsichtlich der Prüffähigkeit der Honorarschlussrechnung, der Abschlagszahlungen und der Kündigung des Architektenvertrages.

### c) Vergütungsanspruch des Bauträgers

2376   Sowohl nach altem als auch nach neuem Recht beginnt die Verjährung erst mit dem Schluss des Jahres, in dem die Fälligkeit der Vergütungsforderung eintritt; die Fälligkeit wird dabei an die Abnahme der Leistung des Bauträgers geknüpft. Die Baufortschrittsraten sollen aber einer selbstständigen Verjährung unterliegen, ohne dass der letzten Rate hinsichtlich der Fälligkeit der früheren noch Bedeutung zukommt.[149] Der Bauträger kann aber auch nach Eintritt der Verjährung seines Vergütungsanspruchs die Einrede des nicht erfüllten Vertrages gegenüber dem Anspruch auf Eigentumsverschaffung erheben.[150]

Weiter ist auch hier zu unterscheiden:

### aa) Nach altem Recht (bis 31.12.2001)

Der (gesamte) Vergütungsanspruch des Bauträgers unterliegt nach **altem** Recht der zweijährigen Verjährung gemäß § 196 Abs. 1 Nr. 7 BGB.[151] Ist der Bauträger **Kaufmann**, verjährt der Vergütungsanspruch nach 2 Jahren (§ 196 Abs. 1 Nr. 1 BGB); erbringt der Bauträger als Kaufmann Leistungen für den Gewerbebetrieb seines Auftraggebers, gilt nach § 196 Abs. 1 Nr. 1 und 2 BGB eine vierjährige Verjährungsfrist. Die zweijährige Verjährungsfrist gilt auch für den Anspruch auf Erstattung von Zwischenfinanzierungskosten.[152] Der Anspruch eines **Bauträgers** auf Erstattung von **Erschließungskosten** verjährt ebenfalls nach § 196 Abs. 1 Nr. 1 BGB; dabei ist unerheblich, ob solche Kosten im Erwerbsvertrag gesondert ausgewiesen oder in einer einheitlich vereinbarten Vergütung enthalten sind.[153]

### bb) Nach neuem Recht (ab 1.1.2002)

Nach Inkrafttreten des **SchRModG** gilt Folgendes: In der Literatur ist insoweit die Verjährungsfrist für den Vergütungsanspruch des Bauträgers streitig. Die wohl h. M.[154] geht von einem einheitlichen Vergütungsanspruch des Bauträgers als Gegenleistung für die Bauleistung und die Übertragung des Eigentums am Grundstück aus, sodass eine 10-jährige Verjährungsfrist angenommen wird (§ 196 BGB). Eine Min-

---

149) OLG Frankfurt, BauR 2005, 1491; OLG Saarbrücken, NZM 2000, 923; a. A. *Pauly*, ZfIR 2006, 47.
150) BGH, IBR 2006, 447 – *Schwenker*; OLG Karlsruhe, IBR 2007, 1039 – *Röder*; a. A. OLG Frankfurt, IBR 2005, 595 – *Basty*.
151) Vgl. OLG Hamm, BauR 1991, 620; OLG Celle, NJW 1970, 1191; OLG Nürnberg, NJW 1972, 2126; OLG Düsseldorf, OLGZ 1977, 198; BGB = BauR 1979, 59 = ZfBR 1979, 26; BauR 1979, 523; *Locher/Koeble*, Rdn. 436 ff., 443 ff.; *Brych*, BauR 1992, 167, 169.
152) BGH, NJW 1978, 39 = WM 1977, 553.
153) BGHZ 102, 167 = BauR 1988, 100 = NJW 1988, 483; BGH, NJW 1990, 1170 = DB 1990, 109 = BauR 1990, 15. Zur Verjährung von Erschließungskosten aus einem (nichtigen) Erschließungsvertrag OLG Hamm, BauR 1991, 621.
154) *Blank*, Rdn. 5; *Brambring*, DNotZ 2001, 904, 905; *Hertel*, DNotZ 2002, 6 (10, 22); *Pause*, NZBau 2002, 648, 650.

dermeinung[155] trennt diese Leistungen des Bauträgers mit der Folge, dass die regelmäßige Verjährungsfrist von drei Jahren (§ 195 BGB) für den Verfügungsanspruch des Bauträgers bezüglich seiner Bauleistung gilt.

## 4. Die Verjährung von Gewährleistungsansprüchen des Bauherrn (Auftraggeber)

*Literatur bis 1989*

*Schubert*, Zur Verjährung von Mangelfolgeansprüchen wegen fehlerhafter planerischer Werkleistungen, BB 1975, 585; *Finger*, Verjährung im Gewährleistungsrecht, NJW 1977, 792; *Schlenger*, Mangel- und Mangelfolgeschäden in der Rechtsprechung des Bundesgerichtshofs, ZfBR 1978, 6; *Littbarski*, Das Verhältnis der Ansprüche aus culpa in contrahendo zu den Ansprüchen aus den §§ 633 ff. BGB, JZ 1978, 3; *Peters*, Zur Verjährung von Ansprüchen aus culpa in contrahendo und positiver Forderungsverletzung, VersR 1979, 103; *von Craushaar*, Verjährung der Gewährleistungsansprüche bei Arbeiten zur Herstellung eines Gebäudes, BauR 1979, 449; *Littbarski*, Die Abgrenzung der Schadensersatzansprüche aus Werkmängeln – ein offenbar unlösbares Rechtsproblem, JZ 1979, 552; *von Craushaar*, Die Verjährung der Gewährleistungsansprüche bei Bauleistungen am fertigen Gebäude, BauR 1980, 112; *Booz*, Verjährungsrechtliche Probleme der Gewährleistungsansprüche des Bauherrn gegen den Bauunternehmer, BauR 1981, 107; *Schmalzl*, Neue Tendenz der Rechtsprechung im Architektenhaftpflichtrecht: Weg von der positiven Vertragsverletzung hin zu § 635 BGB, NJW 1983, 1716; *Motzke*, Installierung eines Heizöltanks als „Arbeit bei einem Bauwerk", NJW 1987, 363; *Michalski*, Die Systemwidrigkeit der Differenzierung nach Mangel- und Folgeschäden im werkvertraglichen Sachmängelgewährleistungsrecht, NJW 1988, 793; *Hehemann*, Zur Abgrenzung von nächsten und entfernteren Mangelfolgeschäden im Werkvertragsrecht, NJW 1988, 801; *Festge*, Gewährleistungsfristen und Verjährungsfristen für Werkmängel, BauR 1989, 140.

*Literatur ab 1990*

*Siegburg*, Dreißigjährige Haftung des Bauunternehmers aufgrund Organisationsverschuldens, Baurechtl. Schriften, Band 32, 1995; *Vogel*, Arglistiges Verschweigen des Bauunternehmers aufgrund Organisationsverschuldens, Baurechtl. Schriften, Band 42, 1998; *Mansel/Budzikiewicz*, Das neue Verjährungsrecht, 2002.

*Koeble*, Bemerkungen zur Gewährleistungsfrist des Architekten und der Ingenieure, Festschrift für Locher (1990), 117; *Gassner*, Die Verjährung baurechtlicher Gewährleistungsansprüche bei arglistigem Verschweigen, BauR 1990, 312; *Kaiser*, Die Mängelhaftung nach VOB/B; Abgrenzung von den Ansprüchen aus positiver Vertragsverletzung, ZfBR 1990, 213; *Wittmann*, Gewährleistungsfrist und Verjährungsfrist für Gewährleistungsansprüche, BGB 1991, 854; *Weinkamm*, Gewährleistungsfrist beim Bauträgervertrag bei Zugrundelegung der VOB/B, BauR 1992, 585; *Ackmann*, Die Abgrenzung nächster von weiteren Mangelschäden bei der Verjährung nach § 638 BGB – eine Malaise ohne Ende?, JZ 1992, 670; *Lang*, Die Gewährleistung bei Organisationsmängeln des Bauunternehmers, Festschrift für Oderski, 1996, 583 ff.; *Anker/Adler*, Die 30jährige Gewährleistungshaftung des Werkunternehmers und ihre Bewältigung in der Praxis, ZfBR 1997, 110; *Jansen*, Die dreißigjährige Gewährleistung des Werkunternehmers wegen Organisationsverschuldens, OLGR 1999, K 5; *Danker/John*, Dauer der Gewährleistung für Fahrbahnmarkierungen, BauR 2001, 718; *Weyer*, Selbstständiges Beweisverfahren und Verjährung von Baumängelansprüchen nach künftigem Recht, BauR 2001, 1807; *Mansel*, Die Neuregelungen des Verjährungsrechts, NJW 2002, 89; *Grams*, Zur neuen Regelverjährung des Erfüllungsanspruches auf die Bauleistung, BauR 2002, 1461; *Brügmann/Kenter*, Abnahmeanspruch nach Kündigung von Bauverträgen, NJW 2003, 2121; *Lauer*, Verjährung des Mängelanspruches und Sekundärhaftung im Architektenrecht, BauR 2003, 1639; *Fischer*, Verjährung der werkvertraglichen Mängelansprüche bei Gebäudearbeiten, BauR 2005, 1073.

---

155) *Wagner*, ZfIR 2002, 257, 260; *Mansel/Budzikiewicz*, Rdn. 32 ff.

### a) Grundsätze

2377 Die **Verjährungsfrist** für Gewährleistungsansprüche des Bauherrn **beginnt** grundsätzlich mit der **Abnahme** des Werkes, § 634 a Abs. 2 BGB[156] (zu den verschiedenen Abnahmeformen und -fiktionen vgl. im Einzelnen Rdn. 1347 ff. sowie 1377 ff.). Eine Klausel in AGB des Auftraggebers, wonach die Verjährung mit der Übergabe des Bauwerks an den Erwerber bzw. nach Bezugsfertigkeit (statt der Abnahme) beginnt, ist nach der Rechtsprechung des BGH[157] unwirksam.

Die Abnahme setzt voraus, dass die Bauleistung bis auf unwesentliche Mängel erbracht ist; die endgültige, unberechtigte Abnahmeverweigerung steht für den Verjährungsbeginn der Abnahme gleich.[158] Entsprechendes gilt auch bei **Kündigung eines Bauvertrages:** Auch hier beginnen die Verjährungsfristen grundsätzlich erst dann, wenn die bis zur Kündigung erbrachte Leistung abgenommen worden ist, wobei die Unvollständigkeit des Werkes außer Betracht bleibt.[159] Daher hat der Auftragnehmer nach der Kündigung einen Anspruch gegen den Auftraggeber auf Abnahme, wenn die von ihm bis zur Kündigung erbrachte Leistung die Voraussetzung für die Abnahmepflicht des Auftraggebers erfüllt.[160] Eine fiktive Abnahme nach § 12 Nr. 5 VOB/B kommt allerdings bei einem gekündigten VOB-Bauvertrag nicht in Betracht.[161] Dagegen sind die Abnahmefiktionen gemäß §§ 640 Abs. 1 Satz 3 und 641 a BGB auf gekündigte VOB- bzw. BGB-Bauverträge anwendbar.[162] Nach diesen Grundsätzen, die der BGH aufgestellt hat, beendet die bloße Kündigung (ohne Abnahme) das Erfüllungsstadium nicht; dies wird erst durch die Abnahme erreicht. **Teilabnahmen** lösen den Verjährungsbeginn für den abgenommenen Teil aus, es sei denn die Parteien haben eine andere Regelung getroffen.

Der Auftragnehmer, der sich auf die Verjährung beruft, kommt seiner **Darlegungslast** für den Verjährungsbeginn nicht dadurch nach, dass er behauptet, die Abnahme sei erfolgt; er muss vielmehr Tatsachen vortragen, welche den Rechtsbegriff „Abnahme" ausfüllen.[163] Die Verjährung eines anlässlich der Insolvenzeröffnung entstandenen Anspruch auf Schadensersatz wegen Nichterfüllung von Gewährleistungspflichten beginnt gemäß § 634 a Abs. 2 BGB bzw. § 13 Nr. 4 VOB/B ebenfalls mit der Abnahme.[164]

Bei der Verjährung von Gewährleistungsansprüchen des Bauherrn (Auftraggebers) haben sich nicht unerhebliche Änderungen durch das SchRModG, das zum 1.1.2002 in Kraft getreten ist, ergeben. Im Folgenden wird die Länge der Verjährungsfrist der vorerwähnten Ansprüche nach altem und neuem Recht dargestellt. Dabei sind jedoch

---

156) Zum Verjährungsbeginn bei einer Herstellungsgarantie: BGH, MDR 1979, 1013 = BauR 1979, 427 = NJW 1979, 645.
157) BauR 2004, 1148 = ZfBR 2004, 557 = EWiR § 635 BGB a. F. 2/04, 747 – *Vogel* und BauR 2004, 1171 = NZBau 2004, 396 = IBR 2004, 376 – *Weyer*.
158) BGH, NJW-RR 1998, 1027; OLG Köln, BauR 2000, 134.
159) BGH, BauR 2003, 689 = NJW 2003, 1450 = NZBau 2003, 265; vgl. hierzu *Brügmann/Kenter*, NJW 2003, 2121; OLG Köln, BauR 2000, 134; *Siegburg*, Rdn. 1811.
160) BGH, a. a. O.
161) BGH, a. a. O.
162) So auch *Brügmann/Kenter*, NJW 2003, 2121, 2124.
163) OLG Düsseldorf, NZBau 2001, 401.
164) BGH, ZfBR 1986, 28, 29 = NJW 1986, 310.

## Gewährleistungsansprüche                                        Rdn. 2378

die **Überleitungsvorschriften** in Art. 229, § 6 EGBGB zu berücksichtigen (vgl. hierzu Rdn. 2344).

### b) Ansprüche des Bauherrn (Auftraggeber) gegen den Bauunternehmer beim BGB-Bauvertrag

### aa) Nach altem Recht (bis 31.12.2001)

Die Gewährleistungsansprüche des Bauherrn gegen den Unternehmer verjähren nach § 638 BGB. **2378**
Es kommen also die gesetzlichen Fristen von **6 Monaten, 1 Jahr** und **5 Jahren** in Betracht. Wird allerdings ein **Baumangel** von Unternehmer **arglistig**[165] **verschwiegen,** gilt grundsätzlich die **30-jährige Verjährungsfrist;** dabei muss sich der Auftragnehmer die Arglist von Hilfspersonen unter Umständen zurechnen lassen.[166] Arglistig handelt ein Unternehmer – mit der vorerwähnten Konsequenz – nach Auffassung des OLG Köln[167] auch dann, wenn er nicht die nötige Sach- und Fachkunde für die ordnungsgemäße Erbringung der in Auftrag gegebenen Leistungen hat und dies dennoch dem Auftraggeber verschweigt. Entsprechendes gilt nach einer Entscheidung des OLG Koblenz,[168] wenn ein Unternehmer neue Bautechniken anwendet und damit von den anerkannten Regeln der Technik abweicht, ohne hierüber seinen Auftraggeber zu unterrichten. Zur Begriffsbestimmung der Arglist vgl. Rdn. 2325 ff. und insbesondere die Rechtsprechungsübersicht bei Rdn. 2336. Nach der Rechtsprechung des BGH[169] kommt die 30-jährige Verjährungsfrist auch in Betracht, wenn den Auftragnehmer ein **Organisationsverschulden** trifft, er insbesondere nicht die Voraussetzungen dafür schafft, dass die Werkleistung sachgerecht dahin überprüft werden kann, ob sie bei Ablieferung/Abnahme mangelfrei ist (vgl. Rdn. 2325 ff.).

Die **sechsmonatige** Verjährungsfrist ist allerdings bei Bauleistungen in aller Regel begrifflich ausgeschlossen, weil die Arbeiten des Unternehmers sich entweder auf das Grundstück oder das Haus beziehen.

Eine **sechsmonatige Verjährungsfrist** hat die Rechtsprechung in folgenden Fällen angenommen:

* Lieferung und Montage einer **Markise** an der Außenwand eines Gebäudes (LG Rottweil, DB 1982, 2398; OLG Hamm, BauR 1992, 630; OLG Düsseldorf, NJW-RR 1992, 564; OLG Köln, JMBl. NW 1990, 57)

---

165) Zum **Begriff** der Arglist und des arglistig verschwiegenen Mangels: BGH, NJW-RR 1996, 1332; NJW 1992, 1754 = ZfBR 1992, 168; NJW 1986, 980; BauR 1970, 244; BauR 1976, 131 = NJW 1976, 516; OLG München, BauR 2005, 1493, 1494; OLG Braunschweig, BauR 2000, 109; BauR 1991, 635; OLG Hamm, NJWRR 1999, 171 = OLGR 1998, 386; BauR 2000, 736 = NJW-RR 2000, 651; OLG Celle, OLGR 1999, 284 = NZBau 2000, 145; OLG Schleswig, MDR 1980, 399; OLG Frankfurt, OLGR 1998, 39 u. 111; OLG München, NJW-RR 1998, 529; OLG Karlsruhe, BauR 1979, 335; OLG Köln, BauR 1995, 107; BauR 1988, 223, 226; BauR 1984, 525; OLG Stuttgart, BauR 1997, 317; OLG Koblenz, NJW-RR 1997, 1179 (**arglistiges** Abweichen von der **Bauauflage**); OLG Oldenburg, OLGR 1997, 213; BauR 1995, 105; *Neuhaus*, MDR 2002, 131, 133 sowie Rdn. **2333.**
166) BGH, BauR 1974, 130 = NJW 1974, 553; OLG München, BauR 1998, 129 = NJW-RR 1998, 529; OLG Celle, NJW-RR 1995, 1486.
167) BauR 2001, 1271.
168) OLGR 2001, 336.
169) BauR 1992, 500 = NJW 1992, 1754 = ZfBR 1992, 168 = MDR 1992, 675; ebenso: OLG Brandenburg, BauR 1999, 1191; OLG Celle, OLGR 1999, 284 = NZBau 2000, 145; OLG Frankfurt, NJW-RR 1999, 24 = OLGR 1999, 287; OLG München, BauR 1998, 129 = NJW-RR 1998, 529; OLG Celle, NJW-RR 1995, 1486; OLG Düsseldorf, BauR 1998, 1021; vgl. hierzu auch *Walther*, BauR 1996, 455 sowie *Anker/Adler*, ZfBR 1997, 110; ferner: *Siegburg*, Baurechtl. Schriften, Band 32; *Vogel*, Baurechtl. Schriften, Band 42; *Jansen*, OLGR-Komm. K 5.

* Ansprüche wegen abhanden gekommener **Gerüstbauteile** (OLG Hamm, NJW-RR 1994, 1297)
* **Heizöltank** (BGH, NJW 1986, 1927, vgl. hierzu auch Motzke, NJW 1987, 363)
* auf **Hallenboden fundamentierte Maschine** (OLG Düsseldorf, NJW-RR 1987, 563)
* **Alarmanlage** in einem Wohnhaus (OLG Düsseldorf, BauR 2000, 732 = NJW-RR 2000, 1212; OLG Frankfurt, NJW 1988, 2546; s. aber BGH, NJW-RR 1991, 1367 = BauR 1991, 741 für Einbau durch Mieter)
* Lieferung und Montage **serienmäßiger Heizkörper,** wenn keine Sonderanfertigung nach Maß vorliegt (OLG Köln, BB 1982, 1578)
* Lieferung einer **Wärmepumpe** (OLG Hamm, BauR 1986, 578 = BB 1986, 555)
* Lieferung und Montage **vorgefertigter,** typisierter und katalogmäßiger **Baufertigteile,** deren Montage bloße Nebenpflicht ist, z. B. Kellerlichtschächte (KG, OLGZ 1980, 462)
* aus **serienmäßigen Einzelteilen** zusammengesetzte **Küche** (BGH, BauR 1990, 369 = NJWRR 1990, 586)
* Einbau eines **Heizkessels** in vorhandene Heizungsanlage (LG Aachen, NJW-RR 1988, 1399)
* Montage von **Reklameschilder** (OLG München, BauR 1992, 631; OLG Hamm, NJW-RR 1990, 789)
* Anfertigen von **Möbeln** (OLG Köln, NJW-RR 1991, 1077; LG Frankfurt, NJW-RR 1991, 225; OLG Düsseldorf, OLGR 1992, 335 – Wohnzimmereinbauschrank)
* **Wartungs- und Reparaturarbeiten** an einer **Heizungsanlage** (OLG Köln, OLGR 1995, 20 = NJW-RR 1995, 337)
* Lose Verlegung von **Teppichfliesen** (OLG Hamm, BauR 1996, 399)
* Lieferung eines **Blockheizkraftwerkes** (OLG Hamm, BauR 1998, 343)
* Einbau einer **Funkalarmanlage** mit Sirenen, Infrarotsendern und Magnetkontakten (OLG Düsseldorf, BauR 1994, 280 [LS])
* Lieferung elektronischer **Steuerungsanlagen für Aufzug** (OLG Dresden, BauR 2000, 1876)
* Gestellung von **Baumaschinen** (OLG Frankfurt, NJW-RR 2000, 1041 = NZBau 2000, 332 = OLGR 2000, 76).

**2379** Die **Abgrenzung** zwischen „**Arbeiten an einem Grundstück**" (= 1 Jahr) und „**Arbeiten an einem Bauwerk**" (= 5 Jahre)[170] ist nicht immer leicht. Die Abgrenzung lässt sich stets nur nach dem Sprachgebrauch des täglichen Lebens vollziehen. Unter Arbeiten an einem **Bauwerk** i. S. des § 638 BGB a. F. sind nach der Rechtsprechung des BGH[171] nicht nur die **Herstellung eines neuen Gebäudes,** sondern auch solche Arbeiten anzusehen, „**die für die Erneuerung und den Bestand des Hauses von wesentlicher Bedeutung sind**". Unter „Arbeiten an einem **Grundstück**" versteht man zunächst die Arbeiten an Grund und Boden (Erdarbeiten); darüberhinaus fallen hierunter alle reinen Instandsetzungs- und Änderungsarbeiten an einem Bauwerk, soweit sie nicht für die Erneuerung oder den Bestand des Gebäudes von Bedeutung sind. Damit ist die „Arbeit an einem Grundstück" ein **Unterfall** (Auffangtatbestand) für alle Arbeiten, die nicht unter den Begriff „Arbeit an einem Bauwerk" eingeordnet werden können.[172]

---

170) Vgl. grundsätzlich BGH, BauR 2003, 1391; ferner: *von Craushaar*, NJW 1975, 993; BauR 1980, 112, der darauf abstellt, ob die Bauarbeiten zu den Bauwerksleistungen gehören, die für den Bauherrn „typischerweise mit dem Risiko bauspezifischer Späterkennbarkeit von Mängeln verbunden" sind; dagegen: OLG Hamm, MDR 1976, 578. Siehe ferner: *Booz*, BauR 1981, 107 sowie oben Rdn. 206 ff.

171) BGH 1984, 168 = BauR 1984, 64; BGHZ 53, 43, 45 = NJW 1970, 419; vgl. auch BGHZ 19, 319 = NJW 1956, 1195.

172) BGHZ 19, 319, 325; BGH, BauR 1971, 128; NJW 1974, 136.

… Gewährleistungsansprüche Rdn. 2380

Rechtsprechungsübersicht
**Arbeiten an einem Bauwerk** (5 Jahre) 2380
* die ölfeste **Versiegelung eines Fußbodens** (BGH, NJW 1970, 419 = BauR 1970, 45); die Umdeckung eines Hauses (BGH, NJW 1956, 1195)
* die **Verlegung eines Steinholzfußbodens** (BGH, LM Nr. 2 zu § 633 BGB)
* der Einbau von **Spannbeton-Fertigdecken** (BGH, Schäfer/Finnern, Z 2.331 Bl. 56)
* die **Fassadenschutzbehandlung** (BGH, VersR 1970, 225 = BauR 1970, 47)
* **Förderanlage** für eine Automobilproduktion (BGH, BauR 1999, 670 = MDR 1999, 737 = ZfBR 1999, 187)
* ein in die Erde eingebrachtes **Schutzrohr** für eine **Feuerlöschringleitung** (BGH, BauR 2001, 621 = NZBau 2001, 201 = NJW-RR 2001, 519 = ZfBR 2001, 267)
* die **Hängebahn** (nebst **Steuerungsanlage**) einer Werkhalle (BGH, BauR 1997, 640 = NJW 1997, 1982 = ZIP 1997, 1034 = OLGR 1998, 127)
* die über die bloße Instandsetzung hinaus gehenden **Arbeiten an** einem in das Erdreich eingebetteten **Heizöltank** (OLG Hamm, NJW-RR 1996, 919)
* die in ein Bauwerk integrierte **Technische Anlage,** die selber kein Bauwerk ist (BGH, BauR 1997, 1018 = NJW-RR 1998, 89)
* der Einbau einer **Klimaanlage** (BGH, BauR 1974, 57; **a. A.:** *von Craushaar,* NJW 1975, 993, 1000)
* die teilweise erneuerte **Schieferlage eines Daches** (BGH, Schäfer/Finnern Z 2.414 Bl. 16)
* die **Umstellung von Koks- auf Ölfeuerung** im Anschluss an andere Installationsarbeiten zur Wiederherstellung des Hauses (BGH, BauR 1973, 246)
* die Erneuerung eines **Hausanstrichs** (*bestr.;* vgl. LG Bielefeld, Schäfer/Finnern, Z 2.414 Bl. 1; BGH, Schäfer/Finnern, Z 2.414 Bl. 16; OLG Stuttgart, NJW 1957, 1679; **a. A.:** OLG Düsseldorf, Schäfer/Finnern, Z 2.414 Bl. 3) oder sonstige **umfangreiche Malerarbeiten** (BGH, NJW 1993, 3195)
* **Küchenzeile** nach Maß angepasst (KG, NJW-RR 1996, 977) sowie **Einbauküche** nach Einbauplan (OLG Koblenz, OLGR 1998, 257)
* der Austausch sämtlicher Fensterscheiben durch **Isolierglasscheiben** (LG Düsseldorf, NJWRR 1990, 916)
* Verlegen eines **Teppichbodens** (BGH, NJW 1991, 2486 = BauR 1991, 603; OLG Köln, BauR 1986, 441)
* die **Pflasterung der Terrasse,** der **Garagenzufahrt** und des **Weges** zwischen Haus und Garage, die Herstellung einer **Hofentwässerung** und die **Anlage des Gartens,** die bei der Errichtung eines Einfamilienhauses aufgrund eines einheitlichen Vertrages übernommen werden (OLG Düsseldorf, BauR 2001, 648 = NJW-RR 2000, 1336 = OLGR 2000, 445 = NZBau 2000, 573)
* **Projektierungsarbeiten** eines Ingenieurs für Sanitär-, Heizungs- und Elektroarbeiten (OLG München, MDR 1974, 753; s. auch OLG Koblenz, Schäfer/Finnern, Z 3.01 Bl. 186 für statische Berechnung und Konstruktionszeichnungen eines Ingenieurs)
* der Einbau einer **Alarmanlage** (OLG Hamm, MDR 1976, 578 = NJW 1976, 1269; s. aber Rdn. 2378 und 2381)
* **Gasrohrnetz, Gleisanlage, Rohrbrunnen, Straßenbauwerk** (BGH, NJW 1993, 723 m. w. Nachw.)
* Errichtung einer **Tankanlage** als Bestandteil eines aus mehreren Bauwerken bestehenden Betriebshofs (OLG Zweibrücken, NJW-RR 2003, 1022 = NZBau 2003, 439)
* **Ausschachtung einer Baugrube** (BGHZ 68, 208 = NJW 1977, 1146 = BauR 1977, 203)
* **Erd- und Entwässerungsarbeiten** (OLG Düsseldorf, Schäfer/Finnern, Z 2.321 Bl. 54)
* **Elektroinstallationen** (BGH, NJW 1978, 1522 = 1978, 683; OLG Karlsruhe, BauR 1996, 556 für **Um-** und **Erweiterungsbauten**)
* **Bearbeitung** von für einen bestimmten Bau vorgesehenen Gegenständen durch einen anderen Unternehmer (BGH, BB 1978, 1640 = NJW 1979, 158; BGH, BauR 1980, 355)
* **Löschwasserteich** in Verbindung mit der Errichtung eines Bauvorhabens (OLG Oldenburg, BauR 2000, 731 = NJW-RR 2000, 545 = OLGR 2000, 67 = NZBau 2000, 337)

**Rdn. 2381**                                                                                            **Verjährung**

* **Betonsteinpflaster** (OLG Köln, OLGR 2002, 24)
* die Erstellung eines aus genormten Fertigteilen zusammengesetzten, ins Erdreich eingelassenen **Schwimmbeckens,** dessen Stahlblechwand mit einem Magerbetonkranz umgeben wird (BGH, NJW 1983, 567 = BauR 1983, 64 = ZfBR 1983, 82)
* **Neuisolierung** der Kelleraußenwände eines bestehenden Gebäudes und Verlegung von Dränagerohren zur Beseitigung von Kellernässe (BGH, NJW 1984, 168 = BauR 1984, 64)
* **Sichtschutzzaun** (LG Hannover, NJW-RR 1987, 208)
* nachträglich im Hotelballsaal eingebaute **Beschallungsanlage** (OLG Hamburg, NJW-RR 1988, 1106)
* **nicht tragende Decke** (OLG Köln, NJW-RR 1989, 209)
* **Hoftoranlage** (OLG Koblenz, NJW-RR 1989, 336)
* Einbau einer **Ballenpresse** zur Errichtung eine Papierentsorgungsanlage in einem Verwaltungsgebäude nach besonderer Zeichnung (BGH, NJW 1987, 837)
* Einbau von **Fütterungsanlagen** und Buchtenabtrennungen in einem Schweinestall aus genormten (demontierbaren und austauschbaren) Bauteilen (OLG Hamm, NJW-RR 1989, 1048)
* **Maschendrahtzaun,** der an einbetonierten Metallpfosten angebracht ist (LG Weiden, NJWRR 1997, 1108)
* Einbau eines **Kachelofens** mit entsprechender Planung (OLG Düsseldorf, NJW-RR 1999, 814 = OLGR 1999, 308; OLG Hamm, BauR 1991, 260 [LS]; OLG Koblenz, BauR 1995, 395)
* Einbau von **Schrankwänden** (OLG Köln, NJW-RR 1991, 1077) oder einer **Einbauküche** (BGH, BauR 1990, 351 = ZfBR 1990, 182; s. Rdn. 199 m. Nachw.)
* **Hofpflasterungen** (im Mörtelbett) (BGH, NJW-RR 1993, 592 = ZfBR 1993, 76 = BauR 1993, 217 und ZfBR 1992, 161 = BauR 1992, 502; OLG Köln, BauR 1993, 218; **a. A.:** OLG Stuttgart, BauR 1991, 462)
* Anbringung einer **Leuchtreklame** (OLG Hamm, NJW-RR 1995, 213 = BauR 1995, 240)
* **Verfüllung der Arbeitsräume** nach Fertigstellung der Rohbauarbeiten an einem Wohngebäude (OLG Düsseldorf, BauR 1995, 244 = NJW-RR 1994, 214)
* Lieferung von **Leuchten für eine Ladenpassage** (LG Arnsberg, NJW-RR 1993, 341)
* Erneuerung des **Terrassenbelages** (OLG Hamburg, BauR 1995, 242)
* Mängel eines **Software-Programms zur Heizungssteuerung** (OLG Düsseldorf, OLGR 2004, 67)
* Errichtung eines **Wintergartens** auf einem Flachdach (OLG Hamm, BauR 1992, 413 LS = OLGR 1992, 43; **a. A.:** OLG München, MDR 1990, 629)
* **Ladengeschäft** in Form einer Containerkombination (BGH, BauR 1992, 369 = NJW 1992, 1445)
* Lieferung und Montage von **Spritzkabinen im Neubau einer Werkshalle** (OLG Düsseldorf, NJW-RR 2001, 1531 = BauR 2002, 103)
* Einbau oder Umbau einer **Zentralheizung** (OLG Köln, NJW-RR 1995, 337)
* Einbau einer **Müllpresse** (BGH, NJW-RR 2002, 664)

**2381**    Arbeiten an einem Grundstück (1 Jahr)

* Der **Neuanstrich** von Fenstern eines bestehenden Hauses (BGH, Schäfer/Finnern, Z 2.414 Bl. 106; s. auch BGH, Schäfer/Finnern, Z 2.414 Bl. 150)
* **Erdarbeiten** (Arbeiten an Grund und Boden ohne Bauwerkserrichtung; Baggerarbeiten, Planierungsarbeiten, Erdaushub); bloße Ausbesserungs- und Instandsetzungsarbeiten (Anstricherneuerung; s. auch LG München, NJW 1970, 942)
* **Gartenbrunnen** (OLG Düsseldorf, BauR 2000, 734 = NJW-RR 1999, 1182)
* **Fehlerhafte Pläne,** die Arbeiten am Grundstück dienen; dabei ist nicht erforderlich, dass Grundstücksarbeiten als solche Gegenstand der Planung waren (BGH, NJW 1993, 723 = BauR 1993, 219 = ZfBR 1993, 118)
* **Beleuchtungsanlage** (BGH, BauR 1971, 128); anders ist dies bei Erneuerungsarbeiten, die an die Substanz des Bauwerks gehen (vgl. *von Craushaar,* NJW 1975, 993, 998, 999 m. Nachw.)
* der **Hausanstrich** zum Zwecke der **Verschönerung** der Fassade (OLG Köln, NJW-RR 1989, 1181)

## Gewährleistungsansprüche  Rdn. 2382

* nachträglicher Einbau einer **Alarmanlage** durch Mieter (BGH, NJW-RR 1991, 1367)
* **Dachgarten** (OLG München, NJW-RR 1990, 917; a. A.: OLG Hamm, BauR 1992, 413 [LS] = OLGR 1992, 43)
* **Mängelnachbesserung an Parkettboden** (OLG Hamm, BauR 1999, 766 = NJW-RR 1999, 462)
* bloße **Schotterung von Waldwegen** (OLG Köln, OLGR 2000, 288)
* Einbau einer 2. **Förderanlage** in eine bestehende, mit dem Boden fest verbundenen Pulverbeschichtungsanlage eines Metallverarbeitungsbetriebes (OLG Düsseldorf, NJW-RR 2001, 1530)
* Fehler von **Plänen**, die Arbeiten am Grundstück dienen sollen (BGH, BauR 1993, 219 = NJW 1993, 723)
* **Erdauffüllungs- und Bodenverdichtungsarbeiten** in den Außenanlagen eines Neubaus (OLG Hamm, OLGR 1996, 28)
* Reparaturarbeiten an einem **Kanal** eines Hausgrundstücks – Beseitigung einer Verstopfung des **Abwasserrohres** (OLG Köln, NJW-RR 2002, 1238).
* **Abbrucharbeiten** vor Neubau (BGH, BauR 2004, 1798 = NZBau 2004, 434 = NJW-RR 2004, 1163)

Die **Abgrenzung** ist nicht immer leicht; sie muss nach den Gegebenheiten des Einzelfalles entschieden werden (vgl. hierzu auch Rdn. 203 ff.). Es ist zu berücksichtigen, dass nicht jede Reparatur an einem Gebäude (Ausbesserung einzelner Schäden) als „Arbeit an einem Bauwerk" angesehen werden kann.[173] **Instandsetzungs- und Umbauarbeiten** sind jedenfalls dann Arbeiten bei Bauwerken, „wenn entsprechende Leistungen bei Neuerrichtung ‚Arbeiten bei Bauwerken' wären und wenn sie nach Umfang und Bedeutung solcher **Neubauarbeiten vergleichbar**" sind[174] (vgl. Rdn. 208 ff.).

2382

Im Übrigen ist davon auszugehen, dass der BGH bei der Abwägung, ob Arbeiten an Bauwerken oder Arbeiten an einem Grundstück vorliegen, großzügig verfährt, weil allgemein bei Bauwerksarbeiten die Gefahr besteht, dass Mängel erst nach Jahren erkannt werden.[175] So hat der BGH[176] „Arbeiten bei Bauwerken" in einem Fall angenommen, in dem ein Bauhandwerker Gegenstände, die für ein bestimmtes Bauwerk verwendet werden sollten, von einem anderen Unternehmer zuvor bearbeiten ließ, obwohl diese Arbeiten nicht auf der Baustelle ausgeführt wurden; der BGH hat in seinem Urteil vom 26. April 1990[177] an dieser Rechtsprechung festgehalten und betont, dass zur Anwendung der 5-jährigen Gewährleistungsfrist ausreicht, wenn der Subunternehmer „die Zweckbestimmung seiner Leistung kennt".

Die kurzen Verjährungsfristen des § 638 BGB gelten nur dort, wo es sich um **Mängel** handelt, die **dem Bauwerk unmittelbar anhaften**.[178] Der BGH[179] hat im Interesse der zweckgerechten Anwendung des § 638 BGB **gewisse Mangelfolgeschäden** in die Gewährleistungshaftung nach § 635 BGB einbezogen und für aus diesen Schäden hergeleitete Ansprüche die **30-jährige Regelverjährung** nach § 195 BGB **ausgeschlossen;** demzufolge werden nach der Rechtsprechung des BGH „**entferntere**" **Mangelfolgeschäden** von der **positiven Forderungsverletzung** (vgl. Rdn. 1751 ff.) erfasst. Die Unterscheidung zwischen unmittelbarem Schaden und „entferntem" Mangelfolgeschaden ist für die **Verjährung** somit von großer Auswirkung.

---

173) BGHZ 19, 319; 322; OLG Köln, BauR 1995, 284 (LS).
174) BGH, NJW 1984, 168 = BauR 1984, 64; OLG Düsseldorf, OLGR 1993, 17.
175) Siehe auch *Lang*, NJW 1995, 2063, 2069, 2070.
176) BGHZ 72, 206 = BauR 1979, 54.
177) BauR 1990, 603 = WM 1990, 1625 = JZ 1991, 258.
178) Vgl. BGH, IBR 2004, 612; BGHZ 35, 130, 132 ff.; 58, 87; 72, 257, 259. Siehe hierzu die **kritischen** Ausführungen von *Schubert*, JR 1975, 179; *Peters*, NJW 1978, 665; *Littbarski*, JZ 1979, 552; *Lang*, NJW 1995, 2063, 2068.
179) BGH, BauR 2006, 834; Vgl. BGH, NJW 1969, 1710; BGHZ 35, 130; BGHZ 58, 85 = NJW 1972, 625, BGHZ 58, 305 = NJW 1972, 1195 = BauR 1972, 309; BGH, BauR 1976, 142 = NJW 1976, 1502 = JR 1977, 110; NJW 1979, 1651; OLG Bamberg, BauR 1995, 394.

Es ist eine im Einzelfall **schwierige Frage,** wo die **Grenze** zwischen diesen beiden Arten von Schadensersatzansprüchen zu ziehen ist. Eine allgemein gültige Festlegung kommt nicht in Betracht, vielmehr bedarf es nach der Rechtsprechung des BGH[180] jeweils der näheren Begründung und Wertung aus der Eigenart des Sachverhalts, ob ein solcher enger Zusammenhang zwischen Mangel und Folgeschaden anzunehmen ist. Entscheidend ist **eine an Leistungsobjekt sowie Schadensart orientierte Güter- und Interessenabwägung,** die das Verjährungsrisiko für Mangelfolgeschäden angemessen zwischen Bauherr und Unternehmer verteilt.[181] Dies hat dazu geführt, dass sich im Verlauf der Rechtsprechung eine **Typenbildung nach Tatbestandsgruppen** herausgebildet hat.[182] Auf die in Rdn. 1691 sowie 1692 erwähnte Rechtsprechung kann Bezug genommen werden. Das überwiegende **Schrifttum** kommt heute zunehmend, wenn auch mit zum Teil unterschiedlicher Begründung, zur grundsätzlichen Anwendung des § 638 BGB.[183]

Sind die Ansprüche des Bauherrn verjährt, hat er aber in unverjährter Zeit dem Auftragnehmer den Mangel **angezeigt,** bleibt dem Bauherrn nach §§ 639 Abs. 1, 479, 638 BGB die **Aufrechnungsmöglichkeit** erhalten.[184] Auch beim VOB-Vertrag ist insoweit eine mündliche Anzeige hinreichend. Das Schriftformgebot des § 13 Nr. 5 VOB greift hier nicht ein.[185]

### bb) Nach neuem Recht (ab 1.1.2002)

**2383** Die Verjährung der Gewährleistungsansprüche des Bauherrn (Auftraggebers) ist nach Inkrafttreten des **SchRModG** nunmehr in § 634 a BGB geregelt. Danach beträgt die Verjährungsfrist für die in § 634 Nr. 1, 2 und 4 BGB genannten Ansprüche **fünf Jahre „bei einem Bauwerk".** Das sind folgende Ansprüche:

* der **Nacherfüllungsanspruch** (§ 635 BGB)
* der Anspruch auf **Selbstvornahme** und auf **Ersatz der erforderlichen Aufwendungen** (§ 637 BGB)
* der **Schadensersatzanspruch** (§§ 636, 280, 281, 283, 311 a BGB) bzw. der Anspruch nach § 284 BGB auf Ersatz vergeblicher Aufwendungen.

Da das **Minderungsrecht** gemäß § 638 BGB (wie das Rücktrittsrecht) gemäß §§ 636, 323 und 326 Abs. 5 nunmehr als Gestaltungsrecht anzusehen ist, kommt insoweit eine **Verjährung nicht in Betracht.**[186] Bei beiden Rechten des Auftraggebers ist aber § 218 BGB. gemäß § 634 a Abs. 3 und 5 BGB zu beachten. Daraus folgt, dass sowohl die Minderung wie auch der Rücktritt ausgeschlossen sind, wenn der Erfüllungsanspruch oder der Nacherfüllungsanspruch verjährt ist und der Auftragnehmer sich hierauf beruft. Das gilt auch, wenn der Auftragnehmer aufgrund der allgemeinen

---

180) BGHZ 58, 85, 92; BGHZ 67, 1, 5; BGH, NJW 1981, 2182, 2183 = BauR 1981, 482; BGH, BauR 1982, 489, BGB = ZfBR 1982, 205; BGHZ 115, 32 = NJW 1991, 2418, WM 1991, 1680 = BB 1991, 1741; s. auch *Schlenger,* ZfBR 1978, 6 ff.
181) BGHZ 67, 1, 6 u. 8.
182) BGHZ 58, 85, 92; BGHZ 67, 1, 8; BGH, NJW 1981, 2182; BauR 1982, 489 = ZfBR 1982, 205.
183) Vgl. u. a. *Laufs/Schwenger,* NJW 1970, 1817; *Todt,* BB 1971, 680, 685; *Finger,* DB 1972, 1211; NJW 1973, 81; NJW 1973, 2104; *Schmitz,* NJW 1973, 2081; *Ganten,* BauR 1973, 148; *Jakobs,* JuS 1975, 76; *Schubert,* JR 1975, 179; BB 1975, 585; *Ehlen/Blatt,* Festschrift für Korbion, S. 69; *Michalski,* NJW 1988, 793; *Hehemann,* NJW 1988, 801; *Ackmann,* JZ 1992, 670. Einige **Instanzgerichte** haben ebenfalls bereits die kürzere Verjährungsfrist des § 638 BGB herangezogen; OLG Bremen, OLGR 1979, 226; LG Köln, BauR 1970, 51; OLG Köln, BauR 1972, 240; OLG Düsseldorf, NJW 1972, 58.
184) Vgl. hierzu BGH, BauR 1989, 470.
185) BGH, BauR 2007, 700.
186) Begründung zum Regierungsentwurf, BT-Drucksache 14/6040, S. 266.

**Gewährleistungsansprüche**

Bestimmungen über den Ausschluss der Leistungspflicht (§ 275 Abs. 2 und 3 BGB) oder wegen unverhältnismäßiger Kosten (§ 635 Abs. 3 BGB) nicht zu leisten braucht und den Anspruch auf die Leistung oder Nacherfüllung verjährt wäre, § 218 Abs. 2 BGB. Allerdings ist der Auftraggeber **trotz der Unwirksamkeit der Minderung** (aus den vorerwähnten Gründen) berechtigt, die **Zahlung** der Vergütung insoweit **zu verweigern,** als er hierzu bei einem wirksamen Minderungsrecht berechtigt gewesen wäre, § 634 a Abs. 5 i. V. m. Abs. 3 BGB. Ihm steht also grundsätzlich ein **Leistungsverweigerungsrecht** zu.[187] Einer Anzeige des Mangels in unverjährter Zeit bedarf es hierzu nicht mehr.

Was unter Leistungen bei einem „**Bauwerk**" zu verstehen ist, war bislang insbesondere für (die meist unbefriedigende) **Abgrenzung zwischen „Arbeiten an einem Grundstück" und „Arbeiten an einem Bauwerk"** im Rahmen des § 638 BGB a. F. von erheblicher Bedeutung (vgl. Rdn. 2379 ff.). Die Frage hat zwar unter diesem Gesichtspunkt kein Gewicht mehr, weil es eine besondere Verjährungsfrist für Arbeiten an einem Grundstück nicht mehr gibt, kann aber hinsichtlich der Abgrenzung zur Verjährungsfrist nach § 634 a Abs. 1 Nr. 1 BGB. bedeutsam sein. Die Beantwortung dieser Frage hängt davon ab, ob grundsätzlich **alle Arbeiten an einem Bauwerk** unter die fünfjährige Verjährungsfrist fallen[188] oder entsprechend der bisherigen Rechtsprechung **nur die Arbeiten** in Betracht kommen, die für die **Erneuerung und den Bestand** des Bauwerkes von **wesentlicher Bedeutung** sind (vgl. Rdn. 2379 ff.).

**2384**

Geht man von der Begründung des **Regierungsentwurfs** zum SchRModG[189] aus, wird man sich für die letzte Alternative entscheiden müssen, sodass es bei der bisherigen von der Rechtsprechung erarbeiteten Unterscheidung verbleibt. In der **Begründung** heißt es hierzu:

„Danach ist ein Bauwerk eine unbewegliche, durch Verwendung von Arbeit und Material in Verbindung mit dem Erdboden hergestellte Sache. Erfasst sind nicht nur Neuerrichtungen, sondern auch Erneuerungs- und Umbauarbeiten an einem bereits errichteten Bauwerk, wenn sie für Konstruktion, Bestand, Erhaltung oder Benutzbarkeit des Gebäudes von wesentlicher Bedeutung sind und wenn die eingebauten Teile mit dem Gebäude fest verbunden werden."

Das entspricht der bisherigen, ständigen Rechtsprechung des BGH,[190] sodass auf die insoweit entwickelten Kriterien zurückgegriffen werden kann.[191]

Danach fallen z. B. Anstricharbeiten zum Zwecke der Verschönerung der Fassade und ähnliche Arbeiten nicht unter die Verjährungsfrist von fünf Jahren gemäß § 634 a Abs. 1 Nr. 2 BGB. Sie verjähren in der Zwei-Jahres-Frist des Abs. 1 Nr. 1 dieser Vorschrift, wonach die Zwei-Jahres-Frist für die Gewährleistungsansprüche bei einem Werk gilt, „dessen Erfolg in der Herstellung, Wartung oder Veränderung einer

---

[187] *Mansel/Budzikiewicz*, § 5, Rdn. 35.
[188] So wohl *Quack*, IBR 2001, 706, der allerdings zu Unrecht auf die Begründung zum Regierungsentwurf verweist; s. auch *Fischer*, BauR 2005, 1073, der auf die Frage abstellt, ob ein „bauspezifisches Risiko" vorliegt.
[189] Begründung zum Regierungsentwurf, a. a. O., S. 227; vgl. hierzu auch *Werner*, Festschrift für Jagenburg, S. 1097 ff.
[190] NJW 1993, 3195 = BauR 1994, 101.
[191] So auch AnwKom-BGB/*Raab*, § 634 a, Rdn. 6.

Sache oder in der Erbringung von Planungs- oder Überwachungsleistungen hierfür besteht". Hierunter fallen auch reine **Abbrucharbeiten**.[192]

Unter die Zwei-Jahres-Verjährungsfrist dieser Vorschrift fallen nunmehr und insbesondere auch alle Arbeiten an einem **Grundstück,** für die bisher eine einjährige Verjährung galt. Dabei ist jedoch nach wie vor zu beachten, dass bestimmte Arbeiten am Grundstück im Hinblick auf die Nähe zur Bauwerkserrichtung oder zum vorhandenen Gebäude von der Rechtsprechung als Arbeiten am Bauwerk angesehen werden. Das gilt z. B. für:

* die Ausschachtung einer **Baugrube** (BGHZ 68, 208 = NJW 1977, 1146 = BauR 1977, 203)
* die **Erd- und Entwässerungsarbeiten** (OLG Düsseldorf, Schäfer/Finnern, Z 2.321, Bl. 54)
* die Errichtung eines Sichtschutzzauns (LG Hannover, NJW-RR 1987, 208)
* den Einbau eines **Kachelofens** mit entsprechender Planung (OLG Düsseldorf, NJW-RR 1999, 814 = OLGR 1999, 308; OLG Hamm, BauR 1991, 260 [LS]; OLG Koblenz, BauR 1995, 395)
* die **Hofpflasterungen** (im Mörtelbett) (BGH, NJW-RR 1993, 592 = ZfBR 1993, 76 = BauR 1993, 217 u. ZfBR 1992, 161 = BauR 1992, 501; OLG Köln, BauR 1993, 218; **a. A.:** OLG Stuttgart, BauR 1991, 462)
* die **Verfüllung der Arbeitsräume** nach Fertigstellung der Rohbauarbeiten an einem Wohngebäude (OLG Düsseldorf, BauR 1995, 244 = NJW-RR 1994, 214)
* die Erneuerung eines **Terrassenbelages** (OLG Hamburg, BauR 1995, 242)
* die **Pflasterung der Terrasse,** der Garagenzufahrt und des Weges zwischen Haus und Garage, die Herstellung einer Hofentwässerung und die Anlage des Gartens, die bei der Errichtung eines Einfamilienhauses aufgrund eines einheitlichen Vertrages übernommen werden (OLG Düsseldorf, BauR 2001, 648 = NJW-RR 2000, 1336 = OLGR 2000, 445 = NZBau 2000, 573)
* die Errichtung eines **Maschendrahtzauns,** der an einbetonierten Metallpfosten angebracht ist (LG Weiden, NJW-RR 1997, 1108).

Die **regelmäßige Verjährungsfrist von drei Jahren** gemäß § 634 a Abs. 1 Nr. 3 BGB stellt einen **Auffangtatbestand** für die Fälle dar, die nicht unter die Nr. 1 und 2 dieser Vorschrift zu subsumieren sind. Hierunter fallen insbesondere erfolgsbezogene **Beraterverträge, gutachterliche Arbeiten von Sachverständigen** usw.

Die Verjährung **beginnt** für die Fallgestaltungen nach § 634 a Abs. 1 Nr. 1 und 2 BGB n. F. **mit der Abnahme** (zur Abnahme im Einzelnen vgl. Rdn. 1338 ff.). Im Übrigen beginnt die (regelmäßige) Verjährung für die Fälle des § 634 a Abs. 1 Nr. 3 BGB gemäß § 199 BGB (vgl. hierzu Rdn. 2343).

**2385** Hat der Unternehmer einen **Mangel arglistig verschwiegen,**[193] gilt gemäß § 634 a Abs. 3 BGB ebenfalls die regelmäßige Verjährungsfrist von grundsätzlich **drei Jahren**

---

192) Vgl. hierzu BGH, BauR 2004, 1798 = IBR 2004, 562 – *Weyer* zu § 638 BGB a. F.
193) Zum Begriff der **Arglist** und des arglistig verschwiegenen Mangels: BGH, NJW-RR 1996, 1332; NJW 1992, 1754 = ZfBR 1992, 168; NJW 1986, 980; BauR 1970, 244; BauR 1976, 131 = NJW 1976, 516; OLG Braunschweig, BauR 2000, 109; BauR 1991, 635; OLG Hamm, NJW-RR 1999, 171 = OLGR 1998, 386; BauR 2000, 736 = NJW-RR 2000, 651; OLG Celle, OLGR 1999, 284 = NZBau 2000, 145; OLG Schleswig, MDR 1980, 399; OLG Frankfurt, OLGR 1998, 39 u. 111; OLG München, NJW-RR 1998, 529; OLG Karlsruhe, BauR 1979, 335; OLG Köln, BauR 1995, 107; BauR 1988, 223, 226; BauR 1984, 525; OLG Oldenburg,

## Gewährleistungsansprüche

(§ 195 BGB). Dabei ist das sog. **Kenntnis- bzw. Erkennbarkeitskriterium** im Rahmen des subjektiven Verjährungssystems für den Beginn der Verjährung gemäß § 199 Abs. 1 BGB und die grundsätzliche Begrenzung auf zehn Jahre nach § 199 Abs. 3 BGB zu berücksichtigen. Aufgrund der deutlichen Verkürzung der Verjährungsfrist bei arglistigem Verhalten (von 30 auf 3 Jahre) ist in § 634 a Abs. 3 S. 2 BGB ausdrücklich geregelt, dass in diesem Fall für die im Baurecht bedeutsamsten Fallgestaltungen des § 634 a Abs. 1 Nr. 2 BGB die Verjährungsfrist nicht vor Ablauf der Fünf-Jahres-Frist eintritt.

Fraglich ist, welche Verjährungsfrist nach Inkrafttreten des **SchRModG** für das von der Rechtsprechung entwickelte sog. **Organisationsverschulden des Unternehmers bei Baumängeln** (vgl. Rdn. 2333 ff.) gilt.[194] In Betracht kommen die Verjährungsfristen nach § 634 a Abs. 1 Nr. 2 BGB (5 Jahre) oder die regelmäßige Verjährungsfrist des § 195 BGB (3 Jahre) über § 634 a Abs. 3 BGB Da die Rechtsprechung das Organisationsverschulden in der Nähe eines arglistigen Verhaltens des Unternehmers bzw. seiner Erfüllungsgehilfen sieht (vgl. Rdn. 2334) und deshalb in der Vergangenheit hierfür ebenfalls die 30-jährige Verjährungsfrist herangezogen hat, kommt nur die entsprechende Anwendung des § 634 a Abs. 3 BGB in Betracht mit der Folge, dass die **regelmäßige Verjährungsfrist** gemäß § 195 BGB insoweit gilt,[195] allerdings mit der Einschränkung des § 634 a Abs. 3 Satz 2 BGB (nicht vor Ablauf von 5 Jahren).

Gemäß § 651 BGB sind auf einen Vertrag, „der die Lieferung herzustellender oder zu erzeugender beweglicher Sachen zum Gegenstand hat", die Vorschriften über den Kauf anzuwenden.[196] Dabei ist grundsätzlich unerheblich, ob es sich um eine vertretbare oder eine nicht vertretbare Sache handelt; bei einer nicht vertretbaren Sache ist allerdings § 651 Satz 3 BGB zu berücksichtigen. Hintergrund der gesetzlichen Neuregelung ist vor allem die Angleichung kaufrechtlicher und werkvertraglicher Gewährleistungsansprüche. Es ist schon jetzt abzusehen, dass es im Rahmen des Verjährungsrechts bei der Lieferung herzustellender oder zu erzeugender beweglicher Sachen für ein Bauwerk gemäß § 651 BGB einerseits und der erfolgsbezogenen Herstellung einer Sache gemäß § 634 a Abs. 1 Nr. 1 BGB andererseits Abgrenzungsschwierigkeiten geben wird.[197] Das hat insbesondere Gewicht für den **unterschiedlichen Verjährungsbeginn** und die unterschiedliche Regelung hinsichtlich des **Wahlrechts des Käufers/Bestellers** bei der Alternativität der Mängelbeseitigung

2385 a

---

BauR 1995, 105; OLG Stuttgart, BauR 1997, 317; OLG Koblenz, NJW-RR 1997, 1179 (arglistiges Abweichen von der **Bauauflage**); OLG Oldenburg, OLGR 1997, 213.

194) *Graf v. Westphalen* in Henssler/Graf v. Westphalen, § 634, Rdn. 29 u. 30 erörtert dieses Problem zwar, hält die Entscheidung jedoch offen; vgl. hierzu auch *Kainz*, Festschrift für Kraus, S. 85.

195) So auch *Mansel*, NJW 2002, 89, 96; *Mansel/Budzikiewicz*, § 5, Rdn. 252 ff.; *Lenkeit*, BauR 2002, 196, 209; *Sienz* in Wirth/Sienz/Englert, S. 99, Rdn. 365; *Neuhaus*, MDR 2002, 131, 134.

196) § 651 gilt nur für bewegliche Sachen: *Sienz*, BauR 2002, 181 ff., 190 weist zu Recht darauf hin, dass der Gesetzgeber offensichtlich die Sonderregelung des § 95 BGB (Scheinbestandteile) übersehen hat. Wird daher ein Bauwerk in Ausübung eines zeitlich begrenzten Nutzungsrechts (z. B. **Tennishalle, Behelfsheim**) errichtet, handelt es sich im Rechtssinn um eine bewegliche Sache mit der Folge, dass auch insoweit über § 651 BGB n. F. die kaufrechtlichen Verjährungsansprüche gelten.

197) Vgl. hierzu AnwKom-BGB-*Raab*, § 641, Rdn. 9 ff.; *Sienz*, BauR 2002, 181 ff., 191; *Voit*, BauR 2002, 145 ff., 146.

oder Neulieferung/Neuherstellung. Bei der Abgrenzung wird man in erster Linie auf die Frage der Eigentumsübertragung abzustellen haben: Werkvertragsrecht ist grundsätzlich anzunehmen, wenn die Sache im Wesentlichen aus Stoffen des Auftraggebers hergestellt wird und damit die Lieferung einer Sache im Sinne einer rechtsgeschäftlichen Eigentumsübertragung nicht geschuldet wird.[198]

**2385 b**  Nach § 438 Abs. 1 Nr. 2 a BGB gilt für die **Haftung des Veräußerers eines Bauwerkes** nunmehr die **fünfjährige Verjährung**. Dabei ist es nach dem Wortlaut der Bestimmung unerheblich, ob es sich dabei um ein **neu errichtetes** Haus (oder Eigentumswohnung) oder um ein **älteres** (länger genutztes) **Gebäude** handelt. Damit sind insbesondere die Konsequenzen aus der bisherigen Rechtsprechung des BGH (vgl. Rdn. 1444 ff.) gezogen worden, der beim Verkauf neu errichteter Häuser grundsätzlich Werkvertragsrecht annahm, um eine als willkürlich angesehene und daher unbefriedigende Differenzierung bei der rechtlichen Behandlung des Erwerbs eines neuen Gebäudes (vor, während oder nach Errichtung) zu vermeiden.[199] Die gesetzgeberische Entscheidung fiel nach langer Diskussion[200] zugunsten des Kaufrechts (allerdings mit der nunmehr verlängerten Verjährungsfrist von fünf Jahren) aus. Nach neuem Recht ist daher für die Abgrenzung von Kaufrecht und Werkvertragsrecht nunmehr stets die Frage maßgeblich, ob bei Vertragsschluss noch eine zu erfüllende Herstellpflicht bestand oder das Bauwerk bereits fertig gestellt ist.[201] Dabei wird man als **Maßstab für die Fertigstellung** ansetzen können, dass das Bauwerk im **Wesentlichen** bis auf geringfügige Restarbeiten, die nicht ins Gewicht fallen, als **hergestellt** anzusehen ist. Im Übrigen hat die vorgenannte Abgrenzung an Tragweite verloren: Sie spielt im Wesentlichen nur noch eine Rolle für den Verjährungsbeginn (Werkvertragsrecht: Abnahme – Kaufrecht: Übergabe des Bauwerks), die nur werkvertraglichen Rechte auf Selbstvornahme und Vorschuss gemäß § 637 BGB sowie das Wahlrecht zwischen Mängelbeseitigung und Neulieferung/Neuherstellung andererseits (Werkvertragsrecht: Wahlrecht des Unternehmers – Kaufrecht: Wahlrecht des Käufers).

Hinsichtlich der Verjährung der Gewährleistungsansprüche des Erwerbers im Rahmen eines **Bauträgervertrages** gilt: Da es sich insoweit (nach wie vor) um einen typengemischten Vertrag handelt, verjährt der Gewährleistungsanspruch hinsichtlich des Bauwerks nach § 634 a Abs. 1 Nr. 2 BGB (fünf Jahre), der Gewährleistungsanspruch hinsichtlich etwaiger Mängel des Grundstückes nach § 438 Abs. 1 Nr. 3 BGB (zwei Jahre).[202]

Ist ein Schaden nicht mangelbedingt, sondern durch Verletzung einer Nebenpflicht aus § 241 Abs. 2 BGB verursacht, gilt insoweit die regelmäßige Verjährung (§ 195 BGB). Daher ist auch in Zukunft eine Abgrenzung zwischen der Verletzung von

---

198) *Voit*, BauR 2002, 145, 147; a. A.: *Lenkeit*, BauR 2002, 196, 208, der grundsätzlich Kaufrecht bei der Neuherstellung beweglicher Sachen über § 651 Satz 1 BGB n. F. annehmen will und die Meinung vertritt, dass aus diesem Grunde „die Nennung der Herstellung einer Sache in § 634 a Abs. 1 Nr. 1 BGB n. F. ins Leere geht".
199) Vgl. insbesondere BGH, BauR 1987, 438 = NJW 1987, 2373; BauR 1987, 686; BauR 1982, 493 = ZfBR 1982, 152; *Vygen*, Rdn. 109 a.
200) Vgl. hierzu AnwKom-BGB-*Büdenbender*, § 438, Rdn. 12.
201) So auch *Henssler/Graf v. Westphalen*, § 438, Rdn. 7; vgl. hierzu auch *Rüfner*, ZfIR 2001, 16.
202) Vgl. hierzu *Mansel/Budzikiewicz*, § 5, Rdn. 62 ff.; *Teichmann*, ZfBR 2002, 13, 19; Vgl. auch Rdn. 1445.

## Gewährleistungsansprüche

Rdn. 2386

Hauptpflichten und Nebenpflichten im Rahmen der Klärung der Verjährungsfrist erforderlich.[203] Zu Verjährung bei Verletzung von **Nebenpflichten** (früher positive Vertragsverletzung) vgl. Rdn. 2343.

Sind die Gewährleistungsansprüche des Auftraggebers gegen den Unternehmer **verjährt, bleiben** dem Auftraggeber nach wie vor das **Leistungsverweigerungsrecht** und das **Recht zur Aufrechnung,** § 215 BGB. Für die Fälle eines Rücktritts oder einer Minderung wurde dies im Rahmen des **SchRModG** in § 634a Abs. 4 und 5 BGB geregelt. Das Zurückbehaltungsrecht erfasst auch die dem Auftraggeber übergebene Gewährleistungsbürgschaft. Der **Gesetzgeber des SchRModG** hat nunmehr – im Gegensatz zu §§ 639, 478, 479 BGB a. F. – ausdrücklich **darauf verzichtet,** die vorerwähnten Rechte des Auftraggebers davon abhängig zu machen, dass der **Mangel in unverjährter Zeit** dem Unternehmer **angezeigt** worden war.

### c) Ansprüche des Bauherrn (Auftraggeber) gegen den Bauunternehmer beim VOB-Bauvertrag

*Literatur*

*Heinrich*, Abschied von der 2-jährigen Gewährleistung gem. § 13 Nr. 4 Abs. 1 VOB/B?, Baurechtl. Schriften, Band 39, 1998.

*Kaiser*, Die Problematik der kurzen Verjährung des Kostenerstattungsanspruchs im Baurecht (§ 633 Abs. 3 BGB; § 13 Nr. 5 VOB/B), NJW 1973, 176; *Kaiser*, Die Verjährung der Ansprüche des Bauherrn wegen mangelhafter Bauleistung im Gesetz und VOB, Teil B, BlGBW 1973, 85; *Dähne*, Rechtsnatur und Verjährung des Schadensersatzanspruchs in § 4 Nr. 7 Satz 2 VOB/B, BauR 1973, 267; *Kaiser*, Die Bedeutung der schriftlichen Mängelrüge nach VOB/B, NJW 1975, 2184; *Müller-Foell*, Zum Problem der kurzen Verjährung nach § 13 Nr. 4 VOB/B, BauR 1982, 538; *Kaiser*, Rechtsfragen des § 13 Nr. 4 VOB/B, BauR 1987, 617; *Kraus*, Die VOB/B – ein nachbesserungsbedürftiges Werk, Beilage Baurecht 1997, Heft 4; *Quack*, Gilt die kurze VOB/B-Verjährung noch für Verbraucherverträge?, BauR 1997, 24; *Kaiser*, Gilt § 13 Nr. 4 Abs. 1 VOB/B auch für Verbraucher-Bauverträge?, BauR 1998, 203; *Kraus*, Das Ende der AGB-rechtlichen Privilegierung der VOB?, NJW 1998, 1126; *Tomic*, § 13 Nr. 4 Abs. 2 VOB/B – Eine „tickende Zeitbombe", BauR 2001, 14; *Tomic*, Verjährung des Kostenerstattungsanspruchs (§§ 4 Nr. 7, 8 Nr. 3 VOB/B), BauR 2006, 441.

Liegt ein **VOB-Bauvertrag** vor, so sind folgende Verjährungsfristen maßgebend. Insoweit hat die **VOB 2002** im Rahmen des § 13 Nr. 4 VOB/B erhebliche Veränderungen mit sich gebracht: **2386**

* Gewährleistungsansprüche verjähren nach § 13 Nr. 4 Abs. 1 VOB/B, der für **alle Gewährleistungsansprüche** (§ 13 Nr. 5, 6, 7 VOB/B) gilt,[204] **in vier Jahren** (bisher in zwei Jahren), soweit es sich um Mängel an Bauwerken handelt. Für Arbeiten an einem **Grundstück** und für die vom Feuer berührten Teile von **Feuerungsanlagen** gilt eine **Zwei-Jahres-Frist.** Die Verjährungsfrist für feuerberührte und abgasdämmende Teile von **industriellen** Feuerungsanlagen beträgt ein Jahr. Bei maschinellen und elektrotechnischen/elektronischen Anlagen oder Teilen davon, bei denen die **Wartung** Einfluss auf die Sicherheit und Funktionsfähigkeit hat, beträgt die Verjährungsfrist nach § 13 Nr. 4 Abs. 2 VOB/B für Mängelansprüche

---

203) *Sienz*, BauR 2002, 181, 193; *Voit*, BauR 2002, 145, 159.
204) Vgl. BGH, DB 1971, 669; MDR 1973, 42; BGH, MDR 1981, 219; BauR 1981, 69 für den Schadensersatzanspruch aus Verletzung der Pflicht zum Nachweis der Mangelfreiheit des Bauwerks.

zwei Jahre (bisher ein Jahr), wenn der Auftraggeber sich dafür entschieden hat, dem Auftragnehmer die Wartung für die Dauer der Verjährungsfrist nicht zu übertragen.[205] Abweichende Vereinbarungen von § 13 Nr. 4 VOB/B hat derjenige zu beweisen, der sich hierauf beruft.[206] § 13 Nr. 4 VOB/B gilt auch für den Kostenerstattungsanspruch sowie den Vorschussanspruch.[207]

Quack[208] hat grundsätzliche Bedenken gegen die frühere kurze Verjährungsfrist von zwei Jahren für Verbraucherverträge (i. S. des früheren § 24 a AGB-Gesetzes) erhoben, wobei es nach seiner Auffassung unerheblich sein soll, ob die VOB/B „als Ganzes" vereinbart ist.[209]

**2387**
- Im Übrigen verjähren: Mängelansprüche vor der Abnahme aus § 4 Nr. 7 VOB/B in drei Jahren, § 195 BGB (früher 30 Jahre)[210], nach der Abnahme gemäß § 13 Nr. 4 VOB 2002 in vier Jahren.[211] Ansprüche wegen Verstoßes gegen § 4 Nr. 8 VOB/B verjähren ebenfalls in der Frist des § 13 Nr. 4 VOB/B, wenn die Mängel darauf beruhen, dass der Auftragnehmer gegen das Subunternehmerverbot verstoßen hat und der Nachunternehmer mangelhaft gearbeitet hat.[212] Der Anspruch aus § 8 Nr. 3 Abs. 2 VOB/B verjährt grundsätzlich in 3 Jahren, § 195 BGB (früher 30 Jahre). Soweit er dagegen auf § 4 Nr. 7 VOB/B beruht, verjährt er nach der Abnahme allerdings in der Frist des § 13 Nr. 4.[213] Dies hat der BGH noch einmal im Zusammenhang mit einer **Kündigung des Bauvertrages** klargestellt: Die Verjährungsfrist nach § 13 Nr. 4 VOB/B oder nach § 13 Nr. 7 Abs. 3 VOB/B sind nach einer Kündigung oder Teilkündigung eines Bauvertrages auf Ansprüche aus § 4 Nr. 7 VOB/B, die nach der Kündigung erhalten bleiben, grundsätzlich erst anwendbar, wenn die bis zur Kündigung erbrachte Leistung **abgenommen** worden ist.[214]

- Die **VOB 2006** hat weitere Änderungen mit sich gebracht: Anstelle der gesondert ausgewiesenen Frist „für Arbeiten an einem Grundstück" ist nun in Anpassung an § 634 a) BGB n. F. die Formulierung getreten: „Für andere Werke, deren Erfolg in der Herstellung, Wartung oder Veränderung einer Sache besteht." Damit sind inhaltlich die Arbeiten an einem Grundstück erfasst.

Für Teile von maschinellen und elektrotechnischen/elektronischen Anlagen gilt nun ausdrücklich, soweit **nichts anderes vereinbart** ist, für diese Anlagenteile eine Verjährungsfrist von 2 Jahren. Dies gilt auch dann, wenn für weitere Leistungen

---

205) Vgl. hierzu kritisch: *Kraus*, NJW 1998, 1126.
206) Wie hier: *Kaiser*, Rdn. 168, Anm. 1; **a. A.:** *Ingenstau/Korbion*, § 13/B, Rdn. 239.
207) Vgl. BGH, NJW 1976, 956, 957; NJW 1970, 421, 423; *Kaiser*, NJW 1973, 176, Mängelhaftungsrecht, Rdn. 85, dort insbesondere zur Frage, wann insoweit die Verjährungsfrist zu laufen beginnt; hierzu s. auch *Ingenstau/Korbion*, § 13/B, Rdn. 570.
208) BauR 1997, 24, 26; hierzu auch *Kaiser*, BauR 1998, 230.
209) *Kraus* (Beilage zu BauR Heft 4/1997, S. 8 ff.) hält eine allgemeine Verjährungsfrist von fünf Jahren für Bauwerke allein für angemessen.
210) Vgl. *Jagenburg*, NJW 1970, 1426; NJW 1975, 2041, 2042; BGH, NJW 1974, 1707; BGH, MDR 1972, 410.
211) BGH, NJW 1971, 99 = BauR 1971, 51 m. krit. Anm. *Korbion;* BGH, MDR 1972, 410. Das folgt ferner aus BGH, BauR 1982, 277 = DB 1982, 1003.
212) OLG Düsseldorf, BauR 1972, 111; BGH, NJW 1973, 38 = BauR 1973, 46.
213) BGHZ 54, 352 = BauR 1971, 51; BGH, NJW 1974, 1707; anders: OLG Hamm, BauR 1982, 280 = MDR 1982, 52.
214) BGH, BauR 2003, 689 = NJW 2003, 1450 = NZBau 2003, 265; *Tomic*, BauR 2006, 441.

## Gewährleistungsansprüche

Rdn. 2388–2390

eine andere Verjährungsfrist vereinbart ist. Damit wird zum einen zum Ausdruck gebracht, dass hier abweichende Regelungen für die Verjährung bei maschinellen und elektrotechnischen/elektronischen Anlagen möglich sind. Zum anderen stellt die Regelung klar, dass die besondere Frist für solche Anlagen – mangels abweichender Vereinbarung im Einzelfall – auch gilt, wenn für die übrigen Leistungen eine andere Frist vereinbart wurde.

Eine **isolierte Vereinbarung** des § 13 oder § 13 Nr. 4 („Gewährleistung nach VOB/B") ist grundsätzlich unwirksam, weil die Privilegierung der VOB/B nur eingreift, wenn die **VOB als Ganzes vereinbart** ist (Rdn. 1018 ff.).[215] Dies gilt nicht nur, wenn eine isolierte Vereinbarung der Gewährleistungsregelung in AGB oder Formularverträgen erfolgt, sondern auch in einem individuellen Bau- oder Bauträgervertrag.[216] Die isolierte Vereinbarung des § 13 VOB/B ist allerdings wirksam, wenn der **Vertragspartner** des Unternehmers/Bauträgers **selbst** die „isolierte" Vereinbarung der Gewährleistungsregelung der VOB/B **wünscht**, weil dann kein Anlass mehr zum Schutz vor den von ihm selbst in den Vertrag eingeführten Bestimmungen besteht.[217] Ist zwar § 13 VOB/B im Bauvertrag isoliert vereinbart, die **Verjährungsfrist aber auf 5 Jahre verlängert**, hält eine solche Vereinbarung der Inhaltskontrolle gemäß §§ 305 ff. BGB stand, weil damit keine für den Auftraggeber ungünstige Regelung getroffen wird.[218] Dies gilt umso mehr, als der Wortlaut des § 13 Nr. 4 VOB/B ausdrücklich die Möglichkeit der vertraglichen Abrede einer längeren Verjährungsfrist zulässt (Öffnungsklausel).[219] **2388**

Häufig werden in Unternehmerverträgen **unterschiedliche Verjährungsfristen** (5-Jahres-Frist und 2-Jahres-Frist) für **bestimmte Bauwerksbereiche** vereinbart. Das ist, wenn die Fristen der VOB nicht unterschritten werden, grundsätzlich nicht zu beanstanden.[220] **2389**

Da die **VOB** grundsätzlich nur für die vom Unternehmer geschuldeten Bauleistungen, **nicht** aber für die von ihm z. B. in Bauträgerverträgen, Totalunternehmerverträgen oder Generalunternehmerverträgen daneben übernommenen selbstständigen **Architekten- und Ingenieurleistungen** gilt, findet jedenfalls für diese zuletzt genannten Leistungen auch die 4-jährige Verjährungsfrist des § 13 Nr. 4 VOB/B **keine Anwendung**.[221] **2390**

---

215) Vgl. hierzu auch *Heinrich*, S. 95 ff.
216) BGH, BauR 1986, 89 = NJW 1986, 315; BauR 1986, 98 = NJW 1986, 713; BauR 1987, 205 = NJW 1987, 837; BauR 1987, 438 = NJW 1987, 2373 = DB 1987, 1988; BGH, BauR 1987, 439 = NJW-RR 1987, 1046; BGH, MDR 1989, 154; OLG Nürnberg, BB 1985, 1881 m. Anm. *Reithmann* und NJW-RR 1986, 1346; OLG Bamberg, NJW-RR 1988, 1049; *Grziwotz*, NJW 1989, 193; *Ingenstau/Korbion*, § 13/B, Rdn. 233; *Kaiser*, BauR 1987, 617, 622; *Siegburg*, Rdn. 598 ff.
217) BGH, BauR 1987, 205 = NJW 1987, 837; *Heiermann/Riedl/Rusam*, § 13/B, Rdn. 69.
218) BGH, 1989, 322, 324; **a. A.:** OLG München, NJW-RR 1995, 1301; BauR 1986, 579 u. NJWRR 1987, 661, 663 sowie *Siegburg*, Rdn. 605.
219) BGH, BauR 1987, 84; *Siegburg*, Rdn. 84 ff.; **a. A.:** LG Halle, BauR 2006, 128.
220) Vgl. hierzu OLG Düsseldorf, BauR 1999, 410 = NJW-RR 1999, 667 (Vereinbarung einer 5-jährigen Gewährleistungsfrist für die Konstruktion einer Stahlbetonfertiggarage nach BGB und eine 2-jährige Gewährleistungsfrist für alle anderen Arbeiten wie Anstrich, Dacheindeckung und bewegliche Teile).
221) BGH, BauR 1987, 702 = DB 1988, 41; *Kaiser*, BauR 1987, 617, 621; differenzierend: *Korbion*, Festschrift für Locher, S. 127 ff.; vgl. auch Rdn. 1017.

**2391** Soweit der Unternehmer **Nebenpflichten** verletzt, die **nicht zu einem Werkmangel** führen (§ 241 Abs. 2 BGB), gilt allerdings nach Inkrafttreten des **SchRModG** die Verjährungsfrist des § 195 BGB und damit die **regelmäßige Verjährungsfrist von drei Jahren** (früher: Anspruch aus positiver Vertragsverletzung mit einer 30-jährigen Verjährungsfrist), vgl. hierzu Rdn. 2343 a. E. Zum Anspruch wegen eines **arglistig verschwiegenen Mangels** und eines **Organisationsverschuldens** vgl. Rdn. 2325 ff., 2378, 2385; die Ausführungen gelten entsprechend.

**2392** Die Verjährung **beginnt** mit der **Abnahme** (§ 12 VOB/B) der gesamten Leistung (vgl. näher Rdn. 2382), bei § 13 Nr. 5 (Nachbesserungsanspruch) erst mit dem Zugang des schriftlichen Nachbesserungsverlangens, jedoch nicht vor Ablauf der vereinbarten Frist (vgl. Rdn. 2436).

**2393** Nach Abnahme der **Mängelbeseitigungsleistung** beginnt für diese Leistung eine Verjährungsfrist von 2 Jahren neu, die aber nicht vor Ablauf der Regelfristen nach Nr. 4 oder der an ihrer Stelle vereinbarten Frist endet. Insoweit reicht also nicht die bloße Erklärung der erfolgten Mängelbeseitigung durch den Auftragnehmer gegenüber dem Auftraggeber; vielmehr setzt die VOB zunächst eine **Abnahme** der Mängelbeseitigungsleistung durch den Auftraggeber voraus.[222] Zur Tragweite der neuen Verjährungsfrist nach der Mängelbeseitigungsleistung hat der BGH[223] in konsequenter Fortsetzung seiner Rechtsprechung[224] entschieden: Erbringt der Auftragnehmer eine **unvollständige** und **fehlerhafte Nachbesserungsleistung,** indem er lediglich einige Mangelerscheinungen beseitigt, nicht aber den Mangel selbst behebt, so beschränkt sich die neue Verjährungsfrist nicht auf die vom Auftraggeber aufgezeigten und vom Auftragnehmer beseitigten Mangelerscheinungen, sondern erfasst **alle** Mängel, die für diese Mangelerscheinungen ursächlich sind (sog. **Symptomtheorie**).[225] Im Übrigen ist § 13 Nr. 5 Abs. 1 Satz 3 VOB/B auch auf Mängelbeseitigungsleistungen anzuwenden, die der Auftragnehmer erbracht hat, obwohl die Gewährleistungsansprüche des Auftraggebers bereits verjährt waren.[226]

**Verweigert** der Bauherr die **Abnahme** (vgl. Rdn. 1366), so beginnt die Verjährung in dem Zeitpunkt, in dem er die Bauleistung und deren Abnahme endgültig abgelehnt hat.[227]

**2394** Für die **Berechnung** des Verjährungsbeginns gilt § 187 Abs. 1 BGB. Im Rahmen des § 12 Nr. 5 VOB/B ist der Kalendertag maßgebend, der auf die Frist von 12 bzw. 6 Werktagen folgt.[228] Auf den Ablauf der Frist hat die Kenntnis oder das Kennen müssen von dem Leistungsmangel keinen Einfluss.

---

[222] BGH, NJW-RR 1986, 98.
[223] ZfBR 1989, 215.
[224] Vgl. BGH, BauR 1989, 79 = ZfBR 1989, 27; BauR 1989, 81 = ZfBR 1989, 54 u. NJW 1987, 381.
[225] Vgl. *Weise*, BauR 1991, 19 ff.; *Quack*, BauR 1991, 278 ff. sowie Rdn. 101 u. 1472.
[226] BGH, ZfBR 1989, 215.
[227] RGZ 165, 41, 54; BGH, JZ 1963, 596, 597; BGH, WM 1970, 228 = NJW 1970, 421, 422 BGB, BauR 1974, 205.
[228] *Ingenstau/Korbion/Wirth*, § 13 Nr. 4/B, Rdn. 195; BGH, NJW 1975, 1701.

## d) Ansprüche des Bauherrn (Auftraggeber) gegen den Architekten und Sonderfachmann

*Literatur*
*Weise*, Die Sekundärhaftung der Architekten und Ingenieure, Baurechtl. Schriften, Band 38, 1997. *Krattinger*, Verjährung der Gewährleistungsansprüche des Bauherrn gegen den Architekten, NJW 1969, 219; *Koeble*, Bemerkungen zur Gewährleistungsfrist des Architekten und der Ingenieure, Festschrift für Locher (1990), 117; *Locher*, Schadensersatzansprüche gegen den Architekten wegen Nichtauflistung von Gewährleistungsfristen, BauR 1991, 135; *Schwartmann*, Neues zur Verjährung nicht abgenommener Architektenleistungen, NZBau 2000, 60; *Fuchs*, Gewährleistungsfristen für Planungsleistungen nach dem geplanten Schuldrechtsmodernisierungsgesetz, NZBau 2001, 465; *Knacke*, Teilabnahme von Architektenleistungen und Verjährungsprobleme, Festschrift für Jagenburg (2002), 341; *Göpfert*, Der Beginn der Bauplanerhaftung nach dem Schuldrechtsmodernisierungsgesetz, NZBau 2003, 139; *Putzier*, Wann beginnt die fünfjährige Gewährleistungsfrist für den Architekten?, NZBau 2004, 177; *Maifeld*, Die Sekundärhaftung des Architekten, BrBp 2004, 323; *Scholtissek*, Die Schwierigkeiten der Teilabnahme beim Architektenwerk, NZBau 2006, 623; *Schulze-Hagen/Fuchs*, Die Verjährung des Anspruchs auf Schadensersatz beim hängen gebliebenen Architektenvertrag, Festschrift für Motzke (2006), 383.

Werden zwischen Auftraggeber und dem Architekten keine besonderen Absprachen über die Verjährung von Ansprüchen getroffen (vgl. Rdn. 2347), verjähren die Gewährleistungsansprüche des Auftraggebers gegen den Architekten gemäß § 634a Abs. 1 Nr. 2 BGB nach wie vor grundsätzlich **in fünf Jahren**, soweit es sich um **Planungs- oder Überwachungsleistungen des Architekten für ein Bauwerk** handelt.[229]

2395

Soweit Lenkeit[230] und Mansel/Budzikiewicz[231] die Auffassung vertreten, dass Planungsleistungen eines Architekten dann nicht der (langen) Verjährung des § 634a Abs. 1 Nr. 2 BGB unterfallen, wenn das (geplante) Bauwerk nicht errichtet wird, kann dem nicht gefolgt werden. Der Lauf der Verjährung von abgeschlossenen Planungsleistungen kann nicht von einem zukünftigen Ereignis (tatsächliche Errichtung des Bauwerks) abhängig gemacht werden, das der Planer nicht beeinflussen kann und das im Übrigen stets ungewiss ist, weil Bauherren nicht selten von geplanten und häufig sogar weit fortgeschrittenen Bauvorhaben Abstand nehmen. Gerade das Verjährungsrecht steht unter den allgemeinen Gedanken der Rechtssicherheit. Dazu gehört auch, dass ein Unternehmer oder Architekt nach Abnahme seiner Leistung wissen muss, welche Verjährungsfristen im Rahmen der Gewährleistung für seine abgenommenen Leistungen gelten. Würde man der gegenteiligen Auffassung folgen, könnte im Übrigen folgende, für den Bauherrn unbefriedigende Fallkonstellation auftreten:

Ein Architekt wird (nur) mit den Leistungsphasen 1 bis 4 des § 15 HOAI beauftragt. Der Bauherr kann sich zur Errichtung des Bauwerks zunächst nicht entscheiden; es vergehen drei Jahre. Dann wären nach der vorerwähnten gegenteiligen Auffassung die Ansprüche des Bauherrn wegen Planungsfehlern des Architekten verjährt. Durch die einseitige Handlung des Bauherrn (Errichtung des Gebäudes) kann der Gewährleistungsanspruch nicht „wieder aufleben".

---

229) Das gilt auch für eine reine Entwässerungsplanung als „Arbeit an einem Bauwerk", OLG Düsseldorf, BauR 2003, 127 = NJW-RR 2003, 14.
230) BauR 2002, 196.
231) § 5, Rdn. 227.

Es reicht daher aus, dass die Planung für die zukünftige Errichtung eines Bauwerks bestimmt ist[232] und sich hierauf bezieht.[233] Nichts anderes kann auch dem Wortlaut und der Begründung des Regierungsentwurfes zu § 634 a entnommen werden. Das gilt auch für die Rechtsprechung des BGH, der die planerische Tätigkeit als geistige Werkleistung des Architekten für ein Bauwerk ansieht.[234] Handelt es sich allerdings um Mängel von Plänen, die ausschließlich Arbeiten am Grundstück dienen sollen, gilt die zweijährige Verjährungsfrist des § 634 a Abs. 1 Nr. 1 (früher ein Jahr gemäß § 638 BGB a. F.).[235]

Die VOB kann in einem Architekten- oder Ingenieurvertrag nicht wirksam vereinbart werden, weil hier Planungs- und Überwachungsleistungen von Architekten oder Ingenieuren nicht geregelt sind.[236]

**2396** Da die sorgfältige Kostenermittlung und die Einhaltung der Baukosten grundsätzlich dem Kernbereich architektonischer Tätigkeit zugeordnet wird (vgl. Rdn. 1775), kommt heute als Haftungsgrundlage für eine schuldhafte Bausummenüberschreitung des Architekten nur § 634 BGB mit der Folge in Betracht, dass die fünfjährige Verjährungsfrist insoweit gilt.[237]

**2397** Problematisch ist, wann die Verjährungsfrist der Ansprüche des Bauherrn gegen den Architekten zu laufen **beginnt**.[238] Maßgebender Zeitpunkt ist auch hier die **Abnahme** (vgl. Rdn. 2377). Da eine körperliche Abnahme (Entgegennahme) des Architektenwerks grundsätzlich nicht in Betracht kommt, setzt die Abnahme nach h. M. jedenfalls **die Vollendung der Architektenleistungen** voraus (vgl. Rdn. 962 ff.).[239] Darüber hinaus ist ein vom Auftraggeber zum Ausdruck gebrachter Wille notwendig, die vom Architekten erbrachte Leistung als vertragsgemäß anzuerkennen.[240] Das ist immer eine Frage des Einzelfalles. Das Architektenwerk kann als abgenommen gelten, wenn das Bauwerk errichtet, der Bauherr die Rechnungsprüfung und die endgültige Kostenfeststellung des Architekten sowie dessen Schlussabrechnung entgegengenommen und bezahlt hat.[241] Die für den Beginn der Verjährungsfrist bedeutsame Abnahme des Architektenwerks kann aber noch nicht

---

232) So auch *Graf von Westphalen* in Henssler/Graf von Westphalen, § 634 a, Rdn. 10.
233) Ebenso: *Schmidt-Räntsch*, Rdn. 1006.
234) So schon NJW 1960, 1198 (Planung ist ein „nicht wegzudenkender Bestandteil der Gesamtleistung" für die Herstellung des Baues).
235) BGH, BauR 1993, 219.
236) BGH, BauR 1987, 702 = DB 1988, 41.
237) Vgl. OLG Düsseldorf, BauR 2006, 547.
238) BGH, BauR 1971, 60; BauR 1972, 251 = VersR 1972, 640; LG Köln, BauR 1972, 250; OLG Köln, VersR 1971, 378; OLG Stuttgart, BB 1976, 1434 = VersR 1977, 89; s. ferner: *Bindhardt*, Der Architekt, 1968, 174; *Glaser*, DB 1968, 967, 970 ff.; *Locher*, Rdn. 248; *Koeble*, Festschrift für Locher, S. 117 ff.
239) BGH, BauR 1999, 934 = NJW 1999, 2112 = ZfBR 1999, 202 = MDR 1999, 800; OLG Köln, *SFH*, Nr. 19 zu § 640 BGH = ZfBR 1992, 130 = NJW-RR 1992, 1173; *MünchKomm-Soergel*, § 640 BGB, Rdn. 39; vgl. aber OLG Celle, NJW 1962, 494 – „bereits mit tatsächlicher Abnahme des Bauwerks"; dagegen: OLG Hamm, MDR 1974, 313.
240) Vgl. hierzu OLG München, BauR 2003, 124 (konkudente Abnahme der Tragwerksplanung durch vorbehaltslose Bezahlung der Schlussrechnung: Die Gewährleistungsfrist für Mängel der Tragwerksplanung beginnt nicht mit der Abnahme des Rohbaus oder mit der bloßen Abnahmefähigkeit der Tragwerksplanung).
241) BGH, BauR 1972, 251.

## Gewährleistungsansprüche  Rdn. 2397

ohne weiteres in dem Bezug des errichteten Hauses gesehen werden;[242] sie stellt auch noch keine Teilabnahme des Architektenwerks dar.[243] Den Willen des Bauherrn, das fertige Bauwerk schon vor der Erledigung aller vom Architekten geschuldeten Leistungen abzunehmen, muss der Architekt nachweisen.

Eine konkludente Abnahme des Architektenwerks liegt auch nicht darin, dass der Auftraggeber innerhalb einer mit den Unternehmern tatsächlich vereinbarten 2 Jahresfrist für die Gewährleistung das Architektenwerk unbeanstandet lässt. Dies gilt jedenfalls dann, wenn die Parteien des Architektenvertrages für das Ende der Objektbetreuung von der Vereinbarung 5-jähriger Verjährungsfristen mit den Unternehmern ausgegangen sind.[244]

Ist der Architekt (nur) mit der Genehmigungsplanung, also den Leistungsphasen 1 bis 4 des § 15 HOAI, beauftragt, stellt sich die Frage des Abnahmezeitpunkts des Architektenwerkes in besonderer Weise. In Betracht kommen insoweit die Unterschrift des Auftraggebers unter den Bauantrag, die Einreichung bei der Baugenehmigungsbehörde oder schließlich der Zeitpunkt der Erteilung der Baugenehmigung. Dabei ist zu beachten, dass der Architekt eine dauerhaft genehmigungsfähige Planung schuldet[245] (vgl. näher Rdn. 1481 ff.). Im Zeitpunkt der Unterschrift unter den Bauantrag und der Vorlage bei der Gemeinde kann aber der Auftraggeber noch nicht feststellen, ob die Planung seines Architekten überhaupt genehmigungsfähig ist. Deshalb wird dem Auftraggeber zu diesem Zeitpunkt in der Regel auch der Abnahmewillen fehlen.[246] Als Abnahmezeitpunkt kommt hier nur die Genehmigung des Bauantrages durch die zuständige Behörde und die sich daran anschließende Verwertung der Genehmigungsplanung durch den Auftraggeber in Betracht.

Hatte der Architekt Leistungen bis einschließlich Leistungsphase 5 des § 15 HOAI (Ausführungsplanung) zu erbringen kann die Abnahme nicht im Beginn der Bauarbeiten gesehen werden, sondern ist erst nach Vollendung und Abnahme derselben denkbar, denn vor Fertigstellung des Bauwerks kann sich ein Mangel in der Planung des Architekten nicht verwirklichen.[247]

In den AVB eines Architektenvertrages mit Bauherrn der öffentlichen Hand ist häufig zum Verjährungsbeginn zu finden, dass die Verjährung der Ansprüche des Auftraggebers gegen den Architekten „mit der letzten nach dem Vertrag zu erbringenden Leistung, spätestens jedoch bei Übergabe der baulichen Anlage an die nutzende Verwaltung" beginnt. Der BGH[248] hat hierzu entschieden, dass insoweit die tatsächliche Ingebrauchnahme des Bauwerks durch den am Vertrag nicht beteiligten Hauseigentümer unerheblich ist, weil es sich insoweit um einen Dritten handelt, mit dem die Erfüllung der werkvertraglichen Leistung nicht vereinbart war. Die genannte Übergabe sei ein innerdienstlicher Vorgang, durch den die Betreuung durch die Bauverwaltung abgeschlossen werde. Da die Bauverwaltung das Bauvorhaben in techniker Hinsicht bis zum Abschluss, im Ergebnis bis zur Abnahme betreue, sei darunter die Abnahme gegenüber dem Bauunternehmer zu verstehen.[249]

---

242) OLG Hamm, MDR 1974, 313.
243) BGH, BauR 2006, 1332 = NZBau 2006, 519 = IBR 2006, 450 – *Christiansen-Geiss*; OLG Stuttgart, BB 1976, 1434 = VersR 1977, 89.
244) BGH, IBR 2006, 99 – *Krause-Allenstein*.
245) BGH, BauR 1999, 1195 = NJW-RR 1999, 1105 = NJW 1999, 355 = ZfBR 1999, 315 = MDR 1999, 1062.
246) So auch BGH, BauR 1999, 934 = NJW 1999, 2112 = ZfBR 1999, 202 = MDR 1999, 800.
247) Brandenburgisches OLG, IBR 2007, 315 – *Löffelmann*.
248) BauR 1999, 1472 = NJW-RR 2000, 164 = ZfBR 2000, 26.
249) BGH, IBR 2007, 316 – *Schulze-Hagen*.

Wurde die Leistung des Architekten **nicht abgenommen** und hat der Auftraggeber die Abnahme der Architektenleistung **nicht endgültig verweigert,** unterliegt ein Schadensersatzanspruch aus § 634 Nr. 4 BGB nach der Rechtsprechung des BGH[250] der **regelmäßigen Verjährungsfrist;** die Regelverjährung beträgt gemäß § 195 BGB drei Jahre. Allerdings treten Schulze-Hagen/Fuchs mit beachtlichen Argumenten für eine analoge Anwendung des § 634 a Abs. 3 Satz 2 BGB ein. Danach tritt die Verjährung nicht vor Ablauf von 5 Jahren ein.[251]

**2398** Im Übrigen ist zu beachten, dass der Architekt nach der Rechtsprechung des BGH[252] verpflichtet ist, nach dem Auftauchen von Baumängeln „den Ursachen entschieden und ohne Rücksicht auf mögliche eigene Haftung nachzugehen" und dem Bauherrn „rechtzeitig ein zutreffendes Bild der tatsächlichen und rechtlichen Möglichkeiten der Schadensbehebung zu verschaffen". Dabei hat der Architekt seinen Auftraggeber gegebenenfalls auf die **Möglichkeit eines Anspruchs gegen ihn** selbst ausdrücklich **hinzuweisen.**[253] Die Verletzung dieser Vertragspflicht begründet im Einzelfall einen Schadensersatzanspruch „dahin, dass die Verjährung der gegen den Architekten gerichteten Gewährleistungs- und Schadensersatzansprüche als nicht eingetreten gilt" (vgl. auch Rdn. 2404).

**2399** Bei einer **Vollarchitektur** nach der **HOAI** ist das Architektenwerk erst vollendet, wenn alle nach dem Leistungsbild des Architekten zu erbringenden Leistungen vorliegen; dazu gehört vor allem auch die **Leistungsphase 9** des § 15 HOAI. In der Praxis bedeutet die Übertragung der Leistungsphase 9 somit, dass der Architekt die ihm obliegenden Leistungen noch nicht (vollständig) erbracht hat, wenn nur die Leistungsphase 8 abgeschlossen worden ist. Das entspricht der **herrschenden Auffassung,**[254] die damit die **für den Architekten verbundenen Nachteile** – seine Gewährleistung ist möglicherweise noch Jahre in der Schwebe – ausdrücklich **hinnimmt;** so weist das OLG Köln[255] in diesem Zusammenhang darauf hin, dass es der Architekt selbst in der Hand habe, „durch Vereinbarung einer **Teilabnahmeverpflichtung** des Bauherrn nach Baufertigstellung oder durch Abschluss eines gesonderten **Objektbetreuungsvertrages** die Verlängerung der Gewährleistungspflicht zu umgehen". Im Einzelfall ist also stets zu prüfen, ob dem Architekten die Leistungen gemäß Leistungsphasen 1 bis 8 oder gemäß Leistungsphasen 1 bis 9 in

---

250) BauR 2000, 128 = NJW 2000, 133 = NZBau 2000, 22 = MDR 1999, 1499 = ZfBR 2000, 97 (zum alten Recht); vgl. hierzu *Schwartmann*, NZBau 2000, 60 sowie *Neuenfeld*, NZBau 2002, 13, 16.
251) Festschrift für *Motzke*, S. 383.
252) BGH, BauR 1985, 232; BauR 1985, 97; BauR 1978, 235 = NJW 1978, 1311; BGH, NJW 1964, 1022; OLG Düsseldorf, BauR 2001, 672 = NZBau 2001, 449; *Weise*, Baurecht. Schriften, Band 38, 1997.
253) BGH, BauR 1996, 418 = NJW 1996, 1287 = MDR 1996, 687 (Hinweispflicht des Architekten unabhängig vom Auftragsumfang).
254) BGH, ZfBR 1994, 131 = BauR 1994, 392 = NJW 1994, 1276; KG, NZBau 2004, 337 = IBR 2004, 436 – *Baden;* ZfBR 1992, 130 = BauR 1992, 803 = NJW-RR 1992, 1173; OLG Düsseldorf, OLGR 1992, 285, 287; OLG Hamm, OLGR 1995, 171, 172 u. NJW-RR 1992, 1049; *Locher*, Rdn. 228; *MünchKomm-Soergel*, § 640 BGB, Rdn. 41, § 638 BGB, Rdn. 56, 57; *Jagenburg*, BauR 1980, 406, 426 ff.; *Hartung*, NJW 2007, 1099, 1103; **a. A.:** *Koeble*, Festschrift für Locher, S. 117 ff., der in der Erfüllung der Leistungsphase 9 – jedoch zu Unrecht – nur eine nachvertragliche Pflicht des Architekten sieht. Vgl. hierzu auch *Meißner*, Festschrift für Soergel, S. 205, 215.
255) BauR 1992, 803 = ZfBR 1992, 130. Vgl. hierzu auch OLG Düsseldorf, IBR 2005, 554 – *Wolff*.

## Gewährleistungsansprüche                                                    Rdn. 2400

Auftrag gegeben worden sind. Nach Auffassung des OLG Düsseldorf[256] muss der Architekt, der zur Abwehr von Schadensersatzansprüchen die Einrede der Verjährung mit der Begründung erhebt, er habe nur die Leistungen gemäß Leistungsphasen 1 bis 8 in Auftrag gehabt, dies darlegen und beweisen.

*Putzier*[257] weist zu der vorerwähnten Problematik darauf hin, dass mit den letzten Leistungsschritten der Phase 8 des § 15 HOAI das Architektenwerk fertig gestellt ist: Daher sei es abnahmefähig und abnahmepflichtig, da der werkvertragliche Erfolg erzielt sei. Demgegenüber sei die Objektbetreuung eine reine Dienstleistung und scheide daher „als Teil des vom Architekten geschuldeten Werkes" aus. Auch Motzke[258] vertritt die Auffassung, dass die Werkleistung des Architekten bei Übertragung der Vollarchitektur längstens mit Beendigung der Phase 8 des § 15 HOAI erbracht ist, weil die Phase 9 nicht mehr die „bauwerksorientierte Sachwalteraufgabe zum Gegenstand" hat; er räumt dem Architekten daher einen Anspruch auf Abnahme des Architektenwerkes ein, wenn die Leistungsphasen 1 bis 8 des § 15 HOAI abgeschlossen sind.

Verschiedene Architekten-Formularverträge[259] sehen eine formularmäßige **Teilabnahme** nach Leistungsphase 8 des § 15 Abs. 2 HOAI bei Übertragung der Vollarchitektur vor.[260] Da § 15 Abs. 2 Nr. 9 HOAI (Objektbetreuung und Dokumentation) eine wesentliche Architektenleistung im Rahmen der Vollarchitektur darstellt,[261] ist bestritten, ob die vorgenannte Absprache gegen § 309 Nr. 8 b Doppelbuchstabe ff BGB verstößt, weil grundsätzlich die Abnahme der Architektenleistungen erst nach Vollendung sämtlicher nach dem Vertrag geschuldeter Leistungen erfolgen kann.[262] Ein Anspruch auf eine Teilabnahme nach erbrachter Leistungsphase 8 des § 15 HOAI besteht grundsätzlich nicht. Vielmehr bedarf es hierzu einer ausdrücklichen Absprache.[263] Die Vereinbarung über eine Teilabnahme kann nach Auffassung des BGH auch formularmäßig wirksam vereinbart werden.[264] Eine entsprechende vertragliche Klausel könnte wie folgt lauten: „Die Ansprüche des Auftraggebers aus dem Vertrag verjähren in 5 Jahren. Die Verjährung beginnt mit der Erfüllung der letzten nach dem Vertrag zu erbringenden Leistung, ausgenommen Leistungsphase 9 (Objektbetreuung und Dokumentation)."                        **2400**

Soweit in Allgemeinen Vertragsbestimmungen in den entsprechenden Verjährungsregelungen eine Klausel enthalten ist, dass die Verjährung mit der Abnahme der letzten nach dem Vertrag zu erbringen Leistung, spätestens mit Abnahme der in Leistungsphase 8 (Objektüberwachung) zu erbringen Leistung (Teilabnahme)

---

256) BauR 2005, 1660.
257) Festschrift für Jagenburg, S. 745, 754; ähnlich schon *Jagenburg*, BauR 1980, 406, 431.
258) Festschrift für Jagenburg, S. 639, 653.
259) So z. B. § 7.5 des von der Bundesarchitektenkammer zurückgezogenen Einheits-Architektenvertrages (1994).
260) Vgl. hierzu *Knacke*, Festschrift für Jagenburg, S. 341, 347 ff.
261) BGH, BauR 1994, 392 = NJW 1994, 1276; **a. A.:** *Bindhardt/Jagenburg*, § 3, Rdn. 43, 73 ff.
262) Vgl. hierzu *Scholtissek*, NZBau 2006, 623, 624 m. w. N.
263) Das folgt auch aus § 641 Abs. 1 S. 2 BGB.
264) BGH, BauR 2001, 1928 = IBR 2001, 679 – *Preussner;* KG, NZBau 2004, 337 = IBR 2004, 436 – *Weyer; Wirth/Heinlein*, 1. Buch, X. Teil, Rdn. 501; *Scholtissek*, NZBau 2006, 623; *Schotten*, BauR 2001, 1519; *Knacke*, Festschrift für Jagenburg, S. 341, 348, 349; *Motzke*, Festschrift für Jagenburg, S. 639, 653; **a. A.:** OLG Schleswig, BauR 2001, 1286 (Revision vom BGH nicht angenommen!) = IBR 2001, 70 – *Lauer;* OLG Düsseldorf, OLGR 1992, 285, 267 und die Vorauflage; OLG Naumburg, BauR 2001, 1615.

beginnt, ist damit noch keine ausdrückliche Vereinbarung über eine Teilabnahme enthalten. Vielmehr muss in dem Architektenvertrag eine die Parteien verpflichtende Teilabnahme ausdrücklich vereinbart sein.[265]

**2401** Hat **keine Abnahme** der Architektenleistung stattgefunden, beginnt die Verjährung von dem Zeitpunkt an zu laufen, in dem der Bauherr das Werk des Architekten und seine Abnahme **endgültig** ablehnt.[266] Das ist vor allem der Zeitpunkt, in dem der Bauherr den Architektenvertrag aufkündigt; denn mit der Kündigung wird dem Architekten klar, dass sein Werk künftig endgültig in dem Zustand verbleiben wird, den es im Zeitpunkt der Kündigung erreicht hatte. Das Architektenwerk kann von da an abschließend beurteilt werden.[267] Die Sachlage ist entsprechend zu beurteilen, wenn der Architekt selbst die Arbeiten endgültig einstellt.

**2402** Die Gewährleistungsansprüche des Auftraggebers gegen den **Sonderfachmann** und **Projektsteuerer** verjähren ebenfalls in den Fristen des § 634 a BGB.[268] Soweit diese also **Planungs- oder Überwachungsleistungen** bei einem Bauwerk erbringen, beträgt gemäß § 634 a Abs. 1 Nr. 2 BGB die Verjährungsfrist **fünf Jahre**; soweit sie allerdings **Arbeiten auf gutachterlicher Basis** durchführen, gilt die **dreijährige Verjährungsfrist** des § 634 a Abs. 1 Nr. 3 BGB.[269] Entsprechendes gilt für die Leistungen von **Qualitätscontrollern,** die in der Regel auch reine Überwachungsleistungen darstellen, sodass auch insoweit die 5-Jahres-Frist des § 634 a Abs. 1 Nr. 2 BGB gilt; etwas anderes kommt nur dann in Betracht, wenn Qualitätscontroller die Bauleistungen auf Gutachterbasis stichprobenartig überprüfen.[270] Soweit Sonderfachleute und Projektsteuerer reine **Beratungsleistungen** ausführen, verjähren etwaige Gewährleistungsansprüche gegen sie in der Frist des § 634 a Abs. 1 Nr. 3 BGB, also in der regelmäßigen Verjährungsfrist von drei Jahren.[271]

Eine Sekundärhaftung[272] trifft den Sonderfachmann nur bei der Übernahme besonderer Betreuungs- und Aufklärungspflichten. Dazu reicht beim Tragwerksplaner nicht die Bewehrungskontrolle.[273]

**2403** In Architektenverträgen ist vielfach die Klausel zu finden, dass der Architekt „bei ungenügender Aufsicht und Prüfung für fehlerhafte Bauausführung nur **im Falle des Unvermögens des Unternehmers**" haftet. Das Unvermögen des Unternehmers ist im Sinne dieser Klausel rechtlich als aufschiebende Bedingung anzusehen; die Bedingung tritt ein, wenn das Unvermögen feststeht. Damit beginnt die Verjährung eines etwaigen Schadensersatzanspruches gegen den Architekten nicht – wie meist in den Architekten-Formularverträgen vereinbart – mit der Abnahme

---

265) BGH, BauR 2006, 1332 = IBR 2006, 450 – *Christiansen-Geiss* = NZBau 2006, 519.
266) JZ 1963, 596; BGH, NJW 1971, 1840, 1841.
267) BGH, a. a. O.
268) Vgl. BGH, BauR 1979, 76 = ZfBR 1979, 29; BGH, NJW 1967, 2259; BauR 1974, 67; OLG Köln, BauR 1991, 649; BGHZ 58, 225; OLG Düsseldorf, BauR 1975, 68 für Ansprüche gegen einen **Vermessungsingenieur,** sowie OLG München, MDR 1974, 753.
269) *Eschenbruch*, Rdn. 1053, will demgegenüber sämtliche Projektsteuerungsleistungen der regelmäßigen Verjährungsfrist von drei Jahren unterwerfen.
270) BGH, BauR 2002, 315 = NJW 2002, 749 = ZfBR 2002, 243 = MDR 2002, 214.
271) Vgl. hierzu OLG Nürnberg, IBR 2002, 81.
272) Vgl. Rdn. 2404.
273) BGH, BauR 2002, 108 = ZfBR 2002, 61 = IBR 2002, 28 – *Löffelmann*; a. A. OLG Bamberg, BauR 2005, 1792.

des Bauwerks, sondern erst, wenn das Unvermögen des Unternehmers feststeht (vgl. Rdn. 2262 ff.).[274)]

**2404** Nach ständiger Rechtsprechung des BGH gebietet es die dem Architekten vom Auftraggeber eingeräumte Vertrauensstellung, dem Bauherrn im Laufe der Mängelursachenprüfung auch Mängel des **eigenen** Architektenwerkes **zu offenbaren,** sodass der Bauherr seine Rechte auch gegen den Architekten rechtzeitig vor Eintritt der Verjährung wahrnehmen kann. Geschieht dies nicht, kann der Architekt sich nicht auf den Eintritt der Verjährung hinsichtlich seines mangelhaften Architektenwerkes berufen (sog. **Sekundärhaftung**).[275)]

Soweit der Architekt **Nebenpflichten** verletzt (§ 241 Abs. 2 BGB), die nicht zu einem Werkmangel führen, gilt allerdings nach Inkrafttreten des **SchRModG** die Verjährungsfrist des § 195 BGB und damit die **regelmäßige Verjährungsfrist** von drei Jahren (früher Anspruch aus positiver Vertragsverletzung **mit einer 30-jährigen Verjährungsfrist**).[276)] Zum Anspruch wegen eines **arglistig verschwiegenen Mangels** und eines **Organisationsverschuldens** vgl. Rdn. 2325 ff., 2377, 2385; die Ausführungen gelten entsprechend[277)]. Die fehlende Sachkunde des Architekten oder Sonderfachmanns, die einer wirkungsvollen Überwachung der von ihm eingesetzten Mitarbeiter entgegen steht, begründet nicht den Vorwurf des Organisationsverschuldens[278)].

Zur **Verkürzung** der Verjährungsfrist für die Gewährleistungsansprüche des Bauherrn gegen den Architekten vgl. Rdn. 2240 ff. und 2349.

### e) Ansprüche des Bauherrn (Auftraggeber) gegen den Bauträger

*Literatur*

*Löwe*, Gewährleistungsfrist nach VOB beim Bauträgervertrag und AGBG, ZfBR 1978, 49; *Brych*, Die vertragliche Gestaltung der Gewährleistung des Bauträgers bei der Veräußerung von Eigentumswohnungen, MDR 1978, 180; *Hesse*, Vereinbarung der VOB für Planleistungen, ZfBR 1980, 259; *Jagenburg/Sturmberg*, Haftung des Notars bei Nichtvereinbarung der VOB im Bauträgervertrag?, BauR 1982, 321; *Brühl*, Die Abnahme der Bauleistung bei Errichtung einer Eigentumswohnungsanlage, BauR 1984, 237; *Kaiser*, Ist § 13 Nr. 4 VOB/B oder § 638 BGB für den Bauträgervertrag maßgebend, ZfBR 1984, 15; *Kaiser*, Nochmals: VOB/B und Bauträgervertrag, ZfBR 1984, 205; *Locher*, VOB/B und Bauträgervertrag, BauR 1984, 227; *Brych*, VOB-Gewährleistung im Bauträgervertrag, NJW 1986, 302; *Weinkamm*, Bauträgervertrag und VOB/B, BauR 1986, 387; *Brambring*, Sachmängelhaftung beim Bauträgervertrag und bei ähnlichen Verträgen, NJW 1987, 97; *Grziwotz*, Vertragliche Gewährleistungsregelungen im Bauträgervertrag, NJW 1989, 193; *Brych*, Kaufrechtliche Gewährleistung für Grundstücksmängel beim Bauträgerkauf?, BauR 1992, 167; *Schulze-Hagen*, Aktuelle Probleme des Bauträgervertrags, BauR 1992, 320.

---

274) BGH, BauR 1987, 343 = NJW 1987, 2743 = ZfBR 1987, 135.
275) BGH, IBR 2007, 85 – *Laux*; BGH, NJW-RR 1986, 182; OLG Celle, BauR 2007, 423; OLG Düsseldorf, BauR 2001, 672; OLG Frankfurt, BauR 1987, 574, 575 u. 579, 580 sowie *Weise*, Baurechtl. Schriften, Band 38; **a. A.:** *Koeble*, Festschrift für Locher, S. 117, 122 ff. u. OLG Köln, BauR 1991, 649, 650 für den sachkundigen Bauherrn.
276) Vgl. hierzu *Maifeld* bezüglich der Verjährungsfrist im Rahmen der Sekundärhaftung des Architekten, BrBp 2004, 323 sowie *Lauer*, BauR 2003, 1639, 1645.
277) Vgl. OLG Düsseldorf OLGR 2007, 269.
278) OLG Düsseldorf a. a. O.; vgl. auch OLG Naumburg NZBau 2007, 522 = NJW-RR 2007, 815.

**2405** Die **Gewährleistungsansprüche** des **Erwerbers** gegen den **Bauträger** verjähren gemäß § 634 a BGB in 5 Jahren. Wenn man die Vereinbarung der VOB im Bauträgervertrag für möglich hält, beträgt die Frist nach der **VOB 2006** grundsätzlich vier Jahre gemäß § 13 Nr. 4 (vgl. zum Werkvertragsrecht beim Bauträgervertrag Rdn. 1444 ff.).

**2406** Gegen die Einbeziehung der VOB/B in den Werkvertrag zwischen dem Bauträger und dem Erwerber sprechen gewichtige Gründe, auch wenn die VOB als Ganzes dem Vertragswerk zugrunde gelegt wird.[279] Da Gegenstand des Bauträgervertrages aber nicht nur **reine** Bauleistungen sind, sondern eine schlüsselfertige Erstellung, die Grundstücksverschaffung, die architekten- und ingenieurmäßige Bauplanung und Bauüberwachung sowie die sonstigen technischen und wirtschaftlichen Betreuungen beinhaltet,[280] ist zweifelhaft, ob bei Geltung der VOB/B nur die reinen Bauleistungen der Verjährungsfrist des § 13 Nr. 4 zu unterstellen sind[281] oder ob dies auch bez. der **Haftung für Planungsleistungen** zu gelten hat. Der BGH[282] hat diese Frage dahin entschieden, dass bei Einbeziehung der VOB in einen Generalunternehmervertrag bzw. Bauträgervertrag dieser „gleichwohl nur für die vom Unternehmer geschuldeten Bauleistungen, nicht aber für die von ihm daneben übernommenen selbstständigen Architekten- und Ingenieurleistungen gilt". Die Ansprüche wegen Baumängeln, die auf eine fehlerhafte Planung des mit der Planung und Bauausführung beauftragten Generalunternehmers zurückzuführen sind, verjähren deshalb auch ungeachtet der Vereinbarung der VOB in fünf Jahren.[283]

**2407** In vielen Bauträgerverträgen ist vorgesehen, dass die **Verjährungsfrist ab einem bestimmten Datum,** das in der Regel **vor** der Abnahme des Bauwerks liegt, **beginnen** soll. Damit wird im Ergebnis die bauvertragliche Gewährleistungsfrist verkürzt. Solche Klauseln sind unwirksam, weil sie dem gerechten Sinn der normalen werkvertraglichen Verjährung widersprechen (vgl. auch Rdn. 2350). Das Risiko des Bauherrn, dass versteckte Mängel erst nach Fristablauf erkennbar werden, würde unerträglich und einseitig zugunsten des Bauträgers vergrößert. Dies gilt umso mehr, wenn die Verjährung unabhängig von einer Abnahme laufen soll. Gerade bei Mängeln am Gemeinschaftseigentum ist der Erwerber – anders als bei Mängeln am Sondereigentum, die ihm eher auffallen – kaum in der Lage, Mängel des Gemeinschaftseigentums rechtzeitig festzustellen. Insoweit bedarf es stets einer besonderen Abnahme in Form einer gemeinsamen **Begehung** des Objekts durch die Vertragsparteien unter sachkundiger Beratung, wobei die Eigentümer/Erwerber meistens durch den Verwalter vertreten werden. Eine solche Begehung findet in aller Regel aber erst geraume Zeit nach Fertigstellung des Gesamtprojektes statt. Klauseln, die den Verjährungsbeginn deshalb **vor** diesen Zeitpunkt legen, sind unwirksam, weil sie das materielle Gewährleistungsrecht des Erwerbers unbillig aushöhlen. Hier dürfte regelmäßig ein Verstoß gegen § 309 Nr. 8 b Doppelbuchstabe ff BGB vorliegen.

---

279) Str., vgl. *Brych*, NJW 1986, 302 m. Nachw. und Rdn. 1017.
280) Vgl. *Jagenburg*, NJW 1979, 793, 800; *Jagenburg/Sturmberg*, BauR 1982, 321, 323; *Locher/Koeble*, Rdn. 112, 297.
281) Vgl. zum Meinungsstand: *Korbion*, Festschrift für Locher, S. 127 f.; BGH, BauR 1987, 702 = DB 1988, 41 = NJW 1988, 142 u. OLG Frankfurt, BauR 1990, 104.
282) BGH, a. a. O., **a. A.:** OLG Hamm, NJW 1987, 2092 = BauR 1987, 560 (für schlüsselfertige Erstellung).
283) OLG Düsseldorf, NJW-RR 1991, 219; OLG Koblenz, NJW-RR 1997, 1179.

**Sonstige Ansprüche** **Rdn. 2408–2409**

Zu beachten ist, dass die Verjährung gegenüber dem **Bauträger** erst zu laufen **2408** beginnt, wenn **abgetretene** Gewährleistungsansprüche fehlgeschlagen sind (vgl. auch Rdn. 2206). Unmittelbare Folge der Abtretung der Gewährleistungsansprüche ist nämlich, dass – da der Bauträger bis zum Wiederaufleben der Gewährleistungsansprüche zur Mängelbeseitigung/Gewährleistung nicht verpflichtet ist – ihm gegenüber auch keine Gewährleistungsfristen ablaufen können. Das folgt aus dem Wesen der subsidiären Haftung des Bauträgers: Ihm gegenüber müssen die Fristen zwangsläufig länger laufen als gegenüber den anderen Baubeteiligten, da ansonsten das Risiko der Schadloshaltung nicht bei dem Bauträger verbliebe.[284] Das hat auch der BGH[285] so entschieden. Die subsidiäre Haftung des Bauträgers lebt allerdings **nicht** wieder auf, wenn die Inanspruchnahme des Dritten (also des Architekten oder Unternehmers) aus Gründen scheitert, die der **Erwerber** zu **vertreten** hat. Lässt der Erwerber die Gewährleistungsansprüche (schuldhaft) verjähren, kann der Bauträger nicht mehr erfolgreich in Anspruch genommen werden.[286]

### 5. Die Verjährung sonstiger Ansprüche

*Literatur*
*Kapellmann*, Der Verjährungsbeginn beim (vergütungsgleichen) Ersatzanspruch des Auftragnehmers aus § 6 VOB Teil 2 und aus § 642 BGB, BauR 1985, 123; *Tomic*, Verjährung des Kostenerstattungsanspruchs (§§ 4 Nr. 7, 8 Nr. 3 VOB/B), BauR 2006, 441; *Peters*, Die zeitlichen Dimensionen des Ausgleichs zwischen mehreren für einen Baumangel verantwortlichen Personen, NZBau 2007, 337.

Folgende Verjährungsfristen sind bei der Verfolgung nachstehender Ansprüche **2409** zu berücksichtigen; bezüglich der Übergangsvorschriften nach Inkrafttreten des **SchRModG** wird auf Rdn. 2344 verwiesen. Die in Klammern gesetzten Fristen gelten für den Zeitraum bis zum Inkrafttreten des **SchRModG**:

* **Abstraktes Schuldanerkenntnis**
  Der Anspruch verjährt in der regelmäßigen Verjährungsfrist des § 195 BGB, also in drei Jahren (früher 30 Jahren, § 195 BGB a. F.)[287]
* **Anspruch aus Vertragskündigung/VOB**
  Der Schadensersatzanspruch des Auftraggebers gegen den Auftragnehmer aus § 8 Nr. 3 Abs. 2 VOB/B (Auftragsentzug) verjährt grundsätzlich in 3 Jahren, § 195 BGB (früher 30 Jahre, § 195 BGB a. F.); soweit er auf § 4 Nr. 7 VOB/B beruht, verjährt er nach der Abnahme allerdings in der Frist des § 13 Nr. 4 VOB/B.[288]
* **Anspruch aus Vertragskündigung/BGB**
  Kündigt der Auftraggeber den Werkvertrag, weil der Unternehmer den Vertragszweck schuldhaft in erheblichem Maße gefährdet hat, so verjährt der aus dem Verhalten des Unternehmers hergeleitete Schadensersatzanspruch des Auftraggebers (etwa auf Erstattung unvermeidlicher Mehraufwendungen zur Fertigstellung des

---

284) Vgl. OLG Köln, VersR 1979, 87; ausführlich: *Fritz*, Rdn. 174 ff.
285) BGH, BauR 1984, 634 = NJW 1984, 2573 = ZfBR 1984, 220; BGH, NJW 1981, 2343.
286) BGH, NJW-RR 1991, 342 = BauR 1991, 85 = ZfBR 1991, 12; s. ferner: OLG Düsseldorf, BauR 1991, 362, 366 u. BauR 1992, 775 (vgl. Rdn. **2205**).
287) RGZ 75, 46 ff.
288) BGH, NJW 1974, 1707.

Werkes) nicht nach § 634 a BGB, sondern in 3 Jahren, § 195 BGB (früher in 30 Jahren).[289]

- **Ausgleichsanspruch gemäß § 426 BGB**
Der Anspruch aus § 426 Abs. 1 BGB (gesetzlicher Ausgleichsanspruch) verjährt in der regelmäßigen Frist des § 195 BGB, also in drei Jahren[290] (früher in 30 Jahren, § 195 BGB a. F.). Der Anspruch aus § 426 Abs. 2 BGB (übergegangener Anspruch) verjährt in der Frist, die für den übergegangenen Anspruch gilt, also in der Regel gemäß § 634 a BGB in fünf Jahren, es sei denn, dass vertraglich eine andere Regelung getroffen worden ist.

- **Auskunftsanspruch**
Die Verjährung eines Auskunftsanspruches richtet sich nach der Verjährung des Hauptanspruches.[291]

- **Auskunfts- oder Beratungsvertrag**
Schadensersatzansprüche aus der Schlechterfüllung eines selbstständigen, unentgeltlichen Auskunfts- oder Beratungsvertrages verjähren gemäß § 195 BGB in 3 Jahren (früher in 30 Jahren; vgl. BGH, ZfBR 1999, 213; BauR 2001, 1734 = NJW 2001, 2630 = NZBau 2001, 504 = ZfBR 2001, 466).

- **Verletzung von Beratungs-, Aufklärungs- und Informationspflichten**
Diese Ansprüche unterliegen grundsätzlich der Regelverjährung, § 195 BGB. Soweit allerdings die Pflichtverletzung zu einem Mangel der Bauleistung des Unternehmers geführt hat, kommt auch ein Anspruch gemäß § 634 a BGB in Betracht.

- **Auszahlungsanspruch aus Sicherheitsleistung**
Erfolgt die Sicherheitsleistung gemäß § 17 Nr. 6 VOB/B durch Einbehalt eines Teils des Werklohns, ist dieser Werklohn gestundet.[292] Der Anspruch des Auftragnehmers auf Auszahlung gemäß § 17 Nr. 8 VOB/B (Fälligkeit nach Vereinbarung, spätestens nach Ablauf der Verjährungsfrist für die Gewährleistung) verjährt dann in den Verjährungsfristen des § 195 BGB (früher § 196 BGB Abs. 1 Nr. 1/Abs. 2 BGB), die für den Werklohnanspruch gelten (vgl. Rdn. 2362 ff.).[293] Die Verjährungsfrist beginnt auch hier mit dem Schluss des Jahres, in dem der Auszahlungsanspruch fällig geworden ist. Macht der Auftragnehmer von seinem Recht Gebrauch den Sicherheitseinbehalt durch Stellung einer Gewährleistungsbürgschaft abzulösen, wird der Vergütungsanspruch insoweit sofort fällig und die Verjährungsfrist beginnt am Schluss des Jahres, in dem die Ersatzsicherheit gestellt wurde.[294]

- **Behinderungsanspruch gemäß § 6 Nr. 6 VOB/B**
Der vergütungsgleiche Ersatzanspruch des Auftragnehmers gemäß § 6 Nr. 6 VOB/B verjährt in der regelmäßigen Frist von drei Jahren, § 195 BGB (früher in den Fristen des § 196 Abs. 1 Nr. 1 BGB – 2 Jahre – bzw. Abs. 2–4 Jahre).[295]

---

289) BGH, NJW 1983, 2439 = BauR 1983, 359 = DB 1983, 2459.
290) Vgl. hierzu: *Peters*, NZBau 2007, 337; *Reichelt/Staab*, BTR 2006, 11; *Schmalzl/Lauer/Wurm*, Rdn. 658 ff.; *Lenkeit*, BauR 2002, 196, 228.
291) BGH, NJW 1961, 602; OLG Düsseldorf, BauR 1997, 510.
292) KG, BauR 1981, 265.
293) *Lenkeit*, BauR 2002, 196, 200; *Heiermann/Riedl/Rusam*, § 17/B, Rdn. 51.
294) OLG Frankfurt, OLGR 2006, 7.
295) BGHZ 50, 25 = BGH, NJW 1968, 1234; OLG Zweibrücken, BauR 2002, 1857.

Wann die Verjährung beginnt, ist umstritten.[296] In Betracht kommt insoweit der Zeitpunkt, in dem der Anspruch entstanden ist, also sich infolge der Behinderung erstmals ein Schaden realisiert hat, oder der Zeitpunkt, in dem dem Auftraggeber eine prüfbare Abrechnung vorgelegt wird. Die Entscheidung hängt im Wesentlichen davon ab, wie der Anspruch aus § 6 Nr. 6 VOB/B eingeordnet wird. Sieht man diesen Anspruch als reinen Schadensersatzanspruch[297] an, gilt der Zeitpunkt der Entstehung des Schadensersatzanspruches; geht man von einem vergütungsgleichen oder vergütungsähnlichen Anspruch aus, ist eine **prüfbare Abrechnung** gemäß § 14 Nr. 1 VOB/B zu verlangen, sodass die Verjährung erst mit dem Ende des Jahres beginnt, in dem eine prüfbare Abrechnung gemäß § 14 Nr. 1 VOB/B vorgelegt wird.[298]

Die Ansprüche des Auftraggebers nach § 6 Nr. 6 VOB/B sollen wegen ihrer inhaltlichen Nähe zu den Ansprüchen aus § 4 Nr. 7 bzw. § 13 Nr. 7 VOB/B nach den Regeln des § 13 Nr. 4 VOB/B verjähren.[299] Der Auffassung kann nicht gefolgt werden, denn Anknüpfungspunkt für die Regelungen des § 13 VOB/B ist der Sachmangel der Leistung nicht aber jede Schlechtleistung. Da die Bestimmungen der VOB/B als Vertragsrecht einer Analogie nicht zugänglich sind, bildet der Wortlaut auch die Grenzen der Anwendungsmöglichkeit. Einschlägig ist also auch hier die Regelverjährung nach § 195 BGB.

* **Beseitigungsanspruch aus § 1004 BGB**
Der Anspruch verjährt in der regelmäßigen Verjährungsfrist von 3 Jahren, § 195 BGB (früher 30 Jahre, § 195 BGB a. F.).[300]

* **Anspruch gegen den Bürgen**
Die Ansprüche aus einer Bürgschaft unterliegen einem eigenen verjährungsrechtlichen Schicksal, losgelöst von der Frage, wann der Hauptanspruch, den sie sichern sollen, verjährt. Dieser Umstand war nach den Bestimmungen des BGB in der bis zum 1.1.2002 geltenden Fassung von geringer praktischer Bedeutung, da mangels spezieller gesetzlicher Regelung der Anspruch aus der Bürgschaft der 30-jährigen Verjährung des § 195 BGB a. F. unterlag. Nunmehr gilt für den Anspruch aus der Bürgschaft die Regelverjährung von 3 Jahren gemäß § 195 BGB. Damit ist die Frist bei Gewährleistungsbürgschaften sogar kürzer als die Verjährungsfrist für Mängelansprüche selbst, also für den gesicherten Hauptanspruch nach § 634 a Abs. 1 Nr. 2 BGB bzw. § 13 Nr. 4 VOB/B.

Vor diesem Hintergrund hat sich in Rechtsprechung und Literatur ein heftiger Meinungsstreit dazu entzündet, wann der Bürgschaftsanspruch fällig wird und mithin die Verjährungsfrist zu laufen beginnt. Einigkeit besteht noch darin, dass der Beginn der Verjährung Kenntnis bzw. Erkennbarkeit i. S. d. § 199 Abs. 1 Nr. 2 BGB voraussetzt und dass der Sicherungsfall eingetreten sein muss.

Wann die Bürgschaft in Anspruch genommen werden kann, ist also durch Auslegung der Sicherungsabrede zu ermitteln.[301] Damit setzt die Fälligkeit der Bürg-

---

[296] Vgl. hierzu *Kapellmann*, BauR 1985, 123 ff.
[297] OLG Frankfurt, BauR 1980, 570 = MDR 1980, 754; *Kapellmann*, BauR 1985, 123 ff.
[298] *Vygen/Schubert/Lang*, Rdn. 258; *Heiermann/Riedl/Rusam*, § 6/B, Rdn. 30; so wohl auch: BGH, BauR 1987, 95 = NJW 1987, 382 = ZfBR 1987, 38; a. A. *Ingenstau/Korbion*, § 6 Nr. 6/B, Rdn. 49.
[299] *Heiermann/Riedl/Rusam*, § 6/b, Rdn. 55; *Ingenstau/Korbion/Döring*, § 6 Nr. 6/B, Rdn. 50.
[300] BGH, BauR 1994, 383; OLG Köln, ZMR 1994, 115.
[301] BGH, BauR 2001, 109 = NJW-RR 2001, 307.

schaft in jedem Fall voraus, dass ein Zahlungsanspruch gegen den Bürgen, der regelmäßig nur Zahlung verspricht, gegeben sein muss. Bei einem Hauptanspruch (insbesondere bei Mängelrechten) muss der Anspruch gegen den Hauptschuldner sich folglich zunächst in einen Geldanspruch gewandelt haben (erfolglose Fristsetzung zur Nachbesserung).[302]

Darüber hinaus wird aber z. T. als weitere Fälligkeitsvoraussetzung gefordert, dass der Gläubiger den Bürgen auch tatsächlich in Anspruch nimmt.[303] Nach der Gegenauffassung hängt die Fälligkeit nur von der Fälligkeit der Hauptschuld ab.[304] Schmalzl/Lauer/Wurm weisen zu Recht darauf hin, dass beide Auffassungen höchstrichterliche Rechtsprechung für sich ins Feld führen können.[305] Einerseits hat der BGH ausgeführt, dass der Bürge erst konkrete Mittel aufwenden müsse, wenn er aus der Bürgschaft in Anspruch genommen werde.[306] Andererseits hat der BGH zu einer durch Bürgschaft gesicherten Darlehensschuld festgestellt, dass die Bürgschaftsschuld mit der Fälligkeit des Darlehens fällig geworden sei.[307] Das OLG Köln[308] charakterisiert diese Hinweise in der Rechtsprechung des BGH als eher „beiläufig".

Nach richtiger Auffassung handelt es sich bei Bürgschaftsansprüchen nicht um sogenannte „verhaltene Ansprüche" bei denen der Schuldner nicht von sich aus leisten darf, der Gläubiger aber die Leistung jederzeit fordern kann.[309] Der Bürge wäre nicht gehindert auch ohne Anforderung mit befreiender Wirkung zu leisten. Dem steht das Interesse des Gläubigers, die Sicherheit vielleicht erst später und für andere Sicherungsfälle verwerten zu wollen, nicht entgegen. Dagegen widerspricht es dem schutzwürdigen Interesse des Bürgen, wenn der Gläubiger alleine durch seine Entscheidung, die Bürgschaft in Anspruch zu nehmen oder nicht, den Verjährungsbeginn bestimmen könnte.[310] Die Parteien des Bürgschaftsvertrages haben es in der Hand eine allzu frühe Verjährung zu verhindern, wenn sie den Eintritt der Verjährung durch entsprechende Abrede an die Verjährung der Hautforderung knüpfen. Dabei ist die Höchstgrenze von 30 Jahren gemäß § 202 Abs. 2 BGB zu beachten.[311]

---

302) BGH, a. a. O.; KG, BauR 2007, 1058.
303) OLG München, IBR 2007, 265 – *Vogel* – (f. MaBV-Bürgschaft); offengelassen: OLG Köln, ZfIR 2006, 548; LG Coburg, BauR 2006, 692; OLG Bamberg, IBR 2007, 553 – *Groß*; OLG München BauR 2006, 2076 (bei einer Bürgschaft nach der der Bürge „nach Aufforderung" zu leisten hat); OLG Bamberg, BauR 2006, 2072 (für Bürgschaft auf erstes Anfordern); *Schulze-Hagen*, IBR 2007, 77; *Gay*, NJW 2005, 2585; *Staudinger/Horn* § 765 Rdn. 112; AnwKom-*Mansel*, Schuldrecht, § 771 Rdn. 3.
304) KG, Urteil vom 26.1.2007, AZ: 6 U 128/06, IBR-online-*Vogel*; KG, BauR 2007, 547; OLG Hamm, BauR 2007, 1265; LG Regensburg, IBR 2007, 78 – *Vogel*; *May*, IBR 2007, 115; *Hohmann*, WM 2004, 757; *Palandt/Sprau* § 765 Rdn. 26; *Bräuer*, NZBau 2007, 477.
305) *Schmalzl/Lauer/Wurm*, Rdn. 661.
306) BGH, NJW 1985, 45; BGH, NJW 1991, 100.
307) BGH, NJW-RR 2004, 1190.
308) OLG Köln a. a. O.
309) *Palandt/Heinrichs* § 271 Rdn. 1, § 199 Rdn. 3.
310) So auch *Schmalzl/Lauer/Wurm*, a. a. O.
311) Vgl. *Koppmann*, IBR 2005, 489.

**Sonstige Ansprüche**

Der Bürge kann sich im Übrigen auf die Verjährung der Hauptschuld nicht berufen, wenn der haftungsbegründende Mangel in unverjährter Zeit gerügt wurde.[312]

* **Deklaratorisches Schuldanerkenntnis**
Ansprüche aus einem deklaratorischen Schuldanerkenntnis verjähren in der für das zugrunde liegende Schuldverhältnis geltenden Frist.[313]

* **Deliktischer Bereicherungsanspruch gemäß § 852 Satz 1 BGB**
Der Anspruch verjährt in 10 Jahren nach dessen Entstehung, ohne Rücksicht auf die Entstehung in 30 Jahren von der Begehung der Verletzungshandlung oder dem sonstigen Schaden stiftenden Ereignis an (§ 199 Abs. 3 BGB).

* **Entschädigungsanspruch gemäß § 642 BGB**
(unterlassene Mitwirkung des Auftraggebers)
Der Anspruch verjährt in der regelmäßigen Verjährungsfrist von drei Jahren, § 195 BGB (früher in den Fristen des § 196 Abs. 1, Nr. 1 und Abs. 2 BGB a. F. – zwei bzw. vier Jahre).[314]

* **Anspruch aus Garantievertrag**
Es gilt die regelmäßige Verjährungsfrist von drei Jahren, § 195 BGB (früher 30 Jahre, § 195 BGB a. F.).[315]

* **Anspruch aus Gerüstbauvertrag**
Ansprüche wegen Beschädigung eines Gerüstes unterliegen der mietvertraglichen Verjährungsfrist von 6 Monaten gemäß § 548 Abs. 1 BGB.[316]

* **Geschäftsführung ohne Auftrag**
Der Anspruch verjährt in drei Jahren, § 195 BGB (früher in 30 Jahren, § 195 BGB a. F.).[317]

* **Anspruch aus Hinterlegung**
Vertragspartner können mit der Hinterlegung beim Notar ein eigenständiges Recht des Gläubigers begründen, sich aus dem hinterlegten Betrag bei Bestehen des gesicherten Anspruchs unabhängig von dessen Verjährung zu befriedigen.[318]

* **Anspruch gegen Lieferanten**
Die Vorschrift des § 438 Abs. 1 Nr. 2 b BGB bestimmt, dass die Gewährleistungsansprüche des § 437 Nr. 1 und 3 BGB bei einer Sache, „die entsprechend ihrer üblichen Verwendungsweise für ein Bauwerk verwendet worden ist und dessen Mangelhaftigkeit verursacht hat", in fünf Jahren verjähren. Soweit diese Voraussetzungen erfüllt sind, gilt daher nunmehr die fünfjährige Verjährungsfrist für Ansprüche der Bauhandwerker gegen ihre Lieferanten oder Hersteller von Baumaterialien. Aufgrund der allgemeinen Formulierung erfasst die Regelung des § 438 Abs. 1 Nr. 2 b BGB auch die Ansprüche der Zwischenhändler (gegenüber einem anderen Zwischenhändler oder einem Hersteller), weil diese in einer entsprechend schutzwürdigen Lage wie die Bauhandwerker tätig werden; schließlich gilt die Fünf-Jahres-Frist auch dann, wenn der Auftraggeber (Bauherr) selbst die Sachen erworben hat, also das Regressproblem im Verhältnis Bauhandwerker/Lieferant

---

312) KG, BauR 2007, 1058.
313) OLG Frankfurt, MDR 1984, 400.
314) Vgl. hierzu *Kapellmann*, BauR 1985, 123 ff.
315) BGH, WM 1977, 365, 366.
316) OLG Hamm, NJW-RR 1994, 1297.
317) *Palandt/Heinrichs*, ErgB, § 195 BGB, Rdn. 19; vgl. aber hierzu BGH, BauR 1995, 699, 700 = NJW 1995, 2547 = ZfBR 1995, 261; **a. A.:** OLG Jena, OLG-NL 1998, 2.
318) BGH, BauR 2000, 885.

nicht zum Tragen kommt, weil auch in solchen Fällen der Bauherr die Mängel häufig erst nach dem Einbau erkennen wird.[319)]
Voraussetzungen der Fünf-Jahres-Frist sind allerdings nach der Regelung des § 438 Abs. 1 Nr. 2 b BGB:

* Die Sache muss entsprechend ihrer **üblichen Verwendungsweise** für ein Bauwerk verwendet worden sein und dessen Mangelhaftigkeit verursacht haben. Damit ist allein eine **objektive Betrachtungsweise** maßgebend: Es kommt also nicht darauf an, ob der Hersteller oder Lieferant im Einzelfall von der konkreten Verwendung Kenntnis hat.[320)]
* Die Verwendung muss **üblicherweise für ein Bauwerk** erfolgen: Ungewöhnliche, z. B. „künstlerisch extravagante Sachen" fallen nach der Begründung des Regierungsentwurfes[321)] insoweit nicht unter diese Regelung.
* Die **Sache muss für den Bauwerksmangel auch ursächlich** gewesen sein.
* Damit werden Fallgestaltungen nicht erfasst, bei denen der Mangel in der Einbauleistung als solcher liegt.

Mit dieser Regelung des § 438 Abs. 1 Nr. 2 b BGB wird eine deutlich bessere Rechtsposition des Bauhandwerkers gegenüber dem Lieferanten/Hersteller von Baumaterialien durch die Aufgabe der bisherigen Sechs-Monats-Frist gemäß § 477 BGB a. F. erreicht. Allerdings wurde eine (wünschenswerte) völlige **Gleichstellung nicht erzielt** und konnte aufgrund der verbleibenden unterschiedlichen Regelungen im Kaufrecht und Werkvertragsrecht auch nicht erzielt werden. Das gilt insbesondere hinsichtlich des Verjährungsbeginns: Nach Kaufrecht beginnt die Verjährung mit der Übergabe bzw. der Ablieferung der Sache, im Werkvertragsrecht mit der Abnahme der Werkleistung. Darüber hinaus weist die Begründung zum Regierungsentwurf[322)] entsprechend der Ausführungen der Schuldrechtskommission[323)] zutreffend darauf hin, dass „ein effektiver Gleichlauf der Fristen" nicht erreicht werden kann, weil der Bauhandwerker die Baumaterialien (nach Einkauf) häufig zwischenlagert, sodass sich auch dadurch eine größere Fristenlücke bei beiden Vertragsverhältnissen (Bauhandwerker – Lieferant, Bauhandwerker–Bauherr) ergeben kann: dieses „verbleibende Restrisiko des Bauhandwerkers" hat dieser zu tragen, „da die tatsächliche Verwendung der Baumaterialien in seinem Verantwortungsbereich liegt und nur er das Risiko eines nicht sofort nach Lieferung erfolgenden Einbaus des Baumaterials überschauen kann".[324)] Schließlich kommt eine angenäherte Gleichstellung auch dann nicht in Betracht, wenn das Baumaterial nicht „für ein Bauwerk verwendet worden ist", weil z. B. der Bauhandwerker nach einer Zwischenlagerung, die über die allgemeine kaufrechtliche Zwei-Jahres-Frist des § 438 Abs. 1 Nr. 3 BGB hinausgeht, die Mangelhaftigkeit des Baumaterials feststellt und dieses sodann (natürlich) nicht in ein Bauwerk einbaut. Das kann zu unbefriedigenden Ergebnissen führen, ist aber vom Gesetzgeber erkannt und so hingenommen worden. In der Begründung zum

---

319) Begründung zum Regierungsentwurf, BT-Drucksache, 14/6040, S. 227.
320) So die Begründung zum Regierungsentwurf, a. a. O. Zur Neuregelung des § 438 Abs. 1 Nr. 2 b vgl. *Werner*, Festschrift für Jagenburg, S. 1097 ff.
321) A. a. O.
322) A. a. O., S. 227.
323) Bericht, S. 52.
324) So die Begründung zum Regierungsentwurf, a. a. O., S. 227.

**Sonstige Ansprüche** Rdn. 2409

Regierungsentwurf[325] wird hierzu erläutert, dass in solchen Fällen „eine lange Verjährungsfrist nicht gerechtfertigt sei", weil die Mangelhaftigkeit nicht zu einem Mangel am Bauwerk geführt hat, sodass die allgemeine Frist von zwei Jahren „ausreicht". Auch in diesen Fällen wird damit das „Restrisiko" dem Verantwortungsbereich des Bauhandwerkers zugeordnet.
Mansel[326] vertritt zutreffend die Auffassung, dass die Fünf-Jahres-Frist des § 438 Abs. 1 Nr. 2 b BGB überhaupt nur dann eröffnet ist, wenn die mangelhaften Baumaterialien **innerhalb von zwei Jahren** ab Lieferung **eingebaut** werden, da andernfalls ein bereits verjährter Anspruch durch bloßen Einbau in ein Bauwerk wieder auflebt. Eine Verkürzung der nunmehr verlängerten Rückgriffsfrist in AGB dürfte unwirksam (auch unter Unternehmern) sein, weil dann von einem (neuen) gesetzgeberischen Leitgedanken abgewichen würde, § 307 BGB.
**Soweit § 438 Abs. 1 Nr. 2 b BGB fordert, dass die Sache für ein Bauwerk verwendet werden muss, kann auf die von der Rechtsprechung zu § 638 Abs. 1 S. 1 BGB a. F. entwickelten Kriterien zurückgegriffen werden (vgl. hierzu Rdn. 2384). Davon geht auch die Begründung des Regierungsentwurfes aus.**[327] **Dort wird ergänzend darauf hingewiesen, dass der „bloße Austausch einer Badezimmerarmatur" nicht die Verwendung „für ein Bauwerk" darstellt. Das wird insgesamt für alle Auswechslungen kleinerer Ersatzteile gelten, für die dann die zweijährige Verjährungsfrist nach § 438 Abs. 1 Nr. 3 BGB gilt (z. B. Erneuerung von Elektroschaltern oder sonstige Reparaturarbeiten).**

* Anspruch auf Minderung der Vergütung
  Vgl. Rdn. 2383 (früher 5 Jahre bei Bauwerken, § 638 BGB a. F.).
* Anspruch auf **Nebenleistungen** (z. B. Zinsen, Nutzungen, Kosten)
  Nach § 217 BGB verjährt mit dem Hauptanspruch auch der Anspruch auf die von ihm abhängenden Nebenleistungen, auch wenn die für diesen Anspruch geltende besondere Verjährung noch nicht eingetreten ist.
* Anspruch aus **Verletzung einer Nebenpflicht, § 241 Abs. 2 BGB**
  Nach Aufgabe des Instituts der positiven Vertragsverletzung durch das SchRModG ist wie folgt zu unterscheiden: Führt die Verletzung einer Nebenpflicht (z. B. Beratungsfehler) zu einem Werkmangel, gilt die Gewährleistungsfrist des § 634 a BGB. Ist ein Schaden nicht mangelbedingt, sondern durch Verletzung einer Nebenpflicht verursacht, gelten die Regeln des allgemeinen Schuldrechts: Es läuft dann die regelmäßige Verjährungsfrist von drei Jahren, § 195 BGB (früher 30 Jahre bei positiver Vertragsverletzung, § 195 BGB a. F.).
* Positive Vertragsverletzung nach altem Recht
  Der Anspruch verjährt in 30 Jahren gemäß § 195 BGB a. F. (vgl. hierzu im Einzelnen Rdn. 1751).
* Preisanpassungsanspruch
  Der Anspruch auf eine „Anpassung" einer Preisvereinbarung (z. B. nach § 2 Nr. 3 Abs. 2, 3 und 4, Nr. 5, Nr. 6 VOB/B) verjährt in der Frist des vertraglichen Hauptanspruches;[328] dabei beginnt die Frist am Schluss des Kalenderjahres, in dem der Anspruch fällig wird.

---

325) A. a. O., S. 228.
326) NJW 2002, 89, 94; ferner *Mansel/Budzikiewicz*, § 5, Rdn. 90 ff.; a. A. *Forster*, NZBau 2007, 479.
327) BT-Drucksache 14/6040, S. 227.
328) So richtig: *Groß*, Festschrift für Soergel, S. 59, 67.

* **Prospekthaftungsanspruch beim Bauherrenmodell/Bauträgermodell**
Der Anspruch verjährt in der regelmäßigen Verjährungsfrist von 3 Jahren, § 195 BGB (früher 30 Jahre, § 195 BGB a. F.).[329]
* **Anspruch auf Rechnungserteilung**
Der Anspruch auf Erteilung einer Rechnung mit gesondert ausgewiesener Mehrwertsteuer (§ 14 Abs. 1 Satz 1 UStG) verjährt in der regelmäßigen Verjährungsfrist des § 195 BGB, also in 3 Jahren (früher 30 Jahre, § 195 BGB a. F.).[330]
* **Rückforderungsanspruch der öffentlichen Hand**
verjährt in 3 Jahren, § 195 BGB (früher 30 Jahre, § 195 BGB a. F.).[331] Die Kenntnis soll erst mit Zugang der Mitteilung der Rechnungsprüfungsbehörde beginnen, das eine Überzahlung vorliegt.[332] Bei Übertragung der Wahrnehmung der Interessen auf einen Dritten (Architekt) ist dessen Kenntnis maßgebend.[333]
* **Schadensersatz wegen Pflichtverletzung gemäß § 280 BGB**
Der Anspruch unterliegt der dreijährigen Verjährungsfrist, § 195 BGB (früher 30 Jahre gemäß § 195 BGB a. F.).[334]
* **Anspruch aus unerlaubter Handlung**
Der Anspruch verjährt in 3 Jahren, § 195 BGB.
* **Ungerechtfertigte Bereicherung**
Der Anspruch verjährt in der regelmäßigen Verjährungsfrist des § 195 BGB, also in drei Jahren (früher in 30 Jahren, § 195 BGB a. F. unter Berücksichtigung eines unter § 196 BGB a. F. fallenden Entgeltanspruches).[335]
* **Unterlassungsansprüche** (z. B. § 1004 Abs. 1 S. 2 BGB)
Die Ansprüche unterfallen der regelmäßigen Verjährung des § 195 BGB.
* **Verschulden bei Vertragsschluss**
Der Anspruch aus Verschulden bei Vertragsschluss, der durch das **SchRModG** nunmehr in § 311 Abs. 2 BGB kodifiziert wurde, verjährt in der regelmäßigen Verjährungsfrist von drei Jahren, § 195 BGB (früher in der 30-jährigen Verjährungsfrist, soweit der Anspruch nicht an die Stelle kürzer verjährender Erfüllungsansprüche tritt,[336] z. B., wenn als Schaden ein Teil des Vergütungsanspruches verlangt wird; wird der Anspruch aus Werkmängeln hergeleitet, gelten die Verjährungsfristen des § 638 BGB a. F.).[337]
* **Vertragsstrafe**
Der Anspruch verjährt nach regelmäßiger Frist des § 195 BGB in 3 Jahren (früher 30 Jahre, § 195 BGB a. F.).[338] In der Literatur wird jedoch insoweit für eine Ausnahme plädiert:[339] Verjährt der Hauptanspruch, der Gegenstand der Vertragsstrafe

---

329) BGH, BauR 2004, 330 = NJW 2004, 288 = NZBau 2004, 98; NJW 1994, 2226.
330) BGH, BauR 1993, 253 (LS).
331) *Ingenstau/Korbion*, § 16/B, Rdn. 143.
332) OLG Dresden, BauR 2007, 40 = IBR 2006, 485 – *Müller*.
333) OLG Düsseldorf, BauR 2007, 1753.
334) BGH, NJW 1997, 50.
335) BGH, BauR 1995, 699, 700 = NJW 1995, 2547 = ZfBR 1995, 261 (Abstandssumme für Architekten- und Ingenieurleistungen); OLG Köln, BauR 1995, 702, 705 (für **Gewährleistungsanspruch**).
336) BGHZ 73, 266, 269; OLG Düsseldorf, BauR 1982, 54.
337) BGH, NJW 1969, 1710.
338) RGZ 85, 242 ff.; *MünchKomm-von Feldmann*, § 195 BGB, Rdn. 12.
339) Vgl. hierzu *Kapellmann/Messerschmidt/Langen/Havers*, m. w. N., § 11/B, Rdn. 126.

## Sonstige Ansprüche                                                    Rdn. 2410

ist, ausnahmsweise nicht in der regelmäßigen Frist von drei Jahren, soll die entsprechende Verjährungsfrist auch für die Vertragsstrafe im Hinblick auf die Akzessorietät der Vertragsstrafe gelten.

* **Anspruch gegen einen Vertreter ohne Vertretungsmacht**
Der Anspruch aus § 179 BGB verjährt in der Frist des § 195 BGB, also in drei Jahren (früher in der Frist des § 196 BGB a. F.,[340] die für den Erfüllungsanspruch aus dem Vertrag gegolten hätte, der mangels Vollmacht des Vertreters und Genehmigung durch den Vertretenen nicht wirksam geworden ist, die Verjährung beginnt mit der Weigerung des Vertretenen, den Vertrag zu genehmigen).

* **Weitere Rechtsprechung**                                                2410
Schadensersatzansprüche aus **Fehlern** eines zur Beseitigung von Bauwerksmängeln erstatteten **Sanierungsgutachtens** verjähren nach § 634a Abs. 1 Nr. 2 BGB in 5 Jahren seit Abnahme bzw. Vollendung der von dem Gutachter zu erbringenden Leistungen (BGH, NJW-RR 1987, 853 (zum alten Recht § 638 BGB)). Ein Anspruch gegen einen **Bausachverständigen** wegen **fehlerhafter Beratung** über die zweckmäßige Beseitigung von Mängeln eines Bauwerks unterliegt der Verjährung nach den Regeln des Werkvertragsrechts (OLG Stuttgart, NJW-RR 1986, 1281). Die **Befristung in einer Gewährleistungsbürgschaft** dient in der Regel einer gegenständlichen Begrenzung des Bürgschaftsumfangs auf Gewährleistungsrechte, die bis zum genannten Endzeitpunkt entstehen (OLG Köln, NJW-RR 1986, 510). Die Klausel in einem von dem Treuhänder eines Bauherrenmodells verwendeten formularmäßigen „**Treuhandauftrag**", wonach Ansprüche gegen ihn „nur **binnen Jahresfrist** nach Entstehung und Kenntnisnahme, spätestens jedoch ein Jahr nach Beendigung des Treuhandauftrags geltend gemacht werden können", benachteiligt den einen Auftrag erteilenden Bauherrn entgegen den Geboten von Treu und Glauben unangemessen und ist daher unwirksam (BGH, NJW 1986, 1171). Hält ein OLG eine in AGB eines Baubetreuers enthaltene **Musterprozessvereinbarung** für wirksam, die der BGH später für unwirksam erklärt, so wird dadurch die Verjährung des Werklohnanspruches eines Unternehmers gegen nicht rechtzeitig verklagte Bauherren nicht gehemmt (BGH, NJW 1988, 197 = BauR 1988, 97). Schadensersatzansprüche gegen einen Wirtschaftsprüfer und Steuerberater aus seiner Tätigkeit als **Treuhänder** im Rahmen eines **Bauherrenmodells** verjähren jedenfalls nach § 51a WirtschaftsprüferO in 5 Jahren und nicht nach § 68 StBerG in 3 Jahren, wenn er im Prospekt (auch) als Wirtschaftsprüfer vorgestellt worden ist (BGH, NJW 1988, 1663; BauR 1992, 88). Ein Vertrag, in dem ein **Architekt** es übernimmt, einen Bauherrn wegen etwaiger Mängelansprüche gegen einen Bauunternehmer zu **beraten**, ist ein Dienstvertrag, sodass der Architekt für eine Verletzung von Pflichten aus diesem Dienstvertrag nach den Grundsätzen über eine positive Vertragsverletzung mit einer Verjährungspflicht von 30 Jahren (jetzt 3 Jahren) haftet (OLG Hamm, NJW-RR 1995, 400 = BauR 1995, 579).
**Verjährungsbeginn** bei **Verkehrssicherungspflichtverletzung**, OLG München, BauR 1999, 1040 = OLGR 1998, 347. **Einjährige Gewährleistungsfrist** des § 477 BGB bei **Grundstückskaufvertrag mit gleichzeitiger** Übergabe der **Planungs- und Genehmigungsunterlagen** für Mängel der Planung (LG Köln, BauR 2000, 735). **Widersprüchliches Verhalten nach Verzicht** auf die Verjährungseinrede (OLG Koblenz, NJW-RR 2000, 467); Verjährung des **Zahlungsanspruches des**

---
340) BGH, NJW 1979, 1161.

Bauträgers in zwei Jahren gemäß § 196 Abs. 1 Nr. 1 BGB a. F. bei unwirksamer Unterwerfungsklausel im notariellen Vertrag (Pfälzisches OLG Zweibrücken, BauR 2000, 1209); Verjährungsunterbrechung durch Einleitung eines Beweisverfahrens vor Abtretung von Gewährleistungsansprüchen wirkt zugunsten des **Zessionars** (OLG Köln, BauR 1999, 259). Verjährung des Honoraranspruches, wenn in der von ihm nach Rechnungsstellung erhobenen **Stufenklage** zwischen Auskunftserteilung und Erhebung der bezifferten Leistungsklage ein Zeitraum von mehr als zwei Jahren liegt (LG Neubrandenburg, NZBau 2001, 147). Ansprüche eines **Preisträger-Architekten** auf entgangenen Gewinn, weil Planung und Ausführung des Projekts in stark vereinfachter Form anderen Architekten übertragen wurde, verjähren in zwei (jetzt drei) Jahren (OLG Hamm, NJW-RR 2000, 1038 = NZBau 2000, 345 = OLGR 2000, 165). Zur Verjährung von Schadensersatzansprüchen gegen den **Verkäufer eines Bausatzes** für eine Einfamilienhaus, der neben der Lieferung der Bausatzteile auch Architekten- und Ingenieurleistungen erbringt (OLG Düsseldorf, BauR 2003, 913).

### 6. Hemmung und Unterbrechung/Neubeginn der Verjährung

*Literatur*

*Anderson*, Verlängerung der Verjährungsfrist für Gewährleistungsansprüche bei Bauwerken gemäß § 13 VOB/B, BauR 1970, 14; *Bülow*, Aufschub des Verjährungseintritts bei Musterprozessen, insbesondere Bauprozessen, NJW 1971, 2254; *Kaiser*, Die Bedeutung der schriftlichen Mängelrüge nach VOB/B, NJW 1975, 2184; *Usinger*, Die Hemmung der Verjährung durch Prüfung oder Beseitigung des Mangels, NJW 1982, 1021; *Peters*, Vergleichsverhandlungen und Verjährung, NJW 1982, 1857; *Thamm*, Hemmung und Unterbrechung der Gewährleistungs-/Verjährungsfrist nach BGB durch Nachbesserung, BB 1988, 1477; *Kaiser*, Verjährungsfristen und deren Hemmung sowie Unterbrechung bei Ansprüchen aus Planungs- und Ausführungsfehlern bei Bauwerken, BauR 1990, 123; *Saerback*, Zur Hemmung der Verjährung durch Rechtsverfolgung, Festschrift für Thode (2005), 139; *Fischinger*, Sind die §§ 203 ff. BGB auf die Höchstfristen des § 199 Abs. 2–4 BGB anwendbar?, VersR 2006, 1475; *Schlößer*, Die Hemmung der Verjährung des Bürgschaftsanspruchs nach neuem Schuldrecht, NJW 2006, 645; *Sterner/Hildebrandt*, Hemmung und Unterbrechung der Verjährung von Mängelansprüchen nach neuem Recht und neuester Rechtsprechung, ZfIR 2006, 349.

**2411** Durch das **SchRModG** sind die **Tatbestände der Hemmung und Unterbrechung** (jetzt Neubeginn) der Verjährung **völlig neu geordnet** worden. Hier kann man von einem Systemwandel innerhalb des Verjährungsrechtes sprechen, dem insbesondere im Baurecht große Bedeutung zukommt, weil die meisten Fälle der früheren Verjährungsunterbrechung nunmehr (nur noch) als Hemmungstatbestände ausgebildet sind. Es ist deshalb auch hier zwischen der Rechtslage vor Inkrafttreten des **SchRModG** und dem Zeitraum danach zu unterscheiden.

Hemmung und Unterbrechung/Neubeginn der Verjährung können zusammentreffen.[341] Die nachstehenden Ausführungen gelten sowohl für den BGB- als auch für den VOB-Bauvertrag. Zu den **Überleitungsvorschriften** vgl. Rdn. 2418 a.

---

341) BGH, ZIP 1999, 1216; ZfBR 1990, 71 = BauR 1990, 212 = NJW 1990, 826; BGH, NJW 1988, 254.

# Hemmung

## a) Hemmung der Verjährung

### aa) Rechtslage nach altem Recht (bis 31.12.2001)

Nach § 202 BGB ist die Verjährung **gehemmt,** solange die Leistung **gestundet**[342] oder der Verpflichtete aus einem anderen Grunde vorübergehend **zur Verweigerung der Leistung berechtigt** ist. In Bausachen sind insoweit die Verhandlungen der Parteien über die zweckmäßige Art der Mängelbeseitigung[343] von Bedeutung sowie die Abrede, während einer Prozessführung gegen einen Dritten die Frage der Mangelverantwortung des Unternehmers auf sich beruhen zu lassen.[344] 

**2412**

Tritt eine Hemmung der Verjährung ein, wird dieser Zeitraum in die Verjährungsfrist nicht eingerechnet (§ 205 BGB). Höchstgrenzen für deren Berücksichtigung gibt es nicht.[345] **Prüft** der Unternehmer oder Architekt z. B. einen Baumangel im Einvernehmen mit dem Bauherrn, bleibt diese Prüfungszeit bei der Berechnung der Verjährungsfrist außer Betracht.[346]

**§ 639 Abs. 2 BGB** enthält einen **besonderen Hemmungstatbestand,**[347] der auch für § 13 Nr. 5 VOB/B (Mängelbeseitigung) gilt.[348] Solange der Unternehmer sein Werk im Einverständnis mit dem Besteller auf gerügte Mängel untersucht oder daran Mängel zu beseitigen versucht, ist die Verjährung **gehemmt.** Unterzieht sich der Unternehmer, etwa um ein Zug-um-Zug-Urteil zu ermöglichen, einem Nachbesserungsversuch, so wird die Verjährung der in § 638 BGB bezeichneten Ansprüche gehemmt, „und zwar hinsichtlich **aller Ursachen der Mangelerscheinungen, deren Beseitigung die Nachbesserung dient"** (Symptomtheorie).[349] Die Hemmung der Verjährung erstreckt sich allerdings nur auf die Mängel, die Gegenstand der Mängeluntersuchung bzw. der Nachbesserungsvereinbarung sind.[350]

**2413**

Eine **Prüfung** des Vorhandenseins eines Mangels i. S. des § 639 Abs. 2 BGB liegt auch dann vor, wenn der Unternehmer die **Mängelanzeige** des Auftraggebers zur weiteren Veranlassung seiner **Haftpflichtversicherung** oder seinem Lieferanten zuleitet.[351] Die Hemmung der Verjährung tritt bei jeder vom Unternehmer uneingeschränkt angekündigten Prüfung des Mangels ein, auch wenn die Prüfung schließlich dazu führt, dass Mängelansprüche aus rechtlichen Gründen abgelehnt werden; insoweit erfolgt keine Unterscheidung zwischen der Prüfung der tatsächlichen und der Prüfung der rechtlichen Voraussetzungen für einen vom Auftraggeber geltend gemachten Mängelanspruch.[352] Dabei **beginnt** die Hemmung der Verjährungsfrist bereits **mit der Einigung der Par-**

**2414**

---

342) Vgl. hierzu BGH, NJW-RR 1992, 255. Zur Stundungsabrede zwischen Generalunternehmer und Subunternehmer, wonach die Vergütung erst fällig wird, wenn der Auftraggeber des Generalunternehmer zahlt, vgl. Rdn. 1126.
343) BGHZ 48, 108 = NJW 1967, 2005; BGH, BauR 1979, 59, 61 **(Stillhalteabkommen).**
344) *MünchKomm-Soergel,* § 639 BGB, Rdn. 12; *Palandt/Heinrichs,* § 202 BGB, Rdn. 9.
345) BGH, NJW 1990, 178; *Palandt/Heinrichs,* § 204 BGB, Rdn. 1.
346) Beispiel: BGH, BauR 1971, 54 – Nachbesserungsversuche des Unternehmers bezüglich Putzrisse; OLG Nürnberg, MDR 1975, 1018.
347) Vgl. BGH, NJW 1976, 1447; OLG Düsseldorf, NJW-RR 1994, 1362; OLG Hamm, OLGR 1995, 171, 173; OLG Schleswig, BauR 1995, 101, 103 = NJW-RR 1995, 1171 (mit zahlreichen Fallgestaltungen); *Schmidt,* MDR 1978, 709, 711.
348) *Schäfer/Finnern,* Z 2.415.1 Bl. 1.
349) BGH, NJW 1990, 1472 = BauR 1990, 356; BGH, NJW-RR 1989, 979 = BauR 1989, 603 = ZfBR 1989, 202; BGH, BauR 1992, 503; OLG Bremen, BauR 2001, 1599 = NJW-RR 2001, 1463 sowie Rdn. **1472, 1625.**
350) BGH, NJW 1997, 727 = ZIP 1997, 325.
351) BGH, BauR 2005, 705 = NJW 2005, 1423 = MDR 2005, 747 (bei Regulierungsvollmacht des Haftpflichtversicherers); NJW 1983, 162 = BauR 1983, 87; OLG Schleswig, BauR 1995, 101, 103 = NJW-RR 1995, 1171; vgl. hierzu auch BGH, BauR 1985, 202 = ZfBR 1985, 70.
352) BGH, NJW 1983, 162 = BauR 1983, 87.

teien über die Untersuchung des Mangels oder die durchzuführende Nachbesserung.[353)] Ist der Zeitpunkt des Einvernehmens zwischen Auftraggeber und Auftragnehmer nicht feststellbar, beginnt die Hemmung der Verjährung mit dem ersten Mängelbeseitigungsversuch.[354)] Hat der Auftragnehmer nach Untersuchung eines Schadens Gewährleistungsansprüche **abgelehnt** und nach erneuter Geltendmachung solche Ansprüche dem Auftraggeber anheim gestellt, einen neutralen Sachverständigen mit der Untersuchung der Schadensursache zu beauftragen, wird hierdurch eine (erneute) Hemmung der Verjährungsfrist nicht bewirkt.[355)]

Die Hemmung **endet** erst, wenn der Unternehmer dem Besteller (Bauherrn) entweder das Ergebnis der Prüfung mitteilt, den Mangel für beseitigt erklärt[356)] oder die Fortsetzung der Mängelbeseitigung ablehnt. Diese Voraussetzungen hat der Auftragnehmer nachzuweisen.[357)] Das Ende der Hemmung tritt z. B. ein, wenn der Unternehmer nach aufgenommener Mängelbeseitigung erklärt, er sei doch nicht für den Mangel verantwortlich.[358)] Bleibt der Unternehmer nach seiner anfänglichen Zusage, den Mangel zu überprüfen, völlig **untätig**, endet die Hemmung nach einer Entscheidung des LG Berlin[359)] spätestens nach Ablauf eines Jahres. Verlangt der Auftragnehmer **nach** Durchführung der Nachbesserungsarbeiten ausdrücklich eine förmliche Abnahme, so endet die Hemmung erst mit der Abnahme der Nachbesserungsleistung, auch wenn der Auftragnehmer dem Auftraggeber mitgeteilt hat, dass der Mangel beseitigt sei.[360)]

§ 639 Abs. 2 BGB ist auch anzuwenden, wenn im Einzelfall eine **Mängelbeseitigung nicht möglich ist**;[361)] ebenso steht einer Anwendung nicht entgegen, wenn der Unternehmer nur das Werk eines **Dritten** prüfen will, seine Prüfung aber objektiv auch das **eigene** Werk betrifft und er damit rechnen muss, dass der Besteller von ihm auch eine Prüfung des eigenen Werks erwartet.[362)] Für die Hemmung der Verjährung ist es auch belanglos, ob der Unternehmer bei seinen Nachbesserungsversuchen erklärt, er erkenne eine Rechtspflicht dazu nicht an, das alles geschehe nur aus Gefälligkeit.[363)] Nach Sinn und Zweck des § 639 Abs. 2 BGB kommt es immer nur auf das **tatsächliche Bemühen** um Mängelbeseitigung, nicht dagegen auf die diesem Bemühen zugrunde liegenden Beweggründe des Unternehmers an; denn es geht darum, das zwischen den Parteien bestehende gute Verhältnis möglichst ungetrübt zu erhalten und den Bauherrn nicht zu zwingen, durch Klageerhebung oder in ähnlicher Weise die Verjährung zu unterbrechen.[364)] In welcher Form der Unternehmer die Prüfung eines Mangels vornimmt, ist unerheblich; maßgeblich ist allein, dass der Auftraggeber durch das Verhalten des Unternehmers davon abgehalten wird, seine Gewährleistungsansprüche zu verfolgen.[365)] Die **bloße Besichtigung** des Mangels durch den Unternehmer stellt noch keinen Prüfungstatbestand dar.[366)]

---

353) BGH, NJW 1997, 727 = ZIP 1997, 325; BauR 1999, 1019 = NJW-RR 1999, 1181 (Eintritt der Verjährungshemmung im Zeitpunkt der Erklärung des Auftragnehmers, einen Mangel anhand eines vom Auftraggeber in Auftrag gegebenen Gutachtens zu prüfen und nicht erst mit Zugang des Gutachtens).
354) OLG Düsseldorf, NJW-RR 1995, 532.
355) OLG Köln, OLGR 1995, 113.
356) **Anderer Ansicht:** OLG Düsseldorf, BauR 1993, 747 **(Abnahme)**; vgl. auch OLG Düsseldorf, NJW-RR 1995, 532.
357) BGH, BauR 1994, 103 = NJW-RR 1994, 373; OLG Düsseldorf, NZBau 2001, 401.
358) *MünchKomm-Soergel*, § 639 BGB a. F., Rdn. 16.
359) NJW-RR 1991, 1123.
360) OLG Düsseldorf, BauR 1993, 747.
361) BGH, NJW 1976, 1447; NJW 1983, 162 = BauR 1983, 87.
362) BGH, WM 1978, 927; OLG Hamm, OLGR 1995, 171, 173.
363) BGH, *Schäfer/Finnern*, Z 2.415.1 Bl. 1.
364) BGH, *Schäfer/Finnern*, Z 2.415.1 Bl. 1.
365) OLG Hamm, BauR 1996, 722 = NJW-RR 1996, 1301 = OLGR 1996, 123.
366) BGH, BauR 2002, 108 = MDR 2002, 86; OLG Koblenz, OLGR 2003, 105.

# Hemmung

Die Hemmung nach § 639 Abs. 2 BGB setzt voraus, dass sich der Unternehmer **im Einverständnis des Bestellers** der Prüfung des Mangels unterzieht. Einverständnis ist dabei jedes Verhalten des Bestellers, aus dem zu entnehmen ist, dass er die Prüfung billigt.[367] Ob einer Billigung rückwirkende Kraft zukommt,[368] ist umstritten. Nach richtiger Ansicht[369] wirkt die Einverständniserklärung des Bauherrn nicht zurück, sodass die Hemmung erst mit dem Zugang des Einverständnisses bei dem Unternehmer eintritt.[370] Nach Auffassung des OLG Düsseldorf[371] führt ein in der Zusage von Nachbesserungsarbeiten etwa liegendes **Anerkenntnis** nicht zugleich zu einer Hemmung gemäß § 639 Abs. 2 BGB, weil nach dieser Vorschrift eine Hemmung der Verjährung erst in dem Zeitpunkt eintritt, in dem der Auftragnehmer tatsächlich mit der Prüfung oder Beseitigung des Mangels im Einverständnis mit dem Auftraggeber beginnt. Behauptet der Auftraggeber eines Werkes Hemmung der Mängelverjährung durch Prüfung des Mangels durch den Auftragnehmer, obliegt es diesem, die Tatsachen für die Beendigung der Hemmung darzulegen.[372] Ob bei wiederholten Mängeluntersuchungen **mehrere** Hemmungen vorliegen oder **eine** (durchgehende) Hemmung anzunehmen ist, unterliegt der tatrichterlichen Würdigung.

**Weitere Rechtsprechung**     2415

* **Beseitigung des Mangels** im **Einverständnis mit dem Bauherrn** (BGH, NJW 1953, 22 = DB 1952, 987; s. auch OLG Oldenburg, MDR 1977, 1019 u. BB 1977, 1375 – spätere Billigung)
* **untaugliche Nachbesserungsversuche** – Hemmung auch bei Unkenntnis des wirklichen Mangels (BGHZ 48, 108 = NJW 1967, 2005; BGH, NJW 1976, 1447; s. auch OLG Nürnberg, MDR 1975, 1018 – unbehebbarer Mangel)
* Hemmung durch **wiederholte erfolglose Nachbesserungsarbeiten** (BGH, Schäfer/Finnern, Z 2.414 Bl. 243)
* **Beweislast** für Beendigung der Hemmung (BGH, BauR 1977, 348)
* Hemmung bei **Prüfung** des Werkes eines Dritten (BGH, MDR 1978, 831)
* Hemmung bei **Stillhalteabkommen** (BGH, NJW 2002, 1488; BauR 1979, 59, 61; OLG Hamm, NJW-RR 1995, 1233; OLG Köln, NJW-RR 1995, 1457)
* Hemmung bei einvernehmlicher **Einholung eines Schiedsgutachtens** (OLG Hamm, BauR 1983, 374 u. OLGZ 1982, 450; s. ferner BGH, NJW 1990, 1232 = BauR 1990, 86 = ZfBR 1990, 64 zum Ende der Hemmung)
* **zum Umfang** der Hemmung der Verjährung (BGH, BauR 1989, 603)
* keine Verjährungshemmung bei Aufforderung an den Unternehmer, seine **Haftung** für bereits eingetretene mittelbare Schäden **zu prüfen** (OLG Frankfurt, OLGR 1999, 20)
* Verjährungshemmende Wirkung eines **Schlichtungsverfahrens** (OLG Oldenburg, NJW 1993, 2997) sowie eines **Schiedsgutachterverfahrens** nach § 18 Nr. 3 VOB/B (OLG Celle, BauR 1995, 589 [LS], auch wenn benachrichtigter Partner sich am Verfahren nicht beteiligt)
* Hemmung bis Abschluss des **Gerichtsverfahrens** zwischen Bauträger und seinen Subunternehmern, wenn der Bauträger gegenüber seinem Auftraggeber erklärt, es sei nicht nötig, die Ansprüche gegen ihn zu verfolgen, er werde die Durchsetzung von Gewährleistungsansprüchen gegenüber den ausführenden Firmen vornehmen und die **Auftraggeber** bis auf Weiteres **entlasten** (OLG Hamm, NJW-RR 1996, 1301)
* keine Hemmung der Verjährung der Gewährleistungsansprüche gegen den Tragwerksplaner wegen Mängel der Statik **bei Besichtigung** der Mängelerscheinungen **in Anwesenheit des Tragwerksplaners** (BGH, BauR 2002, 108 = NZBau 2002, 42)

---

[367] *Palandt/Thomas*, § 639 BGB, Rdn. 4; OLG Schleswig, BauR 1995, 101, 103 = NJW-RR 1995, 1171.
[368] OLG Oldenburg, BB 1977, 1375; MDR 1977, 1019; zustimmend: *Palandt/Thomas*, a. a. O.
[369] *Usinger*, NJW 1982, 1021; *Nicklisch/Weick*, § 13/B, Rdn. 94.
[370] BGH, NJW 1983, 162 = BauR 1983, 87.
[371] NJW-RR 1994, 1362 = BauR 1994, 771.
[372] BGH, NJW-RR 1994, 373 = BauR 1994, 103.

* keine Hemmung der Verjährung durch **Anrufung der vorgesetzten Stelle** der auftraggebenden Behörde – § 18 Nr. 2 VOB/B (OLG Köln, OLGR 2000, 345 = MDR 2000, 1009). Vgl. aber hierzu Rdn. 2418 b.
* Hemmung bei Vereinbarung, die **VOB-Schiedsstelle** des Ministeriums anzurufen – Stillhalteabkommen (BGH, NJW 2002, 1488).
* Hemmung der Verjährung, trotz eines „**Verjährungsverzichts**" (BGH, IBR 2004, 240).

### bb) Rechtslage nach neuem Recht (ab 1.1.2002)

*Literatur*

*Reinking*, Die Geltendmachung von Sachmängelrechten und ihre Auswirkung auf die Verjährung, ZGS 2002, 140; *Weyer*, § 633 II BGB a. F. durch § 203 BGB n. F. ersetzt, nicht ersatzlos weggefallen, NZBau 2002, 366; *Mankowski/Höpker*, Die Hemmung der Verjährung bei Verhandlungen gem. § 203 BGB, MDR 2004, 721.

**2416** Eine Vielzahl von Unterbrechungstatbeständen ist durch das **SchRModG** zu Hemmungstatbeständen „herabgestuft" worden. Das ist eine ganz wesentliche Änderung im Verjährungsrecht: Während es in Zukunft nur noch zwei Fallgestaltungen für den Neubeginn (ehemals Unterbrechung) der Verjährung gibt (vgl. Rdn. 2434), hat der Gesetzgeber im Rahmen des **SchRModG** für die Verjährungshemmung insgesamt **15 Tatbestände in § 203 und § 204 BGB** kodifiziert. Daneben gibt es noch in den §§ 205 bis 208 BGB Sondertatbestände für die Verjährungshemmung (insbesondere § 205 BGB bei Leistungsverweigerungsrecht). Die Vorschriften der §§ 203 ff.. BGB sind auch auf die Höchstfristen des § 199 Abs. 2–4 BGB anwendbar.[373] Auch nach neuem Recht bewirkt die Hemmung der Verjährung, dass der Zeitraum, während dessen die Verjährung gehemmt ist, in die Verjährungsfrist nicht eingerechnet wird (§ 209 BGB).

**2417** Mit **§ 203 BGB** wird ein **allgemeiner Rechtsgrundsatz,** der von der Rechtsprechung immer wieder betont worden und für die Baurechtspraxis von großer Bedeutung ist, in das Gesetz übernommen: Danach ist die **Verjährung gehemmt,** wenn zwischen dem Schuldner und dem Gläubiger **Verhandlungen** über den Anspruch oder die den Anspruch begründenden Umstände schweben; das gilt so lange, bis der eine oder andere Teil die **Fortsetzung der Verhandlung verweigert.**[374] Die Verjährung tritt frühestens drei Monate nach dem Ende der Hemmung ein.[375] Die Vorschrift des § 203 BGB ist an die bisherigen §§ 852 Abs. 2 und 639 Abs. 2 BGB a. F. angelehnt worden, entspricht aber insbesondere nicht den Fallgestaltungen des § 639 Abs. 2 BGB a. F. Die **Hemmungswirkung tritt** grundsätzlich im Zeitpunkt der **ersten Erklärung** einer Partei ein. Die **Reichweite** der Hemmung ergibt sich aus § 213 BGB; danach gilt die Hemmung auch für Ansprüche, die aus demselben Grund wahlweise neben dem Anspruch oder an seiner Stelle gegeben sind, wobei

---

373) *Fischinger*, VersR 2006, 1475.
374) *Mankowski/Höpker*, MDR 2004, 721, 725 weisen zutreffend darauf hin, dass die Verweigerung von Verhandlungen klar und eindeutig von einer Partei ausgesprochen werden muss, wobei ein solches Verhalten noch nicht in der bloßen Ablehnung der Ansprüche gesehen werden kann.
375) Zur Fallgestaltung des „Einschlafens" von Verhandlungen, vgl. unten sowie im Einzelnen BT-Drucksache 14/6040, S. 112; *Mansel*, NJW 2002, 89, 98 sowie BGH, NJW-RR 2001, 1168, 1169.

# Hemmung

die konkurrierenden Ansprüche auf das gleiche Interesse und zur Wahl, also nicht nebeneinander, stehen müssen.

Ob eine Verhandlung i. S. des § 203 BGB zu bejahen ist, ist stets eine Frage des Einzelfalls. Dabei können die Grundsätze herangezogen werden, die die Rechtsprechung zu § 852 Abs. 2 BGB a. F. aufgestellt hat. Aber auch die zu § 639 Abs. 2 BGB a. F. ergangene Rechtsprechung ist heranzuziehen.[376] Danach ist unter einer Verhandlung jeder Meinungsaustausch zu verstehen, auf Grund dessen ein Vertragspartner davon ausgehen kann, dass seine Forderung von dem anderen Vertragspartner noch nicht endgültig abgelehnt wird; insbesondere ist es nicht erforderlich, dass der Verhandlungspartner seine Vergleichsbereitschaft ausdrücklich geäußert hat.[377] Der Haftpflichtversicherer hat nach Ziffer 5.2 AHB Regulierungsvollmacht. Verhandlungen, die der Versicherer führt, hemmen daher die Verjährung selbst dann, wenn der Versicherungsnehmer darüber nicht unterrichtet wurde.[378]

Verhandlungen sind auch dann zu bejahen, wenn mit der Erörterung in der Sache noch nicht begonnen wird, aber ein Termin zur sachlichen Erörterung vereinbart wird.[379] Unerheblich ist im Übrigen, ob eine Partei ausdrücklich „ohne Anerkennung einer Rechtspflicht" tätig wird.[380] Der BGH bejaht auch den Beginn von Verhandlungen, wenn der Schuldner lediglich anfragt, ob Ansprüche geltend gemacht werden.[381] Verhandlungen sind ferner dann anzunehmen, wenn der Gläubiger seine Ansprüche noch nicht beziffert oder konkretisiert hat.

**Verhandeln** setzt ein **zweiseitiges Verhalten** der Vertragsparteien (oder ihrer Bevollmächtigten) voraus. Daher wird man grundsätzlich in folgenden Fällen **nicht von einem Verhandeln** sprechen können:

* bei einer Mängelrüge
* bei einer Rechnungsprüfung
* bei Ablehnung einer Werklohnforderung
* bei Mitteilung des Schadens an den Versicherer der anderen Vertragspartei
* bei Verhandlungen mit einem anderen Gesamtschuldner
* bei einer einseitigen Erklärung der Verhandlungsbereitschaft (z. B. über die Schlussrechnungssumme oder über die Höhe des Schadensersatzes).
* die bloße Geltendmachung von Ansprüchen oder die reine Aufforderung zur Nacherfüllung

---

376) BGH, NJW 2007, 587 = NZBau 2007, 184.
377) BGH, NJW 2004, 1654 = IBR 2004, 240 – *Schliemann;* BGH, VersR 2001, 1255, 1256; OLG Oldenburg, BauR 2006, 1314; OLG Düsseldorf, IBR 2006, 672 – *Schwenker;* OLG Düsseldorf, IBR 2004, 200 – *Schwenker; MünchKomm-Stein,* § 852 BGB, Rdn. 68 m. Nachw. aus der Rechtsprechung des BGH.
378) BGH, BauR 2005, 705; *Schmalzl/Lauer/Wurm,* Rdn. 667.
379) *Mankowski/Höpker,* MDR 2004, 721, 722.
380) *Mankowski/Höpker,* a. a. O.
381) NJW 2001, 1723 = MDR 2001, 688.

Allerdings ist nach der Rechtsprechung der Begriff der Verhandlung weit auszulegen.³⁸²⁾ Daher ist z. B. die erneute Überprüfung nach Ablehnung des Anspruches des anderen Vertragspartners als Verhandlung angesehen worden.³⁸³⁾

Bei einem **„Einschlafen" der Verhandlungen** ist ein zeitliches Ende dann anzusetzen, wenn der nächste Schritt nach Treu und Glauben von einer Partei zu erwarten gewesen wäre.³⁸⁴⁾ Die Festlegung dieses Zeitpunkts wird nicht immer einfach sein und bringt eine nicht unerhebliche Rechtsunsicherheit mit sich. Nach Ansicht des OLG Zweibrücken soll eine Frist von einem Monat Stillstand das Ende der Verhandlungen bedeuten.³⁸⁵⁾

Der besondere, **werkvertragliche Hemmungstatbestand des § 639 Abs. 2 BGB a. F.** (vgl. näher Rdn. 2413) findet sich in den §§ 203 ff. BGB nicht mehr, obwohl diese Vorschrift in der baurechtlichen Praxis vielfach Anwendung fand.³⁸⁶⁾ Die Fallgestaltungen, die im Rahmen des § 639 Abs. 2 BGB a. F. zur Verjährungshemmung führen, können grundsätzlich nicht unter die Vorschrift des § 203 BGB subsumiert werden. Das kann nur in Betracht kommen, wenn die in § 639 Abs. 2 BGB a. F. genannten Tatbestände (Prüfung des Vorhandenseins des Mangels oder die Beseitigung des Mangels) im Einzelnen mit den Verhandlungen gemäß § 203 BGB verbunden oder gleichzusetzen sind.

Auch Mansel³⁸⁷⁾ weist darauf hin, dass § 203 BGB die Lücke nicht schließen kann, die der Wegfall des Hemmungsgrundes der Mängelprüfung/Nachbesserung gemäß § 639 Abs. 2 BGB a. F. mit sich bringt, weil Verhandlungen i. S. des § 203 BGB in diesen Fällen kaum vorliegen werden. Er schlägt vor, eine „stillschweigende Hemmungsabrede i. S. von § 202 Abs. 2 BGB für die Zeit der Nachbesserung anzunehmen". Daran könnte auch bei der Mangelprüfung gedacht werden.

Soweit mit der Beseitigung des Mangels ein Anerkenntnis verbunden ist, kommt ein Neubeginn der Verjährung in Betracht (vgl. näher Rdn. 2429).

**2418** In § 204 BGB werden insgesamt 14 Tatbestände aufgezählt, die (nur noch) zur **Hemmung der Verjährung** (durch Rechtsverfolgung) führen. Das gilt vor allem für folgende im Baurecht **wichtige Fallgestaltungen**:

* die Erhebung der **Klage** auf Leistung oder auf Feststellung des Anspruchs, auf Erteilung der Vollstreckungsklausel oder auf Erlass des Vollstreckungsurteils
* die **Zustellung des Mahnbescheids** im Mahnverfahren
* die Geltendmachung der **Aufrechnung** des Anspruchs im Prozess
* die **Zustellung der Streitverkündung**

---

382) BGH, NJW 2004, 1654 = IBR 2004, 240 – *Schliemann;* NJW 1983, 2075. Ebenso *Mankowski/ Höpker*, MDR 2004, 721, 722 m. w. N. und dem Hinweis, dass der Begriff der Verhandlungen wegen der förderungswürdigen und eingängigen Ratio des § 203 BGB (Förderung von Verhandlungslösungen und Vermeidung von unnötigen Konfrontationen) weit zu verstehen ist.
383) OLG Hamm, NJW-RR 1998, 101.
384) Vgl. Begründung zum Regierungsentwurf, BT-Drucksache 14/6040, S. 112; BGH, NJW-RR 2001, 1168, 1169; NJW 1986, 1337, 1338; *Mansel*, NJW 2002, 89, 98.
385) OLG Zweibrücken, IBR 2007, 548 – *Heiliger.*
386) So auch *Lenkeit*, BauR 2002, 196, 219, der darauf verweist, dass die (ohne nachvollziehbare Gründe erfolgte) Streichung eine Lücke hinterlässt, die nicht von § 203 geschlossen wird; **Andere Ansicht:** *Weyer*, NZBau 2002, 366 (mit einem Überblick über den Meinungsstand), der aus der Entstehungsgeschichte und dem Wortlaut des § 203 BGB n. F. folgert, dass § 203 BGB n. F. auch die Fallgestaltungen umfasst, die bisher in § 639 Abs. 2 BGB a. F. geregelt waren; ähnlich *Mankowski/Höpker*, MDR 2004, 721, 723.
387) A. a. O.; anders *Mansel/Budzikiewicz*, § 8, Rdn. 21 ff.

**Hemmung**                          **Rdn. 2418**

* die **Zustellung des Antrags** auf Durchführung eines selbstständigen **Beweisverfahrens,** der Beginn eines vereinbarten **Begutachtungsverfahrens** oder die Beauftragung des Gutachtens in dem **Verfahren nach § 641 a BGB**
* die Zustellung des Antrags auf Erlass eines **Arrestes,** einer **einstweiligen Verfügung** oder einer **einstweiligen Anordnung**
* die Anmeldung des Anspruchs im **Insolvenzverfahren**
* der Beginn des **schiedsrichterlichen Verfahrens.**

Bei verschiedenen Hemmungstatbeständen fordert § 204 BGB ausdrücklich eine **Zustellung** des Antrages oder der Erklärung. Das gilt insbesondere für den Antrag auf Einleitung eines selbstständigen Beweisverfahrens und die Streitverkündung.[388] Die Zustellung i. S. des § 204 BGB hat von Amts wegen zu erfolgen (§ 167 ZPO). Hier ist anwaltliche Vorsicht[389] geboten: Die Zustellung (ggf. förmliche Zustellung) durch das Gericht ist zu überwachen, weil nach § 167 ZPO die Hemmungswirkung des § 204 BGB mit der Einreichung oder Anbringung des Antrages oder der Erklärung (nur) eintritt, wenn die Zustellung demnächst erfolgt.[390] Wenn in § 204 Abs. 1 Ziffer 11 BGB darauf hingewiesen wird, dass mit dem **Beginn des schiedsrichterlichen Verfahrens** die Hemmung der Verjährung eintritt, ist dies der Tag, an dem der Beklagte den Antrag empfangen hat, die Streitigkeit einem Schiedsgericht vorzulegen (§ 1044 Satz 1 ZPO), soweit das Schiedsgerichtsverfahren der ZPO unterliegt.

Für die 14 in § 204 BGB genannten Hemmungstatbestände stellt Abs. 2 dieser Vorschrift fest, dass die Hemmung **sechs Monate nach der rechtskräftigen Entscheidung** oder **anderweitigen Beendigung** des eingeleiteten Verfahrens **endet.** Eine besondere Regelung findet sich für den Fall des **Stillstands**[391] des Verfahrens: Wenn die Parteien das Verfahren nicht betreiben, tritt an die Stelle der Beendigung des Verfahrens die letzte Verfahrenshandlung der Parteien, des Gerichts oder der sonst mit dem Verfahren befassten Stelle; die Hemmung beginnt erneut, wenn eine der Parteien das Verfahren weiter betreibt. Auch insoweit ist insbesondere in selbstständigen Beweisverfahren eine Fristenüberwachung dringend geboten (vgl. zum Ende des selbstständigen Beweisverfahrens Rdn. 111).[392] Das selbstständige Beweisverfahren zu mehreren Mängeln soll nach Auffassung des OLG München[393] die Verjährung nur solange hemmen, wie die Untersuchung des konkreten Mangels betrieben wird und nicht etwa fortdauern bis Ergänzungsgutachten zu anderen Mängelkomplexen vorgelegt sind. Nach einer zutreffenden Entscheidung des OLG Saarbrücken[394] bewirkt ein Antrag des Unternehmers auf Durchführung des selbstständigen Beweisverfahrens mit dem Ziel der Feststellung der Abwesenheit von Mängeln keine Hemmung der Verjährung des Werklohnanspruches nach § 204 Abs. 1 Nr. 7 BGB.

Bei Geltendmachung eines Anspruchs auf Kostenvorschuss für die Beseitigung mehrerer Mängel kommt einem Mahnbescheid verjährungsunterbrechende (jetzt verjährungshemmende) Wirkung nur zu, wenn für den Antragsgegner erkennbar

---

388) Vgl. *Sterner/Hildebrandt,* ZfIR 2006, 349.
389) Vgl. hierzu *Weyer,* BauR 2001, 1807; *Lenkeit,* a. a. O. 215, 216.
390) Vgl. dazu BGH, BauR 1999, 1216; zum Mahnbescheid: BGH, BauR 2002, 1430; OLG Dresden, BauR 2007, 1085.
391) Dazu im Einzelnen: *Saerbeck,* Festschrift für Thode, S. 139.
392) Vgl. hierzu *Lenkeit,* a. a. O., 216.
393) OLGR 2007, 335 = Urteil vom 13.2.2007 – AZ: 9 U 4100/06, IBR-online-*Karcewski.*
394) OLGR 2005, 849 = NZBau 2006, 714 = NJW-RR 2006, 163 m. w. N. aus der Literatur.

ist, wegen welcher einzelnen Mängel und in welcher jeweiligen Höhe Ansprüche gegen ihn erhoben werden[395]

Die Hemmung der Verjährung durch Anmeldung der Forderung im Insolvenzverfahren endet mit dem Ende des Insolvenzverfahrens und nicht schon mit dem Bestreiten durch den Verwalter.[396]

§ 213 BGB erstreckt die Hemmung auch auf Ansprüche, „die aus demselben Grunde wahlweise neben dem Anspruch oder an seiner Stelle gegeben sind". Dieses Verhältnis ist beispielsweise nicht zwischen dem Erfüllungsanspruch und dem Anspruch auf Ersatz des Verzögerungsschadens gegeben, weil sie nicht auf das gleiche Interesse gerichtet sind.

**2418 a** Gemäß Art. 229, § 6 Abs. 1 Satz 1 EGBGB finden zwar die **neuen Vorschriften des BGB** über die Verjährung in der seit dem 1.1.2002 geltenden Fassung auf die an diesem Tag **bestehenden und noch nicht verjährten Ansprüche** Anwendung. Der Beginn, die Hemmung, die Ablaufhemmung und der Neubeginn der Verjährung bestimmen sich jedoch für den Zeitraum vor dem 1.1.2002 nach altem Verjährungsrecht, § 6 Abs. 1 S. 2 EGBGB.

Da zahlreiche bisherige Unterbrechungstatbestände nach neuem Recht (nur noch) Hemmungstatbestände darstellen, regelt § 6 Abs. 2 EGBGB den Übergang von der Verjährungsunterbrechung (jetzt Neubeginn der Verjährung) nach bisherigem Recht zu der Verjährungshemmung nach neuem Recht. Insoweit ist anwaltliche Vorsicht geboten: Soweit das neue Verjährungsrecht anstelle der bisherigen Unterbrechung der Verjährung deren Hemmung vorsieht, gilt nach dieser Vorschrift eine Unterbrechung der Verjährung, die nach altem Recht vor dem 1.1.2002 eintritt und mit Ablauf des 31.12.2001 noch nicht beendet ist, (dennoch) als mit Ablauf des 31.12.2001 beendet; die neue Verjährung ist dann mit Beginn des 1.1.2002 gehemmt. Endet ein vor dem 1.1.2002 eingeleitetes selbstständiges Beweisverfahren über Mängel erst nach dem 1.1.2002, so beginnt an diesem Tag statt der Unterbrechung zwar die Hemmung der Verjährung. Im Anschluss an das Ende der Hemmung beginnt aber dann die neue Verjährungsfrist nach neuem Recht.[397] Die Hemmung tritt aber nicht ein, wenn die Unterbrechung aufgrund eines nach Ablauf des 31.12.2001 eingetretenen Umstands nach dem gemäß Art. 229 § 6 Abs. 1 Satz 3 EGBGB anzuwendenden Bürgerlichen Gesetzbuch in der vor dem 1.1.2002 geltenden Fassung als nicht erfolgt gilt.[398]

In dem Bericht des Rechtsausschusses des Bundestages[399] hierzu heißt es: „Der neue Abs. 2 trifft eine klarstellende Regelung für den Übergang von der Verjährungsunterbrechung nach bisherigem Recht zu der Verjährungshemmung nach neuem Recht. Abs. 2 betrifft den Fall, dass vor dem 1.1.2002 eine Unterbrechung der Verjährung beispielsweise durch Klageerhebung herbeigeführt worden ist und die Unterbrechung mit Ablauf des 31.12.2001 noch nicht beendet ist. Nach Abs. 1 soll ab dem 1.1.2002 das neue Verjährungsrecht Anwendung finden. Das bedeutet, und das

---

395) BGH, IMR 2007, 195 – *Schulze-Hagen*.
396) KG, IBR 2007, 310 – *Vogel*.
397) So zutreffend: OLG Düsseldorf, BauR 2006, 996; OLG Oldenburg, ZfBR 2007, 343 mit Anmerkung *Schmitz*, ZfBR 2007, 314.
398) OLG Köln, BauR 2007, 1044.
399) BT-Drucksache 14/7052 zu Art. 229, § 6 Abs. 2 EGBGB.

**Neubeginn** Rdn. 2418 b–2420

will der neue Abs. 2 klarstellen, dass eine solche Unterbrechung der Verjährung als mit dem Ablauf des 31.12.2001 beendet gilt und die neue Verjährung mit Beginn des 1.1.2002 gehemmt ist."

Bei einem **VOB-Bauvertrag** ist nunmehr durch die **VOB 2002** in § 18 Nr. 2 Abs. 2 VOB/B klargestellt worden, dass mit dem Eingang des schriftlichen Antrags auf Durchführung des **Schlichtungsverfahrens** nach § 18 Nr. 2 Abs. 1 VOB/B die Verjährung des in diesem Antrag geltend gemachten Anspruchs gehemmt ist.[400] Die Hemmung endet drei Monate nach Zugang des schriftlichen Bescheides oder der Mitteilung der Parteien, dass sie das Verfahren nicht weiter betreiben wollen. 2418 b

Einen neuen Hemmungstatbestand hat das SchRModG in § 771 Satz 2 eingeführt. Danach ist die Verjährung des Anspruchs gegen den Bürgen gehemmt, wenn dieser die Einrede der Vorausklage erhebt bis der Gläubiger eine Zwangsvollstreckung gegen den Hauptschuldner ohne Erfolg versucht hat. Wegen der Verkürzung der Regelverjährungsfrist sah sich der Gesetzgeber dazu veranlasst, den Gläubiger davor zu bewahren, vorzeitig verjährungshemmende Maßnahmen gegenüber dem Bürgen ergreifen zu müssen. Voraussetzung ist aber, dass der Bürge die Einrede der Vorausklage tatsächlich erhebt.[401] 2418 c

### b) Unterbrechung/Neubeginn der Verjährung

*Literatur*
*Nettesheim*, Unterbrechung der Gewährleistungsfrist durch Nachbesserungsarbeiten, BB 1982, 1022; *Hickl*, Die Verjährungsunterbrechungswirkung beim gerichtlichen Beweissicherungsverfahren, BauR 1986, 282; *Beachter*, Verjährungsunterbrechung: Anerkenntnis durch Aufrechnung mit bestrittener Forderung, MDR 1991, 928; *Adicks*, Rechtshängigkeit und Verjährungsunterbrechung, MDR 1992, 331.

### aa) Rechtslage nach altem Recht (bis 31.12.2001)

Von besonderer Bedeutung ist für die Baubeteiligten die **Unterbrechung** der Verjährung. Nach § 217 BGB bewirkt die Unterbrechung der Verjährung, dass die bis zur Unterbrechung verstrichene Zeit des Verjährungsablaufs nicht in Betracht kommt, d. h. also wegfällt. Nach Beendigung der Unterbrechung beginnt eine **neue** Verjährungsfrist zu laufen;[402] wird die Verjährung nach Eintritt der Hemmung zugleich unterbrochen, beginnt die neue Verjährungsfrist allerdings erst nach dem Wegfall des Hemmungsgrundes.[403] 2419

Als unterbrechende Maßnahme kommt vor allem eine **Klageerhebung** gemäß § 209 Abs. 1 BGB in Betracht.[404] Erforderlich ist dabei immer die Zustellung der Klageschrift.[405] Die Erhebung der 2420

---

400) Vgl. hierzu BGH, NJW 2002, 1488.
401) Eingehend dazu: *Schlößer*, NJW 2006, 745.
402) OLG Hamm, OLGR 1996, 28 (Bei Vereinbarung einer **längeren** als der in § 638 BGB bzw. § 13 Nr. 4 VOB/B vorgesehenen Gewährleistungsfrist beginnt diese nach dem Ende der Verjährungsunterbrechung zu laufen).
403) BGH, BauR 1990, 212 = ZfBR 1990, 71 = NJW 1990, 826.
404) Zum Klägerwechsel: BGH, BauR 1989, 473.
405) Vgl. dazu OLG Nürnberg, MDR 1967, 669; BGH, WM 1977, 902 = NJW 1977, 1686 zur Ordnungsmäßigkeit einer **Klage gegen eine Wohnungseigentümergemeinschaft**; zur Unterbrechung einer Klage in **gewillkürter Prozessstandschaft** s. BGH, WM 1980, 1244 = NJW 1980, 2461 = DB 1980, 2187; auch WM 1985, 753 = NJW 1985, 1826 = BauR 1985, 445 (Gewährleistungsklage **eines** Ehegatten); bei konkurrierenden Sicherungsabtretungen: BGH, NJW 1981, 678; bei Klage gegen Gesellschaft BGH, NJW 1979, 1361.

negativen **Feststellungsklage** und die Verteidigung gegen sie durch Klagabweisungsantrag führt noch keine Unterbrechung nach § 209 BGB herbei.[406] Das gleiche gilt für den Antrag auf Erlass einer einstweiligen Verfügung und deren Zustellung.[407] Dagegen kann die **Freistellungsklage** unterbrechende Wirkung haben.[408]

Zu beachten ist, dass immer der **Berechtigte klagen** muss; die Klage eines Nichtberechtigten unterbricht die Verjährung nicht.[409] Maßgebend ist insoweit der Zeitpunkt der **Klagezustellung**. Tritt z. B. der Bauträger seine Gewährleistungsansprüche gegen die Unternehmer an die Erwerber ab, so unterbrechen deren Prozesshandlungen nicht die Verjährung von Ansprüchen gegen den Architekten.[410] Auch eine Klage des Auftraggebers gegen den Bürgen des Hauptschuldners unterbricht nicht die Verjährung.[411]

**2421** Eine **Teilklage** unterbricht grundsätzlich nur bis zur **Höhe** des **eingeklagten Teils** die Verjährung; liegt zunächst nur ein nicht aufgegliederter Antrag wegen verschiedener **Teilansprüche** vor, wird die Verjährung für jeden Teilanspruch in Höhe der Gesamtsumme unterbrochen, nicht aber hinsichtlich des Weiteren die Gesamtsumme übersteigenden Teils der Einzelansprüche.[412]

**2422** Die Klage auf Ersatz von Kosten, die der Bauherr für eine erfolgreiche **Teilnachbesserung** aufgewendet hat, unterbricht daher auch nicht – über den eingeklagten Betrag hinaus – die Verjährung eines Anspruchs auf Ersatz von Aufwendungen für weitere Maßnahmen zur Beseitigung desselben Mangels.[413] Demgegenüber unterbricht die Klage auf Zahlung eines bestimmten Betrages als **Vorschuss** zur Behebung eines Mangels auch die Verjährung des späteren Anspruchs auf Zahlung eines höheren Vorschusses zur Behebung desselben Mangels.[414]

**2423** Die **Vorschussklage** deckt daher – entsprechend einem unbezifferten Leistungsantrag – hinsichtlich der Unterbrechungswirkung auch spätere **Erhöhungen,** gleichviel worauf sie zurückzuführen sind, sofern sie nur denselben Mangel betreffen.[415] Insoweit bedarf es also nicht einer Feststellungsklage zur Verjährungsunterbrechung. Diese kommt aber in Betracht, wenn der Auftraggeber die Feststellung verfolgt, dass der Auftragnehmer auch die **weiteren,** von der bisherigen Leistungsklage auf Vorschuss nicht erfassten Mängelbeseitigungskosten zu tragen hat und er nicht überschauen kann, ob der bisher verlangte Vorschuss insoweit ausreicht.[416] Bei der Klage auf Vorschuss für Nachbesserungskosten richtet sich im Übrigen – wie bei Mängelbeseitigungsverlangen gemäß § 13 Nr. 5 Abs. 1 VOB/B und beim Beweisermittlungsantrag gemäß § 639 BGB – die Tragweite der Unterbrechung der Verjährung nicht nach den jeweils näher bezeichneten Mängelerscheinungen, sondern nach den der Werkleistung **anhaftenden Mängeln selbst,** soweit sie Ursachen der genannten Mängelerscheinungen sind (**Symptomtheorie**).[417]

---

406) BGH, NJW 1972, 1043 = MDR 1972, 591; WM 1978, 1018 = ZfBR 1978, 70 = BauR 1978, 488; s. aber OLG Schleswig, NJW 1976, 970.
407) OLG Düsseldorf, WRP 1973, 481; zur Verjährungsunterbrechung durch Vollzug einer einstweiligen Verfügung: OLG Düsseldorf, BauR 1980, 475.
408) BGH, ZfBR 1995, 202, 203 = BB 1995, 999 = NJW 1995, 1675 (für Freistellungsklage eines **Bauträgers**).
409) BGH, NJW 1993, 1916; OLG Köln, BauR 1995, 702, 703.
410) OLG Hamm, NJW-RR 1991, 1044 = MDR 1991, 1065.
411) Saarländisches OLG, BauR 2001, 266.
412) BGH, NJW-RR 1988, 692.
413) BGH, BauR 1976, 202 = MDR 1976, 655.
414) BGH, BauR 1976, 205 = MDR 1976, 655 = NJW 1976, 956.
415) BGH, BauR 2005, 1070 = NJW-RR 2005, 1037; BGH, BauR 1989, 81 = NJW-RR 1989, 208; vgl. auch oben Rdn. **453**.
416) BGH, BauR 1986, 345 = NJW-RR 1986, 1026 = ZfBR 1986, 120; **a. A.:** OLG Celle, NJW-RR 1986, 99.
417) Vgl. hierzu: BGH, BauR 1992, 503; BauR 1989, 81 = NJW-RR 1989, 208.

**Neubeginn** Rdn. 2424–2427

Wird mit einer Schadensersatzklage der **gesamte** Schaden begehrt, so wirkt die Verjährungsunterbrechung auch für eine auf nachträglicher Baukostensteigerung beruhenden Erhöhung des Klageanspruches.[418] Hat der Kläger **Nachbesserung** verlangt, ist zugleich auch die Verjährung für den später hilfsweise geltend gemachten Anspruch auf **Schadensersatz** in Geld unterbrochen worden.[419] Ein Schadensersatzanspruch wegen Nichterfüllung und ein Werklohnanspruch nach § 649 BGB sind nach der Rechtsprechung des BGH[420] „verjährungsrechtlich selbstständig", sodass die Verjährungsunterbrechung des einen Anspruchs nach § 209 Abs. 2 Nr. 1 BGB keine Unterbrechungswirkung für den anderen entfalten kann.   **2424**

Die **Aufrechnung** unterbricht die Verjährung nur hinsichtlich des zur Aufrechnung verwendbaren Teils der Aufrechnungsforderung.[421] Daher kann die Verjährung immer nur unterbrochen werden, soweit eine Aufrechnung erklärt wird, d. h. nie über die Klageforderung hinaus. Eine weitergehende Verjährungsunterbrechung kann nur durch Erhebung einer Widerklage oder Hilfswiderklage erreicht werden. Das gilt auch für die Aufrechnung mit einem **Kostenvorschuss** zur Mängelbeseitigung: Rechnet der Auftraggeber im Werklohnprozess mit einem Anspruch auf Kostenvorschuss zur Mängelbeseitigung erfolgreich auf, wird dadurch die Verjährung der die Werklohnforderung etwa übersteigenden Gewährleistungsansprüche nicht unterbrochen.[422]   **2425**

Die Verjährung von Gewährleistungsansprüchen, die **Ehegatten** aus der gemeinsamen Errichtung eines Hauses oder einer Eigentumswohnung zustehen, wird regelmäßig auch durch eine Klage unterbrochen, die nur einer der Ehegatten erhebt und mit der er die Leistung allein an sich verlangt.[423]   **2426**

Der Klageerhebung stehen hinsichtlich der Unterbrechung gleich:   **2427**

* die Zustellung eines **Mahnbescheids** im Mahnverfahren, §§ 688 ff. ZPO.[424]
  Der Antrag auf Erlass eines Mahnbescheides unterbricht die Verjährung jedoch nur, wenn der geltend gemachte Anspruch „in der Weise bezeichnet ist, dass er Grundlage eines Vollstreckungstitels sein kann und dass der **Schuldner erkennen kann, welcher Anspruch gegen ihn geltend gemacht wird**".[425]
* die **Aufrechnung** mit einem Anspruch im Prozessverfahren (§§ 387 ff. BGB).[426]
* die **Streitverkündung** in dem Prozess, von dessen Ausgang der Anspruch abhängig ist (§§ 72 ff. ZPO).[427]

---

418) BGH, ZfBR 1982, 128 = BauR 1982, 398.
419) BGH, VRS 79, 3.
420) *SFH*, Nr. 14 zu § 209 BGB.
421) OLG Düsseldorf, BauR 1985, 341, 342.
422) BGH, BauR 1986, 576 = NJW-RR 1986, 1079; BGH, BauR 1989, 603, 605.
423) BGH, BauR 1985, 445 = ZfBR 1985, 169 = DB 1985, 1631 = NJW 1985, 1826.
424) BGH, NJW-RR 1996, 885 (nicht näher aufgegliederter Geldbetrag); NJW 1995, 3380; NJW 1996, 2152 (Umfang der Bezeichnung des Anspruchs im Mahnbescheid). Zur Unterbrechung bei **stiller Zession**: BGH, WM 1978, 140; bei **Abtretung**: BGH, NJW 1972, 1580 = WM 1972, 1062; bei **Pfändung**: BGH, NJW 1986, 423.
425) BGH, IMR 2007, 195 = IBR 2007, 318 – *Schulze-Hagen*; BGH, ZfIR 2007, 454; BGH, ZfBR 1995, 262 = NJW 1995, 2230 = BauR 1995, 694; BGH, BauR 1993, 225 und ZfBR 1992, 125 = BauR 1992, 229 = NJW 1992, 1111; LG Bremen, NJW-RR 1991, 58.
426) Zur Verjährungsunterbrechung durch **Eventualaufrechnung**: Brandenburgisches OLG, BauR 1999, 1191; BayObLG, MDR 1967, 301; BGH, WM 1980, 1172 = NJW 1980, 2303; BGH, NJW 1990, 2680. Zur Aufrechnung mit **Gesellschaftsforderung**: BGH, BauR 1981, 385 = DB 1981, 1276; zur Unterbrechung bei **unzulässiger** Aufrechnung: BGH, NJW 1982, 1516.
427) Vgl. dazu BGH, NJW 1962, 387; NJW 1964, 1022; BGH, BauR 1974, 66 = VersR 1974, 107; OLG Hamm, NJW-RR 1986, 1505 (eine unzulässige Streitverkündung unterbricht nicht die Verjährung; a. A.: KG, MDR 1988, 680 = BauR 1989, 241; vgl. Rdn. **564**).

Nach OLG Düsseldorf[428] erstreckt sich die verjährungsunterbrechende Wirkung der **Streitverkündung** nur auf diejenigen Ansprüche, die in der Streitverkündungsschrift angeführt sind und hinreichend bestimmt bezeichnet werden.

**2428** Gemäß § 639 Abs. 1 BGB in Verbindung mit § 477 Abs. 2 BGB wird die Verjährung der Gewährleistungsansprüche ferner unterbrochen, wenn der Besteller das **selbstständige Beweisverfahren** einleitet (vgl. im Einzelnen Rdn. 1 ff., 98 ff.).[429] Die Unterbrechung endet mit der Beendigung des selbstständigen Beweisverfahrens.[430] Wesentliche Voraussetzungen für die verjährungsunterbrechende Wirkung des Beweissicherungsantrages ist, dass er von den potenziellen Anspruchsberechtigten (**aktiv**) geltend gemacht wird[431] und sich gegen den **Verantwortlichen** richtet.[432] Wird der Antragsteller des selbstständigen Beweisverfahrens erst im Laufe des Verfahrens Berechtigter (z. B. aufgrund einer Abtretung), wird die Verjährung erst von diesem Zeitpunkt an unterbrochen, ohne dass der Erwerb der Berechtigung offen gelegt werden müsste.[433] Einem bloßen **Beweisantrag** im Rahmen eines Hauptprozesses kommt demgegenüber keine unterbrechende Wirkung zu.[434] Die **Unzulässigkeit des Beweisverfahrens** ist für die Unterbrechungswirkung nur dann von Bedeutung, wenn der Antrag als **unstatthaft** zurückgewiesen wird.[435] Für die Unterbrechungswirkung ist auch unerheblich, ob der Sachverständige den vom Antragsteller konkret bezeichneten Mangel bestätigt oder nicht.[436]

**2429** Die Verjährung wird schließlich unterbrochen, wenn der Verpflichtete dem Berechtigten gegenüber den **Anspruch** durch Abschlagszahlung, Zinszahlung, Sicherheitsleistung oder in anderer Weise **anerkennt** (§§ 208, 217 BGB).[437] Für das deklaratorische Anerkenntnis selbst gilt dieselbe Verjährungsfrist, wie für das dadurch bestätigte Rechtsverhältnis.[438] Nach der ständigen Rechtsprechung des BGH[439] liegt ein **Anerkenntnis** i. S. des § 208 BGB immer dann vor, „wenn sich aus dem tatsächlichen Verhalten des Schuldners gegenüber dem Gläubiger klar und unzweideutig ergibt, dass dem Schuldner das Bestehen der Schuld bewusst ist und angesichts dessen der Berechtigte darauf vertrauen darf, dass sich der Schuldner nicht nach Ablauf der Verjährung alsbald auf Verjährung berufen wird". Der Verpflichtete muss damit sein Wissen, zu etwas verpflichtet zu sein, klar zum Ausdruck bringen. Insoweit reicht ein schlüssiges Verhalten, sofern die Umstände des Einzelfalls über dessen Bedeutung keine Zweifel lassen.[440]

---

428) BauR 1996, 869.
429) OLG Düsseldorf, BauR 1997, 355 (LS) = NJW-RR 1997, 976 (zum Umfang der Unterbrechung); zur Unterbrechung der Verjährung durch ein von **Wohnungseigentumserwerbern** angestrengtes Beweissicherungsverfahren, denen die Gewährleistungsansprüche des Bauträgers gegen die Unternehmer **abgetreten** worden sind: BGH, NJW 1983, 1901; zur Frage, welche Anforderungen an einen Beweisermittlungsantrag zu stellen sind, wenn er die Verjährung unterbrechen soll: BGH, BauR 1992, 503 = ZfBR 1992, 206; BGH, BauR 1989, 79 = ZfBR 1989, 27; *Hickl*, BauR 1986, 282 sowie oben Rdn. 99 ff.
430) Vgl. BGH, NJW 1973, 698; BGH, BauR 1993, 221; OLG Braunschweig, BauR 1993, 251.
431) OLG Düsseldorf, BauR 1992, 767, 768 u. NJW-RR 1994, 1046; OLG Köln, BauR 1995, 702.
432) BGH, BauR 1980, 364 = NJW 1980, 1458 = BB 1980, 703; OLG Düsseldorf, OLGR 1992, 335; s. auch HansOLG Hamburg, MDR 1978, 845; OLG Köln, VersR 1971, 378.
433) BGH, BauR 1993, 473.
434) Vgl. BGHZ 59, 323 = NJW 1973, 38 = BauR 1973, 46 = WM 1972, 1401.
435) BGH, BauR 1998, 390 = MDR 1998, 530.
436) BGH, BauR 1998, 826 = ZfB 1998, 246.
437) Vgl. für Saldo BGH v. 9.5.2007 Az. VIII ZR 374/06 IBR-online-*Schwenker*; BGH, NJW 2002, 2872; OLG Schleswig, BauR 1995, 101, 102.
438) OLG Oldenburg, IBR 2007, 68 – *Müller-Stoy*.
439) BGH, BauR 1988, 465 = NJW-RR 1988, 684.
440) BGH, a. a. O.

**Neubeginn**  Rdn. 2430–2432

Als **Anerkenntnis** i. S. des § 208 BGB ist im Baurecht insbesondere **anzusehen:** **2430**
* Anerkenntnis durch **Stillschweigen** (BGH, DB 1965, 888)
* **Zahlung** des Restwerklohns nach Beseitigung erhobener Beanstandungen (BGH, NJW 1969, 1108 = MDR 1969, 473)
* **Auskunftserteilung** (BGH, FamRZ 1990, 1107)
* Im Einzelfall die **Aufrechnung** mit einer bestrittenen Forderung gegen eine unbestrittene Forderung (BGH, NJW 1989, 2469 – zugleich zur Eingrenzung von BGHZ 58, 103 = NJW 1972, 525 = BauR 1972, 179)
* **Weigerung,** nicht mehr als einen bestimmten Betrag zu zahlen (BGH, VersR 1974, 571)
* **Abschlagszahlungen** (BGH, VersR 1972, 398; vgl. aber BGH, NJW 1997, 516, 517)
* Durchführung von **Nachbesserungsarbeiten** (vgl. im Einzelnen Rdn. 2432)
* **Erklärung,** berechtigte **Forderungen zu begleichen,** falls sie belegt und bewiesen werden (BGH, Schäfer/Finnern, Z 2.415.2 Bl. 5)
* **Drittschuldnererklärung** gemäß § 840 Abs. 1 Nr. 1 ZPO (BGH, SFH, Nr. 3 zu § 208 BGB). Vgl. auch Rdn. 2043.
* **Saldenbestätigung** des Auftragnehmers vier Jahre nach Rechnungserteilung (OLG Düsseldorf, BauR 1999, 176 = NJW-RR 1999, 858 = OLGR 1999, 132)
* **Deklaratorisches Schuldanerkenntnis** (BGH Urt. v. 29.1.2001 – VI ZR 230/01).

**Kein Anerkenntnis** i. S. des § 208 BGB ist: **2431**
* ein höchst **provisorischer** Nachbesserungsversuch (OLG-Schleswig, BauR 1995, 101)
* Erklärung des Schuldners, er werde den restlichen Werklohn bezahlen, falls bzw. sobald die erhobenen Beanstandungen beseitigt seien (BGH, NJW 1969, 1108)
* Angebot einer vergleichsweisen Erledigung (OLG Düsseldorf, Schäfer/Finnern, Z 2.414 Bl. 163)
* Zahlung von **Vorschüssen** (OLG Oldenburg, NJW-RR 1998, 1283)
* der **Prüfvermerk** des Architekten (LG Düsseldorf, Schäfer/Finnern, Z 2.331 Bl. 12)
* die **Aufforderung** zur Erteilung der **Schlussrechnung** (OLG Braunschweig, Schäfer/Finnern, Z 2.331 Bl. 31)
* die Erklärung, der Bestand der **Forderung** werde von **Gegenansprüchen abhängig** gemacht (OLG Köln, Schäfer/Finnern, Z 7.25 Bl. 1); vgl. auch Rdn. 2043
* die Werklohnzahlung auf eine geprüfte Rechnung (BGH, BauR 2007, 700).

Zu beachten ist, dass nicht jede auf Verlangen des Bauherrn vorgenommene **Nachbesserung** **2432** zugleich ein Anerkenntnis i. S. des § 208 BGB bedeutet, das die Verjährung unterbricht. Andernfalls wäre § 639 Abs. 2 BGB a. F. überhaupt entbehrlich gewesen,[441] nach der durch Prüfung oder Beseitigung eines Mangels die Verjährung nur so lange gehemmt wird, bis der Unternehmer das Ergebnis seiner Prüfung oder die Beseitigung des Mangels mitteilt oder aber weitere Nachbesserungen verweigert. Allerdings kann die Verjährung eines Anspruches gleichzeitig gehemmt und unterbrochen werden.[442] Es ist deshalb stets Frage des **Einzelfalles,** ob Nachbesserungsversuche ein Anerkenntnis i. S. des § 208 BGB bedeuten (vgl. auch Rdn. 2022).[443] Solange Umfang und Kosten der Nachbesserung nicht feststehen, wird ein Anerkenntnis im Zweifel nicht vorliegen; das gilt auch, wenn die **Nachbesserung** nur aus „**Kulanz**" oder „**zur gütlichen Beilegung eines Streits**" erfolgt.[444] Ein Anerkennt-

---

441) BGH, WM 1978, 36; OLG Düsseldorf, BauR 1999, 497 = OLGR 1999, 74; vgl. hierzu: *Weyer,* NZBau 2002, 366, 370.
442) BGH, ZIP 1999, 1216, 1217; BauR 1990, 212 = NJW 1990, 826 = ZfBR 1990, 71; NJW 1988, 254.
443) Vgl. BGH, ZIP 1999, 1216, 1217; BauR 1994, 103 = NJW-RR 1994, 373; NJW 1988, 254; OLG Schleswig, BauR 1995, 101, 103 mit Anm. *Haß;* OLG Düsseldorf, OLGR 1995, 194 = BauR 1996, 114 = NJW-RR 1995, 1232 (für **aufwändigen** Nachbesserungsversuch); OLG Köln, NJW-RR 1995, 1457, 1458.
444) BGH, WM 1987, 1200, 1202; NJW 1988, 254, 255 = MDR 1988, 138; OLG Düsseldorf, NJW-RR 1995, 1232, 1233; *Thamm,* BB 1988, 1477.

nis i. S. des § 208 BGB wird demgegenüber gegeben sein, wenn der Unternehmer die beanstandeten **Arbeiten überprüft,** den **Fehler einräumt** und die **Beseitigung** des Mangels **zusagt.**[445] Der Unternehmer muss den Anspruch also dem Grunde nach nicht in Frage stellen.[446] Das ist insbesondere dann der Fall, wenn aus der Sicht des Auftraggebers das Verhalten des Auftragnehmers dahingehend zu werten ist, dass dieser sich zur Nachbesserung verpflichtet fühlt; dabei sind vor allem der Umfang, die Dauer und die Kosten der Mängelbeseitigungsarbeiten[447] sowie die Zahl etwaiger Nachbesserungsversuche[448] zu berücksichtigen. Die nur provisorische Beseitigung von Mängeln an einem Bauwerk kann dagegen nicht als Anerkenntnis aufgefasst werden.[449]

Einigen sich die Vertragsparteien auf die durchzuführende Nachbesserung, beginnt die in entsprechender Anwendung von § 639 Abs. 2 BGB eintretende Hemmung der Verjährung mit der entsprechenden Vereinbarung der Parteien; allerdings tritt diese Hemmung der Verjährung nur hinsichtlich der Mängel ein, die Gegenstand der Nachbesserungsvereinbarung sind.[450]

Auch durch ein **vertragsmäßiges Anerkenntnis** kann die Verjährung unterbrochen werden; ein solches Anerkenntnis setzt jedoch anders als die tatsächliche Anerkennung gemäß § 208 BGB den Willen des Verpflichteten voraus, eine neue, gegenüber dem früheren Schuldgrund selbstständige Verpflichtung zu schaffen.[451]

Die vorerwähnte Verjährungsunterbrechung durch Anerkenntnis gilt auch im VOB-Werkvertrag: Wird daher der Lauf einer nach § 13 Nr. 4 Abs. 1 VOB/B vereinbarten und gemäß § 13 Nr. 5 Abs. 1 Satz 2 VOB/B verlängerten Verjährungsfrist nach gesetzlichen Bestimmungen unterbrochen, so wird nach dem Ende der Unterbrechung die vereinbarte Frist erneut in Gang gesetzt.[452]

**2433** Ist ein Anspruch **verjährt,** so kann durch ein Anerkenntnis keine Unterbrechung mehr eintreten und die Verjährung nicht dadurch hinfällig werden;[453] wohl aber kann in einem Anerkenntnis nach Eintritt der Verjährung ein **Verzicht** auf die Verjährungseinrede liegen.[454] Das ist **Tatfrage.**

Nach Auffassung des LG Aachen[455] ist eine Vertragsklausel in einem Architektenvertrag, wonach der Lauf der Verjährung durch schriftliche Aufforderung zur Mängelbeseitigung unterbrochen wird, ohne die Dauer der Unterbrechung zu begrenzen, sowohl in Allgemeinen Geschäftsbedingungen (§ 307 BGB) als auch als Individualabrede (Verstoß gegen Treu und Glauben gemäß § 242 BGB) unwirksam, weil „eine mit wesentlichen Grundgedanken der gesetzlichen Regelung über die Gewährleistung im Werkvertragsrecht nicht zu vereinbarende unangemessene Benachteiligung" des Architekten vorliegt.

**Weitere Rechtsprechung**

* Eine **Auskunftsklage** mit der Ankündigung, nach Erteilung der Auskunft Zahlungsantrag gegenüber der Beklagten zu stellen, ist keine verjährungsunterbrechende Leistungsklage in der besonderen Form der Stufenklage (OLG Celle, NJW-RR 1995, 1411).

---

445) BGH, BauR 1978, 303, 304; OLG Celle, BauR 2003, 403; OLG Hamm, MDR 1990, 243 (mehrfache Nachbesserungsversuche).
446) BGH, WM 1974, 929; WM 1969, 594; zum Umfang der Unterbrechung der Verjährung: BGH, BauR 1989, 603 = NJW-RR 1989, 979 = ZfBR 1989, 202; BGH, NJW 1990, 1472 = BauR 1990, 356 = ZfBR 1990, 172; **a. A.:** offensichtlich OLG Düsseldorf, BauR 1999, 497 = OLGR 1999, 74, wonach die Erklärung des Auftragnehmers, dass die Mängel beseitigt worden sind, noch kein Anerkenntnis darstellt, weil der Unternehmer damit lediglich seine ohnehin bestehende Gewährleistungsverpflichtung zum Ausdruck bringt.
447) BGH, ZIP 1999, 1216, 1217; OLG Düsseldorf, NJW-RR 1995, 1232, 1233.
448) BGH, BauR 1994, 103.
449) OLG Schleswig, BauR 1995, 101.
450) BGH, BauR 1997, 355 (LS) = BB 1997, 280.
451) BGH, NJW-RR 1986, 649.
452) BGH, BauR 2005, 710.
453) BGH, NJW 1997, 516, 517.
454) Vgl. BGH, WM 1974, 929.
455) BauR 1989, 225 (zu § 9AGBG).

**Neubeginn**

* Die Unterbrechung (und Hemmung) der Verjährung der **Gewährleistungsansprüche** wegen Mängeln betrifft nur die bestimmten, geltend gemachten Mängel, dabei jedoch alle Mängel, die auf dasselbe Erscheinungsbild zurückzuführen sind (OLG Köln, NJW-RR 1995, 1457).
* Die verjährungsunterbrechende Wirkung der Mangelvorschussklage ist nicht auf den eingeklagten **Vorschussbetrag** beschränkt (OLG Koblenz, OLGR 2004, 154).

### bb) Rechtslage nach neuem Recht (ab 1.1.2002)

2434 Der Neubeginn der Verjährung (bisher Unterbrechung der Verjährung) kommt nur noch gemäß § 212 BGB in zwei Fällen in Betracht, nämlich, wenn

* der Schuldner dem Gläubiger gegenüber den Anspruch durch Abschlagszahlung, Zinszahlung, Sicherheitsleistung oder in anderer Weise **anerkennt**
oder
* eine **gerichtliche oder behördliche Vollstreckungshandlung** vorgenommen oder beantragt wird.

Zur Frage, wann ein Anerkenntnis vorliegt, vgl. Rdn. 2429 ff.

Interessant ist in diesem Zusammenhang, dass das Gesetz einem Vorschlag nicht gefolgt ist, wonach die **Aufrechnung** als Unterfall des Anerkenntnisses in § 212 BGB behandelt werden sollte. Der Gesetzgeber war insoweit der Auffassung, dass derjenige, der gegen einen ihm gegenüber geltend gemachten Anspruch aufrechnet, grundsätzlich diesen Anspruch gerade nicht anerkennt, sondern bestreitet. Die Frage, ob im Ausnahmefall eine Aufrechnung als Anerkenntnis anzusehen ist, soll der Rechtsprechung überlassen werden.[456]

Soweit ein Neubeginn der Verjährung gemäß § 212 BGB auch bei einem Anerkenntnis „**durch Abschlagszahlung**" anzunehmen ist, muss insoweit die seit dem RG bestehende Rechtsprechung und allgemeine Meinung in der Literatur berücksichtigt werden (vgl. Rdn. 1224 u. 2041). Danach stellen Abschlagszahlungen grundsätzlich **kein Anerkenntnis des Gesamtwerklohns** dar; insoweit bedarf es weiterer Anhaltspunkte, die über die Abschlagszahlung hinaus vorhanden sein müssen. Das gilt aber **auch für die Abschlagszahlung selbst,** die stets nur vorläufigen Charakter hat, weil sie unter dem Vorbehalt der Überprüfung im Rahmen der endgültigen Abrechnung steht.

Wenn nicht im Einzelfall ein Anerkenntnis vorliegt, führt ein (fehlgeschlagener) Nachbesserungsversuch außerhalb von § 13 Nr. 5 VOB/B nicht zu einem Neubeginn der Verjährung.[457] Das gleiche gilt bei einer Vertragsklausel, wonach der Auftragnehmer alle innerhalb der Gewährleistungsfrist hervortretenden und schriftlich angezeigten Mängel beseitigt.[458]

2435 Eine wichtige Regelung ist in § 213 BGB kodifiziert worden. Danach gelten die Vorschriften über die Hemmung, die Ablaufhemmung und den erneuten Beginn der Verjährung auch für Ansprüche, die **aus demselben Grund wahlweise** neben dem Anspruch oder an seine Stelle gegeben sind. Das Verjährungsrecht gilt daher insoweit auch für Ansprüche, die nach Wahl des Gläubigers alternativ statt des geltend gemachten Streitgegenstandes bestehen oder bei denen die Möglichkeit besteht, – bei Verfolgung des gleichen wirtschaftlichen Interesses – von einem zum anderen Anspruch überzugehen. In der Begründung zum Regierungsentwurf (Seite 122) heißt es insoweit:

---

456) Begründung zum Regierungsentwurf, BT-Drucksache 14/6040, S. 120.
457) OLG Celle, IBR 2006, 492 – *Schwenker*.
458) OLG Saarbrücken OLGR 2007, 268.

„Durch die gewählte Formulierung kommt zum Ausdruck, dass es sich um einen anderen Anspruch gegen den gleichen Schuldner handeln muss, dass der Anspruch auf das gleiche Interesse gehen muss und dass es sich um einen der Fälle handeln muss, in denen das Gesetz von vorne herein mehrere Ansprüche dem Gläubiger zur Wahl stellt oder es ihm ermöglicht, in Verfolgung des gleichen wirtschaftlichen Interesses von einem zum anderen Anspruch überzugehen. Dieses Verhältnis ist beispielsweise nicht gegeben zwischen dem Erfüllungsanspruch und dem Anspruch auf Ersatz des Verzögerungsschadens, denn es handelt sich um Ansprüche, die von vorne herein nebeneinander und nicht wahlweise gegeben sind".

Der Gesetzgeber räumt dann gleichzeitig ein, dass es insoweit gewisse Abgrenzungsschwierigkeiten geben wird. Diese seien „mit vertretbarem Regelungsaufwand nicht zu beheben".

Zu den **Übergangsregelungen** nach Inkrafttreten des **SchRModG** vgl. Rdn. 2418 a.

### c) Mängelanzeige nach § 13 Nr. 5 VOB/B

**2436**  Eine **verjährungsverlängernde Wirkung** hat die schriftliche **Mängelanzeige** des § 13 Nr. 5 Abs. 1 Satz 2 VOB/B. Diese Bestimmung ist durch die **VOB 2002** neu gefasst worden. Die Mängelanzeige führt zu einer **einmaligen Verlängerung der Verjährungsfrist** des § 13 Nr. 4 VOB/B um **weitere zwei Jahre,** gerechnet vom Zugang des schriftlichen Verlangens an, jedoch nicht vor Ablauf der Regelfrist nach Nr. 4 oder der an ihrer Stelle vereinbarten Frist.[459] Obwohl also die Verjährungsfrist für Bauwerke nach der VOB 2002 auf vier Jahre verlängert wurde, wurde die Länge der Verjährungsfrist nach der Unterbrechung der Verjährung durch Mängelanzeige auf zwei Jahre begrenzt, wenn nicht die Regelfrist des § 13 Nr. 4 VOB/B oder die vereinbarte Verjährungsfrist die Verjährung später endet. Diese (durch die VOB 2002 neu eingeführten) unterschiedlichen Verjährungsfristen sind also stets zu beachten. Voraussetzung für die „Unterbrechung" der Verjährung durch Mängelanzeige ist, dass die VOB nicht „isoliert" vereinbart worden ist.[460]

**2437**  Von einer echten Unterbrechung der Verjährung kann allerdings insoweit nicht ausgegangen werden, weil nur das Ende der Verjährungsfrist durch die Mängelrüge hinausgeschoben wird.[461] Man kann daher von einer „Quasi-Unterbrechung" sprechen.

Haben die Parteien, was grundsätzlich möglich ist,[462] vertraglich eine längere Verjährungsfrist als die in § 13 Nr. 4 VOB/B vorgesehene Frist vereinbart, führt eine schriftliche Mängelbeseitigungsaufforderung (Mängelanzeige) nicht zu einer „Abkürzung" der vereinbarten Verjährungsfrist, weil § 13 Nr. 5 Abs. 1 Satz 2 VOB/B

---

459) Vgl. zur früheren Fassung des § 13 Nr. 5 VOB/B: BGH, BauR 1990, 723 = ZfBR 1990, 274; OLG Schleswig, BauR 1995, 101, 102 = NJW-RR 1995, 1171; OLG Düsseldorf, BauR 1998, 549 = OLGR 1998, 217 = NJW-RR 1998, 1028 (Unwirksamkeit einer Klausel in AGB des Auftraggebers, wonach sich eine Verjährungsfrist von fünf Jahren und einem Monat durch vor ihrem Ablauf erhobene Mängelrüge immer wieder verlängert).

460) **Herrschende Meinung;** LG Halle, IBR 2006, 252 – Stemmer; a. A. OLG Naumburg, BauR 2007, 551; vgl. *Heiermann/Riedl/Rusam*, § 13/B, Rdn. 86 m. Nachw.

461) So zutreffend: OLG Oldenburg, VersR 1975, 289.

462) BGH, BauR 1989, 322 = BGHZ 66, 142 = BauR 1976, 202; BauR 1987, 84 = NJW 1987, 381; MDR 1976, 655, 656; *Korbion/Hochstein*, Rdn. 246.

## Mängelanzeige/VOB                                              Rdn. 2438–2439

bestimmt, dass der Anspruch auf Beseitigung der gerügten Mängel nicht vor Ablauf der anstelle der Regelfristen nach Nr. 4 vereinbarten Frist verjährt.

Allerdings wird durch das schriftliche Mängelbeseitigungsverlangen immer nur die 2-Jahresfrist ausgelöst, nicht dagegen die (volle) vertraglich vereinbarte (längere) Frist.[463] **Läuft** die durch die schriftliche Aufforderung zur Mängelbeseitigung in Lauf gesetzte Verjährungsfrist **vor der vertraglich vereinbarten** (z. B. fünfjährigen) **Gewährleistungsfrist** ab, so kann die Verjährungsfrist nicht durch eine **nochmalige** Aufforderung nach § 13 Nr. 5 Abs. 1 Satz 2 VOB verlängert werden.[464] Wird allerdings der Lauf einer nach § 13 Nr. 4 Abs. 1 VOB/B vereinbarten, gemäß § 13 Nr. 5 Abs. 1 Satz 2 VOB/B verlängerten Verjährungsfrist nach gesetzlichen Bestimmungen unterbrochen (z. B. durch Anerkenntnis), wird nach dem Ende der Unterbrechung die vereinbarte und nicht die Regelfrist des § 13 Nr. 4 Abs. 1 VOB/B erneut in Gang gesetzt.[465] Die schriftliche Mängelrüge hat die so genannte Quasi-Unterbrechung auch dann zur Folge, wenn diese zwar nach Ablauf der in § 13 Nr. 4 VOB/B genannten Verjährungsfrist (4 Jahre), aber zeitlich noch vor Ablauf einer vertraglich vereinbarten, längeren Frist (z. B. 5 Jahre) erfolgt. Das ergibt sich aus dem Wortlaut des § 13 Nr. 5 Satz 2 VOB/B.[466] Das ist jedoch bestritten.[467]   **2438**

Die verjährungsverlängernde Wirkung tritt nur ein, soweit in der schriftlichen Mängelanzeige der einzelne **Baumangel** nach Art und Umfang genau **bezeichnet** ist.[468] Welche Anforderungen insoweit zu stellen sind, hat der BGH[469] wiederholt hervorgehoben. Nach der **Rechtsprechung** des BGH kann der Bauherr jedoch auch mit hinreichend **genauer Beschreibung von zutage getretenen Erscheinungen** den Fehler, der der Werkleistung insgesamt anhaftet und der die aufgetretenen Mangelerscheinungen verursacht hat, zum Gegenstand des betreffenden vertraglichen oder prozessualen Verfahrens (Mängelbeseitigungsverlangen, selbstständiges Beweisverfahren, Vorschussklage) machen. Eine Beschränkung auf die vom Bauherrn (Auftraggeber) angegebenen Stellen oder die von ihm bezeichneten oder vermuteten Ursachen ist damit nicht verbunden. Vielmehr sind die **Ursachen der bezeichneten Erscheinungen in vollem Umfang erfasst**.[470] Eine Mängelrüge des Auftraggebers gegenüber dem Bürgen reicht für eine Unterbrechung der Gewährleistungsansprüche i. S. des § 13 Nr. 5 VOB/B nicht aus.[471] Eine **Streitverkündung** ersetzt die Mängelrüge nicht.[472]   **2439**

---

463) Vgl. BGH, BauR 1989, 322 = NJW 1989, 1602; BauR 1987, 84 = NJW 1987, 381; BGH, BauR 1976, 202; OLG Düsseldorf, NJW-RR 1998, 1028; OLG Hamm, OLGR 1996, 28; OLG Schleswig, BauR 1995, 101, 102; KG, OLGR 1994, 5; OLG Zweibrücken, BauR 1992, 770, 774; *Jagenburg*, NJW 1992, 3203, 3208; OLG Celle, BauR 2004, 1460 (auch bei Anerkenntnis nach Mangelbeseitigungsverlangen).
464) BGH, NJW-RR 1990, 1240 = ZfBR 1990, 274 = BauR 1990, 723.
465) BGH, BauR 2005, 710 = NJW-RR 2005. 605.
466) OLG Naumburg, BauR 2007, 551; *Moufang*, BauR 2005, 1645.
467) A. A. OLG Koblenz, BauR 2005, 1644.
468) BGH, NJW 1974, 1188; vgl. auch *Hickl*, BauR 1986, 282, 285.
469) BauR 1982, 66, 67; BauR 1988, 474.
470) BGH, BauR 1989, 79 = ZfBR 1989, 27; BauR 1989, 81 = ZfBR 1989, 54; BGH, BauR 1989, 470 (**Symptomtheorie**; vgl. auch *Weise*, BauR 1991, 19 ff.; *Quack*, BauR 1991, 278, 281) sowie Rdn. **1625**.
471) OLG Celle, BauR 2001, 259.
472) OLG Oldenburg, OLGR 2004, 322, 324.

**2440** Die **Schriftform** ist Wirksamkeitsvoraussetzung für die Verlängerung der Verjährungsfrist. Für eine Unterbrechung der Verjährung gemäß § 13 Nr. 5 Abs. 1 kommen jedoch nur solche schriftliche Aufforderungen in Betracht, die dem **Unternehmer nach der Abnahme** innerhalb der Verjährungsfrist zugehen.[473]

Nach der Entscheidung des LG Wiesbaden[474] soll der Geltendmachung eines **Minderungsanspruchs** eine verjährungsverlängernde Wirkung nicht zukommen, wenn eine Nachbesserung unmöglich sei; in diesem Falle könne der Zahlungsanspruch nur durch Klageerhebung von einem Verjährungseintritt bewahrt werden.

**2441** Die nach § 13 Nr. 5 Abs. 1 VOB/B laufende weitere (verlängerte) Verjährungsfrist (von zwei Jahren) beginnt nach Abnahme der Mängelbeseitigungsarbeiten; es müssen also sämtliche zugesagten Arbeiten erbracht sein.[475] Die neue Verjährungsfrist endet jedoch nach § 13 Nr. 5 Abs. 1 Satz 3 VOB/B nicht vor Ablauf der Regelfristen nach Nr. 4 des § 13 VOB/B oder der an ihrer Stelle vereinbarten Frist. Nach Auffassung des OLG Hamm[476] soll die **Rüge** einer vom Unternehmer durchgeführten **Nachbesserungsleistung** erneut die Regelfrist für die Verjährung gemäß § 13 Nr. 5 Abs. 1 Satz 2 VOB/B unterbrechen; dies ist jedoch bedenklich, weil die Mängelanzeige grundsätzlich nur zu einer **einmaligen Verlängerung** der Verjährungsfrist führt.[477]

**2442** Die neue Verjährungsfrist beschränkt sich auf die **ausgeführten Mängelbeseitigungsarbeiten.**[478] Indes ist der **Umfang** der von der neuen Verjährungsfrist erfassten Gewährleistungsansprüche des Bauherrn nach denselben Grundsätzen zu beurteilen, die der BGH für die Bezeichnung von Mängeln beim Mängelbeseitigungsverlangen nach § 13 Nr. 5 Abs. 1 Satz 2 VOB/B, bei der Vorschussklage, im selbstständigen Beweisverfahren, für die Mängelanzeige gemäß §§ 639 Abs. 1, 478, 479 BGB a. F. und die Hemmung der Verjährung durch Prüfung und Beseitigung von Mängeln nach § 639 Abs. 2 BGB a. F. entwickelt hat.[479] Erbringt der Unternehmer deshalb eine **unvollständige** und **fehlerhafte Nachbesserungsleistung** (er beseitigt z. B. lediglich einige Mangelerscheinungen), so beschränkt sich die neue Verjährungsfrist nicht auf die von dem Bauherrn aufgezeigten und von dem Unternehmer beseitigten Mangelerscheinungen, sie erfasst vielmehr **alle Mängel**, die für diese Mangelerscheinungen **ursächlich** waren.[480]

**2443** § 13 Nr. 5 Abs. 1 Satz 3 VOB/B ist auch auf Mängelbeseitigungsarbeiten anzuwenden, die der Unternehmer **erbracht** hat, **obwohl die Gewährleistungsansprüche** des Bauherrn bereits **verjährt** waren.[481]

---

473) BGH, BauR 1977, 346, 347; BGH, NJW 1986, 310 = ZfBR 1986, 28 (Mängelrüge gegenüber einem **Bürgen** der Gewährleistungsverpflichtung reicht nicht).
474) NJW 1986, 329.
475) BGH, NJW-RR 1986, 98.
476) NJW-RR 1993, 287 = BauR 1993, 86.
477) BGH, BauR 1990, 723 = ZfBR 1990, 274.
478) BGH, BauR 1989, 606, 607.
479) Vgl. statt vieler: BGH, BauR 1989, 603 m. Nachw.
480) BGH, BauR 1989, 606, 607 = NJW 1989, 2753 = MDR 1989, 1094; OLG Schleswig, OLGR 1997, 254.
481) BGH, a. a. O.; OLG Schleswig, a. a. O.

## VI. Einwand des mitwirkenden Verschuldens (§ 254 BGB)

*Literatur*

*Stötter*, Haftung des Bauherrn nach § 278 BGB für Planungsverschulden seines Architekten (im Verhältnis zum Bauunternehmer), BauR 1978, 18; *Ganten*, Grundsätzliche Fragen zur Schadensquotierung (§ 426 Abs. 1 Satz 1 BGB), BauR 1978, 187; *Rathjen*, Zweifelsfragen bei der Haftung für den Erfüllungsgehilfen – zur Einschaltung von Vorlieferanten bei der Erfüllung, MDR 1979, 446; *Kaiser*, Die gesamtschuldnerische Haftung des Architekten neben anderen Baubeteiligten, ZfBR 1985, 101; *Weise*, Regress zwischen Bauunternehmen und Regressbehinderung durch den Auftraggeber, BauR 1992, 685; *Soergel*, Die quotenmäßige Mitverantwortung der Bauvertragsparteien, Festschrift für Heiermann, (1995), 309; *Eberz*, Die gesamtschuldnerische Haftung des Architekten und des Bauunternehmers aufgrund eines von ihnen gemeinsam zu vertretenden Baumangels, BauR 1995, 442; *Peters*, Der Einwand des Mitverschuldens gegenüber Erfüllungsansprüchen, JZ 1995, 754; *Ziegler*, Zu den Pflichten des Bauherrn und seinem Mitverschulden bei der Planung des Bauvorhabens und der Überwachung der bauausführenden Unternehmer, ZfBR 2003, 523.

Ein mitwirkendes Verschulden stellt nach h. M. ein Verschulden in eigener Angelegenheit dar, nämlich ein Außerachtlassen derjenigen Aufmerksamkeit und Sorgfalt, die nach Lage der Sache zur Wahrnehmung eigener Angelegenheiten jeder verständige Mensch ausübt, um sich selbst vor Schaden zu bewahren.[1] Ein Mitverschulden des Geschädigten kann auch darin liegen, dass er seiner **Schadensminderungspflicht** i. S. des § 254 Abs. 2 BGB nicht nachgekommen ist.[2] Weist der Architekt z. B. nach, dass er die von ihm verursachten Baumängel in eigener Regie erfolgversprechend mit wesentlich geringeren Mitteln beseitigen kann, als sie der Bauherr für notwendig erachtet, so verstößt dieser gegen die ihm obliegende Schadensminderungspflicht, wenn er dem Architekten keine Gelegenheit gibt, selbst den Schaden zu beheben, auch wenn der Architekt bei schuldhafter Verletzung des Architektenvertrages dem Bauherrn auf Schadensersatz und nicht auf Nacherfüllung haftet. Fordert der Geschädigte trotz eigener Mitverantwortung den vollen Schadensersatz, so verstößt er gegen das Verbot des „venire contra factum proprium".[3] Wann ein Mitverschulden des Geschädigten vorliegt, ist Tatfrage (zum Mitverschulden des sachkundigen Bauherrn s. Rdn. 1490).

2444

Bauschäden können nicht nur viele Ursachen, sondern auch mehrere Verursacher haben.[4] In diesen Fällen wird in aller Regel ein **Gesamtschuldverhältnis** unter den für den Schaden Verantwortlichen vorliegen mit der Folge, dass § 254 BGB als Maßstab für die Ausgleichspflicht unter den Gesamtschuldnern heranzuziehen ist (vgl. näher Rdn. 1989 ff.).[5]

2445

§ 254 ist nur auf **Schadensersatzansprüche** anwendbar. Soweit **Ansprüche auf Nacherfüllung** vom Bauherrn geltend gemacht werden, gilt § 254 BGB daher nicht; vielmehr kann hier ein Ausgleich nur über § 242 BGB erfolgen, z. B. im Rahmen einer **Zuschussleistung** des Auftraggebers zur Nachbesserung durch den Unternehmer.[6]

2446

---

1) BGH, *Schäfer/Finnern*, Z 3.00 Bl. 52; OLG Düsseldorf, BauR 2001, 1468, 1470; OLG Braunschweig, NZBau 2004, 553, 554.
2) Vgl. Rdn. 1642 ff.
3) BGH, NJW 1970, 756.
4) Zum Beispiel: Architekt, Statiker; Bauunternehmer bei starken Rissebildungen; vgl. BGH, BauR 1971, 265.
5) Siehe OLG Düsseldorf, NJW-RR 1994, 1240.
6) Vgl. BGH, BauR 1972, 112; DB 1971, 1764; *Laum*, BauR 1972, 140; *Hesse*, BauR 1972, 201; *Kaiser*, ZfBR 1985, 55, 60/61; *Siegburg*, Gewährleistung, Rdn. 424 ff.

## Rdn. 2447–2448    Einwand des mitwirkenden Verschuldens (§ 254 BGB)

**2447**   * Soweit in diesem Fall der Auftraggeber **außerprozessual** Mängelbeseitigung geltend macht, kann allerdings nach Auffassung des BGH[7] der nachbesserungsbereite Unternehmer nach Treu und Glauben vorweg weder Zahlung noch Zusage eines Kostenzuschusses (in Höhe der Mitverursachungsquote) verlangen; der Unternehmer kann die Mängelbeseitigung auch nicht von einem betrags- oder quotenmäßigen Anerkenntnis der Beteiligungspflicht des Auftraggebers, also einer endgültigen Festlegung des Zuschusses, abhängig machen. Vielmehr hat der Unternehmer nur einen Anspruch auf **Sicherheitsleistung** in angemessener Höhe.[8]

Der BGH begründet dies mit dem Hinweis, dass in aller Regel die Kostenbeteiligungspflicht des Auftraggebers nach Grund und Höhe umstritten ist und dieser die ihn treffende Beteiligungsquote „im voraus nur schwer zuverlässig bemessen" kann. Soweit der Unternehmer vor Nachbesserung eine Sicherheitsleistung verlangt, hat er dem Bauherrn den voraussichtlichen Instandsetzungsaufwand, etwa darin enthaltene „Sowieso-Kosten" und die geltend gemachte Mitverschuldungsquote, substantiiert darzulegen, ggf. durch ein Sachverständigengutachten:[9]

> „Findet er sich dazu nicht bereit, so verweigert er die Nachbesserung unberechtigt. Der Besteller kann dann ohne weitere Fristsetzung auf Kosten des Unternehmers zur Fremdnachbesserung übergehen. Das gilt um so mehr, wenn der Unternehmer von vornherein nicht nur Sicherheitsleistung, sondern Zuschusszahlung oder ein entsprechendes Anerkenntnis verlangt.
>
> Lehnt dagegen der Besteller die Sicherheitsleistung ab, weil er seine Beteiligungspflicht aus unzutreffenden Gründen verneint, so trägt er das damit verbundene Risiko (Wegfall des Aufwendungsersatzanspruchs, Fälligkeit des Restwerklohns). Das erscheint nicht unbillig, da er durch die notwendigen Angaben des Auftragnehmers bereits weitgehend von der Sachlage unterrichtet ist und bei verbleibenden Zweifeln durch bloße Sicherheitsleistung nicht unzumutbar belastet wird.
>
> Erbringt der Besteller eine geringere als die vom Unternehmer zu Recht geforderte Sicherheit, so berechtigt eine verhältnismäßig unbedeutende Differenz (§ 242 BGB) den Unternehmer freilich nicht, die Nachbesserung weiterhin zu verweigern. Ebenso wie bei Überschreitung der zunächst veranschlagten Mängelbeseitigungskosten muss er sich in einem solchen Fall auf den Weg der Nachforderung verweisen lassen. Der Besteller gerät in Annahmeverzug allein durch eine erheblich zu niedrige Sicherheitsbereitschaft.
>
> Welche Rechtsfolgen schließlich eintreten, wenn sich im Nachhinein weder die verlangte noch die angebotene Sicherheit als annähernd zutreffend erweisen, hängt von den Besonderheiten des Einzelfalls ab. Dabei können Art und Umfang der Mängel sowie das Verhalten der Parteien von Bedeutung sein. Im Zweifel trifft das Risiko einer überhöhten Forderung auch hier den Unternehmer, da er in erster Linie zur Nachbesserung verpflichtet ist und deshalb die Ermittlung des richtigen Beteiligungsverhältnisses, das seine Mängelbeseitigungspflicht letztlich nur einschränkt, auch seine Sache ist. Der Besteller ist nach Treu und Glauben lediglich gehalten, dem Unternehmer seinen Standpunkt darzulegen und ihm Gelegenheit zur Überprüfung des erhobenen Anspruchs auf Kostenbeteiligung zu geben. Dagegen braucht er die Sicherheit nicht ohne weiteres in der vom Unternehmer für richtig gehaltenen Höhe zu leisten."

**2448**   * Soweit der Nachbesserungsanspruch **prozessual** geltend gemacht wird, ist in Höhe der vom Auftraggeber mitverursachten Mängelbeseitigungskosten eine **Zug-um-Zug-Verurteilung** vorzunehmen.[10] Da in einem gerichtlichen Verfahren

---

7) BGH, NJW 1984, 1676 = BauR 1984, 395 = ZfBR 1984, 173 = DB 1984, 1720.
8) BGH, a. a. O.
9) BGH, BauR 1984, 1676.
10) BGH, NJW 1984, 1679 = BauR 1984, 401 = DB 1984, 1824.

## Einwand des mitwirkenden Verschuldens (§ 254 BGB)

der Umfang des geschuldeten Kostenzuschusses regelmäßig konkret ermittelt werden kann, kommt hier (nur) eine Sicherheitsleistung des Auftraggebers nicht in Betracht. Im Werklohnprozess ist entsprechend § 274 BGB eine **doppelte „Zug-um-Zug-Verurteilung"** auszusprechen:[11] Dadurch wird festgelegt, dass der Unternehmer seine (restliche) Vergütung zwar nur Zug um Zug gegen Mängelbeseitigung erhält, dass er seinerseits aber die Nachbesserung nur Zug um Zug gegen Zuschusszahlung durchzuführen braucht.

Bei der Bemessung eines **Minderungsanspruchs** gemäß §§ 634, 638 BGB n. F. bzw. § 13 Nr. 6 VOB/B ist ebenfalls ein mitwirkendes Verschulden mit der Folge einer Haftungsverteilung zu berücksichtigen.[12] Das LG Hannover[13] wendet darüber hinaus § 254 BGB entsprechend an, wenn der Besteller in Annahmeverzug ist, weil er seine Mitwirkungspflicht bei der Herstellung des Bauwerks verletzt; auch dann soll dem Unternehmer noch ein mitwirkendes Verschulden entgegengehalten werden können.

Der Vortrag des mitwirkenden Verschuldens stellt eine **Einwendung** und keine Einrede des beklagten Schädigers dar, sodass er von Amts wegen zu berücksichtigen ist; dabei genügt ein allgemeiner Hinweis des Schädigers, dass er aus dem Verhalten des Geschädigten einen Einwand herleiten will.[14]

Die **Beweislast** für ein mitwirkendes Verschulden des Geschädigten trägt der **Schädiger**. Steht ein Verschulden des Schädigers und ein Mitverschulden des Geschädigten fest, so muss für die nunmehr zu erfolgende Haftungsabwägung gemäß § 254 BGB jede Partei die Umstände beweisen, die zu ihren Gunsten sprechen.[15] Im Übrigen gelten die §§ 286, 287 ZPO.

Die Entscheidung über das mitwirkende Verschulden kann sowohl in einem **Grundurteil** erfolgen als auch dem **Betragsverfahren** vorbehalten werden, wenn feststeht, dass ein Anspruch des Geschädigten verbleibt.[16] Ein **Teilurteil** kann im Übrigen bei einem mitwirkenden Verschulden des Geschädigten nur dann ergehen, wenn alle rechtlichen und tatsächlichen Gesichtspunkte aufgeklärt sind.[17]

### 1. Maß der Mitverantwortung

*Literatur*

*Hartung*, Anmerkungen zur „Gesamtabwägung aus der Gesamtschau", VersR 1980, 797; *Schulz*, Ermittlung der Schadensquote durch Bausachverständige, BauR 1984, 40; *Kamphausen*, Die Quotierung der Mangel- und Schadensverantwortlichkeit Baubeteiligter durch technische Sachverständige, BauR 1996, 174.

Die Verteilung und das Maß der Mitverantwortung für den Schaden im Rahmen des § 254 BGB gehören dem **Gebiet der tatrichterlichen Würdigung** an. Dabei ist zunächst nach dem Gesetzeswortlaut auf das Maß des beiderseitigen Verschuldens

---

11) BGH, a. a. O.
12) BGH, *Schäfer/Finnern*, Z 2.401 Bl. 21; DB 1961, 569; *Schäfer/Finnern*, Z 2.400 Bl. 41 u. Z 2.414 Bl. 146; OLG Saarbrücken, MDR 1970, 760.
13) MDR 1980, 227.
14) Zutreffend: *Palandt/Heinrichs*, § 254 BGB, Rdn. 82.
15) *Wussow*, Haftung, S. 297; *Baumgärtel/Strieder*, Beweislast, § 254 BGB, Rdn. 2, 12.
16) BGH, VersR 1974, 1172.
17) RGZ 139, 304; vgl. auch OLG München, NJW 1970, 1924.

abzustellen.[18] Andere Gesichtspunkte, wie wirtschaftliche Folgen oder Vermögensverhältnisse, sind grundsätzlich nicht zu berücksichtigen. Auch ist bei der Abwägung von Verschulden des Schädigers und Mitverschulden des Geschädigten nicht zu berücksichtigen, dass der Schädiger unter mehreren rechtlichen Gesichtspunkten (z. B. unerlaubte Handlung, Verschulden bei Vertragsabschluss usw.) haftet.[19]

Die abwägende Prüfung, ob und in welchem Umfang ein mitwirkendes Verschulden des geschädigten Bauherrn vorliegt, kann zu verschiedenen Ergebnissen führen: Meist wird eine **prozentuale Schadensteilung** zwischen Schädiger (Architekt, Unternehmer, Statiker, Baubetreuer usw.) und Geschädigtem (Bauherrn) in Betracht kommen; in Einzelfällen kann aber auch die Folge der Abwägung einerseits ein Wegfall der Ersatzpflicht oder andererseits die volle Haftungsübernahme des Schädigers sein.[20]

**2454** Ein nur geringfügiges Mitverschulden (10 bis 20%) wird häufig von der Rechtsprechung nicht anspruchsmindernd berücksichtigt.[21] Auch ein nur fahrlässiges Mitverschulden des Geschädigten wird in aller Regel gegenüber einer vorsätzlichen Handlung des Schädigers nicht ins Gewicht fallen.[22]

## 2. Mitverschulden Dritter

*Literatur*
*Schmalzl*, Die Auswirkung des § 278 BGB im Verhältnis des Bauherrn zu den anderen Baubeteiligten, Festschrift für Locher (1990), 225.

**2455** Nach §§ 254 Abs. 2 Satz 2, 278 BGB muss sich der Geschädigte ein Mitverschulden und eine Verletzung der Schadensminderungspflicht seines gesetzlichen Vertreters oder Erfüllungsgehilfen wie eines Mitverschulden anrechnen lassen, soweit er sich dieser zur Wahrnehmung seiner Interessen bedient hat. Diese Tatsache gewinnt im Baurecht dadurch besondere Bedeutung, dass vor allem der **Architekt** oder ein **Sonderfachmann** Erfüllungsgehilfe des Bauherrn i. S. des § 278 BGB sein kann, soweit es insbesondere das Rechtsverhältnis des Bauherrn gegenüber dem Unternehmer betrifft.[23]

**2456** Als Erfüllungsgehilfe ist in diesem Zusammenhang jede Person anzusehen, die der geschädigte Bauherr mit der Wahrnehmung der Sorgfaltspflicht betraut hat, die ihm im eigenen Interesse bei der Abwicklung des Vertragsverhältnisses oblagen.[24] Es genügt jedoch, wenn der Erfüllungsgehilfe damit betraut wird, in dem **Pflichtenkreis**

---

18) *Palandt/Heinrichs*, § 254 BGB, Rdn. 45 ff. m. Nachw.
19) BGH, VersR 1969, 850; *Wussow*, Haftung, S. 288.
20) Vgl. z. B. BGH, NJW 1969, 653, 654 (Planungsmangel des Architekten; unterbliebener Hinweis des Unternehmers nach § 4 VOB/B); OLG Köln, OLGR 1998, 227 (alleinige Verantwortung des Sonderfachmannes für die Richtigkeit eines hydrologischen Gutachtens); OLG Köln, OLGR 1998, 226 (keine Haftung des Architekten für Gutachten eines Sonderfachmannes); s. auch *Aurnhammer*, VersR 1974, 1060, sowie *Ganten*, BauR 1978, 187 ff.
21) Vgl. OLG Hamm, VersR 1971, 914.
22) Vgl. näher *Palandt/Heinrichs*, § 254 BGB, Rdn. 53.
23) BGH, BauR 1991, 79 m. w. Nachw.; s. ferner: *Stötter*, BauR 1978, 18 ff.; *Kaiser*, Rdn. 142 ff.; OLG Köln, NJW 1986, 71.
24) BGHZ 3, 46; BGHZ 13, 111 = NJW 1954, 1193; BGH, *SFH*, Nr. 2 zu § 278 BGB; OLG Karlsruhe, NJW-RR 1997, 1240 m. Anm. *Swoboda*, WiB 1997, 1046 (Vorlieferant/**Fertigbeton**).

**Einwand des mitwirkenden Verschuldens (§ 254 BGB)**   Rdn. 2457–2458

des **Bauherrn** tätig zu werden; allerdings darf das zum Schadensersatz verpflichtende Verhalten des Dritten nicht so weit außerhalb seines Aufgabengebiets liegen, dass der innere Zusammenhang mit den ihm übertragenen Geschäften nicht mehr zu erkennen ist.[25]

Ein dem **Bauherrn** anzurechnendes Mitverschulden seines Erfüllungsgehilfen setzt bereits vorhandene vertragliche Beziehungen zwischen Schädiger und Geschädigtem voraus. Etwas anderes gilt bei der Verletzung der Schadensminderungspflicht, die dem Geschädigten nach Eintritt des Schadensereignisses und damit dem Vorliegen eines gesetzlichen Schuldverhältnisses zwischen Schädiger und Geschädigtem obliegt. Auch der **Architekt** haftet für seine Erfüllungsgehilfen in gleicher Weise wie für seine eigenen Leistungen. Wer Erfüllungsgehilfe des Architekten ist, kann nur im Einzelfall entschieden werden; **keine** Erfüllungsgehilfen des Architekten sind im Zweifel der **Statiker**, sonstige **Sonderfachleute** sowie der **Bauunternehmer**.[26]   2457

Ein dem **Bauherrn** anzurechnendes Verschulden des Architekten gegenüber dem Bauunternehmer liegt nur dann vor, wenn Pflichten oder Obliegenheiten von dem Architekten verletzt werden, die einerseits zu den Leistungen des Architekten und damit in seinen Verantwortungsbereich gehören und andererseits den Bauherrn gegenüber dem Bauunternehmer treffen.[27] Als **Erfüllungsgehilfe des Bauherrn ist der Architekt daher nur im Rahmen seiner Bauplanung und seiner Koordinierungspflicht** anzusehen (vgl. näher Rdn. 1977 ff.).[28] Nach st. Rspr. gehört es zu den Aufgaben des Bauherrn gegenüber dem Bauunternehmer, „diesem einwandfreie Pläne und Unterlagen zur Verfügung zu stellen sowie die Entscheidung zu treffen, die für die reibungslose Ausführung des Baus unentbehrlich sind, wozu auch die Abstimmung der Leistungen der einzelnen Unternehmer während der Bauausführung (Koordinierungspflicht) gehört".[29] Fertigt allerdings der Architekt für die Ausführung der Bauarbeiten überhaupt keinen Plan und gibt er auch sonst keine notwendigen Weisungen, so ist diese **„Nicht-Planung"** einem „Planungsfehler" gleichzusetzen; der Bauherr muss sich deshalb ein entsprechendes Verhalten seines Architekten als Mitverschulden anrechnen lassen.[30] Dagegen kann der Unternehmer dem Bauherrn bei eigener mangelhafter Bauausführung nicht den Einwand entgegenhalten, der Architekt habe seine Pflicht zur Bauaufsicht verletzt. Insoweit ist der Architekt nicht Erfüllungsgehilfe des Bauherrn, sodass ihm ein mitwirkendes Verschulden des Architekten nicht angelastet werden kann.[31] Bedient sich der Bauherr eines Sonderfach-   2458

---

25) BGH, NJW 1963, 2166 (für **Bauführer**, den der Architekt bestellt hatte); BGH, NJW 1967, 1903 (für den Bearbeiter der Ware); BGH, *SFH*, Nr. 2 zu § 278 BGB (für den **Lieferanten**/Monteur eines Ersatzteiles); s. auch: LG Berlin, NJW-RR 1997, 1176 (Subunternehmer); OLG Hamm, BauR 1998, 1019, 1020 (Lieferant von Kerndämmmaterial).
26) *Pott/Frieling*, Rdn. 414; *Groß*, Haftungsrisiken, S. 131.
27) BGH, BauR 1972, 112; BIGBW 1972, 119; VersR 1970, 281; ferner: OLG Stuttgart, VersR 1970, 531 m. Anm. *Ganten*, VersR 1970, 823.
28) Vgl. BGH, BauR 1970, 57 = WM 1970, 354; BGH, BauR 1972, 112; OLG Köln, *SFH*, Nr. 9 zu § 635 BGB; s. ferner: *Stötter*, BauR 1978, 18 ff. mit weiteren Beispielen aus der Rechtsprechung, sowie *Schmalzl*, Festschrift für Locher, S. 225.
29) BGH, BauR 1972, 112; BauR 1970, 57, 59; VersR 1970, 280; OLG Frankfurt, NJW 1974, 62.
30) BGH, BauR 1974, 125; OLG Düsseldorf, BauR 1994, 281 (LS).
31) BGH, NJW-RR 2002, 1175; BauR 1972, 112; BauR 1973, 190; BauR 1974, 205; OLG Köln, BauR 1996, 548; OLG Düsseldorf, BauR 1974, 357, 358; LG Stuttgart, BauR 1997, 137, 139. Entsprechendes gilt für den Betreuer.

mannes im Verhältnis zum Bauunternehmer, hat sich der Bauherr ein entsprechendes Verschulden des Sonderfachmannes als seines Erfüllungsgehilfen anzurechnen[32].

**2459** Nichts anderes gilt, wenn es um das Planungsverschulden des Architekten bei **Einschaltung eines Subunternehmers** geht; der Hauptunternehmer muss sich hier regelmäßig das Planungsverschulden des Architekten **seines** Auftraggebers gegenüber seinem Subunternehmer anrechnen lassen.[33]

**2460** Für die Anwendung der §§ 254, 278 BGB ist es in diesem Zusammenhang unerheblich, dass der Unternehmer und der Architekt dem Bauherrn als Gesamtschuldner haften können (vgl. Rdn. 1972 ff.); der Unternehmer braucht sich nicht auf seinen Ausgleichsanspruch gegenüber dem Architekten verweisen zu lassen, sondern kann gegenüber den Bauherrn dessen Mitverschulden am Baumangel geltend machen.[34] Im Übrigen steht es dem Bauherrn frei, wen er in Anspruch nimmt, wenn Architekt und Unternehmer als Gesamtschuldner ersatzpflichtig sind; er verstößt nicht gegen die Schadensminderungspflicht aus § 254 BGB, wenn er sogleich den Architekten haftbar macht.[35]

**2461** Muss sich der Bauherr z. B. ein Planungsverschulden des Architekten als seines Erfüllungsgehilfen anrechnen lassen, haftet der Unternehmer nur zu einer **Quote**.[36] Im Rahmen der Abwägung des beiderseitigen Verschuldens gelten allerdings insoweit die von der Rspr. erarbeiteten Grundsätze über die Haftungsverteilung, wenn Bauschäden durch ein Zusammentreffen von **Planungsfehler und Ausführungsfehler** sowohl vom Architekten oder Sonderfachmann als auch vom Unternehmer zu verantworten sind (vgl. im Einzelnen Rdn. 1972 ff.).

**2462** Lässt ein Unternehmer entgegen den anerkannten Regeln der Technik z. B. eine Dehnungsfuge in der Dachhaut auf ausdrückliche Anweisung des Architekten weg, so stellt dies nach §§ 254 Abs. 1, 278 BGB ein dem Bauherrn anzurechnendes mitwirkendes Verschulden des Architekten als Erfüllungsgehilfe des Bauherrn dar und führt damit zu einer Minderung der Schadensersatzpflicht des Unternehmers.[37] Führt allerdings ein Unternehmer den fehlerhaften Plan eines Architekten aus, obwohl er genau erkennt, dass der Planungsfehler mit Sicherheit zu einem Mangel des Bauwerks führen muss und ohne den Bauherrn selbst vorher darauf hingewiesen zu haben, so kann er sich nach Treu und Glauben gegenüber dem Bauherrn auf ein mitwirkendes Verschulden des Architekten als Erfüllungsgehilfe des Unternehmers nicht berufen.[38]

**2463** Übernimmt der Architekt nicht die Anfertigung der Statik selbst oder durch einen eigenen Statiker, gehört es zu den Pflichten des Bauherrn, dem Architekten eine einwandfreie Statik zur Verfügung zu stellen. Dennoch geht der BGH[39] davon aus, dass der Statiker nicht Erfüllungsgehilfe des Auftraggebers gegenüber dem Architekten ist. Der überwiegende Teil der Rechtsprechung und des Schrifttums ist allerdings anderer Meinung (vgl. hierzu näher Rdn. 1991, 1992).

---

32) *Schmalzl*, Festschrift für Locher, S. 225.
33) BGH, BauR 1987, 88.
34) BGH, BauR 1970, 57, 59; *Schäfer/Finnern*, Z. 2.222 Bl. 18.
35) BGH, BauR 1971, 60.
36) BGH, BauR 1971, 265, 269/270; BauR 1970, 57, 59; OLG Düsseldorf, BauR 1994, 281 (LS).
37) BGH, BauR 1972, 62, 64; LG Stuttgart, BauR 1997, 137, 138.
38) BGH, BauR 1973, 190 = NJW 1973, 518 = MDR 1973, 403.
39) BGH, BauR 2002, 1719 = NJW-RR 2002, 1531 = NZBau 2002, 616 = MDR 2002, 1432.

## Einwand des mitwirkenden Verschuldens (§ 254 BGB)

Das OLG Stuttgart[40] hat in einer Entscheidung die vertraglichen **Pflichten des Statikers** wie folgt zusammengefasst:

„Die allgemeine Aufgabe des Statikers zerfällt in zwei – allerdings wieder ineinandergreifende – Teile, nämlich in eine konstruktive und in eine rechnerische Aufgabe. Der Statiker hat einmal im Rahmen der Architektenpläne die Konstruktionsart und die Konstruktionsstärken aller tragenden Teile so festzulegen, dass das Gebäude unter der im Vertrag vorgesehenen Beanspruchung standsicher ist. Will er dabei in der Konstruktion von bereits allgemein anerkannten Regeln abweichen, so hat er dies eingehend und stichhaltig zu begründen. Seine Konstruktion hat er in Arbeitsplänen festzulegen.

Zum anderen hat der Statiker die Standsicherheit der baulichen Anlage um sämtliche Einzelteile rechnerisch nachzuweisen. Es versteht sich von selbst, dass dabei die Pläne mit den Berechnungsgrundlagen übereinstimmen müssen. Der Statiker kann sich also bei der Anordnung in den Ausmaßen der tragenden Teile des Bauwerks nicht einfach auf seine Erfahrung verlassen. Er hat die Richtigkeit dieser Erfahrung jeweils rechnerisch zu beweisen. Der rechnerische Nachweis ist Ausfluss seiner Aufgabe, eine objektiv den öffentlichen Anforderungen an die Sicherheit eines Bauwerks entsprechende, ohne Einschränkung genehmigungsfähige Bauanlage vorzubereiten."

**Von dem Architekten** sind im Übrigen die zur Überprüfung einer statischen Berechnung erforderlichen **Spezialkenntnisse grundsätzlich nicht zu erwarten.** Aus diesem Grunde ist er auch nicht verpflichtet, die statischen Unterlagen auf ihre rechnerische Richtigkeit zu überprüfen.[41] Allerdings ist der Architekt im Rahmen seiner allgemeinen Prüfungs- und Hinweispflicht verpflichtet, die statischen Berechnungen einzusehen und sich zu vergewissern, ob der Statiker von den richtigen tatsächlichen Voraussetzungen ausgegangen ist.[42] Überdies muss der Architekt dem Statiker die für die Berechnung der Statik erforderlichen Angaben (z. B. über die Bodenverhältnisse, den Grundwasserstand usw.) zur Verfügung stellen.[43] Andererseits muss der Statiker die entsprechenden Erkundigungen einziehen, wenn ihm bestimmte Angaben, die für eine ordnungsgemäße Statik erforderlich sind, fehlen. Erkennt der Architekt aufgrund eigenen Fachwissens Mängel in der Statik, muss er diese beanstanden[44] (vgl. Rdn. 1999 ff.).

2464

Die vorangegangenen Ausführungen sind entsprechend auf die Tätigkeit **anderer Sonderfachleute** anzuwenden. So kann eine Mitprüfung eines Architekten bei der Einschaltung eines Sonderfachmannes durch den Bauherrn nur dann erwartet werden, wenn der Architekt die bautechnischen Fachkenntnisse des entsprechend fachspezifischen Bereiches hatte oder haben musste; andernfalls haftet der Sonderfachmann allein.[45]

2465

Der **Unternehmer** ist grundsätzlich **nicht Erfüllungsgehilfe des Bauherrn** im Verhältnis zum **Architekten oder Sonderfachmann.** Daher ist es z. B. dem Architek-

2466

---

40) OLG Stuttgart, BauR 1973, 64; vgl. ferner: OLG München, VersR 1977, 380; LG Aachen, VersR 1986, 777 (zur Überprüfung der Statikerleistung durch den Architekten); OLG Köln, *SFH*, Nr. 7 zu § 278 BGB (zur **Abgrenzung** zwischen Architekten- und Statikerleistung bei mangelhafter Wärmedämmung).
41) BGH, BauR 1971, 265; BauR 1970, 62; OLG Hamm, BauR 2000, 293 = NJW-RR 1999, 1545; OLG Düsseldorf, BauR 1973, 252.
42) Zum Beispiel vorhandene Bodenverhältnisse: BGH, BauR 1971, 265.
43) OLG Düsseldorf, BauR 2001, 277, 279.
44) LG Stuttgart, BauR 1997, 137, 138 m. Hinweis auf BGH, BauR 1971, 265, 267 (fehlende Dehnungsfugen).
45) OLG Köln, NJW-RR 1994, 1110.

**Rdn. 2467**     **Einwand des mitwirkenden Verschuldens (§ 254 BGB)**

ten verwehrt, sich dem Bauherrn gegenüber auf eine unterlassene Beanstandung seiner mangelhaften Planung durch den Unternehmer zu berufen.[46] Soweit Dritte, die in dem Schutzkreis eines Bauvertrages oder sonstigen Vertrages miteinbezogen sind, vertragliche Schadensersatzansprüche z. B. gegen den Unternehmer geltend machen können, müssen sich auch diese ein Verschulden des Bauherrn oder seiner Erfüllungsgehilfen (Architekt) wie eigenes Verschulden anrechnen lassen.[47]

Der **vorleistende** Unternehmer soll nach der – allerdings umstrittenen – Rechtsprechung des BGH[48] grundsätzlich **nicht Erfüllungsgehilfe des Bauherrn** im Verhältnis zum **Nachunternehmer** sein (vgl. Rdn. 1527 u. 1827); Fehler des Vorunternehmers sind dem Bauherrn gegenüber dem Nachfolgeunternehmer als nicht zuzurechnen. Siegburg[49] ist der Auffassung, dass es bei der Prüfung des mitwirkenden Verschuldens des Auftraggebers für Mängel der Planung eines Sonderfachmannes nicht auf die Frage der Erfüllungsgehilfeneigenschaft des Sonderfachmannes ankommt und sich diese Problematik darin erschöpft. Vielmehr stützt er ein mitwirkendes Verschulden des Auftraggebers auf die Überlegungen, die dem § 13 Nr. 3 VOB/B für den VOB-Bauvertrag sowie § 242 BGB i. V. m. § 645 BGB für den BGB-Bauvertrag zugrunde liegen.

### 3. Einzelfälle aus der Rechtsprechung

**2467**
* Der Auftraggeber muss sich trotz unzureichender Hinweise des Architekten ein Mitverschulden anrechnen lassen, wenn er **erkennbar risikobehaftete, wirtschaftlich ungünstige Entscheidungen trifft** und sich dadurch die Baukosten erhöhen (OLG Düsseldorf, IBR 2004, 435 – Franz).
* Zur Abwägung des Verschuldens bei **Mängel der Ausschreibung** und **Verletzung der Hinweispflicht** (BGH, NJW-RR 1991, 276 = BauR 1991, 79 = ZfBR 1991, 61; vgl. hierzu im Einzelnen Rdn. 1130; ferner: OLG Düsseldorf, Schäfer/Finnern, Z 2.0 Bl. 11)
* Zu den Voraussetzungen, unter denen der **Baustofflieferant** Erfüllungsgehilfe des Auftragnehmers ist (OLG Celle, BauR 1996, 263 = OLGR 1995, 267)
* Zur Übernahme der Kosten einer von vornherein **aussichtslosen Prozessführung** wegen Mängel, wenn das Ergebnis des vorangegangenen Beweisverfahrens eindeutig ist (OLG Düsseldorf, BauR 1996, 129)
* Zur Pflicht eines Auftragnehmers, zur **Annahme eines Ersatzauftrages** nach Kündigung des Erstauftrages (OLG Braunschweig, BauR 1998, 785, 787)
* Bei der Bemessung des **Vergütungsanspruches gemäß §§ 642, 643 BGB** ist ein Mitverschulden des Unternehmers zu berücksichtigen, wenn der Bauherr einerseits eine Baugenehmigung für einen Nachtrag nicht beibringt, andererseits der Unternehmer trotz Kenntnis der fehlenden Baugenehmigung mit der Bauausführung beginnt (OLG Hamm, BauR 2003, 1042)
* Zum Mitverschulden des Bauherrn, der – um Kosten zu sparen – auf eine **umfassende Bauüberwachung** durch den Architekten verzichtet (OLG Hamm, NJW-RR 2002, 1669)
* Den Bauherrn trifft nicht deshalb ein Mitverschulden an dem durch die **fehlerhafte Tragwerksplanung** entstandenen Schaden, weil er mit der Herstellung der Außenwände beginnt, bevor die **Prüfstatik** für die Außenfassade vorliegt; denn die Prüfstatik ist zum Schutz der Allgemeinheit

---

46) OLG Düsseldorf, BauR 1974, 357, 358.
47) Vgl. BGH, NJW 1961, 211 = MDR 1961, 34 = JZ 1961, 169; *Wussow*, Haftung, S. 291.
48) BGH, NJW 1985, 2475 = BauR 1985, 361 =) MDR 1985, 1016. Siehe dazu auch *Schmalzl*, Festschrift für Locher, S. 225, 232 u. (kritisch) *Vygen*, BauR 1989, 387; *Grieger*, BauR 1990, 406; *Baden*, BauR 1991, 30; *Weise*, BauR 1992, 685 (zum Regressanspruch des Unternehmers).
49) EWiR 2003, 1123. Vgl. hierzu im Einzelnen *Christiansen-Geiss*, Festschrift für Werner, S. 209, 211, die Siegburg mit ausführlicher Begründung folgt.

## Einwand des mitwirkenden Verschuldens (§ 254 BGB)   Rdn. 2467

einzuholen: das Prüferfordernis führt nicht zu einer auch nur teilweisen Verlagerung des Risikos einer falschen Statik auf den Bauherrn (OLG Düsseldorf, BauR 2002, 506)
* Inwieweit ein Auftraggeber gegen die Schadensminderungspflicht verstößt, wenn er einen **Baumangel** erst **nach vielen Jahren** mit zwischenzeitlich gestiegenen Baukosten **beseitigen lässt,** hängt von den Umständen des Einzelfalles ab; allein der Umstand, dass die Baukosten gestiegen sind, begründet ein Mitverschulden nicht (BGH, NZBau 2004, 336)
* Ein Auftraggeber, der **selbst auf dem Gewerk seines Auftragnehmers aufbaut** und weitere Bauleistungen erbringt, verletzt die ihm in eigenen Angelegenheiten obliegende Sorgfaltspflicht, wenn er die Leistungen dieses Auftragnehmers ungeprüft übernimmt – mit der Folge, dass ihn ein Mitverschulden trifft (BGH, BauR 2003, 1213 = NJW-RR 2003, 1238 = NZBau 2003, 495)
* Mitverantwortlichkeit des Bauherrn bei der **Ablaufplanung des Hochwasserschutzes** (BGH, BauR 2003, 1382 = IBR 2003, 467 – Quack)
* Ein Handwerker, der das ihm übertragene Gewerk (hier: Einbau einer Warmluftheizung in ein Fitnessstudio) in Kenntnis dessen übernimmt, dass es eine Fachplanung des Bauherrn oder seiner Architekten nicht gibt, kann sich im Falle einer mangelhaften Ausführung der Werkleistung nicht auf ein Mitverschulden wegen fehlender Planung berufen (OLG Celle, BauR 2005, 397).
* Ein Unternehmer kann sich nicht auf ein Mitverschulden des Auftraggebers berufen, wenn der Architekt Regeldetails falsch oder gar nicht dargestellt hat, deren fachgerechte Ausführung sich aus den allgemeinen anerkannten Regeln der Technik ergibt, die der Unternehmer ohnehin beachten muss (OLG Köln, IBR 2005, 476 – Metzger).
* Bei **fehlerhafter Wohnflächenberechnung** des Architekten (LG Stuttgart, BauR 1990, 496; vgl. hierzu auch OLG Köln, NJW-RR 1993, 1493 – Bauherr ist Fachanwalt für Steuerrecht)
* Bei zuverlässiger, aber nur **mündlicher** statt schriftlicher **Belehrung** durch den Bauunternehmer nach § 4 Nr. 3 VOB/B, wenn der Bauherr der entsprechenden Belehrung nicht folgt (BGH, NJW 1975, 1217 = BauR 1975, 278; ferner BGH, NJW 1960, 1813 = BB 1960, 836; BGH, Schäfer/Finnern, Z 2.414 Bl. 143; OLG Düsseldorf, SFH, Nr. 3 zu § 12 VOB/B)
* Mitverschulden des Bauherrn bei **Beschädigung der Fußbodenheizung** durch Dehnungsfugenschnitte wegen **unterlassener Koordinierung** dieser Arbeiten durch den Architekten (OLG Köln, BauR 1999, 768)
* Zum Mitverschulden des Bauherrn, der **einen anderen** als den ihm vom Architekten benannten **(Fach-)Unternehmer** beauftragt, wenn dem Architekten neben einem Planungsverschulden auch ein Fehler im Rahmen der Objektüberwachung anzulasten ist (BGH, BauR 1999, 680 = NJW-RR 1999, 893 = ZfBR 1999, 212)
* Mitverschulden eines Bauunternehmers, der die Rohbauarbeiten und die Entwässerungsarbeiten übernommen hat und den Bauherrn nicht auf die **Notwendigkeit des Einbaus einer** in Bauplänen nicht vorgesehenen **Drainage** hingewiesen hat; Mitverschuldens-Quote von 50% bezüglich der Kosten für den nachträglichen Einbau der Drainage (OLG Frankfurt, NJWRR 1999, 461)
* Kein mitwirkendes Verschulden des Auftraggebers bei besonders grober Pflichtverletzung des Nachunternehmers aus § 4 Nr. 3 VOB/B – keinerlei Überprüfung der Vorleistung eines anderen Unternehmers (OLG Düsseldorf, BauR 2000, 421 = NZBau 2000, 331 = OLGR 2000, 101)
* Mitverschulden bei **unrichtigem Bodengutachten** (OLG Köln, BauR 1998, 1276 = NJW-RR 1998, 1320 = OLGR 1998, 227)
* Mitwirkendes Verschulden eines **Subunternehmers,** wenn er nach den Vorgaben seines Auftraggebers eine Werkleistung erbringt, aber keine Bedenken gegen die fehlerhaften Vorgaben anmeldet (OLG Dresden, BauR 2001, 424)
* Wer die Beseitigung der Folgen aus einer nach **widerrechtlicher Drohung** eingegangenen Verpflichtung verlangen kann, ist grundsätzlich nicht dem Einwand des Mitverschuldens ausgesetzt (BGH, NZBau 2000, 32).
* Wenn er für die **Bauleitung keinen Architekten** einschaltet (OLG Köln, BauR 1990, 729, 730)
* Bei **Bauen ohne Baugenehmigung** (BGH, Schäfer/Finnern, Z 2.414 Bl. 143; ferner BGH, Schäfer/Finnern, Z 3.00 Bl. 52; BGH, NJW 1975, 1968 – bei Aufhebung der Baugenehmigung

**Rdn. 2467**     **Einwand des mitwirkenden Verschuldens (§ 254 BGB)**

auf Widerspruch des Nachbarn; BGH, NJW 1985, 1692 – Rücknahme einer Baugenehmigung, der eine widersprüchliche Auflage beigefügt war)
* Wenn Auftragnehmer und Auftraggeber **Verzögerungsursachen** gesetzt haben und der Auftragnehmer einen Anspruch nach § 6 Nr. 6 VOB/B gelten macht (BGH, BauR 1993, 600)
* Bei „**Vorunternehmer**" und „**Nachfolgeunternehmer**" (OLG Braunschweig, Schäfer/Finnern, Z 2.414 Bl. 215)
* Zum Mitverschulden des Bauherrn für den **Planungsfehler** seines Architekten (mangelnde Tragfähigkeit der Pflasterung) und der **Verletzung der Prüfungs- und Hinweispflicht** des Unternehmers (OLG Düsseldorf, BauR 2001, 638, 642)
* Mitverschulden des Bauherrn (wegen **mangelnder Planungsvorgaben** seines Architekten) bei **unzureichender Dachabdeckung** bei Umbau (BGH, NJW-RR 1999, 893)
* Mitwirkendes Verschulden des Planers, das sich der Bauherr zurechnen lassen muss, wenn der Planer den Statiker nicht auf die **Bodenverhältnisse** und die sich daraus ergebenden Anforderungen an eine „**weiße Wanne**" hinweist (OLG Düsseldorf, OLGR 1998, 262)
* Mitverschulden des Bauherrn (wegen **Planungsfehler** des von ihm beauftragten Architekten) bei **nachträglichem Drainageeinbau** (OLG Frankfurt, NJW-RR 1999, 461)
* Auftraggeber- und Auftragnehmerhaftung nach Kontrollversagen bei Großbauvorhaben – „Schürmann-Bau" (OLG Köln, NJW-RR 2002, 15 = OLGR 2001, 268)
* Wenn durch **herabfallende** vom Unternehmer in einer Werkhalle verlegte **Spannbetonplatten** Mitarbeiter des Bauherrn verletzt werden, wobei der Bauherr nicht gesetzlicher Vertreter oder Erfüllungsgehilfe eines Geschädigten zu sein braucht (BGH, Schäfer/Finnern, Z 4.13 Bl. 78; ferner BGH, NJW 1961, 211)
* Bei **Einbeziehung der Familienangehörigen** in den Vertragsschutz des Werkvertrages (BGH, MDR 1956, 534 – Schadensersatzansprüche der Familienangehörigen wegen mangelnder Sicherung des Bauwerks auf deliktischer Grundlage)
* Bei **Hausschwammbefall** infolge verlorener Schalung im Kriechkeller (OLG Düsseldorf, NJW-RR 1994, 1240)
* Ein Bauherr, der von seinem Architekten Schadensersatz wegen mangelhafter Architektenleistung verlangt und selbst für die Schadensentstehung mitverantwortlich ist, **verletzt seine Schadensminderungspflicht**, wenn er **nur ein Angebot zur Mängelbeseitigung** einholt (OLG Dresden, IBR 2005, 1216).
* Bei positiver Kenntnis des Auftraggebers von einem **Kalkulationsirrtum** in Verbindung mit den §§ 23 Nr. 2 und 25 Nr. 3 VOB/A oder bei einem besonders auffälligen Kalkulationsfehler (OLG Köln, BauR 1995, 98)
* Bei **Zurückweisung eines Nachbesserungsvorschlags** des Architekten (BGH, BauR 1972, 62 = Schäfer/Finnern, Z 3.00 Bl. 215)
* Gibt der Auftraggeber ein **Brandgutachten** in Auftrag und hätte er die **Ergänzungsbedürftigkeit** dieses Gutachtens bei einfachem Lesen erkennen können, muss er sich bei dem gegen seinen Architekten gerichteten Schadensersatzanspruch ein eigenes Mitverschulden (von hier 25%) anrechnen lassen (OLG Dresden, IBR 2005, 384 – *Schill*; vom BGH Bedenken im Rahmen der Zurückweisung der Nichtzulassungsbeschwerde angemeldet).
* Soweit ein Schaden aufgrund mangelhafter **Statik** auch darauf beruht, dass der Bauherr die **Prüfstatik nicht abgewartet hat** (OLG Hamm, OLGR 1992, 3)
* Zur Haftungsverteilung nach § 254 BGB bei Verwendung **fehlerhaften Materials** und mangelhafter Leistung des Unternehmers (BGH, Schäfer/Finnern, Z 2.414 Bl. 202; ferner: OLG Saarbrücken, Schäfer/Finnern, Z 2.400 Bl. 50; BGH, VersR 1962, 1062 – Betongüte; BGH, BauR 1994, 367 = NJW-RR 1994, 534 – Verwendung feuerpolizeilich verbotener Materialien)
* Schadensausgleich gemäß § 254 BGB, wenn beide Vertragsparteien schuldhaft eine Lage geschaffen haben, die zur berechtigten fristlosen Kündigung führt (BGH, Schäfer/Finnern, Z 2.510 Bl. 56)
* Zum Mitverschulden des Benutzers eines **erkennbar (teils) verkehrsunsicheren Baugerüsts** (OLG Stuttgart, BauR 1990, 112)

**Einwand des mitwirkenden Verschuldens (§ 254 BGB)**

* Zum Mitverschulden bei mangelhafter **Abwässeranlage** einer Gemeinde und fehlender Rückstausicherung (BGH, NJW 1983, 622)
* Zum Mitverschulden eines **Facharbeiters** für Dacharbeiten an einem Schaden, der durch unsachgemäße Aufstellung und Ausstattung eines Lastenaufzuges mitverursacht wurde (OLG München, VersR 1984, 342)
* Zum Mitverschulden des geschädigten **Mieters,** der den Unternehmer nicht auf ihm bekannte Gefahren bei Durchführung der Arbeiten (Schweißarbeiten) hinweist (OLG Stuttgart, VersR 1983, 891)
* Zum Mitverschulden des **Geschädigten bei mehreren Gesamtschuldnern** (BGH, NJW 1984, 2087)
* **Notar** als Erfüllungsgehilfe des Käufers einer Wohnung (LG Münster, MDR 1990, 337)
* Zum Mitverschulden des Auftraggebers bei **erkennbar mangelnder Kompetenz des Werkunternehmers** (BGH, NJW 1993, 1191)
* Bei Kenntnis der Eintragung **privater Leitungsrechte** im Grundbuch (LG Itzehoe, MVwZRR 1994, 185)
* Zur Mithaftung des Auftraggebers, wenn dieser dem Auftragnehmer – nach dessen fachlicher Beratung – **Baumaterial** (Ökokleber) zur Verfügung stellt, das sich als **mangelhaft** erweist (OLG Koblenz, BauR 1996, 868)
* Zur Mitverantwortung des Auftraggebers wegen mangelhafter Planung und Koordination, aufgrund dessen es zum Einfrieren einer **neu installierten Heizung** kommt (OLG Koblenz, BauR 1997, 482)
* Zum Mitverschulden des Geschädigten beim **Sturz** auf einem ungesicherten, von Baumaßnahmen betroffenen und mit Schnee bedeckten **Gehweg** (BGH, BauR 1997, 864).

## VII. Die Vorteilsausgleichung

*Literatur*

*Früh*, Die „Sowieso-Kosten", 1991; *Thesling*, Die Vorteilsausgleichung, Diss. (Bonn), 1994; *Haerendel*, Sowieso-Kosten und weitere zusätzliche Kosten infolge Fehlplanung, Baurechtliche Schriften, Bd. 47, 1999; *A. Werner*, Vorteilsausgleichung, Kausalität und das Wesen der Schadensersatzpflicht, NJW 1955, 769; *Cantzler*, Die Vorteilsausgleichung beim Schadensersatzanspruch, AcP 156, 29; *Esser*, Zur Entwicklung der Lehre von der Vorteilsausgleichung, MDR 1957, 522; *Thiele*, Gedanken zur Vorteilsausgleichung, AcP 167, 193; *Lange*, Die Vorteilsausgleichung, JuS 1978, 649; *Brandt*, Zum Leistungsumfang bei schlüsselfertigen Bauen nach Baubeschreibung in Bezug auf technisch notwendige, aber nicht ausdrücklich vereinbarte Teilleistungen, insbesondere bei der Nachbesserung, BauR 1982, 524; *Bühl*, Der Kostenzuschussanspruch des Auftragnehmers, BauR 1985, 502; *Groß*, Vorteilsausgleichung im Gewährleistungsrecht, Festschrift für Korbion (1986), 123; *Früh*, Die Kostenbeteiligungspflicht des Bauherrn bei der Mängelbeseitigung unter besonderer Berücksichtigung der sogenannten „echten Vorteilsausgleichung" (Abzug „neu für alt"), BauR 1992, 160; *Büdenbender*, Wechselwirkungen zwischen Vorteilsausgleichung und Drittschadensliquidation, JZ 1995, 920; *Anker/Adler*, Die echte Bausummenüberschreitung als ein Problem des Schadensrechtes, BauR 1998, 465; *Schiemann*, Vorteilsanrechnung beim werkvertraglichen Schadensersatz NJW 2007, 3037.

**2468** In Bausachen kommt dem Problem, ob sich der Besteller (Bauherr) im Rahmen der Gewährleistung an den Kosten der Mängelbeseitigung „beteiligen" muss, erhebliche Bedeutung zu; Begriffe wie **„Vorteilsausgleichung"**, **„Sowiesokosten"** und **„Abzug neu für alt"** tauchen in diesem Zusammenhang immer wieder auf.[1]

**2469** Das Prinzip der „Vorteilsausgleichung" besagt, dass ein durch das schadensstiftende Ereignis verursachter Vorteil oder eine messbare Vermögensmehrung mit dem Schadensersatzanspruch auszugleichen ist. Vorteilsausgleich stellt damit einen Faktor der **Schadensberechnung** dar.[2] Allerdings ist die Anwendung nicht auf Schadensersatzansprüche beschränkt; auf **Nachbesserungs-** bzw. **Nacherfüllungs-** sowie **Minderungs-**, und **Kostenerstattungsansprüche** sind die Grundsätze der Vorteilsausgleichung **entsprechend** anzuwenden.[3]

Zu beachten ist, dass Schaden und Vorteil aus mehreren – der äußeren Erscheinung nach – selbstständigen Ereignissen fließen können, sofern nur nach dem natürlichen Ablauf der Dinge das schädigende Ereignis allgemein geeignet war, derartige Vorteile mit sich zu bringen. Der **Zusammenhang** darf allerdings nicht so lose sein, dass er nach vernünftiger Lebensauffassung keine Berücksichtigung mehr verdient.[4] Das

---

1) Zur dogmatischen Begründung s. *Haerendel*, S. 25 ff.; BGH, BauR 2004, 1772, 1775.
2) Siehe hierzu grundlegend: BGH BauR 2007, 1564 = NZBau 2007, 578 = NJW 2007, 2695; BauR 2007, 1567 = NZBau 2007, 580 = NJW 2007, 2697 (hierzu *Schiemann*, BauR 2007, 3037 ff.); s. ferner: BGH, BauR 1997, 335 = ZfBR 1997, 145; BGH, NZBau 2002, 31 = ZfBR 2002, 57 = BauR 2002, 86 u. BGH, BauR 1979, 74 (für falsche Kostenermittlung bzw. für Überschreitung eines Kostenvoranschlages durch einen **Architekten** und eingetretene Wertsteigerung des Baugrundstücks; siehe dazu *Anker/Adler*, BauR 1998, 465, 467). Siehe auch OLG Koblenz, BauR 1997, 1054 (für Mängelabgeltung durch einen **Subunternehmer**, die sich der Generalunternehmer im Wege der Vorteilsausgleichung anrechnen lassen muss).
3) BGHZ 91, 206 = BauR 1984, 510 = ZfBR 1984, 222; OLG Karlsruhe, NJW-RR 1999, 1694 (**Kostenvorschussanspruch**); OLG Nürnberg, BauR 2001, 961 (**Nachbesserung** durch Unternehmer); OLG Karlsruhe, BauR 2006, 2066.
4) RGZ 133, 221, 223; RGZ 146, 275, 278; BGHZ 8, 325, 329; BGHZ 10, 107 = NJW 1953, 1346; BGH, NJW 1959, 1078; LG Bonn, *Schäfer/Finnern*, Z 4.142 Bl. 86.

## Vorteilsausgleichung  Rdn. 2470–2471

Problem der Vorteilsausgleichung ist deshalb **„differenzierend zu beurteilen".**[5] Im Anschluss an Thiele[6] hat die neuere **BGH**-Rechtsprechung[7] als Einschränkung für die Vorteilsausgleichung den Gedanken entwickelt, dass nur solche Vorteile als anrechenbar in Betracht zu ziehen sind, die gerade mit dem geltend gemachten Nachteil in einem **qualifizierten Zusammenhang** stehen; hierbei spielen vor allem der **zeitliche** Zusammenhang sowie der Gesichtspunkt einer **Wertung nach Risikosphäre** eine entscheidungserhebliche Rolle.

Die Vorteilsausgleichung hat damit grundsätzlich folgende **Voraussetzungen:** 2470

* Das schädigende Ereignis muss den Vorteil **adäquat** verursacht haben.[8] Das Kriterium der Adäquanz wird jedoch zunehmend, auch vom BGH, als sachfremd und ungeeignet angesehen.[9]
* Die Anrechnung des Vorteils muss aus der Sicht der Geschädigten **zumutbar** sein;[10] die Vorteilsausgleichung muss also dem Zweck des Schadensersatzes entsprechen und darf den Schädiger nicht unbillig entlasten.[11] Eine in diesem Sinne unbillige Entlastung kann es vor allem sein, wenn die Vorteilsausgleichung zugunsten eines trotz ständiger Mängelrügen seinen werkvertraglichen Gewährleistungspflichten nicht nachkommenden Unternehmers Berücksichtigung fände.[12] Der Auftragnehmer darf dadurch, dass der Vertragszweck nicht sogleich, sondern erst später im Rahmen der Gewährleistung erreicht wird, keine Besserstellung erfahren.[13]
* Zwischen allen nachteiligen und allen vorteilhaften Vermögensänderungen muss ein innerer **(„qualifizierter")** Zusammenhang bestehen, der beide – Vorteil und Nachteil – „gewissermaßen **zu einer Rechtseinheit** verbindet".[14]

Der geschädigte Baubeteiligte muss vor allen Dingen **ersparte Aufwendungen** in 2471
Abzug bringen;[15] dabei ist auch der Gesichtspunkt **„Abzug neu für alt"** zu beachten:[16]

---

5) BGHZ 77, 151 = BB 1980, 1347 = NJW 1980, 2187 = WM 1980, 1033; BGH, BauR 1984, 510, 511.
6) AcP 167, 193, 202.
7) Vgl. BGHZ 77, 151 = NJW 1980, 2187; BGH, ZfBR 1982, 63, 64 für Vorteilsausgleichung einer Wertsteigerung des Grundstücks bei Vertragsrückabwicklung.
8) Vgl. BGHZ 8, 325, 329; BGHZ 49, 61; 81, 275; OLG Hamm, BauR 2004, 528, 529.
9) **Herrschende Meinung;** s. *Cantzler*, AcP 156, 29 ff., 48 ff.; *Palandt/Heinrichs*, Vor § 249 BGB, Rdn. 121; auch BGH, NJW 1979, 760.
10) Vgl. z. B. BGH, NJW 2006, 499 u. BGH, BauR 1994, 776, 779 = NJW 1994, 2825 (für behauptete **Steuerersparnis** des Geschädigten); dazu auch OLG Köln, NJW-RR 1993, 1493 = VersR 1993, 1230 sowie BGH, BauR 1997, 335 = ZfBR 1997, 145 (für kostengünstige Herstellung und erhebliche Wertsteigerung des Gebäudes).
11) BGHZ 8, 325; 91, 206, 210 = BauR 1984, 510; BGH, BauR 1997, 335 = ZfBR 1997, 145 = NJWRR 1997, 402; KG, BauR 1978, 410; BayObLG, MDR 1980, 494; siehe auch OLG Hamm, BauR 1998, 345, 347.
12) Vgl. OLG Düsseldorf, BauR 1974, 413; KG, BauR 1978, 410; *Kaiser*, Rdn. 205 a.
13) BGH, BauR 1984, 510, 513 = ZfBR 1984, 222.
14) BGHZ 77, 151 = WM 1980, 1033 = NJW 1980, 2187; *Palandt/Heinrichs*, a. a. O., Rdn. 122.
15) Vgl. BGH, NJW 1969, 879; BGH, DB 1973, 1343; BGH, BauR 1971, 60, 62; Saarländisches OLG, NZBau 2002, 98, 100.
16) Zur Vorteilsanrechnung im Wege des Abzugs **„neu für alt"** siehe: BGH, NJW 1997, 2879, 2880; BGHZ 30, 29, 30 = NJW 1959, 1078; BGHZ 102, 322, 331 = NJW 1988, 1835; BGH, NJW 1997, 520; BGH, BauR 2004, 869, 871 (**Schadensminderungspflicht** und Abzug neu für alt); OLG Düsseldorf, BauR 2002, 802, 805 (fehlerhafter Anstrich; Kostenvorschussanspruch).

Leistet der Schädiger Schadensersatz für eine **ältere Sache**,[17] so ist im Zweifel ein Abzug „neu für alt" gerechtfertigt,[18] der nicht nur die **Material-**, sondern auch die **Lohnkosten umfasst**.[19] Allerdings ist dabei zweifelhaft, ob der Abzug mit dem Grundsatz der Vorteilsausgleichung begründet werden kann[20] oder ob darin vielmehr ein Problem der Bemessung des Schadensersatzes nach § 251 Abs. 1 zu erblicken ist.[21] Es entspricht jedoch der allgemeinen Meinung, dass Vorteile aus eigener Tätigkeit des Geschädigten nicht anzurechnen sind, soweit diese über die Schadensminderungspflicht des § 254 Abs. 2 Satz 1 BGB hinausgeht.[22] Der Abzug „neu für alt" wird um so weniger in Betracht kommen, je mehr die Mängelhaftung durch den Unternehmer/Architekten **hinausgezögert** wird.[23]

**2472** Besteht – was die Regel ist – der Schadensersatzanspruch in einer Geldforderung, ist der auszugleichende Vorteil ebenfalls in einem Geldwert zu berücksichtigen. In diesen Fällen findet eine einfache **Abrechnung** statt.[24] Ist der Schadensersatzanspruch dagegen auf **Naturalherstellung** gerichtet, ist der Vorteil „irgendwie" bei der Ersatzleistung auszugleichen, z. B. durch Zug-um-Zug-**Herausgabe** des Vorteils,[25] durch Stellung einer **Sicherheitsleistung** durch den Besteller[26] bzw. durch eine **doppelte Zug-um-Zug-Verteilung** im Prozess.[27] In Bausachen wird ein durch Herstellung erzielter Mehrwert im Zweifel in **Geld** auszugleichen sein.

**2473** Zweifelhaft ist, ob die Grundsätze der Vorteilsausgleichung auch dann herangezogen werden können, wenn ein Baubeteiligter eine Garantiehaftung („**Festpreisgarantie**") übernommen hat. Soweit Erfüllungsansprüche begründet sind, können die Grundsätze der Vorteilsausgleichung nicht herangezogen werden, was die Recht-

---

[17] Vgl. z. B. BGH, BauR 1971, 60, 62 (Erneuerung fehlerhafter Glaserarbeiten); OLG Düsseldorf, BauR 1974, 413 (Renovierung einer Wohnung).
[18] Dazu auch *Kaiser*, Rdn. 205 b.
[19] OLG Hamburg, NZV 1999, 513.
[20] So BGHZ 30, 34 = NJW 1959, 1078; BGH, BauR 1971, 61; *Palandt/Heinrichs*, Rdn. 146 vor § 249 BGB; s. aber BGH, BauR 2004, 1772, 1775 („eigenständiger rechtlicher Gesichtspunkt").
[21] Vgl. *Staudinger/Weber*, Vorb. vor § 249 BGB, Anm. 103; offengelassen von OLG Düsseldorf, BauR 1974, 413; siehe ferner: *Früh*, S. 67, 86.
[22] BGH, VersR 1969, 469; BGH, Urt. v. 16.2.1971 – VI ZR 147/69; **a. A.**: *Thiele*, AcP 167, 193, 236.
[23] Siehe: OLG Bamberg, IBR 2006, 197; OLG Brandenburg, BauR 2001, 283, 287; OLG Oldenburg, OLGR 2000, 114, 116; OLG Karlsruhe, ZfBR 2001, 547 = BauR 2002, 93; OLG Celle, OLGR 2000, 114, 116; OLG Düsseldorf, BauR 2002, 802, 805; KG, BauR 1978, 410, 411. Zur Anrechnung von Ersparnissen, die durch eine **höhere Lebensdauer** entstehen, weil sich der Mangel erst spät auswirkt und vorher **keine Gebrauchsnachteile** vorhanden waren: BGHZ 91, 206 = BauR 1984, 510; BGH, NZBau 2002, 31 = BauR 2002, 86. Für **stärkere** Berücksichtigung der „Gebrauchsvorteile" auf Grund der Neuregelung des § 635 Abs. 4 BGB: *Kniffka/Koeble*, 6. Teil, Rdn. 66.
[24] RGZ 54, 137, 140; BGH, NJW 1962, 1909; *Palandt/Heinrichs*, Vor § 249 BGB, Rdn. 123.
[25] Vgl. BGHZ 27, 248; *Bühl*, BauR 1985, 502 ff.
[26] BGH, BauR 1984, 395 = ZfBR 1984, 173; OLG Hamm, BauR 1991, 756; kritisch: *Bühl*, BauR 1985, 502 ff.
[27] BGH, BauR 1984, 401 = ZfBR 1984, 176 = WM 1984, 839; OLG Celle, BauR 2003, 730, 732; vgl. auch Rdn. **2405 ff**.

**Vorteilsausgleichung** Rdn. 2474

sprechung allerdings gleichwohl tut.[28] Dem wird man nur in Ausnahmefällen (§ 242 BGB) zustimmen können, allerdings mit folgenden Einschränkungen: Ist z. B. mit dem **Veräußerer** von Eigentum ein **Festpreis** vereinbart worden, kann der **Erwerber** bei dem Auftreten von Mängeln die Kosten beanspruchen, die für eine **mangelfreie Herstellung** der Sache erforderlich sind. Fallen dabei Kosten an, die infolge der fehlerhaften Bauleistung nicht berücksichtigt worden sind, können diese Kosten nicht nachträglich dem Erwerber aus dem Gesichtspunkt der Vorteilsausgleichung aufgebürdet werden;[29] selbst durch einen Planungsfehler könnte in diesem Fall der Erwerber keinen anrechenbaren Vorteil erlangen.[30]

Die Anrechnung von Vorteilen ist bei einer **Pauschal-** oder einer **Festpreisabrede** denkbar, wenn das ursprünglich geplante Bauobjekt durch **Sonderwünsche** des Bauherrn verändert wird oder wenn Umstände hinzutreten, die von den Parteien nicht voraussehbar und nicht zu vertreten sind (z. B., eine umfangreiche Tiefergründung wird erforderlich).[31] Ein gesonderter Vergütungsanspruch scheidet aus, wenn sich die Bezahlung auf Arbeiten/Leistungen bezieht, die nach dem objektiven Empfängerhorizont in dem Auftrag bereits enthalten sind.[32] Aus diesem Grund kommt es im Einzelfall entscheidend darauf an, die geschuldete Leistung genau zu bestimmen.[33]

Im Übrigen ist ein Aufwendungs- oder Schadensersatzanspruch des Bauherrn stets um die **(Mehr)kosten**, um die die Bauleistung bei einer **ordnungsgemäßen Ausführung** von vornherein **teurer** gewesen wäre, zu **kürzen (Sowiesokosten)**.[34] Dabei ist bei der **Ermittlung** der Sowiesokosten von der **zur Bauzeit üblichen,** aus damaliger Sicht **sicher zum Erfolg führenden Arbeitsweise** auszugehen.[35] Muss der **Auftraggeber** im Rahmen einer Mängelbeseitigung **Zusatzarbeiten** vergüten, so sind diese Zusatzvergütungen im Rahmen der Gewährleistung als Sowiesokosten zu berück-

2474

---

28) Vgl. *Locher*, NJW 1965, 1696, 1697 m. zutr. Hinweis auf RGZ 137, 85 u. BGH, *Schäfer/Finnern*, Z 3.01 Bl. 128.
29) Ebenso: BGH, BauR 1984, 510, 512 u. BauR 1990, 84, 85 = NJW 1990, 89 = ZfBR 1990, 16; BGH, BauR 1990, 360 = ZfBR 1990, 171; BGH, BauR 1994, 776, 779 = NJW 1994, 2825; OLG Celle, BauR 1999, 801, 802; KG, OLGR 1993, 5, 6 **(Dränage)**; *Freund/Barthelmess*, NJW 1975, 281, 285; *Kaiser*, Rdn. 203, Anm. 8; unzutreffend: *Brand*, BauR 1982, 524, 534.
30) BGH, BauR 1990, 84, 85; *Kaiser*, Rdn. 203.
31) Siehe auch OLG Schleswig, BauR 2000, 1201 für Pauschalpreisvertrag.
32) Zutreffend: OLG Celle, BauR 2003, 550, 552 für **Pauschalvertrag**; *Kniffka/Koeble*, 6. Teil, Rdn. 64.
33) *Ingenstau/Korbion/Wirth*, Vor § 13 VOB/B, Rdn. 247.
34) Zu den **Sowiesokosten** grundlegend: BGH, BauR 1984, 510 = ZfBR 1984, 222; BGH, BauR 1990, 84 = ZfBR 1990, 16 = NJW-RR 1990, 89 (zum Schadensersatzanspruch des Generalunternehmers und zur Anrechnung von Sowiesokosten); BGH, BauR 1990, 360; BGH, BauR 2002, 86, 88 = *SFH*, Nr. 42 zu § 13 Nr. 5 VOB/B = NZBau 2002, 31; BauR 1989, 462; BauR 1993, 722; BauR 1994, 776 = NJW 1994, 2825; OLG Karlsruhe, IBR 2006, 575 – *Knipp* **(Planungsfehler)**; OLG Koblenz, IBR 2006, 439 – *Seibel* **(Subunternehmerhaftung** und Sowiesokosten); OLG Düsseldorf, BauR 2002, 802, 804 (fehlerhafter Kostenvorschuss); BauR 1993, 241 (fehlerhafte Bauaufsicht); OLG Karlsruhe NJW-RR 1999, 1694 **(Kostenvorschussanspruch)**; OLG Nürnberg, BauR 2001, 961 u. BauR 2000, 273; OLG Düsseldorf BauR 1991, 747 = NJW-RR 1992, 23: OLG Hamm, BauR 1991, 756, 758; OLG Celle, BauR 1988, 613; OLG Hamm, NJW-RR 1996, 273, 274 **(Berechnung** der Sowiesokosten) und oben Rdn. **1563**.
35) OLG Nürnberg, BauR 2001, 961, 962.

sichtigen.[36] Nach der Rechtsprechung des BGH[37] richtet sich die Anrechnung der Sowiesokosten nach den Grundsätzen der Vorteilsausgleichung.

**2475** Der Abzug von Sowiesokosten kommt vor allem in Betracht bei **Kostenüberschreitungen** durch den **Architekten** oder **fehlerhaften Werkleistungen** infolge unsachgemäßer Bestelleranweisung. Hat der Architekt Kosten außer acht gelassen, die zur Erstellung des Bauvorhabens in jedem Falle notwendig waren, und ergeben sich hieraus Mehrkosten, liegt ein Schaden des Bauherrn nicht vor.[38] In gleicher Weise braucht ein Unternehmer bei **mangelhafter** Werkleistung nicht auch solche Kosten zu tragen, die entstanden wären, wenn das Werk von vornherein mangelfrei hergestellt worden wäre und die zu tragen der Unternehmer nach dem abgeschlossenen Bauvertrag nicht verpflichtet ist,[39] etwa weil es sich um planerische Anordnungen des Bauherrn oder seines Architekten handelt. Verlangt der Bauherr von dem Unternehmer dementsprechend eine andere („bessere", „stärkere") Ausführung, als der Unternehmer nach dem Vertrag schuldete, so kann dieser eine nach Einheitspreisen des Leistungsverzeichnisses zu ermittelnde **Mehrvergütung** (Sowiesokosten) beanspruchen (§ 2 Nr. 6 VOB/B).[40]

**2476** Bei der **Berechnung** der Sowiesokosten ist darauf zu achten, dass diese Kosten nicht mit dem Schaden, der zu ersetzen ist, „verwechselt" werden: Muss z. B. das fehlerhafte Werk neu hergestellt werden, so können zwar die Neuherstellungskosten als Sowiesokosten in die Abrechnung „eingestellt" werden; bei einer solchen Abrechnung müssen dann aber z. B. nutzlos gewordene Planungs- und Baukosten sowie Kosten für die Beseitigung des fehlerhaften Baukörpers (zuvor) als Schaden berücksichtigt werden.[41] Darüber hinaus ist für die Beurteilung des **Schadens** stets der Zeitpunkt der letzten mündlichen Verhandlung maßgebend,[42] während bei der Ermittlung der **Sowiesokosten** der Preisstand maßgebend ist, zu dem die Bauleistung „ordnungsgemäß hätte errichtet werden müssen".[43]

Zu den anrechenbaren Vorteilen gehören im Einzelfall auch **Steuervorteile** (des Geschädigten). Indes ist dieser Gesichtspunkt überhaupt nur zu berücksichtigen, wenn zum Zeitpunkt der letzten mündlichen Verhandlung „eine Steuerersparnis des Geschädigten in bestimmter Höhe festgestellt werden kann. Dem Geschädigten ist nicht zuzumuten, sich auf etwaige Berechnungsunsicherheiten einzulassen".[44]

---

36) BGH, NZBau 2000, 74, 75 = NJW-RR 2000, 465; BauR 1999, 37, 39; s. ferner: OLG Celle, BauR 2003, 730 u. BauR 1998, 801, 802; SchlHOLG, BauR 2000, 1201 (für Pauschalpreisvertrag).
37) BGHZ 91, 206, 211 = BauR 1984, 510; BGH, BauR 1989, 361, 365; *Schmalzl/Lauer/Wurm*, Rdn. 155; a. A.: *Staudinger/Peters*, § 633 BGB (ergänzende Vertragsauslegung); siehe dazu auch Beck'scher VOB-Komm/*Kohler*, B § 4 Nr. 7, Rdn. 190 m. w. Nachw. in Anm. 230.
38) *Groß*, Haftungsrisiken, S. 249.
39) Vgl. OLG Celle, BauR 2003, 730, 731 (auch zur doppelten Zug-um-Zug-Verurteilung); OLG Hamm, BauR 1991, 756; *MünchKomm-Soergel*, § 635 BGB, Rdn. 13.
40) BGH, BauR 1976, 430; BGH, BauR 1984, 395 ff. (für den **Pauschalpreisvertrag**). Zur Anwendung des § 2 Nr. 5 bzw. Nr. 6 VOB/B siehe (kritisch): *Haerendel*, S. 29 ff.; 43 ff.
41) BGH, BauR 1993, 722, 723.
42) BGH, BauR 1997, 335 = ZfBR 1997, 145 = NJW-RR 1997, 402 = *SFH*, Nr. 113 zu § 635 BGB (fehlerhafte Kostenermittlung durch einen Architekten).
43) BGH, BauR 1993, 722, 723; *Kapellmann/Messerschmidt/Weyer*, § 13 VOB/B, Rdn. 233.
44) BGH, BauR 1994, 776, 779 = NJW 1994, 2825; OLG Celle, OLGR 2000, 114, 116.

## Vorteilsausgleichung

Die **Beweislast** dafür, dass das schadensstiftende Ereignis dem Geschädigten Vorteile gebracht hat, trifft den Schädiger,[45] und zwar auch dann, wenn behauptet wird, dass infolge der Vorteilsausgleichung im Ergebnis kein Schaden entstanden ist. Dies kann aber nur gelten, wenn der Schädiger den geltend gemachten Schaden grundsätzlich nicht bestreitet, sein Vorbringen jedoch dahin geht, dass die aus dem Schadensereignis verursachten Vorteile den Schadensersatzanspruch ausgleichen. Bestreitet dagegen der Schädiger von vornherein überhaupt die Entstehung eines Schadens, stellt er also nur sekundär auf die Vorteilsausgleichung ab, trägt der Geschädigte die volle Beweislast für die Entstehung des Schadens; denn ist von vornherein ein Schaden nicht entstanden, so ist für eine Vorteilsausgleichung kein Raum, da ohnehin nichts zu ersetzen ist.[46] Der Gesichtspunkt der Vorteilsausgleichung bewirkt insoweit keine Umkehr der Beweislast.

---

[45] BGH, BauR 1992, 758; BGH, NJW 1983, 1053; BGH, BauR 1989, 361, 365. Zur **Darlegungs- und Beweislast** siehe im Übrigen: OLG Düsseldorf, BauR 201, 277, 280 = OLG 2000, 398.
[46] So richtig: *A. Werner*, NJW 1955, 769, 770.

## VIII. Störung (Wegfall) der Geschäftsgrundlage (§ 313 BGB)

*Übersicht*

|  | Rdn. |  | Rdn. |
|---|---|---|---|
| 1. Rechtliche Grundlagen | 2479 | b) Preis- und Lohnsteigerungen bei einem Pauschalpreis-(Festpreis-)Vertrag | 2499 |
| 2. Anwendungsfälle | 2487 | c) Mengenabweichung beim Einheitspreisvertrag | 2500 |
| a) Mengenabweichungen und Mehraufwand bei einem Pauschalpreis-(Festpreis-)Vertrag | 2487 | d) Einzelfälle (Fallübersicht) | 2502 |

*Literatur*

*Fikentscher*, Die Geschäftsgrundlage als Frage des Vertragsrisikos, dargestellt unter besonderer Berücksichtigung des Bauvertrages, 1971.

*Heiermann*, Das Problem des Wegfalls der Geschäftsgrundlage im Bauvertrag, BauR 1971, 221; *Jagenburg*, Der Vergütungsanspruch des Bauunternehmers bei Massen- und Preisänderungen – zugleich ein Beitrag zur Problematik des § 2 VOB/B, BauR 1970, 18; *Stahl*, Wegfall der Geschäftsgrundlage im Architekten- und Bauvertrag bei vereinbartem Pauschalhonorar und Festpreis, BauR 1973, 279; *Heiermann*, Der Pauschalvertrag im Bauwesen, BB 1975, 991; *Vygen*, Der Vergütungsanspruch beim Pauschalvertrag, BauR 1979, 375; *Littbarski*, Neuere Tendenzen zum Anwendungsbereich der Lehre von der Geschäftsgrundlage, JZ 1981, 8; *Köhler*, Die Lehre von der Geschäftsgrundlage als Lehre von der Risikobefreiung, Festgabe 50 Jahre BGH, Bd. 1, 2000, 295; *Lettl*, Die Anpassung von Verträgen des Privatrechts, JuS 2001, 456; *Rösler*, Die nachträgliche Zuweisung von Vertragsrisiken durch die Lehre von der Geschäftsgrundlage, JABl. 2001, 213; *Brandhofer*, Nachträgliche Kaufpreisanpassung wegen gemeinschaftlichen Irrtums über den Ertragswert einer vom Bauträger erworbenen Immobilie in den neuen Bundesländern, NZBau 2002, 78; *Diehr*, Die Ansprüche des Werkunternehmers gegen den öffentlichen Auftraggeber wegen verzögerten Zuschlages infolge eines von einem Konkurrenten eingeleiteten Vergabe-Nachprüfungsverfahrens, ZfBR 2002, 316; *Putzier*, Anpassung des Pauschalpreises bei Leistungsänderung, BauR 2002, 546; *Moufang/Kupjetz*, Zur rechtlichen Bindungswirkung von abgeschlossenen Nachtragsvereinbarungen, BauR 2002, 1629; *Schmidt-Kessel/Baldus*, Prozessuale Behandlung des Wegfalls der Geschäftsgrundlage nach neuem Recht, NJW 2002, 2076; *Mittenzwei*, Geschäftsgrundlage und Vertragsrisiko beim Pauschalvertrag, Festschrift für Jagenburg (2002), 621; *Yushkova/Stolz*, Der Wegfall der Geschäftsgrundlage vor und nach der Schuldrechtsmodernisierung des Jahres 2001, JA 2003, 70; *Rösler*, Störung der Geschäftsgrundlage nach der Schuldrechtsreform, ZGS 2003, 383; *Deckenbrock/Dötsch*, Fünf neue prozessuale Probleme beim Wegfall der Geschäftsgrundlage (§ 313 BGB), ProzRB 2004, 76; *Gröning*, Vergaberechtliche Bewältigung nachprüfungsbedingter Bauzeitverschiebungen und dadurch verursachter Preiserhöhungen, BauR 2004, 199; *Leupertz*, Der Anspruch des Unternehmers auf Bezahlung unbestellter Bauleistungen beim BGB-Bauvertrag, BauR 2005, 775; *Oberhauser*, Ansprüche des Auftragnehmers auf Bezahlung nicht „bestellter" Leistungen beim Bauvertrag auf der Basis der VOB/B, BauR 2005, 919; *Schlösser*, Zivilrechtliche Folgen nachprüfungsbedingter Bauzeitverschiebung, -verlängerung und Materialpreiserhöhung, ZfBR 2005, 733; *Behrendt*, Grund und Grenzen des Vergütungsanpassungsanspruches bei verzögerter Zuschlagserteilung, BauR 2007, 784.

**2478** Bauverträge stehen wie alle anderen Vertragsvereinbarungen unter dem Grundsatz von **Treu und Glauben** (§ 242 BGB). Sie können deshalb auch unter diesem Gesichtspunkt abgeändert oder aufgehoben werden, wenn die Grundsätze der Störung der Geschäftsgrundlage (§ 313 BGB) dies erfordern.

**Rechtliche Grundlagen nach altem und neuem Recht** Rdn. 2479–2481

## 1. Rechtliche Grundlagen

Nach allgemeiner Auffassung sind **Geschäftsgrundlage** die bei Vertragsschluss zutage getretenen, dem anderen Vertragspartner erkennbar gewordenen und von ihm nicht beanstandeten Vorstellungen der einen Vertragspartei oder die gemeinsame Vorstellung beider Vertragsparteien von dem Vorhandensein oder dem künftigen Eintritt bestimmter Umstände, soweit der Geschäftswille beider Vertragsparteien auf diesen Vorstellungen aufbaut.[1] Die **Geschäftsgrundlage** ist somit nach **zwei Seiten abzugrenzen;** einmal von dem einseitig gebliebenen **Beweggrund** einer Vertragspartei und zum anderen vom **Vertragsinhalt.**[2] Unbeachtlich ist ein Motiv **einer** Vertragspartei zum Geschäftsabschluss, wenn die andere Partei diese Vorstellungen nicht erkannt hat (s. Rdn. 2493).

**2479**

**Enthält** die (vereinbarte) **VOB/B** oder der **Vertrag** selbst **Vorschriften** für das **Fehlen,** den **Wegfall** oder die **Änderung bestimmter Umstände, gehen** diese, soweit sie nicht unwirksam sind, den Grundsätzen über die Störung der Geschäftsgrundlage **vor.**[3]

**2480**

Nach der ständigen Rechtsprechung des **BGH**[4] kommt eine Anpassung vertraglicher Pflichten „an die gegebenen tatsächlichen Umstände dann **nicht** in Betracht, wenn der Vertrag, dessen Inhalt gegebenenfalls **durch Auslegung** oder **ergänzende Vertragsauslegung** zu ermitteln ist, **Regeln** für die eingetretene Leistungsstörung **enthält";** ferner kann auf die Grundsätze der Störung der Geschäftsgrundlage nicht zurückgegriffen werden, wenn die **gesetzlichen Gewährleistungsregeln** nach altem und neuem Recht anzuwenden sind.[5] Nichts anderes gilt für **gesetzliche Sonderregelungen;** so sind u. a. das Anfechtungsrecht (§§ 119 ff. BGB), das Leistungsstörungsrecht und das bei Dauerschuldverhältnissen gegebene Kündigungsrecht stets vorrangig.[6]

An die Voraussetzungen, unter denen ein Vertrag an die geänderte Geschäftsgrundlage angepasst werden kann, waren nach dem altem Recht schon sehr strenge Anfor-

**2481**

---

1) BGHZ 121, 378, 391; BGH, NJW-RR 1995, 1360; NJW 1976, 566; LM (Bb) Nr. 18 u. 61; WM 1973, 752 = BB 1973, 960; Brandenburgisches OLG, BauR 2007, 404, 405; OLG Celle, BauR 1998, 1265.
2) *Palandt/Grüneberg,* § 313 BGB, Rdn. 10; *Leupertz,* BauR 2005, 775, 787 u. *Oberhauser,* BauR 2005, 919, 931 (zur Störung der gemeinsamen **Äquivalenzerwartung**); OLG Hamburg, BauR 2006, 680, 681 (unauskömmliche Stahlpreiskalkulation); AnwKom-BGB/*Krebs,* § 313, Rdn. 10 m. Nachw.
3) BGHZ 160, 267 = BauR 2005, 118 = NZBau 2005, 46 = ZfBR 2005, 169 (Mehrvergütungsanspruch des Architekten für Bauzeitverlängerung; siehe ferner: OLG Düsseldorf, NZBau 2007, 109, 110); BGH, 1966, 448; WPM 1973, 870; OLG Köln, *SFH,* Nr. 1 zu § 659 BGB; *Putzier,* BauR 2002, 546, 549; vgl. auch LG Heidelberg, BauR 1994, 802 (LS), das eine nachträgliche Anpassung des Architektenhonorars wegen einer dreifachen Verlängerung der Bauzeit ablehnt, da andernfalls die zwingenden Regelungen des § 4 HOAI umgangen würden. Ferner: OLG Celle, BauR 1995, 552 (§ 6 VOB/B steht einer Vertragsanpassung nach § 242 BGB entgegen); OLG Köln, NJW-RR 1995, 274 (Preisanpassungsklausel für Mengenabweichungen von mehr als 5%; s. ferner *Kapellmann/Schiffers,* Bd. 2, Rdn. 1525 ff.
4) BGH, NJW-RR 1990, 601 = BauR 1990, 379 = ZfBR 1990, 176; BGH, BauR 1989, 219 = ZfBR 1989, 58) NJW-RR 1989, 775; NJW 1979, 1818; NJW 1966, 448; NJW 1953, 1585.
5) BGH, DB 1977, 91 = WM 1977, 118; AnwKom-BGB/*Krebs,* a. a. O., Rdn. 17 m. Nachw.
6) *Rösler,* ZGS 2003, 383, 387; *Putzier,* Der Pauschalpreisvertrag, Rdn. 492; zum **Vorrang** der **VOB/B**-Regelungen siehe *Kapellmann/Messerschmidt,* § 2 VOB/B, Rdn. 278.

derungen zu stellen;[7] nach ständiger Rechtsprechung des BGH[8] kommt die Anwendung der Grundsätze des „Wegfalls der Geschäftsgrundlage überhaupt nur in Betracht, wenn es sich um eine derart einschneidende Änderung handelt, dass ein Festhalten an der ursprünglichen Regelung zu einem **untragbaren,** mit Recht und Gerechtigkeit schlechthin nicht mehr zu vereinbarenden Ergebnis führen würde und das **Festhalten** an der ursprünglichen Regelung für die **betroffene Partei** deshalb **unzumutbar** wäre." Das **Gleichgewicht** von Leistung und Gegenleistung muss deshalb erheblich gestört sein.

**2482** Das SchRModG hat die Grundsätze des „Wegfalls" der Geschäftsgrundlage in § 313 BGB kodifiziert. Die Vorschrift gewährt in Abs. 1 Satz 1 einen **Anspruch** auf Anpassung, sodass die behauptete „Störung" der Geschäftsgrundlage geltend gemacht werden muss.[9] Allerdings geht der Gesetzgeber davon aus, dass die Parteien zunächst selbst über die Anpassung „verhandeln (sollen)".[10] Hieraus wird der Schluss gezogen, dass eine „Pflicht" zur Nach- oder Neuverhandlung nicht besteht;[11] gegen ein „überraschend geltend gemachtes" Anspruchsverlangen sei der Gegner durch § 93 ZPO hinreichend geschützt.[12] Dem ist indes für das gesamte private Baurecht[13] entgegen zu halten, dass die den **Baubeteiligten** nach der Rechtsprechung des BGH[14] obliegende **Kooperations- und Kommunikationspflicht** ein solches „**Verhandeln**" im Einzelfall erfordert. Der Verstoß gegen die Kooperationspflicht wird daher u. U. auch dann Auswirkungen auf die in § 313 Abs. 3 BGB erwähnten Gestaltungsrechte (**Rücktritt/Kündigung**) haben, wenn in ihm nur eine Obliegenheitsverletzung gesehen wird.[15]

Wer aus einer Störung der Geschäftsgrundlage Vorteile ziehen will, trägt für das Vorhandensein der maßgeblichen Umstände die **Beweislast.**[16] Das schließt im Einzelfall den Nachweis ein, dass die Parteien eine Störung der Geschäftsgrundlage nicht in den Kreis der Erwägungen einbezogen haben.[17] Ist die Störung der Geschäfts-

---

7) BGH, *Schäfer/Finnern*, Z 2.311 Bl. 31 = MDR 1969, 655; BGH, WM 1964, 1253 = *Schäfer/Finnern*, Z 2.311 Bl. 5 u. 20 m. w. Nachw.; ferner: *Schmidt*, Sonderbeilage WM 1972, Nr. 4, S. 19.

8) BGH, BauR 1993, 458, 464 = ZfBR 1993, 171; BGH, DB 1969, 1058 = MDR 1969, 655; BGH, NJW 1973, 1685; KG, OLGR 2007, 528; OLG Hamm, BauR 1993, 764.

9) *Schmidt-Kessel/Baldus*, NJW 2002, 2076; *Henssler/Graf von Westphalen/Muthers*, Teil 3, § 313, Rdn. 27, 28; AnwKom-BGB/*Krebs*, § 313, Rdn. 53; *Deckenbrock/Dötsch*, ProzRB 2004, 76 ff.; *Yushkova/Stolz*, JA 2003, 70, 74; *Rösler*, ZGS 2003, 383, 386; **a. A.:** *Langenecker* in: Wirtz/Sienz/Englert, § 313, Rdn. 9.

10) BT-Drucks. 14/6040, S. 176.

11) *Teichmann*, BB 2001, 1491; *Henssler/Graf von Westphalen*, a. a. O., Rdn. 25–26: AnwKom-BGB/*Krebs*, § 313, Rdn. 54.

12) So AnwKom-BGB/*Krebs*, a. a. O., unter Hinweis auf *Köhler*, Festgabe 50 Jahre BGH, Bd. I, S. 295, 324 ff.

13) Zur **Neuverhandlungsobliegenheit** bzw. -pflicht siehe im Übrigen: *Rösler*, ZGS 2003, 383, 388; *Palandt/Grüneberg*, § 313 BGB, Rdn. 41 m. w. Nachw.

14) BGHZ 143, 89 = BauR 2000, 409 = ZfBR 2000, 393 = NJW 2000, 807 = NZBau 2000, 130; BGHZ 133, 44, 47; siehe hierzu auch: *Kniffka*, Jahrbuch Baurecht 2001, 1 ff.; *Meurer*, MDR 2001, 848 ff.; *Grieger*, BauR 2000, 969.

15) Siehe auch BGH, IBR 2006, 666 – *Schrammel* (Unternehmer verlangt berechtigt Fristverlängerung und Werklohnerhöhung für Weiterarbeit); OLG Düsseldorf, NZBau 2000, 427.

16) OLG Stuttgart, BauR 1973, 385; BGH, WM 1969, 529.

17) BGH, WM 1969, 529.

## Rechtliche Grundlagen nach altem und neuem Recht     Rdn. 2483–2485

grundlage unstreitig, muss der Anspruchsteller die Voraussetzungen für den **Fortbestand** seines Rechtes beweisen.[18]

Ob eine Störung erheblich ist, ist dabei u. a. unter dem Gesichtspunkt der (vertraglichen) **Risikoverteilung** zu prüfen; so kann sich eine Vertragspartei nach der Rechtsprechung nicht auf das Fehlen und den Wegfall der Geschäftsgrundlage berufen, wenn die Umstände, die eingetreten sind, gerade in den **Risikobereich** dieser Vertragspartei fallen.[19] Nichts anderes gilt für den Fall der beiderseitigen **Kalkulationsirrtums** (vgl. Rdn. 2339).[20]  **2483**

Bei einer Störung der Geschäftsgrundlage wird im Einzelfall eine Anpassung an die veränderten Umstände erfolgen; hierbei sind stets **die Interessen beider Vertragsparteien angemessen** zu berücksichtigen.[21] Eine vollständige Loslösung vom (Bau- oder Architekten)vertrag wird deshalb nur in **Ausnahmefällen** in Betracht zu ziehen sein.[22] Weigert sich allerdings ein Baubeteiligter, dem berechtigten Verlangen seines Vertragspartners nach Anpassung des Vertrages zu entsprechen, so darf sich dieser vom Vertrag lösen. Dies geschieht z. B. bei einem VOB-Bauvertrag durch **Kündigung** (§§ 8, 9 VOB/B),[23] für den BGB-Vertrag gilt ab 1.1.2002 die Regelung des § 313 Abs. 3 BGB (**Rücktritt** bzw. **Kündigung** bei einem Dauerschuldverhältnis). Beides muss durch eine **rechtsgestaltende Erklärung** erfolgen.[24]   **2484**

In der Baupraxis sind ein Hauptanwendungsbereich des Rechtsinstituts der Störung der Geschäftsgrundlage die **Vergütungsvereinbarungen** der Parteien; jedoch ist auch hier eine **Abänderung** des **vereinbarten Preises** nur möglich, wenn die sog. **Opfergrenze** für eine Partei so deutlich überschritten ist, dass die Vergütung unter Berücksichtigung der veränderten Umstände in keinem vertretbaren Verhältnis zur Gegenleistung mehr steht. Das ist eine Frage des Einzelfalls; dabei hat das Gericht stets „eine interessengerechte Verteilung des verwirklichten Risikos bei möglichst geringem Eingriff in die ursprüngliche Regelung herzustellen."[25] Deshalb kann nicht unberücksichtigt bleiben, ob eine Änderung der bei Vertragsabschluss gegebenen Umstände **voraussehbar** war und in welchem Maße die Parteien bei Vertragsabschluss zu erkennen gegeben haben, an der vereinbarten Vergütung festzuhalten.[26] Sind die im Bauvertrag vereinbarten Preise an die veränderten Umstände anzupassen, tritt **an die Stelle der bisherigen Preisabsprache eine neue angemessene Preisrege-**   **2485**

---

18) BGH, WM 1973, 1176; *Palandt/Grüneberg*, a. a. O., Rdn. 43.
19) BGH, NJW 1979, 1818; NJW 1976, 566; KG, BauR 2006, 836, 840 = OLGR 2006, 376; OLG Hamburg, BauR 2006, 680 = BauR 2007, 537 (LS) = IBR 2006, 80 – *Schliemann* (**Stahlpreiserhöhung**); OLG Nürnberg, BB 1995, 1924 = BauR 1995, 890 (LS) für den beiderseitigen Irrtum über die **Umsatzsteuerpflichtigkeit** der Vergütung; *Stemmer*, BauR 1997, 417, 421. Nichts anderes gilt für § 313 BGB; statt vieler: AnwKom-BGB/*Krebs*, a. a. O., Rdn. 35.
20) BGH, *Schäfer/Finnern*, Z 2.311 Bl. 20 m. Nachw.
21) Ständige Rechtsprechung; BGH, BB 1975, 582.
22) BGH, NJW 1972, 778; NJW 1966, 105; NJW 1951, 837; *Palandt/Grüneberg*, § 313 BGB, Rdn. 40.
23) BGH, NJW 1969, 233 = *Schäfer/Finnern*, Z 2.511 Bl. 14.
24) *Arnold* in: Dauner-Lieb u. a., Das Neue Schuldrecht, § 3, Rdn. 59; AnwKom-BGB/*Krebs*, a. a. O., Rdn. 56 m. Nachw. aus der bisherigen Rspr.
25) BGH, BauR 1996, 107, 111 = ZfBR 1996, 27.
26) BGH, BB 1964, 1397 = WM 1964, 1253; LG Mainz, NJW 1971, 51; OLG München, DB 1983, 2619.

**lung,** wobei als Grundlage zu berücksichtigen ist, was die beiden Vertragsparteien bei Kenntnis der neuen Umstände vereinbart hätten.

**2486** Bei einem **Architekten-** oder **Ingenieurvertrag** kommen die Grundsätze über die Störung der Geschäftsgrundlage ebenfalls nur in (seltenen) Ausnahmefällen in Betracht (vgl. Rdn. 723, 918).[27]

## 2. Anwendungsfälle

*Literatur*

*Kapellmann*, Vergütung, Nachträge und Behinderungsfolgen beim Bauvertrag, Bd. 2: Pauschalvertrag einschließlich Schlüsselfertigbau, 4. Auflage 2006; *Putzier*, Der Pauschalpreisvertrag, 2. Auflage 2005.

*Brandt*, Zum Leistungsumfang beim schlüsselfertigen Bauen nach Baubeschreibung in Bezug auf technisch notwendige, aber nicht ausdrücklich vereinbarte Teilleistungen, insbesondere bei der Nachbesserung, BauR 1982, 524; *Heyers*, Die rechtlich spezifische und individuelle Repräsentanz im Pauschalvertrag, besonders in Bausachen, BauR 1983, 297; *Maser*, Leistungsänderungen beim Pauschalvertrag, BauR 1990, 319; *Vygen*, Leistungsänderungen und Zusatzleistungen beim Pauschalvertrag, Festschrift für Locher (1990), 263; *Kapellmann*, Zur Struktur des Pauschalvertrages, Festschrift für Soergel (1993), 99; *Zielemann*, Detaillierte Leistungsbeschreibung, Risikoübernahmen und deren Grenzen beim Pauschalvertrag, Festschrift für Soergel, 301; *Stemmer*, Bindung des Auftragnehmers an einen Preis „unter Wert" bei Mengenmehrungen?, BauR 1997, 417; *Vogel/Vogel*, Wird § 2 Nr. 7 Abs. 1 Satz 2–3 VOB/B dogmatisch richtig verstanden? – Einige Anmerkungen zur Anpassung der Pauschalvergütung, BauR 1997, 556; *Pauly*, Preisänderung beim baurechtlichen Pauschalpreisvertrag, MDR 1999, 1104; *Roquette*, Vollständigkeitsklauseln: Abwälzung des Risikos unvollständiger oder unrichtiger Leistungsbeschreibung auf den Auftragnehmer, NZBau 2001, 57; *Putzier*, Anpassung des Pauschalpreises bei Leistungsänderung, BauR 2002, 546; *Blatt/Gewaltig*, Stoffpreisgleitklauseln vor dem Hintergrund massiver Stahlpreiserhöhungen, BauRB 2004, 275; *Poetzsch-Heffter*, Global- und Detailpauschalvertrag in Rechtsprechung und Literatur, ZfBR 2005, 324; *Markus*, VOB/B-Novelle 2006 – Es bleibt dabei: Keine Anordnungsbefugnis des Auftraggebers zur Bauzeit, NZBau 2006, 537; *Hök*, Zum Baugrundrisiko in Deutschland mit einem Blick ins Ausland und auf internationale Vertragsmuster, ZfBR 2007, 3.

### a) Mengenabweichungen und Mehraufwand bei einem Pauschalpreis-(Festpreis-)Vertrag

**2487** Bei Abschluss eines Pauschalpreis-(Festpreis-)Vertrages (vgl. im Einzelnen Rdn. 1179 ff.) trägt der **Unternehmer** (bzw. Bauträger oder Architekt[28]) grundsätzlich das Risiko von Mehrleistungen, da er durch eine solche Preisvereinbarung die damit verbundenen Risiken (etwaige Fehlberechnungen im Leistungsverzeichnis) bewusst in Kauf nimmt; gleichzeitig hat der Auftraggeber keinen Rückforderungsanspruch wegen überhöhter Vergütung bei geringeren Mengen.[29] Die **vertraglich vorgesehene** und im Einzelnen **festgelegte Bauleistung** soll einvernehmlich zu einem bestimmten pauschalen Festpreis abgerechnet werden, wobei es gleichgültig

---

27) Vgl. OLG Frankfurt, BauR 1985, 585; OLG Düsseldorf, BauR 1986, 719; BGH, NJW-RR 1990, 601 = BauR 1990, 379 (Änderung von **Förderungsrichtlinien**).

28) Zur Anpassung einer Honorarvereinbarung wegen einer Baukostensteigerung: OLG Düsseldorf, BauR 1986, 719.

29) BGH, BauR 1972, 118; *Vygen*, BauR 1979, 375, 376.

## Anwendungsfälle

ist, welcher tatsächliche Aufwand notwendig ist. Sinn des Pauschalpreisvertrages ist also die Erreichung des vereinbarten, konkreten Leistungszieles, unabhängig von dem anfallenden Arbeitsumfang und sonstigen Aufwand. Dabei ist jedoch Voraussetzung, dass der Inhalt der Bauleistung (das Ziel), der zur Grundlage des Pauschalpreises gemacht wurde, von den Vertragsparteien hinreichend bestimmt worden ist, z. B. durch Leistungsverzeichnis, Angebot, Baubeschreibung, Zeichnung, Vergabeprotokoll usw.[30)] Heyers[31)] weist zu Recht darauf hin, dass grundsätzlich stets zu prüfen ist, „was für was im Leistungsausgleich stehen soll". Ist so der Leistungsinhalt klar umrissen, können auch größere oder geringere Leistungsmengen (bei unverändertem Leistungsziel) den einmal vereinbarten Pauschalpreis nicht mehr ändern (vgl. näher Rdn. 1188 ff.).

Entscheidend für den geschuldeten Leistungsumfang sind stets die **vertraglichen Absprachen:** Alle Einzelleistungen, die bei Vertragsabschluss für das geschuldete Leistungsziel anhand der Vertragsunterlagen erkennbar waren, sind von der Pauschale erfasst. Andererseits werden alle nicht vorher vertraglich festgelegten Leistungen im Zweifelsfall nicht mit dem Pauschalpreis abgegolten sein.[32)] Für Leistungen, die zwar für den Vertragszweck erforderlich sind, im vereinbarten Leistungsumfang jedoch nicht enthalten sind, entsteht daher ein Anspruch auf zusätzliche Vergütung.[33)]

Etwas anderes gilt, wenn **beide Parteien irrtümlich von falschen Mengen** bei Festlegung des Pauschalpreises ausgegangen sind und das **Gleichgewicht zwischen Leistung und Gegenleistung** durch die entsprechenden Mehr- oder Mindermengen schwerwiegend **gestört** worden ist. In diesem Fall kann unter dem rechtlichen Gesichtspunkt der Störung der Geschäftsgrundlage (§ 313 BGB) eine Anpassung des Pauschalpreises in Betracht kommen.

Bei der Bemessung der Höhe eines etwaigen Ausgleichsanspruches des Unternehmers bei erheblichen **Mehrleistungen** ist zu berücksichtigen, dass der Unternehmer regelmäßig nicht besser gestellt sein darf als der Partner eines Vertrages, hinsichtlich dessen eine nicht zum Ausgleich ausreichende Störung des Gleichgewichts eingetreten ist.[34)] Ein **Ausgleichsanspruch** besteht also erst, wenn der **Risikorahmen überschritten** ist, und auch dann nur hinsichtlich der Mehrleistung, die über den Risikorahmen hinausgeht.[35)] Wann der Risikorahmen überschritten ist, muss im Einzelfall entschieden werden.[36)] Eine **starre Risikogrenze in Gestalt eines bestimmten Prozentsatzes gibt es nicht.**[37)] Eine **20%-Grenze** ist nicht anzuerkennen.[38)]

---

30) KG, BauR 2006, 836, 837; Thüringer OLG, IBR 2004, 410 – *Schulze-Hagen.*
31) BauR 1983, 297, 302; s. ferner: *Putzier,* BauR 2002, 546 ff.
32) BGH, BauR 2004, 78, 81; BauR 1971, 124.
33) BGH, BauR 2002, 787, 790 (für erhebliche **Zusatzleistungen** auf Veranlassung des Bestellers).
34) BGH, NJW 1961, 1859, 1860; vgl. *Heyers,* BauR 1983, 297, 309.
35) **Anderer Ansicht:** *Kapellmann/Schiffers,* Bd. 2 Rdn. 1535.
36) Vgl. hierzu *Vygen,* BauR 1979, 375, 385; *Kapellmann/Schiffers,* Bd. 2, Rdn. 1528 ff.; OLG Stuttgart, BauR 1992, 639; OLG Zweibrücken, BauR 1989, 746, 747; OLG München, BauR 1987, 479 = NJW-RR 1987, 598; OLG Nürnberg, ZfBR 1987, 155 m. abl. Anm. *Bühl;* OLG Hamm, BauR 1998, 132.
37) BGH, BauR 1996, 250 = NJW-RR 1996, 401 = MDR 1996, 145; *Stemmer,* BauR 1997, 417, 421.
38) *Kapellmann/Schiffers,* Bd. 2, Rdn. 1533, 1535.

**2491** Nicht anderes gilt bei erheblichen **Minderleistungen** zugunsten des Auftraggebers. Das OLG Köln[39] hat bei einem Mehraufwand von 17% gegenüber dem Pauschalpreisvertrag noch eine unzumutbare Äquivalenzstörung und damit einen Wegfall der Geschäftsgrundlage verneint; nichts anderes hat der BGH[40] für **Mehrkosten** von 20% entschieden.

**2492** Die Rechtsgrundsätze der Störung der Geschäftsgrundlage sind im Einzelfall auch auf **Einzelposten** innerhalb eines Pauschalvertrages anzuwenden.[41] Irren sich beide Parteien über die Mengen in zwei Positionen bei einem Pauschalvertrag oder verändern sich diese Mengen in ganz ungewöhnlichem Umfang, ist auch hier eine Anpassung möglich, weil die Toleranzbreite innerhalb von Einzelpositionen bei einem Pauschalpreis nicht unbegrenzt ist.[42] Dies setzt jedoch stets voraus, dass die wesentliche Veränderung der Einzelposition zu einem unerträglichen Missverhältnis zwischen Pauschalpreis und Gesamtgegenleistung des Vertrages führt.[43]

**2493** Hat sich der Unternehmer bei der **Kalkulation** geirrt, kommt eine Irrtumsanfechtung nach § 119 BGB in aller Regel nicht in Betracht, weil die Kalkulation meist nicht zum Vertragsinhalt geworden ist (vgl. Rdn. 1199 und 2339).[44] Demgegenüber sieht § 313 Abs. 2 BGB es als Fortfall der Geschäftsgrundlage an, „wenn wesentliche Vorstellungen, die zur Grundlage des Vertrages geworden sind, sich als falsch herausstellen." Damit soll der **„Doppelirrtum"** nach der Vorstellung des Gesetzgebers jedenfalls einen Anwendungsfall des Fortfalls der Geschäftsgrundlage werden.[45] Eine andere Beurteilung ist angezeigt, soweit es um die **einseitige** Motivation und/oder Interesse einer Vertragspartei geht;[46] der nur einseitige „Motivirrtum" ist auch weiterhin kein Fall des Fortfalls der Geschäftsgrundlage.

**2494** Die Grundsätze über die Störung der Geschäftsgrundlage werden allerdings nur eingeschränkt in Betracht kommen, wenn nicht nur für die Vergütung (bei Festlegung des Leistungszieles im Einzelnen) eine Pauschale vereinbart, sondern auch der **Leistungsinhalt selbst pauschaliert** wurde. Haben die Vertragsparteien den Leistungsinhalt durch einen großen Rahmen abgesteckt, ist das Risiko von Mehr- und Mindermengen bewusst in erhöhtem Umfang in Kauf genommen worden, sodass auch der **Toleranzrahmen erheblich ausgeweitet** wird. So ist es z. B. denkbar, dass die Vertragsparteien eine volle Pauschalierung aller erforderlichen Arbeiten zur Erreichung des nur allgemein abgegrenzten Leistungszieles vereinbart haben – unabhängig vom Umfang der Arbeitsleistung, insbesondere der anfallenden Mengen (z. B. bei der Verpflichtung zur schlüsselfertigen Erstellung eines Bauvorhabens unter Ver-

---

39) 14 U 197/69, zitiert bei *Jagenburg/Mohns/Böcking*, Rdn. 1034, Anm. 8; ähnlich OLG Hamburg, BB 1970, 688.
40) *Schäfer/Finnern*, Z 2.311 Bl. 5. Siehe ferner die Zusammenstellung bei *Vygen*, BauR 1979, 375, 385.
41) Vgl. hierzu: *Nicklisch/Weick*, § 2 VOB/B, Rdn. 80 ff.
42) OLG Düsseldorf, BauR 1976, 363; vgl. auch BGH, VersR 1965, 803, 804; *Heiermann*, BB 1975, 991, 994.
43) So richtig: *Vygen*, BauR 1979, 375, 385.
44) Zum Kalkulationsirrtum beim Grundstückskaufvertrag: BGH, WM 1981, 655.
45) *Arnold* in: Dauner-Lieb u. a., Das Neue Schuldrecht, § 3, Rdn. 67; siehe auch *Deckenbrock/Dötsch*, ProzRB 2004, 76, 77; *Yushkova/Stolz*, JA 2003, 70, 73 u. Rdn. **2341**.
46) Siehe hierzu: AnwKom-BGB/*Krebs*, a. a. O., Rdn. 40; *Langenecker* in: Wirth/Sienz/Englert, § 313 Rdn. 8.

## Anwendungsfälle

wendung einer sehr allgemein gehaltenen Baubeschreibung).[47] Ein pauschalierter Vertragsumfang im Sinne einer Funktionsgarantie wird aber nur **ausnahmsweise** von den Parteien gewollt sein.[48] **Pauschalpreisverträge** können nach alledem durchaus **verschiedenartig** sein. Daher ist im Einzelfall stets zu prüfen, welche Form der Pauschalabsprache die Vertragsparteien vereinbaren wollten (vgl. Rdn. 1188 ff.).

Eine **Änderung der Bauausführung** nach Vertragsabschluss hat nicht zur Folge, dass eine einmal getroffene Pauschalpreisvereinbarung mit im Einzelnen abgestecktem Leistungsziel nicht mehr anwendbar ist. Wird der geplante Bau jedoch **anders als ursprünglich vorgesehen** errichtet und kommt es daher zu Änderungen des Leistungsinhalts, so rühren diese an die Grundlagen der Preisvereinbarung und können nicht ohne Auswirkung auf die ausgemachte Pauschale bleiben.[49] Dies gilt nicht nur für den Fall, dass zunächst **nicht vorgesehene Leistungen** vereinbarungsgemäß **entfallen** oder durch andere Leistungen ersetzt werden. In diesen Fällen sind die **Rechtsfolgen** der Änderungsvereinbarung **durch Auslegung** zu bestimmen, wobei insbesondere auf die Umstände abzustellen ist, die zur Aufhebung oder Änderung des Leistungsbildes geführt haben.[50] Im Zweifel wird bei einer geänderten oder zusätzlichen Leistung ein gesonderter Vergütungsanspruch entstehen. Diese Grundsätze gelten für den BGB- wie für den VOB-Bauvertrag. **2495**

Bei einem **VOB-Bauvertrag** ist nach den ausdrücklichen Vorschriften des **§ 2 Nr. 7 Abs. 1 Satz 2 und 3 VOB/B** der Pauschalpreis stets dann anzupassen, wenn die ausgeführte Leistung **von der vertraglich vorgesehenen Leistung** so erheblich abweicht, dass ein Festhalten an der Pauschalsumme nicht zumutbar ist (§ 313 BGB). Ein typischer Anwendungsfall dieser Regelung ist eine Abweichung von den vertraglich zugrunde gelegten **Mengen**. Ist die Abweichung derart, dass der dadurch benachteiligten Partei ein Festhalten an dem Pauschalpreis nicht zumutbar ist, so kann sie den Ausgleich verlangen.[51] Darüber hinaus erfolgt die Anpassung, wenn der **Auftraggeber** vertraglich ausbedungene Leistungen **selbst übernimmt** (§ 2 Nr. 4 VOB/B), wenn die Grundlagen des Preises für eine im Vertrag vorgesehene Leistung **durch Änderung des Bauentwurfs** oder andere **Anordnungen** des Auftraggebers **geändert** werden (§ 2 Nr. 5 VOB/B)[52] oder wenn zusätzliche, nicht vorgesehene Leistungen vom Auftragnehmer erbracht werden (§ 2 Nr. 6 VOB/B). **2496**

Eine Störung der Geschäftsgrundlage kann es auch bedeuten, wenn **Schwierigkeiten bei der Bauausführung** im Rahmen eines Pauschalpreisvertrages auftreten, mit denen nicht gerechnet worden ist, mit denen auch **nicht zu rechnen war**, und **2497**

---

47) Vgl. hierzu *Heyers*, BauR 1983, 297, 305 mit Hinweis auf BGH, BauR 1971, 124; ferner: *Brandt*, BauR 1982, 524 ff.
48) So richtig: *Brandt*, a. a. O.; **a. A.:** offensichtlich: *Heyers*, a. a. O.
49) BGH, BauR 2000, 1754; BauR 1999, 1021 = ZfBR 1999, 310; BauR 1974, 416 = NJW 1974, 1864 = BB 1974, 1225; OLG Karlsruhe, IBR 2006, 664 – *Asam*.
50) BGH, BauR 2000, 1754, 1755.
51) Vgl. BGH, BauR 2004, 78, 81; OLG Naumburg, IBR 2007, 10 – *Frank* (Mengenänderungen bei einem Globalpauschalpreisvertrag); OLG Brandenburg BauR 2007, 1107 (LS). Zur Auslegung einer sog. **Komplettheitsklausel:** BGH, BauR 2004, 994 = NZBau 2004, 324; zur Wirksamkeit: OLG Düsseldorf, BauR 2004, 506 = IBR 2004, 61 – *Bolz*.
52) Siehe hierzu: OLG Karlsruhe, IBR 2006, 81 – *Kimmich* (zum Begriff der „Anordnung"); SchlHOLG, IBR 2007, 12 – *Schulze-Hagen* (zur „Leistungsänderung"); ob diese Vorschrift nur bei **erheblichen** Veränderungen zur Anwendung kommt, ist streitig; vgl. *Heiermann/Riedl/Rusam*, § 2/B, Rdn. 155 m. w. Nachw. sowie *Putzier*, BauR 2002, 546, 548.

die auch nicht dem Risikobereich einer Partei vertraglich zugewiesen sind. Dabei muss es sich aber stets um **einschneidende Änderungen** handeln. Eine Erhöhung der vertraglich vereinbarten Vergütung kann deshalb nur zugestanden werden, wenn die bei der Bauausführung auftretenden Schwierigkeiten[53] jedes bei Vertragsabschluss voraussehbare Maß übersteigen und der Unternehmer bei Einhaltung seiner vertraglichen Verpflichtungen zu Aufwendungen gezwungen wäre, die zu der ihm eingeräumten Vergütung in keinem vertretbaren Verhältnis stehen.[54]

**2498** Die Grundsätze der Störung der Geschäftsgrundlage sind auf den **Architektenvertrag** uneingeschränkt anwendbar; deshalb kommt eine Anpassung der Geschäftsgrundlage sowohl bei einer Honorarvereinbarung nach den Sätzen der **HOAI** wie einem **Pauschalhonorar** in Betracht (vgl. Rdn. 730, 918, 2486).[55]

### b) Preis- und Lohnsteigerungen bei einem Pauschalpreis-(Festpreis-) Vertrag

**2499** Die Vereinbarung eines Pauschalpreises **(Festpreises)** schließt in aller Regel eine Erhöhung der Vergütung auch im Falle allgemeiner Kosten- und Lohnerhöhungen aus, es sei denn, die Parteien haben in diesem Fall ausdrücklich etwas anderes vereinbart.[56] Das Risiko von Preis- und Lohnsteigerungen während der Bauzeit trägt also in diesen Fällen der Unternehmer, da er bei einer entsprechenden Preisvereinbarung das Risiko der künftigen Preisentwicklung bewusst eingeht. Etwas anderes kann z. B. gelten, wenn die veränderte Lage auf ein Verhalten des Bauherrn zurückzuführen ist, wie z. B. eine unvorhergesehene wesentliche Verlängerung der Bauzeit durch **Planänderungen** des Bauherrn.[57]

Das OLG Düsseldorf[58] lehnt die Anpassung eines Festpreises bei Verteuerung der Baukosten von **weniger als 20%** ab, da es gerade Sinn und Zweck einer Festpreisvereinbarung sei, dass die Ungewissheit der Preisentwicklung auf den Vertrag grundsätzlich keinen Einfluss haben soll; nach seiner Auffassung soll nur „eine umstürzende Erhöhung der Baukosten" zu einem Ausgleichsanspruch des Unternehmers führen, soweit die eingetretene Veränderung des Preisgefüges nicht vorhersehbar war. Dem ist zuzustimmen.

Das OLG München[59] ist der Auffassung, dass die Grundsätze des Wegfalls der Geschäftsgrundlage nicht in Betracht kommen, wenn der Bauunternehmer trotz Kenntnis erheblich stei-

---

53) Zum Beispiel: Erfordernis einer Bohrpfahl- statt einer Flachgründung (OLG Düsseldorf, IBR 2007, 65 – *Putzier*); unerwartete Mengen von Grundwasser (BGH, NJW 1969, 233).
54) BGH, *Schäfer/Finnern*, Z 2.311 Bl. 31; *Putzier*, BauR 2002, 546, 549; *Hök*, ZfBR 2007, 3, 10 m w. Nachw.
55) Vgl. BGHZ 160, 267 = BauR 2005, 118 = NZBau 2005, 46; ZfBR 2005, 169 = IBR 2005, 95 – *Preussner* **(Bauzeitverlängerung)**; OLG Hamm BauR 1986, 718; OLG Düsseldorf, BauR 1986, 719, 721.
56) BGH, *Schäfer/Finnern*, Z 2.301 Bl. 22 und 29; BGH, NJW 1965, 82; LG Mainz, NJW 1971, 51; OLG Bremen, BB 1971, 1384; OLG Stuttgart, BauR 1973, 385, 386.
57) Zum **Mehrvergütungsanspruch** wegen eines vergabenachprüfungsbedingten **verzögerten Zuschlags**: Thüringer OLG, BauR 2005, 1161 = NZBau 2005, 341; OLG Hamm, BauR 2007, 878 = NZBau 2007, 312 (Preisanpassung nach den Grundsätzen des § 2 Nr. 5 VOB/B); s. hierzu auch *Behrendt*, BauR 2007, 784 ff.; *Gröning*, BauR 2004, 199 ff.; *Schlösser*, ZfBR 2005, 733 ff.
58) BauR 1974, 348 = MDR 1974, 489; OLG Stuttgart, BauR 1973, 385, 386 (verneinend für 20 bis 25%).
59) BauR 1985, 330.

**Anwendungsfälle**     **Rdn. 2500–2502**

gender Materialpreise eine Festpreiszusage für die gesamte Bauzeit abgibt, um den Auftrag zu erhalten.

### c) Mengenabweichung beim Einheitspreisvertrag

§ 2 Nr. 3 VOB/B enthält hierfür eine **abschließende** Regelung für den **VOB**-Bauvertrag.[60] Die Regelung ist nicht auf eine bestimmte prozentuale Überschreitung oder Unterschreitung beschränkt. Auf die Grundsätze über die Störung der Geschäftsgrundlage kann insoweit nicht zurückgegriffen werden.[61] Im Übrigen sind in § 2 Nr. 4 VOB/B (Übernahme von Leistungen durch den Bauherrn) und § 2 Nr. 5 VOB/B (Änderungen des Bauentwurfs/Anordnungen des Auftraggebers) **Sonderregelungen** getroffen worden (vgl. näher Rdn. 1149 ff.).     **2500**

Dagegen kann der Fall der Überschreitung oder Unterschreitung von Mengen beim **BGB**-Einheits-Bauvertrag nur über das Rechtsinstitut der Änderung der Geschäftsgrundlage geregelt werden.[62] Dabei gelten die oben genannten Voraussetzungen; als gewisser Anhaltspunkt für eine etwaige Abänderung des Einheitspreises können die in § 2 Nr. 3 VOB/B genannten Prozentzahlen herangezogen werden, da die in der VOB gefundene Regelung das zum Ausdruck bringt, was im Baugewerbe als verkehrsüblich gilt.[63]     **2501**

### d) Einzelfälle (Fallübersicht)

* Fortfall der Geschäftsgrundlage wegen **Nichtbebaubarkeit** eines Grundstücks (BGHZ 60, 315 ff.; BGH, DB 1977, 91 = WM 1977, 118).     **2502**
* Keine Rücknahmepflicht des Enteignungsbetroffenen bei nachträglichem **Fortfall des Enteignungszweckes** (BGH, ZMR 1978, 230).
* Zur Störung der Geschäftsgrundlage wegen **Nichtgenehmigung** der Planung (OLG München, BauR 1980, 274).
* Anwendung der Grundsätze beim sog. Grenzfeststellungsvertrag (BGH, DB 1972, 1082 – **grober Vermessungsfehler**).
* Die Grundsätze der Störung der Geschäftsgrundlage greifen nicht ein, wenn eine Partei ihre vertraglichen Pflichten falsch einschätzt und ihr dadurch erhebliche Mehrkosten entstehen (BGH, Schäfer/Finnern, Z 2.11 Bl. 8).
* Allein der Umstand, dass das Bauvorhaben vom Bauherrn **nicht mehr finanziert** werden kann, ermöglicht es dem Hauptunternehmer nicht, sich ohne weiteres von den Verträgen mit seinen Subunternehmern zu lösen (BGH, Schäfer/Finnern, Z 2.510 Bl. 60).
* Hat der Auftraggeber jegliche Vergütung für witterungsbedingte Stillliegezeiten im Vertrag ausgeschlossen, so kann bei Eintreten ungewöhnlich starker **Niederschläge** eine Störung der Geschäftsgrundlage nicht angenommen werden (BGH, Schäfer/Finnern, Z 2.311 Bl. 27).
* Zur Kündigung des **Architektenvertrages** wegen Störung der Geschäftsgrundlage: OLG Düsseldorf, Schäfer/Finnern, Z 3.01 Bl. 34.

---

60) Siehe AG Brandenburg, BauR 2002, 478.
61) BGH, *Schäfer/Finnern*, Z 2.311 Bl. 31; *Jagenburg*, BauR 1970, 19.
62) Vgl. BGH, BauR 1993, 723 = NJW 1993, 2738; AG Brandenburg, BauR 2002, 478.
63) BGH, *Schäfer/Finnern*, Z 2.0 Bl. 3.

* Bezieht sich die gemeinsame Vorstellung der Vertragsparteien darauf, dass eine bestimmte Voraussetzung in Zukunft eintreten werden (nämlich die **Erlangung der bauaufsichtlichen Genehmigung** zur Aufstellung eines **Fertighauses** auf einem eigens dafür gepachteten Grundstück), so ist diese Voraussetzung Grundlage des abgeschlossenen Kaufvertrages (BGH, BB 1966, 426 = DB 1966, 575 = JZ 1966, 409 m. abl. Anm. *Stötter*, JZ 1967, 147).
* Anpassung eines **Architektenhonorars** nach den Grundsätzen über die Störung der Geschäftsgrundlage (OLG Hamm, BauR 1986, 718 und OLG Düsseldorf, BauR 1986, 719).
* Störung der Geschäftsgrundlage bei einem 1963 geschlossenen gerichtlichen Vergleich (KG, OLGR 2007, 528); zur Anwendung von § 779 Abs. 1 BGB bei einem **Vergleich** über die Abrechnung eines Bauvorhabens (BGH, NZBau 2007, 172).

## IX. Das Zurückbehaltungs- und Leistungsverweigerungsrecht

*Übersicht*

| | Rdn. | | Rdn. |
|---|---|---|---|
| 1. Zurückbehaltungsrecht (§ 273 BGB)................ | 2503 | 3. Das Leistungsverweigerungsrecht bei abgetretenen Mängelrechten .... | 2541 |
| 2. Leistungsverweigerungsrecht (§ 320 BGB)................ | 2524 | 4. Die Unsicherheitseinrede (§ 321 BGB)..................... | 2544 |

*Literatur*

*Schneider*, Die Einrede aus §§ 274, 322 BGB im Prozess, MDR 1964, 732; *Schneider*, Die Rechtswirkungen der Einrede des nichterfüllten Vertrages im Werkvertragsrecht, DB 1969, 115; *Groß*, Der Einfluss der Abtretung von Mängelansprüchen an Dritte im Rahmen von Werkverträgen, NJW 1971, 648; *Groß*, Die Abtretung von Gewährleistungsansprüchen durch Wohnungsunternehmen an Erwerber von Eigenwohnraum, BauR 1972, 325; *Ludewig*, Abtretung von Gewährleistungsansprüchen an Bauwerken und Einrede nach § 320 BGB, NJW 1972, 516; *Brych*, Abtretung von Gewährleistungsansprüchen an Bauwerken und Einrede nach § 320 BGB, NJW 1972, 896; *Jagenburg*, Haftungsbeschränkungen durch Abtretung von Gewährleistungsansprüchen, NJW 1972, 1222; *Hahn*, Abtretung von Gewährleistungsansprüchen, BauR 1978, 80; *Brügmann*, Die Einrede des nichterfüllten Vertrages bei Baumängeln, BauR 1981, 128; *Weyer*, Umfang der Einrede des nichterfüllten Vertrages und Kostenentscheidung, BauR 1981, 426; *Kaiser*, Rechtsfragen bei Anwendung der §§ 320, 322 BGB im gesetzlichen Werkvertragsrecht und in der VOB/B, BauR 1982, 205; *Trapp*, Das Leistungsverweigerungsrecht des Bestellers nach §§ 320 ff. BGB als Druckmittel zur Leistungserbringung und Mängelbeseitigung, BauR 1983, 318; *Kohler*, Kostenvorschuss und Aufrechnung oder Zurückbehaltungsrecht als Verteidigung gegen Werkvergütungsansprüche, BauR 1992, 22; *Siegburg*, Zug-um-Zug-Verurteilung und Hilfswiderklage wegen Baumängeln bei der Werklohnklage, BauR 1992, 419; *Seidel*, Die vom Besteller verweigerte Nachbesserung, JZ 1994, 383; *Kleine-Möller*, Die Leistungsverweigerungsrechte des Bauunternehmers vor der Abnahme, Festschrift für Heiermann (1995), 193; *Reithmann*, Erwerber, Bauträger, Bank – Interessenausgleich im Bauträgervertrag, NJW 1997, 1816; *Kniffka*, Die Durchstellung von Schadensersatzansprüchen des Auftraggebers gegen den auf Werklohn klagenden Subunternehmer – Überlegungen zum Schaden des Generalunternehmers und zum Zurückbehaltungsrecht aus einem Freistellungsanspruch, BauR 1998, 55; *Leinemann*, VOB-Bauvertrag: Leistungsverweigerungsrecht des Bauunternehmers wegen fehlender Nachtragsbeauftragung?, NJW 1998, 3672; *Bruns*, Das Zurückbehaltungsrecht des Architekten an den von ihm gefertigten Plänen, BauR 1999, 529; *Lauer*, Herausgabe der für den Weiterbau erforderlichen Pläne und Zurückbehaltungsrecht des Architekten, BauR 2000, 812; *Adler/Everts*, Kündigungsrechte des Auftragnehmers trotz mangelhafter Werkleistung, BauR 2000, 1111; *Horsch/Eichberger*, § 641 Abs. 3 BGB n. F.: Einladung zum Missbrauch?, BauR 2001, 1024; *Böckmann/Kluth*, Die Behandlung des Zurückbehaltungsrechts im Falle vorläufiger Zwangsvollstreckung, MDR 2002, 1042; *von Minckwitz/Hahn*, Aufrechnung und Leistungsverweigerungsrecht gegen den Anspruch auf Auszahlung eines Sicherheitseinbehaltes, BrBp 2003, 213; *Kohler*, Zurückbehaltungsrecht bei mangelhafter Werkleistung, BauR 2003, 1804; *Peters*, Verbesserung der Zahlungsmoral im Baugewerbe, NZBau 2004, 1; *Kuffer*, Leistungsverweigerungsrecht bei verweigerten Nachtragsverhandlungen, ZfBR 2004, 110; *Swonke*, Leistungsverweigerungsrecht und Arbeitseinstellung des Auftragnehmers bei „Nachtragsstreitigkeiten", BrBp 2004, 232; *Bibelheimer*, Die Darlegungs- und Beweislast bei Anwendung des § 641 III BGB, NZBau 2004, 124; *Virneburg*, Wann kann der Auftragnehmer die Arbeit wegen verweigerter Nachträge einstellen? – Risiken einer Verweigerungsstrategie, ZfBR 2004, 419; *Christiansen*, Bauvertrag – Vorleistung und vorzeitige Leistung – unter Einbeziehung des Entwurfs zum Forderungssicherungsgesetz BR-Dr. 458/04, ZfBR 2004, 736; *Weise*, Arbeitseinstellung bei erfolgloser Nachtragsverhandlung?, NJW-Spezial 2004, 261; *Schmitz*, Handlungsmöglichkeiten von Auftragnehmer und Auftraggeber in der wirtschaftlichen Krise des Vertragspartners, BauR

2005, 169; *Vygen*, Leistungsverweigerungsrecht des Auftragnehmers bei Änderungen des Bauentwurfs gemäß § 1 Nr. 3 VOB/B oder Anordnung von zusätzlichen Leistungen gemäß § 1 Nr. 4 VOB/B?, BauR 2005, 431.

## 1. Zurückbehaltungsrecht (§ 273 BGB)

**2503** Das Zurückbehaltungsrecht des § 273 ist wie die Einrede des nichterfüllten Vertrages nach § 320 BGB eine echte **Einrede** und muss von der Partei ausgeübt werden.[1] Sämtliche Voraussetzungen hat der Schuldner zu beweisen. Da im Übrigen, insbesondere nach der **VOB**, mehrere „Einwendungen" des Schuldners in Betracht kommen können, muss er im Prozess genau erklären, welche „Einwendungen" er nun im Einzelfall geltend machen will, ob er sich also auf ein Zurückbehaltungs- oder Leistungsverweigerungsrecht berufen will oder ob er **Nacherfüllung** (§ 635 Abs. 1 BGB), Minderung (§§ 634 Nr. 3, 638 BGB) oder gar Schadensersatz (§§ 634 Nr. 4, 280 Abs. 1, 3, 281 BGB) verlangt.[2] Macht der Beklagte ein **Zurückbehaltungsrecht** geltend, so braucht er keinen (formellen) Antrag zu stellen.[3] Er hat nur vorzutragen, dass er von einem Zurückbehaltungsrecht aufgrund eines bestimmten Sachverhaltes Gebrauch machen will.[4] Das **Unterlassen** der Leistung allein ist indes noch kein Geltendmachen der nach § 273 BGB etwa möglichen Einrede.[5] Ein **Klageabweisungsantrag** ist anhand seiner **Begründung auszulegen;** es reicht aus, wenn der Beklagte einen uneingeschränkten Klageabweisungsantrag stellt, und der Wille, die eigene Leistung im Hinblick auf das Ausbleiben der Gegenleistung zurückzubehalten, eindeutig erkennbar ist.[6] Die Erklärung, der Kläger „könne und wolle die ihm obliegende Gegenleistung nicht erbringen", genügt (BGH). Dem Vorbringen wird im Zweifel nachzugehen sein, es sei denn, es liegen Umstände vor, die seine Ausübung im Einzelfall als treuwidrig erscheinen lassen. Einen Ausschluss wegen einer „schwierigen Sachverhaltsklärung" gibt es nicht.[7]

**2504** Das **Vorbringen** einer Partei ist deshalb darauf **zu untersuchen,** ob ein Zurückbehaltungsrecht geltend gemacht wird. So kann unter Umständen ein Aufrechnungseinwand in ein Zurückbehaltungsrecht **umgedeutet** werden.[8] Umgekehrt wird die Geltendmachung eines Zurückbehaltungsrechts bei beiderseitig fälligen Forderungen regelmäßig als Aufrechnung anzusehen sein, weil es sinnwidrig wäre, wenn der Schuldner nur seine Leistung zurückhalten wollte, ohne aufzurechnen.[9] Zulässig ist es, die Einrede des Zurückbehaltungsrechts nur **hilfsweise** zu erheben. Bestehende Unklarheiten muss das Gericht gemäß § 139 ZPO klären, zumal hiervon entschei-

---

1) BGH, BauR 1999, 69 = ZfBR 1999, 35, 36 für § 320 BGB; RG, JW 1911, 536. Zur Anwendung der §§ 273, 320 BGB nach der **Schuldrechtsmodernisierung:** *Kohler*, BauR 2003, 1804 ff.
2) Zutreffend: *Brügmann*, Prozessleitung, S. 23.
3) OLG Düsseldorf, BauR 1998, 126, 128; BGH, ZfBR 1999, 35, 36 = BauR 1999, 69.
4) Vgl. *Schneider*, MDR 1964, 732.
5) Vgl. BGH, WM 1971, 215, 216; BGH, WM 1971, 1020.
6) BGH, ZfBR 1999, 35, 36 = BauR 1999, 69.
7) BGH, BauR 2005, 1012 = NZBau 2005, 391.
8) Vgl. BGHZ 29, 337, 342; s. auch BGH, NJW 2000, 278; BGH, BauR 1999, 782.
9) Vgl. BGH, DB 1956, 592; RGZ 85, 108; 83, 138; zur **Auslegung** eines Zurückbehaltungsrechts als Geltendmachung von **Schadensersatz** und/oder **Minderung:** BGH, BGHR BGB § 273 Abs. 1, Auslegung 1.

## Zurückbehaltungsrecht (§ 273 BGB)

dend die **Beschwer** einer Partei abhängen kann.[10] Zu beachten ist immer, dass im Einzelfall kein **unzulässiges Teilurteil** ergeht.[11]

Beim Zurückbehaltungsrecht muss der Gegenanspruch „**aus demselben rechtlichen Verhältnis**" stammen. Dieser Begriff ist im weitesten Sinne zu verstehen.[12] Deshalb genügt grundsätzlich ein „**innerlich zusammengehöriges einheitliches Lebensverhältnis**".[13] Bei **mehrerer** Bauvorhaben der Parteien kommt es insoweit auf den **Einzelfall** an, ob dieses Tatbestandsmerkmal gegeben ist.[14]

2505

Das Zurückbehaltungsrecht des § 273 BGB setzt ferner einen **fälligen Gegenanspruch** des Schuldners gegen den Gläubiger voraus. Ein Zurückbehaltungsrecht ist daher bei einem bedingten oder nur künftigen Gegenanspruch nicht gegeben.[15] **Tritt** der Schuldner seinen Gegenanspruch **ab**, entfällt die Gegenseitigkeit der beiderseitigen Ansprüche.[16] Fällt ein Werkunternehmer, dessen Leistungen bereits abgenommen sind in Konkurs (Insolvenz), kann der Auftraggeber hinsichtlich des Restwerklohnanspruchs kein Zurückbehaltungsrecht wegen „**potenzieller**" Gewährleistungsansprüche geltend machen.[17] Gleichartigkeit des Anspruches und des Gegenanspruches wird bei § 273 BGB im Gegensatz zum Rechtsinstitut der Aufrechnung nicht verlangt. **Verjährte Ansprüche** des Schuldners ermöglichen ein Zurückbehaltungsrecht jedenfalls dann, wenn die Verjährung noch nicht eingetreten war, als der Anspruch des Gläubigers entstand, die Leistung also **erstmals verweigert** werden konnte (§ 215 BGB). Die Rechtsprechung, die § 390 Satz 2 BGB a. F. insoweit analog heranzog,[18] kann weiterhin bei der Auslegung des § 215 BGB nutzbar gemacht werden.[19]

2506

Behauptet ein Baubeteiligter im Rechtsstreit, ihm drohten hohe Schadensersatzansprüche eines Dritten, kann er auf dieses Vorbringen allein nicht wirksam die Einrede des Zurückbehaltungsrechtes stützen, weil drohende, aber nicht bezifferte Forderungen keine fälligen Ansprüche i. S. des § 273 Abs. 1 BGB darstellen.[20] Dagegen kann auch ein auf **Befreiung** von Drittschulden gerichteter Anspruch Gegenstand eines Zurückbehaltungsrechts nach § 273 BGB sein.[21] Im Übrigen besteht kein Zurückbehaltungsrecht aus § 273 BGB, wenn der Schuldner für seine Gegen-

2507

---

10) BGH, ZfBR 1994, 180.
11) Vgl. hierzu: KG, BauR 2003, 728, 729; BGH, NJW 1992, 1632 (Zurückbehaltungsrecht).
12) Vgl. *Palandt/Heinrichs*, § 273 BGB, Rdn. 9; BGH, NJW-RR 1989, 201 (Leistungsaustausch bei **fehlgeschlagenem Grundstückskauf**); BGH, NJW-RR 1990, 847 (Anspruch auf **Löschung** einer Vormerkung; **Schadensersatzanspruch** wegen arglistiger Täuschung im Zusammenhang mit dem Grundstückskauf).
13) Vgl. RGZ 72, 61, 65; BGHZ 92, 196; 115, 103; OLG Düsseldorf, MDR 1978, 225; (bei ständiger Geschäftsbeziehung der Parteien).
14) Vgl. BGHZ 54, 244, 250 = BauR 1970, 237; OLG Düsseldorf, BauR 2006, 120; BauR 1996, 905 = OLGR 1996, 227; OLG Schleswig, BauR 1991, 463, 465; AG Danneberg, BauR 2001, 997 (LS).
15) BGH, NJW-RR 1986, 543 = BauR 1986, 232; OLG Köln, DB 1974, 2301.
16) BGH, NJW 2000, 278 (Der Schuldner ist aber zur Zurückbehaltung berechtigt, wenn er auf Leistung an den neuen Gläubiger klagen kann).
17) OLG Hamm, NJW-RR 1997, 1242.
18) Vgl. KG, OLG 28, 50; BGH, DB 1967, 1260; BGH, BauR 1970, 54; BGHZ 53, 122.
19) AnwKom-BGB/*Mansel*, § 215, Rdn. 2.
20) OLG Köln, BB 1974, 1272 = DB 1974, 2301; OLG Düsseldorf, BauR 1992, 765, 766.
21) OLG Brandenburg, IBR 2006, 13 – *Biebelheimer*.

ansprüche bereits eine ausreichende **Sicherheit** besitzt. Hat der Bauherr eine „**Erfüllungsbürgschaft**" in Händen, kann er **nach der Abnahme** der Werkleistung in Bezug auf vorhandene Gewährleistungsansprüche kein Zurückbehaltungsrecht an der **Bürgschaftsurkunde** geltend machen.[22] In gleicher Weise steht ihm als Gläubiger einer **Bürgschaft auf erstes Anfordern** kein Zurückbehaltungsrecht aus dem Hauptvertrag zu, wenn die der Bürgschaft zugrunde liegende **Sicherheitsabrede unwirksam** ist und der Hauptschuldner (Unternehmer) deshalb die Herausgabe der Bürgschaft der Bürgschaftsurkunde verlangt.[23]

**2508** Beruft sich der Bauherr auf ein **Zurückbehaltungsrecht,** wird die Fälligkeit des Vergütungs- oder Honoraranspruchs dadurch noch nicht beseitigt,[24] der Schuldner kann bei Geltendmachung[25] jedoch nicht in Schuldnerverzug geraten; ein Anspruch auf Zahlung von Prozesszinsen besteht nicht.[26]

**2509** Nach § 273 Abs. 2 BGB ist das Zurückbehaltungsrecht **ausgeschlossen,** wenn der die Leistung Verweigernde den Gegenstand durch eine vorsätzliche begangene unerlaubte Handlung erlangt hat. Unerlaubte Handlungen sind zwar zunächst nur solche im Sinne des § 823 BGB. Eine vorsätzliche Vertragsverletzung steht aber i. S. des § 273 Abs. 2 BGB einer unerlaubten Handlung gleich; den Ausschluss des Zurückbehaltungsrechts nach vorsätzlich begangener unerlaubter Handlung beruht auf der Erwägung, dass der Schädiger den zurückgehaltenen Gegenstand nicht als Druckmittel für die Durchsetzung von etwaigen Ersatzansprüchen nutzen soll. Dementsprechend soll nach OLG Schleswig[27] das Zurückbehaltungsrecht zu versagen sein, wenn der Kläger einen Schadensersatzanspruch wegen Nichterfüllung gemäß § 326 BGB a. F. hat.

**2510** Macht der Schuldner ein ihm gemäß § 273 BGB zustehendes Zurückbehaltungsrecht erst **nach** Einritt des Leistungsverzuges geltend, wird damit der Verzug nicht beseitigt. Der Schuldner muss dann wenigstens seine eigene Leistung Zug um Zug gegen Bewirkung der Leistung des anderen Teils anbieten.[28] Das bloße Bestehen einer Zurückhaltungsmöglichkeit schließt den Leistungsverzug nicht aus. Anders ist es, wenn die beiderseitigen Leistungsverpflichtungen auf einem gegenseitigen Vertrag beruhen, was beim Bauvertrag die Regel ist.[29]

**2511** Der **Ausschluss** des Zurückbehaltungsrechts durch eine **Individualvereinbarung** ist grundsätzlich wirksam, auch wenn der Gläubiger Vertragsverletzungen begeht.[30] Sinn und Zweck eines Verbotes ist es dann sicherzustellen, dass das Recht des Gläubigers auf Vergütung der von ihm erbrachten Leistung ohne Rücksicht auf die angeblichen Gegenansprüche des Schuldners durchgesetzt werden kann.

Der einzelvertragliche oder gesetzliche Ausschluss der **Aufrechnung** hat nicht automatisch den Ausschluss der Geltendmachung eines Zurückbehaltungsrechts gemäß § 273 BGB zur Folge. Dies gilt nur dann, wenn die Ausübung des Zurück-

---

22) OLG Karlsruhe, MDR 1998, 770, 771.
23) BGH, BauR 2001, 1093, 1096.
24) *Palandt/Heinrichs*, § 273 BGB, Rdn. 20.
25) *Palandt/Heinrichs*, § 286 BGB, Rdn. 13 m. Nachw.
26) BGH, NJW 1971, 615 = BauR 1971, 124 = MDR 1971, 385.
27) WM 1972, 1476.
28) Vgl. RGZ 93, 301; 120, 193, 197; *Palandt/Heinrichs*, § 273 BGB, Rdn. 20.
29) BGH, WM 1971, 1020.
30) Vgl. BGH, WM 1972, 685.

behaltungsrechts im Ergebnis einer Aufrechnung gleichsteht, z. B. also bei beiderseitig fälligen Geldforderungen.[31]

Ein **Ausschluss** des Zurückbehaltungsrechts ist aber als **treuwidrig** anzusehen, wenn das Bauwerk mit so erheblichen Mängeln behaftet ist, dass es keinen echten Gegenwert zu dem von dem Käufer zu zahlenden Kaufpreis darstellt. Das Verbot, Zahlungen mit Rücksicht auf Gewährleistungsansprüche zurückzuhalten, ist ferner unbeachtlich, wenn im Rechtsstreit z. B. das Wandelungsbegehren (nach altem Recht) des Käufers **entscheidungsreif** und **unbegründet** ist.[32] Gleiches gilt, wenn die **Mängelrechte** des Erwerbers **feststehen**. Muss über die Gegenansprüche dagegen noch Beweis erhoben werden, bleibt der Ausschluss des Zurückbehaltungsrechts wirksam.

2512

In Formular-Bauverträgen oder **Allgemeinen Geschäftsbedingungen** finden sich immer wieder Klauseln, in denen das **Zurückbehaltungsrecht ausgeschlossen** wird.[33] Nach § 309 Nr. 2 b BGB ist der Ausschluss oder die Einschränkung des Zurückbehaltungsrechts in Allgemeinen Geschäftsbedingungen grundsätzlich eine unangemessene und damit unwirksame Regelung, soweit dieses auf „**demselben Vertragsverhältnis beruht**".[34] Die in der Praxis weithin übliche Klausel, dass nur „wegen anerkannter Mängel" die Leistung zurückbehalten werden darf, ist als wichtiger Unterfall der Einschränkung in § 309 Nr. 2 b BGB noch einmal ausdrücklich erwähnt und damit ebenfalls unwirksam.

2513

Wenn § 309 Nr. 2 b BGB den Ausschuss bzw. die Einschränkung des Zurückbehaltungsrechts auf Ansprüche aus „demselben Vertragsverhältnis" begrenzt, so wird damit begrifflich zum Zurückbehaltungsrecht des § 273 BGB unterschieden: Nach § 273 BGB hat der Schuldner ein Zurückbehaltungsrecht, wenn ihm ein Anspruch „aus **demselben rechtlichen Verhältnis**" gegen den Gläubiger zusteht, während das Verbot, das Zurückbehaltungsrecht auszuschließen oder einzuschränken, gemäß § 309 Nr. 2 b BGB auf solche Gegenansprüche beschränkt wird, die **dem gleichen Vertrag** entstammen. Das hat folgende Konsequenz: Ein Zurückbehaltungsrecht kann in Allgemeinen Geschäftsbedingungen ausgeschlossen oder eingeschränkt werden, wenn es sich um Gegenansprüche aus demselben Lebensverhältnis im Sinne des § 273 BGB (also unter Umständen aus früheren oder anderen Geschäften oder laufenden Geschäftsbeziehungen) handelt, nicht aber bei Gegenansprüchen aus demselben Vertragsverhältnis.[35]

2514

Vielfach wird auch von der Unternehmerseite versucht, das dem Auftraggeber zustehende **Zurückbehaltungs- und Leistungsverweigerungsrecht** durch Klauseln in Bauverträgen **zu umgehen**. So dient z. B. eine formularmäßige **Bankgarantie** für Abschlagszahlungen privater Bauherren nach Baufortschritt, deren Inanspruchnahme lediglich einen Bautenstandsbericht des Bauunternehmers voraussetzt, der Umgehung des Verbots des formularmäßigen Ausschlusses des Zurückbehaltungsrechts sowie des Leistungsverweigerungsrechts und ist deshalb unwirksam.[36] Dasselbe gilt, wenn in einem Formularvertrag über die Errichtung und Veräußerung

2515

---

31) BGH, NJW 1984, 128, 129; BGH, NJW 1974, 367, 368; OLG Nürnberg, MDR 1977, 231; *Palandt/Heinrichs*, § 273 BGB, Rdn. 13.
32) BGH, NJW 1960, 859; 1970, 383, 386; WM 1976, 1016, 1019; BGH, *SFH*, Nr. 1 zu § 273 BGB.
33) Zur **Auslegung** der Klausel: „Die Geltendmachung von Aufrechnungen mit nicht rechtskräftig festgestellten Gegenansprüchen sowie von Zurückbehaltungsrechten ist ausgeschlossen" siehe BGH, BauR 2005, 1010 = NZBau 2005, 392 = NJW-RR 2005, 919 = IBR 2005, 310 – *Hildebrandt*.
34) Zur Rechtslage vor Inkrafttreten des AGB-Gesetzes: BGH, *SFH*, Nr. 1 zu § 273 BGB.
35) *Ulmer/Brandner/Hensen*, § 11 Nr. 2 AGB-Gesetz, Rdn. 7.
36) BGH, BauR 1986, 455 = NJW-RR 1986, 959; *Korbion/Locher/Sienz*, Rdn. 111.

### Rdn. 2516–2518 Zurückbehaltungs- und Leistungsverweigerungsrecht

eines Bauwerks eine Klausel vorhanden ist, nach der der Veräußerer verlangen kann, dass der Erwerber ohne Rücksicht auf vorhandene Mängel vor Übergabe des bezugsfertigen Bauwerkes noch nicht fällige Teile des Erwerbspreises von insgesamt 14% nach Anweisung des Veräußerers hinterlegt.[37]

**2516** Die **unterschiedliche Behandlung** der Rechtsinstitute des **Zurückbehaltungsrechts** (§ 309 Nr. 2 b BGB) und der **Aufrechnung** (§ 309 Nr. 3 BGB) wirft ein besonderes Problem auf. Während nämlich das Zurückbehaltungsrecht in Allgemeinen Geschäftsbedingungen grundsätzlich nicht ausgeschlossen oder beschränkt werden darf, ist ein Aufrechnungsverbot zulässig, soweit es sich nicht um unbestrittene oder rechtskräftig festgestellte Forderungen handelt (vgl. näher Rdn. 2547). Aufgrund dieser gesetzlichen Diskrepanz erhebt sich die Frage, ob sich ein Schuldner bei einem (nach dem Recht der Allgemeinen Geschäftsbedingungen) zulässigen Aufrechnungsverbot nunmehr bezüglich seiner Gegenforderung auf ein Zurückbehaltungsrecht stützen kann. Die Problematik ergibt sich bei beiderseitig fälligen Geldforderungen, da hier Aufrechnungsverbot und Ausübung des Zurückbehaltungsrechts den gleichen wirtschaftlichen Erfolg haben.

**2517** **Vor** Inkrafttreten des **AGB-Gesetzes** war es allgemeine Meinung, dass ein **wirksames** Aufrechnungsverbot durch die Geltendmachung eines Zurückbehaltungsrechts nicht ausgehöhlt werden dürfe; die Ausübung des Zurückbehaltungsrechts wurde daher bei gegenseitigen Geldforderungen für unzuverlässig erklärt, wenn ein wirksames Aufrechnungsverbot vereinbart war.[38] Davon ist auch für Allgemeine Geschäftsbedingungen **nach Inkrafttreten des AGB-Gesetzes** (§§ 305 ff. BGB) auszugehen.[39] Der Gesetzgeber hat ausdrücklich in § 309 Nr. 3 BGB Aufrechnungsverbote in einem bestimmten Rahmen für zulässig erklärt. Wenn damit dem Schuldner nach dem Willen des Gesetzgebers das Recht genommen werden kann, eine Schuld mit einem Gegenanspruch im Wege der Aufrechnung zu tilgen, muss dies um so mehr für das reine **Sicherungsmittel** des Zurückbehaltungsrechts gelten. Mit der Ausübung des Zurückbehaltungsrechts würde – bei beiderseitigen fälligen Geldforderungen – allenfalls ein gesetzlich wirksames Aufrechnungsverbot umgangen, obwohl die Erklärung eines Zurückbehaltungsrechts bei gegenseitigen Geldforderungen einer Aufrechnung gleichkommt.[40] Eine Einschränkung des Zurückbehaltungsrechts ist daher bei gegenseitigen Ansprüchen, die auf Zahlung von Geld gerichtet sind, als zulässig anzusehen, wenn ein wirksames Aufrechnungsverbot besteht; der Schuldner kann sich dann nicht auf ein Zurückbehaltungsrecht stützen.

**2518** Im Verkehr mit Unternehmern[41] ist der formularmäßige Ausschluss des Zurückbehaltungsrechts zwar möglich, gleichwohl aber als **einschränkungsloser** Ausschluss des Zurückbehaltungsrechts **unangemessen**.[42]

---

37) BGH, BauR 1985, 93 = NJW 1985, 852 = DB 1985, 590; vgl. auch BGH, BauR 1986, 694 = NJW 1986, 3199 = ZfBR 1986, 224 **(Zahlungsplan bei finanziertem Fertighausvertrag)**.
38) BGH, DB 1974, 379 = NJW 1974, 367; OLG Nürnberg, MDR 1977, 231.
39) Vgl. BGH, NJW-RR 1986, 543.
40) Siehe aber *Palandt/Grüneberg*, § 309 BGB, Rdn. 20 m. Nachw. Dort wird die Meinung vertreten, dass ein zulässiges Aufrechnungsverbot bei konnexen Geldforderungen aufgrund der in § 309 Nr. 2 BGB zum Ausdruck kommenden Wertung zumindest dann zurückzutreten hat, wenn es sich um Gegenansprüche handelt, die aus einer zur Leistungsverweigerung berechtigten Sachleistungsforderung hervorgegangen sind (Anspruch aus § 637 BGB oder sonstige Geldforderungen, die an die Stelle des Anspruchs auf Nacherfüllung getreten sind); ebenso: *Gnad*, Schriftenreihe d. Dt. Gesellsch. f. BauR, Bd. 11 S. 32.
41) Der **Unternehmerbegriff** (§ 14 BGB) entspricht der früheren Definition des § 24 Satz 1 Nr. 1 AGB-Gesetz und ersetzt im Verbraucherrecht den Begriff des **Kaufmanns**; AnwKom-BGB/ *Ring*, § 14 BGB, Rdn. 23.
42) BGH, BauR 2005, 1010 = NZBau 2005, 392; *Palandt/Heinrichs*, § 309 BGB, Rdn. 21; *Ulmer/ Brandner/Hensen*, § 11 Nr. 2, Rdn. 16 ff.; *Gnad*, a. a. O., S. 33; *Schlünder*, AGB, Rdn. 150 ff.; BGHZ 92, 312 = NJW 1985, 319; OLG Hamm, NJW-RR 1989, 274, 275.

**Zurückbehaltungsrecht (§ 273 BGB)**

Die Vorschrift des § 309 Nr. 2 BGB steht in einem engen Verbund zu § 309 Nr. 8 b dd BGB (Vorenthalten der Nacherfüllung).[43] Macht der Bauherr einen **Anspruch auf Nacherfüllung** gemäß § 635 Abs. 1 BGB geltend, gilt für ihn § 309 Nr. 8 b dd BGB, wenn der Unternehmer/Architekt die Mängelbeseitigung von der vorherigen **(vollständigen)** Zahlung des Entgelts abhängig macht. Fordert der Unternehmer den vertraglich vereinbarten Werklohn, kann sich der Bauherr auf § 309 Nr. 2 b BGB stützen, wenn ihm ein Zurückbehaltungsrecht zur Seite steht. Klauseln, die eine verhältnismäßige Vorleistung bestimmen, sind weiterhin zulässig, wobei Obergrenze der Wert der mangelhaften Leistung ist.[44]

2519

In einer Klausel über die Erweiterung der verzögerlichen Einrede entsprechend § 273 BGB kann noch keine unangemessene Bevorzugung des Gläubigers gesehen werden, wie dies das OLG Köln[45] angenommen hat. Vielmehr muss auch eine Vertragsklausel als zulässig angesehen werden, nach der der Auftraggeber berechtigt sein soll, gegen fällige Forderungen des Auftragnehmers mit fälligen Gegenforderungen jeder Art, auch bei anderen Bauvorhaben, aufzurechnen.[46]

2520

Wird die Einrede des Zurückbehaltungsrechts gemäß § 273 BGB erhoben, hat dies nicht zur Folge, dass die Klage abgewiesen wird; vielmehr erfolgt eine **Zug-um-Zug-Verurteilung**. Dabei ist unerheblich, ob der Kläger (unter Umständen hilfsweise) eine Zug-um-Zug-Verurteilung oder eine uneingeschränkte Verurteilung beantragt hat.[47]

2521

Die **Vollstreckung** eines Urteils, in dem eine Zug-um-Zug-Verurteilung erfolgt ist, stößt nicht selten auf Schwierigkeiten, insbesondere wenn der Bauherr zur Zahlung von Werklohn an den Unternehmer/Architekten Zug um Zug gegen Nachbesserung/Nacherfüllung verurteilt worden ist. Vielfach verweigert der Bauherr auch nach einer erfolgten Nachbesserung/Nacherfüllung die Zahlung mit der Begründung, dass diese fehlgeschlagen sei.

Ein Bauunternehmer oder Architekt kann wegen einer Restforderung aus einem entsprechenden Zug-um-Zug-Urteil nur vollstrecken, wenn er durch öffentliche oder öffentlich beglaubigte Urkunden nachweist, dass er die ihm nach dem Urteil obliegende Nachbesserung ausgeführt hat oder der Bauherr sich im Verzuge der Annahme befindet (§ 756 ZPO). Die Prüfung, ob ordnungsgemäß nachgebessert worden ist, verlagert sich damit in das Zwangsvollstreckungsverfahren (vgl. Rdn. 2708 ff.). Andererseits kann der zur Nachbesserung/Nacherfüllung verpflichtete Unternehmer/Architekt **negative Feststellungsklage** erheben, wenn **Zweifel über den Umfang der Nachbesserungs-(Nacherfüllungs)pflicht** bestehen, er also insbesondere die Auffassung vertritt, dass er zu weiterer Nachbesserung/Nacherfüllung nicht verpflichtet ist.[48]

2522

Besondere Bedeutung kann das Zurückbehaltungsrecht für den Bauherrn erlangen, wenn seine **Mängelrechte** (in Bezug auf die rechtzeitig gerügten Mängel) **verjährt** sind, er aber eine **Gewährleistungsbürgschaft** des Unternehmers in Händen hat.

2523

---

43) *Löwe/Graf von Westphalen/Trinkner*, § 11 Nr. 2, Rdn. 25.
44) AnwKom-BGB/*Hennrichs*, § 309 BGB, Rdn. 29.
45) BauR 1973, 53.
46) Vgl. *Heyers*, BauR 1973, 56.
47) BGH, NJW 1951, 517.
48) BGH, BauR 1976, 430 = *Schäfer/Finnern*, Z 2.414.1 Bl. 14; BGH, NJW 1972, 2268; vgl. auch BGHZ 61, 42, 46.

Für diesen Fall gewährt das OLG Köln[49] dem Bauherrn ein **Zurückbehaltungsrecht an der Bürgschaftsurkunde,** sodass er diese auch nur Zug um Zug gegen Zahlung der (notwendigen) Mängelbeseitigungskosten herausgeben muss (§ 274 Abs. 1 BGB).

## 2. Leistungsverweigerungsrecht (§ 320 BGB)

**2524** Die Einrede aus § 320 BGB soll vor allem als **Druckmittel** auf den Unternehmer wirken, seiner Pflicht zur Herstellung eines **mangelfreien Werkes** nachzukommen;[50] das gilt auch für den **gekündigten** Bau- oder Architektenvertrag.[51] Daneben kommt dem Leistungsverweigerungsrecht des **Unternehmers** gemäß **§ 648 a Abs. 1 Satz 1 BGB** zunehmend größere Bedeutung zu (Rdn. 334 ff.). Auch die Frage, ob und inwieweit ein Unternehmer berechtigt ist, von einem Leistungsverweigerungsrecht Gebrauch zu machen und die Arbeiten einzustellen, wenn eine **Vereinbarung** über sog. „**Nachträge**" zwischen den Vertragspartnern **streitig** bleibt, wird wieder aktuell diskutiert (siehe auch Rdn. 1149 ff.).[52] Die Rechtsprechung ist geteilter Ansicht.[53] Unzweifelhaft ist allerdings, dass der Unternehmer die Arbeiten einstellen kann, wenn er einen Anspruch wegen nachtragsfähiger Leistungen gegen den Auftraggeber hat und dies im Streitfall auch **beweisen** kann; dann ist das Recht zur Leistungsverweigerung (nach Abnahme) unmittelbar aus § 320 BGB abzuleiten,[54] während das Recht zur Leistungsverweigerung innerhalb der Herstellungsphase aus § 242 BGB folgt.[55]

Ob das in **§ 275 Abs. 2** und 3 BGB vorgesehene Leistungsverweigerungsrecht im Werkvertragsrecht größere Bedeutung haben wird, ist mehr als zweifelhaft.[56] Zum einen ist nach § 275 Abs. 2 Satz 2 BGB bei der Bestimmung der dem Schuldner zuzumutenden Anstrengungen zu **berücksichtigen**, ob dieser das Leistungshindernis i. S. des § 275 Abs. 2 Satz 1 BGB zu **vertreten** hat, was bei einem auf den Erfolg abzielenden Werkvertrag in der Regel der Fall sein wird. Zum anderen ist

---

49) BauR 1993, 746 = ZfBR 1993, 285.
50) Zum Leistungsverweigerungsrecht des **Unternehmers** nach einer **Bedenkenanmeldung** (§ 4 Nr. 3 VOB/B): OLG Karlsruhe, BauR 2005, 729; zum Leistungsverweigerungsrecht bei einer **Durchgriffsfälligkeit** (§ 641 Abs. 2 BGB): OLG Nürnberg, BauR 2004, 516 = NZBau 2004, 47 = NJW-RR 2004, 1526.
51) BGH, BauR 2004, 1616 (Baustellenverbot **nach** Kündigung hindert nicht die Mängeleinrede).
52) Siehe hierzu: *Vygen*, BauR 2005, 431; *Weise*, NJW-Spezial 2004, 261; *Swonke*, BrBp 2004, 232 ff.; *Kuffer*, ZfBR 2004, 110 ff.; *Quack*, ZfBR 2004, 107 ff.; *Kniffka/Koeble*, 5. Teil, Rdn. 108 ff.
53) **Bejahend:** OLG Düsseldorf, BauR 2002, 484 = NZBau 2002, 276; OLG Celle, BauR 2003, 890; BauR 1999, 262 = IBR 1999, 203; **verneinend:** Brandenburgisches OLG, BauR 2006, 529 u. BauR 2003, 1734 (Verletzung der Kooperationspflicht); OLG Düsseldorf BauR 2006, 531; differenzierend: OLG Dresden, BauR 1998, 565.
54) BGH, BauR 2004, 1613 = ZfBR 2004, 886 = NZBau 2004, 612 = IBR 2004, 486 – *Irl*; *Kuffer*, ZfBR 2004, 110, 114 ff.; *Weise*, NJW-Spezial 2004, 261; s. auch OLG Düsseldorf, BauR 2003, 892, 893 für Pauschalpreisvertrag.
55) BGHZ 50, 175; 88, 240; *Schwenker*, IBR 2004, 234. Zum **Leistungsverweigerungsrecht** des Unternehmers wegen eines **Mehrvergütungsanspruchs** infolge eines vergabenachprüfungsbedingten verzögerten **Zuschlags**: Thüringer OLG, BauR 2005, 1161 = NZBau 2005, 341 (Berufungsurteil zu LG Erfurt, BauR 2005, 564); s. hierzu *Behrendt*, BauR 2007, 784 ff.; *Gröning*, BauR 2004, 199 ff.; *Schlösser*, ZfBR 2005, 733, 741.
56) *Peters* (NZBau 2002, 113, 116) spricht vom „Unbehagen, weil man nicht hinreichend weiß, was sich dahinter verbirgt". Zur Bedeutung des § 275 Abs. 2 BGB s. auch *Voit*, BauR 2002, 145, 158/159.

**Leistungsverweigerungsrecht (§ 320 BGB)**

die Verwandtschaft der Regel zum früheren § 633 Abs. 2 Satz 3 BGB nicht zu bestreiten; es liegt daher auch nahe, die **Rechtsgrundsätze** zu § 633 Abs. 2 Satz 3 BGB a. F. **heranzuziehen,** wenngleich dem **Interesse** des **Gläubigers** (Auftraggebers) an der vertragsgerechten Leistung im Zweifelsfall der **Vorrang** gebührt.[57] Das Leistungsverweigerungsrecht aus § 275 Abs. 3 bei **persönlichen Verpflichtungen** wird keine praktische Bedeutung haben, weil die Norm auf die **Person** des Schuldners abstellt und Baufirmen damit nicht gemeint sein können. Es erscheint daher zutreffend, § 275 Abs. 3 BGB auf das **Verbot** eines **Subunternehmereinsatzes** nicht anzuwenden.[58] Entsprechendes gilt für § 4 Nr. 8 VOB/B.

Es entspricht anerkannten Rechtsgrundsätzen, dass die Einrede aus § 320 BGB gleich dem auf eine teilweise Nichterfüllung gestützten Zurückbehaltungsrecht zu behandeln ist und dass sie ungeachtet einer bereits erfolgten Abnahme und unabhängig von Gewährleistungsrechten erhoben werden kann.[59] Das gilt uneingeschränkt auch für den VOB-Vertrag.[60]

Dem Bauherrn steht daher im Werkvertragsrecht neben der Mängelbeseitigung weiterhin hinsichtlich des Zahlungsanspruchs des Unternehmers – auch wenn die Abnahme des Werkes schon erfolgt ist – nach § 320 BGB ein **Leistungsverweigerungsrecht** zu.[61] Mit der Abnahme hat sich der Anspruch auf das abgenommene konkrete Werk in der Weise beschränkt, dass der Unternehmer dessen Mängel abzustellen hat. Dahin geht nunmehr der **Nacherfüllungsanspruch** (§ 635 Abs. 1 BGB) des Bauherrn; deshalb darf er, bis diesem Anspruch Genüge getan, der Mangel also beseitigt ist, nach § 320 BGB seinerseits die Zahlung des Werklohns verweigern. Dem kann auch das Gericht nicht etwa mit der Begründung begegnen, die **Aufklärung** des dem Leistungsverweigerungsrecht zugrunde liegenden Sachverhalts sei „schwierig und zeitraubend".[62]

In gleicher Weise kann auch der Erwerber einer **Eigentumswohnung** vom Bauträger die Zahlung einer nach **Baufortschritt** fälligen Rate des Erwerbspreises wegen aufgetretener Baumängel in angemessenem Verhältnis zum voraussichtlichen Beseitigungsaufwand gemäß § 320 BGB verweigern.[63] Dies betrifft nicht nur Mängel am **Sondereigentum,** sondern auch solche des **Gemeinschaftseigentums** (vgl. näher Rdn. 481 ff.). Das Leistungsverweigerungsrecht kann von dem Erwerber auch im Rahmen einer **Vollstreckungsgegenklage** (Rdn. 2710) geltend gemacht werden; es führt dazu, „dass die Zwangsvollstreckung aus der notariellen Urkunde nur Zug um Zug gegen Beseitigung der gerügten Mängel zulässig ist".[64]

In der Baupraxis entstehen oftmals **Meinungsverschiedenheiten** zwischen **Bauherr** und **Architekt,** wenn dieser – nach Beendigung des Vertragsverhältnisses – **Bauunterlagen** (z. B. Ausführungspläne, Detailpläne, Leistungsverzeichnisse) mit der Begründung **zurückhält,** das ihm zustehende Architektenhonorar[65] sei noch nicht

---

57) In diesem Sinne auch *Sienz,* in: Wirtz/Sienz/Englert, Teil I, Rdn. 72; *Voit,* BauR 2002, 145, 159.
58) Ebenso: *Sienz,* a. a. O., Rdn. 75.
59) Vgl. u. a. BGHZ 26, 337.
60) OLG Nürnberg, BauR 2000, 273, 274.
61) Vgl. BGH, *Schäfer/Finnern,* Z 2.414 Bl. 60.
62) BGH, BauR 2005, 1012 = NZBau 2005, 391.
63) BGH, ZfBR 1984, 35 = BauR 1984, 166 = NJW 1984, 725 = NJW 1984, 725; s. auch *Deckert,* ZfBR 1984, 161, 166. Zur Wirksamkeit der Vorleistungspflicht des **Erwerbers** in AGB des Bauträgers: BGH, BauR 2002, 81 = NZBau 2002, 26 = ZfBR 2002, 147.
64) BGH, BauR 1992, 622, 626 u. BGH, NJW-RR 1997, 1272.
65) Vgl. dazu LG Darmstadt, BauR 1997, 162.

gezahlt. Hierauf kann der Architekt ein Leistungsverweigerungsrecht indes nicht stützen; zum einen ist der Architekt hinsichtlich seiner Leistungen **vorleistungspflichtig**. Er kann deshalb auch die Herausgabe der Pläne und sonstiger wichtiger Bauunterlagen nicht von der vorherigen Begleichung seiner Honorarforderung abhängig machen.[66] Zum anderen rechtfertigen auch **urheberrechtliche Gesichtspunkte** keine andere Beurteilung: Mit dem Abschluss des Architektenvertrages überträgt der Architekt nämlich in aller Regel die urheberrechtliche Nutzungsbefugnis auf den Bauherrn (vgl. Rdn. 899 ff. und 1946 ff.); dies gilt auch, wenn die vertragliche Beziehung durch Kündigung beendet wird.[67] Der Architekt muss deshalb in diesen Fällen grundsätzlich darauf verwiesen werden, seine Gebührenansprüche gegebenenfalls nach §§ 648, 648 a BGB abzusichern.[68]

**2526** Durch die **Neuregelung** des § 641 BGB durch das Gesetz zur Beschleunigung fälliger Zahlungen vom 30.3.2000 ist mit **Abs. 3** eine Vorschrift in Kraft, die auf die von der Rechtsprechung zu § 320 BGB entwickelten Grundsätze des Leistungsverweigerungsrecht Bezug nimmt und diese gesetzlich fortschreibt.[69] Die Vorschrift verdrängt § 320 BGB für den Zeitraum **nach** der rechtsgeschäftlichen Abnahme, soweit es jedenfalls um die **Höhe** des Druckzuschlags geht.[70] Nach § 641 Abs. 3 BGB kann der Besteller nach der Abnahme nunmehr die Zahlung eines angemessenen Teils der Vergütung verweigern, und zwar „**mindestens in Höhe des Dreifachen der für die Beseitigung des Mangels erforderlichen Kosten**". Damit ist der Gesetzgeber im Ergebnis von der Rechtsprechung des BGH abgewichen, der – flexibel – auf die Umstände des Einzelfalles abstellte.[71] Zu beachten ist, dass eine berechtigte Mängeleinrede in jedem Fall einen Verzugseintritt auch nach Abnahme der Werkleistung hindert oder einen bestehenden Zahlungsverzug wieder beseitigt.[72]

Eine **Unterschreitung** des Dreifachen des Mängelbeseitigungsaufwandes ist allenfalls in **Ausnahmefällen** gemäß § 242 BGB zuzulassen.[73] Die Neuregelung wird daher zu Recht **kritisiert**.[74] Demgegenüber hält das OLG Dresden[75] das **Dreifache** der Mängelbeseitigungskosten als „Druckzuschlag" auch dann für angemessen, wenn

---

[66] Vgl. OLG Frankfurt, BauR 1982, 295; OLG Köln, BauR 1999, 189 = ZfBR 1999, 38; OLG Hamm, BauR 2000, 295 = NJW-RR 2000, 867; s. ferner: *Bruns*, BauR 1999, 529; *Lauer*, BauR 2000, 812.

[67] OLG Frankfurt, a. a. O.; BGH, BauR 1975, 363.

[68] OLG Köln, BauR 1999, 189 = OLGR 1998, 138, 139 = NJW-RR 1998, 1097.

[69] *Horsch/Eichberger*, BauR 2001, 1024; *Kniffka*, ZfBR 2000, 227, 232; *Palandt/Sprau*, § 641 BGB, Rdn. 12. Zur beabsichtigten (erneuten) Reform durch das sog. **Forderungssicherungsgesetz** (FoSiG): *Peters*, NZBau 2004, 1, 4.

[70] *Motzke*, in: Englert/Motzke/Wirth, § 641 BGB, Rdn. 88 (zur **Darlegungs- und Beweislast**).

[71] Siehe BGH, BauR 1997, 133, 134 = NJW-RR 1997, 18 = ZfBR 1997, 31 u. BauR 1992, 401 („**Druckfunktion**" des Leistungsverweigerungsrechts); ferner: OLG Hamm, NJW-RR 1996, 86 = BauR 1996, 123; OLG Düsseldorf, BauR 1998, 126, 128.

[72] Vgl. BGH, IBR 2006, 489 – *Sienz* (für § 478 BGB a. F.); BGH, BauR 2003, 1561; BauR 1999, 1025, 1026 = ZfBR 1999, 313.

[73] *Palandt/Sprau*, § 641 BGB, Rdn. 12; *Kniffka*, ZfBR 2000, 227, 232; **a. A.:** *Motzke*, in: Englert/Motzke/Wirth, § 641 BGB, Rdn. 96.

[74] *Kniffka*, a. a. O.; *Horsch/Eichberger*, BauR 2001, 1024 ff.; *Stapenhorst*, DB 2000, 909, 911.

[75] BauR 2001, 1261 = OLGR 2001, 533 – *Schulze-Hagen*, ebenso: OLG Düsseldorf, BauR 2002, 482, 484; für den Fall des **Annahmeverzugs**: BGH, NZBau 2002, 383; OLG Celle, NZBau 2004, 328 u. OLG München, IBR 2002, 361 – *Groß* (**einfacher Betrag**).

## Leistungsverweigerungsrecht (§ 320 BGB)

der Unternehmer zur Mängelbeseitigung **bereit** ist, und der Auftraggeber sich **nicht** in Annahmeverzug befindet. Soll der Auftraggeber in **Annahmeverzug** geraten, so muss der Unternehmer die Leistung so, wie sie zu bewirken ist, tatsächlich angeboten haben; in der **Praxis** wird der Unternehmer demnach „mit entsprechendem Werkzeug, Materialien und Fachpersonal" bei dem Auftraggeber erscheinen müssen.[76]

Die Einbehaltung des **dreifachen Betrages** der voraussichtlichen Mängelbeseitigungskosten[77] wird allerdings in aller Regel **ausreichend** sein. Das gilt aber nicht, wenn der „Nachbesserungswert" nicht mehr als geringfügig anzusehen ist oder schon Nachbesserungsversuche (mehrfach) gescheitert sind.[78] Insoweit ist dem OLG Saarbrücken[79] uneingeschränkt zuzustimmen, dass bei Mängelbeseitigungskosten, die etwa einem Drittel der Gesamtvergütung entsprechen, der nicht vertragsmäßige Teil des Werkes nicht als geringfügig i. S. des § 320 Abs. 2 BGB angesehen werden kann. In diesem Falle ist der Besteller berechtigt, die Zahlung der **gesamten** noch ausstehenden Vergütung bis zur Mängelbeseitigung zu verweigern. Andererseits ist zu beachten, dass der Bauherr als Auftraggeber auf Kosten des Bauunternehmers **nicht übersichert** wird.[80]

Macht der Unternehmer lediglich einen **Teil seines Werklohnanspruches** geltend, kann ebenfalls die Einrede des § 320 BGB erhoben werden, wobei allerdings § 320 Abs. 2 BGB zu berücksichtigen ist. Reicht der noch nicht geforderte rechtliche Teil des unbestrittenen Vergütungsanspruchs zur Beseitigung der Mängel aus, kann grundsätzlich ein Leistungsverweigerungsrecht nicht mit Erfolg geltend gemacht werden.

Das Leistungsverweigerungsrecht gemäß § 320 BGB darf als **rechtmissbräuchlich** nicht ausgeübt werden, wenn die beiderseitigen Leistungen in einem auffälligen Missverhältnis stehen, wenn die Art des Gegenstandes eine Zurückbehaltung verbietet oder wenn die Leitungsverweigerung den Anspruch des Gläubigers endgültig vereitelt oder beseitigt.[81] So verstößt die Verweigerung der Gegenleistung gemäß § 320 Abs. 2 BGB gegen Treu und Glauben, wenn der Einrede des nicht gehörig erfüllten Vertrages die Einrede der **Unverhältnismäßigkeit** wirksam entgegengehalten werden kann,[82] was der Unternehmer darzulegen hat.[83] Bei geringfügigen Mängeln kann das Leistungsverweigerungsrecht ebenfalls ganz oder teilweise ausgeschlossen sein. **Rechtsmissbräuchlich** handelt der Bauherr auch, wenn er **nach** Abnahme des Werkes die Einrede des nichterfüllten Vertrages erhebt, obwohl

---

76) OLG Düsseldorf, BauR 2002, 482, 484.
77) Zu den Anforderungen an eine gerichtliche **Schätzung** gemäß § 287 ZPO: BGH, NZBau 2004, 389 = BauR 2004, 1290.
78) Zutreffend: OLG Oldenburg, NJW-RR 1996, 817.
79) MDR 1967, 670.
80) *Horsch/Eichberger*, BauR 2001, 1024 ff.
81) BGH, WM 1974, 369. Zum Auflassungsanspruch eines Erwerbers, wenn sich der Bauträger mit der Beseitigung der Mängel in Verzug befindet, er aber den Erwerbspreis deshalb noch nicht vollständig gezahlt hat: LG Heilbronn, BauR 2002, 107.
82) Vgl. § 633 Abs. 2 Satz 3 BGB a. F. (OLG Nürnberg, *Schäfer/Finnern*, Z 2.414 Bl. 97). Dem entspricht § 635 Abs. 3 BGB n. F. (s. hierzu: *Henssler/Graf von Westphalen*, § 635 BGB, Rdn. 10; *Grauvogl*, in: Wirth/Sienz/Englert, § 635 BGB, Rdn. 6 ff.; AnwKom-BGB/*Raab*, § 635, Rdn. 17 ff.).
83) BGH, BauR 1997, 133, 134 = ZfBR 1997, 31 = NJW-RR 1997, 18; s. auch *Biebelheimer*, NZBau 2004, 124, 127.

**Rdn. 2530–2531** Zurückbehaltungs- und Leistungsverweigerungsrecht

ihm die Nachbesserung angeboten worden ist und er sie endgültig abgelehnt hat.[84] Darüber hinaus soll nach OLG Naumburg[85] die Ausübung des Leistungsverweigerungsrechtes gegen Treu und Glauben verstoßen, wenn der Auftraggeber in Vermögensverfall geraten ist und Vollstreckungsversuche erfolglos blieben.

**2530** Die Vereinbarung über einen **Sicherheitseinbehalt** hindert den Bauherrn allerdings noch nicht, wegen Werkmängel eine an sich fällige Zahlung zu verweigern.[86] Der Unternehmer kann in diesem Falle nicht einwenden, der Bauherr dürfte das Leistungsverweigerungsrecht nur wegen eines den Sicherheitseinbehalt wertmäßig übersteigenden Mängelbeseitigungsanspruchs geltend machen.[87] Indes ist die Sicherheit bei der **Bemessung** der Höhe einer berechtigten Leistungsverweigerung mit einzubeziehen. In der Praxis wird in aller Regel vorgesehen, dass der Auftragnehmer berechtigt ist, den **Sicherheitseinbehalt** durch eine **andere** Sicherheit – vor allem durch eine Bürgschaft – **abzulösen**; treten Mängel auf, die der Unternehmer nicht beseitigt, wollen die Auftraggeber in aller Regel von einem Leistungsverweigerungsrecht Gebrauch machen und zahlen z. B. den Sicherheitseinbehalt nicht aus. Da das Austauschrecht jedoch ein vertragliches Austauschrecht des Auftragnehmers ist, scheidet ein Zurückbehaltungsrecht wegen etwaiger Mängel aus.[88] Dies folgt aus der getroffenen Sicherungsabrede. Liegt im Zeitpunkt des Austauschbegehrens des Auftragnehmers bereits der **Sicherungsfall** vor, so hat der Auftraggeber allerdings ein Wahlrecht: Er kann z. B. die angebotene Austauschbürgschaft annehmen oder aber den vorhandenen Sicherheitseinbehalt verwerten. Das muss gegenüber dem Auftragnehmer allerdings unverzüglich erklärt werden, weil es andernfalls bei dem Austauschrecht verbleibt.[89]

**2531** Das Leistungsverweigerungsrecht kann **nicht mehr geltend gemacht** werden, wenn ordnungsgemäß nachgebessert worden ist, dem **Unternehmer** nicht ausreichend **Gelegenheit zur Nachbesserung/Nacherfüllung** gegeben oder sogar die **Nacherfüllung verweigert** wurde[90] oder schließlich vom Auftraggeber nicht mehr Mängelbeseitigung, sondern Schadensersatz verlangt wird.[91] Streitig ist, ob dem **Bauherrn** (Auftraggeber) ein **Leistungsverweigerungsrecht** auch dann noch zustehen kann, wenn er selbst mit der Annahme der angebotenen Mängelbeseitigung wirksam in **Annahmeverzug** geraten ist. Das wird von der wohl überwiegenden Ansicht bejaht,[92] **sofern nicht** von einer **endgültigen Leistungsverweigerung** des Auftrag-

---

84) OLG Köln, BauR 1977, 275.
85) BauR 2003, 896.
86) v. Minckwitz/Hahn, BrBp 2003, 213, 215 ff.
87) BGH, BauR 1982, 579 = ZfBR 1982, 253 = NJW 1982, 2494; BGH, WM 1981, 1108 = NJW 1981, 2801 (für **Abschlagszahlung**); NJW 1967, 34; anders: OLG Düsseldorf, BauR 1975, 348.
88) BGH, BauR 2002, 1543, 1544; streitig bei Verstoß gegen § 17 Nr. 6 Abs. 3 VOB/B: KG, BauR 2003, 728, 729; OLG Dresden, BauR 2001, 1918, 1919 (Leistungsverweigerungsrecht); OLG Celle, IBR 2003, 196 (kein Leistungsverweigerungsrecht, aber Aufrechnung mit Gegenansprüchen möglich).
89) BGH, BauR 2001, 1893, 1894.
90) BGH, DB 1970, 1375; LG Köln, BauR 1972, 314.
91) Vgl. BGH, NJW 1979, 549, 550; OLG Köln, OLGR 2003, 97, 99.
92) **Bejahend**: OLG Celle, BauR 2006, 1316, 1317; BauR 2004, 884 = OLGR 2004, 437; OLG Hamm, BauR 1996, 123, 126 = NJW-RR 1996, 86; OLG Köln (19. Senat), NJW-RR 1996, 499; OLG Köln (13. Senat), NJW-RR 1995, 1393 („neigt" zu dieser Auffassung); OLG Naumburg, OLGR 1997, 303; SchlHOLG, BauR 2001, 115, 116; OLG Düsseldorf, IBR 2004, 307 –

## Leistungsverweigerungsrecht (§ 320 BGB) Rdn. 2532–2534

gebers auszugehen ist. Nach dieser Auffassung ist aber das Leistungsverweigerungsrecht wertmäßig in aller Regel auf den **einfachen Betrag** der notwendigen Mängelbeseitigungskosten begrenzt.[93] Zu **beachten** ist, dass bei einem **Annahmeverzug** des Auftraggebers **vor** Abnahme der Werkleistung nach der Rechtsprechung des BGH[94] (nur) eine Verurteilung des Auftraggebers „**nach Empfang der Gegenleistung**" (§ 322 Abs. 2 BGB) erfolgen kann, während **nach** einer Abnahme die Zug-um-Zug-Verurteilung erfolgt.

Das Leistungsverweigerungsrecht des § 320 BGB kann in **Individualverträgen** grundsätzlich **abgedungen** werden. Dagegen kann es **nicht** mehr wirksam in **Allgemeinen Geschäftsbedingungen oder Formularverträgen ausgeschlossen oder eingeschränkt** werden (§ 309 Nr. 2 a BGB). Sinn dieser Regelung ist es, dem Gläubiger den Schutz zu bewahren, den der Gesetzgeber mit der Zug-um-Zug-Regelung des § 320 BGB erreichen wollte. Dementsprechend sind auch formularmäßige Klauseln unwirksam, die im Ergebnis auf eine Ausschaltung des Leistungsverweigerungsrechts hinauslaufen; so hat der BGH[95] eine **Hinterlegungsklausel** für unwirksam erklärt, nach der der Erwerber eines Einfamilienhauses verpflichtet war, vor Übergabe des bezugsfertigen Hauses ohne Rücksicht auf vorhandene Baumängel den Restpreis auf Anweisung des Veräußerers zu hinterlegen. Ferner hat er eine Klausel für unzulässig erklärt, nach der ein Leistungsverweigerungsrecht nur wegen anerkannter oder rechtskräftig festgestellter Forderungen geltend gemacht werden kann.[96]

2532

Im Geschäftsverkehr zwischen **Unternehmern** wird man allerdings die Möglichkeit des formularmäßigen Ausschlusses eines Leistungsverweigerungsrechts zu bejahen haben.[97] Allerdings kann auch hier der Ausschluss des Leistungsverweigerungsrechts **unangemessen** sein, insbesondere **bei groben Vertragsverletzungen** des Vertragspartners sowie bei einem **entscheidungsreifen** Gegenanspruch.[98]

2533

Bestritten ist, welche **Wirkung** die Einrede des § 320 BGB für den Vergütungsanspruch hat. Einmal könnte der Unternehmer nur berechtigt sein (§ 322 Abs. 1 BGB), die Zahlung des Werklohns Zug um Zug gegen Herstellung eines fehlerfreien Werkes bzw. Beseitigung des Mangels fordern.[99] Es könnte aber auch die weitere

2534

---

*Groß*; verneinend: SchHOLG, IBR 2001, 183; OLG Hamm, OLGR 1994, 194, 195; LG Köln, BauR 1972, 314; *Siegburg*, BauR 1992, 419 ff.

93) BGH, BauR 2002, 1403 = NZBau 2002, 383 (Nichtannahmebeschluss zu OLG München, IBR 2002, 361); OLG Celle, BauR 2006, 1316; BauR 2004, 884 = NZBau 2004, 328, 329; SchlHOLG, BauR 2001, 115, 116; **a. A.**: OLG Düsseldorf, IBR 2004, 307, das den Druckzuschlag zubilligt und den Unternehmer auf das Vollstreckungsverfahren verweist (§§ 274 Abs. 2, 322 Abs. 3 BGB, § 756 ZPO); s. aber OLG Celle (13. Senat), BauR 2003, 106; SchlHOLG, BauR 2001, 115, 116.

94) BGH, BauR 2002, 794 = NZBau 2002, 266 = ZfBR 2002, 463; OLG Celle, NZBau 2004, 328, 329.

95) BGH, BauR 1985, 93 = ZfBR 1985, 40; siehe ferner: BGH, ZfBR 1985, 134 = NJW 1985, 855 für Verkaufs- und Lieferungsbedingungen eines Fensterherstellers („Bei Anlieferung sind 90% der Rechnungssumme fällig") u. OLG Köln, NJW-RR 1992, 1047 (für eine Anzahlung in Höhe von **95%**); s. ferner: *Christiansen*, ZfBR 2004, 736, 742.

96) BGH, BauR 1992, 622, 626 = NJW 1992, 1260.

97) *Palandt/Grüneberg*, § 309 BGB, Rdn. 16 m. Nachw.; s. aber *Henssler/Graf von Westphalen*, § 309 BGB, Rdn. 6.

98) *Palandt/Grüneberg*, § 309 BGB, Rdn. 16; *Siegburg*, Rdn. 843; *Frieling*, Rdn. 18.

99) Vgl. beiläufig ohne nähere Begründung: BGHZ 26, 337, 339; OLG Karlsruhe, MDR 1967, 669, 670.

Folge in Betracht kommen, dass der Unternehmer zur Zeit keine Forderung verlangen kann, sodass die Klage abzuweisen wäre; dies wiederum könnte damit begründet werden, dass § 322 Abs. 1 BGB wegen der Vorleistungspflicht des Unternehmers (vgl. § 322 Abs. 2 BGB) nicht anwendbar ist.[100]

Die **herrschende Auffassung** unterscheidet wie folgt:

**2535** ∗ Ist die **Abnahme** noch **nicht** erfolgt, ist die **Klage** abzuweisen.[101]

**2536** ∗ Kann der Auftraggeber **nach** der Abnahme des Werkes die Beseitigung eines Baumangels verlangen, und erhebt er deshalb die Einrede nach § 320 BGB, so ist er zur Zahlung der Vergütung **Zug um Zug** gegen Beseitigung des Mangels zu verurteilen.[102] Danach hat auch der Auftraggeber seinen Prozessantrag auszurichten; will er Kostenanteile verhindern, darf er nicht Klageabweisung, sondern muss eine Zug-um-Zug-Verurteilung beantragen.[103]

**2537** ∗ Wird der Werkvertrag vorzeitig von dem Bauherrn **aufgekündigt,** kann sich dieser nicht auf „fehlende" Abnahme berufen;[104] solange die Werkleistungen aber **mangelhaft** und für den Bauherrn **nicht brauchbar** sind, scheidet ein Vergütungsanspruch für den Unternehmer aus. Die auf Zahlung gerichtete **Klage** des **Unternehmers** ist **abzuweisen,** wenn die Leistung (insgesamt) **unbrauchbar** ist. Hat der Unternehmer sein Recht auf **Nachbesserung** bzw. **Nacherfüllung** (§ 635 Abs. 1 BGB) noch nicht verloren,[105] so führt ein von dem Bauherrn geltend gemachtes **Leistungsverweigerungsrecht** nicht zur Klageabweisung, sondern zur **Verurteilung Zug-um-Zug gegen Mängelbeseitigung.** Mit Recht weist das OLG Hamm[106] darauf hin, dass der Unternehmer „seine Vorleistungspflicht erfüllt, wenn er das im Zeitpunkt der Kündigung vorhandene Werk brauchbar hergestellt hat. Auf dieses Werk beschränkt sich infolge der Kündigung seine Leistungsverpflichtung". Eine Zug-um-Zug-Verurteilung wird dieser Sachlage ausreichend gerecht. Bei einer **Verurteilung** des Bauherrn zur Zahlung Zug um Zug gegen die Beseitigung von Mängeln richtet sich die **Beschwer** (seiner Verurteilung) nach dem **Wert** der nichtberücksichtigten Mängelbeseitigungskosten und nicht nach dem sog. Druckzuschlag.[107]

---

100) Vgl. *Schneider,* DB 1969, 115; OLG Nürnberg, OLGZ 67, 405, 406.
101) Vgl. BGHZ 26, 337, 339; BGH, *Schäfer/Finnern,* Z 2.414 Bl. 140; BGHZ 61, 42 = BauR 1973, 313 = JR 1974, 66 m. Anm. *Fenge,* JR 1974, 68; OLG Köln, *SFH,* Nr. 17 zu § 320 BGB; *Siegburg,* BauR 1992, 419, 421. Entsprechendes gilt beim **VOB**-Bauvertrag; BGHZ 55, 334, 357, 358; **a. A.:** *Fischer,* BauR 1973, 210.
102) Vgl. BGHZ 26, 337, 339 = NJW 1958, 706; BGHZ 55, 354, 358 = NJW 1971, 838; BGHZ 73, 140, 145 = BauR 1979, 159; BauR 1980, 357; ebenso: BGH, NJW 1979, 650 bei einer Klage auf **Abschlagszahlung** (s. aber OLG Schleswig, OLGR 2007, 351 = BauR 2007, 1579). Zum **Ausschluss** der Einrede aus dem Rechtsgedanken des § 321 BGB: OLG Naumburg, BauR 2003, 896, 899 = IBR 2003, 133 – *Schmitz.*
103) *Siegburg,* BauR 1992, 419, 422. Zur **Kostenentscheidung:** OLG Düsseldorf, NJW-RR 1996, 146.
104) BGH, BauR 1987, 95; BGH, ZfBR 1993, 189; OLG Hamm, BauR 1995, 397.
105) Durch die Kündigung allein wird das Recht auf Nachbesserung bzw. Nacherfüllung (§ 635 Abs. 1 Satz 1 BGB n. F.) des Unternehmers oder Architekten noch nicht beseitigt; vgl. OLG Hamm, BauR 1995, 397 = OLGR 1995, 88 für **Unternehmer;** OLG Hamm, OLGR 1995, 87 für **Architekt.**
106) BauR 1995, 397 = NJW-RR 1995, 657 = OLGR 1995, 88.
107) BGH, NJW-RR 1997, 148.

**Leistungsverweigerungsrecht (§ 320 BGB)**      Rdn. 2538–2540

\* Klagt der Unternehmer eine **Abschlagszahlung** ein (§ 632 a BGB, § 16 Nr. 1 VOB/B), so kann das auf Mängel gestützte Leistungsverweigerungsrecht des Bauherrn nur zu einer **Zug-um-Zug**-Verurteilung und nicht zu einer Klageabweisung „als zur Zeit unbegründet" führen; das hat der BGH mehrfach betont.[108] Im Übrigen ist zu beachten, dass einem Unternehmer ein Leistungsverweigerungsrecht wegen nicht rechtzeitig oder nicht vollständig beglichener Abschlagszahlungen nur zustehen kann, wenn seine Abschlagsberechnungen prüfbar sind.[109]

**2538**

Dies gilt auch für Verträge, die der **VOB** unterliegen.[110] Damit verlagert sich allerdings die Prüfung, ob ordnungsgemäß nachgebessert ist, ins **Zwangsvollstreckungsverfahren**. Das ist aber eine zwangsläufige Folge der vom Gesetzgeber in § 322 Abs. 1 BGB bewusst getroffenen gesetzlichen Regelung.[111] Der Besteller wird auch gezwungen, sein gesamtes Verteidigungsvorbringen zu konzentrieren, weil er später Einwendungen gegen den Anspruch des Unternehmers auf Zahlung der Vergütung nur noch unter den strengeren Voraussetzungen des § 767 Abs. 2 ZPO geltend machen kann.[112]

**2539**

Zu beachten ist, dass der BGH[113] klargestellt hat, welche Rechte dem Unternehmer bei der **außerprozessualen und prozessualen Geltendmachung** eines **Kostenbeteiligungsanspruchs gegen den Bauherren** zustehen. Hat der Unternehmer einen Anspruch auf Werklohn Zug um Zug gegen Beseitigung eines Baumangels, muss sich aber der **Bauherr** bei der Mängelbeseitigung (wegen einer **Mitverursachungsquote**, wegen **Vorteilsausgleichung**, insbesondere wegen **Sowiesokosten**) **mit einem Kostenzuschussanspruch beteiligen,** so steht dem Unternehmer **außerprozessual** ein Anspruch auf **Sicherheitsleistung** gegen den Besteller zu. Im **Werklohnprozess** führt die Geltendmachung des Zuschussanspruchs dagegen zu einer **doppelten Zug-um-Zug-Verurteilung** (vgl. Rdn. 2742).

**2540**

Der Bauherr, der dem Unternehmer den Mangel rechtzeitig vor **Verjährungseintritt** angezeigt hat, kann die Zahlung des Werklohns auch **nach Verjährungseintritt** bis zur Mängelbeseitigung einredeweise verweigern (vgl. § 215 BGB).[114]

---

108) BGH, BauR 1991, 81, 83 = NJW 1991, 565; BGHZ 73, 144 = BauR 1979, 159; BGH, BauR 1988, 474.
109) Vgl. OLG Düsseldorf, BauR 1997, 1041, 1042 = *SFH*, Nr. 7 zu § 284 BGB = NJW-RR 1997, 1516 = OLGR 1998, 4 (LS).
110) Vgl. BGHZ 55, 354, 358 = NJW 1971, 383; BGH, NJW 1973, 1792 = BauR 1973, 313; *Kaiser*, Rdn. 193; a. A.: *Schneider*, DB 1969, 115; OLG Breslau, SeuffArch. 59, Nr. 22; *Fischer*, BauR 1973, 210.
111) BGHZ 61, 42 = MDR 1973, 842.
112) BGH, a. a. O.
113) BGH, BauR 1984, 395 = ZfBR 1984, 173 = *SFH*, Nr. 5 zu § 13 Nr. 5 VOB/B (1973); BGH, BauR 1984, 401 = ZfBR 1984, 176; s. auch *Bühl*, BauR 1985, 502 ff.
114) BGH, BauR 2006, 1464 zum alten Recht (entsprechende Anwendung von § 390 Satz 2 BGB a. F.); s. ferner: BGH, BauR 1970, 54 = NJW 1970, 561; kritisch: *Heyers*, BauR 1970, 135 (Anwendung von § 320 BGB); OLG Köln, BauR 1993, 746 = ZfBR 1993, 285 für Bürgschaftskunde.

## 3. Das Leistungsverweigerungsrecht bei abgetretenen Mängelrechten

*Literatur*

*Diedrich,* Das Leistungsverweigerungsrecht des Erwerbers von Wohnraum nach § 320 BGB gegenüber dem sich von der Sachmängelhaftung freizeichnenden Bauträger (zugleich Entscheidungsrezension BGH, Urteil vom 22.12.1977 = BauR 1978, 136), BauR 1978, 344; *Graßnack,* Die Abtretung von Gewährleistungsansprüchen gegen die am Bau beteiligten Unternehmer im Vertrag des Bauträgers mit dem Erwerber von Wohnungseigentum, BauR 2006, 1394.

**2541** Zuweilen treten **Bauträgergesellschaften** immer noch ihre „**sämtliche Gewährleistungsansprüche**" gegenüber dem Architekten, dem Unternehmer und anderen an der Erstellung des Eigenheims beteiligten Dritten an den Käufer (Erwerber) **ab** (vgl. dazu näher Rdn. 2196).[115] Ist diese **Abtretung** (ausnahmsweise)[116] **wirksam,** so kann der **Bauträger** die Gewährleistungsansprüche nicht mehr im Wege einer (Wider)klage geltend machen. Nach h. M. kann dieser jedoch z. B. gegenüber dem **Unternehmer,** der für einen Baumangel verantwortlich ist, noch weiterhin die Einrede des § 320 erheben.[117] Damit haben die Trägergesellschaften durch ihr „Abwehrrecht" über § 320 BGB die **Möglichkeit,** gegenüber dem Unternehmer **einen Preisnachlass wegen Mängeln zu erlangen.**[118]

**2542** Der **Erwerber** (Käufer) kann bei einer (ausnahmsweise) wirksamen Abtretung den Bauträger nach der bisherigen Rechtsprechung des BGH dann nur „**subsidiär**" in Anspruch nehmen. Allerdings kann sich der Veräußerer nur insoweit freizeichnen, als sich der Erwerber aus den abgetretenen Ansprüchen gegen die Baubeteiligten (Architekt, Unternehmer) tatsächlich schadlos halten konnte. Das Risiko, dass die Schadloshaltung fehlschlägt, bleibt nach der Rechtsprechung also beim Veräußerer.[119] Im Übrigen tritt die subsidiäre Eigenhaftung des Bauträgers schon dann ein, wenn dieser den Erwerber bei der Durchsetzung der Ansprüche nicht hinreichend unterstützt.[120]

**2543** In der Regel handelt es sich jedoch um **formularmäßige Subsidiaritätsklauseln,** die nach der neueren Rechtsprechung des BGH wegen Verstoßes gegen § 307 Abs. 2 Nr. 2 BGB **unwirksam** sind.[121] Damit entfällt aber auch die Subsidiärhaftung des Bauträgers; und Mängelansprüche des Erwerbers können bei einem finanziellen Zusammenbruch des Bauträgers in der Regel nicht mehr durchzusetzen sein.[122]

---

115) Vgl. z. B. BGH, BauR 1975, 133; BGH, BauR 1984, 172 = ZfBR 1984, 69; OLG Koblenz, NJW-RR 1999, 603; OLG Düsseldorf, BauR 2000, 131.
116) Siehe hierzu: BGH, BauR 2002, 1385 = BGH, NJW 2002, 2470 = IBR 2002, 418 – *Schwenker;* BGHZ 164, 225 = BauR 2006, 99 = NZBau 2006, 113. Zur Abtretung der einzelnen Mängelrechte siehe *Schmalzl/Lauer/Wurm,* Rdn. 155 ff. m. Nachw.
117) BGH BauR 2007, 1727, 1729 = NZBau 2007, 639; BGHZ 55, 354; OLG München, BauR 1973, 387; *Brych,* NJW 1972, 896; *Fritz,* Rdn. 109 m. w. Nachw. in Anm. 437; *Kapellmann/Messerschmidt/Weyer,* § 13 VOB/B, Rdn. 244; a. A.: *Ludewig,* NJW 1972, 516.
118) Diesen kann allerdings der Erwerber herausverlangen: *Jagenburg,* NJW 1972, 1223.
119) Vgl. u. a. BGHZ, 62, 251 = BauR 1974, 278 = NJW 1974, 1135; BGH, BauR 1975, 133; BauR 1978, 136 = NJW 1978, 634; *Löwe,* NJW 1974, 1108; *Locher,* NJW 1974, 1544 u. JZ 1974, 614; *Ohmen,* DNotZ 1975, 344.
120) BGH, BauR 1991, 85, 87 m. w. Nachw.
121) BGH, BauR 2002, 1385 = NJW 2002, 2470 = IBR 2002, 418 – *Schwenker; Graßnack,* BauR 2006, 1394; *Basty,* Rdn. 967; s. auch Rdn. **2205.**
122) *Basty,* Rdn. 970.

**Unsicherheitseinrede (§ 321 BGB)** Rdn. 2544

Ob deshalb eine Art „**Sicherungsabtretung**" durch den Bauträger sinnvoll erscheint, ist mit Basty allerdings sehr zu bezweifeln.

### 4. Die Unsicherheitseinrede (§ 321 BGB)

*Literatur*

*Schmitz*, Handlungsmöglichkeiten von Auftragnehmer und Auftraggeber in der wirtschaftlichen Krise des Vertragspartners, BauR 2005, 169.

Wer als Werkunternehmer oder aufgrund einer Vereinbarung zur **Vorleistung** verpflichtet ist, vertraut immer (auch) auf die Zahlungsfähigkeit seines Vertragspartners. Neben den im Gesetz vorgesehenen Sicherheiten (§§ 648, 648 a BGB) und den im Einzelfall vereinbarten (z. B. Stellung einer Bürgschaft auf erstes Anfordern) wird § 321 BGB zukünftig eine größere Bedeutung als „Sicherheit" für einen vorleistungspflichtigen Unternehmer oder auch Architekten haben;[123] so kann z. B. ein Handwerker künftig „die ihm obliegende Leistung **verweigern**, wenn **nach** Abschluss des Vertrages **erkennbar wird**, dass sein Anspruch auf die Gegenleistung **durch mangelnde Leistungsfähigkeit** des anderen Teils **gefährdet** wird" (§ 321 Abs. 1 Satz 1 BGB). Voraussetzung für die Anwendung des § 321 BGB ist, dass sich die Vorleistungspflicht aus einem **gegenseitigen** Vertrag ergibt und es sich um eine Hauptpflicht handelt, die im **Synallagma** steht.[124]

2544

Im Gegensatz zur früheren Regelung kann der Unternehmer nunmehr nach einer erfolglosen Fristsetzung sogar vom **Vertrag zurücktreten** (§§ 321 Abs. 2, 323 BGB). Da es nach der Neuregelung zudem unerheblich ist, ob die mangelnde Leistungsfähigkeit bereits **vor** oder erst **nach** Vertragsschluss eintritt,[125] wird in der Praxis das Druckmittel des § 321 BGB vor allem effektiv sein, wenn (vorübergehende) Zahlungseinstellungen, etwa aufgrund von Vollstreckungsmaßnahmen, drohen, für den Unternehmer aber nicht absehbar ist, welche weitergehende Folgen (Kündigung von Bankkrediten; Insolvenzantrag) damit verbunden sind. Das **Leistungsverweigerungsrecht** kann deshalb auch als gute **Vorstufe** für ein Sicherungsverlangen nach §§ 648, 648 a BGB angesehen werden. Darüber hinaus schließt es eine (zu § 648 a BGB) bestehende **Lücke**: Ist diese Vorschrift **nicht** anwendbar (Einfamilienhaus der natürlichen Person, § 648 a Abs. 6 Nr. 2 BGB), so hat der Unternehmer zukünftig zumindest das Druckmittel des § 321 BGB.[126] Voraussetzung für ein Leistungsverweigerungsrecht ist allerdings, dass die mangelnde Leistungsfähigkeit erst **nach** Abschluss des Vertrages „**erkennbar wird**". Das schließt ein, dass der vorleistungspflichtige Unternehmer bei Abschluss des Vertrages die Augen nicht verschließen darf; vielmehr ist er gehalten, bei hinreichenden Anhaltspunkte **Nachprüfungen** anzustellen. Wer deshalb gebotene Überprüfungen der Leistungsfähigkeit seines Partners (z. B. durch Einholung einer Auskunft) unterlässt, läuft Gefahr, sich nicht

---

[123] Zum **Ausschluss** des Leistungsverweigerungsrechts des Auftraggebers wegen Mängeln aus dem Rechtsgedanken des § 321 BGB: OLG Naumburg, BauR 2003, 896, 899 = IBR 2003, 133 – *Schmitz*.
[124] *Erman/Westermann*, § 321 BGB, Rdn. 3.
[125] *Erman/Westermann*, a. a. O., Rdn. 2.
[126] Siehe auch *Peters*, NZBau 2002, 113, 116.

auf § 321 BGB berufen zu können.[127) Es reicht auch **nicht** aus, wenn der Vertragspartner nur in zurechenbarer Weise den **Anschein** einer Gefährdung gesetzt hat.[128) Wer als Vorleistungspflichtiger gebotene Sorgfaltspflichten verletzt, kann sich im Einzelfall daher auch gegenüber seinem Vertragspartner schadensersatzpflichtig machen.[129)

---

127) Schmitz, BauR 2005, 169, 179; *Henssler/Graf von Westphalen/Muthers*, Teil 3, § 321 BGB, Rdn. 8; *Erman/Westermann*, a. a. O., Rdn. 5, jweils unter Hinweis auf die BT-Drucks. 14/6040 S. 179.
128) *Henssler/Graf von Westphalen/Muthers*, a. a. O., Rdn. 11; AnwKom-BGB/*Dauner-Lieb*, § 321 BGB, Rdn. 4.
129) *Henssler/Graf von Westphalen/Muthers*, a. a. O., Rdn. 13.

## X. Die Aufrechnung

*Übersicht*

|  | Rdn. |  | Rdn. |
|---|---|---|---|
| 1. Die Prozesssituation | 2545 | 3. Die materiellen Voraussetzungen (§§ 387 ff. BGB) | 2561 |
| 2. Die Eventualaufrechnung | 2559 | 4. Aufrechnungsverbote | 2571 |

*Literatur*

*Grunsky*, Die unzulässige Prozessaufrechnung, JZ 1965, 391; *Henckel*, Materiell-rechtliche Folgen der unzulässigen Prozessaufrechnung, ZZP 74, 165; *Habscheid*, Über die Rechtsfolgen der fehlgeschlagenen Prozessaufrechnung, ZZP 76, 371; *Schmidt*, Die Prozessaufrechnung im Spannungsfeld von Widerklage und prozessualer Einrede, ZZP 74, 29; *Blomeyer*, Außerprozessuale Aufrechnung und Prozessaufrechnung, ZZP 75, 439; *Trapp*, Die einseitige Aufrechnungserklärung mit Schadensersatzansprüchen gegen Honoraransprüche des Architekten, BauR 1977, 29; *Trapp*, Die Aufrechnung mit ausgeschlossenen Gegenforderungen nach vorbehaltloser Annahme der Schlusszahlung (§ 390 Satz 2 BGB), BauR 1979, 271; *Kawano*, Der prozessual unberücksichtigte Aufrechnungseinwand und seine materiellen Folgen, ZZP 81, Bd. 94, 1; *Reinicke/Tiedtke*, Rechtskraft und Aufrechnung, NJW 1984, 2790; *Zeuner*, Zur Begrenzung der Rechtskraft in Fällen der Aufrechnung, JuS 1987, 354; *Kohler*, Kostenvorschuss und Aufrechung oder Zurückbehaltungsrecht als Verteidigung gegen Werkvergütungsansprüche, BauR 1992, 22; *Foerste*, Lücken der Rechtskraft zivilgerichtlicher Entscheidungen über Aufrechnung, NJW 1993, 1183; *Musielak*, Die Aufrechnung des Beklagten im Zivilprozess, JuS 1994, 817; *Mankowski*, Gegenaufrechnung des Klägers und Teilklage, JR 1996, 223; *Bydlinski*, Die Aufrechung mit verjährten Forderungen: Wirklich kein Änderungsbedarf?, AcP 1996, Bd. 196, 276; *Koeble*, Die Verrechnung beim Werkvertrag, Festschrift von Craushaar (1997), 259; *Haase*, Kann ein Auftraggeber mit seinem Anspruch auf Zahlung eines Kostenvorschusses zur Mängelbeseitigung gegen den Werklohnanspruch seines Auftragnehmers aufrechnen?, ZfBR 1998, 173; *Timmermanns*, Die Aufrechnung in der Insolvenz beim VOB-Vertrag, BauR 2000, 1117; *Busse*, Aufrechnung bei internationalen Prozessen vor deutschen Gerichten, MDR 2001, 729; *Greiner*, Mängel am Gemeinschaftseigentum und Aufrechnung einzelner Erwerber gegen Restforderungen des Bauträgers, ZfBR 2001, 439; *von Olshausen*, Einrede- und Aufrechnungsbefugnisse bei verjährten Sachmängelansprüchen, JZ 2002, 385; *Buscher*, Das Vorbehaltsurteil gemäß § 302 ZPO im Werklohnprozess des Unternehmers, BauR 2002, 870; *Putzier*, Verrechnung oder Aufrechnung – was gilt?, BauR 2002, 1632; *Hammacher*, Konzernverrechnungsklausel in der Insolvenz des Vertragspartners, BauR 2003, 21; *Dören*, Verrechnung oder Aufrechnung bei teilweiser und vollständiger Zurückweisung des Werks, BauRB 2004, 212; *Kessen*, Das Ende der Verrechnung im Werkvertragsrecht und seine Folgen, BauR 2005, 1691; *Koenen*, Die Kündigung nach § 8 Nr. 2 VOB/B und deren Abrechnungsprobleme, BauR 2005, 202; *Lauer*, Mängelansprüche und Verrechnung im Bauvertrag, Festschrift für Werner (2005), 195; *Wellensiek*, Fortführung des Bauvertrags nach Insolvenzantrag des Auftragnehmers und nach Eröffnung des Insolvenzverfahrens, BauR 2005, 186; *Schaefer*, Vorbehaltsurteil gemäß § 302 ZPO – Dornröschenschlaf beendet?, NZBau 2006, 206.

**Rdn. 2545–2548** **Die Aufrechnung**

## 1. Die Prozesssituation

**2545** Zum Verteidigungsvorbringen eines Baubeteiligten gehört in Bauprozessen in aller Regel auch die Aufrechnung mit **Gegenansprüchen**.[1] Die Vielfalt der Ansprüche der einzelnen Baubeteiligten eröffnet naturgemäß ein weites Feld. Der Aufrechnung wird vielfach der Einwand entgegengestellt, sie sei „**vertraglich ausgeschlossen**" (vgl. Rdn. 2571), oder sie verletze jedenfalls **Verfahrensrecht**.

**2546** Die Aufrechnung ist typisches **Verteidigungsmittel;** sie unterscheidet sich von der **Widerklage** dadurch, dass diese dem (Wider)kläger einen Titel verschafft, was die Aufrechnung nicht bewirken kann. In Bauprozessen kann die Aufrechnung – wie allgemein – in zwei Formen in Erscheinung treten. Der Beklagte (oder auch der Kläger) erklärt unter Berufung auf die vorgelegte Korrespondenz, er habe bereits **vor Prozessbeginn** mit eigenen Ansprüchen aufgerechnet. Hierauf wolle er sich berufen. In diesem Falle wird also im Prozessverfahren auf eine bereits erfolgte Aufrechnung „verwiesen". Hat der Baubeteiligte dagegen vor Prozessbeginn eine Aufrechnung mit Gegenansprüchen noch nicht vorgenommen, sondern erklärt er sie vielmehr erstmals **im Prozess (Prozessaufrechnung)**, so hat seine „Erklärung" nach h. M. einen **Doppelcharakter:** Es liegt eine Prozesshandlung und zugleich ein materiell-rechtliches Rechtsgeschäft (Aufrechnung) vor. Ein Wesensunterschied zwischen der Aufrechnung innerhalb und außerhalb des Prozesses besteht nicht.[2]

**2547** Wurde die Aufrechnung vor Prozessbeginn oder während des Prozesses außerhalb der mündlichen Verhandlung erklärt, beruft sich aber der Beklagte im Prozess hierauf, so macht er eine prozessuale Einwendung geltend, deren Zulässigkeit sich ausschließlich nach den Regeln des Prozessrechts bestimmt. Es handelt sich in diesen Fällen also nur um das Vorbringen eines **Verteidigungsmittels**, das anderen materiell-rechtlichen Einwendungen oder Einreden (z. B. Stundung, Erlass, Verjährung) vergleichbar ist.[3]

**2548** Die materiell-rechtliche **Rechtsänderung** tritt im Zeitpunkt ihrer Abgabe im Prozess ein;[4] als Rechtsgeschäft wirkt sie jedoch schon mit der Erklärung im vorbereitenden Schriftsatz, und zwar mit dessen Zugehen. Die Erklärung der Aufrechnung kann nicht nur in der mündlichen Verhandlung, sondern stets auch durch Zustellung eines Schriftsatzes erfolgen.[5] Ob eine Aufrechnung in einem vorbereitenden Schriftsatz schon erklärt ist, bleibt stets Auslegungsfrage.[6] Zur Abgabe und Entgegennahme der Aufrechnung ermächtigt jedenfalls die Prozessvollmacht.[7]

---

1) Zur Behandlung der **Aufrechnung** im Fall der **Insolvenz** (§§ 95 Abs. 1 Satz 3, 96 Abs. 1 Nr. 3, §§ 130, 131 InsO): BGH, NZBau 2005, 582 = IBR 2005, 485 – *Schmitz* (Aufrechnung mit **Schadensersatzanspruch** in Höhe der Mehrkosten der Fertigstellung); BGH, NZBau 2005, 685 = IBR 2006, 27 – *Schmitz* (Aufrechnung des Insolvenzgläubigers mit **Mängelbeseitigungskosten**; s. auch OLG Hamm, IBR 2005, 593 – *Schmitz*); OLG Karlsruhe, NZBau 2007, 645 (**Vorschussanspruch**); BGH, NZBau 2007, 238 = IBR 2007, 135 – *Schultze* (zur **Verrechnung** von Leistungen eines insolventen **ARGE-Partners** in der Auseinandersetzungsbilanz; s. auch OLG Frankfurt, BauR 2006, 846 für Leistungen der Gesellschafter zwischen Antrag und Eröffnung des Insolvenzverfahrens); BGH, IBR 2004, 421 – *Schmitz;* OLG Hamm, BauR 2004, 89; OLG Celle, BauR 2004, 404; s. ferner: *Timmermanns*, BauR 2000, 1117.
2) *Lüke/Huppert*, JuS 1971, 165, 169.
3) BGH, NJW 1984, 1964 = MDR 1984, 837.
4) Zur **Urteilsergänzung** wegen nicht berücksichtigter Prozessaufrechnung: AG Paderborn, MDR 2000, 1272 m. Anm. *E. Schneider*, MDR 2000, 1453.
5) RGZ 53, 148; 57, 358; 58, 227; 63, 413.
6) RGZ 53, 148.
7) Vgl. RGZ 53, 212; *Zöller/Greger*, § 145 ZPO, Rdn. 11.

**Die Aufrechnung**           Rdn. 2549–2552

Die **Doppelwirkung** der Prozessaufrechnung hat besondere Bedeutung für die Frage, ob eine prozessuale **unzulässige** Aufrechnung gleichwohl materiell-rechtliche Wirkung entfalten kann. Diese Frage ist vor allem in den Fällen aktuell, in denen die Aufrechnung aus bestimmten prozessualen Gründen nicht zum Tragen kommt, z. B., wenn der Aufrechnungseinwand als verspätet zurückgewiesen oder in der Berufungsinstanz nicht zugelassen wird (§ 533 ZPO).[8]    **2549**

In diesen Fällen ist die Aufrechnung prozessual erfolglos, sodass die Gegenforderung erhalten bleibt.

Das Problem des Auseinanderfallens der prozessualen Zulässigkeit und der materiellen Wirksamkeit der Aufrechnung löst die h. A. dahin, dass die prozessuale Unbeachtlichkeit der Prozessaufrechnung über den **Rechtsgedanken des § 139 BGB** auch zur materiellen Unwirksamkeit der Aufrechnungserklärung führt.[9] Damit wird dem Gläubiger der Aufrechnungsforderung die Möglichkeit offengehalten, seinen Anspruch in einem späteren Verfahren selbstständig einzuklagen, ohne Gefahr zu laufen, mit seiner Klage abgewiesen zu werden, weil die Forderung nicht besteht.[10]    **2550**

Wird mit **mehreren Gegenforderungen** aufgerechnet, wobei jede Gegenforderung höher ist als die Klageforderung selbst, muss der Aufrechnende eine **Rangfolge** angeben, in der das Gericht die einzelnen Forderungen prüfen soll.[11] Wird mit einer dem Schuldner **abgetretenen Forderung** aufgerechnet, so ist die ohne Vorlegung einer Abtretungsurkunde erfolgende Aufrechnung des neuen Gläubigers nur dann unwirksam, wenn der Schuldner sie aus diesem Grunde unverzüglich zurückweist.[12]    **2551**

Haben die Vertragsparteien für bestimmte Forderungen einen **Schiedsvertrag** geschlossen, kann mit diesen Forderungen im Prozess nicht aufgerechnet werden.[13] Eine **schiedsgebundene Forderung** soll nach dem Willen der Parteien **der Entscheidung durch ein ordentliches Gericht entzogen** werden, sodass auch ohne ausdrückliche Vereinbarung die **Aufrechnung** im Wege der Vertragsauslegung als **unzulässig** angesehen ist;[14] andernfalls würde durch die Prozessaufrechnung eine schiedsgebundene Forderung doch noch dem ordentlichen Gericht zur Entscheidung unterbreitet werden können. Dasselbe gilt für den umgekehrten Fall: Ein **Schiedsgericht** ist **nicht**    **2552**

---

8) Weiteres Beispiel: Der Kläger stützt seine **Vollstreckungsabwehrklage** auf eine Aufrechnung, obwohl die Aufrechnungslage bereits zur Zeit der letzten mündlichen Verhandlung bestand (BGHZ 34, 274; BGH, NJW 1964, 1797 u. MDR 1994, 942). Zum **Vorbehaltsurteil** gemäß § 302 Abs. 1 BGB in der ab 1.5.2000 gültigen Fassung: OLG Düsseldorf, NJW-RR 2001, 882 = BauR 2001, 290.

9) Vgl. *Schwab*, Bemerkungen zur Prozessaufrechnung, Festschrift für H. C. Nipperdey, 1965, Bd. I, S. 939 ff.; *Rosenberg/Schwab/Gottwald*, § 105 III 2; *Lüke*, AcP 162, 537; *Zöller/Greger*, § 145 ZPO, Rdn. 15; *Gehrlein*, § 8, Rdn. 36.

10) Vgl. BGHZ 16, 140; 17, 126; zu den Einzelheiten s. *Grunsky*, JZ 1965, 391; **a. A.:** KG, Rpfleger 1973, 264 = ZP 86, 441 m. zust. Anm. *Grunsky*, das dem Gläubiger der Gegenforderung nur den Weg über § 767 ZPO eröffnet.

11) OLG Schleswig, MDR 1976, 50; *Grunsky*, Grundlagen des Verfahrensrechts, § 15 I Anm. 7 m. Nachw.; **a. A.:** OLG Köln, LZ 1923, 232.

12) BGH, NJW 1958, 666; vgl. auch OLG Frankfurt, BauR 1989, 210 (unzulässige Rechtsausübung).

13) BGHZ 38, 254 ff.; *Lachmann*, Handbuch für die Schiedsgerichtspraxis, 1998, Rdn. 190; *Banse*, BauR 1977, 86; anders bei Treuwidrigkeit: OLG Düsseldorf, MDR 1981, 766.

14) *Lachmann* (a. a. O., Rdn. 189) hält aber einen **Rügeverzicht** nach § 1040 Abs. 2 ZPO für denkbar.

**befugt,** über die **Aufrechnung einer Forderung zu entscheiden,** über die die Parteien **keine Schiedsvereinbarung** getroffen haben, da sonst das Schiedsgericht entgegen dem Parteiwillen über eine in den Zuständigkeitsbereich der staatlichen Gerichtsbarkeit fallende Forderung befinden würde.[15]

Diese Grundsätze gelten auch für eine **Widerklage.** Ein ordentliches Gericht kann nicht über eine **Widerklage** entscheiden, wenn die Parteien hinsichtlich der der Widerklage zugrundeliegenden Forderung eine Schiedsgerichtsvereinbarung getroffen haben und eine Partei auf diese verweist.[16] Ein Schiedsgericht kann wiederum nicht über die Widerklage urteilen, wenn sich die Schiedsgerichtsvereinbarung nicht auch auf die entsprechende Gegenforderung bezieht.

**2553** Bei **internationalen** Verträgen setzt eine Entscheidung über die von dem Beklagten geltend gemachte Gegenforderung des Beklagten voraus, dass das Prozessgericht auch insoweit international zuständig ist.[17] Eine Prozessaufrechnung des Beklagten ist darüber hinaus auch dann zulässig und zu beachten, wenn sie gegenüber einem Kläger erhoben wird, der seinen Sitz in einem ausländischen Vertragsstaat des **EuGVÜ** (ab 1.3.2002: EuGVVO) hat und sich rügelos auf die zur Aufrechnung gestellte Forderung einlässt.[18]

**2554** Die Aufrechnung mit einer Forderung im Prozess macht diese noch **nicht rechtshängig.**[19] Deshalb kann die Forderung in einem anderen Prozess selbstständig eingeklagt werden; ebenso kann mit einer bereits eingeklagten Forderung in einem anderen Verfahren aufgerechnet werden.[20] In diesen Fällen wird jedoch zur Vermeidung divergierender Entscheidungen an eine Aussetzung gemäß § 148 ZPO zu denken sein.[21]

**2555** Im Einzelfall muss das Vorbringen entsprechend §§ 133, 157 BGB dahin ausgelegt werden, ob in einer **prozessualen** Erklärung einer Partei eine Aufrechnung zu sehen ist. Dabei kommt es auf den Aufrechnungs**willen** an.[22] Als ausreichend wurde angesehen: die Erklärung, dass man dem anderen Teil nichts mehr schulde, vielmehr noch etwas von ihm verlange,[23] oder die Geltendmachung einer Restforderung;[24] im Übrigen wird auch in der Geltendmachung eines **Zurückbehaltungsrechts** wegen eines fälligen Gegenanspruchs auf Zahlung (z. B. Schadensersatzforderung wegen Baumängeln) und sogar in einer **Hilfswiderklage** eine Aufrechnungserklärung gesehen.[25] Gehen in diesen Fällen die gegenseitigen Ansprüche beide auf Geld, so soll sich das

---

15) *Lachmann*, a. a. O., Rdn. 190; *Habscheid*, ZZP 76, 371, 373; **a. A.:** Banse, BauR 1977, 86, 87.
16) *Banse*, BauR 1977, 86, 89 m. w. Nachw.
17) BGH (VIII. ZS), NJW 1993, 2753. Zur Aufrechnung mit **rechtswegfremden** Gegenforderungen: *Schenke/Rutzig*, NJW 1992, 2502 ff.; *Gehrlein*, § 8, Rdn. 37 ff. m. Nachw.
18) BGH (VII. ZS), BauR 1993, 360.
19) **Bestr.:** BGHZ 57, 242 = NJW 1972, 450 = BauR 1972, 127; BGH NJW-RR 1994, 379; s. ferner: *Grunsky*, Grundlagen des Verfahrensrechts, S. 148 Anm. 4; *Zöller/Greger*, § 145 ZPO, Rdn. 18 m. Nachw.
20) BGH, BauR 1999, 511 = *SFH*, Nr. 1 zu § 391 BGB = NJW-RR 1999, 496 = NZBau 1999, 158.
21) Vgl. OLG Dresden, NJW 1994, 139 = MDR 1993, 1012; *Zöller/Greger*, § 145 ZPO, Rdn. 18 a.
22) Vgl. RGZ 52, 303; 59, 211.
23) RGZ 59, 211.
24) OLG Köln, LZ 1923, 232.
25) OLG Köln, OLGR 2001, 71 ff.

**Die Aufrechnung** Rdn. 2556–2558

Zurückbehaltungsrecht „von selbst zur Aufrechnung gestalten".[26] Behauptet der Beklagte (auch unsubstantiiert), er habe bereits vorprozessual aufgerechnet, liegt hierin im Zweifel eine konkludente Wiederholung der Aufrechnungserklärung.[27]

Die **Beweisbarkeit** der Gegenforderung, mit der aufgerechnet wird, ist nicht Voraussetzung für eine Aufrechnung;[28] denn Gewährleistungsansprüche können z. B. in Bausachen typischerweise erst während des Prozesses im Wege oft langwieriger Beweisaufnahmen geklärt werden. **2556**

In Bauprozessen versuchen die Baubeteiligten am Schluss immer wieder, mittels Aufrechnung eine Klage zu Fall zu bringen, wenn sie sehen, dass ihr übriges Verteidigungsvorbringen keine hinreichende Aussicht auf Erfolg bietet. **2557**

In diesen Fällen stellt sich häufig die Frage nach einer **„Verspätung"**; hierzu hat der BGH[29] bemerkt:

> „Die Aufrechnung ist ein **Verteidigungsmittel** i. S. der ZPO. Mit ihr wird – wie mit anderen der Rechtsverteidigung dienenden Einwendungen – bezweckt, den vom Kläger geltend gemachten Klageanspruch zu Fall zu bringen. Sie ist daher wie sonstiges Verteidigungsvorbringen zusammen mit den ihrer Rechtfertigung dienenden Tatsachen in der **Klageerwiderung** geltend zu machen, wenn für diese eine Frist gesetzt worden ist und das Vorbringen nach der Prozesslage zum Zwecke einer sorgfältigen und auf Förderung des Verfahrens bedachten Prozessführung erforderlich ist. In der Klageerwiderung ist alles mitzuteilen, was zur Zeit notwendig ist, damit der Kläger sich auf die Verteidigung des Beklagten einrichten und notfalls noch einmal umfassend antworten kann und demgemäss das Prozessgericht in die Lage versetzt wird, den Verhandlungstermin ebenfalls umfassend vorzubereiten.
>
> Dem **genügt** die Partei **nicht,** wenn sie in der Klageerwiderung **fristgerecht** zwar **die prozessuale Erklärung** der Aufrechnung abgibt, die zur Aufrechnung gestellte **Gegenanforderung aber nicht substantiiert."**

Erklärt deshalb der Beklagte im Bauprozess **rechtzeitig** die Aufrechnung mit einer Gegenforderung, so muss er „auch die zu ihrer Rechtfertigung dienenden **Tatsachen und Beweismittel** bei Meidung der Nichtzulassung oder Zurückweisung **ebenso rechtzeitig** vortragen" (BGH). Nach der ZPO-Reform ist die Einführung einer in erster Instanz nicht erklärten Aufrechnung schwieriger (§ 533 ZPO); denn neben der Überprüfung auf Sachdienlichkeit oder Einwilligung des Prozessgegners ist sie an die nach § 529 ZPO vorzunehmende Prüfung gekoppelt. Fehlt deshalb eine der nach § 533 Nr. 1 und 2 ZPO erforderlichen Voraussetzungen, ist die Aufrechnung **unzulässig.**[30]

Hat die Aufrechnung Erfolg und führt sie zur Abweisung der Klage, so ist diese Entscheidung im doppelten Sinne der **Rechtskraft** fähig (§ 322 Abs. 1 und 2 ZPO).[31] **2558**

---

26) RGZ 85, 108; BGH, LM Nr. 12 zu § 355 HGB
27) BGH, NJW-RR 1994, 1203 = ZIP 1994, 1391.
28) BGHZ 16, 124, 129; BGH, BauR 1970, 237, 238.
29) NJW 1984, 1964, 1967; siehe ferner: BGH, BauR 2004, 1807 = NZBau 2004, 389 = IBR 2004, 469 – *Hildebrandt* (zur Sachdienlichkeit einer erstmals im **Berufungsverfahren** erklärten Aufrechnung); NJW-RR 1990, 1470. Zur **Sachdienlichkeit** bei mehreren hintereinander hilfsweise zur Aufrechnung gestellten Forderungen: BGH, NJW 2000, 143.
30) *Zöller/Gummer,* § 533 ZPO, Rdn. 1.
31) Zur **Rechtskraft** s. im Übrigen: BGHZ 89, 349 = NJW 1984, 1356 m. Anm. *Haase,* JR 1984, 331; *Reinicke/Tiedtke,* NJW 1984, 2790; *Zeuner,* JuS 1987, 354; OLG Hamm, NJW-RR 1989, 827; BGH, NJW 1992, 982; SchlHOLG, JurBüro 1984, 257.

Dies hat das OLG Düsseldorf[32] für die Abweisung einer Klage infolge der Aufrechnung mit einem **Vorschussanspruch** des Bauherrn nochmals besonders hervorgehoben: Mit der rechtskräftigen Entscheidung wird dem Bauherrn der Werklohn aberkannt, zugleich wird aber der Untergang des Vorschussanspruches bezüglich der Mängelbeseitigung in Höhe der Klageforderung mit Rechtskraftwirkung ausgesprochen. Stellt sich heraus, dass der Vorschuss zu hoch angesetzt ist, bedarf es zum Ausgleich nicht des Wiederauflebens des Werklohnanspruches. In diesen Fällen entsteht dann ein Rückgewähranspruch des Unternehmers auf den nicht verbrauchten Teil des Vorschusses, der sich nach der Abrechnung ergibt. Umgekehrt schließt aber die Rechtskraft der Entscheidung über den durch die Aufrechnung getilgten Vorschussanspruch nicht aus, dass der Bauherr noch einen weiteren Vorschuss verlangen kann. Mit der Rechtskraftwirkung ist nur über den Teil des Anspruches entschieden, der sich auf die zu seiner Begründung vorgebrachten Tatsachen stützt. Die Berücksichtigung neuer Umstände in einem neuen Rechtsstreit ist deshalb durch die Rechtskraftwirkung des Vorprozesses nicht ausgeschlossen.

## 2. Die Eventualaufrechnung

**2559** Die prozessual sicherste Methode für den Beklagten[33] sich gegen einen baurechtlichen Anspruch zu wehren, besteht darin, mit eigenen Ansprüchen gegen die Klageforderung hilfsweise und vorsorglich die Aufrechnung zu erklären (sog. **Hilfs-** oder **Eventualaufrechnung**). Auch die Eventualaufrechnung ist zumindest eine **Prozesshandlung** und als solche widerrufbar.[34] Rechnet der Beklagte deshalb **hilfsweise** mit einer Gegenforderung auf, tritt er diese dann ab und zieht später seine Hilfsaufrechnung zurück, so kann der Abtretungsempfänger diese Gegenforderung nunmehr für eine eigene Hilfsaufrechnung verwenden, wenn er vom gleichen Kläger verklagt worden ist.[35] Das Hauptverteidigungsvorbringen des Beklagten besteht bei der Eventualaufrechnung in dem Bestreiten der Klageforderung oder in dem Geltendmachen sonstiger materieller oder prozessueller Einreden.

**2560** Die Hilfsaufrechnung ist in **Bauprozessen allgemein üblich;** sie ist nach h. M. auch mit mehreren Gegenansprüchen unbedenklich zulässig. Wenn der Beklagte im Prozess die Aufrechnung für den Fall erklärt, dass die Forderung des Klägers besteht, so liegt darin keine unzulässige Bedingung im Sinne des § 388 Satz 2 BGB, sondern nur eine Rechtsbedingung.[36]

Bei der Hilfsaufrechnung ist nach h. A. immer dann **Beweis** zur Klageforderung zu erheben, wenn die Klageforderung streitig, die Gegenforderung, mit der aufgerechnet wird, dagegen unstreitig ist. Nach der **Beweiserhebungstheorie,** die heute allgemein vertreten wird,[37] darf also eine zwischen den Parteien streitige Klageforderung nicht

---

32) BauR 1970, 61, 62; s. auch BGH, BauR 1976, 205 = MDR 1976, 655.
33) Zur Zulässigkeit einer Hilfsaufrechnung in der **Klageschrift:** OLG Frankfurt, NJW-RR 1997, 526, 527 = BauR 1997, 323; zur **Beschwer** bei Zurückweisung einer hilfsweise aufgerechneten Gegenforderung als unzulässig: BGH, NJW 2001, 3616.
34) OLG Hamburg, MDR 1973, 57.
35) OLG Hamburg, MDR 1973, 57.
36) Vgl. RGZ 79, 24; *Soergel/Siebert,* § 388 BGB, Rdn. 3; *Palandt/Heinrichs,* § 388 BGB, Rdn. 3.
37) Vgl. RGZ 42, 320; 52, 27; 80, 164, 166; 167, 257; BGH, LM § 322 ZPO, Nr. 21; BAG, NJW 1962, 173; OLG Köln, NJW-RR 1992, 260.

**Materielle Voraussetzungen (§§ 387 ff. BGB)**                  Rdn. 2561–2562

ohne vorherige Prüfung ihres Bestandes mit der Begründung abgewiesen werden, jedenfalls sei die Forderung durch Aufrechnung erloschen. Dies gilt auch dann, wenn der Beklagte „in erster Linie aufrechnen will".[38] Will der Beklagte sofort eine Entscheidung über die Klage erreichen, darf er die Klageforderung nicht bestreiten; dann handelt es sich jedoch nicht mehr um eine Hilfsaufrechnung.

Der Beweiserhebungstheorie ist zu folgen, weil andernfalls unklar bliebe, ob und inwieweit die Aufrechnungsforderung verbraucht ist. Dies könnte im Einzelfalle zu einem neuen Prozess führen. Die Nichtbeachtung dieser Grundsätze stellt einen wesentlichen Verfahrensfehler dar und kann zur Aufhebung des Urteils führen (§ 538 Abs. 2 Nr. 1 ZPO).[39]

### 3. Die materiellen Voraussetzungen (§§ 387 ff. BGB)

Materielle Voraussetzungen einer wirksamen Aufrechnung ist stets – neben der Gegenseitigkeit der Forderungen – die **Gleichartigkeit der Leistungen**. Ein Bauherr kann also nur mit einer **Geldforderung** im Rahmen eines Mangelanspruchs aufrechnen. Macht er einen Anspruch auf **Nacherfüllung** (§§ 634 Nr. 1, 635 BGB) gegen seinen Auftragnehmer geltend, besteht wegen der Ungleichartigkeit der gegenseitigen Ansprüche keine Aufrechnungslage. In diesem Fall ist der Auftraggeber auf sein Zurückbehaltungs-/Leistungsverweigerungsrecht beschränkt. Demgegenüber kann der Bauherr mit einem Anspruch auf Zahlung eines **Vorschusses** zur Behebung von Mängeln (vgl. § 13 Nr. 5 Abs. 2 VOB/B, § 633 Abs. 3 BGB a. F., § 637 Abs. 3 BGB) gegenüber der Werklohnforderung des Auftragnehmers aufrechnen.[40] Nichts anderes gilt für einen **Kostenerstattungsanspruch**[41] sowie für **Schadensersatzansprüche** des Auftraggebers. Macht z. B. der Auftraggeber nach einer Kündigung Ersatzansprüche in Höhe der Mehrkosten der Fertigstellung geltend, so stehen sich der Werklohnanspruch des Auftragnehmers für die erbrachten Leistungen und der Schadensersatzanspruch aufrechenbar gegenüber und unterliegen den Regeln der Aufrechnung.[42] Wird demgegenüber der sog. **große** Schadensersatzanspruch (§ 281 BGB: Schadensersatz statt der ganzen Leistung) beansprucht, ist für eine Aufrechnung dann kein Raum, wenn die Gegenleistung noch nicht erbracht ist. Das Vertragsverhältnis wandelt sich nämlich mit der Geltendmachung in einen **einseitigen** Anspruch des Gläubigers auf Schadensersatz um.[43]

**2561**

Mit einem **Freistellungsanspruch** (vgl. Rdn. 1693) kann nicht aufgerechnet werden, da es insoweit an der Gleichartigkeit der Leistungen fehlt. Gegenüber einem

**2562**

---

38) RGZ 167, 257; zustimmend: *Herschel*, DR 1941, 2402.
39) BGHZ 31, 358, 363; OLG Celle, OLGZ 70, 5.
40) BGHZ 54, 244 = NJW 1970, 2019 = BauR 1970, 237 = WM 1970, 1195; BGH, BauR 1989, 199, 200; OLG Rostock, OLGR 2006, 1017; OLG Düsseldorf, MDR 1969, 1007.
41) OLG Düsseldorf, IBR 2006, 525 – *Moufang*.
42) BGHZ 163, 274 = BauR 2005, 1477 = NZBau 2005, 582 = ZfBR 2005, 673 = NJW 2005, 2771; BGHZ 165, 134 = BauR 2006, 411 = NZBau 2006, 169 = ZfBR 2006, 231 = NJW 2006, 698 (Aufrechnung mit Mängelbeseitigungskosten).
43) *Palandt/Grüneberg*, § 387 BGB, Rdn. 2; *Palandt/Heinrichs*, § 281 BGB, Rdn. 20; *Lauer*, Festschrift für Werner, S. 195, 207; *Motzke*, in: Englert/Motzke/Wirth, § 641 BGB, Rdn. 86; OLG Koblenz, BauR 2002, 1124 = NZBau 2002, 453; OLG Düsseldorf, NJW-RR 2001, 882.

Anspruch auf **Freigabe** (z. B. eines auf einem gemeinschaftlichen Konto hinterlegten Betrages) ist jedoch eine Aufrechnung mit einem Zahlungsanspruch möglich.[44]

Die für die Aufrechnung erforderliche **Gegenseitigkeit** ist gewahrt, wenn der Bauherr gegenüber einer Forderung des Unternehmers aus einem **Arge-Vertrag** mit seiner Gegenforderung als Bauherr aus einem zweiten Arge-Vertrag aufrechnet. Da die Arge eine Gesellschaft des bürgerlichen Rechts ist,[45] haften die Gesellschafter für die Verbindlichkeiten der Gesellschaft nicht nur mit dem Gesellschaftsvermögen, sondern persönlich.

**2563** Ein **Bauträger** kann mit Zahlungsansprüchen, die ihm gegen **einzelne** Wohnungseigentümer aufgrund des Erwerbervertrages zustehen, gegenüber einem Anspruch auf Vorschuss (zur Mängelbeseitigung) oder einem Schadensersatzanspruch (zur Herstellung des vertragsgemäßen Zustandes), den mehrere Wohnungseigentümer mit Einverständnis der Gemeinschaft geltend machen, nicht aufrechnen, weil „die Gemeinschaftsbezogenheit des Gewährleistungsinteresses" dies verbietet.[46]

Das OLG Köln[47] hat hierzu ausgeführt:

„Der Anspruch der Miteigentümer ist auf eine im Rechtssinn unteilbare Leistung gerichtet. Schadensersatz, der der Gemeinschaft zu leisten ist, weil der Unternehmer seiner Nachbesserungspflicht nicht nachkommt, soll der Gemeinschaft uneingeschränkt zur Verfügung stehen. Es geht deshalb nicht an, der Gemeinschaft eine etwa notwendige Auseinandersetzung mit dem jeweiligen Miteigentümer wegen des aufgerechneten Betrages und etwaige Solvenzrisiken in dessen Person zuzuweisen. Der so in Anspruch genommene Unternehmer kann insoweit nicht besser stehen als der Unternehmer, der auf Vorschusszahlung in Anspruch genommen wird (dazu BGH, NJW 1992, 435)."

Der **Erwerber** seinerseits kann mit einem **Schadensersatzanspruch** wegen Mängeln am Gemeinschaftseigentum **aufrechnen** (oder den Erwerbspreis mindern), um die Eigentumsumschreibung zu bewirken, sofern der **Bauträger** als bisheriger Alleineigentümer und Vertragspartner seinen Vertragspflichten **nicht nachkommt**; dieser kann sich dann nicht darauf zurückziehen, dass seine Interessen als Miteigentümer durch die Aufrechnung oder Minderung berührt werden.[48]

**2564** Weitere Voraussetzungen der Aufrechnung ist die **Fälligkeit** der Forderung, mit der der Schuldner aufrechnet; die Forderung, gegen die der Schuldner aufrechnet, muss nicht voll wirksam sein.[49] Der Unternehmer kann daher grundsätzlich gegenüber etwaigen Mängelansprüchen des Bauherrn nur dann aufrechnen, wenn seine Werklohnforderung fällig ist (vgl. insoweit Rdn. 1336 ff.).

---

44) OLG Schleswig, BauR 1991, 463.
45) Zur **Rechtsfähigkeit** der ARGE im Einzelnen: *Hickl*, in: Burchardt/Pfülb, Einführung, Rdn. 36 ff. m. Nachw.
46) BGH, BauR 1992, 88 = NJW 1992, 435; OLG Karlsruhe, BauR 1990, 622; OLG Nürnberg, BauR 1999, 1464, 1465; OLG Köln, Urt. vom 3.3.2000 – 11 U 95/96, rechtskräftig durch Nichtannahmebeschluss des BGH vom 16.8.2001 – VII ZR 146/00.
47) Urt. vom 3.3.2000 – 11 U 95/96.
48) BGH, BauR 2002, 81 = NZBau 2002, 26, 27; zur Aufrechnung durch den/die **Erwerber** s. im Übrigen *Greiner*, ZfBR 2001, 439 ff. sowie oben Rdn. 485.
49) BGH, ZIP 2006, 1740, 1742; *Palandt/Heinrichs*, § 387 BGB, Rdn. 12.

**Materielle Voraussetzungen (§§ 387 ff. BGB)**　　　　　　　Rdn. 2565–2569

Klagt der Unternehmer/Architekt nur einen **Teil** des Honorars ein, ist dabei Folgendes zu berücksichtigen: Rechnet der Bauherr mit einer Gegenforderung auf, muss es der Unternehmer/Architekt hinnehmen, dass der Bauherr seine Gegenforderung gerade gegen diesen Teilbetrag der Gesamtlohnforderung zur Aufrechnung stellt; er kann den Bauherrn nicht auf den nicht eingeklagten Teil des Gesamtanspruchs verweisen.[50] Die rechtliche Konsequenz hat erhebliche praktische Bedeutung für den Fall, dass der nicht eingeklagte Teilbetrag zwischenzeitlich verjährt. Der Bauherr kann seine Schadensersatzforderung im Wege der Aufrechnung gezielt auf den rechtzeitig eingeklagten Teilbetrag der Werklohnforderung in Anrechnung bringen, während er gegen den nicht eingeklagten Teilbetrag die Einrede der Verjährung erheben kann. 　2565

Für eine Aufrechnung im Rechtsstreit über eine **Teilforderung** ist nur dann kein Raum, wenn eine Partei sie bereits vorher erklärt hat oder wenn der Kläger in der Klageschrift sie dadurch vornimmt, dass er die Gegenforderung von seinem Gesamtanspruch absetzt und diesen Teil nicht mehr einklagt. Dann ist die zur Aufrechnung benutzte Gegenforderung verbraucht und kann von dem Beklagten nicht seinerseits zur Aufrechnung im Rechtsstreit verwandt werden.[51] 　2566

Macht der Unternehmer seinen Werklohn mit Ausnahme des **Sicherheitsbetrages** geltend und erklärt er in der Klageschrift, dass er nur den Teil seiner Werklohnforderung einklage, der den vom Bauherrn vertragsgemäß einbehaltenen Sicherheitsbetrag übersteigt, kann der Bauherr gegenüber der eingeklagten Teilforderung dennoch mit einem Schadensersatzanspruch aufrechnen, der den Sicherheitsbetrag überschreitet. Das hat der BGH klargestellt.[52] 　2567

Macht der Bauherr gegenüber der Werklohnforderung des Unternehmers **Minderungsansprüche** und Zurückbehaltungsrechte wegen noch offener Mängelbeseitigungsansprüche geltend, liegt ein Fall einer Aufrechnung **nicht** vor. Durch die Minderung wird die Werklohnforderung auf einen niedrigeren Betrag herabgesetzt (§§ 634 Nr. 3, 638 Abs. 3 BGB).[53] Die Minderung betrifft also die gesamte Werklohnforderung mit der Folge, dass der Minderungsbetrag vor dem letztrangigen Teil der Werklohnforderung abzurechnen ist.[54] Der Bauherr kann danach nicht verlangen, dass eine Minderung gerade auf den eingeklagten Teil der Werklohnforderung einwirkt. Auch die Einrede des nichterfüllten Vertrages erstreckt sich auf den gesamten noch offenen Anspruch (vgl. Rdn. 1671). 　2668

Nach **Eintritt** der **Verjährung** ist eine Aufrechnung grundsätzlich möglich, **nach altem Recht** allerdings nur unter den **besonderen** Voraussetzungen der §§ 639 Abs. 1 　2569

---

50) BGH, NJW 1967, 34; BauR 1971, 260, 261 = NJW 1971, 1800; ferner: OLG Düsseldorf, BauR 1974, 203 für § 635 BGB.
51) Vgl. RGZ 66, 266, 275; 129, 63, 65; BGH, LM Nr. 25 zu § 18 Abs. 1 Ziff. 3 UmstG; BGH, NJW 1967, 34; BGH, BauR 1971, 260, 261.
52) BGH, *SFH*, Nr. 6 zu § 17 VOB/B (1973); s. ferner: BGH, NJW 1967, 34; BGH, BauR 1971, 260, 261 = NJW 1971, 1800 = *Schäfer/Finnern*, Z 2.414 Bl. 258.
53) Zur Berechnung des Minderungsbetrages nach § 638 Abs. 3 BGB n. F. siehe *Grauvogl*, in: Wirth/Sienz/Englert, § 634 BGB, Rdn. 11, 12; *Henssler/Graf von Westphalen*, § 634 BGB, Rdn. 7 ff.; *Raab* in: Dauner-Lieb u. a., Das neue Schuldrecht, § 9, Rdn. 59 sowie oben Rdn. **1665** ff.
54) BGH, BauR 1971, 260, 262.

i. Verb. mit §§ 478, 479 BGB;⁵⁵⁾ dabei hat auch die bereits **vor** der Abnahme **erfolgte Anzeige** des Werkmangels dem Bauherrn das Recht erhalten, nach der Vollendung der Verjährung mit Schadensersatz- oder Vorschussansprüchen aufzurechnen.⁵⁶⁾ Die Anzeige musste dabei aber die **Mängel substantiiert** in Form eindeutig bestimmter Einzeldarstellungen **enthalten**.⁵⁷⁾ Das **SchRModG** hat mit § 215 BGB eine **allgemeine** Vorschrift für die **Aufrechnung** und die Geltendmachung eines **Zurückbehaltungsrechts** geschaffen; danach kann entsprechend der Regelung des alten § 390 S. 2 BGB a. F. die Aufrechnung auch noch auf eine verjährte Forderung gestützt werden, soweit die Aufrechnungslage bereits zu einem Zeitpunkt bestanden hat, als die zur Aufrechnung gestellte Forderung noch nicht verjährt war.⁵⁸⁾

**2570** Die Vorschrift des § 215 BGB ist auf Forderungen, die wegen **vorbehaltloser** Annahme der Schlusszahlung nach § 16 Nr. 3 Abs. 2 Satz 1 VOB/B nicht mehr geltend gemacht werden können, entsprechend anzuwenden.⁵⁹⁾

### 4. Aufrechnungsverbote

**2571** In Bauunternehmer-, Architekten-,⁶⁰⁾ Baubetreuungs- sowie Fertighausverträgen finden sich – wie überhaupt im gesamten Bauwesen – immer wieder **Aufrechnungsverbote,** besonders in Zeiten konjunktureller Tiefs. Neben ausdrücklichen Verboten, mit Gegenforderungen aufzurechnen, gibt es auch indirekte Ausschlüsse, etwa in Form der **Barzahlungsklauseln**.⁶¹⁾ Aufrechnungsverbote können sich auch aus dem **Sinn einer Vertragsvereinbarung** ergeben,⁶²⁾ insbesondere dort, wo eine Aufrechnung die Erreichung eines gemeinsamen Vertragszweckes gefährden oder ausschließen würde. Durch das Aufrechnungsverbot will der Vertragspartner erreichen, dass er unabhängig von Gegenforderungen zunächst seine eigenen Forderungen realisieren kann, sodass dieser gezwungen ist, seine Gegenforderungen

---

55) OLG Düsseldorf, *Schäfer/Finnern*, Z 2.50 Bl. 15; s. auch OLG Düsseldorf, BauR 1978, 408; OLG Hamm, ZfBR 1993, 226 = NJW-RR 1993, 1082; Beck'scher VOB-Komm/*Kohler*, B § 13 Nr. 5, Rdn. 177; zur Aufrechnungsmöglichkeit des **Drittschuldners** mit Forderungen gegen den Schuldner: BGH, Rpfleger 1980, 98 = *SFH*, Nr. 1 zu § 392 BGB = BauR 1980, 182 = DB 1980, 733.
56) BGH, BauR 1987, 565 = NJW 1987, 3254; WM 1961, 1109; siehe ferner: OLG Hamm, OLGR 1993, 205 = NJW-RR 1993, 1082 = ZfBR 1993, 226 (formularmäßiges Aufrechnungsverbot hindert gemäß § 9 AGB-Gesetz nicht die Aufrechnung).
57) OLG Düsseldorf, *Schäfer/Finnern*, Z 2.50 Bl. 15; s. auch BGH, BauR 1982, 66; BGHZ 62, 293, 295 = BauR 1974, 280 sowie *Daub/Piel/Soergel/Steffani*, ErlZ 13.247.
58) OLG Bamberg, IBR 2006, 200 – *Frank*.
59) *Palandt/Heinrichs*, § 215 BGB, Rdn. 1 m. Nachw.
60) Zur Regelung in **Ziff. 6** der Allgemeinen Vertragsbedingungen zum Architektenvertrag (**AVA**): OLG Hamm, BauR 2004, 1643, 1645 = IBR 2004, 520 = BauRB 2004, 329; OLG Düsseldorf, NJW-RR 1999, 244 = BauR 1999, 73 (LS); zu § 4 Nr. 4.5 AVA zum Einheitspreis-Architektenvertrag: SchlOLG, BauR 2001, 1615 m. Anm. *Groß*, LG Oldenburg, BauR 2000, 764; OLG Hamm, BauR 2004, 1031, 1032 = NJW-RR 2004, 820.
61) Vgl. *Soergel/Siebert*, § 387 BGB, Rdn. 11; OLG Hamburg, MDR 1953, 240.
62) BGH, MDR 1966, 319; BGH, BauR 1970, 237, 238; BGH, *SFH*, Nr. 3 zu § 157 BGB = ZfBR 1980, 139 = BauR 1980, 277; OLG Köln, OLGR 1998, 145 (Befriedigung aus der Bürgschaft außerhalb der Sicherungsabrede; keine Aufrechnung mit Gegenansprüchen gegenüber dem fälligen Schadensersatzanspruch aus positiver Vertragsverletzung).

## Aufrechnungsverbote
## Rdn. 2572–2574

gesondert geltend zu machen. Ein Auftraggeber wird damit stets vorleistungspflichtig, was bei mangelhaften Werkleistungen sehr oft zu Unbilligkeiten führen kann.

Die h. A. lässt das **einzelvertragliche** Aufrechnungsverbot zu.[63] Die Verhinderung einer Prozessverschleppung durch möglicherweise zweifelhafte Gegenforderungen bildet den berechtigten Kern des Aufrechnungsverbots.[64] Daran hat auch das AGB-Gesetz (§§ 305 ff. BGB n. F.) nichts geändert. **2572**

Unternehmer oder Architekten können durchaus ein schutzwürdiges Interesse daran haben, dass durch ein vertragliches Aufrechnungsverbot sichergestellt wird, dass ihnen der Werklohn oder das Honorar unbeschadet etwaiger Gegenrechte des Bauherrn zunächst einmal geleistet wird.[65] Dies gilt um so mehr, als Bauprozesse sich oft über Jahre hinziehen; durch einen zur Aufrechnung gestellten, möglicherweise zweifelhaften Gewährleistungsanspruch des Bauherrn kann der berechtigte Werklohn des Bauunternehmers oder das berechtigte Honorar des Architekten über einen längeren Zeitraum blockiert werden.[66] Ist die Aufrechnung **wirksam** ausgeschlossen, so ist das hilfsweise geltend gemachte **Zurückbehaltungsrecht** (Leistungsverweigerungsrecht) wegen solcher Gegenforderungen ebenfalls ausgeschlossen, da seine Ausübung im Ergebnis dem Erfolg der – unzulässigen – Aufrechnung gleichkäme.[67] Dies gilt insbesondere für gegenseitige Geldforderungen. **2573**

Aufrechnungsverbote finden ihre **Grenze** jedoch in dem Grundsatz von Treu und Glauben (§ 242 BGB).[68] Im Einzelfall kann die Berufung auf ein (einzelvertragliches) Aufrechnungsverbot eine **unzulässige Rechtsausübung** darstellen. Aufrechnungsverbote sind z. B. unwirksam, wenn **2574**

* der Gegenanspruch **rechtskräftig festgestellt** oder schlüssig und begründet, also **entscheidungsreif** ist und der Rechtsstreit dadurch nicht (z. B. durch eine Beweisaufnahme) verzögert wird[69]
* die Gegenforderung auf einer vorsätzlich unerlaubten Handlung beruht[70]

---

63) Vgl. BGH, NJW 1966, 1452; BGHZ 12, 136, 142; RGZ 124, 8, 9.
64) *Fenge*, JZ 1971, 118, 122.
65) OLG Frankfurt, BauR 2000, 435, 437 zu § 4 Nr. 5 AVA zum Einheitsarchitektenvertrag.
66) LG Köln, BauR 1971, 280.
67) Vgl. RGZ 83, 138, 140; 85, 109 u. 123, 6, 8; KG, BauR 1972, 121, 122; OLG Nürnberg, MDR 1977, 231.
68) Vgl. hierzu auch *Kessen*, BauR 2005, 1691, 1694 ff.; OLG Celle, BauR 2004, 1794, 1796 (Aufrechnung mit Gewährleistungsansprüchen gegenüber Rückforderungsanspruch nach Inanspruchnahme einer Bürgschaft auf erstes Anfordern).
69) BGH, NJW 1960, 859 = LM Nr. 10 zu AGB; BGH, VersR 1969, 733 = *Schäfer/Finnern*, Z 2.511 Bl. 41; BGH, BauR 1981, 479, 481 (für **Einheits-Architektenvertrag**); BGH, VersR 1978, 522 (für Aufrechnungsverbot gegenüber Schadensersatzforderungen, die mit der Werklohnforderung nach Grund und Höhe in untrennbarem Zusammenhang stehen); OLG Düsseldorf, DB 1966, 458; *Schmidt*, WM 1972, Sonderbeilage 4, S. 24; **a. A.:** *Schmidt-Salzer*, AGB (1971), Rdn. 196. *Locher/Koeble*, Rdn. 287, wollen diese einschränkende Rechtsprechung auch bei Individualabreden anwenden, weil für eine unterschiedliche Behandlung kein Grund ersichtlich sei.
70) RGZ 60, 296; RGZ 142, 144; einschränkend: BGH, NJW 1966, 1452 und DB 1977, 627 betreffend eine vorsätzliche Vertragsverletzung; OLG Nürnberg, WM 1972, 264 u. LG Köln, BauR 1971, 280; BGH, WM 1975, 424; WM 1976, 1332.

\* die Durchsetzbarkeit der Gegenforderung in einem gesonderten Verfahren gefährdet oder ausgeschlossen erscheint, z. B., wenn ein Vermögensverfall oder Insolvenz des Gegners droht oder eingetreten ist.[71]

**2575** Viele **Allgemeine Geschäftsbedingungen** in Bauverträgen sowie **Architekten-Formularverträgen** weisen **Aufrechnungsverbote** auf. Nach Inkrafttreten des AGB-Gesetzes (§§ 305 ff. BGB) ist entsprechend der bisherigen Rechtslage der **Ausschluss** der Aufrechnung mit **unbestrittenen oder rechtskräftig festgestellten Forderungen** in AGB oder Formularverträgen grundsätzlich unzulässig (§ 309 Nr. 3 BGB). Dasselbe gilt, wenn die Gegenforderung bestritten, jedoch zur Endentscheidung reif ist.[72] Das gilt auch unter **Kaufleuten**.[73]

Ein Aufrechnungsverbot, das § 309 Nr. 3 BGB standhält, kann im Einzelfall aber gegen § 307 BGB verstoßen.[74] So ist nach § 307 BGB ein formularmäßiges Aufrechnungsverbot unwirksam, wenn z. B. **Insolvenz** oder **Vermögensverfall** eintritt.[75] Gleiches gilt nach OLG Hamm,[76] wenn der Unternehmer zwar noch „imstande ist, die zur Aufrechnung gestellte Forderung zu erfüllen, die Leistung jedoch **wegen der eingetretenen Verjährung** verweigert."

Ein zulässiges **Aufrechnungsverbot** kann **nicht dadurch umgangen** werden, dass sich der **Schuldner** bei gegenseitigen fälligen Geldforderungen nunmehr **auf ein Zurückbehaltungsrecht** stützt (vgl. auch Rdn. 2516).[77]

**2576** Der **BGH**[78] hat desweiteren klargestellt, „dass eine Aufrechnung mit einem Anspruch, der dem Werklohnanspruch aufrechenbar gegenübersteht, nicht mit der Folge einer Verrechnung behandelt werden kann, dass die gesetzlichen oder vertraglichen Regelungen zur Aufrechnung umgangen werden können". Die bis dahin herkömmliche Unterscheidung zwischen Aufrechnung und Verrechnung, die auf der früheren BGH-Rechtsprechung beruhte, ist damit für die Zukunft eine Absage erteilt. Die Kernaussage des BGH im Urteil vom 23.6.2005 lautet:

„Die Verrechnung ist kein gesetzlich vorgesehenes Rechtsinstitut in den Fällen, in denen sich nach der Gesetzeslage Werklohn und Anspruch wegen Nichterfüllung oder andere Ansprüche wegen Schlechterfüllung des Vertrages aufrechenbar gegenüber stehen. In diesen Fällen sind die vertraglichen oder gesetzliche Regelungen zur Aufrechnung und zu etwaigen Aufrechnungsverboten anwendbar. Es ist unzulässig, Aufrechnungsverbote dadurch zu umgehen, dass diese Ansprüche einer vom Gesetz nicht anerkannten Verrechnung unterstellt werden. Allerdings ist stets sorgfäl-

---

71) RGZ 124, 9; BGH, BB 1975, 297; BGHZ 23, 26; Brandenburgisches OLG, BauR 2001, 1111, 1113; LG Köln, BauR 1971, 280, 281; OLG Hamm, MDR 1976, 577; *Dempewolf*, DB 1976, 1753.
72) *Palandt/Heinrichs*, § 11 AGB-Gesetz, Rdn. 15 sowie *Löwe/Graf von Westphalen/Trinkner*, § 11 AGB-Gesetz, Rdn. 3 wenden § 11 Nr. 3 AGB-Gesetz unmittelbar hierauf an.
73) OLG Hamm, BauR 1989, 751; DB 1983, 102; BGH, NJW 1985, 319. Zum **„Unternehmer"** i. S. des § 14 BGB: *Ring* in: Dauner-Lieb u. a., Das neue Schuldrecht, § 12, Rdn. 10 ff.
74) BGH, NJW 1985, 319; *Graf von Westphalen*, AGB-Klauselwerk, Aufrechnungsklauseln, Rdn. 9 ff.
75) Vgl. BGH, NJW 1984, 357; Brandenburgisches OLG, BauR 2001, 1111, 1113; Beck'scher VOB-Komm/*Kohler*, B § 13 Nr. 5, Rdn. 176.
76) OLGR 1993, 205 = ZfBR 1993, 226 = NJW-RR 1993, 1082.
77) BGH, NJW-RR 1986, 543; Beck'scher VOB-Komm/*Kohler*, B § 13 Nr. 5, Rdn. 178.
78) BauR 2005, 1477 = ZfBR 2005, 673 = NZBau 2006, 582; BGHZ 165, 134 = BauR 2006, 411 = ZfBR 2006, 231 = NZBau 2006, 169; siehe dazu *Kessen*, BauR 2005, 1691 ff.; *Schmalzl/Lauer/Wurm*, Rdn. 270.

## Aufrechnungsverbote Rdn. 2577–2579

tig zu prüfen, inwieweit Aufrechnungsverbote den zur Entscheidung stehenden Fall erfassen, einschräkend nach Sinn und Zweck der jeweils getroffenen Regelung ausgelegt werden müssen oder, z. B. mit Rücksicht auf § 11 Nr. 3 AGBG, § 309 Nr. 3 BGB n. F. oder auf § 9 Abs. 1 AGBG, 307 Abs. 1 BGB n. F., wirksam vereinbart sind."

Ob mit dieser Rechtsprechung des BGH das **Vorbehaltsurteil** in Bausachen eine größere Bedeutung gewinnen wird, ist zweifelhaft.[79)] Dem steht schon entscheidend das Urteil des BGH vom 24.11.2005[80)] entgegen. Danach sind die Wirkungen eines Vorbehaltsurteils nach § 302 Abs. 1 ZPO „grundsätzlich nicht gerechtfertigt, wenn der Besteller gegenüber einer Werklohnforderung mit Ansprüchen aufrechnet, die dazu dienen, das durch den Vertrag geschaffene Äquivalenzverhältnis von Leistung und Gegenleistung herzustellen". Dem Unternehmer darf deshalb im Einzelfall grundsätzlich nicht die Möglichkeit gegeben werden, seine Werklohnforderung ohne die Erbringung der geschuldeten Gegenleistung durchzusetzen. **2577**

Besteht im Einzelfall ein (wirksames) Aufrechnungsverbot, ist der hiervon Betroffene in keiner Weise rechtlos gestellt, weil auch die zur Aufrechnung gestellten Forderungen im Rahmen einer **Widerklage** geltend gemacht werden können.[81)] Ein zusätzlich vereinbartes Verbot der Widerklage ist gemäß § 242 BGB rechtsunwirksam.[82)] **2578**

Vor allem bietet sich für einen Beklagten die Möglichkeit einer **Hilfswiderklage** an. Nach der Rechtsprechung des BGH ist eine Hilfswiderklage jedenfalls dann zulässig, wenn der Hauptantrag des Beklagten auf Abweisung der Klage und sein Hilfsantrag auf Verurteilung des Klägers nach der Widerklage in einem wirklichen Eventualverhältnis steht, wenn also der mit der Widerklage geltend gemachte Anspruch nur begründet sein kann, sofern auch das Klagebegehren begründet ist.[83)] Bei der **Eventualwiderklage** handelt es sich nicht um eine eigentliche Klage (wie bei der Widerklage), sondern wie bei dem hilfsweise geltend gemachten Klageanspruch um ein in einem bereits anhängigen Streit gestelltes Verfahren, bei dem der Hilfsanspruch zwar sogleich rechtshängig wird, die Rechtshängigkeit jedoch wieder entfällt, wenn die Entscheidung über den Hauptanspruch es zu keiner Entscheidung über den Hilfsanspruch mehr kommen lässt. Dementsprechend kann der Beklagte mit der Hilfswiderklage eine Forderung geltend machen, die er in erster Linie gegen die Klageforderung zur Aufrechnung stellt, die aber deshalb nicht zum Zuge kommen kann, weil die Aufrechnung gegen die Klageforderung vertraglich ausgeschlossen ist. **2579**

Das Eventualverhältnis zwischen Klageforderung und Widerklageforderung, das der BGH voraussetzt, ergibt sich aus dem Streit über die Zulässigkeit der Aufrechnung.[84)]

---

79) *Schmalzl/Lauer/Wurm*, a. a. O., Rdn. 271; **a. A.:** *Schäfer*, NZBau 2006, 206 ff.
80) BGHZ 165, 134 = BauR 2006, 411 = NZBau 2006, 169.
81) Vgl. BGH, NJW 1958, 419; *Schäfer/Finnern*, Z 2.10 Bl. 48; OLG Düsseldorf, *Schäfer/Finnern*, Z 2.10 Bl. 15; *Fenge*, JR 1971, 118, 122.
82) LG Mosbach, MDR 1972, 514.
83) BGHZ 21, 13 = NJW 1956, 1478.
84) Vgl. BGH, NJW 1965, 440; BGH, NJW 1961, 1862 (LS) = MDR 1961, 932; auch BGHZ 57, 242 = NJW 1972, 450.

## XI. Der Einwand der aufgedrängten Bereicherung

*Literatur*

*Klauser*, Aufwendungsersatz bei Neubauten und werterhöhenden Verwendungen auf fremdem Grund und Boden, NJW 1965, 513; *Koller*, Aufgedrängte Bereicherung und Wertsatz bei der Wandlung im Werkvertrags- sowie Kaufrecht, DB 1974, 2385, 2458; *Ehlke*, Zum Stellenwert der Vermögensdisposition – auch eine Lösungsmöglichkeit für die aufgedrängte Bereicherung?, VersR 1980, 595.

**2580** Das Problem der „aufgedrängten Bereicherung" tritt im Bauwesen vor allem in Fällen auf, in denen Vermögensverschiebungen nach §§ 951, 812 BGB ausgeglichen werden müssen; dabei kann z. B. die bei dem Besteller (Bauherrn) eingetretene **(nutzlose) Werterhöhung** so erheblich sein, dass sie ohne eine Veräußerung des Bauwerkes selbst nicht von dem Bauherrn ausgeglichen werden kann. Ein weiterer Anwendungsfall ist bei der **Baukostenüberschreitung** durch einen Architekten denkbar.[1] Ferner stellt sich das Problem bei Überschreitung eines Kostenvoranschlags;[2] und schließlich sind die von Kohler[3] herausgestellten Fälle zu nennen, in denen ein Handwerker schuldlos und ohne entsprechenden Auftrag teurere Werkleistungen erbringt, die der Bauherr nicht haben will. Schließlich stellt sich das Problem der aufgedrängten Bereicherung aufgrund des **SchRModG** im Fall des wirksamen **Rücktritts** (§§ 634 Nr. 3, 636, 323, 347, Abs. 2 Satz 2 BGB) „in aller Schärfe".[4] Nach § 347 Abs. 2 Satz 2 BGB sind zukünftig nämlich „andere" als notwendige Aufwendungen zu ersetzen, soweit der andere Teil durch diese bereichert wird.[5]

**2581** Der Grundsatz der aufgedrängten Bereicherung besagt, dass dann, wenn die objektive Werterhöhung nach den §§ 946–950 BGB für den „Bereicherten" ohne Interesse ist, ihm die Bereicherung also aufgedrängt ist, er **Abwehrmittel** gegen die Ansprüche aus §§ 951 Abs. 1 Satz 1, 812 BGB hat.

Die theoretischen Grundlagen der sog. aufgedrängten Bereicherung und die Ausgestaltung dieses „Abwehrrechts" sind im Einzelnen **umstritten**.[6] Grundsätzlich kann gesagt werden, dass der Empfänger „unerwünschter Vermögensmehrungen" davor geschützt werden muss, „dass er für etwas bezahlen soll, was er gar nicht haben wollte" (Koppensteiner).

**2582** Es ist heute zunehmend die Theorie im Vordringen, die in den Fällen der aufgedrängten Bereicherung die bereicherungsrechtlichen Begriffe wie **„Wert"** i. S. des § 818 Abs. 2 BGB und **„bereichert"** i. S. des § 818 Abs. 3 BGB **subjektiv** verstehen

---

1) Vgl. dazu vor allem *Locher*, NJW 1965, 1696 ff. und Rdn. **1802**.
2) S. hierzu: *Schenk*, NZBau 2001, 470, 473.
3) Beispiel von *Koller*, DB 1974, 2385, 2458: Eine Eigentumswohnung wird mit einer besonders teuren Installation versehen, die dem Wohnungsinhaber nicht gefällt.
4) AnwKomm-BGB/*Hager*, § 347, Rdn. 10; *ders.* in: Ernst/Zimmermann, S. 452; *Henssler/Graf von Westphalen/Muthers*, § 347, Rdn. 4.
5) Vgl. hierzu die BT-Drucks. 14/6040 S. 197: „Diese im Gesetz fehlende Ausgleichsregelung ist sachgerecht. Absatz 2 ist als abschließende Regelung zu verstehen. Auch soweit der Schuldner statt der Rückgewähr nach § 346 Abs. 2 RE Wertsatz schuldet, darf er andere Aufwendungen nicht in Abzug bringen."
6) Vgl. dazu vor allem *Koller*, DB 1974, 2385 ff., 2458 ff. m. Nachw.; *Koppensteiner*, NJW 1971, 1769, 1771.

**Der Einwand der aufgedrängten Bereicherung**

will.⁷⁾ Dieser Auffassung ist zuzustimmen; sie ist insbesondere geeignet, die nach § 347 Abs. 2 Satz 2 BGB erstattungsfähigen „nützlichen" Verwendungen sinnvoll zu beschränken.⁸⁾ Demgegenüber hat der BGH⁹⁾ bisher für die **notwendigen** Verwendungen auf **objektive** Gesichtspunke abgestellt, also auf den Wert der betreffenden Leistung, die diese nach ihrer tatsächlichen Beschaffenheit für jedermann hat, obwohl es gerade Fälle gibt, in denen der von dem BGH herangezogene Rechtsgedanke aus §§ 1004, 823, 1001 Satz 2, 996 und 814 BGB versagt.

Das **Abwehrrecht** des Bereicherten kommt vor allem in den Fällen in Betracht, in denen ein **Bauwerk widerrechtlich** errichtet worden ist.¹⁰⁾ Der BGH¹¹⁾ verneint einen Wertausgleich aus §§ 951 Abs. 1 Satz 1, 812 BGB, wenn derjenige, der gebaut hat, aufgrund seiner Verpflichtung das Gebäude wieder abgebrochen hat; dann ist der Eigentümer des Grund und Bodens nicht mehr bereichert.¹²⁾ Unterlässt der Schuldner seine Verpflichtung zum Abbruch, so hat er keinen Anspruch, wenn der Eigentümer den Abbruch verlangt.¹³⁾ Das Verlangen einer Vergütung wäre in diesen Fällen rechtsmissbräuchlich.¹⁴⁾ War der Erbauer jedoch redlicher, unverklagter, unrechtmäßiger Eigenbesitzer, trifft ihn nach der Wertung der §§ 989 ff., die eine Schadensersatzpflicht ausschließen, auch keine Pflicht zur Beseitigung.¹⁵⁾

Der Eigentümer kann sich von einem Vergütungsanspruch befreien, wenn er dem Anspruchsberechtigten gemäß § 1001 Satz 1 BGB die Wegnahme eines ihm aufgedrängten und nur mit erheblichem Kostenaufwand verwertbaren Bauwerks gestattet.¹⁶⁾ Kommt ein Abbruch aus öffentlich-rechtlichen Vorschriften nicht in Betracht, richtet sich der Ausgleichsanspruch nach § 242 BGB.¹⁷⁾

Einen wichtigen Gesichtspunkt enthält die Entscheidung des OLG Stuttgart:¹⁸⁾

Wird die Beseitigung nicht verlangt oder ist sie praktisch undurchführbar, dann soll der Begünstigte in jedem Falle zum Wertausgleich verpflichtet sein, es sei denn, derjenige, der die Wertsteigerung herbeigeführt hat, handelte unter Verletzung der erforderlichen Sorgfalt. Damit wird vor allem für die Fälle eine gerechte Lösung angeboten, in denen ein Unternehmer den Auftrag von dem Architekten erhalten hat und nicht damit rechnen konnte, dass der Architekt nicht berechtigt war, **bestimmte** Bau-

---

7) Vgl. die Nachweise bei *Koller*, a. a. O., Anm. 49, 50; *Leupertz*, in: Prütting/Wegen/Weinreich, § 812 BGB, Rdn. 73; *Palandt/Bassenge*, § 951 BGB, Rdn. 21: „Der Vergütungsanspruch (ist) entsprechend § 818 II nach dem Interesse zu bemessen, den der Zuwachs für den Erwerbenden hat (*Schapp*, § 13 III 1; Wieling § 11 II 5 a aa; a. A. *MünchKomm-Füller*, Rdn. 33)."
8) Siehe hierzu Ingenstau/Korbion/Wirth, Vor § 13/B, Rdn. 63 m. Nachw.
9) BGHZ 5, 197 = NJW 1952, 697; BGH, NJW 1962, 2293; BGH, *SFH*, Nr. 3 zu § 249 BGB.
10) Vgl. *Huber*, JuS 1970, 518 m. Nachw.
11) NJW 1965, 816.
12) § 818 Abs. 3 BGB.
13) Vgl. BGH (VIII. ZS), NJW 1965, 816; OLG Celle, MDR 1964, 294. Zu beachten ist, dass nach der Rechtsprechung des V. ZS (BGHZ 41, 157 = NJW 1964, 1125) dem Erbauer eines Hauses auf fremdem Grundstück weder ein Anspruch auf Ersatz von Verwendungen (§ 994 BGB) noch ein Bereicherungsanspruch über § 951 Abs. 1 BGB zusteht; vgl. dazu die (kritischen) Literaturnachweise bei *Palandt/Bassenge*, § 951 BGB, Rdn. 23.
14) **Herrschende Meinung;** BGH, NJW 1965, 816.
15) *Baur*, AcP 160, 491 ff.
16) BGHZ 23, 61 = NJW 1957, 460; *Palandt/Bassenge,*§ 951 BGB, Rdn. 19.
17) Vgl. z. B. BGHZ 41, 157 = NJW 1964, 1125.
18) BauR 1972, 388.

leistungen in Auftrag zu geben. Im konkreten Falle handelte es sich um eine **Vollunterkellerung** des Hauses. Das OLG Stuttgart hat den Beklagten nur zur Zahlung des Betrages verurteilt, um den sich der **Verkehrswert** des Gebäudes erhöht hat.

**2586** Diesen Gedanken wird man **verallgemeinern** können: Hat ein Architekt teurere oder andere Bauleistungen bei dem Unternehmer in Auftrag gegeben, ohne hierzu bevollmächtigt zu sein,[19] so kann der Bauherr den nach §§ 951, 812 BGB gegebenen Bereicherungsanspruch nicht ohne weiteres abwehren. Dies kann er nur, wenn der Unternehmer die fehlende Vertretungsmacht des Architekten bei sorgfältiger Prüfung hätte erkennen können oder wenn die Wegnahme der Bauleistung ohne Substanzverlust möglich ist.[20] Ist beides nicht der Fall, will der Bauherr aber gleichwohl den Bereicherungsanspruch abwehren, so ist sein Verlangen rechtsmissbräuchlich.

**2587** Wird die Leistung von dem Bauherrn nicht zurückgewiesen oder ist das entsprechende Verlangen des Bauherrn rechtsmissbräuchlich, besteht der Bereicherungsanspruch des Unternehmers in dem Betrag, der der **angemessenen Vergütung** entspricht.[21]

**2588** Wird der Bauherr wirksam über seinen Architekten gegenüber dem Unternehmer verpflichtet, obwohl die Bestellungen eigentlich nicht seinem Willen entsprechen, fragt sich, ob der Bauherr nicht wenigstens von dem Architekten verlangen kann, dass der „aufgedrängte Vermögenszuwachs" ausgeglichen wird. Zu denken ist dabei vor allem an einen Lastenausgleich von Seiten des Architekten durch Tragung von Finanzierungsbelastungen, die dem Bauherrn (zusätzlich) entstehen, wobei dann andererseits wiederum zugunsten des Architekten die Steuervergünstigungen des Bauherrn zu berücksichtigen sein werden.[22] Die Lösung dieser Fragen kann letztlich nur über § 242 BGB erfolgen.[23]

---

[19] Vgl. dazu OLG Hamm, MDR 1975, 488; BGH, MDR 1975, 834.
[20] So könnten verlegte Platten z. B. nicht ohne Substanzverlust weggenommen werden.
[21] BGHZ 55, 128, 130; auch BGH, *SFH*, Nr. 3 zu § 249 BGB.
[22] Vgl. *Locher*, NJW 1965, 1696, 1698; *Locher*, Rdn. 283.
[23] Siehe ferner: *Locher*, NJW 1965, 1696, 1698.

# KAPITEL 13
# Der Beweis

*Übersicht*

|  | Rdn. |  | Rdn. |
|---|---|---|---|
| I. Beweisaufnahme in Bausachen | 2589 | V. Der Beweisbeschluss | 2663 |
| II. Beweiserleichterungen in Bausachen | 2595 | VI. Die Durchführung der Beweisaufnahme | 2673 |
| III. Der Beweisantrag | 2620 | VII. Die Beweiswürdigung | 2675 |
| IV. Die Beweismittel des Bauprozesses | 2622 | VIII. Die Beweislast | 2687 |

## I. Beweisaufnahme in Bausachen

*Literatur*
*Bernhardt*, Beweislast und Beweiswürdigung im Zivil- und Verwaltungsprozess, JR 1966, 322; *Bender*, Bauprozesse in der Praxis, DRiZ 1969, 105; *Ganten*, Kriterien der Beweislast im Bauprozess, BauR 1977, 162; *Baumgärtel*, Die Beweislastverteilung für die Haftung des Unternehmers und des Architekten, Festschrift für Fritz Baur (1981), 207 = ZfBR 1982, 1 (Nachdruck); *Habscheid*, Das Recht auf Beweis, ZZP 83, 306; *Heyers*, Wirksame Beweisführung im Bauprozess, Festschrift für Korbion (1986), 154; *Baumgärtl*, Die Beweislastverteilung bei einem Gewährleistungsausschluss im Rahmen eines Bauträgervertrages, ZfBR 1988, 101; *Baumgärtel*, Grundlegende Probleme der Beweislast im Baurecht, ZfBR 1989, 231; *Franzki*, Der Sachverständige – Diener oder Herr des Richters?, DRiZ 1991, 314; *Meyer*, Übermacht des Sachverständigen – aus der Sicht des Richters, DRiZ 1992, 125; *Störmer*, Beweiserhebung, Ablehnung von Beweisanträgen und Beweisverwertungsverbote im Zivilprozess, JuS 1994, 238; *Baumgärtel*, Die Darlegungslast in Bau- und Werkvertragsprozessen, Festschrift für Heiermann (1995), 1; *Huster*, Beweislastverteilung und Verfassungsrecht, NJW 1995, 112; *Englert*, „Land unter" bei der Herstellung großer Baugruben, NZBau 2000, 113; *Schnauder*, Rechtmittelrecht nach dem ZPO-Reformgesetz, OLGReport Kommentar, 4/2002, K9; *Englert*, Beweisführung im Tiefbau – keine Glaubensfrage mehr mit der „5-M-Methode"! Ein Beitrag zum Verständnis der Baugrundprobleme, Festschrift für Jagenburg (2002), 163; *Schwenker*, Bauprozess und ZPO-Reform (Interview), IBR 2002, 397; *Zahn*, Darlegungs- und Beweislast bei Geltendmachung von Mängelrechten, BauR 2006, 1823; *Leupertz*, Zwischen Scylla und Charybdis: Die Rechtsfindung in Bausachen. Aus dem Innenleben der Justiz, Festschrift für Motzke, 2006, 201.

Die Kunst der Rechtsfindung setzt die Fähigkeit voraus, den Sachverhalt des zur Entscheidung stehenden Falles bis ins Letzte auszuschöpfen.[1] Die Beweisaufnahme wird damit für jeden Prozess zur Station, in der sich das Schicksal von Klage und Widerklage entscheidet. Das gilt vor allem für den Bauprozess, der in der Praxis ohne eine Beweisaufnahme kaum denkbar ist, obwohl doch die „beste Beweisaufnahme die gesparte" ist.[2] Dieser Umstand hängt entscheidend damit zusammen, dass die **Aufklärung von technischen Fragen** in der Regel erst den Ausgang eines Bauprozesses wesentlich beeinflusst. 2589

Gerade Bauprozesse zeigen durchweg eine beachtliche Schwerfälligkeit; der Grund liegt meist in der falschen Anlage des Prozesses, vor allem aber in einer unzulänglichen Beweisermittlung. Es stellt sich damit die grundsätzliche Frage, wie die

---
1) *Bull*, Prozesshilfen, S. 132.
2) *Bull*, Prozesshilfen, S. 132.

durch die umfangreichen Beweisaufnahmen bedingten Verzögerungen in Bauprozessen ausgeschaltet werden können. Insoweit sind verschiedene Wege beschritten oder vorgeschlagen worden, das Problem der Beweisaufnahme in Bausachen in den Griff zu bekommen und dadurch zu einer Beschleunigung des Verfahrens zu gelangen.[3]

2590 Zunächst sind die Versuche zu erwähnen, die darauf hinauslaufen, durch eine weitere **Spezialisierung** eine Beschleunigung des Verfahrens zu erreichen. Dies betrifft einmal die Frage der Notwendigkeit der Einrichtung von **Baukammern** bzw. -senaten bei den Land- und Oberlandesgerichten (vgl. Rdn. 405 ff.), im weiteren damit aber auch das Problem, ob z. B. diese Baukammern zusätzlich, wie etwa die Handelskammern bei den Landgerichten, mit Spezialisten, insbesondere aber Sachverständigen, besetzt werden sollen. Solche Forderungen sind wiederholt aufgestellt worden.

2591 Franzki[4] hat in seinem Aufsatz „Sachverständig auf die Richterbank?" folgende Bedenken angemeldet:

* Der Fachbeisitzer (Sachverständige) würde sich als „Allround-Sachverständiger" verstehen und sich die Beurteilung von Spezialfragen zutrauen, für die er im Grunde doch keine Spezialkenntnisse hat. Das Gericht kann aber auf die Hinzuziehung von Spezial-Sachverständigen in der Mehrzahl der Fälle nicht verzichten.
* Es kann möglicherweise zu unerwünschten Rivalitäten zwischen den Fachbeisitzern und dem Spezial-Sachverständigen kommen.
* Es bestehen Bedenken wegen des Grundsatzes des rechtlichen Gehörs. Fachfragen, die erst im Beratungszimmer zur Sprache kommen, können leicht der Kontrolle der Parteien entzogen sein.

Diese Bedenken sind berechtigt; aus wohlverstandenem Interesse sollte der Sachverständige weiterhin **vor** dem Richtertisch seine wichtigen Funktionen erfüllen; eine weitere organisatorische Änderung des bisherigen Systems bringt keine Vorteile.[5] Nur durch eine Begrenzung und Straffung des Prozessstoffes ist eine Beschleunigung des Beweisaufnahmeverfahrens zu erreichen. Dazu gehört vor allem, dass der **Richter** den **Sachverständigen an den Sach- und Streitstand heranführt,** wie dies die Vorschrift des § 404 a ZPO auch von ihm erwartet.[6]

2592 Das Gericht, das eine Bausache nicht vor Erlass eines Beweisbeschlusses sorgfältig bearbeitet, legt deshalb immer den Grundstein für eine unangemessene Dauer des Prozesses. Die **mündliche Verhandlung** und deren Vorbereitung ist der entscheidende **Ausgangspunkt für die Beweisaufnahme.** Das Gericht hat daher vor Eintritt in die Beweisermittlungen den Fall stets nach allen Seiten hin in tatsächlicher und rechtlicher Hinsicht zu überprüfen; dabei sind bestehende Unklarheiten durch **Hinweis- und Auflagenbeschlüsse** offenzulegen. Von der Möglichkeit der Aufklärungsbeschlüsse ist so früh und sooft wie möglich Gebrauch zu machen; denn auf diese Weise kann es dem sachkundigen Richter im Zusammenwirken mit den Anwälten gelingen, den erforderlichen Prozessstoff bereits so weit abzuklären und zu vervollständigen, dass sich manches Beweisthema von vornherein erledigt.

---

3) Vgl. dazu *Bender*, DRiZ 1969, 105; auch DRiZ 1968, 168 u. 274.
4) Mitteilungen der Industrie- und Handelskammer zu Köln, 1974, S. 766; siehe ferner: DRiZ 1991, 314 ff. und 1976, 97 ff.
5) **Anderer Ansicht:** *Probst*, DRiZ 1975, 362; s. dazu *Franzki*, DRiZ 1976, 97 ff.
6) *Leupertz*, Festschrift für Motzke, S. 201, 207; *Bender*, DRiZ 1969, 105 ff.; *Franzki*, DRiZ 1974, 305 ff. u. DRiZ 1991, 314 ff.

**Beweisaufnahme in Bausachen** Rdn. 2593–2594

Die Notwendigkeit, die streitentscheidenden Punkte vorab herauszuarbeiten, war im Grunde schon immer anerkannt und gefordert, um die mit dem Bauprozess verbundenen „besonderen" Risiken gering zu halten;[7] seit der **Zivilprozessreform 2002** kann hieran überhaupt kein Zweifel mehr bestehen, denn § 139 Abs. 1 ZPO verpflichtet das Gericht, das Sach- und Streitverhältnis mit den Parteien nach der **tatsächlichen** und **rechtlichen Seite** zu erörtern und Fragen zu stellen (Rdn. 583 ff.). Die **erste Instanz** ist hier besonders gefordert, weil die sachliche Prüfung durch das Berufungsgericht erheblich reduziert worden ist (Rdn. 593 ff.).

Viele Beteiligte geraten in echte **Beweisnotstände,** wenn sie ihre Rechte nicht von vornherein sachgerecht gewahrt haben. Insbesondere in Fällen, in denen bei dem Auftreten von Baumängeln nicht der Weg des **selbstständigen Beweisverfahrens** beschritten wurde, ist schon mancher in große Beweisschwierigkeiten gekommen. Die entscheidende Ursache für den ungewissen Verlauf des Prozesses lag somit schon in der unzulänglichen **Prozessvorbereitung**, wofür ein Anwalt im Einzelfall haftet. Jeder Baubeteiligte bzw. sein Rechtsvertreter ist daher gehalten, möglichst im Rahmen seiner Prozessvorbereitung schon gutachterlich abklären zu lassen, ob und welche **Baumängel** vorhanden sind oder welche **Vergütung** im Einzelfall zu zahlen ist; hierfür ist das **selbstständige Beweisverfahren** ein besonders geeignetes Mittel (vgl. Rdn. 1 ff.). Es hat auch nach seiner **Neugestaltung** einen ganz wesentlichen Einfluss auf den Verlauf des **Hauptprozesses** (§§ 493, 412 ZPO; s. auch Rdn. 117 ff.). 2593

Dies kann im Einzelfall auch für ein **Privatgutachten** gelten, das ein Prozessbeteiligter zum Gegenstand seines Sachvortrags macht (Rdn. 148 ff.). In der Praxis ist allerdings die Neigung der Gerichte und dementsprechend auch der Prozessbeteiligten zu beobachten, dem Privatgutachten nicht den gleichen Beweiswert zukommen zu lassen wie etwa dem gerichtlichen Sachverständigengutachten. Das geschieht sicherlich sehr oft zu Recht; einem Privatgutachten, das von einem bekannten und öffentlich bestellten Sachverständigen erstattet wird, der strenge Objektivität wahrt, verdient jedoch größere Beachtung, als dies manchmal in er Praxis der Fall ist.[8] Hierauf hat der BGH wiederholt hingewiesen.[9] 2594

---

[7] Vgl. *Heyers*, ZfBR 1979, 46 ff.; *Soergel*, DAB 1981, 909, 910.
[8] Zutreffend weist *Soergel*, DAB 1981, 909 darauf hin, dass das Privatgutachten im Bauprozess unverzichtbar ist. Zur Erforderlichkeit eines (gerichtlichen) Sachverständigengutachtens trotz Vorliegens eines Privatgutachtens: BGH, VersR 1981, 576.
[9] BGH, NJW 1996, 1597; NJW 1988, 2735; *Stein/Jonas/Leipold*, vor § 402 ZPO, Rdn. 78.

## II. Beweiserleichterungen in Bausachen

*Übersicht*

| | Rdn. | | Rdn. |
|---|---|---|---|
| 1. Der Anscheinsbeweis | 2595 | c) Die Verletzung von Aufklärungs- und Beratungspflichten | 2610 |
| 2. Die Umkehr der Beweislast | 2606 | d) Beweiserleichterung durch sekundäre Darlegungslast | 2611 |
| a) § 363 BGB | 2607 | | |
| b) § 280 Abs. 1 Satz 2 BGB | 2608 | e) § 830 Abs. 1 Satz 2 BGB | 2612 |

### 1. Der Anscheinsbeweis

*Literatur*

*Rommé*, Der Anscheinsbeweis im Gefüge von Beweiswürdigung, Beweismaß und Beweislast, 1989; *Baumgärtel*, Beweislastpraxis im Privatrecht, 1996.

*Walter*, Der Anwendungsbereich des Anscheinsbeweises, ZZP 77 (Bd. 90), 270; *Ganten*, Kriterien der Beweislast im Bauprozess, BauR 1977, 162; *Greger*, Praxis und Dogmatik des Anscheinsbeweises, VersR 1980, 1091; *Kroitzsch*, Sicherheits-DIN-Normen und Anscheinsbeweis, BauR 1994, 673; *Stück*, Der Anscheinsbeweis, JuS 1996, 153; *Oberheim*, Beweiserleichterungen im Zivilprozess, JuS 1996, 636; 1111; JuS 1997, 61; 358; *Kuffer*, Erleichterung der Beweisführung im Bauprozess durch den Beweis des ersten Anscheins, ZfBR 1998, 277; *Englert*, „Land unter!" bei der Herstellung großer Baugruben, NZBau 2000, 113; *Huber*, Modernisierung der Justiz?, ZRP 2003, 268; *Vogel*, Neue Tendenzen in der Rechtsprechung zur Haftung des Architekten – Nachweis der Verletzung der Bauaufsichtspflicht des Architekten durch Anscheinsbeweis?, ZfBR 2004, 424; *Zahn*, Darlegungs- und Beweislast bei der Geltendmachung von Mängelrechten, BauR 2006, 1823.

**2595** Vor Erlass eines Beweisbeschlusses sind zunächst Überlegungen hinsichtlich etwaiger **Beweiserleichterungen** anzustellen, die von Rechtsprechung und Lehre entwickelt wurden und die gerade für den weiten Bereich des Bauprozesses von großer Bedeutung sind. Damit ist der Gesichtspunkt der **Beweisbedürftigkeit** angesprochen. Allerdings ist die Rechtsprechung nicht ohne Kritik geblieben.[1] Man mag, wie dies Locher für die Anwendung der Grundsätze über die Anscheinsbeweisführung tut, diese Entwicklung kritisieren; indes muss auch das Prozessrecht von den Parteien beachtet und einkalkuliert werden. So kann bereits der **Anscheinsbeweis** die **Darlegungslast** der Parteien wesentlich **verkürzen,** was für den Ausgang eines Bauprozesses von Bedeutung sein kann.[2] Der Richter muss nämlich **Erfahrungssätze** von sich aus berücksichtigen; keine Partei muss sich darauf berufen oder Beweis dafür antreten.[3] Jeder Richter kann aus eigener Sachkunde über das Bestehen von Erfahrungsgrundsätzen entscheiden.[4]

---

1) Vgl. *Locher*, BauR 1974, 293 ff., der ausführt, dass der Grundsatz des deutschen Zivilprozesses, wonach jede Partei die Behauptungs- und Beweislast dafür trage, dass der Tatbestand der ihr günstigen Rechtsnorm erfüllt sei, im **Bauprozess** häufig „bis zur Unkenntlichkeit zurückgedrängt" werden; kritisch auch *Bindhardt/Jagenburg*, § 16, 24.
2) Siehe BGH, BauR 2002, 1423 = ZfBR 2002, 675 = NZBau 2002, 574 = IBR 2002, 494; BGH, BauR 2005, 1613, 1614 (Verletzung der Straßenverkehrssicherungspflicht); OLG Saarbrücken, IBR 2004, 329 – *Preussner*; OLG Rostock, IBR 2003, 147; OLG München, NJW-RR 1998, 336, 337 sowie *Schwenker*, IBR 2004, 517 für **Bauaufsichtsfehler** eines Architekten; *Kuffer*, ZfBR 1998, 277 ff.
3) RG, JW 1914, 36 Nr. 6.
4) RGZ 99, 72.

## Anscheinsbeweis

**2596** Die entscheidende Schwierigkeit wird in der Praxis indes darin bestehen, solche Erfahrungsgrundsätze für den Baubereich zu formulieren; denn Voraussetzung für einen „Erfahrungssatz" ist immer, dass er eindeutig und überprüfbar formuliert werden kann, er dem neuesten Stand von Wissenschaft und Praxis entspricht und seine „Richtigkeit" nach der Lebenserfahrung hinreichend feststeht.[5] Greift ein Erfahrungssatz ein, liegt also ein **„Anscheinsbeweis"** vor, braucht die entsprechende Partei insoweit nichts vorzutragen. Es ist dann Sache des **Gegners,** den **Anscheinsbeweis durch substantiiertes Vorbringen zu entkräften.** Gelingt dies durch sein Vorbringen nicht, bedarf es keiner Beweisaufnahme, es fehlt insoweit an der Beweisbedürftigkeit.

**2597** Bestreitet dagegen der Beklagte z. B. das Bestehen eines Erfahrungssatzes überhaupt, wird ihm dies nicht viel nützen: Der Richter, der von dem Erfahrungssatz ausgeht und diesen begründet, wird ihn verurteilen müssen. Das Bestreiten des Erfahrungssatzes wäre nämlich nur eine falsche Rechtsansicht. Bestreitet ein Beklagter aber die **Voraussetzungen** des Erfahrungssatzes, ergibt sich, dass über die **Voraussetzungen** Beweis zu erheben ist.[6] Insoweit verschiebt sich also das Beweisthema. Bestreitet der Beklagte schließlich den Erfahrungssatz nicht, legt er aber Umstände dar, die auf einen atypischen Geschehensablauf schließen lassen, muss hierüber Beweis erhoben werden; auch insoweit wird also die ursprüngliche und eigentliche Beweisfrage verlagert.

Das macht deutlich, wie wichtig es ist, dass der Richter vor Erlass des Beweisbeschlusses den Sachverhalt sorgfältig dahin überprüft, ob den Parteien **Beweiserleichterungen** zur Verfügung stehen, die die Beweisaufnahme beeinflussen, d. h. die Beweisfragen vereinfachen oder sogar überflüssig machen.

**2598** Für das **zivile Baurecht** ist der **Anscheinsbeweis** von erheblicher Bedeutung. Im Hinblick auf die Abfassung von **Beweisbeschlüssen** und die Fragestellung an den Bausachverständigen kann es z. B. prozessentscheidend sein, den Sachverständigen zu befragen, „ob ein typischer Geschehensablauf zu einer objektiven Pflichtverletzung, zur Ursächlichkeit oder zur Bejahung des Verschuldens führt und ob ein anderer vom gewöhnlichen Verlauf abweichender Gang des Geschehens ernsthaft möglich ist".[7]

**2599** Der Anscheinsbeweis bedeutet neben der Verkürzung der Darlegungslast weiterhin eine **Erleichterung der Beweisführung.**[8] Der Anscheinsbeweis führt **nicht** zu einer Umkehr der Beweislast.[9]

**2600** Der **Anscheinsbeweis** ist nur auf einen Sachverhalt **anwendbar,** der – einem typischen Geschehensablauf entsprechend – nach der Erfahrung des Lebens auf eine bestimmte Ursache hinweist und in einer bestimmten Richtung zu verlaufen pflegt,

---

5) *Vogel,* ZfBR 2004, 424, 426.
6) Siehe auch BGH, ZfBR 1997, 77 = BauR 1997, 326.
7) So zutreffend: *Locher,* BauR 1974, 293, 295.
8) Vgl. BGH, NJW 1998, 79, 81; BGH, BauR 1997, 326 = ZfBR 1997, 77 für nachgewiesenen **Montagefehler** (sorgfaltswidrige Aufstellung eines Heizgerätes und **Brandverursachung**); BGH, BauR 1997, 673 = ZfBR 1997, 241 (fehlerhafte Gerüsterstellung); BGH, BauR 2005, 1613, 1614 (Verletzung der Straßenverkehrssicherungspflicht).
9) **Herrschende Meinung;** statt vieler: *Baumgärtel,* Beweislastpraxis, Rdn. 244 m. Nachw. in Anm. 94–99.

bei dem also aus dem regelmäßigen und üblichen Ablauf der Dinge ohne weiteres auf den Hergang im Einzelfall geschlossen werden kann.[10] In solchen Fällen hat, **wer einen vom gewöhnlichen Verlauf abweichenden Gang des Geschehens behauptet, Tatsachen nachzuweisen,** aus denen sich die ernsthafte Möglichkeit für einen anderen als den typischen Hergang ergibt. Besteht diese Möglichkeit, so ist für einen Anscheinsbeweis kein Raum mehr; dann gelten die allgemeinen Beweisregeln.[11] Der Anscheinsbeweis ist also immer dann **geführt,** wenn der **Beweispflichtige** einen Sachverhalt **dartut** und ihn bei Bestreiten **beweist,**[12] der nach der Lebenserfahrung typisch auf eine Verursachung oder ein Verschulden des Schädigers hinweist.

So entspricht es z. B. nach *Ingenstau/Korbion*[13] einem typischen Geschehensablauf, dass eine Decke einstürzt, wenn der Beton schlecht ist oder wenn sie vorzeitig belastet bzw. zu früh oder unsachgemäß geschalt wird. Wird eine viel geringere Betondichte und Betonhärte erreicht, so spricht ein typischer Geschehensablauf dafür, dass die Überwachung durch den Architekten mangelhaft war. Bei einer solchen Sachlage braucht der Bauherr nicht anzugeben, inwieweit es der Architekt im Einzelnen an der erforderlichen Überwachung hat fehlen lassen. Es ist vielmehr Sache des Architekten, den Beweis des ersten Anscheins dadurch auszuräumen, dass er seinerseits darlegt, was er oder sein Erfüllungsgehilfe an Überwachungsmaßnahmen geleistet hat. Dazu reicht nicht die bloße Behauptung, er habe die Betonarbeiten durch seinen Bauführer überwachen lassen.[14] Es lässt sich aber nicht etwa generell sagen, dass jeder Ausführungsfehler des Unternehmers automatisch auch auf einen Aufsichtsfehler des Architekten hinweist.[15] Im Übrigen spricht dafür, dass ein Handwerker einen bestimmten Fehler gemacht hat, nur dann ein Anspruchsbeweis, wenn es sich dabei um einen Fehler handelt, der typischerweise bei der von ihm ausgeführten Tätigkeit vorkommt, sich also häufig einschleicht. Wenn der Fehler erst einige Zeit nach der Ausführung entdeckt wird, spricht dies nicht gegen einen Anscheinsbeweis, solange keine ernsthaften Anhaltspunkte ersichtlich sind, dass in der Zwischenzeit ein anderer Handwerker in dem Bereich, in dem der Fehler begangen wurde, tätig war.[16]

**2601** *Locher*[17] weist zutreffend darauf hin, dass bisher nicht eindeutig geklärt ist, inwieweit der Beweis des ersten Anscheins eingreifen kann. Unzweifelhaft ist dies nach h. A. für den Bereich der **Kausalität,** der (objektiven) **Pflichtwidrigkeit** und des **Ver-**

---

10) BGH, BauR 1994, 524; BGH, ZfBR 1987, 245; BGH, NJW-RR 1986, 1350; VersR 1983, 387; BGH, 1968, 2139; BGH, WM 1979, 1311; OLG Bremen, MDR 2002, 699, 700 u. OLG Hamm, NZBau 2000, 80 (Brandursache); s. aber OLG Düsseldorf, NJW 1982, 1541 (**kein** Anscheinsbeweis, dass ein Bauherr dem Architekten bei Auftragserteilung bereits die gesamten 9 Leistungsphasen des § 15 Abs. 1 HOAI überträgt); OLG Oldenburg, BauR 1993, 100 (**kein** Anscheinsbeweis, wenn ein Brand durch Lötarbeiten **oder** vorsätzliche Brandstiftung verursacht sein kann); OLG Bremen, OLGR 1996, 49 (zum Anscheinsbeweis für eine objektive Pflichtwidrigkeit und zur Schadensursächlichkeit „bei der Abwicklung des Vertrages"); BGH, *Schäfer/Finnern,* Z 414 Bl. 150 (**kein** Anscheinsbeweis für ein arglistiges Verschweigen).
11) Vgl. BGH, VersR 1974, 263.
12) BGHZ 8, 239; BGH, LM § 286 (C) Nr. 62 a.
13) 13. Aufl. 1996, § 10/B, Rdn. 35.
14) BGH, BauR 1973, 255 = *Schäfer/Finnern,* Z 3.00 Bl. 249; vgl. im Übrigen: BGH, VersR 1974, 972 zum Prima-facie-Beweis gegen den Bauunternehmer bei Baustellenunfall; LG Berlin, *Schäfer/Finnern,* Z 2.302 Bl. 1 für Verbindlichkeiten des gemeinsamen Aufmaßes.
15) Zutreffend: *Bindhardt/Jagenburg,* § 2, Rdn. 15; anders wohl OLG Köln, MDR 1975, 401.
16) BGH, VersR 1979, 822; BGH, VersR 1974, 263.
17) BauR 1974, 293, 296.

schuldens.[18] Man wird den Anscheinsbeweis jedoch darüber hinaus ganz allgemein auf alle **anspruchsbegründenden Tatsachen** anwenden können.[19]

Damit unterliegt vor allem der weite Bereich der **„objektiven Pflichtverletzung"** der Anwendung der Anscheinsbeweislehre. Es obliegt dem Bauherrn nach dem allgemeinen Grundsatz der Darlegungs- und Beweislast, **vor** Abnahme den **„Mangel"** bzw. **nach** einer Abnahme das zu einer fehlerhaften Bauleistung führende **Fehlverhalten** des in Anspruch genommenen Architekten, Unternehmers oder Sonderfachmannes darzulegen und zu beweisen:[20] Mit Hilfe des **Anscheinsbeweises** kann dies im Einzelfall auch für den Zeitraum nach einer Abnahme durchaus leicht geschehen. Der BGH und die Instanzgerichte haben insoweit wiederholt hinsichtlich der **objektiven Pflichtverletzung** den Anscheinsbeweis herangezogen:[21] 2602

∗ Rechtsprechungsübersicht 2603

BGH, Schäfer/Finnern, Z 2.414 Bl. 150 (Anscheinsbeweis für **arglistiges Verschweigen** des fehlerhaften Voranstrichs); BGH, Schäfer/Finnern, Z 2.414 Bl. 255 (Wasserdurchlässigkeit der Isolierung schon bei der Abnahme); BGH, VersR 1958, 107 (fehlerhafte Deckenerrichtung); BGH, VersR 1965, 812 = Schäfer/Finnern, Z 3.01 Bl. 322 (unrichtige statische Berechnung; **Planungsfehler**); OLG Neustadt, VersR 1959, 77 (**Rissebildung** im Gebäude); OLG Köln, VersR 1954, 295 (Hinunterfallen eines Reklameschildes); BGH, Schäfer/Finnern, Z 3.00 Bl. 249 = BauR 1973, 255 = BB 1973, 1191 (**fehlerhafte Überwachung** durch den Architekten – zu geringe Betondichte); BGH, VersR 1974, 972 (**Baustellenunfall**); OLG Köln, MDR 1975, 401 (Vernachlässigung der **Verkehrspflicht** durch den Architekten; s. auch BGH, NJW 1994, 945); BGH, VersR 1979, 822 (**„Groteskfehler"**); BGH, VersR 1980, 532 = BauR 1980, 381 = ZfBR 1980, 142 = SFH, Nr. 2 zu § 286 ZPO; BGH, VersR 1984, 63 = BauR 1984, 80 = SFH, Nr. 3 zu § 286 ZPO; BGH, NJW 1993, 1117; BGH, VersR 1984, 270 u. DB 1986, 1815 (Anscheinsbeweis für fahrlässige **Verletzung eines Schutzgesetzes**); BGH, BauR 1997, 326 = ZfBR 1997, 77 = NJW 1997, 528; BGH, VersR 1984, 63; OLG Hamm, NZBau 2000, 80; OLG Stuttgart, r + s 1996, 308; OLG Hamm, OLGR 1997, 45; OLG Düsseldorf, BauR 1993, 233 u. OLG Oldenburg, BauR 1993, 100 (**Brandschaden**); BGH, DB 1986, 1815 (Anscheinsbeweis für **Kausalität** zwischen Unfall und bauordnungswidrig fehlendem Handlauf); OLG Koblenz, NJW-RR 1988, 532 (Anscheinsbeweis bei Wasserrohrbruch); OLG

---

18) BGH, ZfBR 1997, 77 = BauR 1997, 326; BGH, NJW 1991, 230, 231; BGH, BauR 1984, 80 u. VersR 1980, 532 (Ursächlichkeit von Schweißarbeiten); BGH, VersR 1979, 822 (Anscheinsbeweis zu Lasten eines an einem **Gerät** arbeitenden Handwerkers; s. auch KG, VersR 1988, 1127 – Wasserzählanlage); OLG Köln, VersR 1992, 115; OLG Düsseldorf, BauR 1993, 233; s. auch: *Kuffer*, ZfBR 1998, 277, 278; *Kroitzsch*, BauR 1994, 673 (Sicherheits-DIN-Normen).
19) Vgl. *Locher*, BauR 1974, 293, 296 m. Nachw.
20) BGH, ZfBR 1997, 88 = NJW 1997, 338 = BauR 1997, 306.
21) BGH, BauR 2002, 1423 = ZfBR 2002, 675 = MDR 2002, 1367 = NZBau 2002, 574 (**Bauaufsichtsfehler**); BGH, *Schäfer/Finnern*, Z 3.01 Bl. 86; Bl. 156 = VersR 1961, 751; Z 3.00 Bl. 250 = BB 1973, 1191; Z 3.01 Bl. 441; s. ferner: Thüringer OLG, BauR 2006, 1902 (Beweislastverteilung nach **DIN-Verstoß**); OLG Düsseldorf, *Schäfer/Finnern*, Z 3.01 Bl. 218 u. NZBau 2002, 45 = BauR 2001, 1780; OLG Rostock, IBR 2003, 147 – *Knipp*; LG Krefeld, IBR 2004, 152 (Deckeneinsturz). Die Verletzung der **Dokumentationspflicht** (§ 15 Abs. 2 Nr. 8 HOAI) durch den Architekten bewirkt noch keine Umkehr der Beweislast (zutreffend: *Vogel*, ZfBR 2004, 424, 429).

Karlsruhe, BauR 1988, 116 (Verletzung von **Unfallverhütungsvorschriften** bei Erstellung eines Stahlgerüstes); KG, VersR 1988, 1127 (Anscheinsbeweis für das Vorliegen eines **Montagefehlers;** Wasserzählanlage; s. aber OLG Frankfurt, VersR 2002, 330 = BauR 2002, 1446 [LS]); OLG Koblenz, NJW-RR 1988, 1486 = BauR 1988, 757 (Anscheinsbeweis für Schadhaftigkeit einer Leiter); BGH, NJW 1991, 2021 = BauR 1991, 514 (**Verletzung von DIN-Normen;** widerlegliche Vermutung für Kausalität von Schäden auf einem Nachbargrundstück; s. hierzu auch: Thüringer OLG, BauR 2006, 1902; Englert, NZBau 2000, 113, 117); OLG München, OLGR 1993, 270 (Anscheinsbeweis bei **verkratzten** Fensterscheiben); OLG Köln, VersR 1992, 115 (Verletzung von **Brandverhütungsvorschriften**); Brandenburgisches OLG, NJW-RR 2004, 97 u. OLG Düsseldorf, BauR 1993, 233 (Anscheinsbeweis für die Ursächlichkeit der gegen Unfallverhütungsvorschriften vorgenommenen **Schweißarbeiten;** Merkblatt der Bau-Berufsgenossenschaft „Brandschutz bei Bauarbeiten"); LG Amberg, NJW-RR 1997, 668 (für fahrlässig fehlerhaft durchgeführte **Sprengung** und Hausschaden); OLG Koblenz, VersR 1997, 338 (Sturz im **Treppenhaus;** s. ferner OLG Düsseldorf, Urt. v. 20. 9. 1996 – 22 U 53/96, NJWE-VHR 1997, 70 u. NJW-RR 1997, 1313); BGH, VersR 1974, 972 (Sturz auf ungesicherter **Kellertreppe**); BGH, BauR 1997, 673 (für fehlerhafte **Gerüsterstellung**).

**2604**  Locher[22] bemerkt zu Recht, dass **die Anwendung des Prima-facie-Beweises** vor allem dann **problematisch** ist, **wenn mehrere Schadensursachen in Betracht kommen.** Ingenstau/Korbion[23] halten ebenfalls die Regeln des Anscheinsbeweises dann nicht für anwendbar, „wenn für die verschiedenen nach dem konkreten Sachverhalt gegebenen Ursachenmöglichkeiten teils der Auftragnehmer und teils der Auftraggeber verantwortlich wäre". Das soll vor allem zutreffen, wenn eine Haftung zwischen **Nach-** und **Hauptunternehmer** in Betracht komme.[24] Dem entspricht die Rechtsprechung des BGH,[25] der ausführt: „Ein Anscheinsbeweis kommt **nicht** schon in Betracht, wenn **zwei verschiedene Möglichkeiten** in Betracht zu ziehen sind, von denen eine von der Klägerin, die andere vom Beklagten zu vertreten ist, auch wenn die eine etwa wahrscheinlicher ist als die andere (BGHZ 24, 308, 312, 313; LM § 286 (C) ZPO Nr. 54; BGH VII ZR 218/61 v. 25. 3. 1963 u. VII ZR 154/62 v. 23. 4. 1964)." In gleicher Weise hat das OLG Düsseldorf[26] einen Beweis auf erste Sicht nicht angenommen, wenn **mehrere Sachverständige** darüber streiten, ob der angeblich typische Geschehensablauf naturwissenschaftlich überhaupt möglich ist oder nicht.

**2605**  **Zusammenfassend** ergibt sich:

* Der Bauherr, der einen Architekten oder Unternehmer in Anspruch nehmen will, muss grundsätzlich stichhaltig dartun, dass ein Baumangel vorliegt. Der Bauherr muss also den Beweis für den objektiven Tatbestand der Vertragsverletzung, den Baumangel und den Kausalzusammenhang zwischen dem objektiven Tatbestand

---

22) BauR 1974, 293, 299; s. ferner: *Kuffer*, ZfBR 1998, 277, 279.
23) 13. Aufl. 1996, § 10/B, Rdn. 35.
24) *Ingenstau/Korbion*, a. a. O., m. Hinweis auf BGH, VersR 1964, 1063. Anders ist dies, wenn eine Schadensursache nur einem einzigen Unternehmer zuzuordnen ist (OLG Bremen, BauR 2005, 1679 LS; *Zahn*, BauR 2006, 1823, 1830).
25) *Schäfer/Finnern*, Z 4.10 Bl. 11; OLG Oldenburg, BauR 1993, 100 u. OLG Hamm, OLGR 1997, 45, 46 für Verursachung eines Brandes.
26) MDR 1972, 876.

**Umkehr der Beweislast** Rdn. 2606

und dem Schaden führen.[27] Dabei hilft ihm allerdings der Beweis auf erste Sicht (**Anscheinsbeweis**): Der Baumangel (Schaden) deutet nach den Umständen in typischer Weise auf eine Verletzung von Architekten- oder Unternehmerpflichten hin.[28] Dies gilt im Grundsatz **vor** und **nach** einer **Abnahme**. Das bedeutet keine Umkehr der Beweislast, nur obliegt es dem in Anspruch genommenen Architekten oder Unternehmer, den gegen ihn sprechenden Anscheinsbeweis zu erschüttern. Gelingt ihnen dies, muss der Bauherr wieder seiner vollen Beweisführungspflicht nachkommen.

\* Die auf einen **Anscheinsbeweis** gestützte richterliche Überzeugung kann dadurch **erschüttert** werden, dass wegen nicht berücksichtigter **atypischer Umstände** der Erfahrungsgrundsatz nicht anwendbar, also ein **anderer Geschehensablauf möglich** ist.[29] Zur **Erschütterung** des Anscheinsbeweises genügen allerdings nicht **bloße Vermutungen**.[30] Vielmehr muss im Einzelnen dargetan werden, dass die (behauptete) Ursache „**ernsthaft in Betracht**" kommt;[31] nur dann entfällt der Anscheinsbeweis.[32] Nicht ausreichend ist z. B. bei den Unfallverhütungsvorschriften widersprechenden Schweißarbeiten die Behauptung, der Brand sei möglicherweise „durch ein weggeworfenes Zündholz oder durch eine Zigarettenkippe" verursacht worden.[33] Derjenige, der den Anscheinsbeweis zu Fall bringen will, muss den „anderen Geschehensablauf" bei Bestreiten seinerseits voll beweisen.[34]

## 2. Die Umkehr der Beweislast

*Literatur*
*Reinhardt*, Die Umkehr der Beweislast aus verfassungsrechtlicher Sicht, NJW 1994, 93; *Belling/Riesenhuber*, Beweislastumkehr und Mitverschulden, ZZP 1995, Bd. 108, 453; *Grauvogl*, § 4 Nr. 10 VOB/B – Zustandsfeststellung und Umkehr der Beweislast bei „unsichtbaren" Tiefbauleistungen, BauR 2003, 1481.

Wesentliche Bedeutung für den Bauprozess hat die Umkehr der Beweislast; sie führt – ebenso wie der Anscheinsbeweis – für den an sich beweispflichtigen Kläger zu einer wesentlichen Beweiserleichterung. Die große praktische Bedeutung für Bausachen hebt auch Locher[35] hervor.

2606

---

27) BGHZ 23, 288, 290; NJW 1964, 1791; VersR 1969, 479; BGHZ 42, 16; 48, 310; VersR 1974, 261, 262; BGH, BauR 1997, 326 = ZfBR 1997, 77 (**Montagefehler**); BGH, BauR 1997, 673 = ZfBR 1997, 241.
28) Vgl. BGH, VersR 1991, 195; BGH, BauR 1997, 326 u. 673; KG, BauR 1996, 884; OLG Düsseldorf, BauR 2001, 1780, 1781 = OLGR 2001, 527 = NZBau 2002, 45; BauR 1993, 233 u. OLG Hamm, OLGR 1997, 45, 46 (**Brandursache**).
29) Vgl. BGHZ 2, 1; BGH, BauR 1997, 673, 674 = ZfBR 1997, 241, 242; RGZ 159, 283, 290; 134, 234, 237.
30) BGH, NJW 1978, 2032, 233 („nicht auszuschließende **Denkmöglichkeit**"); Brandenburgisches OLG, NJW-RR 2004, 97, 99 („Blitzeinschlag").
31) BGH, NJW 1978, 2032 = VersR 1978, 945; OLG Düsseldorf, BauR 1993, 233.
32) BGHZ 8, 239, 240 = NJW 1953, 584.
33) OLG Düsseldorf, BauR 1993, 232, 233.
34) Vgl. BGHZ 8, 239 = NJW 1953, 584; BGHZ 6, 169; RGZ 95, 103, 104; s. ferner: BGH, NJW 1978, 2032; BauR 1997, 673, 674.
35) BauR 1974, 293, 295.

## a) § 363 BGB

**2607** Wichtig ist zunächst der **gesetzliche Fall** der Umkehr der Beweislast gemäß § 363 BGB.[36] Eine Umkehr der Beweislast gemäß § 363 BGB tritt jedoch nur ein, wenn der Bauherr die ihm vom Baubeteiligten angebotene Werkleistung als „Erfüllung angenommen" hat. Diese Erfüllung soll nach OLG Hamburg[37] ein **tatsächlicher Vorgang** und kein Rechtsgeschäft sein. Zu der tatsächlichen Entgegennahme der Werkleistung muss allerdings der Wille des Gläubigers hinzukommen, diese Leistung der Hauptsache nach als vertragsgemäße Erfüllung gelten zu lassen.[38] Diesen Bewilligungswillen muss der Gläubiger dabei, sei es ausdrücklich, sei es stillschweigend, durch sein Verhalten bei und nach der Hinnahme zu erkennen gegeben haben; insoweit entspricht „die Annahme als Erfüllung" in ihren tatsächlichen Voraussetzungen der Abnahme (§ 640 BGB).[39] Mit der Beweislastumkehr beschränkt sich allerdings auch die Wirkung des § 363 BGB; ein sachlich-rechtlicher Rechtsverlust tritt im Allgemeinen nicht ein. Anders ist dies jedoch beim Werkvertrag, bei dem durch die Abnahme (§ 640 BGB) unter anderem auch das Recht des Gläubigers, ihm bereits bekannte Mängel zu rügen, eingeschränkt wird, sofern er sich bei der Abnahme nicht seine Rechte wegen der Mängel vorbehält (vgl. Rdn. 2272).

## b) § 280 Abs. 1 Satz 2 BGB

*Literatur*

*Musielak*, Beweislastverteilung nach Gefahrenbereichen. Eine kritische Betrachtung der Gefahrentheorie des Bundesgerichtshofs, ACP 176, 465; *Larenz*, Zur Beweislastverteilung nach Gefahrenbereichen, Festschrift Hauß, 1978, 225; *Fuchs-Wissemann*, Erfüllungsgehilfenschaft und Beweislast, VersR 1996, 686.

**2608** Eine Umkehr der Beweislast hat die Rechtsprechung im Baurecht bisher für die **Verschuldensfrage** angenommen.

Nach altem Recht hat der Anspruchsteller stets die **objektive Pflichtwidrigkeit** zu beweisen, d. h., der Anspruchsteller musste einen **Werkmangel** bzw. den **objektiven Tatbestand** einer positiven Forderungsverletzung und den dadurch verursachten Schaden beweisen. Erst wenn dieser Beweis geführt war, griff zugunsten des Anspruchstellers eine Umkehr der Beweislast ein: Der Inanspruchgenommene hatte die Beweislast für sein **Nichtvertretenmüssen**.[40] Grundlage dieser Überlegung war § 282 BGB a. F., der nach h. A. grundsätzlich im Werkvertragsrecht für die Verschuldensfrage herangezogen wurde. Voraussetzung für die entsprechend § 282 BGB eintretende Umkehrung der Beweislast war, dass die **Schadensursache aus einem Gefahrenbereich** hervorgegangen ist, für den der in Anspruch Genommene die Ver-

---

[36] Zu den Anforderungen einer Schlussrechnung als „Quittung": OLG Koblenz, BauR 2006, 1315.

[37] *Schäfer/Finnern*, Z 3.01 Bl. 57 betr. die Annahme der **Architektenleistung** „als Erfüllung"; *Baumgärtel/Strieder*, Beweislast, § 363 BGB Rdn. 1 m. w. Nachw.

[38] RGZ 109, 296.

[39] *Palandt/Heinrichs*, § 363 BGB, Rdn. 2; BGHZ 33, 238.

[40] **Beispiel:** KG, BauR 1996, 884 (Haftung für umgestürztes Baugerüst; zu den **Anforderungen** an den Entlastungsbeweis des **Gerüstaufstellers**); OLG Hamm, OLGR 1997, 45, 47 (Brandschaden; Bitumenschweißarbeiten durch **Dachdecker**).

**Aufklärungs- und Beratungspflichten** Rdn. 2609–2610

antwortung trägt. Nach ständiger Rechtsprechung konnte demnach eine Umkehr der Beweislast nur dort eintreten, wo die Schadensursache aus dem **Gefahrenkreis** des in Anspruch genommenen stammt.[41] Der BGH hat diese Beweisgrundsätze bei der **positiven Forderungsverletzung**[42] und im Rahmen des § 634 BGB a. F. herangezogen, soweit es um die Frage des **Verschuldens** eines Baubeteiligten ging (Rdn. 1698).[43]

Das **Nichtvertretenmüssen** ist nach § 280 Abs. 1 Satz 2 BGB nunmehr ein **Einwendungstatbestand;** die Vorschrift macht die nach altem Recht für die Unmöglichkeit (§ 282 BGB a. F.) und den Verzug (§ 285 BGB a. F.) geltende Regelung zu einem **für alle Pflichtverletzungen** geltenden Rechtsprinzip.[44] Dies bedeutet, dass auch die von der Rechtsprechung zum alten Recht entwickelten Grundsätze einer Beweislastverteilung nach Gefahren- und Verantwortungsbereichen in Bezug auf den Beweis einer Pflichtverletzung weiterhin heranzuziehen sind.[45]   2609

Im Übrigen zieht der BGH[46] bei **zwei möglichen Ursachen** auch den in § 830 Abs. 1 Satz 2 BGB zum Ausdruck kommenden Rechtsgedanken heran: Hat der Schuldner durch ein objektiv pflichtwidriges Verhalten eine positive Forderungsverletzung (Pflichtverletzung) begangen, so geht das Risiko der Unaufklärbarkeit zu lasten desjenigen, in dessen Gefahren- und Einflussbereich die beiden (möglichen) Ursachen liegen.

### c) Die Verletzung von Aufklärungs- und Beratungspflichten

*Literatur*
*Stodolkowitz*, Beweislast und Beweiserleichterungen bei der Schadensursächlichkeit von Aufklärungspflichtverletzungen, VersR 1994, 11.

Einen weiteren Anwendungsfall einer echten Beweislastumkehr bringt die Rechtsprechung des BGH:[47] Hier hatte es der beklagte Architekt unterlassen, einen **Plan** für eine Wannenisolierung zu erstellen. In der Nichterstellung des Planes für die Isolierung sah der BGH eine Vertragsverletzung, die einen **Beweisnotstand** bewirkte. Aus diesem Grunde hat der BGH zutreffend dem Architekten die Beweislast für die fehlende Schadensursächlichkeit aufgebürdet. Mit dieser Entscheidung hat der   2610

---

41) Vgl. BGHZ 23, 288, 290 = NJW 1957, 746; *Schäfer/Finnern*, Z 2.414 Bl. 6 **(Gebäudeeinsturz);** RGZ 148, 150; 134, 139; OLG Bremen, OLGR 1996, 49 (Heizungsinstallation); OLG Frankfurt, MDR 1977, 927 (Rostfraß von Heizkörpern); OLG München, NJW-RR 1992, 1523 **(Abweichung von DIN-Normen);** zum Dienstvertrag s. BGHZ 28, 251, 254; kritisch zur Gefahrenkreistheorie: *Musielak*, AcP 76 (Bd. 176), 465. Zur Rechtsentwicklung siehe *Larenz*, Festschrift für Hauß, 1978, 225 ff.; *Baumgärtel*, Festschrift für Baur, S. 207 ff.; *Baumgärtel*, Beweislast, Anh. § 282 BGB, Rdn. 26 ff.; *Thomas/Putzo/Reichold*, Vorb. vor § 284 ZPO, Rdn. 25 ff.
42) Vgl. BGHZ 23, 288 = NJW 1957, 746; BGH, *Schäfer/Finnern*, Z 4.141 Bl. 15 = DB 1958, 893; BGH, *Schäfer/Finnern*, Z 2.413 Bl. 40, 53.
43) Vgl. BGHZ 42, 16; 48, 310 = DB 1964, 1221 u. DB 1967, 2069.
44) *Palandt/Heinrichs*, § 280 BGB, Rdn. 34.
45) *Palandt/Heinrichs*, a. a. O., Rdn. 37.
46) BGH, NJW 1980, 2186 = MDR 1981, 39; dagegen: *Baumgärtel*, JZ 1981, 274.
47) VersR 1974, 261; ebenso: BGH, NJW 1978, 41 = MDR 1977, 734. Zur Aufklärungspflicht der nicht beweisbelasteten Partei siehe: *Baumgärtel*, Beweislastpraxis, Rdn. 303.

BGH seine Rechtsprechung, die er mit dem Urteil vom 5. Juli 1973[48] eingeleitet hatte, weiterentwickelt.

Der Zweck von **Aufklärungs-, Hinweis-** oder **Beratungspflichten** kann nach dem BGH darin bestehen, Klarheit darüber zu schaffen, ob der Vertragsgegner, wenn ihm das jeweilige Risiko in seiner gesamten Tragweite bewusst gemacht wird, trotzdem an der ins Auge gefassten Maßnahme festhalten oder ob er von ihr Abstand nehmen will. Die **Aufklärung** soll gerade in Fällen dieser Art häufig auftretende **Beweisnot beseitigen,** die darin besteht, dass sich nachträglich nur schwer mit der erforderlichen Zuverlässigkeit beurteilen lässt, wie der Betroffene bei rechtzeitiger Kenntnis von etwaigen schadensdrohenden Umständen gehandelt hätte. Wer demnach eine Aufklärungspflicht oder Beratungspflicht verletzt, die den Zweck hat, dem Vertragspartner das ganze Risiko einer von ihm zu treffenden Entscheidung bewusst zu machen, hat nach Ansicht des BGH die Folgen der Unaufklärbarkeit insoweit zu tragen, als in Frage steht, wie der andere Teil gehandelt hätte, wenn er von ihm pflichtgemäß ins Bild gesetzt worden wäre.[49]

Diese Rechtsprechung des BGH ist für das Baurecht von größter Bedeutung; dies unterstreicht der BGH durch seinen Hinweis auf die frühere Entscheidung vom 5. Juli 1971.[50] Dort hatte der BGH ausgeführt, es sei Sache des **Architekten,** zu behaupten und zu beweisen, dass der Bauherr auch bei der Belehrung über die Nachteile der von ihm gewünschten Dachkonstruktion an diesem Dach festgehalten hätte. Im Hinblick auf den sehr weiten Bereich der vertraglichen oder vorvertraglichen **Aufklärungs-** und **Beratungspflichten im Baurecht** werden Richter und auch Anwälte diese Grundsätze des BGH zur Beweislastverteilung weiterhin beachten müssen.[51] Durch das **SchRModG** ist eine Änderung dieser Sachlage nicht eingetreten.[52]

### d) Beweiserleichterung durch sekundäre Darlegungslast

**2611**   Eine Beweiserleichterung gewinnt die primär darlegungs- und beweisbelastete Partei, wenn den Gegner im Rahmen der ihm nach § 138 Abs. 2 ZPO obliegenden Erklärungspflicht eine sekundäre **Darlegungslast** trifft. Das ist der Fall, wenn die beweisbelastete Partei „außerhalb des von ihr darzulegenden Geschehensablaufs

---

48) BGHZ 61, 118 = NJW 1973, 1688; dazu: *Hoffmann*, NJW 1974, 1641 ff.; siehe auch BGH, NJW-RR 1997, 144; BGH, NJW 1994, 512, 513; *Palandt/Heinrichs*, § 280 BGB, Rdn. 39; *Thomas/Putzo/Reichold*, Vorb. vor § 284 ZPO, Rdn. 36.
49) So zusammenfassend: *Hoffmann*, NJW 1974, 1641 ff., der mit guten Gründen in diesen Fällen den Grundsatz des „venire contra factum proprium" anwenden will.
50) WM 1971, 1271.
51) Vgl. *Schmidt*, WM 1974, 294, 296, der ebenfalls darauf hinweist, dass diese Grundsätze des BGH auch für Schadensersatzansprüche gegen den **Unternehmer** und den **Architekten** gelten; s. auch den Fall des LG Mönchengladbach, NJW 1973, 191; OLG Stuttgart, VersR 1975, 69, 70 sowie OLG Celle, BauR 1987, 231 (grober Verstoß gegen Berufspflichten durch Gasinstallateur). Für Schadensersatzansprüche gegen Architekten wegen einer **Baukostenüberschreitung** kann ein Bauherr dagegen auf diese Rechtsprechung nicht zugreifen, wenn die vom Architekten „geschuldete Aufklärung nur der Information zur selbstständigen Entscheidung (des Bauherrn) dienen" sollte und konnte (BGH, NJW-RR 1997, 850, 852 = BauR 494, 497).
52) Vgl. AnwKom-BGB/*Dauner-Lieb*, § 280 BGB, Rdn. 60; *Henssler/Graf von Westphalen/Dedek*, § 280 BGB, Rdn. 6.

steht und keine nähere Kenntnis der maßgebenden Tatsachen besitzt, während der Prozessgegner sie hat und ihm nähere Angaben zumutbar sind".[53] In der Praxis muss daher die eigentlich darlegungs- und beweisbelastete Partei in diesem Fall nur **allgemeine Behauptungen** aufstellen; es ist dann Sache des Prozessgegners, wenn er sie bestreiten will, durch den Vortrag entgegenstehender Tatsachen den gegnerischen Vortrag zu widerlegen.[54]

Von dieser Fallgestaltung zu unterscheiden ist die sog. **Sekundärhaftung** des Architekten, der auch **ungefragt** über **eigene Fehler** Auskunft erteilen muss;[55] hier steht nicht eine Beweiserleichterung in Rede, sondern ein **materieller Schadensersatzanspruch** aus einer Aufklärungspflichtverletzung, die der Einrede der Verjährung erfolgreich entgegen gehalten werden kann.

### e) § 830 Abs. 1 Satz 2 BGB

*Literatur*

*Heinze*, Zur dogmatischen Struktur des § 830 I S. 2 BGB, VersR 1973, 1081; *Brehm*, Zur Haftung bei alternativer Kausalität, JZ 1980, 585; *Schantl*, Zum Anwendungsbereich des § 830 Abs. 1 S. 2 BGB, VersR 1981, 105.

Eine weitere Beweiserleichterung besteht bei der Teilnahme mehrerer Baubeteiligter an einer unerlaubten Handlung:

§ 830 Abs. 1 Satz 2 BGB ermöglicht es einem Geschädigten, die **Beweisschwierigkeiten hinsichtlich des Ursachenzusammenhangs** zwischen seinem Schaden und einer unerlaubten, d. h. rechtswidrigen und – soweit das Gesetz dies für eine Haftung voraussetzt – schuldhaften Handlung **mehrerer Täter ("Nebentäterschaft") zu überwinden**, die entstehen, wenn nicht zu ermitteln ist, wer von ihnen der Urheber des Schadens war, oder wenn zwar feststeht, dass jeder von ihnen an der Verursachung des Schadens beteiligt ist, aber nicht zu ermitteln ist, welcher Anteil des Schadens auf sie entfällt. Der Ersatzanspruch des Geschädigten soll, wenn immerhin bewiesen ist, dass entweder der eine oder der andere ihm haftet, nicht daran scheitern, dass er nicht auch zu beweisen vermag, wer von ihnen den Schaden ganz oder mit einem unklar gebliebenen Anteil verursacht hat.

§ 830 Abs. 1 Satz 2 BGB hat als „besondere und ungewöhnliche Anspruchsgrundlage" (BGHZ 72, 355 = NJW 1979, 544) folgende **tatbestandliche Voraussetzungen:**

* Bei jedem Beteiligten war ein anspruchsbegründendes Verhalten gegeben, wenn man vom Nachweis der Ursächlichkeit absieht.
* Einer der unter dem Begriff „Beteiligung" zusammengefassten Personen **muss** den Schaden verursacht haben.
* Es ist nicht feststellbar, welcher von ihnen den Schaden tatsächlich (ganz oder teilweise) verursacht hat.[56]

---

53) BGH, BauR 2002, 1396, 1398 = ZfBR 2002, 681. Zur Beweiserleichterung bei einer **Bautenstandsfeststellung** durch einen Bauleiter: Brandenburgisches OLG, BauR 2003, 542.
54) Vgl. *Vogel*, ZfBR 2004, 424, 428; OLG Naumburg, NZBau 2003, 389, 390 m. w. Nachw.
55) BGH, BauR 2007, 423 = NZBau 2007, 108 = ZfBR 2007, 250; BauR 2002, 1718 = NJW-RR 2002, 1531; ZfBR 2004, 559, 560 = NZBau 2004, 396 = BauR 2004, 1171, 1172; OLG Hamm, NZBau 2006, 324; OLG Düsseldorf, BauR 2004, 1331, 1334; OLG Koblenz, IBR 2003, 33; *Maifeld*, BrBp 2004, 323 ff.; *Lauer*, BauR 2004, 1639 ff.; *Kniffka/Koeble*, 12. Teil, Rdn. 508; *Ingenstau/Korbion/Wirth*, Vor § 13/B, Rdn. 201; *Hormann*, BTR 2005, 202 ff. m. Nachw.
56) BGH, NJW 1979, 544 = VersR 1979, 226 m. Hinweis auf RGZ 58, 357, 360; BGHZ 33, 286, 292 = NJW 1961, 263; BGHZ 67, 14 = NJW 1976, 1934; BGH, NJW 1987, 2810, 2812.

**2614** Damit ist für § 830 Abs. 1 Satz 2 BGB kein Raum, wenn einer der Beteiligten aus erwiesener Verursachung haftet.[57] Die Beweiserleichterung aus § 830 Abs. 1 Satz 2 BGB kommt auch nicht in Betracht, wenn zweifelhaft ist, ob der in Anspruch Genommene überhaupt am Schadenseintritt „beteiligt" war.[58]

**2615** § 830 Abs. 1 Satz 2 BGB setzt die schuldhafte Beteiligung an einem **gefährlichen Verhalten** voraus, das in seiner weiteren Entwicklung zu der den Schaden unmittelbar bewirkenden Handlung geführt hat. Die Haftenden („Alternativtäter") bilden nicht notwendig eine Haftungseinheit, sodass sich für sie im Einzelfall keine unterschiedliche Abwägung ergeben kann.

**2616** Eine Handlung i. S. des § 830 Abs. 1 Satz 2 ist nicht nur ein positives Tun, sondern ebenso ein Unterlassen, z. B. die mangelhafte Absicherung einer Baustelle gegenüber dem Straßenverkehr. Aus der **Rechtsprechung** sind folgende Entscheidungen zu § 830 Abs. 1 Satz 2 BGB zu nennen:

Haftung **zweier** Grundstückseigentümer (BGHZ 25, 271 = NJW 1957, 1834); Haftung eines Bauunternehmers für das **Herabfallen** eines **Steins** (BGH, *Schäfer/Finnern*, Z 4.13 Bl. 85); Haftung eines Lieferanten von Fertigteilen und des Unternehmers bei **Einsturz eines Hauses** (BGH *Schäfer/Finnern*, Z 2.413 Bl. 5); Haftung von Maurer und Verputzer für **Bauschutt** auf einem Flachdach (BGH, VersR 1968, 493); Haftung eines Architekten für das **Herabstürzen einer Decke** (OLG Stuttgart, VersR 1975, 69); Haftung mehrerer selbstständiger Unternehmer für **Verschmutzung der Fassaden durch Fahrbahnschmutz** (OLG Düsseldorf, MDR 1984, 400); Risikoverteilung bei **Vertiefung** mehrerer Nachbargrundstücke; Haftung aus unerlaubter Handlung und aufgrund eines nachbarrechtlichen Ausgleichsanspruchs (BGH, NJW 1987, 2810); BGH, BauR 1998, 144 (Blockade von Baumaschinen); bei einem Entschädigungsanspruch nach § 906 Abs. 2 Satz 2 BGB (BGHZ 101, 106).

**2617** § 830 Abs. 1 Satz 2 BGB ist auf **Mängelrechte** nicht entsprechend anwendbar.[59]

### f) Beweisvereitelung

*Literatur*

*Krapoth*, Die Rechtsfolgen der Beweisvereitlung im Zivilprozess (1996).
*Michalski*, „Beweisvereitelung" durch beweisbelastete Partei und Nachholbarkeit in der Berufungsinstanz, NJW, 1991, 2069; *Paulus*, Die Beweisvereitelung in der Struktur des deutschen Zivilprozesses, AcP 97, Bd. 197, 136.

**2618** Eine weitere Beweiserleichterung bringt der Grundsatz der Vereitelung der Beweisführung durch den Gegner:

---

57) BGHZ 67, 14 = NJW 1976, 1934.
58) BGH, *Schäfer/Finnern*, Z 4.13 Bl. 85 = BB 1960, 1181 sowie BGH, VersR 1975, 714 u. NJW 1984, 1226, 1230; OLG Oldenburg, OLGR 1997, 103, 105 (für **Subunternehmer**); OLG Düsseldorf, VersR 1987, 568.
59) BGH, BauR 1975, 130 = *Schäfer/Finnern*, Z 2.414.3 Bl. 11 (für **Gewährleistungsansprüche**); *Zahn*, BauR 2006, 1823, 1830 (für Mängelrechte); s. aber BGH, NJW 2001, 2538, 2539 (Beteiligungshaftung bei einem **Handwerkerfehler**).

**Beweisvereitelung** Rdn. 2619

Macht ein Baubeteiligter die **Beweisführung** seines Prozessgegners vorsätzlich oder fahrlässig **unmöglich**,[60] ist dies nach h. A. **im Rahmen der freien Beweiswürdigung** zu berücksichtigen;[61] da nach der Lebenserfahrung einer Partei nur dann geneigt sein wird, eine Beweiserhebung zu vereiteln, wenn sie ihr Ergebnis fürchtet, wird eine Beweisvereitelung immer zu ihren Lasten gehen.[62] In der **Baupraxis** sind solche Fälle allerdings relativ selten. Das Problem stellt sich vor allem, wenn ein **Bauherr (Auftraggeber)** die **Begutachtung** des Baukörpers dadurch unterläuft, dass er die **Teile, deren Mängel im Streit sind, beseitigt** oder **neu ausführen** lässt, obwohl im bekannt ist oder nach den Umständen bekannt sein muss, dass es noch (weiterer) sachverständiger Feststellungen bedarf;[63] liegt in diesen Fällen eine „Beweisvereitelung" durch den Auftraggeber vor, wird sich der **Unternehmer** im Ergebnis auf eine Mängelfreiheit „seiner Werkleistung" berufen können – mit der Folge, dass dem Auftraggeber/Bauherrn „keinerlei Gewährleistungsansprüche erwachsen sind" (OLG Düsseldorf).

Nichts anderes ergibt sich, wenn einer Partei oder ihrem sachkundigen Vertreter die **Anwesenheit bei dem Ortstermin des Sachverständigen verwehrt** wird; die erst in dem Berufungsverfahren erklärte Bereitschaft, den Zutritt „nunmehr" zu gewähren, ist u. U. gemäß § 531 Abs. 2 ZPO als verspätet zurückzuweisen.[64] Nach § 371 Abs. 3 ZPO können die Behauptungen des Gegners über die „Beschaffenheit" des Gegenstandes im Übrigen als bewiesen angesehen werden, wenn eine Partei „die ihr zumutbare Einnahme des Augenscheins" vereitelt. Eine Beweisvereitelung kommt im Einzelfall auch in Betracht, wenn der Auftraggeber sich weigert, in die Bausubstanz eingreifende **Untersuchungen** zur Mängelfeststellung zu dulden.[65] Dieses Problem stellt sich vor allem, wenn die Werkleistung noch nicht abgenommen worden ist. Eine Beweisvereitelung kann im Ergebnis nicht angenommen werden, wenn durch zerstörende Untersuchungen dem Auftraggeber oder einem Nachbarn erhebliche **Schäden** drohen, für die der beweisbelastete Unternehmer selbst keine Sicherheitsleistung erbringen kann oder will.[66]

2619

---

60) Die beweisbelastete Partei muss immer „in eine Beweisnot, d. h. in eine **ausweglose Lage** gebracht" werden (BSG, NJW 1994, 1303); s. auch OLG Stuttgart, OLGR 2005, 223, 224 (die Möglichkeit, einen bauausführenden Subunternehmer als Zeugen zu benennen, kann „Beweisvereitelung" durch Gegner ausschließen).
61) BGH, NJW 1998, 79, 80.
62) Vgl. BGH, BauR 2003, 1207 = ZfBR 2003, 567 u. OLG Celle, BauR 2003, 1863 = IBR 2003, 64 – *Schulze-Hagen*, für Verweigerung eines (gemeinsamen) **Aufmaßes** durch den Auftraggeber und Fortsetzung der Bauarbeiten; zu den Beweisfolgen einer **Zustandsfeststellung** nach § 4 Nr. 10 VOB/B: *Grauvogl*, BauR 2003, 1481, 1485 ff.
63) OLG Düsseldorf, BauR 1980, 289; OLG Köln, MDR 1974, 227.
64) OLG München, NJW 1984, 807 = DB 1984, 1615 = BauR 1985, 209.
65) Vgl. OLG Düsseldorf, NJW-RR 993, 1433 u. OLG Braunschweig, NZBau 2004, 550 = OLGR 2004, 474 – *Groß*.
66) Zutreffend: OLG Braunschweig, a. a. O.

## III. Der Beweisantrag

*Literatur*

*E. Schneider*, Beweisrechtsverstöße in der Praxis, MDR 1998, 997; *Kiethe*, Zulässigkeit von Beweisantritten bei Behauptungen auf Grundlage einer zivilrechtlichen Vermutungsbasis, MDR 2003, 1325; *Gottschalk*, Der Zeuge N. N., NJW 2004, 2939; *Berding/Deckenbrock*, Der Streithelfer als Kosten- und Vorschussschuldner bei Beweisanträgen, NZBau 2006, 337.

**2620** Der Beweisführer muss alle beweiserheblichen Tatsachen durch einen **ordentlichen Beweisantrag** unter Beweis stellen. Ist dies der Fall, darf ein Beweisantrag, soweit es auf ihn ankommt, nicht abgelehnt werden. Die Ablehnung oder Übergehung eines zulässigen Beweisantritts verletzt den **Grundsatz** des **rechtlichen Gehörs**[1] und kann, wenn eine erforderliche Sachverhaltsaufklärung unterblieben ist, zur Aufhebung eines erstinstanzlichen Urteils führen (§ 538 Abs. 2 Nr. 1 ZPO).[2] Beweisantritte können indes unberücksichtigt bleiben, wenn sie nicht auf eine bestimmt genug bezeichnete erhebliche Behauptung bezogen sind;[3] denn Gegenstand des Beweises sind immer nur Tatsachen, nämlich kon-krete, nach Zeit und Raum bestimmte, der Vergangenheit oder Gegenwart angehörige Geschehnisse oder Zustände der Außenwelt und des menschlichen Seelenlebens.[4]

**2621** Beweisantritte müssen deshalb **unberücksichtigt** bleiben, wenn:

* nur der Gegner der beweisbelasteten Partei Beweis anbietet.
* Beweishindernisse von ungewisser Dauer bestehen. Es stellt jedoch ein Verfahrensfehler dar, wenn ein Beweisangebot mangels ladungsfähiger Anschrift des benannten Zeugen abgelehnt wird, ohne dass zuvor die Frist zur Beibringung der Anschrift gesetzt worden ist (vgl. § 356 ZPO).[5]
* Beweishindernisse von ungewisser Dauer bestehen und von der Vorschrift des § 356 ZPO Gebrauch gemacht worden ist.[6] Zu beachten ist, dass sich der Ausschluss des Beweismittels nicht auf die höhere Instanz bezieht; ist das Hindernis beseitigt, wird dem Beweisantritt daher im Zweifel stattzugeben sein.[7]
* von vornherein der „Unwert eines Beweismittels" ersichtlich ist.[8]
* es sich nur um einen Ausforschungsbeweis handelt.[9] Es stellt keinen unzulässigen Ausforschungsbeweis dar, wenn z. B. der Auftragnehmer für den Umfang der von

---

[1] BVerG, NJW-RR 1996, 183.
[2] Vgl. BGH, NHW-RR 1996, 56 u. NJW-RR 1991, 254 = BauR 1990, 773; OLG Köln, MDR 1974, 498. § 538 Abs. 2 Nr. 1 ZPO n. F. setzt den **Antrag** auf Zurückverweisung durch eine **Partei** voraus.
[3] Siehe hierzu: BGH, NJW-RR 1996, 56 u. NJW-RR 1996, 1212; OLG München, MDR 2000, 1096 m. Anm. *E. Schneider*, MDR 2000, 1395.
[4] Vgl. BGH, NJW-RR 1993, 1116 = BauR 1994, 131 (Ablehnung eines Zeugenbeweises); BGH, DRiZ 1974, 27; BGH, NJW 1987, 1469; OLG Celle, NJW-RR 1992, 703.
[5] Vgl. hierzu: BGH, BauR 1989, 116 u. BGH, BGHR ZPO, § 356 Satz 1; BGH, MDR 1998, 855 = NJW 1998, 2368 („NN"); OLG Düsseldorf, NZBau 2004, 553; OLG Köln, NJW-RR 1998, 1143; *Gottschalk*, NJW 2004, 2939 ff.
[6] BGH, NJW 1974, 118; BGH, NJW 1976, 1975 = *Schäfer/Finnern*, Z 2.10 Bl. 63.
[7] OLG Karlsruhe, NJW-RR 1994, 512.
[8] BGH, NJW 1951, 481 u. NJW 1956, 1480; BVerfG, NJW 1993, 254 („völlig ungeeignet").
[9] Vgl. BGH, NJW-RR 1988, 1529, BGH, NJW 1991, 2707 u. NJW 1992, 1967; *Gamp*, DRiZ 1982, 165 ff.

**Der Beweisantrag**  Rdn. 2621

ihm erbrachten Arbeiten die Rechnung des Subunternehmers vorlegt und sich insoweit auf Zeugenbeweis beruft.[10]
* wenn die unter Beweis gestellte Tatsache so ungenau bezeichnet ist, dass ihre Erheblichkeit nicht beurteilt werden kann.[11]

Wird ein in erster Instanz gestellter Beweisantrag im Berufungsverfahren nicht wiederholt, obwohl es auf ihn ankommt, muss das Gericht nach § 139 ZPO nachfragen, ob der Beweisantrag wiederholt wird.[12]

---

10) BGH, BauR 2006, 2040, 2042 = ZfBR 2007, 36, 38 = IBR 2006, 662 – *Schmitz*.
11) BGH, BauR 1999, 1329; NJW 1991, 2707, 2709; zu den Anforderungen an den **Sachverständigenbeweis:** BGH, ZfBR 1995, 24, 26 = NJW 1995, 130.
12) BGH, NJW 1998, 155.

## IV. Die Beweismittel des Bauprozesses

*Übersicht*

| | Rdn. | | Rdn. |
|---|---|---|---|
| 1. Der sachverständige Zeuge | 2623 | b) Die Auswahl des Sachverständigen | 2637 |
| 2. Der Augenscheinsbeweis | 2626 | c) Aufgabe des Sachverständigen | 2641 |
| 3. Der Urkundenbeweis | 2630 | d) Das Gutachten | 2645 |
| 4. Der Sachverständige | 2634 | e) Die Ablehnung des Sach- | |
| a) Begriff | 2634 | verständigen | 2647 |

*Literatur*

*Peters*, Die Verwendbarkeit rechtswidrig erlangter Beweise und Beweismittel im Zivilprozess, ZZP 76, 145; *Gamp*, Die Ablehnung von rechtswidrig erlangten Beweismitteln im Zivilprozess, DRiZ 1981, 41; *Schöpflin*, Die Parteianhörung als Beweismittel, NJW 1996, 2134; *Werner*, Verwertung rechtswidrig erlangter Beweismittel, NJW 1988, 993; *Jankowski*, Der Ortstermin im Zivilprozessrecht und der Eingriff in die Unverletzlichkeit der Wohnung, NJW 1997, 3347; *Lange*, Parteianhörung und Parteivernehmung, NJW 2002, 476; *Kluth/Böckmann*, Beweisrecht – Die zivilprozessuale Partei im Zeugenmantel, MDR 2002, 616; *Luckey*, Die Widerklage gegen Dritte – Zeugen zum Abschuss freigegeben?, MDR 2002, 743; *Ulrich*, Streitverkündung an den gerichtlichen Sachverständigen – doch keine böse Falle?, DS 2002, 285; *Kaiser*, Das Ende der Streitverkündung gegenüber dem gerichtlichen Sachverständigen, NJW 2007, 123.

**2622** Beweismittel des Bauprozesses sind wie in jedem anderen Verfahren: die Augenscheinseinnahme,[1] der Urkunden-, der Zeugen- und Sachverständigenbeweis[2] sowie die Parteivernehmung.

### 1. Der sachverständige Zeuge

**2623** Der **Beweiswert** der einzelnen Beweismittel ist auch hier durchaus von **unterschiedlicher Qualität**. Jedoch muss man sich davor hüten, einzelne Beweismittel von vornherein aus allgemeinen Erwägungen abzuwerten. Das gilt namentlich für das Beweismittel des **sachverständigen Zeugen** sowie für den Urkundenbeweis, vor allem hier für Privatgutachten. Mag auch der Zeuge grundsätzlich der schlechteste Beweis sein, so wird man dies für den **sachverständigen Zeugen** im Bauprozess nicht ohne weiteres sagen können; denn meistens handelt es sich hier um erfahrene Baubeteiligte (Architekten, Bauunternehmer, Bauingenieure) oder sogar um öffentlich-bestellte **Sachverständige**, die vor Prozessbeginn ein Privatgutachten erstattet haben. Die Vorlage solcher Privatgutachten ist zwar nur Parteivorbringen,[3] das Gericht muss dennoch Privatgutachten respektieren und sich mit ihnen auseinander setzen.[4]

**2624** Zudem bietet das Privatgutachten dem Auftraggeber immer die Möglichkeit, den **Privatgutachter** als „**sachverständigen Zeugen**" in den Bauprozess einzufüh-

---

[1] Siehe hierzu: *Keldungs*, Der Richter „vor Ort", Festschrift für Motzke, S. 191 ff.
[2] Eine **amtliche Auskunft** (§ 273 Abs. 2 Nr. 2 ZPO) kann einen Sachverständigenbeweis ersetzen; schließt sie ein **Gutachten** ein, ist es als Sachverständigengutachten zu behandeln (OLG Bremen, OLGR 2006, 105, 106 m. w. Nachw.).
[3] Vgl. BGH, NJW 1997, 3096, 3097; BGH, VersR 1963, 1188; BGH, ZSW 1980, 164 m. Anm. *Müller*.
[4] Vgl. auch Rdn. 150.

## Der sachverständige Zeuge

ren.[5] Damit hat der Beweisführer die Möglichkeit, den Privatgutachter auch über den Rahmen des im Gutachten niedergelegten Tatsachenstoffes hinaus zu befragen und damit bestehende Lücken in der Beweisführung zu schließen. Da der sachverständige Zeuge seiner Rechtsnatur nach **nur Zeuge** ist, kann er allerdings nur zu einem Beweisthema gehört werden, das zulässiger Gegenstand des Zeugenbeweises ist.[6] So ist es **nicht Aufgabe** eines sachverständigen Zeugen, sondern des Sachverständigen, dem Richter allgemeine Erfahrungssätze oder besondere Kenntnisse des jeweiligen Wissensgebietes zu vermitteln bzw. auf Grund von Erfahrungssätzen oder besonderen Fachkenntnissen Schlussfolgerungen aus einem feststehenden Sachverhalt zu ziehen.[7] Die Abgrenzung ist auch in Bausachen im Einzelfall schwierig. Bezieht sich das Beweisthema ausschließlich auf eine fachwissenschaftliche **Wertung**, handelt es sich auch dann um **die Erhebung eines Sachverständigenbeweises**, wenn das Gericht die Vernehmung einer Person als „Zeuge" anordnet.[8] Vernimmt das Gericht den „sachverständigen Zeugen" **als „Sachverständigen"**, so hat es „**damit** (diesen früheren Privatgutachter) **zum gerichtlichen Sachverständigen bestellt**".[9] Über seine Aussage kann sich das Gericht daher auch nicht mehr „einfach hinwegsetzen" (BGH).

Handelt es sich bei dem Privatgutachter um einen gerichtsbekannten, gewissenhaften Gutachter, wird es dem Gericht unbenommen sein, allein schon auf Grund des vorgelegten Privatgutachtens oder jedenfalls nach einer Vernehmung dieses Privatgutachters bereits von der Richtigkeit einer behaupteten Tatsache auszugehen. Das sind allerdings in der Praxis die **Ausnahmefälle**: Das Privatgutachten kann prozessual die Einholung einer weiteren sachverständigen Beratung durch einen Gerichtsgutachter in der Regel nicht entbehrlich machen, wenn der Tatrichter nicht über die ausreichende eigene Sachkunde, insbesondere bei schwierigen technischen Fragen, verfügt.[10] Darüber hinaus hat der BGH[11] zu Recht darauf hingewiesen, dass Privatgutachten in der Regel die Vernehmung eines gerichtlichen Sachverständigen, die von der Gegenpartei beantragt wird, nicht ersetzen kann.

Ein sachverständiger Zeuge kann vom Gericht nur auf **Antrag** einer Partei vernommen werden; dagegen kann ein Sachverständiger auch ohne Beweisantrag einer Partei von Amts wegen hinzugezogen werden.[12]

2625

---

5) Vgl. *Soergel*, BlGBW 1970, 14, 15; BGH, NJW-RR 1991, 254 = BauR 1990, 773 (Vernehmung des im Beweissicherungsverfahren tätig gewordenen **Sachverständigen** als sachverständiger Zeuge) sowie oben Rdn. **151**.
6) *Müller*, ZSW 1980, 170 sowie Der Sachverständige, Rdn. 502 ff.
7) BGH, WM 1974, 239.
8) OLG Celle, ZSW 1980, 167; OLG Bamberg, JurBüro 1984, 260 m. Anm. *Kamphausen* (Qualität der Bekundung ist maßgebend); OLG München, JurBüro 1988, 1242; zur **Abgrenzung** auch BVerwG, NJW 1986, 2268 u. OVG Koblenz, NVwZ-RR 1992, 592.
9) BGH, BauR 1994, 524, 525. Zur Ablehnung wegen der Besorgnis der Befangenheit: OLG Düsseldorf, OLGR 2000, 271 (LS).
10) Vgl. BGH, VersR 1981, 576.
11) NJW 1962, 1569, 1570; ob dies auch für Gutachten von **Fachbehörden** gilt (vgl. RG, *Gruchot* 67, 82), hat der BGH, a. a. O., als zweifelhaft bezeichnet.
12) OLG Celle, ZSW 1980, 167.

deutigen Beweisantrag zu geschehen hat. In einem solchen Falle kann die **Vernehmung** auch nicht mit der Begründung abgelehnt werden, dass bereits das Protokoll über die Vernehmung in dem anderen Verfahren vorliege.[27] Dem Beweisantrag muss vielmehr stattgegeben werden.[28] Auch ist eine Umgehung des Grundsatzes der Unmittelbarkeit der Beweisaufnahme durch Beibringung eidesstattlicher Versicherungen von Zeugen grundsätzlich unzulässig. Nur wenn die Beweisaufnahme auf solche Schwierigkeiten stößt, dass damit der Zeugenbeweis überhaupt ausscheidet, bleibt dem Beweisführer die Möglichkeit offen, einen entsprechenden Urkundenbeweis zu führen.[29]

**2632** Zieht das Gericht **(andere) Verfahrensakten** bei, so muss es, wenn es deren Inhalt **verwerten** will, den Grundsatz des rechtlichen Gehörs beachten; die Verwertung der Akten **ohne Kenntnis** des (nachteilig) Betroffenen und **ohne** einen entsprechenden **Beweisantrag** ist Verfahrens- und verfassungswidrig.[30] Nach der ZPO-Reform kann die Vorlage einer Urkunde nunmehr auch einem **Dritten** aufgegeben werden (vgl. §§ 273 Abs. 2 Nr. 5, 142 Abs. 1, 2 ZPO), sofern ihm dies **zumutbar** ist; so kann z. B. eine juristische Person die Herausgabe verweigern, wenn ihr dadurch ein (eigener) vermögensrechtlicher Schaden entstehen würde, wobei eine schon erleichterte Durchsetzung von Ansprüchen gegen sie genügt.[31] Die Vorlage kann das Gericht allerdings nicht erzwingen.[32]

**2633** Das von einer Partei vorgelegte **Privatgutachten** ist **als Parteivorbringen anzusehen**; es handelt sich nicht um einen Urkundenbeweis.[33]

### 4. Der Sachverständige

*Literatur*

*Bayerlein*, Praxishandbuch Sachverständigenrecht, 3. Auflage 2002; *Ulrich*, Der gerichtliche Sachverständige, 12. Auflage 2007; *Müller*, Der Sachverständige im gerichtlichen Verfahren, 3. Auflage 1988; *Klocke*, Der Sachverständige und seine Auftraggeber, 1981; *Pieper/Breunung/Stahlmann*, Sachverständige im Zivilprozess, 1982; *Thole*, Die Haftung des gerichtlichen Sachverständigen nach § 839 a BGB, 2004.

---

27) Vgl. BGH, NJW 1997, 3096; BGH, NJW-RR 1992, 1214 = VersR 1992, 1028; BGH, VersR 1970, 322.
28) *E. Schneider*, MDR 1975, 444, 445 m. Nachw.
29) Vgl. BGH, MDR 1970, 135.
30) BVerfG, NJW 1994, 1210.
31) BGH, BauR 2007, 749. Zum **Anwendungsbereich** des § 142 Abs. 1 ZPO s. auch BGH, IBR 2007, 534.
32) BT-Drucks. 14/4722 S. 92. Ordnet das **Gericht** auf Antrag einer Partei die **Herausgabe** von Unterlagen durch einen **Sachverständigen** an (hier: Werkstattzeichnungen), soll nach OLG Karlsruhe (OLGR 2006, 907, 908) der hiergegen gerichtete **Widerspruch** des **Antragsgegners** nicht der sofortigen Beschwerde unterliegen.
33) Vgl. BGH, NJW 1982, 2874; OLG Oldenburg, OLGR 1997, 134; BGH, ZSW 1980, 164 m. Anm. Müller; *Müller*, Der Sachverständige, Rdn. 55 m. Nachw. in Anm. 66 u. 67. Die **Verwertung** des Gutachtens ist allerdings auch gegen den Widerspruch einer Partei zulässig, sofern die **beweisbelastete** Partei nach § 278 Abs. 3 ZPO über das Erfordernis eines Gegenbeweisantritts **hingewiesen** wird (OLG Oldenburg, OLGR 1997, 134, 135). Das **Recht** beider Parteien, **die Vernehmung** des Sachverständigen **zu verlangen**, wird dadurch aber nicht eingeschränkt; vgl. RG, DR 1942, 905; BGH, LM Nr. 7 zu § 286 (E); VersR 1962, 450; **a. A.**: BAG, DB 1961, 1104; *Friedrichs*, ZZP 52, 394.

# Der Sachverständige

*Varrentrapp*, Die Stellung der gerichtlichen Sachverständigen, DRiZ 1969, 351; *Jessnitzer*, Der gerichtliche Sachverständige, KTS 1971, 81; *Müller*, Die Pflichten des öffentlich bestellten und vereidigten Sachverständigen, DB 1972, 1809; *Jessnitzer*, Richter und Sachverständiger, DB 1973, 2497; *Franzki*, Über den Umgang mit Sachverständigen, DRiZ 1974, 305; *Jessnitzer*, Sachverständigenbeweis bei der Auswertung technischer Aufzeichnungen, DRiZ 1974, 98; *Jessnitzer*, Ortsbesichtigungen und Untersuchungen durch Bausachverständige und ihre gerichtliche Verwertung, BauR 1975, 73; *Probst*, Bausachverständige heute (Analyse einer Situation), DRiZ 1975, 359; *Franzki*, Die Reform des Sachverständigenbeweises in Zivilsachen, DRiZ 1976, 97; *Jessnitzer*, Der Gutachterausschuss nach dem Bundesbaugesetz als gerichtlicher Sachverständiger, BauR 1977, 98; *Bleutge*, Der öffentlich bestellte Sachverständige, DRiZ 1977, 170; *Glossner*, Technisches Sachverständigen-Gutachten, BB 1977, 678; *Döbereiner*, Die Haftung des gerichtlichen und außergerichtlichen Sachverständigen nach der neueren Rechtsprechung des BVerfG und des BGH, BauR 1979, 282; *Olzen*, Das Verhältnis von Richtern und Sachverständigen im Zivilprozess unter besonderer Berücksichtigung des Grundsatzes der freien Beweiswürdigung, ZZP 80 (Bd. 93), 66; *v. Keyserlingk*, Die Schweigepflicht des Sachverständigen: Umfang, Strafbarkeit und zivilrechtliche Haftung, BB 1980, 233; *Klocke*, Gutachtenerstattung und Mängelbeseitigung durch gerichtlich bestellte Sachverständige, DAB 1980, 1043; *Döbereiner*, Eignung, Sachverstand und Haftung des Bausachverständigen, DAB 1980, 1375; *Pieper*, Rechtsstellung des Sachverständigen und Haftung für fehlerhafte Gutachten, Gedächtnisschrift für Rudolf Bruns, 1980; *Hinze*, Der Sachverständige und die Untersuchungsmaxime, ZSW 1980, 14; *Hinze*, Begutachtung in Grenzbereichen, ZSW 1980, 28; *Schima*, Die Bindung des Sachverständigen an seinen Auftrag, ZSW 1980, 159; *Hinze*, Gedanken zum Sachverständigenwesen aus forensischer Sicht, ZSW 1981, 137; *Klocke*, Der Sachverständige im Bauwesen, DAB 1981, 205; *Nicklisch*, Sachkunde, Neutralität und Unabhängigkeit technischer Sachverständiger und Sachverständigenorganisationen – am Beispiel des Kraftfahrzeugwesens, BB 1981, 1653; *Rudolph*, Zur Auswahl des gerichtlichen Sachverständigen, ZSW 1981, 219; *Döbereiner*, Die vertragliche Haftung des Bau- und Bewertungssachverständigen für private Gutachten und Empfehlungen, BauR 1982, 11; *Müller*, Die Rolle des Sachverständigen im gerichtlichen Verfahren, ZSW 1983, 100; *Tropf*, Die erweiterte Tatsachenfeststellung durch den Sachverständigen, DRiZ 1985, 87; *Bleutge*, Die Hilfskräfte des Sachverständigen – Mitarbeiter ohne Verantwortung?, NJW 1985, 1185; *Klocke*, Erstattung von Gutachten, BauR 1986, 294; *Keilbolz*, Zur Haftung des Sachverständigen in (schieds-)gerichtlichen Bausachen, insbesondere bei von ihm veranlassten Sanierungsmaßnahmen gelegentlich einer (schieds-)gerichtlichen Begutachtung, BauR 1986, 377; *Sendler*, Richter und Sachverständige, NJW 1986, 2907; *Voth*, 30 Jahre Gerichtsgutachter – ein Erfahrungsbericht, BauR 1988, 666; *Rudolph*, Die Zusammenarbeit des Richters und des Sachverständigen, WuV 1988, 33; *Pieper*, Perspektiven des Gerichtsgutachtens, WuV 1988, 47; *Pantle*, Die Anhörung des Sachverständigen, MDR 1989, 312; *Bayerlein*, Der Sachverständige im Bauprozess, BauR 1989, 397; *Franzki*, Der Sachverständige – Diener oder Herr des Richters, DRiZ 1991, 314; *Meyer*, Übermacht des Sachverständigen – aus der Sicht des Richters, DRiZ 1992, 125; *Volze*, Die Haftung des Sachverständigen, ZfS 1993, 217; *Kamphausen*, Auswirkungen der neueren Rechtsprechung auf die Tätigkeit des Bausachverständigen, Festschrift für Soergel (1993), 327; *Quack*, Zur Problematik der stillschweigenden Rechtsanwendung durch Sachverständige, BauR 1993, 161; *Roeßner*, Der öffentlich-bestellte Sachverständige – ein Auslaufmodell?, DS 1996, 4; *Werner/Reuber*, Der staatlich anerkannte Sachverständige nach den neuen Bauordnungen der Länder, BauR 1996, 796; *Schulte*, Schlanker Staat: Privatisierung der Bauaufsicht durch Indienstnahme von Bauingenieuren und Architekten als staatlich anerkannte Sachverständige, BauR 1998, 249; *Kamphausen*, Prozessrechtliche Praxisprobleme bei der Untersuchung von Bau- und Wohnungsmängeln durch gerichtliche Sachverständige, BauR 1998, 500; *Motzke*, Die Sachverständigen- und die Rechtsfrage – Konsequenzen für den Honorarsachverständigen und die Rechtsfindung, Festschrift für Vygen (1999), 416; *Bleutge*, Die Haftung des Gerichtssachverständigen – Gesetzgeber plant besonderen Haftungstatbestand, Festschrift für Mantscheff (2000), 225; *Kappertz*, Die Schwierigkeiten des Sachverständigen bei der Anwendung des Begriffs der allgemein anerkannten Regeln der Technik, Festschrift für Mantscheff, 241; *Leineweber*, Zur Feststellung einer „technischen Verursachungsquote" durch den Sachverständigen,

Festschrift für Mantscheff, 249; *Wohnseifer*, Der Sachverständige im Zivilprozess, ein Verhaltenskodex, Festschrift für Mantscheff, 261; *Jacobs*, Die Haftung des gerichtlichen Sachverständigen, ZRP 2001, 489; *Schikora*, Einsichtnahme in die Handakten von Sachverständigen durch Gericht und Parteien, MDR 2002, 1033; *Kilian*, Zweifelsfragen der deliktsrechtlichen Sachverständigenhaftung nach § 839 a BGB, ZGS 2004, 220; *Diederichs*, Der Bauprozess und der Bausachverständige aus der empirischen Sicht der Gerichte und der Industrie und Handelskammern, NZBau 2004, 490; *Niemöller*, Zur Haftung des gerichtlichen Sachverständigen in Bausachen, Festschrift für Thode (2005), 309; *Weise*, Streitverkündung gegen den Gerichtssachverständigen, NJW-Spezial 2006, 165; *Jankowski*, Das Rechtsverhältnis zwischen den Prozessbeteiligten, dem Gericht und dem gerichtlich bestellten Sachverständigen, NZBau 2006, 96; *Dageförde/Fastabend/Kindereit*, Sachverständige und Eingriffe in die Bausubstanz, BauR 2006, 1202; *Kaiser*, Das Ende der Streitverkündung gegen den gerichtlichen Sachverständigen, NJW 2007, 123; *Heinlein*, Zur Zusammenarbeit von Gerichten und Sachverständigen in Bausachen, Festschrift für Ganten (2007), 335; *Sass*, Der Sachverständige – weiterhin ein prozessuales Problemfeld, DS 2007, 256.

### a) Begriff

**2634** Das **entscheidende Gewicht** kommt im Bauprozess ohne Zweifel dem (gerichtlichen) **Sachverständigen** zu.[34] Der Bausachverständige ist und bleibt nun einmal die „**Schlüsselfigur des Bauprozesses**";[35] es gilt: „Verlorene Gutachten sind verlorene Prozesse."[36] Ein Gericht ist nur befugt, einen angebotenen Sachverständigenbeweis nicht zu erheben, wenn es für die Streitfrage über eine hinreichende eigene Sachkunde verfügt, was in aller Regel nicht der Fall sein wird.[37]

**Sachverständiger** ist, wer auf einem bestimmten Fachgebiet auf Grund seiner Ausbildung und seiner praktischen Erfahrung **besondere Kenntnisse** vorweist. **Bau-Sachverständige** sind Fachleute des Fachbereichs „Bau", wobei weitere fachliche Spezialisierungen für die einzelnen Baugewerke üblich sind. Die Sachverständigen, insbesondere die gerichtlichen Sachverständigen, sind streng von den **Sonderfachleuten zu trennen**. Der Sonderfachmann, der in den letzten Jahren eine besondere Bedeutung im Bauwesen erlangt hat, kann allerdings für seinen Fachbereich wiederum als Sachverständiger tätig werden; denn er besitzt auf bestimmten Gebieten, auf denen er von dem Architekten oder von anderen herangezogen wird, besondere Fachkenntnisse. Wichtig für die **Abgrenzung** von Sachverständigen und Sonderfachleuten ist, dass der **Sonderfachmann**, der für den Entwurf und die Durchführung eines Baus herangezogen wird, eine Vergütung nach der HOAI beanspruchen kann. Der Sachverständige wird dagegen für seinen Fachbereich als **Gutachter** tätig, sei es für Gerichte oder Behörden, sei es für Privatpersonen („Privatgutachten", s. Rdn. 148 ff.).

**2635** Ferner ist zwischen Sachverständigen, Zeugen und sachverständigen Zeugen zu unterscheiden (s. Rdn. 2623 ff.). Während der **Sachverständige** – in der Regel –

---

34) Zu den trickreichen **Versuchen**, einen gerichtlichen Sachverständigen mittels **Streitverkündung** oder **selbstständigem Beweisverfahren** aus einem Verfahren zu drängen, siehe BGH, BauR 2006, 1780; *Kaiser*, NJW 2007, 123; *Ulrich*, BauR 2006, 724; *Weise*, NJW-Spezial 2006, 165. Die **neue** Vorschrift des § 72 Abs. 2 ZPO schließt nunmehr eine Streitverkündung gegenüber dem gerichtlich ernannten Sachverständigen und auch gegenüber dem Gericht aus; hierzu: *Fölsch*, MDR 2007, 121, 122.
35) *Brügmann*, Prozessleitung, S. 30.
36) So zutreffend: *Quack*, BauR 1993, 161.
37) Siehe BGH, BauR 2000, 1762 = ZfBR 2000, 548.

über seine Untersuchungen berichtet, bekundet der **Zeuge** über seine Wahrnehmungen.[38] Die Wahrnehmung des Zeugen beruht dabei auf seinen besonderen Beziehungen zum konkreten Einzelfall; seine Aussage ist unvertretbar und in der Regel unersetzlich.[39] Der **sachverständige Zeuge** wiederum ist eine Person, die vergangene Tatsachen oder Zustände auf Grund einer besonderen Sach- und Fachkunde wahrgenommen hat. Vom Sachverständigen unterscheidet sich der sachverständige Zeuge dadurch, dass er unersetzbar ist, vom Zeugen dadurch, dass er seine Wahrnehmung auf Grund seiner Fachkunde machen konnte.[40] Wer im Auftrag einer Partei ein Gutachten erstattet, ist sachverständiger Zeuge und nicht Sachverständiger, wenn er im Rechtsstreit nur darüber vernommen wird, welche Feststellungen er bei der Besichtigung des Streitobjekts auf Grund seiner besonderen Sachkunde getroffen hat.[41] Beweisrechtlich ist der sachverständige Zeuge echter Zeuge;[42] er kann also grundsätzlich nicht wegen Besorgnis der Befangenheit abgelehnt werden.[43] Allerdings kann der sachverständige Zeuge zum „Sachverständigen" werden, wenn das Gericht ihn als **„Sachverständigen" vernimmt** und **dadurch** (konkludent) **zum gerichtlichen Sachverständigen bestellt**;[44] dann kann er auch wegen Besorgnis der Befangenheit abgelehnt werden.[45]

Als **gerichtliche Sachverständige** sind die Personen anzusehen, die im Einzelfall als Beweismittel und als **Helfer des Richters** zur Entscheidung eines gerichtlichen Bauprozesses herangezogen werden. Dies kann einmal im gerichtlichen Beweissicherungsverfahren[46] sowie im streitigen Hauptverfahren geschehen. Der Bausachverständige wird in diesem Fall durch die gerichtliche Beauftragung nicht zum „Beamten" im Sinne des § 839 BGB;[47] er steht auch **nicht** zu den Verfahrensbeteiligten in einer vertraglichen Beziehung.[48] Die öffentlich bestellten und vereidigten Bausachverständigen sind wie alle Sachverständige zur Erstattung von Gutachten verpflichtet, wenn nicht im Einzelfall ein Hinderungsgrund zur Verfügung steht. Sie bleiben aber weiterhin Privatpersonen und hafteten deshalb für Vermögensschäden auf Grund eines **fehlerhaften** Gutachtens nach **altem** Recht lediglich unter den Voraussetzungen des **§ 826 BGB**; mit dem seit dem 1. 8. 2002 in Kraft getretenen **§ 839 a BGB** ist eine **eigenständige,** systematisch im Umfeld der Amtshaftung ange-

2636

---

38) Zur Abgrenzung des Sachverständigen vom Zeugen vgl. im Einzelnen: *Hegler*, AcP 104, 151; *Lent*, ZZP 60, 9; *Schmidheuser*, ZZP 72, 365.
39) *Rosenberg/Schwab*, ZPR, § 124 II m. Nachw.
40) Vgl. im Einzelnen *Müller*, Der Sachverständige, Rdn. 505 ff.; OLG Düsseldorf, OLGR 2001, 374 = BauR 2001, 1631 (LS).
41) BGH, MDR 1974, 382 = WM 1974, 239.
42) *E. Schneider*, MDR 1975, 539.
43) Vgl. *Soergel*, BlGBW 1970, 14, 15; *E. Schneider*, a. a. O., 539.
44) BGH, BauR 1994, 524, 525.
45) OLG Düsseldorf, OLGR 2000, 271 (LS) = IBR 2000, 294 – *Kamphausen*.
46) BGH, MDR 1970, 999; *Schneider*, MDR 1975, 540.
47) BGH, BauR 2003, 1599, 1600; OLG Celle, IBR 2004, 333 – *Schwenker*. Etwas anderes gilt, wenn die Erstattung von gerichtlichen Sachverständigengutachten (wie etwa beim Gutachterausschuss) im Rahmen einer normalen Amtstätigkeit erfolgt (BGH, BauR 2003, 860 = ZfIR 2003, 260; BauR 2003, 1599, 1600).
48) OLG Celle, BauR 2004, 1481 = IBR 2004, 333 – *Schwenker*.

siedelte Anspruchsgrundlage für die Haftung des gerichtlichen Sachverständigen geschaffen worden.[49]

Der Sachverständige muss unabhängig und unparteiisch sein. Sein Gutachten hat er nach bestem Wissen und Gewissen zu erstatten.

### b) Die Auswahl des Sachverständigen

*Literatur*
*Volland*, Zur Problematik der Sachverständigenauswahl, ZRP 1999, 491.

**2637** Die **Qualifikation** und damit die **Auswahl** des Sachverständigen entscheidet vielfach schon über den Erfolg oder Misserfolg der Tatsachenaufklärung und damit über das Prozessergebnis.[50] Wenn die Parteien keinen gemeinsamen Vorschlag machen,[51] ist es Sache des **Richters**, den Sachverständigen auszuwählen (§ 404 Abs. 1 ZPO).[52] Die öffentliche Bestellung eines Sachverständigen ist keine Voraussetzung für seine Heranziehung durch das Gericht.[53] Diese geschieht allerdings in Bauprozessen in der Regel nach einer entsprechenden Anfrage des Gerichts bei der Industrie- und Handelskammer **(IHK)** oder der **Handwerkskammer** oder sofort durch Auswahl eines in den Sachverständigenlisten aufgeführten Gutachters. Die Prozessbeteiligten streiten vielfach jedoch darüber, welche Stelle (IHK oder Handwerkskammer) angegangen oder wessen Sachverständigenliste herangezogen werden soll. So werden die Gutachter der Handwerkskammer meistens von den Bauherren abgelehnt, weil diese Befangenheit befürchten, aber oftmals auch von den Unternehmern, weil diese ihren „Kollegen" keinen Einblick in ihre Arbeit und Preisgestaltung geben wollen. Gegen die Gutachter der IHK werden vielfach Einwendungen von den bauausführenden Unternehmern vorgebracht, weil sie diese „für zu theoretisch" ansehen und ihnen die notwendige handwerkliche Kenntnis absprechen. Der Richter wird bei Streitfällen dieser Art gut tun, sich nicht auf einen solchen Parteienstreit einzulassen, sondern nach bestem Wissen den Sachverständigen auszusuchen, der „irgendwie die Gewähr bietet, dass das Gutachten seine prozessuale Funktion als Beweismittel optimal erfüllt."[54]

**2638** Die Auswahl des Sachverständigen darf nicht ohne weiteres einer **anderen** Stelle überlassen werden; auch bei der Heranziehung eines sog. **Auswahlsachverständigen** muss sich der Richter seiner eigenen Verantwortung für die Auswahl des Sachverständigen bewusst bleiben.[55] Vorsicht ist auch geboten, wenn der bestellte Gutachter von

---

49) Zur **Haftung** des Sachverständigen: OLG Stuttgart, BauR 2006, 712 m. Anm. *Klöters* (Verkehrswertermittlung im Zwangsversteigerungsverfahren); BGH, BauR 2006, 1281 (Haftung gegenüber Ersteigerer); OLG Rostock, BauR 2006, 1337 (zum **Verschulden**).
50) So zutreffend: *Rudolph*, ZSW 1981, 219; siehe ferner kritisch zur Sachverständigenauswahl: *Volland*, ZRP 1999, 491; *Oehlers*, ZRP 1998, 285.
51) § 404 ZPO sieht keine Pflicht des Gerichts vor, die Parteien anzuhören, wer als Sachverständiger gewählt werden soll; **Anregungen** der Parteien ist aber nachzugehen (BGH, ZfBR 1996, 40, 41 = BauR 1996, 147 = NJW 1996, 196).
52) Vgl. dazu grundlegend *Müller*, Der Sachverständige, Rdn. 159 ff.; *Bayerlein*, BauR 1989, 397, 400 ff.
53) OLG Düsseldorf, OLGR 2001, 331 = BauR 2001, 1479 (LS).
54) So *Müller*, ZSW 1980, 197, 198.
55) Zur Zulässigkeit des Verfahrens: *Rudolph*, ZSW 1981, 219.

sich aus **Zusatzgutachten** einholt oder wenn ihm eine solche Befugnis von dem Gericht eingeräumt werden soll. Rudolph[56)] bemerkt insoweit zutreffend:

> „Auch muss dem Sachverständigen bei der Ausführung des Auftrags eine gewisse Selbstständigkeit bleiben; dazu gehört grundsätzlich auch die Befugnis, ergänzende und abstützende Befunde im Wege eines Zusatzgutachtens einzuholen. Natürlich muss der Sachverständige sich dabei im Rahmen seines Auftrags und der vom Richter erteilten Weisungen halten, und natürlich muss der Richter das kontrollieren. Dieser Rahmen kann aber nicht nach formalen juristischen Kriterien abgesteckt werden: Er wird zwingend durch die Notwendigkeiten, Gegebenheiten und Methoden des in Frage stehenden Sachgebiets mitbestimmt. Der gerichtliche Sachverständige soll keine schlechtere Arbeit leisten als der außergerichtliche; er muss daher grundsätzlich auch in der Lage sein, abstützende oder ergänzende Zusatzgutachten dort einzuholen, wo er sie als außergerichtlicher Gutachter einholen würde. Eine reine juristische Frage ist es dann, ob das Zusatzgutachten im Rahmen des Sachverständigengutachtens oder des Urkundenbeweises mitverwendet werden kann oder ob sich das Gericht dazu entschließen muss, auch den Zusatzgutachter als gerichtlichen Sachverständigen zu hören."

Hat statt des **im Beweisbeschluss namentlich bestimmten Sachverständigen** ein **anderer Sachverständiger** das schriftliche Gutachten erstattet und will das Gericht in Abweichung von dem Beweisbeschluss dieses Gutachten verwerten, so muss es dies den Parteien rechtzeitig vor Schluss der mündlichen Verhandlung zu erkennen geben; die Parteien müssen noch Gelegenheit zur Stellungnahme haben.[57)]

**2639**

Ob und inwieweit der bestellte Sachverständige sich sog. **Hilfskräfte** bei der Erstattung des Gutachtens bedienen darf, kann im Einzelfall **zweifelhaft** sein.[58)] Grundsätzlich hat der Bausachverständige sein Gutachten selbst („**persönlich**") zu erstellen (§ 407a Abs. 2 ZPO);[59)] gleichwohl können für **notwendige Vorbereitungsarbeiten** (z. B. **Vermessungen, Zeichnungen,** Anfertigung von **Fotografien; vorbereitende** Ortsbesichtigungen) Hilfskräfte aus dem jeweiligen Fachbereich herangezogen werden, die unter entsprechender Anleitung und Kontrolle des Sachverständigen diesem zuarbeiten.[60)] Feststellungen, Ergebnisse und (Teil)entwürfe der Hilfskräfte dürfen nicht ungeprüft ins Gutachten übernommen werden.[61)] **Ortsbesichtigungen**, die der Feststellung von **Baumängeln** dienen, können deshalb nur von dem bestellten **Sachverständigen** selbst und nicht etwa von einer Hilfskraft vorgenommen werden.[62)]

**2640**

### c) Aufgabe des Sachverständigen

*Literatur*

*Motzke*, Die Sachverständigen- und die Rechtsfrage – Konsequenzen für den Honorarsachverständigen und die Rechtsfindung, Festschrift für Vygen (1999), 416; *Leineweber*, Zur Feststellung einer „technischen Verursachungsquote" durch den Sachverständigen, Festschrift für Mantscheff (2000), 249; *Deckers*, Prozessuale Probleme der Architektenhonorarklage, BauR 2001, 1832.

---

56) *Rudolph*, ZSW 1981, 219, 220.
57) BGH, WM 1978, 1418 = VersR 1978, 1105 = NJW 1978, 2602 (LS); BGH, NJW 1985, 1399, 400.
58) Vgl. dazu *Bleutge*, NJW 1985, 1185 ff.; OLG Frankfurt, BauR 1985, 240; OLG Celle, NdsRpfl. 1985, 172 (zum Verlust des Vergütungsanspruchs); BVerwG, NVwZ 1993, 771.
59) Zu den Voraussetzungen einer „höchstpersönlichen" Erledigung: OLG Nürnberg, IBR 2006, 526 – *Bleutge*.
60) *Bleutge*, a.a.O., 1186.
61) *Bleutge*, a.a.O., 1189.
62) OLG Frankfurt, ZSW 1983, 239 = MDR 1983, 849; *Bleutge*, a.a.O., 1189.

**2641** Die **Aufgabe eines Bausachverständigen** kann verschiedener Natur sein. Jessnitzer[63] unterscheidet zutreffend:

* Der Sachverständige hat dem Gericht die Kenntnis von technischen oder wissenschaftlichen **Erfahrungen** zu übermitteln.
  *Beispiel:* Erläuterungen über den technischen Unterschied zweier Bauweisen, verschiedener Isolierungsmöglichkeiten oder Dachabdeckungen.[64]
* Er hat dem Gericht die von ihm festgestellten **Tatsachen**[65] mitzuteilen.
  *Beispiel:* Feststellung von Mengen an einem Bauvorhaben, der Höhenlage eines Hauses zur Straße usw.
* Er hat bestimmte **Tatsachen** auf Grund vorhandener Erfahrungssätze **zu beurteilen**.
  *Beispiel:* Beurteilung, ob eine bestimmte Betongüte vorhanden und ausreichend ist, ob die angewandte Schallisolierung genügt usw.[66]

Die erste Alternative, bei der der Bausachverständige auf Grund seines Sachwissens berichtet, ist in der Prozesspraxis selten. Meist – insbesondere in Baumängelprozessen – kommen die beiden anderen Fallgestaltungen (gemeinsam) in Betracht: Nach eigener Feststellung von Tatsachen am Bau zieht der Sachverständige mit Hilfe seiner Sachkunde die erforderlichen Schlussfolgerungen. Werden dem Sachverständigen die Tatsachen (z. B. nach einer Ortsbesichtigung des Gerichts oder einer Zeugenvernehmung) vom Gericht zur Begutachtung mitgeteilt, so kommt nur die letzte Alternative als Aufgabenstellung für den Sachverständigen zum Zuge; auch dieser Fall ist seltener.

**2642** Der Bausachverständige hat sich streng an seinen **Auftrag** entsprechend der aufgezeigten Fallgestaltungen zu halten. Leider geschieht das nicht immer; vor allem ist dem Sachverständigen nicht die eigenständige „**Rechtsanwendung**" gestattet.[67]

---

63) BauR 1975, 73; ferner: DRiZ 1974, 98; BGH, NJW 1951, 771; s. auch: *Motzke*, Festschrift für Vygen, S. 416, 424; *Bayerlein*, BauR 1989, 397, 399.

64) Hierzu kann auch die Mitteilung von „**Üblichkeiten**" am Bau gerechnet werden, wenn sie sich zu einer Verkehrssitte i. S. von § 157 BGB verdichtet haben (vgl. BGH, BauR 1995, 538, 539 = ZfBR 1995, 191).

65) Zum Begriff der „**Tatsache**": *Motzke*, Festschrift für Vygen, S. 416, 418 ff.

66) Ob die **Haftungsquotierung** unter den Baubeteiligten eine **Rechts-** oder (auch) eine **Sachverständigenfrage** darstellt, ist streitig; s. hierzu: LG Stuttgart, BauR 1997, 137 u. *Leineweber*, Festschrift für Vygen, S. 249 ff. (Rechtsfrage); *Kamphausen*, BauR 1996, 174; OLG Frankfurt, BauR 2000, 1370 (Sachverständigenfrage; s. auch Rdn. **31**). Zur **Honorarklage** des Architekten (Fragen nach den erbrachten Grundleistungen, nach der richtigen Honorarzone oder den anrechenbaren Kosten): *Deckers*, BauR 2001, 1832, 1835 ff.; *Rath*, BauR 2002, 557, 559 ff. Zum Sachverständigenbeweis über die „**Prüfbarkeit**" einer Rechnung s. OLG Stuttgart, NZBau 2005, 640, 641 = IBR 2005, 436 – *Böhme* (in Abgrenzung zu OLG Stuttgart, IBR 1999, 390). Zum Prüfungsmaßstab bei der **Fertigstellungsbescheinigung** gemäß § 641a BGB: *Kniffka/Koeble*, 4. Teil, Rdn. 28; *Palandt/Sprau*, § 641a BGB, Rdn. 5. Zur **Sollbeschaffenheit** beim Fehlerbegriff: OLG Köln, BauR 2002, 1120, 1122 (**Rechtsbegriff**). Zur Rechtsnatur und Auslegung der **VOB/C** (DIN 18299 Abschnitt 5 u. DIN 18332 Abschnitt 5): BGH, ZfBR 2004, 778 = BauR 2004, 1438.

67) Siehe hierzu: *Motzke*, Festschrift für Vygen, S. 416 ff.; *Quack*, BauR 1993, 161, 162 (unter Hinweis auf BGH, Urt. vom 30.9.1992 – IV ZR 227/91); *Kamphausen*, Festschrift für Soergel, S. 327, 335 ff. mit zahlreichen Beispielen.

## Der Sachverständige                                                         Rdn. 2643

Spricht der Sachverständige im Zusammenhang mit der Auslegung des Beweisthemas auch rechtliche Fragen an, so rechtfertigt dies allerdings allein noch nicht die Besorgnis der Befangenheit.[68] Das Gericht muss stets prüfen, ob dem „Gutachten fehlerhafte juristische Vorstellungen zu Grunde liegen".[69] Kommt es für die sachgerechte Gutachtenerstattung auf die richtige rechtliche „Handhabung" von juristischen Begriffen und/oder Tatbeständen an, so muss der Sachverständige darauf hinweisen und um eine richterliche Einweisung nachsuchen (vgl. § 407 a Abs. 3 Satz 1 ZPO).[70]

In Zweifelsfällen ist es Sache des **Richters, von sich aus** dem Sachverständigen bei der Beauftragung die „von diesem benötigten **Anknüpfungstatsachen** vorzugeben."[71] Dies bietet sich vor allem an, wenn das Gericht von (bestimmten) Zeugenaussagen nicht ausgehen will, sie vielmehr für falsch hält. In diesem Fall muss das Gericht dem Sachverständigen sagen, welche Tatsachen es für **bewiesen** oder **als widerlegt** ansieht, wenn es hierauf (als Anknüpfungstatsache) für die sachverständige Beurteilung ankommt.

Hält sich der Sachverständige nicht an den ihm im Rahmen des Beweisbeschlusses erteilten Auftrag, kann er u. U. seinen Entschädigungsanspruch verlieren. Soweit Spezialfragen zu lösen sind, die nicht in das Wissensgebiet des Sachverständigen fallen, kann der Bausachverständige einen anderen Sachverständigen mit der Erstattung eines **Zusatzgutachtens** beauftragen.[72] Sind auf Grund des gerichtlichen Auftrages an Ort und Stelle oder im Labor Untersuchungen, z. B. über die Betongüte, vorzunehmen, so gehört diese **Untersuchungspflicht** auch zur Aufgabe des Sachverständigen, soweit ihm dies zumutbar ist.

Die Frage, ob die Parteien eines Prozesses einen Anspruch darauf haben, an einer vom Sachverständigen durchgeführten **Ortsbesichtigung teilzunehmen**, war lange Zeit umstritten. Die neuere Rechtsprechung und der überwiegende Teil der Literatur bejaht ein Recht der Parteien auf Teilnahme an der Augenscheinseinnahme durch den Sachverständigen.[73] Der Bausachverständige ist daher auch verpflichtet, die Prozessbevollmächtigten der Parteien, u. U. auch die Parteien des Prozesses, zur Ortsbesichtigung zu laden. Die Parteien sind im Übrigen berechtigt, einen **sachkundigen Berater** (auch Sachverständigen) bei der Ortsbesichtigung des gerichtlichen Sachverständigen hinzuzuziehen, um dadurch die Tatsachenfeststellung des gerichtlichen Sachverständigen überprüfen zu lassen.[74] Der hinzugezogene Privatsachverständige hat dabei aber nicht weiter gehende Rechte als die Parteien; er darf also nicht die Ermittlung der Tatsachen behindern oder erschweren; vielmehr hat sich der Privatsachverständige darauf zu beschränken, tatsächliche Angaben zu den vom gerichtlich bestellten Sachverständigen zu begutachtenden Themen zu machen.

2643

---

68) OLG Nürnberg, BauR 2002, 129; s. auch OLG Hamburg, OLGR 2000, 18.
69) BGH, BauR 1995, 538, 539.
70) Siehe auch OLG München, NJW-RR 2001, 1652 (Auswertung eines Videofilms).
71) BGH, NJW 1997, 1446, 1447.
72) Vgl. näher *Jessnitzer*, BauR 1975, 73, 75.
73) BGH, ZZP 67, 297; BVerwG, IBR 2006, 424 – *Ganten*; BAG, AP § 402 ZPO Nr. 1 und Nr. 2; OLG Köln, DB 1974, 1111 = MDR 1974, 589; OLG Düsseldorf, BauR 1974, 72; MDR 1979, 409; OLG München, ZSW 1983, 213 m. Anm. *Müller*, BauR 1985, 209; *Jessnitzer*, BauR 1975, 73, 76.
74) OLG Düsseldorf, BauR 1974, 72 u. MDR 1979, 409; OLG München, NJW 1984, 807.

**2644** Eine nicht ordnungsgemäße **Benachrichtigung vom Ortstermin** kann dazu führen, dass das Gutachten u. U. vom Gericht nicht verwertet wird, der Sachverständige wegen Besorgnis der Befangenheit abzulehnen ist[75] und dem Sachverständigen möglicherweise die Entschädigung versagt wird.[76] Jessnitzer weist mit Recht darauf hin, dass in gegebenen Fällen **ausnahmsweise** die Benachrichtigung der Prozessbevollmächtigten und der Parteien von einer beabsichtigten Ortsbesichtigung **unterbleiben** kann, wenn hierdurch das Ergebnis der Besichtigung **beeinträchtigt** werden kann; in diesen Fällen ist jedoch das Gericht zuvor zu benachrichtigen. Das OLG München[77] verneint eine Benachrichtigungspflicht, wenn die Ortsbesichtigung des Sachverständigen zunächst nur zur gründlichen Gutachtenvorbereitung dient; der Sachverständige hatte bei dem Ortstermin weder das Grundstück betreten noch mit den Parteien oder Zeugen Verbindung aufgenommen.

### d) Das Gutachten

*Literatur*

*Klocke*, Der Sachverständige und seine Auftraggeber, 1981; *Zimmermann*, Sachverständigengutachten bei streitigen Bauschäden, DAB 1981, 366; *Kretschmer*, Die Erstellung eines Gerichtsgutachtens, ZSW 1981, 103; *Klocke*, Grundsätze zur Sachverständigentätigkeit in der Bundesrepublik Deutschland, ZSW 1983, 149; *Aurnhammer*, Der Wert des Sachverständigengutachtens, BauR 1983, 97; *Schild*, Inhalt und Form des Sachverständigengutachtens, Aachener Bausachverständigentage 1985, 30; *Kamphausen*, Alternativbegutachtungen durch Sachverständige – Rechtliche Grundlagen und Besonderheiten bei Wertminderungsproblemen, BauR 1986, 151; *Klocke*, Erstattung von Gutachten, BauR 1986, 294; *Voth*, 30 Jahre Gerichtsgutachter – ein Erfahrungsbericht, BauR 1988, 666.

**2645** Das **Gutachten** des Sachverständigen muss für die Parteien und das Gericht im Gedankengang **nachvollziehbar** sein. Mit Hilfe eines Fachmannes muss es auch in allen Schlussfolgerungen nachprüfbar sein. Daher ist es Pflicht des Sachverständigen, das Gutachten in einer allgemein **verständlichen Form** zu halten. Der Sachverständige hat auch – was selten geschieht – seine **Arbeitsmethode** zu erläutern und die Quellen anzugeben, auf die er seine Schlussfolgerungen stützt. Dabei hat er insbesondere zum Ausdruck zu bringen, ob die Ergebnisse auf Grund eigener Sachkunde oder anderer Erkenntnisquellen gefunden wurden.[78]

**2646** Der **Deutsche Industrie- und Handelstag** (Bonn) hat ein „**Merkblatt** der Industrie- und Handelskammern für den gerichtlichen Sachverständigen" herausgegeben. Hierin sind Regeln für den gerichtlichen Sachverständigen aufgestellt, die „den Bedürfnissen der gerichtlichen Praxis und der besonderen Stellung des Sachverständigen als Helfer des Richters" entsprechen.

Da diese Regeln insbesondere auf den Bausachverständigen zutreffen und sich im Übrigen mit der herrschenden Rechtsauffassung decken, sollen sie **auszugsweise** wiedergegeben werden.

---

[75] Zum Beispiel, wenn nur **eine** Partei geladen worden ist; vgl. auch BGH, NJW 1975, 1363 = *Schäfer/Finnern*, Z 8.1 Bl. 26; anders für langfristige Reihenuntersuchungen: OLG Koblenz, OLGZ 77, 109; vgl. unten Rdn. **2648**.
[76] *Jessnitzer*, BauR 1975, 73, 76.
[77] ZSW 1983, 213 ff.
[78] *Jessnitzer*, BauR 1975, 73, 77.

# Der Sachverständige

## Eingang des Gutachtenauftrages

* Der Eingang des Auftrages und der Empfang der Akten sind dem Gericht unverzüglich zu bestätigen. Regelmäßig mit der Empfangsbestätigung, spätestens jedoch innerhalb von zwei Wochen, soll dem Gericht mitgeteilt werden, wann das Gutachten erstattet werden kann.
* Der Sachverständige kann die Erstattung des Gutachtens aus den Gründen verweigern, aus denen ein Zeuge von seinem Zeugnisverweigerungsrecht Gebrauch machen darf (§§ 408, 383, 384 ZPO). Es empfiehlt sich, insbesondere bei verwandtschaftlichen Beziehungen zu einer Partei, hiervon Gebrauch zu machen.
* Der Sachverständige kann beantragen, von der Verpflichtung zur Erstattung des Gutachtens befreit zu werden, wenn Tatsachen vorliegen, die geeignet sind, berechtigte Zweifel gegen seine Unparteilichkeit aufkommen zu lassen. Dies gilt insbesondere bei früherer gutachtlicher Tätigkeit in derselben Sache für eine Partei, bei nahen persönlichen oder geschäftlichen Beziehungen einer Partei. In jedem Falle hat er das Gericht auf solche Tatsachen hinzuweisen.
* Das gleiche gilt, wenn für die Erstattung des Gutachtens Spezialkenntnisse erforderlich sind, über die der Sachverständige nicht verfügt oder die Beweisfrage nicht in das Sachgebiet des Sachverständigen fällt.

## Die Arbeit am Gutachten

* Die Ermittlung des Sachverhalts obliegt grundsätzlich dem Gericht. Der Sachverständige hat sich streng an den Beweisbeschluss zu halten und unter Berücksichtigung des Akteninhalts Klarheit über den ihm gestellten Auftrag zu verschaffen.
* Erscheint ihm der Gutachtenauftrag aus fachlicher Sicht unklar oder ergänzungsbedürftig, so ist diese Frage mit dem Gericht zu klären.
* Das gleiche gilt, wenn der Sachverständige nicht eindeutig erkennen kann, von welchen Tatsachen er bei der Gutachtenerstellung auszugehen hat.
* Hält der Sachverständige für die Beantwortung der Beweisfragen eine weitere Aufklärung des Sachverhalts (z. B. durch Zeugenvernehmung oder Vorlage von Urkunden) für erforderlich, so hat er das Gericht hiervon zu unterrichten. Selbst wenn der Sachverständige lediglich Unterlagen irgendwelcher Art von einer Partei benötigt, soll die Anforderung und Übersendung über das Gericht erfolgen.
* Eigene Feststellungen kann er nur treffen, wenn sich die Befugnis hierzu aus dem Beweisbeschluss oder dem Zweck des Gutachtenauftrags ergibt. Dabei hat er jeden Anschein der Einseitigkeit gegenüber den Parteien zu vermeiden. Ist der Sachverständige im Zweifel, ob er eigene Feststellungen zum Sachverhalt treffen darf, so muss er sich beim Gericht Gewissheit hierüber verschaffen.
* Sollten von einer Partei Urkunden oder sonstige Beweisstücke übermittelt werden, so können diese im Gutachten nur verwertet werden, wenn die Gegenpartei sich ausdrücklich damit einverstanden erklärt. Das Einverständnis ist im Gutachten zu vermerken; die Unterlagen sind dem Gutachten beizufügen. Erklärt die Gegenpartei sich mit der Verwertung nicht einverstanden, so sollen die Urkunden oder sonstige Beweisstücke unverzüglich dem Gericht übermittelt werden. Von Rücksprachen mit einer Partei oder deren Vertreter ohne Beisein der anderen Partei soll der Sachverständige grundsätzlich absehen.
* Von etwaigen Orts- und Objektbesichtigungen hat der Sachverständige die Parteien und deren Prozessvertreter zu verständigen und ihnen Gelegenheit zur Teilnahme zu geben. Bei der Mitteilung des Termins hat er auf eine angemessene Frist zu achten, die ihnen eine Teilnahme möglich macht. Außerdem hat er das Gericht von der Orts- oder Objektbesichtigung zu unterrichten.
* Bei der Durchführung der Vorarbeiten hat der Sachverständige auch jeden Anschein der Beeinflussung durch die Parteien zu vermeiden (z. B. Fahrt mit dem Wagen einer Partei zu einer Ortsbesichtigung; einseitiges Gespräch mit einer Partei, ohne der anderen Partei Gelegenheit zur Teilnahme zu geben).

### Inhalt und Aufbau des Gutachtens

* Der Sachverständige hat für die seinem Gutachten zu Grunde liegenden Tatsachen die Quellen anzugeben. Dies gilt sowohl für Feststellungen, die er auf Grund von Ortsbesichtigungen oder im Rahmen seiner vorbereitenden Tätigkeit trifft, als auch für Tatsachen, die er den Akten entnimmt.
* Hat ein Ortstermin stattgefunden, ist im Gutachten ein Hinweis über die Unterrichtung und die Anwesenheit der Parteien und ihrer Vertreter notwendig.
* Soweit der Sachverständige Hilfskräfte hinzugezogen hat oder sich zum Teil auf Untersuchungen Dritter stützt (z. B. labortechnische Untersuchungen), hat er dies kenntlich zu machen.
* Das Gutachten muss im Gedankengang für den Richter nachvollziehbar und für den Fachmann in allen Schlussfolgerungen nachprüfbar sein. Unvermeidbare, nicht allgemein verständliche Fachausdrücke sind im Rahmen des Möglichen zu erläutern.
* Wissenschaftliche Auseinandersetzungen mit unterschiedlichen Lehrmeinungen sind im Gutachten nur insoweit notwendig, als sie zur Lösung der Beweisfrage beitragen. Auf abweichende fachliche Auffassungen ist jedoch hinzuweisen.
* Kommen für die Beantwortung der Beweisfrage mehrere Lösungen ernsthaft in Betracht, so hat der Sachverständige diese darzulegen und den Grad der Wahrscheinlichkeit gegeneinander abzuwägen.

### e) Die Ablehnung des Sachverständigen

*Literatur*

*Böckermann*, „Ablehnung" eines Sachverständigen oder Richters durch Streitverkündung oder Klageerhebung, MDR 2002, 1348; *Heinrich*, Die Ablehnung des Sachverständigen wegen Befangenheit im Beweisverfahren, BrBp 2004, 268; *Böckermann*, Pflichten der Partei bei Verdacht der Befangenheit eines Sachverständigen, BauRB 2005, 177; *Pleines*, Ablehnung des gerichtlich bestellten Sachverständigen wegen Befangenheit, DS 2007, 298.

**2647** Eine **Ablehnung** des Sachverständigen kommt nur in besonderen Einzelfällen in Betracht.[79] Die größte praktische Bedeutung hat dabei der Ablehnungsgrund der „**Besorgnis der Befangenheit**". Diese Ablehnung findet statt, wenn ein Grund vorliegt, der geeignet ist, **Misstrauen gegen die Unparteilichkeit** des Sachverständigen zu rechtfertigen. Jeder Grund reicht hier aus, der bei verständiger Würdigung vom Standpunkt des Ablehnenden aus gesehen ein Misstrauen gegen den Sachverständigen berechtigt erscheinen lässt.[80] Dabei ist im Einzelfall die **Gesamtschau** maßgebend;[81] es kommt nicht darauf an, ob sich der Sachverständige selbst für befangen hält.[82] Ein Sachverständiger, der erfolgreich wegen Besorgnis der Befangenheit abgelehnt wird, verliert u. U. seinen **Entschädigungsanspruch**.[83] Das Ablehnungsrecht steht grundsätzlich den Parteien und auch dem Streithelfer[84] zu; der Befangenheitsantrag eines **Streithelfers** ist unzulässig, wenn er sich da-

---

[79] Vgl. dazu im Einzelnen: *Müller*, Der Sachverständige, Rdn. 216 ff.; *E. Schneider*, MDR 1975, 353 sowie die Nachw. in Rdn. **61**.
[80] OLG Köln, BauR 1992, 408; OLG Frankfurt, JW 1931, 2042; BGH, DB 1975, 1698 = NJW 1975, 1363 = *Schäfer/Finnern*, Z 8.1 Bl. 26.
[81] OLG München, OLGR 2006, 120.
[82] BGH, MDR 1952, 409.
[83] OLG Düsseldorf, OLGR 2001, 331 = BauR 2001, 1479 (LS); OLG München, OLGR 1999, 49 u. Rdn. **2703**.
[84] OLG München, IBR 2007, 110 – *Bleutge*.

## Der Sachverständige

mit in **Widerspruch** zu den Handlungen des Streitverkündeten (Hauptpartei) setzt.[85)]

**Rechtsprechungsübersicht** 2648

Als **Ablehnungsgrund** ist **anerkannt**:
* Freundschaft, Feindschaft, wirtschaftliche Konkurrenz
* laufende Geschäftsbeziehungen zu einem Prozessbeteiligten[86)]
* enge wissenschaftliche Zusammenarbeit über Jahre mit einer Partei[87)]
* wenn der Sachverständige bereits in der Sache ein entgeltliches Privatgutachten erstattet hat[88)]
* wenn sich der Sachverständige nicht an den Beweisbeschluss hält und gerichtliche Vorgaben nicht seinem Gutachten zugrundelegt[89)]
* die einseitige Beschaffung von Untersuchungsmaterial von einer Partei, ohne den Gegner zu beteiligen[90)]
* Einholung von Informationen bei einer Partei[91)]
* Abhaltung eines Ortstermins mit nur einer Partei, wenn die andere Partei nicht ordnungsgemäß geladen ist[92)]
* falsche Angaben des Sachverständigen über die Grundlagen des Gutachtens (z. B. über Anzahl der geführten Gespräche)[93)]
* (längere) Mitnahme einer Partei im Pkw zum Ortstermin[94)]

---

85) Vgl. LG Hannover, IBR 2005, 652; OLG Bremen, IBR 2004, 468. Ist einem Streithelfer im **selbstständigen Beweisverfahren** aus diesem Grund eine Ablehnung versagt worden, so kann er diese allerdings im Hauptsacheprozess nachholen (BGH, BauR 2006, 1500 = NZBau 2006, 648 = IBR 2006, 525 – *Wolf*).
86) OLG Nürnberg, WRP 1978, 231; siehe auch OLG München, IBR 2007, 110 – *Bleutge*; OLG Köln, MDR 1959, 1017 u. OLG München, MDR 1998, 858.
87) OLG Köln, BauR 1992, 408.
88) Vgl. OLG Frankfurt, BauR 2006, 147 = BauRB 2005, 271 = OLGR 2005, 435 (identisches Gebäude); OLG Düsseldorf, NJW-RR 1997, 1428 (Privatgutachten für **anderen** Erwerber des Bauträgers); OLG Nürnberg, JurBüro 1981, 776; OLG Karlsruhe, BauR 1987, 599; OLG Schleswig, BauR 1993, 117 (Erstattung eines Privatgutachtens nach einem Beweissicherungsgutachten); nicht notwendig in jedem Falle: BGH, VersR 1962, 450.
89) OLG Nürnberg, OLGR 2006, 800, 801.
90) OLG Koblenz, MDR 1978, 148; OLG Saarbrücken, JurBüro 1978, 1094; OLG Hamm, MDR 1973, 144.
91) LG Mainz, BauR 1991, 510; OLG Düsseldorf, BB 1972, 1248; BB 1975, 627 u. NJW-RR 1986, 740; OLG Koblenz, ZSW 1980, 215; siehe aber OLG München, NJW-RR 1989, 1088 für Einblick in Kalkulationsunterlagen einer Prozesspartei.
92) BGH, NJW 1975, 1363; OLG Köln, JMBl. NRW 1968, 213 u. JMBl. NRW 1974, 137; ferner: OLG Saarbrücken, IBR 2003, 517 (Streithelfer); Thüringer OLG, MDR 2000, 169; OLG Dresden, OLGR 1997, 188 = NJW-RR 1997, 1354; OLG München, AnwBl. 1999, 356 = IBR 1999, 554 – *Schwerin*; LG Nürnberg-Fürth, ZSW 1981, 246; OLG Frankfurt, FamRZ 1986, 1021; KG, OLGR 1996, 191; bedenklich: OLG Hamburg, IBR 2004, 443. Werden **beide** Parteien nicht zum Ortstermin geladen, so rechtfertigt dies nicht ohne weiteres eine Ablehnung (zutr.: OLG Nürnberg, MDR 2007, 237 = OLGR 2006, 873, 874).
93) OLG Frankfurt, FamRZ 1980, 931; KG, OLGR 1995, 93 („Verwechselungen" in den Feststellungen des Gutachtens, die abgestritten werden).
94) OLG Karlsruhe, ZSW 1980, 100; OLG Frankfurt, NJW 1960, 1622.

- wenn der Sachverständige es ablehnt, in Gegenwart eines technischen Beraters einer Partei den Ortstermin durchzuführen[95]
- wenn der Gutachter bei einem Telefongespräch mit einer Partei in eine Sacherörterung eintritt[96]
- wenn der Gehilfe einen Befangenheitsgrund gibt[97]
- wenn er ein zum Zwecke der Kritik angekündigtes Privatgutachten „unbesehen als Gefälligkeitsgutachten" bezeichnet[98]
- wenn durch verbale Entgleisungen eine Aversion gegen eine ihn kritisierende Prozesspartei zum Ausdruck kommt[99]
- wenn der Sachverständige seine gutachterlichen Äußerungen in einer Weise gestaltet, dass sie als Ausdruck einer unsachlichen Grundhaltung gegenüber einer Partei gewertet werden können[100]
- wenn der Sachverständige sich unsachlich mit einem Privatgutachten auseinandersetzt[101]

**2649** **Kein Ablehnungsgrund** ist:
- der Umstand, dass der vom Gericht beauftragte Gutachter kein öffentlich bestellter und vereidigter Sachverständige ist[102]
- die Tatsache, dass der von der Handwerkskammer bestellte Sachverständige ein Unternehmen gleicher oder ähnlicher Art betreibt wie die Prozesspartei[103]
- wenn der Sachverständige um die Erlaubnis bittet, bei der Ermittlung einer Lärmbeeinträchtigung die schalltechnischen Messungen ohne eine vorherige Information des Beklagten durchführen zu dürfen[104]
- wenn er im Zusammenhang mit der Auslegung des Beweisthemas auch rechtliche Fragen anspricht[105]
- wenn der Sachverständige unter Verstoß gegen § 407 a Abs. 2 ZPO[106] das Gutachten im Wesentlichen durch einen Mitarbeiter erstellen lässt[107]
- wenn sich der Gutachter selbst für befangen hält[108]

---

95) OLG Düsseldorf, MDR 1979, 409.
96) OLG Frankfurt, FamRZ 1989, 410; LG Mainz, BauR 1991, 510.
97) OLG Karlsruhe, Justiz 1980, 79; **a. A.:** OLG Zweibrücken, MDR 1986, 417.
98) OLG Zweibrücken, NJW 1998, 912; s. ferner: OLG Hamm, IBR 2007, 50 – *Bleutge*.
99) OLG Frankfurt, OLGR 2004, 161 = IBR 2004, 444 – *Kamphausen;* s. ferner: OLG Köln, MDR 2002, 53; OLG Oldenburg, NJW-RR 2000, 1166; SchLHOLG, IBR 2002, 585 (Bezeichnung des Prozessvortrags als „Märchenstunde").
100) BGH, MDR 2005, 1007.
101) OLG Düsseldorf, IBR 2007, 455 – *Bleutge*.
102) OVG NRW, IBR 2005, 434 – *Kamphausen*.
103) OLG München, NJW-RR 1989, 1088 = BauR 1990, 117; vgl. auch OLG Frankfurt, BauR 1998, 829.
104) Saarländisches OLG, BauR 1998, 641 (LS) = MDR 1998, 492.
105) OLG Celle, BauR 2006, 559 = IBR 2006, 64 – *Hunger*; OLG Nürnberg, BauR 2002, 129, 130.
106) Zu den Voraussetzungen einer „höchstpersönlichen" Erledigung s. OLG Nürnberg, IBR 2006, 526 – *Bleutge*.
107) OLG Jena, OLGR 2006, 190 – der **Ersteller** des Gutachtens ist ggf. zum (neuen) Sachverständigen zu bestellen.
108) OLG München, BauR 2007, 766 (LS).

## Der Sachverständige

* wenn er eine objektiv vorhandene Mangelerscheinung im Ortstermin als unstreitig bezeichnet („Von den Teilnehmern wurden die Fassadenmängel bestätigt")[109]
* der Umstand, dass der Sachverständige ein Bauvorhaben des Prozessbevollmächtigten des Klägers mit seiner Sachkunde „begleitend betreut"[110]
* die mangelhafte Qualifikation allein[111]
* eine überhöhte Gebührenrechnung[112]
* die verzögerte Abwicklung der Beweiserhebung[113]
* die Überschreitung des Gutachterauftrages[114]
* wenn der Sachverständige eine andere wissenschaftliche Auffassung vertritt[115] oder an einer größeren wissenschaftlichen Publikation mitarbeitet[116]
* die scharfe Erwiderung auf einen ungerechtfertigten und ehrenrührigen Angriff einer Partei[117]
* die Benennung als Sachverständiger im (vormaligen) Beweissicherungsverfahren[118]
* das einer Partei ungünstige Ergebnis des Gutachtens[119]
* wenn der Sachverständige einen Ortstermin in den Schulferien ansetzt.[120]

Nach § 406 Abs. 2 Satz 1 ZPO ist der Ablehnungsantrag **vor** der Vernehmung des Sachverständigen zu stellen, „spätestens jedoch **binnen zwei Wochen** nach Verkündung oder Zustellung des Beschlusses über die Ernennung" des Sachverständigen. Zu einem späteren Zeitpunkt ist die Ablehnung „nur zulässig, wenn der Antragsteller glaubhaft macht, dass er ohne sein Verschulden verhindert war, den Ablehnungsgrund früher geltend zu machen" (§ 406 Abs. 2 Satz 2 ZPO). Entsteht der Ablehnungsgrund erst **nach der Ernennung** des Sachverständigen, ist das Ablehnungsgesuch **unverzüglich** nach Erlangung der Kenntnis vom Ablehnungsgrund beim Gericht anzubringen;[121] die angemessene Bedenkzeit ist überschritten, wenn die Partei „nahezu acht Wochen verstreichen" lässt.[122] Zu beachten ist jedoch, dass die Frist zur Ablehnung des Sachverständigen **nicht vor** der vom Gericht gesetzten Frist zur Stellungnahme zum Gutachten ablaufen kann, sofern sich die ablehnende

2650

---

109) OLG Dresden, BauR 2004, 1337 m. Anm. *Handschumacher.*
110) OLG Düsseldorf, OLGR 1996, 53 (LS).
111) OLG München, ZSW 1980, 217; JurBüro 1977, 1782.
112) OLG München, ZSW 1981, 97.
113) OLG Köln, ZSW 1981, 200.
114) OLG München, ZSW 1982, 19.
115) OLG Hamm, NJW 1966, 1880.
116) OLG München, OLGR 2006, 164.
117) OLG Düsseldorf, Der Sachverständige 1975, 175 u. NJW-RR 1997, 1353; a. A.: OLG Frankfurt (OLGR 1997, 103, 104), wenn sich der Sachverständige aus Verärgerung über das Ablehnungsgesuch in seiner Stellungnahme hierzu „in der Wortwahl vergreift"; s. ferner: LG Erfurt, BauR 1999, 1331.
118) OLG Köln, *SFH*, Nr. 1 zu § 406 ZPO.
119) OLG München, Rpfleger 1980, 303.
120) OLG München, OLGR 1997, 178.
121) Siehe hierzu: OLG Naumburg, OLGR 2007, 702; KG, OLGR 2005, 880; OLG Schleswig, OLGR 2006, 920; OLG Celle, IBR 2005, 296 u. BauR 2004, 1186.
122) OLG Celle, NJW-RR 1995, 128; s. ferner: OLG Düsseldorf, BauR 2001, 835 u. OLGR 2001, 469; OLG Koblenz, NJW-RR 1999, 72 = BauR 1999, 283 (LS); KG, BauR 2001, 1479 (LS); Brandenburgisches OLG, NJW-RR 2001, 1433.

Partei zur Begründung ihres Ablehnungsgesuchs mit dem Inhalt des Gutachtens auseinander setzen muss.[123] **Verhandelt** eine Partei **in Kenntnis des Ablehnungsgrundes sachlich zur Sache**, so schließt dies die spätere Ablehnung des Sachverständigen wegen Besorgnis der Befangenheit aus.[124]

Zur Ablehnung des Sachverständigen im selbstständigen Beweisverfahren vgl. Rdn. 103 ff.

**2651** Die Ablehnung eines Sachverständigen wegen Befangenheit setzt ein **eigenes Verfahren** in Gang.[125] Über das Ablehnungsgesuch **muss durch Beschluss** entschieden werden (§ 406 Abs. 4 ZPO); hiergegen findet die **sofortige** Beschwerde statt, wenn das Ablehnungsgesuch für unbegründet erklärt wird (§ 406 Abs. 5 ZPO). Solange über das Ablehnungsgesuch nicht entschieden ist, besteht für das Gericht ein **Verbot**, das Gutachten zu **verwerten**.[126] Ein Endurteil darf erst ergehen, wenn das Ablehnungsverfahren abgeschlossen ist.[127] Bei einer Entscheidung über das Ablehnungsgesuch im Urteil selbst wird der ablehnenden Partei praktisch der Beschwerderechtszug abgeschnitten. Es bleibt unklar, ob das beanstandete Gutachten verwertet werden darf oder nicht. Damit bleibt zugleich zweifelhaft, ob das Endurteil auf einer prozessual ordnungsgemäß gewonnenen Entscheidungsgrundlage beruht oder nicht. Die fehlerhafte Behandlung des Ablehnungsgesuchs kann deshalb auf Antrag einer Partei nach § 538 Abs. 2 Nr. 1 ZPO zur **Aufhebung** und **Zurückverweisung** der Sache an die Vorinstanz führen,[128] nach OLG Koblenz[129] insbesondere dann, wenn dem **Sachverständigen** nicht entsprechend §§ 406, 44 Abs. 3 ZPO Gelegenheit gegeben worden ist, sich zu dem Ablehnungsgesuch der Partei zu äußern.[130] Lehnt eine Partei einen Sachverständigen ab, dessen Bestellung das Gericht „beabsichtigt", so liegt in der nachfolgenden Beauftragung des Sachverständigen noch keine Entscheidung über ein Ablehnungsgesuch.[131] Das Verfahren betreffend eine Sachverständigenablehnung ist grundsätzlich kein kontradiktorisches Verfahren, sodass außergerichtliche Kosten auch nicht erstattet werden.[132]

---

123) BGH, BauR 2005, 1205 = NJW 2005, 1869, 1870 = MDR 2005, 1007 = NJW-Spezial 2005, 406 = BauRB 2005, 295.
124) OLG Düsseldorf, MDR 1994, 620.
125) BGHZ 28, 306.
126) Vgl. OLG Schleswig, MDR 2001, 711; RGZ 60, 110.
127) OLG Düsseldorf, JMBl. NRW 1970, 235; BayObLG, Rpfleger 1982, 433.
128) OLG Köln, MDR 1974, 761; SchlHOLG, SchlHA 1982, 30; BayObLG, Rpfleger 1982, 433.
129) NJW 1977, 395; s. aber OLG München, WRP 1976, 396.
130) Die Frage, ob eine Anhörung des Sachverständigen **zwingend** geboten ist, wird unterschiedlich beantwortet (s. hierzu: *Stein/Jonas/Leipold*, § 406 ZPO, Rdn. 61 m. w. Nachw.). In der **Praxis** wird dem Sachverständigen immer dann Gelegenheit zur Stellungnahme gegeben, wenn das Ablehnungsgesuch nicht von vornherein als offensichtlich unbegründet zurückgewiesen werden muss.
131) OLG Frankfurt, OLGR 1997, 251.
132) Brandenburgisches OLG, MDR 2002, 1092. Zum **Streitwert** der Sachverständigenablehnung siehe OLG Naumburg, OLGR 1998, 323 (Wert der Hauptsache); OLG Nürnberg, BauR 2002, 129, 130; OLG Bamberg, BauR 2000, 773, 774 (**1/3** des Hauptsachewertes); OLG Dresden, JurBüro 1998, 318 (1/10); OLG Köln, ZSW 1981, 44 m. Anm. *Müller* (§ 12 GKG); OLG Düsseldorf, BauR 2001, 835, 837 (Kosten für einen neuen Gutachter).

## f) Die Verwertung des Gutachtens

*Literatur*

*Gehle*, Die Anhörung des Gutachters im Zivilprozess, DRiZ 1984, 101; *Schrader*, Die Ladung des Sachverständigen nach § 411 III ZPO, NJW 1984, 2806; *Ankermann*, Das Recht auf mündliche Befragung des Sachverständigen: Keine Wende, NJW 1985, 1204; *Bayerlein*, Der Sachverständige im Bauprozess, BauR 1989, 397.

Der **Richter** muss alle tatsächlichen Feststellungen **eigenverantwortlich** treffen; auch in schwierigen bautechnischen Fachfragen muss er sich immer ein eigenes Urteil bilden. Das von einem gerichtlichen Sachverständigen erstellte Gutachten ist deshalb vom Richter im Rahmen der Beweiswürdigung (§ 286 ZPO) darauf zu überprüfen, ob es **widerspruchsfrei** und **überzeugend** ist.[133] Dies bedeutet, dass das Gericht nicht nur das Ergebnis seiner Beweiswürdigung, sondern auch die **Argumente**, die zu dem Ergebnis führen, im Urteil niederlegen muss.[134] Fehlerhafte Tatsachenfeststellungen, die auf einem Sachverständigengutachten beruhen, sind von dem Berufungsgericht von Amts wegen zu prüfen und gegebenenfalls durch ein weiteres Gutachten zu korrigieren.[135]

**2652**

Ein Sachverständigengutachten unterliegt ebenso wie jedes andere Beweismittel der freien Beweiswürdigung; der Tatrichter ist daher nicht gehindert, von einem Gutachten abzuweichen. Da der Sachverständige aber dem Richter gerade die Sachkunde vermitteln soll, die ihm selbst auf einem Spezialgebiet fehlt, muss der Richter prüfen, ob er vorhandene **Zweifel** an einem Gutachten ohne jede weitere sachverständige Hilfe zur Grundlage des Urteils machen kann. Das wiederum ist eine Ermessensentscheidung; sie ist jedoch revisionsrechtlich dahin überprüfbar, ob das Berufungsgericht seine eigene Sachkunde ausreichend begründet und sich mit dem Gutachten hinlänglich auseinander gesetzt hat.[136]

**2653**

Soweit sich ein Gericht – wie in Bausachen – bei der Entscheidung im Wesentlichen auf ein Gutachten stützen **muss**, ist auf die Beweiserhebung in besonderem Maße kritische Sorgfalt anzuwenden.[137] In schwierigen bautechnischen Fragen wird der Richter jedoch vielfach überfordert sein; dann besteht die **Gefahr**, dass eine **Beweiswürdigung** praktisch vollkommen **unterbleibt**.[138] Hier wird es die Aufgabe der Prozesspartei sein, frühzeitig das eingeholte Sachverständigengutachten einer kritischen Prüfung zu unterziehen, um Unrichtigkeiten, die der Richter vielleicht nicht erkennen kann, aufzudecken. Wer als Prozesspartei dazu mangels eigener Sachkunde nicht in der Lage ist, wird sich eines **Privatgutachters** bedienen.[139] Sachkundige Einwendungen einer Partei geben dem Gericht jedenfalls Veranlassung, die Schlussfolgerun-

**2654**

---

133) Vgl. *Soergel*, DAB 1981, 909, 910.
134) Vgl. BGH, ZfBR 1995, 191 = BauR 1995, 538; BGH, NJW 1961, 2061; *Müller*, ZSW 1981, 20. Zur Verwertung zweier einander widersprechender Gutachten s. BGH, ZSW 1981, 18 = VersR 1980, 533 u. NJW 1992, 2291.
135) BGHZ 159, 254 = NJW 2004, 2828; *Stein/Jonas/Leipold*, Vor § 406 ZPO, Rdn. 42; s. auch unten Rdn. **2661**.
136) Vgl. BGH, NJW 1997, 1446 u. BGH, NJW-RR 1997, 1108 = MDR 1997, 779 = BauR 1997, 692 = ZfBR 1997, 240 (**gerichtliche Sachkunde**); BGH, NJW 1981, 2578.
137) BGH, ZSW 1981, 36; BGH, NJW 1995, 779 (für Arztrecht).
138) *Soergel*, DAB 1981, 909, 910; *Müller*, ZSW 1981, 272, 273; ZSW 1983, 87.
139) Siehe BGH, BauR 2007, 585 = NZBau 2007, 245; s. auch oben Rdn. **148** ff.

gen des gerichtlich bestellten Sachverständigen zu überprüfen und den Sachverhalt erforderlichenfalls weiter aufzuklären.[140]

**2655** Das Gericht wird aus einem Gutachten die Erkenntnisse entnehmen, von deren Richtigkeit es **überzeugt** ist;[141] es kann auch nur partielle Erkenntnisse des Gutachtens in seinem Urteil verwerten, wenn es nur von diesem Teil des Gutachtens überzeugt ist.[142] Zweifel an der Unvoreingenommenheit eines Gutachters sind im Rahmen der Beweiswürdigung des Gutachtens zu berücksichtigen.[143]

**2656** Sind Gutachten **unklar, unverständlich, zweideutig** oder **lückenhaft**, hat der Sachverständige auf Grund von **Rückfragen** des Gerichts sein Gutachten zu **erläutern** oder zu **ergänzen**;[144] dies kann schriftlich oder mündlich in der nächsten mündlichen Verhandlung geschehen. Zunächst sollte jedoch grundsätzlich der Weg der **ergänzenden schriftlichen Stellungnahme** gewählt werden; durch kurzfristige Rückfragen beim Sachverständigen kann das Gericht vielfach offensichtliche Lücken im Gutachten schließen oder Unklarheiten beseitigen lassen. In der Praxis kommt es (leider) vor der letzten mündlichen Verhandlung relativ selten zu solchen Rückfragen des Gerichts. Selbst bei unbrauchbaren Gutachten, die in keiner Weise zur Lösung des anstehenden Rechtsfalles beitragen, werden die Gutachten oftmals – ungelesen – an die Parteien zur Stellungnahme übersandt, und erst kurz vor oder erst in der mündlichen Verhandlung wird dann die Unvollständigkeit oder die Mangelhaftigkeit des Gutachtens festgestellt. Eine Rückfrage unmittelbar nach Eingang des Gutachtens hätte demgegenüber zur Prozessbeschleunigung beigetragen. Die Prozessparteien selbst sollten daher gegebenenfalls ihre eigenen **Einwände** gegen das Gutachten oder **Ergänzungswünsche** frühzeitig dem Gericht mitteilen, damit eine erforderliche schriftliche Stellungnahme des Sachverständigen rechtzeitig vor der letzten mündlichen Verhandlung angefordert werden kann. Hierzu kann ihnen das Gericht eine Frist setzen (vgl. § 411 Abs. 4 ZPO).

**2657** Das Gericht kann auch – von Amts wegen oder auf Antrag der Parteien – das **Erscheinen des Sachverständigen** vor Gericht anordnen, damit dieser etwaige Zweifelsfragen durch eine **mündliche Äußerung** abklären kann (**§ 411 Abs. 3 ZPO**). Der Antrag der Parteien auf **Ladung** des Sachverständigen zur Erläuterung seines schriftlichen Gutachtens muss spätestens in dem Termin gestellt werden, in dem das Gutachten vorgetragen und darüber verhandelt wird.[145] Das verpflichtet die Parteien, den Antrag auf Anhörung des Sachverständigen in dem **vorbereitenden Schriftsatz** so zeitig anzukündigen, dass der Sachverständige noch nach § 273 Abs. 2 Nr. 4 ZPO zum Verhandlungstermin geladen werden kann; geschieht das nicht, können die

---

140) BGH, NJW-RR 2000, 44 u. NJW-RR 1988, 763; auch VersR 1987, 1007.
141) Vgl. dazu *Müller*, Der Sachverständige, Rdn. 683 ff.
142) *Müller*, ZSW 1981, 272, 273.
143) BGH, NJW 1981, 2009 = ZSW 1981, 270 m. zust. Anm. *Müller*.
144) Vgl. BGH, NJW 2001, 1787; BGH, 1994, 2419; BGH, *SFH*, Nr. 10 zu § 286 ZPO = BauR 1993, 500 = NJW-RR 1993, 1022 = ZfBR 1993, 188; BGH, BauR 1994, 367 (Widersprüche zwischen **mehreren** Gutachten); zur **Pflicht** des Gerichts, ggf. Zeugen ergänzend zu hören: BGH, NJW-RR 1996, 185.
145) Vgl. BGH, MDR 1964, 998 u. NJW-RR 1989, 1275; BVerwG, MDR 1973, 339.

**Der Sachverständige**

Voraussetzungen der **Verspätung** (§ 296 ZPO) gegeben sein.[146] Entsprechendes gilt, wenn den Parteien nach Eingang des Gutachtens eine Frist zur Stellungnahme zum Gutachten (§ 411 Abs. 4 ZPO) gesetzt worden ist.

Einem Antrag auf Anhörung des Sachverständigen ist im Übrigen **grundsätzlich** 2658 zu entsprechen,[147] sofern er nicht offensichtlich zum Zwecke der **Prozessverschleppung** oder in anderer **missbräuchlicher Absicht** gestellt wird.[148] Das Gericht ist allerdings nicht gehindert, anstelle der mündlichen Anhörung (zunächst) eine ergänzende schriftliche Stellungnahme des Sachverständigen einzuholen.[149]

Die Ladung des Sachverständigen kann aber von der Einzahlung eines kostendeckenden Vorschusses abhängig gemacht werden;[150] wird die Anhörung von beiden Parteien beantragt, ist diejenige Partei Schuldner des **Vorschusses**, die die **Beweislast** trägt.[151] Im Übrigen – ohne Antrag der Parteien -steht es im pflichtgemäßen Ermessen des Gerichts, ob es einen Bausachverständigen zur mündlichen Erläuterung seines Gutachtens veranlassen will.[152] Dieses **Ermessen** unterliegt jedoch der revisionsrechtlichen Überprüfung dahin, ob das Gericht sein Ermessen rechtsfehlerfrei gebraucht hat. Die mündliche Erläuterung ist jedenfalls dann geboten, wenn sie zur Klärung von Zweifeln oder zur Beseitigung von Unklarheiten unumgänglich ist.[153] Es ist prozessual unzulässig, dass der Sachverständige sich bei der mündlichen Erläuterung des Gutachtens vertreten lässt.[154]

Die Parteien haben in Ausnahmefällen einen Anspruch auf ein **Gegen- oder Obergutachten**.[155] Die Pflicht zur Einholung eines Gegen- oder Obergutachtens besteht, wenn besonders **schwierige Fragen** zu klären sind oder besonders **grobe Mängel** des erstatteten Gutachtens vorliegen, die durch eine ergänzende Stellungnahme nicht beseitigt werden konnten oder können.[156] So ist ein Gutachten mangelhaft, wenn es z. B. von **anderen Tatsachen** ausgeht, als sie vom Gericht dem Beweisbeschluss zu Grunde gelegt worden sind.[157] Ebenso ist ein weiteres Gutachten einzuholen, wenn der Gutachter erkennbar nur über **ungenügende Sachkunde** verfügt. Auch

---

146) OLG Hamm, BauR 2007, 1610, 1612; OLG Düsseldorf, BauR 1975, 220; BauR 1978, 412; ferner: BGH, VersR 1972, 927; *Thomas/Putzo/Reichold*, § 411 ZPO, Rdn. 7; *Rixecker*, NJW 1984, 2135, 2136 m. Nachw.
147) Vgl. BGHZ 6, 398, 401; BGHZ 24, 9, 14; BGH, NZBau 2006, 650 = IBR 2006, 423 – *Ulrich*; BGH, NZBau 2007, 641 = 2007, 533 u. IBR 2006, 706 – *Schwenker*; BGH, NJW 1997, 802; BGH, NJW-RR 1997, 1487; BGH, NZBau 2000, 249; BGH, NJW-RR 2003, 208, 209; BGH, NJW 1996, 788; s. aber KG, IBR 2007, 591 – *Kemper* (Antrag ohne Begründung reicht nicht).
148) BGH, VersR 2002, 126 = NJW-RR 2001, 1431 = MDR 2001, 1130 = BauR 2002, 536 (LS); NJWRR 1986, 1470; ZSW 1980, 195, 196; OLG Düsseldorf, NJW-RR 1986, 224; BGHZ 24, 14. Zum Verzicht auf mündliche Anhörung vgl. AG München, ZSW 1982, 140 m. Anm. *Müller*.
149) Vgl. OLG Düsseldorf, BauR 1999, 512.
150) BGH, MDR 1964, 502.
151) Vgl. BGH, NJW 1999, 2823.
152) BGH, *Schäfer/Finnern*, Z 8.0 Bl. 3; BGHZ 35, 370 für das Berufungsverfahren.
153) BGH, VersR 1977, 733, 734; BGH, ZSW 1981, 270, 271; BGH, NJW-RR 1989, 1275; OLG Zweibrücken, OLGR 2004, 395, 397.
154) OLG Köln, ZSW 1981, 42.
155) Vgl. BGH, MDR 1953, 605; VersR 1960, 596; VersR 1968, 396; BGH, NJW 1986, 1928.
156) Vgl. auch BGH, ZSW 1982, 64 u. VersR 1989, 758 m. Nachw.
157) BGH, NJW 1981, 2009 = ZSW 1981, 270 = VersR 1981, 546.

innere **Widersprüche** oder die Möglichkeit, bessere Erkenntnisse auf Grund **zusätzlicher Forschungsmittel** zu gewinnen, können im Einzelfall die Einholung eines weiteren Gutachtens rechtfertigen.[158]

**2661**  Hat das erstinstanzliche Gericht **verfahrensfehlerhaft** bestehende Zweifel und Unklarheiten nicht durch Anhörung des Sachverständigen oder durch Einholung eines neuen Gutachtens (§ 412 Abs. 1 ZPO) ausgeräumt, und beantragen die Parteien im **Berufungsverfahren** aus Kostengründen nicht die an sich gemäß § 538 Abs. 2 Nr. 1 ZPO gebotene Aufhebung und Zurückverweisung der Sache, so muss das **Berufungsgericht** die versäumten Maßnahmen **nachholen.** Beanstandet allerdings eine Partei in der **Berufungsbegründung** ein im ersten Rechtszug eingeholtes Sachverständigengutachten, um das Berufungsgericht zur Einholung eines weiteren Gutachtens zu veranlassen, so ist ihr Vorbringen nicht ohne weiteres als „verspätet" zurückzuweisen; wird unter Vorlage eines **Privatgutachtens** erstinstanzliches **(schlüssiges)** Vorbringen durch weiteren sachverständig untermauerten Sachvortrag zusätzlich **konkretisiert, verdeutlicht** oder **erläutert,** so stellt dies kein neues Vorbringen i. S. der §§ 529 Abs. 1 Nr. 2, 531 Abs. 2 ZPO dar.[159] **Neues** Vorbringen ist nach der Rechtsprechung des BGH deshalb nur gegeben, wenn der „sehr allgemein gehaltene Vortrag der ersten Instanz konkretisiert und erstmals substanziiert" wird. Im Übrigen hat das Berufungsgericht im Rahmen seiner **Prozessförderungspflicht** immer darauf zu achten, dass in der (bis zum Termin) zur Verfügung stehenden Zeit dem Vorbringen der Parteien Rechnung getragen werden kann.[160] Will das **Berufungsgericht** von dem Gutachten eines in erster Instanz gehörten Sachverständigen **abweichen,** so muss es, falls es keine eigene Sachkunde darlegen kann, erneut Sachverständigenrat einholen.[161]

**2662**  Die in Bauprozessen üblichen Vorlagen von **Privatgutachten,** mit denen meist versucht wird, den gerichtlich bestellten Gutachter fachlich zu widerlegen, sollten den Richter zunächst nur veranlassen, eine **ergänzende** schriftliche Stellungnahme einzuholen oder aber den Sachverständigen von Amts wegen anzuhören, damit vorhandene Unklarheiten gegebenenfalls auch durch eine Gegenüberstellung mit dem Privatgutachter ausgeräumt werden können.[162] Die Anordnung einer schriftlichen Begutachtung nach § 411 ZPO ändert nichts daran, dass für das weitere Verfahren der Grundsatz der Unmittelbarkeit und Mündlichkeit gilt. Gemäß § 285 Abs. 2 ZPO wird das schriftliche Gutachten erst durch Vortrag in der mündlichen Verhandlung zum Gegenstand des Rechtsstreits. Die Parteien können daher noch in dieser mündlichen Verhandlung Einwendungen gegen das Gutachten vorbringen, um ihren Antrag auf Einholung eines Gegengutachtens zu unterstützen, ohne dass diese Einwendungen als verspätet zurückgewiesen werden dürfen.

---

158) Vgl. BGH, ZfBR 1996, 88; KG, VersR 1974, 346; OLG Köln, BauR 2006, 536; *E. Schneider,* MDR 1975, 540 m. Nachw. in Anm. 122.
159) BGH, BauR 2007, 585 = NZBau 2007, 245; BauR 2003, 1559 = NZBau 2003, 560.
160) BGH, BauR 1999, 198.
161) BGH, NJW-RR 1988, 1235; BGH, NJW 1994, 803 (erneute mündliche Anhörung); BGH, NJW 1993, 2380.
162) Zum Erfordernis eines Sachverständigengutachtens trotz Vorliegens eines Privatgutachtens: BGH, VersR 1981, 576.

## V. Der Beweisbeschluss

*Literatur*

*Bull*, Der Beweisbeschluss, DR 1941, 1976; *Bull*, Der Beweis, AcP 146, 73; *Lindemann*, Der Beweisbeschluss, DRiZ 1952, 201; *Bender*, Der Beweisbeschluss – ein Nachruf, DRiZ 1972, 15; *Krawatt*, Der Beweisbeschluss in Bauprozessen aus der Sicht des Sachverständigen, DRiZ 1972, 203; *Erdlenbruch*, Wie kann die Zusammenarbeit zwischen Gericht und Sachverständigen verbessert werden?, DRiZ 1973, 77; *Franzki*, Über den Umgang mit Sachverständigen, DRiZ 1974, 305; *Tempel*, Der Bauprozess, JuS 1980, 42; *Rudolph*, Die Formulierung der Beweisfrage beim richterlichen Sachverständigenbeweis, ZSW 1980, 208; *Voth*, 30 Jahre Gerichtsgutachter – ein Erfahrungsbericht, BauR 1988, 666, *Reinecke*, Die Information des Zeugen über das Beweisthema, MDR 1990, 1061; *Soergel*, Die Grenzen gerichtlicher Weisungsbefugnis dem Sachverständigen gegenüber, Festschrift für Karlmann Geiß (2000), 179; *Mertens*, Förmlicher Beweisbeschluss – Abänderbarkeit ohne erneute mündliche Verhandlung, MDR 2001, 666; *Siegburg*, Zum Beweisthema des Beweisbeschlusses beim Sachverständigenbeweis über Baumängel, BauR 2001, 875; *Deckers*, Prozessuale Probleme der Architektenhonorarklage, BauR 2001, 1832; *Moll*, Formulierung bauakustischer Sachverhalte in Beweisbeschlüssen, BauR 2005, 470; *Vogel*, Beweisbeschlüsse in Bausachen – eine unendliche Geschichte?!, Festschrift für Thode (2005), 325; *Dageförde/Fastabend/Kindereit*, Sachverständige und Eingriffe in die Bausubstanz, BauR 2006, 1202.

Der Beweisbeschluss ist Ausgangspunkt für die Durchführung der Beweisaufnahme, deren Dauer wesentlich von der geschickten Fassung des Beweisbeschlusses abhängig ist.[1] Der Beweisbeschluss hat in Bausachen eine besondere **Ordnungs- und Aufklärungsfunktion**: 2663

Er sagt den Parteien, wie das Gericht über **Beweislast** und **Beweisbedürftigkeit** denkt, welche Behauptungen wichtig erscheinen und welche nicht.[2] Der Beweisbeschluss kann seine Ordnungs- und Aufklärungsfunktion im Bauprozess jedoch nur haben, wenn er von vornherein allen Parteien sowie den Zeugen und Sachverständigen, die auf Grund des Beweisbeschlusses angehört werden sollen, hinreichend den Sach- und Streitstand in seinen entscheidungserheblichen Teilen klar macht. Die **Formulierung der Beweisthemen** im Beweisbeschluss ist deshalb von großer Wichtigkeit.[3] Hieran kranken aber vor allem die Beweisbeschlüsse in Bausachen; das bewirkt, dass bei den Zeugenvernehmungen nicht das Optimalste herauskommt, weil sich die Zeugen nicht ausreichend auf die Vernehmung gedanklich vorbereiten konnten. Die Sachverständigengutachten wiederum gehen an den entscheidungserheblichen Punkten vorbei, weil dem Sachverständigen das entscheidende Beweisthema nicht hinreichend herausgestellt wurde, im Einzelfall also eine gebotene sachgerechte Anleitung des Gutachters unterblieb. 2664

---

1) *Bull*, AcP 146, 73, 74, hat zutreffend bemerkt, dass „ein guter Beweisbeschluss bereits das halbe Urteil" sei.
2) Vgl. *Bull*, Prozesskunst, S. 143.
3) Hierzu ausführlich: *Siegburg*, BauR 2001, 875.

**2665** Der Beweisbeschluss darf zunächst **keine Rechtsfragen** enthalten.[4)] Aufgabe des Richters ist es in diesen Fällen, einen entscheidungserheblichen Rechtsbegriff in dem Beweisbeschluss tatbestandsmäßig so zu umschreiben, dass der Zeuge oder Sachverständige die dem Rechtsbegriff zu Grunde liegenden Tatsachen, über die er Aussagen machen kann, erkennt. Unrichtig[5)] wäre es, z. B. ein Beweisthema wie folgt zu fassen:

> Hatte der Bauunternehmer die Pflicht, auf Bedenken hinzuweisen?

Richtig wäre es, das Beweisthema wie folgt zu fassen:

> Konnte der Bauunternehmer im Rahmen seines Aufgabenbereichs die Fehler der Planung, des Materials oder der Vorarbeit anderer Handwerker erkennen? Gegebenenfalls inwiefern?

**2666** Wir halten allerdings nichts von einer Aufsplitterung der Beweisthemen in viele Einzelfragen. Zwar mag es notwendig sein,[6)] dass sich der Zeuge anhand konkreter Fragen mittels seiner schriftlichen Aufzeichnungen (z. B. Bautagebücher, Stundenlohnzettel, Zeichnungen pp.) auf seine Vernehmung vorbereiten kann. Eine zu enge Fassung des Beweisthemas, was oftmals durch „präzise Fragen" erreicht wird, birgt jedoch die Gefahr in sich, dass der Zeuge sich nur einseitig auf diese Fragen konzentriert und einen größeren Gesamtkomplex, dem die Frage zuzuordnen ist, außer Betracht lässt. Unseres Erachtens sollten Einzelfragen möglichst vermieden werden.[7)] Vielmehr sollte versucht werden, das Beweisthema jeweils so zu fassen, dass zwar die Thematik konkret und unzweifelhaft aus der jeweils gestellten Frage hervorgeht, dass aber die Fassung des Beweisthemas den Zeugen bei seiner Vorbereitung jeweils zwingt, diese Frage nur im Rahmen eines größeren Gesamtkomplexes zu sehen. Das gibt dem Gericht die Möglichkeit, eine konkrete Frage in einer größeren Breite zu erfassen.

**2667** Größere Schwierigkeiten macht die Fassung des Beweisbeschlusses im Hinblick auf die Einholung von **Sachverständigengutachten**. Sehr oft wird dem Sachverständigen in Form eines knappen und unverständlichen Beweisbeschlusses die Aufgabe gestellt, „ein Gutachten zu erstatten". Der Sachverständige muss sich dann erst mühsam aus den Akten die tatsächlichen Grundlagen erarbeiten, auf denen das Gutachten basieren soll.[8)] Die Bausachverständigen müssen sich in den Grundsätzen des Baurechts auskennen, sie sind aber keine Juristen. Dem Sachverständigen ist auch die sog. Dispositionsmaxime des Zivilprozessrechts oft nicht vertraut. Er kann dann

---

4) Vgl. z. B. BGH, BauR 2005, 735 = NZBau 2005, 285 = ZfBR 2005, 355 = IBR 2005, 271 – *Schwenker* (kein Gutachten zu der Frage, welche Kosten i. S. des § 10 Abs. 2–6 HOAI anrechenbar und wie erbrachte Leistungen zu bewerten sind); OLG Stuttgart, NZBau 2005, 640 = IBR 2005, 436 – *Böhme* (kein Gutachten zum inländischen Recht); OLG Stuttgart, BauR 1999, 514 = IBR 1999, 390 – *Seifert* (Einholung eines Gutachtens zur Frage der **„Prüffähigkeit"** einer Architektenhonorarrechnung). Die Bestimmung des Inhalts einer ATV der VOB/C ist dagegen weitgehend eine Sachverständigenfrage (vgl. BGH, ZfBR 2004, 778, 779; KG, OLGR 1998, 409 = IBR 1999, 183 – *Kamphausen*). Siehe ferner: *Deckers*, BauR 2001, 1832, 1835 ff. zur **Honorarklage** des Architekten.
5) Vgl. *Brügmann*, Prozessleitung, S. 28; *Vogel*, Festschrift für Thode, S. 325, 330.
6) Wie *Brügmann*, Prozessleitung, S. 29, betont.
7) *Bender* (DRiZ 1972, 15) hält allerdings den Beweisbeschluss nur für vorschriftsmäßig, wenn er „minuziös" formuliert sei.
8) *Franzki*, DRiZ 1974, 305.

**Beweisbeschluss** Rdn. 2668–2671

leicht geneigt sein, über das Parteivorbringen hinaus den wahren Sachverhalt zu ermitteln.

Dem Sachverständigen wird es in aller Regel Schwierigkeiten bereiten, zwischen den streitigen und unstreitigen, den bewiesenen und unbewiesenen Tatsachen zu unterscheiden, sodass er sich selbst nur unzureichend aus der Akte ein richtiges, tatsächliches Bild von dem Sach- und Streitstand machen kann. Aus diesem Grunde verlangten schon Franzki[9)] und Krawatt,[10)] dass dem **Bausachverständigen eine besondere Anleitung** – insbesondere in komplizierten Fällen – durch das Gericht gegeben wird. Eine solche Anleitung sieht § 404 a ZPO ausdrücklich vor; die Einweisung wird sich im Einzelfall vor allem auch auf die Erläuterung von **Rechtsbegriffen** zu erstrecken haben.[11)]

2668

Die **Anleitung** des Sachverständigen kann darin bestehen, dass der Richter in dem Beweisbeschluss, in dem Übersendungsschreiben oder in einer speziellen Anlage in gedrängter Form den Sachverständigen in den Sachverhalt einführt und auf die besonders zu beachtenden Aktenteile hinweist. In ungewöhnlich schwierigen Fällen wird das Gericht den Sachverständigen schon **vor** Erlass des Beweisbeschlusses zur mündlichen Verhandlung hinzuziehen, ihm unter Mitwirkung der Parteien dann eine kurze Einführung in den Sach- und Streitstand geben und ihn vor der Abfassung der Beweisfragen anhören, um so zu erfahren, was der Sachverständige mit seiner Fachkunde überhaupt leisten kann, um dann, gegebenenfalls sogar unter dessen Mitwirkung, die Beweisfragen zu formulieren.

2669

In der Praxis wird in den meisten Fällen die Hinzuziehung des Sachverständigen in der ersten mündlichen Verhandlung wegen der Überlastung der Gerichte und der Sachverständigen aber kaum zu erreichen sein. Aus diesem Grunde wird die schriftliche Anleitung des Sachverständigen in dem Beweisbeschluss selbst oder in einem besonderen Anschreiben der in der Praxis einzig gangbare Weg sein, um zu einer fruchtbaren Zusammenarbeit zwischen Gericht und Sachverständigem bei der Bewältigung schwieriger Bauprozesse zu gelangen. Anleitungen des Sachverständigen sind in jedem Falle den Prozessbevollmächtigten der Parteien zuzuleiten, damit sie ersehen können, von welcher Grundlage der Sachverständige bei seiner Gutachtenerstattung ausgehen soll (§ 404 a Abs. 5 ZPO). Damit ist auch der Gefahr begegnet, dass eine Partei nach der Gutachtenerstattung gegen die von dem Gericht vorgenommene Anleitung Einwendungen erhebt, die das Gericht in einer Beweiswürdigung ausräumen müsste.

2670

Bei schwierigen und streitigen Sachverhalten kann die Anleitung auch in der Weise erfolgen, dass bei einander widersprechenden Zeugenaussagen das Gericht dem Sachverständigen mitteilt, auf welche Aussagen er das Gutachten gründen soll. Denn andernfalls besteht die große Gefahr, dass der Sachverständige in eine ihm nicht zustehende Beweiswürdigung eintritt, die sich später nicht mit der des Gerichts deckt und die das Gutachten wertlos machen kann.[12)] Will das Gericht eine entsprechende Beweiswürdigung noch nicht vorwegnehmen, bleibt nichts anderes übrig, als dem Sachverständigen eine **Alternativ-Begutachtung** anzutragen.[13)]

2671

---

9) DRiZ 1974, 305, 306; s. auch DRiZ 1976, 97, 99.
10) DRiZ 1972, 203, 204; zustimmend auch *Bayerlein*, BauR 1989, 397, 401.
11) BGH, Urt. vom 30.9.1992 – IV ZR 227/91; siehe hierzu vor allem *Quack*, BauR 1993, 163 ff.
12) So richtig *Franzki*, DRiZ 1974, 305, 306.
13) *Franzki*, DRiZ 1974, 305, 306; vgl. hierzu insbesondere auch *Kamphausen*, BauR 1986, 151 ff.

**2672** Eine besondere Bedeutung bei der richterlichen „Einweisung" hat § 404 a Abs. 4 ZPO; danach kann das Gericht, soweit dies erforderlich ist, bestimmen, „in welchem Umfang der Sachverständige zur Aufklärung der Beweisfrage befugt ist, inwieweit er mit den Parteien in Verbindung treten darf und wann er ihnen die Teilnahme an seinen Ermittlungen zu gestatten hat". In Bauprozessen, vor allem aber in selbstständigen Beweisverfahren, kommt es immer wieder vor, dass ein Sachverständiger auf **Bauunterlagen** angewiesen ist, wie z. B. **Grundrisse** und **Schnitte**, **Baubeschreibung** und **Leistungsverzeichnis**, **Baugenehmigung** oder Unterlagen über **Bodenuntersuchungen** bzw. den **Grundwasserstand**. Sind die Parteien nicht im Besitz dieser Unterlagen oder kann der Antragsteller im selbstständigen Beweisverfahren die Unterlagen nicht zur Verfügung stellen, weil sie der Antragsgegner hat, ist das Gericht befugt, den Sachverständigen zu ermächtigen, die benötigten Unterlagen z. B. bei dem zuständigen **Bauamt** anzufordern oder einzusehen. Eine solche Ermächtigung ist durch § 404 a Abs. 4 ZPO gedeckt.[14]

**Streitig** ist, ob das Gericht **den Sachverständigen** gemäß § 404 a ZPO **anweisen** kann, zur Ermittlung der Ursachen eines Baumangels (**zerstörende**) Konstruktionsuntersuchungen („**Bauteilöffnungen**") auf eigene Verantwortung durchzuführen.[15] Diese Frage ist höchstrichterlich noch nicht entschieden.[16] Das OLG Düsseldorf bejaht eine solche Verpflichtung.[17] Nach zutreffender Ansicht[18] ist der **Sachverständige** jedoch **nicht** verpflichtet, die insoweit notwendigen Baumaßnahmen **selbst** zu veranlassen, insbesondere ist er nicht gehalten, die hierfür notwendigen Werkverträge im eigenen Namen abzuschließen. Vielmehr können sich das Gericht und/oder der Sachverständige darauf beschränken, den **Beweispflichtigen** zur Vornahme der erforderlichen Vorarbeiten unter Fristsetzung **anzuhalten**.

---

14) Zutreffend: OLG München, BauR 1993, 768.
15) **Beispiel** für Bauteilöffnungen: Feststellung der Ursachen von Feuchtigkeit im „Gäste-WC"; Öffnen der Bade- und/oder Duschwanne (OLG Celle, BauR 2005, 1358 = OLGR 2005, 154).
16) Zum Meinungsstand siehe: *Ulrich* BauR 2007, 1634, 1638; *Dageförde/Fastabend/Kindereit*, BauR 2006, 1202 ff. m. w. Nachw. sowie oben Rdn. **91**.
17) BauR 1997, 697, 698 = NJW-RR 1997, 1360 = MDR 1997, 886 = IBR 1997, 306 – *Kamphausen*; ebenso: OLG Jena, IBR 2007, 159 – *Kamphausen*; OLG Celle, BauR 2005, 1338 = OLGR 2005, 154 = BauRB 2005, 272 = IBR 2005, 272 – *Schwenker* u. OLGR 1998, 71, 72 = BauR 1998, 1281; OLG Frankfurt, BauR 1998, 1052 m. Anm. *Nittner* = NJW 1998, 2834 = IBR 1998, 361 m. Anm. *Vogel*.
18) Vgl. OLG Hamm, IBR 2007, 160 – *Ulrich*; OLG Frankfurt, BauRB 2004, 176 = OLGR 2004, 145 = IBR 2004, 442 – *Vogel*, OLG Rostock, BauR 2003, 757 m. Anm. *Kamphausen;* Brandenburgisches OLG, ZfBR 1996, 98, 100 = BauR 1996, 432; LG Limburg, BauR 2005, 1670; *Soergel*, Festschrift für Karlmann Geiß, S. 179, 184; *Kamphausen*, BauR 1998, 505, 506.

## VI. Die Durchführung der Beweisaufnahme

*Literatur*
*Balzer*, Beweisaufnahme und Beweiswürdigung im Zivilprozess, 2001.
*Jessnitzer*, Abschriften gerichtlicher Entscheidungen für Sachverständige, Rpfleger 1974, 423; *Jessnitzer*, Ortsbesichtigungen und Untersuchungen durch Bausachverständige und ihre gerichtliche Verwertung, BauR 1975, 73.

Die richtige Anordnung der Beweisaufnahme dient ganz besonders der Förderung des Prozesszwecks und der Beschleunigung des Verfahrens.[1] Es sind in der Vergangenheit viele Vorschläge gemacht worden, um gerade in Bausachen zu einer schnelleren Abwicklung der erforderlichen Beweisaufnahme zu gelangen.[2] Hierbei ist vor allem auch das sog. **Stuttgarter Modell,** das einterminliche Verfahren, in dem Verhandlung, Beweisaufnahme und Rechtsfindung zusammengefasst werden, als ein Mittel der Beschleunigung angepriesen worden.[3]

2673

Folgende Grundsätze sollten bei der Durchführung der Beweisaufnahme beachtet werden:

2674

* Erforderliche **Urkunden** und **Beiakten** müssen stets vor der eigentlichen Durchführung der Beweisaufnahme bei den Akten sein. Hierzu zählt, dass Leistungsverzeichnisse, Vertragsurkunden, besondere Vertragsbedingungen von den Parteien frühzeitig vorgelegt werden. Dazu gehören aber auch Zeichnungen, statische Berechnungen, Mengenberechnungen und Stundenlohnzettel. Diese Urkunden wird nämlich im Zweifel der Gutachter bei der Erstattung seines Sachverständigengutachtens benötigen. Werden diese Urkunden nicht vor der eigentlichen Durchführung der Beweisaufnahme zu den Akten genommen, entstehen spätestens nach der Übersendung der Akten an den Sachverständigen Verzögerungen, wenn dieser sie zunächst über das Gericht anfordert. Außerdem läuft man Gefahr, dass sich eine Partei gegen die Zusendung von Urkunden an den Sachverständigen ausspricht, weil sie diese Urkunden bisher im Prozess noch nicht gesehen hat. Dies kann dazu führen, dass das Gericht die Akte von dem Sachverständigen zurückfordern muss, damit es zunächst in einer weiteren mündlichen Verhandlung die Urkunden in den Prozess einbeziehen kann.
* Erforderliche **Augenscheinseinnahmen** sollten sofort und unter Hinzuziehung der Parteien erfolgen; jede Partei darf sich dabei von ihrem Privatgutachter fachkundig beraten lassen.[4] Augenscheinseinnahmen in einem früheren Stadium des Prozesses ermöglichen in vielen Fällen einen Vergleich.
* **Zeugen** sollen nur in der gebotenen Kürze vernommen werden. Das erfordert eine genaue Herausarbeitung der beweiserheblichen Themen. Gutachter sind nur ausnahmsweise zu den Zeugenvernehmungen hinzuzuziehen. Zeugen sind grundsätzlich zuerst zu hören, dann erst soll ein Gutachten eingeholt werden.
* In Baurechtsfällen sollte verstärkt von der Vorschrift des § 273 ZPO Gebrauch gemacht werden.
* **Sachverständigengutachten** sollten in Bausachen nur schriftlich erstattet werden. Nach dem Eingang des Gutachtens sollen die Parteien zunächst ihre Kritik am

---

1) *Rosenberg/Schwab*, ZPR, § 119 III 3.
2) Vgl. dazu vor allem *Brügmann*, Prozessleitung, S. 32 ff.
3) Vgl. *Bull/Bender*, DRiZ 1971, 268, 269.
4) OLG München, NJW-RR 1988, 1534.

Gutachten einbringen, das Gericht muss dann über eine etwaige Ergänzung des Gutachtens entscheiden. Mündliche Anhörungen von Sachverständigen können und müssen im Rahmen des § 411 Abs. 3 ZPO vorgenommen werden. Sie bergen allerdings die Gefahr in sich, dass bei solchen mündlichen Anhörungen nichts herauskommt, weil technische Fragen sich kaum „durch kurze Antworten auf kurze Fragen hinreichend klären" lassen. Dieser Gefahr kann man indes begegnen, wenn dem Sachverständigen nach der Erstattung des Gutachtens die eingehenden Schriftsätze der Parteien, die sich mit dem Gutachten auseinander setzen, vor der Anhörung zugeleitet werden, damit sich der Sachverständige mit den Einwendungen der Parteien beschäftigen kann.

* **Obergutachten** sind nur ausnahmsweise einzuholen (Rdn. 2660).
* Kleinere Streitpunkte (z. B. unbedeutende Mängelansprüche pp.) sollten aus Kostenersparnisgründen verglichen werden.

## VII. Die Beweiswürdigung

*Literatur*

*Balzer*, Beweisaufnahme und Beweiswürdigung im Zivilprozess, 2001; *Schneider*, Beweis und Beweiswürdigung, 5. Auflage 1994; *Greger*, Beweis und Wahrscheinlichkeit, 1978; *Gottwald*, Schadenszurechnung und Schadensschätzung, 1979; *Walter*, Freie Beweiswürdigung, 1979.

*Klauser*, Möglichkeit und Grenze richterlicher Schadensschätzung, JZ 1968, 167; *Arens*, Dogmatik und Praxis der Schadensschätzung, ZZP 75, 1; *Schneider*, Der Beweiszwang über den Grund des Anspruchs, MDR 1976, 361; *Zeiss*, Die Verwertung rechtswidrig erlangter Beweismittel, ZZP 76 (Bd. 89), 377; *Stoll*, Haftungsverlagerung durch beweisrechtliche Mittel, AcP 76 (Bd. 176), 145; *Stimpfig*, Prüfkriterien für den Aussagewert beim Zeugenbeweis, MDR 1995, 451; *E. Schneider*, Beweisrechtsverstöße in der Praxis, MDR 1998, 997; *Dauster/Braun*, Verwendung fremder Daten im Zivilprozess und zivilprozessuale Beweisverbote, NJW 2000, 313; *E. Schneider*, Erfahrungssätze und Beweisregeln, MDR 2001, 246; *Schnauder*, Rechtsmittelrecht nach dem ZPO-Reformgesetz, OLGReport Kommentar, 4/2002, K 9; *Roquette/Laumann*, Dichter Nebel bei Bauzeitclaims, BauR 2005, 1829.

**2675** Der **Tatsacheninstanz** obliegt die Feststellung der beweiserheblichen Tatsachen. Sie muss alle für die Entscheidung erheblichen Tatumstände mittels der angebotenen und verfügbaren Beweismittel **erschöpfend** aufklären.[1] Diese Feststellung der entscheidungserheblichen Tatsachen erfolgt durch richterliche Beweiswürdigung, die der Nachprüfung durch die höhere Instanz unterliegt. Nach der ZPO-Reform kommt der **ersten** Instanz die Aufgabe zu, alle entscheidungserheblichen Tatsachen zusammenzutragen und das Beweisergebnis umfassend zu würdigen. Es ist wiederholt ausgeführt worden, dass gerade die Ermittlung der entscheidungserheblichen Tatsachen in der Baupraxis wegen der Kompliziertheit der Vorgänge in der Regel schwierig ist. Hinzu kommt, dass diese, der eigentlichen Beweiswürdigung vorausgehende Prüfung der Beurteilungsmaßstäbe, ebenfalls erhebliche Anforderungen an den Richter und Anwalt stellt. Es ist deshalb nicht verwunderlich, wenn hier die meisten Fehler begangen werden.[2]

**2676** Viele tatrichterliche Beweiswürdigungen müssen in der Rechtsmittelinstanz allein deshalb nachgeprüft werden, weil die Vorinstanz von unrichtigen rechtlichen Grundlagen ausgegangen ist. Unbestritten ist, dass die tatrichterliche Beweiswürdigung[3] stets darauf überprüft werden muss, ob sie

* von **unrichtigen rechtlichen Grundlagen** ausgeht
* gegen **Denkgesetze verstößt** oder
* Schlüsse gezogen werden, die entweder mit einer feststehenden **Auslegungsregel** oder der **allgemeinen Lebenserfahrung unvereinbar** sind.[4]

**2677** Das Gericht hat nach § 286 ZPO unter Berücksichtigung des gesamten Inhalts der Verhandlungen und des Ergebnisses einer Beweisaufnahme nach freier Überzeugung zu entscheiden, ob eine tatsächliche Behauptung für wahr oder unwahr zu erachten ist. In dem Urteil sind die Gründe anzugeben, die für die richterliche Überzeugung leitend gewesen sind. Es muss deshalb darlegen, warum es z. B. einer Zeugenaussage

---

1) Die nur **lückenhafte** Verwertung eines eingeholten Sachverständigengutachtens ist deshalb immer eine fehlerhafte Beweiswürdigung (OLG Brandenburg, IBR 2005, 720 – *Büchner*).
2) Vgl. z. B. BGH, NJW 1973, 2207.
3) Dies gilt auch für eine solche nach § 287 ZPO (BGH, U. v. 19.4.2005 – VI ZR 175/04).
4) Vgl. z. B. BGH, ZfBR 2005, 243; NZBau 2000, 523 = NJW-RR 2000, 1547 = BauR 2000, 1762; *E. Schneider*, MDR 2001, 246; *Oelrich*, NJW 1954, 532, 533 m. Nachw.

folgt, einer anderen aber nicht, oder warum es sich einem Privatgutachten nicht anschließen will, sondern vielmehr sich der Auffassung eines gerichtlich bestellten Sachverständigen anschließt.[5] Die Gründe müssen stets objektiv und logisch nachprüfbar sein. Grundlage der Beweiswürdigung ist der gesamte Inhalt der Verhandlungen.

**2678** Bei der Bildung seiner Überzeugung unterliegt das Gericht – außer in dem Falle von gesetzlichen Vermutungen oder Beweisregeln – jedoch keinerlei Bindung. Es beurteilt den Wert der einzelnen Beweismittel völlig frei. Vor allem kann das Gericht, was gerade für den Bauprozess von großer Wichtigkeit ist, beweisbedürftige Tatsachen ohne weitere Beweisaufnahme auf Grund von **Erfahrungsregeln** in Verbindung mit anderen Beweismitteln oder auf Grund der Würdigung des gesamten im Prozess vorgetragenen Tatsachenstoffes bereits als bewiesen annehmen.[6]

Zu beachten ist, dass **keine zu strengen Anforderungen** an die Überzeugungsbildung des Gerichts gestellt werden dürfen. Es kommt immer auf die **„freie Überzeugung"** des Richters an; hierzu bemerkt der **BGH**:[7]

> „Diese Überzeugung von der Wahrheit erfordert keine absolute oder unumstößliche Gewissheit, da eine solche nicht zu erreichen ist (BGHZ 53, 245, 255 ff.). Das Gericht darf also nicht darauf abstellen, ob jeder Zweifel und jede Möglichkeit des Gegenteils ausgeschlossen ist. Es genügt vielmehr ein für das praktische Leben brauchbarer Grad von Gewissheit, der den Zweifeln Schweigen gebietet, ohne sie völlig auszuschließen" (BGHZ 53, 245, 256; BGH, Urteil vom 18.4.1977 – VIII ZR 286/75 –, VersR 1977, 721).

**2679** Insoweit kommt dem **Anscheinsbeweis** nach richtiger Ansicht seine eigentliche Bedeutung bei der **Beweiswürdigung** zu.[8] Dem Tatrichter ist es nicht mehr überlassen, ob er einen **typischen Geschehensablauf** annimmt und hieraus die entsprechenden Konsequenzen zieht. Vielmehr ist er hierzu verpflichtet. Fehlerhafte Anwendung der Grundsätze über den **Anscheinsbeweis** sind deshalb stets über § 286 ZPO mit dem Rechtsmittel angreifbar.[9] Für die richterliche Überzeugungsbildung hat der **Anscheinsbeweis** heute im Baurecht eine **besondere Bedeutung** erlangt.[10] Es ist unverkennbar, dass der Mut der Gerichte zu Entscheidungen in Bausachen ohne weitere große Beweisaufnahme zunehmend wächst. Das kommt auch hinreichend in der Entscheidung des OLG Köln[11] zum Ausdruck, wenn es in dem Leitsatz heißt:

> „Ist ein Bauwerk (hier: Kellerrohbau) unstreitig mit zahlreichen schweren Mängeln behaftet, so kann allein daraus der Schluss gezogen werden, dass der beauftragte Architekt seine Vertragspflichten schuldhaft vernachlässigt hat, ohne dass noch Beweis und Gegenbeweis erhoben zu werden brauchen. Das gilt insbesondere dann, wenn der Architekt ausdrücklich einwandfreie Herstellung zugesichert hat."

**2680** Dem ist auch der **BGH**[12] im Ergebnis gefolgt. Allerdings weist er auf eine zu beachtende **Grenze** hin: Zwar ist es einem Richter nicht verwehrt, eine Parteibehauptung

---

5) Vgl. BGH, NJW-RR 1994, 219; BGH, NZBau 2000, 248 (Zeugenbeweis).
6) OLG Köln, VersR 1975, 352; s. ferner OLG Hamm, OLGR 2005, 596, 597 (zur beweismäßigen Bewertung von **„Stichproben"** durch Sachverständigen).
7) BGH, BauR 1994, 524, 525.
8) Vgl. dazu im Einzelnen: *Rosenberg/Schwab*, ZPR, § 114, 3; *Schneider*, S. 80 ff.; *Gottwald*, S. 219 ff.
9) Zur Nachprüfbarkeit der Voraussetzungen des Anscheinsbeweises im Einzelnen: BGH, NJW 1969, 277 = MDR 1969, 208.
10) Kritisch: *Locher*, BauR 1974, 293 ff.; siehe Rdn. **2596** ff.
11) VersR 1975, 352 = MDR 1975, 401.
12) NJW 1974, 1248.

ohne Beweisaufnahme als wahr anzusehen. Handelt es sich jedoch um **Spezialfragen**, für deren Beurteilung er nicht ohne weiteres ausreichend sachkundig ist, ist es nicht sachgerecht, den einseitigen, wenn auch substantiierten Sachvortrag der tatsachenkundigen Partei ohne jede Beweiserhebung (etwa durch Gutachten) als glaubhaft zu Grunde zu legen, auch wenn der Gegner, dem Tatsachenkenntnis und Sachkunde fehlen, nur unsubstantiiert bestreitet.

Will ein Richter sein Wissen aus **Erfahrungssätzen** außerhalb des Bereichs der allgemeinen Lebenserfahrung zur Grundlage seiner Entscheidung machen, muss er sein Wissen zuvor den Parteien mitgeteilt haben. Insoweit besteht eine **Aufklärungspflicht** gegenüber den Parteien.[13] Hat ein **Tatrichter keine eigene Sachkunde**, ist er **gehalten**, einen **Sachverständigen heranzuziehen**, auch wenn dieses Beweismittel von dem Beweispflichtigen nicht angeboten worden ist.[14] Das hat der BGH oftmals betont.[15]

**2681**

Will das **Berufungsgericht** die im ersten Rechtszug bejahte Glaubwürdigkeit eines **Zeugen** in Zweifel ziehen, so muss es den Zeugen erneut vernehmen, auch wenn der Zeuge dem Verhandlungstermin infolge von Krankheit oder anderer in seiner Person liegender Umstände fernbleiben muss (§ 398 ZPO).[16] Das Gleiche gilt z. B., wenn das Berufungsgericht die protokollierte Aussage eines Zeugen anders verstehen will als der Richter der Vorinstanz.[17] Die Möglichkeit, die Akten eines anderen Rechtsstreits als Beweisurkunde heranzuziehen, erschöpft sich nicht in der Verwertung von Beweisprotokollen aus dem früheren Verfahren; vielmehr können in gleicher Weise tatsächliche Feststellungen des dortigen Urteils verwertet werden.[18] Will das Berufungsgericht von einem (erstinstanzlich eingeholten) Gutachten abweichen, so muss es, falls es keine eigene Sachkunde darlegen kann, erneut Sachverständigenrat einholen.[19]

**2682**

Für die Anwendung des § 287 ZPO ist in Bauprozessen großer Raum, sofern es sich um **Schadensersatzansprüche** handelt.[20] § 287 Abs. 1 ZPO kann **keine Anwen-**

**2683**

---

13) Vgl. BGH, DB 1967, 902; BGH, BauR 2000, 1762 = ZfBR 2000, 548; BauR 1997, 692 = ZfBR 1997, 240 = NJW-RR 1997, 1108; BGH, NJW 1997, 1446 („beanspruchte Sachkunde" eines Bausenats).

14) BGH, VersR 1969, 615; vgl. auch BGH, *Schäfer/Finnern*, Z 4.142 Bl. 83; BGH, *Schäfer/Finnern*, Z 2.303 Bl. 16; BGH, VersR 1976, 389; BGH, VersR 1980, 533; BGH, ZSW 1980, 33; BGH, NJW 1993, 2378 = MDR 1993, 516 (Arztrecht); BGH, NJW 1993, 2382 u. NJW 1997, 1446.

15) BGH, BauR 1997, 692; NJW 1997, 1456; NJW 1981, 2578; VersR 1971, 129.

16) Zur **nochmaligen** Vernehmung gemäß § 398 ZPO: BGH, NJW 2000, 2024; BGH, NJW 1998, 385 u. 2222, BGH, BauR 1999, 254, 255; BGH, NJW 1968, 1138 (bei **doppeldeutiger** Niederschrift); BGH, NJW 1974, 56 **(erneute Parteivernehmung)**; BGH, NJW 1976, 1742 **(unglaubwürdiger Zeuge)**; BGH, MDR 1979, 481 **(bei Unklarheiten und Zweifeln)**; BGH, NJW 1985, 3078; NJW 1984, 582; VersR 1985, 183 = NJW 1985, 3078; NJW 1991, 3285.

17) BGH, NJW 1999, 2972; BGH, BauR 1985, 593 für Würdigung einer protokollierten Augenscheinseinnahme; BGH, NJW-RR 2001, 1430 für abweichende Wertung einer in der Vorinstanz protokollierten Aussage.

18) BGH, WM 1973, 560.

19) BGH, NJW-RR 1988, 1235.

20) BGH, BauR 2003, 1211 = NZBau 2003, 375 (für Schadensersatzanspruch nach § 635 BGB a. F.); zur Anwendung auf Ansprüche aus § 6 Nr. 6 VOB/B: OLG Düsseldorf, NZBau 2007, 109, 111 ff.; *Clemm*, DB 1985, 2597, 2600; zur Anwendbarkeit der §§ 286, 287 ZPO bei Wasserschäden am Sondereigentum, die vom gemeinschaftlichen Eigentum ausgehen: OLG Frankfurt, OLGZ 1987, 23.

dung finden auf **Minderungsansprüche**,[21] auf **Bereicherungsansprüche**[22] sowie auf **Vertragsstrafenansprüche**. Demgegenüber ist § 287 Abs. 2 ZPO anwendbar, wenn zwischen den Parteien über die **Höhe einer Forderung** gestritten wird[23] und die Schwierigkeiten einer vollständigen Aufklärung in keinem Verhältnis zu der Bedeutung der gesamten Forderung oder eines Teils von ihr steht. Damit ist aber vor allem bei der Höhe einer Vertragsstrafe (§ 343 BGB), bei der Höhe einer **Minderung** (vgl. § 638 Abs. 3 Satz 2 BGB n. F.)[24] sowie vor allem bei der Höhe von Mängelschäden eine Anwendung des § 287 Abs. 2 ZPO möglich. In Bausachen kann es im Interesse des Baugläubigers angezeigt sein, von einem „Beweisverfahren nach § 286 ZPO"[25] abzusehen, um diesem bald eine Realisierung seiner Bauforderung zu ermöglichen, „sei es auch um den Preis minuziös abgesicherter Bezifferungen". Dies hat auch das OLG Köln[26] betont. § 287 Abs. 2 ZPO kann im Baurecht deshalb auch herangezogen werden, wenn eine vollständige Aufklärung unmöglich ist.[27]

**2684** Zu beachten bleibt jedoch, dass der sog. **konkrete Haftungsgrund** stets nur nach den strengeren Grundsätzen des § 286 ZPO festzustellen ist und nur die Höhe des aus diesem Haftungsgrund erwachsenen Schadens nach § 287 ZPO geschätzt werden darf.[28] Die haftungsbegründende Kausalität ist also immer nach § 286, die haftungsausfüllende nach § 287 ZPO zu beurteilen.[29]

**2685** Steht eine Forderung **dem Grunde** nach fest, kann **die Höhe jedoch nicht sicher ermittelt** werden, darf der Richter eine Klage nicht mangels Beweises abweisen, sondern muss zur Schätzung nach § 287 ZPO greifen.[30] Dabei müssen allerdings gewisse **tatsächliche Grundlagen für die Schätzung vorhanden** sein und vom Tatrichter sachgerecht und erschöpfend ausgewertet werden.[31] Das gilt auch für die Schätzung einer Minderung gemäß § 638 Abs. 3 Satz 2 BGB.[32] Die Vorschrift des § 287 ZPO **erleichtert** somit dem Geschädigten nicht nur die Beweisführung, sondern auch

---

21) BGH, WM 1971, 1382.
22) BGH, GRUR 1962, 281.
23) BGH, NZBau 2006, 637, 638 = BauR 2006, 1753, 1754 (Schätzung des berechtigten Werklohns nach Kündigung eines Pauschalpreisvertrages); BGH, NZBau 2006, 179, 180 (Schätzung auf Grund eines Aufmaßes, das selbst auf Schätzungen beruht).
24) Vgl. KG, *Schäfer/Finnern*, Z 2.414 Bl. 167 sowie *Oblinger-Grauvogl*, in: Wirth/Sienz/Englert, § 638 BGB, Rdn. 20 unter Hinweis auf BT-Drucks. 14/7052.
25) *E. Schneider*, MDR 1975, 444, 447.
26) BB 1973, 1512 = DB 1973, 2343 = MDR 1974, 321.
27) Vgl. RGZ 139, 172, 174; BGH, JR 1961, 500; BGH, *Schäfer/Finnern*, Z 3.00 Bl. 191, jedoch nicht, wenn der Kläger mit der ordnungsgemäßen Substantiierung seines Anspruchs hartnäckig zurückgehalten hat (vgl. BGH, NJW 1981, 1454). Zur Schätzung bei Einstufung einer Architektenplanung in eine bestimmte Honorarzone: OLG Frankfurt, *SFH*, Nr. 1 zu § 287 ZPO.
28) Vgl. BGHZ 29, 393, 398; BGHZ 4, 192, 196; BGH, BauR 2007, 429 = NZBau 2007, 167 = ZfBR 2007, 252; BGH, MDR 1968, 1001; NJW 1969, 1708; *Schäfer/Finnern*, Z 4.10 Bl. 23.
29) Vgl. BGH, BauR 2005, 861 = ZfBR 2005, 454 = NZBau 2005, 335 u. BauR 2005, 857 = ZfBR 2005, 450 (**Behinderung** eines Unternehmens); BGH, NJW-RR 1987, 1019.
30) BGH, NJW 1994, 663, 664; BGHZ 54, 45, 55 = NJW 1970, 1411; BGH, NJW-RR 1992, 202; BGH, MDR 1964, 302. Zur gerichtlichen Schätzung der Vergütung (§ 2 Nr. 5 VOB/B): OLG Naumburg; NZBau 2001, 144.
31) BGHZ 39, 198, 219; BGHZ 29, 393, 400; BGH, BauR 2003, 1211 = NZBau 2003, 375; BauR 2004, 1290 = ZfBR 2004, 550 = NZBau 2004, 389.
32) Zutreffend: *Henssler/Graf von Westphalen*, § 638 BGB, Rdn. 11 m. Nachw.

**Beweiswürdigung** Rdn. 2686

die **Darlegung** seines Schadens.[33)] Eine Schadensschätzung scheidet nach der Rechtsprechung des BGH nur aus, „wenn deren Ergebnis **mangels greifbarer Anhaltspunkte** völlig in der Luft hängen würde."[34)]

Bei der Schadensermittlung nach § 287 ZPO finden die Regeln über die Beweislast keine Anwendung.[35)] Die Beweislast wirkt sich erst dann zum Nachteil der beweispflichtigen Partei aus, wenn der Beweis nicht erbracht ist; über § 287 ZPO kann aber ein Beweis geführt werden. Eine Anwendung des § 287 ZPO ist auch in Fällen verschuldeter Beweisnot nicht grundsätzlich ausgeschlossen.[36)]

2686

---

33) BGH, NJW 1994, 663, 664 mit Hinweis auf BGH, NJW-RR 1987, 210 = LM § 287 ZPO Nr. 74 u. NJW-RR 1992, 202.
34) BGHZ 91, 243 = NJW 1984, 2216; BGH, NJW 1994, 663, 665; BauR 2004, 1290 = ZfBR 2004, 550 (Schätzung von Mängelbeseitigungskosten).
35) **Bestr.;** vgl. *Rosenberg/Schwab*, ZPR, § 115, 1 m. Nachw.
36) BGH, *Schäfer/Finnern*, Z 2.412 Bl. 10.

## VIII. Die Beweislast

*Literatur*

*Keilmann*, Dem Gefälligen zur Last. Untersuchungen zur Beweislastverteilung in § 280 I BGB, Schriften zum Bürgerlichen Recht, Bd. 338, 2006; *Baumgärtel*, Handbuch der Beweislast im Privatrecht, 2. Auflage 1991.

*Peters*, Die Beweislast, MDR 1949, 66; *Stoll*, Die Beweislastverteilung bei positiven Vertragsverletzungen, Festschrift für Fritz von Hippel (1967), 517; *Neumann-Duesberg*, Zur Beweislast im Werkmängelprozess, BlGBW 1967, 125; *Thamm*, Beweislastregelungen in AGB, BB 1971, 292; *von Mettenheim*, Beweislast beim Vergütungsanspruch des Werkunternehmers, NJW 1971, 20; *Schumann*, Zur Beweislast beim Vergütungsanspruch des Werkunternehmers, NJW 1971, 495; *Locher*, Zur Beweislast des Architekten, BauR 1974, 293; *Musielak*, Beweislastverteilung nach Gefahrenbereichen. Eine kritische Betrachtung der Gefahrenkreistheorie des Bundesgerichtshofs, AcP 76 (Bd. 176), 465; *Ganten*, Kriterien der Beweislast im Bauprozess, BauR 1977, 162; *Larenz*, Zur Beweislastverteilung nach Gefahrenbereichen, Festschrift Hauß (1978), 225; *Alberts*, Zur Frage der Beweislast für die Höhe des Architektenhonorars, DAB 1980, 523; *Baumgärtel*, Die Beweislastverteilung für die Haftung des Unternehmers und des Architekten, Festschrift für Fritz Baur (1981), 207 = ZfBR 1982, 1 (Nachdruck); *Baumgärtel*, Die Beweislastverteilung bei einem Gewährleistungsausschluss im Rahmen eines Bauträgervertrages, ZfBR 1988, 101; *Baumgärtel*, Grundlegende Probleme der Beweislast im Baurecht, ZfBR 1989, 231; *Groß*, Beweislast bei in der Abnahme vorbehaltenen Mängeln, BauR 1995, 456; *Marbach/Wolter*, Die Auswirkung bei der förmlichen Abnahme erklärter Mängelvorbehalte auf die Beweislast, BauR 1998, 36; *Mühlberger*, Verstöße gegen die Beweislast – Möglichkeiten der Zurückverweisung nach § 539 ZPO, MDR 2001, 735; *Leitzke*, Keine Gewährleistung bei ungeklärter Mangelursache?, BauR 2002, 394; *Biebelheimer*, Die Darlegungs- und Beweislast bei Anwendung des § 641 III BGB, NZBau 2004, 124; *Putzier*, Symptomrechtsprechung und die Frage nach der Ursache eines Mangels – die Dreistufigkeit der Anspruchsvoraussetzungen für den Mängelbeseitigungsanspruch, BauR 2004, 1060; *Poetzsch-Heffter*, Global- und Detailpauschalvertrag in Rechtsprechung und Literatur, ZfBR 2005, 324; *Roquette/Laumann*, Dichter Nebel bei Bauzeitclaims, BauR 2005, 1829; *Zahn*, Darlegungs- und Beweislast bei Geltendmachung von Mängelrechten, BauR 2006, 1823; *Meckler*, Zur Beweislast bei Mischkalkulation, NJW-Spezial 2006, 213; *Fuchs*, Die Darlegungs- und Beweislast für erbrachte Leistungen im Architektenhonorarprozess, BauR 2006, 1978.

**2687** Die Frage nach der **Beweislast** stellt sich nur, wenn eine beweisbedürftige Tatsache, von der die Entscheidung in der Sache abhängt, nicht bewiesen worden ist.[1] Die Beweislast gewinnt also lediglich dann praktische Bedeutung, wenn der **Sachverhalt**, aus dem eine Partei Rechte herleiten möchte, oder wenn einzelne für die Entscheidung erhebliche Tatumstände trotz Erschöpfung aller angebotenen und verfügbaren Beweismittel nicht aufgeklärt werden können (**„non liquet"**). Der **Mangel** der **Aufklärbarkeit** wirkt sich in einem solchen Falle zum Nachteil derjenigen Partei aus, die für den betreffenden Umstand die Beweislast trägt.[2] Der Anwendungsbereich der Beweislastregelung beschränkt sich auf das rein Tatsächliche. Geht es um Fragen der rechtlichen Beurteilung, insbesondere um die Ermittlung von Rechtsfolgen, die sich aus der Anwendung gesetzlicher Normen auf tatsächliche Verhältnisse ergeben, ist für Beweislastgesichtspunkte kein Raum.[3] Dementsprechend kann es auf die

---

[1] Auch wenn die beweisbelastete Partei keinen ordnungsgemäßen Beweis angetreten hat.
[2] Nach der Rechtsprechung hat grundsätzlich „derjenige, der an einen bestimmten Sachverhalt eine für ihn günstige Rechtsfolge anknüpft, dessen tatsächlichen Voraussetzungen zu beweisen" (BGH, ZfBR 1995, 27; BGHZ 113, 222, 225).
[3] BGH, NJW 1973, 2207 = *Schäfer/Finnern*, Z 8.41 Bl. 11 = MDR 1974, 33.

**Beweislast** Rdn. 2688–2689

Beweislast niemals ankommen, wenn das Gericht z. B. den Inhalt eines Vertrages festgestellt hat.[4]

Locher hat mit Recht darauf hingewiesen, dass die Frage der Beweislast bei der Schwierigkeit, z. B. nachträglich **Ursachen** von **Baumängeln** zu erkennen, für den Bauprozess von ganz erheblicher praktischer Bedeutung ist. Nicht zuletzt deshalb betreffen auch viele Entscheidungen die Frage der **Beweislastverteilung**.

**2688** Nach § 309 Nr. 12 a BGB (vormals § 11 Nr. 15 a AGB-Gesetz) sind formularmäßige **Beweislastklauseln** unwirksam, „durch die der Verwender die Beweislast zum Nachteil des anderen Vertragsteils ändert, insbesondere indem er diesem die Beweislast für Umstände auferlegt, die im Verantwortungsbereich des Verwenders liegen". Das entspricht der **bisherigen Rechtslage**.[5]

Im Folgenden sind aus der Vielzahl der veröffentlichten Entscheidungen einige wichtige für den in der Baupraxis häufigen Fall eines Non liquet zusammengestellt.

**2689** Es hat die **Beweislast**:

**der Unternehmer/Auftragnehmer**

* für die Vereinbarung und für die Voraussetzungen von **Abschlagszahlungen** beim BGB-Bauvertrag (Rdn. 1218, 1221)
* für die Voraussetzungen einer **Behinderung** (BGH, NZBau 2002, 381 = ZfBR 2002, 562 – auch zur Darlegungslast) und des **Verzögerungsschadens** (§ 6 Nr. 6 VOB/B, § 642 BGB; OLG Hamm, BauR 2004, 1304)
* für den Grund und die Höhe seiner Vergütung, auch nach der Abnahme der Werkleistung (BGH, ZfBR 1995, 33 = BauR 1995, 91) sowie für den **Umfang** der **erbrachten** Leistungen (BGH, BauR 2006, 678, 680; BauR 2006, 517, 519)
* zum Inhalt einer Einigung über den Restwerklohn (OLG Köln, OLGR 2002, 96)
* für die Höhe seines Vergütungsanspruches, wenn der Auftraggeber nach einer Kündigung oder Abrechnung des Bauvertrages **Abschlagszahlungen** oder einen **Überschuss** zurückfordert (BGH, BauR 1999, 63 = NJW 1999, 1867; NZBau 2002, 329; OLG Düsseldorf, BauR 2003, 1587; OLG Oldenburg, BauRB 2004, 4; OLG Celle, BauR 2003, 1244)
* für die Behauptung, dass ein **Festpreis** nicht vereinbart ist, wenn der Bauherr eine solche Vereinbarung behauptet (OLG Koblenz, MDR 2004, 386; BGH, Schäfer/Finnern, Z 2.300 Bl. 1; BGH, BauR 1975, 281 und Rdn. 1136 ff.)
* dafür, dass eine getroffene Bestimmung der **Billigkeit entspricht** (§ 315 Abs. 3 Satz 1; vgl. BGH, NJW 1969, 1809)
* für Abweichungen vom Einheitspreis sowie für Preisnachlässe (BGH, Urteil vom 12. Januar 1967 – VII ZR 238/64)
* für Umstände, nach denen seine Leistung nur gegen eine Vergütung zu erwarten ist (OLG Hamm, NJW-RR 1996, 83)
* bei einem Werkvertrag mit **Höchstpreisgarantie** für Forderung einer zusätzlichen Vergütung (BGH, NJW-RR 1996, 952)

---

4) BGHZ 20, 111 m. Anm. *Fischer*, LM § 282 ZPO Nr. 3; BGH, *Schäfer/Finnern*, Z 2.301 Bl. 35; Z 2.301 Bl. 50.

5) *Palandt/Heinrichs*, § 309 BGB, Rdn. 99/100. Zur Unwirksamkeit von **Unterwerfungsklauseln** bei ausgeschlossener Beweislastumkehr siehe Rdn. **2710**.

- für die **Abrechnung** nach **Einheitspreisen**, wenn der Bauherr eine andere (niedrigere) Vergütungsvereinbarung behauptet (bestr.; vgl. Rdn. 1114; BGH, ZfBR 1981, 170 = SFH, Nr. 1 zu § 2 Nr. 2 VOB/B = NJW 1981, 1442; OLG Bamberg, IBR 2004, 302 – Roos; Baumgärtel, Beweislast, § 632 BGB, Rdn. 16 und ZfBR 1989, 231, 232, 233)
- für den Inhalt einer **Einigung** über den Restwerklohn (OLG Köln, OLGR 2002, 94)
- bei Leistungen, die ohne Auftrag erfolgt sind (Rdn. 1161)
- für die vertragliche Vereinbarung, dass **Vorarbeiten** vergütungspflichtig sein sollen (vgl. Rdn. 1106; Baumgärtel, Beweislast, § 632 BGB, Rdn. 3)
- dass er – beim VOB-Bauvertrag – dem Bauherrn seinen Vergütungsanspruch für nicht vorgesehene Leistungen **angekündigt** hat (BGH, DB 1969, 1058)
- für einen **bestimmten** vertraglich vereinbarten **Einheitspreis** und die entsprechende Bauleistung (siehe OLG Naumburg, IBR 2007, 63 – Karczewski; Rdn. 1113)
- dass die Mehrwertsteuer zusätzlich vom Bauherrn zu zahlen ist (Rdn. 1270)
- für die **Mängelfreiheit** seiner Bauleistung **vor Abnahme** (vgl. Rdn. 1353, 1405; s. BGHZ 61, 42, 47 = NJW 1973, 1792, 1793 u. BauR 1997, 129 = ZfBR 1997, 75 = NJW-RR 1997, 339 = MDR 1997, 238; OLG Hamm, IBR 2004, 127; dies gilt auch bei **Kündigung/Auftragsentziehung** (BGH, BauR 1993, 469, 472; OLG Zweibrücken, IBR 2007, 124 – Thode; OLG Celle, BauR 1995, 394)
- dass die vom Auftraggeber erklärte Kündigung wegen Mängeln unberechtigt ist, wenn er keine aussagekräftigen **Protokolle** über die geschuldete Leistung (Zementinjektion) vorlegen kann (OLG Zweibrücken, BauR 2007, 1249)
- für die Unangemessenheit der Ersatzvornahmekosten (§ 887 ZPO; OLG Nürnberg, BauR 1993, 89, 90)
- dass der Bauherr im Einvernehmen mit ihm auf eine **förmliche Abnahme** verzichtet hat (Rdn. 1354)
- bei einem **vorzeitig beendeten Pauschalvertrag**, dass seine Leistungen den behaupteten Umfang haben (OLG Hamm, BauR 2002, 631, 632)
- dass der abgerechnete Pauschalpreis kein größeres **Leistungsvolumen** beinhaltete, was der Auftraggeber behauptet (OLG Nürnberg, NZBau 2002, 669, 670; differenzierend: SchlHOLG, MDR 2003, 214, 215)
- dafür, welche Leistungen vor Eröffnung eines Insolvenzverfahrens erbracht worden sind, wenn diese auf Grund einer Sicherungsabtretung geltend gemacht werden (BGH, BauR 2002, 1264, 1267 = NZBau 2002, 439)
- dass es sich bei einer streitigen Leistung um eine vom **Pauschalpreis** nicht umfasste, sondern gesondert zu vergütende Bauleistung handelt (Rdn. 1197); Baumgärtel, ZfBR 1989, 231, 234 m. w. N.
- für die **Mängelkenntnis** des Bauherrn i. S. des § 640 Abs. 2 BGB
- dass er einen **Mangel nach Fristsetzung** des Bauherrn ordnungsgemäß und fristgerecht **beseitigt** hat (vgl. Rdn. 1659; Baumgärtel, Beweislast, § 634 BGB, Rdn. 1)
- nach einem **Anerkenntnis** zur Mängelbeseitigung, dass der Bauschaden nicht auf einer mangelhaften Werkleistung beruht (vgl. Rdn. 2022)
- für die Behauptung, eine **Leistungsbeschreibung** entspreche nicht den anerkannten Regeln der Bautechnik
- dass die **angemessene Herstellungsfrist** noch nicht abgelaufen ist (BGH, BauR 2004, 331 = IBR 2004, 62 – Leitzke)

**Beweislast** Rdn. 2689

* für die Behauptung, der tatsächlich **notwendige Mängelbeseitigungsaufwand** sei geringer (Thüringer OLG; BauRB 2004, 33)
* für die Gründe, die zu einer **Verweigerung** der Nachbesserung (z. B. § 633 Abs. 2 Satz 3 BGB a. F.) oder der Nacherfüllung (§ 635 Abs. 3 BGB) berechtigen
* dafür, dass ein Gewährleistungsanspruch des Bauherrn nicht besteht, wenn er nicht zur Gewährleistung verpflichtet ist, gleichwohl aber eine solche „Verpflichtung bestätigend anerkennt" (BGH, Schäfer/Finnern, Z 2.414 Bl. 198; Baumgärtel, Beweislast, § 635 BGB, Rdn. 5)
* für die **Erfüllung** der in § 4 Nr. 3 umschriebenen Pflichten (BGH, LM § 4 VOB/B Nr. 2; BGH, NJW 1973, 1792 = BauR 1973, 313; BGH, NJW 1974, 188 = BauR 1974, 128; Baumgärtel, Beweislast, § 4 VOB/B, Rdn. 3)
* für den Einwand, dass der Mangel oder Schaden auch bei gehöriger Erfüllung der Pflicht aus § 4 Nr. 3 VOB/B entstanden wäre (BGH, BauR 1973, 379; Baumgärtel, Beweislast, § 4 VOB/B, Rdn. 4)
* für die Behauptung, der Bauherr habe sich trotz pflichtgemäßen Verhaltens i. S. des § 4 Nr. 3 VOB/B über den **Hinweis hinweggesetzt** (vgl. BGH, NJW 1973, 1688)
* dass der Mangel auf einer fehlerhaften **Anweisung** des Bestellers beruht (vgl. § 13 Nr. 3 und § 4 Nr. 3 VOB/B; dazu Baumgärtel, ZfBR 1989, 231, 236)
* dass der Baumangel **nicht** von ihm i. S. d. § 635 BGB a. F./§ 634 Nr. 4, 280 Abs. 1 Satz 2 BGB n. F. **zu vertreten** ist (h. M.; BGHZ 48, 310; BGH, BauR 2000, 1762, 1764 = ZfBR 2000, 548, 550)
* bei Bauarbeiten für das Nichtvertretenmüssen eines Verstoßes gegen anerkannte Regeln der Technik (Jagenburg, NJW 1975, 2042)
* für die Behauptung, der mit Nachbesserungskosten aufrechnende Auftraggeber habe überdurchschnittliche Leistungen ausführen lassen (BGH, NJW-RR 1992, 1300 = ZfBR 1992, 270 – auch zur Darlegungslast –)
* für den Umfang der erforderlichen Leistung, wenn die Parteien vereinbart haben, dass nach dem Aufwand abzurechnen ist, der notwendig ist, um einen bestimmten Erfolg herbeizuführen (BGH, ZfBR 1990, 129)
* für den Ausschluss der **Vergütungsgefahr** vor Abnahme (OLG Düsseldorf, BauR 2003, 1587, 1588)
* für die Behauptung, eine **Vertragsstrafe** sei nicht verwirkt, weil er die Fristüberschreitung nicht zu vertreten habe (BGH, BauR 1999, 645 = ZfBR 1999, 188)
* für eine **fristgerechte Vorbehaltserklärung** bei der Schlussabrechnung (vgl. BGH, NJW 1972, 2267 = BauR 1972, 382)
* im Falle des § 639 Abs. 2 BGB a. F., dass und wann die **Hemmung** der Verjährung beendet worden ist (BGH, BauR 1994, 103, 104; Schäfer/Finnern, Z 2.415.1 Bl. 1 = BauR 1977, 348; das **SchRModG** hat § 639 Abs. 2 BGB a. F. gestrichen, § 203 BGB n. F. erfasst aber diesen alten Hemmungstatbestand ebenfalls (Weyer, NZBau 2002, 366 ff.)
* für die Behauptung, der vom Bauherrn **einbehaltene Betrag (§ 320 BGB)** sei auch bei Berücksichtigung eines anzuerkennenden Druckzuschlags unverhältnismäßig hoch (BGH, BauR 1997, 133, 134)
* für die Behauptung, der **Bauvertrag** sei während der Bauphase **geändert** worden, wenn eine bestimmte Art der Bauausführung vereinbart war (BGH, NZBau 2003, 433 = ZfBR 2003, 681 = BauR 2003, 1382)

**2690** der Architekt

- für die (endgültige) **Höhe** seines Honorars, wenn der Bauherr nach Vertragsbeendigung auf **Rückzahlung erbrachter Abschlagszahlungen** klagt (OLG Düsseldorf, BauR 1994, 272, 273; BGH, NJW 1989, 161)
- für das **Zustandekommen** des Vertrages (OLG Celle, MDR 2007, 86 = IBR 2006, 399 – Schwenker; s. auch OLG Frankfurt, BauR 2004, 112) und den **Umfang** der erbrachten Leistungen (vgl. Rdn. 773 ff.; BGH, ZfBR 1980, 24 = WM 1979, 1311; OLG Düsseldorf, BauR 1979, 262; OLG Hamm, MDR 1990, 244 sowie Fuchs, BauR 2006, 1978 ff.), **auch nach vorzeitiger Beendigung des Vertrages** (BGH, BauR 1994, 655, 656) und bei **fehlender schriftlicher** Vereinbarung (Baumgärtel, ZfBR 1989, 231, 236 und Rdn. 771 ff.)
- für Art und Umfang eines **Vorbehalts** im Rahmen der Schlussrechnung hinsichtlich etwaiger Nachforderungen (BGH, NJW 1990, 725 = BauR 1990, 382 = ZfBR 1990, 189; Weyer, Festschrift für Korbion, S. 481, 486)
- für **zusätzliche** Planungsarbeiten bei Änderungswünschen des Bauherrn (BGH, NJW-RR 1991, 981)
- für Voraussetzung der Abrechenbarkeit Besonderer Leistungen (BGH, NJW-RR 1989, 786 = BauR 1989, 222, 223)
- für die Richtigkeit seiner **Kostenermittlungen** (OLG Düsseldorf, BauR 2002, 1726 = OLGR 2002, 119)
- für die Behauptung, dass ihm eine **finanzielle Grenze** bezüglich des finanziellen Bauvolumens **nicht gesetzt** worden ist (vgl. OLG Hamm, MDR 1966, 758)
- für die Behauptung, dass eine **feste Vereinbarung** bezüglich seines Honorars nicht getroffen worden ist (OLG Köln, MDR 1973, 932; BGH, LM Nr. 3 zu § 632 BGB; OLG Saarbrücken, OLGZ 1966, 14; KG, NJW-RR 1999, 242, 243 – bei vom Auftraggeber behaupteter mündlicher Pauschalregelung)
- dass ihn ein **Verschulden** an der **Bausummenüberschreitung** nicht trifft (BGH, Schäfer/Finnern, Z 3.01 Bl. 472; vgl. Rdn. 1793; dies folgt nach dem **SchRModG** aus § 280 Abs. 1 Satz 2 BGB)
- dass ihn ein **Verschulden** i. S. des § 635 BGB a. F. nicht trifft (vgl. Rdn. 1698; ausführlich Baumgärtel, Beweislast, § 635 BGB, Rdn. 11 ff.)
- für den Willen des Bauherrn, das Architektenwerk in Teilen abzunehmen (BGH, NJW 1964, 647; DB 1974, 674)
- für die Vereinbarung der **Überschreitung** der Mindestsätze der HOAI (vgl. Rdn. 701 ff., 732; Baumgärtel, Beweislast, § 632 BGB, Rdn. 24)
- für die Berechtigung, die einmal erteilte Schlussrechnung abändern zu dürfen (vgl. Rdn. 809)
- für die **Erfüllung** der von ihm geschuldeten **Überwachungsleistung** (OLG München, Urt. v. 14.7.1993 – 27 U 629/92; BauR 1994, 145 – LS)
- für den Verjährungsbeginn, wenn Zweifel über eine Beauftragung der Leistungsphase § 15 Abs. 1 Nr. 9 HOAI bestehen (OLG Düsseldorf, BauR 2005, 1660)

**2691** der Bauherr/Auftraggeber

- für die Behauptung, **nach** Beginn der Arbeiten sei ein **Festpreis** vereinbart worden (OLG Hamm, MDR 1985, 672, 673 sowie OLGR 1995, 14, wenn Arbeiten „bereits weitgehend ausgeführt" sind)
- für die **Ermäßigung** eines vereinbarten Pauschalhonorars (vgl. Rdn. 924)

**Beweislast**          **Rdn. 2691**

* für eine **nachträgliche** Pauschalpreisvereinbarung (OLG Frankfurt, NJW-RR 1997, 276)
* für die Voraussetzung des **wichtigen Grundes** für eine Kündigung (BGH, NJW 1990, 1109 = BauR 1990, 632 = ZfBR 1990, 227; OLG Düsseldorf, BauR 1995, 247)
* für **ersparte Aufwendungen**, anderweitige Verwendung der Arbeitskraft oder deren böswilliges Unterlassen gemäß § 649 Satz 2 BGB (BGH, BauR 2001, 667 = NZBau 2001, 202; s. aber BGH, BauR 2001, 1901 bei vom Gläubiger zu vertretender Unmöglichkeit sowie BGH, BauR 2001, 1903 für Schadensersatzanspruch aus § 326 BGB)
* für die Behauptung, bei rechtzeitiger Ankündigung des Unternehmers nach § 2 Nr. 6 Abs. 1 Satz 2 VOB/B hätten ihm (Bauherrn) **preisgünstigere Alternativen** zur Verfügung gestanden (BGH, BauR 2002, 312)
* bei der **fiktiven Abnahme** gemäß § 12 Nr. 5 VOB/B, dass eine Abnahme nicht verlangt worden ist (OLG Stuttgart, NJW-RR 1986, 898)
* für den Vortrag, dass der **Bezug des Hauses** „unter Druck" erfolgte und daher eine konkludente Abnahme ausscheidet (OLG Düsseldorf, BauR 1992, 72; Rdn. 1352)
* für die Behauptung, dass nach der Abnahme der Einsturz eines Bauteils von dem Bauunternehmer zu vertreten ist (BGH, Schäfer/Finnern, Z 2.414 Bl. 6)
* für eine **Bausummenüberschreitung** (Vereinbarung einer Höchstsumme; Behauptung, unterlassene Kostenermittlungen seien schadensursächlich gewesen; Saarländisches OLG, BauR 2005, 1957, 1958)
* für den **Mangel** und den eingetretenen **Schaden**, wenn er nach § 635 BGB a. F./ 13 Nr. 7 VOB/B Schadensersatz verlangt (BGH, NJW 1964, 1791; nichts Anderes gilt für §§ 634 Nr. 4, 280, 281 bis 283 BGB)
* für einen entgangenen Gewinn (**Mietausfall**); Nachweis der **groben Fahrlässigkeit** (OLG Schleswig, IBR 2007, 69 – Wolber)
* für die Fehlerhaftigkeit der unwidersprochen gelassenen **Stundenlohnzettel** und für die frühere Unkenntnis von dieser Unrichtigkeit (BGH, Schäfer/Finnern, Z 2.303 Bl. 4)
* für den gegen den Unternehmer erhobenen Vorwurf arglistigen Verschweigens eines Werkmangels (BGH, BauR 1975, 419)
* für den Einwand, der Architekt habe **unentgeltlich** arbeiten sollen (vgl. Rdn. 612, 1135; BGH, BauR 1987, 454; OLG Hamm, NJW-RR 1990, 91; Pott/Frieling, Rdn. 87; Bindhardt/Jagenburg, § 2, Rdn. 54; Baumgärtel, ZfBR 1989, 231, 232 für Vorarbeiten)
* für die Behauptung, es sei mit dem Architekten eine Pauschalhonorarvereinbarung **unterhalb** der Mindestsätze getroffen worden (OLG Hamm, BauR 2002, 1877; BGH, NZBau 2002, 618)
* für die Behauptung, bei einem Pauschalvertrag sei infolge einer angeordneten Leistungsänderung eine Mindervergütung angefallen (KG, IBR 2007, 64 – Putzier)
* wenn er geltend macht, es liege ein **Verstoß** gegen das Preisrecht der HOAI vor (BGH, ZfBR 2002, 59)
* bei einer **Abrechnung nach Stundenlohn** für die Behauptung, der angegebene und **abgezeichnete Stundenaufwand** sei dem erzielten Leistungserfolg **nicht** angemessen (OLG Karlsruhe, OLGR 2003, 266, 269 = BauR 2003, 737; s. auch OLG Bamberg, BauR 2004, 1623; KG, BauR 2003, 726; OLG Düsseldorf,

NJW-RR 2003, 455 = BauR 2003, 887 u. OLGR 1994, 215, 216; OLG Celle, BauR 2003, 1224 = NJW-RR 2003, 1243; unzutreffend: OLG Hamm, BauR 2002, 319 m. abl. Anm. Keldungs)
* wenn er sich von den in einem gemeinsamen **Aufmaß** getroffenen Feststellungen lösen will (OLG Hamm, BauR 1992, 242) oder er die **einseitig** ermittelten Massen des Auftragnehmers **bestätigt** und später, wenn durch nachfolgende Arbeiten eine Überprüfung nicht mehr möglich ist, die angesetzten Massen als unzutreffend bezeichnet (BGH, BauR 2003, 1207; BGH, BauR 2003, 1892 = ZfBR 2004, 37; s. auch BGH, BauR 2004, 1443 = NZBau 2004, 503; OLG Celle, BauR 2003, 1863)
* für die **Mangelhaftigkeit** der Werkleistung des Unternehmers oder Architekten **nach** der Abnahme (vgl. Rdn. 1559 ff.; BGHZ 61, 42, 47; BGH, BauR 1994, 242, 243; ZfBR 1981, 218; Leitzke, BauR 2002, 394; Baumgärtel, Beweislast, § 635 BGB, Rdn. 4 Anm. 8)
* für die **Soll-Beschaffenheit** einer Sache, auch wenn sich der Unternehmer darauf beruft, dass eine Unterschreitung des gewöhnlichen Standards verabredet worden sei (OLG Saarbrücken, NZBau 2001, 329, 330)
* dass eine von dem Architekten behauptete **Aufklärung nicht** erfolgt ist (OLG Hamm, OLGR 1992, 354)
* dass der **Unternehmer** einen erforderlichen **Hinweis** auf eine kostengünstigere Sanierung unterlassen hat (OLG Hamm, OLGR 1994, 256)
* dass ein **Minderwert** vorliegt (Baumgärtel, Beweislast, § 634 BGB, Rdn. 3)
* für den Ausschluss einer **Reserveursache**, wenn der Erstschädiger den Eintritt einer ihn entlastenden Reserveursache bewiesen hat (OLG Düsseldorf, NJW-RR 1999, 312, 313 – für Lagerhalleneinsturz)
* dass ihm der geltend gemachte Schaden von einem **Verrichtungsgehilfen** des Unternehmers (§ 831 BGB) zugefügt worden ist (BGH, BauR 1994, 780)
* für die Behauptung, er habe (nach der Mängelbeseitigung) einen **Kostenvorschuss** noch nicht **abrechnen** können (BGH, NJW 1990, 1475 = BauR 1990, 358)
* dass es im Einzelfall einer **Fristsetzung** i. S. des § 634 Abs. 1 BGB a. F. nicht bedurfte (vgl. Rdn. 1659; vgl. BGHZ 46, 242, 245 = NJW 1967, 388, 389; Baumgärtel, Beweislast, § 634 BGB, Rdn. 4)
* für den erfolgten **Vorbehalt** bei Abnahme i. S. des § 640 Abs. 2 BGB
* für die Tatsache einer **Schlusszahlung** i. S. des § 16 Nr. 3 Abs. 2 VOB/B
* für den Verzug des Unternehmers mit der Nachbesserung (Rdn. 1580)
* für die Unmöglichkeit oder **Unzumutbarkeit der Mängelbeseitigung** gemäß § 13 Nr. 6 VOB/B (vgl. Rdn. 1716 ff.)
* für das **Unvermögen** des Unternehmers im Falle einer Subsidiaritätsklausel bei Architektenverträgen (Rdn. 2265)
* für die **Unternehmensbezogenheit** seiner Erklärung (BGH, NJW 1995, 43; vgl. Rdn. 1035)
* für die Voraussetzungen des **Vertragsstrafenanspruchs** (Rdn. 2085)
* für die Vereinbarung einer **Sicherheitsleistung** sowie deren Art und Umfang (Rdn. 1240)
* für die Unentgeltlichkeit der Architektenleistungen bzw. den Honorarverzicht des Architekten (OLG Saarbrücken, OLGR 2003, 100)
* für den 4% übersteigenden Zinsschaden (BGH, NJW-RR 1991, 1406).

**Beweislast** **Rdn. 2692**

Im Übrigen trägt die Beweislast: 2692

* der Schädiger für den **Einwand** des **rechtmäßigen Alternativverhaltens** (OLG Karlsruhe, BauR 1997, 675, 676; OLG Köln, BB 1996, 898)
* der Schadensersatzpflichtige, soweit das schadensstiftende Ereignis dem Geschädigten einen **Vorteil** gebracht hat (Rdn. 2477)
* der Schädiger für ein **mitwirkendes Verschulden** des Geschädigten (Rdn. 2451) und für die **Einwilligung** in eine **Eigentumsverletzung**, die bei Ausführung des Werkvertrages erfolgt (BGH, BauR 2005, 96)
* die Partei, die sich auf eine **Verwirkung** oder **Verjährung** eines Rechts beruft (Rdn. 2324, 2343)
* wer sich auf die Grundsätze des Wegfalls der Geschäftsgrundlage beruft (Rdn. 2483)
* der Verwender für die ordnungsgemäße Einbeziehung der VOB/B in das Vertragsverhältnis (OLG Hamm, OLGR 1998, 90)
* der Kläger, soweit er sich auf das Erlöschen eines **Schiedsvertrages** beruft
* derjenige, der sich im Streitfalle auf eine **Vollmacht** des Architekten gegenüber dem Bauherrn stützt und daraus Rechte herleitet (BGH, NJW 1960, 859, 860)
* wer sich auf eine von § 12 HOAI abweichende Honorarzone beruft (vgl. Rdn. 818)
* wer sich auf die **Unwirksamkeit** eines Architektenvertrages wegen Verstoßes gegen das Koppelungsverbot stützt (vgl. Rdn. 693) oder aus einem behaupteten Verstoß gegen das Preisrecht der HOAI Rechtsvorteile ableitet (BGH, BauR 2001, 1926)
* wer aus einem Rechtsgeschäft Rechte herleitet dafür, dass das Rechtsgeschäft **ohne** aufschiebende Bedingung vorgenommen wurde (OLG Düsseldorf, BauR 2001, 423)
* der **Nachbar** für sein Eigentum (Besitz) und dessen Störung durch den Bauherrn (BGH, WM 1970, 1460; Rdn. 2100)
* der Rechtsanwalt, wenn im **Regressprozess** Streit über die Höhe der Leistungen besteht, die der gekündigte Unternehmer hätte abrechnen können (BGH, BauR 2004, 1445)
* wer die Geltung der **VOB** behauptet (Baumgärtel, § 631 BGB, Rdn. 3)
* wer behauptet, ein **Schiedsgutachten** sei **offenbar unrichtig** (BGH, NJW 1984, 43, 54; OLG Düsseldorf, BauR 1984, 179; vgl. Rdn. 531)
* wer aus einer Haftungsfreizeichnung einen Nutzen ziehen will (Baumgärtel, ZfBR 1989, 231, 234)
* wer aus einer behaupteten **Vertragsänderung** Rechte herleiten will (BGH, ZfBR 1995, 27 = BauR 1995, 92 = NJW 1995, 49, auch für den Streit, ob eine weiter gehende Änderung vereinbart wurde); für die **Unentgeltlichkeit** zusätzlicher Leistungen (OLG Saarbrücken, IBR 2007, 542 – Bolz).

# KAPITEL 14
# Kosten und Streitwerte

*Übersicht*

| | Rdn. | | Rdn. |
|---|---|---|---|
| I. Zeugen- und Sachverständigenentschädigung | 2693 | II. Streitwerte (Fallübersicht) | 2705 |

## I. Zeugen- und Sachverständigenentschädigung

*Literatur (Auswahl)*

*Weglage/Pawliczek*, Die Vergütung des Sachverständigen, 2005; *Ulrich*, Der gerichtliche Sachverständige, 12. Auflage 2007; *Meyer/Höver/Bach*, Die Vergütung und Entschädigung von Sachverständigen, Zeugen, Dritten und von ehrenamtlichen Richtern nach dem JVEG, 24. Auflage 2007. *Bleutge*, Die Entschädigung von Sachverständigen, BB 1971, 504; *Jessnitzer*, Die Entschädigung des gerichtlichen Sachverständigen, BB 1973, 1420; *Trauzettel*, Die Sachverständigenarbeit bei Gerichten ist nicht kostendeckend, NJW 1974, 223; *Jessnitzer*, Entschädigung auf Grund Einverständnisses der Parteien (§ 7 ZSEG), Rpfleger 1978, 9; *Müller*, Das Verfahren zur Geltendmachung des Entschädigungsanspruches für den gerichtlichen Sachverständigen, ZSW 1980, 2; *Klocke*, Die Vergütung des gerichtlichen Sachverständigen zu den Gebühren und Honoraren anderer Institutionen, DAB 1980, 1347; *Müller*, Die Entschädigung des gerichtlichen Sachverständigen nach seiner erfolgreichen Ablehnung, JR 1981, 52; *Kamphausen*, Verfassungsrechtliche Aspekte bei der Entschädigung gerichtlicher Sachverständiger, MDR 1984, 97; *Bleutge*, Erstattung der Schreibkosten des Sachverständigen, Rpfleger 1988, 131; *Vygen*, Immer wieder Streit zwischen Sachverständigen und Bezirksrevisor, DS 1996, 2; *Kamphausen*, Gute Bausachverständige kosten Geld. Eben!, BauR 2007, 1115.

**2693** Die Entschädigung von Zeugen und gerichtlichen Sachverständigen (§ 413 ZPO) hat in Bausachen **stets Ärger** bereitet.[1] Die leidige Entschädigungsfrage von Sachverständigen hat schon oft dazu beigetragen, dass das **Klima** zwischen den Parteien, dem Gericht und den Sachverständigen wesentlich gelitten hat. Es ist auch nicht zu übersehen, dass **schon besonders qualifizierte Sachverständige** auf ihre öffentliche Bestellung und Vereidigung verzichtet haben, weil sie nicht gewillt waren, für einen Stundensatz zu arbeiten, der z. B. unter dem eines Handwerksgesellen lag. Die **Frage nach einer angemessenen Entschädigung** war für manche Sachverständige auch nach der **Erhöhung der Stundensätze** des § 3 ZuSEG manchmal noch von so erheblicher Bedeutung, dass sie vor der Erstattung des Gutachtens zunächst die Höhe ihres Stundensatzes verbindlich abklären wollten. Es ist zu befürchten, dass sich an der Gesamtsituation nach Inkrafttreten des **Justizvergütungs- und -entschädigungsgesetzes (JVEG)**[2] nichts geändert hat.[3]

**2694** Die Sachverständigen waren schon immer bemüht, vor einer endgültigen Übernahme des Gutachtenauftrages das **Einverständnis** von Partei und Gericht mit einem bestimmten (weit höheren) Stundensatz zu erreichen. Diese Möglichkeit eröffnete altrechtlich § 7 ZSEG; die Bestimmung des § 13 Abs. 1 und 2 JVEG hat im Wesent-

---

1) Siehe hierzu *Vygen*, DS 1996, 2 ff.: *Ulrich*, BauR 2007, 1634, 1642 (selbstständiges Beweisverfahren).
2) Vom 5.5.2004 (BGBl. I S. 718), geändert durch Gesetz vom 22.12.2006 (BGBl. I S. 3416).
3) Siehe auch *Ulrich*, IBR 2004, 438 ff. sowie Der gerichtliche Sachverständige, Rdn. 804 ff.

lichen die Regelung des § 7 ZSEG übernommen. Von der Anwendung des § 13 sollte zwar von den Gerichten Gebrauch gemacht werden; indes besteht die Gefahr, dass Sachverständige zunehmend durch eine Bezugnahme auf § 13 im Einzelfall einen Druck auf die Parteien und das Gericht ausüben wollen, um höhere Stundensätze zu erlangen. Diese Gefahr ist umso größer, wenn für einen Fachbereich nur wenige Spezialsachverständige zur Verfügung stehen.

**2695** Die (besondere) Vergütung kann nach § 13 JVEG dem Sachverständigen gewährt werden, wenn die Verfahrensbeteiligten sich mit dessen Vergütungsforderung **einverstanden** erklären.[4] Ein wirksames Einverständnis erfordert deshalb auch **übereinstimmende** Erklärungen der Parteien; die Zustimmung des Nebenintervenienten ist dagegen nicht notwendig.[5] Die Zustimmung hat gegenüber dem **Gericht** zu erfolgen und ist als Prozesshandlung auch **nicht widerruflich**. Erklären die Parteien ihre Zustimmung nur gegenüber dem Sachverständigen, wird die Staatskasse nicht zur Zahlung der besonderen Vergütung verpflichtet.[6] Im Übrigen muss die vereinbarte besondere Vergütung der Höhe nach bestimmt oder genau bestimmbar sein.[7] Dies ist schon im Hinblick auf den einzuzahlenden **Kostenvorschuss** von Bedeutung.[8]

**2696** Macht der Sachverständige von der Vorschrift des § 13 Gebrauch, trägt er das **Risiko** für eine **Fehleinschätzung** des erforderlichen (Kosten)aufwandes; hat er sich z. B. auf eine pauschale Entschädigung für die Gutachtenerstattung eingelassen, so kann er nicht später geltend machen, er habe hier nicht mit (erheblichen) Schwierigkeiten bei der Sachaufklärung zu rechnen brauchen.[9]

**2697** Ein Sachverständiger, der mit Erfolg wegen **Besorgnis der Befangenheit** abgelehnt wurde (vgl. Rdn. 2647 ff.), verliert seinen Anspruch auf eine Entschädigung nur, wenn er die Ablehnung **vorsätzlich** oder **grob fahrlässig** herbeigeführt hat.[10] Soll die Sach-

---

4) Vereinbarungen über die Entschädigungshöhe eines Sachverständigen können nur unter den besonderen Voraussetzungen des § 13 JVEG mit **bindender** Wirkung getroffen werden (OLG Düsseldorf, BauR 2000, 1235; OLG Koblenz, JurBüro 1995, 153).
5) *Ulrich*, Rdn. 953; **a. A.:** *Meyer/Höver/Bach*, Rz. 13.6 unter Hinweis auf *Tschischgale*, JVBl. 1963, 65.
6) *Meyer/Höver/Bach*, a. a. O.
7) *Meyer/Höver/Bach*, Rz. 13.9.
8) Siehe OLG Koblenz, IBR 2005, 500 – *Moufang* (erhebliche Überschreitung des Kostenvorschusses; **kein Vertrauensschutz** für Sachverständigen); OLG Naumburg, OLGR 2006, 123 (nach Beendigung des Rechtsstreits ist die Anforderung eines weiteren Vorschusses gegenüber einer Partei, die nicht zahlen will, nicht durchsetzbar).
9) OLG Köln, BauR 1993, 770, 771 = *SFH*, Nr. 2 zu § 7 ZuSEG; zum Anspruch aus § 7 ZSEG aus dem Gesichtspunkt des Vertrauensschutzes: OLG Frankfurt, OLGR 2004, 32.
10) Vgl. dazu OLG Koblenz, OLGR 2006, 223; OLG Oldenburg, BauR 2004, 1817; OLG Düsseldorf, IBR 2003, 584 – *Ulrich*; OLGR 2001, 331; OLG München, OLGR 1999, 49 = AnwBl. 1999, 356 = IBR 1999, 554 – *Schwerin*; OLG Koblenz, IBR 2004, 445 – *Baur*; KG, MDR 1973, 325 – „grobe Pflichtverletzung"; OLG Hamburg, MDR 1978, 237 = JurBüro 1978, 898 – „grobe Fahrlässigkeit"; OLG Hamburg, MDR 1978, 237; LG Düsseldorf, ZSW 1981, 22; OLG Koblenz, BB 1993, 1975; ZWS 1981, 116 m. Anm. *Müller*; OLG Frankfurt, JurBüro 1979, 575 – auch wenn das Gutachten, die Ablehnung hinweggedacht, wegen verschuldeter inhaltlicher Mängel **unverwertbar** ist; ebenso: LG Freiburg, BauR 2000, 929; OLG Hamm, JurBüro 1979, 1687 – grober Verstoß gegen die Verpflichtung zur Unparteilichkeit; OLG Düsseldorf, OLGR 2001, 354 u. NJW-RR 1996, 189 = MDR 1995, 1267; LAG Köln, NZA 1996, 560; OLG Nürnberg, BauR 1982, 92 u. AG Bad Homburg, ZfS 1987, 41 – **unbrauchbares Gutachten**; BayObLG, ZSW 1982, 42 – unterbliebener Hinweis auf erkannte fehlende Fachkompetenz;

## Zeugen- und Sachverständigenentschädigung

verständigenentschädigung wegen schwerer **inhaltlicher** Mängel des Gutachtens entfallen, so muss berücksichtigt werden, ob der Sachverständige zur Erläuterung und Ergänzung seines Gutachtens mündlich oder schriftlich angehört worden ist.[11] Fehlt es einem Sachverständigen überhaupt an der notwendigen **Fachkenntnis** zur Beantwortung der Beweisfragen, verliert er ebenfalls seinen Entschädigungsanspruch.[12] An den Verfahren über die Aberkennung der Sachverständigenentschädigung sind die Prozessparteien nicht beteiligt.[13] Zahlt ein Sachverständiger die Entschädigung nicht freiwillig zurück, kann diese gemäß § 1 Nr. 8 BeitrVO im Verwaltungszwangverfahren beigetrieben werden.

**2698** Die Entschädigung des Sachverständigen war nach dem altrechtlichen ZSEG vor allem nach dem Grad der erforderlichen **Fachkenntnis**, der **Schwierigkeit** der Leistung sowie nach den **besonderen Umständen,** unter denen das Gutachten zu erarbeiten war, **zu bemessen** (§ 3 Abs. 2 ZuSEG). Anerkannt war, dass der Höchstsatz von 52 Euro/vormals 100 DM[14] nur bei **Spitzenleistungen** gewährt werden konnte; es musste deshalb ein **hochqualifizierter Sachverständiger eine sehr schwierige Leistung unter besonderen Umständen** erbringen.[15]

**2699** Mit dem **JVEG** werden **Feststundenbeträge** eingeführt. Die Vergütung des Sachverständigen bestimmt sich nunmehr nach § 9 Abs. 1 Satz 1 JVEG i. V. mit der **Anlage 1,** und zwar unabhängig von dem Schwierigkeitsgrad des zu erstattenden Gutachtens nur nach der jeweiligen **Honorargruppe** und dem ihr zugeordneten **Stundenhonorar.**[16] Eine Erhöhung für „Berufssachverständige" (§ 3 Abs. 3 ZSEG) sieht das JVEG nicht mehr vor. Ob die für die „Bausachverständigen" in § 9 Abs. 1 Satz 1 JVEG vorgesehene Feststundenbeträge auskömmlich sind, muss bezweifelt werden, weil der Ersatz für besondere Aufwendungen (§ 12 JVEG) erhebliche Einschränkungen mit sich bringt.[17]

---

OLG Nürnberg, OLGR 2006, 770 – das Gutachten ist **unverwertbar**, weil die Ausarbeitung durch Dritte in unvertretbarem Maß erfolgte; ebenso: KG, IBR 2005,612 – *Kamphausen.* Leichte Fahrlässigkeit reicht somit **nicht** aus: OLG Düsseldorf, NJWRR 1997, 1353 = OLGR 1996, 275; OLG München, Rpfleger 1981, 208; LG Krefeld, JurBüro 1985, 262; VGH Mannheim, Justiz 1985, 149; OLG Hamburg, JurBüro 1989, 1019.
Ob der Sachverständige für eine **Stellungnahme zum Ablehnungsgesuch** einer Partei eine **Entschädigung** erhält, ist streitig (bejahend: OLG Frankfurt, Rpfleger 1993, 421 = OLGR 1993, 187; LSG Stuttgart, IBR 2004, 524 – *Ulrich;* LG Wiesbaden, IBR 2007, 51 – *Pürthner*; verneinend: OLG Koblenz, MDR 2000, 416; OLG Düsseldorf, MDR 1994, 1050 = BauR 1994, 668 – LS); LG Wiesbaden, IBR 2005, 614 (ablehnend: *Ulrich*). Die **Erläuterung** der Kostenrechnung ist nicht vergütungspflichtig (OLG Koblenz, IBR 2007, 457 – *Wenkebach*).

11) OLG Karlsruhe, BauRB 2004, 233.
12) Thüringer OLG, BauR 2007, 918 = OLGR 2007, 918 m. w. Nachw.
13) KG, MDR 1973, 325.
14) Unter den Voraussetzungen des § 3 Abs. 2 lit. a oder b konnte er bis zu **50%** überschritten werden, sodass die Entschädigung in diesen Fällen bis zu **78 Euro**/vormals 150 DM erreichen konnte.
15) Vgl. OLG Düsseldorf, BauR 1995, 431 u. 1993, 508 (LS); OLG Hamm, OLGR 1996, 251; OLG München, JurBüro 1988, 1245; LG Koblenz, NJW 1971, 259; OLG Stuttgart, JurBüro 1983, 1354, NJW 1977, 1502 = JurBüro 1977, 1612; OLG München, JurBüro 1979, 880; OLG Koblenz, NStZ-RR 1996, 95 u. 160 sowie ZSW 1982, 12 m. Anm. *Müller;* OLG Düsseldorf, JurBüro 1982, 1054 (Grad der erforderlichen Fachkenntnisse ist für Bemessung des Stundensatzes maßgebend).
16) OLG Naumburg, OLGR 2006, 233.
17) *Ulrich*, a. a. O., S. 440.

**2700** Nach § 9 Abs. 1 Satz 1 JVEG erhält der „**Bausachverständige**" für jede Stunde ein **Honorar**

| in der Honorargruppe ... | in Höhe von ... Euro | in der Honorargruppe ... | in Höhe von ... Euro |
|---|---|---|---|
| 1 | 50 | 6 | 75 |
| 2 | 55 | 7 | 80 |
| 3 | 60 | 8 | 85 |
| 4 | 65 | 9 | 90 |
| 5 | 70 | 10 | 95 |

**2701** Nach § 9 Abs. 1 Satz 2 JVEG bestimmt sich die **Zuordnung** der **Leistungen** zu einer Honorargruppe nach der **Anlage 1**:

\* Anlage 1 (zu § 9 Abs. 1)

| Sachgebiet | Honorargruppe | Sachgebiet | Honorargruppe |
|---|---|---|---|
| Abbruch | 5 | Dachkonstruktion | 5 |
| Abfallstoffe | 5 | Elektronische Anlagen und Geräte | 5 |
| Abrechnung im Hoch- und Ingenieurbau | 6 | Erd- und Grundbau | 3 |
| Akustik, Lärmschutz | 5 | Fenster, Türen und Tore | 5 |
| Altbausanierung | 5 | Fliesen und Baukeramik | 5 |
| Altlasten | 3 | Fußböden | 4 |
| Bauphysik | 5 | Garten- und Landschaftsgestaltung/Garten- und Landschaftsbau | 3 |
| Baustoffe | 5 | | |
| Bauwerksabdichtung | 6 | | |
| Beton-, Stahlbeton- und Spannbetonbau | 5 | Heizungs-, Klima- und Lüftungstechnik | 4 |
| Betriebsunterbrechungs- und -verlagerungsschäden | 9 | Sanitärtechnik | 5 |
| Bewertung von Immobilien | 6 | Schäden an Gebäuden | 6 |
| Brandschutz und Brandursachen | 5 | Schweißtechnik | 3 |
| | | Sprengtechnik | 2 |
| Briefmarken und Münzen | 2 | Stahlbau | 4 |
| Holz/Holzbau | 4 | Statik im Bauwesen | 4 |
| Honorare (Architekten/Ingenieure) | 7 | Straßenbau | 5 |
| | | Tiefbau | 4 |
| Immissionen | 5 | Vermessungstechnik | 1 |
| Ingenieurbau | 4 | Wärme- und Kälteschutz | 6 |
| Innenausbau | 5 | Wasserversorgung und Abwässer | 3 |
| Kältetechnik | 6 | | |

## Zeugen- und Sachverständigenentschädigung

**2702** Ist bei der Beauftragung eines Gutachters zweifelhaft, welchem Fachbereich das Beweisthema (insbesondere bei fachübergreifenden Beurteilungen) zuzuordnen ist, so wird eine **Benennung** des Sachverständigen durch die **Handwerkskammer** oder die **Industrie- und Handelskammer** zu erwägen sein; andernfalls besteht die Gefahr, dass bei der Bewertung des richtigen Stundensatzes Abgrenzungsschwierigkeiten entstehen.[18] Es wird allgemein die Ansicht vertreten, „dass die Zuordnung bestimmter Gebiete im Verhältnis zu anderen wenig stimmig erscheint".[19]

**2703** Bei der Liquidation ist darauf zu achten, dass der Sachverständige nur einen Anspruch auf Vergütung für den **erforderlichen Zeitaufwand**, nicht für den tatsächlichen Zeitaufwand hat.[20] Das ist immer die Zeit, die ein mit der Materie vertrauter Sachverständiger von durchschnittlichen Fähigkeiten und Kenntnissen bei sachgemäßer Auftragserledigung mit durchschnittlicher Arbeitsintensität zur Beantwortung der Beweisfragen benötigt.[21] Ein Sachverständiger ist nach § 407a Abs. 3 Satz 2 ZPO gehalten, **rechtzeitig** einen Hinweis zu geben, wenn die voraussichtlichen Kosten einen vom Gericht angeforderten Vorschuss erheblich übersteigen; verletzt er diese Pflicht, muss er im Einzelfall mit erheblichen **Kürzungen** rechnen.[22] Gegenüber dem Anspruch des Staates auf etwaige Rückzahlung zu viel gezahlter Entschädigung kann sich der Sachverständige nicht auf den Wegfall der Bereicherung nach § 818 Abs. 3 BGB berufen.[23]

**2704** Nach § 414 ZPO kommen auf den **sachverständigen Zeugen** die Vorschriften über den Zeugenbeweis zur Anwendung. Dies gilt auch hinsichtlich der **Zeugenentschädigung**.[24] Eine Entschädigung als Sachverständiger ist nur möglich, wenn der sachverständige Zeuge daneben, wenn auch nur beiläufig, als Sachverständiger im Termin herangezogen worden ist. Dies ist aber nicht der Fall, wenn er nur zu früheren Geschehnissen Stellung nimmt. Allerdings sollte sich auch hier eine großzügigere Handhabung einbürgern; denn es ist nicht einzusehen, dass ein **Privatgutachter**, der von der Partei als sachverständiger Zeuge benannt wird, nur mit dem üblichen Zeugengeld entschädigt wird, wenn er „zu früheren Geschehnissen" Stellung nimmt.

---

18) Vgl. OLG Naumburg, OLGR 2006, 233: „Aus der Stellungnahme der Industrie- u. Handelskammer ergibt sich, dass die Beweisfrage ganz überwiegend bautechnische Abrechnungsfragen (Berechnung von Aushubmassen) zum Gegenstand hat, die auf der Grundlage des Sachgebiets ‚Abrechnung im Hoch- und Ingenieurbau' vorzunehmen sind, und nicht um Fragen der Baugrundverformung und ihre Auswirkung auf bauliche Anlagen oder der Bodenmechanik, die dem Sachgebiet ‚Erd- und Grundbau' unterfallen."
19) So zutreffend: *Ulrich*, Rdn. 868 m. w. Nachw.
20) § 8 Abs. 2 Satz 1 JVEG; siehe OLG Brandenburg, IBR 2007, 161 – *Bleutge*; OLG München, NJW-RR 1999, 73 = BauR 1999, 282 (LS) für Einschaltung qualifizierter Mitarbeiter.
21) BGH, BauR 2004, 1184 = IBR 2004, 212 – *Ulrich*; BGH, NJW-RR 1987, 1470; OLG Zweibrücken, JurBüro 1988, 116.
22) Vgl. hierzu: OLG Nürnberg, BauR 2006, 2096 = OLGR 2006, 842 u. NJW-RR 2003, 791 = BauRB 2003, 17 (nicht mehr als 120% des Vorschusses); OLG Düsseldorf, BauRB 2003, 83 (Kürzung von 370.000 DM auf 35.790,43 DM); **a. A.:** OLG Celle, NJW-RR 1997, 1295 (bei einem Überschreiten des Vorschusses um 20 bis 25% entfalle die Entschädigung vollständig).
23) OLG Hamm, NJW 1973, 574; OLG Frankfurt, MDR 1974, 1041 = NJW 1975, 705; **a. A.:** OLG Koblenz, MDR 1974, 1040.
24) OLG Hamm, JurBüro 1972, 645; OLG Düsseldorf, MDR 1975, 326. Zur Entschädigung des **sachverständigen Zeugen** s. *Ulrich*, Rdn. 1034 ff.; *Meyer/Höver/Bach*, Rz. 8.3 m. w. Nachw.

**Rdn. 2704**

Der Privatgutachter, der als sachverständiger Zeuge gehört wird, hat im Zweifel auch immer „Sachverständigenfragen" zu beantworten, sodass ihm in Bausachen in der Regel eine Sachverständigenentschädigung zu gewähren sein wird. Dem entspricht auch die neuere Rechtsprechung.[25]

---

[25] Vgl. OLG Stuttgart, JurBüro 1978, 1727: Wird ein sachverständiger Zeuge im Termin zugleich als Sachverständiger vernommen, so stehen ihm einheitlich Gebühren als Sachverständiger zu; OLG Hamm, ZfS 1980, 271: Es ist auf die Art seiner tatsächlichen Heranziehung, also auf den Inhalt der von ihm gemachten Aussage, abzustellen. Siehe ferner: OLG Bamberg, JurBüro 1980, 1221; JurBüro 1984, 260; OLG Stuttgart, JurBüro 1983, 1356 m. Anm. *Mümmler;* HansOLG Hamburg, JurBüro 1985, 1218; OLG Düsseldorf, JurBüro 1986, 1686.

## II. Streitwerte (Fallübersicht)

**Ablehnung des Sachverständigen:** Die Meinungen sind sehr kontrovers (Schneider/ Herget, Streitwertkommentar, 11. Auflage 1996, Rdn. 86 ff.; OLG Koblenz, NJW-RR 1998, 1222; OLG München, JurBüro 1980, 1055 (Wert der **Hauptsache**); OLG Bremen, JurBüro 1976, 1357 (**Interesse** des Antragstellers an der Ablehnung); OLG Düsseldorf, BauR 2004, 1816 = NZBau 2004, 557 = BauRB 2004, 302; OLG Nürnberg, BauR 2002, 129, 130; ($^1/_3$ des Hauptsachestreitwertes); OLG Düsseldorf, BauR 2001, 835, 837 (Kosten eines neuen Sachverständigengutachtens) 2705

**Ankaufsrecht:** BayObLG, JurBüro 1976, 498

**Anzahlung:** OLG Nürnberg, JurBüro 1983, 105 (Klage auf Rückzahlung)

**Auflassung:** Der Streitwert bemisst sich nach überwiegender Auffassung gemäß § 6 ZPO nach dem Verkehrswert (OLG Hamm, BauR 2003, 132; **a. A.:** OLG Düsseldorf, BauR 2003, 1760 – Anwendung des „flexibleren" § 3 ZPO). Der Verkehrswert ist nach § 3 ZPO zu schätzen. Grundstücksbelastungen sind nicht zu berücksichtigen (str.; vgl. OLG München, MDR 1981, 501); auch Gegenleistungen und Zurückbehaltungsrechte bleiben außer Ansatz (Schneider/Herget, Streitwertkommentar, Rdn. 341 ff.). Verlangt der Kläger die Zustimmung zum Vollzug der Auflassung, die wegen einer umstrittenen restlichen Gegenforderung verweigert wird, ist der Gebührenstreitwert nicht nach § 6 ZPO, sondern gemäß § 3 ZPO nach dem Wert der streitigen Gegenforderung zu schätzen (BGH, BauR 2002, 520 = SFH, Nr. 8 zu § 3 ZPO = ZfBR 2002, 255; OLG Düsseldorf, BauR 2003, 1760). Siehe ferner für den Bauträgervertrag: OLG Frankfurt, IBR 2005, 458 – Brüning (Anwendung von § 3 ZPO, wenn der Besitz bereits verschafft und nur Streit über die noch nicht erfolgte Auflassung besteht); OLG Hamm, IBR 2005, 125 u. 297 – Wiesel (Streitwert ist der volle Erwerbspreis, nicht die geringere Restforderung)

**Auflassungsvormerkung:** OLG Bamberg, JurBüro 1976, 1094 (unter Orientierung am Verkehrswert nach dem Interesse des Klägers zu schätzen). Siehe auch OLG Köln, MDR 1983, 495 und Schneider, MDR 1983, 638 sowie Schneider/Herget, Streitwertkommentar, Rdn. 358 ff.

**Auskunft:** Für die Berechnung des Beschwerdewerts ist das Interesse der Partei maßgebend, „die Auskunft nicht erteilen zu müssen" (BGH, BauR 1999, 1329 = ZfBR 1999, 341; BauR 1994, 404, 405 = NJW-RR 1994, 660 für Verurteilung eines Architekten zur Auskunft. Siehe aber OLG Hamm, JurBüro 1994, 494 – Interesse des Klägers [Architekt] an der Erteilung; $^1/_{10}$ des Leistungsanspruchs). Literatur: Schulte, MDR 2000, 805 ff.

**Baubetreuungsvertrag:** OLG Düsseldorf, DNotZ 1982, 774 (Geschäftswert)

**Bauhandwerkersicherungshypothek:**

– Klage auf Verurteilung zur Bewilligung einer Sicherungshypothek: KG, Rpfleger 1962, 156
– Einstweiliges Verfügungsverfahren auf Eintragung einer Vorbemerkung: Anwendung von § 3 ZPO (vgl. Rdn. 312 sowie OLG Frankfurt, JurBüro 1977, 719 [$^1/_4$ der Forderungshöhe]); OLG Bremen, JurBüro 1982, 1052 ($^2/_5$; anders LG Saarbrücken, AnwBl. 1981, 70: $^9/_{10}$); OLG Celle, JurBüro 1982, 1227 ($^1/_2$ des Forderungsbetrages); LG Frankenthal, AnwBl. 1983, 556 ($^1/_3$)

- Klage auf Löschung einer Vorbemerkung: OLG Bamberg, JurBüro 1975, 940 (¹/₄ bis ¹/₃ der erstrebten Sicherungshypothek)
- zum Streitwert bei gleichzeitiger Geltendmachung von Zahlungs- und Sicherungsanspruch: OLG München, BauR 2000, 927 = OLGR 1999, 347; OLG Düsseldorf, NZBau 2005, 697, 698 u. OLGR 1997, 136; KG, BauR 1998, 829 sowie Rdn. **313**

**Bauschutt:** Schmidt, JurBüro 1961, 379 (**Beseitigung** von Bauschutt)

**Bauverpflichtung:** LG Wuppertal, JurBüro 1979, 1692

**Befreiung von Verbindlichkeit:** BGH, NJW 1974, 2128; Schneider/Herget, Streitwertkommentar, Rdn. 658 ff. (nach § 3 ZPO zu schätzen)

**Bürgschaft:** Das Interesse des Klägers an der **Herausgabe** einer Bürgschaftsurkunde ist wesentlich nach dem Risiko der missbräuchlichen Inanspruchnahme zu bemessen, also im Zweifel nach der (vollen) Höhe des Bürgschaftsbetrages (KG, BauR 2000, 1380; OLG München, BauR 2000, 607; s. auch OLG Köln, MDR 1994, 101); demgegenüber ist für einen Unterlassungsanspruch des Auftragnehmers gegen den Auftraggeber, eine Bürgschaft auf erstes Anfordern in Anspruch zu nehmen, im Rahmen eines einstweiligen Verfügungsverfahrens nur ein Bruchteil der streitigen Bürgschaftssumme streitwertmäßig in Ansatz zu bringen (OLG Köln, OLGR 2002, 267)

**Duldungsklage eines Vermieters nach § 554 BGB:** 12facher Monatsbetrag der voraussichtlichen Mieterhöhung nach Durchführung der Baumaßnahmen (LG Mannheim, ZMR 1977, 89; Schneider/Herget, Streitwertkommentar, Rdn. 3024). Nach § 41 Abs. 5 GKG n. F. ist „bei Ansprüchen des Vermieters auf Duldung von Modernisierungs- oder Erhaltungsmaßnahmen der Jahresbetrag einer möglichen Mieterhöhung, in Ermangelung dessen einer sonst möglichen Mietminderung durch den Mieter maßgebend. Endet das Mietverhältnis vor Ablauf eines Jahres, ist ein entsprechend niedriger Betrag maßgebend."

**2706** **Gewährleistung:** OLG Köln, DB 1978, 2314 (keine Wertaddition bei gewährleistungsrechtlichen Einwendungen; anders, wenn Mängelfolgeschäden aus positiver Vertragsverletzung geltend gemacht und zur Aufrechnung gestellt werden); OLG Düsseldorf, BauR 1979, 178 (hilfsweise Verteidigung mit Schadensersatzanspruch bei Honorarklage des Architekten)

**Haupt- und Hilfsanspruch:** OLG Frankfurt, MDR 1979, 411; OLG Bremen, JurBüro 1979, 731; OLG Düsseldorf, JurBüro 1982, 582. Nach § 45 Abs. 1 Satz 3 GKG n. F. ist nur der Wert des höheren Anspruchs maßgebend, wenn Haupt- und Hilfsanspruch **denselben Gegenstand** betreffen; entscheidend für die Anwendung der Vorschrift ist, „ob die Ansprüche einander ausschließen und damit notwendigerweise die Zuerkennung des einen Anspruchs mit der Aberkennung des anderen verbunden ist" (BGH, NJW-RR 2003, 713; BGHZ 43, 31, 33 = NJW 1965, 444).

**Herausgabe** einer **Bürgschaftsurkunde:** Der Wert ist nach § 3 ZPO zu schätzen (OLG Oldenburg, BauR 2002, 328, 329 = ZfBR 2002, 152, 154; BGH, BauR 1994, 541 = NJW-RR 1994, 758; OLG Dresden, BauR 2003, 931 – volle Bürgschaftssumme, wenn sich der Kläger vor der Inanspruchnahme schützen will).

**Herausgabe** eines **Eigenheims** nach Rücktritt vom Bewerbervertrag: OLG Köln, MDR 1974, 323 und JurBüro 1978, 1054 (einjähriger Nutzungsbetrag, nicht Verkehrswert des Eigenheims; s. aber LG Köln, NJW 1977, 255 für Klage auf Heraus-

**Streitwerte** Rdn. 2707

gabe eines Grundstücks: Verkehrswert abzüglich dingliche Belastungen sowie LG Bayreuth, JurBüro 1978, 553 für Klage auf Einräumung des Besitzes an einem Wohnhaus: Verkehrswert ohne Abzug dinglicher Belastungen); OLG Frankfurt, JurBüro 1981, 759 = MDR 1981, 589 (Abzug der dinglichen Belastungen bei Herausgabeklage gegen einen Störer)

**Hilfsaufrechnung:** Nach richtiger Ansicht kommt es im Falle einer **Primäraufrechnung** nicht zu einer Streitwertkumulation im Sinne des § 45 Abs. 3 GKG (LG Bayreuth, JurBüro 1980, 1374); nur wenn über die **Hilfsaufrechnung mit Rechtskraftwirkung** gemäß § 322 Abs. 2 ZPO entschieden wird, findet eine Streitwerterhöhung statt (vgl. BGH, BauR 1994, 403, 404; OLG Koblenz, BauR 2003, 584; OLG Nürnberg, BauR 2000, 608 – Aufrechnung mit Vertragsstrafenanspruch). Wird die Hilfsaufrechnung als **unzulässig** zurückgewiesen, bleibt sie bei der Streitwertbemessung unberücksichtigt (BGH, BauR 1994, 403, 404). Wird gegen eine Klageforderung hilfsweise mit **mehreren Gegenforderungen** aufgerechnet, ist der Streitwert bei Klagezusprechung und Zurückweisung der Gegenforderungen nach der Summe des Klageanspruchs und der Gegenforderungen festzusetzen, wobei der Betrag der einzelnen Gegenforderung jeweils durch den Umfang der Klageforderung begrenzt ist (OLG Düsseldorf, Rpfleger 1994, 129). Macht der Bauherr gegenüber der Vergütungsklage des Unternehmers **Schadensersatzansprüche** aus § 635 BGB a. F./§§ 634 Nr. 4, 280 Abs. 1, 3, 281 BGB geltend, liegt nach der neueren Rechtsprechung keine Verrechnung, sondern eine (u. U. streitwerterhöhende) **Aufrechnung** vor (BGH, BauR 2005, 1477; BauR 2006, 411; s. Rdn. 2576). Gleichwohl soll ein hilfsweise gegenüber dem Vergütungsanspruch zur Aufrechnung gestellter **Mangelanspruch** nicht streitwerterhöhend wirken, weil dieser wertmäßig bereits in dem Werklohnanspruch enthalten sei (OLG Hamm, IBR 2006, 426 – Schwenker; anders OLG Hamm, NZBau 2005, 642 bei hilfsweiser Aufrechnung mit einem Schadensersatzanspruch wegen **Verzugs** mit der Bauausführung).

**Hilfswiderklage:** Die Hilfswiderklage ist zulässig; auf sie ist § 19 Abs. 1 (jetzt: § 45 Abs. 1) GKG anzuwenden (vgl. Schneider/Herget, Streitwertkommentar, Rdn. 2488 m. Nachw.)

**Miteigentumsanteil:** OLG Stuttgart, JurBüro 1976, 370 (Übertragung des Miteigentumsanteils an an einer Eigentumswohnung)

**Nebenintervention:** OLG München, OLGR 1997, 215 (Antrag maßgebend, nicht der wirtschaftliche Wert)

**Negative (leugnende) Feststellungsklage:** OLG Rostock, OLGR 2004, 43

**Notweg:** Schneider, ZMR 1976, 193 (Klagen auf Einräumung eines Notwegs)

**Selbstständiges Beweisverfahren:** Der Streitwert ist nach § 3 ZPO zu schätzen; nach **überwiegender Ansicht** ist der Wert des (späteren) Hauptsacheprozesses maßgebend (vgl. Rdn. 144 ff)

**2707**

**Stufenklage:** LG Bayreuth, JurBüro 1979, 1869 (Wert zu schätzen; Auskunftsanspruch $^{1}/_{5}$ des Zahlungsanspruchs; OLG Bamberg, JurBüro 1987, 747 – $^{1}/_{4}$ bis $^{1}/_{10}$ des Wertes der Leistungsklage)

**Überbau** (Beseitigung): LG Bayreuth, JurBüro 1979, 438; JurBüro 1985, 441; BGH, NJW-RR 1986, 737

**Unbezifferter Klageantrag:** OLG Hamm, VersR 1977, 935; OLG Celle, VersR 1977, 59; BGH, MDR 1979, 748

**Vorschussklage:** Brandenburgisches OLG, BauR 2000, 1774 (Mängelbeseitigungskosten zuzüglich der aufgewandten Gutachterkosten)

**Wandelung:** OLG Hamm, NJW-RR 2000, 587 (Interesse des Käufers an der Beendigung des Vertrages)

**Widerklage:** Die Streitwerte von den in Klage und Widerklage geltend gemachten Ansprüchen aus einem Werklieferungsvertrag und auf Zahlung von Nachbesserungsaufwendungen sind zusammenzurechnen (OLG Braunschweig, BauR 2002, 1893)

**Wohnungseigentum** (Entziehung): OLG Karlsruhe, AnwBl. 1980, 255

**Zug-um-Zug-Leistung:** OLG Frankfurt, OLGR 1996, 58 = NJW-RR 1996, 636; OLG Saarbrücken, AnwBl. 1979, 153; LG Köln, JR 1980, 245 m. Anm. Schmidt; OLG Koblenz, JurBüro 1983, 916 m. Anm. Mümmler; BGH, JurBüro 1985, 1177 sowie Bachmann, BauR 1995, 642 ff.

**Zurückbehaltungsrecht:** OLG Koblenz, JurBüro 1983, 915 (Berücksichtigung des Zurückbehaltungsrechts bei Bemessung des Streitwertes); vgl. im einzelnen Schneider/Herget, Streitwertkommentar, Rdn. 1890 ff.

# KAPITEL 15
# Die Zwangsvollstreckung in Bausachen

*Übersicht*

| | Rdn. | | | Rdn. |
|---|---|---|---|---|
| I. Einleitung/Fallgruppen | 2708 | | III. Die Vollstreckung zur Erwirkung von Baumaßnahmen | 2749 |
| II. Die Zwangsvollstreckung wegen einer Geldforderung aus einem Werkvertrag | 2714 | | | |

## I. Einleitung/Fallgruppen

*Literatur*

*Rastätter*, Zur Zulässigkeit des Verzichts auf den Nachweis der die Fälligkeit begründenden Tatsachen bei notariellen Vollstreckungsunterwerfungsklauseln, NJW 1991, 392; *Kniffka*, Zur Zulässigkeit der Zwangsvollstreckung aus Unterwerfungserklärungen in Bauträgerverträgen, ZfBR 1992, 195; *Zimmermann*, Fälligkeitsklausel mit Nachweisverzicht im Bauträgervertrag, ZfBR 1997, 60; *Cuypers*, Unterwerfungserklärungen in Bauverträgen, ZfBR 1998, 4; *Vogel*, Probleme der Vollstreckungsunterwerfungserklärung beim Bauträgervertrag, BauR 1998, 925; *Drasdo*, Vollstreckungsunterwerfung mit Nachweisverzicht im notariellen Bauträgervertrag, NZM 1998, 256; *Pause*, Unwirksamkeit von Vollstreckungsunterwerfungsklauseln in Bauträgerverträgen und damit zusammenhängende Rechtsfragen, NJW 2000, 769; *Greilich*; Rechtsmittel und Vollstreckungsschutz bei unwirksamer Unterwerfungserklärung im Bauträgervertrag, BauR 2001, 12; *Wagner*, Der Bauträgervertrag und die Verbraucherschutzrichtlinie, ZfBR 2004, 317; *Barnet*, Klauselerinnerung und Vollstreckungsabwehrklage in der neueren Rechtsprechung des BGH, MDR 2004, 605; *Pott*, Prozessuale Präklusion von Baumängelrechten, NZBau 2006, 680.

**2708** Zu dem besonderen **„Risikobereich"** des Bauprozesses zählt heute mehr denn je auch das **Vollstreckungsverfahren**. Es ist – nicht nur wegen der allenthalben schwierigeren finanziellen Lage auf dem Baumarkt – zunehmend zu beobachten, dass die sich an ein Erkenntnisverfahren anschließenden Vollstreckungsversuche eines Baugläubigers oftmals von erheblichen tatsächlichen und rechtlichen Schwierigkeiten begleitet sind. Zu den Schwierigkeiten kann beigetragen haben, dass der **BGH**[1] die Fragen des **materiellen Baurechts** und seiner Realisierung z. T. in das Zwangsvollstreckungsverfahren verlagert hat. Spätestens in einem Verfahren nach § 887 Abs. 1 ZPO offenbart sich jedenfalls, welchen Wert der Titel (Urteil oder Vergleich) für den **Baugläubiger** hat. Nirgendwo anders werden die **Wechselwirkungen** zwischen dem Vollstreckungsrecht und dem materiellen (Bau)recht so deutlich wie gerade im Vollstreckungsverfahren wegen baurechtlicher Ansprüche.

**2709** In der Praxis sind folgende **Fallgruppen** zu unterscheiden:

* Ein **Auftragnehmer/Unternehmer** (Bauhandwerker, Architekt, Sonderfachmann oder Bauträger) **vollstreckt** wegen einer **Werklohn-** oder **Honorarforderung** gegen den Auftraggeber/Erwerber. Die Vollstreckung der Bauforderung ist aber davon abhängig, dass – zuvor – berechtigte Mängelansprüche des Auftraggebers ausgeglichen werden (Vollstreckung aus einem Zug-um-Zug-Urteil; vgl. dazu im einzelnen Rdn. 2715 ff.).

---

[1] BGHZ 61, 42, 46; s. auch OLG Hamm, BauR 2004, 102, 104; AG Pirmasens, MDR 1975, 62.

\* Zahlenmäßig eine geringe Rolle spielt die **Zwangsvollstreckung** des **Auftraggebers**/Erwerbers gegen den Bauwerk**unternehmer** (Unternehmer, Architekt, Bauträgergesellschaft) **wegen Mängelbeseitigungsarbeiten**. Es erweist sich immer wieder, dass die Auftraggeber trotz eines obsiegenden Urteils die Unternehmer selbst nicht mehr (zwangsweise) auf Nachbesserung/Nacherfüllung in Anspruch nehmen wollen, sondern sehr schnell den Weg des § 887 Abs. 1 ZPO beschreiten, um die Nachbesserung/Nacherfüllung durch **Ersatzvornahme** erledigen zu lassen (vgl. dazu Rdn. 2749 ff.).

**2710** Einen weiteren Bereich stellen die **Zwangsvollstreckungsgegenklagen** der Erwerber gegen Bauträgergesellschaften dar (**§ 767 ZPO**).[2] Die Zunahme dieser Vollstreckungsgegenklage geht einher mit der Entwicklung des Bauherren- und Bauträgermodells. Die **Baugesellschaften** haben sich in der Vergangenheit durchweg in den **notariellen Verträgen** die Möglichkeit eingeräumt, wegen der vereinbarten Bauraten (meistens nach der **MaBV**) gegen den Erwerber Zwangsvollstreckungsmaßnahmen einzuleiten, **ohne** dass es **eines besonderen Fälligkeitsnachweises** bedarf.[3] Die üblichen Vertragsklauseln sehen vor, dass sich der Erwerber[4] „der sofortigen Zwangsvollstreckung aus der notariellen Urkunde in sein gesamtes Vermögen unterwirft" (vgl. § 794 Abs. 1 Nr. 5 ZPO); gleichzeitig wird der Notar ermächtigt, „jederzeit vollstreckbare Ausfertigung der Urkunde ohne besonderen Fälligkeitsnachweis" zu erteilen.[5] In vielen Fällen werden zudem die **Aufrechnung** und die Geltendmachung von **Zurückbehaltungsrechten** „nur mit anerkannten oder rechtskräftig festgestellten Gegenforderungen" zugelassen. Treten während der Bauphase oder vor Abnahme **Mängel** auf, zahlen viele Erwerber die ausstehenden **Raten**[6] nicht. Werden dann auf Veranlassung des Generalunternehmers oder Bauträgers vollstreckbare Ausfertigungen erteilt und zugestellt, erheben die Erwerber in der Regel eine **Voll-**

---

2) Vgl. z. B. BGH, NZBau 2004, 210. Zur Vollstreckungsklage des **Generalunternehmers** gegen seinen Subunternehmer nach Erhebung von Mängelansprüchen durch den **Bauherrn**: OLG Braunschweig, BauR 2005, 136 = IBR 2004, 172 – *Weyer*. Zur **Präklusion** der **Aufrechnung** mit Mängelbeseitigungskosten (§ 767 Abs. 2 ZPO) s. BGH, BauR 2005, 1664 = NZBau 2005, 584 = ZfBR 2005, 786 – Revisionsurteil zu OLG Braunschweig, BauR 2005, 136 (**Fortsetzung der Vollstreckungsabwehrklage nach Beendigung der Zwangsvollstreckung in der materiell-rechtlichen Bereicherungsklage**; sog. verlängerte Vollstreckungsabwehrklage). Zur Zulässigkeit einer Vollstreckungsklage eines **Unternehmers** gegen ein Urteil auf **Vorschusszahlung**: OLG Nürnberg, NZBau 2006, 514.

3) Siehe hierzu: *Basty*, Rdn. 539 ff.; *Pause*, NJW 2000, 769 ff. m. w. Nachw. Zu notariellen Zwangsvollstreckungsunterwerfungen in **Grundschuldbestellungsurkunden**: *Wagner*, ZfBR 2004, 317, 325 ff.

4) Vollstreckungsunterwerfungen des **Bauträgers** wegen der **Herstellung** des Bauwerks sind nach § 794 Abs. 1 Nr. 5 ZPO denkbar und nach § 887 ZPO zu vollstrecken; rechtliche Bedenken hiergegen bestehen nicht. Zur **verjährungsrechtlichen** Auswirkung s. *Basty*, Rdn. 628 m. w. Nachw.

5) Zum **Grundstückskaufvertrag** mit Planungsverpflichtung sowie Unterwerfungsklausel: LG Mainz, NJW-RR 2000, 167 m. abl. Anm. *Vogel* (IBR 2000, 175). Zur Unwirksamkeit von Unterwerfungsklauseln bei ausgeschlossener **Beweislastumkehr**: OLG Frankfurt, BauR 2000, 739 = IBR 2000, 375 – *Vogel*. Zur Unterwerfungsklausel in einem **Generalübernehmervertrag**: OLG München, BauR 2000, 1760 = MDR 2000, 1188.

6) In der Regel handelt es sich um die beiden letzten Raten.

streckungsgegenklage mit dem Ziel, „die Zwangsvollstreckung aus der notariellen Urkunde ... für unzulässig zu erklären".[7]

Ob eine **(AGB)klausel**, durch die z. B. der Bauträger berechtigt wird, sich von dem Notar **„ohne Nachweis der Fälligkeit"** eine vollstreckbare Ausfertigung wegen seiner Forderung erteilen zu lassen, **wirksam** ist, war lange **umstritten**;[8] der **BGH**[9] hat zunächst offen gelassen, „ob eine Unterwerfungserklärung in einem notariellen Bauträgervertrag, die ohne Nachweis der Kaufpreisfälligkeit mit der Vollstreckungsklausel versehen darf", wirksam ist; er ließ eine **Vollstreckungsgegenklage** des Erwerbers, mit der Mängelansprüche während der Errichtungsphase geltend gemacht werden, in jedem Falle zu.[10] Durch Urteil vom 22.10.1998 hat der BGH[11] jedoch klargestellt, dass eine Unterwerfungsklausel mit Nachweisverzicht in einem Bauträgervertrag wegen Verstoßes gegen §§ 3, 12 MaBV i. V. mit § 134 BGB (insgesamt) unwirksam ist. Sie verstößt auch gegen § 307 BGB.[12] Versuche, die Unterwerfungsklauseln durch einen **„eingeschränkten Nachweisverzicht"** aufzufangen, sind durchweg gescheitert.[13] Allein für eine Erklärung, die den Vorgaben des **§ 641 a BGB** inhaltlich und verfahrensmäßig entspricht, wird angenommen, dass sie eine Erteilung der Vollstreckungsklausel rechtfertigen kann.[14] Zweifelhaft ist, ob die Unterwerfung unter die sofortige Zwangsvollstreckung **mit** Fälligkeitsnachweis in einem Bauträgervertrag wirksam ist; das ist zu verneinen, wenn die Voraussetzungen

2711

---

7) Ergibt sich nach dem Klagevorbringen, dass sich die **Restforderung** des Bauträgers durch die geltend gemachten Gewährleistungsansprüche **nur zum Teil verringert,** ist der **Antrag** der Vollstreckungsgegenklage entsprechend **zu beschränken,** worauf gegebenenfalls gemäß § 139 ZPO vom Gericht hinzuwirken ist.

8) **Bejahend:** OLG Celle, BauR 1998, 802 u. NJW-RR 1991, 667; OLG Düsseldorf, IBR 1996, 15 – *Kniffka*; OLG München, BauR 1991, 665. **Verneinend:** OLG Hamm, BauR 1996, 141 = ZfBR 1996, 95 (Nichtigkeit gemäß § 134 BGB i. V. mit §§ 3, 12 MaBV; kritisch: *Zimmermann*, ZfBR 1997, 60); OLG Düsseldorf, BauR 1996, 143 (Verstoß gegen §§ 9 u. 11 Nr. 15 AGB-Gesetz); OLG Hamm, OLGR 1996, 27 (zur Kostenentscheidung; Anwendung von § 93 ZPO); OLG Koblenz, BauR 1988, 748; LG Waldshut-Tiengen, NJW 1990, 192; siehe ferner die Nachweise bei *Kniffka*, ZfBR 1992, 195 ff.; *Rastätter*, NJW 1991, 392 ff.; *Cuypers*, ZfBR 1998, 1 ff.; *Vogel*, BauR 1998, 925 ff.

9) NJW 1992, 2160 = BauR 1992, 622 = ZfBR 1992, 219; ebenso: OLG Köln, OLGR 1998, 193.

10) Ebenso: OLG München, BauR 1991, 655; OLG Hamm, BauR 1996, 141 u. BauR 1992, 116; s. hierzu auch *Pause*, Rdn. 412.

11) BGHZ 139, 387 = BauR 1999, 53 = ZfBR 1999, 93 = *SFH*, Nr. 13 zu § 134 BGB = NJW 1999, 51 = MDR 1999, 32; ferner: OLG Düsseldorf, BauR 2002, 515 = OLGR 2002, 28; OLG Hamm, IBR 2002, 21 – *Horschitz* u. BauR 2000, 1509; OLG Köln, NJW-RR 1999, 22. Zu den **Verjährungsfolgen:** OLG Celle, BauR 2000, 588; OLG Zweibrücken, BauR 2000, 1209; AG Dortmund, NZBau 2000, 251.

12) BGH, BauR 2002, 83 = NZBau 2002, 25 = ZfBR 2002, 63 (für **AGB** im **notariellen** Vertrag).

13) Vgl. OLG Jena, OLGR 1999, 940 = IBR 2000, 25 – *Vogel*; AG Hamburg, IBR 1999, 126 – *Karczewski* (für Bautenstandnachweis durch Architekten des Bauträgers); LG Lübeck, IBR 1999, 263 – *Groß* (behördliche Schlussabnahme kein Nachweis über die vertraglich geschuldete Errichtung des Bauvorhabens); LG Nürnberg–Fürth, IBR 1998, 11 (für Schiedsgutachten bei Widerspruch des Erwerbers gegenüber Notar); siehe aber LG Schwerin, NZBau 2005, 518, 519, für eine **Fertigstellungsbescheinigung** nach § 641 a BGB (str.).

14) Vgl. *Korbion*, MDR 2000, 932, 940; *Basty*, a. a. O., Rdn. 550 m. w. Nachw. in Anm. 1057; LG Schwerin, IBR 2005, 597 – *Vogel*.

des § 3 MaBV nachteilig **unterlaufen** werden.[15] **Umstritten** ist weiterhin, **welches Rechtsmittel** bei unwirksamer Unterwerfungserklärung einzulegen ist; nach der Rechtsprechung des BGH ist von der Möglichkeit der **prozessualen Gestaltungsklage analog § 767 ZPO** auszugehen.[16]

Die Vollstreckungsgegenklagen des Erwerbers werden in der Regel mit einem **Einstellungsantrag** gemäß § 769 ZPO verbunden.[17] Das OLG Hamm[18] hat sich mit den Voraussetzungen, unter denen eine Einstellung der Vollstreckung erfolgen kann, ausführlich beschäftigt; nach seiner Ansicht ist die Zwangsvollstreckung nach § 769 Abs. 1 ZPO nur gegen eine **Sicherheit des Bauträgers fortzusetzen**, sofern (bereits) über die **Fälligkeit** der Forderung des Bauträgers gestritten wird. Lägen nämlich die Fälligkeitsvoraussetzungen (nach der MaBV) nicht vor, so habe der Erwerber „regelmäßig noch keinen gesicherten Gegenwert erhalten. Das gilt insbesondere für den häufigen Fall, dass das Bauwerk **grobe Mängel** hat." Dem Sicherungsbedürfnis des Erwerbers könne „in solchen Fällen grundsätzlich nur angemessen Rechnung getragen werden, wenn die **Fortsetzung** der Zwangsvollstreckung gegen Sicherheitsleistung des **Bauträgers** angeordnet wird". Deshalb muss nach Auffassung des OLG Hamm der **Bauträger** im Verfahren über die einstweilige Einstellung der Zwangsvollstreckung „die anspruchsbegründenden Tatsachen, zu denen die Fälligkeit des Kaufpreises gehört, glaubhaft machen".

Sind die Fälligkeitsvoraussetzungen nach der MaBV und/oder die Abnahme der Werkleistungen zwischen den Parteien außer Streit, **geht es** also **nur um Gewährleistungsansprüche**, muss nach der Entscheidung des OLG Hamm der Erwerber die Sicherheit erbringen.

Hat der Bauträger seine (titulierte) Forderung abgetreten, so kann eine Vollstreckungsgegenklage auch gegen den **Dritten** gerichtet werden, sofern von ihm die Vollstreckung droht.[19] Bei einem der Vollstreckungsgegenklage stattgebenden Urteil wird lediglich die Vollstreckbarkeit des titulierten Anspruchs beseitigt.[20]

---

15) Zutreffend: *Kniffka/Koeble*, 17. Teil, Rdn. 10.
16) Siehe hierzu: *Pause*, Rdn. 412 ff.; *Greilich*, BauR 2001, 12 ff. (**analoge Anwendung** der §§ 767, 769 ZPO; ebenso: BGH, BauR 2002, 83 = NZBau 2002, 25; OLG Köln, MDR 1998, 1089 = BauR 1998, 1119 (LS) u. NJW-RR 1999, 22; OLG Düsseldorf, BauR 2002, 515 = OLGR 2002, 28; OLG Hamm, BauR 1996, 141); **a. A.:** OLG Braunschweig, BauR 2000, 1228 (**nur** Vollstreckungs- und Klauselerinnerung nach §§ 732, 766 ZPO), das sich zu Unrecht auf BGH, NJW 1992, 2160 = BauR 1992, 622 bezieht. Siehe ferner: OLG München, BauR 2000, 1760 (auch zur **Feststellungsklage** analog §§ 256, 767 ZPO).
17) Eine Einstellung der Zwangsvollstreckung gemäß § 769 ZPO **ohne** gleichzeitige Klageerhebung ist nicht möglich (OLG Hamm, OLGR 1996, 27, 28).
18) JurBüro 1994, 308 = BauR 1993, 362.
19) BGH, NJW 1993, 1396.
20) BGH, NJW-RR 1990, 48.

## II. Die Zwangsvollstreckung wegen einer Geldforderung aus einem Werkvertrag

*Übersicht*

|  | Rdn. |  | Rdn. |
|---|---|---|---|
| 1. „Einfache" Bauforderungen | 2714 | c) Die Vollstreckung durch den Gerichtsvollzieher | 2730 |
| 2. Die Vollstreckung aus Zug-um-Zug-Urteilen | 2715 | d) Die Überprüfung der Gegenleistung durch den Gerichtsvollzieher | 2738 |
| a) Gesetzliche Regelung | 2715 | 3. Die doppelte Zug-um-Zug-Verurteilung | 2742 |
| b) Tenorierungsprobleme | 2720 | 4. Die Vollstreckung auf Leistung nach Empfang der Gegenleistung | 2748 |
| aa) Die Klauselerteilung (§ 726 ZPO) | 2721 | | |
| bb) Die Bezeichnung der Gegenleistung | 2724 | | |

### 1. „Einfache" Bauforderungen

Hat ein Bauwerkunternehmer, Architekt, Sonderfachmann oder eine Trägergesellschaft restlichen Werklohn/Honorar oder eine Baurate zu bekommen und wird ein entsprechender Zahlungstitel erstritten, richtet sich die Vollstreckung dieser titulierten Forderung nach den Vorschriften über die Vollstreckung einer Geldforderung; da hierbei keine spezifischen bau- und/oder vollstreckungsrechtlichen Fragen auftauchen, kann auf die einschlägigen ZPO-Kommentierungen verwiesen werden. **2714**

### 2. Die Vollstreckung aus Zug-um-Zug-Urteilen

*Literatur*

*Garbe*, Vollstreckung von Ansprüchen auf Leistung Zug um Zug, DGVZ 1951, 5; *Sebode*, Einzelfragen der Zug-um-Zug-Vollstreckung, DGVZ 1958, 34; *Schneider*, Beanstandung der Gegenleistung bei der Zwangsvollstreckung Zug um Zug, JurBüro 1965, 178; *Schneider*, Hinweise für die Prozesspraxis (Beweis des Annahmeverzuges in §§ 756, 765 ZPO durch Urteil des Prozessgerichts), JurBüro 1966, 911; *Blunck*, Die Bezeichnung der Gegenleistung bei der Verurteilung zur Leistung Zug um Zug, NJW 1967, 1598; *Kirn*, Leistungspflichten im gegenseitigen Vertrag, JZ 1969, 325; *Schneider*, Prüfung der Gegenleistung durch den Gerichtsvollzieher, DGVZ 1978, 65; *Schilken*, Wechselwirkungen zwischen Vollstreckungsrecht und materiellem Recht bei Zug-um-Zug-Leistungen, AcP 181 (1981), 355; *Schneider*, Vollstreckung von Zahlungstiteln Zug um Zug gegen Ausführung handwerklicher Leistungen, DGVZ 1982, 37; *Bank*, Vollstreckung eines Urteils auf Zahlung Zug um Zug gegen Herausgabe einer eingebauten Tür, JurBüro 1982, 806; *Doms*, Eine Möglichkeit zur Vereinfachung der Zwangsvollstreckung bei Zug-um-Zug-Leistung, NJW 1984, 1340; *Schibel*, Eine Möglichkeit zur Vereinfachung der Zwangsvollstreckung bei Zug-um-Zug-Leistung, NJW 1984, 1945; *Scheffler*, Muss der Gläubiger aus einem Zug-um-Zug-Titel vollstrecken?, NJW 1989, 1848; *Christmann*, Die Tenorierung des Annahmeverzuges bei der Zug-um-Zug-Verurteilung des Schuldners, DGVZ 1990, 1; *Münzberg*, Zum Nachweis der erbrachten Gegenleistung gem. §§ 756, 765 ZPO durch Nichtbestreiten des Empfangsberechtigten, DGVZ 1991, 88; *Siegburg*, Zug-um-Zug-Verurteilung und Hilfswiderklage wegen Baumängel bei der Werklohnklage, BauR 1992, 419; *Bachmann*, Streitwert, Beschwer und Kostenverteilung bei Zug-um-Zug zu erbringenden Leistungen, insbesondere im Werkvertragsrecht, BauR 1995, 642; *Hensen*, Die Kostenlast beim Zug-um-Zug-Urteil, NJW 1999, 395; *Steder*, Änderungen im Zwangsvollstreckungsrecht durch das Zivilprozessreformgesetz, MDR 2001, 1333.

## Zwangsvollstreckung wegen einer Geldforderung

### a) Gesetzliche Regelung

**2715** Erwirkt ein Bauwerkunternehmer (**Unternehmer, Architekt** oder **Sonderfachmann**) einen vollstreckbaren Titel gegen den Bauherrn/Auftraggeber auf Zahlung von Werklohn/Vergütung oder Honorar „**Zug um Zug gegen Nachbesserung**",[1]) so liegt der in der Baupraxis typische Fall des § 756 ZPO vor: Der Unternehmer kann seinen Werklohn nur vollstrecken, wenn er – **zuvor** – seiner werkvertraglichen Verpflichtung in vollem Umfang nachgekommen ist.[2]) Das entspricht der materiellen Rechtslage; denn er schuldet dem Bauherrn eine mangelfreie, dem Stand der Technik entsprechende Leistung. Wird sie nicht erbracht, braucht der Bauherr auch in der Vollstreckung nur zu zahlen, wenn er zuvor eine vertragsgemäße Leistung erhält.

**2716** Obwohl dieser werkvertragliche Grundsatz im materiellen Recht verankert ist (§§ 320, 273 BGB), treten bei diesem im Grunde einfach gelagerten Tatbestand praktische und rechtliche Zweifelsfragen auf. Die Zug-um-Zug-Verurteilung soll erkennbar die **Gleichzeitigkeit** der **beiderseitigen Leistungen** garantieren, nur eben dies ist bei handwerklichen Leistungen nicht oder kaum möglich.[3]) Der Handwerker ist und bleibt bei einer Zug-um-Zug-Verurteilung stets im Hintertreffen; denn er hat praktisch – wie nach dem materiellen Baurecht – auch in der Vollstreckung zunächst in Vorlage zu treten: Er muss zunächst handeln, um an sein Geld zu kommen; er kann noch **nicht einmal verlangen**, dass der Auftraggeber (Bauherr) den titulierten Werklohn **während der Durchführung der Nachbesserungs-/Nacherfüllungsarbeiten** bei dem Gerichtsvollzieher **hinterlegt**.[4])

**2717** Damit ist in vielen Fällen der **Interessenkonflikt** vorgezeichnet: Der Gläubiger/Unternehmer will nicht nachbessern, bevor er sein Geld sieht. Der Bauherr/Schuldner will erst auf den Titel zahlen, wenn er die Gewissheit hat, dass seinem berechtigten Nachbesserungsverlangen auch hinreichend Genüge getan ist. Es ist zwingend, dass bei dieser Sachlage die Person des **Vollstreckungsorgans** – also der **Gerichtsvollzieher** – eine besondere Bedeutung gewinnt. Er wird gleichsam zum Schiedsgutachter, wenn er die Frage, ob die Vollstreckungsvoraussetzungen (ordnungsgemäße Nachbesserung) erfüllt sind, beantworten muss.[5])

**2718** Der BGH[6]) hat die Verlagerung dieser im Grunde materiellen Baurechtsprobleme in das Vollstreckungsverfahren ausdrücklich gebilligt. Die Verzahnung von materiellem Recht und Verfahrensrecht wird bei der Vollstreckung bauvertraglicher Ansprüche besonders deutlich. Diese Verlagerung der Austauschabwicklung in das Vollstreckungsrecht führt zur **besonderen Belastung** der Vollstreckungsorgane; denn ihnen obliegt die im Einzelfall tatsächlich und rechtlich schwierige Prüfung, ob der Vollstreckungsgläubiger (Unternehmer, Architekt oder Sonderfachmann bzw. Bauträgergesellschaft) seine werkvertraglichen Leistungen in einer den Annah-

---

1) Das heißt also Beseitigung einzelner im Tenor aufgeführter Baumängel. Ab. 1.1.2002: „Nacherfüllung".
2) LG Stuttgart, DGVZ 1990, 92.
3) Zutreffend: *E. Schneider*, DGVZ 1982, 37, 38; LG Stuttgart, DGVZ 1990, 92; OLG Stuttgart, DGVZ 1989, 11; LG Arnsberg, DGVZ 1983, 151.
4) LG Stuttgart, DGVZ 1990, 92; Schneider a. a. O.
5) Vgl. *E. Schneider*, DGVZ 1982, 37.
6) BGHZ 61, 42, 46; ebenso: OLG Stuttgart, DGVZ 1989, 11, 12.

## Vollstreckung aus Zug-um-Zug-Urteilen    Rdn. 2719–2721

meverzug begründenden Weise angeboten oder diese ordnungsgemäß erbracht hat.[7] Es lässt sich bei dieser Ausgangslage denken, dass es höchst **umstritten** ist, wie weit der Gerichtsvollzieher bei seiner Prüfung überhaupt gehen darf (vgl. dazu Rdn. 2738 ff.). Der Grundsatz der formalisierten Zwangsvollstreckung beinhaltet eigentlich, dass dem Vollstreckungsorgan im Allgemeinen die Prüfung materiell-rechtlicher Fragen und Einwendungen versagt ist; davon machen die §§ 756, 765 ZPO eine Ausnahme.

Zu einer **Zug-um-Zug-Verurteilung** kann es im Baurecht nur kommen, wenn der Bauherr die werkvertraglichen Leistungen eines Baubeteiligten **abgenommen** hat. Ist das im Einzelfall streitig oder nicht feststellbar, kann gleichwohl eine Zug-um-Zug-Verurteilung erfolgen, wenn der **in Anspruch genommene Bauherr** eine entsprechende Verurteilung **beantragt**.[8] Ist eine Werkleistung dagegen noch **nicht** abgenommen, so ist die Werkforderung überhaupt noch nicht fällig, und Mängelrügen führen zur Klageabweisung.[9] Erst nach der vom Bauherrn vorgenommenen Abnahme kann es dann zu einer Zug-um-Zug-Verurteilung kommen. Hat der Bauherr die Bauleistung abgenommen, zeigen sich danach Mängel und verlangt der Bauherr deswegen Nachbesserung (Mängelbeseitigung; § 633 Abs. 2 BGB a. F.) bzw. Nacherfüllung (§ 635 Abs. 1 BGB n. F.), so lautet das Urteil auf Zahlung Zug um Zug gegen Mängelbeseitigung/Nacherfüllung. Eine Abweisung wegen fehlender Fälligkeit ist nicht mehr möglich. Das gilt so uneingeschränkt auch beim **VOB-Vertrag**.[10]

**2719**

### b) Tenorierungsprobleme

In der Praxis ist immer wieder zu beobachten, dass es an einer hinreichend klaren Entscheidung hinsichtlich der Zug um Zug zu erbringenden Leistung fehlt. Das führt zwangsläufig zu **Meinungsverschiedenheiten** bei der **Auslegung des Titels** und bei der Klauselerteilung (§ 726 ZPO). Das hat vor allem aber Auswirkungen auf die Vollstreckung des Titels selbst, z. B., wenn sich der Gerichtsvollzieher weigert, den Titel zu vollstrecken, weil ihm nicht klar ist, wie er und was er vollstrecken soll. Ohne ausreichend klare **Tenorierung** kann eine ordnungsgemäße Vollstreckung nicht stattfinden. Dieser Grundsatz ist für den baurechtlichen Bereich besonders zu beachten, weil es vor allem dem Gerichtsvollzieher ohne eine hinreichend spezifizierte Anleitung nicht möglich sein wird, die Erfüllung des Titelanspruchs festzustellen.

**2720**

### aa) Die Klauselerteilung (§ 726 ZPO)

*Literatur*
*Saenger*, Die Klausel als Voraussetzung der Zwangsvollstreckung, JuS 1992, 861.

Die Zwangsvollstreckung findet grundsätzlich nur wegen bestehender Forderungen statt. Daher muss der nach § 724 Abs. 2 ZPO zuständige Urkundsbeamte der Geschäftsstelle vor der Klauselerteilung zunächst prüfen, ob die Entstehung der For-

**2721**

---

7) *Schilken*, AcP 181, 355, 358.
8) Vgl. OLG Hamm, NZBau 2006, 580, 581; *Kniffka/Koeble*, 5. Teil, Rdn. 209.
9) **Herrschende Meinung**; vgl. oben Rdn. **2534** m. w. Nachw.
10) **Herrschende Meinung**; BGHZ 55, 354, 357/358 = BauR 1971, 126 = NJW 1971, 838.

derung des Gläubigers nach dem Inhalt des Titels von einer weiteren Voraussetzung abhängig ist, sodass sie dem Rechtspfleger in der vorgeschriebenen Form des § 726 Abs. 1 ZPO nachgewiesen werden muss.[11]

Im Einzelfall ist es also zunächst die Aufgabe des Rechtspflegers (§§ 3 Nr. 3 a, 20 Nr. 12 RpflG), zu entscheiden, ob ein Fall des § 726 Abs. 1 oder 2 ZPO vorliegt. Bei einer **Zug-um-Zug-Verurteilung** bestehen für das Klauselverfahren keine Besonderheiten. Wenn die Leistung des Schuldners nicht ausnahmsweise in der Abgabe einer Willenserklärung besteht (§ 726 Abs. 2 ZPO), wird die Klausel ohne weiteres von dem Urkundsbeamten der Geschäftsstelle erteilt (§ 724 ZPO).[12]

**2722** Für den **baurechtlichen Bereich** ergeben sich nun drei **Fallgruppen**:

- Jeder Baubeteiligte (Unternehmer und Bauherr) hat seine Leistung ohne Rücksicht auf die Gegenleistung zu erbringen.

  *Beispiel:*

  Der Unternehmer verpflichtet sich in einem Vergleich, bestimmte (in einem Sachverständigengutachten aufgeführte) Baumängel zu beseitigen. Nach der Mängelbeseitigung soll der Bauherr den Restwerklohn an den Unternehmer zahlen.

  Bei dieser Fallgestaltung **kann** es sich um einen Anwendungsbereich des § 726 Abs. 1 ZPO handeln.[13] Diese Fallgruppen sind in der Praxis allerdings sehr selten.

- Es liegt eine **ausdrückliche Zug-um-Zug-Verurteilung** vor.

  Ergibt sich aus dem Urteilstenor zweifelsfrei, dass der Bauherr verpflichtet ist, an den Unternehmer den restlichen Werklohn „Zug um Zug" gegen Vornahme bestimmter Mängelbeseitigungsarbeiten zu zahlen, so liegt eine echte Zug-um-Zug-Verurteilung vor, bei der die vollstreckbare Urteilsausfertigung nach § 726 Abs. 2 ZPO zu erteilen ist.

- Schwieriger sind die Fälle, in denen nicht klar wird, ob eine Zug-um-Zug-Verurteilung gemeint ist oder nicht.

  *Beispiel:*

  In einem Prozessvergleich wird bestimmt, dass der Unternehmer die Mängel beseitigt „und" der Bauherr noch einen bestimmten Betrag entrichtet.

**2723** Ob eine Zug-um-Zug-Verurteilung im Einzelfall vorliegt, kann im Zweifel allein aus dem Tenor und den Entscheidungsgründen herausgelesen werden. Fehlt eine entsprechende Formulierung im Urteilstenor oder im Vergleich, werden vielmehr **Redewendungen** wie „nachdem der Unternehmer die Mängel beseitigt hat", „zuerst" und „zwar sofort" benutzt, die auf eine weitere Vorleistungspflicht des Unternehmers hindeuten, wird im Zweifel gemäß §§ 133, 157, 242 BGB davon auszugehen sein, dass die Parteien und das Gericht auch für das Vollstreckungsverfahren einen entsprechenden Leistungsaustausch und damit keine von der materiellen Rechtslage abweichende Regelung treffen wollten, es sei denn, es liegen dafür ausnahmsweise überzeugende Gründe vor.

---

[11] OLG Nürnberg, MDR 1960, 318.
[12] Vgl. *Zöller/Stöber*, § 726 ZPO, Rdn. 8.
[13] Vgl. AG Bielefeld, MDR 1977, 500.

## bb) Die Bezeichnung der Gegenleistung

*Literatur*

*Blunck*, Die Bezeichnung der Gegenleistung bei der Verurteilung zur Leistung Zug um Zug, NJW 1967, 1598.

Das Problem der Ausdeutung des Vollstreckungstitels ist bei der Zug-um-Zug-Verurteilung noch aus anderer Sicht von großer Bedeutung: Es geht im Einzelfall oftmals nicht nur darum, ob die Leistung des Bauherrn von einer (zuvor) zu erbringenden Zugum-Zug-Leistung des Unternehmers abhängig ist, sondern gerade die **exakte Bestimmung** eben dieser **Zug-um-Zug-Leistung** des Unternehmers macht im Vollstreckungsverfahren sehr oft erhebliche Schwierigkeiten, die im Erkenntnisverfahren hätten bedacht werden müssen. **2724**

Es ist an anderer Stelle (Rdn. 1471 ff.) dargelegt worden, dass der Bauherr den behaupteten Mangel hinreichend bezeichnen muss; er braucht aber nicht die eigentlichen Mängelursachen anzugeben.[14] Er muss sogar dem zur Nachbesserung (§ 633 Abs. 2 BGB a. F.) bzw. Nacherfüllung (§ 635 Abs. 1 BGB n. F.) verpflichteten Unternehmer **überlassen, welche Beseitigungsmaßnahme** er im Einzelfall **ergreifen** will.[15] Nach § 635 Abs. 1 BGB n. F. steht dem Unternehmer insoweit ausdrücklich ein **Wahlrecht** zu; dies wird ihm auch im Vollstreckungsverfahren nicht genommen.

Der **Urteilstenor** muss dem entsprechen: Das Gericht muss – gegebenenfalls durch Auswertung von Privatgutachten oder gerichtlichen Gutachten – feststellen, welche Mängel zu beseitigen sind. Es wird immer wieder übersehen, dass die **Gegenleistung des Unternehmers/Architekten** oder **Sonderfachmanns**, die im Rahmen der Gewährleistungspflicht dem Bauherrn geschuldet wird, bei der Zug-um-Zug-Verurteilung **hinreichend genau beschrieben** sein muss. Andernfalls ist der Titel für den Unternehmer überhaupt nicht vollstreckbar.[16] Der **Bauherr** selbst kann allerdings aus einem Zug-um-Zug-Urteil, das der **Unternehmer** erstritten hat, nicht vollstrecken.[17] Kommt der Unternehmer also seiner Nachbesserungspflicht nicht nach, kann der Bauherr nicht etwa selbst den Weg des § 887 Abs. 1 ZPO beschreiten.[18] Das wird oftmals von den Bauherren verkannt. **2725**

Unzulässig wäre es, die Tragweite des Tenors nur mit Hilfe von im Titel nicht näher beschriebenen Umständen, wie z. B. durch Bezugnahme auf ein Sachverständigengutachten, zu umschreiben.[19] **2726**

Das Erfordernis der hinreichenden Bestimmtheit der Gegenleistung des Unternehmers hat seine innere Rechtfertigung auch in dem Umstand, dass es dem **Vollstreckungsorgan**, also dem Gerichtsvollzieher, möglich sein muss, die von dem Vollstreckungsgläubiger/Unternehmer zu erbringende **Gegenleistung** auf ihre ord- **2727**

---

14) OLG Hamm, NZBau 2006, 580, 581 (Anwendung der Syptomrechtsprechung).
15) BGH, BauR 1985, 355, 357, BauR 1973, 313, 316 = NJW 1973, 1792; BGH, BauR 1976, 430, 431; OLG Celle, MDR 2001, 686; *Quadbeck*, MDR 2000, 570, 571; *Heyers*, ZfBR 1979, 49, 50.
16) Vgl. BGH, NJW 1993, 3206, 3207; BGH, NJW 1994, 586, 587; OLG Düsseldorf, NJW-RR 1999, 793 = BauR 1999, 73 – LS („Herstellung eines lotgerechten Mauerwerkes in dem Gebäude ..."); KG, BauR 1999, 438 (Freistellungsanspruch); *Schilken*, AcP 181, 355, 360; *Blunck*, NJW 1967, 1598; *Sebode*, DGVZ 1958, 34, 35; einschränkend: KG, WM 1974, 1145, 1146.
17) Keine Vollstreckung „in umgekehrter Richtung" (AG Wuppertal, DGVZ 1991, 43).
18) Vgl. auch BGH, ZfBR 1984, 176, 182.
19) OLG Hamm, JMBl. NRW 1973, 284.

nungsgemäße Erbringung zu **überprüfen**; denn der Gerichtsvollzieher muss bei der Vollstreckung nach Maßgabe des § 756 ZPO grundsätzlich untersuchen, ob die angebotene Gegenleistung der nach dem Urteil von dem Gläubiger/Unternehmer geschuldeten entspricht, ob sie also richtig und vollständig ist.[20] Das kann der Gerichtsvollzieher aber nur, wenn die Gegenleistung in dem Titel genau bezeichnet ist. Es müssen demnach im **Einzelfall** im **Tenor** durchaus **Angaben über das Material, über die Merkmale** der Herkunft, über **Größe** und dgl. mehr gemacht werden.[21] Eine **ungenaue** Bezeichnung der Gegenleistung hindert allerdings eine Vollstreckung nicht, wenn durch ein **weiteres Urteil** der Nachweis erbracht wird, dass der Schuldner zwischenzeitlich **befriedigt** worden ist.[22] Demgemäß ist **zu beachten**:

**2728**
* Nach h. A. muss bei Zug-um-Zug-Urteilen die Gegenleistung – wie die Leistung des Beklagten – hinreichend in der Urteilsformel beschrieben werden. Ist das nicht der Fall, fehlt dem Urteil die Vollstreckungsfähigkeit.[23]

**2729**
* Das gilt auch, wenn es darum geht, etwaige **Mitwirkungspflichten des Bauherrn** bei der Nachbesserung im Urteil festzuhalten. Hat der Bauherr z. B. einen Beitrag zur Mängelbeseitigung, etwa durch Vorarbeiten bei anderen Gewerken, oder einen Kostenzuschuss[24] zu leisten, muss auch dies hinreichend in dem Urteilstenor zum Ausdruck gebracht werden.
* *Beispiel* für einen zu **unbestimmten** Titel:
* Der Beklagte/Bauherr wird verurteilt, an den Kläger/Unternehmer 5000 M zu zahlen, Zug um Zug gegen Beseitigung der von dem Sachverständigen Schmitz festgestellten Mängel.
* Der Inhalt dieses Urteilstenors lässt nicht erkennen, was im Einzelnen an Mängeln beseitigt werden muss. Es reicht nicht aus, wenn die Parteien – vom Erkenntnisverfahren her – wissen, was gemacht werden soll.[25]
* *Beispiel* für einen hinreichend **bestimmten** Titel:
* Der Beklagte/Bauherr wird verurteilt, an den Kläger 20.000 M zu zahlen Zug um Zug gegen Herausgabe der geprüften Statik für das Bauvorhaben XY und der dafür gefertigten Ausschreibungsunterlagen.[26]

### c) Die Vollstreckung durch den Gerichtsvollzieher

*Literatur*

*Gilleßen/Jakobs*, Das wörtliche Angebot bei der Zug-um-Zug-Vollstreckung in der Praxis des Gerichtsvollziehers, DGVZ 1981, 49; *Holch*, Zum Vollstreckungsprotokoll für mehrere Gläubiger, DGVZ 1988, 177; *Christmann*, Die Tenorierung des Annahmeverzuges bei der Zug-um-Zug-Verurteilung des Schuldners, DGVZ 1990, 1; *Münzberg*, Zum Nachweis der erbrachten Gegenleistung gemäß §§ 756, 765 ZPO durch Nichtbestreiten des Empfangsberechtigten, DGVZ 1991, 88;

---

20) Vgl. BGH, MDR 1977, 133; OLG Köln, JurBüro 1986, 1581; OLG Celle, NJW-RR 2000, 828.
21) OLG Frankfurt, JurBüro 1979, 1389; s. auch OLG Celle, MDR 2001, 686.
22) KG, WM 1974, 1145, 1146.
23) Vgl. OLG Frankfurt, a. a. O.; BGHZ 45, 287 = NJW 1966, 1755 = MDR 1966, 836; BGH, WM 1966, 1207, 1210; KG, WM 1974, 1145; LG Kleve, NJW-RR 1991, 704.
24) Vgl. dazu unten Rdn. **2742** u. BGH, NJW 1984, 1679 = *SFH*, Nr. 1 zu § 274 BGB = BauR 1984, 401 = ZfBR 1984, 176.
25) OLG Hamm, MDR 1974, 239.
26) KG, WM 1974, 1145.

## Vollstreckung aus Zug-um-Zug-Urteilen　　　　　　　　　　Rdn. 2730–2733

*Vallender*, Neue Tätigkeitsfelder für den Gerichtsvollzieher im künftigen Insolvenzverfahren?, DGVZ 1997, 53.

Hängt die beizutreibende Leistung nach dem Inhalt des Titels von einer Zug um Zug zu bewirkenden Gegenleistung des Gläubigers/Unternehmers ab, so wird ohne Rücksicht darauf die **Vollstreckungsklausel** erteilt, es sei denn, die Gegenleistung besteht in der Abgabe einer Willenserklärung. Die Vollstreckung ist aber erst zulässig, wenn dem Gerichtsvollzieher **durch öffentliche oder öffentlich beglaubigte Urkunden nachgewiesen** wird, dass der Schuldner wegen der Gegenleistung **befriedigt** ist oder sich im **Annahmeverzug** befindet (§ 756 ZPO). Allerdings kann der Gläubiger/Unternehmer den Gerichtsvollzieher beauftragen, dem Schuldner/Auftraggeber die Gegenleistung anzubieten, ihn gegebenenfalls in Annahmeverzug zu setzen und sodann die Vollstreckung vorzunehmen (§ 84 Nr. 2 GVGA). **2730**

Der Gerichtsvollzieher kann allerdings ohne weiteres aus einem Zug-um-Zug-Titel vollstrecken, wenn eine der zu erbringenden Leistungen **unstreitig erbracht** worden ist.[27] **2731**

Von den in der Baupraxis weniger bedeutsamen Fällen der vorherigen Befriedigung – und auch des Annahmeverzuges[28] – abgesehen, kann der **Unternehmer** als Baugläubiger bei einem Zug-um-Zug-Urteil **in aller Regel** nur vollstrecken, wenn er seine **(Gegen-)Leistung** – z. B. Nacherfüllung der im Tenor aufgeführten Mängel – **erbracht hat**.[29] **2732**

Er kann **nicht verlangen**, dass der Bauherr/Schuldner zunächst den geschuldeten Werklohn bei dem Gerichtsvollzieher **hinterlegt**.[30] Hat der Unternehmer allerdings seine Gegenleistung **erbracht**, so kann die Vollstreckung nicht deshalb verweigert werden, weil der Bauherr **weitere** Mängel geltend macht.[31]

Es sind aber auch Fälle denkbar, in denen der Unternehmer seine Gegenleistung nur **anbieten** muss, um vollstrecken zu können.

Die gesetzliche Regelung geht davon aus, dass der Gerichtsvollzieher die Gegenleistung des Unternehmers (Mängelbeseitigung) **tatsächlich** anbieten muss, d. h. also: **2733**

* **ohne Mängel**[32]
* **vollständig** (§ 266 BGB)
* **am rechten Ort** (§ 269 BGB)
* **zur rechten Zeit** (§ 271 BGB)[33]

---

27) LG Düsseldorf, DGVZ 1991, 39 = mit Anm. *Münzberg*, DGVZ 1991, 88 ff.; AG Fürstenfeldbruck, DGVZ 1981, 90; LG Hannover, DGVZ 1985, 171; vgl. auch KG, WM 1974, 1145, 1146: Nachweis durch ein **zweites** Urteil – „zwischenzeitlich befriedigt".
28) Zum **Nachweis** des Annahmeverzugs siehe LG Augsburg, JurBüro 1994, 307; *Schuschke/Walker*, § 756 ZPO, Rdn. 13 ff.; *Christmann*, DGVZ 1990, 1 ff.
29) Wie hier: OLG Stuttgart, DGVZ 1989, 11; LG Stuttgart, DGVZ 1990, 92; LG Arnsberg, DGVZ 1983, 151. Eine **Teilvollstreckung** nach **teilweise** erfolgter Gegenleistung ist nicht zulässig (AG Schönau, DGVZ 1990, 45).
30) LG Stuttgart, DGVZ 1990, 92.
31) LG Bonn, DGVZ 1989, 12.
32) RGZ 111, 89.
33) RGZ 17, 367; LG Arnsberg, DGVZ 1983, 151 – Nachbesserung in einem Hotel.

Der Bauherr/Schuldner braucht also nur „zuzugreifen".[34]

**2734** Indes ist das Angebot, auf das § 756 ZPO abstellt, ein **tatsächlicher Vorgang**. Die bloß wörtlich erklärte Bereitschaft zur Leistung genügt grundsätzlich nicht.[35] Daraus ergibt sich, dass in Bausachen jedenfalls die Verurteilung zur Zahlung Zug um Zug gegen Nachbesserung/Nacherfüllung praktisch nichts anderes ist als eine Verurteilung auf Leistung nach Empfang der Gegenleistung (vgl. Rdn. 2748); ein Unterschied im Vollstreckungsablauf besteht nicht.[36] Der Unternehmer muss daher nachbessern/nacherfüllen, bevor er den Werklohn erhält. Es obliegt dem **Gerichtsvollzieher**, vor Beginn der Zwangsvollstreckung in eigener Sachkompetenz zu prüfen, ob ordnungsgemäß nachgebessert/nacherfüllt wurde (vgl. Rdn. 2738 ff.); diese Prüfung muss sich auch auf alle mit der Nachbesserung/Nacherfüllung verbundenen Nebenarbeiten erstrecken.[37]

**2735** Ein **wörtliches Angebot** des Gerichtsvollziehers reicht aus, wenn der Schuldner/Bauherr **erklärt**, er nehme die Leistung nicht an (§ 756 Abs. 2 ZPO).[38] Dem steht es gleich, wenn der Bauherr/Schuldner zwar eine Annahmebereitschaft erklärt, die ihm obliegende Leistung jedoch verweigern will.[39] Ob der Bauherr als Vollstreckungsschuldner das Recht dazu hat, nach Erlass des Zug-um-Zug-Urteils die Nachbesserung/Nacherfüllung wegen **Unzumutbarkeit** zu verweigern, hat der Gerichtsvollzieher allerdings nicht zu prüfen. Das muss der Bauherr gegebenenfalls im Wege der Vollstreckungsgegenklage nach § 767 ZPO geltend machen.[40]

**2736** Zu beachten ist, dass eine Nachbesserung bzw. Nacherfüllung letztlich ohne die Mitwirkung des Bauherrn, des Vollstreckungsschuldners, nicht erfolgen kann. **Weigert** sich der Bauherr trotz entsprechender Aufforderung durch den Unternehmer, einen ihm genehmen Termin für die Nachbesserung/Nacherfüllung zu nennen, so wird der Bauherr bereits durch die erfolglose Aufforderung zur Mitwirkung bei der Mängelbeseitigung in Verzug gesetzt.[41] Dieser **Annahmeverzug** muss aber auch durch **öffentliche Urkunde nachgewiesen** werden (§ 756 ZPO). Der Nachweis bezieht sich dabei auf den Zugang der entsprechenden Aufforderung durch den Unternehmer. Das heißt, es muss nachgewiesen werden, dass der Bauherr in der Lage war, das mündliche oder schriftliche Angebot zur Mängelbeseitigung zur Kenntnis zu nehmen. Es **empfiehlt** sich für den Unternehmer daher, stets die Aufforderung, einen Nachbesserungstermin zu nennen, durch den Gerichtsvollzieher

---

34) RGZ 109, 328; OLG München, NJW-RR 1997, 944, 945.
35) Vgl. OLG Stuttgart, DGVZ 1989, 11; LG Dortmund, DGVZ 1977, 10; LG Aachen, DGVZ 1977, 88; LG Berlin, DGVZ 1978, 25; LG Bochum, DGVZ 1979, 123; AG Sinzig, NJW-RR 1987, 704; LG Ravensburg, DGVZ 1986, 88.
36) *E. Schneider*, DGVZ 1982, 37, 39.
37) So zutreffend: *Schuschke/Walker*, § 756 ZPO, Rdn. 9 mit Hinweis auf AG Gütersloh, DGVZ 1983, 78.
38) Sinn der Vorschrift ist, dem Gläubiger ein aufwendiges und bei **Annahmeverweigerung** nutzloses **tatsächliches** Angebot zu ersparen; *Schuschke/Walker*, § 756 ZPO, Rdn. 6.
39) *Schuschke/Walker*, § 756 ZPO, Rdn. 6; BGH, RPfleger 1997, 221.
40) Vgl. OLG Stuttgart, Die Justiz 1982, 129.
41) Vgl. auch LG Hamburg, DGVZ 1984, 115.

zustellen zu lassen.⁴²⁾ Falsch wäre es jedenfalls, diese Aufforderung an den erstinstanzlichen Prozessbevollmächtigten des Bauherrn selbst zu richten.

Der Bauherr braucht die Nachbesserung/Nacherfüllung nicht hinzunehmen, wenn der Unternehmer nicht zugleich die erforderlichen – mit der Mängelbeseitigung verbundenen – **Nebenarbeiten** anbietet. Solche Nebenarbeiten kommen vor allem in Betracht, wenn in einem bereits bezogenen Haus Nachbesserungsarbeiten durchgeführt werden müssen. Der Unternehmer ist dann gegebenenfalls gehalten, in Bezug auf die Einrichtung des Bauherrn Vorsichtsmaßnahmen (Abdecken von Fußböden, Ausräumen von Räumen, Abdecken von Möbeln und dgl.) zu ergreifen. Macht der Bauherr Einwände gegenüber dem Angebot des Unternehmers, weil diese Nebenarbeiten nicht hinreichend in Aussicht gestellt sind, so darf der **Gerichtsvollzieher** solche **Einwände des Bauherrn nicht unbeachtet** lassen. Solange sich der Unternehmer zu den erforderlichen Nebenarbeiten nicht klar äußert, kann der Bauherr nicht in Annahmeverzug geraten und die Vollstreckung nicht betrieben werden.⁴³⁾ Nichts Anderes gilt für die in § 635 Abs. 2 BGB n. F. angesprochenen, zum Zweck der Nacherfüllung erforderlichen „Aufwendungen, insbesondere Transport-, Wege-, Arbeits- und Materialkosten", die der Unternehmer zu tragen hat.

**2737**

### d) Die Überprüfung der Gegenleistung durch den Gerichtsvollzieher

*Literatur*

Stojek, Beweisaufnahme durch den Gerichtsvollzieher, MDR 1977, 456; E. Schneider, Prüfung der Gegenleistung durch den Gerichtsvollzieher, DGVZ 1978. 65.

In der Baupraxis kommt es immer wieder vor, dass der Vollstreckungsschuldner/ **Bauherr** erklärt, die von dem Unternehmer nach dem Urteil oder Vergleich vorgenommene Mängelbeseitigung sei **nicht erfolgt**, nicht **durch ihn** erfolgt,⁴⁴⁾ nur **teilweise erfolgt** oder **ganz und gar unsachgemäß**. Der Streit besteht somit – was sich dann aus dem Einstellungsbescheid des Gerichtsvollziehers ergibt – darüber, ob die Mängelbeseitigung **vollständig und richtig** erfolgt ist. Da die Feststellung des Gerichtsvollziehers sich immer nur auf eine Befriedigung des Bauherrn/Schuldners durch eine **Leistung** des **Unternehmers**/Gläubigers bezieht, stellt die Leistung eines durch den Bauherrn/Schuldner (inzwischen) eingeschalteten **Drittunternehmers** keine Befriedigung i. S. des § 756 ZPO dar.⁴⁵⁾

**2738**

Es war umstritten, ob bei Zug um Zug zu erbringenden Nachbesserungsleistungen die Prüfung, ob von dem Unternehmer die Mängel ordnungsgemäß beseitigt worden sind, in das Zwangsvollstreckungsverfahren gehört. Es entspricht heute **herrschender** Auffassung, dass der **Gerichtsvollzieher selbstständig nachprüfen** muss, ob die **Nachbesserung** bzw. **Nacherfüllung** nach Wahl des Unternehmers (§ 635 Abs. 1 BGB) gemäß dem zu vollstreckenden Titel **ordnungsgemäß erbracht**

**2739**

---

42) Vgl. LG Köln, DGVZ 1981, 41, 42.
43) So zutreffend: AG Gütersloh, DGVZ 1983, 78, 79.
44) Vgl. OLG Brandenburg, BauR 2006, 1507, 1509.
45) OLG Brandenburg, a. a. O.

ist.⁴⁶⁾ Über seine diesbezüglichen Feststellungen hat er eine **Niederschrift anzufertigen** (§§ 762, 763 ZPO). Kann der Gerichtsvollzieher aus eigener Sachkunde diese notwendige Feststellung nicht treffen, so muss er **einen Sachverständigen beiziehen**, um sich durch diesen das Tatsachenwissen vermitteln zu lassen, das zur Entscheidung der Rechtsfrage notwendig ist, ob die gemäß Vollstreckungstitel zu erbringende Gegenleistung ordnungsgemäß erbracht ist.⁴⁷⁾ Der Sachverständige wird in diesem Falle als **Gehilfe des Gerichtsvollziehers** tätig.

**2740** Weigert sich der Gerichtsvollzieher, einen Sachverständigen hinzuzuziehen, kann sich der vollstreckende Gläubiger/Unternehmer hiergegen mit der **Erinnerung** wehren (§ 766 ZPO).⁴⁸⁾ Daneben wird man aber auch die **Feststellungsklage** des Unternehmers für zulässig halten müssen, und zwar dahin, dass er ordnungsgemäß nachgebessert hat⁴⁹⁾ oder dass die Zug-um-Zug-Leistung aus Gründen, die der Bauherr/Schuldner zu vertreten hat, nicht mehr erfolgen kann.⁵⁰⁾ Hängt die Zwangsvollstreckung von einer Zug um Zug zu erbringenden Nachbesserungsleistung des Gläubigers ab, ist eine mit der Begründung erhobene **Vollstreckungsgegenklage** (§ 767 ZPO) des **Schuldners**, der Gläubiger habe die Zug-um-Zug-Leistung entgegen der Bestätigung eines Sachverständigen **nicht** erbracht, **unzulässig**; als Rechtsbehelf steht dem Kläger in einem solchen Falle die **Erinnerung** nach § 766 ZPO zur Verfügung.⁵¹⁾

---

46) In der ab 1. Januar 1983 gültigen Fassung der **Geschäftsanweisung** für **Gerichtsvollzieher** (GVGA) heißt es in § 84 u. a.:
„2. Weist der Gläubiger dem Gerichtsvollzieher nicht durch öffentliche oder öffentlich beglaubigte Urkunden nach, dass er den Schuldner wegen der Gegenleistung befriedigt oder in Annahmeverzug gesetzt hat, so muss der Gerichtsvollzieher selbst dem Schuldner die Gegenleistung in einer den Annahmeverzug begründenden Weise anbieten, bevor er mit der Vollstreckung beginnen darf. Er müsste also in dem zu Nr. 1 erwähnten Beispiel das Pferd zum Schuldner bringen oder diesen zur Abholung auffordern, falls der Schuldner nach dem Schuldtitel zur Abholung verpflichtet ist.
Der Gerichtsvollzieher überprüft dabei, ob die angebotene Gegenleistung richtig und vollständig ist. In dem angegebenen Beispiel überzeugt er sich also davon, dass das Pferd das im Schuldtitel bezeichnete ist.
Das Angebot und die Erklärung des Schuldners beurkundet der Gerichtsvollzieher in dem Pfändungsprotokoll oder in einem besonderen Protokoll (§§ 756, 762, 763 ZPO)."
47) OLG Brandenburg, BauR 2006, 1507, 1509; OLG Celle, MDR 2001, 686 u. NJW-RR 2000, 828; AG Mainz, DGVZ 1997, 172; OLG Hamm, DGVZ 1995, 183; KG, NJW-RR 1989, 638; OLG Köln, JurBüro 1986, 1581; OLG Stuttgart, Die Justiz 1982, 129; AG Wuppertal, DGVZ 1985, 77; *Schilken*, AcP 181, 355, 363 m. w. Nachw.; *Schneider*, DGVZ 1978, 65; **a. A.:** *Stojek*, MDR 1977, 456 (nur Feststellungsklage sei zulässig).
48) Vgl. KG, DGVZ 1989, 70; LG Hannover, DGVZ 1984, 152; *Schneider*, DGVZ 1978, 65, 66; AG Pirmasens, MDR 1975, 62, hält deshalb eine klärende Feststellungsklage sogar für unzulässig.
49) *Schneider*, DGVZ 1978, 65, 67 mit Hinweis auf BGH, *Warneyer* 1976, Nr. 179; **a. A.:** AG Pirmasens, a. a. O.
50) In diesem Sinne: OLG Brandenburg, BauR 2006, 1507, 1511. **Gegenstand** einer solchen Klage auf Feststellung der unbedingten Zwangsvollstreckung ist allein „die Frage, ob der Vollstreckungsgläubiger weiterhin zur Erbringung der Gegenleistung, d. h. konkret zur Beseitigung der im Urteil aufgeführten Mängel, verpflichtet ist." Im Rahmen der Feststellungsklage können daher auch keine **neuen** Einwendungen von dem Bauherr/Schuldner erhoben werden, sondern nur über den Weg einer Vollstreckungsgegenklage.
51) So KG, NJW-RR 1989, 638 = DGVZ 1989, 70.

## Vollstreckung aus Zug-um-Zug-Urteilen  Rdn. 2741–2743

Ob der **Gerichtsvollzieher** befugt ist, die Zwangsvollstreckung **einstweilen einzustellen**, wenn über die Ordnungsmäßigkeit der Mängelbeseitigung bzw. Nacherfüllung durch den Bauherrn ein **selbstständiges Beweisverfahren** eingeleitet worden ist, dürfte vom Einzelfall abhängig sein. Das LG Oldenburg[52] hat eine solche einstweilige Einstellung gebilligt: **2741**

> „Die Prüfungspflicht des Gerichtsvollziehers findet aber da Grenzen, wo, wie hier, bereits ein Beweissicherungsverfahren unter Hinzuziehung eines Sachverständigen läuft. Das Gutachten des Sachverständigen, das sich gerade auf die Frage erstreckt, ob die Rollläden ordnungsgemäß montiert sind, steht noch aus. Wenn der Gerichtsvollzieher unter diesen Umständen die Zwangsvollstreckung einstweilen eingestellt hat, ist dies sachgerecht und kann nicht beanstandet werden."

Zu beachten ist, dass der **Bauherr/Auftraggeber**, der rechtskräftig zur Zahlung restlichen Werklohns Zug-um-Zug gegen Mängelbeseitigung verurteilt worden ist, die (weitere) Vollstreckung aus dem Urteil **verhindern** kann, wenn die Mängelbeseitigung (Nacherfüllung) durch den Unternehmer im Zwangsvollstreckungsverfahren misslingt. Eine solche Fallkonstellation liegt der Entscheidung des OLG Naumburg[53] zu Grunde: Im Vollstreckungsverfahren stellt der **Gerichtsvollzieher** auf Grund eines eingeholten Sachverständigengutachtens (zweimal) fest, dass der Unternehmer die Mängel nicht ordnungsgemäß beseitigt hat. Das OLG Naumburg geht zutreffend davon aus, dass der Bauherr/Auftraggeber nach **materiellem Werkvertragsrecht** berechtigt ist, nunmehr **Minderungs-** oder **Schadensersatzansprüche** der titulierten Forderung entgegenzusetzen mit der Folge, dass die **Vollstreckung** nur noch in Höhe des um die Minderung oder den Schadensersatzanspruch ermäßigten Werklohns zulässig ist. Zu einer weiteren Mängelbeseitigung/Nacherfüllung ist der Unternehmer dann nicht mehr berechtigt bzw. verpflichtet.

### 3. Die doppelte Zug-um-Zug-Verurteilung

Klagt der Unternehmer oder Architekt seinen Werklohn bzw. seine Vergütung ein und hat der Bauherr als Auftraggeber noch Mängelbeseitigungsansprüche, führt dies, wie dargelegt, zu einer normalen Zug-um-Zug-Verurteilung. Zweifelhaft war, wie zu entscheiden ist, wenn der **Bauherr** als Auftraggeber **seinerseits zu den Nachbesserungsarbeiten etwas beitragen** muss, sei es durch entsprechende **Vorarbeiten**, sei es durch **Ausgleichszahlung**. Eine solche materielle Beteiligung des Bauherrn an den Nachbesserungskosten ist vor allem in Betracht zu ziehen, wenn dem Bauherrn ein **Mitverschulden** für Planungsmängel des Architekten (§§ 254, 278, 242 BGB) anzurechnen ist oder wenn er im Wege der **Vorteilsausgleichung** (vgl. Rdn. 2468 ff.) eine Zuschusspflicht hat.[54] **2742**

Muss der **Bauherr** als Auftraggeber, z. B. weil er für die Entstehung des Baumangels **mitverantwortlich** ist, zu den Instandsetzungskosten beitragen, ist seine Beteiligungspflicht bei seinem Anspruch auf Nachbesserung/Nacherfüllung durch Zahlung eines entsprechenden **Zuschusses** an den Auftragnehmer/Unternehmer **2743**

---

52) DGVZ 1974, 43; s. auch AG Varel, DGVZ 1974, 43.
53) BauR 2002, 347.
54) Stichwort „**Sowiesokosten**", vgl. BGH, NJW 1981, 1448, 1449; BGH; *Schäfer/Finnern*, Z 2.400 Bl. 41, 42 R; BGH, WM 1984, 395 = ZfBR 1984, 173; BGH, *SFH*, Nr. 1 zu § 274 BGB = BauR 1984, 401 = ZfBR 1984, 176 = WM 1984, 839 = NJW 1984, 1679.

auszugleichen. Dem Unternehmer steht wegen dieses Zuschussanspruchs jedenfalls ein **Zurückbehaltungsrecht** (§ 273 BGB) zu, was sich **außerprozessual** dahin auswirkt, dass der Unternehmer eine ausreichende Sicherheitsleistung von dem Bauherrn verlangen kann.[55]

**2744** Für das gerichtliche Verfahren **(Werklohnprozess)** ist eine solche einschränkende Behandlung nicht angezeigt: Hier führt die Kostenbeteiligungspflicht des Bauherrn zu einer sog. **„doppelten Zug-um-Zug-Verurteilung"**.[56] Dadurch wird festgelegt, dass der Unternehmer seine (restliche) Vergütung zwar nur Zug um Zug gegen Mängelbeseitigung/Nacherfüllung erhält, dass er seinerseits aber die Nachbesserung bzw. Nacherfüllung nur Zug um Zug gegen Zuschusszahlung durchzuführen braucht.[57]

**2745** Daraus ergibt sich für das Vollstreckungsverfahren nach BGH folgende **Konsequenz:**

„Indessen ist der Auftraggeber auch auf Grund der Doppeleinrede nicht gehalten, seinen Beitrag zu den Nachbesserungskosten schon vor Ausführung der Mängelbeseitigung dem Auftragnehmer auszuhändigen. Nach den für die Vollstreckung von Zug-um-Zug-Urteilen einschlägigen Bestimmungen (§§ 756, 765 ZPO) reicht es vielmehr aus, wenn dem Schuldner die ihm gebührende Leistung in einer den Verzug der Annahme begründenden Weise angeboten wird. Die Zug um Zug geschuldete Leistung muss lediglich so bereitgestellt werden, dass der Schuldner nur noch zuzugreifen braucht (§ 294 BGB). Die wirkliche Leistung des Gläubigers findet dagegen statt, wenn der Schuldner seine Pflichten vollständig erfüllt hat. Ist er dazu nicht bereit, so gerät er als Gläubiger der Gegenleistung gemäß § 298 BGB auch dann in Annahmeverzug, wenn er die Gegenleistung als solche annehmen will. Während des Annahmeverzugs muss er nach § 274 Abs. 2 BGB die Vollstreckung dulden, ohne die Gegenleistung zu erhalten.

Daraus folgt für die Kostenbeteiligungspflicht des Auftraggebers:

Hat er einen Titel auf Mängelbeseitigung Zug um Zug gegen Zuschusszahlung erstritten, so braucht er nicht vorzuleisten, sondern muss den Zuschussbetrag nur tatsächlich anbieten. Alsdann hat der Auftragnehmer die Nachbesserungsarbeiten zu erbringen und erhält daraufhin den Zuschuss ausbezahlt. Im Falle seiner Weigerung hat er uneingeschränkt die Zwangsvollstreckung gemäß § 887 ZPO zu dulden. Im Rahmen der Entscheidung über den von ihm zu leistenden Kostenvorschuss (§ 887 Abs. 2 ZPO), also den voraussichtlichen Mangelbeseitigungsaufwand, ist die Zuschusspflicht des Auftraggebers zu berücksichtigen.

Handelt es sich dagegen um einen Restwerklohntitel mit doppeltem Zug-um-Zug-Vorbehalt, so muss umgekehrt der Auftragnehmer ordnungsgemäß die Nachbesserung anbieten. Da er nur Zug um Zug gegen Kostenbeteiligung zu leisten braucht, hat er nur zunächst den Auftraggeber zur Zuschusszahlung aufzufordern (entsprechend § 295 Satz 2 BGB). Lehnt dieser ab, kann der Vergütungstitel vollstreckt werden. Bietet der Auftraggeber den Kostenbeitrag tatsächlich an – mehr hat er gemäß § 294, 298 BGB nicht zu tun, insbesondere also den Zuschuss noch nicht auszuzahlen –, so muss der Auftragnehmer sein Nachbesserungsangebot in die Tat umsetzen. Das kann er nur, indem er die Mängel abnehmbar beseitigt. Darin liegt zwar eine gewisse Benachteiligung gegenüber dem Auftraggeber, doch ist diese im unterschiedlichen Inhalt der beiderseitigen Leistungspflichten begründet. § 294 BGB verlangt, dass die Leistung tatsächlich, nicht nur wörtlich, so angeboten wird, wie sie zu bewirken ist. Dazu ist der Werkunternehmer erst in der Lage, nachdem er die ihm obliegenden Nachbesserungsmaßnahmen vollständig ausgeführt hat, sodass sie abgenommen werden können.

---

55) BGH, *SFH*, Nr. 5 zu § 13 Nr. 5 VOB/B (1973) = BauR 1984, 395 = ZfBR 1984, 173 = WM 1984, 774.
56) BGH, *SFH*, Nr. 1 zu § 274 BGB = NJW 1984, 1679.
57) BGH, a. a. O.

## Vollstreckung aus Zug-um-Zug-Urteilen

Im Ergebnis ist der Auftragnehmer also auch bei der ‚doppelten Zug-um-Zug-Verurteilung' praktisch vorleistungspflichtig. Er muss den Nachweis der erfolgten Mängelbeseitigung führen, bevor ihm der Zuschuss ausgehändigt wird und er seinen Restwerklohnanspruch vollstrecken kann. Mangels Vorwegzahlung bleibt für ihn auch der wirtschaftliche Anreiz zur alsbaldigen Nachbesserung bestehen."

Auch bei der doppelten Zug-um-Zug-Verurteilung behält der **Auftragnehmer/Unternehmer** die Möglichkeit, den Restwerklohn ohne Mängelbeseitigung beizutreiben, wenn der Bauherr seinen Kostenbeitrag nicht in gehöriger Form anbietet. Der Bauherr ist auch verpflichtet, den **Kostenbeitrag** nach Abgabe seines tatsächlichen Angebots zu Gunsten des nachbesserungsbereiten Auftragnehmers/Unternehmers zu **hinterlegen**.[58] Dadurch wird er nach Ansicht des BGH auch nicht unangemessen belastet, weil es nicht gerechtfertigt sei, ihn über diese Mittel bis zur endgültigen Mängelbeseitigung frei verfügen zu lassen; vielmehr sei sein Kostenbeitrag bereits zu Beginn der Mängelbeseitigung bereitzustellen, wenn auch noch nicht auszuzahlen.

2746

Hinterlegt der Auftraggeber/Bauherr seinen Kostenzuschuss, **beseitigt der Unternehmer** aber die **Mängel nicht**, hat der Bauherr die Möglichkeit, die Freigabe des bereitgestellten Zuschusses zu **verlangen**. Außerdem hat er die Möglichkeit, nunmehr selbst den Auftragnehmer auf Mängelbeseitigung zu verklagen oder einen Drittunternehmer einzuschalten (§§ 633 Abs. 3 BGB a. F., 634 Nr. 2, 637 Abs. 1 BGB n. F., § 13 Nr. 5 VOB/B) und die dabei anfallenden Kosten mit dem Restwerklohn und der Eigenbeteiligungsquote zu verrechnen.[59]

2747

### 4. Die Vollstreckung auf Leistung nach Empfang der Gegenleistung

*Literatur*

*Gabius*, Die Vollstreckung von Urteilen auf Leistung nach Empfang der Gegenleistung, NJW 1971, 866; *Schilken*, Wechselbeziehungen bei Zug-um-Zug-Leistungen, AcP 181, 355.

Eine Verpflichtung zur Leistung nach Empfang der Gegenleistung kann nur ausgesprochen werden, wenn sich der Schuldner **bereits im Zeitpunkt des Titelerlasses in Annahmeverzug** befunden hat.[60] Der Annahmeverzug muss sich dabei direkt aus dem Vollstreckungstitel ergeben.[61] Ein solches Urteil wird praktisch in gleicher Weise vollstreckt wie die Verurteilung zur Leistung Zug um Zug gegen die Gegenleistung. Dementsprechend ist auch die **Vollstreckungsklausel** sofort zu erteilen.[62]

2748

Der Gerichtsvollzieher darf mit der Vollstreckung einer Verurteilung zur Zahlung „nach Empfang der Gegenleistung" aber erst beginnen, wenn er dem Schuldner die diesem gebührende Leistung in einer den Verzug der Annahme begründenden Weise angeboten hat oder der Nachweis, dass der Schuldner befriedigt oder im Annahmeverzug ist, durch öffentliche oder öffentlich beglaubigte Urkunden geführt wird und eine Abschrift dieser Urkunden bereits zugestellt ist oder gleichzeitig zugestellt wird.

---

58) BGH, BauR 1984, 395.
59) BGH, BauR 1984, 395.
60) Vgl. BGH, BauR 2002, 794 = ZfBR 2002, 463 = NZBau 2002, 266 = MDR 2002, 512 (für verweigerte Nachbesserung durch den Besteller); OLG Celle, NZBau 2004, 328, 329; *Gabius*, NJW 1971, 866; OLG Dresden, SeuffArch. 64, 170.
61) *Schilken*, AcP 181, 382; vgl. auch OLG Köln, JurBüro 1989, 870 = DGVZ 1989, 151 (Entscheidungsgründe).
62) OLG Karlsruhe, MDR 1975, 938 m. Nachw.

## III. Die Vollstreckung zur Erwirkung von Baumaßnahmen

*Übersicht*

| | Rdn. | | Rdn. |
|---|---|---|---|
| 1. Tenorierungsprobleme | 2750 | d) Der Erfüllungseinwand des Unternehmers | 2772 |
| 2. Das Verfahren nach § 887 Abs. 1 ZPO | 2755 | 3. Der Ermächtigungsbeschluss | 2780 |
| a) Vertretbare Handlungen | 2756 | 4. Der Kostenvorschussanspruch (§ 887 Abs. 2 ZPO) | 2781 |
| b) Die Verweigerung der Handlung | 2759 | 5. Kosten der Zwangsvollstreckung (§ 788 ZPO) | 2786 |
| c) Die Mitwirkungspflicht des Bauherrn nach § 887 Abs. 1 ZPO | 2763 | | |

**2749** Es ist in der Praxis zu beobachten, dass sich nach einem Erkenntnisverfahren, das eine Verurteilung des Bauunternehmers/Architekten zur Mängelbeseitigung zum Ziele hatte, öfter das Beschlussverfahren nach § **887 ZPO** anschließt; gerade dieses Verfahren wirft bei Bausachen erhebliche Zweifelsfragen auf.

### 1. Tenorierungsprobleme

**2750** Einem Unternehmer kann nicht vorgeschrieben werden, auf welche Art und Weise er den Mangel zu beseitigen hat (§ 635 Abs. 1 BGB). Beifügungen von Anordnungen, wie die Beseitigung technisch zu bewerkstelligen ist, haben deshalb grundsätzlich zu unterbleiben, es sei denn, der Unternehmer ist mit der Beseitigung auf diese Weise ausdrücklich einverstanden oder er hat sie sogar ausdrücklich im **Erkenntnisverfahren** empfohlen.[1] Indes muss jeder **Vollstreckungstitel**, also auch derjenige auf **Vornahme von Baumaßnahmen**, inhaltlich bestimmt sein. Dieser Voraussetzung genügt ein Titel nur dann, wenn er aus sich heraus verständlich ist und auch für jeden Dritten erkennen lässt, was der Gläubiger/Bauherr von dem Schuldner/Unternehmer verlangen kann.[2] Die zu **vollstreckende Handlung** (Baumaßnahme) muss deshalb allein aus dem **Vollstreckungstitel erkennbar** sein. Ist dieses Ziel der Vollstreckung nicht aus dem Titel selbst, sondern nur aus sonstigen Umständen **bestimmbar**, ist der **Vollstreckungstitel** nicht vollstreckungsfähig.[3] Nicht aus dem Titel zu klärende Unbestimmtheiten sind nicht in dem Vollstreckungsverfahren aufzuklären, sondern gehören in ein Erkenntnisverfahren.[4]

**2751** Nach richtiger Ansicht bleibt der Unternehmer auch im Vollstreckungsverfahren nach § 887 Abs. 1 ZPO befugt, von seinem **Wahlrecht**, wie er den Mangel beseitigen will, weiterhin Gebrauch zu machen, sodass auch die von ihm selbst bezeichnete Art

---

[1] Vgl. oben Rdn. **1472**; BGH, BauR 1973, 313, 317 = NJW 1973, 1792 = *Schäfer/Finnern*, Z 2.414 Bl. 308; OLG Hamm, NZBau 2004, 393, 394 = BauR 2004, 102, 104 = NJW 2003, 3568; OLG Zweibrücken, MDR 1983, 500; OLG Düsseldorf, OLGR 1995, 36, 37; OLG Stuttgart, NJWRR 1999, 792.

[2] BGH, BauR 1993, 111, 115 = ZfBR 1993, 61; OLG Koblenz, BauR 1999, 942, 943 u. BauR 1998, 1050; OLG Stuttgart, NJW-RR 1999, 792

[3] OLG Hamm, JMBl. NRW 1960, 229; MDR 1959, 767; OLG Saarbrücken, OLGZ 1967, 34; OLG Dresden, JW 1938, 1468; OLG Hamm, MDR 1974, 239.

[4] OLG Hamm, MDR 1974, 238, 239 m. Hinweis auf BGH, NJW 1962, 110.

der Mängelbeseitigung zu gestatten ist, sofern sie nur geeignet ist, den Mangel zu beheben;⁵⁾ dies gilt erst Recht ab 1.1.2002 (§ 635 Abs. 1 BGB).

**2752** Indes darf nicht übersehen werden, dass eine **mangelnde Bestimmtheit** des Vollstreckungstitels **ausnahmsweise** in dem Vollstreckungsverfahren nach § 887 ZPO noch **behoben** werden kann und muss: Kann z. B. durch die **Entscheidungsgründe** genau ermittelt werden, was von dem Unternehmer an Mängelbeseitigung verlangt wird, wird das Prozessgericht im Rahmen eines Antrages nach § 887 Abs. 1 ZPO den Bauherrn/Gläubiger aufzufordern haben (§ 139 ZPO), gegebenenfalls einen „entsprechend den Ausführungen der Entscheidungsgründe formulierten genauen Antrag des Klägers auf Ersatzvornahme" zu stellen.⁶⁾ Es ist dann Sache des Bauherrn/Gläubigers, **konkret** darzutun, welchen Mangel er auf Kosten des Unternehmers/Schuldners beseitigen will; eine **allgemeine** Ermächtigung zur Mängelbeseitigung (§ 635 Abs. 1 BGB) ist im Rahmen des § 887 ZPO **nicht** statthaft, weil sie den durch den Vollstreckungstitel vorgegebenen Rahmen sprengen könnte.⁷⁾ Über einen – gegebenenfalls nach richterlichem Hinweis – angepassten Antrag wird das Prozessgericht sodann nach § 887 zu befinden haben. Entscheidet sich der Gläubiger in seinem Antrag **für eine bestimmte Art** der Durchführung („Mängelbeseitigung"), so hindert dies den Schuldner allerdings nicht „an der Erfüllung in einer anderen Art und Weise, als es der Gläubiger mit der Zwangsvollstreckung erreichen will".⁸⁾

**2753** Das **OLG Hamm**⁹⁾ meint in Übereinstimmung mit dem OLG Düsseldorf¹⁰⁾ – in Abweichung von der in Rechtsprechung und Lehre überwiegend vertretenen Ansicht,¹¹⁾ wonach eine genaue Bezeichnung auch für das Verfahren nach § 887 ZPO verlangt wird –, der Gläubiger/Bauherr brauche seinen Antrag nach § 887 Abs. 1 nicht genauer zu fassen als seinen Klageantrag nach § 633 Abs. 3 BGB a. F. Würde nämlich der Gläubiger/Bauherr auf **bestimmte Einzelmaßnahmen** festgelegt, so sei nicht auszuschließen, dass sie sich an Ort und Stelle als ungeeignet

---

5) BGH, NJW 1995, 3189, 3190; OLG Zweibrücken, JurBüro 1982, 939; vgl. auch OLG Köln, NJW-RR 1990, 1087. Unzutreffend daher: OLG Düsseldorf (OLGR 1995, 74 = BauR 1995, 423), das in der urteilsmäßigen Verpflichtung, „das Kellergeschoss des Hauses der Gläubiger gegen von außen eindringende Nässe abzudichten", eine nach § 888 ZPO unvertretbare Handlung sieht; zutreffend dagegen: OLG Düsseldorf (OLGR 1995, 36) für Verpflichtung des Schuldners, „Feuchtigkeit" an bestimmten Außenwänden des Hauses zu beseitigen sowie „geeignete Isolierungsmaßnahmen zu treffen, die das erneute Auftreten von Feuchtigkeit" an diesen Wänden „verhindern".
6) OLG Köln, JMBl. NRW 1984, 103; OLG Koblenz, BauR 1999, 942, 943 = NJW-RR 1998, 1770; s. auch OLG Frankfurt, NJW 1996, 1219, 1220, das den Vollstreckungstitel nach § 242 BGB auslegt.
7) So zutreffend: OLG Koblenz, BauR 1998, 1050, 1051 = NJW-RR 1998, 1770 = OLGR 1998, 334.
8) BGH, NJW 1995, 3189, 3190 für das **alte** Recht.
9) BauR 1984, 547 = JurBüro 1984, 1260 = MDR 1984, 591 = OLGZ 1984, 254.
10) OLGZ 1976, 376; ebenso: OLG Düsseldorf, OLGR 1995, 36, 37; s. auch OLG Hamm, MDR 1983, 850; OLG Stuttgart, BauR 1986, 490; OLG München, NJW-RR 1988, 22 = BauR 1988, 377.
11) Vgl. u. a. OLG Zweibrücken, MDR 1974, 409; JurBüro 1982, 939; OLG Köln, NJW 1985, 274 = OLGZ 1984, 238 u. NJW-RR 1990, 1087; OLG Koblenz, BauR 1999, 942; OLG Bamberg, NJW-RR 2000, 358 u. OLG Stuttgart, NJW-RR 1999, 792: Der **Antrag** nach § 887 Abs. 1 ZPO muss die zur Herbeiführung des geschuldeten Erfolgs durchzuführenden Maßnahmen **genau bezeichnen**, wenn streitig ist, welche Maßnahmen für eine fachgerechte Beseitigung des Mangels erforderlich sind.

und unvollständig erwiesen oder dass der zugezogene Architekt bzw. Drittunternehmer für die vorgeschriebene Sanierungsart keine Gewähr übernehmen wolle. Dem Gläubiger sei es aber nicht zuzumuten, einen erneuten Antrag nach § 887 ZPO zu stellen.

**2754** Im **Ergebnis** ist festzustellen, dass der Antrag nach § 887 ZPO zumindest die einem Urteilstenor entsprechende genaue inhaltliche Bestimmtheit haben muss. Ist der Urteilsausspruch ungenau und kann er auch im Verfahren nach § 887 ZPO nicht korrigiert werden, ist – gegebenenfalls nach einem **richterlichen Hinweis**[12] – ein Antrag nach § 887 Abs. 1 ZPO zurückzuweisen.

### 2. Das Verfahren nach § 887 Abs. 1 ZPO

*Literatur*

*Burkhardt*, Die Zwangsvollstreckung wegen Vornahme vertretbarer Handlungen, JurBüro 1959, 319; *Bauer*, Die Zwangsvollstreckung wegen vertretbarer und nicht vertretbarer Handlungen, JurBüro 1964, 399, 461; *E. Schneider*, Probleme der Handlungsvollstreckung nach § 887 ZPO, MDR 1975, 279; *Pentz*, Weitere Beschwerde in den Verfahren nach §§ 887 ff. ZPO, NJW 1997, 442; *Quadbeck*, Vollstreckung in Bausachen – Durchsetzung von Nachbesserungsansprüchen, MDR 2000, 570.

**2755** Wird der Unternehmer/Architekt oder Sonderfachmann zu einer Bau-**Erfüllungs-** oder **-Nacherfüllungs**maßnahme verurteilt, richtet sich die Vollstreckung, wenn er untätig bleibt, nach §§ 887, 888 ZPO. In diesem Verfahren spielt die **Frage der materiellen Richtigkeit** des Titels **keine** Rolle.[13]

Für den baurechtlichen Bereich ist nur die Vorschrift des **§ 887 Abs. 1 ZPO** in Betracht zu ziehen, da Baumaßnahmen in aller Regel **vertretbare** Handlungen sind.[14] Geht es um „komplexe Baumaßnahmen mit Ungewissem Ausgang", bei denen mehrere zusammenwirken müssen, soll nach OLG München[15] allerdings eine unvertretbare Handlung im Sinne des **§ 888 ZPO** vorliegen. Kommt es entscheidend auf die unersetzbaren Fähigkeiten des Bauschuldners an, wird man von einer unvertretbaren Handlung ausgehen müssen.[16] Dies darzutun ist Sache des Gläubigers.

#### a) Vertretbare Handlungen

**2756** Vertretbare Handlungen i. S. des § 887 Abs. 1 ZPO sind immer solche, deren Vornahme auch durch einen Dritten an Stelle des Schuldners erfolgen kann. Bei ihnen ist es rechtlich und wirtschaftlich für den Bauherrn (den Gläubiger) unwichtig, ob sie der Schuldner (Unternehmer) selbst erfüllt oder etwa ein Dritter, der sog. **Drittunternehmer**.[17] Der Drittunternehmer muss also die Handlung, die vollstreckt werden soll, selbstständig – ohne **Mitwirkung** des verurteilten Unternehmers – vornehmen

---

12) OLG Frankfurt, NJW-RR 1996, 1219, 1220.
13) OLG Bamberg, NJW-RR 1998, 716.
14) BGH, BauR 1993, 111, 112 = ZfBR 1993, 61 u. BGHZ 90, 354, 360 = BauR 1984, 401.
15) NJW-RR 1992, 768; siehe ferner LG Bonn, BauR 1994, 138 für die Verpflichtung, „sämtliche tatsächlich angefallenen Baukosten mitzuteilen" (§ 888 ZPO).
16) Siehe *MünchKomm-Schilken*, § 887 ZPO, Rdn. 7.
17) OLG Hamm, OLGZ 1967, 250; *Schneider*, MDR 1975, 279.

können.[18)] Ist zur Vornahme der Handlung die **Zustimmung eines Dritten**, z. B. **Baunachbarn**, erforderlich, dann muss diese Zustimmung schon bei Erlass des Ermächtigungsbeschlusses nach § 887 Abs. 1 ZPO vorliegen.[19)] **Behördliche** („öffentlich-rechtliche") **Genehmigungen**, die erforderlich sind und fehlen, hindern einen Ermächtigungsbeschluss nach § 887 Abs. 1 ZPO allerdings noch nicht.[20)] Ist die Leistung zur Zeit des Verfahrens nach § 887 ZPO **unmöglich**, ist der Antrag zurückzuweisen. Die Beweislast für die Unmöglichkeit trägt der Schuldner. Die Ermächtigung nach § 887 ZPO berechtigt im Übrigen den Gläubiger auch, an Stelle des Schuldners unter Vorlage des Gerichtsbeschlusses um eine **Baugenehmigung** für die vorzunehmenden Arbeiten nachzusuchen.

Sind begleitende Einzelmaßnahmen erforderlich, um eine „Handlung" i. S. des § 887 Abs. 1 ZPO durchzuführen, so ändert dies an der Vollstreckbarkeit nach § 887 ZPO so lange nichts, als die notwendigen **zusammenhängenden Einzelmaßnahmen** ebenfalls als „Handlungen" i. S. des § 887 Abs. 1 ZPO zu qualifizieren sind. Diese Voraussetzung wird bei Bausachen ebenfalls immer gegeben sein.[21)] Auch sog. **Mischfälle, Lieferung und Einbau von Baumaterialien**, sind einheitlich nach § 887 Abs. 1 ZPO zu behandeln; denn im Baurecht wird die von dem Unternehmer zu erbringende **Bauleistung** gegenüber seiner Lieferverpflichtung immer im Vordergrund stehen. Sie ist nach der Verkehrsauffassung das Entscheidende und prägt sein Leistungsbild. Hat deshalb ein Unternehmer nach dem Urteil z. B „neue Fensterbänke zu liefern und zu montieren", handelt es sich um eine **einheitliche Bauleistung**, die als vertretbare Handlung nach § 887 Abs. 1 ZPO vollstreckt wird. Selbst wenn die Bauleistung mit der Abgabe einer Willenserklärung verbunden ist, kann sie noch unter § 887 Abs. 1 fallen.[22)] Demgegenüber liegt nach OLG Köln[23)] eine **unvertretbare** Handlung i. S. des § 888 ZPO vor, wenn der Unternehmer zur Erstellung einer **prüfbaren Schlussrechnung** verurteilt wird, der Umfang der erbrachten Leistungen für einen **Dritten** aber nicht mehr feststellbar sind.

**2757**

**Weitere Beispiele:**

OLG Hamm, OLGZ 1966, 443 für **Abschluss** eines **Vertrages** zwischen dem Schuldner und einem **Architekten** seiner Wahl über die Planung und Durchführung eines Bauvorhabens; OLG Zweibrücken, MDR 1974, 409 für **Maßnahmen** zur **Stützung** des **Nachbargrundstücks** (Absicherung eines Steilhangs); OLG Zweibrücken, OLGZ 1974, 318; JurBüro 1982, 939 für **Mängelbeseitigungspflichten** (gegen OLG Düsseldorf, OLGZ 1976, 376); OLG Frankfurt, JW 1925, 2346 – Änderung der Heizungsanlage; KG, JW 1924, 2038 – **Instandsetzung** der Beleuchtungsanlage; OLG Celle, NJW 1962, 595; OLG Hamm, NJW 1965, 2207 – **Beseitigung eines Bauwer-**

**2758**

---

18) OLG Schleswig, DGVZ 1966, 106.
19) OLG Frankfurt, MDR 1983, 141 = JurBüro 1983, 143 für die Vornahme von Schallschutzarbeiten von einem Nachbargrundstück aus.
20) Vgl. OLG Koblenz, BauR 1999, 942, 944; LG Köln, ZMR 1960, 317, 318; OLG Celle, MDR 1961, 859.
21) Vgl. auch *Schneider*, MDR 1979, 279, 280 mit Hinweis auf OLG Köln, JurBüro 1969, 363; KG, JW 1924, 2038 für den Fall eines Überbaues, wenn dazu ein Umbau nötig ist.
22) OLG Köln, ZMR 1973, 253 = DB 1972, 1030 für die Errichtung eines schlüsselfertigen Hauses durch einen Architekten; OLG Stuttgart, Die Justiz 1970, 49 für die Übereignung eines Grundstücks.
23) BauR 2001, 1788.

kes von einem zwangsgeräumten Grundstück, KG, JW 1927, 1945 – Instandsetzung von Fahrstuhl und Sammelheizung; OLG Köln, DB 1974, 2002 – Verpflichtung, einen Baukran oder Baugeräte nach seiner Wahl aus dem Sortiment zum Listenpreis zu kaufen; OLG Düsseldorf, JZ 1961, 293; OLG Celle, NJW 1962, 595 – **Abbruch** eines Gebäudes; OLG Hamm, NJW 1985, 274 = OLGZ 1984, 184 – für Maßnahmen, dass der Verkehr auf ein Grundstück ausschließlich von einer bestimmten Straße aus erfolgt; OLG Düsseldorf, MDR 1998, 734 u. OLGR 1995, 36 – Verurteilung, „**die Feuchtigkeit**" an bestimmten Außenwänden „**zu beseitigen**" sowie „geeignete Isolierungsmaßnahmen zu treffen, die das erneute Auftreten von Feuchtigkeit verhindern" (anders: OLG Düsseldorf, OLGR 1995, 74 = BauR 1995, 423 für urteilsmäßige Verpflichtung, „das Kellergeschoss des Hauses des Gläubigers gegen von außen eindringende Nässe abzudichten"; Anwendung von § 888); OLG Köln, JurBüro 1995, 1405 für **Auskunft** und **Rechnungslegung**, wenn die Erfüllung des titulierten Anspruchs durch Einholung eines Sachverständigengutachtens möglich ist, ohne dass es der Mitwirkung des Schuldners bedarf (z. B. Mitteilung persönlichen Wissens); KG, NJW-RR 1999, 793 = BauR 1999, 438 zur Vollstreckung des Anspruchs auf „Freistellung von Gewährleistungsansprüchen"; OLG Koblenz, BauR 1999, 942 zum Antrag, „das Sondernutzungsrecht an dem Pkw-Einstellplatz in der offenen Doppelparkeranlage zu verschaffen, das im Aufteilungsplan gemäß Urkunde vom ... mit Nummer ... gekennzeichnet ist".

### b) Die Verweigerung der Handlung

**2759** In Bausachen stellt sich immer wieder die Frage, **ab wann frühestens** der Gläubiger/Bauherr[24] einen Antrag aus § 887 Abs. 1 ZPO stellen kann. § 887 Abs. 1 ZPO spricht von „**Verweigerung der Handlung**". Damit sind Fälle gemeint, in denen der **Bauwerkunternehmer**, aus welchen Gründen auch immer, **selbst** nichts tut. Allerdings ist dem Bauwerkunternehmer zur Erfüllung seiner urteilsmäßigen Nachbesserungspflicht immer eine gewisse „**Ausführungsfrist**" zuzubilligen; denn im Verfahren nach § 887 ZPO hat das Gericht jedenfalls auch zu prüfen, ob der Unternehmer seiner Verpflichtung, die Nachbesserung vorzunehmen, seit dem Eintritt der Vollstreckbarkeit des Schuldtitels hätte nachkommen können.[25] Die Ausführungsfrist, die dem Schuldner nach den Umständen des Einzelfalles zu belassen ist, kann von dem Gläubiger nicht mit der Aufforderung unterlaufen werden, der Schuldner möge sich kurzfristig zu seinem Sanierungskonzept äußern.[26]

Das ist eine Frage des Einzelfalles:

So wird es einem Unternehmer bei einem größeren Bauvorhaben mit umfangreichen Nachbesserungsarbeiten nicht möglich sein, unmittelbar nach Erlass des vorläufig vollstreckbaren Titels mit den Arbeiten zu beginnen. Er wird möglicherweise die Baustelle neu einrichten müssen, möglicherweise wird er auch noch einen Architekten oder Fachmann hinzuziehen müssen, um seine Nachbesserungspflichten erfüllen

---

[24] Nach erfolgreicher Klage eines **Erwerbers**/einzelnen Wohnungseigentümers kann dieser gemäß § 887 Abs. 1 und 2 ZPO ermächtigt werden, auf Kosten des Bauträgers die Mängel am **Gemeinschaftseigentum** zu beseitigen (OLG München, BauR 2006, 2098).
[25] OLG München, MDR 1962, 487.
[26] OLG Köln, Beschluss vom 18. 2. 1997 – 15 W 146/96.

**Das Verfahren nach § 887 Abs. 1 ZPO**

zu können; insbesondere muss dem Unternehmer aber auch zukünftig die Zeit bleiben zu prüfen, ob er die von ihm geschuldete Nacherfüllung etwa durch eine **Neuherstellung** bewirken will. Das braucht seine Zeit.

Deshalb ist es anerkannt, dass dem **Unternehmer** nach dem Eintritt der Vollstreckbarkeit des Titels jedenfalls **genügend Zeit gelassen werden muss**, um den Mangel zu beseitigen oder eine Neuherstellung vorzunehmen.[27] **2760**

Der Bauherr braucht bei seinem Antrag nach § 887 Abs. 1 ZPO allerdings nur zu behaupten, dem Schuldner/Unternehmer sei angemessene Zeit gewährt worden. Wird das von dem Unternehmer bestritten, so ist nach der Entscheidung des OLG Zweibrücken[28] darüber gegebenenfalls **Beweis zu erheben**.

In der Praxis sind vor allem aber diejenigen Fälle bedeutsam, in denen der **Unternehmer** das **Recht zur Nachbesserung/Nacherfüllung nach Urteilserlass verloren** hat. Das ist der Fall, wenn er sich weigert, die Mängelbeseitigung in Angriff zu nehmen, oder wenn er – nach angemessener Fristsetzung – nicht beginnt. Ob das Nachbesserungsrecht des Unternehmers analog § 634 Abs. 1 Satz 3 BGB a. F. bereits mit Ablauf einer in einem Vergleich **vereinbarten Nachbesserungsfrist** („Mängel werden bis zum 15. Januar 1999 beseitigt") unterging, war zweifelhaft.[29] Jedenfalls ging in Anlehnung an § 634 Abs. 2 BGB a. F. das Nachbesserungsrecht des Unternehmers unter, wenn dem Bauherrn eine Mängelbeseitigung wegen Vertrauensverlustes nicht mehr zuzumuten war.[30] Nichts Anderes gilt für den **Nacherfüllungsanspruch**. Es ist dem Schuldner/Unternehmer also verwehrt, den Bauherrn hinzuhalten oder irrezuführen.[31] **2761**

**Unzumutbar** ist dem Bauherrn das weitere Zuwarten, wenn der Unternehmer es vorzieht, nach Erlass des Urteils **andere Aufträge** auszuführen; denn dann kann der Bauherr im Zweifel den Eindruck haben, dass der Unternehmer auch in der Folgezeit den Nachbesserungsverpflichtungen aus dem Urteil nicht die Aufmerksamkeit und Sorgfalt widmen wird, wie dies der Bauherr erwarten darf.[32] In diesem Falle kann der Bauherr weitere Nachbesserungen durch den Unternehmer ablehnen, was in der Stellung eines Antrages nach § 887 Abs. 1 ZPO bereits hinreichend zum Ausdruck gebracht wird.[33] **2762**

### c) Die Mitwirkungspflicht des Bauherrn nach § 887 Abs. 1 ZPO

Ein besonderes Problem ist, wie eine **Mitwirkungspflicht des Bauherrn** bei einer Antragstellung nach § 887 Abs. 1 ZPO zu berücksichtigen ist. **2763**

Mitwirkungspflichten sind in vielfältiger Form denkbar. Der Unternehmer wird seiner Nachbesserungsverpflichtung aus dem Urteil im Zweifel ohne Mitwirkung des Bauherrn kaum nachkommen können. Oftmals scheitert gerade nach einem

---

27) Vgl. OLG Zweibrücken, JurBüro 1982, 939, 941 m. Nachw.
28) Vgl. OLG Zweibrücken, a. a. O.
29) Vgl. OLG Düsseldorf, MDR 1982, 61, 62.
30) So zutreffend: OLG Düsseldorf, a. a. O.; siehe auch OLG Koblenz, BauR 1998, 1050, 1051; OLG Hamm, MDR 1951, 47 im Anschluss an RGZ 104, 17.
31) *E. Schneider*, MDR 1975, 279, 281.
32) So OLG Düsseldorf, BauR 1978, 503, 504.
33) Vgl. auch BGH, LM § 634 Nr. 1 sowie RGZ, 104, 15, 17.

Urteil die Mängelbeseitigung an der erforderlichen Bereitschaft des Bauherrn, die Nachbesserung zu ermöglichen.

**2764** Mitwirkungspflichten können sich für den Bauherrn bereits aus dem Urteil ergeben. Mitwirkungspflichten sind, unabhängig von ihrer rechtlichen Einordnung,[34] in jedem Falle im Rahmen des § 887 Abs. 1 ZPO zu **beachten**:

**2765** * **Terminabsprachen**

Ist eine Frist nicht bereits vereinbart oder gesetzt worden (z. B. im Vergleich), ist zu prüfen, ob der Unternehmer die Mängelbeseitigung in Angriff nehmen müsste. Ist das zu verneinen, kommt ein Beschluss nach § 887 Abs. 1 nicht in Betracht. Verweigert der Bauherr **grundlos** die angebotene Nachbesserung/Nacherfüllung, ist sein gleichwohl gestellter Antrag nach § 887 Abs. 1 ZPO wegen Rechtsmissbrauchs zurückzuweisen.[35]

**2766** * **Bereitstellen von Plänen** und sonstigen für die Ausführung **erforderlichen Unterlagen**

Eine solche Mitwirkungspflicht kann sich ebenfalls bereits aus dem Urteil ergeben, muss es aber nicht. So kann sich erst nach Erlass des Urteils auf Grund neuer Erkenntnis zeigen, dass neue Pläne für die Mängelbeseitigung erforderlich werden. Insbesondere ist an den Fall zu denken, dass sich bei der Inangriffnahme der Nachbesserung/Nacherfüllung ergibt, dass der Mangel auch auf einem **Planungsverschulden des Architekten** des Bauherrn beruht. Oder aber, der Planungsmangel des Architekten macht die Einholung eines weiteren Sachverständigengutachtens notwendig, weil das Gutachten aus dem Erkenntnisverfahren eine notwendige Detailplanung (für die Mängelbeseitigung) nicht enthält.

**2767** * **Behördliche Genehmigungen**, insbesondere Erlangung einer **neuen erweiterten Baugenehmigung bzw. Bauanzeige**

Solange eine erforderliche Baugenehmigung nicht von dem Bauherrn beigebracht wird, braucht der Unternehmer auch seiner urteilsmäßigen Verpflichtung nicht nachzukommen.

**2768** * **Erbringung von notwendigen Vorarbeiten durch den Bauherrn**

Wird ein Unternehmer verurteilt, seine Bauleistungen zu erfüllen oder nachzubessern, hat er nicht auch **fehlerhafte Vorarbeiten** eines anderen Unternehmers nachzubessern.[36] Solange der Bauherr dieser ihm obliegenden Verpflichtung nicht nachgekommen ist, hat auch der verurteilte Unternehmer nicht tätig zu werden. Ein Antrag des Bauherrn aus § 887 Abs. 1 wäre wegen Rechtsmissbrauchs zurückzuweisen.

**2769** * **Doppelte Zug-um-Zug-Verurteilung**

Schwieriger ist die Frage, wie zu verfahren ist, wenn eine doppelte Zug-um-Zug-Verurteilung vorliegt.

*Beispiel*

Der Bauherr wird verurteilt, 20.000 M an den Unternehmer zu zahlen, Zug um Zug gegen Nachbesserung bestimmter Mängel. Da der Bauherr für Baumängel mitverantwortlich ist (z. B. Pla-

---

[34] Vgl. dazu *Nicklisch*, BB 1979, 533 ff.; *Kaiser*, Rdn. 19; *Müller-Foell*, Die Mitwirkung des Bestellers beim Werkvertrag, 1982.
[35] OLG Zweibrücken, JurBüro 1982, 939, 941.
[36] BGH, WM 1972, 800, 801; vgl. Rein. 1527.

nungsmängel seines Architekten), wird er weiterhin verurteilt, 5000 M zu den Mängelbeseitigungskosten beizutragen.[37]

Nach der Entscheidung des **BGH** muss dies nunmehr auch in dem Urteilstenor selbst zum Ausdruck gebracht werden. Der **Tenor** kann deshalb z. B. lauten: **2770**

„Der Beklagte (Bauherr) wird verurteilt, an den Kläger (Unternehmer) 20.000 M zu zahlen, Zug um Zug gegen Beseitigung folgender Mängel ...; die Mängelbeseitigung hat Zug um Zug gegen Zuschusszahlung durch den Beklagten in Höhe von 5000 M zu erfolgen."

Durch diesen Titel wird festgelegt, dass der Unternehmer seine (restliche) Vergütung zwar nur Zug um Zug gegen Mängelbeseitigung erhält, dass er seinerseits aber die Nachbesserung **nur Zug um Zug gegen Zuschusszahlung** durchzuführen braucht (vgl. Rdn. 2745). Daraus folgt für die Kostenbeteiligungspflicht des Auftraggebers: „Hat er (der Auftraggeber)" einen **Titel** auf Mängelbeseitigung gegen Zuschusszahlung erstritten, so braucht er nicht vorzuleisten, sondern muss den Zuschussbetrag nur tatsächlich anbieten. Alsdann hat der Auftragnehmer die Nachbesserungsarbeiten zu erbringen und erhält daraufhin den Zuschuss ausbezahlt. Im Falle seiner Weigerung hat er unbeschränkt die Zwangsvollstreckung gemäß § 887 ZPO zu dulden. Im Rahmen der Entscheidung über den von ihm zu leistenden Kostenvorschuss (§ 887 Abs. 2 ZPO), also den voraussichtlichen Mangelbeseitigungsaufwand, ist die Zuschusspflicht des Auftraggebers zu berücksichtigen.[38] **2771**

#### d) Der Erfüllungseinwand des Unternehmers

*Literatur*
E. *Schneider*, Erfüllungseinwand bei der Handlungsvollstreckung nach § 887, JurBüro 1979, 335; *Bischoff*, Der Erfüllungseinwand in der Zwangsvollstreckung gemäß §§ 887 bis 890 ZPO, NJW 1988, 1957; *Huber*, Der Erfüllungseinwand des Schuldners in der Zwangsvollstreckung für Erwirkung von Handlungen und Unterlassungen, Festschrift für Merz (1992), 229.

Trotz eines Ermächtigungsbeschlusses nach § 887 Abs. 1 ZPO ist und bleibt der Unternehmer nach wie vor **berechtigt**, der ihm obliegenden Pflicht zur Nachbesserung bzw. Nacherfüllung (§ 635 Abs. 1 BGB n. F.) **selbst nachzukommen**.[39] Dieses Recht besteht, solange der Bauherr die von dem Unternehmer geschuldete Leistung nicht durch einen Dritten – Ersatzvornahme – hat ausführen lassen[40] oder der Gläubiger (ausnahmsweise) **berechtigte Zweifel** an der **Ernstlichkeit** des Erfüllungswillens des Unternehmers haben kann.[41] Deshalb muss ein Unternehmer schnell tätig werden, wenn er von seinem Recht Gebrauch machen will. Die bloße Erklärung, **2772**

---

37) Vgl. BGH, NJW 1981, 1448, 1449 = *SFH*, Nr. 6 zu § 12 VOB/B (1973); BGHZ 90, 354 = BauR 1984, 401 = ZfBR 1984, 176.

38) Handelt es sich dagegen um einen **Restwerklohntitel** mit doppelter **Zug-um-Zug-Verurteilung** (vgl. oben Rdn. 2742), so muss der Auftragnehmer ordnungsgemäß die Nachbesserung anbieten. Da er nur Zug um Zug gegen Kostenbeteiligung zu arbeiten braucht, hat er zunächst den Bauherrn zur Zuschusszahlung aufzufordern (entsprechend § 295 Satz 2 BGB). Lehnt dieser ab, kann der Vergütungstitel ohne Weiteres vollstreckt werden.

39) Vgl. BGH, NJW 1995, 3189; BGH, NJW 1993, 1394, 1395; RGZ 104, 15, 16; OLG Düsseldorf, BauR 1978, 503, 504; OLG Hamm, MDR 1951, 47; *Quadbeck*, MDR 2000, 570, 573.

40) Das Recht des Schuldners **endet** mit dem **Beginn** der **Umsetzung** des Beschlusses (SchlHOLG, OLGR 1998, 58).

41) BGH, NJW 1995, 3189, 3190; OLG Hamm, MDR 1951, 47; OLG Düsseldorf, MDR 1982, 61.

zur Erfüllung bereit zu sein, ist unbeachtlich, wenn er hätte erfüllen können.[42] In diesem Zusammenhang ist aber zu **beachten**, dass es Sache des Unternehmers ist (und bleibt), **wie er einen Mangel beseitigen will**; dieses Wahlrecht (§ 635 Abs. 1 BGB) kann auch noch **im** Vollstreckungsverfahren **ausgeübt** werden. Im Zweifel wird ihm daher auch von dem Gläubiger zu gestatten sein, die von ihm bezeichnete Art der Mängelbeseitigung durchzuführen. Zur **Prüfung** dieser Frage ist dem Schuldner (Unternehmer) eine **Ausführungs-(Überprüfungs-)Pflicht** einzuräumen (Rdn. 2759). Erklärt deshalb ein Unternehmer, er müsse für die Nachbesserung bzw. Nacherfüllung zunächst ein **„Sanierungskonzept erarbeiten"** und hierfür bedürfe er einer **sachverständigen Beratung**, kann in diesem Vorgehen noch keine Erfüllungsverweigerung gesehen werden. Macht ein **Schuldner** – nach Ersatzvornahme durch den Gläubiger – im Wege der Zwangsvollstreckungsgegenklage geltend, dieser habe die Erfüllung durch ihn treuwidrig „verhindert", so trägt er die Darlegungs- und Beweislast dafür, den Gläubiger vor Durchführung des Ermächtigungsbeschlusses **in Annahmeverzug** gesetzt zu haben.[43] Gelingt ihm dies, ist der Gläubiger auf Rückerstattung des gemäß § 887 Abs. 2 ZPO empfangenen Vorschusses oder auf Schadensersatz zu verurteilen.[44]

**2773** Das „Erfüllungsrecht" des Unternehmers nach Erlass eines Beschlusses gemäß § 887 ZPO und vor Ersatzvornahme ist indes in der **Praxis meist jedoch von untergeordneter Bedeutung**; denn in aller Regel hat der Bauherr als betreibender Gläubiger spätestens im Zeitpunkt des Beschlusses nach § 887 Abs. 1 ZPO das Recht erlangt, weitere Nachbesserungs-/Nacherfüllungshandlungen des Unternehmers zurückzuweisen (vgl. Rdn. 2761).[45] In der Regel wird zwischen Eintritt der Vollstreckbarkeit und Erlass eines Ermächtigungsbeschlusses nach § 887 so viel Zeit liegen, dass von einer „Unzumutbarkeit" der Nachbesserung/Nacherfüllung auszugehen ist.

**2774** In der Praxis sind die Fälle häufiger, in denen der Unternehmer mit der Nachbesserung/Nacherfüllung **beginnt, sie aber nicht zu Ende führt**. Zumindest beim Antrag nach § 887 ZPO will der Unternehmer dann (zumindest teilweise) **„Erfüllung"** geltend machen, um so einen Teil des Kostenvorschusses nach § 887 Abs. 2 ZPO zu vermeiden. Es ist **umstritten**, ob der Schuldner/Unternehmer mit einem solchen **Erfüllungseinwand** im Rahmen des § 887 Abs. 1, 2 ZPO überhaupt gehört werden darf oder ob er auf eine **Vollstreckungsgegenklage** (§ 767 ZPO) zu verweisen ist.

**2775** Für die **Teilerfüllung** kann nicht angenommen werden, dass der Unternehmer sich hierauf berufen kann. Für eine Vollstreckung eines Teils der titulierten Forderung/ Verpflichtung ist im Rahmen des Verfahrens nach § 887 grundsätzlich kein Raum. Eine solche Beschränkung sieht das Gesetz im Übrigen auch nicht vor. Der Unternehmer muss deshalb bei einer **teilweisen** Nachbesserung oder Neuherstellung (§ 635 Abs. 1 BGB) gegebenenfalls nach § 767 ZPO vorgehen.[46] Die Zwangsvollstreckung ist in diesem Fall „für unzulässig zu erklären, soweit sie wegen eines Anspruchs auf

---

42) OLG Düsseldorf, BauR 1978, 503, 504.
43) SchlHOLG, OLGR 1998, 58, 59.
44) Sog. **verlängerte Vollstreckungsabwehrklage**; s. hierzu: BGH, BauR 2005, 1664 = ZfBR 2005, 786 = NZBau 2005, 584; OLG Braunschweig, BauR 2005, 136; SchlHOLG, OLGR 1998, 58, 59, m. w. Nachw.
45) Vgl. insoweit vor allem OLG Frankfurt, NJW-RR 1989, 59.
46) Siehe BGH, BauR 1993, 111, 114 = ZfBR 1993, 61 sowie OLG Hamm, JMBl. NRW 1984, 45, 46; OLG Düsseldorf, BauR 1978, 503, 504 u. OLGR 1995, 36, 38.

## Das Verfahren nach § 887 Abs. 1 ZPO   Rdn. 2776-2777

Nachbesserung solcher Mängel erfolgt, die bereits ordnungsgemäß beseitigt sind" (BGH).

Darüber hinaus konnte bisher nach **weit verbreiteter Ansicht** der Unternehmer auch bei **vollständiger** Nachbesserung oder Neuherstellung grundsätzlich **nicht** damit gehört werden, er habe bereits erfüllt. Ein solcher Einwand wurde als **unzulässig** bezeichnet.[47] Diese Meinung verwies also den Unternehmer ausschließlich auf den Weg des § 767 ZPO **(Zwangsvollstreckungsgegenklage)**.   2776

Nach **anderer Ansicht**[48] war der **Erfüllungseinwand** im Rahmen des § 887 ZPO zu prüfen. Dabei wurde sogar die Ansicht vertreten, dass eine Begutachtung – etwa durch den schon vor Urteilserlass beauftragten und mit der Sache vertrauten Sachverständigen – zulässig und geboten sei.[49] Zutreffend war es, den Einwand dann zu berücksichtigen, wenn die Nachbesserungen oder die Neuherstellung unstreitig und zur Zufriedenheit des Bauherrn erfolgt waren[50] oder mit **präsenten Beweismitteln** von dem Unternehmer bewiesen werden konnten.[51] Erhob z. B. ein **Landgericht** über die Ordnungsmäßigkeit der erfolgten Nachbesserung oder Neuherstellung im Verfahren nach § 887 ZPO Beweis durch Einholung eines (schriftlichen) Sachverständigengutachtens, so war das **Oberlandesgericht** im Beschwerdeverfahren nicht gehindert, dieses Gutachten zu verwerten und die Erfüllung festzustellen.[52]

Der **BGH**[53] hat sich in dem Beschluss vom 5.11.2005 nunmehr für eine generelle Zulässigkeit des Erfüllungseinwandes ausgesprochen:   2777

> „Der Schuldner ist nicht nur im Verfahren der Vollstreckungsgegenklage, sondern auch im Zwangsvollstreckungsverfahren mit seinem Einwand zu hören, der vollstreckbare Anspruch sei erfüllt. Schon der Wortlaut des § 887 ZPO spricht dafür, dass die Nichterfüllung der geschuldeten Handlung eine tatbestandliche Voraussetzung für den Erlass des Ermächtigungsbeschlusses ist. Die anders lautende Formulierung des § 888 ZPO steht dem nicht entgegen. Im Zusammenhang mit § 887 ZPO gelesen, lässt sich ihr Wortlaut unschwer dahin verstehen, dass an das Merkmal der Nichterfüllung in § 887 ZPO angeknüpft und nur der unterschiedliche Anwendungsbereich deutlich hervorgehoben wird. Die Erheblichkeit des Erfüllungseinwands im Verfahren nach § 887 ZPO entspricht auch der Annahme des Gesetzgebers, der die Kostenvorschrift des § 891 Satz 3 ZPO mit der 2. Zwangsvollstreckungsnovelle vom 17.12.1997 [5] neu gefasst hat ...
>
> Die Prüfung des Erfüllungseinwands im Ermächtigungsverfahren nach § 887 ZPO statt erst bei der Vollstreckungsgegenklage kann prozessökonomisch sinnvoll sein. Eine Beweiserhebung über die Einwendungen des Schuldners ist, soweit nötig, in beiden Verfahren möglich und liegt stets in den Händen des Prozessgerichts. Das Vollstreckungsgericht ist im Verfahren nach § 887 ZPO ohnehin grundsätzlich verpflichtet, Beweis zu erheben, beispielsweise durch Einholung

---

47) So u. a.: OLG München, MDR 2000, 907; OLG Hamm, BauR 1996, 900; BauR 1994, 799; SchlHOLG, OLGR 1996, 284; OLG Düsseldorf MDR 1996, 309; OLG Köln, NJW-RR 1988, 1212 u. MDR 1993, 579.
48) OLG Frankfurt, JurBüro 1984, 304; MDR 1973, 323; OLG Köln, JMBl. NRW 1982, 153; OLG München, MDR 1991, 971.
49) OLG München, Rpfleger 1978, 388.
50) Vgl. OLG Frankfurt, MDR 1973, 323 – tatsächlich erfüllt.
51) In diesem Sinne: OLG Rostock, OLGR 2004, 23; OLG München, OLGR 2002, 240 = NJWRR 2002, 1034; OLG Köln, OLGR 2002, 61; OLG Hamm, BauR 1996, 900 = OLGR 1996, 220; OLG Koblenz, MDR 1991, 547.
52) OLG Hamm, BauR 1996, 900, 902; SchlHOLG, OLGR 1996, 284.
53) BauR 2005, 426 = NJW 2005, 367; ablehnend: *Schuschke*, BGHReport 2005, 197.

eines Sachverständigengutachtens zu der Höhe des notwendigen Kostenvorschusses nach § 887 Abs. 2 ZPO (vgl. BGH, Urteil vom 8.10.1992 – VII ZR 272/90 –, NJW 1993, 1394, 1395). Das Vollstreckungsverfahren würde auch nicht beschleunigt, wenn man den Schuldner auf den Weg der Vollstreckungsgegenklage verweisen würde. Nähmen die Gläubiger im vorliegenden Fall mit dem von der Schuldnerin zu leistenden Kostenvorschuss eine (erneute) Verlegung der Waschbetonplatten vor, wäre die Arbeit der Schuldnerin beseitigt und sie verlöre die Möglichkeit, für die Erfüllung Beweis zu erbringen. Bei Erhebung der Vollstreckungsgegenklage müsste der Schuldnerin mithin Vollstreckungsaufschub nach § 769 ZPO gewährt werden. Durch die Erhebung einer Vollstreckungsgegenklage würde das Verfahren angesichts der im Verfahren einzuhaltenden Fristen somit letztlich verzögert. Im Übrigen wäre im vorliegenden Fall auch nach der vom Reichsgericht (RGZ 167, 328, 334) vertretenen Meinung das Vollstreckungsgericht zur Entscheidung über den Einwand zuständig, weil es darum geht, ob die von der Schuldnerin unstreitig vorgenommenen Handlungen das sind, was der Titel ihr gebietet. Diese Frage kann das Prozessgericht als Vollstreckungsgericht auf Grund seiner Kenntnis vom Inhalt des Rechtsstreits am ehesten entscheiden."

**2778** Es ist deshalb dem Erfüllungseinwand auch dann nachtzugehen, wenn **unstreitig** eine Erfüllungshandlung (z. B. Nachbesserung oder Neuherstellung) vorgenommen worden ist, der **Gläubiger** (Bauherr/Auftraggeber) **aber behauptet**, die Erfüllungshandlung habe **nicht den gewünschten Erfolg** gehabt.[54] Auch in diesem Fall wird das Vollstreckungsgericht durch das Gutachten eines Bausachverständigen zu klären haben, ob die Mängel behoben sind oder nicht.

**2779** Der Unternehmer kann demgegenüber nicht den **Einwand** der unzulässigen Rechtsausübung (§ 242 BGB) oder der **Unverhältnismäßigkeit** der Kosten einer **weiteren** Nachbesserung erheben.[55] Er kann sich auch nicht darauf berufen, „die Vornahme der titulierten Handlung belaste ihn **unzumutbar** oder könne **nicht zum Erfolg führen**."[56] Der Schuldner muss insoweit eine Vollstreckungsgegenklage erheben und dabei die Voraussetzungen des § 767 Abs. 2 ZPO dartun und beweisen.

### 3. Der Ermächtigungsbeschluss

**2780** Über den Antrag nach § 887 ZPO entscheidet das Prozessgericht durch Beschluss. Der Bauherr ist zu ermächtigen, die nach dem vollstreckbaren Titel geschuldeten Baumaßnahmen[57] auf Kosten des Schuldners vornehmen zu lassen. Es braucht in dem Beschlusstenor nicht aufgenommen zu werden, wer mit der Bauleistung beauftragt werden kann. Für die **Kostenentscheidung** gelten nach § 891 S. 2 ZPO die §§ 91 bis 93, 95 bis 100, 106 und 107 ZPO entsprechend.[58]

---

54) OLG Köln (7. Senat), MDR 1993, 579 = OLGR 1993, 95; ebenso: OLG Stuttgart, Justiz 1994, 241; s. aber OLG Köln (19. Senat), MDR 1993, 579 = JurBüro 1993, 242.
55) OLG Düsseldorf, OLGR 1995, 74, 75.
56) BGH, BauR 2005, 1666, 1667 = NJW-RR 2006, 202.
57) Es ist **streitig**, ob in dem **Antrag** und/oder **Beschluss** nach § 887 Abs. 1 ZPO **die Art** und **Weise** der geschuldeten Handlung **offen bleiben** darf (bejahend: OLG Hamm, MDR 1983, 850 u. OLGR 1984, 254; OLG München, MDR 1987, 945; OLG Hamm, BauR 1996, 900, 902; verneinend: OLG Bamberg, NJW-RR 2000, 358; OLG Stuttgart, NJW-RR 1999, 792; OLG Frankfurt, JurBüro 1988, 259; OLG Köln, NJW-RR 1990, 1087).
58) Zur Kostengrundentscheidung nach Erledigung eines Antrages nach § 887 ZPO: KG Berlin, OLGR 2006, 828. Zu den anfallenden Zwangsvollstreckungsgebühren des **Anwalts** s. *Bischof*, in: Bischoff/Jungbauer u. a., Kompaktkommentar RVG, 2. Aufl. 2007, § 18, Rdn. 36 m. Nachw.

Entscheidet das Landgericht als Prozessgericht des ersten Rechtszuges über den Antrag nach § 887 ZPO, so unterliegt die sofortige Beschwerde hiergegen dem Anwaltszwang.[59]

## 4. Der Kostenvorschussanspruch (§ 887 Abs. 2 ZPO)

Auf Antrag des Bauherrn ist der Unternehmer zu einer **Kostenvorschusszahlung** zu verurteilen (§ 887 Abs. 2 ZPO). Der Unternehmer muss dem Bauherrn die **voraussichtlichen**, für die **Mängelbeseitigung** anfallenden Kosten vorschießen. Auch nach dem **SchRModG** bleibt es bei den Kosten für eine **Mängelbeseitigung**; die Kosten einer **Neuherstellung** sind wegen des **Wahlrechts** des Unternehmers nach § 635 Abs. 1 BGB n. F. allenfalls zu berücksichtigen, wenn der Bauherr von vornherein hinreichend darlegen (und ggf. beweisen) kann, dass nur eine Neuherstellung in Betracht kommt. Ein vorsteuerabzugsberechtigter Bauherr kann die auf den Sanierungsbetrag entfallende Mehrwertsteuer nicht verlangen.[60] Über den Vorschuss ist nach Mängelbeseitigung **abzurechnen**.

2781

Die **Höhe** des Vorschusses richtet sich ausschließlich nach den voraussichtlichen Kosten, die durch das Gericht nach billigem Ermessen auf Grund einer Schätzung festzulegen sind. Aufgabe des Vollstreckungsgerichts wird es im Einzelfall sein, „durch Auslegung des Titels Inhalt und Umfang der Nachbesserungspflicht zu klären"; andernfalls wird es kaum in der Lage sein, sachgerecht über den Antrag des Gläubigers nach § 887 Abs. 2 ZPO zu entscheiden.[61] Der Gläubiger ist deshalb auch nicht davon entbunden, „in seinen Antrag entweder die notwendigen Tatsachengrundlagen für eine Schätzung oder aber hinreichende Anknüpfungstatsachen für eine sachverständige Beurteilung" zu liefern.[62]

2782

Der Antragsteller/Bauherr wird deshalb zweckmäßigerweise, um dem Gericht eine ausreichende Beurteilungsgrundlage zu geben, **detaillierte Kostenanschläge** vorlegen oder wiederum ein **Gutachten** über die **Mängelbeseitigungskosten** einholen; solche Gutachterkosten sind notwendige **Kosten der Zwangsvollstreckung** (§ 788 ZPO) und daher erstattungsfähig.[63] Fehlen hinsichtlich der notwendigen Kosten jegliche Anhaltspunkte, ist insbesondere mit einem erheblichen Mangelbeseitigungsaufwand zu rechnen, so ist gegebenenfalls durch **Einholung eines (gerichtlichen) Sachverständigengutachtens** abzuklären, mit welchen Kosten im Einzelnen zu rechnen ist.[64]

Da der Einwand der (teilweisen) Erfüllung auch im Rahmen des § 887 Abs. 2 keine Berücksichtigung finden kann, ist er auch bei einem **Vorschuss** nicht zu berücksichtigen. Der Unternehmer muss deshalb, sofern er nicht den Weg des § 767 ZPO (Voll-

2783

---

59) OLG Koblenz, JurBüro 2001, 437.
60) OLG Hamm, a. a. O.
61) So BGH, BauR 1993, 111, 114 = ZfBR 1993, 61 = NJW 1993, 1394 = MDR 1993, 272; OLG Köln, OLGR 1996, 271.
62) So OLG Köln, OLGR 1996, 271.
63) OLG Frankfurt, MDR 1983, 140 = DB 1983, 495.
64) BGH, BauR 1993, 111, 114 = NJW 1993, 1394 = MDR 1993, 272; OLG Köln, OLGR 1996, 271; OLG Hamm, OLGZ 1984, 254, 255; OLG Düsseldorf, BauR 1984, 547, 548; auch BauR 1985, 602.

streckungsgegenklage) beschreiten will,⁶⁵⁾ die **Abrechnung** des Bauherrn über den gezahlten Vorschuss abwarten und einen wegen bereits vorgenommener Teilleistung nicht verbrauchten Vorschuss entsprechend zurückfordern. Beides, Abrechnung und gegebenenfalls Zurückzahlung, schuldet der Bauherr.⁶⁶⁾ Über die Angemessenheit der notwendigen (Vollstreckungs)Kosten ist ausschließlich im Festsetzungsverfahren nach **§ 788 ZPO** zu befinden.⁶⁷⁾ Wird im Rahmen dieses Verfahrens – **rechtskräftig** – festgestellt, dass der Schuldner einen zu hohen Vorschuss entrichtet hat, besteht (erstmals) der Rückforderungsanspruch.⁶⁸⁾

Erhebt der Unternehmer eine **Vollstreckungsgegenklage** (§ 767 ZPO) gegen den Ermächtigungsbeschluss nach § 887 Abs. 2 ZPO, sind die Einwendungen sorgfältig auf ihre Zulässigkeit hin zu überprüfen: So kann die Einrede der **Verjährung** oder **Verwirkung** im Rahmen einer Vollstreckungsgegenklage geprüft werden, während Einwendungen gegen die **Höhe** des zuerkannten Kostenvorschusses nicht zulässig sind.⁶⁹⁾

**2784** Im Rahmen des § 887 ZPO besteht für den Bauherrn auch die Möglichkeit, einen **weiteren Zuschuss** zu fordern, wenn der zunächst bewilligte Betrag nicht ausreicht (**Nachschussverpflichtung** des Unternehmers). Im Rahmen des § 887 Abs. 2 ZPO geht es nicht um eine endgültige, in Rechtskraft erwachsene Feststellung, sondern nur um eine kursorische Ermittlung der **voraussichtlichen Kosten**. Eine nachträgliche Verurteilung des Unternehmers zur Zahlung eines **weiteren** Betrages ist somit zulässig, sofern sich nur herausstellt, dass der dem Bauherrn zunächst zugesprochene Betrag nicht ausreicht.⁷⁰⁾ Allerdings muss das **Gericht** bei der Verurteilung zur Nachschusszahlung **selbstständig prüfen und begründen**, warum der Unternehmer als Vollstreckungsschuldner **weiteren** Vorschuss zahlen soll.⁷¹⁾

In **Ausnahmefällen** kann auch eine **weitere Leistungsklage** für den Bauherrn angezeigt sein, wenn trotz eines Ermächtigungsbeschlusses Streit über Umfang und Notwendigkeit des Sanierungsaufwandes besteht, der Unternehmer insbesondere nach der Mängelbeseitigung Wertverbesserungen geltend macht und deshalb keinen Ausgleich vom Bauherrn verlangt.⁷²⁾ Zahlt der Schuldner die festgesetzten Kosten der Ersatzvornahme nicht oder reichte dies nicht aus, um den geschuldeten Erfolg zu erreichen, kann der Gläubiger die Festsetzung der notwendigen Kosten noch im **Kostenfestsetzungsverfahren** beantragen.⁷³⁾

**2785** Zu beachten ist, dass der Vorschuss oder Nachschussanspruch des Bauherrn nicht mit der Begründung zurückgewiesen werden kann, der Bauherr könne sich ja aus einer (zurückgehaltenen) Bauforderung des Unternehmers befriedigen. Die durch den Erkenntnistitel geschaffene materielle Lage (Vorleistungspflicht des Unternehmers) darf dem Gläubiger nicht durch das Vollstreckungsverfahren nach § 887

---

65) Zum Ausschluss der Vollstreckungsgegenklage nach Zahlung eines Kostenvorschussanspruchs siehe OLG Nürnberg, IBR 2007, 87 – *Karczewski*.
66) OLG Düsseldorf, BauR 1978, 503, 505.
67) SchlHOLG, OLGR 1998, 58, 59.
68) SchlHOLG, a. a. O.; OLG Köln, OLGR 1996, 271, 272.
69) Vgl. BGH, BauR 1993, 111, 112 = ZfBR 1993, 61 = NJW 1993, 1394 = MDR 1993, 272.
70) OLG Hamm, OLGZ 1972, 311, 312; OLG Frankfurt, JurBüro 1976, 398; KG, OLGR 1993, 82.
71) OLG Frankfurt, JurBüro 1976, 398.
72) OLG Düsseldorf, BauR 1985, 602.
73) OLG München, JurBüro 1992, 270; KG, OLGR 1993, 82, 83; OLG Düsseldorf, a. a. O.

ZPO genommen werden.[74] Aus einem auf Nachbesserung gerichteten Vornahmetitel kann nach § 887 Abs. 2 ZPO allerdings keine Vorauszahlung mehr beansprucht werden, wenn der Gläubiger nach § 283 Abs. 1 Satz 2 BGB Schadensersatz wegen Nichterfüllung verlangt hat.[75]

### 5. Kosten der Zwangsvollstreckung (§ 788 ZPO)

*Literatur*
*Bauer*, Notwendige und nicht notwendige Kosten der Zwangsvollstreckung, JurBüro 1966, 989; *Fäustle*, Vollstreckungskosten gemäß § 788 ZPO, MDR 1970, 115; *Schimpf*, Zur Haftung mehrerer Vollstreckungsschuldner für die Vollstreckungskosten, MDR 1985, 102.

Nach § 788 Abs. 1 ZPO fallen die Kosten der Zwangsvollstreckung,[76] soweit sie notwendig waren (§ 91 ZPO), dem Unternehmer/Schuldner zur Last, und sie sind zugleich mit dem zur Zwangsvollstreckung stehenden Anspruch beizutreiben. Zu diesen Kosten gehören auch **Finanzierungskosten**, die der betreibende Bauherr/Gläubiger aufwenden muss, um die Ersatzvornahmekosten, die über den durch den Unternehmer gezahlten Vorschuss hinausgehen, zu finanzieren.[77] Allerdings wird eine Erstattung nicht in Betracht zu ziehen sein, wenn der Unternehmer in der Lage war, einen entsprechenden Vorschuss zu zahlen. Denn der Schuldner darf auch im Rahmen des § 788 ZPO nicht mit unnötigen Kosten belastet werden (z. B. Finanzierungskosten), die über einen entsprechenden Nachschussanspruch hätten hereingeholt werden können. Zu den notwendigen Kosten einer Vollstreckung gehören bei **umfangreichen** Bauarbeiten in der Regel auch **Architektenhonorare**, soweit sie der Architekt nach der HOAI beanspruchen kann. Der Gläubiger ist berechtigt, sich bei solchen Arbeiten der sachkundigen Hilfe eines Architekten zu bedienen.[78] Unter die nach § 788 ZPO notwendigen Kosten der Zwangsvollstreckung können nach den Umständen des Einzelfalles auch die Kosten eines **Privatgutachtens** fallen.[79] Wird die **Angemessenheit** von Ersatzvornahmekosten gemäß § 887 ZPO im Rahmen des Kostenfestsetzungsverfahrens geprüft, so ist deren Notwendigkeit daran zu messen, was eine verständig abwägende Partei in der konkreten Situation für notwendig halten durfte.[80] Eine **Schätzung** gemäß § 287 ZPO ist möglich.[81]

**2786**

---

74) So zutreffend: OLG Hamm, BauR 1984, 547, 548 = JurBüro 1984, 1260 = MDR 1984, 591 = OLGZ 1984, 254.
75) OLG Düsseldorf, BauR 1986, 217.
76) Zu den notwendigen Kosten (Vorbereitung und Durchführung) der Zwangsvollstreckung: *Schuschke/Walker*, § 788 ZPO, Rdn. 10 ff.
77) So OLG Düsseldorf, BauR 1984, 298 = MDR 1984, 323.
78) OLG Düsseldorf, JurBüro 1985, 471; siehe auch OLG Nürnberg, BauR 1993, 89, 90 für „Regiearbeiten".
79) OLG Zweibrücken, JurBüro 1986, 467. Das OLG München (JurBüro 1998, 266) bezieht sogar die **Ersatzvornahmekosten** in das Kostenfestsetzungsverfahren ein, die bereits Gegenstand eines Vorschusstitels sind.
80) Vgl. OLG Nürnberg, BauR 1993, 89, 90; KG, OLGR 1993, 82, 83.
81) OLG München, JurBüro 1992, 270.

# Stichwortverzeichnis

Das Verzeichnis ist alphabetisch geordnet; die angeführten Zahlen bezeichnen die Randnummer, unter der die Erörterung zu dem betreffenden Stichwort zu finden ist.
Folgende Abkürzungen werden verwendet:
A = Architekt
BH = Bauherr
BU = Bauunternehmer
SF = Sonderfachmann
SV = Sachverständiger

## A

**Abbrucharbeiten**
– Verjährung 2381
– Sicherheitseinbehalt 1256
**Abbruchkosten** 1668
**Abkürzungen**
– Verjährungsfristen 2240, 2336
**Ablehnung des Sachverständigen** 2647 ff.
– im selbstständigen Beweisverfahren 60 ff.
– Zeitpunkt für die Ablehnung 62 ff.
**Ablehnung des Vertragsabschlusses** 1891
**Ablehnung wegen Befangenheit**
– Rechtsprechungsübersicht 2648 ff.
– durch Streithelfer 67, 567
**Abmahnung**
– Bauhandwerkersicherungshypothek 304
– Kündigung 946, 1315
**Abnahme**
– und Abrechnungsverhältnis 1337
– Abschlagszahlungen 1337
– Anfechtung 1339
– der Architektenleistung 961 ff., 2397 ff.
– und Aufmaß 1339
– und Beweislast 1343
– und Einrede gemäß § 320 BGB 2524 ff.
– Erlöschen des Erfüllungsanspruchs 1343, 1546, 1611
– durch Fertigstellungsbescheinigung 1357 ff.
– fiktive Abnahme 1385 ff.
– förmliche Abnahme 1348 ff., 1384
– durch Fristablauf 1364
– Gemeinschafts- und Sondereigentum 504 ff.
– als Hauptpflicht 1339
– konkludente Abnahme 1353 ff.
– Kosten 1339
– und Kündigung 1362
– Mängelbeseitigungsleistungen 1559
– Mängelfreiheitsbescheinigung 1336
– Nachbesserungsklage nach Abnahme 1559, 1622
– Nachbesserungsklage vor Abnahme 1550, 1610 ff.
– durch schlüssiges Verhalten 1353 ff.
– selbstständige Klage 1339
– und Subunternehmervertrag 1341
– Teilabnahme 1365
– der Unternehmerleistung 1339 ff.
– „vergessene" förmliche Abnahme 1351
– Vergütungsgefahr 1343 ff.
– Verweigerung 1366, 1383
– nach VOB 1357 ff.
– Vollmacht des A 1077
– Vorabnahme 1349
– Vorbehalt von Gewährleistungsansprüchen 2272 ff.
– Vorbehalt der Vertragsstrafe 2278 ff.
– durch Wohnungseigentümer 504 ff.
– Zeitpunkt 1340 f.
**Abnahmeklauseln** 1341
– Gemeinschaftseigentum 509
**Abnahmeniederschrift** 1350
**Abnahmeprotokoll** 1350
**Abnahmereife** 1339
**Abnutzung** 1514
**Abrechnung nach Aufwand** 1117
**Abrechnung nach Kündigung**
– Pauschalvertrag 1206
**Abrechnungsaufwand**
– beim Pauschalvertrag 1206
**Abrechnungsvereinbarung**
– Architektenhonorar 792
**Abrechnung des Vorschusses** 1605 ff.
**Abrechungsvertrag** 992
**„Abrufen" von Leistungen**
– beim Architektenvertrag 747
**Abschlagsrechnung**
– Verjährung 2368, 2372 ff.
**Abschlagszahlungen** 1218 ff.
– abgeschlossene Teilleistung 1218 a
– Abnahme 1222, 1337
– AGB-Regelungen 1236
– als Anerkenntnis 1224, 2015, 2041
– als A 980 ff.
– Ausgleichung von Überzahlungen 1918, 1224, 985

1649

**Abschlagszahlungsbürgschaft**

- Baufortschritt 1230, 1237
- an BU 1218 ff.
- Fertighausvertrag 1238
- gerichtliche Geltendmachung 984, 1228
- Leistungsverweigerungsrecht 1226
- Makler- und Bauträgerverordnung 1230 ff.
- Mehrwertsteuer 1220, 1274
- prüfbare Rechnung 1219
- Schlussrechnung 1228
- Verjährung 2368
- vertragsgemäße Leistung 1218 b
- VOB-Vertrag 1219

**Abschlagszahlungsbürgschaft**
- Überzahlung 1239

**Abstimmung der Leistungsphasen** 790

**Abtretung**
- Architektenhonorar 600

**Abtretung von Gewährleistungsansprüchen**
- Änderung der BGH-Rechtsprechung 2203, 2204
- Auslegungsregeln 2200
- Feststellungsklage 429
- Haftungsausschluss 2199 ff.
- im Individualvertrag 2198
- Leistungsverweigerungsrecht 2541 ff.
- Sicherungsabtretung 2206
- Vorschussanspruch 1592

**Abtretung von Werklohnforderungen**
- Abtretungsverbote 1034
- und Bauhandwerkersicherungshypothek 232
- und § 354 a HGB 1034
- Honorarforderung des A 600

**Abtretungsanzeige**
- Vollmacht des A 1077

**Abtretungsverbote** 1034

**Abwehranspruch** 400, 2088

**Abweichungen vom Bauvertrag** 1161

**Abzahlungsgesetz** 1040, 1447

„**Abzug neu für alt**" 2471

**AGB-Recht (§§ 305 ff. BGB) s. auch Allg. Geschäftsbedingungen**
- Abänderung der Beweislast 2173 ff.
- Abschlagszahlungen 1236
- Aufrechnungsverbot 2574 ff.
- Beschränkung auf Nacherfüllung 2207 ff.
- Beweislast 2173 ff., 2252 ff.
- EG-Richtlinie 93/13 EWG 2142
- geltungserhaltende Reduktion 1023, 2168 ff.
- Gerichtsstandsvereinbarung 420
- Haftungsfreizeichnungen 2182 ff.
- Kaufleute 2179 ff.
- Leistungsverweigerungsrecht 2532
- notarieller Vertrag 2161 ff.

- Umsatzsteuer 1276
- unmittelbarer Schaden 2257 ff.
- Verjährung 2239 ff.
- Verwender 2143 ff.
- VOB 1006 ff.
- widersprechende AGB 2177 ff.
- zeitliche Begrenzung 2239 ff.
- Zurückbehaltungsrecht 2513

**Akontorechnungen**
- und Mehrwertsteuer 1272

**Akquisitionstätigkeit**
- des A 611 ff.

**Aktivlegitimation**
- Gemeinschaftseigentum 471 ff.
- bei Mängeln am Gemeinschaftseigentum 471 ff.
- und Prozessführungsbefugnis 473 ff.
- Werklohnanspruch 1034 ff.
- Werklohnklage 1034 ff.

**Alleinunternehmer** 1049

**Allgemein anerkannte Regeln der Baukunst/Technik** 1459 ff.
- Änderung nach Abnahme 1467
- Anerkennung in Theorie und Praxis 1459
- und Aufklärungspflicht 1466
- und Baumangel 1457
- Begriff 1459
- Beispiele 1460
- Beweislastregeln 1461
- DIN-Norm 1460 ff.
- Hinweispflicht 1466
- maßgebender Zeitpunkt der Beurteilung 1467 ff.
- Planungsfehler 1483
- Sachverständigengutachten 1469
- Sowiesokosten 1467
- und Schallschutz 1464
- Veränderung 1462
- und Wärmeschutz 1465
- Zusatzarbeiten 1467

**Allgemeine Geschäftsbedingungen(s. auch AGB-Gesetz)**
- Abgrenzung von Formularvertrag 2142 ff.
- Abgrenzung von Individualabrede 2142 ff.
- Abtretung von Mängelansprüchen 2196 ff.
- Altbausanierung (Haftungsausschluss) 2184
- arglistiges Verschweigen 2192
- Aufrechnungsverbot 2574
- Aufwendungen der Nachbesserung 2210
- Aushandeln 2151 ff.
- Auslegungsregeln 2200
- und Bauhandwerkersicherungshypothek 193
- Bauträger 2232

# Anfechtung

- Bauwasser 2172
- Beschränkung auf Nachbesserung 2207 ff.
- Beweislast 2173 ff., 2252 ff.
- EG-Richtlinie 93/13 EWG 2142
- Eigentumswohnung (Haftungsausschluss) 2184, 2188
- Einheitsarchitektenvertrag 2230, 2240
- Einzelfälle 2182 ff.
- Fertighausvertrag 2232, 2235
- Formularbedingungen 2156
- geltungserhaltende Reduktion 2168 ff.
- Garantie 2186
- Gerichtsstand 414 ff.
- Gestellung 2146 ff.
- Haftungsausschluss 2179
- Haftungsfreizeichnungen 2141 ff.; 2167
- Handelsreformgesetz (Kaufmannsbegriff) 2179
- Hinweis auf Rechte 2216
- Individualvereinbarung 2151 ff.
- Inhaltskontrolle notarieller Verträge 2166 ff.
- Kaufleute 2179, 2261, 2269
- Kollision von AGB 2177
- Leistungsbeschreibung 2171 ff.
- Leistungsverweigerungsrecht 2532
- Mehrfachverwendungsanschein 2150
- Minderung 2212
- Nachbesserung 2210
- notarieller Vertrag 2154, 2161 ff.
- öffentlicher Auftraggeber 2145
- öffentlich-rechtliche Kunden 2178 ff.
- Pauschalierung von Ersatzansprüchen 2227 ff.
- selbstentworfenes Vertragsmuster 2162
- Sicherungshypothek 179
- „sichtbare" Mängel 2189
- Sondereigentum 2207
- Subsidiaritätsklausel 2203 ff., 2262 ff.
- unmittelbarer Schaden 2257 ff.
- Verletzung der Nachbesserungspflicht 2216
- Verschulden 2248 ff.
- Vertragsstrafe 2052 ff.
- Vielzahl von Verträgen 2147 ff.
- VOB 1006 ff., 2244
- vollständiger Haftungsausschluss 2184 ff.
- von Dritten formuliert 2148
- Wandelung 2182, 2212
- widersprechende AGB 1028, 2171
- wirtschaftliches Abhängigkeitsverhältnis 2146
- Zahlungsunfähigkeit 2195
- zeitliche Begrenzung 2240 ff.
- zugesicherte Eigenschaft 2187, 2223 ff.
- Zurückbehaltungsrecht 2513 ff.

**Allgemeines Leistungsstörungsrecht**
- vor Abnahme 1545
- und Mängelrechte 1545, 1556

**Allgemeine Technische Vertragsbedingungen für Bauleistungen (ATV) DIN 18 299** 1144

**Altbausanierung** 1446, 2188, 2191

**Alternative Schuldnerschaft** 548, 1438

**Alternativleistungen** 865

**An- und Abfahrtskosten** 1215
- als Nebenleistung 1144

**Alternativposition** 1170

**Änderung des Architektenauftrages**
- Honorarvereinbarung 755

**Änderung des Bauentwurfs**
- und Werklohn 1149, 1185

**Änderungsleistungen des A** 865 ff.

**Anerkenntnis** 2014 ff.
- Abschlagszahlungen 1224, 2015, 2041
- Anerkenntnisvermerk des BH 2028
- bei Bauhandwerkersicherungshypothek 303
- deklaratorisches 2019, 2026, 2038
- Formen 2015 ff.
- gemeinsames Aufmaß 2033 ff.
- konstitutives 2018
- zur Mängelbeseitigung 2022
- Nachbesserungsversuche 2022
- öffentlicher Auftraggeber 2036
- Prüfvermerk auf Schlussrechnung des BU 2030 ff.
- von Rechnungen durch den A 1077
- Rechtsprechungsübersicht 2043 ff., 2430 ff.
- Sicherheitsleistungen 2015
- von Stundenlohnarbeiten 2023 ff.
- Stundungsabreden 2015
- Verjährungsunterbrechung 2015, 2121 ff.
- Vermerk des BH unter Honorarrechnung des A 2028

**Anfechtung** 2325 ff.
- Ablaufhemmung 2325
- der Abnahme 1356, 2338
- Anfechtung nach § 119 BGB 2338 ff.
- und Anscheinsbeweis 2326
- des Architektenvertrages 608
- arglistige Täuschung 2325 ff.
- Darlegungslast 2333
- Doppelirrtum 2341
- Erfüllungsgehilfe 2329
- Erklärungen „ins Blaue" 2326
- Hinweispflicht des BU 2328
- Irrtumsanfechtung 2338 ff.
- Kalkulationsirrtum 2339 ff.
- bei Mängeln 2328 ff.

1651

**Angebot**

- Organisationsverschulden 2333 ff.
- Rechnung 1401
- Subunternehmer 2329
- bei Stundenlohnvertrag 1215
- Verjährungsfrist 2325

**Angebot**
- freibleibend 1124

**Angestellter Architekt** 606

**Anhörung des Sachverständigen** 85, 112, 2656 ff.

**Anhörungsantrag (§ 411 Abs. 3 ZPO)**
- des Schiedsgutachters 545
- durch Streithelfer 566
- und Verspätung 592

**Annahmeverzug**
- Nachweis 2730
- und Vollstreckung 2730

**Anordnung durch den BH** 1517

**Anrechenbare Kosten** 819 ff.
- und Baukostengarantie 829
- vorhandene Bausubstanz 848
- DIN 276 820 ff.
- Kündigung 834 ff.
- Mehrleistungen 840
- Nachträge 843
- und Pauschalhonorar 831
- Provisionen 841
- Verlängerung der Bauzeit 874

**Anscheinsbeweis** 2595 ff.
- Architektenbindung 690
- Auftragsumfang bei Architektenvertrag 773 ff.
- Bauaufsichtsverletzung 2605
- Beweiswürdigung 2679
- und Darlegungslast 2596
- DIN-Norm 1461
- Erleichterung der Beweisführung 2599
- Erschütterung 2605
- Grundsätze 2605
- bei Mängelbeseitigung 1573
- bei Mängeln 1558, 1623
- bei Pflichtverletzung 2602
- Rechtsprechungsübersicht 2603
- typischer Geschehensablauf 2600 ff.
- Verkürzung der Darlegungslast 2595

**Anscheinsvermutung**
- für bestimmten Auftragsumfang beim A 773 ff.

**Anscheinsvollmacht**
- des A 1071, 1085 ff.
- Vertragsverhandlungen 1086
- Zusatzaufträge 1086

**Anschlussauftrag** 1157

**Anteilige Haftung**
- bei Bauherrengemeinschaften 1038

**Antizipiertes Sachverständigengutachten** 1469

**Antrag**
- Beweissicherungsverfahren 36
- einstweiliges Verfügungsverfahren 376
- Feststellungsklage 446
- Schutzschrift 339
- unbezifferter 449

**Änderung**
- durch Anordnungen des AG/Werklohn 1149
- des Bauentwurfs/Werklohn 1149, 1185
- der Bauzeit/Honorar des A 874 ff.
- der Leistungen des A 865 ff.
- der Leistungen des BU 1149 ff.
- der Preisermittlungsgrundlage 1150

**Änderungsvorschlag**
- Werklohn 1148

**Anordnungen des AG (§ 2 Nr. 5 VOB/B)** 1149 ff.

**Anwaltshaftung** 571

**Anwaltszwang**
- Schutzschrift 341

**Anweisung des BH** 1517

**Anzeigenverfahren**
- Baugenehmigung 962

**Anzeigepflicht**
- des BU 1519 ff.
- Grenze 1522
- Rechtsprechungsübersicht 1523
- und mitwirkendes Verschulden 1522
- Nachfolgeunternehmer 1529 ff.
- Sachkunde des BH 1520
- gegenüber der Vorleistung 1527

**Arbeiten**
- an einem Bauwerk 2380
- an einem Grundstück 2381

**Arbeitnehmerüberlassungen** 1063

**Architekt**
- Anerkennung von Rechnungen 1077
- Anscheinsvollmacht 1085 ff.
- Auftragserteilung durch A 1064 ff.
- ausdrückliche Vollmacht 1079
- Duldungsvollmacht 1084
- Gesamtschuldner 1972 ff.
- Honorarklage 600 ff.
- Mängel des Architektenwerkes 1475 ff.
- Mitwirkung bei Nachbesserung 1572, 1646
- Nachbesserungsrecht des A 1642 ff.
- Nebenpflichten 1762 ff.
- originäre Vollmacht 1072
- Privatgutachten 148

- und SchRModG 1475 ff.
- Sekundärhaftung 1508
- Subunternehmer 607
- Verkehrssicherungspflicht 1859

**Architektenbindung** 668 ff.
- Abstandszahlung 678
- Abwicklung 695
- Architektenwettbewerb 681
- Baubetreuungsvertrag 683
- Bauträger 682
- Beweislast 693
- Erbbaurecht 676
- Festpreisgarantie 695
- Generalübernehmervertrag 682
- Honorar 695
- Kenntnis 674
- ungerechtfertigte Bereicherung 1910 ff.
- unzulässige Rechtsausübung 696
- Vorvertrag 675
- bei wirtschaftlicher Verflechtung 680
- Wohnungsbauunternehmen 683
- Wohnungseigentum 686

**Architekteneigenschaft**
- fehlende 608

**Architekten-Formularvertrag**
- Ausgleichsansprüche 1997 ff.
- Haftungsbegrenzung 2230, 2254
- Subsidiaritätsklausel 2262 ff.

**Architektengesetze** 603

**Architektenhonorar** (s. HOAI und Honorarklage des A)

**Architektenleistungen** 858 ff.

**Architektenvertrag**
- Architektenbindung 668 ff.
- Auftragsumfang 773 ff.
- Baugenehmigung 656
- Bedingung 656
- Bestätigungsschreiben 627, 735
- Darlegungslast für Abschluss 600, 612 ff.
- internationaler 609
- Koppelungsverbot 668 ff.
- Kündigung 938
- Rahmenvertrag 746
- Rechtsnatur 212, 645 ff.
- stufenweise Beauftragung 666
- unverbindlicher Auftrag 611 ff.
- Vertragsparteien 664
- Vorarbeiten 629 ff.
- Vorvertrag 632, 746
- Wirksamkeit 654 ff.

**Architektenwerk**
- Kernbereich 1762

- Koordinierungsmängel 1493 ff.
- Mängel 1475 ff.
- mangelhafte Objektüberwachung/Bauüberwachung 1496 ff.
- Nebenpflichten 1762
- Planungsfehler 1477 ff.

**Architektenwettbewerb** 628, 638 ff.
- Koppelungsverbot 681

**ARGE**
- Erfüllungsort 420
- Kammer für Handelssachen 413
- Parteifähigkeit 413
- Rechtsfähigkeit 1062
- Vertrag 1061

**Arglistige Täuschung** 2325 ff.
- durch Architekt/Unternehmer 2333 ff.
- durch Erfüllungsgehilfen 2329
- durch Vertreter 2330
- Organisationsmangel 2333 ff.
- Rechtsprechungsübersicht 2336
- SchRModG 2325

**Arglistig verschwiegener Mangel** 2325 ff., 2378, 2395

**Arrest**
- Anwendungsbereich 388
- Arrestgrund 391
- und Bauhandwerkersicherungshypothek 393
- Gefährdung 390
- Grund 391
- Rechtsbeschwerde 395
- Sicherheitsleistung 394
- Sicherungsvollstreckung 393
- Straftat als Arrestgrund 392
- Veräußerung 391
- vertragswidriges Verhalten als Arrestgrund 392
- Vollziehungsfrist 395
- Widerspruch 395

**Asbestsanierung** 399

**Aufgedrängte Bereicherung** 2580 ff.
- Abwehrrecht 2583
- Bau auf fremdem Grund und Boden 1928
- Baukostenüberschreitung 2580
- Bausummenüberschreitung 1803
- Grundsätze 2582 ff.
- nützliche Verwendungen 2582
- und SchRModG 2580
- und Wegnahmerecht 2584 ff.

**Aufklärungspflichten**
- des A über Honorarhöhe 626, 763
- zum Formerfordernis 721

**Auflagenbeschluss** 524

**Auflassungsvormerkung** 247

**Aufmaß**
- beim Einheitspreisvertrag 1165 ff.
- gemeinsames Aufmaß als Anerkenntnis 1394, 2022 ff.
- beim Pauschalpreisvertrag 1179
- Vereitelung 1166, 1206
- Vollmacht des A 1078

**Aufrechnung** 2545 ff.
- Aufrechnungsverbote 2571 ff.
- Aussetzung des Rechtsstreits 2554
- Bauträger 2563
- durch Bauträger gegenüber Erwerber 2563
- Beweiserhebungstheorie 2560
- Doppelwirkung der Prozessaufrechnung 2549
- EuGVVO 2553
- Eventualaufrechnung 2559 ff.
- Fälligkeit 2564
- Feststellungsklage 461
- Freigabeanspruch 2562
- mit Freistellungsanspruch 2562
- Hilfswiderklage 2579
- internationale Verträge 2553
- Kostenerstattungsanspruch 2561
- materielle Voraussetzungen 2561 ff.
- Minderung 2568
- Prozesssituation 2545
- Rechtshängigkeit 2554
- Rechtskraft 2558
- schiedsgebundene Forderung 2552
- Sicherheitsbetrag 2567
- durch Streithelfer 566
- Teilforderung 2566
- Verjährung 2569
- Verrechnung 2576 ff.
- Verspätung 2557
- Vertragsstrafe 2060
- Vorbehaltsurteil 2577
- bei vorbehaltloser Annahme der Schlusszahlung 2290
- Widerklage 2546, 2578 ff.
- Zurückbehaltungsrecht 2516

**Aufrechnungsverbot** 2571 ff.
- Grundsatz von Treu und Glauben 2573
- Hilfswiderklage 2579
- Teilwerk 2576
- Widerklage 2578
- Zurückbehaltungsrecht 2516

**Auftragsentziehung**
- und Mängelbeseitigung 1617

**Auftragserteilung an den Architekten**
- HOAI als Grundlage 701
- Honorarvereinbarung 740

- Schriftform 735
- vertragliche Bindung 611
- Vorarbeiten 629
- Vorvertrag 632

**Auftragshöchstsumme** 1023

**Auftragsumfang**
- Anscheinsvermutung 773

**Auftragsvergabe durch den A** 1064 ff.

**Aufwandsabrechnung** 1117

**Aufwandsentschädigung**
- Architektenwettbewerb 638, 719
- ohne Auftrag 701

**Aufwendungen s. Ersparte Aufwendungen**
- eigene 1584

**Augenschein** 110, 2626, 2698

**Ausforschung**
- selbstständiges Beweisverfahren 25, 56

**Ausführungsbürgschaft** 1252

**Ausführungsfrist**
- und Zwangsvollstreckung 2759

**Ausführungsplanung** 650, 791, 837

**Ausführungsunterlagen**
- Genehmigung durch den A 1078

**Ausgleichsanspruch**
- Ehegatten nach der Scheidung 1933 ff.
- Gemeinschaftseigentum 515
- Nachbar 2090
- Rechtsprechungsübersicht 1936
- Verjährung 2117

**Ausgleichsklage (§ 426 BGB)**
- Anspruchsgrundlage 1989 ff.
- Architekt und Sonderfachmann 1983
- Architekt und Unternehmer 1972 ff.
- Bauträger und Treuhänder 1987
- des Bürgen eines Gesamtschuldners 1999
- Haftung der Baubeteiligten 1964 ff.
- Haftungsbegünstigung eines Baubeteiligten 2004 ff.
- haftungserleichternde Abreden 2005
- Haftungsverteilung 1989 ff.
- Haupt- und Nachunternehmer 1971
- Planungsfehler 1977 ff.
- Quote 1990 ff.
- Rechtsprechungsübersicht 2002
- Subsidiaritätsklausel 2013
- Verantwortlichkeit des Statikers 1999
- Verjährung 1989, 2008
- Vor- und Nachunternehmer 1970
- die Vorschrift des § 636 RVO 2012
- Zweckgemeinschaft 1975

**Auskunft**
- anrechenbare Kosten 855
- Auskunftsvertrag 1769

**Bauhandwerkersicherung (§ 648a BGB)**

- gegen Baubetreuer 1097
- gegen Treuhänder 1097
- Verpflichtung des A 1767
- Vertrag 1767

**Auskunftsklage** 855, 2203
- anrechenbare Kosten 855

**Auskunftspflicht des Architekten** 1767
**Auskunftsvertrag** 1767 ff.
**Auslagenvorschuss**
- Bauhandwerkersicherungshypothek 280, 296
- selbstständiges Beweisverfahren 81

**Auslobung**
- Architektenwettbewerb 638

**Ausnahmefall**
- Architektenhonorar 717

**Ausschachtungsarbeiten** 2102
**Ausschachtungsunternehmer**
- Sicherungshypothek 207

**Ausschluss des Rechtsweges**
- Bauschlichtungsstelle 526

**Ausschreibung**
- fehlerhafte 1129, 1882

**Außergewöhnliche Leistung** 727
**Austausch**
- des Sachverständigen 60
- von Sicherheiten 1250
- Sicherheitsleistung 1242

**Auswahl des Sachverständigen**
- Beweissicherungsverfahren 58 ff.

**Auswahlrecht**
- hinsichtlich Sachverständigen im selbstständigen Beweisverfahren 59

**B**

**Bagatellklausel** 1122
**Bankgarantie**
- auf erstes Anfordern 1257 ff.
- einstweiliger Rechtsschutz 367 ff.

**Bareinbehalt** 1260
**Barzahlungsklausel** 1126
- Skonto 1278

**Basistreuhänder** 1448
**Basiszinssatz** 936, 1287
**Bauabzugsbesteuerung** 1143 a
**Bauaufsicht**
- Umfang 1498 ff.

**Baubetreuung**
- Bauhandwerkersicherungshypothek 219 ff.
- Begriffe 996
- Festpreis im Vertrag 1037

- Leistungsverweigerungsrecht 2524 ff.
- Rechtsnatur der Verträge 1443 ff.
- Vollmacht 1089 ff.

**Baucontroller**
- Sicherungshypothek 215

**Baudispensvertrag** 399
**Baufortschritt**
- Anzeige 1767
- Einordnung des Vertrages 1445
- Ermittlung der Baukosten 819 ff., 1776
- Zahlungsweise nach MaBV 1230

**Baugenehmigung** 657, 1041
- Bedingung im Architektenvertrag 657
- Haftung des A 1482
- Honorar 790
- nicht genehmigungsfähige Planung 1481 ff.
- Nichtigkeit des Bauvertrags 1042
- unberechtigte Bereicherung 1912
- verzögerte Bauausführung 1812
- Wirksamkeit des Bauvertrages 1042

**Baugenehmigungsverfahren**
- vereinfachtes 1481

**Baugerüst**
- auf Nachbargrundstück 354

**Baugrundrisiko** 2101 ff.
**Baugrundstück** 243
**Bauhandwerkersicherung (§ 648 a BGB)** 314 ff.
- Abbruchunternehmer 320
- nach Abnahme 333 ff.
- Abrechnung 336
- Abschlagszahlungen 318, 328, 329
- Anwendungsbereich 314, 325
- Architekt 324
- Aufrechnung 330, 336
- Außenanlage 322
- Begriff der Vorleistung 326
- der Berechtigte 320 ff.
- Beseitigung von Altlasten 322
- Besteller 324 ff.
- Darlegungslast (Höhe) 329
- Forderungssicherungsgesetz 316, 330 ff.
- Garten- u. Landschaftsbauer 322
- Gerüstbauer 320
- Kündigung 335
- Leistungsverweigerungsrecht 332 ff.
- bei Mängeln 330
- Nachfrist 334
- Nebenforderungen 327
- die Neuregelung 314 ff.
- öffentliche Auftraggeber 325
- Pattsituation 334
- Rechtsfolgen 332 ff.

1655

**Bauhandwerkersicherungshypothek (§ 648 BGB)**

- Rechtsmissbrauch 319
- Sanierungsträger 325
- Sicherheitsleistung 326 ff.
- Sonderfachleute 323
- überhöhtes Sicherheitsverlangen 329
- Unsicherheitseinrede (§ 321 BGB n. F.) 2544
- Vergütungsanspruch 337
- Verhältnis zu § 648 BGB 317
- der Verpflichtete 324 ff.
- Vertragsauflösung 337
- Vertragsstrafe 330
- Vertrauensschaden 337
- Vorleistungspflicht 333
- zusätzliche Leistungen 329

**Bauhandwerkersicherungshypothek (§ 648 BGB)** 182 ff.
- Abbrucharbeiten 206
- Abmahnung 304
- Abnahme 208
- Abschlagsrechnung 225, 279
- Abtretung der Forderung 215
- AGB 193
- Alarmanlage 209
- Altbau 208 ff.
- Anerkenntnis 303
- Anspruchsberechtigte 195 ff.
- Anstrich 219
- Architekt 211 ff.
- Aufhebungsverfahren 286
- Aufschüttung 206
- Ausschachtung 207
- Ausschluss 192 ff.
- Bauaufsicht 212
- Baubetreuer 219 ff.
- Baucontroller 215
- Baugerüst 204
- Baugrube 207
- Baugrundstück 343 ff.
- Bauhandwerkersicherungsgesetz 189
- Bauleistungen 200
- Baureinigungsarbeiten 204
- Bauschutt 204
- Baustofflieferant 197
- Baustraße 238
- Bauträger 221
- Bauunternehmer (Begriff) 195 ff.
- Bauwerk 203
- Bauzaun 238
- Bedeutung 182 ff.
- Beginn der Sicherbarkeit 237
- Beleuchtung 209
- Berufungsurteil 283
- Bewilligung 261
- dingliche Haftung 260
- Dränage 207
- Dringlichkeit 277
- und Durchgriffsansprüche 222, 260
- Eigentümer 231
- Einbauküchen 199
- einstweilige Verfügung auf Eintragung eine Vormerkung 268 ff.
- – Aufhebung und Rücknahme 286 ff.
- – bei mangelhafter Werkleistung 274
- – Dringlichkeit 277
- – Eintragung der Vormerkung 281
- – Sicherheitsleistung 287
- – Vermögensverschlechterung 278
- – Verwirklichung der Vormerkung 281 ff.
- – Vollziehungsfristen 283
- Erbbaurecht 246
- Erdarbeiten 206
- Erneuerungs- und Umbauarbeiten 208 ff.
- Erweiterungsarbeiten 210
- Fertighäuser 205
- Finanzberatung 213
- finanzwirtschaftliche Baubetreuung 220
- Forderung aus Bauvertrag 222 ff.
- – Fälligkeit 225
- – mangelhafte Werkleistung 234 ff.
- – Mehrwertsteuer 230
- – nicht erbrachte Leistungen 228
- – Schadensersatzansprüche 228
- – Sicherheitseinbehalt 226
- – Teilvollendung 224
- – Vertragsstrafe 229
- Freianlagen 215
- Garantieeinbehalt 229
- Generalunternehmer 201
- Gesamtsicherungshypothek 244
- Glaubhaftmachung 271 ff.
- Grundstücksteilung 253
- Hauptklage 292
- Hinterlegung 288
- Hypothekenklage 291
- Identität von Grundstückseigentümer u. Besteller 253 ff.
- Innenarchitekt 214
- Insolvenzverfahren 184
- Instandsetzungsarbeiten 210
- Klage auf Eintragung einer Sicherungshypothek 291 ff.
- Klimaanlagen 209
- und Konkurs 184
- Kosten 302 ff.
- – Abmahnung 304
- – Anerkenntnis 303 ff.

**Baukostenüberschreitung**

– – Anwaltsgebühren 313
– – Pauschquantum 229
– – Rechtsverfolgung 231
– – Streitwert 312
– Kündigung des Werkvertrages 241 ff.
– Löschungsanspruch 265
– Malerarbeiten 209
– mangelhafte Werkleistung 234 ff., 274 ff.
– – nach Eintragung der Hypothek 236
– Mehrwertsteuer 230
– Muster 280, 296
– Nachbesserungsanspruch 234
– Nebenkosten 229
– Neuanstrich 209
– Pfändung der Forderung 232
– planender Architekt 212
– Projektsteuerung 215
– Rangstelle (Antrag) 293
– Rechtsbehelfe 297
– Rechtskraft 270
– Rechtsschein 255
– Rechtsschutzinteresse 269 ff.
– Revision 299
– Rodungsarbeiten 206
– Rückschlagsperre 184
– Schadensersatzanspruch 228
– und Schlussrechnung des A 271
– Schlusszahlungseinwand 233
– Sicherheitseinbehalt 226
– Sicherungsabtretung 232
– Sicherungsgegenstand 243
– – Identität zwischen BH und Eigentümer 253 ff.
– – Rechtsschein 255
– Sonderfachmann 216 ff.
– Statiker 216
– Streitwert 312 ff.
– Subunternehmer 201, 253
– Teilung 243
– Übergang bei Pfändung 232
– Umbauarbeiten 208 ff.
– Veräußerung 251
– Verfahrensfragen 261 ff.
– verjährte Forderung 233
– Vermessungsingenieur 218
– Vermögensübernahme 251
– Vertragsstrafe 229
– Verzicht 192
– Vollstreckungsgegenklage 236
– Vollziehung 283
– Voraussetzungen 199 ff.
– vorbereitende Baumaßnahme 238
– Vormerkung 268 ff.

– Warmluftofen 200
– Werklieferungsvertrag 197, 199
– wesentlicher Bestandteil 198
– wirtschaftliche Betreuung 220
– wirtschaftliche Identität 253 ff.
– Wohnungseigentum 247
– Zurückbehaltungsrecht 223
– Zwischenunternehmer 201
**Bauherr**
– Mitwirkungspflicht 1773
– Verkehrssicherungspflicht 1853 ff.
**Bauherrengemeinschaft**
– Architektenhonorar 715
– Haftung für Werklohn 1037, 1099
**Bauherrenmodell**
– Architektenhonorar 715
– und Hinweispflicht des BU 1520
– Innengesellschaft 1100
– Vertretung 1098
– Werklohn 1087
**Baukammern** 405 ff.
**Baukosten**
– Überschreitung der B. 1774 ff.
**Baukostenobergrenze**
– Wirksamkeit des Architektenvertrages 656
**Baukostenüberschreitung** 1774 ff.
– Änderungswünsche des BH 1775 f., 1794
– aufgedrängte Bereicherung 1803
– Ausbaustandards 1784
– Bausummengarantie, Abgrenzung 1777 ff., 1787
– Bausummenüberschreitung
– – Pflichtverletzung des A 1783
– – Vorgabe eines bestimmten Baukostenbetrags 1781 ff.
– Ertragswert 1801
– Hinweispflichten 1775
– HOAI 1776
– Kosten der Finanzierung 1802
– Kostenbasis 1781
– Kostenermittlung 1776
– – nach DIN 276 1783
– Kostenkontrolle 1784
– Kostenlimit 1781, 1786
– Kostenprognose 1788
– Kostenrahmen 1781
– Kündigung 1806
– Nachbesserungsrecht des A 1791
– Obergrenze 1781
– Pflichtverletzung des A 1783 ff.
– Planungs- und Vergabefehler 1775
– realistische Kosten 1782
– Schaden des BH 1795 ff.

**Baulast**

- „Schwere" des Verstoßes 1790
- Steigerung des Verkehrswerts 1799
- Toleranzrahmen 1787 ff.
- Umbaumaßnahmen 1801
- Verschulden des A 1793 ff.
- Vorteilsausgleichung 1798, 2468 ff.
- Warnpflicht 1775
- Wertsteigerung 1799 ff.
- Zeitpunkt der Schadensberechnung 1804
- Zusatzaufträge 1783

**Baulast** 399

**Baulärm**
- einstw. Vfg. 364

**Bauleiter**
- und Verkehrssicherungspflicht 1848

**Baumangel** 1453 ff.
- und anerkannte Regeln der Technik 1457
- und Anordnung des BH 1517
- und Anscheinsbeweis 1558, 1572
- Begriff nach altem Recht 1453 ff.
- Begriff nach neuem Recht 1455 ff., 1476
- Beschaffenheitsvereinbarung 1458
- als Eigentumsverletzung 1839 ff.
- Funktionstauglichkeit 1456 ff.
- gewöhnlicher Gebrauch 1454
- Haftungsfreizeichnung 1454
- und Hinweispflicht des BU 1517, 1519 ff.
- Mängel des Architektenwerks 1475 ff.
- Mängel des Unternehmerwerks 1513 ff.
- Mängel der Leistungen von SF 1534 ff.
- Mängel des Treuhänderwerks 1539 ff.
- als Pflichtverletzung 1456
- Rechtsprechungsübersicht 1515
- Risikoverlagerung 1517
- Sowiesokosten 1563, 2468 ff.
- Schönheitsfehler 1514
- SchRModG 1455
- Sicherungshypothek 234 ff.
- Sondereigentum 503
- Substantiierungspflicht 1471 ff.
- Symptomtheorie 1472, 1625
- vereinbarte Beschaffenheit 1453
- VOB/B 2002 1612
- Zeitpunkt 1467
- – zugesicherte Eigenschaft 1453
- – und Zuschusspflicht 1562 ff.

**Baumaterialien** 1923 ff.
- Ausgleichsansprüche 1924 ff.

**Baupreisverordnung** 1041

**Bauproduktenrichtlinie** 1470

**Bauprozess**
- Berufung 593 ff.
- Darlegungslast 572
- richterliche Maßnahmen 577 ff.
- verspätetes Vorbringen 588 ff.

**Baureinigungsarbeiten**
- Bauhandwerkersicherungshypothek 204
- als Nebenleistung 1147

**Bausachen** 405 ff.
- Bauarbeiten i. S. des Geschäftsverteilungsplanes 411
- geschäftsplanmäßige Zuteilung 407 ff.
- Ladungsverfügungen 408
- Privatgutachten 148 ff.
- Sonderzuständigkeiten von Spezialkammern 406 ff.

**Bausatzverträge** 415, 999, 1447

**Bauschild**
- Anscheinsvollmacht 1085

**Bauschlichtung** 526 ff.

**Bauschutt** 204, 356
- Nebenleistung 1146
- und AGB 1147

**Baustelleneinrichtung**
- Einheitspreis 1167

**Baustellensicherheitsrichtlinie** 1844

**Baustellenverbot** 1546

**Baustellenverordnung** 602, 653, 784

**Baustoffe**
- Belehrungspflicht bei neuartigen B. 1488
- durch einstweilige Verfügung 361 ff.
- und Hinweispflicht des BU 1520

**Baustofflieferant**
- Gesamtschuldner 1988

**Baustopp**
- einstw. Vfg. 362

**Bausubstanz**
- anrechenbare Kosten 848

**Bausummengarantie** 1777 ff.

**Bauträgerschaft (s. auch Baubetreuung)** 863, 952

**Bauträgerverordnung** 1100

**Bauträgervertrag**
- Aufrechnung 2563
- Ausschluss der Wandelung 2212
- Begriff 996
- nach neuem Recht 1445
- Rechtsnatur 1444 ff.
- VOB 1017, 1446
- und Vollmacht 1096

**Bauüberwachung**
- mangelhafte 1496 ff.
- Stichproben 1499

**Bauunterlagen**
- Herausgabe 1510
- Leistungsverweigerungsrecht 1948, 2525

- Zurückbehaltungsrecht 1948
**Bauunternehmer**
- Baumängel 1453 ff., 1513 ff.
- Gesamtschuldner 1964 ff.
- Kaufmann 1883
- Verkehrssicherungspflicht 1846 ff.
- Werklohnklage 988 ff.
**Bauvertrag**
- Aktiv- und Passivlegitimation 1034 ff.
- Konkurs-(Insolvenz-)Eintritt 1047 ff.
- Nichtigkeit 1040 ff.
- und notarielle Beurkundung 1000
- Rechtsnatur 994
- Schwarzarbeit 1044
- übliche Vergütung 1134 ff.
- Unternehmereinsatzformen 1049 ff.
- und VerbrKG (§§ 491 ff. BGB n. F.) 998 ff.
- vereinbarte Vergütung 1113 ff.
- Vereinbarung der VOB 1003 ff.
- Vollmacht des A 1064 ff.
- Widersprüche 1028 ff.
- Wirksamkeit 1040 ff.
**Bauvoranfrage** 779, 791, 898, 1482
**Bauwerkunternehmer**
- Anspruch auf Einräumung einer Sicherheitsleistungshypothek 196
- Erfüllungsgehilfe 2466
**Bauzeichnung** 1031
- Vorlage 2698
**Bauzeitverlängerung**
- Ansprüche des A 874
- Behinderung 1820
**Beamteter Architekt** 606
**Bearbeitungsfristen im Prozess** 589 ff.
**Bearbeitungsgebühr**
- für Kostenvoranschlag 1108
**Bearbeitungshonorar (A)** 719
**Bearbeitungskosten**
- Leistungsänderungen 1154
- Zusätzliche Leistungen 1154
**Bebauungsvorschlag** 624 ff.
**Bedarfsposition** 1170
**Bedenken gegen Ausführung** 1517 ff.
**Bedingung**
- Architektenvertrag 656
**Beendigung (selbst. Beweisverfahren)** 110 ff.
- mündliche Anhörung 112
- schriftliche Begutachtung 111 ff.
- Streitwertfestsetzung 115
**Befangenheit des Sachverständigen**
- Ablehnung 2647 ff.
**Behinderung**
- Bauzeitverlängerung 1820

- Erfüllungsgehilfe 1827
- Honorar des A 869
- Offenkundigkeit 1824
- Schadensersatz 1821 ff.
- Vergütungsanpassung 1838
- Vorunternehmer 1827
**Beratervertrag**
- Verjährung 2384
**Beratung** 631, 1766
**Beratung des Architekten**
- vertragliche Bindung 631
**Beratungspflichten**
- des A 1488 ff., 1766
- des Treuhänders 1539 ff.
- Rechtsprechungsübersicht 1766
**Bereicherung (s. ungerechtfertigte Bereicherung)**
**Berufsfremde**
- Anwendung der HOAI 603
**Berufung** 593 ff.
- Aufrechnung, Klageänderung, Widerklage 599
- neue Angriffs- und Verteidigungsmittel 594 ff.
- richterliche Hinweispflicht 595
- u. Tatbestandsberichtigung 595
- Verfahrensfehler 595
**Beschaffenheit**
- Sachmangelbegriff 1458
**Beschleunigung des Verfahrens**
- und Beweisaufnahme 2589 ff., 2673
**Beschleunigungskosten** 1832
**Beschluss**
- selbstständiges Beweisverfahren 76 ff.
- einstweilige Verfügung 381 ff.
**Beschwerde (selbst. Beweisverfahren)** 95 ff.
- außerordentliche 97
- Gegenvorstellung 57
- Zurückverweisung 97
**Beseitigung von Bauwerken** 400
**Beseitigungsanspruch** 400 ff.
- Beseitigungsverfügung 401
- Nachbarrecht 2088, 2094, 2106, 2119
- Überbau 2114
**Besondere Leistungen** 887 ff.
**Besorgnis der Befangenheit**
- Ablehnung durch Streithelfer 566
- Ablehnung eines Schiedsrichters 537
- Schiedsgutachter 540
**Bestandszeichnungen**
- prüfbare Abrechnung 1393
**Bestätigungsschreiben** 627, 735

**Bestätigungsvermerk**

**Bestätigungsvermerk**
- Abnahme 1356

**Bestimmtheit des Vollstreckungstitels** 2752 ff.

**Betreten des Baugrundstücks** 86, 353

**Beweis** 2589 ff.
- anerkannte Regeln in der Technik 1469
- Anscheinsbeweis 2595 ff.
- Beweisantrag 2620 ff.
- Beweisaufnahme in Bausachen 2673 ff.
- Beweisbeschluss 2663 ff.
- Beweiserleichterungen 2595 ff.
- Beweislast 2687 ff.
- Beweismittel 2622 ff.
- und selbstständiges Beweisverfahren 2593
- Beweisvereitelung 2618 ff.
- Beweiswürdigung 2675 ff.
- Durchführung der Beweisaufnahme 2673 ff.
- Privatgutachten 2594
- sekundäre Darlegungslast 2611
- Sekundärhaftung 2611
- Umkehr der Beweislast 2606 ff.

**Beweisantrag** 2620 ff.

**Beweisaufnahme** 2673 ff.
- Grundsätze 2674
- selbstständiges Beweisverfahren 76 ff.
- Urkunden/Beiakten 2674

**Beweisbeschluss** 2663 ff.
- Anleitung des Sachverständigen 2642, 2668 ff.
- und Aufklärungsfunktion 2663
- Fassung 2665
- selbstständiges Beweisverfahren 76 ff.
- vorterminlicher B. 582

**Beweiserhebungstheorie** 2560

**Beweiserleichterungen** 2595 ff.
- durch Anscheinsbeweislehre 2596 ff.
- durch § 830 I Satz 2 2612 ff.
- durch Umkehr der Beweislast 2606 ff.

**Beweislast** 2687 ff.
- Abänderung in AGB 2252 ff.
- Abschlagszahlungen 1918
- AGB-Gesetz 2252 ff.
- Architekt 2690
- Architektenvertrag 612 ff.
- Ausgleichsanspruch (§ 426 BGB) 1989
- Bauherr 2691
- Bauunternehmer 2689
- bei Schadensersatzanspruch 1698
- bei Schiedsvertrag 534
- besondere Preisvereinbarung 1136
- für Baumangel 1515, 1732, 1737
- für Fristsetzung 1659
- Härteklausel 928
- mitwirkendes Verschulden 2451
- Rechtsprechungsübersicht 2689 ff.
- Überschreitung der Höchstsätze 732
- Umkehr der Beweislast 2606 ff.
- und § 287 ZPO 2686
- für Unentgeltlichkeit der Architektenleistung 545
- für Unentgeltlichkeit der Bauleistung 1135
- für Unmöglichkeit der Mängelbeseitigung 1716
- Vertragserfüllung 1614
- Verwirkung 2324
- für Vorbehalt 2277, 2282, 2291
- für Vorteilsausgleichung 2477
- Wegfall der Geschäftsgrundlage 2483

**Beweismittel** 2622 ff.
- Allgemeines 2623
- Augenscheinsbeweis 2626
- Ausforschung 56
- im Beweissicherungsverfahren 57
- Privatgutachter 148, 2624
- sachverständiger Zeuge 2623
- Sachverständiger 2634 ff.
- Urkundenbeweis 2630

**Beweissicherungsverfahren** (s. selbstständiges Beweisverfahren) 1 ff.

**Beweistatsachen**
- Bezeichnung in Beweissicherungsverfahren 54

**Beweisvereitelung** 2618 ff.
- im selbstständigen Beweisverfahren 86

**Beweiswürdigung** 2675 ff.
- Anscheinsbeweis 2679
- eigene Sachkunde des Richters 2681
- einstweiliges Verfügungsverfahren 377 ff.
- erneute Zeugenvernehmung durch Berufungsgericht 2682
- Schätzung von Schäden 2683 ff.
- tatrichterliche Beweiswürdigung 2676
- Verwertung eines Gutachtens 2652 ff.

**Bewertungsmaßstäbe**
- Honorarvereinbarung 702

**Bewertungsmerkmal**
- Ermittlung der Honorarzone 813

**Bewertungsschema**
- Honorarzone 814

**Bezeichnung der Gegenleistung**
- Mitwirkungspflichten des BH 2729
- bei Zug-um-Zug-Verurteilung 2724 ff.

**Bezifferbares Honorar** 711

**Bezifferung (Klageantrag)** 449 ff.

**Bezugsfertigkeit**
- Zeitpunkt 1235

# Durchgriffsfälligkeit

**Bindung**
- an Honorarschlussrechnung des A 794 ff.
- an Honorarschlussrechnung des SF 1430
- an Schlussrechnung des BU 1374
- an Tatsachenfeststellung durch Schiedsgutachtervertrag 539

**Bindungswille**
- Architektenvertrag 612 ff.

**Bitumendickbeschichtung** 1484, 1515

**Bodenerhöhung** 2104

**Bodenverhältnisse**
- Leistungsbeschreibung 1129
- Bodenuntersuchung 1484

**Bodenvertiefung** 2101 ff.

**Boni**
- anrechenbare Kosten 841

**Bonus-Malus-Regelung**
- Honorar des Projektsteuerers 1430

**Buchhandelshinweis**
- auf VOB 1012

**Bürgenhaftung**
- und Abgrenzung zum Schuldbeitritt 1036

**Bürgschaft**
- Erfüllungsbürgschaft 1252
- Gewährleistungsbürgschaft 1252
- und Vertragsstrafe 2055

**Bürgschaft auf erstes Anfordern**
- Begriff 367 ff., 1257 ff.
- Darlegungslast 373, 1259
- einstweiliger Rechtsschutz 367 ff.
- gemäß Muster 1254
- liquide Beweismittel 374
- Pflichtverstoß 1257
- Rechtsmissbrauch 369 ff.
- Rückforderungsprozess 376, 1257 ff.
- Sicherungsabrede 1257
- Urkundenprozess 1259
- Zeitbürgschaft 1265

## C

**CAD-Programm** 895
**Ca.-Preis** 1124
**Carport** 2121
**culpa in contrahendo** (s. Verschulden bei Vertragsschluss)

## D

**Darlegungslast**
- Abschlagszahlungen 1918
- anrechenbare Kosten 859
- Architektenvertrag 600 ff.
- Mängel 1471 ff.
- Minderung 1667
- Pauschalvertrag 1180
- Rückforderungsprozess (Bürgschaft) 1260
- Schadensersatz wegen Nichterfüllung 1676
- Teilleistung als Einzelleistung 884
- übliche Vergütung 762 ff.
- Umfang des Auftrages 773
- Vergütungsklage (BU) 989
- Vertragserfüllung 1614
- Vorarbeiten 1105 ff.

**de-facto-Vergabe** 1040
**Designertätigkeit (HOAI)** 602
**Detailpauschalvertrag** 1189
**Detailplanung**
- unterlassene D. 1489

**DIN-Normen** 1460 ff.
- Anscheinsbeweis 1461
- DIN 276 819 ff.
- Rechtsnatur 1461
- und Verkehrssicherungspflicht 1847

**Dissens** 1040, 1133
**Doppelabrechnung**
- bei Nachträgen 1118

**Doppelbeauftragung**
- BU 1118
- durch Nachtrag 1118

**Doppelte Zug-um-Zug-Verteilung** 2742 ff.
**Dränage** 207
**Dringlichkeit** 277
**Dritthaftung (§ 311 Abs. 3 BGB)** 1893
**Dritthaftungs(Subsidiaritäts)klauseln**
- AGB-Gesetz 2196 ff.
- Änderung der BGH-Rechtsprechung 2203 ff.

**Drittschadensliquidation** 1694 ff.
**Drittwiderklage**
- Honorarprozess 600

**Drohung** 2337
**Druckzuschlag**
- Erfüllungsbürgschaft 1253

**Duldungsklage gegen den Mieter** 2129 ff.
- Rechtsprechungsbeispiele 2135

**Duldungspflicht**
- im Beweissicherungsverfahren 86
- Mieter 2135

**Duldungsvollmacht** 1084
**Durchgriffsfälligkeit** 1338
- Verjährung 2364

1661

## E

**EDV-mäßige Überarbeitung**
– Besondere Leistung 895
**Ehegatten**
– Ausgleichsansprüche 1933 ff.
**Eigenaufwand**
– Schadensersatz 1584
**Eigenes Risiko**
– Architektenleistung 614, 621
**Eigenleistungen des BH**
– Überwachung durch A 1506
**Eigennachbesserung** 1628
**Eigentumsverletzung**
– durch mangelhafte Werkleistung 1839 ff.
**Eignungsnachweis**
– Kündigungsrecht des AG 1318
**Einbauküchen**
– und Sicherungshypothek 199
**Einbeziehung der VOB** 1008 ff.
**Einheits-Architektenvertrag** (s. auch Architekten-Formularvertrag) 611
– Aufrechnungsverbot 2574
– Ausgleichsansprüche 1997
– Haftungsbegrenzung 2229
– Selbstbeseitigungsrecht des A 2221
– Subsidiaritätsklausel 2056 ff.
– Vollmacht des A 1081
**Einheitspreisvertrag** 1162 ff.
– Festpreis 1167
– gemeinsames Aufmaß 1166
– Höchstpreisklausel 1177
– Lohn- und Materialpreisgleitklauseln 1176
– Mengenabweichungen 1168
**Einrede**
– des nichterfüllten Vertrages 2524 ff.
– Zurückbehaltungsrecht 2503 ff.
**Einscannen**
– Besondere Leistung 895
**Einstellung der Zwangsvollstreckung** 386
**Einstweilige Verfügung** 349 ff.
– Abgrenzung der Verfügungsarten 360
– Antragstellung 378
– Anwendung von § 273 ZPO 381
– Architektenwettbewerb 358
– Bankgarantie u. Bürgschaft 367 ff.
– Baulärm 364
– in Bausachen 349 ff.
– – des BH gegen Nachbarn 354
– – durch BU 351
– – eines Dritten gegen einen Baubeteiligten 355
– – Fallgestaltungen 351 ff.

– – gegen BH auf Vornahme von Handlungen 352
– – Mitwirkungspflichten 352 ff.
– Baustopp 361
– Berufsbezeichnung 358
– Beweislast 383
– Beweiswürdigung 380
– Bodenvertiefungen 365
– Bürgschaft auf erstes Anfordern 367 ff.
– eines Dritten 355 ff.
– Einstellung der Zwangsvollstreckung 386
– auf Eintragung einer Vormerkung (Bauhandwerkersicherungshypothek) 268 ff.
– Fallgestaltungen 351 ff.
– Glaubhaftmachung 380 ff.
– Herausgabe von Bauunterlagen 354
– Leistungsverfügung 360
– liquide Beweismittel 376
– Mitwirkungspflichten 352
– Privatgutachten 379
– Rechtshängigkeit 379
– Rechtsmissbrauch 369 ff.
– Rechtsschutz bei Bankgarantie und Bürgschaft auf erstes Anfordern 367 ff.
– Regelungsbedürfnis 359 ff.
– Regelungsverfügung 360
– selbstständiges Beweisverfahren 10, 353
– Sicherheitsleistung 387
– Sorgfalts- und Rücksichtspflichten 357
– Urteil 384 ff.
– Verfügungsgrund 376
– bei Vergabeverfahren 358
– Verhältnismäßigkeit 360
– Verkehrssicherungspflicht 365
– vorbeugender Rechtsschutz 358
– und Vorschuss 1590
– bei unterbliebener Eintragung in Architektenliste 358
– bei Wettbewerbsverstoß 358
– Zahlung von Vorschüssen 354
– Zuständigkeit 377
**Einvernehmliche Vertragsauflösung** 1334 ff.
**Empfehlungen**
– in Leistungsbeschreibung 1130
**Entferntere Mängelfolgeschäden** 1752 ff.
– Haftungsausschluss 2217, 2260
**Entgangene Gebrauchsvorteile** 1687
**Entgangener Gewinn**
– als unmittelbarer Schaden 1690
– bei verzögerter Bauausführung 1830
– Urheberrechtsverletzung 1963
**Entleiher** 1046

**Festpreis**

Entschädigung
- von Sachverständigen 2700 ff.
- von sachverständigen Zeugen 2706

Entschädigungsanspruch des Nachbarn 2091

Entstellung
- Urheberrecht 1958

Entwässerungsplanung
- als Besondere Leistung 895

Entwurf 650, 781, 791, 879

Entwurfsplanung 650, 755, 781, 791, 879

Erdarbeiten
- Beginn der Bauleistungen 1235

Erfahrungssatz 2596 ff.
- Beweiswürdigung 2681

Erfolgshonorar 708, 898

Erfüllungsanspruch
- Abgrenzung zur Mängelbeseitigung 1545 ff.
- Erlöschen des E. 1546, 1559, 1611
- Herstellung 1543
- auf Mitwirkung 1646
- Nachbesserung 1551
- und SchRModG 1545
- nach VOB 1611

Erfüllungsbürgschaft 1252

Erfüllungseinwand
- Kostenvorschussanspruch 2783
- Teilerfüllung 2775
- im Verfahren nach § 887 Abs. 1 ZPO 2772 ff.
- Vollstreckungsgegenklage 2776
- Zwangsvollstreckung 2772 ff.

Erfüllungsgehilfe
- Architekt 2458
- arglistige Täuschung 2329 ff.
- Mitverschulden des E. 2455 ff.
- Subunternehmer 1052
- Vorunternehmer 1527, 1827

Erfüllungsort 417
- Gerichtsstand 417 ff.
- Gewährleistungsrecht 420
- bei Nachbesserungsklage 420
- Rechtswahl 424
- Vereinbarung 424

Erhöhung der Schlussrechnung
- durch den A 794 ff.
- durch den BU 1374

Erörterungstermin 586

Ersatzvornahme (Selbstvornahme, § 637 Abs. 1 BGB) 1579 ff.
- angemessene Frist zur Mängelbeseitigung 1582
- doppelte Fristsetzung 1583
- eigene Aufwendungen 1584
- eigenmächtige Selbstvornahme 1579

- entgangener Gewinn 1584
- erforderliche Aufwendungen 1584
- Kostenerstattungsanspruch 1584 ff., 1628 ff.
- Selbstvornahmerecht 1581
- Verzug 1579 ff.
- Vornahmefrist 1583

Erschließungskosten 1194

Ersparte Aufwendungen
- beim Architektenvertrag 938 ff.
- beim Bauvertrag 1293 ff.

Ertragswert 1799

Erweiterungsbau
- Urheberrecht des A 1950

Erwerbervertrag s. Bauträgervertrag

Europäische Baunormung 1470

Eventualaufrechnung 2559 ff.

Eventualposition 1170

Extrapolation 768

**F**

Fachkundiger Bauherr 1490

Faktische Objektüberwachung 1512

Faktischer Wohnungseigentümer 465, 472

Fälligkeit
- des Architektenhonorars 960 ff.
- des Honorars des SF 1426
- bei Kündigung 938 ff.
- Prüfbarkeit der Schlussrechnung 1392 ff.
- des Werklohns (BU) 1336 ff.
- der werkvertraglichen Forderung bei Sicherungshypothek 225

Fax 635
- Schriftform 1324

Fehlen zugesicherter Eigenschaft 2225

Fehlkalkulation 1127

Fehlschlagen der Nachbesserung 2218

Fertighaus
- Bauhandwerkersicherungshypothek 205
- pauschalierte Vergütung bei Kündigung 1299
- Rechtsnatur des Fertighausvertrages 998, 1447
- ungerechtfertigte Bereicherung 1907

Fertigstellung
- vollständige F. 1235

Fertigstellungsbescheinigung
- Privatgutachten 149

Fertigteilbau 998

Festbetrag 906

Festpreis
- Architektenvollmacht 1082
- im Baubetreuungsvertrag 1037, 1097

**Festpreisvertrag**

- bis zum ... 1125
- Einheitspreis als Festpreis 1167
- Mengenabweichungen 2487
- Pauschalpreis als Festpreis 1179 ff.
- Preis- und Lohnsteigerungen 1120, 2499

**Festpreisvertrag** 1142
**Feststellungsinteresse** 433 ff.
**Feststellungsklage**
- und Anerkenntnis 436
- Antrag 446
- Antragsfassung 446
- Anwendungsbereich 426
- und Baumängelprozess 436
- Behandlung von Einwendungen 461
- besonderes Interesse an der Feststellung 433 ff.
- bestimmter Antrag 446
- Beweissicherung 10, 435
- Drittbeziehungen 429
- Feststellungsinteresse 433 ff.
- Freistellungsanspruch 428
- Gegenstand in Bausachen 426
- und Freistellungsanspruch 428
- und Hilfsantrag auf Leistung 445
- Klagerücknahme 4356
- Kostenerstattungsansprüche 455
- Kostenvoranschläge 437
- und Leistungsklage 434 ff., 444 ff.
- Mängelfolgen 437
- negative Feststellungsklage 426, 457, 2420
- Planungs- und Ausführungsfehler 440
- positive Feststellungsklage 426, 433
- Rechtskraft 460 ff.
- bei Schadensentwicklung 440
- und Schiedsgutachten 542
- Schiedsvereinbarung 427
- Symptomtheorie 446
- Tatfragen 430
- Teilurteil 448
- Teilleistungsklage 437, 439
- Übergang zur Leistungsklage 444
- unbezifferte Leistungsklage 449 ff.
- Verjährung 433, 441, 451
- Vorfragen 431
- Vorschussanspruch 441, 453, 1593
- Widerklage 425
- zukünftiger Schaden 440
- Zurückbehaltungsrecht 457

**Fiktive Abnahme**
- Gemeinschaftseigentum 506

**Finanzierungskosten** 1802
**Förmliche Abnahme** 505, 2275

**Folgeschaden** 1752 ff.
**Forderungssicherungsgesetz (FoSiG)**
- Abschlagszahlungen 1218 e
- Bauhandwerkersicherung 316, 330 ff.
- Fertigstellungsbescheinigung 1363
- Kündigung 1297
- Durchgriffsfälligkeit 1338

**Formularvertrag** (s. auch AGB, AGB-Gesetz)
- des A 1081 ff.
- Abgrenzung von AGB 2142 ff.
- und Bauhandwerkersicherungshypothek 192
- Verjährung 2347

**Freianlagen**
- Sicherungshypothek 215

**Freibleibendes Angebot** 1124
**Freistellungsanspruch** 427, 1624 f.
- Aufrechnung 1634

**Freistellungsklage** 1967
- Gesamtschuldner 1967

**Freizeichnungsklauseln** 2177 ff.
**Fremdnachbesserungskosten** 1618
**Fristsetzung**
- Entbehrlichkeit 1657
- bei Gewährleistung 1657
- bei Mängelbeseitigung 1645, 1657
- Minderungsklage 1710

**Füllauftrag** 1293
**Funktionalausschreibung** 1129, 1189
**Funktionale Leistungsbeschreibung** 1189, 1192
**Funktionelle Zuständigkeit** 404

**G**

**Garantie** 1432, 1434, 2179
- Bausummengarantie 1777
- und Gewährleistung 1432 ff.
- selbstständige Garantieübernahme 1433
- Unterbrechung der Verjährung nach altem Recht 1432
- Vorteilsausgleichung 2463

**Garantie auf erstes Anfordern** 1257 ff.
**Gebrauchsabnahme** 1358
**Gebrauchsvorteile**
- entgangene 1687

**Gebührenordnung**
- des A 601 ff.
- des SF 1408 ff.

**Gebührensätze**
- von Privatgutachten 154 ff.
- von Sachverständigen 2700 ff.

## Gesamtschuldverhältnis

Gefahrenbereich
– Umkehr der Beweislast 2609
Gegenantrag
– selbstständiges Beweisverfahren 94
Geltungserhaltende Reduktion 2165 ff.
Gemeinkosten
– Mengenunterschreitung 1169
Gemeinschaftseigentum 464 ff.
– Abnahme 504 ff.
– Abnahmeklauseln 509
– Abtretung von Gewährleistungsansprüchen 471, 503
– Aktivlegitimation 471 ff.
– Änderungsvorbehalte 464
– Aufrechnung 472, 485, 2563
– Auswirkungen des Gemeinschaftsbeschlusses 496 ff.
– Bauunterlagen 464
– Begriff des Wohnungseigentums 466
– behebbarer Mangel 489
– Beschlusskompetenz 474
– Dritthaftungs(Subsidiaritäts)-klauseln 503
– Erfüllungsansprüche 476 ff.
– Ermächtigung 478, 512
– faktischer Wohnungseigentümer 464, 472
– Fristsetzung durch Eigentümer 492 ff.
– Gemeinschaftsbezogenheit 474, 488, 496
– Gemeinschaftseigentum (Beispiele) 468 ff.
– gerichtliche Geltendmachung 510 ff.
– gesetzliches Schuldverhältnis 465
– Gesamtgläubiger 492 ff.
– Gewährleistung 1432
– gewillkürte Prozessstandschaft 479
– großer Schadensersatzanspruch 491
– Herausgabe von Bauunterlagen 464
– Insolvenz 515
– Leistungsverweigerungsrecht 481 ff.
– kleiner Schadensersatzanspruch 487
– Instandhaltungspflicht 465
– Mängel 464 ff.
– Mehrheitsbeschluss 495 ff.
– Minderung 487 ff.
– Nachbesserung/Nacherfüllung 476 ff.
– Prozessführungsbefugnis 473 ff.
– Rechtsprechungsübersicht 468
– Rücktritt 475, 486
– Schadensersatz 487 ff., 491
– SchRModG 464, 477, 487, 488, 489, 507
– selbstständiges Beweisverfahren 480
– Sondereigentum (Beispiele) 466, 470, 509
– Sonderwünsche 464, 466
– und Quote 515
– Verjährung 508, 2407
– Verwalter 464, 471, 490, 509, 513
– VOB 464, 506
– Vorschussanspruch 472
– Wahlrecht 488, 489, 496 ff.
– Wandelung/Rücktritt 486
– WEG-Novelle (2007) 464, 466, 488, 500
– Wohnungseigentümergemeinschaft (Teilrechtsfähigkeit) 466, 510 ff.
– Zuständigkeit 495
– Zustellungen 518
– Zweiterwerber 478
Genehmigungsfähigkeit der Planung
– Bauvoranfrage 792
– Genehmigungsplanung 650
Generalplaner
– Zuschlag 785
Generalunternehmer 1050 ff.
– eingeklemmter BU 1058
– und Rückgriffsansprüche 1057, 1059
– Vollmacht 1059
Gerichtsstand 414 ff.
– ausschließlicher G. 415
– Bestimmung (§ 36 Nr. 3 ZPO) 419, 422
– Erfüllungsort 418 ff.
– Gewährleistungsrechte 420
– Honoraransprüche 420
– internationale Zuständigkeit 424
– Kaufleute 414 ff.
– die Vorschrift des § 18 Nr. 1 VOB/B 416
Gerichtsstandsbestimmung 419, 422
Gerichtsstandsvereinbarungen 414 ff.
– Vollmacht des A 1077
Gerichtsvollzieher
– Anbietung der Gegenleistung 2730 ff.
– Beiziehung eines Sachverständigen 2739
– einstweilige Einstellung der Zwangsvollstreckung 2741
– Überprüfung der Gegenleistung 2738 ff.
Gerüstbauvertrag 204
Gerüststellung
– als Nebenleistung 1146
– Vertrag 1000
Gesamtarchitektur
– Vermutung für Auftragserteilung der Gesamtarchitektur 778
Gesamtplanungsvertrag 938
Gesamtschuld
– Bauherrengesellschaft 1038
– bei Vertiefung (§ 909 BGB) 2167
Gesamtschuldverhältnis 1968 ff.
– Ausgleichsklage 1964 ff.
– Haftungsbegünstigung 2004 ff.

**Gesamtsicherungshypothek**

- prozessuales Vorgehen 1437
- Streitverkündung 496

**Gesamtsicherungshypothek** 226

**Geschäftsführung ohne Auftrag** 1896 ff.
- Nichtigkeit des Bau- und Architektenvertrages 1898
- Rechtsprechungsübersicht 1903
- die Sonderregelung des § 2 Nr. 8 VOB/B 1900 ff.

**Geschäftsgrundlage**
- siehe Wegfall der G.

**Geschäftspläne** 408 ff., 569

**Gesetz zur Sicherung von Bauforderungen (GSB)** 1865 ff.
- Außenanlagen 1867
- Bank 1869
- Baugeld 1866 ff.
- Baugeldempfänger 1868
- Generalunternehmer 1868
- Haftung des Geschäftsführers 1868 ff.
- und Insolvenz 1865
- Kreditingabe 1866
- Schadensersatzanspruch 1871
- Substantiierungslast 1870
- Subunternehmer 1868
- vorsätzlicher Verstoß 1871

**Gewährleistungsanspruch**
- Gemeinschaftsbezogenheit 474, 488, 496
- Schwarzarbeit 1450 ff.

**Gewährleistungsbürgschaft** 1252 ff.
- und konkrete Mängelrüge 1260
- Verjährung 1254

**Gewährleistung**
- Arten der Gewährleistungsansprüche 1649 ff., 1701 ff.
- Drittschadensliquidation 1694
- Entbehrlichkeit der Fristsetzung 1657
- Haupt- und Hilfsantrag 1655
- ius variandi 1652 ff.
- Mängelrechte nach VOB/B 1701 ff.
- Minderung 1665 ff.
- – nach VOB/B 1710 ff.
- notwendiger Vortrag 1471 ff., 1656 ff.
- prozessuale Geltendmachung 1655
- Rücktritt nach neuem Recht 1664 ff.
- Schadensersatz (§ 635 BGB a. F.) 1660 ff.
- – nach neuem Recht 1697 ff.
- – nach VOB/B 1719 ff.
- Verhältnis der Gewährleistungsansprüche zueinander 1431, 1652 ff., 1703 ff.
- Wandelung (§ 634 BGB a. F.) 1660 ff.

**Gewillkürte Prozessstandschaft**
- bei Gemeinschaftseigentum 512

- des Subunternehmers 1051

**Giebelmauer** 2121

**Glaubhaftmachung**
- Arrest 390
- bei Beweissicherungsverfahren 68 ff.
- bei einstweiligen Verfügungen 377 ff.
- bei einstweiliger Verfügung auf Eintragung einer Vormerkung (BSH) 271 ff.

**Gleitklausel**
- Umsatzsteuer 1276

**Globalpauschalvertrag** 1189

**GMP-Vertrag** 1207

**Grenzüberschreitende Bautätigkeit** 424

**Grobschätzung**
- der Baukosten durch A 614

**Grundlagenermittlung** 650

**Grundleistungen**
- als Einzelleistungen 882

**Grundwasserverhältnisse** 1484

**GRW 1995** 638

**Gutachten**
- Aufwendungen einer Partei 180
- Erläuterungen des Gutachtens 85, 2656 ff.
- gerichtliches Sachverständigengutachten 2634 ff.
- mündliche Anhörung des Gutachters 2656 ff.
- Obergutachten 2660
- Privatgutachten 148 ff.
- Regeln für den Aufbau 2645 ff.
- schriftliche Gutachten im selbstständigen Beweisverfahren 84
- Verwertung des Gutachtens 2652 ff.

**Gutachtenverfahren** 719

**Gutachterkosten** (s. auch Entschädigung)
- Kostenvorschuss 1587
- bei Nachbesserungsanspruch 1570

**Gütestelle** 526


**H**

**Haftungsausschluss**
- gesamtschuldnerische Haftung 2004 ff.
- Verkehrssicherungspflicht 1850

**Haftungsbegünstigung**
- und Gesamtschuldnerausgleich 2004 ff.

**Haftungsbeschränkungen** 2138 ff.
- Abänderung der Beweislast 2252 ff.
- Beschränkung auf Nachbesserung 2210 ff.
- Beschränkung auf unmittelbaren Schaden 2257 ff.
- Einzelfälle 2177 ff.
- der Höhe nach 2227 ff.

- Subsidiaritätsklausel 2252 ff.
- bei Verschulden 2248 ff.
- vollständiger Haftungsausschluss 2179 ff.
- zeitliche Begrenzung 2240 ff.
- Zurückbehaltungsrecht 2214

**Haftungsfreizeichnungen** (s. auch Haftungsbeschränkungen) 1454, 2138 ff.

**Handelsbrauch**
- Mehrwertsteuer 1271
- Sicherheitsleistung 1240
- Skontoabzug 1273
- VOB –Geltung 1005

**Handelsgeschäft**
- und Abtretungsverbot 1034
- Zuständigkeit 412 ff.

**Handelsrechtsreformgesetz** 414

**Handwerkerliste**
- Dritthaftungsklausel 2099

**Handwerkliche Selbstständigkeiten**
- Objektüberwachung des A 1499

**Handwerksrolle** 1045, 2334
- Kündigungsrecht 1065

**Hartlöten** 1515

**Hauptunternehmer** 1050

**Hausanschlusskosten** 1194

**Hausbausatzvertrag** 415, 999, 1447

**Hausbauverordnung** 1230

**Haushaltsgrundsätzegesetz** 1005

**Haustürgeschäft** 415

**Hausverwalter**
- Vertretungsmacht 1035

**Hemmung der Verjährung** 2411

**Herausgabe von Bauunterlagen** 404

**Herstellungsanspruch** 1543 ff., 1614

**Hilfswiderklage** 2579

**Hinterlegung**
- des Werklohns bei Zwangsvollstreckung 2732
- des Zuschusses 2736

**Hinterlegungsklausel** 1234

**Hinterlegungsvorbehalt**
- Bankbürgschaft 1250

**Hinweis**
- richterlicher 580 ff.
- Baumangel 1474

**Hinweisbeschluss** 584, 2592

**Hinweispflichten**
- des A 721, 1481, 1765
- des BU 1130, 1519 ff., 1771
- des Nachunternehmers 1526
- Rechtsprechungsübersicht 1533, 1765
- und SchRModG 1519
- des Treuhänders 1540 ff.

**HOAI**
- anrechenbare Kosten 819
- Anwendungsbereich 601 ff.
- Ausführungsplanung 650
- Bewertungsschema 814
- bezifferbares Honorar 711
- billiges Ermessen 769
- Dokumentation 652
- Entwurfsplanung 659, 791
- Genehmigungsplanung 650, 791
- Grundlagenermittlung 650, 791
- Höchstpreischarakter 723
- Höchstsätze 697, 723
- Honorarvereinbarung „bei Auftragserteilung" 740
- Honorarzone 813 ff.
- Kostenanschlag 820
- Kostenberechnung 820
- Kostenermittlungsarten 823
- Kostenschätzung 820
- Leistungsphasen 777 ff.
- Mindestsätze 697, 705, 707, 716
- Objektbetreuung 652
- Objektüberwachung 651
- Schriftform 735 ff.
- Teilleistungen 879
- Überschreitung der Höchstsätze 723
- unbestimmtes Honorar 711
- Unterschreitung der Mindestsätze 699
- Vorplanung 650, 779
- Zeithonorar 906

**Höchstpreischarakter**
- der HOAI 723

**Höchstpreisklausel** 1023

**Höchstsätze** 723 ff.
- Abänderung der Vereinbarung 752, 754
- Ausnahmefälle 726 ff.
- Beweislast bei Überschreitung 732

**Honorareinzugsstelle** 600
- Abtretung der Honorarforderung 600

**Honorarklage des A** 600 ff.
- Abrechnung nach HOAI 812 ff.
- Abschlagszahlung 980
- Abstimmung mit BH 790
- anrechenbare Kosten 819 ff.
- Architektenbindung 668
- Architektenvertrag, Rechtsnatur 647 ff.
- Auftragsumfang 773 ff.
- Bedingung 753
- besondere Leistungen 887 ff.
- Bindung an die Schlussrechnung 794 ff.
- Boni 841
- Eigenleistungen des BH 839

**Honorarklage des Projektsteuerers**

- Fälligkeit des Honorars 960 ff.
- Gerichtsstand 414
- Grundlagen 600 ff.
- HOAI als „übliche" Vergütung 763 ff.
- Höchstbetrag 761
- Höchstsätze 723 ff.
- Kostenschätzung 820
- bei Kündigung 938 ff., 945 ff.
- Mehrwertsteuer 934 ff.
- Mengenrabatte 841
- Mindestsätze 704 ff.
- Nebenkosten 930
- Pauschalhonorar 913 ff.
- Provisionen 841
- prüffähige Schlussrechnung 967 ff.
- Schlüssigkeit 600
- Schriftform 735 ff.
- Steinfort-Tabelle 788
- Teilklage und Aufrechnung 2565
- Teilleistungen 879 ff.
- Teilzahlung 980 ff.
- übliche Vergütung 762 ff.
- Umfang des Honorars 771 ff.
- unverbindliche Vorschläge 624
- unvollständig erbrachte Teilleistungen 785 ff.
- Urheberrecht 899 ff.
- Vertragsabschluss 611 ff.
- Vorarbeiten 629
- Wirksamkeit des Vertrages 654
- Zeithonorar 761, 906
- zeitliche Abstimmung der Leistungsphasen 790 ff.
- Zinsen 937
- zusätzliche Leistungen 905

**Honorarklage des Projektsteuerers** 1427 ff.
- HOAI 1407
- Honorar 1430
- Leistungen 1428

**Honorarklage des SF** 1402 ff.
- Akquisitionstätigkeit 1406
- Fälligkeit des Honorars 1426
- Grundlagen 1403 ff.
- Herstellungssumme 1419 ff.
- Teilklage und Aufrechnung 2565
- Teilleistungen 1409
- Tragwerksplaner 1419 ff.
- Umfang des Honorars 1415

**Honorarschlussrechnung**
- Bindung 793, 1430
- Prüffähigkeit 968

**Honorartafel** 858

**Honorarvereinbarung des A** (s. auch Honorarklage des A 701 ff. und des SF 1402 ff.)
- Schriftform 735
- stufenweise Beauftragung 747
- Zeitpunkt 740 ff.

**Honorarverzicht** 753
**Honorarzone** 813 ff.
**Hypothekenklage** 291

**I**

**Ideenwettbewerb** 638, 719
**Identität**
- von Auftraggeber und Grundstückseigentümer bei BSH 253 ff.

**Immaterieller Schaden** 1687
**Individualvereinbarung**
- Abtretung von Gewährleistungsansprüchen 2188 ff.
- Begriff 2142 ff.

**Ingebrauchnahme**
- Abnahme 1350 ff.

**Inhaltskontrolle**
- isolierte I. der VOB-Vorschriften 1007, 1020
- Notarverträge 2061, 2078

**Innenarchitekt**
- Sicherungshypothek 214

**Innengesellschaft**
- Bauherrenmodell 1100

**Insolvenz** s. Konkurs
**Internationale Architektenverträge** 609
**Internationale Zuständigkeit** 416, 424
**Investorenwettbewerb**
- Akquisition des Architekten 614

**Irrtum**
- über Architekteneigenschaft 2334
- Eintragung in Handwerksrolle 2335

**Istbeschaffenheit** 1453

**J**

**Jus variandi** 1652
**Justizmodernisierungsgesetz** 569, 594
**Justizvergütungs- und -entschädigungsgesetz (JVEG)** 155, 2700 ff.

## K

Kalkulationsgrundsätze 1127
Kalkulationsirrtum 1127, 1199, 2339
- Anfechtung 2339
- Doppelirrtum 2341
- beim Pauschalpreisvertrag 1199 ff.
- fehlerhaftes Leistungsverzeichnis 1129
- Hinweispflicht 1128
- Störung der Geschäftsgrundlage 2340 ff.
Kammer für Handelssachen 412 ff.
Kaufleute
- Abänderung der Beweislast 2256
- AGB-Gesetz 2172 ff.
- Beschränkung auf Nachbesserung 2221, 2223
- Bestätigungsschreiben 735
- Gerichtsstand 414 ff.
- Subsidiaritätsklausel 2269
- unmittelbarer Schaden 2261
Kausalität
- und Schaden 1676
Kerndämmung 1465
Kippgebühren
- Nebenleistung 1146
Klage auf Mängelbeseitigung 1431 ff.
- gegen Betreuungsunternehmen 1443 ff.
- Substantiierung 1471 ff.
Klageänderung
- bei Übergang von einem zum anderen Gewährleistungsrecht 1653, 1708 ff.
Klagebefugnis
- Eigentümergemeinschaft 473 ff.
Kommunikationspflicht 2482
Kompensationsabrede
- HOAI 607
Komplettheitsklausel 1189, 1196
Konkludente Abnahme 1350, 1388
Konkurs (Insolvenz)
- Anspruch des BH 1047 ff.
- Bauhandwerkersicherungshypothek 184
- und Bauvertrag 1047
- Schadensersatzanspruch 1048
Konstruktionsfehler
- als Planungsfehler 1483
Kontaminationsrisiko 1514
Kooperationspflicht der Baubeteiligten 1664, 2482
Koordinierungsmängel 1493 ff., 1530
Koordinierungs- und Einarbeitungsaufwand
- Honorar des A 879
Koppelungsverbot (s. Architektenbindung) 668 ff.

Kosten
- Abnahme 1347
- Kostenvorschuss 1587
- Mängelbeseitigung 1668, 1681
- der Nachbesserung 1561, 1627, 1912 ff.
- Privatgutachten 154, 158
- Schiedsgutachten 546
- Schutzschrift 346
- selbstständiges Beweisverfahren 123 ff.
- Sicherungshypothek 302
- Teilnachbesserung 440
- Überschreitung 1786
- und Kündigung 1305
- der Zwangsvollstreckung 2786
- - Architektenhonorare 2786
- - Finanzierungskosten 2786
- - Kostenvorschussanspruch (§ 887 Abs. 2 ZPO) 2781
Kostenanschlag 820 ff.
Kostenberechnung 820
Kostenentscheidung
- Bauhandwerkersicherungshypothek 302
- Schutzschrift 346
- selbstständiges Beweisverfahren 123 ff.
Kostenermittlung des A 819 ff., 1776
Kostenermittlungsverfahren 820
Kostenerstattung (selbst. Beweisverfahren)
- Beschwerdeverfahren 124
- Gerichts- und Anwaltskosten 140 ff.
- Identität 123, 126, 133
- isolierte Kostenentscheidung 134 ff.
- bei Klageabweisung 124
- Kostenfestsetzungsverfahren 123
- Kostenquote im Urteil 126
- materiell-rechtlicher Erstattungsanspruch 136 ff.
- Streithelfer 138 ff.
Kostenfestsetzungsverfahren 166
- Privatgutachten 166
Kostenfeststellung 820 ff.
Kostenfreie Architektentätigkeit 623
Kostenhöchstgrenze 1786
Kostenkontrolle 1784
Kostenobergrenze 1786
Kostenpauschalquantum 229
Kostenschätzung
- fehlerhafte 1478
- Überschreitung der Kostenschätzung 1786
Kostenvoranschlag
- Überschreitung, Kündigung 1305 ff.
- als Vorarbeiten des BU 1105 ff.
Kostenvorschussanspruch (Mängel)
(s. Vorschussanspruch)

## Kostenvorschussanspruch (§ 887 Abs. 2 ZPO)

Kostenvorschussanspruch (§ 887 Abs. 2 ZPO) 1587
- Einwand der Erfüllung 2783
- Gutachten 2782
- Höhe 2782
- Kostenanschläge 2782
- Sachverständigengutachten 2782

Kostenwiderspruch 301 ff., 383

Kumulierungsverbot
- Vertragsstrafe 2073

Kündigung
- Abrechnung des Pauschalvertrages 1206
- anderweitiger Erwerb des A 938
- anderweitiger Erwerb des BU 1294
- des Architektenvertrages 938 ff.
- Auftragsentziehung (VOB/B) 1616 ff.
- außerordentliches Kündigungsrecht 1314
- des Bauvertrages 1292 ff.
- besonderes Kündigungsrecht (§ 650 BGB) 1305
- Ersatzauftrag 938
- ersparte Aufwendungen des A 938 a
- ersparte Aufwendungen des BU 1294
- freies Kündigungsrecht 1292
- pauschalierte Vergütung 1299
- Schiedsvertrag 533
- Teilkündigung
- – beim Bauvertrag 1291
- – beim Architektenvertrag 937 a
- verzögerte Bauausführung 1817
- wichtiger Grund zur Kündigung 951 ff.

Kostenzuschuss
- bei Nachbesserung/Mitverschulden 2447

Künstlerische Oberleitung 859, 1510

## L

Lebensgemeinschaft
- und Ausgleichsansprüche 1904

Leiharbeitsverhältnis 1063

Leistung nach Empfang der Gegenleistung 2748

Leistungen ohne Auftrag 1161

Leistungsänderungen 1149 ff.

Leistungsbeschreibung
- funktionale 1191
- unvollständige 1129, 1189, 1882

Leistungsempfänger 1927

Leistungsgefahr 1366

Leistungsklage
- im Verhältnis zur Feststellungsklage 433 ff.
- unbezifferte Leistungsklage 449 ff.

Leistungsphasen 786
- zeitliche Abwicklung 790 ff.

Leistungsverweigerungsrecht 2524 ff.
- Abschlagszahlungen 1226, 2538
- AGB-Recht (§ 309 Nr. 2 a BGB) 2532
- bei Annahmeverzug 2531
- analoge Anwendung von § 633 Abs. 2 S. 3 BGB a. F. 2524
- des Architekten an Bauunterlagen/Plänen 2525
- bei abgetretenen Mängelrechten 2541 ff.
- Dritthaftungsklausel 2541 ff.
- Druckzuschlag 2526 ff.
- Einschränkung bei Gemeinschaftseigentum? 480, 2525
- und Fälligkeit des Werklohns 1167
- Gemeinschaftseigentum 481 ff., 2524
- Leistungsverweigerung nach § 275 Abs. 2, 3 BGB n. F. 2524
- Miteigentumsquote 482
- Mithaftungsquote 482
- Nachträge 2524
- Rechtsmissbrauch 2529
- Sicherheitseinbehalt 2530
- und Sicherheitsleistung 1242
- Sondereigentum 480
- Sowiesokosten 2540
- Subsidiaritätsklauseln 2543
- Umfang 2526 ff.
- Unsicherheitseinrede (§ 321 BGB n. F.) 2544
- bei Vorschuss 1605
- Wirkungen des Leistungsverweigerungsrechts 2534 ff.
- Zug-um-Zug-Verurteilung 2537
- Zurückbehaltungsrecht 2503 ff.

Leistungsverzeichnis
- fehlerhaft 1129 ff., 1888 ff.
- als Vorarbeit 1105
- Widerspruch zur Bauzeichnung 1031 ff.

Lichtbilder 2697

Lieferanten
- Bauhandwerkersicherungshypothek 19

Lizenzgebühr
- Urheberrecht des A 1963

Lohn- und Stoffpreisgleitklauseln 1120, 1177, 1187

Lohnsteigerungen 2439

Löschung der Vormerkung 292

Lücken
- Ausfüllung in Formularverträgen 2154

Lückenhaftes Leistungsverzeichnis 1129

Luftschallschutz 1464

# Minderung

## M

**Machbarkeitsstudie** 779
**Makler- und Bauträgerverordnung** 1100
– Zahlungsweise 1230
**Mangel** (s. Baumangel)
**Mängel des Architektenwerkes** 1475 ff.
– Koordinierungsmangel 1493 ff., 1502
– mangelhafte Objektüberwachung/Bauüberwachung 1496 ff.
– Planungsfehler 1477 ff.
– Rechnungsprüfung 1509
– Rechtsprechungsübersichten 1484, 1486, 1501, 1503
– Risikoübernahme 1482
– und SchRModG 1475 ff.
**Mängel des Projektsteuerers** 1541
**Mängel der Sonderfachleute** 1534 ff.
– Abgrenzung von Haftung des A 1535 ff.
– Prüfungspflichten 1537
– Rechtsprechungsübersicht 1538
**Mängel des Treuhänderwerkes** 1539 ff.
**Mängel des Unternehmerwerkes** 1513 ff.
– Anordnungen des BH 1517
– Beweislast 1515
– Hinweispflicht 1517, 1519 ff.
– Mangelbegriff 1513 ff.
– Nachtragsangebot 1519
– Prüfungs- u. Anzeigepflicht 1519 ff.
– Rechtsprechungsübersicht 1515, 1533
**Mängelanzeige** 1650
– und vertraglich vereinbarte Verjährungsfrist 2438
**Mängelbeseitigung**
– nach Auftragsentziehung 1620
– und Vergleich 1555
**Mängelbeseitigungsanspruch**
– Verlust 1546
**Mängelbeseitigungsklage** 1431 ff., 1542 ff.
– und Abnahme 1546
– alternative Schuldnerschaft 1438
– gegen den A 1634 ff.
– Baustellenverbot 1546
– Begriffsbestimmungen 1543 ff.
– Gewährleistungsverpflichtete; Rechtsnatur der Verträge 1443 ff.
– Kosten 1569
– und allgemeines Leistungsstörungsrecht 1545
– Nachbesserungsklage 1550 ff., 1610 ff.
– Sanierungsvereinbarung 1549
– bei Schwarzarbeit 1450 ff.
– verweigerte Nachbesserung/Nacherfüllung 1574 ff.
**Mängelbeseitigungskosten**
– Beweissicherungsverfahren 23 ff.
– und entgeltlicher Reparaturauftrag 1548
– Kosten von Vor- u. Nebenarbeiten 1569
– Leistungsverweigerungsrecht 1226
**Mängelfolgeschäden** 1690, 1730, 1734, 1752 ff.
– Beispiele 1691
**Mängelfreiheitsbescheinigung** 1359
**Mängelkenntnis**
– Vorbehalt bei Abnahme 2272
**Mängelrechte** (s. Gewährleistung) 1649 ff.
**Materialpreisgleitklausel** 1177
**Mediation** 528
**Mehrere Gebäude** 861
**Mehrfachleistungen des A** 869
**Mehrleistungen**
– Architekt, allgemein 840
– beim Einheitspreisvertrag 1148, 1168 ff., 2501
– beim Pauschalhonorar 919
– beim Pauschalpreisvertrag 1185 ff., 2487
– Leistungsänderungen 1148
– Planungsänderung 865
**Mehrwertsteuer** (s. Umsatzsteuer)
**Mengenabweichungen**
– beim Einheitspreisvertrag 1168, 2500
– beim Pauschalpreisvertrag 1185, 2487
**Mengenberechnungen**
– als Vorarbeit 1105
**Mengenrabatt**
– und anrechenbare Kosten 841
**Merkantiler Minderwert** 1681, 1691, 1726
**Mietausfall** 1691, 1731, 1736
**Mieter** 2129 ff.
– Duldungsklage des BH 2129 ff., 2137
– Rechtsprechungsbeispiele 2135
**Mietverhältnis** 1904
**Minderflächen** 1665
**Minderleistungen**
– beim Einheitspreisvertrag 1168 ff.
– beim Pauschalpreisvertrag 1185 ff.
– und Werklohn 1148
**Minderung** 1665 ff.
– bei mangelhaftem Architektenwerk 1669 ff.
– Ausschluss von M. 2213
– Bauhandwerkersicherungshypothek 234
– bei teilweiser Behebung des Mangels 1710 ff.
– Berechnung 1666, 1668, 1718, 1727
– beim Architektenwerk 1670
– Gemeinschaftseigentum 487

**Minderwert**

- und Mängelbeseitigungskosten 1667 ff.
- Höhe der Minderung 1667
- Minderungsklage 1665 ff., 1710 ff.
- Schätzung (§ 287 ZPO) 2683
- SchRModG 1665 ff., 1710 ff.
- Unterschied zur Aufrechnung 1671
- Unverhältnismäßigkeit 1714
- Vorteilsausgleichung 2468
- bei zu geringer Wohnfläche 1665, 1718

**Minderwert**
- technischer und merkantiler 1667, 1726

**Mindestsätze** 704 ff.
- Verstoß gegen Mindestsätze 699

**Mindestschaden**
- Haftungsbeschränkung 2234

**Miturheber** 1943

**Mitverarbeitete Bausubstanz**
- Honorar des A 852

**Mitverschulden** 2444 ff.
- bei Ausgleichsklage 1966, 1991
- des Bauherrn 1562
- Beweislast 2451
- Dritter 2455 ff.
- Einzelfälle 2467
- Erfüllungsgehilfe 2458
- Grundurteil 2452
- Haftung des BU 2462
- Nachbesserung 2446
- Rechtsprechungsübersicht 2467
- Schadensersatz 1699
- Statiker 2463
- Subunternehmer 2459
- Verschulden des A 2458
- bei Vertrag mit Schutzwirkungen zu Gunsten Dritter 1741
- Zug-um-Zug-Verurteilung 2448

**Mitwirkungshandlungen des Auftraggebers**
- Kündigung 1327

**Mitwirkungspflicht**
- des A bei Nachbesserung 1572, 1646 ff.
- des BH 1327, 1773, 1819
- – behördliche Genehmigungen 2767
- – Bereitstellen von Bauplänen 2766
- – doppelte Zug-um-Zug-Verurteilung 2769
- – Terminabsprachen 2765
- – und Verfahren nach § 887 Abs. 1 ZPO 2763 ff.
- – Vorarbeiten 2768
- Entschädigungsanspruch des BU 1819
- Kündigung 1327, 1819
- Schiedsgutachtenvertrag 541

- im selbstständigen Beweisverfahren 86 ff., 353

**Modernisierung** 2132
**Montagebau** 998
**Mündliche Verhandlung** 568 ff.
- Anwendung des § 273 ZPO 580 ff.
- Auflagen an Parteien 578 ff.
- Beiakten 578
- Berufung 593 ff.
- Darlegungslast 572
- Dokumentation 583
- und einstweiliges Verfügungsverfahren 375 ff.
- Einwendungen 572 ff.
- Erörterungstermin 586
- Güteverhandlung 570, 577, 585
- Herausgabe von Urkunden durch Dritte 575
- Hinweis an Parteien 578
- Hinweisbeschluss 580
- Prozessverschleppung 588 ff.
- richterliche Maßnahmen 577 ff.
- Sinn und Ziel nach ZPO-Reform 2002 568 ff.
- Vergleichsgespräch 586
- verspätetes Vorbringen 588 ff.
- Vorbereitung durch die Parteien 571 ff.
- – Darstellung der Einwendungen 574
- – Ortsbesichtigung durch Rechtsanwalt 576
- – Vorlage von Urkunden 575
- Vorterminlicher Beweisbeschluss 570

**Muster**
- Beweissicherungsverfahren 70, 78

**Musterprozessklausel** 1100

**Musterstücke**
- als Nebenleistung 1146

**N**

**Nachahmungsfreiheit**
- Urheberrecht 1937

**Nachbarklage** 2086 ff.
- Abwehransprüche 2087
- Anspruchsgegner 2098
- Anspruchsgrundlagen 2087
- Beseitigungsanspruch 2088, 2094, 2106, 2119
- Baugrundrisiko 2101 ff.
- Bodenerhöhung 2104
- DIN 4123 2112
- Entschädigungsanspruch (§ 906 Abs. 2 Satz 2 BGB) 2095, 2109
- Grenz- und Richtwerte 2093
- Immissionen (§ 906 BGB) 2091 ff.

**Negatives Vertrauensinteresse**

- öffentlich-rechtlicher Abwehranspruch 401
- Schadensersatzanspruch aus § 823 BGB 2089
- Schutzgesetz 2089, 2095, 2106
- Sportlärm 2092 ff.
- Störer 2088, 2095, 2108
- Überbau (§§ 912 ff. BGB) 2119 ff.
- Überprüfungspflichten 2113
- Unterlassungsanspruch (§ 1004 BGB) 2088
- Verjährung 2088
- Verkehrssicherungspflicht 2089, 2114
- Verschulden 2109 ff.
- Vertiefung (§ 909 BGB) 2095, 2101 ff.
- Verwirkung 2087
- die Vorschrift des § 830 Abs. 1 Satz 2 2117
- Zurechnung (§§ 278, 831 BGB) 2113

**Nachbarschaftshilfe**
- und Werklohn 1104

**Nachbau**
- Urheberrecht und Honorar 903, 1951

**Nacherfüllung (Nachbesserung)**
- Fehlschlagen der N. 2216 ff.
- Frist für N. bei Vorschuss 1607
- Kosten 1561, 1569 ff.
- Nachbesserungsklage (BGB) 1550 ff., (VOB) 1610 ff.
- Neuherstellung 1614
- Umfang 1565 ff.
- untaugliche 1565
- unverhältnismäßiger Aufwand 1556, 1559, 1574 ff.
- Zahl der Nachbesserungsversuche 1577

**Nacherfüllung/Nachbesserung (Klage)** 1550 ff., 1610 ff.
- Art der Nachbesserung 1550 ff.
- des BH gegen den A 1634 ff.
- des BH gegen den BU 1550 ff., 1610 ff., 1622 ff.
- Eigennachbesserung 1626
- Ersatzvornahme 1579 ff.
- Gemeinschaftseigentum 478 ff.
- und Konkurs 1657
- Kosten 1569 ff.
- Kostenerstattungsanspruch 1579, 1629
- misslungene Nachbesserung 2212
- Mitwirkung des A bei Nachbesserung 1646 ff.
- Nachbesserungsrecht des A 1642 ff.
- Nachbesserungsrecht des BU 1574
- Neuherstellung 1553 ff., 1559, 1614
- und Schadensersatz wegen Nichterfüllung 1706
- Sowiesokosten 1563
- Tenor des Urteils 1568
- Umfang 1565 ff.
- Unzumutbarkeit 1553, 1717
- Verdienstausfall 1570
- Vergütungen 1570 ff.
- Verlust des Anspruchs 1546
- verweigerte Nachbesserung („unverhältnismäßiger Aufwand") 1574 ff.
- nach VOB/B 1610 ff.
- Vorschussanspruch 1587 ff.
- Vorteilsausgleichung 2468
- vorweggenommener Mängelbeseitigungsanspruch (VOB) 1610
- Wahlrecht des BU 1548, 1559

**Nacherfüllungs (Nachbesserungs)recht des A** 1642 ff.

**Nachfolgearbeiten** 1529 ff.

**Nachfristsetzung**
- Entbehrlichkeit 1657

**Nachkalkulation** 1206

**Nachlass**
- Architektenhonorar 807
- bei Nachträgen 1126
- Werklohn 1159, 1170

**Nachschusspflicht (§ 887 Abs. 2 ZPO)** 2783

**Nachtrag**
- Bearbeitungskosten 1154
- Doppelbeauftragung 1118
- Preisnachlass 1154

**Nachträge** 1126, 1149
- Architektenhonorar 824, 864

**Nachtragsangebot**
- Prüfung durch A 864
- anrechenbare Kosten 864

**Nachunternehmer**
- und Gesamtschuld 1527
- und Hinweispflicht 1526 ff.

**Naturschutz** 2094

**Nebenangebot** 1148

**Nebenarbeiten**
- Erbringung bei Vollstreckung 2737

**Nebenkosten des A** 930 ff., 987

**Nebenleistungen des BU** 1144 ff.

**Nebenpflichten**
- des A 1764 ff.
- des BH 1773
- des BU 1770 ff.
- Rechtsprechungsübersicht 1772

**Nebenunternehmer** 1060

**Negative Feststellungsklage**
- Feststellungsinteresse 458
- Rechtskraft 463
- Unterbrechung der Verjährung 2420

**Negatives Vertrauensinteresse** 1893

1673

**Neuerrichtetes Bauwerk**

Neuerrichtetes Bauwerk 1446
Neuherstellung
– bis zur Abnahme 1553
– nach Abnahme 1559, 1627
– Anspruch des BH gegen den BU 1543
– Anspruch des BH gegen den A 1637 ff.
– und Vorbehalt bei Abnahme 2272
– nach dem SchRModG 1543
– VOB-Vertrag 1544
– und Vorschuss 1591
Nichtigkeit
– Architektenvertrag 654
– Bauvertrag 1040 ff.
– und Treu und Glauben 1045
Nicht-Planung
– Planungsfehler 2458
Non Liquet 563, 2687
Notarielle Beurkundung (§ 311 b Abs. 1 BGB n. F.)
– Bauvertrag 1000
Notarielle Verträge
– und AGB-Gesetz 2159
– Inhaltskontrolle 2164, 2180
Notwendige Streitgenossenschaft
– Schiedsvertrag 524
Nutzungsausfall 1691
Nutzungsausfallentschädigung 1661, 1687
Nutzungsbefugnis des Architekten 1946

**O**

Obergutachten 2660
Obergrenze
– Baukosten 1781
Oberleitung (künstlerische) 653, 859, 1510
Obligatorisches Schlichtungsverfahren 528
Objektbetreuung 651
Objektüberwachung 651, 1496 ff.
– Erfüllungsgehilfe 1498
– Mehraufwendungen des A 874
– Rechtsprechungsübersicht 1499, 1501, 1503
– und Sonderfachmann 1505
– Umfang 1498 ff., 1506
Offenkundigkeit
– Behinderung 1824
Öffentliche Gebrauchsabnahme 1358
Öffentlich-rechtlicher Vertrag 398 ff.
Öffnung von Bauteilen 91, 2672
Öffnungsklausel 1021
„Ohne-Rechnung-Abrede" 655
„Open books"-Regelung
– GMP-Vertrag 1208

Optionsvertrag 628, 747
Organisationsverschulden 2333 ff.
– Darlegungs- u. Beweislast 2335
– Dokumentation 2334
– Indizwirkung des Mangels 2335
– Instanzgerichte (Rechtsprechung) 2335
– Rechtsprechungsübersicht 2336
– Sekundärhaftung des A 2333
– Qualitätssicherung 2334
– Verschulden 2385
Örtliche Bauüberwachung 651
Örtliche Zuständigkeit 414 ff.
– allgemeiner Gerichtsstand 417
– Gerichtsstandsvereinbarungen 414 ff.
– Gewährleistungsansprüche 417 ff.
– Honorarklage des A 420
Ortsbesichtigung 2626 ff.
– und Privatgutachter 2628
– selbstständiges Beweisverfahren 83, 93, 120
Ortstermin 85, 585
– Teilnahmerecht 2628, 2643
Ortsüblicher Preis 839

**P**

Parteifähigkeit
– der ARGE 413
– Eigentümergemeinschaft 471, 518
Passivlegitimation 1034 ff.
– unternehmensbezogene Geschäfte 1035
– und Sonderwünsche beim Bauträgererwerb 1039
– Werklohnanspruch 1035
Pauschalbetrag
– Schlüsselfertigkeit 1194
– Teilkündigung 1189
Pauschalhonorar
– des A 913 ff.
– und anrechenbare Kosten 831
– Härteklausel 928
– und Schlussrechnung 977
– Überschreitungen 913 ff.
Pauschalierter Schadensersatz 1299
– und Vertragsstrafe 2046
Pauschalpreisvertrag 1179 ff.
– Detail-Pauschalvertrag 1189
– Global-Pauschalvertrag 1189
– Mengenabweichungen 1185 ff.
– Mischformen 1191
– Preis- und Lohnsteigerungen 2499
Pay-when-paid-Klausel 1126

# Produkthaftung

Pflichtverletzung 1697 ff., 1761 ff.
- Beweislast 2608
- Nebenpflichten 1761 ff.
- Obhuts- und Fürsorgepflichten 1763, 1773
- Schutzpflichten 1762

Planung
- auf eigenes Risiko des Bauherrn 614, 1482

Planungsmängel 1477 ff.
- und Abtretung von Gewährleistungsansprüchen 2196
- Aufklärungs- und Hinweispflichten 1482
- Bauvoranfrage 1482
- Beispiele 1484
- Begriff 1480
- Brauchbarkeit von Plänen 1489
- Detailplanung 1481, 1489
- DIN-Normen 1488
- Einschaltung eines Sonderfachmannes 1490
- fehlerhafte Konstruktion 1483
- genehmigungsfähige Planung 1482
- Gesamtschuldverhältnis 1977 ff.
- und Hinweispflicht 1481
- Koordinierungsmängel 1493 ff.
- Rechtsprechungsübersichten 1484, 1486, 1503
- Risikoübernahme 1482
- und SchRModG 1476
- und Sonderfachleute 1490
- bei stufenweiser Beauftragung des A 1489
- Unterlassung einer Planung 1490
- Versagung der Baugenehmigung 1482, 1488

Planungsrisiko 1482

Planungsüberlegungen
- als Architektenleistungen 640

Positive Vertragsverletzung/Nebenpflichtverletzungen i. S. von §§ 280 Abs. 1. 241 Abs. 2 BGB 1751 ff.
- Abgrenzungsfragen 1752 ff.
- altrechtliche Nebenpflichten des A 1764 ff.
- und Anspruch aus § 4 Nr. 7 Satz 2 VOB/B 1707
- Bausummenüberschreitung 1774 ff.
- Beratungspflichten nach altem Recht 1766
- aufgedrängte Bereicherung 2580 ff.
- altrechtliche Nebenpflichten des BH 1773 ff.
- altrechtliche Nebenpflichten des Unternehmers 1770 ff.
- entferntere Mängelfolgeschäden 1752 ff.
- Hinweispflichten nach altem Recht 1765
- pFV nach altem Recht 1751 ff.
- Rechtsprechungsübersicht 1765, 1766, 1772
- Verletzung von Nebenpflichten nach neuem Recht 1761 ff.

Präklusion 590 ff.
Preisabsprache 1104
Preisanpassungsklausel 1120
- Festpreis 1142

Preisausschreiben
- Architektenwettbewerb 638, 719

Preisklauseln 1120

Preisnachlass
- beim Bauvertrag 1159

Preisnebenabreden 1120, 2166

Preisrecht
- HOAI 600

Preisträger
- Architektenwettbewerb 638 ff., 719

Prima-facie-Beweis
- bei Kosten der Nachbesserung 1572
- bei Vorhandensein eines Mangels 1558, 1623

Privates Baurecht 397 ff.

Privatgutachten 148 ff.
- als Sachvortrag 151
- Anwendungsbereich 148
- und Architekt 148
- Aufwendungen der Partei 181
- als Beweismittel 2594, 2633, 2662
- Erstattung durch A 157
- Fertigstellungsbescheinigung 149
- Gefälligkeitsgutachten 153
- im einstweiligen Verfügungsverfahren 379
- Kostenerstattung 158 ff.
- – und selbstständiges Beweisverfahren 162
- – Kostenfestsetzungsverfahren 166 ff.
- – – Leistungsklage 165
- – – materiell-rechtlicher Kostenerstattungsanspruch 159 ff.
- – als Parteivorbringen 151
- – – innerprozessuales Gutachten 174
- – – vorprozessuale Privatgutachten 167 ff.
- – Schadensminderungspflicht 162
- Rechtsberatung 148
- sachverständiger Zeuge 151
- u. Schadensschätzung 150
- Stellung des Sachverständigen 152
- als unmittelbarer Schaden 1691
- Substantiierungsgutachten 172
- Vergütung des Gutachters 154 ff.
- – Gebührensätze des JVEG 155
- Verwertung 167, 173
- und Waffengleichheit 169 ff., 174, 177

Privatgutachter
- Teilnahme am Ortstermin 2628

Produkthaftung 1872 ff.

1675

**Projektentwicklungsgemeinschaft**

**Projektentwicklungsgemeinschaft**
– Akquisition des Architekten 614
**Projektierungsunterlagen**
– als Vorarbeit 1105 ff.
**Projektsteuerung** 1427 ff.
– Aufgabenbereich 1427
– Bauhandwerkersicherungshypothek 215
– Bonus-/Malusregelungen 1430
– Honorar 1430
– Leistungen 1428
– Mangelbegriff 1541
– Rechtsnatur des Vertrages 1429
**Prorogation** 414 ff.
**Prozessförderungspflicht** 595
**Prozessführungsbefugnis**
– Aktivlegitimation 471
– bei Gemeinschaftseigentum 473 ff.
– Gewährleistungsansprüche 476
– bei Mängeln am Gemeinschaftseigentum 464 ff.
– Mehrheitsbeschluss 495
– des einzelnen Miteigentümers 478 ff.
– Nachbesserungsansprüche 376, 485
– des Verwalters 512
– und Wandelung 486
**Prozessgebühr**
– Schutzschrift 347
**Prozesskosten (s. auch Kosten)**
– Schutzschrift 346 ff.
**Prozesskostenhilfe**
– selbstständiges Beweisverfahren 82, 140
**Prozessstandschaft, gewillkürte** 512
**Prozessvergleich**
– Kosten des Beweissicherungsverfahrens 136 ff.
– Kosten für ein Privatgutachten 179
**Prozesszinsen** 936, 1285
– bei Vorschussanspruch 1605
**Prüfbare Rechnung**
– Architekt 966 ff.
– BH 1392 ff.
**Prüfbarkeit**
– Abschlagszahlung 1219
– Schlussrechnung 1392 ff.
**Prüffähige Honorarschlussrechnung** 967 ff.
**Prüfstatiker**
– Verwaltungsrechtsweg für Honoraransprüche 402
**Prüfungs- und Hinweispflicht des BU** 1519 ff.
– Gesamtschuldverhältnis 1527
– Rechtsprechungsübersicht 1533
**Prüfungszeit**
– Abnahme 1355

– Einwand der Prüffähigkeit der Rechnung 1395
– – Vergütung des Unternehmers 1395
– – Honorar des A 971 a
**Prüfvermerk**
– Schlussrechnung des BU 2030 ff.
– Stundenlohn 2030

**Q**

**Qualitätssicherungssystem** 2330
– DIN-ISO-Normen 9000 ff. 2330
**Qualitätsüberwachung** 653
**Quotenmäßige Haftung** 1994 ff.

**R**

**Rahmenverträge mit A** 628, 746
**Ratenzahlungsplan (MaBV)** 1230 ff.
**Raum- und Funktionsprogramm** 1785
**Realisierungswettbewerb** 638, 719
**Rechenfehler**
– Verschulden bei Vertragsabschluss 1879, 1882
**Rechnung** 1368
**Rechnungsprüfung**
– durch den A 1509
**Rechtliches Gehör** 76
– Schiedsgericht 532
**Rechtsanwaltsvergütungsgesetz (RVG)**
– Selbstständiges Beweisverfahren 140 ff.
**Rechtsbehelfe** 95 ff.
– außerordentliche Beschwerde 97
– Gegenvorstellung 97
**Rechtsberatungsmissbrauchsgesetz** 528, 654, 1040, 1911
**Rechtskraft**
– Feststellungsurteile 460 ff.
– negative Feststellungsklage 463
– Vorschussurteil 1601 ff.
**Rechtsmangel** 1455 ff.
**Rechtsmissbrauch**
– Bürgschaft auf erstes Anfordern 373 ff., 1259
– selbstständiges Beweisverfahren 21
**Rechtsschutzbedürfnis**
– Bauhandwerkersicherungshypothek 269
– Klage auf Abnahme 1346
**Rechtsschutzinteresse**
– bei Zahlungstitel für Sicherungshypothek 269 ff.

## Schadensersatz wegen Nichterfüllung (§ 635 BGB a. F.)

**Rechtsschutzziel**
- einstweilige Verfügung 375

**Rechtsweg** 396 ff.
- Abgrenzungsfragen 396
- internationale Zuständigkeit 424
- juristische Person des öffentlichen Rechts 397
- öffentlich-rechtliche Verträge 398 ff.
- Vermessungsingenieur 403
- Wohnungseigentum 404

**Referenzobjekt** 1032

**Regelbauzeit**
- Ansprüche des A 730
- Architektenhonorar 730, 920
- Architektenvertrag 876, 730

**Regeln der Technik** 1459 ff.
- Architektenplan 1483 ff.
- Baumangel 1454 ff., 1483, 1513
- Zeitpunkt 1467, 1483, 1513

**Regeln für Gutachter** 2602 ff.

**Regiekosten** 849, 1138, 1587, 1691

**Rentenanspruch**
- bei Überbau 2127

**Reparaturarbeiten**
- Vertrag 1046, 1549

**Richterlicher Hinweis** 583 ff.

**Rift-Briefe** 768

**Risikoübernahme** 1457

**Risikozuschlag** 1294

**Riskante Planung** 1482

**Rohbau**
- Zeitpunkt der Fertigstellung 1234

**Rohinstallation**
- Zeitpunkt der Fertigstellung 1234

**Rückforderung**
- Vorbehalt 1920

**Rückforderungsprozess**
- Bürgschaft/Garantie auf erstes Anfordern 1257
- des öffentlichen Auftraggebers 1920

**Rückforderungsrecht des AG**
- gegenüber Architekten 713, 731, 1916

**Rückgriffsklage**
- Gesamtschuldner 1967

**Rücktritt** (s. auch Kündigung)
- Ausschluss 1664
- u. Kooperationspflicht 1664
- als Mängelrecht 1652, 1664 ff.
- bei verzögerter Bauausführung 1807 ff.

**Rückzahlungsanspruch**
- des öffentlichen Auftraggebers 1920
- Verwirkung 2323
- Vorschuss 1607
- des BH gegen A/BU 985

**S**

**Sachkundiger Bauherr** 1490

**Sachverständigenentschädigung** 2700 ff.
- sachverständige Zeugen 2706

**Sachverständigengutachten**
- antizipiertes 1469

**Sachverständiger** 2634 ff.
- Ablehnung 60 ff., 2647 ff.
- Anhörung 85, 112, 2656 ff.
- Anweisung durch Richter (§ 404 a ZPO) 2642, 2668 ff.
- Aufgabe 2641 ff.
- Auswahl 2637 ff.
- und Beweisbeschluss 2667 ff.
- im selbstständigen Beweisverfahren 58 ff., 84 ff.
- gerichtlicher Sachverständiger 2634 ff.
- das Gutachten 2645 ff.
- Haftung 2636
- Hilfskräfte 2640
- Kosten bei Privatgutachten 158 ff.
- lückenhaftes Gutachten 2656
- Ortsbesichtigung 2628, 2643 ff.
- bei Privatgutachten 148 ff.
- Rechtsprechungsübersicht 2648, 2649
- auf der Richterbank 2591
- Sachverständigenentschädigung 2693
- Verwertung des Gutachtens 2652 ff.
- und Zeuge 151, 2624

**Sachverständiger Zeuge** 151, 2635

**Sachwert** 1800

**Salvatorische Klausel** 2166

**Sanierungsmaßnahmen**
- selbstständiges Beweisverfahren 23

**Sanierungsvereinbarung** 1549, 1555

**Scannen**
- Besondere Leistung 895

**Schadensbeseitigungsrecht**
- des A 1642 ff.
- Mitwirkungspflicht des A 1646 ff.

**Schadensersatz wegen Nichterfüllung (§ 635 BGB a. F.) und statt der Leistung (§§ 634 Nr. 4, 636, 280, 281 BGB)** 1674 ff.
- und Abnahme 1676, 1738
- Drittschadensliquidation 1696
- Entschädigung in Geld 1685, 1723
- Fristsetzung 1676
- Geldersatz 1685 ff.
- großer Schadensersatz 1700, 1733 ff.
- Kausalität 1676
- kleiner Schadensersatz 1699, 1725 ff.

**Schadensersatz wegen Verletzung der Nachbesserungspflicht**

- und Mängelbeseitigungsrecht des A 1685
- und Minderwert 1681
- mitwirkendes Verschulden 1699
- notwendiger Vortrag bei Klage 1676, 1719
- Nutzungsentschädigung 1687
- Pflichtverletzung nach neuem Recht 1697 ff.
- Rechtsnatur des Schadensersatzanspruchs aus § 13 Nr. 7 VOB/B 1722
- Rechtsprechungsübersicht 1690, 1691
- Schutzzweck der Norm 1676
- Umfang 1724
- Umsatzsteuer 1686
- unmittelbarer Schaden 1688 ff.
- Verhältnis von § 4 Nr. 7 und § 13 Nr. 7 VOB/B 1707 ff., 1719 ff., 1738 ff.
- und Verkauf des Bauwerks 1679
- und Verrechnung 1680, 2576 ff.
- bei VOB-Vertrag 1719 ff., 1725 ff., 1733 ff.
- Voraussetzungen 1676
- Vorbehalt bei Abnahme 1697
- Wahlrecht 1680
- Zeitpunkt der Berechnung 1681

**Schadensersatz wegen Verletzung der Nachbesserungspflicht** 2214

**Schadensersatzanspruch**
- Ausschluss 2212
- und Bauhandwerkersicherungshypothek 228
- und Verkauf des Hausgrundstücks 1679

**Schadensminderungspflicht** 2444

**Schadenspauschale** 1299

**Schadensschätzung** 2683 ff.
- Behinderung 1829

**Schätzung**
- anrechenbare Kosten 1420
- des Schadens 2683 ff.

**Schallschutz** 1464
- Minderwert 1665

**Schautafeln**
- als Architektenleistung 601

**Scheidung**
- und Ausgleichsansprüche 1933 ff.
- Besorgnis der Befangenheit 537
- und Allgemeine Geschäftsbedingungen 531
- und Aufrechnung 2552

**Schiedsgericht** 519 ff., 529 ff.
- einstweiliges Verfügungsverfahren 349
- rechtliches Gehör 532
- ordre public 532
- Prozesseinrede 529
- Rücktritt 533
- und selbstständiges Beweisverfahren 522, 523
- Schiedsgerichtsordnungen 520

- Schiedsvertrag 529 ff.
- Streitgenossen 524
- Streitverkündung 521
- und unwirksamer Bauvertrag 535
- Vollstreckungsgegenklage 529

**Schiedsgutachten**
- AGB 543
- Aufgabenstellung 538
- Behinderung des Gutachters 541
- Besorgnis der Befangenheit 540, 544
- Feststellungsklage 542
- Hemmung der Verjährung 538
- Kostenerstattung 546
- Mitwirkungspflicht 541
- obligatorische Schiedsgutachterklausel 543
- offenbare Unrichtigkeit 544 ff.
- Rechtsfragen 538
- Überprüfung durch Gericht 545
- und Urkundenprozess 538
- Verfahrensfehler 544
- Verweigerung der Mitwirkung durch eine Partei 541

**Schiedsgutachtervertrag** 538 ff.

**Schiedsvertrag** 529 ff.
- Bedeutung 519
- Kündigung aus wichtigem Grund 533
- Rechtsfolgen für den Bauprozess 529 ff.
- selbstständiges Beweisverfahren 522
- und „Verbraucher" 530

**Schlichtungsklausel** 71, 527

**Schlichtungsstellen** 526

**Schlüsselfertige Erstellung** 1194 ff.

**Schlüsselgewalt (§ 1357 BGB)** 1035

**Schlussrechnung**
- des A und Erhöhung 794
- Anerkenntnisvermerk des BH 2028
- beim BGB-Werkvertrag 1368
- Bindung 794, 1374
- prüffähige Honorarschlussrechnung 969
- Prüfvermerk des A 2030

**Schlusszahlung** 2298 ff.
- bei Abtretung 2293
- Adressat 2317 ff.
- Aufrechnung bei vorbehaltloser Annahme 2290
- Bedeutung 2286 ff.
- Frist 2312 ff.
- Grundsätze 2299 ff.
- prüffähige Schlussrechnung 2295 ff.
- schriftlicher Hinweis 2305
- Sicherheitseinbehalt 2303
- unterlassener Vorbehalt 2285 ff.
- Vorbehalt 2307 ff.

## Selbstständiges Beweisverfahren

Schlusszahlungseinrede 2285
Schönheitsfehler 1514, 1575, 1715
– und unverhältnismäßiger Aufwand 1575, 1715
Schreiner- und Glaserarbeiten
– Zeitpunkt der Fertigstellung 1234
Schriftformerfordernis
– Architektenvertrag 734 ff.
– HOAI 735 ff.
– und Mindestsätze 737
– Pauschalhonorar 916
– Schiedsvertrag 530
– unzulässige Rechtausübung 739
– Zeitpunkt 740 ff.
– zusätzliche Leistungen (BU) 1160
Schriftliches Vorverfahren 570
Schuldanerkenntnis (s. Anerkenntnis)
Schuldbeitritt 1036
Schuldrechtsmodernisierungsgesetz (SchRModG) 2002
– anerkannte Regeln der Technik 1457
– Anfechtung 2325, 2330, 2335
– aufgedrängte Bereicherung 2580
– Aufrechnung 2569
– Bauhandwerkersicherung 333
– Baumangel 1455 ff.
– Bauträgervertrag 1445
– selbstständiges Beweisverfahren 1, 99, 101, 104
– Bürgschaft auf erstes Anfordern 1257
– Dritthaftung (§ 313 Abs. 3) 1893, 2330
– Erfüllungsanspruch 1545
– Garantie 1434
– Gemeinschaftseigentum 478, 487, 489, 491, 494
– Gutachterkosten 1570
– und Hinweispflicht 1519
– Kalkulationsirrtum 2340 ff.
– Kostenvorschussanspruch (§ 887 Abs. 2 ZPO) 2781
– Leistungsverweigerungsrecht 2524
– und Mangel des Architektenwerkes 1475 ff.
– Minderung 487, 489, 1665, 1710
– Nachbarrecht 2117
– Nebenpflichten 1773
– Organisationsverschulden 2330
– Pflichtverletzung 1697 ff.
– Privatgutachten 159
– Sachmangel 1453 ff., 1513 ff.
– Schadensersatz statt der Leistung 1656, 1664
– Schiedsgutachten 538
– Schuldnerverzug 934, 1284
– Selbstvornahme 1579 ff., 1628
– Störung der Geschäftsgrundlage (§ 313 BGB) 2482
– Streitverkündung 562, 564
– Umbauarbeiten 210
– unerlaubte Handlung (§ 823 BGB) 1839
– Verjährung 2343 ff.
– Verkehrssicherungspflicht 1845
– Verschulden bei Vertragsschluss 1879, 1895
– Vertrag mit Schutzwirkung zu Gunsten Dritter 1753
– Vertrauenshaftung (§ 311 Abs. 3) 1036, 1893
– Wandelung 1664
– Werklieferungsvertrag 199, 1442
– Zinsen 935, 1285
Schuttbeseitigungsklausel 1147
Schutzbereich des Werkvertrages 1741 ff.
Schutzpflichten 1773
Schutzschrift 339 ff.
– Antrag auf einstweilige Verfügung 340
– Anwaltszwang 341
– Form und Inhalt 341 ff.
– Gebühren (RVG) 348
– und Gerichtsstände 339
– Kostenerstattung 346 ff.
– Muster 343
– Prozessrechtsverhältnis 346
– selbstständiges Beweisverfahren 340
– Verfahren 344 ff.
– Zweck 339
Schwarzarbeit
– Eintragung in die Handwerksrolle 1046
– Gewährleistungsansprüche 1044
– Nichtigkeit des Vertrages 1044, 1450
– ungerechtfertigte Bereicherung 1921 ff.
Schwarzarbeitervertrag 1044, 1450
Sekundäre Darlegungslast 2611
Sekundärhaftung
– des Architekten 1508
– des Tragwerkplaners 1536
Selbstständiges Beweisverfahren
– Ablaufhemmung 116
– Ablehnung des Sachverständigen 60 ff.
– Abtretung von Ansprüchen 106
– Allgemeine Verfahrensgrundsätze 6 ff.
– Anhörung des SV 85, 112
– Anlageschäden 103
– Antrag 36 ff.
– Antragsgegner 43 ff.
– Antragsteller 40 ff.
– Anwaltsgebühren 140 ff.
– Anwaltszwang (§ 494 a ZPO) 129
– Anwesenheitsrecht der Partei 93

**Selbstständiges Beweisverfahren**

- Aufwendungen 87
- Ausforschung 25, 56
- Auslagenvorschuss 82
- Aussetzung 6
- Ausland 75
- Auswahl des Sachverständigen 59
- und Bauprozess 117 ff.
- Bauruine 16
- Beendigung 66, 110 ff.
- Beispiel für Antragstellung 70
- Bestellung des Sachverständigen 59
- Bestimmung des Gerichtsstandes (§ 36 Nr. 3 ZPO) 72
- Betreten des Baugrundstücks/der Wohnung 86
- Beweisantrag 36 ff.
- Beweisaufnahme 76 ff.
- Beweisbeschluss 77 ff.
- Beweisergebnis 117
- Beweismittelerhaltung 19
- Beweistatsachen 8
- Beweisvereitelung 86
- Beweisverwertungsverbot 119
- Bezeichnung der Beweismittel 58
- Bezeichnung der Tatsachen 54 ff.
- Bindungswirkung im Hauptverfahren 121
- Dritthaftungsklausel 106
- Duldungs- und Mitwirkungspflichten 86 ff.
- Eingriff in den Baukörper 29, 86, 91, 2672
- und Einstellung der Zwangsvollstreckung 2741
- einstweilige Verfügung 10
- Einwendungen 92 ff., 118
- Ende des Verfahrens 110 ff.
- ergänzende Beweisantritte 52, 94
- Erhebung der Hauptsacheklage 131 ff.
- Erledigungserklärung 37
- e. V. 88, 353
- Feriensache 76
- Feststellung von Mängelursachen 22
- Feststellung des gegenwärtigen Zustandes 27 ff.
- Feststellungsinteresse 33
- und Feststellungsklage 10, 435
- Gebühren des Anwalts 142 ff.
- Gegenantrag 52, 93 ff.
- Gegenstand 2
- Gegenvorstellung 97
- gegnerloses Verfahren 12, 108
- Gemeinschaftseigentum 480
- Gerichtskosten 127
- Gerichtsstand 72 ff.
- Glaubhaftmachung 68 ff.
- und Hauptverfahren 117 ff., 131
- Hemmung der Verjährung 1, 53, 99 ff.
- Herausgabe von Unterlagen 89
- Identität der Beweisthemen 93
- Identität des Streitgegenstandes 125
- Identität der Streitwerte 135
- u. Insolvenzverfahren 6
- isolierte Kostenentscheidung 134 ff.
- Kausalzusammenhang (technisch-wissenschaftlich) 31
- Kosten 123 ff.
- Kosten des Streithelfers 138 ff.
- Kostenerstattung nach § 494 a ZPO 128 ff.
- Kostenfestsetzungsverfahren 124, 125
- Ladung zur Beweisaufnahme 83
- Mängelbeschreibung 54 ff.
- Mängelbeseitigungskosten 22
- Mängelbeseitigungsmaßnahmen 22
- Mängelursachen 22
- Besondere Zulässigkeitsvoraussetzungen 7 ff.
- materiell-rechtlicher Kostenerstattungsanspruch 136 ff.
- Materialprobe 91
- Mitwirkung Dritter 90
- Mitwirkungspflicht des Antragsgegners 86
- Muster 70, 78
- mündliche Anhörung des SV 85, 93, 112
- Notwendigkeitsprüfung 131
- Öffnung von Bauteilen 90 ff., 2672
- Ortstermine 93
- Privatgutachten 162
- Prozesskostenhilfe 52, 140
- rechtliches Gehör 76
- rechtliches Interesse 34 ff.
- Rechtsbehelfe 79, 95 ff.
- Rechtsfragen 35
- Rechtsmissbrauch 21, 93
- Rechtsschutzinteresse 35
- Rückgriffshaftung 35
- Rücknahme des Antrages 6, 37, 135
- Rüge des Gegners hinsichtlich Zulässigkeit 92
- Ruhen des Verfahrens 6, 82
- RVG 143
- Sachverständiger 58 ff.
- – Ablehnung 60 ff.
- – Ablehnungsgründe 61 ff.
- – Anweisung durch das Gericht 29
- – Auswahl 59
- – Ortsbesichtigung 83, 93, 120
- – schriftliche Begutachtung 84
- – Vernehmung 85, 112

**Sonderwünsche**

- Sachverständigenbeweis (§ 485 Abs. 2) 27 ff.
- Sanierungsmaßnahmen 22 ff.
- Schieds- und Schiedsgerichtsverfahren 10, 71, 522, 523
- Schiedsgutachterabrede 34, 71
- Schlichtungsvereinbarung 71
- schriftliches Sachverständigengutachten 84
- selbstständiger Sachverständigenbeweis (§ 485 Abs. 2) 27 ff.
- sofortige Beschwerde 95 ff., 128
- Streitgegenstand 124
- Streitverkündung 46 ff., 92 ff., 116, 138, 561 ff.
- Streitwert 144 ff.
- Symptomtheorie (Verjährung) 54, 101
- Unterbrechung des Verfahrens 6
- Unterbrechung der Verjährung 42, 45, 51, 99 ff.
- Untersuchung eine Sache 29, 86
- Unzulässigkeit 9, 21, 25
- Unzuständigkeit des Gerichts 119
- unzutreffende Tatsachenfeststellungen 121
- Veränderungsgefahr 15, 24
- Vergleich 127
- Verjährung 16
- Vernehmung des Sachverständigen 85, 112
- Verursachungsquote 31
- Verwalter 40, 107
- Verwertung im Hauptprozess 117 ff.
- und Verzicht auf Gewährleistungsansprüche 35
- VOB 2
- Vorgewerke, Mängel 15
- weitere Beschwerde 97
- Wertminderung 26, 30
- Wirkungen 98
- Wohnungseigentümer 41, 107, 485
- Zulässigkeitsvoraussetzungen 6 ff.
- Zumutbarkeit 19 ff.
- Zustand einer Sache 28 ff.
- Zuständigkeit 71 ff.
- Zustellung des Antrags 110
- Zustimmung des Gegners 11

**Selbstbeseitigungsrecht des A** 2224
**Selbstkostenerstattungsvertrag** 1217
**Selbstvornahme (§ 637 Abs. 1 BGB n. F.)** 1579 ff.
- durch Dritte 1586
- Vornahmefrist 1580
- Voraussetzungen 1581

**Sicherheitseinbehalt** 1244
**Sicherheitsleistung** 1240 ff.
- und Abschlagszahlungen 1226
- und AGB 1241, 1250, 1262
- bei Arrest 394
- Arten 1249 ff.
- Aufrechnung 1243, 2567
- und Austauschrecht 1242
- und Bauhandwerkersicherungshypothek 287, 1245
- Bruttoauftragssumme 1262
- Bürgschaften 1252
- Darlegungslast 1240
- Handelsbrauch 1240
- Höhe 1269
- Rechtsprechungsübersicht 1254
- und Kündigung des Bauvertrags 1265
- und Mitverschulden 2447
- und Leistungsverweigerungsrecht 1244 ff.
- und Sperrkonto 1241, 1267
- und Rückgabepflicht 1274
- Schlusszahlungseinrede 2310
- Überzahlung 1253
- Umfang 1261 ff.
- Verjährung 1949, 2369
- Zeitraum 1263 ff.
- Zuschusspflicht 1562

**Sicherungsfall** 1252
**Sicherungshypothek** (s. Bauhandwerkersicherungshypothek)
**Sicherungspflichten**
- nach MaBV 110

**Sicherheits- und Gesundheitsschutz-Koordinator** 602, 784, 1844
**Skizzen des Architekten**
- als Architektenleistung 612, 616, 624
- sofortige Beschwerde 95 ff., 128
- vertragliche Bindung 612, 624, 631

**Sklavischer Nachbau**
- Urheberrecht 1937

**Skonto**
- Architektenhonorar 841
- Werklohn 1277 ff.

**Sollbeschaffenheit** 1453
**Sondereigentum**
- Abnahme 504
- Leistungsverweigerungsrecht 401

**Sonderfachmann**
- Haftung 1534 ff.
- Honorarklage 1402 ff.
- mangelhafte Werkleistung 1534 ff.
- Mitverschulden 2463
- Rechtsprechungsübersicht 1538
- Statiker 2463

**Sonderwünsche**
- Vertragspartner 1039

**Sorgfaltspflichten**

Sorgfaltspflichten
- Verschulden bei Vertragsabschluss 1878
Sowiesokosten 1454, 1563, 2474 ff.
- Bereicherung 2475
- Leistungsverweigerungsrecht 2540
- Minderung 1673
- Rechtskraft 460
- Vorschussanspruch 1594
Sperrkonto 1241, 1267
Sportanlagen 2091 ff.
Sportanlagenlärmschutzverordnung 2092 ff.
Sportlärm 2092 ff.
Staffelverweisung 1005
Standesunwürdiges Verhalten (Architekt) 358, 719
Statiker (Tragwerkplaner)
- Beauftragung durch A 1067
- und Fehler der Architektenplanung 1536
- Gesamtschuld 1999
- Honorarklage 1402 ff.
Steinfort-Tabelle 789 c
Stilllegungsverfügung
- Bauvertrag 1042
Stillstandskosten 1832
Stoffgleichheit 1840
Störung der Geschäftsgrundlage (s. Wegfall der Geschäftsgrundlage) 2478 ff.
Streitgegenstand
- Honorarklage 984
- mehrere Schlussrechnungen 1229, 1401
- Übergang von Abschlagszahlung auf Schlussrechnung 984, 1229
- Vorschussklage 1598
Streithelfer (selbst. Beweisverfahren)
- ergänzender Beweisantrag 94
- mündliche Anhörung des Sachverständigen 93
- Rechtsbehelf 96
Streitverkündung
- Alternative Schuldnerschaft 548, 1437, 1438
- Anhörungsrecht 93, 567
- Arrestverfahren 556
- bei Ausgleichsklage 549, 2002
- einstweilige Verfügung 555
- Feststellungsklage 433
- Form der Streitverkündung 560
- bei Gesamtschuldnerschaft 553
- Hemmung der Verjährung 564
- Interventionswirkung 562, 565 ff.
- Regressprozess 549, 563
- Reihenfolge 562
- Schiedsgerichtsverfahren 521, 555
- selbstständiges Beweisverfahren 46 ff., 92 ff.

- Hemmung der Verjährung 51, 567 ff., 1438
- Verwertung des Beweisergebnisses eines selbstständigen Beweisverfahrens 117 ff.
- – Bindungswirkung 121
- – Einwendungen 118 ff.
- – Urkundenbeweis 119
- – weiteres Sachverständigengutachten 121
- weitere Streitverkündung 52, 559
- Wirkungen 561 ff.
- Zulässigkeit 551 ff.
Streitwert 2705 ff.
- Änderungsfrist 147
- bei Bauhandwerkersicherungshypothek 312, 2705
- Hilfsaufrechnung 2706
- Rechtsprechungsübersicht 2705 ff.
- selbstständiges Beweisverfahren 144, 2707
Stundungsabrede
- Honorar 966
Stufenklage 898
Stufenweise Beauftragung des A 666, 747, 1489
Stundenlohnarbeiten
- Anerkenntnis 2023
- Stundenlohnzettel 1213, 2023 ff.
Stundenlohnrechnungen 1376
Stundenlohnvertrag 1210
Stundenlohnzettel 1213
- Anerkenntnis 2023
- Vollmacht des A 1077 ff.
Subplaner
- Honorar 785
Subsidiaritätsklausel
- und Haftungsbegünstigung (Ausgleichsklage) 2013
- Haftungsbeschränkung 2203, 2262 ff.
- Sicherungsabtretung 2006
- Unwirksamkeit/Folgen 2205 ff.
Substantiierung von Baumängeln 1471 ff.
Subunternehmer 1051 ff.
- Bauhandwerkersicherungshypothek 201
Subunternehmervertrag
- deckungsgleiche Gewährleistungsfrist 2247
Symptomtheorie
- Hemmung der Verjährung 2413
- Substantiierung des Mangels 1472, 1613, 1625
- Unterbrechung der Verjährung 101, 1600, 2423

## T

**Tatrichterliche Würdigung**
– Beweiswürdigung 2469 ff.
– Garantieerklärung 1433
– bei Mitverschulden 1992, 2453
**Tatsachenfeststellung**
– Schiedsgutachtervertrag 538
**Taxe** 1137
– Architektenhonorar 762, 769
**Technischer Minderwert** 1667, 1726
**Teilabnahme**
– Architektenwerk 2399, 2400
– Unternehmerwerk 1382
**Teilbetreuung** 1443
**Teilklage** 439
**Teilkündigung**
– Architektenvertrag 937 a
– Bauvertrag 1291
**Teilleistung**
– des A 879 ff.
– und Mangelbegriff 1479
**Teilleistungsklage** 437
**Teilschlussrechnung**
– Bindung des A 808
– des AN 1394
– des A 978
**Teilschlusszahlung** (s. Abschlagszahlungen)
**Telefax** 735
– Schriftform 1324
**Terminierung, mündliche Verhandlung** 578
**Terminverschiebungen**
– Vertragsstrafe 2078 ff.
– verzögerte Bauausführung 1807 ff.
**Textübergabe**
– VOB 1008 ff.
**Toleranzgrenze**
– bei Bausummenüberschreitung 1787
– beim Pauschalpreisvertrag 1202
**Totalpauschalvertrag** 1189
**Totalübernehmer** 1050
**Tragwerkplaner** s. Statiker
**Treu und Glauben**
– Aufrechnungsverbot 2573
– Schriftformerfordernis (HOAI) 735, 739
– Schwarzarbeit 1044
**Treuhänder**
– Mängel 1539 ff.
– Rechtsprechungsübersicht 1541
– Vertrag 1448
**Treuhänderwerk**
– Mangel 1539
**Trittschallschutz** 1464

## U

**Überbau** 2119 ff.
– Beseitigungsanspruch 2124
– Dränage 2121
– Giebelmauer 2121
– Rentenanspruch 2127
– Verwirkung 2115
**Übergabeprotokoll**
– Gemeinschaftseigentum 505
– schriftliche Niederlegung 505
– Unterzeichnung 505
– Vorbehalte 505
**Überraschungsentscheidung** 583
**Übertragung der Nutzungsrechte** 899
**Überschreitung**
– von Baukosten durch den A 1774 ff.
– von Kostenvoranschlägen durch den BU 1305 ff.
**Überwachungsrichtlinie** 1005
**Überzahlung**
– durch Abschlagszahlungen 985, 1206, 1224
– Ausgleich 1918
– Vorbehalt bei der Schlusszahlung 2292
**Überzahlungsrisiko**
– Erfüllungsbürgschaft 1253
**Übliche Vergütung**
– des A 762
– des A für Privatgutachten 157
– des BU 1134
– des SF 1415
**Umbauarbeiten**
– Bauhandwerkersicherungshypothek 208
**Umbauzuschlag** 861
– Mindestzuschlag 720
**Umdeutung**
– unwirksame Honorarvereinbarung (A) 733
**Umkehr der Beweislast** 2606 ff.
– Aufklärungs- und Beratungspflichten 2610 ff.
– DIN-Normen 1461
– Gefahrenbereich 2608
– Stundenlohnzettel 2027
– die Vorschrift des § 282 BGB 2609
**Umlageklausel** 1147
**Umsatzsteuer**
– Abschlagszahlungen 1220
– Akontozahlungen 1272
– bei Architektenhonorar 934 ff., 958
– bei Honorar des SF 1413
– bei Werklohn des BU 1270 ff.
– Zinsen 1286

# Umschreibung

**Umschreibung**
- Vormerkung 282

**Umweltstandards** 2093

**Unbestimmte Honorarabrede** 711

**Unbezifferte Leistungsklage** 449 ff.
- und Feststellungsklage 449
- Vorschussanspruch 1599

**Unentgeltlicher Auftrag**
- Beweislast 630, 1108, 1135
- mit A 629
- mit BU 1105

**Unentgeltlichkeit**
- beim Architektenvertrag 611 ff.
- Beweislast beim Bauvertrag 1135 ff.
- Negativbeweis 1137

**Unerlaubte Handlung (§ 823 BGB)** 1839 ff.
- Beweiserleichterung durch § 830 Abs. 1 Satz 2 BGB 2612 ff.
- Eigentumsverletzung 1839
- durch mangelhafte Werkleistung 1839 ff.
- Richtlinie 89/391 EWG 1844
- und SchRModG 1839
- Verletzung der Verkehrssicherungspflicht 1844 ff.

**Unfallverhütungsvorschriften**
- Verkehrssicherungspflicht 1847, 1852

**Ungerechtfertigte Bereicherung** 1904 ff.
- Abrechnung von Leistungen 1635 ff.
- Abschlagszahlung 1919
- Architektenleistung 1907, 1910 ff.
- Architektenvertrag 1910 ff.
- aufgedrängte Bereicherung 1928, 2580 ff.
- Ausgleichsansprüche nach Scheidung 1933 ff.
- Ausschluss der §§ 812 ff. BGB 1908
- Bau auf fremdem Grund und Boden 1904, 1923 ff.
- Beispiele im Baurecht 1904
- Bereicherung des BH 1913
- Darlegungslast 1918 ff.
- Durchgriffskondiktion 1925
- Familienwohnheim 1933 ff.
- Fallgestaltungen/Übersicht 1904
- gemeinsames Aufmaß 1920
- Koppelungsverbot 1916
- Leistungskondiktion 1906, 1927 ff.
- Mindestsätze (§ 4 Abs. 4 HOAI) 1913 ff.
- Mängelbeseitigungskosten 1905
- öffentlicher Auftraggeber 1920 ff.
- prüfbare Schlussrechnung 1918
- Rechtsprechungsübersicht 1904, 1936
- vertraglicher Rückzahlungsanspruch 1918
- Saldotheorie 1911
- Schwarzarbeit 1921 ff.
- Überzahlungen 1918 ff.
- unwirksame Honorarvereinbarung 760
- Vermögensausgleich nach Scheidung 1934
- und Verwirkung 1920
- Vorarbeiten 1111
- die Vorschrift des § 817 Satz 2 BGB 1916

**Ungewöhnlich lange dauernde Leistung** 727

**Unmittelbarer Schaden**
- Beispiele 2258
- Beschränkung auf unmittelbaren Schaden 1730, 2257 ff.
- positive Vertragsverletzung 1752 ff.

**Unsicherheitseinrede (§ 321 BGB n. F.)** 2544

**Unterbrechung der Verjährung** 2419
- bei Abtretung 106
- Anlageschäden 103
- Antragsrücknahme 116
- der Architektenleistungen 863
- durch Güteverfahren 526
- durch selbstständiges Beweisverfahren 100 ff.
- durch Vorschussklage 1598
- negative Feststellungsklage 2420
- neue Mängel 102
- Symptomtheorie 54, 101
- bei Wohnungseigentum 107
- unzulässiger Antrag 104

**Unterlassener Vorbehalt** 2271 ff.
- bei Abnahme trotz Mängelkenntnis 2272 ff.
- bei Schlusszahlung 2285 ff.
- einer Vertragsstrafe bei Abnahme 2278 ff.

**Unterlassungsanspruch**
- bei Bürgschaft auf erstes Anfordern 370 ff.
- Nachbarrecht 354 ff., 2088, 2094, 2106
- Urheberrecht 1937, 1961
- Wettbewerbsverstoß 358

**Unterlassungstitel** 2136

**Unternehmer** (s. Bauunternehmer)

**Unternehmereinsatzformen** 1049 ff.
- Arge 1061
- Generalunternehmer 1050
- Subunternehmer 1051

**Unternehmerwerk** 1513 ff.

**Unterwerfungsklausel**
- und Vollstreckungsgegenklage 2710 ff.

**„Unverbindlicher" Auftrag** 624

**Unverhältnismäßiger Kostenaufwand** 1556, 1574 ff., 1684, 1714 ff.

**Unvollständigkeit der Teilleistung des A** 786

**Unwirksamer Bauvertrag**
- ungerechtfertigte Bereicherung 1904, 1921

**Unzulässige Rechtsausübung** (s. Treu und Glauben)
- Aufrechnungsverbot 2573
- Berufung auf Koppelungsverbot 699
- Berufung auf Schriftformerfordernis (§ 4 HOAI) 729
- Leistungsverweigerungsrecht 2529
- Unterschreitung der Mindestsätze 722
- Verjährung 2344
- Verwirkung 2321

**Urheberrecht des Architekten**
- Änderung der Planung und des Bauwerks 1956 ff.
- Ansprüche aus Verletzungen 1961 ff.
- Baupläne 1939
- Beseitigungsanspruch 1961
- Einheits-Architektenvertrag 1946 ff.
- Entstellung 1956 ff.
- Erweiterungsbau 1950
- Funktionalität 1943
- Gestaltungsfreiheit 1960
- Grundlagenermittlung 1955
- Grundsätze 1938 ff.
- Herausgabeanspruch 1961
- Herausgabe von Plänen 1947
- Honorar für Übertragung 899
- Instandsetzungen 1959
- Kunstwerk 1941
- Leistungsverweigerungsrecht an Originalunterlagen 1947
- Leistungsverzeichnis 1939
- Lizenzgebühr 1963
- Nachbaubefugnis 1946
- Nutzungsbefugnis 1947
- originelle eigenschöpferische Darstellung 1939 ff.
- Rechtsprechungsübersicht 1945
- Reparaturen 1959
- Schadensersatz 1961 ff.
- Schutzfähigkeit 1938
- Übertragung des Nutzungsrechts 899, 1946 ff.
- Unterlassungsanspruch 1961
- Urheberbezeichnung 1953
- Verfälschung der Wesenszüge eines Werks 1957
- Veröffentlichungsrecht 1952
- Verwertungsrecht des BH 1946 ff.
- Vorplanung 1955
- Wiederherstellungsbefugnis 1955
- Zugangsrecht 1954
- Zweckbauten 1940
- Zweckübertragungstheorie 1950

**Urkalkulation** 1150, 1159
**Urkundenbeweis** 2630
- Bauzeichnungen/Lichtbilder 2630
- Herausgabepflicht eines Dritten 2632
- Privatgutachten 2633

**Urkundenprozess**
- Bürgschaft auf erstes Anfordern 1259

**Urteil**
- einstweilige Verfügungsverfahren 384 ff.

**Urteilstenor**
- Zug-um-Zug-Verurteilung 2725 ff.

## V

**Veränderungsgefahr** 15
- Bauruine 15
- Mängel 15, 17
- selbstständiges Beweisverfahren 15
- Verjährungseintritt 15

**Verantwortlicher Bauleiter** 1497
**Verbindlicher Richtpreis** 1124
**Verbraucherkreditgesetz (§§ 491 ff. BGB n. F.)** 998 ff., 1040, 1447

**Verbraucherverträge**
- und AGB-Gesetz 2155, 2164

**Verdeckte Mängel** 2354
**Verdienstausfall** 1570

**Vereinbarte Vergütung**
- des A 700
- des BU 1102

**Vereinbarung der VOB**
- Architektenvertrag 663
- Werkvertrag 1005

**Vereinfachtes Genehmigungsverfahren** 962

**Verfahrensfehler**
- Schiedsgutachten 544
- Überwachungsentscheidung 583

**Verfahrensfragen**
- Bauhandwerkersicherungshypothek 261 ff.
- einstweiliges Verfügungsverfahren 349 ff.
- Schutzvorschrift 343
- selbstständiges Beweisverfahren 36 ff.

**Verfahrenskosten**
- bei einstweiliger Verfügung auf Eintragung einer Vormerkung (Sicherungshypothek) 302 ff.
- Schiedsgutachten 546
- Schutzschrift 304
- selbstständiges Beweisverfahren 123 ff.

**Verflechtung**
- Bauhandwerkersicherungshypothek 253 ff.

**Verfügungsformulare** 408, 529

## Vergabe

**Vergabe**
- und einstweiliges Verfügungsverfahren 358
- Vergabeverstöße 1882, 1884 ff.
- Verschulden bei Vertragsschluss 1884 ff.

**Vergabeverordnung**
- Wirksamkeit Bauvertrag 1040

**Vergleich**
- über Architektenhonorar 753

**Vergleichsgespräch** 585 ff.

**Vergütungsgefahr** 1343, 1365

**Vergütungsklage**
- Abrechnungsbertrag 992
- Darlegungslast 989
- Klagevortrag 988, 989 ff.
- Vorlage von Plänen 991

**Verjährung** 2343 ff.
- Abgrenzung: Arbeiten am Bauwerk und Arbeiten am Grundstück 2379 ff., 2384
- Abkürzung 2349
- Abnahme 2359, 2370, 2365
- Abschlagsforderungen des A 2372
- Abschlagsforderungen des BU 2360, 2368
- AGB 2349 f.
- Anerkenntnis 2429 ff., 2434
- arglistige Täuschung 2378, 2385
- Aufrechnung 2377, 2385, 2425
- Ausgleichsanspruch (§ 426 BGB) 515, 1989, 2409
- Auskunftsanspruch 2409
- Baubetreuer 2376
- Baumaterialien 2385 a
- Bauträger 2376, 2405
- einer nicht prüfbaren Rechnung des A 2373
- Einfluss bei Gemeinschaftseigentum 507
- Einrede 2345
- Einwand der unzulässigen Rechtsausübung 2345
- Feststellungsklage 451, 2420
- Garantiefrist 2346
- Gemeinschaftseigentum 507
- Gesamtschuldnerausgleich 2008, 2409
- Gewährleistungsansprüche 2377 ff., 2395 ff.
- und Gewerbebetrieb 2374
- Hemmung 2412 ff.
- Hinweispflicht des A 1508
- Honoraransprüche 2374 ff.
- Instandsetzungsarbeiten 2382
- isolierte Vereinbarung von § 13 Nr. 4 VOB/B 2353, 2388
- Kenntnis- bzw. Erkennbarkeitskriterium 2343
- Lieferant von Baumaterialien 2385 a
- Mängelanzeige VOB 2436
- Mängelfolgeschäden 2381
- Nebenpflichten 2391
- Neubeginn 2434
- Neuregelung 2343
- Objektüberwachung durch A 2351, 2399 ff.
- Organisationsverschulden 2378, 2385
- Rechtsprechungsübersichten 2378, 2380, 2409, 2418, 2430 ff.
- Rückforderungsanspruch der öffentlichen Hand 2409
- Schiedsgerichtsverfahren 522
- Schiedsvertrag 522
- schriftliche Mängelanzeige 2436, 2540
- Sekundärhaftung des Architekten 2404
- selbstständiges Beweisverfahren 15, 99 ff., 2439, 2418
- Sicherheitsbetrag, Auszahlung 2369
- Symptomtheorie 2393, 2423, 2439
- Teilklage 2421
- Übergangsregelungen, SchRModG 2344
- Überlegungsfrist 2344
- Ultimoverjährung 2362, 2363, 2367, 2374, 2375
- ungerechtfertigte Bereicherung 2409
- Unterbrechung 104, 116, 2419 ff.
- Vereinbarungen 2347
- Verkürzung 2240
- Verlängerung 2354 ff.
- Verzicht 2348
- Vorschussklage 453, 1598, 2423
- Werklohnansprüche 2361
- Zusatzforderungen des BU 2368
- Zusatzforderungen des A 2370
- Zwischenhändler von Baumaterialien 2385 a

**Verjährungsfristen** 2362 ff.
- Anspruch des A/SF 2374
- Anspruch des Baubetreuers/Bauträgers 2376
- Ansprüche gegen den A und SF 2395 ff.
- Ansprüche gegen den Bauträger 2405 ff.
- Gewährleistungsansprüche 2378 ff.
- Honoraransprüche 2374 ff.
- VOB 2386
- Werklohnansprüche des BU 2362

**Verkehrssicherungspflichten** 1844 ff.
- des A 1858 ff.
- Baustellenverordnung 1844
- des BH 1852 ff.
- des BU 1846 ff.
- DIN-Normen 1847
- Entlastungsbeweis 1848
- Grenzen 1845
- Haftungsprivilegien 1847
- primäre, des A 1613

- Rechtsprechungsübersichten 1851, 1857, 1864
- Richtlinie 89/391 EWG 1844
- und SchRModG 1845
- und sekundäre, des A 1862
- Unfallverhütungsvorschriften 1847, 1852
- und Verlassen der Baustelle 1849

**Verkehrswert** 1801
- bei Überbau 2128

**Verkürzung der Verjährungsfrist** 2349 ff.

**Verlängerte Bauzeit**
- Architektenhonorar 350
- Honorar des A 840, 874

**Verlängerung**
- der Gewährleistungsfrist 2354

**Verleiher** 1046

**Verlust des Nachbesserungsrechts**
- Unzumutbarkeit 2762
- nach Urteilserlass 2761

**Vermessungsingenieur**
- Bauhandwerkersicherungshypothek 218
- Rechtsweg 403

**Verpflichtungserklärung** 632
**Verpflichtungsklage** 401
**Verrechnung** 2576 ff.
**Verrichtungsgehilfe**
- Haftung des BH 2115

**Verschleiß** 1513
**Verschmutzungen**
- Nebenleistung 1147

**Verschulden bei Vertragsschluss (§ 311 Abs. 2, 3 BGB)** 1878 ff.
- Ablehnung des Vertragsabschlusses 1891
- Dritthaftung (§ 311 Abs. 3 BGB) 1893
- fehlerhaftes Leistungsverzeichnis 1888
- Grundsätze im Baurecht 1878
- Haftung des A 1882
- Haftung des BU 1882
- Haftung für Erfüllungsgehilfen 1892
- und Nachverhandlungspflicht 2482
- Obhuts- und Sorgfaltspflichten 1890
- und Rechtsfolgen 1894
- Rechtsprechungsübersicht 1882
- Schadensersatz (§ 126 S. 1 GWB) 1888
- und SchRModG 1879 ff.
- und fehlerhaftes Vergabeverfahren 1884 ff.
- Verjährung 1895

**Verschweigen eines Mangels** 2328 ff.
**Verspätetes Vorbringen** 588 ff.
- Anhörungsantrag 598
- Beanstandung von Gutachten 597
- Benennung von Zeugen 597
- Berufung 596 ff.

- Verletzung der Prozessförderungspflicht 589
- zur Vorschrift des § 296 ZPO 591
- zu § 296 Abs. 2 ZPO 593

**Vertiefung (§ 909 BGB)** 2101 ff.
- Anspruchsberechtigter 2108
- Anteilszweifel 2117
- allgemein anerkannte Regeln der Baukunst 2111
- Beseitigungsanspruch 2106
- Bodenerhöhungen 2104
- DIN 4123 2112
- Erfüllungsgehilfen 2115
- Grundwasserabsenkung 2104, 2116
- Neuherstellung 2106
- Schadensanfälligkeit 2105
- Schadensersatzanspruch 2106
- Statiker 2110
- Störer 2108 ff.
- Überprüfungspflicht 2113
- Verjährung (Ausgleichsanspruch) 2117
- Verrichtungsgehilfe 2117
- Verschulden 2109 ff.

**Vertrag mit Schutzwirkungen zu Gunsten Dritter** 1741 ff.
- Anwendung von § 311 Abs. 3 BGB 1742
- ergänzende Vertragsauslegung 1746
- Rechtsprechungsübersicht 1748 ff.
- Schadensersatz 1750
- zum Anwendungsbereich des § 618 BGB 1744 ff.

**Vertrag zu Gunsten Dritter** 1740
**Vertragsbeendigung**
- Honorar des A 938
- Werklohn des BU 1334

**Vertragsstrafe** 2045 ff.
- AGB-Gesetz 2051 ff., 2070 ff.
- anrechenbare Kosten 849
- Bauhandwerkersicherungshypothek 229
- für nichterfüllte Bauleistungen 2056 ff.
- für nicht ordnungsgemäße Bauleistungen 2058 ff.
- Berechnung der Frist 2075 ff.
- Höhe 2068 ff.
- Prozessuales 2085
- Schätzung (§ 287 ZPO) 2683
- Unangemessenheit 2070 ff.
- Verzug 2047, 2059
- Verzugsschaden 2050
- Vollmacht des A 1077
- Vorbehalt 2060 ff.
- zeitliche Begrenzung 2069

**Vertraulichkeitsvermerk**
- Urheberrecht 1937

**Vertretbare Handlungen**

Vertretbare Handlungen 2756 ff.
- Beispiele 2758
- Verweigerung der Handlung 2759
- Zustimmung eines Dritten 2756

Vertreter ohne Vertretungsmacht
- A 1068
- Baubetreuer 1090
- aufgedrängte Bereicherung 2586
- und Bereicherungsanspruch 1928

Vervielfältigung 1951

Verwalter
- Beweissicherungsverfahren 40, 106, 480
- gewillkürte Prozessstandschaft 489, 512

Verwaltungsangelegenheit 488

Verwaltungsbeirat
- gewillkürte Prozessstandschaft 512

Verweigerung
- der Abnahme 1348
- der Nachbesserung 1345 ff.

Verwender von AGB
- Bauherrenmodell 2158

Verwertung
- von Architektenleistungen 615

Verwertungsrecht
- des BH 1946 ff.

Verwirkung 2320 ff.
- Beweislast 1580, 2324
- Grundsätze 1548, 2321
- Rechtsprechungsübersicht 2323
- Überbau 2125
- ungerechtfertigte Bereicherung 1920

Verzicht
- auf förmliche Abnahme 1354
- auf Gewährleistungsansprüche 1518, 1521, 1548
- und Nacherfüllung 1548
- und Sanierungsvereinbarung 1548
- auf Sicherungshypothek 192
- auf Einrede der Verjährung 2348
- auf Honorar A 753

Verzichtsklausel 1374

Verzichtsvereinbarung
- HOAI 600, 753

Verzögerte Bauausführung 1807 ff.
- Ansprüche des BH 1808 ff.
- Ansprüche des BU 1819 ff.
- und Baugenehmigung 1812, 1819
- Bauzeitverlängerung 1820
- Behinderung 1819
- entgangener Gewinn 1811, 1830
- Gerätestillstandschaden 1832
- Großbaustelle 1823
- Haftung für Erfüllungsgehilfen 1826, 1827

- Honorar des A 874 ff.
- Kündigungsrecht 1818
- Offenkundigkeit einer Behinderung 1824 ff.
- Rücktrittsrecht des BH 1809 ff.
- Schadensersatz 1816, 1821, 1829
- Schadensposten (Beispiele) 1832
- Schadensschätzung 1831
- Substantiierung 1822, 1830
- unmittelbarer Schaden 1830
- Vergütungsanpassung 1838
- Vertragsstrafe 1826
- Verzug des A 1808
- VOB-Vertrag 1815 ff.

Verzögerte Nachbesserung 1574

Verzögerungsgebühr 589

Verzug
- der Bauausführung 1807 ff.
- Honorar des A 934
- Werklohn des BU 1283

Verzugszinsen
- Bauhandwerkersicherungshypothek 229
- Gesamthand 1285
- Honorar des A 936
- Werklohn des BU 1284

VOB Teil A 1001 ff.

VOB Teil B 1003 ff.
- und AGB-Gesetz 1006 ff.
- und Architektenvertrag 1016
- Auftragserteilung 1617
- Bauträgerverträge 1017
- Bekanntheitsgrad 1009
- Buchhandelshinweis 1012
- Einbeziehung in Bauvertrag 1008 ff.
- geltungserhaltende Reduktion 1023
- und Inhaltskontrolle 1018 ff.
- ins Gewicht fallende Einschränkungen 1020 ff.
- „neueste" Auflage 1005
- und öffentliche Auftraggeber 1001 ff.
- isolierte Vereinbarung 2353, 2390
- Kenntnisverschaffung 1009 ff.
- Kostenvorschuss 1619
- Nacherfüllungsklage 1610 ff.
- und Nachfolgeaufträge 1015
- Textübergabe 1012
- Vereinbarung 1003 ff.

**VOB/B 2002**
- Auftragsentziehung 1616 ff.
- Kündigung 1616
- Mangelbegriff 1612
- Schadensersatz 1719 ff.
- Verjährung 1555, 1624

VOF 628, 644

**Vorschussanspruch (§ 637 Abs. 3 BGB n. F.)**

**Vollmacht**
- Anscheinsvollmacht des A 1071, 1085 ff.
- ausdrückliche Vollmacht des A 1079 ff.
- Duldungsvollmacht des A 1084
- Mängelbeseitigung 1069
- „originäre" Vollmacht des A 1072 ff.
- Schlüsselgewalt 1035
- Vollmacht der Betreuungsgesellschaften 1090 ff.
- Vollmachtserklärung 635
- und Vereinbarung der VOB/B durch A 1025

**Vollmachtloser Vertreter**
- Architekt 1068 ff.

**Vollständige Fertigstellung**
- und Protokollmängel 1235

**Vollstreckung**
- und materielles Baurecht 2708
- aus Zug-um-Zug-Urteilen 2714

**Vollstreckung durch den Gerichtsvollzieher** 2730 ff.

**Vollstreckung zur Erwirkung von Baumaßnahmen** 2749 ff.
- Erfüllungseinwand des BU 2772
- Ermächtigungsbeschluss 2780
- Kosten der Zwangsvollstreckung 2786
- Kostenvorschussanspruch (§ 887 Abs. 2 ZPO) 2781
- Mitwirkungspflicht des BH 2763
- Verfahren nach § 887 Abs. 1 BGB 2755 ff.
- vertretbare Handlung 2756

**Vollstreckungsgegenklage**
- und Erfüllungseinwand des BU 2772 ff.

**Vollstreckungsklausel** 2730
**Vollziehungsfristen** 283 ff.
**Vorabnahme** 2060
**Vorarbeiten**
- des A: Vergütungspflicht 629 ff.
- des BU: Vergütungspflicht 1105 ff.
- Prüfungspflicht des BU 1519 ff.

**Vorausschätzung**
- Zeitbedarf, HOAI 761, 909

**Vorauszahlungen** 1376
**Vorauszahlungsbürgschaft** 1255
**Vorbehalt**
- Abdingbarkeit 2284
- Frist 2312
- von Gewährleistungsansprüchen bei Abnahme 2272 ff.
- Honorarschlussrechnung des A 808
- Mängelbeseitigungskosten 2065
- Neuherstellungsansprüche 2064
- der Rückforderung 1920
- bei Schlusszahlung 2285 ff.

- – Adressat 2315
- – Form, Inhalt 2307 ff.
- – Frist 2312
- und selbstständiges Beweisverfahren 2277
- unterlassener Vorbehalt 2271 ff.
- Vollmacht des A 1077, 1078
- der Vertragsstrafe 2060 ff.
- Zahlung unter Vorbehalt 2334

**Vorbehaltsurteil** 2577
**Vorbereitung der Vergabe** 650
**Vorbereitung des Bauprozesses**
- durch Gericht 577 ff.
- Hinweise 580
- Ladung von Zeugen 582
- durch Parteien 571 ff.

**Vorbereitungszeit**
- Vertragsstrafe 2082

**Vorbeugender Rechtsschutz**
- bei Wettbewerbsverstoß (Architekt) 358

**Vorentwurf** 612 ff.
**Vorfragen**
- Prüfung durch Feststellungsklage 431

**Vorgabe**
- Kostenobergrenze 1781

**Vorgewerke**
- selbstständiges Beweisverfahren 15

**Vorhaltekosten für Geräte und Maschinen** 1832
**Vorläufige Vollstreckbarkeit** 384 ff.
**Vorleistung**
- Gesamtschuld 1526
- mangelhafte 1522

**Vorleistungspflicht** 1119
**Vormerkung**
- auf Eintragung einer Bauhandwerkersicherungshypothek 268 ff.

**Vorplanung** 650, 879 ff.
**Vorplanungsvertrag** 637
**Vorschläge**
- über Bebauung 619
- vertragliche Bindung 585, 624

**Vorschussanspruch (§ 637 Abs. 3 BGB n. F.)** 1587 ff.
- Abrechnung 1605 ff.
- Abtretung 1592
- Aufrechnung 1590, 1607, 2558
- Auftragsentziehung 1619
- und einstweilige Verfügung 1590
- Feststellungsklage 453, 1599
- und Fristsetzung 1588
- gegen A? 1683
- Gemeinschaftseigentum 485, 478, 1586
- Gewährleistungsbürgschaft 1592

1689

**Vorteilsausgleichung**

- Hauptunternehmer 1587
- Klageänderung 1602
- und Leistungsverweigerungsrecht des BU 1595; des BH 1608
- u. Nacherfüllungsrecht des BU 1588
- Nachforderung 1602
- Neuherstellungskosten 1587
- Neuherstellungsanspruch 1591
- Rechtskraft 1601 ff.
- Regiekosten 1587
- Rückzahlung 1597
- und Schadensersatz 1653, 1682
- und SchRModG 1527, 1599
- und Sicherheit 1589
- Sowiesokosten 1594, 1604
- und Streitgegenstand 1601
- Verjährung 1598 ff.
- Verlust des Vorschussanspruchs 1589
- VOB 1619
- Voraussetzung 1588
- und Widerklage 1590
- Zinsen 1609
- Zurückbeschaffungsrecht 1608

**Vorteilsausgleichung** 2468 ff.
- Abzug „neu für alt" 2471
- Berechnung 2476
- Baukostenüberschreitung 1788, 2475
- Beweislast 2477
- Festgarantie 2473
- Grundsätze 2469
- Kostenüberschreitung durch A 2475
- Nacherfüllungsansprüche 2469 ff.
- Risikosphäre 2469
- Sowiesokosten 2474 ff.
- Steuervorteile 2476
- Voraussetzungen, der 2470
- Vorschuss 1587
- Zug-um-Zug-Verteilung 2472

**Vorterminlicher Beweisbeschluss** 570
**Vorunternehmer** 1526
- Gesamtschuld mit Nachunternehmer 1970
- Haftung des Auftraggebers 1827

**Vorvertrag** 632

**W**

**Wahlposition** 1170
**Wahlrecht**
- Gewährleistungsansprüche 1652
- Mängelbeseitigung 2751

**Wandelung**
- Ausschluss von Wandelung 2212
- Bedeutung in Bausachen 1660 ff.
- nach BGB-Bauvertrag 1660 ff.
- und Entfernung des Werkes 1663
- Gemeinschaftseigentum 486
- SchRModG 1664, 1701
- nach VOB-Bauvertrag 1701
- Vorteilsausgleichung 2468
- Zahlungsantrag 1663

**Wärmebrücken** 1465, 1484
**Wärmeschutz** 895
**Wartungsvertrag**
- Verlängerung der Verjährung 2357

**WEG-Reform (2007)** 464, 466, 488, 500
**Wegfall (Störung) der Geschäftsgrundlage (§ 313 BGB)** 2478 ff.
- Änderung der Bauausführung 2497
- Anwendungsfälle 2487 ff.
- Beweislast 2483
- und Doppelirrtum 2493
- Einheitspreisvertrag 2500
- Fallübersicht 2487 ff., 2502
- Grundlage 2479 ff.
- Kalkulationsirrtum 2483, 2493
- Mengenabweichungen 2487, 2500
- Minderleistungen 2491
- Opfergrenze 2485
- Pauschalhonorar des A 918 ff.
- Pauschalpreisvertrag 1185 ff., 2487 ff.
- Preis- und Lohnsteigerungen 2499
- bei Sanierungsvereinbarung 1549
- SchRModG 2482
- und Vertragsregelung 2480

**Weiterfressender Mangel** 1591, 1840
**Werbung**
- honorarfreie 486

**Werbung des A** 549
**Werklieferungsvertrag** 197, 1442
**Werklohnklage**
- des BU 988 ff.
- Honorarklage des A 600 ff.
- Honorarklage des SF 1402 ff.

**Werklohnklage des BU** 988 ff.
- Abschlagszahlungen 1218 ff.
- Anzeigepflicht 1213
- Auftragsvergabe durch den A 1064 ff.
- Auftragsvergabe durch Betreuungsgesellschaft 1089 ff.
- Bauvertrag 994 ff.
- Bindung an Schlussrechnung 1374
- Einheitspreisvertrag 1162 ff.

- Fälligkeit des Werklohns 1336 ff.
- Fehlkalkulation 1127
- Grundlagen 988 ff.
- bei Kündigung 1292 ff.
- lückenhaftes Leistungsverzeichnis 1129 ff.
- Nebenleistungen 1144
- Pauschalpreisvertrag 119 ff.
- Richtpreis 1124
- und SchRModG 2482
- Selbstkostenerstattungsvertrag 1217 ff.
- Sicherheitsleistung 1240 ff.
- Stundenlohnvertrag 1210 ff.
- Substantiierungspflicht 988 ff.
- Teilklage und Aufrechnung 2566
- übliche Vergütungen 1134 ff.
- Umfang des Anspruchs 1141 ff.
- Unternehmereinsatzformen 1049 ff.
- vereinbarte Vergütung 1113 ff.
- Vertragsaufhebung 1334 ff.
- Vorarbeiten 105 ff.

**Werkvertragsrecht**
- beim Architektenvertrag 648 ff.
- beim Bauvertrag 994
- beim Kauf vom Bauträger 1443 ff.

**Wertsteigerung** 1799 ff.

**Wertzuwachs**
- bei Baukostenüberschreitung 1799
- Vorteilsausgleichung 2468 ff.

**Wesentliche Eigenschaft**
- Anfechtung 2338

**Wettbewerb**
- Architektenwettbewerb 638
- und Aufwandsentschädigung 638, 719
- und Verschulden bei Vertragsschluss 1886

**Wettbewerbsverstöße des BH** 358

**Wettbewerbswidrige Honoraranfrage** 358, 719

**Wichtiger Grund**
- für Vertragskündigung des A 946 ff.

**Widerklage**
- bei Aufrechnungsverbot 2578
- Hilfswiderklage 2579
- negative Feststellungsklage 457

**Widerruf**
- Gesetz über den Widerruf von Haustürgeschäften und ähnlichen Geschäften 1040

**Widersprechende AGB** 2171

**Widerspruch**
- Arrest 395
- Bauhandwerkersicherungshypothek 297
- einstweiliges Verfügungsverfahren 383

**Widerspruch im Bauvertrag** 1027 ff.

**Wirksamkeit**
- Architektenvertrag 654
- Bauvertrag 1040

**Wirtschaftliche Identität** 253 ff.

**Wirtschaftlichkeitsberechnung** 622

**Wohnfläche**
- Fehlplanung des A 1486
- Rechtsprechungsübersicht 1486, 1515
- Minderung 1665

**Wohnungseigentum** (s. Gemeinschaftseigentum)

**Wohnungseigentümer**
- faktische Gemeinschaft 465
- Rechtsweg 404
- selbstständiges Beweisverfahren 41, 107, 480

**Workshop**
- Urheberrecht des A 902

**Wörtliches Angebot**
- bei Vollstreckung 2735

## Z

**Zahlungsaufschub**
- in Subunternehmerverträgen 1126

**Zahlungsplan** 1234 ff.

**Zahlungsweise** (s. auch Fälligkeit)
- Architektenhonorar 960 ff.
- Werklohn des BU 1336 ff.

**Zeichnungen**
- Herausgabe 1510
- als Vorarbeiten des A 631
- als Vorarbeiten des BU 1105 ff.

**Zeitbedarf** 906

**Zeitbürgschaft** 1265

**Zeithonorar** 761, 906 ff.

**Zeitliche Abstimmung**
- der Architektenplanung 790 ff.

**Zeitliche Begrenzung** 2240

**Zeitplan**
- Vertragsstrafe 2078 ff.

**Zentrale Leistungen**
- Architektenleistungen 788

**Zeuge**
- Entschädigung 2706
- sachverständige Zeugen 151, 2704

**Zeugen- und Sachverständigenentschädigung (JVEG)** 2693 ff.
- Anlage zu § 9 Abs. 1 JVEG 2701
- besondere Vergütung/Zustimmung 2695
- Fehlen der Fachkenntnis 2697

**Zinsen**

- Honorargruppe 2701
- Schwierigkeitsgrad 2698
- Stundensatz 2700

**Zinsen**
- Honorarklage des A 934
- Kostenvorschuss 1609
- Mehrwertsteuer 811
- Werklohnklage des BU 1283 ff.

**Zinsverlust**
- als unmittelbarer Schaden 1691

**ZPO**
- Anscheinsbeweis 2627
- Aufrechnung 2557
- Augenscheinsbeweis 2627
- Beweisverfahren 2592
- Einzelrichter 407, 569
- Herausgabe von Urkunden 2632
- mündliche Verhandlung in Bausachen 568 ff.
- selbstständiges Beweisverfahren 1
- verspätetes Vorbringen 588 ff.

**Zufällige Verschlechterung**
- des Unternehmerwerks 1345

**Zufälliger Untergang**
- des Unternehmerwerks 1345
- der Werkleistung 1366

**Zulagen**
- zum Werklohn 1145

**Zuführung**
- unwägbarer Stoffe 2091 ff.

**Zug-um-Zug**
- Anbieten der Leistung 2735
- Leistungsverweigerungsrecht 2534 ff.
- bei Mängeln 1227
- Verurteilung 1664, 2448
- Zurückbehaltungsrecht 2521

**Zugangsrecht** 1954

**Zugesicherte Eigenschaft**
- Begriff nach altem Recht 1453
- und Garantiebegriff nach neuem Recht 1434
- Haftungsausschluss 2223 ff.

**Zug-um-Zug-Urteil** 2715 ff.
- Anbietung der Gegenleistung 2730 ff.
- Bezeichnung der Gegenleistung 2724
- Klauselerteilung 2721
- bei Kostenbeteiligung (Sowiesokosten) 2540
- Tenorierungsprobleme 2720

**Zukünftiger Anspruch**
- Feststellungsklage 432

**Zulässigkeitsfragen im Bauprozess** 396 ff.
- Abgrenzung von privatem und öffentlichem Baurecht 396 ff.
- Baukammern 405 ff.
- Bindungspflicht 403 ff.
- funktionelle Zuständigkeit 404
- Kammer für Handelssachen 412
- selbstständiges Beweisverfahren 6 ff.

**Zurückbehaltungsrecht** 2503 ff.
- Abtretung 2506
- AGB-Recht (§ 309 Nr. 2 a und b BGB) 2513, 2532
- Aufrechnungsverbot 2516
- Auslegung des Vorbringens 2503 ff.
- Ausschluss des Zurückbehaltungsrechts 2511
- und Bauhandwerkersicherungshypothek 223
- Bürgschaft auf erstes Anfordern 2507
- einheitliches Lebensverhältnis 2505, 2514
- und Fälligkeit der Vergütungsansprüche 2508
- Feststellungsklage 457, 2522
- richterliche Hinweispflicht 2504
- Gewährleistungsbürgschaft 2523
- und Sachantrag 2503
- Verzug 2508, 2510
- bei Vorschuss 1608
- und doppelte Zug-um-Zug-Verurteilung 2540, 2743 ff.

**Zusatzarbeiten**
- Pauschalvertrag 1189

**Zusatzaufträge**
- VOB 1009

**Zusätzliche Leistungen** 1156 ff.
- Vollmacht des A 1072 ff., 1077

**Zuschlag**, s. Umbauzuschlag

**Zuschussanspruch** 1562, 1981

**Zuschusspflicht** 1562 ff.
- Freigabeanspruch 2747
- Hinterlegung 2746
- Mitverschulden 2447
- Sicherheitsleistung 1564
- und doppelte Zug-um-Zug-Verurteilung 1564, 2742 ff.

**Zuständigkeit des Gerichts** 396 ff.
- Bau-Arge 413
- Baukammern 405 ff.
- bauvertragliche Ansprüche 420
- einstweiliges Verfügungsverfahren 374
- Erfüllungsort 418 ff., 424
- EuGVÜ 424
- EuGVVO 424
- funktionelle 404
- Gerichtsstandsbestimmung 419, 422 ff.
- Gerichtsstandsvereinbarung 414
- Handelsreformgesetz 414
- Honorarforderung des A 420
- internationale Zuständigkeit 424
- Kammer für Handelssachen 412 ff.

# Zwischenhändler

- Kaufleute 414
- Luganer Übereinkommen 424
- Nichtkaufleute 415
- öffentlich-rechtliche Baustreitigkeiten 396 ff.
- örtliche 414 ff.
- Rechtsprechungsübersicht 399, 403, 404
- selbstständiges Beweisverfahren 71 ff.
- § 18 Nr. 3 VOB/B 416
- Wohnungseigentümer 417

**Zwangsvollstreckungsgegenklage** 2710 ff., 2776, 2783
- und Abtretung 2713
- eingeschränkter Nachweisverzicht 2711
- Einstellungsantrag 2712
- Fälligkeitsnachweis 2710 ff.
- Präklusion 2710
- prozessuale Gestaltungsklage (§ 767 ZPO analog) 2711

**Zwangsvollstreckungsverfahren** 2708 ff.
- Anbieten der Leistung 2733 ff.
- Auslegung des Vollstreckungstitels 2723, 2750, 2782
- Bezeichnung der Gegenleistung 2724 ff.
- Einreden 2783
- Erfüllungseinwand 2772 ff.
- Ermächtigungsbeschluss 2780
- Fallgruppen 2708 ff.
- Kosten der Zwangsvollstreckung 2786
- Kostenvorschussanspruch 2781 ff.
- Misslingen der Nachbesserung/Nacherfüllung 2741
- Mitwirkungspflichten des BH 2763 ff.
- Sanierungskonzept des BU 2772
- SchRModG 2781
- Überprüfung der Gegenleistung durch den Gerichtsvollzieher 2738 ff.
- Vollstreckung zur Erwirkung von Baumaßnahmen 2749 ff.
- Vollstreckung durch den Gerichtsvollzieher 2730 ff.
- Vollstreckung auf Leistung nach Empfang der Gegenleistung 2748
- Vollstreckungskosten 2783, 2786
- doppelte Zug-um-Zug-Verurteilung 2742 ff.

**Zweckübertragungstheorie**
- Urheberrecht des A 899

**Zwischenhändler**
- Verjährung Baumaterialien 2385 a

# Der Kommentar zu Honorar und Haftung

Löffelmann/Fleischmann
**Architektenrecht**
5. Auflage 2007, 1.220 Seiten, gebunden,
€ 148,-
ISBN 978-3-8041-4761-4

Mit der 5. Auflage konzentriert sich die Darstellung des Architektenrechts auf die Kommentierung der praxisrelevanten Fragen zu Honorar und Haftung des Architekten. Die neuere Rechtsprechung mit ihren Auswirkungen auf Fälligkeit und Abrechnung der Honorarforderungen, aber auch in Bezug auf die neue Teilerfolgsrechtsprechung nebst den honorarrechtlichen Auswirkungen der Rechtsprechung zum Vertragsgegenstand werden praxisgerecht dargestellt, z. B. hinsichtlich der Voraussetzungen für Mehrfachplanungshonoraransprüche. Ferner werden auch die praxisrelevanten Anspruchsgrundlagen zur Haftung des Architekten systematisch aufbereitet und anhand von Beispielen umfassend erläutert.

**Mehr unter
www.werner-verlag.de**

Zu beziehen über Ihre Buchhandlung oder direkt beim Verlag.

Wolters Kluwer Deutschland GmbH • Niederlassung Neuwied
Postfach 2352 • 56513 Neuwied • Telefon 02631 801-2222
www.werner-verlag.de • E-Mail info@wolterskluwer.de